Röhricht/Graf von Westphalen (Hrsg.) · **Handelsgesetzbuch** · Kommentar

Handels-
gesetzbuch

Kommentar
zu Handelsstand, Handelsgesellschaften,
Handelsgeschäften und besonderen Handelsverträgen
(ohne Bilanz-, Transport- und Seerecht)

herausgegeben von

Dr. h.c. Volker Röhricht
Prof. Dr. Friedrich Graf v. Westphalen

bearbeitet von

Ludwig Ammon
Richter am BayObLG a.D.,
München

Dr. Matthias Brandi-Dohrn
Rechtsanwalt in Icking

Dr. Hartwin von Gerkan
Vorsitzender Richter
am OLG a.D., Hamburg

Dr. Jan Patrick Giesler
Rechtsanwalt in Bonn

Prof. Dr. Ulrich Haas
Universität Zürich

Carsten Laschet
Rechtsanwalt in Köln

Prof. Dr. Tobias Lenz
Rechtsanwalt in Köln

Dr. Sebastian Mock, LL.M.
Attorney-at-Law (New York)
Universität Hamburg

Prof. Dr. Peter Ries
Richter am AG Charlottenburg
Fachhochschule für Verwaltung
und Rechtspflege Berlin

Dr. h.c. Volker Röhricht
Vors. Richter am BGH a.D., Bühlertal

Dr. Karl-Heinz Thume
Rechtsanwalt in Nürnberg

Dr. Claus Wagner
Vors. Richter am OLG Dresden

Prof. Dr.
Friedrich Graf v. Westphalen
Rechtsanwalt in Köln

3. neu bearbeitete Auflage

2008

Verlag
Dr. Otto Schmidt
Köln

Zitierempfehlung:
Bearbeiter in Röhricht/Graf v. Westphalen (Hrsg.), HGB,
3. Aufl., § ... Rn. ...

*Bibliografische Information
der Deutschen Nationalbibliothek*

Die Deutsche Nationalbibliothek verzeichnet diese
Publikation in der Deutschen Nationalbibliografie;
detaillierte bibliografische Daten sind im Internet
über http://dnb.d-nb.de abrufbar.

Verlag Dr. Otto Schmidt KG
Gustav-Heinemann-Ufer 58, 50968 Köln
Tel. 02 21/9 37 38-01, Fax 02 21/9 37 38-943
info@otto-schmidt.de
www.otto-schmidt.de

ISBN 978-3-504-45513-2

©2008 by Verlag Dr. Otto Schmidt KG, Köln

Das Werk einschließlich aller seiner Teile ist
urheberrechtlich geschützt. Jede Verwertung, die nicht
ausdrücklich vom Urheberrechtsgesetz zugelassen ist,
bedarf der vorherigen Zustimmung des Verlages. Das
gilt insbesondere für Vervielfältigungen, Bearbeitungen,
Übersetzungen, Mikroverfilmungen und die Einspeicherung und Verarbeitung in elektronischen Systemen.

Das verwendete Papier ist aus chlorfrei gebleichten
Rohstoffen hergestellt, holz- und säurefrei, alterungsbeständig und umweltfreundlich.

Einbandgestaltung: Jan P. Lichtenford, Mettmann
Satz: WMTP, Birkenau
Druck und Verarbeitung: Bercker, Kevelaer
Printed in Germany

Vorwort

Lange war schon der Plan gefasst, eine Neuauflage auf den Markt zu bringen. Denn der erforderliche Aktualitätsbezug ist unerbittlich. Doch erneut standen Verlag und Herausgeber vor einem Dilemma: Der letzten Auflage war der Gesetzgeber mit der Schuldrechtsmodernisierung in die Parade gefahren, was dann zu einem Nachtrag führte, der das Wesentliche dieser grundlegenden Reform festhalten sollte. Dieses Mal war es die lange Zeit ungeklärte Frage, ob und wann das MoMiG das Licht der Welt erblickt. Da hier nicht wieder ein „Nachtrag" dem Leser überlassen werden sollte, haben sich Verlag und Herausgeber aufs Abwarten verlegt. Das hat an den Nerven gezehrt, aber nun ist es soweit.

Der notwendige Bezug zur Aktualität hat auch einen „Generationenwechsel" bei den Autoren mit sich gebracht. Der von Herrn Dr. Hartwin von Gerkan bearbeitete Teil, dessen Kommentierung zum Recht der Personenhandelsgesellschaften allseits Anerkennung gefunden hatte, wird nunmehr von Herrn Prof. Dr. Ulrich Haas, Zürich, und Herrn Dr. Sebastian Mock, Hamburg, fortgeführt. Zurückgezogen hat sich auch der „Doyen" des Handelsvertreterrechts, Herr RA Dr. Wolfram Küstner, er ist von Herrn RA Dr. Karl-Heinz Thume, seinen langjährigen Weggefährten, ersetzt worden. Die von Herrn Richter am BayObLG Ludwig Ammon vorzüglich besorgte Kommentierung der §§ 8 ff. HGB wird von Herrn Richter am Amtgericht Prof. Dr. Peter Ries fortgesetzt. Und Herr RA Carsten Laschet hat die von Graf von Westphalen in den Vorauflagen besorgte Kommentierung der Qualitätssicherungsvereinbarungen übernommen, während Herr RA Dr. Jan Patrick Giesler die Bearbeitung des Franchisevertrages fortführt. Verlag und Herausgeber sind davon überzeugt, dass damit ein guter Wechsel vollzogen wurde, der sich mit Sicherheit auch in späteren Kommentierungen widerspiegeln wird.

So hoffen die Herausgeber, dass auch diese Neuauflage in der Praxis eine wohlwollende Aufnahme finden wird, als Kommentierung, die „zwischen" den Großkommentaren und dem Handkommentar weiterhin ihren Platz finden und auch, so hoffen wir, behaupten wird. Da die Kommentierung mit Blick auf die Praxis geschrieben ist, sind wir für Hinweise und Anregungen jederzeit dankbar.

Bühlertal/Köln, im Juli 2008   Die Herausgeber

Es haben bearbeitet:

Brandi-Dohrn:
Forschungs- und Entwicklungsverträge, Lizenzverträge

Giesler:
Franchising

Haas:
§§ 105–177a (in Nachfolge von Gerkan)

Laschet:
Qualitätssicherungsvereinbarungen (in Nachfolge Graf von Westphalen)

Lenz:
§§ 383–406

Mock:
§§ 230–236 (in Nachfolge von Gerkan)

Ries:
§§ 8–37a (in Nachfolge Ammon), § 104a

Röhricht:
Einleitung, §§ 1–7, 93–104

Thume:
§§ 84–92c (in Nachfolge Küstner)

Wagner:
§§ 48–83, 343–382

Graf von Westphalen:
Factoring, Leasing, Vertragshändlerverträge

Inhaltsübersicht

		Seite
Vorwort		V
Allgemeines Literaturverzeichnis		XI
Abkürzungsverzeichnis		XV
Einleitung		1

Handelsgesetzbuch

		§§	Seite
Erstes Buch	**Handelsstand**	1–104a	77
Erster Abschnitt	Kaufleute	1–7	77
Zweiter Abschnitt	Handelsregister; Unternehmensregister	8–16	234
Dritter Abschnitt	Handelsfirma	17–37a	393
Vierter Abschnitt	Handelsbücher (aufgehoben)	38–47b	653
Fünfter Abschnitt	Prokura und Handlungsvollmacht	48–58	654
Sechster Abschnitt	Handlungsgehilfen und Handlungslehrlinge	59–83	726
Siebenter Abschnitt	Handelsvertreter	84–92c	827
Achter Abschnitt	Handelsmakler	93–104	1077
Neunter Abschnitt	Bußgeldvorschriften	104a	1179
Zweites Buch	**Handelsgesellschaften und stille Gesellschaft**	105–237	1181
Erster Abschnitt	Offene Handelsgesellschaft	105–160	1181
Erster Titel	Errichtung der Gesellschaft	105–108	1181
Zweiter Titel	Rechtsverhältnis der Gesellschafter untereinander	109–122	1247
Dritter Titel	Rechtsverhältnis der Gesellschafter zu Dritten	123–130b	1377
Vierter Titel	Auflösung der Gesellschaft und Ausscheiden von Gesellschaftern	131–144	1453
Fünfter Titel	Liquidation der Gesellschaft	145–158	1550

		§§	Seite
Sechster Titel	Verjährung. Zeitliche Begrenzung der Haftung	159–160	1596
Zweiter Abschnitt	Kommanditgesellschaft	161–229	1607
Dritter Abschnitt	Stille Gesellschaft	230–237	1841
Drittes Buch	**Handelsbücher** (nicht kommentiert)	238–342	1936
Viertes Buch	**Handelsgeschäfte**	343–475h	1937
Erster Abschnitt	Allgemeine Vorschriften	343–372	1937
Zweiter Abschnitt	Handelskauf	373–382	2082
Dritter Abschnitt	Kommissionsgeschäft	383–406	2120
Vierter bis Siebenter Abschnitt	(nicht kommentiert)	407–475h	2193
Fünftes Buch	**Seehandel** (nicht kommentiert)	476–905	2193

Besondere Handelsverträge

Factoring	2195
Forschungs- und Entwicklungsverträge	2228
Franchising	2279
Leasing	2359
Lizenzverträge	2453
Qualitätssicherungsvereinbarungen	2575
Vertragshändlerverträge	2622

Anhang

1. Einführungsgesetz zum Handelsgesetzbuche vom 10.5.1897 ... 2671
2. Verordnung über die Einrichtung und Führung des Handelsregisters (Handelsregisterverordnung – HRV) vom 12.8.1937 ... 2680
3. Verordnung (EG) Nr. 2790/1999 der Kommission vom 22. Dezember 1999 über die Anwendung von Artikel 81 Absatz 3 des Vertrages auf Gruppen von vertikalen Vereinbarungen und aufeinander abgestimmten Verhaltensweisen ... 2697

	Seite
4. Verordnung (EG) Nr. 2659/2000 der Kommission vom 29. November 2000 über die Anwendung von Artikel 81 Absatz 3 des Vertrages auf Gruppen von Vereinbarungen über Forschung und Entwicklung	2706
5. Verordnung (EG) Nr. 772/2004 der Kommission vom 7. April 2004 über die Anwendung von Artikel 81 Absatz 3 EG-Vertrag auf Gruppen von Technologietransfer-Vereinbarungen	2715
Stichwortverzeichnis	2725

Allgemeines Literaturverzeichnis[1]

Anwaltkommentar	BGB, hrsg. von Dauner-Lieb, Heidel, Ring, 2005
Baumbach/Hopt	Handelsgesetzbuch, 33. Aufl. 2008
Baumbach/Hueck	GmbH-Gesetz, 18. Aufl. 2006
Baumbach/Lauterbach/ Albers/Hartmann	Zivilprozessordnung, 66. Aufl. 2008
Blaurock	Handbuch der stillen Gesellschaft, 6. Aufl. 2003
Brox/Henssler	Handelsrecht, 19. Aufl. 2007
Canaris	Bankvertragsrecht, 3. Aufl. 1988
Canaris	Handelsrecht, 24. Aufl. 2006
Düringer/Hachenburg	Handelsgesetzbuch, 3. Aufl. 1930 ff.
Ebenroth/Boujong/Joost/ Strohn	Handelsgesetzbuch, Kommentar, Band 1: §§ 1–342e, 2. Aufl. 2008
Ebenroth/Boujong/Joost	Handelsgesetzbuch, Kommentar, Band 2: §§ 343–475h, 2001
Erman	BGB, Handkommentar, 12. Aufl. 2008
Gemeinschaftskommentar	zum Handelsgesetzbuch, hrsg. von Ensthaler, 7. Aufl. 2007
Geßler/Hefermehl/ Eckardt/Kropff	Aktiengesetz, Kommentar, 1. Aufl. 1974 ff.; ab der 2. Aufl. Münchener Kommentar zum Aktiengesetz
v. Gierke/Sandrock	Handels- und Wirtschaftsrecht, Band 1: Allgemeine Grundlagen, Der Kaufmann und sein Unternehmen, 9. Aufl. 1975
Gottwald	Insolvenzrechts-Handbuch, 3. Aufl. 2006
Großkommentar	zum Handelsgesetzbuch, begr. von Staub, bearb. von Brüggemann, Canaris, Fischer, Helm, Koller, Ratz, Schilling, Ulmer, Würdinger/Röhricht, 3. Aufl. 1967 ff.; 4. Aufl. s. Staub
Hachenburg	GmbHG, Großkommentar, hrsg. von Ulmer, 8. Aufl. 1992–1997
Heidelberger Kommentar zum Handelsgesetzbuch	Handelsrecht – Bilanzrecht – Steuerrecht, von Glanegger, Kirnberger, Kusterer, Ruß, Selder, Stuhlfelner, 7. Aufl. 2007

---

[1] Weiteres Schrifttum zu Einzelproblemen ist in der Kommentierung selbst nachgewiesen.

Heymann	Handelsgesetzbuch (ohne Seerecht), Kommentar, hrsg. von Horn, bearb. von Balzer, Berger, Emmerich, Henssler, Herrmann, Horn, Otto, Sonnenschein, Weitemeyer, 2. Aufl. 1995–2005
Hopt	Handelsvertreterrecht, 3. Aufl. 2003
Hopt	Vertrags- und Formularbuch zum Handels-, Gesellschafts- und Bankrecht, 3. Aufl. 2007
Hueck, Alfred	Das Recht der Offenen Handelsgesellschaft, 4. Aufl. 1971
Hüffer	Aktiengesetz, 8. Aufl. 2008
Jaeger	Insolvenzordnung, Großkommentar, hrsg. von Henckel, Gerhardt, 2004 ff.
Kölner Kommentar	Aktiengesetz, 3. Aufl. hrsg. von Zöllner, Noack, bearb. von Cahn, Claussen, Dauner-Lieb, Drygala, Koppensteiner, Lutter, Maul, Noack, Paefgen, Siems, Zöllner, 2004 ff.; 2. Aufl. hrsg. von Zöllner, bearb. von Cahn, Claussen, Geilen, Koppensteiner, Korth, Kraft, Lutter, Mertens, Noack, Scherrer, Zöllner, 1998 ff.
Koller/Roth/Morck	Handelsgesetzbuch, Kommentar, 6. Aufl. 2007
Kübler/Prütting	Kommentar zur Insolvenzordnung, Loseblatt
Küstner	Das neue Recht des Handelsvertreters, 4. Aufl. 2003
Küstner	„Grundsätze" zur Errechnung der Höhe des Ausgleichsanspruchs, Kommentar, 1997
Küstner/Thume	Handbuch des gesamten Außendienstrechts, Band 1: Das Recht des Handelsvertreters, 3. Aufl. 2000; Band 2: Der Ausgleichsanspruch des Handelsvertreters, 8. Aufl. 2007; Band 3: Vertriebsrecht, 2. Aufl. 1998
Lutter/Hommelhoff	GmbH-Gesetz, Kommentar, 16. Aufl. 2004
Martinek/Semler/Habermeier	Handbuch des Vertriebsrecht, 2. Aufl. 2003
Michalski	GmbH-Gesetz, Kommentar, 2002
Münchener Kommentar	Aktiengesetz, hrsg. von Kropff, Semler, 2. Aufl. des Geßler/Hefermehl/Eckardt/Kropff, Aktiengesetz, 2000 ff.
Münchener Kommentar	Bürgerliches Gesetzbuch, hrsg. von Rebmann, Säcker, Rixecker, 4. Aufl. 2000 ff.; 5. Aufl. 2006 ff.

Münchener Kommentar	Handelsgesetzbuch, hrsg. von K. Schmidt, Band 1: §§ 1–104, bearb. von Heidinger, v. Hoyningen-Huene, Krafka, Krebs, Lieb, K. Schmidt, 2. Aufl. 2005; Band 2: §§ 105–160, bearb. von Enzinger, Jickeli, Langhein, Priester, Rawert, K. Schmidt, 2. Aufl. 2006; Band 3: §§ 161–237, bearb. von K. Schmidt, Mülbert, Grunewald, 2. Aufl. 2007; Band 5: §§ 343–367, bearb. von Brink, Einsele, Ekkenga, Ferrari, Hadding, Häuser, Hefermehl, Nielsen, K. Schmidt, Welter, 2001
Münchener Vertragshandbuch	Band 1: Gesellschaftsrecht, hrsg. von Heidenhain, Meister, Waldner, 6. Aufl. 2005; Band 2: Wirtschaftsrecht I, hrsg. von Schütze, Weipert, 5. Aufl. 2004; Band 3: Wirtschaftsrecht II, hrsg. von Schütze, Weipert, 5. Aufl. 2004
Palandt	Bürgerliches Gesetzbuch, Kommentar, 67. Aufl. 2008
RGRK	Das Bürgerliche Gesetzbuch mit besonderer Berücksichtigung der Rechtsprechung des Reichsgerichts und des Bundesgerichtshofes, Kommentar, 12. Aufl. 1974 ff.
Reithmann/Martiny	Internationales Vertragsrecht, 6. Aufl. 2004
Roth/Altmeppen	GmbHG, Kurzkommentar, 5. Aufl. 2005
Rowedder/Schmidt-Leithoff	GmbHG, Kommentar, 4. Aufl. 2002
Schlegelberger	Handelsgesetzbuch, Kommentar, bearb. von Geßler, Hefermehl, Hildebrandt, Martens, K. Schmidt, G. Schröder, 5. Aufl. 1973 ff.
Schmidt, Karsten	Gesellschaftsrecht, 4. Aufl. 2002
Schmidt, Karsten	Handelsrecht, 5. Aufl. 1999
Scholz	Kommentar zum GmbH-Gesetz, bearb. von Bitter, Crezelius, Emmerich, Priester, K. Schmidt, U.H. Schneider, Seibt, Sethe, Tiedemann, Veil, H.P. Westermann, Winter, Band 1: §§ 1–34 GmbHG, 10. Aufl. 2006; Band 2: §§ 35–52 GmbHG, 10. Aufl. 2007; Band 2 : §§ 45–85 GmbHG, 9. Aufl. 2002
Soergel	Bürgerliches Gesetzbuch mit Einführungsgesetz und Nebengesetzen, Kommentar, 12. Aufl. 1987 ff., 13. Aufl. 1999 ff.

Allgemeines Literaturverzeichnis

Staub	Handelsgesetzbuch, Großkommentar, hrsg. von Canaris, Schilling, Ulmer, bearb. von Brüggemann, Canaris, Habersack, Helm, Hüffer, Joost, Koller, Konzen, Schilling, Ulmer, Zutt, 4. Aufl. 1983 ff.
Staudinger	Kommentar zum Bürgerlichen Gesetzbuch, 12. Aufl. 1978 ff., 13. Bearb. 1993 ff.
Stein/Jonas	Kommentar zur Zivilprozessordnung, 22. Aufl. 2002 ff.
Uhlenbruck	Insolvenzordnung, Kommentar, 12. Aufl. 2003
Ulmer/Habersack/Winter	GmbH-Gesetz, Großkommentar, 2005 ff.
Ulmer/Brandner/Hensen	AGB-Recht, Kommentar zu den §§ 305–310 BGB und zum UKlaG, bearb. von Ulmer, Hensen, Christensen, Fuchs, H. Schmidt, 10. Aufl. 2006
Graf v. Westphalen	Vertragsrecht und AGB-Klauselwerke, Stand: 21. Erg.-Lfg. 2007
Wiedemann	Gesellschaftsrecht, Band 1: Grundlagen, 1980; Band 2: Recht der Personengesellschaften, 2004
Wolf/Horn/Lindacher	AGB-Gesetz, Kommentar, 4. Aufl. 1999
Zöller	Zivilprozessordnung, Kommentar, bearb. von Geimer, Greger, Gummer, Herget, Philippi, Stöber, Vollkommer, 26. Aufl. 2007

Abkürzungsverzeichnis

a.A.	anderer Ansicht
abl.	ablehnend
ABl. EG	Amtsblatt der Europäischen Gemeinschaften
ABl. EPA	Amtsblatt des Europäischen Patentamts
Abs.	Absatz
Abschn.	Abschnitt
Abt.	Abteilung
abw.	abweichend
AbzG	Abzahlungsgesetz
AcP	Archiv für die civilistische Praxis
ADHGB	Allgemeines Deutsches Handelsgesetzbuch von 1861
a.E.	am Ende
a.F.	alte Fassung
AFG	Arbeitsförderungsgesetz
AG	Aktiengesellschaft; Die Aktiengesellschaft (Zeitschrift); Amtsgericht
AGB	Allgemeine Geschäftsbedingungen
AGBG	Gesetz zur Regelung des Rechts der Allgemeinen Geschäftsbedingungen (AGB-Gesetz)
AIZ	Allgemeine Immobilien-Zeitung
AktG	Aktiengesetz
allg.	allgemein
a.M.	anderer Meinung
Amtl. Begr.	Amtliche Begründung
AnfG	Anfechtungsgesetz
Anh.	Anhang
Anm.	Anmerkung
AnVNG	Angestelltenversicherungs-Neuregelungsgesetz
AnwBl.	Anwaltsblatt
AnwKomm	Anwaltkommentar
AO	Abgabenordnung
AöR	Archiv des öffentlichen Rechts
AP	Arbeitsrechtliche Praxis
ArbG	Arbeitsgericht
ArbGG	Arbeitsgerichtsgesetz
ArbnErfG	Gesetz über Arbeitnehmererfindungen
arg.	argumentum
ARGE	Arbeitsgemeinschaft
Art.	Artikel
AStG	Außensteuergesetz
AÜG	Arbeitnehmerüberlassungsgesetz
Aufl.	Auflage
AuR	Arbeit und Recht

AuslInvestmG	Gesetz über den Vertrieb ausländischer Investmentanteile und über die Besteuerung der Erträge aus ausländischen Investmentanteilen
AVAG	Anerkennungs- und Vollstreckungsausführungsgesetz
AVermV	Verordnung über die Arbeitsvermittlung durch private Arbeitsvermittler (Arbeitsvermittlerverordnung)
AVG	Angestelltenversicherungsgesetz
AWD	Außenwirtschaftsdienst des Betriebsberaters
AWG	Außenwirtschaftsgesetz
BÄO	Bundesärzteordnung
BaFin	Bundesanstalt für Finanzdienstleistungsaufsicht
BAG	Bundesarbeitsgericht
BAGE	Entscheidungen des Bundesarbeitsgerichts
BankArch	Bank-Archiv
BAnz.	Bundesanzeiger
BPatG	Bundespatentgericht
BPatGE	Entscheidungen des Bundespatentgerichts
BayJMBl.	Bayerisches Justizministerialblatt
BayObLG	Bayerisches Oberstes Landesgericht
BayObLGZ	Entscheidungen des Bayerischen Obersten Landesgerichts in Zivilsachen
BB	Der Betriebs-Berater
Bd.	Band
BDSG	Bundesdatenschutzgesetz
BE	Begründungserwägung
bearb.	bearbeitet
Begr.	Begründung
Beil.	Beilage
Beisp.	Beispiel
bestr.	bestritten
betr.	betreffend
BetrVG	Betriebsverfassungsgesetz
BeurkG	Beurkundungsgesetz
BewG	Bewertungsgesetz
BFH	Bundesfinanzhof
BFHE	Sammlung der Entscheidungen und Gutachten des Bundesfinanzhofs
BFM	Bundesfinanzminister(ium)
BFuP	Betriebswirtschaftliche Forschung und Praxis
BG	Bundesgericht (Schweiz)
BGB	Bürgerliches Gesetzbuch
BGB-E	BGB-Entwurf
BGBl.	Bundesgesetzblatt
BGH	Bundesgerichtshof
BGHSt	Entscheidungen des Bundesgerichtshofs in Strafsachen
BGHZ	Entscheidungen des Bundesgerichtshofs in Zivilsachen

BiRiLiG	Bilanzrichtliniengesetz
BImSchG	Bundesimmissionsschutzgesetz
BinnschG	Binnenschifffahrtsgesetz
BKartA	Bundeskartellamt
BlfGenW	Blätter für Genossenschaftswesen
BlfSt	Blätter für Steuerrecht, Sozialversicherung und Arbeitsrecht
BMBF	Bundesministerium für Bildung und Forschung
BMJ	Bundesministerium der Justiz
BMWi	Bundesministerium für Wirtschaft und Technologie
BNotO	Bundesnotarordnung
BörsG	Börsengesetz
BörsZulV	Verordnung über die Zulassung von Wertpapieren zum regulierten Markt einer Wertpapierbörse
BR	Bundesrat
BRAK-Mitt.	Mitteilungen der Bundesrechtsanwaltskammer
BRAO	Bundesrechtsanwaltsordnung
BR-Drucks.	Bundesrats-Drucksache
BReg.	Bundesregierung
BSG	Bundessozialgericht
BSGE	Entscheidungen des Bundessozialgerichts
BStBl.	Bundessteuerblatt
BT-Drucks.	Bundestag-Drucksache
BuB	Bankrecht und Bankpraxis
BullDV	Bulletin des Bundesverbandes Direktvertrieb Deutschland e.V. (vormals: Arbeitskreis)
BUrlG	Bundesurlaubsgesetz
BVB	Besondere Vertragsbedingungen
BVerfG	Bundesverfassungsgericht
BVerfGE	Entscheidungen des Bundesverfassungsgerichts
BVerfGG	Bundesverfassungsgerichtsgesetz
BVerwG	Bundesverwaltungsgericht
BWNotZ	Zeitschrift für das Notariat in Baden-Württemberg
bzgl.	bezüglich
CDH	Centralvereinigung der Deutschen Handelsvertreter- und Handelsmaklerverbände
c.i.c.	culpa in contrahendo
CIM	Internationales Übereinkommen über den Eisenbahn-Frachtverkehr
CIV	Internationales Übereinkommen über den Eisenbahn-Personen- und Gepäckverkehr
CMR	Übereinkommen über den Beförderungsvertrag im internationalen Straßengüterverkehr
COTIF	Übereinkommen über den internationalen Eisenbahnverkehr
DAR	Deutsches Autorecht
DB	Der Betrieb

DDR	Deutsche Demokratische Republik
DepotG	Depot-Gesetz
dgl.	dergleichen
DIHT	Deutscher Industrie- und Handelstag
Diss.	Dissertation
DJ	Deutsche Justiz
DJT	Deutscher Juristentag
DJZ	Deutsche Juristenzeitung
DMBilG	D-Mark-Bilanzgesetz
DNotZ	Deutsche Notar-Zeitung
DPMA	Deutsches Patent- und Markenamt
DR	Deutsches Recht (1939-1945)
DRiZ	Deutsche Richterzeitung
Drucks.	Drucksache
dsgl.	desgleichen
DStR	Deutsches Steuerrecht
DStZ	Deutsche Steuer-Zeitung
DTB	Deutsche Terminbörse
DurchfVO	Durchführungsverordnung
DZWIR	Deutsche Zeitschrift für Wirtschafts- und Insolvenzrecht
E	Entwurf
EBE	Eildienst Bundesgerichtliche Entscheidungen
ECR	Entscheidungen zum Computerrecht
EDV	Elektronische Datenverarbeitung
EFG	Entscheidungen der Finanzgerichte
eG	eingetragene Genossenschaft
EG	Europäische Gemeinschaften; Vertrag zur Gründung der Europäischen Gemeinschaft in der seit dem 1.5.1999 geltenden Fassung; Einführungsgesetz
EGBGB	Einführungsgesetz zum Bürgerlichen Gesetzbuch
EGHGB	Einführungsgesetz zum Handelsgesetzbuch
EGInsO	Einführungsgesetz zur Insolvenzordnung
EGV	Vertrag zur Gründung der Europäischen Gemeinschaft in der bis zum 30.4.1999 geltenden Fassung
EHUG	Gesetz über elektronische Handelsregister und Genossenschaftsregister sowie das Unternehmensregister
Einf.	Einführung
EinigV	Einigungsvertrag
Einl.	Einleitung
EIPR	European Intellectual Property Review
elSig-RL	elektronische-Signatur-Richtlinie/Richtlinie 1999/93/EG des europäischen Parlaments und des Rates über gemeinschaftliche Rahmenbedingungen für elektronische Signaturen
Entw.	Entwurf

EPA	Europäisches Patentamt
EPÜ	Europäisches Patentübereinkommen
ERA	Einheitliche Richtlinien und Gebräuche für Dokumenten-Akkreditive
ErbStG	Erbschaftsteuergesetz
Erg.	Ergebnis
Erl.	Erläuterung(en)
EStG	Einkommensteuergesetz
EU	Europäische Union
EuG	Europäisches Gericht erster Instanz
EuGH	Europäischer Gerichtshof
EuGRZ	Europäische Grundrechte-Zeitschrift
EuGVÜ	Europäisches Übereinkommen über die gerichtliche Zuständigkeit und die Vollstreckung gerichtlicher Entscheidungen in Zivil- und Handelssachen
EuGVVO	Verordnung (EG) Nr. 44/2001 des Rates vom 22.10.2000 über die gerichtliche Zuständigkeit und die Anerkennung und Vollstreckung in Zivil- und Handelssachen
EuInsVO	Europäische Insolvenzverordnung
EuR	Europarecht
EuZW	Europäische Zeitschrift für Wirtschaftsrecht
e.V.	eingetragener Verein
EVB-IT	Ergänzende Vertragsbedingungen für die Beschaffung von Informationstechnologie-Leistungen
EvBl.	Evidenzblatt der Rechtsmittelentscheidungen (Beilage zur ÖJZ)
EVO	Eisenbahn-Verkehrsordnung
EWG	Europäische Wirtschaftsgemeinschaft
EWGV	Vertrag zur Gründung der Europäischen Wirtschaftsgemeinschaft
EWiR	Entscheidungen zum Wirtschaftsrecht
EWIV	Europäische wirtschaftliche Interessenvereinigung
EWIVG	Gesetz zur Ausführung der EWG-Verordnung über die Europäische wirtschaftliche Interessenvereinigung (EWIV-Ausführungsgesetz)
EWR	Europäischer Wirtschaftsraum
F&E	Forschung(s-) und Entwicklung(s-)
f., ff.	folgender, fortfolgende
FA	Fachanwalt-Arbeitsrecht
FamFG	Gesetz über das Verfahren in Familiensachen und in den Angelegenheiten der freiwilligen Gerichtsbarkeit
FamRZ	Zeitschrift für das gesamte Familienrecht
FARL	Richtlinie 97/7/EG des Europäischen Parlamentes und des Rates vom 20.5.1997 über den Verbraucherschutz bei Vertragsabschlüssen im Fernabsatz

FAZ BdW	Frankfurter Allgemeine Zeitung Blick durch die Wirtschaft
FernAbsG	Fernabsatzgesetz
FG	Finanzgericht
FGG	Gesetz über die Angelegenheiten der freiwilligen Gerichtsbarkeit
FGPrax	Praxis der Freiwilligen Gerichtsbarkeit
FK	Frankfurter Kommentar
FLF	Finanzierung, Leasing, Factoring
Fn.	Fußnote
FR	Finanz-Rundschau
FS	Festschrift
FTE	Forschung und technologische Entwicklung
FuE	Forschung und Entwicklung
G	Gesetz
GA	Goltdammer's Archiv für Strafrecht
GaststG	Gaststättengesetz
GBl.	Gesetzblatt (DDR)
GBO	Grundbuchordnung
GbR	Gesellschaft bürgerlichen Rechts
GBV, GBVfg.	Allgemeine Verfügung über die Einrichtung und Führung des Grundbuchs
GDV	Gesamtverband der Deutschen Versicherungswirtschaft
geänd.	geändert
GebrMG	Gebrauchsmustergesetz
GenG	Genossenschaftsgesetz
Ges.	Gesetz
GeschmMG	Geschmacksmustergesetz
GesO	Gesamtvollstreckungsordnung
GesR	Gesellschaftsrecht
GewArch	Gewerbearchiv
GewO	Gewerbeordnung
GewStG	Gewerbesteuergesetz
GewStR	Gewerbesteuer-Richtlinien
GFS	Gemeinsame Forschungsstelle (der EU)
GG	Grundgesetz
ggf.	gegebenenfalls
GK	Gemeinschaftskommentar
GKG	Gerichtskostengesetz
GmbH	Gesellschaft mit beschränkter Haftung
GmbHÄndG	GmbH-Änderungsgesetz
GmbHG	Gesetz betr. die Gesellschaften mit beschränkter Haftung
GmbHR	GmbH-Rundschau
GmbHRspr.	Die GmbH in der Rechtsprechung der deutschen Gerichte

GMBVO	Gemeinschaftsmarkenverordnung der EG
GMVO	Gemeinschaftsmarkenverordnung
GPSG	Gesetz über technische Arbeitsmittel und Verbraucherprodukte (Geräte- und Produktsicherheitsgesetz)
grdl.	grundlegend
GrErwStG, GrEStG	Grunderwerbsteuergesetz
GroßKomm	Großkommentar
GrS	Großer Senat
GrSZ	Großer Senat in Zivilsachen
Gruch.	Beiträge zur Erläuterung des Deutschen Rechts, begründet von Gruchot
GRUR	Gewerblicher Rechtsschutz und Urheberrecht
GRUR Int.	Gewerblicher Rechtsschutz und Urheberrecht International
GSiG, GSG	Gerätesicherheitsgesetz
GU	Gemeinschaftsunternehmen
GüKG	Güterkraftverkehrsgesetz
GVBl.	Gesetz- und Verordnungsblatt
GVG	Gerichtsverfassungsgesetz
GVO	Gruppenfreistellungsverordnung
GWB	Gesetz gegen Wettbewerbsbeschränkungen
h.A.	herrschender Ansicht
HandwO	Gesetz zur Ordnung des Handwerks
HausTWG	Gesetz über den Widerruf von Haustürgeschäften
Hdb.	Handbuch
HGB	Handelsgesetzbuch
HK	Heidelberger Kommentar
h.L.	herrschende Lehre
h.M.	herrschende Meinung
HR	Handelsrecht
HRefG	Handelsrechtsreformgesetz
HRegGebV	Handelsregistergebührenordnung
HRegVfg.	Handelsregisterverfügung
HRR	Höchstrichterliche Rechtsprechung
Hrsg.	Herausgeber
HRV	Handelsregisterverordnung
Hs.	Halbsatz
HVG	Handelsvertretergesetz
HVHM	Der Handelsvertreter und Handelsmakler
HVJ	Handelsvertreterjournal
HVR	Handelsvertreterrecht, Entscheidungen und Gutachten
ICC	International Chambers of Commerce – Internationale Handelskammer in Paris
i.d.F.	in der Fassung
i.d.R.	in der Regel
IHK	Industrie- und Handelskammer

IHV	Der Industrie- und Handelsvertreter
Incoterms	International Commercial Terms
Inf.	Information über Steuer und Wirtschaft
InsO	Insolvenzordnung
InvG	Investmentgesetz
InvStG	Investmentsteuergesetz
IPR	Internationales Privatrecht
IPRax	Praxis des Internationalen Privat- und Verfahrensrechts (Zeitschrift)
IR-Marke	International registrierte Marke
i.S.	im Sinne
i.S.d.	im Sinne des
i.S.v.	im Sinne von
IuKDG	Gesetz zur Regelung der Rahmenbedingungen für Informations- und Kommunikationsdienste (Informations- und Kommunikationsdienste-Gesetz)
i.V.m.	in Verbindung mit
JA	Juristische Amtsblätter
Jb.	Jahrbuch
JBl.	Justizblatt, Juristische Blätter (Österreich)
jew.	jeweils
JFG	Jahrbuch für Entscheidungen in Angelegenheiten der freiwilligen Gerichtsbarkeit und des Grundbuchrechts
JherJB	Jherings Jahrbücher der Dogmatik des Bürgerlichen Rechts
JR	Juristische Rundschau
Jura	Juristische Ausbildung (Zeitschrift)
Jur.Bl.	Juristische Blätter
JurBüro	Das Juristische Büro
JuS	Juristische Schulung
JVKostO	Gesetz über Kosten im Bereich des Justizverwaltung
JW	Juristische Wochenschrift
JZ	Juristenzeitung
KAG	Kommunalabgabengesetz
KAGG	Gesetz über Kapitalanlagegesellschaften
KapCoRiLiG	Gesetz zur Durchführung der Richtlinie des Rates der Europäischen Union zur Änderung der Bilanz- und der Konzernbilanzrichtlinie hinsichtlich ihres Anwendungsbereichs (90/605/EWG), zur Verbesserung der Offenlegung von Jahresabschlüssen und zur Änderung anderer handelsrechtlicher Bestimmungen (Kapitalgesellschaften- und Co-Richtlinie-Gesetz)
KapErhG	Kapitalerhöhungsgesetz
KapGes.	Kapitalgesellschaft
KapGesR	Kapitalgesellschaftsrecht

KartG	Kartellgericht
KfH	Kammer für Handelssachen
KG	Kammergericht; Kommanditgesellschaft
KGaA	Kommanditgesellschaft auf Aktien
Kfm.	Kaufmann
KGJ	Jahrbuch für Entscheidungen des Kammergerichts in Sachen der freiwilligen Gerichtsbarkeit
KMU	Kleine und mittlere Unternehmen
KO	Konkursordnung
KölnKomm.	Kölner Kommentar zum AktG
Komm.	Kommentar
KostO	Kostenordnung
krit.	kritisch
KSchG	Kündigungsschutzgesetz
KStDV	Körperschaftsteuer-Durchführungsverordnung
KStG	Körperschaftsteuergesetz
KStR	Körperschaftsteuer-Richtlinien
KTS	Zeitschrift für Konkurs-, Treuhand- und Schiedsgerichtswesen
KuT	Konkurs- und Treuhandwesen (später: KTS)
KVO	Kraftverkehrsordnung für den Güterverkehr mit Kraftfahrzeugen
KWG	Gesetz über das Kreditwesen
LAG	Landesarbeitsgericht
LG	Landgericht
Lit.	Literatur
LM	Nachschlagewerk des Bundesgerichtshofs, hrsg. von Lindenmaier, Möhring u.a.
LöschG	Löschungsgesetz
Ls.	Leitsatz
LSG	Landessozialgericht
LZ	Leipziger Zeitschrift für Deutsches Recht
MaBV	Makler- und Bauträgerverordnung
MarkenG	Markengesetz
m.a.W.	mit anderen Worten
MCR	Materialien zum Computerrecht
MDR	Monatsschrift für Deutsches Recht
MHbeG	Minderjährigenhaftungsbeschränkungsgesetz
Mio.	Millionen
MitbestG	Mitbestimmungsgesetz
Mitt.	Mitteilungen der deutschen Patentanwälte
MittBayNot	Mitteilungen des Bayerischen Notarvereins, der Notarkasse und der Landesnotarkammer Bayern
MittdtschPatAnw	Mitteilungen der deutschen Patentanwälte
MittRhNotK	Mitteilungen der Rheinischen Notar-Kammer
MMA	Madrider Marken-Abkommen

Abkürzungsverzeichnis

MMA-Prot.	Protokoll zum Madrider Marken-Abkommen
MMR	Multimedia und Recht (Zeitschrift)
m.N.	mit Nachweisen
MoMiG	Gesetz zur Modernisierung des GmbH-Rechts und zur Bekämpfung von Missbräuchen
MünchHdbGesR	Münchener Handbuch des Gesellschaftsrechts
MünchKommAktG	Münchener Kommentar zum Aktiengesetz
MünchKommBGB	Münchener Kommentar zum Bürgerlichen Gesetzbuch
MünchKommHGB	Münchener Kommentar zum Handelsgesetzbuch
MünchKommZPO	Münchener Kommentar zur Zivilprozessordnung mit Gerichtsverfassungsgesetz und Nebengesetzen
MuW	Markenschutz und Wettbewerb
m.w.N.	mit weiteren Nachweisen
NachhBG	Gesetz zur zeitlichen Begrenzung der Nachhaftung von Gesellschaftern (Nachhaftungsbegrenzungsgesetz)
Nachw.	Nachweis(e)
NaStraG	Gesetz zur Namensaktie und zur Erleichterung der Stimmrechtsausübung (Namensaktiengesetz)
n.F.	neue Fassung
NKBF	Nebenbestimmungen für Zuwendungen auf Kostenbasis des Bundesministeriums für Bildung und Forschung an Unternehmen der gewerblichen Wirtschaft für Forschungs- und Entwicklungsvorhaben
NJW	Neue Juristische Wochenschrift
NJW-RR	NJW-Rechtsprechungs-Report
NotBZ	Zeitschrift für die notarielle Beratungs- und Beurkundungspraxis
Nr.	Nummer
NStZ	Neue Zeitschrift für Strafrecht
n.v.	nicht veröffentlicht
NWB	Neue Wirtschafts-Briefe
NZA	Neue Zeitschrift für Arbeitsrecht
NZG	Neue Zeitschrift für Gesellschaftsrecht
OECD	Organization for Economic, Cooperation and Development – Organisation für wirtschaftliche Zusammenarbeit und Entwicklung
öHGB	österreichisches Handelsgesetzbuch
ÖOGH	Österreichischer Oberster Gerichtshof
OFH	Oberster Finanzhof
OGH	(Österreichischer) Oberster Gerichtshof, auch Oberster Gerichtshof für die Britische Zone
OGHZ	Entscheidungen des Obersten Gerichtshofs für die Britische Zone in Zivilsachen
OHG	Offene Handelsgesellschaft

OLG	Oberlandesgericht
OLGE/OLGR	Die Rechtsprechung der Oberlandesgerichte auf dem Gebiete des Zivilrechts
OLGZ	Entscheidungen der Oberlandesgerichte in Zivilsachen einschließlich der freiwilligen Gerichtsbarkeit (bis 1994)
o.Verf.	ohne Verfasser(angabe)
OVG	Oberverwaltungsgericht
OWiG	Gesetz über Ordnungswidrigkeiten
PartG	Partnerschaftsgesellschaft
PartGG	Gesetz über Partnerschaftsgesellschaften Angehöriger Freier Berufe
PatAnwO	Patentanwaltsordnung
PatG	Patentgesetz
PHi	Produkthaftpflicht international
PMZ	Blatt für Patent-, Muster- und Zeichenwesen
ProdHaftG	Produkthaftungsgesetz
PublG	Publizitätsgesetz
PVÜ	Pariser Verbandsübereinkunft zum Schutze des gewerblichen Eigentums
R	Recht, Regel
r+s	Recht und Schaden
RabelsZ	Zeitschrift für ausländisches und internationales Privatrecht, begr. von Rabel
RAG	Reichsarbeitsgericht; Entscheidungen des Reichsarbeitsgerichts
RBerG	Rechtsberatungsgesetz
RdA	Recht der Arbeit
RdW	Recht der Wirtschaft
Recht	Das Recht (= Beilage zu DJ)
RefE	Referentenentwurf
RegE	Regierungsentwurf
RFH	Reichsfinanzhof
RFHE	Sammlung der Entscheidungen des Reichsfinanzhofs
RG	Reichsgericht
RGBl.	Reichsgesetzblatt
RGSt	Entscheidungen des Reichsgerichts in Strafsachen
RGZ	Entscheidungen des Reichsgerichts in Zivilsachen
RIW	Recht der internationalen Wirtschaft
RJA	Entscheidungen in Angelegenheiten der freiwilligen Gerichtsbarkeit und des Grundbuchrechts (Reichsjustiz-Amt)
rkr.	rechtskräftig
RL	Richtlinie
RM	Reichsmark
RMinBl.	Reichsministerialblatt

Rn.	Randnummer
RNotZ	Rheinische Notar-Zeitschrift
ROHGE	Entscheidungen des Reichsoberhandelsgerichts
Rpfleger	Der Rechtspfleger
RPflG	Rechtspflegergesetz
RpflStud	Rechtspfleger-Studienhefte
Rspr.	Rechtsprechung
RStBl.	Reichssteuerblatt
RVO	Reichsversicherungsordnung
RVR	Rundschau für Vertreterrecht
S.	Satz, Seite
s.	siehe
SAE	Sammlung arbeitsrechtlicher Entscheidungen
SCE	societas cooperativa europaea/Europäische Genossenschaft
ScheckG	Scheckgesetz
SchiedsVZ	Zeitschrift für Schiedsverfahren
SchlHA	Schleswig-Holsteinische Anzeigen
Schr.	Schreiben
SchwbG	Schwerbehindertengesetz
SE	societas europaea/Europäische Gesellschaft
SeuffA, SeuffArch	Seufferts Archiv für Entscheidungen der obersten Gerichte in den deutschen Staaten
SE-VO	Verordnung über das Statut der Europäischen Gesellschaft
SGB	Sozialgesetzbuch
SigG	Gesetz zur digitalen Signatur (Signaturgesetz)
SJZ	Süddeutsche Juristenzeitung; Schweizerische Juristen-Zeitung
SKR	Richtlinie 93/38/EWG vom 14.6.1993 zur Koordinierung der Auftragsvergabe durch Auftraggeber im Bereich der Wasser-, Energie- und Verkehrsversorgung sowie im Telekommunikationssektor (Sektorenrichtlinie)
Slg.	Sammlung
s.o.	siehe oben
sog.	sogenannt
SortSchG	Sortenschutzgesetz
Sp.	Spalte
StBerG	Gesetz über die Rechtsverhältnisse der Steuerberater und Steuerbevollmächtigten (Steuerberatungsgesetz)
StbJb.	Steuerberater-Jahrbuch
StGB	Strafgesetzbuch
StPO	Strafprozessordnung
str.	streitig
st. Rspr.	ständige Rechtsprechung
StuW	Steuer und Wirtschaft

s.u.	siehe unten
TB	Tätigkeitsberichte des Bundeskartellamts
TDG	Gesetz über die Nutzung von Telediensten (Teledienstegesetz)
teilw.	teilweise
TIP	Technology Implementation Plan
to	Tonnen
TTVO	Technologietransfer-Verordnung
TRG	Gesetz zur Neuregelung des Fracht-, Speditions- und Lagerrechts (Transportrechtsreformgesetz)
TRIPS	Trade Related Aspects of Intellectual Property Rights
TRIPS-Abkommen	Übereinkommen über handelsbezogene Aspekte der Rechts des geistigen Eigentums
TUG	Transparenzrichtlinie – Umsetzungsgesetz
TVG	Tarifvertragsgesetz
TzWrG	Teilzeit-Wohnrechtegesetz
u.	unten
u.a.	und andere/unter anderem
UBGG	Gesetz über Unternehmensbeteiligungsgesellschaften
UGB	Unternehmensgesetzbuch (Österreich)
UmwG	Gesetz über die Umwandlung von Kapitalgesellschaften
UmwStG	Umwandlungssteuergesetz
unstr.	unstreitig
UPOV-Abkommen	Internationales Übereinkommen zum Schutz von Pflanzenzüchtungen
UrhG	Urheberrechtsgesetz
USK	Urteilssammlung für die gesetzliche Krankenversicherung
UStG	Umsatzsteuergesetz
u.U.	unter Umständen
UWG	Gesetz gegen den unlauteren Wettbewerb
VAG	Gesetz über die Beaufsichtigung der privaten Versicherungsunternehmungen und Bausparkassen (Versicherungsaufsichtsgesetz)
VerbrKrG	Verbraucherkreditgesetz
VereinsG	Vereinsgesetz
VerglO	Vergleichsordnung
VerlG	Gesetz über das Verlagsrecht
VerschmG	Verschmelzungsgesetz
VersR	Versicherungsrecht (Zeitschrift)
VersVerm	Versicherungsvermittlung
VerwR	Verwaltungsrecht
VGH	Verwaltungsgerichtshof
vgl.	vergleiche
VglO	Vergleichsordnung

VgV	Vergabeverordnung
VIZ	Zeitschrift für Vermögens- und Investitionsrecht
VO	Verordnung
VOB	Verdingungsordnung für Bauleistungen
VOF	Verdingungsordnung für freiberufliche Leistungen
VOL	Verdingungsordnung für Leistungen, ausgenommen Bauleistungen
Vorb.	Vorbemerkung
VP	Die Versicherungs-Praxis
VStG	Vermögensteuergesetz
VVaG	Versicherungsverein auf Gegenseitigkeit
VVG	Versicherungsvertragsgesetz
VW	Versicherungswirtschaft
VwGO	Verwaltungsgerichtsordnung
VwVfG	Verwaltungsverfahrensgesetz
WährG	Währungsgesetz
WarnR	Rechtsprechung des Reichsgerichts auf dem Gebiete des Zivilrechts, hrsg. v. Warneyer
WeimRV	Weimarer Reichsverfassung
WG	Wechselgesetz
WiB	Wirtschaftsrechtliche Beratung
WiKG	Gesetz zur Bekämpfung der Wirtschaftskriminalität
WIPO	World Intellectual Property Organization
WiR	Wirtschaftsrecht
wistra	Zeitschrift für Wirtschaft, Steuer, Strafrecht
WM	Wertpapier-Mitteilungen
WoVermG	Gesetz zur Regelung der Wohnungsvermittlung
WPg	Die Wirtschaftsprüfung
WpHG	Gesetz über den Wertpapierhandel
WpPG	Wertpapierprospektgesetz
WPO	Gesetz über eine Berufsordnung der Wirtschaftsprüfer (Wirtschaftsprüferordnung)
WRP	Wettbewerb in Recht und Praxis
WuB	Entscheidungssammlung zum Wirtschafts- und Bankrecht
WuM	Wohnungswirtschaft und Mietrecht
WuW	Wirtschaft und Wettbewerb
WUW/E	Wirtschaft und Wettbewerb. Entscheidungssammlung zum Kartellrecht
WVK	Wirtschaftsdienst für Versicherungs- und Bausparkaufleute
WZG	Warenzeichengesetz
ZAP	Zeitschrift für die Anwaltspraxis
z.B.	zum Beispiel
ZBH	Zentralblatt für Handelsrecht
ZbR	Zurückbehaltungsrecht

ZE	Zuwendungsempfänger
ZEuP	Zeitschrift für Europäisches Privatrecht
ZEV	Zeitschrift für Erbrecht und Vermögensnachfolge
ZfA	Zeitschrift für Arbeitsrecht
ZfB	Zeitschrift für Betriebswirtschaft
ZfgG, ZgesGenW	Zeitschrift für das gesamte Genossenschaftswesen
ZfV	Zeitschrift für Versicherungswesen
ZGB	Schweizerisches Zivilgesetzbuch
ZGR	Zeitschrift für Unternehmens- und Gesellschaftsrecht
ZHR	Zeitschrift für das gesamte Handels- und Wirtschaftsrecht
Ziff.	Ziffer
ZInsO	Zeitschrift für das gesamte Insolvenzrecht
ZIP	Zeitschrift für Wirtschaftsrecht
ZNotP	Zeitschrift für die Notar-Praxis
ZPO	Zivilprozessordnung
ZRP	Zeitschrift für Rechtspolitik
zust.	zustimmend
zutr.	zutreffend
ZVersWiss	Zeitschrift für die gesamte Versicherungswissenschaft
ZVglRW	Zeitschrift für vergleichende Rechtswissenschaft
zw.	zweifelhaft
ZZP	Zeitschrift für Zivilprozess
zzgl.	zuzüglich

Einleitung

Übersicht

	Rn.
I. Regelungsgegenstand des HGB; Begriff des Handelsrechts	
1. Sonderprivatrecht des Kaufmanns.	1
a) Sonderprivatrecht	1
b) Zur Terminologie: Handel – gewerbliche Tätigkeit	2
c) Das subjektive System	3
d) Die tätigkeitsbezogene Komponente des Kaufmannsbegriffs.	6
e) Objektive Anknüpfungstatbestände	7
f) Übergang des reformierten HGB zu einem gemischten (Anknüpfungs-)System	8
2. Ziele und Kennzeichen handelsrechtlicher Sondernormen	9
a) Die besonderen Bedürfnisse des kaufmännischen Geschäftsverkehrs; die geringere Schutzbedürftigkeit des Kaufmanns	9
b) Die erhöhte Schutzbedürftigkeit des „Normalbürgers" (Verbrauchers)	12
c) Standardisierung der Anknüpfungsmerkmale	14
3. Alternative Lösungen in anderen Rechtsordnungen	15
II. Regelungsdefizite des HGB	
1. Defizite der Normenabgrenzung zwischen HGB und BGB	16
2. Der fragmentarische Charakter des HGB	19
III. Geschichtlicher Überblick; Entwicklung des deutschen Handelsrechts bis zur Reform 1998; Reformdiskussion	
1. Vorgeschichte des HGB (Überblick)	21
2. Das HGB bis zur Handelsrechtsreform 1998	22
3. Reformdiskussion	25
a) Der Reformbedarf	25
b) Die Reformvorschläge	31
aa) Der unternehmensrechtliche Ansatz de lege ferenda	31
bb) Der berufsrechtliche Ansatz	32
cc) Der unternehmensrechtliche Ansatz de lege lata	33

	Rn.
IV. Die Reformen des Jahres 1998; Handelsrechtsreform und Transportrechtsreform	
1. Das HRefG; Allgemeines	34
2. Die Neudefinition des Kaufmannsbegriffs	36
a) Der Grundsatz: Kaufmannseigenschaft aller Gewerbetreibenden unabhängig von einer Handelsregistereintragung	36
b) Weitere Ausklammerung der freien Berufe	38
c) Ausgrenzung der Kleingewerbetreibenden; Abschaffung der Kategorie des Minderkaufmanns	39
d) Das Optionsrecht von Kleingewerbetreibenden zum Erwerb des Kaufmannsstatus	43
3. Modernisierung des Firmenrechts	44
4. Sonstige Änderungen	45
5. Die Transportrechtsreform	46
V. Zusammenstellung wesentlicher Änderungen des HGB	47
VI. Geltung des HGB in den neuen Bundesländern	48
VII. Öffentliches Recht im HGB; Handelsrecht außerhalb des HGB; Wirtschaftsrecht	50
1. Öffentliches Recht im HGB	51
2. Handelsrecht außerhalb des HGB.	53
3. Wirtschaftsrecht	55
VIII. Verhältnis zum allgemeinen Privatrecht	
1. Der Grundsatz	56
2. Beiderseitige und einseitige Handelsgeschäfte	57
IX. Handelsrecht und Prozessrecht	
1. Die Kammern für Handelssachen.	58
2. Freiwillige Gerichtsbarkeit	59
3. Besondere Gerichtsstände	60
X. Internationale Zuständigkeit und Vollstreckung	61

	Rn.		Rn.
XI. Schiedsgerichtsbarkeit in Handelssachen		3. Institutionelle Schiedsgerichtsbarkeit	77
1. Allgemeines	66	**XII. Rechtsquellen des Handelsrechts**	
2. Die Schiedsvereinbarung	67	1. Bundes- und Landesgesetze	80
a) Neuregelung des deutschen Schiedsverfahrensrechts 1997	68	a) In innerstaatliches Recht umgesetzte internationale Abkommen	81
b) Abschluss und Zulässigkeit von Schiedsvereinbarungen	69	b) Rechtsangleichung innerhalb der Europäischen Union	82
aa) Die Form nach § 1031 Abs. 1 bis 4 ZPO	69	2. Rechtsverordnungen	85
bb) Die Form nach § 1031 Abs. 5 ZPO bei Beteiligung eines Verbrauchers	70	3. Gewohnheitsrecht, Handelsbräuche und Allgemeine Geschäftsbedingungen	87
cc) Vorrang internationaler Regelungen	71	a) Gewohnheitsrecht	88
		b) Handelsbräuche	89
dd) Abschluss von Gesellschaftsverträgen mit Schiedsklauseln	72	c) Allgemeine Geschäftsbedingungen	91
ee) Schiedsfähigkeit von Beschlussmängelstreitigkeiten bei GmbH und AG	75	d) Einheitliche transnationale Regeln des internationalen Handelsverkehrs	102
c) Schiedsvereinbarungen im internationalen Geschäftsverkehr	76		

Schrifttum (Auswahl) und Materialien:

a) **Kommentare:** *Baumbach/Hopt,* Handelsgesetzbuch, 33. Aufl. 2008; dazu *Hopt* (Hrsg.), Vertrags- und Formularbuch zum Handels-, Gesellschafts- und Bankrecht, 3. Aufl. 2007; *Ebenroth/Boujong/Joost/Strohn,* Handelsgesetzbuch, Bd. 1 und 2, 2. Aufl. 2008; *Ensthaler,* Gemeinschaftskommentar zum Handelsgesetzbuch mit UN-Kaufrecht, 7. Aufl. 2007; *Glanegger/Kirnberger/Kusterer/Ruß/Selder/Stuhlfelner,* Handelsgesetzbuch (Heidelberger Kommentar), 7. Aufl. 2007; Großkommentar zum Handelsgesetzbuch, 3. Aufl. 1967 ff., in der 4. Aufl.: *Staub,* Handelsgesetzbuch, 1983 ff.; *Heymann,* Handelsgesetzbuch, 1. Aufl. 1989, 2. Aufl. 1995 ff.; *Koller/Roth/Morck,* Handelsgesetzbuch, 6. Aufl. 2007; Münchener Kommentar zum Handelsgesetzbuch, 1996 ff. mit Ergänzungsband als Loseblatt 1999, 2. Aufl. 2005 ff.; *Schlegelberger,* Handelsgesetzbuch, 5. Aufl. 1973 ff.

b) **Lehrbücher und systematische Darstellungen:** *Brox/Henssler,* Handelsrecht, 19. Aufl. 2007; *Bülow,* Handelsrecht, 5. Aufl. 2005; *Canaris,* Handelsrecht, 24. Aufl. 2006; *Ehrenberg,* Handbuch des gesamten Handelsrechts, Band I–V, 1913–1929; *Fezer,* Klausurenkurs im Handelsrecht, 4. Aufl. 2006; *v. Gierke/Sandrock,* Handels- und Wirtschaftsrecht, Band I, 9. Aufl. 1975; *Groß,* Handelsrecht, 3. Aufl. 1994; *Hofmann,* Handelsrecht, 11. Aufl. 2002; *Hopt/Mössle,* Handelsrecht, 2. Aufl. 1999; *U. Hübner,* Handelsrecht, 45. Aufl. 2004; *Jung,* Handelsrecht, 6. Aufl. 2007; *Klunzinger,* Grundzüge des Handelsrechts, 13. Aufl. 2006; *Oetker,* Handelsrecht, 5. Aufl. 2006; *Raisch,* Unternehmensrecht, Band 1, Unternehmensprivatrecht, Handels- und Gesellschaftsrecht, 1973; *Raisch/Baums-Stammberger,* Handelsrecht ohne Gesellschaftsrecht, 1980; *Roth,* Handels- und Gesellschaftsrecht, 6. Aufl. 2001; *K. Schmidt,* Handelsrecht, 5. Aufl. 1999; *Timm/Schöne,* Handels- und Wirtschaftsrecht, Bd. I, 3. Aufl. 2004; *Wörlen,* Handelsrecht mit Gesellschaftsrecht, 8. Aufl. 2006.

c) **Materialien zum HGB:** *Hahn/Mugdan,* Materialien zum Handelsgesetzbuch für das Deutsche Reich und dem Einführungsgesetz, 1897; *Schubert/Schmiedel/Krampe,* Quellen zum Handelsgesetzbuch, 2 Bände, 1986.

d) Materialien zum Handelsrechtsreformgesetz 1998: Bund-Länder-Arbeitsgruppe „Handelsrecht und Handelsregisterrecht", Reformvorschläge der Bund-Länder-Arbeitsgruppe zum Handelsrecht, Beil. 148a BAnz. v. 9.8.1994; Kurzfassung in ZIP-Dokumentation 1994, 1407 und 1898; dazu *Niederleithinger* in ZIP-Report 1995, 597, 598; Referentenentwurf (RefE) BMJ 3822/1 III a Berlin, auszugsweise abgedruckt in ZIP 1997, 1401, 1445, 1485; Regierungsentwurf BR-Drucks. 340/97 v. 23.5.1997, auszugsweise abgedruckt in ZIP 1997, 942; s. dazu auch die Stellungnahme des Bundesrats BR-Drucks. 340/97 v. 4.7.1997 und BT-Drucks. 13/8444 v. 29.8.1997 (mit Gegenäußerungen der Bundesregierung), auszugsweise abgedruckt in ZIP 1997, 2025; Materialien bei *Schaefer*, Handelsrechtsreformgesetz, 1999.

e) Monographien und Aufsätze: *Baumann*, Strukturfragen des Handelsrechts, AcP 184 (1984), 45; *Bydlinski*, Handels- oder Unternehmensrecht als Sonderprivatrecht, 1990; *Heck*, Weshalb besteht ein von dem bürgerlichen Rechte gesondertes Handelsprivatrecht?, AcP 92 (1902), 438; *Heinemann*, Handelsrecht im System des Privatrechts, in: Festschrift Fikentscher, 1998, S. 349; *Henssler*, Gewerbe, Kaufmann und Unternehmen, ZHR 161 (1997) 13; *Kort*, Zum Begriff des Kaufmanns im deutschen und französischen Handelsrecht, AcP 193 (1993), 453; *Kramer*, Handelsgeschäfte – eine rechtsvergleichende Skizze zur rechtsgeschäftlichen Sonderbehandlung unternehmerischer Kontrahenten, in: Festschrift Ostheim, 1990, S. 299; *Krause*, Kaufmannsrecht und Unternehmensrecht, ZHR 105 (1938), 69; *Laband*, Das Verhältnis des Handelsrechts zum bürgerlichen Recht, DJR 1896, 345; *Lehmann*, Bürgerliches Recht und Handelsrecht. Eine juristische und ökonomische Analyse, 1983; *Müller-Freienfels*, Zur „Selbständigkeit" des Handelsrechts, in: Festschrift Caemmerer, 1978, S. 58; *Neuner*, Handelsrecht – Handelsgesetz – Grundgesetz, ZHR 157 (1993), 243; *Nußbaum*, Die Auflösung des Handelsrechtsbegriffs, ZHR 76 (1915), 325; *Preis*, Der persönliche Anwendungsbereich der Sonderprivatrechte, ZHR 158 (1994), 567; *Raisch*, Die Abgrenzung des Handelsrechts als Kodifikationsproblem im 19. Jahrhundert, 1962; *Raisch*, Geschichtliche Voraussetzungen, dogmatische Grundlagen und Sinneswandlung des Handelsrechts, 1965; *Raisch*, Die rechtsdogmatische Bedeutung der Abgrenzung von Handelsrecht und bürgerlichem Recht, JuS 1967, 533; *Raisch*, Handelsrecht heute, JA 1990, 259, 328, 369; *Raisch*, Handels- oder Unternehmensrecht als Sonderprivatrecht?, ZHR 154 (1990), 567; *Raisch*, Freie Berufe und Handelsrecht, in: Festschrift Rittner, 1991, S. 471; *Recknagel*, Die Trennung von Zivilrecht und Handelsrecht, 1985; *K. Schmidt*, Das HGB und die Gegenwartsaufgaben des Handelsrechts, 1983; *K. Schmidt*, Kaufmann und Handelsregister. DIHT-Vorschläge für Änderungen im Ersten Buch des HGB und eine Handelsregisterordnung, 1987; *K. Schmidt*, Bemerkungen und Vorschläge zur Überarbeitung des Handelsgesetzbuchs – Vom Recht des „Handelsstands" (Erstes Buch) zum Recht der „Unternehmen", DB 1994, 515; *K. Schmidt*, Wozu noch Handelsrecht? – Vom Kaufmannsrecht zum Unternehmensrecht, JurBl. 1995, 341; *K. Schmidt*, Woher – wohin?, ADHGB, HGB und die Besinnung auf den Kodifikationsgedanken, ZHR 161 (1997), 2; *K. Schmidt*, „Unternehmer" – „Kaufmann" – „Verbraucher", BB 2005, 837; *Schultze-v. Lasaulx*, Handel und Gewerbe; Gedanken zur Gruppierung des Rechtsstoffes, AcP 145 (1939), 234; *Schwark*, Die Abgrenzung von Schuldrecht und Handelsrecht als legislatorisches Problem, in: Kindermann (Hrsg.), Studien zu einer Theorie der Gesetzgebung, 1982, S. 11; *Siems*, Der personelle Anwendungsbereich des Handelsrechts nach dem Handelsrechtsreformgesetz, 1999; *Siems*, Fünf Jahre neuer Kaufmannsbegriff, NJW 2003, 1296; *Siems*, Kaufmannsbegriff und Rechtsfortbildung, 2003; *Singer*, Sonderprivatrecht für Kaufleute, ZIP 1992, 1058; *Steding*, Handelsrecht – Sonderprivatrecht des Kaufmanns, WiR 1993, 247; *Wolter*, Was ist heute Handelsrecht?, Jura 1988, 169; *Zöllner*, Wovon handelt das Handelsrecht, ZGR 1983, 82.

f) Schrifttum zum Handelsrechtsreformgesetz 1998: *Ammon*, DStR 1998, 1474; *Bokelmann*, GmbHR 1998, 57; *Bülow/Artz*, JuS 1998, 680; *Bydlinski*, ZIP 1998, 1169; Fachtagung der Bayer-Stiftung, 1999, mit Beiträgen von *Dreher, Schaefer, W. H. Roth, Möller, Habersack, Dauner-Lieb, Seibert, Krebs, Fleischer; Frey/Bredow*, ZIP 1998, 1621;

Gustavus, GmbHR 1998, 17; *Heinemann*, in: Festschrift Fikentscher, 1998, S. 349; *Henssler*, ZHR 161 (1997), 13; *Kaiser*, JZ 1999, 495; *Kögel*, BB 1997, 793; *Krebs*, DB 1996, 2013; *Lieb*, NJW 1999, 35; *v. Olshausen*, JZ 1998, 717; *Pfeiffer*, NJW 1999, 169; *Priester*, DNotZ 1998, 691; *Ring*, Das neue Handelsrecht, 1999; *Schaefer*, DB 1998, 1269; *K. Schmidt*, ZIP 1997, 909; *K. Schmidt*, DB 1998, 61; *K. Schmidt*, NJW 1998, 2161; *K. Schmidt*, ZHR 163 (1999), 87; *Schmitt*, WiB 1997, 1113; *Schön*, DB 1998, 1169; *Stumpf*, BB 1998, 2380; *Treher*, AcP 199 (1999), 525; *Zimmer*, ZIP 1998, 2050.

Weitere Schrifttumsnachweise vor den einzelnen Abschnitten und Paragraphen sowie im Text der Erläuterungen.

I. Regelungsgegenstand des HGB; Begriff des Handelsrechts

1. Sonderprivatrecht des Kaufmanns

a) Sonderprivatrecht

1 Das am 1.1.1900 (vgl. näher § 1 EGHGB) und damit gleichzeitig mit dem BGB in Kraft getretene HGB versteht sich als die zentrale Kodifikation des deutschen Handelsrechts. Da seine Rechtssätze der Regelung von Rechtsbeziehungen unter gleichgeordneten Subjekten des Privatrechts innerhalb einer privatwirtschaftlich ausgerichteten Wirtschaftsordnung gelten, gehören sie überwiegend (wenn auch keineswegs ausschließlich, vgl. Rn. 51 ff.) dem **Privatrecht** an. Im Verhältnis zum allgemeinen Privatrecht, dessen Mittelpunkt das umfassende Regelwerk des BGB bildet, sind die Rechtssätze des HGB **Sonderrecht**. Denn sie gelten nicht wie das BGB und die meisten seiner Nebengesetze grundsätzlich für alle privatrechtlichen Rechtsbeziehungen, sondern nur für sog. Handelssachen (vgl. Art. 2 Abs. 1 EGHGB).

b) Zur Terminologie: Handel – gewerbliche Tätigkeit

2 Von daher scheint es sich zunächst aufzudrängen, das Handelsrecht des HGB – wie es auch die Bezeichnung „Handelsgesetzbuch" suggeriert und auch in der Vergangenheit vielfach üblich war – als Sonderprivatrecht des Handels zu beschreiben. Das war jedoch schon in der Vergangenheit nur in sehr grober Vereinfachung richtig. Denn bereits vor dem Inkrafttreten der letzten großen Reform des HGB durch das Handelsrechtsreformgesetz[1] am 1.7.1998 beschränkte sich der Anwendungsbereich des HGB nicht auf den klassischen Warenhandel (mit oder ohne vorherige Be- oder Verarbeitung); er umfasste vielmehr auch einige in § 1 Abs. 2 a.F. einzeln aufgezählte klassische Dienstleistungsgewerbe, Teile des Handwerks und unter bestimmten Voraussetzungen (§ 2 a. F.) sogar jede gewerbliche Tätigkeit sowie fakultativ die Tätigkeit von Betrieben der Land- und Forstwirtschaft (§ 3 a.F.). Bei den sog. Formkaufleuten des § 6 konnte Handelsrecht zudem auch schon nach dem seinerzeitigen Rechtszustand sogar auf nicht gewerbliche Tätigkeiten zur Anwendung gelangen. Nach dem seit dem 1.7.1998 (Inkrafttreten des HRefG, s.o.) gelten-

---

[1] Handelsrechtsreformgesetz (HRefG) v. 22.6.1998, in Kraft seit dem 1.7.1998, BGBl. I 1998, 1474; s. dazu ausführlich im Text Rn. 34 ff.; Nachw. oben unter Schrifttum bei Materialien unter d) und Schrifttum unter f).

den Recht ist die Umschreibung der den Sondernormen des HGB unterworfenen Rechtsmaterie mit „Handelssachen" in Art. 2 Abs. 1 EGHGB vollends irreführend geworden. Entsprechendes gilt auch für weite Teile der im HGB selbst benutzten Terminologie, angefangen bei den auch nach der Reform beibehaltenen Überschriften der einzelnen Bücher des Gesetzes („Handelsstand", „Handelsgesellschaften …", „Handelsbücher", „Handelsgeschäfte"), über den für die Anwendung des Sonderrechts des HGB zentralen Begriff des „Handels"gewerbes (§ 1 Abs. 1 und 2) bis hin zu der Bezeichnung des gesamten Gesetzeswerks als „Handels"gesetzbuch. Irreführend ist diese Terminologie, weil spätestens nach dem seit dem 1.7.1998 geltenden Recht ein zur Anwendbarkeit der Sondernormen des HGB führendes „Handels"gewerbe nicht allein durch eine Tätigkeit im (Waren-)Handel oder einem seiner Hilfsberufe, sondern im Grundsatz durch jede gewerbliche Tätigkeit gleich welcher Art begründet wird (§ 1 Abs. 2) oder doch jedenfalls begründet werden kann (§ 2). Zutreffender ist es deshalb, zunächst in Form einer Zwischenbilanz das geltende Handelsrecht des **HGB** als **Sonderprivatrecht** (nicht speziell des Handels, sondern) **der gewerblichen Tätigkeit** schlechthin zu beschreiben. Diese Definition bezeichnet jedoch lediglich den Kernbereich der Anwendbarkeit handelsrechtlicher Sondernormen. Unter die Geltung des Handelsrechts können unter bestimmten Voraussetzungen auch nicht gewerbliche Tätigkeiten fallen. Dies gilt zum einen für die sog. nur vermögensverwaltenden Gesellschaften des § 105 Abs. 2 (s. dazu bei § 105) sowie zum anderen (wie schon nach bisherigem Recht) für die sog. Formkaufleute des § 6, deren Tätigkeit insgesamt, auch soweit sie nicht gewerblicher Art ist, den Sondervorschriften des HGB unterliegt (s. dazu näher § 6 Rn. 8 ff.); zu der auch nach neuem Recht beibehaltenen privilegierten Stellung der land- und forstwirtschaftlichen Betriebe s. die Erl. zu § 3.

c) Das subjektive System

Die – vorläufige – Definition als Sonderprivatrecht der gewerblichen Tätigkeit bedarf noch näherer einschränkender Bestimmung: Nach der Systematik des HGB entscheidet über die Anwendbarkeit seiner Vorschriften nicht allein die Art des abgeschlossenen Geschäfts und der damit geschaffenen Rechtsbeziehungen; es genügt also nicht, dass ein Geschäft gewerblicher Art ist, z.B. nicht lediglich der Deckung privater Bedürfnisse dient. Erforderlich ist vielmehr – jedenfalls für den Kernbereich des Gesetzes, zu einzelnen Ausnahmen unten Rn. 7 – zusätzlich, dass mindestens eine (zur Unterscheidung zwischen einseitigen und beiderseitigen Handelsgeschäften Rn. 57) der an der betreffenden rechtlichen Beziehung beteiligten Parteien die im HGB eigenständig und vom üblichen Wortverständnis teilweise abweichend definierte **Kaufmannseigenschaft** (zum Kaufmannsbegriff des HGB § 1 Rn. 2 ff.) besitzt. Diese Kaufmannseigenschaft kommt auch nicht dem gewerblichen Unternehmen als solchem zu. Das HGB knüpft – zumindest in formaler Beziehung – nicht unmittelbar an das Vorhandensein eines gewerblichen Unternehmens und die Zugehörigkeit des Geschäfts zu dessen Betrieb an (s. aber auch Rn. 7). Anknüpfungspunkt ist vielmehr ausschließlich dessen Betreiber oder (gleich lautend) Inhaber oder – in moderner Terminologie – 3 der Träger des Unternehmens (kurz als Unternehmensträger oder Rechtsträger bezeichnet); zu diesem Betriff s. näher § 1 Rn. 73. Das ist derjenige, der aus den im Betrieb des Unternehmens geschlossenen Geschäften rechtlich berechtigt und verpflichtet wird und damit als Zuordnungsobjekt aller durch den Betrieb des Unternehmens begründeten Rechte und Pflichten fungiert. Das kann je nachdem eine natürliche Person, eine juristische Person oder auch (wie bei den Personengesellschaften) eine nach außen hin als Einheit auftretende Personengesamtheit sein.

4 Diese auch nach der letzten Gesetzesreform (oben Rn. 2) beibehaltene personale Anknüpfung, welche die Anwendbarkeit handelsrechtlicher Sondernormen im Regelfall (s. aber auch unten Rn. 7) nicht von der Art des abgeschlossenen Geschäfts oder dessen Begründung im Rahmen des Betriebs eines gewerblichen Unternehmens, sondern von einer speziellen Eigenschaft des Trägers (Betreibers, Inhabers) des Unternehmens, nämlich eben von dessen Kaufmannseigenschaft, abhängig macht, ist zutiefst in der Geschichte des Handelsrechts und insbesondere auch des HGB begründet. Symptomatisch ist dafür die Überschrift des 1. Buches, das mit „Handelsstand" überschrieben ist und im Anschluss an die bei dieser Systematik erforderliche Begriffsbestimmung des Kaufmanns („Erster Abschnitt. Kaufleute" §§ 1–7, s. § 1 Abs. 1 „Kaufmann ... ist, wer ...") nur für Kaufleute geltende Sondervorschriften über das Handelsregister, die Firma des Kaufmanns und über kaufmännisches Hilfspersonal (im weitesten Sinne einschließlich der selbständigen Berufsgruppen der Handelsvertreter und Handelsmakler) enthält. Schon durch diese Überschrift macht das HGB deutlich, dass es nach seinem historischen Selbstverständnis keine Sonderregelung bestimmter, allgemein für den Handel oder den Betrieb gewerblicher Unternehmen typischer Geschäfte und rechtsgeschäftlicher Beziehungen sein will, sondern das Sonderrecht einer bestimmten Personengruppe, nämlich der den „Handelsstand" bildenden Kaufleute, die zur Zeit der Entstehung des HGB im ausgehenden 19. Jahrhundert – die bis heute stehen gebliebene Überschrift „Handelsstand" zeigt dies schlagwortartig auf – noch als ständische Berufsgruppe aufgefasst wurde. Zwar ist die Bezeichnung „Handelsstand" in jedem ihrer Wortbestandteile inzwischen durch die soziale und rechtliche Entwicklung hoffnungslos überholt und deshalb unzutreffend und irreführend (s. schon oben Rn. 2). Weder bilden die Kaufleute in der heutigen offenen Gesellschaft einen eigenen „Stand" noch wird nach dem heute geltenden Recht die Kaufmannseigenschaft – anders als bei Schaffung des HGB – typischerweise durch eine berufliche Tätigkeit im (Waren-)Handel oder einem seiner Hilfsgeschäfte (s. dazu die Aufzählung in § 1 Abs. 2 in der bis zum 30.6.1998 geltenden Fassung, aber auch die schon sehr viel modernere Vorschrift des § 2 a.F.) begründet; sie kommt vielmehr im Grundsatz jedem Gewerbetreibenden zu. Auf die grundlegende Entscheidung des HGB, die Anwendbarkeit des Kernbereichs seiner Sondernormen von der Kaufmannseigenschaft des Betreibers (Inhabers, Trägers, s. o.) abhängig zu machen, ist dies jedoch ohne Auswirkung geblieben.

5 Am deutlichsten zeigt sich die Anknüpfung des HGB nicht an die Art des Geschäfts, sondern an eine bestimmte Eigenschaft der beteiligten Rechts-

subjekte – nämlich eben die Kaufmannseigenschaft – im 4. Buch, das die „Handelsgeschäfte" regelt: Zur Anwendbarkeit dieser Sondervorschriften genügt es nicht, dass objektiv eines der dort geregelten Handelsgeschäfte, etwa ein Wareneinkauf zum Zwecke des Weiterverkaufs, vorliegt. Hinzukommen muss stets, dass mindestens eine der beteiligten Personen die Kaufmannseigenschaft i.S. des HGB besitzt (vgl. § 345). Rechtstechnisch wird dies dadurch erreicht, dass ein Geschäft nur dann als Handelsgeschäft gilt, wenn es gerade von einem Kaufmann im Betrieb seines Handelsgewerbes getätigt wird (vgl. § 343). Das personale Moment wird dabei noch dadurch verstärkt, dass alle von einem Kaufmann geschlossenen Geschäfte teils unwiderlegbar (vgl. § 344 Abs. 2), teils widerlegbar (vgl. §§ 343, 344 Abs. 1) als Handelsgeschäfte angesehen werden. Indem das HGB die Geltung seiner Sondernormen von der Beteiligung eines Kaufmanns, also eines bestimmten Rechtssubjekts, abhängig macht, hat es sich für das sog. **subjektive System** entschieden[1]. Die Alternative dazu wäre das sog. **objektive System** gewesen, das dadurch gekennzeichnet ist, dass die Anwendbarkeit handelsrechtlicher Sonderregeln nicht, jedenfalls nicht primär, von den beteiligten Personen, sondern von Art und Gegenstand der getätigten Geschäfte abhängt. Diesem System folgt etwa der für den Handel zwischen den Einzelstaaten geltende Uniform Commercial Code der USA und auch – in sehr abgeschwächter Form – das französische Recht[2], das nicht den Kaufmannsbegriff, sondern den Abschluss von Handelsgeschäften (actes de commerce, vgl. Art. 1, 632, 633 Code de Commerce) in den Mittelpunkt stellt. Da die Bestimmungen des HGB überdies auch auf Gesellschaften nur anwendbar sind, wenn sie den Kaufmannsbegriff des HGB erfüllen oder kraft besonderer gesetzlicher Anordnung als Kaufmann gelten (§ 1 Rn. 6 sowie § 6), ist es grundsätzlich nach wie vor berechtigt, wenn das HGB herkömmlicherweise als die **Kodifikation des Sonderprivatrechts des Kaufmanns**[3] (oder der Kaufleute) bezeichnet wird, d.h. als die gesetzliche Zusammenstellung derjenigen privatrechtlichen Rechtssätze, die speziell für den Kaufmann in seiner geschäftlichen

---

1 Ganz h.M., vgl. *Brüggemann/Brüggemann*, Einl. Rn. 6; *Baumbach/Hopt*, Einl. vor § 1 Rn. 1; *Heymann/Horn*, Einl. I Rn. 1 u. 3; *Koller/Roth/Morck*, Einl. Rn. 2; *Canaris*, HR, § 1 Rn. 3; *Brox/Henssler*, HR, § 1 Rn. 3; *K. Schmidt*, HR, § 1 I 1. b) S. 4; eingehend zum subjektiven System *Raisch*, Abgrenzung des Handelsrechts, S. 17; *Raisch*, Geschichtliche Voraussetzungen, S. 25 ff.
2 So jedenfalls die herkömmliche Auffassung, vgl. *Heymann/Horn*, Einl. I Rn. 10. Inzwischen setzt sich aber zusehends die Ansicht durch, dass die französische Regelung eher als Mischsystem verstanden werden muss, da sie ähnl. wie das HGB auch subjektive Anknüpfungspunkte enthält, nämlich die Beteiligung von Personen, die in beruflicher oder gewerblicher Weise Handelsgeschäfte betreiben (Art. 1 C. Com.); zum Vergleich des deutschen und französischen Rechtssystems s. *Kort*, AcP 193 (1993), 453 ff., insbes. 466 f.; ähnl. wie dieser jetzt auch *Canaris*, HR, § 1 Rn. 3. Allgem. zum französischen Recht: *Sonnenberger*, Französisches Handels- und Wirtschaftsrecht, 2. Aufl. 1991.
3 Vgl. dazu *Brüggemann/Brüggemann*, Einl. Rn. 6; *Baumbach/Hopt*, Einl. vor § 1 Rn. 1; *Heymann/Horn*, Einl. I Rn. 1 u. 3; *Koller/Roth/Morck*, Einl. Rn. 2; *Canaris*, HR, § 1 Rn. 1 und 4; *Brox/Henssler*, HR, § 1 Rn. 7; *K. Schmidt*, HR, § 1 I 1. b) S. 4; eingehend zum subjektiven System *Raisch*, Abgrenzung des Handelsrechts, S. 17; *Raisch*, Geschichtliche Voraussetzungen, S. 25 ff.; s. ferner MünchKommHGB/*K. Schmidt*, vor § 1 Rn. 1 ff.

Betätigung gelten. Der Kaufmann und die Kaufmannseigenschaft werden dadurch zu den zentralen Begriffen des HGB überhaupt; vgl. zu ihnen im Einzelnen § 1 Rn. 2 ff.

d) Die tätigkeitsbezogene Komponente des Kaufmannsbegriffs

6   Auch diese Begriffsbestimmung des Handelsrechts und die dadurch umrissene Abgrenzung des Anwendungsbereichs der Spezialnormen des HGB von den Bestimmungen des allgemeinen Privatrechts wäre jedoch noch unvollständig, wollte man allein auf das personale Element, also die Kaufmannseigenschaft, abheben und dahinter ihre objektive Komponente, die Zugehörigkeit des betreffenden Vorgangs zum Bereich des vom Kaufmann betriebenen Unternehmens, völlig in den Hintergrund drängen. Denn die Sondernormen des HGB gelten auch für den Kaufmann nur in Bezug auf seine **geschäftliche Betätigung**, d.h. im Hinblick auf sein Unternehmen und die darin abgeschlossenen Geschäfte. In seiner Privatsphäre wird auch der Kaufmann grundsätzlich allein nach bürgerlichem Recht behandelt. Die Firma ist nur der Name, unter dem der Kaufmann sein Unternehmen betreibt; daneben führt er selbstverständlich seinen bürgerlichen Namen weiter; nur Handelsgesellschaften (einschließlich eingetragener Genossenschaften) haben keinen anderen Namen. Die Buchführungspflichten der §§ 238 ff. beziehen sich nur auf den geschäftlichen, nicht auf den privaten Bereich. Prokura und Handlungsvollmacht gelten ausschließlich für die Vertretung im Unternehmen. Unternehmensbezogen sind auch die §§ 25–28, die die Übernahme von Forderungen und Verbindlichkeiten regeln. Auch § 343 klammert den privaten Bereich aus, indem er als Handelsgeschäfte, die der Geltung des Sonderrechts des HGB unterworfen sind, nur diejenigen Geschäfte eines Kaufmanns bezeichnet, die im weitesten Sinne, einschließlich branchenfremder, aber im Betrieb des Unternehmens getätigter Geschäfte (s. dazu die Erl. zu § 343) zum Betriebe seines Handelsgewerbes gehören. § 344 Abs. 1, wonach die von einem Kaufmann vorgenommenen Rechtsgeschäfte im Zweifel als zum Betriebe seines Handelsgeschäftes gehörig gelten, spricht nicht dagegen. Die Bestimmung soll an der Ausgrenzung des privaten Bereiches des Kaufmanns nichts ändern, sondern lediglich den Verkehr schützen, für den die interne Zuordnung zum Privatbereich des kaufmännischen Geschäftsgegners nicht immer ohne weiteres durchschaubar ist. Die dort ausgesprochene Vermutung ist deshalb jederzeit auch zuungunsten des Geschäftspartners durch den Nachweis widerlegbar, dass der Geschäftspartner die Zugehörigkeit des Geschäfts zur Privatsphäre des Kaufmanns kannte oder kennen musste (vgl. dazu näher bei § 344). Stuft man also die von dem HGB getroffene Regelung wegen der zentralen Stellung, die darin dem Kaufmannsbegriff als Anknüpfungspunkt für das kaufmännische Sonderrecht zukommt, als Entscheidung für das subjektive System ein, so muss man sich dabei stets bewusst sein, dass der vom HGB gewählte Kaufmannsbegriff zugleich eine ganz erhebliche tätigkeitsbezogene und damit objektive Komponente enthält[1].

---

1 *K. Schmidt*, JuS 1985, 249, 254 sprach deshalb früher sogar pointiert von einem „heimlichen Sieg des objektiven Systems", sieht allerdings in dem Wegfall des frü-

e) Objektive Anknüpfungstatbestände

Für einige Geschäfte gibt das HGB in seiner neuesten, seit dem 1.7.1998 geltenden Fassung (oben Rn. 2; s. dazu ausführlich Rn. 34 ff.) die Anknüpfung an den Kaufmannsbegriff sogar auf und vollzieht damit – allerdings nur teilweise – auch den offenen Übergang zum objektiven System (oben Rn. 5). So gelten nach § 84 Abs. 4, § 93 Abs. 3 und § 383 Abs. 2 S. 1 die Sonderregeln des HGB für Handelsvertreter (§§ 84–92c), Handelsmakler (§§ 93–104) und das Kommissionsgeschäft (§§ 383–406) auch dann, wenn der Betreiber eines solchen Unternehmens als nicht in das Handelsregister eingetragener Kleingewerbetreibender nach §§ 1 Abs. 2 i.V.m. § 2 nicht die Kaufmannseigenschaft besitzt. Für den nicht kaufmännischen Kleinkommissionär gelten darüber hinaus auch die allgemeinen Vorschriften des HGB über Handelsgeschäfte (§§ 343–372) mit Ausnahme der §§ 348–350. Bei der Regelung des Fracht- (§§ 407–452d), Speditions- (§§ 453–466) und Lagergeschäfts (§§ 467–475h) geht das Gesetz sogar noch einen Schritt weiter: gemäß § 407 Abs. 3 S. 2, § 453 Abs. 3 und § 467 Abs. 3[1] gelten die Sondervorschriften des HGB für diese Geschäftsarten sowie die allgemeinen Bestimmungen des HGB über Handelsgeschäfte (wiederum mit Ausnahme der §§ 348–350) für jeden Inhaber eines gewerblichen Unternehmens ohne Rücksicht auf die Art seines Unternehmens und seine Kaufmannseigenschaft und damit auch für in anderen Geschäftszweigen tätige Kleingewerbetreibende, wenn und soweit sie sich außerhalb ihres üblicherweise betriebenen Gewerbes als Gelegenheitsfrachtführer, -spediteur oder -lagerhalter betätigen. Gesetzgeberisches Motiv für diese das subjektive System sprengende Anwendbarkeit des kaufmännischen Kommissions-, Speditions-, Lagerhaltungs- und Frachtführerrechts auch auf Nichtkaufleute war der Gedanke der Rechtssicherheit und der möglichst reibungslosen Abwicklung des Geschäftsverkehrs[2] (s. dazu auch unten Rn. 9). Hinter der Anwendung des Handelsvertreterrechts des HGB auch auf nichtkaufmännische Kleingewerbetreibende steht dagegen ein anderer Gedanke, nämlich die u.a. auch aus Europäischem Gemeinschaftsrecht (Richtlinie 86/653 EWG) folgende Notwendigkeit, gerade auch kleineren selbständigen Handelsvertretern die Schutzwirkung der im Handelsvertreterrecht für sie bereitgehaltenen sozialen Schutzbestimmungen, etwa den Ausgleichsanspruch gemäß § 89b, zu erhalten[3].

---

heren Katalogs des § 1 Abs. 2 a.F. seit der Handelsrechtsreform 1998 (s. dazu oben Rn. 2 und § 1 Rn. 1) eine Klarstellung i.S.d. subjektiven Systems, vgl. MünchKommHGB/*K. Schmidt*, vor § 1 Rn. 16; vgl. dazu auch *Kort*, AcP 193 (1993), 461 f.

1 §§ 407 Abs. 3 S. 2, 453 Abs. 3 und § 467 Abs. 3 eingefügt durch das Transportrechtsreformgesetz (TRG) v. 25.6.1998, BGBl. I 1588; der RegE zu dem am selben Tage in Kraft getretenen HRefG (oben Rn. 2) hatte allerdings in §§ 407 Abs. 2, 416 Abs. 2 und § 425 Abs. 2 schon entsprechende Regelungen vorgesehen, vgl. RegE BR-Drucks. 340/97 S. 69; Beschlussempfehlung des Rechtsausschusses, ZIP 1998, 712, 714.

2 Begr. RefE (s. Schrifttum d) vor Rn. 1) S. 25; s. auch RefE (s. Schrifttum d) vor Rn. 1) BR-Drucks. 340/97 S. 95 f. und Begr. RegE S. 29 und 69.

3 S. dazu Begr. RefE (s. Schrifttum d) vor Rn. 1) S. 25 und 76 f. sowie Begr. RegE BR-Drucks. 340/97 S. 29.

f) Übergang des reformierten HGB zu einem gemischten (Anknüpfungs-)System

8 Nach alledem ist es zwar im Hinblick auf die nach wie vor bestehende Dominanz des subjektiven Systems, das die Geltung handelsrechtlicher Sondernormen von der aus der Art der geschäftlichen Betätigung abgeleiteten Kaufmannseigenschaft des Inhabers des Unternehmens (Unternehmensträger) abhängig macht (oben Rn. 3), nicht unrichtig, das Handelsrecht des HGB als das **Sonderprivatrecht des Kaufmanns bezüglich des von ihm betriebenen Unternehmens**[1] zu beschreiben. Man muss sich dabei jedoch vergegenwärtigen, dass diese Beschreibung für das HGB in seiner neuesten, seit dem 1.7.1998 geltenden Fassung uneingeschränkt nur noch auf den Kernbereich dieses Gesetzbuches, insbesondere die ersten drei Bücher über Handelsstand, Handelsgesellschaften und Handelsbücher, zutrifft, im Übrigen aber durch die im Vierten Buch vorgenommene, einen großen Teil der dort geregelten Handelsgeschäfte betreffende unmittelbare Anknüpfung an die Art des getätigten Geschäfts, die zur Anwendung handelsrechtlicher Sondervorschriften auch auf Nichtkaufleute führen kann (vorstehend Rn. 7), zu einem **gemischten System** von subjektiver und objektiver Anknüpfung übergegangen ist. Stellt man hingegen darauf ab, dass die Anknüpfung handelsrechtlicher Sonderregelungen an die vorstehend (Rn. 7) aufgezählten Geschäftsarten nicht nur rein objektiv ist, sondern insofern als sie zusätzlich voraussetzt, dass diese Geschäfte von einem Gewerbetreibenden (wenn auch möglicherweise ohne Kaufmannseigenschaft nach §§ 1 ff.) vorgenommen werden, so könnte man auch von einem **Sonderprivatrecht der Gewerbetreibenden**[2], das für Kaufleute und (Klein-)Gewerbetreibende gleichermaßen gilt, sprechen. Demgegenüber ist jedoch zu bedenken, dass das Gesetz – jedenfalls in den §§ 383 Abs. 2, 407 Abs. 3 S. 2, 453 Abs. 3, 467 Abs. 3 – jeweils eher einen Typus von Rechtsgeschäften als einen Typus von Rechtssubjekten beschreiben wollte[3]. Dem HGB liegt mithin auch nach der letzten Reform kein überzeugendes eindeutiges kodifikatorisches Konzept zugrunde. Zum öffentlichen Recht im HGB sowie zu Handelsrecht außerhalb des HGB s. unten Rn. 51 und 53.

2. Ziele und Kennzeichen handelsrechtlicher Sondernormen

a) Die besonderen Bedürfnisse des kaufmännischen Geschäftsverkehrs; die geringere Schutzbedürftigkeit des Kaufmanns

9 Die Kodifikation eines Sonderrechts für Kaufleute soll den vom allgemeinen Rechtsverkehr teilweise abweichenden **besonderen Bedürfnissen des kaufmännischen (gewerblichen) Geschäftsverkehrs** Rechnung tragen. So wenig das Vorhandensein solcher Sonderbedürfnisse zu bezweifeln ist, so schwierig

---

1 So (für das alte Recht) zutr. *Baumann*, AcP 184 (1984), 47 f.
2 So *Canaris*, HR, § 1 Rn. 2; wegen der Anknüpfung des Gesetzes an den Betrieb eines Gewerbes und damit an ein subjektives Merkmal spricht sich *Canaris*, HR, § 1 Rn. 4 (Fn. 3) auch gegen die hier vertretene Auffassung von dem Vorhandensein eines gemischten Systems aus.
3 So *K. Schmidt*, BB 2005, 837, 841; ähnlich *Weyer*, WM 2005, 490, 500 f.

ist es, wie die bisherige wissenschaftliche Diskussion gezeigt hat[1], diese Bedürfnisse und damit einhergehend die speziellen Charakteristika der zu ihrer Befriedigung bestimmten handelsrechtlichen Sonderregeln auf einen abschließenden und präzisen gemeinsamen Nenner zu bringen[2]. Ein wichtiger Gesichtspunkt liegt sicher in dem Zusammentreffen zahlreicher sich gegenseitig bedingender Geschäfte im kaufmännischen Unternehmen, die eine rasche und verlässliche Abwicklung erfordern und zugleich im Interesse aller Beteiligten eine gewisse Übersichtlichkeit und Erkennbarkeit der geschäftlichen Verhältnisse des Unternehmens notwendig machen[3]. Auch der in eine ähnliche Richtung zielende Hinweis auf die Massenhaftigkeit der im kaufmännischen Unternehmen abgeschlossenen und abgewickelten Geschäfte[4], die ein erhöhtes Maß an Vereinfachung und Standardisierung der dafür gültigen Regeln verlangen, ist sicher nicht unrichtig. Ob damit jedoch wirklich die Gründe, welche die Sonderregeln des HGB innerlich rechtfertigen, sinngerecht und abschließend erfasst sind, muss zweifelhaft bleiben: Zum einen sind durchaus nicht alle kaufmännischen Geschäfte Massengeschäfte, zum anderen kommen Massengeschäfte auch außerhalb des vom HGB erfassten kaufmännischen Verkehrs vor.

Ähnlich unpräzis ist auch die Kennzeichnung der Ziele und Besonderheiten der handelsrechtlichen Sondernormen. Im Allgemeinen werden im Schrifttum in unterschiedlichster Reihenfolge und ohne Gewichtung sowie unter Verzicht auf eine tiefergehende Systematisierung als Kriterien handelsrechtlicher Normen im Vergleich zum allgemeinen Recht mehr oder weniger stichwortartig folgende Charakteristika aufgezählt: 10

Erweiterung der privatautonomen Gestaltungsräume und damit spiegelbildlich einhergehend **gesteigerte Eigenverantwortlichkeit** und **erhöhte Sorgfaltspflichten** im Interesse der **Einfachheit**, **Schnelligkeit** und **Flexibilität** der Geschäftsabwicklung, die wiederum eine erhöhte **Klarheit der Rechtsverhältnisse** durch **Publizität** und **Vertrauensschutz** bedingen[5]. Damit zusammenhängend wird vielfach auch auf den Zug des Kaufmannsrechts zur **Vereinheitlichung** und **Internationalität**[6] und schließlich auch auf die **Entgeltlichkeit**[7] kaufmännischer Leistungen hingewiesen.

Diese Charakterisierung ist für sich genommen zutreffend. Das Angewiesensein des kaufmännischen Geschäftsverkehrs auf zügige Abwicklung der einzelnen Transaktionen und die alsbaldige Herbeiführung klarer Verhältnisse rechtfertigt z.B. die Sonderregel des § 377, wonach der Kaufmann eine 11

---

1 Vgl. dazu ausführl. *Brüggemann/Brüggemann*, Einl. vor § 1 Rn. 3 ff. sowie das einleitend aufgeführte Schrifttum.
2 Skeptisch in dieser Beziehung auch *Canaris*, HR, § 1 Rn. 15 ff.
3 In diesem Sinne die Denkschrift zum HGB, 1896, S. 8.
4 *Heck*, AcP 92 (1902), 438 ff.
5 Vgl. *Baumbach/Hopt*, Einl. vor § 1 Rn. 4–7; *Heymann/Horn*, Einl. I Rn. 28; *Koller/Roth/Morck*, Einl. Rn. 5–8; *K. Schmidt*, HR, § 1 IV., S. 33 ff.; *Canaris*, HR, § 1 Rn. 18 f.; *Neuner*, ZHR 157 (1993), 243, 288.
6 *Baumbach/Hopt*, Einl. vor § 1 Rn. 4–7; *K. Schmidt*, HR, § 1 IV., S. 33 ff.
7 *Hübner*, HR, Rn. 4.

von ihm gekaufte Ware unverzüglich nach ihrer Lieferung untersuchen und der Gegenseite von einem dabei erkennbaren Mangel Anzeige machen muss, wenn die Ware nicht trotz etwaiger Mängel als genehmigt gelten soll, während das allgemeine Privatrecht dem Nichtkaufmann für die Geltendmachung seiner Gewährleistungsansprüche wegen Mangelhaftigkeit einer gekauften Sache grundsätzlich eine Frist von zwei Jahren (§ 438 Abs. 1 Nr. 3 BGB, in Einzelfällen sogar länger) einräumt. Entsprechendes gilt etwa für den Fixhandelskauf des HGB (§ 376) im Verhältnis zum bürgerlich-rechtlichen Fixgeschäft (vgl. § 323 Abs. 2 Nr. 2 BGB). Auf das Bedürfnis nach Transparenz kaufmännischer Verhältnisse lassen sich vor allem die Vorschriften des HGB über das Handelsregister sowie die den Kaufleuten auferlegten besonderen Buchhaltungs-, Bilanzierungs- und Publizitätspflichten zurückführen. Weitere mit den genannten Gesichtspunkten allenfalls teilweise identische Rechtfertigungsgründe für vom allgemeinen Privatrecht abweichende Sonderregeln des HGB sind etwa die grundsätzlich stets vorauszusetzende Entgeltlichkeit kaufmännischer Leistungen (vgl. § 354), die sich unter Privatpersonen nicht immer mit gleicher Selbstverständlichkeit versteht, und die beim Kaufmann im Vergleich zum „Normalbürger" im Allgemeinen zu unterstellende größere geschäftliche Erfahrung, Gewandtheit[1] und wohl auch Risikobereitschaft, die es rechtfertigen, eine Reihe von allgemeinen Schutzvorschriften des Privatrechts, die den Bürger vor den Gefahren der Übervorteilung und Übereilung im Rechtsverkehr, vor Rechtsverlusten oder für ihn unzumutbaren Haftungsrisiken bewahren sollen, die aber der Schnelligkeit und Beweglichkeit unternehmerischen Handelns eher hinderlich sein könnten, für Kaufleute außer Kraft zu setzen. Beispiele für diese Gruppe handelsrechtlicher Sonderrechtssätze bilden etwa die §§ 348–350.

b) Die erhöhte Schutzbedürftigkeit des „Normalbürgers" (Verbrauchers)

12   Bestimmungen, die besondere zum Schutz des Bürgers vor Übervorteilung oder Übereilung erlassene Schutzvorschriften des allgemeinen Privatrechts als auf Kaufleute unanwendbar erklären oder (was aber nur eine Frage der Gesetzestechnik ist) dem geschäftlichen Verkehr gegenüber Nichtkaufleuten gesteigerte Pflichten oder Verantwortlichkeiten auferlegen, finden sich aber vor allem **außerhalb des HGB**, s. etwa die in §§ 29 Abs. 2, 38 Abs. 1 ZPO getroffenen Regelungen. In neueren Schutzgesetzen zeichnet sich allerdings schon seit einiger Zeit eine deutliche Tendenz ab, zur Abgrenzung von Schutznormen in positiver wie negativer Hinsicht nicht mehr wie früher auf die Begriffe des Kaufmanns oder Nichtkaufmanns zu rekurrieren, sondern (in z.T. etwas unterschiedlichen Formulierungen) darauf abzustellen, ob an dem Abschluss des Rechtsgeschäfts, meist als Leistungsempfänger, Personen beteiligt sind, die bei Abschluss des Geschäfts in Ausübung ihrer gewerblichen oder selbständigen beruflichen Tätigkeiten handeln („**Unternehmer**" gem. Legaldefinition in § 14 BGB) oder den Vertrag zu einem Zweck abschließen, der weder einer gewerblichen noch einer selbständigen

---

[1] Vgl. *Heck*, AcP 92 (1902), 438, 462, wo der Kaufmann als der „rechtsgeschäftliche Virtuose" bezeichnet wird.

beruflichen Tätigkeit zugerechnet werden kann („**Verbraucher**" gem. Legaldefinition in § 13 BGB). Allgemeiner stellt § 1 Abs. 2 Nr. 3 ProdHaftG zur Begrenzung der in diesem Gesetz vorgesehenen strengen Haftung auf die Herstellung des Produkts zu einem wirtschaftlichen Zweck oder Herstellung oder Vertrieb im Rahmen der beruflichen Tätigkeit des Herstellers ab. Die erstgenannte, beim Vertragsschluss in ihrem gewerblichen (oder selbständigen) beruflichen Bereich handelnde Gruppe wird – mit oder ohne Nennung dieser Termini in den einzelnen Gesetzen – als „**Unternehmer**" bezeichnet, die andere, in ihrem privaten Lebensbereich handelnde als „**Verbraucher**". Diese Entwicklung geht maßgeblich auf Verbraucherschutzrichtlinien der Europäischen Union zurück[1]; eine Aufzählung dieser Richtlinien findet sich in Art. 29a Abs. 4 EGBGB. Verbraucherverträge, also Verträge zwischen einem Unternehmer i.S. des § 14 BGB und einem Verbraucher i.S. des § 13 BGB werden im Verkehr häufig mit dem Kürzel „B2C" („business to consumer") bezeichnet. Der Verzicht auf die früher übliche tatbestandliche Beschreibung wurde dadurch möglich, dass der Gesetzgeber Definitionen des Verbrauchers (§ 13 BGB) und Unternehmers (§ 14 BGB) in das BGB eingefügt hat, die unter weitgehender Aufhebung aller Sonderdefinitionen in den Verbraucherschutzgesetzen, aber auch z. B. im HGB oder in § 1031 ZPO, überall dort maßgebend sein sollen, wo im Gesetz – vorbehaltlich erforderlicher Abweichungen – die Begriffe des Verbrauchers oder Unternehmers ohne Zusätze verwendet werden. Der Begriff des Verbrauchers wird damit einheitlich als (jede) natürliche Person definiert, die ein Rechtsgeschäft zu einem Zweck abschließt, der weder ihrer gewerblichen noch ihrer selbständigen beruflichen Tätigkeit zugerechnet werden kann (§ 13 BGB), und – damit korrespondierend – der Begriff des Unternehmers als natürliche oder juristische Person oder mit der Fähigkeit zum Erwerb von Rechten und Eingehung von Verbindlichkeiten ausgestattete Personengesellschaft, die bei Abschluss eines Rechtsgeschäfts in Ausübung ihrer gewerblichen oder selbständigen beruflichen Tätigkeit handelt (§ 14 Abs. 1 und 2 BGB). Entscheidend ist damit – anders als bei den Vorschriften, die schlechterdings auf die Kaufmannseigenschaft eines handelnden Subjekts abstellen –, ob die betreffende Person bei dem konkreten Geschäft **als** Verbraucher oder **als** Unternehmer handelt. Schutznormen zu Gunsten von Verbrauchern finden sich vor allem im **BGB**, s. dort § 241a (unbestellte Lieferungen oder Leistungen), § 310 Abs. 3 (Anwendung von AGB auf sog. Verbraucherverträge), §§ 312, 312a (Widerrufsrecht bei Haustürgeschäften), § 312b (Fernabsatzverträge, s. dazu auch § 1 BGB-InfoV), §§ 355 ff. (Gestaltung der Widerrufsrechte bei Verbraucherverträgen), §§ 474 ff. (sog. Verbrauchsgüterkauf), §§ 481 ff. (Teilzeit-Wohnrechteverträge), § 491 (Verbraucherdarlehensvertrag), § 499 (sonstige Finanzierungshilfen eines Unternehmers für einen Verbraucher), § 505 (Ratenlieferungsverträge – zu den §§ 491–505 s. auch § 506), § 655a (Darlehensvermittlungsverträge), § 661a (Gewinnzusagen gegenüber einem Verbraucher), aber auch im **HGB**, s. dort §§ 441 Abs. 3, 449 Abs. 1 S. 1, 451a Abs. 2,

---

[1] Zur Maßgeblichkeit der Richtlinienerwägungen und -definitionen bei der Auslegung nationaler Rechtsvorschriften, die auf Europäischen Richtlinien beruhen, und zum Vorabentscheidungsrecht des EuGH unten Rn 82.

451b Abs. 2 und 3, 451g Abs. 1, 451h Abs. 1 (Frachtgeschäfte, bei denen Absender ein Verbraucher ist), §§ 455 Abs. 3, 466 Abs. 1 (Speditionsgeschäfte, bei denen Versender ein Verbraucher ist), §§ 468 Abs. 2, 472 Abs. 1 S. 2, 475h (Lagergeschäfte, bei denen Einlagerer ein Verbraucher ist), aber auch in **anderen Gesetzen**, s. etwa Art. 29 EGBGB (dort mit erneuter Definition des Verbrauchers), § 2 Abs. 2 UWG, § 1031 Abs. 5 ZPO. Auch wenn damit regelmäßig Kaufleute (je nach Zielsetzung des Gesetzes) vom Schutzbereich der betreffenden Vorschriften ausgenommen werden oder verschärften Verantwortlichkeiten unterworfen werden, ist die zunehmende Abkehr des Gesetzgebers von der Verwendung des subjektiven Kaufmannsbegriffs (s. auch schon oben Rn. 7 f.) auch hier, im Rahmen der Bereichsabgrenzung von Schutzgesetzen, nicht zu übersehen[1]. An seine Stelle tritt in dieser Funktion, wie die vorstehend aufgeführten Vorschriften zeigen, in steigendem Maße eine objektive, dem jeweiligen Gesetzeszweck flexibel angepasste Anknüpfung, zumeist an die Unterscheidung zwischen (selbständiger) beruflicher (wodurch weitestgehend auch sog. Freiberufler, s. Rn. 38, erfasst werden) oder gewerblicher Tätigkeit einerseits und privater Tätigkeit andererseits[2] anknüpfend. In § 414 Abs. 3 (Rn. 13) greift inzwischen selbst das HGB zur Eingrenzung der nach dem Sonderrecht des HGB vielfach geltenden gesteigerten Verantwortlichkeit nicht auf den Begriff des „Nichtkaufmanns", sondern des „Verbrauchers" zurück.

13 Den besonderen Bedürfnissen der Rechtssicherheit und eines möglichst reibungslosen Geschäftsverkehrs räumt das HGB dagegen wieder Vorrang vor dem Schutz des weniger erfahrenen und geschäftsgewandten nicht kaufmännischen „Normalbürgers" vor Übervorteilung, Übereilung und für ihn untragbaren Haftungsrisiken (oben Rn. 12) ein, wenn es seine Sonderregelungen des Kommissionsrechts sowie des Fracht-, Speditions- und Lagergeschäfts auch auf nicht kaufmännische Unternehmer, teilweise sogar unter Einschluss der allgemeinen Vorschriften über Handelsgeschäfte (§§ 343–372), für anwendbar erklärt (oben Rn. 7), typischerweise aber – hier setzt sich wieder der Gedanke der erhöhten Schutzbedürftigkeit des nicht kaufmännischen „Normalbürgers" durch – unter Ausschluss der für unerfahrene Nichtkaufleute als besonders gefährlich geltenden §§ 348–350 und der strengen, weil verschuldensunabhängigen Haftung des Absenders für von ihm verursachte Schäden des Frachtführers, wenn der Absender ein „Verbraucher" (zu diesem Begriff oben Rn. 12) ist, § 414 Abs. 3; s. dazu und zu weiteren Schutzregeln für Verbraucher im HGB oben Rn. 12.

c) Standardisierung der Anknüpfungsmerkmale

14 Die in Rn. 9 bis 11 angeführten (wie auch weitere eventuelle denkbare) Gesichtspunkte, die handelsrechtliche Sonderrechtssätze rechtfertigen, bezeichnen durchweg nur typische Umstände und Verhältnisse. Sie können im Einzelfall mehr oder weniger nachhaltig erfüllt sein, ohne dass die **An-**

---

1 Dazu ausführlich *Preis*, ZHR 157 (1994), 567 ff. m.w.N.; zu diesem Komplex auch *Weyer*, WM 2005, 490.
2 S. dazu auch *Canaris*, HR, § 1 Rn. 33 ff.

wendung der Sondernormen des HGB deswegen abgelehnt werden darf. Denn das HGB hat die Anwendbarkeit seiner Vorschriften nicht davon abhängig gemacht, dass die Gesichtspunkte, die ihre Einführung motiviert haben oder ihnen wenigstens zur Rechtfertigung gedient haben könnten, im konkreten Einzelfall tatsächlich vorliegen. Die einzelnen Sondernormen des HGB gelten vielmehr immer schon dann, wenn an dem durch sie geregelten Rechtsverhältnis natürliche oder juristische Personen beteiligt sind, die den standardisierten Kaufmannsbegriff des HGB erfüllen. Dazu genügt es bisweilen, dass dies auf einer Seite der Fall ist, während für die Geltung anderer Vorschriften oder Rechtsfolgen verlangt wird, dass beide an einem Rechtsgeschäft beteiligten Parteien die Kaufmannseigenschaft besitzen (dazu näher Rn. 57). Eine abschließende Erfassung der die Sonderregeln des HGB innerlich rechtfertigenden Gründe ist deshalb für die rechtsanwendende Praxis im Hinblick auf diejenigen Sachverhalte, für die das HGB die Anwendbarkeit seiner Bestimmungen selbst vorschreibt, entbehrlich.

3. Alternative Lösungen in anderen Rechtsordnungen

Die Anerkennung bestimmter Sonderbedürfnisse des kaufmännischen oder doch jedenfalls gewerblichen Geschäftsverkehrs hätte allerdings nicht unter allen Umständen die Schaffung eines selbständigen Handelsgesetzbuches erfordert. Eine andere Möglichkeit hätte darin bestanden, das **HGB in ein allgemeines Zivilgesetzbuch zu integrieren** und dort innerhalb der für alle geltenden Regelungen den besonderen Interessen, Bedürfnissen und Pflichtenstellungen, die sich aus berufs- und geschäftsmäßiger Tätigkeit ergeben, durch einzelne Sondernormen Rechnung zu tragen[1]. Diese Alternative hat lediglich den Vorteil, dass sie die Einheit des Zivilrechts deutlicher herausarbeitet. Sie ist etwa in Italien, der Schweiz und den skandinavischen Ländern gewählt worden. Besondere Handelsgesetzbücher besitzen dagegen Österreich (1938 Übernahme des deutschen HGB[2]), die Türkei (deutscher Einfluss), Frankreich, Spanien und Portugal[3]. Eine Sonderstellung nimmt der **Uniform Commercial Code** der USA ein, der der Rechtsvereinheitlichung im Handel unter den Einzelstaaten dient und dem sog. objektiven System folgt. Für die Praxis des deutschen Handelsrechts sind solche rechtspolitischen Überlegungen ohne größere Bedeutung. Sie hat die Entscheidung des Gesetzgebers für die Aufspaltung des Zivilrechts in ein allgemeines Bür-

15

---

1 Zweifel an der Sinnhaftigkeit eines selbständigen Handelsgesetzbuchs auch bei *Canaris*, HR, § 38 f. und MünchKommHGB/*K.Schmidt*, vor § 1 Rn. 4; dennoch sprechen sich im Ergebnis beide für Beibehaltung einer eigenständigen Kodifikation aus, letzterer allerdings unter Neubestimmung bzw. Neubesinnung auf den für eine solche Kodifizierung in Betracht kommenden Normenbestand, s. dazu MünchKommHGB/*K. Schmidt*, vor § 1 Rn. 4, 5 ff.
2 Zu der in Österreich beabsichtigten grundlegenden Reform durch Ersetzung des öHGB durch ein Unternehmensgesetzbuch (UGB), s. *K. Schmidt*, Jur.Bl. 2004, 31 ff.; MünchKommHGB/*K. Schmidt*, § 1 Rn. 108 ff.
3 Zum Vergleich der Systeme s. vor allem die Untersuchungen von *Raisch*, Geschichtliche Voraussetzungen, S. 65 ff. und 142 ff.

gerliches Gesetzbuch und ein besonderes Handelsgesetzbuch (jeweils mit Nebengesetzen) hinzunehmen.

II. Regelungsdefizite des HGB

1. Defizite der Normenabgrenzung zwischen HGB und BGB

16 Eine andere Frage ist es, ob der historische Gesetzgeber die besonderen Bedürfnisse des Geschäftslebens richtig erfasst und ob er bei der Ausgestaltung der konkreten Regeln des HGB, insbesondere bei der Festlegung ihres Anwendungsbereichs, die Rechtsmaterie „Handelsrecht" zutreffend von derjenigen des allgemeinen bürgerlichen Rechts abgegrenzt und die inhaltlich notwendigen gesetzlichen Regelungen getroffen hat. Diese Frage ist aus einer Mehrzahl von Gründen insgesamt zu verneinen.

17 Die Kritik gilt zunächst in objektiver Hinsicht der **Abgrenzung der Normgruppen von HGB und BGB**. So seien – in diesem Sinne die berechtigte Kritik – einige der Bestimmungen des HGB bürgerlich-rechtlicher und nicht spezifisch handelsrechtlicher Art oder doch jedenfalls bereits im BGB so weitgehend verankert, dass sie besser dort mitgeregelt worden wären[1].

18 Dies gilt etwa für die unmittelbar auf dem Auftragsrecht des BGB (§§ 662 ff. BGB) aufbauenden Regeln über das Kommissionsgeschäft (§§ 383 ff.) und für die Regel des § 354 Abs. 1, die im Grunde überflüssig ist, weil sich die Entgeltlichkeit der Inanspruchnahme der Dienste gewerblicher Unternehmen auch nach bürgerlichem Recht von selbst versteht. Der gutgläubige Erwerb beweglicher Sachen (§ 366) hätte in den Zusammenhang der §§ 932 ff. BGB gehört und wäre deshalb besser dort geregelt worden. Auch das Kontokorrent ist ein Schuldverhältnis des bürgerlichen, nicht des Handelsrechts[2]. Die Vereinbarung einer laufenden Rechnung ist, wie die Unterscheidung zwischen uneigentlichem (bürgerlichem) und echtem (kaufmännischem) Kontokorrent, zu der das geltende Recht nötigt, zeigt, nicht an die Beteiligung eines Kaufmanns gebunden. Lediglich die Regelung über die Befreiung vom Zinseszinsverbot des § 248 BGB (§ 355) hätte in das Handelsrecht gehört, aber schwerlich eine gesonderte Regelung im HGB gerechtfertigt. Auch die Regeln über die stille Gesellschaft (§§ 230 ff.) können im Ergebnis bei Beteiligung eines „Stillen" an einem nicht als kaufmännisch i.S. des HGB geltenden Geschäft keine anderen sein. Als schlechthin verfehlt wird schließlich im Schrifttum[3] die Vorschrift des § 345 kritisiert, weil es an jeder inneren Berechtigung fehle, den Bürger allein deshalb strengeren Anforderungen zu

---

1 Nach *Raisch*, Abgrenzung des Handelsrechts, sowie ZHR 154 (1990), 567, 568 und JA 1990, 259, 263 hätte der allergrößte Teil des 4. Buchs des HGB über Handelsgeschäfte in das BGB gehört; s. auch *Raisch*, FS Stimpel, 1985, S. 29 ff.; ähnlich auch *Canaris*, HR, § 1 Rn. 30 ff.

2 S. auch *K. Schmidt*, HR, § 21 II. 1. u. 2., S. 617 f.; *Canaris*, HR, § 25 Rn. 55 f.; *Neuner*, ZHR 157 (1993), 250; s. auch *Raisch*, Geschichtliche Voraussetzungen, S. 230 ff.

3 So vor allem *Raisch*, JuS 1967, 533, 535 und Geschichtliche Voraussetzungen, S. 32 f. und S. 231; abwägend demgegenüber *Canaris*, HR, § 20 Rn. 13 f. m.w.N.

unterwerfen, weil er eine Rechtsbeziehung mit einem Kaufmann eingehe. Diese wie auch andere Unvollkommenheiten und Ungereimtheiten bei der Abgrenzung der Normgruppen von HGB und BGB sind wohl im Wesentlichen darauf zurückzuführen, dass das Vorgängergesetz des HGB, das ADHGB von 1861, im Interesse einer möglichst weitgehenden Rechtsvereinheitlichung zahlreiche ihrer Natur nach dem allgemeinen Zivilrecht angehörige Vorschriften einbezogen hatte, deren Kodifikation als bürgerliches Recht seinerzeit vor der Reichsgründung von 1871 aus politischen Gründen nicht möglich war, und sich der Gesetzgeber diesen Hintergrund bei Schaffung des HGB nicht hinreichend bewusst gemacht hat[1].

2. Der fragmentarische Charakter des HGB

Gravierender noch als diese Abgrenzungsmängel sind die inhaltlichen Defizite des HGB. So finden zahlreiche Geschäfte, denen im modernen Wirtschaftsleben beträchtliche Bedeutung zukommt, im HGB nicht einmal Erwähnung, geschweige denn eine rechtliche Regelung. Infolge der Ausrichtung des historischen Gesetzgebers auf den Warenhandel finden im HGB Dienstleistungsgeschäfte im Wesentlichen nur insoweit Beachtung, als sie, wie die Tätigkeiten des Kommissionärs (§§ 383 ff.), des Frachtführers (§§ 407 ff.), des Spediteurs (§§ 453 ff.), des Lagerhalters (§§ 467 ff.), Hilfsfunktionen für den Warenumschlag erfüllen. Sie haben zudem durch die Einarbeitung des am 1.7.1998 in Kraft getretenen Transportrechtsreformgesetzes vom 25.6.1998[2] eine umfassende Modernisierung erfahren. Dagegen nimmt das HGB bis heute von dem in einer modernen Wirtschaft immer wichtiger werdenden Dienstleistungssektor einschließlich des wirtschaftlich kaum weniger bedeutsamen Bereichs der Überlassungsgeschäfte nicht einmal Kenntnis. Sie sind entweder, wie Versicherungs- und Baugeschäfte, teils durch privatautonom gesetzte Bestimmungen, teils in Gesetzen außerhalb des HGB geregelt oder, wie etwa Leasing-, Factoring- oder Franchisingverträge, unter Rückgriff auf einzelne Vorschriften in anderen Gesetzen oder allgemeine Rechtsgrundsätze und autonom in der Branche gesetzte Regeln der Ausformung und Weiterentwicklung durch Rechtsprechung und Schrifttum überlassen. Ebenso wenig Erwähnung geschweige denn Regelung finden im HGB etwa die Fahrzeugvermietung, Werbe-, Marktforschungs- und Beratungsleistungen der unterschiedlichsten Art sowie der immer wichtiger werdende Sektor der EDV- und Mediendienstleistungen. Entsprechendes gilt für die Reise- und Tourismusbranche, für die Anbieter von Unterhaltungsveranstaltungen und -einrichtungen und damit für weite Sektoren der ständig an Bedeutung gewinnenden Freizeit-„Industrie". Das Recht der (nicht notwendigerweise, aber tatsächlich zumeist gewerblichen) Reiseveranstalter hat zwar in jüngerer Zeit immerhin eine gesetzliche Regelung gefunden, allerdings nicht im HGB, sondern als Teil des dortigen Werkvertragsrechts in §§ 651a–651m BGB. Auch diese Zuordnung belegt wiederum den wenig sys-

---

[1] So *Raisch*, Abgrenzung des Handelsrechts, insbes. S. 116 ff. und *Raisch* JuS 1967, 535.
[2] BGBl. I 1588 ff.

tematischen Charakter der Abgrenzung von HGB und BGB (oben Rn. 16). Infolge der bezeichneten, nicht nur marginalen, sondern Kernbereiche der modernen gewerblichen Wirtschaft betreffenden Regelungslücken weist das HGB – zumindest aus heutiger Sicht – inhaltlich einen durch und durch fragmentarischen und – berücksichtigt man zugleich die Defizite der Normenabgrenzung, oben Rn. 16 ff. – inhomogenen Charakter auf[1].

20 Die in der Vergangenheit in zunehmendem Maße als unerträglich empfundenen Unzulänglichkeiten bei der vom HGB mit Hilfe des Kaufmannsbegriffs vorgenommenen Abgrenzung der Adressaten handelsrechtlicher Sondernormen (s. dazu unten Rn. 25 ff.) sind dagegen durch das Handelsrechtsreformgesetz[2], in Kraft seit dem 1.7.1998, im Wesentlichen abgestellt worden, das u.a. auch eine längst überfällige Modernisierung des Firmenrechts herbeigeführt hat; dazu ausführlich unten Rn. 34 ff., 44; s. auch schon oben Rn. 2.

III. Geschichtlicher Überblick; Entwicklung des deutschen Handelsrechts bis zur Reform 1998; Reformdiskussion

1. Vorgeschichte des HGB (Überblick)

21 Bis in die Mitte des 19. Jahrhunderts ist das deutsche Handelsrecht durch einen Zustand der Rechtszersplitterung gekennzeichnet. Eine erste umfassende Regelung enthielt das 1794 in Kraft getretene **Allgemeine Landrecht für die Preußischen Staaten (ALR)**, die bereits als Sonderrecht der Kaufleute konzipiert war (§§ 475 ff. II 8). Später – auch noch über das Ende der Befreiungskriege hinaus – galt in Teilen des westlichen Deutschland auch der französische **code de commerce** von 1807. Das österreichische Allgemeine Bürgerliche Gesetzbuch (ABGB) enthielt nur wenige handelsrechtliche Bestimmungen. Die wachsende Bedeutung des Warenaustauschs und die zunehmende wirtschaftliche Verflechtung der deutschen Staaten drängten gegen Mitte des Jahrhunderts zur Vereinheitlichung der verschiedenen Systeme. 1847 kam es auf Einladung Preußens in Leipzig zu einer Konferenz, auf der eine **Allgemeine Deutsche Wechselordnung (ADWO)** ausgearbeitet wurde. Sie sah bereits von dem Erfordernis einer besonderen Wechselfähigkeit ab und ging damit für das Gebiet des Wechselrechts von dem subjektiven auf das (hier bis heute geltende) objektive System (vgl. unten Rn. 53) über. Dem Versuch der Frankfurter Reichsversammlung, diesem Entwurf als Reichsgesetz allgemeine Geltung zu verschaffen[3], war infolge des Zusammenbruchs der deutschen Einigungsbestrebungen ebenso wenig dauerhafter Erfolg beschieden wie dem Bemühen der Versammlung um die Schaffung eines einheitlichen Handelsrechts. Wie stark inzwischen der wirtschaftliche Druck zur Rechtsvereinheitlichung auf dem Gebiet des Handelsrechts geworden war, zeigt sich jedoch daran, dass das Scheitern der politi-

---

1 *Canaris*, HR § 26 Rn. 47 spricht in diesem Zusammenhang zutreffend von einem „Konglomerat von heterogenen Problemkomplexen".
2 HRefG v. 22.6.1998, BGBl. I 1474.
3 Dazu *Baums* (Hrsg.), Entwurf eines ADHGB 1848/49, 1982.

schen Einigungsbestrebungen keineswegs auch zur Beendigung der Bemühungen um die Schaffung einheitlicher Rechtsvorschriften auf diesem Sektor führte. So wurde die ADWO in der Folge von den einzelnen Staaten auf dem Wege der Parallelgesetzgebung eingeführt. Ab 1857 tagte in Nürnberg auf Beschluss der Bundesversammlung eine Kommission, die auf der Grundlage eines Preußischen und eines Österreichischen Entwurfs ein **Allgemeines Deutsches Handelsgesetzbuch (ADHGB)**[1] vorbereitete, dessen Einführung vom Bundestag 1861 empfohlen wurde und das in der Folge von den meisten deutschen Staaten wiederum auf dem Wege der Parallelgesetzgebung (dies wird nach damaligem Sprachgebrauch mit dem Wort „allgemein" bezeichnet) in Kraft gesetzt wurde; im Norddeutschen Bund wurden ADHGB und ADWO überdies 1869 als Bundesgesetz eingeführt[2]. Für die Wahrung der einheitlichen Auslegung des ADHGB sorgte das 1869 eingerichtete Bundesoberhandelsgericht in Leipzig, das nach der Reichsgründung im Jahre 1871 als Reichsoberhandelsgericht (Entscheidungssammlung: ROHGE) in dem inzwischen eingerichteten Reichsgericht aufging. Zugleich wurde das ADHGB, das in der Folgezeit durch die Aktienrechtsnovelle von 1870[3] und 1884 wichtige Änderungen[4] erfuhr, durch Gesetz vom 12./22.4.1871 (RGBl. 63/87) Reichsgesetz. Zum Ausgleich für fehlende Rechtseinheit auf dem Gebiet des bürgerlichen Rechts und für die infolgedessen fehlende hinreichend breite Grundlage, auf der die Anwendung der vereinheitlichten handelsrechtlichen Vorschriften hätte aufbauen können, enthielt das ADHGB eine Vielzahl von Vorschriften, die ihrer Natur nach nicht speziell handels-, sondern allgemein zivilrechtlicher Art waren. Sie betrafen in erster Linie Regeln über Rechtsgeschäfte im Allgemeinen und schuldrechtliche Bestimmungen. Das Bedürfnis für ihre Beibehaltung entfiel, nachdem mit der Erlangung der Reichseinheit eine verlässliche Grundlage für die Schaffung eines einheitlichen bürgerlichen Rechts gewonnen worden war. Viele der bis dahin im ADHGB getroffenen Regelungen gingen damit in das neu zu schaffende (am 1.1.1900 in Kraft getretene) BGB über, wo sie dogmatisch hingehörten. Wenn häufig[5] betont wird, das Handelsrecht habe bei der Entwicklung des Zivilrechts eine Vorreiterrolle gespielt, so ist mithin auch der Umstand zu berücksichtigen, dass viele bürgerlich-rechtliche Regelungen nur deshalb vor 1900 im ADHGB enthalten waren, weil für ihre Aufnahme in eine gemeinsame Kodifikation des bürgerlichen Rechts bis zur Reichsgründung eine Rechtsgrundlage gefehlt hatte. Die Schaffung des BGB bedingte nicht nur wegen der Herübernahme weiter bisher im ADHGB geregelter Bereiche in die neue Kodifikation, sondern auch wegen der nötigen Abstimmung zwischen bürgerlichem Recht und Handels-

---

1 Materialien: Protokolle der Commission zur Berathung eines allgemeinen deutschen Handelsgesetz-Buches (sog. Nürnberger Protokolle), 1857–1861 und *J. von Lutz* (Hrsg.), Protokolle der Commission zur Berathung eines allgemeinen deutschen Handelsgesetzbuches, 9 Bände, 1858–1863. Nachdruck 1984, hrsg. von *Schubert*; s. auch das Schrifttum oben vor Rn. 1.
2 Dazu *Schubert*, ZHR 144 (1980), 484 ff.
3 Dazu *Schubert*, ZGR 1981, 285 ff.
4 Materialien bei *Schubert/Hommelhoff*, Hundert Jahre modernes Aktienrecht, 1985.
5 Vgl. etwa *Brüggemann/Brüggemann*, Einl. Rn. 13.

recht zugleich eine umfassende Revision des Handelsrechts. Dabei hat sich der damalige Gesetzgeber entschlossen, die für Kaufleute geltenden Sondervorschriften nicht in das BGB, das damit im Grundsatz zu einer umfassenden Kodifikation des gesamten Zivilrechts geworden wäre, einzuarbeiten, sondern es bei einem gesonderten, damit allerdings zum Torso gewordenen HGB zu belassen (dazu unten Rn. 54, 56). Die Arbeiten an diesem Gesetz, die bereits 1894 aufgenommen worden waren, führten 1896 zu einem ersten und 1897 zu einem zweiten Entwurf (jeweils mit einer Denkschrift veröffentlicht) und durch Gesetz vom 10.5.1897 (RGBl. 219) zur **Einführung des HGB mit Einführungsgesetz** mit Wirkung ab 1.1.1900[1].

2. Das HGB bis zur Handelsrechtsreform 1998

22 Die Geschichte des HGB nach 1900 war lange Zeit durch die „Auswanderung" wichtiger Materien aus dem HGB gekennzeichnet; die Folge war, dass die ohnehin von Anfang an nur eingeschränkte Bedeutung des HGB als Zusammenfassung der speziell für das kaufmännische Unternehmen und seine besonderen Verhältnisse wichtigen rechtlichen Sonderregeln noch weiter reduziert wurde (s. dazu Rn. 19). Dies gilt vor allem für die Herausnahme des Rechts der Aktiengesellschaften und der Kommanditgesellschaft auf Aktien durch das Aktiengesetz von 1937, das inzwischen seinerseits durch das Aktiengesetz 1965 abgelöst worden ist. Daneben ist das HGB bis heute in einer Vielzahl von Einzelpunkten geändert worden, die zumeist der Erfüllung aktueller tagespolitischer Forderungen oder der Umsetzung europäischer Richtlinien oder internationaler Verträge in das nationale Recht dienten; s. dazu die Zusammenstellung der wichtigsten seit Gründung der Bundesrepublik erfolgten Änderungen in Rn. 47. Als wichtigste, den Anwendungsbereich des Gesetzes berührende Änderungen wären an dieser Stelle zu erwähnen das – inzwischen durch die heutige Fassung der §§ 1 und 2 überholte – Gesetz über die Kaufmannseigenschaft von Handwerkern vom 31.3.1953, das unter Änderung des bis dahin völligen Ausschlusses der Handwerker vom Status des seinerzeitigen Vollkaufmanns die sog. Warenhandwerker in § 1 Abs. 2 Nr. 1 a.F. ohne Rücksicht auf die handwerkliche Struktur ihres Betriebes den anderen im Warenhandel tätigen Gewerbetreibenden gleichstellte und den in der Be- und Verarbeitung von Waren und im Druckereigewerbe tätigen sog. Lohnhandwerkern (§ 1 Abs. 2 Nr. 2 und Nr. 9 a.F.) immerhin das Recht (und die Pflicht) eröffnete, bei entsprechender Betriebsgröße die Kaufmannseigenschaft durch (konstitutiv wirkende) Eintragung im Handelsregister zu erwerben (s. dazu die 1. Aufl. § 1 Rn. 30, 38, 63, und § 2 Rn. 4), sowie das Gesetz über die Kaufmannseigenschaft von Land- und Forstwirten und den Ausgleichsanspruch des Handelsvertreters vom 13.5.1976, das es den Land- und Forstwirten ermöglichte, durch freiwillige Eintragung im Handelsregister mit konstitutiver Wirkung auch für ihren Hauptbetrieb Kaufmannseigenschaft zu erwerben; zu dieser bis heute sachlich unveränderten Regelung s. § 3 Rn. 1; zur Änderung des Handelsvertreterrechts durch dieses Gesetz s. § 89b Rn. 3.

---

1 Vgl. dazu *Schubert/Schmiedel/Krampe*, Quellen zum HGB 1897, 2 Bände, 1986.

Wichtiger als diese punktuellen Änderungen war die Einführung des Bilanzrichtliniengesetzes vom 29.12.1985 (Rn. 52), das aufgrund seiner Einfügung als neues Drittes Buch die Bedeutung des HGB als (zwar bei weitem nicht erschöpfende, aber doch) zentrale Kodifikation des Handelsrechts wenigstens teilweise wiederherstellte (s. auch Rn. 54). Dieser Vorgang bewirkte Umstellungen innerhalb des Gesetzes, die vor allem bei Benutzung älterer Gerichtsentscheidungen und nicht in jüngerer Zeit neu aufgelegter Literatur zu Verwirrungen führen können. 23

Durch die Herausnahme des Rechts der AG (§§ 178–319) und der KGaA (§§ 320–334) waren die §§ 178–334 frei geworden, so dass im Zweiten Buch eine Lücke zwischen dem Ende der Regelung der KG (§§ 161–177 bzw. 177a) und den Vorschriften über die Stille Gesellschaft (§§ 335–342) entstand. Durch das BiRiLiG vom 19.12.1985 wurde sodann die Regelung der Stillen Gesellschaft nach vorn in die freien §§ 230–237 verlegt und die damit erweiterte Lücke benutzt, um als §§ 238–339 das BiRiLiG als neues Drittes Buch „Handelsbücher" einzufügen. Das mit § 343 beginnende vorherige Dritte Buch „Handelsgeschäfte" wurde damit zum Vierten Buch. Die §§ 178–229 sind nach wie vor frei; zu den im Vierten Buch durch das Transportrechtsreformgesetz herbeigeführten Umgliederungen s. unten Rn. 46. 24

3. Reformdiskussion

a) Der Reformbedarf

Eine durchgreifende Reform des HGB war mit diesen Änderungen jedoch nicht verbunden. Der Reform- und Modernisierungsbedarf beruhte abgesehen von den bereits erörterten Defiziten in der Normenabgrenzung (oben Rn. 16 ff.) und dem immer fragmentarischeren Charakter des HGB (Rn. 19) vor allem darauf, dass die vom HGB mit Hilfe des Kaufmannsbegriffs vorgenommene Auswahl (Abgrenzung), welche Unternehmen als kaufmännische gelten und welche nicht, durch die das HGB Unternehmensträger teils dem Handelsrecht unterstellt (subjektives System, oben Rn. 3), teils von dessen Geltung ausschließt, bis 1998 als misslungen, jedenfalls aber als nicht mehr zeitgemäß empfunden wurde. 25

Das bis dahin geltende Enumerationsprinzip billigte die Kaufmannseigenschaft kraft Betrieb eines Handelsgewerbes unabhängig von einer Eintragung im Handelsregister nur denjenigen Gewerbetreibenden (den sog. Musskaufleuten) zu, die bestimmte, in dem Katalog des § 1 Abs. 2 Nr. 1–9 a.F. abschließend aufgezählte Geschäfte (sog. Grundhandelsgeschäfte) betrieben. Da dieser Katalog noch im Sinne des klassischen Kaufmannsbegriffs des 19. Jahrhunderts ganz auf den Warenhandel (mit und ohne vorherige Be- oder Verarbeitung) und seine traditionellen Hilfsgeschäfte zugeschnitten war, wurde eine beträchtliche Anzahl wichtiger gewerblicher Tätigkeiten, die nicht im Katalog des § 1 Abs. 2 aufgezählt waren, mit der Folge geradezu unerträglicher Wertungswidersprüche und Ungereimtheiten von der Geltung kaufmännischen Sonderrechts ausgeschlossen. 26

27 So machte zwar die Tätigkeit als Baustoffhändler zum Kaufmann kraft Handelsgeschäfts, nicht dagegen sollten dies so wichtige wirtschaftliche Tätigkeiten wie diejenige der gewerbsmäßigen Bauunternehmer und Immobilienhändler wie überhaupt der im Immobiliengewerbe tätigen Geschäftsleute bewirken, die zumindest aus moderner Sicht unbedingt als kaufmännische Unternehmen anzusprechen sind. Unzuträglicher noch war die Behandlung der Dienstleistungs- und Überlassungsgeschäfte. Während der Betrieb von Versicherungs- und Bankgeschäften immerhin noch als ihrem Betreiber Kaufmannseigenschaft vermittelnde (Grund-)Handelsgeschäfte Erwähnung, wenn auch keine Regelung fand, nahm das HGB bis 1998 von dem gesamten, in einer modernen Wirtschaft immer wichtiger werdenden übrigen Dienstleistungssektor überhaupt keine Kenntnis (zum Fehlen einer Regelung dieser Materien im HGB bis zum heutigen Tag s. oben Rn. 19). Da das Angebot von Dienstleistungen und Sachüberlassungen am Markt, obwohl es sich dabei – mit Ausnahme der sog. freien Berufe (dazu unten Rn. 29) – unzweifelhaft um gewerbliche Tätigkeiten handelt, vom HGB a.F. nicht als Betrieb von (Grund-) Handelsgeschäften angesehen wurde, galten die Träger solcher Unternehmen nicht als Kaufleute und blieben damit von der Geltung kaufmännischen Sonderrechts ausgeschlossen.

28 Die Korrektur dieses Mangels sollte zwar die in § 2 a.F. getroffene generalklauselartige Regelung bewirken, die alle Betreiber gewerblicher Unternehmen (mit der bis heute beibehaltenen Ausnahme der Land- und Forstwirte, s. § 3), die nach Art und Umfang einen in kaufmännischer Weise eingerichteten Geschäftsbetrieb benötigten (die sog. Sollkaufleute), dazu verpflichtete, ihre Firma zum Handelsregister anzumelden und durch (konstitutiv wirkende) Eintragung in diesem Register Kaufmannseigenschaft zu erwerben. Auch der Gesetzgeber des 19. Jahrhunderts hatte nämlich unter dem Eindruck des Aufkommens einer Vielzahl neuer Arten von Unternehmen bereits erkannt, dass mit einem rein enumerativen, ausschließlich an der Art der betriebenen Geschäfte und hier wiederum ganz am traditionellen Warenhandel und dessen Hilfsgeschäften ausgerichteten Katalog nicht auszukommen sein würde und eine zutreffende Bereichsabgrenzung gegenüber dem allgemeinen bürgerlichen Recht weniger an der Art der im Unternehmen betriebenen Geschäfte als vielmehr an dem Vorhandensein eines nach kaufmännischen Grundsätzen geführten Unternehmens mit seinen spezifischen organisatorischen und betrieblichen Bedingtheiten anzusetzen hätte[1]. Der diesen rechtstatsächlichen Befund im Ansatz zutreffend erfassende § 2 a.F. konnte jedoch die ihm zugedachte Korrekturfunktion nicht ausreichend erfüllen, weil er den Erwerb der Kaufmannseigenschaft und damit die Anwendbarkeit von Handelsrecht anders als bei Vorhandensein eines der in § 1 Abs. 2 a.F., abschließend aufgezählten sog. Grundhandelsgewerbe (oben Rn. 26) im Interesse der Rechtssicherheit konstitutiv von der vorhergehenden Eintragung im Handelsregister abhängig machte und damit den Betroffenen die Möglichkeit eröffnete, sich durch **Unterlassen der Eintragung** dauer-

---

[1] Vgl. Denkschrift zum HGB, 1896, S. 8 u. 11 f.; dazu *Raisch*, JuS 1967, 533, 536 f.; *Schmiedel* in Schubert/Schmiedel/Krampe, Quellen zum HGB S. 35; *Henssler*, ZHR 161 (1997), 13, 17 f.

haft oder doch jedenfalls über einen längeren Zeitraum hinweg der Anwendung kaufmännischen Sonderrechts zu entziehen. Kennzeichnend für diesen Zustand war es, dass das HGB eine eigene Vorschrift (§ 262 a.F.) benötigte, um diese Unternehmen wenigstens zur kaufmännischen Buchführung unabhängig von ihrer Eintragung im Handelsregister anzuhalten. Teilweise abgemildert wurde dieses Ergebnis lediglich dadurch, dass die Kapitalgesellschaften unabhängig von ihrem Gesellschaftszweck und Unternehmensgegenstand generell als Handelsgesellschaften (§ 13 Abs. 3 GmbHG, § 3 Abs. 1 AktG) und damit allein kraft ihrer Rechtsform als Kaufleute i.S. des HGB gelten, s. dazu § 1 Rn. 6 sowie § 6 Rn. 3 ff.

Ein weiterer Kritikpunkt[1] war und ist (unten Rn. 38) der generelle Ausschluss der sog. freien Berufe (einschließlich künstlerischer und wissenschaftlicher Tätigkeiten) aus dem Anwendungsbereich des Handelsrechts, deren Ausübung nicht als gewerbliche Tätigkeit i.S. des HGB gilt, s. dazu ausführlich § 1 Rn. 58 ff. Zu den sog. „freien" Berufen gehören auch und gerade solche Berufe, deren Vertreter, wie etwa Rechtsanwälte, Steuerberater und Wirtschaftsprüfer, typischerweise über ein hohes Maß an rechtsgeschäftlicher Erfahrung verfügen[2]. Nicht selten werden überdies freie Berufe in einem Rahmen betrieben, der wie bei großen überregional oder sogar international tätigen Anwalts- und Wirtschaftsprüfersozietäten oder auch großen Architekturbüros demjenigen eines nach kaufmännischen Grundsätzen organisierten Unternehmens entspricht und nach Umsatz und Zahl der Beschäftigten nicht wenige gewerbliche als kaufmännisch geltende Unternehmen deutlich übertrifft. Es ist – vor allem auch unter Gleichbehandlungsgesichtspunkten – zumindest befremdlich, wenn für solche Freiberufler handelsrechtliche Bestimmungen wie § 362 (Obliegenheit zur unverzüglichen Beantwortung eines Angebots zur Übernahme eines Mandats oder Auftrags, wenn das Angebot nicht als angenommen gelten soll) oder die Grundsätze über kaufmännische Bestätigungsschreiben keine Gültigkeit haben sollen oder Angehörige dieser Berufsgruppen nicht in der Lage sein sollen, formlos eine Bürgschaft zu übernehmen oder ein Schuldanerkenntnis abzugeben (§ 350) oder eine Gerichtsstandsvereinbarung (§ 38 Abs. 1 ZPO) zu treffen. Schwer verständlich ist auch, dass Zusammenschlüsse von Freiberuflern zu gemeinsamer Berufsausübung nach § 6 dem gesamten Handelsrecht unterliegen, wenn sie sich grenzüberschreitend als EWIV organisiert haben, die nach § 1 EWIVG[3] als Handelsgesellschaft gilt (s. § 6 Rn. 4), während sie bei fehlendem Auslandsbezug oder Unterbleiben der Wahl dieser Rechtsform als bürgerlich-rechtliche Gesellschaft oder Partner-

---

1 Vgl. *K. Schmidt*, HR, 4. Aufl., § 4 I.3.b S. 69 sowie u.a. JurBl. 1995, 341, 345; MünchKommHGB/*K. Schmidt*, § 1 Rn. 4, 32 m.w.N.; *Neuner*, ZHR 157 (1993), 243, 263 f., 288 f.; *Preis*, ZHR 158 (1994), 567, 604 ff.; s. ferner *Kort*, AcP 193 (1993), 453, 459; kritisch („schwere Wertungswidersprüche"), aber zurückhaltend *Canaris*, HR, § 1 Rn. 42; a.A. *Henssler*, ZHR 161 (1997), 13, 24 ff.; s. auch *Hopt*, AcP 183 (1983), 674 ff.
2 S. dazu *Preis*, ZHR 157 (1994), 567 ff. m.w.N.
3 EWIVG v. 14.8.1988, BGBl. I 514.

schaftsgesellschaft, die nach § 1 Abs. 2 S. 2 PartGG[1] kein Handelsgewerbe ausübt[2], ausschließlich der Geltung des allgemeinen bürgerlichen Rechts unterliegen. Zu den Gründen, die gleichwohl für eine Beibehaltung des Ausschlusses der freien Berufe vom Geltungsbereich des HGB sprechen könnten, s. § 1 Rn. 58; vgl. ferner unten Rn. 38, dort auch zur Möglichkeit einer entsprechenden Anwendung einzelner handelsrechtlicher Normen auf diesen Personenkreis.

30 Die sich aufdrängende Erkenntnis, dass das HGB den Anschluss an die moderne Lebenswirklichkeit und Rechtspraxis infolge der Anknüpfung seines Anwendungsbereichs an einen schon von Anfang an zu engen, jedenfalls aber inzwischen überholten Kaufmannsbegriff verloren hatte – im Hinblick, auf die sich daraus ergebenden zumindest aus moderner Sicht geradezu willkürlichen Ergebnisse war sogar die These vertreten worden, die Abgrenzung des Adressatenkreises der Sondernormen des HGB an Hand des Kaufmannsbegriffs der §§ 1 ff. a.F. sei wegen Verstoßes gegen Art. 3 GG verfassungswidrig[3] –, hatte im Schrifttum zu der nachdrücklichen Forderung geführt, dazu geeignete handelsrechtliche Sondernormen über den seinerzeitigen Geltungsbereich des HGB hinaus auf weitere Unternehmen anwendbar zu machen, auch wenn sie nicht den engen Kaufmannsbegriff des HGB (a.F.) erfüllten. Die Vorschläge, wie dies zu erreichen war, wichen allerdings erheblich voneinander ab.

b) Die Reformvorschläge

aa) Der unternehmensrechtliche Ansatz de lege ferenda

31 Nach *Raisch* ist der zutreffende Zentralbegriff des Handelsrechts nicht der historische, dem 19. Jahrhundert verhaftete Kaufmannsbegriff des HGB, sondern derjenige des **Unternehmens bzw. Unternehmers**, den *Raisch* als denjenigen definiert, der selbständig mittels einer auf Dauer angelegten organisierten Wirtschaftseinheit anderen Marktteilnehmern wirtschaftlich werthaltige Leistungen anbietet[4]. Obwohl die grundlegenden Untersuchungen *Raischs* größtenteils rechtspolitischer Art sind, sollte dieser Unternehmensbegriff bereits unter dem geltenden Recht als Orientierungsprinzip dazu dienen, geeignete, einer Einzelanalogie fähige Normen des Handelsrechts

---

1 Gesetz über Partnerschaftsgesellschaften Angehöriger Freier Berufe v. 25.7.1994, BGBl. I 1744.
2 Das PartGG erklärt zwar zahlreiche Bestimmungen des HGB für entsprechend anwendbar, zu ihnen gehören aber gerade nicht die Vorschriften des HGB über Handelsgeschäfte.
3 So *Neuner*, ZHR 157 (1993), 243, 286 ff.; gegen diese These *Preis*, ZHR 158 (1994), 567, 573 unter Hinweis auf die Vermeidbarkeit sachwidriger Ungleichbehandlungen durch die Anwendung von Grundsätzen der Rechtsscheinshaftung auf dem Wege der Rechtsfortbildung sowie *Henssler*, ZHR 161 (1997), 29 ff. unter Hinweis auf den weiten Gestaltungsfreiraum des Gesetzgebers.
4 So *Raisch*, Geschichtliche Voraussetzungen, S. 192 und ZHR 154 (1990), 567 unter Hinweis auf die Überlegungen bereits von *Wieland*, Handelsrecht Bd. 1, 1927, S. 9; vgl. auch schon *Eckardt*, ZHR 94 (1929), 1 ff.

auch auf die Tätigkeit von Personen anwendbar zu machen, die nicht den formellen Kaufmannsbegriff der §§ 1 ff. erfüllen[1].

bb) Der berufsrechtliche Ansatz

Einen anderen Weg verfolgte *Hopt*[2]. Nach seinen Vorstellungen kann der **Begriff des Berufsrechts** den Weg für die Anwendung von Teilen des Handelsrechts wie jedenfalls der Grundsätze über das Schweigen im Handelsverkehr, das kaufmännische Bestätigungsschreiben und die handelsrechtliche Anscheinsvollmacht, nach Möglichkeit aber auch weiterer handelsrechtlicher Rechtssätze freimachen, ohne dabei das kodifizierte und deshalb de lege lata hinzunehmende Kaufmannsrecht des HGB anzutasten[3]. Ungeachtet seiner Ansicht, der berufsrechtliche Ansatz ermögliche die Ausdehnung handelsrechtlicher Normen auf Nichtkaufleute i.S. der §§ 1 ff. a.F.[4] mit weniger Angriffsflächen als der unternehmensrechtliche Ansatz, vermag die von ihm gegebene Definition, Substrat des Berufsrechts sei „jede selbständige, nicht rein private und außerhalb des Erwerbslebens liegende Tätigkeit einer Person am Markt, die dort ihre Waren oder Dienste anbietet"[5], die Nähe zu dem Unternehmensbegriff nicht zu verbergen.

32

cc) Der unternehmensrechtliche Ansatz de lege lata

Am weitesten ging *K. Schmidt*, nach dessen Konzeption das am formalen Kaufmannsbegriff orientierte Handelsrecht zu einem **materiellen Unternehmensprivatrecht** (Außenprivatrecht des Unternehmens) fortgebildet werden sollte. Auf Grund dieses unternehmensrechtlichen Ansatzes sollte schon nach dem bis 1998 geltenden Recht weitgehend an die Stelle des Handelsgewerbes das Unternehmen als „die organisierte Wirtschaftseinheit, mittels deren der Unternehmer am Markt auftritt", treten[6]. Entsprechend sollte der Träger des Unternehmens („Unternehmensträger") als Zuordnungsobjekt der zum Unternehmen (genauer zu dessen Außenseite) gehörigen Rechte und Pflichten als neuer Normadressat des Unternehmensrechts den Kaufmann des HGB ersetzen oder ablösen[7]. In der Konsequenz befürwortete er schon für das damalige Recht eine weitgehende Anwendung handelsrechtlicher Normen auf nicht-kaufmännische Unternehmen, dies allerdings unter dem Vorbehalt einer Einzelprüfung, ob die jeweils in Frage stehende

33

---

1 *Raisch*, JuS 1967, 533 f.; *Raisch*, FS Stimpel, S. 29 ff.; *Raisch*, FS Rittner, S. 471, 483 ff.; *Raisch*, ZHR 154 (1990), 567, 568 f.
2 *Hopt*, AcP 183 (1983), 608 ff.
3 *Hopt*, AcP 183 (1983), 672 f.
4 *Hopt*, AcP 183 (1983), 673.
5 *Hopt*, AcP 183 (1983), 670.
6 *K. Schmidt*, HR, § 4 S. 63 ff., 65 f.; MünchKommHGB/*K. Schmidt*, 1. Aufl. § 1 Rn. 96 ff.; *K. Schmidt*, JuS 1985, 250 ff.; *K. Schmidt*, DB 1994, 515, 517; *K. Schmidt*, JurBl. 1995, 341.
7 Durch die Bezugnahme auf den „Unternehmensträger" grenzt sich *K. Schmidt* von den Versuchen ab, das Unternehmen selbst zur juristischen Person zu erklären, so ausdrücklich JuS 1985, 255 gegen *Th. Raiser*, Das Unternehmen als juristische Person, 1969, S. 166 f.; in gleicher Richtung *Semler*, FS Raisch, 1995, S. 291, insbes. S. 306; gegen *Raiser* auch *Kunze*, ZHR 147 (1982), 16 ff.

Norm der Ausdehnung auf alle oder nur bestimmte, insbesondere große oder im Handelsregister eingetragene, Unternehmensträger fähig ist und der Analogie keine zwingenden Schutzgesichtspunkte im Wege stehen. Diese Konzeption wird von ihm auch für das gegenwärtig nach der Reform von 1998 geltende Recht aufrechterhalten, dies allerdings mit der Einschränkung, dass nach Fortfall der früheren Kategorie der vollkaufmännischen, aber nicht im Handelsregister eingetragenen Unternehmen (der früheren Sollkaufleute nach § 2 a.F., oben Rn. 28 m.w.N.), s. dazu jetzt § 1 Abs. 2, ein Analogiebedürfnis nur noch für nicht gewerbliche Unternehmen mit wissenschaftlicher, künstlerischer oder freiberuflicher Tätigkeit oder für nicht eingetragene Unternehmen nach § 2 (Kleingewerbetreibende) und § 3 (land- und forstwirtschaftliche Unternehmen) besteht[1]; s. zu diesem Fragenkreis für das geltende Recht auch noch unten Rn. 38 f. (freie Berufe) und 40 f. (Kleingewerbetreibende).

IV. Die Reformen des Jahres 1998; Handelsrechtsreform und Transportrechtsreform

1. Das HRefG; Allgemeines

34 Auf der Grundlage der von einer 1992 eingesetzten Bund-Länder-Arbeitsgruppe 1994 erarbeiteten Empfehlungen[2], denen bereits Novellierungsvorschläge des DIHT[3] vorausgegangen waren, legte das Bundesministerium der Justiz im Jahr 1996 den Entwurf eines Gesetzes „Zur Neuregelung des Kaufmanns- und Firmenrechts und zur Änderung anderer handels- und gesellschaftsrechtlicher Vorschriften (Handelsrechtsreformgesetz – HRefG)" vor[4], dem im Mai 1997 ein in einigen Teilen geänderter Gesetzentwurf der Bundesregierung folgte[5], der sodann nach Beratung durch die gesetzgeberischen Organe mit geringfügigen weiteren Änderungen in Gestalt des gleichnamigen Gesetzes vom 22.6.1998[6] mit Wirkung ab 1.7.1998 geltendes Recht geworden ist.

35 Nach ihrem Inhalt ist auch die HGB-Reform des Jahres 1998 nicht die große, vielfach geforderte Reform des Handelsrechts. Trotz Einfügung einiger objektiver Elemente (oben Rn. 7) wird die Anknüpfung an den Kaufmannsbegriff und damit das sog. subjektive System (oben Rn. 3) grundsätzlich bei-

---

1 Zu den Einzelheiten vgl. jetzt MünchKommHGB/*K. Schmidt*, § 1 Rn. 85 ff.
2 Vollständiger Abdruck in Beil. 148a „Reform des Handelsrechts und des Handelsregisters" (hrsg. v. BMJ) zum Bundesanzeiger v. 9.8.1994; Kurzfassung in ZIP 1994, 1407 ff. und 1898 ff. S. dazu schon *Niederleithinger*, ZIP 1995, 597, 598 f. mit Einführung von *Gustavus*.
3 DIHT, Kaufmann und Handelsregister, 1987.
4 RefE BMJ 3811/1 III a Berlin; auszugsweise abgedruckt in ZIP 1996, 1401 ff., 1445 ff., 1485 ff.
5 RegE BR-Drucks. 340/97 v. 23.5.1997; auszugsweise abgedruckt in ZIP 1997, 942 ff.; s. dazu auch die Stellungnahme des Bundesrates BR-Drucks. v. 4.7.1997 und BT-Drucks. 13/8444 v. 29.8.1997; s. auch vor Rn. 1 unter d (Materialien) und f (Schrifttum).
6 BGBl. I 1474.

behalten. Ebenso wenig hat die Reform die Umstrukturierung des HGB in ein Unternehmensgesetzbuch herbeigeführt, wie sie im Schrifttum teilweise befürwortet worden war. Dem unternehmensrechtlichen Ansatz (oben Rn. 31 und 33) hat der Reformgesetzgeber ebenso wie dem berufsrechtlichen Ansatz (oben Rn. 32) eine Absage erteilt. Er hat sich vielmehr nach seiner eigenen Aussage mit „systemimmanenten" punktuellen Korrekturen mit dem Ziel einer kleinen HGB-Reform begnügt[1]. Gesetzgeberisches Ziel war es vor allem, den Kaufmannsbegriff und damit den Anwendungsbereich handelsrechtlicher Normen von seinen historisch bedingten Zufälligkeiten zu befreien und den Verhältnissen des modernen Wirtschaftslebens anzupassen. Die dabei vom Reformgesetzgeber vorgenommene Neudefinition des Kaufmannsbegriffs (s. dazu sogleich Rn. 36 ff.) kommt allerdings dem unternehmensrechtlichen Ansatz schon recht nahe. Diese Nähe ergibt sich aus der engen Verwandtschaft zwischen dem Begriff des Gewerbes, an den die Neuregelung anknüpft, und demjenigen des Unternehmens sowie den ihnen korrespondierenden Begriffen des Gewerbetreibenden und des Unternehmensträgers. Zählt man – wie in dieser Kommentierung (s. § 1 Rn. 48) – die Gewinnerzielungsabsicht nicht zu den notwendigen Voraussetzungen für die Ausübung eines Gewerbes, so reduziert sich der Unterschied im Wesentlichen darauf, dass der Reformgesetzgeber zumindest wichtige Teilbereiche der sog. freien Berufe (oben Rn. 29 und unten Rn. 38; s. ausführlich § 1 Rn. 58 ff.) weiterhin von der Geltung des Handelsrechts ausschließt, während ein an den Unternehmensbegriff anknüpfendes Unternehmensgesetzbuch auch sie seiner Geltung unterwerfen würde. Des Weiteren galt es vor allem, das strenge Firmenrecht des alten HGB zugunsten einer größeren Wahlfreiheit der Unternehmen bei der Firmenbildung zu liberalisieren. Darüber hinaus ist das Recht der Personengesellschaften in einigen Details der veränderten Rechtswirklichkeit angepasst und das Handelsregisterverfahren im Interesse einer effizienteren Verfahrensabwicklung in einigen Punkten geändert worden. Die Frage einer Übertragung der Führung des Handelsregisters auf die Industrie- und Handelskammern wurde dabei ausgespart. Sie soll einer späteren politischen Entscheidung vorbehalten bleiben, die weiterhin aussteht.

2. Die Neudefinition des Kaufmannsbegriffs

a) Der Grundsatz: Kaufmannseigenschaft aller Gewerbetreibenden unabhängig von einer Handelsregistereintragung

Die wohl einschneidendste Änderung brachte die Reform, indem nunmehr unter Beibehaltung der überkommenen Legaldefinition des § 1 Abs. 1, wonach **Kaufmann** i.S. des HGB ist, **wer ein Handelsgewerbe betreibt**, gemäß § 1 Abs. 2 als Handelsgewerbe jeder Gewerbebetrieb gilt, es sei denn, dass das Unternehmen einen in kaufmännischer Weise eingerichteten Geschäftsbetrieb nicht erfordert. Damit ist unter Überwindung der früheren antiquierten Dichotomie von Kaufleuten, welche aufgrund ihrer Tätigkeit im Warenhandel (einschließlich seiner klassischen Hilfsgeschäfte) die Kauf-

36

---
1 Begr. RefE S. 17 und RegE S. 22 f. (s. Schrifttum d) vor Rn. 1).

mannseigenschaft automatisch kraft des von ihnen betriebenen Geschäfts besaßen (§ 1 Abs. 2 a.F.), und allen anderen Gewerbetreibenden, die diesen Status nur durch den besonderen Staatsakt der Eintragung in das Handelsregister erwarben (§ 2 a.F.), nach geltendem Recht grundsätzlich **jeder Gewerbetreibende** ohne Rücksicht auf die Art seines Gewerbes **kraft Gesetzes auch ohne Eintragung in das Handelsregister Kaufmann** (§ 1 Abs. 1) und damit der Anwendung der Sondernormen des HGB unterworfen, ausgenommen sind nur noch Kleingewerbetreibende (§ 1 Abs. 2) und Land- oder Forstwirte (§ 3). Die Eintragung in das Handelsregister ist zwar für die als Kaufmann geltenden Personengruppen Pflicht (§ 29), sie wirkt aber nicht konstitutiv (also die Kaufmannseigenschaft begründend), sondern nur noch deklaratorisch (die Kaufmannseigenschaft verlautbarend). Kleingewerbetreibende sind dagegen berechtigt, aber nicht verpflichtet, sich in das Handelsregister eintragen zu lassen und damit (konstitutiv) die Kaufmannseigenschaft zu erwerben (§ 2). Dieses Recht steht ihnen sowohl als Einzelgewerbetreibenden (§ 2) zu wie in ihrem Zusammenschluss als (Personen-)Gesellschaft (§ 105 Abs. 2), womit auch Kleingewerbetreibenden der Zugang zu den Rechtsformen der Personengesellschaften des Handelsrechts eröffnet wird. Entsprechendes gilt – trotz des gewerblichen Charakters ihrer Tätigkeit – für große Land- und Forstwirte (s. dazu § 3 und die dortigen Erl.), für die es der Reformgesetzgeber im Hinblick auf das der Kaufmannseigenschaft fern stehende Bewusstsein dieser Berufsgruppe, die auch von der schon nach altem Recht bestehenden Wahlmöglichkeit kaum Gebrauch gemacht hatte, bei dem früheren Rechtszustand hat bewenden lassen, obwohl er einräumt, dass die Abschaffung dieser Sondergruppe systematisch konsequent gewesen wäre[1]. Die durch das HRefG eingetretene Änderung der Textfassung des § 3 Abs. 2 ist rein redaktioneller Natur. Die frühere Kategorie des Minderkaufmanns (§ 4 a.F.), kraft deren Kleingewerbetreibende, die sog. Grundhandelsgeschäfte (§ 1 Abs. 2 a.F.) betreiben, zwar als Kaufmann galten, aber von einer Reihe belastender, für sie nicht erforderlicher oder gefährlicher Sonderregelungen des Handelsrechts freigestellt worden waren, ist ersatzlos entfallen (unten Rn. 39). Kleingewerbetreibende, deren Unternehmen aufgrund seiner geringen Größe und seiner übersichtlichen Verhältnisse keine kaufmännische Betriebseinrichtung benötigt, sind für das HGB in seiner seit der Reform geltenden Fassung, soweit sie nicht nach § 2 Kaufmannsstatus durch freiwillige Eintragung im Handelsregister erworben haben, überhaupt keine Kaufleute. Ihre Rechtsverhältnisse richten sich nicht nach Handelsrecht, sondern nach den allgemeinen bürgerlich-rechtlichen Bestimmungen; in den Anwendungsbereich handelsrechtlicher Sondernormen können sie (wie z.T. auch andere Unternehmen) nur dann kommen, wenn sie bestimmte Arten von Geschäften betreiben (oben Rn. 7). Die Pflicht des Betreibers eines nicht nur kleingewerblichen Unternehmens, seine Firma zum Handelsregister anzumelden, bleibt zwar weiterhin bestehen, § 29. Anders als nach früherem Recht hat aber die Eintragung für alle Kategorien von Gewerbetreibenden, deren Unternehmen die Schwelle kleinge-

---

1 Begr. RegE S. 34 (s. Schrifttum d) vor Rn. 1) unter Berufung auf *K. Schmidt*, DB 1994, 515, 517 in Bezug auf den systematischen Aspekt.

werblicher Verhältnisse überschreitet, nicht mehr die Aufgabe, bestimmten Gruppen von Gewerbetreibenden die Kaufmannseigenschaft zu verleihen (konstitutive Wirkung des § 2 a.F.; s. dazu oben Rn. 28). Ihr Zweck erschöpft sich vielmehr für alle Kategorien von Gewerbetreibenden gleichermaßen darin, eine bereits kraft Gesetz bestehende, allein durch den Betrieb eines vollkaufmännische Organisationsform erfordernden gewerblichen Unternehmens erworbene Kaufmannseigenschaft in einem öffentlichen, jedermann zugänglichen Register zu verlautbaren (deklaratorische Wirkung). Das seit dem 1.7.1998 geltende Recht überwindet damit den rechtspolitischen Fehlbegriff, den der Gesetzgeber des HGB von 1900 dadurch begangen hatte, dass er die Kaufmannseigenschaft und damit den Anwendungsbereich dieses Gesetzes in erster Linie mit einem Katalog bestimmter Geschäfte verknüpfte, der ganz auf den traditionellen Warenhandel und dessen Hilfsgeschäfte ausgerichtet war. Der schon bei Schaffung des HGB modernere Ansatz an dem Betrieb eines eine kaufmännische Organisationsform erfordernden Gewerbes, der die eigentliche Leistung des Gesetzgebers des ausgehenden 19. Jahrhunderts darstellt, von ihm aber aus historisch bedingter Befangenheit nur als subsidiäres Instrument konzipiert worden war (s. dazu oben Rn. 28), hat sich damit mit 100-jähriger Verspätung durchgesetzt. Damit beseitigt das geltende Recht durch die alle Gewerbe unterschiedslos einbeziehende Definition des Handelsgewerbes in § 1 Abs. 2 nicht nur die inneren Wertungswidersprüche des früheren Rechts (oben Rn. 26 ff.), sondern gewährleistet vor allem die schon lange überfällige Einbeziehung der in einer modernen Wirtschaft immer wichtiger werdenden Dienstleistungsbetriebe (oben Rn. 27) in den Geltungsbereich des HGB.

Der Begriff des Gewerbes, der auch schon unter dem früheren Rechtszustand der heimliche, hinter demjenigen des Kaufmanns und des Handelsgewerbes stehende Zentralbegriff war, wird damit im neuen Recht auch offen als das primär entscheidende Abgrenzungskriterium zwischen den nach handelsrechtlichen Sondernormen arbeitenden Kaufleuten und dem nach den allgemeinen Regeln des bürgerlichen Rechts tätigen Personenkreis in den Mittelpunkt gestellt. Auch der Reformgesetzgeber hat auf eine Legaldefinition dieses für die Bestimmung des Anwendungsbereichs des HGB zentralen Begriffs verzichtet. Damit bleibt auch für das geltende Recht die Definition, die von der Rechtsprechung zum Gewerbebegriff des HGB in seinen früheren Fassungen entwickelt worden war, weiterhin maßgeblich; zur Kritik an dieser Zurückhaltung des Gesetzgebers und zum Gewerbebegriff im Einzelnen § 1 Rn. 17 ff. 37

b) Weitere Ausklammerung der freien Berufe

Die von dem Reformgesetzgeber gewählte Anknüpfung der Kaufmannseigenschaft an den Begriff des Gewerbes anstatt an denjenigen des Unternehmens hat allerdings notwendigerweise zur Folge, dass die sog. freien Berufe, deren Tätigkeit nicht als Ausübung eines Gewerbes gilt, wie nach früherem Recht (oben Rn. 29) von vornherein von der Anwendbarkeit des Handelsrechts ausgespart bleiben (s. dazu § 1 Rn. 58 ff.). Nach Ansicht des Reform- 38 gesetzgebers, der auch darin den Empfehlungen der Bund-Länder-Arbeitsgruppe gefolgt ist, soll für die Einbeziehung der freien Berufe in den Anwendungsbereich des HGB jedenfalls seit Inkrafttreten des Partnerschaftsgesellschaftsgesetzes (oben Rn. 29) kein Bedürfnis mehr bestehen[1]. Diese Begründung einer so wichtigen rechtspolitischen Entscheidung ist wenig befriedigend. Es drängt sich vielmehr der Eindruck auf, dass der Gesetzgeber bei der Novellierung des HGB der nach den Umständen erforderlichen fundierten und nach Regelungskreisen differenzierenden Untersuchung, ob und inwieweit die Verhältnisse der freien Berufe auch unter Berücksichtigung der für sie teilweise noch geltenden, in ihrer Bedeutung aber immer weiter zurückgehenden berufsständischen Sonderregeln ihre Unterstellung unter die besonderen Rechte und Pflichten des Handelsrechts geboten oder mindestens wünschenswert erscheinen lassen, und inwieweit die besondere Situation der freien Berufe die Anwendung von Handelsrecht ausschließt, wie bei der vorangegangenen Schaffung der eine merkwürdige Zwitterstellung zwischen bürgerlichem und Handelsrecht einnehmenden Rechtsform der Partnerschaftsgesellschaft ausgewichen ist. Eine solche, die Auseinandersetzung mit dem kritischen Schrifttum (oben Rn. 29) einschließende Untersuchung wäre umso dringender erforderlich gewesen, als die Abgrenzung zwischen gewerblicher und freiberuflicher Tätigkeit im Einzelnen durchaus streitig und nicht frei von historischen Zufälligkeiten ist (s. § 1 Rn. 58 ff.), wenn man nicht sogar den Standpunkt vertreten will, dass die Unterscheidung von gewerblicher und freiberuflicher (nicht oder nicht vorwiegend vom Erwerbsstreben geprägter) Tätigkeit überhaupt nur historisch bedingt ist und unter den heutigen Verhältnissen ihre innere Berechtigung weitgehend verloren hat. In nahezu allen Lebensbereichen ist heute das Bestreben der freien Berufe zu beobachten, sich von den herkömmlichen Fesseln zu befreien und sich Entfaltungsmöglichkeiten zu erschließen, die früher Tätigkeiten vorbehalten waren, die als typisch gewerblicher Art galten. Dies gilt beispielsweise ebenso sehr für die Werbung wie für die Überwindung der Ortsgebundenheit und die Gestaltung der inneren wie äußeren Organisationsform. Nur ergänzend sei noch darauf hingewiesen, dass die Einbeziehung der freien Berufe auch die im bisherigen Recht vorgenommene, gekünstelt wirkende und Abgrenzungsstreitigkeiten Raum gebende Unterscheidung zwischen Ausübung des freien Berufs in hergebrachter Form einerseits und in Form eines Anstaltsbetriebes andererseits (s. dazu § 1 Rn. 63) obsolet machen würde.

38a Gleichwohl liegt in der Beibehaltung der Ausgrenzung der freien Berufe aus dem Geltungsbereich des Handelsrechts eine rechtspolitische Grundsatzentscheidung des Reformgesetzgebers, die es – nicht anders als seine Entscheidung zur Ausklammerung der Kleingewerbetreibenden, die nicht für den Erwerb der Kaufmannseigenschaft durch freiwillige Eintragung im Handelsregister optiert haben (§ 2; s. insbesondere § 2 Rn. 31) – in der Rechtsanwen-

---

[1] Begr. RegE BR-Drucks. 340/97 S. 34, auch darin der Bund-Länder-Arbeitsgruppe (Rn. 34 m. Nachw.) folgend; dagegen nachdrücklich *K. Schmidt*, ZIP 1997, 909, 911 ff., auch gegen *Henssler*, ZHR 161 (1997), 13, 25 ff.

dung zu respektieren gilt[1]. Dies lässt für eine entsprechende Anwendung handelsrechtlicher Vorschriften und Regeln auf Angehörige freier Berufe wenig Raum[2]. Sie kommt nur dort im Rahmen einer vorsichtigen Fortführung der bisherigen Rechtsentwicklung in Betracht, wo im Ursprung handelsrechtliche Regeln auch auf die Verhältnisse nicht kaufmännischer Unternehmen passen und sich entsprechende Verkehrserwartungen herausgebildet haben. Ähnlich wie bei der Frage nach der Anwendbarkeit handelsrechtlicher Regeln auf nicht kaufmännische kleingewerbliche Unternehmen (§ 2 Rn. 31) ist es auch hier von Bedeutung, dass Verkehrssitten und Handelsbräuche ihren Anwendungsbereich selbst bestimmen. So ist in der Rspr. schon seit langem anerkannt, dass kaufmännische Handelsbräuche[3] und die Regel, wonach das Schweigen auf ein kaufmännisches Bestätigungsschreiben als Zustimmung zu dessen Inhalt zu werten ist, auch für diejenigen Personen gilt die, ohne selbst Kaufleute zu sein, wie solche am Geschäftsleben teilnehmen[4], vgl. dazu näher die Erläuterungen zu § 346. Dies kann auch für freie Berufe gelten[5].

c) Ausgrenzung der Kleingewerbetreibenden; Abschaffung der Kategorie des Minderkaufmanns

Die zweite einschneidende Änderung, die die Reform für die Festlegung des Kaufmannsbegriffs und damit die Bestimmung des Anwendungsbereichs des HGB mit sich brachte, ergibt sich daraus, dass nach der seit dem 1.7.1998 geltenden Legaldefinition des § 1 Abs. 2 nur noch dasjenige gewerbliche Unternehmen als Handelsgewerbe gelten soll, das nach Art und Umfang einen in kaufmännischer Weise eingerichteten Geschäftsbetrieb erfordert. Infolgedessen werden Kleingewerbetreibende, deren Unternehmen keine kaufmännische Betriebseinrichtung benötigen, völlig aus dem Kreis der Normadressaten ausgeschieden. Sie sind damit für das geltende Recht keine Kaufleute, sondern „normale" BGB-Bürger, deren Rechtsverhältnisse sich grundsätzlich nicht nach den auf Kaufleute anwendbaren handelsrechtlichen Sonder-

---

1 *Zöllner*, ZGR 1983, 82 ff.; skeptisch und sogar ablehnend auch *Canaris*, HR, § 1 Rn. 13 ff. und 40 ff.; s. ferner *Brüggemann/Brüggemann*, Einl. Rn. 5; *Heymann/Horn*, Einl. I Rn. 8; *Preis*, ZHR 158 (1994), 567, 573; *Hüffer*, ZGR 1986, 620; *Hüffer*, WM 1988, 1214 f.; *Wolter*, Jura 1988, 178; *Bydlinski*, S. 8 ff. (grundlegend zum Methodenstreit) sowie S. 20 ff. und 26 ff.; *Neuner*, ZHR 157 (1993), 268 ff., 273 ff.; *Henssler*, ZHR 161 (1997), 24 ff., 37.
2 Z.T. weitergehend als der obige Text und das soeben zitierte Schrifttum MünchKommHGB/*K. Schmidt*, § 1 Rn. 85 ff. m.w.N.; s. auch *K. Schmidt*, HR, § 3 II.3.c) S. 56.
3 BGH v. 27.10.1951 – II ZR 102/50, NJW 1952, 257; BGH v. 18.11.1969 – I ZR 6/68, WM 1970, 695, 696; BGH v. 2.7.1980 – VIII ZR 178/79, WM 1980, 1122, 1123.
4 BGH v. 27.10.1951 – II ZR 102/50, NJW 1952, 257; BGH v. 26.6.1963 – VIII ZR 61/62, BGHZ 40, 42; BGH v. 19.2.1964 – I b 203/62, NJW 1964, 1223; BGH v. 25.5.1970 – VIII ZR 253/68, WM 1970, 877; BGH v. 11.10.1973 – VII ZR 96/72, WM 1973, 1376; BGH v. 6.5.1976 – VI ZR 120/74, NJW 1975, 1358 m.w.N.; BGH v. 2.7.1980 – VIII ZR 178/79, DB 1981, 636.
5 Vgl. schon RG JW 1931, 522; BGH v. 28.6.1967 – VIII ZR 30/65, DB 1967, 1362; BGH v. 4.3.1976 – IV ZR 59/74, NJW 1976, 1402; BGH v. 25.2.1987 – VIII ZR 341/86, NJW 1987, 1940.

normen, sondern nach den allgemeinen bürgerlich-rechtlichen Bestimmungen richten (s. dazu schon oben Rn. 36). Nach früherem Recht diente die Erforderlichkeit kaufmännischer Organisation nur bei den sog. Sollkaufleuten des § 2 a.F. als Kriterium zur Abgrenzung zwischen Nichtkaufleuten und derjenigen Gruppe von Gewerbetreibenden, die verpflichtet waren, aufgrund des Umfangs und der Komplexität ihres Geschäftsbetriebes die Kaufmannseigenschaft durch Eintragung in das Handelsregister zu erwerben. Bei der großen Gruppe der Kaufleute kraft Grundhandelsgeschäfts, den sog. Musskaufleuten des früheren § 1 Abs. 2, markierte das Vorhandensein oder – richtiger – die Erforderlichkeit kaufmännischer Betriebseinrichtung dagegen lediglich die Grenze zwischen zwei Arten von Kaufleuten, nämlich den sog. Vollkaufleuten, die im vollen Umfang dem Handelsrecht unterworfen waren, und den sog. Minderkaufleuten, auf die handelsrechtliche Sondernormen gemäß §§ 4, 351 a.F. mit Rücksicht auf ihre geringe Belastbarkeit nur mit Einschränkungen anwendbar waren. Indem der Reformgesetzgeber das Merkmal der Erforderlichkeit eines nach Art und Umfang in kaufmännischer Weise eingerichteten Geschäftsbetriebs nunmehr bereits als Tatbestandsmerkmal in die Definition des Handelsgewerbes und damit mittelbar des Kaufmanns aufgenommen hat (§ 1 Abs. 2), hat er einen einschneidenden Wechsel in der Funktion dieses Merkmals vollzogen. Die Erforderlichkeit kaufmännischer Organisationsform des Unternehmens wird damit zu dem entscheidenden konstitutiven Unterscheidungsmerkmal zwischen kaufmännischen und nicht kaufmännischen Gewerbebetrieben. Die damit bewirkte Ausklammerung der Kleinunternehmen aus dem Anwendungsbereich des HGB soll nach den Vorstellungen des Reformgesetzgebers dem erhöhten Schutzbedürfnis der Kleingewerbetreibenden Rechnung tragen, nicht den anspruchsvolleren Normen des Sonderrechts unterworfen zu werden. Zugleich soll durch die Beseitigung der früheren Zwischenkategorie des Minderkaufmanns eine Vereinfachung des Rechts herbeigeführt werden[1]. Die Empfehlungen der Bund-Länder-Arbeitsgruppe waren noch in die genau gegenteilige Richtung gegangen, indem sie vorgeschlagen hatte, den Status des Minderkaufmanns, der nach damals geltendem Recht den kleinen Grundhandelsgeschäfte betreibenden Musskaufleuten (§§ 1 Abs. 2, 4 a.F.) vorbehalten war, auch auf alle anderen Kleingewerbetreibenden auszudehnen[2], um auf diese Weise kleine Händler und Dienstleistende gleichzustellen. Sie hatte lediglich vorherige Untersuchungen über den Kreis der auf diese anwendbaren Sonderregelungen für erforderlich erachtet.

40 Die Ziehung einer strikten Scheidelinie (Rn. 39) zwischen Groß- und Kleingewerbetreibenden unter Zuerkennung der Kaufmannseigenschaft nur noch an die erstgenannte Gruppe und Beseitigung der früheren Zwischenkategorie des Minderkaufmanns (§§ 1 Abs. 2, 4, 351 a.F.) hat zur Folge, dass auch die früher für Minderkaufleute geltenden Bestimmungen des HGB auf Kleingewerbetreibende **generell keine Anwendung** mehr finden. Dazu gehören so

---

[1] S. dazu Begr. RegE BR-Drucks. 340/97 S. 27 ff.
[2] Ebenso K. Schmidt, DB 1994, 515, 517, der lediglich die Anwendbarkeit der Vorschriften über Firma und Registerpflicht, Prokura und Rechnungslegung für Kleingewerbetreibende ausschließen wollte.

wichtige Regelungen wie etwa die Vorschriften über die Handlungsvollmacht (§§ 54 ff., insbes. auch § 56) über Handelsbräuche (§ 346), über kaufmännische Sorgfaltspflichten (§ 347), über kaufmännische Zinsen (§§ 352, 353), über das Schweigen im Handelsverkehr (§ 362) einschließlich der Regeln über kaufmännische Bestätigungsschreiben, über die Möglichkeit, von ihnen bewegliche Sachen im guten Glauben an ihre Verfügungsberechtigung zu erwerben (§ 366) und über die Untersuchungs- und Rügepflicht beim Warenkauf (§ 377). Das Gleiche gilt für alle weiteren Bestimmungen innerhalb des HGB und außerhalb desselben in anderen Gesetzen, welche die Anwendbarkeit bestimmter Regelungen, wie z.B. § 38 Abs. 1 ZPO oder § 95 Abs. 1 Nr. 1 GVG, von dem Vorhandensein der Kaufmannseigenschaft und nicht – wie viele moderne Gesetze, Rn. 12 – vom Abschluss im Rahmen einer gewerblichen oder selbständigen beruflichen Tätigkeit (also von der Beteiligung eines Unternehmers; s. z.B. § 310 BGB) abhängig machen. Zur Kritik an dieser Entscheidung des Gesetzgebers s. 1. Aufl. Einl. Rn. 129 und zur Möglichkeit, die dadurch entstandenen Lücken durch eine analoge Anwendung handelsrechtlicher Vorschriften auf Kleingewerbetreibende zu schließen, s. 1. Aufl. § 4 Rn. 31 ff.

Die Grundsatzentscheidung zur Ausklammerung der Kleingewerbetreibenden aus dem Geltungsbereich des HGB wird jedoch dadurch wieder relativiert, dass der Reformgesetzgeber für bestimmte Arten von Geschäften **Kleingewerbetreibende den Kaufleuten ausdrücklich gleichstellt** und damit die für diese Geschäfte geltenden kaufmännischen Sonderregeln unterschiedslos auf alle Gewerbetreibenden ohne Rücksicht auf die Größe ihres Geschäftsbetriebes für anwendbar erklärt (s. dazu oben Rn. 7). 41

Das Merkmal der Erforderlichkeit eines kaufmännisch eingerichteten Geschäftsbetriebs ist wörtlich den früheren §§ 2 und 4 entnommen. Auf eine Definition oder die Festsetzung bestimmter Größenklassen hat der Gesetzgeber ausdrücklich verzichtet. Angesichts der zentralen Bedeutung dieses Merkmals für die Bestimmung des Anwendungsbereichs der Sondernormen des HGB ist dies nicht unproblematisch. Die Erforderlichkeit kaufmännischer Betriebseinrichtung ist nicht nur das entscheidende Merkmal, das kaufmännische Gewerbebetriebe, in der Sprache des HGB (§ 1) Handelsgewerbe, und sonstige als nicht kaufmännisch geltende Gewerbebetriebe und damit die Anwendungsbereiche von HGB und BGB voneinander abgrenzt. Der generalklauselartige, durch keine konkretisierende Definition näher eingegrenzte Charakter dieses Tatbestandsmerkmals kann in der Praxis zu erheblicher Rechtsunsicherheit führen. Daran ändert es nichts, dass die zum früheren Recht (§§ 2 und 4 a.F.) ergangene umfangreiche Rechtsprechung auch künftig zur Auslegung dieses Merkmals herangezogen werden kann (s. dazu im Einzelnen § 1 Rn. 98 ff.). Überdies ist die Erforderlichkeit kaufmännischer Betriebseinrichtungen, da das Gesetz im Übrigen nur auf das Vorhandensein eines Gewerbebetriebes abstellt, auch terminologisch das einzige Merkmal, welches das Recht des HGB noch mit den Begriffen des Kaufmanns und des Handelsrechts im traditionellen und allgemeinsprachlichen Sinn verbindet. 42

d) Das Optionsrecht von Kleingewerbetreibenden zum Erwerb des Kaufmannsstatus

43 Erstmalig durch die Handelsrechtsreform des Jahres 1998 in das HGB eingeführt wurde auch die den Kleingewerbetreibenden, deren Unternehmen keiner kaufmännischen Betriebseinrichtung bedarf und deshalb nach § 1 Abs. 2 nicht als Handelsgewerbe gilt, obwohl als Einzelgewerbetreibende (§ 2) als auch bei gemeinsamem Betrieb als Gesellschaft (§ 105 Abs. 2) eingeräumte Option, die Kaufmannseigenschaft durch freiwillige, konstitutiv wirkende Eintragung in das Handelsregister zu erwerben (s. dazu schon Rn. 36). Nach früherem Recht waren die – vollkaufmännischen – Assoziationsformen der OHG und KG den Betreibern kleingewerblicher Unternehmen verschlossen, weil sie entweder bei Betrieb von Grundhandelsgeschäften i.S. des § 1 Abs. 2 a.F. i.V.m. § 4 Abs. 1 und 2 a.F. als Minderkaufleute oder bei Betrieb eines sonstigen Gewerbes nach § 2 a.F. als Nichtkaufleute galten. Die nunmehrige Zulassung von Kleingewerbetreibenden zur Gründung einer Handelsgesellschaft mit Kaufmannseigenschaft (OHG oder KG) wird vom Gesetzgeber außer mit der Unzulänglichkeit der BGB-Gesellschaft als unternehmenstragende Rechtsreform vor allem mit der Erwägung begründet, dass der Grundsatz, wonach rechtlich verselbständigte Personengesellschaften nur für vollkaufmännisch betriebene Unternehmen zur Verfügung stünden, bereits mit der Schaffung der weitgehend dem Recht der OHG unterstehenden Partnerschaftsgesellschaft aufgegeben worden sei und es keinen Grund gebe, Gewerbetreibenden zu verweigern, was Freiberuflern schon früher zugestanden wurde. Die mit dem Betrieb einer OHG oder KG verbundenen Haftungsrisiken hat der Reformgesetzgeber als nicht wesentlich höher eingeschätzt als die in einer BGB-Gesellschaft eingegangenen Haftungsgefahren. Im Übrigen sei zu berücksichtigen, dass die von Vollkaufleuten zu erfüllenden Pflichten, z.B. die Führung von Handelsbüchern, oftmals ohnehin freiwillig oder aufgrund steuerlicher Erfordernisse erfüllt würden. Die im jetzigen § 2 auch für Kleingewerbetreibende, die ihr Unternehmen allein betreiben, vorgesehene Möglichkeit, ebenfalls durch konstitutive Eintragung im Handelsregister Kaufmannseigenschaft zu erlangen, war in den Vorarbeiten zu dem Gesetz zunächst nicht vorgesehen. Sie ist erst durch den Regierungsentwurf auf nahezu einhelligen Vorschlag der beteiligten Kreise[1] in das Reformwerk eingeführt worden.

3. Modernisierung des Firmenrechts

44 Das zweite zentrale Anliegen der HGB-Reform von 1998 war die Modernisierung des Firmenrechtes. Auch insoweit den Empfehlungen der Bund-Länder-Arbeitsgruppe folgend, erkennt der Gesetzgeber seit der Reform nunmehr auch Einzelkaufleuten und Personengesellschaften des Handelsrechts die Berechtigung zu, für ihr Unternehmen frei gewählte reine Sachfirmen oder auch nicht dem Unternehmensgegenstand entnommene Fantasiebezeichnungen zu führen. Einzige Voraussetzung dafür ist nach geltendem Recht nur noch, dass die zur Kennzeichnung gewählte Bezeichnung genü-

---

1 Begr. RegE BR-Drucks. 340/97 S. 31.

gend Unterscheidungskraft besitzt, um Namensfunktion für das Unternehmen übernehmen zu können. Das Recht, wie bisher eine Personenfirma mit oder ohne (Sach- oder Phantasie-)Zusatz zu führen, wird dadurch selbstverständlich nicht berührt. Die Einzelheiten sind in den Erl. zu §§ 18 ff. dargestellt. Die notwendige Information des Publikums über die Gesellschafts- und Haftungsverhältnisse wird nach geltendem Recht allein über einen jetzt für alle Gesellschaften obligatorischen Rechtsformzusatz gewährleistet (§ 19 Abs. 1 Nr. 2 und 3). Im Gegensatz hierzu verweigerte das frühere Recht den Unternehmen in weitgehendem Maße die Befugnis zur freien Wahl ihrer Firma. Für den Einzelkaufmann ließ das frühere Recht ausschließlich eine Personenfirma, bestehend aus seinem Familiennamen und mindestens einem ausgeschriebenen Vornamen, zu (§ 18 Abs. 1 a.F.). Auch Personengesellschaften mussten mindestens den Namen eines persönlich haftenden Gesellschafters enthalten (§ 19 Abs. 1 und 2 a.F.). Die Führung von Sachfirmen, die sich an den Unternehmensgegenstand anlehnen, sowie einprägsame Fantasiebezeichnungen, an denen häufig aus Gründen der Werbewirksamkeit ein erhebliches Interesse besteht, war Einzelkaufleuten wie Personenhandelsgesellschaften grundsätzlich untersagt. Derartige Sachbezeichnungen konnten nur daneben außerhalb des durch den Namen gebildeten Firmenkerns als sog. (Firmen-)Zusatz in die Firma aufgenommen werden (§ 18 Abs. 2 S. 2 a.F.). Der Vorteil der Publizität der Inhaber- und Haftungsverhältnisse (Informationsfunktion), den dieses starre historisch überkommene System der Firmenbildung, vor allem bei Einzelkaufleuten, bei konsequenter Durchführung immerhin für sich in Anspruch hätte nehmen können, wurde weitgehend dadurch zunichte gemacht, dass die bisherige Firma auch bei einem Wechsel des oder (bei Gesellschaften) der Inhaber des Unternehmens grundsätzlich unverändert fortgeführt werden konnte (§ 19 a.F.). Die infolge der Zulassung von Sach- und Phantasiebezeichnungen mehr denn je erforderliche Publizität der Inhaber- und Haftungsverhältnisse soll im geltenden Recht durch die in § 37a vorgeschriebenen Pflichtangaben gewährleistet werden. Diese Vorschrift ist gleichfalls erst durch die HGB-Reform von 1998 in das Gesetz eingefügt worden. Weitere durch die HGB-Reform von 1998 herbeigeführte Änderungen betreffen, soweit sie für die Bestimmung des Anwendungsbereichs des HGB bedeutsam sind, die Streichung des § 36 a.F., durch welche das Privileg der öffentlichen Hand, von einer Eintragung ihrer den Kaufmannsbegriff erfüllenden gewerblichen Unternehmen absehen zu dürfen, beseitigt wurde, sowie die Berechtigung auch von als Personengesellschaften geführten Unternehmen, die sich auf die reine Verwaltung des eigenen Vermögens beschränken, Kaufmannseigenschaft zu erwerben. Erforderlich ist dazu wie bei Kleingewerbetreibenden (oben Rn. 43) eine freiwillige konstitutiv wirkende Eintragung in das Handelsregister, § 105 Abs. 2; s. dazu die dortigen Erläuterungen. Damit stehen die Gesellschaftsformen der OHG und KG nach geltendem Recht grundsätzlich auch für den Betrieb von Immobilienverwaltungs-, Objekt- und Besitzgesellschaften nach Betriebsaufspaltungen sowie Holdings zur Verfügung (s. dazu § 1 Rn. 47 sowie bei § 105). Nach früherem Recht scheiterte dies daran, dass diese Gesellschaften kein Gewerbe betreiben.

4. Sonstige Änderungen

45 Die übrigen durch die HGB-Reform herbeigeführten Änderungen dienten, soweit sie nicht nur rechtstechnischer Natur sind oder Gesetze außerhalb des HGB betreffen, der Stärkung der Kontinuität der Personengesellschaften des Handelsrechts bei einem Wechsel in ihrem personellen Bestand (s. dazu die Erl. zu § 131), die Straffung des Eintragungs- und Bekanntmachungsrechts betreffend Zweigniederlassungen (s. dazu die Erl. zu §§ 13c–f). Hinzu kommen einige weitere Änderungen im Handelsregisterrecht. Auf sie kann hier in dieser Einleitung nicht näher eingegangen werden; soweit sie Auswirkungen auf die Vorschriften des HGB haben, muss auf die Erl. zu diesen Bestimmungen verwiesen werden.

5. Die Transportrechtsreform

46 Als wichtige Änderung des HGB ist schließlich noch das Gesetz zur Neuregelung des Fracht-, Speditions- und Lagerrechts vom 25.6.1998 (Transportrechtsreformgesetz – TRG)[1] zu nennen, das die Vorschriften des HGB über die bezeichneten Materien grundlegend erneuerte und umgestaltete. Damit verbunden war – ähnlich wie bei der früheren Einfügung des Bilanzrichtlinengesetzes als neues Drittes Buch des HGB (oben Rn. 23 f.) – eine völlige Umgliederung der im Vierten Buch – vorher Sechster Abschnitt – geregelten Transportgeschäfte. Das Frachtgeschäft ist jetzt im Vierten Abschnitt, §§ 407–452d (früher §§ 425–452), das Speditionsgeschäft im Fünften Abschnitt, §§ 453–466 (früher §§ 407–415), und das Lagergeschäft im Sechsten Abschnitt, §§ 467–475h (früher §§ 416–424), geregelt. Durch diese Novellierung wurde dem Modernisierungsbedarf wenigstens auf den wichtigsten Teilgebieten des Transportrechts – die gesetzlichen Bestimmungen des HGB waren hier in der Rechtspraxis durch andere Regelungen außerhalb dieses Gesetzes weitgehend an den Rand gedrückt worden – Rechnung getragen; zum weitgehenden Übergang des Gesetzes zu dem sog. objektiven (Anknüpfungs-)System in diesem Bereich s. oben Rn. 7. An dem Fehlen einer gesetzlichen Regelung für wichtige weitere Rechtsmaterien im HGB und damit dem zutiefst fragmentarischen Charakter dieses Gesetzeswerks (s. dazu schon oben Rn. 19 und unten Rn. 53 ff.) vermag diese Reform jedoch im Kern nichts zu ändern.

V. Zusammenstellung wesentlicher Änderungen des HGB

47 Die wesentlichen das HGB betreffenden **Gesetzesänderungen** nach dem Kriege in der Zusammenstellung (ohne Seerecht): Gesetz über die Aufhebung von Vorschriften auf dem Gebiet des Handelsrechts und des Wechsel- und Scheckrechts (Handelsrechtliches Bereinigungsgesetz) vom 18.4.1950 (BGBl. I 90); Gesetz über Bekanntmachungen vom 17.5.1950 (BGBl. I 183): Bestimmung des Bundesanzeigers als neues einheitliches Publikationsorgan,

---

1 BGBl. I 1998, 1588 und I 1999, 42.

vgl. § 10; Gesetz über die Kaufmannseigenschaft von Handwerkern vom 31.3.1953 (BGBl. I 106): Änderungen bei §§ 1, 2 und 4, vgl. die Kommentierung zu § 1; Gesetz zur Änderung des HGB vom 6.8.1953 (BGBl. I 771): Handelsvertreternovelle, vgl. die Kommentierung zu § 84; Gesetz zur Abkürzung handelsrechtlicher und steuerrechtlicher Aufbewahrungsfristen vom 2.3.1959 (BGBl. I 77); Gesetz zur Änderung des HGB und der Reichsabgabenordnung vom 2.8.1965 (BGBl. I 665); Einführungsgesetz zum Aktiengesetz vom 6.9.1965 (BGBl. I 1185); Umsatzsteuergesetz (Mehrwertsteuer) vom 29.5.1967 (BGBl. I 545); Gesetz zur Änderung des Kündigungsrechts und anderer arbeitsrechtlicher Vorschriften (Erstes Arbeitsrechtsbereinigungsgesetz) vom 14.8.1969 (BGBl. I 1106); Berufbildungsgesetz vom 14.8.1969 (BGBl. I 1112): Aufhebung der §§ 76–82 über die Handlungslehrlinge, diese §§ sind seither unbesetzt; Gesetz zur Durchführung der 1. EG-Richtlinie zur Koordinierung des Gesellschaftsrechts vom 15.8.1969 (BGBl. I 1146): es änderte insbes. § 9 und schob den jetzigen § 15 Abs. 3 ein; Beurkundungsgesetz vom 28.8.1969 (BGBl. I 1513); Gesetz zur Änderung des Handelsgesetzbuches und anderer Gesetze – Seerechtsänderungsgesetz – (BGBl. I 1300; Bekanntmachung des Inkrafttretens BGBl. I 266): Änderungen u.a. von § 93 Abs. 1 und § 363 Abs. 2; Gesetz zur Änderung des Gesetzes betr. Die Erwerbs- und Wirtschaftsgenossenschaften vom 9.10.1973 (BGBl. I 1451); Einführungsgesetz zum Strafgesetzbuch vom 2.3.1974 (BGBl. I 469); Gesetz über Konkursausfallgeld vom 17.7.1974 (BGBl. I 1481); Strafrechtsreform-Ergänzungsgesetz vom 28.8.1975 (BGBl. I 2289); Gesetz über die Kaufmannseigenschaft von Land- und Forstwirten und den Ausgleichsanspruch des Handelsvertreters vom 13.5.1976 (BGBl. I 1197): Änderung der §§ 3 und 89b; Erstes Gesetz zur Bekämpfung der Wirtschaftskriminalität vom 29.7.1976 (BGBl. I 2034): Geltung der Vorschriften über Handelsbücher auch für diejenigen Unternehmer, die nach § 2 verpflichtet sind, ihre Eintragung herbeizuführen, unabhängig von der tatsächlichen Eintragung, früher § 47b, jetzt § 262; Einführungsgesetz zur AO 1977 vom 14.12.1976 (BGBl. I 3341): betr. Regelungen der Buchführungspflicht, u.a. die früheren §§ 38 Abs. 2, 44 Abs. 3, 47a; vgl. jetzt §§ 238 ff.; Gesetz zur Änderung des GmbH-Gesetzes und anderer handelsrechtlicher Vorschriften vom 4.7.1980 (GmbH-Novelle, BGBl. I 836): Änderungen bei §§ 19 Abs. 5, 125a, 130a Abs. 1 S. 1, 172 Abs. 6, 172a, 177a; Bilanzrichtliniengesetz vom 19.12.1985 (BGBl. I 2355): s. o. Rn. 28 und §§ 238 ff.; Gesetz zur Durchführung der EG-Richtlinie zur Koordinierung des Rechts der Handelsvertreter vom 23.10.1989 (BGBl. I 1910): Änderungen der §§ 86, 86a, 87, 87a, 89, 89b, 90a, 92c, 104; s. bei §§ 84 ff.; Gesetz zur Durchführung der Richtlinie des Rates der Europäischen Gemeinschaften über den Jahresabschluss – Bankbilanz-Richtlinie – Gesetz vom 30.11.1990 (BGBl. I 2570); Börsenzulassungs-Gesetz vom 16.12.1986 (BGBl. I 2478); Rechtspflege-Vereinfachungsgesetz vom 17.12.1990 (BGBl. I 2847); Gesetz zur Änderung des KWG und anderer Vorschriften über Kreditinstitute vom 21.12.1992 (BGBl. I 2211); EWR-Ausführungsgesetz vom 27.4.1993 (BGBl. I 512); Gesetz zur Durchführung der 11. EG-Richtlinie vom 22.7.1993 (BGBl. I 1282); Gesetz zur Anpassung des EWR-Ausführungsgesetzes vom 27.9.1993 (BGBl. I 1666); Registerverfahrensbeschleunigungsgesetz vom 20.12.1993 (BGBl. I 2182); Eisenbahnneuordnungsgesetz vom 27.12.1993 (BGBl. I 2378);

Nachhaftungsbegrenzungsgesetz vom 18.3.1994 (BGBl. I 560); Pflege-Versicherungsgesetz vom 26.5.1994 (BGBl. I 1014); Versicherungsbilanzrichtliniengesetz vom 24.6.1994 (BGBl. I 1377); Gesetz zur Änderung des DMBilG vom 25.7.1994 (BGBl. I 1682); Einführungsgesetz zur Insolvenzordnung vom 5.10.1994 (BGBl. I 2911): Die Änderungen des HGB durch dieses Gesetz sind erst zum 1.1.1999 in Kraft getreten; Gesetz zur Bereinigung des Umwandlungsrechts vom 28.10.1994 (BGBl. I 3210); Begleitgesetz zum Gesetz zur Umsetzung von EG-Richtlinien zur Harmonisierung bank- und wertpapieraufsichtsrechtlicher Vorschriften vom 22.10.1997 (BGBl. I 2567): Änderungen im Dritten Buch; Begleitgesetz zum Telekommunikationsgesetz (BegleitG) vom 17.12.1997 (BGBl. I 3108): Aufhebung des früheren § 452 betr. Güterbeförderung durch die Post; Gesetz zur weiteren Fortentwicklung des Finanzplatzes Deutschland (Drittes Finanzmarktförderungsgesetz) vom 24.3.1998, (BGBl. I 529): Änderungen im Dritten Buch; Gesetz über die Zulassung von Stückaktien (Stückaktiengesetz – StückAG) vom 25.3.1998 (BGBl. I 590): Änderungen im Dritten Buch; Kapitalaufnahmeerleichterungsgesetz (KapAEG) vom 20.4.1998 (BGBl. I 707): Änderungen im Dritten Buch; Gesetz zur Kontrolle und Transparenz im Unternehmensbereich (KonTraG) vom 27.4.1998 (BGBl. I 786): Änderungen im Dritten Buch; Euro-Einführungsgesetz (EuroEG) vom 9.6.1998 (BGBl. I 1242): Änderungen im Dritten Buch; Gesetz zur Neuregelung des Kaufmanns- und Firmenrechts und zu Änderung anderer handels- und gesellschaftsrechtlicher Vorschriften (Handelsrechtsreformgesetz – HRefG) vom 22.6.1998 (BGBl. I 1474): s. dazu ausführlich oben Rn. 34 ff.; Gesetz zur Neuregelung des Fracht-, Speditions- und Lagerrechts (Transportrechtsreformgesetz – TRG) vom 25.6.1998 (BGBl. I 1998, 1588 und 1999 I, 42): Änderungen von §§ 363 Abs. 2, 366 Abs. 3 (s. dazu oben Rn. 46) und Neufassung des Vierten Buches, Vierter bis Sechster Abschnitt (§§ 407–475h); Steueränderungsgesetz 1998 vom 19.12.1998 (BGBl. I 3816): Änderung von § 257 Abs. 4; Gesetz zur Änderung des Einführungsgesetzes zur Insolvenzordnung und anderer Gesetze (EGInsOÄndG) vom 19.12.1998 (BGBl. I 3836): Änderung von § 32; Gesetz zur Durchführung der Richtlinie des Rates der Europäischen Union zur Änderung der Bilanz- und der Konzernbilanzrichtlinien hinsichtlich ihres Anwendungsbereichs (90/605/EWG), zur Verbesserung der Offenlegung von Jahresabschlüssen und zur Änderung anderer handelsrechtlicher Bestimmungen (KapCoRiLiG) vom 24.2.2000 (BGBl. I 154): Änderung § 8a sowie im Dritten Buch; Gesetz zur Beschleunigung fälliger Zahlungen vom 30.3.2000 (BGBl. I 330): Änderung von § 352 Abs. 1 S. 1; Gesetz über Fernabsatzverträge ... vom 27.6.2000 (BGBl. I 897, 1139): Änderungen im Vierten Buch, Vierter bis Sechster Abschnitt; Gesetz zur Änderung von Vorschriften über die Tätigkeit der Wirtschaftsprüfer (WPOÄG) vom 19.12.2000 (BGBl. I 1769): Änderungen im Dritten Buch; 4. Euro-Einführungsgesetz vom 21.12.2000 (BGBl. I 1983): Änderung von § 74a Abs. 2, Aufhebung von § 75b; Namensaktiengesetz (NaStraG) vom 18.1.2001 (BGBl. I 123): Änderungen von §§ 13 (neuer Abs. 6), 13a, 13b, 13c, 14, 15, 103, Abs. 2, 162 Abs. 2 und 175 S. 2; Gesetz zur Anpassung der Formvorschriften des Privatrechts und anderer Vorschriften an den modernen Rechtsgeschäftsverkehr vom 13.7.2001 (BGBl. I 1542): Änderungen der §§ 73, 100, 350, 410, 438, 455 und

468; Siebente Zuständigkeitsanpassungs-Verordnung vom 29.10.2001 (BGBl. I 2785): Änderungen bei §§ 92a Abs. 1 S. 1, 292 Abs. 1, 292a Abs. 3 S. 1, 330 Abs. 1 S. 1, 342a Abs. 2 Nr. 1, 412 Abs. 4; Gesetz zur Modernisierung des Schuldrechts (SMG) vom 26.11.2001 (BGBl. I 3138): Anpassung von § 26 Abs. 1 S. 1 und 3 sowie Abs. 2 an die Verjährungsbestimmungen des BGB nach der Schuldrechtsreform; entspr. bei §§ 27 Abs. 2 S. 2, 139 Abs. 3 S. 2, 159 Abs. 4, 160 Abs. 1 S. 1 und 3 sowie Abs. 2; Anpassung von § 381 Abs. 1 S. 1 an § 651 n.F. BGB; Neuregelung von § 417 Abs. 1; Aufhebung von §§ 378, 382; Gesetz zur Anpassung bilanzrechtlicher Bestimmungen ... (EuroBilG) vom 10.12.2001 (BGBl. I 3414): Änderungen im Dritten Buch; Gesetz über elektronische Register und Justizkosten für Telekommunikation (ERJuKoG) vom 10.12.2001 (BGBl. I 3422): Änderungen von §§ 9 Abs. 1, 9a Abs. 1–4 unter Wegfall von Abs. 5–10 (Gleichstellung des automatisierten Abrufverfahrens mit der herkömmlichen Handelsregistereinsicht; Wegfall einschränkender Voraussetzungen), §§ 33 Abs. 2 S. 1–3, 34 Abs. 1, 107, 148 Abs. 1 S. 1, 150 Abs. 1; Einfügung von §§ 33 Abs. 4, 106 Abs. 2 Nr. 4, 162 Abs. 1 S. 2; Wegfall von § 125 Abs. 4; Änderungen und Neueinfügungen und Wegfall gleichermaßen betr. Publizität juristischer Personen und Handelsgesellschaften; neu: Pflicht zur Anmeldung und Angabe von Vertretungsverhältnissen; Gesetz zur Änderung von Vorschriften über die Bewertung der Kapitalanlagen von Versicherungsunternehmen ... (VersKapAG) vom 26.3.2002 (BGBl. I 1239): Änderungen im Dritten Buch; Viertes Finanzmarktförderungsgesetz vom 26.2.2002 (BGBl. I 2010): Änderungen im Dritten Buch; 2. Gesetz zur Änderung schadensersatzrechtlicher Vorschriften (BGBl. I 2674): Änderung in §§ 451c und e; Gesetz zur weiteren Reform des Aktien- und Bilanzrechts (TransPuG) vom 19.7.2002 (BGBl. I 2681): Änderung im Dritten Buch; 3. Gesetz zur Änderung der Gewerbeordnung und sonstiger gewerberechtlicher Vorschriften vom 24.8.2002 (BGBl. I 3412): Aufhebung von § 73; 8. Zuständigkeitsanpassungsverordnung vom 25.11.2003 (BGBl. I 2304): Änderung von § 92a Abs. 1 S. 1 und Vorschriften des Dritten Buches; Wirtschaftsprüfungsexamens-Reformgesetz (WPRefG) vom 1.12.2003 (BGBl. I 2446): Aufhebung von § 323 Abs. 5; Gesetz zur Harmonisierung des Haftungsrechts im Luftverkehr vom 6.4.2004 (BGBl. I 550): Änderung von § 431 Abs. 4 S. 2 und 3; 1. Gesetz zur Modernisierung der Justiz vom 24.8.2004 (BGBl. I 2198): Änderung von § 9a Abs. 1, Aufhebung von § 106 Abs. 2 Nr. 3 (keine Pflichtangabe zum Beginn der Gesellschaft ab 1.9.2004); Bilanzrechtsreformgesetz (BilRefG) vom 4.12.2004 (BGBl. I 3166): Änderungen im Dritten Buch; Gesetz zur Anpassung von Verjährungsvorschriften an das Gesetz zur Modernisierung des Schuldrechts vom 9.12.2004 (BGBl. I 3214): Änderung von §§ 61 Abs. 2, 113 Abs. 3; Bilanzkontrollgesetz (BilKoG) vom 15.12.2004 (BGBl. I 3408): Änderungen im Dritten Buch; Gesetz über die Offenlegung von Vorstandsvergütungen (VorstOG) vom 3.8.2005 (BGBl. I 2267): Änderungen im Dritten Buch; 1. Gesetz über die Bereinigung von Bundesrecht im Zuständigkeitsbereich des Bundesministeriums der Justiz vom 19.4.2006 (BGBl. I 866): Änderungen im Dritten Buch; Übernahmerichtlinie-Umsetzungsgesetz vom 8.7.2006 (BGBl. I 1426): Änderungen im Dritten Buch; Gesetz zur Einführung der Europäischen Genossenschaft und zur Änderung des Genossenschaftsrechts vom 14.8.2006

(BGBl. I 1911): Änderungen im Dritten Buch; 9. Zuständigkeitsanpassungsverordnung v. 31.10.2006 (BGBl. I 2407): §§ 92a Abs. 1 S. 1, 292 Abs. 1 S. 1, 342a Abs. 2 Nr. 1, 412 Abs. 4; Gesetz über elektronische Handelsregister und Genossenschaftsregister sowie das Unternehmensregister (EHUG) vom 10.11.2006 (BGBl. I 2553): zahlreiche Vorschriften; insbes. §§ 8 ff.; Gesetz zur Umsetzung der neu gefassten Bankenrichtlinie und der neu gefassten Kapitaladäquanzrichtlinie v. 17.11.2006 (BGBl. I 2606): §§ 240a Abs. 3, 340 Abs. 4; Transparenzrichtlinie-Umsetzungsgesetz (TUG) vom 5.1.2007 (BGBl. I 10): §§ 8b, 104 sowie Vorschriften im Dritten Buch; Finanzmarkt-Richtlinie-UmsetzungsG vom 16.7.2007 (BGBl. I 1330): §§ 323 Abs. 2 S. 2, 340 Abs. 4 S. 2, 342b Abs. 2 S. 2; 2. Gesetz über die Bereinigung von Bundesrecht im Zuständigkeitsbereich des Bundesministeriums der Justiz vom 23.11.2007 (BGBl. I 2614): § 367 Abs. 1 S. 3; Gesetz zur Modernisierung des GmbH-Rechts und zur Bekämpfung von Missbräuchen (MoMiG): zahlreiche Änderungen im Ersten und Zweiten Buch.

VI. Geltung des HGB in den neuen Bundesländern

48 Seit dem 3.10.1990 gilt das HGB mit geringen inzwischen weitgehend bedeutungslos gewordenen Ausnahmen auch in den neuen, auf dem Gebiet der ehemaligen DDR liegenden Bundesländern nach Maßgabe der Anl. I Kap. III Sachgebiet C Abschnitt II Nr. 1 sowie der Anl. V Kap. VIII Sachgebiet A Abschnitt III Nr. 2 des Vertrages vom 31.8.1990 – Einigungsvertrag (EinigV[1]), Art. 8 EinigV; Zustimmungsgesetz vom 23.9.1990[2], nachdem schon vorher durch § 16 MantelG[3] die ersten vier Bücher des (in der DDR niemals förmlich außer Kraft gesetzten, aber weitgehend bedeutungslos gewordenen) HGB in ihrer in der Bundesrepublik geltenden Fassung eingeführt worden waren. Auch nach dem 3.10.1990 **nicht** in den neuen Bundesländern **anzuwenden** sind die §§ 62 Abs. 2–4, 63, 64, 73, 75 Abs. 3, 75b S. 2, 82a, 83, vgl. Art. 8 EinigV i.V.m. Anl. I Sachgebiet D Abschnitt III.1.a). Für Handelsvertreterverträge, die vor dem 1.7.1990 begründet worden waren, blieb bis 31.12.1993 das GIW (Rn. 49) anwendbar, vgl. Art. 8 EinigV i.V.m. Anl. I. Sachgebiet D Abschnitt III.2.a) und b).

49 Das **Recht der ehemaligen DDR** (Gesetz über das Vertragssystem in der sozialistischen Wirtschaft vom 25.2.1965[4] – „Vertragsgesetz"; Gesetz über internationale Wirtschaftsverträge vom 5.2.1976[5] – „GIW"; Zivilgesetzbuch vom 19.6.1975[6] – „ZGB") ist damit von den in Rn. 48 genannten Ausnahmen im Wesentlichen nur noch für Verträge von Bedeutung, die vor dem

---

1 BGBl. II 889, 925, 1021.
2 BGBl. II 885.
3 InkraftsetzungsG v. 21.6.1990, GBl. I Nr. 34 S. 357 (in Ausführung von Anl. II des Staatsvertrages über die Währungs-, Wirtschafts- und Sozialunion v. 18.5.1990, BGBl. I 537).
4 GBl. I 1965 107.
5 GBl. I 1976 Nr. 5, 61.
6 BGBl. I 465.

3.10.1990 geschlossen wurden[1]. Wegen der Übergangsvorschriften im Einzelnen s. Art. 230 ff. EGBGB; s. dazu auch bei den Erl. zu den einzelnen Vorschriften des HGB. Verbleibende Kollisionsfälle sind nach dem früheren interlokalen Kollisionsrecht der Bundesrepublik (alt), Art. 3 ff. EGBGB in entsprechender Anwendung, und nicht nach dem Kollisionsrecht der ehemaligen DDR zu entscheiden[2].

VII. Öffentliches Recht im HGB; Handelsrecht außerhalb des HGB; Wirtschaftsrecht

Der Satz, das Handelsrecht des HGB sei das den besonderen Bedingungen und Bedürfnissen des kaufmännischen Geschäftsverkehrs dienende Sonderprivatrecht des Kaufmanns bezüglich des von ihm betriebenen Unternehmens (oben Rn. 8), darf nicht zu Missverständnissen verführen. Er ist lediglich eine auf das Typische zielende schlagwortartige Charakterisierung von Inhalt und Ziel des HGB. Zum einen sind die Bestimmungen des HGB durchaus nicht ausnahmslos privatrechtlicher Natur. Das Gesetz enthält vielmehr zahlreiche **dem öffentlichen Recht zuzurechnende Vorschriften** (vgl. dazu sogleich Rn. 51). Zum anderen erfasst das HGB keineswegs das gesamte Handelsrecht i.S. aller speziell für Kaufleute wichtigen rechtlichen Regeln (dazu Rn. 53).

50

1. Öffentliches Recht im HGB

Das HGB ist stark von Vorschriften öffentlich-rechtlicher Natur durchsetzt. Dies ist zum größten Teil durch die Ausbildung besonderer kaufmännischer Institutionen bedingt, die vor allem dem Bedürfnis des Handelsverkehrs nach Transparenz der geschäftlichen Verhältnisse des kaufmännischen Unternehmens Rechnung tragen sollen. Wenn diese Institutionen die ihnen zugedachten Aufgaben erfüllen sollen, so geht es zudem nicht ohne – häufig strafbewehrte – Normen ab, die die Funktionsfähigkeit dieser Einrichtungen gewährleisten sollen. Da die im HGB enthaltenen öffentlich-rechtlichen Vorschriften letztlich unmittelbar der Sicherheit und Leichtigkeit des privatrechtlichen Geschäftsverkehrs dienen, stellen sie trotz ihrer inzwischen beträchtlichen Zahl die Definition des HGB als Teil der Privatrechtsordnung nicht in Frage.

51

Öffentlich-rechtlich sind vor allem die Bestimmungen über die Einrichtung des Handelsregisters und die Anmeldepflicht (vgl. §§ 1–14, 16, 29, 31–34, 53, 106–108, 143, 148, 157, 162, 175), weitgehend auch die Vorschriften über die Bildung und Führung der Handelsfirma (§§ 18–24 i.V.m. § 37 Abs. 1), die Vorschriften über die Angaben auf Geschäftsbriefen etc. von Einzelkaufleuten (§ 37a) und Offenen Handels- und Kommanditgesellschaften, bei denen

52

---

1 Ausführlich zur Anwendung des HGB und anderer Teile des Zivilrechts in den neuen Bundesländern: *Horn*, Das Zivil- und Wirtschaftsrecht im neuen Bundesgebiet, 2. Aufl. 1993.
2 BGH v. 1.12.1993 – IV ZR 261/92, WM 1994, 157.

kein oder kein persönlich haftender Gesellschafter eine natürliche Person ist (§§ 125a, 177a), sowie die strafbewehrten Bestimmungen über die Pflicht zur Insolvenzanmeldung (§§ 130a, 130b, 177a), ferner die Vorschriften über das von Handelsmaklern zu führende Tagebuch (vgl. §§ 100–103) und vor allem auch die als Drittes Buch „Handelsbücher" in das HGB eingefügten, inzwischen schon mehrfach geänderten (oben Rn. 47) Vorschriften des am 1.1.1986 (mit Übergangsbestimmungen) in Kraft getretenen Bilanzrichtliniengesetzes vom 19.12.1985[1] über die Führung der Handelsbücher und die kaufmännischen Rechnungslegungspflichten (§§ 238 ff.), die mit Rücksicht auf ihre Erzwingbarkeit durch behördliche Zwangsgelder und ihre Bewehrung mit Straf- und Bußgeldbestimmungen (§§ 331–335b) im Wesentlichen dem öffentlichen Recht zugerechnet werden müssen.

2. Handelsrecht außerhalb des HGB

53 Das Handelsrecht des HGB (Handelsrecht im formalen oder engeren Sinne) enthält alles andere als eine erschöpfende Zusammenstellung sämtlicher speziell für das kaufmännische Unternehmen und seine besonderen Verhältnisse bedeutsamen privatrechtlichen (Sonder-)Rechtssätze. Das HGB ist ebenso wenig mit dem Handelsrecht identisch wie das BGB mit dem bürgerlichen Recht. So finden sich zahlreiche für das kaufmännische Unternehmen wichtige privatrechtliche Vorschriften in anderen Gesetzen. Diese Bestimmungen gelten zwar formal für jedermann, der ihre tatbestandlichen Voraussetzungen erfüllt (zum sog. objektiven System oben Rn. 5), knüpfen also – anders als das HGB – rechtstechnisch den Eintritt der durch sie normierten Rechtsfolgen nicht an die Kaufmannseigenschaft eines der Beteiligten an. Die in ihnen geregelte Materie betrifft jedoch typischerweise Kaufleute oder zumindest unternehmerisch am Wirtschaftsleben teilnehmende Personen und deren besondere Umstände und Bedürfnisse. Deshalb werden sie häufig als **Handelsrecht im materiellen oder weiteren Sinne** bezeichnet[2] und nicht selten wenigstens teilweise in systematische Darstellungen des Handelsrechts einbezogen[3]. Hierher gehören insbesondere das Recht des unlauteren Wettbewerbs, der gewerbliche Rechtsschutz sowie für den grenzüberschreitenden Warenverkehr das für die Bundesrepublik am 1.1.1991 in Kraft getretene UN-Übereinkommen vom 11.4.1980 (UN-ÜbKIntKaufrecht, auch Einh. UN-Kaufrecht oder CIS- oder CISG-Kaufrecht) über Verträge über den internationalen Warenkauf (Wiener UNCITRAL-Übk)[4], vgl. dazu näher die Erläuterungen zum Kaufrecht[5], das von diesem Datum ab die einheitlichen Gesetze über den Abschluss von internationalen Kaufverträgen über bewegliche Sachen (EKAG) und über den internationalen Kauf beweglicher

---

1 BGBl. I 2355.
2 Vgl. etwa *Heymann/Horn*, Einl. I Rn. 29 ff.; *Canaris*, HR, § 1 Rn. 6.
3 Vgl. etwa die Lehrbücher von *K. Schmidt* und *v. Gierke/Sandrock*.
4 BGBl. II 1989, 588; II 1990 1477; ber. II 1990, 1699.
5 Hinweise zum Schrifttum, zu den Vertragsstaaten und zur inländischen und ausländischen Rechtsprechung in den laufenden Gerichten von *B. Piltz*, s. zuletzt NJW 2007, 2159.

Sachen (EKG), jeweils vom 17.7.1973[1] abgelöst hat. Ferner gehören hierher die außerhalb des HGB geregelten Teile des Transportrechts, die allerdings durch die Novellierung des Transportrechts (Rn. 46) an Bedeutung verloren haben. Eher historisch bedingt ist es, dass dem Handelsrecht im materiellen Sinne vielfach auch das **Wechsel- und Scheckrecht**[2] zugeordnet wird. Diese Zuordnung ist jedoch heute inhaltlich-systematisch nur noch schwer zu begründen, da das gegenwärtige Recht (im Gegensatz zu früheren Regelungen) keine besondere Wechselrechtsfähigkeit kennt, Wechsel also auch von Privatleuten begeben werden können und tatsächlich auch (insbes. zur Finanzierung von Abzahlungsgeschäften) häufig begeben werden. Ähnliches gilt für Schecks, die heute als normales Zahlungsmittel für jedermann gelten können. Bei ihnen ist die Zurechnung zum Handelsrecht im weiteren Sinne allerdings wenigstens insofern zu rechtfertigen, als bei ihnen mindestens der Bezogene Bankier, d.h. Kaufmann, sein muss, vgl. Art. 3 ScheckG. Ob es allerdings möglich ist, ein Handelsrecht unabhängig von dem im HGB geregelten Rechtsstoff als eigene Rechtsmaterie nach inhaltlichen, also materiellen Kriterien, vom allgemeinen Privatrecht, also dem bürgerlichen Recht, abzugrenzen (vgl. dazu insbes. das in Rn. 9 ff. Ausgeführte), muss bezweifelt werden und ist auch für die praktische Rechtsanwendung allenfalls von untergeordneter Bedeutung.

Darüber hinaus enthält das HGB nicht einmal das gesamte **Handelsrecht im engeren Sinne**. Wichtige Bereiche, die auch nach der Systematik des HGB eigentlich dazu gerechnet werden müssten, sind **in Sondergesetzen geregelt**. Dies galt von Anfang an für das Recht der GmbH. Das zunächst noch im HGB enthaltene Recht der Aktiengesellschaft und Kommanditgesellschaft auf Aktien ist bereits seit dem 1.10.1937 sondergesetzlich (gegenwärtig im Aktiengesetz vom 6.9.1965) geregelt. Damit einher geht eine Tendenz, das Gesellschaftsrecht als Recht der Korporationen (unter Einschluss der nicht handelsrechtlichen Vereinigungen wie Gesellschaft bürgerlichen Rechts und Verein) vom Handelsrecht zunehmend abzulösen und als eigene Materie aufzufassen[3]. Schon immer Gegenstand von Sondergesetzen waren auch weite Teile des Bankgeschäfts sowie so wichtige Bereiche wie das Versicherungs- und das Verlagsgeschäft, obwohl diese Geschäfte immerhin früher im HGB (§ 1 Abs. 2 Nr. 4, 3 und 8 a.F.) ausdrücklich als Grundhandelsgeschäfte aufgeführt waren, die ihren Betreiber zum Kaufmann machten. Zum Wegfall dieser Regelung durch das HRefG s. Rn. 36. Hier hat wohl nach den gewaltigen kodifikatorischen Anstrengungen des Gesetzgebers im ausgehenden 19. Jahrhundert, insbes. nach der Schaffung des BGB, die erforderliche legislatorische Kraft zu einer geschlossenen Integrierung in das HGB gefehlt. Nach dem Inkrafttreten des HGB sind weitere wichtige Materien aus dem HGB „ausgewandert". Das Aktienrecht ist bereits oben erwähnt worden.

54

---

[1] BGBl. I 868 und 856.
[2] Vgl. etwa *Staub/Brüggemann*, Einl. vor § 1 Rn. 11; *v. Gierke/Sandrock*, § 1 I.2.d), S. 5.
[3] Vgl. dazu etwa *K. Schmidt*, HR, § 1 II.3., S. 12. Allgemein zum ständigen Wechsel zwischen „De-Kodifikation" und „Re-Kodifikation" *K. Schmidt*, ZHR 161 (1997), 2 ff. und *Canaris*, HR, § 1 Rn. 7.

Das im HGB niemals zusammenfassend geregelt gewesene Bankgeschäft wird heute fast durchweg nach den AGB der Banken abgewickelt. Daneben bleiben allerdings die Bestimmungen des allgemeinen Rechts von Bedeutung. Gegenüber diesem Zustand der Rechtszersplitterung hat die Einführung des Bilanzrichtliniengesetzes (oben Rn. 23) als neues Drittes Buch dem HGB einen Teil seiner Bedeutung als zentrale Kodifikation des Handelsrechts zurückgegeben, ein Schritt auf dem richtigen Wege. Auch die Novellierung des Transportrechts durch das Transportrechtsreformgesetz (Rn. 46) hat die Regelungen des HGB wieder näher an die Rechtswirklichkeit herangeführt, obwohl diese Geschäfte weiterhin stark von internationalen Verträgen und allgemeinen Geschäftsbedingungen und damit Regeln außerhalb des HGB bestimmt werden. Gleichwohl bleibt das HGB infolge des Fehlens neuer Regelungen zahlreicher Materien, denen im modernen Wirtschaftsleben große Bedeutung zukommt, weit davon entfernt, als umfassende Kodifikation des Sonderprivatrechts der gewerblichen Unternehmen gelten zu können.

3. Wirtschaftsrecht

55 Von vornherein **außerhalb des HGB** steht das gesamte der Ordnung und Lenkung der Wirtschaft i.S. staatlicher Zielvorstellungen dienende – durchweg öffentlich-rechtliche – Wirtschaftsrecht. Beispielhaft wären hier zu nennen Kartellrecht (GWB), Kapitalmarktrecht, Energierecht, Außenwirtschaftsrecht, ferner das Gewerberecht einschließlich der Vielzahl der sonstigen staatlichen Vorschriften, die den Zugang zu bestimmten Berufen, ihre Ausübung und staatliche Kontrolle regeln[1]. Von zunehmender Bedeutung sind auch Bestimmungen, die dem Umweltschutz dienen. Das Steuerrecht, obwohl von zentraler Bedeutung, ist ebenfalls außerhalb des HGB geregelt.

VIII. Verhältnis zum allgemeinen Privatrecht

1. Der Grundsatz

56 Als Sonderrecht (lex specialis) gehen die Normen des HGB nach Art. 2 Abs. 1 EGHGB den Vorschriften des allgemeinen Privatrechts – insbesondere denjenigen des BGB – vor, soweit nicht im HGB oder EGHGB etwas anderes bestimmt ist. Die Rechtsverhältnisse, die danach in den Anwendungsbereich des HGB fallen, werden in Art. 2 Abs. 1 EGHGB kurz als „Handelssachen" bezeichnet (zum teilweise abweichenden Gebrauch des Begriffs der Handelssache in den Prozessordnungen s. Rn. 58; allgem. zur Terminologie oben Rn. 2). Als Teil des Privatrechts bleibt das Handelsrecht des HGB jedoch mit dem allgemeinen bürgerlichen Recht untrennbar verzahnt. Das HGB ist keine in sich geschlossene auf systematischen Gesichtspunkten aufbauende Gesamtkodifikation der für die zivilrechtliche Seite des kaufmännischen Geschäftsbetriebs maßgeblichen Rechtssätze. Es enthält

---

[1] Ähnlich wie hier auch *Schwark*, Wirtschaftsrecht, 6. Aufl. 1986, Rn. 17 ff. und MünchKommHGB/*K. Schmidt*, vor § 1 Rn. 14.

im Wesentlichen nur eine **Sammlung von Sonderbestimmungen**, die auf den breiten, auch die rechtliche Seite der Beziehungen des kaufmännischen Betriebes tragenden Sockel des bürgerlichen Rechts aufgestockt sind und dessen Regeln punktuell und nach mehr oder weniger überzeugenden Auswahlkriterien entsprechend den Sonderbedürfnissen des Handelsverkehrs (dazu Rn. 9 ff.) ergänzen und modifizieren. Infolge ihrer Unabgeschlossenheit sind die Spezialregelungen des HGB ohne Rückgriff auf die breite Grundlage der bürgerlich-rechtlichen Normen zu einem großen Teil weder aus sich selbst heraus verständlich noch in der Praxis anwendbar. Auch für den kaufmännischen Geschäftsverkehr gelten deshalb in erster Linie die allgemeinen Rechtssätze und **Vorschriften des bürgerlichen Rechts**. Das Handelsrecht des HGB kommt erst und nur dann ins Spiel, wenn seine Spezialnormen die bürgerlich-rechtlichen Bestimmungen modifizierend oder verdrängend überlagern. Am ausgeprägtesten ist die Eigenständigkeit des HGB dort, wo es Institutionen oder Pflichten vorsieht, die sich wie etwa das Handelsregister oder die kaufmännische Buchführungs- und Rechnungslegungspflicht (§§ 238 ff.) ausschließlich an Kaufleute wenden. Eigenständig (im Verhältnis zum bürgerlichen Namensrecht) sind auch die Bestimmungen über die Handelsfirma. Schon die Vorschriften über Prokura und Handlungsvollmacht (§§ 48 ff.) aber gewinnen volle Verständlichkeit erst vor dem Hintergrund der allgemeinen Vertretungsregeln des BGB. Der eigentliche Schwerpunkt der das bürgerliche Recht überlagernden Vorschriften des HGB liegt im **Vierten Buch „Handelsgeschäfte"** (§§ 343 ff.). Die Sondervorschriften dieses Buches sind überwiegend schuldrechtlicher Art. Nur vereinzelt finden sich unter ihnen Bestimmungen, die den Allgemeinen Teil oder das Sachenrecht des BGB betreffen. Eine Modifikation der Regeln des Allgemeinen Teils des BGB enthält z.B. § 362, wonach unter bestimmten Voraussetzungen das Schweigen des Kaufmanns auf ein ihm zugehendes Angebot zum Vertragsschluss entgegen den allgemeinen rechtsgeschäftlichen Regeln des BGB als Annahme gilt; das Sachenrecht des BGB betreffen etwa §§ 366, 367 über den gutgläubigen Erwerb und § 368 für den Pfandverkauf. Bei den einzelnen Handelsgeschäften des Vierten Buches ist die Regelungsintensität des HGB ganz verschieden stark ausgeprägt. Während das HGB z.B. für den bürgenden Kaufmann im Wesentlichen nur die bürgerlich-rechtliche Einrede der Vorausklage (§ 771 BGB) sowie das Erfordernis schriftlicher Abgabe der Bürgschaftserklärung (§ 766 BGB) aufhebt (vgl. §§ 349, 350), so dass fast das gesamte Bürgschaftsrecht des BGB anwendbar bleibt, und auch für den wichtigen Handelskauf nur einige das Kaufrecht des BGB modifizierende Zusatzbestimmungen (§§ 373 ff.) bereithält, verdichten sich die Vorschriften über das Kommissions-, (§§ 383 ff.), Fracht-, (§§ 407 ff.), Speditions- (§§ 453 ff.) und Lagergeschäft (§§ 467 ff.) zu umfassenden Sonderregeln spezieller kaufmännischer Vertragstypen. Selbst bei ihnen ist es aber für die Rechtsanwendung gelegentlich unumgänglich, zwecks Gewinnung ergänzender rechtlicher Entscheidungskriterien auf Rechtssätze des allgemeinen bürgerlichen Rechts (insbes. aus dem Allgemeinen Teil und den allgemeinen Bestimmungen über Schuldverhältnisse) sowie auf den zugrunde liegenden bürgerlich-rechtlichen Vertragstypus – Geschäftsbesorgungs-, Werkvertrag – zurückzugreifen. Für OHG und KG ist die subsidiäre Geltung der Regeln über die Gesellschaft bürgerlichen Rechts (§§ 705 ff. BGB) sogar ausdrücklich ausgesprochen (§§ 105 Abs. 3, 161).

2. Beiderseitige und einseitige Handelsgeschäfte

57 Der Grundsatz, dass das Handelsrecht des HGB als Sonderrecht der Kaufleute nur auf einen Kaufmann Anwendung findet, ist im HGB nicht rein verwirklicht. Er gilt uneingeschränkt nur für zwei Fallgruppen. Die erste bilden diejenigen Fälle, in denen das HGB bestimmt, dass seine Sonderregelungen nur dann anwendbar sein sollen, wenn ein sog. **beiderseitiges Handelsgeschäft** vorliegt, d.h. wenn beide Parteien Kaufleute sind und das Geschäft für beide ein Handelsgeschäft i.S. der §§ 343, 344 ist. Ein Beispiel hierfür bieten die besonderen Untersuchungs- und Rügeobliegenheiten beim Handelskauf (§ 377). Die zweite Fallgruppe ergeben diejenigen Sonderregeln, die schon nach ihrem Inhalt nur einen Kaufmann betreffen (so z.B. die Möglichkeit des Kaufmanns, sich formfrei zu verbürgen, § 350, oder die besondere kaufmännische Sorgfaltspflicht, § 347). Im Übrigen aber gilt nach § 345 (vgl. dazu näher die Kommentierung zu § 345) die Regel, dass das Sonderrecht des HGB – soweit dessen Vorschriften nicht etwas anderes bestimmen – auch auf **einseitige Handelsgeschäfte**, d.h. schon dann anwendbar ist, wenn auch nur auf einer Seite ein Kaufmann beteiligt ist. Auf diese Weise kann z.B. die Pflicht zur Entrichtung des erhöhten kaufmännischen Zinssatzes von 5 % (§ 352 Abs. 2) auch für den Nichtkaufmann gelten, wenn sein Geschäftspartner Kaufmann ist. Weitere Beispiele für die Anwendbarkeit von Handelsrecht auf einen Nichtkaufmann infolge der Beteiligung eines Kaufmannes auf der Gegenseite bilden die §§ 355–357 (kaufmännisches Kontokorrent), §§ 358–361 (Zeit und Ort der Leistung), §§ 363–365 (Indossierung gewisser kaufmännischer Papiere) und vor allem die Bestimmungen über den Handelskauf (allerdings mit Ausnahme der Untersuchungs- und Rügeobliegenheiten des § 377), über das Kommissions-, Fracht-, Speditions- und Lagergeschäft. Diese Regelung hat nicht ohne Grund Bedenken hervorgerufen, da sie dazu führt, dass ein Nichtkaufmann allein deshalb der Geltung des für ihn maßgeblichen bürgerlichen Rechts entzogen und kaufmännischem Sonderrecht mit strengeren Anforderungen unterworfen wird, weil auf der anderen Seite ein Kaufmann (also eine ihm typischerweise geschäftlich überlegene Person) beteiligt ist[1].

IX. Handelsrecht und Prozessrecht

1. Die Kammern für Handelssachen

58 Für handelsrechtliche Rechtsstreitigkeiten, die im Zivilprozess ausgetragen werden, können nach § 93 GVG bei den Landgerichten besondere Kammern für Handelssachen (KfH) gebildet werden. Über ein Bedürfnis nach Einrich-

---

[1] So insbes. *Raisch*, Geschichtliche Voraussetzungen, S. 30 ff.; *Bydlinski*, System und Prinzipien des Privatrechts, 1996, 434 ff.; einschränkend gegenüber der Kritik *Canaris*, HR, § 20 Rn. 14.

tung solcher Kammern entscheidet die Landesjustizverwaltung (§ 93 GVG). Die KfH sind mit einem Berufsrichter als Vorsitzenden und zwei sog. Handelsrichtern als Beisitzern besetzt. Die **Handelsrichter** müssen gemäß § 109 GVG als Kaufmann (Begriff wie in §§ 1, 2 und 3 Abs. 2 und 3, jedoch kommt es hier – anders als bei § 1, s. § 1 Rn. 126 und 129 und schon oben Rn. 36 – zwecks Vermeidung von Beweisaufnahmen über die Kaufmannseigenschaft auf die Eintragung im Handelsregister an) oder als Vorstand einer AG, als Geschäftsführer einer GmbH oder als Vorstand einer Genossenschaft oder einer sonstigen juristischen Person oder als Prokurist im Handels- oder Genossenschaftsregister eingetragen sein oder gewesen sein. Die Eintragung in einem dieser Register ist nur für Vorstände von juristischen Personen entbehrlich, die aufgrund einer gesetzlichen Sonderregelung für diese juristische Person nicht eingetragen zu werden brauchen; s. dazu § 109 GVG; dort auch zu weiteren Erfordernissen. Sinn der Ermächtigung zur Bildung von KfH, von der weitgehend Gebrauch gemacht worden ist, ist es, für handelsrechtliche Streitigkeiten einen Spruchkörper mit erhöhtem kaufmännischen Sachverstand zur Verfügung zu stellen. Im Rahmen ihrer Zuständigkeit tritt die KfH an die Stelle der sonst beim Landgericht zuständigen Zivilkammer (§ 94 GVG), wenn der Kläger in der Klageschrift die Verhandlung vor der KfH beantragt (§ 96 GVG). Gelangt die Sache durch Verweisung vom Amtsgericht an das Landgericht (§ 96 Abs. 2 GVG), so muss der Antrag schon vor dem Amtsgericht gestellt worden sein. Fehlt es an einem solchen Antrag des Klägers, so kann der Beklagte die Verweisung an die KfH erreichen, wenn er sie seinerseits beantragt und im Handelsregister eingetragener Kaufmann ist (§ 98 GVG). Für Berufungssachen ist die KfH zuständig, wenn dies der Berufungskläger in der Berufungsschrift oder der Berufungsbeklagte, der ein eingetragener Kaufmann ist, vor Beginn der mündlichen Sachverhandlung beantragt (§ 100 GVG). Die handelsrechtlichen Rechtsstreitigkeiten, die danach durch Antrag vor die KfH gelangen können, werden in §§ 94, 95 GVG als **„Handelssachen"** bezeichnet. Obwohl das Gesetz sich damit für die Abgrenzung der Zuständigkeit der KfH von derjenigen der Zivilkammer desselben Begriffes bedient, den es in Art. 2 EGHGB zur Abgrenzung der Geltung des Handelsrechts des HGB vom allgemeinen bürgerlichen Recht benutzt (s. oben Rn. 2), hat der Begriff in beiden Gesetzen nicht dieselbe Bedeutung. In Art. 2 EGHGB bezeichnet er die im HGB geregelte Rechtsmaterie (oben Rn. 56). Demgegenüber ist der prozessuale Begriff teils enger, teils weiter; enger insofern, als er grundsätzlich ein beiderseitiges (nicht nur ein einseitiges, oben Rn. 57) Handelsgeschäft voraussetzt; weiter deshalb, weil unter ihn ohne Rücksicht auf die Kaufmannseigenschaft der Beteiligten auch verschiedene Rechtsstreitigkeiten gezogen werden, die nicht auf im HGB geregelte Materien zurückgehen, insbes. Streitigkeiten aufgrund des Wechsel- und Scheckgesetzes, des UWG, des BörsenG und bestimmter Teile des AktG (§§ 246 ff., 396) und des UmwG (§ 10), s. auch §§ 1, 2 SpruchG. Es handelt sich dabei um Materien, die zwar dem Handelsrecht, jedenfalls im weiteren Sinne, zuzurechnen sind, jedoch teils aus sachlichen, teils aus historischen Gründen nicht oder nicht mehr im HGB geregelt sind, vgl. dazu oben Rn. 53 f. Wegen der genauen Liste der Handelssachen i.S.d. GVG s. § 95 GVG.

2. Freiwillige Gerichtsbarkeit

59 Eine Reihe handelsrechtlicher Angelegenheiten ist auch den Amtsgerichten zur ausschließlichen Erledigung im Verfahren der sog. freiwilligen Gerichtsbarkeit übertragen, vgl. dazu **§§ 125 ff. FGG** (ab 1.9.2009 §§ 374 ff. FamFG), insbes. die Aufzählung in § 145 FGG (§ 357 FamFG). Die Amtsgerichte sind nach § 125 FGG (§ 376 Abs. 1 FamFG) auch für die Führung des Handelsregisters zuständig.

3. Besondere Gerichtsstände

60 Für Klagen von Kaufleuten und gegen Kaufleute gelten die allgemeinen Vorschriften der §§ 12 ff. ZPO. Von besonderer Bedeutung für Kaufleute sind § 17 ZPO (allgemeiner Gerichtsstand der Gesellschaften und anderer Körperschaften, die als solche verklagt werden können, an ihrem Sitz; das ist im Allgemeinen der Sitz ihrer Verwaltung; hier auch Zuständigkeit für Klagen gegen Gesellschafter oder von Gesellschaftern untereinander, § 22 ZPO), § 21 ZPO (besonderer Gerichtsstand einer gewerblichen Niederlassung und – für internationale Verträge – Art. 5 Nr. 1 EuGVVO [unten Rn. 61 f.], von der aus unmittelbar Geschäfte geschlossen werden, am Ort der Niederlassung), § 29 ZPO (Gerichtsstand des Erfüllungsortes). Wichtig ist, dass nach heutigem Recht im Voraus geschlossene Vereinbarungen über den Erfüllungsort oder den Gerichtsstand, durch die die Zuständigkeit eines an sich unzuständigen staatlichen Gerichts 1. Instanz erreicht werden soll, **grundsätzlich unzulässig** sind (vgl. §§ 29 Abs. 2, 38 Abs. 3 ZPO), so dass ein Kaufmann mit seinem nicht kaufmännischen Vertragspartner nicht vor Entstehen der Streitigkeiten einen von den gesetzlichen Vorschriften abweichenden Gerichtsstand für spätere Streitigkeiten vereinbaren kann. Diese Schutzbestimmungen gelten nicht, wenn die Vertragsparteien Kaufleute sind (§§ 29 Abs. 2, 38 Abs. 1 ZPO). Unter Kaufleuten bleiben Gerichtsstandsvereinbarungen damit weiterhin zulässig; zu Gerichtsstandsvereinbarungen mit Rechtsscheinskaufleuten vgl. § 5 Rn. 29.

X. Internationale Zuständigkeit und Vollstreckung

61 Von besonderer Bedeutung ist heute die Verordnung (EG) Nr. 44/2001 vom 22.12.2000 des Rates über die gerichtliche Zuständigkeit und die Anerkennung und Vollstreckung von Entscheidungen in Zivil- und Handelssachen (EuGVVO)[1]. Diese Ratsverordnung ist am 1.3.2002 in den Mitgliedstaaten der Europäischen Union mit Ausnahme Dänemarks (Art. 1 Abs. 3) in Kraft getreten und ersetzt in ihrem Anwendungsbereich das Brüsseler Übereinkommen über die gerichtliche Zuständigkeit und die Vollstreckung gerichtlicher Entscheidungen in Zivil- und Handelssachen (EuGVÜ vom 27.9.1968[2]). Nach Art. 2 Abs. 1 EuGVVO sind Personen, die ihren Wohnsitz

---

[1] ABl. EG Nr. L 12 v. 16.1.2001, S. 1. Ein Abdruck der EuGVVO findet sich insbesondere bei *Zöller/Geimer*, ZPO, Anh. I; dort auch ausführliche Schrifttumsnachweise.
[2] Abdruck bei *Zöller/Geimer*, ZPO, Anh. I.

im Hoheitsgebiet eines (EU-)Mitgliedstaates haben, ohne Rücksicht auf ihre Staatsangehörigkeit vor den Gerichten dieses Mitgliedstaates zu verklagen. Entscheidend für die **internationale** Zuständigkeit ist also im Grundsatz stets der Wohnsitz (Art. 59), der satzungsmäßige Hauptsitz, der Sitz der Hauptverwaltung oder der Hauptniederlassung (Art. 60) des Beklagten. Die **örtliche** Zuständigkeit richtet sich dagegen nach den nationalen Vorschriften des (international zuständigen) Mitgliedstaates; in Deutschland sind dies die §§ 12 ff. ZPO. Ausnahmen von diesem Grundsatz finden sich vor allem in Art. 22 EuGVVO. Wichtig sind in diesem Katalog ausschließlicher Zuständigkeiten vor allem die Nr. 2 (Klagen, welche Gültigkeit, Nichtigkeit oder die Auflösung einer Gesellschaft oder juristischen Person oder die Gültigkeit der Beschlüsse ihrer Organe zum Gegenstand haben: zuständig sind die Gerichte am Sitz der Gesellschaft oder juristischen Person) und die Nr. 3 (Klagen, welche die Gültigkeit von Eintragungen in öffentliche Register zum Gegenstand haben: zuständig sind die Gerichte des Mitgliedstaates, in dem die Register geführt werden).

Wichtig für den grenzüberschreitenden Handelsverkehr ist Art. 23 EuGVVO. Danach können die Vertragsparteien (die § 38 ZPO vorgehende Bestimmung gilt für Kaufleute und Nichtkaufleute gleichermaßen) den **Gerichtsstand vereinbaren** a) schriftlich oder mündlich mit schriftlicher Bestätigung oder b) in einer Form, welche den zwischen ihnen entstandenen Gepflogenheiten entspricht, oder c) im internationalen Handel in einer Form, die einem Handelsbrauch entspricht, den die Parteien kannten oder kennen mussten und den Parteien von Verträgen dieser Art in dem betreffenden Geschäftszweig allgemein kennen und regelmäßig beachten. Elektronische Übermittlungen, die eine dauerhafte Aufzeichnung der Vereinbarung ermöglichen, sind der Schriftform gleichgestellt (Art. 23 Abs. 2 EuGVVO). Ohne eine solche Vereinbarung kommt für Verträge vor allem der Gerichtsstand des Erfüllungsortes nach Art. 5 Nr. 1 EuGVVO in Betracht. Maßgeblich ist der Ort der konkreten streitigen Verpflichtung. Abstrakte **Erfüllungsortsvereinbarungen**, die ohne jeden Bezug zu dem tatsächlichen Erfüllungsort lediglich der Herstellung eines Gerichtsstandes dienen sollen, sind unzulässig[1]. 62

Die Anerkennung und Vollstreckung der in einem Mitgliedstaat ergangenen gerichtlichen Entscheidungen in den anderen Mitgliedstaaten sind in Art. 33 ff. und Art. 38 ff. EuGVVO geregelt. Im Anwendungsbereich der EuGVVO ist auch das Gesetz zur Änderung von Vorschriften auf dem Gebiet der Anerkennung und Vollstreckung ausländischer Entscheidungen in Zivil- und Handelssachen vom 19.2.2001 (AVAG), das mit Wirkung ab 1.3.2001 das ältere AVAG aus dem Jahre 1988 ersetzt hat[2], unanwendbar[3]. Ein Parallelabkommen zum inzwischen außer Kraft getretenen EuGVÜ, s. oben 63

---

1 Vorlagebeschluss des BGH v. 6.3.1995 – II ZR 37/94, WM 1995, 859 mit Anm. *Mankowski* in EWiR Art. 5 EuGVÜ 2/95, 577; EuGH v. 20.2.1997 – Rs. C-106/95, ZIP 1997, 475; beide Entscheidungen noch zum EuGVÜ; für Art. 23 EuGVVO dürfte aber nichts anderes gelten.
2 BGBl. I 288.
3 *Zöller/Geimer*, ZPO, Anl. III AVAG § 1 Rn. 2.

Rn. 61, das sog. **Luganoabkommen**, wurde am 16.9.1988 mit den EFTA-Staaten Finnland, Irland, Norwegen, Österreich, Schweden und Schweiz geschlossen (in Deutschland in Kraft seit dem 1.3.1995[1]). Das Lugano-Übereinkommen (LugÜ) wird weiterhin von den genannten Staaten (soweit sie nicht inzwischen dem EuGVÜ bzw. der EuGVVO beigetreten sind) untereinander und gegenüber den EuGVVO-Staaten und von diesen gegenüber den LugÜ-Staaten angewendet.

64 Außerhalb von Sonderregelungen bestimmt sich die internationale Zuständigkeit deutscher Gerichte in Analogie zu den Regeln der ZPO über die örtliche Zuständigkeit, §§ 12 ff. ZPO; die Anerkennung ausländischer Urteile ist in §§ 328 ff. ZPO und ihre Vollstreckbarkeit in §§ 722 ff. ZPO geregelt.

65 Wegen der Einzelheiten zur internationalen Zuständigkeit und Vollstreckung muss auf die einschlägige **Spezialliteratur** verwiesen werden; vgl. insbes. *Bülow/Böckstiegel/Geimer/Schütze*, Der internationale Rechtsverkehr in Zivil- und Handelssachen, 3. Aufl. 1990 ff.; *Geimer*, Internationales Zivilprozessrecht, 5. Aufl. 2005; *Geimer/Schütze*, Europäisches Zivilverfahrensrecht, 2. Aufl. 2004; *Klinke*, Brüsseler Übereinkommen, 2. Aufl. 1993; *Kropholler*, Europäisches Zivilprozessrecht, 8. Aufl. 2005; *Linke*, Internationales Zivilprozessrecht, 4. Aufl. 2006; *Nagel/Gottwald*, Internationales Zivilprozessrecht, 6. Aufl. 2007; *Rauscher* (Hrsg.), Europäisches Zivilprozessrecht, 2. Aufl. 2006; *Schlosser*, EU-Zivilprozessrecht, 2. Aufl. 2003; *Schütze*, Rechtsverfolgung im Ausland, 3. Aufl. 2002; *Stöve*, Gerichtsstandsvereinbarungen nach Handelsbrauch, Art. 17 EuGVÜ und § 38 ZPO, 1993; vgl. ferner die Erläuterungswerke zur ZPO, insbes. zu § 328 Abs. 1.

XI. Schiedsgerichtsbarkeit in Handelssachen

Schrifttum (Auswahl): *Aden*, Internationale Handelsschiedsgerichtsbarkeit, 2. Aufl. 2002; *Berger*, Internationale Wirtschaftsschiedsgerichtsbarkeit, 1992; *Berger*, Private Dispute Resolution in International Business, 2006; *Berger*, Das neue Recht der Schiedsgerichtsbarkeit, 1998 (zur Neuregelung des deutschen Schiedsverfahrensrechts); *Calavros*, Das UNCITRAL-Modellgesetz über die internationale Handelsschiedsgerichtsbarkeit, 1988; *Craig/Park/Paulsson*, International Chamber of Commerce Arbitration, 2. Aufl. 1990; *Gessner*, Anerkennung und Vollstreckung von Schiedssprüchen in den USA und in Deutschland. Unter besonderer Berücksichtigung des UNÜ und des UNCITRAL-Modellgesetzes, 2001; *Glossner/Bredow/Bühler*, Das Schiedsgericht in der Praxis, 3. Aufl. 1990; *Henn*, Schiedsverfahrensrecht, 3. Aufl. 2000; *Holtzmann/Neuhaus*, A Guide to the UNCITRAL Model Law on International Commercial Arbitration, 1989; *Hußlein-Stich*, Das UNCITRAL Modellgesetz über die internationale Handelsschiedsgerichtsbarkeit, 1989; *Jaeger*, Die Umsetzung des UNCITRAL-Modellgesetzes über die internationale Handelsschiedsgerichtsbarkeit im Zuge der nationalen Reformen, 2001; *Lachmann*, Handbuch für die Schiedsgerichtspraxis, 2. Aufl. 2002; *Lionnet/Lionnet*, Handbuch der internationalen und nationalen Schiedsgerichtsbarkeit, 3. Aufl. 2005; *Lörcher/Lörcher*, Das Schiedsverfahren – national/international – nach deutschem Recht, 2. Aufl. 2001; *Raeschke-Keßler*, Recht und Praxis des Schiedsverfahrens, 4. Aufl. 2006; *Schlosser*, Das Recht der internationalen privaten Schiedsgerichtsbarkeit, 2. Aufl. 1989; *Schmitthoff* (Hrsg.), International

---

1 BGBl. II 221.

Commercial Arbitration, 3 Bände, 2. Aufl. 1975 ff.; *Schütze*, Institutionelle Schiedsgerichtsbarkeit, 2006; *Schütze/Tscherning/Wais*, Handbuch des Schiedsverfahrens, 2. Aufl. 1990; *Schwab/Walter*, Schiedsgerichtsbarkeit, 7. Aufl. 2005; *Straatmann/Ulmer/Timmermann* (letzterer ab Bd. 2), Handelsrechtliche Schiedsgerichts-Praxis Bd. I 1975, Bd. II 1982, Bd. III 1984, Bd. IV 1988, Bd. V (HK Hbg.) 1994, Bd. VI 1998; *Weigand*, Practitioner's Handbook on International Arbitration, 2002; *C. Wolf*, Die institutionelle Schiedsgerichtsbarkeit, 1992; vgl. ferner die Kommentar-Literatur zu §§ 1025 u. 1044 ZPO. **Rspr.-Übersicht:** *Kröll*, Die Entwicklung der Schiedsgerichtsbarkeit in den Jahren 2003 und 2004, NJW 2005, 194. – **Muster:** *Trittmann* in: *Hopt*, Vertrags- und Formularbuch zum Handels-, Gesellschafts- und Bankrecht, 3. Aufl. 2007 (22 Mustertexte); s. auch schon Literaturhinweise vor Rn. 1.

1. Allgemeines

§§ 1025 ff. ZPO eröffnen die Möglichkeit zu vereinbaren, dass eine Streitigkeit mit der Folge der Unzulässigkeit einer Klage vor den ordentlichen Gerichten (vgl. § 1032 ZPO) durch ein privates, aus einem oder mehreren Schiedsrichtern bestehendes Schiedsgericht entschieden werden soll. Diese Möglichkeit besteht für jedermann. **Im Handelsverkehr** kommt ihr jedoch **besondere Bedeutung** zu. Schiedsgerichtsklauseln finden sich in zahlreichen Austauschverträgen der gewerblichen Wirtschaft, aber auch in vielen Gesellschaftsverträgen. Als **Vorteile** privater Schiedsgerichte gelten: Einsetzung besonders fachkundiger Schiedsrichter, Ausschluss der Öffentlichkeit, Beschleunigung infolge Beschränkung auf eine Instanz (das Recht zur Anrufung eines Oberschiedsgerichts kann aber vereinbart werden), freieres, weniger formalisiertes Verfahren. Rechtsstaatliche Mindestanforderungen müssen aber auch im schiedsgerichtlichen Verfahren sowohl in prozessualer Hinsicht als auch bei der Anwendung materiellen Rechts gewahrt werden, vgl. § 1059 Abs. 2 ZPO. Anderenfalls kann der Schiedsspruch nicht die in bestimmten Fällen erforderliche, vor den ordentlichen Gerichten zu erwirkende Vollstreckbarkeitserklärung (§ 1060 ZPO) erhalten und jedenfalls auf Antrag einer Partei von den staatlichen Gerichten aufgehoben werden (§ 1059 ZPO). Zur Anerkennung und Vollstreckung ausländischer Schiedssprüche s. § 1061 ZPO. Wenigstens der Vorsitzende (Obmann) sollte, um die Wahrung der rechtsstaatlichen Mindestanfordernisse sicherzustellen, deshalb die Befähigung zum Richteramt haben, also Volljurist sein.

66

2. Die Schiedsvereinbarung

Die Schiedsvereinbarung, durch die sich die Parteien unter Ausschluss des Rechtswegs vor den staatlichen Gerichten der Entscheidung ihrer bereits entstandenen Streitigkeit (sog. Ad-hoc-Schiedsgericht) oder etwaiger künftiger Auseinandersetzungen durch ein privates Schiedsgericht unterwerfen, ist ein **materiell-rechtlicher Vertrag über prozessuale Beziehungen**[1]. Sein Abschluss erfolgt deshalb nach den für Verträge allgemein geltenden Regeln. Sind an der Schiedsvereinbarung Parteien aus verschiedenen Ländern betei-

67

---

1 BGH v. 30.1.1957 – V ZR 80/55, BGHZ 23, 198, 200; BGH v. 28.11.1963 – VII ZR 112/62, BGHZ 40, 320, 322.

ligt, so entscheidet über das anwendbare Recht und damit auch über die Wirksamkeit ihrer Vereinbarung in erster Linie die von den Parteien getroffene **Rechtswahl**. Die Parteien haben es selbst in der Hand, das Recht zu bestimmen, nach dem sie ihre Beziehungen regeln wollen. In Ermangelung einer ausdrücklichen Rechtswahl wird man im Zweifel erfahrungsgemäß davon ausgehen dürfen, dass die Parteien die Schiedsvereinbarung demselben Recht unterstellen wollen, das auch für den Hauptvertrag gelten soll. Aus den Umständen kann sich jedoch auch ein anderer Parteiwille ergeben[1]. Das von den Parteien gewählte Recht entscheidet zugleich über das einzuhaltende Verfahren und über die Wirksamkeit des Schiedsspruchs[2].

a) Neuregelung des deutschen Schiedsverfahrensrechts 1997

68 Das im 10. Buch der ZPO (§§ 1025 ff.) geregelte deutsche Schiedsverfahrensrecht hat durch das Gesetz zur Neuregelung des Schiedsverfahrensrechts vom 22.12.1997 (Schiedsverfahrens-Neuregelungsgesetz – SchiedsVfG[3]), in Kraft seit dem 1.1.1998 für die nach diesem Datum geschlossenen Schiedsvereinbarungen und begonnenen Schiedsverfahren, eine grundlegende Neuregelung erfahren. Ziel des Gesetzes war eine Anpassung der deutschen Regeln an die internationale Entwicklung. Das Gesetz lehnt sich deshalb eng an das von einer ganzen Reihe von Staaten übernommene UNCITRAL-Modellgesetz von 1985[4] an, dem gegenüber es kaum etwas Neues bringt. Das seit der Neuregelung geltende Schiedsverfahrensrecht unterscheidet grundsätzlich nicht mehr zwischen Schiedsvereinbarungen unter Kaufleuten und unter Nichtkaufleuten. Eine Unterscheidung in dieser Richtung findet sich, ohne dass dabei auf den Begriff des Kaufmanns abgestellt wird, lediglich in der Bestimmung, welche die Form der Schiedsvereinbarung regelt (dazu sogleich unten Rn. 69).

b) Abschluss und Zulässigkeit von Schiedsvereinbarungen

aa) Die Form nach § 1031 Abs. 1 bis 4 ZPO

69 Das seit der Neuregelung (oben Rn. 68) geltende Recht stellt die Vereinbarung eines Schiedsgerichts auch im gewerblichen Bereich nicht mehr völlig formfrei. Ein bloßer Handelsbrauch reicht also zur Begründung der Zuständigkeit eines Schiedsgerichts nicht mehr aus. Im Regelfall genügt aber die Einhaltung einer sehr liberalisierten Schriftform. So reicht es nach

---

1 So BGH v. 28.11.1963 – VII ZR 112/62, BGHZ 40, 323 m.w.N.
2 Vgl. BGH v. 10.5.1984 – III ZR 206/82, NJW 1984, 2763, 2764 u. st. Rspr.
3 BGBl. I 1997, 3224 und I 1998, 1481, 1583. Materialien: „Entwurf eines Gesetzes zur Neuregelung des Schiedsverfahrensrechts", BMJ mit Begründung, Stand 1.7.1995 (auszugsweise) abgedruckt in ZIP 1996, 612. UNCITRAL-Modellgesetz über die internationale Handelsschiedsgerichtsbarkeit v. 21.6.1985; abgedruckt u.a. bei *Berger*, Das neue Recht ... S. 53 ff.; s. Schrifttumsnachweise vor Rn. 66; dort auch weitere Literaturangaben.
4 Empfehlung der UN-Vollversammlung an ihre Mitgliedstaaten zur Berücksichtigung des Modell-Gesetzes vom 11.12.1985; vgl. dazu auch die Schrifttumsnachweise vor Rn. 66.

§ 1031 Abs. 1–4 ZPO aus, dass die Schiedsvereinbarung in einem von den Parteien unterzeichneten Dokument (§ 1031 Abs. 1 1. Alt. ZPO) oder in einer zwischen ihnen gewechselten Korrespondenz gleich welcher Art (Schreiben, Fernkopien, Telegramme, elektronischer Datenaustausch etc.) enthalten ist, sofern nur der Nachweis der Vereinbarung sichergestellt ist (§ 1031 Abs. 1 2. Alt. ZPO, bei elektronischem Datenaustausch deshalb Aufzeichnung erforderlich). Diese Form gilt nach § 1031 Abs. 2 auch dann als gewahrt, wenn das Schweigen auf ein solches der einen Partei einseitig übermitteltes, die Schiedsgerichtsabrede enthaltendes Dokument (§ 1031 Abs. 1 1. und 2. Alt. ZPO) nach der Verkehrssitte als Zustimmung gilt, wie das vor allem beim Schweigen auf ein kaufmännisches Bestätigungsschreiben der Fall sein kann, s. dazu die Erl. zu § 346. Bei Erfüllung der vorstehend genannten Voraussetzungen (§ 1031 Abs. 1 und 2 ZPO) braucht die Schiedsabrede nicht einmal in dem übermittelten Dokument selbst enthalten zu sein; es genügt, dass darin auf ein anderes Dokument, das eine Schiedsabrede vorsieht, in ausreichend klarer Weise Bezug genommen wird (§ 1031 Abs. 3 ZPO); Hauptanwendungsfall dieser Alternative ist die Bezugnahme auf Allgemeine Geschäftsbedingungen (s. dazu unten Rn. 76 und 91 ff.). Nach § 1031 Abs. 4 ZPO kann eine Schiedsvereinbarung schließlich auch durch die Begebung eines Konnossements begründet werden, in dem ausdrücklich auf die in einem Chartervertrag enthaltene Schiedsklausel Bezug genommen wird. – Selbstverständlich ersetzt wie in allen derartigen Fällen die Einhaltung der strengeren Form die mildere; so genügt stets die Einhaltung der gesetzlichen Schriftform des § 126 BGB oder die notarielle Beurkundung nach § 128 BGB.

bb) Die Form nach § 1031 Abs. 5 ZPO bei Beteiligung eines Verbrauchers

Die Einhaltung einer strengeren Form als nach § 1031 Abs. 1–4 ZPO verlangt das Gesetz dagegen, wenn an der Schiedsvereinbarung eine nicht in gewerblicher oder selbständiger beruflicher Tätigkeit handelnde Person (Verbraucher, vgl. § 13 BGB) beteiligt ist. In diesem Fall muss die Schiedsvereinbarung, wie nach früherem Recht (§ 1027 a.F. ZPO), in einer besonderen von den Parteien eigenhändig unterzeichneten Urkunde enthalten sein, die – außer bei notarieller Beurkundung – keine anderen, nicht auf das Schiedsverfahren bezogenen Vereinbarungen enthalten darf, § 1031 Abs. 5 ZPO. Die danach erforderliche Schriftform kann durch die elektronische Form nach § 126a BGB ersetzt werden (§ 1031 Abs. 5 S. 2 ZPO). Das Fehlen der Form wird allerdings durch die Einlassung auf die schiedsgerichtliche Verhandlung in der Hauptsache geheilt, § 1031 Abs. 6 ZPO. Ähnlich zahlreichen anderen neueren Gesetzen nimmt auch § 1031 ZPO damit nicht mehr Bezug auf den Kaufmannsbegriff des HGB, sondern auf die Unterscheidung zwischen gewerblicher oder selbständiger beruflicher Tätigkeit und Handeln im Privatbereich (s. dazu schon oben Rn. 12). 70

cc) Vorrang internationaler Regelungen

Für Schiedsvereinbarungen, die ausländischem Recht unterliegen, oder nicht in Deutschland abgeschlossen werden, gilt nicht § 1031 ZPO, sondern 71

(1) das UN-Übereinkommen über die Anerkennung und Vollstreckung ausländischer Schiedssprüche (UNÜ) vom 10.6.1958[1] (Berufung auf mildere nationale Vorschriften bleibt aber möglich) und (2) – ihm in seinem Anwendungsbereich (s. § 9) und als das jüngere Regelwerk vorgehend – das (Genfer) Europäische Übereinkommen über die internationale Handelsschiedsgerichtsbarkeit (EuÜbKHSch) vom 21.1.1961[2]. Günstigere Regelungen im nationalen Recht und in zwei- oder mehrseitigen internationalen Verträgen haben Vorrang (sog. Meistbegünstigungsgrundsatz)[3]. Wichtig ist in diesem Zusammenhang vor allem das Deutsch-amerikanische Freundschafts-, Handels- und Schifffahrtsabkommen vom 29.10.1954[4], das ungeachtet des Beitritts der USA zu dem UNÜ diesem ebenso wie den Regelungen der §§ 1025 ff. ZPO vorgeht, soweit es anerkennungsfreundlicher ist.

dd) Abschluss von Gesellschaftsverträgen mit Schiedsklauseln

72 Beim Abschluss von Gesellschaftsverträgen einer OHG, KG oder stillen Gesellschaft, die eine Schiedsklausel enthalten, erfolgt bereits der Abschluss als solcher, da sich ein solches Geschäft schwerlich als Verbrauchervertrag qualifizieren lässt, zu einem Zweck, welcher der gewerblichen Tätigkeit zuzurechnen ist, soweit dadurch die Stellung eines persönlich haftenden Gesellschafters oder des Komplementärs einer KG begründet werden soll; die Einhaltung der besonderen Form des § 1031 Abs. 5 ZPO (Rn. 70) ist deshalb in diesem Fall entbehrlich[5]. Es gilt § 1031 Abs. 1 bis 4 ZPO. Zweifelhaft ist dies dagegen bei einer **Beteiligung als Kommanditist oder stiller Gesellschafter**. Erfolgt die Beteiligung lediglich zum Zwecke der Kapitalanlage und unter Verzicht auf atypische Gestaltungen, die dem Kommanditisten oder Stillen eine der Rechtsstellung eines persönlich haftenden Gesellschafters angenäherte auch gesellschaftsrechtliche Mitunternehmerposition verschaffen sollen, so wird sich, wenn der Betreffende nicht professioneller Kapitalanleger und die Beteiligung an der Gesellschaft auch nicht aus anderen Gründen einer bereits anderweit ausgeübten gewerblichen oder selbständigen beruflichen Betätigung zuzurechnen ist, die Beteiligung am Abschluss des Gesellschaftsvertrages als Kommanditist oder stiller Gesellschafter ebenso wenig als Ausübung einer gewerblichen oder selbständigen beruflichen Tätigkeit einstufen lassen, wie sie dazu geeignet ist, die Kaufmannseigenschaft des Betreibenden zu begründen[6] (s. dazu auch § 1 Rn. 75). Dies gilt auch für die Massen- oder Publikums-KG, wie sie vor allem bei Abschreibungsgesellschaften vorkommt[7]. Es ist deshalb zumindest ratsam, bei

---

1 BGBl. II 1961, 121 und 1962 102; abgedruckt u.a. bei *Baumbach/Lauterbach*, ZPO, Schlussanhang VI.A.1. und bei *Zöller/Geimer*, ZPO, UNÜ Anhang zu § 1061.
2 BGBl. II 425, in Kraft seit dem 21.1.1965, BGBl. II 107; abgedruckt bei *Baumbach/Lauterbach*, ZPO, Schlussanhang VI.A.2.
3 Zur Tragweite dieses Grundsatzes s. BGH v. 21.9.2005 – III ZR 18/05, NJW 2005, 3499.
4 BGBl. II 56, 488.
5 Anders das frühere Recht (§ 1027 ZPO a.F.), das eine bereits bei Vertragsschluss vorhandene Kaufmannseigenschaft verlangte, s. 1. Aufl. Rn. 44.
6 BGH v. 2.6.1966 – VII ZR 292/64, BGHZ 45, 282, 284.
7 BGH v. 11.10.1979 – III ZR 184/78, NJW 1980, 1049.

Abschluss des Gesellschaftsvertrages mit einem Kommanditisten oder stillen Gesellschafter die Schiedsvereinbarung nicht nur in den Gesellschaftsvertrag aufzunehmen, sondern zusätzlich die Form des § 1031 Abs. 5 ZPO zu wahren. Die Aufnahme in den Gesellschaftsvertrag kann diese Form nicht ersetzen, weil § 1066 ZPO wegen fehlender Körperschaftlichkeit der Personengesellschaft und fehlender Satzungsqualität des Gesellschaftsvertrages auf Gesellschaftsverträge von Personengesellschaften nicht anwendbar ist[1].

Dagegen bedarf es beim **Erwerb einer bereits bestehenden Gesellschaftsbeteiligung** nicht erneut der Einhaltung der Form des § 1031 ZPO. Nach der Rechtsprechung geht bei der Übertragung eines Gesellschaftsanteils, wie auch sonst bei der Abtretung eines vertraglichen Rechts, eine mit dem Hauptvertrag verbundene Schiedsvereinbarung in (mindestens entsprechender) Anwendung von § 401 BGB formfrei auf den Erwerber über[2]. 73

Schiedsgerichtsregelungen in der **Satzung** einer GmbH oder AG (s. dazu aber auch sogleich Rn. 75) bedürfen dagegen nicht der Form des § 1031 ZPO[3]. Dasselbe gilt für einen rechtsfähigen Verein jedenfalls dann, wenn er keinem Aufnahmezwang unterliegt[4]. In diesen Fällen reicht zur Begründung der Zuständigkeit eines Schiedsgerichts, soweit sie sich auf die Entscheidung mitgliedschaftsrechtlicher Streitigkeiten zwischen dem Verband und seinen Mitgliedern sowie zwischen diesen untereinander durch ein Schiedsgericht 74

---

1 Str., aber h.M., s. BGH v. 2.6.1966 – VII ZR 292/64, BGHZ 45, 282, 285; BGH v. 11.10.1979 – II ZR 184/78, NJW 1980, 1049; *Baumbach/Hopt*, vor § 1 Rn. 90; *Schwab/Walter*, Schiedsgerichtsbarkeit, Kap. 5 Rn. 10; ebenso Begr. RegE SchiedsVfG, BT-Drucks. 13/5274 S. 66; zumindest teilw. a.A. insbes. *K. Schmidt*, ZGR 1988, 539 und ZHR 162 (1988), 265, 277 ff. auf der Basis eines von der h.M. erheblich abweichenden Rechtsbildes unternehmenstragender Personengesellschaften; s. auch *Roth*, FS Nagel, 1987, S. 318 ff.; *Zöller/Geimer*, ZPO, § 1066 Rn. 6 unter Verzicht auf eine eigene Begründung.; wiederum anders *U. Haas*, SchiedsVZ 2007, 1.
2 BGH v. 2.10.1997 – III ZR 2/96, NJW 1998, 371 mit umfangr. weiteren Nachw.; ebenso auch schon BGH v. 2.3.1978 – III ZR 99/76, BGHZ 71, 162, ebenfalls für die Übertragung eines Kommandit-Anteils; BGH v. 31.1.1980 – III ZR 283/78, NJW 1980, 1797 für das Recht zum Eintritt in eine OHG; BGH v. 28.5.1979 – III ZR 18/77, NJW 1979, 2567 für die Übertragung eines GmbH-Gesellschaftsanteils; Bedenken gegen die Rspr. insbes. bei *Schwab/Walter*, Schiedsgerichtsbarkeit, Kap. 7 Rn. 23; *Baur*, FS Fasching, 1988, S. 81; *Schricker*, FS Quack, 1991, S. 99, 103 f.; *Roth*, FS Nagel, 1987, S. 318, 325 f.; *K. Schmidt*, ZHR 162 (1998), 265, 279 f.; wie BGH aber *Baumbach/Hopt*, vor § 1 Rn. 90; *Ebbing*, NZG 1998, 282.
3 Bei zutreffender Würdigung steht die Entscheidung des EuGH v. 10.3.1992 – Rs. C-214/89, RIW 1992, 492 der Anwendung des § 1066 ZPO auch bei der AG nicht entgegen; sie fasst zwar das Verhältnis zwischen der AG und ihren Aktionären als vertragliches auf; sie betrifft aber eine Gerichtsstandsvereinbarung; eine Entscheidung zwischen Vertrags- und Normentheorie mit Bezug auf Schiedsgerichtsklauseln war jedoch nicht beabsichtigt, wie hier vor allem *K. Schmidt*, ZHR 162 (1998), 265, 276; offen die Begr. RegE SchiedsVfG, BT-Drucks. 13/5274 S. 66; a.A. z.B. *Schwab/Walter*, Schiedsgerichtsbarkeit, Kap. 32 Rn. 5; wie hier auch BGH v. 3.4.2000 – II ZR 373/98, NJW 2000, 1713 (für einen Verein, noch zu § 1048 a.F. ZPO); zur Gegenmeinung s. bei *K. Schmidt*, ZHR 162 (1998), 274 Fn. 47, 48.
4 BGH v. 3.4.2000 – II ZR 373/98, NJW 2000, 1713.

beschränkt, nach § 1066 ZPO eine Schiedsgerichtsklausel in der Satzung aus, die alle wesentlichen vor allem die Anrufung, Zusammensetzung und das Verfahren des Schiedsgerichts betreffenden Punkte regelt. Eine nachträgliche Einfügung der Schiedsklausel auf dem Wege der Satzungsänderung ist grundsätzlich möglich. Sie kann jedoch bei den sog. Monopolvereinen oder -verbänden keine Wirkung gegenüber Mitgliedern entfalten, die der Satzungsänderung nicht zugestimmt haben. „Monopolvereine" in diesem Sinne sind „sozialmächtige" Vereinigungen mit Aufnahmezwang, deren Mitglieder sich der Schiedsklausel nicht durch Austritt aus dem Verein entziehen können, weil sie aus wirtschaftlichen oder sozialen Gründen auf den Erwerb und die Aufrechterhaltung der Mitgliedschaft angewiesen sind. Unproblematisch ist dagegen die Bindung später eintretender Mitglieder an die Schiedsklausel[1]. – Bei Kapitalgesellschaften soll die nachträgliche Einführung einer Schiedsklausel in die Satzung nach wohl h.M. im Schrifttum nur bei Einstimmigkeit möglich sein[2].

ee) Schiedsfähigkeit von Beschlussmängelstreitigkeiten bei GmbH und AG

75 Nicht abschließend geklärt sind dagegen für die GmbH die Voraussetzungen für die Schiedsfähigkeit sog. Beschlussmängelstreitigkeiten (entspr. §§ 241 ff. und 246 ff. AktG), bei denen die gerichtliche Entscheidung, die das wirksame Zustandekommen eines Gesellschafterbeschlusses verneint (entspr. §§ 248, 249 AktG), Rechtskraft auch gegen die nicht am Prozess beteiligten Gesellschafter und Gesellschaftsorgane bewirkt. Die Rechtsprechung des BGH[3] hat den Weg zur schiedsgerichtlichen Entscheidung auch solcher Rechtsstreitigkeiten grundsätzlich freigemacht. Unabdingbar ist allerdings, dass alle Mitgesellschafter vor der Benennung der Schiedsrichter informiert werden und die Möglichkeit zum Beitritt haben, gleichwertige Mitwirkungsrechte aller auf einer Seite Beteiligten an der Benennung des Vertrauensschiedsrichters ihrer Seite bestehen und bei Nichtzustandekommen der Einigung auf einen Schiedsrichter die gesamte Schiedsrichterbank durch eine neutrale Stelle berufen wird, wozu sich die Inanspruchnahme der institutionellen Schiedsgerichtsorganisationen, in Deutschland der DIS (s. Rn. 78), auf Grund ihrer besonderen Erfahrung anbietet. Müsste sich die eine Partei „ihren" Schiedsrichter von einer dritten Stelle vorschreiben lassen, während die andere mit einem Vertrauensschiedsrichter ihrer Wahl antreten kann, so wäre die notwendige Waffengleichheit nicht mehr gewährleistet. Dagegen scheidet für die AG die Schiedsfähigkeit von Beschlussmängelstreitigkeiten (§§ 241, 246 ff. AktG) wegen § 23 Abs. 5 AktG im Hinblick auf § 246 AktG nach geltendem Recht aus.

---

1 BGH v. 3.4.2000 – II ZR 373/98, NJW 2000, 1713.
2 So *Ulmer/Th.Raiser*, GmbHG, § 13 Rn. 37; *Scholz/Emmerich*, GmbHG, § 13 Rn. 31; *Zöller/Geimer*, ZPO, § 1006 Rn. 7; *Stein/Jonas/Schlosser*, ZPO, 22. Aufl. § 1048 Rn. 11; höchstrichterliche Rspr. fehlt bisher.
3 Vgl. dazu BGH v. 29.3.1996 – II ZR 124/95, BGHZ 132, 278 m. umfangr. Nachw. zum Streitstand; aus dem Schrifttum s. dazu insbes. *Bork*, ZHR 160 (1996), 374; *Schlosser*, JZ 1996, 1020; *K. Schmidt*, ZHR 162 (1998), 265; *Ebbing*, NZG 1998, 281; *Küke/Blenske*, ZGR 1998, 253; *Trittmann*, ZGR 1999, 350; *Berger*, ZHR 164 (2000), 295; s. ferner BGH v. 19.7.2004 – II ZR 65/03, BGHZ 160, 127 = NJW 2004, 2898.

c) Schiedsvereinbarungen im internationalen Geschäftsverkehr

Im internationalen Geschäftsverkehr sind nach dem UN-Übereinkommen (Rn. 68, 71) Schiedssprüche nur dann anerkennungsfähig, wenn die Schiedsvereinbarung **schriftlich geschlossen** wurde, vgl. Art. 2 Abs. 2 UNÜ[1]. Ob das Fehlen der Schriftform durch Klageerhebung und rügelose Einlassung vor dem Schiedsgericht geheilt werden kann, ist zweifelhaft[2]. Die in Art. 2 Abs. 1 UNÜ vorausgesetzte „schriftliche Vereinbarung" ist jedoch nicht mit der Schriftform i.S.d. § 126 BGB identisch. Nach Art. 2 Abs. 2 UNÜ genügt es vielmehr, dass die Schiedsvereinbarung in einem Brief- oder Telegrammwechsel (auch Telex o.Ä.) enthalten ist. Ausreichend sind auch Schiedsklauseln in Allgemeinen Geschäftsbedingungen, sofern diese Teile der Vertragsurkunde oder ihr beigefügt sind[3]. Unzureichend wäre dagegen eine schriftliche Bestätigung einer nur mündlich getroffenen Abrede[4]. Darüber hinaus steht eine den Voraussetzungen des Art. 2 UNÜ nicht genügende Schiedsvereinbarung lediglich der dort vorgesehenen Anerkennung durch die Vertragsstaaten entgegen. Das nimmt aber nach der Meistbegünstigungsklausel des Art. 7 Abs. 1 UNÜ der Partei nicht das Recht, sich auf einen Schiedsspruch nach Maßgabe des innerstaatlichen Rechts des Landes, in dem er geltend gemacht wird (also des Anerkennungsstaates), zu berufen[5]. Nach der Neuregelung des deutschen Schiedsverfahrensrechts (Rn. 68) kommt dem aber für das deutsche Recht kaum mehr praktische Bedeutung zu, da nunmehr auch das deutsche Recht Schriftform verlangt (oben Rn. 69). Im Übrigen gehen aber die Vorschriften des UN-Übereinkommens und des Europäischen Übereinkommens über die internationale Handels-Schiedsgerichtsbarkeit v. 21.4.1961[6] in ihrem jeweiligen Geltungsbereich dem § 1031 ZPO vor.

76

3. Institutionelle Schiedsgerichtsbarkeit

Zur Förderung des Schiedsgerichtswesens auf nationaler wie – vor allem – internationaler Ebene unterhalten eine Reihe von Organisationen **ständige Schiedsgerichte** (sog. institutionelle Schiedsgerichtsbarkeit). Die übliche Terminologie („ständiges Schiedsgericht"; „Schiedsgerichtshof") kann leicht zu Missverständnissen führen[7]. Die Tätigkeit der institutionellen Schiedsgerichtsbarkeit besteht typischerweise nicht darin, selbst rechtsprechende Gewalt auszuüben. Vielmehr handelt es sich um (regelmäßig private) Organisationen, die den Bedürfnissen insbesondere des internationalen Handels, aber auch den Interessen ihres Staates an Gewinnung und Erhalt von Antei-

77

---

1 S. dazu auch BayObLG v. 17.9.1998 – 4 Z Sch 1/98, NJW-RR 1999, 644.
2 Vgl. dazu *Wackenhuth*, RIW 1985, 568 m.w.N.
3 BGH v. 10.5.1984 – III ZR 206/82, NJW 1984, 2765.
4 BGH v. 25.5.1970 – VII ZR 157/68, AWD 1970, 417.
5 BGH v. 26.2.1991 – XI ZR 349/89, WM 1991, 576; BGH v. 21.9.1993 – XI ZR 52/92, NJW-RR 1993, 1519 m.w.N.
6 BGBl. II 1964, 425.
7 Vgl. etwa OLG Stuttgart v. 22.12.1986 – 5 U 3/86, ZIP 1987, 1213 u. den zugleich der Richtigstellung dieser Entscheidung dienenden Aufsatz von *Raeschke-Kessler*, ZIP 1987, 1157 über Aufgaben und Tätigkeit des ICC-Schiedsgerichtshofs.

len an dem inzwischen wirtschaftlich durchaus nicht unbedeutenden Markt für die Durchführung von Schiedsgerichten dienen wollen, indem sie den Parteien Hilfestellung bei der Auswahl des oder der Schiedsrichter anbieten, seltener auch die Schiedsrichter selbst benennen und vor allem eine Verfahrensordnung bereitstellen, deren Einhaltung sie durch ihre ständige Organisation überwachen. Vor allem dem letztgenannten Element kommt angesichts der Unterschiedlichkeit der Prozessordnungen in den einzelnen Ländern erhebliche Bedeutung zu. Die Zuständigkeit institutioneller Schiedsgerichte wird ausschließlich durch eine entsprechende Vereinbarung der Parteien begründet.

78 Die wohl bekannteste Institution dieser Art ist der **Schiedsgerichtshof der Internationalen Handelskammer in Paris (ICC)** mit eigener Verfahrensordnung (1975/1988 ICC-Publ. No. 447[1]; Neufassung v. 1.1.1998: ICC-Publ. Nr. 581)[2]. Weitere für den internationalen Handel bedeutsame institutionelle Schiedsgerichte sind das der offiziellen Deutsch-Französischen IHK COFACI (seit 1985; vgl. BB-Beil. 14/85); der London Court of International Arbitration (LCIA)[3]; der Schiedsgerichtshof der Zürcher Handelskammer (Internationale Schiedsordnung der Schweizerischen Handelskammern v. Januar 2006, Text englisch und deutsch); der Stockholmer Handelskammer (Stockholm Chamber of Commerce Arbitration Institute) und der American Arbitration Association (AAA); das Schiedsgericht der Bundeskammer der gewerblichen Wirtschaft, Wien[4]. In Deutschland wird institutionelle Schiedsgerichtsbarkeit ausgeübt insbesondere von der Deutschen Institution für Schiedsgerichtsbarkeit e.V. (DIS), Bonn, 1992 entstanden aus dem Zusammenschluss des Deutschen Ausschusses für Schiedsgerichtswesen (DAS) mit dem Deutschen Institut für Schiedsgerichtswesen (DIS), neue Schiedsgerichtsordnung – gültig seit 1.7.1998, die die Schiedsgerichtsordnung vom 1.1.1992 ersetzt; der Hamburger Freundschaftlichen Arbitrage, § 20 der Platzusancen für den Hamburgischen Warenhandel, Textfassung vom 4.9.1958[5].

79 Wichtige **internationale Schiedsgerichtsordnungen** sind die Schiedsgerichtsordnung der Wirtschaftskommission für Europa der Vereinten Nationen (ECE-Schiedsgerichtsordnung)[6] und vor allem die UNCITRAL-Schieds-

---

1 Englischer und deutscher Text abgedruckt bei *Schütze/Tscherning/Wais*, Hdb. Schiedsverfahren; s. dazu auch *Craig/Park/Paulsson* (s. Schrifttum vor Rn. 66); *Raeschke-Keßler*, ZIP 1987, 1157 ff.; vgl. ferner *Schütze*, WM 1986, 345; *Bredow/Bühler*, IPRax 1988, 69.
2 Zur Neufassung: *Habscheid*, RIW 1998, 421; kritisch *Koch*, RIW 1999, 105; (Stellungnahme zu *Habscheid*); s. ferner *Weigand*, NJW 1998, 2081; *Derain/Schwartz*, A Guide to the new ICC Rules of Arbitration, 1998; Muster bei *Hopt/Trittmann* (s. Schrifttum vor Rn. 66).
3 S. dazu *Schütze/Tscherning/Wais*, Hdb. Schiedsverfahren m.w.N.
4 Texte und weitere Literaturnachweise vor allem bei *Schütze/Tscherning/Wais*, Hdb. Schiedsverfahren; vgl. ferner auch die Schrifttumsnachweise vor Rn. 66.
5 Entscheidungssammlung bei *Straatmann/Ulmer/Timmermann* (s. Schrifttum vor Rn. 66).
6 UN-Doc./ECE/625/Rev. 1-E/Trade/81/Ref. 1; dt. Text bei *Schütze/Tscherning/Wais*, Hdb. Schiedsverfahren, S. 560.

gerichtsordnung vom 28.4.1976[1]; zur ICC-Schiedsgerichtsordnung s. bereits oben Rn. 78, zum UNCITRAL-Modellgesetz s. oben Rn. 68.

XII. Rechtsquellen des Handelsrechts

1. Bundes- und Landesgesetze

Das Handelsrecht fällt unter die konkurrierende Gesetzgebung des Bundes, Art. 74 Nr. 11 GG. Das HGB gilt deshalb gem. Art. 125 GG in seiner Gesamtheit als **Bundesrecht**. Die in Art. 15 und 18 EGHGB enthaltenen landesrechtlichen Vorbehalte spielen in der Praxis keine nennenswerte Rolle. Auch in internationalen Verträgen eingegangene Verpflichtungen, insbes. zur Rechtsvereinheitlichung, werden innerstaatliches, für den Einzelnen unmittelbar gültiges Recht nur durch Umsetzung in Bundesrecht. Dies gilt auch für die Richtlinien des Rates der EU; s. dazu aber auch sogleich Rn. 81.

80

a) In innerstaatliches Recht umgesetzte internationale Abkommen

Wichtige in innerstaatliche Rechtsvorschriften umgesetzte internationale Abkommen sind das Übereinkommen über den internationalen Eisenbahnverkehr vom 9.5.1980 – COTIF –[2] mit einheitlichen Rechtsvorschriften für den Vertrag über die internationale Eisenbahnbeförderung von Personen und Gepäck (COV) und einheitlichen Rechtsvorschriften für den Vertrag über die internationale Eisenbahnbeförderung von Gütern (CIM) sowie weiteren Regelungen in Anl. I–IV; durch diese Übereinkommen sind die älteren internationalen Abkommen über den Eisenbahn-Frachtverkehr von 1890/1961 (CIM) und den Eisenbahn-Personen- und Gepäckverkehr (CIV) aufgehoben worden. Bedeutsam sind ferner das Übereinkommen über den Beförderungsvertrag im internationalen Straßengüterverkehr (CMR) von 1956/1961[3] sowie das sog. Warschauer Abkommen zur Vereinheitlichung von Regeln über die Beförderung im internationalen Luftverkehr von 1929 i.d.F. vom 28.9.1955[4] mit Änderungen[5], und Zusatzabkommen vom 18.9.1961[6]. Wegen der Einzelheiten dieser Abkommen muss auf Spezialdarstellungen des Transportrechts verwiesen werden. Auf internationalen, in innerstaatliches Recht überführten Abkommen (Genfer Wechsel- und Scheckkonvention von 1930/1931) beruhen auch das WG und das ScheckG sowie das Kaufrecht für den grenzüberschreitenden Warenverkehr in Form des einheitlichen UN-Kaufrechts (Wiener UNCITRAL-Übereinkommen – „CISG") vom 11.4.1980[7], das mit seinem innerstaatlichen Inkrafttreten am 1.1.1991 das

81

---

1 Dt.-engl. Text bei *Schütze/Tscherning/Wais*, Hdb. Schiedsverfahren, *Weigand*, Practitioner's Handbook (s. Schrifttum vor Rn. 66) mit Kommentierung, engl.; dazu auch *von Hoffmann*, RIW 1976, 1; *Böckstiegel*, RIW 1982, 796.
2 BGBl. II 1985, 130, 166.
3 BGBl. II 1961, 1119 und II 1962, 12.
4 BGBl. II 1958, 291, 312 und II 1964, 1295.
5 Vgl. BGBl. II 1963, 1160 und II 1964, 1307.
6 BGBl. II 1963, 1159 und II 1964, 1371.
7 BGBl. II 1989, 586 ff., II 1990, 1699.

sog. Haager Kaufrecht (EKG und EKAG) vom 17.7.1993, das sich als wenig durchsetzungsfähig erwiesen hatte, abgelöst hat[1]. S. dazu auch schon oben Rn. 53. Ferner gehört hierher etwa auch die von der Bundesrepublik Deutschland ratifizierte UNIDROIT-Konvention (von Ottawa) über internationales Factoring[2].

b) Rechtsangleichung innerhalb der Europäischen Union

82 Erhebliche Bedeutung hat inzwischen die Rechtsangleichung innerhalb der Europäischen Union (EU)[3] gewonnen. Sie geschieht in erster Linie durch **Richtlinien des Rates**, die von den Mitgliedstaaten in nationale Rechtsvorschriften umzusetzen sind. Unterbleiben oder Verspätung der Umsetzung kann Schadensersatzansprüche gegen den säumigen Mitgliedstaat auslösen[4]. Obwohl es sich damit um (harmonisiertes) nationales Recht handelt, hat sich die Auslegung auf Richtlinienrecht beruhender nationaler Normen an den Zielen des Europäischen Richtliniengebers auszurichten. Das Normenverständnis hat sich also, wenn nicht der Wille des nationalen Gesetzgebers zur Abweichung von der Richtlinie feststeht, an dem Richtlinientext und dem in ihm objektivierten Willen des europäischen Gesetzgebers zu orientieren (sog. richtlinienkonforme Auslegung, vgl. Art. 10 Abs. 2 EG = Art. 5 Abs. 2 EWGV). Dies gilt im Grundsatz selbst dann, wenn der Wortlaut des nationalen Gesetzes sich nicht geändert hat, weil dieser sich bereits mit der später erarbeiteten Richtlinie deckt. Entstehen für die Entscheidung eines Rechtsstreits erhebliche Zweifel an der Auslegung einer auf harmonisiertem Recht beruhenden nationalen Norm (anders bei sog. überschießender, d.h. durch die Richtlinie nicht geforderter, Richtlinienumsetzung durch den nationalen Gesetzgeber) und damit der hinter ihr stehenden Richtlinie, so kann das mit der Sache befasste Untergericht die Frage **dem EuGH vorlegen**; das letztinstanzliche Gericht muss dies sogar, vgl. Art. 234 EG (früher Art. 177 EGV). Verletzung der Vorlagepflicht kann Vorenthaltung des gesetzlichen Richters sein[5]. Die Regelung ist dazu bestimmt, das Auseinanderfallen des harmonisierten Gemeinschaftsrechts durch unterschiedliche Auslegung in

---

1 BGBl. II 1990, 1477, 2894 f.
2 BGBl. II 1998, 172. Dazu ausführlich *Weller*, RIW 1999, 161.
3 Einen Überblick über den Stand dieser Rechtsangleichung vermitteln *Hommelhoff/Jayme*, Europäisches Privatrecht, 1993 (Textausgabe); *Lutter*, Europäisches Unternehmensrecht, 4. Aufl. 1996; s. ferner *Lutter*, FS Everling, 1995, S. 765 ff.; *Hopt/Wymeersch*, European Company and Financial Law, 2. Aufl. 1994; *Dauses*, Handbuch des EU-Wirtschaftsrechts, Loseblatt; *Grundmann*, Europäisches Schuldvertragsrecht, 1999; *Grundmann*, Europäisches Gesellschaftsrecht, 2004; *Grundmann*, ZHR 163 (1999), 635; *Habersack*, Europäisches Gesellschaftsrecht, 3. Aufl. 2006; *Schwarz*, Europäisches Gesellschaftsrecht, 2000; *Magnus*, FS Drobnig, 1998, S. 57; *Habersack/Mayer*, JZ 1999, 913; Textsammlung: *Beutler/Bieber/Pipkorn/Streil*, (Losebl.), Das Recht der Europäischen Union.
4 EuGH v. 19.11.1991 – Rs. C-6/90 und 9/90, NJW 1992, 165; EuGH v. 5.3.1996 – Rs. C-46/93 und 48/93, NJW 1996, 1267 u. st. Rspr.
5 BVerfG v. 9.1.2001 – 1 BvR 1036/99, ZIP 2001, 350; zu dem gesamten Fragenkreis ausführl. *Lutter*, Europäisches Unternehmensrecht, 4. Aufl. 1996, S. 14 ff. mit umfangreichen Rspr.- und Schrifttumsnachweisen.

den einzelnen Mitgliedstaaten zu verhindern. Sie führt jedoch allmählich mit zunehmender Menge und Kompliziertheit des harmonisierten Rechts angesichts der geringen fachlichen Kompetenz des lediglich nach Nationalitätsgesichtspunkten besetzten, ohne Spezialspruchkörper arbeitenden EuGH, des damit verbundenen Übergewichts der sog. Generalanwälte und der Dauer des Entscheidungsprozesses vor dem EuGH zu erheblichen Zeitverlusten und zu einer bedenklichen Rechtsunsicherheit. Im Einzelfall können Eingriffe sogar verfassungsrechtliche Gewährleistungen in Gefahr bringen.

Für das Handelsrecht des HGB wichtige, durch den deutschen Gesetzgeber **in innerstaatliches Recht umgesetzte Richtlinien** sind die 1. gesellschaftsrechtliche Richtlinie vom 9.3.1968 (Publizitätsrichtlinie)[1] mit Durchführungsgesetz vom 15.8.1969[2], die im Handelsrecht zur Neufassung des § 15 Abs. 2 und zur Einfügung des jetzigen § 15 Abs. 3 geführt hat; die 4. Richtlinie vom 25.7.1978[3] (Jahresabschlussrichtlinie), die zusammen mit der 7. Richtlinie vom 13.6.1983[4] (Richtlinie über den konsolidierten Abschluss oder auch Konzernabschluss-Richtlinie) und der 8. Richtlinie vom 10.4.1984[5] (Prüferbefähigungsrichtlinie oder auch Abschlussprüfer-Richtlinie) zum Erlass des sog. Bilanzrichtliniengesetzes[6], des jetzigen Dritten Buches des HGB (vgl. auch Rn. 23, 52, 54) geführt hat. Eine weitere für das HGB bedeutsame Richtlinie ist diejenige vom 18.12.1986[7] (Handelsvertreter-Richtlinie), die aufgrund des Ausführungsgesetzes vom 23.10.1989[8] mit Wirkung ab 1.10.1990 zur Änderung des Handelsvertreterrechts des HGB geführt hat, vgl. dazu näher Vorb. vor § 84. Zu Eingriffen in das HGB hat ferner die 11. gesellschaftsrechtliche Richtlinie vom 22.12.1989[9] (Zweigniederlassungs-Richtlinie) mit Durchführungsgesetz vom 22.7.1993[10] geführt, auf der die jetzigen §§ 13d–13g, 325a HGB beruhen, sowie die Umsetzung der KapCoRiLi[11], die zu Änderungen im Wesentlichen im Bereich des III. Buches des HGB (Handelsbücher) geführt hat. Aus neuerer Zeit erwähnenswert ist vor allem die Publizitätsrichtlinie vom 15.7.2003[12] zur Änderung der 1. gesellschaftsrechtlichen Richtlinie (s.o.) auf Grund der einschneidenden Änderungen, die sie und in ihrer Folge das (Umsetzungs-)Gesetz über elektro- 83

---

1 68/151/EWG, ABl. EG Nr. L 65 v. 14.3.1968, 1 ff.; Grundlage: Art. 54 Abs. 3 lit. g EWGV.
2 BGBl. I 1146 ff.
3 78/660/EWG; ABl. EG Nr. L 222 v. 14.8.1978, 11 ff.; Grundlage: Art. 54 Abs. 3 lit. g EWGV.
4 83/349/EWG, ABl. EG Nr. L 193 v. 18.7.1983, 1 ff.; Grundlage: Art. 54 Abs. 3 lit. g EWGV; s. dazu jetzt Änderungsrichtlinie v. 14.6.2006, ABl. EU Nr. L 2241.
5 84/253/EWG, ABl. EG Nr. L 126 v. 12.5.1984, 20 ff.; Grundlage: Art. 54 Abs. 3 lit. g EWGV; s. dazu jetzt geänderte 8. Richtlinie v. 9.6.2006, ABl. EU Nr. L 157/87.
6 Durchführungsgesetz zur 4., 7. und 8. Richtlinie v. 19.12.1985, BGBl. I 2355 ff., in Kraft seit dem 1.1.1986.
7 86/653/EWG, ABl. EG Nr. L 382 v. 31.12.1986, 17 ff.
8 BGBl. I 1910 ff.
9 89/666/EWG, ABl. EG Nr. L 395 v. 30.12.1989, 36 ff.
10 BGBl. I 1282 ff.
11 KapCoRiLiG v. 24.2.2000, BGBl. I 154.
12 2003/58/EG, ABl. EU Nr. L 221, 13.

nische Handelsregister und Genossenschaftsregister sowie das Unternehmensregister (EHUG) vom 10.11.2006[1] gebracht haben, s. dazu näher die Erläuterungen zu §§ 8 ff.

84 Weitere Richtlinien betreffen vor allem das **Gesellschaftsrecht** außerhalb des HGB; so z.B. die 2. gesellschaftsrechtliche Richtlinie vom 13.12.1976[2] (Kapitalrichtlinie, umgesetzt mit Durchführungsgesetz vom 13.12.1978[3] und die 12. gesellschaftsrechtliche Richtlinie vom 22.12.1989[4] (Einpersonen-GmbH-Richtlinie) mit Durchführungsgesetz vom 18.12.1991[5] sowie aus jüngerer Zeit die Transparenzrichtlinie vom 15.12.2004[6]; Umsetzung durch Gesetz (TUG) vom 5.1.2007[7]; in Kraft seit dem 20.1.2007, sowie durch das EHUG (oben Rn. 83). Weitere vom nationalen Gesetzgeber umgesetzte Richtlinien, auf die an dieser Stelle nicht näher einzugehen[8] ist, existieren auf den Gebieten des allgemeinen Privatrechts (Verbraucherschutz- und Haftungsrecht, elektronischer Geschäftsverkehr) sowie auf den Gebieten des Arbeits-, des Kapitalmarkt- und Wertpapierhandelsrechts. – Zur Ermächtigung der Organe der EU zum Erlass von Rechtsverordnungen s. sogleich Rn. 85.

2. Rechtsverordnungen

85 Nur noch **geringe Bedeutung** haben gegenwärtig Ermächtigungen der Exekutive (vgl. Art. 80 GG) zur Schaffung materiellen Handelsrechts auf dem Wege des Erlasses von Rechtsverordnungen. Zu erwähnen wären in diesem Zusammenhang vor allem die das Güterkraftverkehrsgesetz (GüKG) vom 22.6.1998[9] begleitenden Verordnungen, auf die hier nicht näher einzugehen ist. Früher erlassene Verordnungen waren die Kraftverkehrsordnung (KVO) und die Orderlagerscheinverordnung von 1931, beide aufgehoben durch das Transportrechtsreformgesetz (TRG) vom 25.6.1998[10], Art. 9 Nr. 3 und Art. 7

---

1 BGBl. I 2553.
2 77/191/EWG, ABl. EG Nr. L 26 v. 31.1.1977, 1 ff.; geändert durch Richtlinie 92/101/EWG v. 23.11.1992, ABl. EG Nr. L 347 v. 28.11.1992, 64 ff.; ein Durchführungsgesetz zur Änderungsrichtlinie erübrigte sich, da die betreffende Vorschrift, § 71d AktG, bereits den Vorgaben der Richtlinie entsprach.
3 BGBl. I 1987, 1959 ff.
4 89/667/EWG, ABl. EG Nr. L 395 v. 30.12.1989, 40 ff.; zu aktuellen Entwicklungen im Europäischen Gesellschaftsrecht s. *Baums*, AG 2007, 57 m.w.N.
5 BGBl. I 2206.
6 2004/109/EG, ABl. EU Nr. L 390, 38.
7 BGBl. I 10.
8 S. dazu *Hommelhoff/Jayme*, Europäisches Privatrecht, 1993 (Textausgabe); *Lutter*, Europäisches Unternehmensrecht, 4. Aufl. 1996; s. ferner *Lutter*, FS Everling, 1995, S. 765 ff.; *Hopt/Wymeersch*, European Company and Financial Law, 2. Aufl. 1994; *Dauses*, Handbuch des EU-Wirtschaftsrechts, Loseblatt; *Grundmann*, Europäisches Schuldvertragsrecht, 1999; *Grundmann*, Europäisches Gesellschaftsrecht, 2004; *Grundmann*, ZHR 163 (1999), 635; *Habersack*, Europäisches Gesellschaftsrecht, 3. Aufl. 2006; *Schwarz*, Europäisches Gesellschaftsrecht, 2000; *Magnus*, FS Drobnig, 1998, S. 57; *Habersack/Mayer*, JZ 1999, 913; Textsammlung: *Beutler/Bieber/Pipkorn/Streil*, (Losebl.), Das Recht der Europäischen Union.
9 BGBl. I 1485.
10 BGBl. I 1588.

TRG. Die Eisenbahnverordnung (EVO) gilt dagegen mit einem durch Art. 3 TRG reduzierten Anwendungsbereich fort. Zur Ermächtigung zum Erlass von Rechtsverordnungen für den Rat der EU Rn. 86. Wichtige, nicht das materielle Recht, wohl aber die Führung des Handelsregisters betreffende Ermächtigungen der Landesregierungen und des Bundesministeriums der Justiz zum Erlass von Rechtsverordnungen enthält § 125 FGG (ab 1.9.2009 § 387 FamFG). Auch die – im Laufe der Zeit mehrfach geänderte – HRV beruht auf § 125 Abs. 3 FGG; s. dazu näher bei § 8.

Eine begrenzte Ermächtigung zum Erlass von Rechtsverordnungen (vgl. Art. 37 Abs. 2, 83, 95, 249, 308 EG) besitzen auch die Organe (Rat und Parlament oder Rat und Kommission) der **Europäischen Union**. Ihre Verordnungen erlangen ohne Umsetzung seitens des nationalen Gesetzgebers in jedem Mitgliedstaat unmittelbare Verbindlichkeit. Die meisten Verordnungen der EU, für die hier nur beispielhaft die Verordnung über das Statut der Europäischen Gesellschaft (SE)[1] genannt werden soll, auf die hier aber im Übrigen nicht näher eingegangen werden kann, haben die Durchsetzung des gemeinsamen Marktes und handelspolitische Fragen zum Gegenstand, vgl. dazu die Nachw. oben zu Rn. 82.

86

3. Gewohnheitsrecht, Handelsbräuche und Allgemeine Geschäftsbedingungen

Neben dem kodifizierten Gesetzesrecht des HGB kommt im Handelsrecht (ungeschriebenem) Gewohnheitsrecht, Handelsbräuchen und Allgemeinen Geschäftsbedingungen eine erhebliche praktische Bedeutung zu.

87

a) Gewohnheitsrecht

Gewohnheitsrecht beruht auf längerer gleichmäßiger Übung, die von der allgemeinen Überzeugung rechtlicher Verbindlichkeit getragen wird. Es kann auch älteres geschriebenes Recht außer Kraft setzen. Nicht selten entsteht Gewohnheitsrecht aus **richterlicher Rechtsfortbildung**, die ihrerseits dadurch ausgelöst wird, dass die Gerichte bestehendes Recht auszulegen und dabei – vor allem bei der häufig zur Fallentscheidung nötigen Ausfüllung von Gesetzeslücken – das kodifizierte Recht zu Ende zu denken haben. Dabei werden in einem teils schneller, teils langsamer verlaufenden Prozess Teile des geschriebenen Rechts im Wege einer Wandlung seines Verständnisses inhaltlich verändert und sogar neue Rechtssätze geschaffen. Eine wichtige Rolle spielt in diesem Prozess die Wissenschaft, die vielfach durch systematische Aufbereitung der betreffenden Problemkomplexe als Vordenker für die rechtsanwendende Praxis fungiert und zugleich durch kritische Begleitung der praktischen Entwicklung die Rolle einer Kontrollinstanz übernimmt. Die Grenzen, insbes. zwischen Auslegung und Rechtsfortbildung, also zwischen Rechtserkenntnis und Rechtsschöpfung, sind dabei fließend

88

---

[1] ABl. EG Nr. L 291, 1 v. 10.10.2001 mit eigener Mitbestimmungsregelung ABl. EG Nr. L 291, 22; Ausführung in Deutschland durch das SEAG und SEBG, BGBl. I 2004, 3675.

und außerordentlich umstritten. Streitig ist auch, inwieweit richterliche Rechtsfortbildung angesichts des Gesetzgebungsmonopols des Gesetzgebers zulässig ist und ob auf dem oben bezeichneten Weg entstandenes Richterrecht als Gewohnheitsrecht anerkannt werden kann[1]. Für die Praxis haben diese vor allem in der Rechtswissenschaft diskutierten Fragen keine allzu große Bedeutung, so dass ihnen an dieser Stelle nicht weiter nachzugehen ist[2]. Die Praxis kommt jedenfalls nicht daran vorbei, dass gerade im Handelsrecht (einschließlich des Gesellschaftsrechts) die Zahl gewohnheitsrechtlicher und durch richterliche Rechtsfortbildung geschaffener Rechtssätze sehr groß ist. Dies ist bedingt durch eine in weiten Bereichen recht schwache positiv-rechtliche Grundlage und durch einen raschen Wandel der tatsächlichen wirtschaftlichen Verhältnisse, auf den die rechtliche Praxis reagieren muss, ohne auf das zögernde, häufig sogar ganz ausbleibende, nicht selten auch unzulängliche Handeln des Gesetzgebers warten zu können.

b) Handelsbräuche

89 Eine große Rolle spielen im Handelsrecht ferner die Handelsbräuche (Handelsgebräuche, Usancen). Ihre Bedeutung erkennt das HGB ausdrücklich an, indem es in § 346 vorschreibt, unter Kaufleuten sei in Ansehung der Wirkung von Handlungen und Unterlassungen auf die im Handelsverkehr geltenden Gewohnheiten und Gebräuche Rücksicht zu nehmen. Auch an zahlreichen weiteren Stellen verweist das HGB in der einen oder anderen Form auf die Maßgeblichkeit von Handelsbräuchen, vgl. etwa §§ 25 Abs. 3, 90, 359 Abs. 1, 380 Abs. 1 und 2, 393 Abs. 2, 394 Abs. 1. Die nähere Darstellung der Bedeutung der wichtigsten Handelsbräuche und ihrer Inhalte ist der Kommentierung zu § 346 zu überlassen. An dieser Stelle ist lediglich anzumerken, dass Handelsbräuche nach herrschender Auffassung **keine Rechtsnormen** sind[3]. Sie sind rein tatsächliche, mit einer gewissen Regelmäßigkeit über einen Mindestzeitraum hinweg[4] einverständlich und einheitlich geübte Verhaltensweisen und Verhaltenserwartungen, denen eine einheitliche Auffassung der beteiligten Kreise zugrunde liegt. Auch das gemeinsame Verständnis der Bedeutung zahlreicher im Handelsverkehr gebräuchlicher Kurzformeln und Klauseln, wie etwa „cif", „fob", „netto Kasse gegen Dokumente" etc. gehört hierher (vgl. dazu näher bei § 346 und in der Kommentierung zum Handelskauf). Die Handelsbräuche sind damit letztlich die spe-

---

1 Zur Abgrenzung vgl. *Raisch*, ZHR 150 (1986), 117 ff.
2 Vgl. näher *K. Schmidt*, HR, § 1 III.2., S. 20 ff. und die dort aufgeführte Lit.; s. ferner *Seidl* und *Wank*, Richterliche Rechtsfortbildung und Verfassungsrecht, ZGR 1988, 296 u. 314; zur richterl. Rechtsfortbildung: *Robert Fischer*, Gesammelte Schriften, 1985.
3 Heute ganz h.M., vgl. *K. Schmidt*, HR, § 1 III.3.a), S. 23 ff.; *Canaris*, HR, § 22 Rn. 11 f.
4 Zum Zeitmoment, das bei Massengeschäften im Allgemeinen kürzer sein wird, aber nicht ausschließt, dass sich auch bei seltenen Geschäften im Laufe der Jahre eine einheitliche Auffassung und damit letztlich Handelsbrauch entwickelt, vgl. BGH v. 1.12.1965 – VIII ZR 271/63, NJW 1966, 502, 504; BGH v. 4.4.1973 – VIII ZR 191/72, WM 1973, 677, 678; BGH v. 2.5.1984 – VIII ZR 38/83, WM 1984, 1000, 1002.

zielle Verkehrssitte des Handels[1] oder genauer – da die Gebräuche und Gewohnheiten in verschiedenen Geschäftssparten[2] und an verschiedenen Orten[3] nicht selten unterschiedlich sind – der betreffenden Wirtschaftskreise. Sie finden ihre Entsprechung in der **allgemeinen Verkehrssitte**, auf die §§ 157, 242 BGB für das allgemeine Privatrecht verweisen. Die Wesensähnlichkeit, wenn nicht -gleichheit von Handelsbrauch und Verkehrssitte zeigt sich ferner daran, dass ein Handelsbrauch, der sich auch im Verkehr mit Nichtkaufleuten durchgesetzt hat, auch ihnen gegenüber – und dies selbst dann, wenn keine der Parteien Kaufmann ist – gelten kann, allerdings nicht als Handelsbrauch, wohl aber als Verkehrssitte[4]. Zwar mag die in § 346 getroffene gesetzliche Anordnung, wonach auf Handelsbräuche bei der Rechtsanwendung Rücksicht zu nehmen ist, etwas weiter gehen als die in §§ 157, 242 BGB bestimmte Beachtung der Verkehrssitte im bürgerlichen Recht. Letztlich gelten aber auch die Handelsbräuche im Grundsatz nur deshalb, weil es sich um in den beteiligten Kreisen einverständlich gehandhabte Übungen handelt, ohne deren Berücksichtigung das soziale Handeln dieser Kreise in seinem typischen Bedeutungsgehalt nicht zutreffend erfasst und infolgedessen auch nicht rechtlich zutreffend gewürdigt werden könnte. Das gilt ebenso für die rechtliche Bedeutung tatsächlicher – verbaler oder nicht verbaler – Verhaltensweisen (ein berühmtes Beispiel ist das Handheben auf bestimmten Auktionen) wie den typischen Bedeutungsgehalt kurz gefasster Erklärungen, insbes. den Inhalt der gebräuchlichen, immer wiederkehrenden Handelsklauseln, als auch für Regeln, deren Geltung im Vertrag nicht ausdrücklich vereinbart wird, die aber so allgemein befolgt werden, dass ihre Befolgung auch im konkreten Fall unausgesprochen vorausgesetzt wird. Werden solche Übungen nicht nur tatsächlich praktiziert, sondern zudem von der allgemeinen Überzeugung ihrer Rechtsverbindlichkeit getragen, so sind sie Gewohnheitsrecht[5]. Der Übergang zwischen beiden ist so fließend, dass es häufig schwierig ist festzustellen, ob es sich noch um einen Handelsbrauch oder schon um Gewohnheitsrecht handelt. Dies zeigt sich etwa daran, dass die meistens als Handelsbräuche aufgeführten Grundsätze über die rechtliche Wirkung des Schweigens im Handelsverkehr von anderen[6] als gewohnheitsrechtliche Rechtssätze bezeichnet werden. Für die praktische Rechtsanwendung wird eine genaue Unterscheidung allerdings vielfach entbehrlich sein, da Handelsbräuche – auch wenn sie nicht per se verbindlich, also keine primäre Rechtsquelle sind – durch § 346 für verbindlich erklärt

---

1 K. *Schmidt*, HR, § 1 III.3.a), S. 23; *Canaris*, HR, § 22 Rn. 2; *Baumbach/Hopt*, § 346 Rn. 1; BGH v. 1.12.1965 – VIII ZR 271/63, NJW 1966, 502, 503; BGH v. 4.4.1973 – VIII ZR 191/72, WM 1973, 677, 678.
2 BGH v. 24.11.1976 – VIII ZR 21/75, NJW 1977, 385, 386; BGH v. 23.4.1986 – IVa ZR 209/84, BB 1986, 1395; OLG Karlsruhe v. 24.11.1981 – 8 U 5/80, BB 1982, 704.
3 Zu örtlichen Handelsbräuchen und ihrer Geltung vgl. ausführl. BGH v. 2.5.1984 – VIII ZR 38/83, WM 1984, 1000, 1004 m.w.N.; ferner BGH v. 2.12.1982 – III ZR 85/81, NJW 1983, 1267, 1268 f.; BGH v. 7.3.1973 – VIII ZR 214/71, BB 1973, 635; BGH v. 12.1.1976 – VIII ZR 273/74, BB 1976, 480.
4 Vgl. etwa OLG Koblenz v. 10.3.1988 – 6 U 1286/85, BB 1988, 1138.
5 Zutr. K. *Schmidt*, HR, § 1 III.3.a), S. 24 f.: „Handelsgewohnheitsrecht ist normativ verfestigter Handelsbrauch".
6 So K. *Schmidt*, HR, § 1 III.3.c), S. 26.

und deshalb in der Praxis häufig wie gewohnheitsrechtliche Sätze angewendet werden, obwohl das – streng genommen – systematisch nicht zutrifft, da Gewohnheitsrecht Geltungskraft aus sich selbst heraus besitzt und damit keiner gesetzlichen Geltungsanordnung, wie sie § 346 enthält, bedarf.

90 Völlig ohne praktische Bedeutung ist die **Unterscheidung zwischen Handelsbrauch und Gewohnheitsrecht** aber trotzdem nicht. Die Frage, ob ein Handelsbrauch besteht und welchen Inhalt er hat, liegt auf tatsächlichem Gebiet. Bestehen und Inhalt des Handelsbrauchs ist deshalb im Zivilprozess von der Partei, die sich auf ihn berufen will, zu behaupten und im Streitfall zu beweisen, falls sich der Beweis nicht dadurch erübrigt, dass er dem Gericht aus eigener Sachkunde (vgl. dazu für die Kammern für Handelsachen § 114 GVG) bekannt ist. In der Regel geschieht die Beweiserhebung durch Einholung eines Sachverständigengutachtens, häufig (wenn nicht sogar meistens) bei der zuständigen Industrie- und Handelskammer[1]. Rechtssätze hat das Gericht dagegen von Amts wegen zu kennen und anzuwenden. Sie bedürfen keines Beweises. Tatsachenfeststellungen der Instanzgerichte und damit auch die Feststellung, dass ein bestimmter Handelsbrauch mit einem bestimmten Inhalt besteht oder nicht besteht, sind als solche, wenn sie verfahrensfehlerfrei getroffen worden sind, in der Revisionsinstanz nicht nachprüfbar, während die richtige Rechtsanwendung voll nachprüfbar ist[2]. Ein weiterer Unterschied besteht darin, dass Handelsbrauch hinter zwingendem geschriebenem oder kraft Gewohnheit geltendem Recht zurücktritt[3]. Dasselbe gilt, wenn auch theoretisch nicht unangefochten, so doch jedenfalls in der Praxis gegenüber durch richterliche Rechtsfortbildung gewonnenen zwingenden Rechtssätzen (auch wenn sie noch nicht zu Gewohnheitsrecht erstarkt sind). Handelsbrauch setzt sich also nur gegenüber abdingbarem Recht durch[4]. Der Grund für diesen Vorrang von Handelsbrauch vor nachgiebigem Gesetzesrecht liegt darin, dass dieses in erster Linie den Sinn hat, eine bei fehlender Parteivereinbarung entstehende Lücke durch eine interessengerechte Regelung zu schließen, und Handelsbräuche im Allgemeinen diese Aufgabe besser erfüllen können als gesetzliche Bestimmungen, weil sie die Überzeugung der beteiligten Kreise davon, was richtig und zweckmäßig ist, widerspiegeln und sich zudem geänderten Gegebenheiten schneller anzupassen vermögen. Selbst dieser Vorrang des Handelsbrauchs vor dispositivem Gesetzesrecht gilt aber nur dann, wenn nicht der Zweck des

---

1 BGH v. 1.12.1965 – VIII ZR 271/63, NJW 1966, 502, 503; BGH v. 12.1.1976 – VIII ZR 273/74, WM 1976, 292; dazu Merkblatt für die Feststellung von Handelsbräuchen durch die IHK, hrsg. vom DIHT.
2 BGH v. 1.12.1965 – VIII ZR 271/63, NJW 1966, 502, 503; BGH v. 12.1.1976 – VIII ZR 273/74, WM 1976, 292; BGH v. 24.11.1976 – VIII ZR 21/75, NJW 1977, 385, 386 f. und BGH v. 2.7.1980 – VIII ZR 178/78, DB 1981, 636 st. Rspr.
3 H.M.; vgl. BGH v. 15.1.1987 – I ZR 198/84, BGHZ 99, 321, 326 m.w.N.; *K. Schmidt*, HR, § 1 III.3.c), S. 28; *Canaris*, HR, § 22 Rn. 34.
4 BGH v. 18.1.1952 – I ZR 105/51, LM § 675 BGB Nr. 3; BGH v. 7.3.1973 – VIII ZR 273/74, BB 1973, 635.

Gesetzes entgegensteht[1]. Ist die gesetzliche Regelung erkennbar Ausdruck eines vom Gesetzgeber als angemessen und gerecht angesehenen Interessenausgleichs, so kann ein Handelsbrauch als Rechtsmissbrauch unbeachtlich sein, wenn er den den Kerngehalt der gesetzlichen Bestimmung ausmachenden Gerechtigkeitsgedanken verletzt, indem er vom Gesetz abweicht, ohne dessen Regelung durch einen gleichwertigen Interessenausgleich zu ersetzen. Es darf in diesem Zusammenhang nicht übersehen werden, dass Handelsbräuche häufig im wirtschaftlichen Machtkampf entstanden und nicht selten Ausdruck der Durchsetzung der Interessen des Stärkeren sind[2].

c) Allgemeine Geschäftsbedingungen

Auch Allgemeine Geschäftsbedingungen (AGB) besitzen keine Normqualität. Gleichwohl kommt auch ihnen im Handelsverkehr große Bedeutung zu. Nach der gesetzlichen Definition des § 305 Abs. 1 BGB handelt es sich um für eine Vielzahl von Verträgen vorformulierte Vertragsbedingungen, die eine Vertragspartei (Verwender) der anderen stellt. Verwender ist in aller Regel ein Kaufmann oder doch jedenfalls ein Unternehmer. Die Verwendung erfolgt keineswegs nur gegenüber Endverbrauchern, sondern auch gegenüber anderen Kaufleuten, und zwar nicht zuletzt deshalb, weil auch unter ihnen häufig ein erhebliches wirtschaftliches Machtgefälle besteht. Der praktische Nutzen von AGB für die Wirtschaft bedarf keiner näheren Darlegung. Ihre Verwendung ermöglicht insbes. eine dem modernen Massengeschäft gerecht werdende Standardisierung der Vertragsinhalte sowie eine Ablösung häufig nicht passender oder den unternehmens- oder branchenspezifischen Geschäftstyp nicht hinreichend, jedenfalls nicht zusammenhängend, erfassender gesetzlicher Vorschriften durch Regelungen, die den besonderen Bedürfnissen und Bedingungen der Branche und ihrer Geschäfte gerecht werden sollen. Ihre Problematik liegt darin, dass sie nicht frei mit dem Vertragspartner ausgehandelt, sondern **einseitig aufgestellt** werden, einseitig die Interessen des Verwenders berücksichtigen und infolgedessen die andere Seite übervorteilen, die ihre Interessen häufig nicht angemessen zur Geltung bringen kann, weil es ihr infolge Fehlens der dazu erforderlichen wirtschaftlichen Macht oder geschäftlichen Erfahrung an der Möglichkeit mangelt, auf einer Abänderung sie benachteiligender Bestimmungen zu bestehen. Da AGB infolgedessen den Grundsatz der Vertragsfreiheit durch dessen einseitige Inanspruchnahme zur Freiheit des Stärkeren oder Erfahreneren pervertieren und letztlich in Frage stellen können, bedürfen sie der Kontrolle durch das Gesetz und den Richter. Diese Kontrolle wird heute durch die §§ 305 ff. BGB verwirklicht, die das frühere AGB-Gesetz abgelöst haben. Wie schon das AGB-Gesetz in seiner letzten Fassung (§ 24) knüpfen diese Bestimmungen

91

---

1 BGH v. 1.12.1965 – VIII ZR 271/63, NJW 1966, 502; vgl. auch BGH v. 21.12.1973 – IV ZR 158/72, BGHZ 62, 71, 82, wo zwar das Bestehen eines Handelsbrauchs abgelehnt wurde, es aber in Wirklichkeit um einen gegen zwingendes Recht verstoßenden missbräuchlichen Handelsbrauch ging; ähnl. wie oben im Text auch *Canaris*, HR, § 22, Rn. 35 ff. und *K. Schmidt*, HR, § 1 III.3.e), S. 28 f. (Verstoß gegen den Gerechtigkeitsgehalt einer dispositiven Gesetzesnorm).
2 So vor allem *Gallois*, NJW 1954, 295.

bei der Regelung ihres Schutzbereichs nicht mehr an die Unterscheidung zwischen der Verwendung von AGB im Verkehr mit Kaufleuten oder Nichtkaufleuten an, sondern – der Tendenz moderner Gesetze folgend (oben Rn. 12) – an die Verwendung gegenüber einem **Unternehmer** oder Verbraucher. Unternehmer ist nach der Legaldefinition in § 14 BGB (s. dazu oben Rn. 12) – eine Person, die im Gegensatz zu einem Verbraucher (§ 13 BGB, s. auch dazu oben Rn. 12) bei Abschluss des Vertrages in Ausübung ihrer gewerblichen oder selbständigen beruflichen Tätigkeit (also **als** Unternehmer) handelt. Darunter fallen selbstverständlich auch die Kaufleute des HGB, und zwar wohl auch die Formkaufleute (§ 6), unabhängig von der Art ihres Unternehmensgegenstandes.

92 Werden Allgemeine Geschäftsbedingungen gegenüber einem Unternehmer verwendet, so gilt der Schutz der §§ 305 ff. BGB für ihn nur in abgeschwächter Form: Nach § 310 BGB sind in diesem Falle die besonderen Schutzvorschriften hinsichtlich der Einbeziehung von AGB in den Vertrag (§ 305 Abs. 2 und 3 BGB) und die Klauselverbote des §§ 308 und 309 BGB nicht anwendbar; im Übrigen aber können die Schutzvorschriften dieses Gesetzes auch von Unternehmern und damit auch von Kaufleuten in ihrer Eigenschaft als Verwendungsgegner in Anspruch genommen werden; dies gilt insbesondere für § 307 BGB (s. dazu unten Rn. 95).

93 Infolge der **Unanwendbarkeit des § 305 Abs. 2 und 3 BGB** auf Unternehmer muss ein Kaufmann AGB der anderen Seite auch dann gegen sich gelten lassen, wenn die in dieser Vorschrift bestimmten besonderen Voraussetzungen nicht erfüllt sind. Erforderlich ist aber auch hier ein klarer und eindeutiger Hinweis darauf, dass die Gegenseite zu ihren Allgemeinen Geschäftsbedingungen abschließen will und der andere Teil damit einverstanden ist. Im kaufmännischen Geschäftsverkehr reicht es für dieses Einverständnis in der Regel aus, dass der andere Teil dem Hinweis nicht widerspricht[1]; zur Bedeutung des Schweigens unter Kaufleuten s. Erl. zu § 362. Der Hinweis kann auch in einem Bestätigungsschreiben enthalten sein, s. dazu näher die Erl. zu § 346. Eine Aushändigung ist im kaufmännischen Geschäftsverkehr nicht zwingend geboten; der Verwendungsgegner muss jedoch die Möglichkeit haben, sich von dem Inhalt der Bedingungen der anderen Seite, die Vertragsbestandteil werden sollen, in zumutbarer Weise Kenntnis zu verschaffen[2]. Bei Verträgen, die dem UN-Kaufrecht (Rn. 53, 106) unterliegen, reicht auch dies nicht aus: die Geschäftsbedingungen sind regelmäßig dem Angebot beizufügen[3].

94 Ausnahmsweise können Allgemeine Geschäftsbedingungen von überragender Verkehrsgeltung auch ohne ausdrücklichen Hinweis Vertragsbestandteil werden, wenn der Verwender davon ausgehen darf, dass auch der andere Teil

---

1 BGH v. 12.2.1992 – VIII ZR 84/91, BGHZ 117, 190, 194.
2 BGH v. 20.3.1985 – VIII ZR 327/83, NJW 1985, 1838 f.; BGH v. 3.12.1987 – VII ZR 374/86, BGHZ 102, 293, 294; BGH v. 31.10.2001 – VIII ZR 60/01, DB 2002, 1366, 1367 m.w.N.
3 BGH v. 31.10.2001 – VIII ZR 60/01, DB 2002, 1366, 1367 mit Bespr. von *Schmidt-Kessal* in NJW 2002, 3444.

auf Grund der Branchenüblichkeit ihrer Verwendung von der Geltung der ihm bekannten Bedingungen ausgeht und mit ihr einverstanden ist. Ihre Geltung beruht dann auf stillschweigender Unterwerfung auf Grund einer entsprechenden Verkehrssitte oder Handelsbrauch[1]. Die Geltung kraft Handelsbrauchs darf nicht mit der Geltung von Allgemeinen Geschäftsbedingungen als Handelsbrauch verwechselt werden (dazu unten Rn. 97). An der Geltung auf Grund Handelsbrauchs kann es bei Verwendung gegenüber einer branchenkundigen Person fehlen[2], ferner bei bis ins Detail hinein ausgehandelten Individualverträgen[3].

Unanwendbar auf Unternehmerverträge **sind** nach § 310 Abs. 1 S. 1 BGB **an sich auch die §§ 308 und 309 BGB.** Bei der Anwendung dieser die Inhaltskontrolle regelnden Vorschriften wählt das Gesetz jedoch einen Mittelweg. Zwar sind diese Bestimmungen, die eine Reihe von typischen Klauseln aufführen, die entweder schlechthin (Klauselverbote ohne Wertungsmöglichkeit, § 308 BGB) oder jedenfalls dann unwirksam sind, wenn die richterliche Anwendung der im Gesetz aufgeführten unbestimmten Rechtsbegriffe (i.d.R. derjenige der Angemessenheit) die Unausgewogenheit der betreffenden Klausel zum Nachteil des Gegners des Verwenders ergibt (Klauselverbote mit Wertungsmöglichkeit, § 309 BGB), unanwendbar, wenn es sich um ein Unternehmergeschäft i.S.v. § 310 BGB (oben Rn. 91) handelt. **Anwendbar** bleibt jedoch nach § 310 Abs. 1 S. 2 BGB das Kernstück der Inhaltskontrolle, die **Generalklausel des § 307 BGB**, soweit sie zur Unwirksamkeit von in den §§ 308 und 309 BGB genannten Vertragsbestimmungen führt. Nach § 307 Abs. 1 BGB sind Bestimmungen in AGB unwirksam, wenn sie den Geschäftspartner entgegen den Geboten von Treu und Glauben unangemessen benachteiligen. Eine unangemessene Benachteiligung ist nach § 307 Abs. 2 Nr. 1 BGB im Zweifel anzunehmen, wenn eine Bestimmung in AGB mit wesentlichen Grundgedanken, also der Ordnungs- und Leitbildfunktion, einer vorhandenen gesetzlichen Regelung nicht zu vereinbaren ist. Dies gilt auch und gerade dann, wenn die gesetzliche Regelung an sich abdingbar wäre (anderenfalls wäre schon mit § 134 BGB zu helfen). Gesetzliche Regelung in diesem Sinne sind auch Rechtsverordnungen, die im Wege der richterlichen Rechtsfortbildung entwickelten Rechtssätze sowie Gewohnheitsrecht[4]. Eine unangemessene Benachteiligung liegt nach § 307 Abs. 2 Nr. 2

95

---

1 BGH v. 10.10.1985 – I ZR 124/83, BGHZ 96, 136, 138; BGH v. 22.5.1968 – VIII ZR 133/66, NJW 1968, 1718, 1719; BGH v. 10.5.1984 – I ZR 52/82, NJW 1985, 2411, 2412, alle m.w.N.; st. Rspr.; s. aber auch BGH v. 4.2.1992 – X ZR 105/90, NJW-RR 1992, 626 unter Hinweis auf BGH v. 20.3.1985 – VIII ZR 327/83, NJW 1985, 1838, 1840.
2 BGH v. 7.7.1976 – I ZR 51/75, NJW 1976, 2075: betr. Geltung der ADSp gegenüber einem Ausländer.
3 BGH v. 12.10.1979 – I ZR 160/77, NJW 1980, 1275; BGH v. 16.1.1981 – I ZR 84/78, WM 1981, 789, 790 f.: detaillierte Ausschreibung; zum Aushandeln von Vertragsbestimmungen i.S. von § 305 Abs. 1 S. 3 BGB im kaufmännischen Geschäftsverkehr *Berger*, NJW 2001, 2152.
4 Vgl. BGH v. 21.12.1983 – VIII ZR 195/82, BGHZ 89, 206, 211; BGH v. 9.10.1985 – VIII ZR 217/84, BGHZ 96, 103, 109; BGH v. 12.3.1987 – VII ZR 37/86, NJW 1987, 1931, 1933.

BGB im Zweifel ferner dann vor, wenn in AGB enthaltene Bestimmungen aus der Natur des Vertrages folgende wesentliche Rechte und Pflichten (sog. Kardinalpflichten) in einer den Vertragszweck gefährdenden Weise einschränken. Diese Alternative ist vor allem bedeutsam – wenn auch keinesfalls Bedingung für ihre Anwendung –, wenn es an einer dispositiven gesetzlichen Regelung fehlt.

96 Bei der Prüfung, ob AGB danach eine unangemessene Benachteiligung des Geschäftspartners enthalten, sind allerdings nicht nur die im Handelsverkehr geltenden Gewohnheiten und Gebräuche (so § 310 Abs. 1 S. 2, 2. Hs. BGB) zu berücksichtigen, sondern allgemein die **besonderen Verhältnisse des Handelsverkehrs unter Kaufleuten**. So können sich dahin auswirken, dass bestimmten rechtlichen Gestaltungen ein anderer Stellenwert als im Umgang mit Endverbrauchern beizumessen ist. Die Kaufmannseigenschaft (Unternehmereigenschaft) des anderen Teils kann auch dazu führen, dass er weniger schutzwürdig ist als ein Endverbraucher, weil er geschäftserfahrener und möglicherweise besser imstande ist, seinen Interessen Geltung zu verschaffen und Vorsorge zu treffen. Diese generalisierende Betrachtungsweise schließt aber eine Gruppenbildung nicht aus, die z.B. zur Folge haben kann, dass an die Verwendung von AGB gegenüber abhängigen Zulieferern ein anderer Maßstab anzulegen ist als im Verkehr unter Kaufleuten, zwischen denen keine wirtschaftliche Abhängigkeit besteht. Infolge der Geltung der Generalklausel des § 307 BGB auch bei Verwendung von AGB gegenüber Kaufleuten (Unternehmern) bleiben die nach § 310 Abs. 2 S. 1 BGB im kaufmännischen Verkehr unmittelbar nicht anwendbaren §§ 308, 309 mittelbar doch (wenn auch begrenzt) anwendbar. Die Inhaltskontrolle nach § 307 BGB kann also auch die Unwirksamkeit einer der in diesen Bestimmungen aufgeführten Klauseln ergeben. Dabei kann die oben als geboten bezeichnete Berücksichtigung der Unternehmereigenschaft des anderen Teils und der besonderen Verhältnisse des Handelsverkehrs bei § 308 BGB zwanglos in die dort ohnehin vorgeschriebenen Wertungen einfließen. Die Folge der nur mittelbaren Anwendung dieser Vorschrift auf Unternehmer besteht damit letztlich im Wesentlichen nur darin, dass der Bewertungsmaßstab ein anderer ist als bei der Verwendung derselben Klausel gegenüber Endverbrauchern. Bei den Klauselverboten ohne Wertungsmöglichkeit (§ 309 BGB) ist dieser Weg nicht gangbar. Fällt jedoch eine Klausel bei Verwendung gegenüber Verbrauchern unter eine der Verbotsnormen des § 309 BGB, so kann dem nach der Rspr. des BGH[1] indizielle Bedeutung für die Annahme einer unangemessenen Benachteiligung auch eines kaufmännischen Vertragspartners zukommen. Letztlich kommt es jedoch auf die Bedeutung der einzelnen Klausel unter Berücksichtigung der besonderen Interessen und Bedürfnissen des kaufmännischen Geschäftsverkehrs an[2]. Wegen der Einzelheiten und der umfangreichen Kasuistik muss auf die Spezialliteratur zu den §§ 305 ff. BGB verwiesen werden.

---

1 BGH v. 8.3.1984 – VII ZR 349/82, BGHZ 90, 273, 278; BGH v. 3.3.1988 – X ZR 54/86, BGHZ 103, 316, 328.
2 BGH v. 3.3.1988 – X ZR 54/86, BGHZ 103, 316, 328.

In AGB enthaltene Klauseln können jedoch zugleich **Handelsbrauch** sein, der gemäß § 346 maßgeblich ist. So können einzelne Bestimmungen in AGB einen schon vor ihrer Schaffung bestehenden Handelsbrauch wiedergeben oder sich ihrerseits zu einem Handelsbrauch entwickelt haben[1]. Die Abgrenzung zwischen kodifizierten Handelsbräuchen und Verbandsbedingungen[2] kann schwierig sein. Es kommt darauf an, ob die in den AGB enthaltene Bestimmung auch ohne besondere Vereinbarung oder Empfehlung des oder der beteiligten Interessenverbände freiwillig befolgt worden wäre[3]. Soweit AGB danach zugleich Handelsbrauch sind, ist eine Inhaltskontrolle nach dem AGBG ausgeschlossen[4]. Der Handelsbrauch kann jedoch als solcher missbräuchlich und deshalb unbeachtlich sein (oben Rn. 90 a.E.).

97

Auch im kaufmännischen Verkehr von Kaufleuten (Unternehmern) untereinander **anwendbar bleiben § 305c Abs. 1 BGB**, wonach Bestimmungen in AGB, die nach den Umständen so ungewöhnlich sind (überraschende Klauseln), dass der Vertragspartner nicht mit ihnen zu rechnen braucht, nicht Vertragsbestandteil werden, sowie die Unklarheitenregel des **§ 305c Abs. 2 BGB**, wonach Zweifel bei der Auslegung von AGB zu Lasten des Verwenders gehen. In beiden Fällen kann selbstverständlich nicht der gleiche Maßstab wie bei Verwendung gegenüber Endverbrauchern angelegt werden, weil die typischerweise größere geschäftliche Erfahrung des Kaufmanns berücksichtigt werden muss.

98

Eine Inhaltskontrolle vorformulierter Vertragsbedingungen der einen Seite auf ihre **Vereinbarkeit mit Treu und Glauben (§ 242 BGB)** ist im Geltungsbereich der §§ 305 ff. BGB im Allgemeinen ausgeschlossen, da dieses Gesetz als Spezialgesetz vorgeht. Außerhalb ihres Anwendungsbereichs bleibt sie grundsätzlich möglich. Sie spielt eine erhebliche Rolle vor allem im Gesellschaftsrecht (einschließlich des Genossenschafts- und Vereinsrechts) und dort insbes. im Bereich der sog. Publikumsgesellschaften (i.d.R. als Kommanditgesellschaften organisierte Massengesellschaften häufig mit dem Ziel der Gewinnung steuerlicher Abschreibungsmöglichkeiten, vgl. dazu näher die Erläuterungen zu § 161).

99

Keine AGB, aber ihnen inhaltlich sehr ähnlich sind die Allgemeinen Bedingungen für die Elektrizitätsversorgung von Tarifkunden und die Gasversorgung von Tarifkunden einerseits und die Allgemeinen Bedingungen für die Versorgung mit Fernwärme und für die Versorgung mit Wasser andererseits (AVB EltV und AVB GasV, jeweils vom 21.6.1979[5], sowie AVB FernWV und

100

---

1 Vgl. BGH v. 2.7.1980 – VIII ZR 178/79, DB 1981, 636; BGH v. 23.4.1986 – IV a ZR 209/84, BB 1986, 1395; s. auch BGH v. 3.12.1992 – III ZR 30/91, NJW 1993, 1798 (Schiedsabrede kraft Handelsbrauchs).
2 Als Beispiel für Verbandsbedingungen s. etwa die Konditionenempfehlungen der Arbeitsgemeinschaft Zuliefererindustrie, dazu *Küpper*, BB 2000, 1310.
3 BGH v. 2.7.1980 – VIII ZR 178/79, DB 1981, 636.
4 BGH v. 2.7.1980 – VIII ZR 178/79, DB 1981, 636; BGH v. 23.4.1986 – IV a ZR 209/84, BB 1986, 1395.
5 BGBl. I 684 und 676.

AVB WasserV, jeweils vom 20.6.1980)[1]. Sie sind auf sondergesetzlicher Ermächtigung[2] beruhende Rechtsverordnungen des Bundesministeriums für Wirtschaft und Technologie, haben also materielle Gesetzesqualität. Als Verordnungen mit Rechtsnormqualität unterliegen sie gerichtlicher Kontrolle nur darauf, ob ihr Inhalt durch die ermächtigende Norm gedeckt und mit dem Grundgesetz sowie sonstigem Gesetzesrecht als höherrangigen Normen vereinbar ist[3]. Da die als Ermächtigung dienenden Normen einen angemessenen Ausgleich zwischen den Interessen der Versorgungsunternehmen und ihren Abnehmern hergestellt wissen wollen, ist den Gerichten unter diesem Gesichtspunkt eine gewisse Möglichkeit zur Kontrolle der in den Verordnungen enthaltenen Einzelregelungen an die Hand gegeben[4]. Unangemessene, einen Vertragsteil übervorteilende Regelungen wären unwirksam, weil ohne Rechtsgrundlage. Anders verhält es sich im Verhältnis zwischen Versorgungsunternehmern und Sonderabnehmern. Für diese Vertragsbeziehungen gelten die genannten Tarifbedingungen nicht als Verordnung, also kraft Gesetzes, sondern lediglich kraft vertraglicher Einbeziehung. Sie sind damit hier in der Sache Allgemeine Geschäftsbedingungen, die im Grundsatz sämtlich den in §§ 305 ff. BGB getroffenen Regelungen unterstehen. Um die Sonderabnehmer nicht besser zu stellen, als die (sogar typischerweise schutzbedürftigeren) Tarifabnehmer, bestimmt § 310 Abs. 2 BGB, dass die Tarifbedingungen der Versorgungsunternehmen gegenüber Sonderabnehmern nicht der Inhaltskontrolle nach den §§ 308, 309 BGB unterliegen, soweit sie nicht zum Nachteil dieser Kunden von den für die Tarifkunden geltenden Verordnungen abweichen. Da dies eine Inhaltskontrolle nach § 307 BGB nicht ausschließt und Sonderabnehmer regelmäßig Unternehmer sein werden, würde für sie dasselbe allerdings schon nach § 310 Abs. 1 S. 1 BGB gelten. Ein Unterschied besteht hier aber wohl insofern, als § 307 BGB bei den AGB der Versorgungswirtschaft nicht zum Zuge kommen wird, weil die ihnen zugrunde liegenden durch Verordnung festgelegten Allgemeinen Tarifbedingungen insofern Leitbildfunktion haben[5].

101 Für **Verträge eines Kaufmanns (Unternehmers) mit einem Verbraucher** i.S. der Definitionen in § 14 und § 13 BGB (s. dazu oben Rn. 91 und 12) hat die Neuregelung zunächst zur Folge, dass Allgemeine Geschäftsbedingungen über § 305 BGB hinaus (oben Rn. 91) stets als von dem Kaufmann (Unternehmer) gestellt gelten, es sei denn, dass sie durch den Verbraucher in den Vertrag eingeführt werden (§ 310 Abs. 3 Nr. 1 BGB), was Bedeutung für den Fall hat, dass sie auf Vorschlag eines Dritten, etwa eines Notars oder Maklers, in den Vertrag einbezogen wurden (sog. Drittbedingungen). Darüber hinaus finden die wesentlichen Vorschriften zum Schutz der Verbraucher (§§ 305c Abs. 2, 306 und 307–309 BGB) auf vorformulierte Vertragsbedingungen, soweit der Verbraucher auf sie infolge der Vorformulierung keinen Einfluss nehmen konnte, auch dann Anwendung, wenn sie nur zur einmaligen

---

1 BGBl. I 742 und 750.
2 S. etwa § 11 EnWG v. 24.4.1998 (BGBl. I 730) mit Wirkung v. 25.4.1998.
3 So grundsätzlich BGH v. 28.1.1987 – VIII ZR 37/86, BGHZ 100, 1, 8 f. m.w.N.
4 BGH v. 28.1.1987 – VIII ZR 37/86, BGHZ 100, 1, 8.
5 BGH v. 25.2.1998 – VIII ZR 276/96, BGHZ 138, 118.

Verwendung bestimmt sind (§ 310 Abs. 3 Nr. 2 BGB). Und schließlich sind nach § 310 Abs. 3 Nr. 3 BGB bei der Beurteilung einer unangemessenen Benachteiligung des Verbrauchers nach § 307 BGB auch die den Vertragsschluss begleitenden Umstände zu berücksichtigen, wie etwa zuungunsten des Kaufmanns eine Überrumpelung des Vertragsgegners oder dessen besondere Unerfahrenheit oder aber auch zu seinen Gunsten das Fehlen der von der Richtlinie vorausgesetzten „rollenspezifischen" Unterlegenheit des Vertragsgegners, z.B. wenn dieser ein erfahrener Geschäftsmann oder Anwalt ist.

d) Einheitliche transnationale Regeln des internationalen Handelsverkehrs

Angesichts des immer noch eher bescheidenen Standes der internationalen Rechtsvereinheitlichung kommt Verhaltens- und Auslegungsregeln, die sich im internationalen Handelsverkehr herausgebildet haben oder von nichtstaatlichen Organisationen ausgearbeitet worden sind, **besondere Bedeutung** zu. Im Schrifttum wird die Gesamtheit dieser einheitlichen (teilweise unter Einschluss auch der vereinheitlichten) Regeln und Rechtsüberzeugungen des internationalen Handelsverkehrs auch mit dem rechtlich allerdings unscharfen Sammelbegriff der **lex mercatoria** bezeichnet[1]. 102

Der Inhalt dieser Regeln ist genau so unterschiedlich wie ihre Qualität als Rechtsquellen. 103

Der **Inhalt** reicht von den verschiedenen Rechtsordnungen **gemeinsamen Rechtsüberzeugungen**, die aber häufig wie diejenige der Vertragsverbindlichkeit („pacta sunt servanda"), eventuell auch des Rechts zur Berufung auf höhere Gewalt („force majeure") sehr allgemein und erforderlichenfalls durch rechtsvergleichende Untersuchung zu ermitteln sind, über speziellere Regeln, die aufgrund ihrer häufigen Verwendung und allgemeinen Akzeptanz in der Praxis des internationalen Handelsverkehrs den Charakter von **Auslegungsregeln** oder **Handelsbrauch** oder seltener von **Handelsgewohnheitsrecht** angenommen haben, über Zusammenstellungen von **im internationalen Handel gebräuchlichen Klauseln**, wie sie sich insbesondere in den Klauselwerken des ICC (Incoterms Revision 2000[2] – International Commercial Terms); ERA Revision 1993 – Einheitliche Richtlinien und Gebräuche für Dokumenten-Akkreditive (jetzt ERA 600 Revision 2007, in Kraft seit 1.7.2007) mit Anhang für die Vorlage elektronischer Dokumente (el. ERA)[3]; ERI Revision 1995 – Einheitliche Richtlinien für Inkassi[4] finden, über von internationalen Organisationen wie vor allem der UN und ihren Unterorganisationen oder der OECD ausgearbeiteten und herausgegebenen Verhal-

---

1 Dazu ausführlich *Heymann/Horn*, Einl. III Rn. 15 ff. und das unter Rn. 107 angeführte Spezialschrifttum; vgl. ferner MünchKommHGB/*K. Schmidt*, vor § 1 Rn. 33; s. ferner *K. P. Berger*, Lex Mercatoria Online, RIW 2002, 256.
2 Abgedruckt bei *Baumbach/Hopt* unter Handelsrechtliche Nebengesetze IV. (6); s. ferner dazu: *Bredow/Seiffert*, Incoterms 2000: Wegweiser für die Praxis 2000; *Lehr*, VersR 2000, 548; *Piltz*, RIW 2000, 485.
3 Abgedruckt bei *Baumbach/Hopt* unter Handelsrechtliche Nebengesetze VI. (11).
4 Abgedruckt bei *Baumbach/Hopt* unter Handelsrechtliche Nebengesetze VI. (12).

tensrichtlinien (Codes of conduct[1]) bis zu dem Versuch einer Kodifizierung eines Grundbestandes von Regeln, die im internationalen Handel verbindlich sind oder zumindest sein sollten, in den vom Unidroit-Institut in Rom (Institut international pour l'unification du droit privé) im Jahre 1994 herausgegebenen „Grundregeln für Internationale Handelsverträge" (frz.: Principes relatifs aux contrats du commerce internationaux; engl.: Principles of International Commercial Contracts)[2]. Zu erwähnen sind in diesem Zusammenhang auf Grund ihrer inhaltlichen Gemeinsamkeiten mit den UNIDROIT-Regeln ferner die nur Europäisches Vertragsrecht betreffenden und nicht auf Handelsverträge beschränkten (noch nicht abgeschlossenen) Principles of European Contract Law[3].

104 Noch eingehenderer Diskussion und Klärung bedürftig sind allerdings Grund und Reichweite solcher allgemeiner Vertragsrechtsprinzipien[4]. Die Qualität von Rechtsnormen i.S.v. **Gewohnheitsrecht** kommt nur dem geringsten Teil von ihnen zu. Dies gilt umso mehr, als dazu erforderlich ist, dass die betreffende Regel auch die Anforderungen der jeweiligen nationalen Rechtsordnung an die Bildung und Verbindlichkeit von Gewohnheitsrecht (Rn. 88) erfüllt. Am ehesten dürfte diese Qualität dem in Rn. 103 eingangs erwähnten schmalen Bestand gemeinsamer Rechtsüberzeugungen und allenfalls noch dem inzwischen allgemein akzeptierten Verständnis der gängigsten Standardklauseln des internationalen Handelsverkehrs zukommen, sofern nicht auch sie lediglich als Handelsbrauch (so wohl die meisten Incoterms) oder sogar nur als Allgemeine Geschäftsbedingungen (so wohl die ERA im Ganzen, obwohl auch sie in wichtigen Teilen Handelsbrauch wiedergeben werden[5]) anzusehen sind, die besonderer Vereinbarung bedürfen und der Inhaltskontrolle unterliegen. Die Übergänge sind hier fließend, die Einordnung im Einzelfall ungesichert, s. schon Rn. 89. Es dürfte ganz auf die einzelne Regel innerhalb des jeweiligen Regelwerks ankommen. Allen anderen Regeln internationalen Handelsverkehrs kommt, auch wenn sie von international tätigen Organisationen zusammengestellt oder erarbeitet und mit dem Ziel ihrer allgemeinen Durchsetzung publiziert worden sind, je nach Inhalt und Ausmaß ihrer Verbreitung und Akzeptanz nur die Bedeutung von Handelsbrauch, Auslegungsregel oder eines Vorschlags zur verbindlichen Vereinbarung als Bestandteil des konkreten individuellen Vertrages zu. Insbesondere bei ganzen Klauselwerken oder internationalen Vertragsmustern wird stets sorgfältig zu prüfen sein, ob sie rechtlich nicht nur als Allgemeine Geschäftsbedingungen einzustufen sind, deren Gültig-

---

1 S. dazu *Heymann/Horn*, Einl. III. Rn. 12 ff.; *Reithmann/Martiny* (Hrsg.), Internationales Vertragsrecht, 6. Aufl. 2004.
2 Deutsche und englische Fassung abgedr. in IPRax 1997, 205 u. ZEuP 5 (1997), 890; Neuaufl. 2004, s. dazu *Brödermann*, RIW 2004, 721; *Heitger*, ZEuP 2003, 448 m.w.N.
3 Deutsche Übersetzung abgedr. in ZEuP 5 (1995), 864; IPRax 1997, 205.
4 S. dazu ausführlich und mit umfangreichen Nachweisen zum Stand der internationalen Diskussionen: *Michaels*, RabelsZ 62 (1998), 580 ff.
5 S. dazu *Baumbach/Hopt* unter Handelsrechtliche Nebengesetze VI. (11) Einl. Rn. 4 ff.

keit im Einzelfall von einer besonderen Vereinbarung durch die Parteien abhängt.

Nach einer allerdings noch ungefestigten Ansicht soll zumindest auf Teilgebieten, auf denen sich eine **gleichförmige internationale Vertrags- und Schiedspraxis** zu einem hinreichend ausgebildeten Regelwerk verdichtet hat, sogar die Möglichkeit bestehen, zur Auslegung und Ergänzung von Verträgen auf dieses Regelwerk anstelle einer nationalen Rechtsordnung zu verweisen[1] (s. dazu aber auch sogleich Rn. 106). 105

Zur weltweiten Rechtsvereinheitlichung tragen auch internationale Übereinkommen und Modellgesetze bei, wie etwa das UN-Kaufrecht/CISG (Rn. 53) und das UNCITRAL-Modellgesetz über die internationale Handelsschiedsgerichtsbarkeit (Rn. 68), deren Akzeptanz und vor allem auch Eignung zur Herausbildung allgemein anerkannter Regeln und Rechtsüberzeugungen allerdings im Einzelnen wohl sehr unterschiedlich zu beurteilen ist, die aber jedenfalls im Zusammenspiel mit den Incoterms und anderen Klauselwerken dem grenzüberschreitenden Handel hilfreiche Ansatzpunkte für die Gestaltung internationaler Verträge an die Hand geben können[2]. Trotzdem ist der Weg bis zu einem transnationalen Handelsrecht (einer lex mercatoria), das etwa von einem Schiedsgericht vergleichbar einer nationalen Rechtsordnung ohne weiteres zur Lösung von Streitfällen angewendet werden könnte, doch noch recht weit. 106

Hinsichtlich weiterer Einzelheiten muss auf die Erläuterungen zu § 346 und das Spezialschrifttum verwiesen werden; s. dazu zunächst die Schrifttumshinweise vor Rn. 66 sowie aus dem **neueren Schrifttum** insbesondere: 107

Berger, Formalisierte oder „schleichende" Kodifizierung des transnationalen Wirtschaftsrechts, 1996; *Berger*, Lex Mercatoria Online, RIW 2002, 256; *Dasser*, Internationale Schiedsgerichtsbarkeit und lex mercatoria, 1989; *Ehricke*, Zur Einführung: Grundstrukturen und Probleme der Lex mercatoria, JuS 1990, 967; *Horn/Schmitthoff* (Hrsg.), The Transnational Law of International Commercial Transactions, 1982; *Jayme/Hausmann*, Internationales Privat- und Verfahrensrecht (Textausgabe), 13. Aufl. 2006; *Kappus*, Lex mercatoria und internationale Handelsschiedsgerichtsbarkeit – Einheitliches Sach- und Prozessrecht für den Handelsstand, WiB 1994, 189; *Kappus*, Lex mercatoria in Europa und Wiener UN-Kaufrechtskonvention 1980, 1990; s. auch schon *Kappus*, „Conflict avoidance" durch „lex mercatoria" und UN-Kaufrecht 1980, RIW 1990, 788; *Mertens*, Nichtlegislatorische Rechtsvereinheitlichung durch transnationales Wirtschaftsrecht und Rechtsbegriff, RabelsZ 56 (1992), 219; *Mertens*, Das lex-mercatoria-Problem, in: Festschrift Odersky, 1996, S. 857; *Reithmann/Martiny* (Hrsg.), Internationales Vertragsrecht, 6. Aufl. 2004; *Stein*, Lex Mercatoria, 1995.

---

1 So *Heymann/Horn*, Einl. III Rn. 15 unter Hinweis auf eine entsprechende Rspr. in verschiedenen europäischen Ländern; im gleichen Sinne *Berger* (s. Schrifttum vor Rn. 66), S. 385 f.
2 Hinweise zur Gestaltung von Exportverträgen u.a. bei *Piltz*, RIW 1999, 897 ff. mit zahlreichen Nachweisen zum einschlägigen Schrifttum; dort auch zur Frage, ob internationale staatlich anerkannte oder transformierte Einzelkodifikationen oder Modellgesetze nicht sogar in eher hinderliche Konkurrenz zur Herausbildung einer transnationalen lex mercatoria treten können.

Erstes Buch Handelsstand

Erster Abschnitt Kaufleute

§ 1
Istkaufmann

(1) Kaufmann im Sinne dieses Gesetzbuchs ist, wer ein Handelsgewerbe betreibt.

(2) Handelsgewerbe ist jeder Gewerbebetrieb, es sei denn, dass das Unternehmen nach Art oder Umfang einen in kaufmännischer Weise eingerichteten Geschäftsbetrieb nicht erfordert.

Übersicht

	Rn.		Rn.
I. Vorgeschichte	1	2. Der Gewerbebegriff in anderen Gesetzen	19
II. Systematische Stellung; die verschiedenen Kategorien von Kaufleuten	2	3. Funktion und Definitionen	22
1. Kaufleute kraft Handelsgewerbes	4	a) Die herkömmliche Definition	23
2. Kaufleute kraft Rechtsform	6	b) Die moderne Definition	24
3. Im Handelsregister eingetragene Kleingewerbetreibende	7	4. Einzelfragen des Gewerbebegriffs	
		a) Selbständigkeit	25
4. Kaufleute kraft Registerwirkung	8	b) Planmäßige, auf Dauer angelegte, nach außen erkennbar hervortretende unternehmerische Geschäftstätigkeit	27
5. Anwendung von Handelsrecht unabhängig von der Kaufmannseigenschaft	9		
6. Sonderstellung der Land- und Forstwirte	10	c) Angebot von Leistungen am Markt	33
7. Im Handelsregister eingetragene Personengesellschaften, die nur ihr eigenes Vermögen verwalten	11	d) Negativ: Ausgrenzung der privaten Kapitalanlage und Verwaltung nur des eigenen Vermögens aus dem Begriff des Gewerbes	
III. Die Definition des Kaufmanns kraft Handelsgewerbes (§ 1) im Einzelnen	12	aa) Das Abgrenzungsproblem und seine Lösung an Hand quantitativer Merkmale	34
1. Zweiteiligkeit des Begriffs; Gewerbe und Handelsgewerbe (§ 1 Abs. 1); Erforderlichkeit kaufmännischer Betriebseinrichtung (§ 1 Abs. 2)	13	bb) Die Gegenauffassung: Abgrenzung an Hand der Risikostruktur	38
		cc) Vermögensverwaltung für fremde Rechnung	43
2. Fehlende Trennschärfe der Abgrenzung	15	dd) Speziell: Verpachtung und Vermietung des Gewerbebetriebs; Nießbrauch u.Ä.; Betriebsaufspaltung	44
IV. Der Begriff des Gewerbes i.S. des HGB als erstes Teilmerkmal des Handelsgewerbes gem. § 1		ee) Eintragungsoption für nur eigenes Vermögen verwaltende Gesellschaften	47
1. Allgemeine Bedeutung	17		

Röhricht | 77

	Rn.		Rn.
e) Der Abschluss entgeltlicher Geschäfte und das Problem der Erforderlichkeit einer Gewinnerzielungsabsicht	48	d) Kaufmännische Betriebseinrichtung	105
f) Wirtschaftsunternehmen der öffentlichen Hand	51	e) Erforderlichkeit kaufmännischer Betriebseinrichtung	
g) Erlaubtsein der Betätigung als Voraussetzung für ein Gewerbe?	57	aa) Grundsätzliches	106
		bb) Kasuistik	111
		cc) Sonderfälle	
		(1) Mischbetriebe	116
		(2) Handelsvertreter	117
h) Sonderstellung der freiberuflichen, wissenschaftlichen und künstlerischen Tätigkeiten	58	(3) Saisonbetriebe	118
i) Berufsmäßigkeit der Betätigung als Voraussetzung für ein Gewerbe?	72	**VII. Beweislastfragen**	
		1. Die gesetzliche Vermutung der Kaufmannseigenschaft und ihre Widerlegung im Parteienstreit	119
V. Der Betreiber des Gewerbes i.S. des HGB		2. Geringe Bedeutung der Vermutung im Handelsregisterverfahren	123
1. Allgemeines; Bedeutung	73	**VIII. Rechtsfolgen**	
2. Juristische Personen	74	1. Kaufmann kraft Gesetzes („Istkaufmann")	
3. Personenhandelsgesellschaften	75	a) Einzelgewerbetreibende; Firma vor Eintragung	126
4. Stellung von Angestellten	76	b) Gesellschaften; Firma vor Eintragung	127
5. Stellvertretung	77		
6. Mittelbare Vertretungsverhältnisse; Treuhänder, Testamentsvollstrecker, Insolvenzverwalter u.Ä.	78	2. Eintragung im Handelsregister	
		a) Anmeldepflicht	128
7. Verpachtung, Nießbrauch u.Ä.	84	b) Wirkung der Eintragung; Firma nach Eintragung	129
8. Eheleute	85	3. Prüfung der Eintragungsvoraussetzungen durch das Registergericht	
9. Erbengemeinschaft	86	a) Allgemein; Fehlen eines Gewerbebetriebs	130
10. Beteiligung Minderjähriger oder sonstiger nicht voll geschäftsfähiger Personen	87	b) Fehlen eines Handelsgewerbes (§ 1 Abs. 2)	131
11. Vereine	95	**IX. Beginn und Ende der Kaufmannseigenschaft nach § 1**	
12. Vorgesellschaften	97	1. Beginn	139
VI. Erforderlichkeit nach Art und Umfang kaufmännischen Geschäftsbetriebs als zweites Teilmerkmal des Handelsgewerbes gem. § 1 (§ 1 Abs. 2)		2. Ende	141
		X. Löschung der Handelsregistereintragung	
1. Allgemeines; Funktion des Merkmals	98	1. Allgemeines	142
2. Art und Umfang		2. Löschung wegen Kleingewerblichkeit	143
a) Verhältnis zueinander	100		
b) Umfang des Unternehmens	102		
c) Art des Unternehmens	103		

I. Vorgeschichte

1 Die geltende Fassung des § 1 beruht auf Art. 3 Nr. 1 des am 1.7.1998 in Kraft getretenen Handelsrechtsreformgesetzes (HRefG) vom 22.6.1998, dazu näher Einl. Rn. 34. Das Reformgesetz hat zwar den Wortlaut des § 1 Abs. 1 unverändert gelassen; es hat ihm aber durch die Neudefinition des Handelsgewer-

bes in § 1 Abs. 2 einen in wesentlicher Hinsicht neuen Bedeutungsgehalt gegeben. Dadurch hat der für die Bestimmung des Anwendungsbereichs des HGB grundlegende Kaufmannsbegriff, soweit er in § 1 und § 2 geregelt ist (dazu unten Rn. 4 und 7), einschneidende Änderungen erfahren. Die in dem jetzigen § 1 Abs. 2 vorgenommene Definition des Begriffs des Handelsgewerbes ist an die Stelle des früher in § 1 Abs. 2 Nr. 1–9 aufgeführten, durch die Neuregelung ersatzlos fortgefallenen Katalogs von sog. Grundhandelsgeschäften getreten. Die Bedeutung dieses ganz am Warenhandel und seinen wichtigsten Hilfsgeschäften orientierten (Einl. Rn. 26) Katalogs bestand darin, dass der Betrieb einer der dort abschließend aufgeführten Arten von Geschäften – weil nach überkommener am Ende des 19. Jahrhunderts noch dominierender Auffassung kennzeichnend für die Tätigkeit eines Kaufmanns – ohne Erfüllung weiterer Voraussetzungen, insbesondere auch ohne Eintragung der Firma im Handelsregister, als Betrieb eines Handelsgewerbes i.S. von § 1 Abs. 1 galt, der seinen Betreiber zum (sog. Muss- oder Ist-)Kaufmann stempelte, der allerdings bei lediglich kleingewerblichem Umfang seines Geschäfts auch den Status eines dem kaufmännischen Sonderrecht nur beschränkt unterworfenen sog. Minderkaufmanns (§ 4 a.F.) haben konnte. Alle anderen nicht in dem Katalog des § 1 Abs. 2 a.F. ausgeführten gewerblichen (und damit die meisten modernen Dienstleistungs- und Überlassungsgewerbe) Tätigkeiten galten nicht als Betrieb eines Handelsgewerbes, ihre Betreiber nicht als Kaufleute. Diese große Gruppe von Gewerbetreibenden war jedoch, sobald ihr Unternehmen über kleingewerbliche Verhältnisse hinausgewachsen war und für seinen Betrieb kaufmännischer Einrichtungen bedurfte, nach § 2 a.F. gesetzlich verpflichtet, die Kaufmannseigenschaft (als sog. Soll-Kaufleute) durch eine konstitutiv wirkende Eintragung ihrer Firma in das Handelsregister zu erwerben. Die im geltenden Recht an die Stelle sowohl des § 1 Abs. 2 a.F. (Handelsgewerbe kraft Geschäftsart unabhängig von einer Handelsregistereintragung) als auch des ebenfalls ersatzlos gestrichenen § 2 a.F. (Handelsgewerbe kraft Erforderlichkeit kaufmännischer Betriebseinrichtung nach Handelsregistereintragung) getretene Einheitsdefinition des § 1 Abs. 2 läuft, da nach der einleitenden Zentraldefinition des § 1 Abs. 1 die Kaufmannseigenschaft des Unternehmensträgers durch den Betrieb eines Handelsgewerbes vermittelt wird, für die Festlegung des Kaufmannsbegriffs i.S. des HGB auf eine Zusammenfassung der nach früherem Recht in § 1 Abs. 2 a.F. und § 2 a.F. unterschiedlich definierten Kategorien der sog. Muss- oder Istkaufleute und der sog. Sollkaufleute zu einem neuen einheitlichen Kaufmannsbegriff hinaus. Dabei wurde der auf die Erforderlichkeit kaufmännischer Betriebseinrichtung abstellende Tatbestand aus dem früheren § 2 (immer schon die modernere Norm, Einl. Rn. 28) entnommen, der Verzicht auf eine konstitutiv wirkende Handelsregistereintragung aus dem weggefallenen früheren § 1 Abs. 2 a.F.

II. Systematische Stellung; die verschiedenen Kategorien von Kaufleuten

2 § 1 Abs. 1 enthält in der gebotenen Zusammenschau (Rn. 12 ff.) mit der ergänzenden Bestimmung des § 1 Abs. 2 die zentrale Definition des Begriffs des Kaufmanns i.S. des HGB. Da das HGB entsprechend seiner grundsätzlichen Orientierung an dem sog. subjektiven System (Einl. Rn. 3) vorwiegend der Regelung der Rechtsbeziehungen von Kaufleuten durch nur für sie oder auch im Verhältnis zu ihnen (zu den einseitigen Handelsgeschäften s. § 345 und schon Einl. Rn. 57) geltende Sondernormen dienen soll, kommt der Entscheidung, welche Unternehmensträger das Gesetz als Kaufleute ansehen und damit zu Adressaten seiner gesetzlichen Spezialnormen machen will, für die Gesetzesanwendung grundlegende Bedeutung zu. Angesichts dieser der einleitenden Definition des § 1 in beiden Absätzen zugedachten Funktion, den Anwendungsbereich des HGB und darüber hinaus sogar weiterer Spezialregeln in anderen Gesetzen festzulegen und gegen die für und gegen jedermann geltenden Regeln des allgemeinen Rechts, insbesondere des BGB, abzugrenzen, ist es mindestens zur ersten Charakterisierung nicht unzutreffend, wenn § 1 Abs. 1 die Bedeutung einer **„Zentralnorm"**[1] beigemessen worden ist. Wie einleitend (vorstehend Rn. 1) bereits dargestellt, bewirkt die jetzt in dieser Zentralnorm gegebene Definition des Kaufmanns, indem sie unter Beseitigung der das frühere Recht beeinträchtigenden Zweiteilung in die unterschiedlich definierten Kategorien der Musskaufleute und der Sollkaufleute im Grundsatz die Kaufmannseigenschaft jedem Betreiber eines Handelsgewerbes zuspricht, ohne nach Geschäftszweigen zu differenzieren, die Schaffung eines einheitlichen, von der vorherigen Eintragung im Handelsregister unabhängigen einheitlichen Kaufmannsbegriffs.

3 Die bisherigen Feststellungen zur systematischen Stellung und zentralen Funktion der Legaldefinition des § 1 bedürfen jedoch, um Fehlvorstellungen vorzubeugen, gewichtiger Einschränkungen. Einen völlig vereinheitlichten Kaufmannsbegriff schafft auch der § 1 mit dem ihm nach der Handelsrechtsreform zukommenden Bedeutungsgehalt nicht. Die in § 1 enthaltene Definition gilt nur für diejenigen Unternehmensträger, die Kaufmannseigenschaft gerade auf Grund der Eigenart des von ihnen betriebenen Unternehmens besitzen, also die sog. Kaufleute kraft Handelsgewerbe (dazu sogleich Rn. 4). Daneben kennt das HGB jedoch noch weitere Unternehmensträger, denen es Kaufmannseigenschaft auch unabhängig vom Betrieb eines Handelsgewerbes auf Grund anderer Eigenschaften zuspricht, sowie umgekehrt auch Unternehmen, die an sich die Definition eines Handelsgewerbes i.S. des § 1 erfüllen, die aber gleichwohl nicht, jedenfalls nur bei Erfüllung weiterer Voraussetzungen, als Kaufleute gelten. Die Merkmale, die nach dem System des HGB die Kaufmannseigenschaft und folglich die Anwendbarkeit kaufmännischen Sonderrechts begründen, bleiben damit auch nach der Gesetzesreform (oben Rn. 1) trotz ihrer Vereinheitlichungstendenz höchst hetero-

---

[1] MünchKommHGB-ErgBd/*K. Schmidt*, 1. Aufl., § 1 Rn. 1; in der 2. Aufl. § 1 Rn. 10: „Grundnorm".

gener Art. Mehr noch: Vor allem durch die Aussparung der Kapitalgesellschaften und (mit Einschränkungen) Genossenschaften, die stets unabhängig vom Betrieb eines Handelsgewerbes als Kaufmann gelten, ist der dem HGB einleitend und leitend vorangestellte Grundsatz, Kaufmann sei, wer ein Handelsgewerbe betreibt, sogar geradezu irreführend. Dennoch sind diesem Aufbau des Gesetzes bisher mit wenigen Ausnahmen[1] auch die systematischen (die Kommentare sind mehr oder weniger gezwungen, der Gliederung des Gesetzes zu folgen) Darstellungen des Handelsrechts gefolgt. Dadurch kann leicht der Eindruck entstehen, dass die Kategorie der Kaufleute kraft Handelsgewerbes – und nur für sie gelten die §§ 1 bis 5 – auch von ihrer faktischen Bedeutung her gesehen die weitaus wichtigste sei. Das entspricht jedenfalls unter heutigen Gegebenheiten nur noch bedingt den Tatsachen. Entscheidende Bereiche der Wirtschaft werden heute von Kapitalgesellschaften geprägt, was im System des HGB, das auf die Kaufmannseigenschaft dieser Gesellschaften nur in zweiter Linie und in eher versteckter Form (vgl. § 6) hinweist, keinen adäquaten Niederschlag findet. Im Einzelnen gilt es, für den Begriff des Kaufmanns und die Anwendbarkeit des HGB zwischen folgenden Personen- und Fallgruppen zu unterscheiden:

1. Kaufleute kraft Handelgewerbes

Nur für diese Gruppe von Kaufleuten gilt die in § 1 enthaltene Definition. Sie hat also Bedeutung zunächst für die im modernen Wirtschaftsleben an Bedeutung eher zurücktretenden **Einzelgewerbetreibenden** und sodann nach § 1 i.V.m. § 6 Abs. 1 für den gemeinsamen Betrieb eines Unternehmens in Form einer **Personengesellschaft**. Eine solche Gesellschaft kann den Status einer OHG oder KG (Handelsgesellschaft gemäß § 6 Abs. 1, s. näher dort) nur dann besitzen, wenn sie den Betrieb eines Handelsgewerbes i.S. der in § 1 gegebenen Definition zum Gegenstand hat (zu den Kleingewerbetreibenden s. sogleich Rn. 7). Anderenfalls ist sie nicht Handelsgesellschaft und damit nicht Kaufmann, sondern Gesellschaft bürgerlichen Rechts (BGB-Gesellschaft, abgekürzt auch „GbR"). 4

Vom Erwerb der Kaufmannseigenschaft ausgeschlossen ist grundsätzlich auch die **Partnerschaftsgesellschaft**. Auf diese Gesellschaft findet zwar auf Grund gesetzlicher Verweisungen im weitesten Umfang das Recht der OHG (§§ 105 ff.) Anwendung. Sie ist aber, da die Ausübung eines sog. freien Berufes nicht als Betrieb eines Gewerbes gilt (unten Rn. 58 ff.) keine Handelsgesellschaft; infolgedessen sind die übrigen Bestimmungen des HGB, insbesondere die Vorschriften des Dritten Buches über Handelsgeschäfte, auf die Partnerschaftsgesellschaft nicht anwendbar; zu dieser Gesellschaftsform näher § 105 Rn. 100 ff. Die **stille Gesellschaft** ist zwar im HGB (§§ 230 ff.) geregelt. Sie ist aber gleichwohl nicht Handelsgesellschaft, sondern eine Variante der BGB-Gesellschaft, weil sie nicht nach außen als gemeinsamer Betrieb eines Handelsgewerbes hervortritt; s. dazu näher die Erläuterungen zu § 230. 5

---

[1] Vgl. etwa *K. Schmidt*, HR, § 10 I.2. S. 294.

2. Kaufleute kraft Rechtsform

6 Kaufleute kraft Rechtsform sind vor allem die in einer modernen Wirtschaft dominierenden Kapitalgesellschaften (s. dazu oben Rn. 3), also die **AG** unter Einschluss der **KGaA, der SE** (Art. 9 Abs. 1 lit. c ii SE-VO i.V.m. § 3 AktG) und die **GmbH**. Für sie hat die Definition des § 1 keine Bedeutung. Sie erwerben die Kaufmannseigenschaft kraft ausdrücklicher gesetzlicher Anordnung automatisch im Augenblick ihrer Eintragung im Handelsregister und damit ihrer Entstehung als rechtsfähige juristische Person (§ 6 Abs. 2 i.V.m. §§ 3, 278 Abs. 3 AktG, 13 Abs. 3 GmbHG). Auf sie ist das gesamte Handelsrecht einschließlich des Rechts der Handelsgeschäfte (Viertes Buch, §§ 343 ff.) uneingeschränkt anwendbar. Das gilt selbst dann, wenn sie kein Handelsgewerbe i.S. des § 1 Abs. 1 und 2, ja nicht einmal ein Gewerbe betreiben und damit das zentrale nach § 1 Abs. 1 zum Kaufmann stempelnde Tatbestandsmerkmal in jedem seiner Teilelemente (Gewerbe und *Handelsgewerbe*) verfehlen. Die Anwendung anderer gesetzlicher Vorschriften, die außerhalb des HGB an den Begriff des Kaufmanns oder Gewerbes anknüpfen, hängt dagegen von Sinn und Zweck der jeweiligen Vorschrift ab (s. zu all dem näher bei § 6). Entsprechendes gilt im Grundsatz vorbehaltlich abweichender Bestimmungen des GenG auch für die eingetragenen **Genossenschaften** (§ 17 Abs. 2 GenG). Vor Eintragung besitzen diese Verbände keine Formkaufmannseigenschaft. Sie können jedoch, wenn sie ihren Geschäftsbetrieb schon in diesem Stadium aufnehmen, Kaufleute nach §§ 1 ff. sein (s. dazu näher § 6 Rn. 9). Kein Formkaufmann ist der VVaG; auf ihn finden aber kraft ausdrücklicher Verweisung eine Reihe von Vorschriften des HGB Anwendung (s. näher § 6 Rn. 7); zur Rechtsstellung der eingetragenen Vereine s. unten Rn. 95. Formkaufmann ist auch die **Europäische Wirtschaftliche Interessenvereinigung (EWIV)**. Sie gilt nach § 1 Abs. 2 EWIV-Ausführungsgesetz unabhängig von ihrer Tätigkeit und Größe und damit vom Betrieb eines Handelsgewerbes i.S. von § 1 als Handelsgesellschaft und damit (§ 6 Abs. 1) als Kaufmann (s. dazu die Erläuterungen zu § 105).

3. Im Handelsregister eingetragene Kleingewerbetreibende

7 Eine weitere Gruppe von (zunächst nur potentiellen) Kaufleuten ohne Handelsgewerbe sind die Kleingewerbetreibenden. Sie betreiben zwar ein Gewerbe, aber kein **Handelsgewerbe** i.S. der ergänzenden Erläuterung dieses Tatbestandsmerkmals durch § 1 Abs. 2, weil sie auf Grund der einfachen Verhältnisse ihres Unternehmens keiner kaufmännischen Betriebsweise bedürfen. Sie sind deshalb keine Kaufleute i.S. des HGB, sondern normale „BGB-Bürger", ihre Gesellschaften solche des bürgerlichen Rechts, auf die nicht die Sondervorschriften des HGB, sondern die Bestimmungen des allgemeinen Rechts Anwendung finden. Ihnen wird aber in § 2 die Option eröffnet, die Firma ihres Unternehmens freiwillig im Handelsregister eintragen zu lassen. Mit dieser freiwilligen Eintragung **gilt** ihr Kleingewerbe auf Grund gesetzlicher Fiktion als Handelsgewerbe, und sie erwerben als dessen Betreiber damit konstitutiv Kaufmannseigenschaft mit der Folge, dass die für Kaufleute geltenden Bestimmungen des HGB auch auf sie praktisch un-

eingeschränkt Anwendung finden; eine entsprechende Regelung für Gesellschaften findet sich in § 105 Abs. 2; s. dazu die Erl. zu § 2 und § 105 Abs. 2, vgl. auch schon Einl. Rn. 39 ff.

4. Kaufleute kraft Registerwirkung

Zu dieser, nicht in die vorliegende Systematik passenden Kategorie von Kaufleuten sowie zu den sog. Scheinkaufleuten (oder auch Kaufleuten kraft Rechtsscheins) vgl. § 5 und Anhang zu § 5.

5. Anwendung von Handelsrecht unabhängig von der Kaufmannseigenschaft

Handelsrecht kann schließlich auch dort, und zwar ohne Rücksicht auf die Kaufmannseigenschaft der ihm unterworfenen Person, gelten, wo das HGB – wie bei den sog. einseitigen Handelsgeschäften (§ 345; s. auch schon Einl. Rn. 57) – die Kaufmannseigenschaft nur eines Vertragsteils für die Anwendung bestimmter handelsrechtlicher Normen auch auf den anderen, nicht kaufmännischen Vertragsteil ausreichen lässt, sowie vor allem dort, wo das HGB das subjektive System (Einl. Rn. 3) ganz verlässt und wie im Handelsvertreter- (§ 84 Abs. 4), Handelsmakler- (§ 93 Abs. 3), Kommissions- (§ 383 Abs. 2), Fracht- (§ 407 Abs. 2), Speditions- (§ 453 Abs. 3) und Lagergeschäft (§ 467 Abs. 3) aus im Einzelnen unterschiedlichen gesetzgeberischen Motiven einzelne Teile seines Sonderrechts ohne Rücksicht auf die Beteiligung eines Kaufmanns allein auf Grund der objektiven Zugehörigkeit des abgeschlossenen Vertrags zu einem bestimmten Geschäftstyp auch auf kleingewerbliche Nichtkaufleute oder sogar nicht gewerbliche Unternehmer für anwendbar erklärt (s. dazu schon Einl. Rn. 7).

6. Sonderstellung der Land- und Forstwirte

Das andere Extrem stellt die Behandlung der selbständigen Land- und Forstwirte dar. Obwohl deren Tätigkeit – wie zumindest aus heutiger Sicht nicht mehr ernstlich in Frage stehen dürfte – an sich gewerblicher Art ist, ordnet § 3 Abs. 1 an, dass § 1 auf ihr Gewerbe einschließlich seiner Nebenbetriebe keine Anwendung findet. Sie sind infolge des ihnen damit zugesprochenen Sonderstatus selbst dann keine Kaufleute, wenn die Ausübung ihres Gewerbes einen in kaufmännischer Weise eingerichteten Geschäftsbetrieb erfordert und damit begrifflich an sich auch die Definition des Handelsgewerbes nach § 1 Abs. 2 erfüllen würde. Ähnlich den Kleingewerbetreibenden nach § 2, aber mit Unterschieden im Einzelnen, eröffnet das Gesetz (§ 3 Abs. 2 und 3) aber auch ihnen die Option, durch Annahme einer Firma und deren freiwillige Eintragung im Handelsregister mit konstitutiver Wirkung Kaufmann zu werden und sich damit den Sonderregelungen des HGB mit allen Rechten und Pflichten zu unterstellen. Dies gilt allerdings nur dann, wenn ihr Unternehmen als Großbetrieb kaufmännischer Organisationsformen bedarf. Anderenfalls bleibt ihnen, anders als den Kleingewerbebetrieben des

§ 2, der Zugang zum Kaufmannsstatus und damit zum Handelsrecht versperrt, wegen der Einzelheiten s. die Erl. zu § 3.

7. Im Handelsregister eingetragene Personengesellschaften, die nur ihr eigenes Vermögen verwalten

11 Eine Sondergruppe eigener Art wiederum bilden die Personengesellschaften, deren Tätigkeit sich auf die Verwaltung eigenen Vermögens beschränkt. Dies kann etwa bei Immobilienverwaltungsgesellschaften, Objekt- und Besitzgesellschaften im Rahmen von Betriebsaufspaltungen sowie Holding-Gesellschaften (s. dazu die Erl. zu § 105, dort auch zur doppelstöckigen GmbH & Co. KG) der Fall sein. Da die Verwaltung eigenen Vermögens – jedenfalls nach herkömmlicher Auffassung – zumindest unterhalb bestimmter Größenordnungen (s. dazu unten Rn. 34 ff.) – nicht als gewerbliche Tätigkeit gilt, sind solche Gesellschaften, wenn sie sich wirklich ausschließlich auf die Verwaltung ihres eigenen Vermögens beschränken und nicht Kaufmannseigenschaft bereits auf Grund zusätzlich anderweit ausgeübter gewerblicher Betätigungen besitzen (§ 1) oder erwerben können (§ 2, eventuell auch § 3), keine Kaufleute kraft Handelsgewerbes und somit nach der Regel des § 1 lediglich Gesellschaften des bürgerlichen Rechts. Bewendete es dabei, so bliebe ihnen der Zugang zu den kaufmännischen Assoziationsformen der OHG oder KG und damit zur Anwendbarkeit von Handelsrecht auf ihre Rechtsverhältnisse (Beschränkung der persönlichen Haftung als KG, Register- und Firmenfähigkeit) verschlossen. Um ihnen diesen Zugang gleichwohl zu eröffnen, billigt das seit 1998 geltende Recht nunmehr auch ihnen die Möglichkeit zu, durch freiwillige, konstitutiv wirkende Eintragung ihrer Firma im Handelsregister Handelsgesellschaft (OHG oder KG) zu werden (§§ 105 Abs. 2, 161) und damit für den Erwerb der Kaufmannseigenschaft zu optieren (s. dazu im Einzelnen die Erl. zu § 105 Abs. 2). Anders als bei den Kleingewerbetreibenden des § 2 und den Land- und Forstwirten des § 3 steht dieses Optionsrecht nur vermögensverwaltenden Gesellschaften, nicht dagegen in gleicher Weise tätigen Einzelpersonen zu; § 105 Abs. 2 findet in §§ 1 ff. keine Entsprechung (s. dazu auch unten Rn. 47).

III. Die Definition des Kaufmanns kraft Handelsgewerbes (§ 1) im Einzelnen

12 Die beiden Absätze der Vorschrift müssen als Einheit verstanden werden. Sie ergeben in der gebotenen Zusammenschau die zweiteilige Definition des Kaufmanns i.S. des HGB und legen damit vermittels der Bestimmung seines Normadressaten den Anwendungsbereich des HGB (oben Rn. 2) mit den in den Rn. 3 ff. dargestellten Einschränkungen fest.

1. Zweiteiligkeit des Begriffs; Gewerbe und Handelsgewerbe (§ 1 Abs. 1); Erforderlichkeit kaufmännischer Betriebseinrichtung (§ 1 Abs. 2)

§ 1 Abs. 1, wonach Kaufmann ist, wer ein Handelsgewerbe betreibt, kommt dabei die Bedeutung der übergreifenden Definition zu, die noch näherer Bestimmung bedarf. Die Präzisierung liefert § 1 Abs. 2 durch die Erläuterung dessen, was das Gesetz unter Handelsgewerbe verstanden wissen will. Handelsgewerbe ist nach dieser Bestimmung jedes Gewerbe, das zu seinem Betrieb nach Art und Umfang kaufmännischer Betriebseinrichtung bedarf. In der Zusammenschau der beiden Absätze ergibt dies den Rechtssatz: **Kaufmann i.S. des HGB ist jeder Gewerbetreibende, der für die Ausübung seines Gewerbes kaufmännischer Betriebseinrichtungen bedarf.** 13

Für den Erwerb der Kaufmannseigenschaft nach § 1 (Kaufmannseigenschaft kraft Handelsgewerbes) ist demnach erforderlich, dass **kumulativ** (unten Rn. 100) folgende Voraussetzungen erfüllt sind: 14

– der **Betrieb eines Gewerbes** (hier liegt abgesehen von seiner Bedeutung als übergreifende Generalnorm der Schwerpunkt des § 1 Abs. 1) und

– die **Erforderlichkeit eines in kaufmännischer Weise eingerichteten Geschäftsbetriebs** auf Grund von Art und Umfang dieses Gewerbes (anderenfalls keine Anerkennung des Gewerbes als Handelsgewerbe; Schwerpunkt des § 1 Abs. 2).

2. Fehlende Trennschärfe der Abgrenzung

Letztlich wird damit innerhalb des Kreises der Gewerbetreibenden die **Kaufmannseigenschaft allein durch** die Erforderlichkeit **kaufmännischer** Betriebsweise begründet, die ihrerseits undefiniert und unscharf bleibt. Der tautologische Charakter der in § 1 gegebenen Legaldefinition, die den Begriff des Kaufmanns im Wesentlichen vermittels des von ihm abgeleiteten Adjektivs „kaufmännisch" definiert, tritt noch deutlicher hervor, wenn man die Definition überscharf auf die Formulierung verkürzt, **Kaufmann ist der Inhaber eines** (nach Art und Umfang) notwendigerweise **kaufmännischen Gewerbebetriebs**[1]. Das hat nicht nur theoretische Bedeutung. Da im Grundsatz jedes gewerbliche Unternehmen seinem Betreiber Kaufmannseigenschaft auch ohne Eintragung im Handelsregister vermitteln kann, entscheidet in der Praxis über die Frage, ob der Rechtsträger eines Unternehmens Kaufmann und deshalb Handelsrecht oder allgemeines bürgerliches Recht anzuwenden ist, allein der Umstand, ob das konkrete Unternehmen nach seinen inneren Verhältnissen kaufmännischer Betriebseinrichtungen bedarf oder doch nur kleingewerblicher Art ist[2] (s. dazu schon Einl. Rn. 39 ff.). Dies aber wird für einen Außenstehenden vielfach kaum erkennbar und nicht selten 15

---

[1] Noch schärfer MünchKommHGB-ErgBd/*K. Schmidt*, § 1 Rn. 19: Kaufmann ist der Träger eines kaufmännischen Unternehmens.
[2] S. dazu Begr. RegE BR-Drucks. 340/97 S. 24: Der „nach Art und Umfang in kaufmännischer Weise eingerichtete Geschäftsbetrieb" wird damit zur einheitlichen Abgrenzungslinie zwischen Kaufleuten und Nichtkaufleuten für alle Arten von Gewerben.

sogar für den Betriebsinhaber selbst nur schwer zu entscheiden sein. Dies gilt umso mehr, als der Gesetzgeber auf die Festlegung jeglicher Kriterien, die der Abgrenzung dienlich sein könnten, verzichtet hat[1]. Eine gewisse Milderung der damit potentiell verbundenen Rechtsunsicherheit wird allerdings durch die (auch im geltenden Recht fortbestehende, § 29, s. näher dort) Verpflichtung zur Eintragung aller kleingewerbliche Verhältnisse überschreitenden Unternehmen im Handelsregister, die für Geschäftsbetriebe vorgeschriebenen Pflichtangaben nach § 37a und § 125a, die allerdings bei fehlender Eintragung umstrittene negative Publizitätswirkung des § 15 Abs. 1 (s. dazu die dortigen Erläuterungen sowie unten Rn. 121), § 5 sowie auch dadurch geschaffen, dass die Kaufmannseigenschaft eines jeden Gewerbetreibenden grundsätzlich – allerdings widerleglich – vermutet wird (s. dazu unten Rn. 119 ff.).

16 Wenig bis gar keine Hilfe für die Abgrenzung ist allerdings von der Rechtsprechung zu dem früheren, bis 30.6.1998 geltenden Recht zu erwarten. Zwar stellte sich dieselbe Frage der zutreffenden Abgrenzung zwischen „großen" und nur kleingewerblichen Betrieben bereits unter dem damaligen Rechtszustand, nämlich wenn über das Recht oder die Pflicht gestritten wurde, sich zum Zwecke der Erlangung des Kaufmannsstatus nach § 2 a.F. im Handelsregister eintragen zu lassen, sowie bei Betrieb eines Grundhandelsgewerbes nach § 1 Abs. 2 Nr. 1–9 a.F. im Rahmen der seinerzeit infolge § 4 a.F. notwendigen Unterscheidung zwischen Vollkaufleuten und Minderkaufleuten. Die dazu veröffentlichte oder sonst bekannt gewordene Rechtsprechung ist jedoch alt (selbst Entscheidungen aus den 1980er Jahren sind rar) und vielfach in sich widersprüchlich[2] (s. dazu im Einzelnen unten Rn. 111 ff.). Es bleibt allerdings abzuwarten, ob sich die im Schrifttum[3] geäußerte Besorgnis der Gefährdung der Rechtssicherheit als berechtigt erweisen wird. Zudem sollte man bei der Kritik an der jetzt geltenden Regelung bedenken, dass es zweifelhaft ist, ob der frühere Rechtszustand wirklich mit mehr Rechtssicherheit verbunden war, dass die Reform angesichts der sonstigen groben Mängel des früheren Rechts (s. dazu Einl. Rn. 25) unabdingbar geboten war und überzeugende Alternativen nicht ohne weiteres erkennbar sind[4].

---

1 S. dazu BR-Drucks. 340/97 S. 24 f. und 47 f.; kritisch *Krebs*, DB 1996, 2015, 2017; *Kögel*, DB 1998, 1802; *Lieb*, NJW 1999, 35; *Kaiser*, JZ 1999, 495.
2 Die Berufung auf die „seit langem bewährten" in der Rechtsprechung zum alten Recht gefundenen Kriterien, die Rechtssicherheit auch für das neue Recht gewährleisten können, ist daher entgegen der Gesetzesbegründung (Begr. RegE BR-Drucks. 340/97 S. 47 f.) und wohl auch *Treber*, AcP 199 (1999), 525, 534, grundlegend verfehlt; kritisch demgegenüber auch *Kögel*, DB 1998, 1802 und *Kaiser*, JZ 1999, 495.
3 *Krebs*, DB 1996, 2015, 2017; *Kögel*, DB 1998, 1802; *Lieb*, NJW 1999, 35; *Kaiser*, JZ 1999, 495.
4 Gegen die Kritik vor allem MünchKommHGB/*K. Schmidt*, § 1 Rn. 5; *K. Schmidt*, JZ 1997, 909, 912; jedenfalls gegen die Festlegung bestimmter Mindestgrößen für die Abgrenzung zum Kleingewerbe auch *Henssler*, ZHR 161 (1997), 13, 48 f.; zur Gegenposition vgl. insbes. *Krebs*, DB 1996, 2013, 2018.

IV. Der Begriff des Gewerbes i.S. des HGB als erstes Teilmerkmal des Handelsgewerbes gem. § 1

1. Allgemeine Bedeutung

Jedes Handelsgewerbe setzt schon begrifflich voraus, dass überhaupt ein Gewerbe vorliegt. Das **Betreiben eines Gewerbes** ist damit die primäre, nach früherem wie geltendem Recht unverzichtbare Voraussetzung, die gleichermaßen für alle Unternehmensträger gilt, die nicht schon auf Grund ihrer Rechtsform (oben Rn. 6) Kaufmann sind, sondern die Kaufmannseigenschaft nur kraft des von ihnen betriebenen Handelsgewerbes besitzen können. Dies gilt (s. oben Rn. 4) für den Einzelkaufmann des § 1 ebenso wie für die Fähigkeit, den Geschäftszweck in Form des Zusammenschlusses zu einer OHG oder KG, also zu einer Handelsgesellschaft (§§ 5, 105 Abs. 1, 161) verfolgen zu können. Ebenso setzt die den Betreibern von Kleinunternehmen in § 2 als Einzelperson und in § 105 Abs. 2 als Gesellschaft eingeräumte Option, Kaufmannseigenschaft freiwillig durch Eintragung der Firma im Handelsregister zu erwerben (oben Rn. 7), voraus, dass Gegenstand des Unternehmens jedenfalls der Betrieb eines Gewerbes ist. Anders verhält es sich (allenfalls) bei den nur das eigene Vermögen verwaltenden Gesellschaften des § 105 Abs. 2 (s. dazu oben Rn. 11 und unten Rn. 47). Die Sonderregelung des § 3 ist lediglich eine Scheinausnahme (oben Rn. 10 und § 3 Rn. 2). Auch für die Anwendung des § 5 ist das Vorliegen eines Gewerbes erforderlich (oben Rn. 8 und § 5 Rn. 15). Der Bestimmung, was als Gewerbe i.S. des HGB zu gelten hat, kommt damit für die Abgrenzung des Rechts des HGB vom allgemeinen Privatrecht entscheidende Bedeutung zu. Der Begriff des Gewerbes ist damit, da grundsätzlich jeder Gewerbetreibende Kaufmann ist und das zusätzliche für den Erwerb der Kaufmannseigenschaft kraft Gesetzes nach § 1 erforderliche Qualifikationsmerkmal des Handelsgewerbes lediglich negativ der Ausgrenzung von Kleingewerbetreibenden dient (oben Rn. 7 und 15 sowie Einl. Rn. 39 und unten Rn. 98), der heimliche Zentralbegriff des Handelsrechts (Einl. Rn. 37).

Dennoch enthält das HGB keine Legaldefinition dieses Begriffes. Durch diesen Verzicht verweist das Gesetz auf das tradierte Verständnis des handelsrechtlichen Gewerbebegriffs in der Ausformung und Präzisierung, die er in den zurückliegenden Jahrzehnten durch die Rechtsprechung erfahren hat. Von diesem Begriff wollte auch der Reformgesetzgeber nicht abweichen. Eine Festlegung durch eine in das HGB aufzunehmende Legaldefinition erschien ihm deshalb – wie schon zuvor der Bund-Länder-Arbeitsgruppe (Einl. Rn. 34) – weder geboten noch zweckmäßig. Nach seiner Ansicht wäre eine Harmonisierung der auf den verschiedenen Rechtsgebieten geltenden unterschiedlichen Gewerbebegriffe (dazu sogleich Rn. 19 ff.) damit nicht zu erreichen gewesen; allenfalls hätte eine Festlegung des Begriffs im HGB eine flexible Weiterentwicklung durch die Rechtsprechung verstellen können[1].

---

1 Begr. RegE BR-Drucks. 340/97 S. 24.

2. Der Gewerbebegriff in anderen Gesetzen

19 Der Begriff des Gewerbes taucht nicht nur im HGB auf, sondern auch in anderen Gesetzen, und zwar teilweise sogar an zentraler Stelle. Er wird dort jedoch überwiegend mit anderer Zielsetzung und deshalb trotz nicht zu übersehender Ähnlichkeiten vor allem in seinem Kerngehalt in abweichendem Sinn gebraucht, der keine Folgerungen für die Auslegung des Gewerbebegriffs des HGB zulässt. Dies gilt zum einen für die wirtschaftsordnenden Gesetze, insbesondere das Gewerberecht im eigentlichen Sinne, wo er in aller Regel dem Zweck dient, die Aufnahme und Ausübung bestimmter Tätigkeiten im öffentlichen Interesse auf die Einhaltung bestimmter Voraussetzungen (insbesondere durch Anmelde- oder Genehmigungserfordernisse, teilweise auch spätere Kontrollen) zu überwachen.

20 Ähnlich verhält es sich mit dem Gewerbebegriff des Steuerrechts (§ 15 Abs. 1 S. 1 Nr. 1 und Abs. 2 EStG und § 2 Abs. 1 S. 1 GewStG), der zu Zwecken unterschiedlicher Besteuerung, vor allem auch unterschiedlicher Berechnung der Einkünfte, die verschiedenen Einkunftsarten des Steuerrechts (außer Einkünften aus Gewerbebetrieb, aus Land- und Forstwirtschaft, aus freiberuflicher Tätigkeit, aus nicht selbständiger Arbeit sowie aus privater Vermögensverwaltung) sowie nicht steuerpflichtige Vermögensvermehrung im Privatbereich voneinander abgrenzen soll. Diese unterschiedliche Zielsetzung hat nicht zuletzt Bedeutung für das beim handelsrechtlichen Gewerbebegriff umstrittene Merkmal der Gewinnerzielungsabsicht (dazu unten Rn. 48).

21 Teilweise anders verhält es sich mit dem neueren Gesetzen zugrunde liegenden Gewerbebegriff, in denen nicht mehr auf den Kaufmannsbegriff, sondern zur Abgrenzung ihres Schutzbereichs an Hand des Begriffspaares Unternehmer und Verbraucher u.a. (neben der hier nicht interessierenden selbständigen beruflichen Tätigkeit, s. dazu auch unten Rn. 25) auf ein Handeln in Ausübung einer gewerblichen Tätigkeit oder zu einem gewerblichen Zweck (vgl. § 13 und § 14 BGB; dazu Einl. Rn. 12) abgestellt wird. Obwohl der Rückgriff auf eine gewerbliche Tätigkeit in diesen Regelungen einem anderen und auch engeren Zweck dient als dem zur Festlegung des Anwendungsbereichs einer ganzen Kodifikation dienende Gewerbebegriff des HGB, sind Ähnlichkeiten beider Gewerbebegriffe nicht zu übersehen. Hier wie dort geht es (im weitesten Sinne) darum, Personen, die nicht in Ausübung ihrer gewerblichen Tätigkeit handeln, ein höheres Maß an Schutz durch die Rechtsordnung zukommen zu lassen, als einer im Wirtschaftsleben tätigen Personengruppe, die diesen Schutz aufgrund ihrer geschäftlichen Erfahrung nicht benötigt, für die er vielmehr eher hinderlich sein kann (Einl. Rn. 9 ff.). Auch wenn es grundsätzlich richtig ist, dass der Begriff des Gewerbes oder des Gewerbebetriebs für jedes Gesetz selbständig nach Inhalt und Zweck der jeweiligen Vorschrift und unabhängig vom Verständnis des Begriffs in anderen Rechtsgebieten bestimmt werden muss[1], scheint es vertretbar, die für

---

1 So BGH v. 16.3.2000 – VII ZR 32/99, NJW 2000, 1940 zum Begriff des Gewerbebetriebs nach § 196 BGB a.F., dazu sogleich im Text.

den dortigen Begriff der gewerblichen Tätigkeit maßgeblichen Kriterien auch für die Auslegung des Gewerbebegriffs des HGB heranzuziehen. – Ähnlich verhält es sich mit dem durch die Schuldrechtsreform des Jahres 2002 entfallenen Gewerbebegriffs des § 196 BGB a.F. Zwar hatte auch diese Vorschrift eine andere, diesmal wesentlich andere Funktion als der Gewerbebegriff der §§ 1, 2. Sie sollte bestimmte (Entgelt-)Forderungen für Warenlieferungen und Dienstleistungen einer längeren Verjährungsfrist unterwerfen, wenn die Leistung des Gläubigers für den Gewerbebetrieb des Schuldners und nicht für dessen privaten Bereich erbracht worden waren. Der Gesetzgeber hielt es beim Bezug von Leistungen im gewerblichen Bereich für zumutbar, sich für einen längeren Zeitraum darauf einzustellen, die Gegenleistung noch zu erbringen oder ihre bereits erfolgte Erbringung durch Vorlage von Belegen beweisen zu müssen. Da mithin auch der hier verwendete Begriff des Gewerbebetriebs an die größere geschäftliche Erfahrung und Belastbarkeit des Betreibers eines Gewerbes anknüpft, kann die zu § 196 BGB a.F. vorhandene Kasuistik auch weiterhin mit der gebotenen Vorsicht für die Konkretisierung des Gewerbebegriffs des HGB herangezogen werden[1], s. dazu näher unten Rn. 23.

3. Funktion und Definitionen

Der Begriff des Gewerbes i.S. des HGB soll unternehmerische Wirtschaftstätigkeit jedenfalls abgrenzen von 22

– dem **privaten Verhalten der Verbraucher**; diesem Bereich sind außer dem reinen Konsum auch Gelegenheitsarbeiten sowie private Kapitalanlage und Verwaltung des eigenen Vermögens zuzurechnen;
– den **hoheitlichen Tätigkeiten des Staates**;
– den sog. **freien Berufen** sowie künstlerischer und wissenschaftlicher Tätigkeit.

a) Die herkömmliche Definition

Im Einklang mit den genannten Abgrenzungszielen hat die Rechtsprechung des BGH den Begriff des Gewerbes in Anlehnung an das Reichsgericht und einige ältere Entscheidungen des Kammergerichts zumeist mit gewissen durch die Lage des Falles bedingten Unterschieden formuliert als: jeder berufsmäßige Geschäftsbetrieb, der von der Absicht dauernder Gewinnerzielung beherrscht wird[2]. Die Entscheidungen sind zwar fast durchweg zu den 23

---

1 Wie hier *Ebenroth/Boujong/Joost/Strohn/Kindler*, § 1 Rn. 17; *Koller/Roth/Morck*, § 1 Rn. 3; ablehnend dagegen MünchKommHGB/*K. Schmidt*, § 1 Rn. 25.
2 BGH v. 22.4.1982 – VII ZR 191/81, BGHZ 83, 382, 386; BGH v. 10.5.1979 – VII ZR 97/78, BGHZ 74, 273, 276; BGH v. 18.1.1968 – VII ZR 101/65, BGHZ 49, 258, 260, BGH v. 7.7.1960 – VIII ZR 215/59, BGHZ 33, 321, 324; BGH v. 2.12.1958 – VIII ZR 154/57, WM 1959, 161, 164; BGH v. 18.4.1963 – VII ZR 37/62, NJW 1963, 1397; BGH v. 8.7.1968 – VII ZR 65/66, NJW 1968, 1962; überwiegend auch mit Nachw. zur Rechtsprechung des RG; ähnl. insbes. im Hinblick auf die Notwendigkeit des Vorhandenseins einer Gewinnerzielungsabsicht: BGH v. 10.6.1974 – VII ZR 44/73,

Verjährungsbestimmungen des § 196 BGB a.F. ergangen. Sie geben aber zugleich das herkömmliche Verständnis des Gewerbes i.S.d. §§ 1 ff. wieder, da (s. oben Rn. 21) § 196 BGB a.F. ungeachtet seiner andersartigen Funktion der gleiche oder doch jedenfalls ein ganz ähnlicher Gewerbebegriff zugrunde liegt wie § 1. Nach diesem überlieferten Verständnis erfordert der Betrieb eines Gewerbes im Einzelnen – die eingangs wiedergegebene Definition will als auf das Wesentliche zusammengedrängte Abbreviatur der in den verschiedenen Entscheidungen in Abhängigkeit von der jeweiligen Lage der Streitfälle im Einzelnen unterschiedlich, z.T. auch unvollständig unter Beschränkung auf das gerade streitige Merkmal formulierte Umschreibungen des Gewerbebegriffs verstanden werden – die Erfüllung folgender **Mindestvoraussetzungen**[1]: **Selbständigkeit**, beabsichtigte **Dauerhaftigkeit**, **Planmäßigkeit**, Hervortreten nach außen in Form des **Angebots von Waren** oder **Dienstleistungen am Markt**, das nicht freiberuflicher, wissenschaftlicher oder künstlerischer Art sein darf (dazu Rn. 58), **Gewinnerzielungsabsicht** (fraglich, s. dazu unten Rn. 48 ff.) sowie – als zusätzliches negatives Abgrenzungskriterium – **Erlaubtsein** i.S. dessen, dass die Tätigkeit nicht gesetz- oder sittenwidrig sein darf (fraglich, s. dazu unten Rn. 57).

b) Die moderne Definition

24 Eine modernere, vor allem im neueren Schrifttum vertretene Version verzichtet bei grundsätzlicher Übereinstimmung mit der in der Rechtsprechung entwickelten Definition sowohl auf das der Abgrenzung zur privaten Vermögensverwaltung dienende blasse und unkonturierte Merkmal der **Berufsmäßigkeit**, dessen eigenständige Bedeutung schon innerhalb des herkömmlichen Gewerbebegriffs zweifelhaft sein kann (unten Rn. 72), als auch auf das praktisch wenig bedeutsame negative Abgrenzungsmerkmals des **Erlaubtseins** der Betätigung (unten Rn. 57). Der hauptsächliche Unterschied zwischen dem herkömmlichen und dem modernen Verständnis des Gewerbes liegt jedoch in der Meinungsverschiedenheit über die Bedeutung der **Gewinnerzielungsabsicht** (unten Rn. 48). Während die herkömmliche, vor allem in der Rechtsprechung entwickelte Auffassung, die Absicht, mit dem Betrieb Gewinn zu erzielen, als unverzichtbar für das Vorliegen eines Gewerbebetriebs erachtet, betrachtet die modernere Konzeption dieses Merkmal für entbehrlich. Die Kritik gegen die Annahme der Erforderlichkeit eines Betreibens des Unternehmens in Gewinnerzielungsabsicht hängt mit dem Aufkommen verschiedener Formen der Teilnahme privater Personen oder Personengruppen sowie Unternehmen der öffentlichen Hand am Wirtschaftsverkehr zusammen, die zwar eindeutig unternehmerische Züge aufweist und auf das Angebot von Waren und Dienstleistungen am Markt gerichtet ist, bei der aber die Gewinnerzielungsabsicht im klassischen Sinne

---

BGHZ 63, 32, 33; BGH v. 28.10.1971 – VII ZR 15/70, BGHZ 57, 191, 199 f.; BGH v. 12.2.1970 – VII ZR 168/67, BGHZ 53, 222, 223 f.; BGH v. 11.1.1962 – VII ZR 188/60, BGHZ 36, 273, 276; vgl. ferner BGH v. 2.7.1985 – X ZR 77/84, BGHZ 95, 155, 157.

1 Vgl. dazu auch die zusammenfassende Wiedergabe des herkömmlichen Gewerbebegriffs in den Reformvorschlägen der Bund-Länder-Gruppe zum Handelsrecht, ZIP 1994, 1407, 1409.

allenfalls sekundär, wenn überhaupt noch in greifbarer Weise vorhanden ist. Die dadurch ausgelöste Diskussion hat aber, obwohl sie bereits seit etlichen Jahren geführt wird, bisher weder zu einem Konsens über die Entbehrlichkeit dieses Merkmals noch darüber geführt, was gegebenenfalls an seine Stelle zu treten hätte (s. dazu näher unten Rn. 48). An diesem Stand der Dinge hat infolge des bewussten Verzichts des Gesetzgebers auf eine verbindliche Legaldefinition des handelsrechtlichen Gewerbebegriffs (Rn. 18) auch die 1998 in Kraft getretene Reform des HGB (Einl. Rn. 34 ff.) nichts geändert. Es drängt sich vielmehr der Eindruck auf, dass nicht zuletzt der auch in der Vorbereitung der Gesetzesreform zutage getretene Streit über die Notwendigkeit einer Gewinnerzielungsabsicht dazu beigetragen hat, dass auch der Reformgesetzgeber von einer gesetzlichen Definition des Gewerbes i.S. des HGB Abstand genommen hat. Durch diesen Verzicht verweist das HGB für das Verständnis seines Gewebebegriffs weiterhin auf den durch die Verkehrsauffassung geprägten allgemeinen Sprachgebrauch innerhalb des Gesamtkontextes des Gesetzes[1]. Die Verkehrsauffassung oder mit anderen Worten die gesellschaftliche Einstellung dazu, was sie als Gewerbebetrieb (gewerbliches Unternehmen) betrachtet, ist jedoch nicht notwendigerweise statisch. Sie kann sich im Laufe der Zeit, insbesondere im Zuge der Veränderung der wirtschaftlichen und sozialen Verhältnisse und unter dem Eindruck des Auftretens neuer wirtschaftlicher Phänomene, wandeln. Der Notwendigkeit, dem Rechnung zu tragen, hat sich auch die Rechtsprechung nicht entziehen können. So hat der BGH schon in einer Entscheidung aus dem Jahre 1988[2] – wenn auch alles in allem noch unter mühsamer formaler Aufrechterhaltung des herkömmlichen Gewerbebegriffs – die frühere Deutsche Bundesbahn – damals Sondervermögen des Bundes – als Kaufmann angesehen, was unter Berücksichtigung des unter den seinerzeitigen Verhältnissen bei ihr zweifelhaften, mindestens aber bei realistischer Betrachtung utopischen Ziels, Gewinn zu erwirtschaften, nur möglich war, indem er die Absicht der Gewinnerzielung mit einer „Gesamtkonzeption ihrer Betriebsführung" gleichgesetzt hat, die „auf die Erzielung laufender Einnahmen, also auf das Erreichen eines wirtschaftlichen Ergebnisses ausgerichtet ist"[3]. Sachgerechter als solche Versuche, die alte Definition mit teilweise neuem Inhalt zu erfüllen, erscheint eine dem Wandel der wirtschaftlichen Verhältnisse seit 1900 angepasste Neubestimmung des Gewerbebegriffs. **Gewerbe i.S. des HGB ist demnach zutreffenderweise zu definieren als: jeder selbständig und planmäßig ausgeübte, auf eine gewisse Dauer angelegte, nicht künstlerische, wissenschaftliche oder freiberufliche wirtschaftliche Geschäftsbetrieb (Betrieb eines Unternehmens), der als solcher nach außen erkennbar ist, von der Absicht getragen wird, vermittels des Angebots, entgeltlicher Leistungen (Waren oder Dienstleistungen) am Markt Gewinn oder doch jedenfalls laufende Einnahmen zu erwirtschaften,** soweit er nicht lediglich freiberuflicher, künstlerischer oder wissenschaftlicher Art ist.

---

1 Ähnlich auch BGH v. 7.7.1960 – VIII ZR 215/59, BGHZ 33, 321, 325 ff. m.w.N.
2 BGH, Urt. v. 2.7.1988 – X ZR 77/84, BGHZ 95, 155 ff.
3 BGH, Urt. v. 2.7.1988 – X ZR 77/84, BGHZ 95, 155 ff., 158.

4. Einzelfragen des Gewerbebegriffs

a) Selbständigkeit

25 Allgemeine Einigkeit[1] besteht darüber, dass Selbständigkeit zu den unentbehrlichen Voraussetzungen der Gewerbeausübung gehört. Gemeint ist die **rechtliche Selbständigkeit**, die nicht notwendigerweise mit wirtschaftlicher Unabhängigkeit Hand in Hand gehen muss. Wirtschaftliche Abhängigkeit steht der Selbständigkeit nicht einmal dann entgegen, wenn sie existenzielles Ausmaß besitzt. So sind Handelsgesellschaften und juristische Personen als Unternehmensträger schon kraft ihrer Organisationsform selbständig, auch wenn sie von einem anderen Unternehmen wirtschaftlich abhängig, beherrscht oder in einen Unternehmensvertrag eingebunden sind. Bei natürlichen Personen scheiden alle in abhängiger Stellung Beschäftigten, also alle Arbeitnehmer im weitesten Sinne, aus dem Gewerbebegriff und damit als Kaufleute aus. Ein Arbeitnehmer ist das direkte Gegenteil eines Selbständigen i.S. des Handelsrechts. So ist z.B. Kaufmann zwar der selbständige Handelsvertreter nach § 84 Abs. 1, auch der (wirtschaftlich abhängige) Einfirmenvertreter des § 92a, nicht aber der Handlungsreisende des § 84 Abs. 2, auch wenn er im kaufmännischen Sprachgebrauch ebenfalls als Handelsvertreter bezeichnet wird. Auch im Übrigen liefert die in § 84 getroffene Regelung einen wichtigen Anhaltspunkt für die Abgrenzung. Nach § 84 Abs. 1 S. 2 ist selbständig, wer im Wesentlichen frei seine Tätigkeit gestalten und seine Arbeitszeit bestimmen kann[2]. Die Rechtsprechung sieht darin ein typisches Abgrenzungsmerkmal, das über seinen unmittelbaren Anwendungsbereich hinaus eine allgemeine gesetzgeberische Wertung erkennen lässt[3]. Arbeitnehmer ist danach, wer hinsichtlich Inhalt, Durchführung, Zeit, Dauer und Ort der Erbringung seiner vertraglich geschuldeten Leistung weisungsgebunden und eingegliedert in die Arbeitsorganisation seiner Vertragspartners ist[4]. Es kommt dabei nicht darauf an, dass alle vorstehend aufgezählten Merkmale erfüllt sind; es entscheidet das Gesamtbild. Schrifttum und Rechtsprechung haben zu der in § 84 Abs. 1 S. 2 enthaltenen Umschreibung der Selbständigkeit eine umfangreiche Kasuistik entwickelt, vgl. deshalb auch die Erl. zu § 84. Ein weiterer Unterschied zwischen einem selbständigen Gewerbetreibenden und einem abhängigen Angestellten besteht ferner typischerweise darin, dass der selbständige Gewerbetreibende aus den von ihm geschlossenen Geschäften selber berechtigt und verpflichtet wird, also als Unternehmensträger fungiert, während Arbeitnehmer in Vertretung ihres Arbeitgebers abschließen[5]. Als alleiniges Merkmal ist die-

---

[1] S. statt aller MünchKommHGB/*K. Schmidt*, § 1 Rn. 27; *Ebenroth/Boujong/Joost/Strohn/Kindler*, § 1 Rn. 21 *Baumbach/Hopt*, § 1 Rn. 14; *Canaris*, HR, § 2 Rn. 2.
[2] *Canaris*, HR, § 2 Rn. 2; *Ebenroth/Boujong/Joost/Strohn/Kindler*, § 1 Rn. 21; MünchKommHGB/*K. Schmidt*, § 1 Rn. 27; *Baumbach/Hopt*, § 1 Rn. 14.
[3] S. nur BGH v. 21.10.1998 – VIII ZB 54/97, ZIP 1998, 2176, 2178.
[4] BGH v. 21.10.1998 – VIII ZB 54/97, ZIP 1998, 2176 m.w.N.
[5] A.A. *Baumbach/Hopt*, § 1 Rn. 14, der aber als Beleg für seine Ablehnung nur den (atypischen) Fall des Handelsvertreters, dazu sogleich oben im Text, und den Handelsmakler anführt. Letzterer schließt seinen Maklervertrag gerade im eigenen Namen.

ser Gesichtspunkt nicht tauglich, weil auch der Handelsvertreter (selbständiger Gewerbetreibender, § 84 Abs. 1 S. 1) nicht für sich selber, sondern in Vertretung eines anderen, des Unternehmers, abschließt. Auf jeden Fall ist es auch bei Vertragsabschluss im eigenen Namen zur Erfüllung des Merkmals der Selbständigkeit wohl erforderlich, dass die Risiken des Geschäfts endgültig bei dem Abschließenden verbleiben. Interne Freistellungen, auch im Rahmen von Treuhandverhältnissen, sowie Risikoübernahmen jeglicher Art, Patronatserklärungen oder Verlustausgleichszusagen durch einen Dritten stehen der Selbständigkeit i.S. des handelsrechtlichen Gewerbebegriffs allerdings nicht entgegen[1].

Die sog. **Scheinselbständigen** werden dagegen in aller Regel als Gewerbetreibende i.S. des HGB anzusehen sein. Bei dem Streit um die sog. Scheinselbständigkeit geht es um interne wirtschaftliche Abhängigkeiten, organisatorische Einbindungen und Weisungsgebundenheiten[2], die Anlass geben können, die Gruppe der Scheinselbständigen in den Schutzbereich bestimmter sozialrechtlicher und arbeitsrechtlicher Vorschriften, insbesondere auch im Hinblick auf die Beurteilung ihrer Beziehungen zu dem Unternehmen, von dem sie abhängig sind, einzubeziehen. Innerhalb des Gewerbebegriffes kommt dem Merkmal der Selbständigkeit eine grundlegend andere Funktion zu. Sie bestimmt hier mittelbar über die Kaufmannseigenschaft und dient damit der Abgrenzung des Anwendungsbereichs der Sondervorschriften des HGB gegenüber den für jedermann geltenden Normen des allgemeinen Rechts im rechtsgeschäftlichen Verkehr mit außenstehenden Dritten. Da die internen Verhältnisse, welche die Abhängigkeiten, die über Zugehörigkeit zu der Gruppe der Scheinselbständigen im arbeits- und sozialrechtlichen Sinne entscheiden, für den außenstehenden Rechtsverkehr regelmäßig zudem kaum zuverlässig abschätzbar sind, muss das Handelsrecht alle Personen, die am Markt selbständig als Anbieter von Leistungen und damit als selbständige Unternehmer auftreten, die aus den von ihnen im eigenen Namen abgeschlossenen Geschäften als Unternehmensträger selber berechtigt und verpflichtet werden, unabhängig von internen Bindungen an Dritte als Selbständige und damit bei Erfüllung der weiteren Voraussetzungen als Gewerbetreibende behandeln können[3]. Der Begriff der Selbständigkeit i.S. des Gewerbebegriffs hängt damit eng mit dem Begriff des Betreibers des Gewerbes (dazu unten Rn. 73) zusammen. Allerdings wird es sich bei der hier erörterten Gruppe fast ausnahmslos nur um Kleingewerbetreibende

---

1 So zutreffend MünchKommHGB/*K. Schmidt*, § 1 Rn. 27.
2 Zu Scheinselbständigen und arbeitnehmerähnlichen Selbständigen s. § 7 Abs. 4 SGB IV und § 2 S. 1 Nr. 5 SGB VI; dazu *Weimar/Goebel*, ZIP 1999, 217 und *Jacobs*, ZIP 1999, 1549, alle mit umfangreichen weiteren Nachw. zu diesem Fragenkreis; zur Abgrenzung s. ferner BAG v. 16.7.1997 – 5 AZB 29/96, ZIP 1997, 1714; BAG v. 30.9.1998 – 5 AZR 563/97, ZIP 1999, 544; BGH v. 4.11.1998 – VIII ZB 12/98, ZIP 1998, 2104 und v. 21.10.1998 – VIII ZB 54/97, ZIP 1998, 2176; zur rechtlichen Stellung des Gesellschafters, der intern zur Leistung abhängiger Dienste verpflichtet ist: *v. Hoyningen-Huene*, NJW 2000, 3233 m. zahlr. Nachw. zum Stand der Diskussion.
3 Im Ergebnis wohl auch h.M., s. *Horn/Henssler*, ZIP 1998, 589; *Reinecke*, ZIP 1998, 581 ff.; *Hromadka*, DB 1998, 195; MünchKommHGB/*K. Schmidt*, § 1 Rn. 27.

handeln, für die der Erwerb der Kaufmannseigenschaft lediglich auf freiwilliger Basis nach § 2 in Betracht kommt.

b) Planmäßige, auf Dauer angelegte, nach außen erkennbar hervortretende unternehmerische Geschäftstätigkeit

27 Erforderlich ist ferner das Vorliegen einer planmäßigen, auf eine gewisse Dauer angelegten Geschäftstätigkeit. Dieses eng dem Begriff des wirtschaftlichen Unternehmens verbundene Merkmal ist schon deshalb unabdingbar, weil es die Grundentscheidung des HGB sichert, ein Sonderrecht nicht für einzelne Verträge oder Vertragsarten, sondern für eine Personengruppe (den „Kaufmann" des HGB) zu schaffen, die mit einer gewissen Regelmäßigkeit am Wirtschaftsleben teilnimmt. Das Merkmal soll also in erster Linie planmäßiges unternehmerisches Handeln am Markt vom bloßen Gelegenheitsgeschäft oder von einer Reihe solcher Geschäfte abgrenzen. Die vereinzelte Wahrnehmung günstiger Gelegenheiten macht noch keinen Unternehmer und auch kein Unternehmen und damit auch keinen Gewerbebetrieb und keinen Gewerbetreibenden und folglich auch keinen Kaufmann i.S.d. HGB. Daraus folgt im Einzelnen:

28 Die Absicht des Handelnden darf nicht nur dem Abschluss eines einzelnen oder mehrerer einzelner Geschäfte gelten; sie muss erkennbar darauf gerichtet sein, wenigstens während einer **gewissen Zeitdauer** eine unbestimmte **Vielzahl oder einen Kreis entgeltlicher Geschäfte** abzuschließen mit dem Ziel, aus dieser als zusammenhängendes Ganzes verstandenen Geschäftstätigkeit **laufende Einnahmen** zu erzielen[1]. Unter der genannten Voraussetzung sind bereits die ersten Geschäftsabschlüsse und sogar schon die die Aufnahme des eigentlichen Geschäftsbetriebes vorbereitenden Geschäfte eines Unternehmens als gewerblich einzustufen und sein Träger den für Kauf-

---

1 Vgl. RGZ 74, 150 m.w.N. aus der früheren Rechtsprechung des RG; BGH v. 7.7.1960 – VIII ZR 215/59, BGHZ 33, 321, 324; sowie in der Sache auch BGH v. 22.4.1982 – VII ZR 191/81, BGHZ 83, 382, 386; BGH v. 10.5.1979 – VII ZR 97/78, BGHZ 74, 273, 276; BGH v. 18.1.1968 – VII ZR 101/65, BGHZ 49, 258, 260; BGH v. 2.12.1958 – VIII ZR 154/57, WM 1959, 161, 164; BGH v. 18.4.1963 – VII ZR 37/62, NJW 1963, 1397; BGH v. 8.7.1968 – VII ZR 65/66, NJW 1968, 1962; BGH v. 10.6.1974 – VII ZR 44/73, BGHZ 63, 32, 33; BGH v. 28.10.1971 – VII ZR 15/70, BGHZ 57, 191, 199 f.; BGH v. 12.2.1970 – VII ZR 168/67, BGHZ 53, 222, 223 f.; BGH v. 11.1.1962 – VII ZR 188/60, BGHZ 36, 273, 276; BGH v. 2.7.1985 – X ZR 77/84, BGHZ 95, 155, 157; OLG Dresden v. 20.11.2001 – 2 U 1928/01, DB 2003, 713; vgl. ferner BGH v. 24.6.2003 – XI ZR 100/02, BGHZ 155, 240, 245 ff. (zu § 1 VerbrKrG) und v. 23.2.2006 – VIII ZR 173/05, NJW 2006, 2250 (zu § 474 BGB); *Staub/Brüggemann*, § 1 Rn. 7; *Heymann/Emmerich*, § 1 Rn. 6 f.; *Canaris*, HR, § 2 Rn. 6; *v. Gierke/Sandrock*, § 6 II.2., S. 109; *Koller/Roth/Morck*, § 1 Rn. 10; *Baumbach/Hopt*, § 1 Rn. 13; MünchKommHGB/*K. Schmidt*, § 1 Rn. 30 und *K. Schmidt*, HR, § 9 IV.2.c), S. 288, der die Erforderlichkeit der Planmäßigkeit und der Ausrichtung des Unternehmens auf Dauer allerdings aufgrund seiner von der h.M. teilweise abweichenden Konzeption schon aus dem bei ihm im Mittelpunkt stehenden Begriff des Unternehmens (s. schon Einl. Rn. 33) herleitet; vgl. ferner *Raisch*, Geschichtliche Voraussetzungen, insbes. S. 125 ff. mit zahlreichen Nachw. zu diesem Erfordernis schon aus der Vorgeschichte des Gesetzes.

leute geltenden Sondervorschriften des HGB zu unterstellen[1]. Haupteinnahmequelle muss die Tätigkeit nicht sein, es genügt, dass sie als Nebenerwerb gedacht ist[2].

29 Im Übrigen ist die Abgrenzung nur typologisch[3] möglich, wobei in Zweifelsfällen dem **nach außen vermittelten Gesamteindruck** maßgebliche Bedeutung beizumessen ist:

30 **Kein Gewerbe** betreiben danach die Mitglieder einer Erbengemeinschaft, die zwecks Erzielung eines möglichst günstigen Veräußerungserlöses das ererbte Grundstück in Vorbereitung der Erbauseinandersetzung zum Fabrikgelände aufschließen lassen. Es fehlt hier an dem Merkmal der Dauer und, da es sich um die Vorbereitung einer einmaligen Grundstücksveräußerung handelt, an der Absicht, eine laufende Einnahmequelle zu erschließen[4]. Nicht Gewerbetreibender ist auch derjenige, der seine gebrauchten Sachen regelmäßig auf Altwarenmärkten (Flohmärkten u.Ä.) zu verkaufen oder seine alten Bücher zum Antiquar zu tragen pflegt; es handelt sich hier um vereinzelt bleibende, nicht wirklich zu einem Ganzen i.S. eines fortlaufenden Geschäftsbetriebes verbundene Geschäfte. Anders verhält es sich mit demjenigen, der sich planmäßig gebrauchte Sachen zum anschließenden Verkauf auf solchen Märkten verschafft. Ganz deutlich wird die Gewerblichkeit bei Second-hand-shops. Verkehrsauffassung und allgemeiner Sprachgebrauch bieten in diesen und ähnlichen Fällen nicht selten bessere Anhaltspunkte für eine Abgrenzung als abstrakte begriffliche Unterscheidungen. Entsprechendes gilt für die regelmäßige Veräußerung des eigenen Gebrauchtwagens im Gegensatz zum planmäßigen Handel mit gebrauchten Automobilen. Auch derjenige, der seine beim Verkauf eigener Fahrzeuge gewonnenen Erfahrungen dazu benutzt, die gebrauchten Autos von Bekannten gegen eine kleine Vergütung an den Mann zu bringen, wird dadurch noch nicht zum Gewerbetreibenden, solange dies nicht zur systematisch – und sei es auch nur als Nebenerwerb – über einen längeren Zeitraum hinweg betriebenen Beschäftigung wird. Nicht selten wird allerdings aus derartigen Gelegenheitsgeschäften in dem Maße, in dem sie sich als wirtschaftlich interessant herausstellen, fast unmerklich eine gewerbsmäßige Tätigkeit. Wie bei allen fließenden Übergängen kann die Abgrenzung hier schwierig sein. Sie muss, da es in der Frage der Gewerbsmäßigkeit rechtlich nur ein Entweder – Oder

---

1 S. aber auch § 507 BGB (Aufnahme eines Unternehmensgründungskredits bis 50 000 Euro noch kein gewerbliches, sondern ein Verbrauchergeschäft i.S. dieses Gesetzes); in den anderen Verbraucherschutzregeln wird allerdings der zur Vorbereitung seiner künftigen gewerblichen Tätigkeit handelnde Existenzgründer nicht mehr als Verbraucher, sondern bereits als Unternehmer eingeordnet, BGH v. 24.2.2005 – III ZR 36/04, NJW 2005, 1273, 1274 f.
2 RGZ 130, 233; ebenso schon RG JW 1906, 396; BGH v. 10.5.1979 – VII ZR 97/78, BGHZ 74, 273, 276; OLG Frankfurt/M. v. 13.11.1990 – 11 U 26/90, NJW-RR 1991, 246; ebenso *K. Schmidt*, HR, § 9 IV.2.c), S. 288 und MünchKommHGB/*K. Schmidt*, § 1 Rn. 30.
3 Zutr. *K. Schmidt*, HR, § 9 IV.2.c), S. 288.
4 RGZ 66, 48, 50 f., wo allerdings zusätzlich ein berufsmäßiges Handeln vorausgesetzt wird; zur Berufsmäßigkeit unten Rn. 72.

gibt, notfalls mit einem scharfen Schnitt vorgenommen werden, wenn aufgrund des nach außen hin vermittelten Gesamteindrucks das Maß nur gelegentlichen Handels überschritten ist. Kein Gewerbe betreibt auch eine **ARGE**, also eine Arbeitsgemeinschaft, zu der sich mehrere Unternehmen zum Zwecke der Durchführung einer bestimmten Aufgabe zusammengeschlossen haben. Bei ihr fehlt die notwendige Verselbständigung zu einem auf Dauer angelegten Geschäftsbetrieb. Alle mit dem Gewerbe- und Kaufmannsbegriff zusammenhängenden Merkmale sind deshalb allein auf die Mitgliedsunternehmen der ARGE zu beziehen. Die ARGE selber ist nur BGB-Gesellschaft.

31 **Die zeitliche Dauer** einer Tätigkeit ist ein relativer Begriff. Gemeint ist auch hier planmäßiges unternehmerisches Handeln im Gegensatz zur vereinzelten Wahrnehmung einer geschäftlichen Gelegenheit. Selbst von vornherein zeitlich begrenzte Tätigkeiten können gewerbsmäßig sein. Gewerbetreibender ist deshalb auch, wer ein Geschäft, etwa einen Verkaufsstand, nur für die Dauer mehrtägiger Ausstellungen, Messen oder größerer Sportveranstaltungen (Weltmeisterschaft, Olympische Spiele) betreibt. Unschädlich sind Unterbrechungen. Auch Saisonbetriebe sind Gewerbebetriebe[1]. Wer dagegen nur ein einziges Mal Messebesuchern entgeltlich eine Schlafgelegenheit zur Verfügung stellt, betreibt kein Gewerbe.

32 Die wirtschaftliche Tätigkeit muss als solche **nach außen erkennbar** hervortreten[2]. Keinen Geschäftsbetrieb unterhält deshalb derjenige, der jahrelang heimlich mit Hilfe seiner Bank an der Börse spekuliert[3].

c) Angebot von Leistungen am Markt

33 Das Vorliegen eines Gewerbes i.S. des HGB setzt ferner voraus, dass das Unternehmen als Anbieter von Leistungen am Markt in Erscheinung treten soll[4]. Gleichgültig ist dabei die Art und der Gegenstand der angebotenen Leistung. Es kann sich dabei um die Lieferung von beweglichen oder unbeweglichen Gegenständen jeglicher Art oder auch Sachgesamtheiten, Rechten oder auch reine Dienstleistungen und – selbstverständlich – auch um gemischte Geschäfte handeln. Wer dagegen ausschließlich Leistungen anderer nachfragt oder Güter herstellt, um damit seinen eigenen Bedarf zu decken, ist nicht Gewerbetreibender, sondern Verbraucher. Zum Teil eines Geschäftsbetriebes kann der Bezug oder die Herstellung von Gütern nur dadurch werden, dass sie Hilfsgeschäft für eine eigene wirtschaftliche Tätigkeit auf der Angebotsseite des Marktes sind. Dies ist eine Selbstverständlichkeit, solange es sich um die Deckung des eigenen Privatbedarfs handelt. Weniger eindeutig verhält es sich in Bezug auf die nicht wenig zahlreichen

---

[1] Vgl. RGZ 130, 233: Tätigkeit als Weinkommissionär nur während einiger Monate im Jahr.
[2] H.M., vgl. *Staub/Brüggemann*, § 1 Rn. 8; *Canaris*, HR, § 2 Rn. 7.
[3] ROHGE 22, 303.
[4] *K. Schmidt*, HR, § 9 IV.2.b), S. 283 ff. u. MünchKommHGB/*K. Schmidt*, § 1 Rn. 28; *Canaris*, HR, § 2 Rn. 4.

Organisationen, die als Vereine oder Verbände – sei es als Haupt-, sei es als Nebenzweck – Leistungen, inbes. Waren, einkaufen, die sie anschließend unter ihren Mitgliedern vertreiben. Beispiele bieten Beamteneinkaufsstätten, Buch- und Schallplattenclubs, Automobilclubs etc. Zum Teil[1] wird hier von einer **Tätigkeit an einem „inneren Markt"** gesprochen. So wenig nach der Verkehrsauffassung ein Gewerbebetrieb vorliegen dürfte, wenn rein gesellschaftliche Vereinigungen oder kleinere Selbsthilfeorganisationen, bei denen das Element persönlicher Verbundenheit einschließlich der Deckung eines gemeinsamen Bedürfnisses noch im Vordergrund steht, ihren Mitgliedern auf Selbstkostenbasis gewisse Leistungen zur Verfügung stellen, so zweifelhaft ist dies bei großen Vereinigungen, die unter ihren Mitgliedern ohne maßgebliche andere gemeinsame soziale Bezüge im großen Stil Leistungen vertreiben und ihnen dabei im Wesentlichen als Händler mit Waren oder anderen Leistungen entgegentreten. Die Frage einer mindestens analogen Anwendung von Handelsrecht auf solche Organisationen[2] kann gegenwärtig als offen gelten, da zu ihr keine neuere höchstrichterliche Rechtsprechung vorliegt. Das RG hat allerdings in einer älteren Entscheidung eine Beamteneinkaufsstätte, die ausschließlich an ihre Mitglieder verkaufte, nicht als Gewerbebetrieb angesehen[3]. Die Beantwortung der Frage hängt auch davon ab, welche Haltung die Rechtsprechung künftig zu dem Streitpunkt einnehmen wird, ob für den Gewerbebegriff die Absicht, laufende Gewinne zu erzielen, konstitutiv ist (dazu unten Rn. 48 ff.). Außer Zweifel steht das Vorliegen eines Gewerbebetriebes hingegen, wenn solche Organisationen ihre Leistungen gleichermaßen **auch an Nichtmitglieder** verkaufen. Das Problem erledigt sich vollends, soweit solche Vereinigungen für den Vertrieb besonderer Leistungen gesonderte Handelsgesellschaften mit eigener Rechtspersönlichkeit (z.B. eine GmbH) gegründet haben, bei denen es als sog. Formkaufleuten nicht auf den Betrieb eines Gewerbes ankommt (s. oben Rn. 6). Zum Betreiben eines Gewerbes durch eine sog. Besitzgesellschaft, die ausschließlich vermögenswerte Leistungen für eine mit ihr personell verflochtene Betriebsgesellschaft bereitstellt, vgl. unten Rn. 45.

d) Negativ: Ausgrenzung der privaten Kapitalanlage und Verwaltung nur des eigenen Vermögens aus dem Begriff des Gewerbes

aa) Das Abgrenzungsproblem und seine Lösung an Hand quantitativer Merkmale

An der Gewerblichkeit soll es auch dann fehlen, wenn sich die Tätigkeit in der privaten Kapitalanlage und der Verwaltung des eigenen Vermögens erschöpft. Die Unterscheidung zwischen privater Vermögensanlage und gewerblicher Tätigkeit ist allerdings, nachdem nach heutigem Recht auch Personengesellschaften, die nur ihr eigenes Vermögen verwalten, Kaufmannseigenschaft durch freiwillige Eintragung ins Handelsregister erwerben

34

---

1 K. Schmidt, HR, § 9 IV.2.b)bb), S. 285.
2 Dafür nachdrücklich K. Schmidt, HR, § 9 IV.2.b)bb), S. 285; ähnl. auch Baumbach/Hopt, § 1 Rn. 17.
3 RG JW 1928, 238.

können (§ 105 Abs. 2), nur noch für den Erwerb der Kaufmannseigenschaft kraft Gesetzes (§ 1) und die daraus folgende Eintragungspflicht und damit für Einzelpersonen und nicht eingetragene Handelsgesellschaften von Bedeutung, s. dazu auch unten Rn. 47. Das Fehlen einer gewerblichen Betätigung und damit der Kaufmannseigenschaft nach § 1 ist eindeutig, soweit es sich etwa um die Eigennutzung (und zugleich zum Zwecke der Vermögensvermehrung durch künftige Wertsteigerungen) angeschafften Wohnungseigentums handelt, weil es hier bereits an dem Angebot von Leistungen am Markt (oben Rn. 33) fehlt. Wer aber auch nur lediglich sein Hausgrundstück oder seine (Eigentums-)Wohnung oder auch sonstiges Eigentum vermietet oder verpachtet, unterhält keinen Gewerbebetrieb, sondern macht lediglich von einer durch sein Eigentum an diesen Gegenständen gegebenen Nutzungsmöglichkeit Gebrauch. Dies soll nach der Rechtsprechung des BGH unter Berufung auf die Verkehrsanschauung selbst dann gelten, wenn ein oder mehrere Mietshäuser überhaupt erst zu dem Zweck erworben oder errichtet werden, die darin befindlichen Räume einzeln oder insgesamt – zu Wohnzwecken oder gewerblich – zu vermieten. Auch hier stehe die private Nutzung des Eigentums und der Gedanke der Kapitalanlage und Verwaltung des eigenen Vermögens im Vordergrund[1]. Als private nicht gewerbsmäßige Kapitalanlage hat der BGH auch den Erwerb von zur laufenden Vermietung bestimmten Eigentums-Appartements in einem Appartement- und Sporthotel angesehen[2]. Von einem Gewerbebetrieb kann nach Ansicht des BGH erst dann gesprochen werden, wenn der Eigentümer beabsichtigt, sich durch die Vermietung eine auf Gewinn gerichtete, dauernde berufsmäßige Erwerbsquelle zu verschaffen[3]. Das Merkmal berufsmäßiger Gewinnerzielungsabsicht in diesem Sinn ist nur in Bezug auf den Bau und die anschließende Verwaltung eines Komplexes ganz ungewöhnlicher Größe bejaht worden, der u.a. 140 Wohnungen, 22 Geschäfte, 15–20 Büros, außerdem Kino, Varieté, Hoteletage und Kegelbahnen umfasste[4]. In allen anderen Fällen wurde Gewerbsmäßigkeit verneint. Die Entscheidung des BGH vom 10.6.1974[5] bildet dabei nur scheinbar eine Ausnahme: Der Bauherr war schon aus anderem Grunde Kaufmann; die Zugehörigkeit des Bauprojekts zu seinem Handelsgewerbe wurde allein auf Grund von § 344 Abs. 1 bejaht. In einem gewissen Gegensatz dazu hat das Reichsgericht[6] die **Anmietung** eines ganzen Neubaus zwecks Weitervermietung als Gewerberaum als gewerbsmäßige Tätigkeit bewertet (fraglich); anders soll es dagegen liegen,

---

1 BGH v. 8.7.1968 – VI ZR 65/66, NJW 1968, 1962; BGH v. 25.9.1967 – VII ZR 46/65, NJW 1967, 2353; BGH v. 18.4.1963 – VII ZR 37/62, NJW 1963, 1397; BGH v. 10.6.1974 – VII ZR 44/73, BGHZ 63, 32.
2 BGH v. 10.5.1979 – VII ZR 97/78, BGHZ 74, 273; vgl. auch den vom OLG Koblenz v. 4.1.1990 – 6 U 938/88, ZIP 1990, 1268 (mit Anm. v. Gerkan, EWiR § 171 HGB 2/90, 1003) entschiedenen Fall, wo allerdings zusätzlich die Vermietung in fremdem Namen erfolgte.
3 BGH v. 10.5.1997 – VII ZR 97/78, BGHZ 74, 273, 276 f.; BGH v. 10.6.1974 – VII ZR 44/73, BGHZ 63, 32, 33 m.w.N.; BGH v. 7.8.1968 – VII ZR 65/66, NJW 1968, 1962; BGH v. 25.9.1967 – VII ZR 46/65, NJW 1967, 2353.
4 BGH v. 25.9.1967 – VII ZR 37/62, NJW 1963, 1397.
5 BGH v. 10.6.1974 – VII ZR 44/73, BGHZ 63, 32.
6 RGZ 74, 150.

wenn nur vereinzelte Weitervermietungen beabsichtigt sind. Zur Bauherrentätigkeit eines Architekten s. unten Rn. 40.

Die von der Rechtsprechung verwandte Gegenüberstellung von Kapitalanlage und berufsmäßiger Gewinnerzielung vermag nicht zu überzeugen, da auch eine Kapitalanlage regelmäßig wenigstens mittelbar gewinnbringend sein soll und das Merkmal der **berufsmäßigen Gewinnerzielung** die eigentlichen Kriterien, die den qualitativen Umschlag von der privaten Kapitalanlage zum Gewerbebetrieb bewirken, eher verdunkelt als erhellt. Dies gilt umso mehr, als das Merkmal der Berufsmäßigkeit ebenso wie dasjenige der Gewinnerzielungsabsicht als konstitutive Voraussetzung für das Vorliegen eines Gewerbes in neuerer Zeit zunehmend fragwürdig geworden ist (vgl. oben Rn. 24 und unten Rn. 48 ff.). 35

Die hier auftretenden Abgrenzungsschwierigkeiten, die die Rechtsprechung durch das Merkmal der Berufsmäßigkeit zu überwinden sucht, liegen darin begründet, dass jemand, der sein erspartes Kapital durch Kauf oder Bebauung in Immobilien mit dem Ziel anlegt, aus der Vermietung der darin befindlichen Wohn- oder Gewerberäume Einnahmen zu erzielen, formal sämtliche außer Streit stehenden Merkmale der anerkannten Definition eines Gewerbes erfüllt: seine Tätigkeit ist planmäßig und auf Dauer angelegt; sie ist darauf gerichtet, offen am (Mietraum-)Markt als Anbieter entgeltlicher Leistungen mit dem Ziel aufzutreten, daraus einen Gewinn oder doch zumindest laufende (nach Möglichkeit mindestens kostendeckende) Einnahmen zu erzielen. Gleichwohl steht weitgehend außer Streit, dass ein solches Verhalten ungeachtet seiner wirtschaftlichen Natur von der Verkehrsauffassung zumindest in einem weiten Kernbereich nicht als Ausübung eines Gewerbes angesehen wird und deshalb trotz formaler Erfüllung der einzelnen Definitionsmerkmale als private Kapitalanlage und Verwaltung (nur) eigenen Vermögens aus dem Gewerbebegriff ausgegrenzt werden muss. Auch § 105 Abs. 2, der den Erwerb der Kaufmannseigenschaft für Gesellschaften, die nur ihr eigenes Vermögen verwalten, lediglich auf Grund freiwilliger Eintragung in das Handelsregister vorsieht und damit deutlich macht, dass der Gesetzgeber diese Tätigkeit entsprechend der herkömmlichen Auffassung nicht als Gewerbe betrachtet wissen will, zwingt zu einer solchen Ausgrenzung. 36

In der 1. Auflage (Vor §§ 1–7 Rn. 21) ist deshalb in weitgehender Übereinstimmung mit den Ergebnissen der in Rn. 34 dargestellten Rechtsprechung eine der Verkehrsanschauung folgende Abgrenzung nach Größe und professionellem Zuschnitt der Tätigkeit vorgeschlagen worden. Danach ist die Tätigkeit nicht gewerblicher Art, wenn und solange sich der Erwerb von Immobiliareigentum oder die Errichtung von Gebäuden sowie ihre anschließende Vermietung in einem Rahmen halten, der es ermöglicht, sie noch mit den üblichen Mitteln privater Bauherrentätigkeit von Kapitalanlegern zu erledigen. Sie ist dagegen gewerblicher Art, wenn sie in so großem Stil geschäftsmäßig betrieben wird, dass die Bewältigung der damit verbundenen Aufgaben bei der Projektdurchführung und der anschließenden Verwertung und Verwaltung der Gebäudekomplexe einen so umfangreichen organisato- 37 rischen Aufwand erfordert, dass sich das nach außen bietende Gesamtbild nach der Verkehrsauffassung nicht mehr dasjenige einer privaten Kapitalanlage in Immobilien und der Verwaltung eigenen Vermögens, sondern dasjenige eines Unternehmens ist, das darauf angelegt ist, planmäßig als Anbieter von Mietraum oder Pachtobjekten aufzutreten[1]. Entsprechendes hätte für andere, in der Praxis minder bedeutsame, mit einem Angebot von Leistungen am Markt verbundenen Formen der Kapitalanlage zu gelten. An dieser Auffassung ist im Grundsatz festzuhalten. Sie steht vollauf im Einklang mit der Verkehrsanschauung. Niemand wird auf den Gedanken kommen, in einer Einzelperson (oder etwa einem Ehepaar), die zum Zwecke der Anlage von Sparkapital und zur Alterssicherung eine zur Fremdvermietung bestimmte Eigentumswohnung oder ein oder auch mehrere Miethäuser erwirbt, etwas anderes als einen wohlhabenden Kapitalanleger zu sehen. Eine Wohnungsbaugesellschaft, die in großem Stil Wohnraum zum Zwecke anschließender Vermietung errichten lässt, wird der Verkehr dagegen, obwohl ihre Tätigkeit qualitativ nicht anderer Art ist, dagegen ausnahmslos als gewerbliches Unternehmen einordnen[2].

bb) Die Gegenauffassung: Abgrenzung an Hand der Risikostruktur

38 Angesichts der Maßgeblichkeit der Verkehrsanschauung für den handelsrechtlichen Gewerbebegriff ist deshalb der in neuerer Zeit gegen die hier vertretene Abgrenzung vorgetragenen Gegenauffassung zu widersprechen, die unter prinzipieller Ablehnung jeglichen quantitativen Elements selbst eine Immobiliengesellschaft mit mehreren hundert Millionen Kommanditkapital, die die Verwaltung ihres Bestandes nur noch durch einen professionellen Geschäftsbetrieb bewältigen kann, grundsätzlich nicht als gewerbliches Unternehmen gelten lassen will[3], wenn sie nicht zusätzlich besondere Risikostrukturen (unten Rn. 39) aufweist. Auch die daraus entspringende Rechtsfolge, dass ein solches Unternehmen im Gegensatz zu dem früheren Recht, nach dem es immerhin der gesetzlichen Verpflichtung zum Erwerb der Kaufmannseigenschaft und Offenlegung seiner Verhältnisse durch Anmeldung zum Handelsregister (§ 2 a.F.) unterlag, jetzt nur noch als BGB-Gesellschaft zu gelten hätte, die der Anwendung von Handelsrecht ausschließlich bei freiwilliger Anmeldung zum Handelsregister (§ 105 Abs. 2) unterworfen wäre, wäre unannehmbar, jedenfalls den gegebenen Verhältnissen inadäquat. Es ist zwar richtig, dass die Größenmerkmale, die nach der hier vertretenen Auffassung den qualitativen Sprung aus dem Bereich rein privater Kapitalanlage und Verwaltung eigenen Vermögens hinüber in denjenigen einer gewerblichen Investitions- und Vermietungstätigkeit bewirken, das Unternehmen vielfach, wenn nicht sogar in aller Regel zugleich zum

---

1 Wie hier vor allem auch BGH v. 23.10.2001 – XI ZR 63/01, BGHZ 149, 80, 86 (zu § 1 VerbrKrG); zustimmend auch *Baumbach/Hopt*, § 1 Rn. 23; HK/*Ruß*, § 1 Rn. 32; wohl auch *Koller/Roth/Morck*, § 1 Rn. 7a; s. aber auch Rn. 38 Fn. 3.
2 Vgl. auch BGH v. 11.1.1973 – VIII ZR 147/70, BB 1973, 499.
3 So *Schön*, DB 1998, 1169, 1173 und ihm folgend *Ebenroth/Boujong/Joost/Strohn/Kindler*, § 1 Rn. 35; gewisse Sympathien für Risikostruktur als Kriterium auch bei *Koller/Roth/Morck*, § 1 Rn. 7a; gegen ihn im Sinne der hier (Rn. 37) vertretenen Auffassung auch *Schulze-Osterloh*, FS Horst Baumann, 1999, S. 325 ff.

Handelsgewerbe i.S. von § 1 Abs. 2 machen werden. Der Umstand, dass damit in einem Sonderfall die Merkmale, die nach der Verkehrsauffassung einer wirtschaftlichen Betätigung ihre gewerbliche Prägung verleihen, mit denjenigen zusammenfallen können, die sie zugleich zum Handelsgewerbe stempeln, muss nicht zwingend gegen die Richtigkeit der hier vertretenen Auffassung sprechen[1].

Dies gilt umso mehr, als auch die von der Gegenansicht befürwortete Abgrenzung an Hand der Risikostruktur[2] keine überzeugende, von quantitativen Elementen freie Alternative zu der hier vertretenen Auffassung anzubieten vermag. Nach dieser Ansicht[3], die an Überlegungen anknüpft, die schon zu Beginn des letzten Jahrhunderts angestellt wurden[4], soll eine Tätigkeit nur dann gewerblicher Art sein, wenn die investiven Produktionsverfahren (Kapital und Arbeitskraft), wie bei der Anschaffung von Waren zur Weiterveräußerung oder bei der Arbeitsleistung eines Handwerkers, vollständig im Interesse des Erhalts eines höheren Gegenwerts aufs Spiel gesetzt, also dem Risiko des völligen Verlusts oder der vollständigen Erfolglosigkeit ausgesetzt werden. Dagegen soll private Kapitalnutzung und keine gewerbliche Tätigkeit vorliegen, wenn sich die Risikostruktur auf die Risiken der fehlenden oder eingeschränkten Nutzbarkeit des vorhandenen Vermögens sowie des allgemeinen Insolvenzrisikos des Schuldners beschränkt, wie das etwa bei dem „einfachen Kapitalanleger, der Geld verleiht oder ein Objekt vermietet", der Fall sei. Die hier gegebene niedrigere Risikoanfälligkeit senke auch die die Anwendung handelsrechtlicher Normen rechtfertigenden Ansprüche an die Kalkulation und Kontrolle der Erwerbstätigkeit, an die Kenntnis von rechtlichen und wirtschaftlichen Rahmenbedingungen sowie an die Marktbeobachtung und Marktpräsenz[5]. Dabei soll bei Vermietung oder Verpachtung eine gewerblichen Tätigkeit nur dann vorliegen, wenn das Unternehmen zugleich die architektonische Planung und Beaufsichtigung und/oder die technische Ausführung der Bauten übernimmt, ferner wenn „die verwalteten Objekte nicht mehr als tendenziell festliegendes Kapital, sondern als Gegenstand laufender Umschichtung zum Zwecke der Realisierung von Wertsteigerungen und spekulativem Erwerb von Ersatzobjekten genutzt werden"[6]. Diese Gesichtspunkte können sicher wichtige Indizien für die Gewerblichkeit einer Tätigkeit sein. Zur trennscharfen Sonderung von Gewerbe und Vermögensverwaltung taugen sie aber jedenfalls für sich allein genommen nicht. So ist etwa ein Händler in Gold, sonstigen Edelmetallen oder Diamanten sicher keinem höheren strukturellen Risiko ausgesetzt als ein Unternehmen, das Hunderte von Millionen in den Erwerb und die Be-

39

---

[1] So gegen *Schön*, DB 1998, 1169, 1173 auch *Schulze-Osterloh*, FS Horst Baumann, 1999, S. 329.
[2] *Schön*, DB 1998, 1169, 1173.
[3] *Schön*, DB 1998, 1173.
[4] *Wieland*, Handelsrecht 1. Bd., 1921, § 10 IV.3., S. 95; *Müller-Erzbach*, Deutsches Handelsrecht, 2./3. Aufl., 1928, Kap. 11, S. 52.
[5] *Schön*, DB 1998, 1173.
[6] *Schön*, DB 1998, 1174 unter Berufung auf BGH v. 11.1.1973 – VIII ZR 147/70, BB 1973, 499 und BGH v. 12.3.1981 – VII ZR 117/80, NJW 1981, 1665.

bauung von Immobilien investiert, die sich später als unverkäuflich oder unvermietbar erweisen. Auch ein solches Unternehmen ist deshalb nicht anders als der zum Vergleich herangezogene Händler auf eine sorgfältige Analyse der Marktentwicklung, auf Kenntnis der rechtlichen und wirtschaftlichen Rahmenbedingungen und eine genaue Kalkulation angewiesen, wenn seine Investition nicht zu einem wirtschaftlich vernichtenden Fehlschlag werden soll. Beispiele aus der neueren Wirtschaftsgeschichte sind überreichlich vorhanden. Fehleinschätzung der Verwertbarkeit der vorgenommenen Investition am Markt sowie der Ausfall von Schuldnern sind vielmehr gerade die typischen Risiken jeder unternehmerischen Tätigkeit. Es muss deshalb bestritten werden, dass zwischen den beiden von der Gegenmeinung paradigmatisch herausgestellten Arten von Tätigkeiten ein struktureller Unterschied besteht, der über denjenigen zwischen einer auf Umschlagsgeschäfte und einer auf Überlassungsgeschäfte gerichteten wirtschaftlichen Tätigkeit hinausgeht. Der Art der am Markt angebotenen Leistung aber darf gerade keine unterscheidende Kraft für die Definition des Gewerbes i.S. von § 1 Abs. 1 und damit die Eignung seines Betreibers zum Kaufmann eingeräumt werden. Alles andere wäre ein mindestens partieller Rückfall in das alte bis 1998 geltende HGB mit seiner Unterscheidung zwischen im Warenhandel und seinen Hilfsgeschäften tätigen Geschäftsleuten, die schon kraft Natur der von ihnen abgeschlossenen Geschäfte als Kaufmann galten (§ 1 Abs. 2 a.F.), und allen anderen Unternehmern, die Kaufmannseigenschaft nur durch Eintragung im Handelsregister erlangen konnten (§ 2 a.F.). Die alte und viel kritisierte Ausgrenzung insbesondere auch der Überlassungsgeschäfte (Einl. Rn. 19, 27), die durch die HGB-Reform von 1998 gerade überwunden werden sollte, kehrte damit in verändertem Gewand wieder zurück. Ebenso wenig zu befriedigen vermag die Abgrenzung danach, ob das Objekt auch zur Vermögensvermehrung durch Umschichtung eingesetzt werden soll. Es gibt zahlreiche Privatanleger, die ihr beträchtliches Vermögen, sei es in Aktien, festverzinslichen Wertpapieren oder auch Immobilien angelegt, ständig mit dem Ziel der Erreichung bestmöglicher Erträge umschichten. Der Verkehr würde ihr Verhalten gleichwohl ohne zusätzliche Erfüllung der oben Rn. 37 genannten, quantitativen Merkmale nicht als Betrieb eines Gewerbes ansehen.

40 Ebenso wenig wird etwa ein Architekt dadurch zum Gewerbetreibenden, dass er seine beruflichen Kenntnisse und Möglichkeiten zur Planung und Leitung der Errichtung des Gebäudes ausnutzt, das er zur anschließenden Vermietung bestimmt hat, solange er sich im Rahmen einer bloßen Kapitalanlage hält[1]. Gewerbsmäßigkeit seiner Tätigkeit hat die Rechtsprechung erst dann angenommen, wenn er sich darauf verlegt, anstatt für fremde Bauherren zu arbeiten, schlüsselfertige Häuser für sich selbst zum anschließenden Verkauf zu errichten[2]. Hinzu kommt, dass auch die auf die Risikostruktur abstellende Gegenauffassung im Übrigen ebenfalls nicht ohne Hinzuziehung quantitativer Elemente auskommen kann. Anderenfalls wäre,

---
1 BGH v. 18.4.1963 – VII ZR 37/62, NJW 1963, 1387.
2 BGH v. 11.1.1973 – VIII ZR 147/70, BB 1973, 499 und v. 12.3.1981 – VII ZR 117/80, NJW 1981, 1665.

wie das von ihr angeführte Beispiel des Kapitalanlegers, der Geld verleiht, deutlich macht, selbst der Betrieb von Bankgeschäften kein Gewerbe. Kennzeichnend dafür ist, dass sie, um diese Rechtsfolge zu vermeiden, in diesem Zusammenhang von dem „einfachen Kapitalanleger ..." spricht.

Die Unverzichtbarkeit quantitativer Elemente im Zusammenhang mit der Bewertung vermögensverwaltender Tätigkeit (oben Rn. 37) zeigt sich darüber hinaus nicht nur nach oben hin bei der Abgrenzung zum Gewerbe, das dann auch in den meisten Fällen zugleich registerpflichtiges Handelsgewerbe sein wird, sondern auch nach unten zum anderen Ende des Spektrums hin. So will die Gesetzesbegründung[1] in zutreffender Einschätzung des sozialen Tatbestands völlig unbedeutende und wirtschaftlich über den alltäglichen privaten Bereich nicht hinausreichende Betätigungen nicht einmal unter den Begriff der Verwaltung eigenen Vermögens fassen, die bei Betrieb in Form einer Gesellschaft nach § 105 Abs. 2 zum Erwerb der Kaufmannseigenschaft durch freiwillige Eintragung in das Handelsregister berechtigt. Es bleibt damit dabei, dass der gemeinsame Erwerb und das gemeinsame Halten eines zur Vermietung bestimmten Hauses oder einer gleichem Zweck dienenden Eigentumswohnung, wie nicht zuletzt die zahlreichen Eintragungen entsprechender Ehegattengesellschaften im Grundbuch belegen, zwar durchaus ein tauglicher Gesellschaftszweck sein kann, eine solche Gesellschaft aber auch nach geltendem Recht ihrer geringen Bedeutung wegen immer nur BGB-Gesellschaft sein kann[2]. 41

Es bleibt damit festzuhalten, dass eine trennscharfe Abgrenzung, die vermittels eines einzigen Kriteriums private Kapitalanlage und Vermögensverwaltung trotz formaler Erfüllung der Definition als Gewerbe aus dem Bereich gewerblicher Betätigung auszusondern vermag, nicht möglich ist. Angesichts der Vielfalt der Lebenssachverhalte kann darüber nur eine alle aufgezeigten Indizien abwägende Würdigung des Gesamtbildes der in Frage stehenden Betätigung entscheiden. Letztlich maßgebend muss dabei immer die Verkehrsanschauung bleiben. 42

cc) Vermögensverwaltung für fremde Rechnung

Von der Verwaltung eigenen Vermögens zu unterscheiden ist die **Vermögens-**, insbesondere **Immobilienverwaltung** für fremde Rechnung. Sie ist, wenn sie geschäftsmäßig, d.h. planmäßig und auf Dauer, gegen Entgelt und nicht nur gelegentlich oder unentgeltlich, betrieben wird, stets gewerbsmäßige Tätigkeit, weil durch sie den Inhabern des Vermögens, bei Immobilien also den Vermietern, nicht den Mietern, eine Dienstleistung angeboten wird. 43

---

[1] Begr. RegE BR-Drucks. 340/97 S. 41.
[2] Vgl. auch BGH v. 20.5.1981 – V ZB 25/79, NJW 1982, 170.

dd) Speziell: Verpachtung und Vermietung des Gewerbebetriebs; Nießbrauch u.Ä.; Betriebsaufspaltung

44 **Keinen Geschäftsbetrieb** unterhält nach den vorstehenden Grundsätzen auch derjenige, der seinen Geschäftsbetrieb an einen anderen verpachtet hat. Gewerbetreibender ist in diesem Falle allein der Pächter, nicht auch der Verpächter[1]. Kein Gewerbe betreibt deshalb auch eine reine **Holding**, die lediglich von ihr gehaltene Anteile verwaltet (nicht anders auch bei konzernleitender Tätigkeit)[2], sowie der Besteller eines Nießbrauchs an seinem Gewerbebetrieb, der dem Nießbraucher dessen Führung überlässt (vgl. auch unten Rn. 84).

45 Entsprechendes gilt in den Fällen der sog. **Betriebsaufspaltung**, bei der in ihrer häufigsten Form ein einheitliches Unternehmen (entweder nachträglich: sog. echte Betriebsaufspaltung, oder von vornherein: sog. unechte Betriebsaufspaltung) in eine Besitz- und eine Betriebsgesellschaft dergestalt aufgespalten wird, dass das Anlagevermögen (Grundstücke, Gebäude, maschinelle Anlagen) von der Besitz- an die Betriebsgesellschaft vermietet oder verpachtet wird, während alles übrige Vermögen in die Betriebsgesellschaft eingebracht oder ihr darlehensweise überlassen wird. Möglich sind aber auch andere Varianten der Aufteilung des Betriebsvermögens (etwa: nur die Immobilien bleiben bei der Besitzgesellschaft). Entgegen der Auffassung einiger Instanzgerichte[3] und eines Teils des Schrifttums[4] betreibt die Besitzgesellschaft in diesen Fällen regelmäßig **kein eigenes Gewerbe**. Es fehlt hier an dem Merkmal einer eigenen unternehmerischen Tätigkeit am Markt als Anbieter entgeltlicher Leistungen. Die Besitzgesellschaft ist nicht anders als bei der Verpachtung ihres gesamten Betriebes lediglich Verwalter des eigenen Vermögens. Die Vermietung oder Verpachtung kann, wenn sie in großem Stil betrieben wird, zwar ausnahmsweise den Rahmen der bloßen Kapi-

---

1 Str., aber st. Rspr. des BGH; BGH v. 19.5.1960 – II ZR 72/59, BGHZ 32, 307, 312; BGH v. 13.11.1961 – II ZR 202/60, WM 1962, 10, 12; BGH v. 10.5.1971 – II ZR 177/68, NJW 1971, 1698; BGH v. 19.2.1990 – II ZR 42/89, WM 1990, 586; auch OLG Hamm v. 21.6.1993 – 15 W 75/93, WM 1993, 1796; OLG Koblenz v. 6.4.1995 – 5 U 135/95, DB 1996, 136 (Unterverpachtung); OLG Dresden v. 6.11.2001 – 2 U 1566/01, NZG 2002, 292 m. umfangr. Nachw.; a.A. *Baumbach/Hopt*, § 1 Rn. 18; *Hopt*, ZGR 1987, 145, 171; OLG München v. 14.9.1987 – 19 W 2932/86, NJW 1988, 1036.
2 Anders *Baumbach/Hopt*, § 1 Rn. 18; wie hier aber MünchKommHGB/*K. Schmidt*, § 1 Rn. 28; HK/*Ruß*, § 1 Rn. 35 vgl. auch BGH v. 8.11.2005 – XI ZR 34/05, NJW 2006, 431, 432 und v. 24.1.2006 – XI ZR 384/03, NJW 2006, 830, 839 (jeweils: das Halten von GmbH-Anteilen ist keine gewerbliche Tätigkeit).
3 LG Nürnberg/Fürth v. 30.9.1980 – 4 HKT 4541/80, BB 1980, 1549; LG Heidelberg v. 28.10.1981 – T 3/81 KfH II, BB 1982, 142; OLG München v. 14.9.1987 – 19 W 2932/86, NJW 1988, 1036.
4 S. insbes. *Brandmüller*, BB 1976, 641 und BB 1979, 466; *Sudhoff*, DB 1979, 439; Staub/*Hüffer*, § 17 Rn. 20; *Baumbach/Hopt*, § 1 Rn. 18; *Hopt*, ZGR 1987, 145, 171; vgl. aber auch die in Rn. 44 Fn. 1 wiedergegebene Rechtsprechung des BGH; wie BGH MünchKommHGB/*K. Schmidt*, § 1 Rn. 28; *K. Schmidt*, HR, § 9 IV. 2.b/S. 283 f.; *K. Schmidt*, DB 1988, 897; *K. Schmidt*, DB 1990, 93 f.; *Canaris*, HR, § 2 Rn. 5; HK/ *Ruß*, § 1 Rn. 26; *Koller/Roth/Morck*, § 1 Rn. 7; GK/*Ensthaler*, § 1 Rn. 11b.

talanlage und Verwaltung des eigenen Vermögens überschreiten und damit einen Gewerbebetrieb begründen (s. oben Rn. 37). Dies scheidet aber bei der Besitzgesellschaft aus, da sie keine Miet- oder Pachtleistungen am Markt anbietet, sondern ausschließlich als Vermieter oder Verpächter für ihre eigene Betriebsgesellschaft auftritt. Die Berechnung von Abschreibungen etc., sowie die Vornahme von Erneuerungsinvestitionen für ihre Betriebsgesellschaft ist ebenfalls keine geschäftliche Tätigkeit auf der Angebotsseite des Marktes. Das Gewerbe betreibt in solchen Fällen allein die Betriebsgesellschaft. Da das Betreiben eines Gewerbes aber gemeinsame Voraussetzung für den Erwerb der Kaufmannseigenschaft für alle Unternehmensträger ist, die sich nicht als Kaufleute kraft Rechtsform (vgl. oben Rn. 6 und § 6) konstituiert haben, kann die reine Besitzgesellschaft, die sich ausschließlich darauf beschränkt, Betriebsvermögen für eine Betriebsgesellschaft bereitzustellen, in deren Händen dann Produktion und Vertrieb allein liegen, unabhängig von ihrer Größe auch nicht Kaufmann nach § 1 sein[1]. Die steuerrechtliche Betrachtungsweise, die die Besitzgesellschaft aufgrund des einheitlichen geschäftlichen Betätigungswillens der hinter beiden stehenden Personen über die Betriebsgesellschaft (fiktiv) am allgemeinen wirtschaftlichen Verkehr teilnehmen lässt und es damit erreicht, auch die Besitzgesellschaft zu einem Gewerbebetrieb zu machen, der der Gewerbesteuerpflicht unterliegt, kann für das Handelsrecht nicht maßgeblich sein. Die steuerrechtliche Betrachtungsweise kann von der zivilrechtlichen durchaus abweichen, weil die mit dem Steuerrecht verfolgten Zwecke mit den vom Zivilrecht verfolgten nicht übereinzustimmen brauchen[2].

Danach sind in der Vergangenheit zahlreiche Besitz-, Vermietungs- oder Verpachtungs- und Holdinggesellschaften, die als offene Handelsgesellschaft oder Kommanditgesellschaft firmieren, als solche in das Handelsregister und – für ihr Grundvermögen – im Grundbuch als Eigentümer eingetragen worden. Da nach altem Recht alle Unternehmensträger, die nicht Formkaufleute waren (oben Rn. 6), die Kaufmannseigenschaft ausnahmslos nur durch Unterhaltung eines Gewerbebetriebes besitzen oder erwerben konnten (zu § 5 Rn. 15), vermochte auch die Eintragung im Handelsregister diesen Gesellschaften nicht zum Kaufmannsstatus verhelfen. Sie blieben auch dann Gesellschaften bürgerlichen Rechts. Zugunsten gutgläubiger Dritter konnten allerdings u.U. § 15 (s. dort) oder Grundsätze der Rechtsscheinshaftung (Anh. nach § 5) eingreifen[3].

46

---

1 So zutr. vor allem MünchKommHGB/*K. Schmidt*, § 1 Rn. 28; *K. Schmidt*, HR, § 9 IV.2.b), S. 283 f. und DB 1988, 897 sowie DB 1990, 93 f.; *Canaris*, HR, § 2 Rn. 5; vgl. ferner die Nachw. in Rn. 44 Fn. 1; HK/*Ruß*, § 1 Rn. 36; GK/*Ensthaler*, § 1 Rn. 11b; *Koller/Roth/Morck*, § 1 Rn. 6; skeptisch auch *Gößner*, BB 1967, 1275.
2 Vgl. etwa auch BGH v. 10.5.1979 – VII ZR 97/78, BGHZ 74, 273, 277; BGH v. 7.7.1960 – VIII ZR 215/59, BGHZ 33, 321 ff.; OLG Dresden v. 6.11.2001 – 2 U 1566/01, NZG 2002, 292, 293; s. auch oben Rn. 20.
3 Zur Behandlung derartiger Gesellschaften in der Insolvenz vgl. BGH v. 2.7.1981 – II ZR 139/89, ZIP 1990, 1009; vgl. ferner OLG Koblenz v. 4.1.1990 – 6 U 938/88, ZIP 1990, 1268 mit Anm. v. *Gerkan* in EWiR § 171 HGB 2/90, 1003.

ee) Eintragungsoption für nur eigenes Vermögen verwaltende Gesellschaften

47 Um diesem unbefriedigenden Zustand, der unter dem früheren bis zur HGB-Reform des Jahres 1998 geltenden Recht eine erhebliche Zahl von im Handelsregister als KG (seltener auch als OHG) eingetragenen Schein-Handelsgesellschaften geschaffen hatte, abzuhelfen, eröffnet § 105 Abs. 2 nunmehr auch allen Personengesellschaften, die nur ihr eigenes Vermögen verwalten, den Zugang zu den Gesellschaftsformen des Handelsrechts. Sie erlangen damit als solche Grundbuch-, Register- und Firmenfähigkeit, vor allem aber die Möglichkeit zur Beschränkung der persönlichen Haftung ihrer Gesellschafter durch Annahme der Rechtsform der KG unter Einschluss der GmbH & Co. KG; erforderlich ist dazu jedoch eine auf freiwilliger Anmeldung der Firma beruhende konstitutive Eintragung im Handelsregister, s. dazu und zu den damit verbundenen Zweifelsfragen bei § 105. Diese Möglichkeit eröffnet das Gesetz aber nur Gesellschaften. Eine § 105 Abs. 2 entsprechende Regelung für Einzelpersonen ist in §§ 1 ff. nicht vorgesehen. Wer als Einzelperson lediglich sein Vermögen verwaltet, bleibt deshalb, wenn seine Tätigkeit nicht ausnahmsweise, auf Grund der in Rn. 37 erörterten Merkmale gewerblichen Charakter annimmt, auch nach geltendem Recht vom Erwerb der Kaufmannseigenschaft ausgeschlossen[1], s. dazu auch schon oben Rn. 34.

e) Der Abschluss entgeltlicher Geschäfte und das Problem der Erforderlichkeit einer Gewinnerzielungsabsicht

48 Der Geschäftsbetrieb muss dem Abschluss entgeltlicher (Rechts-)Geschäfte dienen. Die **Entgeltlichkeit der** von dem Unternehmen am **Markt angebotenen Leistungen** steht als unverzichtbares Merkmal eines Gewerbebetriebes völlig außer Streit. Zweifelhaft und nach wie vor umstritten ist dagegen, ob darüber hinaus auch die Absicht bestehen muss, aus diesen entgeltlichen Geschäften zumindest auf Dauer Gewinn zu erzielen. Nach dem herkömmlichen (oben Rn. 23), vor allem auch in der Rspr. vertretenen Verständnis eines Gewerbes ist dies erforderlich[2] Eine stark im Vordringen begriffene **neuere**, wohl inzwischen herrschende **Auffassung** hält dieses Merkmal dagegen für mehr oder weniger entbehrlich[3], ohne dass allerdings bisher völlige

---

[1] Wie hier ausdrücklich HK/*Ruß*, § 1 Rn. 32; ebenso wohl auch *Baumbach/Hopt*, § 2 Rn. 1 ff.; *Koller/Roth/Morck*, § 1 Rn. 2; *Canaris*, HR, § 3 Rn. 24.

[2] *Staub/Brüggemann*, § 1 Rn. 9; *Schlegelberger/Hildebrandt/Steckhan*, § 1 Rn. 24; *Baumann*, ZGR 1984, 45, 50 f.; HK/*Ruß*, § 1 Rn. 33; *Brox/Henssler*, HR, Rn. 22; *Hübner*, HR, Rn. 7 und die in Rn. 23 Fn. 2 angegebene Rspr. Der Reformgesetzgeber ist in dieser Frage unentschlossen geblieben und hat es lediglich abgelehnt, die Gewinnerzielungsabsicht als Voraussetzung eines Gewerbes ausdrücklich auszuschließen: HRefG, Begr. RegE BR-Drucks. 340/97 S. 24.

[3] S. insbes. MünchKommHGB/*K. Schmidt*, § 1 Rn. 31 und *K. Schmidt*, HR, § 9 IV.2.d), S. 289 ff.; *Ebenroth/Boujong/Joost/Strohn/Kindler*, § 1 Rn. 27 ff.; *Raisch*, Geschichtliche Voraussetzungen. S. 186 und *Raisch*, Unternehmensrecht I, S. 85; *v. Gierke/Sandrock*, § 6 II.5., S. 114; *Sack*, ZGR 1974, 195, 197; *Sack*, DB 1974, 1657, 1659; *Canaris*, HR, § 2 Rn. 14; *Hopt*, ZGR 1987, 145, 172 ff.; *Heymann/Emmerich*,

Übereinstimmung darüber erzielt worden ist, was an seine Stelle treten soll. Während teilweise objektivierend auf Verkehrsanschauung, Führung nach betriebswirtschaftlichen Grundsätzen und Tätigkeit am Markt im Wettbewerb mit Privatunternehmen abgestellt wird[1], halten andere eine entgeltliche Tätigkeit am Markt grundsätzlich für ausreichend[2]. Angesichts der Stärke dieser Gegenansicht kann von einer h.M. gegenwärtig wohl nicht mehr die Rede sein. Das Merkmal der Gewinnerzielungsabsicht ist vor allem im Hinblick auf Differenzierungen des Gewinnbegriffs in der modernen Betriebswirtschaftslehre, die Häufigkeit öffentlicher Unternehmen, die Versorgungsleistungen verschiedenster Art anbieten, konzernabhängige Unternehmen, die u.U. planmäßig ohne Gewinnerzielungsabsicht betrieben werden, Gemeinschaftsunternehmen zur Erfüllung ausgelagerter Aufgaben mit ständiger Verlustdeckung durch die Gesellschafter, gemeinnützige Unternehmen und das Auftreten von Abschreibungsgesellschaften[3] zweifelhaft geworden. Mit Rücksicht auf derartige Erscheinungsformen des modernen Wirtschaftslebens ist auch die traditionelle Ansicht, die bisher am Grundsatz der Erforderlichkeit einer Gewinnerzielungsabsicht festgehalten hat, zu Zugeständnissen gezwungen. Der Unterschied beider Auffassungen ist daher in der Praxis geringer, als es nach der Verschiedenheit der theoretischen Ansätze den Anschein haben könnte. So ist es jedenfalls **unstr. nicht erforderlich, dass tatsächlich Gewinne gemacht werden**. Kein Kaufmann verliert diese Eigenschaft dadurch, dass sein Unternehmen jahrelang mit Verlust arbeitet[4]. Auch die herkömmliche Ansicht verlangt lediglich, dass wenigstens langfristig die Absicht besteht, (erstmalig oder wieder) in die Gewinnzone zu gelangen, was bei Unternehmen der Privatwirtschaft generell vermutet wird. Gewinnmaximierung muss ohnehin nicht angestrebt werden; es genügt, dass ein wirtschaftlicher Erfolg erstrebt wird, der den Aufwand wenigstens in bescheidenem Maße übersteigt[5]. In der neueren Rechtsprechung des BGH wird das Merkmal der Gewinnerzielung z.T. durch die Erzielung laufender Einnahmen oder – in einer anderen Formulierung – Erreichen ei-

---

§ 1 Rn. 5, 12; mit ähnl. Tendenz jetzt auch *Baumbach/Hopt*, § 1 Rn. 16; *Pick*, ZGR 1978, 698, 724; *Koller/Roth/Morck*, § 1 Rn. 10; *Henssler*, ZHR 161 (1997), 13, 21 f.; nach *Th. Raiser*, Das Unternehmen als Organisation, S. 111 f., soll das Gewinnstreben jedenfalls nicht mehr zu den kennzeichnenden Merkmalen des Unternehmens gehören; in Richtung auf Entbehrlichkeit einer Gewinnerzielungsabsicht auch die neuere Rspr., s. OLG Dresden v. 20.11.2001 – 2 U 1928/01, DB 2003, 716; vgl. ferner BGH v. 24.6.2003 – XI ZR 100/02, BGHZ 155, 240, 245 ff. (zu § 1 VerbrKrG) und BGH v. 23.2.2006 – VIII ZR 173/05, NJW 2006, 2250 (zu § 474 BGB); beide BGH-Entscheidungen lassen die Frage für den handelsrechtlichen Gewerbebegriff noch offen, im Ergebnis kann für diesen aber nichts anderes gelten.

1 So insbesondere *Hopt*, ZGR 1987, 145; *Baumbach/Hopt*, § 1 Rn. 16; *Ebenroth/Boujong/Joost/Strohn/Kindler*, § 1 Rn. 30 (vermittelnd, aber noch nahe an der Formel von BGHZ 95, 155 (oben Rn. 24)).
2 So vor allem MünchKommHGB/*K. Schmidt*, § 1 Rn. 31; mit gleicher Tendenz auch *Koller/Roth/Morck*, § 1 Rn. 10; *Canaris*, HR, § 2 Rn. 14.
3 Vgl. dazu näher *Hopt*, ZGR 1987, 173 ff. m.w.N.
4 BGH v. 2.7.1985 – X ZR 77/84, BGHZ 95, 155, 158 f.
5 BGH v. 2.7.1985 – X ZR 77/84, BGHZ 95, 155, 158 f.

nes wirtschaftlichen Ergebnisses ersetzt[1]. Bei fremdfinanzierten Unternehmungen soll auch die schrittweise Tilgung der eingegangenen Verbindlichkeiten[2], also nicht erst die Amortisation des eingesetzten Eigenkapitals, zu einem Gewinn führen. Von vornherein unerheblich ist es, ob ein Unternehmen fremd- oder eigennützig handelt. Auch wenn es sein Betriebsergebnis zugunsten eines Dritten zu verwenden hat, etwa einer Stiftung, einer karitativen Organisation, einer Glaubensgemeinschaft, der Belegschaft, betreibt es bei Erfüllung der übrigen Voraussetzungen einen Gewerbebetrieb[3]. Gewerbsmäßigkeit ist ferner bei Konzernunternehmen und Gemeinschaftsunternehmen zur Erfüllung ausgelagerter Aufgaben anzunehmen. Dies gilt auch dann, wenn sie nur auf Kostendeckung ausgerichtet sind oder sogar mit Verlust arbeiten sollen, den ihre Gesellschafter abdecken. Soweit diese ihrerseits gewerbliche Unternehmen sind, handelt es sich letztlich nur um gezielte Gewinnverlagerungen von dem Tochterunternehmen auf eine oder mehrere Mütter, die ihrerseits erwerbswirtschaftliche Zwecke verfolgen. Bei **Abschreibungsgesellschaften** steht es der Annahme, dass auch sie letztlich erwerbswirtschaftlichen Zwecken dienen, nicht entgegen, dass es ihren Kommanditisten in der Sache nur auf die Erzielung steuerlicher Verlustzuweisungen ankommt. Als gewerbliche Unternehmen müssen auch Beschäftigungsgesellschaften gelten, da auch sie unabhängig von ihrer sonstigen Zweckbestimmung als Anbieter entgeltlicher Leistungen am Markt – meistens zugleich in Konkurrenz zu privaten Anbietern – auftreten. Gewerblich i.S. des Handelsrechts kann ferner auch eine selbständige Tätigkeit sein, die das Steuerrecht als Liebhaberei einstufen würde.

49 Nicht gewerblicher Art ist dagegen die **Tätigkeit rein karitativer Organisationen**, die als solche keine laufenden Einnahmen – auch keine, die sie an eine andere gemeinnützige Einrichtung abführen (oben Rn. 48) – erzielen sollen. Sie sind unter der Voraussetzung, dass sie sich tatsächlich auf die Verwirklichung ihres sozialen Zwecks beschränken und auch nach außen hin nicht als Wirtschaftsunternehmen auftreten, **kein Gewerbebetrieb**, selbst wenn sie gelegentlich entgeltliche Geschäfte tätigen.

50 Das Merkmal der Gewinnerzielungsabsicht **sollte ganz aufgegeben werden**. Die Absicht, Gewinne zu machen, ist zwar bei Gewerbebetrieben oder Wirtschaftsunternehmen typischerweise vorhanden. Dies rechtfertigt es jedoch nicht, sie zum unverzichtbaren Tatbestandsmerkmal für die Anwendung handelsrechtlicher Sondernormen zu erheben. Die besonderen Bedürfnisse im Handelsverkehr tätiger Wirtschaftsunternehmen, denen die Spezialnormen des HGB Rechnung tragen sollen, werden durch das Vorhandensein oder Fehlen der Gewinnerzielungsabsicht häufig gar nicht oder nur am Rande tangiert. Ob ein Unternehmen im Einzelfall in der Absicht betrieben wird, einen Überschuss zu erzielen, ist überdies aus der Sicht des Geschäfts-

---

1 BGH v. 7.7.1960 – VIII ZR 215/59, BGHZ 33, 321, 331, 336; BGH v. 2.12.1958 – VIII ZR 154/57, WM 1959, 161, 164; BGH v. 2.7.1985 – X ZR 77/84, BGHZ 95, 155, 158 f.
2 BGH v. 25.9.1967 – VIII ZR 46/65, NJW 1967, 2353.
3 *Staub/Brüggemann*, § 1 Rn. 10.

verkehrs ein Internum, das von außen her häufig nicht sicher erkennbar sein wird. Entsprechendes gilt für das teilweise im Schrifttum propagierte Merkmal der Führung des Unternehmens nach betriebswirtschaftlichen Grundsätzen (oben Rn. 48). Es wäre deshalb bei Vorhandensein aller übrigen Voraussetzungen eines kaufmännischen Unternehmens sachwidrig, die Anwendbarkeit des kaufmännischen Sonderrechts, etwa die Obliegenheit zur Untersuchung und Rüge gekaufter Waren (§ 377), davon abhängig zu machen. In solchen Fällen ein nicht gewerbliches Unternehmen anzunehmen und den Vertragspartner lediglich nach den Regeln über den Scheinkaufmann (s. dazu den Anh. § 5) zu schützen[1] wäre sachwidrig, weil dabei das Typische verfehlt würde. Als Definitionsmerkmal entbehrlich ist letztlich auch die Absicht der Erzielung laufender Einnahmen aus der Geschäftstätigkeit des Unternehmens. Dieses Merkmal trägt bei genauerer Betrachtung wenig oder nichts zur schärferen Konturierung des Gewerbebegriffs bei, weil es bereits in den Merkmalen der Dauerhaftigkeit der Teilnahme am Marktgeschehen (oben Rn. 27 und 33) in Verbindung mit der Entgeltlichkeit (oben Rn. 48) der angebotenen Leistungen enthalten ist. Entscheidend für eine den heutigen Verhältnissen entsprechende Definition des Gewerbes muss vielmehr sein, dass ein Betrieb vorliegt, der sich nach außen als **Wirtschaftsunternehmen** darstellt, **das planmäßig und für eine gewisse Dauer in (mindestens potentieller) Konkurrenz zu anderen Unternehmen laufend als Anbieter entgeltlicher Leistungen am Markt am Wirtschaftsverkehr teilnimmt;** s. dazu schon oben Rn. 24 und 48 und die dortigen Nachweise. Die in Rn. 30 und 49 behandelten Ausnahmen werden durch diese Definition nicht berührt.

f) Wirtschaftsunternehmen der öffentlichen Hand

Besonderer Betrachtung bedarf die Gewerbsmäßigkeit und damit die Kaufmannsfähigkeit von Wirtschaftsunternehmen der öffentlichen Hand. Der BGH, der bei seiner Definition des Gewerbes bisher noch an der Erforderlichkeit einer Gewinnerzielungsabsicht jedenfalls formell festgehalten hat (vgl. oben Rn. 23 und 48), geht davon aus, dass bei Unternehmen der öffentlichen Hand anders als bei Privatunternehmen eine solche Absicht und damit eine gewerbliche Tätigkeit nicht vermutet werden könne; Staat und Gemeinden verfolgten nicht in erster Linie erwerbswirtschaftliche Ziele, sondern nähmen öffentliche Aufgaben wahr. Dies schließe allerdings nicht aus, dass sie sich auch auf wirtschaftlichem Gebiet betätigten und dabei u.U. auch die Absicht der Gewinnerzielung verfolgten. Diese Absicht müsse aber im Einzelfall festgestellt werden. Der Annahme einer erwerbswirtschaftlichen und damit einer gewerblichen Betätigung von Körperschaften öffentlichen Rechts stehe im Einzelfall nicht entgegen, dass sie dabei zugleich in Erfüllung ihrer öffentlich-rechtlichen gemeinnützigen Aufgaben tätig werden[2]. Es müsse sich aber um eine Tätigkeit handeln, die nicht nur al-

51

---

1 So aber *Staub/Brüggemann*, § 1 Rn. 10 a.E.
2 So grundlegend BGH v. 18.1.1968 – VII ZR 101/65, BGHZ 49, 258, 260; BGH v. 28.10.1971 – III ZR 142/69, BGHZ 57, 178, 199 f.

lein und herkömmlich mit der Zielrichtung der Erfüllung einer öffentlichen Aufgabe betrieben werde. Wirtschaftliche Unternehmen der öffentlichen Hand seien demnach nur solche Einrichtungen und Anlagen, die auch von Privaten mit der Absicht der Gewinnerzielung betrieben werden[1]. Dabei komme dem Organisationsstatut und vor allem der Führung nach betriebswirtschaftlichen Gesichtspunkten besondere Bedeutung zu[2].

52 Unter den vorstehenden Gesichtspunkten ist die Eigenschaft als **Gewerbebetrieb verneint** worden für die Tätigkeit eines öffentlich-rechtlichen Wasser- und Bodenverbandes[3], eine als Eigenbetrieb geführte Wasserversorgungsanlage[4], die Abwasserbeseitigungsanlage einer Kommune[5], die deutschen öffentlich-rechtlichen Fernsehanstalten[6], die als öffentlich-rechtliche Anstalt organisierte Einfuhr- und Vorratsstelle für Getreide und Futtermittel[7]. Bei diesen Entscheidungen wird nicht immer ganz deutlich, ob das Vorhandensein eines Gewerbebetriebes an einer fehlenden Gewinnerzielungsabsicht oder daran scheitern soll, dass die Unternehmen allein der Wahrnehmung öffentlicher Aufgaben dienen. Sie rechtfertigen sich jedoch im Ergebnis nahezu durchweg schon aus dem letztgenannten Gesichtspunkt. Soweit Unternehmen von Staat und Gemeinden sich auf die Wahrnehmung öffentlicher Aufgaben beschränken, die herkömmlicherweise allein der öffentlichen Hand vorbehalten sind, kann in der Tat nicht von wirtschaftlichen Unternehmen i.S. des handelsrechtlichen Gewerbebegriffs die Rede sein. Dies dürfte aber heute uneingeschränkt eigentlich nur noch für hoheitliche Aufgaben zutreffen.

53 Dagegen sollte entgegen der zumeist älteren zögerlichen Rechtsprechung des BGH kein Zweifel daran bestehen, dass Betriebe der öffentlichen Hand, die als Anbieter entgeltlicher (im Gegensatz zur Erhebung lediglich öffentlich-rechtlicher Gebühren) Leistungen in Erscheinung treten und wie Wirtschaftsunternehmen auf Sektoren, die grundsätzlich auch Privatunternehmen offen stehen, am Geschäftsverkehr teilnehmen, **ein Gewerbe ausüben** und damit Kaufmann sein können. Die Bedeutung dieser Gesichtspunkte für die Unterstellung von Unternehmen der öffentlichen Hand unter Handelsrecht ist vom BGH[8] in teilweiser Abkehr von der älteren Rechtsprechung deutlich herausgearbeitet worden. Auch wenn man entgegen der hier vertretenen Ansicht (oben Rn. 50) das Merkmal der Gewinnerzielungsabsicht nicht völlig aufgeben will, sollte es in diesem Falle genügen, dass das Unternehmen wenigstens laufende Einnahmen erzielen soll, die die Bildung eines angemessenen Rücklagekapitals sowie eine Verzinsung des in sie

---

1 BGH v. 22.4.1982 – VII ZR 191/82, BGHZ 83, 382, 387 m.w.N.
2 BGH v. 2.7.1985 – X ZR 77/84, BGHZ 95, 157, 159.
3 BGH v. 22.4.1982 – VII ZR 191/82, BGHZ 83, 382, 387 m.w.N.
4 BGH v. 18.1.1968 – VII ZR 101/65, BGHZ 49, 258, 260; BGH v. 28.10.1971 – III ZR 142/69, BGHZ 57, 178, 199 f.
5 BGH v. 12.2.1970 – VII ZR 168/67, BGHZ 53, 222; s. aber auch KG v. 30.4.1998 – 12 U 854/97, NJW-RR 1999, 638 f.
6 BGH v. 28.10.1971 – III ZR 142/69, BGHZ 57, 191.
7 BGH v. 11.1.1962 – VII ZR 188/60, BGHZ 36, 273.
8 BGH v. 2.7.1985 – X ZR 77/84, BGHZ 95, 155, 158 f.

investierten Eigenkapitals ermöglichen[1]. Für alle diejenigen, die für die generelle Aufgabe des Merkmals der Gewinnerzielungsabsicht eintreten (vgl. oben Rn. 50) versteht sich das ohnehin von selbst. **Gewerbliche Unternehmen** und damit Kaufleute sind demnach die **Kreditanstalt für Wiederaufbau**[2] und die **Bundesbank**[3], die ihre zweifellos öffentlichen Aufgaben ganz überwiegend in der Form bankmäßiger Geschäfte wahrnimmt. Obwohl nicht eigentlich auf Gewinnerzielung angelegt, fallen bei ihr nahezu regelmäßig erhebliche Gewinne an. Während das Reichsgericht anfänglich[4] bei kommunalen **Sparkassen** noch im Einzelfall prüfen wollte, ob sie das Ziel verfolgen, regelmäßige Überschüsse zu erzielen, die nicht nur zur Bildung von Reserven verwendet werden sollen, und ob sich ihre regelmäßige Tätigkeit auch auf die Besorgung eigentlicher Bankgeschäfte erstreckt, werden die Sparkassen inzwischen von der wohl h.M. mindestens mit Rücksicht auf ihre generell übliche Tätigkeit im allgemeinen Bankgeschäft – und nicht nur, wie in ihrer Anfangszeit, im Einlagegeschäft – und die Standardisierung der Verdienstmargen in diesem Geschäft ohne Einzelprüfung als gewerbliche Unternehmen angesehen[5]. **Kein** gewerbliches Unternehmen betreiben dagegen die öffentlich-rechtlichen Rundfunk- und Fernsehanstalten bei ihren Programmausstrahlungen[6]; anders wohl in Bezug auf ihre Werbesendungen und sonstigen Beschaffungsgeschäfte, bei denen sie als Wettbewerber privater Unternehmen auftreten[7]. Auch die Fähigkeit **kommunaler Eigenbetriebe**[8], Gewerbebetrieb und damit Kaufmann i.S. von § 1 zu sein, sollte im Grundsatz aus heutiger Sicht nicht fraglich sein. Nach den Eigenbetriebsgesetzen und -verordnungen der Bundesländer sollen Eigenbetriebe grundsätzlich einen Gewinn erwirtschaften, der so hoch sein soll, dass neben angemessenen Rücklagen mindestens eine marktübliche Verzinsung des in sie investierten Eigenkapitals der Trägerkörperschaft erwirtschaftet wird[9]. Etwas anderes kann allenfalls gelten, wenn die Eigenbetriebssatzung die Gewinnerzielung ausdrücklich ausschließt und besondere betriebliche Gründe und der öffentliche Zweck dies rechtfertigen. Auch wenn das gegenteilige gesetzliche Gebot der Erwirtschaftung einer marktüblichen Verzin-

---

1 Ähnl. *Staub/Brüggemann*, § 1 Rn. 11, speziell im Hinblick auf kommunale Versorgungsbetriebe.
2 *Heymann/Emmerich*, § 1 Rn. 10.
3 *Heymann/Emmerich*, § 1 Rn. 10 und 53; *Baumbach/Hopt*, § 1 Rn. 27; die Bundesbank ist allerdings nach § 29 Abs. 3 BBankG von der Anwendung der Vorschriften über das Handelsregister befreit.
4 RGZ 116, 227, 228 f.
5 So schon RGZ 127, 226, 228 und vor allem 138, 6, 16 ff.; ebenso das Schrifttum, vgl. *Staub/Brüggemann*, § 1 Rn. 12; *Heymann/Emmerich*, § 1 Rn. 9; *Baumbach/Hopt*, § 1 Rn. 27; *Ebenroth/Boujong/Joost/Strohn/Kindler*, § 1 Rn. 29; MünchKommHGB/ *K. Schmidt*, § 1 Rn. 31; *Henssler*, ZHR 161 (1997), 13, 21 f.
6 BVerfG v. 27.7.1971 – 2 AvF 1/68 und 2 BvR 702/68, NJW 1971, 1739; BGH v. 28.10.1971 – VII ZR 15/70, BGHZ 57, 191, 200.
7 So *Ebenroth/Boujong/Joost/Strohn/Kindler*, § 1 Rn. 29; *Baumbach/Hopt*, § 1 Rn. 27.
8 Zu diesen s. *Zeiß*, Das Recht der gemeindlichen Eigenbetriebe, 4. Aufl. 1993.
9 Vgl. etwa BGH v. 25.4.1991 – VII ZR 280/90, BGHZ 114, 257, 258 f.; KG v. 30.4.1998 – 12 U 854/97, NJW-RR 1999, 638 f.; ebenso schon die reichsgesetzliche Eigenbetriebsverordnung v. 20.11.1938 (RGBl. I 1650); ausführlicher zu diesem Fragenkreis *Boos*, DB 2000, 1061 ff., 1063.

sung in den Eigenbetriebsgesetzen und -verordnungen der Länder nur als Sollvorschrift formuliert ist, müsste eine gegenteilige Satzungsregelung ohne eine solche Rechtfertigung als rechtswidrig gelten[1]. Von dem oben Rn. 50 vertretenen Standpunkt, der die Absicht einer Gewinnerzielung als Merkmal für das Vorliegen einer gewerblichen Tätigkeit generell für entbehrlich hält und lediglich auf das Auftreten als Wirtschaftsunternehmen abstellt, das in mindestens potentieller Konkurrenz zu anderen Unternehmen laufend als Anbieter entgeltlicher Leistungen am Markt auftritt, ist jedoch selbst eine solche Ausnahme abzulehnen.

54 Von vornherein erledigt sich die Frage nach der Gewerblichkeit eines Unternehmens, insbes. auch eines Versorgungsbetriebes, der öffentlichen Hand, wenn ein solches Unternehmen, wie häufig, in der **Rechtsform einer privatrechtlichen Gesellschaft**, insbes. einer GmbH oder einer AG, verselbständigt ist. Solche Unternehmen sind, auch wenn alle Anteile von der öffentlichen Hand gehalten werden, bereits kraft ihrer Rechtsform Kaufmann (vgl. oben Rn. 6 und unten § 6). Umgekehrt ist die Annahme eines Gewerbebetriebes unter allen Umständen ausgeschlossen, wenn ein Unternehmen der öffentlichen Hand hoheitlich, also in Ausübung öffentlicher Gewalt, tätig wird. Dies wird jedoch nur dann anzunehmen sein, wenn es sich um eine Tätigkeit handelt, die einer öffentlich-rechtlichen Körperschaft vorbehalten ist, so dass eine Wettbewerbssituation zu einem privaten Anbieter – völlig unabhängig von dem konkreten Vorhandensein einer solchen Situation – auch bei abstrakter Betrachtung von vornherein ausgeschlossen ist[2]. Gewerbliches Unternehmen war auch die frühere Bundesbahn[3]. Für das jetzt geltende Recht stellt sich die Frage nicht mehr, da sie aufgrund des Eisenbahnneuordnungsgesetzes (ENeuOG) vom 17.12.1993[4] AG und damit Formkaufmann (oben Rn. 6) ist. Ähnlich verhält es sich mit der ehemaligen **Deutschen Bundespost**. Sie ist mit Wirkung ab 1.1.1995 in drei Teilunternehmen unter den Bezeichnungen Deutsche Post AG, Deutsche Postbank AG und Deutsche Telekom AG aufgespalten worden (Art. 3 § 1 des Gesetzes zur Neuordnung des Postwesens und der Telekommunikation – PTNeuOG vom 14.9.1994[5]). Als Aktiengesellschaften sind diese Unternehmen Kaufmann (Formkaufmann, oben Rn. 6) i.S. des HGB.

55 Zu beachten ist, dass auch dann, wenn die Tätigkeit eines Unternehmens der öffentlichen Hand als Ausübung eines (Handels-)Gewerbes und das Unternehmen damit als Kaufmann i.S. des HGB anzusehen ist, organisations-

---

1 Das verkennt das OLG Stuttgart in seiner Entscheidung v. 10.11.1998 – 10 U 113/98, NJW-RR 1999, 1557; zutreffend aber *Boos*, DB 2000, S. 1061 ff.
2 BFH v. 30.6.1988 – VR 79/84, DB 1988, 2547; dazu *Boos*, DB 2000, 1062; dort auch S. 1063 zu teils hoheitlich, teils wirtschaftlich tätigen Mischbetrieben; ähnlich wie der BFH im Grundsatz auch OLG Stuttgart v. 10.11.1998 – 10 U 113/98, NJW-RR 1999, 1557, 1558 unter Berufung auf BGH v. 2.7.1985 – X ZR 77/84, BGHZ 95, 155.
3 Vgl. BGH v. 2.7.1985 – X ZR 77/84, BGHZ 95, 155: für Beschaffungsgeschäfte; für ihren eigentlichen Betrieb hatte aber nichts anderes zu gelten.
4 BGBl. I 2378 Artikelgesetz, vgl. BGBl. I 2386: Art. 2 Deutsche Bahn Gründungsgesetz DBGrG.
5 BGBl. I 2325 ff.

rechtliche Vorschriften der Anwendung einzelner Bestimmungen des HGB entgegenstehen können; so z.B., wenn das Vertretungsrecht durch Gesetz zwingend in Abweichung von §§ 48 ff. geregelt ist.

Ist nach den vorstehenden Grundsätzen ein Unternehmen der öffentlichen Hand als Gewerbebetrieb anzusehen, so ist es Kaufmann i.S. des HGB, wenn es nach Art und Umfang zu seiner Führung kaufmännischer (betriebswirtschaftlicher) Organisation (§ 1 Abs. 2) bedarf. Der Betrieb ist dann wie jedes andere Unternehmen, das ein Handelsgewerbe betreibt, nach §§ 33, 34 unter seiner Bezeichnung (Firma) zum Handelsregister anzumelden. Das früher in § 36 a.F. enthaltene Privileg, das Unternehmen der öffentlichen Hand – jedenfalls soweit sie nicht rechtlich verselbständigt waren – von der Eintragungspflicht freistellte und eine Eintragung nur auf freiwilliger Basis vorsah, ist infolge der ersatzlosen Streichung des § 36 durch das HRefG (s. Einl. Rn. 44) im Interesse der Verbesserung der Publizität auch gerade solcher Unternehmen ersatzlos entfallen[1]. Von der Anmeldung des Unternehmens zum Handelsregister kann damit nach geltendem Recht nur noch dann abgesehen werden, wenn sondergesetzliche Regelungen im Einzelfall eine ausdrückliche Befreiung gerade dieses Unternehmens von der Registerpflicht vorsehen. Die Anmeldepflicht trifft die das Unternehmen tragende Gebietskörperschaft; Unternehmen, die als Anstalt oder Körperschaft des öffentlichen Rechts rechtlich verselbständigt sind, müssen ihre Anmeldung zum Handelsregister selbst vornehmen. 56

g) Erlaubtsein der Betätigung als Voraussetzung für ein Gewerbe?

Nur geringe Bedeutung kommt der Kontroverse zu, ob der Zweck des Geschäftsbetriebes auf erlaubte und damit rechtswirksame Geschäfte gerichtet sein muss[2]. Die Anwendbarkeit vieler rechtlicher Bestimmungen wird bei verbotenen Geschäften regelmäßig schon deshalb entfallen, weil ein solches Rechtsgeschäft **nach § 134 BGB nichtig ist.** Im Übrigen muss es Sache einer an dem Zweck der Verbotsnorm ausgerichteten **wertenden Betrachtung** sein, ob die Anwendbarkeit einer Bestimmung im Einzelfall angebracht ist. Davon abgesehen ist es jedoch im Grundsatz nicht einzusehen, warum, wenn alle Voraussetzungen gegeben sind, nicht auch ein unerlaubtes Gewerbe trotzdem Gewerbe sein soll, solange seine Ausübung nicht durch ord- 57

---

1 S. dazu im Einzelnen Begr. RegE BR-Drucks. 340/97 S. 57 ff.; in den damit verbundenen Fragen s. *Kohler-Gehrig*, RPfleger 2000, 45 ff.
2 Nach überlieferter Ansicht müssen für das Vorhandensein eines Gewerbes die mit dem Inhaber abgeschlossenen Geschäfte gültig und zivilrechtlich einklagbar sein, repräsentativ für diese Auffassung *Staub/Brüggemann*, § 1 Rn. 17; ebenso *Brox/Henssler*, HR, Rn. 27, der jedoch – wie im Text – Kaufmannsrecht annehmen will, wenn sich dies zum Nachteil der betreffenden, als Scheinkaufmann auftretenden Person auswirkt; ebenso GK/*Ensthaler*, § 1 Rn. 9; *v. Gierke/Sandrock*, I § 6 II.2., S. 110; HK/*Ruß*, § 1 Rn 38; OLG Frankfurt/M. v. 23.12.1954 – 6 W 498/59, NJW 1955, 716; BayObLG v. 16.3.1972 – BReg. 2 Z 128/71, NJW 1972, 1327; im Grundsatz auch *Heymann/Emmerich*, § 1 Rn. 21; dagegen: *Canaris*, HR, § 2 Rn. 13; *Baumbach/Hopt*, § 1 Rn. 21; MünchKommHGB/*K. Schmidt*, § 1 Rn. 21; *K. Schmidt*, HR, § 9 IV.2.b)dd) S. 287 f.; *Koller/Roth/Morck* § 1 Rn. 11.

nungsbehördliches Einschreiten unterbunden ist. Warum sollte etwa ein Waffenhändler (die Wirksamkeit der von ihm abgegebenen Erklärung im Übrigen vorausgesetzt) vor den Gefahren einer mündlichen Bürgschaftsübernahme geschützt werden? Eine Pflicht des Registerrichters, auf den Abschluss verbotener Geschäfte gerichtete Unternehmungen als Kaufmann einzutragen, ist allerdings grundsätzlich abzulehnen (h.M.). Gewerbliche Ehevermittlung ist trotz Unklagbarkeit des Ehemaklerlohnes (§ 656 BGB) Gewerbe[1], nicht dagegen (trotz des am 1.1.2002 in Kraft getretenen Prostitutionsgesetzes)[2] die Ausübung der Prostitution[3]. Das Fehlen öffentlich-rechtlicher Erlaubnisse steht dem Vorhandensein eines Gewerbebetriebes schon nach § 7 nicht entgegen (wegen der Einzelheiten vgl. die Kommentierung zu § 7).

h) Sonderstellung der freiberuflichen, wissenschaftlichen und künstlerischen Tätigkeiten

58 **Kein Gewerbe** i.S. des HGB (zum Gewerbebegriff anderer Gesetze, insbes. auch des PartGG, s. unten Rn. 67 ff.) begründen freiberufliche, wissenschaftliche und künstlerische Tätigkeiten. Die Gründe für die Ausklammerung dieser Berufe aus dem Gewerbebegriff sind vorwiegend traditionsbedingt[4]. Sie hängen zumindest in wesentlichem Maße damit zusammen, dass in längst vergangener Zeit für Angehörige bestimmter gesellschaftlicher Schichten nur bestimmte Berufe – vor allem auf Grund ihres Niveaus und ihrer Personenbezogenheit – als standesgemäß in Betracht kamen, die (wirklich oder schon damals nur angeblich) nicht um des Erwerbsstrebens willen ausgeübt wurden, eine Auffassung, die heute als völlig wirklichkeitsfremd gelten muss[5]. Eine gewisse Berechtigung für die Unterscheidung zwischen Gewerbe und freiem Beruf kann man, wenn man will, allerdings auch heute noch darin finden, dass bei freiberuflichen Tätigkeiten, z.B. bei derjenigen eines Arztes oder eines Künstlers, der etwa mit dem Entwurf eines Denkmals beauftragt wird, typischerweise die aufgrund besonderer wissenschaftlicher Ausbildung oder kreativer Fähigkeiten beruhende persönliche Leis-

---

1 *Baumbach/Hopt*, § 1 Rn. 21; *Canaris*, HR, § 2 I.2.a), Rn. 13; MünchKommHGB/ *K. Schmidt*, § 1 Rn. 29; *K. Schmidt*, HR, § 9 IV.2.b)cc), S. 287; *Gilles*, JZ 1972, 383; *John*, JR 1977, 563; für Ehemäkler auch *Heymann/Emmerich*, § 1 Rn. 21; a.A. *Staub/Brüggemann*, § 1 Rn. 17; *v. Gierke/Sandrock*, I § 6 II.2., S. 110; OLG Frankfurt/M. v. 23.12.1954 – 6 W 498/59, NJW 1955, 716; BayObLG v. 16.3.1972 – BReg. 2 Z 128/71, NJW 1972, 1327; im Grundsatz auch *Heymann/Emmerich*, § 1 Rn. 21.
2 BGBl. I 2001, 3938.
3 So HK/*Ruß*, § 1 Rn. 38; s. dazu auch *Rautenberg*, NJW 2002, 650; *Armbrüster*, NJW 2002, 2763.
4 *K. Schmidt*, HR, § 9 IV.2.a)cc), S. 282; *Canaris*, HR, § 2 Rn. 9; *Neuner*, ZHR 157 (1993), 243, 263.
5 *Neuner*, ZHR 157 (1993), 243, 263; s. dazu näher *Steindorff*, Freie Berufe – Stiefkinder der Rechtsordnung?, 1980, S. 5 ff; *Taupitz*, Die Standesordnungen der freien Berufe, 1991, S. 110 ff; zu den freien Berufen s. ferner *Müller*, Die Einbeziehung der freien Berufe in das Handelsrecht unter besonderer Berücksichtigung von Arzt, Apotheker, Rechtsanwalt, Wirtschaftsprüfer und Architekt, Diss. Berlin 1968; *Michalski*, Das Gesellschafts- und Kartellrecht der freien Berufe, 1989.

tung einer Person, bei gewerblichen Leistungen dagegen diejenige eines Unternehmens in Anspruch genommen wird[1]. Anders als bei kaufmännischen Unternehmen kann bei Freiberuflern auch nicht ohne weiteres die Organisation vorausgesetzt werden, die zur Erfüllung der besonderen kaufmännischen Pflichten erforderlich ist, ein Gesichtspunkt, der allerdings bei vielen freien Berufen, z.B. angesichts des Entstehens großer Anwaltssozietäten, Wirtschaftsberaterbüros oder ärztlichen Gemeinschaftspraxen, in neuerer Zeit zunehmend an innerer Berechtigung verloren hat (vgl. dazu schon Einl. Rn. 29 und 38). Allein schon aus Gründen der Rechtssicherheit kann aber nur eine Betrachtungsweise maßgebend sein, die sich nicht am Einzelfall, sondern generalisierend an dem (überlieferten) typischen Berufsbild orientiert[2].

Die freien Berufe sind vielgestaltig und entziehen sich erschöpfender Aufzählung. Für eine Reihe freier Berufe ist bereits **gesetzlich** bestimmt, dass sie nicht gewerblicher Art sind. **Kein Gewerbe** betreiben danach: Rechtsanwälte (§ 2 BRAO) und Notare (§ 2 S. 3 BNotO); Patentanwälte (§ 2 Abs. 2 PatAnwO); Wirtschaftsprüfer (§ 1 Abs. 2 WPO) sowie vereidigte Buchprüfer (§ 130 Abs. 1 WPO); Steuerberater und Steuerbevollmächtigte (§ 32 Abs. 2 S. 2 StBerG)[3]; Ärzte (§ 1 Abs. 2 BundesärzteO)[4]; Zahnärzte (§ 1 Abs. 4 ZahnheilkundeG); Tierärzte (§ 1 Abs. 2 TierärzteO); öffentlich bestellte Vermessungsingenieure (§ 1 VO v. 20.11.1938)[5]. 59

Im Übrigen muss die **Verkehrsanschauung**[6] entscheiden, wobei es grundsätzlich (s. schon oben Rn. 58) nicht auf die Art der Berufsausübung im konkreten Fall (vgl. allerdings auch unten Rn. 63), sondern auf das typische Berufsbild ankommt. Im Einzelnen ist hier vieles offen. Die neuere Tendenz geht dahin, den Kreis der freien Berufe sehr eng zu ziehen und alle Tätigkeiten, die nicht dem Bereich der klassischen, historisch überlieferten, i.d.R. durch besondere Berufsordnungen geregelten freien Berufe angehören bzw. in ihrer unmittelbaren Nähe anzusiedeln sind oder die nicht eindeutig durch eine individuelle, künstlerische oder wissenschaftliche Leistung geprägt 60

---

1 Gegen die Personenbezogenheit als Rechtfertigungsgrund für die Sonderstellung der freien Berufe nachdrücklich *K. Schmidt*, HR, § 9 IV.2.a)cc), S. 282; anders *Neuner*, ZHR 157 (1993), 243, 263 und *Canaris*, HR, § 2 Rn. 10, der in Zweifelsfällen in der typischerweise höchstpersönlichen Erbringung der Leistung sogar das entscheidende Abgrenzungskriterium zu den gewerblichen Tätigkeiten sehen will; ähnlich wie obiger Text aber auch *Ebenroth/Boujong/Joost/Strohn/Kindler*, § 1 Rn. 38 und *Koller/Roth/Morck*, § 1 Rn. 13.
2 Für eine typologische Betrachtungsweise auch *K. Schmidt*, HR, § 9 IV.2.a)cc), S. 282, mit Betonung auf tradierten Leitbildern in MünchKommHGB/*K. Schmidt*, § 1 Rn. 33; im gleichen Sinne *Neuner*, ZHR 157 (1993), 243, 263, und *Staub/Brüggemann*, § 1 Rn. 18.
3 Zu Wirtschaftsprüfern und Steuerberatern vgl. auch BGH v. 4.3.1985 – AnwZ (B) 43/84, BGHZ 94, 65, 69.
4 Vgl. auch BGH v. 24.1.1983 – VIII ZR 178/81, BGHZ 86, 313, 320.
5 RGBl. I 40. Vgl. auch BGH v. 20.3.1986 – II ZR 75/85, BGHZ 97, 243, 245.
6 Ähnl. schon Denkschrift zum HGB, S. 6, wo auf den allgemeinen Sprachgebrauch verwiesen wird.

sind, im Zweifel als gewerblich anzusehen[1]. Im Hintergrund steht dabei ersichtlich die Kritik an der für verfehlt erachteten undifferenzierten Beibehaltung der eigentlich nur historisch zu erklärenden Sonderstellung der freien Berufe[2], die nach der überholten Auffassung früherer Zeiten, nicht – jedenfalls nicht vorwiegend – um des Erwerbsstrebens willen betrieben wurden (oben Rn. 58), vgl. zu diesem Fragenkreis auch Einl. Rn. 29. Zur Frage der Maßgeblichkeit des im PartGG enthaltenen Katalogs freier Berufe für den Gewerbebegriff des HGB (s. unten Rn. 68 ff.).

61 Zweifelsfrei Angehörige freier Berufe und damit **nicht Gewerbetreibende** i.S. von § 1 Abs. 1 sind jedenfalls außer den bereits in Rn. 59 genannten Personen **Architekten**[3] einschließlich Innen- und Gartenarchitekten, alle unabhängig von ihrer Ausbildung und dem besonders kreativen Charakter ihrer Leistung im Einzelfall, niedergelassene **Dipl.-Psychologen** (auf Grund ihrer Nähe zu den Ärzten), ferner alle freischaffenden **Künstler** (Schriftsteller, bildende Künstler, Komponisten etc.) einschließlich der ausführenden Künstler (Solisten, Sänger, Schauspieler u.Ä.). Voraussetzung ist bei den freischaffenden Künstlern aber, dass sie individuelle Werke schaffen und nicht zur Massenproduktion übergegangen sind. Zu eng wäre der Kreis jedoch gezogen, wenn man insbesondere bei den ausführenden Künstlern Nichtgewerblichkeit nur für Tätigkeiten gelten lassen wollte, die auf künstlerischer Höhe angesiedelt sind, was z.B. eine „beliebig austauschbare Musikgruppe" ausschließen würde[4]. Die künstlerische Höhe der Leistung, über die sich je nach Standpunkt des Betrachters häufig trefflich streiten lassen wird, sollte schon wegen ihrer Unsicherheit als geeignetes Abgrenzungsmerkmal ausscheiden (s. aber auch unten Rn. 63). Nicht gewerblich ist ferner **wissenschaftliche Tätigkeit**, soweit sie wirklich auf rein individueller, schöpferischer Grundlage (was allerdings in der Praxis nicht allzu häufig sein dürfte) und nicht in Form etwa der Unterhaltung eines Laborbetriebs ausgeübt wird. Unter den gleichen Voraussetzungen hat wohl auch die Tätigkeit von **Privatlehrern** (vor allem Musik- und Kunstunterricht) und **Erziehern** kraft traditioneller Zurechnung weiterhin als Ausübung eines freien Berufes zu

---

1 So besonders deutlich MünchKommHGB/*K. Schmidt*, § 1 Rn. 34; *Koller/Roth/Morck*, § 1 Rn. 13; ähnl. in der Tendenz: *Baumbach/Hopt*, § 1 Rn. 19.
2 S. dazu insbes. MünchKommHGB/*K. Schmidt*, § 1 Rn. 34; *K. Schmidt*, GesR, § 64 I.2. S. 1876 f. und DB 1994, 515 ff.; ZIP 1997, 909; NJW 1998, 2192 m.w.N.; *Bydlinski*, ZIP 1998, 1173; *Baumbach/Hopt*, § 1 Rn. 19; *Koller/Roth/Morck*, § 1 Rn. 13; zum Festhalten des Gesetzgebers an der Sonderstellung Begr. RegE BR-Drucks. 340/97 S. 34: kein Bedürfnis mehr für die Einbeziehung der freien Berufe in den Anwendungsbereich des HGB seit Inkrafttreten des PartGG; dazu unten Rn. 66.
3 H.M., vgl. *Canaris*, HR, § 2 Rn. 8; MünchKommHGB/*K. Schmidt*, § 1 Rn. 36; *K. Schmidt*, HR, § 9 IV.2.a)cc), S. 283; *Staub/Brüggemann*, § 1 Rn. 18; BGH v. 22.2.1979 – VII ZR 183/78, WM 1979, 559; *Koller/Roth/Morck*, § 1 Rn. 13; *Baumbach/Hopt*, § 1 Rn. 19; GK/*Enstahler*, § 1 Rn. 6.
4 So aber MünchKommHGB/*K. Schmidt*, § 1 Rn. 33.

gelten¹, solange sie nicht im Rahmen etwa einer Privatschule o.a. betrieben wird (dazu auch unten Rn. 63).

Alle sonstigen Berufe, die kreative, eigenständige geistige Leistung oder wissenschaftliche Kenntnisse fordern, wie etwa politische, feuilletonistische oder Wirtschaftsjournalisten, Bildberichterstatter, freischaffende Werbe- oder Gebrauchsgraphiker, Werbetexter, Ingenieure, Programmierer (Systemanalytiker, Software-Entwickler²), Unternehmensberater, selbständige Gutachter und Sachverständige, Dolmetscher und Übersetzer, wohl auch Repetitoren und Veranstalter von beruflichen Fortbildungskursen und -seminaren, müssen dagegen heute eher dem Bereich **gewerblicher Tätigkeit** i.S. des § 1 Abs. 1 zugerechnet werden³. Eine Überforderung dieser Personengruppe durch Auferlegung kaufmännischer Pflichten trotz Fehlens einer sie zu deren Erfüllung befähigenden Organisation ist von dieser Zuordnung nicht zu befürchten. Denn solange die Erbringung ihrer individuellen Leistung im Vordergrund steht, betreiben sie zwar ein Gewerbe, aber kein Handelsgewerbe. Zum Kaufmann gemäß § 1 können sie erst dann werden, wenn ihre Tätigkeit den überindividuellen Charakter eines Massengeschäfts annimmt, das nur noch in dem organisatorischen Rahmen eines in kaufmännischer Weise eingerichteten Geschäftsbetriebs (§ 1 Abs. 2) bewältigt werden kann⁴ (dann aber meistens zugleich anstaltsmäßiger Betrieb, Rn. 63), oder sie sich freiwillig im Handelsregister mit Firma als Kaufmann eintragen lassen (§ 2). In beiden Fällen fehlt dann aber das Schutzbedürfnis. Das reine Kunstgewerbe gilt schon dem Wortsinn entsprechend von jeher als Gewerbe. Als Gewerbetreibende sind ferner angesehen worden: Apotheker⁵, Krankengymnasten, Masseure, Zahntechniker und Heilpraktiker⁶, selbständige Werbeberater⁷, selbständige Fahrlehrer⁸ und Auktionatoren (Auktionshäuser)⁹, Buchmacher¹⁰ und Treuhänder¹¹.

62

---

1 A.A. MünchKommHGB/*K. Schmidt*, § 1 Rn. 33 für die planmäßig und entgeltlich betriebene selbständige Tätigkeit, solange es sich nicht im engsten Sinne um Meisterkurse handelt.
2 Für Software-Entwicklung ausdrücklich zustimmend *Maier*, NJW 1986, 1909; BayObLG v. 21.3.2002 – Z BR 57/02, NZG 2002, 718; *Koller/Roth/Morck*, § 1 Rn. 13; GK/*Ensthaler*, § 1 Rn. 6.
3 S. dazu oben Rn. 60; a.A. aber für Dolmetscher und Übersetzer *Baumbach/Hopt*, § 1 Rn. 19 und *Canaris*, HR, § 2 Rn. 8.
4 *Koller/Roth/Morck*, § 1 Rn. 13.
5 BGH v. 20.1.1983 – I ZR 13/81, NJW 1983, 2085; *Staub/Brüggemann*, § 1 Rn. 18; *Baumbach/Hopt*, § 1 Rn. 19; h.M.; s. auch § 8 des Bundesgesetzes über das Apothekerwesen v. 15.10.1980, BGBl. I 1994: wahlweise Zulassung der Apotheker zur Gründung einer GbR oder OHG, also einer Handelsgesellschaft.
6 So LG Tübingen v. 28.1.1983 – 1 S 249/82, NJW 1983, 1093; jetzt auch BGH v. 16.3.2000 – VIII ZR 324/99, DB 2000, 2519 (zu § 196 Abs. 1 Nr. 1 BGB); zust. *Baumbach/Hopt*, § 1 Rn. 19.
7 *Heymann/Emmerich*, § 1 Rn. 19; *Baumbach/Hopt*, § 1 Rn. 19.
8 BayObLGZ 1968, 313; *Baumbach/Hopt*, § 1 Rn. 19.
9 LG Aurich v. 19.1.1972 – 36 T 179/71, BB 1975, Beil. 12, 3.
10 BayObLGZ 1932, 262; AG Hamburg, BB 1971, Beil. 9, 1 f.
11 KG, HRR 1932 Nr. 249.

63 Ein Gewerbe liegt auch bei Betrieb einer **Anstalt** vor. Anstaltsmäßiger Betrieb in diesem Sinne ist immer dann anzunehmen, wenn der organisierte Betrieb in den Vordergrund tritt und die Erbringung einer individuellen Leistung in den Hintergrund gedrängt wird. Letztlich kann hier nur die Verkehrsanschauung entscheiden. So dominiert die gewerbliche Prägung etwa beim Betrieb einer Privatklinik (im Gegensatz zu einer Arztpraxis), eines Sanatoriums oder eines Seniorenheims durch einen oder mehrere Ärzte[1], einer Privatschule, eines Privattheaters oder Zirkusunternehmens, einer Tanzschule, eines Dolmetscherbüros, eines Laborbetriebs, einer Forschungseinrichtung oder eines Architekturbüros mit umfassendem Leistungsangebot[2] oder dem Betrieb einer eigenen Plattenfirma durch eine Pop-Gruppe. Das gilt unabhängig davon, ob die Tätigkeit bei individueller Ausübung freiberuflicher, künstlerischer, wissenschaftlicher Art wäre oder, wie etwa beim Betrieb eines Dolmetscherbüros, wohl schon unabhängig von dem Anstaltsbetrieb als gewerblich gelten müsste (oben Rn. 62). Der Inhaber einer solchen Anstalt ist als solcher Gewerbetreibender[3] und damit ohne weiteres Kaufmann nach § 1, wenn deren Betrieb nach Art und Umfang kaufmännischer Betriebsweise bedarf, anderenfalls kann er Kaufmannseigenschaft nach § 2 durch freiwillige Eintragung im Handelsregister erwerben.

64 Teilweise wird auch bei anstaltsmäßiger Leistungserbringung weiter differenziert: zunächst sei zu prüfen, ob sich die verschiedenen innerhalb des Anstaltsbetriebs erbrachten Leistungen voneinander trennen ließen (z.B. ärztliche Versorgung und Unterbringung innerhalb eines Privatkrankenhauses); soweit dies nicht möglich sei, soll – die Ansätze sind im Einzelnen unterschiedlich – die dominierende Tätigkeit, die im Vordergrund stehende Komponente oder der Schwerpunkt der Tätigkeit entscheiden[4]. So sollen nach einer Ansicht die Betreiber von Privatkrankenhäusern, Privatschulen und Privattheatern nicht als Gewerbetreibende anzusehen sein, weil der Schwerpunkt auf der freiberuflichen Tätigkeit (Heilbehandlung, Unterricht, künstlerische Darbietung) liegt[5], nach einer anderen noch feiner differenzierenden Ansicht soll ein Sanatorium mit echter Krankenhausfunktion nicht gewerblich sein, gewerblich hingegen eine Seniorenpension mit medizinischer Betreuung und ein mit den Patienten selbst abrechnendes Belegkrankenhaus[6]. Diese Unterscheidungen sind sachlich nicht angebracht und zudem dazu angetan, Rechtsunsicherheit zu bewirken. Bei Ausübung innerhalb einer Anstalt, die ohne eine Art betriebswirtschaftlicher, bei größerem Zuschnitt nicht ohne handelsgewerbliche (§ 1 Abs. 2) Führung auskommen kann, ver-

---

1 *Baumbach/Hopt*, § 1 Rn. 20; a.A. (nicht gewerblich) für ein Sanatorium mit echter Krankenhausfunktion anscheinend MünchKommHGB/*K. Schmidt*, § 1 Rn. 35.
2 BGH v. 22.2.1979 – VII ZR 183/78, WM 1979, 559.
3 RGZ 64, 157; 109, 75; KG, RJA 2, 27 und OLGE 8, 89; ähnlich wie hier auch *Staub/Brüggemann*, § 1 Rn. 18; GK/*Ensthaler*, § 1 Rn. 7; *Baumbach/Hopt*, § 1 Rn. 20; wohl auch *Heymann/Emmerich*, § 1 Rn. 20; vgl. ferner BGH v. 7.7.1960 – VIII ZR 215/59, BGHZ 33, 321, 335 (zu § 196 BGB).
4 Vgl. dazu im Einzelnen *Canaris*, HR, § 2 Rn. 9; MünchKommHGB/*K. Schmidt*, § 1 Rn. 35; *Koller/Roth/Morck*, § 1 Rn. 15.
5 So *Canaris*, HR, § 2 Rn. 11.
6 So MünchKommHGB/*K. Schmidt*, § 1 Rn. 35.

liert die ohnehin zweifelhafte (oben Rn. 58) Privilegierung der freien Berufe vollends ihre innere Berechtigung. Entsprechendes gilt für künstlerische oder wissenschaftliche Betätigung: Die in einer Privatklinik erbrachte ärztliche Leistung ist freiberuflicher, die Leistung des Schauspielers in einem Privattheater künstlerischer Art. Der Betrieb der Klinik als solcher aber ebenso wie derjenige des Theaters ist Gewerbebetrieb[1].

Das schließt allerdings Gestaltungen nicht aus, bei denen im Einzelfall die gewerblichen Leistungen und bestimmte höchstpersönlich zu erbringende Leistungen, insbesondere auf Grund entsprechender vertraglicher Abmachungen, klar voneinander getrennt werden, wie etwa die Aufnahme in ein Krankenhaus und die höchstpersönliche medizinische Betreuung durch einen bestimmten Arzt durch gesonderten Vertragsschluss mit diesem. Damit ist zwar der Betrieb des Krankenhauses gewerbliche Tätigkeit, die gesondert erbrachte ärztliche Leistung bleibt dagegen freiberuflich. 65

Da freiberuflich, künstlerisch und wissenschaftlich Tätige kein Gewerbe ausüben, können sie **nicht Kaufmann** sein, auch nicht im Wege freiwilliger Eintragung nach § 2. Ihre Gesellschaften (etwa eine Rechtsanwalts-, Wirtschaftsprüfersozietät oder eine ärztliche Gemeinschaftspraxis) können deshalb nicht offene Handelsgesellschaften (OHG) oder Kommanditgesellschaften (KG) sein, sondern nur **Gesellschaften bürgerlichen Rechts** (GbR). Dies gilt trotz § 5 in Ermangelung eines Gewerbes auch dann, wenn sie fälschlich im Handelsregister eingetragen sind, vgl. dazu auch bei § 5. Den Angehörigen freier Berufe steht jedoch aufgrund des **Partnerschaftsgesellschaftsgesetzes** vom 25.7.1994[2] (dazu auch bei § 105) eine Organisationsform zur Verfügung, auf die zahlreiche allgemeine Vorschriften des HGB sowie insbesondere des Rechts der OHG entsprechend anwendbar sind (vgl. §§ 2 Abs. 2, 4, 5 Abs. 2, 6 Abs. 3 S. 2, 7 Abs. 2, 3 und 5, 8 Abs. 1 S. 2, 9 Abs. 1 und 4 S. 3, 10 Abs. 1 und 2 PartGG). Auch die Führung des Partnerschaftsregisters, in das die Partnerschaft mit nach außen hin konstitutiver Wirkung (§ 7 Abs. 1 PartGG) einzutragen ist, ist in wesentlicher Hinsicht derjenigen des Handelsregisters nachgebildet. Zu Gewerbetreibenden und damit zu Kaufleuten werden dadurch jedoch weder die einzelnen Partner noch ihre Gesellschaft als solche (§ 1 Abs. 1 S. 2 PartGG); s. dazu sowie zur Bedeutung des in § 1 Abs. 2 PartGG enthaltenen Katalogs freier Berufe für den Gewerbebegriff des § 1 Abs. 1 näher unten Rn. 68. Anders verhält es sich, wenn Freiberufler sich grenzüberschreitend in einer **Europäischen wirtschaftlichen Interessenvereinigung** (EWIV, vgl. VO (EWG) v. 25.7.1985[3] sowie deutsches EWIV-Ausführungsgesetz v. 14.4.1988[4]) zusammengeschlossen haben, da diese OHG-ähnliche Gesellschaftsform, die auch Angehörigen freier Berufe offen steht, als Handelsgesellschaft (§ 1 EWIVG) gilt, die nach Art. 6 VO in das Handelsregister ihres Sitzstaates einzutragen ist (dazu schon Rn. 6 und bei § 105; s. auch § 6 Rn. 2). Möglich ist darüber hinaus, soweit dem nicht im Einzelfall 66

---

[1] Zutreffend *Staub/Brüggemann*, § 1 Rn. 18 a.E.
[2] BGBl. I 1744.
[3] ABl. EG Nr. L 199 v. 31.7.1985, 1.
[4] BGBl. I 514.

standes- und berufsrechtliche Sonderregelungen entgegenstehen, dass Angehörige freier Berufe eine Kapitalgesellschaft (AG, GmbH) gründen, die dann als solche Formkaufmann (§ 6) ist.

67 **Definition der freien Berufe in anderen Gesetzen.** Eine gesetzliche Definition der freien Berufe findet sich in § 18 Abs. 1 Nr. 1 EStG. Die dort gegebene Definition dient ausschließlich Zwecken der Besteuerung; sie hat deshalb eine völlig andere Funktion als der Gewerbebegriff des HGB, der, indem er darüber entscheidet, wer Kaufmann ist (§ 1) oder es wenigstens sein kann (§ 2), den Anwendungsbereich der allgemeinen Vorschriften des bürgerlichen Rechts von demjenigen des kaufmännischen Sonderrechts abgrenzen soll. Die Entscheidung des Steuerrechts, welche Berufsgruppen als freie Berufe gelten und nicht der Besteuerung ihrer Einkünfte aus Gewerbebetrieb unterliegen sollen, ist damit autonom und für die Begriffsbildung des Handelsrechts ebenso ohne Bedeutung, wie umgekehrt aus der handelsrechtlichen Einstufung als gewerbliche Tätigkeit im Unterschied zur Ausübung eines freien Berufes Rückschlüsse auf die Besteuerung gezogen werden dürfen (h.M.).

68 Schwieriger ist die Beurteilung des Verhältnisses zwischen dem handelsrechtlichen Begriff der freien Berufe und demjenigen des PartGG, das in § 1 Abs. 2 einen am §18 Abs. 1 Nr. 1 EStG angelehnten, aber mit ihm nicht völlig übereinstimmenden Katalog von Tätigkeiten enthält, deren selbständige Ausübung als Ausübung eines freien Berufes i.S. des PartGG gelten soll. Dieser Katalog ist sehr viel weiter als der engere handelsrechtliche Begriff. Er zählt – wohl nicht zuletzt durch seine Anlehnung an § 18 Abs. 1 Nr. 1 EStG – zahlreiche Tätigkeiten zu den freien Berufen, die heute im Handelsrecht (s. oben Rn. 60 ff.) als Ausübung eines Gewerbes angesehen werden. Damit stellt sich die Frage nach dem Verhältnis des Katalogs des § 1 Abs. 2 PartGG zum Gewerbebegriff des § 1 Abs. 1 HGB.

69 Die der Partnerschaftsgesellschaft vom Gesetzgeber zugedachte Funktion, den Angehörigen der freien Berufe, denen als Nichtgewerbetreibenden die gemeinsame Ausübung ihrer Tätigkeit in Form einer OHG oder KG versagt ist, eine Assoziationsform zur Verfügung zu stellen, die den Besonderheiten ihrer Berufsausübung besser angepasst ist als die allgemeinen Regeln über die Gesellschaft bürgerlichen Rechts, lässt keinen Zweifel daran, dass der Partnerschaftsgesellschaft nach den Vorstellungen des Gesetzgebers an sich eine komplementäre Funktion zur OHG zugedacht ist[1]. Dies spricht zunächst nachdrücklich dafür, dass der in § 1 Abs. 2 PartGG enthaltene Katalog freier Berufe Verbindlichkeit auch für den handelsrechtlichen Gewerbebegriff beansprucht. Wer als Angehöriger eines der in § 1 Abs. 2 PartGG aufgezählten freien Berufe eine Partnerschaftsgesellschaft gründen kann, könnte danach nicht Gewerbetreibender sein, der eine OHG oder KG gründen könnte, und umgekehrt: Wer als Gewerbetreibender i.S. von § 1 Abs. 1 eine OHG gründen könnte, kann nicht Freiberufler gemäß § 1 Abs. 2 PartGG sein. Der Komplementarität von OHG (und KG) und Partnerschaftsgesellschaft entspräche damit die Komplementarität der Gewerbetreibenden

---

1 So ausdrücklich Begr. RegE BT-Drucks. 12/6152 S. 1.

des HGB, die zur Gründung (nur) einer OHG oder KG zugelassen sind, einerseits und der Freiberufler, die zur Gründung (nur) einer PartG zugelassen sind, andererseits. Bei dieser Auffassung wäre der Begriff der freiberuflichen Tätigkeit des PartGG identisch mit demjenigen des HGB[1], der Katalog der freien Berufe verbindlich für beide Gesetze. Überschneidungen wären ausgeschlossen.

Demgegenüber hat sich im Schrifttum zunehmend die Auffassung durchgesetzt, dass die Aufzählung der freien Berufe in § 1 Abs. 2 PartGG keine präjudizielle Ausstrahlung auf den handelsrechtlichen Gewerbebegriff hat, sondern lediglich festlegt, welche Berufsgruppen als freie Berufe i.S. des PartGG gelten und damit zur Gründung einer Partnerschaftsgesellschaft zugelassen sein sollen. Berufsgruppen, die § 1 Abs. 2 PartGG zu den freien Berufen zählt, die eine Partnerschaftsgesellschaft gründen können, könnten damit gleichzeitig Gewerbetreibende i.S. des weiteren Gewerbebegriffs des HGB sein, die auch eine OHG oder KG gründen können[2]. Durch die Wahl der Rechtsform der OHG oder KG und damit einer Handelsgesellschaft (§ 6 Abs. 1) unterstellte der Betreiber eines Unternehmens sich und dessen Geschäftsbetrieb in jeder Beziehung Handelsrecht (einschließlich des Dritten Buches über Handelsgeschäfte) und dem für Kaufleute – auch in Gesetzen außerhalb des HGB – geltenden Sonderbestimmungen. Die Zugehörigkeit zu den im Katalog des § 1 Abs. 2 PartGG aufgezählten Gruppen von Freiberuflern bliebe nach dieser Konzeption für eine solche Gesellschaft ohne Bedeutung. Die Wahl umgekehrt der Rechtsform der Partnerschaftsgesellschaft führt dagegen, da diese Gesellschaft nach ausdrücklicher gesetzlicher Bestimmung (§ 1 Abs. 1 S. 2 PartGG) kein Handelsgewerbe ausübt, unzweifelhaft zur Unanwendbarkeit des Handelsrechts[3]. Zur Möglichkeit der entsprechenden Anwendung einzelner handelsrechtlicher Regeln auf diese Personengruppe s. Einl. Rn. 38a.

Meinungsunterschiede über die Verbindlichkeit des Katalogs der freien Berufe in § 1 Abs. 2 PartGG für den Gewerbebegriff des HGB hätten Auswirkungen auch auf die Einordnung der Rechtsstellung der Personen, die ihre Tätigkeiten nicht in Gesellschaft mit anderen, sondern als Einzelunternehmer ausüben. Bei Annahme einer Verbindlichkeit des § 1 Abs. 2 PartGG auch für das HGB sind sie in jeder Hinsicht Freiberufler. Da sie damit auch i.S. von § 1 Abs. 1 HGB kein Gewerbe betreiben, sind sie vom Erwerb der Kaufmannseigenschaft ein für allemal ausgeschlossen. Bei fehlender Verbindlichkeit ist allein an Hand des eigenständigen Gewerbebegriffs des § 1 Abs. 1 zu

---

[1] So im Grundsatz HK/*Ruß*, § 1 Rn. 39: § 1 Abs. 2 PartGG „beispielhaft für die Einordnung in freie Berufe ...".
[2] So MünchKommHGB/*K. Schmidt*, § 1 Rn. 36; *K. Schmidt*, GesR, § 64 I.2.b), S. 1877; *Koller/Roth/Morck*, § 1 Rn. 13; GK/*Ensthaler*, § 1 Rn. 6; MünchKommBGB/*Ulmer*, § 1 PartGG Rn. 15 ff.; *Ebenroth/Boujong/Joost/Strohn/Kindler*, § 1 Rn. 39; *Baumbach/Hopt*, § 1 Rn. 19; gegen die Annahme, § 1 Abs. 2 PartGG definiere einen Rechtsbegriff des freien Berufes mit Anspruch auf Allgemeingültigkeit für die gesamte Rechtsordnung, jetzt auch BGH v. 16.3.2000 – VII ZR 324/99, DB 2000, 2519 (zu § 196 Abs. 1 Nr. 1 BGB a.F.).
[3] So auch MünchKommHGB/*K. Schmidt*, § 1 Rn. 36: „negativer Formkaufmann".

entscheiden, ob sie als Gewerbetreibende i.S. des HGB anzusehen sind. Ist dies der Fall, so sind sie bei entsprechendem Zuschnitt ihres Unternehmens (§ 1 Abs. 2) ohne weiteres Kaufleute gemäß § 1; sind sie lediglich Kleingewerbetreibende, so steht ihnen der Erwerb der Kaufmannseigenschaft durch freiwillige Eintragung in das Handelsregister nach § 2 offen. Der Umstand, dass sie zugleich zu einer der in § 1 Abs. 2 PartGG als Angehörige eines freien Berufes aufgezählten Berufsgruppen gehören, bleibt nach der hier vertretenen, wohl inzwischen herrschenden Auffassung für sie ohne Bedeutung.

i) Berufsmäßigkeit der Betätigung als Voraussetzung für ein Gewerbe?

72 Als weitere Voraussetzung für das Vorliegen eines Gewerbebetriebes wurde vor allem von der Rechtsprechung (Rn. 23, 34) in der Vergangenheit immer wieder die Berufsmäßigkeit der Betätigung genannt. Das Merkmal dient im Wesentlichen der Abgrenzung unternehmerischen Handelns von der privaten Kapitalanlage und Vermögensverwaltung. Es hat in der neueren Rechtsprechung eine Rolle vor allem bei der Frage gespielt, ob die **Errichtung oder der Erwerb von Gebäuden** oder Eigentumswohnungen in der Absicht anschließender Vermietung eine gewerbliche Tätigkeit ist. Es passt jedoch[1] nur auf natürliche Personen, erscheint auch in der Sache entbehrlich und sollte völlig aufgegeben werden. Denn die Berufsmäßigkeit wird verneint, solange sich die Tätigkeit nach der Verkehrsanschauung aufgrund ihres Umfangs und äußeren Erscheinungsbildes noch im Rahmen privater Kapitalanlage und Vermögensverwaltung hält. In diesem Falle dürfte es schon an einem wirtschaftlichen Geschäftsbetrieb, d.h. einem Unternehmen, fehlen (oben Rn. 34). Geht sie aber darüber hinaus, so dass sie sich als planmäßiges Auftreten als Anbieter am Markt für Wohn- und Gewerberäume darstellt und eine eigene Verwaltungsorganisation erfordert, so liegt unternehmerisches Handeln und damit ein Geschäftsbetrieb vor. In diesen Fällen nimmt auch die Rechtsprechung Berufsmäßigkeit und damit eine gewerbliche Tätigkeit an (vgl. dazu im Einzelnen oben Rn. 34).

V. Der Betreiber des Gewerbes i.S. des HGB

I. Allgemeines; Bedeutung

73 Nach § 1 Abs. 1 kommt die Kaufmannseigenschaft demjenigen zu, der das Unternehmen „betreibt". Gemeint ist damit – was angesichts der Realität des modernen Wirtschaftslebens, die zunehmend von Gesellschaften mit Fremdgeschäftsführung als Organisationsmodell beherrscht wird, von großer Bedeutung ist – **nicht derjenige, der** für **das Unternehmen** in leitender Funktion handelt, der es also **führt** („betreibt"). **Kaufmann** i.S. des HGB **ist** vielmehr **allein derjenige, der aus den im Unternehmen geschlossenen Geschäften berechtigt und verpflichtet wird.** Das gilt für den Kaufmann kraft Rechtsform ebenso wie für denjenigen kraft Handelsgewerbes. Kaufmann ist

---

1 Worauf K. Schmidt, HR, § 9 V.2.a)bb), S. 281, „was ist schon der Beruf einer Gesellschaft?" zutreffend hingewiesen hat; zustimmend auch Canaris, HR, § 2 Rn. 15.

also stets der **Inhaber** des Unternehmens oder in einer modernen Formulierung: der **Unternehmensträger**. Dies folgt aus der Funktion des Kaufmannsbegriffs, die in bestimmten Unternehmen begründeten Rechte und Pflichten einem Sonderrecht zu unterstellen. **Träger** der im Betrieb eines Unternehmens begründeten Rechte und Pflichten ist aber regelmäßig nicht derjenige, der das Unternehmen führt, sondern derjenige, für den, d.h. in **dessen Namen es nach außen betrieben wird** (h.M.). Das ist auch der Grund, warum zur Erfüllung der Definition des Gewerbebegriffs Selbständigkeit der Gewerbeausübung erforderlich ist (s. dazu oben Rn. 25). Unerheblich ist es bei Erfüllung dieser Voraussetzung für die Eigenschaft als Betreiber, ob das Unternehmen intern auf eigene oder fremde Rechnung geführt wird oder ob interne Abhängigkeiten zu einem Dritten bestehen (s. dazu auch unten Rn. 78 ff.). Adressat der Sondernormen des HGB, die sich an einen Kaufmann wenden, ist also stets ein Unternehmensträger. Daraus ergeben sich – teilweise in Abweichung vom allgemeinen und auch vom kaufmännischen Sprachgebrauch – folgende Konsequenzen:

2. Juristische Personen

Bei juristischen Personen (AG einschl. SE, GmbH, eG, e.V., VVAG; zu ihrer Kaufmannseigenschaft vgl. im Einzelnen Rn. 6 und § 6 Rn. 5) **sind Kaufleute nicht die für sie handelnden Organe;** Kaufmann i.S. des HGB ist allein die juristische Person als solche. Kaufmann ist also nur die AG; die Mitglieder ihres Vorstandes oder Aufsichtsrats sind Kaufleute weder als einzelne noch in ihrer Gesamtheit. Kaufmann ist allein die GmbH, nicht ihr Geschäftsführer[1] und auch nicht ihr Gesellschafter[2]; dies gilt selbst dann, wenn es sich um eine Einmann-GmbH handelt und der Gesellschafter zugleich als Geschäftsführer tätig ist[3]. Entsprechendes gilt für andere juristische Personen. Die handelsrechtliche Fähigkeit, Träger (Betreiber) eines (gewerblichen) Unternehmens zu sein, kommt auch rechtsfähigen Stiftungen zu. Seit der Reform des Stiftungsrechts im Jahre 2002[4] sind nicht nur Beteiligungsstif-

74

---

1 BGH v. 19.2.1986 – VIII ZR 113/85, BGHZ 97, 127, 134; BGH v. 23.3.1988 – VIII ZR 175/87, BGHZ 104, 95, 98; BGH v. 17.1.1991 – IX ZR 170/90, WM 1991, 536; BGH v. 22.2.1996 – IX ZR 153/95, ZIP 1996, 745, 746.
2 BGH v. 17.1.1991 – IX ZR 179/90, WM 1991, 536; BGH v. 20.3.1997 – IX ZR 83/96, ZIP 1997, 836, 837.
3 BGH v. 28.1.1993 – IX ZR 259/91, BGHZ 121, 224, 228 mit krit. Anm. *K. Schmidt*, JR 1993, 321, 322 zu der daraus von der Rechtsprechung des BGH gezogenen Folgerung, dass der Geschäftsführer deshalb keine auf das Handelsgeschäft der Gesellschaft bezogene formfreie Bürgschaft nach § 350 abgeben kann; im gleichen Sinne *K. Schmidt* erneut in JuS 1995, 353; wie BGH aber auch OLG Düsseldorf v. 29.12.1993 – 18 U 105/93, NJW-RR 1995, 93 und OLG Oldenburg v. 19.1.1995 – 10 U 43/94, NJW-RR 1996, 286, 287; s. zu diesen Fragen näher bei § 350; ebenso schon BGH v. 12.5.1986 – II ZR 225/85, ZIP 1986, 1457 und BGH v. 13.2.1952 – II ZR 91/51, BGHZ 5, 133, 134; wie im Text aber auch neuerdings wieder der BGH, s. BGH v. 8.11.2005 – XI ZR 34/05, NJW 2006, 431 (für den geschäftsführenden Alleingesellschafter).
4 Gesetz zur Modernisierung des Stiftungsrechts v. 15.7.2002 (BGBl. I 2634), in Kraft seit dem 1.9.2002.

tungen, sondern auch unternehmenstragende Stiftungen zulässig. Als Unternehmensträger und damit Betreiber eines Gewerbes in Betracht kommen auch juristische Personen des öffentlichen Rechts[1], wie Körperschaften, Anstalten, öffentlich-rechtliche Stiftungen sowie Gebietskörperschaften, wenn sie das Unternehmen unmittelbar selbst ohne Zwischenschaltung eines selbständigen Rechtsträgers betreiben (s. dazu näher oben Rn. 51 ff.). Beschränkungen der Zulässigkeit erwerbswirtschaftlicher Tätigkeiten der öffentlichen Hand durch Vorschriften des öffentlichen Rechts, insbesondere auch des Kommunalrechts[2], betreffen ausschließlich die Frage des Erlaubtseins (§ 7) der Tätigkeit, nicht der Betreibereigenschaft der Körperschaft i.S. des HGB; für sie kommt es allein auf den rechtstatsächlichen Betrieb des Unternehmens an. Auslandsgesellschaften können Träger inländischer Unternehmen sein, soweit sie nach internationalem Privatrecht oder auf Grund (EU-) europarechtlicher Vorschriften im Inland anzuerkennen sind. Für innerhalb eines EU-Mitgliedstaates nach dortigem Recht rechtmäßig gegründete Gesellschaften ist dies als Folge der Niederlassungsfreiheit grundsätzlich zu bejahen.

3. Personenhandelsgesellschaften

75 Bei den Personenhandelsgesellschaften (OHG, KG) sind Kaufleute die **Gesellschaften als solche** (vgl. § 6 Abs. 1) sowie daneben ihre **persönlich haftenden Gesellschafter**[3], und zwar deshalb, weil sie persönlich für die Gesellschaftsschulden haften ohne Rücksicht auf ihre Vertretungsmacht, nicht dagegen die Kommanditisten[4], weil sie nach der gesetzlichen Konzeption dieser Gesellschaftsform nur kapitalistisch mit beschränkter Haftung beteiligt sind und das Unternehmen der KG nicht i.S. des § 1 Abs. 1 betreiben. Die Kaufmannseigenschaft der persönlich haftenden Gesellschafter wird von einem Teil der Literatur, der nur die Gesellschaft als solche als Unternehmensträger und damit als Kaufmann ansieht, bestritten[5], was jedoch ihrer mit persönlicher Haftung verbundenen Unternehmerstellung nicht gerecht wird. Dieser Streit hat Folgen auch für die Kaufmannseigenschaft der

---

1 H.M., vgl. MünchKommHGB/*K. Schmidt*, § 1 Rn. 40 und *K. Schmidt*, HR, § 5 I.2.c), S. 100 f.; *Baumbach/Hopt*, § 1 Rn. 27.
2 S. dazu *Zeiß*, Das Recht der gemeindlichen Eigenbetriebe, 4. Aufl. 1993.
3 BGH v. 16.2.1961 – III ZR 71/60, BGHZ 34, 293, 296 f.; BGH v. 2.6.1966 – VII ZR 292/64, BGHZ 45, 282, 284; BGH v. 22.9.2005 – IX ZB 55/04, ZIP 2005, 2070, st. Rspr.; *Heymann/Emmerich*, § 1 Rn. 15; *Staub/Brüggemann*, § 1 Rn. 32 f. („Gesellschafter-Kaufmann" für die kaufmännische Sphäre ihrer Gesellschaft); *Canaris*, HR, § 2 Rn. 20; GK/*Ensthaler*, § 1 Rn. 10; *Ebenroth/Boujong/Joost/Strohn/Kindler*, § 1 Rn. 86; teilweise anders *Staub/Ulmer*, § 105 Rn. 78 (nur die geschäftsführenden persönlich haftenden Gesellschafter); s. auch bei § 6 und § 105; s. aber auch zur Gegenmeinung die übernächste Fn.
4 BGH v. 2.6.1996 – VII ZR 292/64, BGHZ 45, 282, 284; BGH v. 19.2.1986 – VIII ZR 113/85, BGHZ 97, 127, 134; unstr.
5 Vgl. MünchKommHGB/*K. Schmidt*, § 1 Rn. 67; *K. Schmidt*, HR, § 5 I.1.b), S. 90 ff.; s. auch *Staub/Ulmer*, § 105 Rn. 74 ff., 77 f. m.w.N.; *Koller/Roth/Morck*, § 1 Rn. 23; *Zöllner*, DB 1964, 796; *Lieb*, DB 1967, 761; differenzierend *Baumbach/Hopt*, § 105 Rn. 22 (Kaufmannseigenschaft je nach Normzweck).

Komplementär-GmbH & Co. KG bei der sog. doppelstöckigen GmbH & Co. KG[1]. Bei der stillen Gesellschaft ist (unstr.) Kaufmann nur der Inhaber des Handelsgeschäfts, weil er allein aus den im Betrieb geschlossenen Geschäften berechtigt und verpflichtet wird (§ 230 Abs. 2), nicht der an dem Geschäft beteiligte stille Gesellschafter. Bei der KGaA, die – anders als OHG und KG – als juristische Person gilt, ist Kaufmann die KGaA als solche sowie ihr persönlich haftender Gesellschafter. Bei einer Erbengemeinschaft, die ohne Gründung einer Gesellschaft ein ererbtes Handelsgeschäft weiterführt, sind Kaufleute die einzelnen Miterben, nicht die Erbengemeinschaft als solche (s. dazu unten Rn. 86).

4. Stellung von Angestellten

Niemals als solche **Kaufleute** sind die in einem kaufmännischen Unternehmen tätigen Angestellten, selbst wenn sie als Prokuristen, Generalbevollmächtigte, Handlungsbevollmächtigte Leitungsfunktionen ausüben. Die Bezeichnung des erlernten Berufs etwa als „Industriekaufmann" hat für das HGB keine Bedeutung (h.M.). Dies gilt grundsätzlich nicht für die sog. Scheinselbständigen (s. dazu schon oben Rn. 26). Da sie nach außen im Rechtsverkehr als selbständige Betreiber des Unternehmens (Unternehmensträger) auftreten und der Rechtsverkehr ihre internen Abhängigkeiten nicht erkennen kann, müssen sie handelsrechtlich auch als Unternehmensträger behandelt werden. Ihre internen Abhängigkeiten sind von Bedeutung lediglich für das Innenverhältnis zu demjenigen, von dem sie abhängig sind, sowie für ihre sozialrechtliche Behandlung.

76

5. Stellvertretung

Führt jemand ein Unternehmen in Vertretung eines anderen, so ist Kaufmann allein derjenige, der durch die in seiner Vertretung abgeschlossenen Geschäfte berechtigt und verpflichtet wird, **nicht der Vertreter**, mag er auch rechtlich wie tatsächlich im Unternehmen allein das Sagen haben. Dies gilt auch für die gesetzliche Vertretung nicht (§ 104 Nr. 1 und 2 BGB) oder nicht voll geschäftsfähiger (§§ 106 ff. BGB) Personen. Führt also der Betreuer einer unter § 104 Nr. 2 BGB fallenden Person im Rahmen seines Aufgabenkreises (§ 1902 BGB) das Geschäft für den Betreuten, so ist Gewerbetreibender (und ggf. Kaufmann nach § 1 oder § 2) dieser und nicht der Betreuer. Entsprechendes gilt, wenn Eltern ein Handelsgeschäft im Namen ihrer minderjährigen Kinder (§§ 104 Nr. 1, 106 ff. BGB) führen. Auch dann sind Betreiber des Geschäfts allein die Kinder und nicht die für sie handelnden Eltern. Da es nach Ansicht des BVerfG[2] mit dem GG nicht vereinbar ist, dass Eltern ihre Kinder kraft elterlicher Vertretungsmacht bei Fortsetzung eines ererbten Handelsgeschäfts in ungeteilter Erbengemeinschaft finanziell uneingeschränkt verpflichten können, hat der Gesetzgeber die Haftungsverhältnisse minder-

77

---

1 Vgl. dazu *K. Schmidt*, DB 1990, 93.
2 BVerfG v. 13.5.1986 – 1 BvR 1542/84, NJW 1986, 1859 gegen BGH v. 8.10.1984 – II ZR 223/83, BGHZ 92, 259.

jähriger Einzelkaufleute und persönlich haftender Gesellschafter von Handelsgesellschaften in jüngerer Zeit neu geregelt, s. dazu unten Rn. 90 ff.

6. Mittelbare Vertretungsverhältnisse; Treuhänder, Testamentsvollstrecker, Insolvenzverwalter u.Ä.

78 Anders verhält es sich in allen Fällen mittelbarer Vertretung, bei der das Handelsgeschäft von dem „Vertreter" im eigenen Namen, wenn auch wirtschaftlich für fremde Rechnung geführt wird. Da rechtlich in diesen Fällen aus den im Betrieb des Unternehmens geschlossenen Geschäften allein der **mittelbare „Vertreter"**, der nach außen hin als Inhaber des Unternehmens auftritt, berechtigt und verpflichtet wird, erwirbt die Kaufmannseigenschaft allein er und nicht derjenige, für dessen Rechnung er das Unternehmen intern betreibt. Dies gilt auch dann, wenn jemand ein Unternehmen im eigenen Namen als **Treuhänder** führt. Kaufmann ist in diesem Fall allein der Treuhänder[1], nicht der Treugeber.

79 Die bei mittelbarer Stellvertretung geltenden Grundsätze müssen auch auf den sog. **Strohmann** Anwendung finden[2]. Auch er führt das Unternehmen bei entsprechendem Auftreten nicht anders als der „echte" Treuhänder nach außen im eigenen Namen, wird also aus den im Unternehmen geschlossenen Geschäften berechtigt und verpflichtet. Nach anderer Ansicht soll derjenige, der lediglich zur Verschleierung der wirklichen Verhältnisse nach außen hin als Inhaber auftritt, ohne dass er das Unternehmen wirklich im eigenen Namen als Treuhänder führen soll, die Kaufmannseigenschaft nicht erwerben können. Kaufmann sei allein der wahre Inhaber. Der Strohmann könne jedoch nach Rechtsscheinsgesichtspunkten (vgl. Anh. § 5) nach § 15 Abs. 3 haften.

80 Nach der Rechtsprechung stehen für die Führung eines Handelsgeschäfts durch einen **Testamentsvollstrecker** (abgesehen von der Ausschlagung der Erbschaft oder der Freigabe des Handelsgeschäfts durch den Testamentsvollstrecker) folgende **alternative Gestaltungsmöglichkeiten** zur Verfügung[3]: Aufgrund der ihm durch die Anordnung der Testamentsvollstreckung übertragenen Verwaltungs- und Verfügungsmacht kann er das Handelsgeschäft im eigenen Namen unter persönlicher Haftung für die von ihm im Unter-

---

1 Ganz h.M., *Staub/Brüggemann*, § 1 Rn. 22 f.; *Heymann/Emmerich*, § 1 Rn. 13; *Canaris*, HR, § 2 Rn. 19; s. RGZ 99, 158, 159; MünchKommHGB/*K. Schmidt*, § 1 Rn. 54; *Koller/Roth/Morck*, § 1 Rn. 18 *Baumbach/Hopt*, § 1 Rn. 30; GK/*Ensthaler*, § 1 Rn. 10.
2 Wie hier *Staub/Brüggemann*, § 1 Rn. 23; *Koller/Roth/Morck*, § 1 Rn. 18; *Ebenroth/Boujong/Joost/Strohn/Kindler*, § 1 Rn. 82; KG, JW 1939, 293; nach *Wassner*, ZGR 1973, 47 soll sowohl der Strohmann als auch der Hintermann, wenn dieser fallweise erkennbar werde, Kaufmann sein; ähnlich *Baumbach/Hopt*, § 1 Rn. 30: Bei nach außen deutlichem Auftreten des Hintermannes ist dieser Gewerbetreibender; Strohmann kann nach Rechtsscheinsgesichtspunkten haften.
3 BGH v. 18.1.1954 – IV ZR 130/53, BGHZ 12, 100 ff.; BGH v. 27.3.1961 – II ZR 294/59, BGHZ 35, 13, 15 ff.

nehmen begründeten Verbindlichkeiten[1], aber für Rechnung des Erben als dessen Treuhänder führen (sog. **Treuhandlösung**). Inhaber des Handelsgeschäfts (Betreiber) nach außen und damit Kaufmann ist bei der Wahl dieser Alternative allein der Testamentsvollstrecker. Deshalb ist auch nur er und nicht der Erbe im Handelsregister einzutragen. Bei Vorhandensein mehrerer Testamentsvollstrecker haben sie diese Stellung gemeinsam, ohne dass zwischen ihnen eine OHG entsteht[2]. Eigentümer des Betriebsvermögens wird der Testamentsvollstrecker dadurch nicht; er hat aber einen Anspruch gegen den Erben auf Übertragung[3].

Führt er das Geschäft als Vertreter des Erben in dessen Namen aufgrund einer ihm von diesem erteilten Prokura oder Generalhandelsvollmacht (sog. **Vollmachtslösung**)[4], so ist der Betreiber des Handelsgeschäfts und damit Kaufmann allein der Erbe ungeachtet seiner aus der Bindung an die Testamentsvollstreckung folgenden über die Vollmacht hinausgehenden Verpflichtung, sich jeglichen Eingriffs in die Führung des Unternehmens zu enthalten. Nur er wird im Handelsregister eingetragen. Ihn und nicht den Testamentsvollstrecker trifft auch die Haftung für die im Betrieb des Unternehmens vom Testamentsvollstrecker begründeten Verbindlichkeiten. Nach h.M. ist allerdings Voraussetzung für die Wahl der Vollmachtslösung, dass dem Testament des Erblassers Auflagen oder Bedingungen zu entnehmen sind, die den Erben zur Erteilung einer solchen Vollmacht anhalten[5]. Im Einzelnen nicht geklärt ist jedoch, unter welchen Voraussetzungen eine solche Bindung des Erben anzunehmen ist; z.T. wird ihre Zulässigkeit sogar bestritten[6]. 81

Im **Schrifttum** sind immer wieder **erhebliche Bedenken** sowohl gegen die Vollmachts- als auch die Treuhandlösung erhoben worden[7]. Sie beruhen bei der Vollmachtslösung auf der rechtlichen Unzulässigkeit einer verdrängenden Vollmacht (die Erteilung einer Vollmacht ermächtigt generell nur zum Abschluss von Geschäften für den Vollmachtgeber neben diesem aber nicht statt seiner), auf der (möglicherweise sogar sittenwidrigen) Knebelungswir- 82

---

1 Näher zu den Haftungsverhältnissen, insbes. auch zu der Haftung für die Altschulden, bei § 27.
2 BGH v. 16.10.1974 – IV ZR 3/73, NJW 1975, 54.
3 BGH v. 11.4.1957 – II ZR 182/55, BGHZ 24, 106, 112; s. zu diesem Fragenkreis näher *Dauner-Lieb*, Unternehmen im Sondervermögen, 1998, S. 283 ff.; *Lorz*, Testamentsvollstreckung und Unternehmensrecht, 1995, S. 79 ff.; *Muscheler*, Die Haftungsordnung der Testamentsvollstreckung, 1994, S. 31 ff.
4 Vgl. dazu BGH v. 18.1.1954 – IV ZR 130/53, BGHZ 12, 100 ff.; BGH v. 27.3.1961 – II ZR 294/59, BGHZ 35, 13, 15 ff.; MünchKommHGB/*K. Schmidt*, § 1 Rn. 59; *Baumbach/Hopt*, § 1 Rn. 41.
5 BGH v. 18.1.1954 – IV ZR 130/53, BGHZ 12, 100, 103 f.
6 Vgl. dazu *Nordemann*, NJW 1963, 1139 f.; *John*, BB 1980, 758; *Siebert*, FS Hueck, 1959, S. 321.
7 Vgl. *Nordemann*, NJW 1963, 1139 f.; *John*, BB 1980, 758; *Siebert*, FS Hueck, 1959, S. 321; in gleicher Richtung auch *Canaris*, HR, § 9 Rn. 31 ff.; *Heymann/Emmerich*, § 1 Rn. 31; vgl. ferner MünchKommBGB/*Lieb*, § 27 Rn. 23 ff.; *Dauner-Lieb*, Unternehmen im Sondervermögen, 1998, S. 312 ff., 326 ff. und ausführlich *K. Schmidt*, HR, § 5 I.1.d)bb) S. 95 ff. m.w.N. sowie die übernächste Fn.

kung einer solchen Vollmacht, mindestens aber auf Zweifeln, ob eine solche Behandlung (unbeschränkte persönliche Haftung des Erben für das Handeln des Testamentsvollstreckers) tatsächlich dem Willen des Erblassers entspricht, bei der Treuhandlösung u.a. auf Zweifeln, ob der Testamentsvollstrecker durch sein Handeln überhaupt eine persönliche Haftung begründet (bei offenem Auftreten als Testamentsvollstrecker, d.h. Treuhänder, verpflichtet dieser der Regel entsprechend an sich nur den Nachlass, also das Treugut) sowie auf Bedenken rechtssystematischer Art, wie er, ohne Träger des Unternehmensvermögens zu sein, im eigenen Namen dessen Haftung begründen soll (Stichwort: dem geltenden Recht ist eine sog. Verpflichtungsermächtigung unbekannt). Dieses Bedenken würde allerdings bei Übertragung des Betriebsvermögens auf den Testamentsvollstrecker im Rahmen der sog. Treuhandlösung (oben Rn. 80) entfallen. Im Schrifttum ist deshalb auch für Unternehmen die Zulassung einer **echten Testamentsvollstreckerlösung** vertreten worden, bei welcher der Testamentsvollstrecker ohne eigene Haftung bei Eintragung des Erben als Kaufmann im Handelsregister mit Testamentsvollstreckervermerk als solcher tätig wird[1]. Das dagegen bestehende Bedenken, dass in diesem Fall nur eine auf den Nachlass beschränkte Haftung für die von dem Testamentsvollstrecker im Betrieb des Handelsgeschäfts eingegangenen Verbindlichkeiten begründet werden kann (§§ 2206, 2207, 2209 BGB), scheint jedoch aus heutiger Sicht unüberwindlich[2]. Die geringsten Bedenken dürften gegen die Treuhandlösung (der Testamentsvollstrecker haftet voll mit dem eigenen Vermögen, weil er nicht als solcher, sondern nach außen als Inhaber des Handelsgeschäfts auftritt) mit Übertragung des Betriebsvermögens bestehen. Die sog. echte Testamentsvollstreckerlösung hat sich deshalb bisher trotz wachsender Zustimmung im Schrifttum[3] vor allem auch in der Praxis nicht durchsetzen können.

83 Der **Insolvenzverwalter**, der ein zur Masse gehöriges Handelsgeschäft vorübergehend fortführt, wird dadurch nicht selber zum Kaufmann. Obwohl er nicht als Verteter des Schuldners, sondern aufgrund seines Amtes im eigenen Namen handelt, werden die Wirkungen der von ihm geschlossenen Geschäfte dem Schuldner zugerechnet, der ungeachtet der Verfügungsbeschränkungen, denen er während des Insolvenzverfahrens unterworfen ist, weiterhin Kaufmann bleibt[4]. Entsprechendes gilt hinsichtlich der fehlenden

---

1 So grundlegend *Baur*, FS für Dölle I, 1963, S. 249 ff.; s. ferner auch folgende Fn.
2 A. A. *Canaris*, HR, § 9 Rn. 37; *Muscheler*, Die Haftungsordnung der Testamentsvollstreckung, 1994, S. 389 ff.; *Winkler*, FS Schippel, 1996, S. 392 ff.; MünchKommBGB/*Zimmermann*, § 2205 Rn. 21 f.; *Baumbach/Hopt*, § 1 Rn. 44; *Heymann/Emmerich*, § 1 Rn. 31: für Zulässigkeit „zumindest für eine Übergangszeit"; vgl. auch LG Konstanz v. 15.12.1989 – HT 4/89, NJW-RR 1990, 716 f.; s. aber auch *Brandner*, FS Stimpel, 1985, S. 991, 997; MünchKommHGB/*K. Schmidt*, § 1 Rn. 61 mit Fn. 238 (für gesetzl. Vertretung); *Ebenroth/Boujong/Joost/Strohn/Kindler*, § 1 Rn. 89; *Dauner-Lieb*, Unternehmen im Sondervermögen, 1998, S. 312, 516.
3 S. die vorige Fn.
4 Völlig h.M.: St. Rspr., s. BGH v. 27.10.1983 – I ARZ 334/83, BGHZ 88, 331, 334 m.w.N.; *Staub/Brüggemann*, § 1 Rn. 23; *Baumbach/Hopt*, § 1 Rn. 47; *Heymann/Emmerich*, § 1 Rn. 13; *Canaris*, HR, § 2 Rn. 19; *Koller/Roth/Morck*, § 1 Rn. 20; im Ergebnis auch MünchKommHGB/*K. Schmidt*, § 1 Rn. 62, obwohl er den Insolvenz-

7. Verpachtung, Nießbrauch u.Ä.

Bei Verpachtung des Unternehmens ist **Kaufmann** allein der **Pächter**[2], nicht der Verpächter (dazu schon oben Rn. 44), beim Nießbrauch der **Nießbraucher**, es sei denn, dass er von der Unternehmensleitung ausgeschlossen und auf eine Beteiligung am Ertrag des Unternehmens beschränkt ist[3]. Entsprechendes gilt für ähnliche Überlassungsverhältnisse; zur Betriebsaufspaltung s. Rn. 45. Betreiber des Handelsgewerbes ist auch der **Franchisenehmer** und Vertragshändler sowie jeder andere im Vertrieb tätige Gewerbetreibende, der im eigenen Namen abschließt, mag er auch in ein fremdes Vertriebssystem eingebunden sein[4].

84

8. Eheleute

Für die Kaufmannseigenschaft einer Frau („Kauffrau") gilt – heute eine Selbstverständlichkeit – nichts Besonderes. Eheleute können auch gegen den Willen ihres Partners ein Handelsgeschäft eröffnen oder übernehmen und sich als Kaufmann im Handelsregister eintragen lassen. Das Verwaltungs- und Verfügungsrecht eines jeden Ehegatten ist weder beim gesetzlichen Güterstand (Zugewinngemeinschaft – genauer: Gütertrennung mit Zugewinnausgleich –, vgl. §§ 1363 ff. BGB) noch bei der Gütertrennung, § 1414 BGB, beschränkt. Beim gesetzlichen Güterstand bedarf jedoch jeder Ehegatte der Zustimmung des anderen, wenn er über sein Vermögen im Ganzen verfügen will, § 1365 BGB. Zur Haftung gegenüber Gläubigern des anderen Ehegatten vgl. § 1362 BGB, § 739 ZPO (widerlegliche Vermutung, dass die im Besitz eines oder beider befindlichen Sachen dem Schuldner gehören). Bei Gütergemeinschaft (§§ 1415 ff. BGB) kommt die Kaufmannseigenschaft beiden Ehegatten zu, wenn das Handelsgeschäft zum gemeinsam verwalteten Gesamtgut gehört; bei Verwaltung durch nur einen der Ehegatten ist auch

85

---

verwalter nicht als Amtswalter, sondern als gesetzlichen Vertreter des Schuldners ansieht.

1 Unstr., vgl. *Staub/Brüggemann*, § 1 Rn. 23 und *Heymann/Emmerich*, § 1 Rn. 13; *Baumbach/Hopt*, § 1 Rn. 47.
2 H.M., vgl. *Heymann/Emmerich*, § 1 Rn. 13; *Baumbach/Hopt*, § 1 Rn. 30; *Canaris*, HR, § 2 Rn. 19; *K. Schmidt*, HR, § 5 I.1.c), S. 92 und MünchKommHGB/*K. Schmidt*, § 1 Rn. 54; *Ebenroth/Boujong/Joost/Strohn/Kindler*, § 1 Rn. 83; OLG Köln v. 25.10.1962 – 8 Wx 100/62, NJW 1963, 541.
3 Vgl. MünchKommHGB/*K. Schmidt*, § 1 Rn. 54; *K. Schmidt*, HR, § 5 I.1.c), S. 92; *Ebenroth/Boujong/Joost/Strohn/Kindler*, § 1 Rn. 83; *Heymann/Emmerich*, § 1 Rn. 13; *Canaris*, HR, § 2 Rn. 19; *Baumbach/Hopt*, § 1 Rn. 30; OLG Köln v. 25.10.1962 – 8 Wx 100/62, NJW 1963, 541; s. ferner BayObLG v. 3.7.1973 – BReg. 2 Z 25/73, BB 1973, 956 und LG Nürnberg-Fürth v. 1.3.1976 – 4 HK T 1591/76, BB 1976, 810.
4 *Heymann/Emmerich*, § 1 Rn. 12; *Baumbach/Hopt*, § 1 Rn. 30; MünchKommHGB/*K. Schmidt*, § 1 Rn. 54; *Ebenroth/Boujong/Joost/Strohn/Kindler* § 1 Rn. 83; aus der Rspr.: OLG Schleswig v. 27.8.1986 – 4 U 27/85, NJW-RR 1987, 220 ff.

nur dieser im Handelsregister als Kaufmann einzutragen[1]. Das Handelsgeschäft gehört auch dann zum Gesamtgut, wenn es im Namen nur eines der Ehegatten geführt wird[2].

9. Erbengemeinschaft

86 Bei Vorhandensein mehrerer Miterben steht das Handelsgeschäft bis zur Nachlassteilung sämtlichen Erben **zur gesamten Hand** zu (§ 2032 BGB). Die Fortführung des Geschäfts in dieser Form ist ohne zeitliche Begrenzung möglich. Weder kann die Fortführung, wenn nicht besondere Umstände vorliegen, die auf einen anderen Willen der Erben schließen lassen, als konkludenter Abschluss eines Gesellschaftsvertrages gedeutet werden, noch besteht ein rechtlicher Zwang zur Umwandlung in eine Gesellschaft (OHG)[3]. Kaufmann ist in diesem Fall jeder einzelne Miterbe einer Miterbengemeinschaft, nicht die – zudem auch nicht rechtsfähige – Erbengemeinschaft als solche[4], s. auch schon oben Rn. 75. Im Handelsregister einzutragen ist dementsprechend jeder einzelne Erbe mit dem Zusatz „in ungeteilter Erbengemeinschaft"[5].

10. Beteiligung Minderjähriger oder sonstiger nicht voll geschäftsfähiger Personen

87 Nach § 1645 BGB sollen Eltern (Entsprechendes gilt für Vormünder nach § 1823 BGB) ein neues Erwerbsgeschäft im Namen ihres minderjährigen Kindes nicht ohne **Genehmigung des Familiengerichts** (bei Vormündern: Vormundschaftsgericht) beginnen. Handeln die Eltern dieser Vorschrift zuwider, so wird das Kind, da es sich nur um eine Sollvorschrift handelt, trotzdem Kaufmann (oben Rn. 77), die im Geschäft begründeten Verbindlichkeiten sind wirksam. Der Registerrichter darf aber die Eintragung in das Handelsregister bei fehlendem Nachweis der familiengerichtlichen Geneh-

---

1 BayObLGZ 1978, 5 ff.; vgl. dazu auch *Bech*, DNotZ 1962, 348; *Buchwald*, BB 1962, 1405.
2 BGH v. 10.7.1975 – II ZR 154/72, BB 1975, 1080.
3 Durchweg h.M., vgl. nur *Heymann/Emmerich*, § 1 Rn. 22 ff.; *Baumbach/Hopt*, § 1 Rn. 37; *Koller/Roth/Morck* § 1 Rn. 22; *Ebenroth/Boujong/Joost/Strohn/Kindler*, § 1 Rn. 77; *MünchKommHGB/K. Schmidt*, § 1 Rn. 52; grundlegend BGH v. 8.10.1984 – II ZR 223/83, BGHZ 92, 259 m.w.N.; zur Beteiligung Minderjähriger vgl. ergänzend BVerfG v. 13.5.1986 – 1 BvR 1542/84, NJW 1986, 1859 und unten Rn. 90 ff.; bei langjähriger Fortführung kann allerdings im Innenverhältnis die Anwendung einzelner Regeln des OHG-Rechts in Betracht kommen, vgl. BGH v. 21.5.1955 – IV ZR 7/55, BGHZ 17, 299.
4 *Baumbach/Hopt*, § 1 Rn. 37; *Koller/Roth/Morck*, § 1 Rn. 22 unter Hinweis auf die fehlende Rechtsfähigkeit der Erbengemeinschaft, dazu zuletzt BGH v. 11.9.2002 – XII ZR 187/00, NJW 2002, 3389 und BGH v. 17.10.2006 – VIII ZB 94/05, ZIP 2006, 2125 m.w.N., st. Rspr.; *Ebenroth/Boujong/Joost/Strohn/Kindler*, § 1 Rn. 77; a.A. anscheinend MünchKommHGB/*K.Schmidt*, § 1 Rn. 53.
5 *Baumbach/Hopt*, § 1 Rn. 37; *Heymann/Emmerich*, § 1 Rn. 24; MünchKommHGB/*K. Schmidt*, § 1 Rn. 52; *Koller/Roth/Morck*, § 1 Rn. 22.

migung verweigern, da er auch Regelwidrigkeiten beanstanden darf[1]. Außerdem kann das Familiengericht in einem solchen Falle nach § 1667 BGB eingreifen. Der entgeltliche Erwerb eines bereits bestehenden Handelsgeschäfts bedarf (ebenso wie dessen Veräußerung) der Genehmigung des Familiengerichts nach §§ 1643, 1822 Nr. 3 (Vormund) BGB. Dem gleichgestellt ist der Abschluss eines Gesellschaftsvertrages, der zum Betrieb eines Erwerbsgeschäfts eingegangen wird[2], vgl. dazu auch bei § 105.

Auch beim familiengerichtlich genehmigten Betrieb des Handelsgeschäftes im Namen des Kindes bedürfen die Eltern oder der Vormund für gewisse einzelne Geschäfte, die das Gesetz als besonders gefährlich bewertet, der **Genehmigung** des Familiengerichts (vgl. §§ 1821 ff. BGB für den Vormund und § 1643 i.V.m. § 1821 und 1822 Nr. 1, 3, 5, 8 bis 11 BGB für Eltern). Die Genehmigung kann aber für bestimmte Arten von Geschäften generell im Voraus erteilt werden, vgl. §§ 1643 Abs. 3, 1825 BGB. 88

Die Eltern (oder ein Vormund) können den Minderjährigen, der beschränkt geschäftsfähig ist, also das siebente Lebensjahr vollendet hat (§ 106 BGB), aber auch – anstatt das Geschäft im Namen des Kindes zu führen – dazu **ermächtigen**, das Geschäft selbständig zu betreiben. Der Minderjährige kann in diesem Falle das Geschäft selbst führen und sämtliche Rechtshandlungen, die dieser Betrieb mit sich bringt, wirksam ohne Mitwirkung der Eltern vornehmen (§ 112 S. 1 BGB). Ausgenommen davon sind wiederum diejenigen Einzelgeschäfte, zu denen auch die Eltern, wenn sie das Handelsgeschäft führen, familiengerichtlicher Genehmigung bedürfen, vgl. dazu Rn. 88 und das dort Ausgeführte. Entsprechendes gilt, wenn die Ermächtigung nicht von den Eltern, sondern von einem Vormund ausgeht. Eröffnet das Kind ohne eine solche Ermächtigung eigenmächtig ein Handelsgeschäft, so wird es nicht Kaufmann[3]; die von ihm abgeschlossenen Geschäfte sind nach Maßgabe der §§ 104 ff. BGB unwirksam. Die vorstehend wiedergegebenen Regelungen haben durch Herabsetzung des Volljährigkeitsalters auf das vollendete 18. Lebensjahr erheblich an praktischer Bedeutung eingebüßt. 89

Mit dem Gesetz zur Beschränkung der Haftung Minderjähriger (**Minderjährigenhaftungsbeschränkungsgesetz** – MHBeG) vom 25.8.1998[4], in Kraft seit dem 1.1.1999[5], hat die Bundesregierung einen Auftrag des BVerfG (s. dazu oben Rn. 77 und 86 mit Fn.) erfüllt. Ziel der Gesetzesreform war es, unerträgliche Belastungen gerade volljährig Gewordener, die als Einzelkaufleute 90

---

1 Str., wie hier *Ebenroth/Boujong/Joost/Strohn/Kindler*, § 1 Rn. 64; offen jetzt *Baumbach/Hopt*, § 1 Rn. 32.
2 S. dazu sowie zu den damit zusammenhängenden Fragen *Rust*, Die Beteiligung Minderjähriger im Gesellschaftsrecht, DStR 2005, 1942 (Teil I) und 1992 (Teil II).
3 Wie hier *Baumbach/Hopt*, § 1 Rn. 33; *Heymann/Emmerich*, § 1 Rn. 17; *Ebenroth/Boujong/Joost/Strohn/Kindler*, § 1 Rn. 66. Zweifelnd *K. Schmidt*, HR, § 5 I.1.a) S. 90 Fn. 8.
4 BGBl. I 2487.
5 S. dazu als Einführung *Behnke*, NJW 1998, 3078 ff.; *Habersack/Schneider*, FamRZ 1997, 649 ff.; *Muscheler*, WM 1998, 2271 ff.; s. ferner *Habersack*, FamRZ 1999, 1 ff.; sowie *Grunewald*, ZIP 1999, 597 ff.

oder persönlich haftende Gesellschafter von Handelsgesellschaften am kaufmännischen Verkehr beteiligt sind, mit Verbindlichkeiten aus Geschäften, die während ihrer Minderjährigkeit geschlossen worden sind, zu vermeiden. Zu diesem Zweck bestimmt § 1629a Abs. 1 BGB, dass sich die Haftung für Verbindlichkeiten, welche vor allem die Eltern durch Rechtsgeschäft oder eine sonstige Handlung im Rahmen ihrer Vertretungsmacht, aber auch andere vertretungsberechtigte Personen wie etwa Prokuristen, Handlungsbevollmächtigte, Mitgesellschafter in einer Personengesellschaft, in welcher der Minderjährige Gesellschafter ist, Testamentsvollstrecker etc. mit Wirkung gegen den Minderjährigen begründet haben, auf den Bestand des bei Eintritt der Volljährigkeit vorhandenen Vermögens beschränkt. Diese Haftungsbeschränkung soll auch dann eintreten, wenn das betreffende Rechtsgeschäft vom Vormundschaftsgericht genehmigt worden war, und auch für Verbindlichkeiten gelten, die aufgrund eines während der Minderjährigkeit erfolgten Erwerbs von Todes wegen entstanden sind. Den auf diese Weise begründeten Verbindlichkeiten gleichgestellt sind sämtliche Verbindlichkeiten aus Rechtsgeschäften, die der Minderjährige selbst mit Zustimmung oder Einwilligung seiner Eltern (§§ 107, 108, 111 BGB) abgeschlossen hat (§ 1629a Abs. 1 BGB). Im Ergebnis wird damit das gesamte nach Eintritt der Volljährigkeit neu erworbene Vermögen dem Zugriff der (Alt-)Gläubiger entzogen. Ausgenommen von der Haftungsbeschränkung sind lediglich Verbindlichkeiten des Minderjährigen aus dem selbständigen Betrieb eines Erwerbsgeschäfts im Rahmen einer nach § 112 BGB erteilten Ermächtigung (oben Rn. 89) und aus Rechtsgeschäften, die allein der Befriedigung persönlicher Bedürfnisse des Minderjährigen dienen (§ 1629a Abs. 2 BGB). Die Haftungsbeschränkung kommt nur dem volljährig Gewordenen zugute. Die Rechte der Gläubiger gegen Mitschuldner und Mithaftende sowie deren Rechte aus einer für die Forderung bestellten Sicherheit oder aus einer deren Bestellung sichernden Vormerkung bleiben unberührt (§ 1629a Abs. 3 BGB).

91 Die **Haftungsbeschränkung auf das bei Volljährigkeit vorhandene Vermögen** soll nicht automatisch eintreten, sondern in gleicher Weise wie die Beschränkung der Haftung eines Erben auf den Nachlass geltend gemacht werden. §§ 1990, 1991 BGB (nicht § 1993 BGB – Inventarerrichtung) werden deshalb für entsprechend anwendbar erklärt (§ 1629a Abs. 1 S. 2 BGB). Die Haftungsbeschränkung muss also, will sich der volljährig Gewordene auf sie berufen, als Einrede im Prozess vorgebracht werden. Das Gericht kann dann nach seinem Ermessen entweder über die Einrede bereits in seinem Urteil entscheiden (durch Abweisung der Klage oder Verurteilung zur Duldung der Zwangsvollstreckung in bestimmte noch übrig gebliebene Vermögensgegenstände bei gänzlicher oder teilweiser Erschöpfung des bei Erlangung der Volljährigkeit noch vorhandenen Vermögens) oder den volljährig Gewordenen unter Vorbehalt der Haftungsbeschränkung (§ 786 ZPO i.V.m. § 780 Abs. 1 ZPO) verurteilen, dem es dann überlassen bleibt, die Einrede durch Erhebung der Zwangsvollstreckungsabwehrklage (§ 786 ZPO i.V.m. §§ 785, 767 ZPO) durchzusetzen.

Außerdem räumt das Gesetz (§ 723 Abs. 1 S. 3 Nr. 2 BGB) dem volljährig Gewordenen unter den oben genannten Voraussetzungen das Recht ein, sich mit Erlangung der Volljährigkeit aus der Bindung in einer Personengesellschaft zu lösen, indem es die **Vollendung des 18. Lebensjahrs als wichtigen Grund zur fristlosen außerordentlichen Kündigung** der Gesellschaft (der Gesellschaftsbeteiligung) anerkennt. Entsprechend hat dieses Ereignis auch als wichtiger Grund nach § 133 (vorzeitige Auflösung einer OHG bzw. vorzeitiges Ausscheiden durch Kündigung) zu gelten, wenn der volljährig Gewordene darin die Stellung eines persönlich haftenden Gesellschafters (also nicht eines Kommanditisten) bekleidete. In entsprechender Weise geht der Gesetzgeber davon aus, dass der Eintritt der Volljährigkeit auch als wichtiger Grund anzusehen ist, der den volljährig Gewordenen berechtigt, die Auseinandersetzung einer Erbengemeinschaft zu verlangen (§ 2044 Abs. 1 S. 2 i.V.m. § 749 Abs. 2 BGB), wenn ihm dieses Recht nicht ohnehin – wie im Regelfall, § 2042 BGB – jederzeit zusteht[1]. Für den volljährig gewordenen Einzelkaufmann erübrigte sich eine besondere Regelung, da es ihm auch schon nach geltendem Recht jederzeit freisteht, sein Handelsgeschäft einzustellen.

Das **Sonderkündigungsrecht** nach § 723 Abs. 1 S. 3 Nr. 2 BGB (Entsprechendes hat wohl auch für das Recht zu gelten, die außerordentliche Auseinandersetzung einer Erbengemeinschaft aus wichtigem Grund zu verlangen) kann nur binnen drei Monaten seit Erlangung der Volljährigkeit oder bei späterer Kenntniserlangung von der Gesellschafterstellung nach dieser ausgeübt werden. Die Versäumung dieser Frist lässt das Recht zur Geltendmachung der Haftungsbeschränkung nach § 1629a BGB bestehen. Unterlässt es der volljährig Gewordene jedoch, innerhalb der Dreimonatsfrist die Gesellschaft (seine Gesellschafterstellung) zu kündigen oder die Nachlassauseinandersetzung zu verlangen, so wird zu seinen Ungunsten vermutet, dass die Verbindlichkeit nach dem Eintritt der Volljährigkeit entstanden und sein gegenwärtiges Vermögen bereits bei Eintritt der Volljährigkeit vorhanden war, § 1629a Abs. 4 BGB.

Damit sich der Verkehr auf die Beteiligung eines Minderjährigen und die daraus möglicherweise folgenden Haftungsbeschränkungen einstellen kann, ist das **Geburtsdatum** des minderjährigen Einzelkaufmanns oder persönlich haftenden Gesellschafters einer OHG oder KG künftig zur **Eintragung in das Handelsregister** anzumelden (§ 24 Abs. 1 HRV; § 106 Abs. 2 Nr. 1); s. zu diesen Anmeldefragen auch § 29 Rn. 10.

11. Vereine

Betreiber eines Gewerbes kann auch ein Verein sein. Dies gilt sowohl für den sog. **wirtschaftlichen Verein** des § 22 BGB als auch für den **Idealverein**, § 21 BGB, wenn er im Rahmen seiner ideellen Zielsetzung als Nebenzweck einen Geschäftsbetrieb unterhält (sog. Nebenzweckprivileg). Nichts anderes hat aber auch dann zu gelten, wenn die wirtschaftliche Betätigung mit seiner Verfassung als Idealverein unvereinbar ist. Erfüllt der vom Verein unter-

---

1 Begr. RegE, ZIP 1996, 939.

haltene Geschäftsbetrieb die speziellen Voraussetzungen eines Handelsgewerbes nach § 1, so kommt dem Verein mit seinem Geschäftsbetrieb Kaufmannseigenschaft nach § 1 unabhängig davon zu, ob dies vereinsrechtlich (§§ 21, 22 BGB) zulässig ist oder nicht[1]. Liegt nach Art oder Umfang des Betriebs lediglich ein Kleingewerbe vor, so kann die Kaufmannseigenschaft aufgrund freiwilliger Eintragung in das Handelsregister nach § 2 – auch dies unabhängig von der vereinsrechtlichen Zulässigkeit – erworben werden.

96 Auch **nicht rechtsfähige Vereine** können ein Gewerbe betreiben. In diesem Fall ist zu unterscheiden: Betreibt der Verein ein Handelsgewerbe i.S. von § 1 Abs. 2, so ist er über § 54 BGB und §§ 1 Abs. 2, 105 ohne weiteres als Kaufmann und OHG zu behandeln[2]. Bleibt die gewerbliche Tätigkeit des Vereins nach Art oder Umfang im kleingewerblichen Bereich, so ist er BGB-Gesellschaft, kann aber Kaufmannseigenschaft durch freiwillige Eintragung im Handelsregister nach § 105 Abs. 2 erlangen. Sehr zweifelhaft ist, ob auch dem nicht rechtsfähigen Verein ein Nebenzweckprivileg (oben Rn. 95) zugebilligt werden kann mit der Folge, dass er (wie eingetragene Vereine) als Verein Träger eines Gewerbebetriebes sein kann[3].

12. Vorgesellschaften

97 Vorgesellschaften rechtsfähiger Korporationen (insbes. Vor-GmbH und Vor-AG) sind nicht Kaufleute kraft Rechtsform (oben Rn. 6 und § 6 Rn. 9). Sie **können** jedoch gleichwohl **Gewerbetreibende sein**, wenn sie insbes. aufgrund Einbringung eines Unternehmens oder aus sonstigen Gründen ihren Geschäftsbetrieb bereits vor Eintragung in das Handelsregister eröffnet haben. Ist ihr Geschäftsbetrieb auf den Betrieb eines Gewerbes i.S. des HGB (oben Rn. 17 ff.) gerichtet, so sind sie (und nicht ihre Gründungsgesellschafter) damit ohne weiteres Gewerbetreibende. Ist das Unternehmen auf großkaufmännische (§ 1 Abs. 2) Ausmaße zugeschnitten, so ist die Vorgesellschaft auch Kaufmann gem. § 1. Der Erwerb der Kaufmannseigenschaft nach § 2 dürfte dagegen ausscheiden, weil es sich nur um ein Zwischenstadium bis zur Erlangung der Rechtsfähigkeit und damit der Kaufmannseigenschaft kraft Rechtsform (oben Rn. 6) handelt. Anders verhält es sich bei Scheitern der Eintragung oder endgültiger Aufgabe der Eintragungsabsicht als juristische Person. Wird der Geschäftsbetrieb dann weiter fortgesetzt, so tritt Umwandlung in eine Personengesellschaft ein, die, wenn sie ein Handelsgewerbe nach § 1 Abs. 2 betreibt, ohne weiteres OHG ist, anderenfalls ist sie BGB-Gesellschaft, die unter den Voraussetzungen des § 2 berechtigt

---

1 S. auch MünchKommHGB/*K. Schmidt*, § 1 Rn. 41; *K. Schmidt*, JZ 1973, 229; *K. Schmidt*, ZGR 1975, 477; *K. Schmidt*, AcP 182 (1982), 1, 18 ff.; *Sack*, (teilw. abw.), ZGR 1974, 179; *Heymann/Emmerich*, § 1 Rn. 33; Ebenroth/Boujong/Joost/Strohn/Kindler, § 1 Rn. 68; s. zu diesen Fragen ferner BGH v. 29.9.1982 – I ZR 88/80, BGHZ 85, 84, 88 f. und *Hemmerich*, Möglichkeiten und Grenzen wirtschaftlicher Betätigung von Idealvereinen, 1982; vgl. ferner die Erläuterungen zu § 33.
2 BGH v. 29.11.1956 – II ZR 282/55, BGHZ 22, 240, 244.
3 Vgl. dazu *K. Schmidt*, JZ 1973, 299, 301; *K. Schmidt*, ZGR 1975, 477, 484 ff.; zweifelnd *Heymann/Emmerich*, § 1 Rn. 34.

ist, durch Eintragung ins Handelsregister OHG und damit Kaufmann zu werden.

VI. Erforderlichkeit eines nach Art und Umfang kaufmännischen Geschäftsbetriebs als zweites Teilmerkmal des Handelsgewerbes gem. § 1 (§ 1 Abs. 2)

1. Allgemeines; Funktion des Merkmals

Nach der in § 1 Abs. 1 gegebenen, zweiteiligen (oben Rn. 13) Definition des Kaufmannsbegriffs reicht für den Erwerb der Kaufmannseigenschaft kraft Handelsgewerbes (Rn. 4) der Betrieb eines Gewerbes allein nicht aus. Erforderlich ist vielmehr, dass der Gewerbebetrieb zusätzlich (kumulativ, oben Rn. 14) die Merkmale gerade eines Handelsgewerbes i.S. des HGB aufweist. Erst mit der Erfüllung dieses weiteren Teilmerkmals sind beide **Voraussetzungen** der übergreifenden Rahmendefinition des § 1 Abs. 1, **Gewerbe** und **Handelsgewerbe**, erfüllt. Die Präzisierung dessen, was das HGB unter einem Handelsgewerbe verstanden wissen will, liefert § 1 Abs. 2 in Form einer § 1 Abs. 1 ergänzenden Teildefinition: Ein Handelsgewerbe betreibt ein gewerbliches Unternehmen (nur) dann, wenn es nach Art *und* Umfang zu seinem Betrieb kaufmännischer Einrichtungen, also einer kaufmännischen Organisation, bedarf.

98

Mit diesem zweiten Tatbestandsmerkmal der Erforderlichkeit eines nach kaufmännischer Weise eingerichteten Geschäftsbetriebs bezweckt das Gesetz, Kleingewerbetreibende, denen auf Grund des kleingewerblichen Zuschnitts ihres Geschäfts die Unterwerfung unter die im Vergleich zu den Vorschriften des allgemeinen bürgerlichen Rechts anspruchsvolleren Sondernormen des Kaufmannsrechts (innerhalb wie außerhalb des HGB) nicht zuzumuten ist, aus dem Anwendungsbereich dieses Sonderrechts auszuklammern (s. dazu Einl. Rn. 39 ff.). Die Erforderlichkeit eines nach Art und Umfang des Unternehmens in kaufmännischer Weise eingerichteten Geschäftsbetriebs ist damit nach geltendem Recht die Scheidelinie (oben Rn. 15) zwischen Kaufleuten und Nichtkaufleuten: Oberhalb dieser Scheidelinie begründet jede gewerbliche (oben Rn. 17 ff.) Tätigkeit ohne weiteres unabhängig von einer vorherigen Eintragung im Handelsregister Kaufmannseigenschaft. Der nach Art oder Umfang seines Betriebes unterhalb dieser Scheidelinie bleibende Kleingewerbetreibende bleibt hingegen (anders als nach früherem Recht, das die Zwischenkategorie des sog. Minderkaufmanns kannte, auf den Kaufmannsrecht wenigstens teilweise zur Anwendung kam, s. Einl. Rn. 39 ff.) als solcher von der Anwendung der nur für Kaufleute geltenden Sondernormen – innerhalb wie außerhalb des HGB – ausgeschlossen. Ihn betrachtet das HGB nicht als Kaufmann, sondern als normalen „BGB-Bürger". Eine von ihm zur gemeinsamen Ausübung des Gewerbes gegründete Gesellschaft ist BGB-Gesellschaft, nicht Handelsgesellschaft (OHG oder KG). Handelsrecht kann auf ihn nur dann ausnahmsweise – teils auf Grund seiner Eigenschaft als Gewerbetreibender, teils unabhängig davon – zur Anwendung kommen, wenn er bestimmte Arten von Geschäf-

99

ten abschließt, bei denen das Gesetz nicht auf die Kaufmannseigenschaft eines oder beider daran Beteiligter abstellt (s. dazu oben Rn. 9 und Einl. Rn. 7). Seine Eigenschaft als (Klein-)Gewerbetreibender bleibt überall dort ohne Bedeutung, wo das Gesetz auch außerhalb des HGB nicht die Kaufmannseigenschaft, sondern den Geschäftsabschluss für einen Gewerbebetrieb oder durch einen Gewerbetreibenden für maßgeblich erklärt oder auf die Unterscheidung zwischen Unternehmer und Verbraucher abstellt (Einl. Rn. 12). Darüber hinaus räumt das HGB Kleingewerbetreibenden die Option ein, sich freiwillig der Geltung kaufmännischen Sonderrechts zu unterstellen, indem sie als Einzelgewerbetreibender (§ 2) oder für ihre Gesellschaft (§ 105 Abs. 2) durch freiwillige Eintragung der von ihnen gewählten Firma in das Handelsregister (konstitutiv) Kaufmannseigenschaft erwerben.

2. Art und Umfang

a) Verhältnis zueinander

100 Der Gewerbebetrieb (das gewerbliche Unternehmen) muss nach Art **und** Umfang einen in kaufmännischer Weise eingerichteten Geschäftsbetrieb erfordern. Aus der additiven Formulierung des Gesetzes folgt, dass beide Voraussetzungen nebeneinander gegeben, also kumulativ erfüllt sein müssen. Kaufmann kraft Handelsgewerbes nach § 1 kann demnach stets nur sein, wer sowohl nach der Größe als auch nach der inneren Struktur seines Unternehmens vollkaufmännischer Einrichtungen bedarf. Wer wegen der geringen Größe oder der einfachen Struktur seines Unternehmens eine solche Einrichtung entbehren kann, scheidet als Kaufmann aus. Er ist Kleingewerbetreibender, nicht Kaufmann. Er kann Kaufmannseigenschaft nur über § 2 erlangen.

101 Tatsächlich **hängen beide Merkmale** allerdings nicht selten **innerlich zusammen**. Insbesondere wird häufig die Größe des Unternehmens, d.h. die Höhe des abzuwickelnden Umsatzes, die Höhe und Zusammensetzung des eingesetzten Betriebskapitals und die Zahl der im Unternehmen Beschäftigten, auf die innere Struktur des Betriebes durchschlagen und die Geschäftsabwicklung so kompliziert machen, dass das Unternehmen nur noch nach vollkaufmännischen Prinzipien geführt werden kann. Zwangsläufig ist dies jedoch nicht. Es gibt auch Unternehmen, deren Eigentümlichkeiten es ermöglichen, einen beträchtlichen Umsatz mit einfachen Mitteln abzuwickeln, so dass eine vollkaufmännische Betriebseinrichtung zum Schutze derjenigen, die mit einem solchen Unternehmen in Berührung kommen (Kunden, Lieferanten, Beschäftigte, Kreditgeber), nicht erforderlich und für das Unternehmen ein unrentabler Luxus wäre. Dies kann z.B. der Fall sein, wenn der Umsatz auf wenigen, zahlenmäßig aber ins Gewicht fallenden Geschäftsvorfällen beruht oder wenn der Einkauf einfach, insbes. auf einen oder wenige Lieferanten konzentriert ist, und der Absatz fast ausschließlich über ein mit einfachen Mitteln zu erfassendes Bargeschäft läuft, vgl. dazu auch die in Rn. 112 aufgeführten Beispiele aus der Praxis. Erzielt umgekehrt ein Unternehmen seinen Umsatz aus einer Vielzahl kleiner Geschäftsvorfälle oder ist die betriebliche Abwicklung und Abrechnung aus anderen Grün-

den kompliziert, so mag es zwar im Hinblick auf die Art seines Geschäftsbetriebes zum Erhalt des Überblicks einer kaufmännischen Organisation bedürfen; werden dabei jedoch lediglich Umsätze erzielt, die den Rahmen eines Kleinbetriebes nicht überschreiten, so scheitert die Befähigung Kaufmann zu sein, immer noch am Fehlen des in § 1 Abs. 2 vorausgesetzten Betriebsumfangs. Maßgeblich ist also stets eine Gesamtwürdigung aller Verhältnisse des einzelnen Betriebs[1].

b) Umfang des Unternehmens

Das Merkmal des Umfangs zielt auf die quantitative Seite des Unternehmens. Der Umfang eines Unternehmens ist gleichbedeutend mit seiner **Größe**. Wichtigster Indikator ist der **Umsatz**. Er darf jedoch nicht zum alleinigen Maßstab für die Bestimmung des Unternehmensumfangs gemacht werden. Der Gesetzgeber hat sich, nachdem zunächst daran gedacht war, den Geschäftsumsatz für maßgeblich zu erklären, bewusst gegen diese Lösung und dafür entschieden, allgemein auf den Umfang des Unternehmens abzustellen[2]. Daran hat auch der Reformgesetzgeber von 1998 durch seine Ablehnung der Einführung fester quantitativer Schwellenwerte wie Bilanzsumme, Umsatzerlöse etc. festgehalten[3] (s. dazu auch schon oben Rn. 15 f.). Weitere für die Bestimmung der Unternehmensgröße maßgebende Umstände sind etwa das Anlagekapital, auch die Ausstattung mit Fremdmitteln, Größe und Beschaffenheit der äußeren Anlagen des Unternehmens, insbes. auch seiner Betriebsräume, die Zahl der Werkstätten und Filialgeschäfte, der Geschäftsabschlüsse sowie der im Unternehmen Beschäftigten, u.U. sogar das Ausmaß der Werbeanstrengungen, also der gesamte Stil, in dem das Unternehmen betrieben wird und am Markt auftritt[4].

102

c) Art des Unternehmens

Sie zielt mehr auf die qualitative Seite des Geschäftsbetriebes, die allerdings nicht selten auch von quantitativen Faktoren beeinflusst wird. Gemeint ist also die Art, wie sich gerade der fragliche Betrieb abspielt[5], d.h. die konkrete **Struktur** des in Frage stehenden Geschäftsbetriebs: Das Unternehmen muss nach seinen spezifischen Arbeits- und Wirtschaftsbedingungen zur Aufrechterhaltung einer übersichtlichen und geordneten Führung seiner Geschäfte kaufmännischer Betriebseinrichtungen bedürfen. Art des Unternehmens oder Betriebes ist also nicht gleichzusetzen mit einer bestimmten, etwa einer speziell industriellen Produktionsweise oder der Betätigung in einer bestimmten Branche. Der Geschäftszweig, in dem das Unternehmen tätig wird, und dort wiederum die in ihm getätigten Geschäfte, sind nur insofern bedeutsam, als sie auf die innere Struktur des Betriebes durchschlagen

103

---

1 BGH v. 28.4.1960 – II ZR 239/58, WM 1960, 935.
2 Vgl. *Raisch*, Geschichtliche Voraussetzungen, S. 194.
3 Begr. RegE BR-Drucks. 340/97 S. 24 f.
4 Vgl. *Staub/Brüggemann*, § 2 Rn. 9 und 10 sowie die unter Rn. 104 aufgeführten Entscheidungen.
5 *Droste*, NJW 1961, 1609.

und dort eine nach kaufmännischen Gesichtspunkten ausgerichtete Betriebsführung erforderlich machen können.

104 Die Art des Betriebs charakterisierende (sich allerdings teilweise sowohl untereinander als auch mit den quantitativen Merkmalen, oben Rn. 101 f., überschneidende) **Umstände, die für die Notwendigkeit einer vollkaufmännischen Betriebsweise sprechen**, sind vor allem: Vielzahl und Vielgestaltigkeit der im Unternehmen abgeschlossenen Geschäfte, insbesondere die Vielfalt der angebotenen Erzeugnisse und Leistungen (Mischbetriebe können unter diesem Gesichtspunkt eher als andere kaufmännischer Einrichtungen bedürfen; s. auch unten Rn. 116); dies gilt zumal dann, wenn sich der einzelne Geschäftsvorgang nicht nur im Kassenergebnis niederschlägt, sondern einzeln verbucht werden muss; ferner Inanspruchnahme und Gewährung von Kredit, auch in der Form von Zahlungszielen und Teilnahme am Wechselverkehr (im Gegensatz vor allem zu einem auf Abwicklung im reinen Barzahlungsverkehr angelegten Geschäftsbetrieb), Beziehungen zu einem größeren Kreis von Lieferanten und Kunden, insbesondere bei einer großen Zahl schwebender Geschäfte, ein durch branchenspezifische Besonderheiten kompliziert gestaltetes Abrechnungswesen, Auslandsbeziehungen, das Vorhandensein ausländischer Betriebsstätten, eine Betriebsausstattung, die eine Trennung von Anlage- und Umlaufvermögen gebieten kann, ein hohes Maß an Arbeitsteiligkeit, die Zahl der Beschäftigten vor allem verschiedener Berufszugehörigkeit, die eine eigene Lohnbuchhaltung erforderlich machen kann[1], nicht dagegen das Vorhandensein kaufmännischen Personals als solches, wohl aber u.U. das Vorhandensein kaufmännischer Einrichtungen[2]; jedoch ist dabei Vorsicht geboten, da es sich auch um eine betriebswirtschaftlich nicht notwendige Maßnahme handeln kann[3]. – Unerheblich ist stets, ob das Unternehmen aus steuerlichen Gründen Bücher führt oder führen muss[4].

d) Kaufmännische Betriebseinrichtung

105 Sie ist die Gesamtheit dessen, was das Kaufmannsgewerbe zur Erzielung von Ordnung und Übersicht im Interesse des Schutzes aller bei dem Betrieb beteiligten Personen als Lenkungs- und Kontrollinstrumente herausgebildet hat, insbesondere die **kaufmännische Buchführung** mit Inventur und Bilanz, überhaupt das gesamte **kaufmännische Rechnungswesen**[5]. Eine nähere Darstellung ist für das Verständnis von § 1 Abs. 2 entbehrlich.

---

1 BGH v. 28.4.1960 – II ZR 239/58, WM 1960, 935; KG v. 14.5.1959 – 1 W 744/59, NJW 1959, 1829, 1830; OLG Stuttgart v. 13.12.1966 – 8 W 87/66, BB 1969, Beil. 10, 2 f.; BayObLG v. 13.11.1984 – BReg. 3 Z 60a 119/83, NJW 1985, 982; OLG Koblenz v. 7.4.1988 – 5 U 10/88, NJW-RR 1989, 420.
2 BGH v. 28.4.1960 – II ZR 239/58, WM 1960, 935.
3 Vgl. dazu OLG Stuttgart, OLGZ 74, 132; vgl. auch BayObLG v. 13.11.1984 – BReg. 3 Z 60a 119/83, NJW 1985, 982.
4 *Staub/Brüggemann*, § 2 Rn. 11; *Ebenroth/Boujong/Joost/Strohn/Kindler*, § 1 Rn. 47 m.w.N.
5 BGH v. 28.4.1960 – II ZR 238/58, WM 1960, 935.

e) Erforderlichkeit kaufmännischer Betriebseinrichtung

aa) Grundsätzliches

Die kaufmännische Einrichtung **braucht nicht vorhanden zu sein:** Zum Erwerb der Kaufmannseigenschaft kraft Handelsgewerbes nach § 1 genügt es, dass sie unter den vorstehend im Einzelnen dargestellten Gesichtspunkten (Rn. 102 ff.) **erforderlich** ist[1]. Das Vorhandensein kaufmännischer Einrichtungen kann allerdings ein gewisses Indiz für ihre Notwendigkeit sein[2], da der Betreiber in der Regel selbst am besten wissen muss, was er benötigt, s. aber auch vorstehend Rn. 104 a.E.

106

Erforderlich ist ein in kaufmännischer Weise eingerichteter Geschäftsbetrieb, wenn aufgrund der vorstehend im Einzelnen aufgezeigten qualitativen und quantitativen Umstände, die das Gesetz unter den Begriffen „Art" und „Umfang" des Betriebes zusammenfasst, eine Organisation des Unternehmens nach kaufmännischen, d.h. betriebswirtschaftlichen Gesichtspunkten unerlässlich ist, um das Maß der Überschaubarkeit und Lenkbarkeit des Betriebs zu gewährleisten, das im Interesse eines geordneten, wirtschaftlich sinnvollen Geschäftsbetriebes ebenso unverzichtbar ist wie zum Schutz aller, die mit dem Unternehmen geschäftlich in Berührung kommen, insbesondere seiner Lieferanten, Kunden, Arbeitnehmer, Geld- und Kreditgeber oder sonstiger Gläubiger. Dabei kommt es (s. schon oben Rn. 101 a.E.) auf eine **Gesamtbetrachtung** und nicht darauf an, dass sämtliche für ein vollkaufmännisches Unternehmen typischen Umstände gemeinsam und gleichzeitig erfüllt sind. Maßgebend ist vielmehr, ob sich das Unternehmen bei objektiver Betrachtung nach seinem **Gesamtbild** als einfach strukturiertes Unternehmen darstellt, das auch mit einfachen Mitteln noch erfolgreich geführt werden kann, oder ob es aufgrund seiner Größe und Struktur kaufmännischer Organisation bedarf, weil es nur durch den Einsatz kaufmännischer Mittel und Methoden noch hinreichend überschaubar und lenkbar gehalten werden kann[3]. Bei dieser Gesamtbetrachtung ist lediglich – im Hinblick auf die additive Reihung der gesetzlichen Tatbestandsmerkmale – darauf zu achten, dass sich die Umstände, die die Erforderlichkeit kaufmännischer Betriebsweise belegen sollen, nicht allein aus dem Umfang oder

107

---

1 BGH v. 28.4.1960 – II ZR 239/58, WM 1960, 935 zum früheren § 2 a.F.; h.M., vgl. MünchKommHGB./*K. Schmidt*, § 1 Rn. 72; *Koller/Roth/Morck*, § 1 Rn. 42; GK/ *Ensthaler*, § 1 Rn. 18; OLG Düsseldorf v. 6.6.2003 – 3 Wx 108/03, NJW-RR 2003, 1120, 1121.
2 BGH v. 28.4.1960 – II ZR 239/58, WM 1960, 935.
3 H.M.; vgl. *Staub/Brüggemann*, § 2 Rn. 11 und 12; *Heymann/Emmerich*, § 2 Rn. 9 und 9a; *Ebenroth/Boujong/Joost/Strohn/Kindler*, § 1 Rn. 51; *Koller/Roth/Morck*, § 1 Rn. 44; BGH v. 28.4.1960 – II ZR 239/58, WM 1960, 935; KG v. 14.5.1959 – 1 W 744/59, NJW 1959, 1829, 1830; OLG Stuttgart v. 13.12.1966 – 8 W 87/66, BB 1969, Beil. 10, 2 f.; BayObLG v. 13.11.1984 – BReg. 3 Z 60a 199/83, NJW 1985, 982; OLG Koblenz v. 7.4.1988 – 5 U 10/88, NJW-RR 1989, 420; OLG Stuttgart, OLGZ 74, 132; OLG Celle v. 16.11.1962 – 9 Wx 8/62, NJW 1963, 540 f. und v. 15.12.1980 – 1 Wx 6/80, RPfleger 1981, 114, alle noch zu der insofern völlig gleichliegenden Abgrenzungsproblematik des § 2 a.F.

der Art des Geschäftsbetriebes ergeben, sondern sowohl quantitativer wie qualitativer Natur sind (oben Rn. 100, 102 ff.).

108 Da mithin alles auf das Gesamtbild des konkreten Betriebes ankommt, ist es nur mit allem Vorbehalt möglich, allgemeingültige Aussagen darüber zu machen, wann ein Unternehmen nach den genannten Maßstäben kaufmännischer Betriebseinrichtungen bedarf und deshalb nach § 1 auch ohne Handelsregistereintragung als Kaufmann kraft Handelsgewerbes gilt. Angesichts der Bedeutung der Erforderlichkeit kaufmännischer Organisation des Unternehmens als Scheidelinie zwischen Kaufleuten kraft Handelsgewerbes und Nichtkaufleuten (oben Rn. 15 f. zu und Einl. Rn. 39 ff.) können sich daraus in der Praxis nicht unbeträchtliche Probleme ergeben.

109 Ein Außenstehender, der die inneren Verhältnisse eines Unternehmens, mit dem er in vertragliche Beziehungen treten will, häufig nicht kennt, vermag nur schwer oder gar nicht zu beurteilen, ob das Unternehmen kaufmännischer Einrichtung bedarf. Nicht selten wird sogar der Inhaber des Unternehmens selbst im Zweifel darüber sein. Infolgedessen kann – um nur einige Beispiele zu geben – die Situation eintreten, dass Geschäftspartner im Ungewissen darüber sind, ob ein Vertrag durch Schweigen des anderen Teils (s. dazu § 362) zustande gekommen ist oder ob dessen mündlich abgegebene Bürgschaft (§ 350) wirksam ist. Obwohl die damit verbundenen Gefahren für die Rechtssicherheit bereits bei der Beratung des ursprünglichen HGB vor über 100 Jahren diskutiert worden waren[1], hat der Reformgesetzgeber von 1998 die mit der Erhebung der Erforderlichkeit kaufmännischer Betriebseinrichtung zum ausschlaggebenden Unterscheidungsmerkmal zwischen Kaufleuten und Nichtkaufleuten verbundenen Abgrenzungsschwierigkeiten und die daraus entspringenden Gefahren für die Rechtssicherheit (s. dazu schon Einl. Rn. 42 und oben Rn. 16) eher gering eingeschätzt. Er hat zwar diese – unabhängig von Meinungsverschiedenheiten über ihr Ausmaß – gar nicht zu leugnenden[2] Abgrenzungsprobleme ausdrücklich anerkannt[3], war jedoch der Ansicht, die von ihnen für den Rechtsverkehr ausgehende Gefahr sei in der Praxis im Hinblick insbesondere auf die Häufigkeit von Formkaufleuten (oben Rn. 6 und § 6 Rn. 8), die Eintragungspflicht gemäß § 29 (unten Rn. 128), die Ausgestaltung des § 1 Abs. 2 als gesetzliche Beweislastregel (unten Rn. 119)[4] und die seit langem bewährten in der Rechtsprechung ge-

---

1 Dazu *Henssler*, ZHR 161 (1997), 13, 47 mit Quellennachweis.
2 Wegen der von der Abgrenzung des § 1 Abs. 2 ausgehenden Gefahr für die Rechtssicherheit eher kritisch: *Krebs*, DB 1996, 2013, 2015, 2017 f.; *Heinemann*, FS Fikentscher, 1998, S. 377 (beide mit der dezidierten Forderung nach Präzisierung durch feste Größenmerkmale); für Präzisierung auch *Preis*, ZHR 158 (1994), 567 ff., 610 ff.; kritisch auch *Kögel*, BB 1997, 793, 801 f.; *Bydlinski*, ZIP 1998, 1169, 1171, 1173 (aber ohne Forderung nach Einführung fester Größenmerkmale); *Kaiser*, JZ 1999, 495 ff.; gegen eine Überschätzung der Gefahren für die Rechtssicherheit und dezidiert gegen feste Größenmerkmale insbes. in Form von Umsatzgrößen: *Henssler*, ZHR 161 (1997), S. 13, 48 f.; *K. Schmidt*, ZIP 1997, 909, 912 und MünchKommHGB/*K. Schmidt*, § 1 Rn. 73.
3 Begr. RegE BR-Drucks. 340/97 S. 25.
4 Begr. RegE BR-Drucks. 340/97 S. 25.

fundenen Kriterien des „nach Art und Umfang in kaufmännischer Weise eingerichteten Geschäftsbetriebes"[1] zu § 2 a.F. und § 4 a.F. nicht unzumutbar groß.

Entgegen der Vorstellung der Gesetzesbegründung ist die frühere Rechtsprechung zu § 2 a.F. und § 4 a.F. aber nur in sehr begrenztem Maße dazu geeignet, der Praxis eine verlässliche Orientierung zu geben. Diese Rechtsprechung ist zwar, da auch das alte Recht schon den Begriff der Erforderlichkeit des nach Art und Umfang des Unternehmens in kaufmännischer Weise eingerichteten Geschäftsbetriebs, wenn auch in anderer Funktion (s. Einl. Rn. 39), verwendete, im Grundsatz auch für die Abgrenzung des Kleingewerbes von Handelsgewerbe i.S. des (jetzigen) § 1 Abs. 2 verwertbar. Es handelt sich jedoch zumeist um Entscheidungen verschiedener Amtsgerichte (als Registergerichte) und Landgerichte als übergeordneter Beschwerdeinstanz, aber schon Entscheidungen von Oberlandesgerichten (als Gerichten der weiteren Beschwerde) sind verhältnismäßig selten, Entscheidungen des BGH (an den solche Sachen allenfalls dann gelangen konnten und können, wenn ein Oberlandesgericht von der Entscheidung eines anderen in derselben Rechtsfrage abweichen möchte, vgl. § 28 Abs. 2 FGG) sogar äußerst rar. Infolge dieser Zersplitterung ist die **Praxis sehr uneinheitlich** und z.T. geradezu widersprüchlich. Der Überblick wird auch dadurch erschwert, dass das meiste publizierte Material schon aus den 1960er und 70er-Jahren stammt (auf die Aufnahme älterer Entscheidungen ist verzichtet worden). Die Zahl der Veröffentlichungen aus jüngerer Zeit ist demgegenüber vergleichsweise gering. Wenn die Bund-Länder-Arbeitsgruppe zum Handelsrecht (vgl. Einl. Rn. 34) vor einer endgültigen Entscheidung über die künftige Regelung des Rechts der Minderkaufleute noch weitere rechtstatsächliche Untersuchungen für erforderlich gehalten hatte[2], so ließ dies auf eine umfangreiche Bestandsaufnahme der unübersichtlichen gegenwärtigen Praxis hoffen. Da der Gesetzgeber anders entschieden und von einer solchen Bestandsaufnahme ebenso abgesehen hat wie von jeder gesetzlichen Konkretisierung, ist die zutreffende Abgrenzung zwischen Kleingewerbe und kaufmännischem Handelsgewerbe i.S. von § 1 Abs. 2 mehr als je zuvor mit erheblichen Unsicherheiten und Unwägbarkeiten verbunden.

bb) Kasuistik

Das publizierte, fast durchweg veraltete Entscheidungsmaterial[3], dessen Zahlenangaben nicht nur auf die heutigen Verhältnisse hochgerechnet, sondern zudem noch auf Euro umgerechnet werden müsse (Beträge je zur Hälfte), zeigt, dass sich die Praxis in der Vergangenheit vielfach stark am Umsatz, allenfalls noch am Kapitaleinsatz orientiert hat. Demgegenüber gilt es erneut festzuhalten, dass eine Orientierung an absoluten Größenklassen angesichts der ablehnenden Haltung des Reformgesetzgebers von 1989 (oben Rn. 109) heute eher noch weniger als nach früherem Recht angebracht ist.

---
1 Begr. RegE BR-Drucks. 340/97 S. 47 f.
2 Vgl. ZIP 1994, 1407, 1410.
3 Nachweise s. Rn. 112–118 mit Fn.

Ein kaufmännisches Unternehmen i.S. des § 1 Abs. 2 liegt nach allgemeiner Meinung erst dann vor, wenn es nach Art **und** Umfang, also nach seinem Gesamtbild, kaufmännische Betriebsweise erfordert (s. dazu schon oben Rn. 100 ff.).

112 Außer Zweifel stehen sollte allerdings, dass Unternehmen mit Jahresumsätzen von über 500 000 Euro in aller Regel Kaufleute kraft Handelsgewerbe (früher „Vollkaufleute") sein werden[1]. Der Fall, dass sich ein Geschäftsbetrieb trotz eines Umsatzes in dieser Höhe so einfach gestaltet, dass er ohne kaufmännische Organisation auskommt, dürfte nur ausnahmsweise in Betracht kommen. Ausgeschlossen ist allerdings auch dies nicht. So kommt etwa bei Unternehmen, die Immobilien erwerben und – ohne oder mit vorheriger Bebauung oder Sanierung – vermarkten, angesichts der hohen Grundstückswerte dem Umsatz nur eine recht geringe Indizfunktion zu[2]. Entscheidend ist hier vor allem die Zahl der vermarkteten Objekte pro Jahr und die Vielzahl der bei Vorbereitung und Durchführung der Vermarktung anfallenden Geschäftsvorgänge. In anderen Geschäftsbereichen kann die Kaufmannseigenschaft trotz verhältnismäßig hoher Umsätze vor allem im Hinblick auf die Gleichförmigkeit und Einfachheit der Geschäftsabwicklung fehlen[3].

113 Wesentlich verschwommener ist das Bild unterhalb derartiger Unternehmensgrößen. Die publizierte Rechtsprechung ist abgesehen von ihrer zumeist fehlenden Aktualität uneinheitlich, teilweise geradezu widersprüchlich. In deshalb notwendigerweise stark vereinfachender Zusammenfassung lässt sich feststellen, dass eine überdurchschnittliche Unternehmensgröße (im Grundsatz zutreffend) im Allgemeinen nicht vorausgesetzt wurde. Aus dem (damals noch „voll"-)kaufmännischen Bereich aus Gründen unzulänglichen Geschäftsumfangs ausgeschieden wurden im Wesentlichen nur

---

[1] S. dazu aus der Rspr. etwa: LG Kassel v. 6.3.1964 – 9 (8) T 10/63, BB 1964, 1192; OLG Stuttgart v. 27.11.1964 – 8 W 200/64, BB 1965, 517; LG Baden-Baden v. 20.8.1964 – 3 T 93/64, BB 1964, 1193 f.; OLG Celle v. 5.7.1982 – 1 W 11/82, BB 1983, 658; OLG Celle v. 16.3.1982 – 1W 6/82, BB 1983, 659; vgl. auch *Heymann/Emmerich*, § 2 Rn. 10; nach *Koller/Roth/Morck*, § 1 Rn. 45 soll dies vielfach, aber nicht notwendig schon bei Umsätzen über 250 000 Euro gelten; s. dazu auch OLG Dresden v. 26.4.2001, NJW-RR 2002, 33.
[2] Vgl. dazu etwa LG München I v. 7.3.1967 – 4 KT 6/67, BB 1969, Beil. 10 S. 1 f.; nach *Kögel*, DB 1998, 1802, 1805 soll hier ein nach Art und Umfang in kaufmännischer Weise eingerichteter Geschäftsbetrieb frühestens ab einem Gebäudewert von ca. 2 Mio. DM (ca. 1 Mio. Euro) anzunehmen sein.
[3] OLG Celle v. 16.11.1962 – 9 Wx 8/62, BB 1963, 540 (Bundeswehrkantine mit Jahresumsatz 500 000 DM, Warenausgabe aber im Wesentlichen gegen Ausgabe von Essensmarken); s. aber auch LG Oldenburg v. 23.4.1969 – 6 T (KH) 4/68, BB 1969, Beil. 10 S. 3 u.a. unter Hinweis auf zusätzlichen Handel mit Artikeln des täglichen Bedarfs; OLG Stuttgart v. 13.12.1966 – 8 W 87/66, BB 1969, Beil. 10 S. 2 f. (Metzgerei mit Vesperstube; Schwerpunkt Ladengeschäft mit Barumsatz); OLG Braunschweig, GewArch 1984, 31 (Fleischereibetrieb mit Stehimbiss, lediglich Bargeschäfte); OLG Celle v. 15.12.1980 – 1 Wx 6/80, RPfleger 1981, 114 (Bäckerei; Umsatz im Wesentlichen im Bargeschäft); OLG Celle v. 20.9.1973 – 9 Wx 5/73, BB 1975, Beil. 12 S. 4 f.(ländliche Zimmerei, allerdings auch mit offenen Kunden- und Lieferantenforderungen).

Kleinbetriebe[1], s. dazu unten Rn. 115. In der Größenordnung zwischen 100 000 und 500 000 Euro Jahresumsatz kommt es damit ganz und gar auf die Verhältnisse des Geschäfts an. Der Höhe des Umsatzvolumens kommt innerhalb dieser Grenzen nur insofern Bedeutung zu, als je mehr sich die Größenordnung des Unternehmens der Untergrenze und damit der Größenklasse eines kleingewerblichen Betriebes nähert, desto mehr kritisch darauf zu achten ist, ob seine Geschäftsverhältnisse tatsächlich eine kaufmännische Betriebseinrichtung benötigen. Maßgebliche Faktoren sind dabei vor allem Zahl und Art der abgewickelten Geschäftsvorgänge, Kompliziertheit der Abwicklung, insbesondere auch auf der finanziellen Seite (Bargeschäfte oder auch unbarer Zahlungsverkehr), Zahl und Organisation der Betriebsstätten, Zahl und Funktion der Beschäftigten, überregionale, insbesondere auch internationale Tätigkeit[2]. Entscheidend ist dabei nicht das Vorhanden-

---

1 Vgl. etwa OLG Karlsruhe v. 20.12.1963 – 3 W 80/63, BB 1964, 571 f.; LG Köln v. 10.3.1972 – 29 T 3/72, DB 1972, 1015 f.
2 Aus der Rspr.: Kaufmannseigenschaft wegen einfacher Verhältnisse **verneint**: BGH v. 16.11.1965 – V ZR 89/63, WM 1966, 194 f. (ländliche Brauerei mit Landwirtschaft); KG v. 14.5.1959 – 1 W 744/59, NJW 1959, 1829 (Werkskantine mit angeschlossenem Warenverkauf); OLG Karlsruhe v. 27.8.1962 – 3 W 62/62, BB 1963, 324 (Süßwarengroßhändler, im Wesentlichen nur Bargeschäfte); LG Mönchengladbach v. 13.1.1967 7 T 4/66, BB 1969, Beil. 10 S. 2 (Bäckerei mit Lebensmitteleinzelhandel, nur Bargeschäfte über Tageskasse); OLG Karlsruhe v. 17.1.1970 – 5 W 160/69, BB 1971, Beil. 9 S. 1 (Tankstelle); OLG Stuttgart, OLGZ 1974, 132, anders noch die Vorinstanz LG Hechingen v. 8.5.1973 – HT 1/73, BB 1975, Beil. 12 S. 4 (Flaschner- und Installationsgeschäft im ländlichen Bereich; wohl bereits ein Grenzfall); LG Verden v. 14.6.1972 – 1 T 145/73, BB 1975, Beil. 12 S. 3 f. (Elektroinstallateur mit Einzelhandel; auch unbarer Zahlungsverkehr, auch hier wohl ein Grenzfall). Kaufmannseigenschaft **bejaht** (teils widersprüchlich unter Außerachtlassung einfacher Verhältnisse): LG Verden – 1 T 390/60, DB 1961, 673 (Elektroeinzelhändler mit zahlreichen Teilzahlungsverkäufen); OLG Oldenburg v. 21.5.1962 – 3 Wx 7/62, BB 1963, 324 (Optiker, vor allem wegen der komplizierten Abrechnung); ähnl. OLG Hamm v. 24.10.1968 – 15 W 265/68, DB 1969, 386; AG Nordenham v. 9.7.1963 – 6 AR 144/62, BB 1964, 571 (Bau- und Möbeltischlerei mit Möbelhandlung und angeschlossenem Bestattungsinstitut); AG Delmenhorst v. 5.11.1963 – 1 AR 322/62, BB 1964, 571 (Schmiede und Schlosserei, verbunden mit einer Landmaschinenhandlung und Einzelhandel mit Haushaltsartikeln und landwirtschaftlichen Geräten); LG Lübeck v. 30.6.1964 – 8 T 2/64, BB 1964, 1192 und OLG Schleswig v. 6.10.1964 – 2 W 90/64, BB 1965, 517 (Gaststätte mit 160 Sitzplätzen, Mittags-, Kaffee- und Abendbetrieb, sechs Angestellte); ähnl. auch OLG Stuttgart v. 27.11.1964 – 8 W 200/64, BB 1965, 517); AG Aschaffenburg v. 9.7.1964 – 6 AR 124/63, BB 1964, 1194 (Bäckerei mit Lebensmitteleinzelhandelsgeschäft, sieben bis acht verschiedene Lieferanten); LG Schweinfurt v. 26.5.1964 – HKT 1/63, BB 1964, 1194 und BayObLG v. 29.10.1964 – BReg. 2 Z 191/64, BB 1965, 517 (Bäckerei mit Lebensmittelgeschäft, zwei Haupt- und 75 weitere Lieferanten); LG Verden v. 1.6.1964 – 1 T 27/64, BB 1964, 1195 (Auto-Sattlerei, Tankstellenagentur, Autoreparatur und -verkaufsvermittlung, 40 Lieferanten, erheblicher unbarer Verkauf); LG Kassel v. 6.3.1964 – 9(8) T 10/63, BB 1964, 1192 (Molkerei mit Einzelverkauf an Endverbraucher, Zahlungsverkehr zumeist unbar, mehrere Kontokorrentkunden, zudem hoher Umsatz: 800 000 DM); LG Baden-Baden v. 20.8.1964 – 3 T 93/64, BB 1964, 1193 f. (Metzgerei mit zwei Verkaufsstellen und angeschlossener Gastwirtschaft; auch hier zugleich hoher Umsatz: 570 000 DM); LG Darmstadt v. 7.4.1964 – 12 T 2/63, BB 1964, 1195 (Maurerbetrieb mit Baustoffhandel, 14 Beschäftigte, 10 Lieferanten, erhebliche Betriebseinrichtungen, beträchtlicher Kundenkreis); LG Hannover v. 23.4.1969 – 23 T 3/69, BB 1969,

sein aller dieser Elemente. Es kommt letztlich allein auf das Gesamtbild des Unternehmens an[1], s. dazu schon oben Rn. 101 ff., 104, 107.

114 Dem trägt allerdings ein Teil der älteren Entscheidungen nicht hinreichend Rechnung, in denen z.T wohl im Hinblick auf die für die damalige Zeit verhältnismäßig hohen Umsätze, z.T. aber sogar bei recht niedrigen Umsatzzahlen, die recht einfachen betrieblichen Verhältnisse zu wenig berücksichtigt werden[2].

115 Unternehmen mit einem Jahresumsatz von weniger als 100 000 Euro dürften unter heutigen Verhältnissen dagegen grundsätzlich nur als kleingewerblich einzustufen sein[3]. Dies folgt bereits aus ihrer geringen Betriebsgröße. Ebenso wenig wie das Gesetz allein auf die Größenordnung abstellt, macht es seine Entscheidung über die Einstufung eines Gewerbebetriebes als kaufmännisch allein von der Kompliziertheit seiner betrieblichen Verhältnisse („Art") abhängig. Es fordert vielmehr stets Erforderlichkeit kaufmännischer Einrichtung nach Art **und Umfang** des Geschäftsbetriebs. Zudem dürfte es allenfalls äußerst selten vorkommen, dass ausgesprochene Kleinunternehmen mit Jahresumsätzen von weniger als 100 000 Euro wirklich so komplizierte Geschäftsverhältnisse aufweisen, dass sie kaufmännischer Betriebseinrichtungen i.S. des § 1 Abs. 2 bedürfen.

Beil. 10 S. 4 (Steinbruchbetrieb mit anschließender Weiterverarbeitung, insgesamt 19 Arbeitnehmer); LG Berlin v. 10.10.1972 – 92 T 17/72, BB 1975, Beil.12 S. 1 (Immobilienverwaltung [eigener Grundbesitz], 15 Grundstücke); s. aber auch in einem ähnl. Fall: LG Köln v.10.3.1972 – 29 T 31/72, DB 1972, 1015); OLG Celle v. 16.3.1982 – 1 W 6/82, BB 1983, 659 (große Gastwirtschaft, erheblicher Personalbestand, auch hoher Umsatz: 1,2 Mio. DM); OLG Koblenz v. 7.4.1988 – 5 U 10/88, NJW-RR 1989, 420 (Einzelhandel mit Damenoberbekleidung, Filialgeschäft, zahlreiche Lieferanten, erheblicher unbarer Zahlungsverkehr, Kreditgeschäfte auf der Einkaufs- wie Verkaufsseite).

1 Insgesamt H.M., wie hier vor allem *Baumbach/Hopt*, § 1 Rn. 23 f.; *Ebenroth/Boujong/Joost/Strohn/Kindler*, § 1 Rn. 48–51; aus der neuesten Rspr. OLG Dresden v. 26.4.2001 – 7 U 301/01, NJW-RR 2002, 33.

2 Vgl. etwa AG Vechta v. 14.2.1964 – AR 22/62, BB 1964, 1194 (Bäckerei mit Café und Lebensmittelgeschäft, einfache Lieferanten- und Kundenbeziehungen, praktisch nur Bargeschäfte); ähnl. auch AG Nürnberg v. 31.5.1964 – 5 AR 309/63, BB 1964, 1194 f.; LG Tübingen v. 10.1.1961 – HGR 1/60, DB 1961, 673 f.; LG Aachen v. 14.7.1964 – 9 T 2/64, BB 1965, 517 (Lebensmitteleinzelhandel, nur Bargeschäfte); LG Oldenburg v. 23.4.1969 – 6 T (KH) 4/68, BB 1969, Beil. 10 S. 3 (Bundeswehrkantine einschließlich Verkauf von Artikeln des täglichen Bedarfs, nur Bargeschäfts); s. dazu aber auch oben Rn. 112 Fn. 3; AG Jever v. 17.2.1972 – 3 AR 175/70, BB 1975, Beil. 12 S. 3 (Fischgaststätte mit max. vier Beschäftigten in der Saison oder zu besonderen Gelegenheiten); LG Oldenburg v. 29.5.1968 – 6 T (KH) 1/67, BB 1969, Beil. 10 S. 4 (Schuhhandelsgeschäft mit Reparaturwerkstatt, kein Fremdpersonal); LG Rottweil v. 17.3.1975 – HVR Nr. 490, BB 1981, 85 (Handelsvertreter mit zwar großem Kundenkreis und hohem vermittelten Umsatz, aber eigene Provisionseinnahmen von nur 60 000 DM, Verwaltung des eigenen Geschäftsbetriebes allein mit Hilfe der Ehefrau).

3 Ähnl. insbes. auch MünchKommHGB/*K. Schmidt*, § 1 Rn. 74.

cc) Sonderfälle

(1) Mischbetriebe

Bei sog. Mischbetrieben oder gemischten Betrieben (meist Handel und Handwerk, aber auch andere wie Hotel- und Restaurationsbetriebe) ist sowohl in quantitativer als auch in qualitativer Hinsicht nie auf die einzelnen Teile, sondern stets auf das Gesamtunternehmen abzustellen. Es kommt also stets auf den Gesamtumsatz wie überhaupt auf eine **Gesamtwürdigung des ganzen Unternehmens**[1] unter Einschluss sämtlicher Betriebsteile an. Der Möglichkeit einer völlig getrennten Führung der verschiedenen Betriebe ein und desselben Inhabers, in welchem Falle jeder Betrieb für sich zu betrachten und eine Zusammenrechnung ausgeschlossen wäre, scheint in der Praxis keine nennenswerte Bedeutung zuzukommen. Bei Mischbetrieben[2] wie auch bei **Unternehmen mit Filialbetrieben oder mehreren Betriebsstätten**[3] sowie bei **Gewerben, die mit öffentlichen Leistungsträgern** (vor allem Krankenkassen) **abrechnen** müssen[4], neigt die Praxis in besonderem Maße zur Bejahung der Erforderlichkeit kaufmännischer Betriebsweise. Dies ist insofern berechtigt, als diese Betriebsweise umso dringender geboten ist, je vielgestaltiger die von dem Unternehmen angebotenen Leistungen und je komplizierter deshalb seine geschäftlichen Verhältnisse im Einzelfall sind. Bei ihnen sollte aber umgekehrt in besonderem Maße darauf geachtet werden, dass auch ein Umsatzvolumen vorhanden ist, das die Auferlegung kaufmännischer Pflichten rechtfertigt.

116

(2) Handelsvertreter

Beim Handelsvertreter (wie z.T. auch bei anderen auf reiner Provisionsbasis arbeitenden Gewerben) hat der Umsatz, wenn man darunter das zahlenmäßige Volumen der dem Unternehmer jährlich vermittelten Aufträge versteht, nur sehr eingeschränkte Aussagekraft für die Erforderlichkeit kaufmännischer Betriebseinrichtungen. Trotz hoher Umsätze können die betrieblichen Verhältnisse eines Handelsvertreters sehr unkompliziert und mit einfachen Mitteln zu bewältigen sein. So insbesondere, wenn der Wert der einzelnen von ihm hereingeholten Aufträge hoch, ihre Zahl gering und der Handelsvertreter in keine Weise in die Auftragsabwicklung eingeschaltet ist[5].

117

---

1 BayObLG v. 29.10.1964 – BReg. 2 Z 191/64, BB 1965, 517; LG Hannover. v. 23.4.1969 – 23 T 3/69, BB 1969, Beil. 10 S. 4; vgl. auch die Würdigung bei OLG Stuttgart v. 13.12.1966 – 8 W 87/66, DB 1969, Beil. 10 S. 2 f.; OLG Stuttgart, OLGZ 1974, 132.
2 Vgl. LG Mönchengladbach v. 13.1.1967 – 7 T 4/66, BB 1969, Beil. 10 S. 2; LG Baden-Baden v. 20.8.1964 – 3 T 93/64, BB 1964, 1193 f.; AG Vechta v. 14.2.1964 – AR 22/62, AG Aschaffenburg v. 9.7.1964 – 6 AR 124/63, AG Nürnberg v. 31.5.1964 – 5 AR 309/63, jew. BB 1964, 1194 f.; s. aber auch OLG Stuttgart, OLGZ 1974, 132.
3 Vgl. OLG Celle v. 20.9.1973 – 9 Wx 5/73, BB 1975, Beil. 12 S. 5; LG Verden v. 20.1.1961 – 1 T 390/60, DB 1961, 673.
4 OLG Oldenburg v. 21.5.1962 – 3 Wx 7/62, BB 1963, 324; OLG Hamm v. 24.10.1968 – 15 W 256/68, DB 1969, 386.
5 Verfehlt deshalb LG Rottweil v. 17.3.1975 – HVR Nr. 490, BB 1981, 85 (s. dazu schon oben Rn. 114 mit Fn.): (Voll-)Kaufmann bei Vermittlung nur eines Auftrags pro Tag, einer Provisionssumme von 60000 DM im Jahr und Erledigung des Büro-

Beim Handelsvertreter ist deshalb eine sorgfältige **Gesamtabwägung** angebracht, die nicht allein auf die Höhe des vermittelten Umsatzes abstellen darf. Mitzuberücksichtigen sind vor allem auch: Höhe der Provisionseinnahmen[1]), Zahl der Vermittlungen, Ausmaß der Einschaltung des Handelsvertreters in die Auftragsabwicklung (eigene Lagerhaltung und Auslieferung, Betreuung der Kunden auch bei Gewährleistung etc.).

(3) Saisonbetriebe

118 Bei Saisonbetrieben ist die Indizwirkung des Jahresumsatzes in umgekehrter Richtung eingeschränkt, da er durch lange **Ruhezeiten** des Betriebes gemindert sein kann. Der Rückgang des Betriebes während der sog. toten Zeit hat deshalb außer Betracht zu bleiben. Bei derartigen Betrieben entscheidet deshalb unter jedem Gesichtspunkt ausschließlich die Erforderlichkeit kaufmännischer Betriebseinrichtung während der Saison[2].

VII. Beweislastfragen

1. Die gesetzliche Vermutung der Kaufmannseigenschaft und ihre Widerlegung im Parteienstreit

119 § 1 Abs. 1 ist vom Gesetzgeber bewusst zugleich als gesetzliche Beweislastregel ausgestaltet worden[3]. Die Textfassung, die zunächst jeden Gewerbebetrieb als Handelsgewerbe bezeichnet und das Vorliegen lediglich eines nicht als Handelsgewerbe geltenden Kleingewerbes als Ausnahmetatbestand („... es sei denn ...") behandelt, begründet für jedes gewerbliche Unternehmen die **gesetzliche widerlegbare Vermutung für die Erforderlichkeit kaufmännischer Betriebsform und** damit **die** von einer Handelsregistereintragung unabhängige (Rn. 126) **Kaufmannseigenschaft seines Inhabers** nach § 1 Abs. 1. Die Darlegungs- und Beweislast für das Vorhandensein nur eines kleingewerblichen Unternehmens, das nach Art **oder** Umfang (oder nach keinem der beiden qualifizierenden Merkmale) keiner kaufmännischen Betriebseinrichtung bedarf, trägt damit grundsätzlich derjenige, der im konkreten Fall die Anwendbarkeit handelsrechtlicher, an den Kaufmannsbegriff anknüpfender Regeln nicht gelten lassen will.

---

betriebes allein durch mithelfende Ehefrau; zutr. dagegen OLG Karlsruhe v. 17.2.1970 – 5 W 160/69, BB 1971, Beil. 9 S. 1: Tankstelle mit Jahresumsatz 300 000 DM gleich Kleingewerbetreibender, vgl. oben Rn. 113 mit Fn. 2.
1 Nach *Kögel*, DB 1998, S. 1805 soll Kaufmannseigenschaft nicht unter einem Provisionsumsatz von 200 000 DM (entsprechend einem realen Warenwert der Vermittlungsgeschäfte in Höhe von ca. 5 Mio. DM) anzunehmen sein; bei einfachen Verhältnissen (s. obiger Text) ist diese Zahl aber eher gering angesetzt.
2 Vgl. LG Lübeck v. 30.6.1964 – 8 T 2/64, BB 1964, 1192 f. i.V.m. OLG Schleswig v. 6.10.1964 – 3 W 90/64, BB 1965, 517; zu einem vergleichbaren Fall (hohe Leistungsfähigkeit in Spitzenzeiten) s. OLG Dresden v. 26.4.2001 – 7 U 301/01, NJW-RR 2002, 33.
3 Begr. RegE BR-Drucks. 340/97 S. 26.

Dies ist im Wesentlichen dann von Bedeutung, wenn sich der Vertragspartner auf die Kaufmannseigenschaft eines Gewerbetreibenden beruft und dieser – z.B. zwecks Leugnung seiner Untersuchungs- und Rügepflicht (§ 377) – seine Kaufmannseigenschaft mit der Begründung in Abrede stellt, sein Gewerbebetrieb erfordere nach Art oder Umfang (oder sogar nach beiden Kriterien) keinen in kaufmännischer Weise eingerichteten Geschäftsbetrieb und sei deshalb nur ein nicht kaufmännisches Kleingewerbe[1]. Gelingt dem Gewerbetreibenden der Beweis der Kleingewerblichkeit seines Unternehmens, so bleibt der gute Glaube des Vertragspartners auf die Kaufmannseigenschaft des anderen und damit auch sein Vertrauen auf dessen Rüge- und Untersuchungspflicht ohne Schutz, sofern nicht ein Rechtsscheinstatbestand (s. dazu Anh. § 5) eingreift.

120

Streitig und nicht abschließend geklärt ist dagegen die umgekehrte Konstellation, dass sich ein nicht eingetragener Gewerbetreibender zu seinen eigenen Gunsten darauf beruft, Kaufmann zu sein. An sich läge es in der in § 1 Abs. 2 aufgestellten Beweislastregel nunmehr bei dem Vertragspartner, die Vermutung für die Kaufmannseigenschaft (Rn. 119) des anderen Teils zu widerlegen, indem er darlegt und beweist, dass dieser nur Inhaber eines kleingewerblichen, keine kaufmännische Betriebsform erfordernden Unternehmens ist. In diesem Fall kommt jedoch dem gutgläubigen Vertragspartner die (negative) Publizitätswirkung des § 15 Abs. 1 zur Hilfe. Ungeachtet der Tatsache, dass die Handelsregistereintragung bei Erfüllung der Voraussetzung des § 1 Abs. 2 nur verlautbarende Bedeutung hat, ist die Kaufmannseigenschaft bei Vorhandensein eines kaufmännischen Gewerbes, also eines Handelsgewerbes i.S. von § 1 Abs. 2, eine publizitätspflichtige Tatsache (§ 29). Solange sie nicht eingetragen ist, kann sich derjenige, in dessen Angelegenheiten sie einzutragen war, hier also der nicht eingetragene Gewerbetreibende, nicht zu seinen Gunsten auf seine angebliche Kaufmannseigenschaft berufen, es sei denn, er beweist, dass der andere bösgläubig war, d.h. das Vorhandensein eines Gewerbebetriebes, der nach Art und Umfang kaufmännische Betriebsweise erfordert (also eines Großbetriebs), und damit die Kaufmannseigenschaft positiv kannte[2]. Der Gegenansicht, die dies unter Hinweis darauf in Abrede stellt, § 15 Abs. 1 schütze bei nur deklaratorisch wirkenden Eintragungen nicht das Vertrauen auf Primärtatsachen[3], oder geltend macht, die Anwendung des § 15 Abs. 1 widerspreche dem Schutzzweck des HGB[4], ist entgegenzuhalten, dass allein die Anwendung des § 15 Abs. 1 angesichts der Unschärfe der in § 1 Abs. 2 gewählten Abgrenzung zwischen

121

---

1 Begr. RegE BR-Drucks. 340/97 S. 26, 30, 48; MünchKommHGB/*K. Schmidt*, § 1 Rn. 75 f.; *K. Schmidt*, HR, § 10 IV. 2.a bb), S. 308; GK/*Ensthaler*, § 1 Rn. 20; HK/*Ruß*, § 1 Rn. 44; *Koller/Roth/Morck*, § 1 Rn. 46.
2 Ganz überwiegende Meinung: MünchKommHGB/*K. Schmidt*, § 1 Rn. 77; *K. Schmidt*, HR, § 10 IV. 2. a) bb), S. 309; *Baumbach/Hopt*, § 1 Rn. 25; HK/*Ruß*, § 1 Rn. 44; *Koller/Roth/Morck*, § 1 Rn. 46 und § 15 Rn. 5; *Bülow/Artz*, JuS 1998, 680; *Schmitt*, WiB 1997, 1114; *Canaris*, HR, § 5 Rn. 9; ebenso ausdrücklich Begr. RegE BR-Drucks. 340/97, S. 48.
3 So MünchKommHGB/*Lieb*, § 15 Rn. 18; *Lieb*, NJW 1999, 36; GK/*Ensthaler*, § 1 Rn. 24 und § 15 Rn. 8.
4 *Kaiser*, JZ 1999, 495, 501.

Handels- und Kleingewerbe der damit potentiell verbundenen massiven Rechtsunsicherheit wehren kann. Nur so lassen sich auch unter Geltung des § 1 Abs. 2 sachgerechte, den Bedürfnissen des Rechtsverkehrs wenigstens auf einem Teilgebiet entsprechende Ergebnisse erzielen.

122 Entsprechendes wie zu § 15 Abs. 1 gilt nach § 15 Abs. 3, wenn es an einer Handelsregistereintragung des Gewerbetreibenden nicht wegen einer unterlassenen Anmeldung, sondern wegen einer auf Antrag des Gewerbetreibenden zu Unrecht erfolgten Löschung fehlt[1].

2. Geringe Bedeutung der Vermutung im Handelsregisterverfahren

123 Die Vermutung, dass ein ausgeübtes Gewerbe kaufmännische Betriebseinrichtung erfordert und damit Handelsgewerbe ist (oben Rn. 119), hat als Beweisführungslast (subjektive Beweislast) Bedeutung ausschließlich im Parteienstreit. Im Verfahren vor dem Handelsregister gilt dagegen nach § 12 FGG (ab 1.9.2009 § 26 FamFG) der Amtsermittlungsgrundsatz; das Registergericht hat also von Amts wegen zu ermitteln, ob das in Frage stehende gewerbliche Unternehmen nach Art und Umfang kaufmännischer Betriebseinrichtung bedarf und deshalb nach § 29 eintragungspflichtig ist oder nur ein nicht der Eintragungspflicht unterliegendes Kleingewerbe ist. Immerhin kann die Vermutung aber auch im Streit mit dem Registergericht ausnahmsweise Bedeutung erlangen, und zwar als materielle Beweislastregel (Feststellungslast; objektive Beweislast)[2]. Ist die Kleingewerblichkeit nicht erwiesen, so hat die Eintragung der Firma zu erfolgen, die Löschung einer bereits bestehenden Eintragung (zur Löschung von Amts wegen s. Rn. 130) zu unterbleiben. Die Pflicht zur Herbeiführung und Aufrechterhaltung der Eintragung entfällt nur bei erwiesener Kleingewerblichkeit[3], sei es, dass sie von Anfang an vorliegt, sei es, dass das unter der eingetragenen Firma betriebene Unternehmen nachträglich auf einen kleingewerblichen Status zurückgegangen ist.

124 Die in der vorstehenden Rn. erörterte, nicht völlig auszuschließende Möglichkeit, dass die Vermutung des § 1 Abs. 2 ganz ausnahmsweise auch im Registerverfahren einmal Bedeutung als materielle Beweislastregel erlangen kann, darf auf keinen Fall als Verpflichtung des Registergerichts verstanden werden, gegen jeden ihm bekannt gewordenen Gewerbebetrieb ein Eintragungsverfahren zu betreiben, bis ihm seitens des Inhabers die Kleingewerblichkeit des Unternehmens nachgewiesen wird. Das Registergericht ist erst dann zum Einschreiten verpflichtet – und, so ist hinzuzufügen, auch nur

---

1 A.A. auch hier *Kaiser*, JZ 1999, S. 501.
2 Der Fall wird aber praktisch kaum Bedeutung erlangen, weil sich die maßgeblichen Tatsachen, die über die Erforderlichkeit kaufmännischer Betriebseinrichtung entscheiden, wohl nahezu ausnahmslos hinreichend feststellen lassen, was Raum nur für einen – keiner Beweislastregel unterliegenden – Streit über die daraus abzuleitende Rechtsfolge lässt. Immerhin lässt es sich nicht ein für allemal ausschließen, dass es auch nach Erschöpfung aller Ermittlungsmöglichkeiten aus tatsächlichen Gründen offen bleibt, ob ein Unternehmen kaufmännischer Einrichtung bedarf.
3 MünchKommHGB/*K. Schmidt*, § 16 Rn. 64 a.E.; *K. Schmidt*, HR, § 10 IV. 2.A) bb), S. 308; *v. Olshausen*, RPfleger 2001, 53, 55; *Baumbach/Hopt*, § 1 Rn. 25.

dann berechtigt –, wenn ihm konkrete Anhaltspunkte für das Vorhandensein eines kaufmännischen Unternehmens (Handelsgewerbe i.S. der Definition des § 1 Abs. 2) vorliegen. Auch dann sind die maßgeblichen Tatsachen von Amts wegen (§ 12 FGG; ab 1.9.2009 § 26 FamFG) zu ermitteln[1].

Meldet der Geschäftsinhaber die Firma von sich aus zum Handelsregister an, so ist die Frage nach der Beweislast für das Vorhandensein eines Handelsgewerbes hingegen vielfach ohne Bedeutung, weil das Gesetz in § 2 auch Kleingewerbetreibenden das Recht zuspricht, sich für ihr Unternehmen unter Annahme einer Firma als Kaufmann in das Handelsregister eintragen zu lassen (s. dazu näher unten Rn. 131 ff.).

VIII. Rechtsfolgen

1. Kaufmann kraft Gesetzes („Istkaufmann")

a) Einzelgewerbetreibende; Firma vor Eintragung

Bei Erfüllung der Voraussetzungen des § 1, d.h. bei Betrieb eines Gewerbes, das nach Art und Umfang kaufmännische Betriebsweise erfordert (Handelsgewerbe nach § 1 Abs. 2), ist der **Inhaber** (Betreiber, Träger, s. oben Rn. 73 ff.) **Kaufmann kraft Gesetzes**. Er wird daher schlagwortartig als „Istkaufmann" (im Gegensatz zu den Gewerbetreibenden nach § 2 und § 3, die Kaufmannseigenschaft nur kraft freiwilliger Eintragung im Handelsregister erwerben, den sog. „Kannkaufleuten") bezeichnet. Sein Unternehmen unterliegt damit, solange das Gewerbe nicht auf kleingewerblichen Umfang zurückgegangen oder ganz eingestellt worden ist, in jeder Hinsicht der Anwendung der für Kaufleute geltenden Sondervorschriften des Handelsrechts innerhalb wie außerhalb des HGB. Der Eintritt dieser Rechtsfolge ist nicht von einer vorherigen Anmeldung oder gar Eintragung der Firma im Handelsregister abhängig (zur Eintragungspflicht, s. Rn. 128). In Bezug auf die bereits in diesem Stadium zulässige Führung einer kaufmännischen Firma enthält das Gesetz allerdings eine Unstimmigkeit. Auf der einen Seite muss die Firma des Einzelkaufmanns nach § 19 Abs. 1 Nr. 1 den Zusatz „eingetragener Kaufmann" bzw. in Abkürzung „e.K." o.Ä. enthalten. Auf der anderen Seite ist die mit einem solchen Zusatz geführte Firma jedoch zweifelsfrei unrichtig, weil es bislang an der Eintragung fehlt und die Firma daher gegen den Grundsatz der Firmenwahrheit (§ 18 Abs. 2) verstößt. Da der Betreiber eines Handelsgewerbes nach § 1 aber tatsächlich schon Kaufmann ist und die Verpflichtung hat, seine Firma mit dem fraglichen Zusatz eintragen zu lassen (§ 29), ist die heute wohl überwiegend vertretene Ansicht bereit, die sprachliche Unstimmigkeit, die sich ergibt, wenn ein erst noch einzutragender Kaufmann bereits als eingetragener Kaufmann firmiert, als unwesentlich und nicht zur Täuschung des Verkehrs geeignet hinzunehmen; so unten *Ries*, § 19 Rn. 36[2]. Entgegen der in der Vorauflage vertretenen strikten Ansicht kann man dies wohl durch-

---

[1] So ausdrücklich Begr. RegE BR-Drucks. 340/97 S. 48.
[2] *Canaris*, HR, § 11 Rn. 12; MünchKommHGB/*Heidinger*, § 19 Rn. 11; wohl auch *K. Schmidt*, ZHR 163 (1999), 87, 98; a.A. *Zimmer*, ZIP 1998, 2050; *Ebenroth/Boujong/*

gehen lassen: Besser, weil allein dem Grundsatz der Firmenwahrheit entsprechend, wäre es allerdings, wenn sich der Betreiber eines Handelgewerbes nach § 1 bis zu seiner Eintragung darauf beschränkte, unter der Bezeichnung „Einzelkaufmann" (auch etwa einzutragenden Kaufmann), aufzutreten[1].

b) Gesellschaften; Firma vor Eintragung

127 Betreiben mehrere Personen das Handelsgewerbe gemeinsam, so ist ihre Gesellschaft, da die Kaufmannseigenschaft nach § 1 kraft Gesetzes erworben wird, von Anfang an, also auch schon vor ihrer Eintragung in das Handelsregister, Handelsgesellschaft gemäß § 6 Abs. 1, also je nachdem OHG oder KG; die Rechtsfolge des § 172 kann allerdings erst nach Eintragung in das Handelsregister zum Tragen kommen (s. dazu näher die Erläuterungen zu § 172 und § 176). Sie ist aber bereits in diesem Stadium zur Führung des Firmenzusatzes OHG oder KG nicht nur berechtigt, sondern sogar verpflichtet (§ 19 Abs. 1 Nr. 2), s. dazu näher bei § 19.

2. Eintragung im Handelsregister

a) Anmeldepflicht

128 Der Betreiber (Inhaber) eines Handelsgewerbes ist gesetzlich zur Annahme einer Firma und deren Anmeldung zum Handelsregister verpflichtet, § 29. Versäumt er die Anmeldung, so kann er zu ihrer Vornahme durch Zwangsmaßnahmen des Registergerichts angehalten werden, § 14.

b) Wirkung der Eintragung; Firma nach Eintragung

129 Da der Betreiber Kaufmannseigenschaft bereits ex lege kraft Betriebs eines kleingewerbliche Größenordnung überschreitenden gewerblichen Unternehmens besitzt (Rn. 126) – Handelsgewerbe gemäß § 1 Abs. 1 –, hat die **Eintragung** im Handelsregister **nur** eine die bestehende Kaufmannseigenschaft **verlautbarende** (deklaratorische) **Bedeutung**. Mit der Eintragung ist der Betreiber verpflichtet, die Firma mit dem Zusatz „eingetragener Kaufmann", „eingetragene Kauffrau" oder einer allgemein verständlichen Abkürzung dieser Bezeichnungen, insbesondere „e. K.", „e. Kfm." oder „e. Kfr." zu führen, s. dazu näher § 19; dort auch zur Firmierung von Handelsgesellschaften.

3. Prüfung der Eintragungsvoraussetzungen durch das Registergericht

a) Allgemein; Fehlen eines Gewerbebetriebs

130 Zu den vom Registergericht zu prüfenden allgemeinen Eintragungsvoraussetzungen (Ordnungsmäßigkeit der Anmeldung, Berechtigung des Anmel-

---

Joost/Strohn/Zimmermann, § 19 Rn. 7; Baumbach/Hopt, § 19 Rn. 4; Koller/Roth/Morck, § 19 Rn. 2.

1 So ausdrücklich auch *Canaris*, HR, § 11 Rn. 12 und (obligatorisch) alle, die § 19 Abs. 1 Nr. 1 vor Eintragung als noch nicht anwendbar ansehen, s. vorstehende Fn.

ders) s. oben Rn. 73 ff., zur Zulässigkeit der angemeldeten Firma s. die Erl. zu § 19, zum Vorhandensein öffentlich-rechtlicher Voraussetzungen s. bei § 7. Unter dem Gesichtspunkt des § 1 prüft das Registergericht vor allem, ob der Betrieb eines **Gewerbes** (oben Rn. 13, 17 ff.) vorliegt. Fehlt es daran, so fehlt dem Anmeldenden ein für allemal die Kaufmannseigenschaft. Die Eintragung hat zu unterbleiben. Erfolgt die Eintragung dennoch, weil das Registergericht irrtümlich das Vorliegen eines Gewerbebetriebes angenommen hat, so ist die Eintragung unrichtig. Kaufmannseigenschaft kann durch eine solche Eintragung nicht erworben werden. Die unrichtige Eintragung ist von Amts wegen oder auf Antrag zu löschen. Schutz des gutgläubig auf das Bestehen der Kaufmannseigenschaft Vertrauenden ist möglich nach Rechtsscheinsgrundsätzen (dazu § 5 Rn. 34 und Anh. § 5 Rn. 1) oder nach § 15 Abs. 3 (positive Registerpublizität); s. dazu bei § 15.

b) Fehlen eines Handelsgewerbes (§ 1 Abs. 2)

Streitig und bisher ungeklärt ist es, welche Bedeutung dem Vorliegen eines Handelsgewerbes i.S. des § 1 Abs. 2 für die Anmeldung und Eintragung der Firma zum Handelsregister zukommt. 131

Nach einer im Schrifttum vertretenen Ansicht prüft das Registergericht lediglich, ob das angemeldete Unternehmen – abgesehen von der Erfüllung der sonstigen Anmeldevoraussetzungen, s. dazu die Erl. zu § 29 – überhaupt ein Gewerbe betreibt. Eine Prüfung, ob das angemeldete Gewerbe tatsächlich Handelsgewerbe i.S. von § 1 Abs. 2 ist, also einen in kaufmännischer Weise eingerichteten Geschäftsbetrieb erfordert, sei dagegen entbehrlich, weil dem in der Anmeldung liegenden Antrag auf Eintragung des Unternehmens unter seiner Firma nach § 2 auch dann stattzugeben sei, wenn das angemeldete Gewerbe lediglich Kleingewerbe wäre (s. dazu § 2 Rn. 16). Der Umstand, dass der Eintragung eines kleingewerblichen Unternehmens nach § 2 konstitutive, die Kaufmannseigenschaft schaffende Wirkung zukommt (§ 2 Rn. 19), während die Eintragung eines Handelsgewerbes i.S. des § 1 Abs. 2 lediglich die deklaratorische, die bereits bestehende Kaufmannseigenschaft verlautbarende Bedeutung besitzt (oben Rn. 129), rechtfertige nicht den Schluss, es handele sich um Anmeldungen unterschiedlicher Qualität, welcher das Registergericht dadurch Rechnung tragen müsse, dass es im erstgenannten Fall (Anmeldung nach § 1) die Erforderlichkeit eines kaufmännischen Geschäftsbetriebs, in dem anderen Fall (Anmeldung nach § 2) das Vorhandensein eines nur kleingewerblichen Unternehmens zu prüfen habe. Die **Anmeldung** sei ungeachtet der unterschiedlichen Folgen, die das Gesetz an die Eintragung knüpfe, reine **Verfahrenshandlung**, die allein darauf gerichtet sei, das konkret angemeldete Unternehmen mit seiner konkreten Firma im Handelsregister aufführen zu lassen und damit einen Publizitätszustand darzustellen[1]. Eine Unrichtigkeit des Handelsregisters könne da- 132

---

1 So *K. Schmidt*, ZHR 163 (1999), S. 87 ff., 92 sowie *K. Schmidt*, NJW 1998, 2161, 2163 sowie in MünchKommHGB, § 1 Rn. 6 und § 2 Rn. 11 ff. und ihm folgend *Treber*, AcP 199 (1999), S. 525 ff., 528 f. m.w.N. sowie *Ebenroth/Boujong/Joost/Strohn/Kindler*, § 2 Rn. 15, 31 f. und § 5 Rn. 13 f. m.w.N.; *Schaefer*, DB 1998, 1269, 1270;

durch nicht entstehen, da als Folge des § 2 S. 1 jedes im Handelsregister eingetragene gewerbliche Unternehmen als Handelsgewerbe i.S. des HGB gelte. Fehle es tatsächlich an der Erforderlichkeit eines kaufmännisch eingerichteten Geschäftsbetriebes, sei das Unternehmen also nur ein Kleingewerbe, so könne der Unternehmer, wenn er seinen Kaufmannstatus nicht gleichwohl aufrechterhalten wolle, seine Löschung nach § 2 S. 3 herbeiführen.

133 Diese Ansicht kann sich auf Ausführungen der Gesetzesverfasser stützen, die in der generellen Entlastung der Registergerichte von der häufig schwierigen Prüfung, ob das angemeldete Unternehmen einen in kaufmännischer Weise eingerichteten Geschäftsbetrieb erfordere oder nicht, eine wesentliche mit der Neuregelung durch das HRefG erreichte Verfahrensvereinfachung gesehen haben[1].

134 Die Stellungnahme der Gesetzesverfasser ist jedoch nicht hinreichend durchdacht und in sich widersprüchlich: An anderer Stelle geht die Begründung des Regierungsentwurfs als selbstverständlich davon aus, dass eine im Handelsregister eingetragene Firma von Amts wegen wegen Unzulässigkeit ihrer Eintragung zu löschen sei, wenn das Unternehmen – sei es von Anfang an, sei es auf Grund nachträglichen Geschäftsrückgangs – die Betriebsgröße des § 1 Abs. 2 unterschreitet[2]. Diese beiden Aussagen der Gesetzesbegründung sind ersichtlich unvereinbar. Wenn die Zuordnung einer Anmeldung und der daraufhin erfolgenden Eintragung zu § 1 oder § 2 ohne Bedeutung ist, so kann die Eintragung nicht allein deshalb unrichtig sein, weil das Unternehmen von Anfang an oder wegen späteren Geschäftsrückgangs nur kleingewerblichen Zuschnitt hat; sie ist auch dann als Eintragung nach § 2 richtig. Für ein Amtslöschungsverfahren (unten Rn. 142 f.) ist dann kein Raum.

135 Der Auffassung, welche die Anmeldung generell als reine Verfahrenshandlung ansieht, die im Eintragungsverfahren keinen Raum für eine Unterscheidung zwischen einer Anmeldung nach §§ 1 Abs. 2, 29 und einer Anmeldung nach § 2 lässt, ist aus rechtssystematischer Sicht zu widersprechen, weil sie nicht hinreichend den Unterschied zwischen der Erfüllung einer rechtlichen Pflicht und der Verwirklichung einer freien privatautonomen Willensentscheidung zur Änderung des persönlichen rechtlichen Status berücksichtigt[3]; s. dazu die parallel liegende Problematik bei § 3 Rn. 28, und § 2 Rn. 10 f. Wer erkennbar lediglich seiner gesetzlichen Anmeldepflicht aus §§ 1, 29 genügen will, will gerade nicht ein ihm vom

---

Schulz, JA 1998, 890, 892; *Hohmeister*, NJW 2000, 1921 f.; *Schulze-Osterloh*, ZIP 2007, 2390; gegen eine Prüfung der Voraussetzungen des § 1 Abs. 2 bei Anmeldung auch GK/*Enstahler*, § 1 Rn. 25.

1 Begr. RegE BR-Drucks. 340/97 S. 32.
2 Begr. RegE BR-Drucks. 340/97 S. 49; ebenso GK/*Ensthaler*, § 1 Rn. 25, der – wie die Begr. RegE – in der Anmeldung zugleich einen Eintragungsantrag nach § 2 sieht, dann aber wieder die Firma von Amts wegen löschen lassen will, wenn das Unternehmen nachträglich auf den Status eines Kleingewerbes absinkt.
3 So insbesondere *Lieb*, NJW 1999, 36; *Canaris*, HR, § 3 Rn. 19 ff.; *Koller/Roth/Morck*, § 2 Rn. 3; *Hübner*, HR, Rn. 44, 46; *Siems*, S. 89 ff.; *Baumbach/Hopt* § 2 Rn. 4; *Hüttemann/Meinert*, BB 2007; 1436; *Brox/Henssler*, HR, Rn. 47.

Gesetzgeber eingeräumtes voraussetzungsloses Wahlrecht ausüben. Das gegenteilige Verständnis seiner Anmeldung wäre eine unerträgliche Vergewaltigung seines Willens und seiner auf ihm beruhenden Erklärung.

Überdeutlich wird dies im Verfahren nach § 14. Wer seine Firma erst auf Aufforderung des Registergerichts anmeldet, will ersichtlich nur seiner vermeintlichen gesetzlichen Anmeldepflicht genügen. Eine solche – erzwungene – Anmeldung kann nicht als freiwillige Option für den Erwerb des Kaufmannsstatus nach § 2 ausgelegt werden. Die Eintragung darf deshalb nur dann erfolgen, wenn die vorherige Prüfung durch das Registergericht ergibt, dass das Unternehmen die Voraussetzungen des § 1 Abs. 2 erfüllt. Stellt sich die Eintragung in einem solchen Verfahren später wegen des kleingewerblichen Zuschnitts des Unternehmens als von Anfang an oder auf Grund zwischenzeitlich eingetretener Änderung der Verhältnisse als unrichtig heraus, so ist sie von Amts wegen zu löschen; zur freiwilligen Aufrechterhaltung der Eintragung sogleich Rn. 137. 136

Ebenso muss aber ein Gewerbetreibender, der seinen Gewerbebetrieb nicht auf gerichtliche Aufforderung, sondern von sich aus anmeldet, deutlich machen dürfen, dass er mit seiner Anmeldung nur seiner vermeintlichen gesetzlichen Pflicht aus §§ 1, 29 nachkommen will[1]. Auch in diesem Fall scheidet ein Verständnis seiner Anmeldung nach § 2 aus. Die Eintragung hat zu unterbleiben, wenn das Registergericht erkennt, dass die materiellen Voraussetzungen einer Eintragung nach §§ 1, 29 nicht erfüllt sind, weil das Unternehmen nur kleingewerblichen Zuschnitt hat und sein Inhaber daher irrtümlich vom Bestehen einer Anmeldepflicht ausgegangen ist (s. dazu auch § 2 Rn. 16); eine zu Unrecht erfolgte oder später unrichtig gewordene Eintragung ist auch in diesem Fall von Amts wegen zu löschen; bis dahin gilt § 5. Anders verhält es sich selbstverständlich, wenn der Anmelder, auf das Fehlen einer Eintragungspflichtigkeit hingewiesen, erklärt, seine Anmeldung nunmehr als freiwillige nach § 2 aufrechtzuerhalten (s. dazu auch unten Rn. 143). Allerdings wird das Registergericht bei seiner Prüfung der Anmeldung auf die Erfüllung der Voraussetzungen des § 1 Abs. 2 im Allgemeinen die tatsächlichen Angaben des Anmelders zugrunde legen dürfen. Zu weiter gehenden Ermittlungen wird man das Registergericht nur dann als berechtigt und verpflichtet erachten dürfen, wenn diese Angaben unzureichend sind oder konkrete Anhaltspunkte für ihre Unrichtigkeit bestehen. 137

Eine ohne jede Einschränkung erfolgte Anmeldung, eine Anmeldung also, die in keiner Weise erkennen lässt, dass der Unternehmensträger mit ihr nur seiner gesetzlichen Anmeldepflicht aus §§ 1, 29 genügen will, darf das Registergericht als Antrag entgegennehmen, der auf die Verlautbarung der Kaufmannseigenschaft des Firmeninhabers ohne Unterscheidung gerichtet ist, ob der Kaufmannsstatus schon vorhanden ist oder erst durch die Eintragung erworben werden soll. Dem in einer solchen Anmeldung liegenden Antrag auf Eintragung der Firma darf das Registergericht – insoweit im Ein- 138

---

1 Zustimmend *Canaris*, HR, § 3 Rn. 33 gegen *Kaiser*, JZ 1999, 502.

klang mit der Gesetzesbegründung[1] – ohne weiteres stattgeben. Eine Prüfung auf die Erfüllung der besonderen Voraussetzungen des § 1 Abs. 2 ist in diesem Falle ebenso entbehrlich wie ein Hinweis auf die Möglichkeit, die Anmeldung auf eine solche nach § 1 zu beschränken[2]. Die Annahme einer solchen Hinweispflicht liefe auf eine Rechtsberatungspflicht des Gerichts hinaus, zu welcher die uneingeschränkte Anmeldeerklärung keinen Anlass gibt. Überdies kann der Inhaber, sollte sein Unternehmen tatsächlich nur kleingewerblich sein, sich jederzeit – allerdings nur mit Wirkung für die Zukunft – nach § 2 S. 3 wieder abmelden. Die Eintragung ist in diesem Falle stets richtig: Der Betreiber des Unternehmens ist in diesem Fall bereits Kaufmann nach § 1 oder er wird es durch die Eintragung nach § 2 und bleibt es bis zu einer Abmeldung nach § 2 S. 3. Für ein Amtslöschungsverfahren wegen eines lediglich kleingewerblichen Zuschnitts des Unternehmens ist hier kein Raum. – Anders verhält es sich dagegen, wenn der Antrag Anlass zu Zweifeln gibt, ob der Antragsteller nicht nur seiner vermeintlichen Anmeldepflicht genügen will. In diesem Fall hat das Registergericht durch Zwischenverfügung nachzufragen, ob ggf. auch eine Anmeldung nach § 2 gewollt ist[3].

IX. Beginn und Ende der Kaufmannseigenschaft nach § 1

1. Beginn

139 Die Kaufmannseigenschaft beginnt mit der Aufnahme eines Handelsgewerbes i.S. der Definition des § 1 Abs. 2. Das Handelsgewerbe braucht in diesem Zeitpunkt noch nicht eine Größenordnung erreicht zu haben, die tatsächlich zu seinem Betrieb schon kaufmännische Einrichtung erfordert. Es reicht aus, dass es auf eine solche Größenordnung zugeschnitten ist und in absehbarer Zeit die Entfaltung zu einem „Großbetrieb" zu erwarten ist. Bloße Hoffnungen auf eine solche Entwicklung reichen dazu jedoch nicht aus[4], was im Einzelfall schwer festzustellen sein kann. Maßgebend ist der Abschluss der ersten Geschäfte. Auch Vorbereitungsgeschäfte zählen bereits dazu[5]. Ist das Unternehmen zunächst nur auf den Betrieb eines Kleingewerbes angelegt und wächst es später in Verhältnisse hinein, die den Betrieb mit kaufmännischen Einrichtungen erforderlich machen, so ist dieser spätere, in der Regel nicht genau bestimmbare, Zeitpunkt maßgebend.

---

1 Begr. RegE BR-Drucks. 340/97 S. 32.
2 Im letztgenannten Punkt a.A. *Canaris*, HR, § 3 Rn. 23; wie hier aber *Baumbach/Hopt*, § 2 Rn. 7.
3 Wie hier *Canaris*, HR, § 3 Rn. 23 (wohl sogar noch weitergehend); *Koller/Roth/Morck*, § 1 Rn. 3; ähnl. *Baumbach/Hopt*, § 2 Rn. 7 (Hinweispflicht, wenn der Anmeldende ersichtlich im Irrtum ist); a.A. diejenigen, die Anmeldung als reine Verfahrenshandlung verstehen, s. oben Rn. 132 mit Fn. 1.
4 BGH v. 17.6.1953 – II ZR 205/52, BGHZ 10, 91, 96.
5 BGH v. 17.6.1953 – II ZR 205/52, BGHZ 10, 91, 96; BGH v. 26.4.2004 – II ZR 120/02, ZIP 2004, 1208; OLG Oldenburg v. 12.11.2001 – 9 SchH 12/01, DB 2002, 423; ähnl. auch die Abgrenzung zwischen Unternehmer- und Verbraucherhandeln, s. BGH v. 24.2.2005 – III ZB 36/04, DB 2005, 1375.

Bei Unternehmenskauf oder Unternehmenspacht (Rn. 84) u.Ä. ist der Zeitpunkt der Geschäftsübergabe durch den Käufer oder Pächter etc. maßgebend[1], sofern das Unternehmen in diesem Zeitpunkt bereits kaufmännische Betriebsweise erfordert oder zumindest darauf zugeschnitten ist.

2. Ende

Da die Kaufmannsstellung nicht dem Unternehmen als solchen, sondern dem jeweiligen Träger des Unternehmens (Einl. Rn. 3, Inhaber, Betreiber, s. oben Rn. 73) zukommt, endet sie mit dem Ausscheiden aus dieser Funktion. Worauf dies beruht, ist ohne Bedeutung. In Betracht kommt bei natürlichen Personen deren Tod oder ihr Ausscheiden als persönlich haftender Gesellschafter der unternehmenstragenden Handelsgesellschaft (oben Rn. 75), bei Formkaufleuten oder Handelsgesellschaften deren rechtliches Erlöschen (§ 6 Abs. 1 und 2), in beiden Fällen auch die Veräußerung oder Verpachtung des Unternehmens. Zum Zeitpunkt der Beendigung der Kaufmannseigenschaft des Ausscheidenden und zum Beginn der Kaufmannsstellung des Nachfolgers s. vorstehend Rn. 140. Des Weiteren endet die Kaufmannseigenschaft nach § 1 auch ohne Wechsel des Rechtsträgers bei endgültiger Einstellung des Gewerbebetriebs – vorübergehende Stilllegung reicht nicht aus –, was regelmäßig erst mit Beendigung der Liquidation der Fall ist. Da das Gesetz die Kaufmannseigenschaft des Unternehmensträgers (Inhabers, Betreibers des Unternehmens) von dem Betrieb gerade eines Gewerbes abhängig macht, reicht es zum Erhalt der Kaufmannseigenschaft nicht aus, dass unter der bisherigen Bezeichnung (Firma) nach Aufgabe der gewerblichen eine sonstige unternehmerische Tätigkeit weiterbetrieben wird (s. dazu auch § 5 Rn. 34); schließlich endet die auf § 1 Abs. 2 gegründete Kaufmannseigenschaft des Unternehmensträgers auch dann, wenn sein Unternehmen infolge Veränderung der Verhältnisse auf den Zuschnitt eines Kleingewerbes (oben Rn. 13, 98 ff.) absinkt. In diesem Fall kann er jedoch nach § 2 Kaufmannseigenschaft erwerben oder bei bestehender Handelsregistereintragung aufrechterhalten (s. dazu sogleich Rn. 143).

X. Löschung der Handelsregistereintragung

1. Allgemeines

Die Eintragung der Firma im Handelsregister ist sowohl für den Beginn als auch für das Ende der Kaufmannseigenschaft nach § 1 Abs. 2 aufgrund ihrer die Kaufmannseigenschaft des Betreibers des Handelsgewerbes lediglich verlautbarenden, aber nicht selbst schaffenden (also nur deklaratorischen, nicht konstitutiven) Funktion (oben Rn. 129) unerheblich. War deshalb die Eintragung von Anfang an unrichtig und damit unzulässig oder ist sie später auf Grund veränderter Verhältnisse unrichtig geworden, so ist sie auf Antrag des eingetragenen Firmeninhabers oder von Amts wegen (§§ 141, 142 FGG; ab 1.9.2009 §§ 393, 395 FamFG) zu löschen; zum Verfahren beim Wechsel des

---

1 Vgl. BGH v. 26.9.1996 – III ZR 30/95, NJW 1996, 3217.

Firmeninhabers oder beim Erlöschen der Firma bei Einstellung des Geschäftsbetriebs (oben Rn. 141) s. § 31 und die dortigen Erläuterungen. Auch wenn die unrichtige und deshalb der Löschung unterliegende Eintragung das Fehlen der materiell-rechtlichen Voraussetzungen der Kaufmannseigenschaft nach § 1 Abs. 2 nicht ersetzen kann (s. eingangs dieser Rn.), kann sie jedoch bis zu ihrer Löschung Wirkungen zugunsten Dritter entfalten, denen die Unrichtigkeit nicht bekannt ist (s. dazu § 15 und die dortigen Erl.).

2. Löschung wegen Kleingewerblichkeit

143 Beruht die Unrichtigkeit des Handelsregisters lediglich darauf, dass das Unternehmen von Anfang an nur kleingewerblichen Zuschnitt hatte oder später durch Einschränkung oder Rückgang des Geschäfts auf diese Größenordnung zurückgegangen ist, so kommt eine Löschung von Amts wegen allerdings nur dann in Betracht, wenn die Eintragung gerade im Hinblick auf das Bestehen eines Handelsgewerbes gem. § 1 Abs. 2 nach §§ 1, 29 erfolgt war, sei es, dass der Inhaber das Unternehmen selbst von sich aus mit dieser Maßgabe angemeldet hatte (oben Rn. 137) oder die Eintragung im Erzwingungsverfahren nach § 14 (oben Rn. 136) erfolgt war. Hinzu kommt noch der Fall, dass dem Inhaber eines zunächst freiwillig nach § 2 S. 2 angemeldeten und eingetragenen kleingewerblichen Unternehmens die beantragte Löschung gem. § 2 S. 3 versagt worden war, weil das Unternehmen inzwischen großgewerblichen Zuschnitt i.S.v. § 1 Abs. 2 erreicht hatte (§ 2 Rn. 22), inzwischen aber infolge Geschäftsrückgangs wieder auf kleingewerbliche Verhältnisse zurückgesunken ist. Bis zum Vollzug der Löschung ist der im Handelsregister eingetragene Inhaber des Unternehmens jedoch, da in den genannten Fällen unter der eingetragenen Firma immerhin ein Gewerbe, wenn auch ein Kleingewerbe, betrieben wird, Kaufmann nach § 5 (s. dazu im Einzelnen die Erl. zu § 5). Zudem kann er der ihm vorher anzukündigenden (§ 141 Abs. 1 und § 142 Abs. 2 FGG, bzw. § 393 Abs. 1 und § 395 Abs. 2 FamFG) Löschung seiner Firma widersprechen, was einer Anmeldung nach § 2 S. 2 gleichsteht (§ 2 Rn. 13 f.), und damit seinen Kaufmannsstatus nach § 2 S. 1 aufrechterhalten. Ist das Unternehmen dagegen ohne die oben angeführten Einschränkungen angemeldet und eingetragen worden, so darf das Unternehmen nicht wegen seines nur kleingewerblichen Zuschnitts und damit Fehlens der Kaufmannseigenschaft seines Inhabers nach § 1 Abs. 2 von Amts wegen gelöscht werden. Da die ohne nähere Maßgabe erfolgte Anmeldung zum Handelsregister auch eine Anmeldung nach § 2 S. 2 einschloss (s. oben Rn. 131, 138), ist der Inhaber des Unternehmens in diesem Fall, wenn und solange sein Unternehmen kaufmännischer Geschäftseinrichtung bedarf, (Ist-)Kaufmann kraft (voll-)kaufmännischen Handelsgewerbes nach § 1 Abs. 2; besaß es nur kleingewerblichen Zuschnitt oder fiel es später auf diese Größenordnung zurück, (Kann-)Kaufmann kraft Handelsregistereintragung nach § 2 S. 1. Das Handelsregister, das ihn als Kaufmann ausweist, ist also in beiden Fällen richtig, was eine Amtslöschung ausschließt. Bei tatsächlich nur kleingewerblichem Zuschnitt seines Gewerbebetriebes steht es dem Inhaber jedoch nach § 2 S. 3 frei, seine Firma jederzeit abzumelden und damit seine Kaufmannsstellung zu beenden (s. dazu § 2 Rn. 22).

§ 2
Kannkaufmann

Ein gewerbliches Unternehmen, dessen Gewerbebetrieb nicht schon nach § 1 Abs. 2 Handelsgewerbe ist, gilt als Handelsgewerbe im Sinne dieses Gesetzbuchs, wenn die Firma des Unternehmens in das Handelsregister eingetragen ist. Der Unternehmer ist berechtigt, aber nicht verpflichtet, die Eintragung nach den für die Eintragung kaufmännischer Firmen geltenden Vorschriften herbeizuführen. Ist die Eintragung erfolgt, so findet eine Löschung der Firma auch auf Antrag des Unternehmers statt, sofern nicht die Voraussetzung des § 1 Abs. 2 eingetreten ist.

Übersicht

	Rn.		Rn.
I. Allgemeines; Vorgeschichte	1	2. Zeitpunkt	20
II. Tatbestandliche Voraussetzungen des Wahlrechts nach § 2		3. Rechtslage bei unwirksamer Eintragung	21
1. Gewerbe	4	VI. Löschung	
2. Kleingewerbe	5	1. Freiwillige Löschung nach § 2 S. 3	22
3. Vergleich mit der Parallelregelung des § 105 Abs. 2	6	2. Sonstige Löschungstatbestände	23
4. Kein Gewerbe der Land- oder Forstwirtschaft	8	3. Wirkungen der Löschung	24
III. Wahlrecht; Ausübung und Rechtsnatur		VII. Rechtslage bei Unternehmensnachfolge	26
1. Ausübung des Wahlrechts	9	VIII. Ende der Kaufmannseigenschaft nach § 2	27
2. Rechtsnatur	10	IX. Die Rechtsstellung des nicht im Handelsregister eingetragenen Kleingewerbetreibenden	
3. Rechtslage bei fehlerhafter Ausübung des Wahlrechts	12	1. Keine Kaufmannseigenschaft	28
4. Rechtswahl durch Widerspruch gegen Amtslöschung	13	2. Anwendung von Handelsrecht auch auf nicht kaufmännische Kleingewerbetreibende kraft gesetzlicher Anordnung	29
IV. Prüfung der Anmeldung durch das Registergericht	15		
V. Wirkung der Handelsregistereintragung		3. Analoge Anwendung handelsrechtlicher Regeln auf Kleingewerbetreibende	31
1. Erwerb der Kaufmannseigenschaft mit konstitutiver Wirkung	18		

I. Allgemeines; Vorgeschichte

Die Bestimmung ist mit Wirkung ab 1.7.1998 neu durch das HRefG (Einl. Rn. 34 ff.) eingeführt worden. Nach altem, bis dahin geltendem Recht waren Gewerbetreibende, die für den Betrieb ihres Unternehmens aufgrund seiner einfachen überschaubaren Verhältnisse oder seiner geringen Größenordnung („Art oder Umfang", s. dazu auch unten Rn. 5) keine kaufmännischen Betriebseinrichtungen benötigten, vom Erwerb der Vollkaufmannseigenschaft ausgeschlossen. Bei Betrieb eines der in § 1 Abs. 2 a.F. abschließend aufgezählten sog. Grundhandelsgewerbe (s. dazu Rn. 28; Einl. Rn. 26 und 39) galten sie als sog. Minderkaufleute, auf die nach § 4 a.F., um eine Überforderung zu vermeiden, Handelsrecht nur in beschränktem Umfang anwendbar war. Anderenfalls, bei Betrieb aller anderen, nicht als Grundhandelsgewerbe geltenden Geschäftstätigkeiten – dies betraf insbesondere die meisten modernen Dienstleistungs- und Überlassungsgewerbe – waren sie als Kleingewerbetreibende vom Erwerb der Kaufmannseigenschaft völlig ausgeschlossen, § 2 a.F. (s. dazu Einl. Rn. 26 f.). Die Neufassung des § 2 soll nunmehr auch dieser Gruppe von Gewerbetreibenden, die nicht schon aufgrund des Betriebs eines (voll-)kaufmännischer Geschäftseinrichtung bedürftigen Handelsgewerbes (§ 1 Abs. 2) nach § 1 Kaufmannsstatus besitzen, gleichwohl aber aus verschiedenen Gründen ein legitimes Interesse an dessen Erlangung haben können, die Möglichkeit eröffnen, eine Firma anzunehmen und durch deren freiwillige Eintragung im Handelsregister Kaufmannseigenschaft zu erwerben. Die Angehörigen dieser Gruppe von Gewerbetreibenden haben damit als sog. **Kannkaufleute** das Recht, selbst darüber zu entscheiden, ob sie es bei ihrem von Gesetzes wegen bestehenden Status als nur den für alle gleichermaßen geltenden Vorschriften des allgemeinen Rechts unterworfene „normale BGB-Bürger" bewenden lassen wollen oder ob sie durch Eintragung der für ihr Unternehmen angenommenen Firma im Handelsregister Kaufmannseigenschaft erwerben und sich damit der Geltung der handelsrechtlichen Sonderbestimmungen unterstellen wollen. Die Option für den Kaufmannsstatus ist in das freie Belieben des einzelnen Gewerbetreibenden gestellt und an keinerlei Voraussetzungen gebunden.

2 Der Gesetzgeber des HRefG hat damit im Gegensatz zu dem Gesetzgeber des HGB das mögliche Interesse kleiner Gewerbetreibender am Nachweis einer Handelsregistereintragung und dem Erwerb eines (voll-)kaufmännischen Rechtsstatus höher bewertet als ihre Schutzbedürftigkeit vor etwaigen nachteiligen Folgen des für (Voll-)Kaufleute geltenden, im Vergleich zum BGB vielfach anspruchsvolleren Handelsrechts. Dem Schutzbedürfnis von Kleingewerbetreibenden trägt das HGB nur noch insofern Rechnung, als es ihnen, sollten sie ihre Entscheidung – etwa, weil sie sich von den Anforderungen des Kaufmannsrechts doch überfordert fühlen – später bereuen, das Recht einräumt, ihre Eintragung im Handelsregister ohne Begründung auf Antrag löschen zu lassen und damit ihre Kaufmannseigenschaft unter Rückkehr zu ihrem ursprünglichen Status als „normale BGB-Bürger" wieder (für die Zukunft) aufzugeben, § 2 S. 3 (dazu unten Rn. 22).

3 Eine parallele Option für kleingewerbliche Gesellschaften hält das HGB in Gestalt des ebenfalls durch das HRefG eingeführten § 105 Abs. 2 bereit (s. dazu unten Rn. 6 sowie bei § 105). Diese Bestimmung hat als Vorbild für die Regelung des § 2 gedient. Noch der Referentenentwurf sah für Kleingewerbetreibende lediglich eine Öffnung der Personenhandelsgesellschaften (OHG und KG) durch freiwilligen Erwerb der Kaufmannseigenschaft vor[1].

---

1 Darin schon über die Empfehlungen der davor tätigen Bund-Länder-Arbeitsgruppe hinausgehend, die Kleingewerbetreibende weiterhin generell vom Erwerb der Kauf-

Indem der Gesetzgeber des HRefG eine entsprechende Eintragungsoption auch für Einzelgewerbetreibende eingeführt hat, weist das HGB jetzt eine konsequente Parallelregelung für kleingewerbliche Einzelunternehmer und Gesellschaften auf. Damit ist zugleich sichergestellt, dass das Unternehmen einer eingetragenen OHG oder KG (§ 105 Abs. 2) auch dann, wenn nach dem Ausscheiden von Gesellschaftern nur noch einer übrig bleibt, als einzelkaufmännisches Unternehmen fortgeführt werden kann[1].

II. Tatbestandliche Voraussetzungen des Wahlrechts nach § 2

1. Gewerbe

Unverzichtbare Voraussetzung für den freiwilligen Erwerb der Kaufmannseigenschaft durch Ausübung der Eintragungsoption des § 2 S. 1 und 2 ist – nicht anders als für den Besitz der Kaufmannseigenschaft nach § 1 – wiederum der Betrieb eines gewerblichen Unternehmens. Der Begriff des Gewerbes ist derselbe wie in § 1, s. deshalb § 1 Rn. 17 ff. Insbesondere gelten künstlerische und wissenschaftliche Tätigkeiten sowie die sog. freien Berufe (§ 1 Rn. 58) auch hier nicht als Gewerbe; ihnen bleibt weiterhin auch der Erwerb der Kaufmannseigenschaft durch freiwillige Eintragung in das Handelsregister verschlossen. Desgleichen fehlt es auch im Rahmen des § 2 regelmäßig an einem Gewerbebetrieb, wenn sich die Tätigkeit lediglich auf die private Kapitalanlage und Verwaltung des eigenen Vermögens beschränkt. Anders kann es sich nur verhalten, wenn Kapitalanlage und Vermögensverwaltung in so großem Stil und geschäftsmäßig betrieben werden, dass sie von der Verkehrsanschauung als Investitionstätigkeit gewerbsmäßiger Art angesehen werden (s. dazu ausführlich § 1 Rn. 34 ff.). Im Allgemeinen werden in einem solchen Falle aber bereits „großgewerbliche", den Einsatz kaufmännischer Einrichtungen erforderlich machende Verhältnisse i.S. des § 1 Abs. 2 erreicht sein und damit Kaufmannseigenschaft kraft Gesetzes nach § 1 Abs. 1 vorliegen, was für den fakultativen Erwerb des Kaufmannsstatus nach § 2 keinen Raum lässt. Zu Vermögensverwaltungsgesellschaften s. unten Rn. 7.

4

2. Kleingewerbe

Durch eine weitere – negative – Voraussetzung macht das Gesetz (§ 2) das Recht zum freiwilligen Erwerb der Kaufmannseigenschaft davon abhängig, dass das ausgeübte Gewerbe nicht bereits Handelsgewerbe i.S. von § 1 Abs. 2 ist. Diese Voraussetzung folgt zwingend aus der Systematik des Gesetzes: Der Betreiber eines Handelsgewerbes i.S. von § 1 Abs. 2 ist auch schon ohne Eintragung im Handelsregister und auch ohne seinen Willen gemäß § 1 Abs. 1 Kaufmann kraft Gesetzes. Dies schließt eine Option zum freiwilligen Erwerb der Kaufmannseigenschaft durch Eintragung im Handelsregister

5

---

mannseigenschaft fernhalten wollte, s. dazu Begr. RegE BR-Drucks. 340/97 S. 31; zur Vorgeschichte des HRefG s. Einl. Rn. 34.
1 Begr. RegE BR-Drucks. 340/97 S. 31.

zwangsläufig aus. Das in § 2 eingeräumte Wahlrecht besteht folglich nur dann, wenn das Unternehmen keinen nach Art und Umfang in kaufmännischer Weise eingerichteten Geschäftsbetrieb (Handelsgewerbe i.S. von § 1 Abs. 2) erfordert, wenn es also kein kaufmännisches, sondern lediglich ein kleingewerbliches Unternehmen ist. Da die Definition des Handelsgewerbes in § 1 Abs. 2 voraussetzt, dass das Unternehmen nach Art **und** Umfang (also kumulativ) kaufmännischer Betriebsweise bedarf, liegt ein Kleingewerbe immer schon dann vor, wenn das Unternehmen entweder nach der Art seines Betriebes **oder** nach seinem Umfang keine kaufmännische Geschäftseinrichtung benötigt (s. dazu näher § 1 Rn. 100). Selbstverständlich liegt Kleingewerblichkeit erst recht vor, wenn der Betrieb des Unternehmens sowohl wegen seiner geringen Größenordnung als auch seiner einfachen Verhältnisse, also in keiner Richtung (weder nach Art noch nach Umfang), kaufmännische Geschäftseinrichtung erfordert. Die Beurteilung, ob es sich danach um ein Kleingewerbe handelt, richtet sich, da § 2 negativ gerade die Gewerbebetriebe erfassen soll, die ihrer geringen Größenordnung oder ihrer einfachen, überschaubaren geschäftlichen Verhältnisse wegen nicht schon nach § 1 als (kaufmännische) Handelsgewerbebetriebe gelten, nach denselben Gesichtspunkten, die in § 1 Rn. 98 ff. mit umgekehrter Zielrichtung erläutert worden sind.

3. Vergleich mit der Parallelregelung des § 105 Abs. 2

6 § 2 gilt unmittelbar nur für Einzelgewerbetreibende. Wird das Gewerbe zusammen mit anderen Personen als Gesellschaft betrieben, so gilt nicht § 2, sondern § 105 Abs. 2 (s. dazu schon oben Rn. 3 und ausführlicher bei § 105). Indem diese Bestimmung hinsichtlich der Berechtigung kleingewerblicher Gesellschaften zum Erwerb der Kaufmannseigenschaft auf § 2 S. 2 und 3 verweist, eröffnet sie kleingewerblichen Gesellschaften, die kraft Gesetzes nur als BGB-Gesellschaften gelten, die Möglichkeit, durch freiwillige Eintragung im Handelsregister Kaufmannsstatus als Handelsgesellschaft (OHG oder KG) zu erwerben; entsprechendes gilt infolge der Verweisung auf § 2 S. 3 für die Befugnis, die Firma im Handelsregister wieder löschen zu lassen und sich damit wieder in eine BGB-Gesellschaft zurückzuverwandeln.

7 Das in § 105 Abs. 2 daneben auch Gesellschaften, die nur ihr eigenes Vermögen verwalten, zugebilligte Wahlrecht zum Erwerb der Kaufmannseigenschaft durch freiwillige Eintragung im Handelsregister (s. dazu § 105 Rn. 9) findet dagegen in § 2 keine Entsprechung. Die Parallelität beider Vorschriften endet hier. **Einzelpersonen, die lediglich ihr eigenes Vermögen verwalten**, bleiben damit auch nach der Reform des HGB durch das HRefG (Einl. Rn. 34 ff.) infolge der fehlenden Gewerblichkeit ihrer Betätigung (oben Rn. 4) vom freiwilligen Erwerb der Kaufmannseigenschaft **ausgeschlossen**; s. dazu § 1 Rn. 47 und die dortigen Nachweise.

4. Kein Gewerbe der Land- oder Forstwirtschaft

Obwohl auch der Betrieb der Land- und Forstwirtschaft nach heute ganz 8
überwiegend vertretener Auffassung als gewerbliche Tätigkeit angesehen
wird, billigt das Gesetz kleingewerblichen Land- und Forstwirten auch nach
der Neuregelung durch das HRefG 1998 keine Option für den Erwerb der
Kaufmannseigenschaft durch freiwillige Eintragung in das Handelsregister
zu. Die in § 3 für Betriebe der Land- und Forstwirtschaft getroffene Sonderregelung schließt die Anwendbarkeit des § 2 auf diese Personengruppe aus
(streitig[1], s. dazu im Einzelnen § 3 Rn. 19 ff.).

III. Wahlrecht; Ausübung und Rechtsnatur

1. Ausübung des Wahlrechts

Sie erfolgt durch **Annahme einer Firma und deren Anmeldung zum Handels-** 9
register. Die Annahme einer Firma für das Unternehmen und deren Anmeldung zur Eintragung im Handelsregister wird vom Gesetz (§ 2 S. 2) in das
freie Belieben des Kleingewerbetreibenden gestellt. Das Gesetz gewährt ihm
also allein das Recht, durch Herbeiführung der Eintragung einer von ihm für
sein gewerbliches Unternehmen angenommenen kaufmännischen Firma
Kaufmannseigenschaft zu erwerben, erlegt ihm aber keinerlei Verpflichtung
dazu auf (sog. Eintragungsoption). Zu den Formalitäten der Anmeldung s.
bei § 12, zur richtigen Bildung der Firma bei § 19.

2. Rechtsnatur

Anders als der (Ist-)Kaufmann nach § 1, der bereits allein durch den Betrieb 10
seines Unternehmens Kaufmannseigenschaft besitzt und dies durch die gesetzlich vorgeschriebene Anmeldung seiner Firma zum Handelsregister
(§ 29) lediglich verlautbart, ohne dass damit eine Änderung seines materiell-
rechtlichen Status verbunden wäre (§ 1 Rn. 126, 129), übt der kleingewerbliche Unternehmer mit der freiwilligen Anmeldung der von ihm für sein
Unternehmen angenommenen Firma und deren nachfolgende Eintragung in
das Handelsregister ein ihm vom Gesetz eingeräumtes Wahlrecht mit dem
Ziel aus, seinen materiell-rechtlichen Status zu verändern: Mit der Eintragung im Handelsregister, auf die er Anspruch hat, verwandelt er sich vom
normalen „BGB-Bürger" zum Kaufmann mit allen Rechten und Pflichten (s.
dazu unten Rn. 18). Die Anmeldung der Firma nach § 2 bleibt deswegen
zwar, weil auf Ingangsetzung des zur Handelsregistereintragung führenden
Verfahrens gerichtet – insofern nicht anders als die Anmeldung des § 1 –,
(auch) Verfahrenshandlung. Im Unterschied zu dieser ist die Anmeldung
nach § 2 aber zugleich Ausdruck der mit ihr einhergehenden privatautonom

---

[1] Wie hier: *Koller/Roth/Morck*, § 3 Rn. 1; *v. Olshausen*, JZ 1998, 719; GK/*Ensthaler*,
§ 3 Rn. 12; ebenso Begr. RegE BR-Drucks. 340/97 S. 33 und 49; a.A. Münch-
KommHGB/*K. Schmidt*, § 2 Rn. 6; *K. Schmidt*, ZHR 163 (1999), 91 f.; *K. Schmidt*,
NJW 1998, 2162 f.; *Bydlinski*, ZIP 1998, 1169, 1173 f.; *Baumbach/Hopt*, § 2 Rn. 2
und § 3 Rn. 2.

getroffenen Entscheidung des Geschäftsinhabers zur Veränderung seines bisherigen materiell-rechtlichen Status. Sie erschöpft sich daher – anders als die Anmeldung nach § 1 – nicht in einem reinen Verfahrensakt[1]. Vielmehr enthält sie als Verkörperung der von dem Geschäftsinhaber in freier Willensentscheidung getroffenen **Rechtswahl zum Erwerb der Kaufmannseigenschaft** mit allen Rechten und Pflichten neben der verfahrensrechtlichen zugleich eine materiell-rechtliche Komponente. Diese Doppelnatur der Anmeldung nach § 2 erfordert es schon aus rechtssystematischen Gründen (s. dazu auch schon § 1 Rn. 135 ff.), sie auch als rechtsgeschäftliche, zumindest **rechtsgeschäftsähnliche Erklärung** anzuerkennen, die den Regeln der §§ 104 ff. BGB unterliegt[2]. Daran ändert es nichts, dass das Gesetz den Eintritt des materiell-rechtlichen Statuswechsels als solchen nicht schon an die Anmeldung, sondern erst an den Vollzug der Eintragung knüpft. Zu der korrespondierenden Rechtslage bei § 3 s. dort Rn. 28.

11 Die Unterscheidung zwischen der in Erfüllung einer gesetzlichen Verpflichtung (§ 29) erfolgenden, auf die Herbeiführung einer den bereits ex lege bestehenden Kaufmannsstatus lediglich verlautbarenden (deklaratorischen) Eintragung gerichteten Anmeldung nach § 1 und der als Ausdruck einer freien Rechtswahl erfolgenden, auf die Herbeiführung einer mit der Eintragung eintretenden Änderung des materiellen Rechtsstatus zielenden und damit mittelbar rechtsgestaltenden Anmeldung nach § 2 hat nicht allein rechtssystematische Bedeutung. Sie hat zugleich nicht unerhebliche praktische Konsequenzen für die Rechtsfolgen einer ohne wirksame Rechtswahl erfolgten Eintragung (dazu sogleich Rn. 12) und in besonderen Lagen auch für den Umfang der Prüfungspflicht des Registergerichts (s. dazu unten Rn. 15 ff.).

3. Rechtslage bei fehlerhafter Ausübung des Wahlrechts

12 Fehlt es an einer Ausübung des Wahlrechts nach § 2, etwa weil sich der Anmelder fälschlich bereits als (Ist-)Kaufmann nach § 1 ansieht und mit seiner Anmeldung erkennbar lediglich seiner gesetzlichen Verpflichtung aus §§ 1, 29 genügen will (§ 1 Rn. 136 ff.), oder ist die Ausübung des Wahlrechts insbesondere gemäß §§ 104 ff. BGB unwirksam, so greift – obwohl dies auf Grund des missverständlichen Wortlauts des § 2, wonach ein im Handelsregister eingetragenes Unternehmen als Handelsgewerbe i.S. des HGB **gilt**, denkbar wäre – nicht § 2 ein. Vielmehr ist die Eintragung in Ermangelung sowohl des Vorhandenseins der Kaufmannseigenschaft nach § 1 als auch ei-

---

1 A.A. *K. Schmidt*, ZHR 163 (1999), 87 ff., 92 f. und ihm folgend *Treber*, AcP 199 (1999), 525 ff., 528 f.: ebenso *Ebenroth/Boujong/Joost/Strohn/Kindler*, § 1 Rn. 15: reine Verfahrenshandlung, die keinen Unterschied zwischen einer Anmeldung nach § 1 oder § 2 oder § 3 aufweist; s. auch schon § 1 Rn. 132 mit Fn.

2 So auch schon die in der 1. Aufl. zu der entspr. Rechtsfrage bei § 3 in diesem Komm. vertretene Auffassung, s. dort § 3 Rn. 20; auch für § 2 zustimmend *Lieb*, NJW 1999, 36; *Koller/Roth/Morck*, § 2 Rn. 3; *Baumbach/Hopt*, § 2 Rn. 4; *Canaris*, HR, § 3 Rn. 19 ff.; *Hübner*, Rn. 43, 46; *Siems*, Der personelle Anwendungsbereich des Handelsrechts nach dem Handelsrechtsreformgesetz, 1999, S. 78 ff. S. dazu bereits § 1 Rn. 132 mit Fn.; a.A. *K. Schmidt*, ZHR 163 (1999), 87 ff., 92 f. und in MünchKommHGB, § 2 Rn. 13 f.; *Treber*, AcP (1999), 525 ff.

ner wirksamen Rechtswahl nach § 2 unrichtig und begründet keine Kaufmannseigenschaft des Geschäftsinhabers. Bis zur Löschung der Eintragung von Amts wegen oder auf Antrag des Geschäftsinhabers richten sich die Rechtsfolgen einer solchen Eintragung nach § 5[1] (s. dazu auch § 1 Rn. 143 und § 5 Rn. 10).

4. Rechtswahl durch Widerspruch gegen Amtslöschung

Zu beachten ist, dass eine Rechtswahl nach § 2 nicht nur in der Anmeldung der Firma eines bisher noch nicht eingetragenen gewerblichen Unternehmens liegen kann. Die Option für den Kaufmannsstatus nach § 2 kann auch dadurch ausgeübt werden, dass der Betreiber eines zunächst als Handelsgewerbe nach § 1 eingetragenen Unternehmens, das von Amts wegen gelöscht werden soll, weil es die dafür nach § 1 Abs. 2 erforderliche Betriebsgröße (§ 1 Rn. 98 ff.) von Anfang an oder infolge späteren Geschäftsrückgangs unterschreitet, der Löschung widerspricht und damit seinen Willen verlautbart, Kaufmann nach § 2 zu sein[2], wenn er es schon nicht nach § 1 sein kann (s. auch dazu schon § 1 Rn. 143). 13

Im Falle eines derartigen Widerspruchs hat die Löschung zu unterbleiben. Einer erneuten Eintragung oder einer Änderung der bestehenden Eintragung bedarf es nicht. Die Kaufmannseigenschaft nach § 2 wird, da die Eintragung bereits besteht, in diesem Fall ohne weiteres mit Eingang der Widerspruchserklärung erworben. Die Zwischenzeit überbrückt § 5. Rückwirkung wird man dem Widerspruch schwerlich zubilligen können. Ebenso wenig erscheint es angängig, einen konkludenten Antrag nach § 2 bereits in dem bloßen Unterlassen der Stellung eines Löschungsantrags zu sehen[3]. Das Unterlassen kann sehr unterschiedliche Gründe haben; so kann es etwa darauf beruhen, dass der Geschäftsinhaber irrtümlich von dem (Fort-)Bestand seiner Kaufmannseigenschaft nach § 1 ausgeht. 14

IV. Prüfung der Anmeldung durch das Registergericht

Das Registergericht überprüft die Anmeldung außer auf ihre allgemeine Ordnungsmäßigkeit und Wirksamkeit (s. dazu bei § 12 und § 29 sowie § 1 Rn. 130) nur darauf, ob unter der angenommenen Firma ein gewerbliches Unternehmen (§ 1 Rn. 17 ff.) betrieben wird und die angemeldete Firma als solche zulässig ist (zur Firmenbildung s. §§ 18 ff.). Dagegen prüft das Registergericht im Regelfall nicht, ob auch die negative Voraussetzung nach § 2, der Betrieb lediglich eines kleingewerblichen Unternehmens (oben Rn. 5), erfüllt ist oder ob das Unternehmen nicht etwa aufgrund der Erforderlich- 15

---

1 A.A. wiederum *K. Schmidt*, ZHR 163 (1999), 87 ff., 92 f. und in MünchKommHGB, § 2 Rn. 13 f.; *Treber*, AcP (1999), 525 ff., die auf Grund ihrer Auffassung von der Gleichartigkeit aller Anmeldungen auch jeden eingetragenen Gewerbebetrieb, sei es nach § 1 oder § 2, als kaufmännisch ansehen, was den Tatbestand des § 5 weitgehend leer laufen ließe; s. auch schon die Nachw. in den vorigen Fn.
2 Begr. RegE BR-Drucks. 340/97 S. 49; wie hier auch *Baumbach/Hopt*, § 2 Rn. 6.
3 So aber *Schmitt*, WiB 1997, 1117; wie hier dagegen *Koller/Roth/Morck*, § 5 Rn. 1.

keit kaufmännischer Betriebsweise bereits Handelsgewerbe i.S. des § 1 Abs. 2 ist (dazu schon § 1 Rn. 138). Für die Eintragung im Handelsregister als solche ist es ohne Bedeutung, ob der Betreiber bereits Kaufmann nach § 1 ist oder ob er es jedenfalls durch die Eintragung nach § 2 wird. In der Befreiung des Registergerichts von dieser Prüfung bei der Eintragung eines angemeldeten Unternehmens, der Entbehrlichkeit entsprechender Gutachten der Industrie- und Handelskammern sowie der Übrigen nach § 126 FGG (ab 1.9.2009 § 380 FamFG) am Registerverfahren beteiligten Organe anderer Berufsstände (§ 23 S. 2 HRV) und der dadurch erreichbaren Verkürzung des Registerverfahrens hat auch der Gesetzgeber des HRefG[1] einen wichtigen, durch die jetzige Regelung erreichten Gewinn gegenüber dem früheren Rechtszustand gesehen, der eine solche Prüfung in allen Fällen (§§ 2 und 4 jew. a.F.) erforderte.

16 Anders kann es allerdings liegen, wenn der Anmelder zu erkennen gibt, dass er nicht Kaufmann nach § 2 werden will, sondern sich als Betreiber eines Handelsgewerbes nach § 1 Abs. 2 und damit als (Ist-)Kaufmann nach § 1 Abs. 1 betrachtet (oben Rn. 12), der mit seiner Anmeldung allein seiner Verpflichtung nach §§ 1, 29 nachkommen will; eine derart eingeschränkte Anmeldung darf nicht gegen den erklärten Willen des Anmelders zugleich als Eintragungsantrag nach § 2 ausgelegt und behandelt werden (s. dazu § 1 Rn. 135 ff.). In einem solchen Fall darf die Eintragung nur erfolgen, wenn das Unternehmen Handelsgewerbe i.S. von § 1 Abs. 2 ist, was weiterhin eine entsprechende Prüfung durch das Registergericht bedingt.

17 Abgesehen von dem zuletzt erörterten Fall, der in der Praxis eher die Ausnahme sein dürfte, spielt der Unterschied zwischen der Anmeldung eines schon bestehenden Handelsgewerbes i.S. von § 1 Abs. 2 und eines kleingewerblichen Unternehmens erst bei der späteren Löschung der Firma im Handelsregister eine Rolle (s. dazu unten Rn. 22).

V. Wirkung der Handelsregistereintragung

1. Erwerb der Kaufmannseigenschaft mit konstitutiver Wirkung

18 Mit der (wirksamen, oben Rn. 12 und unten Rn. 21) Eintragung der Firma im Handelsregister wird das bisherige kleingewerbliche Unternehmen gemäß § 2 S. 1 zum Handelsgewerbe i.S. des HGB (§ 1 S. 1). Die an eine Fiktion erinnernde Formulierung des § 2 S. 1 („… gilt als …") ist insofern eher irreführend. Das Gewerbe **ist** vielmehr Handelsgewerbe, sein Inhaber „gilt" nicht nur als Kaufmann, er erwirbt vielmehr als Folge der konstitutiven Wirkung der Eintragung (Rn. 19) die Kaufmannseigenschaft mit allen damit verbundenen Rechten und Pflichten. Er unterliegt damit für die Zukunft für das von ihm betriebene Unternehmen in jeder Hinsicht den für Kaufleute geltenden Sondervorschriften des HGB, soweit diese auf die Eigenschaft als eingetragener Kaufmann Bezug nehmen. Zu den mit dem Erwerb des Kauf-

---

[1] Begr. RegE BR-Drucks. 340/97 S. 32.

mannsstatus verbundenen Verpflichtungen gehört insbesondere auch diejenige zur Führung kaufmännischer Bücher gemäß §§ 238 ff.

Anders als die Eintragung eines bereits bestehenden Handelsgewerbes i.S. von § 1 Abs. 1 und 2, die eine lediglich die schon unabhängig von ihr bestehende Kaufmannseigenschaft seines Betreibers in einem öffentlichen Register verlautbarende (deklaratorische) Bedeutung hat (§ 1 Rn. 135), kommt damit der wirksamen Eintragung eines kleingewerblichen Unternehmens nach § 2 eine die Kaufmannseigenschaft seines Betreibers begründende (konstitutive) Wirkung zu. 19

2. Zeitpunkt

Die Wirkungen der Eintragung gemäß § 2 treten bereits mit Vollzug der Eintragung, nicht erst mit deren Bekanntmachung ein. Solange die Eintragung aber nicht bekannt gemacht ist, kann sich ein gutgläubiger Dritter nach § 15 Abs. 1 auf seine fehlende Kenntnis der Kaufmannseigenschaft des anderen Teils berufen[1]. 20

3. Rechtslage bei unwirksamer Eintragung

Die bezeichneten, die Kaufmannseigenschaft konstitutiv begründenden Wirkungen des § 2 treten nur bei wirksamer Eintragung ein. Die Eintragung, die aufgrund einer fehlenden oder nichtigen Anmeldung oder trotz Fehlens der materiell-rechtlichen Voraussetzungen des § 2 erfolgt, macht den Betreiber des Unternehmens weder nach § 2 S. 1 zum Kaufmann, noch wird seine Kaufmannseigenschaft entgegen der missverständlichen Formulierung des Gesetzes fingiert; es gilt vielmehr, falls unter der eingetragenen Firma überhaupt ein Gewerbe betrieben wird, § 5 (streitig, s. dazu schon oben Rn. 12 und § 1 Rn. 143). Andernfalls kann der Eingetragene lediglich nach Rechtsscheinsgrundsätzen oder in (entsprechender) Anwendung von § 15 Abs. 3 zugunsten Gutgläubiger im Einzelfall als Kaufmann zu behandeln sein (vgl. dazu näher § 5 Rn. 15 ff. und Anh. § 5 und bei § 15). 21

VI. Löschung
1. Freiwillige Löschung nach § 2 S. 3

Der freiwillig eingetragene Kleingewerbetreibende kann den durch Eintragung erlangten Kaufmannsstatus jederzeit wieder aufgeben. Auch dieser Rückzug ist wie schon der Erwerb (oben Rn. 9) der freien Entscheidung des Betriebsinhabers überlassen. Er erfolgt durch Löschung der Eintragung auf Antrag des Inhabers des Unternehmens. Als actus contrarius zu der Anmeldung (oben Rn. 10 ff.) unterliegt der Antrag auf Löschung wie diese den Regeln über Willenserklärungen, §§ 104 ff. BGB. Die Löschung hat, wie § 2 S. 3 klarstellend ausspricht, nur dann unter Zurückweisung des Antrags und Aufrechterhaltung der Eintragung zu unterbleiben, wenn der ursprünglich 22

---

[1] Wie hier *Koller/Roth/Morck*, § 2 Rn. 4; *Baumbach/Hopt*, § 15 Rn. 5; ebenso *v. Olshausen*, ZHR 141 (1977), 101 f. (zu § 3 Abs. 2).

freiwillig auf Anmeldung eingetragene Betrieb inzwischen nach Art und Umfang nicht mehr ohne kaufmännische Geschäftseinrichtung auskommt und damit zum Handelsgewerbe i.S. des § 1 Abs. 2 herangewachsen sein sollte, weil sein Inhaber in diesem Fall kraft Gesetzes zur Eintragung im Handelsregister gemäß §§ 1, 29 verpflichtet ist (§ 1 Rn. 128). Das Gleiche gilt selbstverständlich, da die Eintragung auf Anmeldung grundsätzlich ohne Prüfung der Kleingewerblichkeit erfolgt (oben Rn. 15), falls sich nunmehr herausstellt, dass das Unternehmen schon bei Eintragung kaufmännischen Zuschnitt (§ 1 Abs. 2) besaß. Das Registergericht kann deshalb, wenn Anlass dazu besteht, ungeachtet seiner Amtsermittlungspflicht (s. § 1 Rn. 130 ff.) verlangen, dass der Antragsteller, der Löschung der Eintragung seiner Firma im Handelsregister beantragt, die Umstände darlegt, aus denen sich die fortbestehende Kleingewerblichkeit, d.h. die fehlende Erforderlichkeit eines kaufmännischen Geschäftsbetriebs seines Unternehmens, ergeben soll. Zum umgekehrten Fall der Löschung einer eingetragenen Firma wegen Fehlens oder späteren Verlusts der „Vollgewerblichkeit" infolge Geschäftsrückgangs s. § 1 Rn. 143; zur rechtlichen Bedeutung eines Widerspruchs des Geschäftsinhabers gegen eine Löschung der Firma s. oben Rn. 13.

2. Sonstige Löschungstatbestände

23 Von der freiwilligen Löschung nach § 2 S. 3 zu unterscheiden ist die Löschung der Firma wegen Einstellung des Geschäftsbetriebs oder Aufgabe einer gewerblichen Tätigkeit. In diesen Fällen besteht nach § 31 Abs. 2 eine gesetzliche Verpflichtung zur Beantragung der Löschung. Bei entsprechender Kenntnis des Registergerichts ist die Löschung in diesen Fällen ebenso wie bei Fehlen oder Unwirksamkeit der Anmeldung nach § 142 FGG (§ 395 FamFG) auch von Amts wegen vorzunehmen. Die Wirkung der Löschung ist jedoch keine andere als bei freiwilliger Löschung nach § 2 S. 3 (s. nachfolgende Rn. 24).

3. Wirkungen der Löschung

24 Mit der Löschung der Eintragung erlischt entsprechend ihrem Beginn mit Vollzug der Eintragung (oben Rn. 18 ff.) die Kaufmannseigenschaft nach § 2. Der Inhaber des Unternehmens wird wieder zum „normalen BGB-Bürger", auf den das nur für Kaufleute geltende handelsrechtliche Sonderrecht keine Anwendung mehr findet. Diese Wirkung tritt aber nur für die Zukunft („ex nunc") ein. Seine bereits vor der Löschung begründeten Rechtsbeziehungen unterliegen weiterhin Kaufmannsrecht. Zugunsten gutgläubiger Dritter kann – auch wenn die Löschung freiwillig erfolgt, also keine eintragungspflichtige Tatsache ist – bis zur Bekanntmachung der Löschung § 15 Abs. 1 eingreifen[1].

25 Das Erlöschen der Kaufmannseigenschaft mit der Löschung der Firma im Handelsregister (vorstehend Rn. 24) tritt – sofern das Unternehmen nicht

---

1 *Koller/Roth/Morck*, § 2 Rn. 5; a.A. GK/*Ensthaler*, § 2 Rn. 18.

(von Anbeginn an oder inzwischen) Handelsgewerbe i.S. von § 1 Abs. 2 ist (oben Rn. 22) – unabhängig davon ein, ob die Löschung zu Recht oder zu Unrecht, mit oder ohne Willen des eingetragenen kleingewerblichen Firmeninhabers geschah. Bei zu Unrecht erfolgter Löschung ist der Betreiber des Unternehmens jedoch berechtigt, die Firma – unbeschadet der Verpflichtung des Registergerichts auch zur Neueintragung von Amts wegen – erneut gemäß § 2 zum Handelsregister anzumelden. Der Kaufmannsstatus wird in beiden Fällen erst mit der Wiedereintragung für die Zukunft zurückerlangt.

VII. Rechtslage bei Unternehmensnachfolge

Erwirbt jemand ein nach § 2 eingetragenes Unternehmen mit Firma, so wird er ohne weiteres Kaufmann anstelle des bisherigen Inhabers. Erfolgt der Unternehmenserwerb ohne Firma, so wird er Kaufmann dadurch, dass er unter seiner neuen Firma im Handelsregister eingetragen wird. Dies folgt daraus, dass § 2 an die Eintragung der Firma und nicht des Unternehmens als solchem anknüpft[1]. In beiden Fällen erlischt die Kaufmannseigenschaft des Veräußerers auch ohne Eintragung des Inhaberwechsels kraft Gesetzes im Zeitpunkt seines Ausscheidens. Das Handelsregister, das weiterhin den Veräußerer als Inhaber ausweist, wird insoweit unrichtig. Der Veräußerer kann aber nach § 15 Abs. 1 zugunsten gutgläubiger Dritter weiterhin als Inhaber und damit als Kaufmann gelten (vgl. dazu näher bei § 15).

26

VIII. Ende der Kaufmannseigenschaft nach § 2

Außer durch Löschung der Firma im Handelsregister (Rn. 24) oder Veräußerung des Unternehmens (Rn. 26) endet die Kaufmannseigenschaft nach § 2 ferner mit **Einstellung des Betriebes**, also völliger Aufgabe des Geschäftsbetriebes. Die zunächst noch fortbestehende Eintragung im Handelsregister, die damit unrichtig wird, vermag daran nichts zu ändern. § 5 greift in diesem Fall nicht ein, weil dann unter der Firma kein Gewerbe mehr betrieben wird (oben Rn. 21 und § 5 Rn. 15 ff.). Die Liquidation des Unternehmens bleibt ebenso wie die Eröffnung eines Insolvenzverfahrens bis zur endgültigen Betriebseinstellung ohne Einfluss auf die Kaufmannseigenschaft. Der Betriebseinstellung steht es für die Beendigung der Kaufmannseigenschaft nach § 2 gleich, wenn unter Aufgabe des bisherigen Betriebes unter der Firma nur noch eine Tätigkeit nicht gewerblicher Art ausgeführt wird. Zur Rechtsstellung des neuen Betriebsinhabers bei Betriebsveräußerung s. oben Rn. 26; zur Anwendung des § 15 bei Betriebsaufgabe oder Unternehmensveräußerung vgl. bei § 15.

27

---

1 So richtig *Staub/Brüggemann*, § 2 Rn. 16 gegen ältere abweichende Ansichten; ebenso *Baumbach/Hopt*, § 2 Rn. 11, wohl auch *Koller/Roth/Morck*, § 1 Rn. 6; *Canaris*, HR, § 3 Rn. 25.

IX. Die Rechtsstellung des nicht im Handelsregister eingetragenen Kleingewerbetreibenden

1. Keine Kaufmannseigenschaft

28 Ohne Eintragung im Handelsregister sieht das Gesetz Kleingewerbetreibende, die für ihr Unternehmen nach dessen Art oder Umfang keine kaufmännische Betriebseinrichtung (§ 1 Abs. 2) benötigen, (teilweise in Abweichung vom allgemeinen Sprachgebrauch) nicht als Kaufleute, sondern als normale „BGB-Bürger" an. Dieser Kreis von Geschäftsleuten wird damit ein für alle Mal aus dem Kreis der Adressaten handelsrechtlicher Sondernormen, soweit diese Kaufmannseigenschaft voraussetzen, ausgeschieden. Ihre Rechtsbeziehungen unterliegen damit generell – soweit nicht einzelne Bestimmungen innerhalb wie außerhalb des HGB allein an das Vorhandensein eines Gewerbebetriebes oder sogar nur eines Unternehmens anknüpfen (s. dazu sogleich unten Rn. 29 und auch schon Einl. Rn. 7 und 12) – allein den im Grundsatz für jedermann geltenden Bestimmungen des allgemeinen (Zivil-)Rechts. Die frühere Rechtsfigur des sog. Grundhandelsgeschäfte betreibenden Minderkaufmanns (§ 4 a.F.), der teils kaufmännischem Sonderrecht unterworfen war, teils, um angesichts seiner nur kleingewerblichen Verhältnisse seine Überforderung zu vermeiden, von dessen Geltung freigestellt war, ist durch das HRefG abgeschafft worden (s. dazu näher Einl. Rn. 39, aber auch unten Rn. 30).

2. Anwendung von Handelsrecht auch auf nicht kaufmännische Kleingewerbetreibende kraft gesetzlicher Anordnung

29 Zu beachten ist jedoch, dass eine Reihe handelsrechtlicher Sonderregelungen kraft ausdrücklicher gesetzlicher Anordnung unabhängig davon gilt, ob ein gewerbliches Unternehmen nach Art und Umfang kaufmännische Betriebsweise (§ 1 Abs. 2) erfordert; diese Bestimmungen gelten deshalb auch für Kleingewerbetreibende. Teilweise soll dies, wie § 84 Abs. 2, ihrem eigenen Schutz dienen (s. dazu bei § 84), teilweise soll damit erreicht werden, dass im HGB enthaltene Spezialregelungen für einzelne Geschäftsarten im Interesse der Rechtssicherheit und einer reibungslosen Abwicklung des Geschäftsverkehrs ohne Rücksicht auf Größenordnung oder Eintragung des Unternehmens im Handelsregister für alle Gewerbetreibenden gelten, die entsprechende Geschäft tätigen.

30 So gelten die Spezialregelungen des HGB für die besonderen Vertragsarten des Kommissions- (§ 383 Abs. 2 S. 1), des Speditions- (§ 453 Abs. 3), des Lager- (§ 467 Abs. 3) und des Frachtgeschäfts (§ 407 Abs. 3) auch für Kleingewerbetreibende. Darüber hinaus sind Kleingewerbetreibende für diese Geschäfte auch den allgemeinen Bestimmungen über Handelsgeschäfte (§§ 342–372) mit Ausnahme jeweils der §§ 348–350 unterworfen. Entsprechendes gilt mit Ausnahme der §§ 342–372 auch für die Geschäfte kleingewerblicher Handelsmakler (§ 93 Abs. 3) sowie – mit anderer Zielrichtung, s.o. – kleingewerblicher Handelsvertreter (§ 84 Abs. 2), s. dazu ergänzend auch Einl. Rn. 7; Einl. Rn. 12 auch zu den Regelungen außerhalb des HGB,

die nicht auf die Kaufmannseigenschaft, sondern auf den Abschluss zu gewerblichen oder beruflichen Zwecken abstellen. Im Ergebnis bedeuten diese Spezialregelungen, dass der Reformgesetzgeber von 1998 (Einl. Rn. 34 ff.) den zwischen Vollkaufmann und „Normalbürger" stehenden Minderkaufmann alten Rechts (§ 4 a.F.), s. dazu oben Rn. 28 und Einl. Rn. 39, entgegen seinen programmatischen Erklärungen in wichtigen Teilbereichen tatsächlich gar nicht abgeschafft, sondern – unter Anerkennung des unleugbaren Bedürfnisses der gewerblichen Wirtschaft nach Rechtssicherheit und reibungsloser Geschäftsabwicklung und damit der typischen Merkmale kaufmännischen Geschäftsverkehrs (Einl. Rn. 9) – durch den Begriff des „Gewerbetreibenden" ersetzt hat.

3. Analoge Anwendung handelsrechtlicher Regeln auf Kleingewerbetreibende

Hinsichtlich derjenigen Kleingewerbetreibenden, die nicht in den in Rn. 30 genannten Teilbereichen tätig sind, hinterlässt die „Abschaffung" der Kategorie des Minderkaufmanns dagegen eine spürbare Lücke. Die Behandlung dieser Gewerbetreibenden als „normale BGB-Bürger" hat zur Folge, dass für sie nach geltendem Recht auch eine so zentrale Vorschrift wie diejenige über die Vertretungsmacht von Ladenangestellten (§ 56) sowie die Gesamtheit der allgemeinen Vorschriften des HGB über Handelsgeschäfte (§§ 342–372) mit so wichtigen Einzelbestimmungen wie denjenigen über Handelsbräuche (§ 346), über kaufmännische Sorgfaltspflichten (§ 347), kaufmännische Zinsen (§§ 352, 353), über die Bedeutung des Schweigens im Geschäftsverkehr (§ 362) sowie über die Möglichkeit des Erwerbs von ihnen im guten Glauben an ihre Verfügungsmacht (§ 366) keine Anwendung finden sollen. Gleichwohl ist einer nur auf dem Wege der Analogie möglichen Anwendung von Teilen des für Kaufleute geltenden Sonderrechts des HGB auf Nichtkaufleute und damit auch auf Kleingewerbetreibende, wie sie in Teilen des Schrifttums[1] auch für den Rechtszustand nach der Handelsrechtsreform von 1998 befürwortet wird, auf absehbare Zeit recht enge Grenzen gesetzt. Die grundlegende Entscheidung des Reformgesetzgebers, die Anwendbarkeit handelsrechtlicher Sondernormen von der nur ganz bestimmten Rechtsträgern zugesprochenen Kaufmannseigenschaft abhängig zu machen und eine darüber hinausgehende Geltung von Handelsrecht auf einzelne, im Gesetz enumerativ aufgeführte Arten von Geschäften (Rn. 30) zu beschränken, ist vor allem von den Gerichten unter der Geltung des Prinzips der Gesetzesbindung (Art. 20 Abs. 3 GG) zu respektieren[2]; zu der ähnlich liegenden Frage der analogen Anwendbarkeit von Handelsrecht auf Freiberufler s. Einl. Rn. 38 f. In Bezug auf die hier in Frage stehenden Kleingewerbetreibenden gilt dieses Gebot der Zurückhaltung vor allem auch unter Berücksichtigung der dieser Gruppe in § 2 von dem Reformgesetzgeber eingeräumten Wahlfreiheit (oben

---

[1] S. dazu insbesondere MünchKommHGB/*K. Schmidt*, § 2 Rn. 28 m.w.N. und § 1 Rn. 85 ff.; zur unternehmensrechtlichen Konzeption s. Einl. Rn. 31, 33.
[2] So zutreffend vor allem *Canaris*, HR, § 1 Rn. 25; für eine eher restriktive Linie auch *Siems*, Der personelle Anwendungsbereich ..., S. 134 ff., 209.

Rn. 9), für oder gegen den Erwerb der Kaufmannseigenschaft und damit für oder gegen ihre Unterstellung unter handelsrechtliche Sondernormen zu optieren. Diese Grundsatzentscheidung des Gesetzgebers würde unterlaufen, wenn auch Kleingewerbetreibende, die sich gerade gegen den Erwerb der Kaufmannseigenschaft entschieden haben, auf dem Analogiewege doch wieder in weitgehendem Maße der Geltung handelsrechtlicher Vorschriften unterworfen würden. Dies schließt jedenfalls die entsprechende Anwendung der §§ 348–350 auf diese Personengruppe zwingend aus[1]. Entsprechendes muss auch für die anspruchsvolle Rügeobliegenheit des § 377 sowie grundsätzlich für alle Normen innerhalb wie außerhalb des HGB gelten, die nicht der Parteidisposition unterliegen, insbesondere Nichtkaufleuten Schutz vor besonders gefährlichen Geschäften bieten sollen. Die hier angesprochene Problematik ist jedoch bereits dadurch weitgehend entschärft, dass die neueren Gesetze zur Bestimmung ihres Schutzbereiches nicht mehr auf die Kaufmannseigenschaft, sondern auf den Geschäftsabschluss im gewerblichen Bereich abstellen (Einl. Rn. 12). Überdies dürften behutsame Analogien auch nach der Handelsrechtsreform nicht völlig ausgeschlossen sein. Dies gilt z.B. für eine entsprechende Anwendung des § 56 auch auf Kleingewerbetreibende, die selbst der Reformgesetzgeber für unproblematisch gehalten hat[2], sofern man nicht eine zu demselben Ergebnis führende Anwendung der Grundsätze über die Anscheins- oder Duldungsvollmacht für den angebrachteren Ansatz halten will. Des Weiteren wäre schwer einsehbar, warum § 366 (Erwerb im guten Glauben an die Verfügungsmacht eines Kaufmanns) nicht beim Erwerb von jedem Gewerbetreibenden unabhängig von der Größenordnung seines Unternehmens gelten soll. Denn hier geht es nicht um den Schutz des veräußernden Kleingewerbetreibenden vor Überforderung, sondern allein um Verkehrsschutz, und für diesen kann es ausschließlich darauf ankommen, dass im gewerblichen Geschäftsverkehr erworben wird. Hinzu kommt, dass das Gesetz (§ 932 BGB) den Erwerb im guten Glauben an das Eigentum des Verfügenden ohne Unterscheidung nach dem Status des Veräußerers zulässt. Eine analoge Anwendung der §§ 25 und 28 auch auf nichtkaufmännische Unternehmen entspricht hingegen nicht dem gegenwärtigen Stand von Rechtsprechung und Schrifttum (s. dazu die Erl. zu diesen Vorschriften).

32 Verhältnismäßige geringe Probleme bestehen im Bereich von Handelsbräuchen, da diese als spezielle Verkehrssitten ihren Anwendungsbereich selbst bestimmen (s. dazu Einl. Rn. 89). Sie mögen zwar zunächst nur im Umgang unter Kaufleuten entwickelt worden sein, haben sich aber darüber hinaus allgemein oder in bestimmten Geschäftszweigen durchgesetzt; so haben sie Geltung für jeden, der an dem betreffenden Geschäftsverkehr teilnimmt (dazu bereits Einl. Rn. 38a).

33 Im Geltungsbereich des **dispositiven Gesetzesrechts** steht es den Betroffenen ohnehin frei, für ihre Beziehungen inhaltlich entsprechende Vereinbarungen zu treffen. Fehlt eine ausdrückliche Abmachung, so wird häufig eine ver-

---
1 So selbst MünchKommHGB/*K. Schmidt*, § 2 Rn. 28.
2 Begr. RegE BR-Drucks. 340/97 S. 30.

nünftige Auslegung des Parteiwillens zur Anwendung der auf das Vertragsverhältnis passenden HGB-Regel führen, wie etwa in dem Fall, dass ein Unternehmer, der nicht als Kaufmann gilt, einen anderen als stillen Gesellschafter aufnimmt; ähnlich verhält es sich mit einem vertraglich vereinbarten Kontokorrent (vorbehaltlich allerdings des Verbots von Zinseszinsen, vgl. §§ 248 BGB, 355 HGB und die Kommentierung hierzu; s. auch schon Einl. Rn. 18). Ob man hier von einer unmittelbaren oder nur entsprechenden Anwendung der betreffenden HGB-Vorschriften spricht, ist letztlich von untergeordneter Bedeutung.

§ 3
Land- und Forstwirtschaft; Kannkaufmann

(1) Auf den Betrieb der Land- und Forstwirtschaft finden die Vorschriften des § 1 keine Anwendung.

(2) Für ein land- oder forstwirtschaftliches Unternehmen, das nach Art und Umfang einen in kaufmännischer Weise eingerichteten Geschäftsbetrieb erfordert, gilt § 2 mit der Maßgabe, dass nach Eintragung in das Handelsregister eine Löschung der Firma nur nach den allgemeinen Vorschriften stattfindet, welche für die Löschung kaufmännischer Firmen gelten.

(3) Ist mit dem Betrieb der Land- oder Forstwirtschaft ein Unternehmen verbunden, das nur ein Nebengewerbe des land- oder forstwirtschaftlichen Unternehmens darstellt, so finden auf das im Nebengewerbe betriebene Unternehmen die Vorschriften der Absätze 1 und 2 entsprechende Anwendung.

Übersicht

	Rn.		Rn.
I. Allgemeines; Bedeutung	1	4. Identität des Inhabers	15
II. Land- und forstwirtschaftliche Unternehmen		IV. Rechtliche Stellung	
1. Begriffsbestimmung	4	1. Systematische Bedeutung der Spezialregelung des § 3	18
a) Bodennutzung	5	2. Der Kleinbetrieb	19
b) Gewinnung organischer Rohstoffe	7	3. Der Großbetrieb	
2. Gärtnereien und Baumschulen	8	a) Die Wahlmöglichkeiten des § 3 Abs. 2 und 3	23
3. Weiterverarbeitung, Weiterverkauf	9	b) Rechtliche Bedeutung der Anmeldung zum Handelsregister	28
III. Land- und forstwirtschaftliche Nebengewerbe	10	c) Bindung an die getroffene Wahl	29
1. Innere Verbundenheit und Abhängigkeit vom Hauptbetrieb	11	d) Umfang der Prüfungspflicht des Registergerichts im Anmelde- und Löschungsverfahren	31
2. Organisatorische Verselbständigung	13	e) Wechsel des Betriebsinhabers	34
3. Verhältnis von Haupt- und Nebenbetrieb	14	f) Rechtslage bei Trennung von Haupt- und Nebenbetrieb	36

Schrifttum (Auswahl): *Hofmann*, Die Kaufmannseigenschaft von Land- und Forstwirten, NJW 1976, 1297; *Hofmann*, Die Reformbedürftigkeit des neuen § 3 HGB, NJW 1976, 1830; *Kornblum*, Vom Bauern zum Kaufmann, in: Festschrift Kaufmann, 1993, S. 193; *Kroeschell*, Deutsches Agrarrecht, 1983; *v. Olshausen*, Die Kaufmannseigenschaft der Land- und Forstwirte, ZHR 141 (1977), 93; *v. Olshausen*, Fragwüdige Redeweisen im Handelsrechtsreformgesetz, JZ 1998, 719; *v. Olshausen*, Aufstieg und Ausstieg eines eingetragenen Kleinbauern, die Beweislastregel des § 1 Abs. 2 HGB und die Übergangsvorschrift Art. 38 Abs. 1 EGHGB, RPfleger 2001, 53; *Raisch*, Geschichtliche Voraussetzungen, dogmatische Grundlagen und Sinneswandlung des Handelsrechts, 1965, S. 220; *Steding*, Über die Kaufmannseigenschaft von Landwirten nach § 3 HGB, WiR 1992, 12; *Storm*, Zum Gesetz über die Kaufmannseigenschaft von Land- und Forstwirten, AgrarR 1976, 188; *Storm*, Agrarhandelsrecht und Höferecht, AgrarR 1977, 73.

I. Allgemeines; Bedeutung

1 Das HGB schloss in seiner **ursprünglichen Fassung** Land- und Forstwirte ganz von dem Erwerb der Kaufmannseigenschaft und folglich von der Geltung des Handelsrechts aus. Nach damaliger Auffassung vollzieht sich selbst der landwirtschaftliche Großbetrieb in Formen und unter Bedingungen, die von denjenigen des kaufmännischen Verkehrs wesentlich abweichen[1] und die es deshalb aus der Natur der Sache heraus verbieten, Land- und Forstwirte Kaufmannsrecht zu unterstellen. Der Erwerb der Kaufmannseigenschaft war deshalb lediglich für ein mit dem Betrieb der eigentlichen Land- und Forstwirtschaft verbundenes Nebengewerbe vorgesehen. Damit war Land- und Forstwirten freilich auch die Möglichkeit verschlossen, ihren Hauptbetrieb in der Form einer OHG oder KG, insbesondere einer GmbH & Co. KG, zu organisieren. Die gegenwärtige – seit dem 1.7.1976 gültige, durch das Gesetz über die Kaufmannseigenschaft von Land- und Forstwirten vom 13.5.1976[2] eingeführte – Regelung, an der auch der Gesetzgeber des HRefG inhaltlich nichts ändern wollte (unten Rn. 3, 20), ist vor allem auf das Drängen der Land- und Forstwirte zurückzuführen, ihnen auch mit ihren Hauptbetrieben den Zugang zu diesen Organisationsformen zu eröffnen. Die Fortwirkung der Auffassung von der grundsätzlichen Verschiedenheit der Land- und Forstwirtschaft von der (übrigen) gewerblichen Wirtschaft ist in ihr noch deutlich spürbar. Während alle anderen Betreiber gewerblicher Unternehmungen, die für ihren Betrieb kaufmännischer Organisation bedürfen, gemäß § 1 Abs. 1 und 2 kraft Gesetzes Kaufmannseigenschaft besitzen und deshalb nach § 29 verpflichtet sind, ihre Firma ins Handelsregister eintragen zu lassen, schließt das Gesetz, indem § 3 Abs. 1 die Vorschriften des § 1 auf Betriebe der Land- und Forstwirtschaft für unanwendbar erklärt, diese Betriebe vom Erwerb der Kaufmannseigenschaft kraft Gesetzes ein für allemal aus. Als Ersatz wird dem Betreiber eines land- und forstwirtschaftlichen Unternehmens ein **Wahlrecht** eingeräumt: Er kann, wenn sein Betrieb kaufmännischer Einrichtungen i.S. des § 1 Abs. 2 bedarf, sich unter einer Firma ins Handelsregister eintragen lassen und dadurch Kaufmann werden, muss

---

[1] Denkschrift zum HGB, S. 14.
[2] BGBl. I 1197.

es aber nicht (§ 3 Abs. 2). Der Land- und Forstwirt wird damit gegenüber allen anderen Gewerbetreibenden privilegiert: Der Erwerb der Kaufmannseigenschaft steht für ihn unter den Voraussetzungen des § 1 Abs. 2 in seinem Belieben; jene sind dagegen, ob sie das wollen oder nicht, bereits kraft Gesetzes (§ 1 Abs. 1) Kaufleute. Das gleiche Wahlrecht steht dem Land- und Forstwirt – wie schon nach der alten vor dem 1.7.1976 geltenden Regelung – für einen von ihm betriebenen Nebenbetrieb zu, und zwar unabhängig davon, welche Entscheidung er für seinen Hauptbetrieb wählt (§ 3 Abs. 3).

Die gewählte Lösung, Land- und Forstwirten den Erwerb der Kaufmannseigenschaft freizustellen, wird durch § 3 Abs. 1 abgesichert, wonach § 1 auf den Betrieb der Land- und Forstwirte **keine Anwendung** findet. Eine darüber hinausgehende Bedeutung hat § 3 Abs. 1 nicht. Insbesondere darf aus dem zu weit gefassten Wortlaut dieser Bestimmung nicht geschlossen werden, der Betrieb der Land- und Forstwirtschaft sei in der Sache nicht als Gewerbe i.S. des Handelsrechts aufzufassen, was eine Vielzahl von Schwierigkeiten bei der Anwendung anderer Vorschriften des HGB (§§ 5, 105, 161) nach sich ziehen würde. Auch der Gesetzgeber des HRefG räumt ein, dass es sich nach heutigem Verständnis aufgedrängt hätte, die Unternehmen der Land- und Forstwirtschaft in die für alle Gewerbetreibenden geltenden Regelungen einzubeziehen[1]. Wenn er gleichwohl von einer Streichung der Sonderregelung des § 3 abgesehen hat, so beruht dies wohl vor allem darauf, dass er vor dem Selbstverständnis dieses Personenkreises und ihrer Verbände kapituliert hat. 2

An der seit 1976 (oben Rn. 1) bestehenden Sonderregelung hat auch der Gesetzgeber des HRefG inhaltlich nichts geändert. Die durch das HRefG vorgenommene Änderung des Wortlauts des § 3 Abs. 2 soll lediglich der Anpassung der Textfassung an die Neuregelung des § 2 dienen[2]. Es bewendet damit auch unter dem geltenden Rechtszustand nach der Handelsrechtsreform von 1998 dabei, dass land- und forstwirtschaftliche Großbetriebe anders als andere gewerbliche Unternehmen, die kaufmännischer Geschäftseinrichtung bedürfen (§ 1 Abs. 2), nicht Kaufmann kraft Gesetzes sind, sondern diese Eigenschaft nur kraft freiwilliger Rechtswahl durch Eintragung im Handelsregister erwerben (oben Rn. 2 und ausführlich unten Rn. 24 ff.), während land- und forstwirtschaftlichen Kleinbetrieben in Ermangelung des allen anderen Kleingewerbetreibenden eingeräumten Wahlrechts (§ 2) weiterhin vom Erwerb der Kaufmannseigenschaft ausgeschlossen bleiben; letzteres ist allerdings str. (s. dazu näher unten Rn. 19). 3

---

[1] S. dazu Begr. RegE BR-Drucks. 340/97 S. 33 f.; für Gewerblichkeit auch der Land- und Forstwirtschaft heute die ganz h.M., s. v. *Olshausen*, ZHR 141 (1977), 97 ff.; MünchKommHGB/*K. Schmidt*, § 3 Rn. 3 und 6; *Canaris*, HR, § 3 Rn. 30; *Baumbach/Hopt*, § 3 Rn. 3; *Ebenroth/Boujong/Joost/Strohn/Kindler*, § 3 Rn. 3; BGH v. 7.7.1960 – VIII ZR 215/59, BGHZ 33, 321 und v. 15.4.1966 – I b ZR 36/94, NJW 1966, 1403 (beide zu § 196 BGB); zweifelnd *Hofmann*, NJW 1976, 1298 und 1830.
[2] Begr. RegE BR-Drucks. 340/97 S. 33 f., 49.

II. Land- und forstwirtschaftliche Unternehmen

1. Begriffsbestimmung

4 Land- und Forstwirtschaft ist jede gewerbliche Tätigkeit, die darauf angelegt ist, ihren Ertrag aus der **Ausnutzung des Bodens** (Feld, Wald, Wiese) mit dem Ziel der **Gewinnung und Verwertung organischer (pflanzlicher oder tierischer) Rohstoffe** zu erzielen. Dazu rechnen vor allem: Ackerbau, Obst- und Gemüseanbau, Weidewirtschaft, Wiesenbewirtschaftung, Weinbau, Tabakanbau, Viehwirtschaft einschließlich reiner Viehzuchtbetriebe (Landwirtschaft) sowie die auf Gewinnung von Holz gerichtete Unterhaltung von Wäldern, aber auch die Tätigkeit von Baumschulen (Forstwirtschaft).

a) Bodennutzung

5 Unabdingbare Voraussetzung für das Vorliegen eines land- und forstwirtschaftlichen Betriebes ist danach stets, dass er gerade durch die Bodennutzung (s. aber auch unten Rn. 8) geprägt ist. **Keine Landwirtschaft** i.S. von § 3 betreiben deshalb Mast- und Zuchtbetriebe, auf Eierproduktion im großen Stil angelegte Geflügelfarmen und Betriebe der Milchwirtschaft, die nicht mehr wie der traditionelle bäuerliche Betrieb überwiegend im eigenen Betrieb erzeugtes Futter verfüttern, sondern darauf angelegt sind, im Wesentlichen mit fremdem, gekauftem Futter zu arbeiten. Unschädlich ist dagegen der bloße Zukauf von Futtermitteln, sofern er sich im üblichen Rahmen hält. Nicht durch landwirtschaftliche Bodennutzung geprägt sind ferner die Hunde- und Vogelzucht etc. sowie alle Formen der Fischwirtschaft (Hochsee-, Küsten-, Binnenfischerei) einschließlich der Fischzucht. Die Imkerei wird dagegen, auch wenn die Bienen häufig auf fremdes Gelände ausschwärmen, ebenso wie die Haltung von Kleinvieh (Hühner, Enten, Gänse etc.) auf eigenem Boden, traditionell zur Landwirtschaft gerechnet.

6 **Unerheblich** sind in allen Fällen die **Eigentumsverhältnisse** an Grund und Boden. Landwirt i.S. von § 3 ist auch derjenige, der einen landwirtschaftlichen Betrieb als Pächter, Nießbraucher etc. bewirtschaftet; entspr. gilt für den Forstwirt.

b) Gewinnung organischer Rohstoffe

7 An dem ebenso unverzichtbaren Merkmal der Gewinnung organischer, d.h. pflanzlicher oder tierischer Rohstoffe fehlt es bei Betrieben, die auf den Abbau von Bodenbestandteilen wie Kies, Sand, Torf, Gestein u.Ä. (Kiesgruben, Steinbrüche, Torfstiche) angelegt sind. Sie betreiben sog. **Urproduktion**. Sie sind deshalb, wenn sie nicht von Formkaufleuten getragen werden, nach § 1 Abs. 1 zu behandeln. Sie können allerdings unter bestimmten Voraussetzungen land- und forstwirtschaftliche Nebengewerbe sein (vgl. unten Rn. 11).

2. Gärtnereien und Baumschulen

Land- oder Forstwirtschaft i.S. von § 3 betreibt auch derjenige, der in seinem Betrieb Zierpflanzen (Blumen, Ziergehölze) zieht. Es ist also nicht erforderlich, dass es sich gerade um Nutzpflanzen (Gemüsepflanzen, Obstgehölze) handelt. Dies kann heute, obwohl der Gegenauffassung[1] einzuräumen ist, dass der traditionelle Begriff der Landwirtschaft stark durch die Vorstellung des Anbaus von Nutzpflanzen geprägt ist, als h.M. gelten[2]. Gärtnereien und Baumschulen fallen deshalb auch dann unter § 3, wenn sie sich ausschließlich darauf spezialisiert haben, Zierpflanzen (Blumen, Sträucher, Bäume) zu ziehen und zu verkaufen. Darüber hinaus muss § 3, um modernen Wirtschaftsformen gerecht zu werden, auch dann anwendbar sein, wenn der Anbau nicht in Freilandkultur, sondern überwiegend in Gewächshäusern und in Behältern betrieben wird[3]. Der Umschlag auch zugekaufter, nicht selbst gezogener Ware ist unschädlich, wenn er sich in den üblichen Grenzen hält und das Gesamtbild eines Anzuchtbetriebes nicht aufhebt[4]. Anderenfalls liegt allgemeine Gewerbeausübung nach § 1 und 2 vor.

8

3. Weiterverarbeitung, Weiterverkauf

Ein **landwirtschaftlicher Betrieb** liegt auch dann vor, wenn die in der eigenen Landwirtschaft gewonnenen Erzeugnisse im Betrieb weiterverarbeitet werden (allg. M.). Zum landwirtschaftlichen Hauptbetrieb gehören deshalb auch solche weiterverarbeitenden Tätigkeiten wie etwa die Erzeugung von Butter, Käse, Sahne aus selbsterzeugter Milch oder das Verfüttern von Futter aus eigenem Anbau, das Vermahlen des eigenen Getreides, die eigene Schlachtung, das eigene Räuchern etc. Zum landwirtschaftlichen Hauptbetrieb zählt ferner der Absatz der eigenen Erzeugnisse, insbes. der Verkauf im Betrieb, aber auch durch Beschickung örtlicher Märkte oder die Unterhaltung einer eigenen Verkaufsstelle in der Stadt. Sind diese Tätigkeiten allerdings organisatorisch gegenüber dem eigentlichen landwirtschaftlichen Betrieb verselbständigt, so handelt es sich um landwirtschaftliche Nebengewerbe (s. dazu unten Rn. 10 ff.). Zum Betrieb der Land- und Forstwirtschaft gehören schließlich auch alle im Betrieb geleisteten Tätigkeiten, die ausschließlich der Deckung des Eigenbedarfs dienen.

9

---

1 *Staub/Brüggemann*, § 3 Rn. 6 f. m.w.N. im Wesentlichen aus dem älteren Schrifttum.
2 Vgl. BayObLG v. 6.6.1991 – BReg. 3Z 130/90, NJW-RR 1991, 1382, 1385; OLG Düsseldorf v. 17.2.1993 – 18 U 168/92, NJW-RR 1993, 1125, 1126 f.; *Baumbach/Hopt*, § 3 Rn. 4; *Heymann/Emmerich*, § 3 Rn. 6; *Ebenroth/Boujong/Joost/Strohn/Kindler*, § 3 Rn. 13; *K. Schmidt*, HR, § 10 VI.2.a)cc) S. 316; *Koller/Roth/Morck*, § 3 Rn. 2.
3 BGH v. 29.11.1996 – BLw 12/96, BGHZ 134, 146 unter Aufgabe von BGH v. 26.11.1952 – V BLw 45/52, BGHZ 8, 109 (zum Begriff der Landwirtschaft i.S. der HöfeO; für § 3 kann aber nichts anderes gelten).
4 Vgl. dazu BayObLG v. 6.6.1991 – BReg. 3Z 130/90, NJW-RR 1991, 1382, 1385; OLG Düsseldorf v. 17.2.1993 – 18 U 168/92, NJW-RR 1993, 1125, 1126 f.; *Baumbach/Hopt*, § 3 Rn. 5; *Heymann/Emmerich*, § 3 Rn. 6; *K. Schmidt*, HR, § 10 VI.2.a)cc) S. 316; *Koller/Roth/Morck*, § 3 Rn. 2.

III. Land- und forstwirtschaftliche Nebengewerbe

10 Ein land- und forstwirtschaftliches Nebengewerbe (§ 3 Abs. 3) liegt vor, wenn ein Land- und Forstwirt neben seinem eigentlichen (Haupt-)Unternehmen einen **weiteren Betrieb** unterhält, der von diesem **innerlich abhängig, aber organisatorisch getrennt** ist. Der Nebenbetrieb hält also die Mitte zwischen den noch zum Hauptbetrieb gehörenden Verarbeitungs- und Vertriebstätigkeiten (oben Rn. 9) einerseits und einem völlig verselbständigten, auch innerlich von dem land- und forstwirtschaftlichen Betrieb losgelösten weiteren Unternehmen desselben Inhabers andererseits.

1. Innere Verbundenheit und Abhängigkeit vom Hauptbetrieb

11 Unter dem Gesichtspunkt der inneren Verbundenheit und Abhängigkeit von der eigentlichen Land- und Forstwirtschaft als dem Hauptbetrieb kommen als Nebengewerbe im Wesentlichen in Betracht:

– Betriebe, die die im Hauptbetrieb gewonnenen **Erzeugnisse** verwerten, insbes. verarbeiten und damit dieselbe wirtschaftliche Basis wie dieser haben. Typische Beispiele sind: Molkereien, Mühlen, Brennereien, Brauerein, Sägewerke etc.

– Betriebe, die **Bodenbestandteile** aus dem Gelände des land- und forstwirtschaftlichen (Haupt-)Betriebes abbauen und verwerten. Typische Beispiele sind: Kies- und Sandgruben, Steinbrüche, Torfstiche, Ziegeleien, Zement- und Tonfabrikation.

12 In beiden Fällen steht es der Annahme eines land- und forstwirtschaftlichen Nebengewerbes nicht entgegen, wenn in dem Betrieb auch zugekaufte Erzeugnisse verarbeitet oder Lohnaufträge ausgeführt werden, solange sich dies im üblichen Rahmen hält und die innere Bezogenheit auf den Hauptbetrieb dadurch nicht gelöst wird. Entscheidend kann auch hier letztlich nur die **Verkehrsauffassung** sein. An der inneren Verbundenheit und Abhängigkeit vom Hauptbetrieb fehlt es z.B., wenn jemand neben dem Anbau und Absatz eigenen Weins nebenberuflich ein Weinkommissionsgeschäft betreibt[1] oder in einer Ziegelei zu rd. ⅔ zu erworbenen Ton verarbeitet[2].

2. Organisatorische Verselbständigung

13 Der Nebenbetrieb muss organisatorisch verselbständigt sein, also gegenüber dem Hauptbetrieb eine **eigene unterscheidbare Wirtschaftseinheit** darstellen. Den Gegensatz bilden die in Rn. 9 aufgeführten, im Hauptbetrieb selbst geleisteten Hilfs- und Verwertungstätigkeiten. Typische Kriterien für die Selbständigkeit sind das Vorhandensein einer eigenen, vom Hauptbetrieb abgegrenzten Betriebsstätte, einer getrennten Buchführung sowie (wenn auch nicht unbedingt) die Beschäftigung eigenen Personals. Die bloße Verkaufsstelle, die ein land- oder forstwirtschaftliches Unternehmen unterhält, ist

---

1 RGZ 130, 233.
2 Vgl. *Staub/Brüggemann*, § 3 Rn. 9 mit Beispielen aus der älteren Rspr.

auch bei räumlicher Trennung keine selbständige Wirtschaftseinheit[1]. Da es sich um ein Nebengewerbe handeln muss, scheidet eine Tätigkeit, die lediglich der Deckung des privaten oder des Eigenbedarfs des Hauptbetriebs dient, ebenfalls aus.

3. Verhältnis von Haupt- und Nebenbetrieb

Ein Nebengewerbe setzt stets einen Hauptbetrieb voraus. Im Begriff des Nebengewerbes ist stets das **Vorhandensein eines Hauptbetriebes** mitgedacht, ohne Haupt- kein Nebenbetrieb. Bildet der Hauptbetrieb nicht auch in sich eine geschlossene eigenständige Wirtschaftseinheit, sondern stellt er sich umgekehrt nur als Anhängsel des „Neben„betriebes dar, so schließt dies das Vorhandensein eines Nebengewerbes aus[2]. Allerdings wird es in einem solchen Fall schon an der Voraussetzung fehlen, dass der „Nebenbetrieb" überwiegend der Verwertung der Erzeugnisse des „Hauptbetriebs" dient. Praktisch bedeutsamer ist der Fall, dass die Landwirtschaft neben der Bodenausbeutung (Kiesgrube, Steinbruch etc.) jede nennenswerte Bedeutung verliert und sich etwa das Gesamtbild eines Kiesgrubenbetriebes bietet, auf dessen Gelände noch ein wenig Landwirtschaft betrieben wird. Dagegen schadet es für sich allein nicht, wenn im Nebengewerbe – was sogar häufig vorkommt – weit höhere Umsätze erzielt werden als im Hauptbetrieb oder wenn der Nebenbetrieb kaufmännischer Einrichtungen, insbes. einer kaufmännischen Buchführung, bedarf, während der Hauptbetrieb mit einfachen Mitteln geführt werden kann.

14

4. Identität des Inhabers

Der Begriff des Nebengewerbes setzt voraus, dass Haupt- und Nebenbetrieb denselben Inhaber haben. Die Rechtsverhältnisse, auf denen die Inhaberschaft beruht, sind dabei unerheblich. So kann z.B. der Eigentümer eines landwirtschaftlichen Betriebes eine Brennerei hinzupachten[3] oder neben dem gepachteten Hof eine dem Pächter gehörende Schnapsbrennerei betrieben werden. Die Brennerei ist dann unter den oben Rn. 10 ff. bezeichneten Voraussetzungen Nebengewerbe, ebenso wie umgekehrt das Nebengewerbe diese Eigenschaft verliert, wenn es separat verpachtet etc. oder veräußert wird.

15

Besonderer Betrachtung bedarf die Identität der Inhaberschaft bei **Beteiligung von Personenmehrheiten und juristischen Personen**. Schließen sich mehrere selbständige Land- oder Forstwirte (gleichgültig, ob sie natürliche oder juristische Personen sind) zum gemeinsamen Betrieb eines weiteren Gewerbes zusammen, ohne eine juristische Person zu gründen, so liegt ein Nebengewerbe i.S. des § 3 Abs. 3 nur vor, wenn es zu den Betrieben sämtlicher Gesellschafter in dem oben Rn. 10 ff. geschilderten Abhängigkeitsver-

16

---

[1] So schon oben Rn. 9 und *Staub/Brüggemann*, § 3 Rn. 11; *Heymann/Emmerich*, § 3 Rn. 18.
[2] *Staub/Brüggemann*, § 3 Rn. 12.
[3] *K. Schmidt*, HR, § 10 VI.3.b)cc), S. 324; *Heymann/Emmerich*, § 3 Rn. 19.

hältnis steht[1]. Diese Voraussetzung ist auch dann erfüllt, wenn die Gesellschafter des Nebenbetriebs den Hauptbetrieb gemeinsam betreiben, ohne ihn dem Handelsrecht unterstellt zu haben. Dagegen fehlt es an dieser Voraussetzung zwangsläufig dann, wenn einer der Gesellschafter überhaupt keinen land- und forstwirtschaftlichen Betrieb führt[2]. Wird umgekehrt der land- und forstwirtschaftliche Hauptbetrieb von einer Personengesellschaft (BGB-Gesellschaft, OHG, KG) betrieben, so fällt ein von ihm abhängiger Nebenbetrieb auch dann unter § 3 Abs. 3, wenn sich an ihm nicht alle Gesellschafter des Hauptbetriebes beteiligen. Beteiligt sich zusätzlich ein Außenstehender, so muss auch er Land- oder Forstwirt sein und der Nebenbetrieb auch zu seinem Unternehmen im Verhältnis von Haupt- und Nebengewerbe stehen. An der für § 3 notwendigen Einheit der Inhaberschaft fehlt es stets, wenn der Hauptbetrieb von einer juristischen Person, der Nebenbetrieb von deren Mitgliedern betrieben wird[3].

17 In allen Fällen, in denen es an der für die Anwendung des § 3 notwendigen Identität der Inhaber von Haupt- und Nebenbetrieb fehlt, scheidet die Annahme eines land- und forstwirtschaftlichen Nebengewerbes nach § 3 aus. Die Rechtsverhältnisse des Nebenbetriebes richten sich dann nach §§ 1, 2 oder bei Trägerschaft eines Nebenbetriebes durch einen Formkaufmann nach § 6.

IV. Rechtliche Stellung

1. Systematische Bedeutung der Spezialregelung des § 3

18 Indem § 3 Abs. 1 festlegt, dass die Vorschriften des § 1 auf den Betrieb der Land- und Forstwirtschaft keine Anwendung finden, schließt er Land- und Forstwirte von der Geltung der für die Kaufmannseigenschaft von Gewerbetreibenden geltenden allgemeinen Grundregel zugunsten der in § 3 Abs. 2 und 3 getroffenen Spezialregelungen ein für allemal aus. Die Unanwendbarkeit von § 1 bedeutet zunächst, dass ein Land- oder Forstwirt auch dann kein Handelsgewerbe betreibt, das seinem Inhaber kraft Gesetzes Kaufmannseigenschaft unabhängig von einer Handelsregistereintragung vermittelt (§ 1 Abs. 1), wenn sein Betrieb als Großbetrieb (voll-)kaufmännische Geschäftseinrichtung benötigt (§ 1 Abs. 2). Im Übrigen ist zu unterscheiden:

2. Der Kleinbetrieb

19 Der land- und forstwirtschaftliche Kleinbetrieb, der keine kaufmänische Einrichtungen i.S.v. § 1 Abs. 2 benötigt, weil er angesichts seiner konkreten Arbeitsweise oder seiner geringen Größenordnung (vgl. dazu § 1 Rn. 100 ff. und § 2 Rn. 5) hinreichend übersichtlich geführt werden kann, ist zivilrechtlich ausschließlich nach allgemeinem **bürgerlichem Recht** zu behandeln.

---

1 So zutr. *Staub/Brüggemann*, § 3 Rn. 10 gegen *Raisch*, FS Ballerstedt, 1975, S. 458.
2 Heute wohl h.M.; vgl. *Staub/Brüggemann*, § 3 Rn. 10; *K. Schmidt*, HR, § 10 VI.3.b)cc), S. 324.
3 *Staub/Brüggemann*, § 3 Rn. 10.

Dies ergab sich nach dem bis 30.6.1998 geltenden Recht für den Ausschluss vom Status des Vollkaufmanns aus § 3 Abs. 2 a.F. und für den Ausschluss vom Erwerb der Eigenschaft eines Minderkaufmanns (soweit das Unternehmen Grundhandelsgeschäfte i.S. von § 1 Abs. 2 a.f. betreibt) aus § 3 Abs. 1 a.F., wonach § 1 Abs. 2 a.F. und infolgedessen auch der frühere § 4 auf den Betrieb der Land- und Forstwirtschaft keine Anwendung fanden.

Materiell-rechtlich hat sich an dieser Rechtslage und damit an dem Ausschluss kleiner Land- und Forstwirte von der Möglichkeit, Kaufmannseigenschaft zu erwerben, durch das HRefG von 1998 nichts geändert. Der Wille des Reformgesetzgebers, es bei dem bis 30.6.1998 geltenden Rechtszustand zu belassen, wird in der Gesetzesbegründung mehrfach nachdrücklich klargestellt[1]. Im Gesetzestext kommt dies dadurch zum Ausdruck, dass der Tatbestand des § 3 Abs. 2 das den Inhabern (allgemein-)gewerblicher Kleinbetriebe zugebilligte Wahlrecht zwischen Beibehaltung ihres bürgerlich-rechtlichen Status und Erwerb der Kaufmannseigenschaft durch freiwillige Eintragung im Handelsregister Land- und Forstwirten nicht generell ohne Rücksicht auf die Größenordnung ihres Betriebes zubilligt, sondern – wie das frühere Recht – ausdrücklich davon abhängig macht, dass der Betrieb nach Art und Umfang kaufmännischer Einrichtung (i.S. von § 1 Abs. 2) bedarf, also – verkürzt ausgedrückt – Großbetrieb ist[2]. Die gegenüber dem früheren Gesetzeswortlaut veränderte Textfassung des § 3 ist ausschließlich durch die Notwendigkeit redaktioneller Anpassung an die Neufassung des § 2 bedingt[3]. 20

Die wohl überwiegend im Schrifttum vertretene Gegenansicht[4] leugnet allerdings den sich aus dem Gesetzestext aufdrängenden Umkehrschluss, dass die Eintragungsoption allein Groß- und gerade nicht auch Kleinbetrieben zustehen soll, mit der Begründung, § 3 Abs. 2 beschäftige sich nur mit land- und forstwirtschaftlichen Großbetrieben und sage nichts über die Behandlung von Kleinbetrieben aus. Daher gelte für Kleinbetriebe der Land- und Forstwirtschaft, da auch ihre Tätigkeit an sich gewerblicher Art sei (oben Rn. 2), § 2 in direkter Anwendung mit der Folge, dass auch sie (wenngleich mit Rückkehroption, s. aber auch unten Rn. 33 a.E.) das in § 3 Abs. 2 zugebilligte Wahlrecht hätten. 21

---

1 Begr. RegE BR-Drucks. 340/97 S. 33 f. und 49.
2 Wie hier: *Koller/Roth/Morck*, § 3 Rn. 1; GK/*Ensthaler*, § 3 Rn. 12; *Hohmeister*, NJW 2000, 1921, 1922; *v. Olshausen*, JZ 1998, 717, 719; anders aber *v. Olshausen*, RPfleger 2001, 59 f. (Wahlrecht nach § 2 S. 1 und 2 auch für den kleingewerblichen Landwirt); anscheinend auch HK/*Ruß*, § 3 Rn. 2; ebenso nachdrücklich Begr. RegE BR-Drucks. 340/97 S. 33 f. und 49.
3 Begr. RegE BR-Drucks. 340/97 S. 49.
4 *K. Schmidt*, NJW 1998, 2162, 2163 und ZHR 163 (1999), 91 f. sowie MünchKommHGB/*K. Schmidt*, § 3 Rn. 7 und 20; *Baumbach/Hopt*, § 3 Rn. 2; *Ebenroth/Boujong/Joost/Strohn/Kindler*, § 3 Rn. 34; HK/*Ruß*, § 3 Rn. 2; *Bydlinski*, ZIP 1998, 1169, 1173 f.; *Canaris*, HR, § 3 Rn. 36; ebenso jetzt auch *v. Olshausen*, RPfleger 2001, 53 f. unter Aufgabe seiner früheren Ansicht (*v. Olshausen*, JZ 1998, 717, 719).

22 Diese Ansicht widerspricht nicht nur in eklatanter Weise dem in der Gesetzesbegründung mehrfach ausdrücklich unter Angabe der dafür maßgebenden Gründe geäußerten gegenteiligen Willen des Gesetzgebers[1]. Sie hat auch große Mühe mit dem gegen ihre Auslegung sprechenden, das Vorhandensein eines Großbetriebes fordernden Gesetzestext des § 3 Abs. 2 und muss deshalb kritisieren, der Gesetzgeber hätte das sich ergebende Auslegungsproblem durch eine deutlichere Fassung des Gesetzestextes, nämlich eben durch eine Streichung der Forderung nach Vorhandensein eines Großbetriebes, vermeiden können[2]. Das Auslegungsproblem wird jedoch ausschließlich durch die Gegenmeinung selbst geschaffen, die den auch im Gesetzestext hinreichend zum Ausdruck gekommenen nachdrücklichen Willen des Gesetzgebers, das Wahlrecht nur Großbetrieben zu gewähren und land- und forstwirtschaftliche Kleinbetriebe weiterhin vom Erwerb der Kaufmannseigenschaft fernzuhalten, nicht zur Kenntnis nehmen will, weil sie die Entscheidung des Gesetzgebers für falsch hält. Die Gegenmeinung ist deshalb eine eindeutige Auflehnung gegen das Gesetz, das auch dann zu respektieren ist, wenn man die von ihm getroffene Regelung im Hinblick auf die durch die HGB-Novelle aufrechterhaltene Bevormundung kleiner Land- und Forstwirte für rechtssystematisch wie rechtspolitisch unangebracht und kritikwürdig hält.

3. Der Großbetrieb

a) Die Wahlmöglichkeiten des § 3 Abs. 2 und 3

23 Handelt es sich um einen land- oder forstwirtschaftlichen Großbetrieb, der nach Art und Umfang einen in kaufmännischer Weise eingerichteten Geschäftsbetrieb (s. dazu § 1 Rn. 98 ff.), insbesondere eine voll ausgebaute kaufmännische Buchführung, erfordert, so hat sein Inhaber – das ist der Sinn der Verweisung des § 3 Abs. 2 auf § 2 – dasselbe Wahlrecht, das § 2 im Allgemeinen gewerblichen Bereich nur den Inhabern kleingewerblicher Unternehmen zubilligt. Konkret bedeutet dies: sein Inhaber ist berechtigt, aber nicht verpflichtet, eine Firma anzunehmen, deren Eintragung in das Handelsregister herbeizuführen und auf diese Weise Kaufmannseigenschaft zu erwerben; zu diesem Wahlrecht § 2 Rn. 9 ff. Über das Vorliegen eines Groß- oder nur eines Kleinbetriebes entscheidet auch hier das Gesamtbild; es gilt deshalb in dieser Beziehung alles in § 1 Rn. 101 ff., 104, 107, 113 und § 2 Rn. 5 Ausgeführte. Wichtig für die Anwendung des § 3 ist es, dass die **Erforderlichkeit kaufmännischer Betriebsweise** für Haupt- und Nebenbetrieb(e) jeweils getrennt festzustellen ist, da beide hinsichtlich des Erwerbs der Kaufmannseigenschaft nach § 3 verschieden zu behandeln sein können (s. dazu unten Rn. 27).

24 Der Inhaber eines kaufmännische Einrichtungen erfordernden land- oder forstwirtschaftlichen Betriebes hat damit nach seinem Belieben folgende **Wahlmöglichkeiten:**

---

1 Begr. RegE BR-Drucks. 340/97 S. 33 f. und 49.
2 So am deutlichsten *Bydlinski*, ZIP 1998, 1169, 1173 f.

– Er kann **von einer Eintragung in das Handelsregister absehen**. Dann bleibt 25
er wie ein allgemeingewerblicher Kleinbetrieb (§ 2 Rn. 28) in jeder Beziehung zivilrechtlich von der Geltung des an die Kaufmannseigenschaft anknüpfenden Handelsrechts ausgeschlossen. Es gilt für ihn ausschließlich das allgemeine bürgerliche Recht. Die Organisationsformen der OHG oder KG stehen ihm nicht zu Gebote. Der Zusammenschluss mehrerer Landwirte ist, wenn sie nicht eine juristische Person gründen, eine BGB-Gesellschaft.

– Er kann eine Firma annehmen und seine **Eintragung in das Handelsregis-** 26
ter herbeiführen. Mit der Eintragung (nicht erst mit der Bekanntmachung derselben, § 2 Rn. 20) gilt er in jeder Hinsicht als Kaufmann (§ 3 Abs. 2 i.V.m. § 2 S. 1). Die Eintragung nach § 3 Abs. 2 hat damit dieselbe konstitutive Wirkung wie diejenige nach § 2 S. 1, s. dazu deshalb § 2 Rn. 18 ff. Das Recht, sich eintragen zu lassen, steht ihm ohne zeitliche Begrenzung zu.

– Er kann sich auch dafür entscheiden, **nur mit** einem **Nebenbetrieb Kauf-** 27
mann zu werden, und es für den Hauptbetrieb bei der Unterstellung unter die allgemeinen Regeln bürgerlichen Rechts bewenden zu lassen, **sofern der** betreffende **Nebenbetrieb für sich allein die Voraussetzungen der §§ 3 Abs. 1, 1 Abs. 2 (Erforderlichkeit kaufmännischer Betriebsweise) erfüllt**. Das ist der Sinn des § 3 Abs. 3. Bedarf nur der Nebenbetrieb kaufmännischer Betriebsweise, während der Hauptbetrieb einfach strukturiert ist, so kommt nur die Eintragung mit dem Nebenbetrieb in Betracht. Man wird den Inhaber aber auch umgekehrt als berechtigt anzusehen haben, nur mit dem Hauptbetrieb Kaufmann zu werden[1]. Bleibt der Nebenbetrieb im Rahmen eines Kleingewerbes, so ist der Inhaber sogar auf diese Möglichkeit beschränkt, kann sich also nur mit dem Hauptbetrieb anmelden.

b) Rechtliche Bedeutung der Anmeldung zum Handelsregister

Anders als bei § 1 ist die Anmeldung nach § 3 nicht nur verfahrensrecht- 28
liche Voraussetzung für die Eintragung, sondern zugleich **materiell-rechtliches Tatbestandsmerkmal**. Da sich in ihr der (freie) Willensentschluss des Betriebsinhabers zum Erwerb der Kaufmannseigenschaft und damit zur Änderung seiner Rechtsstellung verkörpert, ist sie zugleich Willenserklärung, mindestens aber rechtsgeschäftsähnliche Handlung, auf die die Vorschriften der §§ 104 ff. BGB anwendbar sind[2]; die Rechtslage entspricht insofern völlig derjenigen bei der Anmeldung nach § 2, auf die § 3 Abs. 2 Bezug nimmt; vgl. deshalb zum Anmeldeverfahren und zur Rechtsnatur der Anmeldung im Einzelnen die Ausführungen in § 2 Rn. 10; dort auch zur Auseinanderset-

---

1 *Staub/Brüggemann*, § 3 Rn. 17.
2 *Koller/Roth/Morck*, § 3 Rn. 3; *Baumbach/Hopt*, § 3 Rn. 7; *Canaris*, HR, § 3 Rn. 32; *Staub/Brüggemann*, § 3 Rn. 22 f.; *v. Olshausen*, ZHR 141 (1977), 93, 103 ff.; *Lieb*, NJW 1999, 63; a.A. insbes. MünchKommHGB/*K. Schmidt*, § 3 Rn. 26 m.w.N.: reine Verfahrenshandlung nach §§ 23 ff. HRV; Anmeldung überhaupt unmaßgeblich.

zung mit der Gegenmeinung, die (auch) die Anmeldung nach § 3 als reine Verfahrenshandlung ansieht. Wird der Betrieb von mehreren Inhabern in der Form einer BGB-Gesellschaft geführt, so muss der Beschluss, sich eintragen zu lassen und damit Handelsgesellschaft zu werden, von allen Gesellschaftern gemeinsam gefasst werden. Eine ohne einen solchen einstimmigen Beschluss erfolgte Eintragung hat infolgedessen ebenso wie eine Eintragung ohne Anmeldung oder auf Anmeldung eines Geschäftsunfähigen nicht den Erwerb der Kaufmannseigenschaft zur Folge[1]. Das Gleiche gilt, wenn es aus sonstigen Gründen an einer wirksamen Rechtswahl fehlt; zur Prüfungspflicht des Handelsregisters s. unten Rn. 31 ff.

c) Bindung an die getroffene Wahl

29 Die Anmeldung ist bis zum Vollzug der Eintragung in das Handelsregister widerruflich. Danach ist der Land- oder Forstwirt **an seine Entscheidung**, Kaufmann zu werden, **gebunden**. Sein Wahlrecht ist insoweit erloschen. Wenn er die Wahl nur für einen Haupt- oder Nebenbetrieb getroffen hat, steht ihm selbstverständlich das Recht zu, die Kaufmannseigenschaft auch für den bisher ausgesparten Betrieb zu erwerben. Dagegen gibt es kein Rückkehrrecht zum Status des Nichtkaufmanns. Die auch hier wie bei § 2 (vgl. § 2 Rn. 18) konstitutiv wirkende Eintragung macht ihn, wie § 3 Abs. 2 – insoweit in Abweichung von § 2 (§ 2 Rn. 22) – aus Gründen der Rechtssicherheit ausdrücklich bestimmt, unwiderruflich zum Kaufmann. Wird allerdings die Firma im Handelsregister zu Unrecht mit der Folge des Verlusts der Kaufmannseigenschaft gelöscht (vgl. dazu § 2 Rn. 25), so hat der Land- und Forstwirt – anders als der (Ist-)Kaufmann des § 1 Abs. 2 – nicht die Pflicht, wohl aber das Recht, seine erneute Eintragung zu bewirken. Die Eintragung ist aber auch von Amts wegen wiederherzustellen (§ 142 FGG bzw. § 395 FamFG). Zur Rechtslage bei einem Wechsel des Betriebsinhabers unten Rn. 34.

30 Infolge der Bindung an die einmal getroffene Rechtswahl (Rn. 29) kommt eine Löschung der rechtswirksam im Handelsregister eingetragene Firma nach allgemeinen Grundsätzen nur in Betracht, wenn es an den materiell-rechtlichen Voraussetzungen für den Erwerb der Kaufmannseigenschaft fehlt (die Eintragung also von vornherein nicht hätte erfolgen dürfen) oder diese nachträglich, etwa durch Geschäftsaufgabe oder Absinken des Betriebes auf das Niveau eines nicht eintragungsfähigen land- oder forstwirtschaftlichen Kleingewerbes (oben Rn. 19 ff.), entfallen sind; s. zu den beiden letztgenannten Fällen auch sogleich unter Rn. 31 ff.

---

1 Vgl. hierzu sowie zu den Folgen anderer Willensmängel näher *v. Olshausen*, ZHR 141 (1977), 93, 103 ff.

d) Umfang der Prüfungspflicht des Registergerichts im Anmelde- und Löschungsverfahren

Bei der Anmeldung braucht das Registergericht nur zu prüfen, ob das Unternehmen Großbetrieb ist, also kaufmännischer Einrichtung bedarf. Die weitere Prüfung, ob es sich tatsächlich um ein Unternehmen der Land- oder Forstwirtschaft (§ 3) handelt oder der Betrieb des Unternehmens nicht doch (allgemein-) gewerblichen Charakter (§§ 1, 2) besitzt, ist dagegen, wenn seine Eigenschaft als Großbetrieb feststeht, entbehrlich[1]. Handelt es sich um einen allgemeinen Gewerbebetrieb, so **ist** der Inhaber des Unternehmens bereits Kaufmann nach § 1 (dort Rn. 126) und als solcher sogar verpflichtet, seine Firma im Handelsregister eintragen zu lassen; handelt es sich um einen Betrieb der Land- und Forstwirtschaft, so **wird** sein Inhaber jedenfalls durch die Eintragung nach § 3 Abs. 2 i.V.m. § 2 Kaufmann. Die Eintragung ist also in beiden Fällen zulässig und richtig. Stellt sich bei der Prüfung heraus, dass das angemeldete Unternehmen der Land- und Forstwirtschaft nur Kleinbetrieb ist, der seiner geringen Größe oder seiner einfachen Geschäftsverhältnisse wegen keiner kaufmännischen Einrichtung bedarf, so ist das Registergericht nicht gehalten, von sich aus weiter zu prüfen, ob das Unternehmen entgegen der Anmeldung nicht doch eventuell allgemein-gewerblicher Art ist und sein Inhaber deshalb ein Recht auf Eintragung nach § 2 hätte. Es darf den in der Anmeldung liegenden Antrag auf Anmeldung vielmehr im Hinblick auf das Vorliegen eines nicht eintragungsfähigen Kleinbetriebes (oben Rn. 19) zurückweisen, wenn der Anmelder sich nicht alternativ auf den allgemein-gewerblichen Charakter seines Betriebs und sein Recht auf Eintragung eines solchen Betriebs nach § 2 beruft[2].

31

Auch nach Eintragung spielt der Unterschied zwischen einem großgewerblichen Unternehmen nach § 1 und einem land- oder forstwirtschaftlichen Großbetrieb nach § 3 Abs. 2 für das Registergericht zunächst keine Rolle, da auch der Inhaber eines land- oder forstwirtschaftlichen Großbetriebs, sobald dieser einmal wirksam im Handelsregister eingetragen ist, verpflichtet ist, die Eintragung aufrechtzuerhalten, solange das Unternehmen nach Art und Umfang kaufmännischer Einrichtung bedarf (oben Rn. 29). Sinkt das Unternehmen infolge Geschäftsrückgangs nachträglich unter diese Schwelle ab oder hätte es von Anfang an als land- oder forstwirtschaftlicher Kleinbetrieb nicht eingetragen werden dürfen, so hat das Registergericht, wenn es davon Kenntnis erlangt (insofern nicht anders als in sonstigen Fällen unzulässiger Eintragungen), das Verfahren der Löschung von Amts wegen einzuleiten[3], weil eine Eintragung in Ermangelung der materiell-rechtlichen Voraussetz-

32

---

1 Ausdrücklich zustimmend *K. Schmidt*, NJW 1998, 2161, 2163.
2 A.A. hier *K. Schmidt*, NJW 1998, 2161, 2163 auf der Grundlage der Auffassung, dass auch Kleinbetriebe der Land- und Forstwirtschaft nach § 2 eintragungsfähig sind, s. dazu oben Rn. 21.
3 A.A. auch hier diejenigen, die wegen grundsätzlicher Gleichartigkeit der Anmeldungen nach § 1 und § 2 eine Amtslöschung wegen fehlender Betriebsgröße ablehnen, s. dazu § 1 Rn. 131 ff. i.V.m. 143, und zudem § 2 auch auf land- oder forstwirtschaftliche Kleinbetriebe anwenden wollen, dazu oben Rn. 21; wie hier aber ausdrücklich *Koller/Roth/Morck*, § 3 Rn. 7 f.; GK/*Ensthaler*, § 3 Rn. 7 und 12; eben-

zung eines Großbetriebs unrichtig ist und dem eingetragenen Betriebsinhaber keine Kaufmannseigenschaft zu vermitteln vermag. Es bleibt dem Betriebsinhaber überlassen, der Löschung zu widersprechen, indem er geltend macht, sein Unternehmen sei nicht land- oder forstwirtschaftlicher Natur, sondern ein Gewerbebetrieb i.S.v. §§ 1, 2. Trifft dies zu, so hat die Löschung zu unterbleiben, weil der Widerspruch als Anmeldung nach § 2 zu behandeln ist (s. dazu § 2 Rn. 13). Das Registergericht ist deshalb verpflichtet, die Richtigkeit dieser Behauptung (im Amtsermittlungsverfahren, s. auch § 1 Rn. 130 ff.) zu prüfen. Dem Inhaber eines land- oder forstwirtschaftlichen Kleinbetriebes steht ein entsprechendes Widerspruchsrecht dagegen nicht zu, da kleine Land- oder Forstwirte nicht unter § 2 fallen und deshalb vom (fakultativen) Erwerb der Kaufmannseigenschaft ausgeschlossen sind (oben Rn. 19). Bis zum Eingang des Widerspruches oder bis zur Löschung der unrichtigen Eintragung gilt der eingetragene Betriebsinhaber jedoch nach § 5 als Kaufmann.

33 Meldet der Inhaber seinen Betrieb von sich aus beim Registergericht ab, so kommt dem Unterschied zwischen gewerblichen Unternehmen nach §§ 1, 2 und land- oder forstwirtschaftlichen Betrieben nach § 3 ebenfalls keine Bedeutung zu. Als Kleingewerbetreibender *kann* er sein Unternehmen nach § 2 S. 2 jederzeit abmelden, als kleiner Land- und Forstwirt *muss* er dies mangels Eintragungsfähigkeit (oben Rn. 19 ff.) sogar. Von Bedeutung für die Prüfungspflicht des Registergerichts ist somit – wie schon bei der Anmeldung – auch bei der Abmeldung wiederum nur die Betriebsgröße, die bei Überschreitung der Schwelle des § 1 Abs. 2 und § 3 Abs. 2 die Abmeldung ausschließt (Rn. 29), ohne dass es darauf ankäme, ob ein allgemeiner Gewerbebetrieb oder ein Betrieb der Land- und Forstwirtschaft vorliegt. Ebenso – kein Abmelderecht – wird die Rechtslage mehrheitlich von denjenigen beurteilt, die auch dem kleingewerblichen Land- oder Forstwirt ein Anmelderecht nach § 2 S. 1 und 2 zubilligen wollen (oben Rn. 21), wenn der Betrieb seit der Anmeldung zum Großbetrieb herangewachsen ist[1].

e) Wechsel des Betriebsinhabers

34 Wechselt der land- oder forstwirtschaftliche Betrieb unter Lebenden (durch Veräußerung, Verpachtung, Nießbrauchseinräumung etc.) oder durch Erbgang den Inhaber, so ist es streitig, ob der Rechtsnachfolger an die Wahl der Kaufmannseigenschaft durch den Vorgänger gebunden ist. Nach der wohl h.M. soll das Wahlrecht in der Person des **Rechtsnachfolgers** jedenfalls dann wiederaufleben, wenn er die von seinem Vorgänger angenommene Firma

---

so insoweit auch *Siems*, Der personelle Anwendungsbereich ..., S. 106 vorbehaltlich eines Widerspruchs des Inhabers des Kleinbetriebs.
1 MünchKommHGB/*K. Schmidt*, § 2 Rn. 27; *Canaris*, HR, § 3 Rn. 31; *Bülow*, HR, S. 19; *Siems*, Der personelle Anwendungsbereich ..., S. 105; a.A. *v. Olshausen*, RPfleger 2001, 53, 54: Abmelderecht, weil land- und forstwirtschaftliche Großbetriebe anders als allgemeingewerbliche (dort §§ 1, 29) nach § 3 Abs. 2 auch keiner Anmeldepflicht unterliegen.

nicht fortführt[1], wobei – wenn Haupt- und Nebenbetrieb zusammen übergehen – jeweils Haupt- und Nebenbetrieb hinsichtlich der Firmenfortführung getrennte Schicksale haben können. Das ist sachgerecht, da § 3 Abs. 2 wie § 2 an den Tatbestand der Eintragung der Firma und nicht des Unternehmens anknüpft.

Sinkt der Betrieb nachträglich auf das **Niveau eines Kleinbetriebes** zurück, so ist die Eintragung seines Inhabers mit der Folge des Verlusts der Kaufmannseigenschaft zu löschen (s. dazu schon oben Rn. 33). Über die Anwendbarkeit des § 5 und § 15 in diesen Fällen vgl. die Erl. zu diesen Bestimmungen. Die Voraussetzungen der Löschung müssen wie schon diejenigen für die Eintragung (oben Rn. 23) für den Haupt- und für jeden Nebenbetrieb jeweils selbständig geprüft werden. 35

f) Rechtslage bei Trennung von Haupt- und Nebenbetrieb

Werden Haupt- und Nebenbetrieb durch Veräußerung, Verpachtung etc. oder Erbfall getrennt – sei es, dass nur der Nebenbetrieb übergeht oder nur der Hauptbetrieb, so dass der Nebenbetrieb bei dem bisherigen Inhaber verbleibt –, so entfällt dadurch, sofern nicht die Anbindung an einen neuen Hauptbetrieb erfolgt, die Nebenbetriebseigenschaft und damit die Unterstellung unter § 3. Sein Inhaber ist – gleichgültig, ob der Nebenbetrieb bisher eingetragen war oder nicht – unter den Voraussetzungen des § 1 Abs. 2 für diesen jetzt selbständig gewordenen gewerblichen Betrieb entweder (Ist-)Kaufmann nach § 1 oder – wenn es an diesen Voraussetzungen fehlt – berechtigt, die Kaufmannseigenschaft für ihn nach § 2 zu erwerben. Das Gleiche gilt im Falle der Aufgabe des Hauptbetriebs oder wenn dieser soweit absinkt, dass im Verhältnis zu dem bisherigen Nebenbetrieb nicht mehr von einem Hauptbetrieb die Rede sein kann[2]. 36

§ 4

Minderkaufmann

(aufgehoben)[3]

---

[1] *Staub/Brüggemann*, § 3 Rn. 26 ff.; *Heymann/Emmerich*, § 3 Rn. 16; *Koller/Roth/Morck*, § 3 Rn. 7; *Baumbach/Hopt*, § 3 Rn. 9; *GK/Ensthaler*, § 3 Rn. 11; *Canaris*, HR, § 3 Rn. 34; enger *v. Olshausen*, ZHR 141 (1977), 93, 118 ff. und ihm folgend *K. Schmidt*, HR, § 10 VI.4.a) u. b) S. 320 f. und in MünchKommHGB, § 3 Rn. 28 aufgrund einer unternehmensbezogenen, auch in der 1. Aufl. dieses Komm. § 3 Rn. 21 favorisierten Sichtweise: erneutes Wahlrecht nur bei Fusion mit einem anderen land- und forstwirtschaftlichen Unternehmen, für das die Option des § 3 Abs. 2 noch nicht ausgeübt worden war.
[2] Vgl. dazu näher *Staub/Brüggemann*, § 3 Rn. 25.
[3] Aufgehoben durch HRefG v. 22.6.1998, in Kraft seit dem 1.7.1998; s. dazu Einl. Rn. 34 ff., 39, § 1 Rn. 1 und 99 und § 2 Rn. 28 f.

§ 5
Kaufmann kraft Eintragung

Ist eine Firma im Handelsregister eingetragen, so kann gegenüber demjenigen, welcher sich auf die Eintragung beruft, nicht geltend gemacht werden, dass das unter der Firma betriebene Gewerbe kein Handelsgewerbe sei.

Übersicht

	Rn.		Rn.
I. Allgemeines; Funktion	1	III. Voraussetzungen der Registerwirkung	
II. Fehlen eines Handelsgewerbes (§ 1 Abs. 2) trotz Handelsregistereintragung		1. Registereintragung	14
		2. Betrieb eines Gewerbes	15
1. Das Fehlen eines Handelsgewerbes		IV. Tragweite der Registerwirkung	
a) Ausgangslage	3	1. In negativer Formulierung	19
b) Unsicherheit der Abgrenzung von Handels- und Kleingewerbe	4	2. In positiver Formulierung	27
c) Fehlerhafte Annahme eines Handelsgewerbes bei Eintragung	5	3. Bedeutung für Formkaufleute	28
		4. Tragweite in sachlicher Hinsicht	29
d) Absinken zum Kleingewerbe nach Eintragung	6	a) Geltung im rechtsgeschäftlichen und Prozessverkehr	
e) § 2 S. 1 als Auffangtatbestand bei fehlendem Handelsgewerbe?	7	b) Geltung außerhalb des rechtsgeschäftlichen Verkehrs, insbesondere im sog. Unrechtsverkehr	30
f) Der fehlerhaft eingetragene land- und forstwirtschaftliche Kleinbetrieb	9	5. Tragweite in zeitlicher Hinsicht	32
2. Fehlen eines Handelsgewerbes gemäß § 2 S. 1 bei fehlender oder unwirksamer Wahlrechtsausübung nach § 2 S. 2 und § 3 Abs. 2	10	V. Grenzen der Registerwirkung	
		1. Trotz § 5 zulässige Einwendungen	33
3. Korrekturfunktion des § 5	11	2. Keine Wirkung im öffentlichen Recht	39
4. Funktionslosigkeit des § 5 infolge Handelsgewerblichkeit aller im Register eingetragenen Gewerbebetriebe?	12		

Schrifttum: *Axer*, Abstrakte Kausalität – Ein Grundsatz des Handelsrechts?, 1986; *Bürck*, § 15 Abs. 3 und die Grundsätze der Haftung von fehlerhaften und entstehenden Personengesellschaften gegenüber Dritten, AcP 171 (1971), 328; *Canaris*, Die Vertrauenshaftung im deutschen Privatrecht, 1971, S. 151, 181 ff.; *Deschler*, Handelsregisterpublizität und Verkehrsschutz, Diss. Tübingen 1977; *Ehrenberg*, Rechtssicherheit und Verkehrssicherheit mit besonderer Rücksicht auf das Handelsregister, JherJb. 47 (1905), 273; *Ehrenberg*, in Ehrenbergs Handbuch II/1, 1914; *Göppert*, Eintragungen in das Handelsregister von besonderer Eigenart, 1934; *H. Hübner*, Zurechnung statt Fiktion einer Willenserklärung, in: Festschrift Nipperdey I, 1965, S. 373; *A. Hueck*, Der Scheinkaufmann, ArchBürgR 43 (1919), 415; *U. John*, Fiktionswirkung oder Schutz typisierten Vertrauens durch das Handelsregister, ZHR 140 (1976), 236; *Limbach*, Die Lehre vom Scheinkaufmann, ZHR 134 (1970), 288; *Lindacher*, Die Scheingesellschaft im Prozess und in der Zwangsvollstreckung, ZZP 96 (1983), 486; *v. Olshausen*, Wider den Scheinkaufmann des ungeschriebenen Rechts, in: Festschrift Peter Raisch, 1995, S. 147; *Prausnitz*, Rechtsschein und Wirklichkeit im Handelsregister, ZHR 96 (1931),

19; *K. Schmidt*, Gilt § 5 HGB auch im „Unrechtsverkehr"?, DB 1972, 959; *K. Schmidt*, Sein – Schein – Handelsregister, JuS 1977, 209; *K. Schmidt*, Fünf Jahre „neues Handelsrecht", JZ 2003, 585; *M. Wolff*, Über einige Grundbegriffe des Handelsrechts, in: Berliner Festgabe für Otto von Gierke II, 1910/1969, S. 115, 138. Siehe ferner das Schrifttum zum HRefG, Einl. vor Rn. 1 (lit. f).

I. Allgemeines; Funktion

Die Vorschrift dient der Rechtssicherheit. Sie soll sowohl für Dritte als auch für den Geschäftsinhaber selbst gewährleisten, dass jeder im Handelsregister unter seiner Firma eingetragene Gewerbetreibende auch im Falle der Unrichtigkeit der Eintragung bis zu deren Löschung im (Zivil-)Rechtsverkehr ohne Rücksicht auf die tatsächlichen Verhältnisse in jeder Beziehung als Kaufmann behandelt wird.

Im Rahmen dieser Funktion kam der Bestimmung vor der Handelsrechtsreform von 1998 vor allem die – auch im Gesetzestext ausdrücklich aufgeführte – Aufgabe zu, den Einwand auszuschließen, das unter der eingetragenen Firma betriebene Gewerbe sei infolge Entbehrlichkeit kaufmännischer Betriebsweise nur Klein- und kein Handelsgewerbe i.S. von § 1 Abs. 1 und sein Inhaber infolgedessen trotz Betriebs sog. Grundhandelsgeschäfte (§ 1 Abs. 2 a.F.) und Handelsregistereintragung nur ein sog. Minderkaufmann (§ 4 a.F., s. dazu Einl. Rn. 39), auf den zahlreiche wichtige Regeln des kaufmännischen Sonderrechts nicht anwendbar seien. Indem das HGB in der Fassung des HRefG (Einl. Rn. 34 ff.) unter Abschaffung der Zwitterkategorie des Minderkaufmanns nunmehr alle Kleingewerbetreibenden ohne Unterscheidung der von ihnen betriebenen Geschäfte ausnahmslos entweder als Nichtkaufleute (§ 2 Rn. 28) oder im Falle ihrer freiwilligen Eintragung im Handelsregister (§ 2) als (Voll-)Kaufleute mit allen Rechten und Pflichten behandelt, hat § 5 einen (wichtigen) Teil seiner früheren Funktion verloren. Gleichwohl kommt der Vorschrift auch nach ersatzloser Streichung des § 4 a.F. und der dadurch bedingten Änderung ihrer Textfassung weiterhin eine nicht unwesentliche Bedeutung zu.

II. Fehlen eines Handelsgewerbes (§ 1 Abs. 2) trotz Handelsregistereintragung

1. Das Fehlen eines Handelsgewerbes

a) Ausgangslage

Auch nach der Handelsrechtsreform von 1998 ist der Inhaber eines gewerblichen Unternehmens nur dann ohne weiteres Kaufmann (§ 1 Abs. 1), wenn sein Unternehmen die Tatbestandsmerkmale eines Handelsgewerbes (§ 1 Abs. 2) erfüllt, also gerade kaufmännische Betriebsweise erfordert. Fehlt es daran, weil das Unternehmen nach Art oder Umfang nicht kaufmännischer Einrichtung (§ 1 Rn. 100 f.) bedarf, also nur nichtkaufmännisches Kleingewerbe ist, so kann angesichts seiner einfachen Verhältnisse oder seiner geringen Größe („Art oder Umfang") die nur deklaratorisch wirkende Eintragung im Handelsregister nach §§ 1 Abs. 2, 29 (§ 1 Rn. 126, 129) das Fehlen eines Handelsgewerbes, also eines kaufmännischen Unternehmens, und damit der Kaufmannseigenschaft seines Inhabers nicht ersetzen. Die Handelsregistereintragung, die die bestehenden Verhältnisse unzutreffend wiedergibt, ist unrichtig, der Betreiber des Unternehmens nicht Kaufmann, eine das Unternehmen betreibende (Personen-)Gesellschaft nicht OHG oder KG, sondern BGB-Gesellschaft (s. dazu § 1 Rn. 99). § 2 Abs. 2 (entspr. § 105 Abs. 2 für OHG und KG), der es auch Kleingewerbebetreibenden ermöglicht, durch freiwillige (in diesem Fall konstitutiv wirkende) Eintragung in das Handelsregister Kaufmannsstatus zu erwerben, vermag hier Abhilfe nur in Teilbereichen zu schaffen; s. dazu im Einzelnen unter Rn. 8 und 12 f.

b) Unsicherheit der Abgrenzung von Handels- und Kleingewerbe

4   Die Frage, ob ein Gewerbebetrieb nach Art und Umfang kaufmännischer Einrichtung bedarf und damit Handelsgewerbe i.S. der Begriffsbestimmung des § 1 Abs. 2 ist, lässt sich angesichts der unscharfen Konturen dieses Merkmals (§ 1 Rn. 15) häufig nicht mit der im Interesse der Rechtssicherheit gebotenen Gewissheit feststellen oder überprüfen. Wie sollen Außenstehende – wenn es sich nicht eindeutig um Großunternehmen handelt – verlässlich feststellen können, ob ein Unternehmen, mit dem sie privatrechtlich in Berührung kommen, tatsächlich (voll-)kaufmännischer Einrichtung bedarf, damit sein Geschäftsbetrieb lenk- und überschaubar bleibt (§ 1 Rn. 15)? Selbst wenn sie aber vollen Einblick in alle geschäftlichen Verhältnisse des Unternehmens hätten, wären damit unterschiedliche Ansichten darüber, ob diese Verhältnisse wirklich unabdingbar eine Unternehmensführung nach kaufmännischen Grundsätzen erfordern, allzu oft alles andere als ausgeschlossen. Die Fülle der in § 1 Rn. 111 ff. mitgeteilten Gerichtsentscheidungen, die sich mit Rechtsstreitigkeiten über diese Frage zu befassen hatten und durchaus nicht immer eine einheitliche Linie erkennen lassen, zeigt dies überdeutlich. Nicht selten wird sogar der Betriebsinhaber selbst im Zweifel sein, ob er mit seinem Unternehmen inhaltlich die gesetzlichen Anforderungen erfüllt.

c) Fehlerhafte Annahme eines Handelsgewerbes bei Eintragung

5   Vor diesem Hintergrund lässt es sich in einem weiten Grenzbereich nicht ausschließen, dass das Registergericht ein Unternehmen fälschlich als Handelsgewerbe gemäß § 1 Abs. 2 bewertet und in das Handelsregister eingetragen hat oder doch jedenfalls die Richtigkeit seiner Entscheidung – zumal aus späterer Sicht – mit guten Gründen in Zweifel gezogen werden kann. Die damit verbundene Gefährdung der Rechtssicherheit wäre um so gravierender, als der Entscheidung des Registergerichts, ein Unternehmen einzutragen, keine Rechtskraftwirkung für und gegen jedermann zukommt, so dass sie bei späteren streitigen Auseinandersetzungen über die Kaufmannseigenschaft des eingetragenen Firmeninhabers nach allgemeinen Regeln weder

die streitenden Parteien noch die zur Entscheidung ihres Streits angerufenen Zivilgerichte binden könnte.

d) Absinken zum Kleingewerbe nach Eintragung

Vor allem aber können sich die tatsächlichen Umstände, die für die Einstufung als kaufmännisches Unternehmen maßgebend waren, nach der Eintragung geändert haben: Das unter der eingetragenen Firma betriebene Unternehmen kann im Laufe der Zeit durch freiwillige unternehmerische Entscheidung oder infolge eines durch die Umstände erzwungenen Rückgangs seiner Geschäftstätigkeit auf den Umfang eines Kleingewerbes geschrumpft sein, die Art der betriebenen Geschäfte kann sich mit der Folge geändert haben, dass bei ihrer Abwicklung ohne kaufmännische Betriebseinrichtung auszukommen ist.

In beiden vorstehend erörterten Fällen – demjenigen des Fehlens eines Handelsgewerbes schon bei Eintragung ebenso wie demjenigen der späteren Schrumpfung eines Handelsgewerbes zum Kleingewerbe – sind die materiell-rechtlichen Voraussetzungen eines Handelsgewerbes i.S.v. § 1 Abs. 2 nicht erfüllt; die das Gegenteil verlautbarende Handelsregistereintragung ist unrichtig, der unter seiner Firma eingetragene Inhaber des Unternehmens nicht Kaufmann.

e) § 2 S. 1 als Auffangtatbestand bei fehlendem Handelsgewerbe?

Die in § 2 durch das HRefG getroffene Neuregelung vermag Abhilfe allenfalls in Teilbereichen zu schaffen. Nimmt man mit der hier vertretenen Ansicht an, dass das Registergericht im Allgemeinen davon ausgehen darf, der Anmelder einer Firma wolle, wenn er nicht schon nach § 1 Kaufmann sei, damit jedenfalls nach § 2 S. 2 Kaufmann werden (§ 1 Rn. 138 und § 2 Rn. 15), so ist die Eintragung zwar auch dann aufgrund der konstitutiven Wirkung der Eintragung nach § 2 S. 1 richtig und der Firmeninhaber Kaufmann, wenn sein Unternehmen nur kleingewerblich ist oder später auf diesen Umfang zurückgeht, so dass es für diesen Fall der die Kaufmannseigenschaft absichernden Fiktion des § 5 nicht bedarf. § 2 versagt jedoch, wenn die Anmeldung und Eintragung nach § 14 durch das Registergericht erzwungen wird oder der Geschäftsinhaber auf andere Weise klarstellt, dass er lediglich seiner Anmeldepflicht für ein bestehendes Handelsgewerbe (§§ 1 Abs. 2, 29) genügen will, keinesfalls aber den freiwilligen Erwerb der Kaufmannseigenschaft nach § 2 anstrebt. In solchen Fällen geht es nicht an, die Anmeldung gegen den erklärten Willen des Anmelders als Ausübung einer freiwilligen Option für den Erwerb des Kaufmannsstatus durch Eintragung nach § 2 S. 2 auszulegen (§ 2 Rn. 12, 16, 21; § 1 Rn. 136, 137). Infolgedessen kann die Eintragung auch nicht das Vorhandensein eines Handelsgewerbes ersetzen. Die Eintragung ist damit unrichtig, wenn das unter der eingetragenen Firma betriebene Gewerbe mangels Erforderlichkeit kaufmännischer Betriebsweise kein Handelsgewerbe i.S.v. § 1 Abs. 2 war oder diese Eigenschaft später durch Geschäftsrückgang verloren hat (s. dazu auch unten Rn. 12[1]).

f) Der fehlerhaft eingetragene land- und forstwirtschaftliche Kleinbetrieb

9 Entsprechendes (Rn. 8) gilt für land- und forstwirtschaftliche Betriebe, die nach § 3 Abs. 2 Eintragungsfähigkeit als kaufmännische Betriebe nur wenn und solange besitzen, wie sie kaufmännischer Betriebsweise bedürfen, also Großbetriebe sind (str., s. dazu § 3 Rn. 20 ff., 23). Auch hier ist die Handelsregistereintragung demgemäß nur dann richtig und der Inhaber der Firma nur dann Kaufmann, wenn sein Betrieb die Anforderungen erfüllt, die § 1 Abs. 2 an das Vorhandensein eines Handelsgewerbes stellt (s. dazu unten Rn. 25 f.).

2. Fehlen eines Handelsgewerbes gemäß § 2 S. 1 bei fehlender oder unwirksamer Wahlrechtsausübung nach § 2 S. 2 und § 3 Abs. 2

10 Hinzu kommen als besondere Gruppe diejenigen Fälle, in denen der Firmeninhaber trotz Eintragung im Handelsregister keine Kaufmannseigenschaft besitzt, weil die Anmeldung nach § 2 oder § 3 Abs. 2 (anders bei § 1) ganz fehlt, als solche unwirksam ist oder es an der für eine wirksame Ausübung der Wahlrechte nach § 2 oder nach § 3 Abs. 2 erforderlichen Willenserklärung fehlt (s. dazu § 2 Rn. 10 und § 3 Rn. 28).

3. Korrekturfunktion des § 5

11 In sämtlichen vorstehend aufgeführten Fällen besteht auch nach der Handelsrechtsreform von 1998 das Bedürfnis nach einer die Unrichtigkeit der bestehenden Handelsregistereintragung überwindende Korrekturnorm. Diese Korrekturfunktion erfüllt § 5[2], indem er die bei fehlender Eintragung geltende widerlegbare Vermutung für die Kaufmannseigenschaft eines Gewerbetreibenden nach § 1 Abs. 2 (§ 1 Rn. 119) für den Fall einer bestehenden Handelsregistereintragung des Gewerbetreibenden durch eine entsprechende unwiderlegbare Vermutung in Gestalt mindestens der Fiktion (unten Rn. 27) der Kaufmannseigenschaft des im Handelsregister unter seiner Firma eingetragenen Gewerbebetriebes ergänzt. § 5 behält damit auch nach der Handelsrechtsreform von 1998 einen zwar gegenüber dem bis dahin bestehenden Rechtszustand in wesentlichen Punkten eingeschränkten, aber gleichwohl nicht unwichtigen Anwendungsbereich.

---

[1] Die bloße Unterlassung eines Löschungsantrags reicht zur Annahme einer konkludenten Anmeldung nach § 2 nicht aus, dazu § 2 Rn. 14.

[2] Im Wesentlichen wie hier: *Lieb*, NJW 1999, 36; *Koller/Roth/Morck*, § 5 Rn. 1; im Grundsatz auch GK/*Ensthaler*, § 5 Rn. 7; *Canaris*, HR, § 3 Rn. 49 ff.; *Baumbach/Hopt*, § 5 Rn. 2 m.w.N.

4. Funktionslosigkeit des § 5 infolge Handelsgewerblichkeit aller im Register eingetragenen Gewerbebetriebe?

Zu einem anderen Ergebnis könnte man nur dann gelangen, wenn man mit der hier abgelehnten (s. dazu im Einzelnen § 1 Rn. 132 ff., § 2 Rn. 10 und § 3 Rn. 28) Gegenauffassung alle Anmeldungen unterschiedslos als reine Verfahrenshandlungen ansähe, die mit Eintragung die Kaufmannseigenschaft des Firmeninhabers ohne Rücksicht auf dessen Willensrichtung kraft Gesetzes begründen, und zudem das Recht auf freiwillige Eintragung auch kleinen Land- und Forstwirten zubilligte (§ 3 Rn. 21). Auf der Grundlage dieser Auffassung wäre (oder gälte) jeder im Handelsregister eingetragene Gewerbebetrieb, solange die Eintragung besteht, unabhängig davon, ob diese Eintragung nach § 1, 2 oder 3 erfolgt ist, Handelsgewerbe und infolgedessen ein nach § 1 Abs. 1 zu Unrecht eingetragener Gewerbebetrieb nicht denkbar. Der im Gesetzestext des § 5 beschriebene Fall, „dass das unter der Firma betriebene Gewerbe kein Handelsgewerbe sei", könnte dann gar nicht vorkommen[1]. § 5 hätte dann – folgte man diesem Verständnis der §§ 1 bis 3 – sieht man von den wenig bedeutsamen Fällen des Fehlens oder der Unwirksamkeit der Registeranmeldung ab[2], keinen Anwendungsbereich.

12

Die Tatsache, dass der Gesetzgeber den § 5 nicht im Zuge der Gesetzesreform von 1998 als gegenstandslos gestrichen, sondern diese Bestimmung mit der durch den Wegfall des Minderkaufmanns nach § 4 a.F. (oben Rn. 2) gebotenen redaktionellen Änderung des Gesetzestextes beibehalten[3] und ihm in den Gesetzesmaterialien ausdrücklich die Funktion zugewiesen hat, in allen Fällen, in denen der Gewerbetreibende seiner gesetzlichen Pflicht zur Eintragung in das Handelsregister nachgekommen ist, bei Fehlen der materiell-rechtlichen Voraussetzungen eines Handelsgewerbes die erforderliche Rechtssicherheit zu schaffen[4], zeigt, dass dies nicht der Standpunkt des Gesetzgebers war. Die Gegenmeinung kommt auch über die von ihr nicht zu leugnende Beibehaltung des § 5 nur dadurch hinweg, dass sie ihm einen neuen Anwendungsbereich verschaffen will. Danach soll § 5 künftig nicht den Einwand ausschließen, dass unter der eingetragenen Firma kein *Handels*gewerbe, sondern (überhaupt) kein *Gewerbe* (also nur eine freiberufliche, künstlerische oder wissenschaftliche Tätigkeit, d.h., s. § 1 Rn. 58 ff., ein Unternehmen nicht gewerblicher Art) oder sogar gar keine geschäftliche Tätigkeit betrieben werde[5]. Diese Auslegung, die auf eine komplette Auswechselung des Regelungsgehaltes des § 5 hinausläuft, steht jedoch in un-

13

---

1 So in der Tat ausdrücklich *K. Schmidt*, ZHR 163 (1992), 93, 95 und JZ 2003, 588 f. sowie in MünchKommHGB, § 5 Rn. 6; zust. auch *Mönkemöller*, JuS 2002, 33 f.; ähnlich *Schmitt*, WiB 1997, 1113, 1117 (§ 5 „praktisch überflüssig" geworden); in gleicher Richtung *Hohmeister*, NJW 2000, 1921, 1922, mit der Einschränkung der Anwendbarkeit von § 5 bei fälschlicher Eintragung eines land- oder forstwirtschaftlichen Kleinbetriebes, oben Rn. 9 und unten Rn. 25 f.
2 Vgl. dazu *Schulze-Osterloh*, ZIP 2007, 2390, 2392, 2394.
3 Begr. RegE BR-Drucks. 340/97 S. 49.
4 Begr. RegE BR-Drucks. 340/97 S. 26.
5 So vor allem *K. Schmidt*, ZHR 163 (1999), 93, 96 ff. und JZ 2003, 589 sowie in MünchKommHGB, § 1 Rn. 23; für die analoge Anwendung von § 5 auf eingetragene

überwindbarem Widerspruch zum Text des Gesetzes, der ausdrücklich den Betrieb eines Gewerbes unter der eingetragenen Firma fordert und allein den Einwand ausschließt, es handele sich bei diesem Gewerbe nicht um ein Handelsgewerbe.

III. Voraussetzungen der Registerwirkung

1. Registereintragung

14 Der **Inhaber** (Träger) des Unternehmens **muss im Handelsregister eingetragen sein**. Maßgebend ist allein die Eintragung; auf die Bekanntmachung kommt es nicht an[1]. Unerheblich ist auch, worauf die Eintragung beruht. § 5 ist auch dann anwendbar, wenn die Eintragung versehentlich ohne oder jedenfalls ohne rechtswirksame (unten Rn. 21) Anmeldung oder aufgrund Anmeldung eines Unbefugten erfolgt ist[2]. Eingetragene Land- und Forstwirte machen hierbei keine Ausnahme (s. dazu auch unten Rn. 22). Auch auf Kausalität und Gutgläubigkeit kommt es nicht an (s. dazu unten Rn. 27). Die Zulässigkeit der Firma ist unerheblich[3]. Erforderlich ist lediglich, dass die im Handelsregister als Inhaber eingetragene Person auch tatsächlich mit dem Betreiber des Unternehmens identisch ist[4] (s. dazu auch unten Rn. 38); bei fehlender Identität kann lediglich § 15 Abs. 3 zur Anwendung kommen.

2. Betrieb eines Gewerbes

15 Unter der Firma muss ein **Gewerbe**[5] (§ 1 Rn. 17 ff.) betrieben werden. Diese Voraussetzung ergibt sich mittelbar, aber gleichwohl zwingend aus der Rechtsfolgenseite des § 5. Wenn § 5 den Einwand zwingend ausschließt, das unter der eingetragenen Firma betriebene Gewerbe sei kein Handelsgewerbe,

---

Nichtgewerbetreibende aber auch *Siems*, Der personelle Anwendungsbereich ..., S. 117.

1 H.M., s. *Staub/Brüggemann*, § 5 Rn. 1; MünchKommHGB/*K. Schmidt*, § 5 Rn. 27; *Baumbach/Hopt*, § 5 Rn. 3; *Koller/Roth/Morck*, § 5 Rn. 4.
2 H.M.; *Ebenroth/Boujong/Joost/Strohn/Kindler*, § 5 Rn. 17; *Baumbach/Hopt*, § 5 Rn. 3; *Koller/Roth/Morck*, § 5 Rn. 6; jetzt auch *Canaris*, HR, § 3 Rn. 54; GK/*Ensthaler*, Rn. 4 und 6 f.
3 H.M.; *Heymann/Emmerich*, § 5 Rn. 5; *Koller/Roth/Morck*, § 5 Rn. 6.
4 *Staub/Brüggemann*, § 5 Rn. 22; *Heymann/Emmerich*, § 5 Rn. 4; *Koller/Roth/Morck*, § 5 Rn. 5; etwas anders: *Baumbach/Hopt*, § 5 Rn. 3 (bei fehlender Personenidentität zwischen eingetragenem und tatsächlichem Betreiber Fehlen des Betreibens eines Gewerbebetriebes).
5 H.M.; vgl. BGH v. 19.5.1960 – II ZR 72/59, BGHZ 32, 307, 313 f.; s. ferner BGH v. 6.7.1981 – II ZR 38/81, NJW 1982, 45; BAG v. 17.2.1987 – 3 AZR 197/85, NJW 1988, 222 f.; aus dem Schrifttum s. *Staub/Brüggemann*, § 5 Rn. 21; *Heymann/Emmerich*, § 5 Rn. 3; *Baumbach/Hopt*, § 5 Rn. 2; *Koller/Roth/Morck*, § 5 Rn. 3; *Canaris*, HR, § 3 Rn. 56; GK/*Ensthaler*, § 5 Rn. 3; auch *Ebenroth/Boujong/Joost/Strohn/Kindler*, § 5 Rn. 20 ff., allerdings mit Befürwortung der Erstreckung der Anwendung von § 5 auch auf (zu Unrecht eingetragene) Betriebe, die nur eigenes Vermögen verwalten. Zur Gegenmeinung, die jedenfalls das Vorliegen eines Unternehmens genügen lassen oder § 5 bei Vorliegen eines Gewerbes überhaupt jeden Anwendungsbereich absprechen will, s. im Text Rn. 12 und die dortigen Nachweise.

so folgt daraus zwangsläufig, dass das Gesetz den Betrieb eines Gewerbes voraussetzt. § 5 ist damit **unanwendbar**, wenn

a) unter der Firma überhaupt **keine unternehmerische Tätigkeit** betrieben wird, was vor allem in Betracht kommt, wenn diese Tätigkeit nach der Eintragung eingestellt worden ist, weil es dann sinnlos ist, danach zu fragen, ob diese unternehmerische Tätigkeit gewerblichen Charakter i.S. des HGB hat; 16

b) wenn zwar unter der Firma eine unternehmerische Tätigkeit betrieben wird, diese **Tätigkeit** aber **nicht** als **Gewerbe** i.S. des HGB gilt. Daran fehlt es z.B., wenn die in dem Unternehmen betriebene Tätigkeit freiberuflichen, künstlerischen oder wissenschaftlichen Charakter hat (§ 1 Rn. 58) oder ihr eines der sonstigen Merkmale fehlt, die zur Erfüllung des speziellen handelsrechtlichen Gewerbebegriffs erforderlich sind, vgl. dazu im Einzelnen § 1 Rn. 25 ff.; ferner regelmäßig auch dann, wenn der Inhaber seinen Betrieb aufgrund Verpachtung oder eines ähnlichen Rechtsverhältnisses, insbesondere auch im Rahmen einer Betriebsaufspaltung, § 1 Rn. 44, 141), einem anderen überlässt und sich auf die Verwaltung der ihm daraus zufließenden Einahmen beschränkt, s. aber auch zur Eintragungsfähigkeit von Gesellschaften, die sich auf die Verwaltung ihres eigenen Vermögens beschränken bei § 105. 17

Dagegen liegt ein Gewerbe i.S. des § 5 auch bei Betrieb der Land- und Forstwirtschaft vor. Hier wirkt sich die moderne systematische Einordnung aus, die auch den Betrieb eines land- und forstwirtschaftlichen Unternehmens als gewerbliche Tätigkeit auffasst, die lediglich in § 3 in bestimmter Hinsicht einer Spezialregelung unterworfen wird, die der besonderen Mentalität und dem spezifischen Selbstverständnis der betroffenen Kreise Rechnung tragen soll (s. dazu § 3 Rn. 2). 18

IV. Tragweite der Registerwirkung

1. In negativer Formulierung

Das Gesetz drückt die Rechtsfolge des § 5 negativ aus, indem es für und gegen einen als Kaufmann im Handelsregister eingetragenen Gewerbetreibenden den Einwand **ausschließt**, das unter der Firma betriebene Gewerbe sei kein Handelsgewerbe. 19

Der Einwand zielt in erster Linie auf § 1 Abs. 2 und § 3 Abs. 2 und 3, weil diese Vorschriften die (im ersten Fall deklaratorisch, im zweiten Fall konstitutiv wirkende) Eintragung der Firma im Handelsregister und damit die Kaufmannseigenschaft des Firmeninhabers von der Erfüllung der materiellen Voraussetzung abhängig machen, dass das betriebene Gewerbe kaufmännischer Betriebseinrichtungen bedarf und deshalb Handelsgewerbe i.S. der Definition des § 1 Abs. 2 ist oder – so im Falle des § 3 Abs. 2 und 3 – wenigstens durch die Eintragung wird. Durch § 5 ausgeschlossen wird dabei also stets der Einwand, das Unternehmen benötige für seinen Geschäftsbetrieb **keine kaufmännischen Einrichtungen**, was seinen Inhaber – gäbe es § 5 20 nicht – trotz Handelsregistereintragung zum Nichtkaufmann machen würde oder – in etwas anderer Formulierung – der Inhaber des Unternehmens sei mangels Erforderlichkeit kaufmännischer Betriebseinrichtungen kein Kaufmann.

21 Anders verhält es sich mit der Gruppe der nach § 2 im Handelsregister eingetragenen Kleingewerbetreibenden, weil bei ihnen die Eigenschaft des Unternehmens als Handelsgewerbe per definitionem gerade nicht auf der Erforderlichkeit kaufmännischer Betriebsweise, sondern ersatzweise auf der Erfüllung des materiell-rechtlichen Tatbestandsmerkmals der freiwilligen, in der Anmeldung zum Handelsregister verkörperten Rechtswahl des Kaufmannsstatus beruht. Bei dieser Gruppe kommt § 5 damit die Funktion zu, den Einwand auszuschließen, das unter der eingetragenen Firma betriebene Gewerbe sei nicht Handelsgewerbe, weil es an einer wirksamen Anmeldung oder der Wirksamkeit der mit ihr einhergehenden Rechtswahl fehle. Die Überwindung des Fehlens dieser materiell-rechtlichen Voraussetzung für den Erwerb der Kaufmannseigenschaft nach § 2 ist zwar nicht Teil des historischen Anwendungsbereichs des § 5. Sie konnte dies aber auch nicht sein, weil das frühere Recht (oben Rn. 2) – außerhalb des § 3 Abs. 2 – keinen Erwerb der Kaufmannseigenschaft durch Ausübung eines rechtsgeschäftlichen Wahlrechts kannte. Der neue Regelungsgehalt ist § 5 jedoch – neben dem Funktionsverlust durch Streichung der Rechtsfigur des Minderkaufmanns (oben Rn. 2) – mit Einführung der Eintragungsoption des § 2 durch das HRefG zugewachsen. Er liegt völlig im Rahmen der § 5 zukommenden Funktion der Gewährleistung von Rechtssicherheit und ist auch vom Gesetzeswortlaut vollauf gedeckt: Da die Handelsregistereintragung allein bei Fehlen ihrer tatbestandlichen Voraussetzungen ein nichtkaufmännisches Kleingewerbe nicht zum Handelsgewerbe machen kann, ist auch das ohne wirksame Ausübung des dem Kleingewerbetreibenden in § 2 zugebilligten Wahlrechts unter der gleichwohl eingetragenen Firma betriebene Gewerbe kein Handelsgewerbe.

22 Die vorstehenden Ausführungen (Rn. 21) gelten infolge der Verweisung des § 3 Abs. 2 auf § 2 entsprechend bei Unrichtigkeit der Eintragung eines land- oder forstwirtschaftlichen (Groß-)Betriebs wegen fehlender oder unwirksamer Ausübung des dem Inhaber eines solchen Unternehmens in § 3 Abs. 2 eingeräumten Wahlrechts (§ 3 Rn. 28); zur Anwendung des § 5 bei fehlender Erforderlichkeit kaufmännischer Einrichtungen oben Rn. 9 und unten Rn. 25. Bei unzulässiger Eintragung land- oder forstwirtschaftlicher Betriebe kommt damit § 5 in seinen beiden Funktionen zum Tragen.

23 Damit sind für und gegen einen im Handelsregister als Kaufmann eingetragenen Gewerbetreibenden unter Einschluss eingetragener Land- und Forstwirte **folgende Einwendungen ausgeschlossen:**

24 a) Das unter der im Handelsregister eingetragenen Firma betriebene Gewerbe sei kein Handelsgewerbe (§ 1 Abs. 2), weil es aufgrund seiner Größe oder seiner einfachen Verhältnisse schon bei Eintragung oder infolge nachträglichen Geschäftsrückgangs keiner kaufmännischen Einrichtung

bedürfe, sondern nur Kleingewerbe und sein Inhaber deshalb trotz Eintragung der Firma im Handelsregister nicht Kaufmann, sondern in Wahrheit Nichtkaufmann sei.

b) Der unter der im Handelsregister eingetragenen Firma ausgeübte land- oder forstwirtschaftliche Betrieb sei kein Handelsgewerbe (§ 3 Abs. 2 i.V.m. § 2), weil er aufgrund seiner geringen Größe oder einfachen Verhältnisse schon bei Eintragung oder infolge nachträglichen Geschäftsrückgangs nur land- und forstwirtschaftlicher Kleinbetrieb (§ 3 Rn. 19) sei, der keine kaufmännische Einrichtung erfordere, sein Inhaber sei deshalb trotz Eintragung der Firma im Handelsregister nicht Kaufmann, sondern in Wahrheit Nichtkaufmann.

c) Entgegen § 2 S. 1 sei das unter der eingetragenen Firma betriebene Gewerbe nur nichtkaufmännisches Klein- und nicht Handelsgewerbe und sein Inhaber nicht Kaufmann, sondern in Wahrheit Nichtkaufmann.

d) und (entsprechend) entgegen § 3 Abs. 2 i.V.m. § 2 sei der unter der eingetragenen Firma ausgeübte land- und forstwirtschaftliche (Groß-)Betrieb nicht Handelsgewerbe und sein Inhaber nicht Kaufmann, sondern in Wahrheit Nichtkaufmann, weil es sowohl im Falle c) und d) an der nach § 2 und § 3 Abs. 2 i.V.m. § 2 erforderlichen wirksamen Ausübung des Wahlrechts zum Erwerb der Kaufmannseigenschaft fehle.

2. In positiver Formulierung

Positiv ausgedrückt bedeutet die Registereintragung des § 5: Ein als Kaufmann im Handelsregister eingetragener Gewerbetreibender wird im Privatrechtsverkehr **allein aufgrund seiner Eintragung** als **Kaufmann** behandelt, ohne Rücksicht darauf, ob sein Gewerbe tatsächlich kaufmännischer Natur ist, also kaufmännischer Betriebseinrichtung bedarf[1]. Ob er aufgrund seiner Eintragung wirklich Kaufmann ist[2] oder nur als Kaufmann gilt[3], ist für diese Wirkung ohne praktische Bedeutung. Die Registereintragung des § 5 dient nicht dem Schutz gutgläubiger Dritter. Sie ist allgemein im Interesse der Rechtssicherheit des Privatrechtsverkehrs vorgesehen und wirkt ohne Rücksicht auf Gut- oder Bösgläubigkeit für und gegen jedermann, also auch für den Betriebsinhaber selbst[4]. Die Formulierung des Gesetzes („... so kann nicht geltend gemacht werden ...") ist in diesem Punkt eher irreführend. Für

---

1 Insoweit unstr.
2 So vor allem *K. Schmidt*, HR, § 10 II.1., S. 297 f. und JuS 1977, 212 sowie in MünchKommHGB, § 1 Rn. 30; ähnl. *Heymann/Emmerich*, § 5 Rn. 1a.
3 So die h.M.: Fiktion i.S. einer unwiderleglichen Vermutung der Kaufmannseigenschaft; vgl. *Canaris*, HR, § 3 Rn. 52; *Baumbach/Hopt*, § 5 Rn. 1; *Koller/Roth/Morck*, § 5 Rn. 2; ähnl. schon *Staub/Brüggemann*, § 1 Rn. 2; etwas anders *Ebenroth/Boujong/Joost/Strohn/Kindler*, § 5 Rn. 29 mit Rn. 28: Kaufmannseigenschaft kraft – fingierter – Handelsgewerblichkeit.
4 BGH v. 6.7.1981 – II ZR 38/81, NJW 1982, 45 und die h.M.; vgl. *Staub/Brüggemann*, § 5 Rn. 18; *Heymann/Emmerich*, § 5 Rn. 6; *Koller/Roth/Morck*, § 5 Rn. 6 und 8; MünchKommHGB/*K. Schmidt*, § 5 Rn. 2 und 10; *K. Schmidt*, HR, § 10 III.3.a) S. 303; *Canaris*, HR, § 3 Rn. 51; die Erwähnung des „gutgläubigen Dritten" in BGH

Handelsgesellschaften (OHG und KG) bedeutet die Registerwirkung, dass sie, solange die Eintragung besteht, sowohl im Außenverhältnis gegenüber Dritten als auch im Innenverhältnis der Gesellschafter untereinander in jeder Beziehung als Handelsgesellschaften (§ 6) und damit nach Handelsrecht behandelt werden, auch wenn sie in Wahrheit GbR sind, weil ihr Gewerbebetrieb, z.B. durch Absinken auf kleingewerbliches Niveau, keinen kaufmännischen Charakter besitzt[1].

3. Bedeutung für Formkaufleute

28 Für die sog. Formkaufleute (insbes. AG einschl. SE, KGaA, GmbH, vgl. dazu näher § 6 Rn. 6 und 8) ist **§ 5 ohne Bedeutung**, weil sie ihre Kaufmannseigenschaft nicht nach §§ 1–3 erwerben, sondern stets ohne Rücksicht auf Art oder sogar Vorhandensein eines Gewerbebetriebes Handelsgesellschaften und damit Kaufleute sind. Da sie diesen Status durch die Eintragung ins Handelsregister (bei Genossenschaften ins Genossenschaftsregister) erlangen, leistet die Eintragung, durch die sie als juristische Person entstehen, bei ihnen im Ergebnis das Gleiche, was die Eintragung als Kaufmann für den Einzelkaufmann und die Handelsgesellschaften des HGB leistet, allerdings mit dem wesentlichen Unterschied, dass es bei ihnen nicht einmal darauf ankommt, ob sie überhaupt einen Gewerbebetrieb unterhalten.

4. Tragweite in sachlicher Hinsicht

a) Geltung im rechtsgeschäftlichen und Prozessverkehr

29 Die Registerwirkung des § 5 gilt für das gesamte **Privatrecht** (s. aber auch folgende Rn. 30) und hier jedenfalls für den gesamten **rechtsgeschäftlichen Verkehr** im weitesten Sinne sowie den damit zusammenhängenden zivilrechtlichen **Prozessverkehr**. Auch im Zivilprozess bedarf es zur Auslösung dieser Wirkung keiner besonderen Berufung auf die Eintragung, erforderlich ist lediglich – da das Gericht im Zivilprozess keine Ermittlungen von Amts wegen durchführt –, dass die Tatsache der Handelsregistereintragung wie jede andere Tatsache auch nach den allgemeinen Regeln des Zivilprozessrechts in den Rechtsstreit eingeführt wird[2]. Ein eingetragener Gewerbetreibender muss Erfüllungsorts- (§ 29 Abs. 2 ZPO) und Gerichtsstandsverein-

---

v. 29.11.1956 – II ZR 32/56, BGHZ 22, 234, 235 war wohl nur ein falscher Zungenschlag.

1 Allg. M., vgl. nur *Heymann/Emmerich*, § 5 Rn. 8; BGH v. 6.7.1981 – II ZR 38/81, NJW 1982, 45 und BayObLG v. 13.11.1984 – BReg. 3 Z 60/83, NJW 1985, 982.

2 So zutr. die heute ganz überwiegende M.; vgl. *K. Schmidt*, HR, § 10 III.2.d) bb), S. 302; *Heymann/Emmerich*, § 5 Rn. 7; *Koller/Roth/Morck*, § 5 Rn. 6; MünchKommHGB/*K. Schmidt*, § 5 Rn. 41; teilweise abweichend insbes. *Staub/Brüggemann*, § 5 Rn. 2: Die Anwendung des § 5 habe außer Betracht zu bleiben, sobald beide Prozessparteien über die Unrichtigkeit der Eintragung und die die Unrichtigkeit bedingenden Tatsachen einig seien. Dem wird man insoweit zustimmen können, als nichts entgegensteht, dass die Parteien die Wirkungen des § 5, soweit nicht Rechte Dritter betroffen sind, i.d.R. abbedingen können; in diesem Sinne auch *Koller/Roth/Morck*, § 5 Rn. 6.

barungen (§ 38 Abs. 1 ZPO) gegen sich gelten lassen; ebenso wenig kann er die Herabsetzung einer Vertragsstrafe mit der Begründung verlangen, sein Unternehmen sei seit Abgabe des Versprechens auf das Niveau eines Kleinbetriebes herabgesunken (§ 348); wer nach § 5 als Kaufmann eingetragen ist, kann kaufmännische Zinsen (§§ 352, 354) verlangen, auch wenn er in Wahrheit Kleingewerbetreibender ist[1]; eine als OHG oder KG eingetragene Gesellschaft kann unter ihrer Firma klagen und verklagt werden (§ 124), selbst wenn sie ohne Registerwirkung nur GbR wäre; wer in eine solche Gesellschaft eintritt, kann sich gegenüber seiner persönlichen Inanspruchnahme aus §§ 128, 130 nicht darauf berufen, er sei in Wahrheit in eine GbR eingetreten[2]; wer das Geschäft eines im Handelsregister als Kaufmann eingetragenen Gewerbetreibenden erworben hat und mit Firma weiterführt, kann seine Inanspruchnahme für die Geschäftsschulden seines Vorgängers nach § 25 nicht durch den Hinweis abwehren, sein Vorgänger sei in Wahrheit nicht Kaufmann gewesen[3].

b) Geltung außerhalb des rechtsgeschäftlichen Verkehrs, insbesondere im sog. Unrechtsverkehr

Die Registerwirkung des § 5 greift jedenfalls auch dann außerhalb rechtsgeschäftlicher Beziehungen ein, wenn das betr. Rechtsverhältnis **mit einem Auftreten** des im Handelsregister eingetragenen Unternehmens **im rechtsgeschäftlichen Verkehr zusammenhängt**[4]. So gilt § 5 z.B. auch für Bereicherungsansprüche, die ihren Ursprung in fehlgeschlagenen oder gestörten rechtsgeschäftlichen Beziehungen haben, oder wenn eine unerlaubte Handlung im Zusammenhang mit einer rechtsgeschäftlichen Beziehung begangen wird: der Werkstattkunde verunglückt infolge fehlerhafter Autoreparatur[5]. 30

Anwendbarkeit im sog. Unrechtsverkehr: Die Frage nach der Geltung des § 5 im sog. reinen Unrechtsverkehr[6] betrifft im Wesentlichen den Fall, dass jemand durch ein **deliktisches**, nicht mit einer rechtsgeschäftlichen Beziehung zwischen den Beteiligten im Zusammenhang stehendes **Fehlverhalten** des vertretungsberechtigten Gesellschafters einer GbR zu Schaden kommt, 31

---

1 Beispiele nach *v. Gierke/Sandrock*, § 12 II.2., S. 163.
2 BGH v. 6.7.1981 – II ZR 38/81, NJW 1982, 45; diese Wirkung des § 5 hat aber entscheidend dadurch an Bedeutung eingebüßt, dass die Rspr. inzwischen auch die wirtschaftlich tätige (Außen-)Gesellschaft bürgerlichen Rechts als aktiv und passiv parteifähig ansieht, s. BGH v. 29.1.2001 – II ZR 331/00, ZIP 2001, 330; dort auch zur Annäherung der Haftungsverhältnisse der GbR an diejenigen der OHG.
3 BGH v. 29.11.1956 – II ZR 32/56, BGHZ 22, 234, 239.
4 *Baumbach/Hopt*, § 5 Rn. 6; *Ebenroth/Boujong/Joost/Strohn/Kindler*, § 5 Rn. 37 ff.; *Heymann/Emmerich*, § 5 Rn. 10; *Canaris*, HR, § 3 Rn. 58 sowie im Ergebnis auch diejenigen, die weitergehend für die Anwendung des § 5 im gesamten Privatrechtsverkehr eintreten, vgl. *Staub/Brüggemann*, § 5 Rn. 20 und § 6 Rn. 12; *K. Schmidt*, HR, § 10 III.3.b), S. 303; *K. Schmidt*, JuS 1977, 212; *Koller/Roth/Morck*, § 5 Rn. 8; GK/*Ensthaler*, § 5 Rn. 8; offen gelassen in BGH v. 6.7.1981 – II ZR 38/81, NJW 1982, 45.
5 S. aber auch BGH v. 30.6.1966 – VII ZR 23/65, BGHZ 45, 311 (unhaltbar).
6 S. dagegen die Nachw. oben in Fn. 2.

die infolge § 5 als OHG oder KG gilt. Ihre praktische Bedeutung ist gering. Die richtige Lösung lag nicht in der Anwendung des § 5, sondern des § 31 BGB entsprechend. Die Frage hat sich erledigt, seitdem die Rechtsprechung § 31 BGB auf die inzwischen als rechtskräftig anerkannte GbR anwendet[1].

5. Tragweite in zeitlicher Hinsicht

32 In zeitlicher Hinsicht erstreckt sich die Registerwirkung des § 5 auf alle Rechtsverhältnisse, die **während des Bestehens der Eintragung** begründet werden; sie gilt also nicht für vorher oder nachher entstandene Rechtsverhältnisse. Dagegen ändert sich der Inhalt der während und infolge der Registerwirkung begründeten Rechte und Pflichten nicht dadurch, dass die Eintragung vor endgültiger Abwicklung des Rechtsverhältnisses gelöscht wird.

V. Grenzen der Registerwirkung

1. Trotz § 5 zulässige Einwendungen

33 Alle anderen **Einwendungen gegen die Kaufmannseigenschaft** des Eingetragenen bleiben zulässig. Vollends unberührt von § 5 bleiben selbstverständlich alle Einwendungen, die sich gegen die Wirksamkeit eines mit dem Betriebsinhaber geschlossenen Vertrages aus sonstigen Gründen ergeben. Zulässig sind danach insbesondere folgende Einwendungen:

34 a) Die unter der eingetragenen Firma betriebene Geschäftstätigkeit erfülle nicht die **Voraussetzungen eines Gewerbes** i.S. des HGB (vgl. dazu schon oben Rn. 15). Die vereinzelt vertretene gegenteilige Ansicht, die eine Anwendung des § 5 auf nichtgewerbliche, aber im Handelsregister eingetragene Unternehmen befürwortet, hat den eindeutigen Gesetzeswortlaut gegen sich und hat sich bisher nicht durchgesetzt. Nach h.M. genügt es nicht, dass unter der Firma ein Unternehmen, d.h. irgendeine äußere Veranstaltung betrieben wird, die auf einen Gewerbebetrieb schließen lässt (vgl. dazu im einzelnen oben Rn. 15 mit Fn. 4 und Rn. 17); auch die entsprechende Anwendung des § 5 auf nicht gewerbliche Unternehmen dürfte, nachdem der Gesetzgeber des HRefG in Kenntnis der Problematik und der nachhaltig in der Wissenschaft erhobenen Forderung nach Anwendbarkeit des § 5 auch auf den Betrieb nur eines Unternehmens unter der eingetragenen Firma[2] an der Erforderlichkeit des Betriebs eines Gewerbes festgehalten hat, nicht mehr in Erwägung zu ziehen sein; in geeigneten Fällen kann allerdings ein Schutz gutgläubiger Dritter nach Rechtsscheinsgrundsätzen in Betracht kommen (s. hierzu im Anh. § 5);

35 b) unter der eingetragenen Firma werde überhaupt **keine unternehmerische Tätigkeit** mehr betrieben, so z.B., wenn der Betrieb nicht aufgenommen

---

[1] BGH v. 24.2.2003 – II ZR 385/99, BGHZ 154, 88 m.w.N. und v. 30.6.1966 – VII ZR 23/65, BGHZ 45, 31; wie hier zutr. MünchKommHGB/*K. Schmidt*, § 5 Rn. 40.
[2] S. nur *K. Schmidt*, HR, § 10 III.2 S. 299 u. in MünchKommHGB, § 5 Rn. 21 ff. mit umfangr. weit. Nachw.

oder inzwischen völlig wieder eingestellt worden ist (vgl. dazu ebenfalls oben Rn. 15);

c) die gewerbliche Tätigkeit, die unter der eingetragenen Firma betrieben wird, werde von einem **Minderjährigen** oder sonst nicht voll Geschäftsfähigen ohne die erforderliche Zustimmung seines gesetzlichen Vertreters oder etwa erforderlicher vormundschaftlicher Genehmigungen betrieben[1] (vgl. dazu § 1 Rn. 87 ff.); 36

d) eine eingetragene **Gesellschaft bestehe nicht** oder nicht mehr; auch das Fehlen eines gültigen, den Erfordernissen der §§ 105, 161 Abs. 1 entsprechenden Gesellschaftsvertrages kann hierher gehören[2]. In Einzelfällen können hier aber die Grundsätze über die fehlerhafte Gesellschaft (Näheres bei § 105) oder die Scheingesellschaft (vgl. Anh. § 5) eingreifen; 37

e) der als Betriebsinhaber im Handelsregister **Eingetragene betreibe das Handelsgewerbe nicht**. Da § 5 voraussetzt, dass unter der eingetragenen Firma ein Gewerbe betrieben wird, kann der Eingetragene, der das Gewerbe nicht betreibt, allein durch die Eintragung nicht Kaufmann sein oder als solcher gelten (s. dazu schon oben Rn. 14). Bei dem wirklichen Betreiber kann die Registerwirkung wiederum mangels Eintragung nicht eintreten[3] (Fall fehlender Identität zwischen der als Inhaber eingetragenen Person und dem wirklichen Betreiber des Gewerbebetriebes, s. dazu oben Rn. 14). Der wirkliche Betreiber kann allerdings, wenn er ein kaufmännische Einrichtung erforderndes Handelsgewerbe i.S. von § 1 Abs. 2 betreibt, schon kraft Gesetzes unabhängig von jeder Eintragung Kaufmann nach § 1 Abs. 1 sein. Entsprechendes kann gelten, wenn der Eingetragene unter dieser Firma kein Gewerbe (mehr) betreibt, mag er auch unter einer anderen Bezeichnung/Firma ein anderes Gewerbe betreiben[4]. 38

2. Keine Wirkung im öffentlichen Recht

Für das öffentliche Recht ist die Registerwirkung ohne Bedeutung. Dies gilt zunächst 39

a) für das **Registergericht**, das völlig unberührt durch § 5 stets zu prüfen hat, ob eine Eintragung zu Recht besteht. Stellt es fest, dass die materiellen Voraussetzungen, die nach §§ 1–3 für die Eintragung eines Kaufmanns erforderlich sind, nicht oder nicht mehr vorhanden sind, so hat es für die Löschung der Eintragung zu sorgen[5]. Wer also nur kraft Registerwirkung

---

1 Zust. *Koller/Roth/Morck*, § 5 Rn. 8.
2 Vgl. RGZ 157, 369, 372.
3 Vgl. dazu *Staub/Brüggemann*, § 5 Rn. 22 f.; *Koller/Roth/Morck*, § 5 Rn. 5 und 8; OLG Düsseldorf v. 29.12.1993 – 18 U 105/93, NJW-RR 1995, 93.
4 Vgl. zu diesem Sonderfall *Staub/Brüggemann*, § 5 Rn. 23.
5 Allg. M., vgl. auch BayObLG v. 13.11.1984 – BReg. 3 Z 60/83, NJW 1985, 982; für diejenigen, für die – wie vor allem für *K. Schmidt*, s. u.a. ZHR 163 (1999), 93, 95, 97 – jedes unter der eingetragenen Firma betriebene Gewerbe Handelsgewerbe ist (§ 2 S. 1) und die deshalb die Möglichkeit eines zu Unrecht eingetragenen Gewerbebetriebes in Abrede stellen, kommt allerdings eine Amtslöschung nur unter sehr

Kaufmann ist (erst recht, wenn man mit der h.M. annimmt, dass er nur als solcher gilt, vgl. oben Rn. 27), ist mithin ein Kaufmann, der dies nicht bleiben darf;

40 b) im gesamten (sonstigen) öffentlichen Recht[1]. Dies gilt insbes. für das **Steuer-** und das **Strafrecht**, einschließlich des Ordnungswidrigkeitenrechts. Wegen eines Verstoßes gegen straf- oder bußgeldbewehrte Vorschriften, die sich nur an einen Kaufmann wenden, kann nur verurteilt werden, wer wirklich Kaufmann ist (h.M.). Auch für die Verpflichtung zur Zahlung der IHK-Umlage kommt es auf die wahre Rechtslage, nicht auf § 5 an[2]. Entsprechendes gilt für die öffentlich-rechtlichen Buchführungs- und Rechnungslegungspflichten der §§ 238 ff.[3]

Anhang zu § 5
Die Lehre vom Scheinkaufmann

Übersicht

	Rn.		Rn.
I. Allgemeines	1	g) Behauptung der Kaufmannseigenschaft	15
II. Rechtsscheinstatbestände	2	2. Scheininhaber kaufmännischer Unternehmen, Scheingesellschafter und Schein-Handelsgesellschaften	
1. Scheinkaufleute			
a) Der Grundsatz	3		
b) Verursachung durch konkrete Verhaltensweisen	6	a) Beispiele aus der Praxis	16
c) Verursachung durch Verwendung kaufmännischer Einrichtungen	7	b) Namensverwendung in der Firma	17
d) Verursachung durch Führen einer Firma oder kaufmännischer Firmenzusätze	9	c) Weglassung Haftungsbeschränkungen bezeichnender Zusätze; Rechtsfolgen	20
e) Exkurs: Schein-Nichtkaufmann durch Weglassen vorgeschriebener Firmenzusätze?	13	3. Kein Rechtsschein allein durch mündlichen Firmengebrauch	25
f) Verursachung durch irreführende Angaben in der Firma	14	4. Verwandte Fälle	26

---

viel engeren Voraussetzungen in Betracht; im Wesentlichen wohl nur bei fehlender Gewerblichkeit (s. dazu oben im Text Rn. 12).

1 H.M., vgl. nur *Heymann/Emmerich*, § 5 Rn. 11; *Baumbach/Hopt*, § 5 Rn. 6; *Koller/Roth/Morck*, § 5 Rn. 8; MünchKommHGB/*K. Schmidt*, § 5 Rn. 42; *Canaris*, HR, § 3 Rn. 57 und in § 12 Rn. 8 ff. speziell zur fehlenden Rechnungslegungspflicht des Fiktivkaufmanns; zum öffentlich-rechtlichen Charakter der Rechnungslegungspflichten des HGB Einl. Rn. 52; zweifelnd *K. Schmidt*, HR, § 10 III.3.b), S. 304.
2 Unhaltbar die gegenteilige Entscheidung des OVG Nordrhein-Westfalen v. 23.10.1986 – 13 A 334/86, BB 1987, 1130.
3 H.M., vgl. *Heymann/Emmerich*, § 5 Rn. 11; *Baumbach/Hopt*, § 5 Rn. 6; *Koller/Roth/Morck*, § 5 Rn. 8; MünchKommHGB/*K. Schmidt*, § 5 Rn. 42; *Canaris*, HR, § 3 Rn. 57 und in § 12 Rn. 8 ff.; *Ebenroth/Boujong/Joost/Strohn/Kindler*, § 5 Rn. 45; bei letzterem auch zu vereinzelten Gegenstimmen, s. etwa *Staub/Hüffer*, § 238 Rn. 8 m.w.N.

	Rn.		Rn.
III. Zurechenbarkeit des Rechtsscheins		VI. Beweislastfragen	34
1. Geltung des Veranlassungsprinzips	27	VII. Wirkungen und Grenzen des Rechtsscheins	
2. Zurechnung bei Handeln Bediensteter	28	1. Wirkungen	
3. Zurechnung bei Geschäftsunfähigkeit und beschränkter Geschäftsfähigkeit	29	a) Allgemein	35
		b) Speziell: die GbR als Schein-OHG oder -KG	37
4. Keine nachträgliche rückwirkende Beseitigung des zurechenbaren Rechtsscheins	30	2. Grenzen der Rechtsscheinwirkung	
		a) Wahlrecht des Vertrauenden	42
IV. Gutgläubigkeit des Geschäftsgegners		b) Rechtsschein und zwingende gesetzliche Schutzvorschriften	43
1. Voraussetzungen	31	c) Beschränkungen der Geschäftsfähigkeit	46
2. Unterlassen der Einsicht in das Handelsregister	32	d) Grenzen in persönlicher Hinsicht	47
V. Ursächlichkeit des Rechtsscheins	33	e) Grenzen in sachlicher Hinsicht	48
		f) Grenzen in zeitlicher Hinsicht	49

Schrifttum: S. die Hinweise vor § 5.

I. Allgemeines

Bei der Lehre vom Scheinkaufmann geht es um die Frage, in welchen Fällen sich Personen, die im Geschäftsverkehr als Kaufleute auftreten, auch über §§ 5, 15 hinaus zugunsten gutgläubiger Dritter, die auf die Kaufmannseigenschaft dieser Personen vertrauen, als Kaufleute behandeln lassen müssen. Voraussetzungen, Rechtsfolgen und dogmatische Rechtfertigung dieser Lehre sind nicht in allen Einzelheiten geklärt. Ungeachtet dessen kann jedoch für die rechtsanwendende Praxis heute folgender rechtlicher Grundsatz als weitgehend gesichert gelten: Wer in zurechenbarer Weise den Anschein erweckt, Kaufmann oder – insbesondere persönlich haftender – Gesellschafter einer Personengesellschaft zu sein, muss sich zugunsten eines gutgläubigen Dritten, der diesem Schein vertraut und sich durch ihn in seinem Verhalten hat bestimmen lassen, nach Maßgabe des geschaffenen Scheins behandeln lassen[1]. Die dogmatische Begründung wird heute überwiegend in dem allgemeinen Grundsatz vom **schutzwürdigen Vertrauen auf einen zurechenbar geschaffenen Rechtsschein**[2] gesehen, innerhalb dessen die Verantwortung für den Rechtsschein, Kaufmann zu sein, nur einen Sonderfall darstellt. Da

1

---

[1] So jedenfalls im Ergebnis, z.T. mit Abweichungen in der Formulierung, z.T. unter Verzicht auf eine zusammenfassende Formulierung des Tatbestands *Ebenroth/Boujong/Joost/Strohn/Kindler*, § 5 Rn. 50; *Staub/Brüggemann*, Anh. § 5 Rn. 15 ff.; *Canaris*, HR, § 6 Rn. 8; *Baumbach/Hopt*, § 5 Rn. 9 ff.; *Heymann/Emmerich* § 5 Rn. 15; *Koller/Roth/Morck*, § 15 Rn. 36; s. auch *K. Schmidt*, HR § 10 VIII. S. 323 ff. und in MünchKommHGB, Anh. § 5 Rn. 1 ff., 3, 16 ff., der allerdings – zu Recht – vor einer unkontrollierten Anwendung dieses Rechtsinstituts warnt.
[2] *Staub/Brüggemann*, Anh. § 5 Rn. 14 ff.; *Baumbach/Hopt*, § 5 Rn. 9; *Ebenroth/Boujong/Joost/Strohn/Kindler*, § 5 Rn. 50; *Koller/Roth/Morck*, § 15 Rn. 39; Münch-

der Anschein, Kaufmann zu sein, vor allem durch eine entsprechende Eintragung gesetzt werden kann, war früher die wichtigste Ausprägung dieses Grundsatzes für die Geltung als Kaufmann, aber auch für alle anderen in das Handelsregister einzutragenden Rechtsverhältnisse wirklicher oder scheinbarer Kaufleute der Satz, wer in seinen Angelegenheiten eine Eintragung ins Handelsregister veranlasse oder eine solche ihm bekannte unrichtige Eintragung bestehen lasse, müsse sie zugunsten gutgläubiger Dritter, die ihr Verhalten im Vertrauen auf die Richtigkeit dieser Eintragung eingerichtet hätten, als richtig gegen sich gelten lassen. Dieser Satz hat seine Bedeutung zum großen Teil verloren, seitdem der Gesetzgeber mit Wirkung vom 1.9.1969[1] in Gestalt des jetzigen § 15 Abs. 3 auch eine positive Publizität des Handelsregisters eingeführt hat, nach der gutgläubige Dritte positiv auf die Richtigkeit der Bekanntmachung einer in das Handelsregister einzutragenden Tatsache vertrauen dürfen. Die – ungeschriebene – Regel über den Scheinkaufmann hat damit für den Rechtsschein, der durch unrichtige Eintragung ins Handelsregister geschaffen wird, Bedeutung im Wesentlichen nur noch für diejenigen Fallgruppen, in denen das Vertrauen auf eine unrichtige Registereintragung unabhängig von der Bekanntmachung möglich ist (z.B.: die Bekanntmachung ist unterblieben; die unrichtig eingetragene Tatsache wird richtig bekannt gemacht; Eintragung und Bekanntmachung sind beide, aber jeweils in anderer Beziehung, unrichtig); vgl. zu diesem Fragenkreis näher bei § 15. Die eigentliche Bedeutung der Grundsätze über den Rechtsscheinskaufmann liegt deshalb heute bei den Fällen, in denen der irreführende Schein der Kaufmannseigenschaft nicht durch eine Eintragung im Handelsregister, sondern durch Umstände außerhalb des Handelsregisters, insbes. durch das Auftreten einer Person im Geschäftsverkehr, hervorgerufen wird.

II. Rechtsscheinstatbestände

1. Scheinkaufleute

2 Voraussetzung für die Behandlung einer Person als Scheinkaufmann ist es, dass sie im Geschäftsverkehr den Anschein erweckt hat, Kaufmann zu sein, dass dieser Anschein ihr zurechenbar ist, dass ein Dritter gutgläubig auf diesen Anschein vertraut und sich in seinem geschäftlichen Verhalten auf ihn verlassen hat. Dies bedeutet im Einzelnen:

a) Der Grundsatz

3 Grundlage des Rechtsscheins kann jeder Tatbestand sein, der geeignet ist, bei anderen das Vertrauen zu erwecken, sie hätten es mit einem **Kaufmann** zu tun. Beispiele sind: Erwecken des Anscheins, ein Unternehmen zu betreiben, wo keins vorhanden ist[2], (was allerdings die weitere Frage, ob der Betrei-

---

KommHGB/K. Schmidt, Anh. § 5 Rn. 2 f.; *Canaris*, HR, § 6 Rn. 8; *Canaris*, Vertrauenshaftung, S. 180 ff.
1 Gesetz v. 15.8.1969 (BGBl. I 1146); in Kraft seit dem 1.9.1969.
2 Vgl. etwa BGH v. 22.12.2004 – VIII ZR 91/04, NJW 2005, 1045.

ber dieses Unternehmens auch Kaufmann ist, zunächst offen lässt), des Vorliegens eines gewerblichen Unternehmens, wo eine freiberufliche oder nur gelegentliche oder nur auf Kapitalanlage gerichtete Tätigkeit ausgeübt wird, das Bestehen eines großkaufmännischen Unternehmens (i.S. von § 1 Abs. 2), wo in Wahrheit lediglich ein Kleingewerbe betrieben wird.

Der Rechtsscheinstatbestand kann auch darin bestehen, dass der Eindruck einer **Gesellschafterstellung in einer Handelsgesellschaft** hervorgerufen wird, die **nicht oder nicht so besteht**. Die Unrichtigkeit des Scheins kann insbes. darauf beruhen, dass die Gesellschaft überhaupt nicht existiert[1], ferner darauf, dass sie zwar besteht, aber in Wahrheit nur GbR ist[2] oder im Falle des Bestehens einer Handelsgesellschaft, dass der Scheingesellschafter ihr nicht oder doch jedenfalls nicht in der Stellung, auf die sein Auftreten schließen lässt, d.h. insbes. nicht als persönlich haftender Gesellschafter, angehört[3]. Zur Zeichnung der Firma einer Kapitalgesellschaft ohne den vorgeschriebenen Zusatz der Gesellschaftsform sowie zur Führung einer gegen § 19 Abs. 2 verstoßenden Gesellschaftsfirma einer OHG oder KG s. unten Rn. 20 ff. Nicht nach Rechtsscheinsgrundsätzen, sondern nach den Grundsätzen über die fehlerhafte, aber in Vollzug gesetzte Gesellschaft richten sich dagegen die Fälle, dass der Gesellschaftsvertrag zwar besteht, dass aber dieser Vertrag oder der Vertrag, durch den der betreffende Gesellschafter der Gesellschaft beigetreten ist, unwirksam ist[4], s. dazu bei § 105.

4

Auf welche Art und Weise der den objektiven Verhältnissen nicht entsprechende Anschein hervorgerufen wird, ist grundsätzlich unerheblich. In Betracht kommt jede **verbale und nicht verbale (konkludente) Verhaltensweise**, die unter den konkreten Umständen geeignet ist, in dem anderen, der mit dem Scheinkaufmann im geschäftlichen Verkehr in Berührung kommt, die irrige Vorstellung hervorzurufen, er habe es mit dem (Mit-)Inhaber eines kaufmännischen Unternehmens zu tun. Letztlich kommt hier nahezu alles auf die speziellen Umstände des konkreten Einzelfalles an. Bei der Annahme von Sachverhalten, die den Rechtsscheinstatbestand des Scheinkaufmanns begründen, ist jedoch äußerste Zurückhaltung geboten, da die meisten Verhaltensweisen keinen hinreichenden Anlass zur Annahme gerade der Kaufmannseigenschaft i.S.des HGB geben[5].

5

---

1 Vgl. BGH v. 11.3.1955 – I ZR 82/53, BGHZ 17, 13; BGH v. 7.10.1960 – VI ZR 101/59, WM 1960, 1326, 1329 f.
2 BGH v. 25.6.1973 – II ZR 133/70, BGHZ 61, 59; BGH v. 26.11.1979 – II ZR 256/78, NJW 1980, 784.
3 Vgl. BGH v. 22.1.1970 – VII ZR 37/68, WM 1970, 665.
4 Wohl h.M., vgl. insbes. MünchKommHGB/*K. Schmidt*, Anh. § 5 Rn. 9; *Koller/Roth/Morck*§ 15 Rn. 40; *Canaris*, HR, § 6 Rn. 35 m.Nachw. auch zu abweichenden Ansichten.
5 Ganz krit. bis ablehnend gegenüber den im Text in Rn. 3–5 behandelten Sachverhalten: *v. Olshausen*, FS Raisch, 1995, S. 147, 155 ff.; für erhebliche Anforderungen an die Eindeutigkeit und Verlässlichkeit des Rechtsscheinstatbestandes auch *K. Schmidt*, HR, § 10 VIII. S. 323 ff. und in MünchKommHGB, Anh. § 5 Rn. 4, der zutreffend bemerkt, dass sich eine zurückhaltende Betrachtung allmählich durchsetzt.

b) Verursachung durch konkrete Verhaltensweisen

6 So sah ein Teil des älteren Schrifttums in der **Benutzung von Briefbögen**, die durch ihre Aufmachung (Angabe von Bankverbindungen, Telegrammadressen, Telexverbindungen, Telefaxanschlüssen, Hinweise auf Betrieb mehrerer Filialen) das Vorhandensein eines größeren Unternehmens suggerieren, eine Grundlage für die Annahme eines kaufmännischen Betriebes[1]. Da solche Verhaltensweisen jedoch auch Nichtkaufleuten offen stehen, vermögen sie für sich allein auf keinen Fall den Rechtsschein der Kaufmannseigenschaft zu begründen[2]. Anders kann es sich bei Hinzutreten weiterer Umstände verhalten. Es kommt letztlich allein auf das Gesamtgepräge an.

c) Verursachung durch Verwendung kaufmännischer Einrichtungen

7 Anders verhält es sich bei Verwendung von Einrichtungen, welche die Rechtsordnung Kaufleuten vorbehält; das gilt etwa, da **Prokura** nur von einem Kaufmann erteilt werden kann, in Bezug auf das Auftretenlassen eines Prokuristen oder das Erwecken des Scheins des Vorhandenseins eines solchen, indem man einen Angestellten mit „ppa" unterzeichnen lässt[3]. Der Zusatz „i.V." oder „i.A." genügt dagegen sicher nicht: Er ist auch im nichtkaufmännischen Bereich weit verbreitet. Entsprechendes gilt für eine **Eintragung im Branchenfernsprechbuch**[4]: Sie steht auch Nichtkaufleuten offen und ist unter den heute gegebenen Verhältnissen sogar sehr häufig. Es kommt deshalb allein darauf an, ob die Aufmachung den Anschein eines kaufmännischen Unternehmens hervorrufen muss. Teilnahme am **Wechselverkehr** genügt für sich allein ebenfalls nicht: Sie ist heute weder tatsächlich noch rechtlich Kaufleuten vorbehalten. Ebenso wenig reicht es aus, dass jemand von seiner „Firma" oder seiner „Firmenadresse" spricht; der allgemeine Sprachgebrauch ist häufig nicht so genau wie das Gesetz[5]; zur Bezeichnung als „Diplom-Kaufmann" unten Rn. 13.

8 Nicht mehr zweifelhaft sollte ferner sein, dass auch das Vorhandensein eines **Geschäftsbetriebs mit kaufmännischer Organisation** nicht ausreicht[6]. Das Vorhandensein eines solchen Geschäftsbetriebes kann zwar bei Außen-

---

[1] Vgl. etwa *Staub/Brüggemann*, Anh. § 5 Rn. 21; *Schlegelberger/Hildebrandt/Steckhan*, § 5 Rn. 13; s. auch die Beispiele bei *Brox/Henssler*, HR, Rn. 64.
[2] Inzwischen wohl h.M., s. *Canaris*, HR, § 6 Rn. 17; *Koller/Roth/Morck*, § 15 Rn. 48; *Baumbach/Hopt*, § 5 Rn. 10; MünchKommHGB/*K. Schmidt*, Anh. § 5 Rn. 20 *Nickel*, JA 1980, 573.
[3] *Staub/Brüggemann*, § 5 Rn. 21; *Canaris*, HR, § 6 Rn. 16; *K. Schmidt*, HR, § 10 VIII.3. S. 328 und in MünchKommHGB, Anh. § 5 Rn. 18; *Baumbach/Hopt*, § 5 Rn. 10; *Koller/Roth/Morck*, § 15 Rn. 46; MünchKommHGB/*Lieb*, § 15 Rn. 89.
[4] Zweifelnd unter Hinweis auf die von *Limbach*, ZHR 134 (1970), 315 empfohlene differenzierende Betrachtung: *Staub/Brüggemann*, § 5 Rn. 21; wie im Text das in Fn. 2 aufgeführte Schrifttum sowie *K. Schmidt*, HR, § 10 VIII.3., S. 328.
[5] *K. Schmidt*, HR, § 10 VIII 3.a)aa), S. 328.
[6] Dafür wohl *Nickel*, JA 1980, 572; *Limbach*, ZHR 134 (1970), 310 f. und *Hofmann*, HR, B. IV.2.a), wie im Text aber *Canaris*, HR, § 6 Rn. 17 a.E.; MünchKommHGB/ *K. Schmidt*, Anh. § 5 Rn. 19; *Koller/Roth/Morck*, § 15 Rn. 49; wohl auch *Baumbach/Hopt*, § 5 Rn. 10.

stehenden den Schluss auf eine Größenordnung des Unternehmens nahelegen, die eine Organisation i.S. des § 1 Abs. 2 erforderlich macht. Soll aber wirklich jeder, der sein Unternehmen, vielleicht in der noch ungesicherten Hoffnung auf einen künftigen Aufschwung in eine vollkäufmännische Größenordnung, perfekt organisiert hat, jeden potentiellen Geschäftspartner über seine wirklichen Verhältnisse aufklären müssen, um nicht trotz fehlender Handelsregistereintragung als Scheinkaufmann behandelt zu werden? Infolgedessen vermag das Vorhandensein eines in kaufmännischer Weise eingerichteten Geschäftsbetriebs den Rechtsschein der Kaufmannseigenschaft nur dann zu begründen, wenn weitere aussagekräftige, auf einen großgewerblichen Unternehmer hinweisende Umstände vorliegen.

d) Verursachung durch Führen einer Firma oder kaufmännischer Firmenzusätze

Grundlage des Rechtsscheins der Kaufmannseigenschaft kann im Grundsatz auch das **Führen einer Firma** sein, da eine solche nur Kaufleuten zusteht. Bei der Annahme der Scheinkaufsmanneigenschaft wegen Firmenführung ist jedoch Vorsicht geboten: es muss sich wirklich *eindeutig* um eine kaufmännische Firma handeln. Auf keinen Fall darf als Scheinkaufmann behandelt werden, wer für sein Unternehmen eine Geschäftsbezeichnung führt, wie sie auch bei Nichtkaufleuten vorkommt. Wenn darüber bei vernünftiger Betrachtung auch nur Meinungsverschiedenheiten bestehen können, muss die Annahme eines Scheinkaufmanns infolge Firmenführung ausscheiden. 9

Da das heutige Recht den Inhaber des Unternehmens anders als das frühere Recht (§ 18 Abs. 1 a.F.) nicht mehr an eine (wenn auch u.U. abgeleitete) Personenfirma bindet, sondern ihm bei der Wahl seiner Firma weitgehende Gestaltungsfreiheit einräumt, die Firma also insbesondere auch dem Gegenstand des Unternehmens entnommen oder sogar reine Fantasiefirma sein kann (§ 18, s. dort), ist eine Unterscheidung einer kaufmännischen Firma von den Geschäfts- oder Etablissementsbezeichnungen nicht kaufmännischer Unternehmen praktisch kaum mehr möglich. Die frühere, ohnehin viel zu enge und teilweise auch widersprüchliche Rechtsprechung, die zu Lasten nicht kaufmännischer Unternehmer eine zur Täuschung des Rechtsverkehrs geeignete unzulässige Führung einer kaufmännischen Firma annahm (s. dazu 1. Aufl. Anh. § 5 Rn. 9 und § 4 Rn. 16 ff.), ist damit überholt und zur Begründung einer „Scheinkaufmannschaft" nicht (mehr) geeignet[1]. Aber selbst eine auch nach geltendem Recht – etwa im Hinblick auf § 22 (Fortführung einer Namensfirma mit oder ohne Nachfolgezusatz) – weiterhin unzulässige Bildung der Geschäftsbezeichnung kann die Anwendung der Rechtsfigur des Scheinkaufmanns nicht rechtfertigen, wenn der Verkehr daraus nicht wirklich eindeutig auf die Kaufmannseigenschaft des Unternehmensinhabers schließt. Die Annahme einer „Scheinkaufmannschaft" wegen 10

---

1 Wie hier jetzt auch *Koller/Roth/Morck*, § 15 Rn. 47; ebenso MünchKommHGB/ *K. Schmidt*, Anh. § 5 Rn. 19; *Baumbach/Hopt*, § 5 Rn. 10.

unzulässiger Firmenführung ist damit nur noch für einen eng begrenzten Kreis von Sachverhalten zu rechtfertigen (s. dazu sogleich Rn. 11).

11 Zur Begründung des Rechtsscheins der Kaufmannseigenschaft geeignet ist zunächst das Führen eines Firmenzusatzes, der gemäß § 19 eintragungspflichtigen oder jedenfalls eingetragenen Unternehmen mit kaufmännischem Status vorbehalten ist und dem Verkehr auch in dieser Funktion geläufig ist.

Das gilt einmal für die Bezeichnung „eingetragener Kaufmann" oder „eingetragene Kauffrau" sowie für ein Kürzel, das als Abkürzung dieser Bezeichnung verstanden werden muss, auch wenn die in § 19 (beispielhaft) aufgeführten Abkürzungen für den Verkehr vielleicht noch gewöhnungsbedürftig sind. Das trifft insbesondere auf die Kurzform „e. K."[1] zu (s. dazu § 1 Rn. 129 f.). Dasselbe gilt aber auch für Zusätze, die das Vorhandensein einer Handelsgesellschaft (Personengesellschaft oder als Formkaufmann geltende Kapitalgesellschaft) vortäuschen, und zwar wiederum unabhängig davon, ob der Zusatz ausgeschrieben oder abgekürzt ist. Wer also Zusätze wie OHG, KG, GmbH oder AG in seiner „Firma" führt, setzt damit in einer zur Täuschung Gutgläubiger geeigneten Weise den Rechtsschein des Vorhandenseins einer Handelsgesellschaft mit Kaufmannseigenschaft[2] (s. dazu auch unten Rn. 23).

12 Kein Firmenzusatz i.S. der Ausführungen oben Rn. 11 und damit nicht zur Setzung des Rechtsscheins geeignet ist dagegen der Zusatz „Diplom-Kaufmann"[3] oder abgekürzt „Dipl.-Kfm.", der nur den erlernten Beruf bezeichnet. Auch die Benutzung des früher als kaufmännisch verstandenen „&" Zeichens in der Geschäftsbezeichnung rechtfertigt heute nicht mehr den Schluss auf die Kaufmannseigenschaft des Geschäftsinhabers[4].

e) Exkurs: Schein-Nichtkaufmann durch Weglassen vorgeschriebener Firmenzusätze?

13 Umgekehrt setzt das Weglassen eines gesetzlich vorgeschriebenen Firmenzusatzes (§ 19) nicht etwa den Rechtsschein, jemand sei „Schein-Nichtkaufmann"[5]. Die Weglassung des Zusatzes kommt in der Praxis so häufig vor, dass sie schon deshalb nicht das Vertrauen darauf rechtfertigen könnte, der Betreffende sei nicht Kaufmann. Nach richtiger Auffassung (§ 1 Rn. 129) ist die Firmierung als „eingetragener Kaufmann" (oder der weiblichen Entspre-

---

[1] H.M., *Canaris*, HR, § 6 Rn. 13; *K. Schmidt*, HR, § 10 VIII. 3.a)aa), S. 329; *Koller/Roth/Morck*, § 15 Rn. 45, 47; *Baumbach/Hopt*, § 1 Rn. 10; MünchKommHGB/*K. Schmidt*, Anh. § 5 Rn. 18; *Ebenroth/Boujong/Joost/Strohn/Kindler*, § 5 Rn. 74.
[2] So schon die Rspr. zum früheren Recht, s. etwa BGH v. 25.6.1973 – II ZR 133/70, BGHZ 61, 59: Firmierung einer GbR als GmbH & Co. KG; ähnlich BGH v. 26.11.1979 – II ZR 256/78, NJW 1980, 784: Auftreten einer GbR als „J. & Co. KG"; h.M.
[3] *Koller/Roth/Morck*, § 15 Rn. 45; *Canaris*, HR, § 6 Rn. 11.
[4] *K. Schmidt*, HR, § 10 VIII. 3.a)aa), S. 328 f.
[5] So zutreffend *Canaris*, HR, § 6 Rn. 15 und 19 gegen *Koller/Roth/Morck*, § 15 Rn. 47; eher wie dieser aber *Baumbach/Hopt*, § 5 Rn. 10.

chung), „e. K." oder einer ähnlichen auf eine Handelsregistereintragung hinweisenden Bezeichnung vor der Eintragung trotz bestehender Kaufmannseigenschaft nach § 1 sogar unzulässig. Wer allerdings eindeutig als Nichtkaufmann auftritt (etwa durch Führung des Zusatzes „GbR"), kann wegen des darin liegenden Widerspruchs zu seinem bisherigen Verhalten nicht damit gehört werden, wenn er später zu seinem eigenen Vorteil Kaufmannseigenschaft für sich in Anspruch nehmen will[1].

f) Verursachung durch irreführende Angaben in der Firma

Der Rechtsschein eines kaufmännischen Unternehmens kann ferner dadurch begründet werden, dass die „Firma" entgegen § 18 Abs. 2 zur Irreführung über die geschäftlichen Verhältnisse des Unternehmens geeignete Angaben enthält, die den Schluss auf die Kaufmannseigenschaft nach § 1 Abs. 2 aufdrängen, so etwa, wenn eine kleingewerbliche Werkstatt als „Schuhfabrik" firmiert[2].

g) Behauptung der Kaufmannseigenschaft

Nicht zweifelhaft sollte es sein, dass der Anschein, Kaufmann zu sein, auch dadurch hervorgerufen werden kann, dass man sich selbst so **bezeichnet**. Die Angabe muss allerdings in sich schlüssig und plausibel sein[3] und erkennen lassen, dass damit wirklich eine Kaufmannseigenschaft i.S. der §§ 1 ff. behauptet werden soll[4]. Maßstab darf dafür allerdings nur der allgemeine Verkehr sein. Rechtskenntnisse dürfen nicht vorausgesetzt werden. Die Behauptung eines Architekten, er sei Kaufmann, ist deshalb nicht von vornherein ungeeignet, den Rechtsschein zu begründen[5]. Ob sich der Geschäftsgegner auf eine solche Behauptung im Einzelfall verlassen kann, ist nicht eine Frage des Rechtsscheinstatbestandes, sondern gehört in die Prüfung, ob der Geschäftsgegner einer solchen Angabe ohne Überprüfung vertrauen darf (dazu unten Rn. 31 f.).

2. Scheininhaber kaufmännischer Unternehmen, Scheingesellschafter und Schein-Handelsgesellschaften

a) Beispiele aus der Praxis

Ähnliche Grundsätze wie für den Anschein einer in Wahrheit nicht bestehenden Handelsgesellschaft (für unberechtigte Führung der Zusätze OHG oder KG s. schon oben Rn. 11) gelten auch dann, wenn der **Rechtsschein** darin besteht, dass der Eindruck **einer in Wahrheit nicht bestehenden Gesell-**

---

1 So LG Freiburg v. 24.9.1998 – 12 S 3/98, NJW-RR 1999, 1505.
2 *Canaris*, HR, § 6 Rn. 14; MünchKommHGB/*K. Schmidt*, Anh. § 5 Rn. 18.
3 So zutr. *Canaris*, HR, § 6 Rn. 12, gegen *Limbach*, ZHR 134 (1970), 302.
4 Wenn MünchKommHGB/*K. Schmidt*, Anh. § 5 Rn. 20 ausführt, die „untechnische" Verwendung der Berufsbezeichnung „Kaufmann" begründe keinen Rechtsscheintatbestand, so steht dies durchaus im Einklang mit der hier vertretenen Ansicht.
5 Zutreffend *Canaris*, HR, § 6 Rn. 12.

schafterstellung in einer Handelsgesellschaft** hervorgerufen wird. Dies kann zunächst völlig unabhängig von der Zulässigkeit oder Unzulässigkeit der verwendeten Firma geschehen. Beispiele aus der Rechtsprechung: Der im Unternehmen seiner Frau mitarbeitende Ehemann gibt sich gegenüber Kunden als Teilhaber aus[1]; Rundschreiben an die Gläubiger des Unternehmens, man sei persönlich haftender Gesellschafter einer das Unternehmen künftig betreibenden – in Wahrheit erst noch zu gründenden – KG[2]; Benutzung eines Firmenbogens mit dem Aufdruck „H. Gr., Inhaber der Fa. H. Gr. KG" durch den Kommanditisten und Gesellschafter-Geschäftsführer der Komplementär-GmbH & Co. KG, wodurch mindestens der Anschein hervorgerufen wird, der „Inhaber" sei persönlich haftender Gesellschafter[3].

b) Namensverwendung in der Firma

17   Der Rechtsschein einer Gesellschafterstellung kann ferner, und zwar auch nach der Handelsrechtsreform von 1998, dadurch hervorgerufen werden, dass jemand die Aufnahme seines Namens in die Firma der Gesellschaft duldet. Die Liberalisierung des Firmenrechts und die Abschaffung des § 19 Abs. 4 a.F. (Verbot der Aufnahme des Namens anderer Personen als der persönlich haftenden Gesellschafter in die Firma einer OHG oder KG) darf nicht dahin gehend missverstanden werden, dass nunmehr völlig nach Belieben auch die Namen von Personen zur Firmenbildung benutzt werden dürfen, die mit der Gesellschaft überhaupt nichts zu tun haben. Eine solche Firmenbildung ist als Verstoß gegen das Irreführungsverbot des § 18 Abs. 2 auch nach neuem Recht unzulässig. Der Gegenschluss aus dem Fehlen einer § 2 Abs. 1 S. 3 PartGG (Verbot der Aufnahme des Namens anderer Personen als der Partner in die Bezeichnung einer solchen Gesellschaft) entsprechenden Bestimmung im HGB wäre unbegründet. Verhielte es sich anders, so wären die in §§ 21, 22 und 24 getroffenen Regelungen, welche unter bestimmten Voraussetzungen die Fortführung des Namens des Geschäftsinhabers oder Gesellschafters, der diesen Namen nicht mehr führt oder ausgeschieden ist, gestattet, sinnlos und geradezu irreführend.

18   Gleichwohl ist bei der Annahme der Begründung des Rechtsscheins der Gesellschafterstellung einer Person wegen Vorhandenseins ihres Namens in der Firma schon deshalb Zurückhaltung geboten, weil mit der Liberalisierung des Firmenrechts durch das HRefG jedenfalls eine Lockerung der früheren strengen Regelung (§§ 18, 19 a.F.) verbunden ist, deren Ausmaß und Konsequenzen bisher noch nicht ausdiskutiert sind. Das gilt vor allem für die Zulässigkeit der Firmierung mit dem Namen von Personen, die zwar nicht Geschäftsinhaber oder persönlich haftende Gesellschafter sind, wohl aber dem Unternehmen, wie Kommanditisten oder Treugeber, eng verbunden sind (s. dazu die Erläuterungen zu § 18). Unabhängig davon kennt das Gesetz jedenfalls von jeher die Fortführung einer Firma, die den Namen des ausgeschiedenen Geschäftsinhabers oder Gesellschafters enthält (§§ 22, 24).

---

1 BGH v. 11.3.1955 – I ZR 82/53, BGHZ 17, 13.
2 BGH v. 7.10.1960 – VI ZR 101/59, WM 1960, 1326, 1329 f.
3 BGH v. 22.1.1970 – VII ZR 37/68, WM 1970, 665.

Schon allein im Hinblick auf die Möglichkeit des Vorliegens einer dieser Sachverhalte ist ein uneingeschränktes Vertrauen auf die Stellung als persönlich haftender Gesellschafter einer Person, das sich ausschließlich auf das Vorkommen ihres Namens in der Firma gründet, nicht ohne Hinzutreten weiterer Indizien gerechtfertigt. Gleichwohl wird man in den Fällen einer dem Namensträger zurechenbaren Benutzung des Namens einer Person, die mit dem Unternehmen überhaupt nichts zu tun hat, in einer Weise, die als Hinweis auf eine Gesellschafterstellung des Namensträgers verstanden werden muss[1], eine bewusste, wenn nicht sogar gezielte Irreführung der Öffentlichkeit sehen dürfen, die eine zumindest rechtsscheinsähnliche, in ihrer Rechtsfolge nicht auf die Verpflichtung zum Ersatz des negativen Interesses beschränkte Vertrauenshaftung auslösen kann, vgl. dazu auch die unter Rn. 20 behandelte Fallkonstellation.

In allen anderen Fällen ist das Vorkommen des Namens einer Person in der Firma nicht mehr als ein wichtiges Indiz für die Stellung als Geschäftsinhaber oder persönlich haftender Gesellschafter, das aber ohne Hinzutreten weiterer in dieselbe Richtung weisender Umstände für sich allein nicht zur Begründung einer Rechtsscheinshaftung ausreicht[2]. Diese – vorläufige – rechtliche Bedeutung kann sich nach eindeutiger Klärung der Zulässigkeit oder Unzulässigkeit der Firmenbildung mit Namen nicht persönlich haftender Personen (Rn. 18) ändern; s. zu diesem Fragenkreis näher die Erläuterungen zu § 18.

c) Weglassung Haftungsbeschränkungen bezeichnender Zusätze; Rechtsfolgen

Die Handelsrechtsreform von 1998 hat zu Zweifeln geführt, ob und mit welchen Folgen auch die Weglassung eines die Haftungsbeschränkung kenntlich machenden Rechtsformzusatzes weiterhin zur Begründung eines Rechtsscheins geeignet sein kann[3]. Angesichts des seit der Reform geltenden Grundsatzes der freien Firmenbildung (s. § 18 und die dortigen Erläuterungen sowie § 4 GmbHG und § 4 AktG) i.V.m. dem Gebot der Führung eines Rechtsformzusatzes für alle Firmen (§ 19, §§ 4 GmbHG, 4 AktG) kann sich hinter einer Firma ohne Rechtsformzusatz jeder beliebige Rechtsträger, vom nicht kaufmännischen Gewerbetreibenden bis hin zur Aktiengesellschaft, verbergen. Handelt es sich nicht um einen kleingewerblichen Betrieb, sondern um ein kaufmännisches Unternehmen oder gibt es sich den Anschein eines solchen (oben Rn. 3 ff.), so berechtigt dies anders als nach früherem Recht dennoch nicht zu dem Schluss auf die Rechtsträgerschaft ei-

---

[1] Als Gegenbeispiel s. BGH v. 29.1.2001 – II ZR 331/00, NJW 2001, 1056, 1061; noch enger im Ergebnis *Heidinger*, DB 2005, 815: Grundsätzlich nur wenn der Name einer bekannten Persönlichkeit in ersichtlich irreführender Weise verwendet wird und die Irreführungseignung für das Registergericht ohne weiteres erkennbar ist; Näheres s. bei § 18.
[2] So zutr. *Canaris*, HR, § 6 Rn. 29; zurückhaltend auch *K. Schmidt*, HR, § 5 IV.2.c), S. 135.
[3] Dazu ausführlich *Canaris*, HR, § 6 Rn. 42 ff.

nes Einzelkaufmanns oder einer OHG. Da die Firma bei Bestehen der Kaufmannseigenschaft infolge Fehlens eines Rechtsformzusatzes in jedem Fall unvollständig oder unzulässig ist (bei Einzelkaufleuten nach § 1 Abs. 2 allerdings nur bei Bestehen einer Handelsregistereintragung, § 1 Rn. 129 f.), kann sich hinter ihr auch eine GmbH oder eine AG, also ein Rechtsträger mit auf das Gesellschaftsvermögen beschränkter Haftung verbergen. Gleichwohl wird man weiterhin annehmen dürfen, dass durch die Weglassung eines Firmenzusatzes, der die Rechtsträgerschaft eines beschränkt auf das Gesellschaftsvermögen haftenden Rechtssubjekts kenntlich macht, der Rechtsschein gesetzt wird, dass mindestens eine natürliche Person für die unternehmensbezogenen Verbindlichkeiten persönlich haftet[1]. Dies fordert schon die Warnfunktion des die Haftungsbeschränkung anzeigenden Zusatzes. Lehnt man es aus Gründen rechtsterminologischer Klarheit ab, darin eine echte Rechtsscheinshaftung zu sehen, so handelt es sich jedenfalls um einen Tatbestand der Vertrauenshaftung[2], die wegen ihrer Ähnlichkeit und engen Verwandtschaft zur Rechtsscheinshaftung dieselben Rechtsfolgen wie diese nach sich zieht und nicht auf die Pflicht zum Ersatz des negativen Interesses beschränkt ist[3].

21 Die vorstehenden Grundsätze gelten unabhängig davon, ob die ohne den gesetzlich vorgeschriebenen Rechtsformzusatz geführte Firma Sach- oder Personenfirma ist[4]. Daran hat auch das HRefG nichts geändert[5]. Vielmehr ist gerade umgekehrt die generelle Freigabe der früher Kapitalgesellschaften vorbehaltenen Sachfirma auch für Einzelkaufleute und Personengesellschaften durch die Handelsrechtsreform dazu angetan, auch bei Verwendung einer Sachfirma ohne den vorgeschriebenen, eine Haftungsbeschränkung verlautbarenden Rechtsformzusatz den Eindruck hervorzurufen, dem Vertragspartner hafte zumindest eine Person unbeschränkt mit ihrem Privatvermögen.

22 Daraus ergeben sich unter Berücksichtigung der bisherigen Rechtsprechung folgende **Leitlinien**:

23 **Zeichnet** der Geschäftsführer, Vorstand oder sonstige Vertreter einer Kapitalgesellschaft oder einer GmbH & Co. KG **ohne den bei diesen Gesellschaften vorgeschriebenen Zusatz der Gesellschaftsform** (vgl. § 4 AktG und § 4

---

1 So nachdrücklich *Canaris*, HR, § 6 Rn. 45 f.; offensichtlich zweifelt daran auch K. *Schmidt*, HR, § 5 IV.2.a), S. 133 nicht, der umgekehrt befürchtet, dass auch der Vertreter eines ohne den vorgeschriebenen Zusatz auftretenden Einzelkaufmanns in die Rechtsscheinshaftung geraten könnte.
2 So *Canaris*, HR, § 6 Rn. 48.
3 So auch *Canaris*, HR, § 6 Rn. 49 f., der in diesen Fällen allerdings statt einer gesamtschuldnerischen Haftung neben dem wahren Rechtsträger, s. dazu im Text Rn. 23, auch eine Ausfallhaftung nur des für die falsche Firmierung Verantwortlichen für erwägenswert hält und zudem erwägt, diese Lösung auf alle Fälle inkorrekter Firmierung zu übertragen.
4 BGH v. 1.6.1981 – II ZR 1/81, NJW 1981, 2569.
5 Zweifelnd *Canaris*, HR, § 6 Rn. 58, der deshalb bei Sach- und Fantasiefirmen erhöhte Anforderungen an den guten Glauben des anderen Teils stellen will.

GmbHG sowie § 19 Abs. 2) und erweckt er damit den Eindruck, er sei selbst der dadurch verpflichtete Inhaber der Firma, d.h. des Unternehmens (sog. unternehmensbezogenes Handeln, s. dazu auch bei § 17), so haftet er schon aus diesem Grunde persönlich[1] neben der ebenfalls (Vertretungsmacht vorausgesetzt) aus dem Geschäft verpflichteten Gesellschaft. Hat der andere erkannt, dass er ein Vertreter des Firmeninhabers ist, so haftet er auch dann nach Rechtsscheinsgrundsätzen bei Vorhandensein von Vertretungsmacht (neben dem Firmeninhaber), wenn er das unbegründete Vertrauen hervorgerufen hat, der von ihm selbst verschiedene Inhaber – wer immer das sei – hafte persönlich (Rechtsgedanke aus § 179 BGB)[2]. Entscheidend ist in beiden Fällen allein allein, dass durch die Firmenbezeichnung ohne Formzusatz bei dem Geschäftsgegner das berechtigte Vertrauen hervorgerufen wird, mindestens eine natürliche Person hafte ihm persönlich[3]. Der den Rechtsschein setzende Vertreter haftet als Gesamtschuldner neben dem von ihm vertretenen Unternehmensträger und nicht nur subsidiär. Bei Inspruchnahme des Handelnden ist es also seine Sache, im Innenverhältnis Ausgleich bei dem Unternehmensträger zu suchen[4].

Die Haftung des Handelnden richtet sich in beiden Fällen (Rn. 23) auf den vollen Betrag der eingegangenen Verpflichtung und nicht etwa in entsprechender Anwendung des § 179 Abs. 2 BGB nur auf das negative Interesse[5]. Eine Beschränkung der Haftung auf das negative Interesse (Vertrauensschaden) wäre allenfalls in dem praktisch kaum bedeutsamen Ausnahmefall in Erwägung zu ziehen, dass der Vertreter den Beweis führt, nicht gewusst zu haben, dass durch sein Handeln ohne Hinzufügung des Gesellschaftsformzusatzes der Eindruck unbeschränkter Haftung des von ihm vertretenen Unternehmensträgers hervorgerufen werden kann[6]. 24

---

1 BGH v. 15.1.1990 – II ZR 311/88, NJW 1990, 2678.
2 BGH v. 3.2.1975 – II ZR 128/73, BGHZ 64, 11; BGH v. 1.6.1981 – II ZR 1/81, NJW 1981, 2569; BGH v. 24.6.1991 – II ZR 293/90, NJW 1991, 2628 mit zust. Anm. *Canaris*; BGH v. 8.7.1996 – II ZR 258/95, ZIP 1996, 1511; BGH v. 5.2.2007 – II ZR 84/05, ZIP 2007, 908 in Bespr. *Altmeppen*, ZIP 2007, 889; BGH v. 8.5.1978 – II ZR 97/77, BGHZ 71, 354; gegen Heranziehung des Rechtsgedankens aus § 179 BGB: *Haas*, NJW 1997, 2855 f.; gegen ihn aber wiederum *Canaris*, HR, § 6 Rn. 54; noch weitergehend als dieser *Derleder*, FS Raisch, 1995, S. 42 f.
3 So die st. Rspr. des BGH, vgl. BGH v. 3.2.1975 – II ZR 128/73, BGHZ 64, 11; BGH v. 1.6.1981 – II ZR 1/81, NJW 1981, 2569; BGH v. 24.6.1991 – II ZR 293/90, NJW 1991, 2627; BGH v. 8.7.1996 – II ZR 258/95, ZIP 1996, 1511; BGH v. 18.5.1998 – II ZR 355/95, ZIP 1998, 1223, 1224.
4 BGH v. 15.1.1990 – II ZR 311/88, NJW 1990, 2678 und v. 24.6.1991 – II ZR 293/90, NJW 1991, 2627.
5 BGH v. 24.6.1991 – II ZR 293/90, NJW 1991, 2627 und v. 8.7.1996 – II ZR 258/95, ZIP 1996, 1511; a.A. *Canaris*, NJW 1991, 2628 f. und (abgeschwächt)*Canaris*, HR, § 6 Rn. 55 für nicht organschaftliche Vertreter, weil ein gewöhnlicher Angestellter nicht für die korrekte Firmierung verantwortlich sei.
6 So zutr. *Koller/Roth/Morck*, § 15 Rn. 50.

3. Kein Rechtsschein allein durch mündlichen Firmengebrauch

25 In allen vorstehend erörterten Fällen reicht es zur Begründung eines Rechtsscheinstatbestandes oder einer ihm ähnlichen Vertrauenshaftung nicht aus, dass der auf die Rechtsform hinweisende Rechtsformzusatz nur bei mündlichen oder fernmündlichen Erklärungen weggelassen wird. Die Verwendung der Firma in abgekürzter Form ohne den Rechtsformzusatz ist im mündlichen Verkehr oder am Telefon so weit verbreitet, wenn nicht sogar üblich, dass sein Fehlen keinen Vertrauenstatbestand zu begründen vermag. Eine ausreichende Grundlage für die persönliche Haftung des Vertragspartners (oder mindestens einer natürlichen Person auf der Gegenseite, oben Rn. 20) ist erst dann gegeben, wenn der Zusatz auch im Schriftverkehr, also auf den Briefköpfen, Auftragsformularen etc., fehlt[1]. Etwas anderes kann allenfalls in besonders liegenden Ausnahmefällen in Betracht kommen[2].

4. Verwandte Fälle

26 Im Schrifttum werden ferner als Fälle der Vertrauenshaftung aus veranlasstem Rechtsschein im weiteren Sinne[3] die Sachverhalte ausgeführt, in denen entweder durch die Art der Firmenführung[4] oder bestimmte Verhaltensweisen allgemein im Verkehr oder gegenüber einem bestimmten Vertragspartner der Anschein der Identität mit einem anderen Unternehmen oder der Stellung als Vertragspartner hervorgerufen wird[5]. Die rechtliche Beurteilung dieser Fälle ist weder in der gerichtlichen Praxis noch im Schrifttum einheitlich. Zutreffend dürfte es aber sein, auch sie als Fälle der Haftung für veranlassten Rechtsschein (scheinbare Unternehmensidentität auf Grund Firmenführung, Anschriftengleichheit u.Ä.) oder einer rechtsscheinsähnlichen Vertrauenshaftung auf Grund widersprüchlichen Verhaltens einzuordnen[6]. Zu der Verpflichtung, den Geschäftsgegner über inzwischen eingetretene Veränderungen in den eigenen Verhältnissen aufzuklären, die im Schrifttum

---

1 BGH v. 1.6.1981 – II ZR 1/81, NJW 1981, 2569, 2570; BGB v. 15.1.1990 – II ZR 311/88, NJW 1990, 2678, 2679; BGH v. 8.7.1996 – II ZR 258/95, ZIP 1996, 1511; st. Rspr. und h.M.
2 *K. Schmidt*, HR, § 5 IV.2.a) S. 133 unter Hinweis auf OLG Naumburg v. 20.9.1996 – 6 U 82/96, NJW-RR 1997, 1324.
3 Die systematische Einordnung der Fälle ist im Einzelnen unterschiedlich, vgl. *Canaris*, HR, § 6 Rn. 59 und 83 sowie *K. Schmidt*, HR, § 5 III.1.c), S. 124 ff. und § 5 IV.2.b), S. 134; *Koller/Roth/Morck*, § 15 Rn. 52.
4 OLG Naumburg v. 26.9.1996 – 2 U 151/95, ZIP 1996, 2111; s. auch OLG Frankfurt a.M. v. 20.11.1979 – 5 U 36/79, NJW 1980, 1397; s. dazu *Nickel*, NJW 1981, 102 f.
5 BGH v. 23.10.1986 – VII ZR 195/85, WM 1987, 110 f.; BGH v. 7.12.1989 – VII ZR 130/88, WM 1990, 852 f.; ähnlich auch BGH v. 15.1.1986 – VIII ZR 6/85, WM 1986, 527 f. und v. 13.7.1987 – II ZR 188/86, NJW 1987, 3081 ff.
6 S. dazu im Einzelnen die Sachverhalte der Entscheidungen in den vorstehenden Fn. und die ausführlichen Auseinandersetzungen mit diesen Fallgruppen bei *Canaris*, HR, § 6 Rn. 59 und 83 sowie *K. Schmidt*, HR, § 5 III.1.c), S. 124 ff. und § 5 IV.2.b), S. 134, aber auch BGH v. 20.7.2001 – X ZR 63/99, NJW 2001, 2716 (nur Verschulden bei Vertragsschluss).

teilweise als weitere Gruppe der Veranlassung eines Rechtsscheins aufgefasst wird[1], s. Rn. 32.

III. Zurechenbarkeit des Rechtsscheins

1. Geltung des Veranlassungsprinzips

Der den Rechtsschein begründende Tatbestand muss von demjenigen Unternehmensträger, der als Rechtsscheinskaufmann behandelt werden soll, **veranlasst** worden sein[2]. Ein Verschulden ist dazu nicht erforderlich. Es genügt, dass die rechtsscheinerzeugende Wirkung des in Frage stehenden Verhaltens objektiv voraussehbar ist. Zurechenbarkeit liegt also selbst dann vor, wenn der den Rechtsschein Setzende selbst unverschuldet an die Richtigkeit des Scheins geglaubt hat. Der eigenen Veranlassung steht es gleich, wenn derjenige, der als Scheinkaufmann behandelt werden soll, den von einem anderen hervorgerufenen Rechtsschein **kennt und duldet**, indem er nichts zu dessen Beseitigung unternimmt. Entsprechendes gilt, wenn er den von einem anderen hervorgerufenen Rechtsschein zwar nicht kennt, aber bei pflichtgemäßer Sorgfalt hätte kennen und verhindern können. In diesem Fall ist also ein Verschulden erforderlich[3]. Es gelten dieselben Grundsätze wie bei der Anscheinsvollmacht[4]. Handelsgesellschaften ist (in entsprechender Anwendung von § 31 BGB) das Verhalten ihrer vertretungsberechtigten Organe zuzurechnen. Besteht Gesamtvertretung, so soll es nach Ansicht des BGH[5] jedenfalls bei Zurechnung kraft Duldung auf die Duldung und Kenntnis des oder der weiteren gesamtvertretungsberechtigten Person ankommen.

27

2. Zurechnung bei Handeln Bediensteter

Ein durch (auch vertretungsberechtigte) **Bedienstete des Unternehmens** hervorgerufener Rechtsschein ist dem Unternehmensträger nur zuzurechnen, wenn er oder seine vertretungsberechtigten Organe ihn geduldet oder fahrlässigerweise nicht zu seiner Beseitigung eingeschritten sind[6].

28

---

1 S. etwa *Koller/Roth/Morck*, § 15 Rn. 51; ausführlich *Canaris*, HR, § 6 Rn. 60 ff.
2 H.M., vgl. *K. Schmidt*, HR, § 10 VIII.3.a)bb), S. 329; *Baumbach/Hopt*, § 5 Rn. 11; *Koller/Roth/Morck*, § 15 Rn. 53; MünchKommHGB/*K. Schmidt*, Anh. § 5 Rn. 21; *Staub/Brüggemann*, § 5 Rn. 25 ff.; *Canaris*, HR, § 6 Rn. 20 und 69.
3 H.M., auch hier theoretisch, aber wohl ohne praktische Konsequenzen für das Veranlassungs-(Risiko-)Prinzip *Canaris*, HR, § 6 Rn. 69.
4 Vgl. BGH v. 13.7.1977 – VIII ZR 243/75, WM 1977, 1169, 1170; BGH v. 26.9.1962 – VIII ZR 113/61, NJW 1962, 2196; BGH v. 27.9.1956 – II ZR 178/55, NJW 1956, 1673, jew. m. w. N.
5 BGH v. 16.11.1987 – II ZR 92/87, NJW 1988, 1199.
6 Str.; wie hier *K. Schmidt*, HR, § 10 VIII.3.a)bb), S. 329 und in MünchKommHGB, Anh. § 5 Rn. 21; *Baumbach/Hopt*, § 5 Rn. 11; a.A. *v. Gierke/Sandrock*, § 12 III.2.b), S. 169.

3. Zurechnung bei Geschäftsunfähigkeit und beschränkter Geschäftsfähigkeit

29 Geschäftsunfähigkeit oder beschränkte Geschäftsfähigkeit schließen die Zurechnung des Rechtsscheins zu Lasten dieser Personengruppen unter allen Umständen aus. Der Schutz dieser Personengruppen vor den Gefahren eigenverantwortlichen Verhaltens geht auch hier dem (Verkehrs-)Schutz vor[1] (s. auch unten Rn. 46). Sie muss sich jedoch das Verhalten ihres gesetzlichen Vertreters zurechnen lassen. Geht es darum, den Rechtsschein des Bestehens von Vertretungsmacht dem Vertretenen zuzurechnen, so kommt es für die Zurechenbarkeit hingegen darauf an, ob der Eintritt der Geschäftsunfähigkeit für ihn erkennbar war[2].

4. Keine nachträgliche rückwirkende Beseitigung des zurechenbaren Rechtsscheins

30 Eine nachträgliche rückwirkende Beseitigung des zurechenbaren Rechtsscheins, etwa durch Anfechtung, ist nicht möglich. Die Verursachung eines Rechtsscheins ist keine anfechtbare Willenserklärung[3].

IV. Gutgläubigkeit des Geschäftsgegners

1. Voraussetzungen

31 Die Gutgläubigkeit des Geschäftsgegners muss sich auf die Richtigkeit des Rechtsscheinstatbestandes beziehen. Sie fehlt jedenfalls dann, wenn der andere die wahren Verhältnisse kennt. Ob im Falle der Unkenntnis die Gutgläubigkeit schon bei einfacher oder erst bei grober Fahrlässigkeit entfällt, ist streitig. Ein Teil des Schrifttums nimmt an, dass nur grobfahrlässige Unkenntnis des wahren Sachverhalts den guten Glauben an den Rechtsscheinstatbestand beseitige[4]. Diese Regel ist jedoch zu starr. Es kommt auf die Umstände an. Nach der Rechtsprechung des BGH ist stets abzuwägen, ob es im Einzelfall billiger ist, dem Dritten die Überprüfung der wahren Sachlage zuzumuten oder den Scheinkaufmann an der durch sein Verhalten geschaffenen Situation festzuhalten[5]. Danach wird man dem Geschäftsgegner, da der

---

[1] Wie hier *Canaris*, HR, § 6 Rn. 70; *Koller/Roth/Morck*, § 15 Rn. 54; *Baumbach/Hopt*, § 5 Rn. 11; im Ergebnis wie hier im Text auch – trotz abweichenden theoretischen Ausgangspunkts – auch *K. Schmidt*, HR, § 10 VIII.3.a)bb), S. 329 und in MünchKommHGB, Anh. § 5 Rn. 21.
[2] BGH v. 1.7.1991 – II ZR 292/90, NJW 1991, 2566; krit. dazu *Lutter/Gehling*, JZ 1992, 155.
[3] *Baumbach/Hopt*, § 5 Rn. 11; GK/*Ensthaler*, § 5 Rn. 17; *v. Gierke/Sandrock*, § 12 III.2.a), S. 168; MünchKommHGB/*K. Schmidt*, Anh. § 5 Rn. 21; teilweise anders *Koller/Roth/Morck*, § 15 Rn. 61: Ausschluss der Anfechtung nach § 119 BGB allein aus Gründen gesteigerten Verkehrsschutzes, Anfechtung nach § 123 BGB zulässig; in der Praxis dürfte dieser Anfechtung – anders als der (unzulässigen) Irrtumsanfechtung nach § 119 BGB – allerdings keine große Bedeutung zukommen.
[4] Vgl. *K. Schmidt*, HR, § 10 VIII.3.b), S. 329 f.; s. aber auch MünchKommHGB/*K. Schmidt*, Anh. § 5 Rn. 22; *v. Gierke/Sandrock*, § 12 III.2.b), S. 169.
[5] BGH v. 22.1.1970 – VII ZR 37/68, WM 1970, 665.

Handelsverkehr auf schnelle Entscheidungen angewiesen ist, normalerweise keine Erkundigungen abverlangen können und seine Gutgläubigkeit nur bei **grober Fahrlässigkeit**, d.h. dann verneinen dürfen, wenn sich ein Zweifel an der Kaufmannseigenschaft oder der Gesellschafterstellung des anderen und damit die Notwendigkeit von Erkundigungen geradezu aufdrängt. Dagegen können **erhöhte Anforderungen an die Gutgläubigkeit** gelten, wenn es sich um nicht alltägliche Geschäfte handelt und Umstände vorhanden sind, die eine Prüfung der geschäftlichen Verhältnisse des anderen, wenn auch nicht unbedingt aufdrängen, so doch aber angebracht erscheinen lassen. Ähnliches kann gelten, wenn die Entstehung des Vertrauenstatbestandes schon längere Zeit zurückliegt und die Möglichkeit einer zwischenzeitlichen Veränderung der Verhältnisse des anderen in Rechnung zu stellen ist[1].

2. Unterlassung der Einsicht in das Handelsregister

In denjenigen Fällen, in denen der Geschäftsgegner keinen Anlass hat, Erkundigungen einzuziehen, schadet es seiner Gutgläubigkeit auch nicht, wenn er es unterlässt, das Handelsregister einzusehen. Das gilt nicht nur, wenn das Handelsregister schweigt, sondern auch dann, wenn es die Rechtsverhältnisse des Scheinkaufmanns richtig wiedergibt, insbesondere eine eingetretene Veränderung – etwa ein Erlöschen des Kaufmannsstatus oder eine Umgründung einer Gesellschaft (oder in eine Gesellschaft) – zutreffend verlautbart, solange der Scheinkaufmann nicht den wirklichen Verhältnissen entsprechend auftritt und der andere nicht auf den Gedanken kommen kann, es bedürfe einer Registereinsicht. Im Rahmen einer bestehenden Geschäftsverbindung kann es zur Vermeidung der Rechtsscheinshaftung erforderlich sein, den Geschäftspartner auf eine nach außen nicht deutlich in Erscheinung tretende Änderung der rechtlichen Verhältnisse hinzuweisen[2], s. auch die Erläuterungen zu § 15 und auch schon Rn. 31.

32

---

1 Ähnl. wohl auch *Canaris*, HR, § 6 Rn. 71, der grundsätzlich in Analogie zu §§ 173, 405 BGB auch leichte Fahrlässigkeit genügen lassen will, diese aber zwecks Vermeidung von Überspannungen nur bei Evidenz der wahren Rechtslage und eine Nachforschungsobliegenheit nur bei Vorliegen besonderer Gründe annimmt; ähnlich differenzierend auch *Koller/Roth/Morck*, § 15 Rn. 55 und GK/*Ensthaler*, § 5 Rn. 19; für einen elastischen Maßstab auch *Staub/Brüggemann*, Anh. § 5 Rn. 31: „je überzeugender der Rechtsschein, umso geringerer Anlass, ihm zu misstrauen"; trotz grundsätzlicher Bejahung der Schädlichkeit einfacher Fahrlässigkeit im Ergebnis wegen Fehlens einer Nachforschungspflicht nicht wesentlich anders *Hopt/Hopt*, Anh. § 5 Rn. 12.
2 Vgl. dazu im Einzelnen BGH v. 8.5.1978 – II ZR 97/77, BGHZ 71, 354; BGH v. 8.5.1972 – II ZR 170/69, NJW 1972, 1418; BGH v. 8.7.1976 – II ZR 211/74, WM 1976, 1084; BGH v. 6.10.1977 – II ZR 4/77, WM 1977, 1405; BGH v. 6.4.1987 – II ZR 101/86, NJW 1987, 3124; s. ferner BGH v. 30.11.1978 – II ZR 66/78, WM 1979, 575 (Dauerschuldverhältnis); zum Rechtsschein des Fortbestehens der bisherigen Rechtslage allgemein und ausführlich *Canaris*, HR, § 6 Rn. 60 ff.; s. ferner (ähnl. wie im Text) *Koller/Roth/Morck*, § 15 Rn. 51.

V. Ursächlichkeit des Rechtsscheins

33 Erforderlich ist ferner, dass der Rechtsschein für das Verhalten des Geschäftsgegners ursächlich geworden ist. Der Geschäftsgegner muss durch sein Vertrauen auf die Kaufmannseigenschaft oder die Gesellschafterstellung des anderen zu einem wie auch immer gearteten Verhalten veranlasst worden sein[1]. In diesem Merkmal ist eine **doppelte Voraussetzung** enthalten: Der gute Glaube des Geschäftsgegners an die Kaufmannseigenschaft des Scheinkaufmanns, die Stellung als Geschäftsinhaber, persönlich haftender Gesellschafter, das Vorhandensein mindestens einer persönlich haftenden Person, die Unternehmensidentität etc. muss konkret gerade auf dem diesem zuzurechnenden Rechtsscheinstatbestand beruhen; ferner muss der Geschäftsgegner gerade im **Vertrauen** auf den jeweiligen Rechtsscheinstatbestand zu seinem Verhalten veranlasst worden sein. Dies setzt in aller Regel voraus, dass der Rechtsscheinstatbestand im Zeitpunkt des in Frage stehenden Verhaltens des Geschäftsgegners, bei Vertragsabschlüssen im Zeitpunkt der zum Vertragsabschluss führenden Willenserklärung des Geschäftsgegners, noch bestanden hat und der Geschäftsgegner die den Rechtsschein begründenden Tatsachen gekannt hat; h.M. Für eine solche Tatsachenkenntnis des Geschäftsgegners reicht es jedoch z.B. aus, dass ihm Dritte die auf den zurechenbar gesetzten Rechtsschein zurückgehende allgemeine Überzeugung von der Kaufmannseigenschaft des anderen mitteilen[2]. Überhaupt dürfen die Anforderungen an die Kausalität nicht überspannt werden. Nimmt z.B. jemand von einem als KG zeichnenden Unternehmen Wechselakzepte entgegen, so ist ohne weiteres davon auszugehen, dass er darauf vertraut, dass dieses ihm so wie es gezeichnet hat, d.h. als KG, haftet, sowie dass er in Kenntnis der wahren Sachlage (der Unternehmensträger war nur GbR) die Wechsel nicht entgegengenommen hätte[3]. Bei typischen Fällen wird sich ein Einzelnachweis der Kausalität häufig erübrigen, vgl. dazu näher unten Rn. 34 bei der Beweislast. Dagegen konnte es an der Kausalität z.B. fehlen, wenn jemand, der als „persönlich haftender Gesellschafter" in eine schon vorher infolge Geschäftsaufgabe zur GbR gewordene Schein-KG eintrat, für bereits vor seinem Eintritt begründete Betriebsrentenansprüche haften sollte[4].

---

[1] H.M.; zweifelnd an der Echtheit dieses Kausalitätsmerkmals v. Olshausen, FS Raisch, 1995, S. 147, 158 ff.

[2] Baumbach/Hopt, § 5 Rn. 13; ebenso BGH v. 28.3.1962 – VIII ZR 187/60, NJW 1962, 1003 für den ähnl. liegenden Fall einer Anscheinsvollmacht.

[3] BGH v. 25.6.1973 – II ZR 133/70, BGHZ 61, 59; vgl. dazu auch K. Schmidt, HR, § 10 VIII.3.b)bb), S. 330; K. Schmidt, JZ 1974, 219 sowie Canaris, NJW 1974, 455 (weitergehend überhaupt für Umkehr der Beweislast), vgl. dazu auch Rn. 34 a.E.; s. jetzt aber auch BGH v. 15.7.1997 – XI ZR 154/96, BGHZ 136, 254: Scheckfähigkeit (und damit auch Wechselfähigkeit) auch der GbR; vgl. auch § 5 Rn. 29 mit Fn. und unten Rn. 41.

[4] BAG v. 17.2.1987 – 3 AZR 197/85, NJW 1988, 222; s. aber auch BGH v. 29.1.2001 – II ZR 331/00, ZIP 2001, 330 (Annäherung der Haftungsverhältnisse von GbR und Handelsgesellschaften).

VI. Beweislastfragen

Die Darlegungs- und Beweislast für das Vorliegen der Merkmale, aus denen sich die Haftung als Scheinkaufmann (oder Scheingesellschafter) ergeben soll, trägt derjenige, der sich **auf den Rechtsschein beruft**. Dies gilt uneingeschränkt aber nur für den Rechtsscheinstatbestand. Im Hinblick auf die Zurechenbarkeit ist darauf zu achten, dass der Gegner des Scheinkaufmanns nicht mit der Darlegung und dem Beweis von Umständen überfordert wird, die sich seiner Kenntnis entziehen, weil sie in der innerbetrieblichen Sphäre des Scheinkaufmanns liegen. Ist die Gutgläubigkeit streitig, so wird man häufig von dem Scheinkaufmann die Darlegung konkreter Umstände verlangen müssen, aus denen sich ergeben soll, dass es dem Geschäftsgegner an der erforderlichen Gutgläubigkeit (Rn. 31 f.) mangelte. Erst dann ist es Aufgabe des Geschäftsgegners zu beweisen, dass er diese Umstände weder kannte noch kennen konnte. Auch die Anforderungen an den Beweis der Kausalität dürfen nicht überspannt werden. Vor allem bei krass liegenden „starken"[1] oder typischen Rechtsscheinstatbeständen wird es häufig nach den Erfahrungen des täglichen Lebens nahe liegen anzunehmen, dass das Geschäft im Vertrauen auf den Rechtsschein zustande gekommen ist[2] mit der Folge, dass eine tatsächliche Vermutung für die Ursächlichkeit des Rechtsscheinstatbestandes für das Verhalten des Geschäftsgegners spricht[3]. Beruht der Rechtsschein auf einem Verstoß gegen ein gesetzliches Offenbarungsgebot, wie etwa der Pflicht zur Hinzufügung des Gesellschaftszusatzes nach § 4 GmbHG und § 4 AktG oder § 19, so soll es nach der Rspr. des BGH überhaupt Sache des für den Rechtsschein Verantwortlichen sein, darzulegen und zu beweisen, dass der Vertragsgegner die wahren Verhältnisse kannte oder kennen musste oder im konkreten Fall nicht im Vertrauen auf den Rechtsschein gehandelt hat[4]. Im Schrifttum wird eine solche Umkehr der Beweislast z.T. als generelle Lösung bei der Kausalität vorgeschlagen[5].

34

VII. Wirkungen und Grenzen des Rechtsscheins

1. Wirkungen

a) Allgemein

Der Scheinkaufmann muss sich als derjenige, der den Rechtsschein zurechenbar gesetzt hat, so behandeln lassen, **als ob der Schein der Wirklichkeit**

35

---

1 *Baumbach/Hopt*, § 5 Rn. 13.
2 BGH v. 11.3.1955 – I ZR 82/53, BGHZ 17, 13; BGH v. 7.10.1960 – VI ZR 101/59, WM 1960, 1326, 1329 f.; BGH v. 4.7.1966 – VIII ZR 90/64, NJW 1966, 1915, 1917; OLG Düsseldorf v. 17.1.1992 – 17 U 214/91, BB 1992, 2102.
3 Ähnl. *Baumbach/Hopt*, § 5 Rn. 13; *Koller/Roth/Morck*, § 15 Rn. 57; *Heymann/Emmerich*, § 5 Rn. 15; auch *K. Schmidt*, HR, § 10 VIII.3.b)bb), S. 330.
4 BGH v. 3.2.1975 – II ZR 128/73, BGHZ 64, 11, 18 f.; BGH v. 1.6.1981 – II ZR 1/81, NJW 1981, 2569, 2570; BGH v. 15.1.1990 – II ZR 311/88, NJW 1990, 2678; 2679.
5 Vgl. *Staub/Brüggemann*, Anh. § 5 Rn. 36 m.w.N.; ebenso vor allem *Canaris*, HR, § 6 Rn. 77; *Canaris*, Vertrauenshaftung, S. 516; vgl. ferner oben Rn. 33 Fn. 2; in derselben Richtung wie *Canaris: Ebenroth/Boujong/Joost/Strohn/Kindler*, § 5 Rn. 77.

entspräche. Die Berufung auf die wahren Verhältnisse ist ihm versagt. Diese Regel gilt **nur zugunsten des** gutgläubig auf den Schein vertrauenden **Gegners**. Der Scheinkaufmann selbst kann daraus keine Rechte herleiten. Insbesondere kann er nicht verlangen, von dem anderen Teil so behandelt zu werden, als sei er wirklich Kaufmann und mit dieser Begründung etwa von dem anderen kaufmännische Fälligkeitszinsen fordern. Der andere Teil kann sich stets auf den wahren Sachverhalt berufen; er hat insofern ein **Wahlrecht**[1]. Dieses Recht wird ihm nur dann zu versagen sein, wenn die Berufung auf die wahren Verhältnisse aufgrund der besonderen Umstände des Falles arglistig ist. Die im Schrifttum vereinzelt unternommenen Versuche, den Scheinkaufmannstatbestand dazu zu benutzen – sei es auf dem Wege einer Vertragsauslegung[2], sei es zugunsten des selbst gutgläubigen Scheinkaufmanns[3] –, auch dem Scheinkaufmann die Berufung auf sein Auftreten als Kaufmann zu gestatten, sollten keine Gefolgschaft finden.

36 Die **praktische Auswirkung** des Grundsatzes richtet sich nach der Art des Vertrauenstatbestandes und den konkreten Verhältnissen: Macht der Gegner des Scheinkaufmanns von seinem Recht Gebrauch, sich auf den Schein zu berufen, so stehen ihm grundsätzlich alle Rechte zu, die er hätte, wenn der Schein der Wirklichkeit entspräche oder entsprochen hätte. Er ist also keineswegs darauf beschränkt zu verlangen, so gestellt zu werden, wie er gestanden hätte, wenn er rechtzeitig über die Scheinkaufmannseigenschaft des anderen aufgeklärt worden wäre und deshalb von der Fortsetzung des geschäftlichen Kontaktes mit diesem abgesehen hätte (Vertrauensschaden). Ist der andere als Kaufmann aufgetreten, so darf er ihn in jeder Beziehung als Kaufmann behandeln mit der Folge, dass zu Lasten (oben Rn. 35) des Scheinkaufmanns alle für einen Kaufmann geltenden Grundregeln innerhalb wie außerhalb des HGB Anwendung finden. Zu den Grenzen dieses Grundsatzes unten Rn. 42 ff. Wer als Unternehmensinhaber oder persönlich haftender Gesellschafter einer Handelsgesellschaft aufgetreten ist, ohne dies zu sein, muss sich als Einzelkaufmann oder persönlich haftender Gesellschafter behandeln lassen, vgl. dazu die oben in Rn. 16 aufgeführten Beispiele aus der Rechtsprechung. Dies gilt auch gegenüber den Arbeitnehmern des Unternehmens[4]. Zu den Rechtsfolgen des Auftretens für eine Kapitalgesellschaft, insbes. bei Fortlassen der nach § 4 GmbHG, § 4 AktG vorgeschriebenen Zusätze sowie für eine GmbH & Co. unter Nichtbeachtung der Vorschrift des § 19 Abs. 2, s. schon oben Rn. 23.

---

1 H.M., s. etwa *Staub/Brüggemann*, Anh. § 5 Rn. 40; *Ebenroth/Boujong/Joost/Strohn/Kindler*, § 5 Rn. 80; teilw. abweichend *MünchKommHGB/K.Schmidt*, Anh. § 5 Rn. 27 (maßgebend Sachvortrag im Prozess); *Canaris*, HR, § 6 Rn. 80 f. (einschränkend); *Koller/Roth/Morck*, § 15 Rn. 58; *Baumbach/Hopt*, § 5 Rn. 15; GK/*Ensthaler*, § 5 Rn. 20; s. auch BGH v. 5.2.1990 – II ZR 309/88, WM 1990, 638, 639 m.w.N. (zu § 15 Abs. 3).
2 So ansatzweise *Baumbach/Hopt*, § 5 Rn. 15.
3 So *v. Gierke/Sandrock*, § 12 III.2.a), S. 168.
4 BAG v. 19.4.1979 – 3 AZR 645/77, NJW 1979, 2267.

b) Speziell: die GbR als Schein-OHG oder -KG

Auch eine Gesellschaft bürgerlichen Rechts (GbR), die im Rechtsverkehr zurechenbar als OHG oder KG aufgetreten ist, muss sich und ihre Gesellschafter an diesem Rechtsschein festhalten lassen und es zugunsten eines gutgläubigen Geschäftspartners hinnehmen, dass ihre Rechtsverhältnisse insoweit – nicht anders, als ob sie tatsächlich OHG oder KG wäre – nach dem für Kaufleute geltenden Sonderrecht innerhalb wie außerhalb des HGB behandelt werden. Für die Haftung ihrer Gesellschafter hat dies allerdings wegen der Ähnlichkeit beider Gesellschaften im Lichte der modernen Rechtsauffassung nur noch eine recht eingeschränkte Bedeutung. Im Einzelnen gilt Folgendes:

37

Muss sich der Gesellschafter einer GbR wegen seines eigenen oder des ihm zurechenbaren Auftretens der Gesellschaft im Rechtsverkehr als Gesellschafter einer OHG oder KG behandeln lassen und ist gegen diese ein Zahlungsurteil ergangen, so muss er im Falle seiner persönlichen Inanspruchnahme aus § 128 dieses Urteil so gegen sich gelten lassen, wie wenn die Handelsgesellschaft (OHG oder KG) tatsächlich bestünde. Das gegen die Schein-Handelsgesellschaft ergangene Urteil wirkt also mit Rechtskraft auch gegen ihn; vorbehalten bleibt ihm allein die Geltendmachung etwaiger ihm persönlich zustehender Einwendungen. Dies folgt allerdings auch ohne Rückgriff auf Rechtsscheinregeln bereits aus den in beiden Gesellschaftsformen ganz ähnlich liegenden Haftungsverhältnissen[1] (s. dazu ergänzend auch unten Rn. 40).

38

Nach der früheren Rechtsprechung des BGH[2], die im Schrifttum aber umstritten geblieben ist[3], sollte der Gesellschafter einer Schein-KG allerdings nur nach Maßgabe seiner Verpflichtung im Innenverhältnis haften, wenn nicht zugleich der Rechtsschein begründet worden war, er sei persönlich haftender Gesellschafter. Diese Rechtsprechung beruhte auf der Prämisse, bei Auftreten einer GbR (oder gänzlichem Fehlen einer Gesellschaft) gehe der Rechtsschein auf die Existenz einer bereits entstandenen, d.h. im Handelsregister einschließlich der Angaben nach § 162 Abs. 1 eingetragenen KG. Aus diesem Grunde sei § 176 Abs. 1 auf die Haftung eines Gesellschafters einer Schein-KG nicht anzuwenden. Damit erstrecke sich der auf den Bestand der KG gerichtete Rechtsschein und das auf ihn gegründete Vertrau-

39

---

1 S. dazu BGH v. 18.5.1998 – II ZR 380/96, ZIP 1998, 1291 und BGH v. 29.1.2001 – II ZR 331/00, ZIP 2001, 330; vgl. auch oben Rn. 33 mit Fn. a.E.
2 Vgl. BGH v. 25.6.1973 – II ZR 133/70, BGHZ 61, 59, 67; BGH v. 10.5.1971 – II ZR 177/68, WM 1971, 1198, 1199; BGH v. 29.11.1971 – II ZR 181/68, WM 1972, 21, 22; BGH v. 13.6.1977 – II ZR 232/75, NJW 1977, 1683; s. ferner BGH v. 26.11.1979 – II ZR 256/78, NJW 1980, 784; BGH v. 14.1.1991 – II ZR 112/90, ZIP 1991, 233, 234.
3 S. dazu einerseits *Canaris*, HR, § 6 Rn. 33 ff. und in NJW 1964, 455; *Heymann/ Horn*, § 176 Rn. 10; *Kollhosser*, ZGR 1976, 834 ff. und andererseits insbesondere *K. Schmidt*, GesR, § 55 II.1.a), S. 1607; *Koller/Roth/Morck*, § 176 Rn. 7; *Flume*, FS Westermann, 1974, S. 137 und *Flume*, Allgemeiner Teil des Bürgerlichen Rechts, Band 1, Teil 1, Die Personengesellschaft, 1977, § 16 IV.5.; *G. Fischer*, NJW 1973, 2189; *Beyerle*, BB 1975, 944 ff.

en des Vertragsgegners nicht darauf, dass ihm gerade ein bestimmter Gesellschafter unbeschränkt hafte, es sei denn, eben diese Person sei ihm gegenüber als persönlich haftender Gesellschafter aufgetreten und müsse sich deshalb an den dadurch (zusätzlich) geschaffenen Rechtsschein festhalten lassen. Eine unbeschränkte Haftung aller Gesellschafter würde den gutgläubigen Geschäftspartner einer Schein-KG besser stellen als den Geschäftspartner einer tatsächlich existierenden KG und damit zugleich besser als es den eigenen Vorstellungen des gutgläubig auf den Rechtsschein einer existierenden KG Vertrauenden entspreche. Der gegen diese Argumentation auch dann, wenn man ihr folgen wollte, sprechende Gesichtspunkt, dass sich der auf den Rechtsschein Vertrauende auch auf die wirkliche Rechtslage berufen könne, wird auch vom BGH nicht verkannt. Er hält dem aber entgegen, dass sich auch bei der GbR der Gesellschafter auf eine im Innenverhältnis vereinbarte Haftungsbeschränkung berufen könne, wenn sie nach außen kenntlich gemacht werde, wie dies z.B. bei einem Auftreten der Gesellschaft als KG der Fall sei. Eben diese Argumentation und die auf sie aufbauende Rechtsprechung ist hinfällig, nachdem der BGH inzwischen unter Aufgabe der sog. Doppelverpflichtungslehre[1] unter Übergang auf die sog. Akzessorietätstheorie entschieden hat, dass die Haftungsverhältnisse in der GbR im Grundsatz denjenigen bei einer OHG entsprechen und die persönliche Haftung der Gesellschafter nicht durch einen bloßen, den Wunsch nach Haftungsbeschränkung erkennbar machenden Zusatz zur Bezeichnung der Gesellschaft beschränkt werden kann[2]. Ebenso wenig wie die Beschränkung der Haftung auf die Einlage bei offenem Auftreten als GbR durch Zusätze wie „mbH" (abgekürzt oder ausgeschrieben) o.Ä. erreicht werden kann, kann sie dadurch herbeigeführt werden, dass eine GbR als KG „firmiert". Vgl. im Übrigen zum Streit über Auslegung und Tragweite der Regelung des § 176 die Erläuterungen zu § 176.

40 Hat sich der wirkliche Charakter einer GbR, die im Rechtsverkehr als OHG oder KG aufgetreten ist, schon vor einem Rechtsstreit herausgestellt (zur Erwirkung eines Titels gegen die Gesellschaft vor Aufdeckung ihres Scheincharakters oben Rn. 38), so hätte derjenige, der seine Dispositionen im Vertrauen darauf getroffen hatte, es mit einer Handelsgesellschaft zu tun zu haben, sie auf Grund der Regel, die ihn berechtigt, den Schein (weiterhin, s. unten Rn. 49) für die Wirklichkeit zu nehmen, an sich von jeher befugt sein müssen, die Gesellschaft als parteifähige (§ 124) Handelsgesellschaft vor Gericht zu verklagen. Die frühere Rechtsprechung des BGH lehnte es jedoch ab, aus dem Rechtsscheinsprinzip diese Folgerung zu ziehen, versagte ihm auf Grund der Annahme, die GbR sei nicht parteifähig, die Klage gegen die Schein-OHG oder -KG und verwies ihn auf eine Klage gegen jeden einzelnen Gesellschafter oder gegen alle Gesellschafter gemeinsam[3]. Aus diesen Titeln (oder diesem Titel) konnte er dann nach § 736 ZPO sowohl gegen

---

1 S. dazu nur MünchKommBGB/*Ulmer*, § 714 Rn. 3.
2 BGH v. 27.9.1999 – II ZR 371/98, BGHZ 142, 315 und v. 29.1.2001 – II ZR 331/00, BGHZ 146, 341.
3 BGH v. 25.6.1973 – II ZR 133/70, BGHZ 61, 59 und v. 26.11.1979 – II ZR 256/78, NJW 1980, 784.

die Gesellschafter persönlich als auch gegen das Gesellschaftsvermögen vorgehen. Auch diese Rechtsprechung hatte im Schrifttum Widerspruch gefunden, das auch einer Schein-Handelsgesellschaft im Verhältnis zu einem gutgläubigen Dritten entsprechend dessen Befugnis, den Schein für die Wirklichkeit zu nehmen, Parteifähigkeit zusprechen wollte[1]. Diese Kontroverse ist jedoch durch die neueste Entwicklung überholt. Nach der neueren Rechtsprechung[2] kann die (Außen-)Gesellschaft bürgerlichen Rechts als Teilnehmer am Rechtsverkehr grundsätzlich jede Rechtsposition einnehmen, also als rechtlich verselbständigte Gemeinschaft oder Gruppe der in ihr gesamthänderisch gebundenen Gesellschafter Träger eigener Rechte und Pflichten sein. Aus der Zuerkennung dieser materiell-rechtlichen Fähigkeit folgt als prozessrechtliche Konsequenz die Zuerkennung zugleich der Fähigkeit, diese ihre Rechte auch vor Gericht geltend machen zu können oder auf die Erfüllung ihrer Pflichten in Anspruch genommen zu werden, m.a.W. jedenfalls die wirtschaftlich tätige (Außen-)Gesellschaft bürgerlichen Rechts ist aktiv wie passiv parteifähig[3].

Darüber hinaus hat sich durch die neuere Rechtsentwicklung auch der Streit über die passive Wechsel- und Scheckfähigkeit der Schein-OHG oder -KG erledigt[4]. Nachdem der BGH der Gesellschaft bürgerlichen Rechts ausdrücklich unter Aufgabe seiner früheren Rechtsprechung[5] die Scheckfähigkeit zugesprochen hat[6], kann für die passive Wechselfähigkeit im Grundsatz nicht anderes gelten. – Auch die Insolvenzfähigkeit der Schein-OHG oder -KG kann nicht mehr zweifelhaft sein, nachdem das Gesetz (§ 11 Abs. 2 Nr. 1 InsO) auch die Gesellschaft bürgerlichen Rechts als insolvenzfähig anerkennt. 41

2. Grenzen der Rechtsscheinswirkung

a) Wahlrecht des Vertrauenden

Der Grundsatz, wonach derjenige, der im guten Glauben auf das Auftreten eines anderen als Kaufmann seine Dispositionen getroffen hat, im Interesse des Verkehrsschutzes so gestellt werden soll, als ob sein Vertrauen auf die Kaufmannseigenschaft berechtigt gewesen wäre, enthält zugleich die **innere Begrenzung der Rechtsscheinwirkung**. Eine darüber hinausgehende Privilegierung des Vertrauenden wäre ungerechtfertigt. Aus dem Vertrauen auf ei- 42

---

1 *Canaris*, HR, § 6 Rn. 32 und in NJW 1974, 455 f. sowie in Vertrauenshaftung, S. 170, 171; MünchKommHGB/*Lieb*, § 15 Rn. 93; *Koller/Roth/Morck*, § 15 Rn. 58.
2 S. insbes. BGH v. 4.11.1991 – II ZB 10/91, BGHZ 116, 86, 88.
3 BGH v. 29.1.2001 – II ZR 331/00, ZIP 2001, 330; eingehende Ausführungen gehören in eine Darstellung des Gesellschaftsrechts.
4 Dagegen noch BGH v. 13.7.1972 – II ZR 111/70, BGHZ 59, 179 ff.; BGH v. 25.6.1973 – II ZR 133/70, BGHZ 61, 59 ff.; a.A. *Canaris*, HR, § 6 Rn. 32; MünchKommHGB/ *Lieb*, § 15 Rn. 93.
5 BGH v. 13.7.1972 – II ZR 111/70, BGHZ 59, 179 ff.; BGH v. 25.6.1973 – II ZR 133/70, BGHZ 61, 59 ff.
6 BGH v. 15.7.1997 – XI ZR 154/96, BGHZ 136, 254; BGH v. 27.9.1996 – II ZR 371/98, BGHZ 142, 315; s. auch schon oben Rn. 33 mit Fn.

nen Rechtsschein kann niemand weiter gehende Rechte herleiten, als er haben würde, wenn der Rechtsschein der wirklichen Rechtslage entspräche[1]. Der Vertragsgegner hat deshalb nur die **Wahl**[2], den Rechtsschein für die Wirklichkeit zu nehmen und den anderen nach Maßgabe des von ihm geschaffenen Rechtsscheins zu behandeln oder den Rechtsschein beiseite zu schieben und sich auf den wahren Sachverhalt zu berufen. Dagegen kann es ihm nicht erlaubt sein, sich aus beiden Möglichkeiten die ihm jeweils günstigeren Teile herauszusuchen und sich auf diese Weise eine Rechtsposition zusammenzustückeln, die er weder gehabt hätte, wenn der Rechtsschein der Wirklichkeit entsprochen hätte noch wenn er mit dem anderen nach Maßgabe seines wirklichen Status abgeschlossen hätte[3]. Entschließt sich der Vertragsgegner, den anderen an seinem Auftreten als Scheinkaufmann festzuhalten, so ist das gesamte Rechtsverhältnis nach Handelsrecht abzuwickeln. Insofern können sich aus der Rechtswahl des Vertrauenden auch für den Scheinkaufmann gewisse rechtliche Reflexwirkungen ergeben, etwa in Gestalt von Provisionsansprüchen (§ 354), günstigerer Zinsansprüche (§§ 352, 353) oder der Befugnis zur Inanspruchnahme eines kaufmännischen Zurückbehaltungsrechts[4]. Voraussetzung ist dafür aber stets, dass sich der Geschäftsgegner mit seiner Rechtswahl bereits verbindlich in Kenntnis der wirklichen Rechtslage festgelegt hat. Auch dieses Reflexrecht soll verwirkt sein, wenn der Scheinkaufmann den Rechtsschein vorsätzlich herbeigeführt hat[5].

b) Rechtsschein und zwingende gesetzliche Schutzvorschriften

43 Nach Ansicht eines **Teils des Schrifttums** gilt die Rechtsscheinswirkung nicht für die **Anwendung zwingender gesetzlicher Schutzvorschriften**, die nur für Kaufleute, teilweise sogar nur für eingetragene Kaufleute, eine Aus-

---

1 BGH v. 20.1.1954 – II ZR 155/52, BGHZ 12, 105; BGH v. 25.6.1973 – II ZR 133/70, BGHZ 61, 59, 66; BGH v. 18.5.1998 – II ZR 355/95, ZIP 1998, 1223, 1224, st. Rspr.; *Heymann/Emmerich*, § 5 Rn. 17; *Canaris*, HR, § 6 Rn. 82; *Staub/Brüggemann*, Anh. § 5 Rn. 42; h.M., s. *Koller/Roth/Morck*, § 15 Rn. 58; *Ebenroth/Boujong/Joost/Strohn/Kindler*, § 5 Rn. 80; im Grundsatz auch *Baumbach/Hopt*, § 5 Rn. 15; teilweise abweichend MünchKommHGB/*K. Schmidt*, Anh. § 5 Rn. 27 (maßgebend allein der Sachvortrag im Prozess).
2 S. dazu die Nachweise in der vorigen Fn.
3 Anders BGH v. 1.12.1975 – II ZR 62/75, BGHZ 65, 309 für den Bereich der Registerpublizität des § 15 Abs. 1; dagegen nachdrückl. *Staub/Brüggemann*, Anh. § 5 Rn. 42 m.w.N.; nach BGH v. 20.1.1983 – VII ZR 32/82, NJW 1983, 1308 soll das Wahlrecht auch bei Anscheinsvollmachten entfallen (ebenso *K. Schmidt*, FS Gernhuber, 1993 S. 435; gegen ihn *Lieb*, FS Hübner, 1984 S. 576 und *Koller/Roth/Morck*, § 15 Rn. 58); nach *Baumbach/Hopt*, § 5 Rn. 15 soll das Wahlrecht typisiert in bestimmten Rechtsscheinfällen von besonderer Verkehrserheblichkeit entfallen, darunter auch bei Anscheinsvollmacht (fraglich).
4 Ausführl. *Staub/Brüggemann*, Anh. § 5 Rn. 44; ebenso *Koller/Roth/Morck*, § 15 Rn. 58; GK/*Ensthaler*, § 5 Rn. 23; *Canaris*, HR, § 6 Rn. 80.
5 Letzteres zweifelhaft; vgl. zu dem Vorstehenden näher *Staub/Brüggemann*, Anh. § 5 Rn. 43 und 44 m. w. N.; s. auch *Baumbach/Hopt*, § 5 Rn. 15, der Verwirkung ablehnt, jedoch bei Arglist Haftung aus Verschulden bei Vertragsverhandlungen oder Delikt für möglich hält.

nahme vorsehen. Dazu gehören insbes. die §§ 348, 350, 355 Abs. 1 HGB, §§ 29 Abs. 2, 38 Abs. 1 ZPO. Für die Anwendung dieser Bestimmungen soll auch bei einem Auftreten als Scheinkaufmann stets der wahre Sachverhalt maßgebend sein. Der durch sie Geschützte könne nicht durch die einfache Erklärung, er sei Kaufmann, oder ein lediglich zurechenbares konkludentes Verhalten einen ihm vom Gesetzgeber zugedachten Schutz einbüßen, auf den er nicht einmal durch eine vorbedachte ausdrückliche Erklärung verzichten könne[1]. Dies ist nicht unbedenklich. Lehnt man nämlich in diesen Fällen die Anwendung der Grundsätze über den Scheinkaufmann ab, so wird der durch sie bezweckte Schutz des gutgläubigen Geschäftsverkehrs erheblich eingeschränkt. So könnte etwa der Scheinkaufmann seinem Geschäftspartner, der im Vertrauen auf die Kaufmannseigenschaft von ihm eine mündliche Bürgschaft entgegengenommen hat, später, wenn er zu seiner Bürgschaft stehen soll, mit Erfolg entgegenhalten, er sei in Wahrheit gar nicht Kaufmann und die Bürgschaft infolgedessen formnichtig (§§ 766 BGB, 350 HGB).

Die bezeichnete Ansicht berücksichtigt nicht ausreichend, dass das Auftreten als Kaufmann im Geschäftsverkehr qualitativ etwas wesentlich anderes und weiter gehendes ist als die von einem erkennbaren Nichtkaufmann abgegebene Erklärung, auf den Schutz einer bestimmten gesetzlichen Vorschrift verzichten oder sich sogar generell dem Kaufmannsrecht unterwerfen zu wollen. Vor allem lässt sie jede Abwägung zwischen dem durch die genannten Vorschriften bezweckten Individualschutz und dem durch die Rechtsfigur des Scheinkaufmanns angestrebten Schutz des gutgläubigen Geschäftsverkehrs vermissen – eine Abwägung, die nach bisheriger Ansicht zum Nachteil des in täuschender Weise im Geschäftsverkehr auftretenden Individuums und zugunsten des getäuschten, dem Schein gutgläubig vertrauenden Geschäftsverkehrs ausfallen muss[2]. 44

Auch die Vertreter der Gegenansicht befürworten aber überwiegend eine Annahme für die sog. Kannkaufleute, d.h. die Gewerbetreibenden, die nach §§ 2 und 3 Abs. 2 jederzeit Kaufmannseigenschaft erwerben könnten, teilweise unter Erweiterung auf alle unternehmerisch tätigen Personen, die mehr oder weniger nur aus historischen Gründen vom Erwerb der Kaufmannseigenschaft ausgeschlossen sind. Für diese Personengruppen sollen sich die Rechtsscheinsfolgen auch gegenüber zwingenden Rechtsvorschrif- 45

---

1 *Staub/Brüggemann*, Anh. § 5 Rn. 45; *Ebenroth/Boujong/Joost/Strohn/Kindler*, § 5 Rn. 83 ff.; *Koller/Roth/Morck*, § 15 Rn. 59; HK/*Ruß* § 5 Rn. 11; *Canaris*, HR, § 6 Rn. 23 ff.; gegen die Durchbrechung der Form- und Schutzvorschriften außer bei arglistigem Verhalten auch *v. Olshausen*, FS Raisch, 1995, S. 147, 163; abstellend auf Sinn und Zweck der jeweiligen Schutznorm *Baumbach/Hopt*, § 5 Rn. 16.
2 Im Ergebnis wie hier vor allem *K. Schmidt*, HR, § 10 VIII.4.a), S. 330 f.; Münch-KommHGB/*Lieb*, § 15 Rn. 90; ebenso für § 38 Abs. 1 ZPO OLG Frankfurt/M. v. 30.9.1974 – 5 W 13/74, BB 1974, 1366; *Brox/Henssler*, HR, Rn. 68; in der Tendenz auch *Baumbach/Hopt* § 15 Rn. 16.

ten durchsetzen[1]. Für alle anderen Personen soll es dagegen bei der Anwendung der Schutznormen bleiben, soweit nicht die Grundsätze über das Verbot des Rechtsmissbrauchs auf Grund arglistigen oder widersprüchlichen Verhaltens eingreifen[2]. Eventuell kommt auch eine Haftung aus Verschulden bei Vertragsschluss in Betracht. Arglistig handelt unter allen Umständen z.B. derjenige, der den gutgläubigen Geschäftsgegner unter Berufung auf seine angebliche Kaufmannseigenschaft davon abgehalten hat, auf der Unterzeichnung einer schriftlichen Bürgschaftsurkunde zu bestehen. Zweifelhaft ist es dagegen, ob es für den Arglisteinwand auch ausreicht, wenn der Rechtsschein zwar wider besseres Wissen gesetzt worden ist, der Betreffende dabei aber nicht gerade auf die Herbeiführung eines bestimmten Verhaltens der anderen Seite gezielt hat. Bei arglistigem Verhalten kommt ferner eine Schadensersatzpflicht nach deliktsrechtlichen Gesichtspunkten (§ 826 und § 823 Abs. 2 BGB i.V.m. § 263 StGB) in Betracht. Auch bei nicht arglistigem Verhalten können dem Geschäftsgegner ferner gegen den Scheinkaufmann Ansprüche aus Verschulden bei Vertragsschluss zustehen. Aufgrund jener Ansprüche kann der Geschäftsgegner regelmäßig jedoch nicht verlangen, so gestellt zu werden, wie er stünde, wenn sein Vertrauen in die Kaufmannseigenschaft des anderen begründet, dieser also tatsächlich Kaufmann wäre, sondern lediglich so, wie er stünde, wenn er nicht auf die Kaufmannseigenschaft des anderen vertraut und deshalb von einem Geschäftsabschluss mit diesem abgesehen hätte.

c) Beschränkungen der Geschäftsfähigkeit

46 Der **Schutz des nicht voll Geschäftsfähigen** (§§ 104 ff. BGB) geht in allen Fällen dem Verkehrsschutz nach Scheinkaufmannsgrundsätzen vor (h.M.), vgl. oben Rn. 29. Möglich ist jedoch eine regelmäßig auf den Vertrauensschaden beschränkte Haftung des nicht voll Geschäftsfähigen nach deliktischen Gesichtspunkten (§§ 828, 829, 826 und § 823 Abs. 2 BGB i.V.m. § 263 StGB).

d) Grenzen in persönlicher Hinsicht

47 Die Rechtswirkung der Scheinkaufmannschaft besteht nur zwischen dem Scheinkaufmann und demjenigen, der auf sie vertraut hat. In **Rechte außenstehender Dritter** kann durch sie nicht eingegriffen werden. Daraus schließt die h.M[3]., dass von einem Scheinkaufmann insbesondere kein Eigentum oder Pfandrecht an einem ihm nicht gehörenden Gegenstand im guten Glauben lediglich an dessen Verfügungsbefugnis (§ 366) erworben werden könne.

---

1 So *Canaris*, HR, § 6 Rn. 23–25; *Koller/Roth/Morck*, § 15 Rn. 59; *Ebenroth/Boujong/Joost/Strohn/Kindler*, § 5 Rn. 3 unter Beschränkung auf die Gewerbetreibenden nach §§ 2, 3.
2 So *Canaris* und *Roth*, jeweils aaO (vorige Fn.); nach *Ebenroth/Boujong/Joost/Strohn/Kindler*, § 5 Rn.3 soll auch bei den nicht gewerblichen Unternehmern die Korrektur allein über den Arglisteinwand erfolgen, vgl. dazu schon die vorige Fn.
3 *Staub/Brüggemann*, Anh. § 5 Rn. 46; *Ebenroth/Boujong/Joost/Strohn/Kindler*, § 5 Rn. 66 und 87; *Baumbach/Hopt*, § 5 Rn. 16; *Bülow*, AcP 186 (1986) S. 577 ff., 588; OLG Düsseldorf v. 18.11.1998 – 11 U 36/98, DB 1999, 89, 90.

Diese Ansicht, der sich auch die 1. Aufl. (Rn. 29) angeschlossen hatte, wird der Funktion des Handelsrechts und vor allem auch des § 366, die Sicherheit des geschäftlichen Verkehrs zu erhöhen, nicht gerecht. Sie unterbewertet die durch die Neuregelung des Kaufmannsbegriffs (Widerlegbarkeit der Vermutung des § 1, s. § 1 Rn. 119) noch gesteigerte Schutzbedürftigkeit des Geschäftsgegners, der gutgläubig von einem scheinbaren Kaufmann erwirbt, zu gering und bewertet diejenige des Eigentümers zu hoch. Sie berücksichtigt dabei nicht ausreichend, dass die Rechtsordnung die Position des Eigentümers, der eine ihm gehörige Sache aus der Hand gegeben hat, nur noch gering gewichtet, wie sich daran erweist, dass das Gesetz deren Entzug ohne weiteres zulässt, wenn der Scheinkaufmann, der sich im Besitz der Sache befindet, diese als (angeblicher) Eigentümer veräußert (§ 932 BGB) anstatt – worauf der wirkliche Eigentümer keinen Einfluss hat – lediglich seine Verfügungsbefugnis zu behaupten[1].

e) Grenzen in sachlicher Hinsicht

Da die Rechtsscheinswirkung auf einem dem Scheinkaufmann entgegengebrachten Vertrauen beruht, kann sie auch **nur so weit reichen, wie Vertrauen bestehen kann**. Sie gilt also zwar auch für alle nicht vertraglichen Ansprüche (insbes. solche aus unerlaubter Handlung und Bereicherung), die aus einer geschäftlichen Beziehung erwachsen können und den gesamten dazugehörigen Prozessverkehr; sie scheidet aber von vornherein aus für alle Rechtsverhältnisse, die aus einer rein zufälligen Begegnung, – etwa aus einem Verkehrsunfall mit einem auf Geschäftsfahrt befindlichen Scheingesellschafter einer Handelsgesellschaft – erwachsen können. Die Rechtslage ist insofern eine andere als bei § 5, bei dem es nicht auf ein Vertrauen in die Kaufmannseigenschaft des zu Unrecht Eingetragenen ankommt (vgl. dazu im Einzelnen § 5 Rn. 27). Sie gilt wie bei § 5 (s. § 5 Rn. 39) ferner nicht im gesamten öffentlichen Recht, insbes. nicht im Straf- und Ordnungswidrigkeitenrecht; h.M.

48

f) Grenzen in zeitlicher Hinsicht

Die Rechtsscheinswirkung dauert, bis sie **von dem Scheinkaufmann beseitigt** wird oder dem auf sie Vertrauenden dem Schein zuwiderlaufende Umstände bekannt werden, die ihn zu einer Überprüfung veranlassen müssen[2] und seine Gutgläubigkeit (oben Rn. 31) entfallen lassen. Liegen die den Rechtsschein begründenden Tatsachen schon längere Zeit zurück, so kann je nach den Umständen eine (erstmalige oder erneute) Überprüfung angebracht sein, deren Unterlassung die **Gutgläubigkeit beseitigt**. Durch die nachträgliche Aufdeckung der wahren Rechtslage oder durch einen anderweiten Fortfall des Vertrauenstatbestandes können selbstverständlich Rech-

49

---

1 Wie im Text *Canaris*, HR, § 6 Rn. 26 und Vertrauenshaftung, S. 181 f., *Koller/Roth/Morck*, § 15 Rn. 60; GK/*Ensthaler*, § 5 Rn. 20.
2 BGH v. 11.3.1955 – I ZR 82/53, BGHZ 17, 13, 15 ff.; *Baumbach/Hopt*, § 5 Rn. 17; *Koller/Roth/Morck*, § 15 Rn. 55.

te des Geschäftsgegners, die noch während der Dauer des Rechtsscheinstatbestandes begründet worden sind, nicht nachträglich entfallen. Anderenfalls könnte sich der Scheinkaufmann seinen durch den Rechtsschein geschaffenen Pflichten stets durch nachträgliche Offenlegung seiner wirklichen Verhältnisse entziehen! Insbesondere kann der Vertrauende regelmäßig darauf bestehen, dass das gesamte vorher mit dem Scheinkaufmann begründete Rechtsverhältnis ungeachtet des inzwischen bekannt gewordenen wirklichen Sachverhalts nach Kaufmannsrecht abgewickelt wird. Über den Ausschluss einer den Rechtsschein rückwirkend vernichtenden Anfechtungsmöglichkeit s. schon oben Rn. 30.

§ 6
Handelsgesellschaften und Formkaufleute

(1) Die in Betreff der Kaufleute gegebenen Vorschriften finden auch auf die Handelsgesellschaften Anwendung.

(2) Die Rechte und Pflichten eines Vereins, dem das Gesetz ohne Rücksicht auf den Gegenstand des Unternehmens die Eigenschaft eines Kaufmanns beilegt, bleiben unberührt, auch wenn die Voraussetzungen des § 1 Abs. 2 nicht vorliegen.

I. Allgemeines; Funktion nach der HGB-Reform

1 Die Vorschrift hatte auch nach früherem Recht vor allem klarstellende Funktion. Daran hat auch die Handelsrechtsreform von 1998 (Einl. Rn. 34 ff.) im Wesentlichen nichts geändert. Die durch sie herbeigeführte Änderung der Textfassung des § 6 Abs. 2 (Abs. 1 blieb unverändert) sollte allein der Anpassung des Wortlauts des § 6 Abs. 2 an die Streichung des § 4 a.F. und die Neudefinition des Handelsgewerbes in § 1 Abs. 2 (s. dazu Einl. Rn. 36 und § 1 Rn. 12 ff.) dienen. Die inhaltliche Aussage des § 6, wonach AG, KGaA und GmbH stets nach § 6 Abs. 1 als Handelsgesellschaften und in der Folge gemäß § 6 Abs. 2 auch als Kaufleute gelten (sog. Formkaufleute Rn. 8), auch wenn sie, weil ihr Unternehmen nach Art und Umfang keinen in kaufmännischer Weise eingerichteten Geschäftsbetrieb erfordert, kein Handelsgewerbe i.S. von § 1 Abs. 2 oder sogar überhaupt kein Gewerbe betreiben (§ 1 Abs. 2), wird trotz der neuen Textfassung im Ergebnis unverändert beibehalten[1]. Zu den Auswirkungen der Handelsrechtsreform auf den Status der Vorgesellschaften der sog. Formkaufleute unten Rn. 9.

2 Allenfalls hat die Handelsrechtsreform für **§ 6 Abs. 1** trotz gleich bleibenden Wortlauts eine **Änderung der systematischen Bedeutung** dieser Bestimmung bewirkt. Nach früherem Recht hatte die dort ausgesprochene Rechtsfolge, wonach Handelsgesellschaften Kaufmannsrecht unterstehen, für die Handelsgesellschaften des HGB lediglich klarstellende Bedeutung, da die Rechts-

---

1 Begr. RegE BR-Drucks. 340/97 S. 49.

formen der OHG und KG für Kleingewerbetreibende, die für ihr Unternehmen keiner kaufmännischen Betriebsform bedürfen, nach § 4 a.F. gesperrt waren und ausschließlich zum Betrieb eines vollkaufmännischen Gewerbes zur Verfügung standen. Nach der durch die Streichung des § 4 a.F. und der Öffnung dieser Assoziationsformen auch für Kleingewerbetreibende und für Gesellschaften, die nur ihr eigenes Vermögen verwalten, durch die in § 105 Abs. 2 und § 161 Abs. 2 getroffene Neuregelung (Einl. Rn. 43, § 1 Rn. 72 und bei § 105) hat § 6 Abs. 1 darüber hinaus die Funktion erhalten, auch die von Kleingewerbetreibenden betriebenen Handelsgesellschaften des HGB (OHG und KG), die nach der Systematik des HGB (§ 1 Abs. 2) kein Handelsgewerbe betreiben, sowie die nur ihr eigenes Vermögen verwaltenden Gesellschaften, die nach überkommener Auffassung überhaupt kein Gewerbe betreiben (§ 1 Rn. 34; s. auch § 1 Rn. 11), in gleicher Weise wie die rechtsfähigen Formkaufleute mit Wirkung vom Zeitpunkt ihrer hier ausnahmsweise konstitutiv wirkenden (bei § 105) Eintragung in das Handelsregister Kaufmannsrecht zu unterstellen. Diese Folgerung hätte sich aber wohl auch dann aufgedrängt, wenn § 6 dies nicht ausdrücklich klarstellte.

II. Handelsgesellschaften (§ 6 Abs. 1)

§ 6 Abs. 1 unterstellt alle Handelsgesellschaften den für Kaufleute geltenden Vorschriften des HGB. Handelsgesellschaften sind zum einen **OHG** (§§ 105 ff.) und **KG** (§§ 161 ff.) einschließlich der GmbH & Co. KG (unten Rn. 10), nicht aber – trotz ihrer Regelung im II. Buch des HGB – die stille Gesellschaft (§§ 230 ff.). Bei ihnen folgt die Kaufmannseigenschaft herkömmlicherweise schon daraus, dass sie notwendigerweise ein Handelsgewerbe, sei es nach § 1 Abs. 2 oder § 3 Abs. 2 betreiben. Anderenfalls wären sie BGB-Gesellschaft und damit Nichtkaufmann (§ 1 Abs. 2). Bei ihnen wäre die Klarstellung mithin entbehrlich gewesen. Das gilt wohl auch für die nach reformiertem Recht (Einl. Rn. 34 ff.) durch freiwillige Eintragung im Handelsregister zur OHG oder KG gewordenen kleingewerblichen oder vermögensverwaltenden Gesellschaften der §§ 105 Abs. 2, 161 (s. dazu oben Rn. 2), obwohl bei ihnen infolge des Fehlens einer Bezugnahme des § 105 Abs. 2 auch auf § 2 S. 1 ihre Eigenschaft als OHG nicht notwendigerweise auch zum Betrieb eines Handelsgewerbes nach § 1 Abs. 1 führen würde. In diesem Punkt bringt § 6 Abs. 1 also eine allerdings kaum notwendige Klarstellung. Immerhin hat sie dazu geführt, dass im Schrifttum mindestens die nur ihr eigenes Vermögen verwaltende OHG mangels Gewerblichkeit ihrer Betätigung als neue Variante des Formkaufmanns bezeichnet wird[1]; zur Frage der weitergehenden Öffnung des § 105 Abs. 2 vgl. bei § 105. 3

Zu diesen klassischen Handelsgesellschaften ist die **Europäische wirtschaftliche Interessenvereinigung – EWIV –** hinzugetreten, eine Gesellschaft des europäischen Rechts, die der Entwicklung der grenzüberschreitenden Zusammenarbeit von Unternehmen von Angehörigen freier Berufe in der EU dienen soll. Rechtsgrundlage ist die VO (der EU) vom 25.7.1985 über die 4

---
1 S. etwa *Canaris*, HR, § 3 Rn. 46; *K. Schmidt*, HR, § 10 II.3.a), S. 297.

Schaffung einer Europäischen wirtschaftlichen Interessenvereinigung[1] sowie das deutsche Ausführungsgesetz vom 14.4.1988[2]. Nach dessen § 1 Abs. 2 gilt die (OHG-ähnliche) EWIV als Handelsgesellschaft. Für in Deutschland ansässige EWIV gilt mithin für ihre deutschem Recht unterliegenden Rechtsgeschäfte deutsches Handelsrecht. Näheres zur EWIV bei § 105.

5 **Keine Handelsgesellschaft** ist die **Partnerschaftsgesellschaft** (PartGG v. 25.7.1994[3]) der Angehörigen freier Berufe, obwohl auf sie kraft gesetzlicher Verweisung in beträchtlichem Umfang OHG-Recht anwendbar ist; s. dazu bei § 105.

6 Handelsgesellschaften sind zum anderen aber auch die als juristische Personen mit eigener Rechtsfähigkeit ausgestatteten **AG (einschließlich SE, Art. 9 Abs. 1 lit. c ii SE-VO i.V.m. § 3 AktG), KGaA** und **GmbH**. Sie gelten nach ihrem Eigenrecht (§§ 3, 278 Abs. 3 AktG sowie § 13 Abs. 3 GmbHG) ohne Rücksicht auf die Art ihres Geschäftsbetriebes (s. dazu unten Rn. 8) als Handelsgesellschaften. Da die genannten Bestimmungen des AktG und des GmbHG sie lediglich als Handelsgesellschaften und nicht zugleich als Kaufleute bezeichnen, wird durch § 6 Abs. 1 mindestens klargestellt, dass auch sie dem Kaufmannsrecht des HGB unterstehen, obwohl dies bei einer Handelsgesellschaft auch ohne diese Vorschrift nahe gelegen hätte. Schließlich gehören zu den Handelsgesellschaften des § 6 Abs. 1 auch alle juristischen Personen – im Wesentlichen Vereine und Stiftungen –, die nach § 33 in das Handelsregister eingetragen sind, ferner auch ausländische Kapitalgesellschaften, sofern sie in Deutschland als solche anzuerkennen sind[4].

7 Die eingetragene rechtsfähige **Genossenschaft** (eG sowie SCE) ist **keine Handelsgesellschaft**, sie wird auch nicht in das Handels-, sondern in das Genossenschaftsregister eingetragen; sie wird aber dem Handelsrecht unterstellt, indem sie „an § 6 vorbei"[5] gemäß § 17 Abs. 2 GenG (die deutsche europäische Genossenschaft – SCE i.V.m. Art. 8 Abs. 1 c) ii SCE-VO) ausdrücklich als Kaufmann gilt; in entsprechende Weise waren die nach dem Recht der DDR registrierten LPG nach der Wiedervereinigung als (Voll-)Kaufleute kraft Rechtsform anzusehen[6]. Keine Handelsgesellschaft ist der VVaG; auf ihn kann aber unter bestimmten Voraussetzungen Handelsrecht zur Anwendung kommen (vgl. dazu § 1 Rn. 6).

III. Formkaufleute (§ 6 Abs. 2)

8 **AG (einschließlich SE, s. oben Rn. 6), KGaA, GmbH** und **eG** (einschl. SCE) werden, da auf sie Handelsrecht allein durch die Wahl ihrer Rechtsform zur Anwendung kommt (s. oben Rn. 6 f.), als Formkaufleute bezeichnet. Die aus

---

[1] Nr. 2137/85/EWG, ABl. EG Nr. L 199/1 v. 31.7.1985.
[2] BGBl. I 514.
[3] BGBl. I 1744.
[4] Zweifelnd MünchKommHGB/*K. Schmidt*, § 6 Rn. 14.
[5] *Staub/Brüggemann*, § 6 Rn. 2.
[6] BGH v. 30.3.2006 – III ZB 74/05, NJW-RR 2006, 1267.

§§ 3, 278 Abs. 3 AktG, 13 Abs. 3 GmbHG, jeweils i.V.m. § 6 Abs. 1, sowie aus § 17 Abs. 2 GenG folgende Anwendung von Handelsrecht gilt ohne Rücksicht darauf, welche Geschäfte diese Korporationen betreiben oder welche Zwecke sie sonst verfolgen[1], und zwar selbst dann, wenn diese karitativer Natur sind. Anders als bei natürlichen Personen ist bei ihnen auch keine von der geschäftlichen zu unterscheidende Privatsphäre anzuerkennen; ihre Außengeschäfte sind damit stets Handelsgeschäfte i.S. von § 343[2]. Die Eigenschaft als Formkaufmann wird aber erst mit der Eintragung erworben, durch die die betr. Korporation ihre Rechtsfähigkeit und damit ihren Status als juristische Person erlangt.

Für die **Vorgesellschaften** (dazu bereits § 1 Rn. 97) **der sog. Formkaufleute** (Rn. 8) hat die Neudefinition des Begriffs des Handelsgewerbes in § 1 Abs. 2 HRefG die Folge, dass sie in dieser Phase anders als früher nur dann als Kaufleute gelten, wenn ihr schon vor Eintragung betriebenes Unternehmen die in § 1 Abs. 2 definierten Voraussetzungen des Handelsgewerbes erfüllt. Dabei ist jedoch bereits der künftige Zuschnitt der Gesellschaft zu berücksichtigen[3]. 9

Kein Formkaufmann ist die GmbH & Co. KG. Der Umstand, dass ihr persönlich haftender Gesellschafter eine GmbH und damit ein Formkaufmann ist, macht sie nicht selbst zum Formkaufmann[4]. Sie muss also, um als KG und damit als Handelsgesellschaft zu entstehen, die Voraussetzungen der §§ 1 Abs. 2, 2 oder 3 erfüllen. 10

Da § 6 unmittelbar nur die Geltung des Handelsrechts des HGB anordnet, ist es an sich Auslegungsfrage, inwieweit auf Formkaufleute auch **Vorschriften außerhalb des HGB**, die an die Kaufmannseigenschaft oder an das Vorliegen eines Erwerbsgeschäfts oder Gewerbebetriebes anknüpfen, anzuwenden sind[5]. Der BGH[6] hat jedenfalls keine Bedenken gehabt, die frühere Verjährungsregelung des § 196 Abs. 1 Nr. 1, Abs. 2 BGB a.F., die einen Gewerbebetrieb voraussetzte, auch auf eine GmbH anzuwenden, die keinen Gewerbebetrieb unterhält. Kaufmannseigenschaft und Handelsgewerbe seien untrennbare Wechselbegriffe. Die in § 13 Abs. 3 GmbHG und § 6 Abs. 1 enthaltene Fiktion sei unvollständig; die von einer GmbH getätigten Geschäfte 11

---

1 BGH v. 13.7.1972 – II ZR 111/70, BGHZ 59, 179, 183; BGH v. 22.1.1976 – VII ZR 280/75, BGHZ 66, 48 ff.; völlig h.M.
2 Heute wohl h.M., vgl. *Staub/Brüggemann*, § 6 Rn. 21; *Heymann/Emmerich*, § 6 Rn. 3 sowie BGH v. 13.7.1972 – II ZR 111/70, BGHZ 59, 179, 183; BGH v. 22.1.1976 – VII ZR 280/75, BGHZ 66, 48 ff.
3 Zustimmend: *Koller/Roth/Morck*, § 6 Rn. 4; *K. Schmidt*, HR, § 10 II.2.b), S. 296; *Canaris*, HR, § 3 Rn. 44; h.M.
4 So BayObLG v. 13.11.1984 – BReg. 3 Z 60/83, NJW 1985, 982; MünchKommHGB/ *K. Schmidt*, § 6 Rn. 18; *Baumbach/Hopt*, § 6 Rn. 7; vgl. aber auch *K. Schmidt*, DB 1990, 93 zur sog. doppelstöckigen GmbH & Co. KG; ebenso *Heymann/Emmerich*, § 6 Rn. 6; a.A. *Schulze-Osterloh*, NJW 1983, 128 ff.; *Raiser*, Recht der Kapitalgesellschaften, 2. Aufl. 1992, § 42 Rn. 2 ff.
5 *Staub/Brüggemann*, § 6 Rn. 21; *Heymann/Emmerich*, § 6 Rn. 4.
6 BGH v. 18.1.1968 – VII ZR 101/65, BGHZ 49, 258, 263; BGH v. 22.1.1976 – VII ZR 280/75, BGHZ 66, 48, 50.

hätten auch dann als im Handelsgewerbe vorgenommen zu gelten, wenn ein Gewerbe in Wahrheit nicht betrieben werde.

12 Wenn § 6 Abs. 2 von **„Verein"** spricht, so beruht dies auf einer zwar rechtsdogmatisch zutreffenden, aber altertümlichen und heute Missverständnissen ausgesetzten Terminologie. Gemeint sind damit sämtliche Formkaufleute (vorstehend Rn. 8 ff.). Für sie stellt § 6 Abs. 2 klar, dass Formkaufleute immer Kaufleute ohne Rücksicht auf die Art ihres Unternehmens sind. Die Bestimmung zieht damit auch ausdrücklich die Konsequenz daraus, dass die Kaufmannseigenschaft der Formkaufleute allein an ihre Rechtsform und nicht an das Vorhandensein eines Gewerbebetriebes oder dessen Größe anknüpft. Zur Behandlung des VVaG vgl. § 1 Rn. 6 und oben Rn. 7.

§ 7
Kaufmannseigenschaft und öffentliches Recht

Durch die Vorschriften des öffentlichen Rechts, nach welchen die Befugnis zum Gewerbebetrieb ausgeschlossen oder von gewissen Voraussetzungen abhängig gemacht ist, wird die Anwendung der die Kaufleute betreffenden Vorschriften dieses Gesetzbuchs nicht berührt.

I. Zweck

1 § 7 soll das Handelsrecht vom öffentlichen, d.h. vom Gewerberecht im weitesten Sinne, trennen. Öffentlich-rechtliche Vorschriften, die bestimmte Tätigkeiten ganz oder jedenfalls für bestimmte Personen oder Personengruppen untersagen oder doch jedenfalls von behördlichen Genehmigungen abhängig machen, sind heute zahlreich und häufig für Nichtfachleute des betreffenden Gebietes kaum mehr zu überschauen. Sie finden sich vor allem in der GewO, in der HandwO, im GaststG, im Gesetz über die Berufsausübung im Einzelhandel, im WaffenG, in den Regeln des StGB über Berufsverbote (§§ 70 ff. StGB), auch in den Beamtengesetzen, die gewerbliche Nebentätigkeiten von Beamten ausschließen oder einer Genehmigungspflicht unterwerfen. Alle diese Vorschriften sollen die Anwendung der für Kaufleute geltenden Bestimmungen des HGB nicht berühren. Hinsichtlich der Tragweite dieser Grundsätze ist zu unterscheiden:

II. Tragweite im Einzelnen

1. Allgemein

2 Betätigt sich jemand als Kaufmann, so unterliegt er – dies steht außerhalb jeden Streits[1] –, wenn die Voraussetzungen der §§ 1–6 erfüllt sind, in jeder Beziehung der Anwendung des Handelsrechts. Das gilt ebenso für seine Rechte

---
1 Vgl. statt aller *Staub/Brüggemann*, § 7 Rn. 2 und 3.

und Pflichten gegenüber seinen Gläubigern und Schuldnern, insbesondere auch für seine Beziehungen zu seinen Arbeitnehmern, wie für die ihm im öffentlichen Interesse auferlegten Buchführungs- und Bilanzierungspflichten, für seine Insolvenzantragspflichten etc. Wer mit einem solchen Unternehmen in Berührung kommt, darf sich daran halten, dass das, was ihm tatsächlich als kaufmännischer Betrieb gegenübertritt, unter keinen anderen Voraussetzungen als den in §§ 1–6 vorgesehenen auch rechtlich als solcher behandelt wird. Es ist nicht seine Sache, sich darum zu kümmern, ob gegen einen solchen Betrieb öffentlich-rechtliche Bedenken bestehen. Für die Einholung für den Betrieb etwa erforderlicher Genehmigungen oder Erlaubnisse und für die Einhaltung staatlicher Auflagen – oder als letztes Mittel – für die Schließung eines Betriebes zu sorgen, ist allein Sache der zuständigen staatlichen Behörden. Dies gilt vor allem dann, wenn das Unternehmen ein Handelsgewerbe betreibt, das seinen Träger ohne weiteres nach § 1 Abs. 2 zum Kaufmann macht, kann aber auch dann Bedeutung erlangen, wenn der Unternehmensträger die Kaufmannseigenschaft durch Eintragung nach § 2, § 3 Abs. 2 oder als Formkaufmann (vgl. § 6) erlangt hat, weil die Eintragung trotz fehlender öffentlich-rechtlicher Genehmigungen erfolgt ist (vgl. dazu sogleich Rn. 4) oder nachträglich aus öffentlich-rechtlichen Gründen unerlaubt oder doch jedenfalls genehmigungspflichtig geworden ist.

2. Das auf den Abschluss nichtiger Geschäfte gerichtete Unternehmen

Eine andere Frage ist es, ob das öffentlich-rechtliche Verbot oder das Fehlen einer erforderlichen behördlichen Genehmigung die **zivilrechtliche Wirksamkeit** der gleichwohl von dem Unternehmen abgeschlossenen Geschäfte berührt[1]. Geschäfte, die wegen Verstoßes gegen das Gesetz (§ 134 BGB) oder gegen die guten Sitten (§ 138 BGB) nichtig sind, können zudem nach allerdings zunehmend bestrittener h.M. nicht Grundlage eines kaufmännischen Unternehmens und der Annahme einer kaufmännischen Firma sein (vgl. dazu auch näher § 1 Rn. 57).

3

III. Eintragung im Handelsregister und öffentliches Recht

1. Rechtslage nach § 7

Eine andere Frage ist es auch, ob das **Registergericht** einen Gewerbetreibenden, dem für den Betrieb seines Unternehmens die erforderliche staatliche Genehmigung fehlt, als Kaufmann in das Handelsregister einzutragen hat. Diese Frage stellt sich vor allem dann, wenn die Eintragung konstitutive Bedeutung hat und dem Unternehmensträger erst zum Erwerb der Kaufmannseigenschaft verhilft. Die h.M.[2] bejaht dies im Grundsatz (s. aber auch unten

4

---

1 Vgl. dazu *Staub/Brüggemann*, § 7 Rn. 4; *Heymann/Emmerich*, § 7 Rn. 3; OLG Frankfurt/M. v. 19.12.1974 – 5 U 81/74, BB 1975, 1319 und OLGZ 1983, 416.

2 *Staub/Brüggemann*, § 7 Rn. 5 ff.; *Heymann/Emmerich*, § 7 Rn. 4; *Baumbach/Hopt*, § 7 Rn. 5; *Koller/Roth*/Morck, § 7 Rn. 2; *Ebenroth/Boujong/Joost/Strohn/Kindler*, § 7 Rn. 9; KG v. 25.8.1958 – 1 W 667/58, NJW 1958, 1827, 1828; OLG Celle v. 9.9.1971 – 9 Wx 7/71, BB 1972, 145; OLG Braunschweig v. 3.5.1977 – 2 Wx 3/77,

Rn. 5), und zwar auch für den Einzelgewerbetreibenden. Ihm muss der Zusammenschluss mehrerer Einzelgewerbetreibender zu einer OHG oder KG (einschließlich GmbH & Co. KG) gleichstehen[1]. Teilweise wird allerdings die Einschränkung gemacht, das Handelsregister dürfe auch in diesen Fällen die **Eintragung ablehnen**, wenn feststehe, dass der Tätigkeit ein nicht behebbares Hindernis aus dem öffentlichen Recht entgegenstehe[2], m.a.W. wenn auch mit einem nachträglichen Erhalt der für den Geschäftsbetrieb erforderlichen behördlichen Genehmigungen in absehbarer Zeit nicht zu rechnen sei. Auch einem solchen begrenzten Recht des Registergerichts, die Eintragung eines Kaufmanns aufgrund öffentlich-rechtlicher Bedenken abzulehnen, stehen jedoch die oben Rn. 2 angeführten Gründe entgegen. Dies gilt insbesondere dann, wenn der Geschäftsbetrieb – und sei es auch nur in verbotener Form – bereits eröffnet ist. Außerdem wird eine solche Auffassung weder der Funktion des Handelsregisters noch der staatlichen Aufgabenteilung gerecht. Die Funktion des Handelsregisters ist allein die Verlautbarung dessen, was ist, nicht dessen, was sein oder nicht sein soll. Das Handelsregister ist nichts anderes als eine Liste der im Geschäftsverkehr tätigen Kaufleute und ihrer wesentlichen betriebsorganisatorischen Verhältnisse. Die Fernhaltung bestimmter Personen vom geschäftlichen Verkehr und die Durchsetzung öffentlich-rechtlicher Verbote ist allein Sache der zuständigen Genehmigungs- und Aufsichtsbehörden. Setzen die Behörden ein staatliches Verbot durch, indem sie die Aufnahme eines Geschäftsbetriebes verhindern oder den bereits aufgenommenen Betrieb stillgelegt haben, so ist die Eintragung zu versagen oder zu löschen, weil unter der angemeldeten Firma kein Geschäftsbetrieb stattfindet oder stattfinden kann. Dagegen kann es nicht Aufgabe des Registergerichts sein, den Genehmigungsbehörden vorauszueilen und von sich aus für die Einhaltung öffentlich-rechtlicher Verbote oder Genehmigungsvorbehalte zu sorgen. Dies wird besonders deutlich, wenn und solange die staatlichen Behörden ein Verbot nicht durchsetzen, so dass der Geschäftsbetrieb des Unternehmens tatsächlich stattfindet[3]. – Anders ist es auch hier, wenn das anmeldende Unternehmen auf den Betrieb nach §§ 134, 138 BGB nichtiger Geschäfte gerichtet ist (vgl. oben Rn. 3).

RPfleger 1977, 363; OLG Frankfurt/M. v. 18.10.1982 – 20 W 847/81, BB 1983, 400; s. auch OLG Frankfurt/M. v. 15.8.1983 – 20 W 358/83, WM 1983, 1247; OLG Hamm v. 21.12.1984 – 15 W 181/84, BB 1985, 1415.
1 H.M., vgl. statt aller *Staub/Brüggemann*, § 7 Rn. 7; *Heymann/Emmerich*, § 7 Rn. 5; *Baumbach/Hopt*, § 7 Rn. 3; *Ebenroth/Boujong/Joost/Strohn/Kindler*, § 7 Rn. 9, sowie OLG Celle v. 9.9.1971 – 9 Wx 7/71, BB 1972, 145 und OLG Braunschweig v. 3.5.1977 – 2 Wx 3/77, RPfleger 1977, 363; s. ferner KG v. 25.8.1958 – 1 W 667/58, NJW 1958, 1827.
2 Vgl. OLG Düsseldorf v. 24.5.1985 – 3 W 71/85, BB 1985, 1933; OLG Hamm v. 21.12.1984 – 15 W 181/84, BB 1985, 1415 f.; MünchkommHGB/*Krafka*, § 7 Rn. 6; *K. Schmidt*, HR, § 9 IV 2.b)dd) S. 288.
3 So besonders nachdrücklich *Staub/Brüggemann*, § 7 Rn. 8 ff. m.w.N.; wie im Text auch *Ebenroth/Boujong/Joost/Strohn/Kindler*, § 7 Rn. 6; *Baumbach/Hopt*, § 7 Rn. 6; *Koller/Roth/Morck*, § 7 Rn. 2.

2. Sondervorschriften außerhalb des HGB

Grundsätzlich anders verhält es sich, wenn andere Gesetze außerhalb des HGB vorschreiben, dass eine Eintragung nur erfolgen darf, wenn zusammen mit den übrigen Eintragungsunterlagen auch etwa für den Geschäftsbetrieb erforderliche Genehmigungen vorgelegt werden. Derartige Bestimmungen **gehen § 7 als Sonderrecht vor.** Ausdrückliche Vorschriften dieses Inhalts bestehen für die GmbH (§ 8 Abs. 1 Nr. 6 GmbHG) und für die AG und KGaA (§§ 37 Abs. 4 Nr. 5, 278 Abs. 3 AktG). Wegen der Tragweite dieser Vorschriften im Einzelnen muss auf das Spezialschrifttum verwiesen werden. Für die eG besteht keine § 8 Abs. 1 Nr. 6 GmbHG und § 37 Abs. 4 Nr. 5 AktG entsprechende Bestimmung. Für sie wird jedoch das gleiche aus § 11a Abs. 2 GenG gefolgert, wonach das Gericht die Eintragung abzulehnen hat, wenn nach den persönlichen oder wirtschaftlichen Verhältnissen der Genossenschaft eine Gefährdung der Belange der Genossen oder der Gläubiger der Genossenschaft zu besorgen ist[1]. Entsprechendes soll schließlich auch für alle anderen juristischen Personen gelten, die nach § 33 in das Handelsregister einzutragen sind[2]; in Ermangelung einer entsprechenden ausdrücklichen Vorschrift dieses Inhalts ist dies jedoch fraglich. Bei allen vorstehend genannten Körperschaften darf, wenn der Gegenstand des Unternehmens (bei der AG auch alle anderen Satzungsbestimmungen) staatlicher Genehmigung bedarf, die Eintragung in das Handelsregister (bei der eG in das Genossenschaftsregister) nur dann erfolgen, wenn die staatliche Genehmigung vorgelegt wird. Mitbestimmend ist in diesen Fällen der Gedanke, dass die Eintragung diesen Gesellschaften überhaupt erst zu ihrer Entstehung und damit u.a. auch zu einer beschränkten Haftung der hinter ihnen stehenden natürlichen Personen verhilft, was eine Vorverlegung der Kontrolle rechtfertigt. Zu den staatlichen Genehmigungen, die bei diesen juristischen Personen mithin Eintragungsvoraussetzung sind, gehört auch die Eintragung in die Handwerksrolle[3].

IV. Privatrechtliche Beschränkungen

Sie sind in § 7 nicht geregelt. Sie sind aber für den Erwerb der Kaufmannseigenschaft und für die Anwendbarkeit von Handelsrecht selbstverständlich (erst recht) ohne Bedeutung (h.M.). Dies gilt insbesondere auch für vertragliche oder gesetzliche Wettbewerbsverbote.

---

1 *Staub/Brüggemann*, § 7 Rn. 6; ebenso *Heymann/Emmerich*, § 7 Rn. 4.
2 So *Heymann/Emmerich*, § 7 Rn. 4; *Baumbach/Hopt*, § 7 Rn. 5.
3 BGH v. 9.11.1987 – II ZB 49/87, BGHZ 102, 209, 211 ff.

Zweiter Abschnitt Handelsregister; Unternehmensregister

Vorbemerkung vor § 8
Überblick über die wichtigsten Änderungen im Handelsregisterrecht durch das HRefG[1], das EHUG[2] und das MoMiG[3]

Übersicht

	Rn.
I. Führung des Handelsregisters	
1. Konzentration der Zuständigkeit	1
2. Übertragung der Handelsregisterführung auf die Industrie- und Handelskammern (IHK)	2
II. Eintragung im Handelsregister	
1. Bedeutung der Eintragung	3
2. Eintragungsoption	
a) Einzelkaufmann	4
b) Land- und Forstwirtschaft	5
c) Vermögensgesellschaft und kleingewerbetreibende Gesellschaft	6
3. Eintragungspflicht für früher nach § 36 privilegierte juristische Personen	7
4. Bekanntmachungsverfahren für Zweigniederlassungen und Kommanditbeteiligungen	8
5. Handelsregistergebühren	9
6. Erleichterung des Registerverfahrens	10
III. Änderung von Anmeldungs- und Einreichungspflichten	
1. Wegfall der Zeichnung	11
2. Geburtsdatum anstelle von Beruf	12
3. Einreichung/Anmeldung der aktuellen Geschäftsanschrift/Empfangs- und Zustellungsbevollmächtigte	14
IV. Registergerichtliche Prüfung	
1. Satzungskontrolle bei Eintragung von Kapitalgesellschaften	15
2. Kontrollbefugnis bei Mantelverwendung und Vorratsgesellschaft	21
3. Prüfung der Firma	22
4. Beteiligung der Industrie- und Handelskammer	23
V. Varia	
1. Publizität der Gesellschafter einer GmbH	24
2. Sitzwahl bei AG und GmbH	26
3. Angaben auf Geschäftsbriefen	27
4. Elektronisches Handelsregister, Unternehmensregister	28
5. Elektronischer Rechtsverkehr	29

---

1 Gesetz zur Neuregelung des Kaufmanns- und Firmenrechts und zur Änderung anderer handels- und gesellschaftsrechtlicher Vorschriften (Handelsrechtsreformgesetz – HRefG) v. 22.6.1998 – BGBl. I 1474. Dazu die Begründung des Gesetzentwurfes der Bundesregierung v. 29.8.1997 – BT-Drucks. 13/8444 = BR/Drucks. 340/97; s. dazu im Einzelnen *Röhricht*, Einl. Rn. 34 ff. und § 1 Rn. 1.
2 Gesetz über elektronische Handelsregister und Genossenschaftsregister sowie das Unternehmensregister (EHUG) v. 10.11.2006 – BGBl. I 2553; dazu die Begründung des Gesetzesentwurfs der Bundesregierung v. 30.12.2005, BR-Drucks. 942/05 (im Folgenden auch „Regierungsbegründung zum EHUG") mit Stellungnahme des Bundesrates v. 10.2.2006 hierzu und Gegenäußerung der Bundesregierung zu dieser Stellungnahme und die Beschlussfassung des Bundestags mit Bericht des Rechtsausschusses BT-Drucks. 16/2871.
3 Gesetz zur Modernisierung des GmbH-Rechts und zur Bekämpfung von Missbräuchen (MoMiG).

Schrifttum zum HRefG und EHUG (Auswahl): *Ammon,* Gesellschaftsrechtliche und sonstige Neuerungen im Handelsrechtsreformgesetz – Ein Überblick, DStR 1998, 1474; *Ammon,* Die Prüfungsbefugnis des Registergerichts bei GmbH-Anmeldungen – besteht Reformbedarf?, DStR 1995, 1311; *Bokelmann,* Die Neuregelungen im Firmenrecht nach dem RegE des HRefG, GmbHR 1998, 57; *Bülow/Artz,* Neues Handelsrecht, JuS 1998, 680; *Busch,* Reform des Handels- und Registerrechts, Rpfleger 1998, 178; *Bydlinski,* Zentrale Änderungen des HGB durch das HRefG, ZIP 1998, 1169; *Clausnitzer/Blatt,* Das neue elektronische Handels- und Unternehmensregister – ein Überblick über die wichtigsten Änderungen aus Sicht der Wirtschaft, GmbHR 2006, 1303; *Frenz,* Das Handelsregisterverfahren nach dem HRefG – Auswirkungen für die Notarpraxis, ZNotP 1998, 178; *Giehl,* Auswirkungen des Handelsregisterreformgesetzes auf die notarielle Praxis, MittBayNot 1998, 293; *Gustavus,* Die Neuregelungen im Gesellschaftsrecht nach dem RegE eines HRefG, GmbHR 1998, 17; *Gustavus,* Handelsrechtsreformgesetz – Auswirkungen auf die notarielle Praxis, NotBZ 1998, 121; *Habersack,* Die Reform des Rechts der Personenhandelsgesellschaften, in Lieb (Hrsg.), Die Reform des Handelsstandes und der Personengesellschaften, 1999, S. 77; *Henssler,* Gewerbe, Kaufmann und Unternehmen, ZHR 161 (1997), 13; *Jeep/Wiedemann,* Die Praxis der elektronischen Registeranmeldung – Die Umsetzung des EHUG aus notarieller und richterlicher Sicht, NJW 2007, 2439; *Kögel,* Entwurf eines HRefG, BB 1997, 793; *Kornblum,* Zu den Änderungen des Registerrechts im RegE des HRefG, DB 1997, 1217; *Krebs,* Reform oder Revolution? – Zum Referentenentwurf eines HRefG, DB 1996, 2013; *Lamprecht,* Fortsetzung der OHG bei Ausscheiden eines Gesellschafters?, ZIP 1997, 919; *Liebscher/Scharff,* Das Gesetz über elektronische Handelsregister und Genossenschaftsregister sowie das Unternehmensregister, NJW 2006, 3745; *Melchior,* Handelsregisteranmeldungen und EHUG – Was ist neu?, NotBZ 2006, 409; *Noack,* Das EHUG ist beschlossen – elektronische Handels- und Unternehmensregister ab 2007, NZG 2006, 801; *Priester,* Handelsrechtsreformgesetz – Schwerpunkte aus notarieller Sicht, DNotZ 1998, 691; *Ries,* Elektronisches Handels- und Unternehmensregister, Rpfleger 2006, 233; *Ries,* Die Zukunft hat begonnen, Neuerungen durch das EHUG, AnwBl. 2007, 70; *Ries,* Das Handelsregister nach dem Inkrafttreten des EHUG, Rpfleger 2007, 252; *Ries,* Die Elektronisierung des Rechtsverkehrs am Beispiel des Handelsregisters, Rechtspfleger Studienhefte 2007, 137; *Ries,* Das EHUG: Ein Jahr danach – ein voller Erfolg?, Status Recht 2008, 47; *Schaefer,* Das HRefG nach dem Abschluss des parlamentarischen Verfahrens, DB 1998, 1269; *Schlotter,* Das EHUG ist in Kraft getreten: Das Recht der Unternehmenspublizität hat eine neue Grundlage, BB 2007, 1; *Schlotter/Reiser,* Ein Jahr EHUG – die ersten Praxiserfahrungen, BB 2008, 118; *Christian Schmidt,* Digitalisierung der Registerführung und Neuregelung der Unternehmenspublizität: Was bringt das EHUG?, DStR 2006, 2272; *Karsten Schmidt,* Woher – wohin?, ADHGB, HGB und die Besinnung auf den Kodifikationsgedanken, ZHR 161 (1997), 2; *Karsten Schmidt,* Das Handelsrechtsreformgesetz, NJW 1998, 2161; *Karsten Schmidt,* HGB-Reform und gesellschaftsrechtliche Gestaltungspraxis, DB 1998, 61; *Karsten Schmidt,* „Deklaratorische" und „konstitutive" Registereintragungen nach §§ 1 ff. HGB, ZHR 163 (1999), 87; *R. Schmitt,* Der Entwurf eines HRefG, WiB 1997, 1113; *W. Schön,* Die vermögensverwaltende Personenhandelsgesellschaft – Ein Kind der HGB-Reform –, DB 1998, 1169; *J. Schumacher,* Handelsrechtsreformgesetz (HRefG), 1998; *Seibert/Decker,* Das Gesetz über elektronische Handelsregister und Genossenschaftsregister sowie das Unternehmensregister (EHUG) – Der „Big Bang" im Recht der Unternehmenspublizität, DB 2006, 2446; *Sethe,* Die Wirkung und dogmatische Einordnung von Fortsetzungs- und Nachfolgeklauseln im Lichte der HGB-Reform, JZ 1997, 989; *Stollenwerk/Krieg,* Das Ordnungsgeldverfahren nach dem EHUG, GmbHR 2008, 575; *Stumpf,* Das Handelsregister nach der HGB-Reform, BB 1998, 2380; *Weber/Jacob,* Zum Referentenentwurf des HRefG, ZRP 1997, 152; *Willer/Krafka,* Die elektronische Einreichung von Handelsregisteranmeldungen aus Sicht der Registerpraxis, DNotZ 2006, 885; *Zimmer,* Der nicht eingetragene Kaufmann: ein „eingetragener" Kaufmann im Sinne des § 19 Abs. 1 Nr. 1 HGB?, ZIP 1998, 2050.

I. Führung des Handelsregisters

1. Konzentration der Zuständigkeit

1 Eine verhältnismäßig wenig beachtete **Änderung**, die am 1.1.2002 in Kraft trat – Art. 29 Nr. 3 i.V.m. Art. 20 HRefG –[1], betrifft § 125 Abs. 1 FGG[2]. Danach ist seitdem 1.1.2002 für die Führung des Handelsregisters grundsätzlich **das Amtsgericht**, in dessen Bezirk ein **Landgericht seinen Sitz** hat, für den Bezirk dieses Landgerichts **zuständig**. Die Bestimmung war erforderlich, weil der Konzentrationsgrad in den einzelnen Ländern höchst unterschiedlich ausgebildet war. So wurden z.B. in Nordrhein-Westfalen mit 19 Landgerichten das Handelsregister bei 125 Amtsgerichten, in Niedersachsen mit neun Landgerichten das Handelsregister bei 80 Amtsgerichten und im Saarland bei nur einem Landgericht das Handelsregister bei elf Amtsgerichten geführt. § 125 Abs. 2 S. 1 Nr. 1 FGG (§ 376 Abs. 2 FamFG) schafft noch zusätzliche Konzentrationsmöglichkeiten. Die Konzentration in den neuen Bundesländern sowie in Berlin und Hamburg entspricht bereits den neuen Vorgaben; andere Bundesländer haben ebenfalls schon eine deutliche Konzentration vorgenommen[3]. In der Regierungsbegründung zum HRefG wird darauf hingewiesen, dass ein **elektronisch-geführtes Handelsregister** eine bestimmte „Optimalgröße" aufweisen muss, wenn es Eintragungsanträge rasch und sachgerecht bearbeiten soll. Das Handelsregister wird also nicht dezentral bei jedem einzelnen, häufig mit nur wenigen Richtern besetzten Amtsgericht geführt. Mit einer solchen Konzentration von elektronisch geführten Handelsregistern sind durch die Bündelung von Sach- und Fachwissen sowie von Erfahrung und Routine nicht nur erhebliche Beschleunigungseffekte zu erzielen; es wird auch die zu Beschwerdeverfahren führende Fehlerquote deutlich minimiert. Durch das EHUG[4] ist in § 125 Abs. 2 FGG (§ 376 Abs. 2 FamFG) auch die Möglichkeit einer länderübergreifenden Zusammenarbeit und Zuständigkeitskonzentration geschaffen worden. Zu den einzelnen elektronisch geführten Registern vgl. www.handelsregister.de.

2. Übertragung der Handelsregisterführung auf die Industrie- und Handelskammern (IHK)

2 Weil die Handelsregister durchgehend elektronisch geführt werden und flächendeckend konzentriert sind, ist ein **sachliches Argument** für die Führung

---

1 Gesetz zur Neuregelung des Kaufmanns- und Firmenrechts und zur Änderung anderer handels- und gesellschaftsrechtlicher Vorschriften (Handelsrechtsreformgesetz – HRefG) v. 22.6.1998 – BGBl. I 1474.
2 Das Recht der freiwilligen Gerichtsbarkeit wird derzeit umfassend reformiert, vgl. Entwurf der Bundesregierung zur Reform des Verfahrens in Familiensachen und in Angelegenheiten der freiwilligen Gerichtsbarkeit, FGG-RG v. 7.9.2007, BT-Drucks. 16/6308, angenommen am 27.6.2008 in der Ausschlussfassung, BT-Drucks. 16/9733. Im Folgenden werden nach den derzeit gültigen FGG-Vorschriften die ab dem 1.9.2009 geltenden entsprechenden Vorschriften des FamFG genannt (§§ 376 f. FamFG).
3 Vgl. Aufstellung bei *Krafka/Willer*, Registerrecht, 7. Aufl. 2007, Rn. 13.
4 V. 10.11.2006, BGBl. I 2553.

der Handelsregister durch die IHK **nicht** mehr **zu erkennen** (dazu unten § 8 Rn. 11). Zutreffend weist *Stumpf*[1] darauf hin, dass die dem Handelsregister zukommende Kontrollfunktion, die sich von einer bloßen Registrierungsfunktion qualitativ deutlich unterscheidet, ein Argument gegen die Übertragung des Handelsregisters auf die IHK ist. Auch der europäische Vergleich zeigt, dass die Handelsregister überwiegend bei den Gerichten bzw. Justizbehörden geführt werden.

II. Eintragung im Handelsregister

1. Bedeutung der Eintragung[2]

Die **Änderung des Kaufmannstatbestandes** durch das HRefG (siehe oben *Röhricht*, § 1 Rn. 1 ff.) beruht in erster Linie auf einer neuen Definition des Handelsgewerbes. Danach ist Handelsgewerbe jeder Gewerbebetrieb, es sei denn, das Unternehmen erfordert keinen in kaufmännischer Weise eingerichteten Gewerbebetrieb (§ 1 Abs. 2). Der frühere sog. Grundhandelsgeschäftekatalog ist weggefallen. Unbeschadet dieser Änderung ist aber auch für den Kaufmannstatbestand nach § 1 die **Eintragung** im Handelsregister nach wie vor nur **deklaratorisch** (dazu unten § 8 Rn. 52 sowie § 1 Rn. 129, 132). Mit der Abschaffung der Rechtsfigur des Sollkaufmanns (§ 2 a.F.) ist auch dessen konstitutiv wirkende Eintragung entfallen. Das bedeutet, dass seit dem 1.7.1998 diejenigen Gewerbetreibenden, die trotz Vorliegens der Tatbestandsvoraussetzungen des § 2 a.F. die Anmeldung zur Eintragung unterlassen haben, kraft Gesetzes Kaufleute sind, die entsprechenden Gesellschaften bürgerlichen Rechts sind kraft Gesetzes zu offenen Handelsgesellschaften geworden[3] (s. dazu auch *Röhricht*, § 1 Rn. 1, 4). 3

2. Eintragungsoption[4]

a) Einzelkaufmann

Mit dem ersatzlosen Wegfall von § 4 a.F. existiert der **Minderkaufmann** nicht mehr. § 2 eröffnet aber dem kleingewerbetreibenden Unternehmen eine Option auf Eintragung in das Handelsregister unabhängig von der Betriebsgröße. Wird es auf eine entsprechende freiwillige Anmeldung hin in das Handelsregister eingetragen, erwirbt der **Kleingewerbler** damit die Kaufmannseigenschaft; seine **Eintragung** wirkt **konstitutiv** (rechtsbegründend; dazu unten § 8 Rn. 53 sowie *Röhricht*, § 2 Rn. 18). Die Regelung ist flexibel gehalten; der **Kleingewerbetreibende** kann auf Antrag und **ohne Begründung** seine Handelsregistereintragung wieder **löschen lassen**. Eintragung und Löschung haben aber keine Rückwirkung, so dass der Kleingewerbetreibende 4

---

1 *Stumpf*, BB 1998, 2380, 2381.
2 Dazu näher unten § 8 Rn. 17 ff.
3 Vgl. *Schaefer*, DB 1998, 1269, 1270 f.
4 Dazu *Ammon*, DStR 1998, 1474, 1475; *Busch*, Rpfleger 1998, 178, 179; *Bydlinski*, ZIP 1998, 1169, 1173; *Frenz*, ZNotP 1998, 178, 179; *Schaefer*, ZNotP 1998, 170, 171 f.; *Schaefer*, DB 1998, 1269, 1270; *K. Schmidt*, ZIP 1997, 909, 913 f.; *Schmitt*, WiB 1997, 1113, 1116.

für den Zeitraum, in dem er eingetragen war, Kaufmann mit allen Rechten und Pflichten bleibt[1]. Andererseits ist der Löschungsantrag zurückzuweisen, wenn das Unternehmen inzwischen den nach § 1 Abs. 2 beschriebenen Geschäftsumfang überschritten hat. Dann ist der frühere Kleingewerbler Kaufmann kraft Gesetzes geworden und zur Eintragung verpflichtet. Eine Löschung mit anschließender gegebenenfalls nach § 14 zu erzwingender Anmeldung zur Eintragung erscheint aus verfahrensökonomischen Gründen nicht akzeptabel (vgl. dazu auch die Erl. zu §§ 1 und 2).

b) Land- und Forstwirtschaft

5   Da § 3 Abs. 1 durch das HRefG nicht geändert worden ist, für Unternehmen der Land- und Forstwirtschaft somit **§ 1 keine Anwendung** findet, steht auch kleinen land- und forstwirtschaftlichen Unternehmen die **Eintragungsoption** nach § 2 und auch die spätere Löschung offen[2]. Dies muss aufgrund der Sonderstellung, die diesem Personenkreis vom Gesetzgeber eingeräumt worden ist, auch für den Fall gelten, dass das Unternehmen inzwischen eine Betriebsgröße erreicht hat, mit der die Schwelle des § 1 Abs. 2 überschritten wurde. Ist die ursprüngliche Eintragung auf Anmeldung nach § 2 vorgenommen worden, kann im Fall eines Löschungsbegehrens diese Anmeldung wegen der unterschiedlichen Rechtsfolgen nicht wie ein Antrag nach § 3 Abs. 2 behandelt werden (zu diesem Fragenkreis näher und mit a.A. oben *Röhricht* § 3 Rn. 21, 23).

c) Vermögensgesellschaft und kleingewerbetreibende Gesellschaft

6   Nach dem durch das HRefG neu eingefügten § 105 Abs. 2 (dazu näher unten *von Gerkan/Haas*, § 105 Rn. 8 ff.) wird eine Gesellschaft, deren Gewerbebetrieb nicht schon nach § 1 Abs. 2 Handelsgewerbe ist oder die nur eigenes Vermögen verwaltet, zur **offenen Handelsgesellschaft**, wenn die Firma des Unternehmens auf Anmeldung hin in das **Handelsregister eingetragen** ist. § 2 S. 2 und 3 gilt entsprechend. Im Zusammenhang mit der Neuregelung des Kaufmannsbegriffes und der Abschaffung des Minderkaufmanns soll auch den in § 105 Abs. 2 aufgeführten Gesellschaften der Zugang zur Rechtsform der Personenhandelsgesellschaft eröffnet werden. Außerdem sollen zusätzlich die mannigfaltigen Formen der Vermögensgesellschaften, bei denen die Gewerbeeigenschaft und damit die Rechtsnatur als Personenhandelsgesellschaft zweifelhaft sein kann, handels- und registerrechtlich abgesichert werden[3]. Entgegen *K. Schmidt*[4] erfasst § 105 Abs. 2 nicht jede nichtgewerbliche Außengesellschaft. Wortlaut und Begründung des Regierungsentwurfes zu dieser Bestimmung lassen nur eine Anwendung auf frü-

---

1 Vgl. *Ammon*, DStR 1998, 1474, 1475.
2 Zutreffend *Bydlinski*, ZIP 1998, 1169, 1173; a.A. *von Olshausen*, JZ 1998, 717 ff., der allerdings seine Meinung nicht auf den Gesetzeswortlaut, sondern auf die allgemein gehaltene Begründung des Regierungsentwurfes – BT-Drucks. 13/8444 S. 33 f., 49 – stützt, und oben *Röhricht*, § 3 Rn. 21, 22.
3 Dazu BT-Drucks. 13/8444 S. 63; *Ammon*, DStR 1998, 1474, 1476.
4 *K. Schmidt*, NJW 1998, 2161, 2163 bei Fn. 31.

her nicht eintragungsfähige Vermögensgesellschaften zu, z.B. **Immobilienverwaltungs-, Holding-** und **Grundbesitzgesellschaften**. Die von *K. Schmidt* vorgeschlagene „ausdehnende Auslegung" könnte nur über eine Gesetzesänderung und nicht durch bloße Auslegung erreicht werden[1]. Damit scheidet auch die Möglichkeit einer Freiberufler-OHG oder -KG aus. Die neue Bestimmung ist über § 161 Abs. 2 auch auf Kommanditgesellschaften anwendbar. Die **Anmeldung** zum Handelsregister muss von **sämtlichen Gesellschaftern** vorgenommen werden[2].

3. Eintragungspflicht für früher nach § 36 privilegierte juristische Personen

Die Aufhebung des § 36 durch das HRefG hatte zur Folge, dass seit dem 1.7.1998 alle **Gebietskörperschaften** (Bund, Länder, Gemeinden), die ein Unternehmen i.S.v. § 1 Abs. 2 betreiben, dieses zur **Eintragung in das Handelsregister** anzumelden haben. Für die Anmeldung gilt § 33. Die Eintragung erfolgt nach § 3 Abs. 2 HRV in Abteilung A des Handelsregisters. Wegen der Übergangsregelung und der Kosten siehe unten die Erl. zu § 36 und § 33 Rn. 14 ff.

7

4. Bekanntmachungsverfahren für Zweigniederlassungen und Kommanditbeteiligungen

Nach der Gesetzeslage vor dem Inkrafttreten des HRefG wurden die eine Zweigniederlassung betreffenden Eintragungen mindestens dreimal veröffentlicht: und zwar im Bundesanzeiger, im lokalen/regionalen Blatt des Registergerichts der Zweigniederlassung und im lokalen/regionalen Blatt des Registergerichts der Hauptniederlassung. Diese Bekanntmachungen wurden zunächst durch die **Neufassung des § 13c im Rahmen des HRefG deutlich** und damit für die Unternehmen kostensparend **reduziert**. Auf Vorschlag des Bundesrates[3] wurde nach dem neuen § 175 S. 2 die Bekanntmachung bei der Änderung von Kommanditbeteiligungen vereinfacht. Durch das EHUG[4] wurde das Bekanntmachungsverfahren durch die **Neufassung der §§ 10, 13** (Reduzierung der Bekanntmachungsblätter, Eintragung der Zweigniederlassung und der Änderungen der Zweigniederlassung nur im Register der Hauptniederlassung/des Sitzes) und die Streichung der §§ 13a bis 13c weiter gestrafft.

8

5. Handelsregistergebühren

Nachdem der EuGH[5] entschieden hatte, dass zum einen die Handelsregistergebühren nicht so bemessen sein dürfen, dass durch die Registerführung

9

---

1 Dazu *Ammon*, DStR 1998, 1474; *Frenz*, ZNotP 1998, 178, 181 f.; eingehend *Schön*, DB 1998, 1169, 1174.
2 Vgl. *Schön*, DB 1998, 1169, 1175.
3 BT-Drucks. 13/8444 S. 93.
4 V. 10.11.2006, BGBl. I 2553.
5 EuGH v. 2.12.1997 – Rs. C-188/95, ZIP 1998, 206 – Fantask; BayObLG v. 25.11.1998 – 3Z BR 164/98 NJW 1999, 652; OLG Brandenburg v. 3.9.2001 – 8 Wx 118/00, NZG

ein Überschuss erzielt wird, und zum anderen die Gebühren nicht vom Kapital des Unternehmens abhängig sein dürfen, wurde die Kostenordnung so neu geregelt, dass die Gebühren aufwandsbezogen sind, § 79a KostO. Es gilt die Handelsregistergebührenverordnung[1]. Vgl. auch unten § 9 Rn. 17 f.

6. Erleichterung des Registerverfahrens

10 Das Registergericht hat bei der Anmeldung einer Firma die **Betriebsgröße nicht** mehr (mit Hilfe der IHK) zu **prüfen.** Erfordert das Unternehmen einen kaufmännisch eingerichteten Betrieb, ist nach § 1 Abs. 2, § 29 einzutragen, andernfalls nach § 2. Umgekehrt kann ein nach § 1 Abs. 2 eingetragener Gewerbetreibender, der zum Kleingewerbetreibenden geworden ist, einer **Amtslöschung** erfolgreich **widersprechen;** der Widerspruch soll im Ergebnis ein Antrag auf Eintragung nach § 2 sein[2]. Dies erscheint wenig praktikabel. Das Registergericht wird nämlich keinen Anlass haben, in einem solchen Fall ein Amtslöschungsverfahren einzuleiten; denn die Eintragung ist nicht dadurch unzulässig geworden, dass ein Unternehmen auf den Status eines Kleingewerbebetriebes herabgesunken ist. Solange der Unternehmer keinen entgegenstehenden Willen äußert, also selbst die Löschung im Handelsregister beantragt, ist für ein Amtslöschungsverfahren kein Raum[3] (siehe auch *Röhricht,* § 1 Rn. 143).

III. Änderung von Anmeldungs- und Einreichungspflichten

1. Wegfall der Zeichnung

11 Die **Hinterlegung** der öffentlich beglaubigten **handschriftlichen Firmenzeichnung** durch Einzelkaufleute, Prokuristen, vertretungsberechtigte Gesellschafter einer OHG oder KG, Liquidatoren sowie Geschäftsführer einer EWIV war seit dem 1.7.1998 weggefallen; der angeführte Personenkreis leistete seitdem seine Namensunterschrift nur noch „unter Angabe der Firma"; der Prokurist zusätzlich unter Angabe eines die Prokura andeutenden Zusatzes, § 29 2. Hs., § 53 Abs. 2, § 108 Abs. 2, § 148 Abs. 3 HGB a.F. und § 3 Abs. 4 EWIV-Ausführungsgesetz. Der ursprüngliche Zweck der Vorschrift, durch Hinterlegung einer Firmenzeichnung dem Geschäftsverkehr eine Echtheitsprüfung zu ermöglichen, war längst obsolet geworden, da nach den Gepflogenheiten des Geschäftsverkehrs handschriftliche Firmenzeichnun-

---

2002, 486; OLG Köln v. 16.11.1998 – 2 Wx 45/98, EuZW 1999, 221; vgl. *Wolf,* ZIP 2000, 949; *Sprockhoff,* NZG 1999, 747; *Bengel,* DNotZ 1999, 783; *Görk,* DStR 1999, 283; *Gustavus,* ZIP 1998, 502; *Lappe,* NJW 1998, 502; *Schuck,* DStR 1998, 820; vgl. auch EuGH v. 21.6.2001 – Rs. C-206/99, ZIP 2001, 1145.

1 BGBl. I 2004, 2562; zur Frage der Rückerstattung und Verzinsung „EU-rechtswidrig" erhobener Handelsregistergebühren vgl. § 164 KostO und *Wolf,* ZIP 2000, 949; BayObLG v. 9.12.1998 – 3Z BR 273/98, NJW 1999, 1194 einerseits und OLG Karlsruhe v. 9.5.2003 – 11 Wx 120/100, BWNotZ 2003, 139 und OLG Celle v. 16.1.2002 – 8 W 319/01, NJW 2002, 1133 andererseits.
2 Begr. RegE, BT-Drucks. 13/8444 S. 49.
3 Zutreffend *K. Schmidt,* NJW 1998, 2161, 2163 bei Fn. 31; ferner *Ammon,* DStR 1998, 1474, 1476.

gen nicht mehr verwendet wurden und durch Stempel oder Aufdruck ersetzt worden sind[1]. Hier wurde ein **überflüssiger Formalismus** abgeschafft. Durch das EHUG[2] wird auf die Hinterlegung von **Zeichnungen** in Zukunft gänzlich **verzichtet**.

2. Geburtsdatum anstelle von Beruf

Seit dem 1.1.1999 sind natürliche Personen nicht mehr mit den wenig aussagekräftigen Bezeichnungen über „Stand" oder „Beruf" im Handelsregister einzutragen, sondern mit ihrem Geburtsdatum (§ 24 Abs. 1 HRV), was eine erheblich **bessere Identifikation** ermöglicht. Der ausgeübte Beruf ist aber weiterhin in der Aufsichtsratsliste anzugeben, wenn es nicht um Identifikation, sondern um Qualifikation geht; das gilt z.B. für die Mitglieder des (ersten) Aufsichtsrates nach §§ 37 Abs. 4 Nr. 3a, 106 AktG. 12

Nach der Übergangsvorschrift Art. 3 Abs. 3 MHbeG[3] war das Geburtsdatum auch bei bereits eingetragenen Kaufleuten oder persönlich haftenden Gesellschaftern, die am 1.1.1999 noch minderjährig waren, bis spätestens 1.7.1999 zur Eintragung in das Handelsregister anzumelden. Die zwingende Eintragung des Geburtsdatums entschärft gleichzeitig das Problem, das hinsichtlich des Gutglaubensschutzes Dritter aufgetreten ist, wenn ein Minderjähriger, als solcher nicht erkennbar, im Handelsregister eingetragen war (dazu unten § 15 Rn. 22, 43). 13

3. Einreichung/Anmeldung der aktuellen Geschäftsanschrift/Empfangs- und Zustellungsbevollmächtigte

Nach § 24 Abs. 2 HRV war die aktuelle Geschäftsanschrift bei der Anmeldung anzugeben und eine **Änderung** dem Registergericht **unverzüglich mitzuteilen**; Entsprechendes galt nach § 24 Abs. 3 HRV für die Geschäftsanschrift einer Zweigniederlassung. Die Angaben über die Geschäftsanschrift unterlagen dem Einsichtsrecht nach § 9. Nach §§ 40 Nr. 2b, 43 Nr. 2b HRV (geändert durch das EHUG[4]) wurde dann die Postleitzahl des Orts der Zweigniederlassung mit eingetragen. Die Aussagekraft des Handelsregisters wurde dadurch erheblich gesteigert und damit das Informationsbedürfnis des Geschäfts- und Rechtsverkehrs befriedigt[5]. Durch das MoMiG ist die Anmeldung und Aufnahme der Geschäftsanschrift in die Registereintragung eingeführt worden (§§ 13 Abs. 1 und 2, 13d Abs. 2, 13e Abs. 2, 29, 31 Abs. 1 und 106 Abs. 2 Nr. 2 HGB; §§ 8 Abs. 4, 10 Abs. 1 GmbHG; §§ 37 Abs. 3, 39 Abs. 1 AktG)[6]. Die Änderung der Geschäfts- 14

---

1 Vgl. BT-Drucks. 13/8444 S. 57.
2 V. 10.11.2006, BGBl. I 2553.
3 Minderjährigenhaftungsbeschränkungsgesetz – MHbeG – v. 25.8.1998, BGBl. I 2487, 2488.
4 V. 10.11.2006, BGBl. I 2553.
5 Vgl. BT-Drucks. 13/8444 S. 86 f.
6 Dazu *Seibert*, Der Regierungsentwurf des MoMiG und die haftungsbeschränkte Unternehmergesellschaft, GmbHR 2007, 673; durchaus kritisch zu den Vorschlägen

anschrift ist nach § 24 Abs. 2 HRV weiter unverzüglich dem Registergericht mitzuteilen. Durch das MoMiG wird auch die Eintragung von Empfangs- und Zustellungsbevollmächtigten ermöglicht, woher diese Eintragung an der Rechtsscheinwirkung des Registers teilnimmt, vgl. § 13e Abs. 2 HGB; § 10 Abs. 2 GmbHG; § 39 Abs. 1 AktG.

IV. Registergerichtliche Prüfung

1. Satzungskontrolle bei Eintragung von Kapitalgesellschaften[1]

15 Mit dem durch das HRefG eingefügten § 9c Abs. 2 GmbHG ist der Umfang der **registergerichtlichen Kontrolle** von GmbH-Gesellschaftsverträgen **reduziert** und **konkretisiert** sowie eine Beschleunigung des Eintragungsverfahrens erreicht worden. Die Bestimmung lautet:

„Wegen einer mangelhaften, fehlenden oder nichtigen Bestimmung des Gesellschaftsvertrages darf das Gericht die Eintragung nach Absatz 1 nur ablehnen, soweit diese Bestimmung, ihr Fehlen oder ihre Nichtigkeit

1. Tatsachen oder Rechtsverhältnisse betrifft, die nach § 3 Abs. 1 oder auf Grund anderer zwingender gesetzlicher Vorschriften in dem Gesellschaftsvertrag bestimmt sein müssen oder die in das Handelsregister einzutragen oder von dem Gericht bekannt zu machen sind,
2. Vorschriften verletzt, die ausschließlich oder überwiegend zum Schutze der Gläubiger der Gesellschaft oder sonst im öffentlichen Interesse gegeben sind, oder
3. die Nichtigkeit des Gesellschaftsvertrages zur Folge hat."

Eine **inhaltlich entsprechende** Bestimmung wurde als **§ 38 Abs. 3 AktG** für die Registerkontrolle der Satzung bei Eintragung einer Aktiengesellschaft eingeführt. Im Vorfeld wurde die Frage, ob insoweit eine förmliche gesetzliche Regelung überhaupt erforderlich ist, kontrovers diskutiert[2]. Mit § 9c Abs. 2 GmbHG, § 38 Abs. 3 AktG und § 11a Abs. 3 GenG wurden dem Umfang der registergerichtlichen Kontrolle förmliche Schranken gesetzt. Die Norm steht, worauf *Hüffer* zutreffend hinweist, nicht nur systematisch unglücklich, sie ist auch inhaltlich nicht geglückt, weil sie insbesondere, den

---

der Ein-Euro-Unternehmergesellschaft und der Abschaffung des Beurkundungszwangs bei Verwendung einer Mustersatzung *Römermann*, MoMiG: Regierungsentwurf mit „Überraschungs-Coups", GmbHR 2007, R 193, und *Ries*, Brauchen wir die Unternehmergesellschaft und den Verzicht auf die notarielle Beurkundung des GmbH-Gesellschaftsvertrages?, NotBZ 2007, 244: *Kleindiek*, Die Unternehmergesellschaft (haftungsbeschränkt) des MoMiG – Fortschritt oder Wagnis?, BB 2007, Heft 27, I; *Breitenstein/Meyding*, Der Regierungsentwurf zum MoMiG: Die Deregulierung des GmbH-Rechts schreitet voran, BB 2007, 1457.

1 Dazu *Ammon*, Die Prüfungsbefugnisse des Registergerichts bei GmbH-Anmeldungen – besteht Reformbedarf?, DStR 1995, 1311; *Hüffer*, § 38 AktG Rn. 11 ff.; eingehend GroßKommAktG/*Röhricht*, § 38 AktG Rn. 45 ff. zum damaligen, inzwischen Gesetz gewordenen Entwurf eines § 38 Abs. 3 AktG; ferner *Scholz/Winter*, § 9c GmbHG Rn. 16 ff.; zu Recht kritisch zur Neuregelung *Lutter/Hommelhoff/Bayer*, § 9c GmbHG Rn. 14; vgl. ferner unten § 8 Rn. 35 f. und 1. Aufl. § 8 Rn. 64.
2 Bejahend z.B. *Gustavus*, GmbHR 1998, 17, 18; ablehnend Bund-Länder-Arbeitsgruppe, Beil. z. BAnz. v. 9.8.1994 Nr. 148a; *Ammon*, DStR 1995, 1311, 1315; zurückhaltend auch *Hüffer*, § 38 AktG Rn. 11.

Das **Registergericht prüft** nach wie vor die **Anmeldung in formeller und materieller Hinsicht**, d.h. es prüft die Ordnungsmäßigkeit der Anmeldung und die Gesetzmäßigkeit der Errichtung der Gesellschaft. Die Einschränkung der registergerichtlichen Kontrolle bedeutet aber, dass die Eintragung einer Kapitalgesellschaft oder Genossenschaft, soweit es um Einzelregelungen des Gesellschaftsvertrages oder der Satzung geht, nur noch in den durch das Gesetz abschließend aufgezählten Fällen abgelehnt werden darf. Das bedeutet, die Ablehnung der Eintragung kommt nur in Betracht, wenn die Satzung wegen ihrer Unvollständigkeit oder wegen des Inhalts einer Regelung gegen das Gesetz verstößt. Zu prüfen sind wie zuvor schon alle Satzungsbestimmungen, die nach § 3 Abs. 1 GmbHG bzw. § 23 Abs. 3 und 4 AktG zwingender Inhalt sind. Die bisherigen praktischen Erfahrungen mit der Neufassung zeigen, dass eine markante Änderung gegenüber der vorherigen Prüfungspraxis nicht auszumachen ist. Das liegt ersichtlich auch daran, dass schon bisher im Wesentlichen nach den nunmehr gesetzlich niedergelegten Grundsätzen geprüft worden ist. Zu der für eine zu weitgehende Prüfungspraxis immer wieder herangezogenen Entscheidung des BayObLG vom 29.10.1992[2] ist anzumerken, dass es sich dabei um eine „Ausnahmeentscheidung" handelt, die weder in der vorausgegangenen noch in der nachfolgenden Rechtsprechung dieses Gerichts eine Stütze findet. Hinzu kommt, dass sich diese Entscheidung gerade nicht auf die Errichtung einer Gesellschaft, sondern auf eine Satzungsänderung bezieht. Das Gesetzesanliegen, durch die Änderung der Prüfungspraxis rasch zur Entstehung der juristischen Person beizutragen, wird daher von dieser Entscheidung überhaupt nicht tangiert[3]. **Spätere Satzungsänderungen** sind in die Prüfungsbeschränkung ausdrücklich **nicht einbezogen** worden[4]. Dürften danach weiterhin unveränderte alte Satzungsbestandteile beanstandet werden, befürchtet *Priester*[5], dass sich Registerrichter das, was sie bei der Errichtungsprüfung zunächst durchgehen lassen müssen, für später „vornotieren" können, um es bei einer Satzungsänderung zu beanstanden. Die Befürchtung erscheint unbegründet; denn auch ohne eine förmliche Einschränkung der Prüfungskompetenz war ein derartiges Verhalten schon bisher nicht zu beobachten[6].

Als Fazit bleibt, dass die **Gesetzesänderung** nur **Bedeutung für** solche **Satzungsbestimmungen** hat, die nicht schon kraft zwingenden Rechts im Gesellschaftsvertrag (Satzung) geregelt sein müssen. Dabei findet der Gedanke Berücksichtigung, dass das Gericht nicht gezwungen sein soll, an der Eintragung oder Veröffentlichung unrichtiger Tatsachen oder unwirksamer

---

1 *Hüffer*, § 38 AktG Rn. 11; GroßKommAktG/*Röhricht*, § 38 AktG Abs. 3 Rn. 46: „rechtstechnisch nicht sehr glücklich abgefasste Norm".
2 BayObLG v. 29.10.1992 – 3 ZBR 38/92, DB 1993, 156; dazu BT-Drucks. 13/8444 S. 76.
3 Dazu *Ammon*, DStR 1998, 1474, 1479.
4 BT-Drucks. 13/8444, S. 80; *Frenz*, ZNotP 1998, 178, 183.
5 *Priester*, DNotZ 1998, 707.
6 Vgl. nur BayObLG v. 13.11.1996 – 3 ZBR 168/96, GmbHR 1997, 73.

Rechtsvorgänge mitzuwirken. In § 9c Abs. 2 Nr. 2 GmbHG wird auch für die GmbH auf den Rechtsgedanken des § 241 Nr. 3 AktG zurückgegriffen, mit der Folge, dass auch Satzungsbestimmungen zu beanstanden sind, deren Inhalt Vorschriften verletzt, die ausschließlich oder überwiegend zum Schutz der Gesellschaftsgläubiger oder sonst im öffentlichen Interesse gegeben sind. Im GmbH-Recht sind das vor allem die Vorschriften zur Kapitalaufbringung und -erhaltung und haftungseinschränkende Bestimmungen.

18 Förmlich **ausgenommen vom Prüfungsrecht** sind damit Satzungsbestimmungen, deren Inhalt „nur" gegen das **Wesen der AG** – insoweit nur von geringer Bedeutung[1] – oder das **Wesen der GmbH** verstößt, was im Hinblick auf unentziehbare Individual- oder Minderheitsrechte (z.B. §§ 48, 51a, 50 Abs. 1, 2, § 60 Abs. 2, § 66 Abs. 2, 3 GmbHG) eine deutliche Einschränkung des Prüfungsrechts bewirken kann. Nicht zu prüfen sind ferner Satzungsbestimmungen, deren Inhalt auf eine **sittenwidrige Schädigung der Gläubiger** der Gesellschaft abzielt (Rechtsgedanke des § 241 Nr. 4 AktG)[2].

19 Führt aber eine einzelne nichtige Satzungsbestimmung z.B. wegen § 139 BGB zur **Gesamtnichtigkeit des Gesellschaftsvertrages (Satzung)**, ist dies in jedem Fall zu beanstanden (§ 9c Abs. 2 Nr. 3 GmbHG). Dies gilt auch für die Fälle, in denen eine einzelne sittenwidrige Bestimmung der Satzung gleichzeitig gegen gläubigerschützende oder im öffentlichen Interesse erlassene Normen des GmbHG bzw. AktG verstößt.

20 **Unechte Satzungsbestandteile** mit nur schuldrechtlicher Wirkung unterliegen schon nach bisheriger Rechtsprechung nicht der registergerichtlichen Prüfung. Die Prüfung der Errichtung einer Gesellschaft ist ausschließlich Rechtsprüfung, so dass wie vor dem HRefG durch das Registergericht nicht zu prüfen ist, ob eine Regelung zweckmäßig und interessengerecht ist, ob eine Vollständigkeit des Gesellschaftsvertrages über den Mindestinhalt hinaus vorliegt oder ob die wirtschaftlichen Grundlagen der Gesellschaft ausreichend sind[3].

2. Kontrollbefugnis bei Mantelverwendung und Vorratsgesellschaft[4]

21 Unter „**Mantelverwendung**" ist Folgendes zu verstehen: Gelegentlich versuchen Gesellschafter einer vermögenslosen oder nicht mehr als Unterneh-

---

1 Eingehend zur Aktiengesellschaft GroßKommAktG/*Röhricht*, § 38 AktG Rn. 53 ff.
2 Dazu BT-Drucks. 13/8444 S. 78 f.; ferner *Hüffer*, § 38 AktG Rn. 14.
3 *Hüffer*, § 38 AktG Rn. 3; GroßKommAktG/*Röhricht*, § 38 AktG Rn. 31 f.; 1. Aufl. § 8 Rn. 64.
4 Vgl. hierzu *Altmeppen*, Zur Verwendung eines „alten" GmbH-Mantels, DB 2003, 2050; *Bärwaldt/Balda*, Praktische Hinweise für den Umgang mit Vorrats- und Mantelgesellschaften, GmbHR 2004, 50 und 350; *Goette*, Haftungsfragen bei der Verwendung von Vorratsgesellschaften und leeren GmbH-Mänteln, DStR 2004, 461; *Heidinger*, Der Kapitalschutz der GmbH auf dem Prüfstand, DNotZ 2005, 108; *Heidinger*, ZGR 2005, 101; *Herchen*, Vorratsgründung, Mantelverwendung und geräuschlose Beseitigung der GmbH, DB 2003, 2211; *Kallmeyer*, Mehrfachaufbringung des Stammkapitals einer GmbH, GmbHR 2003, 322; *Schaub*, Vorratsgesellschaften

men im Geschäftsverkehr tätigen GmbH diese wenigstens dadurch noch gewinnbringend zu nutzen, dass sie ihre Geschäftsanteile veräußern. Der Erwerber, der mit der Gesellschaft einen völlig anderen Geschäftsbetrieb betreiben will, spart dadurch den Zeit- und Geldaufwand für eine Neugründung und umgeht die Gründerhaftung. Dabei geht häufig eine im Wesentlichen wertlose „Hülse" der juristischen Person über. Dieses Verfahren ist bedenklich, weil der Erwerber damit die gesamten für eine Gesellschaftsgründung in Form einer GmbH vorgesehenen Sicherungen umgehen könnte. Insbesondere wird der Grundsatz der vollständigen Aufbringung eines Mindestkapitals verletzt. Die „Mantelverwendung" wird trotzdem von der h.M. nicht als nichtig angesehen; jedoch muss der Erwerber einer vermögenslosen GmbH mit einer erneuten **Pflicht zur vollständigen Kapitalaufbringung** (des satzungsmäßigen Kapitals) nach §§ 7, 19 GmbHG rechnen, wobei ein Prüfungsrecht des Gerichts früher immer dann angenommen wurde, wenn gleichzeitig Änderungen des Gesellschaftsvertrages (insbesondere bezüglich Firma und Gegenstand), Wechsel der Geschäftsführer und Übertragung von Geschäftsanteilen zu einem symbolischen Kaufpreis vorgenommen wurden[1]. Nach BGH[2] reicht für das Prüfungsrecht des Registergerichts sogar allein schon die Aufnahme wirtschaftlicher Tätigkeit aus. Zudem werden nach diesen Entscheidungen eine erneute Versicherung der Geschäftsführer über die Bewirkung der Leistungen und über deren endgültiger freien Verfügbarkeit für erforderlich gehalten und sollen bis zur Offenlegung (= Anmeldung zum Handelsregister) des Mantelerwerbs die Grundsätze der Gründerhaftung gelten. Stichtag für die Haftung ist der Tag der Aufnahme der unternehmerischen Tätigkeit bis zum Tag der Offenlegung[3].

Eine **Vorratsgründung** ist nach BGH[4] zulässig, wenn die Bestimmung der Gesellschaft, als sog. Mantel für die Aufnahme eines späteren Geschäftsbetriebes zu dienen, bei der Bezeichnung des Unternehmensgegenstandes deutlich klargestellt wird (sog. Vorratsgründung). Ausreichend dafür ist die Angabe „Verwaltung des eigenen Vermögens". Nach BGH[5] findet auch hier eine **registergerichtliche Prüfung der Kapitalausstattung** statt, sobald die

---

vor dem Aus?, NJW 2003, 2125; *Thaeter/Meyer*, Vorratsgesellschaften – Folgen für die Praxis aus der Entscheidung des BGH v. 9.12.2002, DB 2003, 539; *Ulrich*, Verwendung von Vorratsgesellschaften und gebrauchten Gesellschaftsmänteln nach dem BGH-Beschluss vom 7. Juli 2003, WM 2004, 915.

1 BGH v. 16.3.1992 – II ZB 17/91, BGHZ 117, 323 ff.; OLG Frankfurt am Main v. 4.11.1998 – 21 U 264/97, GmbHR 1999, 32; LG Dresden v. 7.4.2000 – 42 T 51/99, GmbHR 2000, 1151 (mit Anmerkung *Schwarz*); LG Frankfurt (Oder) v. 31.8.2000 – 32 T 14/99, DB 2001, 692; str., zuletzt anders BayObLG v. 24.3.1999 – 3 ZBR 295/98, DStR 1999, 1036 = DNotZ 2000, 227; dazu *Banerjea*, NZG 1999, 817.
2 BGH v. 9.12.2002 – II ZB 12/02, GmbHR 2003, 227 und BGH v. 7.7.2003 – II ZB 4/02, GmbHR 2003, 1125.
3 OLG Jena v. 1.9.2004 – 4 U 37/04, ZIP 2004, 2327 ff. (n. rkr.), kritisch hierzu *Heidinger* DNotZ 2005, 108; vgl. auch *Bärwaldt/Balda* GmbHR 2004, 50 ff., 350 ff.; *Thaeter/Meyer* DB 2003, 539 ff.; *Herchen* DB 2003, 2211 ff.; kritisch *Kallmeyer* GmbHR 2003, 322 ff. und *Altmeppen* BB 2003, 2050 ff.
4 BGH v. 16.3.1992 – II ZB 17/91, BGHZ 117, 323.
5 BGH v. 9.12.2002 – II ZB 12/02, GmbHR 2003, 227 und BGH v. 7.7.2003 – II ZB 4/02, GmbHR 2003, 1125.

GmbH erstmals unternehmerisch am Wirtschaftsleben teilnimmt[1]. Genauso wie bei der Mantelverwendung ist eine erneute Versicherung der Geschäftsführer über die Bewirkung der Leistungen und über deren endgültiger freien Verfügbarkeit erforderlich und sollen bis zur Offenlegung (= Anmeldung zum Handelsregister) der Ingangsetzung die Grundsätze der Gründerhaftung gelten. Dem kann nicht entgegengehalten werden, das Gesetz sehe eine Prüfung der Kapitalausstattung immer nur bei der Errichtung der Gesellschaft vor. In der Konzeption der GmbHG ist die offene Vorratsgesellschaft nicht vorgesehen gewesen. Sie ist durch Bedürfnisse des Wirtschaftslebens mit Billigung der Rechtsprechung entstanden. Deshalb können für sie auch **besondere Kontrollkriterien** gelten. Der Einwand des zweimaligen Prüfungsaufwandes zieht nicht; denn bei Verwendung einer Vorrats-GmbH muss das Stammkapital, abzüglich geringer Verwaltungskosten, in der Regel im Wesentlichen unversehrt vorhanden sein, was bei einer Bargründung durch Vorlage eines Kontoauszuges der Bank ohne großen Aufwand nachgewiesen werden kann. Vor allem können die Notare schon im Vorstadium darauf hinwirken, dass der entsprechende Kapitalnachweis der Anmeldung von vornherein beigefügt wird.

3. Prüfung der Firma

22 Nach § 18 Abs. 2 S. 1 darf die Firma keine Angaben enthalten, die geeignet sind, über geschäftliche Verhältnisse, die für die angesprochenen Verkehrskreise wesentlich sind, irrezuführen (dazu näher unten § 18). Daraus resultiert eine **materiell-rechtliche Einschränkung**, weil eine Eignung zur Irreführung nur beanstandet werden darf, wenn sie „für die angesprochenen Verkehrskreise wesentlich ist". Nach § 18 Abs. 2 S. 2 darf im Registerverfahren die Eignung zur Irreführung nur berücksichtigt werden, wenn sie ersichtlich ist. Daraus ergibt sich eine **verfahrensrechtliche Einschränkung.** Die Eintragung einer Firma kann nur abgelehnt werden, wenn bei der Firma oder einem Firmenbestandteil die Täuschungseignung nicht allzu fern liegt und ohne umfangreiche Beweisaufnahme bejaht werden kann. Diese Einschränkung folgt dem Vorbild des § 37 Abs. 3 MarkenG[2]. Sie gilt auch im Amtslöschungsverfahren nach § 142 FGG (ab 1.9.2009: § 395 FamFG) und im sog. Firmenmissbrauchsverfahren nach § 37 Abs. 1. Nicht anzuwenden ist die Bestimmung auf zivilrechtliche Unterlassungsklagen, die auf § 37 Abs. 2 oder § 5 UWG gestützt sind.

4. Beteiligung der Industrie- und Handelskammer

23 Die **Beteiligung** der IHK am Registerverfahren wurde auf Vorschlag des Bundesrates[3] durch eine Änderung von § 23 S. 2 HRV im Interesse einer Be-

---

[1] Eingehend *Ammon*, Anm. zu BayObLG, DStR 1999, 1039 f.
[2] Vgl. BT-Drucks. 13/8444 S. 54; *Schaefer*, DB 1998, 1269, 1273; *Priester*, DNotZ 1998, 691, 698; *Lutter/Hommelhoff/Bayer*, § 4 GmbHG Rn. 30; kritisch zum Merkmal der „Ersichtlichkeit" *Wolff*, DZWIR 1997, 397, 401 und *Ammon*, DStR 1998, 1474, 1478.
[3] BT-Drucks. 13/8444 S. 95.

schleunigung des Registerverfahrens **eingeschränkt**. Danach ist bei der Eintragung neuer Firmen und von Firmenänderungen nicht mehr in der Regel, sondern nur noch in zweifelhaften Fällen ein Gutachten der IHK, nach dem EHUG[1] auch auf elektronischem Wege, einzuholen. Insbesondere im Hinblick auf die Liberalisierung des Firmenrechts ist die regelmäßige Einholung eines Gutachtens wegen des hohen Verwaltungsaufwands nicht mehr vertretbar. Ein **zweifelhafter Fall**, in dem ein Gutachten eingeholt werden muss, ist immer anzunehmen, wenn in Abweichung von einer bisherigen Gepflogenheit eingetragen werden soll oder eine Frage beim Registergericht erstmals zur Beurteilung ansteht.

V. Varia

1. Publizität der Gesellschafter einer GmbH

Nach § 40 Abs. 1 S. 1 GmbHG sind die Geschäftsführer verpflichtet, anstelle der bisherigen „Jahresliste", bei jeder **Änderung im Gesellschafterbestand** unverzüglich eine aktuelle Gesellschafterliste beim Registergericht einzureichen. Verletzen sie ihre Pflicht, haften sie den Gesellschaftsgläubigern als Gesamtschuldner auf Schadensersatz (§ 40 Abs. 3 GmbHG). Die früher erforderliche Einreichung der jährlichen **„Negativerklärung"**, wenn ein Gesellschafterwechsel nicht stattgefunden hat, ist entfallen. 24

Um die Richtigkeitsgewähr der Gesellschafterliste zu erhöhen und den gutgläubigen Erwerb von GmbH-Geschäftsanteilen zu ermöglichen, sieht das MoMiG in der Neufassung des § 40 GmbHG vor, dass der die Abtretung beurkundende Notar die Liste fertigt und einreicht, und zwar versehen mit der Bescheinigung, dass die geänderten Eintragungen den Veränderungen entsprechen, an denen er mitgewirkt hat, und die übrigen Eintragungen mit dem Inhalt der zuletzt im Handelsregister aufgenommenen Liste übereinstimmen. 25

2. Sitzwahl bei AG und GmbH

Durch Einfügung des § 4a GmbHG durch das Handelsrechtsreformgesetz wurde die frühere **freie Sitzwahl** der GmbH **eingeschränkt** und der Regelung bei der Aktiengesellschaft angeglichen (§ 5 Abs. 2 AktG). Demnach mussten seit dem 1.1.1999 statuarischer und tatsächlicher Sitz grundsätzlich übereinstimmen (§ 4a Abs. 2 GmbHG)[2]. Durch das MoMiG sind § 5 Abs. 2 AktG und § 4a Abs. 2 GmbHG wieder aufgehoben worden. Dadurch ist es den deutschen AG und GmbH ermöglicht worden, ihren Verwaltungssitz im Ausland zu nehmen, wobei der statutarische Sitz aber im Inland bleiben muss. 26

---

1 V. 10.11.2006, BGBl. I 2553.
2 Vgl. BT-Drucks. 13/8444 S. 75.

3. Angaben auf Geschäftsbriefen

27 Die Liberalisierung des Firmenrechts wird dadurch flankiert, dass die Firma mit Rechtsformbezeichnung zu führen ist und bestimmte Angaben auf Geschäftsbriefen, die früher nur für Kapitalgesellschaften und für Personenhandelsgesellschaften ohne vollhaftende natürliche Personen vorgeschrieben waren, nunmehr auch für den Einzelkaufmann, die OHG und die KG obligatorisch sind (vgl. §§ 37a, 125a – dazu näher die Erl. zu § 37a). Nach § 7 Abs. 5 PartGG i.V.m. § 125a Abs. 1 S. 1, Abs. 2 gilt dies auch für die Partnerschaftsgesellschaften.

4. Elektronisches Handelsregister, Unternehmensregister

28 Nach dem EHUG erfolgt die Registerführung seit dem 1.1.2007 endgültig nur noch elektronisch, was europarechtlich auch geboten ist[1]. Zudem ist ein zentral geführtes elektronisches Unternehmensregister eingeführt worden. In dem Unternehmensregister werden nach § 8b Abs. 2 zugänglich gemacht: alle Eintragungen des Handelsregisters, Genossenschaftsregisters und Partnerschaftsregisters (§ 8b Abs. 2 Nr. 1 bis 3), alle Bekanntmachungen der vorgenannten Register und die zu diesem Register eingereichten Dokumente (§ 8b Abs. 2 Nr. 1 bis 3), Unterlagen über die Rechnungslegung nach § 325 und deren Bekanntmachung (§ 8b Abs. 2 Nr. 4), gesellschaftsrechtliche Bekanntmachungen (§ 8b Abs. 2 Nr. 5, wie z.B. Auflösung und Kapitalherabsetzung bei der GmbH), bestimmte Bekanntmachungen der Insolvenzgerichte (§ 8b Abs. 2 Nr. 11), Mitteilungen im Aktionärsforum nach § 127a AktG (§ 8b Abs. 2 Nr. 6), kapitalmarktrechtliche Bekanntmachungen (§ 8b Abs. 2 Nr. 7 bis 10). Die aufgezählten Daten stellen nur einen Mindestinhalt dar, der in Zukunft noch ausgeweitet werden kann. Unter „zugänglich machen" versteht die Vorschrift, dass nicht unbedingt alle Daten in das Unternehmensregister eingestellt werden müssen, sondern dass Links zu den Originaldatenbeständen ausreichen, gerade bezüglich der Daten vom Handels-, Genossenschafts- und Partnerschaftsregister und Bekanntmachungen der Insolvenzgerichte.

Geführt wird das Unternehmensregister im Auftrag des Bundesministeriums der Justiz (BMJ) durch den elektronischen Bundesanzeiger, durch den schon vorher eine Vielzahl der vorgenannten Informationen bekanntgemacht wurde. Nach § 9a Abs. 1 soll das BMJ die Möglichkeit haben, mit Zustimmung des Bundesrats auch andere juristische Personen des Privatrechts mit der Führung des Unternehmensregisters zu beauftragen.

5. Elektronischer Rechtsverkehr

29 Das EHUG ermöglicht den elektronischen Rechtsverkehr mit dem Registergericht. Die elektronische Einsichtnahme ist nach § 9 nicht nur in das Register selbst, sondern auch in die dort eingereichen Dokumente möglich, die zu-

---

[1] Richtlinie v. 15.7.2003, 2003/58/EG (ABl. EU Nr. L 221, S. 13) – „Publizitätsrichtlinie".

dem auch elektronisch übermittelt werden können. Die Bekanntmachungen des Registergerichts erfolgen – jedenfalls ab 2009 – nach § 10 nur noch im elektronischen Bundesanzeiger. Nach § 12 sind Anmeldungen nur noch elektronisch einzureichen. Die Bundesrepublik kommt mit diesen Regelungen Vorgaben der EU[1] nach. Die Vorschriften traten am 1.1.2007 in Kraft; nach Art. 61 EGHGB ist allerdings vorgesehen, dass Bekanntmachungen bis Ende 2008 noch in einem weiteren Printmedium erfolgen müssen und dass die Länder bis Ende 2009 auch noch Anmeldungen in Papierform zulassen können.

§ 8
Handelsregister

(1) Das Handelsregister wird von den Gerichten elektronisch geführt.

(2) Andere Datensammlungen dürfen nicht unter Verwendung oder Beifügung der Bezeichnung „Handelsregister" in den Verkehr gebracht werden.

Übersicht

	Rn.		Rn.
I. Überblick		**IV. Eintragungsverfahren**	28
1. Bedeutung des Handelsregisters	1	1. Anmeldung	29
2. Die gesetzlichen Regelungen	5	2. Prüfung der Anmeldung	31
3. Einteilung des Handelsregisters	9	a) Formelle Prüfung	32
4. Die wichtigsten Änderungen durch das HRefG, das EHUG und das MoMiG	10	b) Materielle Prüfung	33
		c) Mängel der Anmeldung	40
		d) Prüfung und Eintragung von Amts wegen	41
II. Zuständigkeit		3. Entscheidung des Registergerichts, Rechtsbehelfe und Rechtsmittel	
1. Sachliche Zuständigkeit	11	a) Registerführung	42
2. Örtliche Zuständigkeit	13	b) Entscheidung des Registergerichts	43
3. Funktionelle Zuständigkeit	14	aa) Aussetzung des Eintragungsverfahrens	44
4. Mitwirkung sonstiger Organe	16	bb) Erlass einer Zwischenverfügung	45
III. Eintragungsfähige Tatsachen		c) Anfechtbarkeit	46
1. Eintragungsfähigkeit		aa) Beschwerde	48
a) Eintragungsfähigkeit und Anmeldepflicht	17	bb) Beschwerderecht	51
b) Eintragungsfähigkeit ohne Anmeldepflicht	19	**V. Wirkung der Eintragung**	
2. Einzelfälle		1. Deklaratorische (rechtsbekundende) Wirkung	52
a) Eintragungsfähige Tatsachen	23	2. Konstitutive (rechtsbegründende) Wirkung	53
b) Nicht eintragungsfähige Tatsachen	24		
c) GmbH-Geschäftsführer	25		
3. Unternehmensverträge	27		

---

1 Richtlinie v. 15.7.2003, 2003/58/EG (ABl. EU Nr. L 221, S. 13) und Richtlinie v. 15.12.2004, 2004/109/EG (ABl. EU Nr. L 390, S. 38).

	Rn.		Rn.
3. Sonderfälle	55	**VII. Einschränkung der Prüfung durch**	
4. Beweisrechtliche Bedeutung	57	das Registergericht	64
VI. Löschung unrichtiger Eintragungen	58	**VIII. Schutz der Bezeichnung „Handelsregister" (§ 8 Abs. 2)**	65

Schrifttum: *Borchert*, Übertragung der Handelsregisterführung von den Gerichten auf die Industrie- und Handelskammern, BB 2003, 2642; *Böttcher/Ries*, Formularpraxis des Handelsregisterrechts, 2003; *Büchel*, Beteiligung von Minderjährigen an Familiengesellschaften, 2001; *Dieckmann*, Verbesserung durch Verlagerung? – Zur künftigen Führung des Handelsregisters, ZRP 2000, 44; *Drischler*, Verfügung über die Führung und Einrichtung des Handelsregisters, 5. Aufl. 1983; *Erdmann*, Ausländische Staatsangehörige in Geschäftsführungen und Vorständen deutscher GmbHs und AGs, NZG 2002, 503; *Frey*, Die Beteiligung der Industrie- und Handelskammern bei Eintragungen in das Handelsregister, BB 1965, 1208; *Gernoth*, Das deutsche Handelsregister – telekommunikative Steinzeit im Zeichen des europäischen Wettbewerbs, BB 2004, 837; *Gustavus*, Empfiehlt sich ein zentrales und ADV-unterstütztes Handelsregister in der Bundesrepublik?, BB 1979, 1175; *Gustavus*, Handelsregister-Anmeldungen, 6. Aufl. 2005; *Habersack*, Europäisches Gesellschaftsrecht, 3. Aufl. 2006; *Hager, J.*, Das Handelsregister, Jura 1992, 97; *Heckschen*, Das Umwandlungsrecht unter Berücksichtigung registerrechtlicher Problembereiche, Rpfleger 1999, 357; *Holzer*, Das Registerverfahrenbeschleunigungsgesetz, NJW 1994, 481; *Keilbach*, Die Prüfungsaufgaben der Registergerichte, MittRhNotK 2000, 365; *Klöhn*, Dürfen Registergerichte Rechtsfragen offen lassen, weil sie „bei realistischem Prüfungsaufwand" nicht beantwortet werden können?, ZIP 2003, 420; *Kögel*, Aktuelle Handelsrechts-Entwicklungen im europäischen Spannungsfeld, Rpfleger 2001, 277; *Krafka/Willer*, Registerrecht, 7. Aufl. 2007; *Lindemeier*, Die Eintragung des Nießbrauchs am Kommanditanteil im Handelsregister, RNotZ 2001, 155; *Melchior/Schulte*, HandelsregisterVO, Kommentar, 2003; *Müller*, Die grenzüberschreitende Verschmelzung nach dem Entwurf des Bundesjustizministeriums, NZG 2006, 286; *Müther*, Das Handelsregister in der Praxis, 2003; *Reimann*, Der Minderjährige in der Gesellschaft, DNotZ 1999, 179; *Ries*, Das deutsche Handelsregister – ein Relikt aus der Steinzeit?, BB 2004, 2145; *Ries*, Quo vadis Handelsregister – oder wie heute Gesetze gemacht werden, BB 2005, 790; *Rust*, Die Beteiligung von Minderjährigen im Gesellschaftsrecht – Vertretung, familien-/vormundschaftsgerichtliche Genehmigung und Haftung des Minderjährigen, DStR 2005, 1942 und 1992; *Scheel*, Befristete und bedingte Handelsregistereintragungen bei Umstrukturierung von Kapitalgesellschaften DB 2004, 2355; *U.H. Schneider*, Die Fortentwicklung des Handelsregisters zum Konzernregister, WM 1986, 181; *Schöpe*, Rechtsprobleme der Reorganisation des Handelsregisters, ZRP 1999, 449; *Schöpe*, Zur künftigen Führung des Handelsregisters, ZRP 2001, 436; *Simon*, Die nur teilweise Befreiung vom Selbstkontrahierungsverbot und das Handelsregister, GmbHR 1999, 588; *Spahlinger/Wegen*, Deutsche Gesellschaften in grenzüberschreitenden Umwandlungen nach „Sevic" und der Verschmelzungsrichtlinie in der Praxis, NZG 2006, 721; *Stober*, Handelsregister und Kammern, ZRP 1998, 224; *Stumpf*, Das Handelsregister nach der HGB-Reform, BB 1998, 2381; *Ulmer*, Handelsregisterführung durch die Industrie- und Handelskammern?, ZRP 2000, 47; *Waldner*, Registererklärungen bei Übertragung eines Kommanditanteils, NotBZ 2004, 436; *Walter*, Registerverfahren-Beschleunigungsgesetz: Die Zukunft hat auch im Handels- und Genossenschaftsregister begonnen, MDR 1994, 429.

Schrifttum zum HRefG und EHUG: siehe oben Vor § 8.

I. Überblick

1. Bedeutung des Handelsregisters

Der **Ursprung des Handelsregisters**, das ein öffentliches Register ist, geht zurück auf Gesellschaftsregister, Prokurenbücher und auf Verzeichnisse „wechselfähiger Personen", wie sie im 17. Jahrhundert im deutschsprachigen Raum und in Frankreich, wenn auch im Einzelnen sehr uneinheitlich ausgestaltet, zu finden waren. Daneben gab es die schon früher durch kaufmännische Selbstorganisation entstandenen sog. Gilderollen, bei denen es sich um Mitgliederlisten der Kaufmannsvereinigungen handelt[1]. 1

Das Handelsregister ist ein bei den Amtsgerichten (§ 125 Abs. 1 FGG bzw. §§ 376 f. FamFG) geführtes Verzeichnis, das Auskunft über bestimmte Tatsachen und Rechtsverhältnisse gibt, die bei kaufmännischen Unternehmen für den Rechtsverkehr bedeutsam sind. Aus §§ 9, 10 ist zu entnehmen, dass dem Handelsregister vorwiegend eine **Publizitätsfunktion** zukommt. 2

Für das Recht auf Einsichtnahme in das Handelsregister ist, anders als beim Grundbuch, ein berechtigtes Interesse nicht erforderlich. Das folgt schon daraus, dass sämtliche Eintragungen nach § 10 zwingend öffentlich bekannt zu machen sind, so dass jedermann, unabhängig von seinem Interesse, davon auch Kenntnis erlangen kann. Zu den Problemen wegen der Speicherung der Handelsregisterdaten in privaten Dateien siehe § 9 Rn. 6. Die Registerpublizität schränkt das aus Art. 2 Abs. 2 GG herzuleitende Recht auf **informationelle Selbstbestimmung** ein. 3

Das Handelsregister kann seine Aufgaben, durch Offenlegung bestimmter Rechtstatsachen im kaufmännischen Bereich der Rechtssicherheit zu dienen, nur erfüllen, wenn die Eintragungen die wesentlichen Rechtsverhältnisse richtig und vollständig wiedergeben. Deshalb besteht eine **öffentlich-rechtliche Pflicht zur Anmeldung** bestimmter Tatsachen (z.B. § 29), deren Erfüllung gegebenenfalls zwangsweise (§ 14) von den Gerichten durchzusetzen ist. Andererseits ist der Umfang von eintragungsfähigen Tatsachen beschränkt, um für alle Unternehmen die Eintragungsdaten untereinander vergleichbar zu machen. Da das Registergericht die Anmeldungen grundsätzlich auf das Vorliegen der formellen und materiellen Voraussetzungen hin zu prüfen hat, um sicherzustellen, dass nur zutreffende Eintragungen vorgenommen werden, erfüllt das Handelsregister auch eine **Kontrollfunktion**. Daran hat das HRefG im Grundsatz nichts geändert. Zu den gesetzlichen Einschränkungen wegen des Prüfungsumfangs siehe oben Vor § 8 Rn. 15. 4

---

1 *Staub/Hüffer*, vor § 8 Rn. 4.

2. Die gesetzlichen Regelungen

5 Das Handelsrechtsreformgesetz (HRefG)[1] hat auch zur Führung des Handelsregisters bemerkenswerte Änderungen gebracht. Auch das EHUG[2] und das MoMiG bringen weitere Änderungen. Zu diesen Änderungen näher unten Rn. 10.

6 Einrichtung und Führung des Handelsregisters sind in den §§ 8 bis 16 nur unvollständig geregelt; § 15 hat zudem in erster Linie materiell-rechtliche Bedeutung. Für das **Verfahren bei Registereintragung und -löschung** sind die Bestimmungen des Gesetzes über die Angelegenheiten der freiwilligen Gerichtsbarkeit (FGG) und hier insbesondere die §§ 125 ff. FGG (ab 1.9.2009: §§ 374 ff. FamFG) maßgebend. Weitere Einzelheiten sind in der Verordnung über die Einrichtung und Führung des Handelsregisters (HRV) vom 12.8.1937[3] niedergelegt, zuletzt maßgeblich geändert durch die Verordnung zur Erleichterung der Registerautomation vom 11.11.2001[4] und durch das EHUG[5]. Daneben gibt es zahlreiche Bestimmungen im HGB (§§ 2, 3 Abs. 2, §§ 13 bis 13h, § 25 Abs. 2, § 28 Abs. 2, §§ 29, 31 bis 34, 53 sowie §§ 106 bis 108, §§ 143, 144 Abs. 2, §§ 148, 150, 157, 162, 175), die Regelungen für das Anmelde- und Eintragungsverfahren enthalten. Ferner ist auf handelsrechtliche Sondergesetze wie GenG und UmwG, für Kapitalgesellschaften auf die einschlägigen Normen im Aktiengesetz (z.B. §§ 36, 37, 81, 181, 184, 223, 266 AktG sowie für Unternehmensverträge §§ 294, 295, 298 AktG), im SE-AG (§§ 21, 46 SEAG) und im GmbH-Gesetz (z.B. §§ 7, 8, 39, 54 bis 58 und § 67 GmbHG) hinzuweisen. Ferner sind für die Eintragung der Rechtsanwaltsgesellschaft u.a. die §§ 59c bis 59m BRAO maßgebend.

7 Ergänzend ist das Gesetz zur Vereinfachung und Beschleunigung registerrechtlicher und anderer Verfahren vom 20.12.1993[6] – **Registerverfahrenbeschleunigungsgesetz** – zu erwähnen, das nach der Begründung des Regierungsentwurfes[7] die Führung der Grundbücher sowie der Handels- und Genossenschaftsregister zur Förderung der wirtschaftlichen Entwicklung in den neuen Bundesländern dadurch verbessern sollte, dass diese Register voll elektronisch geführt werden können. Durch das EHUG[8] (vgl. Rn. 10) ist diese Entwicklung abgeschlossen.

8 Ähnliche verfahrensrechtliche Regelungen wie das Handelsregister haben das Genossenschaftsregister (§ 147 FGG bzw. §§ 374 Nr. 2, 375 Nr. 7 FamFG), das Vereinsregister (§ 159 FGG bzw. §§ 374 Nr. 4, 387 Abs. 1, 400 f. FamFG), nunmehr verfahrensmäßig geregelt durch die Verordnung über das

---

1 Gesetz zur Neuregelung des Kaufmanns- und Firmenrechts und zur Änderung anderer handels- und gesellschaftsrechtlicher Vorschriften v. 22.6.1998, BGBl. I 1474.
2 BGBl. I 2553.
3 RMBl. S. 515.
4 BGBl. I 3688.
5 V. 10.11.2006, BGBl. I 2553.
6 BGBl. I 2182.
7 BT-Drucks. 12/5553 S. 1.
8 V. 10.11.2006, BGBl. I 2553.

Vereinsregister und andere Fragen des Registerrechts vom 10.2.1999[1] (VRV), und das Güterrechtsregister (§ 161 FGG bzw. §§ 374 Nr. 5, 377 Abs. 2 FamFG). Ein weiteres Register ist durch das Gesetz über Partnerschaftsgesellschaften Angehöriger freier Berufe (PartGG) vom 25.7.1994[2] als **Partnerschaftsregister** eingeführt worden. Obwohl nach § 5 Abs. 2 PartGG auf das Partnerschaftsregister und die registerrechtliche Behandlung von Zweigniederlassungen der Gesellschaft weitgehend die Bestimmungen des HGB anzuwenden sind, hat man nicht auf die Einführung eines gesonderten Registers verzichtet (kritisch hierzu *Michalski/Römermann*[3] mit dem Hinweis, die Einrichtung eines Partnerschaftsregisters sei nur mit dem längst überholten „Standesdünkel" einiger freiberuflicher Berufsorganisationen zu erklären). Dieser Verzicht hätte nahegelegen, wenn man an die Zulässigkeit einer Zahnbehandlungs-GmbH[4] und der **Rechtsanwalts-GmbH**[5] denkt. Vorbild für ein solches gemeinsames Register sollte das in Österreich eingeführte **Firmenbuch** sein[6].

3. Einteilung des Handelsregisters

Das Handelsregister besteht aus den **Abteilungen A und B.** In Abteilung A werden die Einzelkaufleute, die in § 33 genannten juristischen Personen, die OHG und die KG sowie die Europäische wirtschaftliche Interessenvereinigung (EWIV) eingetragen. In Abteilung B sind einzutragen: AG, SE, KGaA, GmbH und VVaG (§ 3 HRV).

9

4. Die wichtigsten Änderungen durch das HRefG, das EHUG und das MoMiG

Das **Handelsrechtsreformgesetz** vom 22.6.1998[7] ist in seinen wesentlichen Bereichen am 1.7.1998 in Kraft getreten. Seit dem 1.1.2007 gelten die Neuerungen durch das **EHUG**[8]. Mit den Änderungen im HRefG ist eine Vereinfachung und Effektivierung des Handelsregisterverfahrens erreicht worden, was durch das EHUG und das **MoMiG** noch weiter forciert wird:

10

– Auf die Hinterlegung der öffentlich beglaubigten handschriftlichen Firmenzeichnung (früher § 29 Hs. 2 a.F.) wurde als unnötiger Formalismus verzichtet (dazu oben Vor § 8 Rn. 11). Ab 2007 ist durch das EHUG die Hinterlegung von Zeichnungen ganz abgeschafft worden.

– Für jedes eingetragene Unternehmen ist die aktuelle Geschäftsanschrift zum Handels- und Genossenschaftsregister anzumelden. Änderungen

---

1 BGBl. I S. 147.
2 BGBl. I 1744.
3 *Michalski/Römermann*, § 4 PartGG Rn. 11.
4 BGH v. 25.11.1993 – I ZR 281/91, BGHZ 124, 224.
5 BayObLG v. 24.11.1994 – 3 ZBR 115/94, BayObLGZ 1994, 353 = NJW 1995, 199; nunmehr gesetzlich geregelt in §§ 59c bis 59m BRAO.
6 *Schoibl*, DNotZ 1993, 561: Ein für Europa beispielhaftes „ADV-Firmenbuch" ersetzt die Handels- und Genossenschaftsregister.
7 BGBl. I 1474.
8 V. 10.11.2006, BGBl. I 2553.

müssen unverzüglich mitgeteilt werden (dazu oben Vor § 8 Rn. 14). Auch die Eintragung von Empfangs- und Zustellungsbevollmächtigten ist nach dem MoMiG möglich (vgl. § 13e Abs. 2, § 39 Abs. 1 AktG, § 10 Abs. 2 GmbHG).

- Die freie Sitzwahl der GmbH war eingeschränkt und an die Rechtslage bei der Aktiengesellschaft (vgl. § 5 AktG) angeglichen worden, um im Interesse des Gläubigerschutzes missbräuchlicher Sitzwahl entgegenzuwirken; durch das MoMiG ist jetzt aber die Verlegung des Verwaltungssitzes ins Ausland möglich (§ 4a GmbHG; dazu oben Vor § 8 Rn. 26).

- Die gerichtliche Kontrolle von Gesellschaftsverträgen, Satzungen und Statuten bei der Ersteintragung von Gesellschaften mit beschränkter Haftung, Aktiengesellschaften und Genossenschaften ist im Interesse eines beschleunigten Eintragungsverfahrens angemessen reduziert und zugleich vereinheitlicht (§ 38 Abs. 3 AktG, § 9c Abs. 1 S. 2 und Abs. 2 GmbHG und § 11a Abs. 3 GenG). Nach der Neufassung des § 25 der Handelsregisterverordnung (HRV) durch das EHUG sollen Entscheidungen (Beanstandung, Zurückweisung oder Eintragung) des Registergerichts „unverzüglich" nach Eingang der Anmeldung getroffen werden. Dies setzt voraus, dass die Registergerichte entsprechend mit Personal bei Post- und Geschäftsstellen ausgestattet werden. Die eigentliche Bearbeitung durch Richter/Rechtspfleger entsprach bei den elektronisch geführten Registern schon längst diesen Vorgaben[1].

- Die Einreichung öffentlich-rechtlicher Genehmigungen ist nicht mehr Voraussetzung für die Eintragung von Kapitalgesellschaften (Streichung der § 8 Abs. 1 Nr. 6 GmbHG und § 37 Abs. 4 Nr. 5 AktG durch das MoMiG).

- Die Gesellschafterpublizität bei der Führung von Gesellschafterlisten nach § 40 GmbHG ist verbessert, die im bisherigen Recht vorgesehene jährliche Einreichung einer aktuellen Liste bzw. einer Negativerklärung bei unverändertem Gesellschafterbestand ist abgeschafft. Stattdessen sind die Geschäftsführer verpflichtet, die Gesellschafterliste unverzüglich nach jeder Änderung zum Handelsregister einzureichen; sie haften den Gesellschaftsgläubigern für Verletzungen dieser Pflichten; die Einreichungspflicht gilt für Notare (statt der Geschäftsführer), die an der Beurkundung von Geschäftsanteilen beteiligt sind (§ 40 GmbHG; dazu oben Vor § 8 Rn. 24 f.).

- Die Registerführung ist bei den Amtsgerichten am Sitz eines Landgerichts für den gesamten Landgerichtsbezirk konzentriert (§ 125 Abs. 1 FGG bzw. § 376 Abs. 1 FamFG); zwingend allerdings erst seit dem 1.1.2002 (dazu oben Vor § 8 Rn. 1). Durch das EHUG ist seit dem 1.1.2007 zwingend die elektronische Registerführung und die elektronische Kommunikation mit dem Registergericht ermöglicht werden (s. dazu oben Vor § 8 Rn. 28, 29).

- Der Aufwand für die öffentlichen Bekanntmachungen von laufenden Registereintragungen, die Zweigniederlassungen betreffen, sind reduziert,

---

1 *Ries*, Rpfleger 2006, 236 f.

den Unternehmen werden dadurch Kosten gespart (§ 10, § 13) (dazu oben Vor § 8 Rn. 8). Nach dem EHUG erfolgen Bekanntmachungen nur noch im elektronischen Bundesanzeiger (§ 10, übergangsweise ist allerdings nach § 61 Abs. 4 EGHGB bis Ende 2008 die Veröffentlichung in einem weiteren Printmedien zwingend vorgesehen), was zu einer weiteren Kostenreduzierung führen wird.

– Jede in das Handels- und Genossenschaftsregister einzutragende natürliche Person ist im Interesse einer eindeutigen Identifizierung mit dem Geburtsdatum anstatt, wie früher, mit ihrem „Stand" oder Beruf eingetragen (dazu oben Vor § 8 Rn. 12).

– Zum Kostenrecht, insbesondere wegen der Handelsregistergebühren, siehe oben Vor § 8 Rn. 9.

Die früher nach § 36 privilegierten, d.h. nicht eintragungspflichtigen Unternehmen von öffentlichen Körperschaften sind nach Aufhebung dieser Bestimmung eintragungspflichtig geworden; sie mussten ihr Unternehmen zur Eintragung in das Handelsregister gem. § 33 bis spätestens 31.3.2000 anmelden (früher § 38 Abs. 3 S. 2 EGHGB); dazu auch unten zu § 36.

Wegen der durch das HRefG erfolgten **Neuregelung des Firmenrechts** siehe die Erläuterungen zu den §§ 18, 19, 21, 22, 24, 29.

II. Zuständigkeit

1. Sachliche Zuständigkeit

Die **Führung des Handelsregisters** ist den Amtsgerichten (§ 8 HGB, § 125 Abs. 1 FGG bzw. §§ 376 Abs. 1, 377 Abs. 1 FamFG) wegen der besonderen Bedeutung dieses Registers übertragen. Die Bemühungen des DIHT, das Handelsregister unter dem Schlagwort „Privatisierung" von den **Industrie- und Handelskammern** führen zu lassen, obwohl es sich bei ihnen nicht um Privatunternehmen, sondern um Körperschaften des öffentlichen Rechts handelt, sind erfolglos geblieben[1]. In der Begründung des Entwurfs zum EHUG wird ausdrücklich ausgeführt, dass sich die Registerführung durch die Gerichte „bewährt" hat[2]. Die Führung des Handelsregisters gehört zu den Rechtspflegeaufgaben, die im Hinblick auf Rechtsschutz und Rechtssicherheit nur von Gerichten wahrzunehmen sind. 11

Soweit dem Amtsgericht **Zuständigkeiten nach § 145 FGG** (§ 375 FamFG) zugewiesen sind (z.B. § 166 Abs. 3, Auskunftserzwingungsverfahren des Kommanditisten gegen die Gesellschaft), wird es nicht als Registergericht, 12

---

[1] Zum Streit über die Übertragung der Registerführung auf die Kammern: *Borchert*, BB 2003, 2642; *Dieckmann*, ZRP 2000, 44; *Gernoth*, BB 2004, 837; *Ries*, BB 2004, 2145; *Ries*, BB 2005, 790; *Schöpe*, ZRP 1999, 449; *Schöpe*, ZRP 2001, 436; *Stober*, ZRP 1998, 224; *Ulmer*, ZRP 2000, 47; *Stumpf* BB 1998, 2380; *Ammon*, DStR 1995, 1311 m.N.
[2] Regierungsbegründung zum EHUG, S. 94.

sondern als Gericht der freiwilligen Gerichtsbarkeit tätig[1]. Deshalb wirken in diesen Verfahren die Organe des Handelsstandes i.S.v. § 126 FGG (§ 380 FamFG) nicht mit.

2. Örtliche Zuständigkeit

13 Die örtliche Zuständigkeit des Registergerichts ist eine **ausschließliche**[2]. Sie ergibt sich für Einzelkaufleute und juristische Personen aus dem Ort der tatsächlichen kaufmännischen Leistung (§§ 29, 33), für Personengesellschaften aus dem Ort der tatsächlichen Geschäftsführung (§§ 106, 161 Abs. 2) und für Kapitalgesellschaften sowie Versicherungsvereine aus dem satzungsmäßigen Sitz (§§ 14, 278 Abs. 3 AktG, § 7 GmbHG, § 30 VAG); für Zweigniederlassungen ist die Zuständigkeit in §§ 13 bis 13h geregelt. Das EHUG[3] sieht hier eine Zuständigkeit des Gerichts der Hauptniederlassung bzw. des Sitzes der Gesellschaft vor (Ausnahme: § 13d Zweigniederlassungen ausländischer Unternehmen). Nach § 125 Abs. 1 FGG (§ 376 Abs. 1 FamFG) ist für die Führung des Handelsregisters das Amtsgericht am Sitz eines Landgerichts für dessen gesamten Bezirk zuständig; eine weitere Konzentration ist nach § 125 Abs. 2 FGG (§ 376 Abs. 2 FamFG) möglich[4].

3. Funktionelle Zuständigkeit

14 Die in § 4 HRV geregelte funktionelle Zuständigkeit ist heute nicht mehr maßgebend; die Bestimmung wird verdrängt durch die Regelung im **Rechtspflegergesetz**, das die Zuständigkeitsverteilung zwischen Richter und Rechtspfleger abschließend regelt. Da die nach den materiellen gesetzlichen Vorschriften vom Richter wahrzunehmenden Geschäfte in registerrechtlichen Handelssachen (7. Abschnitt des FGG) bzw. Registersachen und unternehmensrechtliche Verfahren (Buch 5 des FamFG) nach § 3 Abs. 2 lit. d RPflG grundsätzlich dem Rechtspfleger übertragen sind, spricht die Vermutung für dessen Zuständigkeit, es sei denn, die Geschäfte sind nach § 17 RPflG ausdrücklich dem Richter zur Behandlung zugewiesen. Diese Ausnahmen erstrecken sich insbesondere auf alle Ersteintragungen in das Handelsregister B, insoweit auch auf Satzungsänderungen (§ 17 Nr. 1 lit. a und b RPflG), ferner auf bestimmte Löschungen (§ 17 Nr. 1 lit. e und f, Nr. 2 lit. b RPflG) sowie außerhalb der Registereintragungen auf Einzelgeschäfte nach § 145 FGG (§ 375 FamFG; § 17 Nr. 2 lit. a RPflG). Durch das Justizmodernisierungsgesetz[5] ist es den Landesregierungen ermöglicht, die Richtervor-

---

1 BayObLG v. 7.11.1994 – 3 ZAR 64/94, BayObLGZ 1994, 350; BayObLG v. 18.9.1987 – 3 ZBR 27/87, NJW-RR 1988, 547; *Jansen/Ries*, § 145 FGG Rn. 2; *Bassenge/Roth*, FGG/RPflG, 11. Aufl. 2007, § 145 FGG Rn. 5; a.A. offenbar *Staub/Hüffer*, vor § 8 Rn. 1.
2 *Jansen/Steder*, § 125 FGG Rn. 47; *Bumiller/Winkler*, FGG, 7. Aufl., § 125 FGG Rn. 11.
3 V. 10.11.2006, BGBl. I 2553.
4 Zum Stand in den Bundesländern vgl. *Krafka/Willer*, Registerrecht, 7. Aufl. 2007, Rn. 13.
5 BGBl. I 2004, 2198.

behalte nach § 17 Nr. 1 und 2 lit. b RPflG ganz oder teilweise aufzuheben, vgl. § 19 Abs. 1 Nr. 6 RPflG. Einige Bundesländer haben von dieser Öffnungsklausel Gebrauch gemacht[1].

Allerdings wird nach § 145 FGG (§ 375 FamFG) das Amtsgericht nicht als Registergericht, sondern **als Gericht der freiwilligen Gerichtsbarkeit** tätig. Für das Gericht der Zweigniederlassung gilt der Richtervorbehalt nur, wenn es sich um eine Gesellschaft handelt, deren Hauptniederlassung oder Sitz im Ausland ist[2]. Der Rechtspfleger ist ferner zuständig für sämtliche Eintragungen im Partnerschaftsregister (§ 3 Nr. 2 lit. d RPflG). 15

4. Mitwirkung sonstiger Organe

Nach § 126 FGG (§ 380 FamFG) werden die **berufsständischen Organe** (IHK, Handwerkskammer, Landwirtschaftskammer oder die nach Landesrecht zuständigen Stellen, in Bayern z.B. Bayerischer Bauernverband) bei Eintragungen unterstützend tätig. Ihre Mitwirkung soll sicherstellen, dass unrichtige Eintragungen vermieden, gegebenenfalls beseitigt werden und bei unzulässigem Firmengebrauch eingeschritten wird. Das Registergericht ist an die Auffassungen dieser Organe nicht gebunden; ihnen steht aber gemäß § 126 FGG ein **eigenes Antrags- und Beschwerderecht** zu. 16

III. Eintragungsfähige Tatsachen

1. Eintragungsfähigkeit

a) Eintragungsfähigkeit und Anmeldepflicht

Das Handelsregisterrecht unterscheidet üblicherweise zwischen eintragungsfähigen und nicht eintragungsfähigen Tatsachen; es unterteilt die eintragungsfähigen Tatsachen in die eintragungspflichtigen und nur eintragungsfähigen. Es wäre allerdings zweckmäßiger danach zu unterscheiden, ob eine eintragungsfähige Tatsache anmeldepflichtig ist oder nicht. Das Gesetz enthält keine allgemeine ausdrückliche Regelung darüber, welche Tatsachen eintragungsfähig sind. Es bestimmt vielmehr in zahlreichen Einzelnormen, was eintragungspflichtig und damit auch eintragungsfähig ist. An die **Eintragungspflicht** knüpft regelmäßig die Anmeldepflicht des Kaufmanns; man versteht darunter seine Verpflichtung, Anträge auf Eintragung bestimmter Tatsachen beim Registergericht zu stellen (vgl. die Aufzählung bei Rn. 10). 17

Wegen weiterer Anmeldepflichten in handelsrechtlichen Sondergesetzen siehe ebenfalls oben die Aufzählung Rn. 10 und *Staub/Hüffer*[3]. Da die jeweiligen Anmeldepflichten **enumerativ normiert** sind, gibt es keine general- 18

---

1 § 16h der Verordnung zur Regelung von Zuständigkeiten in der Gerichtsbarkeit und der Justizverwaltung v. 22.1.1998 (NdsGVBl. 66), eingefügt durch Art. 1 Nr. 6 der Verordnung v. 19.7.2005 (NdsGVBl. 258); § 1 VO v. 3.12.2004 (BWGBl. 919); kritisch hierzu *Ries*, BB 2005, 790.
2 *Bassenge/Roth*, FGG/RPflG, 11. Aufl. 2007, § 17 RPflG Rn. 4.
3 *Staub/Hüffer*, § 8 Rn. 25 ff.

klauselartigen, allgemeinen Grundsätze, aus denen im Wege der Rechtsfortbildung[1] eine Anmeldepflicht hergeleitet werden könnte. Vielmehr bedarf es immer der Ableitung einer solchen Pflicht aus einer Einzelnorm im Wege der Analogie. Eine solche **Verpflichtung** hat die Rechtsprechung in einer Reihe von Fällen angenommen, in denen **nach Sinn und Zweck des Handelsregisters**, das der Sicherheit des Rechtsverkehrs dient und die eingetragenen Rechtsverhältnisse zutreffend wiedergeben soll, eine Eintragung der Tatsache geboten ist. Zu nennen hierfür sind beispielsweise die Anmeldepflicht für die Befreiung des Geschäftsführers einer GmbH vom Verbot des Insichgeschäfts (Näheres bei Rn. 25) sowie die in Rn. 23 aufgeführten Fälle. Ferner ist zu erwähnen die Pflicht des Geschäftsführers einer GmbH oder des Vorstands einer AG zur Anmeldung von Unternehmensverträgen (Beherrschungs- und Gewinnabführungsverträge), die mit konstitutiver Wirkung in das Handelsregister eingetragen werden. Allerdings besteht insoweit keine öffentlich-rechtliche Anmeldepflicht; die Verpflichtung folgt vielmehr aus dem Organverhältnis des Geschäftsführers zur GmbH bzw. des Vorstands zur AG. Die Rechtsprechung will damit erreichen, dass das Handelsregister eine **vergleichbare und umfassende Auskunft** über alle Tatsachen und Rechtsverhältnisse von besonderer Bedeutung gibt[2].

Weder Anmelder noch Registerrichter/-rechtspfleger haben ein eigenes Ermessen über einzutragende Tatsachen[3].

b) Eintragungsfähigkeit ohne Anmeldepflicht

19 Die Eintragungsfähigkeit ohne Anmeldepflicht bildet die **Ausnahme.** Solche Ausnahmen sind die Berechtigung der Land- und Forstwirte, unter den Voraussetzungen des § 2 ihre Eintragung im Handelsregister herbeizuführen, ohne dass eine entsprechende Verpflichtung besteht (§ 3 Abs. 2), der Haftungsausschluss des Erwerbers eines Unternehmens, wenn er die Firma fortführt (§ 25 Abs. 2), und der des Gesellschafters, der in das Geschäft eines Einzelkaufmanns eintritt (§ 28 Abs. 2), soweit es sich um einen Gewerbebetrieb im Sinne von § 1 Abs. 2 handelt.

20 Durch das HRefG ist dieser „Ausnahmekatalog" erheblich erweitert worden. Der Minderkaufmann nach § 4 a.F. ist weggefallen. Nunmehr eröffnet aber § 2 dem Kleingewerbebetreibenden unabhängig von der Betriebsgröße eine Option auf Eintragung in das Handelsregister. Mit der Eintragung erwirbt der Kleingewerbler die Kaufmannseigenschaft; die Eintragung wirkt konsti-

---

[1] Insoweit missverständlich *Staub/Hüffer*, § 8 Rn. 46.
[2] Vgl. BGH v. 24.10.1988 – II ZB 7/88, BGHZ 105, 324, 342 ff.; BGH v. 11.1.1991 – II ZR 287/90, BGHZ 116, 37, 43 ff., der die Pflicht zur Eintragung von Unternehmensverträgen bei der GmbH aus § 54 Abs. 1 GmbHG herleitet; BGH v. 28.2.1983 – II ZB 8/82, BGHZ 87, 59 (Befreiung des GmbH-Geschäftsführers vom Verbot des Insichgeschäfts); BayObLG v. 21.3.1986 – 3 ZBR 148/85, NJW 1986, 3029 und LG Chemnitz v. 3.8.2006 – 2 HKT 722/06, GmbHR 2007, 263 (Vertretungsverhältnisse einer ausländischen juristischen Person als Gesellschafter), ferner allgemein *Staudinger/Habermann* 1995, § 64 BGB Rn. 6.
[3] BayObLG v. 16.6.1988 – 3 ZBR 62/88, AG 1988, 379, 382.

tutiv. Er kann aber seinen Kaufmannsstatus jederzeit wieder freiwillig aufgeben, indem er die Löschung beantragt. Diesem Antrag hat das Registergericht zu entsprechen, es sei denn, das Unternehmen hat inzwischen eine solche Betriebsgröße erreicht, die den Kaufmanntatbestand auch ohne Eintragung begründen würde[1]; dazu auch oben Vor § 8 Rn. 4. Kleingewerbetreibende, die ein bestimmtes Gewerbe betreiben oder bestimmte Geschäfte tätigen, unterliegen aber auch ohne Eintragung den entsprechenden handelsrechtlichen Vorschriften, z.B. Handelsvertreter nach § 84 Abs. 4, Handelsmakler nach § 93 Abs. 3, die Kommissionsgeschäfte nach § 383 Abs. 2; ferner Frachtverträge nach § 407 Abs. 3 S. 2; Speditionsverträge nach § 453 Abs. 3 S. 2 und Lagerverträge nach § 467 Abs. 3 S. 2, jeweils in der Fassung des Transportrechtsreformgesetzes (TRG) vom 25.6.1998[2].

Nach § 105 Abs. 2 wird eine Gesellschaft, deren Gewerbebetrieb nicht schon nach § 1 Abs. 2 Handelsgewerbe ist oder die nur eigenes Vermögen verwaltet, zur offenen Handelsgesellschaft, wenn die Firma des Unternehmens auf Anmeldung hin in das Handelsregister eingetragen wird (oben Vor § 8 Rn. 6)[3]. Die Bestimmung ist nach § 161 Abs. 2 auch auf die Kommanditgesellschaft anwendbar. Sie ermöglicht aber keine Freiberufler-OHG oder KG[4]. Ergänzend siehe oben Vor § 8 Rn. 6.

Nach § 1 Abs. 2 hat zwar die Eintragung in das Handelsregister für den „Istkaufmann" nur deklaratorische Bedeutung. Für die Zuständigkeit der Kammer für Handelssachen nach § 95 Abs. 1 Nr. 1 GVG ist aber aus Gründen der Rechtssicherheit allein die Eintragung im Handelsregister maßgebend[5].

Grundsätzlich ist das Handelsregister nicht dazu bestimmt, die **Verhältnisse des Kaufmanns** lückenlos offen zu legen[6], mag es sich auch um Tatsachen handeln, die für Dritte im Rahmen des Rechtsverkehrs durchaus wichtig sein können. So ist das haftende Kapital eines Einzelkaufmanns oder einer OHG nicht eintragungsfähig; bei der KG wird zwar die Haftungssumme des Kommanditisten eingetragen, nicht aber die Tatsache, ob die Einlage geleistet worden ist. **Nicht eintragungsfähig** ist somit, was das Gesetz einschließlich seiner Auslegung nach Sinn und Zweck des Handelsregisters zur Eintragung nicht zulässt[7]. Der besonderen Publizitätsfreude einzelner Unternehmen darf das Registergericht nicht nachkommen.

21

22

---

1 Zur Rechtsstellung des nicht eingetragenen Kleingewerbetreibenden eingehend *K. Schmidt*, NJW 1998, 2163 m.w.N.; ferner *Ammon*, DStR 1998, 1474, 1475.
2 BGBl. I 1588.
3 Vgl. dazu BT-Drucks. 13/8444 S. 63 f.
4 A.A. *K. Schmidt*, NJW 1998, 2161, 2165, der die Vorschrift auf jede nichtgewerbliche Außengesellschaft anwenden will; *K. Schmidt*, ZHR 163 (1999), 87, 89 f.; wie hier *Schön*, DB 1998, 1169, 1174; *Frenz*, ZNotP 1998, 178, 181 f.; dazu auch *Reiff*, ZIP 1999, 1329, 1331 f.; ferner *Ammon*, DStR 1998, 1476.
5 Siehe BT-Drucks. 13/8444 S. 83.
6 OLG Karlsruhe v. 20.10.1963 – 5 W 57/63, GmbHR 1964, 78; OLG Düsseldorf v. 4.9.1991 – 3 Wx 66/91, BB 1991, 2105, 2106.
7 BGH v. 29.6.1981 – II ZR 142/80, BGHZ 81, 82, 87; *K. Schmidt*, HR, § 13 I 1c S. 377 f.

2. Einzelfälle

a) Eintragungsfähige Tatsachen

23 **Eintragungspflichtig** sind auf Anmeldung: Die Befreiung des Geschäftsführers einer GmbH von den Vorschriften des § 181 BGB[1] (dazu näher unten Rn. 25); die Befreiung des persönlich haftenden Gesellschafters einer KG von den Beschränkungen des § 181 BGB[2]; die Befreiung der gesetzlichen Vertretungsorgane der persönlich haftenden Gesellschafterin einer KG von den Beschränkungen des § 181 BGB[3]; die Befugnis des Prokuristen zur Veräußerung und Belastung von Grundstücken nach § 49 Abs. 2[4]; die BGB-Gesellschaft (und deren Gesellschafter) als persönlich haftende Gesellschafterin einer OHG oder KG[5]; die Vertreter einer ausländischen Komplementär-GmbH und deren Vertretungsmacht[6]; der Geschäftsleiter der deutschen Zweigniederlassung einer ausländischen Bank[7]; akademische Grade einzutragender Personen; Sonderrechtsnachfolge in Kommanditanteil[8]; Erbfolge in Kommanditanteil (bezeichnet als Sondererbfolge oder als Gesamtrechtsnachfolge)[9]; Änderungen eingetragener Tatsachen sowie Veränderungen in den Personalien eingetragener Personen. Insoweit besteht auch eine Anmeldepflicht, um sicherzustellen, dass das Handelsregister stets auch zutreffende Auskunft über die Personalien eingetragener Personen gibt[10]. Dabei wird man zwar auf die notarielle Beglaubigung der Anmeldung, nicht aber auf den Nachweis der Veränderung durch entsprechende Unterlagen (wie beglaubigte Abschrift aus dem Personenstandsbuch) verzichten können[11]. Auch Verschmelzungen ausländischer Rechtsträger (aus dem Raum der EU und der EFTA) auf deutsche Rechtsträger sind eintragungsfähig[12].

---

1 BGH v. 28.2.1983 – II ZB 8/82, BGHZ 87, 59; BayObLG v. 29.5.1979 – I ZBR 36/79, BB 1980, 597; BayObLG v. 30.8.1983 – 3 ZBR 116/83, BB 1984, 238.
2 OLG Hamburg v. 29.4.1986 – 2 W 3/86, ZIP 1986, 1186.
3 BayObLG v. 4.11.1999 – 3 ZBR 321/99, GmbHR 2000, 91 und v. 7.4.2000 – 3 ZBR 77/00, GmbHR 2000, 731; dies gilt auch für die englische Komplementär-Limited und ihre „directors", OLG Frankfurt v. 28.7.2006 – 20 W 191/06, DB 2006, 1949.
4 BayObLG v. 15.12.1971 – 2 ZBR 83/70, NJW 1971, 810.
5 LG Berlin v. 8.4.2003 – 102 T 6/03, GmbHR 2003, 719.
6 OLG Dresden v. 21.5.2007 – 1 W 52/07, NZG 2008, 265; LG Stade v. 6.9.2007 – 8 T 7/07, GmbHR 2007, 1160; LG Chemnitz v. 3.8.2006 – 2 HKT 722/06, GmbHR 2007, 263 mit zust. Anm. *Wachter*, GmbHR 2007, 1159; a.A. LG Berlin v. 27.2.2007 – 102 T 4/07, GmbHR 2008, 43.
7 § 53 Abs. 2 Nr. 1 KWG; BayObLG v. 12.7.1973 – 2 ZBR 31/73, NJW 1973, 2162.
8 BGH v. 19.9.2005 – II ZB 11/04, DB 2005, 2811.
9 OLG Hamm v. 16.9.2004 – 15 W 304/04, NJW-RR 2005, 629.
10 So *Staub/Hüffer*, § 8 Rn. 33; a.A., keine Anmeldepflicht wegen Fehlens eines gesetzlichen Gebots, KGJ 29 A 213; OLG Hamburg, RJA 9, 180; *Scholz/U.H. Schneider*, § 39 GmbHG Rn. 4.
11 *Krafka/Willer*, Registerrecht, 7. Aufl. 2007, Rn. 182.
12 Vgl. EuGH v. 13.12.2005 – Rs. C-411/03 („Sevic"), DB 2005, 2804, auf Vorlage des LG Koblenz v. 16.9.2003 – 4 HK T 1/03, WM 2003, 1990. Inzwischen ist das UmwG für genzüberschreitende Verschmelzungen im EU/EFTA-Raum geöffnet, vgl. zweites Gesetz zur Änderung des Umwandlungsgesetzes v. 19.4.2007, BGBl. I, 542; vgl. auch *Spahlinger/Wegen*, NZG 2006, 721 und *Müller*, NZG 2006, 286; *Mayer/Weiler*, DB 2007, 1235 ff. und 1291 ff.

b) Nicht eintragungsfähige Tatsachen

Nicht eintragungsfähig sind: Berufsbezeichnungen[1]; Tatsachen mit aufschiebend bedingter bzw. befristeter Wirksamkeit[2]; Erteilung einer Handlungsvollmacht[3]; die Testamentsvollstreckung oder der Nießbrauch am Kommanditanteil[4]; Teilgewinnabführungsverträge bei GmbH[5]; Anordnung einer Betreuung nach § 1896 BGB sowie gesetzliche Vertreter eines Minderjährigen[6]; güterrechtliche Beschränkungen[7]; Erben- oder Gütergemeinschaft als Gesellschafterin einer Personenhandelsgesellschaft[8]; Sitzverlegung ins Ausland[9]; Vertretungsbefugnis einzelner Miterben einer Erbengemeinschaft[10]; ein Nacherbenvermerk[11]; privatrechtliche Treuhandverhältnisse[12] (hingegen eintragungsfähig die Verwaltung durch die Treuhandanstalt)[13]; der Gegenstand des Unternehmens einer OHG oder KG[14]; rechtsgeschäftliche Vertretungsmacht des Kommanditisten[15], es sei denn der Kommanditist ist Prokurist; die Befreiung des Vorstands einer AG vom Verbot des Selbstkontrahierens (§ 112 AktG). Ein „stellvertretender Geschäftsführer" einer GmbH oder ein „stellvertretendes Vorstandsmitglied" einer AG ist in das

24

---

1 BayObLG v. 16.11.1970 – 2 ZBR 40/70, MDR 1971, 307 – Diplomdetektiv; a.A. LG Augsburg v. 23.3.1989 – 3 HKT 215/89, BB 1989, 1074, 1075; zulässig „Steuerberater" für den Prokuristen einer Steuerberatungsgesellschaft.
2 A.A. *Scheel* DB 2004, 2355.
3 BayObLGZ 1924, 55; OLG Frankfurt v. 18.3.1976 – 20 W 141/76, BB 1976, 569.
4 Str., eingehend *Lindemeier*, RNotZ 2001, 155 und *Schaub*, ZEV 1994, 7; wie hier RGZ 132, 138, auch nicht, wenn sich die Testamentsvollstreckung zulässigerweise (BGH v. 3.7.1989 – II ZB 1/89, BGHZ 108, 187) auf einen Kommanditanteil erstreckt; OLG Frankfurt v. 11.2.1983 – 20 W 561/82, NJW 1983, 1806; KG v. 4.7.1995 – 1 W 5374/92, NJW-RR 1996, 227, mit zust. Anm. *Kick*, EWiR § 2205 BGB 1/95, 981; a.A. Schlegelberger/K. Schmidt, § 177 Rn. 34; Baumbach/Hopt, § 162 Rn. 9; *Ulmer*, NJW 1990, 73, 82; *Damrau*, BWNotZ 1990, 69; mit einer Eintragungsfähigkeit sympathisierend Bengel/Reimann, Handbuch der Testamentsvollstreckung, 3. Aufl. 2001, 5. Kapitel, Rn. 212; zum Nießbrauch am Kommanditanteil, wie hier eingehend und zutreffend *Klose*, DStR 1999, 807 f.
5 Streitig; wie hier: BayObLG v. 18.2.2003 – 3 ZBR 233/02, GmbHR 2003, 534 (mit abl. Anm. *Weigl*); AG Charlottenburg v. 29.11.2005 – HRB 96299, GmbHR 2006, 258.
6 OLG Dresden, Sächs. OLG 32, 133.
7 RG, JW 1906, 405.
8 BayObLG v. 22.1.2003 – 3 ZBR 238/02, Rpfleger 2003, 251.
9 OLG München v. 4.10.2007 – 31 Wx 36/07, DB 2007, 2530 (n. rkr.); OLG Brandenburg v. 30.11.2004 – 6 Wx 4/04, GmbHR 2005, 484; BayObLG v. 11.2.2004 – 3 ZBR 175/03, GmbHR 2004, 490; OLG Hamm v. 1.2.2001 – 15 W 390/00, BB 2001, 744; OLG Düsseldorf v. 26.3.2001 – 3 Wx 88/01, GmbHR 2001, 438; a.A.: Lutter/Roth, Europäische Auslandsgesellschaften in Deutschland, 2005, S. 392 ff.; *Hüffer*, § 5 AktG Rn. 12; vgl. auch *Hoffmann*, ZHR 164 (2000), 43; *Leible*, ZGR 2004, 531; *Bandehzadeh*, NZG 2002, 806 f.
10 KG, RJA 9, 159.
11 OLG München, JFG 22, 89.
12 OLG Hamm v. 5.2.1963 – 15 W 395/62, NJW 1963, 1554.
13 OLG Naumburg v. 3.8.1993 – 4 W 32/93, ZIP 1993, 1500; a.A. LG Münster v. 14.5.1992 – 22 T 2/92, Rpfleger 1992, 439.
14 *Staub/Hüffer*, § 8 Rn. 36.
15 OLG Frankfurt v. 26.9.2005 – 20 W 192/05, NZG 2006, 262.

Handelsregister auch dann nur als Geschäftsführer oder Vorstandsmitglied einzutragen, wenn die Anmelder ausdrücklich die Eintragung des Stellvertreterzusatzes beantragen. Die Vertretungsbefugnis der „Stellvertreter" ist nach außen nicht eingeschränkt, so dass der Zusatz nur Missverständnisse hervorrufen kann. Es ist nicht Zweck des Handelsregisters, betriebsinterne Hierarchien zu verlautbaren[1].

c) GmbH-Geschäftsführer

25 Die Vertretungsbefugnis des GmbH-Geschäftsführers ist nach § 10 Abs. 1 S. 2 GmbHG **eintragungspflichtig** und muss in der Anmeldung generell und vollständig formuliert sein; das gilt auch für die Alleinvertretungsberechtigung bei Bestellung nur eines Geschäftsführers[2]. Die Anmeldung der Alleinvertretungsbefugnis mehrerer Geschäftsführer wird im Sinne einer Einzelvertretungsbefugnis verstanden; die Wortwahl ist durch das Registergericht nicht zu beanstanden[3]; dennoch sollte auch dann nur Einzelvertretungsbefugnis eingetragen werden. Die **satzungsmäßige Ermächtigung** eines Gesellschaftsorgans zur Bestimmung der Vertretungsbefugnis der Geschäftsführer ist **nicht eintragungsfähig**[4]. Die eintragungspflichtige Befreiung vom Verbot des Selbstkontrahierens ist in der Anmeldung aufzuführen; gleiches gilt für eine nur eingeschränkte Befreiung, es sei denn, die Befreiung ist auf einen Einzelvorgang beschränkt[5]. Die Eintragung ist so abzufassen, dass der Umfang der Zulässigkeit eines Insichgeschäfts vollständig dem Handelsregister zu entnehmen ist[6], wobei die Befreiung auch nur bezogen auf bestimmte Rechtsgeschäfte und Vertragspartner möglich ist[7], solange die Beschränkung hinreichend bestimmt ist und sich die Reichweite der Befreiung ohne weitere Nachforschungen aus dem Handelsregister ergibt[8]. Wird der

---

1 BGH v. 10.11.1997 – II ZB 6/97, NJW 1998, 1071, der die Auffassung des vorlegenden BayObLG v. 4.3.1997 – 3 ZBR 348/96, GmbHR 1997, 410, bestätigt hat. Zustimmende Anm. zu BayObLG *Bokelmann*, EWiR § 44 GmbHG 1/97, 523 und *Meier*, WiB 1997, 1271; a.A., allerdings nicht überzeugend, *Ring*, DZWIR 1997, 198 f.
2 H.M., BGH v. 4.12.1974 – II ZB 11/73, BGHZ 63, 261, 264 f.; BayObLG v. 29.5.1979 – 1 ZBR 36/79, BB 1980, 597; *Scholz/Winter*, § 10 GmbHG Rn. 11 m.w.N.
3 BGH v. 19.3.2007 – II Z B 19/06, DB 2007, 1244; OLG Brandenburg v. 28.6.2006 – 7 Wx 3/06, DB 2006, 1551; OLG Frankfurt v. 30.8.1993 – W 336/93, DB 1993, 2174; dazu auch BayObLG v. 7.5.1997 – 3 ZBR 101/97, NJW-RR 1998, 400; a.A. (nur Eintragung einer Einzelvertretungsbefugnis) OLG Naumburg v. 30.9.1993 – 5 W 1/93, DB 1993, 2277; OLG Zweibrücken v. 12.10.1992 – 3 W 134/92, DB 1992, 2337; LG Neubrandenburg v. 13.1.2000 – 10 T 9/99, NotBZ 2000, 198 f. m. abl. Anm. *Gustavus*.
4 BayObLG v. 28.1.1982 – BReg. 1 Z 126/81, BayObLGZ 1982, 41, 45; BayObLG v. 7.5.1984 – 3 ZBR 163/83, BB 1984, 1117, 1118; OLG Hamm v. 4.9.1996 – 15 W 235/96, GmbHR 1997, 32 (für Ermächtigung zur Änderung der Vertretungsregelung); OLG Karlsruhe v. 5.7.1982 – 11 W 40/82, BB 1984, 238; *Hachenburg/Ulmer*, § 10 GmbHG Rn. 10; teilweise anders die Registerpraxis bzgl. der Ermächtigung zur Erteilung von Einzelvertretungsbefugnis, die teilweise eingetragen wird.
5 OLG Düsseldorf v. 1.7.1994 – 3 Wx 20/93, DB 1994, 1922.
6 BGH v. 28.2.1983 – II ZB 8/82, BGHZ 87, 59, 63.
7 *Simon*, GmbHR 1999, 588.
8 OLG Stuttgart v. 18.10.2007 – 8 W 412/07, DB 2007, 2422 (n. rkr.).

Geschäftsführer in der Satzung vom Verbot des Selbstkontrahierens befreit, ist diese Tatsache einzutragen[1]; hingegen ist die in die Satzung aufgenommene bloße Ermächtigung eines Gesellschaftsorgans, den Geschäftsführer vom Verbot des § 181 BGB zu befreien, nicht eintragungsfähig[2]. Nicht eintragungsfähig ist ferner, dass die Befugnis zum Insichgeschäft auch dann gelten soll, wenn sich sämtliche Geschäftsanteile in einer Hand vereinigen[3]; denn die einem bestimmten Geschäftsführer einer mehrgliedrigen GmbH durch die Satzung erteilte und in das Handelsregister eingetragene **Befreiung vom Verbot des Insichgeschäfts erlischt nicht** dadurch, dass der Geschäftsführer Alleingesellschafter der GmbH wird[4]. Die Eintragung der Befreiung von § 181 BGB im Handelsregister hat nur deklaratorische Bedeutung; die Befreiung bleibt auch ohne Eintragung wirksam[5]. Die auflösend bedingte Bestellung eines Geschäftsführers ist eintragungsfähig[6].

Werden nicht eintragungsfähige Tatsachen in das Handelsregister eingetragen, ist dies zwar grundsätzlich ohne registerrechtliche Rechtswirkung; dennoch kann es zur **Haftung des Anmelders** nach den allgemeinen Grundsätzen der Rechtsscheinshaftung kommen. 26

3. Unternehmensverträge

Im **Konzernrecht** sind nach den Vorschriften des Aktiengesetzes Unternehmensverträge (Beherrschungs- und Gewinnabführungsverträge) zur Eintragung in das Handelsregister anzumelden (§§ 291 ff. AktG). Da insoweit die Registerpublizität in erster Linie der Offenlegung wirtschaftlicher Machtkonzentration dient, sind auch ohne ausdrückliche gesetzliche Regelung **Unternehmensverträge** zwischen Kapitalgesellschaften (GmbH, AG) in das Handelsregister der beherrschten Gesellschaft einzutragen; der Zustimmungsbeschluss der herrschenden Gesellschaft ist der Anmeldung zum Handelsregister beizufügen. Die Eintragung im Handelsregister wirkt konstitutiv[7] (dazu auch unten Rn. 53). Auch die GmbH & Co. KG soll als beherrschtes Unternehmen Partei eines Unternehmensvertrages sein können[8], 27

---

1 BayObLG v. 29.5.1979 – 1 ZBR 36/79, BB 1980, 597; *Staub/Hüffer*, § 8 Rn. 34 m.w.N.
2 BayObLG v. 28.1.1982 – 1 ZBR 126/81, BayObLGZ 1982, 41, 45; BayObLG v. 21.9.1989 – 3 ZBR 5/89, GmbHR 1990, 213, 214; OLG Frankfurt v. 7.10.1993 – 20 W 175/93, BB 1993, 2113; a.A. LG Köln v. 14.5.1993 – 87 T 19/93, GmbHR 1993, 501.
3 OLG Düsseldorf v. 9.1.1991 – 3 Wx 340/90, GmbHR 1991, 161; a.A. BayObLG v. 21.9.1989 – 3 ZBR 5/89, GmbHR 1990, 213, 216.
4 BGH v. 8.4.1991 – II ZB 3/91, BGHZ 114, 167; BFH v. 13.3.1991 – I R 1/90, NJW 1991, 2039; OLG Düsseldorf v. 9.1.1991 – 3 Wx 340/90, DB 1991, 379; *Baumbach/Hueck/Zöllner/Noack*, § 35 GmbHG Rn. 142 m.w.N.; a.A. früher BayObLG v. 21.9.1989 – 3 ZBR 5/89, BayObLGZ 1989, 375, 378 ff.
5 BFH v. 30.8.1995 – I R 128/94, DStR 1995, 1791; *Priester*, DStR 1992, 254.
6 BGH v. 24.10.2005 – II ZR 55/04, NZG 2006, 62.
7 BGH v. 24.10.1988 – II ZB 7/88, BGHZ 105, 324; BGH v. 30.1.1992 – II ZB 15/91, NJW 1992, 1452.
8 OLG Düsseldorf v. 27.2.2004 – 19 W 3/00, AG 2004, 324.

genauso auch als herrschendes Unternehmen[1]. Zu Teilgewinnabführungsverträgen bei GmbH siehe oben Rn. 24.

IV. Eintragungsverfahren

28 Das Registergericht wird regelmäßig nur auf Antrag tätig. Nach § 12 ist ein solcher Antrag (Anmeldung) in öffentlich beglaubigter Form einzureichen. Eintragungen und Löschungen von Amts wegen sind die Ausnahme (vgl. Rn. 41).

1. Anmeldung

29 Die Anmeldung ist ein Antrag an das Registergericht, eine Eintragung vorzunehmen. Zur **Rechtsnatur der Anmeldung** gibt es unterschiedliche Auffassungen (siehe dazu auch § 12 Rn. 2). Nach BayObLG[2] ist die Anmeldung in erster Linie Verfahrenshandlung und keine rechtsgeschäftliche Willenserklärung. Andererseits wird von einer Doppelnatur der Anmeldung ausgegangen: neben dem Eintragungsantrag soll gleichzeitig ein Rechtsgeschäft vorliegen[3]. Ferner wird für die Anmeldung der GmbH vertreten, es handle sich um einen organschaftlichen Akt, der auf die Herbeiführung behördlichen Handelns gerichtet sei[4]. Die Behandlung der Anmeldung als bloße Verfahrenshandlung wird ihrer rechtlichen Bedeutung nicht in vollem Umfang gerecht, da sie insbesondere im Gesellschaftsrecht auch materiell-rechtliche Komponenten umfasst. Dies zeigt sich besonders im Gründungsrecht der Kapitalgesellschaften, z.B. in der Haftung für falsche Angaben (§§ 46, 48 AktG, § 9a GmbHG) oder in strafrechtlichen Sanktionen (§ 399 AktG, § 32 GmbHG). Deshalb ist die Anmeldung nicht ausschließlich **Verfahrenshandlung**, sondern im gesellschaftsrechtlichen Bereich auch ein, allerdings nicht rechtsgeschäftlicher **Organisationsakt**[5]. Die Vorschriften über Rechtsgeschäfte können allenfalls insoweit Anwendung finden, als verfahrens- oder organisationsrechtliche Grundsätze nicht entgegenstehen. Die Anmeldung ist eine empfangsbedürftige Verfahrenserklärung, die mit dem Zugang bei Gericht wirksam wird, was auch für die Anmeldeberechtigung entscheidend ist[6]. Die Anmeldepflicht besteht gegenüber dem Registergericht. Beschränkt Geschäftsfähige werden bei der Anmeldung durch ihre Eltern als gesetzliche Vertreter vertreten. Diese sind von der Vertretung auch dann nicht ausgeschlossen, wenn sie z.B. als Mitgesellschafter auch selbst anmelden müssen, da dann die Anmeldungen Parallelerklärungen sind. Die Anmeldung besteht aus dem Eintragungsantrag und dem Sachvortrag. Die Anmeldung von Tatsachen, die erst noch beschlossen bzw. vereinbart werden

---

1 OLG Hamburg v. 29.7.2005 – 11 U 286/04, ZIP 2006, 901.
2 BayObLG v. 22.2.1985 – 3 ZBR 16/85, DB 1985, 1223, 1224; zur Rechtsnatur der Anmeldung eingehend *Staub/Hüffer*, § 8 Rn. 43.
3 *Schlegelberger/Hildebrandt/Steckhan*, § 12 Rn. 10.
4 *Hachenburg/Ulmer*, § 7 GmbHG Rn. 17.
5 So *Staub/Hüffer*, § 8 Rn. 43, dort auch eingehend zur Rechtsnatur.
6 Anders LG München v. 19.2.2004 – 17 HK T 1615/04, GmbHR 2004, 1580 mit ablehnender Anmerkung *Bärwaldt/Glöckner*.

müssen (z.B. Anmeldung eines erst zu bestellenden Geschäftsführers), ist nicht möglich[1].

Die Anmeldung ist bis zur Eintragung **frei widerruflich**, kann nicht durch eine Bedingung oder Befristung eingeschränkt werden und unterliegt nicht der Anfechtung wegen Willensmängeln[2].

Anders als bei Kapitalgesellschaften sind bei **Personengesellschaften Erstanmeldung** und weitere Anmeldungen in der Regel von **sämtlichen Gesellschaftern** vorzunehmen. Ausnahme: Geschäftsführungsmaßnahmen wie Bestellung von Prokuristen, Erlöschen der Firma, Anmeldung einer Zweigstelle können von den vertretenden Gesellschaftern bzw. Liquidatoren bewirkt werden (§§ 53, 157, 13). 30

2. Prüfung der Anmeldung

Das Registergericht hat die Anmeldung in formeller und materieller Hinsicht zu prüfen. Entscheidender Zeitpunkt für das Vorliegen der Eintragungsvoraussetzungen ist der Zeitpunkt der Eintragung[3]. 31

a) Formelle Prüfung

Die **Pflicht zur formellen Prüfung** folgt aus der Notwendigkeit, ein ordnungsgemäßes Verfahren einzuhalten. Deshalb ist neben der sachlichen und örtlichen Zuständigkeit zu prüfen, ob der Anmelder nach Identität, Rechtsfähigkeit, Geschäftsfähigkeit und etwaiger Vertretungsmacht berechtigt, die Anmeldung insoweit also ordnungsgemäß ist, ferner ob die erforderliche Form der öffentlichen Beglaubigung eingehalten wird[4]. Schließlich muss auch die Eintragungsfähigkeit der angemeldeten Tatsachen geprüft werden. 32

b) Materielle Prüfung

Uneinheitlich beantwortet wird die Frage, ob und in welchem Umfang das Registergericht zur materiellen Prüfung der Anmeldung verpflichtet und berechtigt ist. Eine Differenzierung zwischen Pflicht und Recht zur Prüfung ist abzulehnen[5]. Die Berechtigung des Registergerichts, eine Anmeldung zu prüfen, reicht nicht weiter als seine Prüfungspflicht; denn liegen die gesetzlichen Voraussetzungen vor, hat der Anmelder ein Recht auf unverzügliche Eintragung[6]. 33

---

1 OLG Düsseldorf v. 15.12.1999 – 3 Wx 354/99, NZG 2000, 262; str.
2 BayObLG v. 25.6.1992 – 3 ZBR 30/92, GmbHR 1992, 672.
3 OLG Hamm v. 20.12.2001 – 15 W 378/01, NJW-RR 2002, 761.
4 BGH v. 18.2.1991 – II ZR 104/90, BGHZ 113, 335, 351; SchlHOLG v. 18.5.1998 – 2 W 48/98, GmbHR 1998, 746; *Heymann/Sonnenschein/Weitemeyer*, § 8 Rn. 13; *Ammon*, DStR 1993, 1025, 1029.
5 Vgl. *Ammon*, DStR 1995, 1311, 1312; *Koller/Roth/Morck*, § 8 Rn. 23.
6 BGH v. 18.2.1991 – II ZR 104/90, BGHZ 113, 335.

34 Die **Prüfungspflicht** hat ihre **Grundlage** nicht in § 12 FGG (§§ 26, 29 FamFG)[1], sondern folgt aus der Pflicht, die Aufnahme gesetzwidriger und unwirksamer Anmeldungen in das Handelsregister zu verhindern, damit sie nicht mit amtlicher Hilfe öffentlich verbreitet werden[2]. Die Amtsermittlungspflicht nach § 12 FGG (§ 29 FamFG) dient als Instrument der Prüfung und darf nicht mit deren Rechtsgrundlage gleichgesetzt werden[3].

35 Die **Prüfung des Registergerichts** erstreckt sich auf Rechtmäßigkeit und inhaltliche Richtigkeit des Eintragungsgegenstandes; allerdings ist das Registergericht bei nur deklaratorisch wirkenden Eintragungen in der Regel nicht verpflichtet zu prüfen, ob die angemeldete Tatsache richtig ist. Nur begründete Zweifel an der Richtigkeit verpflichten zur Aufklärung[4], z.B. bei evident weisungswidriger Erteilung einer Prokura durch das Vertretungsorgan einer Kapitalgesellschaft[5]. Da unrichtige Eintragungen zu vermeiden sind, prüft das Gericht, ob ein zur Eintragung angemeldeter Beschluss sachlichrechtlich Bestand hat, ob ein rechtswirksamer Gesellschaftsvertrag vorliegt, ob eine Satzungsänderung wirksam ist[6]. Dazu gehört auch die Prüfung, ob eine Gesellschaft als Gesellschafterin einer GmbH existiert und bei der Beschlussfassung wirksam vertreten wird, wobei dieser Nachweis durch Registerauszug oder Notarbestätigung nach § 21 BNotO erfolgen kann; zum Nachweis bei ausländischen Gesellschaften vgl. § 13g Rn. 3. Das Registergericht hat aber nach neuerer Auffassung nicht zu prüfen, ob ein Vertretungsorgan mit Wohnsitz im Ausland jederzeit in die Bundesrepublik einreisen kann[7]. Bei der SE hat das Registergericht auch zu prüfen, ob die SE-Arbeitnehmerrichtlinie berücksichtigt wurde (Art. 12 Abs. 2 SE-VO) und ob bei Errichtung einer Holding-SE Art. 32 und Art. 33 SE-VO beachtet wurden[8].

---

1 So offenbar teilweise noch *Baumbach/Hopt*, § 8 Rn. 8; *Canaris*, HR, § 4 Rn. 21.
2 RGZ 127, 153, 156; *Ammon*, DStR 1993, 1025, 1029.
3 Zutreffend *Heymann/Sonnenschein/Weitemeyer*, § 8 Rn. 15; *Staub/Hüffer*, § 8 Rn. 54.
4 OLG Düsseldorf v. 15.12.2000 – 3 Wx 432/00, DB 2001, 1408; OLG Hamm v. 30.1.1996 – 15 W 20/96, FGPrax 1996, 117; ferner *Heymann/Sonnenschein/Weitemeyer*, § 8 Rn. 16.
5 Streitig, vgl. zu diesem Problem MünchKommHGB/*Krafka*, § 8 Rn. 61 m.w.N.
6 BayObLG v. 17.11.2000 – 3 ZBR 271/00, BB 2001, 13; BayObLG v. 19.9.1991 – 3 ZBR 97/91, BB 1991, 2103 f.; BayObLG v. 18.7.1991 – 3 ZBR 133/90, BB 1991, 1729, 1730; einschränkend OLG Stuttgart v. 16.1.2002 – 8 W 517/01, ZIP 2002, 1807; zum Prüfungsrecht bezüglich Gesellschafterstellung, insbesondere im Hinblick auf § 16 GmbHG, vgl. OLG Hamm v. 10.7.2001- 15 W 81/01, DB 2001, 2396; OLG Hamburg v. 4.4.1984 – 2 W 25/80, WM 1984, 1154; *Klöhn* ZIP 2003, 420. Das Problem der Gesellschafterstellung ist durch das MoMiG, das den gutgläubigen Erwerb von GmbH-Anteilen ermöglicht und den guten Glauben an die Gesellschafterliste schützt, entschärft.
7 OLG Dresden v. 5.11.2002 – 2 U 1433/02, GmbHR 2003, 537 m.Anm. *Wachter*; LG Berlin v. 4.5.2004 – 102 T 6/04, GmbHR 2004, 951; *Krafka/Willer*, Registerrecht, 7. Aufl. 2007, Rn. 958; vgl. auch *Erdmann*, NZG 2002, 503 ff.; a.A. OLG Celle v. 2.5.2007 – 9 W 26/07, ZIP 2007, 1157; OLG Zweibrücken v. 13.3.2001 – 3 W 15/01, GmbHR 2001, 435; OLG Köln v. 30.9.1998 – 2 Wx 22/98, GmbHR 1999, 182; OLG Hamm v. 9.8.1999 – 15 W 181/99, ZIP 1999, 1919.
8 Vgl. *Krafka/Willer*, Registerrecht, 7. Aufl. 2007, Rn. 1760.

Bei der Anmeldung einer Kapitalgesellschaft hat das Gericht zu prüfen, ob die Gesellschaft ordnungsgemäß errichtet und angemeldet ist (§ 9c Abs. 1 GmbHG, § 38 Abs. 1 AktG). Danach ist die **Satzung der Gesellschaft** insbesondere daraufhin zu prüfen, ob

– die notarielle Form für den Gesellschaftsvertrag und evtl. Vollmachten gewahrt ist (§ 2 GmbHG, § 23 Abs. 1 AktG),
– der gesetzlich vorgeschriebene Mindestinhalt in die Satzung aufgenommen ist (§ 3 Abs. 1 GmbHG, § 23 Abs. 3 AktG),
– der Unternehmensgegenstand hinreichend individualisiert ist und nicht gegen ein gesetzliches Verbot verstößt,
– die Firma den Anforderungen des Firmenrechts genügt (§ 4 Abs. 1 GmbHG, § 4 AktG), insbesondere das Irreführungsverbot (§ 18 Abs. 2) beachtet und die Firma hinreichend unterscheidbar ist (§ 30),
– die Kapitalaufbringungsvorschriften eingehalten sind (zum Prüfungsumfang bei Mantelverwendung und Vorrats-GmbH vgl. Vor § 8 Rn. 21).

Die Prüfung darf sich ausschließlich auf die **echten Satzungsbestandteile** erstrecken, d.h. auf solche Teile der Satzung, die nur durch Satzungsänderung in der Form der § 53 GmbHG, § 181 AktG wirksam geändert werden können. So genannte unechte Satzungsbestandteile, z.B. rein schuldrechtliche Vereinbarungen zwischen Gesellschaft und Gesellschaftern, unterliegen nicht der Prüfung des Registerrichters.

Auch zu prüfen sind eventuell erforderliche Erklärungen von Ergänzungspflegern und gerichtliche Genehmigungen nach § 1822 Nr. 3 BGB bei Beteiligung Minderjähriger, insbesondere bei Personenhandelsgesellschaften[1].

Bei der **Erstanmeldung von Kapitalgesellschaften** (und Genossenschaften) ist das Prüfungsrecht des Registergerichts hinsichtlich der Inhaltskontrolle von Gesellschaftsverträgen (Satzungen) nach § 9c Abs. 2 GmbHG, § 38 Abs. 3 AktG und § 11a Abs. 3 GenG allerdings gesetzlich eingeschränkt. Das bedeutet, dass Mängel der Bestimmungen des Gesellschaftsvertrages oder der Satzung nur zu beanstanden sind, wenn der Gesellschaftsvertrag oder die Satzung durch Unvollständigkeit gegen den gesetzlich vorgeschriebenen Mindestinhalt nach § 3 GmbHG, § 23 AktG und §§ 6, 7 GenG verstößt, Vorschriften verletzen, die ausschließlich oder überwiegend zum Schutz der Gläubiger der Gesellschaft oder sonst im öffentlichen Interesse gegeben sind[2], oder die Mängel die Gesamtnichtigkeit zur Folge haben.

Die **Tatbestände** von § 9c Abs. 2 GmbHG, § 38 Abs. 3 AktG und §§ 11a Abs. 3 GenG müssen **alternativ** gegeben sein, um die Zurückweisung der Anmeldung zu rechtfertigen. Es muss also zwingender Satzungsinhalt berührt sein oder ein Verstoß gegen Vorschriften i.S.v. § 241 Nr. 3, 2. oder 3. Modalität AktG vorliegen. Nicht erfasst ist somit ein **Verstoß gegen das Wesen** der Aktiengesellschaft bzw. GmbH (§ 241 Nr. 3 AktG 1. Modalität)

---

1 Vgl. dazu *Rust*, DStR 2005, 1942 ff. und 1992 ff.
2 Vgl. *Hüffer*, § 38 AktG Rn. 11 m.w.N.

sowie die **inhaltliche Sittenwidrigkeit** (§ 241 Nr. 4 AktG) einer Einzelbestimmung. Solche Verstöße dürfen im Registerverfahren grundsätzlich nicht gerügt werden; Gleiches gilt für Bestimmungen, die als Gegenstand einer Satzungsänderung den entsprechenden Beschluss der Hauptversammlung (Gesellschafterversammlung) anfechtbar machen würden und zusätzlich Außenwirkung hätten. Eine Ausnahme gilt wiederum für den Fall, dass die Nichtigkeit einer solchen Einzelbestimmung die Nichtigkeit der gesamten Satzung zur Folge hätte (§ 139 BGB)[1].

37 Die Eintragung von **satzungsändernden Hauptversammlungsbeschlüssen** (vgl. § 181 Abs. 3 AktG) ist abzulehnen, wenn sie nichtig sind; dies gilt auch, wenn die Nichtigkeit nach § 242 Abs. 1 AktG durch Eintragung geheilt wird. Nicht einzutragen sind schwebend unwirksame Hauptversammlungsbeschlüsse (z.B. nach § 179 Abs. 3 AktG), solange ein erforderlicher Sonderbeschluss fehlt. Wird der Sonderbeschluss auch nach Zwischenverfügung nicht beigebracht oder die Zustimmung durch Sonderbeschluss endgültig verweigert, ist der Eintragungsantrag zurückzuweisen.

38 Wird ein **anfechtbarer Hauptversammlungsbeschluss** zur Eintragung angemeldet, soll der Registerrichter nach verbreiteter Auffassung ein Ermessen haben, ob er einträgt, die Anmeldung zurückweist oder nach § 127 S. 1 FGG (§ 381 FamFG) das Anmeldeverfahren bis zur rechtskräftigen Erledigung eines etwaigen Anfechtungsprozesses aussetzt[2]; ferner wird vertreten, der Richter habe abzuwarten, ob eine Anfechtung erfolgt[3]. Dem kann in dieser Allgemeinheit nicht beigetreten werden. Grundsätzlich sind nur anfechtbare Beschlüsse bis zur Aufhebung durch ein der Anfechtung stattgebendes rechtskräftiges Urteil wirksam. Wird der **Anfechtungsklage** stattgegeben, ist der Beschluss nichtig, die Eintragung abzulehnen. Wird die **Anfechtungsklage abgewiesen**, entfällt eine Bindung des Registergerichts. In diesem Fall und nach Ablauf der Anfechtungsfrist (vgl. § 246 Abs. 1 AktG, dessen Monatsfrist auch Leitbild für das GmbH-Recht sein soll[4]), ohne dass die Klage erhoben worden ist, prüft der Richter eigenständig die Eintragungsfähigkeit nach dem Grundsatz, dass er rechtswidrigen Beschlüssen, deren Eintragung konstitutiv wirken würde, nicht zur Wirksamkeit verhelfen darf. Grundsätz-

---

1 GroßkommAktG/*Röhricht*, § 38 AktG Rn. 49 ff.; *Lutter/Hommelhoff/Bayer*, § 9c GmbHG Rn. 5; zum Begriff des öffentlichen Interesses Rn. 11 m.w.N.; *Koller/Roth/Morck*, § 8 Rn. 23; *Rawert* in Hommelhoff/Röhricht, RWS-Gesellschaftsrecht 1997, S. 86 f., mit im wesentlichen berechtigter Kritik an der Reform S. 91 f.; missverständlich *Vorauflage* und *Hüffer*, § 38 AktG Rn. 14, wonach die Anmeldung der Errichtung einer Kapitalgesellschaft nach § 38 Abs. 3 Nr. 1 AktG nur zurückgewiesen werden, wenn zusätzlich die Voraussetzungen von Nr. 2 oder 3 dieser Bestimmung tatbestandsmäßig erfüllt sind.
2 So MünchKommHGB/*Krafka*, § 8 Rn. 74; ferner *Hachenburg/Ulmer*, § 54 GmbHG Rn. 48, jew. m.w.N.
3 *Heymann/Sonnenschein/Weitemeyer*, § 8 Rn. 16; *Schlegelberger/Hildebrandt/Steckhan*, § 8 Rn. 25.
4 *Baumbach/Hueck/Zöllner*, Anh. § 47 GmbHG Rn. 146 m.w.N.; zur Vermeidung von Amtshaftungsansprüchen sind vom Registergericht zusätzlich zur Anfechtungsfrist noch weitere zwei Wochen abzuwarten, vgl. OLG Hamm v. 9.11.2005 – 11 U 70/04, NZG 2006, 274.

lich darf der Registerrichter die Eintragung nur ablehnen, wenn Vorschriften verletzt worden sind, die in erster Linie dem Schutz öffentlicher Interessen dienen[1]. In allen anderen Fällen ist einzutragen; nicht jeder auch evidente Gesetzesverstoß darf die Eintragung verhindern[2]. Wird Anfechtungsklage erhoben, kommt es nach verbreiteter Praxis, gestützt auf § 127 S. 1 FGG (§ 381 FamFG), zur **Aussetzung des Eintragungsverfahrens** bis zur abschließenden Entscheidung des Anfechtungsprozesses. In vielen Fällen gibt aber § 127 S. 1 FGG (§ 381 FamFG) für eine solche Aussetzung an sich keine tragfähige Grundlage; denn die Entscheidung des Prozessgerichts ist nur dann vorgreiflich im Sinne dieser Bestimmung, wenn der Registerrichter eine Entscheidung über die Anmeldung nicht treffen kann, ohne gleichzeitig über die dem Prozessgericht vorliegende Frage zu entscheiden. Das ist z.B. der Fall, wenn eine **Nichtigkeitsklage nach § 241 Nr. 3 AktG** anhängig ist und über die Löschung eines eingetragenen Beschlusses nach § 144 Abs. 2 FGG (§ 398 FamFG) durch das Registergericht befunden werden muss. Die in der Praxis anzutreffende **erweiterte Anwendung des § 127 S. 1 FGG** (§ 381 FamFG) rechtfertigt sich damit, dass einem bereits angefochtenen Beschluss nicht durch Eintragung zunächst zur Wirksamkeit verholfen werden soll, er aber nach erfolgreicher Anfechtungsklage wieder gelöscht werden muss. Setzt das Registergericht dem Anfechtungsberechtigten nach § 127 S. 2 FGG (§ 381 FamFG) eine **Frist zur Erhebung der Anfechtungsklage**, ist nach fruchtlosem Fristablauf die Aussetzung beendet, das Registergericht muss dann die Rechtslage selbst prüfen[3]. Neu ist die Möglichkeit, bei Unternehmensverträgen und Kapitalmaßnahmen eine Freigabe der Eintragung trotz Anfechtungsklage durch dass Prozessgericht zu erzwingen, § 246a AktG[4].

Das Registergericht prüft nicht, ob die angemeldete Tatsache wirtschaftlich zweckmäßig oder sinnvoll ist, ob durch die Eintragung nach den Vorschriften von UWG, MarkenG, AnfG oder InsO selbständig zu verfolgende Rechte Dritter gefährdet erscheinen; das Registergericht ist **keine Aufsichtsbehörde** für den Handelsstand[5]. Verletzt eine Satzung kein zwingendes Recht, darf die Eintragung nicht mit der Begründung abgelehnt werden, einzelne Bestimmungen seien unzweckmäßig oder bedenklich[6], schon gar nicht darf die Eintragung von redaktionellen Verbesserungen abhängig gemacht werden[7]. Der Registerrichter hat nicht zu prüfen und darf demzufolge auch nicht beanstanden, wenn er Bestimmungen in der Satzung für unzweckmäßig oder aus sonstigen Gründen für bedenklich hält, z.B. weil sie einen

39

---

1 So *Staub/Hüffer*, § 8 Rn. 65; GroßKommAktG/*Wiedemann*, § 181 AktG Rn. 25; *Lutter*, NJW 1969, 1873, 1878.
2 So *Baums*, Eintragung und Löschung von Gesellschafterbeschlüssen, 1981, S. 65.
3 OLG Zweibrücken v. 24.10.1989 – 3 W 27/89, Rpfleger 1990, 77; BayObLG v. 19.10.1995 – 3 ZBR 218/95, DB 1995, 2517.
4 Zu Umwandlungen vgl. auch § 16 Abs. 2 UmwG, zu Squeeze out vgl. auch §§ 327e Abs. 2 i.V.m. 319 Abs. 5 AktG, die Registersperre vorsehen.
5 *Schlegelberger/Hildebrandt/Steckhan*, § 8 Rn. 26.
6 BayObLG v. 5.11.1982 – 3 ZBR 92/82, BayObLGZ 1982, 368, 373; BayObLG v. 29.10.1992 – 3 ZBR 38/92, BB 1993, 88, 89; OLG Köln v. 20.9.1991 – 2 Wx 64/91, NJW 1992, 1048.
7 OLG Köln v. 1.7.1981 – 2 Wx 31/81, GmbHR 1982, 187.

etwaigen Interessenkonflikt nicht sachgerecht zu lösen vermögen. Die der Gesellschaft eingeräumte Freiheit, die Satzung selbst zu gestalten (vgl. Art. 9 Abs. 1 GG), verbietet eine Zweckmäßigkeitskontrolle, die über die Rechtskontrolle hinausgeht. Fragen der **Klarheit, Angemessenheit** und **Zweckmäßigkeit** gehören grundsätzlich **nicht in die Prüfungskompetenz** des Registerrichters[1]. Die Eintragung einer ordnungsgemäß gebildeten, nicht täuschenden (§ 18 Abs. 2) Firma, darf nicht abgelehnt werden, weil möglicherweise Rechte Dritter nach UWG oder MarkenG berührt werden[2]. Diese schon nach früherer Rechtspraxis eingeschränkte Prüfung im Registerverfahren ist nunmehr für die Erstanmeldung von Kapitalgesellschaften gesetzlich festgeschrieben (dazu oben Rn. 36), hat aber weiterhin Bedeutung für den Prüfungsumfang bei späteren Anmeldungen, z.B. Satzungsänderungen.

c) Mängel der Anmeldung

40 Mängel einer Anmeldung, die nicht fristgebunden ist, können auch auf Grund **formloser Verhandlungen** zwischen Registergericht und Anmelder behoben werden. Meinungsäußerungen und Vorschläge des Gerichts zur Fassung der Anmeldung unterliegen im Gegensatz zur Zwischenverfügung (unten Rn. 45) nicht der Beschwerde.

d) Prüfung und Eintragung von Amts wegen

41 Nur in gesetzlich angeordneten **Ausnahmefällen** wird das Registergericht von Amts wegen tätig. Dazu zählen: Eintragungen des Erlöschens einer Firma (§ 31 Abs. 2 HGB, § 141 FGG bzw. § 393 FamFG), der Eröffnung eines Insolvenzverfahrens (§ 32), Eintragung des vom Gericht bestellten Notgeschäftsführers (§ 67 Abs. 2 BGB analog) und Eintragung der Bestellung und Abberufung von gerichtlich bestellten Liquidatoren (§ 148 Abs. 2); ferner die Fälle des § 142 FGG bzw. § 395 FamFG (Löschung einer unzulässigen Eintragung) sowie das Einschreiten wegen unzulässigen Firmengebrauchs (§ 37 Abs. 1 HGB, § 140 FGG bzw. § 392 FamFG). Mit der Einfügung des § 144c FGG (§ 384 FamFG) durch das EHUG[3] wird die Möglichkeit geschaffen, bei Eintragungen von Amts wegen, die zur Unrichtigkeit anderer Eintragungen führen, auch diese von Amts wegen zu berichtigen (z.B. Löschung von Prokuren im Fall des § 117 InsO; in diesem Fall erfolgte in der Registerpraxis schon früher die Löschung von Amts wegen[4]).

---

1 BayObLG v. 8.2.1985 – 3 ZBR 12/85, BB 1985, 545; *Ammon*, DStR 1995, 1312; vgl. aber OLG München v. 10.10.2005 – 31 Wx 65/05, DB 2005, 2291 = NotBZ 2005, 446 ff. m. Anm. *Melchior*, zur Beanstandung einer unklaren Bekanntmachungsregelung, die als Eintragungshindernis angesehen wurde.
2 *Staub/Hüffer*, § 8 Rn. 57.
3 V. 10.11.2006, BGBl. I 2553.
4 *Krafka/Willer*, Registerrecht, 7. Aufl. 2007, Rn. 412; a.A. LG Halle (Saale) v. 1.9.2004 –11 T 8/04, ZIP 2004, 2294, wonach das Erlöschen der Prokura weder angemeldet noch von Amts wegen eingetragen werden soll.

3. Entscheidung des Registergerichts, Rechtsbehelfe und Rechtsmittel

a) Registerführung

Die näheren Bestimmungen über die Registerführung (§ 125 Abs. 3 FGG bzw. § 387 Abs. 2 FamFG) ergeben sich aus der bundeseinheitlich geltenden HRV; sie ist eine allgemein verbindliche Rechtsverordnung, deren Verletzung die weitere Beschwerde (Rechtsbeschwerde) begründet[1].

b) Entscheidung des Registergerichts

Die unverzügliche Entscheidung des Registergerichts über eine Anmeldung kann lauten:
- Verfügung der Eintragung oder Eintragung (§ 27 Abs. 1 HRV),
- Aussetzung des Eintragungsverfahrens (§ 127 FGG bzw. § 381 FamFG),
- Erlass einer Zwischenverfügung (§ 26 S. 2 HRV),
- Ablehnung der Eintragung (§ 26 S. 1 HRV).

aa) Aussetzung des Eintragungsverfahrens

Die Aussetzung ist zulässig, wenn die Entscheidung des Registergerichts von der Beurteilung eines streitigen Rechtsverhältnisses abhängig ist; das Registergericht kann den Beteiligten eine Frist zur Erhebung einer Zivilklage setzen, muss allerdings nach fruchtlosem Ablauf selbst in der Sache entscheiden[2] (dazu auch oben Rn. 38).

bb) Erlass einer Zwischenverfügung

Die Zwischenverfügung ist eine der endgültigen Entscheidung vorausgehende Verfügung, mit der dem Anmelder anheim gegeben wird, innerhalb eines bestimmten Zeitraumes ein Hindernis, das der Eintragung entgegensteht, zu beseitigen; anderenfalls die Anmeldung zurückgewiesen wird[3]. Anders als im Grundbuchverfahren (§ 18 Abs. 1 S. 1 GBO) ist eine Fristsetzung nicht Wirksamkeitsvoraussetzung für die Verfügung[4]; sie ist aber zweckmäßig.

c) Anfechtbarkeit

Wird auf die Anmeldung hin die Eintragung oder die Löschung im Register **vollzogen**, ist die Entscheidung aus Gründen der Rechtssicherheit genauso

---

1 KG, JFG 17, 324; *Bassenge/Roth*, FGG/RPflG, 11. Aufl. 2007, § 125 FGG Rn. 5.
2 OLG Zweibrücken v. 24.10.1989 – 3 W 27/89, Rpfleger 1990, 77; BayObLG v. 19.10.1995 – 3 ZBR 268/95, DB 1995, 2517.
3 Zur (u.U. fehlenden) Möglichkeit von Zwischenverfügungen bei „lückenhafter" elektronischer Anmeldung vgl. *Melchior*, NotBZ 2006, 413 ff. und *Willer/Krafka*, DNotZ 2006, 888.
4 Vgl. BGH v. 27.2.1980 – V ZB 28/78, Rpfleger 1980, 273; BayObLG v. 17.12.1987 – 3 ZBR 127/87, BayObLGZ 1987, 449, 450; *Ammon*, DStR 1993, 1025, 1029 m.w.N.; zum Grundbuchverfahren BayObLG v. 24.8.1995 – 2 ZBR 83/95, WM 1995, 1991; *Demharter*, 25. Aufl. 2005, § 18 GBO Rn. 33.

unanfechtbar[1] wie die Ablehnung der Ergänzung oder der Änderung der Eintragung; allerdings ist eine dennoch erhobene Beschwerde in der Regel umzudeuten in eine Anregung an das Registergericht, ein **Amtslöschungsverfahren** einzuleiten (§§ 142, 143 FGG bzw. §§ 395, 396 FamFG)[2]. Gegen die Ablehnung, ein Löschungsverfahren einzuleiten, ist die unbefristete Beschwerde zulässig.

47 **Anfechtbar** sind die Ablehnung des Eintragungsantrags, die Zwischenverfügung und die Aussetzungsverfügung; es sind die im Verfahren der freiwilligen Gerichtsbarkeit gegebenen Rechtsbehelfe und Rechtsmittel maßgebend.

aa) Beschwerde

48 Entscheidungen des Rechtspflegers (oben Rn. 14) unterliegen nach der Neufassung des § 11 RPflG durch das Gesetz vom 6.8.1998[3] dem Rechtsmittel, das nach den allgemeinen verfahrensrechtlichen Vorschriften zulässig ist, d.h. in der Regel der einfachen oder befristeten Beschwerde (§§ 19, 20, 22 FGG; nach §§ 58 ff., 402 Abs. 1 FamFG nur noch Beschwerde); eine Vorlage an den Richter der gleichen Instanz entfällt. Die Durchgriffserinnerung (dazu 1. Aufl. § 8 Rn. 48) ist abgeschafft. Ist gegen die Entscheidung des Rechtspflegers nach den allgemeinen verfahrensrechtlichen Vorschriften ein Rechtsmittel nicht gegeben, so ist dagegen die befristete Erinnerung statthaft, über die der Richter abschließend entscheidet, es sei denn, der Rechtspfleger hilft der Erinnerung ab (§ 11 Abs. 2 RPflG). Hierfür kommen in erster Linie Entscheidungen des Rechtspflegers zur Geschäftswertfestsetzung und über die Kosten in Betracht (vgl. § 31 Abs. 3 S. 1, § 14 Abs. 3 S. 1 KostO, § 567 Abs. 2 ZPO). Die Entscheidung ist zuzustellen (§ 16 Abs. 2 S. 1 FGG bzw. §§ 15, 41 FamFG).

49 Die Rechtsbehelfe und Beschwerden sind in der Regel **nicht fristgebunden;** nur in Ausnahmefällen sind sie befristet (§§ 139, 140, 141 Abs. 3, 142 Abs. 3, 144, 146 Abs. 2, 148 Abs. 1 FGG). Die Frist beträgt zwei Wochen (§ 22 Abs. 1 FGG). Nach § 63 Abs. 1 FamFG ist eine Frist von einem Monat vorgesehen.

49a Für die Beschwerdeschrift nach § 21 Abs. 2 FGG (§ 64 Abs. 2 FamFG) ist die Form des § 12 nicht erforderlich, da keine Anmeldung zur Eintragung vorliegt. Eine eigenhändige Unterschrift kann entbehrlich sein. Die Beschwerde kann auch durch Telegramm, Fernschreiben, Telefax oder Telebrief, aber auch durch Computer-Fax eingelegt werden. Hingegen wahren mündliche oder fernmündliche Erklärungen nicht die Form[4]. Das Gesetz über Rahmenbedingungen für elektronische Signaturen[5] beinhaltet die Gleichstellung der

---

1 BGH v. 21.3.1988 – II ZB 69/87, BGHZ 104, 61.
2 OLG Köln v. 4.2.2004 – 2 Wx 36/03, ZIP 2004, 505; BayObLG v. 19.9.1991 – 3 ZBR 97/91, BayObLGZ 1991, 337; BayObLG v. 14.1.1993 – 3 ZBR 5/93, Rpfleger 1993, 347.
3 BGBl. I 2030.
4 Vgl. *Zöller/Greger*, § 130 ZPO Rn. 20 m.w.N.; *Demharter*, 25. Aufl. 2005, § 73 GBO Rn. 8.
5 In Kraft getreten am 22.5.2001 – BGBl. I 876.

eigenhändigen Unterschrift mit der elektronischen Signatur. Rechtsfolgen aus der Verwendung elektronischer Signaturen sind im Gesetz zur Anpassung der Formvorschriften[1] geregelt. Dort wurde § 21 Abs. 2 FGG ergänzt, so dass die Beschwerde entsprechend § 130a ZPO auch als elektronisches Dokument eingelegt werden kann. Das Nähere regeln nach § 21 Abs. 3 FGG (im FamFG nicht vorgesehen) die Bundesregierung und die Landesregierungen durch Rechtsverordnung. Nach § 126 Abs. 3 BGB kann grundsätzlich die schriftliche Form durch die elektronische Form ersetzt werden.

Über die **Beschwerde** entscheidet beim Landgericht die Kammer für Handelssachen (§ 30 Abs. 1 FGG; im FamFG nicht vorgesehen), gegen deren Entscheidung die weitere **Beschwerde/Rechtsbeschwerde** zum OLG zulässig ist. Die Frage, ob die Entscheidung des Landgerichts auf einer Gesetzesverletzung beruht (§ 27 FGG bzw. § 72 Abs. 1 FamFG) wird nicht bei der Zulässigkeit, sondern bei der Begründetheit geprüft[2]. Eine Entscheidung des BGH in Registersachen kommt nur auf Vorlage eines OLG nach § 28 Abs. 2 FGG (im FamFG nicht vorgesehen) in Betracht.

50

bb) Beschwerderecht

Das Beschwerderecht steht jedem zu, der von der Entscheidung in seinen Rechten betroffen ist (§ 20 Abs. 1 FGG bzw. § 59 FamFG). Der beurkundende **Notar** ist zwar regelmäßig ermächtigt, im Namen des Anmelders Rechtsmittel einzulegen, er hat aber kein eigenes Beschwerderecht[3]. Bei **Personenhandelsgesellschaften** sind die anmeldenden Gesellschafter beschwerdeberechtigt (§ 108 Abs. 1 HGB, § 20 Abs. 2 FGG bzw. § 59 FamFG), bei **Kapitalgesellschaften** die Gesellschaft oder die Vorgesellschaft[4], vertreten durch die Geschäftsführer bzw. durch den Vorstand. Daneben sind bei der AG auch die Gründer beschwerdeberechtigt, wenn der Vorstand den Eintragungsantrag nicht weiterverfolgt[5]. In den von § 126 FGG (§ 380 Abs. 4 FamFG) erfassten Fällen steht insbesondere den IHKs ein Beschwerderecht zu.

51

V. Wirkung der Eintragung[6]

1. Deklaratorische (rechtsbekundende) Wirkung

Die überwiegende Zahl an Eintragungen hat nur **deklaratorische Wirkung**, d.h. es werden Rechtstatsachen verlautbart, die schon vorher außerhalb des Handelsregisters wirksam geworden sind. Weicht allerdings die verlautbarte

52

---

1 Ges. v. 13.7.2001 – BGBl. I 1542; zusammenfassend *Roßnagel*, NJW 2001, 1817 f.
2 Insoweit unklar *Staub/Hüffer*, § 8 Rn. 88.
3 A.A. offenbar *Heymann/Sonnenschein/Weitemeyer*, § 8 Rn. 25.
4 BGH v. 16.3.1992 – II ZB 17/91, BGHZ 117, 323, 325 ff.
5 So *Hüffer*, § 36 AktG Rn. 3; GroßKommAktG/*Röhricht*, § 36 AktG Rn. 18.
6 Übersicht bei *K. Schmidt*, JuS 1977, 209, 210; *K. Schmidt*, „Deklaratorische" und „konstitutive" Registereintragungen nach §§ 1 ff. HGB, ZHR 163 (1999), 87; *K. Schmidt*, HR, § 13 II 1 S. 380, wo zu Recht darauf hingewiesen wird, dass die Unterscheidung zwischen deklaratorischen und konstitutiven Eintragungen ungenau ist

Eintragung von der tatsächlichen Rechtslage ab, kommt der Eintragung im Einzelfall **selbständige materiell-rechtliche Bedeutung** zu (vgl. §§ 5, 15). Deklaratorisch wirkende Eintragungen sind z.B. Eintragung eines Kaufmanns, einer OHG oder KG, wenn sie bereits Kaufmann i.S.v. § 1 sind (§§ 105, 123 Abs. 2, 161), wobei allerdings die Haftungsbeschränkung für den Kommanditisten erst mit der Eintragung wirksam wird (siehe auch unten Rn. 55); das Erteilen und Erlöschen einer Prokura (§ 53); bei Kapitalgesellschaften die Eintragung der Vertretungsbefugnis (§ 39 GmbHG, § 81 AktG).

2. Konstitutive (rechtsbegründende) Wirkung

53 Soweit handels- oder gesellschaftsrechtliche Vorschriften bestimmen, dass erst mit der **Eintragung** im Handelsregister eine **Rechtsfolge** eintritt, wirkt die Eintragung konstitutiv, d.h. neben die außerhalb des Handelsregisters schon erfüllten Tatbestandsmerkmale muss zur endgültigen Wirksamkeit die Eintragung hinzutreten. Dabei handelt es sich regelmäßig um Fälle, in denen der Gesetzgeber es wegen der **Sicherheit des Rechtsverkehrs** für erforderlich gehalten hat, die Eintragung in den die Rechtsfolgen begründenden Tatbestand aufzunehmen.

54 Zu den konstitutiv wirkenden Eintragungen zählen: Die Eintragung des Kleingewerbetreibenden nach § 2 (dazu oben Vor § 8 Rn. 4), eines Unternehmens der Land- und Forstwirtschaft nach § 3 (dazu oben Vor § 8 Rn. 5) und von Personengesellschaften nach § 105 Abs. 2 (dazu oben Vor § 8 Rn. 6). Die Ersteintragung einer Kapitalgesellschaft bekundet nicht deren Entstehung, sondern lässt sie erst „als solche", d.h. als juristische Person mit eigener Rechtsfähigkeit entstehen (§ 11 GmbHG, § 41 AktG); genauer: erst mit der Eintragung tritt die Haftungsbeschränkung der Gründer ein. Unternehmensverträge werden ebenfalls erst mit ihrer Eintragung wirksam (§ 294 Abs. 2, § 295 AktG); Entsprechendes gilt über § 54 Abs. 3 GmbHG auch für die GmbH[1]; ferner wirken rechtsbegründend die Eingliederung (§ 319 Abs. 7 AktG), der Squeeze out (§ 327e Abs. 3 AktG), die Verschmelzung (§ 20 UmwG), die Spaltung (§ 131 UmwG), die Vermögensübertragung (§ 176 Abs. 3 UmwG) und der Formwechsel (§ 202 UmwG) von Gesellschaften.

3. Sonderfälle

55 Daneben gibt es an sich nur **deklaratorisch** wirkende Eintragungen, die aber dadurch eine besondere Bedeutung haben, dass sich aus der Eintragung eine Rechtsfolge ergibt und insoweit eine **rechtsbegründende Wirkung** eintritt. Dazu zählen: die Haftung bei Eintragung des Scheinkaufmanns nach §§ 5, 15; die an die Eintragung geknüpfte Rechtsfolge eines Haftungsausschlusses gegen Dritte (§ 25 Abs. 2, § 28 Abs. 2) sowie Haftung und Beschränkung der Einlage des Kommanditisten (§§ 174, 176).

– sie ist aber für die Rechtspraxis hilfreich; siehe ferner *Heymann/Sonnenschein/Weitemeyer*, § 8 Rn. 26 ff.; *Baumbach/Hopt*, § 8 Rn. 11; *Staub/Hüffer*, § 8 Rn. 78 ff.
1 BGH v. 24.10.1988 – II ZB 7/88, BGHZ 105, 324 (Supermarkt); BGH v. 11.11.1991 – II ZR 287/90, BGHZ 116, 37, 39 (Stromlieferung).

Grundsätzlich bewirkt die Eintragung keine Heilung von unwirksamen oder 56
nichtigen Verträgen. Hingegen kann im Aktienrecht durch die Eintragung die
Nichtigkeit eines nur **formnichtigen Vertrages** oder eines **formnichtigen
Hauptversammlungsbeschlusses nicht mehr geltend gemacht** werden (§ 242
Abs. 1 AktG), weil im Interesse der Rechtssicherheit ein nach registergerichtlicher Prüfung vorgenommener Eintrag in das Handelsregister einen Verstoß
gegen das Beurkundungsgebot „heilt"; Gleiches gilt für die Eintragung eines
formnichtigen satzungsändernden Gesellschafterbeschlusses einer GmbH[1].

4. Beweisrechtliche Bedeutung

Anders als im Grundbuchrecht nach § 891 BGB, der die Vermutung der sachlichen Richtigkeit des Eingetragenen begründet, sind die Meinungen über 57
die Wirkung des Handelsregistereintrags geteilt. Nach einer Auffassung wird
durch ihn nur der **Beweis des ersten Anscheins** erbracht[2], andere meinen,
für die Richtigkeit des Registereintrags spreche eine **Vermutung**[3]. Letztere
Auffassung verdient den Vorzug, wenn man der hier vertretenen Meinung
über Umfang von Prüfungsrecht und -pflicht des Registergerichts folgt, weil
der Eintragung dann eine weitgehende sachliche Prüfung zugrunde liegt. Die
Beweiskraft des Handelsregisters für den Grundbuchverkehr ist in § 32 GBO
geregelt (Nachweis der Vertretungsbefugnis bei Handelsgesellschaften); trotz
des einschränkenden Wortlauts gilt die Bestimmung auch für den Nachweis
der Vertretungsbefugnis von Liquidatoren und Prokuristen. Die Notarbescheinigung nach § 21 BNotO hat die gleiche Beweiskraft wie ein Negativattest (oder wie vor dem EHUG[4] wie ein Zeugnis) des Registergerichts. Von
der beweisrechtlichen Bedeutung zu unterscheiden sind die weiter gehenden
Wirkungen, die einer Handelsregistereintragung nach § 5 und § 15 zukommen können.

VI. Löschung unrichtiger Eintragungen[5]

Soll eine Eintragung gelöscht werden, ist ein Verfahren nach § 142 FGG 58
(§ 395 FamFG) einzuleiten. Als Eintragung i.S.d. Bestimmung zählt auch eine Löschung. Gegen eine **unzulässig eingetragene Firma** ist daneben ein Verfahren nach § 37 Abs. 1 HGB i.V.m. § 140 FGG (§ 393 FamFG) möglich.

Voraussetzung ist, dass die Eintragung im Eintragungszeitpunkt unzulässig 59
war oder später unzulässig geworden ist, auch wenn letzteres auf einer Änderung der Rechtsauffassung beruht[6]. Trotz Unzulässigkeit einer Firma soll

---

1 BGH v. 6.11.1995 – II ZR 181/94, DB 1996, 31.
2 *Schlegelberger/Hildebrandt/Steckhan*, § 8 Rn. 29.
3 BayObLGZ 1928, 498, 500; HK/*Ruß*, § 8 Rn. 6; vgl. ferner *Staub/Hüffer*, § 8 Rn. 83; *Heymann/Sonnenschein/Weitemeyer*, § 8 Rn. 31.
4 V. 10.11.2006, BGBl. I 2553.
5 *Bassenge/Roth*, FGG/RPflG, 11. Aufl. 2007, § 142 FGG Rn. 3 ff.; zu den Einzelheiten des Löschungsverfahrens siehe *Keidel/Kuntze/Winkler*, Freiwillige Gerichtsbarkeit, 15. Aufl. 2003, § 142 FGG Rn. 24 ff.
6 BGH v. 18.8.1975 – II ZB 9/74, BGHZ 65, 103, 105; BayObLG v. 31.3.1994 – 3 ZBR 8/94, BayObLGZ 1994, 102; *Baumbach/Hopt*, § 8 Rn. 13.

ein Einschreiten des Registergerichts unterbleiben dürfen, wenn die Gefahr der Irreführung (§ 18 Abs. 2) gering ist, andererseits dem Betroffenen durch die Löschung erhebliche Nachteile erwachsen würden[1]. Nach der Neufassung von § 18 Abs. 2 kommt dieser Frage kaum mehr praktische Bedeutung zu. Eine Ermessensausübung für das Einschreiten des Registergerichts ist aber abzulehnen (dazu unten § 37 Rn. 15).

60 Die **Unzulässigkeit** einer Eintragung kann sich ergeben

– aus dem **Eintragungsinhalt** infolge sachlicher Unrichtigkeit (z.B. Verletzung von Firmenbildungsvorschriften) oder Unzulässigkeit (z.B. fehlender Eintragungsfähigkeit) der eingetragenen Tatsache. Eine nur teilweise unzulässige Firma muss immer vollständig gelöscht werden[2];

61 – aus **Verfahrensmängeln** (z.B. nicht alle zur Anmeldung Verpflichteten haben angemeldet)[3]. Bloße Verfahrensmängel reichen aber nur dann für eine Löschung aus, wenn es sich um rechtsbegründende, nach § 132 FGG (§ 388 FamFG) erzwingbare Eintragungen handelt. In allen anderen Fällen muss zum Verfahrensmangel sachliche Unrichtigkeit der Eintragung hinzukommen[4].

62 Die Löschung einer Eintragung von Amts wegen kommt auch aufgrund eines rechtskräftigen Zivilurteils, das z.B. dem Geschäftsführer einer GmbH die weitere Tätigkeit verbietet, in Betracht[5].

63 Die Einleitung eines Löschungsverfahrens setzt jeweils voraus, dass das Fortbestehen der Eintragung eine Schädigung Berechtigter auslösen könnte oder dem öffentlichen Interesse widersprechen würde[6].

VII. Einschränkung der Prüfung durch das Registergericht

64 Nach dem HRefG vom 22.6.1998[7] wurde das Prüfungsrecht des Registerrichters hinsichtlich der inhaltlichen Kontrolle von Gesellschaftsverträgen und Satzungen bei der Erstanmeldung von Gesellschaften gem. § 9c Abs. 2 GmbHG, § 38 Abs. 3 AktG eingeschränkt. Dazu näher oben Vor § 8 Rn. 15 f. und § 8 Rn. 36.

---

1 So OLG Hamm v. 1.7.1969 – 15 W 343/68, BB 1969, 1195; OLG Frankfurt v. 14.7.1977 – 20 W 690/76, WM 1979, 1048; zur Ermessensausübung BayObLG v. 7.5.1986 – 3 ZBR 51/86, BayObLGZ 1986, 150 (Polizeiverlag).
2 OLG Hamm v. 1.7.1969 – 15 W 343/68, OLGZ 1969, 507.
3 BayObLG v. 10.8.1971 – 2 ZBR 12/71, Rpfleger 1971, 352.
4 OLG Düsseldorf v. 29.5.1987 – 3 W 447/85, NJW-RR 1988, 354; KG v. 13.5.1986 – 1 W 2021/84, OLGZ 1986, 296.
5 BayObLG v. 23.3.1989 – 3 ZBR 148/88, NJW-RR 1989, 934.
6 BayObLG v. 5.11.1971 – 2 ZBR 22/71, BayObLGZ 1971, 329; OLG Hamm v. 10.1.1974 – 15 W 150/73, OLGZ 1974, 139.
7 BGBl. I S. 1474.

VIII. Schutz der Bezeichnung „Handelsregister" (§ 8 Abs. 2)

§ 8 Abs. 2, der durch das EHUG[1] neu eingefügt wurde, schützt die Bezeichnung „Handelsregister". Dieser Schutz ist notwendig, um gerade im Internetzeitalter das amtliche Handelsregister von der Vielzahl konkurrierender privater Datensammlungen abzugrenzen. Die staatliche Richtigkeitsgewähr und der Rechtsschein des § 15 kann nur dem amtlichen Handelsregister vorbehalten sein[2]. Neben den Schutz des Begriffes durch § 8 Abs. 2 wird auch über §§ 3, 4 Nr. 11, 5 UWG ein Schutz gegenüber dem unbefugten Gebrauch des Begriffes „Handelsregister" erreicht; § 8 Abs. 2 ist eine Vorschrift i.S.d. § 4 Nr. 11 UWG[3]. 65

§ 8a
Eintragungen in das Handelsregister; Verordnungsermächtigung

(1) Eine Eintragung in das Handelsregister wird wirksam, sobald sie in den für die Handelsregistereintragungen bestimmten Datenspeicher aufgenommen ist und auf Dauer inhaltlich unverändert in lesbarer Form wiedergegeben werden kann.

(2) Die Landesregierungen werden ermächtigt, durch Rechtsverordnung nähere Bestimmungen über die elektronische Führung des Handelsregisters, die elektronische Anmeldung, die elektronische Einreichung von Dokumenten sowie deren Aufbewahrung zu treffen, soweit nicht durch das Bundesministerium der Justiz nach § 125 Absatz 3 des Gesetzes über die Angelegenheiten der freiwilligen Gerichtsbarkeit entsprechende Vorschriften erlassen werden. Dabei können sie auch Einzelheiten der Datenübermittlung regeln sowie die Form zu übermittelnder elektronischer Dokumente festlegen, um die Eignung für die Bearbeitung durch das Gericht sicherzustellen. Die Landesregierungen können die Ermächtigung durch Rechtsverordnung auf die Landesjustizverwaltungen übertragen.

Übersicht

	Rn.		Rn.
1. Allgemeines	1	4. Voraussetzungen der elektronischen Registerführung	5
2. Wirksamwerden der Eintragung (§ 8a Abs. 1)	2	a) Datenverarbeitung	6
3. Ermächtigung für die Landesregierungen (§ 8a Abs. 2)	4	b) Datenspeicher	8
		c) Datenschutz	10

---

1 V. 10.11.2006, BGBl. I 2553.
2 Regierungsbegründung zum EHUG, S. 95.
3 Regierungsbegründung zum EHUG, S. 95; vgl. auch *Liebscher/Scharff*, NJW 2006, 3746.

1. Allgemeines

1 Das **Handelsregister** wurde nach seiner Entstehung in Papierform geführt, früher in dauerhaft gebundenen Bänden, zuletzt durch Anordnung der Landesjustizverwaltungen in Karteiform (§ 7 HRV a.F.)[1]. Diese **Karteiform** prägte bisher die Eintragungstätigkeit, sie bestimmte auch maßgeblich die Einsichtnahme, die Erteilung von Abschriften und Auskünften aus dem Handelsregister.

Die Bestimmung des früheren § 8a, eingeführt durch das BiRiLiG vom 19.12.1985[2] und neugefasst durch Art. 5 des Registerverfahrensbeschleunigungsgesetzes vom 20.12.1993[3], eröffnete erstmals die Möglichkeit, die bisher zeitraubende und umständliche Führung des Handelsregisters in Karteiform (Papierform) durch eine **vollelektronische Handelsregisterführung** abzulösen. Damit sollte den Gerichten die Führung des Handelsregisters und die Aufbewahrung einzureichender Schriftstücke durch Nutzung der Vorteile moderner Datentechnik erheblich erleichtert werden[4]. § 8a Abs. 1 S. 3 a.F. wurde durch das KapCoRiLiG[5] eingefügt. Die Länder sollten dadurch in die Lage versetzt werden, dem individuellen Stand ihrer technischen Entwicklung entsprechend, vorzuschreiben, dass Jahresabschlussunterlagen und sonstige Schriftstücke elektronisch einzureichen sind. Voraussetzung dafür war aber, dass die maschinelle Bearbeitung beim Registergericht durchgeführt werden konnte, damit jeder Interessent im Wege der Registereinsicht beim Handelsregister Zugang zu den elektronisch gespeicherten Unterlagen haben konnte[6]. Nach der alten Fassung des § 8a Abs. 1 blieb es den einzelnen Bundesländern überlassen, wann und in welchem Umfang sie eine Umstellung anordnen wollen. Damit sollte erreicht werden, dass unter Berücksichtigung der finanziellen Mittel auch innerhalb eines Bundeslandes die Umstellung zunächst auf bestimmte Registergerichte, z.B. Großstadtgerichte mit starkem Arbeitsanfall, beschränkt werden konnte. Zwischenzeitlich haben die Bundesländer ihre Handelsregister auf elektronische Register umgestellt. Zur Verwendung kommen dabei die EDV-Systeme „Registar" und „Aureg". Seit dem 1.1.2007 ist durch das EHUG[7] zwingend die elektronische Registerführung vorgesehen, vgl. § 8 Abs. 1. Das EHUG sieht auch die elektronische Einreichung von Jahresabschlüssen zum elektronischen Bundesanzeiger (beginnend mit den Abschlüssen zum 31.12.2006) vor, § 325. Verstöße gegen die Einreichungspflicht führen zu einem Ordnungsgeldverfahren, das von Amts wegen vom Bundesamt für Justiz durchzuführen ist, § 335[8]. Die Amtsgerichte werden dadurch entlastet.

---

1 *Krafka/Willer*, Registerrecht, 7. Aufl. 2007, Rn. 38.
2 BGBl. I 2355.
3 BGBl. I 2182.
4 Zu den Einzelheiten vgl. RegE BT-Drucks. 12/5553.
5 Kapitalgesellschaften- und Co-Richtlinie-Gesetz v. 24.2.2000, BGBl. I 154.
6 Vgl. BT-Drucks. 14/1806 S. 17.
7 V. 10.11.2006, BGBl. I 2553.
8 Vgl. dazu LG Bonn v. 22.4.2008 – 11 T 28/07, GmbHR 2008, 593; *Stollenwerk/Krieg*, GmbHR 2008, 575.

Die ursprünglich geplante Ordnungswidrigkeit als Sanktion für die Nichteinreichung wurde nicht eingeführt.

2. Wirksamwerden der Eintragung (§ 8a Abs. 1)

Bei dem in Karteiform geführten Handelsregister wurde die Eintragung mit Abschluss des Schreibaktes wirksam. Auch bei einer elektronischen Eintragung muss der **Zeitpunkt des Wirksamwerdens** der Eintragung eindeutig bestimmt sein. Nach § 8a Abs. 1 ist als Zeitpunkt nicht schon die Eingabe in den Arbeitsspeicher maßgebend, sondern der Zeitpunkt, in dem die Eingabe dauerhaft und inhaltlich unverändert jederzeit in lesbarer Form wiedergegeben werden kann. Erst Abrufbarkeit und Wiedergabe entsprechen der schriftlichen Eintragung des in Karteiform geführten Handelsregisters; diese Voraussetzungen müssen vorliegen, um eine gleichwertige Publizitätswirkung zu schaffen[1]. 2

Die eintragende Person hat die Wirksamkeit der Eintragung in geeigneter Weise zu überprüfen; Richtigkeit und Vollständigkeit sowie Abrufbarkeit der Eintragung sollen dabei geprüft werden, § 27 Abs. 3 HRV. 3

3. Ermächtigung für die Landesregierungen (§ 8a Abs. 2)

Vorbehaltlich einer Regelung durch das Bundesministerium der Justiz können die Länder die Einzelheiten über die elektronische Führung des Handelsregisters, die elektronische Anmeldung und Einreichung von Unterlagen sowie deren Aufbewahrung, die Datenübermittlung und die Form zu übermittelnder elektronischer Dokumente regeln. Um einheitliche Dateiformate im gesamten Bundesgebiet zu gewährleisten, hat sich die 73. Konferenz der Justizministerinnen und -minister auf die Einführung einheitlicher Standards verständigt. 4

4. Voraussetzungen der elektronischen Handelsregisterführung

Der Inhalt des § 8a Abs. 1 S. 2 Nr. 1–3 a.F. ist nach dem EHUG[2] in § 47 HRV aufgenommen worden; diese Vorschrift bestimmt die **Anforderungen**, die in technisch-organisatorischer Hinsicht erfüllt sein müssen, damit bei der elektronischen Handelsregisterführung Qualität, Sicherheit und Zuverlässigkeit des elektronischen Handelsregisters nicht hinter dem in Karteiform geführten Handelsregister zurückbleiben. 5

a) Datenverarbeitung[3]

§ 47 Abs. 1 Nr. 1 HRV verlangt die Einhaltung der **Grundsätze einer ordnungsgemäßen Datenverarbeitung**. Damit wird nicht ein optimaler Standard 6

---

1 *Heymann/Sonnenschein/Weitemeyer*, § 8a Rn. 18; *Koller/Roth/Morck*, § 8a Rn. 3; *Baumbach/Hopt*, § 8a Rn. 2.
2 V. 10.11.2006, BGBl. I 2553.
3 Vgl. *Heymann/Sonnenschein/Weitemeyer*, § 8a Rn. 9 ff.

§ 8a   Handelsregister; Unternehmensregister

gefordert, es müssen aber die üblichen zu erwartenden technischen Standards erfüllt sein, die allgemein von einer Datenverarbeitungsanlage zu fordern sind. Gegenüber § 9 BDSG sind diese Anforderungen umfassender, da sie Hard- und Software einbeziehen. Soweit die Software Eintragungen nicht vornimmt, sind diese von Hand vorzunehmen[1].

7   § 47 Abs. 1 Nr. 1 HRV führt beispielhaft weitere Anforderungen auf, die an Sicherheit und Haltbarkeit der gespeicherten Daten sowie an Sicherheit und Aktualität der erforderlichen Kopien dieser Daten zu stellen sind. Es gilt einen **Datenverlust** als Folge eines Bedienungsfehlers oder eines technischen Defekts zu vermeiden. Zur Vorbeugung fordern die Grundsätze einer ordnungsgemäßen Datenverarbeitung, dass **Sicherungskopien** angefertigt werden. Diese müssen, um ihren Zweck erfüllen zu können, zumindest tagesaktuell gehalten werden. Bei Verarbeitung im sog. **Stapelbetrieb** nach Dienstschluss muss daher ein Satz Kopien von den abgespeicherten Daten gefertigt werden[2].

b) Datenspeicher[3]

8   § 47 Abs. 1 Nr. 2 HRV umreißt die für ein elektronisch geführtes Handelsregister wesentlichen Voraussetzungen. Die Grundsätze einer ordnungsgemäßen Datenverarbeitung erfordern, die Eintragungen alsbald und in der Weise abzuspeichern, dass sie auf Dauer mit technischen Hilfsmitteln in lesbarer Form eine Wiedergabe ermöglichen. Da bei einer Abspeicherung **Daten** verändert werden können, muss sichergestellt sein, dass sie so und **unverändert wiedergegeben** werden, wie sie zur Abspeicherung eingegeben worden sind.

9   Grundsätzlich sind Originaldaten und Kopien getrennt aufzubewahren; ihre räumliche und organisatorische Unterbringung hat einen störungsfreien technischen Ablauf zu gewährleisten, den Zugang unbefugter Personen zu verhindern und die Möglichkeit von Manipulationen auszuschalten.

c) Datenschutz

10 Wegen der großen Bedeutung der Handelsregisterdaten für den Rechtsverkehr soll § 47 Abs. 1 Nr. 3 HRV sicherstellen, dass die erforderlichen Maßnahmen des Datenschutzes eingehalten werden. Die Bestimmung verweist dazu auf die Anlage zu § 126 Abs. 1 S. 2 Nr. 3 GBO. Die Anlage, die wörtlich der Anlage zu § 9 S. 1 BDSG[4] entspricht, lautet:

„Werden personenbezogene Daten automatisiert verarbeitet, sind Maßnahmen zu treffen, die je nach Art der zu schützenden personenbezogenen Daten geeignet sind

---

1 OLG Köln v. 4.2.2004 – 2 Wx 36/03, NZG 2004, 416.
2 Vgl. für das Grundbuchverfahren § 66 Abs. 2 GBV.
3 Vgl. *Heymann/Sonnenschein/Weitemeyer*, § 8a Rn. 13 ff.
4 Allerdings i.d.F. v. 20.12.1990 (BGBl. I 2954) und nicht in der aktuellen Fassung v. 14.1.2003, BGBl. I 88.

1. Unbefugten den Zugang zu Datenverarbeitungsanlagen, mit denen personenbezogene Daten verarbeitet oder genutzt werden, zu verwehren (Zugangskontrolle),
2. zu verhindern, dass Datenträger unbefugt gelesen, kopiert, verändert oder entfernt werden können (Datenträgerkontrolle),
3. die unbefugte Eingabe in den Speicher sowie die unbefugte Kenntnisnahme, Veränderung oder Löschung gespeicherter personenbezogener Daten zu verhindern (Speicherkontrolle),
4. zu verhindern, dass Datenverarbeitungssysteme mit Hilfe von Einrichtungen zur Datenübertragung von Unbefugten genutzt werden können (Benutzerkontrolle),
5. zu gewährleisten, dass die zur Benutzung eines Datenverarbeitungssystems Berechtigten ausschließlich auf die ihrer Zugriffsberechtigung unterliegenden Daten zugreifen können (Zugriffskontrolle),
6. zu gewährleisten, dass überprüft und festgestellt werden kann, an welche Stellen personenbezogene Daten durch Einrichtungen zur Datenübertragung übermittelt werden können (Übermittlungskontrolle),
7. zu gewährleisten, dass nachträglich überprüft und festgestellt werden kann, welche personenbezogenen Daten zu welcher Zeit von wem in Datenverarbeitungssysteme eingegeben worden sind (Eingabekontrolle),
8. zu gewährleisten, dass personenbezogene Daten, die im Auftrag verarbeitet werden, nur entsprechend den Weisungen des Auftraggebers verarbeitet werden können (Auftragskontrolle),
9. zu verhindern, dass bei der Übertragung personenbezogener Daten sowie beim Transport von Datenträgern die Daten unbefugt gelesen, kopiert, verändert oder gelöscht werden können (Transportkontrolle),
10. die innerbehördliche oder innerbetriebliche Organisation so zu gestalten, dass sie den besonderen Anforderungen des Datenschutzes gerecht wird (Organisationskontrolle)."

§ 8b
Unternehmensregister

(1) Das Unternehmensregister wird vorbehaltlich einer Reglung nach § 9a Abs. 1 vom Bundesministerium der Justiz elektronisch geführt.

(2) Über die Internetseite des Unternehmensregisters sind zugänglich:

1. **Eintragungen im Handelsregister und deren Bekanntmachung und zum Handelsregister eingereichte Dokumente;**
2. **Eintragungen im Genossenschaftsregister und deren Bekanntmachung und zum Genossenschaftsregister eingereichte Dokumente;**
3. **Eintragungen im Partnerschaftsregister und deren Bekanntmachung und zum Partnerschaftsregister eingereichte Dokumente;**
4. **Unterlagen der Rechnungslegung nach den §§ 325 und 339 und deren Bekanntmachung;**
5. **gesellschaftsrechtliche Bekanntmachungen im elektronischen Bundesanzeiger;**

6. im Aktionärsforum veröffentlichte Eintragungen nach § 127a des Aktiengesetzes;

7. Veröffentlichungen von Unternehmen nach dem Wertpapierhandelsgesetz im elektronischen Bundesanzeiger, von Bietern, Gesellschaften, Vorständen und Aufsichtsräten nach dem Wertpapiererwerbs- und Übernahmegesetz im elektronischen Bundesanzeiger sowie Veröffentlichungen nach der Börsenzulassungs-Verordnung im elektronischen Bundesanzeiger;

8. Bekanntmachungen und Veröffentlichungen inländischer Kapitalanlagegesellschaften und Investmentaktiengesellschaften nach dem Investmentgesetz und dem Investmentsteuergesetz im elektronischen Bundesanzeiger;

9. Veröffentlichungen und sonstige der Öffentlichkeit zur Verfügung gestellte Informationen nach den §§ 2b, 15 Abs. 1 und 2, § 15a Abs. 4, § 26 Abs. 1, §§ 26a, 29a Abs. 2, §§ 30e, 30f Abs. 2, § 37v Abs. 1 bis 37x Abs. 1, §§ 37y, 37z Abs. 4 und § 41 Abs. 4a des Wertpapierhandelsgesetzes, sofern die Veröffentlichung nicht bereits über Nummer 4 oder Nummer 7 in das Unternehmensregister eingestellt wird.

10. Mitteilungen über kapitalmarktrechtliche Veröffentlichungen an die Bundesanstalt für Finanzdienstleistungsaufsicht, sofern die Veröffentlichung selbst nicht bereits über Nummer 7 oder Nummer 9 in das Unternehmensregister eingestellt wird;

11. Bekanntmachungen der Insolvenzgerichte nach § 9 der Insolvenzordnung, ausgenommen Verfahren nach dem Neunten Teil der Insolvenzordnung.

(3) Zur Einstellung in das Unternehmensregister sind dem Unternehmensregister zu übermitteln:

1. die Daten nach Absatz 2 Nr. 4 bis 8 durch den Betreiber des elektronischen Bundesanzeigers;

2. die Daten nach Absatz 2 Nr. 9 und 10 durch den jeweils Veröffentlichungspflichtigen oder den von ihm mit der Veranlassung der Veröffentlichung beauftragten Dritten.

Die Landesjustizverwaltungen übermitteln die Daten nach Absatz 2 Nr. 1 bis 3 und 11 zum Unternehmensregister, soweit die Übermittlung für die Eröffnung eines Zugangs zu den Originaldaten über die Internetseite des Unternehmensregisters erforderlich ist. Die Bundesanstalt für Finanzdienstleistungsaufsicht überwacht die Übermittlung der Veröffentlichungen und der sonstigen der Öffentlichkeit zur Verfügung gestellten Informationen nach den §§ 2b, 15 Abs. 1 und 2, § 15a Abs. 4, § 26 Abs. 1, §§ 26a, 29a Abs. 2, §§ 30e, 30f Abs. 2, § 37v Abs. 1 bis 37x Abs. 1, §§ 37y, 37z Abs. 4 und § 41 Abs. 4a des Wertpapierhandelsgesetzes an das Unternehmensregister zur Speicherung und kann Anordnungen treffen, die zu ihrer Durchsetzung geeignet und erforderlich sind. Die Bundesanstalt kann die gebotene Übermittlung der in Satz 3 genannten Veröffentlichungen, der Öffentlichkeit zur Verfügung gestellten Informationen und Mitteilung auf Kosten des Pflichtigen vornehmen, wenn die Übermittlungspflicht nicht, nicht richtig, nicht vollständig oder nicht in der vorgeschriebenen Weise erfüllt wird. Für die Überwachungstätigkeit der Bundesanstalt gelten § 4 Abs. 3 Satz 1 und 3, Abs. 7, 9 und 10, § 7 und § 8 des Wertpapierhandelsgesetzes entsprechend.

(4) Die Führung des Unternehmensregisters schließt die Erteilung von Ausdrucken sowie die Beglaubigung entsprechend § 9 Abs. 3 und 4 hinsichtlich der im Unternehmensregister gespeicherten Unterlagen der Rechnungslegung im Sinn des Absatzes 2 Nr. 4 ein. Gleiches gilt für die elektronische Übermittlung von zum Handelsregister eingereichten Schriftstücken nach § 9 Abs. 2, soweit sich der Antrag auf Unterlagen der Rechnungslegung im Sinn des Absatzes 2 Nr. 4 bezieht; § 9 Abs. 3 gilt entsprechend.

Übersicht

	Rn.		Rn.
1. Inhalt des Unternehmensregisters (§ 8b Abs. 2)	1	4. Herstellung und Übermittlung elektronischer Dokumente aus Rechnungslegungsunterlagen	6
2. Führung des Unternehmensregisters	4	5. Kosten	7
3. Zulieferung der Daten	5		

1. Inhalt des Unternehmensregisters (§ 8b Abs. 2)

§ 8b sieht die Einführung eines zentralen elektronischen Unternehmensregisters vor. In diesem Unternehmensregister werden nach § 8b Abs. 2 zugänglich gemacht: 1

– alle **Eintragungen des Handelsregisters, Genossenschaftsregisters und Partnerschaftsregisters** (§ 8b Abs. 2 Nr. 1 bis 3). Dabei werden nach § 8b Abs. 3 S. 2 von den jeweiligen Registern nur die Indexdaten (z.B. Registernummer, Firma, Sitz des Unternehmens) übermittelt, die den Aufbau eines zentralen Zugangs mit Suchfunktion in den Originaldatenbanken der Länder über die Internetseite des Unternehmensregisters ermöglichen[1];

– alle **Bekanntmachungen** der vorgenannten Register und die zu diesem Register eingereichten **Dokumente** (§ 8b Abs. 2 Nr. 1 bis 3);

– Unterlagen über die **Rechnungslegung** nach §§ 325, 339 und deren Bekanntmachung (§ 8b Abs. 2 Nr. 4). Das schließt auch die Unterlagen ein, die nach anderen Bestimmungen, die auf § 325 HGB verweisen, einzureichen sind, vgl. z.B. § 325a (Zweigniederlassungen), § 340l Abs. 2, §§ 9, 15 PublG. Der Zusatz, dass auch Bekanntmachungen über das Unternehmensregister zugänglich gemacht werden, bedeutet nicht, dass die Rechnungslegungsunterlagen doppelt vorgehalten werden müssten; es müssen aber von der Bekanntmachung im elektronischen Bundesanzeiger Datum und Fundstelle im Unternehmensregister angezeigt werden können[2];

---

[1] Regierungsbegründung zum EHUG, S. 99.
[2] Regierungsbegründung zum EHUG, S. 99.

- **gesellschaftsrechtliche Bekanntmachungen** (§ 8b Abs. 2 Nr. 5, wie z.B. Auflösung und Kapitalherabsetzung bei der GmbH);
- bestimmte **Bekanntmachungen der Insolvenzgerichte** nah § 9 InsO (§ 8b Abs. 2 Nr. 11). Ausgenommen sind Verbraucherinsolvenzverfahren und sonstige Kleinverfahren nach §§ 304 bis 314 InsO;
- **Mitteilungen im Aktionärsforum** nach § 127a AktG (§ 8b Abs. 2 Nr. 6). Die Einstellung dieser Daten erscheint problematisch. Hier handelt es sich nicht um Mitteilungen des Unternehmens sondern um Mitteilungen der Aktionäre, auf die das Unternehmen keinen Einfluss hat. Die Tatsache, dass die Mitteilung der Aktionäre Bezug zum Unternehmen hat[1], reicht wohl nicht aus[2];
- **kapitalmarktrechtliche Bekanntmachungen** (§ 8b Abs. 2 Nr. 7 bis 10) nach §§ 15, 15a, 25, 26 WpHG, § 14 Abs. 3 S. 1 WpPG, §§ 37 Abs. 2, 38 Abs. 1, 43 Abs. 5 und § 45 Abs. 1 und 2, 101 Abs. 4, 103 Abs. 3, 111 Abs. 1 InvG, §§ 5 Abs. 1 S. 1 Nr. 3, 13 Abs. 3 InvStG, § 9 Abs. 2 S. 3 Verkaufsprospektgesetz und §§ 49, 51, 61 BörsZulV. Durch das Transparenzrichtlinie-Umsetzungsgesetz vom 5.1.2007 (TUG)[3] ist Nr. 9 um weitere Informationen ergänzt worden (§§ 2b, 26a, 29a Abs. 2, §§ 30e, 30f Abs. 2, § 37v Abs. 1 bis § 37x Abs. 1, §§ 37y, 37z Abs. 4 und § 41 Abs. 4a WpHG).

2 Die aufgezählten Daten stellen nur einen **Mindestinhalt** dar, der in Zukunft noch ausgeweitet werden kann[4]. Unter „zugänglich machen" versteht der Entwurf, dass nicht unbedingt alle Daten in das Unternehmensregister eingestellt werden müssen, sondern dass Links zu den Originaldatenbeständen ausreichen, gerade bezüglich der Daten von Handels-, Genossenschafts- und Partnerschaftsregister und Bekanntmachungen der Insolvenzgerichte[5].

3 Durch die Einführung des Unternehmensregisters werden den Interessierten zwei Wege eröffnet, relevante Daten aus den Handels-, Genossenschafts- und Partnerschaftsregistern abzurufen, nämlich direkt über das jeweilige Register oder zentral über das Unternehmensregister, wobei das Unternehmensregister nur eine Portalfunktion (zu dem einzelnen Register) übernimmt und die vorgenannten Daten nicht selbst (doppelt) vorhält[6].

2. Führung des Unternehmensregisters

4 Geführt wird das Unternehmensregister im Auftrag des Bundesministeriums der Justiz (BMJ) durch den elektronischen Bundesanzeiger, durch den schon früher eine Vielzahl der vorgenannten Informationen bekannt gemacht wurde. Nach § 9a Abs. 1 hat das BMJ die Möglichkeit, mit Zustim-

---

1 Regierungsbegründung zum EHUG, S. 100.
2 So auch die Stellungnahmen des Handelsrechtsausschusses des DAV (im Folgenden „DAV") in NZG 2005, 587.
3 BGBl. I 10.
4 Regierungsbegründung zum EHUG, S. 98.
5 Regierungsbegründung zum EHUG, S. 98 f.
6 Regierungsbegründung zum EHUG, S. 99.

3. Zulieferung der Daten

Nach § 8b Abs. 3 S. 1 Nr. 1 hat der **Betreiber des elektronischen Bundes-** 5
anzeigers die bei ihm geführten Daten (vgl. § 8b Abs. 2 Nr. 4 bis 8) zum Unternehmensregister zu übermitteln. Die Daten nach § 8b Abs. 2 Nr. 9 und 10 muss gemäß Abs. 3 S. 1 Nr. 2 der **Veröffentlichungspflichtige**, also das Unternehmen, dem Unternehmensregister übermitteln. Nach Anpassung der §§ 25, 26 WpHG und §§ 61, 66 BörsZulV an die Vorgaben des Art. 21 Abs. 1 der EU-Transparenzrichtlinie ist aber zu erwarten, dass die Unternehmen auf einen Service Provider zur Erfüllung dieser Pflicht zurückgreifen werden und damit letztendlich nicht mit der Übermittlung belastet werden[1]. Durch das TUG v. 5.1.2007[2] ist § 8b Abs. 3 ergänzt worden. Die BaFin sichert die Übermittlung der Daten, die nach dem WpHG zum Unternehmensregister zu übermitteln sind. Als Sanktionsmöglichkeit wurde § 104a aufgenommen (s. Anmerkungen und Literatur zum TUG dort).

Die Daten nach § 8b Abs. 2 Nr. 1 bis 3 und 11 werden gemäß Abs. 3 S. 2 von den **Landesjustizverwaltungen** an das Unternehmensregister übermittelt, wobei es ausreicht, dass die Indexdaten (z.B. Registernummer, Firma, Sitz des Unternehmens) übermittelt werden, die den Aufbau eines zentralen Zugangs mit Suchfunktion in den Originaldatenbanken der Länder über die Internetseite des Unternehmensregisters ermöglichen[3].

4. Herstellung und Übermittlung elektronischer Dokumente aus Rechnungslegungsunterlagen

Das Unternehmensregister kann nach § 8b Abs. 4 aus in Papierform vorhan- 6
denen Unterlagen der Rechnungslegung elektronische Dokumente herstellen und diese übermitteln. Durch die Verweisung auf § 9 Abs. 3 und 4 wird auch die Möglichkeit der Erteilung von Ausdrucken und der Beglaubigung der Unterlagen der Rechnungslegung durch das Unternehmensregister geschaffen. Damit werden die Registergerichte von diesen Tätigkeiten entlastet.

5. Kosten

Das Unternehmensregister wird über **gestaffelte Jahresgebühren** der publizi- 7
tätspflichtigen Unternehmen finanziert. Kleine Kapitalgesellschaften zahlen 5 Euro, mittelgroße und große Kapitalgesellschaften 10 Euro und Unternehmen, die in einem Kalenderjahr selbst nach § 8b Abs. 3 S. 1 Nr. 2 kapitalmarktrechtliche Daten an das Unternehmensregister liefern, 30 Euro pro Kalenderjahr (§ 7b JVKostO (Anlage Nr. 500 bis 502)).

---

1 Regierungsbegründung zum EHUG, S. 102.
2 BGBl. 2007 I 10.
3 Regierungsbegründung zum EHUG, S. 99.

§ 9
Einsichtnahme in das Handelsregister und das Unternehmensregister

(1) Die Einsichtnahme in das Handelsregister sowie in die zum Handelsregister eingereichten Dokumente ist jedem zu Informationszwecken gestattet. Die Landesjustizverwaltungen bestimmen das elektronische Informations- und Kommunikationssystem, über das die Daten aus den Handelsregistern abrufbar sind, und sind für die Abwicklung des elektronischen Abrufverfahrens zuständig. Die Landesregierung kann die Zuständigkeit durch Rechtsverordnung abweichend regeln; sie kann diese Ermächtigung durch Rechtsverordnung auf die Landesjustizverwaltung übertragen. Die Länder können ein länderübergreifendes, zentrales elektronisches Informations- und Kommunikationssystem bestimmen. Sie können auch eine Übertragung der Abwicklungsaufgaben auf die zuständige Stelle eines anderen Landes sowie mit dem Betreiber des Unternehmensregisters eine Übertragung der Abwicklungsaufgaben auf das Unternehmensregister vereinbaren.

(2) Sind Dokumente nur in Papierform vorhanden, kann die elektronische Übermittlung nur für solche Schriftstücke verlangt werden, die weniger als zehn Jahre vor dem Zeitpunkt der Antragstellung zum Handelsregister eingereicht wurden.

(3) Die Übereinstimmung der übermittelten Daten mit dem Inhalt des Handelsregisters und den zum Handelsregister eingereichten Dokumenten wird auf Antrag durch das Gericht beglaubigt. Dafür ist eine qualifizierte elektronische Signatur nach dem Signaturgesetz zu verwenden.

(4) Von den Eintragungen und den eingereichten Dokumenten kann ein Ausdruck verlangt werden. Von den zum Handelsregister eingereichten Schriftstücken, die nur in Papierform vorliegen, kann eine Abschrift gefordert werden. Die Abschrift ist von der Geschäftsstelle zu beglaubigen und der Ausdruck als amtlicher Ausdruck zu fertigen, wenn nicht auf die Beglaubigung verzichtet wird.

(5) Das Gericht hat auf Verlangen eine Bescheinigung darüber zu erteilen, dass bezüglich des Gegenstandes einer Eintragung weitere Eintragungen nicht vorhanden sind oder dass eine bestimmte Eintragung nicht erfolgt ist.

(6) Für die Einsichtnahme in das Unternehmensregister gilt Absatz 1 Satz 1 entsprechend. Anträge nach den Absätzen 2 bis 5 können auch über das Unternehmensregister an das Gericht vermittelt werden.

Übersicht

	Rn.		Rn.
1. Publizitätsprinzip	1	5. Fertigung von Ausdrucken, Erteilung von Abschriften (§ 9 Abs. 4)	12
2. Einsichtsrecht		6. Negativattest (§ 9 Abs. 5)	15
a) Umfang	3	7. Erteilung von Auskünften	16
b) Private Datenbanken	6	8. Kosten	17
c) Zuständige Stelle	8	9. Rechtsbehelfe und Rechtsmittel	19
3. Elektronische Übermittlung von Papierdokumenten (§ 9 Abs. 2)	10	10. Entsprechende Anwendung auf das Unternehmensregister (§ 9 Abs. 6)	20
4. Beglaubigung der Richtigkeit der elektronischen Kopien (§ 9 Abs. 3)	11		

Schrifttum: *Bokelmann*, Der Einblick in das Handelsregister, DStR 1991, 945; *Friauf*, Registerpublizität und Verfassungsrecht, GmbHR 1991, 397; *Geiger*, Kommerzielle Nutzung amtlich veröffentlichter Registereintragungen, CR 1992, 228; *Gernoth*, Das deutsche Handelsregister – telekommunikative Steinzeit im Zeichen des europäischen Wettbewerbs, BB 2004, 837; *Gustavus*, Handelsregister-Datenbank – Pro und Contra, GmbHR 1990, 197; *Gustavus*, Änderungen bei Handelsregister-Anmeldungen durch das ERJuKoG, NotBZ 2002, 77; *Hirte*, Kommerzielle Nutzung des Handelsregisters, CR 1990, 631; *Hirte*, Die Entwicklung des Unternehmens- und Gesellschaftsrechts in Deutschland in den Jahren 2000 bis 2002, NJW 2003, 1090; *Kollhosser*, Handelsregister und private Datenbanken, NJW 1988, 2408; *Liebscher/Scharff*, Das Gesetz über elektronische Handelsregister sowie das Unternehmensregister, NJW 2006, 3745; *Melchior/Schulte*, Die Vertretungsbescheinigung nach § 21 BNotO in der Handelsregisterpraxis, NotBZ 2003, 344; *Eva-Maria Müller*, Auf Schleichwegen doch noch zu einem privaten Handelsregister?, CR 1992, 71; *Noack*, Online-Unternehmensregister in Deutschland und Europa, BB 2001, 1261; *Ries*, Elektronisches Handels- und Unternehmensregister, Rpfleger 2006, 233; *Ries*, Das elektronische Handelsregister – Schaffung der rechtlichen Voraussetzungen durch das ERJuKoG, GmbHR 2002, R 233; *Ries*, Das deutsche Handelsregister – Ein Relikt aus der Steinzeit?, BB 2004, 2145; *Ries/Melchior*, Das elektronische Handelsregister, NotBZ 2003, 205; *Karsten Schmidt*, HR, 5. Aufl. 1999, § 13 I 2, S. 379; *Seibert*, Der Online-Abruf aus dem Handelsregister kommt!, BB 2001, 2494; *Willer/Krafka*, Besonderheiten der elektronischen Registerführung, Rpfleger 2002, 411; *Windbichler*, Handelsrechtliche Publizität durch private Datenverarbeiter, CR 1988, 447.

1. Publizitätsprinzip

Das Prinzip der **Öffentlichkeit des Handelsregisters** folgt aus dem Einsichtsrecht für jedermann (§ 9 Abs. 1), dem Recht auf Erteilung von Abschriften und Fertigung von Ausdrucken (§ 9 Abs. 4 S. 1 und 2), auf Erteilung von Bescheinigungen (§ 9 Abs. 5) sowie aus der Bekanntmachungspflicht nach § 10. Durch diese Bestimmungen wird der 1. EWG-Richtlinie[1] entsprochen. Die Registerpublizität schränkt das durch Art. 2 Abs. 1 GG gewährte **Recht auf informationelle Selbstbestimmung**[2] in zulässiger Weise ein, weil sie durch

1

---

1 ABl. EG Nr. L 65/1968, 8.
2 BVerfG v. 15.12.1983 – 1 BvR 209/83 u.a., BVerfGE 65, 1.

das Informationsinteresse des Rechtsverkehrs und der Allgemeinheit legitimiert wird[1].

2 Die Vorschrift gewährt subjektive öffentliche Rechte, die nur durch das Verbot des Rechtsmissbrauchs nach § 242 BGB begrenzt werden[2].

2. Einsichtsrecht

a) Umfang

3 Nach § 9 Abs. 1 steht jedermann das Recht auf Einsicht[3] in das Handelsregister im grundsätzlich **unbegrenzten Umfang** zu, ohne dass dafür, anders als nach § 34 FGG (§ 13 FamFG), ein berechtigtes Interesse glaubhaft gemacht werden muss[4]. Dieses Recht umfasst auch die Einsicht in die (früher in einem Sonderband, vgl. § 8 Abs. 2 HRV a.F., befindlichen) vom Anmelder eingereichten Dokumente (z.B. Gesellschaftsverträge, sonstige Unternehmensverträge, Gesellschafterlisten, Aufsichtsratslisten, Jahres- und Konzernabschlüsse, Einsicht in Bankbelege über die Einzahlung des Stammkapitals[5] und in Geschäftsberichte (bis 2006) sowie Niederschriften über Erklärungen vor dem Registergericht). Die Einsicht in die elektronisch geführten Handelsregister ist über ein Datensichtgerät oder durch Einsicht in einen aktuellen oder chronologischen Ausdruck zu gewähren (§ 10 Abs. 2 S. 1 HRV). Mit der Einfügung der Wörter „**zu Informationszwecken**" durch das Gesetz über elektronische Register und Justizkosten für Telekommunikation (ERJuKoG) vom 10.12.2001[6] sollte nach der Begründung des Gesetzentwurfes der Verwendungszweck aus datenschutzrechtlichen Gründen positivrechtlich umrissen werden[7]. Der Zweck sei – dem EU-Recht folgend – sehr weit gefasst[8]. Ausgenommen sollen aber missbräuchliche Einsichtnahmen sein; als Beispiele werden angeführt der Komplettabruf der gesamten Registerdaten oder eine Einsichtnahme zur Sabotage des Registerbetriebs. Der Rechtsausschuss[9] nennt massenhafte Zugriffe zur absichtlichen Lahmlegung des Handelsregisters oder Zugriffe zur „Infektion" mit Viren. Diese Fälle sollten aber schon durch den Begriff „Sabotage" gedeckt sein. Nach hier vertretener Auffassung ändert diese Einfügung nichts an der bisherigen

---

1 *Canaris*, HR, § 4 Rn. 4; § 4 1b; *Hirte*, CR 1990, 633; OLG Köln v. 20.2.1991 – 2 Wx 68/90, GmbHR 1991, 424; *Koller/Roth/Morck*, § 9 Rn. 1; a.A. *Friauf*, GmbHR 1991, 397, 406 f.
2 *Heymann/Sonnenschein/Weitemeyer*, § 9 Rn. 1.
3 BGH v. 12.7.1989 – IV a ARZ (VZ) 9/88, BGHZ 108, 32, 36.
4 OLG Köln v. 20.2.1991 – 2 Wx 68/90, GmbHR 1991, 424; zustimmend *Smid*, WuB IV D, § 9 HGB 1.91; OLG Hamm v. 17.1.1991 – 15 W 482/90, NJW-RR 1991, 1256; OLG Karlsruhe v. 24.7.1990 – VA 3/90, NJW 1991, 182; *Heymann/Sonnenschein/Weitemeyer*, § 9 Rn. 5a; *Baumbach/Hopt*, § 9 Rn. 1; *Koller/Roth/Morck*, § 9 Rn. 2; vgl. ferner *Kollhosser*, NJW 1988, 2413; *Windbichler*, CR 1988, 447.
5 OLG Hamm v. 10.1.2006 – 15 W 47/06, DB 2006, 2399.
6 BGBl. I 3422.
7 RegE BT-Drucks. 14/6855, S. 17.
8 Nach *Hirte*, NJW 2003, 1091 ist auch die Neufassung des Abs. 1 immer noch europarechtswidrig.
9 BT-Drucks. 14/7348, S. 28.

Rechtslage (s. dazu eingehend unten Rn. 7 f. und 9 a.E.). Werden im Handelsregister bestimmte Daten eingetragen, so geschieht das deshalb, um eine gewünschte stärkere Publizität im Rechtsverkehr zu erzielen. Diesem Ziel wird auch entsprochen, wenn sich die Daten private (Weiter-)Nutzer besorgen. Die Einschränkung erweist sich so als überflüssig, da auch gewerbliche Nutzer (Informationssammler) als Einsichtsgrund zulässigerweise „Informationszwecke" angeben werden. Bei Rechtsmissbrauch (Sabotageakte) konnte aber die Einsichtnahme ohnehin schon verweigert werden[1].

Hingegen gibt es **kein Recht**, Schriftstücke einzusehen, welche die Tätigkeit des Registergerichts dokumentieren, wie z.B. Verfügungen, erholte Gutachten, Gerichtsentscheidungen im Rechtsmittelzug. Insoweit kommt Einsichtnahme in die Gerichtsakten nur unter den Voraussetzungen des § 34 FGG (§ 13 FamFG) in Betracht; ausgeschlossen von der allgemeinen Einsicht sind die dem Registergericht von Steuerbehörden erteilten **Steuerauskünfte** (§ 125a Abs. 2 FGG bzw. § 379 Abs. 2 FamFG).

4

Die Sätze 2 bis 4 des Absatzes 1 entsprechen inhaltlich im Wesentlichen dem früheren § 9a Abs. 4 und regeln das **elektronische Abrufverfahren**. Danach bestimmen die Landesjustizverwaltungen das elektronische Informations- und Kommunikationssystem, über das die Registerauskunft online erteilt wird. Bei der Einrichtung von Suchmasken muss beachtet werden, dass die Vorhaltung rein personenbezogener Suchfunktionen datenschutzrechtlich unzulässig ist (§ 14 Abs. 2 Nr. 5, 28 Abs. 1 Nr. 3 BDSG)[2]. § 9 Abs. 1 S. 4 ermöglicht die Einrichtung eines länderübergreifenden zentralen elektronischen Informations- und Kommunikationssystems. Dadurch könnten Daten zentral abgerufen werden und der Einsichtnehmende müsste nicht mehr umständlich das jeweilig zuständige Registergericht ausfindig machen. Ob dies gelingen wird, erscheint schon wegen der unterschiedlichen Software (Aureg, Registar) problematisch. Immerhin wird über das Unternehmensregister ein zentraler Zugang zu allen Daten vorgehalten. Auch ist eine gemeinsame Website der Länder (www.handelsregister.de) bereits vorhanden[3].

5

b) Private Datenbanken

Da es auf den Zweck der Einsicht nicht ankommt, ist sie zu kommerziellen Zwecken zulässig. Das gilt auch für private Wirtschaftsinformationsdienste, die bisher Abschriften über die Einträge von 5 bis zu 170 Gesellschaften angefordert haben[4]. Auch der **BGH** geht davon aus, dass das Einsichtsrecht nicht auf einzelne Eintragungen beschränkt ist, sondern grundsätzlich die Durchsicht des gesamten Registers umfasst, wozu auch das Recht gehört, die Einsicht durch Ausdrucke und Abschriften zu dokumentieren. Will aber jemand den **gesamten Registerbestand ablichten (oder ausdrucken)**, um ihn

6

---

1 Vgl. *Noack*, BB 2001, 1263; zutreffend *Ries*, GmbHR 2002, R 233.
2 Regierungsbegründung zum EHUG, S. 103.
3 Vgl. auch *Liebscher/Scharff*, NJW 2006, 3747.
4 BGH v. 12.7.1989 – IV a AZR (VZ) 9/88, BGHZ 108, 32, 36; zustimmend *Baumbach/Hopt*, § 9 Rn. 1.

in Konkurrenz zum Handelsregister gewerblich zu verwerten, soll das nach BGH vom Einsichtsrecht **nicht** mehr **gedeckt** sein, weil damit die weitere Benutzung des Handelsregisters in weiten Bereichen entbehrlich gemacht würde[1].

7 Abgesehen davon, dass die Auffassung, § 9 gebe kein Recht auf Ablichtung bzw. Ausdrucken des gesamten Datenbestandes, nicht unbedenklich ist, erscheint sie auch wenig praktikabel, denn dadurch wird nicht verhindert, dass mehrere Wirtschaftsdienste, ohne die endgültige Absicht zu nennen, jeweils Teile des Registers ablichten bzw. ausdrucken und durch Austausch untereinander dennoch den gesamten Registerbestand zur Verfügung haben. Ein **allgemeines gesetzliches Verbot**, Informationen aus dem Handelsregister zu sammeln, auszuwerten, unter verschiedenen Gesichtspunkten zusammenzustellen und gewerblich zu nutzen, **besteht nicht.** Deshalb ist der Ansicht zuzustimmen, dass § 9 über das Recht auf umfassende Einsicht auch den **Aufbau umfassender privater Datenbanken** zulässt. Ob die Verbreitung der Handelsregisterdaten gegen Entgelt auf CD-ROM durch Privatpersonen wegen „Wettbewerbswidrigkeit" oder wegen Verstoßes gegen Treu und Glauben untersagt werden kann, erscheint zumindest zweifelhaft.

c) Zuständige Stelle

8 Über die Gewährung der Einsicht entscheidet der Richter, in den ihm übertragenen Aufgaben der Rechtspfleger, vgl. § 4 RPflG, der auch die Art und Weise der Einsicht im Einzelfall bestimmt, und nicht die Justizverwaltung. Grundsätzlich sind das Register und die dazu eingereichten Dokumente auf der Geschäftstelle des Registergerichts während der Diensstunden einzusehen (vgl. § 10 HRV). Das gilt auch für **Rechtsanwälte**, die keinen Anspruch auf Übersendung der Akten in ihre Kanzleiräume haben. Allerdings soll aber einem Rechtsanwalt, der seinen Kanzleisitz an einem anderen Ort hat, Einsichtnahme beim Amtsgericht des Kanzleisitzes zu gewähren sein[2]. Denkbar wäre in einem solchen Fall aber auch, den Rechtsanwalt auf die Beauftragung eines Kollegen vor Ort zu verweisen. Hingegen ist nach BGH die **Justizverwaltung** zur Entscheidung zuständig, wenn die Mikroverfilmung des gesamten Handelsregisterbestandes zum Aufbau einer privaten Datenbank für kommerzielle Zwecke gestattet werden soll[3]. Diese Lösung der Zuständigkeitsfrage ist konsequent, wenn man der Meinung folgt, § 9 gebe kein Recht auf Ablichtung bzw. Ausdrucken des gesamten Registerbestan-

---

1 Vgl. *Hirte*, CR 1990, 631; *Kollhosser*, NJW 1988, 2409; *E.-M. Müller*, CR 1992, 71; *Heymann/Sonnenschein/Weitemeyer*, § 9 Rn. 5a; vgl. dazu auch BGH v. 6.5.1999 – I ZR 199/96, NJW 1999, 2898, wonach das Inverkehrbringen von elektronischen Telefonteilnehmerverzeichnissen auf CD-ROM eine wettbewerbswidrige Leistungsübernahme darstellt, wenn die dort gespeicherten Daten unmittelbar aus den „amtlichen" Telefonbüchern übernommen worden sind.
2 Vgl. dazu OLG Dresden v. 13.8.1996 – 15 W 0797/96, NJW 1997, 668; ferner OLG München v. 12.10.1988 – 9 VA 3/88, Rpfleger 1988, 487; *Koller/Roth/Morck*, § 9 Rn. 4; HK/*Ruß*, § 9 Rn. 1a.
3 BGH v. 12.7.1989 – IVa ARZ (VZ) 9/88, BGHZ 108, 32.

des zur kommerziellen Verwertung, ein solcher Antrag aber an die Justizverwaltung gerichtet wird.

Hingegen entscheidet immer das jeweils **angegangene Registergericht** darüber, ob sein gesamter Bestand auch zu kommerziellen Zwecken abgelichtet bzw. ausgedruckt werden darf[1]. Folgt es materiell-rechtlich der BGH-Auffassung, wird es einen solchen Antrag, weil nicht vom Einsichtsrecht des § 9 gedeckt, zurückweisen oder die Sache mangels Zuständigkeit an die Justizverwaltung zur Entscheidung weitergeben; andernfalls aber dem Antrag stattgeben, weil im Rahmen von § 9 eine Ermessensausübung ausscheidet. Nach hier vertretener Auffassung umfasst das Einsichtsrecht nach § 9 auch das Recht zur Ablichtung bzw. zum Ausdruck des gesamten Registerdatenbestandes, zumal nicht ersichtlich ist, welche schutzwürdigen Interessen dem entgegenstehen sollten.

3. Elektronische Übermittlung von Papierdokumenten (§ 9 Abs. 2)

Nach § 9 Abs. 2 kann (vom Einsichtnehmenden) die elektronische Übermittlung von Papierdokumenten verlangt werden, wenn diese nicht weniger als zehn Jahre vor der Antragstellung zum Handelsregister eingereicht wurden (vgl. auch Art. 61 Abs. 3 EGHGB). Dies entspricht den Vorgaben des Art. 3 Abs. 3 Unterabs. 2 S. 3 der EU-Publizitätsrichtlinie[2]. „Übermittlung" bedeutet dabei sowohl die Einsichtnahme am Bildschirm als auch die elektronische Übersendung[3]. Die elektronische Rückerfassung über einen Zehnjahreszeitraum wird die Registergerichte vor einige technische Probleme stellen. Nach Nr. 5007 des Gebührenverzeichnisses der Handelsregistergebührenverordnung kostet die Übertragung von Schriftstücken in ein elektronisches Dokument je angefangene Seite 2 Euro, mindestens aber 25 Euro.

4. Beglaubigung der Richtigkeit der elektronischen Kopien (§ 9 Abs. 3)

§ 9 Abs. 3 ermöglicht auf Verlangen die Beglaubigung der inhaltlichen Übereinstimmung (nicht der inhaltlichen Richtigkeit!) von Papierdokumenten und der elektronisch übermittelten Dokumente mittels qualifizierter elektronischer Signatur und setzt damit Art. 3 Abs. 3 Unterabs. 4 S. 2 und Unterabs. 5 der EU-Publizitätsrichtlinie um. Die qualifizierten Zertifikate sollten Angaben darüber enthalten, dass der Signierende zur Beglaubigung nach Abs. 3 autorisiert ist und die Signatur zum Zwecke der Beglaubigung eingesetzt wird[4].

5. Fertigung von Ausdrucken, Erteilung von Abschriften (§ 9 Abs. 4)

Beim elektronisch geführten Handelsregister gibt es von den Eintragungen und den nur elektronisch eingereichten Dokumenten anstelle der Abschrift

---
1 OLG Karlsruhe v. 24.7.1990 – VA 3/90, NJW 1991, 182; vgl. HK/*Ruß*, § 9 Rn. 1a.
2 Richtlinie v. 15.7.2003, 2003/58 EG (ABl. EU Nr. L 221, S. 13).
3 Regierungsbegründung zum EHUG, S. 104.
4 Regierungsbegründung zum EHUG, S. 104.

einen **Ausdruck** und anstelle der beglaubigten Abschrift den **amtlichen Ausdruck** (§ 9 Abs. 4 S. 1 und 3). Bezüglich der Eintragungen kann der Ausdruck in chronologischer (alle Eintragungen und Löschungen) oder aktueller (nur aktuell gültige Eintragungen) Form erteilt werden. Weitere Einzelheiten finden sich hierzu in § 30a HRV.

13 Das Recht auf Erteilung von Abschriften korrespondiert mit dem Einsichtsrecht und ist daher auch in dessen Umfang (eingereichte Schriftstücke in Papierform) gegeben (§ 9 Abs. 4 S. 2). Abschriften, die darüber hinausgehen, können unter den Voraussetzungen des § 34 FGG bzw. § 13 FamFG (berechtigtes Interesse) erteilt werden.

14 § 9 Abs. 4 S. 1 und 2 gehen zurück auf Art. 3 Abs. 3 Unterabs. 1 S. 1 und Unterabs. 2 S. 1 der EU-Publizitätsrichtlinie, so dass gegebenenfalls über den Umfang des Rechts eine **Entscheidung durch den EuGH** (Art. 234 EG) in Betracht kommt[1]. Sofern nicht auf **Beglaubigung** verzichtet wird, ist die Abschrift in jedem Fall zu beglaubigen oder der Ausdruck als amtlicher Ausdruck zu fertigen (§ 9 Abs. 4 S. 3). Einzelheiten über Form und Inhalt ergeben sich aus §§ 30, 30a HRV. **Zuständig** zur Erteilung ist nach § 29 HRV ausschließlich der Urkundsbeamte der Geschäftsstelle[2].

6. Negativattest (§ 9 Abs. 5)

15 Durch das EHUG[3] wurde das Zeugnis des Gerichts über die Inhaberschaft des Einzelkaufmanns und die Vertretung von Gesellschaften abgeschafft (Notare können aber weiter nach § 21 BNotO derartige Bescheinigungen erteilen), da diese Informationen leicht durch (Online-)Einsicht in das Handelsregister beschafft werden können. Übrig geblieben ist das sog. „Negativattest". Nach § 9 Abs. 5 hat jedermann das Recht, vom Registergericht eine Bescheinigung darüber zu erhalten, dass bestimmte eintragungsfähige Tatsachen nicht eingetragen sind. Dieses Zeugnis dient dem Nachweis gegenüber Behörden; seine **Beweiswirkung** ist, wie bei der Registereintragung (zur Registereintragung oben § 8 Rn. 57), umstritten. Nach einer Auffassung soll nur ein Prima-facie-Beweis gegeben sein[4], nach anderer Meinung muss sich die Behörde mit dem Beweis zufrieden geben[5]. Allerdings muss sie bei Zweifeln, die sich auf Tatsachen und nicht auf bloße Vermutungen stützen, weitere Nachweise fordern; auch ein Gegenbeweis ist zulässig[6]. Die Streitfrage ist mehr theoretischer Natur mit wenig praktischer Bedeutung, da nach allen Auffassungen sich offensichtlich die Behörde zunächst auf das Zeugnis verlassen darf, aber bei vernünftigen Zweifeln an der Richtigkeit jederzeit berechtigt und wohl auch verpflichtet ist, die wahre Rechtslage aufzuklären.

---

1 *Koller/Roth/Morck*, § 9 Rn. 6.
2 OLG Hamm v. 27.6.1967 – 15 W 257/66, OLGZ 1967, 338.
3 V. 10.11.2006, BGBl. I 2553.
4 *Koller/Roth/Morck*, § 9 Rn. 7; vgl. auch *Baumbach/Hopt*, § 9 Rn. 7 ff.
5 *Schlegelberger/Hildebrandt/Steckhan*, § 9 Rn. 8; differenzierend je nach Prozessart *Staub/Hüffer*, § 9 Rn. 16.
6 BGH v. 20.10.1966 – III ZR 150/65, WM 1967, 24.

Der Beweiswert des Zeugnisses, dass eine Eintragung nicht vorhanden ist, sinkt allerdings mit dessen Alter. In der Vergangenheit wurden in der Registerpraxis bis zu drei oder vier Monate alte Zeugnisse noch anerkannt[1]. **Zuständig** zur Erteilung ist der Urkundsbeamte der Geschäftsstelle (§ 29 Abs. 1 Nr. 2, § 31 HRV). Neu geschaffen ist die Möglichkeit der elektronischen Übermittlung des Negativattests, vgl. § 31 HRV.

7. Erteilung von Auskünften

Das Registergericht hat **keine über § 9 hinausgehende Auskunftspflicht;** Gesuchsteller sind auf das Einsichtsrecht zu verweisen. Das Registergericht kann aber eine, allerdings unverbindliche Auskunft über die Zulässigkeit einer beabsichtigten Anmeldung geben[2]; gegen eine Verweigerung gibt es kein Rechtsmittel. Gegenüber anderen Gerichten oder Behörden ist Auskunft nach bestehenden Sondervorschriften (z.B. § 2 FGG – im FamFG nicht vorgesehen –, §§ 157 bis 168 GVG) über Rechts- und Amtshilfe zu erteilen.

16

8. Kosten

Die **Einsicht** in das Handelsregister ist gebührenfrei (§ 90 KostO). Für die **online-Einsicht** wurden nach § 7b der Justizverwaltungskostenordnung a.F. für jede Einsicht 8 Euro, bei Zahlung einer Jahresgebühr (150 Euro) 4 Euro erhoben. Durch das EHUG[3] ist die Jahresgebühr gestrichen worden. Seit dem 1.1.2007 kostet nach § 7b Justizverwaltungskostenordnung (Nr. 400 und 401 der Anlage) der Abruf eines Registerblatts je Seite 4,50 Euro, der Abruf von Dokumenten je Datei ebenfalls 4,50 Euro, wobei die Bezeichnung der Dokumente bislang teilweise zu allgemein ist („Sonstige Urkunden", die z.B. Zeichnungsscheine, Prüfberichte beinhalten). Die Beglaubigung von Ausdrucken, Abschriften und elektronisch übermittelten Dateien (vgl. Abs. 3 und 4, Rn. 11 ff.) kostet je angefangene Seite 0,50 Euro, mindestens aber 5 Euro (Nr. 102 der Anlage zur Justizverwaltungs-Kostenordnung). Für die **Erteilung von Abschriften und Ausdrucken** gelten § 89 Abs. 1, § 73 Abs. 1 bis 4 KostO; danach fallen für eine unbeglaubigte Abschrift oder einen Ausdruck eine Gebühr von 10 Euro, für eine beglaubigte Abschrift oder einen amtlichen Ausdruck von 18 Euro an; weitere Schreibauslagen fallen daneben nicht an (§ 73 Abs. 4 KostO). Für die elektronische Übermittlung beträgt die Gebühr bei einer beglaubigten Datei 10 Euro, bei einer unbeglaubigten Datei 5 Euro. Für die **Bescheinigung** des Registergerichts ist die Mindestgebühr von 10 Euro zu entrichten (§ 89 Abs. 2, § 33 KostO). Die Erteilung einer Notarbescheinigung gem. § 21 Abs. 1 Nr. 1 über eine Vertretungsberechtigung kostet 13 Euro; die Bescheinigung nach § 21 Abs. 1 Nr. 2 BNotO 25 Euro (§ 150 KostO). Nach der Neufassung des § 21 BNotO und des § 150 KostO[4] erhält der Notar, wenn zur Erteilung der Bescheinigung das Register einge-

17

---

1 Vgl. dazu MünchKommHGB/*Krafka*, § 9 Rn. 20 m.w.N., in denen auch kürzere Zeiträume angenommen wurden.
2 *Heymann/Sonnenschein/Weitemeyer*, § 9 Rn. 21, 22; *Koller/Roth/Morck*, § 9 Rn. 9.
3 V. 10.11.2006, BGBl. I 2553.
4 Gesetz v. 31.8.1998, BGBl. I 2585.

sehen wird, daneben eine zusätzliche Gebühr nach § 147 Abs. 1 S. 1 KostO. Der elektronische Abruf von Daten aus dem Unternehmensregister ist kostenfrei.

18 Die vom Gericht für die Erteilung von Abschriften und Ausdrucken erhobenen Gebühren dürften einer Überprüfung durch den **EuGH** standhalten. Art. 3 Abs. 3 S. 2 der Ersten EG-Richtlinie von 1968[1] bestimmt, dass die Gebühren für die Erteilung solcher Abschriften die Verwaltungskosten nicht übersteigen dürfen; das wird jetzt eingehalten[2]. Zu den Eintragungsgebühren siehe oben Vor § 8 Rn. 9.

9. Rechtsbehelfe und Rechtsmittel

19 Wird die Änderung der Entscheidung des Urkundsbeamten der Geschäftsstelle angestrebt und entspricht dieser dem Verlangen nicht, entscheidet darüber der Registerrichter (§ 29 Abs. 2 HRV) oder der Rechtspfleger; das früher in § 4 Abs. 2 Nr. 3 RPflG a.F. enthaltene Verbot einer Entscheidung durch den Rechtspfleger ist durch das 1. Justizmodernisierungsgesetz v. 24.8.2004[3] aufgehoben worden. Gegen die Entscheidung des Richters oder Rechtspflegers ist die **unbefristete Beschwerde** nach § 19 FGG (nach § 63 FamFG Frist von einem Monat) gegeben, über die das Landgericht (Kammer für Handelssachen) befindet. Gegen dessen Beschluss ist die **weitere Beschwerde** (Rechtsbeschwerde) nach § 27 FGG (§§ 70 ff. FamFG) zum OLG zulässig.

10. Entsprechende Anwendung auf das Unternehmensregister (§ 9 Abs. 6)

20 § 9 Abs. 6 S. 1 verweist für die Einsichtnahme in das Unternehmensregister, das vom elektronischen Bundesanzeiger geführt wird, auf Abs. 1 S. 1. Vgl. hierfür die Anmerkungen oben Rn. 3 ff. Durch die Verweisung in § 9 Abs. 6 S. 2 auf Abs. 2 bis 5 wird sicher gestellt, dass Anträge zur Übermittlung von Dokumenten, Abschriften, Ausdrucken und Negativattesten aus dem Handelsregister auch über das Unternehmensregister gestellt werden können. Zur Übermittlung von Rechnungslegungsunterlagen direkt durch das Unternehmensregister vgl. § 8b Abs. 4 und § 8b Rn. 6.

§ 9a
Übertragung der Führung des Unternehmensregisters; Verordnungsermächtigung

(1) Das Bundesministerium der Justiz wird ermächtigt, durch Rechtsverordnung mit Zustimmung des Bundesrates einer juristischen Person des Privatrechts die Aufgaben nach § 8b Abs. 1 zu übertragen. Der Beliehene erlangt die Stellung einer Justizbehörde des Bundes. Zur Erstellung von Beglaubi-

---

1 ABl. EG Nr. L 65/1968, 8.
2 Dazu *Gustavus*, RpflStud 1996, 97, 100 f.
3 BGBl. I 2198.

gungen führt der Beliehene ein Dienstsiegel; nähere Einzelheiten hierzu können in der Rechtsverordnung nach Satz 1 geregelt werden. Die Dauer der Beleihung ist zu befristen; sie soll fünf Jahre nicht unterschreiten; Kündigungsrechte aus wichtigem Grund sind vorzusehen. Eine juristische Person des Privatrechts darf nur beliehen werden, wenn sie grundlegende Erfahrungen mit der Veröffentlichung von kapitalmarktrechtlichen Informationen und gerichtlichen Mitteilungen, insbesondere Handelsregisterdaten, hat und ihr eine ausreichende technische und finanzielle Ausstattung zur Verfügung steht, die die Gewähr für den langfristigen und sicheren Betrieb des Unternehmensregisters bietet.

(2) Das Bundesministerium der Justiz wird ermächtigt, durch Rechtsverordnung mit Zustimmung des Bundesrates Einzelheiten der Datenübermittlung zwischen den Behörden der Länder und dem Unternehmensregister einschließlich Vorgaben über Datenformate zu regeln. Abweichungen von den Verfahrensregelungen durch Landesrecht sind ausgeschlossen.

(3) Das Bundesministerium der Justiz wird ermächtigt, durch Rechtsverordnung ohne Zustimmung des Bundesrates die technischen Einzelheiten zu Aufbau und Führung des Unternehmensregisters, Einzelheiten der Datenübermittlung einschließlich Vorgaben über Datenformate, die nicht unter Absatz 2 fallen, Löschungsfristen für die im Unternehmensregister gespeicherten Daten, Überwachungsrechte der Bundesanstalt für Finanzdienstleistungsaufsicht gegenüber dem Unternehmensregister hinsichtlich der Übermittlung, Einstellung, Verwaltung, Verarbeitung und des Abrufs kapitalmarktrechtlicher Daten einschließlich der Zusammenarbeit mit amtlich bestellten Speicherungssystemen anderer Mitgliedstaaten der Europäischen Union oder anderer Vertragsstaaten des Abkommens über den Europäischen Wirtschaftsraum im Rahmen des Aufbaus eines europaweiten Netzwerks zwischen den Speicherungssystemen, die Zulässigkeit sowie Art und Umfang von Auskunftsdienstleistungen mit den im Unternehmensregister gespeicherten Daten, die über die mit der Führung des Unternehmensregisters verbundenen Aufgaben nach diesem Gesetz hinausgehen, zu regeln. Soweit Regelungen getroffen werden, die kapitalmarktrechtliche Daten berühren, ist die Rechtsverordnung nach Satz 1 im Einvernehmen mit dem Bundesministerium der Finanzen zu erlassen. Die Rechtsverordnung nach Satz 1 hat dem schutzwürdigen Interesse der Unternehmen am Ausschluss einer zweckändernden Verwendung der im Register gespeicherten Daten angemessen Rechnung zu tragen.

§ 9a Abs. 1 sieht eine Verordnungsermächtigung zur Beleihung einer privatrechtlichen Einrichtung mit der Führung des Unternehmensregisters vor[1]. Dies ist derzeit die „Der Bundesanzeiger Verlagsgesellschaft mit beschränkter Haftung".

---

[1] Verordnung über die Übertragung der Führung des Unternehmensregisters und die Einreichung von Dokumenten beim Betreiber des elektronischen Bundesanzeigers v. 15.12.2006, BGBl. I 2006, 3202.

2 § 9a Abs. 2 und 3 sehen eine Verordnungsermächtigung bezüglich der Führung des Unternehmensregisters in technischer und organisatorischer Hinsicht, auch schon unter Berücksichtigung eines zukünftigen europaweiten Netzwerkes, vor. Dabei kann auch die Zulässigkeit und Art und Umfang von Auskunftsdienstleistungen (sog. Push- und Mehrwertdienste) des Betreibers des Unternehmensregisters mit den im Unternehmensregister selbst gespeicherten und vorgehaltenen Daten (das sind nicht die Handelsregisterdaten) geregelt werden[1]. § 9a Abs. 3 S. 3 stellt sicher, dass die schutzwürdigen Interessen der Unternehmen am Ausschluss der zweckändernden Verwendung der im Unternehmensregister gespeicherten Daten berücksichtigt werden (vgl. § 14 Abs. 2 Nr. 5, § 28 Abs. 1 Nr. 3 BDSG). Von der Verordnungsermächtigung ist durch Verordnung über das Unternehmensregister v. 26.2.2007[2] Gebrauch gemacht worden.

§ 10
Bekanntmachung der Eintragungen

Das Gericht macht die Eintragungen in das Handelsregister in dem von der Landesjustizverwaltung bestimmten elektronischen Informations- und Kommunikationssystem in der zeitlichen Folge ihrer Eintragung nach Tagen geordnet bekannt; § 9 Abs. 1 Satz 4 und 5 gilt entsprechend. Soweit nicht ein Gesetz etwas anderes vorschreibt, werden die Eintragungen ihrem ganzen Inhalt nach veröffentlicht.

Übersicht

	Rn.		Rn.
1. Gegenstand und Zweck der Bekanntmachung	1	2. Publikationsorgane	6
a) Gegenstand	1	3. Verfahren	7
b) Zweck	5	4. Wirkung der Bekanntmachung	8
		5. Eintragungsmitteilungen	11

Schrifttum: *Kögel,* Die Bekanntmachung von Handelsregistereintragungen: Relikt aus dem vorvergangenen Jahrhundert, BB 2004, 844; *Noack,* Das EHUG ist beschlossen – elektronische Handels- und Unternehmensregister ab 2007, NZG 2006, 801; *Christian Schmidt,* Digitalisierung der Registerführung und Neuregelung der Unternehmenspublizität: Was bringt das EHUG?, DStR 2006, 2272.

1. Gegenstand und Zweck der Bekanntmachung

a) Gegenstand

1 Grundsätzlich ist die Eintragung im **vollen Wortlaut** bekannt zu machen (§ 10 Abs. 1 S. 2). Da die öffentliche Bekanntmachung knapp gefasst und

---

1 Regierungsbegründung zum EHUG, S. 107.
2 BGBl. I 2007, 217.

leicht verständlich sein soll (§ 33 Abs. 1 HRV), muss schon für die Eintragung Entsprechendes gelten.

Ausnahmen: Nicht vollständig bekannt gemacht werden die Eintragung der KG (§ 162 Abs. 2, 3) sowie die Änderung der Kommanditeinlage (§ 175 S. 2) und durch Euro-Umstellung bedingte Anmeldungen (Art. 45 Abs. 1 S. 2 EGHGB). 2

Zusätzliche Bekanntmachungen sind bei Kapitalgesellschaften nach dem EHUG[1] nicht mehr erforderlich. Zu beachten ist, dass die Ersteintragung, die Sitzverlegung ins Ausland und die Löschung der SE zusätzlich im Amtsblatt der Europäischen Union bekannt zu machen ist, Art. 14 SE-VO. 3

Im **Insolvenzverfahren** sind nur Eintragungen vorzunehmen; hingegen obliegt die Bekanntmachung dem Insolvenzgericht (§§ 32 Abs. 2, 34 Abs. 5 HGB, §§ 9, 23, 30 InsO). Neben den in § 32 Abs. 1 aufgeführten Tatbeständen ist auch die Anordnung der Zustimmungsbedürftigkeit bestimmter Rechtsgeschäfte des Schuldners nach § 277 InsO in das Handelsregister einzutragen (§ 19 Abs. 2 S. 2 HRV). Die Aufhebung eines unter Verstoß gegen § 32 Abs. 2 durch das Registergericht bekannt gemachten Insolvenzvermerks muss ebenfalls veröffentlicht werden[2]. 4

b) Zweck

Die **Publizität** des Handelsregisters soll durch die Bekanntmachung der Eintragungen gesteigert werden[3]. 5

2. Publikationsorgane

Als Veröffentlichungsorgan war nach der alten Fassung des § 10 der Bundesanzeiger und ein zusätzliches weiteres Blatt gesetzlich vorgeschrieben[4]. Die weiteren Veröffentlichungsorgane wurden durch das Gericht jeweils im Voraus festgelegt (§ 11 a.F.). Nach der Neufassung des § 10 erfolgen Bekanntmachungen nur noch in dem von der Landesjustizverwaltung bestimmten elektronischen Informations- und Kommunikationsmedium (derzeit im **elektronischen Bundesanzeiger**) und nicht mehr wie bisher auch in mindestens einem anderen Blatt (in der Regel einer Tageszeitung). Nur wenn die Betroffenen es wünschen, kann trotz § 10 auf deren Kosten zukünftig auch eine Bekanntmachung in einem anderen Medium stattfinden. 6

Um den Bedenken der Zeitungsverlage zur Verfügbarkeit des Internets in einigen Regionen Rechnung zu tragen, sieht Art. 61 Abs. 4 EGHGB vor, dass

---

1 V. 10.11.2006, BGBl. I 2553.
2 Vgl. zum früheren Konkursvermerk *Heymann/Sonnenschein/Weitemeyer*, § 10 Rn. 4. Die früheren Vergleichs- und Konkursordnungen sind durch Art. 2 Nr. 1 u. Nr. 4 EGInsO v. 5.10.1994 (BGBl. I 2911), in Kraft seit 1.1.1999, aufgehoben.
3 Zweifelnd dazu *Kögel*, BB 2004, 844.
4 § 1 des Gesetzes über Bekanntmachungen v. 17.5.1950, BGBl. I 183; kritisch hierzu *Kögel*, BB 2004, 844.

bis Ende 2008 zwingend auch die Bekanntmachung in einem vom Amtsgericht zu bestimmenden Printmedium vorgeschrieben ist. Zur Bestimmung des **zusätzlichen Printmediums** übernimmt Art 61 Abs. 4 S. 2 EGHGB im Wesentlichen die Regelung des § 11 a.F. und lautet wie folgt:

„Das Gericht hat jährlich im Dezember das Blatt zu bezeichnen, in dem während des nächsten Jahres die in Satz 1 vorgesehenen Bekanntmachungen erfolgen sollen; § 11 der Handelsregisterverordnung in der bis zum ... 1. Januar 2007 geltenden Fassung findet auf die Auswahl und Bezeichnung des Blattes weiter Anwendung. Wird das Handelsregister bei einem Gericht von mehreren Richtern geführt und einigen sich diese nicht über die Bezeichnung des Blattes, so wird die Bestimmung von dem im Rechtszug vorgeordneten Landgericht getroffen; ist bei diesem Landgericht eine Kammer für Handelssachen gebildet, so tritt diese an die Stelle der Zivilkammer. Für den Eintritt der Wirkungen der Bekanntmachung ist ausschließlich die elektronische Bekanntmachung nach § 10 Satz 1 des Handelsgesetzbuchs maßgebend."

Die Bestimmung legt die **Auswahlkriterien** für das Veröffentlichungsblatt fest. Seinen Zweck erfüllt ein Bekanntmachungsblatt nur dann, wenn sich der Rechtsverkehr darauf einrichten darf, dass von vornherein Veröffentlichungen innerhalb eines festen Zeitraums in einem bestimmten Blatt zu erwarten sind. Der weiter anwendbare § 11 Abs. 1 HRV a.F. konkretisiert dahin gehend, dass das Blatt für das nächste Jahr jeweils spätestens bis zum 6.12. des vorhergehenden Jahres zu bezeichnen ist. Unter Bezeichnung des Blattes ist dessen Auswahl und die anschließende Bekanntgabe zu verstehen. Die Auswahl wird nach **pflichtgemäßem Ermessen**[1] in richterlicher Unabhängigkeit getroffen, Einflussnahmen oder gar Weisungen der Justizverwaltung sind unzulässig[2]. Zuständig ist der **Richter**, nicht der Rechtspfleger, da diese Aufgabe nicht zu den Handelssachen bzw. Registersachen, unternehmensrechtlichen Verfahren i.S.v. §§ 125 ff. FGG (§§ 374 ff. FamFG) zählt, so dass eine Zuständigkeit des Rechtspflegers nach § 3 Nr. 2 lit. d RPflG ausscheidet[3]. **Mehrere Richter** eines Registergerichts müssen sich **einigen** (wobei wohl die einfache Mehrheit ausreicht), andernfalls entscheidet darüber eine beim **Landgericht** gebildete Kammer für Handelssachen, deren Zuständigkeit bei mehreren Kammern im Geschäftsverteilungsplan des Landgerichts festgelegt werden muss; ist eine Kammer für Handelssachen nicht vorhanden, entscheidet eine nach dem Geschäftsverteilungsplan zuständige Zivilkammer. Die **Bekanntmachung der Auswahl** ist kein richterliches Geschäft und wird durch einwöchigen Aushang an der Gerichtstafel und Anzeige an IHK, Handwerkskammer und Landwirtschaftskammer vollzogen (§ 11 Abs. 2 S. 2 HRV a.F.). Vor der Entscheidung ist nur die **IHK gutachtlich zu hören**. Ist das Blatt für ein Jahr bezeichnet, ist auch das **Gericht** daran **gebunden**; ein Wechsel des Blattes während des Jahres ist nicht zulässig. Stellt das Blatt sein Erscheinen ein, muss unverzüglich ein Ersatzblatt für den Rest des Jahres bestimmt werden. Die Entscheidung des Gerichts ist

---

1 OLG Celle v. 15.5.1997 – 9 W 38/97, BB 1997, 2292 ; LG Berlin v. 6.12.1996 – 98 AR 1/96, BB 1997, 955 m. Anm. *Müther*.
2 *Staub/Hüffer*, § 11 Rn. 2; *Heymann/Sonnenschein/Weitemeyer*, § 11 Rn. 3; HK/*Ruß*, § 11 Rn. 1.
3 *Staub/Hüffer*, § 11 Rn. 3; *Heymann/Sonnenschein/Weitemeyer*, § 11 Rn. 3; im Ergebnis ebenso MünchKommHGB/*Krafka*, § 11 Rn. 2; offenbar auch *Koller/Roth/Morck*, § 11 Rn. 4; a.A. *Rellermeyer*, Rpfleger 1998, 505.

grundsätzlich **von keiner Seite anfechtbar**[1], auch nicht von den betroffenen Verlagen[2]. Nur die **IHK** hat ein **Beschwerderecht** mit dem Ziel, eine bisher unterlassene gutachtliche Anhörung nachzuholen. Eine Beschwerdeberechtigung kann sie aber nicht daraus herleiten, dass das Gericht bei der Auswahl der gutachtlichen Stellungnahme der IHK nicht gefolgt ist. Anders als nach § 126 FGG (§ 380 Abs. 4 FamFG) ist der IHK nach § 11 Abs. 2 HRV a.F. ein Beschwerderecht gegen die Entscheidung selbst nicht eingeräumt. Ein solches lässt sich auch nicht mit allgemeinen Erwägungen oder aus § 126 FGG (§ 380 Abs. 4 FamFG) herleiten[3]. Ob die Subventionierung der Zeitungsverlage trotz der weiten Verbreitung des Internets nötig und vor allem unternehmerfreundlich ist (Kosten!), darf bezweifelt werden, vgl. Gegenäußerung S. 7 ff. der Bundesregierung (die im Regierungsentwurf zum EHUG nur eine Öffnungsklausel zu Gunsten der Länder vorsah) zu der Stellungnahme des Bundesrats zum EHUG (BR-Drucks. 942/05)[4].

Durch die Verweisung auf § 9 Abs. 1 S. 4 und 5 wird sicher gestellt, dass die Länder auch für die elektronischen Bekanntmachungen eine länderübergreifende Plattform bestimmen können.

3. Verfahren

Die Bekanntmachung wird **von Amts wegen** durchgeführt, ein Verzicht des Anmelders ist unbeachtlich[5]. Das Verfahren ist in §§ 25, 27, 32 und 34 HRV geregelt. Es entscheidet der Richter oder der Rechtspfleger (§§ 3 Nr. 2 lit. d, 17 RPflG), die Ausführung der Bekanntmachung obliegt dem Urkundsbeamten der Geschäftsstelle (§ 27 Abs. 2 S. 3 HRV). **Amtshaftungsansprüche** kommen in Betracht, wenn die Bekanntmachung nicht unverzüglich (vgl. § 32 HRV) durchgeführt wird.

4. Wirkung der Bekanntmachung

Soweit das Gesetz an die Bekanntmachung bestimmte Wirkungen knüpft (vgl. §§ 15, 25 Abs. 2, 27 Abs. 1, 28 Abs. 2), ist nach Art. 61 Abs. 4 S. 4 EGHGB der Tag maßgebend, an dem die Veröffentlichung im elektronischen Informations- und Kommunikationssystem (derzeit der elektronische Bundesanzeiger) erscheint; entscheidend ist der tatsächliche **Erscheinungstag**, nicht der im Computer angegebene Erscheinungstag. Zur Bedeutung der alsbaldigen Bekanntmachung bei Haftungsausschlüssen vgl. § 25 Rn. 41 und § 28 Rn. 37.

Hingegen ist der **Bekanntmachungstag ohne Bedeutung**, soweit das Gesetz die Rechtswirkungen bereits mit der Eintragung entstehen lässt (z.B. Be-

---

1 *Heymann/Sonnenschein/Weitemeyer*, § 11 Rn. 8 m.w.N.
2 OLG Düsseldorf v. 30.3.2004 – I – 3 Wx 69/04, NJW-RR 2004, 1175.
3 A.A. OLG Celle v. 15.5.1997 – 9 W 38/97, BB 1997, 2292.
4 S.a. *Noack*, NZG 2006, 803; a.A. *Christian Schmidt*, DStR 2006, 2773.
5 *Heymann/Sonnenschein/Weitemeyer*, § 10 Rn. 5.

gründung der Kaufmannseigenschaft nach §§ 2, 3; Entstehung der Kapitalgesellschaft nach §§ 11, 13 GmbHG, § 41 Abs. 1 AktG).

10 Weicht die Bekanntmachung inhaltlich von der Eintragung ab, fehlt es grundsätzlich an einer wirksamen Bekanntmachung; das Vertrauen des Rechtsverkehrs auf die Bekanntmachung wird aber durch § 15 Abs. 3 geschützt[1], wobei auch wieder die Bekanntmachung im elektronischen Informations- und Kommunikationssystem maßgebend ist, Art. 61 Abs. 4 S. 4 EGHGB.

5. Eintragungsmitteilungen

11 Dem **Anmelder** oder seinem Bevollmächtigten ist jede Eintragung bekannt zu machen, er kann aber darauf verzichten (§ 130 Abs. 2 FGG bzw. § 383 Abs. 1 FamFG). Die Verletzung der Vorschrift hat keinen Einfluss auf die Wirksamkeit von Eintragung und öffentlicher Bekanntmachung. Allerdings kann die für den Anmelder dann nicht gegebene Prüfungsmöglichkeit der Eintragung Amtshaftungsansprüche auslösen[2].

12 Nach § 37 Abs. 1 HRV sind alle Eintragungen der **IHK** (auch elektronisch) mitzuteilen, gegebenenfalls auch der Handwerks- oder Landwirtschaftskammer.

13 Weitere Mitteilungspflichten ergeben sich aus der Anordnung über Mitteilungen in Zivilsachen (MiZi) vom 29.4.1998[3], dort unter Abschnitt XXI.

§ 11
Offenlegung in der Amtssprache eines Mitgliedstaats der Europäischen Union

(1) Die zum Handelsregister einzureichenden Dokumente sowie der Inhalt einer Eintragung können zusätzlich in jeder Amtssprache eines Mitgliedstaats der Europäischen Union übermittelt werden. Auf die Übersetzungen ist in geeigneter Weise hinzuweisen. § 9 ist entsprechend anwendbar.

(2) Im Fall der Abweichung der Originalfassung von einer eingereichten Übersetzung kann letztere einem Dritten nicht entgegengehalten werden; dieser kann sich jedoch auf die eingereichte Übersetzung berufen, es sei denn, der Eingetragene weist nach, dass dem Dritten die Originalfassung bekannt war.

1 Die Neufassung des § 11 durch das EHUG[4] erfüllt die Vorgaben des Art. 3a Abs. 2 der EU-Publizitätsrichtlinie und ermöglicht die Übermittlung von

---

1 HK/*Ruß*, § 10 Rn. 2.
2 *Heymann/Sonnenschein/Weitemeyer*, § 10 Rn. 10.
3 Abgedruckt als Beilage der NJW zu Heft 38/1998.
4 V. 10.11.2006, BGBl. I 2553.

Dokumenten und Registerinhalt zusätzlich in einer beliebigen Amtssprache der EU. Dies bedeutet, dass es den im Handelsregister eingetragenen Unternehmen ermöglicht werden muss, diese Texte freiwillig (und auf ihre Kosten) in einer anderen Amtssprache einzureichen. Auch Einzelkaufleute und Personenhandelsgesellschaften sollen von dieser Möglichkeit Gebrauch machen können[1].

Rechtlich maßgebend (z.B. bzgl. § 15) bleibt allerdings zunächst der deutsche Text der Registereintragung; die Übersetzung der Eintragung wird von Amts wegen nicht geprüft. Allerdings muss nach § 11 Abs. 1 S. 2 auf die Übersetzung in geeigneter Weise hingewiesen werden (z.B. auf der Schaltfläche am Bildschirm mit einem Flaggensymbol). Die eingereichten Übersetzungen müssen auch online zugänglich sein, § 11 Abs. 1 S. 3. Eine Bekanntmachung oder eine Beglaubigung der Übersetzungen ist aber nicht vorgesehen. 2

Bei einer Diskrepanz zwischen eingereichter (deutscher) Originalfassung und Übersetzung können sich Dritte nach § 11 Abs. 2 allerdings auf die Übersetzung berufen, es sei denn, der Eingetragene weist nach, dass dem Dritten die deutsche Originalfassung bekannt war. Diese Formulierung wirft folgende Frage auf: Genügt es, dass dem Dritten nur die Existenz der deutschen Originalfassung bekannt war oder muss er den genauen Inhalt der deutschen Originalfassung gekannt oder sogar verstanden haben[2]? Über § 11 Abs. 2 nimmt die Übersetzung an der Registerpublizität teil[3]. 3

§ 12
Anmeldungen zur Eintragung und Einreichungen

(1) Anmeldungen zur Eintragung in das Handelsregister sind elektronisch in öffentlich beglaubigter Form einzureichen. Die gleiche Form ist für eine Vollmacht zur Anmeldung erforderlich. Rechtsnachfolger eines Beteiligten haben die Rechtsnachfolge soweit tunlich durch öffentliche Urkunden nachzuweisen.

(2) Dokumente sind elektronisch einzureichen. Ist eine Urschrift oder eine einfache Abschrift einzureichen oder ist für das Dokument die Schriftform bestimmt, genügt die Übermittlung einer elektronischen Aufzeichnung; ist ein notariell beurkundetes Dokument oder eine öffentlich beglaubigte Abschrift einzureichen, so ist ein mit einem einfachen elektronischen Zeugnis (§ 39a des Beurkundungsgesetzes) versehenes Dokument zu übermitteln.

---

1 Regierungsbegründung zum EHUG, S. 109.
2 So auch DAV, NZG 2005., 588.
3 Vgl. auch *Schlotter*, BB 2007, 2 und *Seibert/Decker*, DB 2006, 2448.

Übersicht

	Rn.		Rn.
1. Allgemeines	1	5. Stellvertretung	
2. Anmeldung		a) Anmeldung durch Bevollmächtigte	9
a) Rechtsnatur	2	b) Anmeldung durch gesetzliche Vertreter	13
b) Inhalt	4		
3. Entbehrlichkeit der Unterschriftszeichnung	5	6. Rechtsnachfolge	15
4. Form und Übermittlung der Anmeldung	6	7. Elektronische Einreichung von Dokumenten (§ 12 Abs. 2)	17

Schrifttum: *Auer,* Die antizipierte Anmeldung bei der GmbH, DNotZ 2000, 498; *Bandehzadeh,* Zur Zulässigkeit gesellschaftsvertraglicher Handelsregistervollmachten bei Personenhandelsgesellschaften, DB 2003, 1663; *Bärwaldt,* Die Anmeldung „zukünftiger" Tatsachen zum Handelsregister, GmbHR 2000, 421; *Göttlich,* Notar-Bescheinigungen in Handelsregistersachen, JurBüro 1970, 105; *Gustavus,* Handelsregister-Anmeldungen, 6. Aufl. 2005; *Gustavus,* Die Vollmacht zu Handelsregister-Anmeldungen bei Personengesellschaften und Gesellschaften mit beschränkter Haftung, GmbHR 1978, 219; *Jeep/Wiedemann,* Die Praxis der elektronischen Registeranmeldung – Die Umsetzung des EHUG aus notarieller und richterlicher Sicht, NJW 2007, 2439; *Malzer,* Elektronische Beglaubigung und Medientransfer durch den Notar nach dem Justizkommunikationsgesetz, DNotZ 2006, 9; *Melchior,* Vollmachten bei Umwandlungsvorgängen – Vertretungshindernisse und Interessenkollision, GmbHR 1999, 520; *Püls,* Notarielle Tätigkeit im Lichte des Justizkommunikationsgesetzes, NotBZ 2005, 305; *Ries,* Die Anmeldung zum Handelsregister, DStR 1993, 1025; *Schaub,* Stellvertretung bei Handelsregisteranmeldungen, DStR 1999, 1699; *Schaub,* Ausländische Handelsgesellschaften und deutsches Registerverfahren, NZG 2000, 953; *Schlotter/Reiser,* Ein Jahr EHUG – die ersten Praxiserfahrungen, BB 2008, 118. S. auch das Schrifttum zum EHUG Vor § 8.

1. Allgemeines

1 Eintragungen und Löschungen im Handelsregister – letztere sind registertechnisch ebenfalls Eintragungen – beruhen nahezu ausschließlich auf entsprechenden Anträgen, die § 12 als Anmeldungen bezeichnet. Der Begriff Anmeldung umfasst daher grundsätzlich nur Anträge zur Eintragung, nicht aber die Einreichung von Dokumenten und Urkunden oder sonstigen Schriftstücken zum Registergericht[1] (vgl. oben § 8 Rn. 28 ff.). Anmeldungen und Vollmachten (§ 12 Abs. 1 S. 2) sind elektronisch **in öffentlich beglaubigter Form** einzureichen, um die Personenidentität sicherzustellen. Die Vorschrift bezweckt eine Identitäts- oder Echtheitsprüfung; sie begründet keine materielle Prüfungspflicht[2] (zur materiellen Prüfung oben § 8 Rn. 33). Hingegen verpflichtet § 12 Abs. 1 S. 3, ergänzend zu § 12 FGG (§§ 26, 29 FamFG), zur Prüfung der sachlichen Berechtigung in ganz bestimmter Form. § 12 Abs. 1 sieht in seiner Neufassung durch das EHUG[3] zwingend vor, dass Anmeldungen und Anmeldevollmachten **elektronisch** in öffentlich beglau-

---

1 Vgl. *Koller/Roth/Morck,* § 12 Rn. 2; Muster einer OHG-Anmeldung bei *Ammon,* DStR 1993, 1026.
2 *Koller/Roth/Morck,* § 12 Rn. 1.
3 V. 10.11.2006, BGBl. I 2553.

bigter Form einzureichen sind und bewirkt dadurch den Übergang auf einen vollelektronischen Rechtsverkehr mit dem Registergericht. Nach Art. 61 Abs. 1 EGHGB können die Landesregierungen bis Ende 2009 auch eine papierschriftliche öffentlich beglaubigte Anmeldung zulassen.

2. Anmeldung

a) Rechtsnatur

Die Rechtsnatur der Anmeldung ist umstritten[1] (siehe dazu auch oben § 8 Rn. 29). Sie ist eine **verfahrensrechtliche Erklärung** gegenüber dem Registergericht i.S. von § 11 FGG (§ 25 FamFG), grundsätzlich unbedingt und unbefristet (§§ 158 ff. BGB) und kann wegen Willensmängeln nicht angefochten werden (§§ 119 ff. BGB). Sie kann auch gleichzeitig Willenserklärung sein (dazu oben § 3 Rn. 28; vgl. ferner § 2 Rn. 10), ist aber anders als sonstige Willenserklärungen **bis zur Eintragung frei widerruflich**[2]. Ein Widerruf nach Eintragung kann als Löschungsantrag oder als neue Anmeldung behandelt werden, die allerdings formbedürftig wäre; gleichfalls formbedürftig ist der Widerruf (Rücknahme) des Widerrufs, weil darin eine neue Anmeldung liegt.

2

Aus dem Recht der Willenserklärungen sind die Vorschriften über Geschäftsfähigkeit (§§ 104 ff. BGB) und Zugang (§ 130 BGB) anwendbar[3]. Die Anmeldung wird wirksam mit Zugang beim Gericht; die Anmeldung einer in der Zukunft erst wirksamen Bestellung eines Geschäftsführers ist daher nicht möglich[4]. Anmeldungen können und müssen so ausgelegt werden, dass sie im Ergebnis Erfolg haben können[5].

3

b) Inhalt

Der Inhalt der Anmeldung bestimmt sich nach den anzumeldenden Tatsachen und den gesetzlichen Vorschriften über ihre Eintragungsfähigkeit. Die Sicherheit des Rechtsverkehrs verlangt von der Anmeldung als Grundlage der Eintragung einen so **klaren und bestimmten Inhalt**, dass Zweifel seitens des Registergerichts über das Eintragungsbegehren nicht aufkommen können; nicht erforderlich ist aber, dass bestimmte im Gesetz verwendete For-

4

---

1 OLG Celle v. 28.6.1999 – 9 W 72/99, NJW-RR 2000, 702; vgl. *Heymann/Sonnenschein/Weitemeyer*, § 12 Rn. 2, 3; *Staub/Hüffer*, § 8 Rn. 43 und § 12 Rn. 1; *Scholz/Winter*, § 7 GmbHG Rn. 12, der die Anmeldung als verfahrensrechtlichen Antrag bezeichnet und die analoge Heranziehung von BGB-Vorschriften zur Lückenausfüllung nur zulässt, sofern die Rechtsnatur der Anmeldung als Verfahrenshandlung nicht entgegensteht; ferner *Schlegelberger/Hildebrandt/Steckhan*, § 12 Rn. 10, der sie zugleich als Rechtsgeschäft ansieht.
2 BayObLG v. 25.6.1992 – 3 ZBR 30/92, GmbHR 1992, 672; HK/*Ruß*, § 12 Rn. 10.
3 *Heymann/Sonnenschein/Weitemeyer*, § 12 Rn. 3; OLG Dresden, OLGR 4, 22.
4 OLG Düsseldorf v. 15.12.1999 – 3 Wx 354/99, NJW-RR 2000, 702 = DNotZ 2000, 529 mit zu Recht kritischer Anm. *Kallrath*, DNotZ 2000, 533; ferner *Britz*, Mitt-RNotK 2000, 197; *Bärwaldt*, GmbHR 2000, 412; *Auer*, DNotZ 2000, 498.
5 BayObLG v. 16.2.2000 – 3 ZBR 389/99, BB 2000, 1316.

mulierungen übernommen werden. Falls eintragungsbedürftige Bestimmungen des Gesellschaftsvertrags einer GmbH geändert werden, sind diese Änderungen in der Anmeldung schlagwortartig anzugeben[1]. Werden natürliche Personen zur Eintragung in das Handelsregister angemeldet, ist in der Anmeldung selbst deren **Geburtsdatum** zwingend anzugeben; dies folgt aus der Neufassung von § 24 Abs. 1 HRV durch das HRefG[2]. Zur Auslegung der Anmeldung siehe oben Rn. 3. Nach dem MoMiG ist bei der Anmeldung gemäß § 29 die Geschäftsanschrift anzugeben, nach § 31 genauso eine Änderung der Geschäftsanschrift. Gleiches gilt für die Zweigniederlassung (§ 13 Abs. 1). Bei der Anmeldung ist ferner der Geschäftszweig anzugeben, sofern er sich nicht aus der Firma (§ 24 Abs. 4 HRV) oder dem Unternehmensgegenstand ergibt. Die Angaben zu § 24 Abs. 4 HRV können auch aus beigefügten Urkunden entnommen werden. Nach OLG Düsseldorf[3] soll die Anmeldung einer in Zukunft liegenden Bestellung zum neuen Geschäftsführer einer GmbH unwirksam sein.

3. Entbehrlichkeit der Unterschriftszeichnung

5   Durch das EHUG[4] ist die Pflicht zur Zeichnung der Unterschrift zur Aufbewahrung beim Registergericht entfallen. Schon nach altem Recht war allerdings die fehlende Zeichnung kein Eintragungshindernis. Im Zuge der Abschaffung der Zeichnungspflicht sind die §§ 13 Abs. 2, 13c Abs. 5, 13d Abs. 1 und 3, 29, 35, 53 Abs. 2, 108 Abs. 2, 148 Abs. 3, 153 HGB, §§ 37 Abs. 5, 81 Abs. 4, 266 Abs. 5, 283 Nr. 1 AktG, §§ 8 Abs. 5, 39 Abs. 4, 67 Abs. 5 GmbHG geändert bzw. abgeschafft worden.

4. Form und Übermittlung der Anmeldung

6   Für Anmeldung und Vollmacht ist **öffentliche Beglaubigung** erforderlich. Bei der Anmeldung muss die Erklärung nach § 129 Abs. 1 S. 1 BGB, §§ 39, 40 BeurkG schriftlich abgefasst werden und die Unterschrift desjenigen, der die Erklärung abgibt, von einem Notar beglaubigt werden. Der Vermerk muss den Vollzug oder die Anerkennung der Unterschrift bezeugen sowie die Person bezeichnen, welche die Unterschrift vollzogen oder anerkannt hat. Identitätsprüfung ist erforderlich, weil § 40 Abs. 4 BeurkG keine Verweisung auf § 10 Abs. 2 S. 2 BeurkG enthält, so dass eine Beglaubigung bei Zweifeln über die Identität des Beteiligten unzulässig ist. Nicht zu prüfen hat die Urkundsperson, ob die als Unterschriftszeichner identifizierte Person auch sachlich antrags- und zeichnungsberechtigt ist; dies hat gegebenenfalls das Register-

---

1 OLG Frankfurt am Main v. 23.7.2003 – 20 W 46/03, GmbHR 2003, 1273; OLG Hamm v. 12.7.2001 – 15 W 136/01, GmbHR 2002, 64.
2 OLG Celle v. 28.6.1999 – 9 W 72/99, OLG-Report 1999, 376; vgl. ferner BayObLG v. 1.12.1977 – 3 ZBR 127/77, DNotZ 1978, 661.
3 OLG Düsseldorf v. 15.12.1999 – 3 Wx 354/99, DNotZ 2000, 529 mit zu Recht kritischer Anm. *Kallrath*, DNotZ 2000, 533 und *Auer*, DNotZ 2000, 498; ferner *Britz*, MittRNotK 2000, 197.
4 V. 10.11.2006, BGBl. I 2553.

gericht zu ermitteln[1]. Zuständig zur Beglaubigung sind die Notare; persönliche Anmeldung bei Gericht ist nicht (mehr) möglich. Für Beglaubigungen im Ausland sind die Konsulatsbeamten (aber auch ermächtigte Honorarkonsule) zuständig; teilweise werden auch Beglaubigungen durch ausländische Notare zugelassen, jedenfalls dann, wenn keine Versicherungen (z.B. nach § 8 Abs. 2 GmbHG) abgegeben werden müssen[2]. Das Original der beglaubigten Anmeldung bleibt bei den Akten des Notars. Dieser reicht die Anmeldung nach der Neufassung des § 12 durch das EHUG[3] in **elektronischer Form**, versehen mit einer qualifizierten elektronischen Signatur, über das „Elektronische Gerichts- und Verwaltungspostfach" (EGVP) beim Handelsregister ein, wobei er eine elektronisch beglaubigte Abschrift nach § 39a BeurkG erstellt[4]. Nach Art. 61 Abs. 1 EGHGB können die Landesregierungen allerdings bis 2009 auch die Einreichung papierschriftlicher Anmeldungen zulassen.

Falls einzelne Bundesländer eine Papier-Anmeldung noch zulassen bzw. zuließen, ist bzw. war die Einreichung des Originals der Papier-Anmeldung **nicht erforderlich**, wenn von ihr eine gemäß § 42 BeurkG beglaubigte Abschrift vorliegt[5]. Sie ist ferner nicht notwendig, wenn eine **juristische Person des öffentlichen Rechts** die Anmeldung zum Handelsregister (z.B. nach § 33) in einer von ihr als öffentliche Behörde ausgestellten öffentlichen Urkunde einreicht. Allerdings ist nach § 12, anders als nach § 29 GBO, der öffentliche Urkunden ausdrücklich ausreichen lässt, nur die öffentlich beglaubigte Urkunde vorgesehen. Gleichwohl ist hier mit der h.M.[6] davon auszugehen, dass eine öffentliche Urkunde bei der Anmeldung die öffentliche Beglaubigung ersetzt. Ersetzt wird die öffentliche Beglaubigung nach § 129 Abs. 2 BGB durch die notarielle Beurkundung[7]; ferner durch einen gerichtlich protokollierten Vergleich (§ 127a BGB). 7

Auch Anmeldungen reiner Euro-Umstellungen müssen nicht beglaubigt werden (Art. 45 Abs. 1 S. 1 EGHGB). Gleiches gilt auch für die Anmeldung der Ergänzung der Firma um den Rechtsformzusatz nach Art. 38 EGHGB (s. dazu § 19 Rn. 40 mit Fußnote). 8

---

1 *Schlegelberger/Hildebrandt/Steckhan*, § 12 Rn. 7.
2 § 12 KonsG v. 11.9.1974, BGBl. I 2317; ferner für ausländische Urkunden *Staub/Hüffer*, § 12 Rn. 29 ff.; zur Gleichwertigkeit ausländischer Urkunden *Saenger/Schenck*, BB 2008, 65; *Schaub*, NZG 2000, 953, 956.
3 V. 10.11.2006, BGBl. I 2553.
4 Zu dieser Vorschrift und zur Möglichkeit der elektronischen Beglaubigung umfassend *Jeep/Wiedemann*, NJW 2007, 2439; *Malzer*, DNotZ 2006, 9 ff.; *Püls*, NotBZ 2005, 305 ff.; *Melchior*, NotBZ 2006, 409 ff.; *Willer/Krafka*, DNotZ 2006, 885 ff.
5 BayObLG v. 25.3.1975 – 2 Z BR 10/75, DB 1975, 1162; *Baumbach/Hopt*, § 12 Rn. 1; umstritten für die Registerpraxis, die bislang regelmäßig die Einreichung des Originals der beglaubigten Papier-Anmeldung verlangte.
6 BayObLG v. 25.3.1975 – 2 ZBR 10/75, DB 1975, 1162; OLG Düsseldorf v. 2.7.1997 – 3 Wx 94/97, MittRhNotK 1997, 436; DNotI-Rep. 1999, 175, 176 m.N.
7 BayObLG v. 24.6.1975 – 2 ZBR 14/75, DB 1975, 1936.

5. Stellvertretung

a) Anmeldung durch Bevollmächtigte

9 Anmeldung zum Handelsregister durch Bevollmächtigte ist **grundsätzlich zulässig**[1]. Die Erteilung der Vollmacht richtet sich nach § 167 BGB; sie ist als Einzel- oder Generalvollmacht möglich, Spezialvollmacht ist nicht erforderlich[2]. Der Prokurist kann im Rahmen seiner Vertretungsmacht nach § 49 Abs. 1 Anmeldungen vornehmen, sofern diese nicht die Grundlagen des „eigenen" Handelsgeschäftes betreffen[3]. Er darf sich nicht selbst anmelden, auch nicht im Rahmen unechter Gesamtvertretung zusammen mit einem gesetzlichen Vertreter[4]. Postmortale Vollmachten eines Gesellschafters lassen beim Tod dieses Gesellschafters die Anmeldepflicht der Erben unter Nachweis ihrer Erbenstellung nicht entfallen[5].

10 Für eine Vollmacht zur Anmeldung schreibt Abs. 1 S. 2 allgemein die **Form der öffentlichen Beglaubigung und die elektronische Übermittlung** (dazu siehe oben Rn. 6) vor. Liegen dem Registergericht von früheren Anmeldungen beglaubigte Abschriften von öffentlich beglaubigten Erklärungen vor, die eine unwiderrufliche Vollmacht für Anmeldungen ausweisen, darf eine Vollmachtsvorlage vom Registergericht nur verlangt werden, wenn begründete Zweifel am Fortbestand der Vollmacht bestehen[6]. Bei Vorliegen elektronisch eingereichter Vollmachten wird die Bestätigung des Notars ausreichen, dass die von ihm früher eingereichten Vollmachten weiter mit den Papiervollmachten übereinstimmen[7]. Ist die Vollmacht einmal wirksam erteilt, hat ein späterer Wegfall der Befugnis zur Vollmachtserteilung auf ihre Wirksamkeit keinen Einfluss; die Beseitigung dieser Vollmacht erfordert einen Widerruf. Der Tod des Bevollmächtigten führt grundsätzlich zum Erlöschen der Vollmacht, §§ 673, 675 BGB.

11 Sind nach Sondergesetzen (z.B. §§ 37, 184 Abs. 2, 188 Abs. 2, 203 AktG, § 82 GmbHG) mit der Anmeldung zusätzliche Erklärungen oder **Versicherungen** abzugeben, die bei Wahrheitswidrigkeit zivil- oder strafrechtliche Folgen nach sich ziehen, ist höchstpersönliche, rechtsgeschäftliche Stellvertretung ausschließende Anmeldung erforderlich[8].

---

1 Vgl. *Staub/Hüffer*, § 12 Rn. 5; *Heymann/Sonnenschein/Weitemeyer*, § 12 Rn. 8; *Schaub*, DStR 1999, 1699.
2 BGH v. 2.12.1991 – II ZB 13/91, BGHZ 116, 190; zur (wohlwollenden) Auslegung einer Registervollmacht vgl. KG v. 1.3.2005 – 1 W 4/04, DB 2005, 1620; BayObLG v. 23.12.2003 – 3 ZBR 252/03, Rpfleger 2004, 292.
3 BGH v. 2.12.1991 – II ZB 13/91, BGHZ 116, 190; Anm. *Joost*, ZIP 1992, 463.
4 OLG Frankfurt am Main v. 28.2.2005 – 20 W 451/04, DB 2005, 1103.
5 KG v. 12.11.2002 – 1 W 462/01, DB 2003, 876 ff.; a.A. OLG Hamburg v. 18.6.1974 – 2 W 53/74, MDR 1974, 1022.
6 BayObLG v. 25.3.1975 – 2 ZBR 10/75, DB 1975, 1162.
7 *Jeep/Wiedmann*, NJW 2007, 2439.
8 BayObLG v. 12.6.1986 – 3 ZBR 29/86, BB 1986, 1533; *Koller/Roth/Morck*, § 12 Rn. 6; offen gelassen in BGH v. 2.12.1991 – II ZB 13/91, BGHZ 116, 190, 199 f.

Der **Notar** gilt unter den Voraussetzungen des § 129 FGG (§ 378 FamFG) als ermächtigt, die Anmeldung im Namen eines Anmeldepflichtigen vorzunehmen. Besteht keine Anmeldepflicht (z.B. Anmeldung einer GmbH), hat der Notar keine gesetzlich vermutete Vollmacht. Im Zweifel kann aber davon ausgegangen werden, dass der Notar **rechtsgeschäftlich bevollmächtigt** ist[1]. 12

b) Anmeldung durch gesetzliche Vertreter

Vertreter kraft Gesetzes (Vormund, Betreuer nach § 1902 BGB, Testamentsvollstrecker[2], Insolvenzverwalter (allerdings nur, wenn Insolvenzmasse betroffen ist, also nicht bei Anmeldung eines Geschäftsführerwechsels, § 80 InsO), Vergleichs- und Nachlassverwalter)[3] sind grundsätzlich schon aufgrund ihrer Stellung **zur Anmeldung ermächtigt**. Allerdings ist die gesetzliche Vertretung gegenüber dem Registergericht nachzuweisen, insoweit ohne Formzwang. Eine eventuell erforderliche vormundschaftsgerichtliche Genehmigung ist beizubringen[4]. Der Minderjährige darf im Rahmen von § 112 BGB selbst anmelden. Ansonsten wird er durch seine Eltern vertreten, die auch dann für ihn anmelden können, wenn sie Mitgesellschafter sind, da es sich bei den Anmeldungen um Parallelerklärungen handelt. 13

Bei **Kapitalgesellschaften** genügt in der Regel die Anmeldung durch ihre Organe in vertretungsberechtigter Zahl, es sei denn, das Gesetz schreibt Anmeldung durch sämtliche Vertretungsberechtigte (z.B. § 36 AktG, § 78 GmbHG) vor[5]; Bevollmächtigung für die Anmeldung einer Kapitalgesellschaft ist nicht zulässig. Ist eine **GbR als Gründerin** nach § 36 Abs. 1 AktG anmeldepflichtig, müssen sämtliche Gesellschafter die Anmeldung persönlich vornehmen[6]. Der Nachweis der Vertretungsmacht wird für Handelsgesellschaften in der Regel durch einen amtlichen Ausdruck in aktueller oder chronologischer Form (§ 9 Abs. 4) oder eine Notarbescheinigung (§ 21 BNotO) geführt (dazu oben § 9 Rn. 12, 15 f.). Zur Anmeldung von Personengesellschaften s. §§ 106–108 und die dortigen Erl. 14

---

1 Dazu BayObLG v. 16.2.2000 – 3 Z BR 389/99, NZG 2000, 1232 – dort auch zur Rechtsnatur der Anmeldung als Verfahrenshandlung.
2 Wenn er Mitgliedschaftsrechte für Gesellschafter ausübt, BGH v. 3.7.1989 – II ZB 1/89, BGHZ 108, 187; vgl. auch BGH v. 10.1.1996 – IV ZB 21/94, DB 1996, 468; allerdings keine Anmeldebefugnis des Gesellschafterwechsels für den bloßen Abwicklungstestamentsvollstrecker; dieser darf aber anstelle von Erben, die selbst nicht Gesellschafter geworden sind, den Gesellschafterwechsel anmelden, KG v. 7.3.1991 – 1 W 3124/88, BB 1991, 1283; HK/*Ruß*, § 12 Rn. 3.
3 OLG Rostock v. 17.12.2002 – 6 W 52/02, Rpfleger 2003, 444.
4 Vgl. *Koller/Roth/Morck*, § 12 Rn. 7; *Heymann/Sonnenschein/Weitemeyer*, § 12 Rn. 19.
5 BGH v. 24.10.1988 – II ZB 7/88, BGHZ 105, 324; a.A. früher BayObLG; inzwischen aufgegeben und jetzt wie BGH, vgl. BayObLG v. 29.1.1991 – 3 ZBR 137/90, BayObLGZ 1991, 24; BayObLG v. 22.6.1995 – 3 ZBR 71/95, Rpfleger 1995, 506, 507.
6 BayObLG v. 12.6.1986 – 3 ZBR 29/86, BB 1986, 1533; *Koller/Roth/Morck*, § 12 Rn. 7; *Schaub*, DStR 1999, 1699, 1703 f.

6. Rechtsnachfolge

15 Nach § 12 Abs. 1 S. 3 haben Rechtsnachfolger eines Beteiligten die Rechtsnachfolge (Erbfall, Umwandlung, Verschmelzung, Unternehmensveräußerung) soweit tunlich durch **öffentliche Urkunde** nachzuweisen, und zwar auch bei Vorliegen postmortaler Vollmachten von Gesellschaftern[1]. Die Definition der öffentlichen Urkunde ergibt sich aus § 415 ZPO. Mit der Bestimmung soll sichergestellt werden, dass Anmeldungen nur durch materiell berechtigte Personen vorgenommen werden; anders als nach § 12 FGG (§§ 26, 29 FamFG) ist hier dem Registergericht nicht freigestellt, welche Beweismittel es für ausreichend erachtet[2]. Rechtsnachfolgenachweise (z.B. Erbschein, vgl. § 371a Abs. 2 ZPO) können elektronisch in öffentlich beglaubigter Form eingereicht werden.

16 **Andere Beweismittel** sind nur zulässig, wenn eine Vorlage der öffentlichen Urkunde (z.B. öffentliches Testament mit Eröffnungsprotokoll, auszulegen vom Registergericht[3], oder Erbschein[4]) untunlich wäre, d.h. dem Anmelder nicht zumutbar erscheint. Das ist angenommen worden, wenn sich die Rechtsnachfolge aus den Registerakten selbst oder aus bei demselben Gericht geführten Nachlassakten ergibt oder wenn der Nachweis durch öffentliche Urkunden nur sehr schwer führbar ist, vorausgesetzt dass der Nachweis durch andere Beweismittel einwandfrei führbar ist; ein kostenrechtlich begünstigter Erbschein (nur für Grundbuchberichtigung) reicht als Nachweis aus[5]. Zeit- oder Geldmangel machen den Nachweis der Rechtsnachfolge durch öffentliche Urkunden nicht „untunlich"[6].

7. Elektronische Einreichung von Dokumenten (§ 12 Abs. 2)[7]

17 § 12 Abs. 2 sieht die elektronische Einreichung von Dokumenten vor. Nach Art. 61 Abs. 1 EGHGB können die Landesregierungen bis Ende 2009 auch eine papierschriftliche Einreichung zulassen.

18 Falls die Urschrift oder eine einfache Abschrift eingereicht werden muss (z.B. § 199 2. Hs. UmwG), „genügt" nach § 12 Abs. 2 S. 2 1. Hs. die Einreichung einer **elektronischen Aufzeichnung**. Dies gilt auch in den Fällen, in

---

1 KG v. 12.11.2002 – 1 W 462/01, DB 2003, 876 ff.
2 *Heymann/Sonnenschein/Weitemeyer*, § 12 Rn. 22; *Koller/Roth/Morck*, § 12 Rn. 8; *Staub/Hüffer*, § 12 Rn. 24; nach KG v. 30.5.2000 – 1 W 931/99, FGPrax 2000, 249 muss die Erbfolge hinsichtlich eines Kommanditanteils auch dann durch Erbschein nachgewiesen werden, wenn Dauertestamentsvollstreckung gegeben ist und ein Testamentsvollstreckerzeugnis vorliegt.
3 KG v. 5.10.2006 – 1 W 146/06, NJW-RR 2007, 692, wobei das Registergericht die letztwillige Verfügung – wohlwollend – auszulegen hat.
4 OLG Köln v. 9.9.2004 – 2 Wx 22/04, NZG 2005, 37; OLG Hamm v. 12.12.1985 – 15 W 443/85, Rpfleger 1986, 139
5 KG v. 5.10.2006 – 1 W 146/06, NJW-RR 2007, 692; KG v. 30.5.2000 – 1 W 931/99, NZG 2000, 1167; BayObLG v. 13.7.1983 – 3 ZBR 122/82, WM 1983, 1092.
6 KG v. 30.5.2000 – 1 W 931/99, NZG 2000, 1167.
7 Dazu auch *Malzer*, DNotZ 2006, 9 ff.; *Melchior*, NotBZ 2006, 412; *Seibert/Decker*, DB 2006, 2447.

denen das Dokument schriftlich abzufassen oder in unterzeichneter Form einzureichen ist (vgl. §§ 130 Abs. 5 2. Hs., 188 Abs. 3 Nr. 1 AktG, §§ 8 Abs. 1 Nr. 3, 40 Abs. 1 S. 1 GmbHG)[1]. Für die elektronische Aufzeichnung ist keine Signatur erforderlich, da die elektronische Aufzeichnung eine „elektronische Fotokopie" ist, was bedeutet, dass das Dokument zunächst in Papierform erstellt und unterschrieben wird und nach dem Einscannen als Bilddatei zum Handelsregister eingereicht wird.

Muss ein notariell beurkundetes Dokument oder eine öffentlich beglaubigte Abschrift eingereicht werden (vgl. z.B. § 130 Abs. 5 1. Hs. AktG, § 199 1. Hs. UmwG), ist nach § 12 Abs. 2 S. 2 2. Hs. ein mit einem einfachen elektronischen Zeugnis nach § 39a BeurkG versehenes elektronisches Dokument (mit einer qualifizierten elektronischen Signatur) zu übermitteln. 19

Bei komplizierten und umfangreichen Umwandlungsvorgängen und Neuanmeldungen von Publikumsgesellschaften, die derzeit oft mit der Einreichung mehrerer Ordner von Anmeldungen und Urkunden verbunden sind, wird dies die vernünftige Bearbeitung durch den Notar (Einscannen von Tausenden von Seiten!) und durch den Richter/Rechtspfleger (nur am Bildschirm!) erschweren. Wünschenswert (aber u.U. nicht richtlinienkonform) wäre in diesen Fällen, weiter die Möglichkeit der Einreichung in Papierform zuzulassen oder die Kosten des Ausdrucks auf die Antragsteller zu verlagern, damit ein vernünftiges Bearbeiten des Falls (ohne Bildschirm) möglich ist[2]. 20

Vorbemerkung vor § 13

Übersicht

	Rn.		Rn.
1. Allgemeines	1	3. Europäisches Recht	4
2. Gesetzessystematik	2	4. Neuerungen durch das EHUG	9

Schrifttum, insbesondere auch zu Zweigniederlassungen ausländischer Gesellschaften: *Ahlers*, Inhalt der Anmeldung einer Zweigniederlassung einer GmbH, DNotZ 1982, 190; *Altmeppen*, Schutz vor „europäischen" Kapitalgesellschaften, NJW 2004, 97; *Altmeppen/Wilhelm*, Gegen die Hysterie um die Niederlassungsfreiheit der Scheinauslandsgesellschaft, DB 2004, 1083; *Bitter*, Flurschäden im Gläubigerschutzrecht durch Centros & Co.?, WM 2004, 2190; *Bokelmann*, Die Gründung von Zweigniederlassungen ausländischer Gesellschaften in Deutschland und das deutsche Firmenrecht unter besonderer Berücksichtigung des EWG-Vertrages, DB 1990, 1021; *Borsch*, Die Zulässigkeit des inländischen Doppelsitzes für Gesellschaften mbH, GmbHR 2003, 258; *Burg*, Existenzvernichtungsschutz in der Private Limited Company, GmbHR 2004, 1379; *Dirksen/Volkers*, Die Firma der Zweigniederlassung in der Satzung von AG und GmbH, BB 1993, 599; *Eidenmüller*, Mobilität und Restrukturierung von Unternehmen im Binnenmarkt, JZ 2004, 24; *Habersack*, Europäisches

---

1 Regierungsbegründung zum EHUG, S. 112.
2 Umfassend hierzu *Ries*, Rpfleger 2007, 252 ff., Rechtspflegerstudienhefte 2007, 137 und Status Recht 2008, 47 f.

Gesellschaftsrecht, 3. Aufl. 2006; *Hahnefeld*, Neue Regelungen zur Offenlegung bei Zweigniederlassungen – Inkrafttreten des Gesetzes zur Umsetzung der Elften gesellschaftsrechtlichen EG-Richtlinie, DStR 1993, 1596; *Happ/Holler*, „Limited" statt GmbH?, DStR 2004, 730; *Heckschen*, Deutsche GmbH vor dem Aus? Eine merkwürdige „wissenschaftliche" Diskussion, GmbHR 2004, R 25; *Heckschen*, Die Ltd. – Wie legitimiert sie sich in Deutschland?, NotBZ 2005, 24; *Heidinger*, Der „ständige Vertreter" der Zweigniederlassung einer ausländischen Kapitalgesellschaft, MittBayNot 1998, 72; *Hirte/Bücker/Mankowski*, Grenzüberschreitende Gesellschaften, 2. Aufl. 2006; *Horn*, Deutsches und Europäisches Gesellschaftsrecht und die EuGH-Rechtsprechung zur Niederlassungsfreiheit – Inspire Art, NJW 2004, 893; *Kindler*, GmbH-Reform und internationales Gesellschaftsrecht, AG 2007, 721; *Kindler*, Neue Offenlegungspflichten für Zweigniederlassungen ausländischer Kapitalgesellschaften. Zur Umsetzung der Elften gesellschaftsrechtlichen Richtlinie der EG in deutsches Recht, NJW 1993, 3301; *Kindler*, Auf dem Weg zur Europäischen Briefkastengesellschaft?, NJW 2003, 1073; *Kindler*, Internationales Gesellschaftsrecht, Status Recht 2008, 68; *Kögel*, Firmenbildung von Zweigniederlassungen in- und ausländischer Unternehmen, Rpfleger 1993, 8; *Kögel*, Gründung einer ausländischen Briefkastenfirma: Wann ist eine Zweigniederlassung in Deutschland eine Zweigniederlassung?, DB 2004, 1763; *König*, Doppelsitz einer Kapitalgesellschaft – Gesetzliches Verbot oder zulässiges Mittel der Gestaltung einer Fusion, AG 2000, 18; *Knof/Mock*, Der Referentenentwurf zur Neuregelung des Internationalen Gesellschaftsrechts – die „halbe Wahrheit", GmbHR 2008, R 65; *Krause*, Handelsregisteranmeldung der inländischen Zweigniederlassung einer englischen „Private Limited Company", NotBZ 1998, 171; *Langhein*, Notarieller Rechtsverkehr mit englischen Gesellschaften, NZG 2001, 1123; *Leible/Hoffmann*, Wie inspiriert ist Inspire Art?, EuZW 2003, 677; *Liese*, Die Handelsregistereintragung europäischer Auslandsgesellschaften in Deutschland – oder: Ceci n' est pas une pipe?, NZG 2006, 201; *Lutter*, Europäische Auslandsgesellschaften in Deutschland, 2005; *Mankowski*, Die deutsche Ltd.-Zweigniederlassung im Spannungsverhältnis von Gewerbe- und Registerrecht, BB 2006, 1173; *Maul/Schmidt*, Inspire Art – Quo vadis Sitztheorie?, BB 2003, *Kindler*, GmbH-Reform und internationales Gesellschaftsrecht AG 2007, 721; 2297; *Plesse*, Neuregelung des Rechts der Offenlegung von Zweigniederlassungen. Gesetzentwurf zur Umsetzung der Elften gesellschaftsrechtlichen EG-Richtlinie in deutsches Recht, DStR 1993, 133; *Riegger*, Centros – Überseering – Inspire Art: Folgen für die Praxis, ZGR 2004, 510; *Ries*, Das Ende der deutschen GmbH?, AnwBl. 2005, 53; *Schall*, Nochmals: In-sich-Geschäfte bei englischen private limited companies, NZG 2006, 54; *Schulz*, (Schein-)Auslandsgesellschaften in Europa, ein Schein – Problem?, NJW 2003, 2705; *Seibert*, Die Umsetzung der Zweigniederlassungs-Richtlinie der EG in deutsches Recht, GmbHR 1992, 738; *Seibert*, Neuordnung des Rechts der Zweigniederlassung im HGB, DB 1993, 1705; *Süß*, Häufige Probleme mit Zweigniederlassungen englischer limited companies, DNotZ 2005, 180; *Wachter*, Zur Eintragung der Zweigniederlassung einer private limited company, EWiR 2005, 797; *Wachter*, Insichgeschäfte bei englischen private limited companies, NZG 2005, 338; *Wachter*, Anforderungen an den Unternehmensgegenstand bei der Anmeldung der Zweigniederlassung einer ausländischen GmbH im Inland, GmbHR 2005, 99; *Wachter*, Persönliche Haftungsrisiken bei englischen private limited companies mit inländischem Verwaltungssitz, DStR 2005, 1817; *Wachter*, Zur Eintragung der Zweigniederlassung einer private limited company, EWiR 2005, 733; *Wachter*, Zur Eintragung der Zweigniederlassung einer private limited company, EWiR 2005, 499; *Wachter*, Zur Eintragung der Zweigniederlassung einer private limited company, EWiR 2005, 423; *Wachter*, Notwendigkeit eines Zweigniederlassungszusatzes bei inländischer Zweigniederlassung einer englischen plc?, BB 2005, 1289; *Wachter*, Zur Eintragung der Zweigniederlassung einer private limited company, GmbHR 2005, 1131; *Wachter*, Zweigniederlassungen englischer private limited companies im deutschen Handelsregister, ZNotP 2005, 122; *Wachter*, Auswirkungen des EuGH-Urteils in Sachen Inspire Art Ltd. auf Beratungspraxis und Gesetzgebung, GmbHR 2004, 88; *Wachter*, Existenz- und Vertretungsnachweise bei der englischen Private Limited Company, DB 2004, 2795; *Wachter*, Handelsregisteranmeldung der inländischen Zweigniederlassung einer englischen Private Limited Company, NotBZ 2004, 41; *Wachter*, Handelsregisteranmeldung der inländischen Zweigniederlassung einer englischen Private Limited Company, MDR 2004, 611; *Werner*, Die Ltd. & Co. KG – eine Alternative zur GmbH & Co. KG?, GmbHR 2005, 288; *Ziegler*, GmbH-Sitzverlegung mit weiteren Änderungen des Gesellschaftsvertrags. Zur Frage der Zuständigkeit des Registergerichts, Rpfleger 1991, 485; *Zimmer*, Nach „Inspire Art" – Grenzenlose Gestaltungsfreiheit für deutsche Unternehmen?, NJW 2003, 3585.

1. Allgemeines

Mit dem **Gesetz zur Durchführung der Elften gesellschaftsrechtlichen EG-Richtlinie**[1] vom 22.7.1993[2] – in Kraft getreten am 1.11.1993 – wurde das Registerrecht der Zweigniederlassung, das zuvor in §§ 13–13c HGB, §§ 42–44 AktG und § 12 GmbHG geregelt war, einheitlich für alle Unternehmen in das HGB unter den §§ 13–13g aufgenommen. Die registerrechtliche Offenlegungspflicht für Zweigniederlassungen ist seitdem damit einheitlich im HGB geregelt; Ausnahme sind die Genossenschaften, die im Genossenschaftsregister geführt werden. Durch das EHUG[3] wurde die einzige Eintragung der Zweigniederlassung beim Gericht der Hauptniederlassung bzw. des Sitzes eingeführt (vgl. Rn. 9). Der frühere § 13c, der die Sitzverlegung von Hauptniederlassungen im Inland geregelt hat, ist zu § 13h geworden. Nicht geregelt werden von dieser Bestimmung die Rechtsfolgen einer Sitzverlegung aus dem Ausland in das Inland und einer Sitzverlegung in das Ausland. Bei den §§ 13–13g handelt es sich um Vorschriften, welche die registerrechtliche Behandlung von Zweigniederlassungen regeln; materiellrechtliche Fragen werden nicht angesprochen.

2. Gesetzessystematik

Der **Unternehmensbegriff** wird im Recht der Zweigniederlassung rechtsformneutral angewendet. In den §§ 13–13g wird die Anmeldepflicht für Zweigstellen von Unternehmen mit dem Sitz im Inland geregelt, die §§ 13d–13g behandeln die Anmeldepflicht für inländische Zweigstellen ausländischer Unternehmen. Dabei handelt es sich jeweils um in sich geschlossene Regelungskomplexe, die gegenseitig nicht ergänzend heranzuziehen sind[4]. Die Vorschriften der §§ 13–13g werden ergänzt durch § 125a HGB, § 80 Abs. 4 AktG, § 35a Abs. 4 GmbHG sowie für die Angaben auf Geschäftsbriefen durch den entsprechend anwendbaren § 37a (dazu unten § 37a Rn. 8). Die Überschriften zu den einzelnen Bestimmungen sind im Gegensatz zu den sonstigen Bestimmungen des HGB Gesetzesüberschriften.

---

1 Sog. Zweigniederlassungsrichtlinie 89/666 EWG, ABl. EG Nr. L 395 v. 30.12.1989, 36; abgedruckt bei *Lutter*, Europäisches Unternehmensrecht, 4. Aufl. 1996, S. 269 ff.
2 BGBl. I 1282.
3 V. 10.11.2006, BGBl. I 2553.
4 *Seibert*, DB 1993, 1705; *Kindler*, NJW 1993, 3302; MünchKommBGB/*Ebenroth*, IntGesR, Rn. 783 m.N.

3   Im Einzelnen:

– § 13 regelt allgemein Fragen der Registerpublizität von Zweigniederlassungen inländischer Unternehmen, unabhängig davon, ob es sich um den Einzelkaufmann, eine Personenhandelsgesellschaft oder eine Kapitalgesellschaft handelt.

– § 13d regelt allgemein die Behandlung von inländischen Zweigniederlassungen ausländischer Unternehmen.

– § 13e enthält allgemeine Bestimmungen für Zweigniederlassungen ausländischer Kapitalgesellschaften.

– § 13f bringt spezielle Vorschriften für Zweigniederlassungen ausländischer Aktiengesellschaften.

– § 13g enthält spezielle Vorschriften für Zweigniederlassungen ausländischer Gesellschaften mbH.

Schließlich ist noch hinzuweisen auf § 325a; die Vorschrift befasst sich mit der Offenlegung der Rechnungsunterlagen von ausländischen Unternehmen beim Handelsregister am Sitz der Zweigniederlassung.

3. Europäisches Recht

4   Die Regelung in den §§ 13d-13g geht auf die **Elfte gesellschaftsrechtliche EG-Richtlinie**[1] zurück. Für eine etwaige Auslegung der Bestimmungen im HGB ist daher diese Richtlinie heranzuziehen, d.h. es sind weitgehend die Auslegungsregeln für richtliniengebundenes innerstaatliches Recht heranzuziehen. Gegebenenfalls ist Vorlage an den EuGH nach Art. 234 EG geboten, allerdings nicht durch das Registergericht, das vom EuGH nur als Verwaltungsbehörde angesehen wird[2].

5   Nach den Entscheidungen des EuGH v. 9.3.1999[3], ergangen in der **dänischen Rechtssache Centros** v. 5.11.2002[4] (**Überseering**) und v. 30.9.2003[5] (**Inspire Art**) verstößt ein Mitgliedstaat gegen europäisches Recht (Art. 43 und 48 EG[6], wenn er die Eintragung der Zweigniederlassung einer Gesellschaft in das Handelsregister verweigert, die in einem anderen Mitgliedstaat, in dem sie ihren Sitz hat, rechtmäßig errichtet worden ist. Das gilt auch für den Fall, dass die Gesellschaft an ihrem Sitz keine Geschäftstätigkeit entfaltet, diese vielmehr ausschließlich im Staat der Zweigniederlassung ausübt, ohne dort eine Gesellschaft zu errichten, und damit beabsichtigt, das Recht dieses Staates, das höhere Anforderungen an eine Einzahlung eines Mindestgesellschaftskapitals stellt, zu umgehen. Es ist daher ohne Bedeutung, dass die

---

1 Sog. Zweigniederlassungsrichtlinie 89/666 EWG, ABl. EG Nr. L 395 v. 30.12.1989, 36; abgedruckt bei *Lutter*, Europäisches Unternehmensrecht, 4. Aufl. 1996, S. 269 ff.
2 EuGH v. 10.7.2001 – Rs. C-86/00, NJW 2001, 3179.
3 EuGH v. 9.3.1999 – Rs. C-212/97, ZIP 1999, 438 ff.
4 EuGH v. 5.11.2002 – Rs. C-208/00, ZIP 2002, 2037.
5 EuGH v. 30.9.2003 – Rs. C-167/01, NJW 2003, 3331.
6 Konsolidierte Fassung entsprechend dem Amsterdamer Vertrag v. 2.10.1997; dazu *Hilf/Pache*, NJW 1998, 705.

Gesellschaft im ersten Mitgliedstaat nur errichtet worden ist, um sich im zweiten Mitgliedstaat niederzulassen, in dem auch die gesamte Geschäftstätigkeit ausgeübt werden soll. Allerdings dürfen die Mitgliedstaaten geeignete Maßnahmen treffen, um Betrügereien zu verhindern und zu verfolgen[1].

Die obergerichtliche Rechtsprechung erkennt nach „Überseering" und „Inspire Art" jedenfalls im Raum der EU die Rechtsfähigkeit und auch die Rechtsform von Gesellschaften aus dem EU-Ausland an[2]. Der BGH dehnt diese Anerkennung auch auf Gesellschaften aus dem Bereich der EFTA[3] aus. Was allerdings für (Briefkasten-)Gesellschaften aus dem Bereich außerhalb der EU und der EFTA gilt, ist unklar. Jedenfalls für Gesellschaften aus dem Bereich der USA wird wegen des deutsch-amerikanischen Freundschaftsabkommens vom 29.10.1954[4] die Anerkennung gewährleistet sein. Für Gesellschaften außerhalb der vorgenannten Gebiete bleibt die Rechtsprechung abzuwarten. Die Entscheidungen des EuGH wurden in der Literatur umfassend, aber auch kontrovers diskutiert; die Fronten zwischen Anhängern der **Sitztheorie** (wonach sich das Gesellschaftsstatut nach dem Recht des Landes, in dem sich der Verwaltungssitz der Gesellschaft befindet, bestimmt; dazu Vorauflage § 13d Rn. 8) und denen der **Gründungstheorie** (wonach sich das Gesellschaftsstatut nach dem Recht des Landes bestimmt, in dem die Gesellschaft gegründet wurde) bestehen nach wie vor. Während einige Autoren meinen, die Entscheidungen des EuGH tangieren das Gesellschaftskollisionsrecht nicht[5], glauben andere, dass die Sitztheorie zumindest dann nicht mehr anwendbar ist, wenn es um die Frage geht, ob die sekundäre Niederlassungsfreiheit auch sog. Briefkastengesellschaften zu gewähren ist, die nach dem Recht anderer Mitgliedstaaten dort wirksam gegründet worden sind, auch wenn die Gesellschaftsgründer ausschließlich Angehörige des Staates der Zweigniederlassung sind[6]. Wieder andere erkennen zumindest eine Tendenz zur **Überlagerungstheorie**[7].

6

---

1 EuGH v. 5.11.2002 – Rs. C-212/97, ZIP 1999, 438 und EuGH v. 30.9.2003 – Rs. C-167/01, DB 2003, 2219; dazu *W.-H. Roth*, ZGR 2000, 311 ff.
2 BGH v. 13.3.2003 – VII ZR 370/98, ZIP 2003, 718; KG v. 18.11.2003 – 1 W 444/02, DB 2003, 2695; BayObLG v. 19.12.2002 – 2 ZBR 7/02, Rpfleger 2003, 242; OLG Celle v. 10.12.2002 – 9 W 168/01, GmbHR 2003, 532; OLG Zweibrücken v. 26.3.2003 – 3 W 21/03, GmbHR 2003, 530.
3 BGH v. 19.9.2005 – II ZR 372/03, ZIP 2005, 1869.
4 BGBl. II 1956, 488.
5 So z.B. *Kindler* NJW 2003, 1073 ff.; *Ebke*, JZ 1999, 656; *Görk*, MittBayNot 1999, 298, 302; *Kindler*, NJW 1999, 1993, 1996 f.; *Lange*, DNotZ 1999, 593, 606; *Sonnenberger/Großerichter*, RIW 1999, 721; damit sympathisierend wohl auch *Bungert*, DB 1999, 1841, 1843 f.; *Leible/Hoffmann* ZIP 2003, 925 ff.; *Stieb* GmbHR 2002, R 473; *Paefgen*, DB 2003, 487; *Knapp*, DNotZ 2003, 85 ff.
6 Vgl. *Behrens*, IPRax 1999, 323, 324 f.; *Cascante*, RIW 1999, 450; *Freitag*, EuZW 1999, 267, 269; *Göttsche*, DStR 1999, 1403, 1405 f.; *Meilicke*, DB 1999, 627; *Kieninger*, NZG 2000, 39 f.; *Kieninger*, ZGR 1999, 724, 745; *Leible*, NZG 1999, 298, 301; *Neye*, EWiR Art. 52 EGV 1/99; *G. Roth*, ZIP 1999, 861, 863.
7 Siehe *Sandrock*, BB 1999, 1337; *Höfling*, DB 1999, 1206; vgl. ferner, insbesondere zu Fragen der Mitbestimmung, *Hammen*, WM 1999, 2487.

7 **Stellungnahme:** Nach „Inspire Art" müssen die Rechtsfähigkeit und die Rechtsformen von Gesellschaften aus dem Bereich der EU anerkannt werden. Gleiches gilt nach der Rechtsprechung des BGH für Gesellschaften aus dem Bereich der EFTA und nach dem deutsch-amerikanischem Freundschaftsabkommen für Gesellschaften aus den USA. Was für Gesellschaften außerhalb der vorgenannten Bereiche gilt, ist unklar. Kommentare wie „EuGH kippt Sitztheorie" oder „EuGH verwirft Sitztheorie"[1] sind für Gesellschaften aus anderen Gebieten verfrüht[2]. Allerdings liegt seit dem 7.1.2008 ein Referentenentwurf zum Gesellschaftskollisionsrecht vor[3], der die Kodifizierung der Gründungsanknüpfung vorsieht[4].

8 Auch abzuwarten bleibt, ob die nach den EuGH-Entscheidungen vermehrt im angelsächsischen Rechtskreis gegründeten und dann über Zweigniederlassungen nur in Deutschland tätigen Private Limited Companies (im Folgenden auch „Limited") der deutschen GmbH überlegen sind. Die Limiteds unterliegen einer strengeren **Aufsicht und Kontrolle durch Behörden** als vergleichbare Kapitalgesellschaften in Deutschland[5]. So müssen z.B. jährlich Jahresabschlüsse eingereicht werden, wobei die Nichtbefolgung dieser Pflicht zur Löschung der Limited und zur Disqualifizierung als Geschäftsführer führt. Ferner haften ihre Geschäftsführer und „herrschenden Gesellschafter" im größeren Umfang – im britischen Recht als „wrongful trading rule"[6] und „lifting the veil" (im amerikanischen Recht als „piercing the veil") bezeichnet[7]. Diese rechtlichen Möglichkeiten können aber gegenüber Gesellschaften mit lediglich fiktivem Sitz (sog. Briefkastengesellschaften) kaum in Anspruch genommen werden. Errichten sie in Deutschland Zweigniederlassungen, deren Eintragung nicht konstitutiv wirkt und gegebenenfalls nach § 14 erzwungen werden muss, muss zum Schutz der Gläubiger an eine **Durchgriffshaftung** gegen Gesellschafter und Geschäftsführer unter Durchbrechung der GmbH-Haftungsordnung gedacht werden. Nach dem Urteil des BGH v. 14.3.2005[8] gilt aber für die Haftung von Gesellschaftern und Geschäftsführern englisches Recht. Der Gesetzgeber sollte sich dieses Problems annehmen.

Die oben geschilderten Nachteile halten (noch) nicht viele Existenzgründer davon ab, eine englische „Briefkasten"-Limited zu gründen und damit über eine Zweigniederlassung im Inland zu agieren. Die (durch § 14 erzwingbare)

---

1 EStB 1999, 11, dort auch Hinweise zu steuerrechtlichen Fragen; DB 1999, 625; *Triebel*, BB 2003, Heft 36, S. I; *Kögel*, GmbHR 2003, 1225 f.
2 Vgl. dazu auch OLG Hamburg v. 30.3.2007 – 11 U 231/04, DB 2007, 1245, n. rkr., wo die Sitztheorie auf eine Gesellschaft nach dem Recht der Isle of Man angewandt wird.
3 Abzurufen unter www.bmj.de.
4 Dazu *Kindler*, Status Recht 2008, 68 und *Knof/Mock*, GmbHR 2008, R 65.
5 Vgl. *Ries*, AnwBl. 2005, 53 ff.; *Burg*, GmbHR 2004, 1379 ff.; *Happ/Holler*, DStR 2004, 730; *Maul/Schmidt*, BB 2003, 2297; *Heckschen*, GmbHR 2004, R 25; *Wachter*, GmbHR 2004, 88 ff.; *Altmeppen*, NJW 2004, 97 ff.
6 *Maul/Schmidt*, BB 2003, 2299.
7 Vgl. *Ulmer*, JZ 1999, 662, 664.
8 BGH v. 14.3.2005 – II ZR 5/03, ZIP 2005, 805; vgl. auch AG Bad Seegeberg v. 24.3.2005 – 17 C 289/04, GmbHR 2005, 884.

Anmeldung dieser (selbständigen) Zweigniederlassung zum deutschen Handelsregister ist in der Praxis oft mit Problemen verbunden, da die einschlägigen Vorschriften (§§ 13d ff.) doch recht kompliziert sind. Der **Inhalt der notariell beglaubigten Anmeldung** durch die Geschäftsführer (directors) der „Limited" zum deutschen Handelsregister und was bei dieser Anmeldung beachtet werden muss, ist folgender **Checkliste** zu entnehmen[1]:

- Ort der Zweigniederlassung (§ 13d Abs. 2); nach dem MoMiG wird auch die genaue inländische Geschäftsanschrift und ggf. ein inländischer Zustellungsbevollmächtigter angemeldet und eingetragen.
- Firma der Zweigniederlassung (§ 13d Abs. 2), wobei diese nach deutschem Firmenrecht zulässig sein muss. Ein Zusatz „Zweigniederlassung" muss nicht mit aufgenommen werden, es sei denn Hauptniederlassung und Zweigniederlassung haben unterschiedliche Firmen (vgl. § 13d Rn. 14).
- Anschrift und Gegenstand der Zweigniederlassung (13e Abs. 2 S. 3)
- Firma, Sitz und Gegenstand der Gesellschaft und Höhe des Stammkapitals („issued" = ausgegebenes, nicht „stated" = genehmigtes; auch 1 Euro/1 Ct.; § 13g Abs. 3 i.V.m. § 10 Abs. 1 GmbHG) z.B. durch Vorlage des Gesellschaftsvertrages. Es ist allerdings statt des Gegenstands der Gesellschaft der Gegenstand der Zweigniederlassung, der nicht notwendigerweise dem Gegenstand der Gesellschaft entsprechen muss, einzutragen; dieser Gegenstand muss konkretisiert werden (vgl. § 13e Rn. 6).
- Nachweis des Bestehens der Gesellschaft (13e Abs. 2 S. 2), zusammen mit Angabe des Registers und der Registernummer, sofern es ein dem deutschen Register vergleichbares Register gibt (§ 13e Abs. 2 S. 4 Nr. 1). Zum Nachweis s.u. § 13e Rn. 9.
- Rechtsform der Gesellschaft (13e Abs. 2 S. 4 Nr. 2).
- Evtl. Personen, die als ständige Vertreter die Zweigniederlassung vertreten, unter Angabe ihrer Befugnisse (§ 13e Abs. 2 S. 4 Nr. 3), wobei auch die Befreiung von § 181 BGB eingetragen werden kann, wenn die ständigen Vertreter nicht gleichzeitig director (vergleichbar dem Geschäftsführer einer deutschen GmbH) sind.
- Gesellschaftsvertrag in öffentlich beglaubigter Abschrift (13g Abs. 2 S. 1).
- Datum des Abschlusses des Gesellschaftsvertrages der Gesellschaft (§ 13g Abs. 3. i.V.m. § 10 Abs. 1 GmbHG)
- Änderungen des Gesellschaftsvertrages der Gesellschaft (§ 13g Abs. 5. i.V.m. § 54 GmbHG)
- Personen der Geschäftsführer (directors) mit persönlichen Daten (§ 13g Abs. 3 i.V.m. § 10 Abs. 1 GmbHG) und nach dem MoMiG Versicherungen entsprechend § 8 Abs. 3, § 39 Abs. 3 GmbH. Die Befreiung von den Be-

---

[1] Vgl. auch *Ries*, AnwBl. 2005, 53 ff.; *Wachter*, NotBZ 2004, 41 ff. und GmbHR 2003, 1254 ff.; *Seibert*, GmbHR 1992, 741.

schränkungen des § 181 BGB kann nicht angemeldet und eingetragen werden[1].

- Legitimation der Geschäftsführer (directors) und Vertretungsbefugnis der Geschäftsführer (directors) (§ 13g Abs. 2 S. 2 i.V.m. § 8 Abs. 1 Nr. 2 GmbHG und § 13g Abs. 2 S. 2 und Abs. 3 HGB i.V.m. § 8 Abs. 4 und § 10 Abs. 1 S. 2 GmbHG): Dazu wird ein Auszug der Eintragung aus dem „Companies House" als Nachweis nicht genügen, zumal dieser nichts über die Vertretungsmacht aussagt. Zum Nachweis s. genauer unten § 13g Rn. 3.
- evtl. Empfnags- und Zustellungsbevollmächtigter der Gesellschaft.
- evtl. Bekanntmachungsorgan der Gesellschaft, § 13g Abs. 4, § 10 Abs. 3 GmbHG.

4. Neuerungen durch das EHUG[2]

9 Das Recht der selbständigen Zweigniederlassungen ist dadurch vereinfacht worden, dass die **einzige Eintragung der Zweigniederlassung (und ihrer Änderungen) beim Gericht der Hauptniederlassung bzw. des Sitzes** erfolgt, vgl. § 13 Abs. 1. Nach § 13 Abs. 2 kann das **Gericht der Hauptniederlassung/des Sitzes** die Eintragung nur ablehnen, wenn die Zweigniederlassung offensichtlich nicht errichtet ist. Im Regierungsentwurf war die vollständige Abschaffung der Eintragung beim Gericht der Zweigniederlassung noch nicht enthalten. Erst auf Vorschlag des Rechtsausschusses[3] kam diese radikale Vereinfachung mit dem Argument in das Gesetz, dass über Online-Auskunft die Informationen zur Zweigniederlassung genauso gut über das Gericht der Hauptniederlassung/des Sitzes abrufbar sind[4]. Alle bis 31.12.2006 angelegten Zweigniederlassungsblätter werden von Amts wegen geschlossen, Art. 61 Abs. 6 EGHGB.

10 §§ 13a bis c wurden aufgehoben, da es selbstverständlich ist, dass die Organe der Kapitalgesellschaften zur Anmeldung der Zweigniederlassung verpflichtet sind, und da wegen der einzigen Eintragung beim Gericht der Hauptniederlassung/des Sitzes die Einreichung von Doppeln der Urkunden überflüssig ist.

§ 13
Zweigniederlassungen von Unternehmen mit Sitz im Inland

(1) Die Errichtung einer Zweigniederlassung ist von einem Einzelkaufmann oder einer juristischen Person beim Gericht der Hauptniederlassung, von einer Handelsgesellschaft beim Gericht des Sitzes der Gesellschaft, unter An-

---

1 Streitig; vgl. *Wachter*, NZG 2005, 338 und Fundstellen bei § 13g Rn. 3.
2 V. 10.11.2006, BGBl. I 2553.
3 BT-Drucks. 16/2871.
4 BT-Drucks. 16/2871, S. 152.

gabe des Ortes und der inländischen Geschäftsanschrift der Zweigniederlassung und des Zusatzes, falls der Firma der Zweigniederlassung ein solcher beigefügt wird, zur Eintragung anzumelden. In gleicher Weise sind spätere Änderungen der die Zweigniederlassung betreffenden einzutragenden Tatsachen anzumelden.

(2) Das zuständige Gericht trägt die Zweigniederlassung auf dem Registerblatt der Hauptniederlassung oder des Sitzes unter Angabe des Ortes sowie der inländischen Geschäftsanschrift der Zweigniederlassung und des Zusatzes, falls der Firma der Zweigniederlassung ein solcher beigefügt ist, ein, es sei denn, die Zweigniederlassung ist offensichtlich nicht errichtet worden.

(3) Die Absätze 1 und 2 gelten entsprechend für die Aufhebung der Zweigniederlassung.

Übersicht

	Rn.		Rn.
I. Allgemeines	1	III. Anmeldung und Verfahren	
II. Hauptniederlassung und Zweigniederlassung		1. Anmeldung	14
1. Hauptniederlassung	2	2. Verfahren beim Gericht der Hauptniederlassung bzw. des Sitzes	15
2. Zweigniederlassung		IV. Aufhebung der Zweigniederlassung	16
a) Begriff	4		
b) Rechtliche Behandlung der Zweigniederlassung	7	V. Sonderfälle	17
c) Errichtung der Zweigniederlassung	11		
d) Firma der Zweigniederlassung	12		

I. Allgemeines

Die Begriffe „Hauptniederlassung", „Sitz" und „Zweigniederlassung" sind **nicht gesetzlich definiert.** Das HGB verwendet den Begriff (Handels-)Niederlassung für den Einzelkaufmann (z.B. § 29); für Personenhandelsgesellschaften wird, wie auch bei Kapitalgesellschaften (vgl. § 23 Abs. 3 Nr. 1 AktG, § 3 Abs. 1 Nr. 1 GmbHG), auf den Sitz abgestellt (§§ 106, 107). Bei Kapitalgesellschaften entscheidet über den Sitz die Satzung (§ 5 AktG, § 3 GmbHG), der bis zur Missbrauchsgrenze frei gewählt werden kann. Bei OHG und KG ist Sitz, unabhängig von einer Bestimmung im Gesellschaftsvertrag, immer der Ort, von dem aus die Geschäfte betrieben werden; dieser Ort bestimmt das zuständige Handelsregister. Während jedes Handelsgeschäft grundsätzlich nur eine Hauptniederlassung oder nur einen Sitz hat, kann es beliebig viele Zweigniederlassungen haben. Der Begriff Niederlassung wird im Gesetz sowohl für Haupt- als auch für Zweigniederlassungen verwendet. Ob das eine oder andere gemeint ist, folgt erst aus Sinn und Zweck der einzelnen Vorschrift[1]. 1

---

1 *Staub/Hüffer*, vor § 13 Rn. 6.

II. Hauptniederlassung und Zweigniederlassung

1. Hauptniederlassung

2 Als Hauptniederlassung wird der räumliche oder verwaltungsmäßige **Mittelpunkt der Geschäftstätigkeit** eines Unternehmens bezeichnet; von der Hauptniederlassung aus werden die Geschäfte geleitet. Ein Kaufmann kann für verschiedene Geschäfte mehrere Hauptniederlassungen haben. Hingegen haben Handelsgesellschaften grundsätzlich nur einen Sitz[1], der bei juristischen Personen im Gesellschaftsvertrag (Satzung) festgelegt sein muss und nur ein Ort (Angabe der politischen Gemeinde) innerhalb Deutschlands sein kann[2]. Nachträgliches Auseinanderfallen von Satzungssitz und tatsächlichem Sitz führt nicht zu einem Amtsauflösungsverfahren nach § 144a FGG (§ 399 FamFG)[3].

3 Bestimmt die Satzung einer Kapitalgesellschaft zwei (oder mehrere) Orte als Gesellschaftssitz, spricht man von einem **Doppelsitz**, der aber nur in ganz bestimmten Ausnahmefällen als zulässig angesehen werden kann[4] (auch unten § 33 Rn. 8). Dazu zählten insbesondere nach dem Jahre 1945 die Sitze von Aktiengesellschaften in der früheren DDR und der BRD. Durchgreifende Bedenken gegen eine weitere Zulassung von Doppelsitzen folgen aus der damit verbundenen Zuständigkeit von zwei Registergerichten. In solchen Fällen erscheint es geboten, vor Eintragung des zweiten Sitzes entsprechend § 5 Abs. 1 S. 1 FGG (§ 5 FamFG) ein einziges örtlich zuständiges Registergericht zu bestimmen[5]. Davon abweichend vertritt das Kammergericht[6] die Auffassung, die örtliche Zuständigkeit solle sich jedenfalls für Maßnahmen nach § 145 FGG (§ 375 FamFG) nach § 4 FGG (§ 2 FamFG) richten, was aber zu Schwierigkeiten führen kann, da nicht immer eindeutig festzustellen sein wird, welches Gericht zuerst in der Sache tätig geworden ist.

2. Zweigniederlassung

a) Begriff

4 Nach allgemeiner Ansicht ist die Zweigniederlassung ein auf Dauer räumlich und organisatorisch getrennter, **weitgehend selbständiger Teil des Unternehmens**, mit einem Leiter, der zwar im Innenverhältnis weisungsgebunden, aber doch weitgehend selbständig die Geschäfte führt. Diese Geschäfte entsprechen in der Regel sachlich dem Gegenstand des Handelsgewerbes der

---

1 Str., vgl. *Baumbach/Hueck/Fastrich*, § 4a GmbHG Rn. 7; zur Ausnahme eines Doppelsitzes bei der AG *Hüffer*, § 5 AktG Rn. 10 m.w.N.
2 BGH v. 19.2.1959 – II ZR 22/58, BGHZ 29, 320, 328; *Baumbach/Hueck/Fastrich*, § 4a GmbHG Rn. 3 m.w.N.
3 BayObLG v. 20.2.2002 – 3 ZBR 380/01, BB 2002, 907; a.A. MünchKommHGB/*Krafka*, § 13 Rn. 32.
4 Eingehend BayObLG v. 28.3.1985 – 2 ZBR 8/85, BayObLGZ 1985, 111, 113 ff.; für AG GroßkommAktG/*Brändel*, § 5 AktG Rn. 29–37; *König*, AG 2000, 18; für Zulässigkeit des Doppelsitzes: *Borsch*, GmbHR 2003, 258 ff.
5 So GroßkommAktG/*Brändel*, § 14 AktG Rn. 17.
6 KG v. 4.6.1991 – 1 W 5/91, AG 1992, 29.

Hauptniederlassung. Die Zweigniederlassung muss zwar sachlich die gleichen, nicht notwendig aber alle gleichartigen Geschäfte erledigen wie die Hauptniederlassung (vgl. dazu § 13e Abs. 2 S. 2 u. 3). Als wesentliches Merkmal der Zweigniederlassung wird auch eine gesonderte Buchführung, zumindest aber ein gesondertes Ausweisen der Geschäfte angesehen[1]. Dieses Kriterium ist auch dann erfüllt, wenn die Buchführung zwar zentral bei der Hauptniederlassung, aber dort gesondert für die Zweigniederlassung geführt wird; bei EDV-Buchführung reicht dazu ein besonderer Datenspeicher in der Anlage der Hauptniederlassung, der gegebenenfalls noch durch ein Terminal mit der Zweigniederlassung verbunden ist[2]. Die Geschäfte der Zweigniederlassung dürfen sich nicht auf bloße Hilfs- oder Ausführungstätigkeiten beschränken.

Daraus ist herzuleiten, dass die selbständige Teilnahme am Geschäftsverkehr zwangsläufig zu **selbständig verwaltetem Geschäftsvermögen** führt, das auch eine gesonderte Buchführung benötigt[3]. Im Ergebnis muss die Zweigniederlassung so eingerichtet sein, dass sie auch ohne Hauptniederlassung als selbständiges Unternehmen am Rechtsverkehr teilnehmen und somit weitergeführt werden kann[4].

Somit sind **keine Zweigniederlassungen** die Agenturen, Waren- und Auslieferungslager, Verkaufsstellen, Zahlstellen und einfache Betriebsstätten sowie Ingenieurbüros[5]. Zu unterscheiden ist die Zweigniederlassung von der Betriebsstätte i.S.d. § 12 AO.

Eine Zweigniederlassung ist **auch am Ort der Hauptniederlassung** möglich, allerdings nicht im selben Gebäude[6]. Eine Besonderheit gilt für Steuerberatungsgesellschaften, die nach § 34 Abs. 2 StBerG am Ort der Hauptniederlassung keine auswärtige Beratungsstelle im Sinne dieser Vorschrift als Zweigniederlassung einrichten dürfen[7].

b) Rechtliche Behandlung der Zweigniederlassung

Für die rechtliche Behandlung der Zweigniederlassung ist maßgebend, dass ihr, da sie nur Teil des Unternehmens ist, die **eigene Rechtspersönlichkeit fehlt**[8], sie im Prozess nicht parteifähig ist, kein rechtlich selbständiges Ver-

---

1 BGH v. 8.5.1972 – II ZR 155/69, NJW 1972, 1859; BayObLG v. 11.5.1979 – 1 ZBR 21/79, BayObLGZ 1979, 159; BayObLG v. 19.3.1992 – 3 ZBR 15/92, BayObLGZ 1992, 59, 61; *Koller/Roth/Morck*, § 13 Rn. 6; *Baumbach/Hopt*, § 13 Rn. 3; *Döllerer*, BB 1981, 25.
2 Vgl. auch HK/*Ruß*, § 13 Rn. 2 a.E.; LG Mainz v. 26.7.1968 – H T 5/67, MDR 1969, 148.
3 *Staub/Hüffer*, vor § 13 Rn. 15.
4 BayObLG v. 11.5.1979 – 1 ZBR 21/79, BayObLGZ 1979, 159; BayObLG v. 19.3.1992 – 3 ZBR 15/92, BayObLGZ 1992, 59, 61.
5 KG, OLG Rspr 11, 375, KGJ 18, 17; KGJ 22 A 91; BayObLG, OLGE 30, 389.
6 KG, JW 1929, 671.
7 LG Frankenthal v. 1.2.1990 – 1 HKT 1/90, DB 1990, 826.
8 BGH v. 24.11.1951 – II ZR 25/51, BGHZ 4, 62.

mögen hat, nicht insolvenz- und grundbuchfähig ist[1]. Die Zweigniederlassung kann sich auch nicht als solche an anderen Rechtsträgern beteiligen und z.B. als solche als Kommanditistin eingetragen werden[2]. Andererseits kann die Zweigniederlassung unter ihrer Firma (siehe unten Rn. 17 ff.) am Rechtsverkehr teilnehmen; eine Rechtsperson (der Unternehmensträger) kann unter der Firma ihrer (seiner) Zweigniederlassung klagen und verklagt werden[3]. Auch darf als Name des Berechtigten die Firma der Zweigniederlassung des Rechtsinhabers ins Grundbuch eingetragen werden[4]. Wird ein Recht am Grundstück von der Firma der Zweigniederlassung auf die abweichende Firma der Hauptniederlassung umgeschrieben oder umgekehrt, liegt bloße Grundbuchberichtigung vor[5].

8 Unabhängig davon, ob Geschäftsvermögen und Rechnungsverkehr innerbetrieblich bei Hauptniederlassung und Zweigniederlassung getrennt sind, gibt es rechtlich gesehen **keine Forderungen und Verbindlichkeiten untereinander**, auch nicht unter mehreren Zweigniederlassungen desselben Unternehmens. Hierbei handelt es sich nur um Rechnungsposten, die gegebenenfalls der Unternehmensleitung als Entscheidungsgrundlage für die Geschäftsführung zur Verfügung stehen. Hingegen bestehen auch für eine Zweigniederlassung gesetzliche Vorschriften, die denen für ein selbständiges Handelsgeschäft ähnlich sind. Dazu zählen: registerrechtlich die §§ 13 ff., die Publizität § 15 Abs. 4, die Firma nach § 30 Abs. 3 sowie die Prokura gem. § 50 Abs. 3.

9 Anders als nach § 106 Abs. 3 VAG, § 53 Abs. 2 Nr. 1 KWG hat die Zweigniederlassung **keinen eigenen Vertreter.** Die Vertretungsmacht eines Bevollmächtigten kann auf den Betrieb einer Zweigniederlassung beschränkt werden, auch kann eine bestimmte Zweigniederlassung, die eine eigene Firma führt, von der allgemeinen Vertretungsmacht ausgenommen werden. Handelt es sich aber bei dem Bevollmächtigten um den Geschäftsführer einer GmbH, gilt eine Beschränkung nur im Innenverhältnis und hat nach § 37 Abs. 2 GmbHG keine Außenwirkung; Gleiches gilt für Organe der AG (§ 82 Abs. 1 AktG), ebenso für die Genossenschaft (§ 27 GenG).

10 Für Leiter von Zweigniederlassungen **haften** juristische Personen grundsätzlich nach §§ 30, 31 BGB, wenn deren Stellung sich aus der Satzung ergibt; aber auch dann, wenn der Leiter ganz allgemein für seinen Bereich eine einem Organ ähnliche Stellung hat[6]. Diese Haftung gilt auch für OHG und KG[7]. Handelt der Leiter einer Zweigstelle innerhalb seines Tätigkeitsbereichs, so wird daraus der Unternehmensträger verpflichtet; dieser haftet

---

1 *Staub/Hüffer*, vor § 13 Rn. 18 f.; *Koller/Roth/Morck*, § 13 Rn. 10; *Baumbach/Hopt*, § 13 Rn. 4.
2 MünchKommHGB/*Krafka*, § 13 Rn. 20.
3 BGH v. 24.11.1951 – II ZR 25/51, BGHZ 4, 62, 65.
4 LG Meiningen v. 15.6.1999 – 4 T 139/99, NJW-RR 2000, 680.
5 BayObLG v. 6.12.1972 – 2 ZBR 70/72, BayObLGZ 1972, 373, 377; vgl. auch *Demharter*, 25. Aufl. 2005, § 44 GBO Rn. 53 f.
6 BGH v. 6.2.1983 – VI ZR 60/82, NJW 1984, 921 f.
7 *Palandt/Heinrichs/Ellenberger*, § 31 BGB Rn. 3.

mit seinem ganzen Vermögen. Der Vertreter einer Zweigniederlassung, der außerhalb seines Tätigkeitsbereichs handelt, ohne hierzu bevollmächtigt zu sein, ist Vertreter ohne Vertretungsmacht (§§ 177 ff. BGB).

c) Errichtung der Zweigniederlassung

Die Errichtung (und die Aufhebung) der Zweigniederlassung ist ein **rein tatsächlicher Akt**, eine Organisationsmaßnahme des Unternehmens, die mangels entgegenstehender Bestimmung im Gesellschaftsvertrag der Geschäftsleitung (Vorstand, Geschäftsführer) obliegt und ohne Änderung der Satzung durchgeführt werden kann[1]. Die Eintragung hat nur deklaratorische Bedeutung[2].

11

d) Firma der Zweigniederlassung

Die Firmenbildung einer Zweigniederlassung ist vom Gesetz **nicht ausdrücklich** geregelt. Abs. 2 kann nur entnommen werden, dass Zusätze zur Firma der Hauptniederlassung zulässig, aber abgesehen von den Fällen des § 30 Abs. 3 und § 50 Abs. 3 nicht erforderlich sind. Nach h.M. kann die Firma der Zweigniederlassung mit der der Hauptniederlassung identisch sein, einen kennzeichnenden Zusatz haben oder eine von der Firma der Hauptniederlassung abweichende Firma führen; letzteres muss sie, wenn die Voraussetzungen des § 30 Abs. 3 vorliegen. Mehrere Zweigniederlassungen desselben Unternehmens dürfen unterschiedliche Firmen führen.

12

Enthält die Firma der Zweigniederlassung einen selbständigen Firmenkern, muss ihre **Zugehörigkeit zur Firma der Hauptniederlassung** durch einen entsprechenden Zusatz klargestellt sein. Nur in diesem Fall muss bei Kapitalgesellschaften die Firma der Zweigniederlassung in die Satzung aufgenommen werden[3]. Ausreichend ist aber eine Bestimmung in der Satzung, wonach Zweigniederlassungen unter einer Firma mit dem Zusatz „Zweigniederlassung der A-Gesellschaft" betrieben werden dürfen. Darin liegt eine ausreichende Ermächtigung für die Geschäftsleitung zur Firmenbildung. Sind die Firmen von Haupt- und Zweigniederlassung identisch, führt eine nach Satzungsänderung eingetragene Änderung der Firma der Hauptniederlassung ohne weiteres auch zur Änderung der Firma der Zweigniederlassung[4]. Ein nach § 22 erworbenes Handelsgeschäft kann als Zweigniederlassung unter seiner bisherigen Firma fortgeführt werden, wenn ein Hinweis auf die Firma der Hauptniederlassung aufgenommen wird.

13

---

1 Allg. M., z.B. BayObLG v. 19.3.1992 – 3 ZBR 15/92, BayObLGZ 1992, 59, 60; GroßkommAktG/*Barz*, 3. Aufl., § 42 AktG Anm. 7; KölnerKommAktG/*Kraft*, § 4 AktG Rn. 13 m.w.N.; *Scholz/Winter*, § 12 GmbHG Rn. 13; *Hachenburg/Ulmer*, § 12 GmbHG Rn. 10, jew. m.w.N.; *Koller/Roth/Morck*, § 13 Rn. 7.
2 KG v. 18.11.2003 – 1 W 444/02, ZIP 2003, 2300.
3 BayObLG v. 19.3.1992 – 3 ZBR 15/92, BayObLGZ 1992, 59.
4 BayObLG v. 1.6.1995 – 3 ZBR 123/95, DB 1995, 1456; BayObLG v. 31.5.1990 – 3 ZBR 38/90, DB 1990, 1607; *Dirksen/Volkers*, BB 1993, 598.

III. Anmeldung und Verfahren

1. Anmeldung

14 Der tatsächliche Vorgang der Errichtung (oben Rn. 11) begründet nach Abs. 1 S. 1 die Verpflichtung, die Zweigniederlassung des Einzelkaufmanns und der juristischen Person **beim Gericht der Hauptniederlassung**, die der Handelsgesellschaft beim Gericht des Sitzes der Gesellschaft anzumelden. Mit der Anmeldung wird die Eintragung in das Register des Gerichts am Ort der Hauptniederlassung bzw. des Sitzes der Gesellschaft angestrebt; gleichzeitige Anmeldung von Haupt- und Zweigniederlassung ist möglich[1].

Die Anmeldung bedarf der Form der **öffentlichen Beglaubigung** (§ 12) und muss den Ort der Zweigniederlassung und ggf. den Zweigniederlassungszusatz in der Firma der Zweigniederlassung enthalten. Nach dem Gesetz zur Modernisierung des GmbH-Rechts und zur Bekämpfung von Missbräuchen (MoMiG) ist jetzt auch vorgesehen, dass auch die genaue Geschäftsanschrift angemeldet und eingetragen wird.

2. Verfahren beim Gericht der Hauptniederlassung bzw. des Sitzes

15 Das Recht der selbständigen Zweigniederlassungen ist durch das EHUG[2] dadurch vereinfacht worden, dass die **einzige Eintragung beim Gericht der Hauptniederlassung bzw. des Sitzes** erfolgt, vgl. Abs. 1. Nach Abs. 2 kann das **Gericht der Hauptniederlassung/des Sitzes die Eintragung der Zweigniederlassung nur ablehnen, wenn diese offensichtlich nicht errichtet worden ist**. Ab wann „offensichtliche" Zweifel an der Errichtung begründet sind, ist unklar. Ob die derzeitige Gesetzesformulierung eine standardmäßige Befragung der für den Ort der Zweigniederlassung zuständigen IHK rechtfertigt, erscheint zweifelhaft[3]. Der Gesetzgeber wollte offensichtlich das Eintragungsverfahren vereinfachen und nur bei offensichtlichen Errichtungsfehlern eine weitere Prüfung durch das Registergericht zulassen. Als Beispiel einer „offensichtlichen Nicht-Errichtung" ist die Nichterreichbarkeit der Zweigniederlassung denkbar. Auf die früher im Gesetz und auch noch im Regierungsentwurf zum EHUG vorgesehene Prüfungspflicht des Gerichts, ob die Firma der Zweigniederlassung auch gegenüber den am Ort der Zweigniederlassung bereits eingetragenen Firmen unterscheidbar ist, wurde bewusst verzichtet[4]. Damit nimmt man bewusst in Kauf, dass am Ort der Zweigniederlassung Unternehmen unter der gleichen oder ganz ähnlichen Firma auftreten, es sei denn man verträte die Auffassung, dass bei einer solchen Verwechslungsgefahr keine „ordnungsgemäße Errichtung" der Zweigniederlassung vorliegt. Materiell rechtlich muss aber Unterscheidungskraft zu Firmen am Ort der Zweigniederlassung vorliegen (vgl. § 30 Abs. 3 und § 30 Rn. 23 f.), die auch im Wege der Unterlassungsklage durchgesetzt werden kann.

---

1 *Staub/Hüffer*, § 13 Rn. 3.
2 V. 10.11.2006, BGBl. I 2553.
3 Dagegen *Krafka/Willer*, Registerrecht, 7. Aufl. 2007, Rn. 299.
4 BT-Drucks. 17/2781, S. 153.

Nach Prüfung, ob die Zweigniederlassung offensichtlich nicht errichtet ist, hat das **Gericht der Hauptniederlassung bzw. des Sitzes** die Zweigniederlassung auf dem Registerblatt der Hauptniederlassung bzw. des Sitzes **einzutragen und bekannt zu machen**, § 13 Abs. 2 S. 1. Gleiches gilt für spätere Änderungen der die Zweigniederlassung betreffenden einzutragenden Tatsachen, § 13 Abs. 1 S. 2, auch für die Verlegung des Sitzes der Zweigniederlassung (vgl. hierzu § 13h Rn. 10).

IV. Aufhebung der Zweigniederlassung

Für die Aufhebung gelten die **Vorschriften über ihre Errichtung** sinngemäß (Abs. 3). Somit gilt: Die Aufhebung ist ein tatsächlicher Vorgang, der beim Gericht der Hauptniederlassung bzw. des Sitzes anzumelden ist und dann dort eingetragen und bekannt gemacht wird. 16

Zu trennen von der Aufhebung der Zweigniederlassung ist ihre **Verlegung** (dazu oben Rn. 15 und unten § 13h Rn. 10).

V. Sonderfälle

Die durch die Rechtsprechung in Ausnahmefällen anerkannte Zulässigkeit eines **Doppelsitzes**[1] (oben Rn. 3, unten § 33 Rn. 8) ist im Gesetz nicht geregelt. 17

Anmeldung und Eintragung **ausländischer Zweigniederlassungen** von Unternehmen mit Hauptniederlassung oder Sitz im Inland sind unzulässig; die Anmeldung ist vielmehr an die für den Ort der Zweigniederlassung zuständige ausländische Behörde zu richten[2]. 18

§§ 13a–13c

(aufgehoben)

Die Spezialvorschriften über Zweigniederlassungen inländischer Unternehmen wurden durch das EHUG[3] ersatzlos aufgehoben.

§ 13d

Sitz oder Hauptniederlassung im Ausland

(1) Befindet sich die Hauptniederlassung eines Einzelkaufmanns oder einer juristischen Person oder der Sitz einer Handelsgesellschaft im Ausland, so

---

1 BayObLG v. 23.3.1962 – 2 ZBR 170/61, NJW 1962, 1014; BayObLG v. 29.3.1985 – 3 ZBR 22/85, BayObLGZ 1985, 111; *Hüffer*, § 5 AktG Rn. 10 m.w.N; *König*, AG 2000, 18; a.A. *Borsch*, GmbHR 2003, 258 ff.
2 LG Köln v. 19.1.1979 – 29 T 1/79, DB 1979, 984.
3 V. 10.11.2006, BGBl. I 2553.

haben alle eine inländische Zweigniederlassung betreffenden Anmeldungen, Einreichungen und Eintragungen bei dem Gericht zu erfolgen, in dessen Bezirk die Zweigniederlassung besteht.

(2) Die Eintragung der Errichtung der Zweigniederlassung hat auch den Ort und die inländische Geschäftsanschrift der Zweigniederlassung zu enthalten; ist der Firma der Zweigniederlassung ein Zusatz beigefügt, so ist auch dieser einzutragen.

(3) Im übrigen gelten für die Anmeldungen, Einreichungen, Eintragungen, Bekanntmachungen und Änderungen einzutragender Tatsachen, die die Zweigniederlassung eines Einzelkaufmanns, einer Handelsgesellschaft oder einer juristischen Person mit Ausnahme von Aktiengesellschaften, Kommanditgesellschaften auf Aktien und Gesellschaften mit beschränkter Haftung betreffen, die Vorschriften für Hauptniederlassungen oder Niederlassungen am Sitz der Gesellschaft sinngemäß, soweit nicht das ausländische Recht Abweichungen nötig macht.

Übersicht

	Rn.		Rn.
1. Allgemeines		4. Verfahren	
a) Regelungsgegenstand und Regelungszweck	1	a) Zuständigkeit	10
		b) Anmeldung	11
b) Registerrechtliche Behandlung	3	c) Prüfung des Gerichts	12
c) Vereinbarkeit mit Art. 43, 48 EG	4	d) Firma, besondere gesetzliche Vertreter	14
		e) Anmeldepflicht	15
2. Hauptniederlassung und Sitz im Ausland	5	5. Eintragungsgebühren	17
3. Zweigniederlassung	9		

1. Allgemeines[1]

a) Regelungsgegenstand und Regelungszweck

1   Mit § 13d (früher § 13b a.F.) als Grundnorm beginnt eine sehr umfangreiche, ins Einzelne gehende Normierung der Behandlung von Zweigniederlassungen, deren **Hauptniederlassung oder Sitz**[2] **im Ausland** liegt[3]. Danach ist § 13d Abs. 1 bis 3 maßgebend für den Einzelkaufmann mit der Hauptniederlassung im Ausland, für die Personenhandelsgesellschaft und die juristische Person (i.S.v. § 33) mit dem Sitz im Ausland. Für die AG, GmbH und KGaA kommt, neben § 13d Abs. 1 und 2, gemeinsam § 13e zur Anwendung. Diese Bestimmungen werden für die AG und KGaA ergänzt durch § 13f, für die GmbH durch § 13g.

---

[1] Siehe Schrifttum Vor § 13.
[2] Amtliche Überschrift geändert durch HRefG v. 22.6.1998, BGBl. I 1474, 1475.
[3] Zu Recht beklagt *Hüffer*, Anh. § 45 AktG, § 13d HGB Rn. 1, eine „umständliche Verteilung des Stoffes auf drei, zudem voluminöse Vorschriften"; der verschachtelte Aufbau wurde trotz verschiedener Anregungen und Vereinfachungsvorschläge während des Gesetzgebungsverfahrens beibehalten.

Die Vorschriften sollen die **Publizität** der Verhältnisse des Unternehmensträgers gewährleisten. Da ein Register der Hauptniederlassung oder des Sitzes im Inland fehlt, soll das Register der Zweigniederlassung die erforderlichen Angaben über den Unternehmensträger verlautbaren.

b) Registerrechtliche Behandlung

Registerrechtlich wird die inländische Zweigniederlassung eines ausländischen Unternehmens wie die Hauptniederlassung eines inländischen Unternehmens behandelt[1]. Daraus folgt, dass das Gericht der Zweigniederlassung, anders als nach § 13 selbst umfassend prüft. Zur Anwendung kommt als deutsches öffentliches Recht (Verfahrensrecht) grundsätzlich **deutsches Registerrecht**[2], es sei denn, dass nach einschlägigem ausländischem Recht noch strengere Formvorschriften einzuhalten wären (vgl. § 13d Abs. 3). Gegebenenfalls muss im Einzelfall eine rechtsvergleichende Qualifikation vorgenommen werden, z.B. zur Feststellung des Anmeldepflichtigen. § 13d ist Sach-, nicht Kollisionsnorm[3].

c) Vereinbarkeit mit Art. 43, 48 EG

Auch wenn § 13d Zweigniederlassungen ausländischer Unternehmen formal anders behandelt als die inländischer, ist seine Vereinbarkeit mit Art. 43 EG nicht zweifelhaft[4]. Die Vorschrift ist im Interesse des Verkehrsschutzes gerechtfertigt, eine materielle Diskriminierung liegt nicht vor.

2. Hauptniederlassung und Sitz im Ausland

Die **Zweigniederlassungs-Richtlinie** der EG (11. gesellschaftsrechtliche Richtlinie)[5] wird mit den Bestimmungen der §§ 13d bis 13g in deutsches Recht umgesetzt. Die Richtlinie enthält allerdings nur Bestimmungen über die Offenlegung für inländische Zweigniederlassungen ausländischer Kapitalgesellschaften (vgl. § 13e), d.h. letztere müssen nach ihrem Heimatrecht einer deutschen AG, GmbH oder KGaA entsprechen oder vergleichbar sein.

Da sich die Richtlinie mit den **Begriffen** Einzelkaufmann, juristische Person und Handelsgesellschaft nicht befasst, sind sie grundsätzlich nach deutschem Recht (§§ 1 ff.), gegebenenfalls im Wege der Substitution, zu definieren. Für ausländische juristische Personen und Handelsgesellschaften kommt es darauf an, ob es sich um vergleichbare Rechtsformen handelt.

---

1 Vgl. BayObLG v. 21.10.1985 – 3 ZBR 48/85, Rpfleger 1986, 111.
2 BayObLG v. 12.7.1973 – 2 ZBR 31/73, BayObLGZ 1973, 205, 209; *Heymann/Sonnenschein/Weitemeyer*, § 13n Rn. 5; *Staub/Hüffer*, § 13b a.F. Rn. 18; *Hachenburg/Ulmer*, § 12 GmbHG Rn. 38.
3 *Staub/Hüffer*, § 13b a.F. Rn. 1.
4 EuGH v. 1.6.2006 – Rs. C-453/04, NZG 2006, 662; EuGH v. 14.2.1995 – Rs. C-279/93, EuZW 1995, 177, 179.
5 V. 21.12.1989 – 89/666 EWG, ABl. EG Nr. L 395/1989, 36; abgedruckt bei *Lutter*, Europäisches Unternehmensrecht, 4. Aufl. 1996, S. 269 ff.

7 Bezüglich der Anerkennung ausländischer Rechtsformen und der weiteren Anwendbarkeit der Sitztheorie wird auf die Ausführungen Vor § 13 Rn. 5 ff. verwiesen.

8 Frei.

3. Zweigniederlassung

9 Der Begriff der Zweigniederlassung wird in der EG-Richtlinie nicht definiert. Gemeint ist ein rechtlich unselbständiger, räumlich und organisatorisch getrennter Teil eines Unternehmens, evtl. vergleichbar mit der Position einer Tochtergesellschaft. Danach kann für die **Definition** der Zweigniederlassung (siehe dazu sogleich Rn. 10; ferner § 13 Rn. 4) weitgehend von entsprechenden deutschen handelsrechtlichen Begriffen ausgegangen werden[1].

4. Verfahren

a) Zuständigkeit

10 Hat ein Unternehmen mit Hauptniederlassung oder Sitz im Ausland (vgl. oben Rn. 5 f.) im Inland einen Unternehmensteil errichtet, der bestimmt und geeignet ist, auf Dauer eine Geschäftstätigkeit weitgehend selbständig zu gestalten (Zweigniederlassung), ist das Gericht der Zweigniederlassung **international**[2] und örtlich **zuständig** für alle Anmeldungen, Einreichungen und Eintragungen, die sich auf die Zweigniederlassung beziehen, auch wenn die Zweigniederlassung der eigentliche und einzige „Verwaltungssitz" ist; es besteht eine über § 14 durchsetzbare Anmeldepflicht[3]. Bei mehreren Zweigniederlassungen desselben Unternehmens sind alle betroffenen Gerichte jeweils international und örtlich zuständig[4]. **Erleichterungen** für solche Gesellschaften ergeben sich aus § 13e Abs. 5.

b) Anmeldung

11 Für die Anmeldungen (durch die vertretungsberechtigten Organe[5]), die in deutscher Sprache und in der Form des § 12 einzureichen sind, kommen nach § 13d Abs. 3, ebenso wie für Einreichungen, Eintragungen, Bekanntmachungen und Änderungen (eingeführt durch das MoMiG) die Vorschriften sinngemäß zur Anwendung, die für eine inländische Hauptniederlassung (Sitz) maßgebend sind. Etwas anderes gilt nur, wenn das ausländische Recht

---

1 Vgl. *Seibert*, GmbHR 1992, 738 Fn. 5, wonach die Kommission früher auf EuGH v. 22.11.1978 – Rs. 33/78 Bezug genommen hat; *Koller/Roth/Morck*, § 13d Rn. 4.
2 Vgl. *Staub/Hüffer*, § 13b a.F. Rn. 17.
3 BGH v. 14.3.2005 – II ZR 5/03, NZG 2005, 508; OLG Zweibrücken v. 26.3.2003 – 3 W 21/03, NZG 2003, 537; KG v. 18.11.2003 – 1 W 444/02, ZIP 2003, 2300; *Werner*, GmbHR 2005, 288; a.A. *Liese*, NZG 2006, 201 ff., der die Eintragung der Auslandsgesellschaft als solche vorschlägt.
4 OLG Schleswig v. 11.7.2007 – 2 W 143/07, NZG 2007, 918.
5 Vgl. *Krafka/Willer*, Registerrecht, 7. Aufl. 2007, Rn. 296.

zu Abweichungen zwingt. Nicht anwendbar ist Abs. 3 auf AG, GmbH und KGaA, für die Sondervorschriften zu beachten sind.

c) Prüfung des Gerichts

Das Gericht der Zweigniederlassung prüft die Anmeldung **ohne Einschränkung** in formeller und materieller Hinsicht[1]. Die inländische Zweigniederlassung wird durch das Registergericht wie eine inländische Hauptniederlassung geprüft, da das ausländische Unternehmen in keinem inländischen Register erfasst und daher registerrechtlich bisher nicht geprüft ist[2]. Festzustellen ist, ob die Zweigniederlassung errichtet und die Unterscheidbarkeit der Firma nach § 30 gegeben ist. Im Übrigen ist die Zulässigkeit der Firma nach deutschem Recht zu untersuchen[3]. Eine in fremder Sprache gehaltene Firma wird in der Regel auch in dieser Sprache in das Register eingetragen; sie muss aber auch für das hier konkret angesprochene Publikum verständlich sein[4]. Andernfalls ist die Firma entsprechend zu gestalten. Demnach wäre eine nur aus kyrillischen Buchstaben bestehende Firma in dieser Form nicht eintragungsfähig. Ferner hat das Registergericht zu prüfen, ob die nach ausländischem Recht zu beurteilenden Eintragungsvoraussetzungen, z.B. die wirksame Gründung der Gesellschaft, gegeben sind[5]. Zur Sitztheorie und der einschlägigen EuGH-Rechtsprechung siehe oben Vor § 13 Rn. 4 ff.; zum Existenznachweis siehe unten § 13e Rn. 9.

12

Das ausländische Recht macht Abweichungen im Sinne von Abs. 3 nötig, wenn nach deutschem Recht in die Entstehungsvoraussetzungen (Gesellschaftsgründung) und in die Organisation der ausländischen Gesellschaft einzugreifen wäre[6]. Das Registergericht hat dann das ausländischem Recht unterstellte **Gesellschaftsstatut** zu **beachten;** es ist aber nicht gehindert, ergänzende Angaben zu verlangen.

13

d) Firma, besondere gesetzliche Vertreter

Nach § 13d Abs. 2 ist neben der Errichtung auch die Firma der Zweigniederlassung einschließlich etwaiger Zusätze einzutragen. Nach dem MoMiG werden auch die inländische Geschäftsanschrift und Änderungen eingetragen. Das Gericht prüft, ob die Firma nach § 30 Abs. 3 und § 18 nach deut-

14

---

1 Zu Umfang und Grenzen der Prüfung vgl. BayObLG v. 18.9.1986 – 3 ZBR 96/86, BayObLGZ 1986, 351, 355 f.
2 Vgl. BayObLG v. 18.7.1985 – 3 ZBR 62/85, BayObLGZ 1985, 272, 278; BayObLG v. 18.9.1986 – 3 ZBR 96/86, BayObLGZ 1986, 351, 355.
3 KG v. 27.4.2004 – 1 W 180/02, NJW-RR 2004, 978; *Ries*, AnwBl. 2005, 53 ff.; *Wachter*, NotBZ 2004, 45; a.A. OLG München v. 7.3.2007 – 31 Wx 92/06, DStR 2007, 1493, Vorauflage und *Bokelmann*, DB 1990, 1021, 1022 f. sowie ZGR 1994, 325, 329 f.; vgl. auch Rn. 14.
4 Weitere Einzelheiten MünchKommHGB/*Krafka*, § 13d Rn. 19.
5 *Heymann/Sonnenschein/Weitemeyer*, § 13d Rn. 7; *Baumbach/Hopt*, § 13d Rn. 2.
6 BayObLG v. 18.9.1986 – 3 ZBR 96/86, BayObLGZ 1986, 351.

schem Recht geführt werden kann[1]. Ob die Angabe des **ausländischen Rechtsformzusatzes** (z.B. „Limited") zwingend verlangt werden kann, ist umstritten. Freiwillig wird man den Zusatz natürlich aufnehmen können. Dass in diesem Fall ein zusätzlicher Hinweis „... ltd. (GmbH nach englischem Recht)." erfolgen muss, erscheint überflüssig[2], es sei denn es besteht Verwechslungsgefahr mit einer inländischen Rechtsform[3]. Bei der Prüfung der Zulässigkeit der Firma ist, vor allem bei Unternehmen mit Sitz im EU-Raum, kein kleinlicher Maßstab anzulegen[4]. Auch nach der weitgehenden Liberalisierung des deutschen Firmenrechts (dazu unten vor § 17, §§ 18, 19) gilt dieser Grundsatz weiter. Ein Zusatz „Zweigniederlassung" muss nicht mit aufgenommen werden, es sei denn Haupt- und Zweigniederlassung haben unterschiedliche Firmen[5].

Eintragungsfähig sind besondere gesetzliche Vertreter wie Geschäftsleiter nach § 53 Abs. 2 Nr. 1 KWG oder Hauptbevollmächtigte nach § 106 VAG in Hinweisform entsprechend den §§ 40 Nr. 3b, 43 Nr. 4b HRV.

e) Anmeldepflicht

15 Die **Person des Anmeldepflichtigen** folgt für AG und GmbH aus § 13e Abs. 2. Im Übrigen sind anmeldepflichtig der Einzelkaufmann und bei Gesellschaften die Personen, die nach dem maßgeblichen Gesellschaftsstatut (=ausländisches Gesellschaftsrecht) anmeldepflichtig wären. Nicht anmeldepflichtig ist der Leiter der Zweigniederlassung[6].

16 Die Anmeldung kann gegenüber den Anmeldepflichtigen mit **Zwangsgeld** nach § 14 erzwungen werden.

5. Eintragungsgebühren

17 Für die Eintragung der Errichtung einer inländischen Zweigniederlassung eines ausländischen Unternehmens werden nach der Handelsregistergebührenverordnung die gleichen Gebühren wie bei der Eintragung eines inländischen Unternehmens erhoben[7].

---

1 LG Limburg v. 15.9.2005 – 6 T 2/05, GmbHR 2006, 261; MünchKommHGB/*Krafka*, § 13d Rn. 18; *Hirte/Bücker/Mankowski*, Grenzüberschreitende Gesellschaften, 2. Aufl. 2006, § 13 Rn. 70; a.A. LG Aachen v. 10.4.2007 – 44 T 8/07, ZIP 2007, 1011; MünchKommHGB/*Heidinger*, Vor § 17 Rn. 97 m.w.N; *Lutter/Schmidt*, Europäische Auslandsgesellschaften in Deutschland, 2005, S. 30 f.
2 Vgl. *Baumbach/Hopt*, § 19 Rn. 42; *Wachter*, GmbHR 2006, 81; *Wachter*, NotBZ 2004, 45; a.A. LG Göttingen v. 12.7.2005 – 3 T 1/05, EWiR 2005, 797 mit abl. Anm. *Wachter*.
3 MünchKommHGB/*Heidinger*, Vor § 17 Rn. 98.
4 Vgl. *Bokelmann*, ZGR 1994, 340 ff.; *Koller/Roth/Morck*, § 13d Rn. 7.
5 LG Frankfurt am Main v. 2.3.2005 – 3/16 T 42/04, BB 2005, 1297 mit zust. Anm. *Wachter* a.a.O., 1289.
6 Streitig, wie hier *Heymann/Sonnenschein/Weitemeyer*, § 13d Rn. 6; ähnlich auch *Staub/Hüffer*, § 13b a.F. Rn. 22; a.A. *Baumbach/Hopt*, § 13d Rn. 5 a.E.; *Lenz*, DJ 1937, 1308; jetzt wie hier auch *Koller/Roth/Morck*, § 13d Rn. 6.
7 Vorbemerkung 1 GV HRegGebV.

§ 13e
Zweigniederlassungen von Kapitalgesellschaften mit Sitz im Ausland

(1) Für Zweigniederlassungen von Aktiengesellschaften und Gesellschaften mit beschränkter Haftung mit Sitz im Ausland gelten ergänzend zu § 13d die folgenden Vorschriften.

(2) Die Errichtung einer Zweigniederlassung einer Aktiengesellschaft ist durch den Vorstand, die Errichtung einer Zweigniederlassung einer Gesellschaft mit beschränkter Haftung ist durch die Geschäftsführer zur Eintragung in das Handelsregister anzumelden. Bei der Anmeldung ist das Bestehen der Gesellschaft als solcher nachzuweisen. Die Anmeldung hat auch eine inländische Geschäftsanschrift und den Gegenstand der Zweigniederlassung zu enthalten. Daneben kann eine Person, die für Willenserklärungen und Zustellungen an die Gesellschaft empfangsberechtigt ist, mit einer inländischen Anschrift zur Eintragung in das Handelsregister angemeldet werden; Dritten gegenüber gilt die Empfangsberechtigung als fortbestehend, bis sie im Handelsregister gelöscht und die Löschung bekannt gemacht worden ist, es sei denn, dass die fehlende Empfangsberechtigung dem Dritten bekannt war. In der Anmeldung sind ferner anzugeben

1. das Register, bei dem die Gesellschaft geführt wird, und die Nummer des Registereintrags, sofern das Recht des Staates, in dem die Gesellschaft ihren Sitz hat, eine Registereintragung vorsieht;
2. die Rechtsform der Gesellschaft;
3. die Personen, die befugt sind, als ständige Vertreter für die Tätigkeit der Zweigniederlassung die Gesellschaft gerichtlich und außergerichtlich zu vertreten unter Angabe ihrer Befugnisse;
4. wenn die Gesellschaft nicht dem Recht eines Mitgliedstaates der Europäischen Union oder eines anderen Vertragsstaates des Abkommens über den Europäischen Wirtschaftsraum unterliegt, das Recht des Staates, dem die Gesellschaft unterliegt.

(3) Die in Absatz 2 Satz 5 Nr. 3 genannten Personen haben jede Änderung dieser Personen oder der Vertretungsbefugnis einer dieser Personen zur Eintragung in das Handelsregister anzumelden. Für die gesetzlichen Vertreter der Gesellschaft gelten in Bezug auf die Zweigniederlassung § 76 Abs. 3 Satz 2 und 3 des Aktiengesetzes sowie § 6 Abs. 2 Satz 2 und 3 des Gesetzes betreffend die Gesellschaften mit beschränkter Haftung entsprechend.

(3a) An die in Absatz 2 Satz 5 Nr. 3 genannten Personen als Vertreter der Gesellschaft können unter der im Handelsregister eingetragenen inländischen Geschäftsanschrift der Zweigniederlassung Willenserklärungen abgegeben und Schriftstücke zugestellt werden. Unabhängig hiervon können die Abgabe und die Zustellung auch unter der eingetragenen Anschrift der empfangsberechtigten Person nach Absatz 2 Satz 4 erfolgen.

(4) Die in Absatz 2 Satz 5 Nr. 3 genannten Personen oder, wenn solche nicht angemeldet sind, die gesetzlichen Vertreter der Gesellschaft haben die Eröffnung oder die Ablehnung der Eröffnung eines Insolvenzverfahrens oder ähnlichen Verfahrens über das Vermögen der Gesellschaft zur Eintragung in das Handelsregister anzumelden.

(5) Errichtet eine Gesellschaft mehrere Zweigniederlassungen im Inland, so brauchen die Satzung oder der Gesellschaftsvertrag sowie deren Änderungen nach Wahl der Gesellschaft nur zum Handelsregister einer dieser Zweigniederlassungen eingereicht zu werden. In diesem Fall haben die nach Absatz 2 Satz 1 Anmeldepflichtigen zur Eintragung in den Handelsregistern der übrigen Zweigniederlassungen anzumelden, welches Register die Gesellschaft gewählt hat und unter welcher Nummer die Zweigniederlassung eingetragen ist.

Übersicht

	Rn.		Rn.
1. Allgemeines	1	b) Inhalt	6
2. Kapitalgesellschaften	2	c) Erzwingung	14
3. Anmeldung		4. Mehrere Zweigniederlassungen	15
a) Anmeldepflichtige	4		

1. Allgemeines

Normadressaten der Vorschrift sind AG und GmbH mit dem Sitz im Ausland. Die Bestimmung ist über § 13f Abs. 7 auf die KGaA anwendbar[1]. Sie ergänzt die allgemeinen Regeln des § 13d für Kapitalgesellschaften in einer ersten Stufe, die in einer zweiten Stufe ergänzt wird durch § 13f für die AG und KGaA sowie durch § 13g für die GmbH. Zweck der Vorschrift ist es, eine hohe Publizität der Rechtsverhältnisse von Kapitalgesellschaften durch ausgedehnte Anmeldepflichten zu erreichen (Abs. 2 bis 4).

2. Kapitalgesellschaften

Ob eine der in der Vorschrift (Abs. 1) genannten Gesellschaftsformen vorliegt, richtet sich nicht nach deutschem innerstaatlichen Gesellschaftsrecht, sondern danach, ob die ausländischen Gesellschaften eine vergleichbare Rechtsform aufweisen. Die Vergleichbarkeit bemisst sich, anders als bei § 13d Abs. 1, nach den **gemeinschaftsrechtlichen EG-Normen**, auf denen die Vorschrift beruht[2]. Danach sind als ausländische Kapitalgesellschaften alle durch die Zwölfte EG-Richtlinie (Einpersonen-GmbH-Richtlinie) vom

---

[1] A.A. RegE BT-Drucks. 12/3908 S. 15; wie hier *Kindler*, NJW 1993, 3301, 3303; *Heymann/Sonnenschein/Weitemeyer*, § 13e Rn. 3; *Koller/Roth/Morck*, § 13e Rn. 2; *Baumbach/Hopt*, § 13e Rn. 1; *Hüffer*, Anh. zu § 45 AktG, § 13e HGB Rn. 1.
[2] BT-Drucks. 12/3908 S. 15; *Kindler*, NJW 1993, 3301, 3303; *Staudinger/Großfeld*, IntGesR, Rn. 991.

22.12.1969 – 89/667/EWG[1], die Zweigniederlassungs-Richtlinie 89/666/EWG[2] sowie die Publizitäts-Richtlinie 68/151/EWG[3] erfassten Gesellschaftsformen anzusehen.

Für ausländische Gesellschaften mit **Sitz** in einem **Drittstaat**, also außerhalb der EU, ist für die Vergleichbarkeitsprüfung Art. 7 Abs. 1 der Zweigniederlassungs-Richtlinie maßgebend, wonach AG im Sinne der deutschen AG und der ihr nach Gemeinschaftsrecht als vergleichbar zugeordneten Rechtsformen zu verstehen ist[4]. Im Übrigen ergeben sich die **Vergleichbarkeitsmaßstäbe** aus gegebenenfalls zu konkretisierendem Gemeinschaftsrecht. Heranzuziehen sind die Koordinierungs-Richtlinien (z.B. Richtlinie 89/666/EWG[5]), die jeweils Auflistungen der Gesellschaften enthalten. Bestehen danach noch Zweifel, ob eine vergleichbare AG oder GmbH vorliegt, ist zugunsten der AG zu entscheiden. Die close corporation des USA-Rechts ist aber nicht als AG, sondern als GmbH zu behandeln[6]. 3

3. Anmeldung

a) Anmeldepflichtige

Anders als nach alter Rechtslage (vgl. § 44 Abs. 1 S. 1 AktG a.F.) haben die Errichtung einer Zweigniederlassung nicht mehr sämtliche Geschäftsführer oder Vorstandsmitglieder anzumelden; es genügt die Anmeldung durch das Vertretungsorgan der Gesellschaft **in vertretungsberechtigter Zahl** (§ 13e Abs. 2 S. 1), was sich nach dem ausländischen Gesellschaftsstatut bestimmt[7]. Entsprechende Regelungen gelten für Änderungen der Satzung der AG (§ 13f Abs. 4) und des Gesellschaftsvertrages/Satzung der GmbH (§ 13g Abs. 4). 4

Da kein Grund besteht, ausländische Kapitalgesellschaften bei der Anmeldung einer Zweigniederlassung anders zu behandeln als inländische, ist auch die Mitwirkung von Prokuristen und anderen **Bevollmächtigten** zuzulassen, soweit sie nach der für die Gesellschaft maßgebenden Rechtsordnung zur Anmeldung berechtigt sind[8]. Nicht zulässig ist aber eine Anmeldung durch die ständigen Vertreter i.S.v. § 13e Abs. 2 S. 5 Nr. 3, da deren Vertretungsmacht auf die Tätigkeit der Zweigniederlassung beschränkt ist. 5

---

1 *Lutter*, Europäisches Unternehmensrecht, 4. Aufl. 1996, S. 274 f.
2 *Lutter*, Europäisches Unternehmensrecht, 4. Aufl. 1996, S. 269 f.
3 *Lutter*, Europäisches Unternehmensrecht, 4. Aufl. 1996, S. 101 f.
4 Vgl. *Heymann/Sonnenschein/Weitemeyer*, § 13e Rn. 4; MünchKommHGB/*Krafka*, § 13e Rn. 3.
5 ABl. EG Nr. L 395 v. 30.12.1989, 36.
6 Vgl. BayObLG v. 18.7.1985 – 3 ZBR 62/85, BayObLGZ 1985, 272, 276 ff.; *Staub/Hüffer*, § 13b a.F.; *Hüffer*, Anh. § 45 AktG, § 13e HGB Rn. 2.
7 *Wachter*, NotBZ 2004, 50.
8 Wie hier *Hüffer*, Anh. § 45 AktG, § 13e HGB Rn. 2; a.A. *Scholz/Winter*, § 12 GmbHG Rn. 44 bei Fn. 71.

b) Inhalt

6 Anzumelden sind neben der Firma (s. dazu oben § 13d Rn. 14) **Anschrift und Gegenstand** (Tätigkeitsbereich) der Zweigniederlassung. Durch das Gesetz zur Modernisierung des GmbH-Rechts und zur Bekämpfung von Missbräuchen (MoMiG) ist die Anmeldung und Eintragung der inländischen Geschäftsanschrift und ggf. eines inländischen Empfangs- und Zustellungsbevollmächtigten, versehen mit einer Rechtsscheinwirkung, vorgesehen. Wenn die Tätigkeit der Gesellschaft sich nur auf Tätigkeiten der Zweigniederlassung im Inland beschränkt, wird bei Gesellschaften aus dem EU-Raum, insbesondere bei der Limited, in richtlinienkonformer Auslegung nur der Gegenstand der Zweigniederlassung und nicht der (u.U. umfangreichere) Gegenstand der Hauptniederlassung in das Handelsregister eingetragen, wobei der Gegenstand der Zweigniederlassung nicht unbedingt identisch mit dem Gegenstand der Hauptniederlassung sein muss[1]; allerdings muss der Gegenstand der Zweigniederlassung konkretisiert werden[2].

7 Bei der Anmeldung ist das **Heimatregister**, bei dem die Gesellschaft geführt wird, unter Angabe der Registereintragungsnummer zu benennen, es sei denn, das ausländische Recht sieht eine Registereintragung nicht vor (§ 13e Abs. 2 S. 4 Nr. 1). Die Angaben sind im Zweigregister einzutragen (§§ 13f Abs. 3, 13g Abs. 3).

8 Anzugeben und einzutragen ist ferner die **Rechtsform** der Gesellschaft (§ 13e Abs. 2 S. 4 Nr. 2).

9 Hat die Gesellschaft ihren effektiven Verwaltungssitz nicht in der Europäischen Union oder im EWR, muss in der Anmeldung das **Recht angegeben** werden, das für die Gesellschaft maßgebend ist (§ 13e Abs. 2 S. 4 Nr. 4). Das Registergericht muss prüfen, ob die Gesellschaft als solche besteht, welche Rechtsform und welches Statut sie hat. Grundsätzlich ist die Vorlage eines **Handelsregisterauszuges** zu verlangen. Liegen Eintragungsnachweise nicht vor, kann die Existenz der Gesellschaft insbesondere durch Einreichung der Gründungsurkunde nachgewiesen werden. Denkbar erscheint es im Hinblick auf § 12 FGG (§§ 26, 29 FamFG) auch, dass sich das Registergericht durch Blick in das im Ausland meist elektronisch (und bisweilen – wie in England – kostenlos) geführte Register Gewissheit über die Existenz der ausländischen Gesellschaft verschafft[3]. Auch eine Bestätigung des auslän-

---

[1] OLG Hamm v. 21.7.2006 –15 W 27/06, DB 2006, 2169; OLG Frankfurt am Main v. 29.12.2005 – 20 W 315/05, GmbHR 2006, 259; Thüringer OLG Jena v. 9.9.2005 – 6 W 302/05, DNotZ 2006, 154 f.; OLG Hamm v. 28.6.2005 – 15 W 159/05, GmbHR 2005, 1130 mit zustimmender Anmerkung *Wachter*; a.A. LG Cottbus v. 14.2.2005 – 11 T 1/05, EWiR 2005, 733 mit Anm. *Wachter*; LG Hechingen v. 22.11.2004 – 5 T 6/04, Rpfleger 2005, 318.
[2] OLG Düsseldorf v. 21.2.2006 – I 3 Wx 210/05, GmbHR 2006, 548; AG Charlottenburg v. 20.12.2005 – 99 AR 5223/05 B, GmbHR 2006, 264.
[3] In diese Richtung auch OLG Düsseldorf v. 21.2.2006 – I 3 Wx 210/05, GmbHR 2006, 548.

dischen Registers oder eines Notars[1], Rechtsanwalts, Steuerberaters aus dem Staat, in dem die Gesellschaft ihren Hauptsitz hat, wird als Existenznachweis genügen müssen[2]. Bei der englischen Limited wird auch die Bestätigung des „(corporate) secretary" ausreichen (siehe unten § 13g Rn. 3). Das Registergericht prüft von Amts wegen, ob die ausländischen Urkunden echt sind. Durch das MoMiG wird auf die Vorlage der Genehmigungsurkunde verzichtet[3].

Nach § 13e Abs. 2 S. 5 Nr. 3 müssen in der Anmeldung auch die Personen angegeben werden, die als ständige Vertreter befugt sind, die Gesellschaft gerichtlich und außergerichtlich zu vertreten. Erfasst von dieser Bestimmung werden die **Prokuristen** (vgl. § 49 Abs. 1), deren rechtliche Behandlung aber dadurch gegenüber der bisherigen Rechtslage keine sachliche Änderung erfährt. Sie gilt aber auch für **Handlungsbevollmächtigte**, allerdings nur dann, wenn ihnen neben ihrer allgemeinen Vertretungsbefugnis eine ständige Prozessführungsbefugnis eingeräumt ist (§ 54 Abs. 2). Diese Voraussetzungen werden nur in seltenen Fällen vorliegen[4]. 10

Die Bestimmung bezieht sich auf **gewillkürte**, nicht auf gesetzliche **Vertretung.** Anzugeben ist auch, ob der ständige Vertreter zur Alleinvertretung oder nur zur Gesamtvertretung befugt ist. Die Bestellung der Vertreter für eine inländische Zweigniederlassung richtet sich nach deutschem Recht[5]. Ständige Vertreter können deshalb auch von den Beschränkungen des § 181 BGB befreit werden (solange sie nicht gleichzeitig director einer Limited sind, der nicht von den Beschränkungen des § 181 BGB befreit werden kann, siehe unten § 13g Rn. 3)[6]. Sie mussten in der Vergangenheit auch nicht zeichnen[7]. Nachweise über die ordnungsgemäße Bestellung eines ständigen Vertreters müssen nicht vorgelegt werden[8]. 11

Die bestellten inländischen Vertreter haben jede **Änderung** dieser Personen oder deren **Vertretungsbefugnis** zur Eintragung anzumelden (§ 13e Abs. 3). Die Bestimmung ist erforderlich, da § 81 Abs. 1 AktG und § 39 Abs. 1 GmbHG sich nur auf Änderungen der gesetzlichen Vertretungsorgane beziehen[9]. Erstmals werden damit auch Anmeldepflichten zum Handelsregister für einen rechtsgeschäftlichen Vertreter begründet. 12

---

1 LG Wiesbaden v. 8.6.2005 – 12 T 5/05, GmbHR 2005, 1134; *Wachter*, NotBZ 2004, 47; *Langhein*, NZG 2001, 1123 ff.
2 Ähnlich auch OLG Dresden v. 21.5.2007, DB 2007, 2084 und *Wachter*, GmbHR 2007, 1160.
3 Dagegen *Kindler*, AG 2007, 729, da durch Abschaffung die Gründung deutscher Gesellschaften erleichtert werden sollte.
4 Vgl. *Seibert*, GmbHR 1992, 738, 740; *Heymann/Sonnenschein/Weitemeyer*, § 13e Rn. 13.
5 BGH v. 9.12.1964 – VIII ZR 304/62, BGHZ 43, 21, 26.
6 OLG Hamm v. 21.7.2006 –15 W 27/06, DB 2006, 2169; OLG München v. 4.5.2006 – 31 Wx 23/06, DB 2006, 2058.
7 *Wachter*, NotBZ 2004, 49; a.A. *Heidinger*, MittBayNot 1998, 76.
8 *Wachter*, NotBZ 2004, 44.
9 *Heymann/Sonnenschein/Weitemeyer*, § 13e Rn. 20 f.; eingehend zu den Gesamtfragen des ständigen Vertreters *Heidinger*, MittBayNot 1998, 72 f.

12a Bezüglich der gesetzlichen Vertreter wurde durch das MoMiG eingeführt, dass die Inhabilitätsvorschriften der § 76 Abs. 3 S. 2 und 3 AktG und § 6 Abs. 2 S. 2 und 3 GmbHG in Bezug auf die Zweigniederlassung entsprechend gelten[1], vgl. § 13e Abs. 3 S. 2, und danach ausgeschlossene Personen eine Zweigniederlassung nicht anmelden können[2]. Weiter ist in § 13e Abs. 3a die Möglichkeit vorgesehen, an den „Ständigen Vertreter" oder einen ggf. vorhandenen und eingetragenen Zustellungsbevollmächtigten Willenserklärungen abzugeben und zuzustellen.

13 Nach Abs. 4 haben entweder die ständigen Vertreter oder, falls solche nicht vorhanden sind – ein Zwang zur Bestellung besteht nicht –, die gesetzlichen Vertreter die Eröffnung oder Ablehnung eines **Insolvenzverfahrens oder ähnlichen Verfahrens** (nach ausländischem Recht vergleichbare Verfahren) über das Vermögen der Gesellschaft anzumelden. Anders als der Gesetzeswortlaut vermuten lässt, kommt es nicht darauf an, ob die ständigen Vertreter angemeldet oder eingetragen sind, sondern darauf, ob sie wirksam bestellt sind; die Eintragung erleichtert nur den Nachweis. Die **Anmeldepflicht** soll sicherstellen, dass das deutsche Registergericht von einer Insolvenz der ausländischen Gesellschaft Kenntnis erlangt. In jedem Fall genügt aber die Anmeldung durch den Vorstand/Geschäftsführer.

c) Erzwingung

14 Werden Anmelde- oder sonstige Pflichten nicht erfüllt, hat das Registergericht ein **Zwangsgeldverfahren** nach § 14 HGB, §§ 132 ff. FGG (§ 388 ff. FamFG) einzuleiten. Dies wird insbesondere dann in Betracht kommen, wenn eine Private Limited Company sich an einer deutschen Co. KG als Komplementärin beteiligt, weil sie spätestens dadurch als selbständige Zweigniederlassung angesehen werden kann. Das Verfahren richtet sich gegen sämtliche Vorstandsmitglieder oder Geschäftsführer; auch wenn nur in vertretungsberechtigter Zahl anzumelden ist, gilt die **Anmeldepflicht für alle**. Nach überwiegender Meinung soll aber ein Zwangsgeldverfahren nur zulässig sein, wenn sich die Anmeldepflichtigen im Inland aufhalten[3]. Zu Recht weist *Hüffer*[4] darauf hin, dass es für eine solche Einschränkung, die ersichtlich nur auf praktikablen Erwägungen beruht, eine gesetzliche Grundlage nicht gibt. Dem Zwangsgeldverfahren unterfallen, soweit es um die **Erstanmeldung** geht, Leiter und Bevollmächtigte der Zweigniederlassung nicht, weil es insoweit an der Anmeldepflicht fehlt[5]. Etwas anderes gilt, soweit die ständigen Vertreter eigene gesetzliche Anmeldepflichten nach § 13e Abs. 3 und 4 zu erfüllen haben.

---

1 In diese Richtung auch BGH v. 7.5.2007 – II ZB 7/06, NJW 2007, 2328.
2 Vgl. Begr.RegE zum MoMiG, BT-Drucks. 16/6140 v. 25.7.2007, S. 113.
3 BayObLG v. 17.5.1978 – 1 ZBR 43/78, BayObLGZ 1978, 121, 127; *Jansen*, 2. Aufl. 1970, § 132 FGG Rn. 49; *Keidel/Kuntze/Winkler*, Freiwillige Gerichtsbarkeit, 15. Aufl. 2003, § 132 FGG Rn. 17 m.w.N.
4 *Staub/Hüffer*, § 13b a.F. Rn. 22; *Hüffer*, Anh. § 45 AktG, § 13e HGB Rn. 11.
5 A.A. *Baumbach/Hopt*, § 13d Rn. 5.

4. Mehrere Zweigniederlassungen

Hat die ausländische Gesellschaft im Inland mehrere Zweigniederlassungen, so gelten grundsätzlich für jede einzelne Zweigniederlassung die vollen Anmeldepflichten. § 13e Abs. 5 schafft insoweit eine Erleichterung, als die Gesellschaft für die Einreichung der Satzung und deren Änderungen ein **führendes Register** (Hauptregister) nach ihrer Wahl bestimmen kann. Macht die Gesellschaft davon Gebrauch, ist bei den anderen Zweigniederlassungen jeweils anzumelden, bei welchem Registergericht die Satzung eingereicht worden ist und wie die Registernummer lautet. Werden mehrere Zweigniederlassungen gleichzeitig errichtet, darf mit der Anmeldung der Übrigen zugewartet werden, bis die Eintragung im Hauptregister erfolgt ist.

Das früher in § 325a Abs. 1 S. 2 a.F. enthaltene Wahlrecht für die Einreichung der Unterlagen zur Rechnungslegung ist wegen der Neuregelung des § 325 (Einreichung beim elektronischen Bundesanzeiger) gestrichen worden.

§ 13f
Zweigniederlassungen von Aktiengesellschaften mit Sitz im Ausland

(1) Für Zweigniederlassungen von Aktiengesellschaften mit Sitz im Ausland gelten ergänzend die folgenden Vorschriften.

(2) Der Anmeldung ist die Satzung in öffentlich beglaubigter Abschrift und, sofern die Satzung nicht in deutscher Sprache erstellt ist, eine beglaubigte Übersetzung in deutscher Sprache beizufügen. Die Vorschriften des § 37 Abs. 2 und 3 des Aktiengesetzes finden Anwendung. Soweit nicht das ausländische Recht eine Abweichung nötig macht, sind in die Anmeldung die in § 23 Abs. 3 und 4 sowie den §§ 24 und 25 Satz 2 des Aktiengesetzes vorgesehenen Bestimmungen und Bestimmungen der Satzung über die Zusammensetzung des Vorstandes aufzunehmen; erfolgt die Anmeldung in den ersten zwei Jahren nach der Eintragung der Gesellschaft in das Handelsregister ihres Sitzes, sind auch die Angaben über Festsetzungen nach den §§ 26 und 27 des Aktiengesetzes und der Ausgabebetrag der Aktien sowie Name und Wohnort der Gründer aufzunehmen. Der Anmeldung ist die für den Sitz der Gesellschaft ergangene gerichtliche Bekanntmachung beizufügen.

(3) Die Eintragung der Errichtung der Zweigniederlassung hat auch die Angaben nach § 39 des Aktiengesetzes sowie die Angaben nach § 13e Abs. 2 Satz 3 bis 5 zu enthalten.

(4) Änderungen der Satzung der ausländischen Gesellschaft sind durch den Vorstand zur Eintragung in das Handelsregister anzumelden. Für die Anmeldung gelten die Vorschriften des § 181 Abs. 1 und 2 des Aktiengesetzes sinngemäß, soweit nicht das ausländische Recht Abweichungen nötig macht.

(5) Im Übrigen gelten die Vorschriften der §§ 81, 263 Satz 1, § 266 Abs. 1 und 2, § 273 Abs. 1 Satz 1 des Aktiengesetzes sinngemäß, soweit nicht das ausländische Recht Abweichungen nötig macht.

(6) Für die Aufhebung einer Zweigniederlassung gelten die Vorschriften über ihre Errichtung sinngemäß.

(7) Die Vorschriften über Zweigniederlassungen von Aktiengesellschaften mit Sitz im Ausland gelten sinngemäß für Zweigniederlassungen von Kommanditgesellschaften auf Aktien mit Sitz im Ausland, soweit sich aus den Vorschriften der §§ 278 bis 290 des Aktiengesetzes oder aus dem Fehlen eines Vorstands nichts anderes ergibt.

Übersicht

	Rn.		Rn.
1. Allgemeines	1	b) Bekanntmachung	11
2. Erstanmeldung	2	4. Weitere Anmeldungen	12
a) Inhalt	3	5. Aufhebung der Zweigniederlassung	15
b) Anlagen	6		
3. Eintragung und Bekanntmachung	9	6. Die KGaA	16
a) Eintragung	10		

1. Allgemeines

1   Die Vorschrift gilt für inländische Zweigniederlassungen einer Aktiengesellschaft mit Sitz im Ausland; sie ergänzt in den Abs. 2 bis 6 die §§ 13d, 13e. Die ausländische Gesellschaft muss eine der deutschen AG vergleichbare Rechtsform haben (§ 13e Rn. 2). Nach Art. 3 Nr. 9 Handelsrechtsreformgesetz – HRefG – wurden in § 13f Abs. 2 S. 3 und Abs. 4 jeweils die Wörter „mit Ausnahme des Berufs der Gründer" gestrichen.

Es handelte sich um eine Folgeänderung, weil nach der Bezugsvorschrift des § 40 Abs. 1 Nr. 3 AktG a.F. die Angabe des Berufs bzw. Standes nicht mehr erforderlich war und als Identifikationsmerkmal natürlicher Personen stattdessen das Geburtsdatum dient. Durch das EHUG[1] sind die Angaben zu den Gründern ausdrücklich in § 13f Abs. 2 aufgenommen worden.

2. Erstanmeldung

2   Zuständig ist das Gericht der Zweigniederlassung, es sei denn, die Gesellschaft hat bei mehreren Zweigniederlassungen bereits ein **Hauptregister** gewählt (§ 13e Abs. 5; dazu oben § 13e Rn. 15).

a) Inhalt

3   Zunächst müssen die Anforderungen aus § 13e Abs. 2 (dazu oben § 13e Rn. 6 ff.) erfüllt sein. Die danach zur Anmeldung verpflichteten Vertretungs-

---

1 V. 10.11.2006, BGBl. I 2553.

organe (den deutschen Vorstandsmitgliedern vergleichbar) haben anzugeben, ob Allein- oder Gesamtvertretungsbefugnis besteht (§ 13f Abs. 2 S. 2, § 37 Abs. 3 AktG). Da nach dem MoMiG auch auf § 37 Abs. 2 AktG verwiesen wird, ist klargestellt, dass eine **Erklärung** abzugeben ist, dass keine Bestellungshindernisse bestehen[1]. Zum möglicherweise nach Insolvenzstraftaten vorbestraftem Vorstand und zu den Änderungen durch das MoMiG vgl. § 13e Rn. 12a und § 13g Rn. 3. In die Anmeldung sind aufzunehmen (§ 13f Abs. 2 S. 3) die nach § 23 Abs. 3 und 4 AktG erforderlichen Satzungsbestimmungen, insbesondere also Firma und Sitz der Gesellschaft, Gegenstand des Unternehmens, Höhe des Grundkapitals, hinsichtlich der Aktien: Zahl, Nennbeträge, Gattung und Art; ferner die Bestimmungen in der Satzung über die Bekanntmachungen der Gesellschaft (§ 23 Abs. 4, § 25 AktG). Hinzu kommen Satzungsbestimmungen über die Umwandlung von Aktien (§ 24 AktG) und die nach § 13f Abs. 3 einzutragenden Tatsachen (siehe unten Rn. 10).

Bei **Gesellschaften**, die **noch keine zwei Jahre** bestehen, sind zusätzlich die Angaben über Sondervorteile, Gründungsaufwand, Sacheinlagen und Sachübernahmen, Ausgabebetrag der Aktien sowie Name und Wohnort der Gründer in die Anmeldung aufzunehmen (§ 13f Abs. 2 S. 3). 4

Die Regelung in § 13f Abs. 2 S. 3 enthält einen **Vorbehalt** zugunsten ausländischen Rechts. Deshalb sind Abweichungen von den Erfordernissen nach deutschem Recht zulässig, soweit nach ausländischem Recht kein Zwang besteht, bestimmte Angaben in die Satzung aufzunehmen. Der Anmelder kann nicht gezwungen werden, seine Satzung deutschen Anforderungen anzupassen[2]. 5

b) Anlagen

Der Anmeldung ist die Satzung in öffentlich beglaubigter Abschrift (§ 129 BGB, § 42 BeurkG), gegebenenfalls, wenn Satzung in fremder Sprache gefasst ist, eine beglaubigte Übersetzung in deutscher Sprache beizufügen. Die „**beglaubigte Übersetzung**" wird im Gesetz nicht definiert; erforderlich und genügend ist, dass die Richtigkeit der Übersetzung durch einen gerichtlich bestellten Übersetzer oder Dolmetscher bestätigt wird[3]. Ausländische Beglaubigungen genügen, müssen aber ggf. legalisiert werden (vgl. hierzu § 13g Rn. 6). 6

Die Verpflichtung der Vorstandsmitglieder, ihre Namensunterschriften in öffentlich beglaubigter Form zur Aufbewahrung bei Gericht zu zeichnen, ist durch das EHUG[4] entfallen. 7

---

1 So schon nach dem alten Recht (wo nur auf § 37 Abs. 3 AktG verwiesen wurde) BayObLG v. 18.9.1986 – 3 ZBR 96/86, WM 1986, 1557.
2 *Hüffer*, Anh. § 45 AktG, § 13f HGB Rn. 3.
3 Hierzu sind die landesrechtlichen Vorschriften, für Bayern z.B. das Dolmetschergesetz v. 1.8.1981 (GVBl. S. 342), heranzuziehen.
4 V. 10.11.2006, BGBl. I 2553.

8 Nach § 13f Abs. 2 S. 4 ist der Anmeldung die für den Sitz der Gesellschaft ergangene **gerichtliche Bekanntmachung** beizufügen. Sieht das dort geltende Recht eine gerichtliche Bekanntmachung nicht vor, genügt eine vergleichbare öffentliche Bekanntmachung. Deren Vorlage kann allerdings wegen des eng gefassten Gesetzeswortlautes ersichtlich nicht erzwungen werden.

3. Eintragung und Bekanntmachung

9 Eintragung und Bekanntmachung haben nur **deklaratorische Bedeutung;** die Anwendung deutschen Gesellschaftsrechtes auf die ausländische Gesellschaft scheidet aus.

a) Eintragung

10 Die Eintragung hat zunächst neben Ort, inländischer Geschäftsanschrift und Firma der Zweigniederlassung (§ 13d Abs. 2), die nach § 13e Abs. 2 S. 3 bis 5 **erforderlichen Angaben** zu enthalten. Nach § 13f Abs. 3 hat die Eintragung ferner zu umfassen, Firma der Gesellschaft, Sitz, inländische Geschäftsanschrift, Unternehmensgegenstand, Grundkapital, Tag der Feststellung der Satzung, Vorstandsmitglieder mit Vertretungsbefugnis (§ 39 Abs. 1 AktG), ggf. Zustellungsbevollmächtigte und die Dauer der Gesellschaft (§ 39 Abs. 2 AktG).

b) Bekanntmachung

11 Der Inhalt der gesamten Eintragung ist bekannt zu machen (§ 10).

4. Weitere Anmeldungen

12 Satzungsänderungen haben die Vorstandsmitglieder in vertretungsberechtigter Zahl zur Eintragung anzumelden (§ 13f Abs. 4 S. 1); damit wird eine **eigenständige** gesetzliche **Pflicht zur Anmeldung** von Satzungsänderungen für ausländische Gesellschaften begründet. Die Vorschriften der § 181 Abs. 1 und 2 AktG sind nur sinngemäß anzuwenden. Erfordert die entsprechend der Satzungsänderung beabsichtigte Geschäftstätigkeit eine staatliche Genehmigung, muss diese nach der Abschaffung der Vorlagepflicht durch das MoMiG nicht mehr vorgelegt werden (vgl. oben § 13e Rn. 9). In der Anmeldung kann, soweit möglich, auf die bei Gericht vorliegenden Urkunden Bezug genommen werden, es sei denn, es handelt sich um Änderungen, von denen die nach § 39 AktG erforderlichen Angaben betroffen sind.

13 Die Wirksamkeit der **Satzungsänderung** bemisst sich **nach ausländischem Recht** und wird von dem Anmelde- und Eintragungsverfahren bei der deutschen Zweigniederlassung nicht berührt.

14 Die von § 13f Abs. 5 erfassten Anmeldungen betreffen Änderungen des Vorstands und seiner Vertretungsbefugnis (§ 81 AktG), die Auflösung der Gesellschaft (§ 263 AktG), Person der Abwickler und Vertretungsbefugnis

(§ 266 AktG) und den Schluss der Abwicklung (§ 273 AktG). Insoweit ist etwaigen, nach **ausländischem Recht** erforderlichen **Abweichungen** Rechnung zu tragen; insbesondere ist für die Auflösungsgründe allein das Recht am Sitz der Gesellschaft maßgebend.

5. Aufhebung der Zweigniederlassung

Die Vorschriften über die Errichtung sind sinngemäß auf die Aufhebung der Zweigniederlassung anzuwenden (§ 13f Abs. 6). Anzumelden ist beim **Gericht der Zweigniederlassung**. Falls dieses als Hauptregister nach § 13e Abs. 5 gewählt ist und durch die Aufhebung entfällt, müssen die bisher beim Hauptregister vorgenommenen Eintragungen bei den anderen Zweigregistern nachgeholt werden, es sei denn, die Gesellschaft wählt ein neues Hauptregister aus.

15

6. Die KGaA

§ 13f Abs. 7 erklärt die Vorschriften über Zweigniederlassung von Aktiengesellschaften für entsprechend anwendbar. An die Stelle des Vorstands treten hier die persönlich haftenden Gesellschafter; dies kann auch eine GmbH sein, eine GmbH & Co. KGaA ist zulässig[1]. Zu Recht bemängelt *Hüffer*[2] die unglückliche Formulierung von § 13f Abs. 7 2. Hs., weil die §§ 278 bis 290 AktG für ausländische Aktiengesellschaften ohnehin nicht gelten. Gemeint sind Vorschriften des ausländischen Rechts, deren Regelungsinhalt mit dem der §§ 278 bis 290 AktG vergleichbar ist.

16

§ 13g
Zweigniederlassungen von Gesellschaften mit beschränkter Haftung mit Sitz im Ausland

(1) Für Zweigniederlassungen von Gesellschaften mit beschränkter Haftung im Ausland gelten ergänzend die folgenden Vorschriften.

(2) Der Anmeldung ist der Gesellschaftsvertrag in öffentlich beglaubigter Abschrift und, sofern der Gesellschaftsvertrag nicht in deutscher Sprache erstellt ist, eine beglaubigte Übersetzung in deutscher Sprache beizufügen. Die Vorschriften des § 8 Abs. 1 Nr. 2 und Abs. 3 und 4 des Gesetzes betreffend die Gesellschaften mit beschränkter Haftung sind anzuwenden. Wird die Errichtung der Zweigniederlassung in den ersten zwei Jahren nach der Eintragung der Gesellschaft in das Handelsregister ihres Sitzes angemeldet, so sind in die Anmeldung auch die nach § 5 Abs. 4 des Gesetzes betreffend die Gesellschaften mit beschränkter Haftung getroffenen Festsetzungen aufzunehmen, soweit nicht das ausländische Recht Abweichungen nötig macht.

---

1 BGH v. 24.2.1997 – II ZB 11/96, DB 1997, 1219 mit Anm. *Hennerkes/Lorz*, DB 1997, 1388.
2 Vgl. *Hüffer*, Anh. § 45 AktG, § 13f HGB Rn. 8.

(3) Die Eintragung der Errichtung der Zweigniederlassung hat auch die Angaben nach § 10 des Gesetzes betreffend die Gesellschaften mit beschränkter Haftung sowie die Angaben nach § 13e Abs. 2 Satz 3 bis 5 zu enthalten.

(4) Änderungen des Gesellschaftsvertrages der ausländischen Gesellschaft sind durch die Geschäftsführer zur Eintragung in das Handelsregister anzumelden. Für die Anmeldung gelten die Vorschriften des § 54 Abs. 1 und 2 des Gesetzes betreffend die Gesellschaften mit beschränkter Haftung sinngemäß, soweit nicht das ausländische Recht Abweichungen nötig macht.

(5) Im übrigen gelten die Vorschriften der §§ 39, 65 Abs. 1 Satz 1, § 67 Abs. 1 und 2, § 74 Abs. 1 Satz 1 des Gesetzes betreffend die Gesellschaften mit beschränkter Haftung sinngemäß, soweit nicht das ausländische Recht Abweichungen nötig macht.

(6) Für die Aufhebung einer Zweigniederlassung gelten die Vorschriften über ihre Errichtung sinngemäß.

Übersicht

	Rn.		Rn.
1. Allgemeines	1	3. Eintragung und Bekanntmachung	7
2. Erstanmeldung	2	4. Weitere Anmeldungen	9
a) Inhalt	3	5. Aufhebung der Zweigniederlassung	14
b) Anlagen	6		

1. Allgemeines

1 Die Vorschrift gilt für inländische Zweigniederlassungen von Gesellschaften mit beschränkter Haftung mit Sitz im Ausland; sie ergänzt in den Abs. 2 bis 6 die §§ 13d, 13e. Die ausländische Gesellschaft muss eine Rechtsform haben, die einer deutschen GmbH vergleichbar ist (§ 13e Rn. 2). Aufbau und Systematik der Vorschrift entsprechen § 13f. Der dortige **Begriff Satzung** ist hier entsprechend dem GmbHG durch das Wort „Gesellschaftsvertrag" ersetzt. Ein sachlicher Unterschied wird dadurch nicht begründet; im GmbH-Recht werden Gesellschaftsvertrag und Satzung, jedenfalls nach Eintragung der GmbH im Handelsregister, synonym gebraucht.

2. Erstanmeldung

2 Zuständig ist das Gericht der Zweigniederlassung, sofern ein Hauptregister (§ 13e Abs. 5) nicht gewählt ist.

a) Inhalt[1]

3 Die Anmeldung muss zunächst den **Anforderungen nach § 13e Abs. 2** (s. § 13e Rn. 6 ff.) genügen. Die danach zur Anmeldung verpflichteten Vertretungsorgane (den deutschen Geschäftsführern vergleichbar) haben anzu-

---

[1] Komplette Checkliste vgl. Vorbemerkung Vor § 13 Rn. 8.

geben, ob Allein- oder Gesamtvertretungsbefugnis besteht (§ 13g Abs. 2 S. 2, § 8 Abs. 4 GmbHG)[1]. Eine Eintragung der Befreiung der directors englischer Private Limited Companies von den Beschränkungen des § 181 BGB ist nicht möglich, da es im englischen Recht eine dem § 181 BGB entsprechende Vorschrift nicht gibt[2]. Sind die Vertretungsorgane nicht schon im Gesellschaftsvertrag bestellt, haben sie sich als Vertretungsorgane zu legitimieren, z.B. durch Gesellschafterbeschluss oder sonstigen Bestellungsakt, die im Original oder in beglaubigter Abschrift vorzulegen sind[3]. Bei Gesellschaften aus Ländern, die ein dem deutschen Handelsregister vergleichbares Register führen (insbesondere mit Rechtsscheinwirkung), ist die Legitimation auch durch einen (ggf. übersetzten) Registerauszug möglich. Für Gesellschaften aus dem angelsächsischen Bereich, der ein dem deutschen Handelsregister vergleichbares Register nicht kennt, wird die Legitimation durch Bestätigung des „(corporate) secretary" bzw. eines Rechtsanwalts oder in England auch eines englischen Notars geführt werden können[4] (vgl. oben § 13e Rn. 9). Ob für eine englische Private Limited Company eine Bestätigung des „Companies House" ausreicht, ist angesichts des fehlenden Rechtsscheins des englischen Registers, der fehlenden Überprüfung der Richtigkeit durch das englische Register und der möglichen Nichterfüllung von Meldepflichten gegenüber dem englischen Register zweifelhaft[5]. Durch die Verweisung auf § 8 Abs. 3 GmbHG ist klargestellt, dass anders als nach bisheriger Rechtslage[6] eine **Erklärung** der Geschäftsführer verlangt werden muss, dass keine Bestellungshindernisse bestehen (vgl. § 13f Rn. 3). Damit ist durch das MoMiG eine Lücke geschlossen worden mit der Folge, dass Personen Zweigniederlassungen im Inland nicht errichten können, wenn sie einem der in § 76 Abs. 3 AktG, § 6 Abs. 2 S. 2 und 3 GmbHG genannten Bestellungshindernissen unterliegen. Vor dieser Änderung durch das MoMiG ließ die Rechtsprechung eine Gewerbeuntersagungsverfügung gegen den director zu[7]; die-

---

1 OLG Celle v. 1.12.2006 – 9 W 91/06, ZIP 2007, 71.
2 OLG Düsseldorf v. 21.2.2006 – 13 Wx 210/05, DB 2006, 1102; OLG München v. 17.8.2005 – 31 Wx 49/05, DB 2005, 1955; OLG Celle v. 14.4.2005 – 9 W 14/05, GmbHR 2005, 1303; *Wachter*, NZG 2005, 338; a.A. LG Chemnitz v. 12.5.2005 – 2 HK T 427/05, NZG 2005, 760 und v. 24.3.2005 – 2 HK T 54/05, GmbHR 2005, 691; LG Ravensburg v. 14.2.2005 – 7 T 1/04, GmbHR 2005, 489; LG Freiburg v. 27.7.2004 – 10 T 5/04, GmbHR 2005, 168; *Schall*, NZG 2006, 54; vgl. aber Spezialproblem bei Limited & Co. KG § 8 Rn. 23.
3 Vgl. OLG Dresden v. 21.5.2007 – 1 W 52/07, DB 2007, 2084; KG v. 18.11.2003 – 1 W 444/02, GmbHR 2004, 116. Dies gilt auch für Anmeldungen von ltd. & Co. KG; vgl. LG Chemnitz v. 3.8.2006 – 2 HKT 722/06, GmbHR 2007, 263.
4 Ähnlich auch OLG Dresden v. 21.5.2007 – 1 W 52/07, DB 2007, 2084 und *Wachter*, GmbHR 2007, 1160.
5 Vgl. *Wachter*, DB 2004, 2795; *Langhein*, NZG 2001, 1123 ff.; *Süß*, DNotZ 2005, 183 f.; für Zulässigkeit des Nachweises durch Bestätigung des „Companies House" aber LG Berlin v. 22.6.2004 – 102 T 48/04, ZIP 2004, 2380 mit Anm. *Ries*, a.a.O, und Besprechung durch *Heckschen* in NotBZ 2005, 24.
6 Vgl. dazu BayObLG v. 18.9.1986 – 3 ZBR 96/86, WM 1986, 1557; OLG Düsseldorf v. 8.5.1992 – 3 Wx 469/91, DB 1992, 1469; LG Cottbus v. 14.2.2005, 11 T 1/05, EwiR 2005, 733 mit zust. Anm. *Wachter*; a.A. AG Limburg v. 15.11.2004 – 7 AR 77/04, GewArch 2005, 28.
7 OVG Nordrhein-Westfalen v. 9.9.2005 – 4 A 1468/05, DB 2005, 2128.

se sollte sogar Eintragungshindernis für die Eintragung der Zweigniederlassung sein[1].

4 Zum **notwendigen Anmeldungsinhalt** (§ 13g Abs. 2 und 3) gehören Firma und Sitz der Gesellschaft, Unternehmensgegenstand, Höhe des Stammkapitals (bei englischen Gesellschaften des „issued capital")[2], Tag des Abschlusses des Gesellschaftsvertrages, Geschäftsführer und deren Vertretungsbefugnis (§ 10 Abs. 1 GmbHG) sowie etwaige Bestimmungen über Geschäftsanschriften, Zustellungsbevollmächtigte und die Zeitdauer der Gesellschaft (§ 10 Abs. 2 GmbHG).

5 Bei **Gesellschaften**, die **noch keine zwei Jahre** eingetragen (registriert) sind, sind gem. § 13g Abs. 2 S. 3 zusätzlich die nach § 5 Abs. 4 GmbHG erforderlichen Angaben über im Gesellschaftsvertrag vereinbarte Sacheinlagen aufzuführen, also Gegenstand der Sacheinlage und Betrag der Stammeinlage, auf die sich die Sacheinlage bezieht. Die Bestimmung steht unter dem **Gesetzesvorbehalt** für ausländisches Recht. **Die Vorbehaltsklausel** für das ausländische Recht in § 13g Abs. 2 S. 3 bedeutet, dass es dem Registergericht verwehrt ist, in die vom ausländischen Recht geprägten Unternehmensstrukturen einzugreifen und die Entstehungsvoraussetzungen zu beeinflussen. Demnach muss von deutschen Erfordernissen abgewichen werden, wenn die ausländische Gesellschaft einzelnen Anforderungen von vornherein nicht nachkommen kann. Es darf aber auch dann kein Anpassungszwang durch das Registergericht ausgeübt werden, wenn die ausländische Gesellschaft den Erfordernissen durch Änderung ihrer Organisationsstruktur (Satzungsgrundlage) entsprechen könnte[3]. Siehe auch oben § 13f Rn. 5.

b) Anlagen

6 Der Anmeldung ist gem. § 13g Abs. 2 S. 1 der **Gesellschaftsvertrag** (Satzung) in öffentlich beglaubigter Form (§ 129 BGB, § 42 BeurkG), gegebenenfalls, wenn in fremder Sprache abgefasst, eine beglaubigte Übersetzung in deutscher Sprache beizufügen. Zum Begriff der beglaubigten Übersetzung siehe § 13f Rn. 6. **Ausländische Beglaubigungen** genügen[4], müssen aber legalisiert werden, falls kein zwischenstaatliches Abkommen davon Dispens erteilt. Die Legalisation erfolgt in Staaten, die dem Haager Übereinkommen zur Legalisation beigetreten sind, durch Apostille[5], ansonsten durch die jeweilige deutsche Auslandsvertretung. Durch das EHUG[6] ist die Verpflichtung der

---

1 BGH v. 7.5.2007 – II ZB 7/06, NJW 2007, 2328; a.A. *Mankowski*, BB 2006, 1173; nach *Kindler*, AG 2007, 730, sollte aber nicht die Eintragung der Zweigniederlassung, sondern nur die Eintragung der inhabilen Vertretungsperson blockiert sein.
2 *Ries*, AnwBl. 2005, 54.
3 Vgl. BayObLG v. 18.9.1986 – 3 ZBR 96/86, BayObLGZ 1986, 351, 356.
4 *Staub/Hüffer*, § 12 Rn. 31 m.w.N.; *Scholz/Winter*, § 12 GmbHG Rn. 49, 50.
5 Vgl. dazu *Ries*, AnwBl. 2005, 55 und *Wachter*, NotBZ 2004, 46; Mitgliedstaaten des Haager Übereinkommens zur Legalisation können über www.hcch.net abgefragt werden.
6 V. 10.11.2006, BGBl. I 2553.

Geschäftsführer, ihre Namensunterschriften in öffentlich beglaubigter Form zur Aufbewahrung bei Gericht zu zeichnen, entfallen.

3. Eintragung und Bekanntmachung

Die **Eintragung** (§ 13g Abs. 3) hat neben Ort, inländischer Geschäftsanschrift und Firma (vgl. dazu § 13d Rn. 14) der Zweigniederlassung (§ 13d Abs. 2) die nach § 10 GmbHG erforderlichen Angaben (oben Rn. 4; bei Zweigniederlassungen mit ausschließlicher Tätigkeit im Inland wird bei Gesellschaften aus dem EU-Raum, insbesondere bei der englischen Limited, statt des Gegenstands der Hauptniederlassung der Gegenstand der Zweigniederlassung eingetragen, vgl. oben § 13e Rn. 6 m.w.N.), ferner die Angaben nach § 13e Abs. 2 S. 3 bis 5 (vgl. § 13e Rn. 6 ff.) zu enthalten. 7

Bekannt zu machen ist die vollständige Eintragung (§ 10). 8

4. Weitere Anmeldungen

Satzungsänderungen haben die Geschäftsführer in vertretungsberechtigter Zahl zur Eintragung in das Zweigregister anzumelden (§ 13g Abs. 4 S. 1). Aus der sinngemäßen Anwendung von § 54 Abs. 1 und 2 GmbHG folgt, dass der Anmeldung der vollständige Wortlaut der Satzung beizufügen ist. Eine Übersetzung wird hier nicht verlangt. Der geänderten Satzung muss aber eine Bescheinigung des Notars beiliegen, die ausweist, dass die geänderten Bestimmungen mit dem Beschluss über die Änderung des Gesellschaftsvertrags und die unveränderten Bestimmungen mit dem zuletzt zum Handelsregister eingereichten vollständigen Wortlaut des Gesellschaftsvertrags übereinstimmen. 9

Für die **Eintragung im Zweigregister** genügt die Bezugnahme auf die beim Gericht eingereichten Urkunden über die Abänderung, es sei denn, die Änderung betrifft die in § 10 GmbHG aufgeführten Angaben (oben Rn. 4). Öffentlich bekannt zu machen sind die im Register eingetragenen Bestimmungen (§ 10). 10

Für die **Wirksamkeit der Satzungsänderung** ist ausländisches Recht maßgebend. 11

Im Übrigen gelten bestimmte Vorschriften des GmbHG sinngemäß, soweit nicht durch das ausländische Recht Abweichungen erforderlich werden (Abs. 5). Die Verweisung auf § 39 GmbHG bewirkt, dass jede **Änderung** in den Personen der **Geschäftsführer** und ihrer Vertretungsbefugnis, auch hinsichtlich Einzel- oder Gesamtvertretung, anzumelden ist. Der Anmeldung sind die Urkunden, welche die Änderung bezeugen, in Urschrift oder öffentlich beglaubigter Abschrift beizufügen. Neubestellte Geschäftsführer haben nach dem EHUG[1] ihre Unterschrift nicht mehr zur Aufbewahrung beim Gericht zu zeichnen. 12

---

1 V. 10.11.2006, BGBl. I 2553.

13   Die Vorschriften der §§ 65 Abs. 1, 67 Abs. 1 und 2, § 74 Abs. 1 S. 1 GmbHG, die sinngemäß anzuwenden sind, betreffen die **Auflösung und Abwicklung** der Gesellschaft. Danach ist die Auflösung der ausländischen Gesellschaft zur Eintragung in das Handelsregister der inländischen Zweigniederlassung anzumelden. Die Auflösungsgründe sind ausschließlich dem Recht am Sitz der Gesellschaft zu entnehmen. Ferner sind anzumelden die Liquidatoren und ihre Vertretungsbefugnis. Diese haben auch den Schluss der Liquidation zur Eintragung in das Handelsregister anzumelden (§ 74 Abs. 1 S. 1 GmbHG).

5. Aufhebung der Zweigniederlassung

14   Nach § 13g Abs. 6 gelten für die Aufhebung der Zweigniederlassung die Vorschriften über ihre Errichtung sinngemäß (vgl. dazu § 13f Rn. 11 ff.). Die Vorschaltung eines Auflösungsverfahrens ist nicht geboten[1]. Eine Löschung der Zweigniederlassung einer englischen Private Limited Company von Amts wegen nach § 31 Abs. 2 wird in Betracht kommen, wenn die englische Gesellschaft z.B. wegen Nichterfüllung ihrer Offenlegungspflichten im „Companies House" gelöscht („dissolved" oder „strike out") wird, was sich durch einen (kostenlosen) Blick ins Internet herausfinden lässt. Trotz des Erlöschens der Gesellschaft wird teilweise angenommen, dass für die Zweigniederlassung ein Nachtragsliquidator bestellt werden muss, wenn im Inland Vermögen vorhanden ist[2]. Diese Auffassung beachtet allerdings nicht, dass nach englischem Gesellschaftsrecht, das hier einschlägig ist, die Ltd. nicht mehr existiert.

§ 13h
Verlegung des Sitzes einer Hauptniederlassung im Inland

(1) Wird die Hauptniederlassung eines Einzelkaufmanns oder einer juristischen Person oder der Sitz einer Handelsgesellschaft im Inland verlegt, so ist die Verlegung beim Gericht der bisherigen Hauptniederlassung oder des bisherigen Sitzes anzumelden.

(2) Wird die Hauptniederlassung oder der Sitz aus dem Bezirk des Gerichts der bisherigen Hauptniederlassung oder des bisherigen Sitzes verlegt, so hat dieses unverzüglich von Amts wegen die Verlegung dem Gericht der neuen Hauptniederlassung oder des neuen Sitzes mitzuteilen. Der Mitteilung sind die Eintragungen für die bisherige Hauptniederlassung oder den bisherigen Sitz sowie die bei dem bisher zuständigen Gericht aufbewahrten Urkunden beizufügen. Das Gericht der neuen Hauptniederlassung oder des neuen Sitzes hat zu prüfen, ob die Hauptniederlassung oder der Sitz ordnungsgemäß verlegt und § 30 beachtet ist. Ist dies der Fall, so hat es die Verlegung einzutragen und dabei die ihm mitgeteilten Eintragungen ohne weitere Nachprüfung in sein Handelsregister zu übernehmen. Die Eintragung ist dem

---

1 LG Krefeld v. 26.4.2006 – 11 T 4/06, NZG 2006, 676.
2 OLG Jena v. 22.8.2007 – 6 W 244/07, DB 2007, 2030 (n. rkr.).

Gericht der bisherigen Hauptniederlassung oder des bisherigen Sitzes mitzuteilen. Dieses hat die erforderlichen Eintragungen von Amts wegen vorzunehmen.

(3) Wird die Hauptniederlassung oder der Sitz an einen anderen Ort innerhalb des Bezirks des Gerichts der bisherigen Hauptniederlassung oder des bisherigen Sitzes verlegt, so hat das Gericht zu prüfen, ob die Hauptniederlassung oder der Sitz ordnungsgemäß verlegt und § 30 beachtet ist. Ist dies der Fall, so hat es die Verlegung einzutragen.

Übersicht

	Rn.		Rn.
1. Allgemeines	1	5. Verlegung der Hauptniederlassung oder des Sitzes ins Ausland	13
2. Verlegung der Hauptniederlassung oder des Sitzes im Inland		a) Vorentwurf einer 14. EU-Sitzverlegungs-Richtlinie	15
a) Verlegung in einen anderen Gerichtsbezirk	3	b) Einzelfälle	17
b) Verlegung innerhalb des Gerichtsbezirks	9	c) Verlegung des Vereinssitzes ins Ausland	20
3. Verlegung der Zweigniederlassung	10	6. Verlegung des Sitzes oder der Hauptniederlassung aus dem Ausland ins Inland	21
4. Kosten	11		

Schrifttum: *Bandehzadeh/Thoß,* Die nachträgliche Verlagerung des tatsächlichen Sitzes einer GmbH, NZG 2002, 803; *Behrens,* Das internationale Gesellschaftsrecht nach dem Centros-Urteil des EuGH, IPRax 1999, 323; *Bungert,* Rechtliche Auswirkungen der „domestication" einer deutschen GmbH in den USA nach deutschem Gesellschaftsrecht, RIW 1999, 109; *Franz/Laeger,* Die Mobilität deutscher Kapitalgesellschaften nach Umsetzung des MoMiG unter Einbeziehung des Referentenentwurfs zum internationalen Gesellschaftsrecht, BB 2008, 678; *Hoffmann,* Neue Möglichkeiten zur identitätswahrenden Sitzverlegung in Europa?, ZHR 164, 43; *Kindler,* GmbH-Reform und internationales Gesellschaftsrecht, AG 2007, 721; *Kleinert/Schwarz,* Droht vom EuGH ein neues „Daily Mail", GmbHR 2006, R 365; *Kögel,* Der Sitz der GmbH und seine Bezugspunkte, GmbHR 1998, 1108; *Knof/Mock,* Der Referentenentwurf zur Neuregelung des internationalen Gesellschaftsrechts – die „halbe Wahrheit", GmbHR 2008, R 65; *Leible,* Niederlassungsfreiheit und Sitzverlegungsrichtlinie, ZGR 2004, 530; *Meilicke,* Auswirkungen der Centros-Entscheidung auf die 14. EU-Sitzverlegungs-Richtlinie, GmbHR 1999, 896; *Meilicke,* Zum Vorschlag der Europäischen Kommission für die 14. EU-Richtlinie zur Koordinierung des Gesellschaftsrechts – Sitzverlegungsrichtlinie, GmbHR 1998, 1053; *Michalski,* Grundzüge des internationalen Gesellschaftsrechts, NZG 1998, 762; *Peters,* Verlegung des tatsächlichen Verwaltungssitzes der GmbH ins Ausland, GmbHR 2008, 245; *W.-H. Roth,* Die Sitzverlegung vor dem EuGH, ZIP 2000, 1597; *W.-H. Roth,* Internationales Gesellschaftsrecht nach Überseering, IPRax 2003, 117; *Rothheimer,* Referentenentwurf zum internationalen Gesellschaftsrecht, NZG 2008, 181; *Schneider,* Internationales Gesellschaftsrecht vor der Kodifizierung, BB 2008, 566; *Steiger,* Identitätswahrende Sitzverlegung von Gesellschaften auf Grund bilateraler Staatsverträge?, RIW 1999, 169; *Zimmer,* Wie es euch gefällt? Offene Fragen nach dem Überseering-Urteil des EuGH, BB 2003, 6.

1. Allgemeines

1 Die Bestimmung ersetzt seit 1993 den § 13c a.F. Sie regelt die registerrechtliche Behandlung von **Verlegungen** der Hauptniederlassung oder des Gesellschaftssitzes **im Inland**, trifft aber keine Regelung für die Sitzverlegung einer Zweigniederlassung. Zweck der Bestimmung ist es, die Verfahren der beteiligten Gerichte beim Wechsel der Zuständigkeit aufeinander abzustimmen. Für die AG gilt die Sondervorschrift des § 45 AktG; hingegen ist für die GmbH § 13h unmittelbar anzuwenden, da insoweit eine eigenständige Regelung fehlt[1].

2 Für die Eintragung der **Sitzverlegung eines Vereins** ist das Registergericht am neuen Vereinssitz zuständig. Das bisher zuständige Registergericht teilt die Sitzverlegung unverzüglich dem Gericht des neuen Sitzes mit. Dieses prüft, ob der Sitz ordnungsgemäß verlegt und § 57 Abs. 2 BGB – entspricht § 30 Abs. 1 – beachtet ist. Es übernimmt die bisherigen Eintragungen ohne weitere Nachprüfung und teilt seine Eintragung dem Gericht des bisherigen Sitzes mit, das die Sitzverlegung einträgt und sein Registerblatt schließt[2]. Für die Eintragung der Satzungsänderung über die Sitzverlegung einer **Genossenschaft** ist nach bisher h.M. das Register des bisherigen Sitzes zuständig. Mit der Eintragung erlischt seine Zuständigkeit und begründet die Zuständigkeit des Gerichts am neuen Sitz[3].

2. Verlegung der Hauptniederlassung oder des Sitzes im Inland

a) Verlegung in einen anderen Gerichtsbezirk

3 Die Verlegung der Hauptniederlassung oder des Sitzes der Gesellschaft ist dem bisher zuständigen Registergericht anzumelden (§ 13h Abs. 1). Die **Anmeldepflicht** folgt aus §§ 31 Abs. 1, 34, 107; dabei gilt § 31 Abs. 1 nicht nur für Einzelkaufleute, sondern über § 6 auch für Personenhandelsgesellschaften und gemäß § 13 Abs. 3 GmbHG, § 3 AktG auch für die GmbH und AG. Für die Form der Anmeldung ist § 12 maßgebend; **Rücknahme** ist bis zur unterschriebenen Eintragung **zulässig**[4].

4 Nach **Überprüfung** der **formellen Voraussetzungen** der Anmeldung, insbesondere hinsichtlich der Vertretungsmacht der Anmelder, durch das bisher zuständige Registergericht[5] (funktionelle Zuständigkeit: Rechtspfleger, da die Satzungsänderung erst beim Gericht des neuen Sitzes eingetragen

---

1 Heymann/Sonnenschein/Weitemeyer, § 13h Rn. 2.
2 § 6 VVR – Verordnung über das Vereinsregister – v. 10.2.1999, BGBl. I 147, 148. Die frühere gegenteilige Rechtsprechung (s. 1. Aufl.) ist damit überholt.
3 Zweifelhaft; vgl. *Lang/Weidmüller/Metz*, 35. Aufl. 2006, § 6 GenG Rn. 8; *Müller*, 2. Aufl. 1991, § 6 GenG Rn. 10; *Hettrich/Pöhlmann*, 2. Aufl. 2001, § 6 GenG Rn. 4.
4 OLG Düsseldorf v. 7.3.1989 – 10 W 19/89, Rpfleger 1989, 201.
5 OLG Köln v. 22.7.2004 – 2 Wx 23/04, Rpfleger 2005, 30; OLG Frankfurt am Main v. 30.4.2002 – 20 W 137/02, Rpfleger 2002, 455; OLG Hamm v. 25.3.1991 – 15 Sbd 4/91, GmbHR 1991, 321; OLG Köln v. 7.11.1974 – 2 W 111/74, Rpfleger 1975, 251.

wird[1]) teilt dieses die Verlegung unverzüglich dem neu zuständigen Registergericht mit (§ 13h Abs. 2 S. 1) und übersendet gleichzeitig die bisherigen Eintragungen in beglaubigter Abschrift und die bei Gericht aufbewahrten Urkunden bzw. Dokumente (§ 13h Abs. 2 S. 2).

Die **materielle Prüfung** der Verlegung obliegt dem Registergericht der neuen Hauptniederlassung oder des neuen Sitzes (§ 13h Abs. 2 S. 3; § 45 Abs. 2 S. 3 AktG). Dieses Registergericht prüft die Ordnungsmäßigkeit der Verlegung und die notwendige Unterscheidbarkeit der Firma (§ 30). Die Prüfung umfasst bei Einzelkaufmann und Personenhandelsgesellschaft nur den tatsächlichen Vorgang der Verlegung. Die Eintragung im Handelsregister hat lediglich deklaratorische Bedeutung[2]. Bei AG und GmbH ist die Wirksamkeit der für eine Sitzverlegung erforderlichen **Satzungsänderung** nach § 179 AktG, § 53 GmbHG zu prüfen. Die Eintragung der Satzungsänderung beim bisherigen Sitzgericht entfällt. § 81 Abs. 3 AktG steht nicht entgegen, da die materielle Prüfung der Satzungsänderung ausschließlich beim Gericht des neuen Sitzes liegt und die Sitzverlegung erst mit Eintragung bei diesem Gericht wirksam wird (§ 45 Abs. 3 S. 3 AktG)[3]. Der Nachweis einer Gewerbeanmeldung oder einer schon erteilten Genehmigung am neuen Sitz kann nach dem MoMiG, das auf die Vorlage öffentlich-rechtlicher Genehmigungen verzichtet, nicht verlangt werden. Er konnte auch vor dem MoMiG nicht verlangt werden[4]. Allerdings musste vor dem MoMiG wohl die Zustimmung der Handwerkskammer in Form der Eintragung in die lokale Handwerksrolle als erforderliche Genehmigung eingeholt werden, da der Handwerksbetrieb einen lokalen Betriebsleiter mit betriebsnahem Wohnort benötigte[5] und dies beim neuen Sitz noch nicht geprüft war. Mit Bedenken gegen frühere Eintragungen darf die Eintragung der Sitzverlegung nicht abgelehnt werden; gegebenenfalls muss das nunmehr zuständige Registergericht nach Eintragung gemäß §§ 142, 143 FGG bzw. § 395 FamFG (Löschungsverfahren) vorgehen[6]. Über § 30 hinausgehende Bedenken gegen die Firmenbildung sind nach Eintragung der Sitzverlegung im Verfahren nach § 37 Abs. 1 HGB, § 140 FGG (§ 392 FamFG) (Firmenmissbrauchsverfahren) zu überprüfen[7]. Wird mit der Anmeldung der Sitzverlegung die **Anmeldung weiterer Satzungsänderungen** verbunden, ist das Registergericht des neuen Sitzes für die

---

1 A.A. OLG Köln v. 22.7.2004 – 2 Wx 23/04, Rpfleger 2005, 30; OLG Frankfurt am Main v. 30.4.2002 – 20 W 137/02, Rpfleger 2002, 455.
2 KG v. 20.10.1996 – 1 AR 30/96, Rpfleger 1997, 217 mit Anm. *Buchberger*.
3 *Hüffer*, § 45 AktG Rn. 4.
4 *Koller/Roth/Morck*, § 13h Rn. 2; *Ziegler*, Rpfleger 1992, 301; a.A. LG Hamburg v. 2.9.1991 – 414 T 14/91, Rpfleger 1992, 301.
5 *Honig*, HwO, 3. Aufl. 2004., § 7 HwO Rn. 26, 35; a.A. LG Nürnberg-Fürth v. 4.2.1999 – 4 HK T 6641/98, MittBayNot 1999, 398.
6 LG Frankfurt am Main v. 30.4.2002 – 20 W 137/02, NJW-RR 2002, 1395; OLG Hamm v. 19.8.1996 – 15 W 127/96, NJW-RR 1997, 167; OLG Oldenburg. v. 14.12.1976 – 5 Wx 67/76, BB 1977, 12.
7 BayObLG v. 24.1.1978 – 3 ZBR 163/.76, DB 1978, 838.

Prüfung der gesamten Anmeldungen zuständig[1]. Zuständig für die Zurückweisung der Anmeldung ist das Gericht am vermeintlich neuen Sitz[2].

6 Die im Übrigen mitgeteilten Eintragungen übernimmt das neue Registergericht **ohne sachliche Prüfung** in sein Handelsregister (Abs. 2 S. 4)[3].

7 Die **Bekanntmachung** über die Eintragung der Verlegung richtet sich nach § 10; bei Zweigniederlassungen ist die Eintragung der Sitzverlegung gemäß § 13 vorzunehmen (unten Rn. 10).

8 Dem bisher zuständigen Gericht ist die Eintragung **mitzuteilen** (Abs. 2 S. 5); dieses hat die früheren Eintragungen im dort verbliebenen Registerblatt entsprechend § 20 HRV zu löschen, die Verlegung zu vermerken und diese Eintragung bekannt zu machen (§ 10).

b) Verlegung innerhalb des Gerichtsbezirks

9 Hierfür gilt ein **vereinfachtes Verfahren** nach § 13h Abs. 3, § 45 Abs. 3 AktG, da das bisher zuständige Gericht zuständig bleibt. Nach formeller und materieller Prüfung (Verlegung der Hauptniederlassung oder Wirksamkeit des satzungsändernden Beschlusses über die Sitzverlegung und Prüfung nach § 30) ist die Verlegung (mit neuer Anschrift) einzutragen (§ 13h Abs. 3 S. 2). Die Bekanntmachung erfolgt nach § 10.

3. Verlegung der Zweigniederlassung

10 Für die Verlegung der Zweigniederlassung fehlt eine gesetzliche Regelung. Die Auffassung, Verlegung sei Aufhebung und Neugründung[4] ist abzulehnen. Die Verlegung einer Zweigniederlassung ist zulässig; **anzuwenden ist § 13 Abs. 1**, nicht § 13h, da nach der erstgenannten Bestimmung alle Anmeldungen, die die Zweigniederlassung betreffen, beim Gericht der Hauptniederlassung oder des Sitzes zur sachlichen Prüfung anzubringen sind (vgl. § 13 Rn. 15)[5].

---

1 OLG Hamm v. 25.3.1991 – 15 Sbd 4/91, GmbHR 1991, 321; OLG Frankfurt v. 30.7.1991 – 20 W 237/91, Rpfleger 1991, 508; *Heymann/Sonnenschein/Weitemeyer*, § 13h Rn. 5 m.w.N.
2 LG Leipzig v. 15.3.2004 – 3 HK T 4403/03, NJW-RR 2004, 1112; AG Memmingen v. 1.2.2005 – 4 AR 403/04 Rpfleger 2005, 442 mit Anm. *Ries*, insbes. zur Nichtigkeit der Sitzverlegung bei sog. „Firmenbestattung"; *Koller/Roth/Morck*, § 13h, Rn. 2.
3 LG Frankfurt am Main v. 30.4.2002 – 20 W 137/02, NJW-RR 2002; BayObLG v. 20.11.1986 – 3 ZBR 158/86, BB 1987, 359.
4 So *Groschuff*, JW 1937, 2425, 2429.
5 Str.; wie hier *Heymann/Sonnenschein/Weitemeyer*, § 13h Rn. 10; *Koller/Roth/Morck*, § 13h Rn. 3; a.A. OLG Stuttgart v. 31.7.1963 – 8 W 91/63, BB 1963, 1152 mit Anm. *Wesel*; HK/*Ruß*, § 13h Rn. 1.

4. Kosten

Für die Beurkundung des Beschlusses über die Sitzverlegung fällt das Doppelte der vollen Gebühr bis zu einem Höchstbetrag von 5000 Euro nach § 47 KostO, für die Beurkundung der Anmeldung zum Handelsregister die Hälfte der vollen Gebühr gemäß § 38 Abs. 2 Nr. 7 KostO an. Für die Eintragung einer Sitzverlegung wird gemäß Nr. 2300 der HRegGebV eine Gebühr von 110 Euro erhoben; bei Sitzverlegungen eines einzelkaufmännischen Unternehmens oder einer Personenhandelsgesellschaft mit bis zu drei eingetragenen Gesellschaftern beträgt die Gebühr 60 Euro, mit mehr eingetragenen Gesellschaftern weitere 20 bzw. 10 Euro, vgl. Nr. 1300–1303 der HRegGebV.

11

Bei Sitzverlegung in einen anderen Gerichtsbezirk erheben **beide Gerichte** jeweils die für die spätere Eintragung bestimmten **Gebühren**[1].

12

5. Verlegung der Hauptniederlassung oder des Sitzes ins Ausland

§ 13h enthält hierfür keine Regelung. Nach überwiegender Auffassung bedeutet die Verlegung des Unternehmens ins Ausland beim Einzelkaufmann die **Geschäftsaufgabe im Inland**, die nach § 31 Abs. 2 S. 2 wegen Erlöschens der Firma anzumelden ist; auch Löschung von Amts wegen ist möglich. Bleiben inländische Zweigniederlassungen erhalten, gilt § 13d.

13

Bei Personengesellschaften kann eine Sitzverlegung ins Ausland bislang nicht eingetragen werden; es kommt nach herrschender Meinung zur Auflösung der Gesellschaften[2], und zwar grds. unabhängig davon, ob der Verwaltungs- oder der Satzungssitz verlegt wird und ob der Zuzugsstaat der Gründungs- oder der Sitztheorie folgt (vgl. Rn. 17 ff.). Die EWIV und die SE können allerdings identitätswahrend ihren Sitz ins EU-Ausland verlegen. Auch die Verlegung des effektiven Verwaltungssitzes einer AG oder einer GmbH ins Ausland ist nach dem MoMiG jetzt möglich (s. unten Rn. 17).

14

a) Vorentwurf einer 14. EU-Sitzverlegungs-Richtlinie

Die Europäische Kommission hat vorgeschlagen, die Verlegung des Gesellschaftssitzes von Kapitalgesellschaften innerhalb der EU durch eine 14. Richtlinie identitätswahrend zu ermöglichen[3]. Die Entscheidungen des EuGH „Centros", „Überseering" und „Inspire Art" (siehe oben Vor § 13

15

---

1 KG, DNotZ 1937, 359.
2 OLG München v. 4.10.2007 – 31 Wx 36/07, DB 2007, 2530 (n. rkr.); OLG Brandenburg v. 30.11.2004 – 6 Wx 4/04, GmbHR 2005, 484; BayObLG v. 11.2.2004 – 3Z BR 175/03, GmbHR 2004, 490; OLG Hamm v. 1.2.2001 – 15 W 390/00, BB 2001, 744; OLG Düsseldorf v. 26.3.2001 – 3 Wx 88/01, GmbHR 2001, 438; LG Berlin v. 22.2.2005 – 102 T 1/05, GmbHR 2005, 997; a.A.: *Hirte*, Europäische Auslandsgesellschaften in Deutschland 2005, S. 392 ff.; *Hüffer*, § 5 AktG Rn. 12; *Kleinert/Schwarz*, GmbHR 2006, R 365 bezüglich Sitzverlegung innerhalb der EU; vgl. auch *Hoffmann*, ZHR 164 (2000), 43; *Leible*, ZGR 2004, 531; *Bandehzadeh/Thoß*, NZG 2002, 803, 806 f.
3 Kommissionsvorschlag abgedruckt in ZIP 1997, 1721 = ZGR 1999, 157.

Rn. 5 f.) haben den Erlass der Richtlinie keineswegs überflüssig gemacht. Es ist nämlich nach wie vor davon auszugehen, dass es für eine identitätswahrende grenzüberschreitende Sitzverlegung einer ausdrücklichen **Regelung im sekundären Gemeinschaftsrecht** bedarf[1]. Auch nach Auffassung des EuGH kann allein mit Art. 43, 48 EG die Gleichstellung der Gesellschaften mit natürlichen Personen hinsichtlich der freien Niederlassung nicht erreicht werden. Vielmehr sind die Gesellschaften wegen der divergierenden Anknüpfungstatbestände in den einzelnen Mitgliedsländern (Gründungstheorie versus Sitztheorie) auf entsprechende legislative Maßnahmen der Gemeinschaftsorgane angewiesen[2]. Ob, wann und mit welchem Inhalt die Richtlinie erlassen und umgesetzt wird, ist derzeit nicht abzusehen; nach dem Bericht der EU-Kommission vom 12.12.2007[3] sind die Arbeiten derzeit sogar eingestellt. Nach dem Vorentwurf der Richtlinie soll eine grenzüberschreitende, identitätswahrende Sitzverlegung innerhalb der EU wie folgt ablaufen:

- Zu erstellen ist ein Verlegungsplan (Art. 4), der zusammen mit einem erläuternden Bericht zur Unterrichtung (Art. 5) von Gesellschaftern, Gläubigern und Arbeitnehmern einen Monat lang zur Einsicht ausgelegt werden muss,
- Erforderlich ist ferner ein satzungsändernder Beschluss der Gesellschaft, der grundsätzlich einer Mehrheit von mindestens $^2/_3$ der Stimmen bedarf (Art. 6),
- Gläubiger können für vor dem Verlegungsplan entstandene Forderungen Sicherheiten verlangen (Art. 8 Abs. 1). Gleiches gilt für Forderungen von öffentlichen Einrichtungen (Art. 8 Abs. 2 – Problem bei EuGH Daily Mail[4]),
- Für die Eintragung im Register des Zuzugsstaates (Art. 10) ist eine Wegzugsbescheinigung erforderlich (Art. 9),
- Sitzverlegung und Satzungsänderung werden mit der Eintragung im Zuzugsregister wirksam (Art. 11),
- Für Gesellschaften, die sich in Auflösung oder Liquidation befinden oder gegen die ein Insolvenzverfahren eingeleitet ist, ist eine Sitzverlegung ausgeschlossen (Art. 13).

16 Dieser Vorentwurf bricht nicht, wie häufig postuliert wird, mit der Sitztheorie, sondern steht mit ihr im Einklang[5]. Bei der Sitzverlegung einer Kapitalgesellschaft ist hinsichtlich der Rechtsfolgen zu unterscheiden, ob nur der effektive Verwaltungssitz, nur der Satzungssitz oder, was die Mehrzahl der Fälle ausmachen dürfte, beide zusammen verlegt werden sollen. Bei jeder grenzüberschreitenden Sitzverlegung ist sowohl das Recht des Wegzugsstaates als auch das des Zuzugsstaates betroffen. Es steht den Gesellschaften

---

1 Vgl. *Neye*, ZGR 1999, 12.
2 Vgl. *di Marco*, ZGR 1999, 3, 4.
3 SE C 2007, 1707.
4 EuGH v. 27.9.1988 – Rs. C-81/87, NJW 1989, 2186.
5 Dazu eingehend *K. Schmidt*, ZGR 1999, 20, 34.

b) Einzelfälle

Verlegt eine nach deutschem Recht gegründete Gesellschaft ihren **effektiven Verwaltungssitz** ins Ausland, so folgte daraus nach h.M. zwingend ihre Auflösung und Abwicklung (vgl. oben Rn. 14 m.w.N.)[1]. Das gilt allerdings uneingeschränkt nur dann, wenn auch der Zuzugsstaat kollisionsrechtlich der Sitztheorie folgt. Vertritt er die Gründungstheorie, ergibt sich ein Auflösungszwang nur, wenn gleichzeitig der Satzungssitz geändert wird oder die Beibehaltung des Satzungssitzes in Deutschland nicht gerechtfertigt ist, weil sich hier keine Betriebsstätte mehr befindet und eine Geschäftstätigkeit nicht mehr ausgeübt wird. Im letzten Fall liegt dann ein Auflösungsgrund nach deutschem Sachrecht vor[2]. Das Gesetz zur Modernisierung des GmbH-Rechts und zur Bekämpfung von Missbräuchen (MoMiG) führt die Möglichkeit ein, dass eine AG oder eine GmbH ihren Verwaltungssitz, der nicht notwendig mit dem Satzungssitz übereinstimmt, im Ausland haben kann (Streichung des § 5 Abs. 2 AktG, § 4a Abs. 2 GmbHG), falls in diesem Land die Gründungstheorie gilt und damit ins deutsche Sachrecht zurückverweist[3]. Inzwischen liegt ein Referentenentwurf zum internationalen Gesellschafts-Kollisionsrecht vor[4], aus dem aber nicht klar wird, ob materiellrechtlich die Sitzverlegung ins Ausland möglich sein wird[5]. 17

Wird nur der **Satzungssitz** einer nach deutschem Recht gegründeten Gesellschaft ins Ausland verlegt, so führt ein solcher Beschluss nicht zu einem Statutenwechsel. Die h.M. wertet diesen Fall immer noch als Auflösungsbeschluss[6]. Allerdings dürfte es näher liegen, einen solchen Verlegungsbeschluss als nichtig[7] zu behandeln und es der Gesellschaft zu überlassen, ob sie nach Ablehnung der Eintragung einen förmlichen Auflösungsbeschluss fasst und Neugründung im Ausland vornimmt. Wurde der ausländische Satzungssitz fehlerhaft in das Register eingetragen, ist das Verfahren 18

---

1 Vgl. auch MünchKommBGB/*Kindler*, Internationales Wirtschaftsrecht (IntGesR), Rn. 503 ff. m.w.N.
2 Eingehend MünchKommBGB/*Kindler*, IntGesR, Rn. 505.
3 *Franz/Laeger*, BB 2008, 683; *Kindler*, AG 2007, 722 und *Peters*, GmbHR 2008, 245.
4 Abzurufen unter www.bmj.de.
5 Vgl. *Knof/Mock*, GmbHR 2008, R 65; *Rotheimer*, NZG 2008, 181; *Schneider*, BB 2008, 572.
6 BGH v. 11.7.1957 – II ZR 318/55, BGHZ 25, 134, 144; BayObLG v. 7.5.1992 – 3 ZBR 14/92; BayObLGZ 1992, 113, 116; *Baumbach/Hueck/Fastrich*, § 4a GmbHG Rn. 10 m.w.N.; *Hüffer*, § 5 AktG Rn. 12 m.w.N.; a.A. *Beitzke*, ZHR 127 (1965), 24; *Geßler/Hefermehl/Eckardt*, § 45 Rn. 15; vgl. auch oben Rn. 14 m.w.N.
7 Entspr. § 241 Nr. 3 AktG, der auf GmbH entsprechend anzuwenden ist, vgl. *Baumbach/Hueck/Zöllner*, Anh. § 47 Rn. 24, 51.

nach § 144a FGG (§ 399 FamFG) durchzuführen[1]. Die Voraussetzungen für die Zulassung eines **identitätswahrenden Sitzwechsels**, wie er mehrfach gefordert wird[2], sind (ausgenommen bei der SE und der EWIV) derzeit nicht gegeben, da bisher der erforderliche Schutz von Gläubigern und Gesellschaftern (Aktionären) rechtsverbindlich nicht gewährleistet ist.

19 Wird mit dem effektiven Verwaltungssitz **gleichzeitig** der Satzungssitz einer „deutschen" Gesellschaft ins Ausland verlegt, ist die Gesellschaft dort nicht anerkennungsfähig, auch wenn das Zuzugsland der Gründungstheorie folgt, weil es an der Identität von Gründungsort und Satzungssitz fehlt[3]. Die Rechtsfolgen ergeben sich wie oben (siehe Rn. 17, 18) beschrieben.

c) Verlegung eines Vereinssitzes ins Ausland

20 Die Verlegung des Vereinssitzes ins Ausland ist nach § 6 Abs. 3 VereinsregisterVO[4] als Auflösung des Vereins in das Handelsregister einzutragen.

6. Verlegung des Sitzes oder der Hauptniederlassung aus dem Ausland ins Inland

21 Der Vorgang ist gesetzlich nicht geregelt. Für den **Einzelkaufmann** ergibt sich die Anmeldepflicht nach § 29 wegen Geschäftsaufnahme.

22 Die **Personengesellschaft** folgt den Bestimmungen nach §§ 105 ff., 161 ff. Wird sie durch Sitzverlegung nach ausländischem Sitzrecht aufgelöst, ist sie im Inland als werbende Gesellschaft anzumelden (§ 106).

23 Verlegt eine nach ausländischem Recht gegründete Kapitalgesellschaft ihren effektiven **Verwaltungssitz** nach Deutschland, bleibt gemäß den oben Vor § 13 Rn. 4 ff. zitierten Entscheidungen des EuGH jedenfalls für Gesellschaften aus dem EU-Raum, dem EFTA-Raum und den USA (vgl. Vor § 13 Rn. 7) die erworbene Rechtsfähigkeit bestehen und muss die Rechtform anerkannt werden. Die (Zweigniederlassung der) Gesellschaft kann dann in das deutsche Handelsregister eingetragen werden. Auch die Umwandlung in eine Rechtsform deutschen Rechts muss ermöglicht werden[5]. Verlegen Gesellschaften aus anderen Staaten ihren Verwaltungssitz nach Deutschland, kommt es aber zu einem Statutenwechsel zum deutschen Recht und die Rechtsfähigkeit beurteilt sich nach deutschem Recht, wobei die Gesell-

---

1 MünchKommBGB/*Kindler*, IntGesR, Rn. 505 f., 510, wegen Verstoßes gegen § 5 Abs. 2 AktG bzw. § 4a GmbHG; *Hüffer*, § 5 AktG Rn. 12, ferner *Kögel*, GmbHR 1998, 1108, 1113.
2 Vgl. *Knobbe-Keuk*, ZHR 154 (1990), 325, 334 ff.; ferner die Nachweise bei *Baumbach/Hueck/Fastrich*, § 4a GmbHG Rn. 10.
3 Vgl. MünchKommBGB/*Kindler*, IntGesR, Rn. 511 m.w.N.
4 Vom 10.2.1999, BGBl. I 147, 148, zuletzt geändert durch das EHUG v. 10.11.2006, BGBl. I 2553.
5 Vgl. EuGH v. 13.12.2005 – Rs. C-411/03, DB 2005, 2804 – „Sevic", auf Vorlage des LG Koblenz v. 16.9.2003 – 4 HK T 1/03, WM 2003, 1990 zum Parallelproblem der Zulässigkeit grenzüberschreitender Verschmelzungen; *Roth*, IPRax 2003, 123; *Zimmer* BB 2003, 6; s. heute auch §§ 122a ff. UmwG.

schaften zumindest als Personengesellschaften bzw. Einzelkaufmann anzuerkennen sind[1] und auch die Umwandlung zum Beispiel in eine deutsche GmbH möglich sein muss[2].

Wird **nur** der **Satzungssitz** nach Deutschland verlegt und gilt im Wegzugsstaat die Sitztheorie (vgl. hierzu Vor § 13 Rn. 6), gilt das Recht des Wegzugsstaats und führt u.U. zur Auflösung der Gesellschaft oder Nichtigkeit des Verlegungsbeschlusses (vgl. für den umgekehrten Fall des Wegzugs deutscher Gesellschaften ins Ausland oben Rn. 18); gilt im Wegzugsstaat die Gründungstheorie (vgl. dazu oben Vor § 13 Rn. 6) und ist hiernach ein fortbestehender Satzungssitz im Wegzugsstaat erforderlich, führt die Sitzverlegung zum Statutenwechsel und die Gesellschaft unterliegt deutschem Recht; verliert die Gesellschaft im Wegzugsstaat durch Sitzverlegung nicht ihre Rechtsfähigkeit, entscheidet deutsches materielles Gesellschaftsrecht über ihren Fortbestand, der bei Kapitalgesellschaften allerdings regelmäßig daran scheitert, dass die Eintragung eines inländischen Satzungssitzes einer ausländischen Gesellschaft in das deutsche Register nicht erlaubt ist[3].

Werden der **Satzungs- und der Verwaltungssitz** nach Deutschland verlegt, führt dies unabhängig davon, ob im Wegzugsstaat die Sitz- oder die Gründungstheorie gilt, zu einem Statutenwechsel; die Gesellschaft unterliegt deutschem Recht (Folgen: siehe oben[4]).

§ 14
Festsetzung von Zwangsgeld

Wer seiner Pflicht zur Anmeldung oder zur Einreichung von Dokumenten zum Handelsregister nicht nachkommt, ist hierzu von dem Registergericht durch Festsetzung von Zwangsgeld anzuhalten. Das einzelne Zwangsgeld darf den Betrag von fünftausend Euro nicht übersteigen.

Übersicht

	Rn.		Rn.
1. Allgemeines	1	5. Verfahren	
2. Anmeldepflicht und Zwangsgeldbewehrung	3	a) Einschreiten des Registergerichts	15
a) Anmeldepflicht	4	b) Androhungsverfügung	16
b) Zwangsgeldbewehrung	8	c) Zwangsgeldfestsetzung	18
3. Amtslöschung und Registerzwang	10	d) Verfahren nach Einspruch	19
4. Betroffene		e) Erledigung der Anmeldepflicht	21
a) Anmeldepflichtiger	12	6. Zwangsgeldvollstreckung	22
b) Adressat der Zwangsgeldandrohung	13		

---

1 MünchKommBGB/*Kindler*, IntGesR, Rn 512; vgl. dazu auch OLG Hamburg v. 30.3.2007 – 11 U 231/04, DB 2007, 1245 (n. rkr.).
2 *Michalski*, GmbHG, Syst. Darst. 2 Rn. 136.
3 *Michalski*, GmbHG, Syst. Darst. 2 Rn. 138.
4 S.a. *Michalski*, GmbHG, Syst. Darst. 2 Rn. 139.

1. Allgemeines

1 Die Vorschrift stellt klar, dass nur derjenige, den nach den Bestimmungen des materiellen Rechts eine öffentlich-rechtliche Anmeldepflicht trifft, dem Registerzwang unterworfen wird. § 14 soll die Übereinstimmung der wirklichen Sach- und Rechtslage mit dem Inhalt des Handelsregisters sicherstellen. Durch die Bestimmung wird das Registergericht ermächtigt, aber auch verpflichtet, Pflichten zur Anmeldung und Einreichung von Dokumenten durch Verhängung von Zwangsgeld durchzusetzen. Die Vorschrift wird als handelsrechtliche Grundlage für das Einschreiten durch die Verfahrensvorschriften nach §§ 132 ff. FGG (§§ 388 ff. FamFG) ergänzt. Dort sind auch weitere materiell-rechtliche Vorschriften aus dem Handels- und Gesellschaftsrecht aufgeführt, die **Grundlage eines Registerzwangs** sein können.

2 Die frühere Gesetzesfassung, wonach bei Nichterfüllung der Pflichten Ordnungsstrafe zu verhängen war, ist dahin geändert[1], dass nunmehr Zwangsgeld von bis zu 5000 Euro[2] in Betracht kommt. Die Bezeichnung **Zwangsgeld** macht deutlich, dass es nicht um Bestrafung, sondern um **ein Beugemittel** geht, durch das die Erfüllung einer registerrechtlichen Pflicht erreicht werden soll.

2. Anmeldepflicht und Zwangsgeldbewehrung

3 Ein Zwangsgeld darf nur festgesetzt werden, wenn eine **öffentlich-rechtliche Pflicht** zur Anmeldung, Zeichnung oder Einreichung besteht und das Gesetz nicht ausdrücklich auf eine Zwangsgeldbewehrung verzichtet hat (z.B. § 79 Abs. 2 GmbHG).

a) Anmeldepflicht

4 Im Einzelnen ergeben sich die Pflichten aus zahlreichen handels- und gesellschaftsrechtlichen Vorschriften. **Erzwingbare Handlungen** nach dem HGB finden sich in §§ 13, Abs. 1 bis 13g, 29, 31, 33, 34, 53 (Sonderfall: Erlöschen der Prokura aufgrund Eröffnung des Insolvenzverfahrens, vgl. § 8 Rn. 41), 106, 107, 143, 144 Abs. 2, 148,, 157, 161 Abs. 2, 162. Nach altem Recht vor dem EHUG[3] bestanden auch Pflichten zur **Zeichnung von Unterschriften**[4] z.B. in §§ 29, 35, 53 Abs. 2, 108 Abs. 2, 148 Abs. 3, 161 Abs. 2 a.F. Pflichten zur **Einreichung von Dokumenten** finden sich in erster Linie im AktG, z.B. die Einreichung des Berichts der Gründungsprüfer nach § 34 Abs. 3 AktG, die Einreichung der Liste der Aufsichtsratsmitglieder nach § 37 Abs. 4 Nr. 3a AktG, die Einreichung der gerichtlichen Entscheidung über die Zusammensetzung des Aufsichtsrats nach §§ 98, 99 Abs. 5 AktG, die Einreichung der

---

1 Vgl. Art. 125 Nr. 1 EGStGB v. 2.3.1974 (BGBl. I 469); zur Unterscheidung zwischen Zwangsgeld und Ordnungsgeld eingehend BayObLG v. 24.9.1998 – 3 ZBR 58/98, NJW 1999, 297.
2 Geändert durch Art. 22 G. v. 13.12.2001, BGBl. I 3574.
3 V. 10.11.2006, BGBl. I 2553.
4 Fehlende Zeichnungen waren aber kein Eintragungshindernis, vgl. OLG Hamm v. 5.5.2001 – 15 W 21/01, BB 2001, 1756.

Nichtigkeitsklage und des rechtskräftigen Urteils nach § 275 Abs. 4 AktG; im GmbH-Recht die Einreichung der Gesellschafterliste nach § 40 GmbHG, die Liste über die Bestellung und den Wechsel von Aufsichtsratsmitgliedern nach § 52 Abs. 2 GmbHG, § 106 AktG sowie die Einreichung eines rechtskräftigen Nichtigkeitsurteils nach § 75 Abs. 2 i.V.m. § 248 Abs. 1 S. 1 AktG[1]; bei Einzelkaufleuten, juristischen Personen nach § 33, bei der OHG und der KG sind Pflichten zur Einreichung von Schriftstücken nicht vorgesehen.

Neben § 14 enthalten § 37a Abs. 4 – Nichterfüllung der auf allen Geschäftsbriefen des Kaufmanns vorgeschriebenen Angaben –, § 125a Abs. 2 – Nichterfüllung der auf Geschäftsbriefen für Personengesellschaften, bei denen kein Gesellschafter eine natürliche Person ist, vorgeschriebenen Angaben –, sowie § 79 Abs. 1 S. 1 GmbHG und § 407 Abs. 1 S. 1 AktG[2] eigenständige, bei Nichterfüllung mit Zwangsgeld bedrohte Verpflichtungen. Schließlich ist **Registerzwang** auch in Fällen zulässig, in denen **ohne ausdrückliche Gesetzesanordnung** eine Pflicht zur Anmeldung aus Auslegung und analoger Anwendung bestehender Vorschriften herzuleiten ist (§ 8 Rn. 23). Dazu gehört z.B. die Anmeldung von Veränderungen in den Personen der Gesellschafter nach § 106 Abs. 2. 5

In bestimmten Fällen **schließt** das **Gesetz** die **Erzwingung** einer Anmeldung **aus** (z.B. § 79 Abs. 2 GmbHG, § 407 Abs. 2 S. 1 AktG, § 175 S. 3), weil durch anderweitige Sanktionen die unmittelbare Durchsetzung der Anmeldepflicht entbehrlich erscheint. Dies gilt namentlich für die Fälle, in denen erst durch die Eintragung die begehrte Rechtsfolge eintritt, z.B. Entstehung der juristischen Person unter Ausschluss der persönlichen Gesellschafterhaftung[3], Wirksamkeit einer Satzungsänderung. Besteht für eintragungsfähige Tatsachen keine Anmeldepflicht (§ 8 Rn. 19), ist **Registerzwang unzulässig**[4]. 6

Im Fall des § 127 S. 2 FGG (§ 381 FamFG) (Aussetzung des Registerverfahrens mit Fristsetzung zur Klageerhebung) darf die Klageerhebung nicht erzwungen werden. Einer an sich ordnungsgemäßen, auf öffentlich-rechtlicher Pflicht beruhenden Anmeldung darf die Eintragung nicht deshalb verweigert werden, um eine **weitere** als erforderlich angesehene **Anmeldung zu erzwingen**[5]. Scheidet aus einer GmbH & Co. KG die Komplementär-GmbH aus und übernimmt deren Gesellschafterstellung eine natürliche Person, so darf die 7

---

1 Ausführliche Aufstellung bei *Keidel/Kuntze/Winkler*, Freiwillige Gerichtsbarkeit, 15. Aufl. 2003, § 132 FGG Rn. 4 ff.
2 Wegen der Pflichten, deren Nichterfüllung im GmbH-Recht Registerzwang nach § 14 auslöst, vgl. *Baumbach/Hueck/Schulze-Osterloh/Servatius*, § 79 GmbHG Rn. 3 ff.; für das Aktienrecht vgl. *Keidel/Kuntze/Winkler*, Freiwillige Gerichtsbarkeit, 15. Aufl. 2003, § 132 FGG Rn. 9, 9a.
3 Vgl. BGH v. 4.3.1996 – II ZR 123/94, ZIP 1996, 590 mit Anm. *K. Schmidt*, ZIP 1996, 539.
4 BGH v. 24.10.1988 – II ZB 7/88, DB 1988, 2623, 2626.
5 BayObLG v. 7.3.2001 – 3 ZBR 68/01, GmbHR 2001, 522; BGH, v. 4.7.1977 – II ZB 4/77, NJW 1977, 1879; *Baumbach/Hopt*, § 14 Rn. 1.

Anmeldung des Gesellschafterwechsels nicht mit der Begründung zurückgewiesen werden, die Weiterführung des Firmenbestandteils „GmbH" sei zur Täuschung geeignet[1]. Die Ausübung des Registerzwangs **im Eintragungsverfahren** ist unzulässig. Jede Pflicht ist nur für sich erzwingbar, eine Verknüpfung unzulässig. Die Eintragung einer nach § 29 angemeldeten Firma durfte nach altem Recht (vor dem EHUG) nicht von der erforderlichen Firmenzeichnung abhängig gemacht werden[2]; letztere war nach Eintragung gegebenenfalls nach § 14 zu erzwingen. Nach Änderung des § 29 durch das EHUG[3] ist eine Zeichnung nicht mehr vorgeschrieben. Bei **unzulässigem Firmengebrauch** steht das Verfahren nach § 37 HGB, § 140 FGG (§ 392 FamFG) zur Verfügung. Ein Gewerbetreibender darf nicht durch Registerzwang zur Auskunftserteilung an die Industrie- und Handelskammer über Art und Umfang seines Geschäftsbetriebs angehalten werden[4]. Der **Sonderprüfer** einer Publikums-KG darf nicht durch Androhung von Zwangsgeld angehalten werden, den Bericht einzureichen, da für diesen Fall § 145 Abs. 4 a.F. (heute Abs. 6) AktG nicht anwendbar ist[5].

b) Zwangsgeldbewehrung

8   Die Zwangsgeldfestsetzung setzt ferner voraus, dass die Nichterfüllung einer **öffentlich-rechtlichen Verpflichtung** durch eine Zwangsgeldandrohung bewehrt ist. Nach der Gesetzessystematik dürfen öffentlich-rechtliche Pflichten zur Anmeldung (oder Einreichung) grundsätzlich mit Registerzwang durchgesetzt werden. Ausnahmen von diesem Grundsatz sind in den Gesetzen ausdrücklich aufgeführt (oben Rn. 6). Ist ein solcher Ausnahmefall gegeben, entfällt auch der Registerzwang zur Einreichung von Dokumenten z.B. nach § 8 Abs. 1 GmbHG und § 37 Abs. 4 AktG, die der Anmeldung einer GmbH oder AG beizufügen sind. Der Anmelder ist in einem solchen Fall durch Zwischenverfügung unter Fristsetzung aufzufordern, die Unterlagen einzureichen; kommt er dem nicht nach, ist die **gesamte Anmeldung zurückzuweisen**[6]. Wurde aber eingetragen, obwohl die beizufügenden Dokumente fehlten, kann ihre Beibringung durch Registerzwang nach § 14 erreicht werden, weil der vor der Eintragung gegebene mittelbare Zwang (oben Rn. 6) nunmehr entfallen ist.

9   Ob eine Eintragung deklaratorisch oder konstitutiv wirkt, ist kein tragfähiges Abgrenzungskriterium für den Registerzwang. Allerdings wird häufig bei einer **konstitutiv wirkenden Eintragung** der Gesetzgeber auf den Registerzwang verzichten, weil er hier die mittelbare Sanktion, nämlich Ausbleiben der gewünschten Rechtsfolge, für ausreichend erachtet.

---

1 BayObLG v. 3.3.1988 – 3 ZBR 184/87, WM 1988, 710.
2 BGH v. 24.10.1988 – II ZB 7/88, DB 1988, 2623, 2626.
3 V. 10.11.2006, BGBl. I 2553.
4 BayObLG v. 13.10.1967 – 2 ZBR 68/67, BayObLGZ 1967, 385.
5 BayObLG v. 4.7.1985 – 3 ZBR 43/85, NJW 1986, 140.
6 Vgl. *Drischler*, Handelsregisterverfügung, 5. Aufl. 1983, § 26 HRV Rn. 3.

3. Amtslöschung und Registerzwang

Die Amtslöschung nach § 142 FGG (§ 395 FamFG) setzt voraus, dass eine Eintragung schon zum Eintragungszeitpunkt inhaltlich unzulässig war oder nachträglich unzulässig geworden ist. Das **Verhältnis** dieses Löschungsverfahrens **zum Registerzwang ist streitig.** Es wird Registerzwang neben der Amtslöschung für unzulässig oder nur subsidiär anwendbar[1] angesehen; nach a.A. bestehen beide Rechtsinstitute nebeneinander, wobei dem Registerzwang der Vorzug zu geben ist[2], oder aus Gründen der Praktikabilität soll primär die Amtslöschung geboten sein[3].

10

Das Kammergericht[4] verneint eine **Anmeldepflicht** nach § 39 GmbHG, wenn die Eintragung des Geschäftsführers einer GmbH wegen Nichtigkeit seiner Bestellung von Anfang an unrichtig (unzulässig) war. Deshalb dürfe das Registergericht in einem solchen Fall nicht den Registerzwang, sondern nur die Amtslöschung betreiben. Ob das in dieser Allgemeinheit zutrifft, erscheint zweifelhaft, da in der Regel ein neuer Geschäftsführer oder eine neue Vertretungsbefugnis anzumelden sein wird, so dass mit dieser Anmeldung gleichzeitig die Löschung der unrichtigen Eintragung über die Geschäftsführerbestellung beantragt werden kann. War nur ein Geschäftsführer bestellt, würde dessen Löschung von Amts wegen registermäßig zu einer „vertreterlosen" GmbH führen. Schließlich ist auch an eine **analoge Anwendung** von § 39 GmbHG zu denken (dazu oben Rn. 5 a.E.).

10a

Dem Problem kommt in der Praxis keine besondere Bedeutung zu. Da die Einleitung des Löschungsverfahrens im pflichtgemäßen Ermessen des Gerichts steht und voraussetzt, dass das Bestehenbleiben der Eintragung entweder die Schädigung Berechtigter zur Folge haben oder dem öffentlichen Interesse widersprechen würde, sind häufig schon die Voraussetzungen für eine Amtslöschung nicht gegeben, obwohl Registerzwang möglich ist. Wenn *Hüffer*[5] darauf hinweist, dass ein Registerzwang nicht durchzuführen ist, wenn das Gericht die erforderlichen Maßnahmen selbst ergreifen kann, bleibt die Tatsache unberücksichtigt, dass ein Amtslöschungsverfahren nach Ablauf und Instanzenweg ebenso aufwändig ist wie ein Registerzwangsverfahren. Es sollte daher **im Einzelfall** dem Registergericht überlassen bleiben, welches Verfahren es zur Löschung unzulässiger Eintragungen für zulässig und ökonomisch geboten erachtet. Nur für die Anmeldung des **Erlöschens einer Firma** geht kraft ausdrücklicher gesetzlicher Regelung (§ 31 Abs. 2) der Registerzwang der Amtslöschung vor.

11

---

1 *Staub/Hüffer*, § 14 Rn. 10.
2 So *Baumbach/Hopt*, § 14 Rn. 1 mit Hinweis auf § 31 Abs. 2; das Nebeneinander von Amtslöschung und Registerzwang bejahen ferner BayObLG v. 11.6.1986 – 3 ZBR 78/86, BayObLGZ 1986, 197, 202; OLG Frankfurt v. 4.3.1994 – 20 W 49/94, GmbHR 1994, 802, 803; MünchKommHGB/*Krafka*, § 14 Rn. 5; *Koller/Roth/Morck*, § 14 Rn. 1.
3 *Schlegelberger/Hildebrandt/Steckhan*, § 14 Rn. 4.
4 KG v. 9.3.1999 – 1 W 8174/98, GmbHR 1999, 861.
5 *Staub/Hüffer*, § 14 Rn. 10.

4. Betroffene

a) Anmeldepflichtiger

12 Der Registerzwang richtet sich gegen die Anmeldepflichtigen. Die **Person des Verpflichteten** ergibt sich jeweils aus dem Gesetz (z.B. verpflichtet § 53 Abs. 1 S. 1 den Inhaber des Handelsgeschäfts zur Anmeldung der Prokura; § 108 verpflichtet alle Gesellschafter zur Anmeldung nach §§ 106, 107). Kommen von **mehreren Anmeldepflichtigen** einige ihrer Pflicht nach, ist Zwangsgeld nur gegen die Säumigen zulässig[1]. In der Insolvenz trifft die Anmeldepflicht den Insolvenzverwalter, wenn die Insolvenzmasse betroffen ist[2], ansonsten die gesetzlichen Vertretungsorgane der Gesellschaft[3]. Die **Erben des Gesellschafters** einer OHG oder KG haben das Ausscheiden (Tod) des Gesellschafters anzumelden, unabhängig davon, ob sie selbst nachfolge- oder eintrittsberechtigt sind[4]. Werden die Auflösung der Gesellschaft und ihre **Liquidatoren** angemeldet, liegt darin bereits die Anmeldung des Erlöschens der Vertretungsbefugnis der bisherigen Geschäftsführer; eine **gesonderte Anmeldung** ist hierfür **nicht erforderlich** und darf daher nicht erzwungen werden[5].

b) Adressat der Zwangsgeldandrohung

13 Der Registerzwang richtet sich nach h.M. grundsätzlich nur gegen **natürliche Personen**[6]. Regelmäßig ist der Inhaber des Handelsgeschäfts betroffen, bei Personengesellschaften alle oder die vertretungsberechtigten Gesellschafter, bei juristischen Personen und Kapitalgesellschaften deren organschaftliche Vertreter. Auch der nach § 40 Abs. 2 GmbHG einreichungspflichtige Notar (Gesellschafterliste) kann Adressat der Zwangsgeldandrohung sein. Die juristische Person als solche unterliegt nach h.M. nicht dem Registerzwang, sondern nur das jeweilige Mitglied des Vertretungsorgans. Das gilt auch dann, wenn die juristische Person als Gesellschafterin oder Abwicklerin einer Personengesellschaft selbst anmeldepflichtig ist[7]. Andererseits können aber juristische Personen als solche handeln und entsprechenden Sanktionen ausgesetzt sein. Nach § 30 Abs. 1 OWiG kann gegen eine juristische Person eine Geldbuße wegen einer Ordnungswidrigkeit direkt festgesetzt werden. Deshalb erscheint es dogmatisch zulässig, auch ein **Zwangsgeld gegen eine juristische Person** bei Nichterfüllung von Anmeldepflichten zu verhängen. Aber auch wenn die Gesellschaft selbst zur Anmeldung verpflichtet ist – darunter fallen z.B. die Erteilung und das Erlöschen einer Prokura nach § 53 Abs. 1 und 2, die Änderung in der Person der Geschäftsführer sowie ihrer Vertretungsbefugnis nach § 39 Abs. 1

---

1 BayObLG v. 4.4.1978 – 1 ZBR 15/78, MittBayNot 1978, 115.
2 Vgl. für den Konkursverwalter BGH v. 24.11.1980 – II ZR 265/79, NJW 1981, 822 f.
3 BayObLG v. 17.3.2004 – 3 ZBR 46/04, BB 2004, 797; OLG Rostock v. 17.12.2002 – 6 W 52/02, Rpfleger 2003, 444.
4 BayObLG v. 22.12.1992 – 3 ZBR 170/92, DB 1993, 474.
5 BayObLG v. 31.3.1994 – 3 ZBR 8/94, DB 1994, 976.
6 BayObLG v. 12.7.1973 – 2 ZBR 31/73, DB 1973, 1596; *Staub/Hüffer*, § 14 Rn. 17.
7 KG, HRR 1933, Nr. 1441; *Heymann/Sonnenschein/Weitemeyer*, § 14 Rn. 4.

GmbHG und die Auflösung der Gesellschaft nach § 65 GmbHG –, ist es zweckmäßig, die Anmeldepflicht gegen die organschaftlichen Vertreter direkt durchzusetzen[1], weil das Gesetz in aller Regel auch eine direkte Verpflichtung der Vertretungsorgane (z.B. nach § 79 Abs. 1 GmbHG, § 407 Abs. 1 AktG) festlegt. Da die Anmeldebefugnis mit dem Verlust des Amtes entfällt[2], endet ein Zwangsgeldverfahren gegen den Geschäftsführer einer GmbH mit dessen Ausscheiden aus der Gesellschaft. Dann bedarf es der erneuten Einleitung eines Zwangsgeldverfahrens. Hingegen bliebe ein gegen die juristische Person laufendes Zwangsgeldverfahren von einem Wechsel in ihrer organschaftlichen Vertretung unberührt.

Gegen **Bevollmächtigte** (Prokuristen) ist Registerzwang **nicht zulässig**; dies gilt auch für inländische Bevollmächtigte einer ausländischen Kapitalgesellschaft[3]; Ausnahme: § 13e Abs. 3 und 4, ständige Vertreter, vgl. hierzu § 13e Rn. 14.

14

5. Verfahren

a) Einschreiten des Registergerichts

Das Verfahren über die Festsetzung eines Zwangsgeldes ist in den §§ 132–139 FGG (§§ 388 ff. FamFG) geregelt. Erhält das Registergericht glaubhaft Kenntnis von einem Sachverhalt, der ein Verfahren nach § 14 rechtfertigt, **muss** es ein **Zwangsgeldverfahren** einleiten; es steht nicht in seinem Ermessen, ob es einschreiten will oder nicht[4]. Gleichgültig ist es, wodurch das Gericht Kenntnis erhält. Örtlich **zuständig** ist das Registergericht des Sitzes/der Hauptniederlassung, auch wenn nur eine Zweigniederlassung betroffen ist; etwas anderes gilt für die Zweigniederlassung eines ausländischen Unternehmens. Funktionell zuständig, auch für das Einspruchsverfahren (dazu unten Rn. 19)[5], ist der Rechtspfleger (§ 3 Nr. 2 lit. d RPflG). Liegen Anzeigen Dritter oder von Organen des Handelsstandes vor und **lehnt** das **Registergericht** ein Einschreiten **ab**, so steht gegen eine solche Entscheidung einem Dritten nach § 20 FGG (§ 59 FamFG), wenn er in seinen Rechten beeinträchtigt ist, und den Organen des Handelsstandes nach § 126 FGG (§ 380 Abs. 4 FamFG) das Recht der **Beschwerde** zu. Der Rechtspfleger, nicht der Richter, kann der Beschwerde abhelfen (§ 18 Abs. 1 FGG bzw. § 68 Abs. 1 FamFG). Hilft er nicht ab, legt er die Akten dem Beschwerdegericht (Landgericht) zur Entscheidung vor. Nach der **Neufassung** von § 11 Abs. 1 RPflG[6] ist gegen die Entscheidung des Rechtspflegers nunmehr uneingeschränkt das Rechtsmittel gegeben, das nach den allgemeinen verfahrensrechtlichen Vorschriften zulässig ist. Kommt das Beschwerdegericht zu

15

---

1 Vgl. auch *Staub/Hüffer*, § 14 Rn. 17.
2 BayObLG v. 10.7.1981 – 1 ZBR 44/81, BayObLGZ 1981, 227, 230.
3 BayObLG v. 14.4.1982 – 3 ZBR 20/82, BB 1982, 1075, 1076.
4 Allg. M.; BGH v. 4.7.1977 – II ZB 4/77, BB 1977, 1221; *Staub/Hüffer*, § 14 Rn. 19; *Keidel/Kuntze/Winkler*, Freiwillige Gerichtsbarkeit, 15. Aufl. 2003, § 132 FGG Rn. 22.
5 KG v. 14.5.1959 – 1 W 744/59, NJW 1959, 1829.
6 Gesetz v. 6.8.1998 – BGBl. I 2030.

der Auffassung, dass das Rechtsmittel begründet ist, kann es nicht selbst die Androhungsverfügung erlassen, sondern nur das Registergericht anweisen, das Verfahren einzuleiten. Gegen eine solche Entscheidung ist eine **weitere Beschwerde nicht zulässig**, da gegen eine Zwangsgeldandrohung ein Rechtsmittel nicht statthaft (vgl. § 132 Abs. 2 FGG bzw. § 58 FamFG) und die Sachprüfung ausschließlich im Einspruchsverfahren (dazu unten Rn. 19) durchzuführen ist. Gegen die Zwangsgeldandrohung des Rechtspflegers ist dann der Einspruch nach §§ 132 Abs. 1, 134 FGG (§ 390 FamFG) und nicht die Erinnerung gem. § 11 Abs. 2 RPflG gegeben[1].

b) Androhungsverfügung

16 Die **Zwangsgeldandrohung**[2], gegen die eine **Beschwerde nicht zulässig** ist (§ 132 Abs. 2 FGG bzw. § 58 FamFG)[3], sondern der Einspruch nach §§ 132 Abs. 1, 134 FGG (§ 390 FamFG), muss enthalten

- die zu erfüllende Verpflichtung mit möglichst genauer Bezeichnung[4],
- die Bestimmung einer Frist, innerhalb derer die Verpflichtung zu erfüllen oder die Nichterfüllung durch Einspruch zu rechtfertigen ist. Die Frist muss angemessen sein, d.h. in der Regel mindestens zwei Wochen betragen,
- die Höhe des angedrohten Zwangsgeldes.

17 Die Verfügung muss gemäß § 16 Abs. 2 S. 1 FGG (§ 41 FamFG) bekannt gemacht, d.h., die Aufforderung muss dem Verpflichteten zugestellt werden. Wird die Verpflichtung innerhalb der gesetzten Frist erfüllt, erledigt sich die Zwangsgeldandrohung, das Registerzwangsverfahren ist beendet. Aus dem Charakter des **Zwangsgeldes**, das auf Erfüllung einer Verpflichtung und **nicht auf Bestrafung** gerichtet ist, folgt, dass sich die Zwangsgeldfestsetzung selbst dann erledigt, wenn die Verpflichtung erst nach Fristablauf und sogar erst **nach rechtskräftiger Zwangsgeldfestsetzung** erfüllt wird, aber bevor das Zwangsgeld beigetrieben ist; denn auch dann hat das Zwangsgeldverfahren noch seinen Zweck erfüllt[5]. Gleiches gilt, wenn sich die anzumeldende Tatsache anderweit erledigt. Das Einspruchsrecht gegen die Zwangsgeldandrohung hat neben dem Adressat auch die in ihren Rechten mitbetroffene verfahrensfähige Gesellschaft[6].

c) Zwangsgeldfestsetzung

18 Wird innerhalb der bestimmten Frist **kein Einspruch** eingelegt und die Verpflichtung nicht erfüllt, ist das angedrohte Zwangsgeld festzusetzen und zu-

---

1 *Jansen/Steder*, § 132 FGG Rn. 65, 117 m.w.N.
2 Muster einer Zwangsgeldandrohung bei *Ammon*, DStR 1993, 1031.
3 Vgl. BayObLG v. 10.11.2004 – 3 ZBR 148/04, NZG 2005, 173.
4 BayObLG v. 24.11.1967 – 2 ZBR 83/67, BayObLGZ 1967, 458, 463.
5 BayObLG v. 6.7.1979 – 1 ZBR 142/78, DB 1979, 1981.
6 BayObLG v. 21.11.1983 – 3 ZBR 123/82, Rpfleger 1984, 105; vgl. auch BayObLG v. 12.11.1987 – 3 ZBR 130/87, BayObLGZ 1987, 399 zu § 139 FGG.

gleich die frühere Verfügung unter **Androhung eines weiteren Zwangsgeldes** zu wiederholen (§ 133 Abs. 1 FGG bzw. § 389 Abs. 1 FamFG); ferner sind dem Betroffenen zwingend die **Kosten** des Verfahrens aufzuerlegen (§ 138 FGG bzw. § 389 Abs. 2 FamFG). Gegen eine solche Entscheidung ist die **sofortige Beschwerde statthaft**, § 139 FGG (nach § 391 Abs. 1 FamFG nur Beschwerde, nach § 63 FamFG befristet auf einen Monat). Das Rechtsmittel ist innerhalb einer Frist von zwei Wochen einzulegen (§ 22 Abs. 1 FGG). Es erlaubt nur einen begrenzten Prüfungsumfang; insbesondere unterliegen die materiellen Voraussetzungen der Zwangsgeldfestsetzung nicht mehr der Nachprüfung, wenn kein Einspruch eingelegt worden ist[1]. In diesem Fall prüft das Beschwerdegericht nur formelle Fehler des Androhungs- und Festsetzungsverfahrens (§ 139 Abs. 2 FGG bzw. § 391 Abs. 2 FamFG). Dazu gehört auch die Frage, ob einer der in § 132 FGG (§ 388 FamFG) aufgeführten Fälle überhaupt vorgelegen hat. Die sachliche Prüfung setzt einen zulässigen Einspruch voraus und ist ausschließlich dem Einspruchsverfahren (unten Rn. 19 f.) vorbehalten.

d) Verfahren nach Einspruch

Bei **rechtzeitigem Einspruch** wird nach sachlicher Prüfung die Androhungsverfügung aufgehoben, wenn der Einspruch ohne weitere Ermittlungen begründet ist, also z.B. die zu erfüllende Verpflichtung aus rechtlichen oder tatsächlichen Gründen nicht besteht oder die Zwangsgeldandrohung formell fehlerhaft war. Gegen eine solche Entscheidung des Registergerichts ist, wie gegen die Ablehnung der Einleitung eines Zwangsgeldverfahrens (siehe oben Rn. 15), **Beschwerde** zulässig. Bei begründeter Beschwerde weist das Beschwerdegericht – zuständig ist beim Landgericht eine nach § 30 Abs. 1 S. 2 FGG gebildete Kammer für Handelssachen – das Registergericht zur Terminsbestimmung über den Einspruch an; diese Entscheidung ist unanfechtbar[2]. Erscheint der Einspruch nicht ohne weiteres begründet oder sind weitere Ermittlungen erforderlich, setzt das Gericht einen Erörterungstermin an, zu dem die Beteiligten zu laden sind (§ 134 Abs. 1 FGG bzw. § 390 Abs. 1 FamFG). Das Gericht darf nur dann ohne mündliche Verhandlung entscheiden, wenn es den Einspruch ohne weiteres für begründet erachtet[3]. Erscheint der Einspruchsführer nicht zum Termin, führt dies nicht zur Verwerfung des Einspruchs; das Gericht entscheidet vielmehr nach Sachlage (§ 134 Abs. 2 FGG bzw. § 390 Abs. 2 FamFG). Die Möglichkeit, das persönliche Erscheinen des Einspruchsführers nach § 33 FGG (§ 33 FamFG) zu erzwingen, ist zu verneinen[4]. Erweist sich der Einspruch als begründet, ist die Zwangsgeldandrohung aufzuheben. Gegen diese Entscheidung sind die

19

---

1 Zur Frage, gegen was sich die sofortige Beschwerde richtet, vgl. BayObLG v. 2.9.2004 – 3 ZBR 159/04, FGPrax 2004, 301.
2 KG, KGJ 22, 18.
3 OLG Düsseldorf v. 27.3.1998 – 3 Wx 57/98, FGPrax 1998, 149.
4 Str.; auch wenn das persönliche Erscheinen nach § 13 S. 2 FGG (§ 33 FamFG) angeordnet werden kann, erscheint es ohne ausdrückliche gesetzliche Grundlage nicht in jedem Fall erzwingbar; zum Meinungsstand siehe *Jansen/Steder*, § 134 FGG Rn. 9 und *Bassenge/Roth*, FGG/RPflG, 11. Aufl. 2007, § 12 FGG Rn. 24.

Rechtsmittel wie oben dargestellt gegeben. Wird gegen die wiederholte Verfügung Einspruch erhoben (§ 133 FGG bzw. § 390 Abs. 6 FamFG), so gestattet § 136 FGG (§ 390 Abs. 6 FamFG), abweichend vom Grundsatz der § 18 Abs. 2 FGG (im FamFG nicht vorgesehen), wonach eine Entscheidung in derselben Instanz nicht abgeändert werden darf, wenn sie der sofortigen Beschwerde unterliegt, die Abänderung, sei es durch Aufhebung der Zwangsgeldfestsetzung, sei es durch eine Ermäßigung des verhängten Zwangsgeldes.

20 Ist der für den Tatbestand des § 132 Abs. 1 FGG (§ 388 FamFG) erforderliche Sachverhalt festgestellt und der Einspruch unbegründet, so ist der **Einspruch zu verwerfen und das angedrohte Zwangsgeld festzusetzen** (§ 135 Abs. 2 S. 1 FGG bzw. § 390 Abs. 4 FamFG). Hinsichtlich des Zwangsgeldes hat aber das Gericht die Möglichkeit, von seiner Verhängung abzusehen oder ein niedrigeres Zwangsgeld als angedroht festzusetzen (§ 135 Abs. 2 S. 2 FGG bzw. § 390 Abs. 4 FamFG). Im Fall der Einspruchsverwerfung hat das Gericht gleichzeitig erneut ein Zwangsgeld nach § 132 FGG (§ 388 FamFG) anzudrohen (§ 135 Abs. 3 FGG bzw. § 390 Abs. 5 FamFG). Gegen die Einspruchsverwerfung und die Zwangsgeldfestsetzung durch das Registergericht ist die **sofortige Beschwerde** zum Landgericht (Kammer für Handelssachen) statthaft (§ 139 Abs. 1 FGG; nach §§ 391, 58 FamFG einfache Beschwerde, Frist: ein Monat, § 63 FamFG). Weist das Landgericht die sofortige Beschwerde zurück, ist gegen diese Entscheidung die sofortige weitere Beschwerde zulässig. Dieses Rechtsmittel ist eine Rechtsbeschwerde, die nur darauf gestützt werden kann, dass die angegriffene Entscheidung auf einer Verletzung des Gesetzes beruht (§ 27 Abs. 1 FGG bzw. § 70 Abs. 1 FamFG), d.h. es muss das Verfahrensrecht oder das materielle Recht verletzt sein. Die Rechtsbeschwerde ist, wie die sofortige Beschwerde, befristet und ebenfalls binnen zwei Wochen ab Bekanntmachung der Beschwerdeentscheidung einzulegen (§ 22 Abs. 1, § 29 Abs. 2 und 4 FGG). Über die sofortige weitere Beschwerde entscheidet das OLG. Nach dem FamFG ist künftig nur noch die Beschwerde vorgesehen, befristet auf einen Monat (§§ 58, 63 FamFG).

e) Erledigung der Anmeldepflicht

21 Die Erfüllung der Verpflichtung oder ihr Erlöschen aus einem sonstigen Grund ist bis zum Erlass der Entscheidung durch das Beschwerdegericht zu berücksichtigen. Wird die Verpflichtung hingegen erst nach Erlass des landgerichtlichen Beschlusses, der die Zwangsgeldfestsetzung bestätigt, erfüllt, kann dies vom Rechtsbeschwerdegericht, weil eine neue Tatsache vorliegt, nicht mehr berücksichtigt werden. In einem solchen Fall muss dann das Registergericht die **Zwangsgeldfestsetzung** wegen **veränderter Umstände aufheben**[1].

---

1 Vgl. § 18 FGG (§ 68 Abs. 1 FamFG); *Keidel/Kuntze/Winkler*, Freiwillige Gerichtsbarkeit, 15. Aufl. 2003, § 133 FGG Rn. 4.

6. Zwangsgeldvollstreckung

Die Vollstreckung eines rechtskräftig festgesetzten Zwangsgeldes richtet sich nach der Justizbeitreibungsordnung[1]. **Vollstreckungsbehörde** ist das Gericht, das die Festsetzung des Zwangsgeldes angeordnet hat; Einziehungsbehörde ist die Gerichtskasse. Die Vollstreckung fällt in den Zuständigkeitsbereich des Rechtspflegers (§ 31 Abs. 3 RPflG). 22

§ 15
Publizität des Handelsregisters

(1) Solange eine in das Handelsregister einzutragende Tatsache nicht eingetragen und bekanntgemacht ist, kann sie von demjenigen, in dessen Angelegenheiten sie einzutragen war, einem Dritten nicht entgegengesetzt werden, es sei denn, dass sie diesem bekannt war.

(2) Ist die Tatsache eingetragen und bekanntgemacht worden, so muss ein Dritter sie gegen sich gelten lassen. Dies gilt nicht bei Rechtshandlungen, die innerhalb von fünfzehn Tagen nach der Bekanntmachung vorgenommen werden, sofern der Dritte beweist, dass er die Tatsache weder kannte noch kennen musste.

(3) Ist eine einzutragende Tatsache unrichtig bekanntgemacht, so kann sich ein Dritter demjenigen gegenüber, in dessen Angelegenheiten die Tatsache einzutragen war, auf die bekanntgemachte Tatsache berufen, es sei denn, dass er die Unrichtigkeit kannte.

(4) Für den Geschäftsverkehr mit einer in das Handelsregister eingetragenen Zweigniederlassung eines Unternehmens mit Sitz oder Hauptniederlassung im Ausland ist im Sinne dieser Vorschriften die Eintragung und Bekanntmachung durch das Gericht der Zweigniederlassung entscheidend.

Übersicht

	Rn.
I. Allgemeines	
1. Entstehung und Zweck der Vorschrift	1
2. Anwendungsbereich	3
II. Fehlende Eintragung und Bekanntmachung – negative Publizität (§ 15 Abs. 1)	
1. Bedeutung	4
2. Voraussetzungen	
a) Einzutragende Tatsache	6
b) Angelegenheiten des Betroffenen	10
c) Fehlende Eintragung und Bekanntmachung	12
d) Fehlende Voreintragung	13
e) Fehlende Kenntnis des Dritten	15
3. Rechtsfolgen	
a) Allgemeine Rechtsfolgen	18
b) „Rosinentheorie" oder „Prinzip der Meistbegünstigung"	21
c) Schutz Minderjähriger	22

---

[1] I.d.F. v. 26.7.1957, BGBl. I 861, zuletzt geändert durch Art. 4 Abs. 13 des Gesetzes v. 17.12.2006, BGBl. I 3171.

	Rn.		Rn.
III. Wirkung eingetragener und bekanntgemachter Tatsachen (§ 15 Abs. 2)		2. Tatbestandsvoraussetzungen	
		a) Einzutragende Tatsache.......	35
		b) Unrichtige Bekanntmachung ..	36
1. Allgemeines...................	23	c) Gutgläubigkeit des Dritten	40
2. Regelfall		d) Zeitpunkt...................	41
a) Allgemeine Grundsätze.......	24	e) Veranlassung.................	42
b) Rechtsfolgen................	25	f) Minderjährige und Geschäfts- unfähige....................	43
3. Ausnahmefall		3. Rechtsfolgen..................	44
a) Fünfzehn-Tage-Frist..........	26		
b) Rechtsfolgen................	28	V. Zweigniederlassung (§ 15 Abs. 4) .	46
4. Vertrauensschutz und Rechts- scheinhaftung..................	29	VI. Allgemeine Rechtsscheingrund- sätze........................	47
IV. Unrichtige Bekanntmachung einer einzutragenden Tatsache – positive Publizität (§ 15 Abs. 3)			
1. Allgemeines...................	32		

Schrifttum: *Altmeppen*, Disponibilität des Rechtsscheins, 1993; *Beuthien*, Fragwürdige Rechtsscheingrenzen im neuen § 15 Abs. 3 HGB, NJW 1970, 2283; *Beuthien*, Sinn und Grenzen der Rechtsscheinhaftung nach § 15 Abs. 3 HGB, in: Festschrift Reinhardt, 1972, S. 199; *Beyerle*, Fragwürdige Rechtsscheinhaftung in § 15 Abs. 3 HGB n.F., BB 1971, 1482; *Bürck*, § 15 III HGB und die Grundsätze der Haftung von fehlerhaften und entstehenden Personengesellschaften gegenüber Dritten, AcP 171 (1971), 328; *Canaris*, Die Vertrauenshaftung im deutschen Privatrecht, 1971; *Dreher*, Schutz Dritter nach § 15 HGB bei Geschäftsunfähigkeit eines Geschäftsführers oder Vorstandsmitglieds?, DB 1991, 533; *Engler*, Abfindungsversicherung und Rechtsnachfolgevermerk beim Kommanditistenwechsel, DB 2005, 483; *Gotthardt*, Vertrauensschutz und Registerpublizität, JZ 1971, 312; *J. Hager*, Das Handelsregister, Jura 1992, 57; *Hofmann*, Das Handelsregister und seine Publizität, JA 1980, 264; *A. Hueck*, Gilt § 15 Abs. 1 HGB auch beim Erlöschen und bei der Änderung nicht eingetragener, aber eintragungspflichtiger Rechtsverhältnisse?, AcP 118 (1920), 350; *John*, Fiktionswirkung oder Schutz typisierten Vertrauens durch das Handelsregister, ZHR 140 (1976), 236; *Kreutz*, Die Bedeutung von Handelsregistereintragung und Handelsregisterbekanntmachung im Gesellschaftsrecht, Jura 1982, 626; *Nitschke*, Die Wirkung von Rechtsscheintatbeständen zu Lasten Geschäftunfähiger und beschränkt Geschäftsfähiger, JuS 1968, 541; *v. Olshausen*, Neuerungen im System der handelsrechtlichen Rechtsscheingrundsätze, BB 1970, 137; *v. Olshausen*, Fragwürdige Rechtsscheingrenzen im neuen § 15 Abs. 3 HGB, NJW 1971, 966; *v. Olshausen*, Rechtsschein und „Rosinentheorie" oder Vom guten und vom schlechten Tropfen, AcP 189 (1989), 223; *Paul*, Kommanditistenhaftung bei Anteilsübertragung ohne Nachfolgevermerk, MDR 2004, 849; *Raisch*, Zur Abgrenzung von Gewohnheitsrecht und Richterrecht im Zivil- und Handelsrecht, ZHR 150 (1986), 117; *M. Reinicke*, Sein und Schein bei § 15 Abs. 1 HGB, JZ 1985, 272; *Sandberger*, Die handelsrechtliche Register-Rechtsscheinhaftung nach der Neufassung des § 15 HGB, JA 1973, 215; *Schilken*, Abstrakter und konkreter Vertrauensschutz im Rahmen des § 15 HGB, AcP 187 (1987), 1; *K. Schmidt*, Sein – Schein – Handelsregister, JuS 1977, 209; *K. Schmidt*, Ein Lehrstück zu § 15 Abs. 1 HGB – BGH, NJW 1991, 2566, JuS 1992, 1002; *K. Schmidt*, Handelsregisterpublizität und Kommanditistenhaftung, ZIP 2002, 413; *Schneider*, Die Fortentwicklung des Handelsregisters zum Konzernregister, WM 1986, 181; *Schwarz*, Publizitätswirkungen des Handelsregisters bei der Umwandlung einer Personenhandelsgesellschaft in eine BGB-Gesellschaft, DB 1989, 161; *Steckhan*, Grenzen des öffentlichen Glaubens der Handelsregisterbekanntmachung, DNotZ 1971, 211; *Steckhan*, Zu Normzweck und Rechtsfolge des neuen § 15 Abs. 3 HGB, NJW 1971, 1594; *Terbrack*, Kommanditistenwechsel und Sonderrechtsnachfolgevermerk, Rpfleger 2003, 105; *Tiedtke*, Die Haftung des gesamtvertretungsberechtigten Komplementärs nach seinem Ausscheiden aus der Kommanditgesellschaft, DB 1979, 245; *Tiedtke*, Gutgläubiger Erwerb im bürgerlichen Recht, im Handels- und Wertpapierrecht sowie in der Zwangsvollstreckung, 1985, 209; *Wilhelm*, Mängel bei der Neuregelung des NastraG zu den Bekanntmachungen über die Kommanditisten, DB 2002, 1979.

I. Allgemeines

1. Entstehung und Zweck der Vorschrift

Das Handelsregister kann seine Funktion als **Informationsquelle** zur Verlautbarung von Tatsachen, die für den Verkehr bedeutsam sind, nur erfüllen, wenn auf seinen Inhalt vertraut werden darf. Daraus folgen die in § 15 normierten materiell-rechtlichen Konsequenzen: Das Handelsregister ist einerseits Grundlage für den Schutz des gutgläubigen Rechtsverkehrs, andererseits zerstört es durch seine Publikation einen etwaigen guten Glauben. Das Handelsregister hat für den Rechtsverkehr eine vertrauensschützende und vertrauenszerstörende Wirkung[1]. Ausgangspunkt der handelsrechtlichen Rechtsscheinhaftung ist § 15. Die jetzige Fassung der Bestimmung geht in seinen Absätzen 1 bis 3 zurück auf die 1. EG-Gesellschaftsrichtlinie vom 9.3.1968, umgesetzt durch Art. 10 des Gesetzes vom 15.8.1969[2]. Absatz 4 der Bestimmung wurde durch das EHUG[3] geändert. Auch nach dem EHUG knüpft die Publizität an die Bekanntmachung an. Ob dies bei der jederzeitigen elektronischen Einsehbarkeit der Register noch sachdienlich ist, darf bezweifelt werden. 1

Die einzelnen Absätze der Vorschrift haben **unterschiedliche Zielrichtungen:** § 15 Abs. 1 schützt das Vertrauen Dritter auf das Schweigen des Handelsregisters hinsichtlich einer einzutragenden Tatsache (negative Publizität; vgl. dazu für das Vereinsregister § 68 BGB, für das Güterrechtsregister § 1412 BGB). § 15 Abs. 2 S. 1 bezeichnet zunächst die Rechtsfolgen, die sich für einen Dritten aus eingetragenen und bekanntgemachten Tatsachen ergeben; ergänzend enthält aber S. 2 einen Vertrauenstatbestand; § 15 Abs. 3 schützt den Rechtsverkehr, der auf eine unrichtig bekanntgemachte Tatsache vertraut (positive Publizität; vergleichbar mit §§ 892, 893 BGB für Grundbuch). Entsprechend dem weitgefassten Wortlaut der Publizitäts-Richtlinie fallen unter die Bestimmung aber auch die Fälle, in denen Bekanntmachung *und* Eintragung unrichtig sind oder letztere völlig fehlt[4]. § 15 Abs. 4 bestimmt, dass für den Geschäftsverkehr mit einer Zweigniederlassung (§§ 13 ff.), soweit es um die Anwendung von § 15 Abs. 1 bis 3 geht, 2

---

1 *Canaris*, HR, § 5 Rn. 1 f.
2 BGBl. I 1146. Die Regelung in § 15 geht über die Vorgaben der Publizitäts-Richtlinie 58/151/EWG, ABl. EG Nr. 65 v. 14.3.1968, 8 (abgedruckt bei *Lutter*, Europäisches Unternehmensrecht, 4. Aufl. 1996, S. 104), die nur für Kapitalgesellschaften maßgebend ist, hinaus; sie gilt für alle Kaufleute.
3 V. 10.11.2006, BGBl. I 2553.
4 Begr. RegE BT-Drucks. V 3862 S. 11; *Heymann/Sonnenschein/Weitemeyer*, § 15 Rn. 3; *Staub/Hüffer*, § 15 Rn. 10.

die Eintragung und die Bekanntmachung durch das Gericht der Zweigniederlassung nur dann maßgebend sind, wenn es sich um Zweigniederlassungen ausländischer Unternehmen handelt (für Zweigniederlassungen inländischer Unternehmen erfolgen Eintragungen gem. § 13 nur beim Gericht der Hauptniederlassung/des Sitzes, für die § 15 Abs. 1 bis 3 direkt anwendbar sind). Der Bestimmung ist aber auch zu entnehmen, dass § 15 insgesamt nur für den Geschäftsverkehr, nicht aber für den „Unrechtsverkehr" Anwendung findet. Damit enthält das Handelsregister nach heutigem Rechtszustand eine Verbindung von negativer und positiver Publizität.

2. Anwendungsbereich

3   Die Bestimmung kommt zur Anwendung, wenn ein Dritter im **Geschäftsverkehr** mit einem Kaufmann auf die Kenntnis dem Handelsregister zu entnehmender bestimmter Tatsachen vertraut. Danach ist die Vorschrift auf Ansprüche begrenzt, die mit dem Geschäftsverkehr (vgl. § 15 Abs. 4) im Zusammenhang stehen; der sog. reine „Unrechtsverkehr" (z.B. Verkehrsunfall) scheidet aus[1]. Anwendbar ist die Vorschrift ferner auf den Prozessverkehr und auf Vollstreckungsmaßnahmen[2] sowie auf Ansprüche aus Verschulden bei Vertragsschluss und positiver Forderungsverletzung, Bereicherungsansprüche, Ansprüche aus Geschäftsführung ohne Auftrag und auf deliktische Ansprüche, sofern Entstehung auf rechtsgeschäftlichem Handeln als Grundlage des Vertrauensschutzes beruht[3]. Keine Anwendung findet die Vorschrift auf Steuerschulden, da insoweit eine kraft Gesetzes entstandene Verbindlichkeit vorliegt[4].

II. Fehlende Eintragung und Bekanntmachung – negative Publizität (§ 15 Abs. 1)

1. Bedeutung

4   Solange das Handelsregister eine einzutragende Tatsache nicht ausweist und es insoweit auch an einer Bekanntmachung fehlt, darf ein gutgläubiger Dritter davon ausgehen, dass eine **Veränderung der Verhältnisse** nicht stattgefunden hat; er darf sich auf das Schweigen des Handelsregisters verlassen. Dogmatisch erfüllt § 15 Abs. 1 dieselbe Funktion wie § 68 BGB für das Vereinsregister und § 1412 Abs. 2 BGB für das Güterrechtsregister. Für nicht eintragungspflichtige Tatsachen kommen die allgemeinen Grundsätze einer

---

1 OLG Düsseldorf v. 20.12.2002 – 22 U 99/02, DB 2003, 656; RGZ 93, 240; *Staub/Hüffer*, § 15 Rn. 13; *Canaris*, HR, § 5 Rn. 14; auf Fälle potentieller Kausalität zwischen Vertrauen auf Richtigkeit der Verlautbarung des Registergerichts und Handeln des Dritten beschränkend MünchKommHGB/*Krebs*, § 15 Rn. 22 mit Verweis auf BGH v. 9.10.2003 – VII 122/01, NJW-RR 2004, 120.
2 H.M., vgl. BGH v. 9.8.1978 – VIII ZR 146/77, NJW 1979, 42; *Heymann/Sonnenschein/Weitemeyer*, § 15 Rn. 4; *Koller/Roth/Morck*, § 15 Rn. 4.
3 BGH v. 26.10.1999 – BLw 3/99, VIZ 2000, 60, 61; OLG Stuttgart v. 12.9.1986 – 2 U 58/86, WRP 1987, 200 f.; *Heymann/Sonnenschein/Weitemeyer*, § 15 Rn. 4.
4 BFH v. 13.4.1978 – V 94/74, NJW 1978, 1944.

Rechtsscheinhaftung zur Anwendung; s. dazu auch schon die Ausführungen zum Scheinkaufmann, oben *Röhricht* Anh. § 5. Auf die Handlungsvollmacht sind die §§ 170 ff. BGB unmittelbar anzuwenden.

Als **eintragungspflichtige Tatsachen** von praktischer Bedeutung sind vor allem zu nennen: die Entlassung eines Vorstandsmitglieds und der Entzug der Vertretungsbefugnis (§ 81 Abs. 1 AktG), die Abberufung eines Geschäftsführers (§ 39 GmbHG), das Erlöschen einer Prokura (§ 53 Abs. 2), das Ausscheiden eines Gesellschafters (§ 143). Die Pflicht, die Beendigung eines Unternehmensvertrages anzumelden, folgt aus § 298 AktG. Die dazu gehörende Gläubigerschutzbestimmung des § 303 Abs. 1 AktG geht als Spezialvorschrift § 15 Abs. 1 vor; positive Kenntnis der Gläubiger von der Beendigung des Unternehmensvertrages schadet nach dieser Bestimmung nicht[1]. 5

2. Voraussetzungen

a) Einzutragende Tatsache

Es muss eine einzutragende Tatsache vorliegen, das Tatbestandsmerkmal ist 6
weitgehend mit der **eintragungspflichtigen** Tatsache identisch[2]; es geht aber, soweit es konstitutiv wirkende Eintragungen betrifft, darüber hinaus (s. dazu auch oben § 8 Rn. 17). Wird eine Eintragungspflicht erst über eine Analogie durch die Rechtsprechung begründet (oben § 8 Rn. 18, 23), ist § 15 Abs. 1 erst ab dem Zeitpunkt anzuwenden, zu dem der Rechtsverkehr auf die Eintragungspflicht vertrauen durfte[3].

Ist das Erlöschen der Organstellung eines **geschäftsunfähig** gewordenen Ge- 7
schäftsführers (§ 6 Abs. 2 S. 1 GmbHG) nicht im Handelsregister eingetragen worden, darf der Rechtsverkehr zwar auf den Fortbestand der Vertretungsmacht nach § 15 Abs. 1 vertrauen, nicht aber darf er sich auf die Geschäftsfähigkeit verlassen, weil insoweit eine einzutragende Tatsache nicht vorliegt[4]. Dennoch kann aber in einem solchen Fall eine Haftung der GmbH nach allgemeinen Rechtsscheingrundsätzen gegeben sein[5]. § 15 Abs. 1 gilt nicht für nur eintragungsfähige Tatsachen, insoweit gelten bei Nichteintragung teilweise Sonderregelungen, z.B. nach §§ 25 Abs. 2, 28 Abs. 2.

§ 15 Abs. 1 gilt für **deklaratorische** und grundsätzlich **auch für konstitutive**[6] 8
Eintragungen. Die Bestimmung hat zwar für konstitutive Eintragungen we-

---

1 BGH v. 11.11.1991 – II ZR 287/90, BGHZ 116, 37, 44; *Heymann/Sonnenschein/Weitemeyer*, § 15 Rn. 5.
2 Vgl. dazu *Heymann/Sonnenschein/Weitemeyer*, § 15 Rn. 6; andererseits auch *v. Olshausen*, ZHR 141 (1977), 93, 102: es besteht mittelbarer Anmeldezwang, weil dem Anmelder die gewünschte Rechtsfolge bis zur Eintragung verweigert wird.
3 BGH v. 11.11.1991 – II ZR 287/90, BGHZ 116, 37, 44.
4 BGH v. 1.7.1991 – II ZR 292/90, BGHZ 115 78, 81 = JZ 1992, 152 mit Anm. *Lutter/Gehling*; *K. Schmidt*, JuS 1991, 1002.
5 BGH v. 1.7.1991 – II ZR 292/90, BGHZ 115, 78, 81 ff.; für diesen Sonderfall jetzt zustimmend MünchKommBGB/*Thiele*, § 165 BGB Rn. 9a; anders noch die Vorauflage.
6 *Koller/Roth/Morck*, § 15 Rn. 6; MünchKommHGB/*Krebs*, § 15 Rn. 34; vgl. auch *K. Schmidt*, HR, § 14 II 2a S. 390.

nig praktische Bedeutung, da hier die Rechtsänderung erst mit der Eintragung eintritt. Relevanz ist dennoch für den Fall gegeben, dass zwar eingetragen, aber – noch – nicht bekanntgemacht worden ist (vgl. unten Rn. 12 und *von Gerkan/Haas*, § 174 Rn. 4). Unter den Voraussetzungen der §§ 2, 3 Abs. 2 und 3 erwirbt der Unternehmer die Kaufmannseigenschaft mit der Eintragung, der Schutz des Dritten ist aber bis zur Bekanntmachung erforderlich. Für eine Beschränkung der Anwendbarkeit von § 15 Abs. 1 auf sog. Sekundärtatsachen ist kein durchschlagender Grund ersichtlich. Auch die Kaufmannseigenschaft fällt als sog. Primärtatsache unter § 15 Abs. 1. Ein Dritter kann rechtserheblich darauf vertrauen, dass es sich bei dem nicht eingetragenen und nicht bekannt gemachten Unternehmen eines Istkaufmanns nicht um ein kaufmännisches Unternehmen handelt[1]. Die Norm schützt nicht nur das **Vertrauen in den Fortbestand** einer einmal geschaffenen Rechtslage; vielmehr wird auch der Dritte dann geschützt, wenn er auf das Nichtvorliegen einer **von Anfang an** eintragungspflichtigen Tatsache vertraut, über die das Handelsregister schweigt[2].

9 § 15 findet auf **Eintragungen** über bestimmte Vorgänge im **Insolvenzverfahren** (vgl. § 32 Abs. 1), die nicht bekanntgemacht werden (§ 32 Abs. 2 S. 1), kraft ausdrücklicher Bestimmung (§ 32 Abs. 2 S. 2) **keine Anwendung**. Für die Eintragung der Herabsetzung einer Kommanditeinlage gilt § 174. Keine einzutragende Tatsache i.S.v. § 15 Abs. 1 ist das sich für DDR-Parteivermögen aus §§ 20a, 20b DDR-PartG ergebende Treueverhältnis[3].

b) Angelegenheiten des Betroffenen

10 **Rechtsnachteile** aus dem Schweigen des Handelsregisters treffen denjenigen, in dessen Angelegenheiten die Tatsache einzutragen war. Das sind der Unternehmensträger und sein Gesamtrechtsnachfolger[4], der Einzelkaufmann, die juristische Person, bei der Personenhandelsgesellschaft sämtliche Gesellschafter; bei späterem Eintritt ab diesem Zeitpunkt.

11 **Einzelfälle:** Der Unternehmensträger muss Rechtsgeschäfte seines Prokuristen, dessen Prokura zwar widerrufen, der Widerruf aber entgegen § 53 Abs. 2 weder im Handelsregister eingetragen noch bekanntgemacht worden ist, gegen sich gelten lassen, es sei denn, dem Dritten war das Erlöschen der Prokura positiv bekannt. Scheidet ein Gesellschafter aus einer OHG aus und wird sein Ausscheiden entgegen § 143 Abs. 2 nicht eingetragen und bekanntgemacht, so haftet er auch für nach seinem Ausscheiden entstandene Schulden gemäß § 128, wenn dem Geschäftspartner das Ausscheiden nicht bekannt ist. Hat ein Kaufmann sein Handelsgeschäft veräußert und ist dies entgegen § 31 Abs. 1 im Handelsregister weder eingetragen noch bekanntgemacht worden, haftet er für neue unter der bisherigen Firma begründete

---

1 Vgl. RegE BT-Drucks. 13/8444 S. 48; *K. Schmidt*, HR, § 14 II 2a S. 391.
2 Zutreffend *Koller/Roth/Morck*, § 15 Rn. 5.
3 LG Berlin v. 14.11.1994 – 90 O 86/94, VIZ 1994, 370.
4 BGH v. 21.12.1970 – II ZR 258/67, BGHZ 55, 267, 272 f.; *Heymann/Sonnenschein/Weitemeyer*, § 15 Rn. 7.

Verbindlichkeiten nach § 15 Abs. 1, es sei denn, der Geschäftspartner hat von der Veräußerung positive Kenntnis.

c) Fehlende Eintragung und Bekanntmachung

Die Tatsache darf nicht eingetragen und bekanntgemacht sein. Beide Voraussetzungen müssen zwar nach dem Wortlaut der Vorschrift vorliegen; da aber der Rechtsverkehr nur die Bekanntmachung kennen muss, reicht zugunsten eines Geschäftspartners allein die **fehlende Bekanntmachung** für die Anwendung von Abs. 1 aus, auch wenn die Eintragung vorliegt[1]. Andererseits gibt es keinen Vertrauensschutz, wenn eine deklaratorisch wirkende Eintragung fehlt, die Änderung durch das Registergericht aber ordnungsgemäß bekanntgemacht worden ist.

Besteht **Eintragungspflicht ohne Bekanntmachungserfordernis**, z.B. nach § 162 Abs. 2 und 3 bzw. 175 HGB, ist § 15 Abs. 1 gleichwohl bei fehlender Eintragung (insbesondere des Rechtsnachfolgevermerks) anzuwenden (mit der Konsequenz der evtl. wieder auflebenden Haftung des veräußernden Kommanditisten!), da § 162 Abs. 2 2. Hs. sich nur auf fehlende bzw. fehlerhafte Bekanntmachung bezieht, i. Ü. aber § 15 im Hinblick auf die Eintragung unberührt bleibt[2].

12

Anders als die Eintragung des Kaufmanns nach § 5, die für und gegen alle wirkt, wirkt das Schweigen des Handelsregisters nach § 15 Abs. 1 **nur zugunsten des Dritten**; das gilt unabhängig davon, ob der Betroffene die fehlende Eintragung und Bekanntmachung verschuldet oder auch nur verursacht hat. Gegen Nachteile kann sich der Kaufmann schützen, indem er seine Geschäftspartner verständigt[3]; hat das Registergericht Eintragung und Bekanntmachung schuldhaft verzögert oder unterlassen, kommt Amtshaftung nach § 839 BGB, Art. 34 GG in Betracht, eine Befreiung des Betroffenen von der Haftung nach § 15 Abs. 1 gegenüber dem Dritten tritt nicht ein. Es kommt also für die Haftung aus § 15 Abs. 1 nicht darauf an, aus welchem Grund Eintragung und Bekanntmachung unterblieben sind[4].

12a

d) Fehlende Voreintragung

Streitig ist, ob § 15 Abs. 1 zugunsten des Dritten auch dann eingreift, wenn die zur fehlenden Eintragung gehörige Voreintragung fehlt. D.h., haftet z.B. ein Kaufmann (Unternehmensträger) dem Dritten auch dann für Rechtsgeschäfte, die sein früherer Prokurist abgeschlossen hat, wenn er weder Er-

13

---

1 *Baumbach/Hopt*, § 15 Rn. 4; *Koller/Roth/Morck*, § 15 Rn. 7; *Heymann/Sonnenschein/Weitemeyer*, § 15 Rn. 8.
2 BGH v. 19.9.2005 – II ZB 11/04, DB 2005, 2812 – Richterrecht; str., wie hier: *Koller/Roth/Morck*, § 15 Rn. 5 und § 162 Rn. 2; *Engler*, DB 2005, 483; *Paul*, MDR 2004, 849; *Terbrack*, Rpfleger 2003, 105; *Wilhelm*, DB 2002, 1983; a.A. *Schmidt*, ZIP 2002, 415; MünchKommHGB/*Krebs*, § 15 Rn. 29, 56 m.w.N.
3 *Canaris*, HR, § 5 Rn. 20.
4 BGH v. 11.11.1991 – II ZR 287/90, BGHZ 116, 37, 44; *Heymann/Sonnenschein/Weitemeyer*, § 15 Rn. 8; *Staub/Hüffer*, § 15 Rn. 21.

teilung noch Widerruf der Prokura zum Handelsregister angemeldet hat? Nach h.M.[1], die sich auf den Wortlaut des Gesetzes berufen kann, ist dies zu bejahen. Der Vertrauensschutz ist unabhängig von der positiven (Vor-)Eintragung im Handelsregister gegeben; er gründet sich allein auf das Schweigen des Handelsregisters. § 15 Abs. 1 enthält keine Elemente einer positiven Publizität. Der Rechtsverkehr kann auch bei Nichteintragung der voreintragungspflichtigen Tatsache in der Praxis erfahren haben, dass jemand die Prokuristen- oder Gesellschafterstellung innehatte. Dann darf er auch darauf vertrauen, dass dies bei einem Schweigen des Handelsregisters über ein etwaiges Ausscheiden noch zutrifft.

14 Der **Haupteinwand**, dies führe zu unbilligen Ergebnissen, wenn eine Prokura bereits am Tage der Erteilung widerrufen worden, der OHG-Gesellschafter niemals als solcher nach außen in Erscheinung getreten ist, ist durchaus beachtlich. Dennoch sollte § 15 Abs. 1 auch bei fehlender Voreintragung aus Gründen der Rechtssicherheit grundsätzlich Anwendung finden und nur dann davon abgesehen werden, wenn beweismäßig feststeht, dass die voreintragungspflichtige Tatsache nicht nach außen bekannt geworden sein kann (sog. **teleologische Reduktion**)[2]. Nach BGH[3] ist § 15 Abs. 1 dann nicht anzuwenden, wenn im maßgebenden Zeitpunkt die Eintragungspflicht noch nicht höchstrichterlich anerkannt war, so dass keine hinreichende Grundlage für ein – typisiertes – Vertrauen des Rechtsverkehrs gegeben war. In solchen Fällen ist davon auszugehen, dass das Schweigen des Handelsregisters nicht kausal für ein rechtsgeschäftliches Handeln gewesen ist. Entsprechend dem Schutzzweck des § 15 Abs. 1 trägt der Anmeldepflichtige die Beweislast für das Vorliegen eines solchen Ausnahmefalls[4].

a) Fehlende Kenntnis des Dritten

15 **Dritter** i.S.d. Vorschrift ist jeder, der von der Eintragung nicht selbst betroffen ist; nicht Dritte sind Gesellschafter oder organschaftliche Vertreter einer betroffenen Gesellschaft[5]. Das sollte für Gesellschafter auch dann gelten,

---

1 BGH v. 11.11.1991 – II ZR 287/90, BGHZ 116, 37, 44 f.; BGH v. 21.12.1970 – II ZR 252/67, BGHZ 55, 267, 272 f.; Brandenburgisches OLG v. 29.5.2002 – 7 U 221/01, NZG 2002, 19; OLG Frankfurt v. 28.6.1972 – 17 U 136/70, OLGZ 1973, 20, 22; *Heymann/Sonnenschein/Weitemeyer*, § 15 Rn. 9; *Schlegelberger/Hildebrandt/Steckhan*, § 15 Rn. 11; GroßKommHGB/*Würdinger*, § 15 Anm. 5; *K. Schmidt*, HR, § 14 II 2b, S. 391 f.; a.A. *Staub/Hüffer*, § 15 Rn. 20; *Schilken*, AcP 187 (1987), 1, 8; vermittelnd *Canaris*, HR, § 5 Rn. 12; *John*, ZHR 140 (1976), 241 f.; *Hager*, Jura 1992, 57, 60; *Baumbach/Hopt*, § 15 Rn. 11.
2 So *Canaris*, HR § 5 Rn. 12; ferner *John*, ZHR 140 (1976), 241 ff.; *Hager*, Jura 1992, 60; *K. Schmidt*, HR, § 14 II 2b, S. 394; *Koller/Roth/Morck*, § 15 Rn. 9.
3 BGH v. 11.11.1991 – II ZR 287/90, BGHZ 116, 37, 45 f.
4 *Baumbach/Hopt*, § 15 Rn. 11; *Canaris*, HR, § 5 Rn. 12; a.A. *John*, ZHR 140 (1976), 242, der Dritte habe zu beweisen, dass ihm außerhalb des Registers liegende vertrauensbegründende Umstände bekannt geworden sind. Nach wohl überwiegender Auffassung soll der Schutz des § 15 Abs. 1 in solchen Fällen ohne Zulassung des Gegenbeweises gewährt werden; vgl. auch MünchKommHGB/*Krebs*, § 15 Rn. 35 f.
5 OLG Dresden v. 10.7.2001 – 2 U 632/01, NZG 2001, 1141.

wenn sie bei Geschäften mit der Gesellschaft als Dritte handeln[1]. Die Fallgestaltung ist mit der des § 126 Abs. 2 vergleichbar, so dass auch hier der Schutz des § 15 Abs. 1 ausgeschlossen sein sollte.

Der Dritte ist nur dann nicht **gutgläubig**, wenn er die einzutragende Tatsache positiv kennt; bloß fahrlässige Unkenntnis schadet nicht. Ein Kennenmüssen reicht nicht aus. Wer nur die Umstände positiv kennt, die eine Tatsache zur Folge haben können, kennt damit noch nicht diese Tatsache selbst[2]. Die Kenntnis eines Vertreters wird dem Vertretenen zugerechnet (§ 166 Abs. 1 BGB). Da die Gutgläubigkeit auf einer widerlegbaren Vermutung beruht, hat der Betroffene nachzuweisen, dass der Dritte die einzutragende Tatsache positiv gekannt hat. Die bloße Kenntnis der Umstände, aus denen auf die einzutragende Tatsache geschlossen werden kann, reicht nicht aus. **Maßgebender Zeitpunkt** für fehlende Eintragung und Bekanntmachung sowie für die Unkenntnis des Dritten ist der Zeitpunkt, zu dem rechtserhebliche Erklärungen abgegeben werden, z.B. Vertragsschluss. Auf den späteren Zeitpunkt, zu dem dem Dritten die Tatsache entgegengehalten wird, kommt es nicht an[3]. 16

Nicht entscheidend ist, ob der gutgläubige Dritte das Handelsregister tatsächlich eingesehen oder dessen Bekanntmachungen ganz allgemein gelesen hat[4]. Der gute Glaube muss nicht auf konkret gegebenen Umständen beruhen. Das Gesetz lässt die allgemein gegebene Möglichkeit, sich im Handelsregister zu informieren, als Grundlage für den **Vertrauensschutz** ausreichen. Wenn das Handelsregister schweigt, wird die Kausalität des Handelns eines Dritten entweder unterstellt[5] oder unwiderlegbar vermutet[6]. Nicht erforderlich ist, dass der Dritte von der früheren Rechtslage, die vor der eintragungspflichtigen Tatsache gegeben war, wusste und zwischen dieser Kenntnis und seinem Handeln ein Kausalzusammenhang besteht[7]. 17

---

1 Vgl. *Hager*, Jura 1992, 57, 61; *Koller/Roth/Morck*, § 15 Rn. 12; a.A. *Heymann/Sonnenschein/Weitemeyer*, § 15 Rn. 11; *Staub/Hüffer*, § 15 Rn. 31.
2 RGZ 144, 199, 204; *Heymann/Sonnenschein/Weitemeyer*, § 15 Rn. 10.
3 *Heymann/Sonnenschein/Weitemeyer*, § 15 Rn. 12; *Baumbach/Hopt*, § 15 Rn. 10.
4 BGH v. 9.10.2003 – VII ZR 122/01, DB 2003, 2542; BGH v. 1.12.1975 – II ZR 62/75, BGHZ 65, 309, 311.
5 *v. Olshausen*, AcP 189 (1989), 223, 239; *M. Reinicke*, JZ 1985, 272, 276.
6 BGH v. 9.10.2003 – VII ZR 122/01, DB 2003, 2542, wonach die abstrakte Möglichkeit, dass der Dritte sein Handeln auf die Registereintragung einrichtet, ausreicht; *Hager*, Jura 1992, 57, 61; *Staub/Hüffer*, § 15 Rn. 24, 25; vgl. auch *Koller/Roth/Morck*, § 15 Rn. 13.
7 *Staub/Hüffer*, § 15 Rn. 24, 25; einschränkend *Canaris*, HR, § 5 Rn. 17, der entgegen der h.M. dem Betroffenen den Gegenbeweis dahin gehend gestatten will, dass der Dritte die vertrauensbegründende Tatsache nicht gekannt hat. Gelinge dieser Beweis, entfalle die Rechtfertigung des Vertrauensschutzes.

3. Rechtsfolgen
a) Allgemeine Rechtsfolgen

18 § 15 Abs. 1 bestimmt, dass der Betroffene die im Handelsregister nicht eingetragene und nicht bekanntgemachte Tatsache dem Dritten nicht entgegenhalten kann; z.B. ist eine widerrufene **Prokura** als fortbestehend anzusehen, eine eingetragene Gesellschaft ist Kaufmann nach § 5; sie kann gegen ihre Inanspruchnahme als Kaufmann nicht einwenden, das von ihr unter ihrer eingetragenen Firma ausgeübte Gewerbe sei kein Handelsgewerbe (mehr), weil eine kaufmännische Einrichtung nicht erforderlich sei; eingehend oben *Röhricht*, § 5 Rn. 13 und 19 ff.

19 Leiten Personen ihre Rechte von einem Dritten her, wirkt § 15 Abs. 1 auch zu deren Gunsten, sofern sich der Dritte auf diese Bestimmung beruft[1].

20 Die Bestimmung wirkt nur **zugunsten des Dritten**, nicht auch zugunsten des anmeldepflichtigen Betroffenen[2]. Dem Dritten steht es frei, ob er sich auf den aus dem Schweigen des Handelsregisters resultierenden Sachverhalt mit der entsprechenden Rechtsfolge beruft oder unabhängig von der fehlenden Eintragung den tatsächlich gegebenen Sachverhalt mit der entsprechenden Rechtsfolge für sich in Anspruch nimmt; insoweit hat er ein **Wahlrecht**[3]. Der Kläger im Zivilprozess macht nämlich nicht nur eine Rechtsfolge geltend[4], sondern muss auch den erforderlichen schlüssigen Sachvortrag bringen. Verwirrung stiftet eher die Unterscheidung zwischen dem wahren Sachverhalt und einem Schein- oder Fiktivsachverhalt. In Wirklichkeit wird auch in letzterem Fall ein „wahrer" Sachverhalt behauptet, nämlich der, dass im Handelsregister eine eintragungspflichtige Tatsache nicht eingetragen ist, das Handelsregister darüber schweigt. Aus diesem Sachverhalt zieht das Gesetz in § 15 Abs. 1 eine rechtliche Konsequenz; erst aus dieser Kombination hat sich der etwas irreführende Begriff vom „Scheinsachverhalt" entwickelt.

Ist ein Gesellschafter aus einer OHG ausgeschieden, muss dieser Vorgang zum Handelsregister, und zwar von allen Gesellschaftern und dem Ausgeschiedenen (dazu unten *von Gerkan/Haas*, § 143 Rn. 4), angemeldet werden. Unterbleibt die Anmeldung und schließt der Ausgeschiedene dennoch ein Rechtsgeschäft mit einem Dritten für die OHG ab, so haftet er für Ansprüche hieraus als falsus procurator nach § 179 BGB. Allerdings haftet er nach wohl h.M. dann nicht, wenn der Vertretene auf Grund der Rechts-

---

1 Siehe *Canaris*, HR § 5 Rn. 23; ferner *Koller/Roth/Morck*, § 15 Rn. 14.
2 *Schlegelberger/Hildebrandt/Steckhan*, § 15 Rn. 9; *Heymann/Sonnenschein/Weitemeyer*, § 15 Rn. 13.
3 St. Rspr.; vgl. z.B. BGH v. 1.7.1991 – II ZR 292/90, BGHZ 115, 78, 81 ff.; BGH v. 21.12.1970 – II ZR 258/67, BGHZ 55, 267, 273; BGH v. 1.12.1975 – II ZR 62/75, BGHZ 65, 309, 310; ferner *Staub/Hüffer*, § 15 Rn. 26; *Baumbach/Hopt*, § 15 Rn. 6; *Schlegelberger/Hildebrandt/Steckhan*, § 15 Rn. 16; *Canaris*, HR, § 5 Rn. 24; entschieden gegen ein Wahlrecht: *K. Schmidt*, HR, § 14 II 4b, S. 397 f.
4 So wohl *K. Schmidt*, HR, § 14 II 4b S. 398.

scheinhaftung in Anspruch genommen werden kann[1]. Die OHG selbst haftet über § 15 Abs. 1. Die „Wahl" für den Dritten besteht hier in erster Linie darin, dass es ihm freisteht, wen er als Schuldner in Anspruch nehmen will. Eine Klageerhebung gegen beide Schuldner bei unsicherer Sach- und Rechtslage, mit der Möglichkeit, die mit Sicherheit entstehenden Mehrkosten später im Wege des Schadensersatzes geltend zu machen[2], erscheint weniger empfehlenswert. Näher liegt wohl schon aus prozessökonomischen Gründen eine Streitverkündung nach §§ 68, 72 ZPO.

b) „Rosinentheorie" oder „Prinzip der Meistbegünstigung"

Schweigt das Handelsregister über verschiedene einzutragende Tatsachen, die dem Dritten teils günstig, teils ungünstig sind, kann er sich für die ihm günstigen auf die **wahre Rechtslage**, für die ungünstigen auf das **Schweigen des Handelsregisters** berufen. Darüber besteht weitgehend Einigkeit[3]. Umstritten ist jedoch, ob sich der Dritte bei einem **haftungsbegründenden Tatbestand** bezüglich einer Anspruchsvoraussetzung auf die wahre Rechtslage, bezüglich einer anderen Anspruchsvoraussetzung aber auf das Fehlen von Eintragung und Bekanntmachung berufen darf[4]. Beispielhaft ist dafür folgender Fall: Für die beiden persönlich haftenden Gesellschafter einer KG ist im Handelsregister Gesamtvertretungsberechtigung eingetragen. Nachdem einer dieser Gesellschafter ausgeschieden, sein Ausscheiden im Handelsregister weder eingetragen noch bekanntgemacht worden ist, schließt der verbliebene Gesellschafter für die KG ein Geschäft mit einem Dritten ab. Der Geschäftspartner will aus diesem Rechtsgeschäft gem. §§ 128, 161 Abs. 2 den ausgeschiedenen Gesellschafter in Anspruch nehmen. Dieser kann dem nicht entgegenhalten, wenn man schon die Zugehörigkeit zur Gesellschaft fingiere, müsse zu seinen Gunsten das Geschäft als nicht zustande gekommen behandelt werden, weil Gesamtvertretungsbefugnis bestehe, er aber am Geschäft nicht mitgewirkt habe. Die Rechtsprechung des BGH lässt diesen Einwand des Gesellschafters nicht durchgreifen[5]: Da nur noch ein persönlich haftender Gesellschafter vorhanden war, konnte dieser die KG allein wirksam vertreten. Der ausgeschiedene Gesellschafter haftet, weil er dem Dritten mangels Eintragung und Bekanntmachung sein Ausscheiden nicht entgegenhalten kann. Im Schrifttum wird dies als „Rosinentheorie" bezeichnet, weil sie es dem Dritten gestatte, die **jeweils günstige Rechtsfolge aus demselben Tatbestand** (hier Gesellschafterstellung) für sich in Anspruch zu nehmen;

21

---

[1] Str.; vgl. *K. Schmidt*, HR, § 14 II 4b S. 398 m.w.N.
[2] So *K. Schmidt*, HR, § 14 II 4b S. 399.
[3] *Schlegelberger/Hildebrandt/Steckhan*, § 15 Rn. 9; *Heymann/Sonnenschein/Weitemeyer*, § 15 Rn. 13; ferner *Koller/Roth/Morck*, § 15 Rn. 16; *v. Olshausen*, AcP 189 (1989), 240; *M. Reinicke*, JZ 1985, 274 f.
[4] Bejahend z.B. *Heymann/Sonnenschein/Weitemeyer*, § 15 Rn. 13; *Staub/Hüffer*, § 15 Rn. 27; *Baumbach/Hopt*, § 15 Rn. 6; *Kreutz*, Jura 1982, 626, 637; *K. Schmidt*, JuS 1991, 1002, 1004.
[5] BGH v. 1.12.1975 – II ZR 62/75, BGHZ 65, 310.

dies sei abzulehnen[1]. Ohne Ausscheiden des Gesellschafters bestünde Gesamtvertretungsmacht und der Vertrag mit der KG wäre nicht zustande gekommen. Der Dritte stelle sich nach der BGH-Rechtsprechung besser, als wenn die scheinbare Rechtslage der Wirklichkeit entspräche. Die Kritik ist nicht zu teilen. Die Auffassung, der Registerinhalt müsse in seiner Gesamtheit beurteilt werden, findet im Gesetz keine Stütze. Danach ist die Geltendmachung einer nicht eingetragenen Tatsache dem Dritten vorbehalten; der Betroffene kann sich nicht darauf berufen. Da ferner der Vertrauensschutz eine tatsächliche Einsichtnahme in das Handelsregister nicht voraussetzt, darf dem Dritten auch nicht die gesamte Kenntnis des Registerinhalts zugerechnet werden. Er darf sich hinsichtlich der ihm günstigen Tatsache (Gesellschafterstellung) auf das Schweigen des Handelsregisters stützen, hinsichtlich der ihm ungünstigen Tatsache (Gesamtvertretung) muss er das nicht[2].

c) Schutz Minderjähriger

22 Die h.M. bejaht, dass die Rechtsfolge des § 15 Abs. 1 auch nicht voll geschäftsfähige Personen treffe[3], von einer Mindermeinung, die auf den vorrangigen Schutz der §§ 104 ff. BGB abstellt, wird dies abgelehnt[4]. Der h.M. ist zu folgen, da das Gesetz einen generellen Vorrang des **Minderjährigenschutzes** nicht kennt und für die Anwendung von Abs. 1 eine Veranlassung durch den Betroffenen nicht erforderlich ist. Schließlich muss das Organisationsrisiko des Unternehmens, wozu auch Verzögerungen und Fehler beim Register zählen, der nicht voll Geschäftsfähige auch tragen, wenn sein gesetzlicher Vertreter handelt bzw. nicht handelt.

III. Wirkung eingetragener und bekanntgemachter Tatsachen (§ 15 Abs. 2)

1. Allgemeines

23 Nach § 15 Abs. 2 S. 1 muss ein Dritter die zutreffende Eintragung und Bekanntmachung einer einzutragenden Tatsache auch bei Unkenntnis gegen sich gelten lassen. Dieser an sich selbstverständliche **Regelfall** wird relativiert durch § 15 Abs. 2 S. 2, der für einen Zeitraum von 15 Tagen nach Bekanntmachung einen **Vertrauenstatbestand** hinsichtlich des Rechtszustan-

---

1 So *Altmeppen*, S. 164 ff.; *Canaris*, HR, § 5 Rn. 26; *John*, ZHR 140 (1976), 236, 254; *M. Reinicke*, JZ 1985, 278; *Schilken*, AcP 187 (1987), 1 ff.; *Bokelmann*, NJW 1983, 2690; *Tiedtke*, DB 1979, 245.
2 Wie BGH: *Heymann/Sonnenschein/Weitemeyer*, § 15 Rn. 13; *Koller/Roth/Morck*, § 15 Rn. 16; *Staub/Hüffer*, § 15 Rn. 27; im Ergebnis ebenso *K. Schmidt*, HR, § 14 II 4b, S. 400 f.; vgl. ferner *Kreutz*, Jura 1982, 637; *v. Olshausen*, AcP 189 (1989), 240 f.; *Hager*, Jura 1992, 57, 62 f.
3 BGH v. 1.7.1991 – I ZR 292/90, BGHZ 115, 78, 80; *Baumbach/Hopt*, § 15 Rn. 6; MünchKommHGB/*Krebs*, § 15 Rn. 21; *Heymann/Sonnenschein/Weitemeyer*, § 15 Rn. 14 mit zahlr. Nachw. bei Fn. 19; *Staub/Hüffer*, § 15 Rn. 22; *Koller/Roth/Morck*, § 15 Rn. 11; *K. Schmidt*, JuS 1991, 1002, 1003; *Canaris*, HR, § 5 Rn. 21.
4 *Dreher*, DB 1991, 533, 534; *Hager*, Jura 1992, 57, 60; *Hofmann*, JA 1980, 264, 270; *Behnke*, NJW 1998, 3078, 3081.

des schafft, der vor Eintragung und Bekanntmachung gegeben war; bis zu diesem Zeitpunkt bleibt der Dritte bei unverschuldeter Unkenntnis geschützt.

2. Regelfall

a) Allgemeine Grundsätze

Vorausgesetzt wird kumulativ[1], dass die Tatsache eingetragen und bekanntgemacht worden ist. Für die Zeit davor schützt den Dritten Abs. 1. Es muss sich um eine einzutragende, also **eintragungspflichtige Tatsache** (oben § 8 Rn. 17) handeln[2]. Bloß eintragungsfähige Tatsachen scheiden aus, für sie gelten Sonderregelungen z.B. nach § 25 Abs. 2, § 28 Abs. 2, die aber eine entsprechende Schutzfrist wie in § 15 Abs. 2 S. 2 nicht enthalten. Auch Löschungen zählen zu den Eintragungen i.S.v. § 15 Abs. 2. Es muss sich um **eine richtige Tatsache** handeln, weil § 15 Abs. 2 nicht die Richtigkeit einer Eintragung fingiert. Deshalb findet die Bestimmung auf unrichtige und unzulässige Eintragungen keine Anwendung. Will der Dritte aus einem bestimmten Vorgang Rechte herleiten, müssen bereits zu diesem Zeitpunkt Eintragung und Bekanntmachung vorliegen, wenn sie zugunsten des Anmeldepflichtigen eingreifen sollen. § 15 Abs. 2 S. 1 findet auch Anwendung, wenn der Dritte Erklärungsempfänger eines einseitigen Rechtsgeschäfts (Kündigung) ist und die Bevollmächtigung (Prokura) des Erklärenden im Handelsregister eingetragen und bekanntgemacht worden ist. Dann ersetzt § 15 Abs. 2 S. 1 die Kenntnis des Erklärungsempfängers von der Bevollmächtigung i.S.v. § 174 S. 2 BGB; die Vorlegung einer Vollmachtsurkunde ist nicht erforderlich[3].

24

b) Rechtsfolgen

Eintragung und Bekanntmachung wirken nach § 15 Abs. 2 S. 1 zugunsten des zur Eintragung Verpflichteten, für den Dritten **vertrauenszerstörend.** Der Eintragungspflichtige darf sich auf die Eintragung berufen, muss es aber nicht. Für § 15 Abs. 2 S. 1 kommt es regelmäßig nicht darauf an, ob der Dritte von der Eintragung Kenntnis hatte; eine Kausalität zwischen Kenntnis und Handeln ist nicht erforderlich[4].

25

3. Ausnahmefall

a) Fünfzehn-Tage-Frist

§ 15 Abs. 2 S. 2, der Art. 3 Abs. 5 S. 2 der EG-Richtlinie 68/151/EWG[5] umsetzt, macht eine **Ausnahme** von dem Regelfall, indem er bestimmt, dass

26

---

1 So RGZ 102, 197, 199; *Heymann/Sonnenschein/Weitemeyer*, § 15 Rn. 16.
2 H.M., z.B. *Heymann/Sonnenschein/Weitemeyer*, § 15 Rn. 16; *Koller/Roth/Morck*, § 15 Rn. 19; *Baumbach/Hopt*, § 15 Rn. 13.
3 BAG v. 11.7.1991 – 2 AZR 107/91, DB 1992, 895.
4 *Staub/Hüffer*, § 15 Rn. 15; *Heymann/Sonnenschein/Weitemeyer*, § 15 Rn. 17.
5 I.d.F. v. 15.7.2003, 2003/58 EG, ABl. EU Nr. L 221 v. 4.9.2003, S. 13.

trotz Eintragung innerhalb eines Zeitraums von 15 Tagen nach ihrer Bekanntmachung der Dritte den Inhalt der Eintragung für Rechtshandlungen nicht gegen sich gelten lassen muss, wenn er **gutgläubig** war. Dies gilt insbesondere für Rechtsgeschäfte und rechtsgeschäftsähnliche Handlungen. Der Fristbeginn bestimmt sich nach der Bekanntmachung im elektronischen Informations- und Kommunikationssystem (vgl. Art. 61 Abs. 4 S. 4 EGHGB, oben § 10 Rn. 8).

27 Beruft sich der Dritte auf die Ausnahmebestimmung, muss er nachweisen, dass er Eintragung und Bekanntmachung weder gekannt hat noch kennen musste (vgl. § 122 Abs. 2 BGB), d.h. er muss beweismäßig auch einen Fahrlässigkeitsvorwurf beseitigen. Der **Maßstab der Haftung** ergibt sich aus § 276 Abs. 1 BGB, für den Kaufmann aus § 347. Allgemein wird angenommen, dass ein Kaufmann fahrlässig handelt, wenn er sich über ordnungsgemäß bekanntgemachte Handelsregistereintragungen nicht unterrichtet[1], was im Internetzeitalter bei Bekanntmachungen im elektronischen Bundesanzeiger leicht möglich ist. Bedenklich erscheint es allerdings, diese Pflicht auch Nichtkaufleuten aufzuerlegen[2]. Damit wird diese Bestimmung zugunsten von Dritten in der Praxis kaum zur Anwendung kommen und zur Bedeutungslosigkeit degradiert[3]. Erwägenswert erscheint es deshalb, bei Alltagsgeschäften nicht in jedem Fall die Nichtkenntnis von der Eintragung und Bekanntmachung als Sorgfaltspflichtverletzung zu werten und eine solche Kenntnis nur bei Geschäften mit größerer wirtschaftlicher Tragweite und bei erstmaligen Vertragsbeziehungen zu verlangen. Damit könnte im Einzelfall eine Überspannung der Informationspflicht vermieden werden[4]. Andernfalls beschränkte sich die Anwendbarkeit von § 15 Abs. 2 S. 2 vor Inkrafttreten des EHUG[5] tatsächlich auf die Fälle, in denen der Dritte im Ausland lebte und das Bekanntmachungsblatt dort verspätet ausgeliefert wurde. Im Zeitalter der elektronischen Bekanntmachung gilt das Argument der verspäteten Auslieferung nicht mehr.

---

1 BGH v. 8.5.1972 – II ZR 170/69, NJW 1972, 1418, 1419; BGH v. 8.7.1976 – II ZR 211/74, BB 1976, 1479, 1480; *Heymann/Sonnenschein/Weitemeyer*, § 15 Rn. 19; *Hager*, Jura 1992, 57, 63; differenzierend zwischen Alltagsgeschäften und Geschäften mit großer wirtschaftlicher Tragweite *Canaris*, HR, § 5 Rn. 33.
2 So z.B. *Heymann/Sonnenschein/Weitemeyer*, § 15 Rn. 19; *Schlegelberger/Hildebrandt/Steckhan*, § 15 Rn. 17, jew. m.w.N.
3 Kritik bei *Staub/Hüffer*, § 15 Rn. 37 und *Canaris*, HR, § 5 Rn. 33, der von einer „probatio diabolica" spricht; man könne weder von einem Kaufmann und schon gar nicht von einem Nichtkaufmann erwarten, dass er die Veröffentlichungen des Registergerichts lese.
4 Ähnlich *Canaris*, HR, § 5 Rn. 33; a.A. *Koller/Roth/Morck*, § 15 Rn. 22, der meint, der Annahme eines differenzierenden Haftungsmaßstabes stünde Art. 3 V 2 der EG-Richtlinie 68/151 entgegen. Dies dürfte aber nach dem Wortlaut der Richtlinie zumindest zweifelhaft sein.
5 V. 10.11.2006, BGBl. I 2553.

b) Rechtsfolgen

Kann sich im Einzelfall ein Dritter auch nach h.M. erfolgreich auf den **Ausnahmetatbestand** berufen, gilt für ihn die Rechtslage, wie sie ohne die Eintragung bestehen würde. Er kann also z.B. die Haftung eines ausgeschiedenen Gesellschafters oder die Wirksamkeit einer gelöschten Prokura trotz Eintragung und Bekanntmachung für sich in Anspruch nehmen. Die Rechtsfolge tritt auch zu Lasten einer nicht voll geschäftsfähigen Person ein.

4. Vertrauensschutz und Rechtsscheinhaftung

Es sind Fälle denkbar, in denen es geboten ist, **abweichend vom Registerinhalt** trotz richtiger Eintragung und Bekanntmachung einen Vertrauensschutz über die Regelung des § 15 Abs. 2 hinaus zu gewähren. In Rechtsprechung und Schrifttum ist anerkannt, dass ein im Einzelfall vorliegender besonderer Vertrauenstatbestand gegenüber der Verlautbarung im Handelsregister Vorrang haben kann. Überwiegend sind es Vorgänge, bei denen der Geschäftspartner den Eindruck unbeschränkter Haftung erweckt, obwohl eine entsprechende Beschränkung im Handelsregister eingetragen ist.

Der Zweck des § 4 GmbHG (notwendiger **Rechtsformzusatz**), die beschränkte Haftung eines Unternehmensträgers schon ohne Einsicht in das Handelsregister im Interesse von Sicherheit und Leichtigkeit des Rechtsverkehrs erkennen zu lassen, gebietet es, dieser Bestimmung Vorrang gegenüber § 15 Abs. 2 einzuräumen. Das durch einen Verstoß gegen § 4 GmbHG verursachte Vertrauen in die unbeschränkte persönliche Haftung des Firmeninhabers wird nicht dadurch zerstört, dass sich eine beschränkte Haftung aus dem Handelsregister ergibt[1]. Ein spezieller Vertrauenstatbestand ist gegeben, wenn eine GmbH & Co. KG im Geschäftsverkehr unter einer Firma auftritt, die keinen Hinweis auf die Gesellschaftsform enthält. Auch hier ergibt sich aus dem Zweck des § 4 GmbHG in entsprechender Anwendung auf die GmbH & Co. KG ein Vorrang gegenüber § 15 Abs. 2; bei der Umwandlung einer OHG in eine GmbH & Co. KG unter Beibehaltung der bisherigen OHG-Firma kommt eine persönliche Haftung des Geschäftsführers der Komplementär-GmbH in Betracht, wenn er insoweit einen zurechenbaren Rechtsschein veranlasst hat und deshalb die Berufung auf den entgegenstehenden Registerinhalt rechtsmissbräuchlich wäre[2].

Besteht eine **ständige Geschäftsverbindung** oder laufen konkrete Vertragsverhandlungen und wandelt der Vertragspartner sein bisher einzelkaufmännisches Unternehmen in eine GmbH & Co. KG um, kann er sich trotz Eintragung im Handelsregister und Bekanntmachung der Eintragung auf eine

---

1 BGH v. 5.2.2007 – II Z R 84/05, NJW 2007, 1529 (wonach diese Grundsätze auch bei Weglassung ausländischer Rechtsformzusätze gelten); BGH v. 15.1.1990 – II ZR 311/88, NJW 1990, 2678; BGH v. 1.6.1981 – II ZR 1/81, NJW 1981, 2569; BGH v. 18.3.1974 – II ZR 167/72, NJW 1974, 1191; allgemein: Vertrauensschutz kann stärker sein als § 15 Abs. 2; so K. Schmidt, HR, § 14 I 2 S. 387; MünchKommHGB/Krebs, § 15 Rn. 78.
2 BGH v. 8.5.1978 – II ZR 97/77, BGHZ 71, 354.

Haftungsbeschränkung, weil rechtsmissbräuchlich, nicht berufen, wenn er dem anderen Vertragspartner die Geschäftsumwandlung nicht unmittelbar bekanntgemacht hat[1]. Siehe zu diesem Fragenkreis auch die Ausführungen oben *Röhricht*, Anh. zu § 5 (die Lehre vom Scheinkaufmann).

IV. Unrichtige Bekanntmachung einer einzutragenden Tatsache – positive Publizität (§ 15 Abs. 3)

1. Allgemeines

32 Die Vorschrift existiert seit 1969. Bis dahin gab es für diesen Bereich keinen gesetzlich normierten Vertrauensschutz. Im Wege der **Rechtsfortbildung** entstanden Grundsätze, auf die in aller Regel als ungeschriebene Ergänzungen zu § 15 zurückgegriffen worden ist, und zwar:

(1) Kommt es auf Grund einer unrichtigen Anmeldung zu einer unrichtigen Eintragung im Handelsregister, muss sich der Anmelder von einem gutgläubigen Dritten daran festhalten lassen[2].

(2) Wer eine unrichtige Eintragung im Handelsregister, die er nicht veranlasst hat, schuldhaft nicht beseitigen lässt, kann von einem gutgläubigen Dritten am Inhalt der Eintragung festgehalten werden[3].

33 Mit der Einführung von § 15 Abs. 3, wonach sich ein gutgläubiger Dritter gegenüber dem Betroffenen auf die bekanntgemachte Tatsache berufen kann, wenn die einzutragende Tatsache unrichtig bekanntgemacht worden ist, haben die erwähnten **Ergänzungssätze** zwar ihre Bedeutung weitgehend eingebüßt, sie gelten aber weiter für die von § 15 Abs. 3 nicht erfassten Fälle.

34 Unmittelbarer Anlass für die Einfügung des Abs. 3 war die **EG-Publizitätsrichtlinie** vom 9.3.1968[4], die u.a. bestimmt:

„Die Mitgliedstaaten treffen die erforderlichen Maßnahmen, um zu verhindern, dass der Inhalt der nach Absatz 4 offengelegten Informationen und der Inhalt des Registers oder der Akte voneinander abweichen. Im Falle einer Abweichung kann der nach Absatz 4 offengelegte Text Dritten jedoch nicht entgegengehalten werden; diese können sich jedoch auf den offengelegten Text berufen, es sei denn, die Gesellschaft weist nach, dass der in der Akte hinterlegte oder im Register eingetragene Text den Dritten bekannt war."

Über diese nur für **Kapitalgesellschaften** maßgebliche Regelung (Art. 1 der Richtlinie) ist der deutsche Gesetzgeber bei der Umsetzung weit hinausgegangen[5]. Ziel der Gesetzesänderung war es, Vertrauensschutz unabhängig

---

1 BGH v. 28.11.1980 – I ZR 159/78, WM 1981, 238; BGH v. 6.10.1977 – II ZR 4/77, BB 1978, 1025; BGH v. 8.5.1972 – II ZR 170/69, NJW 1972, 1418; OLG Düsseldorf v. 28.9.1992 – 10 U 208/91, BB 1992, 2173 (Umwandlung einer OHG in eine GmbH); vgl. ferner *Heymann/Sonnenschein/Weitemeyer*, § 15 Rn. 21; *Staub/Hüffer*, § 15 Rn. 39; *Canaris*, HR, § 5 Rn. 36 ff.; *Hager*, Jura 1992, 57, 64.
2 RGZ 142, 104 f.
3 RGZ 131, 13 f.
4 Richtlinie 68/151/EWG, ABl. EG Nr. L 65 v. 14.3.1968, 8, zuletzt geändert durch Richtlinie 2006/99/EG v. 20.11.2006, ABl. Nr. L 363/137.
5 Massive Kritik an der Gesetzgebung bei *Canaris*, HR, § 5 Rn. 43, 44 u. 51.

davon zu gewähren, ob die Unrichtigkeit der Bekanntmachung vom Anmelder veranlasst wurde und er die erforderliche Berichtigung schuldhaft unterlassen hat[1]. Wie in § 15 Abs. 1 sieht die h.M. in § 15 Abs. 3 einen Fall der Rechtsscheinhaftung[2].

2. Tatbestandsvoraussetzungen

a) Einzutragende Tatsache

§ 15 Abs. 3 setzt wie Abs. 1 eine einzutragende, also **eintragungspflichtige** Tatsache voraus (zum Begriff oben Rn. 6). Keine einzutragende Tatsache in diesem Sinne liegt z.B. vor, wenn jemand einer im Handelsregister eingetragenen OHG als Gesellschafter beitritt, diese aber kein Handelsgewerbe i.S.v. § 1 mehr betreibt und auch nicht nur ihr eigenes Vermögen verwaltet (vgl. § 105 Abs. 2) und somit zu einer GbR geworden ist. Das Handelsregister hat über die Rechtsverhältnisse von Gesellschaftern einer GbR keine Auskunft zu erteilen, auch wenn die Gesellschaft – zu Unrecht – noch als OHG eingetragen ist. Meldet ein Architekt eine Firma *X-Bauhandlung* zum Handelsregister an, obwohl er eine Bauhandlung nicht betreibt, und wird die Firma zu Unrecht eingetragen, findet Abs. 3 keine Anwendung; auch § 5 kann nicht herangezogen werden, weil der Architekt kein Gewerbe betreibt. In einem solchen Fall kann der Ergänzungssatz (oben Rn. 32 [1]) Anwendung finden, so dass sich der Architekt gegebenenfalls als Kaufmann behandeln lassen muss[3]. 35

Zwar sind **unrichtige Tatsachen** niemals eintragungspflichtig; dennoch genügt es für die Anwendbarkeit von § 15 Abs. 3, dass eine abstrakt eintragungspflichtige Tatsache vorliegt, d.h. eine Tatsache, die, ihre Richtigkeit unterstellt, eintragungspflichtig wäre[4].

b) Unrichtige Bekanntmachung

Voraussetzung ist ferner, dass eine unrichtige Bekanntmachung vorliegt. Das ist in der Regel gegeben, wenn sie **von der wahren Sach- und Rechtslage abweicht**. Bei Bekanntmachung im elektronischen Bundesanzeiger und in einem Printmedium (bis 2008) ist ausschließlich die Bekanntmachung im elektronischen Bundesanzeiger maßgebend, Art. 61 Abs. 4 S. 4 EGHGB. 36

Der **Regelfall** ist gegeben, wenn die Eintragung richtig, die Bekanntmachung unrichtig ist. Hiervon geht auch die Richtlinie aus, die nur auf eine Diskrepanz zwischen Eintragung und Bekanntmachung abstellt. Würde man aber 37

---

1 Begr. RegE, BT-Drucks. V 3862 S. 10.
2 *Staub/Hüffer*, § 15 Rn. 40; *Canaris*, HR, § 5 Rn. 42; *Hager*, Jura 1992, 57, 64; die Vorschrift wird häufig als missglückt bezeichnet; sie bereitet aber in der Literatur offenbar größere Probleme als in der (gerichtlichen) Praxis; vgl. auch *Canaris*, HR, § 5 Rn. 44 und 51; dazu auch *K. Schmidt*, HR, § 14 III 1c S. 405.
3 Vgl. BAG v. 17.2.1987 – 3 AZR 197/85, NJW 1988, 222, 223, im Ergebnis zutreffend, in der Begründung bedenklich; siehe *Canaris*, HR, § 5 Rn. 47.
4 Vgl. *Sandberger*, JA 1973, 215, 218; *Heymann/Sonnenschein/Weitemeyer*, § 15 Rn. 23; *K. Schmidt*, HR, § 14 III 1c S. 408.

die Anwendung von § 15 Abs. 3 darauf beschränken[1], wäre die praktisch häufigste Fallgestaltung, dass Eintragung und Bekanntmachung unrichtig sind, nicht erfasst. Da aber § 15 Abs. 3 vom Gesetzgeber bewusst umfassender formuliert ist[2], fallen darunter sämtliche Fälle einer unrichtigen Bekanntmachung, unabhängig davon, ob nur sie oder zusätzlich auch die Eintragung unrichtig ist[3]. Gerade im letzteren Fall ist der gutgläubige Dritte schutzbedürftig, weil er seine unrichtigen Vorstellungen nicht einmal durch Einsicht in das Handelsregister korrigieren kann.

38 Ferner erfasst § 15 Abs. 3 den Fall, dass es an einer **Eintragung fehlt**, aber eine unrichtige Bekanntmachung gegeben ist[4]. Gleiches gilt, wenn Eintragung und Bekanntmachung in verschiedener Weise unrichtig sind. Liegt eine unrichtige Bekanntmachung vor, kann es für den Vertrauensschutz nicht darauf ankommen, ob die Eintragung richtig, in gleicher Weise unrichtig oder verschiedenartig unrichtig ist.

39 Nicht von § 15 Abs. 3 erfasst wird eine unrichtige Eintragung, der aber eine richtige Bekanntmachung folgt; insoweit kommen nur allgemeine Rechtsscheingrundsätze zur Anwendung. Eine **richtige Bekanntmachung** lässt kein Vertrauen und einen abweichenden Tatbestand zu[5]. Ist nur die Eintragung unrichtig und fehlt die Bekanntmachung überhaupt, ist § 15 Abs. 3 nicht, auch nicht analog, anwendbar[6]; eine analoge Anwendung scheitert hier schon am Gesetzeswortlaut.

c) Gutgläubigkeit des Dritten

40 Die subjektiven Voraussetzungen in der Person des Dritten (Gutgläubigkeit) beurteilen sich grundsätzlich wie bei § 15 Abs. 1 (siehe oben Rn. 15); diese Vorschrift und § 15 Abs. 3 sind abstrakte Vertrauensschutznormen. Dem Dritten schadet nur **positive Kenntnis von der Unrichtigkeit** der Tatsache (also positive Kenntnis der wahren Rechtslage), fahrlässige Unkenntnis ist unerheblich. Die Gutgläubigkeit des Dritten wird widerlegbar vermutet, der Betroffene kann den Gegenbeweis führen. Es kommt nicht darauf an, ob der gutgläubige Dritte die unrichtige Bekanntmachung gekannt hat, eine Kausalität zwischen Kenntnis der unrichtigen Bekanntmachung und dem Handeln des Dritten ist nicht erforderlich[7] (siehe dazu auch oben Rn. 17).

---

1 So *Beuthien*, NJW 1970, 2283, 2284.
2 S. dazu Begr. RegE, BT-Drucks. V 3862 S. 11.
3 H.M., z.B. *Staub/Hüffer*, § 15 Rn. 50; *Baumbach/Hopt*, § 15 Rn. 18; *Heymann/Sonnenschein/Weitemeyer*, § 15 Rn. 25 m.w.N.
4 Begr. RegE, BT-Drucks. V 3862 S. 11; *Heymann/Sonnenschein/Weitemeyer*, § 15 Rn. 27.
5 Begr. RegE, BT-Drucks. V 3862 S. 11; a.A. *Baumbach/Hopt*, § 15 Rn. 18; wie hier aber *Heymann/Sonnenschein/Weitemeyer*, § 15 Rn. 29; *Canaris*, HR, § 5 Rn. 45 f.; *K. Schmidt*, HR, § 14 III 2b, S. 407.
6 A.A. *Sandberger*, JA 1973, 215, 219 f.; wie hier *Heymann/Sonnenschein/Weitemeyer*, § 15 Rn. 30; *Schlegelberger/Hildebrandt/Steckhan*, § 15 Rn. 23.
7 BGH v. 9.10.2003 – VII ZR 122/01, DB 2003, 2542; *Heymann/Sonnenschein/Weitemeyer*, § 15 Rn. 32; einschränkend *Canaris*, HR, § 5 Rn. 49, der dem Rechts-

d) Zeitpunkt

Als Zeitpunkt ist maßgeblich der des Vorgangs, aus dem der Dritte Rechte herleiten will. Der Vertrauensschutz beginnt mit der **unrichtigen Bekanntmachung**; für sie ist gemäß Art. 61 Abs. 4 S. 4 EGHGB maßgebend die Bekanntmachung im elektronischen Informations- und Kommunikationssystem, die die unrichtige Bekanntmachung enthält (vgl. oben Rn. 26, 36 und § 10 Rn. 8). § 15 Abs. 2 S. 2 ist nicht entsprechend anzuwenden[1]. Wird der Rechtsschein der unrichtigen Bekanntmachung durch eine **berichtigende Bekanntmachung** beseitigt, dauert der Vertrauensschutz nach § 10 bis zum Erscheinen im elektronischen Informations- und Kommunikationsmedium an und kann darüber hinaus durch die hier unmittelbar geltende Bestimmung des § 15 Abs. 2 S. 2 noch weiter ausgedehnt sein[2].

e) Veranlassung

Die Tatsache muss in Angelegenheiten desjenigen einzutragen sein, dem gegenüber der Dritte Recht herleiten will. Ob § 15 Abs. 3 eine **Veranlassung der unrichtigen Bekanntmachung** durch den Betroffenen voraussetzt, ist streitig. Weder Wortlaut noch Entstehungsgeschichte der Vorschrift lassen insoweit einen eindeutigen Schluss zu. Wegen der weitreichenden Haftungsfolgen ist der h.M.[3] beizupflichten, welche die Anwendung von § 15 Abs. 3 auf eine veranlasste Bekanntmachung einschränkt, wobei für eine Veranlassung allerdings schon die richtige Anmeldung durch den Betroffenen, die eine falsche Bekanntmachung zur Folge hat, ausreichen kann. Die Haftung nach § 15 Abs. 3 setzt voraus, dass der Betroffene irgendeinen Anlass zu der falschen Bekanntmachung gegeben hat; für den Betroffenen muss eine **Zurechenbarkeit des Rechtsscheintatbestandes** zu bejahen sein. Daran fehlt es, wenn z.B. eine durch den Kaufmann X für den Y erteilte Prokura auf Grund eines Versehens bei dem Kaufmann Z, der von dem gesamten Vorgang keine Kenntnis hat, eingetragen und bekanntgemacht wird. Gleiches gilt für den Fall einer gefälschten Anmeldung, die zur Eintragung eines unbeteiligten, kreditwürdigen Kaufmanns als Gesellschafter einer diesem völlig unbekannten OHG geführt hat. Im Übrigen können die allgemeinen Rechtsscheingrundsätze eingreifen. Die Gegenansicht kommt bei wörtlicher Auslegung der Vorschrift zu einer Haftung nach dem reinen Rechtsscheinsprinzip auch zum Nachteil einer unbeteiligten Person und verweist sie auf Regress-

---

scheinbetroffenen den Gegenbeweis dahin gestatten will, dass der Dritte die unrichtige Bekanntmachung weder gelesen noch ihren Inhalt gekannt hat; zustimmend *Schilken*, AcP 187 (1987), 1, 21.

1 *Staub/Hüffer*, § 15 Rn. 52; *Heymann/Sonnenschein/Weitemeyer*, § 15 Rn. 33; a.A. *Schlegelberger/Hildebrandt/Steckhan*, § 15 Rn. 27.
2 So *Staub/Hüffer*, § 15 Rn. 52; *Heymann/Sonnenschein/Weitemeyer*, § 15 Rn. 33.
3 So *Staub/Hüffer*, § 15 Rn. 48; *Heymann/Sonnenschein/Weitemeyer*, § 15 Rn. 34 und 35; *Baumbach/Hopt*, § 15 Rn. 19; *Canaris*, HR, § 5 Rn. 52; *Koller/Roth/Morck*, § 15 Rn. 29; kritisch zum Veranlassungsprinzip im Hinblick auf Grenzfälle *K. Schmidt*, HR, § 14 III 2d S. 408 ff.

anspruche[1]. Die Anwendung der Vorschrift auf unbeteiligte Personen, für die eine Zurechenbarkeit der Bekanntmachung zu verneinen ist, sollte ausscheiden, weil die unrichtig bekanntgemachte Tatsache dann nicht „in deren Angelegenheit einzutragen war".

f) Minderjährige und Geschäftsunfähige

43 Die Anwendbarkeit von § 15 Abs. 3 zu Lasten nicht voll Geschäftsfähiger wird unter Hinweis auf das Veranlassungsprinzip und den Vorrang des **Minderjährigenschutzes** überwiegend abgelehnt, weil diese Haftung auf dem Gedanken der Zurechenbarkeit aufbaue[2]. Der gegenteiligen Auffassung, die einen allgemeinen Vorrang des Minderjährigenschutzes mit dem gesetzlich gewollten Schutz des Geschäftsverkehrs für unvereinbar hält[3], ist zuzustimmen (siehe auch oben Rn. 22). Daran hat auch die Einfügung von § 1629a BGB[4] nichts geändert. Die Norm verstärkt den Minderjährigenschutz, indem sie für bestimmte Geschäfte während der Minderjährigkeit die daraus resultierende Haftung auf das bei Eintritt der Volljährigkeit vorhandene Vermögen begrenzt (§ 1629a Abs. 1 BGB). Im Gesetzgebungsverfahren war zunächst vorgesehen, § 29 zu ergänzen und vorzuschreiben, dass bei einem minderjährigen Kaufmann auch das Geburtsdatum zum Handelsregister anzumelden ist. Davon wurde später Abstand genommen, weil im Rahmen der Handelsrechtsreform die Anmeldung und Eintragung des Geburtsdatums bei natürlichen Personen generell zur Pflicht gemacht wurde (vgl. §§ 24, 40 HRV). Der Widerstreit zwischen Minderjährigenschutz und Schutz des Geschäftsverkehrs nach § 15 wurde im Gesetzgebungsverfahren gesehen und diskutiert. Im Ergebnis hat der Gesetzgeber bewusst davon abgesehen, den Konflikt durch eine gesetzliche Regelung zu lösen. Er hat erkannt, dass bei falscher, die Volljährigkeit ausweisender Eintragung des Geburtsdatums eines Minderjährigen dieser über § 15 unbegrenzt haften würde. Eine solche Einschränkung des Minderjährigenschutzes ist aber hinnehmbar, weil das Geburtsdatum der Notarkontrolle (§ 12) und der Kontrolle durch das Registergericht unterliegt. Falsche oder fehlende Eintragungen bezüglich des Geburtsdatums, die zusätzlich noch haftungsrelevant werden könnten, werden so selten sein, dass es zumutbar erscheint, den Minderjährigen in solchen Fällen auf die Haftung des Staates (Art. 34 GG, § 839 BGB) oder seines gesetzlichen Vertreters zu verweisen, anstatt das Haftungskonzept des § 15 zu verwässern[5]. Hingegen entfällt für **geschäftsunfähige Personen** eine Haftung

---

1 *Hofmann*, JA 1980, 264, 270; differenzierend *Schlegelberger/Hildebrandt/Steckhan*, § 15 Rn. 26 ff., die für eine Haftung unbeteiligter Personen nur dann eintreten, wenn für sie als Vollkaufleute bereits eine Registerpflicht besteht.
2 So *Baumbach/Hopt*, § 15 Rn. 19; *Koller/Roth/Morck*, § 15 Rn. 30; HK/*Ruß*, § 15 Rn. 19; *Canaris*, HR, § 5 Rn. 54; *v. Olshausen*, BB 1970, 143.
3 So *Heymann/Sonnenschein/Weitemeyer*, § 15 Rn. 37; *Staub/Hüffer*, § 15 Rn. 55; MünchKommHGB/*Krebs*, § 15 Rn. 92; *Kreutz*, Jura 1982, 626, 641; *K. Schmidt*, HR, § 14 III 3b S. 410.
4 Änderung des BGB durch das Gesetz zur Beschränkung der Haftung Minderjähriger – MHbeG – v. 25.8.1998, BGBl. I 2487 – in Kraft getreten am 1.1.1999.
5 Vgl. BT-Drucks. 13/5624 S. 14, 16 u. 17; ähnlich auch MünchKommHGB/*Krebs*, § 15 Rn. 93 und 21.

nach § 15 Abs. 3; denn ein Geisteskranker soll z.B. nicht für das Handeln eines von ihm selbst, also nicht durch seinen gesetzlichen Vertreter, bestellten Prokuristen nur deshalb einstehen müssen, weil diese Tatsache registerrechtlich bekanntgemacht worden ist[1].

3. Rechtsfolgen

§ 15 Abs. 3 hat zur Folge, dass sich der gutgläubige Dritte dem Betroffenen gegenüber auf die bekanntgemachte Tatsache berufen kann, d.h., für ihn ist die Rechtslage so zu beurteilen, als sei die bekanntgemachte unrichtige Tatsache richtig. Erscheint es dem Dritten günstiger, die wirkliche Rechtslage für sich in Anspruch zu nehmen, steht ihm diese **Wahl** zu (siehe dazu oben Rn. 20, 21). § 15 Abs. 3 greift immer nur zugunsten, nicht aber zum Nachteil des Dritten ein[2]. Für die gewohnheitsrechtlichen **Ergänzungssätze** zu § 15 Abs. 3 (oben Rn. 32) bleiben nur die Fälle einer unrichtigen Eintragung mit richtiger Bekanntmachung (oben Rn. 39), einer unrichtigen Eintragung mit fehlender Bekanntmachung (oben Rn. 39) und Eintragungen und Bekanntmachungen, die bloß eintragungsfähige Tatsachen betreffen. In allen Fällen einer Rechtsscheinhaftung außerhalb der im Gesetz geregelten Fälle ist die Kenntnis des Dritten vom Rechtsschein, ein darauf beruhendes Vertrauen und die Kausalität des Rechtsscheins für das Handeln erforderlich. 44

Eine **Falscheintragung** durch das Registergericht kann im Übrigen Amtshaftungsansprüche nach Art. 34 GG, § 839 BGB auslösen. 45

V. Zweigniederlassung (§ 15 Abs. 4)

Nachdem die Eintragung von Zweigniederlassungen inländischer Unternehmen nur noch im Register der Hauptniederlassung/des Sitzes erfolgt (§ 13), erlangt § 15 Abs. 4 nur noch Bedeutung für die Eintragung von inländischen Zweigniederlassungen ausländischer Unternehmen. 46

VI. Allgemeine Rechtsscheingrundsätze

Im BGB haben die Rechtsscheingrundsätze eine gesetzliche Fassung in **§§ 170–173 BGB;** hieraus ergeben sich die für das Handelsrecht bedeutsamen Grundsätze über Anscheins- und Duldungsvollmacht (*Wagner*, Vor § 48 Rn. 28 ff.). 47

Auf der Grundlage der ungeschriebenen Ergänzungssätze zu § 15 hat sich eine allgemeine **handelsrechtliche Rechtsscheinhaftung** entwickelt; sie um-

---

1 Siehe auch *Canaris*, HR, § 5 Rn. 54, der eine Haftung überhaupt nur bei voller Geschäftsfähigkeit des Betroffenen eintreten lässt.
2 BGH v. 5.2.1990 – II ZR 309/88, WM 1990, 638; auch hier gegen den Begriff eines Wahlrechts *K. Schmidt*, HR, § 14 III 3b S. 411; aber: Wird im Zivilprozess vom Kläger nicht vorgetragen, dass sich aus dem Handelsregister eine unrichtig bekanntgemachte Tatsache ergibt, kann das Gericht nicht von Amts wegen prüfen, ob § 15 zugunsten des Klägers eingreift.

fasst insbesondere (vgl. dazu näher *Röhricht*, Anh. § 5) die Lehre vom Scheinkaufmann, von Scheingesellschaft und Scheingesellschafter mit den Regeln über den fehlerhaften Gesellschafterbeitritt und die fehlerhafte Gesellschaft, die Rechtsscheinerzeugung durch Firmenführung ohne Rechtsformzusatz, den Rechtsschein des Fortbestandes der bisherigen Rechtslage, insbesondere bei Unternehmensfortführung unter dem Namen (Firma) des früheren Unternehmensträgers, sowie den Rechtsschein der Identität mehrerer Rechtssubjekte[1].

§ 15a
Öffentliche Zustellung

Ist bei einer juristischen Person, die zur Anmeldung einer inländischen Geschäftsanschrift zum Handelsregister verpflichtet ist, der Zugang einer Willenserklärung nicht unter der eingetragenen Anschrift oder einer im Handelsregister eingetragenen Anschrift einer für Zustellungen empfangsberechtigten Person oder einer ohne Ermittlungen bekannten anderen inländischen Anschrift möglich, kann die Zustellung nach den für die öffentliche Zustellung geltenden Vorschriften der Zivilprozessordnung erfolgen. Zuständig ist das Amtsgericht, in dessen Bezirk sich die eingetragene inländische Geschäftsanschrift der Gesellschaft befindet. § 132 des Bürgerlichen Gesetzbuchs bleibt unberührt.

1 Diese durch das MoMiG neu eingefügte Vorschrift soll die **Zustellungsprobleme** gerade bei den sog. „**Bestattungen**" von Kapitalgesellschaften **entschärfen** und den Gläubigern die Möglichkeit eröffnen, als letztes Mittel Willenserklärungen (wie Mahnungen, Fristsetzungen, Rücktritt, Kündigungen) auch öffentlich zustellen zu können.

2 Durch die Einführung der Eintragung der inländischen Anschrift und ggf. eines inländischen Zustellungsbevollmächtigten auf dem Registerblatt wird das Auffinden der Zustellungsadresse für die Gläubiger schon erleichtert. Das Nachtragen von tausenden von Geschäftsanschriften[2] schafft allerdings bei den Registergerichten erheblichen und wegen der notwendigen Änderung der Software kostenintensiven Mehraufwand, der in keinem Verhältnis zum Nutzen steht. Denn die Geschäftsanschrift und deren Änderung muss schon jetzt nach § 24 HRV mitgeteilt werden und ist für den Rechtsverkehr elektronisch einsehbar. Eine **Eintragung** der Geschäftsanschrift bringt also kein „Mehr" an Informationen. Außerdem ist nicht einsehbar, warum die Zustellung an die **eingetragene** und nicht an die **mitgeteilte** Geschäfts-

---

1 Eingehend *Canaris*, Die Vertrauenshaftung im deutschen Privatrecht, 1971; *Canaris*, HR, § 6; *Lindacher*, Die Scheinhandelsgesellschaft im Prozess und in der Zwangsvollstreckung, ZZP 96 (1983), 486; *Nickel*, Der Scheinkaufmann, JA 1980, 566; *Staub/Brüggemann*, Anh. zu § 5 und § 6 Rn. 13 ff.; *K. Schmidt*, HR, § 10 VIII, S. 323, Der Scheinkaufmann.
2 Auf Anmeldung oder von Amts wegen, vgl. dazu die durch das MoMiG neu vorgesehenen § 3 Abs. 1 EGGmbHG, § 18 EGAktG und Art. 62 EGHGB.

anschrift geknüpft wird. Die Einführung eines inländischen Zustellungsbevollmächtigten ist sinnvoll, weil seriöse Gesellschaften dadurch öffentliche Zustellungen vermeiden können, z.B. wenn sie das Geschäftslokal ohne gleichzeitige Korrektur der Anschrift verlegen oder wenn die Gesellschaft kein Geschäftslokal (mehr) im Inland hat[1]. Auch die Erleichterung der öffentlichen Zustellung ist sinnvoll, weil so ohne aufwändige Suche nach Adressen (evtl. des Geschäftsführers) an die Gesellschaft zugestellt werden kann[2].

§ 15a gilt nur für juristische Personen und Zweigniederlassungen ausländischer juristischer Personen, **nicht** aber **für Einzelkaufleute** und **Personenhandelsgesellschaften**, da vermieden werden soll, dass die persönlich haftenden Gesellschafter, die ja sowieso haften, der erleichterten Zustellungsmöglichkeit unterfallen[3]. Einzelkaufleute und Personenhandelsgesellschaften sind für Gläubiger weniger „gefährlich" und rechtfertigen daher keine erleichterte öffentliche Zustellung[4]. Die Erleichterung der öffentlichen Zustellung sollte allerdings auch dann gelten, wenn ausländische Kapitalgesellschaften ihrer Pflicht zur Anmeldung einer selbständigen Zweigniederlassung im Inland nicht nachkommen, da kein Grund besteht, gesetzwidrig Handelnde zu privilegieren[5]. 3

Die öffentliche Zustellung ist immer „**ultima ratio**". Sie soll nur dann möglich sein, wenn 4

– unter der eingetragenen inländischen Anschrift oder

– einer im Handelsregister eingetragenen Anschrift eines Zustellungsbevollmächtigten oder

– einer ohne Ermittlungen bekannten anderen inländischen Anschrift

faktisch nicht zugestellt werden kann. „Bekannt" ist eine andere inländische Anschrift nur dann, wenn wirklich alle Details der Anschrift bekannt sind; Nachforschungen etwa im Telefonbuch oder beim Einwohnermeldeamt sollen dem Gläubiger nicht zugemutet werden[6]. Bekannte **ausländische Geschäftsanschriften bleiben unbeachtlich**[7].

Die öffentliche Zustellung erfolgt **analog § 185 ZPO**, wo die öffentliche Zustellung von zivilprozessualen Dokumenten geregelt ist. Zuständig für die öffentliche Zustellung ist das **Amtsgericht**, in dessen Bezirk sich die im Handelsregister eingetragene Geschäftsanschrift befindet, unabhängig davon, ob das Geschäftslokal tatsächlich dort noch besteht oder nicht[8]. 5

---

1 *Noack*, DB 2006, 1483.
2 *Römermann*, GmbHR 2006, 680.
3 Begr. RegE zum MoMiG, BT-Drucks. 16/6140 v. 25.7.2007, S. 122.
4 *Seibert*, ZIP 2006, 1165.
5 So auch *Wachter*, GmbHR 2006, 800.
6 Begr. RegE zum MoMiG, BT-Drucks. 16/6140 v. 25.7.2007, S. 123.
7 *Seibert*, ZIP 2006, 1165.
8 *Seibert*, ZIP 2006, 1166.

6 § 132 BGB wurde durch das MoMiG nicht geändert, weil sich § 15a nur auf juristische Personen des Handelsrechts bezieht und daher eine Regelung im allgemeinen Handelsrecht ausreicht[1].

§ 16
Entscheidung des Prozessgerichts

(1) Ist durch eine rechtskräftige oder vollstreckbare Entscheidung des Prozessgerichts die Verpflichtung zur Mitwirkung bei einer Anmeldung zum Handelsregister oder ein Rechtsverhältnis, bezüglich dessen eine Eintragung zu erfolgen hat, gegen einen von mehreren bei der Vornahme der Anmeldung Beteiligten festgestellt, so genügt zur Eintragung die Anmeldung der übrigen Beteiligten. Wird die Entscheidung, auf Grund deren die Eintragung erfolgt ist, aufgehoben, so ist dies auf Antrag eines der Beteiligten in das Handelsregister einzutragen.

(2) Ist durch eine rechtskräftige oder vollstreckbare Entscheidung des Prozessgerichts die Vornahme einer Eintragung für unzulässig erklärt, so darf die Eintragung nicht gegen den Widerspruch desjenigen erfolgen, welcher die Entscheidung erwirkt hat.

Übersicht

	Rn.		Rn.
1. Allgemeines	1	3. Aufhebung der Entscheidung (§ 16 Abs. 1 S. 2)	13
a) Bindung des Registergerichts an Entscheidungen des Prozessgerichts	2	4. Prozessentscheidung über Unzulässigkeit einer Eintragung (§ 16 Abs. 2)	15
b) Verurteilung zur Anmeldung	5		
2. Ersetzung der Anmeldeerklärung (§ 16 Abs. 1 S. 1)	8	5. Bindung der Prozessgerichte an Entscheidungen der FG-Gerichte	19

1. Allgemeines

1 Die Bestimmung regelt einen besonderen Bereich der **Bindung des Registergerichts** an Entscheidungen des Prozessgerichts (§ 16 Abs. 1), wenn mehrere Personen zur Anmeldung verpflichtet sind. Nach § 16 Abs. 2 kann ein Beteiligter, der eine gerichtliche Entscheidung erwirkt hat, die auf Unzulässigkeit einer Eintragung lautet, den Vollzug dieser Eintragung durch Widerspruch verhindern.

a) Bindung des Registergerichts an Entscheidungen des Prozessgerichts

2 Über ihren begrenzten **Regelungsbereich** hinaus hat die Vorschrift keine allgemeine Bedeutung für die Frage, inwieweit das Registergericht an Entscheidungen des Prozessgerichts gebunden ist. Zur Vermeidung widersprechender

---
1 Begr. RegE zum MoMiG, BT-Drucks. 16/6140 v. 25.7.2007, S. 123.

Ergebnisse steht den Registergerichten die Aussetzung des Eintragungsverfahrens nach § 127 FGG (§ 381 FamFG) mit der Möglichkeit, ein streitiges Rechtsverhältnis im Zivilrechtsweg klären zu lassen, offen. Die Vorschrift des § 127 FGG (§ 381 FamFG) macht aber nur in den dort vorgesehenen Fällen von dem Gebot, eine Entscheidung ohne Verzögerung zu treffen, eine Ausnahme. Daraus ist eine Bindung des Registergerichts an Entscheidungen des Prozessgerichts ganz allgemein nicht herzuleiten. Zum so genannten Freigabeverfahren z.B. bei Klagen gegen Beschlüsse der Hauptversammlung vgl. oben § 8 Rn. 38.

§ 16 Abs. 1 bezieht sich zunächst auf gerichtliche Entscheidungen über die Ersetzung einer Willenserklärung, die nach § 894 ZPO zu vollstrecken sind. Das **rechtskräftige Urteil**, das auf Abgabe einer bestimmten Anmeldungserklärung lautet, ersetzt die Anmeldung[1]. Daneben genügen aber auch einstweilige Verfügungen nach §§ 935 ff. ZPO, z.B. gestützt auf §§ 117, 127[2], vorläufig vollstreckbare Urteile nach §§ 708 ff. ZPO sowie Feststellungs- und Gestaltungsurteile, um die Rechtsfolgen nach § 16 Abs. 1 herbeizuführen. Bei Leistungs- und Feststellungsurteilen reicht die Bindungswirkung nur so weit wie die persönliche Rechtskraftwirkung. Generell ist das Registergericht an rechtskräftige Gestaltungsurteile der Prozessgerichte z.B. nach §§ 117, 127, 133, 140 HGB sowie nach § 75 GmbHG, § 275 AktG, § 94 GenG gebunden[3]; dazu gehören auch die Anfechtungsurteile nach §§ 241 Nr. 5, 246, 248 AktG, da diese Anfechtungsklagen ihrer Rechtsnatur nach Gestaltungsklagen sind. **Nicht bindend** sind Urteile, durch die eine auf Rechtsgestaltung gerichtete Klage abgewiesen wird. Hingegen ist die Bindung an ein eine Feststellungsklage abweisendes Zivilurteil bejaht worden, weil in diesem Fall zwischen den Parteien des Zivilprozesses und den an einem echten Streitverfahren der freiwilligen Gerichtsbarkeit (Informationserzwingungsverfahren nach § 166 Abs. 3) Beteiligten Personenidentität gegeben war[4].

Verurteilende oder feststellende Prozessentscheidungen (Ausnahme: Statusurteile) sind nicht ohne weiteres bindend, da das Registergericht wegen der nur zwischen den Parteien wirkenden Prozessentscheidung bei seiner Entscheidung das Interesse eines Dritten oder ein öffentliches Interesse berücksichtigen darf. Selbst wenn das Registergericht das Eintragungsverfahren nach § 127 FGG (§ 381 FamFG) ausgesetzt hatte, ist es nach Ergehen der Entscheidung des Prozessgerichts an diese Entscheidung nicht gebunden, wenn das Interesse eines Dritten oder das öffentliche Interesse zu einem anderen Ergebnis führen. Werden nach Rechtskraft der Prozessentscheidung neue Tatsachen bekannt, die zu einer Wiederaufnahme des Verfahrens geeig-

---

1 *Staub/Hüffer*, § 16 Rn. 2; *Baumbach/Hopt*, § 16 Rn. 3.
2 BayObLG v. 6.12.1985 – 3 ZBR 116/85, ZIP 1986, 93, 94.
3 *Staub/Hüffer*, § 16 Rn. 6; *Heymann/Sonnenschein/Weitemeyer*, § 16 Rn. 4; *Jansen*, 2. Aufl. 1971, § 127 FGG Rn. 17; *Keidel/Kuntze/Winkler*, Freiwillige Gerichtsbarkeit, 15. Aufl. 2003, § 127 FGG Rn. 46.
4 So BayObLG v. 18.9.1987 – 3 ZBR 27/87, BayObLGZ 1987, 325, 331.

b) Verurteilung zur Anmeldung

5   Unabhängig davon, dass das Registergericht gegen einen säumigen Anmelder die Anmeldepflicht nach § 14 (Registerzwang) durchsetzen kann, kann einer von mehreren zur Anmeldung Verpflichteten (z.B. nach §§ 108 Abs. 1, 143 Abs. 1 und 2, 144 Abs. 2, 148 Abs. 1, 157 Abs. 1, 161 Abs. 2, 162, 175 HGB, § 81 Abs. 1 AktG, § 78 GmbHG) seinen privatrechtlichen **Mitwirkungsanspruch** gegen einen Säumigen mit Zivilklage durchsetzen und vollstrecken lassen. In diesen Fällen besteht die Anmeldeverpflichtung sowohl gegenüber dem Registergericht als auch im Verhältnis mehrerer Anmeldepflichtiger untereinander[2]. Auf die Vollstreckung findet dann § 894 ZPO Anwendung[3]; auch wenn man die Anmeldung zum Handelsregister nicht als Willenserklärung ansieht, ersetzt die rechtskräftige Entscheidung mit für das Registergericht bindender Wirkung die erforderliche Anmeldeerklärung.

6   Eine **Verurteilung** zur Zeichnung von Unterschriften, als diese noch vorgeschrieben war, war nach § 888 ZPO zu vollstrecken; für die Einreichung von Schriftstücken und Dokumenten ist Vollstreckung nach § 883 ZPO zu betreiben, wenn die Entscheidung auf Herausgabe der Schriftstücke lautet[4]. Eine vorläufig vollstreckbare Entscheidung genügt.

7   Ist **nur eine Person** zur Anmeldung **verpflichtet**, findet § 16 Abs. 1 keine Anwendung. Eine entsprechende Verurteilung durch Prozessentscheidung wird nach § 894 ZPO vollstreckt, setzt also **Rechtskraft** voraus. Andererseits kann das Registergericht bei nur einem Anmeldepflichtigen, wenn eine öffentlich-rechtliche Pflicht zur Anmeldung besteht, von vornherein den Registerzwang (§ 14) anwenden.

2. Ersetzung der Anmeldeerklärung (§ 16 Abs. 1 S. 1)[5]

8   Die Anwendung von § 16 Abs. 1 setzt voraus, dass mehrere Beteiligte **gemeinsam** zu einer Anmeldung verpflichtet sind. Hierfür kommen vor allem die Gesellschafter von Personenhandelsgesellschaften in Betracht; der allein Anmeldepflichtige fällt nicht unter die Bestimmung. Sie kommt ferner nicht zur Anwendung, wenn sämtliche Beteiligte die Anmeldung verweigern. In einem solchen Fall ist gegebenenfalls Registerzwang (§ 14) anzuwenden, es sei denn, der Anspruch eines Dritten auf Anmeldung gegen sämtliche Verpflichtete ist rechtskräftig festgestellt, so dass die Anmeldung durch Eintragung vollzogen werden kann.

---

1 Siehe *Baumbach/Hopt*, § 16 Rn. 1; *Schlegelberger/Hildebrandt/Steckhan*, § 16 Rn. 5.
2 *Staub/Hüffer*, § 16 Rn. 13, 14; *Heymann/Sonnenschein/Weitemeyer*, § 16 Nr. 4.
3 *Staub/Hüffer*, § 16 Rn. 2.
4 Siehe aber *Staub/Hüffer*, § 16 Rn. 11.
5 Vgl. hierzu auch BGH v. 17.12.2001 – II ZR 31/00, DStR 2002, 967.

§ 16 Abs. 1 lässt anders als § 894 ZPO ganz allgemein neben rechtskräftigen 9
auch **vollstreckbare Entscheidungen** des Prozessgerichts genügen. Darunter
fallen vorläufig vollstreckbare Urteile (§§ 708, 709 ZPO) und einstweilige
Verfügungen (§§ 935, 940 ZPO)[1], die eine Mitwirkungspflicht des Beklagten
oder ein einzutragendes Rechtsverhältnis feststellen; **Feststellung** ist hier
nicht im Sinne von § 256 ZPO, sondern ganz allgemein zu verstehen. Somit
fallen darunter z.B. auch Entscheidungen, durch die die Vertretungsmacht
nach § 127 entzogen wird, oder Leistungsurteile, die auf ein Unterlassen von
Vertretungsmaßnahmen für eine Gesellschaft lauten und auf eine in der Satzung enthaltene Abberufungsmöglichkeit ohne gerichtliches Verfahren beruhen, weil dadurch notwendigerweise das Erlöschen der Vertretungsmacht
festgestellt ist. Damit wird dem Grundsatz der Verfahrensökonomie Rechnung getragen, weil eine sonst erforderliche Klage auf Mitwirkung bei der
Anmeldung entbehrlich wird[2]. Auch soweit eine **nur vorläufig vollstreckbare
Entscheidung** vorliegt, die aber nach § 16 Abs. 1 genügt, ist der Registerrichter zur Eintragung verpflichtet. Eine ermessensabhängige Aussetzung des
Eintragungsverfahrens nach § 127 FGG (§ 381 FamFG) bis zur rechtskräftigen Entscheidung des Prozessgerichts kommt schon nach dem Wortlaut des
§ 16 Abs. 1 nicht in Betracht[3]. Ausreichend sind hierfür auch entsprechende
Leistungs- oder Gestaltungsentscheidungen[4]. Hingegen fehlen die Voraussetzungen bei vollstreckbaren Urkunden, Vergleichen, Schiedssprüchen und
Entscheidungen im FG-Verfahren[5]. Ein **Schiedsspruch**, der nach § 1055 ZPO
zwischen den Parteien wie ein gerichtliches Urteil wirkt, ist deshalb keine
geeignete Grundlage, weil er durch bloße Parteivereinbarung wieder beseitigt
werden kann[6]. Hingegen ist ein Schiedsspruch dann ausreichend, wenn er
nach § 1060 ZPO rechtskräftig für vollstreckbar erklärt worden ist[7].

Liegt eine die **Mitwirkungspflicht** oder ein Rechtsverhältnis feststellende 10
Entscheidung vor (dazu oben Rn. 9), ersetzt sie die fehlende Anmeldungserklärung des Beklagten, so dass für die Eintragung die Anmeldung der übrigen Beteiligten genügt. Nur diese können die Eintragung durch Vorlage der
Entscheidung des Prozessgerichts veranlassen, nicht aber das Prozessgericht
selbst[8].

Da durch die Entscheidung des Prozessgerichts nur die Anmeldungserklä- 11
rung eines Beteiligten ersetzt wird, bleiben im übrigen Prüfungsrecht und
Prüfungspflicht des Registergerichts (§ 8 Rn. 31 ff.) unberührt; die Anmeldung ist in formeller und materieller Hinsicht zu prüfen. Dazu gehört auch,

---

1 Zur Subsidiarität der Verfassungsbeschwerde gegenüber diesem Rechtsmittel vgl.
  BVerfG v. 13.10.2004 –1 BvR 2303/00, NZG 2005, 280.
2 *Staub/Hüffer*, § 16 Rn. 17.
3 Siehe *Staub/Hüffer*, § 16 Rn. 8.
4 *Staub/Hüffer*, § 16 Rn. 13.
5 KG, OLGRspr. 14, 335, 336; *Staub/Hüffer*, § 16 Rn. 12, *Heymann/Sonnenschein/
  Weitemeyer*, § 16 Rn. 3.
6 BayObLG v. 24.2.1984 – 3 ZBR 197/83, WM 1984, 809, 810; *Staub/Hüffer*, § 16
  Rn. 12.
7 BayObLG v. 24.2.1984 – 3 ZBR 197/83, WM 1984, 809, 810.
8 Vgl. *Heymann/Sonnenschein/Weitemeyer*, § 16 Rn. 5.

ob eine im Sinne von § 16 Abs. 1 ausreichende Entscheidung vorliegt, nicht aber, ob diese Entscheidung zu Recht ergangen ist. Insoweit ist das Registergericht mithin in den persönlichen Grenzen der Rechtskraft (oben Rn. 4) an die Entscheidung des Prozessgerichts gebunden, auch wenn diese nur vorläufig vollstreckbar (oben Rn. 9) ist. Im Recht der **Kapitalgesellschaften** hat § 16 Abs. 1 z.B. praktische Bedeutung für die Anmeldung der Bestellung oder des Ausscheidens eines Vorstandsmitglieds nach § 81 AktG; ein entsprechendes rechtskräftiges Urteil ersetzt gemäß § 894 ZPO die Anmeldung. Für die Anmeldung der Gesellschaft zur Eintragung in das Handelsregister kommt § 16 Abs. 1 kaum praktische Bedeutung zu. Im Schrifttum ist aber streitig, ob die Anmeldung nach § 36 AktG klageweise durchgesetzt werden kann; dies wird nach einer Meinung mit der Begründung verneint, dass bei einer Vollstreckung nach § 894 ZPO die Richtigkeit der Versicherung nach § 37 AktG nicht gewährleistet sei[1]. Nach anderer Auffassung, der zuzustimmen ist, ist die Anmeldung auch in diesem Bereich gerichtlich durchsetzbar, wobei allerdings die Vollstreckung wegen der Höchstpersönlichkeit der Anmeldung nicht nach § 894 ZPO, sondern nach § 888 ZPO durchzuführen ist[2]. Im GmbH-Recht ist nach h.M.[3] eine Klage der Gesellschafter gegen den Geschäftsführer auf Anmeldung zulässig; das entsprechende Urteil ist wegen der höchstpersönlichen Erklärungen, die nach § 8 Abs. 2 GmbHG abzugeben sind, gemäß § 888 ZPO zu vollstrecken.

12 Für Eintragung und Bekanntmachung gelten §§ 8, 10. Gemäß § 18 S. 1 HRV ist im Register zu vermerken, dass die Eintragung auf einer rechtskräftigen oder vollstreckbaren Entscheidung des Prozessgerichts (unter Angabe des Prozessgerichts, des Datums und des Aktenzeichens der Entscheidung) beruht. Trotz Vorliegens einer entsprechenden Entscheidung unterbleibt aber der **Vermerk**, wenn der Verurteilte seiner Anmeldepflicht gegenüber dem Registergericht nachträglich nachgekommen ist.

3. Aufhebung der Entscheidung (§ 16 Abs. 1 S. 2)

13 Wird die Entscheidung des Prozessgerichts nach durchgeführter Eintragung aufgehoben, ist dies auf Antrag eines Beteiligten (Form § 12) im Register zu vermerken (§ 16 Abs. 1 S. 2, § 18 S. 2 HRV). Hierfür genügt auch die Abänderung der Entscheidung in dem Teil, der die Grundlage der Eintragung gebildet hat. § 16 Abs. 1 S. 2 ist nur anwendbar, wenn die **aufgehobene Entscheidung** die **Eintragungsgrundlage** gewesen ist. Deshalb kommt die Bestimmung nicht zur Anwendung, wenn der Betroffene bereits auf Grund des Urteilsausspruches die Anmeldung zusammen mit den übrigen Beteiligten vorgenommen hat. Schließlich ist der Vermerk nach § 16 Abs. 1 S. 2 auch einzutragen, sofern bei einer vorläufig vollstreckbaren Entscheidung die Vollstreckbarkeitserklä-

---

1 So GroßKommAktG/*Röhricht*, § 36 AktG Rn. 19, 10 f.; KölnerKommAktG/*Kraft*, § 36 AktG Rn. 8.
2 So *Staub/Hüffer*, § 16 Rn. 16; *Hüffer*, § 36 AktG Rn. 5; *Geßler/Hefermehl/Eckardt/Kropft*, § 36 AktG Rn. 8.
3 Siehe nur *Hachenburg/Ulmer*, § 7 GmbHG Rn. 8; *Baumbach/Hueck/Fastrich*, § 7 GmbHG Rn. 2, jew. m.w.N.

rung nach § 717 Abs. 1 ZPO aufgehoben wird[1]. Auf Ersuchen des Prozessgerichts darf der Vermerk nicht eingetragen werden. Die sachliche Richtigkeit der aufhebenden Entscheidung hat das Registergericht nicht zu prüfen.

Der Vermerk bedeutet **nicht** die **Löschung** der Eintragung und hat deshalb auch nicht deren Rechtsfolgen. Der Rechtsverkehr soll lediglich darauf hingewiesen werden, dass möglicherweise eine spätere Löschung, entweder auf Anmeldung oder von Amts wegen, bei Rechtskraft der aufhebenden Prozessentscheidung in Betracht kommt. 14

4. Prozessentscheidung über Unzulässigkeit einer Eintragung (§ 16 Abs. 2)

Voraussetzung ist das Vorliegen einer rechtskräftigen oder vollstreckbaren Prozessentscheidung (oben Rn. 9), mit der die Vornahme einer Eintragung in das Handelsregister für unzulässig erklärt wird. Materielle Grundlage einer solchen Entscheidung ist ein entsprechender **Anspruch**, z.B. nach § 37 Abs. 2 (unzulässiger Firmengebrauch) oder nach § 112 (Verstoß gegen ein Wettbewerbsverbot). Der Tenor der **Entscheidung** muss auf **Unzulässigkeit der Eintragung** lauten; eine Feststellung über ein nicht bestehendes Rechtsverhältnis reicht nicht aus. 15

Hinzukommen muss ein **Widerspruch** des obsiegenden Klägers gegen die Eintragung. Hierfür genügt formlose Erklärung gegenüber dem Registergericht; konkludente Handlung durch Einreichung der Prozessentscheidung ist ebenfalls ausreichend[2]. 16

Liegen die Voraussetzungen vor, darf das Registergericht nicht eintragen. Trotz des Wortlautes von § 16 Abs. 2 ist aber auch hier das Registergericht an die Entscheidung des Prozessgerichts nur in den Grenzen gebunden, die sich aus der **allgemeinen Bindungswirkung** zwischen streitiger und freiwilliger Gerichtsbarkeit ergeben (oben Rn. 3, 4). Für die Praxis von Bedeutung ist hier in erster Linie die Bindung an ein Gestaltungsurteil, das z.B. eine erfolgreiche Anfechtungsklage gegen einen Hauptversammlungsbeschluss zum Gegenstand hat. Zu beachten ist ferner die allgemeine Rechtskraftwirkung innerhalb ihrer persönlichen Grenzen. Soweit danach die Bindungswirkung reicht, hat das Registergericht die **Rechtmäßigkeit der Entscheidung nicht zu prüfen**; es darf auch dann nicht eintragen, wenn es die Prozessentscheidung für sachlich unzutreffend hält. Ist aber nach diesen Grundsätzen eine Bindungswirkung zu verneinen, darf das Registergericht die Eintragung in eigener Entscheidungskompetenz vornehmen oder bei nur vorläufig vollstreckbaren Entscheidungen das Verfahren nach § 127 FGG (§ 381 FamFG) aussetzen[3]. Für eine Aussetzung müssen aber in der Regel ganz besondere Gründe vorliegen; ein Eilbedürfnis für eine Eintragung ist bei der Ermessensausübung zu berücksichtigen und kann einer Aussetzung entgegenstehen[4]. Wurde vor Einlegung des Widerspruches eingetragen, hat der Widerspre- 17

---

1 *Staub/Hüffer*, § 16 Rn. 21.
2 *Staub/Hüffer*, § 16 Rn. 26.
3 So *Staub/Hüffer*, § 16 Rn. 27.
4 Dazu BayObLG v. 27.10.1982 – 2 ZBR 69/82, Rpfleger 1983, 74.

chende keinen Anspruch auf Löschung; gleichwohl kann er ein entsprechendes Verfahren anregen. Wurde trotz vorliegenden Widerspruchs eingetragen, steht dem Widersprechenden zwar kein Beschwerderecht gegen die Eintragung zu, aber gegen die Nichtbeachtung eines Widerspruches mit dem Ziel, die Einleitung eines Löschungsverfahrens zu erzwingen[1].

18 Wird eine **Klage** auf Unzulässigkeitserklärung einer Eintragung **abgewiesen**, kann der obsiegende Beklagte daraus keinen Anspruch auf Eintragung herleiten; eine entsprechende Anwendung von § 16 Abs. 2 scheidet aus.

5. Bindung der Prozessgerichte an Entscheidungen der FG-Gerichte

19 **Rechtsgestaltende Entscheidungen** der FG-Gerichte sind für Prozessgerichte und Behörden auch ohne besondere Vorschrift bindend[2]. Dies gilt auch für konstitutiv wirkende Eintragungen im Handels-, Genossenschafts- und Vereinsregister (z.B. Entstehung der AG, GmbH und KGaA durch Eintragung; Begründung der Kaufmannseigenschaft nach §§ 2, 5). An die Beurteilung sonstiger Rechtsverhältnisse durch das Registergericht besteht keine Bindung; so kann das Prozessgericht eine Firmenführung untersagen, obwohl das Registergericht die Firma für zulässig erachtet und eingetragen hat; denn die Prüfungsmaßstäbe von § 18 Abs. 2 und § 5 (früher § 3) UWG sind verschieden[3].

Ist aber durch rechtskräftiges Urteil eines Prozessgerichts die Führung einer Firma, weil irreführend, nach § 5 (früher § 3) UWG für unzulässig erklärt worden, erscheint es bedenklich, wenn das Registergericht dennoch einträgt und nur darauf verweist, dass formell keine Bindungswirkung bestehe; in beiden Fällen ging es um dieselbe Firma bzw. denselben Namen *Pro Videntia* für den Zusammenschluss derselben Rechtsanwälte zunächst in einer GbR, später in einer Rechtsanwaltsaktiengesellschaft. Zumindest darf sich aber das Registergericht in einem solchen Fall nicht mehr mit einer Grobrasterprüfung[4] nach § 18 Abs. 2 begnügen, sondern muss, wenn es die Firma dennoch für zulässig und eintragungsfähig erachten will, sich mit den sachlichen Gründen der Entscheidung des Prozessgerichts im Einzelnen auseinander setzen und nicht die abschließende Prüfung einem erneuten Wettbewerbsprozess überlassen[5].

---

1 *Staub/Hüffer*, § 16 Rn. 28; *Heymann/Sonnenschein/Weitemeyer*, § 16 Rn. 12; a.A.: Amtslöschungsverfahren nach §§ 142, 143 FGG (ab 1.9.2009: § 395 FamFG); GroßkommAktG/*Wiedemann*, § 181 AktG Rn. 31.
2 *Keidel/Kuntze/Winkler/Schmidt*, Freiwillige Gerichtsbarkeit, 15. Aufl. 2003, § 1 FGG Rn. 43 m.w.N.; BGH v. 6.6.1977 – IV ZR 17/76, BGHZ 69, 235, 237.
3 Vgl. OLG Nürnberg v. 10.6.2003 – 3 U 588/03, NJW 2003, 2245; vgl. auch BayObLG v. 27.3.2000 – 3 ZBR 331/99, NJW 2000, 1647, 1648; *Baumbach/Hopt*, § 18 Rn. 14.
4 Dazu *Ammon*, DStR 1998, 1474, 1478.
5 Insoweit bedenklich BayObLG v. 27.3.2000 – 3 ZBR 331/99, NJW 2000, 1647, 1648; aber damals Verstoß gegen § 33 Abs. 2, § 9 BORA a.F. denkbar, nach OLG Nürnberg v. 10.6.2003 – 3 U 588/03, NJW 2003, 2246; nach BGH v. 11.3.2004 – I ZR 62/01, NJW 2004, 1651 (mit Anm. *Römermann*, EWiR 2004, 651) verbietet § 9 BORA aber nicht Fantasiefirma der Partnerschaft; dazu auch *Pluskat*, AnwBl. 2004, 22 ff.; *Kempter/Kopp*, Die Rechtsanwalts-AG, NJW 2000, 3449 und NJW 2001, 777; vgl. auch Vor § 17 Rn. 18 ff. und § 18 Rn. 30 f.

Dritter Abschnitt Handelsfirma

Vor § 17
Das Firmenrecht im Überblick

Übersicht

	Rn.
I. Das Firmenrecht vor dem HRefG	
1. Allgemeines	1
2. Personenfirma	2
3. Sachfirma	3
4. Fantasiefirma	4
II. Neuregelung des Firmenrechts durch das HRefG	5
III. Grundsätze des Firmenrechts	7
1. Kennzeichnungsfähigkeit und Unterscheidungskraft	8
2. Auskunftsfunktion (Publizität)	9
a) Einzelkaufleute	10
b) OHG und KG	11
c) Kapitalgesellschaften und Genossenschaften	12
3. Die Firmenwahrheit	13
IV. Sonstige Gesellschaften	
1. Name der Partnerschaftsgesellschaft	14
2. Die Firma der Rechtsanwaltsgesellschaft	18
3. Die Firma der EWIV	21

Schrifttum zur Reform des Firmenrechts nach dem HRefG (Auswahl): Siehe die Schrifttumsnachweise oben Vor § 8; ferner: *Jung*, Firmen von Personenhandelsgesellschaften nach neuem Recht, ZIP 1998, 677; *Kögel*, Neues Firmenrecht und alte Zöpfe: Die Auswirkungen der HGB-Reform, BB 1998, 1645; *Lutter/Welp*, Das neue Firmenrecht der Kapitalgesellschaften, ZIP 1999, 1073; *D. Möller*, Neues Kaufmanns- und Firmenrecht, 1998; *Müther*, Überlegungen zum neuen Firmenbildungsrecht bei der GmbH, GmbHR 1998, 1058; *Pluskat*, Die Firma der Anwalts-AG, AnwBl. 2004, 22; *W.-H. Roth*, Das neue Firmenrecht, in Lieb (Hrsg.), Die Reform des Handelsstandes und der Personengesellschaften, 1999, S. 31; *Scheibe*, Mehr Freiheit bei der Firmenbildung – Zum Referentenentwurf für ein HRefG, BB 1997, 1489; *Schulte/Warnke*, Vier Jahre nach der HGB-Reform – Das neue Firmenrecht der GmbH im Handelsregisterverfahren, GmbHR 2002, 626; *L.-Chr. Wolff*, Zur Reform des § 18 Abs. 2 HGB, DZWIR 1997, 397.

I. Das Firmenrecht vor dem HRefG

1. Allgemeines

Nach den Vorstellungen des Gesetzgebers erschien eine durchgreifende Reform des Firmenrechts erforderlich, um das in Deutschland im europäischen Vergleich recht rigide Firmenbildungsrecht zu entschärfen und zu vereinheitlichen. Kapitalgesellschaften, Personenhandelsgesellschaften und Einzelkaufleuten sollten größere Wahlfreiheit bei der Bildung aussagekräftiger und werbewirksamer Firmen eingeräumt werden[1]. Das Firmenrecht vor der

1

---

[1] HRefG v. 22.6.1998, BGBl. I 1473; RegE BT-Drucks. 13/8444, S. 35.

Handelsrechtsreform war in den Quisquilien genau, in den Grundsätzen der Unternehmenspublizität hingegen nachlässig[1].

2. Personenfirma

Der Einzelkaufmann und die Personenhandelsgesellschaft durften nur eine Personenfirma führen, wobei der Einzelkaufmann dem Familiennamen mindestens einen ausgeschriebenen Vornamen hinzuzufügen hatte (§ 18 Abs. 1 a.F.; 1. Aufl. § 18 Rn. 10 f.). Bei Personenhandelsgesellschaften (OHG, KG) war die Beifügung eines Vornamens entbehrlich (§ 19 Abs. 3 a.F.).

3. Sachfirma

Aktiengesellschaften und Genossenschaften hatten stets eine Sachfirma zu führen (§ 4 AktG a.F.; § 3 Abs. 2 GenG a.F.). Der GmbH waren Sach- und Personenfirmen erlaubt (§ 4 Abs. 1 GmbHG a.F.); letztere durfte den Namen von Gesellschaftern auch ohne Vornamen enthalten. Die Gesellschafter mussten, wenn ihr Name zur Firmenbildung verwendet werden sollte, zum Zeitpunkt der Eintragung der Gesellschaft in das Handelsregister aktuelle Gesellschafter sein[2]. Die Sachfirma musste nach § 4 Abs. 1 S. 1 GmbHG a.F. dem Unternehmensgegenstand entlehnt bzw. nach § 4 Abs. 1 S. 1 AktG a.F. dem Unternehmensgegenstand entnommen werden. Durchgesetzt hatte sich die Auffassung, dass die Sachfirma den Gegenstand des Unternehmens im Wesentlichen für die angesprochenen Verkehrskreise erkennbar machen musste[3]. Die Sachfirma durfte außerdem nicht täuschend sein, und zwar weder im Firmenkern noch in den Zusätzen und auch nicht in ihrer Gesamtheit. § 18 Abs. 2 a.F. galt uneingeschränkt[4].

4. Fantasiefirma

Eine Fantasiefirma war grundsätzlich unzulässig; allerdings waren nicht täuschende Fantasiezusätze erlaubt. Die Rechtsprechung hat aber auch schon früher Fantasiebezeichnungen zugelassen, wenn der Unternehmensgegenstand für die angesprochenen Verkehrskreise nach den gesamten Umständen im Wesentlichen aus der Firma noch hinreichend erkennbar wurde[5].

---

1 Vgl. *K. Schmidt*, NJW 1998, 2167.
2 Näheres dazu *Scholz/Emmerich*, § 4 GmbHG Rn. 30.
3 Statt vieler *Scholz/Emmerich*, § 4 GmbHG Rn. 17 m.w.N.; *Hüffer*, § 4 AktG Rn. 11; *Ammon*, DStR 1994, 325, 326.
4 Vgl. BayObLG v. 13.6.1997 – 3 ZBR 61/97, BayObLGZ 1997, 187, 189 – Das Bad; v. 23.2.1989 – BReg. 3 Z 136/88, BayObLGZ 1989, 44 – Treuhand.
5 Z.B. „Orlow Gesellschaft für elektrische Beleuchtung mbH", KG, KGJ 19 A 15; „Kosmopharm Vertriebs GmbH", als Abkürzung für Kosmetik und Pharmazeutik, KG, GmbHR 1927, 718; OLG Stuttgart v. 19.2.1974 – 8 W 382/73, OLGZ 1974, 337, 338; weitere Beispiele bei *Scholz/Emmerich*, § 4 GmbHG Rn. 42.

II. Neuregelung des Firmenrechts durch das HRefG

Man solle – fast – alles vergessen, was man zuvor über die Anforderungen an die Firmenbildung gelernt und gewusst habe; nunmehr komme es nicht mehr auf Vorname, Nachname, Sachfirmen, Mischformen und ähnliche Begriffe aus Firmenfibeln und Wegweisern an[1]. Untersucht man allerdings die durch das HRefG erfolgte Neuregelung näher, scheint ein so weitgehendes Vergessen nicht angezeigt.

Der Firmenbegriff des § 17 ist unverändert geblieben, er wurde lediglich durch die Streichung der Wörter „im Handel" dem neuen Kaufmannsbegriff des § 1 angepasst. Die Bedeutung des Grundsatzes der Firmenwahrheit wurde eingeschränkt; der Umfang des Täuschungsverbotes (§ 18 Abs. 2 a.F.) wurde vor allem im Registerverfahren deutlich reduziert. Die Kennzeichnungsfunktion der Firma wurde gestärkt, ausdrücklich gefordert wurde Unterscheidungskraft. Diese Liberalisierung des Firmenbildungsrechts wurde zur Sicherheit des Rechtsverkehrs dadurch flankiert, dass sämtliche Unternehmen in ihre Firma die Rechtsformbezeichnung aufnehmen müssen und diese Angabe u.a. auf allen Geschäftsbriefen zu finden sein muss[2].

III. Grundsätze des Firmenrechts

Das Firmenbildungsrecht gewährt den Unternehmen nunmehr die weitgehend freie Wahl ihrer Firma. Die notwendige Information des Publikums über die Gesellschafts- und Haftungsverhältnisse wird dadurch erreicht, dass alle Unternehmen, auch der Einzelkaufmann und die Unternehmen nach § 33, ihrer Firma obligatorisch einen Rechtsformzusatz beizufügen haben. Die Firmenbildung hat sich jetzt an den drei wesentlichen Funktionen der Firma auszurichten, nämlich

– Kennzeichnungsfähigkeit und Unterscheidungskraft,
– Ersichtlichkeit des Gesellschaftsverhältnisses und
– Offenlegung der Haftungsverhältnisse.

Jede Firma, die diese Voraussetzungen erfüllt, ist im Handelsregister grundsätzlich eintragungsfähig, so dass jeder Anmelder wählen kann, ob er eine Personen-, Sach- oder Fantasiefirma wählt.

1. Kennzeichnungsfähigkeit und Unterscheidungskraft

Der Wortlaut des § 18 Abs. 1 legt es nahe, die früher überwiegend synonym gebrauchten Begriffe[3] getrennt zu prüfen. Die Kennzeichnungsfähigkeit erfordert, dass die Firma als Name des Einzelkaufmanns, der Gesellschaft oder der juristischen Person geeignet sein muss. Namensfunktion haben Sprachzeichen, die unmittelbar oder mittelbar auf den Kaufmann als Unterneh-

---

1 So *Frenz*, ZNotP 1998, 178 f.
2 Vgl. §§ 37a, 125a; *Ammon*, DStR 1998, 1474, 1477 f.
3 *Scholz/Emmerich*, § 4 GmbHG Rn. 10.

menstränger hinweisen[1]. Keine Kennzeichnungsfähigkeit sollen, wie schon nach altem Recht, Bildzeichen, schlichte Zahlen und unaussprechbare Buchstabenkombinationen haben[2]. Mit der Unterscheidungskraft wird gefordert, dass die Firma die Fähigkeit haben muss, ihren Unternehmensträger von anderen zu unterscheiden und damit zu individualisieren (dazu auch unten § 30). Vor allem darf die Firma nach ihrem Wort- und Klangbild nicht mit anderen Firmen am selben Ort verwechslungsfähig sein. Rechtsformzusätze nehmen am Klangbild der Firma in der Regel nicht teil, so dass unterschiedliche Rechtsformzusätze die Verwechslungsfähigkeit nicht ausschließen[3].

2. Auskunftsfunktion (Publizität)

9   Für alle Firmen gilt eine umfassende Rechtsformpublizität.

10 **a)** Für **Einzelkaufleute** besteht die Pflicht, in ihre Firma eine Rechtsformbezeichnung aufzunehmen (§ 19 Abs. 1 Nr. 1), d.h. „eingetragener Kaufmann" oder „eingetragene Kauffrau" oder eine allgemein verständliche Abkürzung davon, wie z.B. *e.K.; e.Kfr.*. Diskutiert wird, welche Bezeichnung der Ist-Kaufmann nach § 1 Abs. 2 zu führen hat, der noch nicht im Handelsregister eingetragen ist[4]. Bedenken, dass auch ein solcher Kaufmann als *e.K.* firmieren kann und muss, erscheinen nicht begründet (siehe unten bei § 19). Kaufleute i.S.v. § 19 Abs. 1 und § 37a sind auch juristische Personen nach § 33. Da die letztgenannte Bestimmung hinsichtlich der Rechtsformbezeichnung keine Sonderregelung trifft, gelten die allgemeinen Vorschriften, so dass der e.V. als Kaufmann mit *e.V. e.K.* zu firmieren hat[5].

11 **b)** Die **offene Handelsgesellschaft** und die **Kommanditgesellschaft** haben nach § 19 Abs. 1 Nr. 2, 3 die Bezeichnung *offene Handelsgesellschaft* bzw. *Kommanditgesellschaft* oder eine allgemein verständliche Abkürzung in der Firma zu führen, z.B. *OHG* bzw. *KG*. Näheres siehe unten bei § 19.

12 **c) Kapitalgesellschaften** und **Genossenschaften** haben, wie schon nach altem Recht, in ihre Firma die zutreffende Rechtsformbezeichnung aufzunehmen. Erleichterungen bringt die Regelung, dass die Genossenschaft die Abkürzung *eG*, die Kapitalgesellschaften eine allgemein verständliche Abkürzung

---

[1] *W.-H. Roth*, Das neue Firmenrecht, in Lieb (Hrsg.), Die Reform des Handelsstandes und der Personengesellschaften, 1999, S. 35 f.
[2] *Scholz/Emmerich*, § 4 GmbHG Rn. 10; diese Auffassung könnte durch die Registerpraxis überholt sein; eingetragen als Firma wurden z.B. „CM 99184 Vermögensverwaltungs GmbH", „KSD-GmbH", „cc 4 u GmbH" für einen Softwarehersteller u. EDV-Vertrieb; siehe dazu auch *Kögel*, BB 1998, 1645, 1646.
[3] *Scholz/Emmerich*, § 4 GmbHG Rn. 12; zweifelnd *Kögel*, BB 1998, 1645, 1646, der im Hinblick auf die neue zentrale Bedeutung der Rechtsformzusätze insoweit eine Neubesinnung anmahnt.
[4] Vgl. *Zimmer*, ZIP 1998, 2050; *W.-H. Roth*, Das neue Firmenrecht, in Lieb (Hrsg.), Die Reform des Handelsstandes und der Personengesellschaften, 1999, S. 39.
[5] Näher dazu *W.-H. Roth*, Das neue Firmenrecht, in Lieb (Hrsg.), Die Reform des Handelsstandes und der Personengesellschaften, 1999, S. 40 f.

gebrauchen dürfen. Damit wird eine bereits bestehende Praxis gesetzlich sanktioniert. Nach § 279 Abs. 2 AktG muss die Firma der Kommanditgesellschaft auf Aktien erkennen lassen, wenn eine juristische Person haftender Gesellschafter ist (vgl. auch § 19 Abs. 2), also z.B. GmbH & Co. KGaA.

3. Die Firmenwahrheit

Das frühere Täuschungsverbot (§ 18 Abs. 2 a.F.), das sich nach dem Wortlaut nur auf Zusätze bezog, war nach h.M. in Rechtsprechung und Literatur auf die gesamte Firma auszudehnen (vgl. 1. Aufl. § 18 Rn. 6, 26). Nach neuem Recht wird das Irreführungsverbot ausdrücklich auf die gesamte Firma erstreckt, aber insbesondere für das Registerverfahren erheblich zurückgestuft. Materiell-rechtlich müssen etwaige irreführende Angaben in der Firma für die angesprochenen Verkehrskreise wesentlich sein, um für das Registergericht Eingriffsrelevanz zu entfalten. Darüber hinaus kommt eine Beanstandung im Registerverfahren nur in Betracht, wenn die Eignung zur Irreführung dem Gericht ersichtlich ist, was im Ergebnis bedeutet, dass sie offensichtlich sein muss. Danach wird eine nicht offensichtlich irreführende Firma zunächst in das Handelsregister eingetragen; auf Klage eines Wettbewerbers nach § 37 Abs. 2 kann eine eingehende Prüfung vorgenommen werden, die gegebenenfalls zu einer Untersagung des unbefugten Firmengebrauchs führen kann. Die präventive Irreführungskontrolle durch das Registergericht ist damit nachhaltig eingeschränkt worden[1].

13

IV. Sonstige Gesellschaften

1. Name der Partnerschaftsgesellschaft

Nach § 2 Abs. 1 PartGG muss der Name der Partnerschaft den Namen mindestens eines Partners, den (Rechtsform-)Zusatz *und Partner* oder *Partnerschaft* enthalten sowie die Berufsbezeichnung aller in der Partnerschaft vertretenen Berufe aufführen. Die Namen anderer Personen, die nicht Partner sind, dürfen nicht zur Namensbildung herangezogen werden. Es handelt sich dabei um Mindestanforderungen. Im Übrigen sind § 18 Abs. 2, §§ 19, 21, 22 Abs. 1, §§ 23, 24, 30, 31 Abs. 2, §§ 32 und 37 entsprechend anwendbar. Künstlernamen (Pseudonyme) sind zulässig[2]. Die Aufnahme der Berufsbezeichnungen soll den Zusammenschluss von Freiberuflern dokumentieren und die Allgemeinheit über das Dienstleistungsangebot informieren. Aufnahme und Fortführung der Berufsbezeichnungen unterliegen der Namenswahrheit; es gilt das Irreführungsverbot des § 18 Abs. 2[3].

14

---

1 Vgl. *W.-H. Roth*, Das neue Firmenrecht, in Lieb (Hrsg.), Die Reform des Handelsstandes und der Personengesellschaften, 1999, S. 43, näher dazu unten bei § 18 u. § 37.
2 *Michalski/Römermann*, 3. Aufl. 2005, § 2 PartGG Rn. 7; MünchKommBGB/*Ulmer*, § 2 PartGG Rn. 9.
3 Vgl. MünchKommBGB/*Ulmer*, § 2 PartGG Rn. 17 f.

15 Zwingend ist der wahlweise angebotene Rechtsformzusatz in den Namen aufzunehmen. Sind die Namen sämtlicher Partner in den Namen der Partnerschaft aufgenommen, kann nur die Bezeichnung *Partnerschaft* gewählt werden, da der Zusatz *und Partner* dann irreführend wäre[1].

16 BGB-Gesellschaften, die vor dem 1.7.1995 gegründet wurden und in ihrer Sozietätsbezeichnung den Zusatz *und Partner* geführt haben, müssen seit dem 1.7.1997 ihrem Gesellschaftsnamen die Rechtsformbezeichnung z.B. *GbR* hinzufügen. Kapitalgesellschaften und Personenhandelsgesellschaften – seit 1.7.1998 – sind ohnehin verpflichtet, eine Rechtsformbezeichnung in der Firma zu führen. Seit dem 1.7.1995 darf keine neugegründete Gesellschaft, die nicht Partnerschaft ist, in ihre Firma bzw. ihren Namen den Zusatz *und*, *&*, *+ Partner* aufnehmen. Auch für Kapitalgesellschaften gilt keine Ausnahme[2]. Sonstige Zusätze sind unter Beachtung von § 18 Abs. 2 nicht verboten. Es können Vornamen, Geburtsnamen, akademische Grade, aber auch geographische Hinweise aufgenommen werden[3]. Möglich ist auch ein Zusatz, z.B. *MSP-Mayer, Schmid und Partner*.

17 Führt eine Partnerin einen Doppelnamen, z.B. *Mustermann-Schulz*, wobei Mustermann der Geburtsname ist, kann in den Namen der Partnerschaft nur der Doppelname, nicht aber an seiner Stelle der Geburtsname *Mustermann* in Alleinstellung aufgenommen werden; daran ändert auch nichts, dass der Geburtsname in der Bezeichnung der früheren BGB-Gesellschaft Verwendung gefunden hat[4].

2. Die Firma der Rechtsanwaltsgesellschaft

18 Nachdem das BayObLG am 24.11.1994 die Anwalts-GmbH grundsätzlich für zulässig erklärt hat[5], ist danach ein Auffassungswandel in Rechtsprechung und Literatur festzustellen gewesen[6]. Der Gesetzgeber hat darauf mit dem Gesetz zur Änderung der Bundesrechtsanwaltsordnung, der Patentanwaltsordnung und anderer Gesetze vom 31.8.1998[7] reagiert und die Zulässigkeit der Anwalts-GmbH normiert sowie dafür auch einen gesetzlichen Ordnungsrahmen geschaffen. Schwer verständlich ist dabei nur, warum nicht auch die Anwalts-Aktiengesellschaft mitgeregelt wurde, an deren Zulässigkeit vernünftige Zweifel nicht mehr bestehen sollten.

19 Obwohl im allgemeinen Firmenrecht der Gesetzgeber den Ruf nach Liberalisierung weitgehend erhört hat, zwingt er die Firma der Rechtsanwalts-GmbH und die der Patentanwalts-GmbH ausschließlich zur Personenfirma. Nach § 59k BRAO muss die Firma den Namen wenigstens eines Gesell-

---

1 H.M., statt vieler Michalski/Römermann, 3. Aufl. 2005, § 2 PartGG Rn. 10.
2 Vgl. BGH v. 21.4.1997 – II ZB 14/96, ZIP 1997, 1109; ferner unten § 17 Rn. 17 und § 19 Rn. 41 m.w.N.
3 MünchKommBGB/*Ulmer*, § 2 PartGG Rn. 15.
4 OLG Karlsruhe v. 29.4.1999 – 11 Wx 44/98, NZG 1999, 716.
5 BayObLG v. 24.11.1994 – 3 ZBR 115/94, NJW 1995, 199 ff.
6 Vgl. BT-Drucks. 13/9820 S. 11.
7 BGBl. I 2600.

schafters, der Rechtsanwalt ist, und die Bezeichnung *Rechtsanwaltsgesellschaft* enthalten. „... Rechtsanwalts GmbH" reicht aber aus[1]. Im Übrigen sind sonstige Firmenbestandteile nur zulässig, soweit sie gesetzlich vorgeschrieben sind. Gleiches gilt nach § 52k PatAnWO für die Patentanwaltsgesellschaft. Gesetzlich vorgeschrieben ist nach § 4 GmbHG der Rechtsformzusatz *Gesellschaft mit beschränkter Haftung* oder die Abkürzung *GmbH*. Da § 30 Abs. 2, 3 zu beachten ist, kann aber ein Zusatz zwingend erforderlich werden, wenn sich am gleichen Ort bereits eine Anwaltskanzlei mit dem gleichen Namen befindet.

Zu Recht bemängelt *Römermann*[2], dass den Gesetzesmaterialien[3] nicht zu entnehmen ist, was den Gesetzgeber zu einer derartigen, wenig einsichtigen Restriktion in der Firmenbildung veranlasst haben könnte; vor allem wenn man damit die liberalere Regelung für Steuerberatungs- und Wirtschaftsprüfungsgesellschaften nach §§ 43, 53 StBerG, § 31 WPO vergleicht. Nicht verwendet werden darf jede Form einer Sachfirma. Andererseits scheint sich entgegen dem Gesetzeswortlaut jetzt bereits in der Praxis die Verwendung von Namenskürzeln, zusammengesetzt aus den Anfangsbuchstaben einzelner Gesellschafter, durchzusetzen[4]. Man darf davon ausgehen, dass es zu weiteren Lockerungen, möglicherweise auch durch Europarecht, kommen wird[5]. Dennoch ist die Entscheidung des BayObLG v. 27.3.2000[6] (dazu oben § 16 Rn. 19 und unten § 18 Rn. 30), mit der die Fantasiefirma für eine Rechtsanwaltsaktiengesellschaft für zulässig erklärt wird, bedenklich, weil sie einen Systembruch sanktioniert. Die Zulässigkeit der Kombination von Personenfirma und Fantasiebezeichnung bei einer Partnerschaft aus Rechtsanwälten wurde aber jetzt auch vom BGH anerkannt[7]. Auch ist zu beachten, dass durch die Neufassung des § 9 BORA isolierte Sach- und Fantasiebezeichnungen für die Bezeichnung der Kanzlei zulässig sind[8].

3. Die Firma der EWIV

Der frühere Streit um die Firma der EWIV (siehe dazu 1. Aufl. § 17 Rn. 18 m.w.N., wo schon die Zulässigkeit einer Sachfirma bejaht worden ist) ist ge-

---

1 OLG Rostock v. 12.12.2006 – 2 U 31/06, ZIP 2007, 487.
2 *Römermann*, GmbHR 1999, 1175, 1176.
3 Vgl. BT-Drucks. 13/9820 S. 18.
4 *Henssler*, NJW 1999, 243, 244.
5 Zur Kritik an der restriktiven Regelung: *Vieth/Schulz-Janda*, NZG 1999, 1126, 1128; *Römermann*, GmbHR 1999, 1175, 1176; *Schumacher*, AnwBl. 1998, 364 f.; *Kraus/Senft*, Sozietätsrecht, Handbuch, 2. Aufl. 2006, § 15 Rn. 116 ff., allgemein zur Firmenbildung: *Zuck*, MDR 1998, 1317, 1320; *Kempter/Kopp*, MittBayNot 1999, 256 f.; *Kempter/Kopp*, NJW 2001, 777.
6 BayObLG v. 27.3.2000 – 3 ZBR 331/99, NJW 2000, 1647; aber damals Verstoß gegen § 33 Abs. 2, 9 BORA a.F. denkbar, vgl. OLG Nürnberg v. 10.6.2003 – 3 U 588/03, NJW 2003, 2246; kritisch dazu *Pluskat*, AnwBl. 2004, 22.
7 BGH v. 11.3.2004 – I ZR 62/01, NJW 2004, 1651 („artax Steuerberater – Rechtsanwälte Partnerschaft ...") mit Anm. *Römermann*, EWiR 2004, 651.
8 Vgl. BRAK-Mitteilungen 2004, 177; GroßkommGmbHG/*Heinrich*, § 4 GmbHG Rn. 45.

genstandslos geworden. Bereits der EuGH[1] hat eine Sachfirma für zulässig erklärt. Da nunmehr auch für Personenhandelsgesellschaften allgemein Personenfirmen, Sachfirmen und Fantasiefirmen zulässig sind, gilt dies auch für die Firma der EWIV.

§ 17
Begriff

(1) Die Firma eines Kaufmanns ist der Name, unter dem er seine Geschäfte betreibt und die Unterschrift abgibt.

(2) Ein Kaufmann kann unter seiner Firma klagen und verklagt werden.

Übersicht

	Rn.		Rn.
I. Allgemeines	1	d) Firmenausschließlichkeit	22
II. Firmenrecht		e) Firmenbeständigkeit	23
		f) Firmenöffentlichkeit	24
1. Bedeutung der Firma	2	III. Entstehung, Erlöschen und Gebrauch der Firma	
2. Arten der Firma	4		
a) Personenfirma	4a	1. Entstehung der Firma	25
b) Sachfirma	5	2. Erlöschen der Firma	27
c) Fantasiefirma	5a	a) Aufgabe der Firma	28
d) Abgeleitete Firma	6	b) Einstellung des Geschäftsbetriebs	29
e) Domain-Firma	7a	c) Keine Erlöschensgründe	30
3. Rechtsnatur des Firmenrechts, Verhältnis zu anderen Vorschriften	8	d) Übertragung der Firma	31
4. Abgrenzung der Firma von anderen Bezeichnungen		e) Registerfragen	32
		f) Anmeldung	33
a) Geschäftsbezeichnung	9	3. Firmengebrauch	34
b) Sonstige Bezeichnungen	11	IV. Zivilverfahren, Zwangsvollstreckung und Insolvenz	
c) Kennzeichnungen	12		
d) Gebrauch von Bezeichnungen	13	1. Zivilverfahren	39
5. Die Minderfirma		2. Zwangsvollstreckung	43
a) Die Rechtslage vor der Handelsrechtsreform 1998	14	3. Insolvenz	
		a) Rechtsprechung und Literatur bis zur Handelsrechtsreform 1998	45
b) Die jetzige Rechtslage	15	b) Rechtslage seit der Handelsrechtsreform 1998	47
c) Übergangsvorschrift, Partnerzusatz	16		
6. Die Firma der EWIV	18	V. Firma – international	
7. Firmengrundsätze		1. Firmenberechtigung	50
a) Mindestinhalt	19	2. Schutz	52
b) Firmenwahrheit	20		
c) Firmeneinheit	21		

Schrifttum: *Ammon*, Die Sachfirma der Kapitalgesellschaft, DStR 1994, 325; *Aschenbrenner*, Die Firma der GmbH und Co. KG, 1976; *Bokelmann*, Das Recht der Firmen- und Geschäftsbezeichnungen, 5. Aufl. 1999; *Bokelmann.*, Die Firma im Konkursverfahren, KTS 1982, 27; *Bokelmann*, Zur Entwicklung des deutschen Firmenrechts,

---

[1] EuGH v. 18.12.1997 – Rs. C-402/967, NZG 1998, 100.

ZGR 1994, 325; *Brandi-Dohrn*, Die beschreibende Firma, BB 1991, 1950; *Borges*, Gläubigerschutz bei ausländischen Gesellschaften mit inländischem Sitz, ZIP 2004, 733; *Eidenmüller/Rehberg*, Ausländische Kapitalgesellschaften im deutschen Recht, 2004, § 5 Rn. 23; *Gößner*, Lexikon des Firmenrechts, Loseblatt; *Heckschen*, Firmenbildung und Firmenverwertung, NotBZ 2006, 346; *I. Heinrich*, Firmenwahrheit und Firmenbeständigkeit, 1982; *Hirte/Bücker*, Grenzüberschreitende Gesellschaften, 2. Aufl. 2006, § 12; *Hönn*, Akademische Grade, Amts-, Dienst- und Berufsbezeichnungen sowie Titel (Namensattribute) in der Firma in firmen- und wettbewerbsrechtlicher Sicht, ZHR 153 (1989), 386; *Hofmann*, Der Grundsatz der Firmenwahrheit, JuS 1972, 235; *John*, Der Grundsatz der Firmeneinheit, in: Festschrift Duden, 1977, S. 173; *Köhler*, Namensrecht und Firmenrecht, in: Festschrift Fikentscher 1998, S. 494; *Krüger-Nieland*, Anwendungsbereich und Rechtsnatur des Namensrechts, in: Festschrift Fischer, 1979, S. 339; *Leible/Hoffmann*, Wie inspiriert ist Inspire Art?, EuZW 2003, 677; *Lindacher*, Firmenbeständigkeit und Firmenwahrheit, BB 1977, 1976; *Lutter*, Europäische Auslandsgesellschaften, 2005; *D. Möller*, Probleme der Individualisierung und Verwechslungsfähigkeit von Sachfirmen, BB 1993, 808; *Nipperdey*, Die Zulässigkeit doppelter Firmenführung für ein einheitliches Handelsgeschäft, in: Festschrift A. Hueck, 1959, S. 195; *Rohnke*, Firma und Kennzeichen bei Veräußerung von Unternehmensteilen, WM 1991, 1405; *Schlichting*, Die Zulässigkeit mehrerer Firmen für ein einzelkaufmännisches Unternehmen, ZHR 134 (1970), 322; *U. Schneider*, Die Firma des Konzerns und der Konzernunternehmen, BB 1989, 1985; *Schulte/Warnke*, Vier Jahre nach der HGB-Reform – Das neue Firmenrecht der GmbH im Handelsregisterverfahren, GmbHR 2002, 626; *Seifert*, Firmenrecht „online"- die sog. Internet-Domain als Bestandteil der Handelsfirma, Rpfleger 2001, 395; *Staudinger/Großfeld*, Internationales Gesellschaftsrecht (InterGesR), 1998; *Troller*, Kollisionen zwischen Firma, Handelsnamen und Marken, 1980; *Vollmer*, Die originäre und die abgeleitete Firma, JA 1984, 33; *S. Weber*, Das Prinzip der Firmenwahrheit im HGB und die Bekämpfung irreführender Firmen nach dem UWG, 1985; *Wessel/Zwernemann*, Die Firmengründung, 6. Aufl. 1994; *Zwernemann*, Der Name der Gesellschaft bürgerlichen Rechts, BB 1987, 774; weiteres Schrifttum siehe oben Vor § 17, unten vor Rn. 45 und zu § 18.

I. Allgemeines

Durch das HRefG v. 22.6.1998[1] wurden in § 17 die Wörter „**im Handel**" gestrichen. Wegen der Neudefinition des Begriffs „Handelsgewerbe" in § 1 Abs. 2 soll nunmehr in § 17 Abs. 1 die Firma einheitlich als Name des Kaufmanns, unter der er seine Geschäfte betreibt, definiert werden; die Einschränkung „im Handel" ist überflüssig. Die §§ 17 bis 37 regeln das **Firmenrecht** nur unvollständig; sie werden insbesondere für die Firmenbildung bei Kapitalgesellschaften ergänzt durch § 4 GmbHG, §§ 4, 279 AktG. Die Regelungen im HGB haben in erster Linie registerrechtliche Bedeutung, materiell-rechtliche Regelungen zum Firmenrecht finden sich in Bestimmungen außerhalb des HGB, so insbesondere zum **Firmenschutz** die §§ 1, 5 UWG und die §§ 3, 5, 14, 15 MarkenG[2]; ferner ist § 12 BGB einschlägig. Das Firmenrecht soll in seiner Funktion als Firmenordnungsrecht (unten Rn. 19 ff.) gewährleisten und sicherstellen, dass die Öffentlichkeit möglichst verständlich und eindeutig über den Unternehmensträger informiert wird[3]; fremd-

1

---

1 BGBl. I 1473.
2 Markengesetz v. 25.10.1994 (BGBl. I 3082, ber. 1995 I 156).
3 BayObLG v. 12.6.1960 – BReg. 2 Z 78/60, BayObLGZ 1960, 345, 349; *Heymann/Emmerich*, § 17 Rn. 4.

sprachliche Bezeichnungen bei der Firmenbildung sind, soweit sie allgemein oder in den angesprochenen Verkehrskreisen verständlich sind, grundsätzlich zulässig; es muss sich aber um eine in Deutschland allgemein lesbare Schrift handeln[1].

II. Firmenrecht

1. Bedeutung der Firma

2 § 17 enthält eine Legaldefinition der Firma. Danach ist die Firma der Name, unter dem der Kaufmann seine Geschäfte betreibt (§ 17 Abs. 1) und seine Zivilprozesse führt (§ 17 Abs. 2). Die Firma ist nur der **Handelsname des Kaufmanns** (vgl. §§ 1 ff.) als Unternehmensträger und darf entgegen dem allgemeinen Sprachgebrauch nicht mit dem Unternehmen oder dem Betrieb gleichgesetzt werden; sie ist der Name, der Unternehmen und Unternehmensträger verbindet. Der **Einzelkaufmann** kann **zwei Namen** haben, seinen bürgerlichen Namen und seine Firma; beide können, müssen aber nicht identisch sein (z.B. bei Firmenfortführung nach § 22).

3 Die Firma wird als **Handelsname** in das Handelsregister eingetragen (§ 29) und ist im Geschäftsverkehr wie eingetragen zu führen[2]; siehe aber auch unten Rn. 34 ff. und Rn. 13. Im Grundbuch wird der Einzelkaufmann, auch wenn es sich um ein Geschäftsgrundstück handelt, mit seinem bürgerlichen Namen (§ 15 Abs. 1 lit. a GBV)[3], juristische Personen und Handelsgesellschaften werden unter ihrer Firma (§ 15 Abs. 1 lit. b GBV) eingetragen. Aus Verträgen, die unter der Firma in Bezug auf das Unternehmen abgeschlossen werden, ist der Unternehmensträger berechtigt und verpflichtet; gleichzeitig wird dokumentiert, dass es sich um Handelsgeschäfte i.S.v. § 343 handelt[4].

2. Arten der Firma

4 Es ist üblich, wenn auch juristisch ohne besondere Konsequenz, die Firmen terminologisch zu unterscheiden[5]. Allen einzutragenden Kaufleuten steht es offen, eine Personenfirma (Personalfirma), Sach- oder Fantasiefirma zu wählen.

a) Personenfirma

4a Bei ihr wird der Firmenkern durch den Namen des Einzelkaufmanns (Einzelfirma) oder eines Gesellschafters (Gesellschaftsfirma) gebildet. Wird ein

---

[1] BayObLG v. 3.5.1977 – BReg. 3 Z 27/76, BayObLGZ 1977, 112, 116 f. – Telepromotion; *Staub/Hüffer*, § 17 Rn. 10; *Ammon*, DStR 1994, 327.
[2] BayObLG v. 6.2.1992 – 3 ZBR 201/91, DStR 1992, 439; BayObLG v. 20.9.1967 – BReg. 2 Z 53/67, BayObLGZ 1967, 353, 355; KG, OLGRspr. 9, 246; *Staub/Hüffer*, § 17 Rn. 34; *Heymann/Emmerich*, § 17 Rn. 11 f.; *Bokelmann*, Firmenrecht, Rn. 825.
[3] *Demharter*, 25. Aufl. 2005, § 44 GBO Rn. 49.
[4] BGH v. 18.3.1974 – II ZR 167/72, BGHZ 62, 216, 219; BGH v. 3.2.1975 – II ZR 128/73, BGHZ 64, 11, 14; der Wegfall von § 343 Abs. 2 bedeutet keine materiell-rechtliche Änderung; BT-Drucks. 13/8444 S. 69.
[5] Vgl. *K. Schmidt*, HR, § 12 I 1 f. S. 342; MünchKommHGB/*Heidinger*, § 17 Rn. 11.

Sachzusatz, z.B. Eisenhandel, hinzugefügt, spricht man von einer zusammengesetzten Firma.

b) Sachfirma

Sie nimmt Bezug auf den Unternehmensgegenstand, auf den Tätigkeitsbereich des Unternehmens. Zwar ist das frühere förmliche Gebot, die Sachfirma dem Unternehmensgegenstand zu entnehmen bzw. zu entlehnen (vgl. § 4 AktG a.F., § 4 GmbHG a.F.), entfallen. Sie kann aber dennoch nicht völlig losgelöst vom Tätigkeitsbereich des Unternehmens gewählt werden, weil sie sonst zur Irreführung über wesentliche geschäftliche Verhältnisse geeignet und damit unzulässig sein kann (dazu unten Rn. 20 und § 18 Rn. 20 f.). Enthält eine Firma zugleich Elemente einer Personen- und Sachfirma, liegt eine gemischte Firma vor. 5

c) Fantasiefirma

Sie ist nicht dem Unternehmensgegenstand entnommen und muss nicht einmal auf ihn hinweisen. Sie muss aber, um die Namensfunktion zu erfüllen, hinreichend unterscheidungskräftig sein (dazu unten § 18 Rn. 23). 5a

d) Abgeleitete Firma

Im Gegensatz zur ursprünglichen (originären) Firma steht die abgeleitete Firma. Bei **Veräußerung und Vererbung eines Handelsgeschäftes** kann die bisherige Firma grundsätzlich beibehalten werden (§ 22 Abs. 1) und muss auch als Personenfirma mit dem Namen des derzeitigen Unternehmensträgers nicht übereinstimmen. Sie wird vom früheren Träger des Unternehmens übernommen und verkörpert den Grundsatz der Firmenbeständigkeit (dazu unten Rn. 23). 6

Für das Firmennamens- und das Firmenordnungsrecht sind diese Unterscheidungen, verstärkt durch die Liberalisierung des Firmenrechts, von minderer Bedeutung. Der Zwang zur **Rechtsformpublizität** bringt jetzt die notwendige Information über die Haftungs- und Gesellschaftsverhältnisse des Kaufmanns[1]. 7

e) Domain-Firma

Eine Firma kann auch aus einer Internet-Domain (als Fantasiefirma) gebildet werden[2]. Eine Internet-Domain lautet z.B. *www.peter-ries.de*, eine Domain-Firma könnte lauten *www.peter-ries e.K.*, aber auch eine Sach-Domain-Firma ist denkbar; die Domain kann nämlich nicht mehr nur Adressfunktion haben, sondern auch dazu dienen, die unter der Domain handelnde Person oder Einrichtung von anderen abzugrenzen[3]. 7a

---

1 Vgl. § 19; *Ammon*, DStR 1998, 1474, 1477.
2 *Seifert*, Rpfleger 2001, 395; vgl. auch § 18 Rn. 10, 17a, 65, 88a und § 30 Rn. 16.
3 KG v. 25.3.1997 – 5 U 659/97, NJW 1997, 3321; LG Berlin v. 13.1.2004 – 102 T 122/03, NJW RR 2004, 835; *Fezer*, Markenrecht, § 3 MarkenG Rn 303 ff.

3. Rechtsnatur des Firmenrechts, Verhältnis zu anderen Vorschriften

8 Die Rechtsnatur des Firmenrechts wird auch heute noch nicht einheitlich beantwortet. Überwiegend wird ihm eine **Doppelnatur als Persönlichkeitsrecht (Namensrecht) und als Vermögensrecht (Immaterialgüterrecht)** zugesprochen[1]. Die frühere Auffassung, die ein reines Persönlichkeitsrecht des Kaufmanns annahm[2], wird kaum mehr vertreten, weil sich damit die nach § 22 gegebene Zulässigkeit von Vererbung und Veräußerung nicht ohne weiteres in Einklang bringen lässt. Mit dem Wegfall des Zwanges zu einer Personenfirma kommt es zu einer „Entpersonalisierung" des Firmenrechts. Der namensrechtliche Aspekt verliert an Bedeutung, in den Vordergrund tritt die **Firma als Vermögensgut**. Wird eine Sach- oder Fantasiefirma des Einzelkaufmanns übertragen, entfällt eine namensrechtliche Gestattung der Firmenfortführung. Die Firma als solche kann aber nicht gepfändet werden, weil sie nur mit dem Unternehmen übertragbar ist (§ 23), das Unternehmen in seiner Gesamtheit nicht pfändbar ist. Anderseits wird angenommen, das Firmenrecht sei nur ein Immaterialgüterrecht[3]. Am besten erfasst man die Rechtsnatur des Firmenrechts als **einheitliches Recht mit (zwei) unterschiedlichen Komponenten**[4]. Das Firmenrecht, das im HGB nach § 37 Abs. 2 geschützt wird (dazu unten § 37 Rn. 30), stellt häufig einen bemerkenswerten wirtschaftlichen Wert dar, da es auch den „good will" eines Unternehmens verkörpert. Bedeutsam werden diese Fragen insbesondere bei der Behandlung der Firma in der Insolvenz (dazu unten Rn. 45 ff.).

8a Die Firmenrechtsvorschriften stehen mit den Vorschriften des § 12 BGB (analog), des UWG (§ 5) und des MarkenG (§ 15) nur in lockerem Zusammenhang; so mag eine Firma zwar firmenrechtlich zulässig, jedoch namensrechtlich, wettbewerbsrechtlich oder markenrechtlich unzulässig sein, weil z.B. der Anwendungsbereich der § 12 BGB (analog), § 15 Abs. 2 MarkenG viel weiter ist[5]. Die Firma kann namensrechtlich (§ 12 BGB analog) und kennzeichnungsrechtlich (§ 15 MarkenG) geschützt sein, und zwar über die örtliche Begrenzung des § 30 hinaus[6].

---

1 BGH v. 27.9.1982 – II ZR 51/82, BGHZ 85, 221, 223; *Heymann/Emmerich*, § 17 Rn. 6; *Canaris*, HR, § 10 Rn. 7 m.w.N.; *K. Schmidt*, HR, § 12 I 3a, S. 347.
2 Vgl. RGZ 9, 104, 105 f., zuletzt RGZ 158, 226, 230; BGH v. 10.5.1955 – I ZR 120/53, BGHZ 17, 209, 214.
3 *Götting*, Persönlichkeitsrechte als Vermögensrechte, 1995, S. 122.
4 Nach h.M. wird die Firma als Immaterialgüterrecht nach §§ 413, 398 BGB auf den Nachfolger übertragen. Hat die Firma einen bürgerlichen Namen als Bestandteil, wird, in aller Regel gleichzeitig und konkludent, dessen Benutzung gestattet. Neben der Übertragung des Firmenrechts mit dem Unternehmen ist aber auch die bloße Gestattung der Firmenverwendung (Firmenlizenz), z.B. bei der Unternehmenspacht, möglich; siehe zu diesen Fragen *Canaris*, HR, § 10 Rn. 7; *K. Schmidt*, HR, § 12 I 3a, S. 348 m.N.; eingehend *W.-H. Roth* (vor § 17), Das neue Firmenrecht, S. 31, 59 f.; ferner unten § 22 Rn. 19.
5 *Fezer*, Markenrecht, 3. Aufl. 2001, § 15 MarkenG Rn. 115.
6 *Fezer*, Markenrecht, 3. Aufl. 2001, § 15 MarkenG Rn. 114 f.

4. Abgrenzung der Firma von anderen Bezeichnungen

a) Geschäftsbezeichnung

Jedes kaufmännische Unternehmen kann **neben seiner Firma** eine oder mehrere Geschäftsbezeichnungen (Etablissementnamen) führen; sie kennzeichnen nicht den Unternehmensträger, sondern nur das Geschäft oder den Betrieb. Die früher nach § 16 UWG a.F. geschützte Geschäftsbezeichnung genießt auch jetzt den Schutz nach §§ 1, 5, 15 MarkenG. Der **markenrechtliche Schutz** schließt jedoch die ergänzende Anwendung sonstiger Vorschriften, die dem Markenschutz dienen, nicht aus (vgl. § 2 MarkenG); insbesondere sind hier die §§ 1, 5 UWG zu nennen. Hat die Geschäftsbezeichnung eine dem Namen vergleichbare Unterscheidungskraft, ist sie auch nach § 12 BGB geschützt. Die Geschäftsbezeichnung ist traditionsgemäß verbreitet bei Gaststätten, Hotels, Apotheken und Fahrschulen (z.B. *Gasthaus zum Wildpark, Hotel Königshof, Hubertusapotheke, Isar-Fahrschule* etc.), findet aber auch bei anderen Betrieben zunehmend Anwendung[1]. Die *Kaiser-Hotel-GmbH* (Firma) unterhält z.B. mehrere Gaststätten und Hotels, u.a. das *Gasthaus zum Wildpark* und das *Hotel Königshof* mit diesen Geschäftsbezeichnungen. Geschäftsbezeichnungen können der Firma hinzugefügt werden und dürfen, sofern sie nicht als Zusatz verwendet und damit Firmenbestandteil werden, gegebenenfalls auch getrennt von der Firma einem Dritten überlassen werden; darin liegt kein Verstoß gegen § 23[2].

Die Führung von Geschäftsbezeichnungen ist, anders als die Firmenführung, **allen Gewerbetreibenden gestattet**[3]. Daraus ist wiederum herzuleiten, dass die Führung der Geschäftsbezeichnung firmenrechtlich unzulässig wird, wenn dies so geschieht, dass sie von den maßgeblichen Verkehrskreisen nicht mehr als Hinweis auf den Betrieb (das Geschäft), sondern als Angabe des Handelsnamens (Firma) des Unternehmensträgers verstanden wird[4]. Vor der Handelsrechtsreform sollten z.B. unzulässig sein die Bezeichnung *Kaufhaus Franken* für eine Verkaufsstelle einer eingetragenen Genossenschaft, weil der Eindruck einer Firma gegeben ist[5], und die Bezeichnung *Grafik-Service H. Winter*, weil der Anschein der Firma eines Vollkaufmanns erweckt wird[6]. Schon früher hat aber das OLG Stuttgart[7] erkannt, dass nicht jede von einem Nichtkaufmann benutzte Geschäftsbezeichnung, die die Merkmale der Firma eines Einzelkaufmanns ausweist, unzulässig ist. Die Rechtsprechung in diesem Bereich, die von einer kaum mehr übersehbaren Kasuistik mit zum Teil merkwürdigen Ergebnissen geprägt war, ist seit der Handelsrechtsreform überholt, denn nach § 19 Abs. 1 muss nunmehr jede einzutragende Firma **zwingend** einen **Rechtsformzusatz** enthalten. Damit

---

1 Vgl. *Heymann/Emmerich*, § 17 Rn. 7.
2 Vgl. *K. Schmidt*, HR, § 12 I 2b aa, S. 343; BGH v. 28.10.1958 – I ZR 114/57, MDR 1959, 184.
3 Siehe §§ 5, 15 MarkenG.
4 Vgl. BGH v. 8.4.1991 – II ZR 259/90, NJW 1991, 2023; *W.-H. Roth*, ZGR 1992, 635; a.A. *Frey*, DB 1993, 2169, 2170; dagegen *Ammon*, DStR 1994, 328 f.
5 Zweifelhaft, BayObLG v. 12.8.1960 – 2 BReg. 2 Z 78/60, BayObLGZ 1960, 345, 349.
6 OLG Frankfurt v. 30.6.1980 – 20 W 675/79, OLGZ 1981, 6.
7 OLG Stuttgart v. 26.8.1986 – 8 W 230/86, BB 1987, 147.

ist ein hinreichendes Unterscheidungsmerkmal gegeben, auch wenn ein Kleingewerbetreibender, der nicht firmenfähig ist, sein Unternehmen z.B. *Franz Huber, Metzgerei* nennt; dazu unten Rn. 14, für die Übergangszeit siehe unten Rn. 16.

b) Sonstige Bezeichnungen

11 **Marken** (Warenzeichen) kennzeichnen die Herkunft eines Produkts aus einem bestimmten Betrieb; sie sind nach § 14 MarkenG geschützt. **Abkürzungen von Firmen** (z.B. *BMW, MAN, EADS, RWE*) sind rechtlich keine Firmen, auch wenn sie zur Firmenbildung verwendbar sind. Sie können aber als Unternehmenskennzeichen bei gegebener Namensfunktion Schutz nach § 12 BGB, § 15 MarkenG genießen. Der Name der **Partnerschaftsgesellschaft** ist nach § 2 PartGG i.V.m. § 37 geschützt. **Zeichen** zur Kennzeichnung des Geschäfts (Geschäftszeichen), z.B. Telefonnummern, Telex- und Faxkennungen, Telegrammadressen, Bilddarstellungen sind geschützt nach § 15 MarkenG[1].

c) Kennzeichnungen

12 Bei der Wahl von solchen Kennzeichnungen (oben Rn. 9–11) ist der Geschäftsinhaber **grundsätzlich frei**, er darf jede nach materiellem Recht zulässige Bezeichnung führen, sofern sie nicht als firmenmäßiger Gebrauch erscheint. Kriterium hierfür ist nicht der Wille und die Absicht des Geschäftsinhabers, sondern die Auffassung der angesprochenen Verkehrskreise[2]. Eine Eintragung solcher Kennzeichnungen in das Handelsregister ist nicht möglich[3].

d) Gebrauch von Bezeichnungen

13 Der Gebrauch von Geschäftsbezeichnungen und sonstigen Bezeichnungen des Unternehmens war schon früher in Bereichen **unzulässig**, in denen der Geschäftsverkehr die **Führung der Firma erwartet**, z.B. auf Geschäftsbriefen, bei Eintragungen in Telefon- und Adressbüchern, in Preisverzeichnissen etc.; insoweit besteht eine Firmenführungspflicht[4]. Für Geschäftsbriefe ist diese Pflicht gesetzlich verankert (dazu unten § 37a).

Etwas anderes gilt, wenn es um **Werbung** im weitesten Sinne geht; dort darf sich der Unternehmer schlagwortartig, einprägsam und damit werbewirksam mit frei gewählten Kennzeichnungen seines Geschäftes vorstellen[5]. In

---

[1] BGH v. 30.1.1953 – I ZR 88/52, BGHZ 8, 387, 389; BGH v. 18.12.1985 – I ZR 122/83, NJW-RR 1986, 524.
[2] BGH v. 8.4.1991 – II ZR 259/90, NJW 1991, 2024; *Ammon*, DStR 1994, 329.
[3] *Koller/Roth/Morck*, § 17 Rn. 6.
[4] BayObLG v. 12.8.1960 – 2 BReg. 2 Z 78/60, BayObLGZ 1960, 345, 349; v. 20.9.1967 – BReg. 2 Z 53/67, BayObLGZ 1967, 353, 355; BayObLG v. 6.2.1992, – 3 ZBR 201/91, DStR 1992, 439; OLG Stuttgart v. 27.11.1959 – 8 W 251/59, WRP 1960, 352.
[5] Vgl. *Heymann/Emmerich*, § 17 Rn. 7, 12; Gutachterausschuss für Wettbewerbsfragen, Gutachten 3, 1991 – WRP 1991, 679; die Firmierung im Franchisesystem wird behandelt von *Ullmann*, NJW 1994, 1255; ferner OLG Bremen v. 11.2.1993 – 2 U 62/92, NJW 1994, 1292.

5. Die Minderfirma

a) Die Rechtslage vor der Handelsrechtsreform 1998

Nicht- und Minderkaufleute durften eine Firma nicht führen und nach h.M. für ihren Namen oder ihre Geschäftsbezeichnung **keine firmenähnliche Gestaltung** wählen, die im Verkehr den Eindruck eines vollkaufmännischen Gewerbes hervorrufen konnte[1]. Danach waren Bezeichnungen wie *Grafik-Service H. Winter*, *Elektroplanung-Mittelrhein-Schneider+Jäger* oder *Müller-Schuhe* für Minderkaufleute unzulässig, auch wenn sie keine unwahre Aussage enthielten[2]. Die **Kritik**[3] an dieser Rechtsprechung war nicht unbegründet. Die Meinung, es werde aus einer bestimmten Geschäftsbezeichnung auf einen vollkaufmännischen Betrieb geschlossen, traf wohl im Wesentlichen nur auf Leute zu, die speziell im Handels- und Gesellschaftsrecht geschult sind; die sog. angesprochenen Verkehrskreise machten sich darüber in der Regel weniger Gedanken. Hinzu kam, dass man auch einem Minderkaufmann nicht deshalb verbieten konnte, mit seinem Vor- und Zunamen im Geschäftsverkehr aufzutreten, weil er dadurch schon die Mindestmerkmale einer Firma erfüllte[4]. Ähnliche Überlegungen waren anzustellen, wenn es um Nachfolge-, Inhaber- und Partnerzusätze ging. Ein Nachfolge- oder Inhaberzusatz war namensrechtlich unbedenklich, wenn Vorgänger oder Erbe der Namensführung zustimmten[5]. Einem Minderkaufmann sollte aber schon früher eine Geschäftsbezeichnung nicht allein deshalb versagt werden, weil sie wegen Firmenähnlichkeit auf einen Vollkaufmann hindeutete[6], sondern nur dann, wenn darüber hinaus ein Verstoß gegen firmenordnungsrechtliche Grundsätze vorlag oder die Bezeichnung aus anderen Gründen täuschend war[7]. Die Verknüpfung des Firmenbegriffs mit der Vollkaufmannseigenschaft durch die §§ 4, 17 hatte in der Praxis zu nicht immer überzeugenden Ergebnissen geführt[8]. Minderkaufleuten war es nach überwiegender Meinung nicht gestattet, das **Zeichen** „&" statt „und" zu verwenden; ferner sollten für sie Bezeichnungen mit & Co., & Cie. sowie

---

1 Z.B. OLG Karlsruhe v. 10.4.1985 – 6 U 188/84, NJW-RR 1986, 582.
2 Vgl. OLG Frankfurt v. 30.6.1980 – 20 W 675/79, OLGZ 1981, 6; OLG Hamm v. 11.8.1989 – 15 W 504/88, ZIP 1989, 1130; ferner die Nachweise bei *Canaris*, HR, § 11 Rn. 47 mit Fn. 55.
3 Z.B. *Canaris*, HR, § 11 Rn. 48 mit Fn. 56; *K. Schmidt*, HR, § 12 I 2, S. 348.
4 Vgl. OLG Stuttgart v. 26.8.1986 – 8 W 230/86, BB 1987, 147 mit krit. Anm. *Wessel*.
5 Vgl. dazu OLG Hamm v. 11.8.1989 – 15 W 504/88, ZIP 1989, 1130 mit Anm. *D. Möller*, EWiR § 37 HGB 1/89, 905.
6 Vgl. BayObLG v. 27.10.1988 – 3 ZBR 117/88, BayObLGZ 1988, 344, 348; zust. *Hüffer*, EWiR § 22 HGB 1/88; OLG Zweibrücken v. 25.10.1989 – 3 W 53/89, DB 1990, 37; OLG Karlsruhe v. 10.4.1985 – 6 U 188/84, NJW-RR 1986, 582 („Taxidienst E.K. u. Partner" unzulässig für eine BGB-Gesellschaft).
7 Vgl. *Canaris*, HR, § 11 Rn. 49.
8 Vgl. z.B. BayObLG v. 27.10.1988 – 3 ZBR 117/88, BayObLGZ 1988, 344, 348.

Gebrüder X, Geschwister Y wegen des darin enthaltenen Hinweises auf einen Vollkaufmann nicht zulässig sein[1].

b) Die jetzige Rechtslage

15 Nichtkaufleute dürfen keine Firma führen; deren Namen oder Geschäftsbezeichnungen genießen aber Schutz nach § 12 BGB, §§ 14, 15 MarkenG, §§ 1, 5 UWG, gegebenenfalls nach § 37 Abs. 2 (dazu unten § 37 Rn. 28 f.). Für alle Kaufleute ist der Zwang zur Führung einer Personenfirma weggefallen, sie können an deren Stelle auch eine Sach- oder Fantasiefirma wählen. Diese Liberalisierung wird ausgeglichen durch eine verstärkte Betonung der **Publizität der jeweiligen Rechtsform** (dazu oben Vor § 17 Rn. 10 f.), wie sie vor der Handelsrechtsreform nur bei Kapitalgesellschaften erforderlich war. Mit der Vorschrift des § 19 Abs. 1 Nr. 1 bis 3, wonach jede Firma zwingend eine Rechtsformbezeichnung enthalten muss, hat der Gesetzgeber gleichzeitig eine eindeutige Grenzziehung zwischen einer Firma und der Geschäftsbezeichnung eines Nichtkaufmanns gezogen. Das Fehlen einer Rechtsformbezeichnung zeigt, dass es sich nicht um eine Firma i.S.d. HGB handeln kann und damit allen Kleingewerbetreibenden als Geschäftsbezeichnung grundsätzlich offen steht[2]. Das gilt insbesondere für die Verwendung von Vor- und Zunamen, von Inhaber- und Nachfolgezusätzen, für Zusätze, die das Geschäft oder den Betrieb kennzeichnen, auch für Zusätze wie *& Co., & Cie.* Die Verwendung solcher Zusätze ist für den Kleingewerbetreibenden in seiner Geschäftbezeichnung zulässig; denn ohne Rechtsformbezeichnung ist eine Firmenähnlichkeit zu verneinen.

Verwenden **Nichtkaufleute** in ihrem Namen oder ihrer Geschäftsbezeichnung einen Rechtsformzusatz, der nur Kaufleuten vorbehalten ist, kann dagegen das Registergericht nach § 37 Abs. 1 einschreiten (dazu unten § 37 Rn. 8). Eine Haftung kann dann auch nach allgemeinen Rechtsscheingrundsätzen gegeben sein. Unzulässig sind aber für Nichtkaufleute (Freiberufler) auch Rechtsformbezeichnungen, die sich an den Rechtsformzusatz einer Firma anlehnen und damit geeignet sind, über die Rechtsform irrezuführen. Das gilt insbesondere für die Bezeichnung *Gesellschaft bürgerlichen Rechts mit beschränkter Haftung* oder *GbRmbH*[3]. Geschäftsbezeichnungen sind

---

1 DIHT, BB 1957, 835; KGJ 31 A 143; für Zulassung und großzügige Handhabung z.B. *Bokelmann*, NJW 1987, 1683; *K. Schmidt*, DB 1987, 1181; abweichend *Wessel*, DB 1987, 1673; zulässig für BGB-Gesellschaft die Bezeichnung „X & Y", vgl. *Koller/Roth/Morck*, § 17 Rn. 8.
2 Vgl. *Koller/Roth/Morck*, § 17 Rn. 8; *W.-H. Roth*, Das neue Firmenrecht, S. 31, 48; *Bokelmann*, GmbHR 1998, 58.
3 BayObLG v. 24.9.1998 – 3 ZBR 58/98, NJW 1999, 297 = NZG 1999, 21 mit – ablehnender – Anm. *Notthoff*, die allerdings schon deshalb nicht zutrifft, weil sie von der Rechtswirksamkeit einer Haftungsbeschränkung bei einer GbR durch einen bloßen Namenszusatz ausgeht. Nach BGH v. 27.9.1999 – II ZR 371/98, ZIP 1999, 1755, Anm. *Keil*, EWiR § 705 BGB 2/99, 1053, kann für im Namen einer GbR begründete Verpflichtungen die persönliche Haftung der Gesellschafter u.a. nicht durch einen Namenszusatz wirksam beschränkt, sondern nur durch eine individualvertragliche Vereinbarung ausgeschlossen werden; dazu eingehend *Brandani*, DNotZ 2000, 140 f. mit umfassenden Nachw. bei Fn. 2.

nach wie vor dem für Firmen geltenden „Wahrheitsgrundsatz" unterworfen. Der Unterlassungsanspruch des § 37 Abs. 2 richtet sich auch gegen Nichtkaufleute, wenn sie bei der Verwendung einer Bezeichnung gegen Firmenrechtsgrundsätze verstoßen. Auch das registergerichtliche Firmenmissbrauchsverfahren nach § 37 Abs. 1 (dazu unten § 37 Rn. 13) ist gegen Kleingewerbetreibende und Freiberufler zulässig und anwendbar[1].

c) Übergangsvorschrift, Partnerzusatz

Nach Art. 38 Abs. 1 EGHGB a.F. durften aber die vor dem 1.7.1998 im Handelsregister eingetragenen Firmen, soweit sie nach den bisherigen Vorschriften geführt werden durften, bis längstens **31.3.2003** in der bisherigen Form weitergeführt werden; insbesondere besteht für Altfirmen von Einzelkaufleuten und Personenhandelsgesellschaften erst ab dem 1.4.2003 die Pflicht, in ihre Firma eine Rechtsformbezeichnung aufzunehmen. Deshalb ist die völlig freie Wahl der Geschäftsbezeichnung für (nicht eingetragene) Kleingewerbetreibende erst nach diesem Zeitpunkt gegeben; bis dahin gab es ein **Nebeneinander von Alt- und Neufirmen.** Ausgehend von dem Grundsatz, dass die Geschäftsbezeichnung im Geschäftsverkehr nicht wie eine Firma gebraucht werden darf, konnte das Registergericht nach § 37 Abs. 1 einschreiten, wenn ein Kleingewerbetreibender seine Geschäftsbezeichnung, auch verglichen mit Altfirmen, wie eine Firma gebrauchte. Insoweit konnten die oben (Rn. 14) dargestellten Grundsätze noch maßgebend sein. Allerdings sollten für diese Übergangszeit die Registergerichte mit dem Einschreiten betont zurückhaltend sein und es auf wirklich gravierende Fälle beschränken. Zu Art. 38 EGHGB (mit Gesetz vom 19.4.2006[2] aufgehoben und mit Gesetz vom 23.11.2007[3] teilweise wieder eingeführt) vgl. auch § 19 Rn. 40.

16

Der Zusatz **„und Partner"** ist gemäß § 2 Abs. 1 PartGG neben *Partnerschaft* nunmehr als Rechtsformbezeichnung ausschließlich für die Partnerschaftsgesellschaft reserviert[4] und damit auch für die Minderfirma, z.B. eine BGB-Gesellschaft, nicht mehr zulässig. Bei bereits bestehenden BGB-Gesellschaften durfte die Minderfirma mit dem Zusatz *und Partner* noch bis zum 1.7.1997, danach nur noch mit dem Hinweis auf die Rechtsform, z.B. *GbR*, geführt werden (§ 11 Abs. 1 S. 2 und 3 PartGG). Entgegen OLG Frankfurt[5] gibt die Gesetzesfassung von § 11 PartGG keinen Anhaltspunkt für die An-

17

---

1 Vgl. BayObLG v. 24.9.1998 – 3 ZBR 58/98, NJW 1999, 297; *K. Schmidt*, HR, § 12 IV 2a u. b, S. 374 f.; Begr. RegE zu § 19, BT-Drucks. 13/8444 S. 55; *Koller/Roth/Morck*, § 17 Rn. 8.
2 BGBl. I 866.
3 BGBl. I 2631.
4 § 11 Abs. 1 PartGG; *Meilicke/von Westphalen/Hoffmann/Lenz/Wolff*, PartGG, 2. Aufl. 2006, § 11 Rn. 1 und 2; *Seibert*, ZIP-aktuell 23/96, A 60.
5 OLG Frankfurt v. 20.5.1996 – 20 W 121/96, ZIP 1996, 1082 mit abl. Anm. *Seibert*, EWiR § 11 PartGG 1/96, 759; wie im Text auch BayObLG v. 2.8.1996 – 3 ZBR 73/96, ZIP 1996, 1702 (Vorlagebeschluss an BGH nach § 28 Abs. 2 FGG) und BGH v. 21.4.1997 – II ZB 14/96, ZIP 1997, 1109 mit Anm. *Bärwaldt/Schabacker*, EWiR § 11 PartGG 1/97, 715 und *Michalski*, WuB II K. § 11 PartGG 1.97, 659.

nahme, Kapitalgesellschaften dürften in ihre Personenfirma den Zusatz *und Partner* auch künftig noch aufnehmen (siehe unten § 19 Rn. 41).

6. Die Firma der EWIV

18 Die Europäische wirtschaftliche Interessenvereinigung (EWIV) war die erste europaweit eingeführte Gesellschaftsform[1]. Streitig war, ob sie eine reine Personenfirma zu führen hat[2] oder ob auch eine **Sachfirma zulässig** ist[3]. Die Frage war auch schon früher zugunsten der Zulässigkeit einer Sachfirma zu entscheiden. Die Diskussion ist durch die Handelsrechtsreform gegenstandslos geworden, weil die EWIV, wie jeder andere Kaufmann nach HGB, eine Personen-, Sach- oder Fantasiefirma führen darf.

7. Firmengrundsätze

a) Mindestinhalt

19 Das Gesetz fordert in § 18 Abs. 1 als Mindestinhalt der Firma, dass sie zur Kennzeichnung des Kaufmanns geeignet ist und Unterscheidungskraft besitzt. Für diesen kennzeichnenden Teil – bisher in aller Regel der gesetzlich vorgeschriebene Firmenkern, nach der Handelsrechtsreform besser als **prägender Firmenbestandteil** zu bezeichnen, da er nicht mehr gesetzlich festgelegt ist, sondern in den Grenzen des § 18 frei gewählt werden kann – können Namen, der Unternehmens- oder Geschäftsgegenstand sowie Fantasiewörter einzeln oder gemischt in beliebiger Reihenfolge verwendet werden. Hinzugefügt werden dürfen weitere beliebige kennzeichnende Zusätze; sog. nicht prägende Firmenbestandteile. **Rechtsformzusätze** müssen hinzugefügt werden (§ 19 Abs. 1 Nr. 1 bis 3). Firmenkern und -zusätze, bzw. prägende und nicht prägende Firmenbestandteile sowie die zwingenden Rechtsformzusätze bilden als rechtliche Einheit zusammen die Firma.

b) Firmenwahrheit

20 Dieser Grundsatz, der ausnahmslos für alle Firmen gilt, verlangt, dass die Firma keine Angaben enthält, die geeignet sind, über wesentliche geschäftliche Verhältnisse irrezuführen (§ 18 Abs. 2 S. 1). Dieses Irreführungsverbot, in der Formulierung an § 5 (§ 3 a.F.) UWG angelehnt, ist umfassend und gilt für sämtliche Firmenbestandteile sowie für die Firma selbst. Wie schon früher darf die Firma weder im Kern noch in den Zusätzen noch in ihrer Gesamtheit zur **Irreführung** i.S.v. § 18 Abs. 2 S. 1 **geeignet** sein[4]. Allerdings ist die **Eingriffsschwelle** des Registergerichts bei der Beanstandung einer Firma

---

[1] VO Nr. 2137/85/EWG v. 25.7.1985, ABl. EG Nr. L 199, 1 v. 31.7.1985; umgesetzt durch Ausführungsgesetz v. 14.4.1988, BGBl. I 514 – EWIV-AG.
[2] OLG Frankfurt v. 18.5.1993 – 20 W 228/91, NJW-RR 1994, 300.
[3] LG Frankfurt v. 8.1.1991 – 3/11 T 43/90, NJW-RR 1991, 931; LG Bonn v. 16.3.1993 – 11 T 1/93, NJW-RR 1994, 299.
[4] Vgl. BayObLG v. 16.7.1992 – 3 ZBR 55/92, BayObLGZ 1992, 234, 235 f.; *Staub/Hüffer*, vor § 17 Rn. 11; *K. Schmidt*, HR, § 12 III 1a S. 361; *Heinrich*, Firmenwahrheit und Firmenbeständigkeit, 1982, S. 129 f.

wegen Irreführung gegenüber früher stark herabgesetzt: Es muss sich um eine Irreführung handeln, die für die angesprochenen Verkehrskreise wesentlich ist, und zusätzlich muss die Eignung zur **Irreführung ersichtlich** (offensichtlich) sein (§ 18 Abs. 2 S. 2; dazu unten § 18 Rn. 29). Darin liegt eine materiellrechtliche und eine verfahrensrechtliche Einschränkung. Das nach § 23 geltende Verbot der Veräußerung der Firma ohne das Handelsgeschäft soll vermeiden, dass bei den angesprochenen Verkehrskreisen irrige Vorstellungen entstehen. Zur Einschränkung des Gebots der Firmenwahrheit siehe unten Rn. 23; weitere Einschränkungen sind durch die §§ 22, 24 gegeben.

c) Firmeneinheit

Handelsgesellschaften können, auch wenn sie mehrere voneinander räumlich und organisatorisch getrennte Handelsgeschäfte betreiben, immer nur eine Firma haben[1]; betreibt hingegen der **Einzelkaufmann** mehrere Handelsgeschäfte, sind mehrere Firmen möglich[2]. Es muss sich aber um tatsächlich selbständige Betriebe und nicht nur um Abteilungen eines Unternehmens handeln. Dazu ist z.B. erforderlich, dass eine sachliche und räumliche Trennung gegeben ist, eine eigene Buchführung und eigene Bankverbindungen bestehen. An das Selbständigkeitsmerkmal sind strenge Anforderungen zu stellen, wenn gleichartige Handelsgeschäfte am selben Ort betrieben werden[3]. Eine Einschränkung erfährt der Grundsatz der Firmeneinheit bei **Zweigniederlassungen.** Deren Firma kann mit der Firma der Hauptniederlassung identisch sein; sie kann oder muss (§§ 30 Abs. 3, 50 Abs. 3) unterscheidende Zusätze haben. Sie darf auch abweichend von der Firma der Hauptniederlassung gebildet werden, jedoch muss deren Firma dergestalt in der Filialfirma enthalten sein, dass der Zusammenhang zwischen Haupt- und Filialfirma deutlich wird. Wird für die Firma der Zweigniederlassung eine von der Firma der Hauptniederlassung abweichende Bezeichnung gewählt, so ist die so gebildete Firma für den Geschäftskreis der Zweigniederlassung der einzig zulässige Name der Handelsgesellschaft im Rechtsverkehr[4] (siehe auch oben § 13 Rn. 13).

21

---

1 H.M., z.B. BGH v. 21.9.1976 – II ZB 4/74, BGHZ 67, 166, 167 f.; BGH v. 8.4.1991 – II ZR 259/90, NJW 1991, 2023, 2024; *Staub/Hüffer*, § 17 Rn. 27; *Heymann/Emmerich*, § 17 Rn. 22; *Baumbach/Hopt*, § 17 Rn. 8; eingehend zum Problem der Firmeneinheit *K. Schmidt*, HR, § 12 II 2 S. 354 f.
2 RG HRR 1929 Nr. 1666; BGH v. 7.1.1960 – II ZR 228/59, BGHZ 31, 397, 399; *Heymann/Emmerich*, § 17 Rn. 24; *Staub/Hüffer*, § 17 Rn. 26 mit Nachweisen bei Fn. 29; *Baumbach/Hopt*, § 17 Rn. 8.
3 BayObLG v. 21.3.2001 – 3 ZBR 355/00, NJW-RR 2001, 1688 (Mehrfachfirma bei Sparkassen); BayObLG v. 13.7.1956 – BReg. 2 Z 18/56, BayObLGZ 1956, 260, 264; *Staub/Hüffer*, vor § 13 Rn. 8.
4 RGZ 77, 60; 113, 213, 217; BayObLG v. 31.5.1990 – BReg. 3 Z 38/90, BayObLGZ 1990, 151, 159; BayObLG v. 19.3.1992 – 3 ZBR 15/92, BayObLGZ 1992, 59, 62; BayObLG v. 16.7.1992 – 3 ZBR 55/92, BayObLGZ 1992, 234, 235 f.; *Staub/Hüffer*, § 17 Rn. 30, 33 m.w.N. bei Fn. 43; *Heymann/Emmerich*, § 17 Rn. 28 f.; *Ammon/Burkert*, Die GmbH, 2. Aufl. 1995, S. 182; *K. Schmidt*, HR, § 12 II 2 S. 358; abw. *Koller/Roth/Morck*, § 17 Rn. 15.

d) Firmenausschließlichkeit

22 Die Individualisierungsfunktion der Firma verlangt ihre deutliche **Unterscheidbarkeit von anderen Firmen** am selben Ort oder in derselben Gemeinde. Dieser in § 30 Abs. 1 normierte Grundsatz schützt die im Handelsregister eingetragene Firma gegen später angemeldete, verwechslungsfähige Firmen. Ferner besteht weiter gehender Schutz gegen gleiche oder verwechslungsfähige Firmen nach § 15 Abs. 4 MarkenG, da es bei dieser Bestimmung nicht auf die Identität von Ort oder Gemeinde ankommt.

e) Firmenbeständigkeit

23 Im Interesse der Geschäftsbeziehungen und der Verkehrsgeltung eines Unternehmens darf die Firma unter bestimmten Voraussetzungen unverändert **fortgeführt** werden (vgl. §§ 21, 22, 24; § 4 GmbHG; § 4 AktG; §§ 18, 200 UmwG), auch wenn diese Firma bei der Neubildung nicht zulässig wäre; insoweit erfährt der Grundsatz der Firmenwahrheit eine Einschränkung[1]. Der Grundsatz hat durch die Handelsrechtsreform an Bedeutung verloren, weil der Zwang zur Personenfirma bei Einzelkaufleuten und Personenhandelsgesellschaften entfallen ist. Da die Firmenbildung nunmehr weitgehend frei ist, ist die Führung einer abgeleiteten Firma als solche nicht irreführend. Bedeutung hat der Grundsatz, soweit es um Übergangsvorschriften geht. Danach können Firmen, die vor dem Inkrafttreten des HGB zulässig und eingetragen waren, weitergeführt werden (Art. 22 EGHGB; aber Zwang zur Führung eines Rechtsformzusatzes nach § 26a EGAktG); Firmen, die bis zur Handelsrechtsreform zulässig waren, blieben in dieser Form bis längstens 31.3.2003 zulässig (früher Art. 38 Abs. 1 EGHGB)[2]. Dies hatte insbesondere Bedeutung für die Firmen von Einzelkaufleuten und Personengesellschaften, die ihre Firma noch einige Zeit ohne Rechtsformbezeichnung führen durften.

f) Firmenöffentlichkeit

24 Der Grundsatz der Firmenöffentlichkeit besagt, dass der Einzelkaufmann und die Handelsgesellschaften ihre Firma durch Eintragungen in das **Handelsregister** öffentlich bekanntmachen müssen (vgl. §§ 29, 31, 33, 34, 106 ff. HGB; §§ 7 ff. GmbHG; §§ 36 ff. AktG; §§ 10 ff. GenG). Zur Firmenpublizität gehört auch die Pflicht, in die Firma als Zusatz die Rechtsform des Unternehmensträgers aufzunehmen (§ 19 Abs. 1 HGB, § 4 AktG, § 4 GmbHG, § 3 GenG); dies gilt auch, wenn er eine Firma fortführt (§§ 21, 22, 24). Ergän-

---

1 Zum Spannungsverhältnis zwischen Firmenwahrheit und Firmenbeständigkeit: *Staub/Hüffer*, vor § 17 Rn. 12; für die GmbH vgl. *Ammon/Burkert*, Die GmbH, 2. Aufl. 1995, S. 183 f.
2 Dazu näher *K. Schmidt*, HR, § 12 III 2 S. 366 f., der die Firmenbeständigkeit nicht als Ausnahme vom Grundsatz der Firmenwahrheit ansieht; sie ist nicht Ausnahme, sondern Prinzip und wird durch die Firmenwahrheit nur in dem Sinne begrenzt, dass nach geltendem Recht die Firma Auskunft über die Verhältnisse des Unternehmens geben soll. Anders OLG Hamm, Beschl. v. 6.1.1998 – 15 W 407/97, NJW-RR 1998, 611, 612: Durchbrechung des Grundsatzes der Firmenwahrheit zugunsten der Firmenbeständigkeit ist erforderlich, um die unter einer Firma existierenden wirtschaftlichen Werte zu erhalten.

zend tritt hinzu die Verpflichtung zur **Angabe der vollständigen Firma** in den Geschäftsbriefen nach §§ 37a, 125a, 80 AktG, § 35a GmbHG.

III. Entstehung, Erlöschen und Gebrauch der Firma

1. Entstehung der Firma

Voraussetzung ist die **Firmenfähigkeit.** Als firmenfähig wird derjenige bezeichnet, der berechtigt und meist auch verpflichtet ist, eine Firma anzunehmen. Mit der Annahme einer Firma unterfällt der Unternehmensträger dem Firmenrecht und den sich daraus ergebenden Rechten und Pflichten. Firmenfähig sind Kaufleute i.S.v. §§ 1, 2, sämtliche Handelsgesellschaften i.S.v. § 6, die Genossenschaften nach § 17 Abs. 2 GenG, sonstige juristische Personen und Gebietskörperschaften nach § 33 sowie die Versicherungsvereine auf Gegenseitigkeit (§§ 16, 18 VAG). Namensfähig sind Vor-GmbH und Vor-AG, auch firmenfähig, wenn sie ein Grundhandelsgewerbe betreiben[1]. **Keine Firmenfähigkeit** hat die BGB-Gesellschaft, selbst wenn sie ein Unternehmen betreibt[2]. Freiberufler sind grundsätzlich nicht firmenfähig, anders bei Zusammenschluss in einer Kapitalgesellschaft[3]. Gründen Freiberufler eine Partnerschaft, ist diese namensfähig, ihr Name ist ähnlich wie eine Firma geschützt (§ 2 Abs. 2 PartGG; vgl. auch § 18 Rn. 30).

25

Das **Firmenrecht** kommt zur Entstehung, sobald Personen (Einzelkaufleute) oder Personenvereinigungen (OHG, KG), die firmenfähig sind, als Kaufleute eine Firma annehmen; das Firmenrecht entsteht mit dem **Gebrauch der Firma**, die Eintragung im Handelsregister hat nur deklaratorische Bedeutung. Das in der Firmenanmeldung enthaltene Schriftbild ist lediglich ein Vorschlag zur Fassung der Eintragung, an den das Registergericht nicht gebunden ist; es entscheidet über das einzutragende Schriftbild nach pflichtgemäßem Ermessen[4]. Hingegen entsteht bei Kannkaufleuten (§§ 2, 3) das Firmenrecht erst mit der **Eintragung im Handelsregister.** Handelsgesellschaften, für deren Entstehung die Eintragung im Handelsregister maßgebend ist, haben von diesem Zeitpunkt an das Firmenrecht (siehe aber auch Rn. 25 zu den Vorgesellschaften von AG und GmbH); Gleiches gilt für die juristischen Personen nach § 33. Bei Handelsgesellschaften gehört die Firma zum notwendigen Inhalt des Gesellschaftsvertrages bzw. der Satzung[5].

26

---

1 BGH v. 29.10.1992 – I ZR 264/90, BGHZ 120, 103; *Staub/Hüffer*, § 17 Rn. 14.
2 *Heymann/Emmerich*, § 17 Rn. 9; *Staub/Hüffer*, § 17 Rn. 13.
3 Z.B. Anwalts-GmbH; vgl. BayObLG v. 24.11.1994 – 3 ZBR 115/94, BayObLGZ 1994, 353; allerdings ist deren Firmenbildung auf die Personenfirma beschränkt (vgl. § 59k BRAO; Vor § 17 Rn. 19 f.; § 18 Rn. 30); für die Anwaltsaktiengesellschaft soll hingegen nach BayObLG v. 27.3.2000 – 3Z BR 331/99, NJW 2000, 1647 neben der Personenfirma auch die Sach- und Fantasiefirma (hier *Pro Videntia*) zulässig sein. Dagegen zu Recht *Kempter/Kopp*, NJW 2000, 3449 und NJW 2001, 777; kritisch, wenn auch im Ergebnis der Entscheidung zustimmend, *Römermann*, MDR 2000, 734, 735.
4 KG v. 23.5.2000 – 1 W 247/99, BB 2000, 1957.
5 Vgl. §§ 106 Abs. 2 Nr. 2, 161 Abs. 1; §§ 23 Abs. 3 Nr. 1, 278 Abs. 3 AktG; § 3 Abs. 1 Nr. 1 GmbHG.

2. Erlöschen der Firma

27 Mangels einer gesetzlichen Regelung sind die Voraussetzungen für das Erlöschen der Firma aus dem Firmenbegriff des HGB herzuleiten. Die einzelnen **Erlöschensgründe:**

a) Aufgabe der Firma

28 Allgemein erlischt das Firmenrecht, sobald der Kaufmann seine Firma endgültig aufgibt. Er hat aber, wenn er weiterhin ein Handelsgewerbe i.S.v. § 1 betreibt, die Pflicht, eine neue Firma anzunehmen und zum Handelsregister anzumelden (§ 29). Gleiches gilt für Handelsgesellschaften. Die Änderung einer Firma ist rechtlich die Aufgabe der alten und Annahme einer neuen Firma[1]. Solange eine Firma im Handelsregister eingetragen ist, ist sie im Geschäftsverkehr in dieser Form zu führen[2].

b) Einstellung des Geschäftsbetriebs

29 Die **Firma des Einzelkaufmanns erlischt** mit der endgültigen Einstellung des Gewerbebetriebs; dies ist gegeben, wenn die gewerbliche Tätigkeit auf Dauer ruht, die für den Betrieb bestimmten Einrichtungen nicht mehr vorhanden und frühere Geschäftsbeziehungen beendet sind. Die Vorschrift des § 5 steht nicht entgegen, weil sie einen noch bestehenden Gewerbebetrieb voraussetzt. Dem Grundsatz nach gilt dies auch für den Fall der Veräußerung des Handelsgeschäftes; nimmt der Erwerber eine andere Firma an, erlischt die ursprüngliche Firma[3], ihr Erlöschen ist durch frühere Geschäftsinhaber zum Handelsregister anzumelden. Die Firma erlischt ferner, wenn der Betrieb insgesamt ohne Firma veräußert wird und Restvermögen nicht vorhanden ist. Diese Grundsätze gelten **für Personenhandelsgesellschaften** mit Einschränkungen entsprechend. Die Firma erlischt erst, wenn nach Auflösung der Gesellschaft auch das Vermögen auseinander gesetzt (verteilt) ist (vgl. §§ 156 f.); dem steht die Veräußerung des Betriebs gleich. Bei Betriebsaufspaltung kann § 105 Abs. 2 einschlägig sein. Das Erlöschen der Firma vollzieht sich außerhalb des Handelsregisters; die Eintragung im Handelsregister „die Firma ist erloschen" hat nur deklaratorische Wirkung. Die **Firma der Kapitalgesellschaft** erlischt mit Beendigung der Liquidation bzw. Abwicklung, während der Liquidationsphase führt die Kapitalgesellschaft die Firma mit einem auf die Liquidation hinweisenden Zusatz, z.B. *i.L.* oder *i.A.* (vgl. § 68 Abs. 2 GmbHG, § 269 Abs. 6 AktG, § 85 Abs. 3 GenG).

---

[1] BayObLG v. 1.6.1984 – 3 ZBR 126/84, BayObLGZ 1984, 129; *Heymann/Emmerich*, § 17 Rn. 17.

[2] BayObLG v. 6.2.1992 – 3 ZBR 201/91, DStR 1992, 439; BayObLG v. 20.9.1967 – BReg. 2 Z 53/67, BayObLGZ 1967, 353, 355; KG, OLGRspr. 9, 246; *Staub/Hüffer*, § 17 Rn. 34; *Heymann/Emmerich*, § 17 Rn. 11 f.; *Bokelmann*, Firmenrecht, Rn. 825.

[3] OLG Hamm v. 2.5.1977 – 15 W 10/77, OLGZ 1977, 438, 441; MünchKommHGB/*Heidinger*, § 17 Rn. 35.

c) Keine Erlöschensgründe

Kein Erlöschen ist gegeben, wenn der Erwerber unter den Voraussetzungen des § 22 die Firma fortführt; die Firmenpriorität bleibt erhalten[1], wenn der Betrieb durch einen **Repräsentanten des Kaufmanns** weitergeführt wird[2], wenn der Kaufmann nach Aufgabe seines Geschäftsbetriebs unverzüglich einen anderen Betrieb beginnt. Das Firmenrecht bleibt bestehen bei einer nur **zeitweiligen Einstellung** der geschäftlichen Betätigung, sofern das Unternehmen in seinen wesentlichen Werten und Beziehungen erhalten bleibt sowie die Möglichkeit und Absicht der Fortsetzung gegeben sind[3].

30

d) Übertragung der Firma

Die Firma ist grundsätzlich nur mit dem Unternehmen übertragbar und vererblich (§§ 21 ff.; § 1922 BGB). Mit dem **Tod des Kaufmanns** erlischt die Firma, wenn das Unternehmen vom Erben nicht fortgeführt wird oder der Erbe sofort eine andere Firma annimmt[4]. Wird das Geschäft **verpachtet**, bleibt das Firmenrecht bestehen und kann nach Beendigung des Pachtverhältnisses vom Verpächter wieder beansprucht werden[5]; hingegen erlischt eine eigene Firma des Pächters nach Beendigung des Pachtverhältnisses mit der Rückgabe des Geschäfts.

31

e) Registerfragen

Sinkt der Betrieb eines Kaufmanns durch Reduzierung des Volumens auf einen **kleingewerblichen Umfang** herab, besteht die im Handelsregister eingetragene Firma weiter. Nach der Begr. RegE zum HRefG[6] soll der zum Kleingewerbetreibenden herabgesunkene Kaufmann einer beabsichtigten Amtslöschung widersprechen können, ein solcher Widerspruch soll im Ergebnis als Antrag auf Eintragung nach § 2 zu werten sein. Dies erscheint gekünstelt und praxisfremd. Eine **Amtslöschung** ist nicht zwingend geboten, da die Eintragung nicht unzulässig ist, sondern nach § 2 weiterhin zulässig sein kann. Das Registergericht wird also keinen Anlass haben, ein Amtslöschungsverfahren einzuleiten; denn solange der eingetragene Kaufmann keinen entgegenstehenden Willen äußert, also selbst die Löschung der Firma beantragt, ist für ein Amtslöschungsverfahren kein Raum[7]. Kapitalgesellschaften (AG, GmbH), die sich in Liquidation befinden, haben bis zur Vollbeendigung der Gesellschaft eine Firma und müssen eine neue Firma (mit

32

---

1 Vgl. *Heymann/Emmerich*, § 17 Rn. 18 m.w.N.
2 BGH v. 21.4.1994 – I ZR 22/92, WM 1994, 1449, 1451.
3 RGZ 170, 265; BGH v. 15.6.1956 – I ZR 71/54, BGHZ 21, 66 – Hausbücherei.
4 *Heymann/Emmerich*, § 17 Rn. 21.
5 KG v. 19.10.1912 – VII. Zivilsenat, OLGE 27, 300 f.
6 BT-Drucks. 13/8444 S. 49.
7 Vgl. *Ammon*, DStR 1998, 1474, 1476; *K. Schmidt*, NJW 1998, 2161, 2163 bei Fn. 31; *K. Schmidt*, HR, § 12 I 1e S. 342; im Ergebnis wie hier *Hohmeister*, NJW 2000, 1921; a.A. wohl *Koller/Roth/Morck*, § 17 Rn. 19; ähnlich auch *Baumbach/Hopt*, § 17 Rn. 23, zutreffend allerdings, soweit die Änderung des Handelsgewerbes in ein freiberufliches Unternehmen vorliegt: dann in aller Regel Amtslöschung.

dem Zusatz „i. L." oder „i. A.") annehmen, wenn das Unternehmen mit Firma während der Liquidation veräußert wird[1] (dazu näher unten § 22 Rn. 6 f. und § 31 Rn. 12).

f) Anmeldung

33 Das Erlöschen der Firma ist zum **Handelsregister** anzumelden (vgl. § 31 Abs. 2, § 157 Abs. 1; § 273 Abs. 1 AktG, § 74 GmbHG. Die Anmeldung kann nach § 14 erzwungen oder es kann die Amtslöschung nach § 141 FGG (§ 393 FamFG) durchgeführt werden.

3. Firmengebrauch

34 Der **Unternehmensträger** ist verpflichtet, im Rechts- und Geschäftsverkehr seine Firma zu führen, und zwar so, wie sie im Handelsregister eingetragen ist, d.h. nicht abgekürzt[2]; zulässig sind aber Abkürzungen der Rechtsformbezeichnung, wie *AG*, *GmbH*, *OHG* und *KG*, unabhängig von der Schreibweise im Handelsregister[3]. Abkürzungen sind jetzt kraft Gesetz gebilligt nach § 19 Abs. 1, § 4 GmbHG, § 4 AktG, § 3 GenG. Firmenkern und Firmenzusatz (oben Rn. 19) bilden eine Einheit; sie machen zusammen die Firma aus, die stets wie eingetragen zu führen ist. Somit ist es unzulässig, einen Firmenbestandteil nur im Kopf eines Geschäftsbriefbogens, die restliche Firma aber in der Fußleiste zu führen. Zulässig ist eine erklärende Hinzufügung zur Firma nur, wenn sie unzweideutig als nicht zur Firma gehörig kenntlich ist.

35 Die **Pflicht zur Firmenführung** ist auf den rechtsgeschäftlichen Verkehr beschränkt. In anderen Bereichen, vor allem in der Werbung, steht es dem Unternehmen frei, sich schlagwortartig, einprägsam und damit auch werbewirksam zu präsentieren. Der Unternehmensträger muss sich nicht seiner Firma bedienen, sondern darf sich mit anderen griffigen Bezeichnungen auf dem Markt vorstellen und dadurch von anderen Unternehmen abheben, sofern die Bezeichnung materiell-rechtlich zulässig ist[4]. Dabei dürfen Firmenbestandteile, Abkürzungen, Fantasiebezeichnungen und sonstige Kennzeichnungen für das Unternehmen gewählt werden. Hingegen ist der firmenmäßige Gebrauch solcher Bezeichnungen unzulässig[5].

36 Durch die Verwendung der Firma im Rechtsverkehr wird bei Vertragsschluss unter der Firma der jeweilige Inhaber des Unternehmens als **Ver-**

---

[1] RGZ 107, 31, 33.
[2] BayObLG v. 6.2.1992 – 3 ZBR 201/91, BB 1992, 943; BayObLG v. 20.9.1967 – BReg. 2 Z 53/67, BayObLGZ 1967, 353, 355; KG, OLG Rspr. 9, 246; *Staub/Hüffer*, § 17 Rn. 34; *Heymann/Emmerich*, § 17 Rn. 11 f.; *Bokelmann*, Firmenrecht, Rn. 825.
[3] BayObLG v. 31.1.1978 – BReg. 3 Z 21/77, BayObLGZ 1978, 18, 19; *Hüffer*, § 4 AktG Rn. 17; *Gabbert*, DB 1992, 198.
[4] *Heymann/Emmerich*, § 17 Rn. 7, 12 und § 37 Rn. 6; *Staub/Hüffer*, § 37 Rn. 15; *Ammon*, DStR 1994, 324, 329.
[5] Vgl. BGH v. 8.4.1991 – II ZR 259/90, NJW 1991, 2023.

tragspartner des Rechtsgeschäfts berechtigt und verpflichtet[1]. Ferner ist die Verwendung der Firma für § 344 Abs. 1 bedeutsam; wird die Firma verwendet, ist auf einen Bezug zum Unternehmen zu schließen. Vertragliche Bindung tritt auch ein, wenn die Firma unvollständig, unrichtig oder gar unzulässig verwendet wird, wenn nur eindeutig ist, wer mit der Bezeichnung gemeint ist[2]. Umgekehrt hat derjenige, der eine Willenserklärung im eigenen Namen abgibt und sich darauf beruft, sie sei unternehmensbezogen und wirke gegen den nicht personengleichen Unternehmensträger, hierfür im Prozess den Beweis zu führen[3]. Eine Haftung als vollmachtloser Vertreter nach § 179 BGB scheidet aus, wenn der Vertreter zwar namens einer nicht existierenden Scheinfirma handelt, dahinter jedoch ein tatsächlicher Unternehmensträger steht, der dem Vertreter Vollmacht erteilt hat[4]. Daneben gelten aber die Grundsätze zur Rechtsscheinhaftung des Scheinkaufmanns (vgl. § 5), wonach jemand, der unter der Firma eines Geschäfts wie dessen Inhaber auftritt, gegebenenfalls auch persönlich haftet[5]; s. zu dem genannten Fragenkreis auch schon *Röhricht*, Anh. § 5 Rn. 9 ff.

Tritt ein **Einzelkaufmann** unter seiner Firma einer Gesellschaft als Gesellschafter bei, kann er unter seiner Firma mit Beifügung seines bürgerlichen Namens in das Handelsregister eingetragen werden. Anmeldungen zum Handelsregister gehören nicht zum Betrieb des Handelsgewerbes und sind daher mit dem Namen zu zeichnen[6]. Handelsgesellschaften melden unter ihrer Firma an. Im Grundbuch wird der Einzelkaufmann mit bürgerlichem Namen eingetragen (§ 15 Abs. 1 lit. a GBV); juristische Personen und Handelsgesellschaften werden mit Namen oder Firma im Grundbuch eingetragen (§ 15 Abs. 1 lit. b GBV). 37

Die Verwendung der Firma eines Einzelkaufmanns im **Privatrechtsverkehr**, z.B. Eheschließung, Testamentserrichtung, ist nicht zulässig. Allerdings wird dadurch die Wirksamkeit eines so vorgenommenen Rechtsgeschäfts in der Regel nicht berührt[7], weil insoweit nur die Verletzung einer Ordnungsvorschrift vorliegt. 38

IV. Zivilverfahren, Zwangsvollstreckung und Insolvenz

1. Zivilverfahren

Ein **Einzelkaufmann** kann nach § 17 Abs. 2 unter seiner Firma **klagen und verklagt werden**. Während für Formkaufleute und Handelsgesellschaften als 39

---

1 BGH v. 4.10.1984 – VII ZR 342/83, BGHZ 92, 259, 268; BGH v. 15.1.1990 – II ZR 311/88, NJW 1990, 2678; BGH v. 28.1.1992 – XI 149/91, ZIP 1992, 475; BGH v. 8.7.1996 – II ZR 258/95, ZIP 1996, 1511.
2 OLG Düsseldorf v. 5.10.1989 – 10 U 46/89, BB 1989, 2134.
3 BGH v. 13.10.1994 – IX ZR 25/94, NJW 1995, 43.
4 BGH v. 18.1.1996 – III ZR 121/95, WM 1996, 592 mit Anm. *Voit*, WuB IV A. § 179 BGB 1.96, 729.
5 BGH v. 15.1.1990 – II ZR 311/88, NJW 1990, 2678.
6 BayObLG v. 16.2.1973 – 2 ZBR 4/73, BayObLGZ 1973, 46, 47.
7 Vgl. *Heymann/Emmerich*, § 17 Rn. 15.

Parteibezeichnung im Zivilprozess nur die Firma als einziger Name des Unternehmensträgers in Betracht kommt[1], hat der Einzelkaufmann ein Wahlrecht; er kann unter seiner Firma klagen oder unter seinem bürgerlichen Namen; soweit die Angelegenheit seinen privaten Bereich betrifft, nur unter letzterem. Klageerhebung unter der Firma setzt voraus, dass der zugrundeliegende Anspruch **dem Geschäftsbetrieb zuzurechnen** ist. Bei Klageerhebung unter der Firma ist derjenige Kläger, der zum Zeitpunkt der Klageerhebung (§§ 253, 261 ZPO), also bei Rechtshängigkeit, tatsächlich Inhaber des unter dieser Firma geführten Geschäftes ist. Bei einem **Inhaberwechsel** zwischen Einreichung und Zustellung der Klage ist darauf abzustellen, wer die Einreichung der Klage veranlasst hat. Kläger ist der Veranlasser der Klageerhebung. Wird in der Klageschrift eine unrichtige oder unzulässige Firma verwendet, berührt das die Zulässigkeit der Klage nicht, die Parteibezeichnung ist im Rechtsstreit richtig zu stellen. Entsprechend ist zu verfahren, wenn eine **Firmenänderung** während des Prozesses eintritt[2]. Die Firma selbst kann als Name nicht Partei sein; sie individualisiert nur den Unternehmensträger als Prozesspartei.

40 Wird ein **Kaufmann** unter seiner Firma **verklagt**, ist Beklagter, wer zum Zeitpunkt der Klageerhebung Inhaber des dieser Firma zuzuordnenden Geschäftsbetriebs ist[3]. Ist in einer Klageschrift neben einer nicht existierenden Firma eine Person als Inhaber namentlich bezeichnet, richten sich die Klage und der Titel gegen diese Person[4].

41 Es erscheint zweckmäßig, Prozessparteien nicht nur mit ihrer Firma zu bezeichnen; die **Angabe des Geschäftsinhabers** schafft meist von Anfang an Klarheit im Zivilprozess. Durch Festlegung der Identität lässt sich die betroffene Partei auch für jeden Dritten ermitteln. Juristische Personen des Privatrechts müssen im Prozess neben der Firma auch ihre gesetzlichen Vertreter, z.B. Geschäftsführer (§ 35 GmbHG), Vorstand (§ 78 AktG), vertretungsberechtigte Gesellschafter (§§ 125, 161 Abs. 2) bezeichnen.

42 **Wechselt auf der Klägerseite der Inhaber** des Geschäfts während eines Prozesses, hat dies auf den Prozess grundsätzlich keinen Einfluss. Der neue Inhaber der Firma, auf den die Klageforderung übergegangen ist, kann aber mit Zustimmung des Beklagten nach den Grundsätzen des Parteiwechsels (Parteiänderung) auf der Klägerseite in den Prozess eintreten. Fehlt die Zustimmung des Beklagten, bleibt der ursprüngliche Kläger Partei; die Parteibezeichnung muss dann aber auf den bürgerlichen Namen geändert, der

---

1 OLG Frankfurt v. 15.1.1985 – 5 U 75/84, BB 1985, 1219.
2 RGZ 157, 369, 375 f.; siehe auch BGH v. 21.11.1989 – VI ZR 350/88, NJW 1990, 908; *Heymann/Emmerich*, § 17 Rn. 31a; *Staub/Hüffer*, § 17 Rn. 49; *Baumbach/Hopt*, § 17 Rn. 45.
3 RGZ 86, 63, 65; OLG Köln v. 15.3.1977 – 2 W 25/77, BB 1977, 510, 511; OLG Frankfurt v. 15.1.1985 – 5 U 75/84, BB 1985, 1219; *Staub/Hüffer*, § 17 Rn. 49; *Heymann/Emmerich*, § 17 Rn. 32.
4 *Thomas/Putzo/Hüßtege*, vor § 50 ZPO Rn. 6, 7; vgl. ferner *Staub/Hüffer*, § 17 Rn. 53; HK/*Ruß*, § 17 Rn. 11.

Klageantrag auf Leistung an den Erwerber umgestellt werden[1]. **Wechselt der Inhaber der Beklagten**, kann dies nur zur Unzulässigkeit der Parteibezeichnung führen, die Parteistellung ändert sich nicht. Ein gewillkürter Parteiwechsel wird allerdings für zulässig erachtet. Geht bei einem Inhaberwechsel zugleich der Streitgegenstand über, gelten die §§ 265, 325 ZPO. Bei einer Unternehmensveräußerung mit Firmenfortführung liegt ein Parteiwechsel vor[2].

2. Zwangsvollstreckung

Die nach § 17 Abs. 2 zulässige Parteibezeichnung ist auch im **Vollstreckungstitel** für die Zwangsvollstreckung ausreichend; sie genügt den Anforderungen des § 750 ZPO, weil § 17 Abs. 2 der Erleichterung des Rechtsverkehrs dient. Gegebenenfalls haben die Vollstreckungsorgane zu ermitteln, wer tatsächlich Inhaber des Geschäfts ist, gegen wen sich die Vollstreckung richtet. Bei begründeten nicht behebbaren Zweifeln über den Inhaber sind die §§ 727, 731 ZPO entsprechend anzuwenden, d.h., der Vollstreckungsgläubiger hat auf eine Klarstellung der Klausel – Umstellung auf den bürgerlichen Namen des Schuldners – hinzuwirken[3]. Wird der Kaufmann unter seiner Firma verurteilt, kann aus diesem Titel auch in sein **Privatvermögen** vollstreckt werden; wird er unter seinem bürgerlichen Namen verurteilt, ist auch Vollstreckung in sein Betriebsvermögen zulässig. Bei einer Rechtsnachfolge während des Prozesses kann der Rechtsnachfolger nur vollstrecken, wenn der Titel auf ihn lautet (Umschreibung der Klausel nach §§ 727, 325 ZPO möglich).

43

Da die Firma allein nicht übertragbar ist (§ 23), ist sie nicht selbständig verwertbar und daher auch nicht pfändbar (§§ 851, 857 ZPO); eine **Pfändung** der Firma ist auch zusammen mit dem Handelsgeschäft nicht zulässig, weil eine Einzelvollstreckung in das Handelsgeschäft als solches nicht möglich ist[4].

44

3. Insolvenz

Schrifttum: *Barnert*, Die Personalfirma in der Insolvenz, KTS 2003, 523; *Benner*, Der neue Streit um die Verwertung der Firma in der Insolvenz, Rpfleger 2002, 342; *Heckschen*, Firmenbildung und Firmenverwertung, NotBZ 2006, 346; *Kern*, Verwertung der Personalfirma im Insolvenzverfahren, BB 1999, 1717; *Steinbeck*, Die Verwertbar-

---

1 *Staub/Hüffer*, § 17 Rn. 50 ff.; *Heymann/Emmerich*, § 17 Rn. 33; *Baumbach/Hopt*, § 17 Rn. 45; vgl. ferner *Thomas/Putzo/Hüßtege*, vor § 50 ZPO Rn. 12 ff. und Rn. 21: bei Sachdienlichkeit (§ 263 ZPO) kann die Zustimmung des Beklagten ersetzt werden.
2 Vgl. OLG Frankfurt v. 15.1.1985 – 5 U 75/84, BB 1985, 1219; *Staub/Hüffer*, § 17 Rn. 51.
3 BayObLG v. 26.6.1956 – BReg. 2 Z 65/56, BayObLGZ 1956, 218, 220 f.; *Staub/Hüffer*, § 17 Rn. 55, 56; *Heymann/Emmerich*, § 17 Rn. 35; *Baumbach/Hopt*, § 17 Rn. 46.
4 RGZ 95, 237; BGH v. 27.9.1982 – II ZB 51/82, BGHZ 85, 221, 223; *Heymann/Emmerich*, § 17 Rn. 36; *Koller/Roth/Morck*, § 17 Rn. 24.

keit der Firma und der Marke in der Insolvenz, NZG 1999, 133; *Uhlenbruck*, Die Firma als Teil der Insolvenzmasse, ZIP 2000, 401; *Wertenbruch*, Die Firma des Einzelkaufmanns und der OHG/KG in der Insolvenz, ZIP 2002, 1931; siehe auch unten § 22 Rn. 30 ff.

a) Rechtsprechung und Literatur bis zur Handelsrechtsreform 1998

45   Im Gegensatz zur Rechtsprechung des Reichsgerichts[1] wurde später die **Massezugehörigkeit der Firma** als vermögenswertes Recht nicht mehr in Frage gestellt[2]. Demnach ist im Konkursverfahren grundsätzlich der Konkursverwalter zur Wahrung der Firmenrechte des Gemeinschuldners berufen; er darf das Handelsgeschäft mit dessen Firma fortführen. Weder Gemeinschuldner noch Konkursverwalter sind während des Konkursverfahrens zur Firmenlöschung befugt[3].

46   Streitig ist, ob der Konkursverwalter wegen der persönlichkeitsrechtlichen Bestandteile der Firma ohne **Zustimmung des Gemeinschuldners** berechtigt ist, das Handelsgeschäft mit der Firma zu veräußern[4]. Ist in einer einzelkaufmännischen Firma der Name des Gemeinschuldners enthalten, bedarf der Konkursverwalter zur Veräußerung des Geschäfts mit der Firma der Zustimmung des Gemeinschuldners sowohl für eine ursprüngliche als auch für eine abgeleitete Firma[5]. Bei Kapitalgesellschaften darf der Konkursverwalter das Geschäft mit Firma im Interesse der Konkursgläubiger **ohne Zustimmung der Gesellschafter** veräußern. Das ist bei einer Sachfirma selbstverständlich, gilt aber auch für eine Personenfirma. Die Zustimmung der namensgebenden Gesellschafter und – trotz Satzungsänderungskompetenz – auch der übrigen Gesellschafter ist nicht erforderlich[6], weil ein firmenrechtlicher Zwang, den Namen eines Gesellschafters zur Firmenbildung bei der Kapitalgesellschaft zu verwenden, nicht besteht und damit der personenrechtliche Bezug zwischen Namen und Firma als aufgehoben anzusehen ist. Bei **Personenhandelsgesellschaften** ist daher bei einer Veräußerung des Geschäftes mit der Firma jeweils die Zustimmung der namensgebenden Gesellschafter erforderlich, weil die Aufnahme des Namens in die Firma nach § 19 Abs. 1 und 2 a.F. gesetzlich vorgeschrieben war. Anders bei der **GmbH & Co. KG.** Hier ist die Aufnahme des Namens einer natürlichen Person in die Firma nicht vorgeschrieben (§ 19 Abs. 5 i.V.m. § 4 GmbHG a.F.), so dass,

---

1 RGZ 9, 104, 58; RGZ 166, 169.
2 BGH v. 27.9.1982 – II ZB 51/82, BGHZ 85, 221, 223; eingehend *Kilger/K. Schmidt*, § 1 KO Anm. 2 D c bb; *Bokelmann*, KTS 1982, 35; *K. Schmidt/Schulz*, ZIP 1982, 1019.
3 BayObLG v. 22.2.1979 – 1 ZBR 4/79, BayObLGZ 1979, 65, 67 f.
4 Siehe *Staub/Hüffer*, § 22 Rn. 35; *K. Schmidt*, HR, § 12 I 3b–d, S. 352 ff.; *Heymann/ Emmerich*, § 17 Rn. 38.
5 BGH v. 26.2.1960 – I ZR 159/58, BGHZ 32, 103, 108 ff.; BGH v. 13.12.1989 – I ZR 17/88, BGHZ 109, 364, 367; BGH v. 27.9.1982 – II ZB 51/82, BGHZ 85, 221, 223; a.A. für abgeleitete Firma *Koller/Roth/Morck*, § 17 Rn. 25; *K. Schmidt*, HR, § 12 I 3c, S. 354.
6 BGH v. 27.9.1982 – II ZB 51/82, BGHZ 85, 221, 224; OLG Hamm v. 25.6.1981 – 4 U 46/81, NJW 1982, 586, 587; *Joussen*, GmbHR 1994, 159.

b) Rechtslage seit der Handelsrechtsreform 1998

Die Liberalisierung des Firmenrechts gestattet dem Einzelkaufmann und den Personenhandelsgesellschaften die freie Wahl zwischen Personen-, Sach- und Fantasiefirma. Wird nunmehr der Familienname eines Kaufmanns zur Firmenbildung verwendet, so kann bei der **Verwertung der Firma** in der Insolvenz ein Zustimmungserfordernis des Schuldners jedenfalls nicht mehr damit begründet werden, dass er gesetzlich gezwungen sei, seinen Namen zur Firmenbildung zu verwenden. Dieses Argument ist weggefallen, so dass die Firma des Einzelkaufmanns und die der Personenhandelsgesellschaften in der Insolvenz grundsätzlich nicht mehr anders zu behandeln ist als die Firma einer Kapitalgesellschaft, in die der Familienname eines Gesellschafters aufgenommen worden ist. Wer seinen Eigennamen als Firma verwendet oder gestattet, dass er zur Firmenbildung herangezogen wird, kommerzialisiert ihn, um u.a. dadurch ein besonderes Vertrauen bei Geschäftspartnern zu gewinnen. Dann soll er aber auch im Insolvenzfall nicht mehr berechtigt sein, dieses Vertrauen seinen Geschäftspartnern (Gläubigern) zu entziehen und das **Vermögensgut „Firmenwert"** der Insolvenzmasse vorzuenthalten. Die Firma des Einzelkaufmanns fällt als Vermögenswert ebenso wie das Unternehmen selbst in die Insolvenzmasse i.S.v. § 35 InsO. Hat bei der Personenhandelsgesellschaft der Gesellschafter einer Verwendung seines Namens zur Firmenbildung zugestimmt, kann er einer Verwertung der Firma in der Insolvenz nicht widersprechen. Ein solcher Widerspruch könnte überhaupt nur beachtlich sein, wenn der Gesellschafter von vornherein die Verwendung seines Namens in der Firma auf die Zeit längstens bis zur Eröffnung eines etwaigen Insolvenzverfahrens beschränkt hätte. Solche Fälle sind in der Praxis bisher nicht bekannt geworden. Der **Insolvenzverwalter** ist berechtigt, die Firma ohne Zustimmung des Schuldners in der Form zu verwerten, dass er das Unternehmen mit Firma als Ganzes veräußert. Nach h.M. kann der Insolvenzverwalter die Einwilligung i.S.v. § 22 geben und somit die Firma nach §§ 413, 398 BGB übertragen[1].

Unabhängig von der grundsätzlich zulässigen Verwertbarkeit der Personenfirma durch den Insolvenzverwalter ist damit noch nicht entschieden, ob

---

1 Vgl. dazu *K. Schmidt*, HR, § 12 3c S. 349 f.; *Heckschen*, NotBZ 2006, 352 f.; *Barnert*, KTS 2003, 523; *Benner*, Rpfleger 2002, 342; *Wertenbruch* ZIP 2002, 1931; *Uhlenbruck*, ZIP 2000, 401, 402 f.; *Steinbeck*, NZG 1999, 133, 140; abzulehnen ist die Auffassung von *Kern*, BB 1999, 1720, die annimmt, wegen § 24 Abs. 2 müsse das Zustimmungserfordernis sogar auf das Ausscheiden eines namensgebenden Kapitalgesellschafters ausgedehnt werden; ähnlich auch *Gottwald/Haas*, Insolvenzrechts-Handbuch, 3. Aufl. 2006, § 92 Rn. 153; demgegenüber ist richtig, dass § 24 Abs. 2 auf Kapitalgesellschaften keine Anwendung findet und im Übrigen aus der Bestimmung eine Einschränkung der Verwertbarkeit einer Personenfirma durch den Insolvenzverwalter nicht hergeleitet werden kann; dagegen zutreffend, *Canaris*, HR, § 10 Rn. 52. u. 77; siehe auch unten § 24 Rn. 18.

dem Schuldner nicht ein **namensrechtlicher Anspruch** gegen den Erwerber aus § 12 BGB zusteht. Hier liegt ein Problem zwischen Rechten Gleichnamiger vor, das durch Interessenabwägung unter Berücksichtigung des Verhältnismäßigkeitsgrundsatzes zu lösen sein wird. Unproblematisch ist der Fall, wenn der Erwerber in die Firma einen Inhaber- oder Nachfolgezusatz aufnimmt, was im Einzelfall auch schon wegen § 18 Abs. 2 erforderlich sein könnte (dazu unten § 22 Rn. 40). Bei Personenhandelsgesellschaften ist eine **Einwilligung des Namensträgers** zur Firmenverwertung nach § 24 Abs. 2 schon deshalb nicht erforderlich, weil die Eröffnung des Insolvenzverfahrens über das Vermögen der Gesellschaft nur zur Auflösung der Gesellschaft, nicht aber zum Ausscheiden des Gesellschafters führt (§ 131 Abs. 1 Nr. 3). Auch hier kommt aber grundsätzlich, wie beim Einzelkaufmann, der Anspruch aus § 12 BGB in Betracht, der dazu führen kann, dass der Erwerber verpflichtet ist, auf Verlangen des Namensträgers in die Firma einen **Inhaber- oder Nachfolgezusatz** aufzunehmen. Der Insolvenzschuldner kann auch weiterhin seinen Familiennamen als Firma für ein einzelkaufmännisches Unternehmen verwenden oder seinen Namen einer Personengesellschaft, an der er als Gesellschafter beteiligt ist, zur Firmenbildung zur Verfügung stellen. Da es sich dabei aber dann um eine prioritätsjüngere Firma handelt, besteht die Pflicht, einen unterscheidungskräftigen Zusatz in die Firma aufzunehmen[1].

49 Rechtsfolgen bei **Veräußerung des Handelsgeschäfts** der Gesellschaft durch den Insolvenzverwalter mit Firma: Wählen die Gesellschafter durch Vertrags- oder Satzungsänderung unverzüglich eine neue Firma mit Zustimmung des Insolvenzverwalters, kann das Insolvenzverfahren unproblematisch zu Ende geführt werden[2]. Andernfalls muss es der Gesellschaft gestattet werden, die frühere, aber schon veräußerte Firma bis zur Beendigung des Insolvenzverfahrens weiterzuführen, wenn man nicht wie *K. Schmidt* dem Insolvenzverwalter die Befugnis zur Bildung einer Ersatzfirma zuerkennt[3].

V. Firma – international

1. Firmenberechtigung

50 Die Berechtigung zur Firmenführung eines einzelkaufmännischen Unternehmens bestimmt sich nach dem am **Ort der Niederlassung** geltenden Recht[4]. Welcher Name einer juristischen Person zusteht, richtet sich nach ihrem Gesellschaftsstatut, also nach dem Recht des Sitzes ihrer Hauptver-

---

1 Eingehend zum Ganzen, *Canaris*, HR, § 10 Rn. 69 ff.; vgl. auch *Köhler*, FS Fikentscher, 1998, S. 513.
2 *Heymann/Emmerich*, § 17 Rn. 41.
3 Vgl. BayObLG v. 22.2.1979 – 1 ZBR 4/79, BayObLGZ 1979, 65, 67 f.; *Heymann/Emmerich*, § 17 Rn. 41; *K. Schmidt*, HR, § 12 I 3c S. 350.
4 BGH v. 2.4.1971 – I ZR 41/75, NJW 1971, 522; *Staub/Hüffer*, vor § 17 Rn. 13; *Staudinger/Großfeld*, InterGesR, Rn. 319.

waltung; Gleiches gilt für die Firma[1]. Für die Firma der Zweigniederlassung ist das Recht ihres Verwaltungssitzes maßgebend[2]. Für die Firma der in Deutschland tätigen **Zweigniederlassungen ausländischer Gesellschaften** ist deutsches Recht maßgebend, vgl. oben § 13d Rn. 12 und 14.

Eine nach ausländischem Recht zulässig gebildete Firma ist im Inland in dieser Form zu führen, auch wenn sie nach inländischem Recht unzulässig gebildet wäre. Dies gilt allerdings nicht uneingeschränkt: Die ausländische Firma darf nicht den inländischen Grundsatz von **Firmenklarheit** und **Firmenwahrheit** verletzen[3] und nicht gegen den **ordre public** (Art. 6 EGBGB) verstoßen. Die Bezeichnung *Aktiengesellschaft* in der Firma einer ausländischen Gesellschaft kann unzulässig sein, wenn das Unternehmen mit einer inländischen Aktiengesellschaft nicht vergleichbar ist[4]. Ein Eingreifen deutscher Gerichte richtet sich nach § 37 Abs. 1. 51

2. Schutz

Der Schutz des Namens oder der Firma richtet sich zunächst nach dem **Personalstatut** (Gesellschaftsstatut); er wird aber aus Wettbewerbsgründen im Inland begrenzt, so dass die inländische Rechtsordnung das höchstzulässige Maß an Schutz bestimmt. Kein ausländischer Kaufmann kann im Inland einen weiter gehenden Schutz seiner Firma verlangen, als er dem inländischen Kaufmann zusteht[5]. Dies führt dazu, dass der Schutz der Firma des ausländischen Unternehmens für Unterlassungs- und Ersatzansprüche (z.B. §§ 12, 823 Abs. 1 BGB, § 15 MarkenG, § 37 Abs. 2 S. 1) nach deutschem Recht zu beurteilen ist, wenn der Gebrauch der Firma im Inland für diesen Bereich eine dauernde wirtschaftliche Betätigung erwarten lässt[6]. Das früher im wettbewerbsrechtlichen Bereich diskutierte Erfordernis der **Gegenseitigkeit** nach §§ 16, 28 UWG a.F.[7] ist entfallen. Das anstelle dieser Bestimmungen getretene Markengesetz verzichtet auf das Erfordernis der Gegenseitigkeit[8]. Notwendig ist aber, dass das deutsche Recht die Bezeichnung des ausländischen Unternehmens entweder als Firma, die Bestandteile und Abkürzungen als 52

---

1 BayObLG v. 21.3.1986 – 3 ZBR 148/85, IPRax 1986, 368, 369; *Heckschen*, NotBZ 2006, 348; *Leible/Hoffmann*, EuZW 2003, 680; abweichend *Borges*, ZIP 2004, 736 und *Baur*, AcP 167 (1967), 535, 551 f.: Maßgebend sei das Recht des Verletzungsorts nicht nur für Firmenschutz, sondern auch für Namens- und Firmenberechtigung.
2 Vgl. *Staudinger/Großfeld*, InterGesR, Rn. 319; *Koller/Roth/Morck*, § 17 Rn. 26.
3 Vgl. § 18 Abs. 2; OLG Hamm v. 5.2.1991 – 4 U 217/90 – European Chamber of Commerce – WRP 1992, 354 f.; OLG Stuttgart v. 25.1.1991 – 2 U 126/90 – Euro Clinic – WRP 1991, 525, 526; *Staudinger/Großfeld*, InterGesR, Rn. 319, 320; *Baumbach/ Hopt*, § 17 Rn. 49; nach *Heckschen*, NotBZ 2006, 348 nur ganz ausnahmsweise Verstoß gegen § 18 Abs. 2.
4 LG Hagen v. 22.8.1973 – 11 H T 1/73, NJW 1973, 2162.
5 Vgl. *Staudinger/Großfeld*, InterGesR, Rn. 322 f.; MünchKommBGB/*Kindler*, IntGesR, Rn. 212 ff.
6 BGH v. 28.9.1979 – I ZR 146/77, DB 1980, 79, 80 m.N.
7 Vgl. BGH v. 2.4.1971 – I ZR 41/70, NJW 1971, 1522, 1523.
8 Durch Art. 24 Markenrechtsreformgesetz v. 25.10.1994 – BGBl. I 3082 wurden die §§ 16, 28 UWG aufgehoben; § 16 UWG wurde ersetzt durch §§ 1, 5, 15 MarkenG; § 28 UWG ist ersatzlos entfallen.

namens- und firmenrechtliche Bestandteile anerkennt und die Schutzvoraussetzungen nach deutschem Recht vorliegen. Zur Firmierung bei Beteiligung einer ausländischen an einer inländischen Gesellschaft siehe unten § 19 Rn. 67 f.

53 Nach der **Pariser Verbandsübereinkunft (PVÜ)**[1], die heute in allen bedeutenden Industrienationen gilt, haben von der ausländischen Rechtsordnung anerkannte Unternehmenskennzeichnungen grundsätzlich im Inland namens- und firmenrechtlichen Schutz, sofern sie auch nach inländischem Recht firmenrechtliche Kennzeichnungen sind und deren Schutzvoraussetzungen erfüllen[2].

54 Der Schutz der Firma eines inländischen Unternehmens, die **im Ausland** geführt wird, bestimmt sich nach ausländischem Recht und ist im Geltungsbereich der PVÜ durch Art. 8 gewährleistet. Ein im Ausland unter Verletzung ausländischen Rechts begangener Wettbewerbsverstoß kann im Inland auch nach ausländischem Recht verfolgt werden, wenn der Verletzer einen inländischen Gerichtsstand hat[3].

§ 18
Firma des Kaufmanns

(1) Die Firma muss zur Kennzeichnung des Kaufmanns geeignet sein und Unterscheidungskraft besitzen.

(2) Die Firma darf keine Angaben enthalten, die geeignet sind, über geschäftliche Verhältnisse, die für die angesprochenen Verkehrskreise wesentlich sind, irrezuführen. Im Verfahren vor dem Registergericht wird die Eignung zur Irreführung nur berücksichtigt, wenn sie ersichtlich ist.

Übersicht

	Rn.		Rn.
I. Allgemeines		b) Zahlen	14
1. Anwendungsbereich	1	c) Zahlen und Buchstabenfolgen	15
2. Firmenkern und Firmenzusätze	5	d) Bildzeichen	16
3. Unzulässige Firmenbestandteile	8	2. Unterscheidungskraft	17
II. Firmenbildung (§ 18 Abs. 1)	9	a) Personenfirma	
1. Kennzeichnungsfähigkeit	10	aa) Rechtszustand bis zum 1.7.1998	18
a) Buchstabenfolgen	12	bb) Rechtszustand seit dem 1.7.1998	19

---

1 Pariser Verbandsübereinkunft v. 20.3.1883 zum Schutze des gewerblichen Eigentums i.S.d. Stockholmer Fassung v. 14.7.1967 (BGBl. II 1970, 293); Verbandsländerveröffentlichung jeweils im BGBl. Fundstellennachweis B zum 31.12. des Jahres.
2 Vgl. Art. 2, 8 PVÜ; *Staudinger/Großfeld*, InterGesR, Rn. 325; BGH v. 18.5.1973 – I ZR 12/72, NJW 1973, 2153; BGH v. 2.4.1971 – I ZR 41/70, NJW 1971, 1522, 1523.
3 OLG Stuttgart v. 1.2.1991 – 2 U 34/90, RIW 1991, 954.

	Rn.		Rn.
b) Sachfirma		6. Bau	57
aa) Rechtszustand bis zum 1.7.1998	20	7. Börse	58
bb) Rechtszustand seit dem 1.7.1998	21	8. Fabrik, Industrie, Werk	60
c) Fantasiefirma	23	9. Fachgeschäft, Spezialgeschäft	62
d) Öffentliche Ordnung und gute Sitten	25	10. Gemeinnützigkeit	64
III. Irreführungsverbot/Täuschungsverbot (§ 18 Abs. 2)	26	11. Geographische Zusätze	65
1. Materiellrechtliche Einschränkung	27	a) Landschafts- und Ortsbezeichnungen	66
2. Verfahrensbezogene Einschränkung	29	b) Süd/Nord/Ost/West	70
3. Irreführende Personenfirma	32	c) Deutsch, national	71
4. Verfahrensrecht	37	d) Europäisch, Euro	72
IV. Einzelfälle	40	e) International, inter	73
1. Akademische Titel	41	12. Großhandel, Lager, Markt	74
2. Amtlicher Eindruck	48	13. Gruppe, Pool, Team, Union, Verband, Verbund, Vereinigte	77
3. Akademie, Institut, Anstalt, Seminar, Kolleg	50	14. Haus	79
4. Alter und historische Hinweise	52	15. Revision, Betriebs- und Buchprüfung, Steuerberatung	81
5. Kredit- und Finanzierungsunternehmen	53	16. Technik	82
		17. Treuhand	83
		18. Zentrale, Zentrum, Center	85
		19. Weitere Zusätze	87
		20. Fremdsprachliche Zusätze	89

Schrifttum: *Ammon*, Die Sachfirma der Kapitalgesellschaft, DStR 1994, 325; *Barfuss*, Die Geltung des § 18 Abs. 2 HGB bei einer Personenfirma, BB 1975, 67; *Beitzen*, Bildung einer GmbH-Firma mit dem Namen einer Auslandsgesellschaft, DB 1972, 2051; *Bokelmann*, Zusätze wie „& Co.", „& Sohn", „& Partner" und „& Gebrüder" in der Firma der Kommanditgesellschaft und in abgeleiteten Firmen, MDR 1979, 188; *Bokelmann*, Das Recht der Firmen und Geschäftsbezeichnungen, 5. Aufl. 1999; *Brause*, Firma eines Einzelkaufmanns und neues Familiennamensrecht, DB 1978, 478; *Diederichsen*, Der Ehe- und Familienname nach dem 1. EheRG, NJW 1976, 1169; *Frey*, Verwendung einer schutzfähigen Geschäftsbezeichnung als unberechtigter Firmenmissbrauch?, DB 1993, 2169; *Frey*, Wandlungen der Rechtsprechung zu Firmenzusätzen, dargestellt am Firmenzusatz „Zentrale", BB 1963, 1281; *Frey*, „Lager" – als Firmenzusatz und Werbeankündigung, WRP 1965, 54; *Gößner*, Lexikon des Firmenrechts, Stand 31.3.1996; *Haberkorn*, Zur Zulässigkeit des Firmenzusatzes „Fabrik", WRP 1966, 125; *Haberkorn*, Zur Zulässigkeit des Firmenzusatzes „Haus", WRP 1966, 165; *Haberkorn*, Zur Zulässigkeit geographischer Firmenzusätze, WRP 1996, 245; *Haberkorn*, Zur Zulässigkeit des Firmenzusatzes „Zentrale", WRP 1966, 306; *Haberkorn*, Zur Zulässigkeit des Firmenzusatzes „Werk", WRP 1966, 361; *Haberkorn*, Zur Zulässigkeit des Firmen- und Preiszusatzes „Discount", WRP 1966, 393; *Haberkorn*, Zur Zulässigkeit diverser Firmenzusätze, WRP 1967, 204; *Haberkorn*, Kann die künftige Entwicklung des Betriebes bereits als Firmenzusatz berücksichtigt werden?, WRP 1969, 261; *Haberkorn*, Firma, Firmenwahrheit, Firmenzusätze, 1970; *Heidinger*, Der Name des Nichtgesellschafters in der Personenfirma, DB 2005, 815; *I. Heinrich*, Firmenwahrheit und Firmenbeständigkeit, 1982; *Hillebrand*, Das Firmenrecht in Frankreich, Belgien und Luxemburg, 1975; *Hönn*, Akademische Grade, Amts-, Dienst- und Berufsbezeichnungen sowie Titel (Namensattribute) in der Firma in firmen- und wettbewerbsrechtlicher Sicht, ZHR 153 (1989), 386; *Hofmann*, Der Grundsatz der Firmenwahrheit, JuS 1972, 233; *Kind*, Die handelsrechtlichen Firmengrundsätze im Licht der Wettbewerbsordnung, BB 1980, 1558; *Knaak*, Firma und Firmenschutz, 1986; *Knöchlein*, Geographische Zusätze im Firmenrecht, DB 1960, 746; *Knöchlein*, Sind geographische Zusätze in Firmennamen entwertet?, GmbHR 2002, 642; *Kögel*, Der Grundsatz der Firmenwahrheit – noch zeitgemäß?, BB 1993, 1741; *A.H. Meyer*, Das Verbraucherleitbild des Europäischen Gerichtshofes – Abkehr vom „flüchtigen Verbraucher", WRP 1993, 215; *D. Möller*, Keine Bildung einer Personenfirma mit dem Namen eines Angestellten, GmbHR 2002, 967; *D. Möller*, Das neue Firmenrecht in der Rechtsprechung. Eine kritische Bestandsaufnahme, DNotZ 2000, 830; *D. Möller*, Firmenbildung von Kapitalgesellschaften in den EG-Mitgliedstaaten, GmbHR 1993, 640; *D. Möller*, Europäisches Firmenrecht im Vergleich, EWS 1993, 22; *Riegger*, Der Doktor-Titel in der Firma der GmbH, DB 1984, 441; *W.-H. Roth*, Unzulässiger firmenmäßiger Gebrauch einer zulässig geführten Geschäftsbezeichnung, ZGR 1992, 632; *Schubert*, Quo vadis – Top-Level-Domain?, JurPC Web-Dok. 62/2006, Abs. 1–38; *Schulenburg*, Die Abkürzung im Firmenrecht der Kapitalgesellschaften, NZG 2000, 1156; *Seifert*, Firmenrecht „online", Rpfleger 2001, 395; *Wagenitz*, Grundlinien des neuen Familiennamensrechts, FamRZ 1994, 409; *St. Weber*, Das Prinzip der Firmenwahrheit im HGB und die Bekämpfung irreführender Firmen nach dem UWG, 1984; *Weiler*, Irreführung über die Rechtsform durch Top-Level-Domains, K&R 2003, 601; *Wessel*, Der akademische Titel in der Firma, BB 1965, 1379; *Wessel/Zwernemann/Kögel*, Die Firmengründung, 7. Aufl. 2001.

Schrifttum zum HRefG: siehe vor § 8, vor § 17 und zu § 17; ferner: *Kögel*, Die deutliche Unterscheidbarkeit von Firmennamen, Rpfleger 1998, 317; *Kögel.*, Aktuelle Entwicklungen im Firmenrecht, Rpfleger 2000, 255; *Schaefer*, Das HRefG nach Abschluss des parlamentarischen Verfahrens, DB 1998, 1269; *Schulenburg*, Die Abkürzung im Firmenrecht der Kapitalgesellschaften, NZG 2000, 1156; *Schulz*, Die Neuregelung des Firmenrechts, JA 1999, 247.

I. Allgemeines

1. Anwendungsbereich

1 Bis zum Inkrafttreten der **Handelsrechtsreform**[1] am 1.7.1998 waren die Möglichkeiten der Firmenbildung für die einzelnen Unternehmensformen stark eingeschränkt. Der Einzelkaufmann konnte nur eine Personenfirma führen, die aus dem Familiennamen und mindestens einem ausgeschriebenen Vornamen bestehen musste (§ 18 Abs. 1 a.F.). Die Firma der OHG hatte den Namen wenigstens eines der Gesellschafter, die der KG eines der persönlich haftenden Gesellschafter zu führen (§ 19 Abs. 1 und 2 a.F.). Die Firma der AG war in der Regel dem Unternehmensgegenstand zu entnehmen (§ 4 Abs. 1 AktG a.F.), die der GmbH dem Unternehmensgegenstand zu entlehnen, oder sie hatte die Namen aller Gesellschafter, wahlweise wenigstens eines ihrer Gesellschafter zu enthalten (§ 4 Abs. 1 GmbHG a.F.)[2].

2 Die wesentlichen Grundsätze für die **Neubildung einer Firma** sind nunmehr in § 18 zusammengefasst. Danach herrscht weitgehend „namensrechtliche Gestaltungsfreiheit"[3]. Der Anwendungsbereich der Bestimmung ist nicht mehr auf die einzelkaufmännische Firma beschränkt, er erstreckt sich gene-

---

1 Handelsrechtsreformgesetz – HRefG – v. 22.6.1998, BGBl. I 1474.
2 Näher zum früheren Recht: 1. Aufl. § 18 Rn. 10 f., § 19 Rn. 14 f., Rn. 25, Rn. 30. Vgl. ferner Vor § 17 Rn. 1 f.
3 Vgl. *Canaris*, HR, § 10 Rn. 12.

rell auf **alle Firmen**, und zwar auch, soweit sie in Spezialgesetzen außerhalb des HGB erfasst werden (z.B. AktG, GenG, GmbHG). Auf Handelsgesellschaften kommt § 18 schon über § 6 allgemein zur Anwendung[1]. Auch die juristische Person des § 33 ist Kaufmann, wenn sie ein Handelsgewerbe (§§ 1 ff.) betreibt.

Als neugebildet gilt nicht nur die originäre (ursprüngliche) Firma, sondern auch die **geänderte Firma**; sie muss ebenfalls die Voraussetzungen des § 18 erfüllen[2]. Eine Firmenänderung ist in aller Regel die Wahl einer neuen Firma. Ausnahmen davon können sich bei der Firmenfortführung nach §§ 22, 24 ergeben. Dem Erwerber steht es grundsätzlich frei, ob er eine neue Firma annimmt, die dann nach den Grundsätzen der §§ 18 ff. zu bilden ist, oder ob er die Firma fortführt (dazu unten § 22 Rn. 36). Im letzteren Fall ist die Firma grundsätzlich unverändert beizubehalten; unwesentliche Änderungen sind aber nicht nur erlaubt, sie können sogar zwingend sein, wenn die unverändert fortgeführte Firma gegen den Grundsatz der Firmenwahrheit verstoßen würde (dazu unten § 22 Rn. 40, 41).

3

Die nach § 18 Abs. 1 erforderliche Unterscheidungskraft und Kennzeichnungswirkung wird ergänzt durch die nunmehr zwingende Offenlegung der Haftungsverhältnisse; jede Firma muss jetzt einen **Rechtsformzusatz** enthalten (§ 19 Abs. 1 HGB, § 4 AktG, § 4 GmbHG; oben Vor § 17 Rn. 10)[3]. Schon früher durften nach der Rechtsprechung die Firmen weder in ihrem Kern noch in ihren Zusätzen und auch nicht insgesamt zur Täuschung geeignet sein[4]. Das Täuschungsverbot findet sich jetzt, allerdings entschärft, als allgemeines Irreführungsverbot in § 18 Abs. 2. Darüber hinaus ist eine Firma, die gegen die **öffentliche Ordnung** oder die **guten Sitten** verstößt, nicht eintragungsfähig. Eine analoge Anwendung von § 8 Abs. 2 Nr. 5 MarkenG bietet sich an, nachdem es der Gesetzgeber unterlassen hat, insoweit eine ausdrückliche Verbotsnorm in das HGB aufzunehmen. Mit der Liberalisierung hat sich die Gefahr für die Bildung von ordnungs- oder sittenwidrigen Firmen erheblich vergrößert[5] (dazu unten Rn. 25).

4

---

1 Vgl. BT-Drucks. 13/8444 S. 52.
2 Vgl. OLG Stuttgart, v. 21.3.2000 – 8 W 154/99, Rpfleger 2000, 336.
3 Vgl. *Ammon*, DStR 1998, 1474, 1478; *Kögel*, GmbHR 1998, 1645; *Müther*, GmbHR 1998, 158; *R. Schmitt*, WiB 1997, 1113; allerdings durften die vor dem 1.7.1998 eingetragenen Firmen bis zum 31.3.2003 weitergeführt werden, soweit sie nach alter Rechtslage zulässig waren; früher Art. 38 Abs. 1 EGHGB.
4 Vgl. 1. Aufl. § 18 Rn. 6; BayObLG v. 23.2.1989 – 3 ZBR 136/88, BayObLGZ 1989, 44, 46 – Treuhand; v. 13.6.1997 – 3 ZBR 61/97, BayObLGZ 1997, 187, 189 – Das Bad; OLG Naumburg v. 4.2.1997 – 10 Wx 46/96, GmbHR 1998, 236 – Bürgerzentrum; *Scholz/Emmerich*, § 4 GmbHG Rn. 17.
5 Vgl. nur OLG Celle v. 19.11.1998 – W 150/98, DB 1999, 40 zur Firma „AAA AAA AAA AB ins Lifesex-TV.de GmbH"; ferner *K. Schmidt*, ZIP 1997, 909, 915; *Jung*, ZIP 1998, 677, 683; *Koller/Roth/Morck*, § 18 Rn. 1.

2. Firmenkern und Firmenzusätze

5 Das Gesetz hatte bis zur Handelsrechtsreform den Firmenkern für den Einzelkaufmann, die Personenhandelsgesellschaften sowie für die Kapitalgesellschaften zwingend vorgeschrieben (§ 18 Abs. 1, § 19 Abs. 1 und 2 HGB, § 4 AktG, § 4 GmbHG, jeweils a.F.). Es gab den Zwang zur Personen- oder Sachfirma, ausnahmsweise eine Wahlmöglichkeit zwischen diesen Firmenarten. Für die Firmenzusätze war das Täuschungsverbot des § 18 Abs. 2 zu beachten, das allerdings durch die Rechtsprechung schon bald als Normierung des **Grundsatzes der Firmenwahrheit** auf den Firmenkern und die Firma insgesamt ausgedehnt wurde (vgl. oben Rn. 4). Das **Täuschungsverbot** orientierte sich an der Sicht der angesprochenen Verkehrskreise, die auch durch entsprechende Umfragen, z.B. durch die IHK, ermittelt werden konnte[1]. Schließlich enthielt § 19 Abs. 1 a.F. für die Firma der Personenhandelsgesellschaften das Gebot eines Gesellschaftszusatzes, wenn nur der Name eines der Gesellschafter zur Firmenbildung herangezogen worden war.

§ 18 Abs. 1, der nunmehr für alle Firmen gilt, legt fest, welche Mindestanforderungen an die Firma zu stellen sind; der Firmenkern muss allein, zumindest aber zusammen mit einem freiwilligen Zusatz, als prägender Firmenbestandteil (dazu oben § 17 Rn. 19) Kennzeichnungsfähigkeit und Unterscheidungskraft besitzen.

6 Das frühere Täuschungsverbot ist als **Irreführungsverbot** in § 18 Abs. 2 präzisiert und gleichzeitig entschärft worden: Die Firma darf keine Angaben enthalten, die geeignet sind, über geschäftliche Verhältnisse, die für die angesprochenen Verkehrskreise wesentlich sind, irrezuführen. Mit dieser Formulierung, die § 13a UWG a.F. entlehnt ist, will der Gesetzgeber sicherstellen, dass nicht auch solche Angaben als irreführend eingestuft werden, denen nur geringe **wettbewerbliche Relevanz** zukommt oder für die wirtschaftlichen Entscheidungen der maßgeblichen Verkehrskreise nur von untergeordneter oder nebensächlicher Bedeutung sind[2].

7 Die Unterscheidung zwischen Firmenkern und Firmenzusatz hat nur terminologische Bedeutung. Sie dient der schlagwortartigen **Einteilung von Firmenbestandteilen**[3], gibt aber kein Kriterium für die Beurteilung der Zulässigkeit einer Firma. Man unterscheidet **freiwillige und zwingende Zusätze**. Als freiwillige Zusätze sind zu erwähnen Hinweise auf die Person des Inhabers, auf das Geschäft (Branche) und auf geographische Gegebenheiten. Zwingend ist in erster Linie der Rechtsformzusatz, der nunmehr nach § 19 Abs. 1 in der Firma aller Kaufleute zu führen ist und nicht nur, wie früher, in der Firma der Kapitalgesellschaften (zur früheren Übergangsvorschrift siehe oben § 17 Rn. 16). Ferner kann die Aufnahme eines Zusatzes in die Firma geboten sein, wenn der Firmenkern keine ausreichende Unterscheidungskraft hat (siehe unten § 30 Rn. 19). Die Stellung der Zusätze ist grundsätz-

---

1 Z.B. BayObLG v. 14.1.1988 – BReg. 3 Z 74/87, NJW-RR 1988, 617; *K. Schmidt*, HR, § 12 III 1 b bb, S. 363.
2 Vgl. BT-Drucks. 13/8444 S. 38, 53; s. auch unten Rn. 27 f.
3 *Staub/Hüffer*, § 18 Rn. 2.

lich freigestellt. Eine **Reihenfolge** ist für den Firmenkern und die Zusätze gesetzlich nicht vorgeschrieben, so dass es für die Zulässigkeit der Firma unerheblich ist, wo die einzelnen Bestandteile innerhalb der Firma stehen, solange es dadurch nicht zu einer Irreführung kommt. Alle Firmenbestandteile bilden eine **rechtliche Einheit**. Die Firmenführungspflicht verlangt auch, dass die Firma stets vollständig geführt wird[1].

3. Unzulässige Firmenbestandteile

Sind nur einzelne Firmenbestandteile unzulässig, weil sie zur Täuschung geeignet sind, war **umstritten**, ob stets die **gesamte Firma zu löschen** ist oder nur der **beanstandete Bestandteil**. Die h.M. hatte früher angenommen, die Firma dürfe nur insgesamt gelöscht werden, weil wegen der Einheitlichkeit der Firma nur die Firma in ihrer Gesamtheit die Verletzungsform darstelle[2]. Der BGH[3] hat später entschieden, es könne allein der unzulässige Firmenbestandteil einer konkret eingetragenen Firma gelöscht werden, wenn dadurch die Beeinträchtigung des Verletzten durch die unzulässige Firmenführung beseitigt werde; hingegen treffe das Unterlassungsgebot, anders als die Löschung, in der Regel nur die vollständige Firma und nicht nur einen Firmenbestandteil. Die Zulässigkeit der Löschung nur eines Firmenbestandteils ist zu bejahen, wenn die restliche Firma weiterhin ihre Individualisierungsfunktion erfüllen kann und keinen sonstigen rechtlichen Bedenken begegnet. Ist das nicht der Fall und muss schon deshalb die Firma neu gebildet werden, ist die **gesamte Firma** zu **löschen**. Auch für das Löschungsverfahren gilt die verfahrensrechtliche Einschränkung des § 18 Abs. 2 (**Eingriffsrelevanz**). In der neuen Firma kann auch der beanstandete Teil wieder verwendet werden, falls er, in anderer Zusammensetzung, nicht mehr irreführungsgeeignet ist.

8

II. Firmenbildung (§ 18 Abs. 1)

Die Vorschrift des § 18 gilt für die Firmen aller Kaufleute (§§ 1, 2, 6), auch wenn spezielle Vorschriften in Sondergesetzen zu finden sind (z.B. § 4 AktG, § 4 GmbHG, § 3 GenG). Die Firmenbildung ist ausgerichtet an fünf **wesentlichen Funktionen**, die jede Firma, um zulässig zu sein, erfüllen muss:

9

– Kennzeichnungsfähigkeit und Unterscheidungskraft
– Ersichtlichkeit des Gesellschaftsverhältnisses
– Offenlegung der Haftungsverhältnisse
– deutliche Unterscheidbarkeit i.S.v. § 30
– keine Eignung zur Irreführung i.S.v. § 18 Abs. 2.

---

1 So BayObLG v. 6.2.1992 – 3 ZBR 201/91, BB 1992, 943.
2 BGH v.18.9.1975 – II ZB 9/74, BGHZ 65, 103, 106; BGH v. 11.1.1967 – Ib ZR 63/65, GRUR 1968, 431, 433.
3 BGH v. 26.9.1980 – I ZR 69/78, GRUR 1981, 60, 64 – Sitex.

Jede Firma, die diese Kriterien erfüllt, ist grundsätzlich im Handelsregister eintragungsfähig[1] (dazu oben Vor § 17 Rn. 7 f.), es sei denn, sie verstößt mit ihrer Firmierung gegen die öffentliche Ordnung oder die guten Sitten. Die Firma muss sich zur Kennzeichnung eignen und Unterscheidungskraft besitzen. Dieses schon aus der **Namensfunktion** der Firma und damit aus § 17 herzuleitende Gebot wird jetzt für alle Firmen normiert. Die besondere Betonung der Kennzeichnungsfähigkeit und Unterscheidungskraft im Gesetz bringt eine Annäherung des Firmenrechts an das **Kennzeichenrecht** (vgl. dazu § 3 Abs. 1, § 5 Abs. 2, § 8 Abs. 2 Nr. 1, § 9 MarkenG; s.a. unten Rn. 17 ff. und § 30 Rn. 12 ff.). Damit wird die ansonsten weitgehende Gestaltungsfreiheit der Firmenbildung flankiert und eingegrenzt. Mit dem Herausstellen der Namensfunktion stellt der Gesetzgeber klar, dass eine Firma im Handelsregister nur dann eintragungsfähig ist, wenn sie diesen Anforderungen gerecht wird[2]. Kennzeichnungsfähigkeit und Unterscheidungskraft wurden bisher in Rechtsprechung und Literatur überwiegend synonym behandelt[3]. Der Gesetzeswortlaut legt es nahe, eine getrennte Prüfung der beiden Begriffe vorzunehmen, ohne dass aber Überschneidungen völlig zu vermeiden wären; denn nur im Zusammenwirken von Kennzeichnungsfähigkeit und Unterscheidungskraft kann die im Gesetz geforderte Namensfunktion der Firma erfüllt werden.

1. Kennzeichnungsfähigkeit

10 Jede Firma muss zur Kennzeichnung geeignet sein, weil sie nur damit die im Geschäftsverkehr erforderliche Namensfunktion erfüllen kann. Zur Firmenbildung können neben dem bürgerlichen Namen des Kaufmanns grundsätzlich auch Sach- und Fantasiebezeichnungen und Domain-Namen[4] verwendet werden. Führt der Einzelkaufmann eine Sach- oder Fantasiefirma, wird in Kauf genommen, dass nicht mehr ohne weiteres erkennbar ist, wer hinter der Firma steht, wer für etwaige Verbindlichkeiten persönlich haftet. Dies erscheint hinnehmbar, weil auch schon bisher durch die Möglichkeit der Firmenfortführung (§§ 21 ff.) die Identität des Inhabers aus der Firma allein nicht immer feststellbar war. Der **Verlust an Information**, insbesondere bei der Fantasiefirma, wird zumindest teilweise dadurch ausgeglichen, dass auch der Einzelkaufmann in seine Firma eine Rechtsformbezeichnung aufnehmen muss (§ 19 Abs. 1 Nr. 1). Zur Firmenbildung können alle Angaben herangezogen werden, die vom Verkehr als Name verstanden werden. Wan-

---

1 BT-Drucks. 13/8444 S. 36.
2 Statt vieler *Lutter/Hommelhoff/Bayer*, § 4 GmbHG Rn. 6; *Ammon*, DStR 1998, 1474, 1478; *Jung*, ZIP 1998, 678; *K. Schmidt*, NJW 1998, 2671.
3 Z.B. *Scholz/Emmerich*, § 4 GmbHG Rn. 10, der möglicherweise die Unterscheidungskraft nur unscharf von der Unterscheidbarkeit i.S. von § 30 abgrenzt; tatsächlich geht die Unterscheidungskraft i.S. von § 18 Abs. 1 über die in § 30 gezogenen örtlichen Grenzen hinaus; gemeint ist die abstrakte Namensfähigkeit, dazu *Lutter/Hommelhoff/Bayer*, § 4 GmbHG Rn. 7 bis 13.
4 *Seifert*, Rpfleger 2001, 396 f.; s. auch unten Rn. 17a (Unterscheidungskraft), 65, 88a (Irreführung) und oben § 17 Rn. 7a.

delt sich insoweit die Verkehrsauffassung, ist diese Sicht der Beurteilung der Zulässigkeit einer Firma zugrunde zu legen[1].

Geht man davon aus, dass eine Firma auf die beteiligten Verkehrskreise wie ein Name wirken muss, ist auch daraus herzuleiten, dass mit der Eignung zur Kennzeichnung die abstrakte Namensfähigkeit umschrieben wird. Das bedeutet: Der **Firmenkern** muss aus einer wörtlichen und aussprechbaren Bezeichnung bestehen. Eine nach deutschem Recht gebildete Firma muss in **lateinischen Buchstaben** geschrieben sein, da sie nur dann von den durchschnittlichen Verkehrskreisen ausgesprochen werden kann[2]. Eine *Eichel-Ober-GmbH* oder ein *Pik-As-e.K.* wäre zwar firmenrechtlich zulässig, nicht aber, wenn anstelle der wörtlichen Wiedergabe die entsprechenden **Bildzeichen** aus den Kartenspielen verwendet werden sollen. Hingegen ist der Auffassung, dass auch Zahlen, Buchstabenkombinationen und Abkürzungen in Alleinstellung als Firma ausscheiden, weil sie von vornherein keine Kennzeichnungseignung haben[3], nicht zuzustimmen. Zu beachten ist, dass es keinen Anspruch auf Eintragung eines bestimmten Schriftbildes im Handelsregister gibt[4]. 11

a) Buchstabenfolgen

Umstritten ist, ob bloße Buchstabenfolgen oder -kombinationen **in Alleinstellung** die Eignung zur Kennzeichnung haben. Im Kennzeichenrecht sind nunmehr nach § 8 Abs. 2 Nr. 2 MarkenG sog. **Buchstabenfolgen als Marke** eintragungsfähig, während früher nach § 4 Abs. 2 Nr. 1 WZG bloße Buchstaben keinen Schutz als Warenzeichen erlangen konnten. Das frühere WZG ist durch das MarkenG abgelöst worden. Mit dieser einer moderneren Verkehrsauffassung Rechnung tragenden Entwicklung im Markenrecht ist auch für das Firmenrecht die **Kennzeichnungseignung** von bloßen Buchstabenfolgen in Alleinstellung zu **bejahen**[5]. 12

Weitgehende Einigkeit besteht darüber, dass **Buchstabenfolgen als Firmenbestandteil**, also zusammen mit einem ausgeschriebenen Wort (oder Wör-

---

1 Vgl. *Canaris*, HR, § 10 Rn. 13.
2 *Lutter/Hommelhoff/Bayer*, § 4 GmbHG Rn. 15; *Canaris*, HR, § 10 Rn. 14; *Lutter/Welp*, ZIP 1999, 1073, 1077; *Müther*, GmbHR 1998, 1058, 1059.
3 Vgl. *Scholz/Emmerich*, § 4 GmbHG Rn. 10; ferner *Müther*, GmbHR 1998, 1058, 1060; *Kögel*, BB 1998, 1645, 1646; *Lutter/Welp*, ZIP 1999, 1073, 1078 f.
4 KG v. 23.5.2000 – 1 W 247/99, GmbHR 2000, 1101.
5 So *Canaris*, HR, § 10 Rn. 15; MünchKommHGB/*Heidinger*, § 18 Rn. 17; *Lutter/Welp*, ZIP 1999, 1073, 1078; eingehend zur Namensfähigkeit von Buchstabenkombinationen und Abkürzungen *Schulenburg*, NZG 2000, 1156, 1157 f.; differenzierend *Kögel*, BB 1998, 1646; *Kögel*, Rpfleger 2000, 255, 256 f.; *Müther*, GmbHR 1998, 1058, 1060; offen lassend *Koller/Roth/Morck*, § 18 Rn. 3; ablehnend zum früheren Recht BGH v. 8.12.1953 – I ZR 199/52, BGHZ 11, 214, 218 – KfA Kaufstätte für alle; BGH v. 26.6.1997 – I ZR 14/95, BB 1997, 2611 – RBB; ebenso unter Bezugnahme auf diese Rechtsprechung *Fezer*, Markenrecht, 3. Aufl. 2001, § 15 MarkenG Rn. 124; *W.H. Roth*, Das neue Firmenrecht, S. 36.; ablehnend zum neuen Recht OLG Celle v. 6.7.2006 – 9 W 61/06, DB 2006, 1950 („AKDV"); ablehnend auch *Baumbach/Hopt*, § 18 Rn. 4; *Scholz/Emmerich*, § 4 GmbHG Rn. 10.

tern) zulässig sind. Es wird auch nicht in Zweifel gezogen, dass eine Buchstabenfolge, wenn sie bereits **Verkehrsgeltung** erlangt hat (z.B. *AEG, BMW, LTU, MTU, TUI, VW* etc.), Kennzeichnungseignung besitzt. In der Regel haben aber bloße Buchstabenfolgen bei der Firmenneubildung naturgemäß noch keine Verkehrsgeltung erlangt. Anders gelagert ist der Fall bei einer Firmenänderung, wenn für die geänderte Firma eine Marke verwendet wird, die schon Verkehrsgeltung erlangt hat. Aber auch ohne Verkehrsgeltung kann einer Buchstabenfolge die Eignung zur Kennzeichnung nicht abgesprochen werden, denn auch *RSD* ist grundsätzlich aussprechbar. Nachdem zahlreiche für unaussprechbar geltende Buchstabenfolgen im Laufe der Zeit Verkehrsgeltung erlangt haben, muss man zu dem Ergebnis kommen, dass auch nicht als (Fantasie-)Wort aussprechbare Buchstabenfolgen durchaus von den angesprochenen Verkehrskreisen als Unternehmensname verstanden werden, die Namensfunktion also auch ohne vorherige Verkehrsgeltung zu bejahen ist[1]. Es ist nicht einleuchtend, dass die *DBK GmbH* oder *XYZ-AG* nicht kennzeichnungsgeeignet sein soll, hingegen eine *Debeka GmbH* oder eine *Ixypsilonzet AG* eintragungsfähig wäre. Die Praxis hat sich dieses Problems schon angenommen und es offenbar überwiegend im Sinne der hier vertretenen Meinung gelöst. Tatsächlich in das Handelsregister eingetragen wurden bereits eine *NIP GmbH, KSD GmbH, IMD GmbH, WHM GmbH*, eine *PDM AG* und eine *HvH AG*. Damit hat die Rechtspraxis die Theoriediskussion wohl schon überholt. Zu Recht weist *Kögel*[2] darauf hin, dass es wohl keinen Unterschied ausmachen könne, ob die *ABT GmbH* wie *Abt* ausgesprochen werde und damit zulässig wäre, nicht aber, wenn sie als *Abete* ausgesprochen würde.

13 Schwieriger ist insoweit die **Grenzziehung** für die Kennzeichnungseignung. Bei nur einem Buchstaben, z.B. *F-GmbH*, dürfte die Namensfunktion nicht mehr gegeben sein. Bei **zwei Buchstaben** kann die Kennzeichnungseignung jedenfalls dann bejaht werden, wenn ein Verbindungszeichen verwendet wird, z.B. *P + R GmbH* oder *E-R GmbH*, Gleiches gilt für *P plus R* oder *E bis R*. Zweifelhaft könnte zwar die ausreichende Namensfunktion bei einer *NN AG*[3] sein. Nachdem eine *SG GmbH* bereits eingetragen ist, wird man auch einer „Zwei Buchstaben-GmbH" eine ausreichende Namensfunktion zubilligen müssen.

Im Übrigen ist der sinnlosen Aneinanderreihung von **A-Blöcken**[4], die ersichtlich nur dem Zweck dient, für alle Zeiten in allen erdenklichen Verzeichnissen an erster Stelle zu stehen, weniger mit der Frage nach der Kenn-

---

1 Zutreffend *Lutter/Welp*, ZIP 1999, 1073, 1078 und *Koller/Roth/Morck*, § 18 Rn 3.
2 Vgl. die Nachweise bei *Kögel*, Rpfleger 2000, 256 f. und *Schulenburg*, NZG 2000, 1156.
3 Vgl. dazu *Kögel*, Rpfleger 2000, 256 f.; aber auch, für die Marke, BGH v. 5.10.2000 – I ZR 166/98, GRUR 2001, 344 („DB Immobilienfonds") und BPatG v. 2.6.1998 – 24 W (pat) 206/96, GRUR 1999, 330, wonach zwei Buchstaben für eine Marke genügen können.
4 OLG Frankfurt am Main v. 28.2.2002 – 20 W 531/01, GmbHR 2002, 647; OLG Celle v. 19.11.1998 – W 150/98, DB 1999, 40 zur Firma „AAA AAA AAA AB ins Lifesex-TV.de GmbH".

zeichnungseignung, sondern in erster Linie mit der Prüfung eines Rechtsmissbrauchs zu begegnen[1]. Kennzeichnungsgeeignete Buchstabenfolgen sind nicht firmenfähig und damit unzulässig, wenn sie rechtsmissbräuchlich sind. Immerhin könnte die Buchstabenfolge *AAA AAA AAA* im Englischen auch als triple (oder three) A gelesen und gesprochen werden. Ist bei mehr als einem A-Buchstaben weder aus dem Unternehmensgegenstand noch aus dem bürgerlichen Namen des Inhabers oder eines Gesellschafters ersichtlich, dass die A-Bezeichnung auf eine entsprechende Abkürzung zurückzuführen ist, sollte in die Prüfung eines dann nahe liegenden Rechtsmissbrauchs eingetreten werden. Das gilt auch dann, wenn den A-Blöcken weitere Firmenbestandteile folgen. Im Handelsregister wurde eine Firma *AAA A Der Tip Top-Umzug GmbH* sowie die *A.A.A.A.A. A & A Agentur Detectiv Reh Observations- und Ermittlungsdienst e.K.* eingetragen. Dagegen bestehen durchgreifende Bedenken. Nach hier vertretener Auffassung hätte es nahe gelegen, die Eintragung dieser Firmen, trotz möglicher Kennzeichnungseignung und Unterscheidungskraft, als rechtsmissbräuchliche Firmierung abzulehnen.

b) Zahlen

Auch Zahlen **in Alleinstellung** kann die Kennzeichnungseignung nicht von vornherein abgesprochen werden[2]. Davon zu trennen ist die Frage, ob sie als Firma genügend Unterscheidungskraft besitzen oder dem Unterscheidbarkeitserfordernis nach § 30 genügen.

14

Werden die Zahlen **in Buchstaben** geschrieben, sollte die Kennzeichnungseignung nicht zweifelhaft sein. Zulässig sind danach eine *Zwölf-GmbH*, eine *Dreiundzwanzig-AG*, ein *Siebzehn und Vier e.K.*, eine *Null Acht Fünfzehn GmbH* sowie eine *Fifty one-* oder *Fifty two-GmbH*. Es ist nicht ohne weiteres ersichtlich, warum sich an der Kennzeichnungseignung etwas ändern soll, wenn die Buchstaben in Zahlen geschrieben werden; denn an Aussprache und Aussprechbarkeit ändert sich dadurch nichts. Es bedürfte insoweit einer eingehenden Rechtstatsachenforschung, ob für die angesprochenen Verkehrskreise eine *12-GmbH*, eine *23-AG*, eine *0-8-15-GmbH*, ein *17 + 4 e.K.* sowie die *51-* oder *52-GmbH* tatsächlich keine Namensfunktion haben sollen[3]. **Eingetragen** im Handelsregister und an der Börse zugelassen ist bereits eine *1 & 1 AG & Co KGaA*, eingetragen ist ferner eine *1 + 2 GmbH*.

---

1 Zutreffend *Canaris*, HR, § 10 Rn. 16; im Ergebnis die Eintragungsfähigkeit ebenfalls verneinend *Lutter/Welp*, ZIP 1999, 1073, 1078; OLG Celle v. 19.11.1998 – W 150/98, DB 1999, 40.
2 Zustimmend *Lutter/Welp*, ZIP 1999, 1073, 1078; *Canaris*, HR, § 10 Rn. 17; wohl in ähnlicher Richtung *Bülow*, DB 1999, 269, 270; *K. Schmidt*, NJW 1998, 2161, 2167; a.A. *Kögel*, BB 1998, 1645, 1646; *Kögel*, Rpfleger 2000, 255, 256; *Müther*, GmbHR 1998, 1058, 1060.
3 Vgl. *Lutter/Welp*, ZIP 1999, 1073, 1078.

c) Zahlen und Buchstabenfolgen

15 Zahlen als **Firmenbestandteil** werden weitgehend als kennzeichnungsgeeignet angesehen, wenn sie mit einem Wort oder einer Buchstabenfolge verbunden sind und darüber hinaus in die Firma eine Branchen- oder Gattungsbezeichnung aufgenommen ist. In diesem Bereich sind schon eingetragen: *2 K Verwaltungsgesellschaft mbH; H 3 A Mediengestaltung + Produktion GmbH; N 24 Gesellschaft für Nachrichten und Zeitgeschehen mbH; 4 V Immobilien e.K.*. Hinzuweisen ist ferner auf *Pro 7, tm 3* oder *4 You*, wobei im letzteren Fall der Werbeeffekt in der nahezu gleichen Aussprache im Englischen von *for* und *four* liegt. Bereits vor der Handelsrechtsreform wurden zahlreiche Firmen mit einer Firmierung *S + P 9901 Vermögensverwaltung GmbH* und fortlaufend mit *9902, 9903* usw. sowie ähnliche Firmen eingetragen. Zu Recht weisen *Lutter/Welp*[1] darauf hin, dass Verbindungszeichen klar und einfach aussprechbar sein müssen, wie z.B. die Zeichen &, +, die ein *und* ersetzen.

d) Bildzeichen

16 Bildhafte Zeichen erfüllen grundsätzlich **keine Namensfunktion** und sind damit nicht kennzeichnungsgeeignet. Ausnahmen gelten für Bildzeichen, die sich im Rechts- und Geschäftsverkehr bereits durchgesetzt haben, wie z.B. die Zeichen „+" und „&". Auch das @-Zeichen kann in die Firma aufgenommen werden, jedenfalls wenn es als (englisch) „at" ausgesprochen wird[2]; wenn @ nicht als „at" ausgesprochen wird, wird es als Bildzeichen weiter unzulässig sein. Nicht eintragungsfähig sind die **Bildzeichen der Kartenspiele**, wie Kreuz, Pik, Herz, Eichel, Grün etc. Ferner müssen immer lateinische Buchstaben verwendet werden. Deshalb ist eine *Alpha-Beta-GmbH* zulässig, nicht aber, wenn *alpha* und *beta* in griechischen Buchstaben geschrieben werden.

2. Unterscheidungskraft

17 Die **abstrakt** zu beurteilende Unterscheidungskraft kennzeichnet die Individualisierungsfunktion der Firma, d.h. die Firma muss allgemein gesehen, also abstrakt, die Fähigkeit haben, ihren Inhaber (Unternehmensträger) von anderen Personen (Unternehmensträgern) zu unterscheiden[3]. Das aus dem

---

[1] *Lutter/Welp*, ZIP 1999, 1073, 1078.
[2] LG Berlin v. 13.1.2004 – 102 T 122/03, GmbHR 2004, 428 (*Tech@SpreeGmbH*) mit zust. Anm. *Thomas/Bergs*; weitergehend noch LG Cottbus v. 2.8.2001 – 11 T 1/00, CR 2002, 143; früher a.A. BayObLG v. 4.4.2001 – 3Z BR 84/01, NJW 2001, 2337; OLG Braunschweig v. 27.11.2000 – 2 W 270/00, WRP 2001, 287 und *Canaris*, HR, § 10 Rn. 14 m.N.
[3] Dazu MünchKommHGB/*Heidinger*, § 18 Rn. 21; *Baumbach/Hopt*, § 18 Rn. 5; *Koller/Roth/Morck*, § 18 Rn. 4; *Lutter/Hommelhoff/Bayer*, § 4 GmbHG Rn. 7 ff.; MünchKommAktG/*Heider*, § 4 AktG Rn. 12; *Hüffer*, § 4 AktG Rn. 12; *Canaris*, HR, § 10 Rn. 18 f.; *Bülow*, DB 1999, 269, 270; *Lutter/Welp*, ZIP 1999, 1073, 1074.

Kennzeichenrecht[1] bekannte Kriterium der Unterscheidungskraft erfährt damit eine Parallele im Firmenrecht. Auch im Firmenrecht wird man auf das **Freihaltebedürfnis** abstellen müssen, d.h. wenn der Rechtsverkehr auf eine Bezeichnung angewiesen ist, wird diese Bezeichnung allein nicht unterscheidungskräftig i.S.d. Absatzes 1 sein[2], es sei denn, die Bezeichnung hat schon Verkehrsgeltung erlangt[3]. Die Firma darf ihrer Art nach nicht ohne weiteres ein generelles Verwechslungsrisiko, insbesondere mit gleichen oder ähnlichen Branchen haben. Davon abzugrenzen ist das **Unterscheidbarkeitserfordernis nach § 30**. Diese Bestimmung gilt auch nach der Handelsrechtsreform unverändert weiter. Danach muss sich eine Firma im konkret gegebenen Fall von anderen im Handelsregister schon eingetragenen Firmen am selben Ort oder in derselben Gemeinde deutlich unterscheiden (dazu unten § 30 Rn. 2 und 12 ff.). Zutreffend weist *W.-H. Roth*[4] darauf hin, dass die Auslegung von § 30 wohl einem Wandel unterliegen wird. Bei der Prüfung der Unterscheidungskraft hat der Registerrichter in der Regel keine Kenntnisse über Firmen, die außerhalb seines Registerbezirkes geführt werden; er prüft die abstrakte Unterscheidungseignung. Die „deutliche Unterscheidbarkeit" ist hingegen konkret an Hand der schon im Register eingetragenen Firmen festzustellen; diese eingehendere Prüfung kann dazu beitragen, Wettbewerbsprozesse zu vermeiden. Fehlt es aber schon an der Unterscheidungskraft, ist der Eintragungsantrag zurückzuweisen, eine Nachprüfung der Unterscheidbarkeit im Sinne von § 30 entfällt.

Bei **Domain-Firmen** reichen die Kürzel „de", „com" und „www" zur Unterscheidung nicht aus[5]. Die Unterscheidungskraft i.S.d. Absatzes 1 muss sich aus der sog. Second-Level-Domain, also aus der Bezeichnung zwischen z.B. „www" und „de" ergeben[6]. Eine *www.internet.com GmbH* ist demnach nicht unterscheidungskräftig i.S.d. Absatzes 1. Zur Unterscheidbarkeit i.S.d. § 30 vgl. unten § 30 Rn. 16. 17a

a) Personenfirma

aa) Rechtszustand bis zum 1.7.1998[7]

Die Firma des Einzelkaufmanns war **zwingend** eine **Personenfirma (§ 18 Abs. 1 a.F.)**, in die der Familienname und mindestens ein ausgeschriebener Vorname aufzunehmen waren. Die Schreibweise des Familiennamens musste der im Personenstandsregister entsprechen, Veränderungen waren nicht zulässig. Ein Doppelname musste vollständig in der Firma erscheinen. Adelsprädikate waren als Namensbestandteile (Art. 109 Abs. 3 WeimRV, 18

---

1 Vgl. § 8 Abs. 2 Nr. 1 MarkenG; dazu eingehend *Fezer*, Markenrecht, § 15 Rn. 40 ff.; vgl. auch oben Rn. 9 ff. und § 30 Rn. 12 ff.
2 Vgl. *Fezer*, Markenrecht, 3. Aufl. 2001, § 15 MarkenG Rn. 50 und § 8 Rn. 119.
3 *Fezer*, Markenrecht, 3. Aufl. 2001, § 15 MarkenG Rn. 40 ff.
4 *Roth*, Das neue Firmenrecht, S. 37.
5 *Seifert*, Rpfleger 2001, 395 ff.
6 *Seifert*, Rpfleger 2001, 395 ff.
7 Dazu oben Rn. 1; eingehend Vor § 17 Rn. 1 f.; 1. Aufl. § 18 Rn. 10 f.; § 19 Rn. 14 f. 25, 30.

Art. 123 GG) in die Firma aufzunehmen. Akademische Grade durften, mussten aber nicht in der Firma erscheinen. Künstlernamen und Pseudonyme waren auch schon früher zulässig (allerdings str., vgl. 1. Aufl. § 18 Rn. 14).

Ausländische Namen waren unverändert aufzunehmen. Der ausländische Name durfte nicht eingedeutscht, ein deutscher Name nicht in fremder Sprache wiedergegeben werden. Arabische, chinesische, japanische, russische Namen etc. waren in lateinische Schrift zu transkribieren; dabei durfte es aber nicht zu einer Verfälschung der Aussprache kommen[1].

Abkürzungen und sonstige Veränderungen des **Vornamens** waren nach h.M. unzulässig[2]; also nicht *Ed* für *Eduard* und *Fritz* anstelle von *Friedrich*. Bei mehreren eingetragenen Vornamen konnte der Kaufmann frei wählen, die Verwendung weiterer Vornamen in der Firma war zulässig. Zusätzliche Vornamen durften in der Schreibweise verändert werden; insoweit waren auch Abkürzungen zulässig.

Vor- und Familiennamen konnten auch in einem sog. Inhabervermerk erscheinen, dessen Stellung innerhalb der Firma freigestellt war. Die Führung des Familiennamens in adjektivischer oder deklinierter Form war zulässig und ausreichend, z.B. *Hans Zechbauers Zigarrengeschäft*. Die Aufnahme von Zusätzen war gestattet; sie durften aber weder allein noch im Zusammenhalt mit dem Firmenkern täuschend i.S.v. § 18 Abs. 2 a.F. sein.

Die Firma der OHG und KG war ebenfalls zwingend eine Personenfirma (§ 19 Abs. 1 u. 2 a.F.), es genügte aber grundsätzlich der Familienname, der Vorname war zulässig, aber nicht erforderlich.

bb) Rechtszustand seit dem 1.7.1998

19 Der Kaufmann hat die freie Wahl zwischen einer Personen-, Sach- oder Fantasiefirma; auch Kombinationen entsprechender Firmenbestandteile sind möglich. Für die Bildung einer Personenfirma reicht in aller Regel der Familienname in Alleinstellung aus. Problematischer ist, ob dies auch für sog. **Allerweltsnamen** wie *Müller, Meier, Roth, Schmidt, Schröder* etc. gelten kann. Die Unterscheidungskraft ist in diesen Fällen jedenfalls dann gegeben, wenn jeweils der Vorname hinzugefügt wird; ausreichend ist aber auch der mit dem Anfangsbuchstaben abgekürzt wiedergegebene Vorname, z.B. *K. Schmidt* oder *W.-H. Roth*. Familien- und Vorname zusammen erfüllen immer die Individualisierungsfunktion. Der Name *Hans Meier* ist kennzeichnungsgeeignet und unterscheidungskräftig. Eine andere Frage ist, ob eine deutliche Unterscheidbarkeit i.S.v. § 30 gegeben ist, wenn im selben Registerbezirk bereits eine Firma *Hans Meier* eingetragen ist. Für diesen Fall kann die prioritätsjüngere Firma verpflichtet sein, dem Namen einen Unterscheidungszusatz, der auf die Branche hinweist (z.B. *Eisenwaren*) hinzuzufügen, wenn das andere Unternehmen eine Holzhandlung betreibt. Als Zusatz kommt auch ein weiterer Vorname oder eine Fantasiebezeichnung, z.B. *Ferrox* in Betracht. Es ist nicht gerechtfertigt, solche Kollisionen nach § 18

---

1 EuGH v. 30.3.1993 – Rs. C 168/91, EuZW 1993, 376, 377.
2 BGH v. 25.6.1959 – II ZB 6/59, BGHZ 30, 288, 291.

Abs. 1 lösen zu wollen, indem man einer Kombination aus Allerweltsfamilien- und -vornamen von vornherein die erforderliche Unterscheidungskraft abspricht. Die Lösung ist über §§ 30, 37 HGB oder § 12 BGB, § 15 MarkenG zu suchen[1].

Künstlernamen und Pseudonyme können, nachdem auch Fantasiefirmen zulässig sind, uneingeschränkt zur Firmenbildung herangezogen werden; sie sind meist kennzeichnungs- und unterscheidungskräftiger als der oft weniger bekannte bürgerliche Name.

b) Sachfirma

aa) Rechtszustand bis zum 1.7.1998[2]

Die Firma der AG musste Sachfirma, die der GmbH konnte Sach- oder Personenfirma sein. Die Sachfirma musste aber immer dem Gegenstand des Unternehmens entlehnt (§ 4 GmbHG a.F.) bzw. entnommen (§ 4 AktG a.F.) werden. Gemeint war der in der Satzung festgelegte Unternehmensgegenstand i.S.v. § 3 Abs. 1 Nr. 2 GmbHG bzw. § 23 Abs. 3 Nr. 2 AktG. Somit durfte die Firma nicht aus einer nur tatsächlich ausgeübten Geschäftstätigkeit hergeleitet werden, wenn sie vom Unternehmensgegenstand der Satzung nicht erfasst war. Eine Geschäftstätigkeit, die zwar zum satzungsmäßigen Unternehmensgegenstand gehörte, deren Ausübung in absehbarer Zeit aber nicht beabsichtigt oder nicht möglich war, durfte ebenfalls nicht zur Firmenbildung herangezogen werden[3]. Die Sachfirma musste so gebildet werden, dass aus ihr der Unternehmensgegenstand für die angesprochenen Verkehrskreise im Wesentlichen zu erkennen war[4]. Allerdings war die Rechtsprechung schon vor der Handelsrechtsreform großzügiger geworden und ließ es genügen, wenn aus der Firma der Geschäftszweig, nicht notwendig die Betriebsart (Handel oder Produktion), zu erkennen war[5].

20

bb) Rechtszustand seit dem 1.7.1998

Das **Entlehnungsgebot** für die Sachfirmen von Kapitalgesellschaften ist **entfallen**[6]. Dennoch soll nach verbreiteter Meinung auch weiterhin die Sachfir-

21

---

1 Zutreffend *Canaris*, HR, § 10 Rn. 20; *Lutter/Hommelhoff/Bayer*, § 4 GmbHG Rn. 11; *Lutter/Welp*, ZIP 1999, 1073, 1075; ähnlich wohl *Baumbach/Hopt*, § 18 Rn. 6; *Koller/Roth/Morck*, § 18 Rn. 4; a.A. *Müther*, GmbHR 1998, 1058, 1059 mit dem eben nicht durchgängig richtigen Hinweis, was für den wettbewerbsrechtlichen Namensschutz anerkannt sei, müsse auch im Firmenrecht gelten.
2 Dazu Vor § 17 Rn. 3; zur Sachfirma allgemein *Ammon*, Die Sachfirma der Kapitalgesellschaft, DStR 1994, 325.
3 Vgl. *Scholz/Emmerich*, § 4 GmbHG Rn. 16; *Ammon*, DStR 1994, 326, jew. m.w.N.
4 *Scholz/Emmerich*, § 4 GmbHG Rn. 17; *Hüffer*, § 4 AktG Rn. 15; *Ammon*, DStR 1994, 326.
5 Z.B. BayObLG v. 23.2.1989 – 3 ZBR 136/88, BayObLGZ 1989, 44; BayObLG v. 13.6.1997 – 3 ZBR 61/97, BayObLGZ 1997, 187, 189, „Das Bad ... alles aus einer Hand".
6 Vgl. BT-Drucks. 13/8444, S. 37.

ma von dem Gegenstand des Unternehmens entlehnt werden müssen[1]. Damit wird aber nur auf das Recht der Kapitalgesellschaften abgestellt, und es bleibt unberücksichtigt, dass auch für den Einzelkaufmann und die Personenhandelsgesellschaften eine Sachfirma zulässig ist, bei denen es an einem eintragungspflichtigen, satzungsmäßigen Unternehmensgegenstand fehlt. Eine Pflicht zur Anmeldung besteht insoweit nicht. Das Registergericht soll bei der Anmeldung lediglich darauf hinwirken, dass auch der Geschäftszweig angegeben wird, sofern er sich nicht aus der Firma ergibt (vgl. § 24 Abs. 4, § 40 Nr. 2 HRV, wonach nur bei der EWiV und den juristischen Personen des § 33 ein Unternehmensgegenstand anzugeben ist). Die Liberalisierung des Firmenrechts sollte nicht dazu führen, dass für die Sachfirma der Kapitalgesellschaften andere Grundsätze gelten als für die des Einzelkaufmanns und der Personenhandelsgesellschaften. Deshalb ist die Frage der Zulässigkeit einer Sachfirma nunmehr ausschließlich nach § 18, hier insbesondere nach dessen Abs. 2 zu beurteilen[2]. Den Unterschied in der Auffassung verdeutlicht der Fall, dass die Kapitalgesellschaft die Sachfirma einem Geschäftsbereich entnimmt, der nicht mehr vom Unternehmensgegenstand gedeckt ist, in dem sie aber tatsächlich tätig wird. Dann wird sie zwar zur Änderung oder Ergänzung des Unternehmensgegenstandes verpflichtet sein; davon unberührt bleibt aber die Zulässigkeit ihrer Sachfirma, weil eine Irreführung nicht erkennbar ist. Eine Sachfirma ist unzulässig, weil täuschend oder irreführend, wenn sie über den tatsächlich betriebenen Geschäftszweig oder Tätigkeitsbereich unzutreffende Angaben enthält. Die Sachfirma darf also weder über die Art noch den Umfang des vom Kaufmann betriebenen Unternehmens irreführen, sofern der durchschnittliche Angehörige der angesprochenen Verkehrskreise darin eine wesentliche Information erblickt. Darüber hinaus muss im Registerverfahren die Eignung zur Irreführung ersichtlich sein. Das früher gebotene formale Abstellen auf den Unternehmensgegenstand bei Bildung der Sachfirma einer Kapitalgesellschaft und damit das Entlehnungsgebot kann nach der Handelsrechtsreform nicht mehr aufrechterhalten werden. Damit scheidet auch bei Zweifeln, ob es sich um eine Sachfirma oder eine Fantasiefirma handelt, eine Beanstandung aus, wenn die Zulässigkeit als Fantasiefirma zu bejahen ist[3].

22 Die Sachfirma darf weder aus **Gattungs-, Branchen-** oder **Produktbezeichnungen**, noch aus geographischen Angaben jeweils **in Alleinstellung** gebildet werden. Es fehlt dann, wenn nicht schon an der Kennzeichnungseignung, in

---

[1] So BayObLG v. 17.5.1999 – 3 ZBR 90/99, NZG 1999, 761; BayObLG v. 27.3.2000 – 3 ZBR 331/99, BB 2000, 946, 947, allerdings lediglich unter Bezugnahme auf *Bokelmann*, GmbHR 1998, 57; *Kögel*, BB 1997, 793; vgl. weiter *Hüffer*, § 4 AktG Rn. 15; MünchKommAktG/*Heider*, § 4 AktG Rn. 27; einschränkend *Lutter/Hommelhoff*, § 4 GmbHG Rn. 36, es sei nicht mehr erforderlich, dass die Sachfirma den Unternehmensgegenstand im Wesentlichen erkennbar mache; ferner *Lutter/Welp*, ZIP 1999, 1073, 1081 f.; *Kögel*, BB 1998, 1645, 1646.
[2] Zutreffend *Scholz/Emmerich*, § 4 GmbHG Rn. 22; MünchKommHGB/*Heidinger*, § 18 Rn. 68; vgl. ferner *Ammon*, DStR 1998, 1474, 1478; *Jung*, ZIP 1998, 677, 682; *Busch*, Rpfleger 1998, 178, 180.
[3] Vgl. BayObLG v. 17.5.1999 – 3 ZBR 90/99, NZG 1999, 761 – MEDITEC als Fantasiefirma.

der Regel an der Unterscheidungskraft[1]. Für die Bildung der Sachfirma in Alleinstellung dürfen weiter nicht verwendet werden beschreibende Angaben aus der Umgangs- und Fachsprache, gängige Abkürzungen sowie eine allgemeine Beschreibung des Geschäftsbetriebes. Hinzu kommt, dass die Verwendung solcher Allgemeinbegriffe ähnliche Firmenbildungen für Unternehmen des gleichen Geschäftszweiges häufig sperren würde, so dass einer solchen Firmenbildung das insoweit anerkannte Freihaltungsbedürfnis entgegensteht (dazu oben Rn. 17). Somit sind, nunmehr verdeutlicht durch die gesetzliche Festschreibung des Individualisierungsgebotes, reine Sachfirmen, also Firmen, die nur eine allgemeine Bezeichnung enthalten (z.B. *Handel, Bau, Beton* etc.), ohne individualisierenden Zusatz unzulässig[2]. In diesem Bereich kann auf die bisherige Rechtsprechung, insbesondere auch die zum Markenrecht zurückgegriffen werden. Danach fehlt geschäftlichen Bezeichnungen wie *Managementseminare, Altamoda, Sicherheit + Technik, Videorent, Leasingpartner* und *Cottonline* die Unterscheidungskraft; hingegen soll sie gegeben sein bei *Rhein-Chemie, Interglas, Datacolor, Interprint* und *Computerland*[3]. Die Beispiele zeigen, dass die Abgrenzungen ersichtlich fließend sind. Es bleibt abzuwarten, ob die Rechtsprechung auch in Zukunft z.B. *Computerland* noch als unterscheidungskräftig einstufen wird.

c) Fantasiefirma

Vor der Handelsrechtsreform 1998 war eine Fantasiefirma nur erlaubt, wenn aus ihr der Unternehmensgegenstand für die angesprochenen Verkehrskreise im Wesentlichen noch hinreichend erkennbar wurde[4] (Vor § 17 Rn. 4). Die Fantasiefirma ist jetzt grundsätzlich **zulässig**; sie muss nur Kennzeichnungseignung und Unterscheidungskraft haben und darf nicht irreführend sein. Somit können nun auch Marken zur Firmenbildung verwendet werden. Die Unterscheidungskraft von Fantasiefirmen wird häufig stärker sein als die einer farblosen, blassen Sachfirma, welche bei einem weit gefassten Unternehmensgegenstand auch kaum einen brauchbaren Informationsgehalt liefert[5].

23

---

1 Somit nicht zulässig z.B. „Hessen-Nassauische Grundbesitz AG" (OLG Frankfurt am Main v. 10.1.2005 – 20 W 106/04, DB 2005, 1732), „Profi-Handwerker GmbH" (BayObLG v. 1.7.2003 – 3 ZBR 122/03, GmbHR 2003, 1003), „ImmobilienBörse" (KG v. 3.4.2001 – 5 U 8772/99, NJOZ 2002, 2289), „Eisenhandel AG", „Transportbeton GmbH", „Internet AG", „Bau AG", „Motorrad OHG", „Blumen AG", „Textil GmbH", „Handels GmbH" etc., ferner „Deutschland AG", „München GmbH"; vgl. *Lutter/Hommelhoff/Bayer*, § 4 GmbHG Rn. 10; *Scholz/Emmerich*, § 4 GmbHG Rn. 23; *Koller/Roth/Morck*, § 18 Rn. 4; *Canaris*, HR, § 10 Rn. 21; *Müther*, GmbHR 1998, 1059; *Schmitt*, WiB 1997, 1113, 1117; bereits vor der Handelsrechtsreform: *Ammon*, DStR 1994, 325, 327 m.N.; falsch die Entscheidung des KG v. 11.9.2007 – 1 W 81/07, Rpfleger 2008, 85, in der „Autodienst Berlin" als zulässig erachtet wurde (vgl. dazu *Schulte*, GmbHR 2008, R 33).
2 *Lutter/Hommelhoff/Bayer*, § 4 GmbHG Rn. 10; *Canaris*, HR, § 10 Rn. 21.
3 *D. Möller* in DIHT (Hrsg.), Neues Kaufmanns- und Firmenrecht, 1998, S. 25.
4 *Scholz/Emmerich*, § 4 GmbHG Rn. 42 mit Beispielen aus der früheren Rspr.
5 Vgl. BT-Drucks. 13/8444 S. 37; *Lutter/Hommelhoff/Bayer*, § 4 GmbHG Rn. 8 ff.; Bsp. „Meditec", BayObLG v. 17.5.1999 – 3 ZBR 90/99, NJW-RR 2000, 111.

24 **Fremdsprachige Bezeichnungen** können, auch wenn sie in der jeweiligen Landessprache eine bloße Gattungs- oder Branchenbezeichnung darstellen, als Fantasiefirma zulässig sein. Das setzt aber voraus, dass sie zumindest für einen großen Teil der angesprochenen Verkehrskreise wie ein Fantasiewort klingen und nicht ohne weiteres als Branchenbezeichnung eingestuft werden. Je mehr aber fremdsprachige Bezeichnungen, insbesondere solche aus der englischen Sprache, deutsche Wörter ersetzen oder dafür von vornherein kein deutsches Wort in Gebrauch ist (z.B. *Computer, Fast Food, Fashion, Hardware, Internet, Online, Software, Trade, Trend, Videorent* etc.), sind sie wie deutsche Gattungs- oder Branchenbezeichnungen zu behandeln. Eine *Schuh GmbH* wird als Firma eines Schuhherstellers oder des Betreibers eines Schuhgeschäfts nicht hinreichend unterscheidungskräftig sein; das kann wohl auch für eine *Shoe GmbH* gelten. Hingegen könnten eine *Soulier GmbH*, eine *Scarpa KG*, eine *Calzatura AG* oder der *Zapato e.K.* noch als Fantasiefirmen gelten, was aber auch von der geographischen Lage des Geschäftsbetriebs (z.B. Betriebe nahe einer Landesgrenze) abhängig sein kann. Die Grenzen sind fließend, die Einordnung ist nicht statisch, sie kann, wie auch die allgemeine Sprachentwicklung, einem Wandel unterliegen. Schon jetzt sind aber eine *Pasta GmbH* oder eine *Banco AG* ohne individualisierenden Zusatz nicht zulässig. Die fremdsprachige Bezeichnung muss also, um noch als Fantasiebezeichnung zu gelten, so ausgefallen sein, dass sie von den durchschnittlich angesprochenen Verkehrskreisen als Fantasiefirma eingestuft wird[1].

d) Öffentliche Ordnung und gute Sitten

25 Der Gesetzgeber hat es ersichtlich nicht für erforderlich gehalten, eine **Verbotsnorm** hinsichtlich einer ordnungs- oder sittenwidrigen Firmenbildung einzufügen. Gerade wegen der Liberalisierung des Firmenrechts mit der Zulassung von Fantasiefirmen wäre eine Grenzziehung nach dem Vorbild von § 8 Abs. 2 Nr. 5 MarkenG wünschenswert gewesen. Danach ist eine Marke, die gegen die öffentliche Ordnung oder die guten Sitten verstößt, nicht eintragungsfähig. Zu Recht weist *Jung*[2] darauf hin, dass dieses Rechtsordnungsprinzip zur Beseitigung einer planwidrigen, gesetzlichen **Regelungslücke** im Firmeneintragungsverfahren zur Anwendung kommen kann. Andererseits kann man aber auch davon ausgehen, dass es sich insoweit um ein allgemeines Verbot für das Registerverfahren handelt, das keiner ausdrücklichen Er-

---

[1] Ähnlich *Canaris*, HR, § 10 Rn. 22; *Lutter/Welp*, ZIP 1999, 1073, 1076; *Lutter/Hommelhoff/Bayer*, § 4 GmbHG Rn. 12.
[2] Eingehend *Jung*, ZIP 1998, 677, 683, mit dem Hinweis bei Fn. 80, dass z.B. im englischen Recht eine Verbotsnorm für strafrechtswidrige und anstoßerregende Firmen existiert; ferner *Lutter/Hommelhoff/Bayer*, § 4 GmbHG Rn. 401; *Lutter/Welp*, ZIP 1999, 1073, 1082, die auf entsprechende Eintragungshindernisse in § 2 Nr. 1 PatG, § 2 Nr. 1 GebrMG sowie § 7 Abs. 2 GeschmMG hinweisen.

währung bedarf. Deshalb sind Firmen, die gegen die öffentliche Ordnung[1] oder gegen die guten Sitten[2] verstoßen, nicht eintragungsfähig.

III. Irreführungsverbot/Täuschungsverbot (§ 18 Abs. 2)

Eine immer noch markante Einschränkung der liberalisierten Firmenbildung bringt das allgemeine Irreführungsverbot des § 18 Abs. 2, das schon vor der Handelsrechtsreform als Täuschungsverbot galt. Darin kommt das Prinzip der **Firmenwahrheit** zum Ausdruck, das als Teil des Firmenordnungsrechtes in erster Linie dem Schutz des Verkehrs, also Dritter (z.B. Vertragspartner, Gläubiger, Verbraucher) dient. Der neue Wortlaut normiert die frühere allg. Meinung[3], dass sich das Irreführungsverbot auf die Firma als Ganzes und nicht nur auf den Firmenkern und die Zusätze erstreckt. Andererseits wurde aber der Prüfungsmaßstab des Registergerichts gegenüber den früheren strengen Anforderungen an die Firmenwahrheit sowohl in materiellrechtlicher als auch in verfahrensrechtlicher Hinsicht deutlich abgesenkt; die Eingriffsschwelle ist herabgesetzt. Auf die Rechtsprechung vor der Liberalisierung des Firmenrechts kann daher nur bedingt zurückgegriffen werden. 26

1. Materiellrechtliche Einschränkung

Die Firma darf keine Angaben enthalten, die geeignet sind, über geschäftliche Verhältnisse irrezuführen, die für die angesprochenen Verkehrskreise wesentlich sind. Die Gesetzesformulierung lehnt sich, soweit die geschäftlichen Verhältnisse angesprochen werden, an § 3 UWG a.F., jetzt § 5 Abs. 2 Nr. 3 UWG, hinsichtlich der Wesentlichkeitsschwelle aber an § 13a UWG a.F., jetzt § 3 UWG an. Damit fließt in den Irreführungstatbestand das Merkmal der **wettbewerblichen Relevanz** ein. Es soll eine Beanstandung von Angaben verhindert werden, die zwar möglicherweise irreführend sind, gleichzeitig aber für die wirtschaftlichen Entscheidungen der angesprochenen Verkehrskreise bedeutungslos oder von nur untergeordneter Bedeutung sind. Positiv muss also festzustellen sein, dass die betreffenden Angaben für die 27

---

1 Z.B. durch Verächtlichmachung von Verfassungsorganen oder der freiheitlich demokratischen Grundordnung (§§ 103, 185, 189 StGB), Verherrlichung verfassungswidriger Organisationen (vgl. § 86a StGB); Firmen mit diskriminierendem oder volksverhetzendem Inhalt (§§ 130, 131 StGB); eingehend *Fezer*, Markenrecht, 3. Aufl. 2001, § 8 MarkenG Rn. 344 ff.
2 Z.B. nach der Rechtsprechung zum früheren Warenzeichen- und UWG-Recht Bezeichnungen wie „Busengrapscher", „Schlüpferstürmer" oder „Schoasdreiber" (= bairisch); ferner Begriffe wie „Messias", „Christus", „Allah", „Mekka". Siehe dazu auch *Fezer*, Markenrecht, § 8 MarkenG Rn. 352 ff. Ein sittenwidriger Missbrauch von Kulturgütern ist bei der Verwendung von Namen historischer Persönlichkeiten in der Regel nicht gegeben, z.B. „Goethe", „Mozart", „Cervantes", „Machiavelli", „Newton" etc. Anders kann die Sachlage aber sein, wenn eine „Beethoven Hörgeräte GmbH" den Bezug zur Taubheit des Komponisten herstellt, vgl. *Lutter/Hommelhoff/Bayer*, § 4 GmbHG Rn. 35.
3 Dazu 1. Aufl. § 18 Rn. 6 m.N. bei Fn. 4 u. Rn. 26; BT-Drucks. 13/8444 S. 52.

wirtschaftliche Entscheidung der angesprochenen Verkehrskreise eine gewisse Bedeutung haben oder von wettbewerblicher Relevanz sind. Im Gleichlauf mit §§ 3, 5 UWG ist als Maßstab nicht mehr das Verständnis eines „nicht unerheblichen Teils" der angesprochenen Verkehrskreise wie nach § 3 UWG a.F., sondern die Sicht eines **durchschnittlichen Angehörigen** der angesprochenen Verkehrskreise bei verständiger Würdigung maßgebend[1], wobei auf die mutmaßlichen Erwartungen eines durchschnittlich informierten, aufmerksamen und verständigen Verbrauchers abzustellen ist[2]. Damit ist aber die Irreführungseignung nicht mehr wie bisher empirisch, sondern normativ festzustellen. Deshalb sind Umfragen durch die IHK oder den DIHT in der Regel nicht mehr erforderlich[3]. Eine sich wandelnde Erwartungshaltung der angesprochenen Verkehrskreise kann berücksichtigt werden.

28 Im Bereich der **europäischen Rechtsprechung** hat der EuGH entschieden[4], dass bei der Frage der Irreführung des Verbrauchers auf die „mutmaßlichen Erwartungen eines durchschnittlich informierten, aufmerksamen und verständigen Durchschnittsverbrauchers" abzustellen sei. Damit wird vom EuGH ein normativiertes Verbraucherleitbild anerkannt[5]. Diese Definition deckt sich in den wesentlichen Punkten mit dem für § 18 Abs. 2 S. 1 anzuwendenden Prüfungsmaßstab und wird durch § 5 UWG n.F. übernommen. Damit ist der Gleichlauf zwischen § 18 Abs. 2 und § 5 UWG im Wesentlichen hergestellt[6].

2. Verfahrensbezogene Einschränkung

29 Das Registergericht darf die Eignung zur Irreführung nur berücksichtigen, wenn sie ersichtlich ist. Der Gesetzgeber verlangt damit in Anlehnung an die vergleichbare Regelung in § 37 Abs. 3 MarkenG[7] nur noch eine „Grobrasterprüfung" und überlässt die „Feinsteuerung" dem zivilrechtlichen Unterlassungsverfahren. Die Eintragung einer Firma soll danach nur noch dann verhindert werden, wenn bei ihr oder einem Firmenbestandteil die Irreführungseignung nicht allzu fern liegt und ohne umfangreiche Beweisaufnahme

---

1 Vgl. Begründung zum RegE zu § 5 UWG (BT-Drucks. 15/1487 S. 19; BGH v. 20.10.1999 – I ZR 167/97, GRUR 2000, 619 und BGH v. 2.10.2003 – I ZR 150/01, GRUR 2004, 244; *Hefermehl/Köhler/Bornkamm*, Wettbewerbsrecht, 25. Aufl. 2007, § 5 UWG Rn. 2.87; *Schaefer*, DB 1998, 1269, 1272 f.; *Schmitt*, WiB 1997, 1113, 1119 f.; *Wolff*, DZWIR 1997, 397; *Lutter/Welp*, ZIP 1999, 1073, 1079.
2 OLG Stuttgart v. 17.11.2000 – 8 W 153/99, DB 2001, 698; *Baumbach/Hopt*, § 18 Rn. 11, 12.
3 *Koller/Roth/Morck*, § 18 Rn. 9; *Lutter/Welp*, ZIP 1999, 1073, 1079.
4 EuGH v. 16.7.1998 – Rs. C-210/96, EuZW 1998, 526, 528.
5 Vgl. *W.-H. Roth*, Das neue Firmenrecht, S. 45.
6 Vgl. *Baumbach/Hopt*, § 18 Rn. 11, 12.
7 Nach dieser Vorschrift, die sich mit der patentamtlichen Irreführungsprüfung befasst, ist die Anmeldung einer Marke nur zurückzuweisen, wenn die Eignung zur Täuschung ersichtlich ist; dazu näher *Schaefer*, ZNotP 1998, 177.

bejaht werden kann[1]. Über das Merkmal der **„Ersichtlichkeit"** hat ausschließlich und abschließend das Registergericht, nicht die Beschwerdeinstanz und schon gar nicht die Rechtsbeschwerdeinstanz zu entscheiden. Damit wird die Prüfung des verfahrensbezogenen Begriffes der „Ersichtlichkeit" im erforderlichen Umfang eingeschränkt. Bejaht das Registergericht die ersichtliche Irreführungseignung, kann anschließend, auch in den Beschwerdeinstanzen, nur noch geprüft werden, ob gemessen an der Wesentlichkeitsschwelle eine Irreführung im Sinne von § 18 Abs. 2 S. 1 tatsächlich gegeben ist. Hat das Registergericht, möglicherweise sogar auf Grund zu weit gehender Ermittlungen, festgestellt, dass die Firma irreführend ist, kann in den Beschwerdeinstanzen nicht mehr Streit darüber geführt und eine Entscheidung dazu getroffen werden, ob die Irreführungseignung ersichtlich war[2].

Bedenklich ist auch deshalb die Entscheidung des BayObLG v. 27.3.2000[3], in der es feststellt, die **Fantasiefirma** Pro Videntia sei für eine **Rechtsanwaltsaktiengesellschaft** zulässig, weil „nicht ersichtlich irreführend im Sinne von § 18 Abs. 2 S. 2". Davon zu trennen ist die allgemeine Frage, ob es wünschenswert erscheint, auch den Anwaltsgesellschaften generell dieselben Firmierungen zu erlauben, wie den Handelsgesellschaften. Soweit der Gesetzgeber insoweit Entscheidungen getroffen hat, sind weder für die Partnerschaftsgesellschaft noch für die Anwalts-GmbH (§ 59k BRAO) Fantasiefirmen zugelassen worden. Fantasiefirmen für Rechtsanwaltspartnerschaften sind aber vom BGH inzwischen als zulässig angesehen worden[4]. Auch ist zu beachten, dass durch die Änderung von § 9 BORA[5] nun isolierte Sach- und Fantasiebezeichnungen für die Kanzlei zulässig sind[6].

30

---

1 Vgl. BT-Drucks. 13/8444 S. 54; *Koller/Roth/Morck*, § 18 Rn. 10; *Fezer*, ZHR 161 (1997), 63; auch wenn mit „ersichtlich" tatsächlich „offensichtlich" gemeint ist, so *W.-H. Roth*, Das neue Firmenrecht, S. 42 f., wird dieses Tatbestandsmerkmal einer einheitlichen Auslegung in der Praxis nicht ohne weiteres zugänglich sein; vgl. dazu *Ammon*, DStR 1998, 1474, 1478; *Weber/Jacob*, ZRP 1997, 152, 154; *Jung*, ZIP 1998, 677, 679; *Wolff*, DZWIR 1997, 397, 399, 401.
2 Vgl. BT-Drucks. 13/8444 S. 54; dazu Stellungnahme des Bundesrates und Gegenäußerung der Bundesregierung, BT-Drucks. 13/8444 S. 92 bzw. 98 f.; insoweit offenbar a.A. OLG Hamm v. 26.7.1999 – 15 W 51/99, DNotZ 1999, 842, 844.
3 BayObLG v. 27.3.2000 – 3 ZBR 331/99, BayObLGZ 2000, 83 = NJW 2000, 1647 f. Das Gericht hielt die vom Registergericht herangezogene Vorschrift des § 9 BORA a.F., nach der Fantasiefirmen für die Zusammenschlüsse von Rechtsanwälten nicht zulässig sind, für nicht anwendbar. Dem könnte nur gefolgt werden, wenn man von einer Verfassungswidrigkeit der Bestimmung ausginge. Dazu äußert sich der Beschluss aber nicht. Vgl. zu dieser Entscheidung auch die Anm. von *Henssler*, NZG 2000, 875 f.; *Römermann*, MDR 2000, 734 f. und eingehend dazu *Kempter/Kopp*, Die Rechtsanwalts-AG – eine Anwaltsgesellschaft sui generis außerhalb des anwaltlichen Berufsrechts?, NJW 2000, 3449; *Kempter/Kopp*, NJW 2001, 777; vgl. auch oben § 16 Rn. 19 und Vor § 17 Rn. 18 ff.
4 BGH v. 11.3.2004 – I ZR 62/01, NJW 2004, 1651 („artax ...") mit Anm. *Römermann*, EWiR 2004, 651.
5 Vgl. BRAK-Mitt. 2004, 177.
6 Vgl. auch GroßkommGmbHG/*Heinrich*, § 4 Rn. 45.

31 Die weitere Feststellung des Gerichts, die Prüfungsmaßstäbe des § 18 Abs. 2 und die des § 3 UWG a.F. seien unterschiedlich, so dass eine nach § 18 Abs. 2 nicht zu beanstandende Firma dennoch einem Unterlassungsgebot nach § 3 UWG a.F. ausgesetzt sein kann, ist für sich betrachtet richtig; diese Feststellung kann aber für den umgekehrten Fall, wie er der Entscheidung zugrunde liegt, in dieser allgemeinen Form keine Geltung haben. Hier hatte das OLG[1] die Bezeichnung *Pro Videntia* als Name für die entsprechende Anwaltssozietät wegen Verstoßes gegen § 3 UWG a.F. (und auch gegen § 9 BORA a.F.) auf Grund einer Unterlassungsklage für unzulässig erklärt. In einem solchen Fall liegt eine ersichtliche Eignung zur Irreführung auf der Hand. Dann ist nur noch materiell aufzuzeigen, weshalb es trotzdem am Irreführungstatbestand des § 18 Abs. 2 S. 1 fehlt und die Firma eingetragen werden soll, obwohl es nahe liegt, dass sie auf Unterlassungsklage hin nicht mehr geführt werden darf.

3. Irreführende Personenfirma

32 Nachdem die vor der Handelsrechtsreform geltenden, ins einzelne gehenden Vorschriften über die Bildung der Personenfirma für den Einzelkaufmann (§ 18 Abs. 1 a.F.) und für die Personenhandelsgesellschaften (§ 19 Abs. 1 bis 3 a.F.) weggefallen sind, ebenso wie das Verbot, andere Namen als die der persönlich haftenden Gesellschafter in die Firma der OHG oder KG aufzunehmen (§ 19 Abs. 4 a.F.), ist firmenordnungsrechtlich für die Bildung solcher Firmen die Vorschrift des § 18 Abs. 2 von zentraler Bedeutung. Auch wenn in einigen europäischen Staaten nach wie vor ähnlich einschränkende Regelungen gelten wie in Deutschland vor der Handelsrechtsreform 1998, ist die Bestimmung des § 19 Abs. 4 a.F., trotz vielfacher Kritik, weggefallen und damit bewusst die Möglichkeit eröffnet worden, auch sog. **Drittnamen zur Firmenbildung** heranzuziehen[2]. Somit ist es zulässig, Namen längst verstorbener Persönlichkeiten zu verwenden (dazu oben Nachw. zu Rn. 25 a.E.; z.B. *Mozart GmbH*); Gleiches gilt für mythologische Namen wie *Achilles, Prometheus, Zeus, Jupiter, Minerva, Odin, Fricka, Prinz*[3] etc. Die Möglichkeit, Drittnamen aufzunehmen, wird schon dadurch eingeschränkt, dass daran im Wesentlichen nur dann ein Interesse bestehen dürfte, wenn man sich davon Wettbewerbsvorteile verspricht. Dann wird aber in aller Regel eine Eignung zur Irreführung zu bejahen sein.

33 Nach Wegfall der einengenden Vorschriften über die Bildung der Personenfirma kann die frühere Gesetzeslage nicht dadurch wieder eingeführt werden, dass man zu dem Ergebnis kommt, jede Firma, in der ein Drittname verwendet wird, sei irreführend i.S.v. § 18 Abs. 2. Man wird aber von folgendem ausgehen können: Wird bei der Firmenbildung der Name einer Person

---

[1] OLG Nürnberg v. 4.5.1999 – 3 U 4374/98, NJW – RR 2000, 440.
[2] Zum Ganzen z.B. *Heidinger*, DB 2005, 815 ff.; *Canaris*, HR, § 11 Rn. 4, 5; *Koller/Roth/Morck*, § 18 Rn. 15; *Jung*, ZIP 1998, 677, 690; *Kögel*, BB 1997, 793, 796; *K. Schmidt*, ZIP 1997, 909, 915; zur Personenfirma der Kapitalgesellschaft *Lutter/Welp*, ZIP 1999, 1073, 1081; *Scholz/Emmerich*, § 4 GmbHG Rn. 27 m.N.
[3] LG Wiesbaden v. 7.4.2004 – 12 T 3/04, NZG 2004, 829.

verwendet, die keinen Bezug zum Unternehmen hat, liegt der Verdacht nahe, dass – unzulässige – Wettbewerbsvorteile erstrebt werden und die Firma irreführend ist[1]. Wird dieser Anfangsverdacht aber widerlegt oder ist er nicht begründbar, ist die Firmenbildung auch mit einem **Drittnamen zulässig**.

Der Name eines **Kommanditisten** kann in die Firma der KG aufgenommen werden[2]. Ginge man auch in einem solchen Fall von einer relevanten Irreführung generell aus, würde dem durch die Handelsrechtsreform abgeschafften § 19 Abs. 4 a.F. auf diesem Umweg wieder Geltung verschafft werden. Führt ein Gesellschafter einen Doppelnamen, ist es zulässig, nur einen der beiden Namen für die Firmenbildung zu verwenden. Durch die Liberalisierung des Firmenrechts und das dadurch bedingte Vordringen der Fantasiefirmen (die schon heute bei der Firmenneubildung einen Anteil von mehr als 50 % haben), kann davon ausgegangen werden, dass die angesprochenen Verkehrskreise mit dem Personennamen in einer Firma nicht mehr unbedingt einen direkten Bezug zu dem Unternehmen verbinden und schon gar nicht die persönliche Haftung dieser Person erwarten. Es ist auch nicht anzunehmen, dass darauf beruhende, relevante wirtschaftliche Entscheidungen getroffen werden.

Eine **Irreführung** ist auch bei Verwendung des eigenen Namens zu bejahen, wenn bei **Namensgleichheit** z.B. ein *Franz Beckenbauer* oder eine *Stephanie Graf* eine *Franz Beckenbauer, Fußball OHG* bzw. eine *Steffi Graf, Tennismoden e.Kfr.* eintragen lassen wollen. Die hier auf der Hand liegende Irreführung, die der Erlangung von Wettbewerbsvorteilen dient, muss durch eindeutige Zusätze beseitigt werden. Ganz allgemein wird die Verwendung der Namen von bekannten Personen, insbesondere wenn mit ihnen bestimmte Tätigkeitsbereiche verbunden werden, von den angesprochenen Verkehrskreisen zu wirtschaftlich relevanten Entscheidungen führen können, da diesen Personen als Unternehmensträgern Vertrauen im Sinne von Kompetenz entgegengebracht wird; in diesen Fällen ist die Firmierung ebenfalls irreführend[3].

Nach altem Firmenrecht wurde eine Irreführung auch dann angenommen, wenn eine durch Löschung frei gewordene Firma umgehend (bis zu einem Jahr) von einem anderen Unternehmen angenommen wurde, sog. **Firmentausch**[4]. Ob dies nach neuem Firmenrecht auch noch der Fall ist, bleibt abzuwarten.

Der **Informationsgehalt** der Firma wurde deutlich abgesenkt; er tendiert bei der Fantasiefirma gegen Null. Dennoch sollen zum Schutz des Geschäftsverkehrs Mindestanforderungen an Transparenz und Information erhalten bleiben. Damit gewinnt der für alle handelsrechtlichen Unternehmensformen

---

1 So auch LG Limburg v. 15.9.2005 – 6 T 2/05, GmbHR 2005, 261; LG Frankfurt(Oder) v. 16.5.2002 –32 T 3/02 mit zust. Anm. *Möller*, GmbHR 2002, 966 ff.; a.A. OLG Oldenburg v. 16.2.2001 – 5 W 1/01, BB 2001, 1373.
2 OLG Saarbrücken v. 25.2.2006 – 5 W 42/06 – 14, DB 2006, 1002.
3 Vgl. Brandenburgisches OLG v. 21.10.2002 – 8 Wx 23/02, MittdtschPatAnw 2005, 176.
4 OLG Hamburg v. 12.12.1986 – 2 W 43/86, OLGZ 1987, 191.

vorgeschriebene Rechtsformzusatz erheblich an Bedeutung; er tritt in den Vordergrund, so dass gerade in diesem Bereich Irreführungen nicht hingenommen werden können.

36 In die Firma einer Gesellschaft oder eines Einzelkaufmanns dürfen daher keine Bestandteile aufgenommen werden, die ersichtlich geeignet sind, über die Rechtsform irrezuführen. Ist die Gesellschaft **keine Aktiengesellschaft**, sind alle Firmenbestandteile, auch **Fantasiebezeichnungen unzulässig**, die auf „ag" oder „AG" enden, da der Verkehr hier trotz Vorliegens weiterer Firmenbestandteile auf eine Aktiengesellschaft schließt. Die Form *ag* findet sich häufig bei Schlagworten für Aktiengesellschaften, z.B. Preussag, Hapag. Eine Firma *Credit- und Finanzvermittlungs-AG GmbH*, wobei *AG* für Agentur stehen soll, ist wegen Täuschungseignung unzulässig. Hingegen ist die Täuschungseignung zu verneinen bei Wörtern, die auf *ac*, *ak* oder *agg* enden[1]. Der Rechtsformzusatz „AG" einer Kommanditistin, die Aktiengesellschaft ist, darf nicht Bestandteil der Firma einer GmbH & Co. KG werden[2]. Zum unzulässigen Zusatz „...GbRmbH" vgl. § 19 Rn. 43. Zur Beibehaltung des OHG-Zusatzes bei Fortführung der Firma durch Einzelunternehmen vgl. § 22 Rn. 48.

4. Verfahrensrecht

37 Die **materiellrechtliche** und die **verfahrensrechtliche Einschränkung** bei der Prüfung der Irreführungseignung durch das Registergericht gilt für die Ersteintragung und die Änderung der Firma (§§ 29, 31 Abs. 1). Sie kommt ferner im Firmenmissbrauchsverfahren nach § 37 Abs. 1 i.V.m. § 140 FGG (§ 392 FamFG) und im Firmenlöschungsverfahren (Amtslöschungsverfahren) nach § 141 FGG[3] (§ 393 FamFG) zur Anwendung. Denselben Prüfungsmaßstab hat auch die IHK bei ihren Stellungnahmen im Registerverfahren anzulegen. Hingegen gilt die Einschränkung nicht für die Unterlassungsklagen im Zivilprozess nach § 37 Abs. 2 und nach § 5 UWG. Damit bleibt nach der Grobrasterprüfung durch das Registergericht dem Prozessrichter die firmenrechtliche Feinsteuerung überlassen.

38 Hat das Registergericht den Verdacht, dass eine Irreführungseignung gegeben sein könnte, darf er nach § 12 FGG (§§ 26, 29 FamFG) im Wege der **Amtsermittlung** entsprechende Nachforschungen anstellen, um den Verdacht zu erhärten[4].

---

1 Dazu BGH v. 25.10.1956 – II ZB 18/56, BGHZ 22, 88, 89 – INDROHAG; BayObLG v. 7.3.1978 – BReg. 3 Z 123/76, BB 1979, 1465 – Trebag; BayObLG v. 27.5.1982 – BReg. 3 Z 43/82, MDR 1982, 940 – BAG; KG v. 12.11.1964 – 1 W 1851/64, OLGZ 1965, 124, 130 – Delbag; OLG Stuttgart v. 25.6.1962 – 2 U 63/62, BB 1962, 935; *Staub/Hüffer*, § 18 Rn. 27, *Heymann/Emmerich*, § 18 Rn. 26; noch liberaler: MünchKommHGB/*Heidinger*, § 18 Rn. 171.
2 OLG Stuttgart v. 15.8.2000 – 8 W 80/2000, BB 2001, 14.
3 Vgl. hierzu OLG Frankfurt v. 3.8.2005 – 20 W 111/05, NJW RR 2006, 44, insbesondere zum Ermessen des Gerichts.
4 Vgl. *Jung*, ZIP 1998, 679; für das Markenrecht *Fezer*, Markenrecht, 3. Aufl. 2001, § 37 MarkenG Rn. 23.

Beanstandet es nach dem Ergebnis seiner Ermittlungen die Firma als irreführend i.S.v. § 18 Abs. 2 S. 1, kann die **Rechtsmittelinstanz** diese Entscheidung nicht mit der Begründung aufheben, das Registergericht sei verfahrensrechtlich unzutreffenderweise davon ausgegangen, es habe eine ersichtliche Irreführungseignung vorgelegen, auf das Ergebnis der Ermittlungen komme es daher nicht an. In einem solchen Fall hat die Rechtsmittelinstanz vielmehr unter Zugrundelegung des Ermittlungsergebnisses ausschließlich zu prüfen, ob die Firma **materiell irreführend** i.S.v. § 18 Abs. 2 S. 1 ist. Die Frage der Ersichtlichkeit soll die Rechtsmittelinstanzen nicht mehr beschäftigen[1].

Das **Irreführungsverbot** greift auch ein, wenn eine ursprünglich zulässige Firma durch **Veränderungen** im Laufe der Zeit irreführend und damit unzulässig geworden ist. Dies kann darauf beruhen, dass die ursprünglich mit dem Unternehmensgegenstand korrespondierende Sachfirma nunmehr irreführend ist, weil sich das Betätigungsfeld des Unternehmens gravierend geändert hat. Entscheidend ist dann nicht der statutarisch verlautbarte Unternehmensgegenstand, sondern die Betätigung, die tatsächlich ausgeübt wird. Ferner können geographische Hinweise in der Firma durch eine Sitzverlegung unzutreffend werden, schließlich kann sich die Unzulässigkeit einer Firma wegen Irreführung durch eine **Änderung** der **Rechtsprechung** zur Gesetzesauslegung, oder Änderung von **Sprachgebrauch** und **Verkehrsauffassung** ergeben[2]. Allerdings gilt das immer nur unter der Voraussetzung, dass auch jeweils die wettbewerbliche Relevanz zu bejahen ist. 39

Das **Registergericht** hat gegen eine nachträglich irreführend gewordene Firma, wenn die Voraussetzungen des § 18 Abs. 2 gegeben sind, einzuschreiten (dazu unten § 37 Rn. 10 und 15 ff.). In Betracht kommt das Firmenmissbrauchsverfahren oder das Firmenlöschungsverfahren; ein Verfahren nach § 31 i.V.m. § 14 scheidet aus. Für ein Verfahren nach § 144a FGG (§ 399 FamFG) ist kein Raum, wenn die Firma nachträglich wegen Änderung des Unternehmensgegenstandes unzulässig wird. Hingegen ist das Verfahren nach § 144a FGG (§ 399 FamFG) durchzuführen, wenn die Firma einer Kapitalgesellschaft bereits bei ihrer Eintragung, also ursprünglich unzulässig war, dies aber erst später erkannt wurde. In ihrem Regelungsbereich verdrängt die Bestimmung des § 144a FGG (§ 399 FamFG) als speziellere Vorschrift die des § 142 FGG[3] (§ 395 FamFG). Das Verfahren nach § 37 Abs. 1 i.V.m. § 140 FGG (§ 392 FamFG) bleibt aber anwendbar[4]. 39a

---

1 So die Bundesregierung in der Gegenäußerung zur Stellungnahme des Bundesrates, BT-Drucks. 13/8444 S. 98; anders wohl BayObLG v. 27.3.2000 – 3 ZBR 331/99, NJW 2000, 1647 f.
2 Vgl. BayObLG v. 23.2.1989 – 3 ZBR 136/88, BayObLGZ 1989, 44, 47; OLG Frankfurt v. 7.3.1980 – 20 W 65/79, OLGZ 1980, 291, 294; *Staub/Hüffer*, § 19 Rn. 40; MünchKommHGB/*Heidinger*, § 18 Rn. 54.
3 *Jansen/Steder*, § 142 FGG Rn. 8.
4 S. dazu BayObLG v. 23.2.1989 – 3 ZBR 136/88, BayObLGZ 1989, 44; *Ammon*, DStR 1994, 325, 327.

IV. Einzelfälle

40 Soweit nachfolgend die Rechtsprechung über täuschende Firmen aus der Zeit vor der Handelsrechtsreform 1998 zitiert wird, ist immer zu prüfen, ob nach den Maßstäben des § 18 Abs. 2 S. 1 trotz Täuschungseignung die wettbewerbliche Relevanz zu bejahen ist; erst danach kann eine solche Firma auch jetzt als irreführend eingestuft werden.

1. Akademische Titel

41 Akademische Titel und Grade (*Prof., Dr.*) sind **keine Namensbestandteile**, sie können aber als Zusätze in die Firma aufgenommen werden. Das Registergericht hat zu ermitteln, ob im Einzelfall die Aufnahme des Titels in eine Firma durch Rechtsvorschrift verboten ist. Fehlen solche gesetzliche Regelungen, richtet sich die **Zulässigkeit allein nach § 18 Abs. 2 für den Registerbereich und § 5 UWG**. Es kommt daher für die zuletzt genannte Vorschrift im Einzelfall darauf an, ob die Aufnahme des Titels in die Firma geeignet ist, bei einem nicht unerheblichen Teil der angesprochenen Verkehrskreise über die wissenschaftlichen Kenntnisse und Fähigkeiten, also über Kompetenz, allgemeine Zuverlässigkeit und Seriosität irrezuführen[1].

42 Die Aufnahme des Titels in die Firma setzt zunächst voraus, dass der **Inhaber des Titels Geschäftsinhaber** oder ein Gesellschafter ist, der die Geschicke des Unternehmens maßgeblich mitbestimmt[2]. Dieser Grundsatz gilt auch für juristische Personen. Daran ist auch nach der Handelsrechtsreform 1998 festzuhalten.

43 Dem **Einzelkaufmann** steht bei der Aufnahme des Doktortitels in die Firma die **Fakultätsangabe** grundsätzlich frei; sie ist aber dann erforderlich, wenn andernfalls der Eindruck erweckt wird, der Geschäftsinhaber weise eine **besondere fachliche Qualifikation** auf[3]. Das ist vor allem im medizinisch-pharmazeutischen Bereich sowie für Ingenieurbüros anzunehmen. Die genannten Grundsätze gelten auch für den Professorentitel. Hingegen soll der Inhaber eines Rundfunkeinzelhandelsgeschäfts, der *Dr. med.* ist, den Doktortitel in der Firma ohne Fakultätsangabe führen können[4].

44 Vergleichbare Grundsätze gelten für die Verwendung des Doktortitels in einer **Gesellschaftsfirma**. Hinzukommen muss hier, dass der Namensgeber bei Gründung ein Gesellschafter mit **maßgeblichem Einfluss in der Gesellschaft** ist (siehe oben Rn. 42). Die Firma ist in der Regel irreführend, die wettbewerbsrechtliche Relevanz zu bejahen, wenn der namensgebende Ge-

---

[1] BGH v. 5.4.1990 – I ZR 19/88, NJW 1991, 752; BGH v. 24.10.1991 – I ZR 271/89, WM 1992, 504; *Heymann/Emmerich*, § 18 Rn. 29; *Hönn*, ZHR 153 (1989), 386, 412 ff.
[2] BGH v. 24.10.1991 – I ZR 271/89, WM 1992, 504, dazu EWiR 1992, 189 (*Osterloh*).
[3] BGH v. 10.11.1969 – II ZR 273/67, BGHZ 53, 65, 67 f.; *Baumbach/Hueck/Fastrich*, § 4 GmbHG Rn. 13; *Hönn*, ZHR 153 (1989), 386, 416.
[4] BGH v. 13.4.1959 – II ZR 39/58, MDR 1959, 551; *Staub/Hüffer*, § 18 Rn. 39 – zweifelhaft.

sellschafter nur Strohmann ist, längst ausgeschieden ist oder ihm jeglicher Einfluss fehlt[1].

Bei abgeleiteten (fortgeführten) Firmen kann der Erwerber eines Handelsgeschäfts (§§ 22, 24) den Titel weiterführen, wenn er selbst oder ein maßgebender Gesellschafter zu dieser Titelführung berechtigt ist, da dann keine Täuschung der angesprochenen Verkehrskreise vorliegt[2]. In allen anderen Fällen muss der Firma entweder ein Nachfolgezusatz hinzugefügt oder der Titel weggelassen werden[3]. Die vorstehend aufgeführten Regeln gelten grundsätzlich auch für andere akademische Titel, z.B. **Diplomingenieur** oder **Diplomkaufmann.** 45

Ausländische akademische Grade sind wie verliehen zu führen und dürfen nicht mit der entsprechenden deutschen Bezeichnung wiedergegeben werden. Im Einzelfall kann es aber hier an wettbewerblicher Relevanz fehlen. Voraussetzung ist ferner, dass die Genehmigung der zuständigen Behörde zur Titelführung (Nostrifikation) vorliegt[4]. Allerdings ist die Führung eines **ausländischen Titels** in der Regel nicht mehr als irreführend einzustufen[5]. 46

Berufsbezeichnungen sind zum Teil **gesetzlich geschützt**, z.B. *Rechtsanwalt* (§ 12 BRAO), *Apotheker, Arzt* (§ 2a BÄO), *Steuerberater* (§ 43 Abs. 4 StBerG), *Wirtschaftsprüfer* (§§ 1, 18, 132 f. WPO). Fehlt es an der entsprechenden Qualifikation, dürfen diese Bezeichnungen nicht in die Firma aufgenommen werden, weil sie täuschend sind; dies gilt auch, wenn vom Firmeninhaber ähnliche Berufe ausgeübt werden[6]. Die Aufnahme des Zusatzes „Steuerberatung" in die Partnerschaft von Rechtsanwälten ist täuschend[7]. Der Firmenbestandteil **„Der erfahrene Meisterbetrieb"** ist nach OLG Düsseldorf[8] unzulässig, wenn in einer Kommanditgesellschaft nur ein Kommanditist, nicht aber der Komplementär Meister ist. Dies erscheint zu eng. Genügend ist, wenn der Inhaber des Meistertitels einen maßgeblichen Einfluss im Unternehmen hat; dies kann im Einzelfall auch der Kommanditist sein. Grundsätzlich darf der Meistertitel eines Handwerkers in die Firma aufgenommen werden, wenn der Inhaber die Meisterprüfung erfolgreich abge- 47

---

1 BGH v. 5.4.1990 – ZR 19/88, NJW 1991, 732 – Dr. S. Arzneimittel; BGH v. 24.10.1991 – I ZR 271/89, WM 1992, 504 – Dr. Stein GmbH; einschränkend *Hönn*, ZHR 153 (1989), 386, 390 f.
2 BGH v. 24.10.1991 – I ZR 271/89, WM 1992, 504.
3 RGZ 162, 121, 122; 169, 147, 150; BGH v. 10.11.1969 – II ZR 273/67, BGHZ 53, 65, 68; BayObLG v. 24.2.1978 – 1 Z 4/78, BayObLGZ 1978, 44, 46; OLG Frankfurt, OLGZ 1977, 299 f.; LG Nürnberg-Fürth v. 1.3.1989 – 3 O 9192/88 UWG, BB 1990, 732; *Heymann/Emmerich*, § 18 Rn. 30b; MünchKommHGB/*Heidinger*, § 18 Rn. 112.
4 OLG München, HRR 1937 Nr. 1234; *Staub/Hüffer*, § 18 Rn. 39; *Heymann/Emmerich*, § 18 Rn. 31.
5 Schon vor der Reform, BGH v. 9.4.1992 – I ZR 240/90, BGHZ 118, 53, 54 zu § 3 UWG: Die Führung eines ausländischen Professorentitels ist nicht ohne weiteres irreführend; vgl. ferner *Hönn*, ZHR 153 (1989), 386, 393.
6 *Staub/Hüffer*, § 18 Rn. 40; *Heymann/Emmerich*, § 18 Rn. 31.
7 OLG Rostock v. 29.11.2005 – 6 W 12/05, NZG 2006, 587.
8 OLG Düsseldorf v. 26.5.1972 – 2 U 19/72, GRUR 1973, 33.

legt hat[1]. Nach dem Hessischen Architekturgesetz darf die Bezeichnung *Architekt* oder **"Architektur"** nur von Personen geführt werden, die zur Führung dieser Berufsbezeichnung berechtigt sind. Da nur natürliche Personen in die Hessische Architektenliste eingetragen werden können, scheidet für eine juristische Person eine Firmierung mit diesem Begriff aus[2]. Bei Aufnahme von Berufsbezeichnungen von Freiberuflern in die Firma wird von der Registerpraxis regelmäßig die Stellungnahme der jeweiligen Berufskammer eingeholt[3].

2. Amtlicher Eindruck

48 Unzulässig sind Firmenzusätze, die den unzutreffenden Eindruck erwecken, es handle sich um **staatliche, städtische, kommunale, kirchliche oder polizeiliche Stellen** oder es bestünde eine enge Beziehung zu solchen Behörden, obwohl es sich tatsächlich um ein rein privatwirtschaftliches Unternehmen handelt[4]. Die Bezeichnung *Amtliches Reisebüro* ist nur zulässig, wenn es aufgrund entsprechender Vereinbarungen tatsächlich auch amtliche Aufgaben wahrnimmt. Für Privatunternehmen als unzulässig wurden beanstandet: *Torgauer Stadtbrauerei C.L*[5] und *Stadtbäcker, Stadtbäckerei*[6]. Diese Auffassung kann nicht mehr aufrechterhalten werden; eine **relevante Irreführung** ist eher zu verneinen. Das Wort *Polizei* darf in der Firma privater Unternehmen grundsätzlich nicht geführt werden, somit sind unzulässig: *Polizeiverlag, Polizei-Verlags- und Verwaltungs-GmbH*; hingegen soll *Polizeisport Anzeigenverwaltung und Verlag X* zulässig sein, weil Polizeisport auch von vielen privaten Vereinen betrieben wird[7]. Der Vereinsname *Ärztetag für Medizin ohne Nebenwirkungen* ist zulässig, weil die Allgemeinheit damit nicht ohne weiteres einen Bezug zu einer öffentlich-rechtlichen Körperschaft verbindet[8].

49 Wird durch einen Firmenzusatz ein amtlicher Eindruck erweckt, z.B. *Universitätsverlag*, reichen in der Regel weder ein Inhaber- noch ein Rechts-

---

1 *Staub/Hüffer*, § 18 Rn. 41; *Baumbach/Hopt*, § 18 Rn. 35.
2 OLG Frankfurt v. 24.1.2000 – 20 W 411/98, Rpfleger 2000, 219; anders ist die Rechtslage in anderen Bundesländern, z.B. in Bayern nach Art. 3 BayArchG; Übersicht für die einzelnen Länder: *Möller*, Neues Kaufmanns- und Firmenrecht, 1998, S. 32.
3 Zulassung der Gesellschaft zur Anwaltschaft ist aber für die Eintragung der Anwalts-AG nicht erforderlich, vgl. OLG Hamm v. 26.6.2006 – 15 W 213/05, NJW 2006, 3434.
4 *Heymann/Emmerich*, § 18 Rn. 33; MünchKommHGB/*Heidinger*, § 18 Rn. 117; *Staub/Hüffer*, § 18 Rn. 44; vgl. auch BayObLG v. 25.11.1980 – BReg. I Z 80/80, MDR 1981, 321.
5 KG, OLGRspr. 42, 209 f.
6 Zweifelhaft; offen gelassen von BayObLG v. 8.5.1987 – BReg. 3 Z 70/87, MDR 1987, 939.
7 Zweifelhaft; so aber OLG Hamm v. 4.6.1981 – 15 W 102/81, Rpfleger 1981, 404; ferner BayObLG v. 7.5.1986 – BReg. 3 Z 51/86, BayObLGZ 1986, 150, 152 f. – Polizeiverlag; OLG Frankfurt v. 21.9.1983 – 20 W 317/83, OLGZ 1984, 42; *Heymann/Emmerich*, § 18 Rn. 33; MünchKommHGB/*Heidinger*, § 18 Rn. 120.
8 So BayObLG v. 27.2.1992 – 3 ZBR 205/91, BayObLGZ 1992, 47.

formzusatz aus, um die Täuschungsgefahr zu beseitigen. Erforderlich ist dann eine ganz eindeutige **Klarstellung** in der Firma, dass es sich um ein **privates Unternehmen** handelt[1].

3. Akademie, Institut, Anstalt, Seminar, Kolleg

Die Bezeichnung „**Akademie**" weist auf ein Unternehmen hin, das sich wissenschaftlich betätigt, in der Regel eine Lehrtätigkeit ausübt und sich der Aus- und Weiterbildung widmet. Die allgemeine Verkehrsauffassung verlangt aber nicht mehr, dass es sich um eine Fortbildungsstätte handelt, bei der die berufliche Förderung der Besucher nur Selbstzweck, nicht aber Mittel der Gewinnerzielung ist[2]. Ist wirtschaftlicher Geschäftsbetrieb eines Vereins mit dem Namenszusatz „*Akademie*" nur Nebenzweck und ist der Verein ansonsten gemeinnützig tätig, liegt keine Täuschung (i.S.d. entsprechend anwendbaren § 18 Abs. 2) vor[3].

Der Zusatz „**Institut**" weist in der Regel, insbesondere in einer Universitätsstadt, auf eine **Einrichtung mit öffentlich-rechtlichem Bezug** hin, die sich wissenschaftlich mit Forschung und Lehre befasst sowie über wissenschaftlich geschultes Personal verfügt[4]. Für ein **privatwirtschaftliches Unternehmen** ist die Bezeichnung *Institut* nur dann nicht täuschungsgeeignet, wenn durch einen Zusatz oder weitere Firmenbestandteile eindeutig klargestellt wird, dass es sich nicht um eine öffentliche oder unter öffentlicher Aussicht stehende, wissenschaftlich arbeitende Einrichtung handelt. Der Name einer Person in der Firma oder der Hinweis auf eine gewerbliche Tätigkeit sowie die Angabe des Rechtsformzusatzes, z.B. *GmbH* reichen in der Regel nicht aus, um die Täuschungseignung auszuschließen[5]. Eindeutig **nicht täuschungsgeeignet** und somit zulässig sind Bezeichnungen wie z.B. *Beerdigungs-, Detektiv-, Eheanbahnungs-* und *Meinungsforschungsinstitut* sowie *Institut für Schönheitspflege*[6]. Etwas **anderes** gilt aber, wenn die Tätigkeitsangabe im Zusammenhang mit der Bezeichnung Institut den **Eindruck wissenschaftlicher Betätigung** erweckt, z.B. bei *Kardiologisches Institut*[7], Insti-

---

1 BayObLG v. 10.6.1985 – BReg. 3 Z 55/85, BB 1985, 2269; OLG Köln v. 9.9.1991 – 2 Wx 34/91, Rpfleger 1992, 111 f.; OLG Oldenburg v. 5.10.1972 – 5 Wx 41/72, BB 1975, Beil. 12 S. 18; *Staub/Hüffer*, § 18 Rn. 45; kein amtlicher Eindruck aber für „Universitätscafé, -gaststätte, -buchhandlung".
2 So aber OLG Bremen v. 8.9.1971 – 2 W 82/71, NJW 1972, 164.
3 KG v. 26.10.2004 – 1 W 295/04, Rpfleger 2005, 199.
4 *Heymann/Emmerich*, § 18 Rn. 34.
5 Vgl. BayObLG v. 10.6.1985 – 3 ZBR 55, 56/85, BayObLGZ 1985, 215; OLG Linz v. 5.10.2000 – 6 Ob 204/00, NZG 2001, 224; offen gelassen für „IFB Gesellschaft mbH Institut für angewandte Betriebswirtschaft und Marktanalysen"; Täuschungseignung bejaht für „IFNS Institut für numerische Statistik GmbH", OLG Köln v. 9.9.1991 – 2 Wx 34/91, Rpfleger 1992, 111; für „Verkehrs-Institut Würzburg" BayObLG v. 19.4.1966 – BReg. 2 Z 11/66, BB 1968, 313; für „Institut für wirtschaftlichen Gebäudebetrieb" OLG Frankfurt v. 28.4.1981 – 20 W 588/80, OLGZ 1981, 414.
6 *Dolmetscher Institut e.K.*, OLG Düsseldorf v. 16.4.2004 – 3 Wx 107/04, DB 2004, 1720, soll allerdings auch nach neuem Firmenrecht täuschend sein, da über die gewerbliche Tätigkeit getäuscht wird.
7 OLG Frankfurt v. 27.4.2001 – 20 W 84/2001, DB 2001, 1664.

tut für Marktanalysen[1], *Institut für Zelltherapie*[2], *Institut für physikalische Therapie*[3], *Institut für steuerwissenschaftliche Information*[4]. Diese Grundsätze gelten auch für die Bezeichnung **„Seminar"**, wobei hierfür und auch für die Bezeichnung *Akademie* in der Regel strengere Anforderungen zu stellen sind als für die Bezeichnungen *„Anstalt"* und *„Institut"*. Der Begriff **„Anstalt"** ist doppeldeutig; sofern der Schein eines öffentlich-rechtlichen Bezuges erweckt werden kann, ist es geboten, in der Firma den privatrechtlichen Charakter klarzustellen. Die Bezeichnung **„Kolleg"** erwecke den Eindruck eines Bezuges zu einer Hochschule und sei deshalb für eine rein private Heilpraktikerausbildungsstätte unzulässig[5].

51 Von diesen Grundsätzen, die hauptsächlich vor dem HRefG entwickelt wurden, kann nach wie vor, wenn auch mit Modifikationen, ausgegangen werden. *Akademie, Seminar* und *Institut* weisen auf wissenschaftliche Betätigung hin, wobei nicht unbedingt Universitätsniveau erreicht werden muss. Handelt es sich um eine private Einrichtung, muss dies aus der Firma selbst hervorgehen, insbesondere dann, wenn das Unternehmen seinen Sitz in einer Universitätsstadt hat. Zur Abgrenzung reicht der bloße Rechtsformzusatz (z.B. *GmbH*) in der Regel nicht aus. Die Bezeichnung *Kolleg* ist zulässig, wenn ein privatrechtlicher Charakter in der Firma deutlich gemacht wird[6]. Ein Verein, der in seinem Namen die Bezeichnung *Institut* führt, muss durch Zusätze klarstellen, dass eine öffentliche oder unter öffentlicher Aufsicht oder Förderung stehende Einrichtung nicht vorliegt; hierfür können auch eindeutige **Hinweise auf den Tätigkeitsbereich** genügen[7].

4. Alter und historische Hinweise

52 Angaben über das Alter des Unternehmens in der Firma, z.B. *seit 1860*, müssen **zutreffend** sein; vor allem muss das Geschäft **seit Gründung ununterbrochen bestanden** haben[8]. Der Zusatz **„Erste, Erstes"** darf nur geführt werden, wenn es sich tatsächlich um das älteste Unternehmen handelt; im Sinne von „bestes Unternehmen" ist der Zusatz unzulässig[9]. Bei Produkten wie

---

1 BayObLG v. 10.6.1985 – 3 ZBR 55, 56/85, BayObLGZ 1985, 215, 216.
2 OLG Düsseldorf v. 25.7.1975 – 2 U 104/74, WRP 1976, 317 f.
3 OLG Düsseldorf v. 15.9.1977 – 2 U 74/77, WRP 1977, 796 f.
4 BayObLG v. 26.4.1990 – BReg. 3 Z 167/89, NJW-RR 1990, 1125.
5 BGH v. 5.5.1983 – I ZR 49/81, WRP 1983, 491; siehe ferner mit weiteren Beispielen *Staub/Hüffer*, § 18 Rn. 48; *Baumbach/Hopt*, § 18 Rn. 35; *Bokelmann*, Firmenrecht, Rn. 249 ff.; *Wessel/Zwernemann/Kögel*, Die Firmengründung, Rn. 391 ff.
6 Dazu BayObLG v. 10.6.1985 – 3 ZBR 55, 56/85, ZIP 1985, 816 (Rechtsform); vgl. ferner *Koller/Roth/Morck*, § 18 Rn. 12a; *Lutter/Welp*, ZIP 1999, 1073, 1087 f.; enger wohl *Bokelmann*, GmbHR 1998, 57, 63; auch *Müther*, GmbHR 1998, 1058, 1060 f.
7 LG Detmold v. 9.2.1999 – 3 T 27/99, Rpfleger 1999, 333.
8 BayObLG v. 3.4.1985 – BReg. 3 Z 233/84, MDR 1985, 677; für Vereine KG v. 28.1.1983 – 1 W 5046/81, OLGZ 1983, 272; BayObLG v. 18.8.1975 – BReg. 2 Z 59/74, BayObLGZ 1975, 332, 337; *Staub/Hüffer*, § 18 Rn. 42 f.; *Heymann/Emmerich*, § 18 Rn. 32.
9 Z.B. BGH v. 28.2.1991 – I ZR 94/89, GRUR 1991, 680; *Heymann/Emmerich*, § 18 Rn. 32.

Wein oder Sekt weist die Jahreszahl zudem darauf hin, dass die Produktion seit Gründung ununterbrochen betrieben worden ist. Kommt es bei dem Produkt auf langjährige Erfahrung an, kann die Angabe eines zutreffenden Gründungsjahres dennoch irreführend sein, wenn die Produktion erst viel später aufgenommen worden ist. Der Firmenzusatz **„Königlich Bayerisch"** in der Firma *Königlich Bayerische Bierbrauerei I. Prinzessin von Bayern KG* erweckt den Anschein, es gehe um ein bereits während des Bestehens der Monarchie als Staatsform von Mitgliedern der königlichen Familie gegründetes oder betriebenes Unternehmen, das über eine besondere und lange Tradition verfügt[1].

5. Kredit- und Finanzierungsunternehmen

Die Begriffe **„Bank", „Bankhaus", „Bankier", „Sparkasse", „Kapitalanlage", „Investment", „Invest", „Investor"** sind gesetzlich geschützte Bezeichnungen nach §§ 32, 39 bis 41 KWG, § 3 InvG (früher § 7 KAGG). Als **„Volksbank"** dürfen nur Kreditinstitute firmieren, die in der Rechtsform einer eingetragenen Genossenschaft betrieben werden und einem Prüfungsverband angehören. Die Bezeichnung *Volks- und Raiffeisenbank A* ist unzulässig, weil dadurch eine Zugehörigkeit zu beiden Organisationen vorgetäuscht wird[2]. Eine Firma, die neben einem Personennamen den Firmenbestandteil **„Investment Consult"** enthält, ist unzulässig, weil sie nicht den begründeten Anschein ausschließt, dass der Geschäftsbetrieb auf die Anlage von Geldvermögen gerichtet ist. Kapitalanlage- und Investmentgesellschaften genießen wie Banken (vgl. §§ 39 ff. KWG) einen besonderen Bezeichnungsschutz. Die Bezeichnung *Investment* darf nach § 3 Abs. 1 und 2 InvG nur von Kapitalanlagegesellschaften oder von nach dem Auslands-Investmentgesetz ihnen gleichgestellten Gesellschaften geführt werden. Bei *Investment Consult* können die beiden Begriffe als jeweils selbständige Umschreibung von Geschäftszweigen des Unternehmens und damit irreführend verstanden werden[3]. Bestimmungen über die Firma in Gesellschaftsverträgen (Satzungen) sind gemäß § 134 BGB nichtig, wenn die Firmierung gegen die Bestimmungen des KWG oder InvG verstößt. Bei Zweifelsfällen sollte vor der Wahl der Firma bei der BaFin angefragt werden; die BaFin wird auch von den Registergerichten um Stellungnahme gebeten. Beantragt die BaFin ausdrücklich die Einleitung eines Firmenlöschungsverfahrens nach § 43 Abs. 3 KWG i.V.m. § 3 InvG, § 142 FGG (§ 395 FamFG) ist dieses Verfahren anstelle des sonst anzuwendenden Auflösungsverfahrens nach § 144a FGG (§ 399 FamFG) durchzuführen.

---

1 BayObLG v. 25.11.1980 – BReg. I Z 80/80, MDR 1981, 321.
2 OLG Frankfurt v. 16.12.1988 – 20 W 199/88, NJW-RR 1989, 483.
3 BayObLG v. 3.2.1999 – 3 ZBR 297/98, NZG 1999, 398; BayObLG v. 4.2.1988 – 3 ZBR 155/87, BayObLGZ 1988, 32; vgl. ferner *Beckmann/Baur*, Bankenaufsichtsrecht, Entscheidungssammlung § 7 KAGG Nr. 15 = KG v. 15.5.1987 – 1 W 691/87; zu den Täuschungsvoraussetzungen, die auch jetzt noch für die Verfahren nach § 43 KWG allgemein gelten, 1. Aufl. § 18 Rn. 32 m.N.

§ 18 Handelsfirma

54 An die rechtskräftige Entscheidung der **BaFin** über die Zulässigkeit zur Führung der Bezeichnung *Bank, Sparkasse* etc. ist das **Registergericht gebunden**[1]. Der BaFin steht hinsichtlich der Firmierung von Kreditinstituten nach § 43 Abs. 3 KWG in Verfahren über Eintragung und Löschung beim Registergericht ein Antrags- und Beschwerderecht zu[2]. Regt sie wegen einer unzulässigen Firmierung das **Löschungsverfahren beim Landgericht** an, kann dieses nicht unter Berufung auf § 144a FGG (§ 399 FamFG) seine erstinstanzliche Zuständigkeit gemäß § 143 FGG verneinen[3]. Zwar ist § 144a FGG (§ 399 FamFG) gegenüber den §§ 142 (§ 395 FamFG), 143 FGG die speziellere Vorschrift[4], das gilt aber nicht, wenn ein Gesetz, hier § 43 Abs. 2 KWG, auf das Löschungsverfahren nach § 142 FGG (§ 395 FamFG) ausdrücklich verweist.

55 Bei **Nichtbanken** und Gesellschaften, die weder Kapitalanlage- noch Investmentgesellschaften sind, dürfen in die Firma keine Zusätze aufgenommen werden, die den Eindruck von Bank- oder Kapitalanlagegeschäften erwecken. Die Wörter *Finanz* oder *Credit* weisen auf Finanzierung, also auf Bankgeschäfte i.S.d. KWG hin und dürfen von Unternehmen, die nur als **Kreditvermittler** tätig sind, nicht in die Firma aufgenommen werden[5]. Der Firmenbestandteil „**Finanzdienstleistung**" darf nur von Unternehmen geführt werden, die sowohl das Anlage- als auch das Kredit- und Effektengeschäft betreiben[6]. Eine Firma *Futures + Options Introducing Broker GmbH* ist wegen des Bestandteils *Introducing Broker* unzulässig, wenn sich der Unternehmensgegenstand in der Vermittlung von Termingeschäften auf Futures + Financials, Devisen-, Options- und Börsengeschäfte beschränkt. Zulässig wären in diesem Fall die Begriffe *Futures* und *Options* in der Kombination mit *Anlageberatung*[7]. Nach der Verkehrserwartung muss der **Zusatz „Broker"** nicht mehr ausschließlich auf die Eigenschaft als Börsenmakler hinweisen[8].

56 **Zulässig**, weil sie nicht den Eindruck von Bankgeschäften vermitteln, sind die Bezeichnungen *Datenbank, Spielbank, Blutbank, Bankverlag*[9]. Ob eine Firma *Kunstinvest Antiquitätenhandel GmbH* unzulässig ist, erscheint zumindest zweifelhaft, da eine Täuschungsgefahr nicht ohne weiteres ersichtlich ist[10].

1 *Staub/Hüffer*, § 18 Rn. 51.
2 Dazu OLG Frankfurt v. 25.2.1982 – 20 W 167/81, DB 1982, 1106.
3 BayObLG v. 2.3.1983 – 3 ZBR 17/83, BayObLGZ 1983, 54; BayObLG v. 4.2.1988 – 3 ZBR 155/87, BayObLGZ 1988, 32.
4 BayObLG v. 23.2.1989 – 3 ZBR 136/88, BayObLGZ 1989, 44.
5 OLG Karlsruhe v. 13.12.1994 – 11 Wx 64/94, GmbHR 1995, 823 „XYZ – Kapitalanlagen – Vertriebs-Service" erweckt den unzutreffenden Eindruck, der Geschäftsbetrieb habe Anlage von Geldvermögen zum Gegenstand; ferner LG Düsseldorf v. 6.3.1979 – 34 T 6/78, BB 1979, 905; LG Regensburg v. 15.12.1982 – 2 KfH O 23/82, Rpfleger 1983, 278; *Heymann/Emmerich*, § 18 Rn. 36.
6 LG Nürnberg-Fürth v. 29.11.1995 – 4 HKT 5948/95, Rpfleger 1996, 251; *Lutter/Hommelhoff/Bayer*, § 4 GmbHG Rn. 38; zweifelnd *Koller/Roth/Morck*, § 18 Rn. 12b.
7 OLG Düsseldorf v. 27.6.1991 – 3 Wx 233/91, NJW-RR 1992, 170.
8 Vgl. *Lutter/Hommelhoff/Bayer*, § 4 GmbHG Rn. 38.
9 MünchKommHGB/*Heidinger*, § 18 Rn. 123.
10 Nach BayObLG v. 26.4.1984 – BReg. 3 Z 179/83, Rpfleger 1984, 319 unzulässig.

6. Bau

Den Zusatz *Bau* dürfen, auch in Verbindung mit Buchstabenkombinationen, **nur bauausführende Unternehmen**, nicht aber bloße Baustoffhändler führen[1]. Bei einem Unternehmensgegenstand „Vermittlung von Grundstücken und Kapitalien" ist in der Firma ein Bestandteil *Bau und Finanz* unzulässig[2]. 57

7. Börse

Der Begriff ist einem Wandel unterworfen. **Früher** wurde überwiegend davon ausgegangen, dass darunter eine **amtlich eingerichtete Stelle** zu verstehen ist, an der eine Vielzahl von Kaufleuten auf Käufer- und Verkäuferseite zusammenkommen, um Handelsgeschäfte über vertretbare Sachen abzuschließen, wobei die Preise marktmäßig durch Angebot und Nachfrage ständig ausgeglichen werden[3]. Erfüllten Geschäfte diese Voraussetzungen nicht, durften sie nicht mit dem Firmenbestandteil *Börse* firmieren. Demnach wurden durch die **Rechtsprechung** für täuschend angesehen *Flugbörse*, *Schmuckbörse*[4]. Nach diesen Grundsätzen wäre der Zusatz *Börse* nur für die klassischen Bereiche *Wertpapierbörse*, *Devisenbörse*, *Mineralölbörse* etc. zulässig. 58

Die **Entwicklung der Verkehrsauffassung** hat aber dazu geführt, dass Bezeichnungen wie *Krawattenbörse*, *Schuhbörse*, *Pflanzenbörse*, *Gebrauchtwagenbörse* und *Reisebörse*, entgegen den Kriterien in Rn. 58, **nicht mehr als täuschend** empfunden werden. Zuzustimmen ist der Auffassung, dass für den Bestandteil Börse lediglich ein größerer Betrieb mit reichhaltigem Lager und beweglicher Preisbildung zu fordern ist[5]. Die genannten Bezeichnungen sind nicht mehr – ersichtlich – irreführend i.S.v. § 18 Abs. 2. 59

8. Fabrik, Industrie, Werk

Für sämtliche Zusätze ist davon auszugehen, dass sie einen **kaufmännischen Produktionsbetrieb** erwarten lassen, der im Gegensatz zum Handwerksbetrieb industrielle Herstellung, Bearbeitung und Verarbeitung betreibt[6]. Es gelten aber Unterschiede für die einzelnen Branchen. Unter *Werk* und *Werke* sind zwar ähnlich wie unter *Fabrik* in der Regel industrielle Großbetriebe zu verstehen, die den Durchschnitt ihrer Branche hinsichtlich ihres Be- 60

---

1 OLG Hamm v. 10.1.1974 – 15 W 150/73, OLGZ 1974, 139, 143 f.
2 AG Oldenburg v. 25.10.1966 – 3 AR 78/66, BB 1968, 312; *Heymann/Emmerich*, § 18 Rn. 38.
3 Vgl. *Heymann/Emmerich*, § 18 Rn. 37; *MünchKommHGB/Heidinger*, § 18 Rn. 128.
4 OLG Frankfurt v. 5.2.1981 – 20 W 524/80, OLGZ 1981, 283; OLG Zweibrücken v. 24.2.1967 – 3 W 26/67, BB 1968, 311; ferner *Heymann/Emmerich*, § 18 Rn. 37; *Staub/Hüffer*, § 18 Rn. 53: Aufweichungstendenzen sei entgegenzutreten.
5 So *MünchKommHGB/Heidinger*, § 18 Rn. 129; ähnlich *Baumbach/Hopt*, § 18 Rn. 30; ferner *Wessel/Zwernemann*, Die Firmengründung, Rn. 413.
6 Z.B. OLG Hamm v. 23.9.1954 – 15 W 384/54, NJW 1954, 1935; *Heymann/Emmerich*, § 18 Rn. 40; *Staub/Hüffer*, § 18 Rn. 54 f.

triebs- und Anlagevermögens, ihrer Zahl der Beschäftigten, ihrer Betriebsräume und ihrer Umsätze deutlich überragen. Herkömmlich gelten aber **Ausnahmen** für Unternehmen der Holz-, Steine- und Erdenindustrie, wo sich auch kleinere Unternehmen zulässigerweise als **Betonwerk, Sägewerk, Kieswerk, Marmorwerk, Hammerwerk oder Ziegelwerk** bezeichnen dürfen[1].

61 Eine **Reihenfolge** der Zusätze im Sinne einer Steigerung von Fabrikation, Fabrik, Werk oder Werke bis zu Industrie kann nicht festgestellt werden[2]. Im Übrigen soll der Zusatz „**Werk**" auf einen größeren Betrieb als der Zusatz „**Fabrik**" hinweisen; geeignete Abgrenzungskriterien hierfür stehen aber nicht zur Verfügung. Zuzustimmen ist deshalb der Auffassung, dass auch der Zusatz „**Industrie**" im Gegensatz zu einem Handelsunternehmen allgemein nur einen entsprechenden Großbetrieb mit Eigenproduktion erfordert[3]. Häufig wird aber, auch bei gegebener Täuschungseignung, die **Wettbewerbsrelevanz** fehlen.

9. Fachgeschäft, Spezialgeschäft

62 Die Bezeichnung *Fach-* oder *Spezialgeschäft* darf nur ein Betrieb führen, der innerhalb seiner Branche ein **breit gefächertes, großes und vollständiges Warensortiment** führt sowie durch **besonders geschultes Personal** eine überdurchschnittliche fachliche Beratung gewährleistet[4]. Die Anforderungen in der Praxis schwanken. Für den Zusatz *Fach* genügt in der Regel eine **Spezialisierung des Geschäftsinhabers** auf diesen Bereich[5]. Nicht zu fordern ist, dass der Unternehmer bei dem Zusatz *Fach* im Sinne eines Qualifikationsmerkmals besonders sachkundig ist[6].

63 Die Bezeichnung in der Firma mit „**geprüfter Fachmann**" ist Qualifikationsmerkmal und erfordert die erfolgreiche Ablegung einer zumindest staatlich anerkannten Prüfung, wonach die Fachkenntnisse des Inhabers das übliche Niveau der Branche merklich übersteigen[7].

---

1 KG, JW 1932, 2622; BayObLGZ 1922, 311; 1928, 37; fraglich für „Emaillierwerk", OLG Stuttgart v. 15.5.1981 – 8 W 3/81, BB 1981, 1669 f.
2 Vgl. *Heymann/Emmerich*, § 18 Rn. 41.
3 So *Heymann/Emmerich*, § 18 Rn. 41; enger *Staub/Hüffer*, § 18 Rn. 56 und MünchKommHGB/*Heidinger*, § 18 Rn. 131: Industrie bedeutet eine aus Fabriken und Werken zusammengesetzte Unternehmensgesamtheit; dazu auch *Koller/Roth/Morck*, § 18 Rn. 12e.
4 Vgl. *Heymann/Emmerich*, § 18 Rn. 42; MünchKommHGB/*Heidinger*, § 18 Rn. 97; ferner OLG Koblenz v. 11.6.1981 – 6 U 721/80, WRP 1982, 45; OLG Stuttgart v. 15.6.1973 – 2 U 23/73, BB 1974, 196 – Küchenspezialgeschäft.
5 Z.B. OLG Bremen v. 10.3.1970 – 2 W 13/70, BB 1971, Beil. 9, 6 f.; *Heymann/Emmerich*, § 18 Rn. 42.
6 So aber *Staub/Hüffer*, § 18 Rn. 42.
7 Vgl. BGH v. 23.1.1978 – I ZR 104/76, GRUR 1978, 368; BGH v. 23.5.1984 – I ZR 140/82, GRUR 1984, 740.

10. Gemeinnützigkeit

Ein Gesellschaftszweck ist nach § 52 Abs. 1 AO gemeinnützig, wenn die **Allgemeinheit auf materiellem, geistigem oder sittlichem Gebiet selbstlos gefördert** werden soll. Die Förderung eines in sich geschlossenen Personenkreises reicht nicht aus. Gemeinnützig kann als Firmenbestandteil (z.B. „…gGmbH") nur Verwendung finden, wenn bei der Handelsregistereintragung der Nachweis (durch Bestätigung des Finanzamtes) vorliegt, dass die Gemeinnützigkeit nach §§ 51 ff. AO anerkannt ist[1]. 64

11. Geographische Zusätze

Sehr häufig finden bei der Firmenbildung geographische Zusätze Verwendung. Die Bedeutung solcher Zusätze ist umstritten, die Rechtsprechung schwankend. Die Verkehrsauffassung hat sich gewandelt oder ist auch wegen der Handelsrechtsreform im Wandel begriffen; sie geht für solche Zusätze immer mehr von einem rein geographischen Hinweis aus und verbindet damit in der Regel **keine Größen- oder Bedeutungsberühmung**. Die Irreführungseignung ist branchenbezogen festzustellen; sie richtet sich nach den oben (siehe Rn. 27 ff.) dargelegten Grundsätzen. Für Domain-Firmen dürften Zusätze wie „de", „at" oder „uk" auch dann nicht täuschend sein, wenn der Geschäftssitz außerhalb Deutschlands, Österreichs oder des UK liegt, da die vorgenannten Zusätze nur noch den Zweck haben, dem einzelnen Staat die Möglichkeit zur Organisation der Vergabe von Internet-Domains in eigener Verantwortung zu ermöglichen, aber keinen Aufschluss über den Geschäftssitz liefern[2]. 65

a) Landschafts- und Ortsbezeichnungen

Nach den firmenrechtlichen **Leitsätzen des DIHT** aus dem Jahre 1967[3] deuten Landes-, Landschafts-, Orts- und andere geographische Bezeichnungen als Bestandteil des Namens für ein gewerbliches Unternehmen in aller Regel nicht nur auf den Sitz des Unternehmens hin, sondern vor allem auch darauf, dass das **Unternehmen** in dem angegebenen geographischen Raum allgemein und in seiner Branche von maßgebender, mindestens aber **von besonderer Bedeutung** ist. In der Firmenfibel 1992 hat der DIHT diesen Grundsatz eingeschränkt und die Anfügung eines geographischen Zusatzes 66

---

1 MünchKommHGB/*Heidinger*, § 18 Rn. 139; OLG München v. 13.12.2006 – 31 Wx 84/06, GmbHR 2007, 267 hält die Abkürzung „gGmbH" allerdings für unzulässig; ähnlich leider auch Gegenäußerung der Bundesregierung zum Vorschlag des Bundesrats zur Kodifizierung dieser Firmierung in BT-Drucks. 16/6140 v. 25.7.2007, S. 179.
2 *Seifert*, Rpfleger 2003, 397.
3 BB 1967, 1100.

nach dem Rechtsformzusatz als bloßen **Hinweis auf den Sitz des Unternehmens** verstanden[1].

67 Ob einer Ortsbezeichnung in einem Firmennamen nur namensmäßig unterscheidende Bedeutung zukommt oder ob sie weitergehend auf eine besondere Qualifikation und Leistungsfähigkeit des Unternehmens hinweist, ist maßgeblich nach der **Verkehrsauffassung** der angesprochenen Verkehrskreise zu beurteilen. Je nach den prägenden Umständen des Einzelfalles können daher geographische Bezeichnungen geeignet sein, den Eindruck zu erwecken, dass dem Unternehmen eine **geschäftliche Sonderstellung** zukommt, sei es, dass es für besonders bedeutsam, sei es, dass es für führend oder gar für das Einzige am Ort oder dessen Umgebung gehalten wird. Eine Vermutung oder ein Erfahrungssatz, dass eine in einem Firmennamen verwendete Ortsangabe nach der Verkehrsauffassung regelmäßig im Sinne einer Alleinstellungsbehauptung oder als Behauptung einer führenden oder maßgeblichen Stellung verstanden wird, besteht nicht. Dies ist vielmehr für den Einzelfall zu entscheiden. Allgemein lässt sich feststellen, dass eine Ortsangabe in attributiver Form eher als die bloße substantivische Wiedergabe einer geographischen Bezeichnung geeignet ist, die Behauptung einer Sonderstellung nahe zu legen[2].

68 Für geographische Zusätze in der Firma, insbesondere für **Ortsnamen**, ist unabhängig von ihrer Stellung in der Firma allgemein davon auszugehen, dass es sich zunächst um einen **Hinweis auf den Sitz** im Tätigkeitsbereich des betreffenden Unternehmens handelt[3]. Dies gilt vor allem, wenn die Ortsangabe nach dem Rechtsformzusatz steht. Ein realer Bezug zur Ortsangabe kann genügen, wenn in der Firma eine Großstadt angegeben wird und sich der Sitz des Unternehmens zumindest in deren engerem Wirtschaftsgebiet befindet[4]. Bei Verlegung des Sitzes aus der Großstadt in eine angrenzende Gemeinde soll der geographische Hinweis nicht täuschend werden[5]. Die Firma kann irreführend sein, wenn sich der Sitz an einem völlig anderen Ort befindet, mag dies auch Folge einer **nachträglichen Sitzverlegung** sein[6].

---

1 Firmenfibel DIHT 1992, S. 19, 20; OLG Stuttgart v. 17.11.2000 – 8 W 153/99, Rpfleger 2001, 186.
2 BGH v. 19.10.1989 – I ZR 193/87, BB 1989, 2349; ferner BGH v. 1.3.1982 – II ZB 9/81, BB 1982, 1075: „Schwarzwald H. Bauern-Spezialitäten" erweckt aufgrund seiner Stellung nur den Eindruck, dass diese Bauernspezialitäten aus dem Schwarzwald kommen; vgl. ferner OLG Stuttgart v. 3.7.2003 –8 W 425/02, FGPrax 2004, 40 „Sparkasse Bodensee" – nicht irreführend; BayObLG v. 14.8.1985 – BReg. 3 Z 181/84, DB 1986, 105 – Bayerwald Schuh-Center; BayObLG v. 1.2.1990 – 3 ZBR 157/89, DB 1990, 876 – Bürohaus A-Stadt; OLG Köln v. 19.10.1987 – 2 Wx 36/87, NJW-RR 1988, 224; OLG Hamm v. 1.10.1991 – 15 W 225/90, Rpfleger 1992, 203.
3 So *Heymann/Emmerich*, § 18 Rn. 45; OLG Stuttgart v. 17.11.2000 – 8 W153/99, Rpfleger 2001, 186.
4 OLG Stuttgart v. 3.7.2003 –8 W 425/02, FGPrax 2004, 40; *Kögel*, GmbHR 2002, 642.
5 OLG Zweibrücken v. 19.11.1990 – 3 W 119/90, BB 1991, 1730, 1731; OLG Stuttgart v. 29.6.1973 – 8 W 14/73, OLGZ 1973, 410, 412.
6 BayObLG v. 16.7.1992 – 3 ZBR 55/92, BayObLGZ 1992, 234.

Nach dem neuen Firmenrecht wird dem geographischen Zusatz nicht zwangsläufig die Inanspruchnahme einer Sonderstellung beigemessen[1]. 69

b) Süd/Nord/Ost/West

Nach der DIHT-Firmenfibel 1992 sollen die Bezeichnungen *Süd/Nord/Ost/West* für sich genommen keine geographischen Zusätze im engeren Sinn darstellen. Die Rechtsprechung dazu sowie zu den Bezeichnungen *Nordsee, Bodensee, norddeutsch, süddeutsch, hanseatisch, oberhessisch* ist uneinheitlich[2]. Überwiegend wird aber angenommen, dass damit in erster Linie der **Sitz** bezeichnet oder die **Herkunft einer Ware** angegeben wird, aber keine Vorstellung über Bedeutung und Größe des Unternehmens verbunden wird[3]. Der Begriff „**Hanseat**" wird als geographische Gebietsangabe bezogen auf die heutigen und ehemaligen Hansestädte verstanden[4]. 70

c) Deutsch, national

Die Zusätze *deutsch, national*, die früher als farblos und regelmäßig nicht zur Täuschung geeignet eingestuft wurden[5], sind danach – und auch noch heute – vor allem bei Voranstellung in der Firma, nur dann für zulässig angesehen worden, wenn das **Unternehmen nach Größe, Kapitalausstattung, Aufgabenstellung und Umsatz auf den ganzen deutschen Markt zugeschnitten** war[6]; vereinzelt wird zusätzlich gefordert, dass das Unternehmen innerhalb seiner Branche noch eine Sonderstellung einnimmt[7]. Zutreffend ist, dass die Bezeichnung *deutsch* für ein Unternehmen derzeit dann zulässig ist, wenn es nach Ausstattung und Umsatz auf den deutschen Markt als ganzen zugeschnitten ist und ein dementsprechend reichhaltiges Sortiment 71

---

1 LG München v. 6.11.2003 –17 HK T 16828/03, DB 2004, 375 („Starnberger Gesellschaft für Unternehmensführung mbH" – nicht irreführend); MünchKommHGB/*Heidinger*, § 18 Rn. 145, dessen Meinung die Verkehrsauffassung zutreffend wiedergibt; a.A. für das alte Firmenrecht noch BayObLG v. 21.3.1986 – 3 ZBR 148/85, BayObLGZ 1986, 61, 64 f. – Landshuter Druckhaus; BayObLG v. 13.3.1986 – 3 ZBR 13/86, NJW-RR 1986, 839 – Münchner Partyservice; KG, OLGZ 1969, 501 ff. – Berliner Wohnungsbauunternehmen ist unzulässig bei nur 14 % Marktanteil; OLG Stuttgart v. 25.11.1981 – 8 W 481/80, BB 1982, 576 – Schorndorfer Kfz-Ersatzteile; *Heymann/Emmerich*, § 18 Rn. 45a.
2 Näher dazu *Wessel/Zwernemann/Kögel*, Die Firmengründung, Rn. 447.
3 Z.B. BayObLG v. 22.9.1978 – BReg. I Z 92/78, BB 1979, 184: „Süd" für sich allein betrachtet eher eine Fantasiebezeichnung; OLG Stuttgart v. 15.11.1974 – 8 W 271/74, OLGZ 1975, 117 – Süd; OLG Hamm, OLGZ 1983, 284, 286 f. – West; anders für Nord-Süd OLG Celle, OLGZ 1972, 210; ferner *Heymann/Emmerich*, § 18 Rn. 46a; MünchKommHGB/*Heidinger*, § 18 Rn. 145.
4 OLG Hamm v. 15.2.1982 – 15 W 152/81, BB 1982, 1322.
5 Z.B. KG, JW 1934, 491.
6 BayObLG v. 9.9.1958 – BReg. 2 Z 116/58, BayObLGZ 1958, 253, 254 f.; BayObLG v. 20.7.1983 – BReg. 3 Z 72/83, WM 1983, 1430 – Westdeutsche Treuhand; OLG Karlsruhe v. 21.1.1964 – 3 W 72/63, BB 1964, 572 f.
7 So OLG Düsseldorf v. 20.11.1992 – 3 Wx 448/92, NJW-RR 1993, 297 – Dienst für das deutsche Handwerk.

führt[1]. Der Zusatz *deutsch* ist grundsätzlich auch für in Deutschland ansässige **Tochtergesellschaften ausländischer Großunternehmen** zulässig, ohne dass diese Tochtergesellschaften selbst eine bestimmte Größe oder Bedeutung aufweisen müssten[2]. Für die Zulässigkeit des Zusatzes ist die Existenz eines ausländischen Großunternehmens nicht mehr Voraussetzung; es genügt vielmehr, dass ein Unternehmen, gleich welcher Größe, seinen Sitz im Ausland hat und hier eine Tochter-GmbH gründet, die dann, wiederum unabhängig von ihrer Größe und Bedeutung, mit z.B. *Rowe Deutschland GmbH* firmieren darf.

d) Europäisch, Euro

72 Die Bezeichnungen *Europa, europäisch* und *Euro* vermitteln nach überwiegender Meinung den Eindruck, es handle sich um ein schon **nach Größe und Marktstellung den Anforderungen des europäischen Marktes entsprechendes und auf diesen Markt zugeschnittenes Unternehmen**, das sich auch tatsächlich in Europa insgesamt betätigt[3]. Das Gleiche wird für den Zusatz *Kontinent* angenommen[4]. Nach anderer, im Vordringen befindlicher Auffassung, ist die Bezeichnung *Euro* als Firmenzusatz schon dann zulässig, wenn das Unternehmen allgemein **Geschäfte auf dem europäischen Markt** tätigt, ohne dass dafür eine besondere Marktstellung erforderlich wäre[5]. Der *Euro*-Zusatz ist durch seine weite Verbreitung bereits stark verwässert, so dass eine allgemein gültige Verkehrserwartung nicht festzustellen ist; die Verkehrsauffassung der angesprochenen Kreise muss jeweils für den Einzelfall ermittelt werden[6]. Ergänzend hierzu hat das OLG Hamm[7] festgestellt, dass

---

1 BGH v. 13.11.1981 – I ZR 2/80, DB 1982, 691; OLG München v. 10.3.1988 – NJW-RR 1988, 812; OLG München v. 13.7.1989 – 29 U 6324/88, NJW-RR 1990, 300 – Deutsche Kreditkarte; OLG Düsseldorf v. 17.10.1991 – 2 U 54/91, GRUR 1992, 187; ferner *Staub/Hüffer*, § 18 Rn. 60; *Heymann/Emmerich*, § 18 Rn. 47; MünchKommHGB/*Heidinger*, § 18 Rn. 148.
2 BayObLGZ 1958, 253, 255; MünchKommHGB/*Heidinger*, § 18 Rn. 149; *Koller/Roth/Morck*, § 18 Rn. 14.
3 BGH v. 29.10.1969 – I ZR 63/68, BGHZ 53, 339, 343 – Euro-Spirituosen; OLG Stuttgart v. 25.1.1991 – 2 U 126/90, WRP 1991, 525, 527; OLG Hamm v. 5.2.1991 – 4 U 217/90, WRP 1991, 498; *Heymann/Emmerich*, § 18 Rn. 48; *Staub/Hüffer*, § 18 Rn. 62.
4 BGH v. 6.4.1979 – I ZR 35/77, BB 1979, 1212 – Kontinent-Möbel.
5 So insbesondere MünchKommHGB/*Heidinger*, § 18 Rn. 152; ähnlich *Wessel/Zwernemann/Kögel*, Die Firmengründung, Rn. 442.
6 Vgl. OLG Hamm v. 1.10.1991 – 15 W 255/90, Rpfleger 1992, 203; OLG Koblenz v. 8.10.1992 – 6 U 1144/92, NJW-RR 1993, 228; aber auch BGH v. 30.9.1993 – I ZB 16/91, NJW 1994, 196; ferner LG Frankfurt v. 3.2.1995 – 3/12 O 143/94, WRP 1996, 69: „Europäische Fachbuchhandlung" verlangt internationale Bedeutung und europäisches Sortiment.
7 OLG Hamm v. 26.7.1999 – 15 W 51/99, DNotZ 1999, 842 f. zum Verein „European Bikers Touring e.V." Die Entscheidung trennt allerdings nicht scharf zwischen der verfahrensbezogenen Frage der „Ersichtlichkeit der Irreführungseignung" und der materiellrechtlichen Frage der „Zulässigkeit der Firmenbildung" nach § 18 Abs. 2 S. 1; hierzu *Scholz/Emmerich*, § 4 GmbHG Rn. 24.

Namens- oder Firmenbestandteile wie *Euro* oder *European* in der Regel unbedenklich sind, es sei denn, es lägen im Einzelfall zureichende tatsächliche Anhaltspunkte für eine Irreführungseignung vor. Im Gegensatz zu früher vermittle die Bezeichnung bei den angesprochenen Verkehrskreisen nicht mehr die Vorstellung, es handle sich um ein schon nach Größe und Marktstellung den Verhältnissen des europäischen Marktes entsprechendes Unternehmen. Dem kann zugestimmt werden.

e) International, inter

Der Zusatz *inter* oder *international* steht nur **Unternehmen** zu, die zumindest **von einiger Bedeutung und grenzüberschreitend tätig** sind[1]. Ob darüber hinaus zu fordern ist, dass es sich um ein Unternehmen handelt, das nach seiner Einrichtung, seiner Finanzkraft und seinen ausgedehnten geschäftlichen Auslandsbeziehungen den Verhältnissen und **Anforderungen der Weltmärkte** entspricht und sich dort maßgeblich betätigt[2], muss ebenfalls der Einzelfallbeurteilung überlassen bleiben. Der Zusatz *international* ist in der Firma eines Unternehmens, das sich bloß im Außenhandel betätigt, unzulässig. Sofern die Bezeichnung *inter* eindeutig nicht auf international hinweist, was möglich ist[3], gelten die oben genannten Grundsätze nicht. Auch bei kleineren Unternehmen kann der Zusatz *international* im Einzelfall zulässig sein; anders die frühere Rechtsprechung[4]. Die Zulässigkeit der Bezeichnung *international* ist nach der Handelsrechtsreform großzügiger zu handhaben. Bereits vorher hatte der BGH[5] entschieden, dass dieser Firmenbestandteil keine Auslandseinrichtungen oder Niederlassungen voraussetzt. Darüber hinaus ist es für die Verwendung dieser Bezeichnung nicht mehr erforderlich, dass das Unternehmen auf dem internationalen Markt, verglichen mit den Wettbewerbern, eine bedeutende Stellung einnimmt. Für die Zulässigkeit dieses Zusatzes genügt, dass überhaupt **grenzüberschreitende Aktivitäten** gegeben sind[6].

73

12. Großhandel, Lager, Markt

Der Firmenzusatz „**Großhandel**" hat zunächst keine Bedeutung für den Geschäftsumfang, er bringt lediglich zum Ausdruck, dass Ware an Wiederverkäufer verkauft wird. Das Unternehmen kann daneben auch den Einzelhan-

74

---

1 BayObLG v. 19.12.1972 – BReg. 2 Z 46/72; BayObLGZ 1972, 391; OLG Stuttgart v. 8.10.1985 – 8 W 198/85, NJW-RR 1987, 101.
2 So *Heymann/Emmerich*, § 18 Rn. 48; ferner *Staub/Hüffer*, § 18 Rn. 63; *Baumbach/Hopt*, § 18 Rn. 26.
3 MünchKommHGB/*Heidinger*, § 18 Rn. 155.
4 Z.B. BayObLG v. 2.4.1965 – BReg. 2 Z 1/65, BB 1966, 1246; *Heymann/Emmerich*, § 18 Rn. 48.
5 BGH v. 30.9.1993 – I ZB 16/91, NJW 1994, 196.
6 LG Stuttgart v. 11.4.2000 – 4 KfH T 4/00, BB 2000, 1213; LG Darmstadt v. 21.12.1998 – 22 T 10/98, GmbHR 1999, 482; *Koller/Roth/Morck*, § 18 Rn. 14.

del betreiben; nimmt dieser allerdings einen erheblichen Umfang ein, ist darauf durch einen weiteren Zusatz in der Firma hinzuweisen[1].

75 Der Zusatz „**Lager**" deutet auf dauernde überdurchschnittliche Vorratshaltung hin[2]. Daneben wird auch angenommen, dass damit zusätzlich auf einen Großhandel hingewiesen werde, so dass ein Einzelhandelsgeschäft den Zusatz nicht verwenden dürfe[3]. Das gilt jedenfalls für *Zentral-* oder *Verkaufslager*; der Zusatz *Fabriklager* weist auf besonders enge Beziehungen zum Hersteller hin[4]. Vergleichbares wie für Lager gilt auch für die Bezeichnungen *Hof, Magazin* und *Speicher*.

76 Der Zusatz „**Markt**" hat sich gewandelt. Er ist im Gegensatz zu früherer Auffassung[5] auch für Einzelhandelsgeschäfte zulässig, wenn sie eine bestimmte Größe haben und eine gewisse Angebotsvielfalt aufweisen[6]. Unter den gleichen Voraussetzungen sind auch die Zusätze *Verbrauchermarkt, Supermarkt* zulässig[7]. Der Zusatz *Großmarkt* verlangt ein gegenüber mit dem Zusatz *Markt* firmierenden Unternehmen Geschäft von größerem Zuschnitt mit einer gesteigerten Angebotsvielfalt[8].

13. Gruppe, Pool, Team, Union, Verband, Verbund, Vereinigte

77 Diese Zusätze sind für Einzelhandelsunternehmen unzulässig. Es muss sich um den **Zusammenschluss mehrerer regelmäßig selbständiger Unternehmen** (Mitglieder) zur Wahrung gemeinsamer Interessen handeln. Bestimmte Größenordnungen der Unternehmen werden grundsätzlich nicht mehr verlangt[9]. Auch für den Zusatz *Union* ist im Gegensatz zur früheren Auffassung[10] nicht mehr der kapitalkräftige Zusammenschluss großer Unternehmen erforderlich[11].

---

1 Siehe KG, JW 1930, 1409; OLG Hamm v. 30.10.1962 – 4 U 95/61, NJW 1963, 863 f.; OLG Karlsruhe v. 8.1.1964 – 3 W 88/63, BB 1964, 573 f.; *Heymann/Emmerich*, § 18 Rn. 49; *Baumbach/Hopt*, § 18 Rn. 29; *Bokelmann*, Firmenrecht, Rn. 212; *Haberkorn*, Firmenzusätze, S. 50, 51.
2 RGZ 156, 16, 22 – Hamburger Kaffeelager; OLG Neustadt v. 15.12.1962 – 3 W 115/62, BB 1963, 326; OLG Hamburg v. 7.12.1967 – 3 U 101/67, WRP 1968, 119; *Heymann/Emmerich*, § 18 Rn. 52.
3 DIHT, BB 1968, 439; zust. OLG Köln v. 15.3.1961 – 6 U 127/60, GRUR 1962, 363; nach DIHT, Firmenfibel 1992, S. 17 ist der Zusatz „Lager" allerdings nicht mehr aktuell.
4 *Heymann/Emmerich*, § 18 Rn. 52; die Begriffe verlieren durch Lagerhaltung auf der Straße „just-in-time" erheblich an Bedeutung.
5 Dazu z.B. OLG Hamm v. 4.10.1963 – 15 W 369/63, NJW 1964, 160; OLG Karlsruhe v. 30.5.1969 – 5 W 57/69, BB 1969 Beil. 10, 11 – Schuhmarkt.
6 BGH v. 7.7.1983 – I ZR 119/81, WM 1983, 1318 Schuhmarkt.
7 *Heymann/Emmerich*, § 18 Rn. 53; *Baumbach/Hopt*, § 18 Rn. 30.
8 Vgl. *Staub/Hüffer*, § 18 Rn. 69; a.A. MünchKommHGB/*Heidinger*, § 18 Rn. 159.
9 RGZ 127, 77, 82 f.; 166, 240, 243; *Heymann/Emmerich*, § 18 Rn. 57; *Baumbach/Hopt*, § 18 Rn. 31.
10 So wohl auch *Baumbach/Hopt*, § 18 Rn. 31.
11 *Heymann/Emmerich*, § 18 Rn. 57.

Sozietät bezeichnet in der Regel den Zusammenschluss von Freiberuflern in Form einer Gesellschaft und findet insbesondere bei Rechtsanwälten Verwendung, die sich zu einer **BGB-Gesellschaft** zusammenschließen. Die Bezeichnung ist für den Einzelkaufmann nicht zulässig. Eine Gesellschaft, die Kapitalanlagen vermittelt, darf nicht als *Sozietät X & Y OHG* firmieren[1]. 78

14. Haus

Nach früherer Auffassung durften den Zusatz *Haus* nur Geschäfte führen, die zumindest innerhalb ihres wirtschaftlichen Einzugsbereichs eine Spitzenstellung unter den Konkurrenten aufzuweisen hatten. Die Anforderungen wurden später abgemildert und es wurde nur noch verlangt, dass das Unternehmen **den Durchschnitt sämtlicher Mitbewerber überragt.** Die Rechtsprechung ist uneinheitlich. Große Bedeutung kommt der Branchenüblichkeit zu. Anerkannt ist, dass Bezeichnungen wie z.B. *Gasthaus, Leihhaus* etc. keine Aussage über Größe und Bedeutung des Geschäfts zukommt. Ähnliches gilt für Bezeichnungen wie z.B. *Blumenhaus, Schuhhaus, Seifenhaus, Reformhaus, Zigarrenhaus* etc[2]. Grundsätzlich versteht aber der Verkehr, vor allem in der Einrichtungs- und Möbelbranche sowie im Autohandel unter *-haus* ein Unternehmen, das nach Sortimentsbreite, dem sich daraus ergebenden Umfang der Verkaufsfläche und nach seiner aus dem Umsatz abzuleitenden Größe über den Durchschnitt der örtlichen Wettbewerber hinausragt[3]. Ein Geschäft, das in einer Kleinstadt mit *Bürohaus A-Stadt* firmiert, ist bei dieser Kombination am Ort nicht allein schon deshalb führend, weil es das Einzige ist; ein solches Geschäft muss vielmehr im gesamten Kundeneinzugsgebiet eine herausragende Stellung in Bezug auf Größe und Sortimentsbreite aufweisen[4]. Die Bezeichnung *Autohaus A-Stadt* verlangt eine nach Größe **herausgehobene Stellung** des Geschäfts, das Unternehmen darf sich nicht nahezu ausschließlich mit dem Gebrauchtwagenhandel befassen[5]. Der Zusatz *Auktionshaus* für eine Gesellschaft ist unzulässig, weil Versteigerungen nur natürliche Personen mit Erlaubnis nach § 34b GewO durchführen dürfen[6]. 79

Festzustellen ist, dass die Verkehrsauffassung an die Bezeichnung *-haus* in vielen Branchen immer **geringere Anforderungen** stellt. Der Meinung, der Verkehr verbinde mit diesem Zusatz überhaupt keine besonderen Größen- 80

---

1 OLG Karlsruhe v. 25.1.1984 – 6 U 170/83, WRP 1984, 291; *Wessel/Zwernemann/Kögel*, Die Firmengründung, Rn. 390.
2 Siehe *Heymann/Emmerich*, § 18 Rn. 50; MünchKommHGB/*Heidinger*, § 18 Rn. 162 und 163; *Baumbach/Hopt*, § 18 Rn. 30; ferner in der Rspr. OLG Celle v. 25.1.1963 – 9 Wx 2/62, BB 1963, 325 – Süßwarenhaus; OLG Karlsruhe v. 22.5.1963 – 5 U 104/62, BB 1963, 746 – Fernsehhaus; OLG Oldenburg, Beschl. v. 22.8.1967 – 5 Wx 48/67, BB 1968, 310 – Haarhaus; OLG Hamm v. 1.7.1969 – 15 W 343/68, OLGZ 1969, 507 – Textilhaus.
3 BGH v. 10.2.1982 – I ZR 65/80, NJW 1982, 2923.
4 BayObLG v. 1.2.1990 – BReg. 3 Z 157/89, NJW-RR 1990, 671 f.
5 Vgl. OLG Frankfurt v. 30.3.1965 – 6 W 16/65, BB 1966, 1242.
6 OLG Frankfurt v. 9.6.1989 – 20 W 245/88, NJW-RR 1990, 671.

vorstellungen mehr[1], kann in dieser Allgemeinheit zwar nicht zugestimmt werden, für eine Irreführung wird es aber materiellrechtlich meist an der Wettbewerbsrelevanz fehlen.

15. Revision, Betriebs- und Buchprüfung, Steuerberatung

81 Der Zusatz *Revision* ist nach der Verkehrsauffassung Unternehmen vorbehalten, die auf dem Gebiet der Betriebswirtschaft und des Rechnungswesens berechtigt und in der Lage sind, Betriebs- und Buchprüfungen im umfassenden Sinn vorzunehmen; daran hat auch die Neufassung des § 319 nichts geändert. Der Zusatz darf deshalb **nur von Wirtschaftsprüfern und Wirtschaftsprüfungsgesellschaften** geführt werden. Eine GmbH, die keinen Wirtschaftsprüfer beschäftigt oder als Gesellschafter hat, täuscht mit dem Firmenzusatz *Revisionsgesellschaft* über Art und Umfang ihrer Geschäftstätigkeit[2]. Bei einer Firma *Revisions- und Treuhandgesellschaft, Steuerberatungsgesellschaft mbH* wird die Täuschungsgefahr durch die Hinzufügung von *Steuerberatungsgesellschaft* nicht beseitigt, wenn die oben genannten Voraussetzungen für den Zusatz *Revision* nicht vorliegen. Der Zusatz *Buchführung und Unternehmensberatung* ist in einer Gesellschaftsfirma unzulässig, wenn sie zur Steuerberatung nicht berechtigt ist[3]. Die Aufnahme des Zusatzes „Steuerberatung" in eine Partnerschaft aus Rechtsanwälten ist täuschend[4].

16. Technik

82 Der Zusatz *Technik* erfordert, dass sich das Unternehmen mit technischen Problemlösungen befasst, Planungs- und Entwicklungstätigkeiten vornimmt, über **gehobenes technisches Wissen** bei der Planung, Vorbereitung und Ausführung von Leistungen verfügt, das über den Durchschnitt von Mechanikern und Handwerkern deutlich hinausgeht[5]. Der Zusatz ist unzulässig für Unternehmen, die nur Handels- und Vermittlungstätigkeiten oder nur einfache mechanisch-technische Leistungen erbringen.

17. Treuhand

83 Der Zusatz *Treuhand, Treuhandgesellschaft, Treuhandunternehmen* darf nur von Gesellschaften geführt werden, deren Tätigkeit in der **Übernahme**

---

1 So MünchKommHGB/*Heidinger*, § 18 Rn. 163; *Wessel/Zwernemann*, Die Firmengründung, Rn. 454.
2 OLG Düsseldorf v. 9.7.1976 – 3 W 132/76, BB 1976, 1192; ferner BayObLG v. 29.7.1982 – BReg. I Z 82/81, BB 1982, 1572; OLG Frankfurt v. 3.4.1981 – 20 W 755/80, DB 1981, 1186; OLG Frankfurt v. 24.9.1979 – 20 W 137/79, OLGZ 1980, 151; *Lutter/Hommelhoff/Bayer*, § 4 GmbHG Rn. 38.
3 OLG Düsseldorf v. 4.3.1982 – 2 U 69/81, BB 1983, 399; *Heymann/Emmerich*, § 18 Rn. 54; *Baumbach/Hopt*, § 18 Rn. 28.
4 OLG Rostock v. 29.11.2005 – 6 W 12/05, NZG 2006, 587.
5 BayObLGZ 1981, 88 – Dämmtechnik; OLG Frankfurt v. 29.4.1981 – 20 W 787/80, BB 1981, 1669 – Bürotechnik; *Heymann/Emmerich*, § 18 Rn. 55.

und Verwaltung fremden Vermögens im eigenen Namen besteht[1]. Die uneingeschränkte Bezeichnung ist dann irreführend, wenn nur erlaubnisfreie Treuhandaufgaben ausgeführt werden, weil die von der Verkehrsauffassung erwarteten Kernstücke einer treuhänderischen Tätigkeit, nämlich Anlage und Verwaltung fremden Vermögens im eigenen Namen sowie Beratung in Steuer-, Wirtschafts- und Rechtsangelegenheiten gerade nicht erbracht werden. Weitere Voraussetzung ist, dass die Gesellschaft für ihre Tätigkeiten die erforderlichen Genehmigungen nach dem KWG, dem Rechtsberatungs- und Steuerberatungsgesetz sowie nach der Wirtschaftsprüferordnung aufweist. Die Bezeichnung kann aber zulässig sein, wenn ihr ein **erklärender Zusatz** beigefügt wird, z.B. *Immobilien-Treuhand, Bau-Treuhand*[2].

Die entsprechenden Genehmigungen müssen bei der Eintragung im Handelsregister vorliegen. Ist der Zusatz *Treuhand* in der Firma einer eingetragenen Kapitalgesellschaft unzulässig, ist wegen Satzungsmangels das **Amtsauflösungsverfahren** nach § 144a FGG (§ 399 FamFG) durchzuführen. 84

18. Zentrale, Zentrum, Center

Die Begriffe sind gleichbedeutend. Der Verkehr erwartete früher nicht nur ein Geschäft mit breit gefächertem umfassenden Sortiment, sondern ein Unternehmen, das auch nach Kapitalausstattung und Umsatz in seinem Einzugsgebiet eine Vorrangstellung einnimmt und die Konkurrenz überragt. Die Begriffe wurden als Hinweis auf die **besondere Größe und Bedeutung** des betreffenden Unternehmens verstanden[3]. 85

Im Gegensatz zur früheren Auffassung ist heute nicht mehr zu fordern, dass damit nur **der umfassendste und leistungsfähigste Betrieb** im örtlichen Bereich, der geschäftliche Mittelpunkt des Gebiets schlechthin so bezeichnet werden darf[4]. 86

Die Verkehrsauffassung hat sich branchenabhängig im Sinne einer **Abschwächung** gewandelt. Abgesehen von den Begriffen *Fitness-Center, Bowling-Center, Mitfahrerzentrale*, mit denen kein Größenanspruch verbunden wird, ist allgemein eine herausragende Alleinstellung des Unternehmens im örtlichen Bereich nicht mehr zu fordern. Nach wie vor muss aber ein Unternehmen vorliegen, das die durchschnittlichen Konkurrenten an Größe übertrifft[5]. Nicht zu verkennen ist aber, dass für diesen Begriff ein weitgehender

---

1 BayObLGZ 1989, 44; OLG Frankfurt, OLGZ 1980, 291; *Staub/Hüffer*, § 18 Rn. 71; *Heymann/Emmerich*, § 18 Rn. 56; *Baumbach/Hopt*, § 18 Rn. 35; *Lutter/Hommelhoff/Bayer*, § 4 GmbHG Rn. 38.
2 *Baumbach/Hopt*, § 18 Rn. 35.
3 BGH v. 3.12.1976 – I ZR 151/75, GRUR 1977, 503, 504 – Datenzentrale.
4 So wohl auch noch *Heymann/Emmerich*, § 18 Rn. 59.
5 Dazu für Verfahren nach § 3 UWG a.F. z.B. OLG Koblenz v. 27.7.1989 – 6 U 778/89, WRP 1990, 125 – Bildungszentrum; OLG Hamm v. 14.1.1992 – 4 U 279/91, WRP 1992, 675 – Reha-Zentrum; OLG Düsseldorf v. 9.7.1980 – 2 U 189/80, WRP 1982, 224 – Handelszentrum; *Koller/Roth/Morck*, § 18 Rn. 13; a.A. MünchKommHGB/*Heidinger*, § 18 Rn. 182: der Verkehr erwarte nur noch ein breit gefächertes Sortiment oder eine entsprechende Dienstleistungspalette.

Bedeutungsverlust zu konstatieren ist. Für eine Zweigniederlassung ist die Bezeichnung *Zentrale* grundsätzlich unzulässig[1].

19. Weitere Zusätze

87 Der Zusatz „**Studio**" ist heute ohne besondere Bedeutung, ein Hinweis auf besonders kreative Tätigkeit ist ihm nicht zu entnehmen[2]. „**Meditec**" als mehrdeutiger Hinweis (Medien, Medizin) ist nicht irreführend[3]. „**Apotheke im Ärztehaus**" ist unzulässig, wenn das Haus, in dem sich die Apotheke befindet, nicht unter dem Namen *Ärztehaus* bekannt ist[4]. Irreführend ist die Firma „**Beamten-Einkauf**", wenn an jedermann verkauft wird[5]. Der Zusatz „**Weingut**" setzt einen Betrieb voraus, der auf einer Mindestfläche (Vollerwerbsstelle) Weintrauben produziert und den Wein ausschließlich aus eigenen Weintrauben gewinnt und selbst vermarktet. Die Bezeichnung „**Weingut-Weinkellerei**" ist zulässig, wenn die Voraussetzungen beider Betriebsarten gegeben sind und der Verkauf selbst angebauten Weines mindestens 50% beträgt. Die Bezeichnung „**Herstellung und Vertrieb**" verlangt zumindest gleichwertige Eigenproduktion und ist bei bloßem Handel unzulässig[6]. In dieser Strenge und Allgemeinheit kann die Meinung nicht mehr aufrechterhalten werden; die **Irreführungseignung** hängt vom **Einzelfall ab.**

88 Der Begriff „**Umwelt**" ist wegen seiner Vielfalt stets näher zu konkretisieren. Ein solches Unternehmen muss regelmäßig in den Umweltschutzbereichen „Lärm", „Luft", „Boden" und „Wasser" tätig sein[7]. Die Bezeichnungen „**Bio**" und „**Öko**" weisen darauf hin, dass das Unternehmen Produkte herstellt oder vertreibt, die in natürlichen Verfahren erzeugt bzw. nach ökologischen Grundsätzen gewonnen werden. Werden diese Bezeichnungen im Handel verwendet, muss das überwiegende Warensortiment den genannten Voraussetzungen entsprechen[8]. Der Bereich ist besonders sensibel. Die angesprochenen Verkehrskreise verbinden mit diesen Begriffen sehr konkrete Vorstellungen und richten daran ihr **Einkaufsverhalten** aus; die Wettbewerbsrelevanz ist also in der Regel zu bejahen.

88a Ob der Zusatz „**com**" bei Domain-Firmen täuschend ist, wenn es sich um eine gemeinnützige GmbH handelt, ist zweifelhaft, weil „com" auch „Com-

---

1 RGZ 166, 240, 245.
2 OLG Stuttgart v. 12.12.1986 – 2 U 199/86, NJW-RR 1987, 739; anders noch BayObLG v. 23.11.1971 – BReg. 2 Z 35/71, BayObLGZ 1971, 347 – Modestudio und *Heymann/Emmerich*, § 18 Rn. 60.
3 BayObLG v. 17.5.1999 – 3 ZBR 90/99, NJW-RR 2000, 111.
4 OLG Hamm v. 28.1.1972 – 15 W 79/72, BB 1975, Beil. 12, 15 f.
5 OLG Zweibrücken v. 17.8.1971 – 3 W 88/71, OLGZ 1972, 391, 394.
6 BGH v. 24.10.1975 – I ZR 59/74, DB 1976, 143.
7 BGH v. 14.12.1995 – I ZR 213/93, NJW 1996, 1135, 1136: „umweltfreundlich" verlangt konkrete Benennung des Umweltvorzugs; ferner DIHT, Firmenfibel 1992, S. 22 f.
8 Zu beachten sind dabei entsprechende Verordnungen über die Führung der Bezeichnung „Bio" oder „Öko", z.B. VO EWG Nr. 2092/91 des Rates v. 24.6.1991 über Kennzeichnung von Lebensmitteln u.a., ABl. EG Nr. L 198 v. 22.7.1991, 1.

pany" heißen kann[1]. Die Verwendung der Top-Level-Domain „**ag**" durch eine GmbH soll aber täuschend sein[2].

20. Fremdsprachliche Zusätze

Unternehmen mit Sitz im Ausland können vorbehaltlich einer Täuschungseignung ihre fremdsprachige Firma im Inland verwenden. Bei Unternehmen mit Sitz im Inland sind Zusätze in fremder Sprache, insbesondere in englisch, zulässig, soweit es sich um Begriffe handelt, die **in den deutschen Wortschatz bereits übernommen** worden sind, z.B. *Consulting, Marketing, Merchandising, Franchising*[3]. Die Zulassung von Fantasiefirmen hat gerade in diesem Bereich zu weitgehenden **Lockerungen** geführt, da fremdsprachige Bezeichnungen, wenn sie nicht allgemein verstanden werden, als Fantasiebezeichnungen zulässig sein werden.

89

§ 19
Bezeichnung der Firma bei Einzelkaufleuten, einer OHG oder KG

(1) Die Firma muss, auch wenn sie nach den §§ 21, 22, 24 oder nach anderen gesetzlichen Vorschriften fortgeführt wird, enthalten:

1. bei Einzelkaufleuten die Bezeichnung „eingetragener Kaufmann", „eingetragene Kauffrau" oder eine allgemein verständliche Abkürzung dieser Bezeichnung, insbesondere „e. K.", „e. Kfm." oder „e. Kfr.";
2. bei einer offenen Handelsgesellschaft die Bezeichnung „offene Handelsgesellschaft" oder eine allgemein verständliche Abkürzung dieser Bezeichnung;
3. bei einer Kommanditgesellschaft die Bezeichnung „Kommanditgesellschaft" oder eine allgemein verständliche Abkürzung dieser Bezeichnung.

(2) Wenn in einer offenen Handelsgesellschaft oder Kommanditgesellschaft keine natürliche Person persönlich haftet, muss die Firma, auch wenn sie nach den §§ 21, 22, 24 oder nach anderen gesetzlichen Vorschriften fortgeführt wird, eine Bezeichnung enthalten, welche die Haftungsbeschränkung kennzeichnet.

---

1 *Seifert*, Rpfleger 2001, 395 ff.; dies gilt wohl auch für Zusätze „biz" und „coop"; genauso auch *Weiler*, K&R 2003, 616 ff. für Zusatz „ag".
2 Für § 3 UWG vgl. OLG Hamburg v. 16.6.2004 – 5 U 162/03, CR 2004, 769(„tipp ag"), mit krit. Anm. *Schubert* wegen Widerspruches zum Markenrecht JurPC Web-Dok. 62/2006, Abs. 1–38; a.A. auch *Weiler*, K& R 2003, 616 ff.; zur möglicherweise irreführenden Stellung des Rechtsformzusatzes vgl. § 19 Rn. 39.
3 Z.B. OLG Frankfurt v. 23.3.1979 – 20 W 516/78, OLGZ 1979, 392 – Nonfood; OLG Düsseldorf v. 27.6.1991 – 3 Wx 233/91, NJW-RR 1992, 170 – Futures + Options.

Übersicht

	Rn.		Rn.
I. Allgemeines	1	5. Art. 38 EGHGB	40
II. Die Firma der Einzelkaufleute		6. Sonstige Zusätze	
1. Personenfirma	4	a) & Partner	41
a) Familienname	5	b) Die „GbRmbH"	43
b) Vorname	12	**VII. Die Kennzeichnung der Haftungs-**	
c) Inhabervermerk	15	**beschränkung (§ 19 Abs. 2)**	
2. Sachfirma	17	1. Allgemeines	44
3. Fantasiefirma	18	2. Die GmbH & Co. KG	
4. Gemischte Firma	20	a) Erscheinungsformen	45
III. Die Firma der OHG		b) Die Firma der KG	49
1. Personenfirma	21	aa) Ausgangslage vor dem HRefG	50
2. Sach- und Fantasiefirma	27a	bb) Rechtslage nach dem HRefG	54
IV. Die Firma der KG	28	3. Weitere Fälle des § 19 Abs. 2	62
V. Beteiligung von Gesellschaften	31	4. Zur Ausnahmevorschrift § 19 Abs. 5 S. 2 a.F.	64
VI. Der Rechtsformzusatz	33	**VIII. Sonderfälle**	
1. Einzelkaufleute	35	1. Firmenbildung bei Umwandlung	65
2. OHG und KG	37	2. Beteiligung ausländischer Gesellschaften	67
3. Genossenschaft	38		
4. Stellung des Rechtsformzusatzes	39		

Schrifttum: Siehe oben bei § 17 und § 18 sowie unten vor Rn. 65 und Rn. 67; ferner: *App*, Die Firma einer OHG, BB 1988, 777; *Aschenbrenner*, Die Firma der GmbH & Co. KG, 1976; *Bokelmann*, Das Recht der Firmen- und Geschäftsbezeichnungen, 5. Aufl. 1999; *Bokelmann*, Wichtige Rechtsprechung zum Firmenrecht der GmbH & Co. KG und der GmbH, GmbHR 1983, 236; *Bokelmann*, Die Rechtsprechung zum Firmenrecht der GmbH und der GmbH & Co. KG seit etwa 1980, GmbHR 1987, 177; *Bokelmann*, Die Rechtsprechung zum Firmenrecht der GmbH und der GmbH & Co. KG seit 1987, GmbHR 1994, 356; *Brandes*, Die Rechtsprechung des BGH zur GmbH & Co. KG und zur Publikumsgesellschaft, WM 1987, Sonderbeilage Nr. 1; *Heckschen*, Firmenbildung und Firmenverwertung, NotBZ 2006, 348; *Kögel*, Firmenbildung von Zweigniederlassungen in- und ausländischer Unternehmen, Rpfleger 1993, 8; *Leible/Hoffmann*, Wie inspiriert ist Inspire Art, EuZW 2003, 677; *K. Schmidt*, Handelsrechtliche Probleme der doppelstöckigen GmbH & Co. KG, DB 1990, 93; *Sternberg*, Der Gesellschaftszusatz in der Handelsfirma, 1975; *Timm*, Die Rechtsfähigkeit der Gesellschaft bürgerlichen Rechts und ihre Haftungsverfassung, NJW 1995, 3209; *Wachter*, Aktuelle Probleme bei der Ltd. & Co. KG, GmbHR 2006, 79; *Wessel*, Probleme bei der Firmierung der GmbH u. Co., BB 1994, 1710; *Zimmer*, Nach „Inspire Art" – Grenzenlose Gestaltungsfreiheit für deutsche Unternehmen?, NJW 2003, 3585.
Schrifttum zum HRefG siehe oben vor § 8, vor § 17 und zu § 18.

I. Allgemeines

1 Die Bestimmung macht es Kaufleuten und Handelsgesellschaften zur Pflicht, in die Firma einen **Rechtsformzusatz** aufzunehmen. Eine solche Verpflichtung bestand schon immer für Kapitalgesellschaften und Genossenschaften (§ 4 Abs. 1, 2 AktG, § 4 Abs. 2 GmbHG, § 3 Abs. 2 GenG, je a.F., § 5a Abs. 1

GmbHG für die durch das MoMiG neu geschaffene „Unternehmergesellschaft"). Sie ist nunmehr ausgedehnt auf Einzelkaufleute (§ 19 Abs. 1 Nr. 1)[1] und auf Personenhandelsgesellschaften (§ 19 Abs. 1 Nr. 2 und 3).
Zwingende Rechtsformzusätze haben ferner die Partnerschaftsgesellschaft (§ 2 Abs. 1 PartGG), die SE (Art. 11 SE-VO[2]), die EWIV (Art. 5 lit. a EWIV-VO[3]) sowie die Anwalts-GmbH (§ 59k BRAO, 4 GmbHG)[4] in die Firma bzw. in den Namen aufzunehmen. Die weitgehende Liberalisierung des Firmenrechts, das für sämtliche Einzelkaufleute und Handelsgesellschaften wahlweise eine Personen-, Sach- oder Fantasiefirma zulässt, macht flankierende Maßnahmen erforderlich, um den Verlust an **Informationsgehalt einer Firma** zumindest teilweise zu kompensieren. Die Freiheit in der Firmenbildung findet ihre Grenzen grundsätzlich nur noch in § 18, wonach eine kennzeichnungsgeeignete und unterscheidungskräftige Firma zu wählen ist (dazu oben § 18 Rn. 9 ff.), die nicht irreführend sein darf (oben § 18 Rn. 26 ff.). Mit der Einführung eines Rechtsformzusatzes soll die Firma ihre **Funktion als Informationsträger** über die Rechts- bzw. Gesellschaftsform und über die Haftungsverhältnisse beibehalten; für Gläubiger und Verbraucher werden damit diese Verhältnisse eines Unternehmens transparent[5]. Die Regelung ist nicht lückenlos, da sie nicht alle möglichen Unternehmensträger erfasst. Das können nämlich auch juristische Personen des privaten und des öffentlichen Rechts, früher nach § 36 a.F. privilegierte Unternehmen der öffentlichen Hand, ferner auch Erbengemeinschaften sein[6]. W.-H. Roth[7] folgert daraus, dass auch sie, sofern sie nicht Kaufmann kraft Rechtsform sind, als Kaufmann mit e.K. firmieren müssen, der eingetragene Verein also mit e.V. e.K.

Die obligatorischen Rechtsformzusätze erleichtern die Grenzziehung zwischen Firmen der Kaufleute und den Geschäfts- oder Etablissementbezeichnungen von nicht firmenfähigen **Nicht-Kaufleuten** (näher zur sog. „Minderfirma" oben § 17 Rn. 14 f.). Die Abgrenzungsschwierigkeiten hätten sich durch die generelle Zulassung von Sach- und Fantasiefirmen verschärft, wenn hier nicht der zwingende Rechtsformzusatz klärend eingreifen würde. Das Verbot für Nicht-Kaufleute, eine Firma oder eine firmenähnliche Bezeichnung zu führen, dürfte jetzt weniger Schwierigkeiten bereiten, da bei fehlendem Rechtsformzusatz für neu gebildete Firmen nicht mehr ohne weiteres von einer Firma ausgegangen werden kann. Konsequenzen daraus könnten sich aber für den Ist-Kaufmann ergeben, der bei fehlendem Rechtsformzusatz in seiner Firma oder bei fehlenden Pflichtangaben auf Geschäfts- 2

---

1 Nach W-H. Roth, Das neue Firmenrecht, S. 40 handelt es sich dabei um einen Verlegenheitsbegriff, der als Oberbegriff geschaffen wurde, um damit den Kaufmann und die Kauffrau geschlechtsneutral bezeichnen zu können. Richtig ist, dass „Kaufmann" i.S. des HGB sowohl natürliche als auch juristische Personen sind. Diese Definition gilt z.B. auch für „Kaufmann" in § 37.
2 Verordnung EG Nr. 2157/2001 v. 8.10.2001, ABl. EG Nr. L 294/1 v. 10.11.2001.
3 Verordnung EG Nr. 2137/1985 v. 25.7.1985, ABl. EG Nr. L 199/1 v. 31.7.1985.
4 Dazu Römermann, GmbHR 1999, 526, 530.
5 Vgl. BT-Drucks. 13/8444, S. 37 u. 54; Fezer, ZHR 161 (1997), 52, 60.
6 S. dazu K. Schmidt, ZIP 1997, 909, 916.
7 W.-H. Roth, Das neue Firmenrecht, S. 41.

briefen als **„Schein-Nicht-Kaufmann"** zu behandeln wäre, mit der Folge, dass sich ein Dritter erfolgreich auf den Rechtsschein eines fehlenden Kaufmannstatus berufen könnte[1]. Zu Art. 38 EGHGB siehe oben § 17 Rn. 16 und unten Rn. 40.

3 Einzelkaufleute, Personenhandelsgesellschaften und auch Kapitalgesellschaften haben die Wahl zwischen einer Personen-, Sach- oder Fantasiefirma. Werden bei der Bildung der Firma die Voraussetzungen des § 18 erfüllt und wird in die Firma der nach § 19 erforderliche Rechtsformzusatz aufgenommen, ist die Firma im Handelsregister regelmäßig eintragungsfähig; der **Unternehmenspublizität** ist damit genüge getan[2].

II. Die Firma der Einzelkaufleute

1. Personenfirma

4 Wählt der Einzelkaufmann eine Personenfirma (dazu oben § 18 Rn. 18 f. und Rn. 32 f.), wird er in aller Regel auf seinen bürgerlichen Namen (Familiennamen) zurückgreifen. Der Zwang, in die Firma des Einzelkaufmanns den Familiennamen und einen Vornamen aufzunehmen, ist allerdings mit der durch das HRefg erfolgten Aufhebung von § 18 Abs. 1 a.F. weggefallen. Man wird daher für die Bildung der Personenfirma von der allgemeinen Namensdefinition auszugehen haben, wonach „Name" die sprachliche Kennzeichnung einer Person zur Unterscheidung von anderen ist[3].

a) Familienname

5 Nach § 18 Abs. 1 a.F. musste der Familienname in der Schreibweise in die Firma aufgenommen werden, wie er im Personenstandsregister verzeichnet ist[4]. Jegliche Veränderungen in der Schreibweise oder auch Abkürzungen waren unzulässig. Daran ist nach der Handelsrechtsreform nicht mehr uneingeschränkt festzuhalten[5]. Es können geringfügige **Änderungen in der Schreibweise** oder auch **Abkürzungen** zulässig sein, wenn mit diesem gegenüber dem Personenstandsregister insoweit veränderten Namen der Namensträger dennoch ohne Zweifel von den angesprochenen Verkehrskreisen identifiziert wird, also eine Irreführung im Sinne von § 18 Abs. 2 – und das ist neben der Kennzeichnungseignung und der Unterscheidungskraft die zentrale Bestimmung und der Maßstab für die Zulässigkeit einer Firma – ausgeschlossen ist.

---

1 *W.-H. Roth*, Das neue Firmenrecht, S. 57; s. dazu aber Anh. § 5 Rn. 13 m.w.N.
2 Vgl. *K. Schmidt*, NJW 1998, 2161, 2167.
3 Vgl. *Palandt/Heinrichs/Ellenberger*, § 12 BGB Rn. 1 m.N.
4 *Staub/Hüffer*, § 18 Rn. 8; *Heymann/Emmerich*, § 18 Rn. 6; *Scholz/Emmerich*, § 4 GmbHG Rn. 31.
5 Ausdrücklich a.A. *Baumbach/Hopt*, § 19 Rn. 6; ähnlich MünchKommHGB/*Heidinger*, § 18 Rn. 56.

Ein **Doppelname** war stets vollständig in die Firma aufzunehmen[1]; andererseits war es nicht zulässig, den Familiennamen und den Geburtsnamen in der Form eines Doppelnamens in der Firma zu verwenden[2]. Diese Grundsätze sollten überdacht werden. Wird ein Name zur Firmenbildung verwendet, so geht die Verkehrserwartung davon aus, dass damit in der Regel der Unternehmensträger, also der Einzelkaufmann identifiziert wird. Führt er zwar laut Personenstandsregister einen Doppelnamen, ist er aber auch unter lediglich einem Bestandteil seines Doppelnamens hinlänglich bekannt und identifiziert ihn allein schon dieser Bestandteil, so sollte auch allein mit diesem Bestandteil seines Doppelnamens eine Firmenbildung zulässig sein. Es gibt keine Verkehrserwartung, dass der Name einer natürlichen Person in der Firma mit dem Namen, wie er im Personenstandsregister steht, in jeder Hinsicht identisch ist[3]. 6

Adelsprädikate sind Namensbestandteile (Art. 109 Abs. 3 WeimRV, Art. 123 GG) und waren somit in die Firma aufzunehmen[4]. Man kann zunächst davon ausgehen, dass Adelstitel, die auch heute noch in der Regel einen nicht zu unterschätzenden Werbewert haben, allein schon deshalb in der Firma erscheinen werden. Andererseits sollte aber nichts, vor allem keine gesetzliche Bestimmung, dagegen sprechen, dass ein *von Fürstenberg* nur mit *Fürstenberg* firmiert, allerdings immer unter der Voraussetzung, dass eine Identitätstäuschung ausscheidet[5]. 7

Akademische Grade (z.B. *Prof., Dr.*) sind keine Namensbestandteile. Sie konnten und können in die Firma aufgenommen werden, ohne dass hierfür ein Zwang besteht (dazu näher oben § 18 Rn. 41 ff.). 8

Künstlernamen und Pseudonyme waren früher nach überwiegender Meinung unzulässig, da sie nicht als Familienname i.S.v. § 18 Abs. 1 a.F. zu qualifizieren waren[6]. Die schon früher hier vertretene Gegenmeinung (1. Aufl. § 18 Rn. 14) kann nach der Handelsrechtsreform wohl schon als h.M. gelten. Der Künstlername genießt namensrechtlichen Schutz und kennzeichnet in vielen Fällen die dahinter stehende Person erheblich besser als ihr oft nur Wenigen bekannter bürgerlicher Name. Künstlernamen und Pseudonyme können für die Bildung einer Personenfirma ohne Bedenken verwendet werden. Wenn ein Einzelkaufmann für sein Unternehmen eine Fantasiefirma annehmen darf, ist auch eine Personenfirma zulässig, die zwar nicht auf 9

---

1 Z.B. KG, OLG Rspr. 41, 192; *Heymann/Emmerich*, § 18 Rn. 7.
2 *Staub/Hüffer*, § 18 Rn. 9; MünchKommHGB/*Heidinger*, § 18 Rn. 57.
3 Vgl. LG Passau v. 30.3.2000 – 1 HKT 70/00, Rpfleger 2000, 397 zur Personenfirma einer GmbH, für die es den Namensbestandteil eines Doppelnamens genügen lässt.
4 *Heymann/Emmerich*, § 18 Rn. 7a.
5 MünchKommHGB/*Heidinger*, § 18 Rn. 57.
6 Vgl. BayObLG v. 10.9.1954 – BReg 2 Z 115/54, NJW 1954, 1933 mit eingehenden Nachweisen; *Staub/Hüffer*, § 18 Rn. 8; dieser aber anders für die Gesellschaftsfirma § 19 Rn. 13.

dem bürgerlichen Namen des Unternehmers beruht, aber auf einer anderen, diesen ausreichend identifizierenden Bezeichnung[1].

10 Hat der Einzelkaufmann einen **ausländischen Namen**, ist dieser Name grundsätzlich unverändert zu verwenden. Der ausländische Name darf nicht „eingedeutscht" werden, umgekehrt darf der deutsche Name nicht in einer fremden Sprache wiedergegeben werden[2]. Es kommt nicht darauf an, ob ein Personenname als solcher bekannt, verständlich oder aussagekräftig ist. Das gilt insbesondere auch für nicht in lateinischer Schrift geschriebene arabische, chinesische, japanische Namen etc., die in lateinische Schrift transkribiert werden müssen, um sie allgemein lesbar zu machen[3]; eine Verfälschung der Aussprache muss dabei vermieden werden[4]. Ist es ein Name, der in eine fremde Sprache übersetzbar ist, spricht wohl wenig dagegen, dass ein Kaufmann mit dem Namen *Federle* mit *Pennarini* firmiert, ein Herr *Schuster* seine GmbH als *Zapatero GmbH* eintragen lässt. Die Grenzziehung mag im Einzelfall schwierig sein. Im Zweifel werden aber solche Firmen, wenn keine Irreführung vorliegt, als Fantasiefirmen zulässig sein.

11 **Ehefrauen**, die bei der Eheschließung den Namen des Mannes angenommen haben, dürfen in der Firma nur diesen Namen führen. Sie können aber als **Zusatz ihren Geburtsnamen** mit der Kennzeichnung *geborene* oder abgekürzt *geb.* hinzufügen[5]. Gleiches gilt im umgekehrten Fall für den Ehemann. Seit dem Inkrafttreten des FamNamRG am 1.4.1994[6] ist ein gemeinsamer Ehename nicht mehr obligatorisch (§ 1355 Abs. 1 BGB). Die Eheleute sollen allerdings einen gemeinsamen Ehenamen wählen, der der Geburtsname oder der zur Zeit der Erklärung über die Bestimmung des Ehenamens geführte Name („erheirateter" Name) des Mannes oder der Frau sein kann. Der Ehename darf nicht aus den beiden Geburtsnamen oder „erheirateten" Namen der Ehepartner zusammengesetzt werden. Der Ehepartner, dessen Geburtsname oder „erheirateter" Name nicht Ehename wird, darf aber seinen Geburtsnamen oder „erheirateten" Namen dem Ehenamen voranstellen oder hinzufügen, wenn er bei dem Standesbeamten eine entsprechende Erklärung abgibt (§ 1355 Abs. 4 BGB). Dieser **Begleitname** wird durch Bindestrich mit dem Ehenamen verbunden und bildet dann den persönlichen Familiennamen dieses Ehepartners[7]. Zur Firmenbildung ist grundsätzlich dieser persönliche Familienname zu verwenden. Wird anders verfahren, ist jeweils im Einzelfall festzustellen, ob nach den oben (Rn. 5) dargestellten Grundsätzen eine Irreführung (Identitätstäuschung) vorliegt.

---

1 So *Jung*, ZIP 1998, 677, 683 für die Gesellschaftsfirma; *Baumbach/Hopt*, § 19 Rn. 6; MünchKommHGB/*Heidinger*, § 18 Rn. 66; *Scholz/Emmerich*, § 4 GmbHG Rn. 31 m.w.N. bei Fn. 63.
2 *Staub/Hüffer*, § 18 Rn. 9; a.A. MünchKommHGB/*Heidinger*, § 18 Rn. 58.
3 Vgl. z.B. BayObLG v. 19.7.1973 – BReg. 2 Z 32/73, BayObLGZ 1973, 211; *Heymann/Emmerich*, § 18 Rn. 7.
4 EuGH v. 30.3.1993 – Rs. C–168/91, EuZW 1993, 376, 377.
5 *Baumbach/Hopt*, § 19 Rn. 6; *Heymann/Emmerich*, § 18 Rn. 8.
6 Gesetz zur Neuordnung des Familiennamensrechts v. 16.12.1993, BGBl. I 2504.
7 Siehe dazu MünchKommBGB/*Wacke*, § 1355 BGB Rn. 24; *Wagenitz*, FamRZ 1994, 409, 410.

b) Vorname

In der Firma des Einzelkaufmanns musste vor dem HRefG **mindestens ein ausgeschriebener Vorname** aufgeführt sein. Eine Ausnahme galt nach Art. 22 EGHGB nur für Firmen, die schon vor dem 1.1.1900 in das Handelsregister eingetragen worden sind. Der Vorname muss jetzt mangels einer gesetzlichen Regelung nicht mehr hinzugefügt werden.

Abkürzungen und sonstige Veränderungen des Vornamens sind **zulässig**, sofern eine Irreführung ausscheidet. Demnach ist es zulässig, *Ed* für *Eduard*, *Fritz* für *Friedrich*, *Heinz* für *Heinrich* in der Firma zu verwenden[1]. Es ist der Vorname zulässig, unter dem die Person unabhängig vom Geburtenbuch im Allgemeinen bekannt ist[2]. Keine Bedenken bestehen, wenn neben dem ausgeschriebenen Vornamen dessen gebräuchliche Form zusätzlich in der Firma erscheint, z.B. *Heinrich (Heinz) Wassermann*[3]. **Ausländische Vornamen** dürfen durch Eindeutschung verändert werden, wenn der Namensträger unter der deutschen Form seines Vornamens bekannt ist und damit identifiziert wird. Es kann also *Georg* statt *Giorgio* verwendet werden. Allerdings entspricht der italienische Vorname *Andrea* dem deutschen Vornamen *Andreas*, so dass bei Führung des italienischen Vornamens Verwechslungen wegen des Geschlechts möglich sind und aus diesem Grunde die Aufnahme eines zusätzlichen Vornamens erforderlich werden könnte.

Bei **mehreren im Geburtenbuch eingetragenen Vornamen** steht es dem Kaufmann frei, welchen er für die Firma wählt, es muss nicht der übliche Rufname sein[4]. Allerdings darf er nicht den Vornamen *Maria* allein wählen, sondern muss dann einen weiteren Vornamen aufnehmen, um den Eindruck zu entkräften, der Inhaber des Geschäfts sei eine Frau. Werden in der Firma mehrere Vornamen verwendet, ist die Schreibweise auch der zusätzlichen Vornamen freigestellt, auch insoweit sind Abkürzungen zulässig[5]. Weitere Einschränkungen können sich daraus ergeben, dass ein *Friedrich Meyer* seinen weiteren Vornamen *Eduard* nicht hinzufügen darf, wenn unter *Eduard Meyer* ein anderer Kaufmann am selben Ort bereits bekannt ist[6].

c) Inhabervermerk

Da das Gesetz für die Firmenbildung **keine bestimmte Reihenfolge** vorschreibt, dürfen Vor- und Familiennamen auch in einem sog. Inhaberver-

---

1 Vgl. MünchKommHGB/*Heidinger*, § 18 Rn. 56; einschränkend *Baumbach/Hopt*, § 19 Rn. 6, der, wohl zu Unrecht, meint an Stelle des im Personenstandsregister eingetragenen Vornamens *Heinrich* dürfe nicht *Heinz* verwendet werden. Dem ist entgegenzuhalten: Scheidet eine Irreführung aus, kann mit *Heinz* firmiert werden; denn ein Vorname muss nicht hinzugefügt werden.
2 Schon früher in diese Richtung tendierend *Heymann/Emmerich*, § 18 Rn. 12; *I. Heinrich*, Firmenwahrheit und Firmenbeständigkeit, 1982, Rn. 82.
3 *Staub/Hüffer*, § 18 Rn. 20.
4 OLG Hamburg, OLGE 21, 377 f.; *Heymann/Emmerich*, § 18 Rn. 13.
5 So schon früher *Schlegelberger/Hildebrandt*, § 18 Rn. 5; *Heymann/Emmerich*, § 18 Rn. 13.
6 KG, DR 1940, 456; *Baumbach/Hopt*, § 19 Rn. 6.

merk erscheinen, der nach einer Geschäftsbezeichnung in der Firma an das Ende gestellt wird; z.B. *Autohaus im Tal, Inhaber Theodor Fürst*. Allerdings darf durch eine solche Firmengestaltung nicht der Eindruck entstehen, es werde eine alte Firma nach § 22 oder § 24 fortgeführt.

16 Die Führung des Namens in **adjektivischer oder deklinierter Form** ist **zulässig**, weil dadurch eine Irreführung oder Täuschung nicht zu erwarten ist[1]; zulässig deshalb z.B. *Friedrich Müllersches Blumenhaus, Hans Zechbauers Zigarrengeschäft*. Innerhalb der Firma darf der Name auch in Klammern gesetzt werden[2].

2. Sachfirma

17 Im Gegensatz zu früher dürfen Einzelkaufleute seit dem Inkrafttreten des HRefG auch eine Sachfirma führen. Obwohl das für die Firmen von Kapitalgesellschaften gesetzlich verankerte „**Entlehnungsgebot**" ausdrücklich aufgehoben worden ist[3], wird weiterhin der Standpunkt vertreten, dass ganz allgemein, also auch für die Firma des Einzelkaufmanns, die Sachfirma dem Gegenstand des Unternehmens zu entnehmen ist (so § 4 Abs. 1 S. 1 GmbHG a.F.), weil andernfalls eine Sachfirma täuschend wäre[4]. Davor hat *Priester*[5] zu Recht gewarnt und ausgeführt, aus der Sicht der Firmenpraxis sei zu verhindern, dass die früheren Reglementierungen in der Firmenbildung über die Hintertür des § 18 Abs. 2 wieder hereinkommen. Es könne nicht angehen, die **früheren Firmierungsvorschriften**, vor allem auch bei der Personenfirma, pauschal als Irreführungsmaßstab heranzuziehen. Das würde dazu führen, dass jede neu gebildete Firma, die nicht im Wesentlichen den früheren Firmierungsvorschriften entspricht, als unzulässig, weil irreführend zu behandeln wäre. Man wird aber die Zulässigkeit einer neuen Sachfirma daran messen müssen, ob ihr Gegenstand der tatsächlich ausgeübten Geschäftstätigkeit widerspricht[6]. Erst wenn insoweit eine Irrefüh-

---

1 RGZ 119, 198, 201; Heymann/Emmerich, § 18 Rn. 10.
2 Früher str.; wie hier *Staub/Hüffer*, § 18 Rn. 6; MünchKommHGB/*Heidinger*, § 18 Rn. 65; a.A. KG, RJA 9, 91; *Heymann/Emmerich*, § 18 Rn. 10.
3 Vgl. BT-Drucks. 13/8444, S. 37, vgl. auch MünchKommHGB/*Heidinger*, § 18 Rn. 68.
4 So *Baumbach/Hopt*, § 19 Rn. 9, für dessen Auffassung, das Entlehnungsgebot sei nur im Hinblick auf die nunmehr zulässige Fantasiefirma entfallen, lässt sich der Entstehungsgeschichte des Gesetzes wenig entnehmen. Wäre es nur um diese Frage gegangen, hätte es nahe gelegen, es in § 4 GmbHG dabei zu belassen, dass die Sachfirma dem Unternehmensgegenstand zu entnehmen ist. Damit wäre es aber schwierig geworden, dies auf Einzelkaufleute und Personenhandelsgesellschaften umzusetzen, die eben, anders als die Kapitalgesellschaften (§ 3 Abs. 1 Nr. 2 GmbHG, § 23 Abs. 3 Nr. 2 AktG), keinen zwingend im Gesellschaftsvertrag (Satzung) festgelegten Unternehmensgegenstand haben; zum Zweck des Unternehmensgegenstandes siehe eingehend *Scholz/Emmerich*, § 3 GmbHG Rn. 12. Bei Einzelkaufleuten und Personenhandelsgesellschaften soll in der Anmeldung nur der Geschäftszweig, der häufig sehr allgemein gehalten ist, angegeben werden (näher dazu oben § 18 Rn. 21).
5 *Priester*, DNotZ 1998, 691, 698.
6 Zutreffend *Priester*, DNotZ 1998, 691, 698; vgl. auch *Scholz/Emmerich*, § 4 GmbHG Rn. 22; zur Frage der Irreführung Rn. 24.

3. Fantasiefirma

Schon immer waren Fantasiebezeichnungen als Firmenzusätze weit verbreitet und, sofern nicht täuschend, auch zulässig. Neu ist, dass nunmehr die Firma, also auch der Firmenkern, ausschließlich aus einer Fantasiebezeichnung bestehen darf (dazu oben § 18 Rn. 23 f.). Allerdings wurden auch schon vor der Handelsrechtsreform Fantasiebezeichnungen vereinzelt als Firma zugelassen, wenn aus ihnen der Unternehmensgegenstand nach den gesamten Umständen für die angesprochenen Verkehrskreise noch im Wesentlichen hinreichend erkennbar wurde[1]. Grundsätzlich galt aber immer noch, dass die reine Fantasiefirma unzulässig ist. Jetzt gilt umgekehrt, dass jede Fantasiefirma zulässig ist, wenn sie die Voraussetzungen von § 18 erfüllt und nicht gegen die öffentliche Ordnung oder die guten Sitten verstößt (dazu oben § 18 Rn. 25). Fantasiefirmen haben häufig eine besonders ausgeprägte Unterscheidungs- und Kennzeichnungskraft; auch gegen die Aufnahme von Marken in die Firma bestehen keine Bedenken[2].

18

Die Auffassung, Fantasiefirmen wie *o.K. e.K.*, *Fifty-one-GmbH* oder *1 + 1 AG* u.Ä. seien unzulässig, weil es sich um willkürliche und sinnlose Kombinationen handle, die in dieser Form nicht erlaubt seien und keinen Namensschutz genießen würden, ist in dieser Allgemeinheit abzulehnen. Demgegenüber ist festzuhalten, dass Fantasiebezeichnungen jederzeit frei, also willkürlich, gewählt werden können und auch nicht gefordert werden kann, dass sie besonders sinnvoll sind (zu solchen Firmenbildungen eingehend oben § 18 Rn. 12 ff.). Wenn die früher wegen ihrer engen Auslegung der Firmenvorschriften häufig gescholtene Registerpraxis nunmehr großzügig solche Firmen einträgt, kommt sie damit nur einem Wunsch zahlreicher Wirtschaftsverbände nach, der zudem in einem stark liberalisierten Gesetz seinen Niederschlag gefunden hat. Zu prüfen ist ausschließlich, ob die Firma *X 3 Y* oder *Yes!* (so tatsächlich eingetragen) als unterscheidungskräftig, d.h. als Name zu qualifizieren ist.

19

4. Gemischte Firma

Kombinationen aus Personen-, Sach- und Fantasiefirmen sind in den Grenzen des § 18 uneingeschränkt zulässig[3].

20

---

[1] Bekanntestes Beispiel: „Orlow, Gesellschaft für elektrische Beleuchtung mbH" zulässig, weil Orlow bekanntermaßen der zweitgrößte Diamant der Welt ist. So jedenfalls KG, KGJ 19 A 15.
[2] Vgl. *Scholz/Emmerich*, § 4 GmbHG Rn. 43.
[3] Zur gemischten Firma der GmbH siehe *Scholz/Emmerich*, § 4 GmbHG Rn. 44.

III. Die Firma der OHG

1. Personenfirma

21 Der OHG standen für die **Firmenbildung früher** nach § 19 Abs. 1, 3 und 4 a.F. nur zwei Möglichkeiten offen: Entweder enthielt die Firma den Namen eines Gesellschafters mit einem entsprechenden Gesellschaftszusatz oder die Namen aller Gesellschafter. Die Beifügung von Vornamen war entbehrlich. Namen von Personen, die nicht Gesellschafter waren, durften nach § 19 Abs. 4 a.F. nicht in die Firma aufgenommen werden.

22 Diese rigorosen **Vorschriften** wurden **liberalisiert**; auch der OHG stehen nunmehr für die Firmenbildung die Personen-, Sach- oder Fantasiefirma zur Verfügung. Für die Personenfirma kann auf die Ausführungen zur Bildung der Personenfirma bei Einzelkaufleuten verwiesen werden (oben Rn. 4 ff.). Diese Grundsätze gelten auch hier. Ferner wird für die irreführende Personenfirma auf die Darstellung in § 18 Rn. 32 ff. Bezug genommen.

23 Nach § 19 Abs. 4 a.F. war es untersagt, **Namen gesellschaftsfremder Personen** in die Firma der OHG aufzunehmen, um unzutreffende Vorstellungen über die Unternehmensträger und die Haftungsverhältnisse zu vermeiden[1]. Ein Verstoß hiergegen konnte eine Haftung wie für einen persönlich haftenden Gesellschafter nach Rechtsscheingrundsätzen nach sich ziehen[2]. Die Aufnahme von Namen gesellschaftsfremder Personen in die Firma begegnete nur dann keinen Bedenken, wenn aus der Firmierung deutlich wurde, dass es sich nicht um Namen persönlich haftender Gesellschafter handelt, z.B. X & Y, *Gesellschaft zur Ausnutzung des Z'schen Patents*[3].

24 Da auch für die Personenhandelsgesellschaften die Firmenbildung so frei wie möglich gestaltet werden soll, kann grundsätzlich auch der **Name eines Nichtgesellschafters** in die Firma aufgenommen werden[4]. Die Gegenauffassung[5] beruft sich darauf, dass der Rechtsverkehr nach wie vor davon ausgehe, es handle sich bei Angabe eines Personennamens in der Firma immer um den Namen eines jetzigen oder früheren persönlich haftenden Gesellschafters. Sie lässt dabei aber unberücksichtigt, dass die frühere **Verkehrserwartung** – falls es sie denn je in dieser Form gab und nicht nur auf juristisch vorgebildete Kreise beschränkt war – lediglich die damalige zwingende Gesetzeslage widerspiegelte. Es kann aber davon ausgegangen werden, dass sich die angesprochenen Verkehrskreise ebenso rasch auf die neue Gesetzeslage einstellen werden, bzw. bereits eingestellt haben. Die Grenzziehung ist auch in diesem Bereich ausschließlich nach § 18 Abs. 2 vorzunehmen, dem

---

1 *Staub/Hüffer*, § 19 Rn. 14 f.; *Heymann/Emmerich*, § 19 Rn. 8.
2 *Baumbach/Hopt*, § 19 Rn. 22; *Heymann/Emmerich*, § 19 Rn. 8.
3 *Schlegelberger/Hildebrandt*, § 19 Rn. 3.
4 Vgl. *Schumacher*, HRefG, S. 65; *Priester*, DNotZ 1998, 691, 699; für die Firma der Kapitalgesellschaft *Lutter/Welp*, ZIP 1999, 1073, 1089; differenzierend *Scholz/Emmerich*, § 4 GmbHG Rn. 37.
5 Vgl. *Jung*, ZIP 1998, 677, 681; MünchKommHGB/*Heidinger*, § 18 Rn. 76 und vor § 17 Rn. 54.

aber nicht generell entnommen werden kann, dass die Verwendung des Namens eines nicht persönlich haftenden Gesellschafters stets irreführend sein muss. Man sollte sich vielmehr auf die These beschränken, dass die **Verwendung eines Drittnamens** in der Firma in der Regel nur dann als irreführend einzustufen ist, wenn diese Person überhaupt keine Beziehungen zum Unternehmen der Gesellschaft hat oder hatte[1]. Es kann auch nicht generell davon ausgegangen werden, dass die Verwendung eines Drittnamens ausschließlich zur Erzielung eines – ungerechtfertigten – **Wettbewerbsvorteils** dient[2]. Ein solcher Anfangsverdacht müsste im Registerverfahren erst verifiziert werden, um eine ersichtliche Irreführung anzunehmen. Auch hier sollte man die Feinabstimmung dem Wettbewerbsprozess überlassen.

Findet der **Familienname** Verwendung, sind dieselben Grundsätze, wie sie für die Firma des Einzelkaufmanns gelten, anzuwenden; insoweit und zur Verwendung ausländischer Namen wird auf Rn. 4 oben verwiesen. Wird der Familienname aufgenommen, sind täuschende Umschreibungen nicht erlaubt. Eine Firma *Fritz Meyers Söhne* war unzulässig, wenn Firmengründer ausschließlich die Söhne waren[3]. Gleichfalls unzulässig sollte eine Firma *Kyriazi frères* sein, wenn außer den Gebrüdern Kyriazi weitere Gesellschafter vorhanden waren[4]. Eine solche Firma war aber bei Gesellschaftsgründung jedenfalls dann als zulässig anzusehen, wenn durch einen entsprechenden Zusatz klargestellt wurde, dass weitere Gesellschafter vorhanden sind. Aber selbst ohne einen solchen Zusatz hat es schon früher näher gelegen, die Firma als zulässig einzustufen (vgl. 1. Aufl. § 19 Rn. 16). An der Zulässigkeit einer solchen Firmenbildung dürfte heute kein Zweifel mehr bestehen. 25

Ein Einzelkaufmann, der eine **Firma** führt, in die er neben seinem bürgerlichen Namen (Familiennamen) zulässigerweise auch den Geschäftsgegenstand aufgenommen hat, kann diese Firma in die OHG oder KG in vollständiger Form aufnehmen lassen. Gleiches gilt, wenn er eine abgeleitete, seinen bürgerlichen Namen nicht enthaltende Firma führt[5]. Unter Name i.S.v. § 19 Abs. 1 und 2, ebenso § 4 GmbHG, ist nicht nur der Familienname zu verstehen, da nach § 17 auch die Firma des Kaufmanns dessen Name ist, unter der er seine Geschäfte betreibt und seine Unterschrift abgibt. Grenzen in der Verwendung einer Firma zur Firmenbildung können sich ergeben, wenn dadurch der Grundsatz der Firmenwahrheit verletzt, die Firma täuschend wird. Das ist der Fall, wenn die Firma des namensgebenden Gesell- 26

---

1 Zutreffend *Schumacher*, HRefG, S. 65; vgl. dazu auch oben § 18 Rn. 33 mit der dort zitierten Rechtsprechung.
2 So *Jung*, ZIP 1998, 677, 681.
3 RGZ 156, 363, 366.
4 RGZ 82, 164.
5 So die überwiegende Auffassung schon vor der Handelsrechtsreform, z.B. *Staub/Hüffer*, § 19 Rn. 14; *Heymann/Emmerich*, § 19 Fn. 7; *Wessel/Zwernemann/Kögel*, Die Firmengründung, Rn. 202; für die GmbH: *Hachenburg/Heinrich*, § 4 GmbHG, Rn. 39 f.; *Baumbach/Hueck*, 16. Aufl., § 4 GmbHG Rn. 28; *Scholz/Emmerich*, § 4 GmbHG, Rn. 30; *Baumbach/Hopt*, § 19 Rn. 14; a.A. die ältere Rspr., z.B. BayObLG v. 10.9.1954 – BReg. 2 Z 115/54, BayObLGZ 1954, 203, 205; KG HRR 1939, 92.

schafters Zusätze enthält, die auf die neu gegründete OHG nicht zutreffen (z.B. Größe, Ortsangabe, Unternehmensgegenstand)[1].

27 Gründen die Gesellschafter A, B und C eine OHG, kann die Firma *A&B OHG* lauten. Die Tatsache, dass noch ein weiterer Gesellschafter persönlich haftet, ist nicht irreführend i.S.v. § 18 Abs. 2 (siehe dazu 1. Aufl. § 19 Rn. 21, 22 m.N.).

2. Sach- und Fantasiefirma

27a Für die Sach- und Fantasiefirma einer OHG kann auf die Ausführungen oben Rn. 17 und 18 verwiesen, ferner auf § 18 Rn. 9 f. und Rn. 21 und 23 Bezug genommen werden.

IV. Die Firma der KG

28 Nach § 19 Abs. 4 a.F. durfte auch die Firma der Kommanditgesellschaft **keine andere Namen** als die der persönlich haftenden Gesellschafter enthalten. Das bedeutete, dass der Name eines Kommanditisten in keiner Form, auch nicht andeutungsweise in der Firma erscheinen durfte. Damit sollte sichergestellt werden, dass keine Täuschung des Verkehrs über die Haftungsverhältnisse eintritt. Daraus war herzuleiten, dass Zusätze in der Firma wie *Brüder*, *Gebrüder*, *& Sohn*, *& Söhne*, *Familie X KG* unzulässig waren, wenn die entsprechenden Familienmitglieder nur als Kommanditisten an dem Unternehmen beteiligt waren[2].

29 Nach der Gesetzesneufassung durch das HRefG sollten keine Bedenken bestehen, den Namen eines Kommanditisten allein oder neben dem eines persönlich haftenden Gesellschafters in die Firma der KG aufzunehmen. Es ist nicht einleuchtend, warum es firmenrechtlich zulässig sein soll, dass jemand, der von vornherein im Ergebnis nur als Kommanditist vorgesehen ist, als einer der persönlich haftenden Gesellschafter die KG mit gründet, seinen Namen für die Firma zur Verfügung stellt und spätestens nach Eintragung der KG in das Handelsregister, wie beabsichtigt in die Kommanditistenstellung überwechselt, während es unzulässig sein soll, dass der Kommanditist seinen Namen originär bei der Firmenbildung zur Verfügung stellt (dazu oben § 18 Rn. 34)[3].

---

[1] OLG Karlsruhe, OLGRspr. 1967, 122.
[2] BGH v. 12.11.1984 – II ZB 2/84, NJW 1985, 736 für den Zusatz „& Sohn"; BayObLG v. 9.6.1959 – BReg. 2 Z 21/59, BayObLGZ 1959, 196, 198 für „KG X & Sohn"; OLG Hamm v. 12.7.1966 – 15 W 235/66, NJW 1966, 2171 für „X & Söhne KG"; OLG Oldenburg v. 20.10.1992 – 5 W 81/92, BB 1992, 2309 für „Familie X KG", weil diese Firmierung den Eindruck erweckte, mehrere Familienmitglieder seien persönlich haftende Gesellschafter.
[3] Str., wie hier: OLG Saarbrücken v. 25.2.2006 – 5 W 42/06-14, DB 2006, 1002; *Schumacher*, HRefG, S. 64; MünchKommHGB/*Heidinger*, § 18 Rn. 96; siehe auch oben Rn. 24; nach § 162 Abs. 1 kann eine GbR als Kommanditistin in eine KG aufgenommen werden; ist dies zulässig, kann auch der Name der GbR oder der eines ihrer Gesellschafter zur Firmenbildung herangezogen werden.

Im Übrigen wird wegen weiterer Einzelheiten auf die Grundsätze zur Firmenbildung bei den Einzelkaufleuten (oben Rn. 4 ff.) und der OHG (oben Rn. 21 ff.), verwiesen, die auch auf die Firma der KG sinngemäß anzuwenden sind. 30

V. Beteiligung von Gesellschaften

Außer natürlichen Personen können auch **juristische Personen** und andere **Personenhandelsgesellschaften** Gesellschafter einer OHG oder KG sein[1] (dazu näher unten *von Gerkan/Haas*, § 105 Rn. 57 ff.). Ferner sind beteiligungsfähig die Vor-GmbH, die Vor-AG, die BGB-Gesellschaft[2], die rechtsfähige Stiftung (ebenso unten *von Gerkan/Haas*, § 105 Rn. 58) und der rechtsfähige Verein. Nach noch überwiegender Meinung wird die Beteiligungsfähigkeit verneint für den nichtrechtsfähigen Verein[3] sowie für die Erbengemeinschaft und die eheliche Gütergemeinschaft (unten *von Gerkan/Haas*, § 105 Rn. 65). 31

Ist der **namensgebende Gesellschafter selbst eine Gesellschaft**, ist deren Name bzw. Firma bei der Bildung einer Personenfirma grundsätzlich vollständig in die Firma der Personenhandelsgesellschaft zu übernehmen. Diese Firma ist rechtlich gesehen auch dann eine Personenfirma, wenn der Namensgeber eine Sachfirma führt. Demnach kann auch die Personenfirma einer OHG oder KG nur aus einer Sachbezeichnung und einem Rechtsformzusatz bestehen. Nach früherer Auffassung war Name des Gesellschafters die vollständige und ungekürzte Firma einschließlich des Rechtsformzusatzes; unbedeutende Änderungen, z.B. in der Schreibweise, konnten im Einzelfall zulässig sein. Aber auch hier kann der Maßstab nach der Handelsrechtsreform für die Zulässigkeit der Firmenbildung nur noch § 18 Abs. 2 sein, d.h. wird die Firmenidentität gewahrt, so dass eine Irreführung ausscheidet, können Zusätze in der Firma der namensgebenden Gesellschaft, insbesondere auch der Rechtsformzusatz, weggelassen werden[4]. Anders aber bei der GmbH & Co. KG (dazu unten Rn. 44 ff.). 32

VI. Der Rechtsformzusatz

Mit der Vorschrift des § 19 wird **umfassende Rechtsformpublizität** gewährleistet. Bei den Kapitalgesellschaften verbleibt es bei der bisherigen Rechtslage verbunden mit der Erleichterung, dass nunmehr für den Rechtsformzusatz ausdrücklich eine „allgemein verständliche Abkürzung" gewählt werden darf (vgl. § 4 GmbHG, §§ 4, 279 Abs. 1 AktG). Bei der Kommanditge- 33

---

1 Z.B. für die GmbH schon RGZ 105, 101, 103 ff.; für die AG KG OLGRspr. 42, 214; die Beteiligungsfähigkeit von Personenhandelsgesellschaften folgt schon aus § 19 Abs. 5 a.F.
2 Nach BGH v. 29.1.2001 – II ZR 331/00, NJW 2001, 1056 und § 162 Abs. 1 ist die Beteiligungsfähigkeit der GbR an einer Personenhandelsgesellschaft zu bejahen; vgl. auch *Steinbeck*, DStR 2001, 1162, 1167.
3 *Heymann/Emmerich*, § 105 Rn. 46.
4 Dazu auch *Scholz/Emmerich*, § 4 GmbHG Rn. 45; ferner OLG Stuttgart v. 15.8.2000 – 8 W 80/2000, BB 2001, 14.

sellschaft auf Aktien wird durch § 279 Abs. 2 AktG klargestellt, dass persönlich haftende Gesellschafterin auch eine beschränkt haftende Gesellschaft sein darf, dies aber dann in der Firma zum Ausdruck kommen muss, z.B. *GmbH & Co. KGa.A.*

34 Für Einzelkaufleute und Personenhandelsgesellschaften besteht jetzt die Verpflichtung, durch vorgegebene Bezeichnungen in der Firma auf ihre Kaufmannseigenschaft bzw. Rechtsform hinzuweisen. Damit werden aus Gründen der **Transparenz** die Gesellschafts- und Haftungsverhältnisse offen gelegt, nachdem die Firma selbst wegen der weitgehenden Freiheit in der Firmenbildung solche Informationen nur noch sehr eingeschränkt bietet[1].

Ein Verstoß gegen die Pflicht zur Rechtsformangabe macht die Firma unzulässig und kann zu einem Firmenmissbrauchsverfahren nach § 37 führen. Wird ein unrichtiger Rechtsformzusatz verwendet oder fehlt er, kann daraus eine Rechtsscheinhaftung folgen (dazu oben Rn. 2)[2].

1. Einzelkaufleute

35 Jede Firma von Einzelkaufleuten muss als Rechtsformzusatz (dazu auch oben Vor § 17 Rn. 9 ff.) die Bezeichnung *eingetragener Kaufmann, eingetragene Kauffrau* oder eine allgemein verständliche Abkürzung dieser Bezeichnung, insbesondere *e.K., e.Kfm.* oder *e.Kfr.* enthalten (§ 19 Abs. 1 Nr. 1).

Der **Begriff „Kaufmann"** entspricht der Terminologie des HGB für Einzelunternehmer und darüber hinaus auch der Tradition des Handelsrechts. Für weibliche Kaufleute wurde der bis zur Handelsrechtsreform im HGB nicht vorhandene Begriff *Kauffrau* gewählt, weil die früher in den Art. 6 bis 9 ADHGB verwendete Bezeichnung *Handelsfrau* nicht mehr gebräuchlich ist. Kauffrauen können auch mit dem geschlechtsneutralen Begriff *eingetragener Kaufmann*, abgekürzt *e.K.*, firmieren. Allerdings muss Männern die Bezeichnung *Kauffrau* verschlossen bleiben[3]. Obwohl die vorgeschlagenen Abkürzungen weder verpflichtend noch abschließend sind, hat sich in der Praxis sehr rasch herausgebildet, dass ganz überwiegend die geschlechtsneutrale Abkürzung *e.K.*, häufig auch von Frauen, gewählt wird.

36 *Zimmer*[4] hat die Frage aufgeworfen, wie der noch **nicht** im Handelsregister **eingetragene Kaufmann** zu firmieren hat. Mit Hinweis auf die angeblich vergleichbaren Probleme bei der Vorgesellschaft (GmbH i.G., AG i. Gr.) wird vorgeschlagen, mit *einzutragender Kaufmann, Kaufmann im Eintragungsverfahren* oder als *HGB-Kaufmann* zu firmieren[5]. Dieser Auffassung kann nicht gefolgt werden. Der Ist-Kaufmann erlangt seine Kaufmannseigenschaft

---

1 Vgl. BT-Drucks. 13/8444, S. 54; *Ammon*, DStR 1998, 1474, 1476 f. mit dem Hinweis auf weitere flankierende Vorschriften zur Unternehmenstransparenz nach §§ 37a, 125a HGB, § 35a GmbHG, § 80 AktG, § 25 GenG sowie § 7 Abs. 4 PartGG.
2 *K. Schmidt*, HR, § 12 III 1c, S. 365.
3 Vgl. W.H. *Roth*, Das neue Firmenrecht, S. 31, 39; BT-Drucks. 13/8444, S. 55.
4 *Zimmer*, ZIP 1998, 2050.
5 So *W.-H. Roth*, Das neue Firmenrecht, S. 39; ebenso *Koller/Roth/Morck*, § 19 Rn. 2; differenzierend *Baumbach/Hopt*, § 19 Rn. 4.

unabhängig von seiner Registereintragung mit der Aufnahme des Geschäftsbetriebs. Damit bringt der Hinweis auf die Vor-GmbH wenig, weil die GmbH als solche erst mit der Eintragung im Handelsregister entsteht (§ 11 Abs. 1 GmbHG) und schon deshalb die Rechtsformbezeichnung *GmbH* nicht zu führen hat. Hingegen hat aber der **Ist-Kaufmann** unabhängig von seiner Eintragung in seine Firma die vorgeschriebene Rechtsformbezeichnung nach § 19 Abs. 1 Nr. 1 aufzunehmen. Dabei handelt es sich um einen terminus technicus, der einer philologischen Auslegung nicht zugänglich ist, insbesondere nicht den Eintragungsvorgang beschreibt. Allerdings ist der Kaufmann zur Anmeldung und Eintragung verpflichtet (§ 29); gegebenenfalls muss er dazu mit Zwangsgeld nach § 14 angehalten werden[1].

2. OHG und KG

Während bis zum 1.7.1998 für die Personenhandelsgesellschaften nach dem Gesetz die Angabe der Gesellschaftsform nicht erforderlich war, sondern nur ein das Gesellschaftsverhältnis andeutender Zusatz, z.B. *& Co.* verlangt wurde, ist nunmehr für alle Personenhandelsgesellschaften ein **konkreter Rechtsformzusatz** in der Firma zwingend vorgeschrieben. Die offene Handelsgesellschaft hat die Bezeichnung *offene Handelsgesellschaft* oder eine allgemein verständliche Abkürzung dieser Bezeichnung (§ 19 Abs. 1 Nr. 2), die Kommanditgesellschaft die Bezeichnung *Kommanditgesellschaft* oder eine allgemein verständliche Abkürzung dieser Bezeichnung (§ 19 Abs. 1 Nr. 3) in die Firma aufzunehmen. Die Änderung war vor allem im Hinblick auf die Zulassung von Sach- und Fantasiefirmen zum Erhalt der **Informationsfunktion** der Firma geboten. Die Wahrung der Einheitlichkeit bei der Firmenbildung machte es erforderlich, den Rechtsformzusatz auch für die Personenfirma zwingend anzuordnen. Anders als bei den Einzelkaufleuten wurden Vorschläge für die Abkürzungen nicht in das Gesetz aufgenommen. Die Praxis greift in erster Linie auf die Abkürzungen *oHG* oder *OHG* bzw. *KG* zurück. Soweit andere Abkürzungen oder Mischformen verwendet werden, ist darauf zu achten, dass es nicht zu einer Irreführung i.S.v. § 18 Abs. 2 kommt. Die in der Begründung zum Gesetzentwurf aufgeführten Abkürzungen *oH* oder *OH* sind offenbar so wenig gebräuchlich, dass man von ihrer Verwendung bei der Firmenneubildung Abstand nehmen sollte[2].

37

3. Genossenschaft

Die Firma der Genossenschaft muss die Bezeichnung *eingetragene Genossenschaft* oder die **Abkürzung „eG"** enthalten. Andere Abkürzungen waren

38

---

[1] Vgl. MünchKommHGB/*Heidinger*/, § 19 Rn. 11; zu Recht bezeichnet *K. Schmidt*, HR, § 12 III 1c, S. 365 bei Fn. 112 diese Frage als Scheinproblem; überhaupt keine Bedenken sollten bestehen, wenn die Abkürzung „e.K." verwendet wird, die auch als „einzutragender Kaufmann" gelesen werden könnte. Eine Stichprobe über zufällig ausgewählte zwei Eintragungswochen beim Registergericht München hat ergeben, dass bei Neueintragungen ausschließlich die Bezeichnungen „e.K." oder „eK" gewählt wurden; im Ergebnis wie hier *Canaris*, HR, § 11 Rn. 12.
[2] Vgl. *Heymann/Emmerich*, § 19 Rn. 11; *Staub/Hüffer*, § 19 Rn. 22.

vor der Novellierung des Genossenschaftsrechts[1] nicht zulässig (§ 3 Abs. 2 GenG a.F.). Insbesondere durfte der Firma kein Zusatz beigefügt werden, der darauf hindeutete, ob und in welchem Umfang die Genossen zur **Leistung von Nachschüssen** verpflichtet sind. Der Wegfall des Absatzes 2 von § 3 GenG bedeutet, dass es wiederum zu den früheren Abkürzungen wie *eGmbH* (Genossenschaft ohne Nachschusspflicht) und *eGmuH* (Genossenschaft mit Nachschusspflicht) kommen kann[2]. Solche Firmierungen können aber zu einer Rechtsunsicherheit führen, da unklar ist, ob es sich um eine Genossenschaft oder eine GmbH handelt.

4. Stellung des Rechtsformzusatzes

39 Schon früher war es bei den Kapitalgesellschaften unerheblich, wo der Rechtsformzusatz innerhalb der Firma steht[3]. Das Gesetz enthält auch für Einzelkaufleute und Personenhandelsgesellschaften **keine Vorschrift**, an welcher Stelle in der Firma der Zusatz einzufügen wäre; insbesondere ist nicht vorgeschrieben, dass er am Ende der Firma zu stehen habe, was allerdings aus Gründen der Firmenklarheit wünschenswert ist. Demnach kann der Rechtsformzusatz an jeder Stelle in der Firma stehen, vorausgesetzt es ist sichergestellt, dass dadurch eine Irreführung i.S.v. § 18 Abs. 2 nicht verursacht wird[4]. Da sich nach der Liberalisierung des Firmenrechts in der Regel Rückschlüsse auf die Haftungsverfassung nur noch zuverlässig aus dem Rechtsformzusatz ziehen lassen, ist für dieses zentrale Element der Firmenbildung absolute Klarheit zu fordern, eine Täuschung nicht hinnehmbar. So darf eine GmbH als „*... & Co. GmbH*" firmieren, nicht aber als „*... GmbH & Co.*"[5].

5. Art. 38 EGHGB

40 Die vor dem 1.7.1998 im Handelsregister eingetragenen Firmen durften bis zum 31.3.2003 weitergeführt werden, also auch **ohne Hinzufügung eines Rechtsformzusatzes** (früher Art. 38 Abs. 1 EGHGB, aufgehoben durch Gesetz vom 19.4.2006[6]). Seit dem 1.4.2003 muss der Rechtsformzusatz geführt werden. Ein Verstoß hiergegen führt u.U. zur Einleitung eines Firmenmissbrauchsverfahrens nach § 37. Hat die Änderung der Firmen von Einzelkaufleuten oder Personenhandelsgesellschaften ausschließlich die jetzt vorgeschriebene Aufnahme von Rechtsformzusätzen in die Firma zum

---

[1] BGBl. 2006 I, 1911.
[2] BT-Drucks. 16/1025, S. 81; *Beuthien*, ZRP 1999, 233, nach dem es nicht einleuchtend sei, warum eine Genossenschaft in ihrer Firma nicht auf die Nachschusspflicht ihrer Mitglieder hinweisen darf. Firmenrechtlich sei die Frage z.B. mit der Abkürzung „eGen muH" zu lösen; zum Ganzen auch *Lang/Weidmüller/Schulte*, Genossenschaftsgesetz, 35. Aufl. 2006, § 3 Rn. 14.
[3] *Scholz/Emmerich*, § 4 GmbHG Rn. 52; *Hüffer*, § 4 AktG Rn. 17.
[4] Vgl. dazu öOGH v. 20.1.2000 – 6 Ob 98/99a; NZG 2000, 593 mit Anm. *Schulenburg*.
[5] LG Bremen v. 21.10.2003 – 13 T 12/03, GmbHR 2004, 186.
[6] BGBl. I 866.

Gegenstand, bedarf diese Änderung nicht der Anmeldung zur Eintragung in das Handelsregister (früher Art. 38 Abs. 2 EGHGB, heute Art. 38 EGHGB, eingeführt durch Gesetz vom 23.11.2007[1]). Das bedeutet, dass zwar Einzelkaufleute und Personenhandelsgesellschaften spätestens seit dem 1.4.2003 eine Rechtsformbezeichnung in ihrer Firma führen müssen und dies auch auf den Geschäftsbriefen entsprechend anzuführen haben (§§ 37a, 125a), sie müssen aber auch nach diesem Datum die **Änderung der Firma nicht** zur Eintragung in das Handelsregister **anmelden**, wenn sich die Änderung ausschließlich auf den Zusatz beschränkt. Die Änderung im Register kann, muss aber nicht beantragt werden[2]. Soll nur der Rechtsformzusatz aufgenommen werden, bedarf die Anmeldung dieser Änderung nicht der notariellen Beglaubigung[3].

6. Sonstige Zusätze

a) & Partner

Den Zusatz *und, u., & sowie + Partner* dürfen seit dem 1.7.1995 nur noch Partnerschaftsgesellschaften i.S.d. PartGG im Namen führen (§ 11 Abs. 1 PartGG). Altgesellschaften, die den Zusatz & *Partner* in der Firma haben, genießen zwar Bestandsschutz, falls sie die Firma nicht wesentlich ändern[4], müssen aber spätestens seit dem 1.7.1997 die Rechtsformbezeichnung hinzufügen, z.B. *GbR*. Ob auch neu gegründete **Kapitalgesellschaften** den Zusatz *und Partner* nicht mehr führen dürfen, war zwischen dem OLG Frankfurt und dem BayObLG streitig; der BGH hat sich der Auffassung des BayObLG angeschlossen und entschieden, dass die Verwendung des Zusatzes + *Partner* durch eine nach Inkrafttreten des PartGG errichtete GmbH unzulässig ist[5]. Wird „Partner" aber nur als Bestandteil eines zusammengesetzten Wortes verwendet, solle eine Verwechslung mit dem Rechtsformzusatz „Partner" nicht gegeben sein[6]. 41

Eine GmbH, die seit Jahren eine aus den Nachnamen von Gesellschaftern gebildete Firma mit dem Zusatz & *Partner* geführt hat, ist durch § 11 S. 1 PartGG gehindert, unter Beibehaltung dieses Zusatzes in die Firma zur **Anpassung an** einen **veränderten Gesellschafterkreis** an Stelle der bisherigen 42

---

1 BGBl. I 2631.
2 Vgl. BT-Drucks. 13/8444, S. 70, 71; zu Recht kritisch zu dieser Regelung MünchKommHGB/*Heidinger*, § 19 Rn. 43, 44/.
3 *Böttcher/Ries*, Formularpraxis des Handelsregisterrechts, 2003, Rn. 122, *Krafka/Willer*, Registerrecht, 7. Aufl. 2007, Rn. 207; a.A. noch die Voraufl.
4 BayObLG v. 19.2.2003 – 3 ZBR 17/03, ZIP 2003, 1296; OLG Stuttgart v. 21.3.2000 – 8 W 154/99, NJW-RR 2000, 1128.
5 BGH v. 21.4.1997 – II ZB 14/96, WM 1997, 1101; BayObLG v. 2.8.1996 – 3 ZBR 73/96, FGPrax 1996, 197; OLG Frankfurt v. 20.5.1996 – 20 Wx 121/96, FGPrax 1996, 157; dazu auch *Ammon*, FGPrax 1996, 201, 204 und ablehnend *Bärwaldt/Schabacker*, EWiR § 14 PartGG 1/97, 715; auch der englische Zusatz „partner(s)" ist den Partnerschaften vorbehalten, OLG Frankfurt am Main v. 3.8.2005 – 20 W 111/05, GmbHR 2005, 96.
6 OLG München v. 14.12.2006 – 31 Wx 89/06, GmbHR 2007, 266 „GV-Partner mbH & Co. KG".

Namen die Namen der neuen Gesellschafter aufzunehmen[1]. Bei einer Personenfirma ist anerkannt, dass eine Änderung der Namen wegen Auswechslung der Personen die Aufgabe der alten und Bildung einer neuen Firma bedeutet. Nach LG Zweibrücken[2] soll der Zusatz *Sozietät* neben der Bezeichnung *und Partner* im Namen einer Partnerschaft nicht täuschend sein, weil sie nur eine besondere Art einer BGB-Gesellschaft sei.

b) Die „GbRmbH"

43 Nach einer Entscheidung des BayObLG[3] darf eine Sozietät aus Freiberuflern in ihre Namensbezeichnung nicht die Zusätze *Gesellschaft bürgerlichen Rechts mit beschränkter Haftung* oder *GbRmbH* aufnehmen. Diese Namensbezeichnungen sind geeignet, über geschäftliche Verhältnisse, die für die angesprochenen Verkehrskreise wesentlich sind, irrezuführen (§ 18 Abs. 2). Die durch die Handelsrechtsreform verstärkte Betonung des Rechtsformzusatzes bedeutet, dass gerade in diesem Bereich eine Irreführung nicht hinzunehmen ist; im vorliegenden Fall ist die Verwechslungsgefahr mit einer GmbH zu besorgen. Das Gericht lässt offen, ob mit diesem Zusatz eine wirksame Haftungsbeschränkung überhaupt herbeigeführt werden kann. Diese Frage hat der BGH[4] abschließend geklärt und ausgesprochen: Für die im Namen einer Gesellschaft bürgerlichen Rechts begründeten Verpflichtungen haften die Gesellschafter kraft Gesetzes auch persönlich. Diese Haftung kann nur durch individualvertragliche Vereinbarung, nicht aber durch einen Namens- oder sonstigen Zusatz ausgeschlossen werden, der auf den Willen hinweist, nur beschränkt für Verpflichtungen einstehen zu wollen. Damit ist im Bereich der BGB-Gesellschaft in einem zentralen Punkt Klarheit eingekehrt, das „Ärgernis der GbRmbH"[5] wohl beseitigt. Die GbRmbH, bisher von Beratern als preisgünstiges Alternativmodell zur GmbH gepriesen[6], hat ihre Existenzberechtigung verloren.

---

1 OLG Stuttgart v. 21.3.2000 – 8 W 154/99, NJW-RR 2000, 1128, auch in Abgrenzung zu LG Köln v. 6.9.1998 – 87 T 29/98, GmbHR 1999, 412, das für die Umbenennung des Branchenzusatzes in der Firma nicht von einer Neubildung ausging und den Zusatz „& Partner" auch weiterhin für zulässig erachtete; ferner auch *Scholz/Emmerich*, § 4 GmbHG Rn. 39, 41.
2 LG Zweibrücken v. 25.2.1998 – 4 T 20/98, NZG 1998, 548 mit – zu Recht – kritischer Anm. *Römermann*.
3 BayObLG v. 24.9.1998 – 3 ZBR 58/98, ZIP 1998, 1959 mit durch BGH v. 27.9.1999 – II ZR 371/98, ZIP 1999, 1755 überholter Anm. *Notthoff*; nach OLG München v. 27.8.1998 – 29 W 2437/98, GRUR 1999, 425 ist die Firmierung „GbR mit beschränkter Haftung" irreführend und verstößt gegen § 3 UWG a.F.
4 BGH v. 27.9.1999 – II ZR 371/98, ZIP 1999, 1755 mit Anm. *Altmeppen*.
5 So *Seibert*, Das neue Firmenrecht, S. 124; *Keil*, EWiR § 705 BGB 2/99, 1053.
6 *Brandani*, DNotZ 2000, 140.

VII. Die Kennzeichnung der Haftungsbeschränkung (§ 19 Abs. 2)

1. Allgemeines

Nach § 19 Abs. 2 muss die Firma einer OHG oder KG, wenn in der Gesellschaft keine natürliche Person persönlich haftet, eine Bezeichnung enthalten, welche die Haftungsbeschränkung kennzeichnet. Die Bestimmung entspricht inhaltlich dem § 19 Abs. 5 a.F. Die Änderung – § 19 Abs. 5 S. 2 a.F. wurde nicht übernommen – hat nur klarstellende Bedeutung für mehrstöckige Gesellschaften, bei denen erst ab der dritten Stufe eine natürliche Person persönlich haftet (dazu unten Rn. 64). Im Übrigen wurde die materielle Rechtslage nicht verändert[1], so dass auch die frühere Rechtsprechung zu § 19 Abs. 5 a.F. noch Bedeutung hat. Das Gesetz verlangt in § 19 Abs. 2, dass eine Firma klar erkennen lassen muss, ob eine allseitige Haftungsbeschränkung besteht. In der Praxis betrifft dies weit überwiegend die GmbH & Co. KG, seltener die GmbH & Co. OHG.

2. Die GmbH & Co. KG

1. Erscheinungsformen

In der Regel versteht man unter einer GmbH & Co. KG oder einer GmbH & Co. eine Kommanditgesellschaft, bei der die **GmbH alleiniger Komplementär** ist und einer oder mehrere Kommanditisten vorhanden sind. Obwohl die GmbH & Co. KG damit haftungsmäßig einer GmbH oder AG näher steht, ist sie Personenhandelsgesellschaft und nicht Handelsgesellschaft kraft Rechtsform[2].

Zweck der Bestimmung ist es, die Allgemeinheit über eine **Haftungsbeschränkung bei einer Personenhandelsgesellschaft** ausreichend zu informieren. Mit der seit dem 1.1.1981 geltenden Vorschrift hat der Gesetzgeber die davor liegende Rechtsprechung des BGH festgeschrieben, wonach die Firma einer OHG oder KG, bei der keine natürliche Person persönlich haftender Gesellschafter ist, eine Bezeichnung enthalten muss, welche die Haftungsbeschränkung deutlich macht[3]. Das gilt auch für abgeleitete Firmen nach §§ 22, 24, weil insoweit der Grundsatz der Firmenwahrheit Vorrang hat.

Der Regierungsentwurf zur GmbHG-Novelle v. 15.12.1977[4] hatte ursprünglich zur Kennzeichnung einer allseitigen Haftungsbeschränkung einen selbständigen § 19a enthalten. Danach hätte die Firma einer Kommanditgesellschaft eine Sach- oder Personenfirma sein können mit dem Zusatz *beschränkt haftende Kommanditgesellschaft*. Im Gesetzgebungsverfahren

---

1 Vgl. BT-Drucks. 13/8444, S. 56.
2 BGH v. 18.3.1974 – II ZR 167/72, BGHZ 62, 216, 227.
3 BGH v. 18.3.1974 – II ZR 167/72, BGHZ 62, 216, 226; BGH v. 18.9.1975 – II ZB 9/74, BGHZ 65, 103, 105; BGH v. 8.5.1978 – II ZR 97/77, BGHZ 71, 354, 355 f.; BGH v. 24.6.1982 – III ZR 19/81, BGHZ 84, 285 zu § 15 HGB; BGH v. 13.10.1980 – II ZB 4/80, NJW 1981, 342.
4 BT-Drucks. 8/1347.

ist die Einführung dieser Vorschrift am Wunsch der Praxis gescheitert, die den Besitzstand der vorherigen Standardfirmierung *GmbH & Co. KG* erhalten wollte. Angesichts der Vielzahl der denkbaren Fälle und der sich möglicherweise wandelnden Verhältnisse sollte es unter Ausschöpfung des weiten gesetzlichen Rahmens der Rechtsprechung überlassen bleiben festzustellen, welchen Anforderungen die Kennzeichnung der Haftungsbeschränkung genügen muss[1].

48 Neben der eigentlichen oder echten GmbH & Co. KG gibt es noch die unechte, bei der **neben der GmbH weitere natürliche Personen persönlich haftende Gesellschafter** sind, ohne dass deren Name in der Firma erscheint. Es wäre allerdings wünschenswert, dass im Interesse der Firmenwahrheit und -klarheit nur solche Gesellschaften mit *GmbH & Co. KG* firmieren, bei denen eine allseitige Haftungsbeschränkung gegeben ist, auch wenn anderenfalls von einer relevanten Irreführung nicht gesprochen werden kann. Von einer personengleichen GmbH & Co. KG spricht man, wenn die Gesellschafter der Komplementär-GmbH gleichzeitig die Kommanditisten sind. Bei der Einmann-GmbH & Co. KG ist der Alleingesellschafter der GmbH gleichzeitig einziger Kommanditist.

b) Die Firma der KG

49 Entsprechend den Möglichkeiten bei den Personenhandelsgesellschaften, die ganz allgemein eine Personen-, Sach- oder Fantasiefirma wählen können, ist es auch den Gesellschaftern einer GmbH & Co. KG freigestellt, zwischen diesen Firmenarten zu wählen. Eine dem § 19 Abs. 2 a.F. entsprechende Regelung und auch das Verbot die **Namen von Nichtgesellschaftern** in die Firma aufzunehmen (§ 19 Abs. 4 a.F.) enthält das Gesetz nicht mehr; Maßstab ist jetzt ausschließlich § 18 Abs. 2, also das Irreführungsverbot (dazu oben § 18 Rn. 26 ff.).

aa) Ausgangslage vor dem HRefG

50 Die Firmenbildung bei der eigentlichen GmbH & Co. KG konnte Schwierigkeiten aufwerfen, weil nach § 19 Abs. 2 a.F. die **vollständige GmbH-Firma** in die Firma der KG zu übernehmen war, um den Grundsatz der Firmenidentität zu wahren[2], andererseits war zu beachten, dass die so gebildete Firma der KG **nicht täuschend** sein durfte[3]. Deshalb konnte eine Firma der Komplementär-GmbH, die *Alpha-Möbel GmbH* lautet, nicht in die KG übernommen werden, wenn Unternehmensgegenstand der KG ausschließlich der Handel mit Textilien war; die Firma der GmbH musste geändert werden. Führte die Komplementär-GmbH eine Personenfirma, war sie auch dann vollständig in die KG-Firma zu übernehmen, wenn die namensgebenden

---

1 BT-Drucks. 8/3908, S. 78.
2 Dazu KG v. 5.7.1988 – 1 W 1485/87, NJW-RR 1989, 33; BayObLG v. 27.7.1990 – BReg. 3 Z 86/90, BB 1990, 2065; OLG Hamm v. 2.12.1993 – 15 W 229/93, NJW-RR 1994, 608.
3 BayObLG v. 27.7.1990 – BReg. 3 Z 86/90, BB 1990, 2065.

Personen gleichzeitig Kommanditisten waren, § 19 Abs. 4 a.F. kam dann nicht zur Anwendung[1], weil der Name des Gesellschafters nur in seiner Funktion als namensgebender Gesellschafter der GmbH und nicht als Kommanditist in der Firma erscheint. Eine Firma *Friedrich Müller GmbH* war daher auch dann vollständig in die Firma der GmbH & Co. KG aufzunehmen, wenn der namensgebende Gesellschafter der Komplementär-GmbH gleichzeitig Kommanditist der KG war. Im Regelfall kam eine Veränderung oder Verkürzung der GmbH-Firma nicht in Betracht[2].

Als **zulässige Einschränkungen** waren anerkannt: Der in der Komplementär-Firma ausgeschriebene Rechtsformzusatz durfte in der Firma der KG abgekürzt enthalten sein[3]. Zulässig war es ferner, bestimmte GmbH-Firmenbestandteile wie *Verwaltungs-, Geschäftsführungs-, Besitz-* oder *Beteiligungsgesellschaft* in der Firma der KG wegzulassen, weil solche Bezeichnungen keine starke Unterscheidungskraft haben; allerdings mussten die verbleibenden Firmenbestandteile auch allein als Firma der GmbH nach § 4 GmbHG zulässig sein und es musste sich dabei um die wesentlichen und unterscheidungskräftigsten Teile der Firma handeln, die eine Identifizierung der Komplementär-GmbH ohne weiteres ermöglichten[4]. 51

Fehlte es hieran, war die **Streichung von Firmenbestandteilen** unzulässig. Das galt auch für Angaben in der Komplementär-Firma über den Unternehmensgegenstand, die Größe und die Ortsbezeichnung, wenn sie in der Firma der KG täuschend gewesen wären. In solchen Fällen musste die Firma der GmbH vor Gründung der KG entsprechend geändert werden[5]. 52

Führte die Komplementär-GmbH eine **Sachfirma**, war auch deren Übernahme in die Firma der KG zulässig. Die KG durfte diese Firma auch nach Ausscheiden der GmbH als Komplementärin nach § 24 weiterführen; denn § 19 a.F. galt nur für die ursprüngliche, nicht aber für die abgeleitete Firma. Der GmbH-Zusatz war wegen § 18 Abs. 2 a.F. in der Firma der KG dann zu streichen[6]. 53

---

1 *Heymann/Emmerich*, § 19 Rn. 20.
2 Z.B. BGH v. 14.7.1966 – II ZB 4/66, BGHZ 46, 7, 10; BGH v. 16.3.1981 – II ZB 9/80, BGHZ 80, 353; BayObLG v. 28.9.1979 – BReg. 1 Z 58/79, BayObLGZ 1979, 316; OLG Celle v. 16.6.1976 – 9 Wx 4/76, OLGZ 1977, 59 ff. und KG v. 5.7.1988 – 1 W 1485/87, NJW-RR 1989, 33; BayObLG v. 27.7.1990 – BReg. 3 Z 86/90, BB 1990, 2065; OLG Hamm v. 2.12.1993 – 15 W 229/93, NJW-RR 1994, 608.
3 BGH v. 18.3.1974 – II ZB 3/74, BGHZ 62, 230, 233; BayObLG v. 28.9.1979 – BReg. 1 Z 58/79, BayObLGZ 1979, 316, 318 f.
4 BGH v. 16.3.1981 – II ZB 9/80, BGHZ 80, 353; BayObLG v. 27.7.1990 – BReg. 3 Z 86/90, BB 1990, 2065; *Staub/Hüffer*, § 19 Rn. 46; *Heymann/Emmerich*, § 19 Rn. 21.
5 BayObLG v. 31.3.1978 – BReg. 3 Z 21/77, BayObLGZ 1978, 18 f.; BayObLG v. 28.9.1979 – BReg. 1 Z 58/79, BayObLGZ 1979, 316; BayObLG v. 27.7.1990 – BReg. 3 Z 86/90, BB 1990, 2065; *Staub/Hüffer*, § 19 Rn. 48 ff.; *Heymann/Emmerich*, § 19 Rn. 22.
6 BGH v. 28.3.1977 – II ZB 8/76, BGHZ 68, 271, 273 f.; BayObLG v. 21.6.1977 – BReg. 3 Z 80/76, BayObLGZ 1977, 177, 178; OLG Frankfurt v. 6.2.1970 – 6 W 18/70, OLGZ 1970, 259 ff.

bb) Rechtslage nach dem HRefG

54 Trotz des Wegfalls von § 19 Abs. 2 und 4 a.F. wird vielfach angenommen, die Regelung gelte im Ergebnis dennoch, weil der Rechtsverkehr annehme, mit der Aufnahme eines Namens oder einer GmbH-Firma in die Firma der KG werde der Unternehmensträger, hier die Komplementärin, gekennzeichnet; andernfalls läge eine relevante Irreführung i.S.v. § 18 Abs. 2 vor[1]. Sicherlich hat zunächst die Streichung dieser rigiden Firmenbildungsvorschriften die Möglichkeit zur Bildung von Sach- und Fantasiefirmen eröffnet. Hätte aber der Gesetzgeber auch weiterhin die Aufnahme der **Namen von Nichtgesellschaftern** in die Firma verbieten wollen, so hätte es nahe gelegen, für die Bildung der **Personenfirma** eine ähnliche Regelung wie in § 2 Abs. 1 PartGG zu treffen, der insoweit ein ausdrückliches Verbot enthält. Daraus kann geschlossen werden, dass die Aufnahme der Namen von Kommanditisten in die Firma zulässig ist, solange nicht im Einzelfall eine Irreführung ersichtlich ist. Auch an der Forderung, die Firma der Komplementär-GmbH müsse grundsätzlich stets vollständig in die Firma der GmbH & Co. KG übernommen werden[2], ist nicht mehr festzuhalten.

55 Wird die Firma der GmbH & Co. KG zur Eintragung angemeldet, hat der Registerrichter nicht zu fragen, ob es sich um eine Personen-, Sach- oder Fantasiefirma handeln soll; er prüft die Firma lediglich nach § 18, insbesondere nach Abs. 2. Führt die **Komplementär-GmbH**, wie bisher in den meisten Fällen, eine Sachfirma, und wird diese in geänderter Form für die Firma der KG verwendet, kann offen bleiben, ob noch **Firmenidentität** für eine Personenfirma gewahrt ist oder ob eine Sachfirma originär gebildet wurde, sofern die Firma nicht dem Unternehmensgegenstand bzw. Geschäftszweig der KG widerspricht. Ebenso wie bei der Fantasiefirma sind die Grenzen fließend geworden, weil eben die Firma der KG nicht mehr zwingend als Personenfirma mit der vollständigen Firma der Komplementär-GmbH zu bilden ist. Der geänderten Rechtslage ist Rechnung zu tragen.

56 Die Firma der GmbH & Co. KG hat jetzt zwingend den **Rechtsformzusatz** *Kommanditgesellschaft* oder *KG* oder sonst eine andere allgemein verständliche Abkürzung in die Firma aufzunehmen. Seit Ablauf der Übergangszeit (31.3.2003, vgl. oben Rn. 40) dürfen die Bezeichnungen *& Co* oder *& Cie* und ähnliche nicht mehr ohne Rechtsformzusatz geführt werden[3].

57 Eine andere Frage ist, ob die **originäre Sach- oder Fantasiefirma** einer GmbH & Co. KG auch den Zusatz *GmbH & Co.* führen darf, obwohl die Firma der Komplementär-GmbH nicht übernommen wurde, oder ob sie die Haftungsbeschränkung nur in anderer Weise, z.B. mit *beschränkt haftende Kommanditgesellschaft* anzuzeigen hat. Beispiel: Die *Franz Holzer GmbH* ist einzige Komplementärin der *Holzimport Bad Tölz, beschränkt haftende KG*. Frag-

---

[1] Vgl. z.B. *Bokelmann*, GmbHR 1998, 57; *Jung*, ZIP 1998, 677, 680 f.; *Kögel*, BB 1997, 793, 796.
[2] MünchKommHGB/*Heidinger*, § 19 Rn. 18.
[3] Zu beachten ist, dass GmbH als „... & Co. GmbH" firmieren darf, nicht aber als „... GmbH & Co.", LG Bremen v. 21.10.2003 – 13 T 12/03, GmbHR 2004, 186.

lich ist, ob die KG auch mit *Holzimport Bad Tölz GmbH & Co. KG* firmieren darf, obwohl es eine *Holzimport Bad Tölz GmbH* nicht gibt. Man könnte daran denken, dass deshalb ein Verstoß gegen § 18 Abs. 2 vorliegt, weil die Firma der GmbH & Co. KG irreführend ist. Mag es eine Verkehrserwartung, dass es sich dabei immer um die Firma einer Komplementär-GmbH handelt, früher noch gegeben haben, kann heute mit der starken Zunahme von Fantasiefirmen eine sich ändernde Verkehrserwartung konstatiert werden, die dazu geführt hat, dass der Zusatz *GmbH & Co. KG* nur noch als allgemeiner Haftungsbeschränkungszusatz wie *beschränkt haftende KG* aufgefasst wird und weitere Schlussfolgerungen, insbesondere im Hinblick auf eine Komplementär-GmbH, daraus nicht mehr gezogen werden. Beispiele aus der Registerpraxis können dies verdeutlichen:

Eingetragen wurden: *Anton Waving Systems International Services GmbH & Co. KG,* persönlich haftende Gesellschafterin (phG) *Anton International Holding GmbH; Falk Beteiligungsgesellschaft 73 GmbH & Co. KG,* phG *HWF Bauherrn-Treuhand- und Geschäftsbesorgungs GmbH; IVF Partners Fund GmbH & Co. KG,* phG *Arrow Capital GmbH; Treucura Treuhand GmbH & Co. KG,* phG *Rewiges Revisions- und Treuhandgesellschaft mbH*. Bei dieser Registerpraxis dürfte ein Teil der Theoriediskussion schon überholt sein. 58

Der Grundsatz der **Firmenunterscheidbarkeit** nach § 30 Abs. 1 ist auch auf die Firma der GmbH & Co. KG anzuwenden, d.h. die Firmen der Komplementär-GmbH und der KG müssen sich deutlich unterscheiden. Das hatte in der Praxis dazu geführt, dass bei der Firmenbildung von GmbH und KG oft versucht wurde, die strengen Vorschriften des § 18 Abs. 2 a.F. und der §§ 19, 30 a.F. zu umgehen. Das Problem ist durch das HRefG gelöst, da ein Zwang zur Aufnahme der Firma der Komplementär-GmbH in die Firma der GmbH & Co. KG nicht mehr besteht (siehe dazu oben Rn. 54, 58). 59

Die Firma der GmbH & Co. KG muss nach § 4 GmbHG den **Rechtsformzusatz** *GmbH* oder *mbH* und zusätzlich einen **Gesellschaftszusatz** wie *& Co., & Cie, & Co. KG* enthalten. Die Bezeichnung *KG* ist als Rechtsformzusatz für nach dem 1.7.1998 gegründete Gesellschaften zwingend. Nicht zulässig ist es, unter Weglassung des Zusatzes *& Co* mit *GmbH KG* zu firmieren oder zwischen GmbH und KG an Stelle des Zusatzes *& Co.* einen unternehmensbezogenen Zusatz einzuschieben[1]. Das gilt auch weiterhin, wenn eine Irreführung nach § 18 Abs. 2 zu besorgen ist. 60

Die **Rechtsprechung** hat in folgenden Einzelfällen die Firmierung, weil sie irreführend ist, für **unzulässig** erklärt: 61

W & R KG-GmbH & Cie, weil der Eindruck erweckt wird, Komplementärin sei eine KG und die Firmenbestandteile GmbH & Co. KG nur in dieser Reihenfolge und Zusammensetzung verwendet werden dürfen[2]. *K & Co. GmbH & Co. KG, HM & Sohn GmbH & Co.,* weil der Anschein erweckt wird, ne-

---
1 BGH v. 24.3.1980 – II ZB 8/79, NJW 1980, 2084.
2 BGH v. 28.5.1979 – II ZB 4/79, NJW 1979, 1986, 1987 und BGH v. 13.10.1980 – II ZB 4/80, NJW 1981, 342.

ben der GmbH bestehe eine Personenhandelsgesellschaft[1]. *X GmbH KG & Co., X KG (GmbH & Co)*[2], *X KG M* und *M GmbH & Co*[3]. *X GmbH Kommanditgesellschaft*[4], weil die Bezeichnungen GmbH und KG oder Kommanditgesellschaft nicht unmittelbar nebeneinander stehen dürfen und zwischen ihnen zwingend ein *& Co.* stehen muss; Abtrennung durch Bindestrich, Komma oder Klammerzeichen ist nicht ausreichend[5]. Die Firmierung *GmbH KG* ist auch dann unzulässig, wenn zwischen den Gesellschaftszusätzen ein unternehmensbezogener Sachzusatz eingeschoben wird; deshalb ist die Firmierung *X GmbH Handels KG* oder *X GmbH Holzbau KG* unzulässig[6]. Diese Entscheidungen dürfen aber nicht mehr unbesehen übernommen werden. Eine Firma *Autohaus Schönhuber GmbH & Co Autohandel KG* ist nicht irreführend und wurde in ähnlicher Form auch schon in das Handelsregister eingetragen. Zum Zusatz „AG", wenn die Kommanditistin eine AG ist, vgl. § 18 Rn. 36.

3. Weitere Fälle des § 19 Abs. 2

62 Die Bestimmung des § 19 Abs. 2 hat zwar in erster Linie für die weit verbreitete GmbH & Co. KG Bedeutung, sie erfasst aber auch die Fälle einer **AG & Co. KG, einer Stiftung & Co. KG**, einer **e.V. & Co. KG**[7] und seit dem MoMiG einer **KG (haftungsbeschränkt)** oder **Unternehmergesellschaft (haftungsbeschränkt) & Co. KG**. Auch erfasst sind die Fälle, in denen sich eine englische Limited an einer KG als einzige persönlich haftende Gesellschafterin beteiligt. Die Firmierung „...ltd. & Co. KG" macht die Haftungsbeschränkung genügend sichtbar; ein zusätzlicher Hinweis „... ltd. (GmbH nach englischem Recht)." erscheint überflüssig[8]. Die komplementärfähige Vor-GmbH firmiert mit *X-GmbH i.G. & Co. KG*. Mit Eintragung der GmbH in das Handelsregister entfällt der Zusatz *i.G.* bzw. *in Gründung* (dazu unten § 21 Rn. 8). Auf eine OHG, die nur aus juristischen Personen besteht oder deren persönlich haftende Gesellschafter andere OHGs oder KGs sind, deren persönlich haftende Gesellschafter wiederum nur juristische Personen sind, findet § 19 Abs. 2 ebenfalls Anwendung. Eine allgemein anerkannte Praxis hat sich allerdings für die Bezeichnung der „beschränkt haftenden OHG"[9]

---

1 BGH v. 13.10.1980 – II ZB 4/80, NJW 1981, 342, 343; BGH v. 12.11.1984 – II ZB 2/84, NJW 1985, 736, 737.
2 BayObLG v. 23.2.1973 – BReg. 2 Z 75/72, BayObLGZ 1973, 75; BayObLG v. 20.2.1978 – BReg. 1 Z 1/78, BayObLGZ 1978, 40.
3 OLG Hamm v. 21.4.1980 – 15 W 304/79, OLGZ 1980, 311.
4 OLG Hamm v. 22.7.1966 – 15 W 151/66, NJW 1966, 2172.
5 BayObLG v. 24.1.1978 – BReg. 3 Z 163/76, DB 1978, 838; OLG Oldenburg v. 1.12.1989 – 5 W 136/89, NJW-RR 1990, 357.
6 BGH v. 24.3.1980 – II ZB 8/79, NJW 1980, 2084; BayObLG v. 23.2.1973 – BReg. 2 Z 75/72, BayObLGZ 1973, 75; OLG Stuttgart v. 29.4.1977 – 8 W 573/76, OLGZ 1977, 301 f.
7 *Staub/Hüffer*, § 19 Rn. 73 ff.
8 Vgl. *Baumbach/Hopt*, § 19 Rn. 42; *Wachter*, GmbHR 2006, 81; teilw. abweichend LG Göttingen v. 12.7.2005 – 3 T 1/05, EWiR 2005, 797, das bei operativen Gesellschaften das Ausschreiben des Ltd.-Zusatzes verlangt, mit abl. Anm. *Wachter*.
9 Für diese Bezeichnung OLG Hamm v. 6.4.1987 – 15 W 194/85, NJW-RR 1987, 990; Bedenken dagegen bei *Heymann/Emmerich*, § 19 Rn. 29.

noch nicht herausgebildet. Für zweifelhaft bzw. unzulässig wurden die Firmierungen angesehen *X GmbH & Co. OHG* sowie *X OHG mbH*[1]. Die Anforderungen an eine ausreichende Kenntlichmachung der Haftungsbeschränkung im Einzelnen sollen nach Meinung des Gesetzgebers der Rechtsprechung überlassen bleiben[2]. Diese zum § 19 Abs. 5 a.F. geäußerte Auffassung des Rechtsausschusses hat auch nach der Neufassung in § 19 Abs. 2 noch Geltung; es kommt ausschließlich darauf an, dass die Haftungsbeschränkung in der Firma deutlich und unzweideutig kenntlich gemacht wird und eine Irreführung ausscheidet. Ist eine GbR Komplementärin einer KG, muss die Firma der KG den Zusatz „... GbR & Co. KG" enthalten[3].

Ein Verstoß gegen § 19 Abs. 2, z.B. ein Auftreten im Geschäftsverkehr ohne GmbH & Co.-Zusatz, kann für Gesellschafter oder Geschäftsführer zur **Rechtsscheinhaftung** gesamtschuldnerisch mit dem Unternehmensträger führen, weil der Anschein erweckt wird, zumindest eine natürliche Person hafte unbeschränkt[4]. 63

4. Zur Ausnahmevorschrift des § 19 Abs. 5 S. 2 a.F.

Nach § 19 Abs. 5 S. 2 a.F. war der die Haftungsbeschränkung kennzeichnende **Zusatz entbehrlich**, wenn zu den persönlich haftenden Gesellschaftern eine OHG oder KG gehört, bei der ein persönlich haftender Gesellschafter eine **natürliche Person** ist. Nach Ansicht des Kammergerichts[5] handelte es sich hierbei um eine eng auszulegende Ausnahmevorschrift, die nur den Fall trifft, dass wenigstens auf der zweiten Stufe eine natürliche Person unbeschränkt für die Schulden der Gesellschaft haftet. Nach BayObLG[6] galt die Bestimmung aber über ihren Wortlaut hinaus auch für die Fälle, in denen in einer mehrstufigen KG erst auf deren dritter Ebene eine natürliche Person unbeschränkt haftet. Für die Auffassung des Kammergerichts sprach allenfalls der reine Wortlaut, nicht aber der Sinn der Vorschrift des § 19 Abs. 5 a.F. Über eine im Ergebnis nicht gegebene Haftungsbeschränkung muss der Verkehr nicht informiert werden; ein Zusatz *beschränkt haftende KG* wäre eher verwirrend. Der Zusatz war auch nicht damit zu rechtfertigen, dass sich der Geschäftspartner bei einer solch komplizierten Unternehmensstruktur auf die Suche nach der natürlichen Person begeben müsse[7]. Abgesehen davon, dass bei einem elektronisch geführten Handelsregister sämtliche Informationen über die Unternehmensstruktur und damit auch über 64

---

1 KG v. 5.7.1988 – 1 W 1485/87, DB 1988, 1689 und OLG Hamm v. 6.4.1987 – 15 W 194/85, NJW-RR 1987, 990.
2 Vgl. Rechtsausschuss, BT-Drucks. 8/3908, S. 78.
3 LG Berlin v. 8.4.2003 – 102 T 6/03, NZG 2003, 580.
4 BGH v. 8.5.1978 – II ZR 97/77, BGHZ 71, 354, 356; MünchKommHGB/*Heidinger*, § 19 Rn. 33; *Baumbach/Hopt*, § 19 Rn. 30.
5 KG v. 5.7.1988 – 1 W 1485/87, ZIP 1988, 1194; ebenso jetzt *Heymann/Emmerich*, § 19 Rn. 30; MünchKommHGB/*Heidinger*, § 19 Rn. 25.
6 BayObLG v. 8.9.1994 – 3 ZBR 118/94, BayObLGZ 1994, 252; ebenso *Baumbach/Hopt*, § 19 Rn. 25; *Koller/Roth/Morck*, § 19 Rn. 5; HK/*Ruß*, § 19 Rn. 5; ablehnend *Ahrens*, DB 1997, 1065, 1067.
7 So aber *Bokelmann*, EWiR § 19 HGB 1/95, 267.

haftende natürliche Personen innerhalb kürzester Zeit zu erhalten sind, wird ein Haftungsbeschränkungszusatz von der Allgemeinheit nicht dahin verstanden, dass möglicherweise Schwierigkeiten beim Auffinden der natürlichen Person bestehen. Die Auffassung des BayObLG wird durch die Neufassung von § 19 Abs. 2 bestätigt. Die Gesetzesfassung stellt klar, dass eine Haftungsbeschränkung nur dann in die Firma aufzunehmen ist, wenn auf keiner Stufe letztlich eine natürliche Person für die Verbindlichkeiten der Gesellschaft gesellschaftsrechtlich persönlich haftet[1].

VIII. Sonderfälle

1. Firmenbildung bei Umwandlung

Schrifttum: *Bokelmann*, Die Firma in der Umwandlung, ZNotP 1998, 265; *Heckschen*, Das Umwandlungsrecht unter Berücksichtigung registerrechtlicher Problembereiche, Rpfleger 1999, 357, 363; *Limmer*, Firmenrecht und Umwandlung nach dem HRefG, NotBZ 2000, 101; *Neye*, Die Änderungen im Umwandlungsrecht nach den handels- und gesellschaftsrechtlichen Reformgesetzen in der 3. Legislaturperiode, DB 1998, 1649.

65 Für die Firmenbildung bei **Verschmelzung durch Aufnahme** gilt § 18 UmwG. Danach darf der übernehmende Rechtsträger die Firma eines der übertragenden Rechtsträger, dessen Handelsgeschäft er durch Verschmelzung erwirbt, mit oder ohne Beifügung eines das Nachfolgeverhältnis andeutenden Zusatz fortführen. Grundsätzlich zwingt die Verschmelzung den übernehmenden Rechtsträger nicht, seine Firma zu ändern; er kann sie auch dann beibehalten, wenn er das Handelsgeschäft des übertragenden Rechtsträgers fortführt. Ferner kann er unter Beachtung der Grundsätze des allgemeinen Firmenrechts (§§ 18, 19) die Firma ändern oder eine völlig neue Firma, also auch eine Mischform aus den bestehenden Firmen, bilden. Will der übernehmende Rechtsträger die Firma des übertragenden fortführen, z.B. weil es sich um eine gut eingeführte Firma mit Tradition handelt, setzt dies voraus, dass es sich bei dem übertragenden Unternehmen um ein noch bestehendes Handelsgeschäft handelt, dessen Rechtsträger eine Firma, nicht nur eine Geschäftsbezeichnung, zulässigerweise führt; auf die Rechtsform kommt es nicht an. Das Recht zur Firmenfortführung besteht hier kraft Gesetzes, es bedarf, anders als nach § 22, nicht der Zustimmung des übertragenden Rechtsträgers[2], da es sich um einen Sondertatbestand des § 22 handelt[3]. Die Firma des Übertragenden wird durch die Verschmelzung aufgelöst. Bei einer Fortführung ist die Firma im Wesentlichen unverändert beizubehalten. Änderungen zur Vermeidung von Irreführungen (z.B. hinsichtlich des Unternehmensgegenstandes) sind aber nicht nur zulässig, sondern sogar geboten, insbesondere wenn es um den zutreffenden Rechtsformzusatz

---

1 Vgl. BT-Drucks. 13/8444, S. 56; überholt damit auch *Ahrens*, DB 1997, 1065.
2 *Bork* in Lutter, 3. Aufl. 2004, § 18 UmwG Rn. 3.
3 *Limmer*, NotBZ 2000, 101, 102.

geht¹. Ist eine natürliche Person nur am übertragenden Rechtsträger beteiligt, darf deren Name in der neuen oder fortgeführten Firma nur verwendet werden, wenn sie ausdrücklich einwilligt (§ 18 Abs. 2 UmwG)². Sonderregelungen enthält § 18 Abs. 3 UmwG für die Partnerschaftsgesellschaft, die als übernehmende Gesellschaft § 2 Abs. 1 PartGG zu beachten hat, so dass für sie die Fortführung einer reinen Sach- oder Fantasiefirma unzulässig ist³.

Die **Firmenbildung bei Formwechsel** in eine Personenhandelsgesellschaft regelt § 200 UmwG. Nach § 200 Abs. 1 S. 2 UmwG a.F. war § 18 Abs. 1 S. 2 und 3 UmwG a.F. entsprechend anzuwenden, was dazu führte, dass bei dem für die Praxis bedeutsamen Formwechsel einer Kapitalgesellschaft in eine Personenhandelsgesellschaft das Gesetz, anders als z.B. nach §§ 22, 24, eine Firmenbeständigkeit verwehrte und dem Grundsatz der Firmenwahrheit Vorrang einräumte. Damit stand diese Regelung im Gegensatz zu § 22. 66

Diese Regelung ist aufgehoben, weil das Verbot für Personenhandelsgesellschaften, eine Sachfirma zu führen, nach § 19 nicht mehr besteht. Rechtsformbezeichnungen müssen zutreffend sein. Die Aufnahme nur eines anderen Rechtsformzusatzes (§ 200 Abs. 2 UmwG) in die ansonsten unveränderte Firma stellt weder eine Firmen- noch eine Satzungsänderung dar⁴. § 200 Abs. 3 UmwG enthält wie § 18 Abs. 2 UmwG einen Einwilligungsvorbehalt, § 200 Abs. 4 UmwG trifft eine mit § 18 UmwG vergleichbare Regelung für die Partnerschaftsgesellschaft. Bei einem Formwechsel in eine BGB-Gesellschaft (GbR) erlischt die Firma (§ 200 Abs. 5 UmwG).

Für die **Firmenfortführung bei der Spaltung** (Aufspaltung) verweist § 125 S. 1 UmwG auf die Anwendung von § 18 UmwG. Hingegen ist für die **Abspaltung und Ausgliederung** die Anwendbarkeit von § 18 UmwG gesetzlich ausgeschlossen (§ 125 S. 1 UmwG)⁵. 66a

2. Beteiligung ausländischer Gesellschaften

Schrifttum: *Kowalski/Bormann*, Beteiligung einer ausländischen juristischen Person als Komplementärin einer deutschen KG, GmbHR 2005, 1045; *Süß*, Muss die Limited sich vor Gründung einer Ltd. & Co. KG in das deutsche Handelsregister eintragen lassen?, GmbHR 2005, 673; *Werner*, Die Ltd. & Co. KG – eine Alternative zur GmbH & Co. KG, GmbHR 2005, 288; s. ferner die Nachweise vor Rn. 1.

Die Beteiligung ausländischer Gesellschaften, einschließlich Kapitalgesellschaften, mit Sitz im EU- und EFTA-Bereich an einer inländischen OHG 67

---

1 *Staub/Hüffer*, Anh. § 22 Rn. 7.
2 Dazu *Bork* in Lutter, 3. Aufl. 2004, § 18 UmwG Rn. 5; ferner SchlHOLG v. 15.11.2000 – 2 W 145/00, BB 2001, 223.
3 *Bork* in Lutter, 3. Aufl. 2004, § 18 UmwG Rn. 8.
4 OLG Frankfurt v. 19.2.1999 – 20 W 72/99, BB 1999, 554.
5 Zu diesen Fragen eingehend *Limmer*, NotBZ 2000, 101, 104 f.; vgl. auch *Baumbach/Hopt*, § 19 Rn. 40.

oder KG ist **grundsätzlich zulässig**[1]. Die Übernahme der Komplementärstellung soll alleine noch nicht zur Verpflichtung der Anmeldung einer Zweigniederlassung führen[2]. Für die Firmenbildung gilt deutsches Firmenrecht, so dass § 19 uneingeschränkt Anwendung findet. Soll die ausländische Gesellschaft persönlich haftende Gesellschafterin und namensgebende Gesellschafterin der OHG oder KG sein, erfordert der Grundsatz der Firmenidentität, dass deren Firma einschließlich des ausländischen Rechtsformzusatzes in die Firma der OHG oder KG übernommen wird[3]. § 19 Abs. 2 ist zu beachten, wenn die ausländische Gesellschaft die einzige persönlich haftende Gesellschafterin ist und ihrerseits nur beschränkt haftet; in einem solchen Fall sei in die Firma grundsätzlich *& Co. KG* aufzunehmen, um eine Täuschung des Verkehrs durch ungewohnte Firmenbildung zu vermeiden[4].

68 Es erscheint aber zweifelhaft, ob der Zusatz „**& Co. KG**" allein geeignet ist, eine allseitige Haftungsbeschränkung hinreichend deutlich zu machen. Die ausländische Rechtsformbezeichnung kann oft schon wegen bestehender Sprachschwierigkeiten die nach § 19 Abs. 2 erforderliche **Warnfunktion** nicht wahrnehmen. Ist eine Private Limited persönlich haftende Gesellschafterin, wird angesichts der Bekanntheit der Limited im Inland auch der Zusatz *Limited* ausreichen[5] und zwar auch ohne Zusatz „GmbH nach deutschem Recht"[6]. Wenn es sich um Rechtsformbezeichnungen aus weniger geläufigen Sprachen handelt, erscheint eine Eindeutschung des Beschränkungszusatzes angebracht[7].

Teilweise wird bezweifelt, ob sich eine **ausländische** Gesellschaft wirksam als **Komplementär-Gesellschaft** an einer inländischen Kommanditgesellschaft beteiligen kann, wenn das ausländische Recht, dem die Gesellschaft untersteht, eine solche Beteiligung ausdrücklich verbietet[8]. Für Komplementärgesellschaften aus dem Raum der EU und der EFTA wird man dies aber nach „Inspire Art" nicht mehr vertreten können[9].

---

1 Siehe oben Vorbemerkung Vor § 13 Rn. 4 ff.; BayObLG v. 21.3.1986 – BReg. 3 Z 148/85, BayObLGZ 1986, 61; OLG Saarbrücken v. 21.4.1989 – 5 W 60/88, NJW 1990, 647; *Staub/Hüffer*, § 19 Rn. 78 ff.; *Heymann/Emmerich*, § 19 Rn. 31; MünchKommHGB/*Heidinger*, § 19 Rn. 28 ff.; ablehnend wegen „Normenmix" *Staudinger/Großfeld*, IntGesR, 1998, Rn. 536 ff.
2 OLG Frankfurt am Main v. 24.4.2008 – 20 W 425/07, BB 2008, 1197.
3 BayObLG v. 21.3.1986 – BReg. 3 Z 148/85, BayObLGZ 1986, 61, 66 ff.
4 *Staub/Hüffer*, § 19 Rn. 78 ff.; *Heymann/Emmerich*, § 19 Rn. 31.
5 *Werner* GmbHR 2005, 292 m.w.N.
6 *Baumbach/Hopt*, § 19 Rn. 42; *Wachter*, GmbHR 2006, 81; a.A. LG Göttingen v. 12.7.2005 – 3 T 1/05, EWiR 2005, 797 mit abl. Anm. *Wachter*.
7 Ähnlich *Heckschen* NotBZ 2006, 351.
8 Vgl. *Staub/Hüffer*, § 19 Rn. 81; differenzierend MünchKommHGB/*Heidinger*, vor § 17 Rn. 93.
9 *Kowalski/Bormann*, GmbHR 2005, 1046; *Werner*, GmbHR 2005, 288; auch eine Voreintragung der Limited (oder einer anderen ausländischen Gesellschaft) als Zweigniederlassung, wie es das AG Bad Oeynhausen v. 15.3.2005 – 16 AR 15/05, GmbHR 2005, 693 verlangt, ist nicht erforderlich, vgl. *Kowalski/Bormann* und *Werner* a.a.O. Allerdings wird man die (nachträgliche) Anmeldung der selbständigen Zweigniederlassung der Limited über § 14 erzwingen können; dagegen aber OLG

§ 20

(aufgehoben)

Die Vorschrift, die sich mit der Firma der Aktiengesellschaft bzw. Kommanditgesellschaft auf Aktien befasst hatte, ist durch § 18 Abs. 1 EGAktG vom 30.1.1937[1] anlässlich der Aktienrechtsreform 1937 mit Wirkung vom 1.10.1937 aufgehoben worden; an ihre Stelle sind die §§ 4, 279 AktG getreten. Für Altfirmen (entstanden vor dem 1.1.1900) galt zunächst Art. 22 EGHGB[2], seit dem 31.12.1978 eingeschränkt durch § 26a EGAktG: auch Altfirmen müssen den Zusatz *AG* führen.

§ 21

Fortführung bei Namensänderung

Wird ohne eine Änderung der Person der in der Firma enthaltene Name des Geschäftsinhabers oder eines Gesellschafters geändert, so kann die bisherige Firma fortgeführt werden.

Schrifttum: *I. Heinrich*, Firmenwahrheit und Firmenbeständigkeit, 1982; *Lindacher*, Firmenbeständigkeit und Firmenwahrheit, BB 1977, 1676; *Strohm*, Die Gestattung der Firmenfortführung, in: Festschrift Ulmer, 1973, S. 333.
Schrifttum zum HRefG: siehe zu § 19.

I. Allgemeines

Die Vorschrift enthält, neben den §§ 22, 24, eine **Ausnahme vom Grundsatz der Firmenwahrheit zugunsten der Firmenbeständigkeit.** Diese Ausnahmen tragen dem wirtschaftlichen Wert einer Firma Rechnung und ermöglichen es, dass die Firma nicht mit jeder Änderung des Unternehmensträgers oder seines Namens geändert werden muss[3]. Wird schon nach den §§ 22, 24 in den Fällen des Inhaberwechsels bzw. Wechsel des Rechtsträgers die Firmenfortführung gestattet, ist es nur folgerichtig, dies auch bei bloßer Namensänderung zu erlauben. 1

Die **Änderung der Bestimmung** durch das HRefG, wodurch an Stelle von früher „der Name des Geschäftsinhabers oder der in der Firma enthaltene Na-

---

Frankfurt am Main v. 24.4.2008 – 20 W 425/07, BB 2008, 1197, jedenfalls wenn es sich um eine ltd. handelt, die nur Komplementärstellung übernimmt.
[1] RGBl. I 166.
[2] Dazu BayObLG v. 12.8.1960 – BReg. 2 Z 78/60, BayObLGZ 1960, 345, 349.
[3] RGZ 152, 365, 368; anders *K. Schmidt*, HR, § 12 III 2, S. 374: Die Firmenbeständigkeit ist nicht Ausnahme, sondern Prinzip, sie ist durch den Grundsatz der Firmenwahrheit nur in dem Sinne begrenzt, dass nach geltendem Recht die Firma Auskunft über die Verhältnisse des Unternehmensträgers geben soll. Für eine differenzierte Betrachtungsweise mit der Unterscheidung zwischen Firmennamens- und Firmenordnungsrecht *Canaris*, HR, § 11 Rn. 23.

me eines Gesellschafters" die Worte „der in der Firma enthaltene Name des Geschäftsinhabers oder eines Gesellschafters" getreten sind, ist lediglich als redaktionelle Klarstellung einzustufen. Daran ändert nichts, dass es dazu in der Begründung zum RegE[1] heißt, es handle sich um eine Folgeänderung zum neuen Firmenbildungsrecht nach §§ 18, 19. Der Auffassung von *Kögel*[2], man solle nicht so eng auf der Fortführung der bisherigen Firma im Sinne einer im wesentlichen unveränderten Fortführung bestehen, sondern eine danach unzulässige Abänderung der Firma eher als Schritt zur Bildung einer neuen Firma werten, führt in die Irre; denn bei einer Firmenneubildung tritt ein Problem der Fortführung nicht auf.

2 Die Bestimmung begründet nur ein Recht, keine Pflicht zur Firmenfortführung; sie verfolgt in erster Linie den Zweck, dass eine Ehegatte bei **Namensänderung** durch Eheschließung nach § 1355 BGB seine bisherige Firma mit seinem bisherigen Namen fortführen kann[3]. Zur Firmenfortführung bei **Formwechsel** des Rechtsträgers in eine andere Rechtsform nach dem Umwandlungsgesetz siehe oben § 19 Rn. 65. Nach § 200 Abs. 1 UmwG darf der Rechtsträger der neuen Rechtsform seine bisherige Firma fortführen, sofern das UmwG keine Sondervorschriften enthält.

II. Anwendungsbereich

3 § 21 gilt sowohl für **Änderungen des Familiennamens** als auch des **Vornamens**; Hauptanwendungsfälle sind die Eheschließung, die Adoption bzw. deren Aufhebung nach §§ 1757 ff. BGB, die Annahme eines neuen Namens nach dem Namensänderungsgesetz vom 5.1.1938[4]; ferner die Wiederannahme des früheren Namens durch den verwitweten oder geschiedenen Ehegatten.

4 Die Vorschrift gilt für **alle Unternehmensträger**, die ein unter § 1 Abs. 2 fallendes Handelsgewerbe betreiben und eine Personenfirma führen, also für Einzelkaufleute, Personenhandelsgesellschaften und Kapitalgesellschaften; sie ist vor allem auch für die **GmbH & Co. KG** von Bedeutung. Die Vorschrift gilt ferner für namensgebende Gesellschaften, die eine Personenfirma führen. Ändert eine namensgebende Gesellschaft ihre Personenfirma, darf deren ursprüngliche Firma von dem Namensübernehmer fortgeführt werden[5].

5 § 21 hat ausschließlich **firmenrechtliche**, aber keine namensrechtliche Bedeutung. Da kein Zwang zur Firmenfortführung besteht, kann gegenüber einem nach Namensrecht besser berechtigten Dritten kein Recht zur Firmenfortführung aus § 21 hergeleitet werden[6].

---

1 BT-Drucks. 13/8444, S. 56.
2 *Kögel*, BB 1998, 1645, 1648.
3 Heymann/*Emmerich*, § 21 Rn. 1.
4 RGBl. I 9.
5 Staub/*Hüffer*, § 21 Rn. 6; MünchKommHGB/*Heidinger*, § 21 Rn. 6.
6 Vgl. KG RJA 8, 38.

III. Voraussetzungen

1. Firmenfortführung

Der Begriff Firmenfortführung setzt voraus, dass bis zum Zeitpunkt der Namensänderung das Handelsgeschäft und die **Firma ununterbrochen geführt** worden sind; es muss ein kaufmännisches Unternehmen kontinuierlich bestanden haben[1]. War der Firmengebrauch unterbrochen, z.B. bei endgültiger Geschäftsaufgabe durch den Einzelkaufmann, fehlt es trotz bestehender Eintragung im Handelsregister, deren Löschung dann nur noch deklaratorische Bedeutung hat, an einer kontinuierlichen Firmenführung. Unanwendbar ist die Vorschrift auf die Geschäftsbezeichnung, die nach Namensänderung nicht als Firma fortgeführt werden kann[2].

6

2. Eintragung

Das Recht zur Firmenfortführung hängt nach überwiegender Meinung nicht davon ab, dass die Firma im Zeitpunkt der Namensänderung bereits im Handelsregister eingetragen war[3]. Wird ein Handelsgewerbe nach § 1 Abs. 2 betrieben, entsteht die Firma, sobald sie der Kaufmann tatsächlich führt; die Eintragung im Handelsregister hat nur **deklaratorische Bedeutung**. Bei Namensänderung kann eine solche Firma fortgeführt und später auch mit dem ursprünglichen Namen in das Handelsregister eingetragen werden[4]. Gleiches gilt für die OHG und die KG[5]. Etwas anderes gilt, wenn die Firma, wie in den Fällen der §§ 2, 3, erst durch die konstitutiv wirkende Eintragung im Handelsregister entsteht, weil in diesen Fällen eine Firma nicht fortgeführt werden kann[6].

7

IV. Die Vorgesellschaft

Die Vorgesellschaft (Vor-GmbH u. Vor-AG) ist **namens- und firmenfähig**; eine Vor-GmbH kann als Komplementärin einer KG im Handelsregister in der Abteilung A mit dem Zusatz *i.G.* eingetragen werden[7]. Wird dann die GmbH selbst in Abteilung B eingetragen, endet die Vor-GmbH liquidationslos, das Namens- oder Firmenrecht geht auf die GmbH über. Nach den firmenrechtlichen Vorschriften muss aber die Firma der Kommanditgesellschaft geändert werden, der Zusatz *i.G.* muss entfallen; § 21 kommt insoweit nicht zur Anwendung.

8

---

1 RG JW 1911, 105 Nr. 38; *Staub/Hüffer*, § 21 Rn. 3; *Heymann/Emmerich*, § 21 Rn. 2.
2 *Heymann/Emmerich*, § 21 Rn. 2; MünchKommHGB/*Heidinger*, § 21 Rn. 6; a.A. OLG Celle v. 28.9.1989 – 1 W 25/89, BB 1990, 302 mit abl. Anm. *Frey*.
3 Wie hier *Staub/Hüffer*, § 21 Rn. 3 f.; *Heymann/Emmerich*, § 21 Rn. 3; MünchKommHGB/*Heidinger*, § 21 Rn. 11; *Baumbach/Hopt*, § 21 Rn. 3; a.A. KG RJA 8, 38; *Schlegelberger/Hildebrandt*, § 21 Rn. 1.
4 *Heymann/Emmerich*, § 21 Rn. 3; *Koller/Roth/Morck*, § 21 Rn. 3.
5 *Staub/Hüffer*, § 21 Rn. 4.
6 Anders wohl *K. Schmidt*, HR, § 12 III 2b, S. 367.
7 Näher zum Firmenrecht der Vor-GmbH *Scholz/K. Schmidt*, § 11 GmbHG Rn. 30 m.N.; zur Komplementärfähigkeit *K. Schmidt*, § 11 GmbHG Rn. 162 m.N.

9 Wechselte nach alter Rechtslage bei einer Vor-GmbH der namensgebende **Gesellschafter** vor Eintragung der GmbH, konnte diese nicht mit der Personenfirma der Vor-GmbH in das Handelsregister eingetragen werden, weil nach § 4 Abs. 1 S. 2 GmbHG a.F. die Namen anderer Personen als die der Gesellschafter in die Firma nicht aufgenommen werden durften. Der Namensgebende musste daher zum Zeitpunkt der Anmeldung und bis zur Eintragung der GmbH deren Gesellschafter sein[1]. Daran wird nicht mehr festzuhalten sein, wenn man allgemein auch die **Verwendung von Drittnamen** bei der Firmenbildung in den Grenzen des § 18 Abs. 2 für zulässig erachtet (dazu oben § 19 Rn. 24). Die für die OHG und KG dagegen erhobenen Bedenken, bei einem Namen in der Firma gehe man von einer persönlichen Haftung des Namensträgers aus, sind bei der GmbH nicht tragfähig; allenfalls könnte angenommen werden, dass der Namensträger irgendetwas mit der GmbH zu tun hat oder hatte[2].

§ 22
Fortführung bei Erwerb des Handelsgeschäfts

(1) Wer ein bestehendes Handelsgeschäft unter Lebenden oder von Todes wegen erwirbt, darf für das Geschäft die bisherige Firma, auch wenn sie den Namen des bisherigen Geschäftsinhabers enthält, mit oder ohne Beifügung eines das Nachfolgeverhältnis andeutenden Zusatzes fortführen, wenn der bisherige Geschäftsinhaber oder dessen Erben in die Fortführung der Firma ausdrücklich willigen.

(2) Wird ein Handelsgeschäft auf Grund eines Nießbrauchs, eines Pachtvertrags oder eines ähnlichen Verhältnisses übernommen, so finden diese Vorschriften entsprechende Anwendung.

Übersicht

	Rn.		Rn.
I. Allgemeines	1	d) Erwerb des Handelsgeschäfts als Ganzes	11
II. Anwendungsbereich	3	2. Zulässigkeit der bisherigen Firma	14
III. Voraussetzungen für das Recht der Firmenfortführung	4	a) Firmenfähigkeit	15
		b) Zulässige Firma	17
1. Erwerb eines bestehenden Handelsgeschäfts	5	3. Einwilligung des bisherigen Inhabers zur Firmenfortführung	
a) Bestehendes Handelsgeschäft	6	a) Ausdrückliche Einwilligung	19
b) Art des Erwerbs	9	b) Übertragung des Handelsgeschäfts	20
c) Erwerb von Todes wegen	10		

---

1 OLG Stuttgart v. 8.1.1971 – 8 W 220/70, GmbHR 1971, 90, 91; *Hachenburg/Heinrich*, § 4 GmbHG Rn. 52; *Scholz/Emmerich*, § 4 GmbHG Rn. 30; dazu näher (und liberaler) und zum Fall der Abtretung des Geschäftsanteils vor Eintragung der GmbH: MünchKommHGB/*Heidinger*, § 21 Rn. 15.
2 Dazu *Scholz/Emmerich*, § 4 GmbHG Rn. 37.

	Rn.
c) Gleichzeitigkeit	21
d) Bedingungen	22
e) Einwilligungsberechtigter	23
aa) Erbfall	24
bb) Personengesellschaften	25
cc) Kapitalgesellschaften	27
f) Umfang der Übertragung	28
g) Testamentsvollstreckung	29
h) Veräußerung durch Insolvenzverwalter	30
aa) Firma des Einzelkaufmanns	31
bb) Firma der Kapitalgesellschaft	32
cc) Stellungnahme	33
4. Geschäftsfortführung durch den Erwerber	34
IV. Firmenfortführung durch den Erwerber	
1. Grundsätze	36
2. Zulässige Änderungen der Firma	38
a) Identitätswahrung	39
b) Pflicht zur Änderung	40
c) Unwesentliche Änderungen	41
3. Nachfolgezusatz	42
4. Unzulässige Firmenänderungen	44
5. Firmenvereinigung	45
6. Einzelfälle	47
a) Firmenfortführung durch Einzelkaufmann	48
b) Firmenfortführung durch eine Gesellschaft	51
c) Firmenfortführung bei Verschmelzung und Umwandlung	
aa) Verschmelzung	53
bb) Umwandlung	58
V. Weitere Firmenführung durch den Veräußerer	59
VI. Verpachtung u.Ä. (§ 22 Abs. 2)	
1. Pacht und Nießbrauch	62
2. Firma des Verpächters	63
3. Firmenführung durch Pächter	64
4. Registereintrag	65
VII. Registerrechtliche Behandlung	66

Schrifttum: *Barnert*, Die Personalfirma in der Insolvenz, KTS 2003, 523; *Benner*, Der neue Streit um die Verwertung der Firma in der Insolvenz, Rpfleger 2002, 342; *Bokelmann*, Die Firma im Konkursverfahren, KTS 1982, 27; *Canaris*, Kollisionen der §§ 16 und 3 UWG mit dem Grundsatz der Firmenbeständigkeit gemäß §§ 22, 24 HGB, GRUR 1989, 711; *Forkel*, Die Übertragbarkeit der Firma, in: Festschrift Paulick, 1973, S. 101; *I. Heinrich*, Firmenwahrheit und Firmenbeständigkeit, 1982; *Hüffer*, Das Namensrecht des ausgeschiedenen Gesellschafters als Grenze zulässiger Firmenfortführung, ZGR 1986, 137; *Kuchinke*, Die Firma in der Erbfolge, ZIP 1987, 681; *Lindacher*, Firmenbeständigkeit und Firmenwahrheit, BB 1977, 1676; *S. Meyer*, Fortführung der Firma einer Personenhandelsgesellschaft durch einen Einzelkaufmann, RNotZ 2004, 323; *Mittelbach*, Geschäfts- und Praxisübertragung, 2. Aufl. 1973; *Pabst*, Wie weit kann eine abgeleitete Firma abgeändert werden?, DNotZ 1960, 33; *Pöpel*, Die unwahr gewordene Firma, 1995; *Quack*, Der Unternehmenskauf und seine Probleme, ZGR 1982, 350; *Raffel*, Die Verwertbarkeit der Firma im Konkurs, 1995; *Riegger*, Die Veräußerung der Firma durch den Konkursverwalter, BB 1983, 786; *Sigle/Maurer*, Umfang des Formzwangs beim Unternehmenskauf, NJW 1984, 2657; *Strohm*, Die Gestattung der Firmenfortführung, in: Festschrift Ulmer, 1973, S. 333; *Wertenbruch*, Die Firma des Einzelkaufmanns und der oHG/KG in der Insolvenz, ZIP 2002, 1931; *Wessel/Zwernemann/Kögel*, Die Firmengründung, 7. Aufl. 2001; *Wiek*, Der unrichtig gewordene „KG-Zusatz" in der Firma der OHG, NJW 1981, 105.

I. Allgemeines

Durch das HRefG v. 22.6.1998[1] wurden in § 22 nach den Wörtern „die bisherige Firma" die Wörter „auch wenn sie den Namen des bisherigen Geschäftsinhabers enthält" eingefügt. Die Begründung zum RegE führt dazu 1

---

[1] BGBl. I 1474.

aus, es handle sich um eine Änderung bedingt durch die Neufassung der §§ 18, 19[1]. Durch die Einfügung wird klargestellt, dass eine Firma selbst dann unter den Voraussetzungen des § 22 fortgeführt werden kann, wenn sie den Namen des bisherigen Geschäftsinhabers oder eines Gesellschafters enthält (dazu unten Rn. 25 f.). Vielleicht wäre es besser gewesen anzuordnen, der Firma müsse bei einem Wechsel in der Person des Inhabers, wie etwa im französischen Recht, zwingend ein Nachfolgezusatz beigefügt werden. Nachdem dies aber unterblieben ist, zeigt sich auch hier, dass aus dem Namen einer Person in einer Firma nicht auf einen aktuellen Bezug des Namensträgers zu diesem Unternehmen und schon gar nicht auf eine etwaige persönliche Haftung dieser Person geschlossen werden kann. Dass der Namensträger irgendwann einmal einen näheren Bezug zum Unternehmen gehabt hat, dürfte kaum zur Begründung einer wettbewerblichen Relevanz ausreichen. In der Bestimmung des § 22, der eng mit den Vorschriften der §§ 21, 23, 24 zusammenhängt, findet der Grundsatz der **Firmenbeständigkeit** seinen gesetzlichen Niederschlag; aber auch diese Regelung ist, wie § 21, eine Ausnahme vom Grundsatz der Firmenwahrheit, die der Gesetzgeber im Interesse der Verwertbarkeit der Firma macht. Diese Verwertbarkeit ist eng verknüpft mit dem „good will" eines Unternehmens und stellt oft einen erheblichen wirtschaftlichen Wert dar. Die Vorschrift will verhindern, dass sich Kundschaft und Lieferanten verlaufen, wenn sie bei einem sonst notwendigen Firmenwechsel das ursprüngliche Handelsgeschäft nicht mehr erkennen[2]. Durch § 22 wird allerdings der Grundsatz der Firmenwahrheit nicht völlig ausgeschaltet; er kommt vielmehr immer dann zur Anwendung, wenn die Firmenfortführung des Erwerbers eine für den Geschäftsverkehr nicht mehr hinnehmbare Irreführung zur Folge hätte (§ 18 Abs. 2). Rechtsdogmatisch ist der Regelung des § 22 zu entnehmen, dass das Firmenrecht neben persönlichkeits- und namensrechtlichen auch sehr starke vermögens- bzw. immaterialgüterrechtliche Komponenten aufweist[3].

2 Die Bestimmung eröffnet die Möglichkeit, bei einem endgültigen (§ 22 Abs. 1) oder vorübergehenden (§ 22 Abs. 2) **Inhaberwechsel** die alte Firma, gegebenenfalls mit Änderungen (dazu unten Rn. 38 ff.), fortzuführen. Eine Pflicht zur Firmenfortführung besteht allerdings nicht[4].

II. Anwendungsbereich

3 Die Geltung des § 22 ist nicht auf die Firma des Einzelkaufmanns beschränkt; die Vorschrift findet vielmehr auf **alle Firmen** Anwendung[5]. Für Kapitalgesellschaften ist dies ausdrücklich bestimmt in § 4 GmbHG, §§ 4, 279 AktG[6]. Für die Partnerschaft gilt § 22 gemäß § 2 Abs. 2 PartGG. Nur die

---

1 BT-Drucks. 13/8444, S. 56.
2 *Heymann/Emmerich*, § 22 Rn. 1, 1a.
3 *Canaris*, HR, § 10 Rn. 7.
4 Z.B. BayObLG v. 29.3.1990 – BReg. 3 Z 18/90, NJW-RR 1990, 869.
5 Allg.M., z.B. *Heymann/Emmerich*, § 22 Rn. 2; *Staub/Hüffer*, § 22 Rn. 3.
6 Die Neufassung von §§ 4, 279 AktG und § 4 GmbHG durch das HRefG v. 22.6.1998 – BGBl. I 1474 – hat daran nichts geändert.

in §§ 22, 24 geregelten Fälle berechtigen zu einer Firmenfortführung, eine analoge Anwendung dieser Vorschrift auf andere Fallgruppen scheidet aus. Es gilt dann der Grundsatz des § 23, dass eine Firma nicht ohne das Handelsgeschäft veräußert werden kann. Systematisch gesehen erschiene es sinnvoller, diese Bestimmung, die das Verbot einer Leerübertragung der Firma normiert, den Vorschriften der §§ 22, 24 voranzustellen.

III. Voraussetzungen für das Recht der Firmenfortführung

Eine Firmenfortführung nach § 22 setzt zunächst den **Erwerb** eines schon und noch bestehenden **Handelsgeschäftes** unter Lebenden oder von Todes wegen voraus, und zwar entweder zu Eigentum oder zur Nutzung auf Grund eines Pachtverhältnisses, Nießbrauchs oder eines ähnlichen Rechtsverhältnisses. Bei Kapitalgesellschaften vollzieht sich der Erwerb auch häufig durch Einbringung des Handelsgeschäfts als Sacheinlage[1].

1. Erwerb eines bestehenden Handelsgeschäfts

Unter Handelsgeschäft ist nach h.M.[2] nur ein kaufmännisches Unternehmen zu verstehen, das im Zeitpunkt des Erwerbs noch existent ist. Die Anwendung von § 22 scheidet demnach aus, wenn es sich um einen nicht im Handelsregister eingetragenen kleingewerblichen Betrieb handelt oder der Geschäftsbetrieb bereits eingestellt ist; ferner, wenn mit dem Geschäftsbetrieb noch nicht begonnen wurde oder nur eine Scheingründung vorliegt[3].

a) Bestehendes Handelsgeschäft

An einem bestehenden Handelsgeschäft fehlt es trotz Eintragung im Handelsregister (vgl. § 5), wenn eine **Scheingründung** vorliegt[4]. Ein nicht begonnener Betrieb kann nicht fortgeführt werden[5]. Die Firmenfortführung ist auch nicht möglich, wenn der **Betrieb endgültig eingestellt** worden ist, weil dann die Firma des Einzelkaufmanns erlischt. Ein Unternehmen besteht nicht mehr, wenn seine Organisation irreparabel zerstört ist, d.h. wenn alle geschäftlichen Beziehungen, insbesondere auch die zu Kunden, endgültig abgebrochen sind[6].

Andererseits ist ein bestehendes Handelsgeschäft noch gegeben, wenn eine **nur vorübergehende Betriebseinstellung** vorliegt, z.B. bei Krankheit oder Tod, und das Geschäft wiederbelebt und fortgeführt werden kann. Das setzt

---
1 Dazu *Rowedder/Schmidt-Leithoff*, § 5 GmbHG Rn. 32; *Priester*, BB 1980, 19.
2 BayObLG v. 27.10.1988 – BReg. 3 Z 117/88, NJW-RR 1989, 421; dazu EWiR 1988, 1219 *(Hüffer)*; OLG Zweibrücken v. 4.12.1987 – 3 W 112/87, NJW-RR 1988, 998; OLG Frankfurt v. 31.10.1977 – 20 W 630/77, OLGZ 1978, 43, 44; *Heymann/Emmerich*, § 22 Rn. 3; *Staub/Hüffer*, § 22 Rn. 4; MünchKommHGB/*Heidinger*, § 22 Rn. 7 und 8; kritisch *K. Schmidt*, HR, § 12 III 2b bb, S. 367 f.
3 *Heymann/Emmerich*, § 22 Rn. 3; vgl. auch unten Rn. 15.
4 *Staub/Hüffer*, § 22 Rn. 5.
5 RGZ 152, 356, 357.
6 RGZ 110, 422, 424.

in der Regel voraus, dass Kundenstamm und sonstige Geschäftsverbindungen wieder aktiviert werden können, weil die Betriebsorganisation noch nicht vernichtet ist[1]. Allein der Verlust des Betriebsvermögens schließt eine Wiederbelebbarkeit nicht von vornherein aus[2]. Eine nur vorübergehende Stilllegung des Betriebs während einer Liquidation oder während der Dauer eines Insolvenzverfahrens steht der Anwendung von § 22 nicht entgegen, wenn der Erwerber den Betrieb noch fortführen kann, weil Betriebsorganisation und Geschäftsbeziehungen zu Kunden und Lieferanten in der Grundstruktur noch vorhanden sind[3]. Bei Kapitalgesellschaften hat die Betriebseinstellung auf den Bestand der Firma zunächst keinen Einfluss, weil dadurch bei AG und GmbH die Existenz der Gesellschaft nicht verloren geht.

8 Eine Firmenfortführung ist auch möglich bei einem nach h.M. zulässigen **Mantelverkauf** und einer Mantelverwendung. Entstehen kann ein GmbH-Mantel als GmbH mit dem Unternehmensgegenstand „Verwaltung eigenen Vermögens", ohne eigentlich wirtschaftliche Tätigkeit, durch Eintragung einer Vorratsgesellschaft in das Handelsregister[4] oder durch spätere Aufgabe oder Wegfall eines zunächst realisierten Unternehmensgegenstandes. Da bei einem GmbH-Mantel die Gesellschaft einschließlich Firma noch besteht, ist dessen Erwerb wirtschaftlich gesehen einem Unternehmenskauf vergleichbar[5]. Wird allerdings vom Erwerber ein anderer Unternehmensgegenstand gewählt, kann die bisherige Sachfirma unzulässig werden, so dass eine Firmenänderung vorgenommen werden muss.

b) Art des Erwerbs

9 Die Art des Erwerbs unter Lebenden kann auf den **verschiedensten Vertragstypen** beruhen, z.B. Kauf, Tausch, Schenkung (vorweggenommene Erbfolge), Auseinandersetzung einer Gemeinschaft. In der Praxis häufig ist die Sachgründung einer Gesellschaft durch Einbringung eines Unternehmens[6].

c) Erwerb von Todes wegen

10 Der Erwerb von Todes wegen kann auf Testament, Gesetz oder auch Vermächtnis beruhen. Sind **mehrere Erben** vorhanden, können sie als Miterben auch ohne gesellschaftsrechtlichen Zusammenschluss das Handelsgeschäft ohne zeitliche Begrenzung in ungeteilter Erbengemeinschaft fortführen; die Erbengemeinschaft bleibt solange Unternehmensträger, bis sich entweder die Miterben auseinander gesetzt oder das Unternehmen durch einen Grün-

---

[1] RGZ 170, 265, 274; BGH v. 19.5.1960 – II ZR 72/59, BGHZ 32, 307, 312.
[2] *Staub/Hüffer*, § 22 Rn. 5.
[3] RGZ 110, 422, 424; BGH v. 19.5.1960 – II ZR 72/59, BGHZ 32, 307, 312; BGH v. 4.11.1991 – II ZR 85/91, NJW 1992, 911.
[4] Sog. Vorratsgründung; dazu eingehend oben Vor § 8 Rn. 21 u. *Scholz/Emmerich*, § 3 GmbHG Rn. 18 f.
[5] Wegen weiterer Einzelheiten siehe MünchKommHGB/*Heidinger*, § 22 Rn. 10.
[6] Siehe *Staub/Hüffer*, vor § 22 Rn. 8 ff.

dungsakt auf eine Handelsgesellschaft überführt haben[1]. Soweit es um den Erwerb von Todes wegen geht, ist im Zweifel davon auszugehen, dass mit dem Unternehmen auch die **Firma im Erbgang** übergeht. Einer Einwilligung des Erblassers zur Firmenfortführung bedarf es nicht, wenn das Geschäft durch sämtliche Erben weiterbetrieben wird[2]. Wird aber das Geschäft nur von einem oder einzelnen Miterben, einem Vermächtnisnehmer oder Erbschaftserwerber betrieben, müssen sämtliche Erben in die Firmenfortführung einwilligen[3].

d) Erwerb des Handelsgeschäfts als Ganzes

Mit „Erwerb des Handelsgeschäfts" wird der Übergang der Unternehmensträgerschaft beschrieben. Die Anwendung des § 22 setzt voraus, dass das **Unternehmen im Wesentlichen vollständig** auf den oder die neuen Inhaber **übergeht**[4]. Es genügt, was auch § 25 entnommen werden kann, den Kern des Unternehmens in einem solchen Umfang zu übertragen, dass der Übernehmer das Geschäft in seinen wesentlichen Eigenschaften und Merkmalen fortführen, die geschäftliche Tradition des Vorgängers fortsetzen kann[5]. Erforderlich, aber auch ausreichend ist eine Übertragung des Geschäfts im Großen und Ganzen; der Übernehmer muss in den geschäftlichen Betätigungskreis eintreten können, wozu auch die Beziehungen zu Lieferanten und Kunden zählen, und objektiv in die Lage versetzt werden, die bisher erbrachten Leistungen des Geschäfts nunmehr selbst zu erbringen[6]. 11

Gehören zum Unternehmen **mehrere Geschäftszweige** und wird einer von der Übertragung ausgenommen, ist eine Firmenfortführung nur zulässig, wenn der nicht übertragene Teil verglichen mit der bisherigen Geschäftstradition des Gesamtunternehmens von untergeordneter Bedeutung ist[7]. Werden nur einzelne von zahlreichen Geschäftsstellen an verschiedenen Orten veräußert, kommt § 22 nicht zur Anwendung; Gleiches gilt, wenn von mehreren gleichwertigen Geschäftszweigen nur Einzelne übertragen werden[8]. 12

Hingegen findet § 22 Anwendung, wenn **Haupt- oder Zweigniederlassung gesondert** veräußert werden, weil hier in der Regel eine sachliche, räumliche 13

---

1 BGH v. 8.10.1984 – II ZR 223/88, BGHZ 92, 259; *K. Schmidt*, NJW 1985, 2785, 2788; MünchKommHGB/*Heidinger*, § 22 Rn. 23; *Canaris*, HR, § 10 Rn. 24.
2 *Heymann/Emmerich*, § 22 Rn. 8.
3 KG RJA 5, 185, 187.
4 BGH v. 5.5.1977 – II ZR 237/75, WM 1977, 891 mit Anm. *Hommelhoff*, JR 1978, 67; *Heymann/Emmerich*, § 22 Rn. 5 f.; zusammenfassend zu den Voraussetzungen des § 22: BayObLG v. 19.12.1989 – BReg. 3 Z 102/89, BB 1990, 372.
5 BGH v. 22.11.1990 – I ZR 14/89, NJW 1991, 1353, 1354 zu § 23.
6 BGH v. 7.6.1990 – I ZR 298/88, NJW-RR 1990, 1318, 1319 zu § 16 UWG; *Heymann/Emmerich*, § 22 Rn. 6; MünchKommHGB/*Heidinger*, § 22 Rn. 14; s. dazu auch § 25 Rn. 15 m.w.N.
7 BGH v. 5.5.1977 – II ZR 237/75, WM 1977, 891.
8 RGZ 169, 133, 139; BGH v. 26.5.1972 – I ZR 44/71, NJW 1972, 2123; BayObLGZ 1917, 22, 25; *Heymann/Emmerich*, § 22 Rn. 7.

und personelle Trennung gegeben ist[1]. Ferner sind im **Liquidationsfall**, ähnlich wie in der Insolvenz, bei der Beurteilung der Erfordernisse des Betriebsübergangs keine zu strengen Maßstäbe anzulegen, da dies einer wirtschaftlich sinnvollen Verwertung der vorhandenen Vermögenswerte entgegenstehen könnte; aus diesem Grunde ist es auch zulässig, dass eine übertragende Liquidationsgesellschaft die gleiche Firma zur Restabwicklung mit Erlaubnis der Erwerberin des Unternehmens zeitlich begrenzt weiterhin führt[2].

2. Zulässigkeit der bisherigen Firma

14 Die **Firma** muss schon unter dem Vorgänger rechtmäßig bestanden haben und von ihm bis zum Zeitpunkt der Veräußerung **tatsächlich geführt** worden sein[3].

a) Firmenfähigkeit

15 § 22 setzt die Firmenfähigkeit des Veräußerers voraus, die auch **ohne Eintragung im Handelsregister** gegeben ist, wenn ein Handelsgewerbe betrieben wird[4]. Allerdings muss ein firmenfähiger kaufmännischer Betrieb gegeben sein, da firmenrechtliche Vorschriften auf nicht eingetragene kleingewerbliche Betriebe oder Nichtkaufleute in der Regel keine Anwendung finden[5]. Die Vorschrift ist bei einem **nichtkaufmännischen Betrieb** auch dann **nicht anwendbar**, wenn das Geschäft unter dem Erwerber kaufmännisch geführt wird[6]. Sinkt ein Geschäft auf den Umfang eines Kleingewerbes ab, ist eine Firmenfortführung zulässig, solange die Firma im Handelsregister eingetragen geblieben ist; anders, wenn die Firma vor dem Übergang im Handelsregister schon gelöscht war (vgl. § 2)[7]. Bei **Kannkaufleuten** (§§ 2, 3, Kleingewerbetreibende sowie Land- und Forstwirte) setzt die Anwendung von § 22 deren **Eintragung im Handelsregister** voraus; bei Nichteintragung darf die Firma nicht fortgeführt werden[8]. Wird ein Handelsgewerbe i.S.v. § 1 Abs. 2

---

1 Allg. M., s. nur RGZ 169, 133, 139; *Heymann/Emmerich*, § 22 Rn. 7; *Staub/Hüffer*, § 22 Rn. 11; *Schlegelberger/Hildebrandt/Steckhan*, § 22 Rn. 11; MünchKommHGB/*Heidinger*, § 22 Rn. 16; *Koller/Roth/Morck*, § 22 Rn. 2.
2 BGH v. 22.11.1990 – I ZR 14/89, NJW 1991, 1353, 1354; *Heymann/Emmerich*, § 22 Rn. 7.
3 RGZ 152, 365, 368; BayObLG v. 6.7.1978 – BReg. 1 Z 74/78, BayObLGZ 1978, 182, 184; OLG Hamm v. 24.3.1965 – 15 W 21/65, BB 1965, 806; *Staub/Hüffer*, § 22 Rn. 16; *Heymann/Emmerich*, § 22 Rn. 9; *Baumbach/Hopt*, § 22 Rn. 7; MünchKommHGB/*Heidinger*, § 22 Rn. 26.
4 RGZ 65, 14, 15; BayObLGZ 1988, 344.
5 OLG Frankfurt v. 31.10.1977 – 20 W 630/70, OLGZ 1978, 43 f.; BayObLG v. 6.7.1978 – BReg. 1 Z 74/78, BayObLGZ 1978, 182, 186; LG Berlin v. 30.7.2004 – 102 T 42/04, NZG 2005, 443; *Heymann/Emmerich*, § 22 Rn. 9; differenzierend MünchKommHGB/*Heidinger*, § 22 Rn. 26.
6 Zum früheren Minderkaufmann *Staub/Hüffer*, § 22 Rn. 15.
7 Vgl. *Staub/Hüffer*, § 22 Rn. 20.
8 Zur früheren Rechtslage OLG Zweibrücken v. 4.12.1987 – 3 W 112/87, NJW-RR 1988, 998; kritisch *K. Schmidt*, HR, § 12 III 2b, S. 367 bei Fn. 117; MünchKommHGB/*Heidinger*, § 22 Rn. 28.

betrieben und führt der Unternehmensträger als **Ist-Kaufmann** eine Firma, die aber nicht im Handelsregister eingetragen ist, kann die Firma, wie oben angeführt, vom Erwerber dennoch fortgeführt werden.

Registerrechtlich (vgl. unten Rn. 66 ff.): Wird die nicht eingetragene OHG-Firma von einem Einzelkaufmann fortgeführt, hat der Erwerber die Firma (§ 29), den Inhaberwechsel (§ 31) und eine etwaige Änderung der Firma durch Zusätze zur Eintragung anzumelden; den Veräußerer, der seiner Verpflichtung zur Anmeldung (§ 14) nicht nachgekommen ist, trifft eine Mitwirkungspflicht[1]. 16

b) Zulässige Firma

Eine nach §§ 18, 30 unzulässige Firma kann nach Übergang des Handelsgeschäftes nicht als zulässige Firma fortgeführt werden[2]. Dem steht die zu § 25 ergangene Entscheidung des BGH[3] nicht entgegen, nach der das Tatbestandsmerkmal *Fortführung der bisherigen Firma* nicht voraussetzt, dass die verwendete Bezeichnung eine zulässige Firma ist. Die unterschiedliche Zielrichtung von § 22 (Erhaltung des Firmenwertes) und § 25 (gesetzliche Haftung aus Unternehmens- und Firmenfortführung) rechtfertigt jeweils eine eigenständige Auslegung des Begriffs der Fortführung der bisherigen Firma[4]. Auch eine bereits fortgeführte Firma muss vom Veräußerer zu Recht geführt worden sein, weil das Firmenrecht des Erwerbers grundsätzlich nicht weiter gehen kann als das des Veräußerers[5]. Ein **gutgläubiger Erwerb des Firmenrechts** ist nicht möglich. War allerdings die Firma des Veräußerers wegen eines nur bei ihm unzutreffenden Zusatzes unzulässig, ist dieser Zusatz aber beim Erwerber sachlich zutreffend, kann eine Firmenfortführung in Betracht kommen[6]. 17

Eine **erloschene Firma** kann nicht fortgeführt werden. War die Eintragung der Firma im Handelsregister konstitutiv (z.B. §§ 2, 3), erlischt die Firma mit der Löschung der Eintragung. Betreiben Kaufleute und Personenhandelsgesellschaften ein Handelsgewerbe nach § 1, kann ihre zu Unrecht im Handelsregister gelöschte Firma fortgeführt werden. Solange **eine Kapitalgesellschaft** existiert, besteht auch deren Firma. Wird die Gesellschaft im Handelsregister gelöscht, muss zur Beendigung ihrer Existenz und damit auch der Firma der Abschluss der Liquidation hinzutreten[7]. Der Eintritt in das **Liquidationsstadium** oder die **Insolvenz** des Unternehmensträgers stehen einer Firmenfortführung nicht entgegen[8]. 18

---

1 RGZ 65, 14, 15 f.; MünchKommHGB/*Heidinger*, § 22 Rn. 28; *Krafka/Willer*, Registerrecht, 7. Aufl. 2007, Rn. 688.
2 BGH v. 25.6.1959 – II ZB 6/59, BGHZ 30, 288, 291; BayObLGZ 1989, 474; anders, wenn es um die Haftung aus § 25 Abs. 1 geht; dazu unten § 25 Rn. 4 u. 17 f.
3 BGH v. 12.2.2001 – II ZR 148/99, NJW 2001, 1352.
4 Dazu *Ammon*, BGH-Report 2001, 386; schon früher *Staub/Hüffer*, § 22 Rn. 16 und § 25 Rn. 47.
5 *Staub/Hüffer*, § 22 Rn. 16.
6 Vgl. BGH v. 12.11.1984 – II ZB 2/84, NJW 1985, 736.
7 S. *Staub/Hüffer*, § 22 Rn. 17; MünchKommHGB/*Heidinger*, § 22 Rn. 29.
8 *Koller/Roth/Morck*, § 22 Rn. 2.

3. Einwilligung des bisherigen Inhabers zur Firmenfortführung

a) Ausdrückliche Einwilligung

19 Der bisherige Inhaber oder seine Erben müssen in die Fortführung der Firma ausdrücklich einwilligen. Die Rechtsnatur der Firmenübertragung wird nicht einheitlich beurteilt. Vor allem früher wurde in der Einwilligung ein bloß schuldrechtlicher Gestattungsvertrag[1] gesehen, der das Firmenrecht grundsätzlich beim Veräußerer belässt, dem Erwerber nur ein Benutzungsrecht einräumt. Nach heute wohl h.M., der zuzustimmen ist, beinhaltet die Einwilligung in die Firmenfortführung eine **echte dingliche Übertragung** nach §§ 413, 398 BGB[2]. Davon zu unterscheiden ist allerdings das dazugehörende schuldrechtliche Verpflichtungsgeschäft zur Übertragung der Firma, das häufig, aber nicht notwendig mit dem Vertrag über die Veräußerung des Handelsgeschäfts verbunden sein wird[3]. Festzuhalten bleibt, dass die Einwilligung zur Firmenfortführung i.S.v. § 22 rechtlich eine andere Qualität hat als der Begriff Einwilligung i.S.v. § 24 Abs. 2 (s. unten § 24 Rn. 15). Die Einwilligung in die Firmenfortführung ist nämlich auch bei Sach- und Fantasiefirmen erforderlich und ist somit als Verfügung über die Firma zu verstehen. *Canaris*[4] will daher in diesen Fällen im Wege einer teleologischen Reduktion von § 22 insoweit auf das Erfordernis einer ausdrücklichen Einwilligung verzichten. *W.-H. Roth*[5] zieht den wohl zutreffenden Schluss, dass die Aussage in § 22 lautet: Die rechtmäßige Firmenfortführung setzt voraus, dass die Firma wirksam übertragen wurde. Wird eine Personenfirma übertragen, beinhaltet die Einwilligung neben der reinen Firmenübertragung auch die schuldrechtliche Gestattung der Namensbenutzung, durch die der Namensträger auf die Ausübung von Verbietungsrechten aus § 12 BGB verzichtet.

b) Übertragung des Handelsgeschäfts

20 Die Einwilligung, die einen entsprechenden Vertrag erfordert, muss ausdrücklich gegeben werden, so dass ein bloßes Dulden der Firmenfortführung in der Regel nicht ausreicht. Andererseits kann die Übertragung aber auch **konkludent** erfolgen, da für die Einwilligung eine bestimmte Form nicht vorgeschrieben ist und „ausdrücklich" nur im Sinn von zweifelsfrei zu verstehen ist. **Nicht ausreichend** ist hingegen die bloße Übertragung des Handelsgeschäfts, weil dieses auch ohne das Recht zur Firmenfortführung veräußert werden kann[6]. Die Mitunterzeichnung der Handelsregisteranmel-

---

1 Z.B. RGZ 9, 104, 106; 107, 31, 33.
2 So *Heymann/Emmerich*, § 22 Rn. 11; MünchKommHGB/*Heidinger*, § 22 Rn. 31; *Staub/Hüffer*, § 22 Rn. 21 ff.; *Forkel*, FS Paulick, S. 101 ff.; *Strohm*, FS E. Ulmer, S. 333; eingehend *Canaris*, HR § 10 Rn. 36 f.; zum Verhältnis zwischen dem Namensrecht des Veräußerers und dem Firmenrecht des Erwerbers *Köhler*, FS Fikentscher, S. 500.
3 Dazu *Staub/Hüffer*, § 22 Rn. 24, 30.
4 *Canaris*, HR, § 10 Rn. 34.
5 Eingehend *W.-H. Roth* in Das neue Firmenrecht, S. 59 ff.
6 BGH v. 27.4.1994 – VIII ZR 34/93, NJW 1994, 2024, 2025; OLG Hamm v. 29.8.1983 – 8 U 280/82, ZIP 1983, 1198, 1201; *Staub/Hüffer*, § 22 Rn. 25; *Schlegelberger/Hildebrandt/Steckhan*, § 22 Rn. 12; *Heymann/Emmerich*, § 22 Rn. 11.

dung über den Inhaberwechsel nach § 31 Abs. 1 durch den Veräußerer kann im Einzelfall als Einwilligungserklärung ausreichend sein[1].

c) Gleichzeitigkeit

Wenn auch die Einwilligung nicht strikte Gleichzeitigkeit mit der Veräußerung des Handelsgeschäfts erfordert, so müssen doch beide Vorgänge in einem **inneren sachlichen und zeitlichen Zusammenhang** stehen. Ist das nicht der Fall, scheitert die Einwilligung zur Firmenfortführung an § 23. Eine nachträgliche Zustimmung i.S.v. § 184 BGB ist unwirksam, weil zu diesem Zeitpunkt das Firmenrecht des Veräußerers in der Regel, spätestens mit der Anmeldung, erloschen ist[2]. 21

d) Bedingungen

Die Einwilligung kann nicht **aufschiebend** (vgl. § 23), wohl aber **auflösend** bedingt erteilt werden. Das hat bei einer auflösenden Bedingung zur Folge, dass die Firma mit Bedingungseintritt erlischt, nicht aber an den Veräußerer zurückfällt[3]. Unbeschadet der Tatsache, dass der Erwerber ein dingliches Recht an der Firma erlangt (oben Rn. 19), soll dem Veräußerer in Ausnahmefällen ein Untersagungsrecht, ein Widerrufsrecht der Firmenführungsbefugnis eingeräumt werden. Ein solches Recht soll eingreifen, wenn der Erwerber oder dessen Rechtsnachfolger „dem Namen Schande macht". Zu bejahen wird aber ein solches Untersagungsrecht des Firmengebrauchs aus dem Rechtsgedanken des § 242 BGB nur in Extremfällen bei Personenfirmen sein[4]. 22

e) Einwilligungsberechtigter

Einwilligungsberechtigt ist der bisherige Geschäftsinhaber oder dessen Erbe als Träger des Firmenrechts. 23

aa) Erbfall

Träger des Firmenrechts ist bei einem einzelkaufmännischen Betrieb der Kaufmann. Ist der Betrieb im Erbfall übergegangen, ist zur Firmenfortführung grundsätzlich die **Zustimmung des Erblassers** erforderlich, der testamentarisch den Übergang des Firmenrechts von Bedingungen abhängig machen oder ausschließen kann. Ohne testamentarische Bestimmung geht 24

---

1 Dazu *Krafka/Willer*, Registerrecht, 7. Aufl. 2007, Rn. 541.
2 *Heymann/Emmerich*, § 22 Rn. 11a; MünchKommHGB/*Heidinger*, § 22 Rn. 33; *Schlegelberger/Hildebrandt/Steckhan*, § 22 Rn. 13; zu unbestimmt *Rowedder/Schmidt-Leithoff*, § 4 GmbHG Rn. 60.
3 RGZ 76, 263, 265; 102, 17, 26; BGH v. 13.10.1980 – II ZR 116/79, WM 1980, 1360; BayObLG v. 10.5.1912, Reg III 34/1912, BayObLGZ 1913, 308, 310 ff.; *Staub/Hüffer*, § 22 Rn. 27; *Heymann/Emmerich*, § 22 Rn. 13, MünchKommHGB/*Heidinger*, § 22 Rn. 34.
4 Dafür mit guten Gründen *Canaris*, HR, § 10 Rn. 38; s. ferner *Heymann/Emmerich*, § 22 Rn. 13a.

aber der mutmaßliche Wille des Erblassers, der sein Handelsgeschäft vererbt, auch auf Gestattung der Firmenfortführung[1]. Die Formulierung des § 22 mit „oder dessen Erben" bezieht sich nicht auf den Erbfall, sondern auf den Fall der Weiterveräußerung des Handelsgeschäftes durch die Erben[2].

bb) Personengesellschaften

25 Bei Personengesellschaften müssen nach noch überwiegender Meinung **sämtliche Gesellschafter** in die Firmenfortführung einwilligen, nicht nur die zur Vertretung berechtigten[3]. Nach anderer Auffassung, die den Vorzug verdient, ist auch hier die für **Kapitalgesellschaften** maßgebliche Regelung (dazu unten Rn. 27) in Anwendung des Rechtsgedankens von § 179a AktG heranzuziehen[4]. Danach müssen zwar dem Verpflichtungsgeschäft sämtliche Gesellschafter zustimmen; die davon unabhängigen Verfügungsgeschäfte darf aber der vertretungsberechtigte Gesellschafter vornehmen. Die einzelnen dinglichen Übertragungsgeschäfte, die der persönlich haftende Gesellschafter bei einer Veräußerung des gesamten Geschäftsvermögens vornimmt, sind auch dann wirksam, wenn ein entsprechender Beschluss der Gesellschafterversammlung fehlt[5]. Ist das der Fall, kommt aber eine Rückabwicklung des Geschäfts in Betracht.

26 In jedem Fall ist die **Zustimmung des Gesellschafters** erforderlich, dessen **Name zur Firmenbildung verwendet** worden ist. Fehlt diese Zustimmung, ist die Einwilligung des vertretungsberechtigten Gesellschafters unwirksam, weil hier das Namensrecht des namensgebenden Gesellschafters entgegensteht[6]. Etwas anderes gilt bei Kapitalgesellschaften, die eine Personenfirma führen, weil sie den Namen eines ausgeschiedenen Gesellschafters in der Firma auch ohne dessen Einwilligung weiterführen dürfen, sofern die Satzung nichts Gegenteiliges enthält[7]. Bei einer Personenhandelsgesellschaft, die sich in Liquidation befindet, müssen nach allgemeiner Meinung sämtliche Gesellschafter in die Firmenfortführung einwilligen[8].

cc) Kapitalgesellschaften

27 Bei Kapitalgesellschaften ist für die Einwilligung in die Firmenfortführung grundsätzlich das **vertretungsberechtigte Organ** (Vorstand, Geschäftsführer) zuständig. Es ist aber zu differenzieren: Nach § 179a AktG ist für ein Verpflichtungsgeschäft, das auf Übertragung des gesamten Gesellschaftsver-

---

1 Ausführlich *Kuchinke*, ZIP 1987, 681 ff.
2 MünchKommHGB/*Heidinger*, § 22 Rn. 35.
3 So RGZ 158, 226, 230; vgl. auch BGH v. 8.2.1952 – I ZR 92/51, BB 1952, 211; *Heymann/Emmerich*, § 22 Rn. 12; *Schlegelberger/Hildebrandt/Steckhan*, § 22 Rn. 15.
4 So *Staub/Hüffer*, § 22 Rn. 31; MünchKommHGB/*Heidinger*, § 22 Rn. 36.
5 BGH v. 8.7.1991 – II ZR 246/90, NJW 1991, 2564 f.; *Staub/Hüffer*, § 22 Rn. 31; *Baumbach/Hopt*, § 22 Rn. 9.
6 *Staub/Hüffer*, § 22 Rn. 33.
7 BGH v. 20.4.1972 – II ZR 17/70, BGHZ 58, 322; *Staub/Hüffer*, § 22 Rn. 33; MünchKommHGB/*Heidinger*, § 22 Rn. 49.
8 *Staub/Hüffer*, § 22 Rn. 32; *Heymann/Emmerich*, § 22 Rn. 12; MünchKommHGB/*Heidinger*, § 22 Rn. 39; *Baumbach/Hopt*, § 22 Rn. 10.

mögens geht, die Zustimmung der Hauptversammlung nach § 179 AktG erforderlich[1]. Zwar hängt das Vollzugsgeschäft, für das der Vorstand zuständig und vertretungsberechtigt ist, nicht von der Zustimmung der Hauptversammlung ab, so dass das Fehlen eines zustimmenden Hauptversammlungsbeschlusses nicht zur Unwirksamkeit des Übertragungsgeschäftes führt[2]. Fehlt aber der Zustimmungsbeschluss der Hauptversammlung für den Übertragungsvertrag, ist dieser unwirksam, erbrachte Leistungen sind nach §§ 812 ff. BGB zurückzugewähren[3].

f) Umfang der Übertragung

Der Umfang (die Reichweite) der Übertragung des Firmenfortführungsrechts bestimmt sich maßgebend nach den **Vereinbarungen der Parteien.** Bestehen keine besonderen Abreden, erstreckt sich die Einwilligung auf eine Weiterveräußerung des Geschäfts mit der Firma sowie auf die Errichtung von Zweigniederlassungen mit dieser Firma[4]. Hingegen ist durch die Einwilligung eine beliebige Vervielfältigung des Firmenrechts, z.B. durch selbständige Veräußerung mehrerer Zweigstellen nicht gedeckt[5]. 28

g) Testamentsvollstreckung

Ist Testamentsvollstreckung angeordnet, so hat die Einwilligung der **Testamentsvollstrecker** zu erteilen, wenn er als Treuhänder der Erben fungiert; ist er nur Bevollmächtigter, erteilen die **Erben** die Einwilligung[6]. 29

h) Veräußerung durch Insolvenzverwalter

Schrifttum zur Insolvenz: s. ergänzend oben § 17 vor Rn. 45.

Veräußert der Insolvenzverwalter das Unternehmen, so stellt sich die Frage, ob der Gemeinschuldner oder der Insolvenzverwalter die Einwilligung zur Firmenfortführung erteilt (dazu näher oben § 17 Rn. 45 ff.). 30

aa) Firma des Einzelkaufmanns

Die **Firma des Schuldners** fällt als Immaterialgüterrecht in die Insolvenzmasse[7]. Das Handelsgeschäft gehört nach §§ 35, 160 Abs. 2 InsO zur Insol- 31

---

1 BGH v. 16.11.1981 – II ZR 150/80, BGHZ 82, 188, 195 f.; BGH v. 25.2.1982 – II ZR 174/80, BGHZ 83, 122, 129 f.; für die GmbH: *Scholz/Emmerich*, § 4 GmbHG Rn. 49.
2 BGH v. 8.7.1991 – II ZR 246/90, NJW 1991, 2564, 2565.
3 *Hüffer*, § 179a AktG Rn. 14; MünchKommHGB/*Heidinger*, § 22 Rn. 36.
4 *Heymann/Emmerich*, § 22 Rn. 14.
5 BGH v. 13.10.1980 – II ZR 116/79, WM 1980, 1360; OLG Karlsruhe v. 28.6.1978 – 6 U 38/78, WRP 1978, 830; *Heymann/Emmerich*, § 22 Rn. 14.
6 Dazu näher MünchKommHGB/*Heidinger*, § 22 Rn. 25.
7 H.M., z.B. BGH v. 27.9.1982 – II ZR 51/82, BGHZ 85, 221, 223; *Staub/Hüffer*, § 22 Rn. 34; *Heymann/Emmerich*, § 17 Rn. 37; *Uhlenbruck*, § 35 InsO Rn. 100 ff.; *K. Schmidt*, ZIP 1982, 221, 222; *Bokelmann*, KTS 1982, 27, 35; *Ulmer*, NJW 1983, 1697; s. auch oben § 17 Rn. 45.

venzmasse. Daraus ist aber nicht abschließend herzuleiten, dass der Insolvenzverwalter neben dem Handelsgeschäft auch über die Firma (§ 23) uneingeschränkt verfügen könnte. Zu prüfen ist, ob im Einzelfall bei einer Personenfirma der durch die Namenswahl verbleibende personale Bezug das vermögensrechtliche Interesse an der freien Verwertung der Firma überwiegen kann[1]. Für die **Firma des Einzelkaufmanns**, der vor dem Inkrafttreten des HRefG gezwungen war, seinen Namen zur Firmenbildung zu verwenden, sollte eine wirksame Einwilligung zur Firmenfortführung nur der Gemeinschuldner, nicht aber der Insolvenzverwalter haben geben können. Gleiches wurde wegen § 19 Abs. 1 und 2 a.F., § 24 Abs. 2 für den Gesellschafter einer OHG oder KG angenommen, dessen Name in der Firma enthalten war[2].

bb) Firma der Kapitalgesellschaft

32 Bei Kapitalgesellschaften galten schon vor dem HRefG andere Grundsätze, weil keine gesetzliche Notwendigkeit zur Bildung einer Personenfirma besteht. Wird der Name freiwillig verwendet, kommt es zur kommerziellen Verwendung des Namens ohne gesetzlichen Zwang. Deshalb darf eine GmbH den Namen eines Gesellschafters in ihrer Firma auch nach dessen Ausscheiden und **ohne seine Einwilligung weiterführen.** Daraus folgt, dass auch der Insolvenzverwalter die Firma einer GmbH zusammen mit dem Betrieb veräußern darf, ohne dass er der Einwilligung des namensgebenden Gesellschafters bedarf[3]. Anders kann es sein, wenn die Satzung vorsieht, dass der ausscheidende Gesellschafter die Entscheidungsbefugnis über die Weiterverwendung seines Namens behält[4]. Für die GmbH & Co. KG gelten die Regeln für die GmbH entsprechend[5].

cc) Stellungnahme

33 Die Probleme sind entschärft, weil für Einzelkaufleute, die OHG und die KG, kein Zwang zur Personenfirma mehr besteht. Deshalb ist es nicht notwendig, dass ein vom Schuldner durch Verwendung seines Namens in der Firma erlangter wirtschaftlicher Wert den Gläubigern im Insolvenzfall nicht zur Verfügung stehen soll. Wer sein Unternehmen in die Insolvenz führt, muss mit seinem Namensrecht hinter die Interessen seiner Gläubiger zurücktreten. Deshalb kann der Insolvenzverwalter **auch gegen den Widerspruch des Schuldners** das Handelsgeschäft zusammen mit der Personenfir-

---

1 BGH v. 26.2.1960 – I ZR 159/58, BGHZ 32, 103; BGH v. 27.9.1982 – II ZR 51/82, BGHZ 85, 221, 223.
2 OLG Düsseldorf v. 23.12.1981 – 3 WS 243/81, BB 1982, 695; OLG Koblenz v. 17.10.1991 – 6 U 982/91, NJW 1992, 2101; *Staub/Hüffer*, § 22 Rn. 35; *Heymann/Emmerich*, § 17 Rn. 40; *Baumbach/Hopt*, § 17 Rn. 47; a.A. *Bokelmann*, KTS 1982, 27, 53; *Raffel*, Die Verwertbarkeit der Firma im Konkurs, 1995, S. 106, 108 f.
3 H.M., z.B. BGH v. 20.4.1972 – II ZR 17/70, BGHZ 58, 322, 325; BGH v. 27.9.1982 – II ZR 51/82, BGHZ 85, 221, 224; BGH v. 14.12.1989 – I ZR 17/88, BGHZ 109, 364, 367; *Hachenburg/Ulmer*, § 63 GmbHG Rn. 77; *Scholz/K. Schmidt*, 9. Aufl. 2002, vor § 64 GmbHG Rn. 63.
4 *Staub/Hüffer*, § 24 Rn. 15.
5 BGH v. 14.12.1989 – I ZR 17/88, BGHZ 109, 364.

ma veräußern[1]. Das sollte grundsätzlich auch für den Fall gelten, dass eine **Personenfirma** schon **vor** dem Inkrafttreten des **HRefG** entstanden ist. Will der Namensträger den vermögensrechtlichen Wert der Firma weiterhin in Anspruch nehmen, kann er diesen Wert seinen Gläubigern im Insolvenzfall nicht vorenthalten. Will er das nicht, erscheint es zumutbar, dass er eine andere Firma, also Sach- oder Fantasiefirma, annimmt. Nach der Literatur zur Insolvenzordnung ist der Insolvenzverwalter in jedem Fall berechtigt, auch bei Personengesellschaften ohne Zustimmung des Schuldners über die Firma zu verfügen, und zwar auch dann, wenn dessen Familienname in der Firma enthalten ist[2]. Dem kann zugestimmt werden.

4. Geschäftsfortführung durch den Erwerber

Betreibt der Unternehmer das Handelsgeschäft nicht mehr, so erlischt grundsätzlich die Firma. Das gilt im Prinzip auch dann, wenn er das Handelsgeschäft auf einen anderen überträgt. Davon macht aber § 22 eine **Ausnahme**: Die Firma darf unter bestimmten Voraussetzungen fortgeführt werden. Gebraucht der Übernehmer die Firma nicht, sondern nimmt er eine andere an, so erlischt die ursprüngliche Firma[3]. Einer **Betriebseinstellung** mit der Folge des Erlöschens der Firma ist es gleichzusetzen, wenn das übernommene Geschäft unmittelbar nach Übernahme grundlegend verändert, weiterveräußert, weiterverpachtet oder in eine Gesellschaft eingebracht wird[4].

34

Hingegen führt eine allmähliche Umgestaltung, z.B. durch Aufnahme oder Aufgabe einzelner Geschäftszweige, nicht zum Erlöschen der Firma[5]; entscheidend ist, dass die Firmenkontinuität gewahrt bleibt.

35

IV. Firmenfortführung durch den Erwerber

1. Grundsätze

Eine **Verpflichtung** des Erwerbers zur Firmenfortführung **besteht nicht**[6]; er kann grundsätzlich auf das Firmenfortführungsrecht verzichten und eine neue Firma, die nach den Grundsätzen der §§ 18 ff. zu bilden ist, annehmen. Allerdings erlischt mit der Annahme einer neuen Firma das alte Firmenrecht, so dass auch später die alte Firma nicht mehr angenommen werden kann[7]. Davon zu unterscheiden ist eine schuldrechtliche Verpflichtung des

36

---

1 So schon nach alter Rechtslage die 1. Aufl., ebenso MünchKommHGB/*Heidinger*, § 22 Rn. 81 m.w.N.; vgl. auch *Heckschen*, NotBZ 2006, 352 f.; *Barnert*, KTS 2003, 523; kritisch *Wertenbruch*, ZIP 2002, 1931; *Benner*, Rpfleger 2002, 342.
2 *Hess*, Insolvenzrecht, 2007, §§ 35, 36 InsO Rn. 200 ff. m.w.N.
3 BayObLG v. 27.4.1971 – BReg. 2 Z 43/71, BayObLGZ 1971, 163, 165; OLG Hamm v. 2.5.1977 – 15 W 10/77, OLGZ 1977, 438, 441 f.; *Heymann/Emmerich*, § 22 Rn. 17.
4 Vgl. RGZ 143, 368, 371; *Heymann/Emmerich*, § 22 Rn. 17.
5 BGH v. 17.4.1957 – IV ZR 2/57, WM 1957, 1152, 1154 f.
6 BayObLG v. 19.12.1989 – BReg. 3 Z 102/89, BayObLGZ 1989, 474, 479.
7 OLG Celle v. 6.3.1974 – 9 Wx 4/74, OLGZ 1974, 343, 345; KG v. 19.7.1965 – 1 W 1353/65, OLGZ 1965, 315, 318; *Heymann/Emmerich*, § 22 Rn. 15.

Erwerbers gegenüber dem Veräußerer zur Firmenfortführung; eine solche Vereinbarung ist zulässig[1], kann aber nicht registerrechtlich, sondern nur im Zivilprozess durchgesetzt werden[2].

37 Sind die Voraussetzungen des § 22 erfüllt, darf der Erwerber für das Geschäft die bisherige Firma mit oder ohne **Nachfolgezusatz** fortführen. Handelt es sich bei dem Erwerber um einen Ist-Kaufmann, muss in jedem Fall der zutreffende **Rechtsformzusatz** in die Firma aufgenommen werden[3]. Abgesehen von Nachfolge- und Rechtsformzusätzen ist aber die Firma nach dem Grundsatz der Firmenkontinuität grundsätzlich unverändert fortzuführen. Nach OLG München[4] entsteht der Eindruck der Firmenfortführung auch dann, wenn zwar an anderer Stelle, aber unter gleichem Namen das Geschäft mit im wesentlichen gleichem Sortiment betrieben wird; der Hinweis „Neueröffnung" kann den Eindruck einer Geschäftsfortführung nicht beseitigen. Der Unterlassungsklage gestützt auf § 8 UWG wurde stattgegeben.

2. Zulässige Änderungen der Firma

38 Auch zulässige Änderungen der Firma stehen unter dem Gebot der **Firmenwahrheit.** Deshalb darf auch eine nach § 22 fortgeführte Firma nicht irreführend sein (§ 18 Abs. 2), sie darf nicht geeignet sein, mit wettbewerblicher Relevanz unzutreffende Vorstellungen über Art, Umfang und Rechtsverhältnisse des Unternehmens hervorzurufen[5].

a) Identitätswahrung

39 Die früher gepflogene strenge Praxis, die nur ganz unwesentliche Änderungen gestattete[6], wurde inzwischen abgemildert. Nunmehr wird darauf abgestellt, ob trotz Änderung nach der Auffassung des Verkehrs die **Firma fortgeführt** wird, so dass eine Änderung zulässig ist, wenn sie nicht die Individualisierung der Firma berührt und Zweifel an der Identität nicht aufkommen lässt[7]. **Abzulehnen** ist die Auffassung des LG Augsburg[8], wonach es bei einem Inhaberwechsel mit Firmenfortführung nicht mehr erforderlich

---

1 *Heymann/Emmerich*, § 22 Rn. 15.
2 *Staub/Hüffer*, § 22 Rn. 42; *Schlegelberger/Hildebrandt/Steckhan*, § 22 Rn. 17; MünchKommHGB/*Heidinger*, § 22 Rn. 42.
3 Der Rechtsformzusatz ist, wie früher schon für Kapitalgesellschaften, nach § 19 Abs. 1 Nr. 1 für Einzelkaufleute, nach § 19 Abs. 1 Nr. 2 u. 3 für die OHG und die KG zwingend vorgeschrieben.
4 OLG München v. 28.1.1999 – 6 U 3321/98, BB 1999, 554.
5 So schon vor dem HRefG BGH v. 28.3.1977 – II ZB 8/76, BGHZ 68, 271, 273; BGH v. 27.9.1965 – II ZB 5/65, BGHZ 44, 286, 287; LG Berlin v. 30.7.2004 – 102 T 42/04, NZG 2005, 443.
6 Z.B. RGZ 113, 306, 308; 162, 121, 123.
7 RGZ 133, 318, 325; OLG Hamm v. 19.3.2002 – 15 W 87/02, DNotZ 2003, 150; OLG Hamm v. 29.1.1965 – 15 W 386/64, NJW 1965, 764 f. m.w.N.; *Pabst*, DNotZ 1960, 33, 42; *Limmer*, NotBZ 2000, 101, 103.
8 LG Augsburg v. 16.4.1999 – 2 HKT 1406/99, Rpfleger 1999, 449; ähnlich auch LG Koblenz v. 19.12.2000 – 4 HT 4/00, DB 2001, 530.

sei, dass der Familienname in der Firma des Kaufmanns weiterhin in der fortgeführten Firma erscheinen muss. Hier kommt es nicht darauf an, dass, wie das LG meint, auch der Einzelkaufmann eine Fantasiefirma führen darf; vielmehr verstößt das Weglassen des Familiennamens gegen den Grundsatz der identitätswahrenden Firmenfortführung. Es handelt sich dann um eine **Firmenneubildung**[1]. Bei Personenfirmen und bei gemischten Firmen mit Personennamen ist, soweit ersichtlich, einhellig anerkannt, dass eine Änderung oder ein Weglassen des Namens in der Firma – mit Ausnahme der unter § 21 beschriebenen Fälle –, die Aufgabe der alten und Bildung einer neuen Firma darstellt[2] (siehe aber auch unten Rn. 40 a.E.).

b) Pflicht zur Änderung

Eine Verpflichtung zur Änderung der Firma kann sich aus § 18 Abs. 2 ergeben, wenn die fortgeführte Firma bei dem neuen Unternehmensträger **täuschend** wäre. Ein Einzelkaufmann darf z.B. nicht den Zusatz & Co. führen, da ein solcher Zusatz auf ein Gesellschaftsverhältnis hindeutet. Eine Änderungspflicht ergibt sich, wenn Rechtsform- und Gesellschaftszusätze unzutreffend, ein amtlicher Eindruck der Firma unrichtig oder akademische Titel in der Firma täuschend geworden sind. Eine infolge Fortführung durch einen nicht promovierten Kaufmann unrichtig gewordene **sog. Doktorfirma** wird vom Fortführenden befugt gebraucht, wenn dieser die Irreführung durch einen Nachfolgezusatz beseitigt; das gilt auch, wenn der Nachfolgezusatz erst nach Jahren und nach mehreren Nachfolgern beigefügt wird[3]. Eine Änderungspflicht ist ferner anzunehmen, wenn Erweiterungen oder die Aufgabe von Geschäftszweigen vorliegen, ein in der Firma enthaltener Sitz nach einer Sitzverlegung nicht mehr zutrifft[4]. Doch darf durch eine solche im Allgemeininteresse liegende Änderung die Firmenidentität nicht völlig aufgehoben werden[5]; andernfalls muss eine Firmenneubildung vorgenommen werden. Für die Beurteilung, ob Firmenidentität noch gegeben ist, war das Gesamtbild der Firma nach Firmenkern und -zusatz maßgebend[6]. Jedoch sollte auch die Frage der Identitätswahrung nach dem Inkrafttreten des HRefG neu gestellt werden. Den früher für die Firmen von Kaufleuten und Gesellschaften zwingend vorgeschriebenen Firmenkern (dazu oben § 18 Rn. 5) gibt es nicht mehr; die Firmenbildung ist insoweit freigegeben wor-

40

---

1 Zutreffend *Busch*, Rpfleger 1999, 547, Anm. zu LG Augsburg; a.A. *Koller/Roth/Morck*, § 22 HGB Rn. 17.
2 OLG Stuttgart v. 21.3.2000 – 8 W 154/99, BB 2000, 1001; danach kann der Zusatz „& Partner" in der Firma einer GmbH nicht beibehalten werden, wenn die Namen in der Firma zur Anpassung an den geänderten Gesellschafterkreis geändert werden sollen; § 11 Abs. 1 PartGG steht dem entgegen.
3 BGH v. 10.11.1969 – II ZR 273/67, BGHZ 53, 65, 66; BGH v. 2.10.1997 – I ZR 105/95, WM 1998, 1094 – Doktorfirma; dazu *Klaka*, EWiR § 15 MarkenG 1/98, 325; WuB IV E. § 22 HGB 1.98 – Helm.
4 *Heymann/Emmerich*, § 22 Rn. 20; MünchKommHGB/*Heidinger*, § 22 Rn. 43, 52.
5 *Staub/Hüffer*, § 22 Rn. 55; ferner OLG Düsseldorf v. 18.6.1986 – 3 Wx 116/86, GmbHR 1987, 189; LG München I v. 5.7.1990 – 17 HKT 11396/90, NJW-RR 1990, 1373.
6 BayObLG v. 8.5.1981 – BReg. 1 Z 40/81, MDR 1981, 849.

den. Deshalb sollte man auch jetzt nur noch die gesetzlich vorgeschriebenen Rechtsformzusätze als Zusätze (im engeren Sinne) bezeichnen. Der Zusatz nach früherer Terminologie ist, wie der Firmenkern selbst, als Firmenbestandteil einzuordnen. Danach wird zwar der „Firmenkern" in aller Regel prägender Firmenbestandteil sein. Das schließt aber nicht aus, dass ein anfangs nicht prägender Firmenbestandteil, also ein früherer Zusatz, im Laufe der Zeit aus der Sicht des Verkehrs prägend wird. Für die Identitätswahrung kann es ausreichend sein, wenn dieser prägende Firmenbestandteil fortgeführt wird. Ein maßgeblich prägender „Firmenzusatz" ist dann eben kein Zusatz mehr, sondern maßgeblich prägender Firmenbestandteil. Diese Grundsätze sind auch für die Firmenfortführung nach § 25 maßgebend (dazu unten § 25 Rn. 19).

c) Unwesentliche Änderungen

41 **Erlaubt** sind immer unwesentliche Änderungen der Firma, z.B. in der Schreibweise[1], durch das Weglassen von unwesentlichen Bestandteilen, die für das Gesamtbild der Firma nicht prägend sind oder durch die Anfügung des Gründungsjahres[2]. Ferner sind Änderungen zulässig, wenn sich die Unternehmensverhältnisse später geändert haben und die Änderung einem **berechtigten Interesse** des Unternehmensträgers entspricht, vorausgesetzt, dass die Firmenrechtsvorschriften nicht verletzt werden und die Wahrung der Firmenidentität gewährleistet ist[3].

3. Nachfolgezusatz

42 Ein Nachfolgezusatz darf, muss aber nicht der fortgeführten Firma hinzugefügt werden. Er kann aber erforderlich sein, wenn nur dadurch eine Täuschung z.B. über akademische Titel (siehe oben Rn. 40) vermieden werden kann. Wird ein Nachfolgezusatz gewählt, wird er **Teil der Firma** und ist bei Aufnahme, Änderung oder Streichung zum Handelsregister anzumelden. Der Zusatz kann lauten: *Nachfolger (Nachf.), Erben, Inhaber*[4] oder *Söhne*. Nimmt der Erwerber seinen Namen in den Nachfolgezusatz auf, kann der Vorname abgekürzt oder weggelassen werden[5]. Unerheblich ist die Stellung des Nachfolgezusatzes innerhalb der Firma, solange deren Gesamtbild identitätswahrend bleibt[6].

---

1 OLG Celle v. 16.6.1976 – 9 Wx 4/74, OLGZ 1977, 59, 64.
2 *Heymann/Emmerich*, § 22 Rn. 21.
3 BGH v. 12.7.1965 – II ZB 12/64, BGHZ 44, 116; BGH v. 28.3.1977 – II ZB 8/76, BGHZ 68, 271, 273; OLG Hamm v. 18.11.1966 – 15 W 303/66, OLGZ 1967, 94; LG Koblenz v. 19.12.2000 – 4 HT 4/00, DB 2001, 530; LG Berlin v. 24.3.1993 – 98 T 80/92, NJW-RR 1994, 609; ferner OLG Düsseldorf v. 18.6.1986 – 3 Wx 116/86, GmbHR 1987, 189, LG München I v. 5.7.1990 – 17 HKT 11396/90, NJW-RR 1990, 1373; BayObLG v. 8.5.1981 – BReg. 1 Z 40/81, MDR 1981, 849; *Staub/Hüffer*, § 22 Rn. 55.
4 OLG Frankfurt am Main v. 27.1.2000 –20 W 414/97.
5 So schon die Rechtslage vor dem HRefG, vgl. *Staub/Hüffer*, § 22 Rn. 46; *Heymann/Emmerich*, § 22 Rn. 23; MünchKommHGB/*Heidinger*, § 22 Rn. 58.
6 RGZ 56, 187, 189; *Heymann/Emmerich*, § 22 Rn. 23.

Ein **Sonderfall** der Firmenfortführung liegt vor, wenn der Erwerber eine Firma wählt, zugleich aber die gesamte frühere Firma mit dem Zusatz *vormals (vorm.)* in die Firma aufnimmt. Eine solche Firmenbildung ist nur zulässig, wenn die Voraussetzungen für eine Firmenfortführung nach § 22 vorliegen[1].

4. Unzulässige Firmenänderungen

Besteht der **Firmenkern** aus den nach § 18 erforderlichen Mindestanforderungen, so ist dessen **Änderung in der fortgeführten Firma** in aller Regel nicht zulässig. Deshalb darf ein in der abgeleiteten Firma enthaltener Name, sei es der Vorname, sei es der Familienname, grundsätzlich weder gestrichen noch verändert werden[2]. Vor dem Inkrafttreten des HRefG galt: Hatte ein Unternehmensträger in der fortgeführten Firma jahrzehntelang einen abgekürzten Vornamen verwendet und sich damit einen wertvollen wirtschaftlichen Besitzstand geschaffen, erwuchs ihm daraus dennoch kein Rechtsanspruch auf Abänderung der Firma in die von ihm gebrauchte Form. Demnach waren bei einer **Personenfirma Änderungen nur in den Zusätzen** erlaubt[3], das Hinzufügen von Sachzusätzen zu einer reinen Personenfirma war in der fortgeführten Firma unzulässig[4]. Diese Rechtsprechung ist im Einzelfall nach den Grundsätzen des Firmenrechts im Sinne des HRefG zu überprüfen. Allgemein kann gesagt werden, dass **Firmenänderungen**, die sich innerhalb der Grenzen von § 18 halten und an der Firmenidentität keine vernünftigen Zweifel lassen, in der fortgeführten Firma **zulässig** sind, z.B. wenn eine bislang benutzte Geschäftsbezeichnung in die Firma aufgenommen wird[5].

5. Firmenvereinigung

Erwirbt ein Unternehmensträger mit eigener Firma ein Handelsgeschäft mit dem Recht auf Firmenfortführung, darf er nach überwiegender Praxis dessen **Firma mit der eigenen Firma zusammenfassen**[6]. Obwohl durch die Zusammenfassung zweier Firmen diese in der Regel nicht unerheblich verändert werden und Zweifel an der Identität der bisherigen und der übernommenen Firma nahe liegen, wird eine solche Firmenvereinigung aus wirtschaftlichen Gründen für zulässig erachtet[7]. Durch die Vereinigung entsteht eine **neue Firma**, das Firmenrecht an der übernommenen Firma erlischt und kann

---

1 BayObLGZ 5 (1904), 455, 457; OLG Hamm v. 26.1.1960 – 15 W 527/59, BB 1960, 959; MünchKommHGB/*Heidinger*, § 22 Rn. 58; *Heymann/Emmerich*, § 22 Rn. 24.
2 BGH v. 25.6.1959 – II ZB 6/59, BGHZ 30, 288; *Heymann/Emmerich*, § 22 Rn. 26.
3 BGH v. 25.6.1959 – II ZB 6/59, BGHZ 30, 288, 292; OLG Celle v. 6.3.1974 – 9 Wx 4/74, OLGZ 174, 343, 345; KG v. 19.7.1965 – 1 W 1353/65, OLGZ 1965, 315, 319.
4 BGH v. 27.9.1965 – II ZB 5/65, BGHZ 44, 286, 287; BGH v. 12.11.1984 – II ZB 2/84, WM 1985, 165 f.; BayObLG v. 27.2.1978 – BReg. 1 Z 10/78, BayObLGZ 1978, 48, 50; OLG Hamburg v. 19.3.1965 – 2 W 2/65, BB 1965, 807; OLG Köln v. 18.11.1963 – 2 Wx 187/63, NJW 1964, 502 f.
5 OLG Hamm v. 19.3.2002 – 15 W 87/02, DB 2003, 605.
6 RGZ 152, 365, 368; BGH v. 21.9.1976 – II ZB 4/74, BGHZ 67, 166, 167 f. mit umfassenden Nachweisen.
7 *Heymann/Emmerich*, § 22 Rn. 25; MünchKommHGB/*Bokelmann*, § 22 Rn. 76.

auch bei einer späteren Trennung der Handelsgeschäfte nicht mehr wiederaufleben; eine Weiterveräußerung des übernommenen Handelsgeschäfts mit der alten Firma scheidet aus[1].

46 Das **übernommene Handelsgeschäft** darf aber samt Firma fortgeführt werden, wenn es zur **Zweigniederlassung des Erwerbers** wird; denn die Firma der Zweigniederlassung muss mit der Firma der Hauptniederlassung nicht identisch sein, wohl aber muss der Zusammenhang zwischen beiden Niederlassungen in der Firma der Zweigniederlassung deutlich werden (siehe oben § 13 Rn. 12 f.)[2].

6. Einzelfälle

47 Als allgemeiner Grundsatz für jede Firmenfortführung gilt, dass Zweifel an der **Identität der bisherigen und der fortgeführten Firma** nicht aufkommen dürfen (oben Rn. 39). Nach dem Gesetz zulässig ist die Beifügung eines Nachfolgezusatzes (oben Rn. 42); erlaubt sind unwesentliche (oben Rn. 41) oder wegen § 18 Abs. 2 gebotene Änderungen (oben Rn. 40).

a) Firmenfortführung durch Einzelkaufmann

48 In der fortgeführten Firma **unzutreffend gewordene Rechtsform- und Gesellschaftszusätze** aus der bisherigen Firma (z.B. *AG, GmbH, KG, OHG*) können nur beibehalten werden, wenn durch einen unmissverständlichen Nachfolgezusatz eine Irreführung ausgeschlossen wird[3]. Soll die Firma ohne Nachfolgezusatz geführt werden, sind die bisherigen Rechtsformzusätze zu streichen; dies ist zulässig, weil sie in der Regel nicht das Gesamtbild der Firma prägen. Wird **kein Nachfolgezusatz** verwendet, muss ein unrichtiger Rechtsformzusatz in der fortgeführten Firma gestrichen werden und der nunmehr nach § 19 Abs. 1 Nr. 1 erforderliche Rechtsformzusatz, z.B. *e.K.*, hinzugefügt werden. Hingegen muss ein nicht mehr zutreffender **Rechtsformzusatz** in der fortgeführten Firma **nicht gestrichen** werden, wenn die nunmehr gegebene Rechtsform durch einen Nachfolgezusatz mit der erforderlichen Bezeichnung, etwa *e.K.*, eindeutig offen gelegt wird[4].

---

1 *Staub/Hüffer*, § 22 Rn. 52; *Heymann/Emmerich*, § 22 Rn. 25 und MünchKommHGB/*Bokelmann*, § 22 Rn. 76; a.A. OLG Frankfurt v. 13.2.1970 – 6 W 521/69, OLGZ 1971, 50; *Baumbach/Hopt*, § 22 Rn. 19.
2 RGZ 113, 123; *Staub/Hüffer*, § 22 Rn. 53.
3 OLG Hamm v. 8.7.1999 – 15 W 102/99, DB 1999, 1946 mit krit. Anm. *Bachmann*, EWiR 2000, 87; kritisch auch *Krafka/Willer*, Registerrecht, 7. Aufl. 2007, Rn. 284, die meinen, dass die Führung mehrerer Rechtsformzusätze stets zur Irreführung geeignet ist.
4 OLG Hamm v. 8.7.1999 – 15 W 102/99, DB 1999, 1946; zur Rechtslage vor Inkrafttreten des HRefG BGH v. 10.11.1969 – II ZR 273/67, BGHZ 53, 65, 68 f.; BGH v. 14.7.1966 – II ZB 4/66, BGHZ 46, 7, 12; BGH v. 27.9.1965 – II ZB 5/65, BGHZ 44, 286, 287; BayObLG v. 27.2.1978 – BReg. 1 Z 10/78, BayObLGZ 1978, 48, 50; *Staub/Hüffer*, § 22 Rn. 59 f.; *Heymann/Emmerich*, § 22 Rn. 27; Schlegelberger/Hildebrandt/*Steckhan*, § 22 Rn. 19 f.; MünchKommHGB/*Bokelmann*, § 22 Rn. 80; *Wiedemann*, ZGR 1975, 354, 358.

Der Einzelkaufmann darf in der übernommenen Firma **Zusätze, die Gesell-** 49
schaftsverhältnisse andeuten, wie &. *Co.,* &. *Cie,* &. *Sohn,* &. *Partner* etc.
nicht führen, es sei denn, er nimmt einen unmissverständlichen Nachfolgezusatz auf[1]. Einer Streichung solcher Zusätze (z.B. auch *Geschwister, Erben*)
wird in der Regel der Grundsatz der Firmenidentität entgegenstehen, da solche Zusätze für das Gesamtbild der Firma prägend sind. Zur Vermeidung einer Irreführung muss dann ein Nachfolgezusatz aufgenommen werden[2].
Dem ist zuzustimmen. Nach anderer Auffassung sollen dem Unternehmenserwerber stets zwei Möglichkeiten offen bleiben, nämlich, die um den
Gesellschaftszusatz verkürzte Firma zu führen oder sie um einen Nachfolgezusatz zu erweitern[3]. Dem kann nur gefolgt werden, wenn der **Gesellschaftszusatz** für die Firma **nicht prägend** ist. Ob dies der Fall ist, muss unter
Berücksichtigung aller Umstände im konkret gegebenen Sachverhalt entschieden werden (siehe auch oben Rn. 40).

Wird das **Geschäft einer GmbH & Co. KG** übernommen, müssen die Zusät- 50
ze *GmbH & Co.* sowie *KG* gestrichen werden, oder es wird ein Nachfolgezusatz beigefügt[4]. **Übernimmt der Einzelkaufmann eine OHG** mit der aus
zwei Namen bestehenden Firma *X und Y,* ist die Streichung nur eines Namens unzulässig, da dann die Firmenidentität nicht mehr gewahrt wäre; es
muss ein Nachfolgezusatz beigefügt werden[5]. Nach § 19 Abs. 1 Nr. 1 muss
auch der Einzelkaufmann eine Rechtsformbezeichnung in seine Firma aufnehmen. Dadurch erübrigt sich bei einer Personenfirma *X und Y* ein Nachfolgezusatz, weil schon durch die beizufügende Rechtsformbezeichnung
Klarheit über die Haftungsverhältnisse geschaffen wird.

b) Firmenfortführung durch eine Gesellschaft

Dazu bestand vor dem HRefG folgender Streitstand: Erwarb eine **Personen-** 51
gesellschaft das **Geschäft eines Einzelkaufmanns,** sollte nach h.M.[6] eine unveränderte Fortführung der einzelkaufmännischen Firma zulässig, die Hinzufügung eines Gesellschaftszusatzes möglich, aber nicht erforderlich sein.
Die Begründung, der Verkehr werde nicht getäuscht, wenn sich hinter einer
einzelkaufmännischen Firma eine Gesellschaft verberge, hat schon damals

---

1 BGH v. 10.11.1969 – II ZR 273/67, BGHZ 53, 65, 69; *Staub/Hüffer,* § 22 Rn. 67; *Heymann/Emmerich,* § 22 Rn. 28.
2 BGH v. 12.11.1984 – II ZB 2/84, NJW 1985, 736; BayObLG v. 25.7.1983 – BReg. 3 Z 129/82, WM 1983, 1401; OLG Hamm v. 20.7.1973 – 15 W 63/72, NJW 1973, 2000; OLG Zweibrücken v. 28.4.1972 – 3 W 17/72, BB 1975, Beil. 12, 24; MünchKommHGB/*Bokelmann,* § 22 Rn. 84.
3 So *Staub/Hüffer,* § 22 Rn. 69; vgl. auch *S. Meyer,* RNotZ 2004, 323.
4 BGH v. 28.3.1977 – II ZB 8/76, BGHZ 68, 271, 273; BGH v. 27.9.1965 – II ZB 5/65, BGHZ 44, 286, 288, jeweils zu § 24; OLG Hamm v. 12.3.1976 – 15 Wx 29/74, OLGZ 1976, 311, 316; *Heymann/Emmerich,* § 22 Rn. 69.
5 *Staub/Hüffer,* § 22 Rn. 71; *Heymann/Emmerich,* § 22 Rn. 29.
6 BGH v. 18.3.1974 – II ZR 167/72, BGHZ 62, 216, 217, 224 f.; BGH v. 9.12.1976 – II ZB 6/74, BGHZ 68, 12, 15; BGH v. 28.3.1977 – II ZB 8/76, BGHZ 68, 271, 273; *Heymann/Emmerich,* § 22 Rn. 30.

nicht überzeugt. Vielmehr konnte schon früher der Grundsatz Geltung beanspruchen, dass die Firma auch als abgeleitete, stets die **jeweilige Rechtsform des Unternehmensträgers** erkennen lassen soll[1]. Die Streitfrage ist durch die jetzige Fassung des § 19 i.S.d. hier in der 1. Aufl. vertretenen Auffassung geklärt. Die gegenteilige Meinung[2] konnte nur noch bis 31.3.2003 Bedeutung haben und hätte nicht zuletzt deshalb schon damals aufgegeben werden sollen, um eine einheitliche Praxis zu gewährleisten.

52 Erwirbt eine **Personengesellschaft das Geschäft** einer **anderen Personengesellschaft**, so ist ein Rechtsformzusatz, den die bisherige Firma enthielt und der jetzt nicht mehr zutrifft, zu streichen, wenn nicht ein Nachfolgezusatz aufgenommen wird. Erwirbt eine Personengesellschaft, bei der keine natürliche Person persönlich haftet, das Geschäft eines anderen Unternehmensträgers, muss die fortgeführte Firma eine Bezeichnung enthalten, welche die **Haftungsbeschränkung** kennzeichnet, z.B. *GmbH & Co. KG*; § 19 Abs. 2.

c) Firmenfortführung bei Verschmelzung und Umwandlung

Im Grundsatz sind auch hier die Rechtsfolgen wie nach § 22 maßgeblich; das UmwG[3] enthält aber dazu eigenständige Regelungen (siehe oben § 19 Rn. 65 f.).

aa) Verschmelzung

53 Bei einer Verschmelzung zweier oder mehrerer Rechtsträger[4] im Wege der **Aufnahme** (§ 2 Nr. 1 UmwG) oder durch **Neugründung** (§ 2 Nr. 2 UmwG) wird der übertragende Rechtsträger ohne Abwicklung aufgelöst. Das Vermögen geht im Wege der Gesamtrechtsnachfolge auf den aufnehmenden Rechtsträger über. Bei einer Vermögensübernahme durch Verschmelzung im Wege der Aufnahme kann z.B. eine bestehende OHG ihre bisherige Firma beibehalten, die Firma eines übertragenden Rechtsträgers fortführen oder eine neue Firma bilden (§ 18 Abs. 1 UmwG). Die Vorschrift ist ein **Sondertatbestand** zu § 22 und unterscheidet sich in erster Linie dadurch, dass das Firmenfortführungsrecht immer im Rahmen der Verschmelzung besteht, so dass eine Einwilligung zur Fortführung nicht erforderlich ist[5]. Im Übrigen bleiben die allgemeinen Vorschriften anwendbar. Wird die OHG durch Verschmelzung neu gegründet, darf sie nur die Firma eines übertragenden Rechtsträgers fortführen oder eine neue Firma bilden (§ 36 Abs. 1 UmwG). Haben sich durch die Verschmelzung die tatsächlichen Verhältnisse so geändert, dass die bisherige Firma irreführend geworden ist (§ 18 Abs. 2), muss

---

1 Vgl. *K. Schmidt*, HR, 4. Aufl., § 12 III 2b bb, S. 376; kritisch *Canaris*, HR, 22. Aufl., § 11 I 2b, S. 174.
2 Eingehend v. *Olshausen*, Rpfleger 2001, 54, 56.
3 Umwandlungsgesetz vom 28.10.1994 – BGBl. I 3210, ber. 1995 I 428, geändert durch Gesetz v. 9.6.1998, 22.6.1998 und 22.7.1998 – BGBl. I 1242, 1478 und 1878.
4 Das ist entweder der „Vollinhaber eines Rechts" oder eine „im Rechtsverkehr auftretende juristische Einheit".
5 Vgl. *Bokelmann*, ZNotP 1998, 265, 266; *Limmer*, NotBZ 2000, 101, 102.

die Irreführungseignung durch Hinzufügung von Zusätzen oder durch Firmenänderung beseitigt werden[1].

Einer **Personenhandelsgesellschaft** (z.B. OHG) war vor dem HRefG die **Firmenfortführung** nur erlaubt, wenn die Firma den Namen einer natürlichen Person enthielt (§ 18 Abs. 1 S. 2 UmwG a.F.). Das Verbot ist durch Streichung von § 18 Abs. 1 S. 2 und 3 UmwG a.F. weggefallen. 54

Bei einer **Verschmelzung** auf eine OHG durch **Neugründung** kann die Gesellschaft eine neue, originäre Firma annehmen, die nach den §§ 18, 19 zu bilden ist. 55

Enthält die Firma des übertragenden Rechtsträgers den **Namen einer natürlichen Person**, die an dem übernehmenden Rechtsträger nicht beteiligt ist, so bedarf es bei der Firmenfortführung und auch bei der Firmenneubildung zur Verwendung dieses Namens der ausdrücklichen Einwilligung des betroffenen Anteilsinhabers oder dessen Erben (§ 18 Abs. 2 UmwG). 56

Diese Grundsätze sind auch anzuwenden bei der **Spaltung** (Aufspaltung oder Abspaltung und Ausgliederung) eines Rechtsträgers. § 125 S. 1 UmwG verweist zwar nur für den Fall der Aufspaltung auf die Anwendbarkeit von § 18 Abs. 1 UmwG, die Erleichterungen des § 18 Abs. 1 UmwG sollten aber auch für die Abspaltung und Ausgliederung gelten, zumindest wäre aber eine Firmenfortführung nach den allgemeinen Regeln des § 22 zu bejahen[2]. 57

bb) Umwandlung

Bei einer **formwechselnden Umwandlung**, bei der ein Rechtsträger in eine andere Rechtsform wechselt (§ 190 Abs. 1 UmwG), muss in dem Umwandlungsbeschluss der Name oder die Firma des neuen Rechtsträgers bestimmt werden (§ 194 Abs. 1 Nr. 2 UmwG). Der Formwechsel berührt die Identität des Rechtsträgers nicht, so dass er auch in der neuen Rechtsform seine **bisherige Firma beibehalten** kann (§ 200 Abs. 1 UmwG). Allerdings dürfen Bezeichnungen, die auf die Rechtsform der formwechselnden Gesellschaft hinweisen, in keinem Fall beibehalten werden; das gilt auch dann, wenn eine Täuschung oder Irreführung über die zutreffende Rechtsform durch einen Nachfolgezusatz vermieden werden könnte. Der **Rechtsformwechsel** ist **keine Rechtsnachfolge**. Die zutreffende Rechtsformbezeichnung ist zwingend in die Firma aufzunehmen (§ 200 Abs. 2 UmwG). Nach OLG Frankfurt[3] gilt der Bezeichnungsschutz für Altgesellschaften zur Weiterführung des **Zusatzes „und Partner"** nach § 11 PartGG auch für den Formwechsel einer OHG in eine GmbH. Eine *V. und Partner OHG*, die diese Firma schon vor Inkrafttreten der PartGG geführt hat, darf auch jetzt, wenn sie sich formwechselnd 58

---

1 Dazu schon früher OLG Hamm v. 12.3.1976 – 15 Wx 29/74, BB 1976, 1043 zu § 6 UmwG 1969; MünchHdbGesR I/*Bezzenberger*, § 49 Rn. 92.
2 Vgl. *Kallmeyer*, § 125 UmwG Rn. 29; *Lutter/Teichmann*, 3. Aufl. 2004, § 132 UmwG Rn. 48; ablehnend *Bokelmann*, ZNotP 1998, 265, 269; ausführlich zum Streitstand: *Limmer*, NotBZ 2000, 101, 104 f.
3 OLG Frankfurt v. 19.2.1999 – 20 W 72/99, BB 1999, 554.

in eine GmbH umwandelt mit *V. und Partner GmbH* firmieren; sie ist nicht gezwungen, den Zusatz *und Partner* zu streichen. Der Name eines an dem formwechselnden Rechtsträger beteiligten Anteilsinhabers, dessen Beteiligung an dem Rechtsträger neuer Rechtsform entfällt, darf nur in der Firma beibehalten oder in die neugebildete Firma aufgenommen werden, wenn er oder sein Erbe darin ausdrücklich einwilligen (§ 200 Abs. 3 UmwG). Bei einem Formwechsel in eine **BGB-Gesellschaft** erlischt die Firma nach § 200 Abs. 5 UmwG.

V. Weitere Firmenführung durch den Veräußerer

59 Hat der **Einzelkaufmann** sein Handelsgeschäft mit dem Recht auf Firmenfortführung veräußert und führt der Erwerber die Firma fort, darf der Veräußerer zwar ein eigenes Geschäft unter seinem Namen gründen. Er muss dann aber eine solche Bezeichnung wählen, die sich deutlich von der fortgeführten Firma unterscheidet (vgl. § 30); hierfür bietet sich ein **unterscheidender Zusatz** an[1]. Dies gilt auch dann, wenn der Erwerber die Firma mit einem Nachfolgezusatz weiterführt[2].

60 Überträgt **eine OHG** ihr Handelsgeschäft samt Firma auf eine andere OHG, so muss sie, wenn noch Restvermögen vorhanden ist, als Gesellschaft in Liquidation eine neue Firma annehmen. Sie darf hierfür ihre alte Firma mit dem Zusatz *in Liquidation* oder *i.L.* verwenden, sofern die erwerbende OHG die Firma mit einem Inhaberzusatz führt[3]. Hat die OHG ihr Handelsgeschäft **mit Firma verpachtet**, wird sie ohne Auflösung zur BGB-Gesellschaft und ist nicht mehr firmenfähig[4].

61 Eine **Handelsgesellschaft**, die sich in der Insolvenz befindet, muss nach Veräußerung des Handelsgeschäfts mit der Firma durch den Insolvenzverwalter bis zum Abschluss des Insolvenzverfahrens eine Firma führen. Der BGH[5] hat es für zulässig erachtet, dass eine übertragene Firma vom Veräußerer während des Konkurses bei Abwicklungsgeschäften weitergeführt wird. Er hat es in Kauf genommen, dass zeitlich begrenzt zwei Unternehmen mit identischer Bezeichnung existieren, die sich in derselben Branche geschäftlich betätigen. Dennoch erscheint es erforderlich und zumutbar, dass im Hinblick auf § 30 der Insolvenzfirma ein unterscheidender Zusatz beigefügt wird[6].

---

1 Vgl. auch OLG Hamm v. 22.8.1983 – 15 W 195/83, Rpfleger 1984, 21.
2 *Baumbach/Hopt*, § 22 Rn. 22.
3 KG, JW 1936, 2658, 2660.
4 KG, JW 1936, 3129, 3130 mit Anm. *Groschuff*.
5 BGH v. 22.11.1990 – I ZR 14/89, NJW 1991, 1353, 1354.
6 Vgl. *Scholz/K. Schmidt*, 9. Aufl. 2002, vor § 64 GmbHG Rn. 63; dazu auch LG Linz v. 29.3.2000 – 6 Ob 45/00 m (Österreich), NZG 2000, 1130.

VI. Verpachtung u.Ä. (§ 22 Abs. 2)

1. Pacht und Nießbrauch

Die Bestimmung hat jetzt[1] nahezu ausschließlich noch Bedeutung für die Verpachtung eines Unternehmens oder eines Nießbrauches am Unternehmen. Die Bestellung des Nießbrauches an einem Unternehmen führt zum **Wechsel in der Unternehmensführung** und setzt eine „Übernahme" des Geschäfts unter Fortführung der alten Firma voraus. Nur dieser Fall wird von § 22 Abs. 2 erfasst; er führt zur Eintragung des neuen und Löschung des früheren Unternehmens im Handelsregister[2]. Nicht erfasst von § 22 Abs. 2 wird der bloße Ertragsnießbrauch, der u.a. vorliegt, wenn der Berechtigte von der Unternehmensleitung ausgeschlossen ist[3]. 62

2. Firma des Verpächters

Für das **Firmenfortführungsrecht des Pächters** oder Nießbrauchers sind dieselben Grundsätze maßgebend, wie sie für den Erwerber eines Geschäftes gelten (dazu oben Rn. 36 ff.). Deshalb gilt § 22 Abs. 2 z.B. nicht für die Verpachtung eines nichtkaufmännischen Geschäfts[4]. Behält der Verpächter seine Firma bei, scheidet eine Firmenfortführung durch den Pächter aus, weil es dann an der Einwilligung des Verpächters zur Firmenfortführung fehlt[5]. Der Pächter hat, wie der Erwerber eines Geschäfts, keine Pflicht zur Firmenfortführung, er kann eine neue Firma wählen. Eine entgegenstehende Vereinbarung der Parteien muss das Registergericht in der Regel nicht beachten[6]. Es kann aber, wenn es den Sachverhalt kennt, versuchen, vor Eintragung der neuen Firma eine Klärung herbeizuführen (§ 12 FGG bzw. §§ 26, 29 FamFG). 63

3. Firmenführung durch Pächter

Der Pächter darf die Firma mit einem **Nachfolgezusatz** führen, z.B. auch *Pächter X*. Wird er Eigentümer des Geschäfts, kann er diesen Zusatz dann streichen und einen Inhaberzusatz aufnehmen[7]. Verpachten Handelsgesellschaften ihr Geschäft mit der Firma, müssen sie eine neue Firma annehmen, da sie andernfalls aufgelöst oder zur BGB-Gesellschaft werden[8]. Ist eine Kommanditgesellschaft Pächterin des Geschäfts eines Einzelkaufmanns, so kann sie nicht unter Beibehaltung ihrer Firma als Geschäftsinhaberin des ge- 64

---

1 Zur früheren Bedeutung *Heymann/Emmerich*, § 22 Rn. 33.
2 BayObLG v. 3.7.1973 – BReg. 2 Z 25/73, BayObLGZ 1973, 168, 171.
3 BGH v. 29.4.1954 – IV ZR 152/53, DNotZ 1954, 399, 402; BayObLG v. 3.7.1973 – BReg. 2 Z 25/73, BayObLGZ 1973, 168, 171.
4 Zum früheren Minderkaufmann, OLG Köln v. 29.10.1962 – 8 Wx 100/62, NJW 1963, 541, 542 f.
5 BayObLG v. 10.3.1978 – BReg. 1 Z 27/78, BayObLGZ 1978, 62, 64 f.
6 *Heymann/Emmerich*, § 22 Rn. 36.
7 BGH v. 19.5.1960 – II ZR 72/59, BGHZ 32, 307, 312.
8 BayObLG v. 15.10.1970 – BReg. 2 Z 14/70, BayObLGZ 1970, 243, 246 ff.

pachteten Geschäfts dessen bisherige Firma weiterführen[1]. Sie muss dann entweder ihre Firma aufgeben oder die Firmen vereinigen (dazu oben Rn. 45). Die KG kann ferner das gepachtete Geschäft als Zweigniederlassung unter der bisherigen Firma mit dem Zusatz *Zweigniederlassung* führen.

4. Registereintrag

65 Die Pacht selbst wird weder beim Verpächter noch beim Pächter im Handelsregister vermerkt[2]; der **Pächter wird eingetragen** und der bisherige Inhaber gerötet. Bei Beendigung des Überlassungsverhältnisses ist der Übernehmer des Handelsgeschäfts im Register zu löschen und zugleich der frühere Geschäftsinhaber wieder als Inhaber einzutragen. Die Eintragung im Handelsregister wird ohne Prüfung der materiellen Rechtslage bei entsprechender Anmeldung beider Beteiligter vollzogen (dazu unten Rn. 70)[3].

VII. Registerrechtliche Behandlung

66 Ändert sich der Inhaber des Unternehmens durch ein Rechtsgeschäft unter Lebenden, so sind der bisherige und der neue **Inhaber anmeldepflichtig**[4]. Das gilt für jeden Fall einer Geschäftsübertragung mit Firmenfortführung, gleichgültig, ob Veräußerer oder Erwerber ein Einzelkaufmann, eine Personenhandelsgesellschaft oder eine Kapitalgesellschaft ist. Wird das Handelsgeschäft durch Erbgang erworben, ist anmeldepflichtig der **Erbe**, bei Fortführung durch eine Erbengemeinschaft trifft die Anmeldepflicht die einzelnen Erben. Der **Testamentsvollstrecker** ist anmeldepflichtig, wenn er das Geschäft im eigenen Namen für Rechnung der Erben fortführt. Ein Hinweis auf die Stellung als Testamentsvollstrecker wird nicht eingetragen[5].

67 Das **Registergericht** hat zu prüfen, ob die Einwilligung des Berechtigten (dazu oben Rn. 23 ff.) zur Firmenfortführung vorliegt. Nach § 40 Nr. 3 lit. b HRV ist die Änderung des Inhabers in das Handelsregister einzutragen. Als neuer Geschäftsinhaber wird auf dem bisherigen Registerblatt der Erwerber des Handelsgeschäfts in Spalte 3b eingetragen, der frühere Firmeninhaber wird gerötet (§ 16 Abs. 1 S. 2 HRV). Eine von § 25 Abs. 1 abweichende Vereinbarung über den Ausschluss des Übergangs von Forderungen und Verbindlichkeiten wird in Spalte 5b vermerkt (§ 40 Nr. 5 lit. b ff. HRV). Fehlt eine abweichende Vereinbarung nach § 25 Abs. 2, kommt eine Eintragung nicht in Betracht; es treten dann die Rechtsfolgen nach § 25 Abs. 1 ein.

---

1 OLG Stuttgart v. 24.11.1982 – 8 W 284/82, BB 1983, 1688.
2 *Schlegelberger/Hildebrandt/Steckhan*, § 22 Rn. 10.
3 KG v. 1.2.1923 – 1 ZS, OLGE 43, 202; KG v. 19.7.1965 – 1 W 1353/65, OLGZ 1965, 315, 319; BayObLG v. 27.4.1971 – BReg. 2 Z 43/71, BayObLGZ 1971, 163, 166.
4 *Krafka/Willer*, Registerrecht, 7. Aufl. 2007, Rn. 541.
5 *Krafka/Willer*, Registerrecht, 7. Aufl. 2007, Rn. 563; a.A. *Baumbach/Hopt*, § 1 Rn. 42 unter Verweis auf RG v. 26.3.1931 – II B 5/31, RGZ 132, 143, in der das RG aber die Eintragung eines Testamentsvollstreckervermerks ablehnt.

Wird eine noch **nicht** im Handelsregister **eingetragene Firma** fortgeführt, muss die Eintragung auf Anmeldung beider Beteiligter nachgeholt werden[1]. 68

Macht der Erwerber des Handelsgeschäfts vom Recht zur Firmenfortführung keinen Gebrauch und nimmt er eine **neue Firma** an, so erlischt die Firma des bisherigen Geschäftsinhabers[2]. Zur Eintragung in das Handelsregister haben dann der bisherige Geschäftsinhaber das Erlöschen seiner Firma (§ 31 Abs. 2) und der Erwerber des Handelsgeschäfts seine Firma sowie den Ort seiner Handelsniederlassung nach § 29 anzumelden. In diesem Fall sind der Erwerber und dessen Firma auf einem neuen Registerblatt einzutragen (§ 13 Abs. 1 HRV). Die neue Firma des Erwerbers des Handelsgeschäfts darf nicht auf dem bisherigen Registerblatt unter Rötung der Firma des früheren Inhabers wie eine Firmenänderung eingetragen werden[3]. Lässt der Veräußerer eine übergegangene und fortgeführte Firma löschen, beeinträchtigt dieser Vorgang das **Firmenrecht** des Erwerbers nicht[4]. 69

Ein **Pächter**, der nach Erwerb eines Handelsgeschäfts und Fortführung der bisherigen Firma später eine neue Firma annimmt, hat diese neue Firma und den Ort seiner Handelsniederlassung nach § 29 anzumelden; er muss aber gleichzeitig als letzter Firmeninhaber das Erlöschen der bisher geführten abgeleiteten Firma ebenfalls anmelden. 70

§ 23
Veräußerungsverbot

Die Firma kann nicht ohne das Handelsgeschäft, für welches sie geführt wird, veräußert werden.

Übersicht

	Rn.		Rn.
I. Allgemeines	1	III. Rechtsfolgen eines Verstoßes	
II. Der Verbotstatbestand		1. Verhältnis zwischen Erwerber und Veräußerer	9
1. Veräußerung des Handelsgeschäfts	3	2. Außenverhältnis	10
2. Veräußerung der Firma		IV. Registerrecht	11
a) Betroffene Rechtsgeschäfte	5		
b) Umgehungsgeschäfte	7		

---

1 BayObLG v. 6.7.1978 – BReg. 1 Z 74/78, BayObLGZ 1978, 182, 185 f.; *Heymann/Emmerich*, § 22 Rn. 39.
2 BayObLG v. 27.4.1971 – BReg. 1 Z 43/71, BayObLGZ 1971, 163, 165; KG v. 19.7.1965 – 1 W 1353/65, OLGZ 1965, 315, 319; OLG Hamm v. 2.5.1977 – 15 W 10/77, OLGZ 1977, 438, 441.
3 KG v. 19.7.1965 – 1 W 1353/65, OLGZ 1965, 315, 319; BayObLG v. 27.4.1971 – BReg. 1 Z 43/71, BayObLGZ 1971, 163, 165.
4 *Heymann/Emmerich*, § 22 Rn. 41.

Schrifttum: Vgl. die Angaben zu § 22; ferner *Beater*, Mantelkauf und Firmenfortführung, GRUR 2000, 119; *Köhler*, Die kommerzielle Verwertung der Firma durch Verkauf und Lizenzvergabe, DStR 1996, 510; *Pahlow*, Firma und Firmenmarke im Rechtsverkehr, GRUR 2005, 705; *Rohnke*, Firma und Kennzeichen bei der Veräußerung von Unternehmensteilen, WM 1991, 1405; *Schricker*, Rechtsfragen der Firmenlizenz, in: Festschrift v. Gamm, 1990, S. 289.

I. Allgemeines

1 Die Bestimmung ist durch das HRefG **nicht geändert** worden. § 23 normiert ausdrücklich das **Verbot der Leerübertragung** einer Firma. Dieser Rechtssatz ergibt sich schon aus der Auslegung der §§ 22, 24; dazu oben § 22 Rn. 34 f. Eine Veräußerung der Firma – zur Rechtsnatur der Veräußerung oben § 22 Rn. 19 – ohne Unternehmen wäre irreführend, weil der Geschäftsverkehr, unabhängig von der handelsrechtlichen Einordnung, die Firma als Name des Unternehmens auffasst. Gesetzlich geschützt wird das Interesse an der Firmenkontinuität nur dann, wenn im Gleichlauf die Kontinuität des Handelsgeschäfts gewahrt bleibt. Daraus folgt, dass eine Übertragung des Firmenrechts grundsätzlich auf die von §§ 22, 24 erfassten Fälle beschränkt ist und andere Übertragungsvarianten unzulässig sind[1].

2 Die **früher** damit **vergleichbare Regelung** des § 8 Abs. 1 S. 2 und 3 WZG ist inzwischen ersetzt durch die abweichende Regelung des § 27 MarkenG[2], wonach die Übertragung des Rechts an einem Warenzeichen nicht mehr von der Übertragung des Geschäftsbetriebs, zu dem das Warenzeichen gehört, abhängig ist; es besteht aber eine Mitübertragungsvermutung. Damit ist das früher gleichmäßig für die Firma und das Warenzeichen geltende Verbot der Leerübertragung[3] aufgegeben worden. Trotz dieser Änderung ist aber an der Auslegung des § 23 wie bisher festzuhalten; eine **Analogie** kommt **nicht** in Betracht. Die §§ 22, 23 wollen übereinstimmend ein Auseinanderfallen von Unternehmen und Firma (Kennzeichnung) verhindern[4].

II. Der Verbotstatbestand

1. Veräußerung des Handelsgeschäfts

3 Die Voraussetzung für eine wirksame Übertragung des Firmenrechts ist der **gleichzeitige Übergang** des Handelsgeschäfts. Damit wiederholt die Bestimmung inhaltlich nur die sich schon aus § 22 ergebende Voraussetzung, nämlich, dass das Firmenrecht nicht selbständig, sondern nur in zeitlichem und wirtschaftlichem Zusammenhang mit dem dazugehörigen Geschäftsbetrieb übertragen werden kann. Allerdings bedarf es zur wirksamen Übertragung

---

1 *Staub/Hüffer*, § 23 Rn. 1; *Heymann/Emmerich*, § 23 Rn. 1; MünchKommHGB/*Heidinger*, § 23 Rn. 1.
2 Gesetz v. 23.4.1992 – BGBl. I 938.
3 BGH v. 26.5.1972 – I ZR 44/71, NJW 1972, 2123.
4 BGH v. 21.4.1994 – I ZR 22/92, WM 1994, 1449, 1450; vgl. dazu *Pahlow*, GRUR 2005, 705.

des Firmenrechts nicht in jedem Fall der Übertragung des gesamten Geschäftsbereichs. Im Einzelfall kann es genügen, den Betrieb im Großen und Ganzen derart zu übertragen, dass die mit dem Firmenrecht verbundene bisherige Geschäftstradition vom Erwerber fortgesetzt werden kann[1] (dazu eingehend oben § 22 Rn. 11 ff.).

Für einen rechtswirksamen Übergang der maßgeblichen Betriebswerte ist 4 weder erforderlich, dass der **Betrieb** vom Erwerber **tatsächlich fortgeführt** wird, noch kommt es auf die subjektive Absicht des Erwerbers über die künftige Betriebsverwendung an[2].

2. Veräußerung der Firma

a) Betroffene Rechtsgeschäfte

Das gesetzliche Verbot gilt für **jede Veräußerung** der Firma ohne das Unter- 5 nehmen. Der Begriff Veräußerung lässt erkennen, dass damit die Übertragung des Rechts an der Firma durch Vertrag nach §§ 398, 413 BGB gemeint ist und nicht ein bloßer Gestattungsvertrag[3] (vgl. oben § 22 Rn. 19). Diese Auslegung entspricht dem Begriff der Einwilligung in die Firmenfortführung nach § 22 Abs. 1. Die Firma muss im engen zeitlichen Zusammenhang mit dem Unternehmen übertragen werden (oben § 22 Rn. 21). Damit ist eine **aufschiebende Bedingung** bei der Veräußerung der Firma oder die Vereinbarung eines Anfangstermins nicht zu vereinbaren. Hingegen bestehen keine Bedenken, das Übertragungsgeschäft unter einer **auflösenden Bedingung** oder Befristung vorzunehmen, da § 23 im Ergebnis einen festen oder variablen Endtermin nicht verbietet[4].

Gegen das Verbot der Leerübertragung verstößt die **Erteilung einer ding-** 6 **lichen Firmenlizenz**[5]. Keine Bedenken bestehen, wenn der Geschäftsbetrieb gleichzeitig auf den Firmenlizenzinhaber übertragen wird[6]. Allerdings muss in einem solchen Fall der Veräußerer für die Dauer der Lizenz auf den Gebrauch der Firma verzichten, da andernfalls eine unzulässige Verdoppelung der Firma gegeben wäre. Der BGH hat aber eine solche „**doppelte Firmenführung**" für einen begrenzten Zeitraum im Einzelfall für zulässig erachtet[7]. Anders als bei der Übertragung des Firmenrechts (oben Rn. 5), erwirbt der Lizenznehmer kein abgeleitetes Recht und damit auch nicht die **ältere Priorität**, die beim Lizenzgeber verbleibt. Der Lizenznehmer kann sich aber gegenüber einem Dritten, der ihm gegenüber prioritätsälter ist, im Wege der

---

1 BGH v. 22.11.1990 – I ZR 14/89, NJW 1991, 1353.
2 BGH v. 26.5.1972 – I ZR 44/71, NJW 1972, 2123.
3 Ausführlich *Canaris*, HR, § 10 Rn. 30.
4 *Staub/Hüffer*, § 23 Rn. 5; MünchKommHGB/*Heidinger*, § 23 Rn. 14.
5 *Staub/Hüffer*, § 23 Rn. 4; *Heymann/Emmerich*, § 23 Rn. 3; MünchKommHGB/*Heidinger*, § 23 Rn. 15.
6 BGH v. 21.3.1985 – I ZR 190/82, GRUR 1985, 567; MünchKommHGB/*Heidinger*, § 23 Rn. 15.
7 BGH v. 22.11.1990 – I ZR 14/89, NJW 1991, 1353, 1354.

Einrede, gestützt auf § 986 BGB, auf etwaige prioritätsältere Rechte seines Lizenzgebers berufen[1].

b) Umgehungsgeschäfte

7 Als solche gelten **Scheingründungen und Scheinübertragungen**. Ein nur zum Schein gegründetes Unternehmen, das nicht betrieben wird, lässt eine Firma nicht entstehen. Das gilt, selbst wenn die Firma im Handelsregister eingetragen wird, da hier § 5 nicht eingreift. § 23 kommt nicht zum Zuge, da der Erwerber ohnehin nichts erhält[2]. Soll eine nur scheinbare Übertragung des tatsächlich existierenden Unternehmens die Firmenveräußerung rechtfertigen, greift das Verbot des § 23 ein[3].

8 **Nicht** unter das Verbot dieser Bestimmung fallen die Verwendung des leeren **GmbH-Mantels** und die **Mantelgründung**, z.B. die Verwendung einer sog. Vorrats-GmbH[4] (ausführlich oben vor § 8 Rn. 21). Beim Mantelkauf geht es um den Erwerb der Firma mit der Rechtsperson (dazu oben § 22 Rn. 8). Vereinbarungen zwischen Gesellschaftern, wonach die Verfügungsbefugnis über die Firma nur einem bestimmten Gesellschafter zustehen soll, verstoßen nicht gegen § 23.

III. Rechtsfolgen eines Verstoßes

1. Verhältnis zwischen Erwerber und Veräußerer

9 § 23 enthält ein gesetzliches Verbot i.S.v. § 134 BGB. Selbständige Verfügungen über das Firmenrecht sind **nichtig**, weil sie gegen ein gesetzliches Verbot verstoßen[5]. Das Verpflichtungsgeschäft ist, weil es auf eine rechtlich unmögliche Leistung gerichtet ist, nach § 275 Abs. 1 BGB **ebenfalls nichtig**[6]. Eine auf selbständige Übertragung des Firmenrechts gerichtete Klage ist als unschlüssig abzuweisen; sie kann nur dann Erfolg haben, wenn das Unternehmen schon vor Klageerhebung übertragen worden ist[7]. Bei einem schuldrechtlichen Vertrag, der nur einen Unternehmensteil erfasst, muss dessen Wirksamkeit nach § 139 BGB beurteilt werden.

2. Außenverhältnis

10 Wird der Inhaberwechsel gem. § 31 Abs. 1 im **Handelsregister** eingetragen und bekanntgemacht, obwohl es an einer wirksamen Veräußerung der Firma

---

1 BGH v. 18.3.1993 – I ZR 178/91, BGHZ 122, 71.
2 *Staub/Hüffer*, § 23 Rn. 8; *Köhler*, DStR 1996, 510; *Beater*, GRUR 2000, 119.
3 *Heymann/Emmerich*, § 23 Rn. 8.
4 MünchKommHGB/*Heidinger*, § 23 Rn. 2; *Staub/Hüffer*, vor § 22 Rn. 58 und § 22 Rn. 6; *Priester*, DB 1983, 2291; *Brandes*, WM 1995, 641; *Meller-Hannich*, ZIP 2000, 345.
5 RGZ 63, 226, 228.
6 BGH v. 5.5.1977 – II ZR 237/75, JR 1978, 67 mit Anm. *Hommelhoff*.
7 RGZ 62, 226, 228; *Staub/Hüffer*, § 23 Rn. 9.

fehlt, muss der Erwerber nach § 15 Abs. 3 die **Registerpublizität** gegen sich gelten lassen; daneben kommt, wenn die Firma geführt wird, auch eine Haftung nach allgemeinen Rechtsscheingrundsätzen in Betracht[1].

IV. Registerrecht

Wird eine Firma geführt, die wegen Verstoßes gegen § 23 nicht erworben wurde, hat das Registergericht gem. § 37 i.V.m. § 140 FGG (§ 392 FamFG) ein **Firmenmissbrauchsverfahren** einzuleiten. Ist der Inhaberwechsel zu Unrecht in das Handelsregister eingetragen worden, kann zusätzlich ein **Amtslöschungsverfahren** nach §§ 142, 143 FGG (§ 395 FamFG) durchgeführt werden. Zum Verhältnis zwischen Firmenmissbrauchsverfahren und Amtslöschung siehe unten § 37 Rn. 25.

11

§ 24
Fortführung bei Änderungen im Gesellschafterbestand

(1) Wird jemand in ein bestehendes Handelsgeschäft als Gesellschafter aufgenommen oder tritt ein neuer Gesellschafter in eine Handelsgesellschaft ein oder scheidet aus einer solchen ein Gesellschafter aus, so kann ungeachtet dieser Veränderung die bisherige Firma fortgeführt werden, auch wenn sie den Namen des bisherigen Geschäftsinhabers oder Namen von Gesellschaftern enthält.

(2) Bei dem Ausscheiden eines Gesellschafters, dessen Name in der Firma enthalten ist, bedarf es zur Fortführung der Firma der ausdrücklichen Einwilligung des Gesellschafters oder seiner Erben.

Übersicht

	Rn.		Rn.
I. Allgemeines		2. Gesellschafterwechsel (§ 24 Abs. 1, 2. und 3. Fall)	11
1. Handelsrechtsreform	1		
2. Geltungsbereich	3	**IV. Einwilligung des ausscheidenden Gesellschafters (§ 24 Abs. 2)**	
II. Voraussetzungen der Firmenführung		1. Rechtsnatur der Einwilligung	15
1. Bestehendes Handelsgeschäft	5	2. Regelungszweck	16
2. Bisherige Firmenführung	6	3. Einwilligungsberechtigung	19
3. Keine Einwilligung	7	4. Einwilligungserteilung und Reichweite	21
4. Annahme einer neuen Firma	8	5. Verweigerung der Einwilligung	25
5. Änderung der Firma	9	6. Einzelfälle	27
III. Tatbestand des § 24 Abs. 1	10		
1. Aufnahme eines Gesellschafters in ein bestehendes Handelsgeschäft (§ 24 Abs. 1, 1. Fall)	10a		

---

1 *Heymann/Emmerich*, § 23 Rn. 5; *Staub/Hüffer*, § 23 Rn. 10.

Schrifttum: Vgl. die Angaben zu § 22; *Felsner*, Fortführung der Firma bei Ausscheiden des namensgebenden Gesellschafters nach dem HRefG, NJW 1998, 3255; *Römermann*, Namensfortführung in der Freiberufler-Sozietät und Partnerschaft, NZG 1998, 121; *Weßling*, Der Einwilligungsvorbehalt für eine Firmenfortführung bei Ausscheiden des namensgebenden Gesellschafters, GmbHR 2004, 487.

I. Allgemeines

1. Handelsrechtsreform

1 Nach dem HRefG vom 22.6.1998[1] wurde **§ 24 Abs. 1** wie folgt geändert: Nach den Wörtern „die bisherige Firma fortgeführt werden" wurden die Wörter „auch wenn sie den Namen des bisherigen Geschäftsinhabers oder Namen von Gesellschaftern enthält" eingefügt. Damit sollte eine Anpassung an die Änderung der §§ 18, 19 vorgenommen und klargestellt werden, dass die bisherige Firma auch dann fortgeführt werden kann, wenn der bisherige Geschäftsinhaber oder Gesellschafter ausscheidet; das gilt selbst für den Fall, dass die Firma den Namen des ausscheidenden oder ausgeschiedenen Geschäftsinhabers oder Gesellschafters enthält. Damit hat auch künftig der Grundsatz der Firmenbeständigkeit Vorrang vor dem Grundsatz der Firmenwahrheit.

2 **§ 24 Abs. 2** ist **unverändert** geblieben. Zu bedenken ist allerdings, dass – nach der Änderung der §§ 18, 19 – der Einzelkaufmann und die Gesellschafter einer Personenhandelsgesellschaft nicht mehr gezwungen sind, ihren bürgerlichen Namen zur Firmenbildung zu verwenden, da auch insoweit Sach- und Fantasiefirmen zulässig sind. Für nach dem Inkrafttreten des HRefG gebildete Firmen wird daher zu untersuchen sein, ob nicht die Grundsätze, die zur Firmenfortführung entwickelt worden sind, wenn ein Gesellschafter ausscheidet, dessen Namen zur Firmenbildung einer Kapitalgesellschaft verwendet worden ist[2], dann gleichermaßen auf das Ausscheiden eines Gesellschafters, dessen Namen in der Firma einer Personengesellschaft enthalten ist, anzuwenden sein werden (dazu unten Rn. 18).

2. Geltungsbereich

3 Die Vorschrift des **§ 24** ist **inhomogen**, weil sie ganz unterschiedliche Fälle behandelt[3]. Es handelt sich zum einen um die **Einbringung eines Handelsgeschäfts** in eine Personengesellschaft, zum anderen um die Folgen eines Wechsels im Gesellschafterbestand. Im Grunde genommen kommt der Vorschrift eine selbständige Bedeutung nur hinsichtlich des **Gesellschafterwechsels** zu. Soweit sie die Aufnahme eines Gesellschafters in ein bestehendes Handelsgeschäft regelt (§ 24 Abs. 1 1. Fall), entsteht ein neuer Unternehmensträger, entweder eine OHG oder eine KG, so dass die Zulässigkeit der Firmenfortführung schon aus § 22 herzuleiten wäre. Materiell ge-

---

1 BGBl. I 1474.
2 Dazu *Canaris*, HR, § 10 Rn. 46.
3 *K. Schmidt*, HR, § 12 III 2b cc, S. 368.

sehen wird in diesem Fall ein einzelkaufmännisches Unternehmen in eine neu gegründete Personenhandelsgesellschaft eingebracht.

Unter Handelsgesellschaft versteht § 24 Abs. 1 ausschließlich **Personenhandelsgesellschaften**, also nicht Kapitalgesellschaften, was damit begründet wird, dass für sie die Firma der alleinige Name der juristischen Person ist und ein Mitgliederwechsel deren rechtliche Identität nicht berührt[1] (dazu aber unten Rn. 11 und 18). Keine Anwendung findet die Vorschrift ferner auf die stille Gesellschaft[2]; sie ist keine Handelsgesellschaft (unten *von Gerkan/Mock*, § 230 Rn. 6). Analog anwendbar ist § 24 nach § 2 Abs. 2 PartGG auf Partnerschaften. Umstritten ist die Anwendbarkeit des § 24 auf Gesellschaften bürgerlichen Rechts[3]; vgl. dazu Rn. 6. Schließlich ist § 24 Abs. 2 auch deshalb nur auf Personengesellschaften anwendbar, weil ein GmbH-Gesellschafter von Rechts wegen nicht gezwungen ist, seinen Namen für die Firmenbildung zur Verfügung zu stellen (so schon § 4 Abs. 1 GmbHG a.F.) und er im Übrigen bei der Firmenbildung vereinbaren kann, dass die Überlassung seines Namens nur für die Dauer seiner Zugehörigkeit zur Gesellschaft gelten soll. Deshalb darf eine GmbH den Namen eines ausscheidenden Gesellschafters auch ohne dessen Einwilligung in der Firma beibehalten[4]. 4

II. Voraussetzungen der Firmenfortführung

1. Bestehendes Handelsgeschäft

Das Recht zur Firmenfortführung nach § 24 setzt wie § 22 eine **Kontinuität des Unternehmens** voraus. Es muss sich um ein kaufmännisches Unternehmen handeln, dessen Betrieb nicht völlig eingestellt sein darf (dazu oben § 22 Rn. 6 ff.). 5

2. Bisherige Firmenführung

Voraussetzung ist, dass schon bisher eine **zulässige Firma** geführt worden ist, wobei es nicht entscheidend auf die Eintragung im Handelsregister ankommt, da der Einzelkaufmann und die Personenhandelsgesellschaft ihre Firma erwerben, wenn sie ein Handelsgewerbe ausüben und die Firma gebrauchen (dazu oben § 22 Rn. 15 f.). Nicht zugestimmt werden kann der Meinung des OLG Nürnberg und des OLG München[5], wonach bei einer unternehmerisch tätigen BGB-Gesellschaft im Fall der Übernahme durch einen einzigen Gesellschafter dieser das ursprünglich gemeinsame Unternehmen entsprechend § 24 Abs. 1 unter dem alten „Firmennamen" fortführen darf. 6

---

1 BGH v. 20.4.1972 – II RZ 17/70, BGHZ 58, 322.
2 *Heymann/Emmerich*, § 24 Rn. 2; *Staub/Hüffer*, § 34 Rn. 2.
3 Bejahend OLG München v. 16.9.1999 – 6 U 6228/98, NZG 2000, 367; OLG Nürnberg v. 4.2.1999 – 8 U 3465/98, NJW-RR 2000, 700; *Koller/Roth/Morck*, § 24 Rn. 1.
4 BGH v. 20.4.1972 – II ZR 17/70, BGHZ 58, 322; vgl. auch *Weßling*, GmbHR 2004, 487.
5 OLG Nürnberg v. 4.2.1999 – 8 U 3465/98, BB 1999, 652; OLG München v. 16.9.1999 – 6 U 6228/98, NZG 2000, 367.

Auch der Gesetzgeber sieht das offensichtlich nicht anders: Es hätte sonst keiner Regelung nach § 2 Abs. 2 2. Hs. PartGG bedurft (siehe unten Rn. 18). In der RegBegr. zum PartGG[1] heißt es dazu, es bedürfe einer gesetzlichen Regelung dieses Fortführungsfalles, weil § 24 in seinem eigentlichen Anwendungsbereich **nicht für BGB-Gesellschaften** gelte und folglich auch auf die freiberufliche GbR nicht anwendbar wäre. Die GbR kann keine Firma im handelsrechtlichen Sinne haben, auch wenn sie ein Unternehmen betreibt. Hat die GbR im Geschäftsverkehr einen Gesamtnamen verwendet, der auch als Kennzeichnung der GbR verstanden wird, so hat er zwar Namensschutz nach § 12 BGB; er wird aber dadurch nicht, auch nicht analog, zur Firma im handelsrechtlichen Sinn[2]. Bei Kaufleuten kraft Eintragung (§§ 2, 3) kann vor der Eintragung im Handelsregister eine Firma nicht geführt werden. Aber auch eine eingetragene Firma berechtigt nicht in jedem Fall zur Firmenfortführung; ist sie unzulässig, muss sie gelöscht werden, da § 5 nicht gegenüber dem Registergericht wirkt. Eine bestimmte **Dauer** wird für die bisherige Firmenführung nicht gefordert. Deshalb kann ein Unternehmen unmittelbar nach seiner Gründung mit seiner Firma in eine Personenhandelsgesellschaft eingebracht werden, es sei denn, es sollen damit die Firmenneubildungsvorschriften rechtsmissbräuchlich umgangen werden[3].

3. Keine Einwilligung

7 Grundsätzlich ist zur Firmenfortführung die Einwilligung der Beteiligten, anders als nach § 22 Abs. 1, nicht erforderlich. Eine vertraglich **abweichende Regelung** ist zulässig, aber ohne registerrechtliche Bedeutung. Hingegen muss nach § 24 Abs. 2 (unten Rn. 15 f.) der ausscheidende Gesellschafter einwilligen, wenn sein Name in der Firma enthalten ist. Das Registergericht muss sich dann die Einwilligung nachweisen lassen[4] (z.B. durch gemeinsame Anmeldung), sofern ihr Vorliegen nicht ohne weiteres schon auf Grund des gegebenen Sachverhaltes anzunehmen ist. Das Ausscheiden haben nach § 143 Abs. 2 sämtliche Gesellschafter, einschließlich des Ausscheidenden anzumelden. Die Anmeldung sollte am besten eine ausdrückliche Erklärung zur Firmenfortführung enthalten (vgl. auch § 22 Rn. 66 ff.).

4. Annahme einer neuen Firma

8 Auch § 24 begründet, ebenso wie § 22, nur ein Recht, aber **keine Pflicht zur Firmenfortführung.** Den Beteiligten steht es daher frei, beim Ausscheiden eines Gesellschafters eine neue Firma anzunehmen, die dann entsprechend den Grundsätzen der §§ 18, 19 zu bilden ist. Ein Erlöschen der Firma nach § 31 Abs. 2 S. 1 liegt in einem solchen Fall nicht vor, vielmehr ist eine Fir-

---

[1] BT-Drucks. 12/6152 S. 12.
[2] Vgl. *Fezer*, Markenrecht, 3. Aufl. 2001, § 15 MarkenG Rn. 29; *K. Schmidt*, HR, § 12 III 2b, S. 367.
[3] *Staub/Hüffer*, § 24 Rn. 4.
[4] MünchKommHGB/*Heidinger*, § 24 Rn. 9.

menänderung gegeben, die auf dem bisherigen Registerblatt zu vermerken ist; die frühere Eintragung ist zu röten[1].

5. Änderung der Firma

Hierfür gelten die zur Firmenfortführung nach § 22 entwickelten Grundsätze; auf § 22 Rn. 38 ff. wird daher verwiesen. Insbesondere findet auch in den Fällen des § 24 das in § 18 Abs. 2 enthaltene Verbot einer täuschenden Firma Anwendung.

III. Tatbestand des § 24 Abs. 1

Die Bestimmung des § 24 Abs. 1 behandelt Fälle, in denen die **Einwilligung** zu einer Firmenfortführung grundsätzlich **nicht erforderlich** ist, es sei denn, die Ausnahmeregelung des § 24 Abs. 2 greift ein.

1. Aufnahme eines Gesellschafters in ein bestehendes Handelsgeschäft (Abs. 1, 1. Fall)

Es handelt sich dabei um die Gründung einer OHG oder KG durch Aufnahme eines Gesellschafters in ein bestehendes Handelsgeschäft; ein bestehendes Unternehmen wird als Sacheinlage in eine neu gegründete Gesellschaft (OHG oder KG) eingebracht. Es wird eine **Personenhandelsgesellschaft** durch einen Einzelkaufmann zusammen mit einem weiteren Gesellschafter **gegründet**. Damit liegt gleichzeitig ein Fall des § 22 Abs. 1 vor, § 24 Abs. 1 entbindet aber vom Einwilligungserfordernis. Anders als vor dem HRefG[2] darf die Firma nur mit dem nunmehr zutreffenden Rechtsformzusatz fortgeführt werden (§ 19 Abs. 1 Nr. 2 und 3). Wie schon nach früherer Rechtslage[3] kommt es für die Firmenfortführung nicht darauf an, ob der bisherige Einzelkaufmann in der KG Komplementär oder Kommanditist ist. Kommt es zur Gründung einer GmbH & Co. KG, muss die allseitige Haftungsbeschränkung in der Firma kenntlich gemacht werden (§ 19 Abs. 2; so schon früher nach § 19 Abs. 5 a.F.[4]).

2. Gesellschafterwechsel (§ 24 Abs. 1, 2. und 3. Fall)

§ 24 Abs. 1 nennt als Vorgänge den Eintritt neuer Gesellschafter in eine bestehende Handelsgesellschaft (2. Fall) oder das Ausscheiden eines bisherigen Gesellschafters (3. Fall), die einer Firmenfortführung nicht entgegenstehen. Die Bestimmung erfasst den Gesellschafterwechsel bei einer **OHG, KG** oder

---

1 OLG Hamm v. 2.5.1977 – 15 W 10/77, OLGZ 1977, 438, 442 f.; *Heymann/Emmerich*, § 24 Rn. 8.
2 BGH v. 18.3.1974 – II ZR 167/72, BGHZ 62, 216, 224; die Entscheidung war schon früher nicht unbedenklich, dazu oben § 22 Rn. 51.
3 OLG Celle v. 26.2.1959 – 9 Wx 8/58, BB 1959, 899; *Heymann/Emmerich*, § 24 Rn. 3; MünchKommHGB/*Heidinger*, § 24 Rn. 10; *Staub/Hüffer*, § 24 Rn. 6.
4 BGH v. 18.9.1975 – II ZB 9/74, BGHZ 65, 103.

auch **GmbH & Co. KG**[1], nicht aber bei Kapitalgesellschaften. Geht man davon aus, dass bei Personenhandelsgesellschaften nicht die Gesellschafter als einzelne Rechtssubjekte Inhaber des Unternehmens sind, sondern vielmehr Unternehmensträger die als Gesamthand strukturierte Wirkungseinheit oder Gruppe ist[2], zu der sich die Gesellschafter vertraglich zusammengeschlossen haben, dann berühren Änderungen im Mitgliederbestand nicht die rechtliche Identität der Gruppe. Demnach liegt im Gesellschafterwechsel weder ein vollständiger noch ein teilweiser Inhaberwechsel[3].

12 **Rechtlich gleich** zu behandeln sind die Fälle, in denen ein Gesellschaftsanteil unter Lebenden übertragen wird sowie der Erwerb eines Gesellschaftsanteils von Todes wegen (vgl. § 139)[4]. Erfasst wird ferner ein **Wechsel** der Gesellschafterstellung **innerhalb der Gesellschaft.** Wird in einer OHG ein namensgebender unbeschränkt haftender Gesellschafter Kommanditist, ist die Firmenfortführung problemlos möglich (siehe oben § 19 Rn. 29). Dieser in § 24 nicht ausdrücklich geregelte Fall war schon vor der Handelsrechtsreform entsprechend der Bestimmung des § 24 zu behandeln, weil sich sonst eine vom Gesetzgeber ersichtlich nicht gewollte Divergenz zum Ausscheiden eines Gesellschafters ergeben hätte[5]. Ein etwaiger OHG-Zusatz muss wegfallen, der KG-Zusatz ist aufzunehmen.

13 Werden **alle Gesellschaftsanteile auf einen Erwerber übertragen**, übernimmt dieser das Gesellschaftsvermögen ohne Liquidation im Wege der Gesamtrechtsnachfolge[6]. Darin liegt ein Wechsel des Unternehmensträgers, so dass für die Firmenfortführung **§ 22** und nicht § 24 maßgebend ist[7]. Hingegen bleibt **§ 24 anwendbar**, wenn sämtliche Gesellschaftsanteile auf **neue Gesellschafter gleichzeitig** übertragen werden, weil dadurch die Identität von OHG oder KG nicht berührt wird[8].

14 Die Firma darf auch dann fortgeführt werden, wenn ein Gesellschafter aus einer bestehenden Handelsgesellschaft ausscheidet (**§ 24 Abs. 1, 3. Fall**). Unter diese Modalität fallen der Austritt durch Vertrag, die Übertragung der Mitgliedschaft, das Ausscheiden kraft Gesetzes nach §§ 131; ferner der Ausschluss des Gesellschafters nach § 140, wobei auch der Fall erfasst wird, dass bei einer zweigliedrigen Gesellschaft der verbliebene Gesellschafter das Ge-

---

1 BGH v. 28.3.1977 – II ZB 8/76, BGHZ 68, 271, 272 f.; *Heymann/Emmerich*, § 24 Rn. 4.
2 So *Staub/Hüffer*, § 24 Rn. 7 m.w.N.
3 MünchKommHGB/*Heidinger*, § 24 Rn. 11.
4 *Heymann/Emmerich*, § 24 Rn. 5.
5 OLG Celle v. 26.2.1959 – 9 Wx 8/58; *Staub/Hüffer*, § 24 Rn. 11; dazu auch öOGH v. 24.2.2000 – 6 Ob 232/99g, NZG 2000, 781.
6 BGH v. 10.5.1978 – VIII ZR 32/77, BGHZ 71, 296, 299 f.; *Heymann/Emmerich*, § 24 Rn. 5.
7 So MünchKommHGB/*Heidinger*, § 24 Rn. 11; in derselben Richtung *Staub/Hüffer*, § 24 Rn. 10; *Heymann/Emmerich*, § 24 Rn. 5.
8 MünchKommHGB/*Heidinger*, § 24 Rn. 11; *Staub/Hüffer*, § 24 Rn. 10; *Heymann/ Emmerich*, § 24 Rn. 5; a.A. *Hommelhoff*, JZ 1978, 69.

schäft ohne Liquidation mit Aktiven und Passiven übernimmt[1]. Ferner darf die Firma einer nach Ausscheiden des einzigen Komplementärs aufgelösten Kommanditgesellschaft von dem Kommanditisten, der sämtliche Gesellschaftsanteile erworben hat, für sein einzelkaufmännisches Unternehmen fortgeführt werden[2].

IV. Einwilligung des ausscheidenden Gesellschafters (§ 24 Abs. 2)

Eine Firmenfortführung ist nur mit Einwilligung des ausscheidenden Gesellschafters möglich.

1. Rechtsnatur der Einwilligung

Die nach § 24 Abs. 2 erforderliche Einwilligung unterscheidet sich von der nach § 22 zur Firmenfortführung erforderlichen Einwilligung dadurch, dass sie als einseitige **namensrechtliche Gestattung** zur Firmenfortführung zu qualifizieren ist und nicht dahin geht, vom Namensrecht des Gesellschafters eine Befugnis abzuspalten[3]. Während nach § 22 ein Firmenrecht begründet werden soll, hat § 24 die Beibehaltung des Firmenrechts zum Gegenstand. Haben die Gesellschafter ihre Einwilligung zur Firmenbeibehaltung schon im Gesellschaftsvertrag gegeben, was zulässig ist, bedarf es beim Ausscheiden keiner erneuten Bewilligung mehr[4].

15

2. Regelungszweck

Ist nach § 24 Abs. 1 beim Ausscheiden eines Gesellschafters die Firmenbeibehaltung, vorbehaltlich anders lautender vertraglicher Vereinbarungen, auch ohne Einwilligung des ausscheidenden Gesellschafters grundsätzlich zulässig, normiert **§ 24 Abs. 2** den **Ausnahmefall**, bei dessen Vorliegen, das Recht zur Firmenbeibehaltung von der Einwilligung des ausscheidenden Gesellschafters abhängt. Damit soll ein sachgerechter Ausgleich zwischen den namensrechtlichen Interessen der Gesellschaft und denen ihres namensgebenden Gesellschafters ermöglicht werden[5].

16

Dabei ist zu berücksichtigen, dass nach dem maßgebenden Firmenbildungsrecht für OHG und KG vor dem HRefG deren Firma den Namen eines Gesellschafters enthalten musste (§ 19 Abs. 1 und 2 a.F.); zudem durfte die Firma die Namen anderer als persönlich haftender Gesellschafter nicht ausweisen (§ 19 Abs. 4 a.F.). Musste demnach mindestens ein Gesellschafter

17

---

[1] BGH v. 9.7.1984 – II ZR 231/83, BGHZ 92, 79; BGH v. 9.1.1989 – II ZR 142/88, NJW 1989, 1798; OLG Hamm v. 29.8.1983 – 8 U 280/82, ZIP 1983, 1198; *Heymann/Emmerich*, § 24 Rn. 6; *Schlegelberger/Hildebrandt/Steckhan*, § 24 Rn. 5.
[2] BayObLG v. 10.3.2000 – 3 ZBR 385/99, DB 2000, 1067.
[3] *Staub/Hüffer*, § 24 Rn. 11.
[4] *Heymann/Emmerich*, § 24 Rn. 11; *Staub/Hüffer*, § 24 Rn. 12; MünchKommHGB/ *Heidinger*, § 24 Rn. 18; zur Einwilligung bei der Partnerschaft vgl. BGH v. 28.2.2002 – I ZR 195/99, NJW 2002, 2093.
[5] *Staub/Hüffer*, § 24 Rn. 13.

seinen Namen zwangsläufig zur Firmenbildung zur Verfügung stellen, war es interessengerecht, dass dieser Gesellschafter bei seinem Ausscheiden frei darüber entscheiden konnte, ob er der Gesellschaft seinen Namen weiter zur Verfügung stellen wollte und er mit ihr dadurch auch künftig in Verbindung gebracht wird. Hinzu kam, dass er sich um eine mit der Firma der bisherigen Gesellschaft nicht verwechslungsfähigen Firma bemühen musste, wenn er selbst ein Handelsgeschäft betreiben wollte[1]. Diese Gründe sind seit der Handelsrechtsreform nicht mehr stichhaltig, weil die Firmenbildung der Personenhandelsgesellschaft nach § 19 auch Sach- und Fantasiefirmen zulässt (dazu oben Rn. 2).

18 Nach h.M. findet § 24 Abs. 2 auf **Kapitalgesellschaften keine Anwendung**[2] (vgl. auch oben Rn. 4). Dies ist allerdings nicht daraus herzuleiten, dass § 24 einen teilweisen Inhaberwechsel betrifft, wovon eine Kapitalgesellschaft als rechtsfähige Unternehmensträgerin bei einem Gesellschafterwechsel nicht berührt wird[3]. Denn auch die Personenhandelsgesellschaft ist Trägerin des Gesellschaftsunternehmens (dazu oben Rn. 11). Die Nichtanwendung des § 24 Abs. 2 auf Kapitalgesellschaften konnte und kann daher nur mit der Zulässigkeit zur Bildung einer Sachfirma bzw. Fantasiefirma begründet werden[4]. Danach ist aber die **unterschiedliche Behandlung** von Kapital- und Personenhandelsgesellschaften nicht mehr zu rechtfertigen, da nunmehr beide zwischen Personen-, Sach- und Fantasiefirma frei wählen können. Die Meinung, der Gesellschafter habe jedenfalls bei einer typischen Personenhandelsgesellschaft ein berechtigtes Interesse, eine Personenfirma zu führen und zwar ohne endgültige Weggabe seines Namens, er werde auch typischerweise nicht daran denken, dass die Firma ohne seine Einwilligung fortgeführt werden könne[5], ist nicht überzeugend. Die Lage des Gesellschafters ist im Übrigen nicht sehr verschieden von der eines Kaufmanns, der mit seinem Namen eine Familien-GmbH gründet. Jedenfalls bei einer nach dem Inkrafttreten des HRefG errichteten Personenhandelsgesellschaft kann auf Grund der neuen Gesetzeslage gefordert werden, dass der namensgebende Gesellschafter bereits im Gesellschaftsvertrag festlegt, er stelle seinen Namen der Gesellschaft nur für die Dauer seiner Gesellschaftszugehörigkeit zur Verfügung. Aus der Tatsache, dass § 24 Abs. 2 unverändert geblieben ist, können keine entscheidenden Schlüsse gezogen werden. Dass nach altem wie nach neuem Recht schon die Aufnahme des Namens in die Gesellschaftsfirma, sei sie zwangsweise oder freiwillig, der Gestattung durch den Namensträger bedurfte[6], und diese auch erteilt worden ist, war schon immer unabdingbare Voraussetzung für die Anwendbarkeit von § 24 Abs. 2. Die Be-

---

1 BGH v. 20.4.1972 – II ZR 17/70, BGHZ 58, 322, 325 f.
2 BGH v. 20.4.1972 – II ZR 17/70, BGHZ 58, 322, 325 f.; *Staub/Hüffer*, § 24 Rn. 14.
3 So *Schlegelberger/Hildebrandt/Steckhan*, § 24 Rn. 1; wohl auch *Heymann/Emmerich*, § 24 Rn. 5.
4 Dazu *Staub/Hüffer*, § 24 Rn. 15.
5 So *Baumbach/Hopt*, § 24 Rn. 12; ähnlich *Canaris*, HR, § 10 Rn. 46 f.; tendenziell wie hier *Felsner*, NJW 1998, 3255, 3256 f.; *Koller/Roth/Morck*, § 24 Rn. 8; *W.-H. Roth*, Das neue Firmenrecht, S. 58 f.
6 Vgl. *W.-H. Roth*, Das neue Firmenrecht, S. 58.

stimmung befasst sich im Grunde genommen nur mit der Frage, ob die einmal erteilte Einwilligung nur bis zum Ausscheiden des Gesellschafters oder auch darüber hinaus gilt. Nach der Handelsrechtsreform gilt auch für **Personenhandelsgesellschaften**: Wird im Gesellschaftsvertrag keine Regelung für den Fall des Ausscheidens eines namensgebenden Gesellschafters getroffen, ist eine **Firmenfortführung** mit dem Namen des ausscheidenden Gesellschafters auch **ohne** dessen **Einwilligung** zulässig[1]. Somit reduziert sich der Anwendungsbereich der Vorschrift auf die Fälle, in denen die Personenhandelsgesellschaft vor der Handelsrechtsreform errichtet worden ist, da damals noch ein Zwang zur Personenfirma gegeben war. Die Bestimmung ist ferner für die **Anwalts-GmbH** anwendbar, da diese, obwohl Kapitalgesellschaft, gezwungen ist, neben der Sachbezeichnung *Rechtsanwaltsgesellschaft* mindestens den Namen eines der Gesellschafter in die Firma aufzunehmen, § 59k BRAO. Für dessen Ausscheiden gilt, falls die Satzung keine andere Regelung enthält, § 24 Abs. 2. Die Vorschrift ist kraft ausdrücklicher Verweisung in § 2 Abs. 2 PartGG auf die **Partnerschaft** anwendbar; auch deren Name muss u.a. zwingend den Namen eines Partners enthalten. Zusätzlich gilt § 24 Abs. 2 auch für den Fall der „Umwandlung" einer BGB-Gesellschaft (GbR) in eine Partnerschaft (§ 2 Abs. 2 2. Hs. PartGG)[2].

3. Einwilligungsberechtigung

Der **Name** des ausscheidenden Gesellschafters muss **Firmenbestandteil** sein, sein Name, Vor- und Zuname oder nur der Familienname muss in der Firma enthalten sein. Die Einwilligung des ausscheidenden Gesellschafters ist nur erforderlich, wenn er der Gesellschaft seinen Namen gegeben hat, also ihr „**Namensgeber**" oder „**Firmenstifter**" gewesen ist[3]. Bloße Namensgleichheit zwischen dem in der Firma enthaltenen Namen und dem des Ausscheidenden genügt nicht. Dieser Konflikt ist zugunsten der Gesellschaft zu entscheiden, weil dieser Name auch ihr Name ist, dem sie wirtschaftliche Geltung verschafft hat. Andernfalls könnte das Recht zur Firmenbeibehaltung über Generationen hinweg von einem ausscheidenden Gesellschafter, der den in der Firma enthaltenen Namen trägt, in Frage gestellt und die Firmenkontinuität beeinträchtigt werden[4]. Das Recht des Namensgebers geht zwar im Fall des Ausscheidens durch Tod auf den **Erben** über; dieser wird aber dadurch nicht selbst zum Namensgeber. Scheidet er später aus der Gesellschaft aus, bedarf es zur Beibehaltung des Namens nicht seiner Zustim-

19

---

1 Str., siehe *Baumbach/Hopt*, § 24 Rn. 12; *Canaris*, HR, § 10 Rn. 46 f.; *Felsner*, NJW 1998, 3255, 3256 f.; *Koller/Roth/Morck*, § 24 Rn. 8; *W.-H. Roth*, Das neue Firmenrecht, S. 58 f.
2 Dazu *Michalski/Römermann*, 3. Aufl. 2005, § 2 PartGG Rn. 45 u. 47; *Meilicke/Graf von Westphalen/Hoffmann/Lenz/Wolff*, 2. Aufl. 2006, § 2 PartGG Rn. 35. u. 39; BayObLG v. 26.11.1997 – 3 ZBR 279/97, NJW 1998, 1158, 1159.
3 BGH v. 9.1.1989 – II ZR 142/88, NJW 1989, 1798, 1799; BayObLG, JW 1931, 29, 98; *Staub/Hüffer*, § 24 Rn. 16; *Schlegelberger/Hildebrandt/Steckhan*, § 24 Rn. 6; *Heymann/Emmerich*, § 24 Rn. 12.
4 BGH v. 16.2.1987 – II ZR 285/86, BGHZ 100, 75, 78; BGH v. 9.1.1989 – II ZR 142/88, NJW 1989, 1798, 1799.

mung. Das Recht, über die Weiterverwendung des Namens zu befinden, hat nur der ausscheidende Gesellschafter, der seinen Namen in die Gesellschaft eingebracht hat; späteren Trägern desselben Namens oder deren Erben steht dieses Recht im Interesse der Firmenkontinuität nicht mehr zu.

20 Von diesen Grundsätzen hat der BGH eine nicht unbedenkliche **Ausnahme** gemacht: Scheidet aus einer Personenhandelsgesellschaft ein Gesellschafter aus, der als Erbe des Firmengründers in die Gesellschaft eine von ihm zuvor zulässigerweise geführte abgeleitete Firma, die seinen Familiennamen enthält, eingebracht hat, bedarf es zur Fortführung der Firma der ausdrücklichen Einwilligung des Gesellschafters[1]. Die Entscheidung wird kontrovers diskutiert und hat berechtigte Kritik erfahren[2]. Der BGH hat aber später bestätigt, es bleibe bei dem allgemeinen Grundsatz, dass es beim Ausscheiden späterer Träger desselben Namens oder deren Erben einer Einwilligung nach § 24 Abs. 2 nicht bedarf[3].

4. Einwilligungserteilung und Reichweite

21 Die Einwilligungserklärung muss, wie bei § 22, ausdrücklich abgegeben werden, was auch hier bedeutet, dass die Zustimmung eindeutig, gegebenenfalls auch konkludent, erteilt werden muss. Die Einwilligung kann auflösend bedingt oder befristet, z.B. auf die Dauer der Zugehörigkeit zur Gesellschaft oder nur für eine bestimmte Rechtsform erteilt werden. Ein **Widerruf** der Einwilligung kommt nur bei Vorliegen eines wichtigen Grundes in Betracht[4] (siehe oben § 22 Rn. 22). Die bloße Tatsache, dass der ausscheidende Gesellschafter mit dem Fortbestand der Gesellschaft einverstanden ist, reicht nicht aus. Die Einwilligung kann aber in der Anmeldung des Ausscheidens zum Handelsregister zusammen mit den restlichen Gesellschaftern gem. § 143 Abs. 2 gesehen werden[5].

22 Für **minderjährige** oder **geschäftsunfähige** Gesellschafter gibt die Einwilligung der gesetzliche Vertreter ab. Wird der Gesellschafter **insolvent**, kann die Einwilligung nicht vom Insolvenzverwalter erteilt werden, weil der bürgerliche Name, anders als die Firma, nicht in die Insolvenzmasse fällt. **Sämtliche Erben** müssen beim Ausscheiden des Gesellschafters durch Tod einwilligen, es sei denn, der Ausgeschiedene hat bereits im Gesellschaftsvertrag oder durch letztwillige Verfügung seine Einwilligung erteilt. Ist **Nacherbschaft** angeordnet, genügt die Einwilligung des Vorerben[6]. Die Einwilligung kann, weil es bei der Namensverwendung um ein höchstpersönliches Recht geht, nicht vom **Testamentsvollstrecker** oder **Nachlassverwalter** ausgesprochen werden.

---

1 BGH v. 9.7.1984 – II ZR 231/83, BGHZ 92, 79.
2 Siehe *K. Schmidt*, HR, § 12 III 2b cc, S. 369: eine eher unglückliche Ausnahmeentscheidung; *Schlüter*, JZ 1986, 151 f.; kritisch *Hüffer*, ZGR 1986, 137, 145; vgl. ferner *Heymann/Emmerich*, § 24 Rn. 12a; *Baumbach/Hopt*, § 24 Rn. 11.
3 BGH v. 16.12.1987 – II ZR 285/86, BGHZ 100, 75, 78.
4 BayObLG v. 26.11.1997 – 3 ZBR 297/97, NJW 1998, 1158, 1159.
5 BGH v. 28.3.1977 – II ZB 8/76, BGHZ 68, 271, 276.
6 *Staub/Hüffer*, § 24 Rn. 19.

Ist eine Personenhandelsgesellschaft **namensgebende Gesellschafterin** der 23
OHG oder KG, erteilt die Einwilligung der vertretungsberechtigte Gesellschafter, bei **Kapitalgesellschaften** sind zur Erteilung der Einwilligung die Geschäftsführer bzw. die Vorstandsmitglieder zuständig.

Für **Reichweite** und **Umfang der Einwilligung** kann im Wesentlichen auf 24
§ 22 Rn. 28 verwiesen werden. Danach beinhaltet zwar die Einwilligung in der Regel auch die Zustimmung zur Weiterveräußerung des Unternehmens mit dem Recht zur Firmenfortführung und auch die Bildung von Zweigniederlassungen unter der Firma. Unzulässig ist aber eine beliebige Vervielfältigung des Firmenrechts durch Errichtung von Zweigniederlassungen und deren selbständige Weiterveräußerung mit dem Recht zur Firmenfortführung[1]. Die uneingeschränkt für den Namen einer Freiberufler-Sozietät (GbR) erteilte Einwilligung des Namensgebers umfasst auch die Namensfortführung in der durch „Umwandlung" entstandenen Partnerschaft (§ 2 PartGG)[2].

5. Verweigerung der Einwilligung

Die Weiterführung der Firma wird unzulässig, wenn die (erforderliche) Einwilligung verweigert wird. Das gilt auch für den Fall des **Ausschlusses** eines 25
Gesellschafters nach § 140; unabhängig davon, dass in einem solchen Fall mit einer Einwilligung kaum zu rechnen ist, ist deren Verweigerung in der Regel weder rechtsmissbräuchlich noch sittenwidrig[3]. Bei Verweigerung der Einwilligung muss die Firma neu gebildet, die §§ 18, 19 müssen beachtet werden. Die Aufnahme zutreffender Sachbestandteile in die neue Firma ist zulässig[4]. Das ist nach der Handelsrechtsreform völlig unproblematisch, da die neue Firma von vornherein eine Sach- oder Fantasiefirma sein kann. Die Aufnahme eines „Vormals-Zusatzes" in die neue Firma und damit die Bildung einer Firma *XY-OHG, vormals Z-OHG* ist unzulässig, wenn die erforderliche Einwilligung fehlt.

Gegen einen unzulässigen Firmengebrauch hat das Registergericht nach 26
§ 37 Abs. 1 einzuschreiten. Der Namensgeber, der die Einwilligung versagt hat, kann nach § 37 Abs. 2 die Gesellschaft auf Unterlassung in Anspruch nehmen[5].

6. Einzelfälle

Haben die Brüder X eine Personenhandelsgesellschaft mit der Firma *Gebrü-* 27
der X gegründet, enthält die Firma die Namen aller Gründungsgesellschaf-

---

1 BGH v. 13.10.1980 – II ZR 116/79, WM 1980, 1360; OLG Hamm v. 18.9.1990 – 4 U 103/90, BB 1991, 86; *Staub/Hüffer*, § 24 Rn. 21; *Heymann/Emmerich*, § 24 Rn. 15; MünchKomm HGB/*Heidinger*, § 24 Rn 19; *K. Schmidt*, HR, § 12 II 3c, S. 360.
2 BayObLG v. 26.11.1997 – 3 ZBR 297/97, NJW 1998, 1158, 1159.
3 BGH v. 26.2.1960 – I ZR 159/58, BGHZ 32, 103, 112 f.; *Staub/Hüffer*, § 24 Rn. 17; *Schlegelberger/Hildebrandt/Steckhan*, § 24 Rn. 7; MünchKommHGB/*Heidinger*, § 24 Rn. 21.
4 *Staub/Hüffer*, § 24 Rn. 22.
5 MünchKommHGB/*Heidinger*, § 24 Rn. 21.

ter, so dass es beim Ausscheiden eines Gesellschafters zur Firmenfortführung stets der Zustimmung nach § 24 Abs. 2 bedarf[1].

28 Hingegen soll eine Firma *Louis B.'s Söhne*, die von den Söhnen des Louis B. gegründet worden ist, nur einen Hinweis auf die Person des Namensgebers, nicht aber dessen Namen enthalten, so dass als Gesellschafter ausscheidende Söhne nicht nach § 24 Abs. 2 in die Firmenfortführung einwilligen müssen[2].

29 Diese Rechtsprechung hat nach hier vertretener Auffassung nur noch Bedeutung, wenn es sich um eine vor dem Inkrafttreten des HRefG entstandene Firma handelt (siehe oben Rn. 18).

Vorbemerkung vor §§ 25–28

I. Systematische Einordnung

1 Die §§ 25–28 stehen zwar innerhalb des HGB im Abschnitt „Handelsfirma", es handelt sich aber dabei gerade **nicht um firmenrechtliche Vorschriften**, wie sie in den §§ 17–24 und §§ 29–37 zur Zulässigkeit der Firmen(fort-)führung zu finden sind. Es geht hier vielmehr um Normen, die materiell-rechtliche **Rechts- oder Haftungsfolgen** zum Gegenstand haben. Die Bestimmungen befassen sich mit der Frage nach dem Schicksal bisheriger Geschäftsverbindlichkeiten und -forderungen bei einem Wechsel des Unternehmensträgers und stellen einen selbständigen Komplex dar, weil sie im Grunde genommen den Kern eines allgemeinen Unternehmensverkehrsrechts enthalten[3].

2 Der **Gesetzgeber** hat die Bestimmungen in enger Beziehung gesehen: § 25 regelt die Folgen beim Erwerb eines Handelsgeschäfts (Unternehmens) unter Lebenden; § 26 begrenzt die Möglichkeit der Inanspruchnahme des früheren Geschäftsinhabers zeitlich; § 27 hat die Fortführung eines zum Nachlass gehörenden Unternehmens durch die Erben zum Gegenstand; § 28 betrifft die Haftungsfolgen beim Eintritt eines Gesellschafters in das Geschäft eines Einzelkaufmanns.

II. Entstehungsgeschichte und Theorienstreit

1. Entstehungsgeschichte[4]

3 Das ADHGB kannte für den Bereich der §§ 25–28 keine entsprechende Regelung; anerkannt war nur der jetzt in § 25 Abs. 3 geregelte Fall der Haftung

---

[1] RGZ 65, 379, 382.
[2] Zweifelhaft: so aber RGZ 156, 363, 366; *Staub/Hüffer*, § 24 Rn. 16; *Heymann/Emmerich*, § 24 Rn. 13; *MünchKommHGB/Heidinger*, § 24 Rn. 16.
[3] *MünchKommHGB/Lieb*, § 25 Rn. 1; *Heymann/Emmerich*, § 25 Rn. 1; *K. Schmidt*, ZHR 145 (1981), 2 ff.
[4] Dazu *Heymann/Emmerich*, § 25 Rn. 2 f.; *MünchKommHGB/Lieb*, § 25 Rn. 3 f.; ausführlich *Waskönig*, Rechtsgrund und Tragweite der §§ 25, 28 HGB, Diss. Bonn 1979, S. 54 ff.

des Erwerbers bei handelsüblicher Bekanntmachung der Passivenübernahme[1]. Der Theorienstreit und die uneinheitliche Rechtsprechung[2] haben den Gesetzgeber veranlasst, die **Erwerberhaftung** bei Unternehmens- und Firmenfortführung, insbesondere in § 25, zu normieren. Er hat dazu erklärt, man komme der irrigen Verkehrsauffassung, nach welcher der jeweilige Inhaber der Firma als der Verpflichtete und Berechtigte angesehen wird, entgegen; denn der Erwerber eines Geschäfts, der die Firma, wenngleich nur mit einem Zusatz fortführen würde, erkläre dadurch seine Absicht, in die Geschäftsbeziehungen des früheren Inhabers soweit als möglich einzutreten[3].

2. Theorienstreit

Die in § 25, und auch in § 28, gefundene gesetzliche Regelung hat aber nicht zur Beilegung der bis dahin heftigen Kontroversen geführt, sondern, ersichtlich auch wegen der in erster Linie pragmatischen Ausrichtung der Bestimmungen, einen neuen Theorienstreit[4] entfacht, der seine Spuren ganz unverkennbar auch in der Rechtsprechung, insbesondere der zu § 25, hinterlässt. Den Normzweck des § 25 sieht die **Erklärungstheorie**, anknüpfend an die Firmenfortführung, in einer an die Öffentlichkeit gerichteten rechtsgeschäftlichen Erklärung, der Erwerber des Unternehmens trete weitgehend in die Geschäftsbeziehungen des früheren Firmeninhabers ein[5]. Nach der **Rechtsscheintheorie**[6] wird die Haftung aus § 25 mit Rechtsscheingrundsätzen erklärt. Die **Haftungsfondtheorie**[7] stellt auf ein kombinierbares Vermögensübernahme- und Verkehrsschutzprinzip ab, wonach den Gläubigern des Veräußerers das im Unternehmen gebundene Vermögen zu Vollstreckungszwecken erhalten bleiben soll. Nach der **Haftungskontinuitätstheorie**[8] liegt den §§ 25–28 das Prinzip zugrunde, dass bei einem Wechsel des Unternehmensträgers der neue Inhaber, bei § 28 die Gesellschaft, für Altverbindlichkeiten primär schon auf Grund der Unternehmensidentität haf-

4

---

1 Z.B. ROHGE 1, 62, 67 f.; 4, 5; RGZ 38, 173, 176 f.
2 Dazu MünchKommHGB/*Lieb*, § 25 Rn. 3 ff.
3 *Heymann/Emmerich*, § 25 Rn. 4.
4 Zum Meinungsstand z.B. *Staub/Hüffer*, § 25 Rn. 3 ff.; MünchKommHGB/*Lieb*, § 25 Rn. 8 f.
5 Z.B. RGZ 149, 28; BGH v. 16.9.1981 – VIII ZR 111/80, NJW 1982, 577, 578; BGH v. 15.5.1990 – X ZR 82/88, NJW-RR 1990, 1251, 1253; *Säcker*, ZGR 1973, 261, 272 ff.
6 Vgl. *A. Hueck*, ZGR 108 (1941), 1, 7 f.; *Nickel*, NJW 1981, 102; BGH v. 13.10.1955 – II ZR 44/54, BGHZ 18, 248, 250.
7 *Schricker*, ZGR 1972, 121, 150 ff.
8 *K. Schmidt*, ZHR 145 (1981), 2 ff.; ferner *K. Schmidt*, ZIP 1989, 1025, 1028 f.; *K. Schmidt*, ZGR 1992, 621; Annäherung des BGH an diese Theorie bei BGH v. 16.1.1984 – II ZR 114/83, NJW 1984, 1186; BGH v. 4.11.1991 – II ZR 85/91, NJW 1992, 911; vgl. dazu auch BayObLG v. 17.12.1987 – BReg. 3 Z 127/87, BayObLGZ 1987, 499 = NJW-RR 1988, 869; OLG Düsseldorf v. 12.7.1990 – 6 U 264/89, GmbHR 1991, 315, 316; ferner LG Berlin v. 3.8.1993 – 98 T 51/93, ZIP 1993, 1478; ablehnend vor allem *Canaris*, ZIP 1989, 1161 ff.; *Canaris*, FS Frotz, 1993, S. 11, 21 f.; *Zöllner* ZGR 1983, 82, 88 f.

te; es handle sich dabei um ein einheitliches unternehmensrechtliches Prinzip.

Durch die Unsicherheit hinsichtlich der ratio legis von § 25 Abs. 1 S. 1 wird die Auslegung der Vorschrift außerordentlich erschwert[1]. Nach *Canaris*[2] ist der Gesetzeszweck der §§ 25–28 nur überaus schwierig zu ermitteln, der **Gerechtigkeitsgehalt** einzelner Vorschriften sei teilweise mehr als **fragwürdig**. De lege ferenda fordert er die Abschaffung von § 25 und § 27. § 25 Abs. 1 S. 1 führe häufig zu unverdienten Zufallsgeschenken an die Altgläubiger, sei eine Haftungsfalle und erschwere die Sanierung von Unternehmen. Weniger kritisch sei § 28 zu beurteilen; es sollte allerdings klargestellt werden, dass nur die Gesellschaft, nicht auch der „Eintretende" persönlich hafte. Die Abschaffung des § 419 BGB[3] sei als Schritt in die richtige Richtung zu sehen. Demgegenüber fordert *K. Schmidt*[4] eine konsequente Verschärfung des § 25 dahingehend, dass neben der Firmenfortführung auch die **Fortführung einer Geschäftsbezeichnung** die haftungsbegründende Unternehmenskontinuität **ausreichend** belegt. Im Ergebnis will er auf das Merkmal der Firmenfortführung, jedenfalls de lege ferenda, überhaupt verzichten.

5 **Stellungnahme:** Gegen die Rechtsscheintheorie spricht, dass irgendeine Disposition des Altgläubigers im Vertrauen auf den Rechtsschein nicht verlangt wird, die Haftung im Übrigen auch bei Verwendung eines Nachfolgezusatzes in der Firma entsteht. Gegen die Haftungsfondtheorie spricht schon die Möglichkeit des Haftungsausschlusses unter den Voraussetzungen des § 25 Abs. 2. Die Theorie der Haftungskontinuität kann Denkanstöße de lege ferenda geben. Die Norm des § 25 Abs. 1 setzt aber für eine Haftung zusätzlich in jedem Fall die Firmenfortführung voraus, enthält also eine Tatbestandsvoraussetzung, die nicht negiert werden kann, auf die aber auch nicht verzichtet werden sollte[5]. Jedenfalls kann entgegen *K. Schmidt*[6] die Firmenfortführung nicht lediglich als Indiz für die Unternehmenskontinuität und somit als Haftungserfordernis für entbehrlich angesehen werden, wenn nur die Identität des fortgeführten mit dem ursprünglichen Unternehmen feststehe. Die Firmenfortführung ist für § 25 Abs. 1 S. 1 Haftungsvoraussetzung[7]. Zutreffend weist *Emmerich*[8] darauf hin, dass § 25 eine betont **pragmatische Zweckmäßigkeitsvorschrift** sei, die im Rahmen der gesetzgeberischen Kompetenz liege und mit der der Gesetzgeber versucht hat, der

---

[1] S. *R. Fischer*, Anm. zu BGH LM Nr. 3 zu § 28 HGB; *Canaris*, HR, § 7 Rn. 17.
[2] *Canaris*, HR, § 7 Rn. 115 f.
[3] Die Bestimmung wurde durch Art. 33 Nr. 16 EGInsO mit Wirkung vom 1.1.1999 aufgehoben. Damit wird für die von § 419 BGB erfassten Fälle der Grundsatz, dass Schulden dem Vermögen folgen, aufgegeben. Die Vorschrift gilt aber weiterhin für vor dem 1.1.1999 vollzogene Vermögensübernahmen; vgl. *Palandt/Grüneberg*, § 419 BGB.
[4] *K. Schmidt*, HR, § 8 I 3a, S. 222; § 8 II 1c, S. 244 f.; ferner *K. Schmidt*, JuS 1997, 1069, 1072, Anm. zu OLG Hamm v. 5.11.1996 – 7 U 35/96, NJW-RR 1997, 733.
[5] Vgl. MünchKommHGB/*Lieb*, § 25 Rn. 17; *Canaris*, HR, § 7 Rn. 29.
[6] *K. Schmidt*, HR, § 8 II 1c, S. 244 f.
[7] Zutreffend *Schmitz-Herscheid*, MDR 1995, 786, Anm. zu LG Koblenz v. 15.2.1995 – 3 HO 148/93, MDR 1995, 785.
[8] *Heymann/Emmerich*, § 25 Rn. 8.

typischen Verkehrsauffassung von der Haftungsbedeutung der Firmenfortführung Rechnung zu tragen. Eine solche gesetzgeberisch zulässige Bestimmung ist von der Rechtspraxis hinzunehmen. Allerdings ist nicht zu verkennen, dass sich die Rechtsprechung, vor allem die des BGH[1], der Auffassung von *K. Schmidt* annähert, wenn sie als tragenden Gesichtspunkt für die Haftung aus § 25 Abs. 1 S. 1 die Kontinuität des Unternehmens herausstellt, die, insoweit allerdings losgelöst vom Gesetzeswortlaut, durch die Firmenfortführung nach außen in Erscheinung trete. Von diesem Ansatzpunkt her ist es nur folgerichtig, wenn die Anforderungen an das Tatbestandsmerkmal „Fortführung der Firma" zunehmend niedriger angesetzt werden.

§ 25
Haftung des Erwerbers bei Firmenfortführung

(1) Wer ein unter Lebenden erworbenes Handelsgeschäft unter der bisherigen Firma mit oder ohne Beifügung eines das Nachfolgeverhältnis andeutenden Zusatzes fortführt, haftet für alle im Betriebe des Geschäfts begründeten Verbindlichkeiten des früheren Inhabers. Die in dem Betriebe begründeten Forderungen gelten den Schuldnern gegenüber als auf den Erwerber übergegangen, falls der bisherige Inhaber oder seine Erben in die Fortführung der Firma gewilligt haben.

(2) Eine abweichende Vereinbarung ist einem Dritten gegenüber nur wirksam, wenn sie in das Handelsregister eingetragen und bekanntgemacht oder von dem Erwerber oder dem Veräußerer dem Dritten mitgeteilt worden ist.

(3) Wird die Firma nicht fortgeführt, so haftet der Erwerber eines Handelsgeschäfts für die früheren Geschäftsverbindlichkeiten nur, wenn ein besonderer Verpflichtungsgrund vorliegt, insbesondere wenn die Übernahme der Verbindlichkeiten in handelsüblicher Weise von dem Erwerber bekanntgemacht worden ist.

Übersicht

	Rn.		Rn.
I. Allgemeines	1	b) Umfang des Erwerbs	7
II. Erwerberhaftung (§ 25 Abs. 1 S. 1)		c) Erwerb von Zweigniederlassungen	8
1. Voraussetzungen auf der Veräußererseite		3. Unwirksames Erwerbsgeschäft	9
a) Kaufmännisches Unternehmen	2	4. Sonderfälle	
b) Bestehendes Handelsgeschäft	3	a) Insolvenzverwalter, vorläufiger Insolvenzverwalter, Sequester	11
c) Firmenführung	4	b) Abgrenzung zu § 28	12
2. Erwerb unter Lebenden	5	c) UmwG	14
a) Art des Erwerbs	6		

---

1 Vgl. BGH v. 25.4.1996 – I ZR 58/94, ZIP 1996, 1608, 1609 m.N.; BGH v. 12.2.2001 – II ZR 148/99, NJW 2001, 1352; ferner die Nachweise zur Haftungskontinuitätstheorie bei Rn. 4.

	Rn.		Rn.
5. Voraussetzungen auf der Erwerberseite		2. Dogmatische Einordnung	34
a) Unternehmensfortführung	15	3. BGH-Rechtsprechung	35
b) Firmenfortführung	16	4. Einwilligung	36
6. Rechtsfolgen		5. Einschränkungen	37
a) Allgemeines	22	**V. Haftungsbeschränkung (§ 25 Abs. 2)**	
b) Prozessuales	24		
c) Geschäftsverbindlichkeiten	25	1. Voraussetzungen	39
d) Haftungsumfang	28	2. Rechtsfolgen	43
III. Fortdauernde Haftung des Veräußerers		**VI. Eigenständiger Verpflichtungsgrund (§ 25 Abs. 3)**	44
1. Umfang der Haftung	31	**VII. Andere Haftungsnormen**	
2. Abgrenzung	32	1. § 419 BGB a.F.	46
IV. Forderungsübergang (§ 25 Abs. 1 S. 2)		2. § 613a BGB	47
		3. § 75 AO	48
1. Allgemeines	33		

Schrifttum: *Beuthien*, Zu zwei Missdeutungen des § 25 HGB, NJW 1993, 1737; *B. Börner*, § 25 Abs. 1 HGB – Vertragsübertragung kraft Gesetzes, in: Festschrift Möhring, 1975, S. 37; *Canaris*, Die Vertrauenshaftung im deutschen Privatrecht, 1971, S. 183; *Canaris*, Rechtspolitische Konsequenzen aus der geplanten Abschaffung von § 419 BGB für § 25 HGB, ZIP 1989, 1161; *Canaris*, Unternehmenskontinuität als Haftungs- und Enthaftungsgrund im Rahmen von § 25 HGB?, in: Festschrift Frotz, 1993, S. 11; *Gotthardt*, Haftung für Masseschulden bei Übernahme eines Handelsgeschäfts aus der Konkursmasse?, BB 1987, 1896; *Grunewald*, Unerwartete Verbindlichkeiten beim Unternehmenskauf, ZGR 1981, 622; *Hausmann*, Die Bedeutung der Rechtsfolgeanordnung „gelten als" in § 25 Abs. 1 S. 2 HGB, 1992; *Heckelmann*, Die Grundlage der Haftung aus Firmenfortführung nach § 25 Abs. 1 Satz 1 HGB, in: Festschrift Bartholomeyczik, 1973, S. 129; *Huber*, Die Schuldenhaftung beim Unternehmenserwerb und das Prinzip der Privatautonomie, in: Festschrift Raisch, 1995, S. 85; *Lieb*, Die Haftung für Altschulden bei „Eintritt" eines Gesellschafters in ein nicht- oder minderkaufmännisches Einzelunternehmen, in: Festschrift H. Westermann, 1974, S. 309; *Lieb*, Zu den Grundgedanken der §§ 25 ff. HGB, in: Festschrift Börner, 1992, S. 747; *Lieb*, Die Haftung für Verbindlichkeiten aus Dauerschuldverhältnissen bei Unternehmensübergang, 1992; *Lieb*, Zufallsgeschenke, Haftungsfallen, Unternehmensvernichtungen und Sanierungshindernisse, in: Festschrift Vieregge, 1995, S. 557; *Muschalle*, Die Haftung bei Fortführung eines Handelsgeschäfts, 1995; *Reichold*, § 26 HGB – Verjährungs- oder Haftungsnorm?, ZIP 1988, 551; *Säcker*, Die handelsrechtliche Haftung für Altschulden bei Übertragung und Vererbung von Handelsgeschäften, ZGR 1973, 261; *K. Schmidt*, Haftungskontinuität als unternehmensrechtliches Prinzip, ZHR 145 (1981), 2; *K. Schmidt*, Unternehmenskontinuität und Erwerberhaftung nach § 25 Abs. 1 HGB, ZGR 1992, 621; *K. Schmidt*, Was wird aus der Haftung nach § 419 BGB?, ZIP 1989, 1025; *K. Schmidt*, Keine Haftung trotz Fortführung von Unternehmen und Geschäftsbezeichnung, MDR 1994, 133; *K.Schmidt*, Unternehmensfortführung ohne Firmenfortführung, JuS 1997, 1069; *K. Schmidt*, § 25 Abs. 1 S. 2 (§ 28 Abs. 1 S. 2) zwischen relativem Schuldnerschutz und Legalzession, AcP 198 (1998), 516; *K. Schmidt.*, Übergang von Vertragsverhältnissen nach §§ 25, 28 HGB, in: Festschrift Medicus, 1999, S. 555; *K. Schmidt*, Die Gesellschafterhaftung bei gescheiterter GmbH-Sachgründung – Kritik am Urteil des XI. Zivilsenats v. 18.1.2000, NJW 2000, 1521; *Schricker*, Probleme der Schuldenhaftung bei Übernahme eines Handelsgeschäfts, ZGR 1972, 121; *Servatius*, Das Anfang vom Ende der unechten Vorgesellschaft?, NJW 2001, 1696; *Vetter*, Altschuldenhaftung auf fehlerhafter Vertragsgrundlage, 1995; *Waldner*, Firmenfortführung und Voraussetzungen der Eintragung des Haftungsausschlusses,

NZG 1999, 248; *Wälzholz*, Haftungsausschluss bei Firmenfortführung, DStR 2003, 1453; *Waskönig*, Rechtsgrund und Tragweite der §§ 25, 28 HGB, Diss. Bonn 1979; *Wessel*, § 25 HGB – eine gefährliche Vorschrift?, BB 1989, 1625; *Wilhelm*, Die Haftung bei Fortführung eines Handelsgeschäfts ohne Übernahmevertrag, NJW 1986, 1797; *Zöllner*, Wovon handelt das Handelsrecht, ZGR 1983, 82.

I. Allgemeines

Zu Entstehungsgeschichte und Normzweck s. Vor §§ 25–28 Rn. 3. Mit *K. Schmidt*[1] kann davon ausgegangen werden, dass die §§ 25–28 den Kern eines allgemeinen **Unternehmensverkehrsrechts** darstellen, die systematisch von den firmenrechtlichen Vorschriften der §§ 17–24 und 29–37 zu trennen sind. In Österreich, wo § 25 Abs. 1 bis 3 in unveränderter Form gilt, sind der Bestimmung im Jahre 1982 zwei Absätze hinzugefügt worden, die inhaltlich der deutschen Rechtspraxis entsprechen. Nach § 25 Abs. 4 öHGB alt, jetzt § 38 Abs. 5 UGB, findet Abs. 1 bei Erwerb im Weg der Zwangsvollstreckung vom Konkursverwalter und in weiteren vergleichbaren Fällen keine Anwendung, ferner wird in Abs. 5 klargestellt, dass § 25 Abs. 1 andere Haftungsbestimmungen nicht verdrängt; sie bleiben daneben bestehen[2].

1

II. Erwerberhaftung (§ 25 Abs. 1 S. 1)

1. Voraussetzungen auf der Veräußererseite

a) Kaufmännisches Unternehmen

Im Zeitpunkt des Erwerbs muss der Veräußerer ein kaufmännisches Unternehmen (Handelsgeschäft) betrieben haben[3] oder ein **Fall des § 5** vorliegen, also der Veräußerer zu Unrecht im Handelsregister eingetragen sein[4]. Auf **Nichtkaufleute** und nicht eingetragene **Kannkaufleute** findet § 25 Abs. 1 keine Anwendung[5], da sie nicht firmenfähig sind. Eine analoge Anwendung der Vorschrift auf alle Unternehmensträger[6] hat der BGH[7] verneint, da insoweit

2

---

1 *K. Schmidt*, HR, § 8 I 3, S. 220 ff.
2 Dazu *Straube/Schuhmacher*, Kommentar zum Handelsgesetzbuch, 3. Aufl. 2003, § 25 öHGB Rn. 23; 2007 ist das öHGB in „Unternehmensgesetzbuch" umbenannt worden, wobei der wesentliche Inhalt des § 25 öHGB beibehalten wird.
3 BGH v. 16.1.1981 – VIII ZR 111/80, NJW 1982, 577; BGH v. 17.9.1991 – XI 256/90, NJW 1992, 112, 113; OLG Zweibrücken v. 4.12.1987 – 3 W 112/87, NJW-RR 1988, 998; OLG Koblenz v. 7.4.1988 – 5 U 10/88, NJW-RR 1989, 420; OLG Düsseldorf v. 22.1.1998 – 10 U 30/97, NJW-RR 1998, 965; *Heymann/Emmerich*, § 25 Rn. 9; MünchKommHGB/*Lieb*, § 25 Rn. 36; *Baumbach/Hopt*, § 25 Rn. 2.
4 BGH v. 29.11.1956 – II ZR 32/56, BGHZ 22, 234, 240.
5 Vgl. OLG Köln v. 28.3.2001 – 2 W 32/01, NZI 2001, 308 mit zust. Anm. *Holzer*, EWiR 2001, 733; LG Berlin v. 30.7.2004 – 102 T 42/04, NZG 2005, 443; ferner BGH v. 13.10.1955 – II ZR 44/54, BGHZ 18, 248, 250, zu Minderkaufleuten.
6 Dafür z.B. *K. Schmidt*, HR, § 8 II 1a, S. 239 f.; *Staub/Hüffer*, § 25 Rn. 85; offen lassend *Heymann/Emmerich*, § 25 Rn. 10a; für Zurückhaltung bei analoger Anwendung MünchKommHGB/*Lieb*, § 25 Rn. 29; ablehnend *Baumbach/Hopt*, § 25 Rn. 2; *Koller/Roth/Morck*, § 25 Rn. 3.
7 BGH v. 17.9.1991 – XI 256/90, NJW 1992, 112, 113.

eine Regelungslücke nicht bestehe. Führen Nichtkaufleute eine firmenähnliche Geschäftsbezeichnung, kann aber eine Haftung nach allgemeinen Rechtsscheingrundsätzen gegeben sein[1].

b) Bestehendes Handelsgeschäft

3   Das zu veräußernde Handelsgeschäft, nach der Terminologie des HGB ein kaufmännisches Unternehmen, muss beim Erwerb schon und noch betrieben worden sein, da andernfalls eine Firma nicht entstanden oder erloschen ist. Ein **Unternehmen im Planungsstadium** reicht nicht aus[2], eine nur vorübergehende Stilllegung des Betriebes schadet hingegen nicht, wenn der Betrieb noch fortgeführt werden kann, weil Betriebsorganisation und Geschäftsbeziehungen zu Kunden und Lieferanten in der Grundstruktur noch vorhanden sind[3] (dazu näher oben § 22 Rn. 7 f.).

c) Firmenführung

4   Der Veräußerer muss eine Firma führen, auf deren **Zulässigkeit** es aber hier, anders als bei § 22 (dazu oben § 22 Rn. 17) nicht ankommt[4]. Die Eintragung der Firma im Handelsregister ist nicht erforderlich[5].

2. Erwerb unter Lebenden

5   Das Handelsgeschäft muss im Wege der **Einzelrechtsnachfolge** unter Lebenden (sonst § 27) erworben werden. Ein Erwerb unter Lebenden liegt auch schon vor, wenn ein Dritter das zu einem Nachlass gehörende Handelsgeschäft von einem Erben erwirbt; darunter fällt auch der Erwerb auf Grund eines Vermächtnisses oder einer Erbauseinandersetzung der Miterben[6]. Erwerb bedeutet im Rahmen von § 25 Abs. 1 einen Wechsel der Unternehmensträgerschaft[7]; zusätzlich sind aber regelmäßig Beziehungen schuldrechtlicher Art zwischen Erwerber und Veräußerer zu fordern[8] (dazu unten Rn. 6).

a) Art des Erwerbs

6   Es genügt jeder **Übergang der Unternehmensträgerschaft**, d.h. jede Unternehmensübertragung und jede Unternehmensüberlassung; der Rechtsgrund

---

1   BGH v. 29.11.1956 – II ZR 32/56, BGHZ 22, 234, 238 für Minderkaufleute.
2   OLG Frankfurt v. 28.6.1972 – 17 U 136/70, OLGZ 1973, 20, 22.
3   BGH v. 4.11.1991 – II ZR 85/91, NJW 1992, 911; BayObLG v. 27.10.1983 – 3 ZBR 92/83, WM 1984, 52, 53; *Heymann/Emmerich*, § 25 Rn. 15.
4   BGH v. 12.2.2001 – II ZR 148/99, NJW 2001, 1352; RGZ 113, 308; BGH v. 29.11.1956 – II ZR 32/56, BGHZ 22, 234, 237.
5   BGH v. 16.1.1981 – VIII ZR 111/80, NJW 1982, 577.
6   RGZ 154, 334, 337; *Heymann/Emmerich*, § 25 Rn. 11.
7   BGH v. 29.3.1982 – II ZR 166/81, NJW 1982, 1647; BGH v. 16.1.1984 – II ZR 114/83, NJW 1984, 1186, 1187; *K. Schmidt*, HR, § 8 II 1b, S. 240.
8   A.A. BGH v. 16.1.1984 – II ZR 114/83, NJW 1984, 1186; *K. Schmidt*, HR, § 8 II 1b, S. 241 f.; *Baumbach/Hopt*, § 25 Rn. 4, 5; *Koller/Roth/Morck*, § 25 Rn. 4; wie hier MünchKommHGB/*Lieb*, § 25 Rn. 50.

des Erwerbs ist unerheblich. Es muss sich aber um einen **derivativen Erwerb** handeln. Dafür kommen in Betracht: Kauf, Tausch, Schenkung, Treuhand- und Auseinandersetzungsverträge, auch die Erfüllung von Vermächtnissen, ferner die Übernahme des Handelsgeschäftes einer Personenhandelsgesellschaft durch einen Gesellschafter[1] und vergleichbare gesellschaftsrechtliche Übertragungen, eine Veräußerung des Unternehmens durch die Erben sowie eine Überlassung des Unternehmens auf Zeit durch Pacht und Nießbrauch[2]. Ein **Rückerwerb** des Verpächters, also der Rückfall des Unternehmens vom Pächter an den Verpächter, der es weiterführt, fällt ebenfalls unter § 25 Abs. 1[3]. Schließlich wird nach BGH[4] von der Bestimmung auch der Fall einer erneuten Verpachtung des Geschäfts durch den Verpächter erfasst mit der Folge, dass der zweite Pächter für die Verbindlichkeiten des ersten Pächters einzustehen hat; sog. **Doppelpächterfall.** Damit wird die erforderliche **Kausalbeziehung** zwischen Veräußerer und Erwerber vernachlässigt. Die Haftungserstreckung nach § 25 Abs. 1 muss aber nach § 25 Abs. 2 durch eine Vereinbarung zwischen Erwerber und Veräußerer ausgeschlossen werden können, was regelmäßig nur möglich ist, wenn zwischen den beiden Beziehungen vertraglicher Art bestehen. Der vom BGH entschiedene Fall sollte als Einzelfallentscheidung nicht verallgemeinert werden. Will man, wie hier der BGH, von dem Grundsatz ausgehen, dass § 25 nur bei derivativem Erwerb anwendbar ist, müsste man konsequenterweise dem Erwerber die Möglichkeit eines einseitigen Haftungsausschlusses einräumen[5]. Wird im Rahmen eines **Franchisevertrages** die Person des Franchisenehmers ausgewechselt, soll auch darin ein „Erwerb" im Sinne von § 25 Abs. 1 vorliegen[6]. Erforderlich ist aber immer ein Wechsel des Unternehmensträgers; fehlt es daran, ist § 25 Abs. 1 nicht anwendbar.

b) Umfang des Erwerbs

Das **Unternehmen** muss in seinem **Kern** erworben werden. Dabei können einzelne Vermögensbestandteile oder Betätigungsfelder von der Übernahme ausgespart werden, solange nur der den Schwerpunkt des Unternehmens bildende Kern übernommen wird. Einzelne Geschäftszweige und untergeordnete Vermögensteile dürfen zurückbleiben, wenn das Unternehmen mit den

7

---

1 OLG Koblenz v. 11.11.2005 – 10 U 1325/04, NJW-RR 2006, 408; OLG München v. 15.5.1996 – 7 U 6260/95, BB 1996, 1682; die Entscheidung ist allerdings in dogmatischer Hinsicht nicht unbedenklich; dazu – zutreffend – *Braker*, BB 1997, 114.
2 BGH v. 29.3.1982 – II ZR 166/81, NJW 1982, 1647; BGH v. 16.1.1984 – II ZR 114/83, NJW 1984, 1186, 1187; OLG Frankfurt am Main v. 23.6.2005 – 20 W 272/05, NJW-RR 2005, 1349; *Heymann/Emmerich*, § 25 Rn. 13; *Baumbach/Hopt*, § 25 Rn. 4; *Staub/Hüffer*, § 25 Rn. 38, 81; MünchKommHGB/*Lieb*, § 25 Rn. 46; *Canaris*, HR, § 7 Rn. 23.
3 RGZ 133, 318, 332 f.; OLG Frankfurt v. 28.6.1972 – 17 U 136/70, OLGZ 1973, 20, 23; *Staub/Hüffer*, § 35 Rn. 82.
4 BGH v. 16.1.1984 – II ZR 114/83, NJW 1984, 1186; Kritik wegen § 25 Abs. 2 und für Zulassung eines einseitigen Haftungsausschlusses in einem solchen Fall MünchKommHGB/*Lieb*, § 25 Rn. 48.
5 Zutreffend *Lieb*, FS Vieregge, 1995, S. 564 f.; a.A. *K. Schmidt*, ZGR 1992, 621, 626.
6 OLG Düsseldorf v. 24.10.1991 – 6 U 72/91, DB 1992, 833.

Bestandteilen und Strukturen übertragen wird, die seine wesentliche Eigenart ausmachen[1] (siehe oben § 22 Rn. 11 ff. und unten Rn. 15).

c) Erwerb von Zweigniederlassungen

8 Tritt eine Zweigniederlassung im Rechtsverkehr im Großen und Ganzen wie ein **eigenständiges Unternehmen** in Erscheinung, ist sie „Handelsgeschäft" i.S.v. § 25 Abs. 1[2]. Eine Zweigniederlassung, die keine eigene Buch-, Kassen- und Kontoführung hat und deren Geschäfte mit den Geschäftspartnern die Hauptniederlassung abrechnet, fällt als **bloße Außenstelle** mit bestimmten Vollmachten nicht unter § 25 Abs. 1; das gilt unabhängig davon, ob sie im Handelsregister eingetragen ist[3]. Bei dem Erwerb einer Zweigniederlassung gehen nur die Verbindlichkeiten und Rechtsverhältnisse auf den Erwerber über, die in dem **erworbenen Unternehmensteil**, also in der Zweigniederlassung selbst, begründet worden sind[4].

3. Unwirksames Erwerbsgeschäft

9 Nach h.M. greift die Haftung des Unternehmenserwerbers auch dann ein, wenn das Erwerbsgeschäft unwirksam ist[5]. Dazu zählen in erster Linie die Fälle einer Nichtigkeit des Grundgeschäfts (§ 105 BGB), einer erfolgreichen Anfechtung wegen arglistiger Täuschung (§ 123) oder einer schwebenden Unwirksamkeit, z.B. wegen Fehlens erforderlicher Genehmigungen. Soweit eine Haftung nach § 25 Abs. 1 auch für Fälle angenommen wird, bei denen ein **Erwerbsgeschäft** völlig **fehlt**[6], ist dem nicht zu folgen. § 25 Abs. 1 erfasst nur den abgeleiteten Unternehmenserwerb. Das Unternehmen muss auf Grund eines entsprechenden Vertrages zwischen Alt- und Neuunternehmer fortgeführt werden[7].

10 Die **uneingeschränkte Haftung** nach § 25 Abs. 1 kann aber nur dann bejaht werden, wenn der Erwerber trotz Unwirksamkeit des Erwerbsgeschäfts das Unternehmen tatsächlich fortführt. Muss er es aber, z.B. nach erfolgreicher Anfechtung auf Grund von Bestimmungen, die seinem Schutz dienen (we-

---

1 BGH v. 4.11.1991 – II ZR 85/91, NJW 1992, 911; OLG Düsseldorf v. 14.7.1992 – 22 U 42/92, NJW-RR 1993, 45; *Heymann/Emmerich*, § 25 Rn. 16.
2 BGH v. 5.2.1979 – II ZR 117/78, WM 1979, 576.
3 BGH v. 8.5.1972 – II ZR 155/69, NJW 1972, 1859; *Baumbach/Hopt*, § 25 Rn. 2; *Heymann/Emmerich*, § 25 Rn. 17.
4 *K. Schmidt*, HR, § 8 II 1d, S. 247 f. m.N.
5 BGH v. 13.10.1955 – II ZR 44/54, BGHZ 18, 248, 252; BGH v. 29.11.1956 – II ZR 32/56, BGHZ 22, 234, 239; BGH v. 16.1.1984 – II ZR 114/83, NJW 1984, 1186, 1187; BGH v. 4.11.1991 – II ZR 85/91, NJW 1992, 911; KG v. 23.7.2004 – 14 U 195/02, KGR Berlin 2005, 47; *K. Schmidt*, HR, § 8 II 1b, S. 241; a.A. *Canaris*, HR, § 7 Rn. 24, der vorschlägt, man solle § 25 Abs. 1 S. 1 von vornherein nicht anwenden, wenn das Erwerbsgeschäft unwirksam ist.
6 OLG Frankfurt am Main v. 23.6.2005 – 20 W 272/05, DB 2005, 2519; OLG Düsseldorf v. 24.5.2004 – 24 U 34/04, NZG 2005, 176; vgl. dazu *Heymann/Emmerich*, § 25 Rn. 19; MünchKommHGB/*Lieb*, § 25 Rn. 50.
7 MünchKommHGB/*Lieb*, § 25 Rn. 50; *Heymann/Emmerich*, § 25 Rn. 19.

gen arglistiger Täuschung, Drohung auf Veräußererseite), wieder herausgeben, erscheint die Annahme einer Erwerberhaftung nicht mehr interessengerecht. In einem solchen Fall bedarf nämlich der Altgläubiger nicht mehr eines besonderen Schutzes, weil ihm, wie vorher schon, sein ursprünglicher Schuldner mit seinem Vermögen, zu dem auch wiederum das Unternehmen gehört, haftet. *Heymann/Emmerich*[1] bejaht auch zutreffend eine **fehlende Schutzwürdigkeit der Altgläubiger**, wenn die Nichtigkeit des Grundgeschäfts auf Geschäftsunfähigkeit des Erwerbers beruht oder wenn die Gläubiger den Anfechtungs- oder Nichtigkeitsgrund kannten. Für insoweit besonders gelagerte Fälle kann dann eine Haftung nach Rechtsscheingrundsätzen in Betracht kommen.

4. Sonderfälle

a) Insolvenzverwalter, vorläufiger Insolvenzverwalter, Sequester

Wird das Unternehmen vom Insolvenz-(früher Konkurs-)verwalter erworben, ist nach allg. M.[2] § 25 **nicht anwendbar**; so ausdrücklich auch § 25 Abs. 4 öHGB alt, jetzt § 38 Abs. 5 UGB. Gleiches gilt für den **Liquidationsvergleich**[3]. Es handelt sich um eine teleologische Reduktion des Haftungstatbestandes; nach *K. Schmidt*[4] ist bei einem Erwerb aus der Insolvenzmasse die Haftungskontinuität unterbrochen. Hingegen sollte vor Inkrafttreten der InsO § 25 Abs. 1 S. 1 in der Regel anwendbar bleiben, wenn das Unternehmen vom **Sequester** erworben wurde. Eine solche Veräußerung stehe rechtlich einer Veräußerung durch den Schuldner näher als derjenigen durch den Konkursverwalter in Ausübung des ihm durch § 117 KO erteilten gesetzlichen Auftrags, das Vermögen des Schuldners zwecks Erhalt von Barmitteln zur Verteilung an die Gläubiger zu veräußern. § 25 sei in diesem Fall jedenfalls dann anwendbar, wenn sich an die Sequestration nicht die Eröffnung des Konkurses anschloss[5]. Dagegen wandte sich *Canaris*[6], der eine **teleologische Reduktion** des § 25 über die Fälle des Konkurses und Vergleichs hinaus immer dann fordert, wenn es an einer entsprechenden Haftungserwartung des Verkehrs fehlt, also wenn insbesondere die gegen das Unternehmen ge-

11

---

1 *Heymann/Emmerich*, § 25 Rn. 19 bei Fn. 57; ähnlich *Canaris*, HR, § 7 Rn. 24.
2 BGH v. 11.4.1988 – II ZR 313/87, BGHZ 104, 151, 153 f.; BGH v. 4.11.1991 – II ZR 85/91, NJW 1992, 911; Saarl. OLG v. 28.7.1998 – 4 U 577/97, NZG 1999, 40; OLG Düsseldorf v. 21.5.1999 – 22 U 259/98, NJW-RR 1999, 1556: § 25 Abs. 1 S. 1 bleibt selbst dann unanwendbar, wenn der Erwerber des Unternehmens den Konkursverwalter über die Vermögenswerte getäuscht hat oder wenn er mit dem Konkursverwalter zum Nachteil der Konkursgläubiger kollusiv zusammengewirkt hat; *Baumbach/Hopt*, § 25 Rn. 4 16; *Heymann/Emmerich*, § 25 Rn. 12; *Staub/Hüffer*, § 25 Rn. 60 f.; MünchKommHGB/*Lieb*, § 25 Rn. 32; *K. Schmidt*, HR, § 8 II 3b, S. 254; *K. Schmidt*, ZIP 1980, 328, 336 f.
3 *Staub/Hüffer*, § 25 Rn. 62; *Heymann/Emmerich*, § 25 Rn. 12; MünchKommHGB/*Lieb*, § 25 Rn. 32.
4 *K. Schmidt*, HR, § 8 II 1b, S. 241.
5 BGH v. 11.4.1988 – II ZR 313/87, BGHZ 104, 151, 153 ff.; OLG Bremen v. 3.8.1988 – 3 U 111/87, NJW-RR 1989, 423; a.A. OLG Köln v. 24.11.1986 – 21 U 9/86, WM 1987, 1047.
6 *Canaris*, FS Frotz, 1993, S. 11, 26 ff.

richteten Forderungen bereits wertlos geworden sind. Die Vermögenslosigkeit eines Unternehmens allein führt aber nicht zur Unanwendbarkeit des § 25[1]. Für den **Erwerb** eines Handelsgeschäftes vom **Insolvenzverwalter** aus der Insolvenzmasse sind hinsichtlich der Haftung die gleichen Grundsätze anwendbar, wie sie für den Erwerb vom Konkursverwalter entwickelt worden sind; eine Haftung nach § 25 scheidet aus[2]. Gleiches hat aber auch für einen Erwerb vom **vorläufigen Insolvenzverwalter** (früher Sequester nach § 106 KO) zu gelten. Die Entscheidung des BGH zum Sequester[3] sollte nicht ohne weiteres auf einen Erwerb vom vorläufigen Insolvenzverwalter übertragen werden[4]. Die Aufgabe des vorläufigen Insolvenzverwalters besteht in erster Linie darin, das Vermögen des Schuldners zu sichern und zu erhalten (§ 22 Abs. 1 Nr. 1 InsO). Verwertungs- und Abwicklungsmaßnahmen sind ihm aus eigenem Recht nur ausnahmsweise gestattet. Nur mit Zustimmung des Insolvenzgerichts darf der vorläufige Insolvenzverwalter das Unternehmen stilllegen. Erst wenn die Stilllegung genehmigt ist, kommt überhaupt und nur ausnahmsweise ein Gesamtverkauf des Unternehmens in Betracht[5]. Wird aber damit eine bestmögliche Verwertung im Interesse auch der Gläubiger vorgenommen, erscheint eine rechtlich andere Behandlung als beim Erwerb vom (endgültigen) Insolvenzverwalter nicht gerechtfertigt[6].

b) Abgrenzung zu § 28

12 Die beiden auf Haftungskontinuität ausgerichteten Bestimmungen **unterscheiden** sich dadurch, dass § 25 im Gegensatz zu § 28 eine Firmenfortführung voraussetzt und bei § 25 der Altunternehmer sein von ihm betriebenes Unternehmen völlig aufgibt, während er bei § 28 am neuen Unternehmensträger beteiligt ist[7]. Diese Beteiligung kann rechtfertigen, dass die **Haftung nach § 28** eine Firmenfortführung nicht voraussetzt, während sie jedenfalls de lege lata bei § 25 erforderlich ist. Die Abgrenzung ist schwierig, weil der Gesetzgeber bei diesen Bestimmungen ersichtlich im Wesentlichen auf die unproblematischen Grundfälle fixiert war[8]. Streitig ist, ob sich auftuende Lücken unter Anwendung von § 25[9] oder von § 28[10] zu schließen sind. Eine erforderliche und erwünschte Haftungserstreckung ist leichter über § 28 zu

---

1 BGH v. 28.11.2005 – II ZR 355/03, DB 2006, 444.
2 So auch BAG v. 20.9.2006 – 6 AZ R 215/06, BB 2007, 401.
3 BGH v. 11.4.1988 – II ZR 313/87, BGHZ 104, 151.
4 So aber *Koller/Roth/Morck*, § 25 Rn. 4; vgl. auch *Baumbach/Hopt*, § 25 Rn. 4.
5 Vgl. HK-InsO/*Kirchhoff*, § 22 Rn. 12.
6 Dazu *Canaris*, HR, § 7 Rn. 28; vgl. auch *K. Schmidt*, HR, § 8 II 3b a.E., S. 255, der im Hinblick auf § 22 InsO ein Überdenken der Entscheidung des BGH v. 11.4.1988 – II ZR 313/87, BGHZ 140, 151 (Sequester) anmahnt.
7 Dazu MünchKommHGB/*Lieb*, § 25 Rn. 18 ff.; *Heymann/Emmerich*, § 25 Rn. 14.
8 So *Staub/Hüffer*, § 25 Rn. 30.
9 *K. Schmidt*, HR, § 8 I 3c, S. 224 u. § 8 III 1b aa, S. 258 f., der von seinem Standpunkt aus – Firmenfortführung bei § 25 nicht zwingend erforderlich – keine Probleme hat, eine Analogie zu § 25 auch für die Einbringung eines kaufmännischen Unternehmens in eine GmbH zu bejahen.
10 So *Staub/Hüffer*, § 25 Rn. 93 f. und § 28 Rn. 30.

erreichen, weil dort schon das Gesetz auf eine Firmenfortführung verzichtet. Ein ähnliches Ergebnis ist über § 25 häufig nur zu erreichen, wenn man mit *K. Schmidt* § 25 trotz fehlender Firmenfortführung für anwendbar hält (dazu unten Rn. 16 f.).

Die h.M. wendet § 25 an, wenn eine GmbH unter **Einbringung** eines bis dahin von einem Gründungsgesellschafter betriebenen kaufmännischen **Unternehmens** gegründet wird[1]. Damit wird die Haftungserstreckung von einer Firmenfortführung abhängig, obwohl der „Veräußerer" am neuen Unternehmensträger beteiligt bleibt. Andererseits setzt § 28 grundsätzlich voraus, dass die Gesellschaft eine Personenhandelsgesellschaft sein muss und die Bestimmung auf **Kapitalgesellschaften** keine direkte (wenn überhaupt) Anwendung finden kann (dazu unten § 28 Rn. 12). Trotzdem sollte im Ergebnis eine Analogie zu § 28 angenommen werden[2]. Der BGH[3] hält § 28 weder direkt noch analog für anwendbar, wenn ein **nichtkaufmännisches Einzelunternehmen** in eine neu gegründete GmbH eingebracht wird; ob § 25 anwendbar ist, bleibt offen, ist aber zu verneinen. Ebenfalls nach § 25 wird behandelt die Übernahme des Unternehmens einer Gesellschaft durch einen Gesellschafter[4] oder durch einzelne Gesellschafter, die zu diesem Zweck eine Auffanggesellschaft gegründet haben[5], ferner die Veräußerung des Unternehmens einer Gesellschaft an eine andere Gesellschaft, an der u.a. Gesellschafter der veräußernden Gesellschaft beteiligt sind[6]. Grundsätzlich sollten diese Fälle nicht nach § 25, sondern nach § 28 behandelt werden; allgemein gesehen ist **§ 28 vorzuziehen**, wenn es bei dem Übertragungsgeschäft im Grunde genommen um die **Einbringung** eines Geschäfts in eine Gesellschaft geht[7]; dazu aber auch unten § 28 Rn. 12 und 26.

c) UmwG

§ 25 findet **keine Anwendung** auf Veränderungen in der Unternehmensträgerschaft, die sich nach den Vorschriften des UmwG vollziehen. Danach geht bei einer Verschmelzung oder Aufspaltung mit der Eintragung dieses Vorgangs in das Handelsregister das Vermögen des übertragenden Rechtsträgers einschließlich der Verbindlichkeiten in das Vermögen des übernehmenden Rechtsträgers über (§§ 20 Abs. 1 Nr. 1, 36, 125 UmwG); daneben wäre

---

1 RGZ 143, 154, 155; BGH v. 4.11.1953 – VI ZR 112/52, BB 1953, 1025; *Baumbach/Hopt*, § 28 Rn. 2; *Hachenburg/Ulmer*, § 5 GmbHG Rn. 61; *Scholz/Winter*, § 5 GmbHG Rn. 54; auch *Canaris*, HR, § 7 Rn. 96, 97; ferner *Timm*, NJW 1999, 2023, 2024.
2 So MünchKommHGB/*Lieb*, § 25 Rn. 20; *Staub/Hüffer*, § 25 Rn. 92 u. § 28 Rn. 30; *Heymann/Emmerich*, § 25 Rn. 14; a.A. *Koller/Roth/Morck*, § 28 Rn. 9.
3 BGH v. 18.1.2000 – XI ZR 71/99, NJW 2000, 1193; dazu kritisch *K. Schmidt*, NJW 2000, 1521.
4 RGZ 142, 300, 302.
5 RG, DJZ 1913, Sp 466.
6 KG, JFG 13, 431.
7 So *Heymann/Emmerich*, § 25 Rn. 14.

eine Haftung aus § 25 überflüssig[1]. Bei einer nur rechtsformwechselnden, also identitätswahrenden Umwandlung fehlt es schon an einem Wechsel der Unternehmensträgerschaft. Die Spezialvorschriften des UmwG haben in jedem Fall Vorrang.

5. Voraussetzungen auf der Erwerberseite

a) Unternehmensfortführung

15 Die **Haftung** des Erwerbers tritt nur ein, wenn er das Unternehmen fortführt (zum Erwerb siehe oben Rn. 6 f.). Für eine Fortführung ist nicht erforderlich, dass das Geschäft in sämtlichen Teilen übernommen wird; es genügt, wenn der den Schwerpunkt des Unternehmens bildende **Kern** übernommen wird, so dass sich der nach außen erkennbare Tatbestand als eine Weiterführung des Unternehmens in seinem wesentlichen Bestand darstellt[2]. Ausreichend ist z.B., dass der Erwerber seine im Wesentlichen dieselben Geschäftsbereiche umfassende Geschäftstätigkeit in den Geschäftsräumen des Veräußerers unter Beibehaltung von dessen Telefonanschlüssen aufnimmt[3]. Eine Fortführung i.S.v. § 25 scheidet aus, wenn das Unternehmen kurz nach dem Erwerb weiterveräußert, weiterverpachtet, liquidiert oder in eine Gesellschaft eingebracht wird[4]. Das schließt aber eine Haftung des Zweiterwerbers für Geschäftsverbindlichkeiten des Ersterwerbers nach § 25 nicht aus (oben Rn. 6). Eine Unternehmensfortführung liegt auch vor, wenn der Erwerber das **Unternehmen** zwar in sein eigenes Geschäft **eingliedert**, das Gesamtunternehmen aber unter der Firma des erworbenen Geschäfts führt[5]. Der Fall ist parallel zu § 28 zu sehen; nach dieser Bestimmung ist die Aufrechterhaltung der Eigenständigkeit des eingebrachten Unternehmens nicht Haftungsvoraussetzung.

b) Firmenfortführung

16 Die Firmenfortführung ist, neben der Fortführung des Unternehmens, **haftungsbegründendes Tatbestandsmerkmal** des § 25. Wird die Firma nicht fortgeführt, scheidet nach h.M. eine Haftung aus. Eine Firmenfortführung liegt

---

1 Vgl. *Schmitt/Hörtnagel/Stratz*, 4. Aufl. 2006, § 20 UmwG Rn. 4; *Widmann/Mayer*, Umwandlungsrecht, § 18 Rn. 11.; MünchHdbGesR I/*Bezzenberger*, § 49 Rn. 103. Nur für den Fall eines unwirksamen Verschmelzungsbeschlusses kann eine Haftung des übertragenden Rechtsträgers aus § 25 Bedeutung haben; dazu *Beuthien*, NJW 1993, 1737 ff.
2 BGH v. 4.11.1991 – II ZR 85/91, NJW 1992, 911; OLG Köln v. 11.11.2005 – 10 U 1325/04, NZG 2006, 477; OLG Düsseldorf v. 24.5.2004 – I-24 U 34/04, NZG 2005, 176; OLG Hamm v. 17.9.1998 – 15 W 297/98, DB 1998, 2590; OLG München v. 15.5.1996 – 7 U 6260/95, BB 1996, 1682.
3 BGH v. 28.11.2005 – II ZR 355/03, DStR 2006, 476; OLG Düsseldorf v. 23.7.1999 – 22 U 8/99, NJW-RR 2000, 332; differenzierend OLG Köln v. 21.4.2004 – 11 U 81/02, MDR 2004, 1125.
4 RGZ 143, 368, 371; aber auch BGH v. 16.1.1984 – II ZR 114/83, NJW 1984, 1186; *Baumbach/Hopt*, § 25 Rn. 6; *Heymann/Emmerich*, § 25 Rn. 20; MünchKommHGB/*Lieb*, § 25 Rn. 59; *Staub/Hüffer*, § 25 Rn. 45.
5 OLG Frankfurt am Main v. 27.9.2000 – 7 U 234/98, OLGR Frankfurt 2001, 67; MünchKommHGB/*Lieb*, § 25 Rn. 60.

vor, wenn der Erwerber unter der alten Firma am Markt auftritt. Maßgebend ist die Bezeichnung, die tatsächlich als Firma geführt wird, denn daran knüpft die Verkehrserwartung die Unternehmenskontinuität. Auf die Eintragung im Handelsregister kommt es nicht an[1]. Für die **gewählte Firmierung** ist eine gewisse Intensität und Dauer erforderlich. Daher reicht die nur vorübergehende Weiterbenutzung von bisherigen Geschäftsbriefköpfen und die kurzfristige Belassung von bisherigen Firmenschildern ohne das Hinzutreten weiterer Umstände in der Regel für die Annahme einer Firmenfortführung nicht aus[2].

Es kommt weder auf die Zulässigkeit der Firmenfortführung noch, anders als bei § 22, auf die **Einwilligung** des Veräußerers an. Nicht entscheidend ist deshalb, ob der Veräußerer zur Firmenführung berechtigt war. Es reicht aus, dass er ein kaufmännisches Handelsgeschäft unter dieser Bezeichnung, die eine Firma sein könnte, geführt hat und der Erwerber diese „Firma" weiterführt; dies gilt unabhängig davon, ob die alte oder neue Firma mit §§ 18 ff. vereinbar ist[3]. Der Annahme einer Firmenfortführung muss auch nicht entgegenstehen, dass die Firma des Veräußerers zunächst fortbesteht[4]. Nicht zu folgen ist der Entscheidung des OLG Düsseldorf[5], die eine Firmenfortführung auch dann annimmt, wenn ein übernommener Firmenkern als **Etablissementbezeichnung** weitergeführt wird. Damit kommt man zu einem Haftungskonzept, das im Ergebnis auf das Tatbestandsmerkmal der Firmenfortführung als Haftungsvoraussetzung verzichtet und ihm nur noch Indizwirkung beimisst[6]. Die Übernahme eines Handelsgeschäfts unter Fortführung einer bloßen Etablissements- oder Geschäftsbezeichnung begründet keine Haftung nach § 25 Abs. 1[7].

17

---

1 BGH v. 1.12.1986 – II ZR 303/85, NJW 1987, 1633; BGH v. 4.11.1991 – II ZR 85/91, NJW 1992, 911, 912; OLG Karlsruhe v. 9.5.1995 – 8 U 26/95, NJW-RR 1995, 1310; *Baumbach/Hopt*, § 25 Rn. 7; MünchKommHGB/*Lieb*, § 25 Rn. 62; *Staub/Hüffer*, § 25 Rn. 45.
2 RGZ 143, 368, 374; OLG Köln v. 8.12.1993 – 3 U 118/92, MDR 1994, 133, 134; *Baumbach/Hopt*, § 25 Rn. 8; *Staub/Hüffer*, § 25 Rn. 45.
3 BGH v. 12.2.2001 – II ZR 148/99, NJW 2001, 1352; RGZ 113, 306, 308 f.; BGH v. 29.11.1956 – II ZR 32/56, BGHZ 22, 234, 237; BGH v. 4.11.1953 – IV ZR 112/52, BB 1953, 1025; OLG Köln v. 11.11.2005 – 10 U 1325/04, NZG 2006, 477; OLG Düsseldorf v. 6.6.2003 – 3 Wx 108/03, NJW-RR 2003, 1120; OLG Hamm v. 17.9.1998 – 15 W 297/98, GmbHR 1999, 77; LG München I v. 13.9.1999 – 17 HKP 15758/99, NJW-RR 2000, 1129; *Staub/Hüffer*, § 25 Rn. 46; *Heymann/Emmerich*, § 25 Rn. 22a; MünchKommHGB/*Lieb*, § 25 Rn. 63, 64; *Koller/Roth/Morck*, § 25 Rn. 6.
4 OLG Hamm v. 17.9.1998 – 15 W 297/98, GmbHR 1999, 77.
5 OLG Düsseldorf v. 12.7.1990 – 6 U 264/89, GmbHR 1991, 315, 316 mit zu Recht kritischer Anm. *Demharter*, EWiR 1991, 269 f.; Kritik auch bei MünchKommHGB/ *Lieb*, § 25 Rn. 64. Für eine restriktive Auslegung des § 25 Abs. 1 S. 1, insbesondere auch des Tatbestandsmerkmals der Firmenfortführung und mit einem beachtenswerten auf die Bedürfnisse der Praxis abgestellten Haftungskonzept *Scherer*, DB 1996, 2321, 2323 ff.; wie hier auch LG Bonn v. 16.9.2005 – 15 O 193/05, NJW-RR 2005, 1559.
6 So allerdings *K. Schmidt*, ZHR 145 (1981), 2, 18; *K. Schmidt*, MDR 1994, 134.
7 OLG Brandenburg v. 27.5.1998 – 7 U 132/97, NJW-RR 1999, 395 mit kritischer Anm. *K. Schmidt*, JuS 1999, 395; vgl. auch FG München v. 18.9.1997 – 14 K 227/94, DStR 1998, Nr. 15 VIII.

18 Im Gegensatz zu § 22 lassen nach der Rechtsprechung auch **stärkere Firmenänderungen** das Tatbestandsmerkmal der Firmenfortführung nicht ohne weiteres entfallen. Es reicht aus, dass der prägende Firmenbestandteil fortgeführt wird[1]. Unschädlich sind die Hinzufügung eines **Nachfolgezusatzes** und alle Änderungen, die nach §§ 22, 24 zulässig oder geboten sind (dazu oben § 22 Rn. 38 ff.). Entscheidend ist auch, dass die Bezeichnung im Verkehr **firmenmäßig** verwendet wird[2].

19 Allgemein werden **Änderungen im Firmenbild** dann für unschädlich erachtet, wenn trotzdem die Firmenkontinuität gewahrt bleibt und der Verkehr eine ausreichend tragfähige Verbindungslinie zum Unternehmen des Veräußerers herstellt. Nach der maßgeblichen Verkehrsauffassung müssen sich der **Kern** der neuen und alten **Firma** gleichen, ohne dass es auf eine wort- oder buchstabengetreue Übereinstimmung der beiden Firmen ankommt[3]. Entscheidend ist, dass der prägende Teil der Firma, mit dem der Verkehr das Unternehmen gleichsetzt, weitergeführt wird[4]. Die Haftung des Nachfolgers für die Verbindlichkeiten ist an die Unternehmenskontinuität geknüpft, die nach außen durch die Firmenfortführung in Erscheinung tritt. Unter dem Begriff Firmenkern verstand man vor dem HRefG den gesetzlich zwingend vorgeschriebenen Teil einer Firma, also ein statisches Element, das durch Zusätze ergänzt werden konnte. Ersetzt man ihn, nach der Freigabe der Firmenbildung in den Grenzen des § 18, zweckmäßigerweise durch den Begriff des prägenden Firmenbestandteils, kann dieser als ein mehr dynamisches Element einem Wandel der Verkehrsanschauung ohne weiteres Rechnung tragen[5]; siehe auch oben § 22 Rn. 40. In **Zweifelsfällen** ist nach der Verkehrsauffassung zu entscheiden, ob noch Identität der beiden Firmen gegeben ist[6].

19a Nach *Canaris*[7] entfällt die **Identität der Firma** und damit auch eine Firmenfortführung grundsätzlich schon dann, wenn sich beim Erwerber der **Rechtsformzusatz ändert**. Dieser ist zwar nach dem neuen Firmenrecht gemäß § 19 Abs. 1 ein Essentialium der Firma. Mit dieser Auffassung wird aber das Merkmal der Firmenfortführung zu eng ausgelegt. Auch das neue Firmenrecht, das die Bedeutung des Rechtsformzusatzes unstreitig stark erhöht hat, zwingt nicht zu einer solchen Auslegung. Die Firmen sind auch dann noch im Wesentlichen deckungsgleich im Sinne einer Fortführung, wenn der Fir-

---

1 BGH v. 28.11.2005 – II ZR 355/03, DStR 2006, 476.
2 BGH v. 1.12.1986 – II ZR 303/85, NJW 1987, 1633 mit Anm. *K. Schmidt*; *Heymann/Emmerich*, § 25 Rn. 23.
3 Z.B. BGH v. 16.1.1981 – VIII ZR 111/80, NJW 1982, 577, 578; BGH v. 10.10.1985 – XI ZR 153/84, NJW 1986, 581, 582; OLG Bremen v. 3.8.1998 – 3 U 111/87, NJW-RR 1989, 423; OLG Köln v. 8.12.1992 – 3 U 118/92, MDR 1994, 133 mit Anm. *K. Schmidt*; OLG Hamm v. 13.12.1994 – 7 U 91/94, NJW-RR 1995, 734 und OLG Hamm v. 10.5.1994 – 29 U 193/93, NJW-RR 1995, 418, zur Rechtsscheinhaftung.
4 BGH v. 12.2.2001 – II ZR 148/99, NJW 2001, 1352; Anm. *K. Schmidt*, JuS 2001, 714.
5 Vgl. *Ammon*, BGH-Report 2001, 386.
6 BGH v. 13.10.1955 – II ZR 44/54, BGHZ 18, 248, 250; BGH v. 16.1.1981 – VIII ZR 111/80, NJW 1982, 577; BGH v. 10.10.1985 – XI ZR 153/84, NJW 1986, 581; BGH v. 4.11.1991 – II ZR 85/91, NJW 1992, 911; *Heymann/Emmerich*, § 25 Rn. 24 m.w.N.
7 *Canaris*, HR, § 7 Rn. 30.

menkern unverändert bleibt und sich nur der Rechtsformzusatz ändert. Andernfalls wäre eine Haftung nach § 25 S. 1 stets ausgeschlossen, wenn Veräußerer und Erwerber nicht dieselbe Rechtsform haben. Eine Firma *Max Müller GmbH, vormals Max Müller e.K.* würde zwar die Bedenken von *Canaris* ausräumen, dürfte aber für die Praxis eher umständlich sein[1].

In folgenden **Einzelfällen** wurde eine **Firmenfortführung** noch **bejaht**: Bei *Autohaus A.R., Berg-Garage* zu *Berg-Garage R., Nachf. A.A*[2].; bei *G. Informations...gesellschaft* zu *G. Info Z*[3].; bei *Kfz Küpper, Internationale Transporte, Handel mit Kfz-Teilen und Zubehör aller Art* zu *Kfz-Küpper Transport und Logistik GmbH*[4]; bei *Franz v.A.* zu *v.A.-GmbH & Co. Gaststättenbetriebs- und Vertriebs KG*[5]; bei *X-GmbH* zu *X-Textilhandelsgesellschaft mbH*[6]; bei *Hans Christian M-GmbH & Co. KG* zu *D.C.M. Innenausbau GmbH*[7]; bei *Die Villa, Elegante Inneneinrichtungen GmbH* zu *Die Villa, Ba. B Inneneinrichtungen*[8]; bei *Tankstelle L-GmbH* zu *Freie Tankstelle, Inhaberin P L*[9]; **verneint** bei *A., Schaumstoffverarbeitung Betty M.* zu *A., Schaumstoffverarbeitung Bernd M e.K.*[10]; bei *Revisions- und Treuhandgesellschaft mbH, G., M. und Partner, Wirtschaftsprüfungsgesellschaft, Steuerberatungsgesellschaft* zu *GMP GmbH Steuerberatungsgesellschaft Treuhandgesellschaft*[11]; *A.K., Baumaschinen, Import und Export* zu *K-Baumaschinen-GmbH*[12]; bei *F. Fleisch GmbH* zu *F. & Sohn GmbH*[13]; bei Verkürzung der alten Firma *Eugen Mutz & Co.* zur Schlagwortfirma *Eumuco AG*[14].

Scheidet eine Haftung aus § 25 Abs. 1 S. 1 aus, kommt eine **Rechtsscheinhaftung** nur in Betracht, wenn zwar Rechtsschein und Rechtswirklichkeit auseinander fallen, die Defizite der Rechtswirklichkeit aber durch Rechtsscheintatbestände ausgeglichen werden können[15]. Das kann der Fall sein, wenn zwar einzelne Voraussetzungen für die Anwendung von § 25 nicht erfüllt sind, bestimmte Umstände (Rechtsscheintatbestände) aber den Anschein ihres Vorliegens erwecken.

---

1 Wie hier *Koller/Roth/Morck*, § 25 Rn. 6.
2 OLG Saarbrücken v. 17.12.1963 – 2 U 160/62, BB 1964, 1195, 1196.
3 OLG Frankfurt am Main v. 27.9.2000 – 7 U 234/98, OLGR Frankfurt 2001, 67.
4 BGH v. 15.3.2004 – II ZR 324/01, DB 2004, 1204; OLG Düsseldorf v. 24.5.2004 – 24 U 34/04, NZG 2005, 176.
5 BGH v. 16.1.1981 – VIII ZR 111/80, NJW 1982, 577.
6 OLG Stuttgart v. 13.12.1988 – 12 U 359/87, NJW-RR 1989, 424 f.
7 OLG Bremen v. 3.8.1988 – 3 U 111/87, NJW-RR 1989, 423 f. – nicht unbedenklich.
8 OLG Düsseldorf v. 24.5.2004 – 24 U 34/04, NZG 2005, 176.
9 OLG Köln v. 11.11.2005 – 10 U 1325/04, NZG 2006, 477.
10 OLG Düsseldorf v. 27.7.2007 – I-3 Wx 153/07, DB 2007, 2141.
11 OLG Köln v. 5.10.2006 – 8 U 27/06, DB 2007/165.
12 OLG Frankfurt v. 20.11.1979 – 5 U 36/79, NJW 1980, 1397, 1398; kritisch dazu *Staub/Hüffer*, § 25 Rn. 49; MünchKommHGB/*Lieb*, § 25 Rn. 66.
13 BGH v. 1.12.1986 – II ZR 303/85, NJW 1987, 1633 mit Anm. *K. Schmidt*.
14 RGZ 145, 274, 278.
15 Dazu eingehend MünchKommHGB/*Lieb*, § 25 Rn. 68 ff.

6. Rechtsfolgen

a) Allgemeines

22 Nach dem **Grundkonzept** des § 25 Abs. 1 S. 1 ordnet die Vorschrift einen **gesetzlichen Schuldbeitritt** an, d.h. der Erwerber haftet neben dem Veräußerer kumulativ für dessen Geschäftsverbindlichkeiten mit seinem gesamten **persönlichen Vermögen**, wobei die Schuldnerstellung des Veräußerers zunächst unberührt bleibt[1]. Nach a.A[2]. liegt ein **Vertragsübergang** vor, d.h. es entsteht eine Hauptverbindlichkeit des Erwerbers; daneben bleibt aber die Haftung des Veräußerers bestehen. Allerdings haftet nur noch der Erwerber als Schuldner, wenn sich der Veräußerer auf die Sondervorschrift des **§ 26** (jetzt Enthaftung, nach § 26 a.F. Verjährung; dazu unten § 26 Rn. 5) beruft.

23 Probleme wirft die Vorschrift vor allem auf, wenn es um die Behandlung der **Dauerschuldverhältnisse** geht und Vertragspartner der Veräußerer bleibt. Nach verbreiteter Meinung beschränkt sich die Haftung des Erwerbers bei erst nach Geschäftsübergang fällig gewordenen Verbindlichkeiten auf diejenigen, für die er auch eine **Gegenleistung** erhalten hat[3]. *Lieb*[4] bietet als Lösungsmöglichkeit bei Dauerschuldverhältnissen die Rechtsfigur einer **Vertragsüberleitungsnorm** an, die bei unternehmensbezogenen Dauerschuldverhältnissen den Interessen des Veräußerers, der jedenfalls nach Ablauf einer gewissen Zeit von seiner Haftung befreit wird und denen des Erwerbers, der die entsprechende Geschäftsbeziehung ungestört fortsetzen kann, gerecht wird. Danach soll bei Dauerschuldverhältnissen § 25 bewirken, dass diese Rechtsverhältnisse kraft Gesetzes auf den Erwerber übergeleitet werden und der Veräußerer zeitversetzt (z.B. wie in §§ 26, 28 Abs. 3) von seiner Haftung befreit wird. Den Interessen des Dritten könnte danach durch Einräumung eines Widerspruchsrechts (Vorbild § 613a BGB) Rechnung getragen werden. Versteht man § 25 Abs. 1 S. 1 bei Dauerschuldverhältnissen als gesetzliche Vertragsüberleitungsnorm, würde nach dieser Auffassung eine Erleichterung von Unternehmensübertragungen gegeben sein[5].

b) Prozessuales

24 Ein **Vollstreckungstitel**, den ein Gläubiger gegen den Altunternehmer (Veräußerer) wegen einer Geschäftsverbindlichkeit erwirkt hat, kann nicht auf den Neuunternehmer nach § 727 ZPO umgeschrieben werden, da es an einer Rechtsnachfolge fehlt; es gilt die **Sondervorschrift** des **§ 729 Abs. 2 ZPO**, wonach die Vollstreckungsklausel auch gegen denjenigen erteilt werden kann, der nach § 25 haftet. Die Vorschrift ist auch auf den Fall des § 28 an-

---

1 BGH v. 5.3.1974 – VI ZR 240/73, WM 1974, 395; *Heymann/Emmerich*, § 25 Rn. 26; *Baumbach/Hopt*, § 25 Rn. 10; eingehend zum Ganzen *Canaris*, HR, § 7 Rn. 39 ff.
2 So vor allem *K. Schmidt*, ZHR 145 (1981), 26; *K. Schmidt*, FS Medicus, S. 559 ff.; *K. Schmidt*, HR, § 8 I 6b, S. 235 u. § 8 II 2b f., S. 249 f.
3 BGH v. 15.5.1990 – X ZR 82/88, NJW-RR 1990, 1251, 1253.
4 MünchKommHGB/*Lieb*, § 25 Rn. 81 ff.
5 MünchKommHGB/*Lieb*, § 25 Rn. 83 mit zahlreichen Nachw. auch zur Gegenansicht bei Fn. 165.

zuwenden. Die **Klausel** kann allerdings in diesem Fall nur **gegen die Gesellschaft**, nicht aber gegen die Gesellschafter erteilt werden. Gegen sie muss gegebenenfalls eine neue Klage erhoben werden (vgl. § 129 Abs. 4)[1]. In die Klausel ist die gesamtschuldnerische Haftung aufzunehmen und zu beachten, dass bei Gesamtschuldnern (§ 421 BGB), wie hier, nur eine Ausfertigung erteilt wird[2].

c) Geschäftsverbindlichkeiten

Unter dem Begriff sind **sämtliche unternehmensbezogene Verbindlichkeiten** zu verstehen, die vor Übergabe des Geschäfts entstanden sind, gleichgültig auf welchem Rechtsgrund sie beruhen. Geschäftsverbindlichkeiten sind von den Privatverbindlichkeiten, für die eine Haftung des Erwerbers ausscheidet, zu trennen. Im **Zweifelsfall** ist entsprechend § 344 eine Geschäftsverbindlichkeit anzunehmen[3]. 25

Im Einzelnen rechnen dazu auch Verbindlichkeiten, die der Altunternehmer für den Erwerb des Unternehmens, z.B. Kaufpreis, eingegangen ist[4]. Bei Veräußerung einer **Zweigniederlassung** ist der Übergang auf die gerade in dieser Zweigniederlassung entstandenen Geschäftsverbindlichkeiten beschränkt; solche der Hauptniederlassung können nicht übergehen. Zwar kann die Abgrenzung schwierig sein, wenn für die verschiedenen Teilbetriebe keine getrennte Buchhaltung existiert[5]; in diesen Fällen wird aber überhaupt zu fragen sein, ob dann noch ein „Handelsgeschäft" i.S.v. § 25 Abs. 1 erworben wird, das fortgeführt werden kann (dazu oben Rn. 8). 26

Eine Geschäftsverbindlichkeit, die übergeht, ist anzunehmen bei, **unternehmensbezogenen Prozesskosten** und **Schuldübernahmen**[6], bei **Schadensersatzansprüchen, Delikts- und Bereicherungsansprüchen**[7] und bei **Wechselverpflichtungen**[8]. Hat sich der Veräußerer zur Unterlassung und Zahlung einer **Vertragsstrafe** bei Zuwiderhandlung verpflichtet, schuldet der Erwerber nicht nur Unterlassung, sondern im Falle einer Zuwiderhandlung auch die versprochene Vertragsstrafe[9]. Schließlich gehören zu den Geschäftsverbindlichkeiten, mit der Folge einer Haftung, auch gesetzlich begründete Schulden, wie sie z.B. nach § 75 AO für Steuerschulden gegeben sind. Kos- 27

---

1 MünchKommHGB/*Lieb*, § 28 Rn. 33; *K. Schmidt*, HR, § 8 I 6b, S. 235, 236.
2 *Thomas/Putzo/Hüßtege*, § 729 ZPO Rn. 4 und § 724 ZPO Rn. 11.
3 RGZ 143, 154, 156; 165, 115, 118; BGH v. 4.11.1953 – VI ZR 112/52, BB 1953, 1025; BGH v. 16.1.1981 – VIII ZR 111/80, NJW 1982, 577, 578; *Heymann/Emmerich*, § 25 Rn. 26.
4 *Heymann/Emmerich*, § 25 Rn. 27.
5 So *Heymann/Emmerich*, § 25 Rn. 28 m.w.N.
6 Siehe *K. Schmidt*, HR, § 8 II 2a, S. 249.
7 RGZ 154, 334, 336; BGH v. 4.11.1953 – VI ZR 112/52, BB 1953, 1025; BGH v. 22.11.1971 – II ZR 166/69, NJW 1972, 1466 zu § 28.
8 RGZ 143, 154, 156; *Heymann/Emmerich*, § 25 Rn. 29.
9 So schon OLG Stuttgart, Recht 1918 Nr. 1705; jetzt auch BGH v. 25.4.1996 – I ZR 58/94, ZIP 1996, 1608 = JuS 1997, 565 mit Anm. *K. Schmidt*.

ten in diesem Bereich für Rechtsanwälte und Steuerberater sind ebenfalls Geschäftsverbindlichkeiten[1].

d) Haftungsumfang

28 Der Übergang der „in dem Betrieb begründeten" Verbindlichkeiten ist nach h.M[2]., ebenso wie bei § 28, als **gesetzlicher Schuldbeitritt** (kumulative gesetzliche Schuldmitübernahme) zu qualifizieren. Danach bleibt der Altunternehmer, vorbehaltlich einer Enthaftung nach § 26, aus der Hauptverbindlichkeit verpflichtet, der Neuunternehmer tritt neben ihn als weiterer Schuldner (Gesamtschuld). Dieser haftet mit seinem **gesamten Vermögen** und, anders als nach § 419 BGB a.F., nicht nur mit dem übernommenen Unternehmen[3]. Das bedeutet im Einzelnen, dass der übernehmende **Einzelkaufmann** mit seinem Privatvermögen, die übernehmende **GmbH** nur mit dem Gesellschaftsvermögen (§ 13 Abs. 2 GmbHG), bei der übernehmenden **OHG** die Gesellschaft (vgl. § 124) haften; daneben haften aber auch im zuletzt genannten Fall noch die **Gesellschafter** persönlich (§ 128).

29 Verbindlichkeiten gehen vom Altunternehmer auf den neuen Unternehmensträger in dem **Zustand** und **Umfang** über, wie sie bei dem Übergang gegeben sind. Demnach läuft eine schon begonnene Verjährung weiter; hinsichtlich einer bereits verjährten Schuld steht dem Neuunternehmer die Verjährungseinrede zu. Andererseits muss er sich vom Gläubiger einen Neubeginn der Verjährung entgegenhalten lassen; Gleiches gilt für etwaige Aufrechnungsverbote (§ 393 BGB)[4].

30 Vom Übergang erfasst werden alle Verbindlichkeiten, selbst wenn sie noch **nicht fällig** sind, der **Rechtsgrund** (Anspruchsgrundlage) aber schon **vor** dem Geschäftsübergang gelegt worden ist. Eine Begrenzung dieser Haftung hat die Rechtsprechung bei Dauerschuldverhältnissen angenommen; danach beschränkt sich die Haftung des Erwerbers bei erst nach Geschäftsübergang fällig werdenden Leistungen auf die Verbindlichkeiten, für die er selbst auch **die entsprechende Gegenleistung** erhält[5]. Die Haftung des Erwerbers für vor Geschäftsübergang aus einem Dauerschuldverhältnis fällig gewordene Verbindlichkeiten bleibt unberührt. Der Erwerber haftet aber nicht für die Zahlung einer Nutzungsentschädigung nach Mietende[6].

---

1 *Heymann/Emmerich*, § 25 Rn. 29; zu Steuerschulden ausführlich HK/*Ruß*, § 25 Rn. 20 ff.
2 Z.B. BGH v. 5.3.1974 – VI ZR 240/73, WM 1974, 395; *Heymann/Emmerich*, § 25 Rn. 30; *Staub/Hüffer*, § 25 Rn. 50 m.w.N.
3 BGH v. 29.6.1955 – IV ZR 50/55, BB 1955, 652.
4 RG v. 12.1.1934 – II 231/33, RGZ 143, 154, 155 f.; RG v. 20.4.1937 – II 233/36, RGZ 154, 334, 339; *Heymann/Emmerich*, § 25 Rn. 31; MünchKommHGB/*Lieb*, § 25 Rn. 96.
5 BGH v. 15.5.1990 – X ZR 82/88, NJW-RR 1990, 1251, 1253.
6 BGH v. 25.4.2001 – XII ZR 43/99, NJW 2001, 2251.

III. Fortdauernde Haftung des Veräußerers

1. Umfang der Haftung

Durch § 25 Abs. 1 wird die **Haftung des Altunternehmers** grundsätzlich nicht berührt. Er haftet weiterhin, sofern nicht eine Enthaftung nach § 26 eintritt, ähnlich wie ein ausgeschiedener Gesellschafter, für Altverbindlichkeiten mit dem Inhalt, mit dem sie auf den Neuunternehmer übergegangen sind[1]. Eine **persönliche Schuldbefreiung**, die der Erwerber nach Geschäftsübergang erlangt hat, kommt dem Altunternehmer nicht zugute (§§ 422 ff. BGB); andererseits ändert ein **Schuldanerkenntnis des Erwerbers** nichts an einer zugunsten des Veräußerers laufenden Verjährungsfrist[2].

2. Abgrenzung

Neuverbindlichkeiten, die erst nach Geschäftsübergang begründet worden sind, treffen **ausschließlich** den **Erwerber**. Ein unbefugtes Auftreten des Altunternehmers unter der Firma des übertragenen Unternehmens führt zur Haftung nach **§ 179 BGB**; insoweit kann aber auch eine Haftung des Neuunternehmers nach § 15 Abs. 1 in Betracht kommen, wenn der Geschäftsübergang als eintragungspflichtige Tatsache (Inhaberwechsel, § 31) im Handelsregister nicht eingetragen und bekanntgemacht worden ist[3]. **Umgekehrt** haftet der Veräußerer für nach Geschäftsübergang entstandene Verbindlichkeiten, solange es an der Eintragung im Handelsregister und Bekanntmachung fehlt[4]. § 25 Abs. 1 S. 1 behandelt nur das Verhältnis zwischen Gläubiger und Unternehmensträger. Für das **Innenverhältnis** zwischen Alt- und Neuunternehmer sind die zwischen den Parteien getroffenen Vereinbarungen maßgebend. Wurden danach die Geschäftsverbindlichkeiten vom Erwerber nicht übernommen, steht ihm gegen den Veräußerer ein **Befreiungsanspruch**, bei bereits erfolgter Inanspruchnahme durch einen Gläubiger ein **Rückgriffsanspruch** zu (vgl. § 426 BGB)[5].

IV. Forderungsübergang (§ 25 Abs. 1 S. 2)

1. Allgemeines

Im Gegensatz zu § 25 Abs. 1 S. 1 behandelt S. 2 den **Übergang von** in dem Betrieb begründeten **Forderungen** des Altunternehmers auf den Neuunternehmer. Die Vorschrift ist ohne Bedeutung, wenn der Veräußerer seine Geschäftsforderungen auf den Erwerber übertragen (abgetreten) hat. Sie greift nur ein, wenn eine solche Forderungsübertragung, also ein **rechtsgeschäftli-**

---

1 *Staub/Hüffer*, § 25 Rn. 57; ebenso *K. Schmidt*, HR, § 8 II 2c, S. 250, wenn auch mit anderem Ansatz.
2 BGH v. 29.6.1955 – IV ZR 50/55, WM 1955, 1053; *Heymann/Emmerich*, § 25 Rn. 33.
3 OLG Frankfurt v. 28.6.1972 – 17 U 136/70, OLGZ 1973, 24.
4 *K. Schmidt*, HR, § 8 II 2e, S. 252.
5 *B. Grunewald*, ZGR 1981, 622.

cher **Gläubigerwechsel** (§§ 398 ff. BGB), nicht stattgefunden hat. Die Vorschrift ist primär eine **Schuldnerschutzvorschrift**[1]. Gehen nämlich die Forderungen nicht durch Abtretung auf den Erwerber über, soll der Schuldner geschützt werden, wenn er an den Erwerber zahlt, obwohl dieser nicht Gläubiger geworden ist. Aus der Gesetzesformulierung „gelten den Schuldnern gegenüber als auf den Erwerber übergegangen" ist herzuleiten, dass der Schuldner auch an den Erwerber mit schuldbefreiender Wirkung leisten kann. § 25 Abs. 1 S. 2 ist als **Gegenstück zu § 407 BGB** aufzufassen: letztere Vorschrift schützt den Schuldner im Fall des Gläubigerwechsels bei Leistung an den Veräußerer; erstere schützt den Schuldner, falls die Forderung beim Veräußerer verbleibt, bei einer Leistung an den Erwerber[2].

2. Dogmatische Einordnung

34 Die dogmatische Einordnung der Vorschrift ist umstritten[3]. Es wird angenommen, es handle sich bei ihr um einen umfassend wirkenden, gesetzlichen Forderungsübergang, oder um einen relativen Forderungsübergang – relativ, weil das Gesetz durch „gelten den Schuldnern gegenüber" einschränkt. *K. Schmidt*[4] geht von einem echten Forderungsübergang aus. Nach dem Gesetzgeberwillen spreche § 25 Abs. 1 S. 2 von einem **wirklichen Rechtsübergang**, der nur durch eine unverzügliche Bekanntmachung oder Mitteilung nach § 25 Abs. 2 bzw. § 28 Abs. 2 aufgehalten werden könne. Andererseits wird vertreten, es handle sich um eine widerlegbare oder unwiderlegbare gesetzliche Vermutung[5]. Eine Legalzession liegt nicht vor[6]. Zwar kann sich nach dem RG[7] nicht nur der Schuldner, sondern auch der Erwerber (Gläubiger) auf die Vorschrift berufen; dies hat aber nur zur Folge, dass zugunsten des Neuunternehmers vermutet wird, er sei auch Gläubiger der zum Unternehmen gehörenden Forderungen. Damit besteht zugunsten des Erwerbers ein **Rechtsschein**, dass er Inhaber der Forderung ist. Prozessual wirkt sich dies als **Vermutung** zugunsten des Erwerbers aus, die aber **widerlegbar** ist[8]. Die Annahme einer unwiderlegbaren Vermutung überzeugt nicht. Es ist nicht einzusehen, warum einem Schuldner im Prozess die Berufung auf die wahre Rechtslage verwehrt sein soll. Er bedarf somit auch keines besonderen Schutzes, wenn ihm das Gegenteil der Vermutung mitgeteilt worden ist oder es im Handelsregister eingetragen oder bekanntgemacht

---

1 *Staub/Hüffer*, § 25 Rn. 68; *Heymann/Emmerich*, § 25 Rn. 36; *Koller/Roth/Morck*, § 25 Rn. 14 f.; *Canaris*, HR, § 7 Rn. 65.
2 Dazu MünchKommHGB/*Lieb*, § 25, Rn. 100 f.
3 Dazu *Hausmann*, JR 1994, 133.
4 *K. Schmidt*, HR, § 8 I 4b aa, S. 227 f.
5 S. BGH v. 20.1.1992 – II ZR 115/91, WM 1992, 736 = NJW-RR 1992, 866.
6 So aber *Staub/Hüffer*, § 25 Rn. 69.
7 RG v. 14.1.1910 – II 227/09, RGZ 72, 434, 436.
8 *Canaris*, HR, § 7 Rn. 67; *Lieb*, JZ 1992, 1030; ähnlich OLG München v. 8.1.1992 – 27 U 473/91, DB 1992, 518; MünchKommHGB/*Lieb*, § 25 Rn. 102 f.; *Baumbach/Hopt*, § 25 Rn. 25; auch in diese Richtung *Heymann/Emmerich*, § 25 Rn. 36a und 41a; a.A., nämlich unwiderlegbare Vermutung, *Schlegelberger/Hildebrandt/Steckhan*, § 25 Rn. 14; ferner *Staub/Hüffer*, § 25 Rn. 69 f. – Fiktion.

worden ist, also immer dann, wenn von einer positiven Kenntnis des Schuldners von der wahren Rechtslage ausgegangen werden kann[1].

3. BGH-Rechtsprechung

Nach BGH[2] handelt es sich bei der Vorschrift **nicht** lediglich um eine **schlichte Vermutung**, die ohne weiteres und jederzeit mit den üblichen Beweismitteln widerlegt werden könne; der Schuldner könne sich infolgedessen gegenüber dem Veräußerer, der mit der Behauptung, die Forderung sei bei ihm verblieben, Erfüllung verlange, mit Erfolg auf § 25 Abs. 1 S. 2 berufen, da eine andere Auffassung nicht im Einklang mit der gesetzlichen Regelung stehen würde. Das bedeutet im Ergebnis, worauf *Lieb*[3] zutreffend hinweist, dass sich bei fehlender Abtretung – der BGH spricht von einer Vereinbarung über den Ausschluss des Forderungsübergangs – der Altunternehmer nur dann auf seine Gläubigerstellung berufen kann, wenn er gem. § 25 Abs. 2 publiziert hat, dass die Forderung nicht abgetreten worden sei. Die Interessenlage gebietet eine solche Auslegung von § 25 Abs. 1 S. 2 nicht. Ist die Forderung nicht an den Erwerber des Unternehmens abgetreten, bleibt sie beim Veräußerer, dem Altunternehmer. Diesem muss es gestattet sein, sich auf die **wahre Rechtslage** zu berufen, also die für den Erwerber streitende Vermutung mit allen zur Verfügung stehenden Beweismitteln zu widerlegen[4]. Bei Unternehmensveräußerungen ist dem Altunternehmer im Prozess die Beweislast dafür aufzuerlegen, dass er nach wie vor Gläubiger der Forderung ist.

4. Einwilligung

Zusätzlich zum vollen Tatbestand des § 25 Abs. 1 S. 1 verlangt S. 2, dass der Veräußerer oder seine Erben in die **Firmenfortführung eingewilligt** haben. Die Einwilligung muss grundsätzlich rechtswirksam sein, weil sich aus ihr der Anschein der Gläubigerstellung des Erwerbers zugunsten des Schuldners herleitet. Die Einwilligung muss objektiv vorliegen, nicht entscheidend sind insoweit Kenntnis oder Unkenntnis des Schuldners. Allerdings kann es einer Einwilligung gleichstehen, wenn es der Veräußerer duldet, dass der Erwerber die Firma fortführt[5]. Anders als bei § 22 ist ein enger **zeitlicher Zu-**

---

1 Vgl. MünchKommHGB/*Lieb*, § 25 Rn. 106; nach *Canaris*, HR, § 7 Rn. 72 soll dem Schuldner, wegen seiner misslichen Beweislage, die Berufung auf § 25 Abs. 1 S. 2 nur dann verwehrt sein, wenn er das Fehlen der Abtretung nicht nur kennt, sondern dies auch unschwer beweisen kann.
2 BGH v. 20.1.1992 – II ZR 115/91, WM 1992, 736 = NJW-RR 1992, 866; Kritik dazu bei *Lieb*, JZ 1992, 1028; dem BGH zustimmend *Wilhelm*, WuB IV § 25 HGB 2.92 und *K. Schmidt*, AcP 198 (1998), 520 ff.; demgegenüber mit Recht kritisch *Canaris*, HR, § 7 Rn. 64 bei Fn. 145.
3 MünchKommHGB/*Lieb*, § 25 Rn. 104, 105.
4 Dazu *Canaris*, HR, § 7 Rn. 76 m.N.
5 *Heymann/Emmerich*, § 25 Rn. 37; *Baumbach/Hopt*, § 25 Rn. 22; *Koller/Roth/Morck*, § 25 Rn. 11; *Staub/Hüffer*, § 25 Rn. 65; differenzierend *Canaris*, HR, § 7 Rn. 70.

sammenhang zwischen Unternehmensübertragung und Einwilligung nicht erforderlich[1].

5. Einschränkungen

37 Wie bei § 25 Abs. 1 S. 1 werden auch im Geltungsbereich von § 25 Abs. 1 S. 2 **nur Geschäftsforderungen** erfasst, nicht aber Privatforderungen. Für die Abgrenzung gelten die Maßstäbe wie für den Übergang der Geschäftsverbindlichkeiten; es kommt auch insoweit § 344 zur Anwendung, d.h. es ist im Zweifel von einer Geschäftsverbindlichkeit auszugehen (dazu oben Rn. 25, 26).

38 Nach h.M. kommt § 25 Abs. 1 S. 2 **nicht** zur Anwendung, wenn die jeweilige Forderung unter ein **Abtretungsverbot** fällt. Sie muss also, um die Rechtsfolgen der Vorschrift auslösen zu können, abtretbar sein[2], wobei darauf hinzuweisen ist, dass die Vereinbarung von Abtretungsverboten nach § 399 BGB durch § 354a eine starke Einschränkung erfährt. Die Vorschrift ist nicht anwendbar auf alle überhaupt nicht oder nur mit Zustimmung des Schuldners abtretbaren Forderungen, auch nicht auf Forderungen, für deren Abtretung gesetzlich eine **bestimmte Form** vorgeschrieben ist. Somit findet § 25 Abs. 1 S. 2 auf **Hypothekenforderungen** keine Anwendung (vgl. § 1154 BGB)[3]. Mangels Schutzbedürftigkeit des Schuldners ist die Vorschrift auch dann nicht anzuwenden, wenn, wie im Wertpapierrecht, der Schuldner nur gegen Vorlage des **Wertpapiers** zur Leistung verpflichtet ist[4]. Der Eintritt des Erwerbers in Mietverträge des Veräußerers als Mieter, erfordert eine **Mitwirkung** des Vermieters (§ 540 BGB); somit kommt § 25 Abs. 1 S. 2 nicht zur Anwendung.

V. Haftungsbeschränkung (§ 25 Abs. 2)

1. Voraussetzungen

39 Durch **Vereinbarungen** zwischen Veräußerer und Erwerber können, da § 25 Abs. 1 dispositiv ist, sowohl die Erwerberhaftung nach § 25 Abs. 1 S. 1 als auch der Schuldnerschutz nach § 25 Abs. 1 S. 2 **abbedungen** werden. Einseitige Erklärungen des Erwerbers reichen in der Regel nicht aus[5]. Die Mitteilung des Erwerbers nach § 25 Abs. 2 setzt, um wirksam zu sein, eine entsprechende Vereinbarung voraus. Diese kann zwar auch zeitlich nach der

---

1 MünchKommHGB/*Lieb*, § 25 Rn. 109.
2 *Heymann/Emmerich*, § 25 Rn. 39; *Staub/Hüffer*, § 25 Rn. 67; differenzierend *Canaris*, HR, § 7 Rn. 70.
3 BGH v. 20.1.1992 – II ZR 115/91, WM 1992, 736, 737; *Heymann/Emmerich*, § 25 Rn. 39; dazu auch *Canaris*, HR, § 7 Rn. 71, der dem Ergebnis weitgehend, allerdings mit abweichender Begründung zustimmt: Nicht die Formbedürftigkeit der Abtretung ist maßgebend, sondern die hier in der Regel fehlende Schutzbedürftigkeit des Schuldners nach § 25 Abs. 1 S. 2, weil er in diesen Fällen regelmäßig nur gegen Vorlage von Urkunden zur Leistung verpflichtet ist.
4 MünchKommHGB/*Lieb*, § 25 Rn. 113; *Staub/Hüffer*, § 25 Rn. 67.
5 *Heymann/Emmerich*, § 25 Rn. 44; MünchKommHGB/*Lieb*, § 25 Rn. 114.

Geschäftsveräußerung geschlossen werden, muss aber im Zeitpunkt des Geschäftsübergangs, der dinglichen Übertragung des Handelsgeschäfts, vorliegen, da sie ansonsten wirkungslos ist[1]. **Fehlt** eine **Vereinbarung** oder ist sie unwirksam, bleibt es bei den Rechtsfolgen des § 25 Abs. 1.

Die Vereinbarung bedarf **keiner** besonderen **Form**, sie kann selbständig abgeschlossen werden oder Bestandteil des Unternehmensveräußerungsvertrages sein. Die Beschränkung der Haftung auf bestimmte Forderungen ist zulässig, ein nur **partieller Übergang** von Geschäftsverbindlichkeiten kann vereinbart werden. Erforderlich ist immer ausreichende Bestimmbarkeit und Erkennbarkeit der Haftungsbeschränkung bei Einsicht in die Registerakten. An einer ausreichenden Bestimmtheit fehlt es, wenn die Haftung auf einen **globalen Höchstbetrag** beschränkt wird[2]. Hingegen werden **prozentuale** Beschränkungen hinsichtlich einzelner oder aller Geschäftsverbindlichkeiten für zulässig erachtet[3]. 40

Die **Verlautbarung** der Vereinbarung geschieht entweder durch Eintragung in das Handelsregister und Bekanntmachung oder durch Mitteilung seitens eines der Vertragspartner an den Dritten. Beide Formen der Verlautbarung erfordern jedenfalls für einen Haftungsausschluss nach § 25 Abs. 1 S. 1 **Unverzüglichkeit** der Kundmachung nach dem Geschäftsübergang[4]. Starre Fristen gibt es nicht. Eintragung und Bekanntmachung sieben oder gar zehn Monate nach der Geschäftsübernahme oder Vereinbarung ist nicht ausreichend[5]. Eintragung und Bekanntmachung zwei Monate nach der Vereinbarung sind wohl noch genügend. Allerdings wurde in Einzelfällen auch schon ein Zeitraum von sechs bis zehn Wochen als zu lang angesehen[6]. Eine durch das **Registerbeschwerdeverfahren** trotz unverzüglicher Anmeldung eingetretene Zeitverzögerung von bis zu fünf Monaten soll an der Wirksamkeit der Verlautbarung nichts ändern[7]. Wird der Zeitrahmen überschritten, bleibt es bei den Rechtsfolgen nach § 25 Abs. 1; die Vereinbarung ist dann 41

---

1 S. *A. Hueck*, ZHR 108 (1941), 1, 5; *Staub/Hüffer*, § 25 Rn. 96; *Heymann/Emmerich*, § 25 Rn. 44.
2 RGZ 152, 75, 78 f.
3 Vgl. *Staub/Hüffer*, § 25 Rn. 96; MünchKommHGB/*Lieb*, § 25 Rn. 114.
4 Allg. M., z.B. BGH v. 1.12.1958 – II ZR 238/57, BGHZ 29, 1, 5; BGH v. 16.1.1984 – II ZR 114/83, NJW 1984, 1186, 1187; OLG Frankfurt am Main v. 23.6.2005 – 20 W 272/05, DB 2005, 2519; BayObLG v. 15.1.2003 – 3 Z BR 225/02, NJW- RR 2003, 757; OLG Stuttgart v. 24.8.1999 – 12 U 54/99, NJW-RR 2000, 1423; BayObLG v. 19.6.1984 – 3 ZBR 143/84, DB 1984, 1672 zu § 28 Abs. 2; OLG Frankfurt v. 1.6.1977 – 20 W 231/77, OLGZ 1978, 30, 31 f.; OLG Hamm v. 13.8.1991 – 15 W 195/91, OLGZ 1994, 282, 285 f.; *Heymann/Emmerich*, § 25 Rn. 47; *Wälzholz*, DStR 2003, 1453.
5 OLG München v. 6.2.2007 – 31 Wx 103/06, DNotZ 2007, 716; OLG Frankfurt am Main v. 21.5.2001 – 20 W 341/00, NJW-RR 2001, 1404.
6 RG v. 4.1.1911 – I 461/09, RGZ 75, 140.
7 Zweifelhaft; so aber OLG Düsseldorf v. 6.6.2003 – 3 Wx 108/03, EWiR 2003, 823 f. mit zust. Anm. *Terbrack* und OLG Hamm v. 17.9.1998 – 15 W 297/98, ZIP 1998, 2092, 2094; dazu zu Recht kritisch, weil es nicht auf ein Verschulden, sondern auf die objektive Zerstörung eines Vertrauenstatbestandes ankommt, Anm. *Waldner*, NZG 1999, 248.

im Außenverhältnis unwirksam. Nach noch h.M. gelten diese Grundsätze auch für den Forderungsübergang nach § 25 Abs. 1 S. 2[1]. Zu erwägen ist aber, ob die Eintragung des Verbleibens der Forderungen beim Veräußerer nicht auch später, wenn auch vor **Leistung des Schuldners**, wirksam vorgenommen werden kann[2], weil dadurch jedenfalls der gesetzlich beabsichtigte Schuldnerschutz nicht beeinträchtigt wird.

42 Das **Registergericht** prüft grundsätzlich nicht die zivilrechtliche Wirksamkeit der zur Eintragung angemeldeten Vereinbarung[3]; ist sie jedoch offensichtlich unwirksam, z.B. wegen **Zeitüberschreitung**, so hat das Registergericht die Eintragung abzulehnen. Denn das Handelsregister ist nicht dazu bestimmt, gegenüber Dritten eindeutig unwirksame Vereinbarungen zu verlautbaren[4]. Im Zweifel wird das Registergericht aber den Haftungsausschluss eintragen[5]. Die Anmeldung der Vereinbarung soll nach verbreiteter Meinung vom Veräußerer und Erwerber nur gemeinsam vorgenommen werden können[6]. Nach hier vertretener Auffassung genügt aber die **Anmeldung durch den Erwerber;** entgegenstehende registerrechtliche Vorschriften sind nicht ersichtlich. Im Übrigen kann der Erwerber die entsprechende **Mitteilung der Vereinbarung** an Dritte ebenfalls selbständig vornehmen. Diese Mitteilung, für die eine besondere Form nicht vorgeschrieben ist, ist eine **rechtsgeschäftliche Erklärung**, deren Wirksamkeit nach den allgemeinen Vorschriften des BGB zu beurteilen ist[7].

2. Rechtsfolgen

43 Wird die **abweichende Vereinbarung** gem. § 25 Abs. 2 ordnungsgemäß eingetragen und bekanntgemacht oder erfolgt eine entsprechende Mitteilung, so entfällt damit die Erwerberhaftung nach § 25 Abs. 1 S. 1. Geht es um Forderungen nach § 25 Abs. 1 S. 2, kommt der Schuldnerschutz in Wegfall, so dass der Schuldner mit befreiender Wirkung nur noch an den Veräußerer, den tatsächlichen Gläubiger, leisten kann. Der **Ausschluss des Rechtsscheinschutzes** (§ 25 Abs. 1 S. 2) kann trotz Eintragung und Bekanntmachung versagen, wenn die Firma vom Erwerber ohne Nachfolgesatz fortgeführt wird, weil

---

1 Z.B. BGH v. 20.1.1992 – II ZR 115/91, WM 1992, 736, 738.
2 So OLG München v. 8.1.1992 – 27 U 473/91, DB 1992, 518 f.; *K. Schmidt*, HR, § 8 I 4b, S. 226 f.; MünchKommHGB/*Lieb*, § 25 Rn. 115; ähnlich *Canaris*, HR, § 7 Rn. 77: Das – praeter legem entwickelte – Erfordernis der Unverzüglichkeit passt nur für die Fälle des § 25 Abs. 1 S. 1, nicht aber für die des § 25 Abs. 1 S. 2; offen gelassen bei *Heymann/Emmerich*, § 25 Rn. 47a.
3 KGJ 33 A 127, 128 f.
4 BayObLG v. 19.6.1984 – 3 ZBR 143/84, DB 1984, 1672; OLG Frankfurt v. 1.6.1977 – 20 W 231/77, OLGZ 1978, 30, 31 f.; OLG Hamm v. 13.8.1991 – 15 W 195/91, OLGZ 1994, 282, 285 f.
5 In diese Richtung BayObLG v. 15.1.2003 – 3 ZBR 225/02, NJW-RR 2003, 757; OLG Frankfurt am Main v. 21.5.2001 – 20 W 341/00, DB 2001, 1552; *Wälzholz*, DStR 2003, 1453.
6 So *Staub/Hüffer*, § 25 Rn. 98; *Schlegelberger/Hildebrandt/Steckhan*, § 25 Rn. 18; *Heymann/Emmerich*, § 25 Rn. 51.
7 *Heymann/Emmerich*, § 25 Rn. 51.

dann eine teleologische Reduktion von § 25 Abs. 2 in Betracht kommt[1]. Im Prozess trägt der Erwerber die Beweislast für das Vorliegen der Voraussetzungen des § 25 Abs. 2[2]. Eine Anwendung von **§ 15 scheidet aus**, da der Haftungsausschluss nach § 25 Abs. 2 keine eintragungspflichtige Tatsache ist[3]. Ausgeschlossen wird durch die Vereinbarung nach § 25 Abs. 2 nur eine Haftung nach § 25 Abs. 1. Haftet der Erwerber aus **anderen Gründen**, wird diese Haftung ebenso wenig berührt wie die fortbestehende Haftung des Veräußerers für Geschäftsverbindlichkeiten. Zur Haftung eines Rechtsanwalts bei der Beratung bzgl. § 25 vgl. Schleswig-Holsteinisches OLG v. 10.4.2003 – 11 U 14/01, BRAK-Mitt. 2004, 24 und 11 U 124/01, NJW-RR 2004, 417, und zur Haftung eines Notars, der die Anmeldung entwirft, vgl. BGH v. 30.9.2004 – III ZR 308/03, MittBayNot 2005, 168 und Schleswig-Holsteinisches OLG v. 29.6.2004 – 11 U 38/03, NZG 2005, 89.

VI. Eigenständiger Verpflichtungsgrund (§ 25 Abs. 3)

§ 25 Abs. 3 trifft eine Regelung für den Fall, dass die **Firma nicht fortgeführt** wird. Die Vorschrift hat wenig praktische Bedeutung, von *Lieb*[4] wird sie nicht zu Unrecht als Relikt aus der Zeit vor Geltung von § 25 Abs. 1 bezeichnet. Die Vorschrift stellt klar, was § 25 Abs. 5 öHGB alt, jetzt § 38 Abs. 6 UGB, gesetzlich regelt, nämlich, dass auch eine **Erwerberhaftung aus anderen Vorschriften**, z.B. § 613a BGB, § 75 AO in Betracht kommt, selbst wenn die Voraussetzungen einer Haftung nach § 25 Abs. 1 nicht gegeben sind.

44

Auch **ohne Firmenfortführung** haftet der Erwerber, wenn er die Übernahme der Geschäftsverbindlichkeiten, eine Passivenübernahme, in handelsüblicher Form bekanntmacht. Dazu zählen die entsprechende Anmeldung zum Handelsregister zur Eintragung und Bekanntmachung, Zeitungsanzeigen, Rundschreiben an die einzelnen Gläubiger und die Veröffentlichung einer Übernahmebilanz mit Einzelaufführung der übernommenen Verbindlichkeiten[5]. Eine solche Bekanntmachung verpflichtet unabhängig davon, ob sie der zwischen Veräußerer und Erwerber getroffenen Vereinbarung auch tatsächlich entspricht[6]. Ist eine Nachfolgegesellschaft mangels wirksamer Umwandlung nicht Rechtsnachfolgerin einer LPG geworden, haftet sie auch dann nicht nach § 25 Abs. 3, wenn sie die Wirksamkeit der Umwandlung für sich in Anspruch nimmt[7].

45

---

1 Dafür *Canaris*, HR, § 7 Rn. 73; ihm folgend *Koller/Roth/Morck*, § 25 Rn. 19.
2 *Heymann/Emmerich*, § 25 Rn. 52.
3 RG, JW 1903, 401, Nr. 15; RGZ 75, 139.
4 MünchKommHGB/*Lieb*, § 25 Rn. 124.
5 *Heymann/Emmerich*, § 25 Rn. 56.
6 RGZ 38, 173, 176 f.
7 BGH v. 26.10.1999 – BLw 3/99, NZG 2000, 277.

VII. Andere Haftungsnormen

1. § 419 BGB a.F.

46 § 419 BGB a.F.[1] war bis zum 31.12.1998 neben § 25 als Haftungsnorm **anwendbar**. Die Bestimmung gilt aber weiterhin für vor dem 1.1.1999 vollzogene Vermögensübernahmen. Da sich die Geltungsbereiche der Vorschriften nicht decken[2], kann § 25 als Spezialvorschrift § 419 BGB a.F. nicht verdrängen. Ein Haftungsausschluss nach § 25 Abs. 2 hat dann nur Bedeutung für die Haftung des Erwerbers mit dem Privatvermögen; denn die Haftung mit dem Betriebsvermögen ist nach § 419 Abs. 2 und 3 BGB a.F. nicht zwingend.

2. § 613a BGB

47 § 613a BGB hat eine eigenständige Regelung für **Arbeitsverhältnisse** bei Betriebsübernahmen zum Gegenstand. Die Bestimmung verdrängt als Spezialvorschrift in ihrem Geltungsbereich § 25 und unterscheidet sich von ihr vor allem dadurch, dass sie keine kumulative Haftung von Veräußerer und Erwerber festschreibt. Der Veräußerer haftet neben dem Erwerber nur in einem kleinen Bereich nach § 613a Abs. 2 S. 1 BGB, ist aber im Übrigen haftungsfrei. Damit können Arbeitnehmer ihre Ansprüche im Wesentlichen nur noch gegen den Neuunternehmer geltend machen[3]. Die Geltung des § 613a BGB umfasst nur Arbeitsverhältnisse, nicht aber die arbeitsrechtlichen Dauerschuldverhältnisse des Handelsvertreters, auch nicht Ruhestandsverhältnisse[4]. Dadurch kommt für diese Fallgruppen § 25 zur Anwendung, aber auch § 26 mit seiner Enthaftungsregelung.

3. § 75 AO

48 § 75 AO ist die steuerrechtliche Ergänzung zu §§ 25, 28 und begründet eine **Erwerberhaftung** bei Übernahme eines Unternehmens im Ganzen für unternehmensbezogene **Steuerschulden**. Von der Haftung ist ausdrücklich der Erwerb aus einer Insolvenzmasse sowie im Vollstreckungsverfahren ausgenommen. Schließlich ist die Haftung im Gegensatz zu § 25 und § 28 auf den Bestand des übernommenen Unternehmens beschränkt[5].

---

1 Die Vorschrift ist durch Art. 33 Nr. 16 i.V.m. Art. 110 Abs. 1 EGInsO v. 5.10.1994 – BGBl. I 2911, 2925 – mit Wirkung v. 1.1.1999 aufgehoben; zur Weitergeltung siehe *Palandt/Grüneberg*, § 419 BGB.
2 RGZ 131, 27, 31; OLG Koblenz v. 7.4.1988 – 5 U 10/88, NJW-RR 1989, 420.
3 MünchKommHGB/*Lieb*, § 25 Rn. 128; *Schroeder*, JuS 1991, 794, 795.
4 Z.B. BAG v. 29.1.1991 – 3 AZR 593/89, DB 1991, 1330; *Reichold*, ZIP 1988, 551 f.; MünchKommBGB/*Müller-Glöge*, § 613a BGB Rn. 84 m.w.N.; a.A. *Säcker/Joost*, DB 1978, 1030, 1078.
5 Dazu näher HK/*Ruß*, § 25 Rn. 20 ff.; MünchKommHGB/*Lieb*, § 25 Rn. 129 ff.

§ 26
Fristen bei Haftung nach § 25

(1) Ist der Erwerber des Handelsgeschäfts aufgrund der Fortführung der Firma oder aufgrund der in § 25 Abs. 3 bezeichneten Kundmachung für die früheren Geschäftsverbindlichkeiten haftbar, so haftet der frühere Geschäftsinhaber für diese Verbindlichkeiten nur, wenn sie vor Ablauf von fünf Jahren fällig und daraus Ansprüche gegen ihn in einer in § 197 Abs. 1 Nr. 3 bis 5 des Bürgerlichen Gesetzbuchs bezeichneten Art festgestellt sind oder eine gerichtliche oder behördliche Vollstreckungshandlung vorgenommen oder beantragt wird; bei öffentlich-rechtlichen Verbindlichkeiten genügt der Erlass eines Verwaltungsakts. Die Frist beginnt im Falle des § 25 Abs. 1 mit dem Ende des Tages, an dem der neue Inhaber der Firma in das Handelsregister des Gerichts der Hauptniederlassung eingetragen wird, im Falle des § 25 Abs. 3 mit dem Ende des Tages, an dem die Übernahme kundgemacht wird. Die für die Verjährung geltenden §§ 204, 206, 210, 211 und 212 Abs. 2 und 3 des Bürgerlichen Gesetzbuches sind entsprechend anzuwenden.

(2) Einer Feststellung in einer in § 197 Abs. 1 Nr. 3 bis 5 des Bürgerlichen Gesetzbuchs bezeichneten Art bedarf es nicht, soweit der frühere Geschäftsinhaber den Anspruch schriftlich anerkannt hat.

Übersicht

	Rn.		Rn.
I. Allgemeines	1	IV. Voraussetzungen	
II. Die Übergangsregelung zu § 26		1. Anwendungsbereich (§ 26 Abs. 1 S. 1)	10
1. Neufassung des § 26 durch das Nachhaftungsbegrenzungsgesetz	4	2. Fristbeginn (§ 26 Abs. 1 S. 2)	14
2. Die Regelung für Altverbindlichkeiten		3. Entsprechende Anwendung von Verjährungsvorschriften (§ 26 Abs. 1 S. 3)	18
a) Geltende Gesetzesfassung	5	4. Abdingbarkeit	21
b) Dauerschuldverhältnisse	6	V. Rechtsfolgen	22
c) Arbeitsverhältnisse	8		
III. Normzweck	9		

Schrifttum: *Canaris*, Die Enthaftungsregelung der §§ 26, 28 Abs. 3 HGB auf dem Prüfstand der Verfassung, in: Festschrift Odersky, 1996, S. 753; *Honsell/Harrer*, Die Haftung des ausgeschiedenen Gesellschafters bei Dauerschuldverhältnissen, ZIP 1986, 341; *Kapp/Oltmanns/Bezler*, Dauerschuldverbindlichkeiten bei Betriebsaufspaltung: Enthaftung nach § 26 HGB, BB 1988, 1897; *Kapp/Oltmanns/Bezler*, Der Entwurf für ein Nachhaftungsbegrenzungsgesetz – eine halbherzige Lösung, DB 1988, 1937; *Kollbach*, Die Neuregelung der Nachhaftung ausgeschiedener persönlich haftender Gesellschafter, GmbHR 1994, 164; *Lieb*, Zum Entwurf eines Nachhaftungsbegrenzungsgesetzes, GmbHR 1992, 561; *Lieb*, Haftungsklarheit für den Mittelstand?, GmbHR 1994, 657; *Moll/Hottgenroth*, Zur Nachhaftung des ausgeschiedenen Gesellschafters einer Personenhandelsgesellschaft für Verbindlichkeiten aus Arbeitsverhältnissen, RdA 1994, 223; *Reichold*, Haftung für Versorgungsverbindlichkeiten nach Firmenfortführung, RdA 2005, 110; *Reichold*, § 26 HGB – Verjährungs- oder Enthaftungsnorm?, ZIP 1998, 551; *Reichold*, Das neue Nachhaftungsbegrenzungsgesetz, NJW 1994, 1617;

Renaud/Markert, Keine Haftung des Unternehmensveräußerers für Verbindlichkeiten aus Dauerschuldverhältnissen trotz Firmenfortführung durch die Erwerber?, DB 1988, 2358; *K. Schmidt*, Gesellschaftsrechtliche Grundlagen eines Nachhaftungsbegrenzungsgesetzes, DB 1990, 2357; *U. Seibert*, Nachhaftungsbegrenzungsgesetz – Haftungsklarheit für den Mittelstand, DB 1994, 461; *Ulmer/Timmann*, Die Enthaftung ausgeschiedener Gesellschafter, ZIP 1992, 1; *Wiesner*, Die Enthaftung persönlich haftender Gesellschafter für Ansprüche aus Dauerschuldverhältnissen, ZIP 1983, 1032.

I. Allgemeines

1   Die Vorschrift in der jetzigen Fassung[1] geht zunächst zurück auf eine Beschlussempfehlung des Rechtsausschusses des Bundestages[2], der die im Regierungsentwurf nur für das Ausscheiden von Gesellschaftern aus Personenhandelsgesellschaften vorgesehene **Enthaftungslösung**[3] auch auf die Bereiche der §§ 26, 28 erstrecken wollte. Im Zusammenhang mit der Änderung des § 26 a.F. wurde § 28 ein neuer Abs. 3 angefügt. Damit wurden die §§ 26, 28 der Konzeption des § 160 sowie der §§ 45, 56 UmwG, § 736 Abs. 2 BGB angepasst, die eine Haftung des ausscheidenden Gesellschafters zeitlich begrenzen. Schließlich wurde die Norm durch das Schuldrechtsmodernisierungsgesetz vom 26.11.2001[4] an das neue Verjährungsrecht angepasst.

2   Anders als die in § 26 a.F. enthaltene **Verjährungslösung**, mit der die Haftung des Veräußerers zwar auch zeitlich begrenzt wurde, die aber bei Dauerschuldverhältnissen zu einer oft unerträglichen Endloshaftung führen konnte, gilt nach der jetzigen Fassung eine Enthaftungslösung, die nach entsprechendem Fristablauf zu einem Haftungsausschluss führt[5]. Damit wird dem Enthaftungsbedürfnis eines bisherigen Unternehmensträgers (Altunternehmer) umfassend Rechnung getragen[6].

Nach *Canaris*[7] werden aber mit dieser Lösung zwei elementare privatrechtliche Prinzipien durchbrochen:

- Die Auswechslung eines Schuldners bedarf der Zustimmung des Gläubigers.

- Der Verlust eines Anspruches darf nicht durch Verfristung eintreten können, ohne dass der Gläubiger die Möglichkeit hätte, seine Forderung gerichtlich geltend zu machen.

---

1 Gem. Gesetz zur zeitlichen Begrenzung der Nachhaftung von Gesellschaftern (Nachhaftungsbegrenzungsgesetz – NachhBG) v. 18.3.1994, in Kraft getreten am 26.3.1994 – BGBl. I 560.
2 BT-Drucks. 12/6569, S. 11 f.
3 Dazu *Ulmer/Wiesner*, ZHR 144 (1980), 393 ff.; ferner *Ulmer/Timmann*, ZIP 1992, 1, 3 ff.
4 BGBl. I 3138.
5 Zur Entstehungsgeschichte der Norm siehe MünchKommHGB/*Lieb*, § 26 Rn. 1 ff.; *Heymann/Emmerich*, § 26 Rn. 1 ff.
6 *Kainz*, DStR 1994, 620; *Kollbach*, GmbHR 1994, 164 ff.; *Lieb*, GmbHR 1994, 667; *U. Seibert*, DB 1994, 461; massive Kritik an dieser Lösung bei *Canaris*, HR, § 7 Rn. 42 f.
7 *Canaris*, FS Odersky, 1996, S. 753, 764 f.

Insgesamt müsse die Enthaftungsregelung als **verfassungswidrig** eingestuft werden. Ein Anspruchsverlust kann eintreten, wenn der Anspruch erst nach Ablauf der Fünfjahresfrist des § 26 fällig wird. Auch wenn die Regelung nicht unbedingt schon als verfassungswidrig einzustufen ist, besonders geglückt ist sie sicher nicht. Wird z.B. ein Darlehensrückzahlungsanspruch erst nach Ablauf von fünf Jahren fällig, so erlischt die Verbindlichkeit des Veräußerers, es sei denn, man würde dem Gläubiger über § 242 BGB ein außerordentliches Kündigungsrecht einräumen, wenn der Schuldner es ablehnt, den Anspruch schriftlich anzuerkennen (§ 26 Abs. 2) oder einer Verlängerung der Ausschlussfrist zuzustimmen (dazu unten Rn. 21). Im Hinblick auf die gesetzlich gewollte Regelung ist aber auch dieser Weg sehr zweifelhaft.

Die im **Gesetzgebungsverfahren** zur Begründung der Enthaftungsregelung herangezogene „ähnlich gelagerte Sach- und Interessenlage"[1], wie sie beim Ausscheiden eines Gesellschafters nach § 160 gegeben ist, erscheint nicht überzeugend, weil in einem solchen Fall dem Gläubiger sein primärer Schuldner, nämlich die Gesellschaft, bleibt[2]. Für *K. Schmidt*[3] ergeben sich deshalb weniger Probleme, da er schon von seinem Ansatz aus den Erwerber des Handelsgeschäfts (Neuunternehmer) von vornherein als Schuldner der Hauptverbindlichkeit sieht und der gegen den Veräußerer (Altunternehmer) gerichtete Anspruch nur noch eine Haftungsverbindlichkeit auslöst. Kritisch bleibt dabei aber dennoch, dass dem Gläubiger der primäre Schuldner ohne Zustimmung ausgewechselt wird.

Nach der in Art. 37 EGHGB getroffenen **Übergangslösung** kann § 26 a.F. noch Bedeutung haben. Die entsprechenden Vorschriften lauten: 3

Art. 37 EGHGB

„(1) Die §§ 26 und 28 Abs. 3 des Handelsgesetzbuches in der ab dem 26. März 1994 geltenden Fassung sind auf vor diesem Datum entstandene Verbindlichkeiten anzuwenden, wenn

1. nach dem 26. März 1994 der neue Inhaber oder die Gesellschaft eingetragen wird oder die Kundmachung der Übernahme stattfindet und
2. die Verbindlichkeiten nicht später als vier Jahre nach der Eintragung oder der Kundmachung fällig werden.

Auf später fällig werdende Verbindlichkeiten im Sinne des Satzes 1 ist das bisher geltende Recht mit der Maßgabe anwendbar, dass die Verjährungsfrist ein Jahr beträgt.

(2) Abweichend von Absatz 1 gilt § 28 Abs. 3 des Handelsgesetzbuches auch für Verbindlichkeiten im Sinne des Absatzes 1 Satz 2, wenn diese aus fortbestehenden Arbeitsverhältnissen entstanden sind. Dies gilt auch dann, wenn die Gesellschaft bereits vor dem 26. März 1994 ins Handelsregister eingetragen wurde, mit der Maßgabe, dass der 26. März 1994 als Tag der Eintragung gilt.

(3) Die Enthaftung nach Absatz 2 gilt nicht für Ansprüche auf Arbeitsentgelt, für die der Arbeitnehmer bei Zahlungsunfähigkeit der Gesellschaft keinen Anspruch auf Insolvenzgeld hat. Insoweit bleibt es bei dem bisher anwendbaren Recht."

---

1 Vgl. BT-Drucks. 12/6569, S. 11.
2 *Canaris*, FS Odersky, 1996, S. 760.
3 *K. Schmidt*, HR, § 8 I 6c, S. 236.

§ 26 a.F. – Verjährung gegen den früheren Inhaber

„(1) Ist der Erwerber des Handelsgeschäfts aufgrund der Fortführung der Firma oder aufgrund der in § 25 Abs. 3 bezeichneten Bekanntmachung für die früheren Geschäftsverbindlichkeiten haftbar, so verjähren die Ansprüche der Gläubiger gegen den früheren Inhaber mit dem Ablaufe von fünf Jahren, falls nicht nach den allgemeinen Vorschriften die Verjährung schon früher eintritt.

(2) Die Verjährung beginnt im Falle des § 25 Abs. 1 mit dem Ende des Tages, an welchem der neue Inhaber der Firma in das Handelsregister des Gerichts der Hauptniederlassung eingetragen worden ist, im Falle des § 25 Abs. 3 mit dem Ende des Tages, an welchem die Kundmachung der Übernahme stattgefunden hat. Konnte der Gläubiger die Leistung erst in einem späteren Zeitpunkt verlangen, so beginnt die Verjährung mit diesem Zeitpunkte."

Art. 37 EGHGB entspricht der für § 160 nach Art. 35 EGHGB geltenden Regelung (dazu unten bei § 160).

II. Die Übergangsregelung zu § 26

1. Neufassung des § 26 durch das Nachhaftungsbegrenzungsgesetz

4 Sie gilt uneingeschränkt nur für die Fälle, in denen die maßgeblichen Vorgänge, d.h. die Eintragung des Erwerbers in das Handelsregister (§ 25 Abs. 1) bzw. Bekanntgabe (Kundmachung) der Übernahme der Verjährungen in handelsüblicher Weise (§ 25 Abs. 3) nach dem Inkrafttreten des NachhBG (26.3.1994) liegen, und es sich um Verbindlichkeiten handelt, die nach diesem Zeitpunkt begründet worden sind, sog. **Neuverbindlichkeiten.** Damit war eine Regelung erforderlich für Vorgänge, die vor dem Inkrafttreten liegen und für die Altverbindlichkeiten gelten.

2. Die Regelung für Altverbindlichkeiten

a) Geltende Gesetzesfassung

5 § 26 a.F. gilt weiterhin für Altverbindlichkeiten, sofern der gesamte Haftungstatbestand schon vor dem 26.3.1994 verwirklicht worden ist. Dies ist der Fall, wenn das Unternehmen vor diesem Zeitpunkt auf den Erwerber übergegangen ist und auch die Eintragung im Handelsregister oder die entsprechende Kundmachung vor diesem Zeitpunkt liegen (Art. 37 Abs. 1 EGHGB).

§ 26 n.F. ist für Altverbindlichkeiten anwendbar, wenn die Eintragung oder Kundmachung (§ 25 Abs. 3) nach dem 26.3.1994 liegen und die Verbindlichkeiten (der Anspruch) nicht später als vier Jahre nach der Eintragung oder Kundmachung fällig werden (Art. 37 Abs. 1 S. 1 EGHGB).

Werden unter diesen Voraussetzungen die Verbindlichkeiten (Ansprüche) erst später als vier Jahre nach Eintragung oder Kundmachung fällig, gilt **§ 26 a.F.** mit einer modifizierten, auf ein Jahr **verkürzten Verjährungsfrist** (Art. 37 Abs. 1 S. 2 EGHGB)[1].

---

1 Dazu *Heymann/Emmerich*, § 26 Rn. 6, 7.

Die gleiche Übergangsregelung gilt für **§ 28 Abs. 3**, wenn ein Handelsgeschäft in eine Personenhandelsgesellschaft eingebracht wird.

b) Dauerschuldverhältnisse

Art. 37 Abs. 1 S. 2 EGHGB wirft die Frage auf, was unter „**bisher geltendem Recht**" zu verstehen ist. Nach dem reinen Gesetzeswortlaut kommt damit § 26 a.F. mit der Folge einer weiterhin bestehenden Endloshaftung bei Altverbindlichkeiten zur Anwendung. Das würde aber dem angestrebten Gleichlauf zu § 160 widersprechen; denn unter dem vor dem 26.3.1994 geltenden Recht i.S.v. Art. 35 S. 2 EGHGB ist die zu § 159 vor dem NachhBG entwickelte Enthaftungsrechtsprechung von BGH und BAG zu verstehen[1], die aber auf § 26 nach BAG gerade nicht anzuwenden ist. Nach dessen Rechtsprechung fallen Ansprüche aus laufenden Betriebsrenten vor Fälligkeit der einzelnen Raten nicht unter die kurze Verjährung des § 26 Abs. 2 a.F.; die Rechtsprechung des BGH zu § 159 Abs. 3 (Haftungsbeschränkung zugunsten des ausgeschiedenen Gesellschafters)[2] sei auf den Fall der Firmenübernahme und die Verjährung nach § 26 Abs. 2 a.F. nicht übertragbar[3]. Dieser Auffassung ist nicht zu folgen; auch für Rentenansprüche ist, soweit § 26 a.F. anzuwenden ist, eine Ausnahme nicht anzunehmen. Die auch in sich nicht besonders schlüssige Übergangsregelung führt im Ergebnis dazu, dass bei zeitnahen, also innerhalb von vier Jahren fällig werdenden Ansprüchen Enthaftung eintritt, nicht aber für erst danach fällig werdende Ansprüche, die wiederum einer Verjährungsregelung unterfallen und zur Endloshaftung führen können.

Deshalb sollte der gesetzgeberischen Gesamtkonzeption entnommen werden, dass die Übernahme der Regelung von Art. 35 S. 2 in Art. 37 Abs. 1 S. 2 EGHGB mit dem Begriff „das bisher geltende Recht" gleichzeitig die **Übernahme der Enthaftungsrechtsprechung** zu § 159 beinhaltet[4].

c) Arbeitsverhältnisse

Art. 37 Abs. 2 und 3 EGHGB trifft Sonderregelungen für spezielle Dauerschuldverhältnisse, und zwar für **Arbeitsverhältnisse**[5].

---

1 BT-Drucks. 12/1868, S. 10; *U. Seibert*, DB 1994, 461, 464.
2 BGH v. 19.5.1983 – II ZR 50/82, BGHZ 87, 286.
3 BAG v. 24.3.1987 – 3 AZR 384/85, BB 1987, 2235; BAG v. 29.1.1991 – 3 AZR 593/89, NJW 1991, 1973; dagegen *Reichold*, ZIP 1988, 555; *Renaud/Markert*, DB 1988, 2360 ff.; s.a. BAG v. 27.6.2006 – 3 AZR 85/05, NZA-RR 2008, 35 ff., wo eine Haftungsbeschränkung abgelehnt wird, wenn der Ausscheidende als Kommanditist eintritt und Geschäftsführer der Komplementär-GmbH wird.
4 So eingehend MünchKommHGB/*Lieb*, § 25 Rn. 26 ff. und Rn. 31.
5 Dazu ausführlich BAG v. 23.3.2004 – 3 AZR 151/03, RdA 2005, 110 mit abl. Anm. *Reichold*; MünchKommHGB/*Lieb*, § 25 Rn. 89 ff.

III. Normzweck

9 Durch § 26 wird die nach § 25 Abs. 1 S. 1, Abs. 3 neben dem Erwerber des Unternehmens fortbestehende Haftung des Veräußerers (Altunternehmer) zeitlich begrenzt. Anders als § 26 a.F., der dem Enthaftungsinteresse des Veräußerers mit einer Sonderverjährungsvorschrift Rechnung tragen wollte, die sich aber für Dauerschuldverhältnisse wegen der damit verbundenen unbegrenzten Nachhaftung als unbrauchbar erwies, löst § 26 n.F. das Problem mit einem **strikten Haftungsausschluss. Vergleichbare Regelungen** finden sich in § 160 für den aus einer Personenhandelsgesellschaft ausgeschiedenen Gesellschafter (dazu unten *von Gerkan/Haas*, § 159 Rn. 1 und § 160 Rn. 1 ff.), in § 28 Abs. 3 für die Enthaftung des früheren Geschäftsinhabers, der Kommanditist wird (dazu unten § 28 Rn. 42 f.) sowie in § 736 Abs. 2 BGB für den aus einer GbR ausscheidenden Gesellschafter. Wegen der Sondervorschriften hinsichtlich der Enthaftung nach dem UmwG siehe unten *von Gerkan/Haas*, § 160 Rn. 8.

Dennoch ist die an § 160 angepasste Lösung des § 26, vor allem wenn es um langfristige **Kredit- und Leasingverträge** geht, nicht sehr befriedigend (siehe oben Rn. 2)[1]. Die Dispositivität der Regelung vermag die Probleme nur zu mildern. Hier zeigt sich eine nicht unproblematische Benachteiligung des Gläubigers durch die Enthaftung des Veräußerers. Wird ein Betrieb **verpachtet**, was ebenfalls zur Erwerberhaftung des Pächters nach § 25 Abs. 1 führen kann (siehe oben § 25 Rn. 6), ist **§ 26** auf Grund teleologischer Reduktion **nicht anwendbar**[2]. Eine Enthaftung des Verpächters, bei dem das Unternehmensvermögen verbleibt, wäre vom Normzweck nicht gedeckt. Durch die Enthaftungsregelung über eine Ausschlussfrist ist auch die Kündigungstheorie des **BGH**[3], die dieser zu § 160 a.F. entwickelt hat, überholt. Danach war zur Vermeidung einer Endloshaftung des ausgeschiedenen Gesellschafters bei Dauerschuldverhältnissen die Haftung des Ausgeschiedenen auf den Zeitraum bis zur ersten, auf den Austritt folgenden Kündigungsmöglichkeit beschränkt. Inzwischen hat der BGH seine **Kündigungstheorie** auch ausdrücklich **aufgegeben** und entschieden[4], dass Dauerschuldverhältnisse ohne Differenzierung nach gewissem oder ungewissem Verlauf als Verbindlichkeiten i.S.v. § 160 anzusehen sind und an der Kündigungstheorie nicht mehr festgehalten wird. Der Gesetzgeber hat mit der Neufassung der Enthaftungsregelung auch die Probleme hinsichtlich der Dauerschuldverhältnisse regeln wollen.

---

1 Kritisch auch *Koller/Roth/Morck*, § 26 Rn. 2.
2 Vgl. MünchKommHGB/*Lieb*, § 26 Rn. 18.
3 BGH v. 19.7.1977 – II ZR 202/76, BGHZ 70, 132.
4 BGH v. 27.9.1999 – II ZR 356/98, GmbHR 1999, 1287.

IV. Voraussetzungen

1. Anwendungsbereich (§ 26 Abs. 1 S. 1)

§ 26 betrifft ausschließlich die Fälle, in denen nach § 25 Abs. 1 und 3 der Erwerber eines Unternehmens für Unternehmensverbindlichkeiten **neben** dem Veräußerer haftet. Haftet der Erwerber (Neuunternehmer) nicht nach § 25, sondern aus einem anderen Rechtsgrund, z.B. nach § 419 BGB a.F. oder aufgrund eines Schuldbeitritts, ist für die Anwendung von § 26 kein Raum, eine Enthaftung des Altunternehmers scheidet aus[1]. 10

§ 26 findet auch Anwendung, wenn der Erwerber zwar aus § 25 haftet, **daneben** aber auch noch aus einem **anderen Rechtsgrund**[2]. Der Bestimmung des § 26 liegt die Vorstellung zugrunde, dass sich der Gläubiger wegen einer Unternehmensschuld nur an den durch Eintragung im Handelsregister oder durch handelsübliche Bekanntmachung ausgewiesenen neuen Geschäftsinhaber halten soll, wenn er den Anspruch später als fünf Jahre nach diesem Ereignis gerichtlich geltend macht. Die Lage des Veräußerers wird hiermit der eines ausgeschiedenen Gesellschafters gleichgestellt[3]. Ist eine Erwerberhaftung nach § 25 Abs. 1 oder 3 für Altverbindlichkeiten gegeben, so tritt eine **Enthaftung des Veräußerers** ein, die darin besteht, dass er 11

– nicht für Ansprüche haftet, die erst nach Ablauf von fünf Jahren fällig werden (zur Berechnung der Frist siehe unten Rn. 14 und 16);

– für davor fällige Ansprüche nur haftet, wenn sie vor Ablauf der Frist in der nach § 197 Abs. 1 Nr. 3 bis 5 BGB bezeichneten Art (Rechtskraft oder Vollstreckbarkeit) festgestellt sind oder eine gerichtliche oder behördliche Vollstreckungshandlung vorgenommen bzw. beantragt wird; bei öffentlich-rechtlichen Verbindlichkeiten reicht der Erlass eines Verwaltungsakts aus (§ 26 Abs. 1 S. 1 2. Hs.), wobei § 26 Abs. 1 S. 1 2. Hs. keine Rechtsgrundlage für den Erlass eines Verwaltungsakts darstellt, sondern hierfür eine spezielle öffentlich-rechtliche Regelung erforderlich ist[4];

– er aber als Veräußerer haftet, wenn er die Ansprüche schriftlich anerkannt hat (§ 26 Abs. 2).

Hat ein **titulierter Anspruch** gegen den Veräußerer bereits vor der Unternehmensübertragung bestanden, soll ebenfalls § 26 und nicht § 197 Abs. 1 Nr. 3 BGB (dreißigjährige Verjährungsfrist) anzuwenden sein; dem ist nicht zuzustimmen[5]. § 197 Abs. 1 Nr. 3 BGB und nicht § 26 findet jedenfalls dann Anwendung, wenn der Vollstreckungstitel nach dem Unternehmenswechsel und innerhalb der fünfjährigen Ausschlussfrist erwirkt wird. 12

---

1 *Ulmer/Timmann*, ZIP 1992, 1, 7 f.; *Heymann/Emmerich*, § 26 Rn. 8; *Baumbach/Hopt*, § 26 Rn. 4.
2 BGH v. 26.11.1964 – VII ZR 75/63, BGHZ 42, 381; *Heymann/Emmerich*, § 26 Rn. 9.
3 Kritisch hierzu *Canaris*, siehe oben Rn. 2.
4 *K. Schmidt*, DB 1990, 2357; *Ulmer/Timmann*, ZIP 1992, 9.
5 Wie hier, *Baumbach/Hopt*, § 26 Rn. 8; a.A. *Heymann/Emmerich*, § 26 Rn. 10; *Staub/Hüffer*, § 26 Rn. 6.

13 Auf die Veräußerung eines **nichtkaufmännischen Geschäfts** kann § 26 keine Anwendung finden, weil es sich dann nicht um einen Haftungsfall nach § 25 handelt (oben § 25 Rn. 2).

2. Fristbeginn (§ 26 Abs. 1 S. 2)

14 Die **Ausschlussfrist** des § 26 Abs. 1 S. 2 beginnt im Fall des § 25 Abs. 1 mit dem Ende des Tages, an dem der Erwerber gemäß § 31 Abs. 1 in das Handelsregister eingetragen wird; auf den Tag der Bekanntmachung der Eintragung kommt es nicht an. Hat der Gläubiger auf andere Weise vom Inhaberwechsel erfahren, ist dies für den Beginn des Laufes der Ausschlussfrist ebenfalls unerheblich.

15 Maßgebend ist die Eintragung im **Handelsregister der Hauptniederlassung.**

16 Wann die Frist des § 26 im Fall des § 25 Abs. 3 zu laufen beginnt, hängt von der **Art der Bekanntmachung** (Kundmachung) – dazu oben § 25 Rn. 45 – ab, die der Erwerber wählt. Wird ein Rundschreiben versandt, ist für jeden einzelnen Gläubiger auf den für ihn nach dem gewöhnlichen Postlauf zu vermutenden Zugang abzustellen[1]; bei Veröffentlichungen in Zeitungen kommt der Tag des Erscheinens in Betracht.

17 Grundsätzlich haftet der Erwerber des Unternehmens für zwar noch nicht fällige, beim **Unternehmenswechsel** aber schon **begründet** gewesene **Verbindlichkeiten.** Wird ein solcher Anspruch erst nach Fristablauf des § 26 fällig, haftet nur noch der Erwerber, nicht mehr der Veräußerer.

3. Entsprechende Anwendung von Verjährungsvorschriften (§ 26 Abs. 1 S. 3)

18 Nach § 26 Abs. 1 S. 3 sind die Vorschriften für die **Hemmung der Verjährung** (§§ 204, 206, 210, 211 BGB) und die für den **rückwirkenden Wegfall des Neubeginns der Verjährung** (§ 212 Abs. 2 und 3 BGB) entsprechend anzuwenden.

19 Wird die **Ausschlussfrist** nach § 204 BGB (Hemmung durch Rechtsverfolgung), § 206 BGB (Hemmung bei höherer Gewalt), § 210 BGB (Ablaufhemmung bei nicht voll Geschäftsfähigen) oder § 211 BGB (Ablaufhemmung in Nachlassfällen) **gehemmt**, wird der ratio des § 209 BGB entsprechend der Zeitraum, in dem der Fristlauf gehemmt ist, in die Ausschlussfrist nicht eingerechnet, so dass die Frist nach Beseitigung der Hemmung weiterläuft.

20 Der **Ausschluss der Enthaftung** gilt entsprechend § 212 Abs. 2 und 3 BGB rückwirkend als **nicht eingetreten** (d.h. der Veräußerer ist enthaftet), wenn eine Vollstreckungshandlung auf Antrag des Gläubigers oder wegen Mangels einer gesetzlichen Voraussetzung aufgehoben wird bzw. ein Antrag auf Vornahme der Vollstreckungshandlung zurückgewiesen bzw. zurückgenommen oder eine erwirkte Vollstreckungshandlung aufgehoben wird.

---

1 Vgl. *Staub/Hüffer*, § 26 Rn. 10; a.A. *Heymann/Emmerich*, § 26 Rn. 15.

4. Abdingbarkeit

§ 26 enthält **dispositives Recht**. Zwischen dem Gläubiger und dem Altunternehmer (Veräußerer) können abweichende Vereinbarungen getroffen werden; hingegen binden Vereinbarungen zwischen Alt- und Neuunternehmer den Gläubiger nicht. § 26 kann abbedungen, sein **Geltungsbereich abgeändert** werden; insbesondere ist eine **Verlängerung der Ausschlussfrist** zulässig[1]. 21

V. Rechtsfolgen

Lässt der Gläubiger die fünfjährige Ausschlussfrist ungenutzt verstreichen, **erlöschen** sämtliche **Ansprüche** gegen den Altunternehmer aus der früheren Geschäftsverbindung, gleichgültig auf welchem Rechtsgrund sie beruhen. Das gilt ohne Rücksicht darauf, ob sie vor oder nach Ablauf der Ausschlussfrist fällig werden, also auch für Ansprüche aus Dauerschuldverhältnissen (Miete, Pacht, Dienstvertrag). Für Arbeitsverhältnisse ist die Sonderregelung des § 613a BGB zu beachten, der in seinem Anwendungsbereich § 25 verdrängt[2] (oben § 25 Rn. 47). Damit ist für diesen Bereich § 26 nicht anwendbar. § 26 erfasst in seinem Geltungsbereich ausnahmslos alle in dem früheren Unternehmen entstandenen Geschäftsverbindlichkeiten, z.B. auch Deliktsansprüche. Eine Enthaftung des Altunternehmers tritt auch ein, wenn dieser weiterhin als leitender Angestellter im Unternehmen verbleibt[3]. 22

Unberührt von dieser Bestimmung bleiben die **allgemeinen Verjährungsfristen**, wenn sie kürzer sind, d.h. ein Anspruch kann ohne weiteres während des Laufes der Ausschlussfrist verjähren, z.B. nach §§ 438 oder 548 BGB[4]. 23

§ 27
Haftung des Erben bei Geschäftsfortführung

(1) Wird ein zu einem Nachlass gehörendes Handelsgeschäft von dem Erben fortgeführt, so finden auf die Haftung des Erben für die früheren Geschäftsverbindlichkeiten die Vorschriften des § 25 entsprechende Anwendung.

(2) Die unbeschränkte Haftung nach § 25 Abs. 1 tritt nicht ein, wenn die Fortführung des Geschäfts vor dem Ablaufe von drei Monaten nach dem Zeitpunkt, in welchem der Erbe von dem Anfalle der Erbschaft Kenntnis erlangt hat, eingestellt wird. Auf den Lauf der Frist finden die für die Verjährung geltenden Vorschriften des § 210 des Bürgerlichen Gesetzbuchs entsprechende Anwendung. Ist bei dem Ablaufe der drei Monate das Recht zur Ausschlagung der Erbschaft noch nicht verloren, so endigt die Frist nicht vor dem Ablaufe der Ausschlagungsfrist.

---

[1] BT-Drucks. 12/6569, S. 12; *U. Seibert*, DB 1994, 461, 462; *Heymann/Emmerich*, § 26 Rn. 22.
[2] MünchKommHGB/*Lieb*, § 25 Rn. 128.
[3] *U. Seibert*, DB 1994, 461, 463.
[4] *U. Seibert*, DB, 1994, 461; RegE, BT-Drucks. 12/1668, S. 8; *Heymann/Emmerich*, § 26 Rn. 25.

Übersicht

	Rn.		Rn.
I. Allgemeines		**III. Rechtsfolgen**	
1. Zweck und Inhalt	1	1. Unbeschränkte Haftung	21
2. Vermeidung der Haftung	5	2. Geschäftsverbindlichkeiten	23
II. Voraussetzungen (§ 27 Abs. 1) nach h.M.	6	**IV. Ausschluss der Haftung**	
1. Handelsgeschäft	7	1. Ausschlagung	29
2. Erbe	9	2. Einstellung des Geschäftsbetriebs (§ 27 Abs. 2)	30
3. Geschäftsfortführung		3. Frist	35
a) Allgemeines	11	4. Miterben	36
b) Fortführung durch Vertreter	12	5. Rechtsfolgen	37
c) Vor- und Nacherbe	16	**V. Erbengemeinschaft**	39
d) Vermächtnis	17	**VI. Haftungsausschluss analog § 25 Abs. 2**	41
4. Firmenfortführung	18		

Schrifttum: *Dauner-Lieb*, Unternehmen in Sondervermögen, 1998; *Ebenroth/Fuhrmann*, Konkurrenzen zwischen Vermächtnis- und Pflichtteilsansprüchen bei erbvertraglicher Unternehmensnachfolge, BB 1989, 2049; *Ernst*, Haftung des Erben für neue Geschäftsverbindlichkeiten, 1994; *Fischer*, Fortführung eines Handelsgeschäfts durch eine Erbengemeinschaft, ZHR 144 (1980), 1; *Friedrich*, Die Haftung des endgültigen Erben und des „Zwischenerben" bei Fortführung eines einzelkaufmännischen Unternehmens, 1990; *Grigas*, Testamentsvollstreckung im Handels- und Gesellschaftsrecht, BWNotZ 2002, 25; *Grote*, Möglichkeiten der Haftungsbeschränkung für den Erben eines einzelkaufmännischen Gewerbebetriebs, BB 2001, 2595; *A. Hueck*, Schuldenhaftung bei Vererbung eines Handelsgeschäfts, ZHR 108 (1941), 1; *Hüffer*, Die Fortsetzung des Unternehmens in ungeteilter Erbengemeinschaft und das Problem des Minderjährigenschutzes, ZGR 1986, 603; *Johannsen*, Die Nachfolge in kaufmännischen Unternehmen und Beteiligungen an Personengesellschaften beim Tode ihres Inhabers, FamRZ 1980, 1074; *Krug*, Unternehmenserbrecht und Handelsregister, ZEV 2001, 51; *Laum/Dylla-Krebs*, Der Minderjährige mit beschränkter Haftung?, in: Festschrift Vieregge, 1995, S. 513; *Lieb*, Haftungsprobleme beim Übergang des Gesellschaftsvermögens auf einen Kommanditisten, ZGR 1991, 572; *Marotzke*, Haftungsverhältnisse und Probleme der Nachlassverwaltung bei der Beerbung des einzigen Komplementärs durch den einzigen Kommanditisten, ZHR 156 (1992), 17; *Reuter*, Die handelsrechtliche Erbenhaftung, ZHR 135 (1971), 511; *K. Schmidt*, Die Erbengemeinschaft nach einem Einzelkaufmann, NJW 1985, 2785; *K. Schmidt*, Gesetzliche Vertretung und Minderjährigenschutz im Unternehmensprivatrecht, BB 1986, 1238; *K. Schmidt*, Handelsrechtliche Erbenhaftung als Bestandteil des Unternehmensrechts, ZHR 157 (1993), 600; *Strothmann*, Einzelkaufmännische Unternehmen und Erbenmehrheit im Spannungsfeld von Handels-, Gesellschafts-, Familien- und Erbrecht, ZIP 1985, 969.

I. Allgemeines

1. Zweck und Inhalt

1   Erwirbt jemand (Erbe oder Erbengemeinschaft) ein bestehendes Handelsgeschäft **von Todes wegen**, also kraft erbrechtlicher Universalsukzession, haftet er für Geschäftsschulden des Erblassers nicht nur nach erbrechtlichen

Vorschriften (§§ 1967 ff. BGB), sondern auch auf der Grundlage des für entsprechend anwendbar erklärten § 25 nach diesen besonderen handelsrechtlichen Regeln.

Bei **Übergang eines Handelsgeschäfts** von Todes wegen haftet der Erbe zunächst nach erbrechtlichen Vorschriften (§§ 1922 Abs. 1, 1967 Abs. 2 BGB) für die Geschäftsschulden und die sonstigen Schulden unbeschränkt; er kann aber diese Haftung auf den Nachlass beschränken (§§ 1975 ff., 1990, 2013 BGB). Schlägt er die Erbschaft aus (§§ 1942 ff. BGB), ist er nicht Erbe (§ 1953 Abs. 1 BGB) und haftet erbrechtlich nicht für die Schulden des Erblassers.

Die **handelsrechtliche Haftung** geht über die erbrechtliche hinaus: § 27 Abs. 1 erweitert die schon nach BGB bestehende Haftung des Erben für die Schulden des Erblassers durch eine persönliche handelsrechtliche Haftung, die allerdings wieder nach handelsrechtlichen Grundsätzen beschränkbar ist (§ 27 Abs. 2). Führt der Erbe das ererbte Handelsgeschäft unter der bisherigen Firma mit oder ohne Nachfolgezusatz fort, soll er in gleicher Weise haften wie bei einem Erwerb des Handelsgeschäfts unter Lebenden mit anschließender Firmenfortführung. Er haftet deshalb über die gem. § 27 entsprechend anzuwendende Vorschrift des § 25 Abs. 1 für die Geschäftsschulden des Erblassers mit seinem gesamten Vermögen, ohne die Möglichkeit, seine Haftung auf den Nachlass zu beschränken.

Die Vorschrift ist Ausdruck der **Verkehrserwartung**, nach der bei einem Wechsel des Unternehmensträgers die Kontinuität der Firma eine unbeschränkte Haftung für Geschäftsschulden auslöst. Sie führt im Ergebnis, da die Haftung nur unter den Voraussetzungen des § 27 Abs. 2 vermieden werden kann, zu einer deutlichen Einschränkung der erbrechtlichen Haftungsbeschränkungsmöglichkeiten[1]. Damit begründet § 27 Abs. 1 eine eigenständige Haftungsgrundlage für Geschäftsverbindlichkeiten des Erblassers, auf die §§ 1975, 1990 BGB keine Anwendung finden[2].

2. Vermeidung der Haftung

Der Erbe kann die unbeschränkte Haftung vermeiden, wenn er
- die Erbschaft wirksam ausschlägt (§ 1953 Abs. 1 BGB), weil er dann nicht Erbe geworden ist und deshalb § 27 Abs. 1 keine Anwendung findet;
- innerhalb einer Frist von drei Monaten nach Kenntnis des Erbschaftsanfalls den Geschäftsbetrieb einstellt (§ 27 Abs. 2);
- nach h.M. entsprechend § 25 Abs. 2 alsbald eine Haftungsbeschränkung in das Handelsregister eintragen und bekanntmachen lässt oder sie dem Dritten mitteilt; streitig ist, ob § 25 Abs. 2, mit der Folge einer Haftungsbeschränkung auf den Nachlass, anwendbar ist (dazu aber unten Rn. 41);
- nach h.M. die Firma nicht fortführt.

---

[1] MünchKommHGB/*Lieb*, § 27 Rn. 1; *Heymann/Emmerich*, § 27 Rn. 1.
[2] Zur Entstehungsgeschichte und ratio der Vorschrift s. MünchKommHGB/*Lieb*, § 27 Rn. 2 ff.

II. Voraussetzungen (§ 27 Abs. 1) nach h.M.

6 Eine **handelsrechtliche Begrenzung** der erbrechtlichen Haftungsbeschränkungsmöglichkeiten tritt ein, wenn ein Erbe ein zum Nachlass gehörendes Handelsgeschäft unter der bisherigen Firma fortführt.

1. Handelsgeschäft

7 Der Erblasser muss ein **kaufmännisches** Handelsgeschäft als einzelkaufmännisches Unternehmen i.S.d. §§ 1 ff. betrieben haben; für Kannkaufleute (§§ 2, 3) ist deshalb die Eintragung im Handelsregister erforderlich. Eine entsprechende Anwendung auf **nichtkaufmännische** Betriebe ist nicht möglich[1]. Nicht erfasst von der Vorschrift wird die Vererbung von gesellschaftsrechtlichen Beteiligungen an Kapital- oder Personenhandelsgesellschaften[2]; für letztere Beteiligungen gelten die speziellen Vorschriften der §§ 139 und 177.

8 Durch entsprechende Anwendung von § 27 greift die **handelsrechtliche Erbenhaftung** auch dann ein, wenn ein Kommanditist, der nur beschränkt haftet, Alleinerbe des einzigen Komplementärs, somit Alleininhaber des Gesellschaftsvermögens wird und er das bisherige Gesellschaftsunternehmen als Einzelkaufmann weiterführt[3].

2. Erbe

9 Wer Erbe i.S.v. § 27 Abs. 1 ist, richtet sich ausschließlich nach den Vorschriften **des BGB;** der Berufungsgrund, ob Testament, Erbvertrag oder Gesetz, ist unerheblich. Erben sind auch die **Vor- und Nacherben**[4], nicht aber der Vermächtnisnehmer, auf dessen Erwerb § 25 unmittelbar anzuwenden ist (dazu unten Rn. 17). Jegliche Haftung entfällt aber, wenn der Erbe die Erbschaft wirksam ausschlägt, wobei eine, dann nur vorübergehende, Fortführung des Handelsgeschäfts sein Recht zur **Ausschlagung**, sofern sie fristgemäß erfolgt, unberührt lässt. Mit der Ausschlagung entfällt nur die Haftung für die Erblasserschulden; der Ausschlagende haftet aber für die nach dem Erbfall entstandenen Geschäftsverbindlichkeiten, da er mit dem Erbfall zunächst Unternehmensträger geworden ist. Für diese haftet aber auch der nächstberufene Erbe nach § 27[5].

---

1 A.A. *K. Schmidt*, HR, § 8 IV 2a, S. 267: Entscheidend ist nur die Unternehmensfortführung; differenzierend vor allem für den früheren Minderkaufmann *Heymann/ Emmerich*, § 27 Rn. 4.
2 *Staub/Hüffer*, § 27 Rn. 5; MünchKommHGB/*Lieb*, § 27 Rn. 13; *K. Schmidt*, HR, § 8 IV 2a, S. 267.
3 Vgl. dazu BGH v. 10.12.1990 – II ZR 256/89, BGHZ 113, 132, 134; zust. *K. Schmidt*, JZ, 1991, 734; *Lieb*, ZGR 1991, 572 ff.; *Marotzke*, ZHR 156 (1992), 25.
4 BGH v. 10.2.1960 – V ZR 39/58, BGHZ 32, 60, 62.
5 BGH v. 10.2.1960 – V ZR 39/58, BGHZ 32, 60, 66.

Der **vermeintliche Erbe** (Scheinerbe) fällt in analoger Anwendung von § 27 10
ebenfalls unter die Vorschrift; er hat deshalb für die Verbindlichkeiten des
Erblassers einzustehen. Stellt sich nachher die wahre Erblage heraus, unterliegt der wahre Erbe der Bestimmung des § 27, und zwar auch hinsichtlich
der vom Scheinerben begründeten Geschäftsverbindlichkeiten. Er kann aber,
da für ihn die Dreimonatsfrist erst mit Kenntnis des Anfalls der Erbschaft zu
laufen beginnt, Maßnahmen nach § 27 Abs. 2 ergreifen[1].

3. Geschäftsfortführung

a) Allgemeines

Unter **Fortführung des Handelsgeschäfts** versteht § 27 ebenso wie § 25 (dazu 11
oben § 25 Rn. 15) die Fortsetzung der geschäftlichen Tradition des Erblassers. Unter Fortführung ist hier ein tatsächlicher Vorgang zu verstehen, eine
besondere Willensentscheidung des Erben ist nicht Voraussetzung – er muss
sich vielmehr überlegen, ob er das Geschäft weiterführen oder den Geschäftsbetrieb einstellen will (§ 27 Abs. 2 S. 1)[2].

b) Fortführung durch Vertreter

Nach h.M. ist eine **persönliche Fortführung** des Unternehmens durch den 12
Erben nicht erforderlich; ausreichend ist die Fortführung durch einen bevollmächtigten oder gesetzlichen Vertreter[3]. Dem steht eine Geschäftsfortführung durch einen vorläufigen Insolvenzverwalter, der verwaltungs- und verfügungsbefugt ist (§ 22 Abs. 1 S. 1 InsO) gleich[4]; Gleiches gilt für den echten
Insolvenzverwalter für die Zeit bis zum Berichtstermin (§§ 156 ff. InsO).

Wird das Unternehmen durch **Nachlassinsolvenzverwalter, Nachlassverwalter oder Nachlasspfleger** fortgeführt, wird eine solche Fortführung nicht dem 13
Erben zugerechnet, überwiegend mit der Begründung, dass diese Personen
Parteien kraft Amtes seien[5]. Nach anderer Auffassung[6], die vorzuziehen ist,
liegt der Grund darin, dass eine solche „Fortführung" auf Abwicklung gerichtet und damit als Einstellung zu werten ist.

Wird das Unternehmen durch den **gesetzlichen Vertreter** eines minderjährigen Erben fortgeführt, verlangte das BVerfG[7] früher, dass dieser Vertreter 14

---
1 Dazu *K. Schmidt*, ZHR 157 (1993), 600, 618 f.; MünchKommHGB/*Lieb*, § 27 Rn. 16.
2 *Staub/Hüffer*, § 27 Rn. 5; MünchKommHGB/*Lieb*, § 27 Rn. 18.
3 RGZ 132, 138, 144; BGH v. 24.9.1959 – II ZR 46/59, BGHZ 30, 391, 395; BGH v. 27.3.1961 – II ZR 294/59, BGHZ 35, 13, 19; *Staub/Hüffer*, § 27 Rn. 7; *Heymann/Emmerich*, § 27 Rn. 6; *Baumbach/Hopt*, § 27 Rn. 3; MünchKommHGB/*Lieb*, § 27 Rn. 19; *K. Schmidt*, HR, § 8 IV 2c, S. 269.
4 Vgl. *Marotzke*, Das Unternehmen in der Insolvenz, 2000, Rn. 169; zum früheren Sequester nach § 106 KO a.F. *K. Schmidt*, HR, § 5 I d aa, S. 94; BGH v. 27.3.1961 – II ZR 294/59, BGHZ 35, 13, 17 f.; *Staub/Hüffer*, § 27 Rn. 8.
5 Z.B. BGH v. 27.10.1983 – I ARZ 334/83, BGHZ 88, 331, 334 m.w.N.; *Heymann/Emmerich*, § 27 Rn. 6.
6 MünchKommHGB/*Lieb*, § 27 Rn. 20.
7 Dazu BVerfG v. 13.5.1986 – 1 BvR 1542/84, BVerfGE 72, 155 ff. = NJW 1986, 1859.

den Minderjährigen ohne gerichtliche Genehmigung nicht über den Nachlass hinaus verpflichten konnte, die Haftung also auf das vorhandene Minderjährigenvermögen beschränkt war. Nach Einführung des § 1629a BGB ist eine gerichtliche Genehmigung für die Fortführung nicht erforderlich (vgl. unten Rn. 39).

15 Nach wohl h.M., der zuzustimmen ist, wird die Zulässigkeit der **Dauertestamentsvollstreckung** an einem Handelsgeschäft verneint[1]. Der Testamentsvollstrecker ist bei der **sog. Treuhandlösung** nicht Vertreter des Erben. In diesem Fall führt der Testamentsvollstrecker das Unternehmen im eigenen Namen fort[2]. Die Gläubiger können ihn in Anspruch nehmen, weil er selbst verpflichtet ist; die Zuordnung des Unternehmensvermögens bereitet aber Schwierigkeiten. Nimmt man eine **Ermächtigungstreuhand** an, bleibt das Unternehmensvermögen beim Erben, obwohl der Testamentsvollstrecker das Unternehmen fortführt und möglicherweise sogar – unzulässig – im Handelsregister eingetragen ist[3]. Bei einer **Vollrechtstreuhand** müsste das Unternehmensvermögen auf den Testamentsvollstrecker übertragen werden. Die sog. **Vollmachtslösung**[4] scheitert nach verbreiteter Meinung daran, dass es dem Erben nicht zumutbar ist, durch ein Handeln des Testamentsvollstreckers unbeschränkt verpflichtet zu werden, andererseits aber auf das Handeln des nicht selbst haftenden Testamentsvollstreckers keinen Einfluss zu haben. Deshalb wird zu Recht die Frage aufgeworfen, ob der Erblasser überhaupt die **Rechtsmacht** hat, eine Testamentsvollstreckung mit Vollmachtslösung über Auflagen und Bedingungen im Testament durchzusetzen[5]. Die aufgeworfenen Probleme löst *K. Schmidt*[6], jedenfalls auch praxisfreundlich, indem er davon ausgeht, dass jede Unternehmensfortführung durch einen Testamentsvollstrecker i.S.v. § 27 Abs. 1 eine **Fortführung durch den Erben** ist. Allerdings kann der Testamentsvollstrecker verpflichtet sein, das Unternehmen auf ein Handelsgeschäft zu überführen.

---

1 RGZ 132, 138; BGH v. 18.1.1954 – IV ZR 130/53, BGHZ 12, 100; KG, JW 1937, 2599; *Staub/Hüffer*, vor § 22 Rn. 74, § 27 Rn. 47; *Baumbach/Hopt*, § 27 Rn. 3; MünchKommHGB/*Lieb*, § 27 Rn. 23 ff.; *Brandner*, FS Stimpel, 1985, S. 991, 995 ff.; *K. Schmidt*, HR, § 5 Id bb, S. 95 ff.; a.A. *Krafka/Willer*, Registerrecht, 7. Aufl. 2007, Rn. 563; *Canaris*, HR, § 9 Rn. 37; wohl auch LG Konstanz v. 15.12.1989 – HT 4/89, NJW-RR 1990, 716; umfassend *Grigas*, BWNotZ 2002, 25 ff.
2 *Heymann/Emmerich*, § 27 Rn. 6; MünchKommHGB/*Lieb*, § 27 Rn. 25.
3 Die Eintragungsfähigkeit eines Testamentsvollstreckervermerks im Handelsregister wird bejaht durch LG Konstanz v. 15.12.1989 – HT 4/89, DB 1990, 726; dazu auch *K. Schmidt*, HR, § 5 I Id bb, S. 95 f., 97; dagegen KG v. 4.7.1995 – 1 W 5374/92, NJW-RR 1996, 227; *Soergel/Damrau*, § 2205 BGB Rn. 20. Der ablehnenden Auffassung, insbesondere der überzeugend begründeten Entscheidung des KG, ist zuzustimmen; weitere Nachweise siehe oben § 8 Rn. 24.
4 Dazu im Einzelnen MünchKommHGB/*Lieb*, § 27 Rn. 24.
5 Bejahend BGH v. 18.1.1954 – IV ZR 130/53, BGHZ 12, 100, 103; BayObLGZ 1969, 138; vgl. auch *Palandt/Edenhofer*, § 2205 BGB Rn. 9; Zweifel bei MünchKommHGB/*Lieb*, § 27 Rn. 24 m.w.N.
6 *K. Schmidt*, HR, § 8 IV 2c aa, S. 269.

c) Vor- und Nacherbe

§ 27 ist, da bei Vor- und Nacherbschaft immer **zwei Erbfälle** vorliegen, sowohl auf den Vor- als auch auf den Nacherben anwendbar[1]. Die Haftung des Nacherben umfasst auch die durch den Vorerben begründeten Geschäftsverbindlichkeiten, unabhängig davon, ob sie einer ordnungsgemäßen Verwaltung entsprechen[2].

d) Vermächtnis

Ist das vererbte Handelsgeschäft aufgrund Vermächtnisses vom Erben auf einen Dritten zu übertragen, hat das zur Folge, dass **zunächst der Erbe** das Handelsgeschäft fortführt, so dass die Voraussetzungen des § 27 Abs. 1 gegeben sind. Hingegen findet auf den **Erwerb des Vermächtnisnehmers** vom Erben, was für den Erben als Einstellung des Geschäfts i.S.v. § 27 Abs. 2 zu werten ist[3], § 25 unmittelbar Anwendung, da ein rechtsgeschäftlicher Erwerb vorliegt[4]. Ob Vermächtnisnehmer und Erbe einen Haftungsausschluss nach § 25 Abs. 2 vereinbaren können, erscheint zweifelhaft[5].

4. Firmenfortführung

Nach h.M.[6] enthält § 27 eine **Rechtsgrundverweisung** auf § 25, so dass weitere Voraussetzungen für die unbeschränkte Haftung des Erben nach § 25 Abs. 1 die Fortführung der Firma ist, unter der auch der Erblasser das Handelsgeschäft geführt hat. Damit hat der Erbe die Möglichkeit, die handelsrechtliche Haftung allein dadurch zu vermeiden, dass er eine neue Firma annimmt. Nach anderer Auffassung[7] liegt eine **Rechtsfolgenverweisung** vor, die eine Haftung unabhängig von der Firmenfortführung eintreten lässt und den Erben zur Vermeidung der unbeschränkten Haftung auf § 27 Abs. 2 verweist. Vieles spricht für diese Auffassung, da sie ein klares Haftungskonzept hat und für den Erben auch keine unzumutbare **Haftungserweiterung** bedeutet. Dieser Meinung sollte gefolgt werden. Bei § 25 Abs. 1 gehört die **Firmenfortführung** als haftungsbegründendes Merkmal zum gesetzlichen Tatbestand. Es ist aber nicht zu verkennen, dass dieses Merkmal schon deshalb mehr und mehr an Bedeutung verliert, weil die Rechtsprechung zu § 25, insbesondere auch die des BGH, für die Haftungsfrage der unveränderten Firmenfortführung immer weniger Bedeutung beimisst, eine Fortführung auch

---

1 BGH v. 10.2.1960 – V ZR 39/58, BGHZ 32, 60, 62 für den Nacherben; *Heymann/Emmerich*, § 27 Rn. 9; *Staub/Hüffer*, § 27 Rn. 9; MünchKommHGB/*Lieb*, § 27 Rn. 29.
2 BGH v. 10.2.1960 – V ZR 39/58, BGHZ 32, 60, 66 ff.; MünchKommHGB/*Lieb*, § 27 Rn. 29; *Staub/Hüffer*, § 27 Rn. 17; *Baumbach/Hopt*, § 27 Rn. 4.
3 MünchKommHGB/*Lieb*, § 27 Rn. 30; einschränkend *Staub/Hüffer*, § 27 Rn. 45.
4 Allg. M., vgl. nur *Staub/Hüffer*, § 27 Rn. 42; *Heymann/Emmerich*, § 27 Rn. 5; MünchKommHGB/*Lieb*, § 27 Rn. 29.
5 Bejahend *Staub/Hüffer*, § 27 Rn. 43.
6 *Heymann/Emmerich*, § 27 Rn. 9; *Staub/Hüffer*, § 27 Rn. 10 f.; *Baumbach/Hopt*, § 27 Rn. 3; *Canaris*, HR § 7 Rn. 109, 111.
7 MünchKommHGB/*Lieb*, § 27 Rn. 32; *K. Schmidt*, HR, § 8 IV 2b, S. 268; *Lieb*, FS Börner, 1992, S. 747, 760 f.

noch bei erheblichen Änderungen der Firma bejaht und verstärkt auf die Unternehmenskontinuität abstellt (dazu oben § 25 Rn. 16 f., 19). Im Gesetzestext des § 27 erscheint der Begriff „Firmenfortführung" nicht. Der Erbe wird mit dem Erbgang Unternehmensträger und bleibt es, unabhängig davon, ob er auch die Firma fortführt oder nicht. Die unbeschränkte Haftung nach § 25 Abs. 1 S. 1 kann er nur unter den Voraussetzungen des § 27 Abs. 2, der gegenüber § 25 Abs. 2 lex specialis ist, vermeiden (dazu unten Rn. 41, 42).

19 Bei der h.M. tritt das Problem auf, inwieweit die **Firma** durch den Erben **verändert** werden muss, dass sie sich von der Firma des Erblassers deutlich und wesentlich im Kern unterscheidet[1]. In der Praxis entstehen dadurch **Abgrenzungsschwierigkeiten**, die bei Annahme einer Rechtsfolgenverweisung nicht auftreten. Nach h.M. steht die Hinzufügung eines Nachfolgezusatzes einer Firmenfortführung nicht entgegen; eine solche wird auch angenommen, wenn Erblasser und Erbe **denselben Namen** haben[2].

20 Streitig ist, **wann** der Erbe spätestens die Firma ändern muss, um den Eintritt einer unbeschränkten Haftung zu vermeiden. Gegenüber der Auffassung, dass der Erbe die neue Firma **unverzüglich** wählen muss[3], verdient die Meinung den Vorzug, dass ihm auch insoweit die Dreimonatsfrist des § 27 Abs. 2 als **Überlegungsphase** zur Verfügung stehen soll, wenn man überhaupt eine Firmenfortführung als Haftungsvoraussetzung bejaht[4]. Ändert der Erbe die Firma bis zum Ablauf der Frist, kommen nach h.M. die §§ 27, 25 Abs. 1 nicht mehr zur Anwendung; eine Haftung könnte nur noch gegeben sein, wenn ein besonderer Verpflichtungsgrund nach § 25 Abs. 3 vorliegt, der anwendbar ist, wenn man § 27 als Rechtsgrundverweisung auffasst[5].

III. Rechtsfolgen

1. Unbeschränkte Haftung

21 Die gesetzlichen Bestimmungen der §§ 27, 25 sind nicht als spezielle rechtliche **Haftungsanordnung** zu verstehen, da die Haftung des Erben im Grundsatz schon aus den erbrechtlichen Vorschriften der §§ 1967 ff. BGB folgt. Tatsächlich ist die Regelung in § 27 Abs. 1 als **Einschränkung der** erbrechtlichen **Haftungsbegrenzungsmöglichkeiten** einzustufen[6]. Im Prozess wegen Geschäftsverbindlichkeiten hat der Erbe nicht die Möglichkeit, sich nach § 780 ZPO eine beschränkte Erbenhaftung im Urteil vorbehalten zu lassen;

---

1 Darauf weist auch MünchKommHGB/*Lieb*, § 27 Rn. 34, hin.
2 *Staub/Hüffer*, § 27 Rn. 17; *Heymann/Emmerich*, § 27 Rn. 9.
3 *Staub/Hüffer*, § 27 Rn. 26; *Heymann/Emmerich*, § 27 Rn. 10; vgl. auch *Baumbach/Hopt*, § 27 Rn. 5.
4 MünchKommHGB/*Lieb*, § 27 Rn. 35; *Canaris*, HR, § 7 Rn. 110; *A. Hueck*, ZHR 108 (1941), 1, 16 ff.
5 *Heymann/Emmerich*, § 27 Rn. 10.
6 So auch *Staub/Hüffer*, § 27 Rn. 13; *Heymann/Emmerich*, § 27 Rn. 11; MünchKommHGB/*Lieb*, § 27 Rn. 37.

die Haftungsfrage muss vielmehr schon im Erkenntnisverfahren entschieden werden[1].

Wird das Geschäft von **mehreren Miterben** fortgeführt, dazu auch unten Rn. 36, haften sie unter Anwendung der §§ 27, 25 als **Gesamtschuldner** für Geschäftsverbindlichkeiten unbeschränkt und unbeschränkbar persönlich[2].

2. Geschäftsverbindlichkeiten

Der Begriff bedarf der **Abgrenzung**, weil der Erbe dafür auch mit seinem Privatvermögen haftet, es sei denn, er schließt die handelsrechtliche Haftung aus. Geschäftsverbindlichkeiten sind auch hier zu definieren wie nach § 25 Abs. 1 (dazu oben § 25 Rn. 25 ff.).

Erfasst werden von dem Begriff die **sog. Altschulden**, das sind die vom Erblasser begründeten Geschäftsverbindlichkeiten. Darüber besteht Einigkeit. Ob und in welchem Umfang, Erbfallschulden und Nachlasserbenschulden dazu zählen, wird nicht einheitlich beantwortet.

Zu den früheren Geschäftsverbindlichkeiten werden häufig auch die **Erbfallschulden** des § 1967 Abs. 2 BGB, also die Verbindlichkeiten aus Pflichtteilsrechten, Vermächtnissen und Auflagen gerechnet[3]. Die Tatsache, dass es sich dabei um Nachlassverbindlichkeiten handelt, macht sie noch nicht zu Geschäftsverbindlichkeiten mit entsprechender handelsrechtlicher Haftung. Gegenteiliges lässt sich auch aus der Entscheidung des BGH[4], die den Sonderfall einer Vor- und Nacherbschaft betrifft, nicht herleiten[5].

Zu den Geschäftsverbindlichkeiten zählen grundsätzlich die **Nachlasserbenschulden**, worunter die Verbindlichkeiten zu verstehen sind, die vom Erben wegen der Fortführung des Handelsgeschäfts begründet werden[6]. Für solche Nachlasserbenschulden haftet zunächst der Erbe persönlich, sofern er nicht eine rechtsgeschäftliche Beschränkung der Haftung auf den Nachlass erreicht hat[7]. Daneben kann aber auch für diese **Neuschulden** der Nachlass in Anspruch genommen werden[8]. Gelingt es dem Erben, die Haftung auf den Nachlass zu beschränken, steht diese Vermögensmasse den **Alt- und Neugläubigern** zur Verfügung.

Allerdings soll der Zugriff auf den Nachlass nur für solche Nachlasserbenschulden offen stehen, die als durch ordnungsgemäße Verwaltung i.S.v.

---

1 RGZ 88, 218, 219 f.; *Heymann/Emmerich*, § 27 Rn. 11a.
2 Vgl. § 2058 BGB; *Heymann/Emmerich*, § 27 Rn. 13.
3 So *Staub/Hüffer*, § 27 Rn. 17; *Heymann/Emmerich*, § 27 Rn. 14a.
4 BGH v. 10.2.1960 – V ZR 39/58, BGHZ 32, 60 ff.
5 Zutreffend MünchKommHGB/*Lieb*, § 27 Rn. 39.
6 *Heymann/Emmerich*, § 27 Rn. 14a; MünchKommHGB/*Lieb*, § 27 Rn. 40.
7 RGZ 146, 343, 345; *Staub/Hüffer*, § 27 Rn. 18; *Heymann/Emmerich*, § 27 Rn. 15; *K. Schmidt*, HR, § 8 IV 1a, S. 265 ff.
8 RGZ 90, 91, 95; BGH v. 10.2.1960 – V ZR 39/58, BGHZ 32, 60; MünchKommHGB/*Lieb*, § 27 Rn. 40; *Grote*, BB 2001, 2598.

§ 1978 BGB entstanden anzusehen sind[1]. Der Begriff **„ordnungsgemäße Verwaltung"** bringt bei der Fortführung eines Unternehmens erhebliche Abgrenzungsschwierigkeiten.

28 Anders als bei einer reinen Immobiliar- oder Vermögensverwaltung ist ein Unternehmen als Verwaltungsobjekt ein lebendiges Gebilde, das sich am und im Markt bewegt und ständig unternehmerische Entscheidungen unter Abwägung von Marktchancen und Marktrisiken erfordert. Demnach muss in diesem Bereich ein ganz weiter **unternehmerischer Ermessensspielraum** eröffnet werden, der sich nicht ohne weiteres an den Maßstäben „eines sorgfältigen Beobachters"[2] orientieren kann. Deshalb ist eine Haftung des Nachlasses für Verbindlichkeiten, die bei der Fortführung des Handelsgeschäfts entstanden sind, in aller Regel ohne weitere Prüfung zu bejahen[3]. Eine daraus folgende „Benachteiligung" der **Altgläubiger** soll dadurch vermieden werden, dass man annimmt, das Unternehmen scheide mit der Zeit aus dem Nachlass aus, wenn der Erbe durch persönliche Leistung und Risikofreude eine maßgebliche Umgestaltung des Unternehmens herbeigeführt habe und somit der Bezug des Unternehmens zum Nachlass immer weniger erkennbar werde[4]. Die Folge davon wäre, dass dann die **Neugläubiger** für Geschäftsverbindlichkeiten, die nach dieser Unternehmensumgestaltung entstanden sind, keinen Zugriff auf den Nachlass hätten. Diese Abgrenzungskriterien sind für die Praxis unbrauchbar und können bei komplexen Unternehmen, wenn überhaupt, nur durch umfangreiche Sachverständigengutachten und auch dann nur annähernd festgelegt werden. Somit ist die **Teilnahme** von Neugläubigern an der **Nachlassverwaltung** und an der Nachlassinsolvenz in der Regel nicht zu verhindern; ein hinzunehmendes, aber auch hinnehmbares Ergebnis[5].

IV. Ausschluss der Haftung

1. Ausschlagung

29 Die **Fortführung des Handelsgeschäfts** durch den Erben begründet nicht die Annahme der Erbschaft (vgl. § 27 Abs. 2 S. 3). Er kann unabhängig von der Dreimonatsfrist des § 27 Abs. 2 die Erbschaft innerhalb der Ausschlagungsfrist (§§ 1942, 1944 BGB) **ausschlagen** mit der Folge, dass er nicht Erbe geworden ist (§ 1953 Abs. 1 BGB) und seine Haftung aus §§ 27, 25 entfällt. Allerdings haftet er persönlich für die von ihm aus der Fortführung des Handelsgeschäfts herrührenden Geschäftsverbindlichkeiten. Für den nach ihm berufenen Erben ist dann die Haftung erneut nach §§ 27, 25 gegeben.

---

1 RGZ 90, 91, 95; BGH v. 10.2.1960 – V ZR 39/58, BGHZ 32, 60; BGH v. 31.1.1990 – IV ZR 326/88, BGHZ 110, 176, 179 ff.
2 So *Heymann/Emmerich*, § 27 Rn. 14a.
3 So vor allem *Reuter*, ZHR 135 (1971), 511, 521 ff.; ferner MünchKommHGB/*Lieb*, § 27 Rn. 41.
4 OLG Braunschweig v. 23.7.1909 – FZS., OLGE 19, 231, 232; *Uhlenbruck*, 12. Aufl. 2002, § 315 InsO Rn. 8.
5 Zutreffend MünchKommHGB/*Lieb*, § 27 Rn. 42 f. m.w.N.

Für das Verhältnis zwischen vorläufigem und endgültigem Erben ist § 1959 BGB maßgebend. Solange die **Ausschlagungsfrist** noch läuft, müsste eine von einem Geschäftsgläubiger erhobene **Klage** wegen Geschäftsverbindlichkeiten als **unzulässig** zurückgewiesen werden[1]. Schließt der Erbe nur seine handelsrechtliche Haftung nach § 27 Abs. 2 aus, bleibt er Erbe und haftet weiterhin nach §§ 1967 ff. BGB.

2. Einstellung des Geschäftsbetriebs (§ 27 Abs. 2)

Die unbeschränkte und unbeschränkbare handelsrechtliche Haftung des Erben scheidet aus, wenn er den Geschäftsbetrieb einstellt. Mit der Einstellung der Fortführung des Geschäftsbetriebs wird die erbrechtlich erworbene Unternehmensträgerschaft aufgegeben. Dazu gewährt ihm das Gesetz eine Überlegungsfrist von **drei Monaten ab Kenntnis** vom Anfall der Erbschaft. Umstritten ist, welche Voraussetzungen gegeben sein müssen, um eine „Einstellung des Geschäftsbetriebs" annehmen zu können. 30

Nach **überwiegender Meinung** sind die Voraussetzungen gegeben, wenn der Erbe das Geschäft an den Insolvenzverwalter oder Nachlassverwalter herausgibt, oder es ohne Firma unverzüglich weiterveräußert oder verpachtet[2]. Allgemein wird daher angenommen, dass die Einstellung eine **endgültige Trennung** des Erben von dem Geschäft und dem darin verkörperten wirtschaftlichen Wert erfordert[3]. Danach soll eine Einstellung nicht gegeben sein, wenn das Geschäft mit Firma veräußert oder verpachtet wird, wenn es nach ursprünglicher Fortführung verpachtet wird oder es erst nachträglich zur Änderung der Firma kommt[4]. 31

Nach **anderer Auffassung**[5], die den Vorzug verdient, ist **jede Veräußerung** des Unternehmens, ob mit oder ohne Firma, als Einstellung zu werten. Die Einstellung der Unternehmensfortführung bedeutet Aufgabe der Unternehmensträgerschaft. Bei einer Verpachtung ist eine Einstellung eher zu verneinen; zwar wechselt der Unternehmensträger, es fehlt aber eine vollständige Lösung des Erben vom Geschäft. 32

Durch die **Einbringung des ererbten Unternehmens** in eine Personenhandelsgesellschaft oder Kapitalgesellschaft, an der der Erbe gesellschaftsrechtlich beteiligt ist, erfolgt zwar ein Wechsel des Unternehmensträgers, aber auch hier trennt sich der Erbe nicht vom Unternehmen, so dass im Ergebnis 33

---

1 Vgl. § 1958 BGB; *Heymann/Emmerich*, § 27 Rn. 16.
2 So *Heymann/Emmerich*, § 27 Rn. 20; vgl. ferner *Staub/Hüffer*, § 27 Rn. 26, aber auch Rn. 29; *Baumbach/Hopt*, § 27 Rn. 5.
3 Z.B. RGZ 56, 196, 198 f.; *Staub/Hüffer*, § 27 Rn. 28 f.; *Heymann/Emmerich*, § 27 Rn. 20.
4 So *Heymann/Emmerich*, § 27 Rn. 20 m.w.N.
5 MünchKommHGB/*Lieb*, § 27 Rn. 52; *Canaris*, HR, § 7 Rn. 108; *K. Schmidt*, HR, § 8 IV 3b, S. 273 ff.

die Einbringung des Unternehmens in eine andere Gesellschaft keine Einstellung des fortgeführten Geschäfts bedeutet[1].

34 Eine Einstellung ist auch nicht anzunehmen, wenn der Erbe das Unternehmen **in sein eigenes**, bereits existierendes **Unternehmen einbringt.** Diese Frage kann für § 27 und § 25 verschieden zu beantworten sein[2] (siehe oben § 25 Rn. 15).

3. Frist

35 Die **Überlegungsfrist** (oben Rn. 30) von **drei Monaten** kann sich verlängern, wenn eine geschäftsunfähige oder in der Geschäftsfähigkeit beschränkte Person, die keinen gesetzlichen Vertreter hat (die bloße tatsächliche Verhinderung, z.B. wegen Krankheit, reicht nicht aus), Erbe wird (§ 27 Abs. 2 S. 2, § 210 BGB). In einem solchen Fall findet die Ablaufhemmung des § 210 BGB mit der Maßgabe Berücksichtigung, dass die dortige Frist von sechs Monaten durch die Dreimonatsfrist des § 27 Abs. 2 zu ersetzen ist. Im Gegensatz zur Vorgängervorschrift des § 206 BGB a.F. wirkt § 210 BGB nicht nur zugunsten der nicht voll Geschäftsfähigen, sondern auch zu deren Lasten. Dennoch sollte der Gläubiger in solchen Fällen zweckmäßigerweise den Weg über § 57 ZPO beschreiten[3]. Eine **Verlängerung** der Dreimonatsfrist ergibt sich auch, wenn bei ihrem Ablauf die Ausschlagungsfrist noch nicht abgelaufen ist; dann endet die Dreimonatsfrist frühestens mit dem Ablauf der Ausschlagungsfrist (§ 27 Abs. 2 S. 3)[4].

4. Miterben

36 Bei mehreren Erben wird die **Erbengemeinschaft** mit dem Erbfall **Unternehmensträger.** Alle Miterben haften für die Unternehmensverbindlichkeiten unbeschränkt.

Der BGH geht davon aus, dass es bei einer **rein tatsächlichen Fortführung** des Handelsgeschäfts durch einen oder einige Miterben von einer Fortführung des Geschäfts durch die Erben nur gesprochen werden könne, wenn die restlichen Erben zur Fortführung ihre **Zustimmung**, sei es ausdrücklich, sei es konkludent gegeben haben[5]. Nach anderer Auffassung[6] wird das ererbte Handelsgeschäft automatisch, also willensunabhängig von der Erbengemeinschaft fortgeführt. Aufgrund der Haftungsrisiken ist anzunehmen, dass eine Fortführung des Geschäfts über die Frist des § 27 Abs. 2 hinaus der Zustimmung aller Miterben bedarf. Dennoch muss aber auch jedem Miterben die

---

1 Str., wie hier MünchKommHGB/*Lieb*, § 27 Rn. 54 f.; a.A. *K. Schmidt*, HR, § 8 IV 3a, S. 275; *K. Schmidt*, NJW 1985, 2785, 2790; *K. Schmidt*, ZHR 157 (1993), 600, 614; § 27 gibt dem Erben die Möglichkeit, sich durch Gründung einer Gesellschaft der unbeschränkten Haftung zu entziehen.
2 MünchKommHGB/*Lieb*, § 27 Rn. 58.
3 *Palandt/Heinrichs*, § 210 BGB Rn. 1.
4 Dazu *Staub/Hüffer*, § 27 Rn. 30, 31; *Heymann/Emmerich*, § 27 Rn. 21.
5 Z.B. BGH v. 10.2.1960 – V ZR 39/58, BGHZ 32, 60, 67.
6 So MünchKommHGB/*Lieb*, § 27 Rn. 66.

Möglichkeit gegeben sein, innerhalb der Frist des § 27 Abs. 2 für sich die Einstellung der Fortführung erreichen zu können. Nimmt man an, dass die Einstellung nur durch Mehrheitsbeschluss nach § 2038 Abs. 2 BGB möglich ist[1], könnte daran gedacht werden, für den einzelnen Miterben den Haftungsausschluss durch einseitige Erklärung nach § 25 Abs. 2 analog (dazu unten Rn. 41 f.) zuzulassen. Andernfalls bleibt nur die Möglichkeit, den Miterben, der die unbeschränkte Haftung vermeiden will, auf den Weg der **(Teil-)Auseinandersetzung** gemäß § 2042 BGB innerhalb der Dreimonatsfrist zu verweisen[2].

5. Rechtsfolgen

Wird das **Handelsgeschäft** innerhalb der Überlegungsfrist des § 27 Abs. 2 **eingestellt** – eine unverzügliche Einstellung nach dem Erbfall kann nicht gefordert werden, weil damit dem Erben eine zu diesem Zeitpunkt unzumutbare Entscheidung abverlangt würde –, **entfällt** damit die unbeschränkte und unbeschränkbare **Haftung** nach § 27 für Altschulden. Für diese haftet der Erbe dann nur noch nach den Vorschriften des BGB mit der Möglichkeit der Haftungsbeschränkung. 37

Für **Geschäftsverbindlichkeiten**, die der Erbe für die Zeit **nach dem Erbfall** und bis zur Einstellung des Geschäftsbetriebs selbst begründet hat, haftet er weiterhin persönlich. Für solche Neuschulden kann eine beschränkte Haftung in Betracht kommen, wenn der Erbe mit den Gläubigern eine Vereinbarung trifft, dass er auch für Neuschulden nur mit dem Nachlass haftet[3]. 38

V. Erbengemeinschaft

Wird das Handelsgeschäft durch **mehrere Erben** fortgeführt, bedarf es nicht notwendigerweise eines **gesellschaftsrechtlichen Zusammenschlusses** der Erben. Das Handelsgeschäft des Einzelkaufmanns kann in ungeteilter Erbengemeinschaft zeitlich unbegrenzt fortgeführt werden. Werden sämtliche Miterbenanteile veräußert, können die Erwerber ihrerseits das Handelsgeschäft nicht in ungeteilter Erbengemeinschaft fortführen. Das gilt selbst für den Fall der Veräußerung des ererbten Handelsgeschäfts durch die Vorerben an die Nacherben in vorweggenommener Erbfolge[4]. Wird das Handelsgeschäft in ungeteilter Erbengemeinschaft fortgeführt, bedürfen die gesetzlichen Vertreter minderjähriger Erben nach BGH keiner vormundschaftsgerichtlichen Genehmigung[5]. Dagegen hat das BVerfG entschieden[6], der gesetzliche Schutz des minderjährigen Miterben erfordere bei der Fort- 39

---

1 So *Heymann/Emmerich*, § 27 Rn. 22.
2 Dazu MünchKommHGB/*Lieb*, § 27 Rn. 67.
3 *Heymann/Emmerich*, § 27 Rn. 24.
4 KG v. 29.9.1998 – 1 W 4007/97, NJW-RR 1999, 880; vgl. auch BGH v. 10.2.1960 – V ZR 39/58, BGHZ 32, 60.
5 BGH v. 8.10.1984 – II ZR 223/83, BGHZ 92, 259; Kritik an dieser Entscheidung bei MünchKommHGB/*Lieb*, § 27 Rn. 69, 70.
6 BVerfG v. 13.5.1986 – 1 BvR 1542/84, BVerfGE 72, 155.

führung eines ererbten Handelsgeschäftes entweder eine vormundschaftsgerichtliche Genehmigung oder es ist sichergestellt, dass der Minderjährige als Miterbe nicht über das ererbte Vermögen hinaus zum Schuldner wird. Dem hat inzwischen der Gesetzgeber durch Einfügung von § 1629a BGB nach dem MHbeG (dazu oben § 15 Rn. 43 m.N.) Rechnung getragen, wonach die Haftung des Minderjährigen auf das bei Eintritt der Volljährigkeit vorhandene Vermögen begrenzt wird. Die Frist des § 27 Abs. 2 läuft für alle Miterben einheitlich, endet somit also mit dem Ende der für einen Miterben am längsten laufenden Frist.

40 Bei **Firmierung, Anmeldung** und **Eintragung** im Handelsregister sollte, nicht zuletzt auch im Hinblick auf das HRefG, das Rechtsformbezeichnungen obligatorisch macht, der Zusatz „in Erbengemeinschaft" oder ähnlich verpflichtend sein, auch wenn es sich dabei um keine Rechtsformbezeichnung im engeren Sinne handelt. Dem Unternehmensträger „Erbengemeinschaft" ist die Kaufmannseigenschaft zuzubilligen, er ist firmenfähig; die Anerkennung einer **Teilrechtsfähigkeit** bei analoger Anwendung von § 124 erscheint konsequent[1].

VI. Haftungsausschluss analog § 25 Abs. 2

41 Streitig ist, ob die Verweisung in § 27 Abs. 1 auch **auf § 25 Abs. 2 Bezug** nimmt. Die Frage wird zwar von der noch überwiegenden Meinung bejaht[2], sollte aber verneint werden[3]. Die **bejahende Meinung** hält, da eine Vereinbarung nicht möglich ist, eine einseitige Erklärung des Erben entweder durch „alsbaldige" Eintragung im Handelsregister und Bekanntmachung oder durch besondere Mitteilung an die einzelnen Geschäftsgläubiger für ausreichend.

42 Dem ist **nicht zu folgen.** Abgesehen davon, dass eine solche Erklärung unverzüglich abgegeben werden soll, dem Erben damit eine Überlegungsfrist abgeschnitten wird, wird ein Institut geschaffen, durch das mit einer einseitigen Erklärung eine gesetzliche Haftungsanordnung beseitigt werden kann. Auch die Tatsache, dass § 27 Abs. 2 eine spezielle Norm ist, spricht gegen die analoge Anwendung von § 25 Abs. 2. Diese Vorschrift fordert aus guten Gründen **eine Vereinbarung** zwischen Veräußerer und Erwerber, um die Haftung nach § 25 Abs. 1 auszuschließen. Da eine solche Ausschlussvereinbarung für § 25 unerlässlich ist, kommt eine entsprechende Anwendung auf die Fälle des § 27 nicht ohne weiteres in Betracht; die hier nicht mögliche Vereinbarung sollte nicht im Wege der Analogie durch eine **einseitige Willenserklärung** ersetzt werden können. Hinzu kommt, dass zum Zeitpunkt des Geschäftsübergangs nach § 25 die Vereinbarung über den Haftungsaus-

---

1 Dazu ausführlich MünchKommHGB/*Lieb*, § 27 Rn. 61 ff. und 83.
2 *Heymann/Emmerich*, § 27 Rn. 18; *Staub/Hüffer*, § 27 Rn. 22; *Baumbach/Hopt*, § 27 Rn. 8; *Canaris*, HR, § 7 Rn. 111; *Krug*, ZEV 2001, 52; *A. Hueck*, ZHR 108 (1941), 1, 7 ff.; KG, JFG 22, 70, 71 ff. mit Anm. *Groschuff*, DR 1940, 2009.
3 So MünchKommHGB/*Lieb*, § 27 Rn. 50; *K. Schmidt*, HR, § 8 IV 3a, S. 271 f.; *Grote*, BB 2001, 2595; *Reuter*, ZHR 135 (1971), 511, 524 ff.; *Lieb*, FS Börner, 1992, S. 747.

schluss bereits vorliegen muss. Für die Fälle des § 27 passt § 25 Abs. 2 nicht. Eine analoge Anwendung ist nach dem Normzweck auch nicht erforderlich. Enthält § 27 Abs. 1 nur eine Rechtsfolgenverweisung (dazu oben Rn. 18), kann die Haftung aus § 25 nicht durch eine Vermeidung des Haftungstatbestandes ausgeschlossen werden. Den gesetzlich anerkannten Ausschließungsgrund enthält allein die eigenständige Regelung des § 27 Abs. 2[1].

§ 28
Eintritt in das Geschäft eines Einzelkaufmanns

(1) Tritt jemand als persönlich haftender Gesellschafter oder als Kommanditist in das Geschäft eines Einzelkaufmanns ein, so haftet die Gesellschaft, auch wenn sie die frühere Firma nicht fortführt, für alle im Betriebe des Geschäfts entstandenen Verbindlichkeiten des früheren Geschäftsinhabers. Die in dem Betriebe begründeten Forderungen gelten den Schuldnern gegenüber als auf die Gesellschaft übergegangen.

(2) Eine abweichende Vereinbarung ist einem Dritten gegenüber nur wirksam, wenn sie in das Handelsregister eingetragen und bekanntgemacht oder von einem Gesellschafter dem Dritten mitgeteilt worden ist.

(3) Wird der frühere Geschäftsinhaber Kommanditist und haftet die Gesellschaft für die im Betrieb seines Geschäfts entstandenen Verbindlichkeiten, so ist für die Begrenzung seiner Haftung § 26 entsprechend mit der Maßgabe anzuwenden, dass die in § 26 Abs. 1 bestimmte Frist mit dem Ende des Tages beginnt, an dem die Gesellschaft in das Handelsregister eingetragen wird. Dies gilt auch, wenn er in der Gesellschaft oder einem ihr als Gesellschafter angehörenden Unternehmen geschäftsführend tätig wird. Seine Haftung als Kommanditist bleibt unberührt.

Übersicht

	Rn.		Rn.
I. Allgemeines		b) Handelsgeschäft	19
1. Inhalt	1	c) Geschäftsfortführung	20
2. Normzweck	3	d) Einzelkaufmann	24
3. Anwendungsbereich		e) Eintretender	25
a) Gesetzeswortlaut des § 28 Abs. 1	5	f) Neue Gesellschaft	26
b) Analoge Anwendung	7	g) Keine Firmenfortführung	27
II. Haftung der Gesellschaft		2. Rechtsfolgen	
1. Tatbestandsvoraussetzungen		a) Gesetzlicher Schuldbeitritt	28
a) Gesellschaftsvertrag		b) Haftung für Geschäftsverbindlichkeiten	29
aa) Abschluss	13	c) Forthaftung des Einzelkaufmanns	30
bb) Fehlerhafte Gesellschaftsgründung	16	d) Haftung beitretender Gesellschafter	31
cc) Haftung des Beitretenden	18	e) Schuldtitel	32
		f) Neuschulden	33

---
1 *K. Schmidt*, HR, § 8 IV 3a, S. 272.

	Rn.		Rn.
III. „Forderungsübergang" (§ 28 Abs. 1 S. 2)	34	V. Verhältnis zu anderen Vorschriften	40
IV. § 28 Abs. 2	35	VI. Enthaftungsregelung (§ 28 Abs. 3)	42

Schrifttum: S. zu §§ 25, 26; ferner *Bruns*, Die Haftung des neuen Sozius für alte Schulden, ZIP 2002, 1602; *Hirtz*, Rechtliche Auswirkungen der Partnerwahl, AnwBl. 2008, 82; *Honsell/Harrer*, Die Haftung für Altschulden nach §§ 28, 130 HGB bei arglistiger Täuschung, ZIP 1983, 259; *Lieb*, Die Haftung für Altschulden bei „Eintritt" eines Gesellschafters in nicht- oder minderkaufmännisches Unternehmen, FS Westermann, 1974, S. 309; *Lindacher*, Akzessorische Gesellschafterhaftung bei Gesellschaftsschulden nach § 28 HGB, NZG 2002, 113; *Säcker*, Die handelsrechtliche Haftung für Altschulden bei Übertragung und Vererbung von Handelsgeschäften, ZGR 1973, 261; *K. Schmidt*, Haftungsprobleme der „bürgerlich-rechtlichen Kommanditgesellschaft", DB 1973, 653, 703; *K. Schmidt*, Analoge Anwendung von § 28 HGB auf die Sachgründung freiberuflicher und gewerbetreibender BGB-Gesellschaften?, BB 2004, 785; *K. Schmidt*, Die Sozietät als Sonderform der BGB-Gesellschaft, NJW 2005, 2801; *Servatius*, Der Anfang vom Ende der unechten Vorgesellschaft? Zur Anwendbarkeit von § 28 HGB bei der Gründung von Kapitalgesellschaften, NJW 2001, 1696; *Waskönig*, Rechtsgrund und Tragweite der §§ 25, 28 HGB, Diss. Bonn 1979.

I. Allgemeines

1. Inhalt

1 **§ 28 regelt**, wer für die Verbindlichkeiten eines Geschäfts haftet und wem die Forderungen eines Geschäfts zustehen, wenn ein Einzelkaufmann einen Teilhaber in sein Geschäft aufnimmt und dadurch eine Gesellschaft entsteht, in die der Einzelkaufmann sein Geschäft einbringt. Im **Unterschied zu § 25**, der den vollständigen Wechsel des Unternehmensträgers zum Gegenstand hat, bleibt der frühere Inhaber bei § 28 am neuen Unternehmensträger, nach dem Gesetzeswortlaut eine OHG oder KG, als Gesellschafter beteiligt.

2 Die Gesetzesformulierung „**Eintritt**" ist irreführend; es handelt sich hier vielmehr um die Gründung einer Gesellschaft, in die der Einzelkaufmann sein bisheriges Geschäft als **Sacheinlage** einbringt. Die Bestimmung regelt nur die Haftung der Gesellschaft für Altschulden des eingebrachten Geschäfts, nicht aber die Haftung des „Eintretenden". Anders als nach § 25 ist für die Haftung der Gesellschaft eine **Firmenfortführung** nicht erforderlich; die dadurch bei § 25 angezeigte Haftungskontinuität ergibt sich bei § 28 aus der personellen Kontinuität[1]. Bindeglied zwischen dem alten und dem neuen Geschäft ist bei § 25 die Firma, bei § 28 die Person.

2. Normzweck

3 Ähnlich wie bei § 25 findet sich auch bei § 28 ein vergleichbarer **Theorienstreit**, der kurz mit Erklärungs-, Rechtsschein- und Haftungsfondtheorie zu umschreiben ist (dazu oben Vor §§ 25–28 Rn. 4 f.); zusätzlich wird für § 28

---
1 MünchKommHGB/*Lieb*, § 28 Rn. 2; vgl. auch *K. Schmidt*, HR, § 8 III 1 b dd, S. 261.

noch auf die Parallele zu § 130 hingewiesen[1]. Die Versuche, die Gesetzesnorm mit Theorien zu erklären, sind zahlreich wie bei § 25, aber gleichermaßen fruchtlos[2]. Wegen der Schwierigkeiten, die Altgläubiger hätten, wenn sie nur in den Gesellschaftsanteil des früheren Geschäftsinhabers vollstrecken könnten (dazu unten § 135), erweist sich die Haftungsanordnung des § 28 Abs. 1 als erforderlich. Sie dient aber auch im Interesse der Sicherheit des Handels- und Rechtsverkehrs einer Klarstellung der Haftungsverhältnisse[3]. Streitig ist, ob der dem § 25 Abs. 2 nachgebildete und in § 28 Abs. 2 geregelte **Haftungsausschluss** sinnvoll war. Hält man die Bestimmung für sinnwidrig und entbehrlich[4], wäre auch dem Argument, auf eine BGB-Gesellschaft sei § 28 Abs. 1 nicht anwendbar, weil mangels Eintragung in das Handelsregister ein Haftungsausschluss nicht möglich wäre[5], der Boden entzogen.

§ 28 Abs. 3 wurde durch das **NachhBG**[6] eingefügt und somit das für §§ 26, 160 geschaffene Enthaftungskonzept ausgedehnt auf die Fälle des § 28[7]. Daraus wird gefolgert, dass die so geschaffene enge Beziehung zwischen §§ 26, 28 und 160 Anlass zu einer möglichst einheitlichen Auslegung dieser Bestimmungen sein muss[8]. 4

3. Anwendungsbereich

a) Gesetzeswortlaut des § 28 Abs. 1

Dem Wortlaut nach beschränkt sich die Haftungsregelung des § 28 Abs. 1 auf den Fall, dass durch einen Einzelkaufmann mit einer beliebigen anderen Person eine **OHG oder KG gegründet** wird, in die als Sacheinlage das einzelkaufmännische Geschäft eingebracht wird, der bisherige Geschäftsinhaber eine Gesellschafterstellung einnimmt und das eingebrachte Geschäft im Wesentlichen unverändert fortgeführt wird[9]. 5

---

1 Zum Sachgrund der Haftung aus § 28 vgl. z.B. RGZ 164, 115, 120; BGH v. 14.6.1961 – VIII ZR 73/60, NJW 1961, 1765; BGH v. 6.7.1966 – VIII ZR 92/64, NJW 1966, 1917; *Heymann/Emmerich*, § 28 Rn. 7 unter Hinweis auf vollstreckungsrechtliche Schwierigkeiten für Altgläubiger; eingehend *Canaris*, HR, § 7 Rn. 83.
2 So MünchKommHGB/*Lieb*, § 28 Rn. 3 mit zahlr. Nachw. bei Fn. 4 und 5.
3 *Heymann/Emmerich*, § 28 Rn. 7.
4 Der BGH v. 6.7.1966 – VIII ZR 92/64, NJW 1966, 1918 f., äußert Bedenken gegen die Vorschrift und hält sie für unbefriedigend; eingehend MünchKommHGB/*Lieb*, § 28 Rn. 3, 4; dazu ferner *Staub/Hüffer*, § 28 Rn. 31; *K. Schmidt*, HR, § 8 I 5, S. 233 f. und § 8 III 3a, S. 263 f.; a.A.: sinnvolle Bestimmung: *Canaris*, ZIP 1989, 1161, 1167; *Säcker*, ZGR 1973, 261, 280.
5 So BGH v. 22.11.2004 – IX ZR 65/01, BGHZ 157, 361 mit krit. Anm. *Schmidt*, BB 2004, 785 und NJW 2005, 2807; *Heymann/Emmerich*, § 28 Rn. 14; dazu auch MünchKommHGB/*Lieb*, § 28 Rn. 11 und 35 ff.
6 Nachhaftungsbegrenzungsgesetz v. 18.3.1994, in Kraft getreten am 26.3.1994 – BGBl. I 560.
7 BT-Drucks. 12/6569, 4 f.
8 *Heymann/Emmerich*, § 28 Rn. 2.
9 *Heymann/Emmerich*, § 28 Rn. 9; MünchKommHGB/*Lieb*, § 28 Rn. 5.

6 Demnach **scheiden** für die Anwendbarkeit von § 28 von vornherein die **Fälle aus**, in denen der Einzelkaufmann sein Geschäft an eine schon bestehende Gesellschaft veräußert, ohne dort eine Gesellschafterstellung einzunehmen; ferner, wenn er die Gesellschaft auflöst und danach mit einem Dritten eine neue Gesellschaft gründet[1].

b) Analoge Anwendung

7 Der **Anwendungsbereich** wird nach dem reinen Gesetzeswortlaut als **zu eng** angesehen, so dass § 28 darüber hinausgehend auf weitere Fälle angewendet wird.

8 Da § 28 keine firmenrechtliche Vorschrift ist, musste nach dem Rechtszustand vor dem HRefG der Einzelkaufmann im Sinn von § 28 nicht Vollkaufmann sein; er konnte **Minderkaufmann** sein, wenn durch den Eintritt eine Gesellschaft entstand, die unter § 28 fällt[2].

9 Hingegen **verneinte der BGH** die Anwendbarkeit von § 28 auf Soll- und Kannkaufleute (§§ 2, 3), weil diese Bestimmung eine Kaufmannseigenschaft im Rechtssinne voraussetze[3]. Nach dem Wegfall des Minderkaufmanns ist Voraussetzung, dass der Einzelkaufmann als Kaufmann i.S. der §§ 1 ff. einzustufen ist, und zwar unabhängig davon, ob er im Handelsregister eingetragen ist oder nicht. Hingegen ist für den Kannkaufmann (§§ 2, 3) die konstitutiv wirkende Eintragung erforderlich. Für den **Nichtkaufmann** ist die Vorschrift nicht anwendbar. Dagegen wendet sich *Lieb*[4], der § 28 im Handelsrecht für falsch platziert hält, weil die Vorschrift **keine handelsrechtliche Besonderheit** aufweise und ein Problem regle, das bei jeder Personengesellschaft auftrete. Die Haftung analog § 28 sei unabhängig davon, ob eine gewerbliche oder sonstige unternehmerische Tätigkeit Gesellschaftsgegenstand sei. Demnach sei die generelle Anwendbarkeit des § 28 unabhängig von der Kaufmannseigenschaft des früheren Geschäftsinhabers anzunehmen und unabhängig davon, ob eine BGB-Gesellschaft oder eine Personenhandelsgesellschaft entsteht. Unter diesen Voraussetzungen wird § 28 zu einer Bestimmung, die systematisch zum Gesellschaftsrecht nach §§ 705 ff. BGB gehört. Es muss deshalb bezweifelt werden, ob § 28 de lege lata im Wege der Analogie eine derart ausdehnende Auslegung erfahren darf[5]. Nach *K. Schmidt*[6] ist jeder Unternehmensträger, nicht nur der Kaufmann, „Einzelkaufmann" (Alleinunternehmer) i.S. des § 28 Abs. 1. Das spezifische Kaufmannsmerkmal sei nicht erforderlich.

---

1 Vgl. BGH v. 6.11.1963 – IV ZR 32/63, WM 1964, 296, 298.
2 BGH v. 6.7.1966 – VIII ZR 92/64, NJW 1966, 1917; RGZ 164, 115, 119 f.
3 H.M., z.B. BGH v. 7.1.1960 – II ZR 228/59, BGHZ 31, 397, 400.
4 *Lieb*, FS H. Westermann, 1974, S. 309, 315 ff.; ferner MünchKommHGB/*Lieb*, § 28 Rn. 9 f.
5 Verneinend *Heymann/Emmerich*, § 28 Rn. 14.
6 *K. Schmidt*, HR, § 8 III 1a bb, S. 256; a.A., der zuzustimmen ist, *Canaris*, HR § 7 Rn. 88.

Der Meinung, § 28 könne **Anwendung** finden, wenn es zwar zunächst zur Entstehung nur einer **BGB-Gesellschaft** kommt, die aber danach durch Eintritt eines Dritten und Eintragung in das Handelsregister zur Personenhandelsgesellschaft wird, ist zuzustimmen; der BGH verneint allerdings die Anwendbarkeit des § 28 HGB auf Eintritt von Personen, die nur zur Entstehung einer BGB-Gesellschaft führt, weil bei der BGB-Gesellschaft kein Haftungsausschluss eingetragen werden kann[1]. 10

Als **Einzelkaufmann** i.S.v. § 28 gelten auch juristische Personen oder Gesamthandsgemeinschaften, wenn sie, wie im Regelfall, ein kaufmännisches Gewerbe betreiben. Demnach findet die Bestimmung z.B. Anwendung, wenn eine Gesamthand mit Dritten eine OHG oder KG gründet und in diese ihr Geschäft einbringt[2]. 11

Ein **Teil des Schrifttums** will § 28 auch auf den Fall anwenden, dass ein Handelsgeschäft in eine **bestehende Personengesellschaft** eingebracht wird. Das wird aus dem Rechtsgedanken hergeleitet, dass dem Gläubiger eines Handelsgeschäfts in all den Fällen ein weiterer Schuldner zur Verfügung stehen soll, in denen der bisherige Schuldner und Geschäftsinhaber dieses Handelsgeschäft in eine Gesellschaft, gleich welcher Rechtsform, eingebracht hat[3]. In einem solchen Fall würde, verneint man die analoge Anwendung von § 28, dem Gläubiger als Haftungsobjekt nur der Gesellschaftsanteil zur Verfügung stehen. Die Anwendung von § 28 wird schließlich auch für den Fall bejaht, dass ein Handelsgeschäft in eine zu gründende oder bestehende Kapitalgesellschaft eingebracht wird[4]. Nach anderer Auffassung, die sich näher am Gesetzeswortlaut orientiert, ist § 28 auf die Gründung einer GmbH oder AG bei gleichzeitiger Einbringung eines Handelsgeschäfts nicht anwendbar. Es kommt dann § 25 zur Anwendung, der allerdings seinem Wortlaut nach im Gegensatz zu § 28 eine Firmenfortführung erfordert[5]. Verneint man, was mit guten Gründen möglich ist, die Anwendbarkeit von § 28 Abs. 1 auf die Gründung einer Kapitalgesellschaft[6], kommt zwar eine **analoge Anwendung von § 25** grundsätzlich in Betracht; dies setzt aber voraus, dass die Firma des eingebrachten Unternehmens fortgeführt wird. Ist das nicht der Fall, schei- 12

---

1 BGH v. 22.1.2004 – IX ZR 65/01, BGHZ 157, 361 und BGH v. 7.1.1960 – II ZR 228/59, BGHZ 31, 397, 400; dazu *Heymann/Emmerich*, § 28 Rn. 14; *Hirtz*, AnwBl. 2008, 84; kritisch *K. Schmidt*, BB 2004, 785 ff. und NJW 2005, 2807; vgl. auch *Bruns*, ZIP 2002, 1602; a.A. bzgl. Mietschulden OLG Sachsen-Anhalt v. 17.1.2006 – 9 U 86/05, ZIP 2006, 810, wo die Anwendbarkeit des § 28 bejaht wurde.
2 *Heymann/Emmerich*, § 28 Rn. 10; vgl. auch *K. Schmidt*, HR, § 8 III 1a aa, S. 256.
3 MünchKommHGB/*Lieb*, § 28 Rn. 6; *Staub/Hüffer*, § 28 Rn. 30; a.A. mit guten Gründen *Canaris*, HR, § 7 Rn. 98; ebenso *Baumbach/Hopt*, § 28 Rn. 2.
4 MünchKommHGB/*Lieb*, § 28 Rn. 7.
5 So *Heymann/Emmerich*, § 28 Rn. 9; vgl. auch *K. Schmidt*, HR, § 8 III 1b, S. 258 f., der zwar auch § 25 anwendet, aber die Firmenfortführung nicht für haftungsbegründend hält.
6 So BGH v. 18.1.2000 – XI ZR 71/99, NJW 2000, 1193 = ZIP 2000, 411 mit kritischer Anm. *Freitag*, EWiR 2000, 339, *Servatius*, NJW 2001, 1698 und *K. Schmidt*, NJW 2000, 1521; vgl. ferner *H. P. Westermann*, NZG 2000, 681; dazu auch unten Rn. 26 u. oben § 25 Rn. 13.

den sowohl § 28 als auch § 25 für eine analoge Anwendung aus. Dies ist aber hinnehmbar, da es einfacher ist, in den Gesellschaftsanteil an einer Kapitalgesellschaft zu vollstrecken als in den Anteil an einer Personenhandelsgesellschaft[1].

II. Haftung der Gesellschaft

1. Tatbestandsvoraussetzungen

a) Gesellschaftsvertrag

aa) Abschluss

13 Voraussetzung für die Haftung der Gesellschaft nach § 28 ist der Abschluss eines Gesellschaftsvertrages zwischen dem Eintretenden und dem bisherigen Geschäftsinhaber. Handelt es sich hingegen um den **Eintritt in eine bereits bestehende Gesellschaft**, kommen grundsätzlich die §§ 130, 173, nicht aber § 28 zur Anwendung[2]. Allerdings ist nicht zu verkennen, dass diese Bestimmungen verschiedene Fälle regeln: Bei **§ 130** geht es um die Haftung des neuen Gesellschafters für beim Eintritt bestehende Altschulden der Gesellschaft; **§ 28** regelt den Fall, dass die Gesellschaft für die Altschulden des von ihrem neuen Gesellschafter eingebrachten Geschäfts haftet[3]. Einer analogen Anwendung von § 28 auf die Einbringung des Geschäfts in eine bestehende Gesellschaft kann deshalb nicht nur mit dem Hinweis auf § 130 jede Berechtigung abgesprochen werden; es sei denn, man fasst § 130 als abschließende Spezialregelung auf oder man hält den Wortlaut des § 28 einer so **weitreichenden Analogie** für nicht zugänglich.

14 Erforderlich ist eine **tatsächliche Gründung** der Gesellschaft, bloße Vorbereitungen, die nicht zum Abschluss gekommen sind, reichen für die Begründung einer Haftung der zukünftigen Gesellschaft nicht aus[4].

15 Unerheblich ist es, ob der frühere Geschäftsinhaber in der neuen Gesellschaft persönlich haftender **Gesellschafter** oder **Kommanditist** wird[5], was nunmehr auch gesetzlich durch § 28 Abs. 3 klargestellt ist.

bb) Fehlerhafte Gesellschaftsgründung

16 Ähnlich wie bei § 25, der bei einer Unwirksamkeit des Erwerbsgeschäfts die Haftung des Erwerbers grundsätzlich unberührt lässt (oben § 25 Rn. 9 f.), nimmt die h.M. bei § 28 an, dass die Haftung der Gesellschaft durch eine etwaige Fehlerhaftigkeit der Gesellschaftsgründung ebenso wenig beeinträchtigt wird, wie die auf dem Gründungsakt beruhende Haftung des „Eintreten-

---

1 Zum Ganzen eingehend *Canaris*, HR, § 7 Rn. 96 f.
2 So *Heymann/Emmerich*, § 28 Rn. 15.
3 Vgl. MünchKommHGB/*Lieb*, § 28 Rn. 6.
4 *Heymann/Emmerich*, § 28 Rn. 16.
5 BGH v. 22.9.1980 – II ZR 204/79, BGHZ 78, 114, 119.

den" gem. §§ 128, 171 ff.¹ (dazu unten Rn. 31). Zunächst aber setzt die Haftungsanordnung für die Gesellschaft nach § 28 voraus, dass überhaupt eine Gesellschaft wirksam entstanden ist. Daran fehlt es, wenn schwerwiegende Nichtigkeitsgründe, z.B. der Beitritt eines Geschäftsunfähigen, vorliegen. Ist ein von Anfang an nichtiger Gesellschaftsvertrag gegeben, fehlt es an der Entstehung eines Haftungsobjektes².

Liegen Gründungsmängel vor, die lediglich **zur Auflösung der Gesellschaft** führen können, bleibt nach der Lehre von der fehlerhaften Gesellschaft das Entstehen der Gesellschaft davon unberührt; ihre Auflösung kommt nur für die Zukunft in Betracht. Die Haftung der Gesellschaft aus § 28 ist zu bejahen, und zwar unabhängig davon, ob die Gesellschaft tatsächlich aufgelöst wird oder nicht. Dieses Ergebnis ist vertretbar, weil die Haftung auf das Gesellschaftsvermögen begrenzt und damit überschaubar ist³.

cc) Haftung des Beitretenden

Bei den unter Rn. 16 und 17 genannten Fällen gründet sich die Haftung der Gesellschaft im Prinzip auf die **Lehre von der fehlerhaften Gesellschaft.** Das zwingt aber nicht zu der Annahme, wie nach weit verbreiteter Meinung vertreten wird⁴, dass in diesen Fällen auch der beitretende Gesellschafter nach § 128 persönlich mit seinem Privatvermögen haftet. Ein solches Geschenk für die Altgläubiger ist nicht mehr zu rechtfertigen, wenn die Gesellschaftsgründung fehlerhaft ist und dies zur Auflösung der Gesellschaft führt; eine Haftung aus § 128 entfällt⁵. Gleiches gilt, wenn ein Gesellschaftsvertrag wegen arglistiger Täuschung erfolgreich angefochten wird (§§ 123, 142 BGB), wenn man nicht weitergehend in solchen Fällen, entgegen der h.M., schon eine Haftung der Gesellschaft aus § 28 und damit auch eine Haftung der Gesellschafter nach § 128 verneinen will. Wird nur der Schein eines Beitritts erzeugt, könnte allenfalls an eine Rechtsscheinshaftung gedacht werden, wenn Dispositionen im guten Glauben an eine umfassende Haftung nach § 28 vorgenommen worden sind. Ob aber dann neben der Haftung nach § 28 zusätzlich eine Haftung nach § 128 erforderlich ist, erscheint eher zweifelhaft⁶.

---

1 BGH v. 22.11.1971 – II ZR 166/69, NJW 1972, 1466, 1467; *Baumbach/Hopt*, § 28 Rn. 3; *Staub/Hüffer*, § 28 Rn. 12; *Schlegelberger/Hildebrandt/Steckhan*, § 28 Rn. 6; *K. Schmidt*, HR, § 8 III 1 b cc, S. 260 f.; differenzierend *Heymann/Emmerich*, § 28 Rn. 17 u. 18; gegen die h.M. MünchKommHGB/*Lieb*, § 28 Rn. 23 f.
2 MünchKommHGB/*Lieb*, § 28 Rn. 24.
3 Dazu im Einzelnen MünchKommHGB/*Lieb*, § 28 Rn. 25.
4 Z.B. *Baumbach/Hopt*, § 28 Rn. 3 u. 5; *Staub/Hüffer*, § 28 Rn. 12.
5 Vgl. MünchKommHGB/*Lieb*, § 28 Rn. 26; *Heymann/Emmerich*, § 28 Rn. 18 m.N. bei Fn. 27; *Straube/Schuhmacher*, HGB, 3. Aufl. 2003, § 28 Rn. 10; *Canaris*, HR, § 7 Rn. 90; im Ergebnis ebenso *Honsell/Harrer*, ZIP 1983, 259, 263; *Vetter*, Altschulden auf fehlender Vertragsgrundlage, 1995, S. 277, 295 ff.
6 Dazu MünchKommHGB/*Lieb*, § 28 Rn. 26; *Heymann/Emmerich*, § 28 Rn. 17 a.E.; *Baumbach/Hopt*, § 28 Rn. 3; *Canaris*, HR, § 7 Rn. 90.

b) Handelsgeschäft

19 Nach § 28 muss der bisherige Inhaber **sein Unternehmen** (Handelsgeschäft) bei Gesellschaftsgründung in die neue Gesellschaft als **Sacheinlage einbringen**. Das Handelsgeschäft darf vor der Einbringung nicht endgültig aufgelöst oder eingestellt sein; es genügt nicht, dass nur einzelne Teile des Unternehmens eingebracht werden (zum Begriff des Handelsgeschäfts siehe auch oben § 25 Rn. 3, § 22 Rn. 7 f.). Der Eintritt in ein ruhendes Unternehmen genügt, wenn es ohne weiteres fortgeführt werden kann[1].

c) Geschäftsfortführung

20 Eine Fortführung des Geschäfts dergestalt, dass es im Wesentlichen unverändert fortgeführt wird, also **als Ganzes** in der neuen Gesellschaft noch erkennbar und unterscheidbar ist, kann **nicht gefordert** werden[2]. Vielmehr ist davon auszugehen, dass die Haftung aus § 28 lediglich auf der Tatsache der Übernahme eines Handelsgeschäfts durch einen neuen Unternehmensträger (Rechtsträger) beruht, an dem der bisherige Einzelkaufmann als Gesellschafter beteiligt ist[3]. Deshalb beeinträchtigen auch **Veränderungen des Geschäfts** nach Einbringung in die Gesellschaft die Voraussetzungen für eine Haftung nicht.

21 Das gilt auch bei **Vereinigung mehrerer Unternehmen.** Eine unveränderte Fortführung des eingebrachten Geschäfts kann nicht gefordert werden, da eine solche Vereinigung in der Praxis in aller Regel mit einer wesentlichen Veränderung der gesamten Unternehmensstruktur einhergeht. Deshalb genügt die Fortführung von wesentlichen Unternehmensteilen, auch als Zweigniederlassung, als unselbständige Betriebsabteilung oder Sparte. Wollte man in einem solchen Fall annehmen, dass die Haftung der Gesellschaft bei einer solchen Änderung entfiele, würden damit die Interessen der Gläubiger nicht mehr ausreichend gewahrt[4].

22 Führt der Einzelkaufmann **mehrere selbständige Geschäfte** unter verschiedenen Firmen, betrifft die Haftung nach § 28 immer nur das Geschäft, das in die neue Gesellschaft eingebracht worden ist. Der **neu eintretende Gesellschafter** haftet dann nicht für die Schulden aus den anderen Geschäften des Einzelkaufmanns[5].

23 Da § 28 eine Substanzübertragung (Übertragung des Geschäftsvermögens) nicht voraussetzt, ist die Bestimmung auch auf die Fälle der **Betriebsaufspaltung** bzw. der **Betriebspacht** anwendbar[6]. Bei Betriebsaufspaltung durch Spal-

---

1 BGH v. 14.6.1961 – VIII ZR 73/60, NJW 1961, 1765, 1766.
2 So aber *Heymann/Emmerich*, § 28 Rn. 19.
3 MünchKommHGB/*Lieb*, § 28 Rn. 17; *K. Schmidt*, HR, § 8 III 1 b cc, S. 259.
4 A.A. RG Recht 1924, Sp. 140 f. Nr. 404; dem folgend *Heymann/Emmerich*, § 28 Rn. 21; wie hier MünchKommHGB/*Lieb*, § 28 Rn. 17; *Baumbach/Hopt*, § 28 Rn. 4.
5 BGH v. 7.1.1960 – II ZR 228/59, BGHZ 31, 397, 399 f.
6 Z.B. KG OLGE 21, 375; *Staub/Hüffer*, § 28 Rn. 14; *Heymann/Emmerich*, § 28 Rn. 22; MünchKommHGB/*Lieb*, § 28 Rn. 18; *K. Schmidt*, HR, § 8 III 1b cc, S. 260; *Schricker*, ZGR 1972, 121, 153 f.

tung kommen als Spezialvorschriften die **Haftungsregelungen** nach **§§ 133, 134 UmwG** zur Anwendung.

d) Einzelkaufmann

Als Einzelkaufmann im Sinne von § 28 gelten auch juristische Personen, Handelsgesellschaften und Gesamthandsgemeinschaften (z.B. Erbengemeinschaften); dazu oben Rn. 11. 24

e) Eintretender

Der in das Geschäft „Eintretende" hat keine besonderen Voraussetzungen zu erfüllen. Es genügt die nach allgemeinen Grundsätzen zu beurteilende Fähigkeit, Gesellschafter sein zu können. Welche Gesellschafterstellung er oder der bisherige Einzelkaufmann in der neuen Gesellschaft einnimmt, ist unerheblich. Der **Einzelkaufmann** kann auch **Kommanditist** in einer neu gegründeten GmbH & Co. KG werden und gleichzeitig GmbH-Gesellschafter der Komplementär-GmbH sein. 25

f) Neue Gesellschaft

Die neue Gesellschaft darf nach dem Gesetzeswortlaut **nur** eine **Personenhandelsgesellschaft** sein; die Gründung einer BGB-Gesellschaft oder Kapitalgesellschaft führt nach h.M. nicht zur Anwendbarkeit von § 28 (s. dazu oben Rn. 10 und 12). Gleiches gilt für die Einbringung des Handelsgeschäfts in eine bereits bestehende Gesellschaft jeder Art[1]. 26

g) Keine Firmenfortführung

§ 28 bleibt auch anwendbar, wenn die **Firma** des Einzelkaufmanns **nicht fortgeführt** wird[2]. Auf die Firmenfortführung kann bei § 28 verzichtet werden, da die für eine Haftung maßgebliche Kontinuität durch die Beteiligung des bisherigen Einzelkaufmanns an der neuen Gesellschaft gegeben ist (dazu auch oben Rn. 2). Allerdings dürfte der Verzicht auf das Tatbestandsmerkmal der Firmenfortführung auf die Ansicht des damaligen Gesetzgebers zurückzuführen sein, dass schon die Hinzufügung eines Gesellschaftszusatzes dem Begriff Firmenfortführung entgegenstünde[3]. 27

2. Rechtsfolgen

a) Gesetzlicher Schuldbeitritt

Die Anordnung der Haftung unter den Voraussetzungen des § 28 führt rechtlich zu einem Schuldbeitritt der neuen Gesellschaft, da die **Haftung** des bisherigen Geschäftsinhabers (Einzelkaufmann) **bestehen bleibt** (unten Rn. 30). 28

---

1 A.A. MünchKommHGB/*Lieb*, § 28 Rn. 21; dazu auch oben Rn. 12 u. 13.
2 A.A. *Lindacher*, NZG 2002, 114.
3 *Koller/Roth/Morck*, § 28 Rn. 2 a.E.

Dieser und die Gesellschaft haften als Gesamtschuldner, sofern für einen der Schuldner aufgrund besonderer Bestimmung (Verjährung, Enthaftung, dazu unten Rn. 42) nicht die Haftung entfällt. Die **Zwangsvollstreckung** in das Gesellschaftsvermögen erfordert stets einen Titel gegen die Gesellschaft; § 124 Abs. 2, § 161 Abs. 2.

b) Haftung für Geschäftsverbindlichkeiten

29 Die Haftung der Gesellschaft beschränkt sich auf die im Geschäftsbetrieb des Einzelkaufmanns vorhandenen **Altschulden;** das sind Schulden, die im Betrieb vor Gründung der neuen Gesellschaft entstanden sind. Die Gesellschaft haftet nicht für rückständigen Mietzins aus einem Mietverhältnis über Geschäftsräume, das zwischen dem Eintretenden und einem Dritten als Vermieter besteht. Die Gesellschaft haftet ebenfalls nicht für die Zahlung einer Nutzungsentschädigung nach Mietende aus einem Mietverhältnis zwischen dem Einzelkaufmann und einem Dritten[1]. Auch für **private Schulden** wird nicht gehaftet.

c) Forthaftung des Einzelkaufmanns

30 Hierfür enthält § 28 keine besondere Regelung. Der Gesetzgeber geht aber ersichtlich davon aus, dass der frühere Geschäftsinhaber für Altschulden persönlich weiterhaftet[2], so dass es, will er von seiner Haftung freikommen, einer besonderen Norm bedarf, z.B. § 613a BGB. Zusätzlich haftet er auch als Gesellschafter.

d) Haftung beitretender Gesellschafter

31 Die Haftung des oder der beitretenden Gesellschafter folgt nicht schon ohne weiteres aus § 28. Haftungsnormen hierfür sind vielmehr **§ 128** oder bei Kommanditistenstellung die **§§ 171 ff.** Die persönliche Haftung dieser Gesellschafter, bei Kommanditisten betragsmäßig beschränkt, erstreckt sich somit auch auf die Altschulden, was häufig als ungerechtfertigtes Geschenk an die Gläubiger bezeichnet wird[3]. Andererseits wird aber daraus die sachliche Rechtfertigung der Möglichkeit des Haftungsausschlusses nach § 28 Abs. 2 hergeleitet[4].

---

1 BGH v. 25.4.2001 – XII ZR 43/99, NJW 2001, 2251.
2 BGH v. 6.7.1966 – VIII ZR 92/64, NJW 1966, 1917, 1918; BGH v. 22.11.1971 – II ZR 166/69, NJW 1972, 1466, 1467; BGH v. 5.3.1974 – VI ZR 240/73, WM 1974, 395; *Baumbach/Hopt*, § 28 Rn. 5; *Heymann/Emmerich*, § 28 Rn. 31; *Staub/Hüffer*, § 28 Rn. 22; MünchKommHGB/*Lieb*, § 28 Rn. 31.
3 So MünchKommHGB/*Lieb*, § 28 Rn. 30; für eine Haftung nach § 128: BGH v. 22.11.1971 – II ZR 166/69, NJW 1972, 1466, 1467; *Staub/Hüffer*, § 28 Rn. 22; *Koller/Roth/Morck*, § 28 Rn. 11; *Baumbach/Hopt*, § 28 Rn. 5; ablehnend *Canaris*, HR, § 7 Rn. 92; *Canaris*, ZIP 1989, 1161, 1167.
4 *Heymann/Emmerich*, § 28 Rn. 31; auch BGH v. 6.7.1966 – VIII ZR 92/64, NJW 1966, 1917; OLG Celle, OLGZ 1981, 1; *Staub/Hüffer*, § 28 Rn. 22.

e) Schuldtitel

Soweit die Gesellschaft haftet, ist zur Verwirklichung ein **gegen sie gerichteter Schuldtitel** erforderlich (§ 124 Abs. 2). Liegt gegen den früheren Einzelkaufmann bereits ein Vollstreckungstitel vor, kann dem Gläubiger in entsprechender Anwendung von § 729 Abs. 2 ZPO eine vollstreckbare Ausfertigung (Vollstreckungsklausel) gegen die Gesellschaft erteilt werden[1]; die gesamtschuldnerische Haftung ist im Titel anzuführen. Hingegen kann eine vollstreckbare Ausfertigung des Titels nicht gegen die übrigen Gesellschafter erteilt werden; sie müssen neu verklagt werden. § 129 Abs. 4 steht entgegen[2].

32

f) Neuschulden

Hierfür ist **§ 28 nicht einschlägig**. Für die Haftung hinsichtlich der Neuschulden gelten die allgemeinen Bestimmungen des Gesellschaftsrechts[3].

33

III. „Forderungsübergang" (§ 28 Abs. 1 S. 2)

Ähnlich wie bei § 25 Abs. 1 S. 2 wird in § 28 Abs. 1 S. 2 bestimmt, dass die im Betrieb des Einzelkaufmanns begründeten Forderungen den Schuldnern gegenüber als auf die Gesellschaft übergegangen gelten. Die Vorschrift hat nur für den Fall Bedeutung, dass die Forderungen aus dem Betrieb des Einzelkaufmanns **nicht schon rechtsgeschäftlich** auf die neue Gesellschaft **übertragen** worden sind. Nur dann soll der Schuldner mit befreiender Wirkung an die Gesellschaft leisten können. Ein „Forderungsübergang" wird damit an sich nicht begründet (dazu eingehend oben § 25 Rn. 33 ff.)[4]. Es handelt sich wie bei § 25 Abs. 1 S. 2 um eine **widerlegbare Vermutung.**

34

IV. § 28 Abs. 2

Nach *Lieb*[5] stellt § 28 Abs. 2 eine **sinnwidrige Norm** dar, bei deren Erlass die Haftungsverhältnisse ganz offensichtlich nicht ausreichend durchdacht worden sind. Auch wenn diese Kritik nicht völlig unberechtigt erscheint, ist dennoch eine teleologische Reduktion der Vorschrift „auf null" nicht möglich. Nach § 28 Abs. 2 kann nur eine **Haftung der Gesellschaft** selbst ausgeschlossen werden. Ist ein solcher Haftungsausschluss wirksam vollzogen, entfällt auch die akzessorische Haftung der einzelnen Gesellschafter nach

35

---

1 *Thomas/Putzo/Hüßtege*, § 729 ZPO Rn. 3.
2 *Staub/Hüffer*, § 28 Rn. 23; *K. Schmidt*, HR, § 8 I 7a, S. 238; *Baumbach/Hopt*, § 28 Rn. 5; a.A. OLG Kiel, HRR 1931 Nr. 2981.
3 *Heymann/Emmerich*, § 28 Rn. 32.
4 Eingehend auch MünchKommHGB/*Lieb*, § 28 Rn. 34; *Heymann/Emmerich*, § 28 Rn. 33; a.A. *K. Schmidt*, AcP 198 (1998), 516 ff.; *K. Schmidt*, HR, § 8 III 2d, S. 263.
5 MünchKommHGB/*Lieb*, § 28 Rn. 35.

§ 128[1]. Hingegen eröffnet § 28 Abs. 2 nicht die Möglichkeit, als ein angebliches Minus, nur die **Haftung der Gesellschafter** auszuschließen[2].

36 Ebenso wie bei § 25 Abs. 2 (dazu oben § 25 Rn. 39 ff.) sind entsprechende abweichende **Vereinbarungen** nach § 28 Abs. 2 nur wirksam, wenn der Ausschluss der Haftung der Gesellschaft für Altschulden **im Handelsregister** eingetragen und bekanntgemacht worden ist oder die entsprechende **Mitteilung** durch einen Gesellschafter ergangen ist (wegen der Einzelheiten wird auf § 25 Rn. 41 f. Bezug genommen). Ein nur im **Innenverhältnis** vereinbarter Haftungsausschluss hat für die Gläubiger keine Wirkung, auch wenn sie davon erfahren haben. Ein wirksamer Haftungsausschluss kann nur durch seine Bekanntmachung in der nach § 28 Abs. 2 vorgeschriebenen Form erreicht werden[3].

37 Die **Bekanntmachung** des Haftungsausschlusses muss **unverzüglich** nach Gesellschaftsgründung geschehen, auf ein Verschulden kommt es nicht an. Nach der Rechtsprechung ist eine Kundmachung drei Monate oder gar erst fünf Monate nach Gesellschaftsgründung **verspätet**, der Haftungsausschluss unwirksam (vgl. § 25 Rn. 41 m.w.N.). Die Eintragung einer verspätet angemeldeten Vereinbarung in das Handelsregister ist abzulehnen[4] (siehe oben § 25 Rn. 42). Ebenso unwirksam ist die Mitteilung des Haftungsausschlusses bereits vor Gesellschaftsgründung[5].

38 Ein (nachträglicher) **Haftungsausschluss** scheidet aus, wenn die Haftung der Gesellschaft bereits begründet war; dies gilt auch für den Fall, dass die Gesellschafter den Gesellschaftsvertrag rückwirkend wieder aufheben[6]. Soll nur die persönliche Haftung des Eintretenden ausgeschlossen werden, kann dies nur durch eine individuelle Vereinbarung mit einem bestimmten Gläubiger geschehen[7].

39 Soll der „**Forderungsübergang**" nach § 28 Abs. 1 S. 2 **ausgeschlossen** werden, ist nach dem Schutzzweck der §§ 25, 28 die unverzügliche Mitteilung von der unterbliebenen Forderungsabtretung, anders als bei einem Haftungsausschluss (oben Rn. 37), nicht erforderlich. In diesem Fall genügt es, wenn der Schuldner vor Zahlung von einem der beteiligten Gesellschafter erfährt, dass die Forderung nicht auf die Gesellschaft übergegangen ist[8].

---

1 Vgl. *Canaris*, HR, § 7 Rn. 84.
2 Zutreffend *K. Schmidt*, HR, § 8 III 3b, S. 264 gegen OLG Celle v. 8.5.1980 – 1 Wx 1/80, OLGZ 1981, 1. Nur darauf bezieht er sich. Er will wohl nicht, wie *Canaris*, HR, § 7 Rn. 84, meint, behaupten, dass eine Haftung der Gesellschafter nach § 128 bestehen bleiben kann, wenn die Haftung der Gesellschaft selbst ausgeschlossen worden ist.
3 BGH v. 8.5.1989 – II ZR 237/88, WM 1989, 2219; *Heymann/Emmerich*, § 28 Rn. 34.
4 BayObLG v. 19.6.1984 – BReg. 3 Z 143/84, WM 1984, 1533; *Heymann/Emmerich*, § 28 Rn. 35.
5 RGZ 102, 243, 245 f.
6 BGH v. 22.11.1971 – II ZR 166/69, NJW 1972, 1466.
7 A.A. OLG Celle v. 8.5.1980 – 1 Wx 1/80, OLGZ 1981, 1.
8 OLG München v. 8.1.1992 – 27 U 473/91, DB 1992, 51.

V. Verhältnis zu anderen Vorschriften

Wird das Geschäft eines Einzelkaufmanns in eine zu diesem Zweck gegründete OHG oder KG eingebracht, findet § 613a BGB Anwendung. Daraus folgt für **Arbeitsverhältnisse**, anders als für Ruhestandsverhältnisse, dass die Arbeitsverhältnisse zwingend unter Enthaftung des früheren Arbeitgebers auf die Gesellschaft übergeleitet werden; den Arbeitnehmern wird ein **Widerspruchsrecht** eingeräumt[1] (dazu oben § 25 Rn. 47). 40

§ 419 BGB blieb neben § 28 bis zum 31.12.1998 als Haftungsnorm anwendbar, da sich die Geltungsbereiche der Normen nicht decken; sie gilt weiterhin für vor dem 1.1.1999 schon vollzogene Vermögensübernahmen (oben § 25 Rn. 46 m.N.). 41

VI. Enthaftungsregelung (§ 28 Abs. 3)

Mit der Einfügung dieser Bestimmung durch das NachhBG[2] wurde die **Enthaftungsregelung** des § 26 auf den Anwendungsbereich des § 28 **ausgedehnt**. Wird der frühere Geschäftsinhaber Kommanditist, ist seine Haftung, auch für Verbindlichkeiten aus Dauerschuldverhältnissen, die später fällig werden, auf einen Zeitraum von fünf Jahren nach Eintragung der Gesellschaft in das Handelsregister beschränkt, auch wenn er geschäftsführend tätig wird (§ 28 Abs. 3 S. 2 HGB). 42

Unberührt bleibt aber seine **Haftung als Gesellschafter (Kommanditist)** gem. § 28 Abs. 3 S. 3. Nach § 28 Abs. 3 S. 1 entfällt damit nur die unbeschränkte Haftung, wie es § 26 entspricht, nicht aber die eigentliche Kommanditistenhaftung nach allgemeinen Grundsätzen. Daraus folgt, dass auch Altgläubiger den Kommanditisten in Höhe seiner Einlage noch nach Ablauf von fünf Jahren in Anspruch nehmen können, wenn seine persönliche Haftung nach § 172 Abs. 4 wieder gegeben sein sollte; insoweit kommt dann § 26 nicht zum Zuge, es gelten vielmehr nur die allgemeinen Verjährungsregeln; vgl. §§ 161 Abs. 2, 129 Abs. 1[3]. 43

Wegen der Übergangsregelung nach Art. 37 EGHGB kann auf die Kommentierung zu § 26 Rn. 3 ff. verwiesen werden; s. dort auch eingehend zur Frage der Dauerschuldverhältnisse. 44

---

1 MünchKommHGB/*Lieb*, § 28 Rn. 39.
2 Nachhaftungsbegrenzungsgesetz v. 18.3.1994, in Kraft getreten am 26.3.1994 – BGBl. I 560.
3 Vgl. MünchKommHGB/*Lieb*, § 28 Rn. 43.

§ 29
Anmeldung der Firma

Jeder Kaufmann ist verpflichtet, seine Firma, den Ort und die inländische Geschäftsanschrift seiner Handelsniederlassung bei dem Gericht, in dessen Bezirke sich die Niederlassung befindet, zur Eintragung in das Handelsregister anzumelden.

Übersicht

	Rn.		Rn.
1. Allgemeines	1	5. Gerichtliche Prüfung	8
2. Regelungszweck	2	6. Zwang	9
3. Anmeldung	3	7. Minderjährigenhaftungsbeschrän-	
4. Zeichnung	7	kungsgesetz	10

1. Allgemeines

1   Die Bestimmung begründet die **Pflicht des Kaufmanns**, sowohl die Firma als auch den Ort seiner Niederlassung[1] beim Gericht seiner Niederlassung zur Eintragung in das Handelsregister anzumelden. Die Durchsetzung erfolgt nach § 14 (unten Rn. 9). Sondervorschriften gelten für Änderung der Firma oder Verlegung der Niederlassung (§ 31 Abs. 1) und für das Erlöschen der Firma (§ 31 Abs. 2). Adressat der Bestimmung ist nur der Einzelkaufmann. Entsprechende Vorschriften sind für Zweigniederlassungen die §§ 13 ff., für Personenhandelsgesellschaften §§ 106, 108, 162, für juristische Personen §§ 33 und 34, für Kapitalgesellschaften §§ 7 ff. GmbHG, §§ 36 ff. AktG sowie für Genossenschaften §§ 10 ff. GenG und § 30 Abs. 1 VAG für Versicherungsvereine aG. **Weitere Anmeldepflichten** ergeben sich aus der Handelsregisterverordnung (HRV); dazu unten Rn. 5. Eine Eintragungsoption haben Kleingewerbetreibende und nur eigenes Vermögen verwaltende Handelsgesellschaften nach §§ 2, 3, 105 Abs. 2.

2. Regelungszweck

2   §§ 29, 31 bestimmen im Interesse des Kaufmanns und der Allgemeinheit die **Offenlegung** bestimmter Tatsachen im Handelsregister; die Eintragungen sollen zur Rechtsklarheit beitragen. § 29 ist kein Schutzgesetz i.S.d. § 823 Abs. 2 BGB[2].

---

1 Schreibweise bei *Heymann/Emmerich*, § 29 „Firma oder der Ortsniederlassung" ist offensichtliches Schreibversehen.
2 RGZ 72, 408, 411; *Heymann/Emmerich*, § 29 Rn. 2; *Koller/Roth/Morck*, § 29 Rn. 1; *Baumbach/Hopt*, § 29 Rn. 4; jetzt auch wie hier HK/*Ruß*, § 29 Rn. 1.

3. Anmeldung

Die **Anmeldepflicht** ist auf Kaufleute i.S.v. § 1 beschränkt; sie ist aber gegeben, wenn das zu betreibende Handelsgewerbe schon bei Anmeldung auf einen kaufmännischen Betrieb angelegt ist, der die Kaufmannseigenschaft des Unternehmensträgers mit Betriebsbeginn begründet (Istkaufmann). Keine Anmeldepflicht besteht für Kleingewerbetreibende (Kannkaufleute) nach §§ 2, 3. Anmeldepflichtig ist der Geschäftsinhaber, bei verpachtetem Betrieb der Pächter, nicht der Verpächter[1], s. dazu auch schon oben *Röhricht*, § 1 Rn. 44 und 73. Bei juristischen Personen besteht die Pflicht für die Organe. Zur Anmeldepflicht, wenn ein eingetragener kaufmännischer Betrieb auf den Umfang eines Kleingewerbes herabsinkt, s. oben § 17 Rn. 32.

Die Eintragung im Handelsregister setzt eine Anmeldung voraus; das Gesetz kennt, mit Ausnahme von § 32, **keine Amtseintragung**. Ein bestimmter Wortlaut ist für die Anmeldung nicht erforderlich, sie bedarf aber der Form des § 12 (öffentliche Beglaubigung) und muss erkennen lassen, dass der Kaufmann unter einer bestimmten Firma ein Handelsgewerbe an einem bestimmten (geographischen, politischen) Ort betreibt und beantragt, diese Tatsachen einzutragen. Für den Ort und damit auch für die Zuständigkeit des Registergerichts ist maßgebend, wo sich der geschäftliche Mittelpunkt, d.h. die Verwaltung des Geschäfts tatsächlich befindet. Die geographische Lage der Betriebsstätten ist nicht maßgebend[2].

Werden **natürliche Personen** zur Eintragung in das Handelsregister angemeldet (insbesondere Einzelkaufleute, Gesellschafter, Prokuristen, Vorstandsmitglieder, Geschäftsführer und Abwickler), so ist in der Anmeldung seit 1.1.1999[3] das **Geburtsdatum** und nicht mehr der Stand oder Beruf anzugeben. Zu diesem Personenkreis gehören ferner die besonderen Vertreter nach § 13e Abs. 2 S. 4 Nr. 3 HGB, § 106 VAG sowie nach § 53 Abs. 2 Nr. 1 KWG, im Übrigen alle namentlich einzutragenden natürlichen Personen[4]. Die Anmeldung des Geburtsdatums kann nach § 14 erzwungen werden. Nach OLG Celle[5] muss das Geburtsdatum **in der Anmeldeerklärung** selbst aufgeführt sein, es reicht nicht, wenn es nur aus den beigefügten Urkunden ersichtlich ist. Die Auffassung erscheint zweifelhaft; zumindest sollte es genügen, wenn in der Anmeldung wegen des Geburtsdatums auf eine beiliegende Urkunde verwiesen wird. Für bereits am 1.1.1999 eingetragen gewesene Personen besteht grundsätzlich keine Pflicht, das Geburtsdatum nachtragen zu lassen. Nach Art. 3 Abs. 3 MHbeG v. 25.8.1998[6] musste aber das Geburtsdatum für bereits vor dem 1.1.1999 eingetragene **Kaufleute** oder **persönlich haftende Gesellschafter**, wenn sie zu diesem Zeitpunkt noch **minderjährig**

---
1 OLG Köln v. 20.10.1962 – 8 Wx 100/62, NJW 1963, 541.
2 KG v. 14.11.1912 – Ia ZS., OLGE 27, 306 f.; OLG Hamm v. 26.8.1958 – 15 W 367/58, BB 1958, 1001; *Schlegelberger/Hildebrandt/Steckhan*, § 29 Rn. 4; *Heymann/Emmerich*, § 29 Rn. 5 und 8.
3 HRefG v. 22.6.1998, Art. 29 Abs. 2 – BGBl. I 1474, 1484; i.V.m. § 24 Abs. 1 HRV.
4 Vgl. BR-Drucks. 340/97, S. 88.
5 OLG Celle v. 26.6.1999 – 9 W 72/99, OLG-Report 1999, 376.
6 BGBl. I 2487, 2488.

waren, bis spätestens 1.7.1999 zur Eintragung angemeldet werden. Durch das Gesetz zur Modernisierung des GmbH-Rechts und zur Bekämpfung von Missbräuchen („MoMiG") ist vorgegeben, dass die genaue Geschäftsanschrift angemeldet und eingetragen wird. Früher war die Mitteilung der Geschäftsanschrift durch § 24 HRV gewährleistet.

6 Nach § 24 Abs. 4 HRV ist durch das Gericht darauf hinzuwirken, dass **ergänzend der Unternehmensgegenstand** angegeben wird, soweit er sich nicht aus der Firma ergibt; insoweit besteht aber keine gesetzliche Anmeldepflicht, ein Zwang nach § 14 scheidet aus. Werden diese Angaben gemacht, sind sie nur in die Bekanntmachung (§ 34 HRV) aufzunehmen, nicht aber in das Handelsregister einzutragen.

4. Zeichnung

7 Die früher in § 29 2. Hs. enthaltene **Zeichnungspflicht** ist nach dem EHUG[1] entfallen. Zur früheren Rechtslage vgl. Vorauflage und *Heidinger*, Rpfleger 1999, 118.

5. Gerichtliche Prüfung

8 Das Registergericht prüft die Anmeldung auf ihre formelle und materielle Richtigkeit. Die Prüfung erstreckt sich auf die **ordnungsgemäße Firmenbildung** (§§ 18 ff.) und darauf, ob ein eintragungsfähiger kaufmännischer Betrieb vorliegt oder zumindest nach den vorgelegten Unterlagen zu erwarten ist[2] (oben Rn. 3). Das Registergericht hat bei der Prüfung die materielle Einschränkung hinsichtlich der wettbewerblichen Relevanz (dazu oben § 18 Rn. 27) und die verfahrensbezogene Einschränkung hinsichtlich der Ersichtlichkeitsschwelle (dazu oben § 18 Rn. 29) zu beachten. Im Gegensatz zur früheren Rechtslage, nach der bei jeder Eintragung einer Firma oder Firmenänderung schematisch ein Gutachten der zuständigen Behörde, also in aller Regel der IHK, zu erholen war, wurde durch das HRefG auf Vorschlag des Bundesrates[3] in § 23 S. 2 HRV festgelegt, dass der Richter oder Rechtspfleger ein solches Gutachten nur noch in Zweifelsfällen einzuholen hat. Nach der Neufassung des § 23 HRV durch das EHUG[4] kann das Gericht, muss aber nicht, ein solches Gutachten in Zweifelsfällen einholen, wobei dies auf elektronischem Wege geschehen soll. Vor dem EHUG sollte die Einholung des Gutachtens stets geboten sein, wenn von einer bisherigen Registerpraxis abgewichen werden sollte oder wenn eine zu beurteilende firmenrechtliche Frage erstmalig an das Registergericht herangetragen wurde. Ob das nach der Lockerung durch das EHUG auch noch zutrifft, ist zweifelhaft. Wird eine firmenrechtlich unzulässige Firma angemeldet, ist ein Firmenmissbrauchsverfahren nach § 37 einzuleiten, weil in der Anmeldung bereits ein Firmengebrauch liegt. Das Anmeldeverfahren ist bis zur Erledigung des

---

1 V. 10.11.2006, BGBl. I 2553.
2 KG OLGE 43, 203.
3 BT-Drucks. 13/8444, S. 95.
4 V. 10.11.2006, BGBl. I 2553.

Firmenmissbrauchsverfahrens regelmäßig auszusetzen[1]. Wird ein Gesellschafterwechsel angemeldet, weil aus einer GmbH & Co. KG die Komplementär-GmbH ausgeschieden und an ihre Stelle eine natürliche Person eingetreten ist, darf die Anmeldung nicht mit der Begründung zurückgewiesen werden, die Weiterführung des Firmenbestandteils „GmbH" sei zur Täuschung geeignet[2]. Ein solcher „Registerzwang" zur Wahl einer zulässigen Firma darf im Eintragungsverfahren nicht ausgeübt werden. Das Registergericht kann entweder nach § 37 HGB, § 140 FGG (§ 392 FamFG) einschreiten oder ein Amtslöschungsverfahren nach § 142 FGG (§ 395 FamFG) durchführen.

6. Zwang

Die Erfüllung der Anmeldepflicht kann **nach § 14** erzwungen werden (siehe oben, auch zur Erzwingung der früher erforderlichen Zeichnung, § 14 Rn. 7). 9

7. Minderjährigenhaftungsbeschränkungsgesetz

Nach dem RegE eines Minderjährigenhaftungsbeschränkungsgesetzes 10 (MHbeG) vom 7.5.1996[3] sollte § 29 folgender Abs. 2 angefügt werden: *„Ist der Kaufmann minderjährig, so ist auch sein Geburtsdatum zur Eintragung in das Handelsregister anzumelden."* Davon wurde Abstand genommen, weil nach § 24 Abs. 1 HRV die Angabe des **Geburtsdatums** in der Anmeldung für alle einzutragenden natürlichen Personen zur Pflicht gemacht worden ist (dazu oben Rn. 5). Damit wird die **Minderjährigkeit eines Einzelkaufmanns oder persönlich haftenden Gesellschafters einer OHG oder KG** (insoweit Änderung der §§ 106, 162) zu einer für den Handelsverkehr erheblichen Tatsache (siehe oben § 15 Rn. 43). Eintragung und Bekanntmachung des Geburtsdatums zeigen die Möglichkeiten einer Haftungsbeschränkung für den Handelsverkehr auf. Potentielle Geschäftspartner können vor Vertragsabschluss nach Handelsregistereinsicht sich gegebenenfalls auf die Haftungsbeschränkungsmöglichkeit einstellen, indem sie z.B. nicht in Vorleistung treten oder Sicherheiten verlangen oder von einem Geschäftsabschluss überhaupt Abstand nehmen.

Nach § 1629a Abs. 1 BGB[4] beschränkt sich die **Haftung eines minderjährigen Kaufmanns** für Verbindlichkeiten aus dem Handelsgeschäft auf den Bestand des bei Eintritt der Volljährigkeit vorhandenen Vermögens[5] (dazu oben eingehend *Röhricht*, § 1 Rn. 90 ff.). War der Minderjährige nach § 112 BGB mit Genehmigung des Vormundschaftsgerichts von seinem gesetzlichen Vertreter zum selbständigen Betrieb eines Erwerbsgeschäfts ermächtigt, tritt eine Haftungsbeschränkung nicht ein (§ 1629a Abs. 2 BGB); der Volljährige 11

---
1 BayObLG v. 28.4.1988 – 3 ZBR 10/88, BayObLGZ 1988, 128.
2 BayObLG v. 3.3.1988 – 3 ZBR 184/87, BayObLGZ 1988, 51.
3 ZIP 1996, 935.
4 Die Bestimmung wurde eingefügt durch das MHbeG v. 25.8.1998, in Kraft getreten am 1.1.1999 – BGBl. I 2487.
5 *Palandt/Diederichsen*, § 1629a BGB Rn. 5, 9.

haftet unbeschränkbar. § 1629a Abs. 4 BGB enthält zwei Vermutungen zugunsten der Gläubiger. Danach wird u.a. vermutet, dass eine Verbindlichkeit nach Eintritt der Volljährigkeit entstanden ist, wenn das Handelsgewerbe nicht innerhalb von drei Monaten nach Eintritt der Volljährigkeit eingestellt wird. Wird diese Vermutung widerlegt, gilt als weitere Vermutung, dass das gegenwärtige Vermögen bereits bei Erreichen der Volljährigkeit vorhanden war. Diese Vermutung kann in erster Linie durch eine Inventaraufstellung zum Zeitpunkt des Volljährigkeitseintritts widerlegt werden[1].

§ 30
Unterscheidbarkeit

(1) Jede neue Firma muss sich von allen an demselben Ort oder in derselben Gemeinde bereits bestehenden und in das Handelsregister oder in das Genossenschaftsregister eingetragenen Firmen deutlich unterscheiden.

(2) Hat ein Kaufmann mit einem bereits eingetragenen Kaufmanne die gleichen Vornamen und den gleichen Familiennamen und will auch er sich dieser Namen als seiner Firma bedienen, so muss er der Firma einen Zusatz beifügen, durch den sie sich von der bereits eingetragenen Firma deutlich unterscheidet.

(3) Besteht an dem Orte oder in der Gemeinde, wo eine Zweigniederlassung errichtet wird, bereits eine gleiche eingetragene Firma, so muss der Firma für die Zweigniederlassung ein der Vorschrift des Absatzes 2 entsprechender Zusatz beigefügt werden.

(4) Durch die Landesregierungen kann bestimmt werden, dass benachbarte Orte oder Gemeinden als ein Ort oder als eine Gemeinde im Sinne dieser Vorschriften anzusehen sind.

Übersicht

	Rn.		Rn.
I. Allgemeines	1	b) Personenfirma (§ 30 Abs. 2)	18
II. Unterscheidbarkeit der Firmen (§ 30 Abs. 1)		c) Sachfirma und Fantasiefirma	20
		4. Rechtsprechung	21
1. Ort und Gemeinde	2	5. Zweigniederlassungen (§ 30 Abs. 3)	23
2. Geschützte und neue Firma	5	6. Verfahren	24
3. Unterscheidungskriterien	12		
a) Verwechslungsgefahr	13		

Schrifttum: *Bokelmann*, Das Recht der Firmen- und Geschäftsbezeichnungen, 5. Aufl. 1999, S. 51 ff.; *Bülow*, Zwei Aspekte im neuen Handelsrecht: Unterscheidungskraft

---

1 Dazu *Palandt/Diederichsen*, § 1629a BGB Rn. 22 f.; zum möglichen Missbrauch der Haftungsbeschränkung durch Minderjährige und Eltern vgl. *Behnke*, NJW 1998, 3078, 3082; zur Kritik schon am Gesetzentwurf siehe 1. Aufl. § 29 Rn. 11 m.N.

und Firmenunterscheidbarkeit – Lagerhalterpfandrecht, DB 1999, 269; *Emmerich*, Das Recht des unlauteren Wettbewerbs, 5. Aufl. 1998, § 14; *Hörstel*, Kollision von Familiennamen im geschäftlichen Verkehr, GRUR 1965, 408; *Jurik*, Zur Unterscheidbarkeit der Firma einer „GmbH & Co. KG", DB 1974, 1753; *Kögel*, Die deutliche Unterscheidbarkeit von Firmennamen, Rpfleger 1998, 317; *D. Möller*, Probleme der Individualisierung und Verwechselungsfähigkeit von Sachfirmen, BB 1993, 308; *Seifert*, Firmenrecht „online", Rpfleger 2001, 395; *Wessel/Zwernemann/Kögel*, Die Firmengründung, 7. Aufl. 2001.

I. Allgemeines

§ 30 bringt den Grundsatz der **Firmenausschließlichkeit** oder Firmenunterscheidbarkeit (vgl. oben § 17 Rn. 22) zum Ausdruck. Danach hat sich jede neue Firma von allen am selben Ort oder in derselben Gemeinde schon existierenden und im Handelsregister eingetragenen Firmen deutlich zu unterscheiden. Zweck der Vorschrift ist es, die Allgemeinheit vor der Verwendung verwechslungsfähiger Firmen zu schützen; die Vorschrift dient in erster Linie öffentlichen Interessen, ihre Anwendung kann deshalb nicht durch Zustimmung des Inhabers der älteren Firma ausgeschlossen werden. Ein aus der Vorschrift sich daneben ergebender Schutz von Inhabern bereits bestehender Firmen gegenüber Firmenneubildungen ändert nichts an der Zweckrichtung der Vorschrift[1]. Für den Schutz von **Individualinteressen** sind § 12 BGB, §§ 14, 15 MarkenG einschlägig mit teilweise strengeren Anforderungen an die Unterscheidungsfähigkeit[2]. Deshalb ist der Prozessrichter nicht an die Auffassung des Registerrichters gebunden und umgekehrt, weil letzterer lediglich § 30 als Maßstab hat, so dass er, wenn dessen Voraussetzungen vorliegen, die Firma in das Handelsregister eintragen muss, obwohl möglicherweise ein Verstoß gegen § 12 BGB, §§ 14, 15 MarkenG vorliegt[3].

1

Die Bestimmung wurde durch das HRefG nicht geändert. Die Änderung von § 18 erfordert aber, dass nunmehr bei der Firma deutlich zwischen Kennzeichnungseignung und **Unterscheidungskraft** auf der einen Seite und der **Unterscheidbarkeit**, die in § 30 geregelt ist, abgegrenzt wird. Fehlt es einer angemeldeten Firma bereits an Kennzeichnungseignung und Unterscheidungskraft, kommt es gar nicht zu einer Prüfung der Unterscheidbarkeit (dazu oben § 18 Rn. 17). Diese Prüfung setzt stets voraus, dass eine nach § 18 und auch sonst zulässige Firma gebildet worden ist. Erst danach ist zu untersuchen, ob sich diese allgemein zulässige Firma von anderen schon im Handelsregister eingetragenen Firmen am selben Ort oder in derselben Gemeinde deutlich unterscheidet. Eine *Fifty-One-GmbH* ist nach § 18 zulässig, unabhängig davon, ob ein anderer Kaufmann unter *Fifty-Two-GmbH* firmiert. Hat aber diese *Fifty-Two-GmbH* ihren Sitz am selben Ort und ist sie

---

1 Vgl. BGH v. 14.7.1966 – II ZB 4/66, BGHZ 46, 7, 11; *Heymann/Emmerich*, § 30 Rn. 1; *Koller/Roth/Morck*, § 30 Rn. 1.
2 Vgl. BGH v. 1.6.1979 – I ZR 48/77, WM 1979, 922, 923; OLG Köln v. 25.11.2005 – 6 U 77/05, Magazindienst 2006, 322 ff.; s. dazu auch unten Rn. 2, 12.
3 BGH v. 4.3.1993 – I ZR 65/91, WM 1993, 1248, 1251.

im Handelsregister eingetragen, kann die Eintragung der *Fifty-One-GmbH* abgelehnt werden, weil eine Verwechslungsgefahr zu bejahen ist[1]. Der Umfang der Prüfung einer deutlichen Unterscheidbarkeit durch das Registergericht wird durch **§ 18 Abs. 2 S. 2 nicht**, auch nicht **analog**, eingeschränkt; die danach reduzierte Prüfung der Irreführung nur auf ersichtliche Fälle greift für die Spezialvorschrift des § 30 nicht ein[2].

II. Unterscheidbarkeit der Firmen (§ 30 Abs. 1)

1. Ort und Gemeinde

2 Anders als nach §§ 14, 15 MarkenG, deren Schutzbereich allgemein ohne **örtliche Begrenzung** gilt, hat nach § 30 Abs. 1 der Grundsatz der Firmenausschließlichkeit nur für bereits eingetragene Firmen an einem bestimmten Ort oder in einer Gemeinde Geltung. Die Regelung geht darauf zurück, dass das Registergericht die Verwechslungsfähigkeit von Firmen i.d.R. nur für seinen Registerbezirk überblicken kann. Ob insoweit eine Änderung angezeigt ist, wenn ein elektronisches Register für die gesamte Bundesrepublik existiert[3] und ein Datenverbund eingerichtet ist, bleibt abzuwarten. Nach überwiegender Meinung[4] soll die Beschränkung der Prüfung auf „Ort und Gemeinde" erhalten bleiben, weil

– bei einem sich über mehrere Registerbezirke erstreckenden Gebiet dem Registergericht eine vergleichende Beurteilung nicht möglich sein soll,

– Verschiedenheit von Ort und Branche auch bei gleich lautenden Firmen im Geschäftsverkehr i.d.R. nicht zu Verwechslungen führt,

– die Bedeutung der überwiegenden Zahl von Firmen räumlich eng begrenzt ist und im Übrigen

– bei einer dennoch auftretenden Verwechslungsgefahr genügend Vorschriften außerhalb des Handelsregisterrechts zur Beseitigung einer Beeinträchtigung gegeben sind.

Der Gesetzgeber hat das Problem gesehen[5], aber gerade unter Hinweis auf den zuletzt genannten Punkt eine räumliche Erweiterung der registergerichtlichen Prüfung nicht für erforderlich gehalten, da es insoweit, neben dem firmenrechtlichen Täuschungsverbot, der **Privatinitiative** überlassen bleiben könne, wegen einer Verwechslungsgefahr wettbewerbsrechtlich nach §§ 3, 5, 8 UWG, §§ 5, 15 MarkenG vorzugehen[6]. Ferner wurde bei den

---

1 Zutreffend *Bülow*, DB 1999, 269, 270, der auch diese Beispiele unter Hinweis auf *Kögel*, BB 1997, 795, 796 u. *K. Schmidt*, NJW 1998, 2161, 2167 aufführt.
2 Wie hier *Koller/Roth/Morck*, § 30 Rn. 5; MünchKommHGB/*Heidinger*, § 30 Rn. 5; offen lassend *Baumbach/Hopt*, § 30 Rn. 4.
3 Schon jetzt wird von einem Verlag ein Bundes-Firmen-Register auf CD-ROM mit über 1 Mio. aller im Handelsregister eingetragenen Firmen angeboten.
4 Vgl. *Wessel/Zwernemann/Kögel*, Die Firmengründung, Rn. 349; dazu näher *Kögel*, Rpfleger 1998, 317, 318.
5 Vgl. BT-Drucks. 13/8444, S. 37.
6 Kritik an dieser „Liberalisierung" bei *Kögel*, Rpfleger 1998, 317, 319.

Gesetzesberatungen zum HRefG darauf hingewiesen, dass die **Ordnungsfunktion des § 30** in erster Linie der Identifizierbarkeit des Unternehmens am Ort (z.B. bei Zustellungen) diene und dafür eine Unterscheidbarkeit innerhalb des Ortes oder der Gemeinde ausreiche.

Für den Begriff „**am selben Ort**" ist die Verkehrsauffassung maßgebend[1]; danach kann ein so beschriebenes Gebiet auch mehrere Gemeinden umfassen. Gemeinde bedeutet politische Gemeinde i.S.d. Kommunalrechts. Nach § 30 Abs. 4, der heute keine praktische Bedeutung mehr hat, kann die Landesregierung bestimmen, dass mehrere Orte oder Gemeinden als ein Ort oder eine Gemeinde i.S.v. § 30 Abs. 1 anzusehen sind[2]. In einem solchen Fall hat das Registergericht, wenn das so festgelegte Gebiet seine Bezirksgrenzen überschreitet, bei den anderen beteiligten Registergerichten anzufragen, ob wegen § 30 Bedenken gegen die Eintragung einer Firma bestehen. Demgegenüber haben die Zuständigkeitskonzentration gem. § 125 Abs. 1 FGG (§ 376 Abs. 1 FamFG), wonach das Handelsregister zwingend bei dem Amtsgericht am Sitz des Landgerichts für den gesamten Landgerichtsbezirk geführt wird, und die weitere Konzentrationsmöglichkeit nach § 125 Abs. 2 S. 1 Nr. 1 FGG (§ 376 Abs. 2 FamFG) erheblich mehr praktische Bedeutung[3].

3

Ändern sich die **Gemeindegrenzen** durch Eingemeindungen oder die Ortsgrenzen durch Änderung der Verkehrsauffassung und kommt es deshalb zu verwechslungsfähigen Firmen innerhalb eines Bezirks, genießen beide Firmen Bestandsschutz, ein registerrechtliches Einschreiten ist nicht geboten[4].

4

Zum 3.10.1990 (**Wiedervereinigung**) bestehende Unternehmenskennzeichen sind von diesem Zeitpunkt an hinsichtlich ihrer räumlichen Schutzwirkung so anzusehen, als habe niemals eine Trennung Deutschlands bestanden. Ein Kollisionsfall ist nach dem zum Recht der Gleichnamigen entwickelten Grundsätzen zu lösen, wonach derjenige die Pflicht zur Aufnahme unterscheidungskräftiger Zusätze hat, der eine besondere Geschäftsbezeichnung für einen unselbständigen Unternehmensteil zum Bestandteil der Firma seines diesen Geschäftsteil übernehmenden Unternehmens macht (*Altenburger Spielkartenfabrik*)[5].

2. Geschützte und neue Firma

Nach § 30 Abs. 1 muss sich jede **neue Firma** von allen anderen in einem bestimmten Bezirk bereits bestehenden und eingetragenen Firmen deutlich unterscheiden. Die Vorschrift gilt nicht nur für den Einzelkaufmann, sondern für alle in das Handelsregister, Genossenschaftsregister und Partnerschaftsregister aufzunehmenden Firmen bzw. Namen, also für Per-

5

---

1 Vg. z.B. *Heymann/Emmerich*, § 30 Rn. 3.
2 Z.B. Anlage 5 zur HRV v. 12.8.1937, abgedruckt bei *Schlegelberger/Hildebrandt/Steckhan*, § 30 Rn. 4.
3 Dazu *Ammon*, DStR 1998, 1474, 1479.
4 Noch str.; wie hier *Heymann/Emmerich*, § 30 Rn. 4; *Staub/Hüffer*, § 30 Rn. 6 m.N.; *Baumbach/Hopt*, § 30 Rn. 10; a.A. GroßkommHGB/*Würdinger*, § 30 Rn. 6.
5 BGH v. 29.6.1995 – I ZR 24/93, BGHZ 130, 134.

sonenhandelsgesellschaften, Kapitalgesellschaften, Genossenschaften, Versicherungsvereine a.G., juristische Personen i.S.v. § 33; ferner für Partnerschaftsgesellschaften, § 2 Abs. 2 PartGG.

6 Streitig ist, ob sich die Prüfung des Registergerichts auch auf im Vereinsregister eingetragene **Vereinsnamen** erstrecken muss[1]. Diese Prüfung ist nicht geboten[2]; betreiben eingetragene Vereine ein Gewerbe, sind sie nach § 33 eintragungspflichtig. Im Übrigen ist zwischen den Namen von Idealvereinen und den Firmen von Handelsgesellschaften eine Verwechslungsgefahr, vor der die Allgemeinheit zu schützen wäre, nicht ersichtlich.

7 Nach § 30 **geschützte Firmen** sind nur die bereits im Handelsregister eingetragenen Firmen. Keinen Schutz genießen nicht eingetragene oder inzwischen erloschene Firmen, auch wenn sie zu Unrecht nicht eingetragen sind[3]. Hingegen besteht der Schutz des § 30 Abs. 1 auch für bestehende eingetragene Firmen, die ihrerseits gegen §§ 17 ff. verstoßen und deshalb unzulässig sind. Sie unterfallen dem Schutzzweck des § 30 Abs. 1 deshalb, weil auch von einer unrechtmäßig geführten Firma die gleiche Verwechslungsgefahr ausgehen kann wie von einer rechtmäßigen Firma[4]. Bei unzulässigen eingetragenen Firmen wird daher regelmäßig zunächst das Amtslöschungsverfahren (§ 37 Abs. 1, § 140 FGG bzw. § 392 FamFG) durchzuführen und die Eintragung der neuen Firma durch Aussetzung des Eintragungsverfahrens bis zur Löschung der unzulässigen Firma zurückzustellen sein; beide Vorgänge dürfen dann aber auch gleichzeitig eingetragen werden[5]. Eine eingetragene **Firma**, deren Unternehmen sich **in Liquidation** oder in der Insolvenz befindet, muss bei der Prüfung einer Neueintragung auf Unterscheidbarkeit beachtet werden; sie ist einer erloschenen Firma nicht gleichgestellt. Die Firma verkörpert in aller Regel einen Vermögenswert und kann auch in der Insolvenz noch übertragen und dann fortgeführt werden.

8 Zur Einhaltung einer **deutlichen Unterscheidung** ist immer der Inhaber der neuen Firma verpflichtet. Eine Firma ist „neu" i.S.v. § 30, wenn sie zeitlich nach einer schon eingetragenen Firma zur Eintragung ansteht. Anders als nach § 12 BGB, § 15 MarkenG, bei denen die Entstehung (vgl. oben § 17 Rn. 26) der Firma maßgebend ist, bemisst sich die Priorität nach § 30 ausschließlich nach dem Zeitpunkt der Eintragung. Demnach hat eine erst später entstandene, aber früher eingetragene Firma nach § 30 Vorrang vor einer früher entstandenen, aber erst später eingetragenen Firma. Gegebenenfalls muss der Inhaber der früher entstandenen Firma eine von ihm behauptete

---

1 Bei Eintragung eines Vereinsnamens gilt § 57 Abs. 2 BGB.
2 A.A. *Heymann/Emmerich*, § 30 Rn. 6; *Koller/Roth/Morck*, § 30 Rn. 3; wie hier *Staub/Hüffer*, § 30 Rn. 7; *Baumbach/Hopt*, § 30 Rn. 3 u. 6; offen MünchKommHGB/*Heidinger*, § 30 Rn. 10.
3 *Heymann/Emmerich*, § 30 Rn. 7.
4 Zutreffend *Staub/Hüffer*, § 30 Rn. 11; *Koller/Roth/Morck*, § 30 Rn. 4; noch a.A. die h.M., z.B. *Heymann/Emmerich*, § 30 Rn. 7a m.N.; differenzierend *Baumbach/Hopt*, § 30 Rn. 6.
5 Insoweit zutreffend *Heymann/Emmerich*, § 30 Rn. 7a.

Verkehrsgeltung gegenüber dem Inhaber der eingetragenen Firma im Wege der Rechtsverfolgung nach § 12 BGB, § 15 MarkenG zunächst durchsetzen.

Bei **mehreren** zur Eintragung anstehenden **Anmeldungen** entscheidet die zeitliche Reihenfolge des Eingangs, früher eingegangene Anmeldungen haben Vorrang. Das Registergericht hat keinen Ermessensspielraum. Trägt es eine später eingegangene Anmeldung früher ein, bleibt es dennoch beim Grundsatz des § 30, es kann jedoch eine Amtspflichtverletzung gegeben sein[1]. 9

Bei **Sitzverlegung** des Unternehmens in einen anderen Registerbezirk ist die nunmehr einzutragende Firma neu i.S.v. § 30 gegenüber allen dort eingetragenen Firmen, mag ihre Eintragung im bisherigen Handelsregister auch erheblich älter sein; Gleiches gilt bei der Errichtung einer Zweigniederlassung[2]. Wird eine Firmenänderung zur Eintragung angemeldet, gilt die geänderte Firma als neu, ein bisher durch Eintragung gegebener Vorrang gegenüber allen nach ihr eingetragenen Firmen entfällt[3]. 10

Ob zwischen den Unternehmen, deren Firmen auf Verwechslungsfähigkeit zu prüfen sind, **Wettbewerbsbeziehungen** bestehen, ist unerheblich; § 30 gilt auch für Firmen verschiedener Geschäftszweige[4]. 11

3. Unterscheidungskriterien

Für § 30, § 12 BGB, § 15 MarkenG gilt gemeinsam: Firmen unterscheiden sich dann nicht deutlich, wenn sie verwechslungsfähig sind. Der registerrechtliche Begriff der deutlichen Unterscheidbarkeit unterscheidet sich insofern von der Verwechslungsgefahr i.S.d. § 15 Abs. 2 MarkenG, dass zwar in beiden Fällen auf die angesprochenen Verkehrskreise abgestellt wird und ein Wettbewerbsverhältnis nicht bestehen muss, aber es bei § 30 auf die tatsächlich eingetragene Firma und nicht wie bei § 15 MarkenG auf die tatsächlich gebrauchte Firma ankommt[5]. Zum Schutz der Firma vgl. auch oben § 17 Rn. 8a. 12

a) Verwechslungsgefahr

Verwechslungsgefahr bedeutet die objektiv gegebene Möglichkeit, dass ein nicht unerheblicher Teil der angesprochenen Verkehrskreise als Folge der Identität oder Ähnlichkeit zweier Firmen zu **irrigen Vorstellungen** über die 13

---

1 *Staub/Hüffer*, § 30 Rn. 12.
2 BayObLG v. 10.3.1978 – 1 ZBR 27/78, BayObLG 1978, 62, 65; *Koller/Roth/Morck*, § 30 Rn. 4; zur Prüfung der Firma der Zweigniederlassung nach dem EHUG vgl. oben § 13 Rn. 15.
3 Vgl. *Heymann/Emmerich*, § 17 Rn. 10.
4 BGH v. 14.7.1966 – II ZB 4/66, BGHZ 46, 7.
5 *Fezer*, Markenrecht, 3. Aufl. 2001, § 15 MarkenG Rn. 118.

Identität der dahinter stehenden Unternehmen gelangt[1]. Für die Verwechslungsgefahr im engeren Sinn genügt es, wenn es bei der Post zu einer Verwechslung bei der Zustellung kommt oder kommen kann. Neben dieser Verwechslungsgefahr im engeren Sinn ist für § 30 ihr Vorliegen auch zu bejahen, wenn als Folge der Firmierung angenommen wird, zwischen den beiden Unternehmen bestünden Beziehungen geschäftlicher, wirtschaftlicher oder organisatorischer Art (Verwechslungsgefahr im weiteren Sinn[2]).

14 Der Begriff Verwechslungsgefahr ist **Rechtsbegriff** und damit in der Rechtsbeschwerdeinstanz im vollen Umfang nachprüfbar. Daran ändert nichts, dass die hierfür erforderlichen Feststellungen (z.B. Verkehrsauffassung über Unterscheidungskraft oder Branchennähe) weitgehend auf tatsächlichem Gebiet liegen. Allerdings ist die Frage, ob dem Erfordernis der Unterscheidbarkeit genügt ist, im Wesentlichen eine solche der tatsächlichen Würdigung[3].

15 Maßgebend ist grundsätzlich der **Gesamteindruck** der Firma; es entscheidet ihr Wortbild und Wortklang, wie sie sich Auge und Ohr bei dem allgemeinen Publikum einprägen[4]. Dabei ist zu beachten, dass die Allgemeinheit regelmäßig Firmen- und Geschäftsbezeichnungen nur oberflächlich zur Kenntnis nimmt. Trotzdem geht die überwiegende Meinung davon aus, dass für die Prüfung auf die vollständige Firma, wie im Handelsregister eingetragen, abzustellen sei, weil der Kaufmann nur diese Firma gebrauchen dürfe. Das Merkmal der deutlichen Unterscheidbarkeit sei streng auszulegen, maßgebend sei allein die Fassung der eingetragenen Firma, nicht die, wie sie gebraucht werde[5]. Dem ist nicht zu folgen. Richtig ist, dass zunächst der volle **Firmenwortlaut** zu vergleichen ist. Ist danach schon Verwechslungsgefahr zu bejahen, erübrigt sich eine weitere Prüfung. Eine Eintragung der neuen Firma hat aber auch dann zu unterbleiben, wenn die Überprüfung der vollständigen Firma allein keine Verwechslungsgefahr begründet, diese aber zu bejahen ist, wenn man auf die im Verkehr üblicherweise benutzte **abgekürzte Form** der Firma abstellt. Dies erscheint deshalb notwendig, weil sich der Kaufmann in dieser Form an das Publikum wendet. Ob das Registergericht im Einzelfall in der Lage sein wird, diesen abgekürzten Firmengebrauch zu kennen oder zu ermitteln, ist nicht entscheidend. Sofern es ihn

---

1 Zur Definition der Verwechslungsgefahr im Sinne des früheren § 16 UWG (jetzt § 15 MarkenG) eingehend GroßkommUWG/*Teplitzky*, § 16 UWG Rn. 315 f.; ferner *Fezer*, Markenrecht, 3. Aufl. 2001, § 15 MarkenG Rn. 72 ff.
2 Vgl. *Koller/Roth/Morck*, § 30 Rn. 5, abweichend *Staub/Hüffer*, § 30 Rn. 15: bei § 30 liegt der Schwerpunkt bei der Verwechslungsgefahr im engeren Sinn.
3 Vgl. *Heymann/Emmerich*, § 30 Rn. 16.
4 RGZ 104, 341, 342; BGH v. 14.7.1966 – II ZB 4/66, BGHZ 46, 7, 12; *Heymann/Emmerich*, § 30 Rn. 14.
5 So das RG in st. Rspr., vgl. RGZ 171, 321, 323 f.; BayObLG v. 28.9.1979 – 1 ZBR 58/79, BayObLGZ 1979, 316, 319; vgl. auch *Koller/Roth/Morck*, § 30 Rn. 5; Kritik bei *Heymann/Emmerich*, § 30 Rn. 15a.

kennt, gleichgültig aus welcher Quelle, ist dies bei der Prüfung der Verwechslungsgefahr zu berücksichtigen[1].

Stimmen Firmen im Firmenkern bzw. in ihrem prägenden Firmenbestandteil überein, wird eine Verwechslungsgefahr durch Zusätze, die lediglich die **Gesellschaftsform** bezeichnen, nicht beseitigt, da das Publikum solchen Zusätzen im Allgemeinen keine besondere Bedeutung beimisst[2]. Ob in Zukunft unter dem Eindruck des nunmehr bei Firmen zwingenden Rechtsformzusatzes eine Änderung der Verkehrsauffassung insoweit eintritt und allein die verschiedene **Rechtsformbezeichnung** in der Firma eine ausreichende Unterscheidbarkeit bewirken kann, muss abgewartet werden, ist aber wohl auch in Zukunft zu verneinen. Derzeit gilt noch, dass eine unterschiedliche Rechtsformbezeichnung allein nicht ausreicht, um eine sonst bestehende Verwechslungsgefahr zu beseitigen. Gleiches ist anzunehmen für farblose Zusätze wie *in Liquidation* oder *Nachfolger* und für die Top-Level-Domain „de", „com", „net" etc[3]. Hingegen sind vor allem adjektivisch gebrauchte **geographische Zusätze** wie *deutsch, bayerisch, hessisch* etc. in aller Regel für eine hinreichende Unterscheidung ausreichend[4]. 16

Strenge Maßstäbe sind bei der Unterscheidbarkeit anzulegen, wenn zwischen den Unternehmen der beiden Firmen **Branchennähe** gegeben ist, weil dadurch die Verwechslungsfähigkeit weit höher ist, als wenn es sich um Branchen handelt, die völlig verschieden sind[5]. 17

b) Personenfirma (§ 30 Abs. 2)

Aus § 30 Abs. 2 ist zu schließen, dass es für eine deutliche Unterscheidbarkeit im Regelfall genügt, wenn sich die aus Vor- und Nachnamen gebildeten Firmen in einem Namensteil unterscheiden[6]. Demnach reichen **verschiedene Vornamen** grundsätzlich aus, das gilt auch bei Verschiedenheit durch Abkürzungen z.B. *Johannes* und *Hans*. Hingegen beseitigen bloß verschiedene Schreibweisen eines Namens bei gleicher Aussprache die Verwechslungsgefahr nicht, z.B. *Meyer* und *Maier, Schulze* und *Schultze, Herz* und *Hertz*. 18

Will sich ein Kaufmann, der mit einer bereits eingetragenen Firma gleichnamig ist, seines Namens zur **Firmenbildung** bedienen, muss er einen deutlich kennzeichnenden Zusatz anbringen; hierfür reicht die Angabe der verschiedenen Gesellschaftsform nicht aus (oben Rn. 16). Dabei ist es Sache des Anmelders, einen Zusatz zur Firma zu finden, der dem Grundsatz des § 30 Abs. 2 voll Rechnung trägt; nicht das Publikum hat auf firmenrechtliche Belange des Kaufmanns Rücksicht zu nehmen, sondern der Kaufmann ist ver- 19

---

1 So *Staub/Hüffer*, § 30 Rn. 15 und die österreichische Rechtsprechung bei *Straube/Schuhmacher*, HGB, 3. Aufl. 2003, § 30 Rn. 10; a.A. *Kögel*, Rpfleger 1998, 317, 320.
2 BGH v. 14.7.1966 – II ZB 4/66, BGHZ 46, 7, 12.
3 *Seifert*, Rpfleger 2001, 398.
4 MünchKommHGB/*Heidinger*, § 30 Rn. 25; *Kögel*, Rpfleger 1998, 317, 320; a.A. *Heymann/Emmerich*, § 30 Rn. 17.
5 Vgl. *Heymann/Emmerich*, § 30 Rn. 17a.
6 BGH v. 18.3.1993 – I ZR 178/91, NJW 1993, 2236.

pflichtet, eine Verwechslungsgefahr auszuschließen. Als unterscheidungskräftiger Zusatz genügt z.B. die Aufnahme des Geschäftszweigs, falls die Geschäftszweige verschieden sind[1].

c) Sachfirma und Fantasiefirma

20 An die Unterscheidbarkeit sind bei der Sachfirma höhere Anforderungen zu stellen als bei der Personenfirma, deren Bildung enger begrenzt ist. Zwischen Sachfirmen muss ein **deutlicher Abstand** bestehen[2]. In die Sachfirma dürfen Gattungs- und Branchenbezeichnungen aufgenommen werden, z.B. *Brauerei, Textil, Sportartikel, Hausbau* etc., ohne dass dadurch eine Sperre dieser Bezeichnungen für jüngere neu einzutragende Firmen gegeben wäre. Auch diese dürfen solche dem Gegenstand des Unternehmens entnommene Branchenbezeichnungen in ihre Firma aufnehmen, sind aber verpflichtet, andere unterscheidungskräftige Zusätze hinzuzufügen. Buchstabenkombinationen, die kein aussprechbares Wort bilden und nicht aus sich heraus verständliche Abkürzungen sind, kommt nach BGH in der Regel keine Unterscheidungskraft zu[3]. Nach der Liberalisierung des Firmenrechts, nach der auch für **Buchstabenkombinationen** eine Kennzeichnungseignung und die **Unterscheidungskraft** zu bejahen sind (dazu näher oben § 18 Rn. 12), können solche Buchstabenfolgen als Zusatz eine sonst gegebene Verwechslungsgefahr beseitigen. Ähnliche Grundsätze gelten für die Unterscheidbarkeit von **Fantasiefirmen**; hier sind strengere Anforderungen als bei der Personen- und der Sachfirma zu stellen. Im Bereich der Fantasiefirmen sind deutlich unterscheidbare Firmen leichter zu bilden, weil sie, anders als bei der Sachfirma, keinen Bezug zur ausgeübten Geschäftstätigkeit haben müssen.

Nach der **Registerpraxis**, sind jedenfalls bei nicht operativen Vorratsgesellschaften Ordinal- oder Kardinalzahlen **unterscheidungskräftige Zusätze**, z.B. *9001 CM Vermögensgesellschaft mbH, 9002 CM Vermögensgesellschaft mbH* oder *Erste, Zweite, Dritte* etc. Bei operativen Gesellschaften wird dies zur Unterscheidung nicht ausreichen, sondern ein deutlicher Zusatz, z.B. ein Projekthinweis, verlangt werden müssen, z.B. *ARGE Wohnbau Projekt München GmbH, ARGE Wohnbau Projekt Köln GmbH*.

4. Rechtsprechung

21 Die Rechtsprechung zur Verwechslungsgefahr ist geprägt durch eine **starke Kasuistik;** meistens handelt es sich dabei um Fälle, deren Anspruchsgrund-

---

[1] BGH v. 14.7.1966 – II ZB 4/66, BGHZ 46, 7, 12 f.; BayObLG v. 28.9.1979 – 1 ZBR 58/79, BayObLGZ 1979, 316, 318; OLG Zweibrücken v. 30.8.2001 – 4 U 90/00, GRUR-RR 2002, 137; zu Besonderheiten bei gleichnamigen GroßkommUWG/*Teplitzky*, § 16 UWG Rn. 382 ff.; Beispiele bei *Fezer*, Markenrecht, 3. Aufl. 2001, § 15 MarkenG Rn. 66.
[2] RGZ 171, 321, 323 f.; BayObLGZ 1927, 291, OLG Frankfurt v. 16.7.1980 – 20 W 315/80, OLGZ 1981, 8, 9; *Heymann/Emmerich*, § 30 Rn. 17.
[3] BGH v. 1.6.1979 – I ZR 48/77, WM 1979, 922, 923.

lagen § 12 BGB, § 16 UWG a.F. bzw. § 15 MarkenG sind[1]. Die Pflicht zur Vermeidung der Verwechslungsgefahr kann die Beteiligten in diesem Bereich unterschiedlich treffen. Haben zwei Firmen längere Zeit nebeneinander unbeanstandet existiert, handelt derjenige unlauter, der durch Änderung seiner Firma die Verwechslungsgefahr erhöht, und zwar unabhängig von der Priorität[2].

Im Einzelnen hat die Rechtsprechung z.B. in folgenden Fällen eine hinreichende **Unterschiedbarkeit bejaht:** 22

– *Gebrüder L.* und *Gebrüder L. Blusen und Kleider*[3];
– *Johann K. Mechanische Faßfabrik* und *Hans K. Faßfabrik*[4];
– *Bank für Gemeinwirtschaft* und *Bank für Getreidewirtschaft*[5];
– *Western Store Inhaber X* und *Western Store Handelsgesellschaft mbH*[6];
– *Commerzbank in Lübeck* und *Lübecker Privatbank* und *Commerz- u. Privatbank Aktiengesellschaft, Filiale Lübeck*[7];
– *Bauhütte Bauwohl mbH* und *Bauhütte Groß Hamburg AG*[8];
– *City-Hotel* und *City-Hilton*[9].
– *Bayerisches Fernsehen* und *Privatfernsehen Bayern GmbH & Co. KG*[10].
– *BOSS* als Abkürzung für *Börsen-Order-Service-System* und *BOSS* für den Herrenausstatter *Hugo Boss*[11].

Für *Video-Rent* wurde eine Verwechslungsgefahr verneint, weil es sich dabei um eine allgemeine Beschreibung des Geschäftsgegenstandes handelt und der Verkehr nicht auf ein einheitliches Unternehmen schließt, wenn der Begriff in zwei verschiedenen Firmen verwendet wird.

– *Video-Rent Fernseh- und Videoleasing GmbH* und *Videorent GmbH*[12].

Zu **§ 16 UWG a.F.** wurde die Verwechslungsgefahr verneint zwischen

– *RTL plus* und *1 Plus*[13];
– *Quelle* und *Getränke Quelle*[14].

---

1 Umfangreiche Darstellung bei GroßkommUWG/*Teplitzky*, § 16 UWG Rn. 321 bis 379, mit Beispielen bei Rn. 380 u. 381; ferner die Auflistung bei *Heymann/Emmerich*, § 30 Rn. 20, 21 und zur österreichischen Rechtsprechung Rn. 21a.
2 Vgl. BGH v. 27.5.1987 – 1 ZR 139/85, NJW-RR 1988, 95.
3 KG, JW 1926, 2001.
4 BayObLGZ 1928, 505.
5 LG Hamburg v. 18.2.1952 – 26 T 34/51, BB 1952, 477 f.
6 OLG München v. 2.4.1970 – 6 U 2986/69, BB 1971, Beil. 9, 19.
7 RGZ 103, 388.
8 RG, JW 1931, 1916; a.A. *Staub/Hüffer*, § 30 Rn. 19.
9 BGH v. 30.3.1995 – I ZR 60/93, NJW-RR 1995, 1002.
10 OLG München v. 3.12.1992 – 29 U 6451/91, WRP 1993, 427.
11 OLG Frankfurt v. 24.3.1994 – 6 U 96/92, WM 1994, 1259.
12 BGH v. 12.6.1986 – I ZR 70/84, NJW 1987, 438.
13 OLG Frankfurt v. 7.5.1986 – 6 W 73/86, OLGZ 1988, 98, 101.
14 BGH v. 21.9.1989 – I ZR 34/88, NJW-RR 1990, 295, 296.

In folgenden Fällen wurde eine ausreichende **Unterscheidbarkeit verneint**, also eine Verwechslungsfähigkeit für gegeben erachtet:

- *Nitrola Bayerische Nitro-Lack* und *Farben GmbH* und *Nitrolack GmbH*[1];
- *Vereinigte Beinwarenfabrik* und *Beinwarenfabrik*[2];
- *Kur- und Fremdenverkehrsgesellschaft* und *Kur- und Verkehrsverein*[3];
- *HSB Hausbau GmbH* und *Hausbau Ulm GmbH*[4].

Zu § 16 UWG a.F.:

- *Südwestfunk* und *RPR Studio Südwest*[5];
- *Maritim* und *air Maritim*[6];
- *Christopherus Stiftung* und *Christopherus Versicherungs AG*[7].

5. Zweigniederlassungen (§ 30 Abs. 3)

23 Die Firma einer neu errichteten Zweigniederlassung muss sich nach § 30 Abs. 3 von bereits dort bestehenden und eingetragenen gleichen Firmen durch einen **Zusatz** deutlich unterscheiden; der bloße Zusatz „Zweigniederlassung" reicht hierfür nicht aus[8]. Die Bestimmung hat viel an praktischer Bedeutung verloren, seit anerkannt ist, dass die Firma der Zweigniederlassung nicht mit der Firma der Hauptniederlassung identisch sein muss, sondern eine von der Firma der Hauptniederlassung abweichende Firma haben kann (s. dazu oben § 13 Rn. 12 f.). Daraus folgt, dass die Firma der Zweigniederlassung nur dann einen unterscheidenden Zusatz aufweisen muss, wenn sie sich nicht schon von vornherein durch die Wahl einer anderen Firma von allen anderen im Bezirk eingetragenen Firmen deutlich unterscheidet. Zur mangelnden Prüfung der Unterscheidbarkeit zu Firmen am Ort der Zweigniederlassung durch das allein zuständige Gericht der Hauptniederlassung/des Sitzes vgl. oben § 13 Rn. 15.

6. Verfahren

24 Wird eine Firma angemeldet, die gegen § 30 verstößt, wird das Registergericht dem Anmelder zunächst Gelegenheit geben (**Zwischenverfügung, § 26 S. 2 HRV**), regelmäßig innerhalb einer bestimmten Frist, die Firma zur Behebung der Verwechslungsgefahr zu ändern und ihn gleichzeitig auffordern, den Gebrauch der bisherigen Firma zu unterlassen. Kommt der Anmelder dem nicht nach, ist die Anmeldung zurückzuweisen und ein Firmenmiss-

---

1 BayObLG, JW 1927, 2434.
2 RG, JW 1922, 1200 Nr. 7.
3 *Wessel/Zwernemann/Kögel*, Die Firmengründung, Rn. 151 Fn. 168.
4 BGH v. 1.6.1979 – I ZR 48/77, WM 1979, 922 f.
5 OLG Karlsruhe v. 11.11.1987 – 6 U 87/87, NJW-RR 1989, 167.
6 BGH v. 2.2.1989 – I ZR 183/86, NJW-RR 1989, 808.
7 BGH v. 28.1.1988 – I ZR 21/86, BGHZ 103, 171; weitere Beispiele bei *Fezer*, Markenrecht, 3. Aufl. 2001, § 15 MarkenG Rn. 76 f.
8 *Heymann/Emmerich*, § 30 Rn. 23.

brauchsverfahren (§ 37 Abs. 1, §§ 132, 140 FGG bzw. §§ 392, 388 ff. FamFG) einzuleiten. Wurde trotz Unzulässigkeit eingetragen und ist der Anmelder nicht gewillt, eine Änderung der Firma trotz Zwangsgeldverfahrens nach § 14 anzumelden, ist die Amtslöschung der Firma (§ 142 FGG bzw. § 395 FamFG) zu betreiben.

§ 31
Änderung der Firma; Erlöschen

(1) Eine Änderung der Firma oder ihrer Inhaber, die Verlegung der Niederlassung an einen anderen Ort sowie die Änderung der inländischen Geschäftsanschrift ist nach den Vorschriften des § 29 zur Eintragung in das Handelsregister anzumelden.

(2) Das gleiche gilt, wenn die Firma erlischt. Kann die Anmeldung des Erlöschens einer eingetragenen Firma durch die hierzu Verpflichteten nicht auf dem in § 14 bezeichneten Wege herbeigeführt werden, so hat das Gericht das Erlöschen von Amts wegen einzutragen.

Übersicht

	Rn.		Rn.
1. Allgemeines	1	5. Erlöschen der Firma (§ 31 Abs. 2)	
2. Firmenänderung		a) Anwendungsbereich	11
a) Voraussetzungen	2	b) Voraussetzungen	12
b) Anmeldung	6	c) Anmeldung	13
c) Keine Firmenänderung	7	6. Durchsetzung	
3. Inhaberwechsel	8	a) Registerzwang	16
4. Verlegung der Niederlassung	10	b) Amtslöschung	17

1. Allgemeines

§ 31 ist die notwendige Ergänzung zu § 29. Dadurch soll gewährleistet werden, dass das Handelsregister stets zuverlässig **aktuelle Auskunft** über Inhaber, Firma und Niederlassung eines kaufmännischen Unternehmens gibt (vgl. oben § 8 Rn. 2; ferner Schutz des Rechtsverkehrs nach § 15). Die Vorschrift gilt gemäß § 6 Abs. 1 auch für Personenhandelsgesellschaften sowie gemäß § 3 Abs. 1 AktG und § 13 Abs. 3 GmbHG grundsätzlich auch für die AG und GmbH[1]. Allerdings sind für Handelsgesellschaften zahlreiche Sonderregelungen einschlägig, z.B. in §§ 34, 107, 108, 143, 161 Abs. 2; für die Firmenänderung bei der AG gilt § 181 AktG, bei der GmbH § 54 GmbHG (s. dazu auch unten Rn. 5). Für das Amtslöschungsverfahren sind ergänzende Regelungen in § 141 FGG/§ 393 FamFG (Löschung der Firma), § 142 FGG/§ 395 FamFG (Löschung unzulässiger Eintragungen), § 144 FGG/§ 397 FamFG (Löschung nichtiger Gesellschaften) sowie in § 141a FGG/§ 394

1

---

[1] BayObLG v. 19.12.1989 – 3 ZBR 102/89, BayObLGZ 1989, 474, 477.

FamFG (Löschung von Gesellschaften wegen Vermögenslosigkeit)[1] enthalten. Sondervorschriften gelten in der Liquidation für Personenhandelsgesellschaften nach §§ 157, 161 Abs. 2, für die GmbH nach § 74 Abs. 1 GmbHG sowie für die AG und KGaA nach § 273 Abs. 1 AktG (dazu auch unten Rn. 15). Durch das MoMiG ist auch die Veränderung der inländischen Geschäftsanschrift anmeldepflichtig geworden.

2. Firmenänderung

a) Voraussetzungen

2   Eine Änderung der Firma durch den Geschäftsinhaber setzt eine schon und noch **bestehende Firma** voraus. Sie darf nicht vor Änderung bereits erloschen sein (oben § 17 Rn. 28, 29); die Firmenänderung einer erloschenen Firma ist unzulässig[2]. Änderung ist für ursprüngliche und abgeleitete Firma möglich; die Änderung der Firma kann auch auf einer Verurteilung wegen unzulässiger Firmenführung nach § 12 BGB, § 15 MarkenG oder § 37 Abs. 2 beruhen. Ist die Firma noch nicht eingetragen, kann Eintragung gleichzeitig mit dem Änderungsvermerk erfolgen, eine zeitlich vorausgehende Voreintragung ist nicht erforderlich[3]. Die geänderte Firma muss nach den Maßstäben der §§ 18 ff. zulässig sein.

3   Ein Sonderfall einer Firmenänderung ist gegeben, wenn in das Geschäft eines Einzelkaufmanns ein **neuer Gesellschafter** eintritt und die bisherige Firma zulässigerweise (vgl. § 24 Abs. 1 – Firmenfortführung) geändert wird. Das bisherige Registerblatt wird mit geänderter Firma unter Rötung der ursprünglichen Firma weitergeführt (siehe dazu § 24 Rn. 8 f.).

4   Führt der **Erwerber** eines Handelsgeschäfts die bisherige Firma zunächst fort (§ 22 Abs. 1) und wählt er erst danach eine andere Firma, liegt eine Firmenänderung nach § 31 Abs. 1 vor.

5   Bei AG und GmbH wird eine Firmenänderung materiell-rechtlich nur durch **Satzungsänderung** (vgl. § 23 Abs. 3 Nr. 1 AktG, § 3 Abs. 1 Nr. 1 GmbHG) wirksam; es sind die gegenüber § 31 Abs. 1 speziellen Vorschriften von § 181 AktG, § 54 GmbHG anzuwenden.

b) Anmeldung

6   Die Pflicht zur Anmeldung trifft den **Inhaber des Geschäfts**, nach Eröffnung des Insolvenzverfahrens den Insolvenzverwalter, da die Firma (oben § 17 Rn. 45) zur Masse gehört[4]. Jede Firmenänderung ist anzumelden; das gilt auch, wenn es an der Voreintragung der Firma fehlt. Das Gericht prüft, ob die geänderte Firma nach §§ 18 ff. firmenrechtlich zulässig ist.

---

1 LöschG v. 9.10.1934 ist m. Wirkung v. 1.1.1999 aufgehoben (EGInsO).
2 OLG Hamm v. 21.6.1993 – 15 W 75/93, DB 1993, 1816.
3 Vgl. *Staub/Hüffer*, § 31 Rn. 6; *Koller/Roth/Morck*, § 31 Rn. 2; *Heymann/Emmerich*, § 31 Rn. 4; *Baumbach/Hopt*, § 31 Rn. 9.
4 *Staub/Hüffer*, § 31 Rn. 4 u. 6.

c) Keine Firmenänderung

Eine eingetragene **Firma**, die schon vor Eintragung **unzulässig** war oder nachträglich unzulässig geworden ist, darf im Register nicht geändert werden; es ist eine Amtslöschung nach § 142 FGG (§ 395 FamFG) und anschließend eine Firmenneubildung durchzuführen[1]. Wird für eine unzulässige Firma eine Änderung angemeldet, ist das Löschungsverfahren nach § 142 FGG (§ 395 FamFG) einzuleiten (siehe dazu auch unten Rn. 13). Ist eine Firma für einen Nichtkaufmann oder für einen Unternehmensträger, der ein Handelsgewerbe nicht mehr betreibt, eingetragen, darf die Firma nicht geändert werden; sie ist vielmehr nach § 142 FGG (§ 395 FamFG) zu löschen. § 5 (Fiktivkaufmann) steht nicht entgegen, da das Registergericht an diese Fiktion nicht gebunden ist[2].

3. Inhaberwechsel

Bleibt die Firma unverändert, wechselt aber der Inhaber, so ist dieser Vorgang nach § 31 Abs. 1, § 29 zur Eintragung anzumelden. Die Vorschrift zielt insbesondere auf die Erwerbsvorgänge nach § 22 ab: danach sind **anmeldepflichtig** der Erwerb eines Handelsgeschäfts, einschließlich des Erwerbs von Todes wegen, die Pacht, die Nießbrauchbestellung, die Aufnahme eines Gesellschafters in ein Einzelunternehmen (§ 24), das Ausscheiden des vorletzten Gesellschafters bei Übernahme des Handelsgeschäfts durch den verbleibenden Gesellschafter.

Zur Anmeldung des Inhaberwechsels ist nicht nur der Erwerber (neue Inhaber), sondern auch der **alte Inhaber** verpflichtet; letzterer muss schon deshalb daran interessiert sein, um eine Haftung für Neuschulden zu vermeiden (vgl. § 15 Abs. 1 und 2). Im Erbfall sind die Erben anmeldepflichtig; im Nacherbfall sind außer dem Nacherben auch der Vorerbe bzw. dessen Erben zur Anmeldung verpflichtet[3]. Bei Testamentsvollstreckung muss der Testamentsvollstrecker nur anmelden im Fall einer treuhänderischen Testamentsvollstreckung, andernfalls sind die Erben anmeldepflichtig[4].

4. Verlegung der Niederlassung

Insoweit gilt jetzt die Sonderregelung des § 13h, für die Verlegung der Zweigniederlassung gilt § 13 (str.[5], siehe oben § 13h Rn. 10).

---

1 BayObLG v. 10.3.1978 – 3 ZBR 39/77, BayObLGZ 1978, 54, 47 ff.; *Staub/Hüffer*, § 31 Rn. 29; *Heymann/Emmerich*, § 31 Rn. 8.
2 OLG Hamm v. 21.6.1993 – 15 W 75/93, DB 1993, 1816; zum Fiktivkaufmann *Canaris*, HR, § 3 Rn. 48 ff.; oben *Röhricht* zu § 5.
3 KG HRR 1934, Nr. 1041.
4 Vgl. *Koller/Roth/Morck*, § 31 Rn. 3.
5 Wie hier *Koller/Roth/Morck*, § 31 Rn. 1; *Baumbach/Hopt*, § 31 Rn. 1.

5. Erlöschen der Firma (§ 31 Abs. 2)

a) Anwendungsbereich

11 Die Regelung ist nicht nur auf den Einzelkaufmann anwendbar, sie gilt auch für juristische Personen nach § 33. **Keine Anwendung** auf die AG: hierfür gilt § 273 Abs. 1 AktG und auf die GmbH (hier gilt § 74 Abs. 1 GmbHG); Sonderregelungen gelten für die OHG und KG nach Beendigung der Liquidation gemäß §§ 157, 161 Abs. 2. Auch bei Erlöschen einer „Briefkastengesellschaft" im Ausland wird die Amtslöschung der in Deutschland eingetragenen Zweigniederlassung in Betracht kommen (vgl. dazu auch oben § 13g Rn. 14).

b) Voraussetzungen

12 Die Firma erlischt, wenn der **Geschäftsbetrieb** nicht nur vorübergehend, sondern **endgültig eingestellt** wird (siehe oben § 17 Rn. 27 ff.), wobei die Übernahme aller Anteile durch einen Gesellschafter einer Einstellung nicht gleichkommt[1]. Sind bei einer eingetragenen Firma die Voraussetzungen einer Firmenführung nicht mehr gegeben, weil ein Handelsgewerbe nicht mehr ausgeübt wird, bleibt die Firma zwar wegen § 5 bestehen, sie kann aber auf Anmeldung (§ 31 Abs. 2 analog) oder von Amts wegen (vgl. oben § 17 Rn. 32) gelöscht werden. Sinkt das Handelsgewerbe eines eingetragenen Kaufmanns auf einen **kleingewerblichen Umfang** herab (vgl. § 1 Abs. 2), hängt es allein vom Unternehmensträger ab, ob er die Firma löschen lassen will; eine Pflicht hierzu besteht nicht. Eine Amtslöschung scheidet aus, weil die Firma nicht erloschen ist, sondern auf Grund der nunmehr konstitutiv wirkenden Eintragung weiter besteht[2] (dazu oben § 17 Rn. 32; s. zu diesem Fragenkreis auch oben *Röhricht*, § 1 Rn. 143 und § 2 Rn. 12 ff.). Die Liquidationsgesellschaft darf die Firma bis zur Feststellung ihrer Vermögenslosigkeit oder bis zur abschließenden Durchführung der Schlussverteilung führen (siehe oben § 17 Rn. 32)[3].

c) Anmeldung

13 Anzumelden ist nur, wenn die Eintragungsvoraussetzungen für die Firma vorgelegen haben und die Firma erst danach erloschen ist. War sie von vornherein unzulässig, ist das **Amtslöschungsverfahren** nach § 142 FGG (§ 395 FamFG) durchzuführen[4]. Wird die Firma nach Eintragung unzulässig, kommt nicht § 31 Abs. 2 i.V.m. § 14 zur Anwendung, sondern das Verfahren

---

[1] BayObLG v. 10.2.2000 – 3 ZBR 385/99, BB 2000, 1212; BayObLG v. 20.7.1989 – 3 ZBR 75/89, Rpfleger 1990, 56.
[2] Str. a.A. *Koller/Roth/Morck*, § 31 Rn. 5, der nur wegen § 5 kein Erlöschen der Firma annimmt und deshalb § 31 Abs. 2 S. 1 analog anwendet sowie die Möglichkeit einer Amtslöschung bejaht; ähnlich *Baumbach/Hopt*, § 31 Rn. 7.
[3] BayObLG v. 10.3.2000 – 3 ZBR 385/99, DB 2000, 1067; OLG Hamm v. 3.7.2003 – 15 W 375/2002, ZIP 2003, 2265; bei Eröffnung des Insolvenzverfahrens über das Vermögen einer GmbH & Co. KG und das Vermögen ihrer Gesellschafter.
[4] BayObLG v. 10.3.1978 – 3 ZBR 39/77, BayObLGZ 1978, 54, 57 ff.

nach § 37 Abs. 1 i.V.m. § 140 FGG (§ 392 FamFG); daneben ist auch das Verfahren nach § 142 FGG (§ 395 FamFG) zulässig[1].

Zur Anmeldung **verpflichtet** ist der bisherige Inhaber der erloschenen Firma, im Falle des § 22 der Veräußerer, wenn keine Firmenfortführung durch den Erwerber gegeben ist. Im Erbfall haben die Erben anzumelden, wenn sie den Geschäftsbetrieb auf Dauer einstellen. War hingegen im Zeitpunkt des Erbfalls die Firma bereits erloschen, kommt nur Amtslöschung nach § 142 FGG (§ 395 FamFG) in Betracht, da die Pflicht, das Erlöschen der Firma anzumelden, als öffentlich-rechtliche Pflicht des Erblassers nicht auf die Erben übergeht[2]. 14

Wird aufgrund einer Anmeldung des **Schuldners** trotz eines bereits eröffneten **Insolvenzverfahrens** die Firma zu Unrecht – zur Anmeldung ist nur der Insolvenzverwalter berechtigt – gelöscht, ist die Eintragung der Löschung nach § 142 FGG (§ 395 FamFG) zu löschen. Stellt der **Pächter** den Gewerbebetrieb endgültig ein, hat er das Erlöschen der Firma anzumelden; bei Rückgabe des Geschäfts an den Verpächter mit Erlöschen der Firma sind Pächter und Verpächter zur Anmeldung verpflichtet[3]. Bei der AG ist nicht das Erlöschen der Firma, sondern nach § 273 Abs. 1 AktG der Schluss der Abwicklung durch die Abwickler anzumelden; § 31 Abs. 2 ist nicht anwendbar. Gleiches gilt für die GmbH nach § 74 Abs. 1 GmbHG. 15

6. Durchsetzung

a) Registerzwang

Sobald das Registergericht von einem anmeldepflichtigen Vorgang i.S.v. § 31 Kenntnis erlangt, hat es das **Zwangsgeldverfahren** nach § 14 einzuleiten; ein Ermessen ist nicht gegeben[4] (oben § 14 Rn. 15). Das Verfahren richtet sich nach §§ 132 ff. FGG (§ 388 FamFG). Das Registerzwangsverfahren ist beendet, sobald die zu erzwingende Handlung erbracht ist (vgl. oben § 14 Rn. 20). Wird nach rechtskräftiger Festsetzung des Zwangsgeldes angemeldet, muss die Beitreibung des Zwangsgeldes unterbleiben[5] (siehe auch oben § 14 Rn. 21). 16

b) Amtslöschung

Wie sich aus § 31 Abs. 2 S. 1 ergibt, ist das **Anmeldeverfahren** grundsätzlich auch im Fall des Erlöschens der Firma geboten; das nach § 31 Abs. 2 S. 2 mögliche Amtslöschungsverfahren ist subsidiär und kommt nur in Betracht, wenn die Erzwingung aussichtslos erscheint, z.B. bei unbekanntem oder Auslandsaufenthalt des Anmeldepflichtigen; im Einzelfall auch bei dessen 17

---

1 BayObLG v. 31.3.1994 – 3 ZBR 8/94, BayObLGZ 1994, 102, 104 f.
2 Str. Wie hier KG, JW 1931, 2998, 2999; *Heymann/Emmerich*, § 31 Rn. 10a; *Baumbach/Hopt*, § 31 Rn. 8; *Staub/Hüffer*, § 31 Rn. 28: Nach § 1922 BGB trete der Erbe in die öffentlich-rechtliche Pflichtenlage des Erblassers ein.
3 LG Augsburg v. 17.11.1981 – 2 HKT 2938/81, Rpfleger 1982, 70.
4 Vgl. *Bassenge/Roth*, FGG/RPflG, 11. Aufl. 2007, § 132 FGG Rn. 5 m.N.
5 KG HRR 1929 Nr. 940; *Heymann/Emmerich*, § 31 Rn. 13.

Vermögenslosigkeit. Auch bei Löschung der ausländischen Hauptniederlassung ist eine Löschung der inländischen Zweigniederlassung von Amts wegen nach § 31 Abs. 2 S. 2 denkbar (vgl. auch oben § 13g Rn. 14). Das Amtslöschungsverfahren richtet sich nach § 141 FGG (§ 393 FamFG).

§ 32
Insolvenzverfahren

(1) Wird über das Vermögen eines Kaufmanns das Insolvenzverfahren eröffnet, so ist dies von Amts wegen in das Handelsregister einzutragen. Das Gleiche gilt für

1. die Aufhebung des Eröffnungsbeschlusses,
2. die Bestellung eines vorläufigen Insolvenzverwalters, wenn zusätzlich dem Schuldner ein allgemeines Verfügungsverbot auferlegt oder angeordnet wird, dass Verfügungen des Schuldners nur mit Zustimmung des vorläufigen Insolvenzverwalters wirksam sind, und die Aufhebung einer derartigen Sicherungsmaßnahme,
3. die Anordnung der Eigenverwaltung durch den Schuldner und deren Aufhebung sowie die Anordnung der Zustimmungsbedürftigkeit bestimmter Rechtsgeschäfte des Schuldners,
4. die Einstellung und die Aufhebung des Verfahrens und
5. die Überwachung der Erfüllung eines Insolvenzplans und die Aufhebung der Überwachung.

(2) Die Eintragungen werden nicht bekanntgemacht. Die Vorschriften des § 15 sind nicht anzuwenden.

1. Allgemeines

1 Die Vorschrift gilt seit 1.1.1999 in der Fassung des Einführungsgesetzes zur Insolvenzordnung[1], ergänzt durch das EGInsoÄndG vom 19.12.1998[2]. Sie hat, wie schon die frühere Fassung, den Zweck, den Geschäftsverkehr über die Insolvenz eines Kaufmanns zu unterrichten und über sonst bestehende Verfügungsbeschränkungen zu informieren (vgl. § 80 InsO). In Anpassung an die Insolvenzordnung sind die eintragungspflichtigen Vorgänge erweitert worden.

2. Amtseintragung

2 Mit der Eröffnung des Insolvenzverfahrens erlischt die Verfügungs- und Verwaltungsbefugnis des Kaufmanns. Deshalb ordnet § 32 die Eintragung von Amts wegen an. Das Handelsregister trägt ohne eigene Prüfung aufgrund ei-

---
1 Art. 40 Abs. 2 EGInsO v. 5.10.1994 – BGBl. I 2911, 2927.
2 BGBl. I 3836.

ner Mitteilung der Geschäftsstelle des Insolvenzgerichts ein. Anders als in sonstigen Fällen, in denen der gesetzliche Grund der Eintragung und der Vermerk „von Amts wegen eingetragen" zum Eintragungsinhalt gehören, unterbleibt dies bei der Eintragung aller Insolvenzvermerke (§ 19 Abs. 2 HRV).

3. Inhalt der Eintragung

Einzutragen sind die Eröffnung des Insolvenzverfahrens (§ 27 InsO, § 32 Abs. 1 S. 1) und die Aufhebung des Eröffnungsbeschlusses (§ 32 Abs. 1 S. 2 Nr. 1), ferner die Bestellung eines vorläufigen Insolvenzverwalters, wenn die Verfügungen des Schuldners nur mit Zustimmung wirksam sind oder dem Schuldner ein allgemeines Verfügungsverbot auferlegt ist (§ 21 Abs. 2 Nr. 2, § 22 Abs. 1 InsO). Gleiches gilt für die Aufhebung der Maßnahme (§ 32 Abs. 1 S. 2 Nr. 2), weiter die Anordnung der Eigenverwaltung des Schuldners nach § 270 InsO, ihre Aufhebung, die Zustimmungsbedürftigkeit für bestimmte Rechtsgeschäfte (§ 32 Abs. 1 S. 2 Nr. 3), ferner die Einstellung und Aufhebung des Verfahrens (§ 32 Abs. 1 S. 2 Nr. 4) sowie die Überwachung der Erfüllung eines Insolvenzplanes (§§ 217 ff., 260, 268 InsO) und die Aufhebung der Maßnahme (§ 32 Abs. 1 S. 2 Nr. 5).

4. Anwendungsbereich

Gem. § 6 Abs. 1 gilt § 32 auch für **Handelsgesellschaften.** Nach § 131 Abs. 1 Nr. 3, § 161 Abs. 2 werden die OHG und die KG mit der Eröffnung des Insolvenzverfahrens aufgelöst; Gleiches gilt für die GmbH & Co. KG. Die Auflösung der AG bei Insolvenzeröffnung richtet sich nach §§ 3, 262 Abs. 1 Nr. 3 AktG; Eintragung von Amts wegen nach § 263 AktG. Die Auflösung der GmbH folgt aus § 13 Abs. 3, § 60 Abs. 1 Nr. 4 GmbHG mit der Möglichkeit, unter bestimmten Voraussetzungen die Fortsetzung der Gesellschaft zu beschließen; für die Eintragung gilt die Sondervorschrift des § 65 Abs. 1 GmbHG. Sonderregelung für Genossenschaften findet sich in § 102 GenG; für juristische Personen i.S.v. § 33 ist nach § 34 Abs. 5 die Vorschrift des § 32 anzuwenden.

Wird bei einer **Kapitalgesellschaft** (AG, KGaA, GmbH) die Eröffnung des Insolvenzverfahrens mangels Masse rechtskräftig abgelehnt, ist die Gesellschaft aufgelöst, die Auflösung ist von Amts wegen in das Handelsregister einzutragen[1].

Erlischt die **Prokura** durch Eröffnung des Insolvenzverfahrens (§ 117 InsO), ist diese von Amts wegen zu löschen[2]; § 15 bleibt anwendbar. Erlischt die Firma bei Aufhebung des Insolvenzverfahrens, ist § 31 Abs. 2 einschlägig[3].

---

1 Vgl. früher § 1 Abs. 1 S. 1, Abs. 2 S. 2 des aufgehobenen LöschG v. 9.10.1934 – RGBl. I 914; im Kern übernommen in §§ 262 Abs. 1 Nr. 4, 263 AktG u. §§ 60 Abs. 1 Nr. 5, 65 Abs. 1 GmbHG.
2 *Krafka/Willer*, Registerrecht, 7. Aufl. 2007, Rn. 1144, 375, 412; a.A. noch Vorauflage.
3 KG, JW 1938, 1825.

5. Keine Bekanntmachung

7 Die in § 32 aufgeführten Eintragungen werden vom Handelsregister **nicht öffentlich** bekanntgemacht (§ 32 Abs. 2 S. 1). Die Bekanntmachung insoweit obliegt dem Insolvenzgericht (§ 30 Abs. 1, § 277 Abs. 3 InsO). Die Rechtsfolgen des Insolvenzverfahrens sind in der Insolvenzordnung abschließend geregelt. Deshalb finden auch die Vorschriften des § 15 keine Anwendung, § 32 Abs. 2 S. 2, so dass ein **Gutglaubensschutz** entfällt.

§ 33
Juristische Person

(1) Eine juristische Person, deren Eintragung in das Handelsregister mit Rücksicht auf den Gegenstand oder auf die Art und den Umfang ihres Gewerbebetriebes zu erfolgen hat, ist von sämtlichen Mitgliedern des Vorstandes zur Eintragung anzumelden.

(2) Der Anmeldung sind die Satzung der juristischen Person und die Urkunden über die Bestellung des Vorstandes in Urschrift oder in öffentlich beglaubigter Abschrift beizufügen; ferner ist anzugeben, welche Vertretungsmacht die Vorstandsmitglieder haben. Bei der Eintragung sind die Firma und der Sitz der juristischen Person, der Gegenstand des Unternehmens, die Mitglieder des Vorstandes und ihre Vertretungsmacht anzugeben. Besondere Bestimmungen der Satzung über die Zeitdauer des Unternehmens sind gleichfalls einzutragen.

(3) Die Errichtung einer Zweigniederlassung ist durch den Vorstand anzumelden.

(4) Für juristische Personen im Sinne von Absatz 1 gilt die Bestimmung des § 37a entsprechend.

Übersicht

	Rn.		Rn.
1. Allgemeines	1	5. Eintragung	10
2. Anwendungsbereich	2	6. Zweigniederlassung (§ 33 Abs. 3)	13
3. Anmeldung	3	7. Die Unternehmen des früheren	
4. Inhalt der Anmeldung		§ 36	14
a) Firma	6	8. Angaben auf Geschäftsbriefen	19
b) Unternehmensgegenstand	7		
c) Sitz	8		
d) Vertretungsmacht	9		

Schrifttum: *Boos*, Handelsregistereintragungspflicht für kommunale Eigenbetriebe und eigenbetriebsähnliche Einrichtungen, DB 2000, 1061; *Deike*, Zur handelsrechtlichen Eintragungspflicht von Kaufleuten in der Rechtsform des öffentlichen Rechts, insbesondere von Sparkassen und kommunalen Eigenbetrieben, NotBZ 2000, 175; *Kohler-Gehrig*, Die Eintragung von Unternehmen der Gemeinden in das Handelsregister, Rpfleger 2000, 45.

1. Allgemeines

Die §§ 33 bis 34 finden auf **alle juristischen Personen** des privaten und öffentlichen Rechts Anwendung, die ein Handelsgewerbe betreiben (§§ 1 ff.), soweit nicht im HGB (vgl. § 6) oder in Sondergesetzen spezielle Regelungen getroffen sind. Die §§ 33 bis 34 gelten deshalb insbesondere nicht für AG, KGaA, GmbH, VVaG, Genossenschaften, die Bundesbank und für nach Bundesrecht gegründete staatliche Banken[1], die in einzelnen Gesetzen von der Eintragungspflicht ausdrücklich ausgenommen sind; nicht mehr für die ehemalige Bundesbahn und Bundespost, deren unternehmerische Teile jetzt Aktiengesellschaften sind. Mit der Bestimmung soll sichergestellt werden, dass sämtliche ein Handelsgewerbe betreibende Unternehmen auch im Handelsregister erfasst werden. Diesem Ziel diente u.a. auch die Abschaffung der Privilegien für **Unternehmen öffentlicher Körperschaften**, die vor dem HRefG nach § 36 gegeben waren. Mit dem Wegfall von § 36 wurden Sonderrechte der öffentlichen Hand im Interesse eines einheitlichen Kaufmannstatbestandes und einer einheitlichen Handelsregisterpflicht beseitigt[2]. Ärgerlich war insbesondere, dass die öffentliche Hand auch für selbständige juristische Personen des öffentlichen Rechts, namentlich auch für Sparkassen und Landesbanken, diese Privilegien in Anspruch nahm, obwohl schon unter Geltung des früheren § 36 auch Sparkassen nach der Vorschrift des § 33 zu behandeln gewesen wären (dazu 1. Aufl., § 36 Rn. 5).

2. Anwendungsbereich

Unter die Bestimmung des § 33 fallen: rechtsfähige Idealvereine mit einem gewerblichen Nebenbetrieb (§ 21 BGB), wirtschaftliche Vereine (§ 22 BGB), privatrechtliche Stiftungen (§§ 80 ff. BGB), öffentlich-rechtliche Körperschaften, Anstalten und Stiftungen (vgl. die Aufzählung in § 89 BGB). Für ausländische juristische Personen, die im Inland (meist über eine Zweigniederlassung) ein Handelsgewerbe betreiben, gelten §§ 13d ff. (s. Anmerkungen dort)[3].

3. Anmeldung

Ausgenommen von der Anmeldepflicht des § 33 sind juristische Personen, die Kannkaufleute (Kaufleute mit Eintragungsoption) i.S.v. §§ 2, 3 sind.

Die **Anmeldepflicht** obliegt sämtlichen Mitgliedern des Vorstands (§ 33 Abs. 1). Kommen einzelne Mitglieder ihrer Verpflichtung nicht nach, ist Zwangsgeld nach § 14, §§ 132 ff. FGG (§§ 388 ff. FamFG) nur gegen die Säu-

---

1 Z.B. § 29 Abs. 3 des Gesetzes über die Deutsche Bundesbank; vgl. dazu RegE zum HRefG, BT-Drucks. 13/8444, S. 59.
2 Dazu näher 1. Aufl., § 36 Rn. 1; BT-Drucks. 13/8444, S. 34.
3 BayObLG v. 18.9.1986 – 3 Z 96/86, WM 1986, 1557; *Koller/Roth/Morck*, § 33 Rn. 2; *Baumbach/Hopt*, § 33 Rn. 1; anders noch BayObLG v. 21.3.1986 – 3 ZBR 148/85, BayObLGZ 1986, 61, 72, wonach § 33 anzuwenden ist; ähnlich auch MünchKommHGB/*Krafka*, § 33 Rn. 4.

migen zulässig (vgl. oben § 14 Rn. 12). Aufsichtsratsmitglieder sind nicht anmeldepflichtig; auch nicht Prokuristen.

5 Inhaltlich wird die juristische Person in der **Form** des § 12 angemeldet (siehe oben § 29 Rn. 4). Der Anmeldung beizufügen sind Satzung und Vorstandsbestellungsurkunden (§ 33 Abs. 2 S. 1), ferner sind anzugeben Firma, Sitz, Unternehmensgegenstand sowie die Vorstandsmitglieder und ihre Vertretungsmacht (§ 33 Abs. 2 S. 2); letztere sind mit Vornamen, Familiennamen, Geburtsdatum und Wohnort anzugeben und einzutragen (§ 40 Nr. 3b HRV). Satzungsbestimmungen über die Zeitdauer des Unternehmens sind nach § 33 Abs. 2 S. 3 in das Handelsregister einzutragen; diese Angaben sind in der Regel den vorgelegten Urkunden zu entnehmen[1].

4. Inhalt der Anmeldung

a) Firma

6 Ausdrückliche Vorschriften über die Firmenbildung für juristische Personen i.S.v. § 33 fehlen; jedenfalls sind aber die **§§ 18, 19, 30** zumindest entsprechend, wenn nicht sogar direkt anzuwenden[2]. Die Firma der juristischen Person kann, muss aber nicht mit ihrem Namen übereinstimmen; sie ist nach der Liberalisierung des Firmenrechts in den Grenzen von §§ 18, 19 frei wählbar[3]. Die vom Namen abweichende Wahl einer Sachfirma oder die Wahl einer Fantasiefirma ist zulässig; anwendbar ist auch § 22, wenn die juristische Person ein Handelsgeschäft mit Firma erwirbt[4].

b) Unternehmensgegenstand

7 Der Unternehmensgegenstand ist so **bestimmt** anzugeben, dass er den Tätigkeitsbereich des Unternehmens in großen Zügen erkennen lässt und seine Zuordnung zu einem Geschäftszweig als Sachbereich des Wirtschaftslebens bzw. eine entsprechende Einordnung im nicht wirtschaftlichen Bereich ermöglicht; allgemeine Angaben wie „Handel mit Waren aller Art" oder „Handelsgeschäfte aller Art" reichen nicht aus[5]. Im Übrigen gelten dieselben Grundsätze, wie sie für § 3 Abs. 1 Nr. 2 GmbHG und § 23 Abs. 3 Nr. 2 AktG entwickelt worden sind.

---

1 *Staub/Hüffer*, § 33 Rn. 11 a.E.
2 Eingehend *W.-H. Roth*, FS Lutter, 2000, S. 651 f.; zutreffend, dass gegebenenfalls durch Zusatz „eK" auf den Kaufmannsstatus hingewiesen werden muss.
3 Vgl. *Deike*, NotBZ 2000, 175, 177; zur Irreführung vgl. OLG Stuttgart v. 3.7.2003 – 8 W 425/02, FGPrax 2004, 40; zu früheren Streitfragen MünchKommHGB/*Lieb*, § 33 Rn. 12.
4 *Staub/Hüffer*, § 33 Rn. 10; *Heymann/Emmerich*, § 33 Rn. 8.
5 BayObLG v. 8.1.2003 – 3 ZBR 234/02, GmbHR 2003, 414; BayObLG v. 1.8.1994 – 3 ZBR 157/94, BB 1994, 1811; *Staub/Hüffer*, § 33 Rn. 10; *Heymann/Emmerich*, § 33 Rn. 10.

c) Sitz

Mit Sitz der juristischen Person ist grundsätzlich der satzungsmäßige Sitz gemeint. Das BayObLG[1] hält für Sparkassen, die als öffentlich-rechtliche Anstalten verfasst sind, die Eintragung eines Mehrfachsitzes für zulässig. Ob dafür eine Notwendigkeit besteht, erscheint eher zweifelhaft, weil dadurch der Gleichlauf mit anderen im Handelsregister eingetragenen Unternehmen aufgegeben wird und erneut Privilegien für Sparkassen geschaffen werden.

8

d) Vertretungsmacht

Seit dem Inkrafttreten des Gesetzes über elektronische Register und Justizkosten für Telekommunikation (ERJuKoG) vom 10.12.2001[2] muss stets die Vertretungsmacht der Vorstandsmitglieder angemeldet werden, auch wenn nur die gesetzliche Vertretungsmacht gewollt ist. Die Vertretungsmacht wird in das Handelsregister eingetragen, § 40 Nr. 3b HRV. Durch diese Regelung wird Gleichlauf mit den Regelungen des § 106 Abs. 2 Nr. 4, § 8 Abs. 4 GmbHG und § 37 Abs. 3 AktG erreicht.

9

5. Eintragung

Die gerichtliche **Zuständigkeit** folgt aus § 29: Zuständig ist das Gericht des Ortes der Handelsniederlassung; dieser Ort muss nicht in jedem Fall mit dem Ort des Satzungssitzes der juristischen Person übereinstimmen. Ist das der Fall, muss wegen der Gerichtszuständigkeit auch der Ort der Handelsniederlassung angegeben werden.

10

Das Registergericht **prüft** die Anmeldung in formeller und materieller Hinsicht (vgl. oben § 29 Rn. 8). Dazu gehört insbesondere die Prüfung der Existenz der juristischen Person und die wirksame Bestellung ihrer zur Anmeldung verpflichteten Organe. Bei ausländischen juristischen Personen erstreckt sich die Prüfung auch auf ihre Anerkennungsfähigkeit im Inland[3]. Der **Inhalt** der Eintragung ergibt sich aus § 33 Abs. 2 S. 2 und 3. Auf besondere Bestimmungen der Satzung i.S.v. § 33 Abs. 2 S. 3 müssen die Vorstandsmitglieder in der Anmeldung nicht ausdrücklich hinweisen; es ist vielmehr Sache des Registergerichts, die Satzung auf solche Bestimmungen durchzusehen[4]. Für die Wirkung der Eintragung gilt § 5; vgl. im Übrigen oben § 8 Rn. 52 ff.

11

§ 15 findet Anwendung. Soweit eingetragene Vereine betroffen sind, tritt diese Bestimmung an die Stelle der §§ 68, 70 BGB[5].

12

---

1 BayObLG v. 19.7.2000 – 3 ZBR 162/00, BayObLGZ 2000, 210; ebenso OLG Frankfurt/M v. 29.12.2000 – 20 W 460/2000 FGPrax 2001, 86.
2 BGBl. I 3422.
3 BayObLG v. 21.3.1986 – 3 ZBR 148/85, BayObLGZ 1986, 61.
4 *Staub/Hüffer*, § 33 Rn. 11 a.E.
5 *Baumbach/Hopt*, § 33 Rn. 2.

6. Zweigniederlassung (§ 33 Abs. 3)

13 Auch für die Zweigniederlassung einer juristischen Person gelten uneingeschränkt die §§ 13 ff. Die Bedeutung von § 33 Abs. 3 erschöpft sich in einer **Erleichterung** bei der Anmeldung gegenüber § 33 Abs. 1: Die Errichtung einer Zweigniederlassung dürfen Vorstandsmitglieder in vertretungsberechtigter Zahl beim Gericht der Hauptniederlassung anmelden[1].

7. Die Unternehmen des früheren § 36

14 Die **Anmeldung** der vor dem HRefG nach § 36 nicht anmeldepflichtigen Unternehmen musste bis spätestens 31.3.2000 durchgeführt sein (früher Art. 38 Abs. 3 EGHGB). Selbst wenn sich solche Unternehmen früher freiwillig zur Eintragung angemeldet hatten, war die Eintragung auf Firma, Sitz und Gegenstand beschränkt; eine Vertretungsregelung war nicht einzutragen. Deren nunmehr zwingende Eintragung hat in der Praxis, insbesondere bei Sparkassen, zu Schwierigkeiten und zu divergierenden Eintragungen bei den einzelnen Handelsregistern geführt (dazu unten Rn. 16).

15 Bei **Eigen- und Regiebetrieben**[2] der Gemeinden ist die Gemeinde grundsätzlich selbst zur Anmeldung verpflichtet; für sie handelt als vertretungsberechtigtes Organ regelmäßig der Bürgermeister. Nach den verschiedenen Gemeindeordnungen (Kommunalordnungen) wird aber in der Regel eine **Werksleitung** mit der Vertretung nach außen durch Gemeinderatsbeschluss beauftragt. Dann sind die Personen der Werksleitung als **Vertreter** einzutragen, nicht der Bürgermeister, es sei denn, er hat selbst im Betrieb eine Vertretungsfunktion. Werden kommunale Unternehmen in der Rechtsform einer GmbH geführt, richtet sich die Anmeldepflicht nach GmbHG und nach den allgemeinen Bestimmungen des HGB.

16 Die **Sparkassen** haben in Bayern auf Anregung des Sparkassenverbandes beantragt u.a. folgende Vertretungsregelung einzutragen: „Urkunden, die von zwei Vorstandsmitgliedern im Rahmen des Unterschriftenverzeichnisses der Sparkasse unterzeichnet sind, sind ohne Rücksicht auf die Einhaltung sparkassenrechtlicher Vorschriften rechtsverbindlich." Das BayObLG hat eine solche Eintragung zu Recht als unzulässig abgelehnt, weil sie der Publizitätsfunktion des Handelsregisters widerspricht und sie nicht aus sich heraus verständlich wäre[3]. Auch bei Sparkassen ist ausschließlich die **abstrakte Vertretungsbefugnis der Organe** eintragungsfähig. Diese müssen für das Unternehmen umfassende Vertretungsbefugnis besitzen; sie muss der Satzung entnommen werden können. Nicht eintragungsfähig sind auch **Stellvertreterregelungen**, die dem Geschäftsverkehr die Feststellung der Vertretungsbefugnis im Einzelfall aufbürden wollen. Personen, die nur zeichnungsberechtigt sind, können im Rahmen einer Vertretungsregelung nicht eingetragen werden.

---

1 KG, JW 1937, 890.
2 BayObLG v. 12.12.2001 – 3 ZBR 174/01, Rpfleger 2002, 316; OLG Frankfurt am Main v. 20.12.2001 – 20 W 184/01, Rpfleger 2002, 270.
3 BayObLG v. 20.7.2000 – 3 ZBR 72/00, BayObLGZ 2000, 213.

Die Eintragung von sog. **Verhinderungsvertretern** i.S.v. § 14 Abs. 2c SparkG NW, deren Vertretungsmacht durch das SparkG NW und durch Geschäftsanweisungen für den Vorstand mehrfach eingeschränkt ist, ist, weil mit dem Zweck des Handelsregisters nicht vereinbar, ebenfalls nicht zulässig. Das Handelsregister soll dem Rechtsverkehr Klarheit und Sicherheit über die rechtlichen Verhältnisse eines Unternehmens gewährleisten[1]. 17

Für die **Form der Anmeldung** gilt § 12. Allerdings ersetzen öffentliche Urkunden, welche die Gebietskörperschaft im Rahmen ihrer Zuständigkeit errichtet, die ansonsten erforderliche öffentliche Beglaubigung der Urkunde[2]; hingegen kann dadurch eine erforderliche notarielle Beurkundung nicht ersetzt werden. 18

8. Angaben auf Geschäftsbriefen

Durch das ERJuKoG wurde der Absatz 4 eingefügt. Danach müssen auch juristische Personen nach § 33 die nach § 37a erforderlichen Angaben auf den Geschäftsbriefen aufnehmen (vgl. hierzu § 37a Rn. 9, auch zur Rechtslage vor Einführung des Absatzes 4). 19

§ 34
Anmeldung und Eintragung von Änderungen

(1) Jede Änderung der nach § 33 Abs. 2 Satz 2 und 3 einzutragenden Tatsachen oder der Satzung, die Auflösung der juristischen Person, falls sie nicht die Folge der Eröffnung des Insolvenzverfahrens ist, sowie die Personen der Liquidatoren, ihre Vertretungsmacht, jeder Wechsel der Liquidatoren und jede Änderung ihrer Vertretungsmacht sind zur Eintragung in das Handelsregister anzumelden.

(2) Bei der Eintragung einer Änderung der Satzung genügt, soweit nicht die Änderung die in § 33 Abs. 2 Satz 2 und 3 bezeichneten Angaben betrifft, die Bezugnahme auf die bei dem Gericht eingereichten Urkunden über die Änderung.

(3) Die Anmeldung hat durch den Vorstand oder, sofern die Eintragung erst nach der Anmeldung der ersten Liquidatoren geschehen soll, durch die Liquidatoren zu erfolgen.

(4) Die Eintragung gerichtlich bestellter Vorstandsmitglieder oder Liquidatoren geschieht von Amts wegen.

(5) Im Falle des Insolvenzverfahrens finden die Vorschriften des § 32 Anwendung.

---

1 OLG Düsseldorf v. 5.4.2000 – 3 Wx 91/00, FGPrax 2000, 157.
2 BayObLG v. 24.6.1975 – 3 ZBR 14/75, BayObLGZ 1975, 227, 230; *Deike*, NotBZ 1998, 175, 177; *Demharter*, 25. Aufl. 2005, § 29 GBO Rn. 34.

1. Allgemeines

1 In der Gesetzesfassung von § 34 Abs. 1 und 2 ist nunmehr die redaktionelle Anpassung und damit die Beseitigung des seit 1937 bestehenden Verweisungsfehlers durchgeführt worden. Statt der Verweisung auf § 33 Abs. 3 wird jetzt auf § 33 Abs. 2 S. 2 und 3 verwiesen[1]. § 34 Abs. 1 entspricht für die juristischen Personen des § 33 inhaltlich der Vorschrift des § 31, so dass sich § 34 zu § 33 verhält wie § 31 zu § 29. Ferner wurde § 34 Abs. 5 sprachlich der Insolvenzordnung angepasst. Neben § 34 kommt § 31 Abs. 2 ergänzend zur Anwendung, da, z.B. beim Verein, die Firma erlöschen kann, die juristische Person aber bestehen bleibt[2].

2. Gegenstand der Anmeldung

2 Anzumelden sind **Änderungen** von Firma, Sitz, Unternehmensgegenstand und von Vorstandsmitgliedern, bei letzteren auch Änderungen der Personalien und ihrer Vertretungsmacht (§ 33 Abs. 2 S. 2), siehe oben § 33 Rn. 5 und 9, sowie sonstige Satzungsänderungen. Für Änderungen bei Zweigniederlassungen sind die §§ 13, 13d zu berücksichtigen. Ferner ist die Auflösung der juristischen Personen anzumelden, es sei denn, die Auflösung beruht auf einer Eröffnung des Insolvenzverfahrens; dann erfolgt die Eintragung nach § 32 von Amts wegen (§ 34 Abs. 5). Im Falle einer nicht insolvenzbedingten Auflösung sind die Liquidatoren, ihre Vertretungsmacht, jeder Wechsel der Liquidatoren und die Änderung ihrer Vertretungsmacht[3] anzumelden. Schließlich sind anmeldepflichtig Änderungen in der Vertretungsbefugnis des Vorstands oder in der vereinbarten Zeitdauer der juristischen Person (§ 33 Abs. 2 S. 2 und S. 3). Das Erlöschen der Firma ist entsprechend § 31 Abs. 2 anzumelden. Ist die Firma im Handelsregister gelöscht, werden die danach folgende Auflösung und Abwicklung der juristischen Person nicht mehr eingetragen[4].

3 Wird eine **Satzungsänderung**, die nicht Eintragungen i.S.v. § 33 Abs. 2 S. 2 und 3 betrifft, angemeldet, genügt die Bezugnahme auf die bei Gericht eingereichten Änderungsurkunden (§ 34 Abs. 2).

4 **Anmeldepflichtig** sind der Vorstand bzw. die Liquidatoren (§ 34 Abs. 3), d.h. es melden die Vorstandsmitglieder in vertretungsberechtigter Zahl an (vgl. dazu oben § 33 Rn. 9). Einschlägige, noch nicht bei den Registerakten vorhandene Urkunden sind beizufügen. Gemischte Gesamtvertretung (z.B. § 125 Abs. 3, § 78 Abs. 3 AktG) unter Mitwirkung eines Prokuristen ist bei der Anmeldung zulässig, weil sich nach h.M. im Rahmen einer gemischten (unechten) Gesamtvertretung die Vertretungsmacht des Prokuristen nicht nach der Prokura, sondern nach der Vertretungsmacht des Vorstandsmit-

---

[1] Klargestellt gem. Art. 40 Nr. 3, 110 EGInsO in der seit dem 1.1.1999 geltenden Fassung.
[2] Vgl. MünchKommHGB/*Krafka*, § 34 Rn. 5.
[3] Eingeführt durch das ERJuKoG v. 10.12.2001 (BGBl. I, 3422), wodurch Gleichlauf mit § 148 Abs. 1, § 67 Abs. 1 GmbHG und § 266 Abs. 1 AktG hergestellt wird.
[4] *Heymann/Emmerich*, § 34 Rn. 3.

glieds richtet, da diesem die Mitwirkung des Prokuristen eine organschaftliche Einzelvertretungsmacht im Umfang der ohnehin bestehenden Gesamtvertretungsmacht verschaffen soll[1].

3. Eintragung

Die Eintragung der vorgenannten Änderungen erfolgt nach § 40 Nr. 2 und 3 HRV. Die **Wirkungen** von Eintragungen nach § 34 Abs. 1–4 und deren Bekanntmachung ergeben sich aus § 15. Vom Gericht bestellte Vorstandsmitglieder oder Liquidatoren werden von Amts wegen in das Handelsregister eingetragen (§ 34 Abs. 4). Ebenfalls Amtseintragung in den Fällen der Insolvenzordnung nach § 34 Abs. 5 i.V.m. § 32. Bei Erlöschen der Firma, deren Anmeldung nach § 14 nicht durchgesetzt werden kann, ist entsprechend § 31 Abs. 2 S. 2 eine Amtseintragung geboten. 5

§ 35
(aufgehoben)

Die Vorschrift über die Zeichnungspflicht von Vorstand und Liquidatoren wurde durch das EHUG[2] ersatzlos aufgehoben. Zeichnungen sind seit dem 1.1.2007 nicht mehr erforderlich.

§ 36
(aufgehoben)

Die Vorschrift wurde nach Art. 3 Nr. 18 HRefG v. 22.6.1998[3] ersatzlos aufgehoben. Zum Inhalt der früheren Vorschrift und zur Reform im Einzelnen wird auf die Erläuterungen in der 1. Aufl. verwiesen. Mit der Aufhebung des § 36 wurde eine nicht mehr zeitgemäße Privilegierung von Unternehmen der öffentlichen Hand abgeschafft. Diese Unternehmen, die sich gewerblich betätigen, unterliegen nunmehr ausnahmslos der Anmeldepflicht nach §§ 33, 34[4] (siehe oben § 33 Rn. 14 ff.).

Nach der ehemaligen Übergangsvorschrift des Art. 38 Abs. 3 S. 1 EGHGB[5] mussten die Anmeldungen bis zum 31.3.2000 vollzogen sein. Für diese Ersteintragungen, einschließlich der Eintragung von Zweigniederlassungen, wurden Registergebühren nicht erhoben (früher Art. 38 Abs. 3 S. 2 EGHGB). Alle weiteren Eintragungen, insbesondere solche nach § 34, unterliegen aber der allgemeinen Gebührenpflicht.

---

1 Vgl. BGH v. 14.2.1974 – II ZB 6/73, BGHZ 62, 166, 170; *Hüffer*, § 78 AktG Rn. 17; a.A. *Reinert*, Unechte Gesamtvertretung und unechte Gesamtprokura, 1990, S. 41 ff., 54 ff.
2 V. 10.11.2006, BGBl. I 2553.
3 BGBl. I, 1474, 1475.
4 BT-Drucks. 13/8444, S. 57 f.
5 BGBl. I 1474, 1477; inzwischen aufgehoben.

§ 37
Unzulässiger Firmengebrauch

(1) Wer eine nach den Vorschriften dieses Abschnitts ihm nicht zustehende Firma gebraucht, ist von dem Registergerichte zur Unterlassung des Gebrauchs der Firma durch Festsetzung von Ordnungsgeld anzuhalten.

(2) Wer in seinen Rechten dadurch verletzt wird, dass ein anderer eine Firma unbefugt gebraucht, kann von diesem die Unterlassung des Gebrauchs der Firma verlangen. Ein nach sonstigen Vorschriften begründeter Anspruch auf Schadensersatz bleibt unberührt.

Übersicht

	Rn.		Rn.
I. Allgemeines	1	bb) Kein Einspruch	20
II. Firmenmissbrauchsverfahren (§ 37 Abs. 1)	3	cc) Einspruchsverfahren	23
		dd) Beschwerdeverfahren	24
1. Firmengebrauch	4	c) Verhältnis zu anderen Verfahrensarten	25
2. Unbefugter Firmengebrauch	8	III. Unterlassungsklage (§ 37 Abs. 2)	
3. Betroffener Personenkreis	13	1. Allgemeines	28
4. Verfahren		2. Voraussetzungen	29
a) Einschreiten von Amts wegen	15	3. Klageantrag	34
b) Gerichtliches Verfahren	16	IV. Schadensersatzansprüche	36
aa) Androhungsverfügung	17		

Schrifttum: *Bokelmann*, Das Recht der Firmen- und Geschäftsbezeichnungen, 5. Aufl. 1999; *Bokelmann*, Der Gebrauch von Geschäftsbezeichnungen mit Inhaberzusatz durch Nichtkaufleute und Minderkaufleute, NJW 1987, 1683; *Frey*, Verwendung einer schutzfähigen Geschäftsbezeichnung als unberechtigter Firmenmissbrauch?, DB 1993, 2169; *v. Gamm*, Die Unterlassungsklage gegen Firmenmissbrauch nach § 37 Abs. 2 HGB, in: Festschrift Stimpel, 1985, S. 1007; *W.-H. Roth*, Unzulässiger firmenmäßiger Gebrauch einer zulässig geführten Geschäftsbezeichnung, ZGR 1992, 632; *K. Schmidt*, Das Verbot der „firmenähnlichen Geschäftsbezeichnung": Geltendes Handelsrecht oder gesetzwidrige Erfindung?, DB 1987, 1181; *K. Schmidt*, Replik: Das geltende Handelsrecht kennt kein Verbot der firmenähnlichen Geschäftsbezeichnung, DB 1987, 1674; *Ullmann*, Die Verwendung von Marke, Geschäftsbezeichnung und Firma im geschäftlichen Verkehr, insbesondere des Franchising, NJW 1994, 1255; *Wessel*, Nochmals: Das Verbot der firmenähnlichen Geschäftsbezeichnung: Geltendes Handelsrecht oder gesetzwidrige Erfindung? DB 1987, 1673; *Zwernemann*, Der Name der Gesellschaft des bürgerlichen Rechts, BB 1987, 774.

I. Allgemeines

1 Zweck der Vorschrift ist, den Gebrauch einer dem Verwender nach formellen firmenrechtlichen Grundsätzen nicht zustehenden Firma zu unterbinden. Das vom Registergericht nach § 37 Abs. 1 unter den dort genannten Voraussetzungen einzuleitende Missbrauchsverfahren wird zur **Wahrung öffentlicher Interessen** geführt; die Vorschrift hat ordnungsrechtlichen Cha-

rakter. Im Vordergrund steht dabei die korrekte Firmierung im Geschäftsverkehr; die korrekte Eintragung der Firma im Handelsregister wird in der Regel schon durch die Androhung oder Verhängung von Zwangsgeld nach § 14 erreicht.

Zwar wurde § 37 durch das HRefG selbst nicht geändert, die Reform hat aber Auswirkungen auf § 37, die sich aus der Neufassung von § 18 und § 19 ergeben. Der Prüfungsumfang des Registergerichts ist nach § 18 Abs. 2 materiellrechtlich (siehe oben § 18 Rn. 27) und verfahrensbezogen (siehe oben § 18 Rn. 29) eingeschränkt. Dieses eingeschränkte Prüfungsrecht gilt nach § 18 Abs. 2 S. 2 auch für das Firmenmissbrauchsverfahren nach § 37 Abs. 1 und für das Amtslöschungsverfahren nach § 142 FGG (§ 395 FamFG). Es wäre widersprüchlich, eine Firma nach der Grobrasterprüfung zunächst einzutragen, um sie dann auf Grund einer umfassenden Prüfung im Firmenmissbrauchsverfahren durch dasselbe Registergericht wieder zu löschen. Die Einschränkung gilt aber nicht für die zivilrechtliche Unterlassungsklage Dritter nach § 37 Abs. 2 (siehe oben § 18 Rn. 37)[1]. Zu den Auswirkungen der nunmehr zwingenden Rechtsformbezeichnung für alle Firmen nach § 19 siehe unten Rn. 4 ff.

Auch die **Unterlassungsklage** nach § 37 Abs. 2 gewährt, anders als nach dem Wortlaut der Bestimmung vermutet werden könnte, keinen materiell-rechtlichen Firmenschutz; dieser hat seine Grundlagen in § 12 BGB (Namensrecht) i.V.m. §§ 1004, 823 Abs. 1 BGB, §§ 5, 14, 15 MarkenG, §§ 1, 3, 5 UWG. Die Unterlassungsklage dient primär den Interessen der Allgemeinheit; das Interesse der Mitbewerber begründet die Klageberechtigung. Soweit § 37 Abs. 2 auch einen Schutz privater Interessen einschließt, ist das nicht Zweck der Vorschrift, sondern ein Mittel, um private Initiative zur **Durchsetzung des Allgemeininteresses** zu wecken[2]. Allerdings hat die Vorschrift immer noch eine nur eingeschränkte praktische Bedeutung, was nicht zuletzt auch darauf beruhen dürfte, dass sie der Anwalts- und Gerichtspraxis zu wenig geläufig ist[3]. 2

II. Firmenmissbrauchsverfahren (§ 37 Abs. 1)

Firma im Sinne der Bestimmung ist nach der Legaldefinition des § 17 der **Name des Kaufmanns**, unter dem er seine Geschäfte betreibt. Das Firmenmissbrauchsverfahren setzt voraus, dass jemand eine ihm nicht zustehende Firma gebraucht. 3

---

1 Vgl. BT-Drucks. 13/8444, S. 54; *Koller/Roth/Morck*, § 37 Rn. 5 u. 10; *Baumbach/Hopt*, § 37 Rn. 4 u. 10.
2 BGH v. 10.11.1969 – II ZR 273/67, BGHZ 53, 65, 70; HK/*Ruß*, § 37 Rn. 1; *Baumbach/Hopt*, § 37 Rn. 9 eingehend v. *Gamm*, FS Stimpel, 1985, S. 1007, 1010; einschränkend *Heymann/Emmerich*, § 37 Rn. 1; ähnlich OLG Hamm. v. 29.8.1983 – 8 U 280/82, ZIP 1983, 1198/1202.
3 Vgl. GroßkommUWG/*Teplitzky*, § 16 UWG Rn. 482 m.w.N.; *Heymann/Emmerich*, § 37 Rn. 2; *Schlegelberger/Hildebrandt/Steckhan*, § 37 Rn. 1.

1. Firmengebrauch

4 Ein Firmengebrauch im Sinne der Vorschrift liegt in jeder **Handlung eines Unternehmensträgers** (Geschäftsinhabers), die sich **unmittelbar auf den Geschäftsbetrieb bezieht** und als Willenskundgebung zu verstehen ist, sich der verwendeten Bezeichnung im Geschäftsverkehr als des eigenen Handelsnamens, also der Firma, zu bedienen[1]. Für die Rechtslage vor dem HRefG waren folgende Grundsätze maßgebend: Ob im Einzelfall ein firmenmäßiger Gebrauch einer Geschäftsbezeichnung vorlag, entschied die Verkehrsauffassung, nicht der Wille des Geschäftsinhabers. Im Unterschied zur Firma wiesen Geschäftsbezeichnungen nicht auf den Inhaber des Unternehmens, sondern auf das Unternehmen selbst hin. Ein Firmengebrauch einer Geschäftsbezeichnung war immer dann gegeben, wenn der Verkehr bei bestimmten geschäftlichen Handlungen, in deren Zusammenhang die Geschäftsbezeichnung benutzt wurde, an sich einen Hinweis auf den Unternehmensträger erwartete (Tatfrage)[2]. Wurde in solchen Fällen nicht eindeutig gemacht, dass mit der benutzten Bezeichnung nur das Unternehmen schlagwortartig umrissen werden sollte, so war regelmäßig davon auszugehen, dass der Geschäftsverkehr in der betreffenden Angabe nicht nur einen Hinweis auf das betriebene Geschäft, dessen Produkte und Leistungen, sondern mindestens auch auf den Namen des Geschäftsbetreibers (also seine Firma im Sinne der §§ 17 ff.) sah. Hätte man auch in diesen Fällen die Benutzung der Geschäftsbezeichnung anstelle der Firma zugelassen, hätte die Firma ihre Individualisierungsfunktion hinsichtlich des Geschäftsinhabers verloren, und es wäre zugleich der Grundsatz der Firmeneinheit preisgegeben worden. Die Abgrenzung konnte im Einzelfall schwierig sein, da die Unternehmensträger sich immer häufiger in der Öffentlichkeit mit schlagwortartigen Kurzbezeichnungen darstellten.

Die Probleme sind, soweit es um den firmenmäßigen Gebrauch einer Geschäftsbezeichnung geht, durch das HRefG entschärft worden. § 19 verlangt zwingend einen Rechtsformzusatz in der Firma. Er ist unverzichtbares Charakteristikum einer Firma. Demnach sind Bezeichnungen, bei denen ein Rechtsformzusatz fehlt, grundsätzlich nicht als Firmen i.S.v. §§ 17 ff. einzustufen und stehen allen Nichtkaufleuten und Kleingewerbetreibenden offen. Damit reduziert sich das Einschreiten des Registergerichts nach § 37 Abs. 1 auf die Fälle, in denen eine an sich zulässige Geschäftsbezeichnung im rechtsgeschäftlichen Verkehr wie eine Firma gebraucht wird[3], d.h. den Eindruck hervorruft, das Unternehmen führe eine Firma und sei im Handelsregister eingetragen. Das ist z.B. der Fall, wenn eine nicht zustehende Rechtsformbezeichnung oder eine irreführende rechtsformähnliche Bezeichnung verwendet wird[4]. Allerdings ist zu berücksichtigen, dass schon vor dem 1.7.1998 im Handelsregister eingetragen gewesene Firmen auch ohne

---

1 BGH v. 8.4.1991 – II ZR 259/90, NJW 1991, 2023.
2 Vgl. *Ullmann*, NJW 1994, 1255, 1262; *Ammon*, DStR 1994, 325, 328 gegen *Frey*, DB 1993, 2169, der ablehnend zu BGH v. 8.4.1991 – II ZR 259/90, NJW 1991, 2023 Stellung nimmt; siehe ferner OLG Bremen v. 11.2.1993 – 2 U 62/92, NJW 1994, 1292.
3 Vgl. BT-Drucks. 13/8444, S. 55.
4 BayObLG v. 24.9.1998 – 3 ZBR 58/98, NJW 1999, 257 – GbRmbH.

Rechtsformzusatz bis zum 31.3.2003 weiter geführt werden durften (früher Art. 38 Abs. 1 EGHGB; dazu oben § 19 Rn. 40). Eine völlige Freigabe der Geschäftsbezeichnungen ist daher frühestens ab 1.4.2003 gerechtfertigt; bis dahin gab es ein Nebeneinander von Alt- und Neufirmen[1]. Deshalb konnte im Einzelfall auch noch gegen Geschäftsbezeichnungen eingeschritten werden, die nach alter Rechtslage irreführend waren; selbstverständlich aber auch hier nur unter dem reduzierten Prüfungsumfang des Registergerichts, das hinsichtlich eines Einschreitens zurückhaltend sein musste und in dieser Übergangszeit nur vorging, wenn die Einleitung eines Firmenmissbrauchsverfahrens unabweislich geboten war. Wegen des unbefugten Firmengebrauchs im Übrigen s. unten Rn. 8.

Allgemein wird ein **Firmengebrauch angenommen** bei Anmeldungen[2] und Eintragungen[3] im Handelsregister, bei Eintragungen im Telefon- und Adressbuch[4], bei Aufdrucken auf Preislisten, Kassenzetteln, Lieferscheinen etc., insbesondere auf Geschäftsbriefbögen[5] und bei Anbringung von Firmenschildern an den Geschäftsräumen. **Kein Firmengebrauch** soll vorliegen, wenn die verkürzte Firma in Werbeanzeigen und Zeitungsinseraten verwendet wird[6]. Gleiches soll gelten für die Bezeichnung des Verlegers auf dem Titelblatt eines Buches[7]; diese Auffassung ist abzulehnen, da es dem Verleger zumutbar ist, sich auf dem Titelblatt eines Buches seiner vollständigen Firma zu bedienen, was auch der Verkehrserwartung entspricht. Ein Firmengebrauch setzt die **Benutzung der Firma nach außen** voraus, so dass der innerbetriebliche Verkehr in der Regel nicht erfasst wird; allerdings wird für Schreiben an die eigenen Handelsvertreter des Unternehmens wegen deren Selbständigkeit schon Gebrauch nach außen angenommen[8]. Nicht unter § 37 fällt ein Gebrauch der **Firma im Ausland** und gegenüber dem ausländischen Handelsverkehr, da insoweit die Gesetzgebung des betreffenden Landes zur Firmierung maßgebend ist[9]. 5

---

1 Vgl. *Schumacher*, HRefG, S. 69.
2 BayObLG v. 28.4.1988 – 3 ZBR 10/88, BayObLGZ 1988, 128, 130; BayObLG v. 23.2.1989 – 3 ZBR 136/88, BayObLGZ 1989, 44, 50; a.A. *Keidel/Kuntze/Winkler*, Freiwillige Gerichtsbarkeit, 15. Aufl. 2003, § 140 Rn. 7.
3 KG RJA 14, 174, 175.
4 BayObLG v. 12.8.1960 – 3 ZBR 78/60, BayObLGZ 1960, 345, 348; OLG Hamburg v. 10.3.1977 – 3 U 131/76, WRP 1977, 496, 497.
5 RGZ 29, 57, 61; BayObLG v. 6.2.1992 – 3 ZBR 201/91, BB 1992, 943; siehe ferner § 37a; mit den notwendigen Angaben auf allen Geschäftsbriefen des Kaufmanns soll der Rechtsverkehr wegen der Erleichterungen bei der Firmenbildung durch diese Pflichtangaben, wie schon nach § 80 AktG, § 35a GmbHG, § 125a, verstärkt geschützt werden.
6 In dieser Allgemeinheit zu weitgehend; OLG Bamberg v. 21.4.1971 – 1 U 24/71, DB 1973, 1989; OLG Stuttgart v. 26.4.1991 – 2 U 19/91, BB 1991, 993; s. im Übrigen unten Rn. 7.
7 So KG HRR 1932 Nr. 252.
8 Zweifelhaft, so aber OLG Celle v. 7.7.1971 – 13 U 121/71, OLGZ 1972, 220, 221.
9 OLG Karlsruhe v. 24.10.1984 – 6 U 130/84, WRP 1985, 104, 105; MünchKommHGB/*Krebs*, § 37 Rn. 10.

6   Die **Firma** muss **als eigene gebraucht** werden. Ihre Verwendung auf einem Warenetikett fällt grundsätzlich nicht unter § 37; denn darin liegt in der Regel nur ein Hinweis auf den Warenursprung, nicht aber auf den Unternehmensträger. Schließt dieser das Geschäft unter seiner Firma ab, verwendet er aber auf dem Warenetikett eine unzulässige Firma, entfällt ein Einschreiten des Registergerichts nach § 37. Es können aber Rechtsfolgen nach §§ 1, 3, 5 UWG, § 12 BGB analog, insbesondere nach § 15 MarkenG ausgelöst werden[1].

7   Schlagwortartige **Firmenkurzbezeichnungen** finden insbesondere im Bereich der Werbung und bei mündlichen Geschäftsabschlüssen Anwendung. Die Rechtsprechung lässt Firmenkurzbezeichnungen und -schlagwörter zu, sofern sie für den Verkehr als solche erkennbar sind, als Hinweis auf das Geschäft aufgefasst und daher nicht als Gebrauch der Firma angesehen werden[2]. Wird aber im Einzelfall vom Verkehr die Benutzung der Firma erwartet oder vorausgesetzt, hat sich der Geschäftsinhaber seiner Firma, und zwar in der Form des Handelsregistereintrags, zu bedienen[3]. Insoweit ist einschränkend festzustellen, dass nach dem früheren Art. 38 Abs. 1 und 2 EGHGB (heute Art. 38 EGHGB) zwar auch **Altfirmen** spätestens seit dem 1.4.2003 die zutreffende Rechtsformbezeichnung aufnehmen mussten, bedauerlicherweise aber nicht verpflichtet waren, diese Änderung im Handelsregister eintragen zu lassen; damit wird der Gleichlauf zwischen Handelsregistereintrag und Form der zu führenden Firma aufgegeben (dazu oben § 19 Rn. 40 m.N.).

2. Unbefugter Firmengebrauch

8   Nach dem Wortlaut des § 37 Abs. 1 ist ein **Einschreiten des Registergerichts** nur zulässig, wenn ein Firmengebrauch gegen die Vorschriften der §§ 17 ff., insbesondere gegen die §§ 18, 19, 21 bis 24 und § 30 verstößt. Darüber hinaus umfasst der Schutzbereich des § 37 Abs. 1 auch die Normen, die an die Stelle des früheren § 20 getreten sind, also §§ 4 und 279 AktG, § 4 GmbHG, § 3 GenG und § 18 VAG; ferner die §§ 39 ff. KWG, § 32 Abs. 3 StBerG, §§ 130, 132 WPO und Vorschriften nach dem Umwandlungsgesetz, z.B. §§ 18, 200 UmwG[4]. Entscheidend ist somit ausschließlich, ob der Firmengebrauch gegen eine der genannten Normen verstößt. Dabei macht es kei-

---

1   Vgl. MünchKommHGB/*Krebs*, § 37 Rn. 11.
2   BGH v. 8.4.1991 – II ZR 259/90, NJW 1991, 2023; OLG Stuttgart v. 26.4.1991 – 2 U 19/91, BB 1991, 993; OLG Celle v. 7.7.1971 – 13 U 121/71, OLGZ 1972, 220; OLG Düsseldorf v. 21.4.1970 – 3 W 23/70, DB 1970, 923 f.; BayObLG v. 12.8.1960 – 3 ZBR 78/60, BayObLGZ 1960, 345, 348; *Heymann/Emmerich*, § 37 Rn. 6 und 6a; *Baumbach/Hopt*, § 37 Rn. 4.
3   BayObLG v. 6.2.1992 – 3 ZBR 201/91, BB 1992, 943; vgl. eingehend MünchKommHGB/*Krebs*, § 37 Rn. 15 ff.
4   Vgl. z.B. RGZ 25, 1, 5 f. – Faber II; 82, 164, 166 f. – Kyriazi; KG, KGJ 48, 122, 124; BayObLG v. 12.8.1960 – 3 ZBR 78/60, BayObLGZ 1960, 345, 348; v. 28.4.1988 – 3 ZBR 10/88, BayObLGZ 1988, 128, 130; v. 23.2.1989 – 3 ZBR 136/88, BayObLGZ 1989, 44, 50; OLG Düsseldorf v. 21.4.1970 – 3 W 23/70, DB 1970, 923; siehe ergänzend die Zusammenstellung der Vorschriften bei *Keidel/Kuntze/Winkler*, Freiwillige Gerichtsbarkeit, 15. Aufl. 2003, § 140 FGG Rn. 1.

nen Unterschied, ob der **Firmengebrauch von Anfang an unzulässig** war oder erst später **unzulässig geworden** ist. Unbeachtlich ist für das Registergericht die Vereinbarkeit der Firmierung mit anderen Vorschriften, z.B. §§ 1, 3, 5 UWG, § 12 BGB (analog), § 15 MarkenG. Besondere vertragliche Absprachen zwischen Konkurrenten, die eine Genehmigung des Firmengebrauchs beinhalten, darf das Registergericht nicht berücksichtigen[1]. Unzulässiger Firmengebrauch liegt vor, wenn die Firma, auch wenn diese Firmierung an sich zulässig wäre, abweichend von der im Handelsregister eingetragenen geführt wird. Gebrauch der Firma im Sinne der Vorschrift setzt eine **auf Wiederholung gerichtete Betätigung** voraus, so dass ersichtlich einmaliges Handeln ohne Anhaltspunkte für eine etwaige Wiederholung nicht ausreicht[2].

Die Tatsache, dass die Firma im Handelsregister eingetragen ist, hat für die Anwendbarkeit von § 37 keine Bedeutung. Die **Eintragung ist nicht Voraussetzung** für ein Vorgehen des Registergerichts. Eine fehlende Eintragung einer zulässigen Firma ist nach §§ 14, 29 zu erzwingen. Auf der anderen Seite beseitigt die Eintragung aber nicht die Unzulässigkeit einer Firma[3]. 9

Für die Unzulässigkeit des Firmengebrauchs ist auf den Zeitpunkt abzustellen, der das Eingreifen des Registergerichts bestimmt; unerheblich ist, ob die Firma früher zulässig war. Allerdings ist in solchen Fällen zu prüfen, ob eine nunmehr wegen **geänderter Verkehrsanschauung** an sich unzulässig gewordene Firma aus Gründen des Bestandsschutzes weiterhin zulässig ist. Hierbei handelt es sich um ein **Problem des materiellen Rechts**, nicht aber um eine Frage des Eingriffsermessens[4]. Es geht um die Abwägung zwischen geänderter Verkehrsauffassung und Bestandsschutz für Altfirmen, die in aller Regel zugunsten des Bestandsschutzes zu treffen ist[5]. Die Berücksichtigung des Bestandsschutzinteresses kann mit dem Rechtsgedanken der privatrechtlichen Erwirkung[6] begründet werden. Der Gesetzgeber hat in Art. 22 Abs. 1 EGHGB und § 22 ebenfalls dem Bestandsschutz Vorrang eingeräumt. 10

Ein **Bestandsschutz** kommt auch dann in Betracht, wenn es sich um eine von Anfang an unzulässige Firma handelt[7]. Die Voraussetzungen sind ein nur geringfügiger Verstoß gegen Firmierungsvorschriften, der unzulässige Teil muss für die Firmierung prägend und wirtschaftlich besonders wertvoll 11

---

1 Heymann/Emmerich, § 37 Rn. 11; v. Gamm, FS Stimpel, 1985, S. 1007, 1008.
2 BayObLG v. 6.2.1992 – 3 ZBR 201/91, BB 1992, 943; Staub/Hüffer, § 37 Rn. 11; Heymann/Emmerich, § 37 Rn. 4.
3 Staub/Hüffer, § 37 Rn. 6 u. 7.
4 Wie hier Staub/Hüffer, § 37 Rn. 5 und 19; MünchKommHGB/Krebs, § 37 Rn. 27 f.; Koller/Roth/Morck, § 37 Rn. 6; a.A. Heymann/Emmerich, § 37 Rn. 15; Baumbach/Hopt, § 37 Rn. 6, der wohl zu Unrecht meint, dass er damit die h.L. vertritt; dazu auch unten Rn. 15.
5 Vgl. KG, JFG 15, 54, 56; KG v. 12.11.1964 – 1 W 1851/64, NJW 1965, 254, 255; OLG Stuttgart v. 20.5.1960 – 8 W 38/60, NJW 1960, 1865.
6 Dazu MünchKommHGB/Lieb/Krebs, § 37 Rn. 32 f.
7 Z.B. KG NJW 1965, 254, 255; BayObLG v. 7.5.1986 – 3 ZBR 51/86, BayObLGZ 1986, 150, 154 f. – Polizeiverlag; Baumbach/Hopt, § 37 Rn. 6; Keidel/Kuntze/Winkler, Freiwillige Gerichtsbarkeit, 15. Aufl. 2003, § 140 FGG Rn. 2; Jansen, NJW 1966, 1813, 1815; a.A. Staub/Hüffer, § 37 Rn. 19.

sein, der Inhaber darf die Unzulässigkeit nicht gekannt haben. Hingegen kommt ein Bestandsschutz **nicht in Betracht**, wenn von der Firma eine erhebliche Irreführungsgefahr ausgeht und der Inhaber bösgläubig ist[1]. Insgesamt gesehen muss das Durchgreifen des Bestandsschutzes gegenüber einer unzulässigen Firmierung die Ausnahme bleiben[2].

12 Die h.M. berücksichtigt den Bestandsschutz, indem sie im Rahmen von § 37 dem Registergericht ein **Ermessen beim Einschreiten** zubilligt, und es nicht für geboten hält, wenn das private Interesse am Bestand der Firma das öffentliche Interesse an ordnungsgemäßer Firmierung beträchtlich übersteigt. Diese Auffassung steht im Widerspruch zum Gesetzeswortlaut, der ein Ermessen nicht zulässt. Hinzu kommt, dass bei einer Klage nach § 37 Abs. 2 eine Ermessensentscheidung von vornherein ausscheidet. Deshalb gehört die Frage des Bestandsschutzes zur **Zulässigkeit der Firmierung.** Wird sie aus Bestandsschutzgründen bejaht, fehlt es an den Voraussetzungen für ein Eingreifen des Registergerichts; für eine Ermessensausübung ist kein Raum[3]. Siehe auch unten Rn. 15.

3. Betroffener Personenkreis

13 § 37 Abs. 1 ist auf alle unzulässig firmierenden Kaufleute, auf Handelsgesellschaften, Genossenschaften, Partnerschaftsgesellschaften, die großen Versicherungsvereine a.G[4]. sowie nach überwiegender Meinung auch auf Nichtkaufleute, z.B. Kleingewerbetreibende oder Freiberufler (dazu auch oben § 17 Rn. 15) anwendbar, die in unzulässiger Weise eine Firma gebrauchen[5]. Das Verfahren dient allgemein dazu, rechtswidrigen Firmengebrauch zu verhindern, und nicht nur dazu, Kaufleute anzuhalten, eine ordnungsgemäße Firma zu führen. Die Meinung, dass von § 37 auch **Nichtkaufleute** erfasst werden, wenn sie eine Firma führen, ist nicht unumstritten[6], weil die firmenrechtlichen Vorschriften der §§ 17 ff. auf Nichtkaufleute keine Anwendung finden. Da § 15b Abs. 1 S. 1 GewO für nicht firmenfähige Unternehmen die Angabe des Inhabers mit Vor- und Zunamen verlangt, im Übrigen ein Hinweis auf die Art des Geschäftsbetriebs auch bei Kleingewer-

---

1 BGH v. 12.7.1965 – II ZB 12/64, BGHZ 44, 116, 118; BGH v. 18.9.1975 – II ZB 9/74, BGHZ 65, 103, 105.
2 BGH v. 4.3.1993 – I ZR 65/91, WM 1993, 1248, 1251.
3 So auch MünchKommHGB/*Krebs*, § 37 Rn. 30.
4 Vgl. § 3 AktG; § 13 Abs. 3 GmbHG; BayObLG v. 23.2.1989 – 3 ZBR 136/88, BayObLGZ 1989, 44, 50; § 17 Abs. 2 GenG, BayObLG v. 12.8.1960 – 3 ZBR 78/60, BayObLGZ 1960, 345, 348; OLG Zweibrücken v. 17.8.1971 – 3 W 88/71, OLGZ 1972, 391 – Beamten-Einkauf eGmbH; § 2 Abs. 2 PartGG, § 16 VAG.
5 OLG Frankfurt v. 13.9.1974 – 20 W 342/74, BB 1975, 247 f.; OLG Stuttgart v. 26.8.1986 – 8 W 230/86, NJW 1987, 1709; OLG Hamm v. 11.8.1989 – 15 W 504/88, ZIP 1989, 1130, 1131; *Staub/Hüffer*, § 37 Rn. 4; *Heymann/Emmerich*, § 37 Rn. 3; *Baumbach/Hopt*, § 37 Rn. 2; *Bokelmann*, NJW 1987, 1683; *v. Gamm*, FS Stimpel 1985, S. 1007, 1011; *K. Schmidt*, HR, § 12 IV 2b, S. 374 f.; a.A. MünchKommHGB/*Krebs*, § 37 Rn. 6, 7.
6 MünchKommHGB/*Krebs*, § 37 Rn. 6 f.

betreibenden, Handwerkern und Freiberuflern üblich und zulässig ist[1], wird ein daraus möglicherweise entstehender Hinweis auf die Firma eines Kaufmanns nicht Anlass für ein Verfahren nach § 37 Abs. 1 sein können[2]. In diesem Bereich hat der Gesetzgeber mögliche Irrtümer über die Kaufmannseigenschaft, soweit sie dadurch entstehen, dass sich der Nichtkaufmann mit Vor- und Zunamen und seinem Betätigungsfeld bezeichnet, bewusst in Kauf genommen. Grundsätzlich darf das Registergericht auch gegen Nichtkaufleute, die eine täuschende oder irreführende Unternehmensbezeichnung führen, gemäß oder analog § 37 einschreiten; denn die Tatsache, dass sie keine „Firma" im Rechtssinne haben, entbindet sie nicht vom Gebot der Firmenwahrheit und kann sie nicht von den entsprechenden Sanktionen freistellen[3]. Bloße firmenähnliche Bezeichnungen rechtfertigen ein Einschreiten nicht (dazu oben Rn. 4). Das Registergericht kann gegen eine GbR von Freiberuflern einschreiten, wenn der Name der Sozietät, insbesondere sein Rechtsformzusatz geeignet ist, über die Rechtsform der Gesellschaft irrezuführen; die bloße Firmenähnlichkeit reicht aber nicht aus[4]. Die erheblich gestiegene Bedeutung des Rechtsformzusatzes macht ein Einschreiten gerade dann erforderlich, wenn täuschende oder irreführende Rechtsformzusätze verwendet werden. Dass nicht nach § 37 eingeschritten werden kann, wenn ein Freiberufler zu Unrecht einen Dr.-Titel führt[5], macht ein Verfahren gegen Freiberufler oder freiberufliche Sozietäten nach § 37 bei entsprechenden Tatbeständen nicht allgemein unzulässig.

Ein **Verschulden** des Firmeninhabers ist **nicht Voraussetzung** für die Einleitung des Verfahrens; es genügt der objektive Verstoß gegen firmenrechtliche Vorschriften (vgl. oben Rn. 8)[6]. Auch der gutgläubige Erwerber einer unzulässigen Firma unterliegt dem Firmenmissbrauchsverfahren[7]. 14

4. Verfahren

a) Einschreiten von Amts wegen

Bei der Verfahrenseinleitung steht dem Registergericht ein Ermessen nicht zu[8]. Zu beachten ist aber die nach § 18 Abs. 2 erhöhte Eingriffsschwelle. Das Registergericht soll nach verbreiteter Meinung auf ein Einschreiten ver- 15

---

1 Vgl. Art. 12 GG; OLG Karlsruhe v. 28.12.1990 – 4 W 99/88, DB 1991, 272 f.; *Staub/ Hüffer*, § 37 Rn. 9; *W.-H. Roth*, ZGR 1992, 632, 633.
2 OLG Hamm v. 30.12.1967 – 15 W 512/67, DB 1968, 479.
3 Vgl. 1. Aufl. *Röhricht*, § 4 Rn. 26; 1. Aufl. MünchKommHGB/*Bokelmann*, § 4 Rn. 9, 11.
4 BayObLG v. 24.9.1998 – 3 ZBR 58/98, NJW 1999, 297; ablehnend *Canaris*, HR, § 11 Rn. 50, der aber zu wenig berücksichtigt, dass auch auf freiberufliche Partnerschaften kraft ausdrücklicher Verweisung in § 2 Abs. 2 PartGG die Vorschrift des § 37 insgesamt entsprechend anzuwenden ist; ferner können sich Freiberufler, die nur aus Traditionsgründen vom Gewerbebegriff ohne Notwendigkeit weiterhin ausgenommen werden (dazu *Ammon*, DStR 1998, 1474, 1475), in einer GmbH oder AG organisieren und im Handelsregister eingetragen werden.
5 Insoweit zutreffend *Canaris*, HR, § 11 Rn. 50.
6 *Staub/Hüffer*, § 37 Rn. 16.
7 RGZ 25, 1, 5 f.
8 MünchKommHGB/*Krebs*, § 37 Rn. 30.

zichten können, wenn das öffentliche Interesse, dessen Schutz § 37 in erster Linie bezweckt, durch den zu beanstandenden Firmengebrauch nur marginal tangiert wird[1]. Dieses **gebundene Ermessen** soll ersichtlich nur bei Fragen des Bestandsschutzes für eingeführte Firmen Anwendung finden. Die Frage gehört aber zur Zulässigkeit der Firmierung und nicht zur Ermessensausübung beim Einschreiten[2]. Obwohl diese Streitfrage für die Entscheidung des Einzelfalls nicht von großer Bedeutung ist, spricht gegen die Zulässigkeit einer Ermessensausübung, dass der Ermessensansatz bei § 37 Abs. 2 scheitert und zudem die überflüssige Rechtsfigur einer dauerhaft unzulässigen, aber gleichwohl dauerhaft geduldeten Firmierung geschaffen wird. Das Problem des Bestandsschutzes ist bei der zulässigen Firmierung zu behandeln (s. dazu auch schon oben Rn. 12). Führt die **Abwägung zwischen Bestandsschutz und öffentlichem Interesse** zur Zulässigkeit der Firmierung, verbietet sich allein aus diesem Grund ein Einschreiten des Registergerichts, ohne dass es auf eine Ermessensausübung ankommt. Da es sich um ein Amtsverfahren handelt, sind auch „Anträge" von Klageberechtigten im Sinne von § 37 Abs. 2 bloße Anregungen auf Verfahrenseinleitung[3].

b) Gerichtliches Verfahren

16 Der **Ablauf** des gerichtlichen Verfahrens bestimmt sich nach § 140 FGG (§ 392 FamFG) i.V.m. §§ 132 ff. FGG (§§ 388 ff. FamFG). Diese Bestimmungen des FGG sind die Ausführungsvorschriften zu § 37 Abs. 1. Materiell anwendbar ist die Vorschrift gegen unzulässig firmierende Kaufleute und Handelsgesellschaften sowie gegen Nichtkaufleute, die zu Unrecht, wie Kaufleute, eine – irreführende – Firma führen (siehe oben Rn. 13).

aa) Androhungsverfügung

17 Dem Betroffenen ist unter Androhung eines **Ordnungsgeldes** aufzugeben, sich entweder in Zukunft des Gebrauchs der genau bezeichneten Firma, nicht nur eines Teils[4], und zwar sofort zu enthalten oder innerhalb einer bestimmten Frist den Gebrauch der Firma durch Einlegung eines **Einspruchs** gegen die Verfügung zu rechtfertigen. **Nicht** verlangt werden darf in der Androhungsverfügung ein **Löschen oder Ändern der Firma**[5]. Die gesetzte Frist,

---

1 So *Heymann/Emmerich*, § 37 Rn. 15; *Baumbach/Hopt*, § 37 Rn. 6; vgl. ferner BayObLG v. 7.5.1986 – 3 ZBR 51/86, BayObLGZ 1986, 150, 154 f.; v. 23.2.1989 – 3 ZBR 136/88, BayObLGZ 1989, 44, 50.
2 OLG Hamm v. 20.2.1989 – 15 W 5/88, OLGZ 1989, 148, 150; *Staub/Hüffer*, § 37 Rn. 18; MünchKommHGB/*Krebs*, § 37 Rn. 34; *Koller/Roth/Morck*, § 37 Rn. 6; vgl. ferner *Keidel/Kuntze/Winkler*, Freiwillige Gerichtsbarkeit, 15. Aufl. 2003, § 132 FGG Rn. 22.
3 BGH v. 10.11.1969 – II ZR 273/67, BGHZ 53, 65, 70; *Staub/Hüffer*, § 37 Rn. 21; *Heymann/Emmerich*, § 37 Rn. 19.
4 BayObLG v. 3.10.1972 – 2 ZBR 50/72, Rpfleger 1973, 27.
5 KG OLGR 5, 274; KG v. 12.11.1964 – 1 W 1851/64, NJW 1965, 254, 255; *Heymann/Emmerich*, § 37 Rn. 18; *Staub/Hüffer*, § 37 Rn. 20 f.; *Baumbach/Hopt*, § 37 Rn. 5; MünchKommHGB/*Krebs*, § 37 Rn. 36; für Zulässigkeit eines Verfahrens auf Löschung eines bestimmten Zusatzes v. *Gamm*, FS Stimpel, 1985, S. 1007, 1013.

die auch verlängert werden kann, muss bei Anwendung der im Verkehr erforderlichen Sorgfalt die Erfüllung der Verpflichtung ermöglichen[1]. Ein Verlängerungsantrag muss vor Ablauf der Frist gestellt sein, die Entscheidung kann danach ergehen. Anzudrohen ist nach Art. 6 Abs. 1 EGStGB ein Ordnungsgeld zwischen 5 und 1000 Euro. In der Regel ist das Ordnungsgeld genau zu beziffern; eine Angabe „bis zu" ist aber zulässig, falls die bezeichnete Obergrenze ernsthaft in Betracht kommt[2].

Adressat der Androhungsverfügung ist die natürliche Person, die für sich oder als gesetzliche Vertreterin für die Personengesellschaft bzw. juristische Person die unzulässige Firma gebraucht hat[3]. 18

Gegen die Androhungsverfügung ist eine Beschwerde nicht zulässig (§ 132 Abs. 2 FGG bzw. § 58 FamFG); dies gilt auch für nur vorbereitende Verfügungen[4]. Der Betroffene kann seine Rechte nur durch Einspruch wahren, § 134 FGG (§ 390 FamFG). 19

bb) Kein Einspruch

Wird kein Einspruch eingelegt, wird das Ordnungsgeld festgesetzt, falls der unzulässige Firmengebrauch nach förmlicher Bekanntmachung (§ 16 FGG bzw. § 41 FamFG) der Androhungsverfügung schuldhaft fortgesetzt worden ist. Gleiches gilt nach Einspruchsrücknahme oder verspäteter Einspruchseinlegung. **Schuldhaftes Handeln** ist erforderlich, da Ordnungsstrafen allgemein repressive Rechtsfolgen für einen vorausgegangenen Ordnungsverstoß beinhalten[5]. Im Gegensatz dazu ist Zwangsgeld ausschließlich darauf gerichtet, ein zukünftiges Verhalten zu erzwingen (§ 14)[6]. Handeln Mitarbeiter ohne Wissen und Wollen des Firmeninhabers, kann ein Verschulden fehlen[7]. Bei **weiteren Ordnungsverstößen** kann ein Ordnungsgeld ohne erneute Androhung wiederholt festgesetzt werden; nur bei einem erhöhten Ordnungsgeld ist eine neuerliche Androhung erforderlich. 20

Ein rechtskräftig festgesetztes Ordnungsgeld ist zu **vollstrecken**; eine Aufhebung mit der Begründung, die Zuwiderhandlung sei nicht mehr fortgesetzt worden, scheidet aus. Ein Absehen von der Beitreibung ist nur im Gnadenweg möglich. Zahlungserleichterung kommt nach Art. 7 EGStGB in Betracht; ist Verjährung nach Art. 9 EGStGB eingetreten, darf das Ordnungsgeld nicht mehr vollstreckt werden. 21

---

1 *Bassenge/Roth*, FGG/RPflG, 11. Aufl. 2007, § 132 FGG Rn. 6.
2 OLG München, JFG 15, 48; BGH v. 3.10.1973 – IV ZB 12/73, JR 1974, 200.
3 KG JFG 6, 187; *Keidel/Kuntze/Winkler*, Freiwillige Gerichtsbarkeit, 15. Aufl. 2003, § 132 FGG Rn. 15 f.
4 BayObLG v. 6.8.1987 – 3 ZBR 106/87, BayObLGZ 1987, 279.
5 Vgl. BVerfG v. 23.4.1991 – 1 BvR 1443/87, BVerfGE 84, 82, 87 = NJW 1991, 3139; OLG Frankfurt v. 24.3.1980 – 20 W 147/80, BB 1980, 960; *Staub/Hüffer*, § 37 Rn. 22; *Baumbach/Hopt*, § 37 Rn. 7.
6 Näher zur Unterscheidung zwischen Ordnungsgeld- und Zwangsgeldverfahren BayObLG v. 24.9.1998 – 3 ZBR 58/98, NJW 1999, 297.
7 OLG Frankfurt v. 24.3.1980 – 20 W 147/80, BB 1980, 960.

22 Der Beschluss des Rechtspflegers (§ 3 Nr. 2 lit. d RPflG) über die Ordnungsgeldfestsetzung, der gleichzeitig zur Kostentragung verurteilt (§ 138 FGG bzw. § 389 Abs. 2 FamFG), ist mit der **sofortigen Beschwerde** anfechtbar (§ 139 FGG; nach §§ 391 Abs. 1, 63 FamFG befristete Beschwerde), die aber nicht darauf gestützt werden kann, dass zulässiger Firmengebrauch vorliege, sondern nur noch auf Mängel bei der Ordnungsgeldfestsetzung[1]. Über das Rechtsmittel entscheidet nach Abschaffung der Durchgriffserinnerung (§ 11 Abs. 1 RPflG; dazu unten Rn. 24 m.N.) unmittelbar das Landgericht.

cc) Einspruchsverfahren

23 Ein **rechtzeitiger Einspruch**, der ohne weitere Ermittlungen begründet ist, führt zur Aufhebung der Androhungsverfügung. Andernfalls wird Termin bestimmt. Eine Entscheidung in der Sache ohne mündliche Verhandlung ist ein so schwerwiegender Verfahrensmangel, dass er in der Rechtsbeschwerdeinstanz ohne sachliche Nachprüfung zur Aufhebung der angefochtenen Entscheidung führt[2]. Erweist sich nach durchgeführter Verhandlung der Einspruch als begründet, wird die Androhungsverfügung aufgehoben, ansonsten wird der Einspruch verworfen. Gegen diese Entscheidung ist **sofortige Beschwerde** zulässig (§ 139 FGG; nach §§ 391 Abs. 1, 63 FamFG befristete Beschwerde). Ordnungsgeldfestsetzung und Kostenauferlegung kommen erst in Betracht, wenn nach Rechtskraft der Einspruchsverwerfung der unzulässige Firmengebrauch schuldhaft fortgesetzt worden ist[3].

dd) Beschwerdeverfahren

24 Gegen die Verwerfung des Einspruchs, über die der Rechtspfleger entscheidet (§ 3 Nr. 2 lit. d RPflG), findet nunmehr ohne Erinnerungsverfahren die sofortige Beschwerde statt (§ 139 Abs. 1, § 140 Abs. 1 FGG, § 11 Abs. 1 RPflG)[4]; nach §§ 391 Abs. 1, 63 FamFG befristete Beschwerde. Über sie entscheidet das Landgericht (Kammer für Handelssachen beim Landgericht; § 30 Abs. 1 FGG), gegen dessen Entscheidung die sofortige weitere Beschwerde (eine Rechtsbeschwerde) zum OLG zulässig ist (§§ 27, 29 FGG bzw. § 70 Abs. 1 FamFG).

c) Verhältnis zu anderen Verfahrensarten

25 Im Verhältnis zur **Amtslöschung** einer unzulässigen eingetragenen Firma bzw. zur **Zwangsauflösung** wegen Fehlens oder Nichtigkeit der Firma (Verfahren nach §§ 142, 144a FGG bzw. §§ 395, 399 FamFG) gibt es keinen zwingenden Vorrang. Der Auffassung, das Firmenmissbrauchsverfahren sei vor-

---

1 OLG Hamburg, OLGR 29, 304.
2 OLG Düsseldorf v. 27.3.1998 – 3 Wx 57/98, FGPrax 1998, 149.
3 BayObLG v. 7.5.1986 – 3 ZBR 51/86, BayObLGZ 1986, 150.
4 Das 3. RPflGÄndG v. 6.8.1998 – BGBl. I 2030 hat mit Wirkung v. 1.10.1998 die Durchgriffserinnerung durch das nach den allgemeinen Verfahrensvorschriften zulässige Rechtsmittel ersetzt (§ 11 Abs. 1 RPflG). Eine Erinnerung zum Richter der gleichen Instanz ist auf die Fälle beschränkt, in denen eine Anfechtung der erstinstanziellen Entscheidung nicht zulässig ist (§ 11 Abs. 2 RPflG).

zuziehen, weil es sich nicht nur gegen die unzulässige Eintragung im Handelsregister, sondern insgesamt gegen die unzulässige Firmierung richte[1], kann für die Praxis nicht uneingeschränkt gefolgt werden, da für bestimmte Verfahren der Richter zuständig ist (§ 17 Nr. 1 lit. e und f RPflG), so dass die Gefahr **widersprechender Entscheidungen** beim selben Registergericht gegeben ist. Aus diesen Gründen kann es zweckmäßig sein, zunächst das Löschungsverfahren durchzuführen.

Im Verhältnis zum **Eintragungsverfahren** (Anmeldung einer unzulässigen Firma), entscheidet das Registergericht nach Zweckmäßigkeitsgründen im Rahmen pflichtgemäßen Ermessens. Entgegen *Krebs*[2] kann den Entscheidungen des BayObLG[3] nicht entnommen werden, dass in jedem Fall das Eintragungsverfahren zur Durchführung des Firmenmissbrauchsverfahrens ausgesetzt werden müsste; die Entscheidung hängt vielmehr von der jeweils gegebenen Einzelfallkonstellation ab. Dabei kann auch wie im Amtslöschungsverfahren von Bedeutung sein, ob beim Registergericht der Richter (z.B. nach § 17 Nr. 1 lit. a, b RPflG) für das Anmeldeverfahren zuständig ist, oder ob für beide Verfahren einheitlich Rechtspflegerzuständigkeit besteht. 26

Das Firmenmissbrauchsverfahren und die **Unterlassungsklage** nach § 37 Abs. 2 schließen sich nicht aus. Ist allerdings die Klage bereits anhängig, kann das Firmenmissbrauchsverfahren nach § 127 FGG (§ 381 FamFG) ausgesetzt werden. 27

III. Unterlassungsklage (§ 37 Abs. 2)

1. Allgemeines

Die Vorschrift des § 37 Abs. 2 dient wie die des Abs. 1 dem gleichen Zweck, nämlich dem öffentlichen Interesse an der **Durchsetzung des formellen Firmenrechts;** sie hat keinen Kennzeichnungsschutz zum Inhalt. Vielmehr soll die private, aufgrund Eigeninteresses verstärkt vorhandene Initiative zur Durchsetzung öffentlicher Interessen genutzt werden. Die Vorschrift bewirkt allerdings auch den **Schutz privater Interessen**, ohne dass sich dadurch ihre Zweckrichtung ändert. Die erforderliche Rechtsverletzung als Klagevoraussetzung begründet die Klageberechtigung und grenzt sie ein[4]. 28

2. Voraussetzungen

Für den unbefugten Gebrauch müssen die Voraussetzungen **wie bei § 37 Abs. 1** vorliegen (siehe oben Rn. 8). Das nach § 18 Abs. 2 für das Registerge- 29

---

1 Vgl. *Baumbach/Hopt*, § 37 Rn. 8; *Staub/Hüffer*, § 37 Rn. 24; MünchKommHGB/*Krebs*, § 37 Rn. 37.
2 MünchKommHGB/*Krebs*, § 37 Rn. 38.
3 BayObLG v. 23.2.1989 – 3 ZBR 136/88, BayObLGZ 1989, 44, 48 ff.; BayObLG v. 28.4.1988 – 3 ZBR 10/88, BayObLGZ 1988, 128, 129.
4 BGH v. 11.10.1969 – II ZR 273/67, BGHZ 53, 65, 70; *v. Gamm*, FS Stimpel, 1985, S. 1007, 1010; *Staub/Hüffer*, § 37 Rn. 2; GroßkommUWG/*Teplitzky*, § 16 UWG Rn. 464; Fezer, Markenrecht, 3. Aufl. 2001, § 15 MarkenG Rn. 113 f.

richt eingeschränkte Prüfungsrecht (siehe oben Rn. 1) gilt nicht für das Prozessgericht im Klageverfahren nach § 37 Abs. 2. Mit der Klage können nur Verstöße gegen das formelle Firmenrecht geltend gemacht werden, grundsätzlich nicht Verstöße gegen § 12 BGB, §§ 1, 3, 5 UWG, §§ 14, 15 MarkenG[1].

30 Die nach der Vorschrift erforderliche Rechtsverletzung wurde früher auf die Verletzung absoluter Rechte begrenzt[2]. Nach heute h.M. genügt die **unmittelbare Verletzung rechtlicher Interessen wirtschaftlicher Art**, so dass die Klageberechtigung jedem zusteht, der durch eine unzulässige Firmierung nicht nur ideell, sondern unmittelbar wirtschaftlich beeinträchtigt wird, ohne dabei die Verpflichtung zu haben, die Verletzung konkreter Schutznormen nachweisen zu können[3]. Zu den **Rechtsverletzungen** zählen Beeinträchtigungen von Namens- oder Firmenrechten, Warenzeichen- oder Patentrechten des Klägers; bei Kollision von Namens- und Firmenrechten ist auf die firmenrechtliche Priorität abzustellen. Ein Klagerecht kommt insbesondere in Betracht, wenn die Beteiligten wirtschaftliche Konkurrenten sind[4]. Die Rechtsverletzung muss ein eigenes Interesse des Klägers betreffen, eine bloß mittelbare Verletzung reicht nicht aus. Deshalb hat der Gesellschafter eines konkurrierenden Unternehmens keine Klageberechtigung; sie ist auch nicht gegeben, wenn nur ideelle Interessen verletzt sind[5]. Mit der Notwendigkeit einer unmittelbaren Rechtsverletzung als Klagevoraussetzung soll die Popularklage ausgeschlossen werden.

31 Andererseits ist zu bejahen, dass ein unbefugter Firmengebrauch auch **wirtschaftliche Interessen eines Verbandes** i.S.v. § 8 Abs. 3 Nr. 2 UWG verletzen und darauf eine Klagebefugnis gestützt werden kann[6]. Im Interesse der Zweckverwirklichung der Vorschrift des § 37 Abs. 2 ist von einem möglichst weit gezogenen Interessenbegriff auszugehen, so dass es genügt, wenn Verbände nach ihrer Satzung und Funktion die wirtschaftlichen Interessen ihrer Mitglieder durch Zusammenfassung zu ihren eigenen machen[7]. Allerdings hat der BGH[8] entschieden, dass sich die Klagebefugnis für Vereine zur Bekämpfung des Unlauteren Wettbewerbs nach § 8 Abs. 3 Nr. 2 UWG nicht auf Ansprüche außerhalb des UWG bezieht. Damit bleibt aber offen, ob da-

---

1 Str., a.A. *Baumbach/Hopt*, § 37 Rn. 10; wie hier *v. Gamm*, FS Stimpel, 1985, S. 1007.
2 Z.B. RGZ 114, 90, 93 f.; 132, 311, 316; 156, 363, 365 f.
3 BGH v. 10.11.1969 – II ZR 273/67, BGHZ 53, 65, 70; OLG Hamburg v. 10.3.1977 – 3 U 131/76, WRP 1977, 496; OLG Hamm v. 24.11.1988 – 4 U 193/88, WRP 1989, 325, 326; *Staub/Hüffer*, § 37 Rn. 28 f.; *Heymann/Emmerich*, § 37 Rn. 23 m.w.N.; GroßkommUWG/*Teplitzky*, § 16 UWG Rn. 469 f.
4 BGH v. 8.4.1991 – II ZR 259/90, BGH NJW 1991, 2023; OLG Köln v. 12.8.1998 – 6 U 97/97, OLG-Report 1999, 3.
5 Vgl. *Heymann/Emmerich*, § 37 Rn. 23.
6 Einzelheiten bei GroßkommUWG/*Teplitzky*, § 16 UWG Rn. 472 f.
7 Vgl. z.B. BGH v. 5.10.1989 – I ZR 56/89, GRUR 1990, 282, 284 – Wettbewerbsverein IV.
8 BGH v. 16.1.1997 – I ZR 225/94, NJW 1997, 2817; vgl. ferner *Baumbach/Hopt*, § 37 Rn. 11; MünchKommHGB/*Krebs*, § 37 Rn. 45, 46.

raus zu entnehmen ist, dass auch sonstige Interessenverbände, deren Mitglieder Konkurrenten eines Verletzers sind und die Ausübung ihrer Rechte insoweit auf den Verband übertragen haben, ebenfalls keine Klagebefugnis aus § 37 Abs. 2 haben sollen. Das wird eher zu verneinen sein. Schließlich kann auch das **Zustimmungsrecht der Erben zur Firmenfortführung** nach §§ 22 Abs. 1, 24 Abs. 2 die Klagebefugnis begründen[1].

Die **Klagebefugnis entfällt**, wenn der in seinen Rechten Betroffene in die firmenrechtlich unzulässige Benutzung eingewilligt hat[2]. Zwar wird dadurch der Firmengebrauch nicht zulässig, es fehlt dann aber an einer rechtswidrigen Verletzung der wirtschaftlichen Interessen des Betroffenen. 32

Umstritten ist, ob eine **Verwirkung des** Unterlassungsanspruchs und damit ein Entfallen des **Klagerechts** aus § 37 Abs. 2, die Verjährungsfrist beträgt nach § 195 BGB drei Jahre, in Betracht kommen kann[3]. Die Frage ist zu verneinen. Eine Verwirkung muss im Rahmen dieser Bestimmung ausscheiden, weil es hier nicht um Individualinteressen, sondern um das öffentliche Interesse an der Beseitigung unzulässiger Firmierungen geht. Auch die Meinung des BGH scheint tendenziell in diese Richtung zu gehen; jedenfalls stehen im Regelfall die Interessen der Allgemeinheit der Beurteilung eines durch fortlaufenden Verstoß gegen § 37 gewonnenen Besitzstandes als schutzwürdig entgegen[4]. 33

3. Klageantrag

Der Antrag kann nur auf **Unterlassung des unzulässigen Firmengebrauchs** gerichtet werden. Da aber auch die Eintragung im Handelsregister einen Firmengebrauch darstellt (vgl. oben Rn. 5), umfasst der Anspruch auf Unterlassung der Rechtsverletzung auch die **Löschung der unzulässigen Firma** des Beklagten im Handelsregister[5]. Es ist aber auch anerkannt, dass der Antrag aus Zweckmäßigkeitsgründen unmittelbar auf Beseitigung der Rechtsverletzung, d.h. auf Abgabe der Löschungsanmeldung durch den Beklagten gerichtet werden kann[6]. Dann gilt mit Rechtskraft der Entscheidung die Löschungsanmeldung gemäß § 894 ZPO als abgegeben. Bei einer nicht eingetragenen Firma richtet sich der Anspruch auf **Unterlassung der Anmeldung der unzulässigen Firma** zur Eintragung im Handelsregister. Ein entsprechender Titel ist nach § 890 ZPO zu vollstrecken. Eine einstweilige Verfügung, gestützt auf § 37 Abs. 2, gibt nur einen (vorläufigen) Unterlassungstitel, nicht aber einen Löschungstitel[7]. 34

---

1 KGJ 46, 122, 124; OLG Hamm v. 29.8.1983 – 8 U 280/82, ZIP 1983, 1198, 1202.
2 Vgl. *Heymann/Emmerich*, § 37 Rn. 23a; *Baumbach/Hopt*, § 37 Rn. 12.
3 Bejahend RGZ 167, 184, 190; *Staub/Hüffer*, § 37 Rn. 33; *Heymann/Emmerich*, § 37 Rn. 23a; *Baumbach/Hopt*, § 37 Rn. 12; MünchKommHGB/*Krebs*, § 37, Rn. 51, 52; verneinend *Koller/Roth/Morck*, § 37 Rn. 12; ähnlich *v. Gamm*, FS Stimpel, 1985, S. 1013 f.; offengelassen in BGH v. 4.3.1993 – I ZR 65/91, DB 1993, 1276.
4 BGH v. 4.3.1993 – I ZR 65/91, DB 1993, 1276.
5 *Heymann/Emmerich*, § 37 Rn. 26; *Baumbach/Hopt*, § 37 Rn. 13.
6 RGZ 37, 58, 59; *Staub/Hüffer*, § 37 Rn. 39.
7 GroßkommUWG/*Teplitzky*, § 16 UWG Rn. 480.

35 Der Antrag ist auf Unterlassung des Firmengebrauchs insgesamt, und zwar in der konkreten Verletzungsform zu richten. Ist allerdings die Rechtsverletzung nur durch einen **Firmenzusatz** begründet, kann der unbefugte Verwender den Kläger durch Verzicht auf diesen Zusatz klaglos stellen[1]. Ferner soll eine Verurteilung zur Löschung nicht der ganzen eingetragenen Firma, sondern nur des verletzenden Bestandteils möglich sein[2].

IV. Schadensersatzansprüche

36 Nach § 37 Abs. 2 S. 2 bleiben nach sonstigen Vorschriften begründete Schadensersatzansprüche **unberührt.** Es geht dabei um Ansprüche aus §§ 823 Abs. 1, 826 BGB, § 15 Abs. 5 MarkenG. Die Bedeutung der Regelung liegt darin, dass auch bei schuldhaft unzulässiger Firmierung mit dem Unterlassungsanspruch nicht notwendig ein Schadensersatzanspruch für den nach § 37 Abs. 2 Klageberechtigten gegeben ist[3].

§ 37a
Angaben auf Geschäftsbriefen

(1) Auf allen Geschäftsbriefen des Kaufmanns gleichviel welcher Form, die an einen bestimmten Empfänger gerichtet werden, müssen seine Firma, die Bezeichnung nach § 19 Abs. 1 Nr. 1, der Ort seiner Handelsniederlassung, das Registergericht und die Nummer, unter der die Firma in das Handelsregister eingetragen ist, angegeben werden.

(2) Der Angaben nach Absatz 1 bedarf es nicht bei Mitteilungen oder Berichten, die im Rahmen einer bestehenden Geschäftsverbindung ergehen und für die üblicherweise Vordrucke verwendet werden, in denen lediglich die im Einzelfall erforderlichen besonderen Angaben eingefügt zu werden brauchen.

(3) Bestellscheine gelten als Geschäftsbriefe im Sinne des Absatzes 1. Absatz 2 ist auf sie nicht anzuwenden.

(4) Wer seiner Pflicht nach Absatz 1 nicht nachkommt, ist hierzu von dem Registergericht durch Festsetzung von Zwangsgeld anzuhalten. § 14 Satz 2 gilt entsprechend.

---

1 *Heymann/Emmerich*, § 37 Rn. 27.
2 Zweifelhaft; so aber BGH v. 26.9.1980 – I ZR 69/78, GRUR 1981, 60, 64 – Sitex.
3 *Staub/Hüffer*, § 37 Rn. 41; MünchKommHGB/*Krebs*, § 37 Rn. 55; a.A. *Heymann/Emmerich*, § 37 Rn. 28, der annimmt, die Vorschrift enthalte nur eine Selbstverständlichkeit.

Übersicht

	Rn.		Rn.
I. Allgemeines		**III. Angaben auf den Geschäftsbriefen**	
1. Entstehung und Zweck der Vorschrift	1	1. Firma und Rechtsformzusatz	15
2. Anwendungsbereich		2. Niederlassungsort	16
a) Eingetragener Kaufmann	3	3. Registergericht und Registernummer	17
b) Nicht eingetragener Kaufmann	4	4. Keine Inhaberangabe	18
c) Ausländischer Kaufmann	8	**IV. Vordrucke bei bestehender Geschäftsverbindung (§ 37a Abs. 2)**	19
d) Juristische Personen nach § 33	9	**V. Bestellscheine (§ 37a Abs. 3)**	22
II. Geschäftsbriefe (§ 37a Abs. 1)		**VI. Rechtsfolgen bei Verstoß (§ 37a Abs. 4)**	23
1. Begriff	10	**VII. Ehemalige Übergangsvorschrift (Art. 39 EGHGB)**	24
2. Bestimmter Empfänger	12		
3. Innerbetrieblicher Geschäftsverkehr	14		

Schrifttum: *Mutter*, Pflichtangaben auf Geschäftsbriefen auch im E-Mail-Verkehr, GmbHR 2001, 336; *Roth/Groß*, Pflichtangaben auf Geschäftsbrief und Bestellschein im Internet, K&R 2002, 127; *Schmittmann/Ahrens*, Pflichtangaben in E-Mails – Ist die elektronische Post ein Geschäftsbrief?, DB 2002, 1038.

I. Allgemeines

1. Entstehung und Zweck der Vorschrift

Die Vorschrift wurde durch das Handelsrechtsreformgesetz (HRefG)[1] mit Wirkung vom 1.7.1998 eingefügt und durch das EHUG[2] ergänzt. Der nach geltendem Recht schon zuvor für **Kapitalgesellschaften und Genossenschaften** bestehende Zwang, auf Geschäftsbriefen bestimmte Angaben zu machen (vgl. § 35a GmbHG, § 80 AktG, § 25a GenG), wurde auf den **Einzelkaufmann erstreckt.** Parallel dazu wurde auch die frühere Vorschrift des § 125a, nach der entsprechende Angaben auf Geschäftsbriefen nur vorgeschrieben waren, wenn kein Gesellschafter eine natürliche Person war, nunmehr auf **alle Personenhandelsgesellschaften** erweitert. Die Pflicht, nach § 125a Abs. 1 S. 2 die Firmen der Gesellschafter anzugeben, wenn kein Gesellschafter eine natürliche Person ist, entfällt schon dann, wenn im Fall einer mehrstöckigen Gesellschaft auf irgendeiner Ebene eine natürliche Person voll haftet (vgl. dazu oben § 19 Rn. 64)[3]. Für die **EWiV** (dazu näher unten *von*

1

---

[1] Art. 3 Nr. 19, Art. 29 Nr. 4 HRefG v. 22.6.1998, BGBl. I, 1474, 1475 f.
[2] V. 10.11.2006, BGBl. I, 2553.
[3] BayObLG v. 8.9.1994 – 3 ZBR 118/94, BayObLGZ 1994, 252; oben § 19 Rn. 43 m.w.N.; ferner *Schlegelberger/K. Schmidt*, § 125 Rn. 4 und § 130a Rn. 10; a.A. unten *von Gerkan/Haas*, § 125a Rn. 1; KG v. 5.7.1988 – 1 W 1485/87, ZIP 1988, 1194. Der Meinungsstreit sollte nunmehr zugunsten des BayObLG entschieden sein. Der Gesetzgeber hat dies mit der Neuformulierung von § 19 Abs. 2 klargestellt; aus der Begründung (BT-Drucks. 13/8444, S. 56) ist ersichtlich, dass die Auslegung auch für die frühere Gesetzesfassung zutreffend ist. Für die wortgleich bestehen gebliebene

Gerkan/Haas, § 105 Rn. 103 ff.) gilt als Handelsgesellschaft ebenfalls § 125a. Auch **Partnerschaftsgesellschaften** haben nach § 7 Abs. 5 PartGG in entsprechender Anwendung von § 125a Abs. 1 S. 1, Abs. 2 derartige Angaben auf ihren Geschäftsbriefen anzubringen[1].

2 Die Einfügung von § 35a GmbHG und die derzeitige Fassung von § 80 AktG beruhen in erster Linie auf dem EG-KoordG 1969[2], ergänzt durch das Gesetz vom 22.7.1993[3]. Diese Bestimmungen sollen es namentlich auch ausländischen Geschäftspartnern erleichtern, **registergerichtliche Informationen** über die Gesellschaft einzuholen und gleichzeitig über **rechtlich relevante Tatsachen** informiert zu werden[4]. Wegen der Liberalisierung des Firmenrechts (dazu oben Vor § 17 Rn. 7 f.), nach der für den Einzelkaufmann neben der Personenfirma auch Sach- und Fantasiefirmen zulässig sind, hat der Gesetzgeber im Interesse der Sicherheit des Geschäftsverkehrs **flankierende Maßnahmen** für erforderlich gehalten. Deshalb hat auch die Firma des Einzelkaufmanns einen **Rechtsformzusatz** zu enthalten (§ 19 Abs. 1 Nr. 1); auf Geschäftsbriefen und Bestellscheinen hat er die in § 37a aufgeführten Angaben zu machen. Dadurch erhält der Geschäftspartner weitreichende **Informationen über den Einzelkaufmann.** Die Angabe von Registergericht und Registernummer ermöglicht den schnellen Zugriff auf die Daten des Handelsregisters[5].

2. Anwendungsbereich

a) Eingetragener Kaufmann

3 Die Bestimmung ist für den im Handelsregister eingetragenen Einzelkaufmann verpflichtend. Sie **gilt für alle** nach dem 1.7.1998 **eingetragenen Kaufleute** uneingeschränkt. Bereits vor diesem Zeitpunkt eingetragenen Kaufleuten war gem. Art. 39 EGHGB für Vordrucke von Geschäftsbriefen und Bestellscheinen eine Aufbrauchfrist bis 31.12.1999 eingeräumt (im Fall des § 33 Abs. 4 lief die Aufbrauchfrist gemäß dem früheren Art. 39 EGHGB bis zum 30.6.2002).

Fassung des § 125a Abs. 1 S. 3 kann daher, auch ohne sprachliche Angleichung an § 19 Abs. 2, nichts anderes gelten.

1 Art. 11 Nr. 2 HRefG, BGBl. I 1474, 1480.
2 Gesetz zur Durchführung der Ersten Richtlinie des Rates der Europäischen Gemeinschaften zur Koordinierung des Gesellschaftsrechts v. 15.8.1969, BGBl. I 1146.
3 Art. 3 Nr. 2 des Gesetzes zur Durchführung der Elften EG-Richtlinie v. 22.7.1993, BGBl. I 1282.
4 Vgl. statt vieler *Baumbach/Hueck/Zöllner/Noack*, § 35a GmbHG Rn. 1; *Rowedder/Schmidt-Leithoff/Koppensteiner*, § 35a GmbHG Rn. 2; *Scholz/Uwe H. Schneider*, § 35a GmbHG Rn. 2; *Hüffer*, § 80 AktG Rn. 1, 2; *KölnerKommAktG/Mertens*, § 80 AktG Rn. 3.
5 BT-Drucks. 13/8444 S. 61; ferner MünchKommHGB/*Krebs*, § 37a Rn. 2; *Koller/Roth/Morck*, § 37a Rn. 1; vgl. *Ammon*, DStR 1998, 1474, 1479; *Busch*, Rpfleger 1998, 178, 182; *Priester*, DNotZ 1998, 691, 700; *Schaefer*, DB 1998, 1269, 1273.

c) Ausländischer Kaufmann

8   Anders als die Vorschriften nach § 35a Abs. 4 GmbHG, § 80 Abs. 4 AktG, enthält § 37a keine ausdrückliche Bestimmung für **inländische Zweigniederlassungen** eines **ausländischen Einzelkaufmanns**. Insoweit kommt eine analoge Anwendung in Betracht, so dass auf allen Geschäftsbriefen und Bestellscheinen, die von einer solchen Zweigniederlassung verwendet werden, die Angaben nach § 37a Abs. 1 erforderlich sind. Anzugeben sind das Registergericht, bei dem die Zweigniederlassung geführt wird, und die Nummer des Registereintrags[1].

d) Juristische Personen nach § 33

9   Betreibt eine juristische Person i.S.v. § 33 (z.B. e.V.) ein Handelsgewerbe, ist sie Kaufmann nach § 17 Abs. 1, ihre Firma ist in das Handelsregister einzutragen. Soweit die juristische Person nicht Kaufmann kraft Rechtsform ist (z.B. GmbH, AG), hat auch sie einen **Rechtsformzusatz** nach § 19 Abs. 1 Nr. 1, also z.B. *e.K.* zu führen[2]. Der Gesetzeswortlaut bezeichnet als Normadressat den *Kaufmann*. Damit gilt § 37a sowohl für **natürliche** als auch für **juristische Personen**, sofern sie Kaufmann im Sinne des HGB sind. Der in der Regierungsbegründung verwendete Begriff *Einzelkaufmann* dient ersichtlich nur zur Abgrenzung von den Personenhandelsgesellschaften, für die als Sonderregelung § 125a anzuwenden ist[3]. Durch § 33 Abs. 4 wird die Anwendung des § 37a auf juristische Personen nach § 33 ausdrücklich vorgesehen (vgl. § 33 Rn. 19).

II. Geschäftsbriefe (§ 37a Abs. 1)

1. Begriff

10   Wie auch in vergleichbaren Bestimmungen (§ 35a GmbHG, § 80 AktG, § 25a GenG, § 125a) ist der Begriff Geschäftsbrief weit auszulegen[4]. Er umfasst jede vom Kaufmann ausgehende schriftliche Mitteilung an einen Empfänger außerhalb des Unternehmens. Das gilt nicht nur bei der Anbahnung von Geschäftsbeziehungen, sondern auch im Rahmen schon bestehender[5]. Die äußere Form oder der Inhalt sind nicht entscheidend. Geschäftsbriefe sind auch Geschäftsrundschreiben, gleichförmige Verkaufsangebote, Rechnungen, Quittungen, Preislisten, Lieferscheine, Auftrags- und Empfangsbestäti-

---

1 Zutreffend MünchKommHGB/*Krebs*, § 37a Rn. 4; vgl. auch *Eidenmüller/Rehberg*, Ausländische Kapitalgesellschaften im deutschen Recht, 2004, § 5 Rn. 94; *Lutter/Schmidt*, Europäische Auslandsgesellschaften, 2005, S. 44.
2 So *W.-H. Roth*, Das neue Firmenrecht, in Lieb (Hrsg.), Die Reform des Handelsstandes und der Handelsgesellschaften, 1999, S. 41.
3 *W.-H. Roth* in Lieb, Die Reform des Handelsstandes ..., S. 40 f.; vgl. dazu ferner *K. Schmidt*, ZIP 1997, 909, 916.
4 Allg. M., vgl. BT-Drucks. 13/8444 S. 61; statt vieler *Baumbach/Hueck/Zöllner/Noack*, § 35a Rn. 13; *Hüffer*, § 80 AktG Rn. 2; *Scholz/Uwe H. Schneider*, § 35a GmbHG Rn. 3.
5 Vgl. *Scholz/Uwe H. Schneider*, § 35a GmbHG Rn. 3.

b) Nicht eingetragener Kaufmann

Die Bestimmung stellt **generell auf den „Kaufmann"** ab, nicht nur auf den im Handelsregister eingetragenen. Kaufmann im Sinne des HGB ist jeder, der ein Handelsgewerbe betreibt (§ 1 Abs. 1), es sei denn, sein Unternehmen erfordert nach Art oder Umfang keinen in kaufmännischer Weise eingerichteten Gewerbebetrieb (§ 1 Abs. 2). Ist ein Gewerbetreibender Kaufmann im Sinne von § 1, hat er in seiner Firma zwingend den Rechtsformzusatz nach § 19 Abs. 1 Nr. 1 (*eingetragener Kaufmann, eingetragene Kauffrau* oder eine entsprechende Abkürzung z.B. *e.K., e.Kfm.* oder *e.Kfr.*) aufzunehmen; er ist ferner verpflichtet, auf seinen Geschäftsbriefen die nach § 37a erforderlichen Angaben zu machen. Dies gilt unabhängig von seiner Eintragung im Handelsregister. Dem wird entgegengehalten, dass ein Rechtsformzusatz *eingetragener Kaufmann* irreführend und damit unzulässig wäre, weil die Kaufmannseigenschaft wegen der Nichtanwendbarkeit des § 5 nicht in gleicher Weise sicher sei. Das Problem habe der Gesetzgeber übersehen. Da aber eine Kennzeichnung erlaubt sein müsse, erscheine der Zusatz *Einzelkaufmann* besonders geeignet[1] (siehe oben § 19 Rn. 36).

4

Dieser Auffassung kann nicht gefolgt werden. **„Eingetragener Kaufmann"** ist als Rechtsformbezeichnung ein **terminus technicus**, der nicht nach seinem sprachlichen Inhalt auf eine Irreführungsmöglichkeit zu untersuchen ist. Es ist sicher richtig, dass diese Bezeichnung nicht gerade glücklich für – noch – nicht eingetragene Kaufleute ist. Sie löst aber **keine rechtserhebliche Irreführung** aus, weil die Rechtsformbezeichnung nur besagt, dass der so Firmierende Kaufmann im Sinne des HGB ist. Die nur deklaratorisch wirkende Eintragung ist dafür ohne Bedeutung.

5

Nach den bisherigen Erfahrungen bei den Registergerichten wird im Übrigen in weit über 95 % der Fälle als Rechtsformbezeichnung **eine Abkürzung** gewählt, in aller Regel **„e.K."** oder selten **„e.Kfr."**, so dass insoweit von einer Irreführung kaum mehr die Rede sein kann. Zuzustimmen ist *K. Schmidt*, der die Frage, ob dieser Rechtsformzusatz für den Kaufmann nach § 1 Abs. 2 schon vor der Eintragung gilt, als **Scheinproblem** qualifiziert[2]. Gegen den bisher nicht eingetragenen Kaufmann ist die Anmeldung zur Eintragung durch das Registergericht nach § 14 zu erzwingen.

6

Der **nicht eingetragene Kaufmann** hat somit als Kaufmann nach § 1 Abs. 2 auf seinen Geschäftsbriefen seine Firma mit einem nach § 19 Abs. 1 Nr. 1 zulässigen Rechtsformzusatz aufzuführen, ferner alle nach § 37a erforderlichen Angaben, naturgemäß mit Ausnahme von Registergericht und Registernummer, zu machen. Er ist aber ferner verpflichtet, bis zu seiner Eintragung nach § 15b Abs. 1 S. 1 GewO[3] auf allen Geschäftsbriefen seinen **Familiennamen** mit mindestens einem ausgeschriebenen **Vornamen** anzugeben. Dadurch wird ein aufgrund der fehlenden Eintragung gegebenes Informationsdefizit behoben.

7

---

1 So *Zimmer*, ZIP 1998, 2050 f.; ihm folgend MünchKommHGB/*Krebs*, § 37a Rn. 9.
2 *K. Schmidt*, HR, § 12 III 1c, S. 365, Fn. 112.
3 Neufassung gem. Ges. v. 22.2.1999, BGBl. I 202, 209.

gungen[1]. Ferner Schreiben, die ein Arbeitsverhältnis begründen, ändern oder beenden, gerichtet also an eigene Arbeitnehmer[2]. Hingegen zählen **Schecks**, auch der Wechsel, **nicht zu** den **Geschäftsbriefen**, da sie keine über die Funktion des Schecks hinausgehende Mitteilung an einen bestimmten Empfänger enthalten[3].

Die **Art der Übermittlung** ist für die Eigenschaft als Geschäftsbrief unerheblich. Deshalb fallen unter den Begriff Postkarten, Telegramme, Fernschreiben, Telebrief, Telefax[4]. Für eine Mitteilung per Homepage oder per E-Mail im Internet war dies streitig, da nur eine digitale, keine verkörperte Erklärung vorliegt[5]. Durch das EHUG[6] ist mit der Neuformulierung des § 37a Abs. 1 – „gleichviel welcher Form" – ausdrücklich klargestellt, dass § 37a auf alle Geschäftsbriefe – unabhängig von ihrer Form – anwendbar ist. Ob auch SMS unter die Neufassung fallen, erscheint zweifelhaft, da SMS wohl nur Ersatz für ein Telefonat, nicht aber für einen Brief sind. 11

2. Bestimmter Empfänger

Der Geschäftsbrief muss an einen bestimmten Empfänger gerichtet sein. Das ist gegeben, wenn die geschäftliche Mitteilung selbst oder der Umschlag an eine **individuell bezeichnete Person** oder ein **bestimmtes Unternehmen** gerichtet ist, also alle Schreiben, die zu geschäftlichen Zwecken einem externen Empfänger zugehen sollen[7]. 12

Nicht an einen bestimmten Empfänger adressiert und damit nicht angabepflichtig im Sinne der Vorschrift sind Werbeschriften, Postwurfsendungen, Zeitschriftenanzeigen und sonstige öffentliche Bekanntmachungen, da sie sich an einen **unbestimmten Personenkreis** oder an den Personenkreis einer bestimmten Berufsgruppe (z.B. Rechtsanwälte, Architekten etc.) richten[8]. 13

---

1 RegBegr. BT-Drucks. 13/8444 S. 61; MünchKommHGB/*Krebs*, § 37a Rn. 5; *Koller/Roth/Morck*, § 37a Rn. 2; *Baumbach/Hueck/Zöllner/Noack*, § 35a GmbHG Rn. 14, 15; *Scholz/Uwe H. Schneider*, § 35a GmbHG Rn. 3; *Hüffer*, § 80 AktG Rn. 2.
2 *Scholz/Uwe H. Schneider*, § 35a GmbHG Rn. 3, der allerdings zu weit gehend offenbar jedes Schreiben im Rahmen eines Arbeitsverhältnisses als Geschäftsbrief i.S.v. § 37a einstufen will; a.A. *Baumbach/Hueck/Zöllner/Noack*, § 35a GmbHG Rn. 16.
3 *Lutter/Hommelhoff/Bayer*, § 35a GmbHG Rn. 2; *Baumbach/Hueck/Zöllner/Noack*, § 35a GmbHG Rn. 13; a.A. LG Detmold v. 20.10.1989 – 90 402/89, GmbHR 1991, 23 – Postscheck; *Scholz/Uwe H. Schneider*, § 35a GmbHG Rn. 3; MünchKommHGB/*Krebs*, § 37a Rn. 5.
4 Vgl. RegBegr. BT-Drucks. 13/8444, S. 61; *Baumbach/Hueck/Zöllner/Noack*, § 35a GmbHG Rn. 7; a.A. nur für Telegramme und Fernschreiben *Scholz/Uwe H. Schneider*, § 35a GmbHG Rn. 3.
5 Dazu näher *Roth/Groß*, K&R 2002, 127; *Mutter*, GmbHR 2001, 336, 337; *Schmittmann/Ahrens*, DB 2002, 1040, 1041.
6 V. 10.11.2006, BGBl. I 2553.
7 *Scholz/Uwe H. Schneider*, § 35a GmbHG Rn. 4; *Baumbach/Hueck/Zöllner/Noack*, § 35a GmbHG Rn. 17.
8 Allg. M., statt vieler *Scholz/Uwe H. Schneider*, § 35a GmbHG Rn. 4; *Lutter/Hommelhoff*, § 35a GmbHG Rn. 3; *Hüffer*, § 80 AktG Rn. 2.

3. Innerbetrieblicher Geschäftsverkehr

14 Nicht unter § 37a fällt der interne Schriftverkehr, wozu auch der Schriftverkehr mit dem Betriebsrat und den Zweigniederlassungen des Unternehmens zu zählen ist[1]; nicht erfasst werden auch Schreiben an Mitarbeiter, es sei denn, es handelt sich um Geschäftsbriefe, welche die Begründung, Abänderung oder Beendigung des Arbeitsverhältnisses selbst betreffen, z.B. eine Kündigung (dazu oben Rn. 10).

III. Angaben auf den Geschäftsbriefen

1. Firma und Rechtsformzusatz

15 Die **Firma** ist grundsätzlich in der Form anzugeben, **wie** sie im **Handelsregister eingetragen** ist. Eine Kurzform ist nicht zulässig. Insbesondere ist es unzulässig, einen Firmenbestandteil nur im Kopf des Geschäftsbriefes, die restliche Firma aber in der Fußleiste zu führen (dazu oben § 17 Rn. 34). Für den **Rechtsformzusatz** gilt: Ist er mit einer in § 19 Abs. 1 Nr. 1 genannten Abkürzungen im Handelsregister eingetragen, kann er entgegen der Auffassung in der Regierungsbegründung zum Gesetz[2] in **abgekürzter Form** geführt werden[3]. Geht der Schriftverkehr von einer **Zweigniederlassung** aus und hat diese eine von der Firma der Hauptniederlassung abweichende Firma, so ist diese Firma anzugeben. Tritt eine Zweigniederlassung einer englischen „Limited" auf, soll der Rechtsformzusatz ausgeschrieben sein, wenn Kontakt zu Endverbrauchern besteht und solange das Kürzel „Ltd." nicht allgemein bekannt ist[4].

2. Niederlassungsort

16 Anzugeben ist der Ort der **Handelsniederlassung**, also der räumliche und verwaltungsmäßige Mittelpunkt der Geschäftstätigkeit (dazu oben § 13 Rn. 1). Bei juristischen Personen des § 33 ist die Angabe des **Sitzes** erforderlich. Bei Zweigniederlassungen ist deren Ort anzugeben. Die Angaben haben Bedeutung für den Gerichtsstand nach § 21 ZPO. Die – zusätzliche – Angabe der **Hauptniederlassung** ist gesetzlich nicht vorgeschrieben[5]. Für inländische Zweigniederlassungen ausländischer Unternehmen ist der Ort der Zweigniederlassung die Handelsniederlassung.

---

1 Baumbach/Hueck/Zöllner/Noack, § 35a GmbHG Rn. 16; Scholz/Uwe H. Schneider, § 35a GmbHG Rn. 5.
2 Vgl. BT-Drucks. 13/8444 S. 61.
3 Zutreffend MünchKommHGB/Krebs, § 37a Rn. 6.
4 LG Göttingen v. 12.7.2005 – 3 T 1/05, NZG 2006, 274.
5 Vgl. MünchKommHGB/Krebs, § 37a Rn. 7.

3. Registergericht und Registernummer

Anzugeben sind das Registergericht und die Registernummer, die für die Angabe des Niederlassungsortes maßgeblich sind. Abkürzungen sind zulässig, z.B. AG München HRA 100 000.   17

4. Keine Inhaberangabe

Die Regierungsbegründung[1] weist ausdrücklich darauf hin, dass der Kaufmann nicht zur Angabe seines Vor- und Familiennamens auf den Geschäftsbriefen verpflichtet ist. Der Referentenentwurf, der dies noch vorsah, enthielt allerdings auch keine Pflicht des Einzelkaufmanns, in die Firma einen Rechtsformzusatz aufzunehmen. Im Hinblick auf den nunmehr obligatorischen Rechtsformzusatz und im Gleichlauf mit den Personenhandelsgesellschaften, bei denen natürliche Personen als persönlich haftende Gesellschafter ebenfalls nicht anzuführen sind, hat der Gesetzgeber **kein Bedürfnis** gesehen, **Inhaberangaben auf** den **Geschäftsbriefen** anzuordnen[2]. Das ist hinzunehmen. Über Registergericht und Registernummer können diese Auskünfte aber unschwer erholt werden. Soweit *Krebs*[3] darauf hinweist, dass eine solche Registereinsicht bei nicht eingetragenen Kaufleuten von vornherein ausscheidet, ist dem entgegenzuhalten, dass gerade dieser Personenkreis zur Angabe von Vor- und Familienname nach § 15b Abs. 1 S. 1 GewO verpflichtet ist (dazu oben Rn. 7).   18

IV. Vordrucke bei bestehender Geschäftsverbindung (§ 37a Abs. 2)

Keine Geschäftsbriefe im Sinne von § 37a Abs. 1 sind Mitteilungen und Berichte für die im Rahmen einer bestehenden Geschäftsverbindung üblicherweise Vordrucke verwendet werden. Die Ausnahmeregelung **setzt voraus**, dass kumulativ   19

- bereits eine Geschäftsverbindung besteht,
- es sich um bloße Information für den Geschäftspartner handelt,
- die Vordrucke im Geschäftsverkehr allgemein oder in einer besonderen Geschäftssparte üblicherweise verwendet werden.

Der Geschäftspartner muss im Rahmen einer bestehenden Geschäftsverbindung die sonst nach § 37a Abs. 1 erforderlichen Angaben bereits kennen und deshalb kein Informationsdefizit haben. Allerdings kann ein Informationsdefizit dann bestehen, wenn die entsprechenden Angaben **zeitlich weit** (d.h. jedenfalls länger als ein Jahr) **zurückliegen**[4]. Die Ausnahme gilt grundsätz-   20

---

1 BT-Drucks. 13/8444, S. 61.
2 A.A. MünchKommHGB/*Krebs*, § 37a Rn. 8 und 9; wie hier aber *Koller/Roth/Morck*, § 37a Rn. 3.
3 MünchKommHGB/*Krebs*, § 37a Rn. 9.
4 *Baumbach/Hueck/Zöllner/Noack*, § 35a GmbHG Rn. 19; differenzierend für weit zurückliegende Angaben *Scholz/Uwe H. Schneider*, § 35a GmbHG Rn. 16 und *Rowedder/Schmidt-Leithoff/Koppensteiner*, § 35a GmbHG Rn. 12 f.

lich nur für Informationen, nicht aber für rechtsgeschäftliche Erklärungen. Dennoch wendet die Praxis allgemein die Ausnahmevorschrift nicht nur auf Lieferscheine, Versandanzeigen, Abholbenachrichtigungen, Kontoauszüge etc., sondern auch auf Rechnungen und Mahnungen an[1]. Der **Vordruck (= Formular)** hat einen vorgefertigten Inhalt, der lediglich durch die im Einzelfall erforderlichen Angaben ergänzt wird. Er muss **branchenüblich Verwendung** finden. Ob dies zutrifft, ist Tatfrage. Vordrucke, die ein Unternehmen speziell für seinen Geschäftsbereich verwendet, die sonst aber in der Branche keine Verwendung finden, fallen nicht unter den Begriff „Vordruck" im Sinne dieser Bestimmung.

21 Die Ausnahmeregelung des § 37a Abs. 2 gilt auch für Mitteilungen an Behörden, Industrie- und Handelskammern und Wirtschaftsverbände, soweit dafür üblicherweise Vordrucke verwendet werden[2].

V. Bestellscheine (§ 37a Abs. 3)

22 Schon nach der Rechtslage vor dem HRefG (§ 35a GmbHG, § 80 AktG, § 125a) sind Bestellscheine kraft Gesetzes **stets Geschäftsbriefe** i.S.v. § 37a Abs. 1. Diese Regelung hat der Gesetzgeber auch für § 37a übernommen. Bestellscheine waren im Aktienrecht infolge der Vorgaben durch die Europäischen Richtlinien, die insoweit keine Ausnahme zuließen, zwingend als Geschäftsbriefe einzuordnen, und zwar auch dann, wenn von dem Bestellschein im Rahmen einer schon bestehenden Geschäftsverbindung Gebrauch gemacht wird[3].

VI. Rechtsfolgen bei Verstoß (§ 37a Abs. 4)

23 § 37a ist nicht Formvorschrift, sondern **Ordnungsvorschrift.** Das Registergericht muss bei einem Verstoß ein Zwangsgeldverfahren einleiten; ein Ermessensspielraum steht ihm insoweit nicht zu. Zum Verfahren im Einzelnen siehe oben § 14 Rn. 15 ff. Die Einhaltung der **Form** ist zwar **nicht Gültigkeitserfordernis** für die rechtsgeschäftliche Erklärung[4]. Fehlende, unvollständige oder unrichtige Angaben können aber für den Geschäftspartner ein Anfechtungsrecht nach § 119 Abs. 2 BGB bzw. Ansprüche aus culpa in contrahendo begründen oder zur Rechtsscheinhaftung führen. Die Bestimmung

---

1 *Baumbach/Hueck/Zöllner/Noack*, § 35a GmbHG Rn. 9; *Scholz/Uwe H. Schneider*, § 35a GmbHG Rn. 15; *Roth/Altmeppen*, § 35a GmbHG Rn. 5; KölnerKommAktG/ *Mertens*, § 80 AktG Rn. 11; *Hüffer*, § 80 AktG Rn. 5; a.A. MünchKommHGB/*Krebs*, § 37a Rn. 10.
2 KölnerKommAktG/*Mertens*, § 80 AktG Rn. 12.
3 Vgl. *Hüffer*, § 80 AktG Rn. 6; KölnerKommAktG/*Mertens*, § 80 AktG Rn. 13.
4 *Hüffer*, § 80 AktG Rn. 8; *Rowedder/Schmidt-Leithoff/Koppensteiner*, § 35a GmbHG Rn. 10.

ist **Schutzgesetz** i.S.v. § 823 Abs. 2 BGB[1]. Die Verletzung der Angabepflicht begründet aber **keinen Verstoß gegen §§ 1, 3 UWG** wegen evtl. eintretender Kostenersparnis[2].

VII. Ehemalige Übergangsvorschrift (Art. 39 EGHGB)

Der Gesetzgeber hatte in Art. 39 EGHGB für die Verpflichtung des am 1.7.1998 in Kraft getretenen § 37a dem Normadressaten **Erleichterungen für eine Übergangszeit** eingeräumt. Danach durften bereits vorhandene Vordrucke unter den in der Übergangsbestimmung genannten Voraussetzungen bis spätestens 31.12.1999 (im Fall des § 33 Abs. 4 bis 30.6.2002) aufgebraucht werden[3]. Seit dem 1.7.2002 ist § 37a uneingeschränkt anzuwenden. Mit Gesetz vom 19.4.2006[4] wurde Art. 39 EGHGB aufgehoben.

24

Vierter Abschnitt   Handelsbücher

§§ 38–47b

(aufgehoben)

---

[1] Str., wie hier *Lutter/Hommelhoff*, § 35a GmbHG Rn. 6; KölnerKommAktG/*Mertens*, § 80 AktG Rn. 10; *Baumbach/Hueck/Zöllner/Noack*, § 35a GmbHG Rn. 19; *Roth/Altmeppen*, § 35a GmbHG Rn. 8; einschränkend *Scholz/Uwe H. Schneider*, § 35a GmbHG Rn. 19; a.A. MünchKommHGB/*Krebs*, § 37a Rn. 12.

[2] *Baumbach/Hueck/Zöllner/Noack*, § 35a GmbHG Rn. 10; *Rowedder/Schmidt-Leithoff/Koppensteiner*, § 35a GmbHG Rn. 10; KG v. 26.2.1991 – 5 U 466/91; DB 1991, 1510.

[3] Dazu näher RegBegr. BT-Drucks. 13/8444 S. 71.

[4] BGBl. I 866.

Fünfter Abschnitt Prokura und Handlungsvollmacht

Vorbemerkung vor § 48

Übersicht

	Rn.		Rn.
I. Gesetzgeberische Zielsetzung	1	cc) Erlöschen durch Widerruf	24
II. Grundprinzipien des allgemeinen Vertretungsrechts		c) Umfang der Vollmacht	25
1. Allgemeines	3	4. Gutglaubensschutz	
2. Voraussetzungen der Vertretung	4	a) Gesetzlich normierte Vertrauenstatbestände	
a) Offenlegung	5	aa) Gutglaubensschutz nach §§ 170–173 BGB	26
aa) Unternehmensbezogene Geschäfte	8	bb) Umfang der Schutzwürdigkeit	27
bb) Geschäft für den es angeht	11	b) Duldungs- und Anscheinsvollmacht	28
b) Eigene Willenserklärung/Abgrenzung zum Boten	12	aa) Duldungsvollmacht	29
c) Vertretungsmacht	13	bb) Anscheinsvollmacht	31
aa) Gesetzliche Vertretungsmacht	15	5. Handeln ohne Vertretungsmacht	37
bb) Organschaftliche Vertretung	16	6. Eigenhaftung des Stellvertreters	
cc) Vollmacht	17	a) Haftung des Vertreters ohne Vertretungsmacht	40
3. Die Vollmacht		b) Persönliche Haftung des Verhandlungsführers (§§ 311 Abs. 3 S. 2, 280 BGB)	42
a) Erteilung einer Vollmacht		7. Missbrauch der Vertretungsmacht	
aa) Vollmachtserteilung durch Willenserklärung	18	a) Allgemeines	47
bb) Form der Vollmachtserteilung	19	b) Lehre vom Missbrauch der Vertretungsmacht	
cc) Grundgeschäft und Vollmacht	20	aa) Grenzen des Verkehrsschutzes	51
dd) Nichtigkeit und Anfechtung der Vollmacht	21	bb) Subjektive Voraussetzungen	53
b) Erlöschen der Vollmacht		cc) Person des Stellvertreters	55
aa) Erlöschen aufgrund inhaltlicher Gestaltung		dd) Rechtsfolge	57
bb) Erlöschen nach dem Grundverhältnis	23		

Schrifttum: *Ballerstedt*, Zur Haftung für culpa in contrahendo bei Geschäftsabschluss durch Stellvertreter, AcP 151 (1950/51); *Bienert*, Anscheinsvollmacht und Duldungsvollmacht, 1975; *Buchner*, Organschaft, Prokura, Stellvertretung, in: Festschrift Bürgi, 1971, S. 39; *Canaris*, Vertrauenshaftung im deutschen Privatrecht, 1971; *K. Hofmann*, Der Prokurist, 8. Aufl. 2007; *Joussen*, Die Generalvollmacht im Handels- und Gesellschaftsrecht aus Verschulden bei Vertragshandlungen, in: Festschrift Steindorff, 1990, S. 725; *Müller*, Prokura und Handlungsvollmacht, JuS 1998, 1000; *Tietz*, Vertretungsmacht und Vertretungsbefugnis im Recht der BGB-Vollmacht und der Prokura, 1990.

I. Gesetzgeberische Zielsetzung

Der fünfte Abschnitt regelt **handelsrechtlich typisierte** Vertretungsformen. Im Einzelnen handelt es sich um: Prokura (§§ 48–53), Handlungsvollmacht (§§ 54 ff.) sowie die Vertretungsmacht von Ladenangestellten (§ 56).

Neben den speziellen Vorschriften im HGB (5. Abschnitt, sowie auch die §§ 75g, 75h, 91, 91a, 116 Abs. 3, 125 Abs. 3) sind die **§§ 164–181 BGB** anzuwenden. Die §§ 164–181 BGB sind, auch für die handelsrechtlichen Vollmachten, Grundlage für das Recht der Stellvertretung. Das Stellvertretungsrecht des BGB indessen wird den besonderen Bedürfnissen des kaufmännischen Rechtsverkehrs, insbesondere nach rascher Abwicklung, Rechtssicherheit und -klarheit nicht gerecht. Die §§ 48–56 enthalten deshalb Abänderungen des allgemeinen Stellvertretungsrechts und bestimmen typisierende Vertretungsformen, die nach den besonderen Anforderungen des Handelsverkehrs ausgerichtet sind.

II. Grundprinzipien des allgemeinen Vertretungsrechts

1. Allgemeines

Vertretung im Sinne der §§ 164 ff. BGB ist das **rechtsgeschäftliche Handeln im Namen eines Dritten** mit der Wirkung, dass die Rechtsfolgen unmittelbar in der Person des Vertretenen eintreten[1]. Die Regeln der Stellvertretung beziehen sich auf das Handeln durch eine Willenserklärung; ihre Anwendung ist aber auch bei geschäftsähnlichen Handlungen (z.B. Mahnung) möglich. Die Zuordnung von tatsächlichen Handlungen erfolgt nach den Bestimmungen über die Einstandspflicht für das Handeln von Organen (§ 31 BGB), Erfüllungsgehilfen (§ 278 BGB) und Verrichtungsgehilfen (§ 831 BGB). **Ausgeschlossen** ist die Stellvertretung für Rechtsgeschäfte, die **höchstpersönlich** vorzunehmen sind, so vor allem im Erb- und Familienrecht[2].

2. Voraussetzungen der Vertretung

Die wirksame Stellvertretung setzt zunächst das erkennbare Auftreten des Stellvertreters im Namen des Vertretenen (Offenkundigkeitsgrundsatz), das eigene rechtsgeschäftliche Handeln des Vertreters für den Vertretenen (Repräsentationsprinzip) und die Vertretungsmacht, deren Umfang das konkrete Rechtsgeschäft umfasst, voraus.

a) Offenlegung

Zentrale Voraussetzung für die Anwendung der Stellvertretungsregeln ist das **erkennbare Auftreten des Vertreters im Namen des Vertretenen** (§ 164 Abs. 1 BGB). Die Offenlegung muss nicht durch ausdrückliche Erklärung erfolgen; es genügt, wenn sie sich aus den Umständen ergibt (§ 164 Abs. 1 S. 2

---
1 *Palandt/Heinrichs*, vor § 164 BGB Rn. 1.
2 Vgl. im Einzelnen *Palandt/Heinrichs*, vor § 164 BGB Rn. 4.

BGB). Maßgebend sind nur die objektiven, für den Geschäftsgegner erkennbaren Umstände; der Wille des Auftretenden ist unbeachtlich. Das Schriftformerfordernis des § 126 BGB ist jedoch nur dann gewahrt, wenn sich die Tatsache der Vertretung in irgendeiner Form aus der Urkunde selbst ergibt[1].

6   Für die **Abgrenzung von Vertreter- und Eigengeschäft** gelten die allgemeinen Auslegungsgrundsätze (§§ 133, 157 BGB). Zu berücksichtigen sind insbesondere das frühere Verhalten, Zeit und Ort der Erklärung, die berufliche Stellung der Beteiligten und die Art ihrer Werbung[2].

7   Der **Name** des Vertretenen braucht nicht genannt zu werden; es genügt, dass die Person des Vertretenen bestimmbar ist[3]. Insoweit ist es auch möglich, die Bestimmung einer späteren Regelung vorzubehalten[4]. Bleiben Zweifel, ist gemäß § 164 Abs. 2 BGB ein Eigengeschäft anzunehmen[5].

aa) Unternehmensbezogene Geschäfte

8   Bei unternehmensbezogenen Geschäften wird in der Regel schon aus den Umständen (§ 164 Abs. 1 S. 2 BGB) ersichtlich, dass für den Betriebsinhaber gehandelt wird. Im Übrigen geht im Zweifel der Wille der Beteiligten dahin, dass das Rechtsgeschäft den tatsächlichen Betriebsinhaber betrifft[6]. Die Wirkung für den tatsächlichen Betriebsinhaber tritt daher auch dann ein, wenn der Geschäftsgegner den Vertreter irrtümlich für den Betriebsinhaber hält oder sonstige unrichtige Vorstellungen über die Person des Betriebsinhabers hat[7].

9   Bei Unterschreiben einer **Urkunde ohne Vertretungszusatz** streitet die Vermutung der Richtigkeit und Vollständigkeit der Urkunde mit der aus der Betriebsbezogenheit[8]. Im Bereich des Scheck- und Wechselverkehrs sind zusätzlich die sich aus dem Charakter der Umlaufpapiere ergebenden Besonderheiten zu beachten, die den Vorrang vor der aus der Betriebsbezogenheit fließenden Vermutung haben können. So liegt keine ausreichende Offenlegung vor, wenn auf einem Scheck lediglich eine fremde Kontonummer eingetragen wird[9].

---

1 LAG Hamm v. 10.1.2005 – 7 Sa 1480/04, NZA-RR 2005, 428.
2 RGZ 97, 260, 261 bei Verwendung der Bezeichnung „Handeln für fremde Rechnung".
3 BGH v. 23.6.1988 – III ZR 84/87, NJW 1989, 164.
4 BGH v. 20.10.1988 – VII ZR 219/87, NJW 1989, 894; anders für den Fall einer Auflassung BayObLG v. 18.11.1983 – BReg. 2 Z 78/83, BayObLGZ 83, 275.
5 Vgl. *Palandt/Heinrichs*, § 164 BGB Rn. 4 ff. mit Einzelbeispielen.
6 BGH v. 12.12.1983 – II ZR 238/83, NJW 1984, 1347; BGH v. 18.5.1998 – II ZR 355/95, NJW 1998, 2897.
7 BGH v. 18.3.1974 – II ZR 167/72, BGHZ 62, 216; BGH v. 17.1.1974 – VII ZR 146/72, BGHZ 62, 90.
8 LAG Hamm v. 10.1.2005 – 7 Sa 1480/04, NZA-RR 2005, 428 unter Verweis auf BGH v. 11.9.2002 – XII ZR 187/00, NJW 2002, 3389.
9 BGH v. 13.10.1975 – II ZR 115/74, BGHZ 65, 218.

Neben einer **Verpflichtung** des Firmeninhabers kann unter Umständen eine 10
Rechtsscheinhaftung desjenigen bestehen, der wie der Firmeninhaber aufgetreten ist, etwa, wenn jemand für eine GmbH mit seinem Namen oder einer Personenfirma ohne GmbH-Zusatz zeichnet[1].

bb) Geschäft für den es angeht

Der Offenlegung bedarf es nicht, wenn es für den Vertragschließenden ohne 11
Bedeutung ist, ob der andere Teil im eigenen oder fremden Namen gehandelt hat[2]. Im Bereich des Schuldrechts beschränkt sich der Anwendungsbereich auf die so genannten **Bargeschäfte des täglichen Lebens**, weil ansonsten wegen des bestehenden Verpflichtungscharakters regelmäßig ein Interesse an der Erkennbarkeit des Vertragspartners besteht. Im Bereich des dinglichen Rechts hingegen ist gewöhnlich das Interesse des Geschäftspartners an der Person des Geschäftsgegners geringer einzusetzen; im Vordergrund steht der dingliche Vollzug als Erfüllung einer schuldrechtlichen Verpflichtung i.S. von § 362 BGB. Wenn die Vertragsparteien diese **Erfüllungswirkung** erreichen, ist es unerheblich, in welcher Person des Veräußerers oder des Erwerbers diese Wirkung herbeigeführt wird. Bezeichnenderweise stellt daher auch § 362 Abs. 2 BGB bei der Erfüllungshandlung durch einen Dritten nicht auf die Vertretungsgrundsätze der §§ 164 ff. BGB, sondern auf § 185 BGB ab, der gerade keine Offenlegung voraussetzt.

b) Eigene Willenserklärung/Abgrenzung zum Boten

Rechtsgeschäftlich Handelnder ist der Stellvertreter, nicht der Vertretene. 12
Der Vertreter gibt eine eigene Willenserklärung gegenüber dem Geschäftsgegner ab, die den Geschäftsherrn unmittelbar verpflichtet. Die empfangene Willenserklärung (§ 164 Abs. 3 BGB) wirkt unmittelbar für und gegen den Vertretenen. Der Bote hingegen übermittelt eine Willenserklärung seines Auftraggebers; er handelt nicht rechtsgeschäftlich, sondern tatsächlich[3]. Die Abgrenzung von Stellvertretung und Botenschaft bestimmt sich nach Maßgabe eines **objektiven Empfängerhorizonts**. Zu berücksichtigen sind u.a. das äußere Auftreten der Hilfsperson, ihre soziale Stellung, das Maß an Entscheidungsspielraum und die Sacheinsicht in das betreffende Geschäft[4].

c) Vertretungsmacht

Die Vertretungsmacht kann entweder auf Gesetz, einer organschaftlichen 13
Stellung oder aufgrund rechtsgeschäftlicher Erteilung (Vollmacht, § 177

---

[1] BGH v. 1.6.1981 – II ZR 1/81, NJW 1981, 2569; BGH v. 28.1.1992 – XI ZR 149/91, NJW 1992, 1380.
[2] Vgl. im Einzelnen MünchKommBGB/*Schramm*, § 164 BGB Rn. 47 f.
[3] *Palandt/Heinrichs*, vor § 164 BGB Rn. 11.
[4] BGH v. 24.2.1954 – II ZR 63/53, BGHZ 12, 334; MünchKommBGB/*Schramm*, vor § 164 BGB Rn. 43; für die Abgrenzung Stellvertretung/Botenschaft nach Maßgabe des Innenverhältnisses der Hilfsperson zum Geschäftsherrn *Staudinger/Schilken*, Vor § 164 BGB Rn. 76.

BGB) bestehen. Fehlt die Vertretungsmacht oder wird sie überschritten, gelten die §§ 177 ff. BGB (vgl. Rn. 37 ff.).

14 Die Vertretungsmacht ist abzugrenzen von der **Verfügungsberechtigung**, d.h. der durch Rechtsgeschäft erteilten Einwilligung eines Rechteinhabers, auf ein bestehendes Recht einzuwirken, dieses zu verändern oder aufzuheben. Der Verfügende handelt hierbei im eigenen Namen; die Offenlegung, dass er über ein fremdes Recht verfügt, muss nicht erfolgen[1]. Erfolgt die Verfügung im fremden Namen, sind Stellvertretungsregeln anzuwenden. Verfügender ist dann der Vertretene; auf dessen Person ist auch bei der Frage der Verfügungsberechtigung abzustellen.

aa) Gesetzliche Vertretungsmacht

15 Die gesetzliche Vertretungsmacht ergibt sich unmittelbar aus dem Gesetz, so für die **Eltern** aus §§ 1626 Abs. 1, 1629 Abs. 1 S. 1 BGB, den Vormund aus § 1793 Abs. 1 BGB und den Pfleger aus § 1915 Abs. 1 BGB. Voraussetzung für die Fremdwirkung ist jeweils die Offenlegung. Dahingegen handeln Insolvenzverwalter (§§ 22, 80 InsO), Zwangsverwalter (§§ 150, 152 ZVG), Nachlassverwalter (§§ 1981, 1985 BGB) und Testamentsvollstrecker (§§ 2197, 2205 BGB) im eigenen Namen; nach h.M. sind sie nicht Vertreter, sondern **Partei kraft Amtes**[2].

bb) Organschaftliche Vertretung

16 **Juristische Personen** werden durch besondere Organe handlungsfähig. Die Organe haben die Stellung eines gesetzlichen Vertreters, so z.B. der Geschäftsführer der GmbH nach § 35 GmbHG, der Vorstand der Aktiengesellschaft nach § 78 AktG und der Vereinsvorstand nach § 26 Abs. 2 BGB. Die Organstellung selbst beruht auf der Satzung oder einem besonderen Bestellungsakt. Organschaftliche Vertreter sind auch die vertretungsberechtigten Gesellschafter einer Personenhandelsgesellschaft[3].

cc) Vollmacht

17 Vollmacht ist die **durch Rechtsgeschäft erteilte Vertretungsmacht** (§ 167 Abs. 1 BGB). Art und Umfang bestimmt der Vollmachtgeber. So kann die Vollmacht als Einzel- oder Spezialvollmacht zur Vornahme eines bestimmten Rechtsgeschäftes, aber auch als Art- oder Gattungsvollmacht zur Vornahme einer bestimmten Art von Rechtsgeschäften ausgestaltet sein; ebenso kann sie an bestimmte Funktionen oder Aufgaben des Stellvertreters anknüpfen. Die weitreichendste Form ist die Generalvollmacht, welche grundsätzlich zur Vornahme aller Rechtsgeschäfte berechtigt[4].

---

1 *Palandt/Heinrichs*, § 185 BGB Rn. 1 und 7.
2 Vgl. MünchKommBGB/*Schramm*, § 164 BGB Rn. 2 ff.
3 Zur Frage, inwieweit auch Gesamthandsgemeinschaften, insbesondere die BGB-Gesellschaft, eine organschaftliche Vertretung haben: MünchKommBGB/*Ulmer*, § 714 BGB Rn. 7, 17 ff.
4 Vgl. im Einzelnen zu möglichen Formen der Bevollmächtigung *Palandt/Heinrichs*, § 167 BGB Rn. 6 ff.; zur Zulässigkeit vgl. § 49 Rn. 23.

Vorbemerkung   Vor § 48

3. Die Vollmacht

a) Erteilung einer Vollmacht

aa) Vollmachtserteilung durch Willenserklärung

Die Vollmachtserteilung erfolgt durch einseitig empfangsbedürftige Willenserklärung (es gelten die §§ 104 ff. BGB) entweder gegenüber dem Vertreter als **Innenvollmacht** oder gegenüber dem Geschäftsgegner als **Außenvollmacht** (§ 167 Abs. 1 BGB). Die Erteilung kann auch durch öffentliche Bekanntmachung (§ 171 Abs. 1 BGB) kundgegeben werden (zu der Erteilung einer Prokura durch Anmeldung zum Handelsregister vgl. § 48 Rn. 4 f.) und kann in einer Verfügung von Todes wegen enthalten sein. Eine ausdrückliche Erteilung ist nicht erforderlich (für die Erteilung von Prokura gilt allerdings § 48 Abs. 1, s. § 48 Rn. 6); sie kann auch auf schlüssigem Verhalten des Geschäftsherrn beruhen, so beispielsweise durch die Erteilung eines Auftrags, dessen Erfüllung eine Bevollmächtigung voraussetzt[1]. 18

bb) Form der Vollmachtserteilung

Die Erteilung der Vollmacht ist **grundsätzlich formfrei**; sie bedarf nach § 167 Abs. 2 BGB nicht der Form, welche für das Rechtsgeschäft bestimmt ist, auf das sich die Vollmacht bezieht. Gesetzliche Ausnahmen enthalten §§ 1484 Abs. 2, 1945 Abs. 3 BGB, § 2 Abs. 2 GmbHG, §§ 134 Abs. 3, 135 AktG. Im Wege einer teleologischen Reduktion von § 167 Abs. 2 BGB ist für die Bevollmächtigung die für das Vertretungsgeschäft maßgebliche Form einzuhalten, wenn die formfreie Bevollmächtigung zu einer Umgehung der Formvorschriften führen würde[2]. **Beispiel:** Erteilung einer unwiderruflichen Vollmacht beim Grundstückskauf oder -erwerb[3]. 19

cc) Grundgeschäft und Vollmacht

Der Bestand des Grundgeschäfts lässt die Wirksamkeit der Vollmachtserteilung **grundsätzlich unberührt**[4]. Die Nichtigkeit des Grundgeschäftes kann sich jedoch ausnahmsweise auch auf die Vollmacht erstrecken, z.B., wenn ein mit dem Grundgeschäft einheitliches Geschäft i.S. des § 139 BGB vorliegt[5]. Die Vollmacht kann jedoch in diesen Fällen als Anscheinsvollmacht (vgl. Rn. 31 f.) weiter Wirkungen entfalten. 20

dd) Nichtigkeit und Anfechtung der Vollmacht

Die Bevollmächtigung unterliegt als Rechtsgeschäft den **allgemeinen Nichtigkeits- und Anfechtungsgründen**. Anfechtungsgegner ist bei der Innenvoll- 21

---

1 *Palandt/Heinrichs*, § 167 BGB Rn. 1.
2 MünchKommBGB/*Schramm*, § 167 BGB Rn. 17; *Palandt/Heinrichs*, § 167 BGB Rn. 2.
3 *Palandt/Heinrichs*, § 167 BGB Rn. 2; *Palandt/Grüneberg*, § 311b BGB Rn. 20 ff. m.N.
4 OLG Hamm v. 1.10.1991 – 15 W 266/91, NJW 1992, 1175; *Palandt/Heinrichs*, § 167 BGB Rn. 4.
5 BGH v. 8.11.1984 – III ZR 132/83, NJW 1985, 730.

macht der Vertreter, bei der Außenvollmacht der Geschäftspartner (§ 143 Abs. 3 BGB). Die Anfechtung ist auch nach durchgeführtem Vertretungsgeschäft zulässig; allerdings kann der Vertretene nach den Grundsätzen der Anscheinsvollmacht (Rn. 31 ff.) gebunden sein.

b) Erlöschen der Vollmacht

aa) Erlöschen aufgrund inhaltlicher Gestaltung

22 Das Erlöschen der Vollmacht hängt zunächst von der inhaltlichen Gestaltung des ihrer Erteilung zugrunde liegenden Rechtsverhältnisses ab (§ 168 S. 1 BGB). Eine befristete oder auflösend bedingte (§ 158 BGB) Vollmacht erlischt mit Ablauf der Frist bzw. im Zeitpunkt des Bedingungseintritts; eine zur Vornahme eines bestimmten Rechtsgeschäfts erteilte Vollmacht mit dessen Abschluss oder endgültigem Scheitern. Die Vollmacht erlischt auch im Fall der einseitigen Verzichtserklärung des Bevollmächtigten[1].

bb) Erlöschen nach dem Grundverhältnis

23 Auch ohne zeitliche Befristung erlischt die Vollmacht grundsätzlich mit dem Grundverhältnis. Wer als Handlungsgehilfe oder als Gesellschafter Vollmacht erhalten hat, verliert die Vertretungsmacht, wenn das Arbeitsverhältnis oder die Gesellschafterstellung endet[2].

cc) Erlöschen durch Widerruf

24 Im Übrigen ist die Vollmacht, auch für den Fall, dass das Grundgeschäft fortbesteht, **grundsätzlich frei widerruflich**, wenn die Parteien nicht etwas anderes vereinbart haben (§ 168 S. 2 BGB; zum Erlöschen der Prokura durch Widerruf § 52 Rn. 3). Die Erklärung des Widerrufs erfolgt nach denselben Regeln wie die Erteilung, Rn. 18 (§ 168 S. 3 BGB); hinsichtlich der Fortwirkung bei besonders angezeigten oder öffentlich bekannt gemachten Bevollmächtigungen sind §§ 170 ff. BGB zu beachten (Rn. 26).

c) Umfang der Vollmacht

25 Der Umfang der Vollmacht wird **grundsätzlich vom Vollmachtgeber bestimmt**. Bei Prokura und Handlungsvollmacht ist jedoch der Umfang gesetzlich festgelegt oder vermutet (zur Prokura § 48 Rn. 1; zur Handlungsvollmacht § 54 Rn. 26). Bei Zweifeln ist durch Auslegung (§§ 133, 157 BGB) zu ermitteln, wie weit der Umfang der Bevollmächtigung reichen soll. Maßgeblich ist, wie der Adressat der Vollmachtserklärung diese als objektiver vernünftiger Empfänger verstehen durfte. Dementsprechend kommt es bei der reinen Innenvollmacht auf die Verständnismöglichkeit des Bevollmächtigten an[3], bei der nach außen kundgegebenen (vgl. Rn. 18), auf die des Ge-

---

1 *Palandt/Heinrichs*, § 168 BGB Rn. 1.
2 *K. Schmidt*, HR, § 16 III 5a.
3 BGH v. 9.7.1991 – XI ZR 218/90, NJW 1991, 3141.

schäftsgegners[1]. **Inhalt und Zweck** des Grundgeschäftes können bei der Innenvollmacht regelmäßig, bei der Außenvollmacht oder einer nach §§ 171, 172 BGB erteilten Vollmacht dagegen nur dann herangezogen werden, wenn sie dem Geschäftsgegner bekannt oder erkennbar waren. Handelt es sich um eine verkehrstypische Vollmacht, so ist im Zweifel davon auszugehen, dass sie den verkehrstypischen Umfang haben soll[2].

4. Gutglaubensschutz

a) Gesetzlich normierte Vertrauenstatbestände

aa) Gutglaubensschutz nach §§ 170–173 BGB

26 §§ 170 bis 173 BGB schützen nach ihrem Wortlaut den guten Glauben des Dritten an den **Fortbestand einer einmal wirksam erteilten Vollmacht** und sind nach h.M. Rechtsscheinstatbestände, da ihre Rechtswirkung unabhängig von einem darauf gerichteten inneren Willen eintritt[3]. Über ihren Wortlaut hinaus finden die Vorschriften analoge Anwendung, wenn die Vollmacht von vornherein nicht bestand[4].

bb) Umfang der Schutzwürdigkeit

27 Im Einzelnen knüpft das Gesetz den Umfang der Schutzwürdigkeit an die **Form der ursprünglichen Vollmachtserteilung** an: Eine **nach außen angezeigte** Vollmacht besteht gegenüber dem gutgläubigen Dritten fort, bis ihm das Erlöschen der Vollmacht angezeigt worden ist, auch wenn sie im Innenverhältnis erloschen ist (§§ 170, 173 BGB). Erfolgte die Bevollmächtigung durch eine **besondere Mitteilung** (§ 171 Abs. 1 1. Alt. BGB; so im Fall der Eintragung einer Prokura in das Handelsregister, § 54), besteht der Rechtsschein gegenüber dem Gutgläubigen solange fort, bis die Kundgebung in gleicher Weise widerrufen wird, wie sie erfolgte (actus contrarius, §§ 171 Abs. 2, 173 BGB). Bei **Aushändigung einer Vollmachtsurkunde** erlischt der Rechtsschein, wenn die Vollmachtsurkunde zurückzugeben oder für kraftlos erklärt wird (§§ 172 Abs. 2, 174, 175 BGB), aber auch dann, wenn dem Geschäftsgegner ein Vollmachtwiderruf durch den Vertretenen zugeht[5].

b) Duldungs- und Anscheinsvollmacht

28 Die Vorschriften der §§ 48 ff. gehen davon aus, dass dem Geschäftsgegner gerade im Handelsverkehr die Nachprüfung von Wirksamkeit und Umfang einer handelsrechtlichen Bevollmächtigung nicht zumutbar ist, wenn nach dem Verhalten des Vertretenen nach der (Handels-)Verkehrsauffassung **auf**

---

1 BGH v. 16.3.1983 – VIII ZR 346/81, NJW 1983, 1906.
2 MünchKommBGB/*Schramm*, § 167 BGB Rn. 79 f.
3 MünchKommBGB/*Schramm*, § 170 BGB Rn. 1; *Palandt/Heinrichs*, § 170 BGB Rn. 1 jeweils m.N.
4 BGH v. 12.12.1985 – III ZR 184/84, NJW-RR 1986, 467; BGH v. 8.11.1984 – III ZR 132/83, NJW 1985, 730; *Palandt/Heinrichs*, § 173 BGB Rn. 1.
5 MünchKommBGB/*Schramm*, § 172 BGB Rn. 13a.

den Bestand der Vollmacht zu schließen ist. Diese Rechtsgedanken (vgl. auch § 370 BGB und § 56) bilden die Grundlage für die Anerkennung der Duldungs- und Anscheinsvollmacht[1].

aa) Duldungsvollmacht

29 Eine Duldungsvollmacht liegt vor, wenn der Vertretene es wissentlich zulässt (duldet), dass ein anderer wie ein Vertreter auftritt und Dritte dieses Dulden nach Treu und Glauben unter Anspannung der ihnen jeweils zumutbaren Sorgfalt als Erteilung einer Bevollmächtigung verstehen durften[2]. Von der durch schlüssiges Verhalten erteilten Vollmacht (vgl. Rn. 18) unterscheidet sie sich dadurch, dass der Vertretene **keinen Bevollmächtigungswillen** hat. In diesem Zusammenhang ist streitig, ob die Duldungsvollmacht rechtsgeschäftlicher Natur ist[3] oder eine Rechtsscheinvollmacht darstellt[4]. Dies kann in jedem Einzelfall verschieden sein, je nachdem, ob die willentliche Handlung des Vertretenen oder der Rechtsscheingrundsatz im Vordergrund steht. Der Streit verliert insoweit an Bedeutung, als jedenfalls der Vertretene für die Annahme einer Duldungsvollmacht **geschäftsfähig** sein muss[5].

Auf Seiten des Vertretenen muss ein **bewusstes Dulden** vorliegen, wobei schon das einmalige Gewährenlassen eine Duldungsvollmacht begründen kann. Diese Duldung muss sich bei einer Gesamtvertretung auf alle Vertretungsberechtigten beziehen[6]. Der Geschäftsgegner wiederum muss den maßgeblichen Vertrauenstatbestand gekannt und, ohne dass ihm Fahrlässigkeit zur Last fällt, auf den Bestand der Vollmacht vertraut haben[7].

30 Der **Umfang** der Duldungsvollmacht richtet sich nach den Umständen des Einzelfalls unter Würdigung des geschaffenen Vertrauenstatbestands und der Grundsätze von Treu und Glauben. Bei Beendigung der Duldungsvollmacht wegen Wegfalls der Duldung kann sie als Anscheinsvollmacht fortbestehen[8].

bb) Anscheinsvollmacht

31 Eine Anscheinsvollmacht ist gegeben, wenn der Vertreter das Handeln seines angeblichen Vertreters zwar nicht kennt, es aber bei pflichtgemäßer Sorgfalt hätte erkennen und verhindern können und so in zurechenbarer

---

1 MünchKommBGB/*Schramm*, § 167 BGB Rn. 54 ff. m.N.
2 St. Rspr. BGH v. 10.3.1953 – I ZR 76/52, LM § 167 Nr. 4; BGH v. 5.11.1962 – VII ZR 75/61, LM § 167 Nr. 13; BGH v. 15.12.1955 – II ZR 181/54, NJW 1956, 460.
3 So BGH v. 10.3.1953 – I ZR 76/52, LM § 167 Nr. 4; *Palandt/Heinrichs*, § 172 BGB Rn. 10.
4 BGH v. 17.1.1968 – VIII ZR 240/66, LM § 167 Nr. 15; BGH v. 24.1.1991 – IX ZR 121/90, LM § 167 Nr. 34.
5 BayObLG v. 5.12.1991 – BReg. 3 Z 86/91, AnwBl. 1992, 234; *Palandt/Heinrichs*, § 172 BGB Rn. 9.
6 BGH v. 16.11.1987 – II ZR 92/87, NJW 1988, 1199, 1200.
7 BGH v. 17.1.1968 – VIII ZR 240/66, LM § 167 Nr. 15 Bl. 2; BGH v. 15.12.1955 – II ZR 181/54, NJW 1956, 460.
8 BGH v. 8.3.1961 – VIII ZR 49/60, LM § 167 Nr. 10 Bl. 2.

Weise den Anschein hervorruft, er habe den Vertreter bevollmächtigt[1]. In diesem Sinne handelt es sich um die **Zurechnung eines wenigstens fahrlässig verursachten Rechtsscheins**[2]. Voraussetzungen:

– **Setzen eines Rechtsscheins**, d.h. ein Verhalten des Vertretenen von gewisser **Dauer oder Häufigkeit**, welches den objektiven Rechtsschein einer Bevollmächtigung nahe legt[3].   32

– **Fahrlässige Verletzung einer Sorgfaltspflicht** durch den Geschäftsherrn, d.h. Vorhersehbarkeit und Verhinderungsmöglichkeit des vollmachtlosen Handelns[4].   33

– **Gutgläubigkeit des Geschäftsgegners** ist erforderlich, d.h. keine Zurechnung des objektiven Rechtsscheins erfolgt, wenn der Dritte den Mangel der Vollmacht kannte oder fahrlässig nicht kannte[5].   34

– Der Rechtsschein muss im Zeitpunkt des Rechtsgeschäfts **noch bestehen** und für das Handeln des Dritten **ursächlich** gewesen sein; dies setzt wiederum Kenntnis des Dritten von den rechtsscheinbegründenden Tatsachen voraus[6].   35

Der **Umfang** der Anscheinsvollmacht richtet sich im Einzelfall nach dem gesetzten Rechtsschein und den Grundsätzen von Treu und Glauben. In der Wirkung steht die Anscheinsvollmacht einer rechtsgeschäftlich erteilten Vollmacht gleich[7]. Kann der Dritte den angeblich Vertretenen kraft Rechtsscheins tatsächlich in Anspruch nehmen, hat er kein Wahlrecht, nach § 179 BGB gegen den Vertreter vorzugehen[8].   36

5. Handeln ohne Vertretungsmacht

Handelt der Auftretende im Namen des Vertreters, aber ohne Vertretungsmacht, kommen die §§ 177 ff. BGB zur Anwendung. Handelt es sich bei   37

---

1 St. Rspr., BGH v. 12.3.1981 – III ZR 60/80, NJW 1981, 1728; BGH v. 5.3.1998 – III ZR 183/96, NJW 1998, 1854, 1855; BGH v. 16.3.2006 – III ZR 152/05, BGHZ 166, 369.
2 H.M., BGH v. 10.3.1953 – I ZR 76/52, LM § 167 Nr. 4.
3 BGH v. 27.9.1956 – II ZR 178/55, NJW 1956, 1674; BGH v. 9.6.1986 – II ZR 193/85, WM 1986, 901; *Bosch*, GmbHR 2004, 1376; für einen gesetzlichen Fall der Anscheinsvollmacht (§ 16 Abs. 3 S. 3 TKV) BGH v. 16.3.2006 – III ZR 152/05, BGHZ 166, 369.
4 BGH v. 27.9.1956 – II ZR 178/55, NJW 1956, 1673; bei Gesamtvertretung ist Verschulden aller Gesamtvertretenen erforderlich, BGH v. 16.11.1987 – II ZR 92/87, NJW 1988, 1200.
5 BGH v. 17.9.1958 – V ZR 63/58, NJW 1958, 2062; für den Fall einer Überschreitung der Vollmacht BGH, VersR 1965, 134.
6 BGH v. 15.12.1955 – II ZR 181/54, NJW 1956, 460.
7 St.Rspr., BGH v. 12.3.1981 – III ZR 60/80, NJW 1981, 1728; BGH v. 20.1.1983 – VII ZR 32/82, BGHZ 86, 274; a.A. *Flume*, Allgemeiner Teil des Bürgerlichen Rechts, 4. Aufl. 1992, II § 49, 4. Differenzierend *Medicus*, Bürgerliches Recht, 20. Aufl. 2004, Rn. 101, 106, der (neu) für das Handelsrecht von Erfüllungshaftung ausgeht.
8 BGH v. 20.1.1983 – VII ZR 32/82, BGHZ 86, 273; a.A. MünchKommBGB/*Schramm*, § 167 BGB Rn. 75.

dem abgeschlossenen Rechtsgeschäft um einen **Vertrag**, so ist dieser **schwebend unwirksam;** der Vertretene kann genehmigen, §§ 177 Abs. 1, 182 Abs. 1 BGB. Die Genehmigung hat Rückwirkung, § 184 Abs. 1 BGB; die Verweigerung führt zur Nichtigkeit der Vereinbarung.

38 Ein **einseitiges Rechtsgeschäft** ist von vornherein unwirksam, § 180 S. 1 BGB, es sei denn, der Geschäftsgegner hat das Handeln ohne Vertretungsmacht erkannt und nicht beanstandet, § 180 S. 2 BGB; in diesem Fall kann ebenfalls gemäß § 177 Abs. 1 BGB genehmigt werden. Bis zur Genehmigung kann jeweils der andere Vertragsteil widerrufen, es sei denn, dass er den Mangel der Vertretungsmacht bei Abschluss der Vereinbarung gekannt hat. Zur Haftung des Vertreters bei Unwirksamkeit des Rechtsgeschäfts vgl. Rn. 40 f.

39 Die **Vollmachtsüberschreitung** führt ebenfalls zur Anwendung der §§ 177 ff. BGB, es sei denn, Vertrauensschutztatbestände greifen ein (vgl. Rn. 26 f.). Fehlende Überwachung des Vertretenden durch den Geschäftsherrn kann dazu führen, dass dieser sich nach § 242 BGB nicht auf die Vollmachtsüberschreitung berufen darf[1]. Ist das Geschäft teilweise durch die Vollmacht nicht gedeckt, gilt § 139 BGB entsprechend[2].

6. Eigenhaftung des Stellvertreters
a) Haftung des Vertreters ohne Vertretungsmacht

40 § 179 BGB begründet eine verschuldensunabhängige **gesetzliche Garantiehaftung** aus dem vom Vertreter gesetzten Vertrauen auf den Bestand der Vollmacht. Sonderregelungen hierzu bestehen in § 54 S. 2 BGB, § 11 Abs. 2 GmbHG und § 41 AktG.

41 Handelt der Vertreter ohne Vertretungsmacht und wird das Geschäft nicht genehmigt, haftet der Vertreter nach Wahl des Geschäftsgegners diesem auf **Erfüllung oder Schadensersatz** (§ 179 Abs. 1 BGB), es sei denn, er kannte den Mangel der Vertretungsmacht oder hätte ihn kennen müssen (§ 179 Abs. 3 S. 1 BGB)[3] oder der Vertreter ist nicht geschäftsfähig und hat ohne Zustimmung seines gesetzlichen Vertreters gehandelt (§ 179 Abs. 3 S. 2 BGB).

b) Persönliche Haftung des Verhandlungsführers (§§ 311 Abs. 3 S. 2, 280 BGB)

42 Kommt das Rechtsgeschäft zustande, haftet dem Vertragspartner grundsätzlich immer nur der **Vertretene**. Dies gilt auch, wenn der Vertreter vorvertragliche Aufklärungs- und Obhutspflichten verletzt hat, weil das vorvertragliche Vertrauensverhältnis zwischen den Parteien des Vertrages – und nicht etwa mit dem Vertreter – gegeben ist.

---

1 BGH v. 6.3.1974 – VIII ZR 136/73, WM 1974, 407.
2 BGH v. 14.11.1969 – V ZR 97/66, NJW 1970, 240.
3 Zur Frage der fahrlässigen Unkenntnis BGH v. 2.2.2000 – VIII ZR 12/99, WM 2000, 879.

Der **Vertreter** ist aber ausnahmsweise dann selbst schadensersatzpflichtig, 43
wenn er in besonderem Maße persönliches Vertrauen in Anspruch genommen und dadurch die Verhandlungen beeinflusst hat (sog. Sachwalterhaftung; dieses von der Rspr. entwickelte Institut[1] beruht nunmehr auf §§ 311 Abs. 3 S. 2, 280 BGB). **Voraussetzung** ist allerdings, dass eine über das normale Verhandlungsvertrauen hinausgehende **persönliche Gewähr** für die Seriosität und die Erfüllung des Vertrages übernommen worden ist. Dazu bedarf es besonderer Umstände; insbesondere genügt es nicht, dass der Angestellte (eines Handelsgeschäftes) über die für seine Tätigkeit erforderliche und mehr oder weniger zu erwartende Sachkunde verfügt, auf diese hinweist oder sie mit seinem persönlichen Werdegang und eigenen Erfahrungen belegt[2]. In diesem Sinne nimmt auch ein Geschäftsführer beim Auftreten für die GmbH regelmäßig nur normales Verhandlungsvertrauen in Anspruch[3].

Umstritten ist, ob neben dem Gesichtspunkt der Inanspruchnahme persönlichen Vertrauens ein Vertreter auch dann für ein Verschulden bei Vertragsverhandlungen haftet, wenn er dem Verhandlungsgegenstand besonders nahe steht, weil er wirtschaftlich selbst stark an dem Vertragsschluss interessiert ist, insbesondere aus dem Geschäft einen **eigenen wirtschaftlichen Nutzen** in einer Weise erstrebt, als sei er gleichsam „in eigener Sache" tätig[4]. Keinesfalls genügt ein nur **mittelbares Interesse** am Vertragsschluss, insbesondere das Provisionsinteresse eines Handelsvertreters, Prokuristen oder sonstigen Angestellten[5]. Aber auch ein **unmittelbares Eigeninteresse** reicht für sich gesehen nicht aus, eine Eigenhaftung des Vertreters zu begründen[6]. Richtiger Ansatzpunkt ist vielmehr, dass ein erkennbares Eigeninteresse im Rahmen der Vertrauensbildung Bedeutung gewinnen kann[7]. 44

In diesem Zusammenhang stellt sich die Frage, ob **besondere Umstände für eine Vertrauensbildung** dann vorliegen, wenn der Vertreter – etwa bei einer Handelsgesellschaft – an dem vertretenen Unternehmen beteiligt ist oder wenn er zur Absicherung von Gesellschaftsverbindlichkeiten persönliche Bürgschaften oder dingliche Sicherheiten zur Verfügung stellt. Während ursprünglich der BGH im speziellen Fall eines GmbH-Geschäftsführers ein die Haftung begründendes Eigeninteresse bereits dann angenommen hat, wenn dieser an der Gesellschaft, in deren Namen er die Verhandlungen führte, beteiligt war, reicht nach der neueren Rechtsprechung eine solche Beteiligung 45

---
1 BGH v. 5.4.1971 – VII ZR 163/69, BGHZ 56, 84; BGH v. 20.3.1987 – V ZR 27/86, NJW 1987, 2512; BGH v. 13.12.2005 – K ZR 12/04, NJW-RR 2006, 993.
2 BGH v. 4.7.1983 – II ZR 220/82, BGHZ 88, 69.
3 BGH v. 17.6.1991 – II ZR 171/90, NJW-RR 1991, 1242.
4 So die (frühere) Rechtsprechung, etwa BGH v. 5.4.1971 – VIII ZR 163/69, BGHZ 56, 81, 83 ff.; bezüglich Vorstand einer AG: BGH v. 17.12.1984 – II ZR 314/83, WM 1985, 385.
5 BGH v. 23.10.1985 – VIII ZR 210/84, NJW 1986, 586, 587; BGH v. 17.10.1999 – XI ZR 173/88, NJW 1990, 506.
6 *Baumbach/Hopt*, § 48 Rn. 9, in dieser Richtung unter Einschränkung der früheren Rspr. auch BGH v. 6.6.1994 – II ZR 292/91, BGHZ 126, 181, 183 f.
7 BGH v. 13.6.2002 – VII ZR 30/01, NJW-RR 2002, 1309.

allein noch nicht aus[1]. Ferner hat der BGH die Begründung einer Eigenhaftung unter dem Gesichtspunkt, dass der Gesellschafter-Geschäftsführer der Gesellschaft Sicherheiten zur Absicherung von Gesellschaftsverbindlichkeiten zur Verfügung gestellt hat, verneint[2].

46 **Einzelfälle:** Die Haftung des Stellvertreters wurde **bejaht:** für Erklärungen im Vorfeld einer Garantiezusage[3]; bei Tätigkeiten als Baufinanzmakler[4], Unternehmenssanierer und eines Gebrauchtwagenhändlers[5].

Die Haftung wurde **verneint:** für den Alleinvertriebsberechtigten ausländischer Aktien[6]; für den Rechtsanwalt, der zu den Vertragsverhandlungen zugezogen wurde[7]; bei einem Anlageberater trotz Hinweis auf eigene Sachkunde[8].

7. Missbrauch der Vertretungsmacht

a) Allgemeines

47 Der Missbrauch einer Vertretungsmacht ist begrifflich dann gegeben, wenn die Rechtsmacht des Vertreters im Außenverhältnis über im Innenverhältnis zum Vertretenen bestehende Bindungen oder Beschränkungen hinausgeht. Der Missbrauch setzt also zunächst voraus, dass in dem betreffenden Umfang eine **wirksame Vollmacht im Außenverhältnis** besteht.

48 In diesem Sinne kommt die Problematik vorwiegend bei Vollmachten mit gesetzlich umschriebenem Umfang (Prokura, Handlungsvollmachten) und organschaftlich begründeten Vertreterstellungen (GmbH-Geschäftsführer, Vorstand einer Aktiengesellschaft, OHG-Gesellschafter, Komplementär) in Betracht. Bei der rechtsgeschäftlich erteilten Vollmacht ohne gesetzlich umschriebenen Vertretungsumfang ergibt sich bei Innenvollmachten die Beschränkung der Außenwirkung durch Auslegung (vgl. Rn. 25). Die Missbrauchsproblematik tritt in diesen Fällen vorwiegend auf, wenn typisierende, nicht auf konkrete Geschäfte beschränkte Geschäfte – der Extremfall ist hier die Generalvollmacht – vorliegen oder wenn in der nach außen erteilten Vollmacht Bindungen/Beschränkungen im Innenverhältnis dem Dritten gegenüber nicht kundgegeben werden.

49 Das **Risiko** des Missbrauchs einer Vollmacht trägt grundsätzlich der Vertretene. Hat er eine wirksame Vollmacht erteilt, kann der Vertragsgegner von

---

[1] BGH v. 5.10.1988 – VIII ZR 325/87, WM 1988, 1673. Zur Haftung des GmbH-Geschäftsführers vgl. *Geißler*, Strittige Restanten bei der Haftung des GmbH-Geschäftsführers aus culpa in contrahendo, ZIP 1997, 2184, 2186.
[2] BGH v. 1.3.1993 – II ZR 292/91, WM 1993, 1882, 1884; BGH v. 6.6.1994 – II ZR 29/91, BGHZ 126, 181, 183 f.
[3] BGH v. 9.2.1993 – XI ZR 88/92, WM 1993, 506.
[4] BGH v. 17.2.1969 – II ZR 30/65, BGHZ 51, 347.
[5] BGH v. 21.10.1982 – VII ZR 61/82, NJW 1983, 218.
[6] BGH v. 25.9.1985 – IVa ZR 237/83, WM 1985, 1521.
[7] BGH v. 5.10.1988 – VIII ZR 325/87, NJW 1989, 293.
[8] BGH v. 17.10.1989 – XI ZR 173/88, NJW 1990, 506.

diesem Tatbestand ausgehen; ihm obliegt im Allgemeinen keine Überprüfungspflicht[1].

Eine „interne" **Pflichtwidrigkeit** des Vertreters berührt die Wirksamkeit des Vertretergeschäfts im Normalfall nicht. Dies gilt umso mehr bei Handlungsvollmachten mit dem gesetzlich umschriebenen Rahmen der Vertretungsmacht und den organschaftlichen Vertreterstellungen (vgl. Rn. 15). Wer z.B. einen Vertrag mit einem Prokuristen, einem GmbH-Geschäftsführer oder dem Vertreter einer Personengesellschaft abschließt, braucht sich grundsätzlich nicht darum zu kümmern, ob der Betreffende die sich aus dem Innenverhältnis ergebenden Schranken seiner Befugnis einhält. Nachforschungen hierüber sollen dem redlichen Rechtsverkehr erspart bleiben[2]. 50

b) Lehre vom Missbrauch der Vertretungsmacht

aa) Grenzen des Verkehrsschutzes

Der aus der Unterscheidung von Innenverhältnis und Außenverhältnis fließende Schutz des Rechtsverkehrs ist allerdings nicht unbegrenzt. Nach der Rechtsprechung des BGH trägt der Vertretene zwar grundsätzlich das Risiko des Missbrauchs der Vertretungsmacht, ist aber gegen einen erkennbaren Missbrauch im Verhältnis zum Vertragsgegner dann geschützt, wenn der Vertreter von seiner Vertretungsmacht in ersichtlich verdächtiger Weise Gebrauch gemacht hat, so dass beim Vertragspartner **begründete Zweifel** entstehen mussten, ob nicht ein Treueverstoß des Vertreters gegenüber dem Vertretenen vorliegt. Notwendig ist dabei eine massive Verdachtsmomente voraussetzende Evidenz des Missbrauchs[3]. 51

Dieser Grundsatz gilt auch dann, wenn das Handelsrecht eine **unbeschränkbare Vertretungsmacht** nach außen vorschreibt[4]. Allerdings sind insoweit wegen des erhöhten Vertrauensschutzes, der insbesondere auch bei dem gesetzlich definierten Umfang der Vertretungsmacht der Prokura und der Handlungsvollmacht besteht, strenge Anforderungen zu stellen. 52

bb) Subjektive Voraussetzungen

Umstritten ist, welche subjektiven Voraussetzungen in der Person des Geschäftsgegners vorliegen müssen, um eine Bindungswirkung des Vertretergeschäftes zu versagen. Einigkeit besteht allerdings, dass in den Fällen der **Kollusion**, d.h. bei einem bewussten Zusammenwirken des Vertreters und des Dritten zum Nachteil des Vertretenen, aber auch dann, wenn der Ge- 53

---

1 BGH v. 19.4.1994 – XI ZR 18/93, NJW 1994, 2083; *Palandt/Heinrichs*, § 164 BGB Rn. 13.
2 BGH v. 8.12.1983 – VII ZR 139/82, NJW 1984, 1462.
3 BGH v. 19.4.1994 – XI ZR 18/93, WM 1994, 1204, 1206 m.w.N.; für den Fall einer Kontovollmacht BGH v. 29.6.1999 – XI ZR 277/98, NJW 1999, 2883 und BGH v. 22.6.2004 – XI ZR 90/03, NJW-RR 2004, 1637.
4 BGH v. 27.9.1989 – VIII ZR 245/88, NJW 1990, 384, 385.

schäftsgegner den Interessenverstoß des Vertreters **positiv kennt**, dem Geschäft die Wirksamkeit abzusprechen ist[1].

54 Im Übrigen wird für die Anwendung der Missbrauchsgrundsätze teilweise **Vorsatz** verlangt, teilweise auf die Evidenz des Missbrauchs abgestellt oder die grobfahrlässige Unkenntnis vorausgesetzt[2]. Nach der Rechtsprechung des BGH reicht jedenfalls **grobfahrlässige Unkenntnis** aus[3], letztlich wird aber auch **einfaches Verschulden** für ausreichend erachtet[4].

Bei genauer Betrachtung zeigen sich aber in dieser Rechtsprechung keine Unterschiede. Ausgangspunkt ist die Frage, ob sich dem Geschäftsgegner **Umstände aufdrängen**, die auf eine Pflichtwidrigkeit im Innenverhältnis hindeuten; der Missbrauch muss in ersichtlich verdächtiger Weise zutage treten. Ob nun solche Verdachtsgründe vorliegen, ist auch am erhöhten Vertrauensschutz der Vollmachten/Vertretungsmachten im Handelsverkehr zu messen; eine zu kritische Würdigung würde die Rechtssicherheit und die Leichtigkeit des Handelsverkehrs, die mit den gesetzlich umschriebenen (und teilweise nicht einschränkbaren) Vollmachten/Vertretungsmachten gewollt ist, einschränken. Liegen aber solche Verdachtsgründe vor und sind sie für den Geschäftsgegner erkennbar, genügt bereits leichte Fahrlässigkeit, wenn diesem Verdacht nicht nachgegangen wird.

cc) Person des Stellvertreters

55 Bezüglich der Person des Vertreters ist umstritten, ob insoweit ein bewusster Missbrauch des Handelnden erforderlich ist oder die objektive Pflichtwidrigkeit genügt[5]. Die **Rechtsprechung** des BGH geht im Grundsatz (zu Recht) davon aus, dass ein Missbrauch der Vertretungsmacht nur vorliegt, wenn der Prokurist **bewusst zum Nachteil des Vertretenen handelt**[6]. Es ist nicht Aufgabe der Grundsätze des Missbrauchs der Vertretungsmacht, nachteiligen Geschäften, die ein Vertreter – etwa aus Unerfahrenheit – abschließt, die Wirksamkeit zu versagen, auch wenn der Geschäftsgegner die Vorteile bewusst wahrgenommen hat. Dies gilt jedenfalls für Handlungsvollmachten mit gesetzlich umschriebenem Vertretungsrahmen und die Vertretungsmacht aufgrund Organstellung.

56 Bei einer (rein) **rechtsgeschäftlich** bestimmten Vertretungsmacht können die Rechtsfolgen des Missbrauchs aber bereits dann eintreten, wenn der Vertreter nicht vorsätzlich gehandelt hat[7]. Auch wenn es der Wortlaut formal zulässt, gibt die Vollmacht keine Befugnisse, Geschäfte vorzunehmen, die nach ihrem Zweck, wie ihn der Geschäftsgegner verstehen musste, so au-

---

1 Vgl. zum Einwand des Scheingeschäfts bei kollusiver Geheimhaltung vor dem Vertretenen BGH v. 1.6.1999 – XI ZR 201/98, WM 1999, 1501.
2 Vgl. im Einzelnen *Staub/Joost*, Rn. 46 m.N.
3 BGH v. 27.9.1989 – VIII 245/88, NJW 1990, 385.
4 BGH v. 25.3.1966 – II ZR 208/64, NJW 1968, 1380; BGH v. 28.2.1966 – VII ZR 125/65, WM 1966, 491, 492.
5 Im letzteren Sinne *Staub/Joost*, vor § 48 Rn. 45.
6 BGH v. 3.10.1989 – XI ZR 154/88, NJW 1990, 384, 385.
7 BGH v. 18.5.1988 – IVa ZR 59/87, NJW 1988, 3012.

ßergewöhnlich sind, dass sie der Vollmachtgeber ersichtlich nicht im Sinn gehabt haben kann; in diesen Fällen verdient er auch dann keinen Schutz, wenn der Vertreter selbst unbewusst gegen die Intentionen der Vollmacht gehandelt hat. Letztlich lässt sich streiten, ob es sich insoweit überhaupt um einen Fall des Missbrauchs der Vertretungsmacht handelt (vgl. Rn. 51) oder im Wege der Auslegung der Umfang der Vollmacht reduziert wird.

dd) Rechtsfolge

Handelt der Vertreter im Missbrauch der Vertretungsmacht, ist der Vertretene an das Geschäft nicht gebunden[1]. Der Vertretene hat aber jeweils die **Wahl**, das Geschäft anzuerkennen. Insoweit ist es ohne praktische Bedeutung, ob dies durch eine Genehmigung nach §§ 177 ff. BGB[2] oder dadurch geschehen soll, dass sich der Geschäftsherr auf die fehlende Vertretungsmacht nicht beruft. 57

Das Wahlrecht gilt auch in den Fällen des **arglistigen Zusammenwirkens** von Vertreter und Geschäftsgegner. Selbst wenn man davon ausgeht, dass eine solche Kollusion gemäß § 138 BGB grundsätzlich zur Nichtigkeit des Vertretungsgeschäfts führt[3], bleibt es entsprechend der Schutzrichtung der Vorschrift dem Geschäftsherrn unbenommen, das Geschäft gleichwohl gelten zu lassen (bzw. zu genehmigen). 58

Ist der Missbrauchstatbestand (auch) auf ein **Verschulden des Vertretenen** zurückzuführen, etwa weil er die gebotene Kontrolle nicht ausgeübt hat, sind nach der Rechtsprechung des BGH die nachteiligen Folgen des Geschäfts unter entsprechender Anwendung von § 254 BGB nach Maßgabe des auf jeder Seite vorliegenden Verschuldens zu verteilen[4]. Gegen diese Rechtsprechung bestehen zwar dogmatische Bedenken, da § 254 BGB auf Schadensersatzansprüche zugeschnitten und seine Anwendbarkeit bei der Frage über den Bestand eines Erfüllungsanspruchs schwer nachvollziehbar ist[5]. Gleichwohl ist dieser Rechtsprechung beizutreten, weil über diesen Weg eine gerechte Risikoverteilung erreicht werden kann. Auch ist zu sehen, dass Schadensersatzansprüche (und das Gleiche muss auch für den umgekehrten Fall des Mitverschuldens gelten) auf den Wegfall/die Anpassung von Verträgen gehen können. 59

---

1 St. Rspr., RGZ 9, 148, 149; BGH v. 8.12.1983 – VII ZR 139/82, NJW 1984, 1461, 1462; BGH v. 3.10.1989 – XI ZR 154/88, NJW 1990, 384, 385, zwar mit jeweils unterschiedlichen Begründungen, aber im Ergebnis identisch.
2 So *K. Schmidt*, HR § 16 III 4b aa; MünchKommBGB/*Schramm*, § 164 BGB Rn. 106 ff.
3 Vgl. MünchKommBGB/*Schramm*, § 164 BGB Rn. 107.
4 BGH v. 25.3.1968 – II ZR 208/64, NJW 1968, 1379.
5 *K. Schmidt*, HR, § 16 III 4b aa; *Staub/Joost*, vor § 48 Rn. 53.

§ 48
Erteilung der Prokura; Gesamtprokura

(1) Die Prokura kann nur von dem Inhaber eines Handelsgeschäfts oder seinem gesetzlichen Vertreter und nur mittels ausdrücklicher Erklärung erteilt werden.

(2) Die Erteilung kann an mehrere Personen gemeinschaftlich erfolgen (Gesamtprokura).

Übersicht

	Rn.
I. Regelungsinhalt	1
II. Voraussetzungen der wirksamen Prokuraerteilung	
1. Vollmachtgeber	
a) Kaufleute	3
b) Handelsgesellschaften/andere Vollmachtgeber	4
aa) Vorgesellschaft	5
bb) Erbengemeinschaft	6
cc) Liquidationsgesellschaft	7
dd) Handelsgeschäfte unter Verwaltung	9
c) Gesetzliche Vertreter	11
aa) Gesetzlicher Vertreter des Einzelkaufmanns	12
bb) Organschaftliche Vertretung der Handelsgesellschaft	14
cc) Von der Erteilung ausgeschlossene Personen/ Umdeutung	18
2. Voraussetzungen in der Person des Prokuristen: „Vollmachtnehmer"	19
a) Ausschluss juristischer Personen	20
b) Beschränkt geschäftsfähige Personen	21
c) Keine Identität mit dem Unternehmensträger	22
aa) Mögliche Vollmachtnehmer	23
bb) Von der Bestellung ausgeschlossene Personen	27
3. Erteilung der Prokura	
a) Ausdrückliche Erteilung der Prokura	31
aa) Inhalt der Erklärung	32
bb) Erklärungsempfänger	35
b) Form der Prokuraerteilung	37
III. Gesamtprokura (§ 48 Abs. 2)	
1. Begriff der Gesamtprokura	38
a) Erteilung der Gesamtprokura	39
b) Ausübung der Gesamtprokura	41
c) Rechtsfolgen bei fehlerhafter Gesamtvertretung	44
d) Erlöschen der Gesamtprokura	46
2. Formen der Gesamtprokura	
a) Allseitige und halbseitige Gesamtprokura	47
b) Weitere Gestaltungsformen der Gesamtprokura	48
c) Einzelfälle	49

I. Regelungsinhalt

1 Die Prokura ist eine **handelsrechtliche Vollmacht**. Ihr Umfang ist gesetzlich bestimmt (vgl. § 49 Rn. 3 f.). Der Prokurist ist Bevollmächtigter und nicht gesetzlicher Vertreter des Kaufmanns. Für die Erteilung der Prokura gelten die allgemeinen Vorschriften des BGB (§§ 167 ff. BGB) über die Vollmachtserteilung (vgl. hierzu Vor § 48 Rn. 18 ff.) und darüber hinaus die Besonderheiten nachfolgender handelsrechtlicher Regelungen:

2 – Prokura kann nur der Kaufmann oder sein gesetzlicher Vertreter, und zwar ausschließlich mittels ausdrücklicher Erklärung erteilen (§ 48 Abs. 1).

– Anders als bei der Bevollmächtigung nach dem BGB (vgl. hierzu Vor § 48 Rn. 25) ist der Umfang der Prokura in § 49 Abs. 1 gesetzlich bestimmt und kann vorbehaltlich der §§ 49 Abs. 2 und 50 Abs. 3 nicht eingeschränkt werden.

II. Voraussetzungen der wirksamen Prokuraerteilung

1. Vollmachtgeber

a) Kaufleute

Nur Kaufleute können Prokura erteilen. Erfasst werden neben dem so genannten Ist-Kaufmann als Inhaber eines Handelsgewerbes, § 1 Abs. 1, auch Kann-Kaufleute nach § 2 und land- und forstwirtschaftliche Unternehmen nach § 3 Abs. 2, wenn ihre Firma im Handelsregister eingetragen ist, sowie der Kaufmann kraft Eintragung nach § 5.

3

b) Handelsgesellschaften/andere Vollmachtgeber

Auf Handelsgesellschaften finden die Bestimmungen über Kaufleute Anwendung (§ 6 Abs. 1); **OHG und KG** können daher Prokuristen bestellen. Gleiches gilt für die **Aktiengesellschaft**, § 3 AktG, und die **GmbH**, § 13 Abs. 3 GmbHG; für die eingetragene Genossenschaft regelt § 42 GenG die Zulässigkeit der Erteilung einer Prokura.

4

aa) Vorgesellschaft

Streitig ist, ob eine Vorgesellschaft Prokura erteilen kann[1]. Dafür spricht, dass die Vorgesellschaft bereits Trägerin von Rechten sein kann[2]. Als wesentlicher Umstand steht aber entgegen, dass die Vorgesellschaft **nicht eintragungsfähig** ist und damit auch die Prokura nicht eingetragen werden könnte. Der Verweis auf Ist-Kaufleute i.S. von § 1 Abs. 1, die auch ohne Eintragung Prokura erteilen können, vermag nicht zu überzeugen[3]. Die Handelsgesellschaften werden – mit Ausnahme von § 123 Abs. 2 – erst mit Eintragung zur Handelsgesellschaft; der Kaufmann i.S. von § 1 hat diese Eigenschaft bereits ohne Eintragung.

5

bb) Erbengemeinschaft

Inhaber eines Handelsgewerbes kann auch eine Erbengemeinschaft sein, die das Geschäft des Erblassers fortführt; sie ist damit auch zur Prokuraerteilung befugt[4]. Eine andere Frage ist allerdings, ob die Bestellung eines Pro-

6

---

[1] Bejahend *Staub/Joost*, § 48 Rn. 10; *Hachenburg/Ulmer*, § 11 GmbHG Rn. 47; ablehnend *Schlegelberger/Schröder*, § 48 Rn. 3.
[2] *K. Schmidt*, GesR, § 34 III 3a.
[3] So aber *Staub/Joost*, § 48 Rn. 10.
[4] *Baumbach/Hopt*, § 48 Rn. 1; *Staub/Joost*, § 48 Rn. 7; OLG Stuttgart v. 9.10.1975 – 7 U 77/75, WM 1976, 702.

kuristen einen (stillschweigenden) Abschluss eines Gesellschaftsvertrages bedeutet mit der Folge, dass nunmehr eine Personengesellschaft vorliegt.

cc) Liquidationsgesellschaft

7 Nach h.M. können auch in Liquidation befindliche **Kapitalgesellschaften** Prokura erteilen[1].

8 Streitig ist hingegen, ob **Personengesellschaften** in Liquidation befugt sind, Prokura zu erteilen. Die Rechtsprechung hat dies mit der Begründung abgelehnt, dass die Prokura wegen ihres weiten Umfangs mit dem Liquidationszweck nicht vereinbar sei[2]. Im Schrifttum hingegen wird mit guten Gründen die Erteilung der Prokura als zulässig angesehen[3]. In der Tat überzeugt nicht, dass der eingeschränkte Liquidationszweck (vgl. § 149 S. 2) dem Wesen der Prokura entgegenstehen soll. Die Beschränkungen der Befugnisse des Liquidators lassen sich unschwer auf die der Prokura übertragen. Zwar lässt sich argumentieren, dass die Prokura nicht auf eine liquidierende Gesellschaft angelegt ist; dann ist aber die Ungleichbehandlung von Personen- und Kapitalgesellschaften nicht sachgerecht.

dd) Handelsgeschäfte unter Verwaltung

9 Die Tatsache, dass ein Handelsgeschäft durch einen gesetzlichen Verwalter geführt wird, steht grundsätzlich der Erteilung einer Prokura nicht entgegen. Die Befugnis der Erteilung geht hier vom eigentlichen Inhaber auf den Verwalter über. So sind der **Testamentsvollstrecker** (§§ 2197 ff., 2205 BGB), der **Nachlassverwalter** (§ 1975 BGB) und der **Nachlasspfleger** (§§ 1960, 1961 BGB) zur Prokuraerteilung befugt[4].

10 Umstritten ist, ob der **Insolvenzverwalter** Prokura erteilen kann. Die Rechtsprechung hat dies für den (früheren) Konkursverwalter mit der Begründung abgelehnt, dass die Prokura nicht mit dem Wesen der Insolvenzabwicklung und den beschränkten Befugnissen des Insolvenzverwalters vereinbar sei[5]. Die überwiegende Literatur hingegen hält die Erteilung der Prokura durch den Insolvenzverwalter für zulässig[6]. Im Ergebnis ist der Literatur zu folgen. Die Abwicklung des Insolvenzverfahrens entwickelt vielfältige Aufgaben, die es notwendig machen können, eine beauftragte Person nötigenfalls mit

---

1 Zur Aktiengesellschaft vgl. *Hüffer* in Geßler/Hefermehl/Eckardt/Kropff, § 269 AktG Rn. 21; KölnerKommAktG/*Kraft*, § 269 AktG Rn. 1; für die GmbH *Scholz/ K. Schmidt*, § 69 GmbHG Rn. 7; *Hachenburg/Hohner*, § 68 GmbHG Rn. 11; zur Übersicht vgl. *K. Schmidt*, BB 1989, 229.
2 RGZ 72, 119, 122.
3 *K. Schmidt*, HR, § 16 III 2a; eingehend *K. Schmidt*, BB 1989, 229; *Staub/Joost*, § 48 Rn. 14.
4 *Baumbach/Hopt*, § 48 Rn. 1; *Schlegelberger/Schröder*, § 48 Rn. 3.
5 BGH v. 4.12.1957 – V ZR 251/56, WM 1958, 439 ff.; OLG Düsseldorf v. 7.2.1957 – 6 U 101/56, BB 1957, 412.
6 *Staub/Joost*, § 48 Rn. 17; *K. Schmidt*, HR, § 16 III 2d; *Schlegelberger/Hefermehl*, § 48 Rn. 7; *Ebenroth/Boujong/Joost/Strohn*, § 48 Rn. 14; umfassend *Hess*, Kommentar zur Insolvenzordnung, 3. Aufl. 2007, § 117 InsO Rn. 12, 13.

den entsprechenden Vollmachten eines Prokuristen auszustatten. Der Umfang der Prokura unterliegt dann denselben Beschränkungen wie sie der Insolvenzverwalter einzuhalten hat. Insoweit erfolgt auch eine Gleichstellung mit einer Gesellschaft in Liquidation.

c) Gesetzliche Vertreter

Neben dem Inhaber eines Handelsgewerbes ist nur sein gesetzlicher Vertreter befugt, Prokura zu erteilen. Bei **Handelsgeschäften unter Verwaltung** tritt an die Stelle des Inhabers die Person des Verwalters, so der Insolvenzverwalter (Rn. 10), der Testamentsvollstrecker (Rn. 9), der Nachlasspfleger und der Nachlassverwalter (Rn. 9). Insoweit ist es praktisch ohne Bedeutung, inwieweit diese Personen Parteien kraft Amtes darstellen oder Vertretungsbefugnisse ausüben. In Einzelfragen der gesetzlichen Vertretung gilt folgendes: 11

aa) Gesetzlicher Vertreter des Einzelkaufmanns

Der nach §§ 104 Nr. 1, 106 BGB geschäftsunfähige oder beschränkt geschäftsfähige Einzelkaufmann wird durch die **Eltern** (§§ 1626, 1629 BGB), das uneheliche Kind ebenfalls durch die Eltern (§ 1626a Abs. 1) oder ggf. durch die Mutter (§ 1626a Abs. 2 BGB), das Mündel durch den **Vormund** (§§ 1773 ff.) und der Betreute durch den **Betreuer** (§ 1897 BGB) vertreten. 12

Der gesetzliche Vertreter des Einzelkaufmanns ist nach den §§ 1643 Abs. 1, 1822 Nr. 11, 1908i, 1915 BGB verpflichtet, für die Erteilung der Prokura die **Genehmigung des Familiengerichts** einzuholen. Ohne die Genehmigung des Familiengerichts ist die Prokuraerteilung unwirksam. Dies gilt auch dann, wenn die Prokura in das Handelsregister eingetragen wird; der Dritte wird in diesem Fall nicht durch §§ 5, 15 geschützt. Der Minderjährigenschutz genießt hier Vorrang gegenüber dem Vertrauensschutz gutgläubiger Dritter[1]. 13

bb) Organschaftliche Vertretung der Handelsgesellschaft

Ist eine Handelsgesellschaft Trägerin des Unternehmens, so erteilen ihre organschaftlichen Vertreter die Prokura: 14

Bei der **OHG und der KG** ist gemäß §§ 116 Abs. 3, 161 Abs. 2 zur Erteilung der Prokura, wenn nicht Gefahr im Verzug ist, die interne Zustimmung aller Gesellschafter, § 119, erforderlich. Eine im Widerspruch hierzu erteilte Prokura ist jedoch im Außenverhältnis gegenüber Dritten wirksam, § 126 Abs. 1.

Die **Aktiengesellschaft** und die **Kommanditgesellschaft a.A.** werden von ihrem Vorstand vertreten, § 78 AktG. Nach § 111 Abs. 4 AktG kann die Satzung vorschreiben, dass Prokura nur mit Zustimmung des Aufsichtsrats erteilt werden darf. Wird die Prokura unter Nichtbeachtung einer solchen Satzungsbestimmung allein durch den Vorstand erteilt, so ist sie nach § 82 Abs. 1 AktG dennoch gegenüber Dritten wirksam. 15

---

1 RGZ 127, 153, 158 f.; *Staub/Joost*, § 48 Rn. 53; *Schlegelberger/Schröder*, § 48 Rn. 4.

16 Die **GmbH** wird bei Erteilung der Prokura durch die Geschäftsführer vertreten[1]. Nach § 46 Nr. 7 GmbHG unterliegt allerdings die Bestellung von Prokuristen der Bestimmung der Gesellschafter. Dieses Erfordernis berührt aber nur das Innenverhältnis und hat keinen Einfluss auf die Wirksamkeit der Prokuraerteilung[2]. Insoweit hat das Registergericht die angemeldete Prokura in das Handelsregister ohne Prüfung einzutragen, ob die intern notwendige Zustimmung vorliegt[3].

17 Bei einer **Miterbengemeinschaft** bedarf es zur Erteilung der Prokura der Zustimmung aller Miterben[4].

cc) Von der Erteilung ausgeschlossene Personen/Umdeutung

18 Nicht erteilt werden kann die Prokura durch **Nichtkaufleute**, ebenso wenig von Personengesellschaften, deren Zweck nicht auf die Erfüllung eines Handelsgewerbes gerichtet ist, so wie bei der Gesellschaft des bürgerlichen Rechts nach §§ 705 ff. BGB.

Eine von diesem Personenkreis erteilte „Prokura" kann im Wege der **Auslegung** bzw. **Umdeutung** (§ 140 BGB) als gewöhnliche Vollmacht, Generalvollmacht oder Handlungsvollmacht, § 54, aufrechterhalten werden[5]. Der Umfang ist dann ebenfalls durch Auslegung zu ermitteln. In der Regel wird die unwirksam erteilte „Prokura" wegen des tatsächlich gewollten weitreichenden Umfangs als eine Generalvollmacht zu bewerten sein[6]. Die unwirksame Erteilung einer „Prokura" kann den Rechtsschein setzen, dass ein Kaufmann gehandelt hat mit der Folge, dass die erteilte Vollmacht im Umfang einer Prokura gegen ihn wirkt[7].

2. Voraussetzungen in der Person des Prokuristen: „Vollmachtnehmer"

19 Das Gesetz enthält keine ausdrückliche Bestimmung, wer Prokurist werden kann. Grundsätzlich gilt: Prokurist kann nur eine natürliche, wenigstens beschränkt geschäftsfähige Person sein, die nicht identisch ist mit dem Inhaber.

a) Ausschluss juristischer Personen

20 Nicht möglich ist die Bestellung einer juristischen Person zum Prokuristen[8]. Die Gegenansicht weist darauf hin, dass juristischen Personen auch

---

1 BGH v. 13.6.1984 – VII ZR 125/83, BGHZ 91, 334, 336.
2 Ganz h.M., BGH v. 13.6.1984 – VII ZR 125/83, BGHZ 91, 334, 336 ff.
3 BGH v. 14.2.1974 – II ZR 6/73, BGHZ 62, 166, 169.
4 *Staub/Joost*, § 48 Rn. 57; a.A. OLG Stuttgart v. 9.10.1975 – 7 U 77/75, WM 1976, 700, 702.
5 *Baumbach/Hopt*, § 48 Rn. 1.
6 *K. Schmidt*, HR, § 16 III 2a.
7 *Baumbach/Hopt*, § 48 Rn. 1.
8 *Staub/Joost*, § 48 Rn. 28 ff.; *Baumbach/Hopt*, § 48 Rn. 2; *K. Schmidt*, HR, § 16 III 2b; *Ebenroth/Boujong/Joost/Strohn*, § 48 Rn. 15; KG v. 23.10.2001 – 1 W 6157/00, MDR 2002, 402 m.w.N.

ansonsten weitreichende Vollmachten (und auch Generalvollmacht) erteilt werden können[1]. Das Gesetz sieht jedoch den Prokuristen als **natürliche Person**, der Vertrauen durch Dritte entgegengebracht wird, und die mit eigenem Namen zeichnet; außerdem besteht ein besonderes Vertrauensverhältnis zwischen Kaufmann und Prokuristen[2].

b) Beschränkt geschäftsfähige Personen

Die Prokura muss wenigstens einer beschränkt geschäftsfähigen Person (§ 106 BGB) erteilt und von ihr ausgeübt werden. Nach § 165 BGB wird eine von der gegenüber einem Prokuristen (Handelsbevollmächtigten oder anderen Vertretern) abgegebene Willenserklärung nicht dadurch beeinträchtigt, dass der Prokurist in seiner Geschäftsfähigkeit eingeschränkt ist. Dahingegen kann die Prokura **nicht einem Geschäftsunfähigen** (§ 104 BGB) erteilt werden, da er zur Abgabe und zur Entgegennahme einer Willenserklärung nicht fähig ist, § 105 BGB[3].   21

c) Keine Identität mit dem Unternehmensträger

Der Prokurist darf mit dem Unternehmensträger nicht identisch sein; die Bestellung des Inhabers oder Mitinhabers eines Handelsgeschäftes zum Prokuristen ist unzulässig.   22

aa) Mögliche Vollmachtnehmer

Zum Prokuristen können bestellt werden: 23

– Der **stille Gesellschafter** und der **Kommanditist**[4].

– Der von der **Vertretung ausgeschlossene persönlich haftende Gesellschafter der OHG**[5]. Teilweise wird vertreten, dass auch nicht zur Alleinvertretung berechtigten persönlich haftenden Gesellschaftern Prokura erteilt werden kann[6]. Im Hinblick auf die Einbeziehung eines Gesellschafters ohne Vertretungsmacht erscheint dies konsequent, weil er durch die Erteilung der Prokura im Rahmen des § 49 allein handeln kann[7].   24

– Der **gesetzliche Vertreter des Geschäftsunfähigen** oder in seiner Geschäftsfähigkeit beschränkten Inhabers eines Handelsgewerbes unter Mitwirkung eines Pflegers (§ 1909 BGB) und der Genehmigung des Vormundschaftsgerichts (§§ 1915, 1811 BGB) kann Prokura erhalten. In seiner   25

---

1 *Schlegelberger/Schröder*, § 48 Rn. 11.
2 Zum letzten Aspekt vgl. *Staub/Joost*, § 48 Rn. 28 ff.; *Müller*, JuS 1998, 1002.
3 BGH v. 9.2.1970 – II ZR 137/69, BGHZ 53, 215; *Ebenroth/Boujong/Joost/Strohn*, § 48 Rn. 15; a.A. *Schlegelberger/Schröder*, § 48 Rn. 9.
4 *Baumbach/Hopt*, § 48 Rn. 2.
5 *Baumbach/Hopt*, § 48 Rn. 2; BGH v. 26.2.1954 – V ZR 135/52, BGHZ 12, 392 ff.; zu Bedenken, weil dadurch Gesellschafterrechte umgangen werden können, *Staub/Joost*, § 48 Rn. 43.
6 *Staub/Joost*, § 48 Rn. 43.
7 So auch *Ebenroth/Boujong/Joost/Strohn*, § 48 Rn. 20.

Eigenschaft als Prokurist handelt der gesetzliche Vertreter im Vollmachtsumfang des § 49, ohne dass es weiterer Genehmigungen des Vormundschaftsgerichts bedarf[1].

26 – Bei einer Erbengemeinschaft, die das Handelsgeschäft des Erblassers fortführt, ist entgegen der h.M. die Erteilung einer so genannten **Miterbenprokura** möglich[2]. Die Argumentation der h.M., dass sich der Miterbe selbst vertreten würde, ist formal. Maßgebend ist, dass die Miterben durch die gesamthandsbedingte Gesamtvertretung nicht allein handeln können und deshalb das Bedürfnis bestehen kann, einen Miterben, der das Geschäft führt, mit einer umfassenden Vertretungsmacht auszustatten. Zur Frage, ob die vom Einzelkaufmann erteilte Prokura nach dessen Tod fortbesteht, wenn der Prokurist Miterbe wird, § 53 Rn. 8.

bb) Von der Bestellung ausgeschlossene Personen

27 Nicht zum Prokuristen können bestellt werden:

28 – Der **Einzelkaufmann** selbst; der persönlich haftende Gesellschafter einer OHG oder der Komplementär der KG[3]; Vorstandsmitglieder der Aktiengesellschaft oder KG a.A.; der Geschäftsführer einer GmbH; für den Fall einer Gesamtprokuraerteilung mit diesem Personenkreis vgl. Rn. 48.

29 – Der **Testamentsvollstrecker**, der das Handelsgewerbe im eigenen Namen fortführt[4]; er kann jedoch (auch) ein Mitglied der Erbengemeinschaft zum Prokuristen bestellen, vgl. Rn. 26.

30 – Der **Insolvenzverwalter**, da er ungeachtet seiner Stellung als Partei kraft Amtes bereits über die inhaltlich gleiche Vertretungsmacht verfügt; ausgeschlossen ist auch die Prokuraerteilung auf den Gemeinschuldner für das zur Insolvenzmasse gehörende Geschäft[5].

3. Erteilung der Prokura

a) Ausdrückliche Erteilung der Prokura

31 Die Prokura kann nur mittels ausdrücklicher Erklärung erteilt werden. Erforderlich ist die **unzweideutige Erklärung** des Prinzipals oder seines gesetzlichen Vertreters. Das Wort „Prokura" ist nicht notwendig, wenn der gewollte Sinn zweifelsfrei feststeht.

---

1 *Schlegelberger/Schröder*, § 48 Rn. 12; zu Bedenken wegen Umgehung der gesetzlichen Beschränkungen der gesetzlichen Vertretung vgl. *Staub/Joost*, § 48 Rn. 31; *Ebenroth/Boujong/Joost/Strohn*, § 48 Rn. 16.
2 *K. Schmidt*, HR, § 16 III 2 b m.N.; *Ebenroth/Boujong/Joost/Strohn*, § 48 Rn. 22; a.A. BGH v. 24.9.1959 – II ZR 46/59, BGHZ 30, 391, 397; *Baumbach/Hopt*, § 48 Rn. 2; *Schlegelberger/Schröder*, § 48 Rn. 12.
3 *Ebenroth/Boujong/Joost/Strohn*, § 48 Rn. 18.
4 *Schlegelberger/Schröder*, § 48 Rn. 12.
5 *Schlegelberger/Schröder*, § 48 Rn. 12.

aa) Inhalt der Erklärung

Nicht ausreichend ist die Einräumung einer betriebsinternen Stellung, die der eines Prokuristen gleichkommt, oder das Dulden, dass sich der Beauftragte nach außen wie ein Prokurist verhält. Der Wortlaut der Vorschrift schließt eine **konkludent erteilte Prokura** oder „Duldungsprokura" aus. In diesen Fällen kann jedoch eine konkludent erteilte allgemeine Vollmacht, Handlungsvollmacht oder Duldungsvollmacht (vgl. Vor § 48 Rn. 29) vorliegen.

Der Wortlaut von § 48 verbietet allerdings nicht, dass derjenige, der den Rechtsschein einer erteilten Prokura setzt, aus Gründen des Verkehrsschutzes nach den Grundsätzen der **Rechtsscheinsvollmacht/Anscheinsvollmacht** (vgl. Vor § 48 Rn. 28) haftet[1].

Die Prokura kann **nicht bedingt** (§ 158 BGB) erteilt werden. Dies folgt bereits aus der Rechtsnatur der Prokura als einseitiges – und damit bedingungsfeindliches – Rechtsgeschäft und ergibt sich zudem aus § 50 Abs. 1 und 2 (vgl. § 50 Rn. 5 f.).

bb) Erklärungsempfänger

Die Erteilung der Prokura erfolgt entweder durch **Erklärung gegenüber dem Prokuristen** selbst oder durch **Erklärung gegenüber Dritten** (vgl. Vor § 48 Rn. 18). Auch wenn sie nur einem bestimmten Dritten erklärt worden ist, wirkt sie gegen jedermann, da eine relative Wirkung aufgrund § 49 ausgeschlossen ist. Erteilung und Umfang der Prokura lassen sich nicht auf einen bestimmten Personenkreis einschränken.

Die Prokuraerteilung kann auch mittels öffentlicher Bekanntmachung, insbesondere durch die **Eintragung in das Handelsregister**[2] (vgl. auch § 53 Rn. 2) erfolgen. Die Anmeldung der Prokura zum Handelsregister erlangt bereits vor ihrer Eintragung Wirksamkeit gegenüber Dritten[3]. Die Eintragung selbst wirkt nur deklaratorisch und ist kein Wirksamkeitserfordernis.

b) Form der Prokuraerteilung

Soweit die allgemeinen Vollmachtsregeln des BGB keine besonderen Anforderungen an die förmliche Ausgestaltung einer Vollmachtserteilung stellen (vgl. Vor § 48 Rn. 19), ist die Erteilung der Prokura **formfrei möglich**. Dies schließt jedoch nicht aus, dass für den Nachweis des Vorliegens einer Prokura, z.B. beim Umgang mit Behörden oder dem Gericht, durch öffentlich-rechtliche Vorschriften besondere Anforderungen in Bezug auf eine schriftliche Erteilung gestellt werden können. Dies gilt entsprechend für das Tätigwerden des Bevollmächtigten im Ausland, wenn das jeweilige nationa-

---

1 *Baumbach/Hopt*, § 48 Rn. 3.
2 RGZ 133, 233.
3 *Staub/Joost*, § 48 Rn. 67.

le Recht eine gesonderte Nachweispflicht vorsieht. Ein solcher Nachweis hat jedoch nur deklaratorische Wirkung.

III. Gesamtprokura (§ 48 Abs. 2)

1. Begriff der Gesamtprokura

38 Nach § 48 Abs. 2 kann eine Prokura **an mehrere Personen gemeinschaftlich** erteilt werden (Gesamtprokura). Nicht hierher gehören die Fälle, in denen der Geschäftsherr **mehrere Einzelprokuristen** bestellt, die unabhängig voneinander als Prokuristen auftreten. Eine Gesamtprokura liegt vor, wenn nicht der einzelne, sondern nur alle Gesamtprokuristen gemeinschaftlich den Geschäftsinhaber wirksam vertreten können.

a) Erteilung der Gesamtprokura

39 Die Erteilung einer Gesamtprokura richtet sich grundsätzlich nach den Voraussetzungen der Einzelprokura (vgl. Rn. 3 ff.). In diesem Sinne ist auch die **ausdrückliche Erteilung als Gesamtprokura** erforderlich, d.h. der Wille des Geschäftsinhabers, dass er nur durch das gemeinschaftliche Handeln der Gesamtprokuristen wirksam vertreten werden soll, muss hinreichend deutlich zum Ausdruck kommen. Werden mehrere Prokuristen ohne diese Einschränkung bestellt, so ist jeder von ihnen auch dann Einzelprokurist, wenn sie nach der Weisung des Geschäftsinhabers nur gemeinschaftlich handeln und zeichnen sollen.

40 Die **Erklärung an einen Gesamtprokuristen** reicht zur Bestellung auch der anderen aus. Die Gesamtprokuraerteilung setzt jedoch gedanklich voraus, dass mindestens zwei Personen als Gesamtprokuristen bestellt werden. Wird eine Einzelperson mit der Maßgabe bestellt, dass sie nur gemeinsam mit einem noch zukünftig zu benennenden weiteren Gesamtprokuristen vertretungsberechtigt sein soll, so ist die (Gesamt-)Prokuraerteilung nicht abgeschlossen und kann daher nicht in das Handelsregister eingetragen werden[1].

b) Ausübung der Gesamtprokura

41 Die Gesamtprokura beschränkt die Vertretungsmacht des Gesamtprokuristen insoweit, als der Geschäftsinhaber nur durch das **gemeinschaftliche Handeln aller Gesamtprokuristen** wirksam vertreten wird. Für das Tätigwerden der Gesamtprokuristen gelten die Grundsätze des BGB über die Gesamtvertretung[2].

42 Die Gesamtprokura entspricht der **Gesamtvertretung** durch mehrere Gesellschafter bei der OHG (vgl. § 125 Rn. 7 ff.). Willensmängel, Kenntnis und

---

1 OLG Frankfurt/Main v. 28.2.2005 – 20 W 451/04, NZG 2005, 765.
2 Hierzu *Palandt/Heinrichs*, § 167 BGB Rn. 13.

Kennenmüssen des einen wirken auch für den anderen[1]. **Selbstkontrahieren** miteinander ist Gesamtprokuristen in der Regel verboten, § 181 BGB[2].

Das gemeinsame Handeln muss **nicht zeitgleich** erfolgen; ausreichend ist, dass ein Gesamtprokurist dem Rechtsgeschäft des anderen vorab zustimmt oder es nachträglich genehmigt[3]. Die Zustimmung bedarf nicht der Form, die für das vorgenommene Rechtsgeschäft vorgeschrieben ist. Nicht zulässig ist aber eine im Voraus abgegebene allgemeine Einwilligung eines Gesamtprokuristen für die Vornahme von Rechtsgeschäften durch den anderen. Dies würde auf die Erteilung einer Einzelprokura hinauslaufen, die nur durch den Geschäftsinhaber erfolgen kann.

c) Rechtsfolgen bei fehlerhafter Gesamtvertretung

Nimmt ein Gesamtprokurist ohne den anderen ein Rechtsgeschäft im Namen des Geschäftsinhabers vor, handelt er als **Vertreter ohne Vertretungsmacht**. Das Rechtsgeschäft ist schwebend unwirksam und bedarf der Genehmigung des anderen Gesamtprokuristen oder der des Geschäftsinhabers (§ 177 BGB). Die Genehmigung kann dann gegenüber dem Gesamtprokuristen oder dem Dritten erfolgen (§ 182 Abs. 1 BGB); bei Verweigerung der Genehmigung ist das Rechtsgeschäft nichtig.

Die **passive Vertretung**, so z.B. die Entgegennahme von Mängelrügen, Kündigungserklärungen oder Wechselprotesten, kann auch durch den allein handelnden Gesamtprokuristen mit Wirkung für und gegen den Geschäftsinhaber erfolgen[4]. Für die Zustellung im Prozess gelten §§ 170 Abs. 3, 173 ZPO entsprechend.

d) Erlöschen der Gesamtprokura

Das Erlöschen der Gesamtprokura des einen Prokuristen lässt die des anderen unberührt. Sie erstarkt aber nicht zur Einzelprokura, er kann also weiterhin **nur passiv vertreten**. Da der Geschäftsinhaber durch die Neuerteilung die Gesamtprokura jederzeit wieder aktivieren kann, ist diese auch nicht im Handelsregister zu löschen.

2. Formen der Gesamtprokura

a) Allseitige und halbseitige Gesamtprokura

Die Regelung des § 48 Abs. 2 geht davon aus, dass die Gesamtprokura an mehrere Prokuristen erteilt wird, die dann gemeinschaftlich vertreten (**allseitige Gesamtprokura**). Sind mehr als zwei Gesamtprokuristen bestellt, kann der Geschäftsinhaber bestimmen, wieviele und welche Gesamtpro-

---

1 RGZ 53, 241.
2 RGZ 89, 373.
3 *Schlegelberger/Schröder*, § 48 Rn. 23.
4 RGZ 53, 231; OLG München v. 28.10.1971 – 1 U 1391/71, BB 1972, 114.

kuristen gemeinschaftlich handeln können (und müssen). Zulässig ist es auch, neben dem zur Einzelvertretung ermächtigten Prokuristen einen Gesamtprokuristen zu bestellen (**halbseitige Gesamtprokura**)[1]. Praktisch gibt dies durchaus einen Sinn. Zum einen ist der Gesamtprokurist passiv (allein) legitimiert, Willenserklärungen entgegenzunehmen (vgl. Rn. 45), zum anderen kann es geschäftliche Bereiche geben, in denen der Einzelprokurist ohne Mitwirkung eines Gesamtprokuristen handeln können soll.

b) Weitere Gestaltungsformen der Gesamtprokura

48 Über die in § 48 Abs. 2 geregelte (echte) Gesamtprokura hinaus stehen dem Kaufmann bei Erteilung der Prokura weitere Gestaltungsformen zur Verfügung. Insbesondere kann die Vertretungsmacht an die **Mitwirkung** organschaftlicher Vertreter gebunden werden. Bei der Gestaltung sind aber folgende **Grenzen** einzuhalten: Die Ausübung der Prokura darf nicht an die Mitwirkung eines außenstehenden Dritten gebunden werden; die Bindung darf auch nicht die Vertretungsmacht organschaftlicher Vertreter einschränken; letztlich darf die Ausübung der Prokura nicht an eine andere rechtsgeschäftliche Vollmacht (etwa eine Handlungsvollmacht nach § 54) gebunden werden. Die Bindung des Prokuristen an die Mitwirkung des Inhabers ist nicht schlüssig[2]. Diese Gestaltung ist sinnwidrig, weil in Wirklichkeit keine Kompetenzübertragung vorliegt[3].

c) Einzelfälle

49 Zulässig ist die Bindung der Prokura an die **Mitwirkung eines vertretungsbefugten Geschäftsführers** oder Vorstands- oder Organmitglieds. Neben den gesetzlich geregelten Fällen (§ 125 Abs. 3 S. 1; § 78 Abs. 3 AktG; § 25 Abs. 2 GenG) gilt dies auch für die GmbH[4]. Bei der GmbH & Co. KG erfolgt die Bindung an die Mitwirkung der Komplementär-GmbH; nicht zulässig ist aber eine Anbindung an deren Geschäftsführer, weil dieser keine unternehmensangehörige Person darstellt.

50 Bei der Bindung der Prokura an die **Mitwirkung** eines alleinvertretungsberechtigten **Organmitglieds** handelt es sich stets notwendig um eine so genannte halbseitige (unechte) Gesamtprokura; die Bindung an die Mitwirkung kann immer nur einseitig den Prokuristen betreffen. Eine solche halbseitige Vertretung ist auch zulässig gegenüber einem organschaftlichen Vertreter, der selbst nur zur Gesamtvertretung berechtigt ist[5]. **Nicht möglich** ist aber die Bindung des Prokuristen an die Mitwirkung eines Mitglieds

---

1 A.A. *Ebenroth/Boujong/Joost/Strohn*, § 48 Rn. 40.
2 BayObLG v. 23.9.1997 – 3 ZBR 329/97, NJW 1998, 1161 mit Anm. *K. Schmidt*, JuS 1998, 662; a.A. *Bärwaldt/Hadding*, Die Bindung des Prokuristen an die Mitwirkung des Prinzipals, NJW 1998, 1103 mit umfassender Darstellung des Meinungsstandes.
3 *Canaris*, HR, § 14 Rn. 29.
4 BGH v. 6.11.1986 – V ZB 8/86, BGHZ 99, 76.
5 BGH v. 14.2.1974 – II ZR 6/73, BGHZ 62, 166; eingehend zur gesamten Problematik *Kötter*, FS Hefermehl, 1976, S. 75.

einer Personengesellschaft, das von der Vertretung ausgeschlossen ist, etwa einem Kommanditisten; Gesamtvertretung setzt die Vertretungsmacht aller Vertreter voraus.

Die Gesamtprokura mit einem **Stellvertreter unter Prokuraniveau** ist unzulässig. § 48 Abs. 2 spricht nur von einer „Gesamtprokura" und will damit ausschließen, dass die Vertretungsmacht des Prokuristen vom Zusammenspiel mit einem sonstigen Bevollmächtigten abhängig sein soll[1]. Insoweit steht auch entgegen, dass dieser Bevollmächtigte nicht aus dem Handelsregister ersichtlich ist.

§ 49
Umfang der Prokura

(1) Die Prokura ermächtigt zu allen Arten von gerichtlichen und außergerichtlichen Geschäften und Rechtshandlungen, die der Betrieb eines Handelsgewerbes mit sich bringt.

(2) Zur Veräußerung und Belastung von Grundstücken ist der Prokurist nur ermächtigt, wenn ihm diese Befugnis besonders erteilt ist.

Übersicht

	Rn.		Rn.
I. Regelungsinhalt	1	II. Grundstücksgeschäfte (§ 49 Abs. 2)	
II. Umfang der Vollmacht			
1. Umfassende Vollmacht des Prokuristen	3	1. Gesetzliche Beschränkung der Prokura	13
2. Von der Prokura umfasste Geschäfte	4	2. Veräußerung/Belastung eines Grundstücks	
3. Grundlagengeschäfte	5	a) Veräußerung	16
4. Private Geschäfte	7	b) Belastung	17
5. Gerichtlicher Verkehr		c) Andere Grundstücksgeschäfte	19
a) Voraussetzungen	8	3. Immobiliarklausel	21
b) Einzelfälle	9	IV. Besondere Vollmachten	23

I. Regelungsinhalt

Die Vorschrift bestimmt in umfassender Weise abschließend den **Umfang einer durch Prokura erteilten Vertretungsmacht** für das Außenverhältnis. Sie dient der Sicherheit und Leichtigkeit des Rechtsverkehrs; den Geschäftspartnern wird durch die gesetzliche Umschreibung der Vertretungsmacht das Risiko pflichtwidrigen Vertreterhandelns weitgehend abgenommen. 1

Es ist streng zu unterscheiden zwischen dem gesetzlich umschriebenen Umfang der Vertretungsmacht des Prokuristen im **Außenverhältnis** und der Fra- 2

---
1 BGH v. 30.12.1963 – VII ZR 211/62, BB 1964, 151.

ge, ob der Prokurist im **Innenverhältnis** pflichtwidrig handelt. Die Vorschrift regelt nicht die Stellung des Prokuristen gegenüber dem Geschäftsinhaber. Diesem steht es frei, die Befugnisse seines Prokuristen durch Weisung einzuschränken oder sie ganz zu entziehen. Überschreitet der Prokurist die durch den Geschäftsinhaber gezogenen Grenzen der Vertretungsmacht, so ist er nur diesem gegenüber verantwortlich. Im Verhältnis zu Dritten hat eine solche Einschränkung im Innenverhältnis keine Wirkung, § 50; vgl. allerdings zu den Fällen des **Missbrauchs** der Vertretungsmacht Vor § 48 Rn. 47 ff.

II. Umfang der Vollmacht

1. Umfassende Vollmacht des Prokuristen

3 Der Umfang einer wirksam erteilten Prokura umfasst alle Arten gerichtlicher und außergerichtlicher Geschäfte und Rechtshandlungen, die der Betrieb eines Handelsgewerbes mit sich bringt (§ 49 Abs. 1), mit Ausnahme der Veräußerung und der Belastung von Grundstücken (§ 49 Abs. 2). Er geht weiter als die Vertretungsmacht der Handlungsvollmacht (§ 54 Rn. 26), weil er nicht auf branchenübliche Geschäfte beschränkt ist. Erfasst werden vielmehr **alle Handelsgeschäfte i.S. des § 343**, und zwar alle Geschäfte und Rechtshandlungen, die der Betrieb irgendeines beliebigen Handelsgewerbes mit sich bringen kann, auch nicht alltägliche und selten vorgenommene. Der weite Umfang der Prokura gilt auch für den Fall der Gesamtprokura, § 48 Abs. 2, und der Niederlassungsprokura, § 50 Abs. 3.

2. Von der Prokura umfasste Geschäfte

4 Die Vertretungsmacht des Prokuristen umfasst den **Abschluss, die Durchführung und die Beendigung von Verträgen**, unabhängig vom Umfang der eingegangenen Verbindlichkeiten; sie besteht sowohl für das Verpflichtungsgeschäft als auch für das Verfügungsgeschäft. Insbesondere umfasst die Prokura die Einstellung von Personal; die Aufnahme oder Erteilung von Darlehen; Begründung und Beendigung von Dauerschuldverhältnissen; Schenkungen und Übernahme fremder Verbindlichkeiten; Wechsel- und Scheckerklärungen; ebenso Aktiengeschäfte. Erfasst werden auch **organisatorische Maßnahmen**, soweit diese Rechtsgeschäfte oder geschäftsähnliche Handlungen darstellen, wie z.B. Produktumstellung, Einführung neuer Produktionsmethoden, Gründung einer Niederlassung oder eines Teilbetriebes, auch einer Tochterfirma.

3. Grundlagengeschäfte

5 Die Prokura bezieht sich jedoch nicht auf Rechtshandlungen, die Grundlagengeschäfte darstellen, d.h. auf Geschäfte, die sich auf die rechtliche Grundlage des kaufmännischen Unternehmens beziehen. Sie ist eine Vertretungsmacht für Verkehrsgeschäfte und umfasst damit **nicht das Organisa-**

tionsrecht des Unternehmens[1]. Von Bedeutung ist dies allerdings nur insoweit, als die Eingriffe in den Unternehmensgegenstand durch Rechtsgeschäfte und nicht etwa durch tatsächliche Handlungen erfolgen. Derartige Grundlagengeschäfte stellen dar: die Änderung des Unternehmensgegenstands, soweit dies durch Rechtsgeschäft möglich ist; die Einstellung oder Veräußerung des Handelsgeschäfts; gesellschaftsrechtliche Maßnahmen, so z.B. die Aufnahme von Gesellschaftern, die Kündigung oder den Ausschluss von Gesellschaftern; die Anmeldung zum Handelsregister (vgl. Rn. 4)[2].

Der Prokurist kann aber einen **Vertrag** über eine stille Beteiligung abschließen[3]; eine Tochtergesellschaft gründen[4]; zulässig ist die Beteiligung oder der Erwerb eines Handelsgeschäftes[5]. 6

4. Private Geschäfte

Der Umfang der Prokura erfasst nicht Geschäfte und Rechtshandlungen, die ausschließlich den privaten Lebensbereich des Kaufmanns betreffen. Insoweit wird aber nach § 344 die **Zugehörigkeit zum Geschäftsbereich vermutet** (vgl. § 344 Rn. 8). Streng davon zu unterscheiden sind die Geschäfte des Handelsgewerbes, für die der Kaufmann mit seinem Privatvermögen haftet. 7

5. Gerichtlicher Verkehr

a) Voraussetzungen

Die Prokura verleiht umfassende Vertretungsmacht im Gerichtsverkehr, soweit die Rechtsstreitigkeiten den Betrieb des Handelsgewerbes betreffen (vgl. Rn. 4) und der Gegenstand des Rechtsstreits vom Umfang der Prokura umfasst wird[6]. Die Vertretungsmacht des Prokuristen besteht für alle Gerichtsbarkeiten. Voraussetzung für die wirksame Vertretung bei Gericht ist allerdings die Prozessfähigkeit des Prokuristen, §§ 52, 79 ZPO. 8

b) Einzelfälle

Der **Vollmachtsumfang** der Prokura erfasst insbesondere: die Einleitung von Verfahren; die Vornahmen von Prozesshandlungen; die Erteilung von Prozessvollmachten; die Stellung von Strafanträgen in geschäftlichen Dingen (unerlaubter Wettbewerb); den Abschluss eines Prozessvergleichs, auch wenn er für den Bestand des Unternehmens von wesentlicher Bedeutung ist[7]. 9

---

1 K. Schmidt, HR, § 16 III 3a.
2 Zu weiteren Beispielen vgl. Staub/Joost, § 48 Rn. 23 f.
3 Zur Aufnahme eines atypischen stillen Gesellschafters durch den Prokuristen K. Schmidt, HR, § 16 III 3a.
4 Staub/Joost, § 49 Rn. 25 m.N.
5 Staub/Joost, § 49 Rn. 20 m.N.
6 RGZ 66, 243.
7 K. Schmidt, HR § 16 III 3.

10 Vom Umfang der Prokura erfasst ist auch die Antragstellung in Verfahren der **freiwilligen Gerichtsbarkeit**[1], insbesondere die Anmeldungen zum Handelsregister, die zum Betrieb des Handelsgeschäfts gehören. Dazu gehören allerdings nicht Anmeldungen, die Grundlagenentscheidungen der „eigenen" Firma – etwa die Änderung der Firma oder des Gesellschaftsbestandes – betreffen[2].

11 Dahingegen kann der Prokurist ohne zusätzliche Vollmacht Anmeldungen im Zusammenhang mit einem **Beteiligungserwerb** (soweit dieser nicht in den Privatbereich des Kaufmanns fällt) vornehmen, wenn der Prokurist in Vertretung des Unternehmensinhabers in dessen Eigenschaft als Gesellschafter einer anderen Gesellschaft handelt[3].

12 Die **Zustellung** für einen den Betrieb des Handelsgewerbes betreffenden Rechtsstreit kann wirksam an den Prokuristen erfolgen (§ 173 ZPO); bei der Gesamtprokura genügt die Zustellung an einen Prokuristen, § 170 Abs. 3 ZPO gilt entsprechend[4].

III. Grundstücksgeschäfte (§ 49 Abs. 2)

1. Gesetzliche Beschränkungen der Prokura

13 Nach § 49 Abs. 2 erstreckt sich der regelmäßige Umfang der Prokura nicht auf die Veräußerung und Belastung von Grundstücken[5]. Es handelt sich um eine **gesetzliche Beschränkung mit Außenwirkung**, die objektiv rechtlicher Natur ist und demzufolge auch gegenüber dem gutgläubigen Rechtsverkehr wirkt. Sie gilt nicht, wenn ein Prokurist bei einer gemischten Gesamtvertretung an der organschaftlichen Vertretung einer Handelsgesellschaft mitwirkt (vgl. § 48 Rn. 49).

14 Die Beschränkung besteht auch unabhängig davon, wem das Grundstück **gehört**[6]. Die Berichtigung der dinglichen Rechtslage würde ungeachtet des klaren Wortlauts der Vorschrift der Sicherheit und Leichtigkeit des Rechtsverkehrs entgegenstehen, zumal diese nicht immer klar zutage treten muss (z.B. bei einer unrichtigen Eintragung).

15 Ebenso wenig ist es angezeigt, den Umfang der Prokura auch auf Veräußerungen und Belastungen von Grundstücken auszudehnen, wenn diese nicht zum Anlagevermögen, sondern zum **Umlaufvermögen** zählen, weil der Kaufmann damit handelt. Für eine dahingehende Ausnahme besteht schon

---

1 BGH v. 2.12.1991 – II ZB 13/91, NJW 1992, 975.
2 BGH v. 2.12.1991 – II ZB 13/91, NJW 1992, 975.
3 BGH v. 2.12.1991 – II ZB 13/91, NJW 1992, 975.
4 *Thomas/Putzo*, § 173 ZPO Rn. 2 f.
5 Zum Zweck der Vorschrift und der rechtspolitischen Problematik vgl. *Staub/Joost*, § 49 Rn. 27, 28.
6 *Staub/Joost*, § 49 Rn. 31; a.A. *Schlegelberger/Schröder*, § 49 Rn. 12, 15; *Heymann/Sonnenschein/Weitemeyer*, § 49 Rn. 20.

deshalb kein Bedürfnis, weil der Geschäftsinhaber in solchen Fällen eine zusätzliche Ermächtigung erteilen kann (vgl. Rn. 23).

2. Veräußerung/Belastung eines Grundstücks

a) Veräußerung

Veräußerung ist die **Übertragung von Grundstückseigentum** (§§ 873, 925 BGB), die Einräumung von Miteigentum (§ 1008 BGB), aber auch die Einbringung eines Grundstücks in eine Gesellschaft. Dem steht gleich die Veräußerung der grundstücksgleichen Rechte des Erbbaurechts und des Wohnungseigentums. Entgegen der ungenauen Formulierung erfasst § 49 Abs. 2 nicht nur Verfügungsgeschäfte, sondern auch die Verpflichtungsgeschäfte.   16

b) Belastung

Belastung eines Grundstücks ist die **Begründung eines dinglichen Rechts** am Grundstück, so z.B. die Bestellung einer Hypothek, Grundschuld, Reallast, Nießbrauch oder Dienstbarkeit; ebenso die Bestellung einer Vormerkung zur Sicherung eines Anspruchs, der auf eine Verfügung gerichtet ist, die nach § 49 Abs. 2 nicht vom Umfang der Prokura erfasst wird[1].   17

Zweifelhaft ist, ob die Prokura zur Bestellung einer **Eigentümergrundschuld** bevollmächtigt[2]. Dies ist schon deshalb zu bejahen, weil die Eigentümergrundschuld noch keine Belastung des Grundstücks bedeutet, sondern für den Eigentümer mit der hierdurch bedingten Rangwahrung einen Vermögensvorteil darstellt. Auch erfolgt die Bestellung nicht durch Erklärung gegenüber einem Dritten. Die Beschränkung von § 49 Abs. 2 greift aber bei der Übertragung der Eigentümergrundschuld auf einen Dritten, weil diese sich dadurch in eine Fremdgrundschuld umwandelt und die Belastung entsteht[3].   18

c) Andere Grundstücksgeschäfte

Nicht unter die Beschränkung der Prokura fällt der **Erwerb von Grundstücken**, auch nicht, wenn diese mit einer dinglichen Sicherung des Kaufpreises belastet werden[4], da dies wirtschaftlich dem Erwerb eines bereits belasteten Grundstücks gleichkommt. Erfasst ist ebenfalls nicht die Entlastung von Grundstücken, z.B. von einer Hypothek, oder die Übertragung von Hypotheken oder Grundschulden.   19

Eine Besonderheit gilt im Hinblick auf die **Übertragung einer Eigentümergrundschuld**, da diese sich mit Abtretung in eine Fremdgrundschuld umwandelt (vgl. auch Rn. 18). Eine Beschränkung der Vertretungsmacht besteht   20

---

1 *Heymann/Sonnenschein/Weitemeyer*, § 49 Rn. 19.
2 Verneinend *Schlegelberger/Schröder*, § 49 Rn. 13; *Heymann/Sonnenschein/Weitemeyer*, § 49 Rn. 19.
3 *Heymann/Sonnenschein/Weitemeyer*, § 49 Rn. 19; a.A. KG, JW 1937, 1743, 1744.
4 *K. Schmidt*, HR, § 16 III 3b m.N.; *Baumbach/Hopt*, § 49 Rn. 4.

auch nicht, soweit es sich um Geschäfte handelt, die sich zwar auf das Grundstück beziehen, aber nicht dessen Veräußerung oder Belastung zum Gegenstand haben. So kann der Prokurist insbesondere Miet- und Pachtverträge über Grundstücke schließen. Auf eingetragene Seeschiffe und Luftfahrzeuge findet § 49 Abs. 2 auch nicht analog Anwendung[1].

3. Immobiliarklausel

21 Dem Kaufmann steht es frei, seinen Prokuristen zur Veräußerung oder Belastung von Grundstücken zu ermächtigen (sog. Immobiliarklausel oder Grundstücksklausel). Diese besondere (oder generelle) Ermächtigung ist keine selbständige Handlungsvollmacht, sondern **Bestandteil der Prokura** selbst und im Fall der Erteilung zum Handelsregister anzumelden (vgl. § 53 Rn. 6).

22 Zweifelhaft ist, ob diese Ermächtigung auch stillschweigend erteilt werden kann[2]. Richtigerweise ist eine **ausdrückliche Erteilung** erforderlich, zum einen aus Gründen der Rechtssicherheit, zum anderen deshalb, weil die besondere Ermächtigung als Teil der Prokura deren Erteilungsvoraussetzungen zu erfüllen hat. Jedenfalls ist eine nur schlüssig erklärte Ermächtigung in eine Handlungsvollmacht umzudeuten[3].

IV. Besondere Vollmachten

23 Im Hinblick auf den Regelungsbereich von §§ 48, 49 ist fraglich, ob der Kaufmann für sein kaufmännisches Gewerbe eine **Generalvollmacht** erteilen kann, also eine Vollmacht zur Vertretung bei allen Rechtsgeschäften, soweit die Vertretung nicht gesetzlich ausgeschlossen oder höchstpersönliches Handeln notwendig ist. Der BGH hat die Zulässigkeit einer Generalvollmacht für die Handelsgesellschaft anerkannt[4], für die GmbH dagegen abgelehnt[5]. Dieser Rechtsprechung ist im Hinblick auf das Verbot einer umfassenden Übertragung der organschaftlichen Vertretungsmacht zu folgen[6]; jedenfalls kann aber in solchen Fällen eine (unwirksame) Generalvollmacht in eine **Generalhandlungsvollmacht** (vgl. § 54 Rn. 18) umgedeutet werden[7].

---

1 LG Braunschweig v. 23.7.1986 – 8 T 427/86, NJW-RR 1987, 23.
2 So *Baumbach/Hopt*, § 49 Rn. 4; a.A. *Schlegelberger/Schröder*, § 49 Rn. 13; *Staub/Joost*, § 49 Rn. 36.
3 So auch *Staub/Joost*, § 49 Rn. 36.
4 BGH v. 22.1.1962 – II ZR 11/61, BGHZ 36, 292, 295.
5 BGH v. 18.10.1976 – II ZR 9/75, NJW 1977, 199 ff.
6 Allerdings mit guten Gründen gegen eine Differenzierung: *Staub/Joost*, § 49 Rn. 48; *Ebenroth*, Vor § 48 Rn. 5.
7 BGH v. 8.5.1978 – II ZR 208/76, WM 1978, 1047, 1048.

§ 50
Beschränkung des Umfangs

(1) Eine Beschränkung des Umfangs der Prokura ist Dritten gegenüber unwirksam.

(2) Dies gilt insbesondere von der Beschränkung, dass die Prokura nur für gewisse Geschäfte oder gewisse Arten von Geschäften oder nur unter gewissen Umständen oder für eine gewisse Zeit oder an einzelnen Orten ausgeübt werden soll.

(3) Eine Beschränkung der Prokura auf den Betrieb einer von mehreren Niederlassungen des Geschäftsinhabers ist Dritten gegenüber nur wirksam, wenn die Niederlassungen unter verschiedenen Firmen betrieben werden. Eine Verschiedenheit der Firma im Sinne dieser Vorschrift wird auch dadurch begründet, dass für eine Zweigniederlassung der Firma ein Zusatz beigefügt wird, der sie als Firma der Zweigniederlassung bezeichnet.

Übersicht

	Rn.		Rn.
I. Regelungsinhalt/Zweck der Vorschrift	1	3. Beschränkungen im Innenverhältnis	
II. Unbeschränkbarkeit der Prokura		a) Wirksamkeit der Beschränkung	13
1. Grundsatz (§ 50 Abs. 1)	5	b) Weisungswidriges Verhalten des Prokuristen	15
2. Beschränkungsverbote nach § 50 Abs. 2	7	III. Niederlassungsprokura (§ 50 Abs. 3)	16
a) Beschränkung auf gewisse Geschäfte	8	1. Betreiben mehrerer Niederlassungen	17
b) Beschränkung auf gewisse Arten von Geschäften	9	2. Betreiben unter verschiedenen Firmen	18
c) Beschränkung auf die Ausübung unter gewissen Umständen	10	3. Erteilung der Niederlassungsprokura	19
d) Beschränkung auf gewisse Zeit	11	4. Umfang der Niederlassungsprokura	
e) Beschränkung der Ausübung auf einzelne Orte	12	a) Umfang nach §§ 49, 50	20
		b) Beschränkung auf den Betrieb der Niederlassung	21

I. Regelungsinhalt/Zweck der Vorschrift

§ 50 Abs. 1 enthält den allgemeinen Grundsatz der Unbeschränkbarkeit der Prokura Dritten gegenüber. § 50 Abs. 2 nennt erläuternd, aber nicht abschließend einzelne Beispiele von unzulässigen Beschränkungen. Die Regelung ist die gesetzgeberische Konsequenz des in § 49 gesetzlich umschriebenen Umfangs der Vertretungsmacht der Prokura, der aus Gründen der Sicherheit und Leichtigkeit des Rechtsverkehrs stets durchgehalten werden soll. § 50 Abs. 3 wiederum regelt mit dem Institut der Niederlassungsprokura eine Ausnahme von diesem Grundsatz. 1

2 Die Zulässigkeit einer **Gesamtprokura**, § 48 Abs. 2, steht indessen diesem Grundsatz nicht entgegen. Diese ist lediglich eine personelle Einschränkung, die es dem Gesamtprokuristen verbietet, allein im Namen des Geschäftsinhabers aufzutreten (vgl. näher § 48 Rn. 38 ff.). Für die Vertretungsmacht des Gesamtprokuristen gelten uneingeschränkt die Grundsätze der §§ 49, 50.

3 Der Wortlaut des § 50 Abs. 1 („Dritten gegenüber") verdeutlicht, dass zwischen **Außen- und Innenverhältnis** streng zu trennen ist (vgl. auch § 49 Rn. 2). Die Vorschrift steht einer rechtsgeschäftlichen Vereinbarung oder Weisung (§§ 675 Abs. 1, 665 BGB) des Geschäftsinhabers gegenüber dem Prokuristen nicht entgegen. Die Wirksamkeit solcher Vereinbarungen ist jedoch auf das Innenverhältnis beschränkt; im Außenverhältnis wird der Geschäftsinhaber im Rahmen der gesetzlich umschriebenen Vertretungsmacht ungeachtet einer internen Vereinbarung verpflichtet. Eine Einschränkung ergibt sich allerdings auf der Grundlage der Regeln vom **Missbrauch der Vertretungsmacht** (vgl. Vor § 48 Rn. 47 ff.).

4 Die gesetzlich umschriebene, nicht einschränkbare Vertretungsmacht der Prokura dient der **Sicherheit und Leichtigkeit des Handelsverkehrs** und soll insbesondere den **Vertrauensschutz Dritter** gewährleisten, die mit einem Prokuristen als rechtsgeschäftlicher Vertreter eines Kaufmanns verhandeln. Vertrauensschutz ist aber nur demjenigen zu gewähren, der tatsächlich schutzwürdig ist.

II. Unbeschränkbarkeit der Prokura

1. Grundsatz (§ 50 Abs. 1)

5 **Rechtsgeschäftlich erklärte Beschränkungen** des Umfangs der Prokura sind Dritten gegenüber unwirksam (§ 50 Abs. 1). Eine Einschränkung kann auch nicht durch Vereinbarung zwischen dem Kaufmann und seinem Geschäftspartner erfolgen. So kann auch der Inhaber sich nicht im Vertrag mit dem Arbeitnehmer das Recht zur außerordentlichen Kündigung selbst vorbehalten[1].

6 Unberührt von § 50 bleiben die **gesetzlichen Einschränkungen** der Vertretungsmacht und gesetzliche Verbote der Stellvertretung, die für die Prokura in gleicher Weise gelten wie für Vollmachten nach bürgerlichem Recht[2] (vgl. hierzu Vor § 48 Rn. 3). Hierzu gehören u.a. §§ 2064, 2274 BGB (Errichtung eines Testaments, Abschluss eines Erbvertrags); § 181 BGB (Verbot des Insichgeschäfts); § 48 Abs. 1 (Verbot der [Unter-]Prokuraerteilung); § 245 (persönliche Unterzeichnung des Jahresabschlusses).

---

1 Bedenklich insoweit BAG v. 9.10.1975 – 2 AZR 332/74, WM 1976, 598, 599.
2 *Palandt/Heinrichs*, vor § 164 BGB Rn. 1 ff.

2. Beschränkungsverbote nach § 50 Abs. 2

Im **Hinblick** auf die rechtsgeschäftlichen Beschränkungen einer Prokura, welche nach § 50 Abs. 1 Dritten gegenüber unwirksam sind, zählt § 50 Abs. 2 einzelne Beispiele auf, ohne dass hiermit ein abschließender Katalog aufgestellt wird.

a) Beschränkung auf gewisse Geschäfte

Die Prokura kann nicht für einzelne Vertretungsfälle erteilt werden. Hierzu gehört auch der Fall, dass der Prokurist **Geschäfte nur bis zu einer bestimmten Größenordnung** vornehmen darf. Umgekehrt können bestimmte Geschäfte auch nicht von der Vertretungsmacht ausgenommen werden (im Hinblick auf den wirksamen Vorbehalt einer außerordentlichen Kündigung durch den Geschäftsinhaber vgl. Rn. 5).

b) Beschränkung auf gewisse Arten von Geschäften

Ausgeschlossen wird insbesondere, dass die Prokura auf das gerade ausgeübte Handelsgewerbe oder auf **einzelne Bereiche** hiervon beschränkt wird (vgl. hierzu auch § 49 Rn. 3).

c) Beschränkung auf die Ausübung unter gewissen Umständen

Die Vertretungsmacht kann nicht vom Eintritt eines Umstandes oder einer Bedingung abhängig gemacht werden. Hierunter fällt auch die Beschränkung, dass der Prokurist nur mit **vorheriger Zustimmung des Geschäftsinhabers** tätig werden darf oder dass er nur bei Abwesenheit des Geschäftsinhabers Vertretungsmacht ausüben soll.

d) Beschränkung auf gewisse Zeit

Eine Prokura kann **nicht befristet** erteilt werden. Ihre Wirksamkeit kann nicht auf einen zukünftigen Zeitpunkt gelegt werden, ebenso nicht für bestimmte Zeiträume aufgehoben werden. Hierzu gehört auch die Beschränkung, der Prokurist solle nur für zeitlich begrenzte Vorhaben (z.B. Messen) oder für die Zeit der Abwesenheit des Geschäftsinhabers (z.B. Urlaub, Krankheit) mit Vertretungsmacht handeln können. Will der Geschäftsinhaber eine zeitweise Aufhebung erreichen, muss er die Prokura widerrufen und gegebenenfalls neu erteilen.

e) Beschränkung der Ausübung auf einzelne Orte

Die Prokura kann nicht auf bestimmte geographische Bereiche, insbesondere auch nicht auf das Inland, beschränkt werden. Sie bevollmächtigt zur Vornahme **weltweiter Geschäfte**[1].

---

1 *Staub/Joost*, § 50 Rn. 13.

3. Beschränkungen im Innenverhältnis

a) Wirksamkeit der Beschränkung

13 Eine Beschränkung der Prokura ist nicht schlechthin nichtig, sie entfaltet lediglich **keine Wirksamkeit im Außenverhältnis**. Im Innenverhältnis jedoch zwischen dem Inhaber des Handelsgewerbes und dem Prokuristen ist dieser gebunden. Zum **Missbrauch** der Vertretungsmacht vgl. Vor § 48 Rn. 47 ff.

14 Die **Stellung des Prokuristen** richtet sich nach den Vereinbarungen im Rahmen des Grundgeschäftes, das regeltypisch ein Anstellungsvertrag zwischen dem Kaufmann und dem Prokuristen ist. Insoweit kommen die allgemeinen Rechtsgrundsätze zur Anwendung; insbesondere gilt die Vertragsfreiheit. Dem Geschäftsinhaber obliegt es, die Geschäftsführungsbefugnis des Prokuristen näher zu bestimmen, einzuschränken oder gänzlich zu entziehen. Die Erteilung der Prokura gibt dem Prokuristen keinen Anspruch auf Ausübung der Vertretungsmacht. Entsprechend der vertraglichen Vereinbarung oder der Weisung des Geschäftsinhabers muss er die Einschränkung seiner Geschäftsführungsbefugnis befolgen.

b) Weisungswidriges Verhalten des Prokuristen

15 Ein weisungswidriges Verhalten des Prokuristen kann in erheblichen Fällen einen wichtigen Grund zur **außerordentlichen Kündigung** des Arbeitsverhältnisses i.S. des § 626 BGB darstellen. Erfolgt durch dieses Verhalten eine schuldhafte Schädigung des Kaufmanns, hat dieser einen Schadenersatzanspruch wegen Pflichtverletzung des Arbeitsvertrages, § 280 BGB. Insbesondere hat der Prokurist Verluste des Kaufmanns zu tragen, die bei weisungsgemäßem Handeln nicht entstanden wären.

III. Niederlassungsprokura (§ 50 Abs. 3)

16 Von dem Grundsatz der Unwirksamkeit einer Prokurabeschränkung Dritten gegenüber macht § 50 Abs. 3 eine Ausnahme.

Organisiert der Kaufmann ein einheitliches Unternehmen in der Weise, dass es durch **mehrere Niederlassungen unter verschiedenen Firmenbezeichnungen** betrieben wird, so kann er die Prokura auf den Betrieb einer Niederlassung auch Dritten gegenüber wirksam beschränken (Niederlassungsprokura, Filialprokura). Eine solche kann sowohl für eine oder mehrere Zweigniederlassungen als auch für die Hauptniederlassung erteilt werden; zulässig ist auch eine Kombination einer Gesamtprokura, etwa dergestalt, dass dem Leiter einer Zweigniederlassung Gesamtprokura, dem Leiter der Hauptniederlassung Einzelprokura (vgl. dazu § 48 Rn. 48 f.) erteilt wird.

1. Betreiben mehrerer Niederlassungen

Die Niederlassungsprokura setzt den Bestand mehrerer Niederlassungen neben der Hauptniederlassung voraus. Mit **Aufgabe der Zweigniederlassung** entfällt auch die auf sie beschränkte Niederlassungsprokura. Werden alle anderen Niederlassungen aufgegeben, setzt sie sich praktisch als uneingeschränkte Prokura fort. 17

2. Betreiben unter verschiedenen Firmen

Zwischen den einzelnen Niederlassungen muss **Firmenverschiedenheit** bestehen (§ 50 Abs. 3 S. 1). Allerdings ist es ausreichend, dass der Firmenbezeichnung der Niederlassung ein Zusatz beigefügt wird, der sie als Zweigniederlassung ausweist (§ 50 Abs. 3 S. 2). Zur Errichtung, Anmeldung und Unterscheidbarkeit der Zweigniederlassung vgl. im Übrigen §§ 13–13g, 29, 30 Abs. 3. Die Unterscheidbarkeit der Firmen richtet sich nach der Verkehrsanschauung. Fehlt die Firmenverschiedenheit, so ist die Beschränkung der Prokura auf die Niederlassung unwirksam. Es liegt dann eine unbeschränkte Prokura für das gesamte Unternehmen vor[1]. 18

3. Erteilung der Niederlassungsprokura

Die Erteilung richtet sich nach den Grundsätzen der Prokuraerteilung an sich (vgl. § 48 Rn. 3 ff.), d.h. sie erfolgt durch ausdrückliche Erklärung durch den Kaufmann oder seinen gesetzlichen Vertreter, wobei die Beschränkung auf die Niederlassung ebenfalls ausdrücklich zu erklären ist[2]. Fehlt die ausdrückliche Beschränkung der Prokura auf die Niederlassung, so ist sie als Vollprokura zu werten. 19

4. Umfang der Niederlassungsprokura

a) Umfang nach §§ 49, 50

Der Umfang der Vertretungsmacht bestimmt sich nach §§ 49, 50; die Niederlassungsprokura ermächtigt damit zu allen Arten von gerichtlichen und außergerichtlichen Geschäften und geschäftsähnlichen Handlungen, die der Betrieb einer Niederlassung eines Kaufmanns mit sich bringt (vgl. näher § 49 Rn. 4 ff.). 20

b) Beschränkung auf den Betrieb der Niederlassung

Die Vertretungsmacht des Niederlassungsprokuristen erstreckt sich allerdings nur auf den Betrieb der Niederlassung, für die er bestellt ist. Dies hat zur Folge, dass der Inhaber des Handelsgewerbes die von dem Prokuristen vorgenommenen Geschäfte **nur durch oder über die Niederlassung** zu erfül- 21

---

1 *Staub/Joost*, § 50 Rn. 16 m.N.
2 *Schlegelberger/Schröder*, § 50 Rn. 16; *Staub/Joost*, § 50 Rn. 17.

len hat[1]. Teilweise wird die Beschränkung der Verpflichtung auf die betreffende Niederlassung für unvereinbar mit dem Wesen der Prokura als einer umfassenden Vollmacht gehalten[2]. In diesem Fall würde aber die Niederlassungsprokura, die nach der gesetzlichen Vorgabe die Vertretungsmacht gerade einschränken soll, ihren Sinn verlieren.

22 Mit der Beschränkung der Vertretungsmacht auf die Niederlassung ist aber **keine Aufspaltung der haftenden Vermögensmassen** auf die einzelnen Niederlassungen verbunden. Auch der Niederlassungsprokurist vertritt im Rahmen seiner Vertretungsmacht den Inhaber des Handelsgewerbes, nicht etwa die Niederlassung, die als solche keine eigene Rechtspersönlichkeit besitzt. Dieser haftet für die eingegangenen Verbindlichkeiten mit seinem gesamten Vermögen, nicht nur mit dem für die Niederlassung eingebrachten Teil[3].

§ 51
Zeichnung der Prokuristen

Der Prokurist hat in der Weise zu zeichnen, dass er der Firma seinen Namen mit einem die Prokura andeutenden Zusatze beifügt.

1. Inhalt und Zweck der Vorschrift

1 Die Vorschrift hält den Prokuristen an, bei schriftlichen Erklärungen seine Vertreterstellung durch bestimmte Bezeichnung offen zu legen. In diesem Sinne ist sie eine Ausprägung des auch für das Handeln des Prokuristen geltenden **Offenkundigkeitsprinzips** (§ 164 Abs. 1 BGB; vgl. näher Vor § 48 Rn. 5) und dient der Erleichterung des Handelsverkehrs. Die rechtliche Bedeutung ist gering; nach allgemeiner Ansicht wird sie als Ordnungsvorschrift verstanden[4]. Es handelt sich nicht um eine gesetzliche Formvorschrift i.S. des § 125 BGB, so dass ein Verstoß nicht zur Unwirksamkeit der Zeichnung oder des Geschäftes führt.

2 Die Wirksamkeit der Stellvertretung durch den Prokuristen richtet sich vielmehr allein nach §§ 164 ff. BGB. Nach § 164 Abs. 1 BGB ist erforderlich, dass der Prokurist entweder ausdrücklich im Namen des Kaufmanns handelt oder sich aus den Umständen das Handeln als Vertreter ergibt (vgl. näher Vor § 48 Rn. 5). Auch in diesem Zusammenhang gilt die Vermutung, dass der Auftretende bei unternehmensbezogenen Geschäften für den Handelsbetrieb handeln will (vgl. Vor § 48 Rn. 8). In diesem Sinne kann die bloße Verwendung des eigenen Namens genügen; die Offenkundigkeit kann sogar

---

1 *Schlegelberger/Schröder*, § 50 Rn. 15 m.N.; *Heymann/Sonnenschein/Weitemeyer*, § 50 Rn. 20.
2 *Staub/Joost*, § 50 Rn. 22.
3 Vgl. auch *Schlegelberger/Schröder*, § 50 Rn. 50.
4 BAG v. 11.7.1991 – 2 AZR 107/91, ZIP 1992, 497; *Staub/Joost*, § 51 Rn. 10 m.N.

dann gewahrt sein, wenn der Prokurist nur mit der Firma und ohne den die Prokura andeutenden Zusatz zeichnet[1].

2. Zeichnung des Prokuristen

Bei der Zeichnung einer schriftlichen Erklärung durch den Prokuristen ist zunächst der **Name der Firma** in vollständiger Form wiederzugeben[2]. Insoweit genügt maschinenschriftliche oder sonstige Form; die **Unterschrift** mit dem Namen des Prokuristen ist handschriftlich zu leisten[3].

Die Zeichnung ist mit einem **Zusatz** zu versehen, der die Prokura andeutet; im Handelsverkehr hat sich die Zeichnung mit „ppa." durchgesetzt. Der Zusatz steht üblicherweise neben der Unterschrift; er kann aber auch der Firma beigefügt werden.

Beispiel:

Der Prokurist Karl Schmid des Kaufmanns Dieter Menzinger unterzeichnet:
Dieter Menzinger ppa. Karl Schmid

Für die **Gesamtprokura** gelten keine Besonderheiten. Die Gesamtprokuristen zeichnen mit dem gewöhnlichen Prokurazusatz; die Gesamtprokura ist nicht offen zu legen. Bei der **Niederlassungsprokura**, § 50 Abs. 3, hat der Prokurist mit der Firma der Niederlassung zu zeichnen.

§ 52
Widerruflichkeit; Unübertragbarkeit; Tod des Inhabers

(1) Die Prokura ist ohne Rücksicht auf das der Erteilung zugrunde liegende Rechtsverhältnis jederzeit widerruflich, unbeschadet des Anspruchs auf die vertragsmäßige Vergütung.

(2) Die Prokura ist nicht übertragbar.

(3) Die Prokura erlischt nicht durch den Tod des Inhabers des Handelsgeschäfts.

I. Regelungsinhalt/Zweck der Vorschrift

Die Vorschrift regelt das Recht, die Prokura jederzeit zu widerrufen, ihre Unübertragbarkeit und ihren Fortbestand beim Tod des Kaufmanns. Sie weicht insoweit zum Teil vom allgemeinen Stellvertretungsrecht des BGB ab und ist als **Sondervorschrift** speziell gegenüber den entsprechenden Regeln des BGB.

---

1 Vgl. BGH v. 28.10.1965 – Ia ZB 11/65, NJW 1966, 1077; bei Schriftformerfordernis nach § 126 BGB, vgl. Vor § 48 Rn. 5.
2 Vgl. näher *Beck*, BB 1962, 1265.
3 BGH v. 28.10.1965 – Ia ZB 11/65, NJW 1966, 1077.

2 Die unterschiedliche Behandlung der Prokura rechtfertigt sich aus der **Schutzwürdigkeit des Inhabers eines Handelsgewerbes** und der **Sicherheit des Handelsverkehrs**. Das jederzeitige Widerrufsrecht (§ 52 Abs. 1) bildet einen Ausgleich zu der umfassenden Vollmacht des Prokuristen nach §§ 49, 50. Die Unübertragbarkeit (§ 52 Abs. 2) trägt dem besonderen Vertrauen des Kaufmanns, das in der Bestellung der Prokura zum Ausdruck kommt, Rechnung. Der Fortbestand der Prokura nach dem Tod des Kaufmanns (§ 52 Abs. 3) dient der Sicherheit des Handelsverkehrs.

II. Widerruf der Prokura (§ 52 Abs. 1)

1. Jederzeitige Widerruflichkeit der Prokura

3 Die Prokura ist jederzeit ohne Rücksicht auf das der Erteilung zugrundeliegende Rechtsgeschäft (i.d.R. ein Arbeitsvertrag) widerrufbar. Insoweit besteht ein Unterschied zur Regelung des § 168 Abs. 1 BGB, der eine Bindung der Vollmacht an das zugrundeliegende Kausalgeschäft zulässt; die Vollmacht des BGB kann auch als bedingt widerruflich oder unwiderruflich erteilt werden[1].

4 Die Regelung des § 52 Abs. 1 ist **zwingend**. Ein vertraglicher Ausschluss des Widerrufsrechts oder die Vereinbarung einer Bindung der Prokura an den Fortbestand des zugrundeliegenden Rechtsverhältnisses ist weder mit dem Prokuristen selbst noch mit einem Dritten zulässig. Insoweit besteht auch kein Anspruch des Prokuristen auf Nichtwiderruf oder auf (Neu-)Erteilung, selbst wenn die Prokuraerteilung im Arbeitsvertrag selbst vereinbart war[2]. Widerruft aber der Arbeitgeber vertragswidrig eine Prokura, so kann er schadensersatzpflichtig werden, oder der Arbeitnehmer kann außerordentlich kündigen.

5 Zweifelhaft ist, ob für den Fall des Widerrufs (oder auch der Nichterteilung) der Prokura eine **Vertragsstrafe** vereinbart werden kann; im Ergebnis ist dies zu bejahen[3]. Zwar wird durch eine Vertragsstrafe die in § 52 Abs. 1 vorgesehene freie Entscheidung des Kaufmanns beschränkt; auf der anderen Seite ergibt sich aber eine dahingehende Beschränkung bereits aus den Vereinbarungen des Arbeitsvertrages, die ebenfalls zu weitreichenden Folgen (Schadensersatz, Kündigung) führen können.

6 Zum **Sonderrecht eines Kommanditisten** auf Erteilung einer Prokura vgl. § 170 Rn. 9.

---

[1] Vgl. hierzu *Palandt/Heinrichs*, § 168 BGB Rn. 1.
[2] *Staub/Joost*, § 48 Rn. 22.
[3] *Schlegelberger/Schröder*, § 52 Rn. 13; *Heymann/Sonnenschein/Weitemyer*, § 52 Rn. 14; a.A. *Staub/Joost*, § 52 Rn. 25.

2. Erklärung des Widerrufs

a) Person des Erklärenden

Derjenige, der nach § 48 (vgl. § 48 Rn. 3 ff.) zur Erteilung der Prokura berechtigt ist, kann sie auch widerrufen; grundsätzlich ist dies der **Inhaber eines Handelsgewerbes** oder sein gesetzlicher Vertreter. Letzterer bedarf im Gegensatz zur Erteilung, § 1822 Nr. 11 BGB, nicht der Genehmigung des Vormundschaftsgerichts. Der Widerruf muss auch nicht durch dieselbe Person erklärt werden, welche die ursprüngliche Bevollmächtigung erteilt hat.

7

Soweit **Testamentsvollstrecker, Nachlassverwalter und Nachlasspfleger** berechtigt sind, Prokura zu erteilen (vgl. hierzu § 48 Rn. 9), können sie die Prokura auch widerrufen. Bei einer **Miterbengemeinschaft** ist jeder einzelne Miterbe zum Widerruf berechtigt, weil jeder von ihnen als Inhaber des Handelsgewerbes anzusehen ist[1].

8

Bei der **offenen Handelsgesellschaft** und **Kommanditgesellschaft** ist zu unterscheiden:

9

Im **Innenverhältnis** ist nach § 116 Abs. 3 S. 2 jeder Gesellschafter zum Widerruf berechtigt, der zur Erteilung der Prokura befugt ist. Im **Außenverhältnis** ist der Widerruf aber auch dann wirksam, wenn er durch einen gesetzlich vertretungsberechtigten Gesellschafter erklärt wird, § 126 Abs. 1; gesellschaftsvertragliche Absprachen binden nur im Innenverhältnis[2].

10

Der Geschäftsführer einer **GmbH** bedarf zum Widerruf der Prokura nicht der Zustimmung der Gesellschafter; § 46 Nr. 7 GmbHG betrifft nur die Bestellung von Prokuristen.

11

b) Adressat/Form des Widerrufs

Der Widerruf der Prokura erfolgt durch **einseitige empfangsbedürftige Willenserklärung** entweder gegenüber dem Prokuristen selbst, dem Dritten[3] oder der Öffentlichkeit gegenüber; letzteres geschieht insbesondere durch Anmeldung und Eintragung des Widerrufs im Handelsregister. Anders als für die Erteilung (vgl. hierzu § 48 Rn. 37) ist für den Widerruf keine besondere Form vorgeschrieben. Aus Gründen der Rechtssicherheit ist jedoch eine ausdrückliche und eindeutige Erklärung erforderlich. Eine solche kann auch durch letztwillige Verfügung auf den Todesfall erfolgen[4]. Ein bedingter oder befristeter Widerruf ist im Hinblick auf § 50 Abs. 2 nicht möglich.

12

---

1 BGH v. 24.1.1959 – II ZR 46/59, NJW 1959, 2114, 2116.
2 RGZ 163, 35, 38; dort auch zur Frage, dass der absprachewidrig handelnde Gesellschafter auf Schadensersatz sowie auf Neuerteilung der Prokura in Anspruch genommen werden kann.
3 A.A. *Heymann/Sonnenschein/Weitemeyer*, § 52 Rn. 10.
4 *Heymann/Sonnenschein/Weitemeyer*, § 52 Rn. 9.

III. Erlöschen der Prokura (§ 52 Abs. 3)

13 § 52 Abs. 3 stellt klar, dass der Tod des Inhabers des Handelsgeschäfts den Bestand der Prokura unberührt lässt. Bezogen auf die Person des Prokuristen erlischt die Prokura, wenn der bisherige Prokurist eine mit der Prokura unvereinbare Rechtsposition erlangt[1]. Vgl. zu den Einzelfällen § 48 Rn. 27 f.

§ 53
Anmeldung der Erteilung und des Erlöschens

(1) Die Erteilung der Prokura ist von dem Inhaber des Handelsgeschäfts zur Eintragung in das Handelsregister anzumelden. Ist die Prokura als Gesamtprokura erteilt, so muss auch dies zur Eintragung angemeldet werden.

(2) Das Erlöschen der Prokura ist in gleicher Weise wie die Erteilung zur Eintragung anzumelden.

I. Regelungsinhalt

1 Nach § 53 Abs. 1 ist die Erteilung, nach § 53 Abs. 2 das Erlöschen einer Prokura vom Kaufmann **zum Handelsregister anzumelden**. Zweck der Anmeldungspflicht ist die Offenlegung von Vertretungsverhältnissen im kaufmännischen Verkehr.

2 § 53 ist eine reine **Ordnungsvorschrift;** die Eintragung im Handelsregister ist weder Voraussetzung für die wirksame Erteilung noch für das Erlöschen einer Prokura. Eine unwirksam erteilte Prokura wird auch nicht durch die Eintragung geheilt. Die Anmeldepflicht hat nur insoweit materielle Wirkung, als der gutgläubige Rechtsverkehr nach § 15 (vgl. die Erläuterungen dort) geschützt wird. Zum Registerzwang vgl. die Erläuterungen zu § 14.

II. Anmeldung der Erteilung der Prokura (§ 53 Abs. 1)

1. Anmeldungspflichtige Tatsachen

3 Gegenstand der Anmeldungspflicht ist die Erteilung einer Prokura, ihre zulässige Einschränkung oder Erweiterung. Eintragungsfähig und eintragungspflichtig ist nur die **materiell rechtswirksam erteilte Prokura** im Sinne der §§ 48 ff., also nicht eine Generalvollmacht[2].

4 Die **Gesamtprokura** ist als solche anzumelden (§ 53 Abs. 1 S. 2); bei Anmeldung ohne besondere Zusätze erfolgt Eintragung als Einzelprokura. Sie ist erst eintragungsfähig, wenn alle Gesamtprokuristen wirksam bestellt sind[3].

---

1 *Staub/Joost*, § 52 Rn. 44.
2 *Staub/Joost*, § 53 Rn. 4; dort auch zu Bevollmächtigenden nach § 53 Abs. 2 Nr. 1 S. 3 KWG und § 106 Abs. 3 S. 4 VAG.
3 *Heymann/Sonnenschein/Weitemeyer*, § 53 Rn. 6 m.N.

Die Eintragungspflicht besteht auch für die Gesamtprokura in Form der gemischten Gesamtvertretung (vgl. § 48 Rn. 47). Insoweit genügt es für die Eintragung, dass der weitere Vertreter bereits wirksam bestellt ist, auch wenn kein weiterer Prokurist vorhanden ist[1].

Eine **Niederlassungsprokura** ist nur bei der entsprechenden Zweigniederlassung einzutragen; ein weiterer einschränkender Zusatz ist nicht erforderlich[2]. 5

Wird der gesetzlich bestimmte **Umfang der Prokura** zulässig **erweitert** (vgl. § 49 Rn. 2), so ist diese Erweiterung ebenfalls eine eintragungspflichtige Tatsache. Dies gilt insbesondere für die Erteilung der Befugnis zur Vornahme von Grundstücksgeschäften[3] und auch für die Befreiung vom Verbot des Selbstkontrahierens nach § 181 BGB[4]. 6

2. Anmeldungspflichtige Personen

Im Grundsatz trifft die Anmeldepflicht den **Inhaber des Handelsgeschäftes**. Handelt ein gesetzlicher Vertreter, so hat dieser die Anmeldung vorzunehmen. Im Übrigen betrifft die Anmeldepflicht denselben Personenkreis, der kraft Amtes das Handelsgeschäft im eigenen Namen führen und Prokura erteilen kann (vgl. § 48 Rn. 3 ff.; zur Gesamtprokura § 48 Rn. 40). 7

Bei einer **Miterbengemeinschaft** betrifft die Anmeldepflicht alle Miterben; widerruft ein einzelner Miterbe die Prokura, kann er seine Miterben im Rahmen ihrer Verpflichtungen aus der Erbengemeinschaft anhalten, die Anmeldung vorzunehmen oder auch den Widerruf beim Registergericht im Hinblick auf die Ausübung des Registerzwangs, § 14, anzeigen. 8

Bei **Handelsgesellschaften** sind ihre organschaftlichen Vertreter zur Anmeldung verpflichtet[5]. Die Anmeldung eines Prokuristen einer Personenhandelsgesellschaft erfolgt durch ihre vertretungsberechtigten Gesellschafter. § 108 Abs. 1, der von einer Anmeldung durch sämtliche Gesellschafter spricht, findet auf die Anmeldung eines Prokuristen keine Anwendung[6]. 9

Der Anmeldungspflichtige kann sich durch einen **rechtsgeschäftlich Bevollmächtigten**, also auch durch einen Prokuristen (aber nicht für dessen eigene Anmeldung) vertreten lassen; die Vollmacht ist elektronisch in öffentlich beglaubigter Form einzureichen, § 12 Abs. 2 S. 1. 10

---

1 BGH v. 14.2.1974 – II ZB 6/73, BGHZ 62, 166, 173 ff. m.N.
2 BGH v. 21.3.1988 – II ZB 69/87, BGHZ 104, 64.
3 BayObLG v. 15.2.1971 – BReg. 2 Z 83/70, NJW 1971, 810, 811; BayObLG v. 14.7.1980 – BReg. I Z 17/80, DB 1980, 2232, 2233.
4 BayObLG v. 14.7.1980 – BReg. I Z 17/80, DB 1980, 2232.
5 BayObLG v. 12.7.1973 – 2 Z 31/73, WM 1973, 1226, 1227.
6 *Staub/Joost*, § 53 Rn. 15 m.N.; vgl. im Übrigen Erl. zu § 12.

3. Eintragung in das Handelsregister

11 Das Gericht prüft nur die **Ordnungsmäßigkeit der Anmeldung**. Sie begründet eine Vermutung für die wirksame Erteilung der Prokura; eine materielle Nachprüfung findet nicht statt[1]. Hängt die Wirksamkeit der Prokuraerteilung jedoch von weiteren gesetzlichen Voraussetzungen ab, z.B. von einer vormundschaftlichen Genehmigung nach § 1822 Nr. 11 BGB, so muss das Registergericht diese Voraussetzungen prüfen und ggf. Nachweise verlangen; zur Nachprüfungspflicht vgl. im Übrigen § 8 Rn. 31 ff.

III. Anmeldung des Erlöschens der Prokura (§ 53 Abs. 2)

1. Gegenstand der Anmeldepflicht

12 Das Erlöschen der Prokura ist in gleicher Weise wie die Erteilung zur Eintragung anzumelden[2]. Die Eintragung ist ohne Wirkung auf den materiellen Bestand der Prokura. Die Anmeldepflicht besteht grundsätzlich und unabhängig von dem Grund, der zum Erlöschen der Prokura geführt hat. Sie gilt entsprechend bei wirksamer Anfechtung der Prokura. Die **Gründe** für das Erlöschen müssen nicht mitgeteilt werden. Das Erlöschen ist auch dann zur Eintragung anzumelden, wenn die Erteilung der Prokura zu Unrecht nicht im Handelsregister eingetragen wurde; Erteilung und Löschung sind dann gleichzeitig einzutragen[3].

13 Wird das **Erlöschen der Firma** angemeldet, liegt hierin auch die Anmeldung des Erlöschens der Prokura. Da die Prokura mit Erlöschen der Firma gegenstandslos wird, ist eine gesonderte Anmeldung nicht erforderlich[4]. Das Gleiche gilt, wenn die Ernennung eines bisherigen Prokuristen zum Geschäftsführer angemeldet wird[5].

14 Wird bei der **Umwandlung** eines Einzelunternehmens in eine Gesellschaft der bisherige Prokurist übernommen, können das dadurch bedingte Erlöschen und die (Neu-)Erteilung der Prokura in der Weise angemeldet und in das Handelsregister eingetragen werden, dass die Prokura bestehen bleibt[6].

2. Anmeldungspflichtige Personen

15 Die Anmeldung der Erteilung und des Erlöschens (der verpflichtete Personenkreis ist jeweils identisch, vgl. Rn. 7) sollen sich inhaltlich decken.

---

1 BayObLG v. 19.6.1973 – 2 Z 21/73, NJW 1973, 2068, 2069.
2 Muster bei *Hopt/Graf v. Westphalen*, Vertrags- und Formularbuch zum Handels-, Gesellschafts- und Bankrecht, 3. Aufl. 2007, I. E. 3. – Anmeldung des Erlöschens der Prokura.
3 *Staub/Joost*, § 53 Rn. 10; *Baumbach/Hopt*, § 53 Rn. 4.
4 *Staub/Joost*, § 53 Rn. 11 m.N.
5 LG Bremen v. 9.6.1998 – 13 T 14/98, NJW-RR 1998, 1332.
6 BayObLG v. 16.12.1970 – BReg. 2 Z 58/70, BB 1971, 239.

Deshalb müssen bei der Anmeldung des Erlöschens auch **Name, Geburtsdatum und Wohnsitz** des bisherigen Prokuristen angegeben werden[1].

§ 54
Handlungsvollmacht

(1) Ist jemand ohne Erteilung der Prokura zum Betrieb eines Handelsgewerbes oder zur Vornahme einer bestimmten zu einem Handelsgewerbe gehörigen Art von Geschäften oder zur Vornahme einzelner zu einem Handelsgewerbe gehöriger Geschäfte ermächtigt, so erstreckt sich die Vollmacht (Handlungsvollmacht) auf alle Geschäfte und Rechtshandlungen, die der Betrieb eines derartigen Handelsgewerbes oder die Vornahme derartiger Geschäfte gewöhnlich mit sich bringt.

(2) Zur Veräußerung oder Belastung von Grundstücken, zur Eingehung von Wechselverbindlichkeiten, zur Aufnahme von Darlehen und zur Prozessführung ist der Handlungsbevollmächtigte nur ermächtigt, wenn ihm eine solche Befugnis besonders erteilt worden ist.

(3) Sonstige Beschränkungen der Handlungsvollmacht braucht ein Dritter nur dann gegen sich gelten zu lassen, wenn er sie kannte oder kennen musste.

Übersicht

	Rn.		Rn.
I. Regelungsinhalt/Zweck	1	2. Geschäfte zum Betrieb eines Handelsgewerbes	29
II. Begriff und Gegenstand der Handlungsvollmacht	4	VI. Gesetzliche Einschränkungen/Besondere Ermächtigung (§ 54 Abs. 2)	
III. Erteilung der Handlungsvollmacht	6	1. Gesetzliche Einschränkungen	30
1. Vollmachtgeber		a) Veräußerung und Belastung von Grundstücken	31
a) Inhaber eines Handelsgewerbes	7	b) Eingehung von Wechselverbindlichkeiten	32
b) Vollmachtserteilung durch Vertreter	10	c) Aufnahme von Darlehen	33
2. Person des Bevollmächtigten	12	d) Prozessführung	34
3. Rechtsgeschäftliche Erteilung/Form	14	2. Besondere Ermächtigung	35
IV. Arten der Handlungsvollmacht	17	VII. Schutz des guten Glaubens (§ 54 Abs. 3)	36
1. Generalhandlungsvollmacht	18	1. Anwendungsbereich	38
2. Arthandlungsvollmacht	22	2. Guter Glaube des Dritten	40
3. Spezialhandlungsvollmacht	23	3. Rechtsfolge	41
4. Niederlassungs- und Gesamthandlungsvollmacht	24	4. Prozessuales	42
V. Umfang der Handlungsvollmacht	26	VIII. Überschreiten der Vertretungsmacht	44
1. Branchenübliche Geschäfte	27		

---

1 OLG Düsseldorf v. 6.5.1994 – 3 WX 302/94, WM 1994, 1443; *Heymann/Sonnenschein/Weitemeyer*, § 53 Rn. 14; vgl. § 40 Nr. 4 HRV v. 6.7.1995, BGBl. I 911.

	Rn.		Rn.
IX. Erlöschen der Handlungsvollmacht	46	2. Weitere Erlöschensgründe	49
1. Erlöschen nach dem Grundverhältnis	47	3. Erlöschensgründe in Person des Vertreters	52

I. Regelungsinhalt/Zweck

1 Die Vorschrift regelt mit der Handlungsvollmacht eine **besondere Form der handelsrechtlichen Vollmacht**. § 54 Abs. 1 umschreibt den Umfang unterschiedlicher Vertretungsbefugnisse, die gleichwohl einheitlich als „Handlungsvollmacht" bezeichnet werden. § 54 Abs. 2 beschränkt den Umfang der Vertretungsmacht des Handlungsbevollmächtigten für bestimmte Geschäfte; § 54 Abs. 3 schützt den gutgläubigen Dritten gegenüber sonstigen Beschränkungen der Handlungsvollmacht.

2 **Zweck** der Handlungsvollmacht ist, dem Handelsverkehr eine feste Grundlage für das Handeln eines Vertreters im kaufmännischen Verkehr zu bieten; er soll sich auf Bestand und Umfang der Vollmacht verlassen können. Dabei ist im Gegensatz zur Prokura der Umfang der Handlungsvollmacht nicht gesetzlich festgelegt. Die Vorschrift enthält lediglich die widerlegbare Vermutung über den Umfang einer rechtsgeschäftlich erteilten Vollmacht.

3 Der konkrete **Umfang** der einzelnen Vollmacht wird durch den Kaufmann bestimmt. Die Interessen des Handelsverkehrs werden gegenüber der bürgerlich-rechtlichen Vollmacht dadurch stärker geschützt, dass der Kaufmann die Beweislast für ein Abweichen des gesetzlich vermuteten Umfangs der Vollmacht trägt und sich Beschränkungen gegenüber dem Gutgläubigen nicht auswirken.

II. Begriff und Gegenstand der Handlungsvollmacht

4 Nach § 54 Abs. 1 ist Handlungsvollmacht jede Vollmacht (rechtsgeschäftlich erteilte Vertretungsmacht, vgl. Vor § 48 Rn. 17) außer der Prokura, durch die ein Kaufmann einen Dritten zum Betrieb eines Handelsgewerbes, zur Vornahme einer bestimmten zu einem Handelsgewerbe gehörigen Art von Geschäften oder zur Vornahme einzelner zu einem Handelsgewerbe gehöriger Geschäfte ermächtigt. Private Geschäfte werden nicht erfasst; für die Zugehörigkeit zum Handelsgewerbe gilt die Vermutung von § 344 Abs. 1.

5 Zweifelhaft ist, ob eine Handlungsvollmacht auch dann vorliegt, wenn ein **ausgeschiedener Dritter** bevollmächtigt worden ist[1]. Richtigerweise ist der Vertrauensschutz zu Lasten des Kaufmanns, der mit der Erteilung der Handlungsvollmacht verbunden ist, nur geboten, wenn der Vertreter in den Rah-

---

[1] Bejahend *Staub/Joost*, § 54 Rn. 10.

men des kaufmännischen Unternehmens eingegliedert ist[1]. Letztlich ergibt sich dies auch aus einem Umkehrschluss zu § 55 Abs. 1. Dies bedeutet jedoch nicht, dass der Handlungsbevollmächtigte auch im Unternehmen des Kaufmanns angestellt sein muss.

III. Erteilung der Handlungsvollmacht

Für die Erteilung der Handlungsvollmacht gelten grundsätzlich die Regeln des BGB über die Vollmachtserteilung (vgl. hierzu Vor § 48 Rn. 18 ff.). 6

1. Vollmachtgeber

a) Inhaber eines Handelsgewerbes

Zur Erteilung berechtigt ist jeder **Kaufmann** i.S.d. §§ 1–6, ebenso Genossenschaften, § 42 Abs. 2 GenG, und juristische Personen gemäß § 33, auch Insolvenzverwalter. Unternehmen, die kein Handelsgewerbe betreiben und auch nicht durch Eintragung in das Handelsregister die Kaufmannseigenschaft erlangen, können nicht Vollmachtgeber sein[2]. Die Vorschrift findet keine (auch nicht analog) Anwendung auf Kleingewerbetreibende[3]. Eine Gleichbehandlung mit § 56 (vgl. § 56 Rn. 4 f.) ist nicht geboten. Die dortige Schlussfolgerung, dass ein in einem Ladenlokal Wirkender die Vollmacht zum Verkauf von Waren hat, die dort gehandelt werden, liegt näher, als die hier nur mögliche Schlussfolgerung des Verkehrs auf den vermuteten Umfang von erteilten Vollmachten. Zwar wird der Personenkreis durch den durch das Handelsrechtsreformgesetz geregelten neuen Kaufmannsbegriff und den damit verbundenen Wegfall des Minderkaufmanns erheblich eingeschränkt; auch lässt sich ein Bedürfnis der Praxis für eine klare Umschreibung des Umfangs einer Vollmacht auch bei kleineren Unternehmen nicht von der Hand weisen. Auf der anderen Seite hängt es jedoch bei Kleingewerbetreibenden eher von den Umständen des Einzelfalles ab, in welchem Maß durch den Verkehr der Umfang einer Vollmacht als gesichert angesehen werden kann. Nachdem auch noch im Hinblick auf die Regelungstechnik des Gesetzes – nämlich die ausdrückliche Einbeziehung bestimmter Kleingewerbetreibender in den Anwendungsbereich des HGB (§§ 84 Abs. 4, 93 Abs. 3, 383 Abs. 2) keine unbewusste Gesetzeslücke besteht, erscheint es sachgerechter, die Fälle durch die Heraussziehung der Grundsätze über die Anscheins- und Duldungsvollmacht zu lösen (vgl. dazu § 48 Rn. 28 ff.). 7

Im Gegensatz zur Prokura können auch **Liquidationsgesellschaften** Handlungsvollmachten erteilen; im Übrigen auch Handelsgeschäfte unter Verwaltung (vgl. § 48 Rn. 7 f.). 8

---

1 *K. Schmidt*, HR, § 16 IV; *Heymann/Sonnenschein/Weitemeyer*, § 54 Rn. 4.
2 *Staub/Joost*, Rn. 12; a.A. *Canaris*, HR, § 15 Rn. 32; *K. Schmidt*, HR, § 16 IV 2a aa.
3 Wie hier *Heymann/Sonnenschein/Weitemeyer*, § 54 Rn. 12; *Ebenroth/Boujong/Joost/Strohn*, § 54 Rn. 2; a.A. *Baumbach/Hopt*, § 54 Rn. 6; *MünchKommHGB/Lieb/Krebs*, § 54 Rn. 8.

9 Nach § 91 Abs. 1 finden die **Vorschriften** über die Handlungsvollmacht Anwendung, wenn ein Handelsvertreter zum Abschluss von Geschäften von einem nicht kaufmännischen Unternehmer bevollmächtigt ist.

b) Vollmachtserteilung durch Vertreter

10 Die Erteilung der Handlungsvollmacht erfolgt durch den Inhaber des Handelsgewerbes; im Gegensatz zur Prokuraerteilung kann sich dieser **rechtsgeschäftlich vertreten** lassen, insbesondere kann auch der Prokurist Handlungsvollmacht erteilen. Die Befugnis zur (Unter-)Bevollmächtigung ist jeweils durch Auslegung der erteilten Vollmacht zu ermitteln. Handelt der gesetzliche Vertreter, bedarf er dazu keiner Genehmigung des Vormundschaftsgerichts, vgl. § 1822 Nr. 11 BGB.

11 Bei Handelsgesellschaften erfolgt die Erteilung durch die **organschaftlichen Vertreter;** sie ist auch im Fall eines fehlenden oder widersprüchlichen Gesellschafterbeschlusses (§ 46 Nr. 7 GmbHG) sowie bei Missachtung gesellschaftsvertraglicher Vereinbarungen wirksam.

2. Person des Bevollmächtigten

12 Handlungsvollmacht kann jeder **natürlichen**, wenigstens beschränkt geschäftsfähigen Person (§ 165 BGB), aber auch (anders die Prokura, vgl. § 48 Rn. 20) einer **juristischen Person**, insbesondere einer Handelsgesellschaft oder auch einer GbR erteilt werden[1]; sie wird dann von dem jeweiligen gesetzlichen bzw. organschaftlichen Vertreter wahrgenommen.

13 Einem **Prokuristen** kann insoweit Handlungsvollmacht erteilt werden, als dadurch der Umfang seiner Vertretungsmacht erweitert wird; insbesondere kann anstelle der besonderen Befugnis nach § 49 Abs. 2 die nach § 54 Abs. 2 erweiterte Handlungsvollmacht eingeräumt und dadurch der Eintragungszwang umgangen werden[2]. Gleiches gilt für den Gesamt- oder Niederlassungsprokuristen.

3. Rechtsgeschäftliche Erteilung/Form

14 Die Erteilung der Handlungsvollmacht erfolgt durch **einseitige empfangsbedürftige Willenserklärung** entweder gegenüber dem Bevollmächtigten (§ 167 Abs. 1 Alt. 1 BGB) oder gegenüber einem Dritten (§ 167 Abs. 1 Alt. 2 BGB) oder auch durch öffentliche Bekanntmachung (§ 171 Abs. 1 BGB); vgl. näher Vor § 48 Rn. 18.

15 Sie ist an **keine besondere Form** gebunden; im Gegensatz zur Prokura (vgl. § 48 Rn. 31) kann sie auch durch schlüssiges oder stillschweigendes Verhal-

---

1 *Heymann/Sonnenschein/Weitemeyer*, § 54 Rn. 13; *K. Schmidt*, HR, § 16 IV 1a; einschränkend *Staub/Joost*, § 54 Rn. 15.
2 *Heymann/Sonnenschein/Weitemeyer*, § 54 Rn. 13; *Staub/Joost*, § 54 Rn. 17.

ten erklärt werden[1]. Die konkludente Erteilung kann bereits in der Einräumung eines bestimmten Arbeitsplatzes oder durch durch die Zuweisung eines bestimmten Aufgabenbereiches erfolgen, wenn die Stellung der Hilfsperson mit der Vornahme von Vertretergeschäften nach der Verkehrsauffassung gewöhnlich mit Handlungsvollmacht verbunden ist[2]; so z.B. in der Überlassung der Geschäftsführung oder in der Betrauung mit der Erteilung von Auskünften[3].

Eine Handlungsvollmacht kann auch im Wege der **Umdeutung** (§ 140 BGB) entstehen, so insbesondere dann, wenn eine Generalvollmacht[4] oder eine Prokura unwirksam erteilt wurden. 16

IV. Arten der Handlungsvollmacht

Unter dem einheitlichen Begriff „Handlungsvollmacht" erwähnt § 54 Abs. 1 drei verschiedene Arten von Vollmachten: Vollmacht zum „Betrieb eines Handelsgewerbes" (sog. **Generalhandlungsvollmacht**); zur „Vornahme einer bestimmten zu einem Handelsgewerbe gehörigen Art von Geschäften" (sog. **Arthandlungsvollmacht**) und zur „Vornahme einzelner zu einem Handelsgewerbe gehöriger Geschäfte" (sog. **Spezialhandlungsvollmacht**). 17

1. Generalhandlungsvollmacht

Die Generalhandlungsvollmacht (als umfangreichste Form der Handlungsvollmacht) ist gegeben, wenn jemand, ohne Prokurist zu sein, zum **Betrieb eines Handelsgewerbes** ermächtigt ist. Der Gesamthandlungsbevollmächtigte ist gleichsam der Geschäftsführer des Kaufmanns[5]. 18

Von der Generalhandlungsvollmacht ist die so genannte „**Generalvollmacht**" abzugrenzen. Sie wird z.B. in § 5 Abs. 3 Nr. 2 BetrVG und § 16 Abs. 4 Nr. 4 SGG erwähnt, findet jedoch keine gesetzliche Grundlage im HGB und unterliegt insgesamt den Regelungen der §§ 164 ff. BGB. Ihr Umfang wird allein durch den Vollmachtgeber bestimmt und überschreitet in der Regel den einer Prokura oder Handlungsvollmacht, da die Einschränkungen der §§ 49 Abs. 2 und 54 Abs. 2 nicht gelten. 19

In diesem Sinne erlaubt eine Generalvollmacht die **Vornahme aller Geschäfte, bei denen Vertretung möglich ist**[6]. Sie kann jedoch nach § 138 BGB nichtig sein, wenn ihre Erteilung praktisch zu einer Entmündigung des Kauf- 20

---

1 *Staub/Joost*, § 54 Rn. 23 m.N.
2 BGH v. 25.2.1982 – VII ZR 268/81, NJW 1982, 1389, 1390.
3 BGH v. 21.12.1972 – II ZR 132/71, WM 1973, 635; weitere Beispiele bei *Staub/Joost*, § 54 Rn. 24, 25.
4 BGH v. 8.5.1978 – II ZR 208/76, WM 1978, 1078.
5 BGH v. 8.5.1978 – II ZR 208/76, WM 1978, 1078; *Heymann/Sonnenschein/Weitemeyer*, § 54 Rn. 15.
6 *Palandt/Heinrichs*, § 167 BGB Rn. 7 m.N.

manns führt[1]. Unwirksamkeit kann sich auch aus dem Verstoß gegen den Grundsatz ergeben, dass Organbefugnisse nicht gänzlich auf Dritte übertragen werden können[2].

21 Die **Abgrenzung** zwischen Handlungsvollmacht und Generalvollmacht ist eine Frage der Auslegung und hängt im Einzelfall von dem Bevollmächtigungswillen des Vollmachtgebers ab. Abzustellen ist auf die Frage, ob der Bevollmächtigte in umfassender Weise mit allen Aufgaben des Unternehmens betraut ist oder ob er nur im Rahmen handelsrechtlicher Aufgaben, die in dem vertretenen Geschäftsbetrieb anfallen, tätig werden soll. Dabei ist insbesondere auch die Bezeichnung der umfassenden Vollmacht heranzuziehen[3].

2. Arthandlungsvollmacht

22 Der Umfang einer Arthandlungsvollmacht ist gegenüber der Generalhandlungsvollmacht beschränkt auf die **Vornahme von einer bestimmten Art von Geschäften**. Die Bestimmung obliegt allein dem Kaufmann als Vollmachtgeber. Dabei kann auf die Rechtsnatur der Geschäfte abgestellt werden (z.B. Kauf, Miete), die Größenordnung, die Zeit (z.B. nur während einer Messe), den Ort (nur im Laden) oder auf bestimmte Geschäftsbedingungen (nur Bargeschäfte). Aus Gründen der Verkehrssicherheit und im Hinblick auf § 54 Abs. 3 ist jedoch die Beschränkung in der Weise vorzunehmen, dass die Art der Geschäfte und somit der Umfang der Vollmacht objektiv abgrenzbar ist und auch klar zum Ausdruck gebracht wird[4]. Bei fehlender Klarstellung entfaltet die Einschränkung keine Außenwirkung.

3. Spezialhandlungsvollmacht

23 Die Spezialhandlungsvollmacht ermächtigt nur zum **Abschluss einzelner Rechtsgeschäfte**. Sie kann für ein ganz bestimmtes Geschäft erteilt sein, mit dessen Vornahme die Vertretungsmacht erlischt, aber auch zur Vornahme mehrerer bestimmter Geschäfte, deren Anzahl im Zeitpunkt der Vollmachtserteilung noch nicht feststehen muss[5].

4. Niederlassungs- und Gesamthandlungsvollmacht

24 Die Handlungsvollmacht kann auch beschränkt **für eine oder mehrere Niederlassungen** erteilt werden; das Betreiben der Niederlassung unter verschie-

---

[1] BGH v. 12.7.1965 – II ZR 118/63, NJW 1965, 2147; *Heymann/Sonnenschein/Weitemeyer*, § 54 Rn. 16; *Ebenroth/Boujong/Joost/Strohn*, Vor § 48 Rn. 5.
[2] BGH v. 12.12.1960 – II ZR 255/59, NJW 1961, 506, 507; *Heymann/Sonnenschein/Weitemeyer*, § 54 Rn. 16; *Ebenroth/Boujong/Joost/Strohn*, Vor § 48 Rn. 8.
[3] Zur Indizwirkung der Bezeichnung als Handelsvollmacht KG v. 11.6.1991 – 1 W 1581/91, NJW-RR 1992, 34; *Heymann/Sonnenschein/Weitemeyer*, § 54 Rn. 17.
[4] OLG Düsseldorf v. 8.7.1992 – 19 U 5/92, DB 1992, 2080; *Schlegelberger/Schröder*, § 54 Rn. 19, 20.
[5] *Heymann/Sonnenschein/Weitemeyer*, § 54 Rn. 21.

denen Firmen ist hierfür keine notwendige Voraussetzung (anders bei der Niederlassungsprokura, vgl. § 50 Rn. 18).

Obwohl eine dem § 48 Abs. 2 entsprechende Vorschrift fehlt, kann die Handlungsvollmacht in personeller Hinsicht beschränkt und als **Gesamthandlungsvollmacht** erteilt werden. Insoweit gelten im Wesentlichen die gleichen Gestaltungsmöglichkeiten wie bei der Gesamtprokura, vgl. § 48 Rn. 47[1]. 25

V. Umfang der Handlungsvollmacht

Der Umfang einer Handlungsvollmacht, gleich welcher Art, erstreckt sich auf alle Geschäfte und Rechtshandlungen, die der Geschäftsbetrieb derartiger Unternehmen oder die Vornahme solcher Geschäfte des Vertretenen gewöhnlich mit sich bringen. Im Gegensatz zur Prokura bezieht sie sich nicht auf irgendein Handelsgewerbe und umfasst damit keine branchenfremden Geschäfte. 26

1. Branchenübliche Geschäfte

Die Branchenüblichkeit ist objektiv zu bestimmen; abzustellen ist nicht auf den konkreten Betrieb des Kaufmanns, sondern auf den **objektiven Standard der gesamten Branche** und die normalerweise damit verbundenen Geschäfte[2]. Die Beurteilung hängt insbesondere auch von der Größe des Unternehmens und der Tragweite der Geschäfte ab. So können bei einem großen Unternehmen auch Vertragsabschlüsse mit erheblicher finanzieller Tragweite noch erfasst sein (z.B. eines Millionenschuldanerkenntnisses). 27

Ungewöhnlich sind in der Regel weitreichende Verzichtserklärungen, Manipulationen zur Verschleierung von Geschäftsvorgängen[3] und langjährige Ausschießlichkeitsabreden oder zeitliche Bindungen über einen erheblichen Zeitraum[4]. 28

2. Geschäfte zum Betrieb eines Handelsgewerbes

Es gelten die gleichen Grundsätze wie für die Prokura (vgl. § 49 Rn. 3). Umfasst werden nur solche Geschäfte und Rechtshandlungen, die dem **Betrieb eines Handelsgewerbes** zurechenbar sind. Ausgeschlossen sind vor allem Geschäfte, die den privaten Bereich des Kaufmanns, des Handlungsbevoll- 29

---

1 Vgl. auch *Staub/Joost*, § 54 Rn. 37 ff.
2 *Schlegelberger/Schröder*, § 54 Rn. 15; *Heymann/Sonnenschein/Weitemeyer*, § 54 Rn. 25.BGH v. 19.3.2002 – X ZR 157/99, NJW-RR 2002, 967.
3 Für den Fall der Hingabe ungedeckter Schecks zur kurzfristigen Kreditschöpfung unter Banken BGH v. 30.12.1963 – VII ZR 168/63, WM 1964, 224.
4 OLG Celle v. 17.12.1982 – 2 U 120/82, BB 1983, 1495 für den Fall des Abschlusses eines Automaten-Aufstellvertrages; zu weiteren Einzelfällen vgl. *Staub/Joost*, Rn. 52, 53; *Heymann/Sonnenschein/Weitemeyer*, § 54 Rn. 26, 27.

mächtigten oder Dritter betreffen[1] oder die Grundlagen des Unternehmens berühren (vgl. § 49 Rn. 5).

VI. Gesetzliche Einschränkungen/Besondere Ermächtigung (§ 54 Abs. 2)

1. Gesetzliche Einschränkungen

30 Nach § 54 Abs. 2 bezieht sich der Umfang der Handlungsvollmacht nicht auf die Veräußerung und Belastung von **Grundstücken**, die Eingehung von **Wechselverbindlichkeiten**, die Aufnahme von **Darlehen** und die **Prozessführung**. Das Unternehmen soll vor besonders gewichtigen und riskanten Geschäften des Handlungsbevollmächtigten geschützt werden. Die Beschränkung gilt unabhängig davon, ob ein Geschäft branchenüblich ist oder nicht; sie umfasst sowohl Verpflichtungs- und Erfüllungsgeschäfte als auch Vorverträge[2]. Die Aufzählung der einzelnen Geschäfte ist abschließend; die gesetzliche Beschränkung ist nicht im Wege der Analogie auf andere vergleichbare Geschäfte übertragbar[3].

a) Veräußerung und Belastung von Grundstücken

31 Die Einschränkung entspricht der Regelung für die Prokura, § 49 Abs. 2; Zweck und Umfang sind gleich (vgl. § 49 Rn. 13).

b) Eingehung von Wechselverbindlichkeiten

32 Der Begriff umfasst das Akzept, die Wechselbürgschaft und wegen Art. 15 WG auch das Indossament; die Beschränkung gilt nach ganz h.M. auch für das Eingehen einer schuldrechtlichen Verpflichtung, findet aber keine entsprechende Anwendung auf Scheckverbindlichkeiten[4].

c) Aufnahme von Darlehen

33 Die Handlungsvollmacht (auch nicht als Generalhandlungsvollmacht[5]) umfasst nicht die Aufnahme von Darlehen (§ 488 BGB). Auch die **Überziehung eines Bankkontos** fällt unter diese Einschränkung[6]. Für den Fall, dass der Kaufmann den Handlungsbevollmächtigten mit der Scheckeinziehung oder dem Bankverkehr betraut hat, kann hierin aber eine konkludent erteilte Ermächtigung zur Überziehung des Kontos liegen[7]. Ist ein Überziehungskredit

---

1 BGH v. 4.3.1976 – II ZR 12/75, WM 1976, 769.
2 *Heymann/Sonnenschein/Weitemeyer*, § 54 Rn. 30.
3 *Schlegelberger/Schröder*, § 54 Rn. 25.
4 *Staub/Joost*, § 54 Rn. 65.
5 BGH v. 14.10.1968 – III ZR 82/66, WM 1969, 43.
6 *Staub/Joost*, § 54 Rn. 66.
7 *Schlegelberger/Schröder*, § 54 Rn. 25; *Heymann/Sonnenschein/Weitemeyer*, § 54 Rn. 33 m.w.N.

eingeräumt, so ist die Scheckeinziehung im Rahmen des Limits schon keine Darlehensaufnahme[1].

d) Prozessführung

Die Einschränkung umfasst alle einen Rechtsstreit unmittelbar betreffenden **Prozesshandlungen** einschließlich Gerichtsstandvereinbarung und Prozessvergleich (nicht jedoch außergerichtliche Vergleiche) und gilt für alle Gerichtszweige einschließlich der Verfahren vor einem Schiedsgericht, nicht aber bei Verfahren der freiwilligen Gerichtsbarkeit und patentgerichtlichen Verfahren[2]. 34

2. Besondere Ermächtigung

Die Ermächtigung für die in § 54 Abs. 2 aufgeführten Geschäfte kann auch **konkludent** erteilt werden; allein in der Erteilung einer Generalhandlungsvollmacht ist ohne weitere Anhaltspunkte eine solche Ermächtigung allerdings nicht enthalten[3]. Sie kann sich auf einzelne Geschäfte oder auch auf sämtliche Geschäfte dieser Art beziehen. 35

VII. Schutz des guten Glaubens (§ 54 Abs. 3)

Die Handlungsvollmacht enthält anders als die Prokura **keinen gesetzlich festgelegten Umfang der Vertretungsmacht;** der in § 54 Abs. 1 umschriebene Umfang stellt lediglich eine Vermutung dar. § 54 Abs. 3 schützt nun den guten Glauben eines Dritten daran, dass die Handlungsvollmacht nicht mit einem geringeren als dem in § 54 Abs. 1 umschriebenen Umfang erteilt worden ist. Beschränkungen, die über § 54 Abs. 2 hinausgehen, muss er nur gegen sich gelten lassen, wenn er sie kannte oder kennen musste. 36

Die Handlungsvollmacht ist nicht eintragungsfähig; damit entfällt der Registerschutz des § 15[4]. Der Rechtsverkehr wird jedoch durch die Grundsätze der Duldungs- und Anscheinsvollmacht (Vor § 48 Rn. 28 ff.) geschützt. Durch die Einbindung in ein Handelsgeschäft wird für den Verkehr ein erhöhter Vertrauensschutz geschaffen, der im Ergebnis zu einer erleichterten Anwendung der Grundsätze führt[5]. 37

1. Anwendungsbereich

§ 54 Abs. 3 setzt die **wirksame Erteilung einer Handlungsvollmacht** voraus. Die Vorschrift schützt nicht den guten Glauben an den Bestand einer Voll- 38

---

1 BGH v. 20.1.1969 – II ZR 225/66, NJW 1969, 694, 695.
2 *Heymann/Sonnenschein/Weitemeyer*, § 54 Rn. 34; *Winter*, GRUR 1978, 233.
3 BGH v. 14.10.1968 – III ZR 82/66, WM 1969, 43; zu weiteren Beispielen *Staub/Joost*, § 54 Rn. 60–62.
4 Kritisch *Staub/Joost*, § 54 Rn. 2, 27.
5 Vgl. auch BGH v. 8.5.1978 – II ZR 208/76, WM 1978, 1047, 1048; Einzelbeispiele bei *Staub/Joost*, § 54 Rn. 96.

macht; hier helfen die Regeln der Rechtsscheinsvollmacht (vgl. Vor § 48 Rn. 28)[1]. Geschützt wird auch nicht der gute Glaube an den Bestand einer bestimmten Art der Handlungsvollmacht. Die Erteilung einer Spezial- oder Arthandlungsvollmacht ist keine Beschränkung einer Generalhandlungsvollmacht, sondern die Auswahl einer in § 54 Abs. 1 vorgesehenen Gestaltungsmöglichkeit[2].

39 Die Anwendung von § 54 Abs. 3 erübrigt sich, wenn die Beschränkungen der Befugnisse des Handlungsbevollmächtigten nur im Innenverhältnis gegeben sind und deshalb Dritten gegenüber die Vertretungsmacht nicht einschränken[3]. Ob eine **Beschränkung der Vertretungsmacht gegenüber Dritten** oder nur eine interne Beschränkung der Vertretungsmacht ohne Wirkung im Außenverhältnis vorliegt, ist durch Auslegung zu ermitteln[4]. Im Übrigen ist § 54 Abs. 3 auch bei Beschränkungen in personeller Hinsicht (Erteilung einer Gesamthandlungsvollmacht) anzuwenden.

2. Guter Glaube des Dritten

40 Ein Dritter muss die wirksame Beschränkung der Handlungsvollmacht nur gegen sich gelten lassen, wenn er sie **positiv nicht kannte oder kennen musste**, d.h. fahrlässig nicht kannte (§ 122 Abs. 2 BGB; für Kaufleute gelten §§ 346, 347). Mit Rücksicht auf den Zweck des § 54, die sichere und leichte Beurteilung von kaufmännischen Vertretungsverhältnissen im Handelsverkehr, dürfen an den Sorgfaltsmaßstab keine zu hohen Anforderungen geknüpft werden. Der Rechtsverkehr handelt im Allgemeinen nicht fahrlässig, wenn er sich auf die ihm ohne weiteres erkennbaren Umstände verlässt[5].

3. Rechtsfolge

41 Dem gutgläubigen Dritten können die Beschränkungen der Handlungsvollmacht nicht entgegengehalten werden. § 54 Abs. 3 wirkt aber nur zugunsten des Rechtsverkehrs. Es besteht ein **Wahlrecht**, ob das Nichtbestehen der Vertretungsmacht mit den Folgen aus §§ 177 ff. BGB oder der gute Glaube an den Bestand der Vollmacht geltend gemacht werden soll (vgl. auch Vor § 48 Rn. 37).

4. Prozessuales

42 § 54 Abs. 3 enthält eine Vermutung bezüglich des Vollmachtsumfangs als auch die Vermutung bezüglich der Gutgläubigkeit des Dritten. Den **Unternehmer** trifft daher die **doppelte Beweislast**, einmal, dass die Vollmacht ent-

---

1 *Ebenroth/Boujong/Joost/Strohn*, § 54 Rn. 24.
2 *Staub/Joost*, § 54 Rn. 72.
3 Vgl. BGH v. 25.2.1982 – VII ZR 268/81, ZIP 1982, 588, 589 mit Anm. *Bunte*.
4 BGH v. 19.3.2002 – X ZR 157/99, NJW-RR 2002, 967.
5 *Staub/Joost*, § 54 Rn. 75 mit Einzelbeispielen, Rn. 76.

gegen dem in § 54 Abs. 1 umschriebenen Rahmen beschränkt war, zum anderen, dass der Geschäftsgegner dies wusste oder fahrlässig nicht wusste[1].

Der **Geschäftsgegner** hingegen trägt die Beweislast, ob und in welcher Form der Kaufmann seiner Hilfsperson Handlungsvollmacht erteilt hat. Erst wenn der Grundtatbestand einer General-, Art- oder Spezialhandlungsvollmacht nachgewiesen ist, greifen die Vermutungen und der Rechtsscheinschutz des § 54 ein[2]. Dem Geschäftsgegner obliegt im Übrigen auch die Beweislast für das Vorliegen einer behaupteten Duldungs- oder Anscheinsvollmacht (vgl. dazu Vor § 48 Rn. 28 ff.). 43

VIII. Überschreiten der Vertretungsvollmacht

Überschreitet der Handlungsgehilfe eine im Außenverhältnis wirksam beschränkte Handlungsvollmacht, so handelt er als **vollmachtloser Vertreter**; die allgemeinen Regeln der §§ 164 ff. BGB kommen zur Anwendung (vgl. hierzu Vor § 48 Rn. 37 ff.). 44

Beschränkungen des Kaufmanns gegenüber dem Handlungsbevollmächtigten, so z.B. die Weisung, von der erteilten Handlungsvollmacht keinen oder nur eingeschränkt Gebrauch zu machen[3], können im Innenverhältnis wirksam sein, ohne die Vertretungsmacht für das Außenverhältnis einzuschränken. Ein solcher **Verstoß gegen eine interne Weisung** entfaltet gegenüber dem Dritten nur Wirksamkeit nach den Regeln über den Missbrauch der Vertretungsmacht (vgl. hierzu Vor § 48 Rn. 47). Im Innenverhältnis kann der Verstoß zu einer Schadensersatzforderung des Kaufmanns wegen Pflichtverletzung/§ 280 BGB führen oder auch einen wichtigen Grund zur außerordentlichen Kündigung des zugrundeliegenden Rechtsverhältnisses begründen[4]. 45

IX. Erlöschen der Handlungsvollmacht

Anders als für die Prokura (§ 52) ist das Erlöschen der Handlungsvollmacht im HGB nicht geregelt; es gelten die allgemeinen Regeln des BGB über die Vollmacht. 46

1. Erlöschen nach dem Grundverhältnis

Die Handlungsvollmacht erlischt grundsätzlich mit dem ihr **zugrundeliegenden Rechtsverhältnis** (§ 168 S. 1 BGB), also regelmäßig mit der Beendigung des Anstellungsvertrages. 47

---

1 *K. Schmidt*, HR, § 16 IV 4a m.N.
2 Vgl. kritisch *K. Schmidt*, HR, § 16 IV 4 b.
3 BGH v. 25.2.1982 – VII ZR 268/81, ZIP 1982, 588, 589; BGH v. 4.3.1976 – II ZR 12/75, WM 1976, 769.
4 *Heymann/Sonnenschein/Weitemeyer*, § 54 Rn. 38; *Staub/Joost*, § 54 Rn. 41.

48 Im Übrigen ist sie, auch wenn eine § 52 Abs. 1 entsprechende Regelung für die Handlungsvollmacht fehlt, jederzeit und unabhängig vom Fortbestand des zugrundeliegenden Rechtsverhältnisses **frei widerruflich**, sofern sich aus diesem nichts anderes ergibt (§ 168 S. 2 BGB). Liegt die Vollmacht zumindest auch im Interesse des Bevollmächtigten oder eines Dritten, kann der Ausschluss des Widerrufsrechts vertraglich vereinbart werden[1]. Das Recht zum Widerruf aus wichtigem Grund bleibt jedoch auf jeden Fall erhalten[2].

Zum **Fortbestand** der Handlungsvollmacht trotz Widerruf nach §§ 170 ff. BGB vgl. Vor § 48 Rn. 26.

2. Weitere Erlöschensgründe

49 Der **Tod des Kaufmanns** berührt den Bestand der Handlungsvollmacht im Zweifel nicht, §§ 168 S. 1, 672 S. 1, 675 BGB[3].

50 Im Falle der **Liquidation** bleibt sie bestehen bis zum Zeitpunkt der Beendigung des Handelsgewerbes. Mit **Insolvenz** des Kaufmanns erlischt die Handlungsvollmacht, weil die Befugnis zum Betrieb des Handelsgeschäftes nicht mehr dem Kaufmann zusteht (vgl. § 48 Rn. 3); der Insolvenzverwalter kann neue Handlungsvollmacht erteilen (Rn. 10).

51 Die Handlungsvollmacht erlischt ferner bei **Beendigung** des Handelsgewerbes und **Veräußerung** des Betriebs oder Unternehmens. Dies gilt auch, wenn das Arbeitsverhältnis nach § 613a BGB fortbesteht[4]. Belässt der Erwerber den Handlungsbevollmächtigten in seiner Stellung, kann hierin die konkludente Erteilung einer Handlungsvollmacht bzw. der Tatbestand einer Duldungs- oder Anscheinsvollmacht liegen.

3. Erlöschensgründe in Person des Vertreters

52 In der Person des Handlungsbevollmächtigten stellen **Tod oder Eintritt der Geschäftsunfähigkeit** Erlöschensgründe dar. Ein einseitiger Verzicht des Handlungsbevollmächtigten auf die eingeräumte Vertretungsmacht ist nicht möglich; dies würde dem Interesse des Kaufmanns widersprechen[5].

---

[1] BGH v. 13.5.1971 – VII ZR 310/69, WM 1971, 956 ff. m.N.; MünchKommBGB/*Schramm*, § 168 BGB Rn. 31, 32 m.N.
[2] BGH v. 12.5.1969 – VII ZR 15/67, WM 1969, 1009 m.N.
[3] *Baumbach/Hopt*, § 54 Rn. 21; *Staub/Joost*, § 54 Rn. 87 m.N.
[4] *Staub/Joost*, § 54 Rn. 91 m.N.; MünchKommBGB/*Schramm*, § 168 BGB Rn. 5.
[5] *Heymann/Sonnenschein/Weitemeyer*, § 54 Rn. 42 m.N.; *Ebenroth/Boujong/Joost/Strohn*, § 54, Rn. 33; a.A. *Baumbach/Hopt*, § 54 Rn. 21.

§ 55
Abschlussvertreter

(1) Die Vorschriften des § 54 finden auch Anwendung auf Handlungsbevollmächtigte, die Handelsvertreter sind oder die als Handlungsgehilfen damit betraut sind, außerhalb des Betriebes des Prinzipals Geschäfte in dessen Namen abzuschließen.

(2) Die ihnen erteilte Vollmacht zum Abschluss von Geschäften bevollmächtigt sie nicht, abgeschlossene Verträge zu ändern, insbesondere Zahlungsfristen zu gewähren.

(3) Zur Annahme von Zahlungen sind sie nur berechtigt, wenn sie dazu bevollmächtigt sind.

(4) Sie gelten als ermächtigt, die Anzeige von Mängeln einer Ware, die Erklärung, dass eine Ware zur Verfügung gestellt werde, sowie ähnliche Erklärungen, durch die ein Dritter seine Rechte aus mangelhafter Leistung geltend macht oder sie vorbehält, entgegenzunehmen; sie können die dem Unternehmer (Prinzipal) zustehenden Rechte auf Sicherung des Beweises geltend machen.

Übersicht

	Rn.		Rn.
I. Regelungsinhalt	1	d) Abdingbarkeit	17
II. Abschlussvollmacht als Voraussetzung (§ 55 Abs. 1)	3	2. Keine Befugnis zur Annahme von Zahlungen (§ 55 Abs. 3)	18
III. Persönliche Voraussetzungen		3. Sonstige Beschränkungen der Abschlussvollmacht	20
1. Erfasste Personen	4	V. Erweiterung der Abschlussvollmacht (§ 55 Abs. 4)	
2. Nicht erfasste Personen	8	1. Empfangsvollmacht zur Entgegennahme von Mängelrügen	21
IV. Umfang der Vollmacht	12	a) Umfang	22
1. Keine Vollmacht zur Abänderung von Verträgen (§ 55 Abs. 2)		b) Nicht erfasste Handlungen	24
a) Inhaltsänderungen	13	2. Rechte zur Sicherung des Beweises	25
b) Den Bestand des Vertrages betreffende Erklärungen	15	VI. Überschreitung der Vertretungsmacht	26
c) Durchführung des Geschäfts betreffende Willenserklärungen	16		

I. Regelungsinhalt

Die Vorschrift erklärt für Handlungsbevollmächtigte, die entweder **Handels-** 1
vertreter sind (§ 84, selbständige Abschlussvertreter) oder als **Handlungsgehilfen** (§ 59) damit betraut sind, (regelmäßig) außerhalb des Betriebs Geschäfte im Namen des Kaufmanns abzuschließen (Angestellte, Handlungsbevollmächtigte im Außendienst), die Vorschriften des § 54 für anwendbar (§ 55 Abs. 1) und enthält im Übrigen Sonderregeln für diesen Personenkreis. Sie dient der Sicherheit und Leichtigkeit des Handelsverkehrs;

insbesondere kann es dem Dritten gleichgültig sein, ob die Hilfsperson nur als Handlungsgehilfe im Außendienst oder als selbständiger Handelsvertreter tätig wird.

2   § 55 Abs. 2 und 3 enthält **Beschränkungen** der Abschlussvollmacht, die den Kaufmann vor eigenmächtigem Handeln seiner Hilfspersonen schützen. Dem Vertragspartner wird die Mängelrüge erleichtert, indem die Abschlussvollmacht erweiternd dahin typisiert wird, dass sie auch die Entgegennahme von Mängelrügen erfasst (§ 55 Abs. 4 Hs. 1); begleitend dazu kann der Handlungsbevollmächtigte die Rechte des Unternehmers auf Sicherung des Beweises geltend machen (§ 55 Abs. 4 Hs. 2).

II. Abschlussvollmacht als Voraussetzung (§ 55 Abs. 1)

3   § 55 Abs. 1 begründet keine Handlungsvollmacht, sondern setzt diese voraus (vgl. hierzu § 54 Rn. 4). Insoweit genügt allerdings Rechtsscheinsvollmacht (§ 54 Rn. 36).

III. Persönliche Voraussetzungen

1. Erfasste Personen

4   Die Vorschrift gilt für zwei Gruppen von Abschlussvertretern: Handlungsbevollmächtigte, die Handelsvertreter (§ 84; selbständige Abschlussvertreter, vgl. § 84 Rn. 18) sind und Handlungsbevollmächtigte, die als Handlungsgehilfen (§ 59, vgl. Anm. dort) regelmäßig damit betraut sind, außerhalb des Unternehmens im Namen des Kaufmanns Geschäfte abzuschließen.

5   Entgegen dem Wortlaut gilt das Erfordernis des Abschlusses von Geschäften außerhalb des Unternehmens des Prinzipals auch für den **Handelsvertreter**[1]; der reine Innendienstvertreter wird nicht erfasst. Eine gemischte Betrauung innerhalb und außerhalb des Betriebes hingegen genügt zur Anwendbarkeit.

6   Mit **Betrieb** ist das Gesamtunternehmen einschließlich der Haupt- und aller Zweigniederlassungen gemeint. Entscheidend ist, ob sich die auf den Geschäftsabschluss gerichtete Tätigkeit nach dem allgemeinen Arbeitsauftrag außerhalb des Betriebes vollziehen soll[2]; der Ort des Geschäftsabschlusses selbst ist unerheblich. Für Hilfspersonen, deren Aufgabe es ist, (nur) innerhalb des Betriebes Geschäfte im Namen des Unternehmens abzuschließen, gilt § 54 unmittelbar.

7   Für den **selbständigen Abschlussvertreter eines nichtkaufmännischen Unternehmens** gilt § 55 über § 91 Abs. 1. Dahingegen findet § 54 keine Anwen-

---

1 *Baumbach/Hopt*, § 55 Rn. 3 m.N.; im Ergebnis auch *Staub/Joost*, § 55 Rn. 16; a.A. *Schlegelberger/Schröder*, § 55 Rn. 4.
2 *Heymann/Sonnenschein/Weitemeyer*, § 55 Rn. 7 m.N.

dung auf den angestellten Abschlussvertreter eines solchen Unternehmens, da eine dem § 91 Abs. 1 entsprechende Regelung fehlt[1].

2. Nicht erfasste Personen

Nicht erfasst werden Handelsvertreter ohne Abschlussvollmacht (**Vermittlungsvertreter**, vgl. § 91 Rn. 3); für sie gilt § 91 Abs. 2.

Erfasst werden auch nicht Handlungsgehilfen ohne Abschlussvollmacht außerhalb des Unternehmens (§ 75g: **Vermittlungsgehilfen**); für diese ist aber § 55 Abs. 4 entsprechend anwendbar.

Für **Versicherungsvertreter** gelten die Sonderregeln des VVG (§§ 43 ff. VVG über Versicherungsagenten)[2]. Auch ohne Abschlussvollmacht können sie Vertragsanträge sowie alle das Versicherungsverhältnis betreffenden Erklärungen entgegennehmen (§ 43 VVG) und sind nach § 45 VVG befugt, abgeschlossene Verträge abzuändern oder aufzuheben. Die Beschränkung der Empfangsvollmacht von Versicherungsagenten durch AGB ist zulässig[3].

Nicht erfasst werden auch **Geschäftsabschlüsse im eigenen Namen**; so insbesondere die Tätigkeit des Vertragshändlers, Kommissionsagenten oder Maklers.

VI. Umfang der Vollmacht

Für den Umfang der Vollmacht des Abschlussvertreters im Außendienst ist zunächst der **Inhalt der rechtsgeschäftlich erklärten Vertretungsvollmacht** maßgebend (vgl. hierzu § 54 Rn. 3). Erst in zweiter Linie kommt die gesetzliche Vermutung von § 54 Abs. 1 zum Tragen. Meist wird dem Abschlussvertreter Art- oder Spezialhandlungsvollmacht erteilt; eine Generalhandlungsvollmacht kommt im Außendienst nur selten vor[4]. Für die Abschlussvollmacht gelten, wenn nicht eine besondere Ermächtigung vorliegt, die Beschränkungen des § 54 Abs. 2 (vgl. § 54 Rn. 30 f.). Die in diesem Umfang festgestellte Abschlussvollmacht wird dann nach Maßgabe des § 55 Abs. 2 und 3 beschränkt bzw. nach § 55 Abs. 4 erweitert.

1. Keine Vollmacht zur Abänderung von Verträgen (§ 55 Abs. 2)

a) Inhaltsänderungen

Eine dem Abschlussvertreter im Außendienst erteilte Vollmacht umfasst nicht die Abänderung von abgeschlossenen Verträgen. Dies gilt auch dann, wenn sie vom Abschlussbevollmächtigten selbst abgeschlossen worden wa-

---

1 Heymann/Sonnenschein/Weitemeyer, § 55 Rn. 7 m.N.; Baumbach/Hopt, § 55 Rn. 2; a.A. Staub/Joost, § 55 Rn. 15, der die Vorschrift entsprechend anwenden will.
2 Vgl. dazu BGH v. 18.12.1991 – IV ZR 299/90, BGHZ 116, 387; Schwenker, NJW 1992, 343.
3 BGH v. 10.2.1999 – IV ZR 324/97, NJW 1999, 1633, 1635.
4 Heymann/Sonnenschein/Weitemeyer, § 55 Rn. 9.

ren. Die Vorschrift nennt als Beispiel nur die nachträgliche Gewährung von Zahlungsfristen, **verbietet** aber **jede Einwirkung auf Inhalt oder Bestand** des abgeschlossenen Geschäftes, auch von Nebenbedingungen und AGB[1].

14 Auch **unwesentliche Änderungen** fallen unter die Beschränkung, so auch insbesondere die Änderung von Lieferbedingungen oder Lieferterminen und die Abänderung von Gewährleistungsrechten[2]. Es kommt nicht darauf an, ob der Vertreter zum Abschluss eines so geänderten Geschäftes berechtigt gewesen wäre.

b) Den Bestand des Vertrages betreffende Erklärungen

15 Erklärungen, die den Bestand des Vertrages betreffen, sind ebenfalls von der Vertretungsmacht ausgeschlossen; so insbesondere die Ausübung von gesetzlichen und vertraglichen **Rücktrittsrechten** (auch wenn der Vertreter berechtigt war, bei Geschäftsabschluss einen Rücktrittsvorbehalt einzuräumen), die **Kündigung**, die **Anfechtung** und der Abschluss eines **Aufhebungsvertrages**.

c) Durchführung des Geschäfts betreffende Willenserklärungen

16 Die Durchführung des Geschäfts betreffende Willenserklärungen sind von der Beschränkung der Abschlussvollmacht nicht betroffen. Dies gilt für die **Mängelrüge** (§ 377) ebenso wie für die **Mahnung** und die allgemeine Fristsetzung.

d) Abdingbarkeit

17 Auch ohne einer § 55 Abs. 3 entsprechenden Regelung kann der Unternehmer den Abschlussvertreter ausdrücklich oder konkludent ermächtigen, **Verträge abzuändern oder aufzuheben**. Die Voraussetzungen einer solchen Ermächtigung entsprechen denen der besonderen Ermächtigungen nach § 54 Abs. 2 (vgl. Anm. dort); insbesondere gelten die Grundsätze der Rechtsscheinsvollmacht.

2. Keine Befugnis zur Annahme von Zahlungen (§ 55 Abs. 3)

18 Der Abschlussvertreter hat, wenn ihm keine besondere Vollmacht erteilt wurde, grundsätzlich **kein Inkassorecht**. Dies gilt auch dann, wenn er bei Vertragsabschluss berechtigt war, den Kaufpreis zu stunden oder zu kreditieren. Die Erteilung der Inkassovollmacht kann konkludent erfolgen, etwa durch Aushändigung einer Quittung. Es gelten die Grundsätze der Rechtsscheinsvollmacht, vgl. § 54 Rn. 37[3]. So kann z.B. aus der Tatsache, dass der Geschäftsinhaber die Zahlungsannahme durch die Hilfsperson in anderen

---

1 *Heymann/Sonnenschein/Weitemeyer*, § 55 Rn. 10; *Baumbach/Hopt*, § 55 Rn. 12.
2 *Heymann/Sonnenschein/Weitemeyer*, § 55 Rn. 11 m.N.
3 *Heymann/Sonnenschein/Weitemeyer*, § 55 Rn. 15 m.N.

Fällen geduldet hat, auf eine Inkassovollmacht auch für weitere Geschäfte geschlossen werden[1].

Unberührt von § 55 Abs. 3 bleibt die **Anwendbarkeit von § 370 BGB**, wonach der Überbringer einer Quittung als ermächtigt gilt, die Leistung in Empfang zu nehmen, solange nicht dem Leistenden bekannte Umstände der Annahme einer solchen Ermächtigung entgegenstehen. 19

3. Sonstige Beschränkungen der Abschlussvollmacht

Für weitere (rechtsgeschäftliche) Beschränkungen der Abschlussvollmacht gilt über § 55 Abs. 1 **§ 54 Abs. 3**. Gegenüber Dritten wirken sie danach nur im Fall der Kenntnis oder fahrlässigen Unkenntnis (vgl. hierzu § 54 Rn. 40). 20

V. Erweiterung der Abschlussvollmacht (§ 55 Abs. 4)

1. Empfangsvollmacht zur Entgegennahme von Mängelrügen

§ 55 Abs. 4 erweitert die Abschlussvollmacht um die Entgegennahme von Erklärungen, die der Vertragspartner im Zusammenhang mit mangelhaften Leistungen des Kaufmanns diesem gegenüber abgibt. 21

a) Umfang

Diese Empfangsvollmacht bezieht sich nicht nur auf Mängelrügen nach § 377, sondern auf **alle Erklärungen, die im Zusammenhang mit mangelhaften Leistungen stehen**, auch bezüglich anderer Vertragstypen[2]. Erfasst werden die Entgegennahme der Mahnung, Fristsetzung und Ablehnungsandrohung nach § 326 BGB, Wandelungs- oder Minderungserklärung, Geltendmachung eines Nachlieferungs- oder Nachbesserungsanspruchs, auch die Entgegennahme einer Kündigungs- oder Anfechtungserklärung, die auf eine mangelhafte Leistung zurückzuführen ist. 22

Die Ermächtigung zur Entgegennahme von Erklärungen umfasst **alle Verträge des Kaufmanns**, unabhängig ob dieser vertreten wurde oder das Geschäft selbst abgeschlossen hat. Die Rechtsfolgen der Empfangsvollmacht treten unabhängig vom Willen des Vertreters für und gegen den vertretenen Geschäftsinhaber ein. Ebenso wie der Kaufmann selbst kann der Bevollmächtigte die Entgegennahme der Erklärung eines Dritten nicht verweigern[3]. 23

b) Nicht erfasste Handlungen

Nicht erfasst werden Handlungen, die **über die Passivvertretung hinausgehen**, so beispielsweise die Annahme eines Wandelungs- oder Minderungs- 24

---

1 *Schlegelberger/Schröder*, § 55 Rn. 15.
2 *Heymann/Sonnenschein/Weitemeyer*, § 55 Rn. 17; *Baumbach/Hopt*, § 55 Rn. 7.
3 *Staub/Joost*, § 55 Rn. 46; *Heymann/Sonnenschein/Weitemeyer*, § 55 Rn. 20; a.A. *Schlegelberger/Schröder*, § 55 Rn. 10.

begehrens oder die Anerkennung von Mängelrechten. Erfasst werden auch nicht Erklärungen, die die **Durchführung von Verträgen** betreffen, so z.B. die Annahme von Waren, die Ausübung des Wahlrechts nach § 263 BGB oder die Bestimmung der Kaufsache nach § 375. Diese Erklärungen können aber von der erteilten Abschlussvollmacht gedeckt sein (vgl. Rn. 21).

2. Rechte zur Sicherung des Beweises

25 Korrigierend zu den Regelungen über die Entgegennahme von Mängelrügen erweitert § 55 Abs. 4 2. Hs. die Vollmacht des Abschlussvertreters im Außendienst um das Recht, im Namen des Geschäftsinhabers Beweise zu sichern. Das Recht auf Beweissicherung umfasst alle gerichtlichen und außergerichtlichen Maßnahmen, also auch die Einleitung eines Verfahrens nach §§ 485 ff. ZPO. Entgegen dem Wortlaut bezieht es sich aber nur auf solche Sachverhalte, die im Zusammenhang mit Mängelrügen stehen[1].

VI. Überschreitung der Vertretungsmacht

26 Ein Abschlussvertreter, der seine Vollmacht nach §§ 54, 55 überschreitet, handelt als **Vertreter ohne Vertretungsmacht**; es gelten die §§ 177 ff. BGB; vorweg ist das Vorliegen einer Duldungs- oder Anscheinsvollmacht zu prüfen (vgl. § 54 Rn. 37; Vor § 48 Rn. 28 ff.).

Für den Vermittlungsgehilfen (§ 75g) gilt § 75h; für den Vermittlungsvertreter (§ 91 Abs. 2) § 91a.

§ 56
Angestellte im Laden- oder Warenlager

Wer in einem Laden oder in einem offenen Warenlager angestellt ist, gilt als ermächtigt zu Verkäufen und Empfangnahmen, die in einem derartigen Laden oder Warenlager gewöhnlich geschehen.

Übersicht

	Rn.		Rn.
I. Regelungsinhalt/Zweck der Vorschrift	1	b) Offenes Warenlager	8
		3. Angestellter	9
II. Voraussetzungen der Ladenvollmacht	3	4. Abschluss des Geschäfts	13
		III. Umfang der Ladenvollmacht	
1. Kaufmannseigenschaft des Vertretenen	4	1. Verkäufe	14
2. Laden oder offenes Warenlager	5	2. Empfangnahmen	18
a) Laden	6	3. Gewöhnliches Geschäft	19

---

1 *Heymann/Sonnenschein/Weitemeyer*, § 55 Rn. 23; *Baumbach/Hopt*, § 55 Rn. 8; a.A. *Staub/Joost*, § 55 Rn. 54.

	Rn.		Rn.
IV. Einschränkungen der Vollmacht	21	2. Zurechnung von Besitztatbeständen	26
V. Rechtsfolgen	23	VI. Erlöschen der Ladenvollmacht	28
1. Fehlende Geschäftsfähigkeit des Kaufmanns	24		

I. Regelungsinhalt/Zweck der Vorschrift

Die Vorschrift begründet nach überwiegender Auffassung eine **unwiderlegbare gesetzliche Vermutung** für die Vollmacht des Angestellten in einem Laden oder Warenlager[1]. 1

Die Vorschrift dient dem **Verkehrsschutz**. Kunden und Lieferanten sollen sich für typische und alltägliche Fälle darauf verlassen dürfen, dass die Mitarbeiter, die der Kaufmann im Betrieb seines Ladens oder Warenlagers angestellt hat, auch entsprechend bevollmächtigt sind. In dieser Richtung erfüllt die Vorschrift zwei Funktionen. Zum einen stellt sie eine Vermutungsregel dar. Durch die Unwiderlegbarkeit der Vermutung wirkt sie aber gleichzeitig als Rechtsscheinsregel, die den gutgläubigen Verkehr schützt[2]. 2

II. Voraussetzungen der Ladenvollmacht

Der auf den Schutz des Rechtsverkehrs gerichtete Zweck rechtfertigt eine **weite Auslegung** der Vorschrift. Die Auslegung der Tatbestandsmerkmale richtet sich deshalb nicht streng nach dem (missverständlichen) Wortlaut der Vorschrift, sondern nach ihrem Ziel, die Sicherheit und Leichtigkeit des Handelsverkehrs zu schützen. 3

1. Kaufmannseigenschaft des Vertretenen

Die Vorschrift geht von der Kaufmannseigenschaft des Vertretenen aus. Umstritten ist, ob die Vorschrift auf Nichtkaufleute anzuwenden ist. Nach der alten Fassung des HGB, wonach der Minderkaufmann in den Anwendungsbereich einbezogen war, hatte der Personenkreis, für den die Vorschrift nicht galt, kaum praktische Bedeutung. Personen, die ein Ladenlokal betreiben, haben die Waren regelmäßig rechtsgeschäftlich erworben und auch veräußert, so dass sie nach § 1 Abs. 1 a.F. Musskaufleute und damit auch bei kleingewerblicher Tätigkeit Minderkaufleute waren. Durch die durch das HRefG geänderte Fassung werden aber die nicht in das Handelsregister ein- 4

---

1 BGH v. 24.9.1975 – VIII ZR 74/74, NJW 1975, 2191; BGH v. 4.5.1988 – VIII 196/87, NJW 1988, 2109; *Heymann/Sonnenschein/Weitemeyer*, § 56 Rn. 18; a.A. *Baumbach/Hopt*, § 56 Rn. 4, der die Vermutung für widerlegbar hält; *Schlegelberger/Schröder*, § 56 Rn. 1, der einen gesetzlich erfassten Fall einer konkludenten Innenvollmacht annimmt, und *Canaris*, HR, § 16 Rn. 1, der in der Ermächtigung einer Rechtsscheinsvollmacht kraft Einräumung einer Stellung sieht. Zur dogmatischen Einordnung der Vorschrift vgl. im Übrigen MünchKommHGB/*Lieb/Krebs*, § 56 Rn. 3.
2 Vgl. auch *K. Schmidt*, HR, § 16 V 2.

getragenen Kleingewerbetreibende aus der Anwendung des HGB herausgenommen und nur für spezielle Fälle die Anwendbarkeit angeordnet (vgl. §§ 84 Abs. 4, 93 Abs. 3, 383 Abs. 2). Damit aber entsteht ein vermehrtes praktisches Bedürfnis für eine jedenfalls analoge Anwendung der Vorschrift auf nichtkaufmännische Unternehmer. Im Gesetzgebungsverfahren wurde das Problem zwar gesehen, gleichwohl wurde von der Einbeziehung der Kleingewerbetreibenden abgesehen. In der Regierungsbegründung heißt es dazu, „es dürfte klar sein, dass ihre Anwendung letztlich nicht entscheidend voraussetzt, dass der Laden oder Ladeninhaber Kaufmann ist"[1].

4a Eine **unmittelbare** Anwendung der Vorschrift auf nichtkaufmännische Unternehmer verbietet sich gleichwohl aus dogmatischen Gründen. Sowohl aus dem systematischen Zusammenhang als auch aus der Regelungstechnik durch die Einbeziehung bestimmter Kleingewerbetreibender ergibt sich hinreichend deutlich, dass das Gesetz die Kaufmannseigenschaft voraussetzt. Aber auch eine **analoge** Anwendung ist nicht unproblematisch. Aufgrund der geregelten Ausnahmen ist es überaus fraglich, ob von einer (unbewussten) Regelungslücke ausgegangen werden kann. Trotz dieser Bedenken ist im Hinblick auf das praktische Bedürfnis und insbesondere auch auf die vergleichbare Interessenlage von einer analogen Anwendung auf Kleingewerbetreibende auszugehen[2]. Auch bei Ladenlokalen kleineren Umfangs besteht das unabweisbare Bedürfnis des Verkehrs, in typischen und alltäglichen Fällen von der Bevollmächtigung der handelnden Personen ausgehen zu dürfen. Der gesetzte Rechtsschein, nämlich das Wirkenlassen einer Person im Ladenlokal, unterscheidet sich nicht wesentlich von Unternehmen größeren Umfangs. Das Zurückgreifen auf die Fälle der Anscheins- und Duldungsvollmacht ist nicht geeignet, eine vergleichbare Rechtssicherheit zu geben.

2. Laden oder offenes Warenlager

5 Die Begriffe sind nicht buchstäblich eng, sondern funktionell abzugrenzen. Erfasst wird jedes **dem Publikum zugängliche**, wenn auch nur vorübergehend benutzte Verkehrslokal. Einer besonderen Ausstattung bedarf es nicht[3].

a) Laden

6 Er muss zum **Abschluss von Geschäften** bestimmt sein. Das ist auch für den Verkaufsraum eines Großhändlers anzunehmen, wenn auch an Privatkun-

---

[1] Regierungsbegründung BR-Drucks. 140/97, 30. Warum dann bei der erkannten Problematik im Gesetzgebungsverfahren nicht auf eine klare gesetzliche Regelung gedrungen wurde, mag verwundern.
[2] So auch MünchKommHGB/*Lieb/Krebs*, § 56 Rn. 6; *Schlegelberger/Schröder*, § 56 Rn. 2; a.A. 1. Aufl.; *Staub/Joost*, § 56 Rn. 8 und *Heymann/Sonnenschein/Weitemeyer*, § 56 Rn. 2.
[3] *K. Schmidt*, HR, § 16 V 3b m.N.

den verkauft wird; auf die Häufigkeit kommt es nicht an¹. Eine feste Niederlassung oder eine Dauereinrichtung ist nicht notwendig; es genügt eine Verkaufsfläche im Freien oder auf einer Ausstellung. Der „Laden" muss für das Publikum zugänglich, aber nicht betretbar sein (Beispiel Kiosk).

Nicht erfasst werden Kontor-, Büro- oder Fabrikräume, da hier allgemein kein Publikumsverkehr zu Verkaufszwecken stattfindet. 7

b) Offenes Warenlager

Ein offenes Warenlager ist gegeben, wenn dort bewegliche Sachen aufbewahrt werden und das Lager zum **offenen Publikumsverkehr**, d.h. zum Abschluss von Geschäften, bestimmt ist. Nicht hierunter fällt das reine Vorratslager, das allgemein nur zur Aufnahme und Auslieferung von Waren dient. 8

3. Angestellter

Der Begriff „angestellt" ist nicht wie der wortgleiche arbeitsrechtliche Begriff i.S. des § 59 zu verstehen. Nach der aus Verkehrsschutzgründen angebrachten weiten Auslegung ist „Angestellter" jede Person, die mit **Wissen und Willen des Kaufmanns** in einem Laden oder Warenlager mit dem Publikum verkehrt² und in die **Verkaufstätigkeit** eingeschaltet ist³. 9

Daher ist im Sinne der Vorschrift nicht angestellt, wer **ohne Wissen und Willen** mit dem Publikum verkehrt oder nicht wenigstens auch zu Verkaufszwecken beschäftigt ist, also nicht Raumpfleger, Packer, Lagerarbeiter, Dekorateure u.a. Allerdings kommt es nicht auf den Hauptaufgabenbereich des Angestellten an. 10

Die **arbeitsrechtliche Anstellung** ist weder erforderlich, so z.B. bei Familienangehörigen im Betrieb, die ohne rechtsgeschäftliche Grundlage tätig sind, noch ausreichend, so z.B. bei der Raumpflegerin. Im Hinblick auf § 165 BGB muss der Angestellte jedenfalls beschränkt geschäftsfähig sein. 11

Fehlen die Voraussetzungen der Angestellteneigenschaft im Sinne der Vorschrift, wird der gutgläubige Publikumsverkehr nach den Grundsätzen der **Duldungs- und Anscheinsvollmacht** (s. Vor § 48 Rn. 28 ff.) geschützt⁴. 12

4. Abschluss des Geschäfts

Dass das Geschäft auch innerhalb des betreffenden Laden- oder Warenlagers abgeschlossen werden muss, ist dem Wortlaut der Vorschrift nicht zu ent- 13

---

1 BGH v. 24.9.1975 – VIII ZR 74/74, NJW 1975, 2191.
2 BGH v. 24.9.1975 – VIII ZR 74/74, NJW 1975, 2191.
3 *Baumbach/Hopt*, § 56 Rn. 2; *K. Schmidt*, HR, § 16 V § 3; *Ebenroth/Boujong/Joost/Strohn/Weber*, § 56 Rn. 5; a.A. *Schlegelberger/Schröder*, § 56 Rn. 2, die nur auf das „Tätigwerden" abstellen.
4 Für den Fall der Nichtverhinderung von Verkaufstätigkeit BGH v. 4.5.1988 – VIII ZR 96/88, NJW 1988, 2110; auch *K. Schmidt*, HR, § 16 V 3d m.N.

nehmen. Ein Vertrauensschutz ist auch für die Fälle gerechtfertigt, in denen das Geschäft im Laden nur „angebahnt" und später **außerhalb des Ladens** (auch telefonisch) abgeschlossen wurde[1]. Unerheblich ist auch, wenn das im Laden abgeschlossene Geschäft zu einem späteren Zeitpunkt andernorts erfüllt wird[2].

III. Umfang der Ladenvollmacht

1. Verkäufe

14 Die Vertretungsmacht erstreckt sich zunächst auf die Verhandlungen und den **Abschluss eines Kaufvertrages** (§ 433 BGB) und erfasst hier Vereinbarungen über den gesamten Vertragsinhalt, also auch über eine Stundung des Kaufpreises oder Einräumung eines Rabatts[3], falls dies in dem betreffenden Handelszweig üblich ist (vgl. Rn. 20). Darüber hinaus ist der Begriff „Verkäufe" untechnisch auszulegen. Dahingehend **erfasst** die Vorschrift aber **nicht Absatzverträge**, die bei der gebotenen weiten Auslegung nicht Verkaufsverträgen zugeordnet werden können. Insoweit kommt auch keine analoge Anwendung in Betracht[4]. Zwar ist nicht zu verkennen, dass in der Praxis auch insoweit ein Bedürfnis für die unwiderlegbare Vermutung einer Bevollmächtigung besteht. Zum einen steht aber der eindeutige Wortlaut der Vorschrift (Verkäufe) entgegen; zum andern mag es häufig Fälle geben, in denen das Wirken einer Person in einem Ladenlokal den Anschein einer Bevollmächtigung erzeugt. Auch ist eine solche Vermutungswirkung jedenfalls in allgemeiner Form nicht vergleichbar mit derjenigen von Ladenlokalen, in denen Waren feilgeboten werden; ebenso dürfte es dann zu Abgrenzungsschwierigkeiten im Hinblick auf den Gesichtspunkt der Gestaltung der Räumlichkeiten kommen. Es wird vielmehr häufig auf die Gegebenheiten des einzelnen Falles ankommen. Dann aber erscheint es sachgerechter, die Grundsätze der Anscheins- oder Duldungsvollmacht anzuwenden (vgl. dazu § 48 Rn. 28 ff.).

15 Die Ladenvollmacht umfasst nicht nur das schuldrechtliche Verpflichtungsgeschäft, sondern auch die **Übereignung** der Kaufsache. Ebenso werden auch Werk- und Werklieferungsverträge erfasst[5].

16 Bei Abschluss derartiger Verträge in einem Ladenlokal steht der Schutz des redlichen Publikumsverkehrs im Vordergrund und nicht die rechtliche Qualifizierung des Vertragstyps. Ebenso berechtigt die Ladenvollmacht zum

---

1 *Heymann/Sonnenschein/Weitemeyer*, § 56 Rn. 8; a.A. *Ebenroth/Boujong/Joost/ Strohn/Weber*, § 56 Rn. 8: Anscheins-/Duldungsvollmacht ausreichend.
2 *K. Schmidt*, HR, § 16 V 3c m.N.
3 OLG Karlsruhe v. 7.5.1980 – 13 U 217/79, MDR 1980, 849.
4 *Staub/Joost*, § 56 Rn. 34; *Heymann/Sonnenschein/Weitemeyer*, § 56 Rn. 10; a.A. *MünchKommHGB/Lieb/Krebs*, § 56 Rn. 25.
5 *Baumbach/Hopt*, § 56 Rn. 4; *K. Schmidt*, HR, § 16 V 3e; a.A. *Heymann/Sonnenschein/Weitemeyer*, § 56 Rn. 10.

Umtausch der Ware, da dieser nach den Gepflogenheiten des Einzelhandels zu dem Verkaufsvorgang selbst gehört[1].

Nicht erfasst werden „Ankäufe"[2]. Auch wenn im Einzelfall branchentypisch regelmäßig An- und Verkäufe vorgenommen werden (Beispiel Antiquitätengeschäfte), scheidet eine analoge Anwendung ebenfalls aus; das verkaufende Publikum ist hinreichend nach den Grundsätzen der Duldungs- und Anscheinsvollmacht geschützt[3]. 17

2. Empfangnahmen

Der Ladenangestellte ist grundsätzlich zur **Entgegennahme von Sachen** befugt, die im Zusammenhang mit dem im Laden oder Warenlager abgeschlossenen Geschäft stehen oder die dort unabhängig vom Ort des Vertragsschlusses gewöhnlich abgeliefert werden[4]. In erster Linie aber bezieht sich (abweichend von der Regelung in § 55 Abs. 3 für den Abschlussvertreter) der Begriff auf die **Entgegennahme des Kaufpreises** durch die Zahlung an den Ladenangestellten mit Erfüllungswirkung (§ 362 Abs. 1 BGB). Dabei kommt es nicht darauf an, ob der entgegennehmende Angestellte den Kaufvertrag selbst abgeschlossen hat[5]. 18

3. Gewöhnliches Geschäft

Die Vertretungsmacht beschränkt sich auf Rechtsgeschäfte, die in einem derartigen Laden- oder Warenlager „gewöhnlich" geschehen. Die Beurteilung erfolgt nach demselben allgemeinen Maßstab wie bei der Handlungsvollmacht nach § 54 (vgl. § 54 Rn. 27). 19

Abzustellen ist auf die **Branchenüblichkeit** der betriebenen Geschäftsart und nicht auf die Gepflogenheiten des konkreten Ladengeschäfts. Dies gilt auch für den Umfang des Geschäfts, dessen Gewöhnlichkeit sich nach dem allgemeinen Standard des Handelszweigs bestimmt[6]. 20

IV. Einschränkungen der Vollmacht

Die Vollmacht des Ladenangestellten besteht zwar aufgrund einer unwiderlegbaren Vermutung (vgl. Rn. 1). Beschränkungen bleiben daher grundsätzlich im Außenverhältnis ohne Wirkung. Entsprechend dem Sinn und Zweck der Vorschrift bezieht sich der Schutz jedoch auf den gutgläubigen Rechtsverkehr; der **gute Glaube des Dritten** wird im Hinblick auf die Ladenvoll- 21

---

1 *K. Schmidt*, HR, § 16 V 3e; a.A. *Baumbach/Hopt*, § 56 Rn. 4; *Heymann/Sonnenschein/Weitemeyer*, § 56 Rn. 10.
2 Ganz h.M.; BGH v. 4.5.1988 – VIII ZR 196/87, NJW 1988, 2109.
3 BGH v. 4.5.1988 – VIII ZR 196/87, NJW 1988, 2109.
4 *Heymann/Sonnenschein/Weitemeyer*, § 56 Rn. 12.
5 *Baumbach/Hopt*, § 56 Rn. 4.
6 *Heymann/Sonnenschein/Weitemeyer*, Nr. 56 Rn. 9; differenzierend *Staub/Joost*, § 56 Rn. 40.

macht geschützt, aber auch vorausgesetzt. Die Vorschrift von § 54 Abs. 3 ist deshalb wenigstens entsprechend auch auf die Vertretungsmacht des Ladenangestellten anzuwenden[1]. Der Dritte muss Beschränkungen gegen sich gelten lassen, aber nur dann, wenn er sie kannte oder kennen musste[2].

22 Diese an sich strenge Betrachtungsweise wird dadurch relativiert, dass **keine Nachforschungspflicht** besteht; das Publikum kann die Umstände so hinnehmen, wie sie sich ihm ohne weiteres darstellen. Der Kaufmann kann den Rechtsschein aber durch entsprechende Maßnahmen beseitigen, etwa durch das Anbringen von Hinweisschildern, die Einrichtung eines Kassenschalters oder einer Umtauschkasse[3].

Entsprechende Hinweise muss der Dritte tatsächlich zur Kenntnis nehmen. Bei rein internen Einschränkungen gelten die Grundsätze über den Missbrauch der Vertretungsmacht (vgl. Vor § 48 Rn. 47 ff.).

V. Rechtsfolgen

23 Die Rechtshandlungen des Ladenangestellten wirken unter den Voraussetzungen des § 56 unmittelbar für und gegen den vertretenen Kaufmann.

1. Fehlende Geschäftsfähigkeit des Kaufmanns

24 Zweifelhaft ist, ob die Vertretungswirkung auch hinsichtlich des nicht voll geschäftsfähigen Kaufmanns eintritt. Grundsätzlich hat der **Minderjährigenschutz Vorrang** gegenüber dem Verkehrsschutz. Bezeichnenderweise wird auch im BGB nicht der gute Glaube an die unbeschränkte Geschäftsfähigkeit geschützt. So reicht allein die Anstellung bzw. die Billigung der Verkaufstätigkeit durch den nicht voll Geschäftsfähigen nicht aus, um ihm die Rechtsfolgen des Vertretergeschäftes zuzurechnen.

25 Die Vorschrift ist aber dann auf den nicht voll geschäftsfähigen Kaufmann anzuwenden, wenn auch eine wirkliche Bevollmächtigung gegen ihn wirken würde[4]. Dies ist vor allem dann der Fall, wenn der Bevollmächtigte mit **Wissen und Wollen des gesetzlichen Vertreters** im Namen des nicht voll geschäftsfähigen Kaufmanns Geschäfte abschließt.

2. Zurechnung von Besitztatbeständen

26 Neben dem Austausch von rechtsgeschäftlichen Erklärungen werden dem Kaufmann auch die Wirkungen von Besitztatbeständen zugerechnet, die durch die Empfangsnahme des Ladenangestellten eintreten, so die **Erfül-**

---

1 H.M., *Heymann/Sonnenschein/Weitemeyer*, § 56 Rn. 20 m.N.; *Baumbach/Hopt*, § 56 Rn. 4.
2 *K. Schmidt*, HR, § 16 V 3 f.
3 Vgl. auch *Heymann/Sonnenschein/Weitemeyer*, § 56 Rn. 21.
4 *Heymann/Sonnenschein/Weitemeyer*, § 56 Rn. 17; *K. Schmidt*, HR, § 16 V 3g; a.A. *Baumbach/Hopt*, § 56 Rn. 1.

lungswirkung nach § 362 Abs. 1 BGB. Die Zurechnung erfolgt auch dann, wenn der Ladenangestellte weder Besitzdiener, § 855 BGB, noch Besitzmittler, § 868 BGB, ist[1].

Entsprechendes gilt bei **Übergabe der (verkauften) Ware** an den Käufer. Ist der Verkauf vom Anwendungsbereich der Vorschrift gedeckt, so stellt auch die Weggabe der verkauften Ware kein Abhandenkommen i.S. von § 935 Abs. 1 BGB dar, selbst wenn der Kaufmann im Einzelfall mit dem Verkauf und der Aushändigung nicht einverstanden war. 27

VI. Erlöschen der Ladenvollmacht

Das Erlöschen der Ladenvollmacht ist im HGB nicht geregelt; es bestimmt sich nach den allgemeinen Regeln. Bei tatsächlicher Erteilung einer Vollmacht erlischt diese nach den **Vorschriften des BGB** unter denselben Voraussetzungen wie die Handlungsvollmacht (vgl. § 54 Rn. 47 ff.). Eine Rechtsscheinsvollmacht erlischt, wenn ihre Voraussetzungen beseitigt werden. 28

§ 57
Zeichnung des Handlungsbevollmächtigten

Der Handlungsbevollmächtigte hat sich bei der Zeichnung jedes eine Prokura andeutenden Zusatzes zu enthalten; er hat mit einem das Vollmachtsverhältnis ausdrückenden Zusatz zu zeichnen.

1. Regelungsinhalt/Zweck der Vorschrift

Die Vorschrift enthält zum einen das Verbot für den Handlungsbevollmächtigten, mit einem Zusatz zu zeichnen, der eine Prokura andeutet; zum anderen schreibt sie die Zeichnung mit einem **die Vollmacht ausdrückenden Zusatz** vor. Die Vorschrift bezweckt, den Rechtsverkehr vor Verwechslungen zu schützen und erkennbar zu machen, dass ein Handlungsbevollmächtigter mit dem Vollmachtsumfang des § 54 das Vertretergeschäft vornimmt. 1

Die Regelung ist als **reine Ordnungsvorschrift** zu verstehen; ein Verstoß hat keine unmittelbaren Auswirkungen auf die Wirksamkeit des Vertretergeschäftes[2]. Auswirkungen können sich im Hinblick auf § 164 Abs. 2 BGB allerdings dann ergeben, wenn wegen der fehlerhaften Zeichnung das Vertretergeschäft nicht ausreichend offen gelegt ist (vgl. hierzu Vor § 48 Rn. 5). 2

---

1 *Heymann/Sonnenschein/Weitemeyer*, § 56 Rn. 15.
2 *Staub/Joost*, § 57 Rn. 8; *Schlegelberger/Schröder*, § 57 Rn. 1.

2. Zeichnung mit Firma und Namen

3 Wie der Prokurist nach § 51 hat auch der **Handlungsbevollmächtigte**, obwohl dies in § 57 nicht ausdrücklich erwähnt ist, bei der Zeichnung der Firma seinen Namen mit einem die Handlungsvollmacht andeutenden Zusatz beizufügen. Hinsichtlich der Bezeichnung der Firma genügen Stempel oder Maschinenschrift; der Name ist eigenhändig zu schreiben. Als das Vollmachtsverhältnis ausdrückender Zusatz sind im Handelsverkehr folgende Formulierungen gebräuchlich: *per; in Vollmacht; in Vertretung (i.V.); im Auftrag (i.A.)*[1].

§ 58
Unübertragbarkeit der Handlungsvollmacht

Der Handlungsbevollmächtigte kann ohne Zustimmung des Inhabers des Handelsgeschäfts seine Handlungsvollmacht auf einen anderen nicht übertragen.

1. Regelungsinhalt

1 Die Handlungsvollmacht ist (im Gegensatz zur Prokura, § 52 Abs. 2) **mit Zustimmung des Kaufmanns übertragbar**. Die Vorschrift regelt den Fall, dass der Handlungsbevollmächtigte selbst seine Vollmacht auf einen Dritten überträgt; der andere tritt in vollem Umfang an die Stelle des bisherigen Handlungsbevollmächtigten, dieser verliert seine Vertretungsmacht (sog. Vollsubstitution; anders bei der Unterbevollmächtigung, vgl. Rn. 4).

2 Die Übertragung der Handlungsvollmacht durch den Kaufmann selbst ist in § 58 nicht geregelt. Insoweit handelt es sich begrifflich um den **Widerruf der bisherigen Handlungsvollmacht und die Neuerteilung an einen Dritten**; die Wirksamkeit richtet sich nach den allgemeinen Regeln über die Erteilung und den Widerruf der Vollmacht.

2. Zustimmung des Inhabers

3 Das Erfordernis der Zustimmung soll den Vollmachtgeber schützen, da auch die Erteilung der Handlungsvollmacht ein gewisses persönliches Vertrauensverhältnis voraussetzt. Die Zustimmung kann auch durch einen **gesetzlichen Vertreter oder Prokuristen** (vgl. § 49 Abs. 1) erteilt werden; sie ist auch stillschweigend möglich. Es gelten §§ 182 ff. BGB; möglich ist eine Einwilligung nach § 183 BGB oder eine (rückwirkende) Genehmigung nach § 184 Abs. 1 BGB.

---

1 Vgl. *Heymann/Sonnenschein/Weitemeyer*, § 57 Rn. 5.

3. Untervollmacht

Die Übertragung der Vollmacht ist abzugrenzen von der Unterbevollmächtigung. Diese ist gesetzlich nicht geregelt; im Gegensatz zur Übertragung **behält der Erteilende seine Vertretungsmacht**. Der Unterbevollmächtigte ist Vertreter des Kaufmanns und als solcher auch regelmäßig Handlungsbevollmächtigter[1]. 4

Die **Befugnis** zur Erteilung der Untervollmacht richtet sich nach dem Umfang der Vertretungsmacht des Handlungsbevollmächtigten. Bei fehlender ausdrücklicher Ermächtigung ist sie im Wege der Auslegung (§ 157 BGB) des Vollmachtsumfangs zu bestimmen. Maßgebend sind jeweils die Umstände des Einzelfalles[2]. Dabei kann es insbesondere darauf ankommen, ob der Geschäftsinhaber ein besonders schutzwürdiges Interesse daran hat, dass der Handlungsbevollmächtigte persönlich handelt. In diesem Sinne ist Untervollmacht auch für die in § 54 Abs. 2 genannten Geschäfte möglich[3]. 5

Der **Umfang** der Untervollmacht richtet sich konkret nach dem Inhalt der Unterbevollmächtigung. Grundsätzlich gilt, dass der Handlungsbevollmächtigte keine Untervollmacht erteilen kann, die den Umfang seiner eigenen Vollmacht überschreitet[4]. 6

---

1 *Staub/Joost*, § 58 Rn. 9; a.A. *Heymann/Sonnenschein/Weitemeyer*, § 58 Rn. 5: rein bürgerlich-rechtliche Vollmacht.
2 *Heymann/Sonnenschein/Weitemeyer*, § 58 Rn. 6 m.N.
3 OLG München v. 30.3.1984 – 23 U 5834/82, ZIP 1984, 815.
4 *Baumbach/Hopt*, § 58 Rn. 2.

Sechster Abschnitt Handlungsgehilfen und Handlungslehrlinge

§ 59
Handlungsgehilfe

Wer in einem Handelsgewerbe zur Leistung kaufmännischer Dienste gegen Entgelt angestellt ist (Handlungsgehilfe), hat, soweit nicht besondere Vereinbarungen über die Art und den Umfang seiner Dienstleistungen oder über die ihm zukommende Vergütung getroffen sind, die dem Ortsgebrauch entsprechenden Dienste zu leisten sowie die dem Ortsgebrauch entsprechende Vergütung zu beanspruchen. In Ermangelung eines Ortsgebrauchs gelten die den Umständen nach angemessenen Leistungen als vereinbart.

Übersicht

	Rn.		Rn.
I. Bedeutung der §§ 59 ff.		2. Voraussetzungen in der Person des Handlungsgehilfen	
1. Arbeitsrecht der Kaufleute	1	a) Person des Handlungsgehilfen	13
2. Parteien des Arbeitsverhältnisses		b) Nicht erfasster Personenkreis	15
a) Arbeitnehmer		3. Anstellung in einem Handelsgewerbe	20
aa) Unselbständige Dienstleistung	3	4. Leistung kaufmännischer Dienste	
bb) Freie Mitarbeit	5	a) Bestimmung nach der Verkehrsanschauung	24
cc) Schutzbedürftigkeit von Handelsvertretern	7	b) Kaufmännische Tätigkeit	25
b) Arbeitgeber	9	5. Anstellung gegen Entgelt	29
II. Handlungsgehilfe		6. Ortsgebrauch oder den Umständen entsprechende Dienste	30
1. Regelungsinhalt und Anwendungsbereich	10	7. Ortsgebrauch oder den Umständen entsprechende Vergütung	31

Schrifttum: *Däubler*, Das Arbeitsrecht, Bd. 1, 16. Aufl. 2006; *Halbach/Paland/Schwedes/Wlotzke*, Übersicht über Arbeitsrecht, 8. Aufl. 2000; *Hueck/Nipperdey*, Lehrbuch des Arbeitsrechts, 3 Bde., 7. Aufl. 1963/1970; *Ide*; Das kaufmännische Arbeits-, Angestellten- und Berufsausbildungsverhältnis, 1991; *Moers*, Der Handlungsgehilfe auf Provisionsbasis, 1966; *Münchener Handbuch zum Arbeitsrecht*, 3 Bde., 2. Aufl. 2000; *Münchener Kommentar zum Handelsgesetzbuch*, Bd. 1, 2. Aufl. 2005, §§ 1–104; *Ramrath*, Entwicklung des Rechts der Handlungsgehilfen von den Kodifikationen bis zum Entwurf eines Arbeitsvertragsgesetzes, in: Festgabe Sandrock, 1995, S. 255; *Schaub*, Arbeitsrechts-Handbuch, 12. Aufl. 2007; *Wagner*, Die Besonderheiten beim Arbeitsverhältnis des Handlungsgehilfen, 1993; *Zöllner/Loritz/Hergenröder*, Arbeitsrecht, 6. Aufl., 2007.

I. Bedeutung der §§ 59 ff.

1. Arbeitsrecht der Kaufleute

Die §§ 59–83 regeln besonderes kaufmännisches Individualrecht[1]. Das Arbeitsrecht, als **Sonderrecht der Arbeitnehmer**, dient der Herstellung sozialer Gerechtigkeit und freiheitlicher Gestaltung der Arbeitsbedingungen. Zunehmend in den Vordergrund tritt dabei die Gewährleistung der Persönlichkeitsentfaltung im Arbeitsverhältnis und Betrieb. Das besondere kaufmännische Individualarbeitsverhältnis regelt einzelne Rechtsbeziehungen des in einem Handelsgewerbe angestellten, zu kaufmännischen Diensten verpflichteten Handlungsgehilfen zu seinem Arbeitgeber, dem Inhaber des Handelsgewerbes.

Im Zuge der **Vereinheitlichung arbeitsrechtlicher Normen** (z.B. durch Aufhebung des Kündigungsrechtes der §§ 66–72 durch das erste Arbeitsrechtsbereinigungsgesetz vom 14.8.1969[2] oder des ersten Lohnfortzahlungsrechtes im Krankheitsfall des § 63 durch Art. 59 Pflegeversicherungsgesetz vom 26.5.1994[3]) und der **Fortentwicklung des allgemeinen Arbeitsrechtes** durch Richterrecht wurde die Bedeutung des besonderen kaufmännischen Arbeitsrechts immer weiter zurückgedrängt. Die allgemeinen arbeitsrechtlichen Bestimmungen sind daher auch Grundlage der Arbeitsverhältnisse der Handlungsgehilfen. Einschlägige Rechtsquellen für Handlungsgehilfen sind z.B. allgemeine arbeitsrechtliche Gesetze (z.B. ArbGG, BetrVG, BUrlG, EFZG, KSchG, TVG, …), aber auch Tarifverträge oder Betriebsvereinbarungen[4]. Diese werden durch einige Besonderheiten der §§ 59 ff. ergänzt, im Übrigen teilweise lediglich wiederholt.

2. Parteien des Arbeitsverhältnisses

a) Arbeitnehmer

aa) Unselbständige Dienstleistung

Arbeitnehmer ist, wer aufgrund eines privatrechtlichen Vertrages unselbständige Dienstleistung zu erbringen hat. Die Definition knüpft am **Dienstvertragsrecht der §§ 611 ff. BGB** an, enthält aber mit dem Erfordernis der Unselbständigkeit zugleich das Abgrenzungsmerkmal zwischen Arbeitsvertrag und freiem Dienstvertrag[5].

Nach der überkommenen und bis heute auch für die Rechtsprechung des BAG maßgeblichen Formulierung bedeutet Unselbständigkeit **persönliche Abhängigkeit des Arbeitnehmers**[6]. Die persönliche Abhängigkeit ergibt sich

---

1 Kritisch zur Systematik *Baumbach/Hopt*, § 73 Rn. 1.
2 BGBl. I, 1106.
3 BGBl. I, 1065 ff.
4 Eine umfangreiche Übersicht über die einzelnen Rechtsquellen findet sich bei MünchKommHGB/*v. Hoyningen-Huene*, Vor § 59 Rn. 16 ff.
5 *Palandt/Weidenkaff*, Einf. vor § 611 BGB Rn. 1 ff.
6 *Schaub*, Arbeitsrechts-Hdb., § 8 Rn. 18.

typischerweise aus der **Weisungsunterworfenheit**[1], wird aber darüber hinaus aus einer Gesamtbetrachtung verschiedener organisatorischer Kriterien entwickelt, wie z.B. die zeitliche und örtliche Festlegung der Arbeitszeit und Arbeitsweise für den Auftraggeber, die Einbindung in festgelegte Arbeitsprozesse und Produktionspläne, das Angewiesensein auf technische und organisatorische Hilfsmittel des Dienstgebers und die Zusammenarbeit mit dessen Arbeitnehmern[2]. Ob die Kriterien für ein Arbeitsverhältnis vorliegen, ist zunächst anhand der vertraglichen Vereinbarung der Parteien zu prüfen[3]. Die einverständlich praktizierte tatsächliche Gestaltung ist jedoch, auch im Widerspruch zur vertraglichen Vereinbarung, maßgebend[4].

bb) Freie Mitarbeit

5 Vereinbaren die Parteien freie Mitarbeit, liegen aber im praktizierten Rechtsverhältnis die Kriterien des Arbeitsverhältnisses vor, so ist von einem solchen auszugehen. Insoweit gibt es einen Rechtsformzwang.

6 Zwischen den Arbeitnehmern und den Selbständigen stehen Personen, die zwar die Fähigkeit zur eigenverantwortlichen Disposition über ihre Arbeitskraft nicht verloren haben, aber in besonderer Weise **wirtschaftlich von ihrem Auftraggeber abhängig** sind[5]. Aus der wirtschaftlichen Unselbständigkeit hat der Gesetzgeber auf ein soziales Schutzbedürfnis geschlossen, das wenigstens einen partiellen arbeitsrechtlichen Schutz notwendig macht, z.B. über § 12a TVG oder über §§ 2 S. 2, 12 BUrlG.

cc) Schutzbedürftigkeit von Handelsvertretern

7 Die Schutzbedürftigkeit von Handelsvertretern, die vertraglich nicht für mehrere Unternehmen tätig werden dürfen oder denen dies nach Art und Umfang der von ihnen verlangten Tätigkeit nicht möglich ist (Ein-Firmenvertreter), hat der Gesetzgeber in § 92a berücksichtigt und eine **Ermächtigung zum Erlass einer Rechtsverordnung** geschaffen, in der die untere Grenze der vertraglichen Leistung des Unternehmers festgesetzt werden kann. Davon ist aber bisher kein Gebrauch gemacht worden. Allerdings nimmt § 5 Abs. 3 ArbGG auf diese Regelung Bezug und bezieht Ein-Firmenvertreter bei einem Durchschnittseinkommen von bis zu 1000 Euro während der letzten sechs Monate in das arbeitsgerichtliche Verfahren ein. § 12a TVG gilt nicht (§ 12a Abs. 4 TVG). Dagegen haben Ein-Firmenvertreter wegen § 2 S. 2 BUrlG Anspruch auf Erholungsurlaub[6].

8 Zu den **arbeitnehmerähnlichen Personen** gehört, soweit nicht die Merkmale eines Arbeitsverhältnisses vorliegen, schließlich die Gruppe der freien Mit-

---

1 Vgl. u.a. BAG v. 13.12.1962 – 2 AZR 128/62, DB 1963, 345; BAG v. 9.3.2005 – 5 AZR 493/04, AP Nr. 167 zu § 611 BGB Lehrer.
2 BAG v. 15.3.1978 – 5 AZR 819/76, DB 1978, 1035 f.
3 *Schaub*, Arbeitsrechts-Hdb., § 8 Rn. 12 f.
4 MünchHdbArbR I/*Richardi*, § 24 Rn. 59.
5 Hierzu BAG v. 15.4.1993 – 2 AZB 32/92, DB 1993, 1622.
6 MünchHdbArbR I/*Richardi*, § 29 Rn. 5.

arbeiter, die vor allem im künstlerischen und journalistischen Bereich Bedeutung hat, aber auch kaufmännische Tätigkeiten ausüben kann[1].

b) Arbeitgeber

Der Arbeitgeber wird in der Regel als die Person definiert, welche die **Arbeitsleistung des Arbeitnehmers entgegennimmt** und **Partner des Arbeitsvertrags** ist[2]. In Anlehnung an die Definition des Arbeitnehmers wird der Arbeitgeber als derjenige bezeichnet, der über die Arbeitskraft des Arbeitnehmers disponiert und dadurch seinen Spielraum für unternehmerisches Handeln am Markt erweitert.

II. Handlungsgehilfe

1. Regelungsinhalt und Anwendungsbereich

§ 59 definiert den Begriff des Handlungsgehilfen und umschreibt den Anwendungsbereich der Vorschriften des HGB zum Handlungsgehilfenrecht. Das Sonderrecht für das Innenverhältnis zwischen Kaufleuten und Handlungsgehilfen bezieht sich nur auf **Arbeitnehmer in einem Handelsgewerbe** und unter diesen nur auf die besondere Personengruppe von Angestellten, die so genannten **kaufmännischen Angestellten**. Für andere Arbeitnehmer in einem Handelsgewerbe, also Arbeiter, technische Angestellte und sonstige nichtkaufmännische Angestellte verweist § 83 auf die allgemeinen Vorschriften. In §§ 59 ff. ist das für Handlungsgehilfen geltende Arbeitsrecht nur zum Teil geregelt.

Es kommen weitgehend die **allgemeinen arbeitsrechtlichen Vorschriften** und Grundsätze zur Anwendung. Hinzu kommt, dass auch die in §§ 59 ff. enthaltenen Bestimmungen weitgehend mit entsprechenden Regelungen des allgemeinen Arbeitsrechts übereinstimmen, so dass die Qualifikation als Handlungsgehilfe sachlich keine Änderung mit sich bringt. Eine Ausnahme bildet das gesetzliche und nachvertragliche Wettbewerbsverbot.

Neben der Umschreibung des Begriffs des Handlungsgehilfen enthält § 59 Grundsätze über die Bestimmung der synallagmatischen **Hauptleistungspflichten** des Handlungsgehilfen und seines Arbeitgebers. Dem Grunde nach steht durch § 611 Abs. 1 BGB die Dienstleistungspflicht fest und, da Handlungsgehilfe nur ist, wer gegen Entgelt angestellt wird, auch die Vergütungspflicht. § 59 regelt daher nur, wie im Falle fehlender Vereinbarung der genaue Inhalt dieser Pflicht zu bestimmen ist.

---
1 Vgl. u.a. BAG v. 15.3.1978 – 5 AZR 819/76, DB 1978, 1035; BAG v. 23.4.1980 – 5 AZR 426/79, DB 1980, 1996; BAG v. 13.1.1983 – 5 AZR 149/82, DB 1983, 2042.
2 MünchHdbArbR I/*Richardi*, § 30 Rn. 1.

2. Voraussetzungen in der Person des Handlungsgehilfen

a) Person des Handlungsgehilfen

13 Handlungsgehilfe ist nach der gesetzlichen Bestimmung, wer in einem Handelsgewerbe zur **Leistung kaufmännischer Dienste gegen Entgelt** angestellt ist. Der Handlungsgehilfe ist Arbeitnehmer. Die Anstellung erfolgt durch Abschluss eines Arbeitsvertrages. Die §§ 145 ff. BGB finden Anwendung.

Aus § 59 ergibt sich, dass der **Umfang** der beiderseitigen Pflichten nicht festgelegt sein muss. Angestellt ist auch derjenige, der nur vorübergehend oder nur mit Teilzeitregelung beschäftigt ist.

14 Der **Ort der Tätigkeit**, d.h. ob in den Geschäftsräumen oder im Außendienst gearbeitet wird, spielt keine Rolle. Antrag und Annahme sind grds. formfrei möglich, es gelten die allgemeinen Vorschriften des BGB (vgl. Rn. 13).

b) Nicht erfasster Personenkreis

15 **Organe juristischer Personen**, insbesondere das Vorstandsmitglied einer AG oder der Geschäftsführer einer GmbH, können nicht zugleich deren Handlungsgehilfen sein[1]. Sie sind selbst Willensträger des Unternehmens[2]. Als solche stehen sie nicht in dem für einen Handlungsgehilfen vorauszusetzenden persönlichen Abhängigkeitsverhältnis.

16 Gleiches gilt im Ergebnis für den **OHG-Gesellschafter** und den persönlich haftenden **Gesellschafter einer KG**. Die Rechtsprechung behilft sich mit der Anwendung einzelner arbeitsrechtlicher Schutzprinzipien und hält auch ein Nebeneinander von (ruhendem) Arbeitsvertrag und gesellschaftsrechtlichem Anstellungsvertrag für möglich[3].

17 Umstritten ist, ob **juristische Personen** selbst als Handlungsgehilfen fungieren können. Dies ist im Hinblick auf das Tatbestandserfordernis persönlicher Abhängigkeit zu verneinen. Die Vorschriften des 6. Abschnitts sind zumeist auf den Schutz von natürlichen Personen zugeschnitten. Einzelne Vorschriften, so das gesetzliche Wettbewerbsverbot der §§ 60 ff., wird man auf Dienstverträge juristischer Personen analog anwenden können.

18 Dienstverträge mit **Angehörigen freier Berufe** fallen zumeist nicht unter den Anwendungsbereich der §§ 59 ff. Rechtsanwälte, Steuerberater, Wirtschaftsprüfer u.a. handeln nicht mit persönlicher Abhängigkeit im Sinne des kaufmännischen Arbeitsrechts. Zudem leistet dieser Personenkreis i.d.R. keine kaufmännischen Dienste.

---

1 BGH. v. 29.1.1981 – II ZR 92/80, BGHZ 79, 291.
2 RGZ 120, 302; differenzierend BAG v. 26.5.1999 – 5 AZR 664/98, NJW 1999, 3731; BFH v. 10.3.2005 – V R 29/03, NZG 2005, 607.
3 BAG v. 15.4.1982 – 2 AZR 1101/79, DB 1983, 1442, 1443; BAG v. 9.5.1985 – 2 AZR 330/84, DB 1986, 1474, 1475; BAG v. 12.3.1987 – 2 AZR 336/86, DB 1987, 2659 ff.; BAG v. 7.10.1993 – 2 AZR 260/93, BB 1994, 287.

In Abgrenzung zum **selbständigen Handelsvertreter** (vgl. § 84) ist maßgeblich die Freiheit zur Gestaltung der Tätigkeit, insbesondere im Hinblick auf die Zeit, in der die Leistung erbracht wird. Wer unselbständig ständig mit der Vermittlung oder dem Abschluss von Geschäften im fremden Namen betraut ist, gilt gemäß § 84 Abs. 1 als Angestellter, kann also Handlungsgehilfe sein. 19

3. Anstellung in einem Handelsgewerbe

Das Erfordernis der Anstellung in einem Handelsgewerbe nimmt Bezug auf die gesetzlichen Bestimmungen über Kaufleute. Erfasst wird damit jeder Kaufmann i.S. der §§ 1–6, also auch der Kaufmann kraft Eintragung. 20

Für Kannkaufleute (§§ 2, 3 Abs. 2) ist die **Eintragung in das Handelsregister** Voraussetzung für die Einstellung eines Handlungsgehilfen. Der Schutz der §§ 59 ff. würde demnach von der Eintragung der Firma in das Handelsregister abhängen. Daher wendet das BAG in ständiger Rechtsprechung die wichtigsten Vorschriften der §§ 59 ff., gerade die Regelungen über das nachvertragliche Wettbewerbsverbot in §§ 74 ff., analog auf andere Arbeitnehmer an (seit BAG v. 13.9.1969[1]; vgl. auch § 74 Rn. 14). 21

Der Arbeitnehmer eines **Scheinkaufmanns** (zum Begriff vgl. Anh. zu § 5), der sich im Rechtsverkehr als Kaufmann ausgibt, kann, wenn er auf den Rechtsschein vertraut, seinen Arbeitgeber **wie einen Kaufmann behandeln** und sich ihm gegenüber – zu seinen Gunsten –- auf die Handlungsgehilfeneigenschaft berufen[2]. 22

Der Angestellte einer **eingetragenen GmbH, AG, KG auf Aktien oder einer eingetragenen Genossenschaft** kann Handlungsgehilfe sein, auch wenn diese kein Handlungsgewerbe betreibt[3]. Solche Unternehmen sind kraft Rechtsform Kaufleute, §§ 13 Abs. 3 GmbHG, 3 AktG, 278 Abs. 3 i.V.m. § 3 AktG. Auch der **Versicherungsverein auf Gegenseitigkeit** unterliegt nach § 16 VAG dem Handelsrecht (soweit dessen Anwendungsbereich reicht, vgl. § 53 VAG); seine Arbeitnehmer können deshalb Handlungsgehilfen sein[4]. 23

4. Leistung kaufmännischer Dienste

a) Bestimmung nach der Verkehrsanschauung

Handlungsgehilfe ist nur der zu kaufmännischen Diensten Angestellte. In Ermangelung einer Legaldefinition und zwingender sachlicher Kriterien wird in der Rechtsprechung auf die Verkehrsanschauung abgestellt[5]. Was hiernach als kaufmännischer Dienst anzusehen ist, kann sich aus den Rege- 24

---

1 BAG v. 13.9.1969 – 3 AZR 138/68, DB 1970, 63.
2 BAG v. 19.4.1979 – 3 AZR 645/77, DB 1979, 1280.
3 BAG v. 12.12.1956 – 2 AZR 11/56, DB 1957, 335.
4 BAG v. 25.10.1967 – 3 AZR 453/66, DB 1968, 489.
5 BAG v. 30.9.1954 – 2 AZR 65/53, DB 1954, 955; BAG v. 6.12.1972 – 4 AZR 56/72, BB 1974, 90.

lungen im Arbeitsvertrag oder auch dem Tarifvertrag ergeben[1]. Nicht zwingend maßgebend ist die in der Sozialversicherung geltende Abgrenzung, sie kann jedoch über die Tarifpraxis häufig die Verkehrsanschauung prägen[2].

Der Handlungsgehilfe ist Angestellter, nicht Arbeiter. Für die Abgrenzung gelten die allgemeinen Kriterien (Rn. 11).

b) Kaufmännische Tätigkeit

25 **Begriff:** Der Handlungsgehilfe ist nicht nur Angestellter, sondern kaufmännischer Angestellter. Hierunter fallen solche Tätigkeiten, die in einem weiteren Sinne mit dem Umsatz von Waren in Zusammenhang stehen[3]. In erster Linie sind dies Kauf- und Verkaufsgeschäfte, aber auch jene Tätigkeiten wie die Werbung, die Vertragsanbahnung oder die Buch- und Kassenführung[4]. Die kaufmännische Dienstleistung muss hierbei nicht unmittelbar auf den rechtsgeschäftlichen Verkehr nach außen hervortreten.

26 Die Leistung muss ein gewisses Maß an **kaufmännischen Kenntnissen, Erfahrungen oder zumindest Übung** verlangen[5]. Eine kaufmännische Ausbildung ist allerdings nicht notwendig[6].

27 Übt ein Arbeitnehmer **unterschiedliche Tätigkeiten** aus, so ist auf den Schwerpunkt der Tätigkeit abzustellen[7]. Hierbei kann die zeitliche Verteilung ein Indiz sein, entscheidend ist aber, welche Arbeit das Gesamtbild der Tätigkeit prägt[8].

28 Die Qualifikation als Handlungsgehilfe steht **nicht zur Disposition der Parteien**, so dass die Handlungsgehilfeneigenschaft nicht durch entsprechende vertragliche Vereinbarungen umgangen werden kann. Bei Abweichen der tatsächlichen Tätigkeit von der vertraglichen Gestaltung des Dienstverhältnisses ist die Art der tatsächlich geleisteten Dienste entscheidend[9].

5. Anstellung gegen Entgelt

29 Die Vorschrift stellt klar, dass eine unentgeltliche Beschäftigung nicht zum Anwendungsbereich der §§ 59 ff. führen kann, während man für den allgemeinen Arbeitnehmerbegriff überwiegend davon ausgeht, dass die Entgelt-

---

1 BAG v. 30.9.1954 – 2 AZR 65/53, DB 1954, 955; BAG v. 13.5.1981 – 4 AZR 1076/78, DB 1981, 2547.
2 BAG v. 29.11.1958 – 2 AZR 245/58, BAGE 7, 86.
3 BAG v. 6.12.1972 – 4 AZR 56/72, BB 1974, 90.
4 LAG Düsseldorf v. 6.11.1959 – 4 Sa 448/59, DB 1960, 179.
5 BAG v. 12.12.1956 – 2 AZR 11/56, DB 1967, 335; LAG Düsseldorf v. 6.11.1959 – 4 Sa 448/59, DB 1960, 179.
6 BAG v. 26.1.1956 – 2 AZR 197/54, DB 1956, 211.
7 BAG v. 18.2.1967 – 3 AZR 290/66, DB 1967, 1045.
8 *Waechter*, DB 1958, 457.
9 BAG v. 18.2.1967 – 3 AZR 290/66, DB 1967, 1045.

lichkeit, wenn auch die Regel, so doch keine Voraussetzung eines Arbeitsverhältnisses ist[1]. Die Art der Entgeltung spielt keine Rolle.

6. Ortsgebrauch oder den Umständen entsprechende Dienste

§ 59 gibt **Richtlinien für die Konkretisierung von Art und Umfang der durch den Arbeitsvertrag geregelten Dienstleistungspflichten** des Handlungsgehilfen. Sie haben Vorrang vor den gesetzlichen Regelungen. Fehlen entsprechende Vereinbarungen, ist auf den Ortsgebrauch abzustellen. Der Handlungsgehilfe hat an Arbeiten also das zu verrichten, was am Ort seiner Tätigkeit nach Auffassung des Handelsverkehrs üblich ist. Orientierungshilfe können Auskünfte oder Gutachten der zuständigen Industrie- und Handelskammer sein. Nach § 59 S. 2 gilt in Ermangelung eines Ortsgebrauchs die den Umständen nach angemessene Leistung als vereinbart. Das Gesetz verweist damit auf allgemeine Auslegungsgrundsätze.

30

7. Ortsgebrauch oder den Umständen entsprechende Vergütung

Auch hier stuft das Gesetz nach besonderen vertraglichen Vereinbarungen, dem Ortsgebrauch und der den Umständen nach angemessenen Vergütung ab. § 59 regelt hier nur die **Vergütungspflicht**. Einzelheiten sind speziell geregelt, z.B. die Frage der Fälligkeit der Vergütung in § 64, Provisionsansprüche in § 65. Ob neben § 59 auch § 612 Abs. 2 BGB Anwendung findet, kann letztlich dahingestellt bleiben. Der dortige Verweis auf Taxen kommt nicht zum Tragen, weil es solche Gebührenordnungen für Arbeitnehmer nicht gibt; andererseits auch die Üblichkeit in § 612 Abs. 2 BGB nach den am betreffenden Ort bestehenden Verhältnissen beurteilt wird[2]. Fehlt es an einem feststellbaren Ortsgebrauch, etwa mangels vergleichbarer Betriebe oder vergleichbarer Tätigkeiten anderer Arbeitnehmer, entscheidet die **Angemessenheit**. Maßgeblich ist somit eine fallweise Interessenabwägung.

31

§ 60
Gesetzliches Wettbewerbsverbot

(1) Der Handlungsgehilfe darf ohne Einwilligung des Prinzipals weder ein Handelsgewerbe betreiben noch in dem Handelszweige des Prinzipals für eigene oder fremde Rechnung Geschäfte machen.

(2) Die Einwilligung zum Betrieb eines Handelsgewerbes gilt als erteilt, wenn dem Prinzipal bei der Anstellung des Gehilfen bekannt ist, dass er das Gewerbe betreibt, und der Prinzipal die Aufgabe des Betriebs nicht ausdrücklich vereinbart.

---

1 *Staub/Konzen/Weber*, § 59 Rn. 4.
2 *Palandt/Weidenkaff*, § 612 BGB Rn. 8.

§ 60 Handlungsgehilfen und Handlungslehrlinge

Übersicht

	Rn.		Rn.
I. Allgemeines		c) Vorbereitende Maßnahmen....	10
1. Regelungsinhalt................	1	2. Geschäfte im Handelszweig des Prinzipals.....................	13
2. Anwendungsbereich		a) Geschäftstätigkeit	14
a) Persönlicher Anwendungsbereich	2	b) Geschäftsbereich des Arbeitgebers.....................	15
b) Zeitlicher Anwendungsbereich .	3	c) Kapitalmäßige Beteiligung	17
II. Gegenstand des Wettbewerbsverbotes (§ 60 Abs. 1)		d) Vorbereitende Maßnahmen....	18
		III. Einwilligung des Arbeitgebers (§ 60 Abs. 2)	
1. Betrieb eines Handelsgewerbes a) Verfassungskonforme Auslegung.....................	5	1. Rechtsgeschäftliche Einwilligung.	19
b) Handelsgewerbe		2. Gesetzliche Fiktion	21
aa) Kaufmännische Gewerbe...	7	3. Prozessuales	23
bb) Nichtkaufmännische Gewerbe	9		

Schrifttum: *Buchner*, Das Wettbewerbsverbot während der Dauer des Arbeitsverhältnisses, AR-Blattei D, Wettbewerbsverbot II; *Dinnies*, Das Wettbewerbsverbot von Gesellschaftern und Gesellschafter-Geschäftsführer in der GmbH, GmbHR 1989, 450; *Glöckler*, Nebentätigkeitsverbote im Individualarbeitsrecht, 1993.

I. Allgemeines

1. Regelungsinhalt

1 § 60 Abs. 1 sieht für den Handlungsgehilfen ein gesetzliches Wettbewerbsverbot vor. Die Vorschrift konkretisiert einen allgemeinen Rechtsgedanken, der seine Grundlage bereits in der **Treuepflicht des Arbeitnehmers** hat. Dem Arbeitnehmer ist während des rechtlichen Bestehens des Arbeitsverhältnisses grundsätzlich jede Konkurrenztätigkeit zum Nachteil seines Arbeitgebers untersagt, auch wenn der Einzelvertrag keine ausdrücklichen Regelungen enthält[1].

2. Anwendungsbereich

a) Persönlicher Anwendungsbereich

2 Das in § 60 Abs. 1 statuierte Wettbewerbsverbot bezieht sich über den Wortlaut hinaus auf **alle Arbeitnehmer**[2] und gilt auch für den Bereich der sog. **freien Berufe**[3].

---

1 BAG v. 16.8.1990 – 2 AZR 113/90, NJW 1991, 519.
2 Ständige Rechtsprechung des BAG; BAG v. 16.8.1990 – 2 AZR 113/90, NJW 1991, 519 m.N. Auch für Ausbildungsverhältnisse BAG v. 20.9.2006 – 10 AZR 430/05, ArbuR 2006, 364.
3 BAG v. 16.8.1990 – 2 AZR 113/90, NJW 199, 519; BAG v. 16.7.1976 – 3 AZR 73/75, NJW 1977, 646.

b) Zeitlicher Anwendungsbereich

Das Wettbewerbsverbot gilt nur für die **Dauer des rechtlichen Bestandes des Arbeitsverhältnisses**. Der Handlungsgehilfe kann seine Geltung nicht dadurch beeinflussen, dass er vertragswidrig den Dienst nicht antritt oder diesen vorzeitig beendet. Wird der Handlungsgehilfe jedoch vom Arbeitgeber zu Unrecht an der Arbeitsaufnahme gehindert, ist das Wettbewerbsverbot nicht anwendbar, es sei denn, der Arbeitnehmer hält am Vertrag fest, indem er sich auf sein Recht aus § 615 S. 1 BGB beruft. Die Bindung besteht auch fort, wenn der Arbeitgeber eine außerordentliche Kündigung ausspricht, der Arbeitnehmer aber deren Wirksamkeit bestreitet.

3

Nach Beendigung des Arbeitsverhältnisses kann der Arbeitnehmer frei Wettbewerb ausüben; will der Arbeitgeber dies verhindern, muss er ein vertragliches Wettbewerbsverbot gemäß §§ 74 ff. vereinbaren. Die §§ 60, 61 enthalten zwar nachgiebiges Recht, können also durch Parteivereinbarung abgeschwächt oder verschärft werden, im Hinblick auf die zeitliche Geltungsdauer ist dies aber nur unter den Voraussetzungen von § 74 möglich. Ansonsten gelten lediglich nachvertragliche Schweigepflichten[1] und eine nach Vertragsende eingeschränkte Treuepflicht sowie der (deliktische) Schutz nach §§ 3, 17 UWG, 823 Abs. 2, 826 BGB und unter Umständen § 823 Abs. 1 BGB[2].

4

II. Gegenstand des Wettbewerbsverbotes (§ 60 Abs. 1)

1. Betrieb eines Handelsgewerbes

a) Verfassungskonforme Auslegung

Nach der 1. Alternative von § 60 Abs. 1 darf der Handlungsgehilfe ohne Einwilligung des Prinzipals kein Handelsgewerbe betreiben. Nach dem Wortlaut ist es unerheblich, ob es sich um einen **Handelszweig des Prinzipals** handelt oder nicht. Das Verbot ist jedoch nach einer am Schutzzweck der Vorschrift orientierten und einer im Hinblick auf Art. 3, 12 GG gebotenen verfassungskonformen Auslegung auf solche Betätigungen zu reduzieren, die dem Arbeitgeber schädlich werden können, also auf Geschäfte in *seinem* Handelszweig[3].

5

Ohne diese **Begrenzung** würde das Verbot gegen das Grundrecht der freien Berufswahl verstoßen; im Übrigen führt sie zur Harmonisierung mit dem nachvertraglichen Wettbewerbsverbot des § 74a Abs. 1 und dem Wettbewerbsverbot der Personengesellschaften nach § 112[4].

6

---

1 BAG v. 15.12.1987 – 3 AZR 474/86, NJW 1988, 1686; vgl. im Übrigen § 74 Rn. 39.
2 BAG v. 15.6.1993 – 9 AZR 558/9, NZA 1994, 502, 505; BAG v. 19.5.1998 – 9 AZR 394/97, NZA 1999, 200.
3 *Baumbach/Hopt*, § 60 Rn. 1; *Staub/Konzen/Weber*, § 60 Rn. 8; a.A. *Schlegelberger/Schröder*, § 60 Rn. 5.
4 *Heymann/Henssler*, § 60 Rn. 9 m.N.

b) Handelsgewerbe

aa) Kaufmännische Gewerbe

7 Verboten ist die unternehmerische Tätigkeit durch den Betrieb eines kaufmännischen Gewerbes. Entsprechend dem Schutzzweck des § 60, der jeden Wettbewerb des Handlungsgehilfen gegenüber seinem Arbeitgeber und entsprechende Interessenkollisionen verhindern soll, kommt es nicht auf formale Kriterien, insbesondere nicht auf die Eintragung des Handlungsgehilfen als Kaufmann an[1].

8 Neben dem Istkaufmann i.S.d. § 1 Abs. 1 werden auch Kleingewerbetreibende i.S.d. § 1 Abs. 2 erfasst. Ebenso reicht das **Scheingewerbe** eines Kaufmanns aus, da schon die Tatsache, dass sich der Handlungsgehilfe als Kaufmann ausgibt, das Unternehmen des Prinzipals nachhaltig beeinflussen kann. Die unternehmerische Tätigkeit kann auch im Betrieb eines Handelsgewerbes durch bevollmächtigte Treuhänder u.Ä. liegen; ebenso in der tätigen Teilnahme an Handelsgesellschaften. Die bloße kapitalmäßige Beteiligung an Kapitalgesellschaften fällt jedoch nicht unter § 60 Abs. 1 Alt. 1 kann aber eine Tätigkeit nach § 60 Abs. 1 Alt. 2 (vgl. Rn. 13) darstellen.

bb) Nichtkaufmännische Gewerbe

9 Diese werden vom gesetzlichen Wettbewerbsverbot nicht erfasst. Ihre Zulässigkeit richtet sich allein nach **arbeitsvertraglichen Grundsätzen**, insbesondere danach, inwieweit der Arbeitnehmer durch die Nebentätigkeit gegen seine Pflicht aus § 611 BGB verstößt, seine Arbeitskraft während der Geschäftszeit ausschließlich seinem Prinzipal zur Verfügung zu stellen.

c) Vorbereitende Maßnahmen

10 Das Wettbewerbsverbot gilt bis zur **Beendigung des Angestelltenverhältnisses;** auch das unmittelbar bevorstehende Vertragsende erlaubt dem Arbeitnehmer keinerlei Konkurrenztätigkeit. Zulässig sind allerdings (unter der Voraussetzung, dass nicht sonstige Vertragspflichten verletzt werden) Maßnahmen, die einen nach der Verbotszeit beabsichtigten Wettbewerb vorbereiten.

11 Dadurch darf jedoch nicht **unmittelbar** in die Geschäfts- oder Wettbewerbsinteressen des Arbeitgebers eingegriffen werden. Ob eine solche Beeinträchtigung vorliegt, ist nach den Umständen des Einzelfalles zu beurteilen; entscheidend ist die aktuelle Interessengefährdung aus der Sicht des Prinzipals.

12 **Zulässige Vorbereitungshandlungen** sind insbesondere organisatorische Maßnahmen wie die Anmietung und Einrichtung von Geschäftsräumen, die Kontaktaufnahme mit Lieferanten und der Abschluss von Verträgen mit künftigen Mitarbeitern (nicht aber deren Abwerbung) sowie die Schaffung formaler Voraussetzungen, wie etwa die Gründung einer Handelsgesell-

---

1 *Staub/Konzen/Weber*, § 60 Rn. 6.

schaft[1]. Nicht zulässig sind allerdings Verabschiedungsschreiben, die auf die zukünftige Tätigkeit als Wettbewerber oder für einen Wettbewerber hinweisen[2].

2. Geschäfte im Handelszweig des Prinzipals

Nach § 60 Abs. 2 Alt. 2 darf der Handlungsgehilfe ferner weder für eigene noch für fremde Rechnung Geschäfte machen, die in den Handelszweig des Prinzipals fallen. Insoweit ist nicht Voraussetzung, dass der Unternehmer auf dem Markt tatsächlich werbend auftritt. Hinreichend (aber auch erforderlich) ist als maßgebender Anknüpfungspunkt das Vorliegen einer **Konkurrenzsituation** zwischen dem Arbeitgeber und dem Dritten, dem der Arbeitnehmer Dienste oder Leistungen anbietet[3]. Daher werden Geschäfte, die der Handlungsgehilfe mit dem Prinzipal als Anbieter oder Abnehmer abschließt, von dem Wettbewerbsverbot nicht erfasst.

a) Geschäftstätigkeit

Unter „Geschäfte machen" ist jede, wenn auch nur spekulative, **auf Gewinnerzielung gerichtete Teilnahme am Geschäftsverkehr** zu verstehen[4]. Darunter fällt auch das bloße Vorbereiten der Vermittlung oder des Abschlusses von Geschäften. Es kommt weder darauf an, ob der Arbeitgeber selbst das Geschäft hätte machen können, noch darauf, ob die Tätigkeit des Arbeitnehmers erfolgreich gewesen ist.

b) Geschäftsbereich des Arbeitgebers

In den Handelszweig des Prinzipals fallen alle Geschäfte, die ihrer Art oder ihrem Gegenstand nach **tatsächlich in seinem Unternehmen getätigt werden**, auch wenn der Unternehmer die betreffende Gruppe von Geschäften erst nach Anstellung des Handlungsgehilfen in seinen Betrieb aufgenommen hat. Dies gilt grundsätzlich auch dann, wenn der Arbeitnehmer seine Tätigkeit in dem betreffenden Geschäftsbereich bereits vorher aufgenommen hatte.

Die **gegenteilige Ansicht**[5] würde dazu führen, dass sich der Unternehmer bei der Aufnahme neuer Geschäftsbereiche an den Nebentätigkeiten seiner Arbeitnehmer orientieren oder seine Konkurrenztätigkeit im eigenen Haus aufnehmen müsste. Mit Aufnahme einer unselbständigen Tätigkeit ordnet sich der Arbeitnehmer der unternehmerischen Zielverfolgung unter. Allerdings sind bei der Beurteilung der Frage, ob im Einzelfall wirklich eine Konkurrenztätigkeit des Arbeitnehmers vorliegt, unter dem Gesichtspunkt des

---

1 Vgl. auch *Schlegelberger/Schröder*, § 60 Rn. 7.
2 BGH v. 22.4.2004 – I ZR 303/01, NJW 2004, 1021.
3 BAG v. 16.8.1990 – 2 AZR 130/90, NJW 1991, 519.
4 BAG v. 15.2.1962 – 5 AZR 79/61, BB 1962, 638.
5 *Staub/Konzen/Weber*, § 60 Rn. 8 m.N.

Bestandsschutzes in erhöhtem Maße dessen Interessen an der Weiterverfolgung seines Nebenverdienstes zu berücksichtigen[1].

c) Kapitalmäßige Beteiligung

17 Streitig ist, ob die rein kapitalmäßige Beteiligung an einem Konkurrenzunternehmen von dem Wettbewerbsverbot erfasst wird. Das BAG hat diese Frage zu Recht bejaht[2]. Die kapitalmäßige Beteiligung kann sich jedenfalls aus der Sicht des Unternehmers als Möglichkeit der **Beeinflussung der unternehmerischen Entscheidungen** des Konkurrenzunternehmens darstellen. Nach Sinn und Zweck soll aber bereits jede Gefahr der nachteiligen, zweifelhaften oder zwielichtigen Beeinflussung der Geschäftstätigkeit des Unternehmers durch den Arbeitnehmer vermieden werden[3].

d) Vorbereitende Maßnahmen

18 Ein Arbeitnehmer darf während des Arbeitsverhältnisses seinen **Weggang** von seinem bisherigen Arbeitgeber und den Übertritt zu einem im Aufbau befindlichen Konkurrenzunternehmen vorbereiten. Ihm ist es jedoch nicht erlaubt, während seines Arbeitsverhältnisses einem vertragsbrüchig gewordenen Arbeitskameraden bei einer konkurrierenden Tätigkeit des in Aussicht genommenen neuen Arbeitgebers zu helfen.

III. Einwilligung des Arbeitgebers (§ 60 Abs. 2)

1. Rechtsgeschäftliche Einwilligung

19 Die Einwilligung des Arbeitgebers ist eine Willenserklärung, für die die allgemeinen Vorschriften des BGB gelten. Dem Wortlaut nach handelt es sich um eine vorherige Zustimmung (§ 183 BGB), sie kann aber auch als (nachträgliche) Genehmigung (§ 184 BGB) vorliegen.

20 Die Einwilligung kann auch **stillschweigend** erfolgen und kann insbesondere in der Duldung der dem Arbeitgeber bekannten Betätigung des Handlungsgehilfen liegen. Auch das Schweigen auf eine entsprechende Anfrage des Handlungsgehilfen in Bezug auf künftige Geschäfte kann im Allgemeinen nach Treu und Glauben als Einwilligung aufzufassen sein. Dagegen wird ein Schweigen auf die nachträgliche Anzeige regelmäßig nicht als Genehmigung oder gar als Einwilligung für künftige Geschäfte auszulegen sein[4].

---

1 Zu eng *Ebenroth/Boujong/Joost/Strohn*, § 60 Rn. 23: immer Bestandsschutz.
2 BAG v. 15.2.1962 – 5 AZR 79/61, BB 1962, 638.
3 BAG v. 16.8.1990 – 2 AZR 113/90, NJW 1991, 519.
4 Vgl. *Schlegelberger/Schröder*, § 60 Rn. 9.

2. Gesetzliche Fiktion

Nach § 60 Abs. 2 wird die Einwilligung vermutet, wenn der Prinzipal in **Kenntnis** – grobe Unkenntnis steht nicht gleich – der Tatsache, dass der Handlungsgehilfe nebenher ein Handelsgewerbe betreibt, es bei der Anstellung unterlässt, mit ihm die Aufgabe seines Betriebes zu vereinbaren. Der bloße Widerspruch gegen die Fortführung des Betriebes genügt insoweit nicht. Hinsichtlich des Abschlusses einzelner Geschäfte i.S. der 2. Alternative von § 60 Abs. 1 fehlt zwar eine entsprechende Vorschrift.

21

Es ist aber davon auszugehen, dass die Einwilligung des Arbeitgebers auch insoweit als stillschweigend erteilt gilt, wenn ihm **bei der Einstellung des Arbeitnehmers bekannt** ist, dass dieser solche Geschäfte für eigene oder fremde Rechnung getätigt hat und der Arbeitgeber gleichwohl nicht den Ausschluss dieser Tätigkeit für die Dauer des Arbeitsverhältnisses vereinbart[1]. Ist die Einwilligung erteilt oder wird sie vermutet, kann sie vom Prinzipal nicht mehr nachträglich einseitig zurückgezogen werden.

22

3. Prozessuales

Wenn streitig bleibt, ob und in welchem Umfang der Arbeitgeber dem Arbeitnehmer eine Konkurrenztätigkeit gestattet hat, trägt der Arbeitnehmer die **Darlegungs- und Beweislast** für das Vorliegen und den Umfang der Gestattung. Die Einwilligung in die Wettbewerbstätigkeit ist ein Ausnahmetatbestand, für den derjenige beweispflichtig ist, der sich darauf beruft. Etwas anderes gilt allerdings dann, wenn der Arbeitgeber eine außerordentliche Kündigung nach § 626 BGB auf eine unerlaubte Konkurrenztätigkeit stützt. Wenn hier der Gekündigte die Einwilligung behauptet, hat der Kündigende die Beweislast für diejenigen Tatsachen, die die Einwilligung ausschließen.

23

Der **Arbeitnehmer** hat allerdings substantiiert die Tatsachen vorzutragen, aus denen sich die behauptete und bestrittene Einwilligung des Arbeitgebers ergeben soll[2].

24

§ 61
Verletzung des Wettbewerbsverbots

(1) Verletzt der Handlungsgehilfe die ihm nach § 60 obliegende Verpflichtung, so kann der Prinzipal Schadensersatz fordern; er kann statt dessen verlangen, dass der Handlungsgehilfe die für eigene Rechnung gemachten Geschäfte als für Rechnung des Prinzipals eingegangen gelten lasse und die aus Geschäften für fremde Rechnung bezogene Vergütung herausgebe oder seinen Anspruch auf die Vergütung abtrete.

---

1 *Baumbach/Hopt*, § 60 Rn. 6.
2 BAG v. 6.8.1987 – 2 AZR 474/86, NJW 1988, 438.

(2) Die Ansprüche verjähren in drei Monaten von dem Zeitpunkt an, in welchem der Prinzipal Kenntnis von dem Abschlusse des Geschäfts erlangt oder ohne grobe Fahrlässigkeit erlangen müsste; sie verjähren ohne Rücksicht auf diese Kenntnis oder grob fahrlässige Unkenntnis in fünf Jahren von dem Abschlusse des Geschäfts an.

Übersicht

	Rn.		Rn.
I. Übersicht über die Rechtsfolgen eines Wettbewerbsverstoßes	1	b) Gesellschaftsbeteiligung	14
II. Anwendbarkeit	3	c) Einheitliche Ausübung	16
III. Wahlrecht des Prinzipals	5	2. Rechtsfolgen	
IV. Schadensersatzanspruch (§ 61 Abs. 1 1. Hs.)		a) Herausgabe des Erlangten	17
		b) Weitere Folgen	18
1. Aus Vertrag	8	VI. Auskunftspflicht	
2. Weitere Anspruchsgrundlagen	9	1. Anspruch auf Auskunftserteilung	20
3. Schadensumfang	11	2. Prozessuales	22
V. Anspruch auf Gewinnherausgabe („Eintrittsrecht") (§ 61 Abs. 1 2. Hs.)		VII. Unterlassungsanspruch	24
		VIII. Kündigung	26
		IX. Verjährung (§ 61 Abs. 2)	
1. Anwendungsbereich	12	1. Beginn/Dauer	28
a) Unanwendbarkeit	13	2. Erweiterte Anwendung	30
		3. Allgemeine Verjährung	32

I. Übersicht über die Rechtsfolgen eines Wettbewerbsverstoßes

1 § 61 Abs. 1 regelt die Rechtsfolgen der Verletzung des Wettbewerbsverbotes, erfasst diese aber nur zu einem Teil. Zum einen enthält § 61 Abs. 1 über die (weiterhin anwendbaren) Vorschriften des UWG und die deliktsrechtlichen Ansprüche hinaus einen **Schadensersatzanspruch** gegen den Handlungsgehilfen; zum anderen einen Anspruch auf **Gewinnherausgabe**, gemeinhin als „Eintrittsrecht" bezeichnet. Diese Bezeichnung ist, auch wenn sie im Fortgang wegen der allgemeinen Verwendung ebenfalls gebraucht wird, missverständlich, weil sie eine Außenwirkung vom Arbeitgeber zum Dritten impliziert, obwohl sich die Wirkung des Rechts nur auf das Innenverhältnis zum Handlungsgehilfen beschränkt (vgl. Rn. 17).

2 Zur Erleichterung der Durchsetzung dieser Ansprüche hat der Arbeitgeber gegen den Handlungsgehilfen einen **Anspruch auf Auskunft** (s. Rn. 20). Unabhängig von diesen Regelungen kann der Arbeitgeber die Einhaltung des Wettbewerbsverbotes mit einer **Unterlassungsklage** durchsetzen (s. Rn. 24) oder den Verstoß mit einer (außerordentlichen) **Kündigung** (Rn. 26) sanktionieren.

II. Anwendbarkeit

Während § 60 für alle Arbeitnehmer gilt (vgl. § 60 Rn. 2), ist § 61 nur auf **Handlungsgehilfen** anzuwenden[1]. Die Anwendung von § 60 auf alle Arbeitnehmer beruht auf der jedem Arbeitsverhältnis immanenten Treuepflicht. 3

Es besteht aber weder von der Interessenlage her noch im Hinblick auf den Gerechtigkeitsgehalt von § 61 ein Bedürfnis, die dort geregelten besonderen Rechtsfolgen über den Wortlaut hinaus auf alle Arbeitnehmer anzuwenden[2]. 4

III. Wahlrecht des Prinzipals

§ 61 Abs. 1 gibt dem Prinzipal für den Fall, dass der Handlungsgehilfe einen Wettbewerbsverstoß begeht, ein Wahlrecht. Er kann entweder **Schadensersatz** fordern oder verlangen, dass der Handlungsgehilfe die für eigene Rechnung getätigten Geschäfte als für seine Rechnung eingegangen gelten lässt und die aus den Geschäften bezogene **Vergütung herausgibt** oder einen Vergütungsanspruch abtritt. 5

Das Wahlrecht ist nicht ein solches nach § 262 BGB, sondern eine **facultas alternativa** des Gläubigers, die erst in dem Zeitpunkt eintritt, in welchem der Schuldner gegen seine vertraglichen Verpflichtungen verstößt. 6

Die **Ausübung** des Leistungswahlrechts erfolgt entsprechend § 263 BGB durch eine gemäß §§ 130–132 BGB dem Handlungsgehilfen gegenüber abzugebende, empfangsbedürftige Willenserklärung des Prinzipals. Im Übrigen finden §§ 262 ff. BGB keine Anwendung. Die Erklärung erlangt Wirksamkeit mit Zugang und ist von da an unwiderruflich. 7

IV. Schadensersatzanspruch (§ 61 Abs. 1 1. Hs.)

1. Aus Vertrag

Der in § 61 Abs. 1 normierte Anspruch auf Schadensersatz ergibt sich (wegen Pflichtverletzung, § 280 BGB) auch schon aus dem Arbeitsvertrag selbst. Der Arbeitnehmer muss sich aufgrund dieses Vertrages für die Interessen des Arbeitgebers einsetzen und alles unterlassen, was dem Arbeitgeber oder dem Betrieb abträglich ist. Dogmatischer Ansatzpunkt kann insbesondere auch die Verletzung der Treuepflicht sein. 8

---

1 *Baumbach/Hopt*, § 61 Rn. 3; GK/*Etzel*, Rn. 16; a.A. *Staub/Konzen/Weber*, § 61 Rn. 21 f., unter Hinweis darauf, dass dies im Widerspruch stehe zur Tendenz der Vereinheitlichung der Arbeitsbedingungen verschiedener Arbeitnehmergruppen.
2 Vgl. auch BAG v. 16.1.1975 – 3 AZR 72/74, AP Nr. 8 zu § 60 HGB Bl. 1, 4, allerdings nur zu § 61 Abs. 2, und LG Berlin v. 17.2.1970 – U (5) Sa 115/67, BB 1970, 1215.

2. Weitere Anspruchsgrundlagen

9 Schadensersatzansprüche aus sonstigen Rechtsgründen bestehen daneben weiter. So kommen insbesondere Ansprüche aus § 3 UWG, §§ 823 Abs. 1, 823 Abs. 2 BGB i.V.m. §§ 18, 19 UWG und § 826 BGB in Betracht[1].

10 Kündigt der Arbeitgeber wegen des Wettbewerbsverstoßes berechtigt nach § 626 BGB, ist im Rahmen des **Auflösungsschadens** i.S. des § 628 Abs. 2 BGB auch zu berücksichtigen, dass der Arbeitgeber durch die vorzeitige Vertragsbeendigung den Konkurrenzschutz des § 60 verliert. Auch für die dadurch verursachten Vermögenseinbußen des Arbeitgebers muss der vertragsbrüchige Arbeitnehmer aufkommen[2].

3. Schadensumfang

11 Die Ermittlung des Schadensumfangs erfolgt nach §§ 249 ff. BGB. Der Arbeitgeber ist so zu stellen, wie er stehen würde, wenn der Arbeitnehmer die wettbewerbswidrige Handlung nicht begangen hätte. Meist wird sein Schaden darin bestehen, dass ihm durch den Wettbewerb des Handlungsgehilfen ein **Gewinn entgangen** ist (§ 252 BGB). Insoweit ist aber Voraussetzung für die erforderliche haftungsausfüllende Kausalität, dass der Prinzipal selbst einen derartigen Geschäftsabschluss eingegangen wäre (vgl. zur anderen Gestaltung beim „Eintrittsrecht" Rn. 12 ff.). Im Übrigen kann sein Schaden aber auch darin bestehen, dass er, verursacht durch die Wettbewerbshandlung des Arbeitnehmers, **Mehraufwendungen** – etwa Werbemaßnahmen – hatte.

V. Anspruch auf Gewinnherausgabe („Eintrittsrecht") (§ 61 Abs. 1 2. Hs.)

1. Anwendungsbereich

12 Der Prinzipal hat statt eines Schadensersatzanspruches die Möglichkeit, den wirtschaftlichen Erfolg, den der Handlungsgehilfe erzielt, für sein eigenes geschäftliches Unternehmen im Wege der Gewinnabschöpfung (vgl. näher Rn. 15) in Anspruch zu nehmen. Da es sich um eine Ausnahmebestimmung zugunsten des wirtschaftlich Stärkeren handelt, die (auch) für den Handlungsgehilfen von erheblicher Härte sein kann, ist bei der Anwendung ein **strenger Maßstab** anzulegen[3].

a) Unanwendbarkeit

13 Das „Eintrittsrecht" erstreckt sich **nicht auf persönliche Dienstleistungen** und ähnliche Tätigkeiten, die ihrer tatsächlichen Art nach ein solches Recht

---

[1] Vgl. die Übersicht bei *Menkens*, BB 1970, 1592.
[2] BAG v. 9.5.1975 – 3 AZR 352/74, BB 1975, 1112.
[3] RGZ 1973, 425.

nicht zulassen[1]. Es kann auch nicht geltend gemacht werden, wenn für den Fall der Zuwiderhandlung gegen das Wettbewerbsverbot eine **Vertragsstrafe** vereinbart wurde und diese gezahlt wurde. Nach § 340 Abs. 1 BGB entfällt der Anspruch auf Leistung und damit auch der Anspruch auf Gewinnherausgabe, der mit diesem Anspruch korreliert. Dasselbe gilt, wenn ein Mindestschaden gemäß § 340 Abs. 2 BGB geltend gemacht wird.

b) Gesellschaftsbeteiligung

Beteiligt sich der Handlungsgehilfe an einem konkurrierenden Unternehmen als **Gesellschafter**, ist streitig, inwieweit hier ein „Eintrittsrecht" des Unternehmers zum Tragen kommen kann. Die wohl überwiegende Ansicht lehnt wegen der mit der Gesellschafterstellung verbundenen Besonderheiten, insbesondere wegen der persönlichen, nicht übertragbaren Gesellschafterrechte, ein Eintrittsrecht in diesen Fällen überhaupt ab[2]. 14

Ohne Frage kommt ein Eintreten des Arbeitgebers in die Gesellschafterstellung des Arbeitnehmers nicht in Betracht[3]. Es spricht aber nichts dagegen, dem Arbeitgeber einen Anspruch auf **Herausgabe des Gewinnanteils des Arbeitnehmers** zu geben[4]. Das Argument, darin liege eine wesentliche Änderung des Inhalts der verbotswidrig vorgenommenen Geschäfte und deshalb sei das Eintrittsrecht nicht möglich[5], vermag nicht zu überzeugen. Im Verhältnis vom Arbeitgeber zum Arbeitnehmer – und nur dieses ist maßgebend – stellt sich der bezogene Gewinn als Vorteil des Arbeitnehmers aus der verbotenen Wettbewerbstätigkeit dar; die Abschöpfung dieses Gewinnes bezweckt aber gerade § 61 Abs. 1. Insoweit handelt es sich auch um keinen Teileintritt[6]. 15

c) Einheitliche Ausübung

Bei mehreren Geschäften, die miteinander in Zusammenhang stehen, kann das Eintrittsrecht nur einheitlich ausgeübt werden, da sich Schadensersatz und Eintrittsrecht gegenseitig ausschließen. Etwas anderes gilt jedoch, wenn **mehrere Wettbewerbsverstöße** vorliegen, die zu tatsächlich getrennten Geschäftsabschlüssen führen. In diesem Fall kann der Arbeitgeber für die einzelnen Abschlüsse unterschiedlich und getrennt jeweils den Schadensersatzanspruch oder das Eintrittsrecht geltend machen. 16

---

1 LAG Berlin v. 17.2.1970 – 4 (5) Sa 115/67, BB 1970, 1215.
2 BAG v. 15.2.1962 – 5 AZR 79/61, AP Nr. 1 zu § 61 HGB mit Anm. *Hefermehl*, 1014; *Schlegelberger/Schröder*, § 61 Rn. 6e; *Staub/Konzen/Weber*, § 61 Rn. 17.
3 BGH v. 6.12.1962 – KZR 4/62, BGHZ 38, 306, 310; BGH v. 5.12.1983 – II ZR 242/82, NJW 1984, 162.
4 BGH v. 6.12.1962 – KZR 4/62, BGHZ 38, 306, 310.
5 *Staub/Konzen/Weber*, § 61 Rn. 17.
6 So aber *Staub/Konzen/Weber*, § 61 Rn. 17.

2. Rechtsfolgen

a) Herausgabe des Erlangten

17 Macht der Prinzipal von dem „Eintrittsrecht" Gebrauch, kann er vom Handlungsgehilfen verlangen, dass dieser ihm das aus dem Geschäft Erlangte herausgibt oder seine auf dem Geschäft beruhenden Forderungen abtritt. Der Prinzipal tritt nicht in die Vertragsbeziehungen des Arbeitnehmers mit dem Dritten ein oder übernimmt diesen Vertrag; der Anspruch auf Gewinnherausgabe hat nur Wirkung im **Innenverhältnis** zum Arbeitnehmer. In diesem Sinne ist auch der Begriff „Eintrittsrecht" missverständlich (Rn. 1).

b) Weitere Folgen

18 Der Gesetzgeber sieht damit das unter Verstoß gegen das Wettbewerbsverbot zustande gekommene Geschäft nicht nach §§ 134, 138 BGB als nichtig an; vielmehr gibt er dem Arbeitgeber eine dem Geschäftsherrn i.S. von § 687 Abs. 2 BGB vergleichbare Stellung. Entsprechend hat der Arbeitgeber in Anwendung der §§ 687 Abs. 2, 684 S. 1 BGB dem Handlungsgehilfen deshalb auch die **Aufwendungen für das Geschäft zu erstatten** und die von ihm daraus noch zu erbringenden Leistungen zu übernehmen.

19 Ist das Geschäft noch nicht abgewickelt, hat es der Handlungsgehilfe für den Arbeitgeber durchzuführen, ohne für seine Tätigkeit eine besondere Vergütung beanspruchen zu können. Im Fall einer **verbotswidrigen Vermittlung** ist die Vermittlerprovision herauszugeben bzw. die diesbezügliche Forderung abzutreten; erforderlichenfalls ist die Vermittlertätigkeit zu Ende zu führen.

VI. Auskunftspflicht

1. Anspruch auf Auskunftserteilung

20 Unerlaubte Konkurrenztätigkeit verpflichtet den Arbeitnehmer, dem Arbeitgeber über den **Umfang der Konkurrenztätigkeit** Auskunft zu erteilen[1]. Ein solcher Anspruch ist zwar in § 61 nicht vorgesehen, beruht aber (neben einer entsprechenden Anwendung von § 666 BGB) auf dem von der Rechtsprechung anerkannten Rechtssatz, dass ein Auskunftsrecht bei Rechtsverhältnissen besteht, deren Wesen es mit sich bringt, dass der Berechtigte in entschuldbarer Weise über Bestehen und Umfang seines Rechtes im Ungewissen ist, der Verpflichtete aber in der Lage ist, unschwer darüber Auskunft zu erteilen[2].

21 Der **Umfang** richtet sich nach § 259 BGB. Die Auskunftspflicht setzt nicht voraus, dass ein Verstoß bereits nachgewiesen ist. Es genügt, dass der Arbeitgeber mit hoher Wahrscheinlichkeit dartun kann, dass der Arbeitnehmer

---

1 BAG v. 16.6.1976 – 3 AZR 73/75, NJW 1977, 646.
2 St. Rspr., vgl. BGH v. 17.5.1994 – X ZR 82/92, NJW 1995, 386; *Palandt/Heinrichs*, § 261 BGB Rn. 8 m.N.

ihm unerlaubt Konkurrenz gemacht hat. Die Pflicht besteht auch dann, wenn das Geschäft wieder aufgehoben worden ist, da möglicherweise Schadensersatzansprüche in Betracht kommen.

2. Prozessuales

Zur Durchsetzung des Anspruchs kann der Prinzipal **Stufenklage** gemäß § 254 ZPO auf Rechnungslegung und Herausgabe dessen, was der Gehilfe nach Rechnungslegung schuldet, erheben. Dies führt zu einer Hemmung der Verjährung, da mit Erhebung der Klage auch der Hauptanspruch rechtshängig wird[1]. 22

Die Hemmung der **Verjährung** endet spätestens dann, wenn der Arbeitnehmer die geforderte Auskunft erteilt und eine eidesstattliche Versicherung abgegeben hat. Mängel der Auskunft sind insoweit unerheblich[2]. Die Beweislast für das Vorliegen einer Konkurrenztätigkeit trägt der Arbeitgeber. 23

VII. Unterlassungsanspruch

Neben der Geltendmachung von Schadensersatzansprüchen oder dem Eintrittsrecht kann der Unternehmer auch Unterlassung verlangen. Der Anspruch folgt entweder aus dem Arbeitsvertrag selbst oder auch aus § 3 UWG oder §§ 823 ff. BGB. Als **Abwehranspruch**, der nur eine rechtswidrige Handlung, nicht aber ein Verschulden voraussetzt, kann er auch auf die entsprechende Anwendung von § 1004 BGB (quasi-negatorischer Anspruch) gestützt werden[3]. 24

Die **Zwangsvollstreckung** erfolgt nach § 890 ZPO. Dem Handlungsgehilfen wird unter Androhung von Ordnungsmitteln der Abschluss weiterer Konkurrenzgeschäfte untersagt bzw. auferlegt, das von ihm aufgemachte Konkurrenzunternehmen zu schließen[4]. Der Arbeitgeber kann auch im Wege der einstweiligen Verfügung (§ 935 ZPO) vorgehen. 25

VIII. Kündigung

Zuwiderhandlungen gegen das Wettbewerbsverbot können einen wichtigen Grund für eine **außerordentliche Kündigung** nach § 626 BGB darstellen[5]. Der Verstoß kann aber auch zu einer **verhaltensbedingten ordentlichen Kündigung** nach § 1 Abs. 2 S. 1 KSchG berechtigen. 26

Fraglich kann sein, ob es einer vorherigen **Abmahnung** bedarf. Die Konkurrenztätigkeit ist als erhebliche Störung im Vertrauensbereich durch den Arbeitnehmer anzusehen. In diesem Bereich aber ist grundsätzlich keine 27

---

1 BGH v. 17.6.1992 – IV ZR 183/91, NJW 1992, 2563; vgl. im Übrigen Rn. 28.
2 BAG v. 28.1.1986 – 3 AZR 449/84, NJW 1986, 2527.
3 Vgl. i.E. *Palandt/Bassenge*, § 1004 BGB Rn. 27.
4 RGZ 67, 3.
5 Vgl. i.E. *Palandt/Weidenkaff*, § 626 BGB Rn. 46; zur Beweislast vgl. Rn. 23.

Abmahnung vor Ausspruch einer Kündigung erforderlich, es sei denn, der Arbeitnehmer konnte mit vertretbaren Gründen annehmen, sein Verhalten sei nicht vertragswidrig, oder werde vom Arbeitgeber zumindest nicht als erhebliches, den Bestand des Arbeitsverhältnisses gefährdendes Fehlverhalten bewertet. Im Rahmen der nach § 626 Abs. 1 BGB gebotene Interessenabwägung können jedoch besondere Umstände eine andere Beurteilung zugunsten des Arbeitnehmers rechtfertigen[1].

IX. Verjährung

1. Beginn/Dauer

28 Nach § 61 Abs. 2 verjähren die Ansprüche des Prinzipals in **drei Monaten** von dem Zeitpunkt an, in welchem er von dem betreffenden Geschäft des Handlungsgehilfen Kenntnis erlangt oder ohne grobe Fahrlässigkeit erlangen müsste[2]. Dabei müssen ihm nicht alle Einzelheiten des Geschäfts bekannt geworden sein; es genügt die Kenntnis vom Vertragsabschluss. Zur Auskunftspflicht des Handlungsgehilfen Rn. 20; zur Verjährungshemmung durch Stufenklage Rn. 22.

29 Handelt es sich um das **Betreiben** eines Handelsgewerbes, ist die Kenntnis von der Aufnahme des Gewerbes an sich und nicht die Vornahme der einzelnen Geschäfte maßgebend[3]. Die Kenntnis eines gesetzlichen oder rechtsgeschäftlichen Vertreters des Arbeitgebers ist ausreichend, wenn diese jeweils zur Geltendmachung der Ansprüche befugt wären[4].

Zur Geltung für nichtkaufmännische Angestellte vgl. oben Rn. 3.

2. Erweiterte Anwendung

30 Die Verjährungsfrist des § 61 Abs. 2 gilt auch für **vertragliche und deliktische Schadensersatzansprüche**, die aus demselben Rechtsverhältnis hervorgehen[5]. Dies gilt auch für Ansprüche aus § 826 BGB[6]. In gleicher Weise erfasst die kurze Verjährung auch den Unterlassungsanspruch[7] und einen nach §§ 687 Abs. 2, 681 S. 2, 667 BGB begründeten Herausgabeanspruch (vgl. Rn. 23).

---

1 BAG v. 30.1.1963 – 2 AZR 319/62, NJW 1963, 1240.
2 § 61 Abs. 2 geändert durch das Gesetz zur Anpassung von Verjährungsvorschriften an das Gesetz zur Modernisierung des Schuldrechts v. 9.12.2004, BGBl. I 3214.
3 GK/*Etzel*, § 61 Rn. 14; *Schlegelberger/Schröder*, § 61 Rn. 7; a.A. *Röhsler/Borrmann*, Wettbewerbsbeschränkungen für Arbeitnehmer und Handelsvertreter, 1977, S. 61; *Ebenroth/Boujong/Joost/Strohn*, § 61 Rn. 32.
4 GK/*Etzel*, § 61 Rn. 14.
5 BAG v. 28.1.1986 – 3 AZR 449/84, NJW 1986, 2527 m.w.N.
6 BAG v. 11.4.2000 – 9 AZR 131/99, ZIP 2000, 2079; GK/*Etzel*, § 61 Rn. 16; *Schlegelberger/Schröder*, § 61 Rn. 9; a.A. 1. Aufl.; *Baumbach/Hopt*, § 61 Rn. 4.
7 *Staub/Konzen/Weber*, § 61 Rn. 20.

3. Allgemeine Verjährung

Unabhängig von der Kenntnis des Prinzipals tritt Verjährung in **fünf Jahren** 31
von dem Abschluss des Geschäfts bzw. der Aufnahme des Handelsgewerbes
ein. Bezüglich der Hemmung gelten die Vorschriften der §§ 203 ff. BGB, zur
Hemmung durch Erhebung einer Stufenklage vgl. Rn. 22.

§ 62
Fürsorgepflicht des Arbeitgebers

(1) Der Prinzipal ist verpflichtet, die Geschäftsräume und die für den Geschäftsbetrieb bestimmten Vorrichtungen und Gerätschaften so einzurichten und zu unterhalten, auch den Geschäftsbetrieb und die Arbeitszeit so zu regeln, dass der Handlungsgehilfe gegen eine Gefährdung seiner Gesundheit, soweit die Natur des Betriebs es gestattet, geschützt und die Aufrechterhaltung der guten Sitten und des Anstandes gesichert ist.

(2) Ist der Handlungsgehilfe in die häusliche Gemeinschaft aufgenommen, so hat der Prinzipal in Ansehung des Wohn- und Schlafraums, der Verpflegung sowie der Arbeits- und Erholungszeit diejenigen Einrichtungen und Anordnungen zu treffen, welche mit Rücksicht auf die Gesundheit, die Sittlichkeit und die Religion des Handlungsgehilfen erforderlich sind.

(3) Erfüllt der Prinzipal die ihm in Ansehung des Lebens und der Gesundheit des Handlungsgehilfen obliegenden Verpflichtungen nicht, so finden auf seine Verpflichtung zum Schadensersatz die für unerlaubte Handlungen geltenden Vorschriften der §§ 842 bis 846 des Bürgerlichen Gesetzbuchs entsprechende Anwendung.

(4) Die dem Prinzipal hiernach obliegenden Verpflichtungen können nicht im Voraus durch Vertrag aufgehoben oder beschränkt werden.

Übersicht

	Rn.		Rn.
I. Allgemeines		**III. Erweiterte Fürsorgepflicht (§ 62 Abs. 2)**	10
1. Gesetzliche Fürsorgepflicht	1	**IV. Ansprüche des Handlungsgehilfen (§ 62 Abs. 3)**	
2. Bedeutung	2		
3. Schutzbereich/Verhältnis zu anderen Vorschriften	4	1. Übersicht	12
II. Pflichten des Arbeitgebers (§ 62 Abs. 1)	5	2. Schadensersatzansprüche	
		a) Anspruchsgrundlagen	13
		b) Schadensumfang	15
1. Geschäftsräume	6	c) Anspruchskonkurrenz	16
2. Vorrichtungen und Gerätschaften	7	3. Prozessuales	18
3. Inhalt der Pflicht	8	**V. Unabdingbarkeit (§ 62 Abs. 4)**	19
4. Regelung von Geschäftsbetrieb und Arbeitszeit	9		

I. Allgemeines

1. Gesetzliche Fürsorgepflicht

1 Die Vorschrift regelt ebenso wie §§ 618, 619 BGB einen Teilbereich der Fürsorgepflicht des Arbeitgebers gegenüber dem Handlungsgehilfen. Sie wird überlagert durch das ausdifferenzierte System des **Arbeitsschutzrechts**, in dem die einzelnen Schutz- und Verhaltenspflichten öffentlich-rechtlich ausgestaltet und durch die Gewerbeaufsicht durchsetzbar sind[1]. Insbesondere erfährt die Vorschrift ihre Konkretisierung durch die Arbeitsstätten-VO vom 12.8.2004[2].

2. Bedeutung

2 Praktisch ist § 62 **wenig von Bedeutung**. Entsprechende Obhuts- und Sorgfaltspflichten ergeben sich für den Arbeitgeber (wie auch umgekehrt für den Arbeitnehmer) zusätzlich zu den primären Hauptpflichten bereits aus dem zugrundeliegenden Arbeitsverhältnis[3].

3 Im Übrigen ist die **Aufsplitterung** der Regelungen über die Schutzpflichten des Arbeitgebers historisch überholt (der 1992 vorgelegte Diskussionsentwurf eines Arbeitsvertragsgesetzes enthält in § 77 eine entsprechende einheitliche Regelung[4]; in den neuen Bundesländern sind die Abs. 2 bis 4 der Vorschrift im Vorgriff auf eine einheitliche Kodifikation des Arbeitsvertragsrechts nicht anwendbar, Anlage I Kap. VIII Sachgebiet A, Abschn. III Nr. 2 EinigV)[5].

3. Schutzbereich/Verhältnis zu anderen Vorschriften

4 Die geringe praktische Bedeutung ist auch auf den eingeschränkten Schutzbereich der Vorschrift zurückzuführen. Dieser bezieht sich nur auf die **körperliche und persönliche Integrität** des Handlungsgehilfen; nicht geschützt sind Eigentum und Vermögen. Praktisch bleibt dies ohne Auswirkung, weil der Handlungsgehilfe seine Schadensersatzansprüche auf die aus dem Arbeitsverhältnis selbst fließenden Obhuts- und Sorgfaltspflichten zurückführen kann. Auch im Übrigen haben Schadensersatzansprüche des Arbeitnehmers gegen den Arbeitgeber wegen Verletzung von Schutzpflichten nach § 62 keine besondere Bedeutung in der Praxis, weil eine Inanspruchnahme des Arbeitgebers nach § 104 SGB VII ausgeschossen ist, wenn ein Arbeitsunfall i.S. des § 8 SGB VII vorliegt und die Regelung der gesetzlichen Unfallversicherung greift[6].

---

[1] *Staudinger/Oetker*, § 618 BGB Rn. 5 f.; MünchHdbArbR/*Wlotzke*, § 201 Rn. 30 ff.
[2] BGBl. I 2179.
[3] Vgl. zur Lehre vom einheitlichen Schutzverhältnis *Canaris*, JZ 1975, 475 ff.
[4] Vgl. Gutachten D für den 59. DJT Hannover (1992).
[5] BGBl. II 1990, 1020.
[6] I.E. *Staudinger/Oetker*, § 618 BGB Rn. 214 ff.

II. Pflichten des Arbeitgebers (§ 62 Abs. 1)

Nach § 62 Abs. 1 ist der Arbeitgeber verpflichtet, die **Gesundheit** des Handlungsgehilfen zu schützen und die guten Sitten und den Anstand aufrechtzuerhalten. Diese Verpflichtung bezieht sich auf die Geschäftsräume, die für den Geschäftsbetrieb bestimmten Vorrichtungen und Gerätschaften und die Arbeitszeit.

1. Geschäftsräume

Die Geschäftsräume im Sinne dieser Bestimmung beschränken sich nicht auf die besondere **Arbeitsstätte** des Handlungsgehilfen, also z.B. Büro, Speicher, Lager und Laden, sondern erstrecken sich auch auf die **Nebenräume** wie Garderoben, Wasch- und Toilettenräume sowie auf die Zugänge zu den Geschäfts- und Nebenräumen. Die Eigentumslage ist unerheblich; entscheidend ist allein, ob sie zur Ausübung des Betriebes verwendet werden. Räume in diesem Sinne sind auch nicht in einem Gebäude befindliche offene Arbeitsstellen[1].

2. Vorrichtungen und Gerätschaften

Darunter fallen maschinelle Einrichtungen und elektrische Anlagen, aber auch einfachere Gebrauchsgegenstände, die mit der Tätigkeit des Handlungsgehilfen im Zusammenhang stehen, wie Leitern, Einrichtungsgegenstände, Kfz, Schutzkleidung, zu verarbeitendes Material. Die Kostentragungspflicht hierfür trifft den Arbeitgeber. **Kostenbeteiligungsvereinbarungen** sind nur zulässig, wenn der Arbeitgeber dem Arbeitnehmer bei der Verwendung Vorteile anbietet und der Arbeitnehmer von diesem Angebot freiwillig Gebrauch macht[2].

3. Inhalt der Pflicht

Der Prinzipal muss die Geschäftsräume usw. so einrichten und unterhalten, dass der Handlungsgehilfe gegen eine Gesundheitsgefährdung geschützt ist. Der Begriff der Gesundheit umfasst auch den des Lebens. Der Umfang der Maßnahmen ist weitgehend durch die ArbeitsstättenVO konkretisiert (Rn. 1)[3]. Allerdings gilt die Pflicht nur, „soweit die Natur des Betriebes es gestattet"; ein völlig gefahrloser Betrieb ist nicht immer realisierbar. Es besteht aber Anspruch auf Schutz nicht nur vor sicheren, sondern schon vor ernstlich möglichen gesundheitlichen Beeinträchtigungen[4]. Der Arbeitgeber hat den „bestmöglichen Schutz" zu gewährleisten.

---

1 BGH v. 20.2.1958 – VII ZR 76/57, BGHZ 26, 365.
2 BAG v. 18.8.1982 – 5 AZR 493/80, BB 1983, 637.
3 Zum Nichtraucherschutz (§ 5 ArbeitsstättenVO) vgl. *Lorenz*, DB 2003, 721.
4 Zur Frage der Beeinträchtigung durch Rauchen am Arbeitsplatz s. die Übersicht in BB 1992, 1847; auch *Bieler*, Rauchen am Arbeitsplatz, BuW 1998, 911; zur Schadstoffbelastung am Arbeitsplatz BAG v. 9.5.1996 – 5 AZR 315/95, DB 1996, 2446.

4. Regelung von Geschäftsbetrieb und Arbeitszeit

9 Die Dienstleistungen sind nach Zeit und Umfang so zu regeln, dass **keine Überlastung des Handlungsgehilfen** eintritt. Dabei ist auf die körperliche Konstitution Rücksicht zu nehmen. Die Schutzpflichten im Hinblick auf die Arbeitszeit werden durch die Bestimmungen des Arbeitszeitgesetzes[1] konkretisiert.

III. Erweiterte Fürsorgepflicht (§ 62 Abs. 2)

10 Nach § 62 Abs. 2 gilt eine erweiterte Fürsorgepflicht, wenn der Prinzipal den Handlungsgehilfen in seine **häusliche Gemeinschaft** aufgenommen hat. Dies ist der Fall, wenn er ihm Wohnung und Kost gewährt; Verköstigung an seinem Tisch ist nicht notwendig. Die Vorschrift kommt entsprechend zur Anwendung, wenn der Arbeitgeber dem Arbeitnehmer auch außerhalb einer Wohn- und Verpflegungsgemeinschaft Wohn- und Beköstigungseinrichtungen zur Verfügung stellt, die seiner Organisation oder Herrschaftsgewalt unterliegen wie etwa **Gemeinschaftsunterkünfte oder Wohnheime**[2].

11 Die bloße **Gewährung einer Wohnung (Werkswohnung)** fällt nicht darunter. In Erweiterung der Regelung in § 62 Abs. 1 bezieht § 62 Abs. 2 den Schutzbereich über den Geschäftsbetrieb hinaus auf Wohn- und Schlafräume sowie auf die Verpflegung, statuiert einen gesteigerten Persönlichkeitsschutz und verlangt hinreichende Vorkehrungen zur Erholung des Arbeitnehmers. Zur Beteiligung des Betriebsrats im Rahmen des betrieblichen Arbeitsschutzes vgl. *Staub/Konzen/Weber*, § 62 Rn. 18.

IV. Ansprüche des Handlungsgehilfen (§ 62 Abs. 3)

1. Übersicht

12 Verletzt der Arbeitgeber die ihn treffenden Schutzpflichten, kann der Arbeitnehmer **Erfüllung** verlangen und jedenfalls bei schwereren Verstößen seine Arbeitsleistung nach § 273 BGB **zurückhalten**[3]. Kommt der Arbeitgeber trotz Aufforderung der Schutzpflicht nicht nach, kann je nach Schwere der Verletzung der Arbeitnehmer auch außerordentlich **kündigen**[4]. Daneben hat der Handlungsgehilfe Schadensersatzansprüche.

---

[1] Art. 1 des Gesetzes zur Vereinheitlichung und Flexibilisierung des Arbeitszeitrechts, BGBl. I 1994, 1170.
[2] *Staub/Konzen/Weber*, § 62 Rn. 15; MünchKommBGB/*Lorenz*, § 618 BGB Rn. 51 ff.; a.A. *Baumbach/Hopt*, § 62 Rn. 4; GK/*Etzel*, § 62 Rn. 11.
[3] *Staub/Konzen/Weber*, § 62 Rn. 23; *Baumbach/Hopt*, § 62 Rn. 5; BAG v. 8.5.1996 – 5 AZR 315/95, NZA 1997, 86.
[4] GK/*Etzel*, § 62 Rn. 31.

2. Schadensersatzansprüche

a) Anspruchsgrundlagen

Die Vorschrift begründet **keinen eigenständigen Schadensersatzanspruch**. 13
Bei Fürsorgepflichtverletzungen des Arbeitgebers kann der Arbeitnehmer
den hierdurch entstandenen Schaden sowohl auf der Grundlage von vertraglichen § 280 BGB als auch deliktischen Ansprüchen (§§ 823 ff. BGB) geltend
machen.

Im Rahmen der vertraglichen Haftung ist das schuldhafte Handeln des Erfül- 14
lungsgehilfen dem Prinzipal nach § 278 BGB **zuzurechnen**. Insoweit kann
auch kein Entlastungsbeweis (§ 832 BGB) geführt werden[1].

b) Schadensumfang

§ 62 Abs. 3 verweist lediglich hinsichtlich des Schadensumfanges auf die 15
Rechtsfolgen der **§§ 842–846 BGB**. Durch die Verweisung gelten für den Anspruch, der seiner Natur nach dem allgemeinen Vertragsrecht entspringt, die
deliktsrechtlichen Regeln der §§ 842 BGB (Ersatz der Nachteile für Erwerb
oder Fortkommen), § 843 BGB (Rente), § 844 BGB (Begräbniskosten; unterhaltsberechtigte Dritte), 845 BGB (dienstberechtigter Dritter), 846 BGB
i.V.m. 254 BGB (Mitverschulden), nicht aber § 847 BGB (Schmerzensgeld).

c) Anspruchskonkurrenz

Entsprechend dem Schutzbereich des § 62 Abs. 1 bezieht sich § 62 Abs. 3 16
nicht auf Schadensersatzansprüche, die sich auf die **Verletzung von Eigentum und Vermögen** begründen. Praktisch ist dies wenig von Bedeutung, weil
sich ein dahingehender Anspruch nach den allgemeinen Grundsätzen (vgl.
Rn. 13) ergeben kann.

Das Gleiche gilt für den Anspruch auf **Schmerzensgeld**. Erfüllt eine Pflicht- 17
verletzung des Arbeitgebers gleichzeitig einen Tatbestand der unerlaubten
Handlung, so kann der Arbeitnehmer aus diesem Rechtsgrund das Schmerzensgeld verlangen. Umstritten ist, ob § 62 als Schutzgesetz i.S.d. § 823
Abs. 2 BGB einzuordnen ist. Dies ist jedoch im Hinblick auf die Ausgestaltung der Rechtsfolgen der Vorschrift zu verneinen[2].

3. Prozessuales

Im Rahmen des § 62 muss der **Arbeitnehmer** entsprechend den allgemeinen 18
Grundsätzen darlegen und beweisen, dass ein ordnungswidriger Zustand
vorlag und dieser ursächlich für seine Gesundheitsbeeinträchtigung war; unter Umständen können ihm die Grundsätze des Beweises des ersten Anscheins helfen. Hat er einen Zustand nachgewiesen, der objektiv geeignet
ist, den eingetretenen Schaden herbeizuführen, muss sich der **Arbeitgeber**

---

1 *Heymann/Henssler*, § 62 Rn. 18 m.N.
2 *Heymann/Henssler*, § 62 Rn. 22 m.N.

entlasten[1]. Die Beweislast hinsichtlich des Nichtvorliegens eines Verschuldens trifft entsprechend § 282 BGB den Arbeitgeber.

V. Unabdingbarkeit (§ 62 Abs. 4)

19 Nach § 62 Abs. 4 sind Vereinbarungen **nichtig**, durch die die in § 62 Abs. 1 bis 3 behandelten Verpflichtungen des Prinzipals im Voraus aufgehoben oder beschränkt werden. Das gilt auch für Tarifverträge[2] und Betriebsvereinbarungen[3]. Ebenfalls unwirksam sind der Ausschluss von Schadensersatzansprüchen oder Regelungen, die eine finanzielle Beteiligung des Arbeitnehmers an Schutzmaßnahmen vorsehen[4]. Eine Abbedingung ist auch nicht im Hinblick auf die Haftung des Prinzipals für Erfüllungsgehilfen zulässig; § 278 S. 2 BGB findet hier keine Anwendung.

20 Vereinbarungen über bereits entstandene Schadensersatzansprüche des Handlungsgehilfen werden dagegen nicht berührt.

§ 63

(aufgehoben)

§ 64

Gehaltszahlung

Die Zahlung des dem Handlungsgehilfen zukommenden Gehalts hat am Schlusse jedes Monats zu erfolgen. Eine Vereinbarung, nach der die Zahlung des Gehalts später erfolgen soll, ist nichtig.

I. Regelungsinhalt

1 Die Vorschrift regelt als Sonderregelung zu §§ 271, 614 BGB die **Fälligkeit des Vergütungsanspruchs** des Handlungsgehilfen. In Übereinstimmung mit § 614 BGB legt sie diesem die Pflicht zur Vorleistung auf; im Gegensatz aber zu § 614 BGB, der von einer zweiseitigen dispositiven Regelung ausgeht, verbietet sie die Vereinbarung längerer Gehaltsabschnitte als einen Monat (§ 64 S. 2). Die praktische **Bedeutung** ist insoweit allerdings gering, da die monatliche Gehaltszahlung regelmäßig in Tarifverträgen oder Betriebsvereinbarungen (§ 87 Abs. 1 Nr. 4 BetrVG) niedergelegt ist. § 64 gilt nicht für die neuen Bundesländer (Anlage I Kap. VIII Sachgebiet A Abschn. III Nr. 2 EinigV).

---

1 BAG v. 27.2.1970 – 1 AZR 258/69, BB 1970, 754.
2 GK/*Etzel*, § 62 Rn. 32 m.N.
3 GK/*Etzel*, § 62 Rn. 32.
4 BAG v. 18.8.1982 – 5 AZR 493/80, BB 1983, 637.

II. Fälligkeit des Arbeitsentgelts (§ 64 S. 1)

1. Gehalt des Handlungsgehilfen

Nach § 64 Abs. 1 muss dem Handlungsgehilfen die Vergütung (Gehalt) am **Schluss jedes Monats** gezahlt werden. Die Vorschrift bezieht sich nur auf die laufenden festen Einkünfte, nicht auf Sonderzahlungen. Für Provisionen ist über § 65 § 87a anwendbar; danach tritt die Fälligkeit grundsätzlich mit Ausführung des Geschäftes ein. Tantiemen werden, wenn eine vertragliche Regelung fehlt, mit Erstellung des jeweiligen Rechnungsabschlusses fällig, aus dem sich ihre Berechnung ergibt, regelmäßig also mit Erstellung der Bilanz[1].

2. Fälligkeitszeitpunkt

„Monat" im Sinn der Bestimmung ist nicht zwangsläufig der Kalendermonat. Fällt der letzte Tag auf einen Sonn- oder Feiertag, ist das Gehalt am nächsten Werktag fällig (§ 193 BGB). Bei Beendigung des Dienstverhältnisses vor Ablauf eines Monats ist das Gehalt am Tag der Beendigung zu zahlen. Die Auszahlung einer bereits verdienten, aber noch nicht fälligen Treueprämie kann erst zu dem Zeitpunkt verlangt werden, zu dem sie auch an die im Betrieb verbliebenen Arbeitnehmer ausgezahlt wird[2].

3. Ort der Zahlung

Die Gehaltszahlung hat, wie gemäß § 269 BGB aus der Natur des Schuldverhältnisses zu entnehmen ist, regelmäßig am Ort der **Niederlassung des Prinzipals** zu erfolgen. Bei Auswärtsbeschäftigung des Handlungsgehilfen kann sich gemäß § 270 BGB eine Pflicht zur Ermittlung ergeben. Bargeldzahlung ist gesetzlich nicht vorgeschrieben; findet sie statt, erfolgt sie geschäftsüblich in den Geschäftsräumen des Prinzipals.

4. Zurückbehaltungs- und Aufrechnungsrecht

Der vorleistungspflichtige Handlungsgehilfe hat für den Fall, dass der Arbeitgeber in der Vergangenheit seiner Vergütungspflicht in nicht ganz unbedeutender Weise nicht nachgekommen ist, hinsichtlich seiner Arbeitsleistung ein **Zurückbehaltungsrecht** nach § 273 BGB[3]; teilweise wird die Begründung für das Zurückbehaltungsrecht (ohne dass dies von praktischer Bedeutung wäre) auf § 320 BGB zurückgeführt[4].

Eine **Aufrechnung** von Seiten des Arbeitgebers ist im Rahmen der Pfändungsgrenzen möglich. In diesen Grenzen ist bei Geldforderungen die Ausübung eines Zurückbehaltungsrechts nicht zulässig. Bei anderen Forde-

---

1 *Heymann/Henssler*, § 59 Rn. 112.
2 BAG v. 7.9.1972 – AZR 486/71, BB 1973, 144.
3 BAG v. 25.10.1984 – 2 AZR 417/83, DB 1985, 763; *Staub/Konzen/Weber*, § 64 Rn. 3; GK/*Etzel*, § 64 Rn. 13.
4 *Schaub*, Arbeitsrechts-Hdb., § 50 Rn. 2; *Heymann/Henssler*, § 59 Rn. 156.

rungen, etwa der Rückgabe von Gerätschaften, der Fortsetzung der Arbeitsleistung etc., hat der Arbeitgeber ein unbeschränktes Zurückbehaltungsrecht, soweit die Forderungen auf dem Arbeitsverhältnis beruhen[1].

III. Unabdingbarkeit (§ 64 S. 2)

1. Rechtsfolgen einer Fälligkeitsvereinbarung

7   Nach § 64 S. 2 ist eine Vereinbarung, nach der die Gehaltszahlung später als am Schluss des Monats erfolgen soll, nichtig. Unerheblich ist, ob diese bei Anstellung des Handlungsgehilfen oder später getroffen wird. Die **Nichtigkeit der Abrede** berührt aber nach dem mutmaßlichen Parteiwillen gemäß § 139 BGB regelmäßig nicht den ganzen Vertrag, sondern lässt nur die Sonderbestimmung wegfallen, an deren Stelle die gesetzliche Regelung tritt.

2. Zulässige Vereinbarungen

8   § 64 S. 2 verbietet aber nicht die **Vorverlegung des Fälligkeitstermins** oder die Festlegung kürzerer Zeitabschnitte. Zulässig sind auch Vereinbarungen, wonach der Arbeitgeber einen Teil des Gehalts als Kaution (z.B. bei einem Kassenverwalter) einbehält; allerdings muss dieser Betrag unter Berücksichtigung der konkreten Umstände verhältnismäßig sein[2].

§ 65
Provision

Ist bedungen, dass der Handlungsgehilfe für Geschäfte, die von ihm geschlossen oder vermittelt werden, Provision erhalten solle, so sind die für die Handelsvertreter geltenden Vorschriften des § 87 Abs. 1 und 3 sowie der §§ 87a bis 87c anzuwenden.

Übersicht

	Rn.		Rn.
I. Regelungsinhalt	1	c) Provisionskürzung nach Vertragsende	10
II. Vereinbarung einer Provision		d) Kündigung	12
1. Provisionsabrede	2	e) Verrechnung	13
2. Begriff der Provision	4	IV. Provisionsanspruch als Teil der Arbeitsvergütung	
III. Provisionspflichtige Geschäfte		1. Vergütung ohne Arbeitsleistung	15
1. Grundsätze Handelsvertreterrecht	6	2. Insolvenz	17
2. Einzelfälle		3. Verjährung	18
a) Gebietsschutz/Inkassoprovision	8	4. Mitbestimmung des Betriebsrats	19
b) Ausgleichsanspruch	9		

---

1 *Köst*, BB 1954, 688.
2 *Schlegelberger/Schröder*, § 64 Rn. 5.

I. Regelungsinhalt

Die Vorschrift regelt den Sonderfall der **Vereinbarung einer Provision** als Entgelt für unselbständige Dienste und erklärt zugunsten der Handlungsgehilfen, die für abgeschlossene und vermittelte Geschäfte Provision erhalten, folgende für den Handelsvertreter geltenden Vorschriften für anwendbar: § 87 Abs. 1 und 3 (provisionspflichtige Geschäfte); § 87a (Entstehung, Fälligkeit und Wegfall des Provisionsanspruchs), § 87b (Höhe der Provision) und § 87c (Abrechnung über die Provision).

II. Vereinbarung einer Provision

1. Provisionsabrede

Nach dem Wortlaut muss eine **ausdrückliche Abrede** über die Provision getroffen sein. Dabei kann die Provision entweder die alleinige Vergütung bilden oder neben ein Festgehalt treten. Über den Wortlaut hinaus findet die Vorschrift auch dann Anwendung, wenn ein Provisionsanspruch eines anderen Arbeitnehmers besteht[1].

§ 65 ist ebenfalls anwendbar, wenn sich die Vergütungsart aus den **konkreten Umständen**, insbesondere aus der Üblichkeit ergibt. Eine Provisionspflicht ergibt sich aber keinesfalls schon aus der Tatsache, dass dem Handlungsgehilfen Aufgaben übertragen sind, die typischerweise dem Tätigkeitsbild eines Handelsvertreters entsprechen.

2. Begriff der Provision

Die Provision ist eine **leistungsbezogene und erfolgsbedingte Entlohnungsform**, die ausschließlich auf die Leistungen des Handlungsgehilfen abstellt[2]. Sie ist abzugrenzen von Vergütungen, die gratifikationsähnlichen Charakter haben.

Diese können sich zwar – etwa wie eine am betrieblichen Erfolg bemessene Jahresumsatzprämie – ebenfalls an den Leistungen des Handlungsgehilfen orientieren, haben zur Grundlage aber noch **weitere Faktoren**, wie die Mitarbeit sonstiger Arbeitnehmer oder die geschäftliche Betätigung des Arbeitgebers. Die Bezeichnung der Zuwendung ist für die Einordnung allein nicht maßgebend. Es ist vielmehr im Einzelfall zu prüfen, ob diese eine Entlohnung für eine erfolgsbedingte Tätigkeit des Handlungsgehilfen nach den Maßstäben seiner eigenen Leistung darstellt[3]. So steht die Verwendung des Wortes „Umsatzbonus" nicht entgegen, darunter eine Provision zu verstehen[4]; dasselbe gilt für Annahme einer Leistungsprämie.

---

1 *Staub/Konzen/Weber*, § 65 Rn. 5.
2 Vgl. zum Begriff der Provision *Hueck*, Lehrbuch des Arbeitsrechts, 7. Aufl. 1970, Bd. 1, § 42 II, S. 299 ff.
3 Vgl. dazu *Bobrowski/Gaul*, Das Arbeitsrecht im Betrieb, 8. Aufl. 1986, S. 242 ff.
4 BAG v. 14.11.1966 – 3 AZR 158/66, BB 1967, 501.

III. Provisionspflichtige Geschäfte

1. Grundsätze Handelsvertreterrecht

6 Für den **Umfang** der zu verprovisionierten Geschäfte gelten entsprechend der Verweisung in § 65 die Grundsätze des Handelsvertreterrechts (s. die Erläuterungen in § 87). Die Anwendung dieser Grundsätze auf das Vertragsverhältnis mit dem Handlungsgehilfen hat allerdings im Wege einer wertenden Betrachtungsweise zu erfolgen. Die Vorschriften der §§ 87 ff. sind auf die Besonderheit des Handelsvertreters als einem selbständigen Unternehmer zugeschnitten. Demgegenüber steht die Position des Provisionsangestellten in einer (in der Regel) sozial abhängigen Stellung mit den damit einhergehenden schutzwürdigen Belangen.

7 Ferner ist zu berücksichtigen, dass die Verweisung in § 65 **nur einzelne Vorschriften** betrifft und schon aus diesem Grund eine pauschale Rechtsanwendung, die im Hinblick auf die gesamten Regelungen des Handelsvertreterrechts billig und angemessen sein mag, beim Provisionsangestellten zu unbilligen Ergebnissen führt. Abweichungen vom gesetzlichen Leitbild des Provisionsanspruchs, insbesondere Änderungen hinsichtlich des Umfangs der provisionspflichtigen Geschäfte, die im Handelsvertreterrecht zulässig sind, sind daher bei der Anwendung auf das Verhältnis zum Provisionsangestellten einer Billigkeitskontrolle zu unterziehen[1].

2. Einzelfälle

a) Gebietsschutz/Inkassoprovision

8 Da § 65 § 87 Abs. 2 und 4 von der Verweisung ausnimmt, hat der Handlungsgehilfe keinen dem Handelsvertreterrecht entsprechenden Bezirks- und Kundenkreisschutz und auch keinen Anspruch auf Inkassoprovision. Etwas anderes kann sich aber aus einer **vertraglichen Vereinbarung** ergeben, die unter Berücksichtigung der gegebenen Umstände auch in konkludenter Form geschlossen werden kann.

b) Ausgleichsanspruch

9 Der Handlungsgehilfe kann bei seinem Ausscheiden nur dann einen Ausgleichsanspruch geltend machen, wenn ein solcher (ausdrücklich) **vertraglich vereinbart** worden ist. § 65 nimmt auf § 89 nicht Bezug. Die Regelung über den Ausgleichsanspruch beim Handelsvertreter ist auch nicht entsprechend anwendbar, da diese auf die Besonderheiten des Handelsvertreterverhältnisses als einer unternehmerischen Tätigkeit und nicht auf unselbständige Arbeitnehmer in einem Arbeitsverhältnis zugeschnitten ist.

---

1 *Heymann/Henssler*, § 65 Rn. 12.

c) Provisionskürzung nach Vertragsende

Im Handelsvertreterverhältnis sind die Vorschriften des **§ 87 Abs. 1 und 3 abdingbar** (vgl. § 87 Rn. 11 und 32). Die Aberkennung von Provisionsansprüchen für vermittelte Geschäfte nach Vertragsende findet ihre Rechtfertigung in § 89b Abs. 1 Nr. 2, weil dieser Umstand in die Errechnung des Ausgleichs eingeht. Um den Provisionsangestellten, dem kein Ausgleichsanspruch zusteht, nicht zu benachteiligen, ist in seinem Verhältnis eine Vereinbarung, dergestalt ihm erarbeitete Provisionen, die erst nach Beendigung des Vertreterverhältnisses fällig werden, nicht zustehen, nur dann zulässig, wenn hierfür ein sachlicher Grund gegeben ist[1].

Ob eine durch die objektiven Umstände gerechtfertigte Gestaltung vorliegt, unterliegt der gerichtlichen Billigkeitskontrolle[2]. Die **Rationalisierung des Anrechnungsverfahrens** stellt jedenfalls für sich allein noch keinen sachlichen Grund dar; es muss ein Ausgleich zugunsten des Angestellten hinzukommen[3].

d) Kündigung

Eine Zuwendung mit Provisionscharakter – etwa eine Erfolgsbeteiligung –, die sich nach dem vom Arbeitnehmer durch seine Tätigkeit vermittelten Umsatz bemisst, ist verdienter Lohn. Sie darf nicht davon abhängig gemacht werden, dass das Arbeitsverhältnis eine **bestimmte Zeit bestanden** haben muss; darin läge eine unzulässige Kündigungserschwerung[4].

e) Verrechnung

Zweifelhaft ist, ob eine Vereinbarung dergestalt, dass endgültig verdiente Provisionen und aus diesem Anlass erhaltene Fahrtauslagen und Spesen mit Rückzahlungsansprüchen des Arbeitgebers aus ungedeckt gebliebenen Provisionsvorschüssen laufend verrechnet werden dürfen, wirksam ist. Das BAG hat diese Frage offen gelassen. Richtigerweise wird eine solche Regelung grundsätzlich als **zulässig** anzusehen sein.

Bei **Auszahlung von Vorschüssen** ist hinreichend klargestellt, dass der Angestellte diese Zuwendungen nur behalten darf, wenn er sie auch endgültig verdient. Etwas anderes kann gelten, wenn er aus den konkreten Umständen ableiten durfte, dass ein Ausgleich nur durch Verrechnung und in keinem Fall durch Rückzahlung stattfinden soll. Wird einem Provisionsberechtigten ein bestimmter monatlicher Mindestverdienst garantiert, so ist im Zweifel ausgeschlossen, dass Mindestverdienste in einem Monat mit einem Spitzenverdienst in einem anderen Monat verrechnet werden.

---

1 BAG v. 17.5.1962 – 5 AZR 427/61, BB 1962, 878.
2 BAG v. 4.7.1972 – 3 AZR 477/71, AP Nr. 6 zu § 65 HGB.
3 BAG v. 10.8.1973 – 3 AZR 338/72, BB 1973, 1534.
4 BAG v. 12.1.1973 – 3 AZR 211/72, BB 1973, 1072; auch BAG v. 20.8.1996 – 9 AZR 471/95, NJW 1997, 541 für den Fall einer Mindestumsatzgrenze, die durch Kündigung unterschritten wird.

IV. Provisionsanspruch als Teil der Arbeitsvergütung

1. Vergütung ohne Arbeitsleistung

15 Die Provision unterfällt als Teil der Vergütung grundsätzlich den arbeitsrechtlichen **Regelungen über die Fortzahlung der Vergütung ohne Arbeitsleistung**; insbesondere ist sie Arbeitsentgelt i.S.d. Entgeltfortzahlungsgesetzes.

16 Für die **Berechnung des Provisionsanspruchs** ist ein dem Verhinderungszeitraum vergleichbarer früherer Zeitabschnitt heranzuziehen und die hypothetisch erarbeitete Provision zu schätzen[1]. Im Urlaubsfall sind nach § 11 BUrlG die letzten 13 Wochen maßgeblich. Für die Berechnung sind alle Provisionsleistungen zu berücksichtigen, die ein Handlungsgehilfe für die Vermittlung und den Abschluss von Geschäften (also nicht eine Bezirksprovision) vertragsgemäß erhält[2]. Wegen ihrer wechselnden Höhe und ihren unterschiedlichen Fälligkeiten unterfällt die Provision nicht dem Begriff des Gehalts i.S. des § 64 (vgl. Erl. dort).

2. Insolvenz

17 Im Fall einer **Insolvenz** des Unternehmers sind die Provisionsansprüche des Handelsvertreters nur dann (bevorrechtigte) Masseansprüche nach § 55 Abs. 1 Nr. 1 InsO, wenn der Insolvenzverwalter das vermittelte Geschäft nach Insolvenzeröffnung abschließt; andernfalls ist der Handelsvertreter einfacher Insolvenzgläubiger[3].

3. Verjährung

18 Als Bestandteil der Vergütung verjährt der Provisionsanspruch gemäß § 195 BGB in drei Jahren. Die Verjährung wird durch die Geltendmachung des Provisionsanspruchs mit dem Anspruch auf Abrechnung und Buchauszug im Wege der Stufenklage unterbrochen; eine Klage, die lediglich auf Erteilung der Abrechnung und der Buchauszüge gerichtet ist, unterbricht nicht[4]. Ebenso wenig unterbricht die Auskunftsklage die Verjährung von Provisionsansprüchen[5].

---

[1] BAG v. 12.10.1956 – 1 AZR 464/54, DB 1957, 238; BAG v. 5.6.1985 – 5 AZR 459/83, DB 1985, 2695.
[2] BAG v. 19.9.1985 – 6 AZR 460/83, BAGE 49, 370; bestätigt durch BAG v. 11.4.2000 – 9 AZR 266/99, FA 2000, 332.
[3] MünchKommHGB/v. *Hoynigen-Huene*, § 87 Rn. 123.
[4] BAG v. 30.4.1971 – 3 AZR 198/71, BB 1971, 1563.
[5] BAG v. 5.9.1995 – 9 AZR 660/94, NJW 1996, 1693; BAG v. 9.11.1982 – 3 AZR 1017/79, n.v.

4. Mitbestimmung des Betriebsrats

Bei **genereller** oder auf bestimmte Arbeitnehmergruppen bezogener **Einführung der Provision** als Vergütungsform sind die Mitbestimmungsrechte des Betriebsrats (§ 87 Abs. 1 Nr. 10 BetrVG) zu beachten[1]. 19

§§ 66–72

(aufgehoben)

§ 73

(aufgehoben)

Seit 1.1.2003 durch das 3. Gewerbeordnungs-Änderungsgesetz vom 24.8.2002 aufgehoben[2]. Anwendbar ist der im Wesentlichen inhaltsgleiche § 109 GewO (vgl. § 630 S. 4 BGB), der wegen der großen Bedeutung des Arbeitszeugnisses hier kommentiert wird.

§ 109 GewO
Zeugnis

(1) Der Arbeitnehmer hat bei Beendigung eines Arbeitsverhältnisses Anspruch auf ein schriftliches Zeugnis. Das Zeugnis muss mindestens Angaben zu Art und Dauer der Tätigkeit (einfaches Zeugnis) enthalten. Der Arbeitnehmer kann verlangen, dass sich die Angaben darüber hinaus auf Leistung und Verhalten im Arbeitsverhältnis (qualifiziertes Zeugnis) erstrecken.

(2) Das Zeugnis muss klar und verständlich formuliert sein. Es darf keine Merkmale oder Formulierungen enthalten, die den Zweck haben, eine andere als aus der äußeren Form oder aus dem Wortlaut ersichtliche Aussage über den Arbeitnehmer zu treffen.

(3) Die Erteilung des Zeugnisses in elektronischer Form ist ausgeschlossen.

Übersicht

	Rn.		Rn.
I. Geltungsbereich	1	4. Erlöschen des Anspruchs/Verwirkung	7
II. Anspruch auf Zeugniserteilung (§ 109 Abs. 1 GewO)		III. Inhalt des Zeugnisses	
1. Allgemeines	1a	1. Einfaches Zeugnis (§ 109 Abs. 1 S. 2 GewO)	9
2. Formalitäten	2	2. Qualifiziertes Zeugnis (§ 109 Abs. 2 S. 3 GewO)	
3. Verzicht auf Zeugniserteilung	4	a) Inhalt	10

---

1 Näher *Staub/Konzen/Weber*, § 65 Rn. 16.
2 BGBl. I 3412.

	Rn.		Rn.
b) Wahrheitspflicht		V. Auskunft	
aa) Wahrheitsgetreue Ausstellung	11	1. Verpflichtung zur Auskunft	22
bb) Standardformulierungen	13	2. Auskunftsverlangen durch einen Dritten	24
c) Einzelfragen	14		
3. Vorläufiges/endgültiges Zeugnis; Zwischenzeugnis	17	VI. Haftung bei Verletzung der Zeugnispflicht	
IV. Änderung/Berichtigung		1. Haftung gegenüber dem Arbeitnehmer	
1. Inhaltliche Änderung und Berichtigung	19	a) Voraussetzungen der Haftung	26
		b) Prozessuales	29
2. Umfassende Änderung	20	2. Haftung gegenüber Dritten	31

Schrifttum: *Becker-Schaffner*, Rechtsprechung zum Zeugnisrecht, BB 1989, 2105; *Göldner*, Die Problematik der Zeugniserteilung im Arbeitsrecht, ZfA 1991, 225; *Kölsch*, Die Haftung des Arbeitgebers für nicht ordnungsgemäße Zeugniserteilung, NZA 1985, 11; *K. Schmidt*, Zeugnisanspruch des Arbeitnehmers im Konkurs einer Handelsgesellschaft, DB 1991, 1930.

I. Geltungsbereich

1 Die Regelungen für Zeugnisse in § 109 GewO gelten seit dem 1.1.2003 kraft der Verweisung in § 630 S. 4 BGB für alle Arbeitnehmer[1]. Gleichzeitig wurde § 73 aufgehoben, der zuvor die Zeugniserteilung für die Handlungsgehilfen (kaufmännischen Angestellten) regelte. Damit ist das gesetzgeberische Ziel, die Zeugniserteilung einheitlich für alle Arbeitnehmer zu regeln, erreicht[2].

II. Anspruch auf Zeugniserteilung

1. Allgemeines

1a Die Vorschrift gibt bei Beendigung des Arbeitsverhältnisses einen Anspruch auf ein schriftliches Zeugnis und stimmt vom Inhalt her im Wesentlichen mit **§ 630 BGB** überein. Das Zeugnis ist nur zu erteilen, wenn der Arbeitnehmer es verlangt; es kann ihm nicht aufgezwungen werden. Der Zeugnisanspruch ist klagbar; die Vollstreckung erfolgt nach § 888 ZPO.

2. Formalitäten

2 Das Zeugnis ist **schriftlich auszustellen**; es gilt § 126 BGB. Wird üblicherweise im Geschäftszweig des Arbeitgebers **Firmenpapier** verwendet, muss auch das Zeugnis auf solchem geschrieben werden[3]. Falzungen – zum Zwecke der Kouvertierung – sind unschädlich, wenn sich die Knicke im Zeug-

---

[1] Zur Definition vgl. § 59 Rn. 3 f.
[2] Kritisch zur Regelung in der GewO und zum Verbleib arbeitsrechtlicher Vorschriften im HGB *Baumbach/Hopt*, § 73 Rn. 1.
[3] BAG v. 3.3.1993 – 5 AZR 182/92, NJW 1993, 2197.

nisbogen nicht auf Kopien niederschlagen[1]. Als Datum ist der Tag der Ausstellung anzugeben; die Zurückdatierung auf den Tag der Beendigung des Arbeitsverhältnisses kann vom Arbeitnehmer nicht verlangt werden[2]. Ein vom Arbeitgeber berichtigtes Zeugnis ist jedoch zurückzudatieren, wenn die verspätete Ausstellung vom Arbeitnehmer nicht zu vertreten ist[3].

Die Erteilung eines Zeugnisses in **elektronischer Form** ist **ausgeschlossen**. (§ 109 Abs. 3 GewO) Nach der Gesetzesbegründung soll es bei der Schriftform des Zeugnisses bleiben, bis sich die elektronische Form in gleicher Weise wie das herkömmliche Zeugnis im Rechtsverkehr etabliert hat. Insbesondere in Klein- und Mittelbetrieben ist die Vorlage von Zeugnissen in elektronischer Form heute noch nicht üblich, teilweise schon deshalb, weil die entsprechenden technischen Einrichtungen nicht vorhanden sind.

2a

Das Zeugnis ist **vom Arbeitgeber oder einem Vertreter** mit entsprechender Vollmacht **auszustellen**[4]. Im letzteren Fall sind regelmäßig das Vertretungsverhältnis und die Funktion anzugeben[5]. Das Zeugnis ist vom jeweils benannten Aussteller persönlich zu unterschreiben[6]. Hat der Arbeitnehmer bei einer Geschäftsveräußerung seinen Dienstvertrag mit dem neuen Inhaber fortgesetzt, so besteht sein Zeugnisanspruch nur gegen diesen, falls er es versäumt hat, sich vom früheren Inhaber bei Geschäftsübergabe ein Zeugnis ausstellen zu lassen. Auf ein solches Zwischenzeugnis (vgl. Rn. 18) besteht ein Anspruch, da das Arbeitsverhältnis mit dem alten Inhaber durch den Wechsel tatsächlich beendet und rechtlich mit dem neuen Inhaber fortgesetzt wurde.

3

3. Verzicht auf Zeugniserteilung

Der Anspruch auf Zeugniserteilung ist **vor Beendigung** des Arbeitsverhältnisses **nicht verzichtbar**, da zu diesem Zeitpunkt die Konsequenzen für den Arbeitnehmer noch nicht abschätzbar sind. Umstritten ist, ob **nach Beendigung** des Arbeitsverhältnisses ein Verzicht wirksam ist[7].

4

Entscheidend ist letztlich eine **Abwägung der Interessen** des Arbeitnehmers und des Arbeitgebers. Dabei dürfte das Interesse des Arbeitnehmers, durch ein Zeugnis sein berufliches Fortkommen zu sichern, regelmäßig höher zu bewerten sein, zumal die Ausstellung für den Arbeitgeber keinen großen Aufwand darstellt. Aus der den Arbeitgeber treffenden Fürsorgepflicht lässt

5

---

1 BAG v. 21.9.1999 – 9 AZR 839/98, NJW 2000, 1060.
2 *Becker-Schaffner*, BB 1989, 2105.
3 BAG v. 3.3.1993 – 5 AZR 182/92, NJW 1993, 2197.
4 Nicht vom vorläufigen Insolvenzverwalter, BAG v. 23.6.2004 – 10 AZR 495/03, NJW 2005, 460.
5 BAG v. 16.11.1995 – 8 AZR 983/94, EzA BGB § 630 Nr. 20.
6 BAG v. 21.9.1999 – 9 AZR 893/98, NJW 2000, 1060.
7 Bejahend ArbG Berlin v. 3.12.1968 – 2 Ca 321/68, DB 1969, 90; GK/*Etzel*, § 73 Rn. 8; *Staudinger/Preis*, § 630 BGB Rn. 7, 52; ablehnend MünchKommBGB/*Schwerdtner*, § 630 Rn. 46; vom BAG wurden diese Fragen offen gelassen, vgl. BAG v. 16.9.1974 – 5 AZR 255/74, EzA § 630 BGB Nr. 5.

sich herleiten, dass er nichts unterlassen darf, was das Fortkommen des Arbeitnehmers erschweren würde.

6 **Allgemeine Ausgleichsklauseln** (z.B. im Vergleich), die einen Kündigungsschutzprozess beenden, können jedenfalls nicht ohne weiteres dahin ausgelegt werden, dass sie auch einen **Verzicht auf ein qualifiziertes Zeugnis** enthalten[1]. Auch muss sichergestellt sein, dass sich der Arbeitnehmer über die Tragweite eines Verzichtes im Klaren ist. Das Verlangen eines qualifizierten Zeugnisses ist kein Verzicht auf ein einfaches und umgekehrt.

4. Erlöschen des Anspruchs/Verwirkung

7 Der Anspruch auf Erteilung eines qualifizierten Zeugnisses unterliegt der **Ausschlussfrist des § 70 BAT**[2]. Außerdem kann der Anspruch verwirken, wenn der Arbeitnehmer sein Recht längere Zeit nicht ausübt (Zeitmoment) und dadurch beim Arbeitgeber die Überzeugung hervorgerufen hat, er werde sein Recht nicht mehr geltend machen (Umstandsmoment).

8 Das BAG hat **zehnmonatiges Zuwarten** durch den Arbeitnehmer für das Zeitmoment ausreichen lassen[3].

III. Inhalt des Zeugnisses

1. Einfaches Zeugnis (§ 109 Abs. 1 S. 2 GewO)

9 § 109 Abs. 1 S. 2 GewO enthält die Legaldefinition eines einfachen Zeugnisses. Er beschränkt sich auf die **Art und Dauer der Tätigkeit**. Das Zeugnis muss eine klare, wenn auch kurz gefasste Beschreibung der ausgeübten Tätigkeit enthalten (vgl. § 109 Abs. 2 S. 1 GewO) und Anfang und Ende der Beschäftigung nach Kalendertagen, nicht nur nach der Zeitdauer, angeben. Ein Vertragsbruch darf vom Arbeitgeber nicht erwähnt werden, jedoch der unter Umständen darauf hindeutende Endzeitpunkt des Arbeitsverhältnisses.

2. Qualifiziertes Zeugnis (§ 109 Abs. 1 S. 3 GewO)

a) Inhalt

10 Nach § 109 Abs. 1 S. 3 GewO hat das Zeugnis auf Verlangen des Arbeitnehmers zusätzlich **Angaben über Führung und Leistungen** zu enthalten[4]. Die Formulierung des Zeugnisses im Einzelnen ist Sache des Arbeitgebers; der Arbeitnehmer hat keinen Anspruch auf einen bestimmten Wortlaut. Hinsichtlich der Wertungen hat der Arbeitgeber einen Beurteilungsspielraum[5].

---

1 BAG v. 16.9.1974 – 5 AZR 255/74, BB 1975, 136.
2 BAG v. 23.2.1983 – 5 AZR 515/80, BB 1983, 1859.
3 BAG v. 17.2.1988 – 5 AZR 638/86, NJW 1988, 1616.
4 Zum Inhalt vgl. Überblick bei *Becker-Schaffner*, BB 1989, 2105.
5 BAG v. 23.6.1960 – 5 AZR 560/58, AP Nr. 1 zu § 73 HGB; *Staudinger/Preis*, § 630 BGB Rn. 50.

b) Wahrheitspflicht

aa) Wahrheitsgetreue Ausstellung

Als oberstes Gebot gilt die Wahrheitspflicht. Der Arbeitgeber darf zwar das berufliche Fortkommen des Arbeitnehmers nicht unnötig erschweren; er muss aber die Tätigkeit so **genau und vollständig** beschreiben, dass sein künftiger Arbeitgeber ein klares Bild hat. Ein Arbeitnehmer, der ein qualifiziertes Zeugnis verlangt, muss dann damit rechnen, dass darin auch negative Tatsachen enthalten sind, die für sein weiteres Fortkommen nachteilig sein können[1]. 11

Auf der anderen Seite dürfen Aussagen zu verkehrsüblich erwarteten Eigenschaften nicht ohne triftigen Grund **ausgelassen** werden, weil dies zu nachteiligen Schlüssen führen kann[2]. 12

bb) Standardformulierungen

Bei der Zeugnisgestaltung und -formulierung sind verschiedene Techniken gebräuchlich, wie z.B. die Positiv-Skala-Technik oder die Lehrstellen-Technik[3]. Die bekannteste Positiv-Skala ist die Zufriedenheits-Skala. Die Formulierung *stets zu unserer vollsten Zufriedenheit/stets außerordentlich zufrieden* bedeutet sehr gut; *zu unserer vollsten Zufriedenheit/stets zu unserer vollen Zufriedenheit* gut; *zu unserer vollen Zufriedenheit* befriedigend; *(stets) zu unserer Zufriedenheit* ausreichend; *insgesamt zu unserer Zufriedenheit/war bemüht/zu unserer Zufriedenheit* mangelhaft. 13

c) Einzelfragen

Bezüglich der **Führung** kommt das außerdienstliche Verhalten des Arbeitnehmers nur insoweit in Betracht, als es auf das dienstliche übergreift und dieses beeinflusst. 14

Bei der **Tätigkeitsbeschreibung** hat der Arbeitgeber einen weit geringeren Beurteilungsspielraum als bei der Leistungsbewertung. Hier genügt nicht, dass das Zeugnis ein abgerundetes Bild vermittelt, es muss vielmehr alle relevanten Tatsachen enthalten[4]. 15

Der **Kündigungsgrund** wie auch die Frage, ob fristlos oder fristgemäß gekündigt wurde, gehören nicht in das Zeugnis[5]. 16

---

1 BAG v. 8.2.1972 – 1 AZR 189/72, BB 1972, 618.
2 Vgl. RAG JW 1938, 2424 zum Fehlen einer Bemerkung über die Ehrlichkeit.
3 Vgl. im Einzelnen *Weuster*, BB 1992, 58; *Staudinger/Preis*, § 630 BGB Rn. 51.
4 Differenzierend für Elternzeit BAG v. 10.5.2005 – 9 AZR 261/04, NJW 2005, 3659.
5 *Schaub*, Arbeitsrechts-Hdb., § 146 Rn. 15; differenzierend *Popp*, Die Bekanntgabe des Austrittsgrunds im Arbeitszeugnis, NZA 1997, 588.

3. Vorläufiges/endgültiges Zeugnis; Zwischenzeugnis

17 Mit der tatsächlichen **Beendigung** des Arbeitsverhältnisses hat der Arbeitnehmer den Anspruch auf ein endgültiges Zeugnis. Wird er während der Kündigungsfrist oder der Dauer des Kündigungsschutzprozesses nicht weiterbeschäftigt, erhält er das Zeugnis mit seinem tatsächlichen Ausscheiden. Wird er **weiterbeschäftigt**, so kann er bereits mit Kündigung ein vorläufiges Zeugnis verlangen, um sich um einen neuen Arbeitsplatz bewerben zu können.

18 Das Zwischenzeugnis unterscheidet sich von einem vorläufigen Zeugnis darin, dass eine **Beendigung noch nicht bevorsteht**. Fraglich kann sein, ob ein Anspruch auf ein solches Zeugnis besteht. Kommt im Betrieb das Betriebsverfassungsgesetz zur Anwendung, kann der Arbeitnehmer nach § 82 Abs. 2 BetrVG eine Beurteilung verlangen. Im Übrigen sind im Einzelfall die berechtigten Interessen des Arbeitnehmers mit denen des Arbeitgebers abzuwägen. Begründet kann der Anspruch z.B. sein, wenn betriebsexterne Fortbildungsveranstaltungen besucht werden, für die ein Zeugnis notwendig ist, wenn der bisherige Arbeitgeber durch Insolvenz wegfällt[1], bei Betriebsübernahme oder wenn der Arbeitnehmer zum Wehr- oder Zivildienst einberufen wird.

IV. Änderung/Berichtigung

1. Inhaltliche Änderung und Berichtigung

19 Ist das Zeugnis **unrichtig**, kann der Arbeitnehmer eine Änderung (inhaltlich) oder Berichtigung (Verbesserung von Schreibfehlern o.Ä.) verlangen; die Abgrenzung der beiden Begriffe ist ohne Bedeutung. Es handelt sich um einen schuldrechtlichen Erfüllungsanspruch, der dahin geht, dass ein nach Form und Inhalt den gesetzlichen Vorschriften entsprechendes Zeugnis erteilt wird[2]. Neben der Richtigstellung unwahrer Tatsachen kann die Berichtigung trotz des bestehenden Beurteilungsspielraums auch dann gefordert werden, wenn die zugrundeliegenden tatsächlichen Verhältnisse offenbar nicht richtig gewürdigt worden sind. Dabei kann eine Bindung an frühere Verhaltensbeurteilungen bestehen[3].

2. Umfassende Änderung

20 Wird dem Arbeitgeber ein beanstandetes Zeugnis zur Berichtigung zurückgegeben, so kann er auch noch **andere Punkte, die ihm unrichtig erscheinen**, richtig stellen. Zu diesem Zwecke kann er auch nachträglich ein sich als unrichtig darstellendes Zeugnis einfordern. Unter Umständen ist er hierzu so-

---

1 BAG v. 30.1.1991 – 5 AZR 32/90, NJW 1991, 1971.
2 BAG v. 17.2.1988 – 5 AZR 638/86, NJW 1988, 1616; zur Neuerteilung nach Gehaltsumwandlung LAG Hamm v. 17.12.1998 – 4 Sa 1337/98, NJW 1999, 3435.
3 BAG v. 21.6.2005 – 9 AZR 352/04, BB 2005, 2530.

gar verpflichtet, so, wenn anzunehmen ist, dass Dritte aufgrund des unrichtigen Zeugnisses geschädigt werden können.

Statt dessen kann der Arbeitgeber dem Arbeitnehmer auch ein (lediglich) **berichtigtes Zeugnis** aushändigen. Macht der Arbeitnehmer trotzdem vom ersten Zeugnis Gebrauch, so begeht er eine Täuschung, die seinen neuen Arbeitgeber je nach Sachlage zur Anfechtung des mit ihm aufgrund des Zeugnisses geschlossenen Dienstvertrages oder zur sofortigen Kündigung des Arbeitsverhältnisses berechtigt. 21

V. Auskunft

1. Verpflichtung zur Auskunft

Eine weitergehende Verpflichtung des Arbeitgebers, über die Ausstellung des Zeugnisses hinaus Dritten Auskunft über den Arbeitnehmer zu erteilen, ist gesetzlich nicht vorgesehen. Der Arbeitnehmer hat jedoch einen solchen Anspruch (quasi als **nachwirkende Fürsorgepflicht**) aus dem Anstellungsvertrag[1]. 22

Zeugnis und Auskunft unterscheiden sich insoweit erheblich, als sich eine **Auskunft freier gestalten** lässt als das Zeugnis. Während sich die Auskunft insbesondere auf den nächstfolgenden Arbeitgeber bezieht, der sich durch diese in ein genaueres Bild setzen kann als mit einem Zeugnis, ist das Zeugnis für alle weiteren Beschäftigungsverhältnisse des Arbeitnehmers maßgeblich. Angesichts des vertraulichen Charakters einer Auskunft darf der Arbeitgeber deshalb auch Umstände mitteilen, die in das Zeugnis üblicherweise nicht aufgenommen werden[2]. Wie das Zeugnis muss jedoch auch die Auskunft wahr im Sinne einer vollständigen, gerechten und nach objektiven Grundsätzen getroffenen Beurteilung sein. 23

2. Auskunftsverlangen durch einen Dritten

Dem Ersuchen eines Dritten darf der Arbeitgeber auch **gegen den Willen des Arbeitnehmers** nur dann nachkommen, wenn dieser als neuer Arbeitgeber ein berechtigtes Interesse an der Auskunft hat[3]. Eine Pflicht hierzu besteht nicht. 24

Im Hinblick auf das berechtigte Interesse sind die Rechte des Arbeitnehmers auf **Datenschutz** und das **allgemeine Persönlichkeitsrecht** in Verbindung mit dem Recht auf informationelle Selbstbestimmung mit dem Interesse des neuen Arbeitgebers auf Information abzuwägen. Die Auskunft muss sich jedoch auf Angaben zur Leistung und Führung beschränken; die Einsicht in den Arbeitsvertrag oder in die Personalakten ist nicht gerechtfertigt. 25

---

1 *Baumbach/Hopt*, § 73 Rn. 8.
2 LAG Hamburg v. 16.8.1984 – 2 Sa 144/83, BB 1985, 804.
3 *Schaub*, Arbeitsrechts-Hdb., § 147 Rn. 2.

In jedem Fall kann der Handlungsgehilfe Mitteilung des Wortlauts der Auskunft verlangen[1].

VI. Haftung bei Verletzung der Zeugnispflicht

1. Haftung gegenüber dem Arbeitnehmer

a) Voraussetzungen der Haftung

26 Verletzt der Arbeitgeber **schuldhaft** seine Zeugnispflicht, hat er dem Arbeitnehmer Ersatz des dadurch entstandenen Schadens (etwa, dass der Arbeitnehmer aus diesem Grund eine angestrebte Stellung nicht erhält) zu leisten.

27 Bei **verspäteter Ausstellung des Zeugnisses** ergibt sich ein solcher Anspruch als Verzugsschaden nach §§ 280 Abs. 2, 286 Abs. 1 BGB; ist allerdings die Nachholung des Zeugnisses nicht mehr möglich, ist ein Schadensersatzanspruch wegen Unmöglichkeit nach § 280 Abs. 1 BGB gegeben. Der Verzug setzt voraus, dass der Arbeitnehmer das Zeugnis angefordert hat; insoweit ist auch zu berücksichtigen, dass es sich um eine Holschuld handelt.

28 Für **inhaltliche Unrichtigkeiten** haftet der Arbeitgeber auf Schadensersatz wegen Pflichtverletzung, § 280 BGB. Der Arbeitnehmer muss jedoch zunächst Berichtigung (vgl. Rn. 19) verlangen. Unterlässt er dies innerhalb einer angemessenen Zeit (Rn. 7), kann er im Hinblick auf die Formulierung des Zeugnisses auch keine Schadensersatzansprüche mehr geltend machen[2].

b) Prozessuales

29 Für die Richtigkeit einer nachteiligen Leistungsbeurteilung ist der **Arbeitgeber** beweispflichtig; dasselbe gilt für das Vorliegen eines schuldhaften Verhaltens (§ 280 Abs. 1 S. 2 BGB). Für die Kausalität eines fehlenden oder unrichtigen Zeugnisses in Bezug auf den Misserfolg bei der Einstellung liegt die Beweislast beim **Arbeitnehmer.** Für die Voraussetzungen einer besseren Beurteilung trägt der Arbeitnehmer die Beweislast[3].

30 Es gibt auch keinen Erfahrungssatz, dass eine Nichteinstellung in der Regel auf ein fehlendes oder unrichtiges Zeugnis zurückzuführen ist[4]. Der Arbeitnehmer hat auch die Beweislast für den Umfang des Schadens; insoweit kommt ihm allerdings die Darlegungs- und Beweiserleichterung des § 252 S. 2 BGB zugute. Das Ausmaß des Schadens kann das Gericht nach § 287 ZPO schätzen und würdigen.

---

1 BAG v. 10.7.1959 – VI ZR 149/58, BB 1959, 919.
2 BAG v. 8.2.1972 – 1 AZR 189/71, AP Nr. 7 zu § 630 BGB; BAG v. 17.10.1972 – 1 AZR 86/72, AP Nr. 8 zu § 630 BGB.
3 BAG v. 14.10.2003 – 9 AZR 12/03, NJW 2004, 2770.
4 *Becker/Schaffner*, BB 1989, 2109.

2. Haftung gegenüber Dritten

Bei Ausstellung eines unrichtigen Zeugnisses ergibt sich eine **deliktische Haftung** gegenüber Dritten, die den Arbeitnehmer aufgrund unrichtiger Angaben eingestellt und dadurch eine Schaden erlitten haben, grundsätzlich nach § 826 BGB. Die leichtfertige Ausstellung eines unrichtigen Zeugnisses unter billigender Inkaufnahme einer dadurch bedingten Schädigung von Dritten stellt einen Verstoß gegen die guten Sitten dar[1]. 31

Neben dieser deliktischen Haftung hat der BGH eine **vertragliche Haftung** als **Unterfall der Auskunftshaftung** konstruiert[2]. 32

Aufgrund des Auskunftscharakters bestehe zwischen dem früheren und dem neuen Arbeitgeber eine über die rein deliktische Ebene hinausgehende **rechtsgeschäftliche Sonderbeziehung**. Kennzeichnend für das Dienstzeugnis sei ein **vertrauensheischender Bescheinigungscharakter**, dessen Anerkennung im Verkehr erst den Wert des Zeugnisses ausmache. Dieser Rechtsprechung ist gerade im Hinblick auf den angeführten Bescheinigungscharakter beizutreten[3]. 33

Ähnlich den Grundsätzen, die bei **Gefälligkeitsverhältnissen** mit rechtsgeschäftlichem Bezug, die zwar keine primären, aber sekundären Leistungspflichten, nämlich die Pflicht zur Rücksichtnahme auf die Intimitätsinteressen der anderen Beteiligten, begründen[4], besteht auch hier zwischen dem früheren und dem neuen Arbeitgeber eine verdichtete Sonderbeziehung, die über den normalen, sozialen Kontakt hinausgeht. Der Aussteller des Zeugnisses weiß, dass dessen Inhalt die wesentliche Grundlage der Entscheidung über die Einstellung seines ehemaligen Arbeitnehmers durch den neuen Arbeitgeber darstellt und dieser auch auf die Richtigkeit der Angaben angewiesen ist; der neue Arbeitgeber wiederum kann davon ausgehen, dass das ausgestellte Zeugnis verbindliche Aussagen trifft und muss sich auf dessen Bescheinigungscharakter verlassen können, wenn es für den angestrebten Zweck von Wert sein soll. 34

Gleichwohl sind einer vertraglichen Haftung für unrichtige Arbeitszeugnisse **enge Grenzen** gesetzt. Sie kommt nur in Betracht bei bewusster Unrichtigkeit des Zeugnisses sowie in dem Fall, dass bei einem unbewusst unrichtig ausgestellten Arbeitszeugnis der Aussteller die Unrichtigkeit nachträglich erkennt und dann vorsätzlich oder fahrlässig den späteren Arbeitgeber nicht benachrichtigt[5]. 35

Bei unrichtiger Ausfüllung einer Arbeitsbescheinigung besteht ein **Anspruch der Bundesagentur für Arbeit** gegen den Arbeitgeber auf Schadensersatz (§ 321 SGB III). Der Anspruch ist zwar öffentlich-rechtlicher Natur, ist aber 36

---

1 BGH v. 22.9.1970 – VI ZR 193/69, NJW 1970, 2292.
2 BGH v. 15.5.1979 – VI ZR 230/76, BGHZ 74, 290–292.
3 Ablehnend *Staub/Konzen/Weber*, § 73 Rn. 38 m.N.
4 Vgl. MünchKommBGB/*Kramer*, vor § 241 BGB Rn. 33, 62 ff.
5 BGH v. 15.5.1979 – VI ZR 230/76, BGHZ 74, 290.

nicht durch Verwaltungsakt, sondern durch Leistungsklage geltend zu machen[1].

§ 74
Vertragliches Wettbewerbsverbot; Karenz

(1) Eine Vereinbarung zwischen dem Prinzipal und dem Handlungsgehilfen, die den Gehilfen für die Zeit nach Beendigung des Dienstverhältnisses in seiner gewerblichen Tätigkeit beschränkt (Wettbewerbsverbot), bedarf der Schriftform und der Aushändigung einer vom Prinzipal unterzeichneten, die vereinbarten Bestimmungen enthaltenden Urkunde an den Gehilfen.

(2) Das Wettbewerbsverbot ist nur verbindlich, wenn sich der Prinzipal verpflichtet, für die Dauer des Verbots eine Entschädigung zu zahlen, die für jedes Jahr des Verbots mindestens die Hälfte der von dem Handlungsgehilfen zuletzt bezogenen vertragsmäßigen Leistungen erreicht.

Übersicht

	Rn.		Rn.
I. Übersicht über §§ 74–74c		**II. Vereinbarung des Wettbewerbsverbotes**	26
1. Allgemeines	1	1. Schriftform	
2. Zeitlicher Anwendungsbereich		a) Form des § 126 BGB	27
a) Regelungszeitraum	3	b) Inhalt der Urkunde	29
b) Zeitpunkt der Wettbewerbsabrede		c) Formfreie Aufhebung/Änderung	30
aa) Bestehen eines Anstellungsvertrages	5	2. Aushändigung der Urkunde	
bb) Vereinbarungen nach Anstellung	6	a) Aushändigung an den Arbeitnehmer	31
cc) Dauer des Anstellungsverhältnisses	8	b) Verweigerung der Annahme	35
dd) Vorvertrag	9	3. Rechtsfolgen von Formfehlern	37
ee) Nichtantritt der Stellung	10	4. Prozessuales	39
ff) Nichtigkeit des Arbeitsverhältnisses	12	**III. Inhalt des Wettbewerbsverbotes**	
3. Persönlicher Anwendungsbereich		1. Auslegung	
a) Arbeitnehmer jeder Art	14	a) Allgemeine Auslegungsgrundsätze	40
b) Geschäftsführer einer GmbH	17	b) Besondere Auslegungskriterien	41
4. Begriff des Wettbewerbsverbotes		2. Laufzeit	43
a) Legaldefinition (§ 74 Abs. 1)	20	3. Verstoß/Umgehung des Wettbewerbsverbotes	
b) Einzelheiten		a) Auslegung	44
aa) Gewerbliche Tätigkeit	21	b) Konkurrenzgeschäft	45
bb) Allgemeine Pflichten des Arbeitnehmers	22	c) Umgehungsverbot	46
cc) Wirtschaftliche Bedeutung der Einschränkung	23		

---

1 BSozG v. 12.2.1980 – 7 RAr 26/79, BB 1980, 731.

	Rn.		Rn.
IV. Ansprüche des Unternehmers aus dem Wettbewerbsverbot		**V. Übertragung der Rechte aus dem Wettbewerbsverbot**	
1. Erfüllungsanspruch		1. Geschäftsveräußerung	59
a) Vertraglicher Anspruch	47	2. Abtretungsverbot (§ 399 BGB)	61
b) Gesetzlicher Anspruch	49	**VI. Grundsatz der bezahlten Karenz (§ 74 Abs. 2)**	
2. Ansprüche aus Leistungsstörungsrecht	50	1. Allgemeines	62
a) Schadensersatz wegen Pflichtverletzung	51	2. Mindesthöhe	64
b) Herausgabe der Entschädigung	55	3. Rechtsfolge von Verstößen	65
c) Auskunftsanspruch	57		
d) Kein Anspruch auf Gewinnherausgabe	58		

Schrifttum: *Bauer*, Wettbewerbsverbote und Kündigungen von Arbeitsverhältnissen, DB 1979, 500; *Bauer/Diller*, Nachvertragliche Wettbewerbsverbote: Änderungen durch die Schuldrechtsreform, NJW 2002, 1609; *Bauer/Diller*, Nachvertragliche Wettbewerbsverbote mit GmbH-Geschäftsführern, GmbHR 1999, 885; *Bengelsdorf*, Karenzentschädigung und Studium, BB 1983, 905; *Bengelsdorf*, Auskunft und Nachweis über anderweitige Einkommen bei Wettbewerbsverbot, BB 1979, 1150; *Diller*, Nachvertragliche Wettbewerbsverbote und AGB-Recht, NZA 2005, 250; *Durchlaub*, Inhalt und Umfang der Auskunftspflicht des früheren Arbeitnehmers bei Karenzentschädigung, BB 1976, 232; *Flatten*, Nachträgliches Wettbewerbsverbot aus Unternehmersicht, ZIP 1999, 1701; *Gaul*, Auswirkungen des rechtsgeschäftlich vereinbarten Betriebsübergangs auf nachwirkende Wettbewerbsvereinbarungen und Geheimhaltungspflichten, NZA 1989, 697; *Hoß*, Das nachvertragliche Wettbewerbsverbot während des Kündigungsschutzprozesses und im Aufhebungsvertrag, DB 1997, 1818; *König/Steiner*, Die Vereinbarkeit nachvertraglicher Wettbewerbsverbote mit der Arbeitnehmerfreizügigkeit des EG-Vertrages, NJW 2002, 3583; *Schaub*, Zur Wirksamkeit eines mit dem Dienstnehmer vereinbarten nachvertraglichen Wettbewerbsverbots, EWiR 1990, 867; *Wertheimer*, Zum Anspruch des Arbeitnehmers auf Karenzentschädigung aus einem für ihn unverbindlichen Wettbewerbsverbot, JZ 1991, 882; *Winterstein*, Nachvertragliches Wettbewerbsverbot und Karenzentschädigung, NJW 1989, 1463.

I. Übersicht über §§ 74–74c

1. Allgemeines

Leitgedanke der §§ 74 ff. ist der **Schutz des Handlungsgehilfen** als dem wirtschaftlich schwächeren Teil der Parteien des Anstellungsverhältnisses im Hinblick auf die wirtschaftlichen Folgen von Abreden zwischen ihm und dem ihn beschäftigenden Unternehmer über eine Beschränkung oder Erschwerung einer gewerblichen Betätigung nach Beendigung des Anstellungsverhältnisses.   1

Mit Ende des Arbeitsverhältnisses endet gleichzeitig die Pflicht des Arbeitnehmers zur Wettbewerbsenthaltung. Der Arbeitgeber kann sich vor einer   2 nachvertraglichen konkurrierenden Tätigkeit nur durch ein Wettbewerbsverbot, das die Voraussetzungen der §§ 74 ff. erfüllt, schützen[1].

2. Zeitlicher Anwendungsbereich

a) Regelungszeitraum

3 Die Bestimmungen beschränken sich auf Wettbewerbsabreden, die der Prinzipal mit dem Handlungsgehilfen **für die Zeit nach Beendigung** des Dienstverhältnisses vereinbart. Sie berühren weder das gesetzliche Wettbewerbsverbot des Handlungsgehilfen nach § 60, das während der Dauer des Dienstverhältnisses gilt, oder Wettbewerbsverbote gemäß §§ 112, 161 Abs. 2 HGB oder §§ 88, 284 AktG.

4 Noch fallen **nach Beendigung des Arbeitsverhältnisses getroffene Wettbewerbsabreden** unter die Regelung der §§ 74 ff., weil es insoweit an der erforderlichen Voraussetzung des Bestandes eines Anstellungsverhältnisses zwischen dem durch das Wettbewerbsverbot beschränkten Handlungsgehilfen und dem Unternehmer fehlt.

b) Zeitpunkt der Wettbewerbsabrede

aa) Bestehen eines Anstellungsvertrages

5 Die Anwendung der §§ 74 ff. setzt nach dem Wortlaut von § 74 Abs. 1 voraus, dass zwischen den Parteien der Wettbewerbsabrede ein Anstellungsvertrag besteht. Sie erstreckt sich aber ihrem Sinn und Zweck nach auch auf Wettbewerbsabreden mit einem **Angestellten** eines Vertragspartners, wenn zwischen dem Wettbewerbsverbot und dem Arbeitsverhältnis ein innerer Zusammenhang besteht, insbesondere wenn seine Tätigkeit für den Arbeitgeber dem Dritten zugute kommt[2].

bb) Vereinbarungen nach Anstellung

6 Die Vereinbarung braucht nicht bei der Anstellung des Handlungsgehilfen getroffen zu werden; es genügt eine **nachträgliche Abrede**, sofern das Dienstverhältnis noch besteht. In diesem Sinne finden die §§ 74 ff. auch Anwendung, wenn die Vereinbarung des Wettbewerbsverbotes im Rahmen eines Dienstverhältnisses erfolgt, das zwar bereits gekündigt ist, aber noch andauert[3].

7 Etwas anderes gilt dann, wenn mit der Vereinbarung gleichzeitig das Dienstverhältnis mit sofortiger Wirkung aufgelöst oder – etwa durch eine fristlose Kündigung – **gleichzeitig beendet** ist. In diesem Fall handelt der Verpflichte-

---

1 BAG v. 15.6.1993 – 9 AZR 558/91, AP Nr. 40 zu § 611 BGB – Konkurrenzschutzklausel; BAG v. 19.5.1998 – 9 AZR 394/97, AP Nr. 11 zu § 611 BGB – Treuepflicht; vgl. auch Rn. 22.
2 OLG Stuttgart v. 14.8.1970 – 2 U 6/70, BB 1970, 1176.
3 Zur Problematik Kündigung/Aufhebungsvertrag umfassend *Hoß*, DB 1997, 1818.

te nicht mehr in seiner Eigenschaft als Angestellter, sondern bereits im Rahmen seiner künftigen Tätigkeit[1].

cc) Dauer des Anstellungsverhältnisses

Die Dauer des Anstellungsverhältnisses ist **unerheblich**. Ein Wettbewerbsverbot kann also während des Probearbeitsverhältnisses abgeschlossen werden. Es ist aber auch möglich, seine Wirksamkeit auf einen Zeitpunkt nach Ablauf der Probezeit hinauszuschieben[2]. Ein solches Hinausschieben muss allerdings ausdrücklich vereinbart werden; ansonsten ist es auch dann verbindlich, wenn das Vertragsverhältnis noch während der Probezeit endet.

8

dd) Vorvertrag

Erfasst werden auch wettbewerbsbeschränkende Abreden, die in Form eines Vorvertrages geschlossen werden. Wird in einem solchen Vorvertrag der Arbeitgeber berechtigt, im Verlauf des Arbeitsverhältnisses – etwa bei einer Kündigung – den Abschluss einer Wettbewerbsvereinbarung zu verlangen, so muss dieser Vertrag den Erfordernissen der §§ 74 ff. genügen[3].

9

ee) Nichtantritt der Stellung

Problematisch kann sein, ob ein Wettbewerbsverbot auch dann Wirkung entfaltet, wenn ein Arbeitsvertrag zwar wirksam abgeschlossen, ein Arbeitsverhältnis aber tatsächlich nicht realisiert worden ist, weil der Arbeitnehmer den Dienst nicht angetreten hat. Richtigerweise ist davon auszugehen, dass das Verbot zwar grundsätzlich wirksam begründet wurde.

10

Eine **Einschränkung** ergibt sich aber aus Sinn und Zweck der Vereinbarung. Da in einem solchen Fall die Mitnahme von Kenntnissen und Erfahrungen in das Unternehmen eines Wettbewerbers nicht zu befürchten ist, dürfte im Zweifel ein Wettbewerbsverbot nur für den von den Parteien vorausgesetzten und regelmäßigen Fall vereinbart sein, dass das Arbeitsverhältnis tatsächlich in das Erfüllungsstadium gelangt[4].

11

ff) Nichtigkeit des Arbeitsverhältnisses

Im Gegensatz dazu kann bei Nichtigkeit des Arbeitsverhältnisses der Arbeitgeber gleichwohl ein Interesse an der Einhaltung des Wettbewerbsverbotes haben, wenn der Arbeitnehmer durch den **tatsächlichen Vollzug** des Arbeitsverhältnisses Gelegenheit gehabt hat, wettbewerblich bedeutsame Kenntnisse und Erfahrungen zu gewinnen. Die Auslegungsregel des § 139 BGB, wonach die Nichtigkeit des Arbeitsverhältnisses auch die des Wettbewerbsverbotes nach sich zieht, wird in einem solchen Fall der Interessenlage nicht gerecht[5].

12

---

1 RGZ 67, 333.
2 BAG v. 27.4.1982 – 3 AZR 814/79, BB 1983, 1348 m.N.
3 BAG v. 18.4.1969 – 3 AZR 154/68, BB 1969, 1351, 1352.
4 BAG v. 3.2.1987 – 3 AZR 523/85, BB 1987, 2024.
5 BAG v. 3.2.1987 – 3 AZR 523/85, BB 1987, 2024.

13 Etwas anderes gilt dann, wenn sich der **Nichtigkeitsgrund** des Arbeitsvertrages auch auf die Wettbewerbsvereinbarung erstreckt. Auch bedarf es einer besonders sorgfältigen Abwägung, ob ein geschäftliches Interesse des Arbeitgebers an der Einhaltung des Verbotes besteht.

3. Persönlicher Anwendungsbereich

a) Arbeitnehmer jeder Art

14 Die zwingenden Vorschriften der §§ 74 ff. gelten nicht nur für Handlungsgehilfen, sondern – mit Rücksicht auf die gleiche Schutzbedürftigkeit – für Arbeitnehmer jeder Art[1]. Erfasst werden insbesondere auch **Arbeitnehmer in leitenden Positionen**, so auch Prokuristen[2]. Sie finden ferner Anwendung auf **freie Mitarbeiter**, wenn diese sozial abhängig[3] und rechtlich als Arbeitnehmer einzuordnen sind (vgl. § 59 Rn. 5).

15 Das **BAG** hat seine frühere Rechtsprechung, wonach gewerbliche Arbeitnehmer nicht erfasst waren, geändert[4]. Die Wettbewerbsverbote mit technischen Angestellten sind im Wirtschaftsleben für Arbeitgeber ebenso wichtig wie die Wettbewerbsverbote mit kaufmännischen Angestellten. Maßgeblich ist nicht die Einordnung als kaufmännischer Angestellter, sondern die fachliche Qualifikation[5]. Der Gesetzgeber ist dem durch die Änderung der § 110 GewO gefolgt, der für alle Arbeitnehmer gilt, aber auf §§ 74–75f verweist.

16 **Volontäre und Auszubildende** scheiden schon deshalb aus dem Anwendungsbereich aus, weil insoweit geschlossene Wettbewerbsabreden nach §§ 12, 25 Berufsbildungsgesetz nichtig sind. Für **Handelsvertreter** gilt die Sonderregelung § 90a.

b) Geschäftsführer einer GmbH

17 Bezüglich der Anwendung der zwingenden Vorschriften der §§ 74 ff. auf Wettbewerbsabreden zwischen einer GmbH und ihren Geschäftsführern[6] bedarf es einer **differenzierten Betrachtung**, die dem besonderen Verhältnis zwischen der Gesellschaft und dem Geschäftsführer als ihrem Organmitglied Rechnung trägt.

---

1 BGH v. 26.3.1984 – II ZR 229/83, NJW 1984, 2366; BAG v. 26.11.1971 – 3 AZR 220/71, BB 1972, 447; BAG v. 9.8.1974 – 3 AZR 346/73, BB 1974, 1531.
2 Vgl. insoweit OLG Karlsruhe v. 30.9.1986 – 8 U 127/86, WM 1986, 1473, 1474.
3 *Baumbach/Hopt*, § 74 Rn. 3; für Franchisenehmer vgl. KG v. 10.7.1973 – 17/4 U 1111/73, MDR 1974, 144; *Reinfeld*, Das nachvertragliche Wettbewerbsverbot im Arbeits- und Wirtschaftsrecht, 1992, S. 111 m.w.N.; BGH v. 10.4.2003 – III ZR 196/02, NJW 2003, 1864.
4 BAG v. 13.9.1969 – 3 AZR 138/68, NJW 1970, 626 mit umfangreichen Nachweisen zum Meinungsstand.
5 BAG v. 13.9.1969 – 3 AZR 138/68, NJW 1970, 626.
6 Dazu allgemein *Bauer/Diller*, Nachvertragliche Wettbewerbsverbote mit GmbH-Geschäftsführern, GmbHR 1999, 895.

Nach der **Rechtsprechung des BGH** sind die Vorschriften nicht generell unanwendbar auf zwischen der Gesellschaft und ihrem Geschäftsführer vereinbarte Wettbewerbsverbote. Entscheidend ist vielmehr, dass sich die Gesellschaft durch Vereinbarungen mit ihrem Geschäftsführer davor soll bewahren können, dass dieser die in dem Unternehmen erlangten Kenntnisse und Verbindungen zu ihrem Schaden ausnutzt, ohne dass sie dabei den Beschränkungen der starren, auf ganz anders geartete Rechtsverhältnisse zugeschnittenen sozialen Schutzrechte der §§ 74 ff. unterworfen wird[1].

Dieser Rechtsprechung ist insoweit beizutreten, dass für die Anwendbarkeit der §§ 74 ff. auf derartige Wettbewerbsabreden eine **generalisierende Betrachtung und Einordnung nicht möglich** ist. Bei der jeweils vorzunehmenden Abwägung sind die Interessen des Organmitglieds, nach Beendigung des Dienstverhältnisses seine Arbeitskraft frei nutzen zu können, und die des Unternehmens, die in seinem Betrieb erworbenen Kenntnisse und Geschäftsbeziehungen nicht zu seinem Schaden ausnutzen zu lassen, gleichermaßen zu berücksichtigen. Insoweit erscheint die zitierte Entscheidung des BGH jedenfalls missverständlich, wenn dort (allein) die besonderen Interessen des Unternehmens angesprochen werden. Bedenken bestehen auch dagegen, generalisierend die Anwendung von § 74 Abs. 2 auf derartige Wettbewerbsabreden abzulehnen[2]. Der BGH sieht ersichtlich die Interessen des Geschäftsführers durch die von ihm angewandten Rechtsgrundsätze zu Wettbewerbsverboten gewahrt, wonach solche nur zulässig sind, wenn sie dem Schutze eines berechtigten Interesses des Gesellschaftsunternehmens dienen und nach Ort, Zeit und Gegenstand die Berufsausübung und wirtschaftliche Betätigung des Geschäftsführers nicht unbillig erschweren[3]. Richtigerweise ist aber jedenfalls bei der danach vorzunehmenden Billigkeitskontrolle der Rechtsgedanke von § 74 Abs. 2 zu beachten.

4. Begriff des Wettbewerbsverbotes

a) Legaldefinition (§ 74 Abs. 1)

Die Anwendung der §§ 74 ff. setzt eine **Vereinbarung** voraus, die eine Beschränkung des Handlungsgehilfen in seiner gewerblichen Tätigkeit in der Zeit nach der Beendigung des Arbeitsverhältnisses zwischen den Parteien der Wettbewerbsabrede vorsieht. Zur eindeutigen Formulierung hinsichtlich der Karenzentschädigung vgl. Rn. 62.

---

[1] BGH v. 17.2.1992 – II ZR 140/91, NJW 1992, 1892, 1893 m.N. Zustimmend *Baumbach/Hopt*, § 74 Rn. 3. Die überwiegende Literatur dagegen wendet die §§ 74 ff. entsprechend auf den Fremdgeschäftsführer an, ausführlich *Bauer/Diller*, Wettbewerbsverbote, 4. Aufl. 2006, Rn. 712 ff.; für die Anwendung auf den Geschäftsführer einer Ein-Personen-GmbH OLG München v. 22.1.1997 – 7 U 4756/96, NJW-RR 1998, 393 mit Anm. *Zimmermann*, EWiR 1997, 467; insgesamt ablehnend OLG Düsseldorf v. 22.8.1996 – 6 U 150/95, NJW-RR 1997, 164; OLG Düsseldorf v. 10.3.2000 – 17 U 133/99, NZG 2000, 737.
[2] So aber BGH v. 26.3.1984 – II ZR 299/83, BGHZ 91, 1.
[3] BGH v. 9.5.1968 – II ZR 158/66, NJW 1968, 1717; BGH v. 26.3.1984 – II ZR 299/83, BGHZ 91, 5.

b) Einzelheiten

aa) Gewerbliche Tätigkeit

21 Dabei ist der Begriff der gewerblichen Tätigkeit nicht nur im Sinne einer **selbständigen Tätigkeit** zu verstehen, sondern erfasst auch Tätigkeiten in einem **Angestelltenverhältnis** zu einem anderen Arbeitgeber[1]. § 74 Abs. 1 stellt auf die Person des Handlungsgehilfen und damit auf ein Berufsbild ab, das sich typischerweise in abhängiger Tätigkeit vollzieht.

bb) Allgemeine Pflichten des Arbeitnehmers

22 Vereinbarungen, die lediglich die vorgegebenen Pflichten im Rahmen eines Arbeitsverhältnisses konkretisieren, stellen noch **keine wettbewerbsbeschränkenden Vereinbarungen** dar. So ist ein Arbeitnehmer auch nach Beendigung des Arbeitsverhältnisses verpflichtet, Verschwiegenheit über Geschäfts- und Betriebsgeheimnisse seines Arbeitgebers zu bewahren[2]. Andererseits kann er sein im Arbeitsverhältnis erworbenes Erfahrungswisssen einschließlich der Kenntnis von Betriebs- oder Geschäftsgeheimnissen einsetzen und in den Kundenkreis des Arbeitgebers eindringen[3].

cc) Wirtschaftliche Bedeutung der Einschränkung

23 Eine Pflicht für den Arbeitnehmer, Wettbewerbshandlungen zu unterlassen, ergibt sich per se nicht bereits aus einer (nachvertraglichen) Treuepflicht. Die Regelungen der §§ 74 ff. zeigen vielmehr, dass es dem Gesetzgeber darauf ankommt, dem Handlungsgehilfen nach Beendigung seines Anstellungsverhältnisses hinsichtlich seiner gewerblichen Tätigkeit Entfaltungsfreiheit zu gewähren und eine **Beschränkung nur gegen Entgelt** zuzulassen.

24 Umstritten ist, inwieweit die Einschränkungen eine wirtschaftliche Bedeutung entfalten müssen. Richtigerweise ist ein Wettbewerbsverbot im Sinne der §§ 74 ff. immer bereits dann gegeben, wenn (in irgendeiner Weise) die spätere Betätigungsfreiheit **sachlich, örtlich oder zeitlich beschränkt** wird[4]. Die Gegenmeinung, wonach wirtschaftlich nicht relevante Beschränkungen von dem Wettbewerbsverbot nicht erfasst werden[5], führt zu wenig praktikablen Ergebnissen und bereitet insbesondere Abgrenzungsschwierigkeiten.

25 Unterwirft sich ein Arbeitnehmer einer zeitlichen, örtlichen oder sachlichen Beschränkung, so bedeutet dies für ihn ex ante betrachtet eine **Einschränkung seiner Entschließungsfreiheit über seine weitere berufliche Tätigkeit**, die bereits ihrer Natur nach eine wirtschaftliche Relevanz ent-

---

1 BAG v. 8.8.1958 – 4 AZR 173/55, BAGE 6, 242.
2 BAG v. 15.12.1987 – 3 AZR 474/86, NJW 1988, 1686.
3 BAG v. 19.5.1998 – 9 AZR 394/97, AP Nr. 11 zu § 611 BGB – Treuepflicht; vgl. auch Rn. 2.
4 *Staub/Konzen/Weber*, § 74 Rn. 1.
5 BAG v. 19.2.1959 – 2 AZR 341/56, BAGE 7, 239, 242, allerdings offen gelasssen in BAG v. 15.12.1987 – 3 AZR 474/86, NJW 1988, 1686; *Schlegelberger/Schröder*, § 74 Rn. 4.

wickelt. Die Schutzrichtung der §§ 74 ff. setzt nicht voraus, dass sich bei einer ex post-Betrachtung eine tatsächliche Beeinträchtigung ergibt.

II. Vereinbarung des Wettbewerbsverbotes

§ 74 Abs. 1 regelt die **formellen Voraussetzungen** für die wirksame Begründung der Wettbewerbsvereinbarung. Zu ihrer Gültigkeit bedarf es danach der Schriftform sowie der Aushändigung einer vom Arbeitgeber unterzeichneten, die vereinbarten Bestimmungen enthaltenden Urkunde an den Handlungsgehilfen. Die Regelung bezweckt, den Handlungsgehilfen vor einer unüberlegten Bindung zu schützen.

1. Schriftform

a) Form des § 126 BGB

Es ist **beiderseitige Schriftlichkeit** erforderlich. Nachdem es sich um eine gesetzliche Schriftform handelt, muss der Vorschrift des § 126 BGB Genüge getan werden. Die Unterzeichnung muss eigenhändig durch Namensunterschrift oder mittels notariell beglaubigten Handzeichens erfolgen (§ 126 Abs. 1 BGB); eine Vertretung ist möglich. Beide Parteien (oder ihre Vertreter) müssen entweder auf derselben Urkunde unterzeichnen (§ 126 Abs. 2 S. 1 BGB) oder bei Aufnahme zweier gleich lautender Urkunden jede Partei auf der für die andere Partei bestimmten Urkunde (§ 126 Abs. 2 S. 2 BGB). Nach dem durch das Gesetz zur Anpassung der Formvorschriften des Privatrechts und anderer Vorschriften an den modernen Rechtsgeschäftsverkehr vom 13.7.2001[1] eingefügten § 126 Abs. 3 BGB kann die schriftliche Form auch durch die elektronische ersetzt werden. Die schriftliche Form ist ersetzbar durch gerichtliche (§ 127a BGB) oder notarielle Beurkundung (§ 126 Abs. 4 BGB).

Eine **nicht unterzeichnete Wettbewerbsklausel** genügt dem Formerfordernis, wenn sie fest mit dem unterschriebenen Arbeitsvertrag verbunden ist und wenn im Arbeitsvertrag auf die Wettbewerbsklausel verwiesen wird[2]. Es genügt dagegen nicht, dass eine Partei, die die Vereinbarung nicht unterzeichnet hat, sie schriftlich unter Bezugnahme auf den Vertrag bestätigt.

b) Inhalt der Urkunde

In der Urkunde ist mindestens anzugeben die **Art, der Umfang und die Dauer** des Wettbewerbsverbotes sowie die **Höhe der zu zahlenden Entschädigung**. Allerdings ist eine genaue Festlegung der Karenzentschädigung nicht erforderlich. Es genügt ein Versprechen in der Form, dass die nach dem Gesetz zu leistende Vergütung bezahlt werden soll[3].

---

1 BGBl. I 1542.
2 BAG v. 30.10.1984 – 3 AZR 213/83, WM 1985, 584.
3 BAG v. 23.11.2004 – 9 AZR 595/03, NZA 2005, 411.

c) Formfreie Aufhebung/Änderung

30 Im Gegensatz zur Begründung kann ein vereinbartes Wettbewerbsverbot jederzeit durch **mündliche Abrede** wieder aufgehoben werden[1]. Selbst wenn die Parteien für Abänderungen einen Schriftformzwang (§ 127 BGB) vereinbart haben, so sind mündlich getroffene Änderungen wirksam, wenn die Parteien die Maßgeblichkeit der mündlichen Vereinbarung übereinstimmend gewollt haben[2]. Eine Abgeltungsklausel im Aufhebungsvertrag kann die Karenzentschädigung erfassen[3].

2. Aushändigung der Urkunde

a) Aushändigung an den Arbeitnehmer

31 Zur Wirksamkeit der Vereinbarung bedarf es der Aushändigung der unterzeichneten Urkunde durch den Unternehmer oder seinen Vertreter an den Handlungsgehilfen.

32 Liegt eine **einzige, von beiden Parteien unterzeichnete Urkunde** vor, muss diese ausgehändigt werden, da das übergebene Schriftstück die Unterschrift des Prinzipals enthalten muss. Die Übergabe einer Abschrift, auch wenn sie öffentlich beglaubigt ist, genügt nicht. Unterbleibt die Aushändigung, entfällt die Bindung des Arbeitnehmers[4].

33 Nur wenn eine **gerichtliche oder notarielle Beurkundung der Vereinbarung** (nicht nur eine Beglaubigung der Unterschriften) stattgefunden hat (§§ 126 Abs. 4, 127a BGB), genügt die Aushändigung einer Ausfertigung dieser Urkunde an den Handlungsgehilfen, da das Original bei dem Gericht oder Notar verbleibt und die Ausfertigung im Geschäftsverkehr das Original ersetzt.

34 Die Aushändigung hat **alsbald** zu erfolgen. Wird sie vom Prinzipal ungebührlich verzögert, kann der Handlungsgehilfe die Überreichung ablehnen. Nimmt er sie aber trotzdem an, ist damit der Mangel der Verzögerung geheilt.

b) Verweigerung der Annahme

35 Bei rechtzeitiger Übergabe ist der Handlungsgehilfe nach **Treu und Glauben** verpflichtet, die Urkunde anzunehmen, da die Vorschrift nur bezweckt, ihm die Kenntnis des Inhalts dauernd gegenwärtig zu halten. Vereitelt er absichtlich die Aushändigung, muss er sich so behandeln lassen, als ob ihm die Urkunde ausgehändigt worden wäre.

---

1 BAG v. 10.1.1989 – 3 AZR 460/87, BB 1989, 1124.
2 BAG v. 22.5.1975 – VII ZB 2/75, NJW 1975, 1653.
3 BAG v. 19.11.2003 – 10 AZR 174/03, NZA 2004, 554.
4 BAG v. 28.6.2006 – 10 AZR 407/05, NZA 2006. 1157.

Zur Erzielung der Wirksamkeit der Vereinbarung genügt es deshalb, dass der Prinzipal sich den **Beweis des ergebnislosen Aushändigungsversuches** sichert.

3. Rechtsfolgen von Formfehlern

Bei Formverstoß ist die Vereinbarung **nichtig** (§ 125 BGB)[1]. Ist ein Teil der Vereinbarung über das Wettbewerbsverbot nicht in die Urkunde aufgenommen worden, erfasst die Nichtigkeit im Allgemeinen die ganze Vereinbarung über das Verbot (§ 139 BGB). Ob die Nichtigkeit der Vereinbarung über das Wettbewerbsverbot auch die Nichtigkeit des Anstellungsvertrages zur Folge hat, ist eine Frage der Auslegung. In der Regel aber wird als Wille der Parteien anzunehmen sein, dass die Anstellung des Handlungsgehilfen auch ohne das Wettbewerbsverbot vereinbart worden wäre.

Beruft sich der Prinzipal auf die Nichtigkeit des Wettbewerbsverbotes wegen Formmangels, kann der Handlungsgehilfe demgegenüber die Einrede der **unzulässigen Rechtsausübung** erheben, wenn der Verstoß auf einem Verschulden des Prinzipals oder seines Erfüllungsgehilfen beruht[2].

4. Prozessuales

Die **Beweislast** für das Vorliegen der Formvoraussetzungen trifft grundsätzlich diejenige Partei, die sich auf die Wirksamkeit der Vereinbarung beruft. Im Hinblick auf die Aushändigung der Urkunde empfiehlt es sich deshalb für den Prinzipal, sich den Empfang vom Handlungsgehilfen bestätigen zu lassen.

III. Inhalt des Wettbewerbsverbotes

1. Auslegung

a) Allgemeine Auslegungsgrundsätze

Die Auslegung der Vereinbarung über das Wettbewerbsverbot erfolgt nach den allgemeinen Regeln der §§ 133, 157 BGB[3]. Bei der Erforschung des wirklichen Willens der Parteien sind neben dem Wortlaut die tatsächlichen Gegebenheiten zu berücksichtigen[4]. Es sind alle Umstände heranzuziehen, insbesondere auch die Interessen der Parteien.

---

1 LAG Hamm v. 10.1.2005 – 7 Sa 1480/04, NZA-RR 2005, 428.
2 BAG v. 26.9.1957 – 3 Ca B 3019/56, BB 1957, 1109.
3 Vgl. zu den Auslegungsgrundsätzen im Einzelnen *Palandt/Heinrichs/Ellenberger*, § 133 BGB Rn. 14 f.
4 BAG v. 30.1.1970 – 3 AZR 429/68, B 1970, 801.

b) Besondere Auslegungskriterien

41 Im Rahmen der Auslegung ist deshalb zu berücksichtigen, dass der **Handlungsgehilfe als der wirtschaftlich Schwächere** vor einer übermäßigen Beeinträchtigung seiner Erwerbsfreiheit zu bewahren ist. Eine derartige Behinderung durch einen sog. Knebelungsvertrag würde nach § 138 BGB zur Nichtigkeit der Vereinbarung führen. In diesem Sinne ist grundsätzlich eine **enge Auslegung** geboten. Wird z.B. ein Wettbewerbsverbot mit einem Arbeitnehmer auf bestimmte Erzeugnisse oder Produktionszweige beschränkt, so ist das in aller Regel dahingehend zu verstehen, dass dem Arbeitnehmer die Betätigung in einem Konkurrenzunternehmen nur insoweit verwehrt ist, wie er dort mit der Herstellung, dem Vertrieb o.Ä. der geschützten Artikel befasst ist. Im Fall einer Wettbewerbsvereinbarung mit einem „freien Mitarbeiter" hat der BGH entschieden, dass sie nur greift, wenn es zu einer Überschneidung der Angebote auf dem Markt kommt[1]. Auf der anderen Seite ist aber auch ein berechtigtes Interesse des Prinzipals daran, nicht durch einen vertragswidrigen Wettbewerb seines ehemaligen Angestellten geschädigt zu werden, hinreichend zu berücksichtigen.

41a Zu beachten ist auch der gesetzliche Zweck der Regelungen der §§ 74 ff., nämlich den Arbeitnehmer vor schwer durchschaubaren Vertragswerken zu schützen. Es obliegt dem Arbeitgeber, den Arbeitnehmer eindeutig und unmissverständlich – insbesondere bei formularmäßigen Vereinbarungen – über die Folgen von dem Arbeitgeber vorbehaltenen Freigabeerklärungen oder Einschränkungen des Wettbewerbsverbots aufzuklären[2].

42 Weiterhin kann die **Übung der beteiligten Verkehrskreise** von Bedeutung sein. Allerdings sind die Umstände nicht nur aus der Sicht eines vernünftigen Kaufmanns als einem objektiven Empfänger zu werten, sondern auch aus der Sicht des Arbeitnehmers, der regelmäßig kein Kaufmann ist. Maßgebend sind aber immer nur die konkreten Umstände des Einzelfalls, vor Verallgemeinerungen ist Vorsicht geboten[3]. So existiert keine allgemeine Auslegungsregel, wonach im Zweifel eine Wettbewerbsvereinbarung, die das Verbot enthält, ein neues Arbeitsverhältnis bei einem Konkurrenzunternehmen einzugehen, dahin auszulegen ist, dass damit jede Konkurrenztätigkeit in unabhängiger oder in abhängiger Stellung umfasst wird[4].

2. Laufzeit

43 Die Laufzeit eines nachvertraglichen Wettbewerbsverbotes beginnt erst mit dem rechtlichen Ende des Arbeitsverhältnisses, auch wenn der Arbeitneh-

---

[1] BAG v. 21.1.1997 – 9 AZR 778/95, ZIP 1997, 1601 mit Anm. *Bormann*, EWiR 1997, 941.
[2] BAG v. 5.9.1995 – 9 AZR 718/93, DB 1996, 785: Unklarheiten gehen zu Lasten des Arbeitgebers.
[3] Vgl. insoweit auch BAG v. 20.10.1960 – 5 AZR 470/59, AP Nr. 16 zu § 74 HGB.
[4] LAG Hamburg v. 20.9.1968 – 1 Sa 106/68, BB 1969, 362.

mer bereits während der Kündigungsfrist unter Fortzahlung der Bezüge beurlaubt ist[1]. Die Vereinbarung einer aufschiebenden Bedingung ist möglich[2].

3. Verstoß/Umgehung des Wettbewerbsverbotes

a) Auslegung

Ob ein Verstoß oder eine Umgehung des Wettbewerbsverbotes vorliegt, ist zunächst eine Frage der Auslegung. Aus dem **Inhalt der Vereinbarung** (zur Auslegung vgl. oben Rn. 40 ff.) muss entnommen werden, ob die Tätigkeit, die der Handlungsgehilfe vorgenommen hat, mit den vereinbarten Regelungen im Einklang steht. Auch insoweit ist nicht am Wortlaut zu haften, sondern dem von den Parteien der Vereinbarung gegebenen Sinn nachzugehen.

44

b) Konkurrenzgeschäft

Um als Konkurrenzgeschäft zu gelten, genügt es, wenn der Gegenstand des Unternehmens, das der Handlungsgehilfe betreibt, den Betrieb des durch das Wettbewerbsverbot geschützten Prinzipals irgendwie **erheblich beeinträchtigt**. Dass das andere Unternehmen gerade dieselben Artikel führt wie das des Prinzipals, ist nicht erforderlich.

45

c) Umgehungsverbot

Nach **Treu und Glauben** im geschäftlichen Verkehr ist dem Handlungsgehilfen die Umgehung des Wettbewerbsverbotes verwehrt. Ein ihm untersagtes Konkurrenzunternehmen darf er daher auch nicht durch andere Personen, z.B. den Ehepartner oder durch ein von ihm abhängiges anderes geschäftliches Unternehmen betreiben lassen.

46

IV. Ansprüche des Unternehmers aus dem Wettbewerbsverbot

1. Erfüllungsanspruch

a) Vertraglicher Anspruch

Verstößt der Arbeitnehmer gegen das Wettbewerbsverbot, steht dem Unternehmer zunächst ein vertraglicher Erfüllungsanspruch zu. Er kann **Unterlassung** des Zuwiderhandelns und **Beseitigung der fortbestehenden Störung** verlangen. Die Beseitigung kann z.B. in der Schließung eines dem Verbot zuwiderlaufenden Handelsgeschäftes und dem Löschenlassen der Eintragung dieses Geschäftes im Handelsregister bestehen.

47

Ein **Verschulden** des Arbeitnehmers ist nicht erforderlich, da es sich um einen unmittelbaren Anspruch (Primäranspruch) aus dem Vertrag handelt. Die Vollstreckung richtet sich nach § 890 ZPO.

48

---

1 LAG München v. 22.9.1975 – 5 Sa 601, 643/75, BB 1977, 1049.
2 BAG v. 13.7.2005 – 10 AZR 532/04, AP Nr. 78 zu § 74 HGB; dort auch zur Zulässigkeit in AGB.

b) Gesetzlicher Anspruch

49 Dagegen hat der Unternehmer in der Regel **keinen Anspruch aus §§ 1004, 823 BGB**, da lediglich eine Vertragsverletzung vorliegt und der Wettbewerb selbst per se nicht rechtswidrig ist. Insbesondere ist die Wettbewerbsabrede kein Schutzgesetz i.S. von § 823 Abs. 2 BGB. Eine rechtswidrige Handlung kann allerdings bei Verstößen gegen §§ 3, 17 UWG gegeben sein.

2. Ansprüche aus Leistungsstörungsrecht

50 **Statt des Erfüllungsanspruchs** kann der Unternehmer auch die Rechte wegen Leistungsstörung geltend machen. Bei der Wettbewerbsabrede handelt es sich um einen zweiseitig verpflichtenden Vertrag i.S. der §§ 320 ff. BGB, bei dem die Ansprüche auf Karenzentschädigung und Wettbewerbsenthaltung in einem gegenseitigen Austauschverhältnis stehen[1]. Daher sind grundsätzlich die Regeln über Leistungsstörungen im gegenseitigen Vertrag anzuwenden. Nach §§ 280 ff., 320 ff. BGB stehen dem Unternehmer wahlweise folgende Rechte zu[2]:

a) Schadensersatz wegen Pflichtverletzung

51 Handelt der Arbeitnehmer dem Wettbewerbsverbot **schuldhaft** zuwider, hat der Unternehmer einen Anspruch auf **Schadensersatz wegen Pflichtverletzung** nach § 280 Abs. 1 S. 1 BGB. Das Verschulden wird nach § 280 Abs. 1 S. 2 BGB vermutet. Da es sich um eine primäre Leistungspflicht handelt (§ 241 Abs. 1 BGB), findet § 281 BGB Anwendung, d.h. der Unternehmer muss grundsätzliche eine Abmahnung vornehmen (§ 281 Abs. 3 BGB). Handelt es sich allerdings um Unterlassungspflichten, tritt mit der Zuwiderhandlung, sofern sie nicht wieder rückgängig gemacht oder das Unterlassen nachgeholt werden kann, Unmöglichkeit ein, die den Unternehmer gleichermaßen zum Schadensersatz berechtigt (§ 283 BGB)[3].

52 Neben dem Verlangen nach Schadensersatz kann der Unternehmer auch vom Wettbewerbsverbot **zurücktreten** (§ 323 Abs. 1 BGB). Im Falle der Unmöglichkeit kann er das Wettbewerbsverbot **für beendet erklären** und sich damit von seiner Zahlungspflicht lösen (§§ 326 Abs. 1, 275 Abs. 1 BGB). Dieses Recht hat er auch dann, wenn kein schuldhaftes Verhalten des Arbeitnehmers vorliegt. Bei Unmöglichkeit entfällt im Übrigen auch beim Rücktritt das Erfordernis der Fristsetzung (§ 326 Abs. 5 BGB).

53 Die **Beweislast für fehlendes Verschulden** liegt beim Arbeitnehmer (§ 280 Abs. 1 S. 2 BGB). Die Umkehrung der Beweislast im Arbeitsverhältnis (§ 619a BGB) ist nicht für nachvertragliche Pflichtverletzung anzuwenden[4].

---

[1] BAG v. 10.9.1985 – 3 AZR 490/83, NJW 1986, 1192; *Bengelsdorf*, BB 1983, 907.
[2] Vgl. im Überblick *Palandt/Heinrichs*, vor § 275 BGB Rn. 6 ff.
[3] BGH v. 23.5.1962 – V ZR 123/60, BGHZ 37, 147, 151; BGH v. 15.10.1969 – I ZR 3/68 BGHZ 52, 393, 398.
[4] Vgl. *Bauer/Diller*, NJW 2002, 1612; *Baumbach/Hopt*, § 74 Rn. 11.

Die Ansprüche **verjähren** in drei Jahren (§§ 195, 199 BGB). Eine analoge Anwendung der Vorschriften über das gesetzliche Wettbewerbsverbot (§ 61 Abs. 2) kommt nicht in Betracht[1]. Es fehlt an einer planwidrigen Regelungslücke.

b) Herausgabe der Entschädigung

In der Zuwiderhandlung des Arbeitnehmers liegt regelmäßig nur eine **teilweise Unmöglichkeit**. Diese führt grundsätzlich nur zum Wegfall bzw. zur Rückforderung der Entschädigung für die Dauer des Verstoßes. Hält der Arbeitnehmer sich später wieder an das Wettbewerbsverbot, so kann er auch wieder Karenzentschädigung verlangen[2].

Der **Unternehmer** kann nur dann vom Wettbewerbsverbot (insgesamt) zurücktreten (§ 323 Abs. 5 S. 1 BGB) oder statt dieser Rechte das Wettbewerbsverbot für beendet erklären (§ 326 Abs. 1 i.V.m. § 275 Abs. 1 BGB), wenn er – im Hinblick auf den vorangegangenen Verstoß und die dadurch eingetretene teilweise Unmöglichkeit – an der Einhaltung des Wettbewerbsverbotes kein Interesse mehr hat.

c) Auskunftsanspruch

Schließlich kann der Arbeitgeber Auskunft über Wettbewerbsverstöße während der Karenzzeit verlangen. Ein solcher Auskunftsanspruch besteht **auch ohne ausdrückliche Vereinbarung**[3].

d) Kein Anspruch auf Gewinnherausgabe

Einen Anspruch auf Gewinnherausgabe hat der Unternehmer – im Gegensatz zu § 61 Abs. 1 – nicht; außerdem besteht regelmäßig kein Schadensersatzanspruch gemäß §§ 823 ff. BGB (vgl. oben Rn. 49). Letzterer kann sich allerdings aus §§ 3, 17 UWG ergeben; zur Vertragsstrafe vgl. § 75c.

V. Übertragung der Rechte aus dem Wettbewerbsverbot

1. Geschäftsveräußerung

Mit der Veräußerung seines Geschäfts (bei Geschäftsaufgabe dürfte regelmäßig das berechtigte geschäftliche Interesse an der Aufrechterhaltung der Wettbewerbsabrede entfallen) kann der Unternehmer seine Rechte aus dem Wettbewerbsverbot gegen den Handlungsgehilfen **an den Erwerber abtreten**.

---

1 Vgl. *Baumbach/Hopt*, § 74, Rn. 11.
2 BAG v. 10.9.1985 – 3 AZR 490/83, NJW 1986, 1192; *Baumbach/Hopt*, § 74 Rn. 13; a.A. *Schlegelberger/Schröder*, § 74 Rn. 16b, der von einem Erlöschen des Anspruchs auf Karenzentschädigung für die gesamte Folgezeit ausgeht.
3 BAG v. 5.8.1968 – 3 AZR 128/67, BB 1968, 1288.

Diese Übertragung bedarf im Hinblick auf § 613 S. 2 BGB grundsätzlich der Zustimmung des Arbeitnehmers[1].

60 Das gilt nicht, wenn ein **Übergang gemäß § 613a BGB** gegeben ist oder dieser sich durch Erbfolge vollzieht. Die Übertragung ist nur wirksam, wenn die Wettbewerbsabrede zu diesem Zeitpunkt den unabdingbaren Anforderungen der §§ 74 ff. genügt.

2. Abtretungsverbot (§ 399 BGB)

61 Eine Abtretung der Rechte des Unternehmers aus dem Konkurrenzverbot **ohne Übertragung des Geschäftes ist unzulässig,** weil dadurch der Inhalt der Leistung verändert würde (§ 399 BGB). Tritt im Übrigen der Unternehmer seine Rechte aus dem Wettbewerbsverbot bei Veräußerung des Geschäftes nicht an den Erwerber ab, bleibt das Verbot für den Handlungsgehilfen nur insoweit verbindlich, als es noch zum Schutz eines berechtigten geschäftlichen Interesses des Prinzipals dient, etwa, wenn sich dieser dem Erwerber gegenüber verpflichtet hat, ihm Konkurrenz fernzuhalten.

VI. Grundsatz der bezahlten Karenz (§ 74 Abs. 2)

1. Allgemeines

62 § 74 Abs. 2 knüpft die Wirksamkeit des Wettbewerbsverbots an die Verpflichtung des Unternehmers, für die Dauer des Verbotes eine bestimmte Entschädigung zu zahlen (zu den formellen Voraussetzungen vgl. oben Rn. 27 ff.). Die Vorschrift ist **nicht verfassungswidrig,** auch wenn der Gesetzgeber das vertragliche Wettbewerbsverbot für den Handelsvertreter in § 90a anders geregelt hat[2]. Dabei muss die Vereinbarung so eindeutig formuliert sein, dass aus der Sicht des Arbeitnehmers kein vernünftiger Zweifel über den Anspruch der Karenzentschädigung besteht, insbesondere bei Vorbehalten des Arbeitgebers hinsichtlich der Ausübung[3].

63 Nachdem die Karenzentschädigung die Gegenleistung für die Wettbewerbsenthaltung darstellt, kann die Verpflichtung grundsätzlich nur vom **Arbeitgeber** übernommen werden. Die Übernahme durch einen Dritten (z.B. Muttergesellschaft) ist nur dann zulässig, wenn sie dem Arbeitnehmer die gleiche Sicherheit bietet.

2. Mindesthöhe

64 Das Mindestmaß der Karenzentschädigung ist unter Zugrundelegung sowohl der festen als auch der wechselnden Bezüge des Handlungsgehilfen festzustellen (zur Berechnung vgl. § 74b Rn. 8 ff.).

---

1 BAG v. 26.11.1971 – 3 AZR 220/71, BB 1972, 447, 448.
2 BAG v. 27.6.1973 – 3 AZR 443/72, BB 1973, 1306.
3 BAG v. 5.9.1995 – 9 AZR 718/93, NJW 1996, 1980. Zur Bestimmtheit auch LAG Düsseldorf v. 28.8.1996 – 4 Sa 729/96, BB 1997, 319.

3. Rechtsfolgen von Verstößen

Sehen Wettbewerbsverbote entgegen § 74 Abs. 2 überhaupt keine Karenzentschädigung vor, sind sie **nichtig**[1]. Zwar folgt aus § 74 Abs. 2 als Rechtsfolge die Unverbindlichkeit (vgl. zu den Begriffen § 74a Rn. 27). In diesem besonderen Fall sind aber Unverbindlichkeit und Nichtigkeit identisch, weil – wegen Fehlens einer Entschädigungsregelung – der Arbeitnehmer auch dann, wenn er das Wettbewerbsverbot einhält, Zahlungsansprüche daraus herleiten kann.

65

Bei **zu geringer Entschädigungszusage** ist die Vereinbarung dagegen unverbindlich, d.h. der Unternehmer kann sich nicht darauf berufen, während der Handlungsgehilfe ein Wahlrecht hat (s. § 75d Rn. 3).

66

§ 74a
Unverbindliches oder nichtiges Verbot

(1) Das Wettbewerbsverbot ist insoweit unverbindlich, als es nicht zum Schutze eines berechtigten geschäftlichen Interesses des Prinzipals dient. Es ist ferner unverbindlich, soweit es unter Berücksichtigung der gewährten Entschädigung nach Ort, Zeit oder Gegenstand eine unbillige Erschwerung des Fortkommens des Gehilfen enthält. Das Verbot kann nicht auf einen Zeitraum von mehr als zwei Jahren von der Beendigung des Dienstverhältnisses an erstreckt werden.

(2) Das Verbot ist nichtig, wenn der Gehilfe zur Zeit des Abschlusses minderjährig ist oder wenn sich der Prinzipal die Erfüllung auf Ehrenwort oder unter ähnlichen Versicherungen versprechen lässt. Nichtig ist auch die Vereinbarung, durch die ein Dritter an Stelle des Gehilfen die Verpflichtung übernimmt, dass sich der Gehilfe nach der Beendigung des Dienstverhältnisses in seiner gewerblichen Tätigkeit beschränken werde.

(3) Unberührt bleiben die Vorschriften des § 138 des Bürgerlichen Gesetzbuchs über die Nichtigkeit von Rechtsgeschäften, die gegen die guten Sitten verstoßen.

Übersicht

	Rn.		Rn.
I. Regelungsinhalt	1	b) Berechtigtes geschäftliches Interesse	3
II. Unverbindlichkeit des Wettbewerbsverbotes (§ 74a Abs. 1)		c) Einzelfragen	5
		d) Prozessuales	8
1. Fehlendes berechtigtes geschäftliches Interesse		2. Unbillige Erschwerung des Fortkommens	10
a) Regelungszweck	2		

---

1 BAG v. 3.5.1994 – 9 AZR 606/92, AP Nr. 65 zu § 74 HGB m.w.N.; Ausnahme für den Verweis auf die gesetzlichen Regelungen BAG v. 28.6.2006 – 10 AZR 407/05, NZA 2006, 1157.

	Rn.		Rn.
3. Gesetzliche Höchstdauer des Wettbewerbsverbots		V. **Bedingte Wettbewerbsverbote**	
a) Überschreitung der Zwei-Jahres-Grenze	12	1. Begriff	22
b) Rechtsfolgen	14	2. Rechtsfolge	24
III. **Nichtigkeit des Wettbewerbsverbots (§ 74a Abs. 2)**		VI. **Rechtsfolgen**	
		1. Abgrenzung: Unverbindlichkeit/Nichtigkeit	27
1. Minderjährigkeit	18	2. Wahlrecht bei Unverbindlichkeit	
2. Erfüllung auf Ehrenwort	19	a) Zeitpunkt	30
3. Verpflichtungsübernahme durch Dritte	20	b) Ausübung	32
IV. **Sittenwidrigkeit des Wettbewerbsverbots (§ 74a Abs. 3)**	21	3. Anspruch auf Karenzentschädigung	34

I. Regelungsinhalt

1 Das Gesetz stellt zum **Schutz der Handlungsgehilfen** Vorschriften auf, deren Nichteinhaltung teilweise die Nichtigkeit, teilweise die Unverbindlichkeit der entgegenstehenden Vertragsbestimmungen zur Folge hat, und unterscheidet damit zwischen unverbindlichen und nichtigen Wettbewerbsverboten.

II. Unverbindlichkeit des Wettbewerbsverbotes (§ 74a Abs. 1)

1. Fehlendes berechtigtes geschäftliches Interesse

a) Regelungszweck

2 Nach § 74a Abs. 1 S. 1 ist ein Wettbewerbsverbot nur insoweit verbindlich, als es zum **Schutz eines berechtigten geschäftlichen Interesses des Prinzipals** dient. Zweck der Vorschrift ist es, den Handlungsgehilfen vor Willkür und Schikane des Prinzipals zu bewahren. Die als berechtigt anzuerkennenden Interessen des Unternehmers beruhen im Wesentlichen darauf, dass seine Geschäfts- und Betriebsgeheimnisse, seine Bezugsquellen, sein Kundenkreis und sein Abzugsgebiet nicht zu seinem Schaden ausgenutzt werden. Das bloße Interesse, Konkurrenz einzuschränken, genügt nicht[1]. Zu der gebotenen verfassungskonformen Auslegung vgl. Rn. 21.

b) Berechtigtes geschäftliches Interesse

3 Für das Vorliegen eines schützenswerten geschäftlichen Interesses muss eine **Beziehung** zwischen der früheren Tätigkeit des Handlungsgehilfen und dem untersagten Wettbewerb bestehen. Das bloße Interesse des Unternehmers, Konkurrenz einzuschränken, genügt nicht[2]. § 74a Abs. 1 S. 1 würde

---

1 BAG v. 1.9.1995 – 9 AZR 884/93, BB 1996, 379; dazu kritisch *Reinfeld*, AR-Blattei ES 1830 Nr. 173.
2 BAG v. 24.6.1966 – 3 AZR 501/65, BB 1966, 1025; a.A. *Schlegelberger/Schröder*, § 74a Rn. 3a.

sonst nur Konkurrenzklauseln erfassen, die dem Unternehmer keine wirtschaftlichen Vorteile bringen. Diese werden aber bereits von dem geltenden Schikaneverbot erfasst.

Maßgebender Zeitpunkt für die Frage des Vorliegens eines berechtigten geschäftlichen Interesses ist der, in welchem das Verbot in Kraft tritt, also die Beendigung des Dienstverhältnisses. Die Zeit des Abschlusses des Vertrages ist nicht entscheidend, da das damals bestehende Interesse durch Veränderung der Umstände später wegfallen kann. 4

c) Einzelfragen

Umfasst das Geschäft des Prinzipals **mehrere Handelszweige**, braucht sich das Wettbewerbsverbot nicht notwendig auf den Handelszweig zu beschränken, in dem der Handlungsgehilfe tätig war. 5

An dem berechtigten Interesse wird es im Allgemeinen fehlen, wenn der Unternehmer sein **Geschäft vollständig und für immer aufgibt**, nicht aber, wenn er seinen Geschäftsbetrieb nur vorübergehend einstellt. Veräußert er sein Geschäft, ohne seine Ansprüche aus der Vereinbarung des Wettbewerbsverbotes an den Erwerber abzutreten, kann das berechtigte Interesse weiter bestehen, wenn er sich z.B. dem Erwerber gegenüber verpflichtet hat, Konkurrenz fernzuhalten (vgl. oben Rn. 3). 6

Am berechtigten geschäftlichen Interesse fehlt es, wenn durch das Wettbewerbsverbot eine **Betätigung auf einem Auslandsmarkt** geschützt werden soll, die nach dem Recht des betreffenden ausländischen Staates illegal ist[1]. 7

d) Prozessuales

Die Unverbindlichkeit des Wettbewerbsverbotes kann nur der **Arbeitnehmer** geltend machen. Solange er sich an das Wettbewerbsverbot hält, ist es dem Arbeitgeber verwehrt, sich darauf zu berufen[2]. 8

Im Streitfall muss der **Handlungsgehilfe beweisen**, dass ein berechtigtes geschäftliches Interesse des Prinzipals nicht vorhanden ist. Beweist er nur, dass das Verbot über dieses Interesse hinausgeht, ist die Vereinbarung durch Richterspruch auf die Grenzen dieses Interesses zu beschränken. 9

2. Unbillige Erschwerung des Fortkommens

Gemäß § 74a Abs. 1 S. 2 ist ein Wettbewerbsverbot ferner unverbindlich, wenn es das Fortkommen des Handlungsgehilfen unbillig erschwert. Im Gegensatz zu § 74a Abs. 1 S. 1 stellt die Bestimmung allein auf das Interesse des Handlungsgehilfen ab. Im konkreten Einzelfall ist unter Heranziehung aller Umstände abzuwägen, inwieweit die dem Handlungsgehilfen zu zah- 10

---
1 BAG v. 26.9.1963 – 5 AZR 61/63, BB 1963, 1421.
2 BAG v. 2.8.1971 – 3 AZR 121/71, BB 1971, 1412, 1413.

lende Karenzentschädigung einen **gerechten Ausgleich** bildet für die ihm in örtlicher, zeitlicher und gegenständlicher Hinsicht in seiner Erwerbstätigkeit auferlegten Schranken. Insbesondere ist von Bedeutung, wie groß der Spielraum für den Arbeitnehmer ist, in erlaubte Tätigkeitsbereiche auszuweichen.

11 So wird ein Wettbewerbsverbot, das sich **räumlich** auf ganz Deutschland bezieht, regelmäßig unbillig sein, wenn der Arbeitnehmer keine Fremdsprache spricht. Das Gericht kann jedoch in einem solchen Fall das Wettbewerbsverbot für einen örtlich beschränkten Bezirk für verbindlich erklären.

3. Gesetzliche Höchstdauer des Wettbewerbsverbots

a) Überschreitung der Zwei-Jahres-Grenze

12 Nach § 74a Abs. 1 S. 3 kann das Wettbewerbsverbot nicht auf einen Zeitraum von mehr als zwei Jahren von der **Beendigung des Beschäftigungsverhältnisses** an erstreckt werden. Die Frist beginnt mit der rechtlichen Beendigung der Beschäftigung[1] und schließt sich damit unmittelbar an das zu diesem Zeitpunkt ablaufende Wettbewerbsverbot nach § 60 an.

13 Bei Kündigungsschutzprozessen beginnt die Frist mit **Wirksamkeit der Kündigung**, auch wenn der Arbeitnehmer über diesen Zeitraum hinaus tatsächlich weiter beschäftigt wird[2]. Schließt sich an ein Arbeitsverhältnis ein freies Mitarbeiterverhältnis dergestalt an, dass Art und Umfang der Tätigkeit im Wesentlichen unverändert bleiben, beginnt die Laufzeit eines nachvertraglichen Wettbewerbsverbotes erst mit dem Ende des freien Mitarbeiterverhältnisses, sofern sich aus den getroffenen Vereinbarungen nichts Gegenteiliges ergibt[3].

b) Rechtsfolgen

14 Erstreckt sich die vereinbarte Dauer des Wettbewerbsverbotes auf mehr als zwei Jahre, wird es dadurch nicht im Ganzen unwirksam, es ist vielmehr (ohne Richterspruch) **auf die zulässige Dauer von zwei Jahren zurückzuführen**[4]. Erscheint dem Gericht im Hinblick auf die dem Ort oder dem Gegenstand nach auferlegten Beschränkungen die vereinbarte Zeitdauer von zwei Jahren als zu lang, kann es diese herabsetzen (vgl. unten Rn. 29).

III. Nichtigkeit des Wettbewerbsverbots (Abs. 2)

15–17 Frei.

---

1 Auch bei Beurlaubung unter Fortzahlung der Bezüge, LAG München v. 22.9.1975 – 5 Sa 601, 643/75, BB 1977, 1049.
2 *Schaub*, Arbeitsrechts-Hdb., § 58 Rn. 63.
3 BAG v. 16.1.1970 – 3 AZR, 429/68, BB 1970, 1010.
4 BAG v. 19.5.1983 – 2 AZR 171/81, BB 1984, 535.

1. Minderjährigkeit

Gemäß § 74a Abs. 2 S. 1 1. Alt. ist ein Wettbewerbsverbot **nichtig**, wenn der Handlungsgehilfe zur Zeit des Abschlusses minderjährig ist. Unerheblich ist es, ob die Zustimmung des gesetzlichen Vertreters vorliegt oder dieser den Minderjährigen nach § 113 BGB zum Dienstantritt ermächtigt hat. Da der Vertrag von vornherein nichtig ist, wird er auch mit Erreichen der Volljährigkeit nicht wirksam. Eine Befristung dergestalt, dass der Vertrag erst mit Volljährigkeit des Handlungsgehilfen in Kraft treten solle, ist nicht zulässig. Allerdings kann der volljährige Handlungsgehilfe den nichtigen Vertrag gemäß § 141 BGB bestätigen; dies muss in der nach § 74 vorgeschriebenen Form geschehen.

18

2. Erfüllung auf Ehrenwort

Nach § 74a Abs. 2 S. 1 Alt. 2 ist ein Wettbewerbsverbot nichtig, wenn sich der Arbeitgeber die Erfüllung auf Ehrenwort oder unter ähnlichen Versicherungen[1] versprechen lässt. Die Versicherung muss sich **unmittelbar auf das Wettbewerbsverbot beziehen;** Versprechungen etwa, gewisse Geschäfts- oder Betriebsgeheimnisse nicht zu verraten, fallen deshalb nicht unter die Bestimmung. Belanglos ist, ob eine solche Versicherung in einem schriftlichen Vertrag oder nur mündlich abgegeben worden ist[2], auch, ob ein solches Ehrenwort vom Unternehmer gefordert worden ist. Bei nur **mündlicher Abgabe** kann der Unternehmer die Versicherung zurückweisen, um die Vereinbarung nicht unwirksam werden zu lassen. Ein einmal angenommenes Versprechen kann der Unternehmer nicht durch einen nachträglichen Verzicht ungeschehen machen; hier muss ein neuer Vertrag in den Formen des § 74 geschlossen werden.

19

3. Verpflichtungsübernahme durch Dritte

Nach § 74a Abs. 2 S. 2 ist auch eine Vereinbarung **nichtig**, durch die ein Dritter anstelle des Gehilfen die Verpflichtung übernimmt, dass sich dieser nach Beendigung des Dienstverhältnisses in seiner gewerblichen Tätigkeit beschränken werde. Die Bestimmung soll verhindern, dass ein anderer kraft seines persönlichen Einflusses auf den Handlungsgehilfen diesen von einem Wettbewerb fernhält und mit dessen Hilfe die für den Handlungsgehilfen geschaffenen Sicherheitsmaßnahmen umgangen werden. Voraussetzung für die Anwendung ist jedoch, dass auch der Handlungsgehilfe selbst ein rechtswirksames Wettbewerbsverbot mit dem Prinzipal vereinbart hat. Die Bestimmung verbietet nur, dass ein Dritter anstelle des Handlungsgehilfen die Verpflichtung bezüglich dieser Beschränkung übernimmt; eine Verpflichtung neben dem Handlungsgehilfen ist aber möglich.

20

---

[1] Vgl. RGZ 78, 258, 261.
[2] A.A. *Schlegelberger/Schröder*, § 74a Rn. 8.

VI. Sittenwidrigkeit des Wettbewerbsverbots (§ 74a Abs. 3)

21 § 74a Abs. 3 stellt klar, dass die Vorschrift des § 138 BGB neben § 74a zur Anwendung kommt. Erfasst werden insoweit im Wesentlichen sogenannte **Knebelungsverträge**, durch die der Handlungsgehilfe in einer über das Maß des sittlich Erlaubten hinausgehenden Weise in seinem Fortkommen gehemmt wird. Nachdem aber bereits die in § 74a Abs. 1 und 2 erfassten Tatbestände Konkretisierungen des § 138 BGB für den Fall des Wettbewerbsverbotes darstellen, müssen, wenn § 138 BGB eingreifen soll, andere Sachverhalte gegeben sein als diejenigen, an die in § 74a gedacht ist[1]. Grundsätzlich sind nach der höchstrichterlichen Rechtsprechung mit Rücksicht auf die vor allem bei Auslegung der zivilrechtlichen Generalklauseln zu beachtenden Wertentscheidungen der Verfassung – hier des Art. 12 Abs. 1 GG – Wettbewerbsbeschränkungen nur zulässig, wenn sie örtlich, zeitlich und gegenständlich das notwendige Maß nicht überschreiten[2].

V. Bedingte Wettbewerbsverbote

1. Begriff

22 Ein bedingtes Wettbewerbsverbot liegt vor, wenn entweder seine Geltung schlechthin oder sein konkreter Umfang in örtlicher oder sachlicher Hinsicht **von einem Vorbehalt des Arbeitgebers abhängig** gemacht wird[3]. Je nachdem ob die Geltung des Wettbewerbsverbotes von einer Erklärung des Arbeitgebers abhängen soll[4] oder dem Arbeitgeber ein Verzichtsvorbehalt eingeräumt wird[5], liegt eine auflösende oder eine aufschiebende Bedingung vor. Bedingte Wettbewerbsverbote aber sind nach ständiger Rechtsprechung des BAG mit den Grundsätzen der §§ 74 ff. nicht vereinbar[6]. Vgl. zur notwendigen Klarheit der Vereinbarung entsprechender Beschränkungen Rn. 41a.

Andere Bedingungen hingegen sind zulässig[7].

23 Sie **behindern den Arbeitnehmer** bei der Suche nach einem neuen Arbeitsplatz erheblich, weil sie ihn zunächst im Unklaren darüber lassen, ob eine Wettbewerbsunterlassung verlangt werden wird oder nicht. Auf diese Weise ließe sich das differenzierte System der Schutzvorschriften, das in §§ 74 ff. entwickelt wurde, umgehen. Eine Bedingung in diesem Sinne liegt auch vor,

---

1 BAG v. 11.12.1967 – 3 AZR 22/67, BB 1968, 504.
2 BGH v. 14.7.1997 – II ZR 238/96, WM 1997, 1707 m.N.
3 BAG v. 13.5.1986 – 3 AZR 85/85, DB 1986, 2288.
4 BAG v. 26.11.1971 – 3 AZR 127/71, DB 1972, 736.
5 BAG v. 5.10.1982 – 3 AZR 451/80, DB 1983, 834; BAG v. 22.5.1990 – 3 AZR 647/88, DB 1991, 625.
6 BAG v. 19.1.1978 – 3 AZR 537/77, BAGE 30, 23 = AP Nr. 36 zu § 74 HGB; BAG v. 22.5.1990 – 3 AZR 647/88, BB 1991, 625; vgl. zur Übersicht *Bauer/Diller*, Zulässige und unzulässige Bedingungen in Wettbewerbsverboten, DB 1997, 94.
7 BAG v. 27.9.1988 – 3 AZR 59/87, DB 1989, 1089 (Mandantenschutzklausel); BAG v. 28.6.2006 – 10 AZR 407/05, DB 2006, 2181.

wenn die (nachvertragliche) Wettbewerbstätigkeit von der vorherigen schriftlichen Zustimmung des Arbeitgebers abhängig gemacht wird.

2. Rechtsfolge

Bedingte Wettbewerbsverbote sind nach oben zitierter ständiger **Rechtsprechung des BAG** für den Arbeitnehmer **unverbindlich**. Der Arbeitnehmer hat die Wahl, ob er sich auf die Unverbindlichkeit berufen oder den Wettbewerb unterlassen und dafür die Karenzentschädigung beanspruchen will[1]. Damit wird das bedingte Wettbewerbsverbot genauso behandelt wie die gesetzlich geregelten Fälle der Unverbindlichkeit.

In der **Literatur** ist dagegen vor allem eingewandt worden, dass eine derartige Rechtsfortbildung im System der §§ 74 ff. keine Grundlage mehr habe und auch nicht mit einem unabweisbaren Verkehrsbedürfnis zu rechtfertigen sei. Eine interessengerechte und im Ergebnis einem vertraglichen Entschädigungsanspruch gleichkommende Lösung lasse sich schon auf der Basis des allgemeinen Schuldrechts finden[2]. Schutzbedürftig sei auch nur der Handlungsgehilfe, der die Unverbindlichkeit nicht kenne[3].

Dagegen ist anzuführen, dass eine **Übertragung der Grundsätze**, wie sie allgemein für ein unverbindliches Wettbewerbsverbot gelten, am ehesten den Besonderheiten bei der Störung von nachvertraglichen Wettbewerbsabreden gerecht wird. Die Anwendung allgemeiner schuldrechtlicher Grundsätze führt zu Abgrenzungsschwierigkeiten und Unklarheiten. Auf die Kenntnis des Handlungsgehilfen abzustellen erscheint schon deshalb verfehlt – ungeachtet der Tatsache, dass dieser Umstand grundsätzlich bei den Regeln der §§ 74 ff. keinen Niederschlag findet –, weil in dieser Hinsicht Beweisschwierigkeiten geradezu herausgefordert werden.

VI. Rechtsfolgen

1. Abgrenzung: Unverbindlichkeit/Nichtigkeit

Im Falle der **Nichtigkeit** (§ 74a Abs. 2 und 3) kann keine der Parteien irgendwelche Ansprüche aus der Vereinbarung erheben.

Bei einem **unverbindlichen Wettbewerbsverbot** (nach § 74a Abs. 1) hingegen kann sich nur nicht der Arbeitgeber auf die Vereinbarung berufen. Der Arbeitnehmer hingegen hat ein Wahlrecht, ob er sich an das Wettbewerbsverbot halten und dann Ansprüche daraus herleiten oder ob er sich von ihm lösen will[4].

---

1 BAG v. 22.5.1990 – 3 AZR 647/88, BB 1991, 625.
2 *Grunsky*, FS 25 Jahre BAG, 1979, S. 161, 163 ff.; *Loewe*, Der Interessenausgleich zwischen Arbeitgeber und Arbeitnehmer beim nachvertraglichen Wettbewerbsverbot, 1988, S. 88 ff.; *Staub/Konzen/Weber*, § 74 Rn. 39.
3 *Staub/Konzen/Weber*, § 74 Rn. 39.
4 BAG v. 13.9.1969 – 3 AZR 138/68, BAGE 22, 125, 129; BAG v. 14.7.1981 – 3 AZR 414/80, DB 1982, 125.

29 Die Unverbindlichkeit kann auch noch eine andere Bedeutung haben: Soweit ein Wettbewerbsverbot vom Gesetz deshalb für unverbindlich erklärt wird, weil der Arbeitnehmer nach der Vereinbarung übermäßig gebunden ist, gilt das Wettbewerbsverbot mit dem vom Gesetz vorgesehenen **abgemilderten** und damit für den Arbeitnehmer tragbaren und zumutbaren **Inhalt**[1]. Im Rahmen eines Rechtsstreits über Verstöße gegen das Wettbewerbsverbot ist dann dessen Reichweite durch das Gericht festzulegen und für beide Teile unverbindlich[2].

2. Wahlrecht bei Unverbindlichkeit

a) Zeitpunkt

30 Grundsätzlich muss sich der Arbeitnehmer schon **bei Beginn der Karenzzeit** entscheiden, ob er sich auf die Unverbindlichkeit der Wettbewerbsklausel berufen oder die Unterlassungspflicht erfüllen und dafür Karenzentschädigung verlangen will. Eine spätere Änderung der Entscheidung ist nicht mehr möglich[3].

31 Nur ausnahmsweise kann er die Ausübung des Wahlrechts bis zur gerichtlichen Entscheidung über die Wirksamkeit des Wettbewerbsverbotes **hinausschieben**, wenn die vorübergehende Einhaltung unter Berücksichtigung der Interessen des Arbeitgebers sinnvoll ist. Löst er sich dann vom Wettbewerbsverbot, hat er bis dahin Anspruch auf Karenzentschädigung[4].

b) Ausübung

32 Die Ausübung selbst erfolgt durch **formlose Erklärung** gegenüber dem Unternehmer. Soweit nach einer Ansicht die Erhebung einer Feststellungsklage verlangt wird[5], lässt sich dies mit dem klaren Wortlaut nicht vereinbaren. Die Ausübung des Wahlrechts ist deshalb auch durch konkludentes Verhalten möglich. Ein solches kann insbesondere darin liegen, dass sich der Arbeitnehmer an das Wettbewerbsverbot hält. Allerdings muss im Hinblick auf die weitreichenden Folgen die Bedeutung des Verhaltens für den Unternehmer erkennbar und auch hinreichend bestimmt sein.

33 Während der Dauer eines **Rechtsstreits** über die Frage, ob das Arbeitsverhältnis noch besteht, genügt es, wenn der Arbeitnehmer vorläufig den Wettbewerb unterlässt und die erforderliche Entscheidung erst nach Beendigung des Rechtsstreits trifft[6].

---

1 BAG v. 13.9.1969 – 3 AZR 138/68, BAGE 22, 125, 129; BAG v. 14.7.1981 – 3 AZR 414/80, DB 1982, 125.
2 *Staub/Konzen/Weber*, § 74a Rn. 2.
3 BAG v. 19.1.1978 – 3 AZR 573/77, DB 1978, 543; BAG v. 7.9.2004 – 9 AZR 612/03, AP Nr. 11 zu § 75 HGB.
4 BAG v. 24.4.1980 – 3 AZR 1047/77, DB 1980, 1652.
5 *Staub/Konzen/Weber*, § 74a Rn. 3 unter Berufung auf RGZ 77, 402.
6 BAG v. 16.12.1986 – 3 AZR 73/86, BB 1987, 2166.

3. Anspruch auf Karenzentschädigung

Für einen Anspruch auf Karenzentschädigung aus einem für den Arbeitnehmer unverbindlichen Wettbewerbsverbot genügt es, wenn der Arbeitnehmer sich zu Beginn der Karenzzeit **endgültig für das Wettbewerbsverbot entscheidet und seiner Unterlassungspflicht nachkommt**. Einer darüber hinausgehenden Erklärung gegenüber dem Arbeitgeber bedarf es nicht[1]. 34

Um auf seiner Seite die Rechtsunsicherheit zu beseitigen, hat der Arbeitgeber seinerseits das Recht, in Anwendung des Rechtsgedankens aus § 264 Abs. 2 S. 1 BGB den wahlberechtigten Arbeitnehmer unter **Bestimmung einer angemessenen Frist** zur Vornahme der Wahl aufzufordern. Mit Ablauf der Frist geht das Wahlrecht nach § 264 Abs. 2 S. 2 BGB auf den Arbeitgeber über[2]. Beansprucht der Arbeitnehmer die Karenzentschädigung, so kann der Arbeitgeber dafür auch die vereinbarte Wettbewerbsunterlassung fordern. Verzichtet hingegen der Arbeitgeber vor Beendigung des Arbeitsverhältnisses schriftlich auf das Wettbewerbsverbot, so ergeben sich nur die Rechtsfolgen aus § 75a[3]. 35

§ 74b
Entschädigungszahlung und -berechnung

(1) Die nach § 74 Abs. 2 dem Handlungsgehilfen zu gewährende Entschädigung ist am Schlusse jedes Monats zu zahlen.

(2) Soweit die dem Gehilfen zustehenden vertragsmäßigen Leistungen in einer Provision oder in anderen wechselnden Bezügen bestehen, sind sie bei der Berechnung der Entschädigung nach dem Durchschnitt der letzten drei Jahre in Ansatz zu bringen. Hat die für die Bezüge bei der Beendigung des Dienstverhältnisses maßgebende Vertragsbestimmung noch nicht drei Jahre bestanden, so erfolgt der Ansatz nach dem Durchschnitt des Zeitraums, für den die Bestimmung in Kraft war.

(3) Soweit Bezüge zum Ersatze besonderer Auslagen dienen sollen, die infolge der Dienstleistung entstehen, bleiben sie außer Ansatz.

Übersicht

	Rn.		Rn.
I. Regelungsinhalt	1	b) Abweichende Vereinbarungen	3
II. Zahlung der Karenzentschädigung		2. Ausschlussfrist	4
1. Fälligkeit		3. Pfändbarkeit	5
a) Zahlungszeitpunkt	2	**III. Verzug des Arbeitgebers**	6

---

1 BAG v. 22.5.1990 – 3 AZR 647/88, BB 1991, 625, in Abweichung zu früheren Entscheidungen.
2 *Heymann/Henssler*, § 74a Rn. 15.
3 BAG v. 19.1.1978 – 3 AZR 573/77, BB 1978, 612.

	Rn.		Rn.
IV. Berechnung der Karenzentschädigung		b) Sonstige Leistungen	10
		2. Wechselnde Bezüge	12
1. Allgemein	8	3. Von der Berechnung ausgeschlossene Leistungen (§ 74b Abs. 3) . . .	14
a) Feste Bezüge	9		

I. Regelungsinhalt

1 Die Vorschrift regelt die **Fälligkeit** (§ 74b Abs. 1) und die **Berechnung** (§ 74b Abs. 2 und 3) der Karenzentschädigung; das Bestehen des Anspruchs auf Entschädigung setzt sie voraus. Während § 74b Abs. 2 eine Regelung zur Berechnung von wechselnden Bezügen enthält, fehlt hinsichtlich fester Bezüge eine eigenständige Bestimmung. § 74b Abs. 3 nimmt von den in die Berechnung einzubeziehenden Bezügen solche Beträge aus, die lediglich als Auslagenersatz gezahlt worden sind.

II. Zahlung der Karenzentschädigung

1. Fälligkeit

a) Zahlungszeitpunkt

2 Nach § 74b Abs. 1 ist die Karenzentschädigung am **Schluss eines jeden Monats** zu zahlen. Dies ist nicht notwendig das Ende eines Kalendermonats; maßgebend ist vielmehr der Beginn der Entschädigungspflicht, also das Dienstende (Beispiel Mitte/Mitte). Ist die Karenzentschädigung nach Jahren bemessen, ist sie monatlich mit je $^1/_{12}$ zu zahlen, und zwar auch dann, wenn sie nach wechselnden Bezügen (Provisionen, Tantiemen u.Ä.) berechnet worden ist.

b) Abweichende Vereinbarungen

3 Auf eine Vereinbarung, die Zahlung in größeren oder weiter **hinausgeschobenen Zeitabschnitten** vorsieht, kann sich der Arbeitgeber wegen § 75d nicht berufen[1]. In der Regel entfällt dadurch nicht die gesamte Vereinbarung; der festgelegte Zeitabschnitt ist vielmehr auf das zulässige Maß zurückzuführen. Eine Vereinbarung zugunsten des Handlungsgehilfen – etwa **kürzere Zeitabschnitte** – ist dahingegen möglich. Zulässig ist es auch, die Karenzentschädigung nach der Beendigung des Dienstverhältniss als Ganzes **im Voraus** oder noch während der Dauer des Dienstverhältnisses ganz oder zum Teil auszuzahlen. Die Frage, ob die Vorauszahlung vorteilhaft oder nachteilig ist, ist nach den Verhältnissen zu beurteilen, wie sie sich zur Zeit des Abkommens darstellen, nicht aber danach, wie sich die Vorauszahlung ausgewirkt hat.

---

[1] *Schlegelberger/Schröder*, § 74b Rn. 3; *Baumbach/Hopt*, § 74b Rn. 2.

2. Ausschlussfrist

Der Anspruch kann grundsätzlich auch einer tarifvertraglichen Ausschlussfrist unterliegen; ob dies der Fall ist, ist im Einzelfall durch Auslegung zu ermitteln[1]. Die Vereinbarung einer Ausschlussfrist für die Geltendmachung ist – auch im Rahmen eines Formulararbeitsvertrages – zulässig[2].

3. Pfändbarkeit

Für den Anspruch gilt der **Pfändungsschutz** für Arbeitseinkommen nach § 850 Abs. 3 lit. a ZPO. Soweit der Anspruch unpfändbar ist, ist auch die Abtretung (§ 400 BGB) und die Aufrechnung (§ 394 BGB) unzulässig.

III. Verzug des Arbeitgebers

Zahlt der Unternehmer die Entschädigung am Fälligkeitstag nicht rechtzeitig, gerät er nach § 286 Abs. 2 Nr. 1 BGB ohne Mahnung in Verzug. Der Arbeitnehmer hat nach § 280 Abs. 2 BGB Anspruch auf **Ersatz des Verzögerungsschadens**. Da die Unterlassungspflicht und die Entschädigungspflicht zueinander in einem Gegenseitigkeitsverhältnis stehen, kann er auch nach § 323 Abs. 1 BGB vorgehen und sich nach Fristsetzung vom Vertrag lösen und Schadensersatz wegen Pflichtverletzung verlangen (vgl. § 74 Rn. 51 ff.).

Das **Rücktrittsrecht** kann allerdings nur Wirkung für die Zukunft entfalten[3], weil sonst der bereits durchgeführte Zeitraum mit rückabgewickelt werden müsste; vielfach wird deshalb auch angenommen, dass das Rücktrittsrecht des § 323 BGB durch ein Recht zur außerordentlichen Kündigung nach Abmahnung verdrängt wird[4].

IV. Berechnung der Karenzentschädigung

1. Allgemein

Ausgangspunkt für die Berechnung des (monatlichen) Entschädigungsbetrages ist die in § 74 Abs. 2 normierte Verpflichtung, wonach die Karenzentschädigung **mindestens die Hälfte** der von den Handlungsgehilfen zuletzt bezogenen vertragsmäßigen Leistungen betragen muss.

a) Feste Bezüge

Als vertragsmäßig in diesem Sinne ist eine Leistung anzusehen, die auf dem Austauschcharakter des Arbeitsvertrages beruht und als Vergütung für die

---

1 BAG v. 24.4.1970 – 3 AZR 328/69, DB 1970, 1790, 1791; *Schaub*, Arbeitsrechts-Hdb., § 58 Rn. 75.
2 BAG v. 17.6.1997 – 9 AZR 801/95, NJW 1998, 1732.
3 BAG v. 5.10.1982 – 3 AZR 451/80, DB 1983, 835; *Schlegelberger/Schröder*, § 74b Rn. 16b.
4 *Palandt/Grüneberg*, § 323 BGB Rn. 4; *Heymann/Henssler*, § 74 Rn. 50.

geleistete Arbeit erbracht wird[1]. Nicht erforderlich ist es, dass ein Rechtsanspruch des Handlungsgehilfen auf die Leistung bestand. Das Gesetz orientiert sich an den Einkünften, die der Angestellte vor Inkrafttreten des Wettbewerbsverbotes zuletzt erhielt und die seinen Lebensstandard bestimmt haben. Zu den einzubeziehenden Leistungen gehören deshalb neben dem **Gehalt** und den vertraglich geschuldeten wechselnden Bezügen auch freiwillige, jederzeit widerrufliche **Leistungszulagen, Gratifikationen und Sondervergütungen**[2].

b) Sonstige Leistungen

10 Nicht zu berücksichtigen ist dagegen der Krankenversicherungszuschuss nach § 106 SGB VI; er ist gleichzubehandeln mit den vom Arbeitgeber zu übernehmenden Beiträgen zur gesetzlichen Kranken- und Rentenversicherung, die keine Gegenleistung für die vom Arbeitnehmer erbrachte Arbeitsleistung, sondern **Beiträge zur sozialen Sicherung** des Arbeitnehmers darstellen[3]. Nicht einzubeziehen sind auch Vergütungen für Arbeitnehmererfindungen und für Verbesserungsvorschläge[4].

11 Bezüge, die im Zeitpunkt der **Beendigung des Arbeitsverhältnisses** vereinbarungsgemäß noch nicht fällig sind, werden nicht berücksichtigt, auch wenn der Arbeitgeber sie auf Wunsch des Handlungsgehilfen schon vorher (freiwillig) ausbezahlt hat[5].

2. Wechselnde Bezüge

12 Wechselnde Bezüge sind abhängig von den sich ständig ändernden äußeren Umständen[6]. Neben den in § 74b Abs. 2 genannten Provisionen zählen dazu vor allem **Tantiemen, Verkaufsprämien und Gewinnbeteiligungen**[7]. Sie müssen bei der Berechnung der Karenzentschädigung nach dem **Durchschnitt der letzten drei Jahre**, in denen das Dienstverhältnis bestand, in Ansatz gebracht werden. Hat die Vertragsbestimmung, auf der die zuletzt dem Handlungsgehilfen gewährten Bezüge beruhen, bei Beendigung des Dienstverhältnisses noch nicht drei Jahre bestanden, erfolgt der Ansatz nach dem Durchschnitt des Zeitraums, während dem die Bestimmung in Kraft getreten war (§ 74b Abs. 2 S. 2).

13 Bei einem **Wechsel der Vereinbarungen** bleiben die früheren außer Betracht. Einmalzahlungen, die sich auf einen längeren Zeitraum als drei Jahre vor Dienstende beziehen, sind insoweit auf den maßgeblichen Zeitraum umzurechnen, als sie diesen betreffen. Ein am Jahresende fälliges, noch ausstehen-

---

1 *Staub/Konzen/Weber*, § 74b Rn. 14.
2 BAG v. 21.1.1972 – 3 AZR 117/71, BB 1972, 1094.
3 BAG v. 21.7.1981 – 3 AZR 666/78, BB 1982, 2052.
4 Näher *Bengelsdorf*, DB 1989, 1024.
5 BAG v. 20.4.1967 – 3 AZR 314/66, BB 1967, 959.
6 BAG v. 5.8.1966 – 3 AZR 154/66, DB 1966, 1813.
7 BAG v. 9.10.1990 – 3 AZR 110/88, DB 1990, 991.

des 13. **Monatsgehalt** ist dann zu berücksichtigen, wenn der Arbeitnehmer bei vorzeitigem Ausscheiden Anspruch auf einen entsprechenden Anteil hätte.

3. Von der Berechnung ausgeschlossene Leistungen (§ 74b Abs. 3)

Nicht zu den Bezügen gehören die vom Prinzipal ersetzten **Auslagen** des Handlungsgehilfen. Mit § 74b Abs. 3 sind aber nur solche Bezüge für die Berechnung der Karenzentschädigung ausdrücklich ausgeschlossen, die allein dem Auslagenersatz dienen. 14

Etwas anderes gilt, wenn die erstatteten Auslagen auch **Vergütungscharakter** haben. Bei pauschal gezahlten sog. „Vertrauensspesen" ist durch Abzug der durchschnittlich entstandenen, tatsächlichen Aufwendungen die Höhe des Vergütungsbestandteils zu ermitteln und für die Berechnung der Karenzentschädigung den festen oder wechselnden Bezügen zuzurechnen[1]. 15

§ 74c
Anrechnung anderweitigen Erwerbs

(1) Der Handlungsgehilfe muss sich auf die fällige Entschädigung anrechnen lassen, was er während des Zeitraums, für die die Entschädigung gezahlt wird, durch anderweite Verwertung seiner Arbeitskraft erwirbt oder zu erwerben böswillig unterlässt, soweit die Entschädigung unter Hinzurechnung dieses Betrags den Betrag der zuletzt von ihm bezogenen vertragsmäßigen Leistungen um mehr als ein Zehntel übersteigen würde. Ist der Gehilfe durch das Wettbewerbsverbot gezwungen worden, seinen Wohnsitz zu verlegen, so tritt an die Stelle des Betrags von einem Zehntel der Betrag von einem Viertel. Für die Dauer der Verbüßung einer Freiheitsstrafe kann der Gehilfe eine Entschädigung nicht verlangen.

(2) Der Gehilfe ist verpflichtet, dem Prinzipal auf Erfordern über die Höhe seines Erwerbes Auskunft zu erteilen.

Übersicht

	Rn.		Rn.
I. Regelungsinhalt/Anwendungsbereich	1	bb) Kausalität	5
II. Anrechnungspflicht des Handlungsgehilfen		cc) Nicht anrechenbare Leistungen	8
1. Erwerb durch anderweitige Verwertung der Arbeitskraft (§ 74c Abs. 1 S. 1 Alt. 1)		b) Anrechnung von Lohnersatzleistungen	
a) Anrechenbare Leistungen	3	aa) Entsprechende Anwendung	9
aa) Arbeitgeberleistung	4	bb) Einzelfälle	10
		2. Böswilliges Unterlassen des Erwerbs (§ 74c Abs. 1 S. 1 Alt. 2)	14
		a) Böswilligkeit	15

---

1 *Heymann/Henssler*, § 74b Rn. 7 m.N.

	Rn.		Rn.
b) Einzelfälle	17	III. **Auskunftspflicht des Handlungsgehilfen (§ 74c Abs. 2)**	31
c) Prozessuales	21	1. Inhalt und Form	32
3. Ermittlung des Anrechnungsbetrages		a) Auskunft über selbständige Tätigkeit	33
a) Überschreiten der Anrechnungsgrenze	22	b) Darlegungspflicht	
b) Wohnsitzverlegung		aa) Einkommen aus abhängiger Arbeit	34
aa) Erhöhte Anrechnungsgrenze	24	bb) Einkommen aus selbständiger Tätigkeit	35
bb) Kausalität	25	2. Rechtsfolgen bei Nichterteilung der Auskunft	37
c) Modus der Anrechnung			
aa) Anderweitiges Arbeitseinkommen	27		
bb) Selbständige Tätigkeit	29		
4. Verbüßung einer Freiheitsstrafe	30	IV. **Abdingbarkeit**	38

I. Regelungsinhalt/Anwendungsbereich

1 Nach § 74c Abs. 1 muss sich der Handlungsgehilfe auf die Karenzentschädigung in bestimmten Grenzen das **anrechnen** lassen, was er durch anderweitige Verwertung seiner Arbeitskraft erwirbt oder zu erwerben böswillig unterlässt. Die Regelung entspricht den Bestimmungen in §§ 326 Abs. 2 S. 2, 615 S. 2 BGB. Die Karenzentschädigung soll dem Handlungsgehilfen einen angemessenen Ausgleich für die vereinbarte Wettbewerbsenthaltung geben, ihm aber nicht auf Kosten des Arbeitgebers einen durch die Wettbewerbsenthaltung nicht veranlassten Gewinn bringen[1]. § 74c Abs. 2 der Vorschrift gibt dem Arbeitgeber einen Anspruch auf **Auskunft** über den erzielten Erwerb.

2 Entsprechend dem Anwendungsbereich von § 74 (vgl. § 74 Rn. 15) gilt die Vorschrift auch für Arbeitnehmer, die **nicht kaufmännische Angestellte** sind[2], und denen in einer Wettbewerbsabrede die Mindestentschädigung des § 74 Abs. 2 zugesagt worden ist[3]. Dies gilt auch dann, wenn das Wettbewerbsverbot rechtswirksam ohne Entschädigungspflicht hätte vereinbart werden können, tatsächlich aber eine Entschädigung im Umfang des § 74 Abs. 2 versprochen worden ist[4].

---

1 BAG v. 23.1.1967 – 3 AZR 253/66, BAGE 19, 194, 199; BAG v. 18.11.1967 – 3 AZR 471/66, BAGE 20, 162, 169.
2 So ausdrücklich § 110 GewO.
3 BAG v. 16.5.1969 – 3 AZR 137/68, BAGE 22, 6; anders noch BAG v. 17.4.1964 – 5 AZR 403/63, BAGE 15, 329.
4 BAG v. 16.5.1969 – 3 AZR 137/68, BAGE 22, 12.

II. Anrechnungspflicht des Handlungsgehilfen

1. Erwerb durch anderweitige Verwertung der Arbeitskraft (§ 74c Abs. 1 S. 1 Alt. 1)

a) Anrechenbare Leistungen

Entsprechend dem Sinn und Zweck der Vorschrift sind die anrechenbaren Leistungen, die durch eine anderweitige Verwertung der Arbeitskraft erzielt werden, in derselben Weise abzugrenzen wie die für die Berechnung der **Karenzentschädigung** maßgeblichen vertragsmäßigen Leistungen i.S. von § 74 Abs. 2. Vergütungsarten, die für die Berechnung der Karenzentschädigung mitzählen, unterliegen auch der Anrechnung und umgekehrt[1]. 3

aa) Arbeitgeberleistung

Für beide Bestimmungen ist maßgeblich, ob es sich um eine Arbeitgeberleistung handelt, die aufgrund des Arbeitsvertrages als **Vergütung für die geleistete Arbeit** bezahlt wird. Unerheblich ist insoweit, ob die Leistungen – etwa Gratifikationen, Tantiemen oder Jahresvergütungen – unter Ausschluss eines Rechtsanspruchs gewährt werden[2]. Der Umstand der Freiwilligkeit ändert nichts daran, dass die Leistungen dem Arbeitnehmer im Hinblick auf die von ihm erbrachten Dienste zufließen. 4

bb) Kausalität

Anrechenbar sind nur Leistungen, die der Arbeitnehmer durch die Verwertung seiner infolge der Beendigung des Arbeitsverhältnisses frei gewordenen Arbeitskraft erwirbt. Demgemäß werden Einnahmen aus **Nebentätigkeiten** dann nicht angerechnet, wenn er diesen Beschäftigungen bereits während des aufgelösten Arbeitsverhältnisses nachgegangen ist[3]. 5

Nimmt ein Arbeitnehmer eine Nebentätigkeit erst **neben seinem späteren Hauptberufsverhältnis** auf, hat er darzulegen und zu beweisen, dass diese Tätigkeit nicht kausal verursacht wurde durch den mit der Wettbewerbsabrede im Zusammenhang stehenden Stellenwechsel. 6

Bei der Aufnahme eines **eigenen Geschäftsbetriebes** sind die Einnahmen, die auf einen eigenen Arbeitseinsatz zurückgehen, abzugrenzen von denen, die auf dem Einsatz von Kapital beruhen[4]. 7

cc) Nicht anrechenbare Leistungen

Zuwendungen des Arbeitgebers sind nicht anrechenbare Leistungen, wenn sie eine **Erstattung von Mehrauslagen** durch den Arbeitnehmer darstellen. 8

---

1 BAG v. 16.11.1973 – 3 AZR 61/73, BB 1974, 277.
2 BAG v. 16.11.1973 – 3 AZR 61/763, BB 1974, 277; anders noch BAG v. 16.5.1969 – 3 AZR 137/68, BAGE 22, 6, 13.
3 Für den Fall einer wissenschaftlichen Nebentätigkeit vgl. BAG v. 16.5.1969 – 3 AZR 137/68, BAGE 22, 6, 13.
4 Vgl. im Einzelnen *Gumpert*, BB 1979, 890.

In diesem Sinne gehören steuerfreie Aufwandsentschädigungen, die Überlassung eines Dienstwagens oder einer Dienstwohnung bei auswärtiger Unterbringung nicht zum anderweitigen Erwerb, da sie nicht für die eigentliche Arbeitsleistung gewährt werden[1].

b) Anrechnung von Lohnersatzleistungen

aa) Entsprechende Anwendung

9 § 74c Abs. 1 enthält insoweit eine Regelungslücke, als der Wortlaut nur das eigentliche Arbeitseinkommen, das während der Karenzzeit durch Verwertung der Arbeitskraft erzielt wird, erfasst. Die Berücksichtigung von Lohnersatzleistungen wie Arbeitslosengeld und Renten ist nicht geregelt. Die Vorschrift ist jedoch entsprechend anzuwenden, wenn eine Nichtanrechnung im Ergebnis dem **Sinn und Zweck** der Regelungen über die Karenzentschädigung (vgl. oben Rn. 1) widersprechen würde. Insbesondere soll die Karenzentschädigung nicht zu einer Besserstellung des Arbeitnehmers aus Umständen führen, die nicht mehr mit der Schutzrichtung – Entschädigung für Enthaltung von Wettbewerb – in Zusammenhang stehen.

bb) Einzelfälle

10 **Arbeitslosengeld** ist auf die Karenzentschädigung anzurechnen[2]. Ein Arbeitsloser mit Wettbewerbsbeschränkung darf nicht besser gestellt werden als ein vergleichbarer Arbeitnehmer, der eine ihm nicht verbotene Tätigkeit ausübt; die Karenzentschädigung soll keine Prämie für einen Stellenwechsel darstellen[3].

11 **Renten** der gesetzlichen Rentenversicherung sind nach der Rechtsprechung des BAG nicht anzurechnen, weil sie Versorgungscharakter haben und nach Eintritt des Versorgungsfalles auch neben einem anderen Verdienst des Arbeitnehmers gezahlt werden[4]. Diese Überlegung ist aber nur dann folgerichtig, wenn davon ausgegangen wird, dass der Arbeitnehmer trotz Eintritts des Versorgungsfalles ohne das Wettbewerbsverbot eine Wettbewerbstätigkeit entfalten könnte. Ansonsten kommt es zu einer Besserstellung des Arbeitnehmers, die nicht mit der ratio der gesetzlichen Regelung in Übereinstimmung steht.

12 Bei **Betriebsrenten** gelten diese Erwägungen im verstärkten Maß. Das BAG hat bisher offen gelassen, ob eine Anrechnung erfolgt[5]. Andererseits ist zu sehen, dass der Anspruch auf Karenzentschädigung dann nicht entfällt,

---

1 BAG v. 3.4.1984 – 3 AZR 56/82, BB 1985, 198.
2 BAG v. 22.5.1990 – 3 AZR 373/88, BB 1990, 2337; BAG v. 25.6.1985 – 3 AZR 305/83, NJW 1986, 275; *Baumbach/Hopt*, § 74c Rn. 1; a.A. LAG Düsseldorf v. 5.8.1981 – 2 Sa 280/81, BB 1982, 49; GK/*Etzel*, §§ 74–75d Rn. 78.
3 Vgl. BAG v. 25.6.1985 – 3 AZR 305/83, NJW 1986, 275.
4 BAG v. 30.10.1984 – 3 AZR 213/82, WM 1985, 584 m.N.
5 BAG v. 26.2.1985 – 3 AZR 162/84, BB 1985, 1467.

wenn der Arbeitnehmer sich aus anderen Gründen ganz aus dem Arbeitsleben zurückzieht (vgl. § 74b Rn. 3).

Übergangsgeld nach § 20 SGB VI ist auf die Karenzentschädigung nicht anzurechnen[1]. Das BAG hat diese unterschiedliche Behandlung zum Arbeitslosengeld damit begründet, dass die Leistung eine Rehabilitationsmaßnahme darstelle und der Arbeitnehmer im Gegensatz zum Arbeitslosengeld dem Arbeitsmarkt nicht zur Verfügung stehe. 13

Gründungszuschuss nach § 57 SGB III ist auf die Karenzentscheidung anzurechnen. Nach dem BAG ist auch der Gründungszuschuss Entgelt für den Einsatz der eigenen Arbeitskraft i.S.v. § 74c Abs. 1 S. 1[2].

2. Böswilliges Unterlassen des Erwerbs (§ 74c Abs. 1 S. 1 Alt. 2)

Die Vorschrift regelt die **Anrechnung fiktiver Bezüge** aus Einkommensmöglichkeiten, die böswillig ungenutzt bleiben. Die Karenzentschädigung soll keine Prämie für eine Stellenaufgabe darstellen oder ein Leben ohne Arbeit unterstützen. 14

a) Böswilligkeit

Der Begriff der Böswilligkeit ist derselbe wie in § 615 S. 2 BGB. Danach ist die Nichtwahrnehmung anderer Erwerbsmöglichkeiten dann böswillig, wenn der Arbeitnehmer in Kenntnis der objektiven Umstände, nämlich Arbeitsmöglichkeit, Zumutbarkeit der Arbeit und Nachteilsfolge für den Arbeitgeber, **vorsätzlich untätig bleibt** oder gegen eine zu geringe Vergütung arbeitet[3]. 15

Im Begriff der Böswilligkeit ist der Grundsatz von **Treu und Glauben** enthalten. Bei dessen Anwendung im Einzelfall bedarf es einer Würdigung aller Umstände. Insbesondere ist bei der Abwägung, was dem Arbeitnehmer zumutbar ist, die durch Art. 12 Abs. 1 GG gewährleistete Freiheit der Berufswahl zu beachten[4]. Der Arbeitnehmer darf bei der Wahl des neuen Arbeitsplatzes seine Interessen an die erste Stelle setzen. Die Arbeitsplatzwahl muss nur vernünftigen Überlegungen gerecht werden[5]. 16

b) Einzelfälle

Die **Ablehnung eines Weiterbeschäftigungsangebotes** ist nicht böswillig; die Gründe der Ablehnung sind unerheblich. Der Arbeitgeber könnte sonst durch sein Angebot zur Weiterbeschäftigung den Entschädigungsanspruch beseitigen oder mindern und auf diese Weise die Vorteile des Wettbewerbs- 17

---

1 BAG v. 7.11.1989 – 3 AZR 796/87, BB 1990, 854.
2 BAG v. 16.11.2005 – 10 AZR 152/05, NJW 2006, 3227.
3 BAG v. 23.1.1967 – 3 AZR 253/66, AP Nr. 1 und 2 zu § 615 BGB Böswilligkeit; Palandt/Weidenkaff, § 615 BGB Rn. 20.
4 BAG v. 3.9.1974 – 3 AZR 350/73, BB 1974, 1486.
5 BAG v. 23.1.1967 – 3 AZR 253/66, BB 1967, 540.

verbotes in Anspruch nehmen, ohne Entschädigung dafür zu zahlen[1]. Letztlich würde dies auch eine Einschränkung der Berufsfreiheit des Arbeitnehmers nach Art. 12 Abs. 1 GG bedeuten, weil die Entscheidung für die Arbeitsstelle mehr oder weniger vom Gutdünken des Arbeitgebers abhängt.

18 Die **Aufnahme einer selbständigen Tätigkeit** stellt auch dann keine Böswilligkeit dar, wenn die Geschäftsergebnisse geringer sind als das Arbeitslosengeld, das er beanspruchen könnte, wenn er sich arbeitslos melden würde.

19 Der **Rückzug aus Altersgründen** aus dem Arbeitsleben lässt den Anspruch auf Karenzentschädigung nicht entfallen[2].

20 Die **Aufnahme eines Studiums** ist kein böswilliges Unterlassen, wenn es erfolgversprechend ist und dazu dient, dem Arbeitnehmer eine breitere Fortkommensgrundlage zu sichern[3] (vgl. dazu auch Rn. 30).

c) Prozessuales

21 Darlegungs- und **beweispflichtig** für ein böswilliges Unterlassen des Erwerbes ist der Arbeitgeber, der sich auf die Anrechnung beruft. Trägt er jedoch Umstände vor, die nach gewöhnlicher Lebenserfahrung dafür sprechen, dass der Arbeitnehmer ohne triftige Gründe einen möglichen Erwerb unterlässt, liegt es dann an letzterem, seinerseits Umstände vorzutragen, die ein böswilliges Unterlassen ausschließen.

3. Ermittlung des Anrechnungsbetrages

a) Überschreiten der Anrechnungsgrenze

22 Eine Anrechnung erfolgt nur insoweit, als der anderweitig erzielte oder zu erzielende Verdienst des Arbeitnehmers zusammen mit der Karenzentschädigung **mehr als 110 %** des Betrages ausmacht, den er zuletzt als vertragsmäßige Leistung für seine Tätigkeit von seinem ehemaligen Prinzipal erhalten hat.

23 **Rechenbeispiel:** Der Handlungsgehilfe erzielt als früheres Entgelt 3000 Euro, die Karenzentschädigung beträgt 1500 Euro. Sein jetziger Verdienst von 1800 Euro macht 60 % seines früheren Entgelts aus; zuzüglich der Karenzentschädigung in Höhe von 1500 Euro erreicht er 3300 Euro und damit 110 % seiner zu Recht bezogenen Leistungen. Alles was darüber liegt, wird angerechnet.

---

1 BAG v. 3.7.1990 – 3 AZR 96/89, BB 1991, 911, 912.
2 BAG v. 18.10.1976 – 3 AZR 376/75, AP Nr. 1 zu § 74b; BAG v. 3.7.1990 – 3 AZR 96/89, BB 1991, 911, 912 m.N.
3 BAG v. 3.9.1974 – 3 AZR 350/73, BB 1974, 1486; BAG v. 13.2.1996 – 9 AZR 931/94, NJW 1996, 2677; ablehnend *Bengelsdorf*, BB 1983, 905, dort auch eine Übersicht zum Problemstand.

b) Wohnsitzverlegung

aa) Erhöhte Anrechnungsgrenze

War der Gehilfe durch das Wettbewerbsverbot gezwungen, seinen Wohnsitz zu verlegen, erhöht sich der Grenzbetrag auf **125 %** (§ 74c Abs. 1 S. 2). Bei der Auslegung sind dieselben Billigkeitsgrundsätze wie bei der Anrechnung von fiktiven Einnahmen anzuwenden. Insbesondere ist zu berücksichtigen, dass der Arbeitnehmer nicht auf seinem Spezialgebiet tätig werden kann. Der Arbeitnehmer darf billigerweise nicht nur auf die Aufrechterhaltung seines Lebensstandards, sondern auch auf die Beibehaltung einer Tätigkeit im gleichen Berufszweig bedacht sein, wenn dem das Wettbewerbsverbot nicht entgegensteht[1].

24

bb) Kausalität

§ 74c Abs. 1 S. 2 gilt nur dann, wenn das **Wettbewerbsverbot für den Wohnsitzwechsel des Arbeitnehmers ursächlich** ist. Dies setzt mindestens voraus, dass eine Wettbewerbsbetätigung am früheren Wohnsitz des Arbeitnehmers in Betracht gekommen wäre[2]. Voraussetzung ist ferner ein Ortswechsel. Der Umzug von einem Stadtteil in einen anderen bedeutet noch keine Verlegung des Wohnsitzes.

25

Ein Arbeitnehmer, der, durch das Wettbewerbsverbot gezwungen, eine auswärtige Stelle annimmt, die nach sachlicher und vernünftiger Beurteilung mit einem Umzug verbunden sein muss, hat auch dann Anspruch auf Berücksichtigung der erhöhten Freigrenze, wenn sich der Umzug aus Gründen verzögert, die er nicht zu vertreten hat[3].

26

c) Modus der Anrechnung

aa) Anderweitiges Arbeitseinkommen

Das anderweitige Arbeitseinkommen darf im Regelfall nur auf die Entschädigung für diejenigen **Monate** angerechnet werden, **in denen es erzielt worden ist**[4]. Dies gilt aber nur für die laufenden Bezüge. Einmalzahlungen sind auf die einzelnen Monate der Karenzzeit umzurechnen, auf die sich die Zahlung bezieht[5].

27

Die Anrechnung erfolgt **auf jede fällige Monatsrate**. Wenn mangels ausreichender rechnerischer Unterlagen vorher ein Abzug nicht möglich war, ist zunächst die volle Entschädigung vorbehaltlich Abrechnung zu bezahlen. Zu viel Bezahltes kann aufgrund von § 812 BGB zurückgefordert werden.

28

---

1 BAG v. 17.12.1973 – 3 AZR 283/73, BB 1974, 370.
2 BAG v. 23.2.1982 – 2 AZR 676/79, BB 1982, 1301; BAG v. 10.9.1985 – 3 AZR 31/84, WM 1986, 395; BAG v. 8.11.1994 – 9 AZR 4/93, BB 1995, 884 – dort auch zum Umfang der Darlegungspflicht.
3 BAG v. 17.5.1988 – 3 AZR 482/86, NJW 1988, 3173.
4 BAG v. 16.5.1969 – 3 AZR 137/68, BAGE 22, 6.
5 BAG v. 16.11.1973 – 3 AZR 61/73, BB 1974, 277.

bb) Selbständige Tätigkeit

29 Bei einer selbständigen Tätigkeit des karenzpflichtigen Arbeitnehmers gilt die Besonderheit, dass die anrechnungspflichtigen Einkünfte grundsätzlich **jährlich zu ermitteln**, darzulegen und mit der Jahres-Karenzentschädigung zu verrechnen sind. Der Arbeitnehmer kann aber nach § 74b Abs. 1 monatlich **Abschlagszahlungen** beanspruchen. Wenn er das tut, muss er im Rahmen des Zumutbaren jeden Monat über sein Geschäftsergebnis vorläufige Auskünfte geben und entsprechende Kürzungen der monatlichen Abschlagszahlungen hinnehmen. Am Jahresende ist dann endgültig abzurechnen (vgl. im Übrigen zur Auskunft Rn. 33).

4. Verbüßung einer Freiheitsstrafe

30 Nach § 74a Abs. 1 S. 3 kann der Handlungsgehilfe während der Dauer der Verbüßung einer Freiheitsstrafe die **Karenzentschädigung nicht verlangen**. Aufgrund dieser Sondervorschrift entfällt der Anspruch für den besagten Zeitraum, weil der Handlungsgehilfe solange für das Erwerbsleben und somit auch für den Wettbewerb ausscheidet[1]. Die Vorschrift ist nicht analog anzuwenden auf andere Fälle, insbesondere nicht auf die Aufnahme eines Studiums[2] oder den Fall der Arbeitsunfähigkeit[3].

III. Auskunftspflicht des Handlungsgehilfen (§ 74c Abs. 2)

31 Die Vorschrift verpflichtet den **Arbeitnehmer**, dem Arbeitgeber auf dessen Verlangen über die Höhe seines Erwerbs Auskunft zu geben. Die Auskunftspflicht erstreckt sich nur auf den tatsächlichen Erwerb, nicht darauf, was der Arbeitnehmer hätte erwerben können. Der Arbeitgeber soll prüfen können, ob der Arbeitnehmer anrechenbare Einkünfte erzielt hat.

1. Inhalt und Form

32 Die Bestimmung des Inhalts und des Umfangs des Auskunftsanspruchs hat sich an diesem Interesse zu orientieren. Es lassen sich keine schematischen Regelungen aufstellen; Inhalt und Umfang von Auskunftspflichten richten sich im Einzelfall nach den **Grundsätzen von Treu und Glauben**[4].

a) Auskunft über selbständige Tätigkeit

33 Die Auskunft muss grundsätzlich so gestaltet sein, dass sie dem Arbeitgeber über die monatlichen Einkünfte des Arbeitnehmers Aufschluss gibt. Eine Besonderheit ergibt sich bei Arbeitnehmern, die sich selbständig gemacht

---

1 Für die Annahme eines Sonderfalles des böswilligen Unterlassens *Staub/Konzen/Weber*, § 74c Rn. 14 m.N.
2 BAG v. 13.2.1996 – 9 AZR 931/94, NJW 1996, 2677.
3 BAG v. 23.11.2004 – 9 AZR 595/03, BB 2006, 1118.
4 BAG v. 25.2.1975 – 3 AZR 148/74, DB 1975, 936; BAG v. 2.6.1987 – 3 AZR 626/85, DB 1988, 238, 240; vgl. auch *Bengelsdorf*, BB 1979, 1150.

und in ihrer neuen Tätigkeit nur unregelmäßige Bezüge haben. Insoweit hat der Arbeitnehmer die Möglichkeit, nur eine auf den **Jahreszeitraum** oder entsprechende Zeitabschnitte bezogene Auskunft zu erteilen. Er kann aber dann auch nur die Karenzentschädigung für den Zeitraum verlangen, für den er die Auskunft erteilt hat. Beansprucht er nach § 74b Abs. 1 monatliche Abschlagszahlungen, muss er im Rahmen des Zumutbaren monatlich über seine Geschäftsergebnisse **vorläufig Auskunft** geben und entsprechende Kürzungen der monatlichen Abschlagszahlungen hinnehmen. Am Jahresende ist dann endgültig abzurechnen[1].

b) Darlegungspflicht

Der zur Auskunft verpflichtete Arbeitnehmer hat seine Angaben über sein neues Erwerbseinkommen auf Anforderung zu **belegen**[2].

aa) Einkommen aus abhängiger Arbeit

Bei Arbeitnehmern, die zur Zeit des Wettbewerbsverbotes Entgelt aus abhängiger Arbeit beziehen, stehen insoweit für den Nachweis Lohnstreifen, **Gehaltsabrechnungen** oder **Lohnsteuerkarten** als verlässliche Mittel zur Verfügung.

34

bb) Einkommen aus selbständiger Tätigkeit

Problematischer gestaltet sich der Nachweis, wenn der Auskunftspflichtige sein Einkommen aus selbständiger unternehmerischer Betätigung bezieht. Nach der Rechtsprechung des BAG soll es hier genügen, wenn er anbietet, seinen **Einkommensteuerbescheid** vorzulegen. Die Einsicht in die Bilanz nebst Gewinn- und Verlustrechnung könne jedenfalls nicht verlangt werden[3]. Gegen eine solche Beschränkung der Nachweispflicht bestehen Bedenken. Die von dem Arbeitnehmer vorzulegenden Belege müssen geeignet sein, dem Arbeitgeber Gewissheit zu verschaffen, ob die Angaben über den anrechenbaren oder nicht anzurechnenden anderweitigen Erwerb zutreffen. Dies ist aber bei der bloßen Vorlage des Einkommensteuerbescheides – der den Gewinn des betriebenen Unternehmens nur als Ergebnis ausweist – nur bedingt möglich, weil die Höhe des Gewinns in vielfältiger Weise (Beteiligung an Abschreibungsgesellschaften; Rückstellungen etc.) beeinflusst werden kann[4].

35

Der Arbeitgeber kann daher jedenfalls dann, wenn sich mögliche Besonderheiten ergeben, auch die Vorlage der **Bilanz** oder der **Gewinn- und Verlustrechnung** verlangen[5]. §§ 259, 260 BGB kommen allerdings nicht zur Anwendung.

36

---

1 BAG v. 2.6.1987 – 3 AZR 626/85, DB 1988, 238, 240.
2 BAG v. 25.2.1975 – 3 AZR 148/74, BB 1975, 653.
3 BAG v. 25.2.1975 – 3 AZR 148/74, BB 1975, 653.
4 Vgl. i.E. *Durchlaub*, BB 1976, 232; *Bengelsdorf*, BB 1979, 1150.
5 *Durchlaub*, BB 1976, 732.

2. Rechtsfolgen bei Nichterteilung der Auskunft

37 Wird die Auskunft nicht erteilt, steht dem Unternehmer ein **Leistungsverweigerungsrecht** gemäß § 320 BGB zu[1]; er kommt solange nicht in Verzug[2]. Der Unternehmer kann auch auf Auskunftserteilung klagen; die Zwangsvollstreckung erfolgt dann gemäß § 888 ZPO.

IV. Abdingbarkeit

38 Vertragsmäßige Abweichungen von den Bestimmungen der § 74c Abs. 1 und 2 sind insoweit zulässig, als die Vertragsgestaltungen den Arbeitnehmer gegenüber der gesetzlichen Regelung **begünstigen**[3]. So kann z.B. rechtsverbindlich vereinbart werden, dass eine Anrechnung erst stattzufinden habe, wenn die Einnahmen des Handlungsgehilfen höhere als die gesetzlichen Anrechnungsgrenzen erreicht haben oder dass eine Anrechnung seiner Einnahmen überhaupt ausgeschlossen ist. Auf nachteilige Vereinbarungen kann sich der Prinzipal nicht berufen (§ 75d).

§ 75
Unwirksamwerden des gesetzlichen Wettbewerbsverbots

(1) Löst der Gehilfe das Dienstverhältnis gemäß den Vorschriften der §§ 70 und 71 wegen vertragswidrigen Verhaltens des Prinzipals auf, so wird das Wettbewerbsverbot unwirksam, wenn der Gehilfe vor Ablauf eines Monats nach der Kündigung schriftlich erklärt, dass er sich an die Vereinbarung nicht gebunden erachte.

(2) In gleicher Weise wird das Wettbewerbsverbot unwirksam, wenn der Prinzipal das Dienstverhältnis kündigt, es sei denn, dass für die Kündigung ein erheblicher Anlass in der Person des Gehilfen vorliegt oder dass sich der Prinzipal bei der Kündigung bereit erklärt, während der Dauer der Beschränkung dem Gehilfen die vollen zuletzt von ihm bezogenen vertragsmäßigen Leistungen zu gewähren. Im letzteren Falle finden die Vorschriften des § 74b entsprechende Anwendung.

(3) Löst der Prinzipal das Dienstverhältnis gemäß den Vorschriften der §§ 70 und 72 wegen vertragswidrigen Verhaltens des Gehilfen auf, so hat der Gehilfe keinen Anspruch auf die Entschädigung.

---

1 BAG v. 2.6.1987 – 3 AZR 626/85, DB 1988, 240.
2 BAG v. 16.5.1969 – 3 AZR 137/68, BAGE 22, 6.
3 BAG v. 16.5.1969 – 3 AZR 137/68, BAGE 22, 12; *Staub/Konzen/Weber*, § 74c Rn. 2.

Übersicht

	Rn.		Rn.
I. Regelungsinhalt	1	III. Kündigung des Prinzipals (§ 75 Abs. 2 und 3)	
II. Kündigung des Handlungsgehilfen (§ 75 Abs. 1)	3	1. Ohne erheblichen Anlass in Person des Handlungsgehilfen (§ 75 Abs. 2)	13
1. Wirksame Kündigung aus wichtigem Grund	4	2. Zusage der vollen Karenzentschädigung (§ 75 Abs. 2)	
2. Wahlrecht des Handlungsgehilfen	6	a) Angebot des Prinzipals	16
3. Lösung der Abrede	8	b) Anrechnung	17
4. Rechtsfolge	11	3. Kündigung wegen vertragswidrigen Verhaltens (§ 75 Abs. 3)	18
5. Sonstige Kündigung des Handlungsgehilfen	12	IV. Einvernehmliche Aufhebung des Arbeitsverhältnisses	21

I. Regelungsinhalt

Die Vorschrift regelt die **Auswirkungen einer Beendigung des Arbeitsverhältnisses** durch Kündigung auf die Wettbewerbsabrede. § 75 Abs. 1 betrifft die Kündigung durch den Handlungsgehilfen aus wichtigem Grund wegen vertragswidrigen Verhaltens des Arbeitgebers; § 75 Abs. 3 den entsprechenden Fall der Kündigung durch den Arbeitgeber; § 75 Abs. 2 die Kündigung durch den Arbeitgeber, ohne dass ein vertragswidriges Verhalten des Handlungsgehilfen vorliegt. 1

Den umgekehrten Fall einer **Kündigung durch den Handlungsgehilfen** und die einvernehmliche Vertragsauflösung behandelt die Vorschrift nicht. 2

II. Kündigung des Handlungsgehilfen (§ 75 Abs. 1)

Nach § 75 Abs. 1 wird das **Wettbewerbsverbot unwirksam**, wenn der Arbeitnehmer das Arbeitsverhältnis aus wichtigem Grund wegen vertragswidrigen Verhaltens des Arbeitgebers kündigt und der Arbeitnehmer vor Ablauf eines Monats nach der Kündigung schriftlich erklärt, dass er sich nicht gebunden erachte. 3

1. Wirksame Kündigung aus wichtigem Grund

Die Kündigung muss wirksam sein, d.h. ein **wichtiger Grund tatsächlich vorliegen**[1]. Ein Verschulden des Arbeitgebers kann für die Frage, ob ein wichtiger Grund vorliegt, eine Rolle spielen; muss aber nicht notwendig gegeben sein[2]. 4

---

[1] BAG v. 24.9.1965 – 3 AZR 223/65, DB 1965, 1822; zu den Voraussetzungen eines wichtigen Grundes nach § 626 BGB vgl. *Schaub*, Arbeitsrechts-Hdb., § 125 Rn. 41 ff.
[2] Vgl. *Schlegelberger/Schröder*, § 75 Rn. 2a; a.A. *Heymann/Henssler*, § 75 Rn. 7.

5 Die Kündigung muss auf dem **vertragswidrigen Verhalten des Arbeitgebers** beruhen; auch die befristete außerordentliche Kündigung ist ausreichend[1]. So kann es für den Arbeitnehmer trotz Unzumutbarkeit vernünftige Gründe geben, das Arbeitsverhältnis etwa bis zum Ablauf der ordentlichen Kündigungsfrist fortzusetzen. In jedem Fall aber ist der wichtige Grund in der Zweiwochenfrist von § 626 BGB vorzubringen.

2. Wahlrecht des Handlungsgehilfen

6 Der Arbeitnehmer hat die **Wahl**, ob er das Wettbewerbsverbot mit der für ihn vielleicht vorteilhaften Karenzentschädigung bestehen lassen oder ob er sich von dem Wettbewerbsverbot befreien will.

7 Im letzteren Fall **entfällt** der Anspruch auf die Karenzentschädigung; dem Arbeitnehmer bleibt allerdings der Anspruch nach § 628 Abs. 2 BGB auf Ersatz des entstandenen Schadens.

3. Lösung der Abrede

8 Sie erfolgt durch die **inhaltlich eindeutige Erklärung**, die auf Lösung der Wettbewerbsabrede gerichtet sein muss[2].

9 Die **Frist** der Lossagungserklärung beginnt mit dem Zugang der Kündigung bei dem Arbeitgeber (§ 130 Abs. 1 S. 1 BGB). Für die Schriftform gilt § 126 Abs. 1 BGB.

10 **Nicht form- oder fristgerechte Erklärungen** sind wirkungslos. In diesen Fällen ist allerdings zu prüfen, ob in der verspätet oder nur mündlich zugegangenen Lösungserklärung ein Angebot des Handlungsgehilfen zur einvernehmlichen Aufhebung des Wettbewerbsverbotes liegt[3]. Insoweit bedarf es aber regelmäßig einer ausdrücklichen Annahme durch den Arbeitgeber[4].

4. Rechtsfolge

11 Mit der wirksamen Lossagungserklärung des Handlungsgehilfen wird die **Wettbewerbsabrede insgesamt unwirksam**. Die Entschädigungspflicht des Prinzipals entfällt vollständig, da der Widerruf spätestens zum Fälligkeitszeitpunkt (vgl. § 74 Rn. 2) der ersten Rate erfolgt sein muss. Die Karenzpflicht des Handlungsgehilfen erlischt mit Zugang seiner Lossagungserklärung (siehe oben Rn. 8).

---

1 *Staub/Konzen/Weber*, § 75 Rn. 10; *Bauer*, DB 1979, 500.
2 BAG v. 13.4.1978 – 3 AZR 822/76, DB 1978, 1502.
3 *Heymann/Henssler*, § 75 Rn. 11.
4 *Bauer*, DB 1979, 500; a.A. *Schlegelberger/Schröder*, § 75 Rn. 6b, wonach eine Annahme durch Schweigen vorliegen können soll.

5. Sonstige Kündigung des Handlungsgehilfen

Kündigt der Handlungsgehilfe aus Gründen (ordentlich oder außerordentlich), die nicht in einem vertragswidrigen Verhalten des Arbeitgebers liegen, tritt das **Wettbewerbsverbot mit Beendigung des Arbeitsverhältnisses in Kraft**. Der Arbeitgeber hat hier kein entsprechendes Wahlrecht, wie es für den Arbeitnehmer in § 75 Abs. 2 vorgesehen ist. Dies ist auch verfassungsrechtlich nicht geboten, da der Unternehmer sich nicht in der gleichen abhängigen Stellung wie der Arbeitnehmer befindet.

12

III. Kündigung des Prinzipals (§ 75 Abs. 2 und 3)

1. Ohne erheblichen Anlass in der Person des Handlungsgehilfen (§ 75 Abs. 2)

Kündigt der Arbeitgeber (fristlos oder fristgerecht), ohne dass hierfür ein erheblicher Anlass in der Person des Handlungsgehilfen vorliegt und ohne sich bereit zu erklären, dem Arbeitnehmer während der Dauer seiner Beschränkung durch das Wettbewerbsverbot die vollen von ihm zuletzt bezogenen vertragsmäßigen Leistungen zu gewähren, hat der Handlungsgehilfe nach § 75 Abs. 2 auch in diesem Fall das **Wahlrecht**, ob er am Wettbewerbsverbot festhalten will.

13

„**Erheblicher Anlass**" ist nicht gleichbedeutend mit wichtigem Grund i.S. von § 626 BGB[1]. Die Beendigung muss nach vernünftigen Erwägungen eines verständigen Arbeitgebers als **angezeigt und sachlich gerechtfertigt** erscheinen[2]. In Betracht kommen personen- oder verhaltensbedingte Kündigungsgründe i.S. des § 1 Abs. 2 KSchG.

14

Die **Ausübung des Wahlrechts** erfolgt unter den gleichen Voraussetzungen wie bei § 75 Abs. 1 (vgl. Rn. 8 ff.); insbesondere ist die Monatsfrist zu beachten.

15

2. Zusage der vollen Karenzentschädigung (§ 75 Abs. 2)

a) Angebot des Prinzipals

Abweichend von § 75 Abs. 1 kann der Arbeitgeber durch das Angebot der Erhöhung der Karenzentschädigung auf den vollen Betrag des zuletzt vom Arbeitnehmer bezogenen Entgelts diesem **am Wettbewerbsverbot festhalten**. Das Angebot muss spätestens mit der Kündigung erfolgen und kann nur bei beiderseitiger Zustimmung rückgängig gemacht werden[3]. § 75 Abs. 2 S. 2 verweist auf § 74b und stellt damit klar, dass für die Berechnung und die Fälligkeit die dort geregelten Grundsätze gelten.

16

---

1 *Baumbach/Hopt*, § 75 Rn. 3; *Schlegelberger/Schröder*, § 75 Rn. 6.
2 *Bauer*, DB 1979, 500; *Schaub*, Arbeitsrechts-Hdb., § 58 Rn. 100; *Staub/Konzen/Weber*, § 75 Rn. 22.
3 *Staub/Konzen/Weber*, § 75 Rn. 23.

b) Anrechnung

17 Trotz des Fehlens einer entsprechenden Verweisung auf § 74c ist auch diese Vorschrift **anzuwenden**[1]. Der Sache nach handelt es sich um eine echte Karenzentschädigung, wenn auch um eine erhöhte. Es besteht kein Grund, den Arbeitnehmer durch den Stellenwechsel wesentlich besser zu stellen als vorher, zumal der Arbeitgeber das Risiko dafür trägt, dass der Handlungsgehilfe seine Arbeitskraft nicht anderweitig verwerten kann[2].

3. Kündigung wegen vertragswidrigen Verhaltens (§ 75 Abs. 3)

18 Kündigt der Arbeitgeber das Arbeitsverhältnis wegen vertragswidrigen Verhaltens des Arbeitnehmers außerordentlich, so bestimmt § 75 Abs. 3, dass das **Wettbewerbsverbot wirksam** bleibt, und zwar ohne Karenzentschädigung.

19 **Nichtigkeit der Vorschrift:** In seiner Entscheidung vom 23.2.1977 hat das BAG diese Bestimmung für **verfassungswidrig** erklärt[3]. Die Entscheidung verdient Zustimmung. § 75 Abs. 3 gestaltet die Rechte des Arbeitgebers ohne sachlichen Differenzierungsgrund anders als die des Arbeitnehmers und verstößt damit gegen Art. 3 GG[4]. In den neuen Bundesländern ist die Vorschrift deshalb nicht in Kraft getreten[5].

20 Die (nachträglich entstandene) Regelungslücke ist durch **analoge Anwendung von § 75 Abs. 1** zu schließen. Im Fall einer außerordentlichen Vertragsbeendigung kann sich der Arbeitgeber daher unter den gleichen Voraussetzungen und in der gleichen Form wie der Arbeitnehmer von einem Wettbewerbsverbot lossagen[6]. In der Erklärung muss er jedoch deutlich machen, dass er nicht nur selbst keine Karenzentschädigung zahlen, sondern auch den Arbeitnehmer von dessen Pflichten aus dem Wettbewerbsverbot entbinden will. Wenn insoweit Zweifel bestehen, insbesondere wenn sich der Arbeitgeber Rechte aus dem Wettbewerbsverbot vorbehält, liegt keine wirksame Erklärung vor[7].

---

1 *Baumbach/Hopt*, § 75 Rn. 3; GK/*Etzel*, §§ 74–75d, Rn. 79; *Schaub*, Arbeitsrechts-Hdb., § 58 Rn. 102; *Staub/Konzen/Weber*, § 75 Rn. 24; a.A. RGZ 114, 418; *Küstner/Thume*, Bd. 3 Rn. 620.
2 *Staub/Konzen/Weber*, § 74 Rn. 24.
3 BAG v. 23.2.1977 – 3 AZR 620/75, BB 1977, 847.
4 Zustimmend *Baumbach/Hopt*, § 75 Rn. 2; GK/*Etzel*, §§ 74–75d Rn. 75; *Staub/Konzen/Weber*, § 75 Rn. 16; kritisch *Buchner*, Wettbewerbsverbot, 1981, S. 106 ff.
5 Anlage I Kap. VIII Sachgebiet A Abschn. III Nr. 2 zum Einigungsvertrag v. 31.8.1990, BGBl. II 959.
6 BAG v. 23.2.1977 – 3 AZR 620/75, BB 1977, 847; BAG v. 19.5.1998 – 9 AZR 327/96, NJW 1999, 1885.
7 BAG v. 23.2.1977 – 3 AZR 620/75, BB 1977, 847.

IV. Einvernehmliche Aufhebung des Arbeitsverhältnisses

Die Folgen einer einvernehmlichen Beendigung des Arbeitsverhältnisses auf das Wettbewerbsverbot sind **gesetzlich nicht geregelt**. Die in der gesetzlichen Regelung des § 75 zum Ausdruck kommenden Grundsätze sind jedoch auf den Fall einer einvernehmlichen Beendigung entsprechend zu übertragen[1]. Es ist kein sachlicher Grund ersichtlich, eine Vertragspartei nur deshalb ungünstiger zu behandeln, weil sie sich statt einer in § 75 geregelten Lösungsmöglichkeit mit einer einvernehmlichen – oft von vernünftigen Gründen getragenen – Aufhebung des Arbeitsverhältnisses einverstanden erklärt. 21

In jedem **Einzelfall** ist zu prüfen, ob die einverständliche Beendigung der Sache nach mit einem der in § 75 Abs. 1 oder Abs. 2 genannten Fälle verglichen werden kann[2]; entscheidend ist der Anlass und nicht die äußere Form der einverständlichen Auflösung[3]. Diese Grundsätze gelten auch dann, wenn die einvernehmliche Aufhebung erst im Rahmen eines Rechtsstreits über die Wirksamkeit einer vorangegangenen Kündigung des Arbeitsverhältnisses geschieht. Die Frist für eine Lossagung von dem Wettbewerbsverbot beginnt in diesem Fall bereits mit der Kündigung[4]. 22

§ 75a
Verzicht des Prinzipals auf das Verbot

Der Prinzipal kann vor der Beendigung des Dienstverhältnisses durch schriftliche Erklärung auf das Wettbewerbsverbot mit der Wirkung verzichten, dass er mit dem Ablauf eines Jahres seit der Erklärung von der Verpflichtung zur Zahlung der Entschädigung frei wird.

Übersicht

	Rn.		Rn.
I. Regelungsinhalt	1	III. Wirkung des Verzichts	
II. Verzichtserklärung		1. Befreiung des Handlungsgehilfen von der Einhaltung des Wettbewerbsverbotes	11
1. Inhalt/Form/Zeitpunkt	4		
2. Teilverzicht	5	2. Befreiung des Prinzipals von der Entschädigungspflicht	13
3. Verzichtsgrund	6		
4. Bedingter Verzicht/Einzelfragen	8		

---

1 BAG v. 24.9.1965 – 3 AZR 223/65, DB 1965, 1822; *Baumbach/Hopt*, § 75 Rn. 6; *Schlegelberger/Schröder*, § 75 Rn. 2; *Staub/Konzen/Weber*, § 75 Rn. 8; a.A. *Heymann/Henssler*, § 75 Rn. 8.
2 BAG v. 26.9.1963 – 5 AZR 2/63, BB 1963, 1484 m.N.
3 BAG v. 24.9.1965 – 3 AZR 223/65, BB 1965, 1455.
4 BAG v. 26.1.1973 – 3 AZR 233/72, AP Nr. 4 zu § 75 (Bl. 3 R) mit Anm. *Lindacher* = DB 1973, 1130.

	Rn.		Rn.
IV. Vereinbarungen über das Verzichtsrecht		b) Vereinbarung einer Auskunftspflicht	16
1. Vereinbarung zuungunsten des Handlungsgehilfen		c) Auskunft des Prinzipals	19
a) Nachteilige Vereinbarungen	15	2. Vereinbarungen zugunsten des Handlungsgehilfen	20

I. Regelungsinhalt

1 Eine wirksam abgeschlossene Wettbewerbsvereinbarung kann von den Parteien grundsätzlich – sei es nun vor oder nach Beendigung des Dienstverhältnisses – nur durch eine **einvernehmliche (auch formlose) Vereinbarung** aufgehoben werden (zur Form vgl. § 74 Rn. 30).

2 Die Vorschrift des § 75a anerkennt nun ein Recht des Arbeitgebers zur **einseitigen Lösung von der Wettbewerbsabrede**, wenn sein Interesse an der Einhaltung des Verbots vor Beendigung des Arbeitsverhältnisses weggefallen ist[1]. Nach dieser Regelung kann der Arbeitgeber vor Beendigung des Arbeitsverhältnisses durch schriftliche Erklärung gegenüber dem Handlungsgehilfen auf das Wettbewerbsverbot mit der Wirkung verzichten, dass er mit dem Ablauf eines Jahres seit der Erklärung von der Verpflichtung zur Zahlung der Entschädigung frei wird.

3 § 75a gilt mangels entgegenstehender Vereinbarung auch für **Organmitglieder**[2], ist aber im Einzelnen anzupassen[3].

II. Verzichtserklärung

1. Inhalt/Form/Zeitpunkt

4 Der Verzicht ist eine **einseitige, empfangsbedürftige** (§ 130 Abs. 1 BGB) **Willenserklärung;** für die Schriftform gilt § 126 BGB. Sie kann vom Unternehmer rechtswirksam nur bis zur rechtlichen Beendigung des Dienstverhältnisses abgegeben werden. Die Erklärung muss eindeutig sein; insbesondere muss in ihr klar zum Ausdruck kommen, dass der Arbeitgeber nicht nur selbst keine Karenzentschädigung zahlen, sondern auch den Arbeitnehmer mit sofortiger Wirkung von dessen Pflichten aus dem Wettbewerbsverbot entbinden will[4]. So dürfte die Aufhebung des Arbeitsvertrags – auch verbunden mit einer Abgeltungsklausel – noch keinen sicheren Schluss hinsichtlich eines Verzichts der Ansprüche und hinsichtlich eines Wettbewerbsverbots und einer Karenzentschädigung zulassen[5].

---

[1] BAG v. 2.12.1968 – 3 AZR 402/67, AP Nr. 3 zu § 74a HGB (Bl. 2 R) mit Anm. *Hoffmann* = DB 1969, 352.
[2] BGH v. 17.2.1992 – II ZR 140/91, NJW 1992, 1892 für den Geschäftsführer einer GmbH; vgl. auch § 74 Rn. 18.
[3] *Hoffmann-Becking*, FS Quack, 1991, S. 281.
[4] BAG v. 13.4.1978 – 3 AZR 822/76, BB 1978, 1168; vgl. insoweit auch § 75 Rn. 16.
[5] Vgl. OLG Köln v. 25.3.1997 – 27 U 225/96, BB 1997, 1328.

2. Teilverzicht

Ein teilweiser Verzicht, etwa eine Einschränkung des Wettbewerbsverbotes in zeitlicher, räumlicher oder gegenständlicher Hinsicht, ist **nicht möglich**[1]. Das Wettbewerbsverbot ist eine gegenseitige Vereinbarung, die durch eine einseitige Erklärung nicht in verschiedene Bestandteile zerlegt werden kann. In der Erklärung kann allerdings das Angebot des Arbeitgebers zur vertraglichen Abänderung der Wettbewerbsabrede gesehen werden.

3. Verzichtsgrund

Der Grund, warum der Arbeitgeber auf das Wettbewerbsverbot verzichtet, ist **nicht maßgebend**; insbesondere ist der Verzicht nicht auf Fälle begrenzt, in denen das Interesse am Wettbewerbsverbot unabhängig von der zukünftigen Tätigkeit des Handlungsgehilfen weggefallen ist[2]. Eine derartige Einschränkung wäre mit dem Gesetzeswortlaut nicht vereinbar[3].

Auf der anderen Seite darf sich aber der Verzicht des Arbeitgebers nicht als Reaktion auf eine Auskunft des Arbeitnehmers im Hinblick auf seinen künftigen Arbeitgeber darstellen.

4. Bedingter Verzicht/Einzelfragen

Entsprechend den Grundsätzen, die zur Unverbindlichkeit bedingter Wettbewerbsverbote führen (vgl. § 74a Rn. 22 f.), ist es **unzulässig**, den Verzicht an einen Vorbehalt oder eine Bedingung zu knüpfen oder irgendwie nach Zeit, Ort oder dem Gegenstand einzuschränken.

Einzelfragen: Der Verzicht ist auch möglich, wenn sich der Unternehmer zunächst gemäß § 75 Abs. 2 bereit erklärt hatte, dem Handlungsgehilfen den **vollen Betrag der zuletzt bezogenen Leistungen** zu gewähren. Hat der Unternehmer den Verzicht erklärt, kann er ihn nicht einseitig widerrufen.

Kündigt ein Arbeitgeber das Arbeitsverhältnis mit einem Arbeitnehmer ordentlich, so kann er gleichzeitig auf die Einhaltung eines vereinbarten Wettbewerbsverbots verzichten. Kündigt der Arbeitgeber im Anschluss an einen Verzicht auf die Einhaltung des Wettbewerbsverbotes berechtigt außerordentlich, so verliert der Arbeitnehmer den Anspruch auf Karenzentschädigung, ohne dass der Arbeitgeber eine weitere Erklärung zum Wettbewerbsverbot abzugeben braucht[4].

---

1 *Heymann/Honsell*, 1. Aufl. 1989, § 75a Rn. 2; a.A. *Schlegelberger/Schröder*, § 75a Rn. 4.
2 *Staub/Konzen/Weber*, § 75a Rn. 2, sehen in der Entscheidung des BAG v. 2.12.1968 – 3 AZR 407/67, DB 1969, 352 eine solche Beschränkung; es dürfte sich aber eher um eine missverständliche Begründung handeln.
3 *Staub/Konzen/Weber*, § 75a Rn. 2.
4 BAG v. 17.12.1987 – 3 AZR 59/86, NJW 1987, 2768.

III. Wirkung des Verzichts

1. Befreiung des Handlungsgehilfen von der Einhaltung des Wettbewerbsverbotes

11 Mit der Verzichtserklärung wird der Handlungsgehilfe mit sofortiger Wirkung von der künftigen Verpflichtung zur Einhaltung des Wettbewerbsverbotes befreit. Eine im Verzichtszeitpunkt noch nicht fällige Unterlassungspflicht kommt nicht mehr zur Entstehung[1].

12 Dies gilt auch für den Fall, dass der Verzicht im Zusammenhang mit einer **fristlosen Kündigung** oder mit einer **einverständlichen Aufhebung** des Dienstverhältnisses ausgesprochen wurde. Ein ausdrücklich auf einen späteren Zeitpunkt gerichteter Verzicht wäre als „Teilverzicht" unzulässig (s. Rn. 5). Während der Vertragsdauer bleibt der Handlungsgehilfe jedoch nach § 60 an das gesetzliche Wettbewerbsverbot gebunden.

2. Befreiung des Prinzipals von der Entschädigungspflicht

13 Zugunsten des Prinzipals wirkt der Verzicht nach § 75a in der Weise, dass er **ein Jahr nach Zugang der Verzichtserklärung** beim Handlungsgehilfen von seiner Verpflichtung zur Zahlung der Karenzentschädigung befreit wird. Erfolgt die Verzichtserklärung zeitgleich mit der Beendigung des Dienstverhältnisses, so bleibt der Prinzipal noch für das volle Jahr entschädigungspflichtig. Bei einer zeitlich vor der Beendigung des Dienstverhältnisses zugegangenen Verzichtserklärung besteht die Karenzentschädigungspflicht für ein Jahr abzüglich der Zeitspanne zwischen Zugang der Verzichtserklärung und dem Zeitpunkt der Beendigung des Dienstverhältnisses. Erklärt der Prinzipal beispielsweise den Verzicht ein Jahr vor der Kündigung, kommt die Entschädigungspflicht nicht mehr zur Entstehung[2]. Je länger also die Kündigungsfrist ist, desto eher kann sich ein Verzicht für den Arbeitgeber aufdrängen[3].

14 Unberührt hiervon bleiben die Fälle, in denen der Arbeitgeber nach Zugang der Verzichtserklärung das Arbeitsverhältnis **aus wichtigem personenbedingtem Grund kündigt**. Hier entfällt die Entschädigungspflicht in entsprechender Anwendung zu § 75 Abs. 1 (vgl. § 75 Rn. 3)[4].

---

1 *Heymann/Henssler*, § 75a Rn. 4 m.N.
2 *Staub/Konzen/Weber*, § 75a Rn. 9 m.w. Beispielen.
3 *Heymann/Henssler*, § 75a Rn. 5 m.N.
4 *Staub/Konzen/Weber*, § 75a Rn. 9.

IV. Vereinbarungen über das Verzichtsrecht

1. Vereinbarung zuungunsten des Handlungsgehilfen

a) Nachteilige Vereinbarungen

Für den Handlungsgehilfen nachteilige Vereinbarungen sind **unverbindlich** (§ 75d). So ist insbesondere eine vertragliche Vereinbarung unzulässig, die dem Arbeitgeber das Recht einräumt, noch nach Beendigung des Arbeitsverhältnisses oder mit der Folge einer sofortigen Befreiung von der Entschädigungspflicht auf die Abrede zu verzichten[1].

15

b) Vereinbarung einer Auskunftspflicht

Der Angestellte kann vertraglich auch nicht verpflichtet werden, während des bestehenden Arbeitsverhältnisses durch Auskunft über seine künftige Tätigkeit dem Arbeitgeber dazu zu verhelfen, dass dieser sich im Hinblick auf einen etwaigen Verzicht auf das Wettbewerbsverbot danach richten kann, inwieweit sich der Angestellte für die Zukunft gebunden hat[2].

16

Hat der Arbeitgeber dennoch Auskunft verlangt und erhalten und hat er dann aufgrund der Angaben den Verzicht erklärt, ist dieser **nach § 242 BGB unwirksam**. Ein solcher Verzicht würde nämlich dem Sinn und Zweck der §§ 74 ff. in doppelter Hinsicht widersprechen. Zum einen hat sich der Arbeitgeber die Auskunft wegen ihrer rechtlichen Unverbindlichkeit treuwidrig verschafft; zum anderen kann die bereits vom Arbeitnehmer getätigte Auswahl der neuen Arbeitsstelle in Befolgung (und Beschränkung) des Wettbewerbsverbotes erfolgt sein.

17

Die **Unwirksamkeit** besteht auch dann, wenn der Arbeitgeber nicht eigens noch einmal erklärt, bei welchem Arbeitgeber der Arbeitnehmer nicht tätig werden darf[3]. Diese Grundsätze gelten ferner, wenn der Arbeitnehmer sich zwar nicht vertraglich verpflichtet hatte, Auskunft zu erteilen, die Auskunft aber gleichwohl auf Betreiben des Arbeitgebers gegeben hat. Allerdings bleibt in all diesen Fällen dem Arbeitgeber die Möglichkeit, darzulegen und gegebenenfalls zu beweisen, dass der Verzicht trotz der vom Arbeitnehmer erhaltenen Angaben nicht im Hinblick auf dessen zukünftige Tätigkeit abgegeben wurde, sondern auf andere Gründe zurückzuführen ist.

18

c) Auskunft des Prinzipals

Umgekehrt kann der Arbeitnehmer auch nicht vom Arbeitgeber im Voraus eine Erklärung über den Verzicht verlangen[4].

19

---

1 Staub/Konzen/Weber, § 75a Rn. 10 m.N.
2 BAG v. 2.12.1968 – 3 AZR 407/67, DB 1969, 352; BAG v. 26.10.1978 – 3 AZR 649/77, BB 1979, 1557.
3 Enger in dieser Hinsicht ersichtlich BAG v. 26.10.1978 – 3 AZR 649/77, DB 1979, 1557.
4 BAG v. 26.10.1978 – 3 AZR 649/77, DB 1979, 1557.

2. Vereinbarungen zugunsten des Handlungsgehilfen

20 Für den Handlungsgehilfen vorteilhafte Vereinbarungen sind **wirksam**. So ist z.B. die Abrede möglich, dass Rechte des Arbeitgebers aus § 75a verkürzt oder ausgeschlossen werden.

§ 75b
(aufgehoben)[1]

§ 75c
Vertragsstrafe

(1) Hat der Handlungsgehilfe für den Fall, dass er die in der Vereinbarung übernommene Verpflichtung nicht erfüllt, eine Strafe versprochen, so kann der Prinzipal Ansprüche nur nach Maßgabe der Vorschriften des § 340 des Bürgerlichen Gesetzbuchs geltend machen. Die Vorschriften des Bürgerlichen Gesetzbuchs über die Herabsetzung einer unverhältnismäßig hohen Vertragsstrafe bleiben unberührt.

(2) Ist die Verbindlichkeit der Vereinbarung nicht davon abhängig, dass sich der Prinzipal zur Zahlung einer Entschädigung an den Gehilfen verpflichtet, so kann der Prinzipal, wenn sich der Gehilfe einer Vertragsstrafe der in Absatz 1 bezeichneten Art unterworfen hat, nur die verwirkte Strafe verlangen; der Anspruch auf Erfüllung oder auf Ersatz eines weiteren Schadens ist ausgeschlossen.

Übersicht

	Rn.		Rn.
I. Allgemeines		4. Vertragsstrafe als Mindestschaden	13
1. Zweck der Vorschrift	1	5. Abweichende Vereinbarungen	14
2. Regelungsinhalt	2	**IV. Höhe der Vertragsstrafe**	15
II. Wirksamkeit des Vertragsstrafeversprechens	4	**V. Herabsetzung einer unverhältnismäßig hohen Vertragsstrafe**	16
III. Rechte des Unternehmers aus § 340 BGB		1. Prozessuales	17
1. Einzelne Verletzung des Wettbewerbsverbots		2. Interessenabwägung	
a) Wahlrecht des Prinzipals	6	a) Strafhöhe/Einhaltung des Wettbewerbsverbots	18
b) Maßgebender Zeitpunkt	7	b) Vertragsstrafe/Karenzentschädigung	19
2. Mehrheit von Wettbewerbsverstößen/Dauerverstöße		c) Kriterien auf Seiten des Handlungsgehilfen	20
a) Vereinbarung	8	**VI. Wettbewerbsverbote ohne Karenzentschädigung**	21
b) Auslegungskriterien	9		
3. Ausübung des Wahlrechts	12	**VII. Sittenwidrigkeit**	22

---

1 Aufgehoben durch das 4. Euro-Einführungsgesetz v. 21.12.2000, BGBl. I 1983, 2010.

I. Allgemeines

1. Zweck der Vorschrift

Die Parteien können die **Einhaltung und Erfüllung des Wettbewerbsverbotes** durch den Handlungsgehilfen durch die Vereinbarung einer Vertragsstrafe sichern. Bei Wettbewerbsverstößen tritt diese als Druckmittel neben die weiteren Rechte des Unternehmers gegen den Arbeitnehmer (vgl. § 74 Rn. 47 f.) und erleichtert darüber hinaus den Schadensausgleich[1].

2. Regelungsinhalt

Das Strafversprechen ist eine **vertragliche Abrede**. Voraussetzungen und Wirkung bestimmen sich im Grundsatz nach den §§ 339 ff. BGB, die das unselbständige, also an eine Hauptverbindlichkeit angelehnte Strafversprechen regeln[2]. § 75c modifiziert auf der Grundlage dieser Vorschriften deren Rechtsfolgen.

Nach § 75c Abs. 1 S. 1 kann der Unternehmer Ansprüche aus einer vom Handlungsgehilfen versprochenen Vertragsstrafe nur **nach Maßgabe der Vorschriften des § 340 BGB** (und nicht des § 341 BGB) geltend machen. § 75c Abs. 1 S. 2 stellt klar, dass – entgegen § 348 – eine Herabsetzung der Vertragsstrafe nach § 343 BGB möglich ist. Nach § 75c Abs. 2 kann der Unternehmer bei entschädigungslosen Wettbewerbsverboten im Falle eines Verstoßes nur die verwirkte Strafe verlangen.

II. Wirksamkeit des Vertragsstrafeversprechens

Die Vereinbarung einer Vertragsstrafe bedarf mangels entsprechender Regelungen an sich keiner Form. Nachdem sie sich aber regelmäßig als Teil der Vereinbarung über das Wettbewerbsverbot selbst darstellt, greift die **Formvorschrift des § 74 Abs. 1**[3].

Das Vertragsstrafeversprechen hat auch leistungsbestimmenden Charakter im Hinblick auf die eigentliche Wettbewerbsabrede. Es ist daher in einer vom Arbeitgeber zu unterzeichnenden und dem Arbeitnehmer auszuhändigenden **Urkunde** aufzunehmen (vgl. näher § 74 Rn. 47). Das Versprechen ist auch immer unselbständig, d.h. die Unwirksamkeit oder der Wegfall der zu sichernden Wettbewerbsabrede hat zwingend auch die Unwirksamkeit des Vertragsstrafeversprechens zur Folge.

---

1 BGH v. 6.11.1967 – VIII ZR 81/65, BGHZ 49, 84, 89; BGH v. 23.6.1988 – VII ZR 117/87, BGHZ 105, 24, 27.
2 H.M.; vgl. *Palandt/Grüneberg*, § 339 BGB Rn. 1 ff.; dort auch zur Abgrenzung ähnlicher Rechtsgebilde.
3 *Staub/Konzen/Weber*, § 75c Rn. 2; GK/*Etzel*, §§ 74–75d Rn. 85.

III. Rechte des Unternehmers aus § 340 BGB

1. Einzelne Verletzung des Wettbewerbsverbots

a) Wahlrecht des Prinzipals

6 Bei einer Verletzung des Wettbewerbsverbots (vgl. dazu § 74 Rn. 44) durch den Arbeitnehmer hat der Unternehmer nur die Wahl, ob er die **Vertragsstrafe** fordern will oder die **Vertragserfüllung**, d.h. Unterlassung der Konkurrenztätigkeit mit der sich daraus ergebenden Fortsetzung des Vertragsverhältnisses (§ 340 Abs. 1 S. 1 BGB). Er kann nicht, wie im Fall des § 341 BGB, die verwirkte Strafe neben der Unterlassung verlangen. Verlangt er die Strafe, ist ein Anspruch auf Erfüllung ausgeschlossen (§ 340 Abs. 1 S. 2 BGB). Der Handlungsgehilfe ist dann an das Wettbewerbsverbot nicht mehr gebunden; der Anspruch auf Zahlung der Karenzentschädigung entfällt. Dies bedeutet allerdings nicht, dass der Erfüllungsanspruch für immer ausgeschlossen ist. Die den Unterlassungsanspruch ausschließende Regelung des § 340 Abs. 1 BGB gilt nämlich nur für die Zeit, auf die sich die verwirkte Strafe bezieht; für die verbleibende Zeit besteht der Erfüllungsanspruch weiter[1]. Wenn der zur Unterlassung verpflichtete Arbeitnehmer während eines Teiles der Karenzzeit vertragswidrig eine Konkurrenztätigkeit ausgeübt hat, kann der Arbeitgeber für diese Zeit die Vertragsstrafe geltend machen und gleichzeitig für den verbleibenden Teil der Karenzzeit Unterlassung verlangen[2].

b) Maßgebender Zeitpunkt

7 Maßgebender Zeitpunkt ist die **Zuwiderhandlung des Handlungsgehilfen.** Hat der Unternehmer in Unkenntnis dieser Zuwiderhandlung Karenzentschädigung gezahlt und wählt er dann den Anspruch auf Zahlung der Vertragsstrafe, kann er die Karenzentschädigung nach § 812 Abs. 1 BGB zurückfordern.

2. Mehrheit von Wettbewerbsverstößen/Dauerverstöße

a) Vereinbarung

8 Inwieweit verschiedene oder andauernde Zuwiderhandlungen des Arbeitnehmers gegen das Wettbewerbsverbot eine Verwirkung der Vertragsstrafe auslösen, ist vornehmlich eine Frage der vertraglichen Vereinbarung und damit auch der **Auslegung.** So kann vereinbart werden, dass eine Vertragsstrafe bei jedem einzelnen Fall der Zuwiderhandlung verwirkt ist, der Arbeitgeber aber bei jedem weiteren Verstoß wieder das Wahlrecht zwischen Unterlassungsanspruch und Vertragsstrafe haben soll. Ebenso ist die Abmachung möglich, dass die Vertragsstrafe jeden Monat wieder verwirkt sein soll, wenn ein Dauerverstoß vorliegt[3].

---

1 BAG v. 26.1.1973 – 3 AZR 233/72, NJW 1973, 1717; *Palandt/Grüneberg*, § 340 BGB Rn. 5.
2 BAG v. 26.1.1973 – 3 AZR 233/72, NJW 1973, 1717.
3 BAG v. 26.9.1963 – 5 AZR 2/63, BB 1963, 1483 m.N.

b) Auslegungskriterien

Ist nichts Ausdrückliches vereinbart, ist die Frage, inwieweit mehrere Zuwiderhandlungen oder Dauerverstöße eine Verwirkung der Vertragsstrafe auslösen, durch Auslegung zu ermitteln. Lücken in der Vereinbarung sind **durch ergänzende Vertragsauslegung**[1] zu schließen[2].

Die Auslegung der Vertragsstrafenklausel hat sich insbesondere an dem **Zweck des Wettbewerbsverbotes**, dessen Einhaltung die Vertragsstrafenabrede sichern soll, zu orientieren. Von Bedeutung ist insoweit auch die Relation zwischen der vereinbarten Vertragsstrafe und der Höhe der insgesamt versprochenen Karenzentschädigung. Übersteigt die Karenzentschädigung die Vertragsstrafe deutlich, liegt gerade bei Dauerverstößen die Annahme nahe, dass durch die einmalige Zahlung der Vertragsstrafe der Unterlassungsanspruch des Arbeitgebers nicht auf Dauer entfallen soll[3].

Bei der Frage, ob **mehrere Zuwiderhandlungen** jeweils eine eigene Verwirkung der Vertragsstrafe zur Folge haben, kann es auch eine Rolle spielen, inwieweit der Arbeitnehmer für die einzelne Tätigkeit ein gesondertes Honorar erhält. Im Übrigen kann auch eine Wettbewerbstätigkeit über eine kurze Zeit die volle Vertragsstrafe auslösen. Eine Vertragsstrafenabrede, die für jeden Fall der Zuwiderhandlung als Strafe die Zahlung eines Jahresgehalts vorsieht, kann nach der Interessenlage dahin auszulegen sein, dass der Arbeitgeber eine von ihm bestimmte Teilzeit der Konkurrenztätigkeit mit der vollen Vertragsstrafe belegen kann[4].

3. Ausübung des Wahlrechts

Da es sich um eine **facultas alternativa des Unternehmers** und nicht um eine Wahlschuld des Handlungsgehilfen handelt, hat letzterer das Recht, den Unternehmer nach § 264 Abs. 2 BGB unter Bestimmung einer angemessenen Frist zu zwingen, die Wahl vorzunehmen. Ebenso wenig ist der Handlungsgehilfe berechtigt, sich durch Zahlung der Vertragsstrafe von sich aus von der Verpflichtung zur Einhaltung des Wettbewerbsverbotes zu befreien. Hat der Unternehmer zunächst Unterlassung gefordert, kann er nachträglich zur Geltendmachung des Vertragsstrafenanspruchs übergehen[5]. Dies gilt allerdings nicht, wenn der Arbeitnehmer dem Verlangen tatsächlich nachgekommen, er also Wettbewerbshandlungen aufgegeben oder unterlassen hat. Dahingegen bindet das Verlangen der Vertragsstrafe immer, weil die Erklärung gestaltende Wirkung hat und der Erfüllungsanspruch gemäß § 340 Abs. 1 S. 2 BGB automatisch erlischt.

---

1 Vgl. dazu *Palandt/Heinrichs*, § 157 BGB Rn. 2.
2 Vgl. für den Fall eines Dauerverstoßes LAG Baden-Württemberg/Mannheim v. 6.11.1972 – 7 Sa 90/72, DB 1973, 1682.
3 *Staub/Konzen/Weber*, § 75c Rn. 7.
4 BAG v. 26.1.1973 – 3 AZR 233/72, NJW 1973, 1717.
5 RG JW 1913, 319; *Heymann/Henssler*, § 75c Rn. 4; *Baumbach/Hopt*, § 75c Rn. 3; a.A. *Staub/Konzen/Weber*, § 75c Rn. 5.

4. Vertragsstrafe als Mindestschaden

13 Nach § 340 Abs. 2 BGB kann der Arbeitgeber, wenn er einen Anspruch auf Schadensersatz wegen Nichterfüllung geltend macht (zu den Voraussetzungen vgl. § 74 Rn. 47 ff.), die versprochene Vertragsstrafe als Mindestschaden fordern; bis zu dieser Höhe muss er seinen **Schaden nicht beweisen.** Im Übrigen entfällt der Erfüllungsanspruch (bezogen auf den verwirkten Zeitraum) auch dann, wenn statt der Vertragsstrafe Schadensersatz verlangt wird.

5. Abweichende Vereinbarungen

14 Weitergehende Beschränkungen der Vertragsstrafe sind insoweit zulässig, als sie **zugunsten des Handlungsgehilfen** erfolgen. So steht § 75d einer Vereinbarung nicht entgegen, wonach der Arbeitgeber bei einem Wettbewerbsverstoß nur die Vertragsstrafe fordern kann, nicht aber Erfüllung oder Ersatz eines weiteren Schadens. Ebenso ist eine Vereinbarung zulässig, wonach sich der Arbeitnehmer durch Zahlung der Vertragsstrafe als eine Art Reuegeld von seiner Verpflichtung aus dem Wettbewerbsverbot lösen kann.

IV. Höhe der Vertragsstrafe

15 Die Parteien der Wettbewerbsabrede können die Bemessung der Vertragsstrafe selbst vornehmen oder sie in das **Ermessen eines Dritten** stellen (§ 317 Abs. 1 BGB). Die Festsetzung kann aber nicht von vornherein dem Gericht überlassen werden. Es ist nicht Aufgabe der Gerichte, rechtsgestaltend bei Abschluss und Ausfüllung eines Vertrages mitzuwirken[1].

V. Herabsetzung einer unverhältnismäßig hohen Vertragsstrafe

16 § 75c Abs. 1 S. 2 stellt klar, dass eine verwirkte Strafe, die unverhältnismäßig hoch ist, nach § 343 BGB auf den angemessenen Betrag herabgesetzt werden kann.

1. Prozessuales

17 Über die Herabsetzung kann der Richter erst entscheiden, wenn der Arbeitnehmer einen entsprechenden **Antrag** stellt. Ob ein solcher Antrag bereits in dem prozessualen Bestreiten des vom Unternehmer geltend gemachten Anspruchs auf Zahlung der Strafe gesehen werden kann, ist Auslegungsfrage. Ist die Strafe erst einmal bezahlt, kommt eine Herabsetzung nicht mehr in Betracht.

---

1 BAG v. 25.9.1980 – 3 AZR 133/80, BB 1981, 302.

2. Interessenabwägung

a) Strafhöhe/Einhaltung des Wettbewerbsverbots

Die Ermittlung der angemessenen Höhe der Vertragsstrafe geschieht im Wege einer umfassenden Interessenabwägung. Dabei ist auf der Seite des Arbeitgebers **jedes berechtigte Interesse** und nicht nur sein Vermögensinteresse in Betracht zu ziehen (§ 343 Abs. 1 S. 2 BGB). Entscheidend ist, ob ein erhebliches Missverständnis zwischen der Höhe der Strafe und dem Interesse des Unternehmers an der Einhaltung des Wettbewerbsverbotes besteht.

18

b) Vertragsstrafe/Karenzentschädigung

Es gibt keinen allgemein gültigen Rechtssatz, dass ein angemessenes Verhältnis zwischen Vertragsstrafe und Karenzentschädigung bestehen muss. So kann es sachgerecht sein, eine kurze vertragswidrige Tätigkeit deshalb mit einer verhältnismäßig hohen Strafe zu belegen, weil der frühere Arbeitnehmer die für die Konkurrenz entscheidenden Tatsachen schon nach kurzer Zeit an das Konkurrenzunternehmen weitergegeben hat.

19

c) Kriterien auf Seiten des Handlungsgehilfen

Auf Seiten des Handlungsgehilfen sind dessen **wirtschaftliche Verhältnisse** und die **Erschwerung seines Fortkommens** durch das Verbot zu berücksichtigen. Von Bedeutung sind vor allem auch die Höhe des eingetretenen oder möglicherweise zu erwartenden **Schadens** und die Schwere der Zuwiderhandlung[1]. Dabei sind nicht allein die Verhältnisse zur Zeit der Vereinbarung, sondern auch die Entwicklung in der Folgezeit in Betracht zu ziehen. Im Hinblick auf ein fehlendes Verschulden kann der Arbeitnehmer, der eine Konkurrenztätigkeit aufgenommen hat, nicht einwenden, er habe diese für ungefährlich gehalten. Er muss mit seinem Vertragspartner über weitere Beschäftigungen verhandeln und darf sich nicht eigenmächtig über das Verbot hinwegsetzen. Unterlässt er dies, kann er nicht nachträglich mit der Begründung Herabsetzung der vereinbarten Vertragsstrafe verlangen, er habe die Bedeutung seines vertragswidrigen Verhaltens verkannt[2].

20

VI. Wettbewerbsverbote ohne Karenzentschädigung

Nach § 75c Abs. 2 kann der Unternehmer bei einem Wettbewerbsverbot, das nicht von der Zahlung einer Karenzentschädigung an den Handlungsgehilfen abhängt, im Fall einer Zuwiderhandlung nicht Unterlassung, sondern **nur die verwirkte Strafe** verlangen. Ausgeschlossen ist auch der Ersatz eines weiteren Schadens. Die Vorschrift ist jedoch praktisch ohne Bedeutung, weil die Ausnahmen von der Entschädigungspflicht mit der Aufhebung des § 75b nicht mehr existieren.

21

---

[1] BAG v. 21.5.1971 – 3 AZR 259/70, NJW 1971, 2007.
[2] BAG v. 21.5.1971 – 3 AZR 259/70, NJW 1971, 2007.

VII. Sittenwidrigkeit

22 Das Herabsetzungsrecht des Handlungsgehilfen nach § 343 BGB lässt die Anwendung von § 138 BGB unberührt. Eine Nichtigkeit nach dieser Vorschrift kommt aber nur in Betracht, wenn zur bloßen Unverhältnismäßigkeit der Strafhöhe ein **weiterer Umstand** hinzutritt, der gegen die guten Sitten verstößt.

§ 75d
Abweichende Vereinbarungen

Auf eine Vereinbarung, durch die von den Vorschriften der §§ 74 bis 75c zum Nachteil des Handlungsgehilfen abgewichen wird, kann sich der Prinzipal nicht berufen. Das gilt auch von Vereinbarungen, die bezwecken, die gesetzlichen Vorschriften über das Mindestmaß der Entschädigung durch Verrechnungen oder auf sonstige Weise zu umgehen.

1. Regelungsinhalt

1 Nach § 75d S. 1 kann sich der Unternehmer auf eine **zum Nachteil des Handlungsgehilfen** von den §§ 74–75c abweichende arbeitsvertragliche Vereinbarung nicht berufen. Dieser Grundsatz gilt nach § 75d S. 2 ausdrücklich auch für solche Vereinbarungen, welche die Vorschriften über das Mindestmaß der Entschädigung umgehen.

2. Normzweck

2 Die Vorschrift dient dem **Schutz des Handlungsgehilfen** als dem wirtschaftlich Abhängigen und soll ihn davor bewahren, in dem Bestreben um eine Anstellung oder um die Beibehaltung seiner Stellung dem Unternehmer vertragsmäßige Zugeständnisse hinsichtlich des Wettbewerbsverbotes zu machen, die zu seinem Nachteil über die Grenzen der Bestimmungen der §§ 74–75c hinausgehen. Wie es bereits im Wortlaut von § 75d S. 1 zum Ausdruck kommt und auch dem Sinn und Zweck der §§ 74 ff. entspricht, hat jedoch eine solche vertragliche Abweichung grundsätzlich rechtlichen Bestand.

3. Abweichung zum Nachteil des Handlungsgehilfen

3 Die Vereinbarung ist lediglich insoweit, als sie den Handlungsgehilfen benachteiligt, für diesen nicht verbindlich, die Verbindlichkeit für den Unternehmer bleibt aber bestehen. Der Arbeitnehmer hat ein **Wahlrecht** dahingehend, ob er unter Wegfall des Anspruchs auf Karenzentschädigung Wettbewerb treiben oder ob er sich an das Wettbewerbsverbot halten und die Entschädigung verlangen will (vgl. dazu näher § 74 Rn. 47 ff.).

Die Vorschrift betrifft nur solche dem Handlungsgehilfen nachteilige Vereinbarungen, die **vor Beendigung** des Dienstverhältnisses getroffen worden sind. Spätere Abreden sind für ihn gleichermaßen verbindlich.

4. Einzelfälle

Der Arbeitnehmer kann nicht wirksam auf das ihm in § 75 eingeräumte Recht, die Vereinbarung des Wettbewerbsverbotes aufzuheben, **verzichten.** Wird die Geltung eines vertraglichen Wettbewerbsverbotes von vornherein für den Fall ausgeschlossen, dass der Arbeitgeber das Arbeitsverhältnis ordentlich kündigt, so ist diese Einschränkung insoweit für den Arbeitnehmer unverbindlich, als sie dessen Wahlrecht gemäß § 75 Abs. 2 einschränkt[1]. Zur Unverbindlichkeit bei bedingten Wettbewerbsverboten vgl. § 74a Rn. 22.

Im Hinblick auf die Karenzentschädigung sind Vereinbarungen unzulässig, die eine **Anrechnung von Zahlungen oder Leistungen**, die der Handlungsgehilfe vor Beendigung des Dienstverhältnisses erhalten hat, vorsehen. Nach Beendigung des Dienstverhältnisses kann der Unternehmer gegen den pfändbaren Teil der Karenzentschädigung allerdings auch mit einer Forderung aufrechnen, die ihm aus der Zeit zusteht, während derer das Dienstverhältnis noch bestand. Unzulässig nach § 75d S. 2 HGB kann auch eine an sich zulässige Mandantenübernahmeklausel sein, wenn sie den Handlungsgehilfen übermäßig lange bindet[2].

5. Geltung für tarifvertragliche Vereinbarungen

Streitig ist, ob § 75d tarifvertragliche Abweichungen zum Nachteil des Handlungsgehilfen erlaubt. Nach einer Entscheidung des **BAG** zur Problematik der Tarifdispositivität braucht § 75d einer vom Gesetz abweichenden tariflichen Regelung „nicht unbedingt im Wege zu stehen"[3]. In der **Literatur** ist der Meinungsstand kontrovers[4].

§ 75e

(aufgehoben)

---

1 BAG v. 14.7.1981 – 3 AZR 515/78, BB 1982, 926.
2 BAG v. 7.8.2002 – 10 AZR 586/01, BB 2002, 2386.
3 BAG v. 12.11.1971 – 3 AZR 116/71, AP Nr. 28 zu § 74 HGB mit Anm. *Canaris*, DB 1972, 340.
4 Vgl. zum Überblick *Wagner*, Die Besonderheiten beim Arbeitsverhältnis des Handlungsgehilfen, 1993, S. 107 ff.; für die Anwendung von § 75d auf Tarifverträge *Staub/Konzen/Weber*, § 75d Rn. 5; *Baumbach/Hopt*, § 75d Rn. 3.

§ 75f
Sperrabsprache unter Arbeitgebern

Im Falle einer Vereinbarung, durch die sich ein Prinzipal einem anderen Prinzipal gegenüber verpflichtet, einen Handlungsgehilfen, der bei diesem in Dienst ist oder gewesen ist, nicht oder nur unter bestimmten Voraussetzungen anzustellen, steht beiden Teilen der Rücktritt frei. Aus der Vereinbarung findet weder Klage noch Einrede statt.

1. Regelungsinhalt/Normzweck

1 Die Vorschrift betrifft Wettbewerbsabreden unter Arbeitgebern, durch die sich ein Arbeitgeber verpflichtet, Handlungsgehilfen, die bei einem anderen angestellt sind oder angestellt gewesen sind, nicht oder nur unter bestimmten Voraussetzungen einzustellen (sog. **geheime Wettbewerbs- oder Konkurrenzklausel**).

2 **Zweck der Vorschrift** ist es, die Handlungsgehilfen gegen nachteilige Absprachen der Arbeitgeber zu schützen, ihr Recht auf freie Wahl des Arbeitsplatzes (Art. 12 Abs. 1 S. 1 GG) zu sichern und so auch einer Umgehung der §§ 74 ff. entgegenzuwirken. Als gesetzgeberische Maßnahme zum Schutz der beruflichen Entscheidungsfreiheit des Arbeitnehmers vor übermäßigen Belastungen durch die Wettbewerbsinteressen seines Arbeitgebers verstößt die Vorschrift nicht gegen Art. 9 Abs. 3 GG[1].

2. Anwendungsbereich

3 Erfasst werden nicht nur Verbandsabsprachen, sondern auch **Vereinbarungen unter einzelnen Arbeitgebern**[2].

4 § 75f ist auch auf Sperrabreden **zu Lasten nicht kaufmännischer Angestellter** entsprechend anwendbar[3]. Die Vorschrift gilt ferner, wenn sich ein Dritter dem Arbeitgeber gegenüber verpflichtet, dessen Angestellte nach ihrem Ausscheiden nicht als selbständige Unternehmer zu beschäftigen[4]. Unerheblich ist, ob ein Angestellter unmittelbar vom alten zum neuen Arbeitgeber überwechseln will oder ob er dies erst nach Annahme einer anderen Arbeitsstelle beabsichtigt, da eine Behinderung in beiden Fällen vorliegen kann[5].

---

1 BGH v. 30.4.1974 – VI ZR 133/72, BB 1974, 1024.
2 *Staub/Konzen/Weber*, § 75f Rn. 2 m.N.; BGH v. 13.10.1972 – 1 ZR 88/71, BB 1973, 427.
3 BGH v. 27.9.1983 – VI ZR 294/81, BGHZ 88, 260; vgl. auch § 74 Rn. 14; ausdrücklich: § 110 GewO.
4 BGH v. 27.9.1983 – VI ZR 294/81, BGHZ 88, 260.
5 BGH v. 13.10.1972 – I ZR 88/71, BB 1973, 427.

§ 75f gilt auch für Sperrabreden, durch die der Inhaber eines auf die Überlassung von Büropersonal gerichteten Unternehmens einer **Abwerbung** seiner Angestellten durch seine Kunden vorzubeugen versucht[1].

3. Rechtsfolgen

Das Gesetz lässt Abmachungen i.S. des § 75f **nicht schlechthin nichtig** sein, sondern versagt ihnen nur den rechtlichen Schutz. Nach § 75f S. 1 können daher beide Vertragsteile frei zurücktreten. Aus der Vereinbarung sind auch weder Klage noch Einrede möglich (§ 75f S. 2). Die Vereinbarung ist allerdings dann nichtig, wenn der Gesichtspunkt der Sittenwidrigkeit (§ 138 BGB), vor allem im Fall einer wirtschaftlichen Knebelung des anderen Vertragsteils, hinzukommt.

4. Ansprüche des Arbeitgebers

Stellt der Unternehmer entgegen der Vereinbarung den Handlungsgehilfen eines anderen an, kann er von dem früheren Arbeitgeber weder auf Unterlassung noch auf Schadensersatz in Anspruch genommen werden. Vereinbarte **Vertragsstrafen** sind regelmäßig nichtig, auch wenn sie aktive Abwerbungsverbote absichern[2]. Etwas anderes gilt aber, wenn die fragliche Abwerbung gegen § 3 UWG verstößt. Ein solcher Verstoß kann insbesondere dann vorliegen, wenn der Abwerbende den Arbeitnehmer zum Vertragsbruch verleitet, wenn er den Mitbewerber nachhaltig behindern will oder wenn die Unternehmer durch ein besonderes Vertrauensverhältnis miteinander verbunden sind[3].

5. Ansprüche des Arbeitnehmers

Der Arbeitnehmer kann gegebenenfalls **Schadenersatzansprüche aus § 826 BGB** gegen die beteiligten Unternehmer geltend machen[4], wenn er im Hinblick auf die Abrede mit dem früheren Arbeitgeber nicht angestellt und dadurch sein berufliches Fortkommen wesentlich erschwert oder unmöglich gemacht wird, ohne dass ein hinreichend berechtigt erscheinendes Geschäftsinteresse des früheren Arbeitgebers bestand. Der Arbeitnehmer ist dafür beweispflichtig, dass er ohne die Vereinbarung eine ihm jetzt nicht mögliche Anstellung gefunden haben würde. Die Ansprüche scheiden aber aus, wenn er selbst durch ein vereinbartes Wettbewerbsverbot gebunden ist. Der Unternehmer ist allerdings nicht verpflichtet, dem Handlungsgehilfen eine entsprechende Abrede zu offenbaren, so dass dieser auf eine dahin gehende culpa in contrahendo keine Schadenersatzansprüche stützen kann.

---

1 BGH v. 30.4.1974 – VI ZR 133/72, BB 1974, 1024; zweifelnd *Wolf*, Die Wirksamkeit von Anstellungs- und Abwerbeverboten in Due-Diligence-Prozessen im Lichte von § 75f HGB, NZG 2004, 366.
2 BGH v. 30.4.1974 – VI ZR 133/72, BB 1974, 1024, 1025.
3 Vgl. im Einzelnen *Weiland*, BB 1976, 1179.
4 *Baumbach/Hopt*, § 75f Rn. 2.

§ 75g
Vermittlungsgehilfe

§ 55 Abs. 4 gilt auch für einen Handlungsgehilfen, der damit betraut ist, außerhalb des Betriebes des Prinzipals für diesen Geschäfte zu vermitteln. Eine Beschränkung dieser Rechte braucht ein Dritter gegen sich nur gelten zu lassen, wenn er sie kannte oder kennen musste.

1. Übersicht §§ 75g, h

1 Die Vorschriften § 75g und h befassen sich ausschließlich mit der Vertretungsmacht des Handlungsgehilfen und betreffen daher nur das **(Außen-)Verhältnis zu Dritten**. Der Sache nach enthalten sie die gleichen Regelungen wie §§ 91, 91a für den Handelsvertreter. Sie gelten nur für den Handlungsgehilfen; eine analoge Anwendung auf nicht-kaufmännische Arbeitnehmer scheidet aus[1]. Nachdem sie sich nicht auf das Innenverhältnis zum Arbeitgeber beziehen, besteht – anders als grundsätzlich bei den §§ 74 ff. (vgl. § 74 Rn. 14) – keine Veranlassung für eine Ausdehnung der Vorschriften über den Wortlaut hinaus. Insoweit gelten allerdings die allgemeinen Grundsätze über die **Anscheins- und Duldungsvollmacht**[2].

2. Vertretungsmacht nach § 55 Abs. 4

2 § 75g S. 1 erstreckt die Anwendung von § 55 Abs. 4 auf den **im Außendienst tätigen Vermittlungsgehilfen**. Danach hat dieser Vertretungsmacht zur Entgegennahme von Erklärungen Dritter betreffend mangelhafter Leistungen (§ 55 Abs. 4 1. Hs.) und kann das Beweissicherungsrecht des Arbeitgebers geltend machen (§ 55 Abs. 4 1. Hs.). Hinsichtlich des Umfangs der Vertretungsmacht vgl. unter Einschränkungen die Anm. zu § 55.

3 Nach § 75g S. 2 wirken abweichende Vereinbarungen **nicht gegenüber gutgläubigen Dritten**. Die Vorschrift dient dem Verkehrsschutz; der gutgläubige Geschäftsgegner soll sich in einem gewissen Umfang auf die Befugnisse des Geschäfte vermittelnden Handlungsgehilfen verlassen dürfen. Die Ausgestaltung des Innenverhältnisses ist für Dritte meist nicht erkennbar; eine Nachforschung ist ihnen nicht zuzumuten.

---

1 *Schlegelberger/Schröder*, § 75g Rn. 4; *Staub/Konzen/Weber*, vor §§ 75g, h Rn. 2; § 110 GewO.
2 Vgl. hierzu *Palandt/Heinrichs*, § 172 BGB Rn. 6 ff.

§ 75h
Unkenntnis des Mangels der Vertretungsmacht

(1) Hat ein Handlungsgehilfe, der nur mit der Vermittlung von Geschäften außerhalb des Betriebes des Prinzipals betraut ist, ein Geschäft im Namen des Prinzipals abgeschlossen, und war dem Dritten der Mangel der Vertretungsmacht nicht bekannt, so gilt das Geschäft als von dem Prinzipal genehmigt, wenn dieser dem Dritten gegenüber nicht unverzüglich das Geschäft ablehnt, nachdem er von dem Handlungsgehilfen oder dem Dritten über Abschluss und wesentlichen Inhalt benachrichtigt worden ist.

(2) Das Gleiche gilt, wenn ein Handlungsgehilfe, der mit dem Abschluss von Geschäften betraut ist, ein Geschäft im Namen des Prinzipals abgeschlossen hat, zu dessen Abschluss er nicht bevollmächtigt ist.

1. Anwendungsbereich

Die Vorschrift stimmt mit § 91a überein und bezieht sich auf die **Vermittlung von Geschäften außerhalb des Betriebes des Prinzipals** durch den Handlungsgehilfen. Eine analoge Anwendung auf Handlungsgehilfen, die nicht mit dem Abschluss oder nur mit der Vermittlung von Geschäften innerhalb des Betriebs des Arbeitgebers betraut sind, scheidet wegen des klaren Wortlauts und des Ausnahmecharakters der Vorschrift aus[1]. Anders allerdings der BGH für den Handlungsgehilfen, der nicht ausschließlich mit Geschäften außerhalb des Betriebes des Prinzipals betraut ist[2].

1

2. Genehmigungsfiktion

§ 75h Abs. 1 betrifft die Fälle, in denen der Handlungsgehilfe das Geschäft **ohne Vertretungsmacht** abschließt; § 75h Abs. 2 die Fälle einer **Vollmachtsüberschreitung**. Die Geschäfte gelten jeweils als vom Prinzipal genehmigt, wenn er sie dem Dritten gegenüber nicht unverzüglich ablehnt. Unverzüglich bedeutet im Regelfall, dass die Ablehnung binnen zwei Wochen zugehen muss[3]. Voraussetzung ist jeweils, dass das Geschäft im Namen des Prinzipals abgeschlossen worden ist, der Geschäftsgegner den Mangel der Vertretungsmacht bzw. der Vollmachtsüberschreitung nicht kannte und der Prinzipal von dem Abschluss entweder durch den Handlungsgehilfen oder den Geschäftsgegner benachrichtigt worden ist (vgl. näher die Erläuterungen zu § 91a).

2

§§ 76–82

(aufgehoben)

---

1 *Staub/Konzen/Weber*, § 75h Rn. 3; a.A. *Schlegelberger/Schröder*, § 75h Rn. 2.
2 BGH v. 21.12.2005 – VIII ZR 88/05, BB 2006, 405.
3 Vgl. BGH v. 21.12.2005 – VIII ZR 88/05, BB 2006, 405.

§ 82a
Wettbewerbsverbot des Volontärs

Auf Wettbewerbsverbote gegenüber Personen, die, ohne als Lehrlinge angenommen zu sein, zum Zwecke ihrer Ausbildung unentgeltlich mit kaufmännischen Diensten beschäftigt werden (Volontäre), finden die für Handlungsgehilfen geltenden Vorschriften insoweit Anwendung, als sie nicht auf das dem Gehilfen zustehende Entgelt Bezug nehmen.

§ 82a ist gegenstandslos durch § 12 Abs. 1 BBiG v. 23.3.2005, BGBl. I 931.

§ 83
Andere Arbeitnehmer

Hinsichtlich der Personen, welche in dem Betrieb eines Handelsgewerbes andere als kaufmännische Dienste leisten, bewendet es bei den für das Arbeitsverhältnis dieser Personen geltenden Vorschriften.

1 Die Vorschrift stellt klar, dass die §§ 59 ff. sich nicht auf andere Angestellte eines Kaufmanns beziehen, die keine kaufmännischen Dienste erbringen (vgl. § 59 Rn. 24–28). Im Übrigen gelten für die Handlungsgehilfen, als auch für die sonstigen Arbeitnehmer im Betrieb eines Kaufmanns, die allgemeinen arbeitsrechtlichen Grundsätze.

2 In den neuen Bundesländern ist die Vorschrift nicht anwendbar (Anlage I Kapitel VIII Sachgebiet A Abschn. III Nr. 2 Einigungsvertrag).

Siebenter Abschnitt Handelsvertreter

Vorbemerkung Vor § 84

Schrifttum: *Abrahamczik*, Der Handelsvertretervertrag, 2. Aufl. 1999; *Ankele*, Das deutsche Handelsvertreterrecht nach der Umsetzung der EG-Richtlinie, DB 1989, 2211; *Ankele*, Handelsvertreterrecht, Kommentar (Loseblattausgabe) 13. Ergänzungslieferung Sept. 2000; *Ankele*, Das Deutsche Handelsvertreterrecht nach der Umsetzung der EG-Richtlinie, DB 1989, 2211; *Bauer/de Bronett*, Die EU-Gruppenfreistellungsverordnung für vertikale Vertriebsbeschränkungen, 2001; *Baumbach/Hopt*, HGB, 33. Aufl. 2008; *Bruck/Möller*, Kommentar zum Versicherungsvertragsgesetz und zu den Allgemeinen Versicherungsbedingungen unter Einschluss des Versicherungsvermittlerrechts, 8. Aufl., 3. Lieferung, Vorbem. zu §§ 43 bis 48 VVG, Recht der Versicherungsvermittlung, 1956; *Brüggemann*, in HGB-Großkommentar, §§ 84 bis 92c HGB, 4. Aufl. 1982; *Canaris*, Handelsrecht, 24. Aufl. 2006, § 15; *Creutzig*, Vertrieb und Betreuung neuer Kraftfahrzeuge im 21. Jahrhundert – Fragen und Antworten zur Kfz-GVO 1400/2002, BB 2002, 2133; *Detzer/Ullrich*, Gestaltung von Verträgen mit ausländischen Handelsvertretern und Vertragshändlern, 2000; *Detzer/Zwernemann*, Ausländisches Recht der Handelsvertreter und Vertragshändler, 1997; *Eberstein*, Der Handelsvertretervertrag, 8. Aufl. 1999; *Emde*, Rechtsprechungsübersichten zum Vertriebsrechts ab August 1998 in VersR 1999, 1464; VersR 2001, 148; VersR 2002, 251; VersR 2003, 419 und 549; VersR 2004, 1499; BB 2005, 389; BB 2006, 1061 und 1121; *Emde*, Die GmbH als Handelsvertreter, GmbHR 1999, 1005; *Emde*, Die Handelsvertreter-GmbH, 1994; Handelsvertreterrecht, Entscheidungen und Gutachten (HVR), Loseblattausgabe, herausgegeben vom Forschungsverband für den Handelsvertreter- und Handelsmaklerberuf; *Emde*, Handelsvertreterrecht – relevante Vorschriften bei nationalen und internationalen Verträgen, MDR 2002, 190; *Emde/Kelm*, Der Handelsvertretervertrag in der Insolvenz des Unternehmers, ZIP 2005, 58; *Genzow*, Vertragshändlervertrag 1996; *Giesler*, Praxishandbuch Vertriebsrecht, 2005; *Hopt*, Handelsvertreterrecht, 3. Aufl. 2003; *v. Hoyningen-Huene*, Die kaufmännischen Hilfspersonen (7. Abschnitt, Handelsvertreter), 1996; *Hübsch/Hübsch*, Die neuere Rechtsprechung des Bundesgerichtshofs zum Handelsvertreterrecht, WM 2005, Sonderbeilage1; *Keine*, Der Ausgleichsanspruch des Handelsvertreters, 2004; *Kindler*, Neues deutsches Handelsvertreterrecht aufgrund der EG-Richtlinie, RIW 1990, 358; *Küstner*, Das neue Recht des Handelsvertreters, 3. Aufl. 1997; *Küstner/Thume*, Handbuch des gesamten Außendienstrechts, Bd. I, Das Recht des Handelsvertreters, 3. Aufl. 2000, Bd. II, Ausgleichsanspruch, 8. Aufl. 2008, Bd. III, Vertriebsrecht, 2. Aufl. 1998; *Lange*, Das Recht der Netzwerke, 1998; *Martinek*, Vom Handelsvertreterrecht zum Recht der Vertriebssysteme, ZHR 161 (1997), 67; *Martinek/Semler/Habermeier*, Handbuch des Vertriebsrechts, 2. Aufl. 2003; *Meeser*, Handelsvertreterverträge, 2. Aufl. 1994; *Niebling*, Vertragshändlerrecht im Automobilvertrieb, 3. Aufl. 2006; *Schmidt/Schwerdtner*, Scheinselbständigkeit, Arbeitsrecht – Sozialrecht, 1999; *Schröder*, Recht der Handelsvertreter, 5. Aufl. 1973; *Segger*, Der Vermittlungsvertrag des Versicherungsvertreters, 2004; *Semmler*, Die Rechtsstellung des Tankstellenhalters, 1995; *Stötter*, Das Recht der Handelsvertreter, 5. Aufl. 2000; *Stumpf*, Internationales Handelsvertreterrecht, Teil 1, 6. Aufl. 1987; *Stumpf/Jaletzke/Schultze*, Der Vertragshändlervertrag, 3. Aufl. 1997; *Thiel*, Die Haftung der Anlageberater und Versicherungsvermittler, 2005; *Thume*, Das Handelsvertreterrecht in Deutschland, IHR 2006, 191; *Trinkhaus*, Handbuch der Versicherungsvermittlung, Band 1 I, 1955; *Westphal*, Handelsvertreterrecht in Deutschland, in: Graf v. Westphalen, Handbuch des Handelsvertreterrechts in EU-Staaten und der Schweiz, 1995, S. 145; *Westphal*, Vertriebsrecht, Band 1: Handelsvertreter, 1998.

Übersicht

	Rn.		Rn.
I. Die Rechtsentwicklung in Deutschland		II. Die Rechtsvereinheitlichung in Europa	
1. Handelsgesetzbuch	1	1. Das materielle Handelsvertreterrecht	10
2. Weitere anwendbare Vorschriften	5	2. Das Handelsvertreter-Kartellrecht	13
		3. Gerichtsstand	27

I. Die Rechtsentwicklung in Deutschland

1. Handelsgesetzbuch

1 Das Recht des Handelsvertreters wurde erstmals – nach damaligem Sprachgebrauch als das Recht des Handlungsagenten – zusammenfassend im Handelsgesetzbuch vom 10.5.1897 geregelt, das am 1.1.1900 in Kraft trat. Die Vorschriften aus dem Jahre 1900 wurden durch die Novellierung aufgrund des **Handelsvertretergesetzes vom 6.8.1953**[1] mit Wirkung vom 1.12.1953 grundlegend geändert. Dieses Gesetz verbesserte die rechtliche Stellung des Handelsvertreters wesentlich, und zwar durch die zwingende Ausgestaltung zahlreicher Vorschriften, die Einarbeitung der bis dahin ergangenen höchstrichterlichen Rechtsprechung und durch den im Gesetz weitgehend nach schweizerischem Vorbild in § 89b geregelten neuen Ausgleichsanspruch, der in besonderem Maße dem Schutz des Handelsvertreters diente und auch zu einer Stärkung seiner gesellschaftlichen Stellung führte.

2 Eine weitere Änderung der handelsvertreterrechtlichen Vorschriften erfolgte durch das **EG-Anpassungsgesetz vom 23.10.1989**[2], durch das die Vorschriften der §§ 84 ff. an die EG-Harmonisierungsrichtlinie vom 18.12.1986[3] angepasst wurden. Da die §§ 84 ff. i.d.F. des Handelsvertreter-Gesetzes vom 6.8.1953 der EG-Richtlinie vom 18.12.1986 weitgehend zum Vorbild gedient hatten, wurden sie nicht wesentlich, sondern nur in Nuancen geändert. Soweit dabei die Richtlinie nicht vollständig und exakt in das deutsche Handelvertreterrecht umgesetzt wurde, müssen die einzelnen Vorschriften richtlinienkonform ausgelegt werden, damit sie im Einklang mit den Zielen der Richtlinie angewandt werden können[4]. Näheres wird jeweils bei der Kommentierung der einzelnen Bestimmungen erläutert werden.

---

1 BGBl. I 771.
2 BGBl. I 1910.
3 Richtlinie des Rates zur Koordinierung der Rechtsvorschriften der Mitgliedstaaten betr. die selbständigen Handelsvertreter, ABl. EG Nr. L 382 v. 31.12.1986, 17; zu beachten ist, dass die Richtlinie nur für Warenvertreter erlassen wurde, während die §§ 84 ff. für alle Vertreterarten gelten.
4 EuGH v. 30.4.1989 – Rs. C-215/97 – Barbara Bellone/Yokohama SpA., EWS 1998, 215; vgl. auch EuGH v. 8.6.2000 – Rs. C-264/99 – Kommission der EU/Italienische Republik, EWS 2000, 360 und EuGH v. 13.7.2000 – Rs. C-456/98 – Centrosteel, SrL./Adipol GmbH, RIW 2000, 790 und EuGH v. 23.3.2006 – Rs. C 465/04 – Honyvem I. C. Srl/De Zotti, EWS 2006, 174.

Das **Anpassungsgesetz ist am 1.1.1990 in Kraft getreten**[1]. Es galt zunächst 3 nur für solche Neuverträge, die am 1.1.1990 mündlich oder schriftlich abgeschlossen wurden. Für Altverträge, die bereits vor dem 1.1.1990 zustande gekommen waren und über den Stichtag hinaus fortbestanden, galten über den 31.12.1989 hinaus für einen Überleitungszeitraum von vier Jahren die vertraglich vereinbarten Bestimmungen weiter, und erst ab 1.1.1994 galt das neue Recht dann auch für Altverträge. Aber schon während des vierjährigen Überleitungszeitraums konnten die bestehenden Altverträge durch Parteivereinbarung dem neuen Recht angepasst werden. Erfolgte keine Umstellung, galt gleichwohl ab 1.1.1994 das neue Recht, gleichgültig, ob die Altverträge auf schriftlicher oder mündlicher Grundlage zustande gekommen waren. Der 1.1.1994 ist mithin der entscheidende Stichtag, von dem an das Handelsvertreterrecht für sämtliche Vertreterverträge verbindlich war.

Zum 1.7.1998 wurden wegen der Neuregelung des Kaufmannsbegriffs im 4 HRefG[2] § 84 Abs. 4 eingefügt, § 90a Abs. 2 S. 2 aufgehoben und § 90a Abs. 3 geändert. Schließlich wurde mit dem VerjährungsanpassG vom 9.12.2004[3] § 88 mit Wirkung zum 15.12.2004 aufgehoben. Die Verjährung richtet sich seitdem nach §§ 195 ff. BGB. Näheres dazu siehe bei § 88.

2. Weitere anwendbare Vorschriften

Die **§§ 85–92c** enthalten zwar die wichtigsten Bestimmungen des Handels- 5 vertreterrechts. Sie sind jedoch **nicht abschließend**. Da Handelsvertreterverträge **Dauerschuldverhältnisse** sind, gelten auch die §§ 675 BGB i.V.m. 611 ff., 665–670[4] sowie 672–674 BGB. Wenn der Handelsvertreter beauftragt ist, Geschäfte für den Unternehmer abzuschließen, sind die Bestimmungen über die Vollmacht (§§ 54 f. HGB, 164 ff. BGB) anzuwenden.

Sind beide Vertragspartner des Handelsvertreterverhältnisses **Kaufleute**, gel- 6 ten ferner die Vorschriften über beiderseitige Handelsgeschäfte (§§ 343 ff. HGB). Streitig ist, inwieweit diese Bestimmungen zur Anwendung kommen können, wenn einer der Vertragspartner kein Kaufmann ist (s. dazu § 84 Rn. 13).

Für **Versicherungsvertreter** sind die §§ 43 ff. VVG (künftig §§ 59–72 VVG) 7 von Bedeutung.

Bei **arbeitnehmerähnlichen Handelsvertreter**n ist schließlich § 92a zu be- 8 achten. Für deren Rechtsstreitigkeiten mit dem Unternehmer sind gemäß § 5 Abs. 3 ArbGG die Arbeitsgerichte zuständig, wenn der Vertreter im Durchschnitt monatlich nicht mehr als 1000 Euro bezogen hat (Näheres s. bei § 92a).

---

1 Zu den Überleitungsbestimmungen *Küstner*, Das neue Recht des Handelsvertreters, 3. Aufl. 1997, S. 9–13 und *Küstner*, BB 1990, 291 ff.
2 HRefG v. 22.6.1998, BGBl. I 1474.
3 BGBl. I 3214.
4 BGH v. 7.4.1993 – VIII ZR 133/92, BB 1993, 1105.

9 Das deutsche **Kartellrecht** ist mit der 7. Novelle von 2005 weitgehend an das europäische Kartellrecht angeglichen worden. Näheres dazu siehe unten Rn. 13 ff. Die vertragliche Bindung des Handelsvertreters an das Unternehmen hat schon prinzipiell wettbewerbsbeschränkende Auswirkungen[1], wie sich aus dem gesetzlichen Wettbewerbsverbot nach § 86 Abs. 1 2. Hs. ergibt. Vereinbarungen über Preisgestaltungen und Geschäftsbedingungen sind im Rahmen von Verträgen mit echten Handelsvertretern von jeher üblich und gestattet.

II. Die Rechtsvereinheitlichung in Europa

1. Das materielle Handelsvertreterrecht

10 Das materielle Handelsvertreterrecht der Europäischen Union (EU) und des Europäischen Wirtschaftsraums (EWS) ist durch die bereits in Rn. 2 erwähnte Richtlinie zur Koordinierung der Rechtsvorschriften betreffend die selbständigen Handelsvertreter vom 18.12.1986 weitgehend angeglichen worden[2]. Fast alle – heute 27 – Mitgliedstaaten haben diese Richtlinie umgesetzt[3]. Sie gilt eigentlich nur für Warenvertreter, hat aber seit ihrer Umsetzung in Deutschland und mehreren anderen Staaten auch Folgen für jene Handelsvertreter, die Versicherungs- und Bausparverträge sowie Dienst- und Werkleistungen vermitteln und vertreiben, also auch z.B. für Reisebüros und Anzeigenvermittler, soweit diese Staaten ein einheitliches nationales Recht für alle Handelsvertreter haben. Ausgangspunkt für den Erlass der Richtlinie war die Notwendigkeit einer Harmonisierung der bestehenden mitgliedstaatlichen Handelsvertreterrechte. Diese ist aber keineswegs vollständig durchgeführt und geglückt. Dies liegt daran, dass sie zum einen nur die wesentlichen Bereiche des Handelsvertreterrechts regelt und zum anderen den Mitgliedstaaten an vielen Stellen ein Umsetzungsermessen eingeräumt hat, von dem unterschiedlich Gebrauch gemacht worden ist. Ferner enthält die Richtlinie eine Vielzahl unbestimmter Rechtsbegriffe, die von der Rechtsprechung der einzelnen Mitgliedstaaten erst ausgefüllt werden müssen.

11 Das materielle Handelsvertreterrecht ist daher in den Mitgliedsländern ähnlich, aber keineswegs identisch. Während Deutschland und Österreich ihr früheres Handelsvertreterrecht nur in relativ geringem Umfang ändern mussten, weil in die Richtlinie Grundsätze ihrer bisherigen Rechtsgrundlagen aufgenommen worden sind, wurde in vielen anderen europäischen Ländern eine umfassende Neugestaltung des Handelsvertreterrechts erforderlich. Dies führte zu mannigfachen Problemen. So gab es z.B. aus Italien mehrere Vorlagen an den EuGH betreffend die Frage, ob die Gültigkeit eines Handelsvertretervertrages nach wie vor von der Eintragung des Vertreters in das dazu vorgesehene Register abhängig ist oder nicht. Der EuGH hat diese

---

1 BGH v. 17.7.2002 – VIII ZR 59/01, DB 2002, 1992.
2 RL 86/653, ABl. EG 1986 Nr. L 382/17.
3 Vgl. *Westphal*, EWS 1996, 43 und *Küstner/Thume*, Bd. 1, Rn. 2347 ff.

Frage verneint und in diesem Zusammenhang wiederholt darauf hingewiesen, dass **das nationale Gericht bei der Anwendung der vor oder nach der Richtlinie erlassenen nationalen Rechtsvorschriften diese soweit wie möglich unter Berücksichtigung des Wortlautes und des Zweckes der Richtlinie auszulegen** hat, so dass sie im Einklang mit den Zielen der Richtlinie angewandt werden können[1].

Auch das Handelsvertreterrecht der Schweiz weist zahlreiche Parallelen zu dem dieser Staaten auf, abgesehen von der Terminologie, welche den Begriff des **Agenturvertrages** anstelle des in den übrigen Ländern üblichen Begriffes des Handelsvertretungsvertrages verwendet. So ist beispielsweise die Legaldefinition des Agenten in Art. 418a Abs. 1 des Bundesgesetzes über das Obligationenrecht (OR) nahezu gleich lautend mit derjenigen des § 84 Abs. 1 HGB.

2. Das Handelsvertreter-Kartellrecht

Das Handelsvertreter-Kartellrecht ist im Bereich der EU und des EWR ebenfalls vereinheitlicht worden, insbesondere durch die GVO 2790/99 und die dazu ergangenen Leitlinien[2].

Nach **Art. 81 Abs. 1 EG** (früher Art. 85 Abs. 1 EGV) sind **alle Vereinbarungen zwischen Unternehmern, die den Handel zwischen den Mitgliedstaaten beeinträchtigen können und eine Verhinderung, Einschränkung oder Verfälschung des Wettbewerbs innerhalb der Gemeinschaft bezwecken oder bewirken, mit dem gemeinsamen Markt unvereinbar und deshalb verboten.** Gemäß Art. 81 Abs. 2 EG sind solche Vereinbarungen nichtig, ohne dass es einer vorherigen Entscheidung bedarf. **Dieses Verbot gilt** auch für vertikale Absprachen[3], d.h. Vertriebsvereinbarungen, und damit **grundsätzlich auch für Handelsvertreterverträge**[4]. Diese weit reichende Ausdehnung veranlasste die Kommission schon 1962 zu ihrer so genannten „Weihnachtsbekanntmachung über Alleinvertriebsverträge mit Handelsvertretern"[5]. Seitdem fallen nach der gefestigten Rechtsprechung des EuGH und der ständigen Praxis der Kommission nur solche Vereinbarungen in den Anwendungsbereich des Art. 81 Abs. 1 EG, die den Wettbewerb und den innergemeinschaftlichen Handel **spürbar** beeinträchtigen. Maßgeblich ist heute die Neufassung der **Bagatellbekanntmachung** der Kommission aus dem Jahre 2001[6], welche die

---

1 EuGH v. 30.4.1998 – Rs. C-215/97 – Barbara Bellone/Yokohama, SpA., EWS 1998, 215; vgl. auch EuGH v. 8.6.2000 – Rs. C-264/99 – Kommission der EU/Italienische Republik, EWS 2000, 360 – bezüglich der Eintragung eines ausländischen Transit-Spediteurs in das Unternehmensregister Italiens; EuGH v. 13.7.2000 – Rs. C-456/98 – Centrosteel Srl/Adipol GmbH, EWS 2000, 358= RIW 2000, 790.
2 ABl. EG 1999, Nr. L 336.
3 EuGH v. 13.7.1966 – verb. Rs. 56 u. 50/64 – Grundig Consten, AWD 1966, 307.
4 *Lange*, EWS 2001, 18; *Emde*, BB 2002, 949; a.A. *Rittner* DB 2000, 1211 ff.
5 ABl. EG Nr. L 2921 v. 24.12.1962, 62 f.
6 ABl. EG 2001 Nr. C 368/7, siehe dazu *Fellner/Domes*, RDW 2002, 339 und *Rinne/Loest* in Liebscher/Flohr/Petsche, Handbuch der EU-Gruppenfreistellungsverordnungen, 2003, § 16.

letzte vorherige Bekanntmachung aus dem Jahre 1997 ablöst und ergänzt. Danach ist **bei vertikalen Vereinbarungen** eine Spürbarkeit zu verneinen, wenn der von jedem der beteiligten Unternehmen gehaltene **Marktanteil** auf keinem der betroffenen Märkte **15 %** überschreitet[1].

15 **Bei vertikalen Vertriebsvereinbarungen**, die nicht unter die Kriterien der Bagatellbekanntmachung 2001 fallen, sind Wettbewerbsbeschränkungen auch dann zulässig, wenn sie durch eine Einzelfreistellung oder Gruppenfreistellung der EU gestattet werden. Letzteres ist insbesondere durch die GVO 2790/1999[2] geschehen. Auch **Handelsvertreter fallen unter** diese als „Schirm-VO" bekannt gewordene GVO, weil jene den Begriff des „Käufers" in Art. 1 lit. g auf alle Unternehmen ausdehnt, welche Waren und Dienstleistung für Rechnung eines anderen Unternehmens verkaufen[3].

16 Nach Art. 5 GVO 2790/1999 gilt diese Freistellung jedoch nicht, wenn die Vertragspartner unmittelbare oder mittelbare **Wettbewerbsverbote** auf unbestimmte Dauer oder für eine Dauer von mehr als fünf Jahren vereinbaren. Nachvertragliche Wettbewerbsverbote müssen auf einen Zeitraum von höchstens einem Jahr begrenzt sein. Für Handelsvertreter gilt diese Bestimmung – auch nach Auffassung der Kommission – grundsätzlich nicht[4].

17 Die GVO 2790/1999 listet ferner bestimmte **Kernbeschränkungen**, so genannte **schwarze Klauseln** auf. Diese liegen vor, wenn der Käufer einer Ware bezüglich der Festsetzung seiner Wiederverkaufspreise oder seines Verkaufsgebietes beschränkt wird[5]. Bei Handelsvertreterverträgen sind Preisvorgaben des Unternehmers üblich und kartellrechtlich auch unschädlich, weil die Ware sein (und nicht des Handelvertreters) Eigentum ist. Dem unechten Handelvertreter darf jedoch – im Gegensatz zum echten Handelsvertreter[6] – nicht untersagt werden, seine Provision mit dem Kunden zu teilen, weil eine dadurch verursachte Preissenkung das Einkommen des Unternehmers nicht schmälert[7]. Die Zuweisung eines bestimmtem Verkaufsgebietes oder Kundenkreises Handelsvertreter ist ebenfalls häufig und unschädlich.

18 In der GVO 2790/1999 selbst sind keine näheren Einzelheiten über die Rechtsverhältnisse der Handelsvertreter geregelt. Die EU-Kommission hat jedoch nach langwierigen und schwierigen Erörterungen im Jahr 2000 **Leit-**

---

1 Tz. 7 der Bagatellbekanntmachung 2001; siehe dazu *Liebscher/Flohr/Petsche*, § 7 Rn. 120 ff.
2 Verordnung (EG) Nr. 2790/1999 der Kommission v. 22.12.1999, ABl. EG 1999, Nr. L 336 v. 29.12.1999; s. dazu auch *Semler/Bauer*, DB 2000, 193.
3 *Emde*, BB 2002, 949, kritisch *Rittner*, DB 2000, 1211; vgl. auch *Polley/Seeliger*, WRP 2000, 1203, 1208.
4 *Rittner*, DB 200, 1211 lehnt eine zeitliche Begrenzung des Wettbewerbsverbotes des Handelsvertreters während des Bestehens des Vertrags schon aus grundsätzlichen Erwägungen ab, weil dieses wegen der Interessenwahrungspflicht des Handelsvertreters zum essentiellen Inhalt eines jeden Handelsvertretervertrags gehört.
5 Art. 4a und b GVO 2790/99; siehe dazu *Liebscher/Flohr/Petsche*, § 7 Rn. 123 ff.; *Terhechte*, EWS 2002, 66; *Emde*, BB 2002, 949.
6 Näheres zu diesen Begriffen siehe gleich bei den folgenden Leitlinien.
7 *Liebscher/Flohr/Petsche*, § 7 Rn. 126.

linien für Vertikalbeschränkungen herausgegeben, die im September 2000 veröffentlicht wurden[1]. Diese haben keinen bindenden Charakter, gelten jedoch als wichtige Hilfe für die Interpretation der GVO. Zumindest kommt ihnen Orientierungsfunktion zu[2]. Diese Leitlinien enthalten in den Textziffern 12 bis 20 bzgl. des Handelsvertreters eine **neue begriffliche Differenzierung**, die das materielle Handelsvertreterrecht bislang so nicht kannte: Es werden nämlich so genannte „**echte**" Handelsvertreterverträge generell vom Verbot des Art. 81 Abs. 1 EG freigestellt. Damit gilt für sie die GVO 2790/99 nicht. „**Unechte**" **Handelsvertreterverträge** werden dagegen wie Vertragshändlerverträge behandelt und fallen nicht unter die Freistellung nach diesen Textziffern der Leitlinien[3]. Letztere unterliegen also grundsätzlich dem Verbot des Art. 81 Abs. 1 EG, es sei denn, sie sind auf anderem Wege, etwa durch die GVO 2790/99 oder durch weitere Textziffern der Leitlinien freigestellt.

Echte Handelsvertreterverträge sind nach Auffassung der Kommission **solche, bei denen der Vertreter keine oder nur unbedeutende finanzielle oder geschäftliche Risiken eingeht**, Tz. 13 der Leitlinien. Diese Risiken sind in Tz. 14 ff. der Leitlinien näher umschrieben. Tz. 16 der Leitlinien sieht vor, dass diese Risiken anhand der Umstände des Einzelfalles zu prüfen sind. Dort werden Regelbeispiele für „echte" Handelsvertreterverhältnisse genannt. Diese liegen insbesondere vor, wenn das Eigentum an den gekauften oder verkauften Vertragswaren nicht beim Vertreter liegt oder der Vertreter die Vertragsdienstleistung nicht selbst erbringt[4]. Als weitere Voraussetzungen für die Nichtanwendung des Art. 81 EG sind in Tz. 16 die Fälle aufgelistet, dass der Handelsvertreter 19

– sich nicht an den Kosten der Lieferung der betreffenden Waren und/oder Transportkosten beteiligt,

– weder unmittelbar noch mittelbar verpflichtet ist, Absatzförderungsmaßnahmen, wie beispielsweise Werbeaufwendungen, zu erbringen,

– nicht auf eigene Kosten oder eigenes Risiko Vertragswaren lagert,

– keine Kunden-, Reparatur- oder Garantieleistungen auf eigene Kosten erbringt,

– nicht in geschäftsspezifische Ausrüstungen, Räumlichkeiten oder Mitarbeiterschulungen investiert,

– keine Produkthaftung gegenüber Dritten übernimmt und

– keine Delkrederehaftung oder Ausfallrisiken übernimmt, ausgenommen den Verlust seiner eigenen Provision.

---

1 ABl. EG Nr. C 291 v. 19.9.2000, 1; sehr kritisch dazu *Rittner*, DB 2000, 1211.
2 *Lange*, EWS 2001, 18; *Emde*, BB 2002, 949.
3 *Lubitz* EWS 2003, 556, 557; *Schultze/Pautke/Wagener*, Vertikal-GVO 2001, Rn. 146; *Emde*, BB 2002, 949.
4 Materiellrechtlich liegt anderenfalls ohnehin kein Handelsvertretervertrag, sondern ein Händlervertrag vor.

20 Gemäß Tz. 17 der Leitlinien ist diese Aufstellung nicht erschöpfend; wenn der Handelsvertreter auch nur eines dieser Risiken bzw. Kosten trägt, soll nach Auffassung der Kommission Art. 81 Abs. 1 EG möglicherweise anwendbar sein.

21 Auch der **EuGH sieht den Umfang des finanziellen und geschäftlichen Risikos für die Anwendbarkeit des Kartellrechts auf Handelsvertreter als entscheidendes Kriterium an.** Während jedoch die Kommission in den Leitlinien den Risikobegriff weit fasst und auf das allgemeine Geschäftsrisiko bezieht, sieht ihn der EuGH enger und bezieht ihn jeweils auf den konkreten Geschäftsabschluss. So hat er in der „V.A.G. Leasing"- Entscheidung darauf abgestellt, ob der Handelsvertreter irgendein Risiko aus den für den Geschäftsherrn vermittelten Geschäften trägt. In der „Suiker Unie"- Entscheidung hielt der EuGH für ausschlaggebend, ob der Vertreter aufgrund der getroffenen Vereinbarungen aus wirtschaftlicher Sicht insoweit einem Eigenhändler ähnelt, als er die finanziellen Risiken des Absatzes bzw. der Abwicklung der mit Dritten geschlossenen Verträge zu tragen hatte[1]. Der EuGH berücksichtigt also lediglich das Risiko in Bezug auf die jeweiligen konkreten Geschäftsabschlüsse und nicht die vom Handelsvertreter im Allgemeinen zu tragenden Risiken und vermeidet die Prüfung der generellen Angemessenheit von Provision und Kosten des Handelsvertreters[2]. Dazu hat das EuG in der DaimlerChrysler-Entscheidung[3] festgestellt, der Begriff der Vereinbarung i.S.d. Art. 81 Abs. 1 EG setze eine Willensübereinstimmung mindestens zweier Personen voraus. Die Entscheidung eines Herstellers falle aber nicht unter das dort genannte Verbot, wenn sie dessen einseitiges Verhalten darstelle. Es fehle an „zwei Personen", wenn eine wirtschaftliche Einheit vorliege. Diese existiere zwischen Vertreter und Unternehmer, wenn der Vertreter als eingegliedertes Hilfsorgan des Unternehmers anzusehen sei. Dies sei gegeben, wenn er den Weisungen des Unternehmers zu folgen habe. Nur wenn der Vertreter einem Eigenhändler gleiche und wie dieser die finanziellen Risiken des Absatzes oder der Abwicklung der mit Dritten geschlossenen Verträge tragen müsse, fehle es an dieser Einheit. Dürfe jedoch der Vertreter trotz eigener Rechtspersönlichkeit sein Geschäftsgebaren nicht autonom bestimmen, sondern habe er den Weisungen des Herstellers zu folgen, so sei das Verbot des Art. 81 Abs. 1 EG auf die Beziehungen zwischen ihm und seinem Geschäftsherrn nicht anzuwenden.

22 Dagegen greifen die zahlreichen Beschränkungskriterien der Leitlinien tief in die Vertragsautonomie der beteiligten Unternehmen ein. Doch dürfte der überwiegende Teil der heutigen Handelsvertreterverträge wohl als „echte" anzusehen sein, soweit sie nicht ohnehin unter die Bagatellbekanntmachung fallen.

---

1 EuGH v. 24.10.1995 – Rs. C-266/93 – Bundeskartellamt/Volkswagen AG und V.A.G.-Leasing, Slg. 1995, 3516 = EWS 1996, 14; EuGH v. 1.10.1987 – Rs. 311/85 und v. 16.12.1975 – verb. Rs. 40–48, 50, 54, 111, 113 und 114/73 – Suiker Unie, Slg. 1975, 2024; s. dazu *Lubitz*, EWS 2003, 556 ff.
2 S. *Lubitz*, EWS 2003, 556 ff.
3 EuGH v. 15.9.2005 – T-325/01 – DaimlerChrysler/Kommission, DB 2005, 2127.

Für den „echten" Handelsvertreter enthält Tz. 18 der Leitlinien ferner so genannte „weiße Klauseln", das sind gewisse Verpflichtungen, die dem Handelsvertreter von seinem Unternehmer auferlegt werden können und die die Kommission als unverzichtbaren Bestandteil einer Vermittlungsvereinbarung ansieht, so dass sie nicht von Art. 81 Abs. 1 EG erfasst werden können. Hierzu zählen:

– Beschränkungen hinsichtlich des Gebietes, in dem der Vertreter tätig werden darf

– Beschränkungen des Kundenkreises, den der Handelsvertreter bedienen darf

– Vorgabe von Preisen und Bedingungen, zu denen der Vertreter Waren oder Dienstleistungen beziehen oder verkaufen darf. Dies versteht sich für Handelsvertreterverträge eigentlich von selbst, die Auflistung erschien der Kommission jedoch als zweckmäßig, um klarzustellen dass für diese die Kernbeschränkungen des Art. 4 lit. a und b GVO 2790/1999 nicht gelten

Schließlich können nach Auffassung der Europäischen Kommission auch echte – ebenso wie unechte – Handelsvertreterverträge unter das Kartellverbot des Art. 81 Abs. 1 EG fallen, nämlich dann, wenn der Absatz des Unternehmens über Handelsvertreter der Abschottung nationaler Märkte dient. Dann können vertragliche und nachvertragliche Wettbewerbsverbote als wettbewerbsbeschränkend angesehen werden (Tz. 19 der Leitlinien)[1].

Das Gleiche gilt, wenn der Handelsvertretervertrag abgestimmte Verhaltensweisen (Kollusion) fördert, so z.B., wenn mehrere Auftraggeber die Dienste des Handelsvertreters in Anspruch nehmen und gemeinsam andere davon abhalten, diese ebenfalls in Anspruch zu nehmen, oder wenn sie den Handelsvertreter bei der Marketingstrategie zur Kollusion oder zum Austausch vertraulicher Marktdaten benutzen (Tz. 20 der Leitlinien).

„Unechte" Handelsvertreterverträge sind dagegen nach Tz. 19 der Leitlinien nur unter den dort genannten und den in der GVO 2790/99 geregelten Voraussetzungen freigestellt. Hier sind Gebiets- und Kundenkreisbeschränkungen ebenso unzulässig wie das Verbot der Provisionsweitergabe[2]. Freigestellt sind nach Tz. 19 der Leitlinien **Alleinvertreterklauseln**, die dem Unternehmer verbieten, andere Vertreter für bestimmte Arten von Geschäften, Kunden oder das Gebiet zu ernennen. Dagegen dürfen – wie oben in Rn. 24 schon erwähnt – mit unechten Handelsvertretern keine vertraglichen oder nachvertraglichen **Wettbewerbsverbote** vereinbart werden, die zu einer Marktabschottung gem. Tz. 138–160 der Leitlinien führen. Im Übrigen müssen mit unechten Handelsvertretern vereinbarte Wettbewerbsverbote die Grenzen gem. Art. 5 GVO 2790/1999 einhalten, um wirksam werden zu können. Auch hier gilt das Kollusionsverbot der Tz. 20 der Leitlinien.

---

1 Streitig; a.A. bezügl. der echten Handelsvertreter *Lubitz*, EWS 2003, 556, 559; kritisch auch *Rittner*, DB 2000, 1211, 1215 f.; lt. *Emde*, BB 2002, 949, 954, bezieht sich Tz. 19 nur auf unechte Handelsvertreter.
2 *Emde*, BB 2002, 949, 954 mit Hinweis auf Tz. 48.

3. Gerichtsstand

27 Schließlich ist die **Stellung des Handelsvertreters bezüglich des Gerichtsstandes** bei Streitigkeiten durch die Verordnung (EG) Nr. 44/2001 des Rates über die gerichtliche Zuständigkeit und die Anerkennung und Vollstreckung von Entscheidungen in Zivil- und Handelssachen (EuGVO), die als Gemeinschaftsrecht in allen Staaten der EU einschließlich Dänemark in Kraft ist, erheblich gestärkt worden. Sie enthält in Art. 5 eine Bestimmung über den Gerichtsstand für Vertragsklagen. Danach kann jedes Unternehmen, das seinen Sitz im Hoheitsgebiet eines Mitgliedstaates der EU hat, an dem Gericht des Erfüllungsortes verklagt werden. Die Besonderheit liegt nun darin, dass in Art. 5 Nr. 1 lit. b zusätzlich bestimmt ist, dass **der einheitliche Erfüllungsort** für die Erbringung von Dienstleistungen jener Ort ist, an dem diese nach dem Vertrag erbracht worden sind oder hätten erbracht werden müssen. Diese Bestimmung gilt auch für Handelsvertreter, weil diese Dienstleister sind[1]. Durch diese Vorschrift ist eine Konzentration aller Streitigkeiten aus einem Vertrag bei dem Gericht des so bestimmten einheitlichen Erfüllungsortes möglich geworden.

§ 84
Begriff des Handelsvertreters

(1) Handelsvertreter ist, wer als selbständiger Gewerbetreibender ständig damit betraut ist, für einen anderen Unternehmer (Unternehmer) Geschäfte zu vermitteln oder in dessen Namen abzuschließen. Selbständig ist, wer im Wesentlichen frei seine Tätigkeit gestalten und seine Arbeitszeit bestimmen kann.

(2) Wer, ohne selbständig im Sinne des Absatzes 1 zu sein, ständig damit betraut ist, für einen Unternehmer Geschäfte zu vermitteln oder in dessen Namen abzuschließen, gilt als Angestellter.

(3) Der Unternehmer kann auch ein Handelsvertreter sein.

(4) Die Vorschriften dieses Abschnittes finden auch Anwendung, wenn das Unternehmen des Handelsvertreters nach Art oder Umfang einen in kaufmännischer Weise eingerichteten Geschäftsbetrieb nicht erfordert.

Übersicht

	Rn.		Rn.
I. Begriff des Handelsvertreters		3. Ständige Betrauung	9
1. Bedeutung der Vorschrift	1	4. Tätigkeit für einen anderen Unternehmer	
2. Stellung des Handelsvertreters als selbständiger Gewerbetreibender	5	a) Der Unternehmerbegriff	13
		b) Anwendbarkeit der §§ 343 ff.	15

---

1 H.M.; *Kropholler*, Art. 5 EuGVO Rn. 37; *Thomas/Putzo*, ZPO, Art. 5 EuGVO Rn. 8; *Küstner/Thume* II, Kap. XVIII Rn. 57; *Emde*, RIW 2003, 505, 508.

Begriff des Handelsvertreters **§ 84**

	Rn.		Rn.
5. Vermittlung und Abschluss von Geschäften		d) Persönliche Abhängigkeit; Einfirmenvertreter	35
a) Geschäfte	18	e) Unternehmerrisiko	37
b) Geschäftsvermittlung	19	f) Bewertung formeller Abgrenzungsmerkmale	39
c) Abschlussvollmacht	23		
II. Abgrenzung zum angestellten Außendienstmitarbeiter		**III. Abgrenzung zu anderen Vertriebsarten**	
1. Allgemeine Grundsätze	24	1. Handelsmakler	40
2. Einzelne Abgrenzungskriterien	30	2. Kommissionsagenten	41
a) Im Wesentlichen freie Tätigkeitsgestaltung und Arbeitszeitbestimmung	31	3. Vertragshändler	42
		4. Franchising	44
b) Fremdbestimmung der Tätigkeit	32	**IV. Mehrstufige Vertragsverhältnisse**	50
c) Weisungsgebundenheit	33	**V. Handelsrechtsreformgesetz**	52

Schrifttum: Siehe zunächst vor § 84; *Behrend*, Aktuelle handelsvertreterrechtliche Fragen in Rechtsprechung und Praxis, NJW 2003, 1563; *Bolle*, Der arbeits- und sozialversicherungsrechtliche Status von Versicherungsvermittlern, NJW 2001, 422; *Ensthaler/Gesmann-Nuissl*, Die rechtliche Stellung des Handelsvertreters innerhalb der Kfz-Vertriebssysteme, EuZW 2006, 167; *Evans/v. Krbek*, Die analoge Anwendung des Handelsvertreterrechts auf den Vertragshändler, o.J.; *Hoffstadt*, Rechtsstellung des Handelsvertreters im Konkurs des vertretenen Unternehmens, DB 1983, 645; *Hopt*, Moderne Vertriebsformen und Einzelheiten ihrer handelsrechtlichen Zulässigkeit, ZIP 1996, 1809; *Hopt*, Wettbewerbsfreiheit und Treuepflicht des Unternehmers bei parallelen Vertriebsformen, ZIP 1996, 1533; *Hopt*, Die Selbständigkeit von Handelsvertretern und anderen Vertriebspersonen – Handels- und arbeitsrechtliche Dogmatik und Vertragsgestaltung, DB 1998, 863; *Hromadka*, Arbeitnehmer oder freier Mitarbeiter, NJW 2003, 1847; *Keine*, Der Verkauf einer Handelsvertretung – Rechtliche Besonderheiten bei der Nachfolge im Wege des § 89b III Nr. 3 HGB, NJW 2006, 2007; *Koch*, Der Versicherungsvertreter, Begriff, Arten, Der Versicherungskaufmann 1988, 31; *Küstner*, Zweifel an der Selbständigkeit „arbeitnehmerähnlicher Selbständiger"?, VW 1999, 1790; *Marburger*, Zur Sozialversicherungspflicht von Vertretern und ähnlichen Personenkreisen, BB 1979, 840; *Martin*, Offene Handelsgesellschaft und Kommanditgesellschaft als Versicherungsvertreter, VersR 1967, 824; *Martinek*, Vom Handelsvertreterrecht zum Recht der Vertriebssysteme, ZHR 161 (1997), 67; *Melcher*, Die Anwendung des Handelsvertreterrechts auf Kapital-Anlageberater, BB 1981, 2102; *Reiserer/Freckmann*, Scheinselbständigkeit – heute noch ein schillernder Rechtsbegriff, NJW 2003, 180; *Schröder*, Zum Recht des Anzeigenvertreters, DB 1970, 1625; *Semmler*, Die Rechtsstellung des Tankstellenhalters zwischen Handelsvertreter und Vertragshändler, 1995; *Stolterfoth*, Die Selbständigkeit des Handelsvertreters, 1973; *Stötter*, Abgrenzung zwischen Handelsvertretern und Reisenden, DB 1978, 429; *Tewes*, Einfirmenvertreter, Mehrfachvertreter oder Makler: Vorteile – Nachteile, VersVerm 1990, 6; *Triebenstein*, Über die Handelsvertretereigenschaft der Inhaber von Lotto-Annahmestellen, FfH-Mitteilungen 1968, VIII/6, 7; *Graf v. Westphalen*, Handelsvertreterrecht und AGB-Gesetz, DB 1984, 2335 und 2392.

I. Begriff des Handelsvertreters

1. Bedeutung der Vorschrift

1 § 84 Abs. 1 enthält eine Legaldefinition des Begriffs des Handelsvertreters (nicht jedoch eine gesetzlich geschützte Berufsbezeichnung). Wesentliche und unverzichtbare Merkmale sind zum einen die **Selbständigkeit** als Gewerbetreibender und zum andern die Betrauung mit einer **ständigen Geschäftsmittlung** für einen anderen Unternehmer. Der Handelvertreter erfüllt diese Aufgabe entweder durch Vermittlung oder – wenn er dazu beauftragt und bevollmächtigt ist – durch den Abschluss von Geschäften im Namen und auf Rechnung des Unternehmers. Wer z.B. ohne eine auf Dauer gerichtete Betrauung nur gelegentlich Geschäfte vermittelt oder eine Geschäftsmöglichkeit lediglich nachweist, ist ein **Gelegenheitsvermittler** und damit Handelsmakler; für ihn gelten die Bestimmungen des 8. Abschnitts des HGB[1].

2 Fehlt es an der Selbständigkeit des ständig mit Vermittlungs- bzw. Abschlussaufgaben Beauftragten, er, dann „gilt" er nach § 84 Abs. 2 als **Angestellter**. § 84 ist **zwingender Natur**. Deshalb kann ein ständiger Geschäftemittler nur entweder Handelvertreter oder Angestellter sein. Eine dazwischen liegende dritte rechtliche Möglichkeit, jemanden ständig mit Vermittlungs- oder Abschlussaufgaben für den Auftraggeber zu betrauen, gibt es nicht[2]. Der Beauftragte kann also nicht, obwohl alle für einen Handelsvertreter maßgeblichen Tatbestandsmerkmale vorliegen, kraft vertraglicher Vereinbarung zum „freien Mitarbeiter"[3] oder „Repräsentanten" oder zum unselbständigen Angestellten o.Ä. gemacht werden[4]. Entsprechendes gilt, wenn der Beauftragte nach § 84 Abs. 2 infolge fehlender Selbständigkeit als Angestellter „gilt", also als solcher angesehen und behandelt werden muss.

3 Da die Art der Bezeichnung – etwa als „Bezirksdirektor" oder „freier Mitarbeiter" – ohne Bedeutung ist[5], kann hierdurch einem selbständigen Gewerbetreibenden, auf den die Legaldefinition des § 84 Abs. 1 S. 1 zutrifft, ebenso wenig der zwingend in § 89b geregelte Ausgleichsanspruch entzogen werden, wie einem nach § 84 Abs. 2 unselbständigen Geschäftsvermittler die vom Arbeitgeber zu entrichtenden Pflichtbeiträge zur gesetzlichen Renten-, Kranken- und Arbeitslosenversicherung vorenthalten werden können.

---

1 *Baumbach/Hopt*, § 84 Rn. 44.
2 H.M., *Staub/Brüggemann*, § 84 Rn. 1; *Schröder*, Recht des Handelsvertreters, § 84 Rn. 35g; *Baumbach/Hopt*, § 84 Rn. 5; *Küstner/Thume* III, Rn. 4 und I, Rn. 34; BSG v. 29.1.1981 – 12 RK 63 u. 64/79, USK 1981, 275; *Ziemann*, MDR 1999, 513.
3 BGH v. 4.12.1981 – I ZR 200/79, WM 1982, 227.
4 Zur Bedeutung vertraglicher Bezeichnungen des Beauftragten für die Abgrenzung vgl. die Zusammenstellung mit Rechtsprechungsnachweisen bei *Küstner* in Küstner/Thume I, Rn. 50 Fn. 90.
5 Vgl. BGH v. 4.12.1981 – I ZR 200/79, WM 1982, 227 zur Bezeichnung eines für einen Immobilienmakler tätigen HV als „freier Mitarbeiter".

Die in § 84 Abs. 1 niedergelegte Begriffsdefinition gilt nicht nur für den Vertrieb von Waren, sondern von Geschäften aller Art, also auch bei Vermittlungen von Dienstleistungen, Zeitungsanzeigen, Reisen etc. und für die in der **Versicherungswirtschaft** mit Vermittlungs- oder Abschlussaufgaben betrauten Versicherungs- und Bausparkassenvertreter, für die ferner die Sondervorschriften des § 89b Abs. 5 und des § 92 gelten. 4

2. Stellung des Handelsvertreters als selbständiger Gewerbetreibender

Der Begriff der Selbständigkeit ist europarechtlich vorgegeben in Art. 1 Abs. 2 der EG-Richtlinie und in § 84 Abs. 1 S. 2 gesetzlich definiert. Selbständig ist, wer „im Wesentlichen frei seine Tätigkeit gestalten und seine Arbeitszeit bestimmen kann". Entscheidend ist die persönliche Freiheit, während wirtschaftlich häufig eine ganz ähnliche Abhängigkeit vom Unternehmer besteht wie bei Außendienstangestellten[1]. Für die **Abgrenzung der Selbständigkeit von der Unselbständigkeit** kommt es auf das Gesamtbild des jeweiligen Einzelfalles an. Maßgeblich sind sowohl die vertraglichen Abmachungen als auch die tatsächliche Ausgestaltung der Tätigkeit während des Vertrages[2]. Dabei reichen häufig die gesetzlichen Kriterien allein nicht aus. Eine praktikable Abgrenzung kann deshalb nur durch Zuhilfenahme weiterer Kriterien (u.a. Unternehmerrisiko, Weisungsabhängigkeit) vorgenommen werden (siehe dazu unten Rn. 24 ff.). Auch ein **Einfirmenvertreter** kann selbständiger Handelsvertreter sein. Deshalb ist ein vertraglich vereinbartes Wettbewerbsverbot kein Indiz der Unselbständigkeit[3]. 5

I.d.R. ist der Vertragspartner des Unternehmers der **Handelsvertreter** selbst **als natürliche Person**. Häufig ist es ihm gestattet, Angestellte zu beschäftigen oder Untervertreter auf eigene Rechnung vertraglich an sich zu binden. Dies ist immer dann zulässig, wenn der Handelsvertretervertrag keine Verbotsklausel enthält. Handelsvertreter kann aber auch jede **Personen- oder Kapitalgesellschaft** werden, also insbesondere die Kommanditgesellschaft, die offene Handelsgesellschaft oder die GmbH[4]. Die letztgenannte Betriebsform wird aus steuerrechtlichen Gründen häufig verwendet, s. dazu auch § 86 Rn. 6. 6

Von besonderer Bedeutung ist in den letzten Jahren die Gesellschaft des bürgerlichen Rechts geworden, seit sie der BGH als rechtsfähig ansieht[5]. Deshalb kann ein Handelsvertretervertrag auch mit einer **BGB-Gesellschaft** ab- 7

---

1 St. Rspr.; siehe schon BVerfG v. 25.10.1977 – 1 BvG 15/75, NJW 1978, 365; BGH v. 20.1.1964 – VII ZR 204/62, VersR 1964, 331; BGH v. 4.11.1998 – VIII ZB 12/98, BGHZ 140, 11.
2 BVerfG v. 25.10.1977 – 1 BvG 15/75, NJW 1978, 365; BGH v. 1.4.1992 – IV ZR154/91, NJW 1992, 2818; BGH v. 4.3.1998 – VIII ZR 25/97, NJW 1998, 2057.
3 BAG v. 15.12.1999 – 5 AZR 566/98, BB 2000, 826; BAG v. 15.12.1999 – 5 AZR 3/99, BB 2000, 1469; BAG v. 15.12.1999 – 5 AZR 770/98, BB 2000, 932 und BAG v. 20.8.2003 – 5 AZR 610/02, NJW 2004, 461.
4 BFH v. 15.10.1998 – III R 75/97, BB 1999, 249.
5 BGH v. 29.1.2001 – II ZR 331/00, BGHZ 146, 341 und v. 23.10.2001 – XI ZR 63/01, NJW 2002, 368.

geschlossen werden, auch wenn sie nur ein Kleingewerbe betreibt (§ 84 Abs. 4). Dann ist diese selbst der Vertragspartner und nicht mehr deren einzelne Mitglieder, wie zuvor angenommen worden war[1]. **Partnerschaftsgesellschaften** können keine Handelsvertreter sein, weil diese Gesellschaftsform nur für Angehörige der freien Berufe offen steht und weil eine Partnerschaftsgesellschaft kein Handelsgewerbe ausüben kann.

8 Der Handelsvertreter wird i.d.R. Kaufmann sein, weil sein Unternehmen nach Art oder Umfang einen in kaufmännischer Weise eingerichteten Geschäftsbetrieb erfordert (§ 1) oder wenn er – sofern diese Voraussetzung nicht vorliegt – im Handelsregister eingetragen ist (§ 2). Aber auch wenn es an einem in kaufmännischer Weise eingerichteten Geschäftsbetrieb fehlt oder der Handelsvertreter nicht eingetragen ist, gelten für ihn gem. § 84 Abs. 4 die Vorschriften des 7. Abschnitts, wohl nicht jedoch – jedenfalls nicht direkt – die übrigen Bestimmungen des Rechts der Kaufleute und der beiderseitigen Handelsgeschäfte (siehe dazu unten Rn. 15 ff.).

3. Ständige Betrauung

9 Ein weiteres Begriffmerkmal ist das der **ständigen Betrauung mit Vermittlungs- bzw. Abschlussaufgaben.** Einmalige oder gelegentliche Betrauung reicht grundsätzlich nicht aus. Jedoch kann im Einzelfall eine Betrauung auch dann „ständig" sein, wenn sie nur auf einen relativ kurzen Zeitraum beschränkt ist, etwa auf den Zeitraum einer Verkaufssaison, z.B. in den Monaten Januar bis April für die Herbst-Winter-Kollektion des gleichen Jahres, oder wenn sie nur eine wenige Wochen dauernde Messe betrifft. Eine ständige Betrauung liegt ferner vor, wenn der Inhaber eines Einzelhandelsgeschäfts für Tabakwaren, Zeitschriften und Zeitungen für verschiedene Veranstalter den Vorverkauf von Eintrittskarten für Konzerte und andere Anlässe von örtlicher und regionaler Bedeutung übernimmt, und zwar jeweils immer dann, wenn der Veranstalter Eintrittskarten abzusetzen hat[2]. Allerdings wird man im Hinblick auf nur kurze Betrauungsverhältnisse an die Eindeutigkeit der getroffenen Vereinbarungen strengere Maßstäbe anlegen müssen als an von den Parteien gewollte längerfristige Bindungen.

10 Der ständigen Betrauung durch den Unternehmer muss eine entsprechende **Verpflichtung des Handelsvertreters** gegenüberstehen, sich ständig um die Vermittlung oder den Abschluss von Geschäften für diesen zu bemühen[3]. Es genügt daher nicht, wenn es jemand durch Vereinbarung mit einem anderen lediglich übernimmt, für diesen nicht nur einmal, sondern immer wieder dann, wenn es ihm möglich ist, Geschäfte zu vermitteln.

11 Eine ständige Betrauung setzt nicht notwendigerweise **klare und eindeutige Absprachen** zwischen den Parteien voraus; sie muss weder förmlich noch

---

1 *Baumbach/Hopt*, § 84 Rn. 9; MünchKommHGB/v. *Hoyningen-Huene*, § 84 Rn. 22a.
2 BGH v. 20.2.1986 – I ZR 105/84, DB 1986, 1117.
3 BGH v. 18.11.1971 – VII ZR 102/70, BGHZ 59, 87, 90; BGH v. 20.2.1986 – I ZR 105/84, DB 1986, 1117.

ausdrücklich niedergelegt sein. Vielmehr kann sie sich auch aus einer tatsächlichen Handhabung zu einer Rechtspflicht entwickeln, wenn die Parteien in der Anfangszeit an eine feste Bindung noch gar nicht gedacht hatten und erst die Ausgestaltung und die praktische Handhabung ihrer Beziehung erkennen lassen, dass sich die tatsächliche Vermittlungstätigkeit zu einer Rechtspflicht verfestigt hat. Für die Prüfung dieser Frage ist das Gesamtbild der tatsächlichen Handhabung heranzuziehen, wobei alle Umstände des Einzelfalls zu würdigen sind[1].

Höchstrichterlich bisher nicht entschieden ist die Frage, ob die sog. **firmeneigenen Versicherungsvermittler** als Handels- bzw. Versicherungsvertreter angesehen werden können, weil es hier notwendigerweise an einem Bindungswillen mit ständiger Betreuung einerseits und einer entsprechenden Verpflichtung andererseits zwischen dem Versicherungsunternehmen und dem firmeneigenen Vermittler fehlt, so dass handelsvertreterrechtliche Vorschriften auf dieses Rechtsverhältnis nicht anwendbar sein dürften[2].

4. Tätigkeit für einen anderen Unternehmer

a) Der Unternehmerbegriff

Der Begriff „anderer Unternehmer", der in § 84 Abs. 1 den Auftraggeber des **Geschäftsvermittlers** bezeichnet, ist weit auszulegen. Der „Unternehmer" i.S. dieser Vorschrift braucht nicht Kaufmann zu sein. Lt. BGH ist nach dem vom Gesetzgeber erstrebten „verstärkten Schutz der Handelsvertreter" eine Auslegung geboten, welche bei Dienstverpflichteten, die nach der Art ihrer Tätigkeit sich wirtschaftlich in typischer Weise in gleichartiger Lage befinden, auch eine gleichwertige Rechtsanwendung gewährleistet. Deshalb erfasst der Unternehmerbegriff des § 84 Abs. 1 jeden Gewebetreibenden[3].

Daraus folgt, dass z.B. auch Lotto- und Toto-Unternehmen, die sich in der Rechtsform einer Körperschaft oder Anstalt des öffentlichen Rechts organisiert haben[4], landwirtschaftliche Genossenschaften[5], Land- und Forstwirte ohne Kaufmannseigenschaft, kleine Versicherungsvereine auf Gegenseitigkeit, Immobilienmakler[6], Tanzlehrinstitute[7] und schließlich öffentliche Bauträger, wenn die Aufträge im Rahmen von Bauvorhaben der öffentlichen Hand nach öffentlicher Ausschreibung vergeben werden, „vertretene Unternehmer" i.S.d. § 84 Abs. 1 und die für sie mit Vermittlungs- oder Abschluss-

---

1 BGH v. 12.11.1986 – I ZR 107/84, WM 1987, 293.
2 Einzelheiten bei *Gärtner*, VersR 1967, 1118 und *Küstner* in Küstner/Thume I, Rn. 8 ff.
3 BGH v. 21.1.1965 – VII ZR 22/62, BGHZ 43, 108; BGH v. 4.12.1981 – I ZR 200/79, WM 1982, 272.
4 BGH v. 21.1.1965 – VII ZR 22/62, BGHZ 43, 108.
5 LG Hamburg v. 20.5.1960 – 28 O 1/59, BlfGenW 1961, 115 mit Anm. *Herschel*, ZgW Bd. 12, 78.
6 BGH v. 4.12.1981 – I ZR 200/79, WM 1982, 272.
7 LG Göttingen v. 26.1.1956 – 1 S 205/55, BB 1956, 226.

aufgaben ständig betrauten selbständigen Gewerbetreibenden Handelsvertreter sein können[1].

b) Anwendbarkeit der §§ 343 ff.

15 Geht man von den Feststellungen aus, die der BGH im Zusammenhang mit der Auslegung des Unternehmerbegriffs getroffen hat[2], dass nämlich bei Dienstverpflichteten, die sich nach der Art ihrer Tätigkeit wirtschaftlich typischerweise in gleicher Lage befinden, auch eine **gleichwertige Rechtsanwendung** gewährleistet sein müsse, dann sollte dieser Grundsatz auch im Hinblick auf die generelle Anwendung der §§ 343 ff. für das Recht der **beiderseitigen Handelsgeschäfte** gelten. Anderenfalls wäre die Rechtssituation eines Handelsvertreters, der für einen Unternehmer tätig ist, welcher kein Kaufmann ist, schlechter als die eines für einen Kaufmann tätigen Handelsvertreters. Umgekehrt ist zu erwägen, ob auch einem nichtkaufmännischen Handelsvertreter ggf. ein Provisionsanspruch gemäß oder zumindest analog § 354 entstehen kann.

16 Ferner erhebt sich die Frage der Wirksamkeit von Gerichtsstandsvereinbarungen. Gemäß § 38 ZPO müssen beide Parteien Kaufleute sein. § 84 Abs. 4 gilt zwar grundsätzlich nur für den Bereich des Handelsvertreterrechts und nicht für außerhalb des 7. Abschnitts liegende Bereiche. Wenn aber der Handelsvertreter gemäß §§ 1 oder 2 Kaufmann ist, müssten Gerichtsstandsvereinbarungen auch dann wirksam getroffen werden können, wenn es bzgl. des vertretenen Unternehmens an der Kaufmannseigenschaft fehlt[3].

17 Diese Fragen sind jedoch **umstritten**[4]. Die Rechtsprechung hat sich, soweit ersichtlich – damit bisher kaum befasst, obwohl sie durchaus bedeutsam sind. So könnte z.B. von den Parteien eines Handelsvertretervertrages, wenn der Unternehmer kein Kaufmann ist, nicht die Kammer für Handelssachen angerufen werden (§§ 94, 95 Abs. 1 Nr. 1 GVG)[5], es könnten nach § 353 keine Fälligkeitszinsen gefordert werden und es würde nicht der Zinssatz von 5 % gem. § 352 für Fälligkeits- und Prozesszinsen gelten.

---

1 BGH v. 8.2.1980 – I ZR 78/78, NJW 1980, 1793.
2 BGH v. 21.1.1965 – VII ZR 22/63, BGHZ 43, 108.
3 Nach dem Gesetz zur Neuregelung des Schiedsverfahrensrecht v. 22.12.1997, BGBl. I, 1997, 3224 ist für Schiedsgerichtsvereinbarung die Kaufmannseigenschaft nicht mehr erforderlich; vgl. dazu *Lörcher*, DB 1998, 245, 247 zu VI Abschn. 4. Zu Einzelheiten vgl. auch oben *Röhricht*, Einl. Rn. 66, 68.
4 Für Anwendbarkeit der §§ 343 ff.: *Bruck/Möller*, vor §§ 43–47 VVG Anm. 173; vgl. *Baumbach/Hopt*, § 84 Rn. 28; *Staub/Brüggemann*, § 84 Rn. 17; *Schröder*, Recht der Handelsvertreter, § 84 Rn. 13a; ablehnend HK/*Ruß*, § 84 Rn. 1.
5 Vereinbarungen bzgl. der funktionellen Zuständigkeit der Kammer für Handelssachen sind nach h.M. ohnehin nicht möglich; *Zöller/Gummer*, ZPO, vor § 93 GVG Rn. 4 und § 95 GVG Rn. 1; *Baumbach/Lauterbach/Albers/Hartmann*, ZPO, § 95 GVG Rn. 2. Die so entstehende Zuständigkeitsspaltung in Handelsvertretersachen ist misslich; die generelle Zuständigkeit der KfH in allen Handelsvertretersachen ist wünschenswert; *Baumbach/Hopt*, § 84 Rn. 45.

5. Vermittlung und Abschluss von Geschäften

a) Geschäfte

Das rechtstatsächliche Erscheinungsbild des Handelsvertreters weist eine 18 außerordentlich große Variationsbreite auf[1]. Der Gesetzgeber hat bewusst von einer Beschränkung auf bestimmte Bereiche abgesehen[2]. Deshalb kann der Begriff der „Geschäfte", die der Handelsvertreter für den Unternehmer vermittelt oder abschließt, alle Bereiche des Wirtschaftslebens umfassen. Maßgeblich für die konkrete Auslegung dieses Begriffs ist in erster Linie die Parteivereinbarung. Das Geschäft kann sich auf nahezu alles beziehen, so z.B. nicht nur auf den **Verkauf von Waren**, sondern auch auf deren **Einkauf**[3] gerichtet sein. In der **Autozulieferungsindustrie** kann das nach jahrelanger Anlaufs- und Entwicklungsphase angebahnte Geschäft auch der Abschluss eines **Lifetime-Vertrages** zwischen dem Zulieferer und dem Kfz-Hersteller sein. Von besonderer Bedeutung sind ferner die **Sukzessivlieferungsverträge** (s. dazu § 87 Rn. 17). Bei **Dienstleistungen** kann der Handelsvertreter entweder für den Auftraggeber oder für den Auftragnehmer tätig sein. Auch der selbständig auf Dauer für einen Grundstücksmakler tätige Vermittler ist Handelsvertreter[4]. Ferner muss der **Beruf keineswegs zwangsläufig mit einer Reisetätigkeit verbunden** sein[5]. Vielmehr ist – jedenfalls nach deutscher Rechtsprechung – der Pächter und **Betreiber einer Tankstelle** (SB-Station) auch Handelsvertreter der jeweiligen Mineralölgesellschaft[6]. Entsprechendes gilt für die Inhaber von **Lotto- und Toto-Annahmestellen**[7], für **Reisebüros** als ständig betraute Vermittler von Pauschalreisen für einen Reiseveranstalter[8], für den Inhaber eines Tabakwaren- und Zeitungsgeschäfts, der im Vorverkauf Eintrittskarten für einen Veranstalter verkauft[9], für den Inhaber einer „Textilvertriebsagentur" in einem Modezentrum, weil dort die Kleidung nicht bloß ausgestellt und ausgeliefert wird, sondern im fremden Namen Verkaufsgeschäfte abgeschlossen werden[10], und für die Beauftragte eines Klebefolienherstellers, die am Warenhaus-Verkaufsstand im Namen und für Rechnung des Herstellers Klebefolien zu verkaufen hatte[11]. Dabei ist es nach Ansicht des BGH rechtsunerheblich, ob der Käufer den Status des Standverkäufers erkennen könne. Schließlich ist auch der Vermittler von

---

1 *Canaris*, HR, § 15 Rn. 3.
2 Amtl. Begr. RegE, BT-Drucks. 1/3856 S. 15.
3 OLG Hamburg v. 10.11.1966 – 6 U 89/66, HVR Nr. 391.
4 BGH v. 4.12.1981 – I ZR 200/79, BB 1982, 1876.
5 BGH v. 20.1.1964 – VII ZR 204/62, VersR 1964, 331.
6 St. Rspr.: BGH v. 29.11.1984 – I ZR 149/82, DB 1985, 748; BGH v. 15.11.1984 – I ZR 79/82, NJW 1985, 860; BGH v. 10.7.2002 – VIII ZR 58/00, WM 2003, 491; BGH v. 12.2.2003 – VIII ZR 130/01, NJW-RR 2003, 821 und BGH v. 7.5.2003 – VIII ZR 263/02, WM 2003, 2107.
7 BGH v. 21.1.1965 – VII ZR 22/63, BGHZ 43, 108, 113.
8 BGH v. 19.11.1981 – VII ZR 238/80, NJW 1982, 377 sowie BGH v. 21.12.1973 – IV ZR 158/72, BGHZ 62, 71, 73.
9 BGH v. 20.2.1986 – I ZR 1105/84, NJW-RR 1986, 710.
10 LG Oldenburg v. 13.3.1991 – 12 O 2531/90, HVR Nr. 705.
11 BGH v. 11.3.1982 – I ZR 27/80, NJW 1982, 1757.

Grundstücksgeschäften[1], der Vermittler von Bauaufträgen (auch wenn diese im Rahmen von Bauvorhaben der öffentlichen Hand erst nach öffentlicher Ausschreibung vergeben werden[2]), der Kommanditist einer Teilzahlungsbank, der als Kreditvermittler für diese Personaldarlehensanträge zu vermitteln hatte[3], der im Außendienst aufgrund eines Handelsvertretervertrages tätige Gesellschafter eines Produktionsbetriebes – wenn auch aufgrund seiner gesellschaftlichen Stellung ohne Ausgleichsberechtigung –, der Vermittler von Ladegut[4] und auch mit der Vermittlung von Anlage- und Investmentverträgen betraute Anlageberater als Handelsvertreter anzusehen[5]. Für die Eigenschaft als Handelsvertreter ist es unerheblich, welchen Umfang die wahrzunehmenden Aufgaben haben und ob es sich bei den vom Handelsvertreter geschuldeten Diensten um solche höherer oder untergeordneter Art handelt. Maßgebend ist allein, ob der Beauftragte als selbständiger Gewerbetreibender ständig mit der Vermittlung oder dem Abschluss von Geschäften betraut ist[6].

b) Geschäftsvermittlung

19 Der **Vermittlungsbegriff ist wirtschaftlich** zu verstehen. Deshalb ist bei mehrstufigen Vertragsverhältnissen der durch einen Erfüllungsgehilfen (Untervertreter) herbeigeführte Vermittlungserfolg dem Beauftragten als unmittelbar herbeigeführter Vermittlungserfolg zuzurechnen. Erwirbt der Handelsvertreter – insoweit als Kunde – Produkte des Unternehmers zum eigenen Gebrauch oder schließt er für sich persönlich oder seine Angehörigen unter Ausnutzung des „Haustarifs" als potentieller Versicherungsnehmer Versicherungen ab, liegt keine provisionspflichtige Vermittlung vor. Erhält der Vertreter gleichwohl „Eigenprovisionen", sind diese als „sonstige Einkünfte" einkommensteuerpflichtig[7].

20 Eine Geschäftsvermittlung liegt vor, wenn es dem Vermittler gelingt, seinen Unternehmer mit einem Interessenten durch Einwirkung auf diesen „zusammenzuführen", das Geschäft bis zur **„Abschlussreife"** vorzubereiten und so den Vertragsabschluss zu fördern und herbeizuführen[8]. Die Vermittlungstätigkeit des Handelsvertreters beinhaltet also nur die **Vorbereitung eines Geschäftsabschlusses**, nicht den Abschluss selbst. Letzterer bleibt den Vertragskontrahenten vorbehalten. Maßgeblich ist dabei, dass der Abschluss des Geschäftes auf die Vermittlungsbemühungen zurückzuführen ist[9]. Mit-

---

1 BGH v. 4.12.1981 – I ZR 200/79, WM 1982, 272.
2 BGH v. 8.2.1980 – I ZR 78/78, NJW 1980, 1793.
3 BGH v. 4.10.1984 – I ZR 151/82, BB 1985, 823; BGH v. 3.2.1978 – I ZR 116/76, DB 1978, 1395; vgl. dazu *Küstner/Thume* I, Rn. 137.
4 OLG Hamm v. 12.1.1968 – 4 Ws 261/67, BB 1968, 1017.
5 *Küstner/Thume* II, Kap. II, Rn. 8 Fn. 23.
6 BGH v. 20.2.1986 – I ZR 105/84, DB 1986, 1117.
7 BFH v. 27.5.1998 – X R 17/95, BStBl. II 1998, 618.
8 Vgl. BGH v. 17.10.1960 – VVII ZR 216/59, BB 1960, 1221.
9 BGH v. 22.6.1972 – VII ZR 36/71, BGHZ 59, 87.

ursächlichkeit ist ausreichend[1]. Dagegen ist die Vereinbarung einer Kontaktpflege, die zunächst zu einem Kooperationsvertrag zwischen dem deutschen Unternehmer und einer jugoslawischen Firma führt, aus dem sich später einzelne Geschäfte ergeben, nach Auffassung des BGH nicht als Handelsvertretervertrag anzusehen[2].

An einer Geschäftsvermittlung fehlt es, wenn der Beauftragte nur die Aufgabe hat, die vom Unternehmer hergestellten Erzeugnisse – wenn auch mit dem Ziel, dadurch an einer Umsatzsteigerung mitzuwirken – bei möglichen Interessenten vorzuführen, diese mit den Erzeugnissen bekannt und vertraut zu machen und auf diese Weise zum Absatz beizutragen. Keine Handelsvertreter sind daher die in der Pharmaindustrie tätigen Ärztepropagandisten oder Pharmaberater[3]. 21

Entsprechendes gilt hinsichtlich eines **„werbenden Repräsentanten"**, dessen Aufgabe darin besteht, die Erzeugnisse des Unternehmers bei den Bedarfsträgern bekannt zu machen und einzuführen, durch regelmäßige Besuche den Bedarf festzustellen und damit die Voraussetzungen für den Erfolg der den Interessenten unterbreiteten Angebote zu schaffen[4]. 22

Ferner liegt keine Vermittlung von Geschäften vor, wenn ein Anzeigenvermittler mit einem Zeitungsverlag eine Vereinbarung trifft, nach welcher ihm der Verlag einen bestimmten Anteil seines Anzeigenraumes gegen eine Vergütung zur Verfügung stellt. Dann nutzt er nur einen angekauften Anzeigenraum gleichsam als räumlichen „Rohstoff", den er selbst mit Anzeigen für die von ihm jeweils unterschiedlich einzeln geworbenen Kunden füllt, setzt also nur die Anzeigen seiner Kunden in sein eigenes Medium[5].

c) Abschlussvollmacht

Ist dem Beauftragten Abschlussvollmacht erteilt worden, so hat er die rechtlich viel weitergehende Stellung als **Abschlussvertreter** und kann die Geschäfte unmittelbar mit bindender Wirkung für und gegen das vertretene Unternehmen mit dem Kunden abschließen, sei es in der Weise, dass er – im Namen und für Rechnung des vertretenen Unternehmens – den Antrag des Kunden annimmt, sei es, dass es durch die Annahme des von ihm dem Kunden unterbreiteten Angebots durch den Kunden zum Geschäftsabschluss kommt. Auch als Abschlussvertreter wird der Handelsvertreter jedoch nicht Vertragspartner des Kunden, weil er seine Willenserklärung nicht im eigenen Namen, sondern im Namen des vertretenen Unternehmens abgibt. 23

---

1 BAG v. 22.1.1971 – 3 AZR 42/70, BB 1971, 492. Vgl ausführlich MünchKommHGB/*v. Hoyningen-Huene*, § 84 Rn. 55–59 und *Küstner* in Küstner/Thume I, Rn. 16 ff.
2 BGH v. 19.5.1982 – I ZR 68/80, WM 1982, 1222; vgl. auch OLG Düsseldorf v. 7.12.1990 – 16 U 67/90, EWiR § 84 HGB 1/91, 479 mit Anm. *Küstner*.
3 LG Dortmund v. 25.1.1971 – 13 O 19/70, DB 1971, 542; LG Münster v. 17.3.1977 – 7 d O 180/76, VW 1978, 809; vgl. *Baumbach/Hopt*, § 84 Rn. 23 und BGH v. 1.12.1983 – I ZR 181/81, NJW 1984, 2695.
4 LG Bielefeld v. 24.7.1974 – 13 S 12/74, BB 1975, 7.
5 BGH v. 12.3.2003 – VIII ZR 221/02, NJW-RR 2003, 894.

II. Abgrenzung zum angestellten Außendienstmitarbeiter

1. Allgemeine Grundsätze

24 Die Abgrenzung des selbständigen Handelsvertreters vom angestellten Vermittler hat seit Jahrzehnten Rechtsprechung und Literatur in besonderem Maße beschäftigt und in neuerer Zeit durch den Begriff der sog. **Scheinselbständigkeit** zusätzliche Bedeutung erlangt. Ausgangspunkt der Problematik ist zunächst, dass das äußere Erscheinungsbild des Vermittlers kaum Anhaltspunkte für eine Abgrenzung bietet, weil sich die Art und die Durchführung der Vermittlungstätigkeit bei beiden Personengruppen nicht oder nur unwesentlich unterscheiden[1] und im Einzelfall die Grenze der Angestellteneigenschaft im bürgerlichen und öffentlichen Recht fließend ist. Ferner beruhen die Abgrenzungsschwierigkeiten darauf, dass sich das Gesetz allein mit dem Hinweis auf die Selbständigkeit in § 84 Abs. 1 S. 2 begnügt hat und dass die Regelungen in § 84 Abs. 1 und Abs. 2 zwingender Natur sind[2], gleichwohl aber nicht selten dazu verleiten, dem im Außendienst tätigen Geschäftsvermittler insbesondere aus ausgleichsrechtlichen Gründen den Schutz des Handelsvertreterrechts zu entziehen, ihm aber auch nicht den arbeitsrechtlichen Schutz eines Angestellten zukommen zu lassen[3].

25 Die **Bestrebungen des Sozialgesetzgebers**, die Scheinselbständigkeit einzudämmen, hatten gegen Ende der 1990er Jahre die Abgrenzungsproblematik neu entfacht, und zwar zunächst durch eine Gesetzesinitiative der Länder Hessen und Nordrhein-Westfalen und später bei Beginn der 14. Legislaturperiode durch das sog. „Korrekturgesetz" vom 19.12.1998. Dieses Gesetz war aufgrund öffentlichen Drucks noch im Jahre 1999 durch das Gesetz zur Förderung der Selbständigkeit ersetzt worden. Hierdurch war in § 7 Abs. 4 SGB IV ein aus fünf Punkten bestehender „Vermutungskatalog" für die Arbeitnehmereigenschaft aufgenommen worden, der allerdings nur im Bereich der Sozialversicherung bedeutsam war und inzwischen wieder ersatzlos gestrichen worden ist. Schon im Jahre 1999 hatte das BAG klargestellt, dass die Statusfrage eines Handelsvertreters vorrangig aus den vereinbarten Rechten und Pflichten des Vertragspartners zu entscheiden ist, zumal § 7 Abs. 4 SGB IV für diese eine Ausnahmebestimmung enthielt[4]. Ausschlaggebend für den Status eines Außendienstmitarbeiters ist und

---

1 BVerfG v. 25.10.1977 – 1 BvR 15/75, NJW 1978, 365; BAG v. 30.8.1994 – 1 ABR 3/94, VW 1995, 1128; vgl. auch *Baumbach/Hopt*, § 84 Rn. 35.
2 BSG v. 29.1.1981 – 12 RK 63/79, BB 1981, 2074; *Ziemann*, MDR 1999, 513, 514 li. Sp.; *Hopt*, Handelsvertreterrecht, § 84 Rn. 39; *Baumbach/Hopt*, § 84 Rn. 39; *Küstner* in Küstner/Thume II, Kap. II, Rn. 21 ff. und III, Rn. 63.
3 Zur Problematik, welcher Rechtsweg im Zusammenhang mit der Entscheidung über Statusfragen maßgeblich ist, vgl. *Küstner* in Küstner/Thume I, Rn. 70 ff. mit zahlreichen Nachweisen; *Ziemann*, MDR 1999, 513; *Küttner/Bauer*, Personalbuch, S. 141 ff.; *Baumbach/Hopt*, § 84 Rn. 45 ff.; *Martinek/Semler/Habermeier/Schwab*, § 17 Rn. 2 ff.; *Ebenroth/Boujong/Joost/Strohn/Löwisch*, § 84 Rn. 14 und MünchKommHGB/*v. Hoyningen/Huene*, § 84 Rn. 48 b.
4 BAG v. 15.12.1999 – 5 AZR 3/99, BB 2000, 1469.

bleibt deshalb die Legaldefinition des § 84¹. Gleichwohl sind selbständige Handelsvertreter gem. § 2 Nr. 9 SGB VI rentenversicherungspflichtig, wenn sie keine versicherungspflichtigen Arbeitnehmer beschäftigen, aber auf Dauer im Wesentlichen nur für einen Unternehmer tätig sind.

In der Rechtsprechung ist zur Abgrenzungsproblematik die sog. **Schwerpunktmethode** entwickelt worden. Mit ihrer Hilfe wird unter Berücksichtigung aller aus der Zusammenarbeit der Parteien sich ergebenden Einzelkriterien ermittelt, ob der Schwerpunkt des sich ergebenden Gesamtbildes² überwiegend auf handelsvertreterrechtlichem oder auf arbeitsrechtlichem Gebiet liegt. Je nach dem Ergebnis dieser Prüfung handelt es sich um einen selbständigen Handelsvertreter oder um einen unselbständigen Angestellten³. Dabei wird zunächst allein auf den **materiellen Gehalt** der vertraglichen Beziehungen, also auf die praktische Handhabung der Zusammenarbeit und nicht auf die getroffenen vertraglichen Vereinbarungen abgestellt⁴. Den vertraglichen Vereinbarungen selbst kann aber dann Bedeutung zukommen, wenn sich aus der Anwendung der Schwerpunktmethode kein klares Bild gewinnen lässt, weil sich die Einzelkriterien – auch unter Berücksichtigung ihrer Gewichtung – gewissermaßen pari gegenüberstehen⁵. Dann ist es gerechtfertigt, dem in den getroffenen Vereinbarungen zum Ausdruck gekommenen Parteiwillen Bedeutung beizumessen, sofern dieser zuverlässige Anhaltspunkte bietet⁶. 26

Die Schwerpunktmethode zum Zwecke der Abgrenzung des selbständigen vom angestellten Außendienstmitarbeiter stößt mitunter auf Widerspruch, und zwar mit Rücksicht auf die von *Wank*⁷ entwickelte **Lehre von der „Scheinselbständigkeit"**, nach der für die Abgrenzung insbesondere von der Voraussetzung abhängig gemacht wird, ob der Beauftragte ein unternehmeri- 27

---

1 Siehe dazu auch die weiteren Urteile BAG v. 15.12.1999 – 5 AZR 169/99, VersR 2000, 1501 betr. Versicherungs- und Bausparkassenvertreter; BAG v. 15.12.1999 – 5 AZR 566/98, ZIP 2000, 630; BAG v. 15.12.1999 – 5 AZR 770/98, BB 2000, 932; BAG v. 20.8.2003 – 5 AZR 610/02, NJW 2004, 461; vgl. schließlich auch BAG v. 20.9.2000 – 5 AZR 271/99, BB 2001, 48; vgl. dazu *Küstner*, BullDV 2000, Heft 3, S. 28 und *Thume*, BB 1999, 2309 m.w.N.
2 St. Rspr.: BGH v. 14.3.1991 – I ZR 201/89, WM 1991, 1472; BAG v. 15.12.1999 – 5 AZR 566/98, BB 2000, 826; BAG v. 15.12.1999 – 5 AZR 3/99, BB 2000, 1469; vgl *Baumbach/Hopt*, § 84 Rn. 36; *Canaris*, Handelsrecht, § 15 Rn. 37; *Thume*, BB 1999, 2309.
3 Zum Recht des angestellten Geschäftsvermittlers vgl. *Barfrieder* in Küstner/Thume III, Teil I. Zur Höhe der Angestelltenbezüge, wenn die Statusprüfung ergibt, dass der Vermittler nicht als selbständiger Handelsvertreter, sondern als Angestellter anzusehen ist, BAG v. 21.1.1998 – 5 AZR 50/97, BB 1998, 796.
4 BGH v. 20.1.1964 – VII ZR 204/62, VersR 1964, 331; BAG v. 21.1.1966 – 3 AZR 183/65, BAGE 18, 87; BAG v. 15.12.1999 – 5 AZR 566/98, ZIP 2000, 630.
5 BAG v. 28.6.1973 – 5 AZR 19/73, DB 1978, 1804; BGH v. 4.6.1975 – I ZR 130/75, BB 1975, 1409.
6 LSG/NRW v. 20.4.1979 – L 16 Kr 94/77, n.v., Berufungsurteil zu BSG v. 29.1.1981 – 12 RK 63/79, USK 1981, 275.
7 *Wank*, Arbeitnehmer und Selbständige, 1988 und *Wank*, Die „neue Selbständigkeit", DB 1992, 90 und in *Martinek/Semler/Habermeier*, 2. Aufl. 2003, § 8 V.

sches Risiko trägt, über unternehmerische Freiheiten verfügt und in der Lage ist, unter Einsatz eigenen Kapitals am Markt unternehmerische Chancen wahrzunehmen. Diese Auffassung hat sich jedoch in der Praxis nicht durchsetzen können; vielmehr wird das Unternehmerrisiko i.d.R. nur als eines von vielen Merkmalen zur Beurteilung der Statusfrage herangezogen[1]. Mit den Entscheidungen des BAG vom 15.12.1999 dürfte deshalb eine langjährige Entwicklung ihren Kulminationspunkt erreicht haben. So war bereits Anfang der 1990er Jahre die Abgrenzungsproblematik mitunter dann entstanden, wenn Außendienstmitarbeiter eines Unternehmens in den **Betriebsrat** gewählt waren und das Unternehmen mit Rücksicht auf die seiner Auffassung nach selbständige Stellung der gewählten Betriebsratsmitglieder die richterliche Feststellung der Unwirksamkeit der Betriebsratswahl begehrte. Auch in diesen Fällen hatte die Statusfrage geklärt werden müssen[2].

28 Häufig entstehen **Meinungsverschiedenheiten über die Statusfrage** erst anlässlich der Vertragsbeendigung, obwohl die bis dahin praktizierte Zusammenarbeit den getroffenen vertraglichen Vereinbarungen in vollem Umfang entsprach. Dies kann z.B. dann der Fall sein, wenn der bisher als Handelsvertreter aufgetretene und auch so bezeichnete Außendienstmitarbeiter vor dem Arbeitsgericht Kündigungsschutzklage erhebt, weil er bei Prüfung der Sachlage zu dem Ergebnis gekommen war, dass mangels Vorliegens der Voraussetzungen des § 89b kein Ausgleich infolge der Vertragsbeendigung entstehen könne, und wenn der Unternehmer als Beklagter die Unzuständigkeitsrüge erhebt. Die Meinungsverschiedenheiten können aber auch von dritter Seite initiiert werden, wenn etwa die Krankenkasse Krankenversicherungsbeiträge für die im Außendienst tätigen Mitarbeiter mit der Behauptung fordert, diese hätten den rechtlichen Status von Arbeitnehmern und nicht von selbständigen Handelsvertretern[3].

29 Auf die Probleme, die sich bei Anwendung der Schwerpunktmethode dann ergeben können, wenn sich das aus einer Prüfung sämtlicher Einzelkriterien ergebende Gesamtbild der praktizierten Zusammenarbeit im Laufe der Zusammenarbeit der Parteien ändert und sich sodann der Schwerpunkt verlagert, so dass sich demzufolge auch der rechtliche Status des Beauftragten ändert, ohne dass dies den Vertragspartnern bewusst wird, hat *Stolterfoht*[4] hingewiesen. Die von ihm aufgezeigten Gefahren verlieren allerdings an Be-

---

1 Vgl. nur *Baumbach/Hopt*, § 84 Rn. 36; *Küstner* in Küstner/Thume I, Rn. 55 ff. und in Küstner/Thume III, Rn. 71; MünchKommHGB/*v. Hoyningen/Huene*, § 84 Rn. 36 ff. m. zahlr. N.
2 ArbG Nürnberg v. 31.7.1996 – 2 Ca 4546/95 und v. 5.8.1996 – 12 Ca 4696/96; *Römhild*, VersVerm 1996, 416 und *Hanau*, Die Anforderungen an die Selbständigkeit des Versicherungsvertreters nach den §§ 84, 92 HGB, Heft 69 der „Mannheimer Vorträge zur Versicherungswissenschaft", 1997. Zur generellen Entwicklung vgl. auch *Küstner*, ZVersWiss 1997, 659. Zur Problematik der Berücksichtigung selbständiger Handelsvertreter bei der Betriebsratswahl: LAG Baden-Württemberg v. 26.10.1990 – 11 Ta Bv 5/90 und 11 Ta Bv 6/90; ArbG Kempten v. 14.11.1990 – 5 Bv 9/90, alle unveröffentlicht; vgl. dazu *Küstner*, FAZ BdW Ausgabe v. 23.6.1991.
3 BSG v. 29.1.1981 – 12 RK 63/79, USK 1981, 275.
4 *Stolterfoht*, Die Selbständigkeit des HV, 1973.

deutung, wenn man sich vergegenwärtigt, dass eine **einseitige Vertragsänderung** mit der Folge der Verlagerung des maßgeblichen Schwerpunkts wirksam gar nicht möglich ist und auch dann nicht wirksam wird, wenn der Beauftragte nicht sogleich widerspricht[1].

2. Einzelne Abgrenzungskriterien

Für die Abgrenzung des Handelsvertreters vom unselbständigen Angestellten kann auch heute noch die für den Arbeitnehmerbegriff sehr einprägsame Formulierung des BAG[2] herangezogen werden. Danach übernimmt der Arbeitnehmer „sachlich und zeitlich eine fremd geplante, fremdnützige und von fremder Risikobereitschaft getragene Arbeit nach Weisung des Dienstberechtigten". Diese Definition enthält, auf eine kurze Formel gebracht, alle wesentlichen Abgrenzungskriterien. Die Problematik beschränkt sich aber nicht allein auf eine handels- bzw. arbeitsrechtliche Grenzziehung. Sie hat auch – das zeigen die sozialgerichtlichen und finanzgerichtlichen zu diesem Fragenkreis ergangenen Entscheidungen – weitergehende Bedeutung. Im Bereich der **Sozialversicherung** steht die Frage der versicherungspflichtigen bzw. der versicherungsfreien Tätigkeit, im Bereich des **Steuerrechts** insbesondere die Frage der Umsatz- und Gewerbesteuerpflicht im Vordergrund. Trotz dieser unterschiedlichen Bereiche kommt es aber im Wesentlichen stets auf die funktionell gleichen Abgrenzungsmerkmale an.

a) Im Wesentlichen freie Tätigkeitsgestaltung und Arbeitszeitbestimmung

Mit der Verwendung der „sachlich und zeitlich" übernommenen fremdgeplanten Arbeit ist die beim angestellten Außendienstmitarbeiter typischerweise fehlende „im Wesentlichen freie Tätigkeitsgestaltung und Arbeitszeitbestimmung" gemeint, die der Gesetzgeber in § 84 Abs. 1 S. 2 zur Begriffsbestimmung der **Selbständigkeit** allein hervorhebt. Typischerweise ist ein Arbeitnehmer im Außendienst hinsichtlich seiner Tätigkeitsgestaltung und seiner Arbeitszeitbestimmung im Wesentlichen gerade nicht frei. Vielmehr hat er die ihm obliegenden Arbeiten – Besuchstätigkeit und -häufigkeit, Festlegung der Reiseroute, Berichterstattung, Führung der Kundenkartei, Geschäftsanbahnung usw. – meist nach genauen Vorgaben und Anweisungen durchzuführen, so dass ihm für eigene Initiativen häufig nur ein geringer Spielraum verbleibt, der sich zu einem erheblichen Teil im Erkunden neuer bzw. weiterer Absatzmöglichkeiten im Allgemeinen und dem Ausfindigmachen neuer potentieller Kunden im Besonderen erschöpft. Hervorgehoben wird die Unselbständigkeit im Hinblick auf die Arbeitszeitbestimmung und die Tätigkeitsgestaltung mitunter noch dadurch, dass der Beauftragte jeweils täglich oder wöchentlich den durchzuführenden Reise- und Besuchsplan ausgehändigt erhält oder im Innendienst des Unternehmers eingesetzt werden kann, wenn keine Reisetätigkeit durchzuführen ist.

---

1 *Staub/Brüggemann*, § 84 Rn. 14; vgl. zur gleichen Problematik bei nebenberuflichen Handelsvertretern unten § 92b Rn. 9 ff.
2 BAG v. 24.4.1980 – 3 AZR 911/77, DB 1980, 2039 mit Anm. *Küstner*, AP Nr. 1 zu § 84 HGB. Vgl. auch LG Osnabrück v. 14.6.1999 – 1 AR 3/99, VersR 2000, 633.

Vertragliche Pflichten des Beauftragten, die nicht die geschuldete Tätigkeit, sondern sein sonstiges Verhalten betreffen, sind dagegen zur Abgrenzung regelmäßig ungeeignet[1]. Indessen reicht das Merkmal der im wesentlichen freien Tätigkeitsgestaltung und Arbeitszeitbestimmung allein nicht aus. Deshalb hat die **Rechtsprechung** weitere Abgrenzungsmerkmale herausarbeiten müssen, weil die Grenzen zwischen wesentlich freier oder nur unwesentlich freier Tätigkeit und Arbeitszeitbestimmung außerordentlich fließend sind[2]. So kommt es in der Praxis durchaus vor, dass einem anhand weiterer Abgrenzungskriterien eindeutig als Angestellter anzusehenden Beauftragten im Hinblick auf Tätigkeitsgestaltung und Arbeitszeitbestimmung ein sehr weiter Spielraum eingeräumt wird, während andererseits der dem Handelsvertreter insoweit zur Verfügung stehende Spielraum stärker als üblich eingeschränkt ist, wie dies bei der Wahrnehmung von Vermittlungsaufgaben mit hohem finanziellen Risiko – insbesondere bei Versicherungsvertretern – der Fall sein kann. Gerade hier zeigt sich, dass es darauf ankommt, anhand weiterer Einzelkriterien ein Gesamtbild zu gewinnen, das eine der durchgeführten praktischen Zusammenarbeit gerecht werdende Beurteilung gestattet, weil die gesetzlichen Kriterien für eine solche Abgrenzung nicht ausreichen.

b) Fremdbestimmung der Tätigkeit

32 Durch den Hinweis, dass es sich bei der geschuldeten Tätigkeit um eine fremdgeplante Tätigkeit handelt, wird deutlich, dass der Angestellte seine Tätigkeit **nicht** – oder zumindest nicht entscheidend – **aufgrund eigener Initiative** für ein eigenes Unternehmen durchführt, wie sie für den Handelsvertreter typisch ist, sondern dass es sich um eine fremdbestimmte Tätigkeit handelt, die der Angestellte – mag seine Vergütung auch zumindest teilweise in erfolgsabhängigen Bezügen bestehen – nicht nur rechtlich, sondern auch wirtschaftlich für ein fremdes Unternehmen ausübt. Auch der in der Definition des BAG verwendete Begriff der Fremdnützigkeit unterstreicht dies.

c) Weisungsgebundenheit

33 Ein sehr wesentliches Indiz für die Abgrenzung des Handelsvertreters vom Angestellten ist **der Umfang der** Weisungsgebundenheit bzw. der tätigkeitsbezogenen **Weisungsbefolgungspflicht**[3] des Beauftragten, wie dies in der Abgrenzungsformel des Bundesarbeitsgerichts[4] nicht nur unmittelbar, sondern auch durch den Hinweis auf die durchzuführende fremdgeplante Arbeit zum Ausdruck kommt. Nur auf den Umfang der Weisungsgebundenheit kommt es an, nicht auch darauf, ob grundsätzlich eine Weisungsbefolgungspflicht besteht. Sie besteht nämlich auch beim Handelsvertreter, wie dies in dem jetzt zwingenden Charakter des § 86 Abs. 1 gemäß dem neu hinzugefügten

---
1 BAG v. 15.12.1999 – 5 AZR 3/99, BB 2000, 1469.
2 BVerfG v. 25.10.1977 – 1 BvR 15/75, NJW 1978, 365.
3 BAG v. 30.8.1994 – I ABR 3/94, WM 1995, 1128.
4 BAG v. 24.4.1980 – 3 AZR 911/77, DB 1980, 2039.

§ 86 Abs. 4 zum Ausdruck kommt. Typischerweise unterliegt aber ein Angestellter, der als abhängiges Glied in den Geschäftsorganismus des Unternehmers eingegliedert[1] ist und über dessen Arbeitskraft der Unternehmer durch einseitig erteilte Weisungen grundsätzlich unbeschränkt verfügen kann[2], in wesentlich stärkerem Maße als ein Handelsvertreter den ihm vom Arbeitgeber erteilten Weisungen und dem Direktions- und Kontrollrecht des Arbeitgebers[3]. Je nach der Aufgabenstellung kann aber auch beim Handelsvertreter der Umfang der Weisungsabhängigkeit den Grad des Üblichen überschreiten[4], so z.B. bei Vermittlungsaufgaben, die sich auf nicht zu einer so starken Einschränkung seiner Selbständigkeit führen darf, dass diese „in ihrem Kerngehalt beeinträchtigt" wird[5].

Mitunter kann bei Handelsvertretern eine auf sachgerechten Erwägungen beruhende verstärkte Weisungsbefugnis auch dann entstehen, wenn der Unternehmer mit Rücksicht auf eingetretene Umsatzrückgänge häufigere Berichterstattung benötigt, um die Gründe zu ermitteln, die für den festgestellten Umsatzrückgang ursächlich sind. Eine auf derartigen sachgerechten Erwägungen beruhende verstärkte **Berichtspflicht** des Handelsvertreters beeinträchtigt aber seine Rechtsstellung – jedenfalls für sich allein betrachtet – nicht[6]. Tagesberichte hat der BGH jedoch bei einem Handelsvertreter als bedenklich angesehen[7].

d) Persönliche Abhängigkeit; Einfirmenvertreter

In engem Zusammenhang mit dem Umfang der Weisungsabhängigkeit des Beauftragten steht der Umfang seiner persönlichen Abhängigkeit vom Auftraggeber. Je stärker diese ausgestaltet ist, desto eher spricht dies für die **arbeitsrechtliche Stellung des Beauftragten**. Allerdings ist von der persönlichen Abhängigkeit die wirtschaftliche Abhängigkeit scharf zu unterscheiden. Die wirtschaftliche Unabhängigkeit fehlt nämlich häufig auch bei Handelsvertretern, selbst wenn diese hohe Provisionseinnahmen erzielen können. Sie kann deshalb kein Abgrenzungsmerkmal sein[8]. Der Umstand, dass ein Beauftragter nur für einen Unternehmer tätig sein, also kein weiteres Unternehmen vertreten darf, verstärkt zwar die wirtschaftliche Abhängigkeit, indiziert aber keineswegs zwangsläufig auch die persönliche Abhängigkeit[9], mag es auch in der Praxis selten sein, dass ein angestellter

---
1 OLG München v. 8.11.1963 – 8 U 1670/60, VersR 1964, 235.
2 BSG v. 29.1.1981 – 12 RK 46 und 63/79, USK 1981, 275, 277.
3 LSG Essen v. 14.7.1955 – LS I KR 110/54, BB 1955, 736.
4 BAG v. 21.1.1966 – 3 AZR 183/65, BAGE 18, 87.
5 BGH v. 13.1.1966 – VII ZR 9/64, NJW 1966, 882; BSG v. 29.1.1981 – 12 RK 46 und 63/79, USK 1981, 275, 277.
6 BGH v. 13.1.1966 – VII ZR 9/64, NJW 1966, 882; BGH v. 24.9.1987 – I ZR 243/85, DB 1988, 41; vgl. auch § 86 Rn. 18.
7 BGH v. 16.2.1989 – I ZR 185/87, BB 1989, 1076.
8 St. Rspr., vgl. BGH v. 20.1.1964 – VII ZR 204/62, VersR 1964, 331; BAG v. 3.5.1989 – 5 AZR 158/88, BB 1990, 779 u. BAG v. 16.7.1997 – 5 AZR 29/96, ZIP 1997, 1715; siehe auch BVerfG v. 25.10.1977 – 1 BvR 15/75, NJW 1978, 365.
9 BAG v. 15.12.1999 – 5 AZR 3/99, BB 2000, 1469.

Außendienstmitarbeiter gleichzeitig für mehrere Unternehmen tätig wird, während demgegenüber die Stellung als Einfirmenvertreter bei Handelsvertretern die Ausnahme darstellt[1].

36 Zwar ist der **Umfang der Weisungsabhängigkeit** des Vermittlers für die Abgrenzung zwischen Handelsvertretern einerseits und Reisenden andererseits von besonderer Bedeutung, weil diese naturgemäß auf den Umfang der Selbständigkeit ausstrahlt. Gleichwohl darf nicht übersehen werden, dass für die Statusfrage stets auf sämtliche in Betracht kommenden Kriterien abzustellen ist und dass diese gegeneinander abzuwägen und im Einzelnen zu gewichten sind. Es wäre deshalb unrichtig, allein nur auf die Weisungsabhängigkeit abzustellen und andererseits eine Prüfung weiterer Einzelkriterien zu vernachlässigen. Denn es kann durchaus Fälle geben, in denen zwar eine starke Weisungsabhängigkeit besteht, eine Prüfung anderer Kriterien aber gleichwohl ergibt, dass der Schwerpunkt des Vertragsverhältnisses nicht auf arbeitsrechtlichem, sondern auf handelsvertreterrechtlichem Gebiet liegt.

e) Unternehmerrisiko

37 Ein wichtiges Abgrenzungskriterium ist das Vorhandensein oder Fehlen eines Unternehmerrisikos, das als Gegenstand der unternehmerischen Betätigungsfreiheit im Unternehmerbegriff mit enthalten ist[2]. Liegt es vor, so stellt dies ein starkes Indiz dafür dar, dass der Beauftragte die rechtliche Stellung eines Handelsvertreters hat[3]. Ein Unternehmerrisiko besteht dann, wenn die aufzuwendende Arbeitskraft als einziges Kapital des Beauftragten infolge von Rückbuchungen verdienter Provisionen bei nicht ausgeführten Aufträgen oder bei Nichtzahlung des Kunden genauso verloren ist wie sonst etwa vergeblich aufgewendete Geldmittel[4], wenn also bei erfolgloser Vermittlungstätigkeit Arbeitszeit und -kosten umsonst aufgewendet wurden[5].

38 Auch hier gibt es häufig **keine klare Grenzlinie**. Mitunter erhalten Handelsvertreter hohe Fixbeträge als Pauschalvergütung oder hohe garantierte Mindestprovisionen, so dass das Unternehmerrisiko gering ist, während es andererseits auch vorkommen kann, dass ein als Arbeitnehmer bezeichneter Beauftragter im Wesentlichen allein auf erfolgsabhängige und nicht der Höhe nach garantierte Provisionseinnahmen angewiesen ist, daneben nur ein geringes Festgehalt erhält und auch die mit seiner Außendiensttätigkeit verbundenen Kosten zumindest teilweise aus den erzielten Einnahmen bestreiten muss. In diesem Falle besteht also durchaus ein Unternehmerrisiko, weil sinkender Umsatz entsprechend sinkende Einnahmen zur Folge hat. Wenn bei einer derartigen Vertragsgestaltung noch weitere Kriterien hin-

---

1 Vgl. dazu *Graf v. Westphalen*, ZIP 1999, 1083.
2 BSG v. 29.1.1981 – 12 RK 46 und 63/79, USK 1981, 275, 277.
3 BVerfG v. 25.10.1977 – 1 BvR 15/75, NJW 1978, 365; BGH v. 4.12.1981 – I ZR 200/79, BB 1982, 1876. BFH v. 30.10.1969 – VR 150/66, BStBl. II 1970, 474.
4 LSG Hamburg v. 20.3.1956 – KRBf 5/54, BB 1957, 332.
5 Vgl. auch BFH v. 31.7.1963 – I 250/59, VersR 1964, 668; BFH v. 6.11.1963 – I 358/61, VersR 1964, 1157; BFH v. 3.10.1961 – I 200/59, BStBl. III 1961, 567 sowie BAG v. 21.1.1966 – 3 AZR 183/56, BAGE 18, 87.

zutreten, die eher für ein Handelsvertreterverhältnis sprechen, könnte der als Arbeitnehmer bezeichnete Beauftragte als selbständiger Handelsvertreter anzusehen sein.

f) Bewertung formeller Abgrenzungsmerkmale

Angesichts der vorstehend erläuterten materiellen Abgrenzungsmerkmale ist im Hinblick auf die Bewertung **formeller Merkmale** Zurückhaltung geboten. Ihnen kann dann keine entscheidende Bedeutung zukommen, wenn sie nur eine Folge der von den Parteien in Verkennung der tatsächlichen Rechtslage vertretenen irrtümlichen Auffassung zum Status des Beauftragten sind. Werden z.B. für den Beauftragten keine Arbeitgeber-Pflichtbeiträge abgeführt und vom Arbeitslohn keine Arbeitnehmer-Anteile einbehalten, weil die Parteien unzutreffend vom Handelsvertreterstatus des Beauftragten ausgingen, oder unterbleibt die Zahlung der Umsatzsteuer auf die zugeflossenen Provisionen, weil die Parteien den Beauftragten als „freien Mitarbeiter" ansehen und auch im Vertrag so bezeichnet haben, kann diesen aus der unrichtigen Status-Beurteilung gezogenen Schlussfolgerungen keine Bedeutung beigemessen werden, und zwar im zuletzt genannten Fall schon deshalb nicht, weil es für Beauftragte im Außendienst keine zwischen dem Handelsvertreter einerseits und dem Angestellten andererseits liegende Zwischenform gibt. Entsprechendes gilt bei Befolgung oder Nichtbeachtung gewerbepolizeilicher, handelsregisterlicher oder anderer Vorschriften, die einen bestimmten Status des Beauftragten voraussetzen, der aber im Einzelfall gar nicht vorliegt, weil der Schwerpunkt der Abgrenzungskriterien diesen der durchgeführten Praktizierung zugrunde gelegten Status nicht rechtfertigt. Den formellen Merkmalen kann dem Parteiwillen entsprechend nur dann Bedeutung zukommen, wenn sich die für die eine oder die andere Rechtsstellung des Beauftragten sprechenden materiellen Abgrenzungsmerkmale die Waage halten und keinen Schwerpunkt im einen oder anderen Sinne erkennen lassen. Niemals aber können aus falschen rechtlichen Vorstellungen gezogene Folgerungen bzgl. der Praktizierung des Vertragsverhältnisses als Indiz für den rechtlichen Status des Beauftragten herangezogen werden.

III. Abgrenzung zu anderen Vertriebsarten

1. Handelsmakler

Während der Handelsvertreter als selbständiger Gewerbetreibender **ständig** damit betraut ist, für einen anderen Unternehmer Geschäfte zu vermitteln oder in dessen Namen abzuschließen, tut dies der Handelsmakler nur gelegentlich und von Fall zu Fall. Für ihn enthält § 93 Abs. 1 wiederum eine Legaldefinition; Näheres siehe Vor § 93. Die Abgrenzung kann im Einzelfall durchaus schwierig sein, insbes. bei zeitlich begrenzten Verträgen, wie sie z.B. aus saisonbedingten Gründen abgeschlossen werden. Maßgeblich sind die tatsächlichen Gegebenheiten, nicht die verwendete Bezeichnung.

2. Kommissionsagenten

41 Schließt ein Kaufmann **im eigenen Namen, aber für fremde Rechnung** – also für einen anderen Unternehmer – Geschäfte ab, so handelt es sich um einen Kommissionär gem. §§ 383 ff. Da er im eigenen Namen handelt, liegt verdeckte Stellvertretung vor. Wenn er mit diesen Geschäften **ständig** betraut ist, so ist er ein Kommissionsagent. Sein Verhältnis zum Kommissionär entspricht insoweit dem Unterschied zwischen Handelsmakler und Handelsvertreter. Die Unterscheidung zwischen Kommissionsagent und Handelsvertreter – Abschlussvertreter – besteht dagegen darin, dass letzterer offen im Namen des Unternehmers tätig wird. Jedoch schließen beide die Geschäfte für Rechnung des Dritten ab, sind also insoweit einander sehr ähnlich. Deshalb werden auf die Verträge von Kommissionsagenten mit ihren Kommittenten die Bestimmungen des Handelsvertreterrechts analog anwendbar, soweit die §§ 383 ff. keine vorrangigen Sonderregelungen enthalten[1], also z.B. auch § 87 Abs. 2[2] und § 89b[3].

3. Vertragshändler

42 Verkauft der Hersteller oder Importeur seine Ware zunächst an einen Händler (Groß- oder Einzelhändler), der sie dann an einen Dritten – den Kunden – weiterveräußert, so erfolgt der **Vertrieb in zwei Handelsstufen;** bei einem durch einen Handelvertreter vermittelten Vertrieb an den Kunden findet dagegen nur **ein Kaufvertrag** statt. Wenn nun jemand als selbständiger Gewerbetreibender ständig damit betraut ist, im eigenen Namen und auf eigene Rechnung Waren eines Unternehmers zu vertreiben und ihren Absatz zu fördern, spricht man von einem **Vertragshändler** (früher vom BGH Eigenhändler genannt). Handelt es sich nur um eine lockere Bindung besonderer Produkte, ist er ein **Fachhändler**, im Übrigen schlichter **Händler.** Der **Handelsvertreter** verkauft also **im fremden Namen für fremde Rechnung**. Der **Vertragshändler** **kauft im eigenen Namen und für eigene Rechnung ein** und verkauft die Ware weiter im eigenen Namen und auf eigene Rechnung an einen Dritten.

43 Der Vertragshändlervertrag ist in Europa – mit Ausnahme des belgischen Rechts – nicht gesetzlich geregelt. Grundlage ist zunächst ein auf die Dauer ausgerichteter **Rahmenvertrag**, in dem sich der eine Vertragspartner, nämlich der Vertragshändler, verpflichtet, die Produkte des **Herstellers** bzw. **Lieferanten im eigenen Namen und auf eigene Rechnung zu vertreiben und dadurch in die Vertriebsorganisation des Lieferanten eingegliedert wird**[4]. Dieser **Rahmenvertrag wird durch einzelne Kaufverträge ergänzt**, mit denen der Vertragshändler die Produkte des Lieferanten einkauft, um sie anschließend an Dritte weiter zu verkaufen. Meist sind die Grundbedingungen für

---

1 H.M.; siehe nur *Baumbach/Hopt*, § 84 Rn. 19; MünchKommHGB/*v. Hoyningen-Huene*, Vor § 84 Rn. 9–12; HK/*Ruß*, § 84 Rn. 3; *Wank* in Hdb. des Vertriebsrechts, § 10 Rn. 4 und ausführlich *Thume* in Küstner/Thume III, Rn. 1542 ff.
2 BGH v. 11.12.1958 – II ZR 73/57, BGHZ 29, 83, 86.
3 Vgl. BGH v. 1.6.1964 – VII ZR 235/62, BB 1964, 823.
4 BGH v. 21.10.1970 – VIII ZR 255/68, BGHZ 54, 338; *Thume* in Küstner/Thume III, Rn. 1144; *Manderla* in Hdb. des Vertriebsrechts, § 18 Rn. 1 ff.

diese Einzelgeschäfte schon im Rahmenvertrag teilweise mit geregelt. Dies ist jedoch nicht notwendig. Art und Umfang des Vertragshändlervertrages (Rahmenvertrages) sind im Einzelfall sehr unterschiedlich. Insbesondere der Grad der Eingliederung des Händlers in das Vertriebssystem des Lieferanten kann sehr eng oder nur relativ lose ausgestaltet sein. Je intensiver diese Eingliederung vertraglich vereinbart ist, desto mehr ähnelt er einem Handelsvertreter, so z.B. bei Bezirkszuweisung und Einräumung von Alleinvertriebsrechten sowie Übernahme von Absatzförderungspflichten, Berichts- und Marktbeobachtungspflichten seitens des Händlers. Die **Vorschriften des Handelsvertreterrechtes** sind nach h.M. weitgehend **analog** anwendbar; dies gilt insbes. für die §§ 85, 86 Abs. 1, 86a Abs. 2, 87g, 89a, 89b und 90[1]. Ob § 86a Abs. 1 anwendbar ist, ist umstritten[2]; ebenso die Anwendbarkeit von § 89, dessen Fristen für Händlerverträge als zu kurz erscheinen[3]; dagegen können naturgemäß die §§ 87 ff. über die Provision des Handelsvertreters nicht zur Anwendung gelangen. Näheres zum Vertragshändler siehe unten in dem entsprechenden Kapitel im Teil „Besondere Handelsverträge", zu dessen Ausgleichsanspruch siehe § 89b Rn. 31 ff.

4. Franchising

Franchise ist schwieriger zu definieren. Auch sie ist eine **vertikale Vertriebsform**, die ihren Ursprung in den USA hat und die eine enge ständige Zusammenarbeit zwischen rechtlicher und wirtschaftlich selbständiger und voneinander unabhängiger Unternehmen beinhaltet. 44

Die Versuche, diese in der Praxis sehr unterschiedlich ausgestaltete Vertriebsform zu definieren, sind vielfältig und differenziert. Hier sei ein Zitat aus dem **Europäischen Verhaltungscodex für Franchise** verwendet: 45

„Unter Franchise im Sinne dieses Codex ist eine Form der vertraglichen Zusammenarbeit zwischen rechtlich unabhängigen Unternehmen auf der Grundlage der Gleichordnung zu verstehen, wobei auf der einen Seite ein franchisierendes Unternehmen (der **Franchisegeber**) und auf der anderen Seite ein oder mehrere Unternehmen (**Franchisenehmer**) stehen. Der Franchisegeber weist im Allgemeinen folgende Merkmale auf: 46

Das Unternehmen besitzt eine Firma, einen Handelsnamen, ein Wortzeichen oder ein Symbol (evtl. eine Marke) für einen Produktions-Handels- oder Dienstleistungsbetrieb sowie Erfahrungswissen (know how) und gestattet dem Franchisenehmer deren Nutzung.

Das Unternehmen verfügt über eine Produktgruppe und/oder eine bestimmte Art von Dienstleistungen im Rahmen einer genau festgelegten und originellen Geschäftskonzeption, die vom Franchisenehmer in dieser Form zu übernehmen und zu gebrauchen ist. Die Konzeption beruht auf spezifischen und erprobten geschäftlichen Techniken, die laufend weiterentwickelt und auf ihren Wert und ihre Effizienz hin überprüft werden.

---

1 *Baumbach/Hopt* § 84 Rn. 11; MünchKommHGB/v. *Hoyningen-Huene,* Vor § 84 Rn. 16; HK/*Ruß,* § 84 Rn. 2; *Thume* in Küstner/Thume III, Rn. 1186 ff.
2 Verneinend *Westphal,* Vertriebsrecht, Band 2, Rn. 158.
3 Vgl. *Ullrich* in Hdb. des Vertriebsrechts § 19 Rn. 35; *Thume* in Küstner/Thume III, Rn. 1202.

Hauptzweck eines Franchisevertrages ist es, durch das Zusammenwirken persönlichen Einsatzes und finanzieller Hilfe sowohl für Franchisegeber als auch für Franchisenehmer wirtschaftliche Vorteile unter Wahrung der beiderseitigen Unabhängigkeiten anzustreben.

Im Franchising verpflichtet sich der Franchisenehmer in der einen oder anderen Form zur Entrichtung einer Vergütung für die Leistungen des Franchisegebers, für die Überlassung des Namens, der Geschäftskonzeption, der Technologie und des know how. Franchising ist demnach mehr als eine Vertriebsvereinbarung, eine Konzession oder ein Lizenzvertrag, da sich beide Partner zu Leistungen verpflichten, die über den Rahmen einer herkömmlichen Geschäftsbeziehung hinausgehen".

47 Aus diesem Ehrencodex ist erkennbar, dass der Franchisenehmer dem Vertragshändler ähnelt, jedoch ist seine Einbindung in das Vertriebssystem des Lieferanten noch weit stärker als bei jenem. Gelegentlich ist er auch als Handelsvertreter für den Franchisegeber tätig. Ferner ist Franchising nicht nur eine **Vertriebsform für Waren**, sondern auch für **Dienstleistungen** und **Technologien**.

48 Franchisesysteme enthalten i.d.R. eine Bündelung mehrerer verschiedenartiger schuldrechtlicher Verträge. Neben den rein kauf- bzw. dienstleistungsrechtlichen Elementen kommen häufig solche der Geschäftsbesorgung sowie des Lizenz-, Dienstvertrags-, Pacht- oder Mietrechts hinzu. Der so gemischte Vertrag ist daher nach der wohl heute herrschenden Kombinationstheorie bei den einzelnen Leistungsstörungen im jeweiligen Einzelteil nach den dortigen anwendbaren schuldrechtlichen Bestimmungen zu behandeln. Bei Nichtleistung gelten heute die §§ 275 Abs. 1, 326 Abs. 1 1. Hs. BGB. Dies gilt auch für die Minderungsrechte des Franchisenehmers bei Schlechtleistung. Ferner ist an Schadenersatzansprüche gemäß §§ 280 Abs. 1, 241 Abs. 1 BGB zu denken.

49 Näheres zum Franchising siehe unten in dem entsprechenden Kapitel im Teil „Besondere Handelsverträge", zum **Ausgleichsanspruch** des Franchisenehmers siehe § 89b Rn. 33.

IV. Mehrstufige Vertragsverhältnisse

50 § 84 Abs. 3 trägt dem Umstand Rechnung, dass – bei sog. mehrstufigen Vertragsverhältnissen – der Handelsvertreter sich zur Erfüllung der ihm gegenüber dem vertretenen Unternehmer obliegenden Aufgaben seinerseits Erfüllungsgehilfen bedienen kann, denen gegenüber er dann selbst als vertretener Unternehmer auftritt. Die Bestimmung kommt nur für sog. **echte Untervertreterverhältnisse** zur Anwendung, wenn also unmittelbar zwischen dem Handelsvertreter – als Hauptvertreter – und dem Untervertreter ein Handelsvertretervertrag abgeschlossen wird. § 84 Abs. 3 ist dagegen nicht anwendbar, wenn in einem mehrstufigen Vertriebssystem der Hersteller in unmittelbare vertragliche Beziehungen zu untergeordneten Handelsvertretern tritt und in der Zwischenstufe ebenfalls Handelsvertreter als Hauptvertreter einsetzt, die jedoch selbst keine Handelsvertreterverträge mit den Untervertretern abgeschlossen haben, sondern diesen nur organisatorisch übergeord-

net worden sind. Dies kommt bei größeren Vertriebsorganisationen vor, wenn es sich als zweckmäßig und notwendig erweist, dem übergeordneten Handelsvertreter als Hauptvertreter Weisungsbefugnisse zu übertragen, die eigentlich allein dem Hersteller bzw. Unternehmer selbst zustehen. Hier handelt es sich um **unechte Untervertreterverhältnisse**. Hat ein solches Vertriebsystem mehrere pyramidenförmig aufgebaute Stufen, spricht man von **Strukturvertrieb** oder **Multi-Level-Marketing**[1].

Bei echten Untervertreterverhältnissen stehen dem Untervertreter Rechte und Pflichten allein gegenüber seinem Vertragspartner, dem Hauptvertreter, zu. Seine Vergütung erfolgt unmittelbar durch den Hauptvertreter zu Lasten der diesem vom vertretenen Unternehmer aufgrund der von ihm selbst und seinem Untervertreter erzielten Vermittlungserfolge zufließenden Vermittlungsvergütung. **Bei unechten Untervertreterverhältnissen** dagegen erhält der übergeordnete Hauptvertreter regelmäßig vom Unternehmer eine sog. Superprovision (auch Führungs- oder Leitungsprovision genannt), für deren Höhe als Bemessungsgrundlage meist der vom Untervertreter erzielte Vermittlungserfolg maßgebend ist, der wiederum unmittelbar auf den unterstützenden Maßnahmen des Hauptvertreters beruht. Provisions- und ausgleichsrechtliche Besonderheiten ergeben sich bei Untervertreterverträgen, in denen der Hauptvertreter dem Untervertreter als vertretener Unternehmer gegenübertritt, hinsichtlich der Frage der Entstehung bzw. des Wegfalls des dem Untervertreter zustehenden Provisionsanspruchs[2] und der Berechnung des dem Hauptvertreter einerseits und dem Untervertreter andererseits zustehenden Ausgleichsanspruchs, wobei besonders die Frage von Bedeutung ist, wie hierbei die Provisionszahlungen zu berücksichtigen sind, die der Hauptvertreter dem Untervertreter zu zahlen verpflichtet war[3]. 51

V. Handelsrechtsreformgesetz

Mit der Neuregelung des Kaufmannsbegriffs aufgrund des Handelsrechtsreformgesetzes (HRefG) vom 22.6.1998, das am 1.7.1998 in Kraft trat, wurde § 84 Abs. 4 angefügt[4]. Nach § 1 n.F. ist Kaufmann i.S.d. HGB, wer ein Handelsgewerbe betreibt. Ein Handelsgewerbe ist ein Gewerbebetrieb, der nach Art oder Umfang einen in kaufmännischer Weise eingerichteten Geschäftsbetrieb erfordert. Gewerbliche Unternehmen, die diese Voraussetzung nicht erfüllen, können die Kaufmannseigenschaft nach § 2 n.F. durch Eintragung ihrer Firma in das Handelsregister erwerben. Nicht alle Handelsvertreter erfüllen diese Voraussetzungen, vielmehr erfordert ihre Tätigkeit nicht selten keinen in kaufmännischer Weise eingerichteten Geschäftsbetrieb und sie wollen sich auch nicht ins Handelsregister eintragen lassen. Die Einfügung 52

---

1 Näheres dazu siehe *Thume* in Küstner/Thume III, Teil VI, 3. Kap.; *Thume*, WM 1999, 145.
2 BGH v. 20.6.1984 – ZR 62/82, DB 1984, 2299.
3 BGH v. 7.3.1985 – I ZR 2204/82, WM 1985, 981.
4 HRefG v. 22.6.1998, BGBl. I 1998, 1474. Vgl. die Kommentierungen von *Schäfer*, DB 1998, 1269; *Kögel*, BB 1998, 1645; *Krebs*, DB 1996, 2013 und insbesondere die Erläuterungen in der 1. Aufl., Einl. Rn. 83 ff.

des Abs. 4 in § 84 war daher notwendig, um auch diesen „kleinen" Handelsvertretern die Anwendung der §§ 84 ff. zu gewähren. Der Bundesrat[1] hatte dazu festgestellt, dass die für Handelsvertreter maßgeblichen unabdingbaren Schutzbestimmungen unabhängig davon gelten müssten, ob der Betrieb des Vertreters einen in kaufmännischer Weise eingerichteten Geschäftsbetrieb erfordere oder nicht. Jedenfalls würde die soziale Schutzwirkung dieser Vorschrift (z.B. über den Ausgleichsanspruch nach § 89b) geradezu konterkariert werden, wenn sie keine Anwendung auf Handelsvertreter hätte, die nicht unter §§ 1, 2 fallen. Ist die Eintragung ins Handelsregister erfolgt, kann zwischen dem Handelsvertreter und dem vertretenen Unternehmen gem. § 38 ZPO eine **Gerichtsstandsvereinbarung** getroffen werden, zumal zu berücksichtigen ist, dass § 84 Abs. 4 nur für die Vorschriften des 7. Abschnitts gilt[2], also nicht auch für andere Bereiche, in denen es auf die Kaufmannseigenschaft des Handelsvertreters ankommt. Entsprechendes gilt auch für die Vereinbarung der Zuständigkeit eines Schiedsgerichts.

§ 85
Vertragsurkunde

Jeder Teil kann verlangen, dass der Inhalt des Vertrages sowie spätere Vereinbarungen zu dem Vertrage in eine vom anderen Teil unterzeichnete Urkunde aufgenommen werden. Dieser Anspruch kann nicht ausgeschlossen werden.

Schrifttum: *Emde*, Die Handelsvertreter-GmbH, 1994; *Koch*, Der Versicherungsvertreter, Begriff, Arten, Der Versicherungskaufmann 1998, 31; *Koch*, Der Versicherungsvertreter, sein Agenturvertrag, Der Versicherungskaufmann 1988, Heft 5, 21, Heft 6, 39, Heft 7, 7; *Graf v. Westphalen*, Handelsvertreterrecht und AGB-Gesetz, DB 1984, 2335 und 2391.

1. Handelsvertretervertrag

1   Der Handelsvertretervertrag ist als Dauerschuldverhältnis[3] ein **gegenseitiger Vertrag**, der keiner Form bedarf, also auch mündlich abgeschlossen werden kann (Ausnahme: die Schriftform ist erforderlich für das Delkredere, § 86b Abs. 1 S. 3 und das nachvertragliche Wettbewerbsverbot, § 90a Abs. 1). Ferner kann er auch durch **schlüssiges Verhalten** zustande kommen, was nicht selten dann geschieht, wenn die Parteien – ohne bereits über alle Einzelpunkte eine Einigung erzielt zu haben – im beiderseitigen Einverständnis

---

1 BR-Drucks. 340/97 S. 61.
2 Vgl. *Thume* in Küstner/Thume I, Rn. 272; *Emde*, VersR 1999, 1464; siehe auch oben Rn. 16.
3 *Baumbach/Hopt*, § 84 Rn. 43.

mit der tatsächlichen Durchführung des unvollständigen Vertrages beginnen[1].

Handelsvertreterverträge unterliegen dem Grundsatz der Vertragsfreiheit, soweit dieser nicht durch zwingende Vorschriften ausgeschlossen oder eingeschränkt ist. Das HGB selbst enthält in den §§ 84 ff. eine ganze Reihe zwingender Bestimmungen[2], deren Katalog durch das EG-Anpassungsgesetz noch erweitert worden ist (Beispiele: § 86 Abs. 1 und 2, § 87 Abs. 1 und 2; § 87a Abs. 2 1. Hs.). **Unwirksam** sind gem. § 134 BGB insbesondere vertragliche Vereinbarungen, die gegen diese oder andere Verbotsgesetze verstoßen oder gem. § 138 BGB sittenwidrig sind. Zu denken ist dabei an **Knebelungsverträge**, bei denen die unternehmerische Freiheit des Handelsvertreters extrem eingeschränkt wird. 2

Formularverträge, die i.d.R. vom Unternehmer erstellt werden, unterliegen dem Recht der Allgemeinen Geschäftsbedingungen gem. §§ 305 ff. BGB[3]. Ist auch der Handelsvertreter Unternehmer (§ 14 BGB), so ist nach § 310 Abs. 1 S. 1 BGB eine Inhaltskontrolle nur in der eingeschränkten Form nach § 307 Abs. 1 und 2 BGB vorzunehmen. Danach sind Bestimmungen in Handelsvertreterverträgen unwirksam, wenn sie den Vertragspartner des Verwenders entgegen den Geboten von Treu und Glauben unangemessen benachteiligen. Dies ist durch eine umfassende Interessenabwägung beider Vertragspartner festzustellen. Maßgeblich ist dabei gemäß § 307 Abs. 2 Nr. 1 BGB im Zweifelsfall, ob die Vertragsklausel mit den wesentlichen Grundlagen des Handelsvertreterrechts, wie sie in den dispositiven Bestimmungen des 7. Abschnitts des HGB enthalten sind, zu vereinbaren ist oder nicht. 3

Enthält ein schriftlich abgeschlossener Handelsvertretervertrag eine sog. **Schriftformklausel**, wonach Ergänzungen oder Vertragsänderungen nur wirksam sein sollen, wenn sie schriftlich vereinbart werden, so genügt gemäß § 127 Abs. 2 BGB für die Wirksamkeit einer solchen Vertragsänderung ein telekommunikativer Briefwechsel. Ferner können die Parteien die Formabrede jederzeit aufheben. Auch eine stillschweigende Aufhebung kann erfolgen, so z.B. wenn die Parteien den Vertrag mündlich abändern und versehentlich gar nicht daran denken, dass sie eine Schriftformklausel für diesen Fall vereinbart haben[4]. Dieser Rechtsunsicherheit kann nur dadurch begegnet werden, dass die Schriftformklausel etwa durch folgenden Zusatz ergänzt wird: „Das vereinbarte Formerfordernis kann nur durch schriftliche Vereinbarung aufgehoben werden"[5]. In **Formularverträgen** können Klauseln, die für den Fall der Vertragsveränderung die Schriftform vorschreiben, jedoch insgesamt unwirksam sein, wenn sie dem Versender dazu dienen sol- 4

---

1 BGH v. 26.10.1989 – I ZR 20/88, WM 1990, 475; BGH v. 12.11.1986 – I ZR 107/84, WM 1987, 293; BGH v. 24.2.1983 – I ZR 14/81, WM 1983, 937.
2 Vgl. die Zusammenstellung bei *Thume* in Küstner/Thume I, Rn. 308; *Thume*, FS Trinkner, 1995, S. 193 f.
3 Vgl. BGH v. 10.12.1997 – VIII ZR 107/97, BB 1998, 391.
4 BGH v. 2.7.1975 – VIII ZR 223/73, NJW 1975, 1653 unter I.2.; BGH v. 26.11.1964 – VII ZR 113/63, NJW 1965, 293.
5 BGH v. 2.6.1976 – VIII ZR 97/74, DB 1976, 1328.

len, etwaige nach Vertragsschluss getroffene Vereinbarungen zu unterlaufen[1].

5 Verstoßen einzelne Bestimmungen eines Handelsvertretervertrages gegen **zwingende gesetzliche Vorschriften**, so führt dies regelmäßig nicht zur Nichtigkeit des gesamten Vertrages. Vielmehr gelten insoweit dann die gesetzlichen Vorschriften[2]. Nur ausnahmsweise führt die Teilnichtigkeit gem. § 139 BGB zur Gesamtnichtigkeit, wenn angenommen werden muss, dass der Vertrag ohne die nichtige Einzelbestimmung nicht abgeschlossen worden wäre. Wird ein Handelsvertretervertrag wirksam angefochten, führt dies entgegen § 142 BGB nicht zur rückwirkenden Nichtigkeit von Anfang an, sondern nur zur Nichtigkeit für die Zukunft (ex nunc), weil – wie beim Arbeitsvertrag – die Tatsache der Dienstleistung des Handelsvertreters für den Unternehmer nicht durch die nachträgliche Anfechtung wieder beseitigt werden kann[3].

2. Rechtliche Grundlagen

6 Als Dauerschuldverhältnis und gegenseitiger Vertrag gemäß §§ 320 ff. BGB, der auf den Austausch von Leistungen und Gegenleistungen gerichtet ist, unterliegt der Handelsvertretervertrag primär den speziellen handelsvertreterrechtlichen Vorschriften der §§ 84 ff. Subsidiär sind daneben die allgemeinen und schuldrechtlichen Vorschriften des bürgerlichen Rechts, insbesondere auch die §§ 311, 280 BGB und die **Vorschriften des allgemeinen Dienstvertrags- und Auftragsrechts** der §§ 611 ff., 662 BGB, anwendbar, soweit dies nicht aufgrund der selbständigen Stellung des Handelsvertreters ausgeschlossen ist[4]. Anwendbar sind insbesondere die §§ 613, 615 und 625 BGB. Meinungsverschiedenheiten ergeben sich mitunter hinsichtlich der Anwendbarkeit der §§ 624 und 626 Abs. 2 BGB[5]. Für die gerichtliche Klärung von Streitigkeiten aus einem Handelsvertretervertrag sind die ordentlichen Gerichte, und zwar die Kammern für Handelssachen gemäß §§ 93 ff. GVG zuständig, wenn beide Vertragspartner die Kaufmannseigenschaft besitzen (vgl. dazu § 84 Rn. 16). Die Arbeitsgerichte sind für Rechtsstreitigkeiten nur dann zuständig, wenn der Handelsvertreter die rechtliche Stellung eines arbeitnehmerähnlichen Handelsvertreters hat.

---

1 BGH v. 25.1.1995 – XII ZR 195/93, NJW 1995, 1488; BGH v. 27.9.2000 – VIII ZR 155/99, NJW 2001, 292.
2 BGH v. 25.11.1963 – VII ZR 29/62, BGHZ 40, 235.
3 BGH v. 3.5.1995 – VIII ZR 95/94, WM 1995, 1235; BGH v. 12.1.1970 – VII ZR 48/68, NJW 1970, 609; OLG Düsseldorf v. 22.3.1985 – 16 U 167/84, HVR Nr. 607.
4 Einzelheiten bei *Thume* in Küstner/Thume I, Rn. 250 ff.
5 Zu § 624 BGB vgl. die weiteren Nachweise bei *Thume* in Küstner/Thume I, Rn. 1653 ff.; zu § 626 Abs. BGB vgl. BGH v. 3.7.1986 – I ZR 171/84, DB 1986, 2228; *Woltereck*, DB 1984, 279; *Kindler*, BB 1988, 2051.

3. Beurkundungsanspruch

Der in § 85 zwingend geregelte Beurkundungsanspruch stellt **keine Formvorschrift** dar. Er soll vielmehr der Klarstellung der getroffenen Abreden und der Beweiserleichterung dienen, setzt also einen mündlichen oder durch schlüssiges Verhalten bereits zustande gekommenen Handelsvertretervertrag voraus. Der Beurkundungsanspruch ist deklaratorischer Natur, sofern er sich allein auf diejenigen Regelungen bezieht, bezüglich deren bereits Einigkeit zwischen den Parteien besteht, aber konstitutiver Natur insoweit, als er auch Regelungen enthält, über die bisher keine Einigkeit bestand, mit denen sich der andere Vertragsteil aber angesichts der vorgelegten Urkunde ausdrücklich – durch Unterzeichnung der vorgelegten Urkunde – einverstanden erklärt. Gleiches gilt, wenn der tatsächliche Vertragsinhalt in der Urkunde unrichtig wiedergegeben wurde, der andere Vertragsteil diese aber gleichwohl unterzeichnet. Da sich der Beurkundungsanspruch nur auf solche Regelungen beschränkt, hinsichtlich deren bereits Einigkeit erzielt wurde oder mit denen sich der andere Vertragsteil einverstanden erklärt, umfasst er nicht auch die schriftliche Beurkundung von Einzelweisungen, zu deren Erteilung der Unternehmer im Rahmen des Vertragsverhältnisses berechtigt ist.

Der Anspruch kann von jedem Vertragsteil geltend gemacht werden. Er ist **zwingender Natur**, kann also vertraglich nicht ausgeschlossen werden. Er richtet sich entweder auf Unterzeichnung und Aushändigung einer vom Gläubiger oder einem Dritten ausgestellten und dem anderen Teil vorgelegten Urkunde oder auf Ausstellung, Unterzeichnung und Aushändigung einer vom anderen Teil vorzulegenden Urkunde. Der Beurkundungsanspruch kann so lange geltend gemacht werden, wie der mündlich vereinbarte Vertrag besteht, und zwar ohne Rücksicht auf die Vertragsdauer, also auch noch während bereits laufender Kündigungsfrist. Er bezieht sich auf jede Änderung des Vertragsinhalts und entsteht insoweit immer wieder aufs Neue. Aber auch ohne eine Änderung des Vertragsinhalts kann Verjährung nicht eintreten, weil dies anderenfalls bei langfristigen Verträgen dem Sinn der Bestimmung zuwiderlaufen würde. Von der Vertragsbeendigung an entfällt kraft seiner Abhängigkeit von einem bestehenden Vertrage der Beurkundungsanspruch, es sei denn, über die Vertragsbeendigung herrscht Streit und das Vertragsverhältnis besteht nach Auffassung des Klägers noch oder es bestehen auch nach der unstreitigen Vertragsbeendigung noch Rechte und Pflichten der Parteien. Verjährung tritt also spätestens drei Jahre nach der vollständigen Vertragsabwicklung ein; bei wirksam abgekürzter Verjährungsfrist mit deren Ablauf[1].

---

1 *Baumbach/Hopt*, § 85 Rn. 7; *Heymann/Sonnenschein/Weitemeyer*, § 85 Rn. 4; *Schlegelberger/Schröder*, § 85 Rn. 6; a.A. *Staub/Brüggemann*, § 85 Rn. 6; zur Problematik vgl. auch *Thume* in Küstner/Thume I, Rn. 374.

4. Prozessuale Fragen

9 Wird auf Beurkundung des abgeschlossenen Vertrages Klage erhoben, muss der Klageantrag auf Ausstellung, Unterzeichnung und Aushändigung einer den Vertragsinhalt zutreffend wiedergebenden Urkunde gerichtet sein, ggf. nur auf Unterzeichnung und Aushändigung, wenn der Kläger die Urkunde selbst vorlegt. Gelingt dem Kläger nicht der volle Beweis, dass der Klagantrag oder die vorgelegte Vertragsurkunde den Vertragsinhalt vollständig und richtig wiedergeben, muss die Klage teilweise abgewiesen werden; nur die nachgewiesenen Vereinbarungen sind im erkennenden Teil des Urteils wiederzugeben und erwachsen in Rechtskraft. Da das rechtskräftige Urteil gem. § 894 ZPO die Beurkundung ersetzt, bedarf es keiner **Zwangsvollstreckung** nach § 888 ZPO[1].

§ 86
Pflichten des Handelsvertreters

(1) Der Handelsvertreter hat sich um die Vermittlung oder den Abschluss von Geschäften zu bemühen; er hat hierbei das Interesse des Unternehmers wahrzunehmen.

(2) Er hat dem Unternehmer die erforderlichen Nachrichten zu geben, namentlich ihm von jeder Geschäftsvermittlung und von jedem Geschäftsabschluss unverzüglich Mitteilung zu machen.

(3) Er hat seine Pflichten mit der Sorgfalt eines ordentlichen Kaufmanns wahrzunehmen.

(4) Von den Absätzen 1 und 2 abweichende Vereinbarungen sind unwirksam.

Übersicht

	Rn.		Rn.
I. Neufassung der Vorschrift	1	3. Umfang der Berichtspflicht	22
II. Bedeutung der Vorschrift	4	VII. Weisungsbefolgungspflicht	25
III. Vermittlungs- und Abschlusspflicht	8	VIII. Unterlassung von Wettbewerb	
		1. Grundsatz	29
IV. Interessenwahrnehmungspflicht	14	2. Wettbewerbstatbestand	31
V. Bonitätsprüfungspflicht	15	3. Umgehungstatbestände	36
VI. Berichtspflicht		4. Unverschuldete Interessenkollision	37
1. Bedeutung der Berichtspflicht	17	5. Rechtsfolgen unerlaubter Konkurrenztätigkeit	39
2. „Erforderliche Nachrichten"	21		

---

1 MünchKommHGB/v. *Hoyningen-Huene*, § 85 Rn. 24; a.A. *Baumbach/Hopt*, § 85 Rn. 9.

Schrifttum: *Haumann*, Sinnvolle Berichterstattung, HVHM 1979, 868; *Hopt*, Wettbewerbsfreiheit und Treuepflicht des Unternehmers bei parallelen Vertriebsformen, ZIP 1996, 1533; *Ordemann*, Die Berichtspflicht des Handelsvertreters, DB 1963, 1565; *Schriefers*, Lagerrücknahme bei Vertragsbeendigung des Händlervertrages, BB 1992, 2158; *Seifert*, Vermittlung von Versicherungen durch angestellte und selbständige Vertreter, NZA Sonderheft 1999, 6; *Thume*, Das Wettbewerbsverbot des Handelsvertreters während der Vertragszeit, WRP 2000, 1033.

I. Neufassung der Vorschrift

§ 86 ist durch das EG-Anpassungsgesetz teilweise neu gefasst worden. Die in § 86 Abs. 1 2. Hs. geregelte Interessenwahrnehmungspflicht bezieht sich generell auf die Bemühungspflicht des Handelsvertreters, also auf alle seine Haupt- und Nebenpflichten, also auf die gesamte Ausübung der Handelsvertretertätigkeit. Dies ergibt sich aus dem Wörtchen „hierbei". 1

Von besonderer Bedeutung ist, dass die in § 86 Abs. 1 niedergelegte Bemühungspflicht bezüglich der Vermittlung oder des Abschlusses von Geschäften, die **Interessenwahrnehmungspflicht und** die in § 86 Abs. 2 geregelte **Berichtspflicht** gem. § 86 Abs. 4 nunmehr **zwingend** sind, so dass zwischen den Parteien getroffene von § 86 Abs. 1 und 2 abweichende Vereinbarungen unwirksam sind[1]. Hat sich also etwa ein Vertreterverhältnis in der Weise entwickelt, dass der Handelsvertreter keine Berichte erstattet und diese von ihm bisher auch nicht verlangt wurden, kann der Unternehmer den Handelsvertreter jederzeit auf Erfüllung der Berichtspflicht in Anspruch nehmen. 2

Der deutsche Gesetzgeber hat jedoch Art. 3 der nach Art. 5 **zwingenden EG-Richtlinie** nicht exakt umgesetzt. Im Bereich der Warenvertreter ist daher zu beachten, dass sich dieser „nach den Geboten von Treu und Glauben zu verhalten" hat (Art. 3.1 der EG-Richtlinie). Ferner wurde nicht aufgenommen, dass der Handelsvertreter „den vom Unternehmer erteilten angemessenen Weisungen nachkommen" muss (Art. 3 Abs. 2 lit. c der EG-Richtlinie), jedoch wurde die Weisungsbefolgungspflicht schon immer aus der Interessenwahrungspflicht sowie aus § 665 BGB entnommen. 3

II. Bedeutung der Vorschrift

§ 86 ist für den Bereich des Handelsvertreterrechts lex specialis im Verhältnis zu den im allgemeinen Dienstvertragsrecht geregelten Pflichten, weil diese Vorschrift speziell solche Pflichten regelt, die sich aus der Natur der besonderen Aufgabenstellung eines Handelsvertreters ergeben[2]. Subsidiär und ergänzend gelten auch die allgemeinen Regeln, die in den §§ 611 ff., 662 ff. und 677 ff. BGB niedergelegt sind. 4

---

1 *Canaris*, HR, § 15 Rn. 30.
2 Zur besonderen Sorgfaltspflicht des Handelsvertreters im Hinblick auf ein diebstahlgefährdetes Reiselager: BGH v. 7.4.1993 – VIII ZR 133/92, WM 1993, 1596.

5   Die vom Handelsvertreter **geschuldeten Dienste** sind nach § 613 BGB nur im Zweifel höchstpersönlicher Natur. Deshalb ist der Handelsvertreter grundsätzlich berechtigt, zur Erfüllung der ihm gegenüber dem Unternehmer obliegenden Verpflichtungen Hilfspersonen als Erfüllungsgehilfen einzusetzen. Diese können entweder die Rechtsstellung selbständiger Handelsvertreter haben oder als angestellte Reisende tätig sein. Dieses Recht des Handelsvertreters zum Einsatz solcher Hilfspersonen folgt bereits aus § 84 Abs. 3, der anderenfalls entbehrlich wäre. Allerdings wird der Handelsvertreter im Rahmen seiner Interessenwahrnehmungspflicht beim Einsatz von Untervertretern i.d.R. verpflichtet sein, den Unternehmer hierüber zu unterrichten, weil dieser regelmäßig ein berechtigtes Interesse daran hat, darüber informiert zu werden, wer seine Produkte unmittelbar beim Kunden akquiriert. Für die vom Handelsvertreter eingesetzten Hilfspersonen haftet der Handelsvertreter nach § 278 BGB wie für eigenes Verschulden.

6   Auch **Personen- und Kapitalgesellschaften können als Handelsvertreter tätig werden**[1]. Vertragspartner des Unternehmers ist dann die jeweilige Handelsvertretergesellschaft. Bei Personengesellschaften ist deshalb die OHG oder die KG als solche verpflichtet. Jedoch haften auch deren Gesellschafter gemäß § 128 als Gesamtschuldner, sie sind also nicht nur bloße Erfüllungsgehilfen. Bei einer **Handelsvertreter-GmbH oder -AG** ist wiederum nur diese selbst als juristische Person verpflichtet, nicht aber deren jeweiligen einzelnen Gesellschafter (§ 13 Abs. 1 und 2 GmbHG; § 1 Abs. 1 AktG). Deshalb empfiehlt es sich, beim Abschluss des Vertrages mit einer Handelsvertreter-Personen- oder Kapitalgesellschaft die Erstreckung der handelsvertreterrechtlichen Verpflichtungen auf bestimmte Gesellschaften im Vertrag zu vereinbaren, falls dies wünschenswert und zweckmäßig erscheint. Eine solche Verpflichtung in einer Einmann-Handelsvertreter-GmbH hätte dann auch Auswirkungen auf eine ausgleichserhaltende Kündigung, wenn diese mit der Person des verpflichteten Gesellschafters „steht und fällt"; Näheres dazu s. § 89b Rn. 135.

7   Gründet der Handelsvertreter – meist geschieht dies aus steuerlichen Erwägungen – eine GmbH, deren Geschäfte er führt, und soll die neu gegründete Vertretungs-GmbH in die im Handelsvertretervertrag vereinbarten Rechte und Pflichten des bisherigen Handelsvertreters eintreten, bedarf es also einer diesbezüglichen besonderen Vereinbarung; eine bloße Mitteilung des Handelsvertreters an den Unternehmer reicht nicht aus. Verweigert der Unternehmer seine Zustimmung, bleibt der Handelsvertreter höchstpersönlich dem Unternehmer gegenüber unmittelbar aus dem Vertragsverhältnis berechtigt und verpflichtet[2]. Ein als Kaufmann ins Handelsregister eingetragener Handelsvertreter kann aber auch nach § 152 UmwG vorgehen und seine Einzelfirma in durch Ausgliederung in die neu gegründete GmbH einbringen. Dann liegt Universalsukzession vor. Die Einzelfirma erlischt gem. §§ 155, 131 UmwG und das Handelvertreterverhältnis geht mit allen Rech-

---

1 Vgl. dazu *Emde*, Die Handelsvertreter-GmbH, 1994; *Westphal*, BB 1999, 2517 sowie *Küstner* in Küstner/Thume II, Kap. V, Rn. 30 ff.
2 Vgl. *Küstner* in Küstner/Thume II, Kap. V, Rn. 30 ff.

ten und Pflichten auf die GmbH über. Geschieht diese Umwandlung nicht im Einvernehmen mit dem Unternehmer, kann diesem – je nach den Umständen des Einzelfalls – wegen Vertrauensbruchs ein Recht auf außerordentliche Kündigung des Handelsvertretervertrages zustehen[1].

III. Vermittlungs- und Abschlusspflicht

Die Pflicht des Handelsvertreters, sich im Namen und auf Rechnung des Unternehmers um die Vermittlung oder den Abschluss von Geschäften zu bemühen, gehört zu den **Hauptpflichten** des Handelsvertreters, denen er ständig unter Wahrung der Interessen des Unternehmers und unter Beachtung der ihm erteilten sachgerechten Weisungen nachzukommen hat. Diese Hauptpflicht dient dem Ziel, das Gewerbe des Unternehmers durch das Herbeiführen von Geschäftsabschlüssen zu fördern, sich um die Werbung von Kunden zu bemühen und dabei ganz allgemein den Markt auf seine Aufnahmebereitschaft und auf Wünsche der in Betracht kommenden Abnehmer zu beobachten[2].

Der **Umfang der Bemühungspflicht** richtet sich nach den mit dem Unternehmer getroffenen Vereinbarungen. Fehlt es an konkreten Absprachen und ergibt sich auch aus den Umständen nichts anderes, beziehen sich diese Pflichten auf das gesamte Produktions- oder Handelsprogramm (die „Produktpalette") des Unternehmers. In der Praxis nicht selten ist eine vertragliche Beschränkung der Vermittlungs- bzw. Abschlusspflicht auf bestimmte Erzeugnisse oder Teilbereiche des Verkaufsprogramms oder auch nur auf einen bestimmten Abnehmerkreis, z.B. nur Behörden oder nur Bauunternehmer und dgl., während ein anderer Abnehmerkreis im Hinblick auf das gleiche Verkaufsprogramm von einem anderen Handelsvertreter oder anderen Beauftragten bearbeitet wird.

Aus der Betrauung mit Vermittlungs- oder Abschlussaufgaben ergibt sich nicht ohne weiteres auch die Pflicht des Handelsvertreters zur Erfüllung darüber hinausgehender Pflichten, z.B. **Lagerhaltung, Auslieferung, Montage, Service, Inkasso** und dgl. Dazu bedarf es vielmehr entsprechender weitergehender Vereinbarungen.

Ist der Handelsvertreter nur zur **Vermittlung von Geschäften** bevollmächtigt, kommt das vermittelte Geschäft erst zustande, wenn der Unternehmer das Angebot des Kunden oder der letztere das Angebot des Unternehmers annimmt. Stets bedarf es also der unmittelbaren Mitwirkung des Unternehmers am Geschäftsabschluss. Im Hinblick auf die Entscheidung, ein vom Handelsvertreter vermitteltes Geschäft abzuschließen, ist der Unternehmer frei, aber § 86a verpflichtet, dem Handelsvertreter „unverzüglich die Ablehnung mitzuteilen".

---

1 *Westphal*, BB 1999, 2517.
2 OLG Hamm v. 26.11.1970 – 18 U 78/70, HVR Nr. 432.

12 Ist dem Handelsvertreter dagegen viel weitergehender auch **Abschlussvollmacht** erteilt worden, ist er berechtigt, mit bindender Wirkung zugunsten bzw. zu Lasten des Unternehmers Geschäfte abzuschließen. In diesem Falle sind an die Beachtung der Interessenwahrnehmungspflicht strengere Maßstäbe anzulegen als bei der bloßen Vermittlungsberechtigung. Lässt der Handelsvertreter ihm bekannte Umstände – etwa Lieferschwierigkeiten des Unternehmers – bei der Ausübung der ihm erteilten Abschlussvollmacht unberücksichtigt, kann er sich dem Unternehmer gegenüber schadensersatzpflichtig machen.

13 In beiden Fällen, also sowohl bei der Vermittlungs- als auch beim Abschlusstätigkeit von Geschäften, muss der Handelsvertreter den Interessen des Unternehmers den Vorrang vor der Berücksichtigung eigener Interessen einräumen[1]. Dies gilt insbesondere in Fällen der Interessenkollision, wenn er um eigener Provisionsinteressen willen beabsichtigt, ein Geschäft zu vermitteln oder abzuschließen, das sich, wie ihm bekannt ist, für den Unternehmer ungünstig auswirkt.

IV. Interessenwahrnehmungspflicht

14 Nach § 86 Abs. 1 2. Hs. ist der Handelsvertreter verpflichtet, die Interessen des Unternehmers wahrzunehmen. Diese Pflicht ist wesensbestimmend und beherrscht deshalb das gesamte Vertragsverhältnis[2]. Sie erstreckt sich generell auf die gesamte Tätigkeit des Handelsvertreters und hat zur Folge, dass dieser alles zu tun hat, was im Interesse des Unternehmers erforderlich ist und alles zu unterlassen hat, was dessen Interessen widerspricht[3]. Deshalb ist der Handelsvertreter z.B. verpflichtet, konkreten Hinweisen des Unternehmers auf Interessenten für einen Geschäftsabschluss nachzugehen. Tut er das nicht, verwirkt er ggf. den Anspruch auf Bezirksprovision nach § 87 Abs. 2, wenn der Unternehmer daraufhin selbst tätig wird und das Geschäft unmittelbar abschließt[4]. Ferner muss der Handelsvertreter eigene Interessen, wie z.B. an möglichst hohen Provisionszahlungen, und Interessen Dritter zurückstellen[5]. Da er allein das Interesse des Unternehmers wahrzunehmen hat, kann er nicht zugleich für den geworbenen Kunden als Makler tätig werden[6].

---

1 BGH v. 14.3.1960 – II ZR 79/58, BB 1960, 574.
2 BGH v. 15.4.1986 – KVR 3/85, BGHZ 97, 317, 326; BGH v. 25.9.1990 – KVR 2/89, BGHZ 112, 218, 222.
3 BGH v. 18.6.1964 – VII ZR 254/62, BGHZ 42, 59, 61; BGH v. 25.9.1990 – KVR 2/89, BGHZ 112, 218, 222.
4 OLG Hamm v. 3.11.1958 – 18 U 193/58, BB 1959, 682.
5 OLG Koblenz v. 27.4.1973 – 2 U 787/72, BB 1973, 866.
6 BGH v. 23.11.1973 – IV ZR 34/73, DB 1974, 85.

V. Bonitätsprüfungspflicht

Zur Interessenwahrnehmungspflicht gehört auch die Verpflichtung des Handelsvertreters, die **Bonität des Kunden** zu prüfen, um nachteilige Folgen für den Unternehmer zu vermeiden, die sich aus Zahlungsschwierigkeiten oder mangelnder Zahlungsmoral des Kunden ergeben können. Deshalb muss sich der Handelsvertreter über die geschäftlichen Verhältnisse der Kundschaft, insbesondere über deren Vertrauens- und Kreditwürdigkeit informieren, wenn er auch für die unbedingte Richtigkeit seiner Beurteilung nicht einzustehen hat[1]. Insbesondere dann, wenn es sich aufgrund der eigenen Akquisitionsbemühungen um die geplante Geschäftsverbindung mit einem neuen Kunden handelt, sind an die Bonitätsprüfung strenge Anforderungen zu stellen. Ist dem Handelsvertreter aber aufgrund seiner Erfahrungen – ggf. vielleicht aufgrund seiner Beziehungen zu dem Kunden im Rahmen anderer Vertretungen – bekannt, dass gegen die Bonität des Kunden keine Bedenken bestehen und hat sich der Handelsvertreter im Rahmen des ihm Möglichen und Zumutbaren vergewissert, dass insoweit keine Änderungen eingetreten sind, kann er auf weitere Nachforschungen verzichten. Insoweit dürfen nämlich an die ihm obliegende Sorgfaltspflicht keine überspitzten Forderungen gestellt werden[2].

15

Ein **Schadensersatzanspruch** wegen Verletzung der Bonitätsprüfungspflicht kommt nur dann in Betracht, wenn die Verletzung der Sorgfaltspflicht für den infolge der mangelnden Bonität beim Unternehmer entstehenden Schaden ursächlich ist[3]. Ist der Handelsvertreter z.B. durch eine sehr ungünstig lautende Kreditauskunft, die zu „größter Vorsicht" bei Kreditgeschäften mit dem Kunden mahnte, über die mangelnde Bonität des Kunden informiert und unterlässt er es fahrlässig, hierüber den Unternehmer zu informieren, kann darin ein schwerer Verstoß gegen die Sorgfaltspflicht liegen, der zum Schadensersatz und zur Kündigung aus wichtigem Grund berechtigt[4].

16

VI. Berichtspflicht

1. Bedeutung der Berichtspflicht

Die Berichtspflicht des **Handelsvertreters** ist in § 86 Abs. 2 neben der Vermittlungs- und Abschlusspflicht als einzige weitere Pflicht des Handelsvertreters ausdrücklich genannt und damit besonders hervorgehoben. Sie stellt zusammen mit der in § 86a Abs. 2 geregelten Benachrichtigungspflicht des Unternehmers die unumgänglich notwendige Kommunikation sicher, ohne die eine erfolgreiche Zusammenarbeit zwischen den Parteien kaum denkbar ist.

17

---

1 OLG Hamm v. 26.11.1970 – 18 U 78/70, HVR Nr. 432.
2 OLG Düsseldorf v. 16.2.1954 – 2 U 177/52, HVR Nr. 59.
3 OLG Düsseldorf v. 16.2.1954 – 2 U 177/52, HVR Nr. 59.
4 BGH v. 19.6.1969 – VII ZR 39/67, DB 1969, 1787; vgl. auch OLG Karlsruhe v. 25.3.1969 – 8 U 67/68, DB 1969, 741.

18 Die Berichtspflicht dient dazu, dem Unternehmer ein möglichst zuverlässiges Bild über die Marktsituation, das Gebaren und die Angebote von Wettbewerbern, die Absatzlage und die Bedürfnisse, Wünsche und Anregungen der vorhandenen und potentiellen Abnehmer und schließlich etwaige Verbesserungsmöglichkeiten der Produkte zu verschaffen[1]. Aufgrund der Berichte soll sich der Unternehmer über die Verhältnisse am Markt und im Hinblick auf die Absatzchancen ein eigenes Urteil bilden, um dann in Zusammenarbeit mit dem Handelsvertreter die seinen Interessen gemäßen Maßnahmen zu ergreifen[2]. Da gerade der Handelsvertreter besonders engen Kontakt zum Marktgeschehen und zu den Abnehmern der Produkte des Unternehmens hat und häufig die einzige persönliche Verbindung zwischen Unternehmer und Kundschaft darstellt, ist der Unternehmer auf die Berichterstattung im besonderen Maße angewiesen. Deshalb ist eine gute und umfassende Berichterstattung ein zuverlässiger Wertmaßstab für die Qualität der Zusammenarbeit und das Vertrauen zwischen den Parteien.

19 Ferner dient – wie sich dies aus der Formulierung in § 86 Abs. 2 „namentlich" ergibt – die Berichterstattung dazu, dem Unternehmer einen **Überblick über die konkrete Anbahnungs- und Vermittlungstätigkeit** des Handelsvertreters zu verschaffen.

20 Ihren eigentlichen Zweck kann die Berichterstattung nur erfüllen, wenn der Unternehmer die Berichte **auswertet** und den Hinweisen und Anregungen des Handelsvertreters, soweit dies notwendig, zweckmäßig und praktikabel ist, auch nachgeht. Nur in Ausnahmefällen kann die Berichtspflicht auch der **Tätigkeitskontrolle** des Handelsvertreters durch den Unternehmer dienen; ihr eigentlicher Sinn ist dies jedoch nicht. Ferner hat der Unternehmer die Berichte des Handelsvertreters **vertraulich** zu behandeln. In den Berichten des Handelsvertreters enthaltene negative oder kritische Äußerungen über die Situation bei einzelnen Kunden oder bei deren Mitarbeitern darf der Unternehmer diesen nicht zur Kenntnis bringen[3].

2. „Erforderliche Nachrichten"

21 Welche konkrete Nachrichten i.S.d. § 86 Abs. 2 jeweils erforderlich sind, kann nur anhand des Einzelfalles beurteilt werden; eine für alle Fälle maßgebliche Begriffsauslegung kann es naturgemäß nicht geben[4]. Berichte über bestimmte Fragen können in einem Fall für den Unternehmer von großer Bedeutung, im anderen Falle aber belanglos sein. Für die Beurteilung, was zu den erforderlichen Nachrichten gehört, ist unter Zugrundelegung eines objektiven Maßstabs auf die Interessen des Unternehmers abzustellen[5]. So können bei Großaufträgen bestimmte Nachrichten viel eher erforderlich sein als bei Aufträgen geringen Umfangs, so dass an die Berichtspflicht des

---

1 BGH v. 24.9.1987 – I ZR 243/85, DB 1988, 41.
2 LG Freiburg v. 29.8.1966 – 10 Q 13/66, BB 1966, 999.
3 LG Freiburg v. 29.8.1966 – 10 Q 13/66, BB 1966, 999.
4 BGH v. 13.1.1966 – VII ZR 9/64, DB 1966, 375.
5 BGH v. 13.1.1966 – VII ZR 9/64, DB 1966, 375.

Handelsvertreters höhere Anforderungen zu stellen sind, wenn es sich um umfangreiche Anbahnungen handelt, die für den Unternehmer mit überdurchschnittlichen Investitionen verbunden sind.

3. Umfang der Berichtspflicht

Da im Gesetz der Umfang der Berichtspflicht und ihre Häufigkeit nicht geregelt sind, kommt es insoweit auf die vertraglichen Vereinbarungen bzw. – bei deren Fehlen – auf die Umstände des Einzelfalles an. Stets müssen die Anforderungen des Unternehmers an die Durchführung der Berichtspflicht der **selbständigen Stellung des Handelsvertreters** Rechnung tragen. In besonderen Situationen kann es gerechtfertigt sein, umfangreichere Berichte zu fordern, als dies für den Normalfall gilt. Bei Umsatzrückgang ist der Handelsvertreter deshalb verpflichtet, häufiger und ggf. auch unter Verwendung vom Unternehmer entworfener Formulare Bericht zu erstatten[1]. Ähnlich ist es, wenn Zweifel an der Kreditwürdigkeit eines Kunden bestehen, der einen größeren Auftrag erteilt hatte[2]. Kommt der Handelsvertreter einer zulässig angeforderten Berichtspflicht nicht nach, kann dies einen wichtigen Grund wegen schuldhaften Verhaltens darstellen, der den Unternehmer nach vorheriger Abmahnung zur außerordentlichen Kündigung des Vertragsverhältnisses berechtigt und der nach § 89b Abs. 3 Nr. 2 den Ausgleichsanspruch ausschließt[3]. 22

Jedoch ist es – von Ausnahmesituationen abgesehen – nicht zulässig, vom Handelsvertreters zu verlangen, dass er nach Zeit und Umfang genau festgelegte Berichte[4] oder über jeden seiner Schritte Bericht zu erstatten hätte[5]. Das würde dem Begriff der Erforderlichkeit nicht entsprechen und auch zur selbständigen Stellung des Handelsvertreters im Widerspruch stehen, der berechtigt sein muss, über Einzelheiten seiner Arbeits- und Werbemethoden zu schweigen. Grundsätzlich darf die Berichtspflicht auch **nicht der Tätigkeitskontrolle**[6] des Handelsvertreters dienen[7]. Etwas anderes kann ausnahmsweise nur dann gelten, wenn bei erheblichem Umsatzrückgang im Bezirk eines Handelsvertreters ein starkes Interesse des Unternehmers an häufigerer Berichterstattung besteht, um feststellen zu können, ob der Rückgang auf der Marktlage oder auf nachlassender Tätigkeit des Handelsvertreters beruht. 23

Mit Recht hat deshalb der BGH[8] **Bedenken** gegen die Zulässigkeit des Verlangens einer **täglichen Berichterstattung** erhoben. Der Unternehmer darf 24

---

1 BGH v. 24.9.1987 – I ZR 243/85, DB 1988, 41.
2 BGH v. 19.6.1969 – VII ZR 39/67, DB 1969, 1787.
3 BGH v. 24.9.1987 – I ZR 243/85, DB 1988, 41; vgl. auch *Küstner* in Küstner/Thume I, Rn. 1866 m.w.N.
4 OLG Karlsruhe v. 28.10.1975 – 8 U 40/75, HVR Nr. 495.
5 OLG Köln v. 3.3.1971 – 2 U 63/70, DB 1971, 865.
6 Vgl. zu den ausgleichsrechtlichen Ausführungen *Küstner* II, Rn. 1193 ff.
7 OLG Oldenburg v. 5.12.1963 – 1 U 105/63, DB 1964, 105.
8 BGH v. 16.2.1989 – I ZR 185/87, NJW-RR 1989, 862; BGH v. 24.9.1987 – I ZR 243/85, NJW-RR 1988, 287.

auch keine wöchentliche Kundenbesuchsberichte fordern, wenn diese allein einer Tätigkeitskontrolle des Vertreters und nicht der Marktinformation des Unternehmers dienen sollen[1]. Die obere Grenze der objektiven Erforderlichkeit des § 86 Abs. 2 liegt dort, wo die persönliche Unabhängigkeit des Handelsvertreters angetastet wird.

VII. Weisungsbefolgungspflicht

25 Die Verpflichtung des Handelsvertreters, ihm vom Unternehmer erteilte Weisungen zu beachten, folgt schon von jeher aus der allgemeinen Interessenwahrnehmungspflicht gem. § 86 Abs. 1 2. Hs. Die Richtlinie des Rates der EG vom 18.12.1986 verankerte diese Pflicht ausdrücklich in Art. 3 Abs. 2 lit. c. Dort heißt es wörtlich: „Im besonderen muss der Handelsvertreter .... den vom Unternehmer erteilten angemessenen Weisungen nachkommen." Diese Passage ist vom deutschen Gesetzgeber nicht wortgetreu und exakt umgesetzt worden, muss jedoch bei Warenvertretern wegen der vom EuGH geforderten richtlinienkonformen Auslegung beachtet werden. Von Bedeutung ist dabei insbesondere, dass eine Befolgungspflicht nur bezüglich angemessener Weisungen besteht.

26 Die Zulässigkeit des Weisungsrechts des Unternehmers findet da ihre Grenze, wo die persönliche Unabhängigkeit des Handelsvertreters angetastet und damit in seine **Rechtsstellung als selbständiger Handelsvertreter** eingegriffen wird. Der Handelsvertreter hat somit – anders als ein angestellter Reisender – nur solche Weisungen zu befolgen, die seiner selbständigen Stellung Rechnung tragen. Deshalb darf eine Weisung nicht so weit in die dem Handelsvertreter zustehende freie Tätigkeitsgestaltung und Arbeitszeitbestimmung eingreifen, dass diese Gestaltungsrechte wesentlich beeinträchtigt werden. Ferner sind Weisungen unzulässig und für den Handelsvertreter unverbindlich, die keinen sachgerechten Inhalt oder Umfang haben. Dieser Rahmen wird überschritten, wenn mit den erteilten Weisungen eine Erweiterung der dem Handelsvertreter obliegenden Pflichten über die von ihm geschuldete Tätigkeit hinaus bezweckt wird. Durch das Weisungsrecht kann daher der Unternehmer nur ohnehin bestehende Verpflichtungen des Handelsvertreters konkretisieren. So kann es z.B. sachgerecht sein, den Handelsvertreter anzuweisen, den Schwerpunkt seiner Vermittlungstätigkeit auf bestimmte Produktgruppen oder Abnehmersparten zu konzentrieren[2] oder mit bestimmten Kunden mit Rücksicht auf deren mangelnde Kreditwürdigkeit keine Verkaufsgespräche zu führen[3].

27 **Sachgerechte Weisungen** muss der Handelsvertreter auch dann befolgen, wenn sie im Ergebnis zu einer Beeinträchtigung seiner Provisionsinteressen führen können. Überspannte Weisungen sind jedoch nicht bindend, so z.B., wenn mit ihnen in kleinlicher Weise die Tätigkeit des Handelsvertreters ge-

---

1 OLG Oldenburg v. 5.12.1963 – 1 U 105/63, DB 1964, 105; *Graf v. Westphalen*, DB 1984, 2335, 2336.
2 Vgl. OLG München v. 12.7.2002 – 21 U 1608/02, NJW-RR 2003, 401.
3 BGH v. 16.4.1959 – II ZR 114/58, HVR Nr. 211.

regelt werden soll und damit wiederum seine selbständige Stellung in unzulässiger Weise eingeschränkt wird[1].

Für den **Umfang des Weisungsrechts** sind die dem Handelsvertreter obliegenden Aufgaben maßgeblich. Daher unterliegt die Weisungsbefolgungspflicht des Handelsvertreters höheren Anforderungen wenn er – anders als der bloße Vermittlungsvertreter – aufgrund der ihm erteilten Vollmachten in der Lage ist, für den Unternehmer bindende Geschäfte abzuschließen[2]; denn bei erteilter **Abschlussvollmacht** besteht für den Unternehmer keine Möglichkeit mehr, solche Geschäfte abzulehnen, die ihm nicht genehm sind. Ferner kann eine stärkere Weisungsgebundenheit dann vorliegen, wenn sich – wie etwa im Bereich der Versicherungswirtschaft oder der Kreditvermittler – aus der Tätigkeit des Handelsvertreters für den Unternehmer im Hinblick auf die Langfristigkeit der vermittelten Geschäfte und ihre finanzielle Bedeutung größere Risiken ergeben[3].

VIII. Unterlassung von Wettbewerb

1. Grundsatz

Aus der Interessenwahrnehmungspflicht des Handelsvertreters folgt die Verpflichtung des Vertreters, sich desjenigen Wettbewerbs zu enthalten, der geeignet ist, die Interessen des Unternehmers zu gefährden. Das gilt auch dann, wenn im Handelsvertretervertrag kein ausdrückliches Wettbewerbsverbot geregelt ist[4]. Die Interessenwahrnehmungspflicht führt jedoch nicht zu einem umfassenden Wettbewerbsverbot schlechthin; daher ist ein sich aus § 86 ergebendes Wettbewerbsverbot auch nicht wesensbestimmend für Handelsvertreterverhältnisse. An dieser Rechtslage hat sich durch die Einfügung des § 86 Abs. 4 nichts geändert[5]. Deshalb muss auch nicht jedes vertraglich vereinbarte Wettbewerbsverbot in vollem Umfang durch die Interessenwahrungspflicht gedeckt und zur sachgerechten, ordnungsgemäßen Vermittlungstätigkeit notwendig sein. Geht die Vereinbarung über die dem Handelsvertretervertrag wesenseigene zur sachgerechten Interessenwahrung notwendige Bindung hinaus, so kann sich die Frage einer missbräuchlichen Wettbewerbsbeschränkung stellen[6].

Das Wettbewerbsverbot besteht während des gesamten Vertrages; der Handelsvertreter darf daher auch nach Erhalt einer unwirksamen fristlosen Kündigung des Unternehmers keine Konkurrenzprodukte vertreiben, solange der Vertrag noch nicht beendet ist[7]. Seine Verletzung berechtigt den Unternehmer in aller Regel auch ohne vorherige Abmahnung zur außerordentli-

---

1 OLG Stuttgart v. 9.6.1960 – 2 U 13/60, BB 1960, 956.
2 BGH v. 14.3.1960 – 2 ZR 79/58, BB 1960, 574.
3 Näheres zum Weisungsrecht siehe *Thume* in Küstner/Thume I, Rn. 565 ff.
4 Vgl. *Thume*, WRP 2000, 1033 ff.; *Canaris*, HR, § 15 Rn. 41 ff.
5 BGH v. 25.9.1990 – KVR 2/89, BB 1991, 89.
6 Vgl. dazu BGH v. 25.9.1990 – KVR 2/89, BGHZ 112, 218 (Reisebüros).
7 BGH v. 12.3.2003 – VIII ZR 197/02, NJW-RR 2003, 981.

chen Kündigung. Es ist von dem nachvertraglichen Wettbewerbsverbot zu unterscheiden, das sich an das beendete Vertragsverhältnis anschließt und von den Vertragsparteien während des Vertrages nur unter Einhaltung der Vorschriften des § 90a wirksam vereinbart werden kann.

2. Wettbewerbstatbestand

31 Verboten ist jede Tätigkeit des Handelsvertreters, die geeignet ist, die Vertriebsinteressen des vertretenen Unternehmens zu beeinträchtigen, also jedes Handeln, das Konkurrenten fördert[1]. Eine Einschränkung besteht nur insoweit, als das Konkurrenzverbot auf jene Geschäfte beschränkt ist, die der Handelsvertreter nach dem Vertrag für den Unternehmer abzuschließen bzw. zu vermitteln hat[2]. Schon der Versuch ist ein Verstoß, dieser liegt z.B. schon vor, wenn der Handelsvertreter die Übernahme einer Konkurrenzvertretung ohne Zustimmung des Unternehmers nur anbietet[3]. Die räumliche Reichweite des Wettbewerbsverbotes umfasst mangels anderer Vereinbarung wohl das gesamte Absatzgebiet des Unternehmers. Deshalb wird ein Bezirksvertreter auch außerhalb des ihm zugewiesenen Gebietes keine Konkurrenzprodukte vertreiben dürfen[4]. Maßgeblich für den Verstoß ist, dass sich Abnehmerkreis, Qualität, Preis und Verwendungszweck nicht wesentlich unterscheiden und austauschbar sind. Eine völlige Identität der Produkte ist nicht erforderlich[5]. Eine Überschneidung hinsichtlich einzelner Sortimente oder auch nur eines Produktes ist ausreichend[6]. Keine Beeinträchtigung der Absatztätigkeit des Unternehmers ist jedoch dann gegeben, wenn der Handelsvertreter ähnliche Produkte in einem potentiellen Abnehmerkreis vertreibt, den der Unternehmer nach seinem Vertriebskonzept gar nicht bedient[7].

32 Bestehen Zweifel, ob der geplante Vertrieb für ein anderes Unternehmen gegen das Konkurrenzverbot verstößt, darf sich der Handelsvertreter darüber nicht einfach hinwegsetzen. Vielmehr hat er aufgrund seiner Interessenwahrnehmungspflicht dem Unternehmer seine Absicht mitzuteilen und dessen Zustimmung zur Übernahme der beabsichtigten Vertretung einzuholen[8]. Dabei hat er den Unternehmer umfassend über das Produktionsprogramm des anderen Unternehmens zu unterrichten, und er darf keine Einzelheiten verschweigen, die für die Entscheidung des Unternehmers von Bedeutung sein könnten. Dieser wiederum wird von einer bestehenden Wettbewerbssituation dann ausgehen dürfen, wenn er von seinem subjektiven Standpunkt aus, der allerdings eine „beachtliche objektive Grundlage"

---

[1] OLG Hamm v. 14.5.1987 – 18 U 195/86, DB 1988, 751.
[2] BGH v. 28.10.1957 – II ZR 106/56, HVR Nr. 164.
[3] BGH v. 19.11.1976 – I ZR 84/75, WM 1977, 318; OLG Nürnberg v. 18.11.1960 – 4 U 89/59, BB 1961, 64; vgl. BGH v. 20.1.1969 – VII ZR 60/66, VersR 1969, 372.
[4] *Baumbach/Hopt*, § 86 Rn. 27.
[5] OLG Celle v. 7.1.1970 – 13 U 128/68, BB 1970, 228.
[6] OLG Düsseldorf v. 9.1.2001 – 16 U 29/01, HVR Nr. 1044.
[7] OLG München v. 16.11.1990 – 23 U 3703/90, HVR Nr. 699.
[8] St. Rspr., BGH v. 25.3.1958 – VIII ZR 90/57, BB 1958, 425.

haben muss, seine Belange bei verständiger kaufmännischer Beurteilung für gefährdet halten darf[1].

Ein Verstoß gegen die **Interessenwahrnehmungspflicht** liegt auch vor, wenn der Handelsvertreter ein Geschäft nach vergeblichen Vermittlungsbemühungen für seinen Unternehmer durch einen Wettbewerber abschließen lässt, und die fraglichen Produkte für den Kunden von besonderer Bedeutung sind. Im Bereich der Versicherungswirtschaft ist das Tätigkeitsverbot des Einfirmen- oder Ausschließlichkeitsvertreters durch die Vereinbarung einer sog. Ventil-Lösung gelockert werden[2]. Sie erlangt jedoch nur Bedeutung, wenn sie im jeweiligen Versicherungsvertretervertrag vereinbart wird. Dann gilt sie für sämtliche Versicherungszweige mit Ausnahme der Lebens- und der Krankenversicherung, und zwar für Risiken, deren Versicherung das vertretene Unternehmen nicht betreibt, die das Unternehmen aufgrund seiner jeweiligen Annahmerichtlinien generell oder im Einzelfall aus subjektiven Gründen nicht zeichnet und für Risiken, die das Versicherungsunternehmen aufgrund des Schadensverlaufs oder aus anderen Gründen kündigt. Sie gilt nicht, wenn es um die Überwindung von Preisdifferenzen und Bedingungsunterschieden für Versicherungen geht, die das eigene Unternehmen selbst anbietet.

33

Der BGH hat an das Verbot jeglicher Konkurrenztätigkeit des Handelsvertreters von jeher einen **strengen Maßstab** angelegt[3]. Dagegen ist in der **Literatur** die Auffassung vertreten worden, übermäßige Strenge sei verfehlt, weil andererseits der Unternehmer nicht verpflichtet sei, die ihm vom Handelsvertreter angetragenen Geschäfte abzuschließen[4]. Dieser Auffassung kann jedoch nicht gefolgt werden, weil der Handelsvertreter aufgrund der Interessenwahrungspflicht den Interessen des Unternehmers den Vorrang einzuräumen hat und weil letztlich auch der Unternehmer die ihm angetragenen Geschäfte nicht willkürlich ablehnen darf, sondern infolge seiner Fürsorgepflicht nur dann, wenn dafür sachliche Gründe sprechen. Eine Diskrepanz zwischen Wettbewerbsverbot einerseits und Zurückweisungsfreiheit andererseits könnte deshalb nur in Betracht kommen, wenn sich der Unternehmer über die Grenzen der ihm zustehenden unternehmerischen Dispositionsfreiheit zum Nachteil des Handelsvertreters hinwegsetzen würde.

34

Soweit der Handelsvertreter seine Tätigkeit innerhalb des Gebiets der EU oder des EWR ausübt, seine Tätigkeit also nicht auf das Gebiet Deutschlands beschränkt ist, ist ggf. Art. 81 EG i.V.m. der GVO 2790/1999 zu beachten, sofern der Handelsvertreter seine Tätigkeit nicht ohne erhebliches eigenes Risiko, also lediglich in Form der Geschäftsvermittlung ausübt. Fehlt ein solches Risiko, fallen solche Vertreter also nach wie vor nicht unter

35

---

1 BGH v. 28.10.1957 – II ZR 106/57, HVR Nr. 164.
2 Der Wortlaut der Ventil-Lösung ist abgedruckt und kommentiert bei *Kühlmann*, Hdb. des Versicherungsvermittlers, Loseblatt-Ausgabe, 2003, Gr. 19.6.
3 Vgl. wohl zuletzt BGH v. 12.3.2003 – VIII ZR 197/02, NJW-RR 2003, 981 und die weiteren Nachweise bei *Thume* in Küstner/Thume I, Rn. 458 Fn. 62 und in Küstner/Thume II, Kap. XII, Rn. 176 ff.
4 *Steindorff*, ZHR 130 (1968), 82 ff.

Art. 81 EG; sie bleiben weiterhin auch außerhalb der Verordnung, s. dazu Vor § 84 Rn. 13 ff.

3. Umgehungstatbestände

36 Der Handelsvertreter darf das Wettbewerbsverbot nicht durch Vorschieben oder Einschalten von Mittelspersonen unterlaufen, also z.B. Konkurrenztätigkeiten auch nicht durch seine Ehefrau[1] oder andere Angehörige ausüben lassen. Er kann seiner Interessenwahrnehmungspflicht nur genügen, wenn er grundsätzlich jede Tätigkeit oder Maßnahme vermeidet, die mit dem Sinn des Wettbewerbsverbotes in Widerspruch steht[2]. Allerdings kommt es hierbei stets auf die **Umstände des Einzelfalles** an. So wird man dem Handelsvertreter dann keinen Wettbewerbsverstoß vorwerfen können, wenn er seinen Sohn nicht hindert, ganz unabhängig von seinem eigenen Gewerbe von einem anderen Büro aus eine Konkurrenzvertretung zu übernehmen. Dagegen kann ein Verstoß vorliegen, wenn der Handelsvertreter nicht für eine ausreichende und die Preisgabe von Geschäftsgeheimnissen ausschließende Trennung zwischen dem eigenen Büro und dem seines Sohnes Sorge trägt, zumal wenn für beide Agenturen nur ein gemeinsamer Telefonanschluss vorhanden ist[3].

4. Unverschuldete Interessenkollision

37 Vertritt der Handelsvertreter mehrere Unternehmen, kann gelegentlich auch ohne sein Verschulden eine Wettbewerbssituation eintreten, z.B. dann, wenn eines der Unternehmen sein Sortiment erweitert und Produkte vertreibt, die in Konkurrenz zu den Waren stehen, die der Handelsvertreter für das andere Unternehmen vermittelt. Dann gerät der Handelsvertreter in eine erhebliche Interessenkollision[4]. Das Gleiche gilt, wenn der Handelsvertreter für zwei Unternehmen tätig ist, die zunächst dem gleichen Inhaber gehören, sich jedoch nach dessen Tod und erfolgter Erbauseinandersetzung zu Konkurrenzunternehmen entwickeln[5].

38 In all diesen Fällen kommt der Handelsvertreter in eine für ihn unhaltbare Lage. Deshalb hat er die Möglichkeit, den Handelsvertretervertrag mit dem Unternehmen, das sein Sortiment erweitert hat und damit zum Konkurrenten geworden ist, zu kündigen, ohne seinen Ausgleichsanspruch zu verlieren, weil der Unternehmer in diesem Falle einen begründeten Anlass zur Kündigung gegeben hat (§ 89b Abs. 3 Nr. 1)[6]. Will der Vertreter diesem erstgenannten Unternehmen nicht kündigen, muss er versuchen, mit dem anderen Unternehmen eine einvernehmliche Beendigung des Handelsvertreter-

---

1 OLG Braunschweig v. 8.3.1968 – 4 U 44/67, HVR Nr. 384; vgl auch BGH v. 23.1.1964 – VII ZR 126/62, HVR Nr. 310.
2 BGH v. 6.7.1970 – II ZR 18/69, BB 1970, 1374.
3 BGH v. 20.1.1969 – VII ZR 60/66, VersR 1969, 372.
4 Vgl. BGH v. 6.11.1986 – I ZR 51/85, DB 1987, 531.
5 OLG Zweibrücken v. 9.1.1965 – 1 U 181/64, HVR Nr. 327.
6 BGH v. 6.11.1986 – I ZR 51/85, DB 1987, 581.

vertrages zu vereinbaren, da er durch seine Eigenkündigung andernfalls den gegenüber diesem Unternehmen bestehenden Ausgleich verlieren würde. Gelingt dies nicht und kündigt jenes Unternehmen von sich aus wegen der durch das andere Unternehmen verursachten Konkurrenzsituation den Handelsvertretervertrag fristlos aus wichtigem Grund, bleibt der Ausgleichsanspruch des Handelsvertreters dennoch gemäß § 89b Abs. 3 Nr. 2 erhalten, weil der Vertreter diesen wichtigen Kündigungsgrund nicht schuldhaft verursacht hat.

5. Rechtsfolgen unerlaubter Konkurrenztätigkeit

Wettbewerbsverstöße berechtigen den Unternehmer in aller Regel auch ohne vorherige Abmahnung zur **außerordentlichen Kündigung** aus wichtigem Grund, weil sie die Vertrauensbasis des Handelsvertreterverhältnisses unheilbar zerstören[1]. Ferner ist der Handelsvertreter zum Schadensersatz verpflichtet. Diese **Schadensersatzpflicht** entsteht auch dann, wenn der Unternehmer von einer fristlosen Kündigung absieht und das Vertragsverhältnis im gegenseitigen Einvernehmen aufgehoben wird. Entscheidend ist, dass der Unternehmer zur außerordentlichen Kündigung berechtigt war und aus diesem Grund die (einvernehmliche) Aufhebung des Vertrages verlangt hatte[2]. Die Schadensersatzpflicht des Handelsvertreters gemäß §§ 276, 280 BGB bzw. § 89a Abs. 2 umfasst den Schaden, der sich für den Unternehmer daraus ergibt, dass er zur vorzeitigen Vertragsbeendigung gezwungen war; sie erstreckt sich bis zu dem Zeitpunkt, zu dem eine fristgerechte Kündigung hätte erfolgen können[3]. Damit der Unternehmer den ihm zustehenden Schadensersatzanspruch berechnen kann, ist der Handelsvertreter verpflichtet, dem Unternehmer Auskunft über solche Geschäfte zu erteilen, die er verbotswidrig für ein Konkurrenzunternehmen vermittelt hat[4]. **Zur Auskunft** über die ihm aus der Konkurrenztätigkeit **zugeflossenen Provisionen** ist der Handelsvertreter jedoch nicht verpflichtet, weil der Unternehmer die Herausgabe dieser Provisionen nicht verlangen kann. Der Schadensersatzanspruch des Unternehmers umfasst nicht den durch die unerlaubte Konkurrenztätigkeit erzielten Verdienst des Handelsvertreters. § 61 ist auf das Handelsvertreterrecht nicht entsprechend anwendbar[5].

39

---

1 St. Rspr., BGH v. 26.5.1999 – VIII ZR 123/98, NJW-RR 1999, 1481; BGH v. 25.11.1998 – VIII ZR 221/97, VersR 1999, 313 mit Anm. *Küstner*; *Küstner* mit umfangreicher Rspr.-Übersicht in Küstner/Thume I, 1929, Fn. 460.
2 BGH v. 23.1.1964 – VII ZR 133/62, NJW 1964, 817.
3 Zur zeitlichen Begrenzung des Anspruchs auf Schadensersatz: BGH v. 3.3.1993 – VIII ZR 101/92, WM 1993, 1259, mit Anm. *Schwerdtner*, EWiR § 89b HGB 1/93, 465; vgl. auch unten Erl. zu § 89a Rn. 20. Zur Auskunft über verbotswidrig für ein Konkurrenzunternehmen vermittelte Geschäfte BGH v. 3.4.1996 – VIII ZR 3/95, BB 1996, 1188.
4 BGH v. 3.4.1996 – VIII ZR 3/95, BB 1996, 1188.
5 BGH v. 23.1.1964 – VII ZR 133/62, NJW 1964, 817.

§ 86a
Pflichten des Unternehmers

(1) Der Unternehmer hat dem Handelsvertreter die zur Ausübung seiner Tätigkeit erforderlichen Unterlagen, wie Muster, Zeichnungen, Preislisten, Werbedrucksachen, Geschäftsbedingungen, zur Verfügung zu stellen.

(2) Der Unternehmer hat dem Handelsvertreter die erforderlichen Nachrichten zu geben. Er hat ihm unverzüglich die Annahme oder Ablehnung eines vom Handelsvertreter vermittelten oder ohne Vertretungsmacht abgeschlossenen Geschäfts und die Nichtausführung eines von ihm vermittelten oder abgeschlossenen Geschäfts mitzuteilen. Er hat ihn unverzüglich zu unterrichten, wenn er Geschäfte voraussichtlich nur in erheblich geringerem Umfange abschließen kann oder will, als der Handelsvertreter unter gewöhnlichen Umständen erwarten konnte.

(3) Von den Absätzen 1 und 2 abweichende Vereinbarungen sind unwirksam.

Übersicht

	Rn.		Rn.
I. Allgemeines	1	a) Die erforderlichen Nachrichten	14
II. Die Pflichten im Einzelnen		b) Mitteilung über Annahme oder Ablehnung von Geschäften	15
1. Bereitstellungspflicht	3	c) Mitteilung der Nichtausführung von Geschäften	16
a) Musterkollektion	5		
b) Kundenkartei	10	d) Mitteilung beschränkter Auftragsannahme	18
c) Firmensoftware	11		
d) Verletzung der Bereitstellungspflicht	13	3. Pflicht des Unternehmers zur Rücksichtnahme und Unterstützung	19
2. Benachrichtigungspflicht des Unternehmers			

Schrifttum: *Evers/Keine*, Auslagerung von Finanzdienstleistungen auf Handelsvertreter: Anforderungen an die Einwilligungserklärung hinsichtlich der Weitergabe von Kundendaten, DB 2003, 2762; *Höft*, Wettbewerbsverbot des Handelsvertreters und Dispositionsfreiheit des Unternehmers, VersR 1969, 875; *Hopt*, Moderne Vertriebsformen und Einzelheiten ihrer handelsrechtlichen Zulässigkeit, ZIP 1996, 1809; *Hopt*, Wettbewerbsfreiheit und Treuepflicht des Unternehmers bei parallelen Vertriebsformen, ZIP 1996, 1533; *Schipper*, Verletzung vertraglicher Wahrheits- und Aufklärungspflichten des Unternehmers bei Handelsvertreterverträgen und ihre Folgen, NJW 2007, 734; *Schriefers*, Lagerrücknahme bei Vertragsbeendigung des Händlervertrages, BB 1992, 2158; *Thume*, Die Musterkollektion des Handelsvertreters, BB 1995, 1913.

I. Allgemeines

1 § 86a enthält wichtige – aber nicht alle – Pflichten des Unternehmers. Diese sind ein gewisses Korrelat zu den in § 86 geregelten Handelsvertreterpflichten. Nicht enthalten ist die Pflicht des Unternehmers, auf die Belange des

Handelsvertreters Rücksicht zu nehmen, die jedoch von der Rechtsprechung in zahlreichen Entscheidungen hervorgehoben wurde[1]. Die Richtlinie des Rates der EG vom 18.12.1986 bestimmt dazu in Art. 4 Abs. 1: „Der Unternehmer hat sich gegenüber dem Handelsvertreter nach den Geboten von Treu und Glauben zu verhalten." Insoweit wurde die EG-Richtlinie nicht wortgetreu vom deutschen Gesetzgeber umgesetzt. Dies ist wohl im Hinblick auf die soeben beschriebene Rechtsprechung unterblieben.

Ebenso wie die Pflichten des Handelsvertreters gem. § 86 Abs. 4 sind auch die Unternehmerpflichten gem. § 86a Abs. 3 zwingend.

II. Die Pflichten im Einzelnen

1. Bereitstellungspflicht

Nach § 86a Abs. 1 hat der Unternehmer dem Handelsvertreter die **zur Ausübung seiner Tätigkeit erforderlichen Unterlagen** zur Verfügung zu stellen. Der Begriff der Unterlagen ist weit zu fassen. Die Aufzählung in § 86a Abs. 1 ist nur beispielhaft. Dazu kann z.B. auch die vom Unternehmer für die Auftragsbestellung erstellte firmeneinheitliche Software gehören[2]. Welche Unterlagen jeweils notwendig sind, hängt von den Umständen des Einzelfalles ab. Es kommt auf die branchenbedingten Besonderheiten bzw. Notwendigkeiten und auf die dem Handelsvertreter übertragenen Aufgaben und seinem Bedarf ab. Was für die Ausübung seiner vereinbarten Tätigkeit nicht erforderlich ist, braucht auch nicht zur Verfügung gestellt zu werden.

Die erforderlichen Unterlagen sind dem Handelsvertreter rechtzeitig **bei Beginn seiner Tätigkeit** bzw. bei Beginn einer Verkaufssaison unentgeltlich und stets nach dem neuesten Stand **kostenlos** zur Verfügung zu stellen, verbrauchte Unterlagen sind wieder aufzufüllen bzw. zu ergänzen. Haben die Unterlagen, insbesondere eine Musterkollektion, einen besonderen Wert, empfiehlt sich eine vom Unternehmer auf eigene Kosten abzuschließende Versicherung oder die Stellung einer Kaution durch den Handelsvertreter.

a) Musterkollektion

Besondere Bedeutung kommt im Rahmen der Bereitstellungspflicht des Unternehmers gem. § 86a Abs. 1 in vielen Branchen der dem Handelsvertreter zur Verfügung zu stellenden **Musterkollektion** zu. Diese bleibt auch nach der Aushändigung im Eigentum des Unternehmers und zwar auch dann, wenn der Unternehmer bei der Übergabe der Kollektion das Provisionskonto des Handelsvertreters mit dem Wert der Kollektion belastet oder ihm hierüber eine pro forma-Rechnung aushändigt. Derartige Pro-forma-Rechnungen werden nämlich häufig aus Kontrollgründen ausgestellt, etwa zum Nach-

---

[1] Einzelheiten bei *Thume* in Küstner/Thume I, Rn. 680 ff. m.w.N.
[2] OLG Köln v. 30.9.2005 – 19 U 67/05, HVR Nr. 1162 (nicht rkr.).

weis des Verbleibes der Produktion und von Beständen gegenüber der Finanzverwaltung[1].

6 Der Anspruch des Handelsvertreters auf Überlassung der Kollektion besteht auch, wenn das Vertragsverhältnis schon kurz vor seinem Ende steht, also z.B. wenn der Saisonbeginn in eine bereits laufende Kündigungsfrist fällt. Auch dann ist der Unternehmer verpflichtet, die Musterkollektion zur Verfügung zu stellen, damit der Handelsvertreter bis zum letzten Tag des Vertragsverhältnisses seine Aufgaben erfüllen, also akquirieren kann[2].

7 Die Musterkollektion ist, soweit nichts Abweichendes vereinbart, eine **Bringschuld**[3]; sie muss also auf Kosten des Unternehmers dem Handelsvertreter am Ort seiner **gewerblichen Niederlassung** oder an seinem Wohnsitz zur Verfügung gestellt und nach Ende der Verkaufssaison dort wieder abgeholt werden[4]. Dies folgt daraus, dass nach deutschem Recht für die beiderseitigen Verpflichtungen aus einem Handelsvertretervertrag kein einheitlicher Leistungsort besteht. So ist z.B. der **Sitz des Unternehmens für die Erfüllung der Provisionsverpflichtung und für die Erteilung eines Buchauszuges** maßgeblich, während der Ort der **gewerblichen Niederlassung des Handelsvertreters** i.d.R. für dessen Ausübung der Vermittlungstätigkeit allein in Betracht kommt. Wenn daher der Unternehmer den Vertreter beauftragt, muss er ihm die Kollektion dort zur Verfügung stellen, wo dieser die Musterkollektion zur Erfüllung seiner Verpflichtungen benötigt.

8 Der Handelsvertreter ist aufgrund seiner Interessenwahrnehmungspflicht zur **Aufbewahrung der Musterkollektion** mit der Sorgfalt eines ordentlichen Kaufmanns verpflichtet und ohne ausdrückliche Zustimmung des Unternehmers nicht berechtigt, der Musterkollektion Teile zum Selbstverbrauch zu entnehmen oder auf eigene Rechnung zu veräußern[5]. Zur Versicherung der Musterkollektion ist der Handelsvertreter nur dann verpflichtet, wenn dies ausdrücklich vereinbart ist. Fehlt eine solche Vereinbarung, ist die Musterkollektion auf Kosten des Unternehmers zu versichern[6]. Für den Verlust oder die Beschädigung der Musterkollektion oder von Teilen derselben haftet der Handelsvertreter nach §§ 276, 280 BGB[7].

---

1 Thume in Küstner/Thume, Bd. III, Rn. 616; MünchKommHGB/v.Hoyningen/Huene, § 86a Rn. 7.
2 OLG Nürnberg v. 3.11.1982 – 4 U 275/81, HVR Nr. 571; Thume, BB 1959, 1913 und in Küstner/Thume I, Rn. 614.
3 OLG München v. 3.3.1999 – 7 U 6158/98, NJW-RR 1999, 1194; Thume, BB 1995, 1913; Thume in Küstner/Thume I, Rn. 613 ff.; Baumbach/Hopt, § 86a Rn. 6; Heymann/Sonnenschein/Weitemeyer, § 86a Rn. 5; Staub/Brüggemann, § 86a Rn. 2; Schlegelberger/Schröder, § 86a Rn. 2.
4 OLG München v. 3.3.1999 – 7 U 6158/98, NJW-RR 1999, 1194.
5 LAG Düsseldorf v. 20.5.1960 – 8 (3) Sa 437/59, DB 1960, 813; IHK Berlin, Handelsbrauch im Handelsvertreterrecht 1952, Gutachten Nr. 183.
6 St. Rspr.; vgl. Thume in Küstner/Thume I, Rn. 621.
7 LG Köln v. 27.3.1952 – 11 S 515/51, HVR Nr. 11; LG Darmstadt v. 14.7.1953 – 6 O 100/52, HVR Nr. 8.

Die Musterkollektion ist **unentgeltlich** zu überlassen. Dies folgt daraus, dass 9
sie zu den erforderlichen Unterlagen gehört, die der Handelsvertreter benötigt, um Kunden für die Produkte des Unternehmers zu akquirieren. Nach dem durch die EG-Richtlinie eingeführten § 86a Abs. 3 ist Abs. 1 zwingend, d.h. alle diese Verpflichtung beeinträchtigenden Vereinbarungen sind unwirksam. Wenn der Unternehmer die Einlösung seiner Verpflichtung zur Überlassung der Musterkollektion davon abhängig machen wollte, dass der Handelsvertreter hierfür einen Kaufpreis zu entrichten oder diese anzumieten hat, so würde die Überlassung unter Eingehung einer Bedingung erfolgen, die das Gesetz nicht vorsieht und die die zwingende Verpflichtung beschränkt. Alle Vereinbarungen, die die Entrichtung einer irgendwie gearteten Gegenleistung, gleich welcher Höhe und welcher Fälligkeit, beinhalten, sind daher unzulässig. Das ist heute h.M.[1]. Deshalb ist auch eine Vereinbarung, die Musterkollektion jeweils am Ende der Saison unter Gewährung eines Nachlasses auf den Verkaufspreis käuflich zu erwerben, unwirksam. In einer solchen formularmäßigen Verpflichtung liegt zusätzlich ein Verstoß gegen § 307 BGB, weil dadurch das gesetzliche Leitbild verletzt würde[2].

b) Kundenkartei

Eine dem Handelsvertreter bei Vertragsbeginn ausgehändigte **Kundenkartei** 10
stellt, obwohl in § 86a Abs. 1 nicht ausdrücklich genannt, ebenfalls eine „Unterlage" im Sinne dieser Vorschrift dar. An den Eigentumsverhältnissen der Kundenkartei, die dem Handelsvertreter zur Verfügung gestellt wird, ändert sich nichts dadurch, dass der Handelsvertreter vertraglich verpflichtet wird, diese Kartei laufend durch neue Eintragungen zu vervollständigen und auf dem neuesten Stand zu halten. Keine „Unterlage" i.S.v. § 86a Abs. 1 stellt demgegenüber eine vom Handelsvertreter selbst aufgebaute Kundenkartei dar. Mangels besonderer Vereinbarungen ist der Handelsvertreter bei der Vertragsbeendigung auch nicht zur Herausgabe einer selbst zusammengestellten Kartei verpflichtet.

c) Firmensoftware

Immer öfter – so z.B. im Bereich der Versicherungswirtschaft oder in der Mineralölbranche – stellt der Unternehmer den Vertretern **Softwarekomponenten** zur Verfügung, die ihnen den Zugang zum Datenbestand des Unternehmers und damit zu den aktuellen Vertragsdaten seiner Kunden ermöglichen. 11
Dann werden diese Softwarekomponenten benötigt, um potentielle Kunden für die Produkte, insbesondere neue Produkte des Unternehmens zu werben, weil der Vertreter ohne Kenntnis des aktuellen Vertragsstandes nicht auf die speziellen Anliegen und Bedürfnisse seiner Kunden eingehen bzw. die unter-

---

1 OLG München v. 3.3.1999 – 7 U 6158/98, BB 1999, 2320; OLG Köln v. 30.9.2005 – 19 U 67/05, HVR Nr. 1162; *Thume*, BB 1995, 913; *Thume* in Küstner/Thume I, Rn. 611, 613; *Koller/Roth/Morck*, § 86a Rn. 2; *Baumbach/Hopt*, § 86a Rn. 6.
2 OLG Düsseldorf v. 25.11.1994 – 16 U 279/93, OLG-Report 1995, 21.

nehmenseigenen Inkasso- bzw. Kundenkartenbuchungen nicht vornehmen kann. Insoweit handelt es sich dann um eine Unterlage i.S.v. § 86a Abs. 1, die dem Handelsvertreter kostenfrei zu überlassen ist[1].

12 Dagegen ist eine dazu passende und die dem Vertreter überlasse **Hardware** zu dessen Büro-Hilfsmitteln zu zählen, weil sie ihm im eigenen Vertriebsinteresse die Abwicklung des gesamten Schriftverkehrs, die Archivierung von Daten und den Zugang zum E-Mail-Verkehr gestattet. Die Hardware und die dazu gehörigen Softwarekomponenten, die diese Funktion ermöglichen und unterstützen, gehören zum allgemeinen Geschäftsbedarf eines Handelsvertreters, so dass dieser die diesbezüglichen Kosten für die Hardware und die Softwarekomponenten selbst zu tragen hat[2].

d) Verletzung der Bereitstellungspflicht

13 Verletzt der Unternehmer seine Bereitstellungspflicht, kommt er ihr überhaupt nicht oder nicht in der gehörigen Form nach – beispielsweise nicht rechtzeitig, was bei Musterkollektionen eine bedeutsame Rolle spielen kann –, so kann der Handelsvertreter die **Erfüllung dieses Anspruchs** verlangen und ggf. auch einklagen[3]. Ferner macht sich der Unternehmer gemäß § 280 BGB **schadensersatzpflichtig**, wenn der insoweit beweispflichtige Handelsvertreter den Nachweis führen kann, dass der behauptete Schaden ursächlich auf die Verletzung der Bereitstellungspflicht zurückzuführen ist[4].

2. Benachrichtigungspflicht des Unternehmers

a) Die erforderlichen Nachrichten

14 Die in § 86a Abs. 2 S. 1 i.V.m. Abs. 3 zwingend geregelte Benachrichtigungspflicht entspricht der in § 86 Abs. 2 enthaltenen Berichtspflicht des Handelsvertreters. Beide Vorschriften dienen dazu, die für eine erfolgreiche Zusammenarbeit notwendige Kommunikation zwischen den Parteien sicherzustellen. Der **Begriff der erforderlichen Nachricht ist weit auszulegen**. Dazu gehören alle Nachrichten, deren der Handelsvertreter bedarf, um seinen Vertragspflichten, insbes. auch seiner Interessenwahrnehmungspflicht, optimal nachkommen zu können. Erforderlich ist z.B. die Information des Handelsvertreters darüber, dass der Unternehmer nur mit erheblichen qualitativen Einschränkungen liefern werde[5] oder dass er mit bestimmten bezirkszugehörigen Kunden keine Geschäfte mehr abschließen will[6]. In § 86a Abs. 2 S. 2 sind besonders wichtige Mitteilungspflichten eigens erwähnt, auf die nachstehend eingegangen wird.

---

1 OLG Köln v. 30.9.2005 – 19 U 67/05, HVR Nr. 1162 (nicht rkr.).
2 OLG Köln v. 30.9.2005 – 19 U 67/05, HVR Nr. 1162 (nicht rkr.).
3 MünchKommHGB/*v. Hoyningen-Huene*, § 86a Rn. 9; *Baumbach/Hopt*, § 86a Rn. 4.
4 BGH v. 12.12.1957 – II ZR 52/56, BGHZ 26, 161.
5 BGH v. 12.12.1957 – II ZR 52/56, BGHZ 26, 161.
6 BGH v. 22.1.1987 – I ZR 126/85, NJW-RR 1987, 873.

b) Mitteilung über Annahme oder Ablehnung von Geschäften

Der Wortlaut des § 86a Abs. 2 S. 2 enthält nur die Mitteilungspflicht des Unternehmers bezüglich der „Annahme oder Ablehnung eines vom Handelsvertreter vermittelten oder ohne Vertretungsmacht abgeschlossenen Geschäfts". Darunter fällt aber auch die Annahme oder Ablehnung solcher Geschäfte gem. § 87 Abs. 1 S. 2 und Abs. 2, an deren Anbahnung oder Abschluss der Handelsvertreter nicht mitgewirkt hat. Kommt ohne seine Mitwirkung ein Geschäft mit einem geschützten Kunden oder einem Bezirkskunden zustande, oder lehnt der Unternehmer den Abschluss eines solchen Geschäftes ab, so hat er den Handelsvertreter auch insoweit zu informieren[1]. Denn nur wenn dieser ausreichend informiert wird, kann er – schon im eigenen Provisionsinteresse – entsprechend disponieren und sich im Falle der Ablehnung einschalten oder nachfassen und auf eine Änderung der unterbreiteten Angebote hinwirken.

15

Die Mitteilungspflicht im Hinblick auf Geschäfte, die **ohne Vertretungsmacht abgeschlossen** werden, ist für den Handelsvertreter deshalb von Bedeutung, weil in der Mitteilung des Geschäftsabschlusses zugleich die für derartige Geschäfte notwendige Genehmigung nach § 91a zu sehen ist.

c) Mitteilung der Nichtausführung von Geschäften

Die Informationspflicht des Unternehmers bezüglich der Nichtausführung eines Geschäfts ist durch das **EG-Anpassungsgesetz** in § 86a Abs. 2 S. 2 eingefügt worden. Diese Information ist für den Handelsvertreter wichtig, um seine Provisionsansprüche prüfen zu können., während er nach früherem Recht eines Buchauszugs bedurfte[2]. **Der Begriff der Nichtausführung ist weit zu fassen.** Der Unternehmer hat den Handelsvertreter nicht nur bei vollständiger, sondern auch bei nur teilweiser Nichtausführung zu unterrichten. Ferner muss er die Gründe der fehlenden Ausführung angeben. Damit können Zweifelsfragen unverzüglich geklärt werden und nicht erst dann, wenn der Buchauszug gefordert wird.

16

Die Informationspflicht des Unternehmers hinsichtlich der Nichtausführung von Geschäften bezieht sich allerdings nur auf solche Geschäfte, deren Zustandekommen auf eine Vermittlungs- oder Abschlusstätigkeit des Handelsvertreters zurückzuführen ist. Einem **Bezirksvertreter**, der sich Klarheit über seine Provisionsansprüche im Hinblick auf solche Geschäfte verschaffen will, an deren Abschluss er nicht mitgewirkt hat, bleibt also nach wie vor nur die Möglichkeit, die ihm in § 87c zur Verfügung gestellten Kontrollrechte wahrzunehmen. Jedoch können die Parteien vertraglich vereinbaren, dass die Informationspflicht des Unternehmers auf alle Provisionsansprüche des Bezirksvertreters erweitert wird[3].

17

---

1 *Thume* in Küstner/Thume I, Rn. 650.
2 Amtl. Begr. BR-Drucks. 339/88 v. 12.8.1988, S. 14, 15.
3 *Thume* in Küstner/Thume I, Rn. 651.

d) Mitteilung beschränkter Auftragsannahme

18 Diese Mitteilungspflicht dient ebenfalls der **Unterstützung der Dispositionsfreiheit des Handelsvertreters**, der dadurch in die Lage versetzt werden soll, seine Akquisitionsbemühungen der veränderten Situation anzupassen und nutzlose Tätigkeit zu vermeiden. Sie umfasst nicht nur die Umstellung des Vertriebssystems mit nachteiliger Wirkung für den Handelsvertreter[1] und die vollständige Produktionseinstellung[2], sondern auch den Fall, in dem sich der Unternehmer entschließt, mit bezirkszugehörigen Kunden keine Geschäfte mehr abzuschließen[3]. In allen Fällen muss **die Information** des Handelsvertreters **eine angemessene Zeit vorher**, also rechtzeitig erfolgen, um ihm die erforderlichen Dispositionen zu erleichtern. Bei der Produktionsumstellung[4] muss der Unternehmer zwischen seinen Geheimhaltungs- und den Informationsinteressen des Handelsvertreters abwägen. So kann die Frühzeitigkeit der Information des Handelsvertreters insbesondere dann geboten sein, wenn der Handelsvertreter vereinbarungsgemäß erhaltene Provisionsvorschüsse aus ursprünglich erwarteten Bezirksprovisionen zurückzahlen soll, die aber nach der Entschließung des Unternehmers nicht mehr entstehen können[5].

3. Pflicht des Unternehmers zur Rücksichtnahme und Unterstützung

19 Aus der Rechtsnatur eines Handelsvertretervertrages als eines auf Dauer gerichteten gegenseitigen Vertrages folgt, dass der Unternehmer über die in § 86a Abs. 1 genannten Pflichten hinaus den Handelsvertreter bei seinen Aufgaben ganz allgemein zu unterstützen hat. Insoweit sind ergänzend auch die allgemeinen Bestimmungen des Dienstvertragrechts (§§ 611 ff. BGB) und des Auftragsrechts (§§ 662 ff., § 675 BGB) ergänzend anwendbar. In der EG-Richtlinie heißt es dazu in Art. 4 Abs. 1: „Der Unternehmer hat sich gegenüber dem Handelsvertreter nach den Geboten von Treu und Glauben zu verhalten."

20 Der Unternehmer hat deshalb Maßnahmen zu unterlassen, welche die erfolgreiche Tätigkeit des Handelsvertreters erheblich beeinträchtigen könnten, wobei diese Verpflichtung auch seiner unternehmerischen Entschließungsfreiheit[6] gewisse Grenzen setzt, weil auch insoweit den schutzwürdigen Belangen des Handelsvertreters Rechnung zu tragen ist. Die allgemeine Pflicht des Unternehmers zur Rücksicht auf den Handelsvertreter hat also zum Inhalt, die berechtigten Erwartungen des Handelsvertreters auf den Erfolg seiner Arbeit und seiner Aufwendungen zu schützen[7]. Zwar ist der Unternehmer nicht verpflichtet, den Handelsvertreter auf alle Gelegenheiten zur Ausübung der von ihm geschuldeten Aufgaben hinzuweisen, er muss je-

---

1 BGH v. 9.11.1967 – VII ZR 40/65, BGHZ 49, 39.
2 BGH v. 7.2.1974 – VII ZR 93/74, WM 1974, 351.
3 BGH v. 22.1.1987 – I ZR 126/85, DB 1987, 1297.
4 BGH v. 7.2.1974 – VII ZR 93/74, WM 1974, 351.
5 BGH v. 22.1.1987 – I ZR 126/85, DB 1987, 1297.
6 Vgl. dazu *Thume* in Küstner/Thume I, Rn. 680 ff.
7 BGH v. 25.4.1960 – II ZR 130/58, NJW 1960, 1292.

doch die Voraussetzungen schaffen, dass der Handelsvertreter seinen Aufgaben nachkommen kann[1]. Er darf also nicht systematisch die Vermittlungstätigkeit des Handelsvertreters durch eigene Aktivitäten untergraben oder gar willkürlich oder in Schädigungsabsicht handeln.

Diese **Unterstützungspflicht** führt z.B. dazu, dass der Unternehmer im Rahmen des ihm Zumutbaren dafür Sorge zu tragen hat, dass ein dem Handelsvertreter übertragenes Alleinvertretungsrecht respektiert und dieser vor Einmischung Dritter im zugewiesenen Bezirk geschützt wird[2]. Ferner verletzt der Unternehmer seine Unterstützungs- und Treuepflicht und macht sich deshalb schadensersatzpflichtig, wenn er schon vor der Kündigung des Handelsvertretervertrages einem Untervertreter des Handelsvertreters die Übertragung der Vertretung verspricht oder in Aussicht stellt und dadurch den Untervertreter zu einer Kündigung des Untervertreter-Vertrages veranlasst[3] Dagegen sind Direktgeschäfte im Bezirk oder Kundenkreis des Handelsvertreters grundsätzlich nicht verboten, diesem jedoch i.d.R. nach § 87 Abs. 2 zu verprovisionieren. 21

Auch durch **Missachtung der Schweigepflicht** kann der Unternehmer die Interessen des Handelsvertreters verletzen. So ist er beispielsweise dem Handelsvertreter zum Schadensersatz verpflichtet, wenn er über diesen Kunden gegenüber schädigende Werturteile in Geschäftsbriefen oder sonst im geschäftlichen Verkehr äußert. Solche Werturteile führen unter Umständen selbst dann zum Schadensersatz, wenn sie der Wahrheit entsprechen, insbesondere aber dann, wenn sie inhaltlich nicht neutral gehalten und sich deshalb für den Handelsvertreter nachteilig auswirken können[4]. 22

§ 86b
Delkredereprovision

(1) Verpflichtet sich ein Handelsvertreter, für die Erfüllung der Verbindlichkeit aus einem Geschäft einzustehen, so kann er eine besondere Vergütung (Delkredereprovision) beanspruchen; der Anspruch kann im Voraus nicht ausgeschlossen werden. Die Verpflichtung kann nur für ein bestimmtes Geschäft oder für solche Geschäfte mit bestimmten Dritten übernommen werden, die der Handelsvertreter vermittelt oder abschließt. Die Übernahme bedarf der Schriftform.

(2) Der Anspruch auf die Delkredereprovision entsteht mit dem Abschluss des Geschäfts.

(3) Absatz 1 gilt nicht, wenn der Unternehmer oder der Dritte seine Niederlassung oder beim Fehlen einer solchen seinen Wohnsitz im Ausland hat. Er

---
1 BGH v. 18.6.1959 – II ZR 121/57, HVR Nr. 70.
2 BGH v. 9.1.1961 – VII ZR 219/59, HVR Nr. 261.
3 BGH vom 18.6.1964 – VII ZR 254/62, BGHZ 42, 59.
4 OLG Karlsruhe v. 10.7.1959 – 6 U 5/59, BB 1959, 1006.

gilt ferner nicht für Geschäfte, zu deren Abschluss und Ausführung der Handelsvertreter unbeschränkt bevollmächtigt ist.

Schrifttum: *Castan*, Rechtsfragen des Handelsvertreter-Delkredere, BB 1957, 1124; *Glaser*, Vergütungsfragen des Handelsvertreterrechts, DB 1956, 297; *Küstner* in Küstner/Thume, Handbuch des gesamten Außendienstrechts, Bd. 1, 3. Aufl. 2000, Rn. 577; *Masing*, Die Delkrederevereinbarung nach § 86b Abs. 3 HGB, BB 1995, 2589.

I. Grundgedanke

1   Grundsätzlich haftet der Handelsvertreter nicht für die Erfüllung der dem Kunden obliegenden Verbindlichkeiten gegenüber dem Unternehmer. Zu seinen Pflichten gehört zwar, im Rahmen des § 86 die Zahlungsfähigkeit des Kunden zu überprüfen. Eine Verletzung dieser **Bonitätsprüfungspflicht** könnte jedoch allenfalls bei Missachtung der gebotenen Sorgfalt gem. 280 BGB Schadenseratzansprüche auslösen. Allerdings entfällt nach § 87a Abs. 2 der Provisionsanspruch des Handelsvertreters, wenn der Kunde nicht leistet.

2   § 86b räumt den Parteien die Möglichkeit ein, von diesem Grundsatz abzuweichen und vertraglich eine Haftung des Handelsvertreters für Forderungsausfälle der Unternehmers zu vereinbaren. Diese Delkrederehaftung des Handelsvertreters dient allein dem Schutz des Unternehmers. Sie verlagert dessen Risiko, nach der Geschäftsausführung infolge Nichtzahlung des Kunden leer auszugehen, auf den Handelsvertreter. Ihre Vereinbarung birgt also für den Handelsvertreter erhebliche Gefahren. Deshalb hat der Gesetzgeber in § 86b zwingende Schutzvorschriften zugunsten des Handelvertreters geschaffen. Die Europäische Richtlinie enthält dazu keine Bestimmungen.

3   Ihrem **Wesen nach entspricht die Übernahme des Delkredere einer Bürgschaft**[1]. Die §§ 765 ff. BGB sind mithin subsidiär anwendbar. Die Einrede der Vorausklage kann der Handelsvertreter allerdings gem. § 349 nicht erheben, wenn er Kaufmann nach § 1 oder § 2 S. 1 ist. Allerdings wird auch bei Kaufmannseigenschaft des Handelsvertreters der Unternehmer aufgrund seiner vertraglichen Fürsorge- und Treuepflichten (vgl. § 86a Rn. 19 ff.) zunächst eine Forderungsbeitreibung beim Kunden versuchen müssen, bevor er den Handelsvertreter haftbar machen kann[2]. Umstritten ist, ob § 86b auch bei Schuldübernahme- oder ähnlichen Schuldsicherungsvereinbarungen, z.B. bei Garantieverträgen, entsprechend anwendbar ist[3].

---

1   OLG Nürnberg v. 9.2.1956 – 3 U 214/52, BayJMbl. 1956, 115.
2   MünchKommHGB/v. Hoyningen-Huene, § 86b Rn. 6 und 20; Baumbach/Hopt, § 86b Rn. 8.
3   Befürwortend MünchKommHGB/v. Hoyningen-Huene, § 86b Rn. 6; Baumbach/Hopt, § 86b Rn. 6; Heymann/Sonnenschein/Weitemeyer, § 86b Rn. 4; ablehnend Staub/Brüggemann, § 86b Rn. 3.

II. Überblick

Nach § 86b Abs. 1 S. 3 bedarf die Übernahme der Delkrederehaftung der **Schriftform**. 4

Nach § 86b Abs. 1 S. 2 kann die Verpflichtung nur für ein **bestimmtes** Geschäft oder für solche Geschäfte mit bestimmten Dritten übernommen werden, die der Handelsvertreter vermittelt oder abschließt. 5

Nach § 86b Abs. 1 S. 1 hat der Handelsvertreter bei Übernahme der Delkrederehaftung einen Anspruch auf eine besondere Vergütung, die **Delkredereprovision**. Dieser Anspruch kann nicht im Voraus ausgeschlossen werden. Nach § 86b Abs. 2 entsteht dieser Provisionsanspruch mit Abschluss des Geschäfts. 6

§ 86b Abs. 3 bestimmt schließlich, dass § 86b Abs. 1 nicht gilt, wenn entweder der Unternehmer oder der Kunde seine Niederlassung bzw. seinen Wohnsitz im Ausland hat. Ferner gilt die Vorschrift des § 86b Abs. 1 nicht für Geschäfte, zu deren Abschluss und Ausführung der Handelsvertreter unbeschränkt bevollmächtigt ist. 7

III. Schriftform

Nach § 86b Abs. 1 S. 3 bedarf die Übernahmeerklärung des Handelsvertreters der Schriftform, um ihn so auf die besondere Gefährlichkeit der Haftungsübernahme aufmerksam zu machen[1]. Die entsprechende Willenserklärung des Unternehmers kann jedoch formlos erfolgen. 8

Die Übernahmeerklärung muss nach § 126 Abs. 1 BGB vom Handelsvertreter eigenhändig durch Namensunterschrift oder mittels notariell beglaubigten Handzeichens unterzeichnet werden. Da die Delkrederehaftung ihrem Wesen nach der Bürgschaft entspricht, ist auch § 766 S. 2 BGB entsprechend anwendbar, so dass eine wirksame Übernahmeerklärung nicht in elektronischer Form erfolgen kann. § 126a BGB ist daher nicht anwendbar. Als lex specialis verdrängt § 86b Abs. 1 S. 3 auch § 350[2]. 9

Eine in der Form unwirksame Delkredereübernahme kann **geheilt** werden, wenn der Handelsvertreter die Verbindlichkeit dem Unternehmer gegenüber erfüllt (§ 766 S. 3 BGB analog). 10

IV. Umfang der Haftung

Der Umfang der Delkrederehaftung ist nach § 86b Abs. 1 S. 2 beschränkt. Sie kann nur für ein oder mehrere bestimmte Geschäfte oder für auf Geschäfte mit bestimmtem Dritten vereinbart werden, die der Handelsvertre- 11

---

1 Vgl. § 766 S. 1 BGB.
2 MünchKommHGB/*v. Hoyningen/Huene*, § 86b Rn. 17; *Ebenroth/Boujong/Joost/Löwisch*, § 86b Rn. 10.

ter vermittelt oder abschließt. In der Verpflichtungserklärung sind diese Geschäfte – sofern bereits entsprechend konkretisierbar – mit allen notwendigen Angaben genau zu definieren. Hinsichtlich des „bestimmten Geschäftes" weist schon aus die amtliche Begründung zu § 86 Abs. 1 S. 2 darauf hin, dass es sich hier auch um mehrere bestimmte Geschäfte handeln kann[1]. Die Delkrederehaftung setzt insoweit nicht voraus, dass das oder die bestimmten Geschäfte vom Handelsvertreter vermittelt worden wären. Diese gesetzliche Einschränkung gilt vielmehr nur für die 2. Alternative des § 86b Abs. 1 S. 2. Deshalb kann dien Delkrederehaftung auch für nicht vom Handelsvertreter vermittelte Geschäfte vereinbart werden, also etwa für Geschäfte mit Bezirkskunden.

12 Die Delkredere-Verpflichtung setzt eine **bereits bestehende oder zu erwartende Verbindlichkeit des Kunden** voraus, die sich auf Zahlung des Kaufpreises (bei Verkaufsvertretern) oder auf eine geschuldete Warenlieferung (bei Einkaufsvertretern) beziehen kann. Ändert sich der Umfang der Verbindlichkeit des Kunden etwa in der Weise, dass an die Stelle der Verpflichtung zur Zahlung des Kaufpreises eine bereicherungs- oder schadensersatzrechtliche Verpflichtung tritt, bezieht sich die Delkrederehaftung auch auf diese Verbindlichkeiten des Kunden, wie sich dies aus § 767 BGB ergibt[2]. Einwendungen, die dem Kunden gegenüber dem Unternehmer zustehen, kann auch der verpflichtete Handelsvertreter geltend machen[3].

V. Anspruch auf Delkredereprovision

13 Der – unabdingbare – Anspruch auf Delkredereprovision entsteht mit dem Geschäftsabschluss (§ 86a Abs. 2).

14 Die **Höhe des Anspruchs** ist in § 86b nicht festgelegt. Fehlt es an diesbezüglichen Parteivereinbarungen, ist nach § 87b Abs. 1 der übliche Satz als vereinbart anzusehen[4]. Bemessungsgrundlage ist dann nach § 87b Abs. 2 S. 1 das Entgelt, das der Unternehmer oder der Dritte zu leisten hat. Ist ein üblicher Satz nicht zu ermitteln, kann der Provisionssatz im Zweifel vom Handelsvertreter selbst bestimmt werden, und zwar nach billigem Ermessen.

15 Auch die Fälligkeit ist in § 86b nicht geregelt. Ob die Fälligkeitsregelung in § 87a Abs. 4 anwendbar ist, erscheint zweifelhaft, weil die Delkredereprovision eine andere rechtliche Grundlage als die Vermittlungs- oder Abschlussprovision hat, auf die sich § 87a bezieht[5]. Deshalb wird die Delkredereprovision in Anwendung des § 271 BGB bereits **mit der Entstehung der**

---

1 Amtl. Begr. BT-Drucks. 3856 v. 15.11.1952, S. 20; s. auch die h.L.: *Castan*, BB 1957, 1124, 1125; *Schröder*, Recht der Handelsvertreter, § 86b Rn. 8; *Staub/Brüggemann*, § 86b Rn. 9; *Thume* in Küstner/Thume I, Rn. 582 ff.
2 MünchKommHGB/v. *Hoyningen-Huene*, § 86b Rn. 21; *Baumbach/Hopt*, § 86b Rn. 7; *Heymann/Sonnenschein/Weitemeyer*, § 86b Rn. 3; *Glaser*, DB 1956, 297, 298.
3 *Castan*, BB 1957, 1124, 1125.
4 *Hopt*, Handelsvertreterrecht, § 86b Rn. 10.
5 *Castan*, BB 1957, 1124, 1127.

Verbindlichkeit, auf die sich die Haftung des Handelsvertreters bezieht, **fällig** werden[1]. Die Rechnungslegung kann in der dem Geschäftsabschluss folgenden allgemeinen Provisionsabrechnung vorgenommen werden.

Der Anspruch auf Delkredereprovision wird vom Schicksal des zugrundeliegenden Geschäfts nicht berührt. Er bleibt also bestehen, wenn der Unternehmer oder der Kunde vom Vertrag zurücktritt oder wenn die Verbindlichkeit des Kunden nach § 323 BGB erlischt. Dies rechtfertigt sich aus dem Gedanken der Risikotragung, die durch die Delkredereprovision vergütet werden soll[2]. Andererseits entfällt der Anspruch auf Delkredereprovision, wenn das zwischen dem Kunden und dem Unternehmer zustande gekommene Geschäft nachträglich mit Rückwirkung entfällt, also etwa durch Anfechtung[3].

VI. Generalvollmacht des Handelsvertreters

Ist dem Handelsvertreter **unbeschränkte Vollmacht nicht nur für** den **Abschluss, sondern auch für** die **Ausführung** des Geschäftes übertragen worden, so sind die Einflussmöglichkeiten des Unternehmers im Hinblick auf die Auswahl der Kunden und die Art der Geschäftsführung geringer als bei bloßer Abschlussvollmacht; der Handelsvertreter kann in eigener Verantwortung im Rahmen der ihm obliegenden Aufgaben und der getroffenen Vereinbarungen allein uneingeschränkt darüber entscheiden, mit wem er Abschlüsse tätigt und wie das Geschäft ausgeführt wird, z.B. ob er dem Kunden ggf. Kredit oder Ratenzahlung einräumt[4]. Hierbei kommt es auch nicht darauf an, ob der Handelsvertreter die ihm übertragenen unbeschränkten Vollmachten auch tatsächlich ausübt oder nicht. Bei diesen sehr weitreichenden Vollmachten des Handelsvertreters gelten gem. § 86b Abs. 3 die Bestimmungen des § 86b Abs. 1 nicht. In diesen Fällen kann der Handelsvertreter mangels besonderer Vereinbarungen also **keine Delkredereprovision** beanspruchen, der Umfang der Delkredereverpflichtung gilt dann unbeschränkt und die Übernahme der Delkredereverpflichtung bedarf dann auch nicht der Schriftform, sondern kann formlos vereinbart werden. Gleiches gilt nach § 86b Abs. 3 Alt. 2 auch dann, wenn der Unternehmer oder der Dritte seine Niederlassung oder beim Fehlen einer solchen seinen Wohnsitz im Ausland hat.

Vorbemerkung vor §§ 87–87d

Nach den §§ 87 ff. hat der Handelsvertreter Anspruch auf Provision. Diese Art der Vergütung ist zwar allgemein üblich, aber keineswegs zwingend vorgeschrieben. Andere Sondervereinbarungen sind möglich. Schon bisher ge-

---

1 MünchKommHGB/v. *Hoyningen-Huene*, § 86b Rn. 32; *Baumbach/Hopt*, § 86b Rn. 11; *Heymann/Sonnenschein/Weitemeyer*, § 86b Rn. 16; *Staub/Brüggemann*, § 86b Rn. 12; *Küstner* in Küstner/Thume I, Rn. 598.
2 *Castan*, BB 1957, 1124, 1125.
3 *Heymann/Sonnenschein/Weitemeyer*, § 86b Rn. 15.
4 BGH v. 14.10.1966 – VII ZR 219/64, DB 1966, 1884.

hörten dazu Vereinbarungen über ein Fixum, über Zuschüsse, Entgelt für Betreuung und Pflege eines Kundenbestandes, Gratifikationen, Tantiemen und Boni sowie Gewinnbeteiligungen mit Prämien.

2 In letzter Zeit häufen sich **Vereinbarung**en ganz **neuer Vergütungsformen**, die sich nicht mehr nach dem erzielten Umsatz, sondern nach dem Ertrag des Unternehmens für einzelnen Produktsparten etc. oder nach ganz anderen unternehmensbezogenen Kriterien richten. Diese stellen gelegentlich den Handelsvertreter wirtschaftlich auch besser als bisher. Sie können jedoch zu erheblichen Nachteilen bei der Vertragsbeendigung führen, weil es dann schwierig sein wird, die Kriterien des § 89b auf diese Vergütungsform zu übertragen. Wie sich die Rechtsprechung hierzu entwickeln wird, bleibt abzuwarten.

3 Die §§ 87 bis 87d regeln die einzelnen Stadien des Provisionsanspruchs des Handelsvertreters als die für ihn typische Vergütungsform, also seine Entstehung, Berechnung und Fälligkeit sowie sein Schicksal bei Leistungsstörungen und die einzelnen Kontrollrechten des Handelsvertreters zum Zwecke der Nachprüfung der ihm zustehenden Vergütung.

4 § 87 bestimmt, welche Geschäfte überhaupt provisionspflichtig sind, welche Voraussetzungen für den Erwerb einer Provisionsanwartschaft erfüllt sein müssen und welchen Einfluss die Vertragsbeendigung auf den Provisionsanspruch hat.

5 § 87a regelt sodann, wann der durch den provisionspflichtigen Geschäftsabschluss zunächst aufschiebend bedingt erworbene Provisionsanspruch zu einem unbedingten Anspruch wird, nämlich mit der Ausführung des Geschäfts durch den Unternehmer, sofern nicht abweichende Vereinbarungen getroffen wurden, und wie sich Leistungsstörungen auf den Provisionsanspruch auswirken. Dabei wird in § 87a Abs. 2 die Nichtleistung des Dritten nach ordnungsgemäßer Geschäftsführung durch den Unternehmer und in § 87a Abs. 3 das Schicksal des Provisionsanspruchs in den Fällen geregelt, in denen der Unternehmer seinerseits das mit dem Kunden abgeschlossene Geschäft nicht oder nicht so ausführt, wie es abgeschlossen wurde. § 87a Abs. 4 schließlich bestimmt den Zeitpunkt, in dem der Provisionsanspruch fällig wird.

6 § 87b enthält in Abs. 1 Bestimmungen über die Höhe der Provision, wenn die Parteien darüber nichts vereinbart haben, und regelt in Abs. 2 die Frage der Provisionsberechnung. Sondervorschriften in § 87b Abs. 3 schließlich betreffen die Provisionsberechnung, wenn der Handelsvertreter Gebrauchsüberlassungs- oder Nutzungsverträge von bestimmter bzw. unbestimmter Dauer vermittelt.

7 § 87c regelt die Abrechnungspflicht des Unternehmers und die Kontrollrechte des Handelsvertreters zum Zwecke der Nachprüfung der ihm abgerechneten und ggf. auch bereits ausgezahlten Provisionen.

§ 87d bestimmt schließlich, welchen Anspruch auf Aufwendungsersatz der Handelsvertreter haben kann.

Die Provisionsbestimmungen der §§ 87 bis 87d waren **teilweise schon immer zwingender Natur;** dieser Schutz des Handelsvertreters ist durch das Anpassungsgesetz zur **EG-Richtlinie vom 18.12.1989** zusätzlich verstärkt worden.

§ 87
Provisionspflichtige Geschäfte

(1) Der Handelsvertreter hat Anspruch auf Provision für alle während des Vertragsverhältnisses abgeschlossenen Geschäfte, die auf seine Tätigkeit zurückzuführen sind oder mit Dritten abgeschlossen werden, die er als Kunden für Geschäfte der gleichen Art geworben hat. Ein Anspruch auf Provision besteht für ihn nicht, wenn und soweit die Provision nach Absatz 3 dem ausgeschiedenen Handelsvertreter zusteht.

(2) Ist dem Handelsvertreter ein bestimmter Bezirk oder ein bestimmter Kundenkreis zugewiesen, so hat er Anspruch auf Provision auch für die Geschäfte, die ohne seine Mitwirkung mit Personen seines Bezirks oder seines Kundenkreises während des Vertragsverhältnisses abgeschlossen sind. Dies gilt nicht, wenn und soweit die Provision nach Absatz 3 dem ausgeschiedenen Handelsvertreter zusteht.

(3) Für ein Geschäft, das erst nach Beendigung des Vertragsverhältnisses abgeschlossen ist, hat der Handelsvertreter Anspruch auf Provision nur, wenn

1. er das Geschäft vermittelt hat oder es eingeleitet und so vorbereitet hat, dass der Abschluss überwiegend auf seine Tätigkeit zurückzuführen ist, und das Geschäft innerhalb einer angemessenen Frist nach Beendigung des Vertragsverhältnisses abgeschlossen worden ist oder

2. vor Beendigung des Vertragsverhältnisses das Angebot des Dritten zum Abschluss eines Geschäfts, für das der Handelsvertreter nach Absatz 1 Satz 1 oder Absatz 2 Satz 1 Anspruch auf Provision hat, dem Handelsvertreter oder dem Unternehmer zugegangen ist.

Der Anspruch auf Provision nach Satz 1 steht dem nachfolgenden Handelsvertreter anteilig zu, wenn wegen besonderer Umstände eine solche Teilung der Billigkeit entspricht.

(4) Neben dem Anspruch auf Provision für abgeschlossene Geschäfte hat der Handelsvertreter Anspruch auf Inkasso-Provision für die von ihm auftragsgemäß eingezogenen Beträge.

Übersicht

	Rn.		Rn.
I. Erfolgsvergütung	1	3. Abdingbarkeit	23
II. Tatbestände des § 87 Abs. 1		4. Geschäftsabschluss	24
1. Inhalt der Regelung	9	5. Untätigkeit des Bezirksvertreters	26
2. Kausalerfordernis	10	**IV. Provisionsanspruch für nachvertragliche Geschäfte**	
3. Kundenschutz	11		
4. Bedeutung des Geschäftsabschlusses	16	1. Gesetzliche Regelung	29
		2. Tatbestand des § 87 Abs. 3 S. 1 Nr. 1	32
5. Provisionsteilung	18		
III. Provisionsanspruch des Bezirksvertreters		3. Tatbestand des § 87 Abs. 3 S. 1 Nr. 2	36
1. Tatbestand des § 87 Abs. 2	19	4. Abweichende vertragliche Abreden	38
2. Verhältnis der Bezirksprovision zum Provisionsanspruch aus § 87 Abs. 1	22	5. Vermittlung durch mehrere Handelsvertreter	39
		6. Inkassoprovision	40

Schrifttum: *Bonvie,* Der Provisionsanspruch des ausscheidenden Versicherungsvertreters bei stornogefährdeten Verträgen, VersR 1986, 119; *Evers,* Die Nichtigkeit von Handelsvertreterverträgen wegen zu geringer Verdienstmöglichkeiten und ihre Rückabwicklung, BB 1992, 1365; *Holling,* Provisionsregelung bei Geschäftsabschlüssen, die mehrere Handelsvertreter tangieren, HVHM 1974, 477; *Jestaedt,* Zur Darlegungs- und Beweislast beim Anspruch aus Rückzahlung von zu Unrecht geleisteten Provisionsvorschüssen gegen den Versicherungsvertreter, VersR 1981, 613; *Knütel,* Die Provisionsteilung bei Mitwirkung mehrerer Makler oder Handelsvertreter, ZVersWiss 144 (1980), 289; *Krüger,* Der Anspruch mehrerer Handelsvertreter auf Provision, DB 1964, 1399; *Küstner* in Küstner/Thume, Handbuch des gesamten Außendienstrechts, Bd. I, 3. Aufl. 2000, Rn. 808; *Loritz,* Provisionen beim Abschluss von Lebensversicherungsverträgen, VersR 2004, 405; *Schröder,* Außerbezirkliche Geschäfte des Handelsvertreters, DB 1963, 541; *Schwarz,* Versichertengemeinschaft und zivilrechtliche Wirksamkeit sog. Provisionsteilungsabreden, NJW 1995, 491; *Treffer,* Pfändung von Provisionsansprüchen, MDR 1998, 384; *Wartz,* Versichertengemeinschaft und zivilrechtliche Wirksamkeit sog. Provisionsteilungsabreden, NJW 1995, 491; *Westphal,* Provisionskollision durch Zusammenwirken mehrerer Handelsvertreter für einen Geschäftsabschluss, BB 1991, 2027; *Wolf/Ungeheuer,* Provisionsanspruch des Handelsvertreters bei Kündigung nach § 649 BGB, NJW 1994, 1497.

I. Erfolgsvergütung

1 Der in § 87 geregelte Provisionsanspruch des Handelsvertreters **ist** insgesamt **abdingbar.**

2 Diese gesetzliche Vergütungsvorschrift knüpft allein an den Erfolg der geschuldeten Vermittlungsbemühungen an, stellt also eine typische **Erfolgsvergütung** dar. Deshalb kommt es für den Erwerb des mit dem Geschäftsabschluss zunächst aufschiebend bedingten Provisionsanspruchs nicht auf den Umfang oder die Intensität der vom Handelsvertreter angestellten Vermittlungsbemühungen an. Für die erfolglos gebliebenen Bemühungen kann

der Handelsvertreter andererseits i.d.R. auch keine Leistungsvergütung fordern.

Es muss zwar in gewissem Umfange ein Kausalzusammenhang zwischen der Bemühungspflicht des Handelsvertreters und dem Erfolg bestehen, dieser kann aber in sehr starkem Maße gelockert sein. So reicht es beim Bezirksvertreter nach § 87 Abs. 2 für den Erwerb des Anspruchs auf Bezirksprovision aus, wenn er nur allgemeine Bemühungen innerhalb seines Bezirks anstellt, um die Interessen des Unternehmers wahrzunehmen, ohne dass er für das einzelne zustande gekommene Geschäft konkret hätte tätig werden müssen.

3

Typische Erfolgsprovisionen des Handelsvertreters sind die **Vermittlungs- und Abschlussprovisionen** und – zumindest auch teilweise – die Superprovision, und zwar auch dann, wenn dem Handelsvertreter diese Provisionen bevorschusst oder in bestimmtem Umfange garantiert werden. Leistungsabhängige Vergütungen erhält der Handelsvertreter dagegen – nach jeweiliger Vereinbarung – für solche Tätigkeiten, die er über die Vermittlungs- bzw. Abschlussbemühungen hinaus geleistet hat, wie etwa Lagerhaltung, Warenauslieferung, Durchführung des Inkassos[1] und dgl. Der Anspruch auf derartige tätigkeits-, nicht erfolgsabhängige Vergütungen (**Verwaltungsprovisionen**) besteht naturgemäß nur so lange, wie die für den Vergütungsanspruch maßgebliche Tätigkeit auch ausgeübt wird. Endet der Vertretervertrag und damit auch die bis dahin geschuldete Tätigkeit des Handelsvertreters, kommen nachvertragliche Ansprüche des Handelsvertreters auf Zahlung derartiger Tätigkeitsvergütungen nicht in Betracht. Dagegen kann ein Anspruch auf Erfolgsvergütung auch noch nach der Vertragsbeendigung entstehen, wenn der Vermittlungserfolg erst nach der Vertragsbeendigung eintritt (vgl. § 87 Abs. 3) oder die für die Entstehung des Erfolgsprovisionsanspruchs maßgeblichen Kriterien (z.B. Ausführung des Geschäfts durch den Unternehmer bzw. die Zahlung des vereinbarten Kaufpreises durch den Kunden) erst nach der Vertragsbeendigung eintreten.

4

Die **Unterscheidung zwischen erfolgsabhängiger und tätigkeitsbedingter Vergütung** hat erhebliche Bedeutung für die Berechnung des **Handelsvertreterausgleichs**[2]. Bei der Ermittlung der Provisionsverluste im Rahmen des § 89b Abs. 1 Nr. 2 dürfen nämlich nur die erfolgsabhängigen Vergütungen für die werbende Tätigkeiten – und diese auch nur insoweit, als sie auf Geschäften mit neu geworbenen Kunden beruhen – herangezogen werden. Ist im Vertretervertrag die erfolgsabhängige und die tätigkeitsbedingte Vergütung als Gesamtprovision ausgewiesen, muss diese in ihre einzelnen Be-

5

---

1 Im Tankstellenbereich wertet der BGH das Inkasso jedoch wegen der dortigen Besonderheiten als werbende Tätigkeit, BGH v. 10.7.2002 – VIII ZR 58/00, NJW-RR 2002, 1548.
2 St. Rspr.; vgl. insbesondere BGH v. 4.5.1959 – II ZR 81/57, BGHZ 30, 98. Für den Bereich des Tankstellengeschäfts sieht der BGH einen Teil der besonderen Leistungen, wie Lagerhaltung und Inkasso als werbende und damit erfolgsbezogene erfolgsbezogene Tätigkeiten an, BGH v. 6.8.1997 – VIII ZR 150/96, BB 1997, 2607; BGH v. 10.7.2002 – VIII ZR 58/00, BB 2002, 2151.

standteile aufgeschlüsselt werden, um die ausgleichserheblichen Provisionsverluste ermitteln zu können[1].

6 Im Zusammenhang mit der Ermittlung der **Ausgleichshöchstgrenze** nach § 89b Abs. 2 spielt die Unterscheidung zwischen erfolgsabhängigen und tätigkeitsbedingten Vergütungen jedoch keine Rolle, weil bei der durchschnittlichen Jahresprovision, berechnet aus den letzten fünf Vertragsjahren, sämtliche Leistungsvergütungen in Ansatz zu bringen sind, die dem Handelsvertreter überhaupt zugeflossen sind, gleichgültig, ob sie als Erfolgsvergütung oder als Vergütung für eine über die Vermittlungs- und Abschlusstätigkeit hinausgehende geschuldete Tätigkeit gezahlt wurden.

7 Dem Handelsvertreter kann gelegentlich auch ein **besonderer Vergütungsanspruch gem. § 354** zustehen[2]. Das setzt voraus, dass zwischen dem Vermittler und dem Auftraggeber ein Vertragsverhältnis besteht, der Vermittler seine Tätigkeit befugtermaßen ausgeübt hat oder zumindest der Auftraggeber der Vermittlungstätigkeit stillschweigend zugestimmt hat und er aus den Umständen habe entnehmen müssen, dass der Vermittler nur gegen Vergütung und nicht unentgeltlich habe tätig werden wollen.

8 Mitunter wird zwischen allen Vertretern eines Unternehmens (oder den Vertretern eines bestimmten Bezirks) vereinbart, dass sämtliche Provisionen in einen gemeinsamen „Topf" fließen. Mit einer solchen „**Topf-Vereinbarung**"[3] wird der Zweck verfolgt, das gesamte Provisionsaufkommen der „Topf-Gemeinschaft" zusammenzufassen, um unterschiedliche Provisionsaufkommen einzelner Vertreter auszugleichen und sie nach einem bestimmten Schlüssel am Provisionsaufkommen zu beteiligen. Hier handelt es sich um eine Vereinbarung sui generis gem. §§ 305, 362 BGB, weil die Vereinbarung über die Verteilungsquote sich als gemeinschaftliche Abrede über den Eintritt der Erfüllungswirkung darstellt[4].

II. Tatbestände des § 87 Abs. 1

1. Inhalt der Regelung

9 In § 87 Abs. 1 sind in Satz 1 **zwei unterschiedliche Tatbestände** geregelt: Zunächst ist dort festgelegt, dass dem Handelsvertreter für alle Geschäfte ein **Provisionsanspruch** zusteht, die während des Vertragsverhältnisses abgeschlossen werden und auf seine Tätigkeit zurückzuführen sind (§ 87 Abs. 1 S. 1 Alt. 1). Des Weiteren hat der Handelsvertreter einen Provisionsanspruch auch für solche Geschäfte, die zwar nicht unmittelbar auf seine Tätigkeit zurückzuführen sind, die aber mit Dritten abgeschlossen werden, die er „als

---

1 Siehe z.B. BGH v. 10.7.2002 – VII 158/01, HVR Nr. 1032.
2 Vgl. die Erläuterungen unten zu § 354. BGH v. 28.1.1993 – I ZR 292/90, BB 1993, 818 m. Anm. *Westphal*, BGH EWiR 1993, 597; *Baumbach/Hopt*, § 354 Rn. 3.
3 BAG v. 3.6.1998 – 5 AZR 552/97, n. v. zur Topf-Abrede im Bereich der Gebrauchtwagen-Vermittlung.
4 Zur Vergütung nach § 354 und zu den Topf-Abreden vgl. auch *Küstner* in Küstner/Thume I, Rn. 740 bis 742.

Kunden für Geschäfte der gleichen Art geworben hat" (§ 87 Abs. 1 S. 1 Alt. 2). Die **erste Alternative** des § 87 Abs. 1 S. 1 fordert also eine für den konkreten Geschäftsabschluss ursächlich gewordene Vermittlungsbemühung des Handelsvertreters, während es für die **zweite Alternative** ausreicht, wenn der Handelsvertreter lediglich das Erstgeschäft mit einem geworbenen neuen Kunden vermittelt bzw. abgeschlossen hat, so dass es dann für den Provisionsanspruch im Hinblick auf mit diesem Kunden zustande kommende Folgegeschäfte auf konkrete Vermittlungsbemühungen des Handelsvertreters nicht mehr ankommt. Die zweite Alternative des § 87 Abs. 1 S. 1 regelt also den **Kundenschutz**; für geschützte Kunden reicht eine gelockerte Kausalität mithin aus. Noch weiter geht sodann § 87 Abs. 2 für den Provisionsanspruch des Bezirksvertreters, für den es allein darauf ankommt, dass Geschäfte mit bezirkszugehörigen Kunden zustande kommen, ohne dass konkrete ursächliche Bemühungen des Handelsvertreters notwendig wären.

2. Kausalerfordernis

Ein Geschäft (zum Begriff des Geschäfts s. § 84 Rn. 18) ist i.S.d. § 87 Abs. 1 S. 1 Alt. 1 bereits dann auf die Tätigkeit des Handelsvertreters zurückzuführen, wenn diese **für den Geschäftsabschluss mitursächlich war.** Es kommt also nicht darauf an, wie groß der Anteil des Handelsvertreters am Zustandekommen des Geschäfts gewesen sind. Es bedarf insbesondere auch keiner überwiegenden Verursachung des Geschäftsabschlusses durch den Handelsvertreter, vielmehr genügt jedwede Mitwirkung[1]. Dies ergibt sich bereits aus einem Umkehrschluss aus § 87 Abs. 3 Nr. 1, wo – im Gegensatz zum Provisionsanspruch des Handelsvertreters für Geschäftsabschlüsse, die während noch bestehender Vertragsverhältnisse erfolgen – für den Provisionsanspruch aus nachvertraglich zustande kommenden Geschäften ausdrücklich eine überwiegende Verursachung durch den Handelsvertreter gefordert wird. Für den **Regelfall** der ersten Alternative des § 87 Abs. 1 S. 1 reicht mithin eine irgendwie geartete Tätigkeit des Handelsvertreters aus, wobei allerdings dieser Grundsatz nicht überspannt werden darf. Denn es darf nicht unberücksichtigt bleiben, was nach den getroffenen Vereinbarungen von einem Handelsvertreter an Mitwirkung erwartet werden darf[2]. Immerhin müssen die vom Handelsvertreter angestellten Vermittlungsbemühungen ausreichen, um beim Kunden den Entschluss zum Geschäftsabschluss wachzurufen oder seinen Widerstand gegen den Geschäftsabschluss zu beseitigen[3]. Eine Tätigkeit des Handelsvertreters, die sich darauf beschränkt, lediglich Sprachmittler- oder Dolmetscherdienste auszuüben oder Formulare auszufüllen und dgl. reicht für eine Mitursächlichkeit nicht aus[4]. Andererseits kann einem Bezirksvertreter, der ein Geschäft mit einem außerhalb seines

---

1 BAG v. 22.1.1971 – 3 AZR 42/70, DB 1971, 779; BGH v. 14.12.1959 – II ZR 178/58, NJW 1960, 433.
2 BAG v. 22.1.1971 – 3 AZR 42/70, DB 1971, 779.
3 OLG Köln v. 4.11.1970 – 2 U 35/70, DB 1971, 327.
4 OLG Köln v. 4.11.1970 – 2 U 35/70, DB 1971, 327.

Gebietes ansässigen Kunden vermittelt, ebenfalls nach § 87 Abs. 1 die volle Provision zustehen, wenn der Unternehmer den Auftrag annimmt[1].

3. Kundenschutz

11 Nach den in der zweiten Alternative des § 87 Abs. 1 S. 1 geregelten Kundenschutz ist für den Provisionsanspruch ausreichend, dass ein **Folgegeschäft** mit einem vom Handelsvertreter – regelmäßig im Zusammenhang mit dem Abschluss des Erstgeschäfts – geworbenen Kunden ursächlich noch auf die ursprünglich ausgeübten Vermittlungsbemühungen zurückzuführen ist, mag die Kundenwerbung als solche zeitlich auch weit zurückliegen. Für den Kundenschutz müssen daher drei Voraussetzungen erfüllt sein: Es muss sich um Geschäfte mit vom Handelsvertreter geworbenen Kunden handeln, mit diesen Kunden müssen Folgegeschäfte – nicht notwendig aufgrund weiterer Vermittlungsbemühungen des Handelsvertreters – zustande kommen und es muss sich bei diesen Folgegeschäften um Geschäfte der gleichen Art handeln.

12 Einen **Provisionsanspruch nach der zweiten Alternative** des § 87 Abs. 1 S. 1 kann der Handelsvertreter mithin nicht fordern, wenn der Kunde nicht von ihm geworben wurde oder wenn es sich zwar um einen von ihm geworbenen Kunden, nicht aber um ein Geschäft der gleichen Art handelt. Neukunde in diesem Sinne ist auch ein Altkunde, der vom Unternehmer bislang nur andere Produkte bezogen hat. Wirbt der Vertreter diesen Altkunden für ein neues Produkt, erwirbt er für Nachbestellungen dieses Produktes Kundenschutz. Ferner ist Neukunde auch jener frühere Kunde, dessen Geschäftsverbindung zum Unternehmer abgebrochen war und den der Handelsvertreter neu geworben hat[2]. Schließlich werden nach h.M. auch bei Vertragsbeginn übernommene Altkunden dann einem neu geworbenen Kunden mit der Folge des Kundenschutzes gleichgestellt, wenn der Handelsvertreter die Geschäftsverbindung mit diesen Altkunden so wesentlich erweitert hat, dass dies wirtschaftlich der Werbung eines neuen Kunden entspricht[3]. Streitig ist jedoch, ob – wie im Ausgleichsrecht – ein intensiver Altkunde ohne Einschränkung, also im Hinblick auf den gesamten Umsatz einem Neukunden gleichsteht und für alle Nachbestellungen Kundenschutz erhält, oder nur insoweit, als er vom Handelsvertreter für zusätzliche Geschäfte anderer Art geworben wird, so dass vom Kundenschutz nur jene Nachbestellungen erfasst werden, die in den Rahmen der Erweiterung fallen[4].

13 Ein Provisionsanspruch entsteht aus der ersten Alternative des § 87 Abs. 1 S. 1, und nicht aus der zweiten Alternative, muss wenn das Geschäft nicht

---

1 BGH v. 5.4.2006 – VIII ZR 384/04, BB 2006, 1300.
2 MünchKommHGB/*v. Hoyningen-Huene*, § 87 Rn. 44.
3 *Schröder*, Recht der Handelsvertreter, § 87 Rn. 23b; MünchKommHGB/*v. Hoyningen-Huene*, § 87 Rn. 44; *Heymann/Sonnenschein/Weitemeyer*, § 87 Rn. 19; *Ebenroth/Boujong/Joost/Löwisch*, § 87 Rn. 24.
4 Für letztere Alternative *Staub/Brüggemann*, § 87 Rn. 26; a.A. MünchKommHGB/*v. Hoyningen-Huene*, § 87 Rn. 44.

lediglich auf die ursprüngliche Vermittlung des Erstgeschäfts und damit auf die Werbung dieses Kunden zurückzuführen ist, sondern wenn sich der Handelsvertreter um diesen Geschäftsabschluss bemüht und das Geschäft sodann auch selbst vermittelt hat. Dies kann im Hinblick auf je nach dem Grad der **Mitverursachung** unterschiedlich gestaffelte Provisionssätze von Bedeutung sein[1].

Der für den Provisionsanspruch in den Fällen des § 87 Abs. 1 S. 1 maßgebliche **Kundenschutz** kann **vertraglich ausgeschlossen** werden; dem Handelsvertreter stehen dann nur Provisionsansprüche aus der ersten Alternative des § 87 Abs. 1 S. 1 zu. 14

Andererseits kann der Kundenschutz aber auch **vertraglich erweitert** werden, z.B. dadurch, dass die Parteien vereinbaren, dass dem Handelsvertreter auch solche Kunden geschützt werden, die er nicht selbst geworben, sondern als Altkunden bei Vertragsbeginn oder im Laufe des Vertragsverhältnisses übernimmt. Schließlich können die Vertragspartner vereinbaren, dass der Kundenschutz entfällt, wenn mit dem geschützten Kunden innerhalb einer bestimmten Zeitspanne keine Geschäfte zustande kommen. Der Kundenschutz kann in derartigen Fällen wieder aufleben, und zwar wiederum unter der vereinbarten Voraussetzung, dass innerhalb eines gleich langen Zeitraums weitere Geschäfte zustande kommen und wenn ein Folgegeschäft nachweisbar auf den Vermittlungsbemühungen des Handelsvertreters beruht. 15

4. Bedeutung des Geschäftsabschlusses

Kommt ein Geschäft gem. § 87 Abs. 1 S. 1 zustande, erwirbt der Handelsvertreter noch keinen endgültigen Provisionsanspruch, sondern lediglich eine **Provisionsanwartschaft**, die sich ihrerseits erst **dann in einen Anspruch verwandelt**, wenn die dafür notwendigen weiteren Voraussetzungen vorliegen, nämlich – je nach den getroffenen Vereinbarungen – die **Ausführung des Geschäfts durch den Unternehmer oder die Zahlung des vereinbarten Kaufpreises durch den Kunden**. Mit dem Geschäftsabschluss entsteht also zunächst ein vom Vorliegen weiterer Voraussetzungen **aufschiebend bedingter Provisionsanspruch**. Besteht die aufschiebende Bedingung in der Ausführung des Geschäfts durch den Unternehmer, erfolgt aber die Geschäftsführung aus Gründen nicht, die der Unternehmer nicht zu vertreten hat (vgl. § 87a Abs. 3), kann die aufschiebende Bedingung nicht eintreten; die zunächst erworbene Anwartschaft erlischt mangels Bedingungseintritts. Ist der Provisionsanspruch aber durch die Geschäftsführung entstanden, ist er wiederum von einer **auflösenden Bedingung** abhängig. Er entfällt nämlich rückwirkend wieder, wenn feststeht, dass der Kunde seine Zahlungsverpflichtungen nicht erfüllt. In diesem Falle muss der Handelsvertreter ihm bereits zugeflossene Provisionen bzw. Provisionsvorschüsse an den Unternehmer zurückzahlen (§ 87a Abs. 2). 16

---

1 *Staub/Brüggemann*, § 87 Rn. 25.

17 Für die Entstehung des Provisionsanspruchs kommt es – sofern nichts Abweichendes vereinbart wurde – allein darauf an, dass der Geschäftsabschluss während des Vertragsverhältnisses erfolgt. Er **bleibt unberührt**, wenn der Handelsvertretervertrag vor dem Eintritt der aufschiebenden Bedingung endet, die Geschäftsausführung oder die für die Entstehung des Provisionsanspruchs als maßgeblich vereinbarte Kundenzahlung also erst nach der Vertragsbeendigung erfolgen. In diesem Falle spricht man von einer **Überhangprovision**, die dem Handelsvertreter trotz der inzwischen eingetretenen Vertragsbeendigung zu zahlen ist. Derartige Überhangprovisionen werden dem Handelsvertreter unabhängig und neben dem Ausgleichsanspruch geschuldet, denn der Ausgleichsanspruch setzt infolge der Vertragsbeendigung entstehende Provisionsverluste voraus. An dieser Voraussetzung fehlt es aber, wenn nach der gesetzlichen Regelung dem Handelsvertreter nach der Vertragsbeendigung noch Provisionen zufließen, die aus von ihm vor der Vertragsbeendigung vermittelten oder abgeschlossenen provisionspflichtigen Geschäften resultieren. Von besonderer Bedeutung sind die Überhangprovisionen beim Abschluss von Lifetime-Verträgen in der Autozulieferungsindustrie und bei Sukzessivlieferungsverträgen, die zuweilen über einen Zeitraum mehrerer Jahre in die Zeit nach der Vertragsbeendigung hineinreichen. **Sukzessivlieferungsverträge** sind Verträge mit Kunden, in denen die beiderseitigen Rechte und Pflichten, insbesondere die Abnahmeverpflichtung des Kunden und die für diesen Vertrag maßgebliche Laufzeit, von vornherein festgelegt sind. Wenn der Sukzessivlieferungsvertrag noch vor der Vertragsbeendigung abgeschlossen wurde, sind alle im Rahmen des Gesamtvertrages erfolgenden Einzelabrufe grundsätzlich provisionspflichtig, falls nichts anderes vereinbart wurde, also auch jene, die erst nach Beendigung des Handelvertretervertrages abgerufen und ausgeführt werden[1]. Anders ist es, wenn der Handelsvertreter, der Verkaufsgeschäfte zu vermitteln hat, dem Unternehmer einen Kunden zuführt, der mit diesem lediglich einen **Rahmenvertrag** abschließt, in dem er sich ganz allgemein verpflichtet, seinen künftigen Bedarf beim Unternehmer zu decken, wenn er derartige Geschäfte bestimmter Art abschließen würde. Dann liegt beim Abschluss eines solchen Rahmenvertrags noch kein unmittelbares Umsatzgeschäft vor, das provisionspflichtig sein könnte. Dies kommt erst zustande, wenn anschließend aufgrund des allgemeinen Bezugsvertrags konkrete Kaufverträge abgeschlossen werden. Geschieht dies erst nach Beendigung des Handelsvertretervertrages, hat der Handelsvertreter daraus keinen Provisionsanspruch, jedoch könnte für die Vermittlung des Rahmenvertrages ein Anspruch aus § 354 gegeben sein[2]. Der **Anspruch auf Überhangprovision kann vertraglich ausgeschlossen werden**, weil § 87 nicht zwingend ist[3]. Jedoch ist auch ein individual vertraglich vereinbarter Provisionsausschluss

---

[1] BGH v. 18.11.1957 – II ZR 33/56, NJW 1958, 180; *Küstner* in Küstner/Thume I, Rn. 863 ff. und in Küstner/Thume II, Kap. VIII, Rn. 32 ff. m.w.N.; MünchKommHGB/*v. Hoyningen-Huene*, § 87 Rn. 59; *Baumbach/Hopt*, § 87 Rn. 38.
[2] BGH v. 18.11.1957 – II ZR 33/56, NJW 1958, 180; *Küstner* in Küstner/Thume I, Rn. 867 m.w.N.; MünchKommHGB/*v. Hoyningen-Huene*, § 87 Rn. 60; *Baumbach/Hopt*, § 87 Rn. 38.
[3] BGH v. 11.7.1960 – VIII ZR 225/59, BGHZ 33, 92.

für solche Geschäfte dann gemäß § 87a Abs. 3 S. 1, Abs. 1, Abs. 5 unwirksam, wenn die Ausführung verspätet erfolgt, das Geschäft also noch vor dem Ausscheiden des Handelsvertreters hätte ausgeführt werden müssen. Deshalb kann eine AGB-Klausel, die die Überhangprovision ausschließt, nur wirksam sein, wenn sie diesen Fall der verspäteten Ausführung durch den Unternehmer nicht erfasst. Andernfalls erweist sich die gesamte Klausel als unwirksam[1].

5. Provisionsteilung

Um eine **Doppelbelastung** des Unternehmers mit Provisionsverpflichtungen gegenüber dem **ausgeschiedenen Handelsvertreter** einerseits und seinem **Nachfolger** andererseits zu vermeiden, ist der Provisionsanspruch des Nachfolgers gem. § 87 Abs. 1 S. 2 ausgeschlossen, wenn und soweit dem ausgeschiedenen Handelsvertreter trotz der Vertragsbeendigung für ein nachvertragliches Geschäft ein Provisionsanspruch gem. § 87 Abs. 3 zusteht. Die Regelung ist nicht zwingend, sie kann also wirksam abbedungen werden. Die Fassung „wenn und soweit" in § 87 Abs. 1 S. 2 beruht auf dem **EG-Anpassungsgesetz** und trägt ihrerseits der Neufassung des § 87 Abs. 3 S. 2 Rechnung, wonach der Vertreternachfolger zugunsten des ausgeschiedenen Handelsvertreters eine anteilige Kürzung seines Provisionsanspruchs hinnehmen muss, wenn gem. § 87 Abs. 3 Nr. 1 oder Nr. 2 der ausgeschiedene Handelsvertreter für ein nachvertraglich zustande gekommenes Geschäft provisionsberechtigt ist, sofern dies unter Berücksichtigung aller Umstände der Billigkeit entspricht. Ein solcher Tatbestand könnte dann gegeben sein, wenn der nachvertragliche Geschäftsabschluss auch auf Vermittlungsbemühungen des Vertreternachfolgers beruht, zumal es für den nachvertraglichen Provisionsanspruch nach § 87 Abs. 3 nicht mehr für sämtliche Anwendungsfälle dieser Vorschrift auf die überwiegende Verursachung des Geschäftsabschlusses durch den ausgeschiedenen Handelsvertreter ankommt[2].

III. Provisionsanspruch des Bezirksvertreters

1. Tatbestand des § 87 Abs. 2

Nach § 87 Abs. 2 hat derjenige Handelsvertreter die rechtliche Stellung eines **Bezirksvertreters** (mit der Folge, dass ihm alle Geschäfte mit bezirks- oder kundenkreiszugehörigen Kunden ohne Rücksicht auf den Grad seiner zum Geschäftsabschluss führenden Vermittlungsbemühungen zu provisionieren sind), dem ein bestimmter **geographisch abgegrenzter Bezirk** oder ein bestimmter **Kundenkreis** – gemeint ist auch ein „potentieller", also für Geschäftsabschlüsse lediglich in Betracht kommender Kundenkreis – zugewiesen ist, also z.B. „alle Baumärkte" oder „alle Großhändler". Im Hinblick auf den zugewiesenen Kundenkreis empfiehlt sich allerdings stets eine

---
1 BGH v. 10.12.1997 – VIII ZR 107/97, BB 1998, 391.
2 Vgl. den Anwendungsfall des § 87 Abs. 3 S. 1 Nr. 2; vgl. Amtl. Begr. BR-Drucks. 339/88, S. 15, 16.

genaue Beschreibung und auch eine gebietsmäßige Abgrenzung, um Überschneidungen mit den Akquisitionsbemühungen anderer Handelsvertreter des gleichen Unternehmens zu vermeiden.

20 Die **Bezirksprovision nach § 87 Abs. 2 setzt** nicht voraus, dass der Geschäftsabschluss auf die Mitwirkung des Handelsvertreters zurückzuführen ist; allein entscheidend ist vielmehr die Zugehörigkeit des Kunden zum Bezirk oder zum zugewiesenen Kundenkreis. Sie stellt eine wirtschaftliche Gegenleistung für die Gesamtheit der vom Handelsvertreter im Bezirk dem Unternehmer geschuldeten Bemühungen dar[1]. Diese Gegenleistung rechtfertigt sich daraus, dass dem Bezirksvertreter die Wahrnehmung der Belange des Unternehmers im übertragenen Bezirk oder Kundenkreis ganz allgemein übertragen wurde, sodass er auch solche Aufgaben wahrzunehmen hat, die über die Vermittlung einzelner Geschäfte hinausgehen[2]. Deshalb sind dem Bezirksvertreter auch solche Geschäfte zu verprovisionieren, die durch die Vermittlungsbemühungen des Unternehmers selbst oder eines vom Unternehmer im Bezirk eingesetzten Dritten herbeigeführt werden.

21 Die **Übertragung von Bezirksschutz** allein bedeutet **kein Verbot jeder Akquisitionstätigkeit des Unternehmers** oder seiner beauftragten Dritten im geschützten Gebiet. Ein solcher verstärkter Bezirksschutz kann jedoch vereinbart werden: Ihn genießt der **Alleinvertreter**, dem das alleinige und ausschließliche Recht zusteht und demgemäß auch die Pflicht obliegt, im übertragenen Vertretungsbezirk bzw. Kundenkreis tätig zu werden[3]. Ohne die ausdrückliche Zustimmung des Alleinvertreters darf also weder der Unternehmer noch ein von diesem beauftragter Dritte im übertragenen Bezirk oder Kundenkreis tätig werden. Die Übertragung eines Alleinvertretungsrechts bedeutet demgegenüber nicht, dass der Handelsvertreter verpflichtet wäre, allein nur das Unternehmen zu vertreten, das ihm das Alleinvertretungsrecht übertragen hat. Er kann vielmehr, sofern dies nicht ausdrücklich vertraglich ausgeschlossen wurde, auch für andere Unternehmen im gleichen Gebiet tätig sein. In der Praxis wird allerdings mitunter der Begriff des Alleinvertretungsrechts verkannt. Denn oft wird im Vertretervertrag trotz eines übertragenen Alleinvertretungsrechts bestimmt, dass gleichwohl das Recht des Unternehmers unberührt bleibt, selbst oder durch Dritte im Bezirk tätig zu werden. Angesichts derartiger Vertragsbestimmungen bedarf es dann einer Auslegung der getroffenen Vereinbarungen, um festzustellen, welche Vorstellungen die Parteien mit der Übertragung des Alleinvertretungsrechts verbanden.

2. Verhältnis der Bezirksprovision zum Provisionsanspruch aus § 87 Abs. 1

22 Die Bestimmung des § 87 Abs. 2 stellt eine für den Bezirksvertreter geltende **provisionsrechtliche Sonderbestimmung** dar, durch die das in § 87 Abs. 1 vo-

---

1 BGH v. 18.6.1976 – I ZR 124/73, WM 1976, 1193.
2 BGH v. 9.4.1964 – VII ZR 123/62, BGHZ 41, 292.
3 BGH v. 9.1.1961 – VII ZR 219/59, DB 1961, 601; *Küstner* in Küstner/Thume I, Rn. 145.

rausgesetzte Verursachungsprinzip (Vermittlungsbemühungen einerseits und Geschäftsabschluss andererseits) nahezu vollends aufgehoben ist. Das bedeutet indessen nicht, dass nicht neben der Bestimmung des § 87 Abs. 2 der Provisionsanspruch des Bezirksvertreters auch aus § 87 Abs. 1 hergeleitet werden könnte, wenn ein Geschäftsabschluss auf die konkreten Vermittlungsbemühungen des Bezirksvertreters im Einzelfall zurückzuführen ist[1]. Außerdem ist einem Bezirksvertreter- soweit nichts anderes vereinbart – nicht grundsätzlich verwehrt, außerhalb des zugewiesenen Gebiets tätig zu werden. Falls er daher ein Geschäft mit einem außerhalb seines Gebietes ansässigen Kunden vermittelt, kann ihm dafür nach § 87 Abs. 1 die volle Provision zustehen, wenn der Unternehmer den Auftrag annimmt[2].

3. Abdingbarkeit

Da auch § 87 Abs. 2 nicht zwingend ist, können die Parteien auch bei Zuweisung eines Bezirkes oder eines bestimmen Kundenkreises hinsichtlich der Provision etwas anderes vereinbaren. Da jedoch der Gesetzgeber bei der Zuweisung eines Bezirkes oder Kundenkreises das Leitbild einer entsprechenden Vergütung in § 87 Abs. 2 getroffen hat, müssen insbesondere Formularklauseln, die von diesem Leitbild abweichen und sich womöglich an § 87 Abs. 1 orientieren, also einen Provisionsanspruch nur für die vom Vertreter selbst vermittelten oder abgeschlossenen Geschäfte beinhalten, von ganz besonderer Klarheit sein, andernfalls sind sie unwirksam[3]. 23

4. Geschäftsabschluss

Sofern nicht Abweichendes vereinbart ist, hängt der Provisionsanspruch des Bezirksvertreters entscheidend davon ab, ob mit Kunden, die im geschützten Bezirk ansässig sind oder die zum geschützten Kundenkreis gehören, während des Vertragsverhältnisses Geschäfte abgeschlossen worden sind[4]. Es kommt weder darauf an, ob der Unternehmer aufgrund des Geschäftsabschlusses verpflichtet ist, die Ware in einen anderen Bezirk zu liefern, noch darauf, ob die Ware im Bezirk verbleibt, etwa deshalb, weil der Kunde die Ware des Unternehmers lediglich zum Zwecke des Exports gekauft hat und der Abschluss von vornherein zu diesem Zwecke zustande kam. Allein maßgeblich ist also der Sitz des Kunden, der die Bestellung aufgibt. 24

Abweichend von diesem Grundsatz kann aber vereinbart werden, dass die „Provision der Ware folgt". Das bedeutet, dass jeweils derjenige Bezirksvertreter aus einem Geschäft in vollem Umfang oder anteilig provisionsberechtigt sein soll, in dessen Bezirk der Empfänger der Ware ansässig ist, gleichgültig, in welchem Bezirk der Kunde seinen Sitz hat. Eine solche Regelung erscheint z.B. zweckmäßig, wenn die Geschäfte mit einem zentral ordern- 25

---

1 OLG Köln v. 4.11.1970 – 2 U 35/70, DB 1971, 327.
2 BGH v. 5.4.2006 – VIII ZR 384/04, BB 2006, 1300.
3 OLG Karlsruhe v. 10.5.2005 – 8 U 242/04, HVR Nr. 1156; OLG Karlsruhe v. 13.7.1971 – 8 U 104/71, BB 1971, 1123.
4 BGH v. 18.6.1976 – I ZR 124/73, WM 1976, 1193.

den Kaufhauskonzern oder Einkaufsverband auf Belieferung der in anderen Vertretungsbezirken ansässigen Filialen gerichtet sind. Ohne eine solche Provisionsteilungsvereinbarung würde der für den Sitz der Zentrale zuständige Bezirksvertreter allein provisionsberechtigt sein. Allerdings ist zu berücksichtigen, dass sich eine solche Regelung für denjenigen Handelsvertreter ausgleichsrechtlich nachteilig auswirken kann, in dessen Bezirk die von ihm geworbene Zentrale ihren Sitz hat. Endet nämlich sein Vertrag, entstehen ihm Provisionsverluste aus Geschäften mit der Zentrale nur insoweit, als diese sich auf die Belieferung bezirkszugehöriger Filialen beziehen, während alle Geschäfte, die auf die Belieferung bezirksfremder Filialen gerichtet waren, schon während des noch laufenden Vertrages für ihn nicht provisionspflichtig waren, so dass die Vertragsbeendigung insoweit nicht zu Verlusten führt. Fließen ihm aber andererseits Provisionen aus bezirksfremden Abschlüssen mit der dort vom benachbarten Bezirksvertreter geworbenen Konzernzentrale zu, weil die Empfänger der Ware in seinem Bezirk ansässig sind, sind wiederum diese Provisionszuflüsse bei der Ermittlung der Provisionsverluste im Rahmen des Ausgleichsanspruchs ebenfalls unberücksichtigt zu lassen, weil es sich insoweit nicht um Geschäfte mit Kunden handelt, die er selbst, sondern der für den bezirksfremden Sitz der ordernden Zentrale zuständige Bezirksvertreter geworben hat.

5. Untätigkeit des Bezirksvertreters

26 Eine Bezirksprovision gem. § 87 Abs. 2 wird grundsätzlich auch geschuldet, wenn sich der Bezirksvertreter **nicht in ausreichendem Maße einsetzt**, seine allgemeinen Bemühungen also zur Herbeiführung von Geschäftsabschlüssen unzulänglich sind. Dies gilt auch dann, wenn der Handelsvertreter krankheitsbedingt an der Ausübung seiner Bezirksvertretertätigkeit gehindert ist[1].

27 Beruht die **mangelhafte Bezirksvertretertätigkeit auf unverschuldeten Umständen**, kann daher dem Anspruch auf Zahlung von Bezirksprovision die Einrede des nicht erfüllten Vertrages nur entgegengesetzt werden, wenn der Bezirksvertreter jedwede Tätigkeit im Interesse des vertretenen Unternehmens unterlässt[2]. Erst recht bleibt der Anspruch auf Bezirksprovision bestehen, wenn der Unternehmer die Untätigkeit des Handelvertreters verursacht hat[3].

28 Auch eine **schuldhafte Untätigkeit** lässt den Anspruch auf die Bezirksprovision grundsätzlich nicht entfallen. Der Unternehmer kann dann aber Schadensersatzansprüchen gemäß §§ 280 ff. BGB in Höhe der ihm entgangenen Geschäfte und seiner Kosten und Aufwendungen geltend machen. Daneben hat er ein außerordentliches Kündigungsrecht. Den Provisions-

---

1 BGH v. 9.4.1964 – VII ZR 123/62, BGHZ 41, 292, 295; OLG Braunschweig v. 17.6.1993 – 2 U 36/93, NJW-RR 1994, 34.
2 BGH v. 9.4.1964 – VII ZR 123/62, BGHZ 41, 292, 295; OLG Stuttgart v. 22.5.1970 – 2 U 87/69, BB 1970, 1112.
3 OLG Düsseldorf v. 9.10.1958 – 8 U 82/57, NJW 1959, 52.

anspruch verliert jedoch der Vertreter dann, wenn er in einer gegen Treu und Glauben verstoßenden Weise jede Tätigkeit unterlassen hat[1]. Es muss sich also schon um eine hartnäckige und totale Untätigkeit handeln.

IV. Provisionsanspruch für nachvertragliche Geschäfte

1. Gesetzliche Regelung

Während in § 87 Abs. 1 und 2 der Provisionsanspruch des Handelsvertreters für solche Fälle geregelt ist, in denen das provisionspflichtige Geschäft während des noch bestehenden Vertragsverhältnisses zustande kommt, enthält § 87 Abs. 3 Sonderregelungen für diejenige Fällen, in denen das **Geschäft erst nach Beendigung des Handelsvertreters** abgeschlossen wird. § 87 Abs. 3 ist eine Ausnahmeregelung gegenüber § 87 Abs. 1. Der Grundgedanke der Vorschrift zielt darauf ab, eine treuwidrige Benachteiligung des Handelsvertreters zu vermeiden, der sich – jedenfalls gilt dies für § 87 Abs. 3 S. 1 Nr. 1 – nachhaltig um den Abschluss bzw. die Vermittlung eines Geschäfts bemüht hat, das dann aber nicht während des Vertretervertrages, sondern erst nach dessen der Beendigung des zustande kommt. 29

Von Provisionsansprüchen aus nachvertraglichen Geschäftsabschlüssen gemäß § 87 Abs. 3 sind die oben in Rn. 17 erwähnten **Überhangprovisionen** zu unterscheiden. Darunter versteht man Provisionsansprüche, die aus Geschäften resultieren, die bis zur Vertragsbeendigung provisionspflichtig zustande gekommen sind, bei denen aber die für ihre Entstehung maßgebliche aufschiebende Bedingung (Geschäftsausführung durch das Unternehmen, Zahlung des Kaufpreises durch den Kunden) erst nach der Vertragsbeendigung eintritt, so dass erst nach der Vertragsbeendigung aus der bis dahin lediglich bestehenden Provisionsanwartschaft ein Provisionsanspruch entsteht. 30

Seit der **Neufassung des § 87 Abs. 3 durch das EG-Anpassungsgesetz** enthält das Gesetz zwei Tatbestände, in denen nachvertragliche Geschäftsabschlüsse für den ausgeschiedenen Handelsvertreter provisionspflichtig sind. Es handelt sich in § 87 Abs. 3 S. 1 Nr. 1 um solche Geschäfte, die der Handelsvertreter noch vor der Vertragsbeendigung vermittelt oder eingeleitet und so vorbereitet hat, dass der Abschluss überwiegend auf seine Tätigkeit zurückzuführen ist und die innerhalb einer angemessenen Frist nach der Vertragsbeendigung abgeschlossen werden. § 87 Abs. 3 S. 1 Nr. 2 regelt den Fall, dass dem Handelsvertreter oder dem Unternehmer noch vor der Vertragsbeendigung ein Angebot des Kunden zum Abschluss eines Geschäfts zugeht, für das dem Handelsvertreter nach § 87 Abs. 1 S. 1 oder Abs. 2 ein Provisionsanspruch zusteht. 31

---

1 MünchKommHGB/*v. Hoyningen-Huene*, § 87 Rn. 97.

2. Tatbestand des § 87 Abs. 3 S. 1 Nr. 1

32 Der in § 87 Abs. 3 S. 1 Nr. 1 geregelte Tatbestand enthält eine **Verursachungsvoraussetzung** und eine **zeitliche Voraussetzung**. Das nachvertragliche Geschäft muss ursächlich auf die Akquisitions- und Vermittlungsbemühungen des Handelsvertreters zurückzuführen sein. Nachvertragliche Geschäfte des Bezirksvertreters i.S.d. § 87 Abs. 2, die ohne seine Mitwirkung mit Personen seines Bezirks oder Kundenkreises zustande kommen, können daher für den ausgeschiedenen Bezirksvertreter nicht nach § 87 Abs. 3 S. 1 Nr. 1 provisionspflichtig sein.

33 Der Provisionsanspruch für ein nachvertragliches Geschäft setzt entweder eine **Vermittlungstätigkeit oder eine Einleitungs- oder Vorbereitungshandlung** des Handelsvertreters voraus. Nur letztere muss im Verhältnis zu anderen Ursachen, die zum Geschäftsabschluss geführt haben, **überwiegend** ursächlich sein[1]. Das Gesetz fordert also insoweit zwar keine alleinige Verursachung durch den Handelsvertreter, lässt aber andererseits eine gleiche Mitverursachung im Verhältnis zu anderen Beteiligten oder Umständen nicht genügen. Beruht dagegen der nachvertragliche Geschäftsabschluss auf einer Vermittlungstätigkeit des Handelsvertreters, so genügt für den Provisionsanspruch jedwede Ursächlichkeit. Insoweit gelten dann die allgemeinen Grundsätze, die nach § 87 Abs. 1 und insbesondere für die dort geregelte erste Alternative maßgeblich sind.

34 Ein nachvertraglicher Provisionsanspruch gemäß § 87 Abs. 3 S. 1 Nr. 1 setzt des weiteren voraus, dass das nachvertragliche Geschäft **innerhalb einer angemessenen Frist** nach der Beendigung des Vertragsverhältnisses abgeschlossen worden ist. Mit der Festlegung einer angemessenen Frist zielt der Gesetzgeber auf eine möglichst rasche Abwicklung des Vertragsverhältnisses ab[2]. Wann eine für die Entstehung des Provisionsanspruches noch angemessene Frist zwischen Vertragsbeendigung und Geschäftsabschluss vorliegt, lässt sich generell nicht beantworten. Maßgeblich sind die Verhältnisse des Einzelfalles. Bei üblicherweise schnellem Zustandekommen vermittelter bzw. angebahnter Geschäfte wird der angemessene Zeitraum i.d.R. kürzer sein, als wenn branchenbedingt zwischen der Vermittlungstätigkeit des Handelsvertreters und dem Geschäftsabschluss regelmäßig eine längere Zeitspanne liegt, wie z.B. bei langjähriger Vorbereitungs-, Planungs- und Entwicklungstätigkeit des Handelsvertreters bis hin zur Serienreife eines Kfz-Zulieferungsproduktes.

35 **Streitig** ist, welcher **Zeitpunkt** für den Lauf der angemessenen Frist i.S.d. § 87 Abs. 3 S. 1 maßgeblich ist. Das Gesetz stellt lediglich darauf ab, dass der Geschäftsabschluss innerhalb einer angemessenen Frist nach der Beendigung des Vertragsverhältnisses erfolgen müsse, lässt also offen, von welchem Zeitpunkt an die Frist zu berechnen ist. In Betracht kommt hierbei einerseits der Zeitpunkt der vom Handelsvertreter ausgeübten Vermittlungs- bzw. Vor-

---
[1] BGH v. 14.10.1957 – II ZR 129/56, DB 1957, 1068.
[2] Amtl. Begr. zum RegE, BT-Drucks. 1/3856, S. 24.

bereitungs- oder Einleitungstätigkeit[1], andererseits auch der Zeitpunkt der Beendigung des Vertragsverhältnisses. Nach heute herrschender Meinung beginnt die Frist erst mit der Beendigung des Handelsvertretervertrages[2].

3. Tatbestand des § 87 Abs. 3 S. 1 Nr. 2

Der zweite Tatbestand des § 87 Abs. 3 S. 1 stellt allein darauf ab, dass noch **vor der Vertragsbeendigung ein Angebot des Dritten zum Abschluss eines Geschäfts dem Unternehmer oder dem Handelsvertreter zugegangen** ist. Es muss sich um ein verbindliches und annahmefähiges **Vertragsangebot** i.S.v. § 145 BGB handeln und nicht nur um die bloße Bekundung eines ernsthaften Interesses[3]. Maßgeblicher Zeitpunkt ist der Zugang (§ 130 BGB) und nicht die Abgabe der Angebotserklärung.

36

Bei § 87 Abs. 3 S. 1 Nr. 2 kommt es weder auf eine vom Handelsvertreter ausgeübte Vermittlungstätigkeit noch auf eine überwiegend ausgeübte und auf den Geschäftsabschluss abzielende Einleitungs- oder Vorbereitungshandlung an. Das Angebot des Kunden braucht auch nicht innerhalb angemessener Frist nach der Vertragsbeendigung zu einem Geschäftsabschluss geführt zu haben. Vielmehr hat auch ein Bezirksvertreter bei Vorliegen eines Angebots vor der Vertragsbeendigung einen nachvertraglichen Provisionsanspruch. Grundlage für diese mit der EG-Richtlinie eingeführte Ergänzung der Bestimmung war die Überlegung, dass sich Verzögerungen eines Geschäftsabschlusses, seien sie nun vom Unternehmer gewollt oder nicht, bei der Vertragsbeendigung nicht nachteilig für den Handelsvertreter auswirken dürfen.

37

4. Abweichende vertragliche Abreden

Da § 87 Abs. 3 S. 1 **kein zwingendes Recht** darstellt, können die Parteien die Vorschrift in vollem Umfange ausschließen oder die Voraussetzungen für die Entstehung nachvertraglicher Provisionsansprüche erschweren. Wird die Vorschrift in vollem Umfang ausgeschlossen, sind die dadurch für den Handelsvertreter aus der Vertragsbeendigung resultierenden Provisionsverluste im Rahmen des Ausgleichsanspruchs (als Provisionsverluste aus künftig zustande kommenden Geschäften) zu erfassen, sofern die für die Entstehung eines Ausgleichsanspruchs auch insoweit notwendigen Voraussetzungen erfüllt sind, es sich bei dem Kunden also um einen vom Handelsvertreter erworbenen neuen oder i.S.d. § 89b Abs. 1 S. 2 intensivierten alten Kunden handelt.

38

---

1 *Schweizer/Heidrich*, WRP 1976, 28; *Küstner* in Küstner/Thume I, Rn. 890 ff.
2 BGH v. 14.10.1957 – II ZR 129/56, DB 1957, 1068; MünchKommHGB/v. *Hoyningen-Huene*, § 87 Rn. 111; *Heymann/Sonnenschein/Weitemeyer*, § 87 Rn. 16; *Baumbach/Hopt*, § 87 Rn. 43; a.A. *Küstner* in Küstner/Thume I, Rn. 890.
3 *Baumbach/Hopt* § 87 Rn. 44; a.A. *Küstner* in der 2. Aufl.

5. Vermittlung durch mehrere Handelsvertreter

39 Der in der durch das Anpassungsgesetz erfolgten **Neufassung** des § 87 Abs. 3 angefügte Satz 2 trägt dem Gesichtspunkt Rechnung, dass in dem vom Kunden geschuldeten Kaufpreis üblicherweise eine Vermittlungs- oder Abschlussprovision nur einmal und nicht mehrfach, je nach der Anzahl der am Geschäftsabschluss beteiligten Handelsvertreter, einkalkuliert ist[1]. Diese Bestimmung dient auch der Klarstellung, weil in der Vergangenheit mitunter bei Beteiligung mehrerer Handelsvertreter bei Zustandekommen eines Geschäfts mit Rücksicht auf die dafür ausreichende lediglich mitursächliche Tätigkeit der Beteiligten für jeden Handelsvertreter eine volle Provision gefordert wurde[2]. Der klarstellenden Regelung in § 87 Abs. 3 S. 2 entsprechen auch die neu gefassten Bestimmungen in Satz 2 von § 87 Abs. 1 und 2. Auch § 87 Abs. 3 S. 2 ist kein zwingendes Recht. Eine Provisionsteilung kann also gänzlich ausgeschlossen, der internen Vereinbarung der beteiligten Handelsvertreter oder der abschließenden Entscheidung des Unternehmers überlassen werden.

6. Inkassoprovision

40 § 87 Abs. 4 regelt den Anspruch des Handelsvertreters auf eine Inkassoprovision, wenn er auftragsgemäß Beträge einzieht, also die vom des Kunden zu zahlende Entgelt für den Unternehmer beschafft. Diese Tätigkeit gehört nicht zu den üblichen Aufgaben eines Vertreters, deshalb billigt ihm der Gesetzgeber hierfür eine besondere Vergütung zu[3]. Der Anspruch entsteht jedoch nur, wenn der Handelsvertreter vom Unternehmer **mit der Einziehung beauftragt** worden ist, nicht jedoch bei eigenmächtiger Einziehung. Der Inkassoauftrag kann auch für Beiträge aus Geschäften erteilt werden, für deren Abschluss dem Handelsvertreter keine Provision zusteht, auch dann hat er nach der Beitreibung Anspruch auf die Inkassoprovision. Der Beitreibungsauftrag endet i.d.R. mit der Beendigung des Handelsvertretervertrages, so dass für danach eingezogene Beträge kein Anspruch auf Inkassoprovisionen mehr bestehen wird[4].

41 Der Anspruch entsteht mit der Beitreibung, seine Höhe und seine Fälligkeit richten sich nach den vertraglichen Vereinbarungen. Ist nichts verabredet, tritt die Fälligkeit mit der Beitreibung ein und für die Ermittlung der Höhe ist § 87b heranzuziehen.

42 Die Bestimmung ist **abdingbar**, kann also, was auch häufig geschieht, ausgeschlossen werden. Ist ein Ausschluss nicht vereinbart, wird die Inkassoprovision unabhängig neben der Vermittlungs- oder Abschlussprovision ge-

---

1 Einzelheiten bei *Knütel*, ZHR 144 (1980), 289 mit Hinweis auf analoge Anwendung des § 660 Abs. 1 S. 1 BGB; vgl. auch *Canaris*, HR, § 15 Rn. 64; *Baumbach/Hopt*, § 87 Rn. 21; *Küstner* in Küstner/Thume I, Rn. 808 m.w.N.
2 *Krüger*, DB 1964, 1399; *Wessel*, BB 1962, 473, 477 zu 2.
3 Amtl. Begr. zum RegE, BT-Drucks. 1/3856, S. 24.
4 MünchKommHGB/v. *Hoyningen-Huene*, § 87 Rn. 117.

schuldet. Für ihre Höhe ist § 87b maßgeblich, falls eine Vereinbarung über die Höhe der Inkassoprovision nicht getroffen wurde.

In der Regel handelt es sich bei der Inkassoprovision um eine **Verwaltungsprovision**[1]. Im Rahmen des Ausgleichsanpruchs ist sie dann zwar bei der Ermittlung der Höchstgrenze nach § 89b Abs. 2, nicht aber bei der Ermittlung der aus der Vertragsbeendigung resultierenden Provisionsverluste zu berücksichtigen. Ist dem Handelsvertreter Inkassovollmacht übertragen worden, hat er auch auftragsgemäß Gelder für den Unternehmer eingezogen und ist der Anspruch auf Inkassoprovision nicht ausgeschlossen, statt dessen aber für die gesamte Vermittlungs-, Abschluss- und Verwaltungstätigkeit pauschal eine Gesamtprovision vereinbart worden, muss im Ausgleichsprozess der Richter mangels zuverlässiger Anhaltspunkte im Wege seines **richterlichen Ermessens** nach Anhörung der Parteien den Anteil der auf die ausgeübte Inkassotätigkeit (und der ggf. darüber hinaus auf die durchgeführte Verwaltungstätigkeit) entfallenden Vergütungen schätzen, um auf diese Weise für die Verlustberechnung die allein im Rahmen der Anspruchsvoraussetzungen maßgeblichen Vermittlungsprovisionen zu eliminieren[2]. 43

§ 87a
Entstehung, Fälligkeit und Wegfall des Provisionsanspruchs

(1) Der Handelsvertreter hat Anspruch auf Provision, sobald und soweit der Unternehmer das Geschäft ausgeführt hat. Eine abweichende Vereinbarung kann getroffen werden, jedoch hat der Handelsvertreter mit der Ausführung des Geschäfts durch den Unternehmer Anspruch auf einen angemessenen Vorschuss, der spätestens am letzten Tag des folgenden Monats fällig ist. Unabhängig von einer Vereinbarung hat jedoch der Handelsvertreter Anspruch auf Provision, sobald und soweit der Dritte das Geschäft ausgeführt hat.

(2) Steht fest, dass der Dritte nicht leistet, so entfällt der Anspruch auf Provision; bereits empfangene Beträge sind zurückzugewähren.

(3) Der Handelsvertreter hat auch dann einen Anspruch auf Provision, wenn feststeht, dass der Unternehmer das Geschäft ganz oder teilweise nicht oder nicht so ausführt, wie es abgeschlossen worden ist. Der Anspruch entfällt im Falle der Nichtausführung, wenn und soweit dies auf Umständen beruht, die vom Unternehmer nicht zu vertreten sind.

(4) Der Anspruch auf Provision wird am letzten Tag des Monats fällig, in dem nach § 87c Absatz 1 über den Anspruch abzurechnen ist.

(5) Von Absatz 2 erster Halbsatz, Absätze 3 und 4 abweichende, für den Handelsvertreter nachteilige Vereinbarungen sind unwirksam.

---
1 BGH v. 15.11.1984 – I ZR 79/82, NJW 1985, 860; im Tankstellenbereich wertet der BGH das Inkasso jedoch wegen der dortigen Besonderheiten als werbende Tätigkeit, BGH v. 10.7.2002 – VIII ZR 58/00, NJW-RR 2002, 1548.
2 Vgl. *Küstner* in Küstner/Thume II, Kap. VIII, Rn. 107.

Übersicht

	Rn.		Rn.
I. Entstehung des Provisionsanspruchs (§ 87a Abs. 1)		2. Nicht vertragsgemäße Leistung des Unternehmers (§ 87a Abs. 3)	
1. Grundregeln des Gesetzes	1	a) Grundsätze	18
2. Abweichende Abreden	9	b) Die Nichtausführung des Geschäfts	22
II. Störungen in der Geschäftsabwicklung	13	c) Wegfall des Provisionsanspruchs	25
1. Nichtleistung des Dritten (§ 87a Abs. 2)	14	**III. Fälligkeit des Provisionsanspruchs (§ 87a Abs. 4)**	32

Schrifttum: *Behrend*, Aktuelle handelsvertreterrechtliche Fragen in Rechtsprechung und Praxis, NJW 2003, 1563; *Blomberg*, Rückzahlungsklauseln in Provisionsgarantievereinbarungen, VersR 1968, 328; *Herzog*, Übersendung von Stornogefahr-Mitteilungen an den Versicherungsvertreter, VersR 1979, 597; *Schweizer/Heidrich*, Überhangprovision des Handelsvertreters für sog. gestorbene Geschäfte, WRP 1976, 25; *Sieg*, Der Bereicherungsanspruch des Versicherers gegen seinen Vermittler, VersR 1993, 1198; *Stötter*, Zur Anwendung des § 87a Abs. 3 HGB auf die Provisionsvorschuss-Rückgewähransprüche der Versicherungen in den sog. Stornofällen, MDR 1981, 269; *Surminski*, Erstprämie einklagen oder nicht?, VersVerm 1974, 39; *Treffer*, Pfändung von Provisionsansprüchen, MDR 1998, 384; *Wolf/Ungeheuer*, Provisionsanspruch des Handelsvertreters bei Kündigung nach § 649 BGB, NJW 1994, 1497.

I. Entstehung des Provisionsanspruchs (§ 87a Abs. 1)

1. Grundregeln des Gesetzes

1 Während § 87 bestimmt, für welche Geschäfte dem Handelsvertreter überhaupt Provision zusteht, welche Geschäfte also provisionspflichtig sind, regelt § 87a Abs. 1 S. 1, **wann der Provisionsanspruch entsteht**, wann also die für die Entstehung des Provisionsanspruchs maßgebliche aufschiebende Bedingung eintritt Vor Eintritt dieser **aufschiebenden Bedingung** hat der Handelsvertreter also nur eine **Provisionsanwartschaft**.

2 Für die Entstehung des Provisionsanspruchs knüpft der Gesetzgeber nicht bereits an den Geschäftsabschluss als solchen an, sondern er macht sie davon abhängig, dass das Geschäft zumindest von einem Vertragspartner ausgeführt wird. Dabei ist aus § 87a Abs. 1 S. 1 und S. 3 – liest man sie zusammen – zu entnehmen, dass entscheidend ist, welcher Vertragspartner das Geschäft zuerst ausführt. Erfolgt die zuerst die Lieferung der verkauften Ware vom Unternehmer an den Kunden, wie dies bei **Verkaufsgeschäften** üblich ist, entsteht der Provisionsanspruch mit der Ausführung des Geschäfts durch den Unternehmer (§ 87a Abs. 1 S. 1).

3 Bei Sukzessivlieferungsverträgen entsteht die Provision bei der jeweils vereinbarungsgemäß vorgenommenen Lieferung, soweit der Käufer nicht vorleistungspflichtig ist; bei Nutzungs- und Gebrauchsüberlassungsverträgen mit der tatsächlichen Überlassung für den vorgesehenen Zeitraum und nicht

erst am Ende dieser Dauerschuldverhältnisse[1]. Auch die vertragsmäßige Leistung eines Dritten (nicht des Kunden!) kann der Leistung des Unternehmers gleichstehen, so z.B., wenn der Insolvenzverwalter gemäß § 103 InsO in Ausübung seines Wahlrechtes leistet[2]. Ebenso ist es, wenn anstelle des Unternehmers ein von ihm beherrschtes oder wirtschaftlich mit ihm verbundenes Unternehmen die geschuldete Leistung erbringt[3].

Handelt es sich um ein **Einkaufsgeschäft** und erfolgt demgemäß die Lieferung an den Unternehmer zuerst, entsteht der Provisionsanspruch bereits mit der durch den Lieferanten (den „Dritten") erfolgenden Ausführung (§ 87a Abs. 1 S. 3). Auch hier kann die Leistung eines fremden Dritten für den Kunden seiner Leistung gleichstehen, nämlich dann, wenn dieser zur Leistung berechtigt ist oder wenn der Unternehmer diese Leistung annimmt, weil dann der mit dem Kundengeschäft bezweckte Erfolg für den Unternehmer eintritt[4]. Auch die unberechtigte **Verweigerung der Annahme der Kundenleistung** durch den Unternehmer löst gemäß § 162 BGB die Rechtsfolgen des § 87a Abs. 1 S. 3 aus, ohne dass es auf § 87a Abs. 3 ankäme[5]. 4

Ist bei Verkaufsgeschäften vereinbart, dass der **Kunde vorleistungspflichtig** ist (oder bei Einkaufsgeschäften der Unternehmer als Kunde des Lieferanten), entsteht der Provisionsanspruch bereits entsprechend dem Umfang der erbrachten Vorleistung. Ist vereinbart, dass der Kunde bereits vor der Lieferung der Ware durch den Unternehmer eine Anzahlung auf den geschuldeten Kaufpreis zu leisten hat, entsteht mithin durch die erbrachte Vorleistung der Provisionsanspruch, und zwar entsprechend dem Umfang der erbrachten Vorleistung. Beläuft sich die Vorleistung des Kunden gemäß den getroffenen Vereinbarungen auf 30 % des Kaufpreises, entsteht der Provisionsanspruch mithin in Höhe von 30 % der aus dem Geschäft sich ergebenden Gesamtprovision[6]. 5

Auch **Ersatzleistungen** und **Erfüllungssurrogate** können der Ausführung des Geschäftes durch den Kunden gleichstehen, soweit sie dessen Verbindlichkeit tilgen und rechtlich zu einer Befriedigung des Unternehmers führen. So entsteht der Provisionsanspruch, wenn der Unternehmer infolge der Nichtausführung eine vollwertige Ersatzleistung vom Kunden erhält, z.B. Scha- 6

---

1 MünchKommHGB/*v. Hoyningen/Huene*, § 87a Rn. 20; *Ebenroth/Boujong/Joost/Löwisch*, § 87a Rn. 6; *Baumbach/Hopt*, § 87a Rn. 5.
2 BGH v. 21.12.1989 – IX ZR 66/89, NJW 1990, 1665; *Ebenroth/Boujong/Joost/Löwisch*, § 87a Rn. 6.
3 BGH v. 30.1.1981 – I ZR 17/79, NJW 1981, 1785 und BGH v. 4.12.1986 – I ZR 101/85, BB 1987, 1417; geschieht eine solche Umlenkung des Auftrages im Konzernverbund, um die Provision zu sparen, könnte man dogmatisch auch an einen Schadenersatzanspruch des Handelsvertreters in gleicher Höhe denken.
4 *Ebenroth/Boujong/Joost/Löwisch*, § 87a Rn. 11; MünchKommHGB/*v. Hoyningen/Huene*, § 87a Rn. 12 und 17; *Heymann/Sonnenschein/Weitemeyer*, § 87a Rn. 12.
5 BGH v. 21.12.1989 – IX ZR 66/89, NJW 1990, 1665; *Ebenroth/Boujong/Joost/Löwisch*, § 87a Rn. 11.
6 Vgl. dazu die Beispielsfälle bei *Küstner* in Küstner/Thume I, Rn. 922 ff.

denersatz wegen Nichterfüllung[1] oder Ersatz durch eine Versicherungsleistung[2]. Leistungsersetzende Erfüllungssurrogate sind beispielsweise die Aufrechnung durch den Kunden, oder die Hinterlegung (§ 378 BGB).

7 Entsprechendes gilt, wenn die Verpflichtung aus dem provisionspflichtigen Geschäft – ganz oder teilweise – durch Inzahlungnahme einer gebrauchten Maschine o.Ä. erfüllt wird. Wird eine geschuldete Leistung vorzeitig erbracht und vom Vertragspartner angenommen, steht sie einer termingerecht erbrachten Leistung gleich. Wird eine geschuldete Zahlung durch Hingabe eines Schecks oder Wechsels erbracht, stellt erst die Einlösung des Papiers die für die Entstehung des Provisionsanspruchs maßgebliche aufschiebende Bedingung dar.

8 Für die Entstehung des Provisionsanspruchs ist nicht maßgeblich, ob die dafür notwendige **aufschiebende Bedingung** vor oder erst nach der Beendigung des Handelsvertretervertrages eintritt. Entscheidend ist vielmehr allein, dass noch vor der Vertragsbeendigung – oder gem. § 87 Abs. 3 S. 1 ausnahmsweise auch danach – ein provisionspflichtiger Geschäftsabschluss erfolgt. Tritt die aufschiebende Bedingung erst nach der Vertragsbeendigung ein, spricht man von sog. Überhangprovisionen, im Falle des § 87 Abs. 3 S. 1 von nachvertraglich entstandenen Provisionsansprüchen.

2. Abweichende Abreden

9 Da die Geschäftsausführung durch den Unternehmer bzw. durch den Dritten als Kriterium für die Entstehung des Provisionsanspruchs nicht zwingend geregelt ist, können **die Parteien von den Grundregeln abweichende Vereinbarungen treffen**. Ohne Einschränkung sind Abweichungen zugunsten des Handelsvertreters möglich, so z.B. dass der volle Provisionsanspruch schon vor der Ausführung des Geschäfts oder bei der ersten Teillieferung bereits in voller Höhe entsteht und fällig wird. Ferner können die Parteien die Entstehung des Provisionsanspruchs statt von der Ausführung des Geschäfts durch den vorleistungspflichtigen Unternehmer von der Zahlung des geschuldeten Kaufpreises durch den Kunden abhängig machen, wie dies in der Praxis häufig geschieht. Wird so die Entstehung des Provisionsanspruchs auf einen späteren Zeitpunkt verlegt, steht dem Handelsvertreter ein **Vorschussanspruch** zu, der nach der insoweit zwingenden Regelung in § 87a Abs. 1 S. 2 spätestens am letzten Tag des der Geschäftsausführung durch den Unternehmer folgenden Monats fällig wird. Mit dieser Regelung soll namentlich bei sich über längere Zeiträume erstreckenden Geschäften die aus der abweichenden Vereinbarung resultierende Benachteiligung des Handelsvertreters gemindert werden, zumal diesem häufig durch die Anbahnung und Vermittlung des Geschäfts erhebliche Kosten entstanden sind.

10 Die **Höhe des Vorschussanspruchs** ist im Gesetz nicht festgelegt; er soll angemessen sein. Bei der Bemessung seiner Höhe müssen deshalb alle Um-

---

[1] BGH v. 19.11.1956 – II ZR 110/55, DB 1957, 185 und BGH v. 11.10.1990 – I ZR 32/89, NJW 1991, 156.
[2] OLG Frankfurt v. 19.2.1991 – 14 U 125/89, NJW-RR 1991, 674.

stände des Einzelfalles berücksichtigt werden, also etwa die Dauer der Vermittlungsbemühungen, der Umfang der im Zusammenhang mit der Vermittlung aufgewendeten Kosten, das dem Kunden eingeräumte Zahlungsziel, die Häufigkeit gleichartiger Geschäftsabschlüsse u.Ä.

Abweichende Vereinbarungen zu Lasten des Handelsvertreters sind insoweit unzulässig, als mit ihnen die Entstehung des Provisionsanspruchs nach § 87a Abs. 1 S. 3 bei Ausführung des Geschäfts durch den vorleistungspflichtigen Dritten ausgeschlossen werden soll. Dies ergibt sich aus der Fassung des § 87a Abs. 1 S. 2 i.V.m. S. 3. Deshalb sind Vereinbarungen unwirksam, in denen als frühester Entstehungszeitpunkt allein auf die Ausführung des Geschäfts durch den Unternehmer oder die nach der Geschäftsausführung erfolgende Zahlung des Kaufpreises **durch den Kunden** abgestellt wird. 11

Wirksam sind dagegen Vereinbarungen, in denen die Entstehung des Provisionsanspruchs davon abhängig gemacht wird, dass die **aufschiebende Bedingung noch vor der Beendigung des Handelsvertretervertrages** eintritt, so dass dem Handelsvertreter nur dann ein Provisionsanspruch zusteht, wenn nicht nur der Geschäftsabschluss, sondern auch die Ausführung des Geschäfts durch den Unternehmer und ggf. auch die Kaufpreiszahlung noch während des bestehenden Vertrages erfolgen. In derartigen Fällen ist – sofern es sich bei dem Geschäft um ein solches mit einem neuen Kunden bzw. mit einem intensivierten Altkunden handelt – der aus der getroffenen Vereinbarung resultierende Nachteil des Handelsvertreters gemäß § 89b auszugleichen. 12

II. Störungen in der Geschäftsabwicklung

Die Absätze 2 und 3 des § 87a regeln das Schicksal des Provisionsanspruchs bei **Leistungsstörungen**. Dabei betrifft § 87a Abs. 2 den Fall der Nichtleistung des Kunden nach ordnungsgemäßer Geschäftsausführung durch den Unternehmer[1], während in § 87a Abs. 3 die Fälle geregelt sind, in denen der Unternehmer seinerseits die aus dem provisionspflichtig zustande gekommenen Geschäft sich ergebenden Verpflichtungen ganz oder teilweise nicht oder nicht so erfüllt, wie es den mit dem Kunden getroffenen Vereinbarungen entspricht. In beiden Tatbeständen wird das Schicksal des Provisionsanspruchs von den Umständen abhängig gemacht, auf denen die Leistungsstörung beruht. Ist sie vom Unternehmer zu vertreten, berührt dies den Provisionsanspruch des Handelsvertreters nicht. Insoweit hat **§ 87a Abs. 3 Vorrang vor Abs. 2**[2]. Beruht sie auf anderen Gründen, trägt auch der **Handelsvertreter das Risiko der Leistungsstörung** dadurch mit, dass er seinen Provisionsanspruch ganz oder teilweise verliert und ggf. bereits zugeflossene Provisionen oder Provisionsvorschüsse zurückzahlen muss. – Zum Schutz des Handelsvertreters sind die Regelungen im ersten Halbsatz von § 87a Abs. 2 und in Abs. 3 zwingend ausgestaltet[3]. 13

---
1 BGH v. 1.12.1960 – VII ZR 210/59, DB 1961, 234.
2 BGH v. 5.3.2008 – VIII ZR 31/07, ZIP 2008, 1080.
3 Vgl. Amt. Begr. BR-Drucks. 339/1988 v. 12.8.1988, S. 16.

1. Nichtleistung des Dritten (§ 87a Abs. 2)

14 Wenn feststeht, dass der Dritte trotz vertragstreuen Verhaltens des Unternehmers nicht leistet, entfällt der Anspruch auf Provision, und der Handelsvertreter hat bereits **empfangene Beträge zurückzugewähren** Dabei ist es ohne Bedeutung, welche Vereinbarungen die Parteien im Hinblick auf den für die Provisionsentstehung maßgeblichen Umstand getroffen hatten. War der Provisionsanspruch durch die Geschäftsausführung des Unternehmers bereits entstanden, stellt die Nichtleistung des Kunden eine **auflösende Bedingung** dar. Sollte der Provisionsanspruch vereinbarungsgemäß erst mit der Kaufpreiszahlung durch den Dritten als aufschiebende Bedingung entstehen, ist durch die Nichtleistung der Bedingungseintritt gehindert. In beiden Fällen ist der Handelsvertreter zur Rückzahlung bereits empfangener Provisionen oder Provisionsvorschüsse verpflichtet.

15 Die **Nichtleistung** des Dritten **muss endgültig sein**. Sie steht dann fest, wenn nach **objektiven Gesichtspunkten** mit einer Zahlung des Dritten nicht gerechnet werden kann und der Unternehmer alles ihm Zumutbare getan hat, um den Dritten zur Zahlung zu veranlassen[1]. Dazu bedarf es nicht unbedingt der Klageerhebung und der fruchtlosen Zwangsvollstreckung, wenn die daraus resultierenden Kosten in keinem vertretbaren Verhältnis zum erstrebten Zweck stehen oder ein hoher Grad von Wahrscheinlichkeit für die Erfolglosigkeit der Zwangsvollstreckung spricht. Häufig wird der Nachweis der Nichtleistung des Dritten dadurch zu führen sein, dass sich aus einer Bank- oder Kreditauskunft seine mangelnde Zahlungsfähigkeit ergibt.

16 **Nicht unter § 87a Abs. 2 fallen die Tatbestände**, in denen der Kunde noch vor der Lieferung des Unternehmers die Annahme der Ware ablehnt, die Zahlung des Kaufpreises verweigert oder sich sonst vom Geschäft lossagt. Die bloße Erfüllungsverweigerung des Dritten führt also nicht zum Wegfall des Provisionsanspruchs bzw. zu einem Rückzahlungsanspruch des Unternehmers, solange es diesem möglich und zumutbar ist, die Leistung des Dritten zu erzwingen[2]. Ebenso ist es bei bloßer **Zahlungsunwilligkeit** des Dritten. Auch hier muss der Unternehmer alle zumutbaren Maßnahmen ergreifen, um den Dritten zur Erfüllung seiner Verpflichtungen zu veranlassen. Kommt es nach Klageerhebung zu einem Vergleich, aufgrund dessen der Kunde nur einen Teil des ursprünglich geschuldeten Kaufpreises zu zahlen hat, wird i.d.R. davon auszugehen sein, dass der Unternehmer im Rahmen des Zumutbaren tätig geworden ist und alles unternommen hat, um den Dritten zur Zahlung zu veranlassen, sofern nach objektiven Kriterien davon auszugehen ist, dass die Zwangsvollstreckung aus einem obsiegenden Urteil nicht zur vollen Befriedigung des Unternehmers geführt hätte. Beruhte aber die Nichtzahlung des Kunden auf angeblichen **Mängeln der gelieferten Ware** und wurden die darüber bestehenden Meinungsverschiedenheiten angesichts der nicht eindeutigen Rechtslage vergleichsweise beigelegt, ist das Schicksal des Provisionsanspruchs zweifelhaft. Da durch den Vergleich

---

1 BGH v. 17.11.1983 – I ZR 201/83, WM 1984, 270.
2 BGH v. 1.12.1960 – VII ZR 210/59, DB 1961, 234.

sowohl die Berechtigung des Kunden zur Nichtzahlung als auch der angebliche Lieferungsmangel durch den Unternehmer unentschieden geblieben ist, sollte in derartigen Fällen eine Provisionszahlung erfolgen, für die – entsprechend den vereinbarten Provisionssätzen – der Vergleichsbetrag als Bemessungsgrundlage dient.

Vereinbarungen, in denen zuungunsten des Handelsvertreters Kriterien festgelegt werden, wann die Nichtleistung des Dritten feststeht, sind unwirksam, weil § 87a Abs. 2 1. Hs. gem. § 87a Abs. 5 unabdingbar ist. 17

2. Nicht vertragsgemäße Leistung des Unternehmers (§ 87a Abs. 3)

a) Grundsätze

Der Abschluss eines provisionspflichtiges Geschäfts löst zwei Verpflichtungen des Unternehmers aus: einerseits (bei Verkaufsgeschäften) Lieferungsverpflichtungen gegenüber dem Kunden im Außenverhältnis und andererseits Provisionsverpflichtungen gegenüber dem Handelsvertreter im Innenverhältnis. Im Hinblick auf diese beiden Verpflichtungen des Unternehmers gilt der in § 87a Abs. 3 S. 1 niedergelegte und nach § 87a Abs. 5 zum Nachteil des Handelsvertreters nicht abdingbare **Grundsatz, dass Leistungsstörungen, die der Unternehmer zu vertreten hat, den Provisionsanspruch des Handelsvertreters unberührt lassen**. § 87a Abs. 3 enthält damit eine klare Abgrenzung der **Risikosphären** des Handelsvertreters und des Unternehmers[1] und hat insoweit Vorrang vor § 87a Abs. 2[2]. Der Erstgenannte trägt das Risiko, ob seine Vermittlungsbemühungen zum Geschäftsabschluss führen und der Unternehmer trägt das Risiko aller aus dem zustande gekommenen Auftrag mit dem Kunden – dessen Geschäftspartner er allein ist – sich ergebenden Konsequenzen. 18

Auch hier zeigt sich ganz deutlich der Charakter der Vermittlungs- bzw. Abschlussprovision als **Erfolgsvergütung**. Wie sich der Erfolg der Vermittlungsbemühungen nach Geschäftsabschluss im Hinblick auf die Abwicklung des vermittelten Geschäfts gestaltet, soll auf den Provisionsanspruch zumindest insoweit ohne Einfluss sein, als vom Unternehmer zu vertretende Umstände das Schicksal des Geschäfts beeinflussen. Nur dann, wenn Leistungsstörungen auftreten, die außerhalb der von diesem zu vertretenen Einflusssphäre des Unternehmers liegen wird der Handelsvertreter nach § 87a Abs. 3 S. 2 am Schicksal des Geschäfts insoweit beteiligt, dass er seinen Provisionsanspruch verliert, und zwar in vollem Umfang oder nur teilweise, entsprechend dem Umfang der Nichtausführung des Geschäfts. Die Regelung in § 87a Abs. 3 entspricht also im Hinblick auf die Risikoverteilung § 87a Abs. 2, wo Leistungsstörungen des Kunden ebenfalls nur ausnahmsweise den Provisionsanspruch des Handelsvertreters beeinflussen, nämlich dann, wenn sich – trotz aller zumutbaren Bemühungen des Unternehmers, den 19

---

[1] *Canaris*, HR, § 15 Rn. 69.
[2] BGH v. 5.3.2008 – VIII ZR 31/07, ZIP 2008, 1080.

Dritten zur Leistung zu veranlassen – die Nichtleistung des Dritten als feststehend herausstellt.

20 § 87a Abs. 3 – der nicht zum Nachteil des Handelsvertreters abbedungen werden kann (§ 87a Abs. 5) – verhindert auch, dass das **Provisionsrisiko des Handelsvertreters** durch Umgehung des § 87a Abs. 3 S. 2 zum Nachteil des Handelsvertreters erweitert wird. Vereinbarungen, in denen zuungunsten des Handelsvertreters Kriterien festgelegt werden, wann die Nichtleistung des Dritten feststeht, sind daher unwirksam Das gilt auch für die immer wieder festzustellenden Bestrebungen in Branchen, in denen eine vertragsgerechte Erfüllung der Verpflichtungen erfahrungsgemäß häufig auf Schwierigkeiten stößt. Dort tauchen häufig unwirksame Regelungen auf, die dem Ziel dienen sollen, dem Handelsvertreter nur einen Provisionsanspruch im Umfang der vom Unternehmer vorgenommenen Geschäftsausführung zu gewähren[1].

21 **§ 87a Abs. 3 S. 2 ist aufgrund** der **EG-Harmonisierungs-Richtlinie neu gefasst und vereinfacht worden**. Früher enthielt die Bestimmung zwei Ausnahmetatbestände, die – je nach dem Umfang der Nichtausführung des Geschäfts durch den Unternehmer – zu einem vollständigen oder teilweisen Wegfall des Provisionsanspruchs führten. Diese Rechtsfolge trat ein, wenn und soweit die Nichtausführung auf einer vom Unternehmer nicht zu vertretenden Unmöglichkeit einerseits oder auf Unzumutbarkeit andererseits der Geschäftsausführung beruhte, wobei als Unzumutbarkeitstatbestand insbesondere ein für die Nichtausführung wichtiger Grund in der Person des Dritten genannt war. Nach der Neufassung des § 87a Abs. 3 S. 2 wird der Provisionsanspruch des Handelsvertreters bei Nichtausführung des Geschäfts – weitergehend als früher – generell dann berührt, wenn und soweit die Nichtausführung auf Umständen beruht, die vom Unternehmer nicht zu vertreten sind. Der Unzumutbarkeitstatbestand ist also durch die Neufassung der Vorschrift entfallen.

b) Die Nichtausführung des Geschäfts

22 § 87a Abs. 3 S. 1, der dem Handelsvertreter den Anspruch auf Provision belässt, wenn der Unternehmer das Geschäft ganz oder teilweise nicht oder nicht so ausführt, wie es abgeschlossen ist, setzt voraus, dass überhaupt ein wirksames Geschäft zustandegekommen war. Nur dann besteht eine Leistungspflicht, die der Unternehmer verletzen kann. Ist daher das Geschäft nichtig (§ 142 Abs. 1 BGB) oder wegen des Dissenses nicht zustandegekommen, so besteht von vorneherein keine Provisionsanwartschaft des Handelsvertreters[2]. Deshalb kann § 87a Abs. 3 gar nicht zur Anwendung kommen.

23 **Vollständige Nichtausführung** des Geschäftes liegt vor, wenn der Unternehmer die vertragliche Leistung überhaupt nicht erbringt. Tut er dies nur zum Teil, handelt es sich um **teilweise Nichtausführung**. Aus welchen Gründen

---

1 Vgl. die Beispiele bei *Küstner* in Küstner/Thume I, Rn. 1274.
2 BAG v. 14.3.2000 – 9 AZR 855/98, WB 2000, 1352; MünchKommHGB/*v. Hoyningen-Huene*, § 87a Rn. 14.

die Nichtausführung unterbleibt, ist für die Anwendbarkeit des § 87a Abs. 3 S. 1 ohne Bedeutung. Diese spielen nur im Rahmen des § 87a Abs. 3 S. 2 eine Rolle. Nichtausführung liegt daher auch vor, wenn der Unternehmer auf das Angebot des Kunden eingeht, das Geschäft rückgängig zu machen oder wenn er die Ausführung wegen fehlender Wirtschaftlichkeit des Geschäftes unterlässt.

Nach der zweiten Alternative des § 87a Abs. 3 S. 1 bleibt der Anspruch auf Provision auch dann erhalten, wenn der Unternehmer das Geschäft nicht so ausführt, wie es abgeschlossen worden ist, also seine Leistung nicht so erbringt, wie sie vertraglich vereinbart ist. Eine solche **abweichende Ausführung** liegt vor, wenn der Unternehmer unvollständig, mangelhaft, verspätet oder ein Aliud leistet. Auch dann, wenn solche Abweichungen auf späteren vertraglichen Vereinbarungen der Geschäftspartner beruhen, wird der Provisionsanspruch des Handelsvertreters davon nicht berührt, solange nicht eine Voraussetzung des § 87a Abs. 3 S. 2 gegeben ist. 24

c) Wegfall des Provisionsanspruchs

Nach § 87a Abs. 3 S. 2 entfällt bei Nichtausführung der Provisionsanspruch nur, wenn und soweit sie auf Umständen beruht, die der Unternehmer nicht zu vertreten hat[1]. Wie oben in Rn. 21 ausgeführt, ist der frühere weitere Grund des Wegfalls der Provision, nämlich der der Nichtausführung wegen Unzumutbarkeit, entfallen. Voraussetzung für die Anwendung von § 87a Abs. 3 S. 2 ist, dass weder der Unternehmer noch der Dritte seine Leistung erbracht hat. Hat nämlich der Dritte seine Leistung erbracht, und der Unternehmer führt das Geschäft nicht aus, erbringt also seine Leistung nicht, so ergibt sich der Anspruch auf Provision bereits aus § 87a Abs. 1 S. 3[2]. 25

§ 87a Abs. 3 S. 2 lässt den Provisionsanspruch nur bei einer **vom Unternehmer nicht zu vertretenden Nichtausführung** entfallen. Der Begriff des Vertretenmüssens ist weit zu fassen. Dazu gehört eigenes Verschulden (§ 276 BGB), das Verschulden von Erfüllungsgehilfen (§ 278 BGB) und die Übernahme des Beschaffungsrisikos. Ferner hat der Unternehmer grundsätzlich auch solche Umstände zu vertreten, die in seine Risikosphäre fallen[3]. 26

Diese Neufassung des § 87a Abs. 3 S. 2 hat **erhebliche Bedeutung**, weil der Provisionsanspruch des Handelsvertreters bei Unzumutbarkeit der Geschäftsausführung, die vom Unternehmer zu vertreten ist, künftig bestehen bleibt[4]. Daraus ist jedoch nicht zu folgern, dass es auf Unzumutbarkeitstat- 27

---

1 Der Provisionsanspruch eines Untervertreters entfällt bei Nichtausführung des vermittelten Geschäfts nur dann, wenn der Auftraggeber des Hauptvertreters (Unternehmer) die Nichtausführung nicht zu vertreten hat, OLG Frankfurt v. 19.1.2007 – 4 U 34/06 OLGReport 2007, 500, bestätigt von BGH v. 5.3.2008 – VIII ZR 31/07, ZIP 2008, 1080.
2 *Staub/Brüggemann*, § 87a, Rn. 22; MünchKommHGB/*v. Hoyningen-Huene*, § 87a Rn. 48.
3 Vgl. statt vieler MünchKommHGB/*v. Hoyningen-Huene*, § 87a Rn. 53.
4 Amtl. Begr. zu § 87a, BR-Drucks. 339/88 v. 10.8.1988, S. 17.

bestände überhaupt nicht mehr ankäme. Unterbleibt die Geschäftsausführung ganz oder teilweise aus Gründen der Unzumutbarkeit, kann sich der Unternehmer auch heute noch hierauf berufen, wenn er diese nicht zu vertreten hat. So entfällt der Provisionsanspruch des Handelsvertreters (ganz oder teilweise), wenn die Nichtausführung auf einem in der Person des Dritten vorliegenden wichtigen Grund – insbesondere also auf aufgetretenen Liquiditätsschwierigkeiten – beruht. Andererseits entfällt der Provisionsanspruch auch dann, wenn die Leistung des Unternehmers durchaus möglich wäre, die Nichtausführung aber auf Umständen beruht, die vom Unternehmer nicht zu vertreten sind.

28 An das **Nichtvertretenmüssen** des Unternehmers hat die **Rechtsprechung** von jeher im Hinblick auf die Abgrenzung der beiderseitigen Risikosphären sehr strenge Maßstäbe angelegt. Stehen z.B. dem Unternehmer zur Erfüllung der abgeschlossenen Geschäfts Rohstoffe nicht in ausreichendem Umfang zur Verfügung, so berührt dies den Provisionsanspruch des Handelsvertreters nicht[1]. **Mangelnde oder fehlerhafte Dispositionen fallen grundsätzlich in die Risikosphäre des Unternehmers**[2]. Notfalls muss er die benötigten Rohstoffe zu höheren Preisen einkaufen, selbst auf die Gefahr hin, dass sich dadurch ein späterer Mindererlös ergibt. Entsprechendes gilt, wenn Leistungsstörungen aufgrund von Lieferschwierigkeiten des Vorlieferanten eintreten[3]. Das gilt auch bei Auslandsbezug. Unterbleibt z.B. die Ausführung des Auftrags, weil der im Ausland ansässige Vorlieferant infolge festgelegter und bereits ausgeschöpfter **Ausfuhrquoten**, seinen Lieferungsverpflichtungen nicht nachkommen konnte, bleibt der Provisionsanspruch des Vertreters erhalten; Bezugs- und Transportprobleme bezüglich der Ware fallen grundsätzlich in die Risikosphären des Unternehmers und können deshalb nicht zu einer die Provisionsminderung führen[4]. Das Gleiche gilt bei Arbeitskräftemangel, Kapazitätsauslastung infolge eines zu hohen Auftragsbestandes und Lieferungsverzögerungen[5]. Endet ein Handelsvertretervertrag, in dem Ansprüche auf Überhangsprovisionen wirksam ausgeschlossen sind, vor der verspäteten Lieferung des Unternehmers, kann sich der Unternehmer auf die vereinbarte Provisionsausschlussklausel nicht berufen, gleichgültig, ob der Kunde die Ware annimmt oder wegen verspäteter Lieferung zurückweist[6]. Unterbleibt die Geschäftsausführung deshalb, weil für einzelne Kollektionsteile Aufträge nur in so geringem Umfange eingehen, dass eine lohnende Fertigung nicht in Betracht kommt, kann sich der Unternehmer im Hinblick auf den Provisionsanspruch des Handelsvertreters nicht darauf berufen, er habe den niedrigen Auftragseingang nicht zu vertreten[7].

---

1 BGH v. 13.7.1959 – II ZR 189/57, BB 1959, 864.
2 LG Fulda v. 12.11.1953 – 2 O 15/52, HVR Nr. 12; OLG Frankfurt v. 6.7.1954 – 1 U 13/54, HVR Nr. 93.
3 LG Gießen v. 14.6.1962 – 4 O 18/62, HVR Nr. 266.
4 OLG München v. 3.5.1995 – 7 U 6148/93, BB 1959, 15.59; vgl. auch OLG Frankfurt v. 19.2.1991 – 14 U 125/89, NJW-RR 1991, 674 im Falle einer aufgehobenen Re-Exportgenehmigung.
5 BGH v. 11.7.1960 – VII ZR 225/59, BGHZ 33, 92.
6 BGH v. 11.7.1960 – VII ZR 225/59, BGHZ 33, 92.
7 LG Bielefeld v. 3.7.1958 – 8b O 275/57, HVR Nr. 178.

Anders ist es nur dann, wenn das bestätigte Geschäft mit dem Kunden von vornherein unter der aufschiebenden Bedingung zustande gekommen war, dass bei Beendigung der Verkaufssaison Aufträge in ausreichendem Maße vorliegen würden, denn dann liegt kein wirksamer Geschäftabschluss vor. Auch wenn ein vom Handelsvertreter vermittelter Werkvertrag gem. § 649 BGB gekündigt wird, berührt dies i.d.R. den Provisionsanspruch des Handelsvertreters nicht, weil der wirtschaftliche Erfolg gleichwohl grundsätzlich beim Unternehmer verbleibt und die einkalkulierte Gewinnspanne nicht entfällt, zumal der Unternehmer den Besteller im Rahmen des § 649 BGB auch auf Zahlung der dem Handelsvertreter geschuldeten Provision in Anspruch nehmen kann[1].

Nicht zu vertreten sind nur Leistungsstörungen des Unternehmers, die auf überraschenden und nicht vorhersehbaren Umständen beruhen, wie z.B. bei **Naturkatastrophen, Streiks, Epidemien** und dgl. Weitere unvertretbare Umstände können vorliegen bei nachträglichen, überraschend auftretenden behördlichen Beschränkungen[2], bei zufälliger Vernichtung der Produktionsstätte des Unternehmers oder bei unvorhersehbaren Importsperren[3].

Wird ein wirksam zustande gekommenes Geschäft auf Wunsch des Kunden **nachträglich storniert**, so berührt dies den Provisionsanspruch ebenfalls nicht. Der Unternehmer ist nicht verpflichtet, dem Wunsch des Kunden zu entsprechen. Kommt er aber dem Wunsch des Kunden aus Kulanz und mit Rücksicht auf die mit dem Kunden zu erwartenden weiteren Geschäftsabschlüsse nach, ist nicht einzusehen, dass dadurch auch der Provisionsanspruch des Handelsvertreters berührt wird, der seinen Vermittlungsbemühungen erfolgreich nachgekommen war. Deshalb kann sich ein Unternehmer der Textilbrache z.B. auch nicht darauf berufen dass dort derartige Stornierungen auf Wunsch der Kunden üblich seien[4]. Anders wäre es nur, wenn der Handelsvertreter sich in der Hoffnung auf künftig zu erwartende Provisionseinnahmen aus der im Kulanzfalle fortbestehenden Geschäftsverbindung mit diesem Kunden mit einem Wegfall des Provisionsanspruchs für das stornierte Geschäft einverstanden erklärte; dann läge ein nachträglicher Verzicht vor.

Die **Darlegungs- und Beweislast** für den Abschluss eines provisionspflichtigen Geschäftes und dafür, dass der Unternehmer dieses entgegen der übernommenen Vertragspflicht ganz oder teilweise nicht oder nicht gehörig ausgeführt hat, trägt der Handelsvertreter[5]; er kann insoweit jedoch – ggf. im Wege der Stufenklage – Auskunft bzw. einen Buchauszug verlangen. Dem

---

1 BGH v. 17.11.1983 – I ZR 201/83, MDR 1984, 466; vgl. auch *Wolf/Ungeheuer*, NJW 1994, 1497; OLG Koblenz v. 14.10.1993 – 6 U 1763/91, NJW-RR 1994, 295 und LG Bückeburg v. 2.2.1998, MDR 1998, 665.
2 LAG Düsseldorf BB 1960, 1075; vgl. aber auch OLG Frankfurt v. 19.2.1991 – 17 U 125/89, NJW 1991, 674.
3 OLG München v. 3.5.1995 – 7 U 6148/93, BB 1995, 1559.
4 OLG Düsseldorf v. 24.5.1991 – HVJ 1991, Ausgabe v. 20.8.1991; vgl. auch OLG Frankfurt v. 17.10.1989 – 5 U 150/88, NJW-RR 1990, 356.
5 BGH v. 2.3.1989 – I ZR 121/87, BB 1989.

gegenüber muss der Unternehmer darlegen und beweisen, dass die Nicht- oder die nicht gehörige Ausführung des Geschäftes auf Umständen beruht, die von ihm nicht zu vertreten sind[1]. Gelegentlich können dabei dem Unternehmer im Einzelfall **Beweiserleichterungen** oder tatsächliche Vermutungen zur Seite stehen. So hat dieser beim Vertrieb von Massengütern des täglichen Bedarfs mit geringem Wert grundsätzlich nicht die Verpflichtung, Ansprüche gegen zahlreiche die Abnahme verweigernde oder zahlungsunwillige Kunden gerichtlich geltend zu machen[2].

III. Fälligkeit des Provisionsanspruchs (§ 87a Abs. 4)

32 Der **Provisionsanspruch wird gem. § 87a Abs. 4 am letzten Tage des Monats fällig** wird, in dem nach § 87c Abs. 1 über den Anspruch abzurechnen ist. Auch diese Bestimmung ist nicht zum Nachteil des Handelsvertreters abdingbar (§ 87a Abs. 5). Die Fälligkeit richtet sich daher nach dem vereinbarten Abrechnungszeitraum; d.h. dass bei monatlicher Abrechnung die Fälligkeit jeweils am Ende des Monats eintritt, der dem Monat folgt, in dem der Provisionsanspruch entstanden ist. Ist vereinbarungsgemäß im dreimonatlichen Turnus abzurechnen, tritt die Fälligkeit jeweils am Ende des Monats ein, der dem vereinbarten jeweiligen Dreimonatszeitraum folgt.

33 Die Fälligkeit des Provisionsanspruchs ist für seine **Verzinsung** und die Verjährung maßgebend. Ab Fälligkeit kann der Handelsvertreter nach § 353 Fälligkeitszinsen fordern, und zwar auch dann, wenn das vertretene Unternehmen nicht die Kaufmannseigenschaft gem. §§ 1 ff. besitzt. Denn die Vorschriften über beiderseitige Handelsgeschäfte sind auch in diesen Fällen anzuwenden[3]. Verzugszinsen können gefordert werden, wenn die Voraussetzungen der §§ 286 ff. BGB vorliegen. § 286 Abs. 2 Nr. 1 BGB, wonach Verzug eintritt, wenn für die Leistung eine Zeit nach dem Kalender bestimmt ist und der Schuldner nicht zu der bestimmten Zeit leistet, findet keine Anwendung, weil die Fälligkeitsregelung in § 87a Abs. 4 an ein ungewisses künftiges Ereignis anknüpft[4]. Zur gesetzlichen bzw. zur vertraglich abgekürzten Verjährung des Provisionsanspruchs vgl. die Erläuterungen zu dem (inzwischen aufgehobenen) § 88 in der 2. Auflage.

34 Für die Fälligkeit des Anspruchs auf Provisionsvorschuss, der dem Handelsvertreter zusteht, wenn aufgrund einer vom Gesetz abweichenden Vereinbarung gem. § 87a Abs. 1 S. 2 nicht die Ausführung des Geschäfts, sondern ein späterer Zeitpunkt für die Entstehung des Provisionsanspruchs maßgeblich sein soll, gilt die **Sonderregelung in § 87a Abs. 1 S. 2**, wonach dieser Vorschussanspruch seinem Wesen entsprechend bereits am letzten Tag des der Geschäftsausführung durch den Unternehmer folgenden Monats fällig wird.

---

1 BGH v. 2.3.1989 – I ZR 121/87, BB 1989, 1077; OLG Frankfurt v 20.1.2002 – 15 W 91/02, OLG-Report 2003, 331.
2 BGH v. 21.10.1971 – VII ZR 54/70, NJW 1972, 45.
3 *Küstner* in Küstner/Thume I, Rn. 23 ff. und *Thume* ebendort, Rn. 272, streitig.
4 BGH v. 9.4.1962 – VII ZR 162/60, BB 1962, 543.

Die in § 87a Abs. 4 enthaltene Fälligkeitsregelung **gilt nur für Vermittlungs- bzw. Abschlussprovisionen, nicht für daneben geschuldete Verwaltungsvergütungen** und zwar auch dann nicht, wenn für deren Höhe auch jeweils der erzielte Warenumsatz als Bemessungsgrundlage dient[1].

35

Da die Fälligkeitsregelung in § 87a Abs. 4 nur insoweit **zwingender Natur** ist, als keine für den Handelsvertreter nachteilige Vereinbarungen getroffen werden können, kann eine vom Gesetz abweichende Regelung zugunsten des Handelsvertreters wirksam vereinbart werden, also z.B. dahingehend, dass der Provisionsanspruch bereits am Ende des Monats fällig wird, in dem die Geschäftsausführung durch den Unternehmer erfolgt oder der Kunde den Kaufpreis zahlt.

36

§ 87b
Höhe der Provision

(1) Ist die Höhe der Provision nicht bestimmt, so ist der übliche Satz als vereinbart anzusehen.

(2) Die Provision ist von dem Entgelt zu berechnen, das der Dritte oder der Unternehmer zu leisten hat. Nachlässe bei Barzahlung sind nicht abzuziehen; dasselbe gilt für Nebenkosten, namentlich für Fracht, Verpackung, Zoll, Steuern, es sei denn, dass die Nebenkosten dem Dritten besonders in Rechnung gestellt sind. Die Umsatzsteuer, die lediglich aufgrund der steuerlichen Vorschriften in der Rechnung gesondert ausgewiesen ist, gilt nicht als besonders in Rechnung gestellt.

(3) Bei Gebrauchsüberlassungs- und Nutzungsverträgen von bestimmter Dauer ist die Provision vom Entgelt für die Vertragsdauer zu berechnen. Bei unbestimmter Dauer ist die Provision vom Entgelt bis zu dem Zeitpunkt zu berechnen, zu dem erstmals von dem Dritten gekündigt werden kann; der Handelsvertreter hat Anspruch auf weitere entsprechend berechnete Provisionen, wenn der Vertrag fortbesteht.

Übersicht

	Rn.		Rn.
I. Anwendungsfälle des § 87b Abs. 1	1	2. Abzüge für Nachlässe	
II. Berechnungsgrundsätze des § 87b Abs. 2	6	a) Skontoabzüge	9
		b) Andere Nachlässe	10
		c) Nebenkosten	11
1. Berechnungsgrundlage (§ 87b Abs. 2 S. 1)	7	d) Umsatzsteuer	13
		e) Geschuldeter Kaufpreis	15
		III. Gebrauchsüberlassungs- und Nutzungsverträge (§ 87b Abs. 3)	17

---

1 OLG Schleswig v. 11.1.1977 – 9 U 35/76, VersR 1977, 1022; vgl. *Küstner* in Küstner/Thume I, Rn. 975 m.w.N.

Schrifttum: *Dreher*, Die europa- und verfassungsrechtliche Beurteilung des Provisionsabgabeverbots in der Lebensversicherung, VersR 2001, 1; *Evers*, Die Nichtigkeit von Handelsvertreterverträgen wegen zu geringer Verdienstmöglichkeit und ihre Rückabwicklung, BB 1992, 1365; *Preis/Stoffels*, Die Inhaltskontrolle der Verträge selbständiger und unselbständiger Handelsvertreter, ZHR 160 (1996), 442; *Schröder*, Gesetzlicher und vertraglicher Provisionsanspruch des Handelsvertreters, BB 1963, 567; *Schwarz*, Die Provisionsgestaltung als Mittel der Betriebspolitik, DB 1968, 1591; *Ulmer/Habersack*, Zur Beurteilung des Handelsvertreter- und Kommissionsagenturvertriebs nach Art. 85 Abs. 1 EGV, ZHR 159 (1995), 109.

I. Anwendungsfälle des § 87b Abs. 1

1 Die gesamte Bestimmung ist abdingbar. § 87b Abs. 1 erlangt nur Bedeutung, wenn die Parteien **weder schriftlich noch mündlich oder durch schlüssiges Verhalten** die Höhe der dem Handelsvertreter zustehenden Vermittlungs-, Abschluss- oder für gesondert durchzuführende weitere Aufgaben geschuldete Verwaltungsprovision oder sonstige Vergütung (s. dazu oben Vor § 83 Rn. 1) vereinbart haben. Ein solche **stillschweigende Vereinbarung** der Provisionshöhe, die auch für die Zukunft wirksam sein soll, wird man annehmen können, wenn in der Vergangenheit für einen längeren Zeitraum eine bestimmte Provision bezahlt und vom Handelsvertreter auch akzeptiert worden ist.

2 Natürlich gehen nur wirksam getroffene Vereinbarungen der gesetzlichen Regelung vor. Ist z.B. eine sittenwidrige Hungerprovision[1] vereinbart, hat dies zwar nicht die Unwirksamkeit des gesamten Vertrages zur Folge[2]; an die Stelle der vereinbarten Provision tritt dann jedoch die **„übliche Provision"**. § 87b Abs. 1 ist ferner nicht anzuwenden, wenn ein Bezirksvertreter mit Zustimmung des Unternehmers ein Geschäft mit einem außerhalb seines Gebietes ansässigen Kunden vermittelt. Dann steht ihm vielmehr die vereinbarte Bezirksprovision zu, wenn der Unternehmer den Auftrag annimmt[3]. Ist in einem Bezirksvertreter-Vertrag zwar die Provision für die Geschäfte mit bezirkszugehörigen Kunden bestimmt, nicht aber für die Folgegeschäfte mit vom Handelsvertreter geworbenen Kunden, die außerhalb des Vertreterbezirks ihren Sitz haben, so muss die Höhe dieser geschuldeten Provision anhand der vereinbarten Bezirksprovision durch ergänzende Vertragsauslegung ermittelt werden. Eine Anwendung der §§ 315, 316 BGB, wonach der Handelsvertreter selbst zur Bestimmung der Provisionshöhe berechtigt sein könnte, kommt in derartigen Fällen nicht in Betracht[4]. **Vertraglich vereinbarte Provisionssätze** können i.d.R. nicht **nachträglich einseitig** vom Unternehmer geändert werden; ausgenommen im Vertrag ist eine entsprechende Änderungsklausel bereits vereinbart, die einem der Vertragspartner das Recht zur einseitigen Änderung einräumt. Häufig sind auch ver-

---

1 Vgl. dazu *Küstner* in Küstner/Thume I, Rn. 989; BGH v. 17.10.1960 – VII ZR 216/59, DB 1960, 1959.
2 BGH v. 25.1.1963 – VII ZR 29/62, BGHZ 40, 235.
3 BGH v. 5.4.2006 – VIII ZR 384/04, BB 2006, 1300.
4 BGH v. 10.2.1971 – VII ZR 122/69, HVR Nr. 439.

tragliche Vereinbarungen zur Reduzierung des Provisionssatzes für den Fall getroffen, dass der Unternehmer aus bestimmten – meist wettbewerbsbedingten – Gründen einzelnen Kunden Preisnachlässe gewähren muss.

Nur mangels wirksam getroffener Vereinbarungen muss die **Höhe der üblichen Provision** ermittelt werden. Dies geschieht – notfalls mit Hilfe einer **Stellungnahme einer Industrie- und Handelskammer** oder von Unternehmens- oder Vertreterverbänden – unter Berücksichtigung aller Umstände nach objektiven Kriterien. Maßgeblich sind die Gepflogenheiten des jeweiligen Geschäftszweiges am Ort der Niederlassung des Handelsvertreters. Zu ermitteln ist also, welche Provision üblicherweise einem ortsansässigen Handelsvertreter in der selben Branche, in der er tätig ist, für die ausgeübte Vermittlungs- oder Abschlusstätigkeit gezahlt zu werden pflegt. Demgegenüber ist nicht die Provisionshöhe maßgeblich, die der Unternehmer „üblicherweise" seinen Handelsvertretern von jeher gezahlt hat[1], zumal es im Handelsvertreterrecht wohl keinen Gleichbehandlungsgrundsatz gibt[2]. 3

Lässt sich eine übliche Provision – auch durch eine gutachtliche Stellungnahme bzw. durch entsprechende Erhebungen oder Befragungen – nicht ermitteln, ist der Handelsvertreter als Gläubiger nach § 315 BGB im Zweifel selbst berechtigt, die Provisionshöhe nach § 315 BGB nach billigem Ermessen zu bestimmen und zu fordern. Entspricht die Provisionsbestimmung durch den Handelsvertreter nicht billigem Ermessen, muss die Festlegung der Provision durch richterliche Entscheidung erfolgen[3]. 4

Die **Beweislast** dafür, dass eine vom Unternehmer behauptete Provisionshöhe nicht vereinbart ist, obliegt dem Handelsvertreter, der eine übliche Provision beanspruchen will[4]. Auch wenn der Handelsvertreter behauptet, eine bestimmte Vergütung sei vereinbart worden, trifft ihn im Bestreitensfalle die Beweislast dafür, dass eine solche Abrede getroffen worden ist[5]. Dies folgt aus dem allgemeinen Grundsatz, dass der Anspruchsteller die Beweislast für Grund und Höhe des Anspruches trägt. 5

II. Berechnungsgrundsätze des § 87b Abs. 2

Auch die in § 87b Abs. 2 niedergelegten Berechnungsgrundsätze gelten nur insoweit, als zwischen den Parteien weder schriftliche noch mündliche Vereinbarungen getroffen wurden und sich durch schlüssiges Verhalten auch keine von beiden Parteien akzeptierte Handhabung der Provisionsberechnung als verbindlich herausgebildet hat. 6

---

1 BGH v. 2.3.1961 – VII ZR 15/60, BB 1961, 424.
2 BGH v. 28.1.1971 – VII ZR 29/62, WM 1971, 561.
3 BGH v. 2.3.1961 – VII ZR 15/60, BB 1961, 424.
4 Vgl. BGH v. 14.4.1983 – VII ZR 198/82, NJW 1983, 1782 zu § 632 BGB.
5 BGH v. 9.4.1981 – VII ZR 262/80, BGHZ 80, 257 zu § 632 BGB.

1. Berechnungsgrundlage (§ 87b Abs. 2 S. 1)

7 Grundlage für die Bemessung der Provision ist nach § 87b Abs. 2 das **Entgelt**. Dieses ist die gesamte Gegenleistung, die der Unternehmer für die vom Handelsvertreter vermittelten Geschäfte zu erhalten hat. Bei Verkaufsgeschäften und vermittelten Dienst- oder Werkverträgen handelt es sich um eine Geldleistung oder ggf. um ein Erfüllungssurrogat. Auch wenn der Unternehmer daneben noch andere Vorteilsleistungen erhält, sind diese als Berechnungsgrundlage der Provision zu berücksichtigen. Maßgeblich ist jeweils der volle Wert der Leistung des Dritten[1]. Auch geldwerte **Nebenvorteile** des Unternehmers, z.B. Preisnachlässe auf Gegenlieferungen, sind Entgelt und damit bei der Bemessung der Provision zu berücksichtigen[2]. **Vertragsänderungen nach Geschäftsabschluss** bleiben für die Provisionsberechnung unberücksichtigt. Soweit darin die Nichtausführung des ursprünglich abgeschlossenen Geschäfts vereinbart wird, bestimmen sich die Folgen für den Provisionsanspruch nach den Grundsätzen des § 87a Abs. 2 und Abs. 3. Für die Bemessung des Entgelts ist allein der Inhalt des abgeschlossenen Geschäftes maßgebend. Deshalb ist es auch unerheblich, ob der Dritte das von ihm geschuldete Entgelt tatsächlich leistet[3].

8 Meist ist für die zu zahlende Provision der geldwerte oder stückzahlmäßige Umsatz maßgebend, die Höhe der Provision also **vom jeweils erzielten Erfolg abhängig**. Bei Verkaufgeschäften ergibt sich daher das Entgelt i.d.R. aus der dem Kunden erteilten Rechnung. Jedoch wird nicht in jedem Fall auf den erzielten Umsatz, d.h. auf den Rechnungsbetrag, als Bemessungsgrundlage abgestellt. Wirksam ist z.B. auch eine Vereinbarung, nach der nur der erzielte Umsatz abzüglich einer Montage- oder Kostenpauschale für die Provisionsberechnung maßgebend ist oder bei welcher der Umsatz nur insoweit als Bemessungsgrundlage in Betracht kommt, als er sich auf Eigenleistungen des Unternehmers bezieht, während aufgewendete Kosten für Fremdleistungen unberücksichtigt bleiben[4]. In zulässiger Weise kann auch vereinbart werden, dass sich der Provisionsanspruch aus der Differenz von Verkaufs- und Einkaufswert berechnet[5].

2. Abzüge für Nachlässe

a) Skontoabzüge

9 Soweit bezüglich der Provisionsberechnung nicht vereinbart ist, wie „Nachlässe bei Barzahlung" – gemeint sind Skontoabzüge bei Zahlung innerhalb kurzer Fristen nach Rechnungszugang – zu behandeln sind, sind gem. § 87b

---

1 MünchKommHGB/v. *Hoyningen-Huene*, § 87b Rn. 8; HK/*Ruß*, § 87b Rn. 2; *Baumbach/Hopt*, § 87b Rn. 4.
2 *Baumbach/Hopt*, 87b Rn. 7.
3 MünchKommHGB/v. *Hoyningen-Huene*, § 87b Rn. 22.
4 *Küstner* in Küstner/Thume I, Rn. 998, 999.
5 Vgl. dazu OLG München v. 13.10.1993 – 7 U 3361/93, DB 1993, 2379. In diesem Fall finden zwar Rabatte, die den Einkaufswert mindern, Berücksichtigung, nicht aber dem Unternehmer gewährte Skonti.

Abs. 2 S. 2 1. Hs. **Skonti nicht provisionsmindernd** zu berücksichtigen. Der Vorteil rascher Zahlung kommt allein dem Unternehmer zugute. Deshalb wäre es ungerechtfertigt, die Kaufpreisminderung zu Lasten des Handelsvertreters in Ansatz zu bringen. Auch wenn für die Provision der „Netto-Rechnungsbetrag" maßgeblich sein soll, sind Barzahlungsnachlässe nicht zu berücksichtigen, weil dieser Betrag mit dem Rechnungsbetrag identisch ist und darunter nicht ein um abgezogene Skontobeträge verminderter Rechnungsbetrag zu verstehen ist[1]. Allerdings kann wirksam vereinbart werden, dass nur der um Skonto-Beträge gekürzte Rechnungsbetrag der Provisionsberechnung zugrunde zu legen ist. Parteivereinbarungen, aufgrund deren der Handelsvertreter verpflichtet ist, einem Kunden vom Unternehmer gewährte Nachlässe in einem bestimmten Umfang anteilig zu tragen, dürften zumindest in formularmäßigen Handelsvertreterverträgen nach § 307 BGB **unwirksam** sein[2].

b) Andere Nachlässe

Entgegen der amtlichen Begründung zu § 87b Abs. 2[3] wirken sich andere **Nachlässe** – so auch gewährte Mengen- und Treuerabatte – **sofern sie von vornherein** im Rahmen der Preisverhandlungen **vereinbart** wurden, **provisionsmindernd** aus, weil sie das zu zahlende Entgelt verringern, von dem die Provision zu berechnen ist. Insoweit bedarf es also keiner gesonderten diesbezüglichen Vereinbarungen zwischen Unternehmer und Handelsvertreter. Anders ist es jedoch bei Nachlässen, die der Unternehmer dem Kunden erst nach Geschäftsabschluss gewährt; sie können den als Anwartschaft schon entstandenen Provisionsanspruch des Handelsvertreters nicht mehr schmälern[4]. Um Unklarheiten von vornherein zu vermeiden, empfehlen sich aber vertragliche Regelungen, damit stets für die Provisionsberechnung von einer zuverlässigen Grundlage ausgegangen werden kann.

c) Nebenkosten

Nebenkosten sind – wenn nichts anderes vereinbart ist – nach § 87b Abs. 2 S. 2 2. Hs. wie Skonti zu behandeln, soweit sie in der Rechnung nicht gesondert ausgewiesen sind. Die im Gesetz genannten Nebenkosten stellen nur eine beispielhafte Aufzählung dar, das gleiche gilt daher auch für etwaige andere Aufwendungen wie z.B. Versicherungskosten, Abnahme- und Montagekosten. Eine Provisionsminderung kommt mithin nur in Betracht, wenn ein gesonderter Ausweis dieser Kosten in der Rechnung vorgenommen wurde[5].

---

1 OLG Düsseldorf v. 7.1.1955 – 2 U 201/53, DB 1955, 578.
2 LG Frankfurt v. 25.4.1969 – 3/2 O 25/69, BB 1969, 1326; *Graf v. Westphalen*, DB 1984, 2392.
3 BT-Drucks. Nr. 3856 v. 15.11.1952 zu Abschn. II.
4 OLG Braunschweig v. 23.2.1956 – 2 U 181/55, BB 1956, 226.
5 BGH v. 3.3.1960 – II ZR 206/58, HVR Nr. 250.

12 Weitere Voraussetzung ist jedoch, dass die **Nebenkosten** bei dem vermittelten Geschäft auch **von vorneherein gesondert vereinbart** waren. Waren sie zunächst im Kaufpreis enthalten, weil die Parteien beispielsweise einen Gesamtpreis für die zu liefernde Ware und die Frachtkosten vereinbart hatten, darf der Unternehmer nicht nachträglich diesen einheitlichen Kaufpreis in der Rechnung aufspalten und die Fracht gesondert ausweisen. Wenn er dies tut, kann er dadurch den Provisionsanspruch des Handelsvertreters nicht schmälern[1]. Einzelne in der Rechnung angegebene, aber im geschuldeten Gesamtkaufpreis enthaltene Kostenbestandteile sind nicht als „gesondert in Rechnung gestellt" anzusehen.

d) Umsatzsteuer

13 Als nicht gesondert in Rechnung gestellt gilt nach § 87b Abs. 2 S. 3 die regelmäßig auf der Rechnung des Unternehmers gesondert ausgewiesene **Umsatzsteuer**. Diese Regelung beruht auf dem zivilrechtlichen Entgeltbegriff – im Gegensatz zum umsatzsteuerlichen Entgeltbegriff[2], wonach die Umsatzsteuer grundsätzlich als Bestandteil des Entgelts anzusehen ist, so dass also auch für die Provisionsberechtigung vom Warenwert einschließlich Umsatzsteuer auszugehen ist[3]. Fehlen vertragliche Vereinbarungen, bemisst sich mithin der Provisionsanspruch des Handelsvertreters nach dem aus Warenwert plus Umsatzsteuer sich ergebenden Betrag. In der Praxis wird § 87b Abs. 2 S. 3 aber regelmäßig in der Weise abbedungen, dass der Waren-Nettowert, also der Rechnungsbetrag ohne Umsatzsteuer, die Bemessungsgrundlage für den Provisionsanspruch darstellt und dem Handelsvertreter mithin eine Netto-Provision zzgl. Umsatzsteuer geschuldet wird[4].

14 Die auf die Provision geschuldete Umsatzsteuer beläuft sich gegenwärtig auf 19%. Dieser gegenwärtig maßgebliche Regelsteuersatz gilt für den Provisionsanspruch auch dann, wenn für das dem Provisionsanspruch zugrundeliegende Geschäft ein anderer Regelsteuersatz maßgeblich ist[5].

e) Geschuldeter Kaufpreis

15 Maßgeblich für die Provisionsberechnung ist – unter Berücksichtigung der vorstehend erläuterten Grundsätze – bei Verkaufsgeschäften i.d.R. der geschuldete Kaufpreis. Dabei kommt es nicht darauf an, in welcher Weise dem Unternehmer der vom Kunden geschuldete Gegenwert für die gelieferte Ware zufließt. Ist vereinbart, dass der Unternehmer in Anrechnung auf den geschuldeten Kaufpreis Gebrauchtware – z.B. Maschinen oder Dienstleistungen – in Zahlung nimmt[6], muss die vom Kunden geschuldete Gegenleistung

---

1 H.M., vgl. *Baumbach/Hopt*, § 87b Rn. 11.
2 BB 1967, 1264 sowie BAnz. Nr. 209 v. 7.1.1967.
3 BGH v. 28.6.1973 – VII ZR 3/71, BGHZ 61, 112, 115.
4 Einzelheiten zur umsatzsteuerlichen Problematik bei der Provisionsberechnung bei *Küstner* in Küstner/Thume I, Rn. 1025 ff.
5 Z.B. 7% bei Lieferungen von Verlagen an Buchhändler.
6 Einzelheiten bei *Küstner* in Küstner/Thume I, Rn. 1012.

in Geld umgerechnet werden und ist sodann als Teil des Kaufpreises ungekürzt der Provisionsberechnung zugrunde zu legen. Entsprechendes gilt für Ersatzleistungen (Schadensersatz- oder Versicherungsleistungen), soweit sie das ursprüngliche Erfüllungsinteresse decken[1].

Beziehen sich **Preisgleitklauseln**, die zu einer nachträglichen Erhöhung des in Rechnung gestellten Kaufpreises durch den Lieferanten berechtigen, allein auf die seit dem Geschäftsabschluss gestiegenen Kosten, ohne sich ertragssteigernd zugunsten des Unternehmers auszuwirken, dürfte mangels abweichender Vereinbarung eine nachträgliche Provisionserhöhung nicht in Betracht kommen. Nach *Stumpf*[2] soll dies auch dann gelten, wenn der Vertretervertrag selbst irgendwelche Regelungen im Hinblick auf eine nachträgliche Provisionserhöhung und eine Preisgleitklausel nicht enthält[3]. 16

III. Gebrauchsüberlassungs- und Nutzungsverträge (§ 87b Abs. 3)

§ 87b Abs. 3 enthält eine **abdingbare Grundregel** für die Provisionsberechnung bei Dauerschuldverhältnissen, die eine Gebrauchsüberlassung oder Nutzung von Sachen oder Rechten zum Gegenstand haben und sich damit von kurzfristig abzuwickelnden oder wiederkehrenden (Sukzessiv-)Liefergeschäften unterscheiden. Die Bestimmung ist weit auszulegen. Sie gilt nicht nur für Miet- und Pachtverträge, sondern auch für Dienst-, Versicherungs-, Patent-, Lizenz- und andere Nutzungsverträge. 17

Das Entgelt für solche auf Dauer angelegte Verträge wird in Form periodisch wiederkehrender Leistungen (Nutzungsentgelt, Miete, Pacht) geschuldet. § 87b Abs. 3 ist jedoch eine reine Berechnungsvorschrift; ob das jeweilige Geschäft überhaupt provisionspflichtig ist, wann ggf. die für die Entstehung des Provisionsanspruchs maßgebliche aufschiebende Bedingung eintritt und wie sich Leistungsstörungen auf das Schicksal des Provisionsanspruchs auswirken, richtet sich dagegen ausschließlich nach den §§ 87 und 87a. 18

Die Anwendbarkeit des § 87b Abs. 3 setzt voraus, dass der Vertragspartner des Unternehmers gleich bleibende **wiederkehrende Zahlungen** zu leisten hat, die nicht infolge einer Abhängigkeit vom Umsatz oder anderen der Höhe nach schwankenden Bemessungsgrundlagen ihrerseits in unterschiedlicher Höhe geschuldet werden (Umsatzpacht). Vielmehr ergibt sich aus § 87b Abs. 3 S. 1, dass **bei Verträgen mit bestimmter Dauer** das dem Unternehmer geschuldete Entgelt bereits im Zeitpunkt des Vertragsabschlusses feststellbar sein muss, was bei schwankendem Entgelt nicht möglich wäre. Die Bestimmung ist eine wegen der Langfristigkeit des provisionspflichtigen Geschäfts notwendige Sondervorschrift für die Provisionsberechnung. Demgemäß handelt es sich bei der Provision in diesen Fällen um eine sog. Einmal- 19

---

1 *Küstner* in Küstner/Thume I, Rn. 1016.
2 *Stumpf*, Internationales Handelsvertreterrecht, Teil 1, 6. Aufl. 1987, Rn. 331; a.M. *Finger*, HVHM 1970, 1030.
3 Vgl. auch LG Lübeck v. 20.11.1962 – 8 O 69/58; LG Darmstadt v. 1.4.1958 – 7 O 45/57; beide Urteile n.v.

provision. Sie ist – sofern nichts Abweichendes vereinbart ist – von dem für die gesamte Vertragsdauer geschuldeten Entgelt zu berechnen, wenn es sich um einen auf **bestimmte Zeit** abgeschlossenen Vertrag handelt.

20 Bei **Verträgen auf unbestimmte Zeit** berechnet sich die Provision jeweils von dem Entgelt, das bis zu dem Zeitpunkt geschuldet wird, zu dem der Dritte (nicht der Unternehmer) das Vertragsverhältnis erstmals kündigen kann. Wird der Vertrag über den ersten Kündigungstermin hinaus fortgesetzt, wird weiterhin Provision geschuldet, die wiederum entsprechend zu berechnen ist. Bei der über den Kündigungszeitpunkt in diesen Fällen hinaus weiterhin geschuldeten Provision handelt es sich aber nicht um einen zusätzlichen selbständigen weiteren Provisionsanspruch[1], sondern allein darum, wie sich der mit dem Vertragsabschluss dem Grunde nach erworbene Provisionsanspruch bei fortlaufenden Gebrauchsüberlassungs- und Nutzungsverträgen von unbestimmter Dauer weiterhin berechnet. Dem Handelsvertreter steht der Provisionsanspruch dem Grunde nach für die gesamte Laufzeit zu, die endgültige Provisionshöhe ist aber von der von vornherein nicht bekannten Vertragslaufzeit abhängig. Deshalb bedurfte es der in § 87b Abs. 3 S. 2 niedergelegten Regelung der Provisionsberechnung bei einer Laufzeit des Vertrages über den ersten Kündigungstermin hinaus.

21 **Verträge auf bestimmte Zeit** enden automatisch mit ihrem Ablauf, während es bei Verträgen auf unbestimmte Zeit für ihre Beendigung in der Regel einer Kündigung bedarf; eine automatische Vertragsbeendigung kann hier nicht in Betracht kommen, soweit sie nicht an ein bestimmtes Ereignis, dessen Zeitpunkt im Ungewissen liegt, geknüpft ist wie z.B. an das Ableben eines der Vertragspartner. Streitig ist, ob auch solche Verträge als auf unbestimmte Dauer abgeschlossen anzusehen sind, denen zumindest eine längere Mindestlaufzeit vorgeschaltet ist und die sich sodann um weitere gleich bleibende, oft kürzere Perioden verlängern sollen, wenn keine Kündigung zu bestimmten Terminen ausgesprochen wird[2].

22 Endet der Handelsvertretervertrag während der Laufzeit eines auf bestimmte Zeit abgeschlossenen Dauervertrags oder – bei auf unbestimmte Zeit abgeschlossenen Dauerverträgen – während einer mangels Kündigung begonnenen **Verlängerungsperiode**, berührt dies den Provisionsanspruch des Handelsvertreters bis zum Ablauf der bestimmten Vertragsdauer bzw. bis zur Beendigung der Verlängerungsperiode nicht, sofern die Parteien nicht eine Provisionsverzichtsklausel vereinbart haben, die in derartigen Fällen den Anspruch auf Provision insoweit ausschließt, als er nicht zumindest bis zu dem Zeitpunkt fortbesteht, zu dem der für den Provisionsanspruch zugrundeliegende Dauervertrag automatisch endet oder vom Dritten gekündigt

---

1 So *Schröder*, Recht der Handelsvertreter, § 87b Rn. 14a.
2 Zur Kontroverse im Hinblick auf die rechtliche Einordnung derartiger Verträge mit Verlängerungsklausel vgl. § 89 Rn. 4; BGH v. 12.12.1974 – VII ZR 229/73, NJW 1975, 387; *Schröder*, BB 1974, 298; *Ebenroth/Boujong/Joost/Löwisch*, § 87b Rn. 26; MünchKommHGB/*v. Hoyningen-Huene*, § 87b Rn. 35; *Heymann/Sonnenschein/Weitemeyer*, § 87a Rn. 13; *Küstner*, BB 1973, 1239 und BB 1975, 195; *Küstner* in Küstner/Thume I, Rn. 1040, 1044 ff.

werden kann[1]. Die Provisionsberechnungsvorschrift berührt nämlich nicht die Frage, in welchem Umfang dem Handelsvertreter über die Beendigung des Handelsvertretervertrages hinaus noch Überhangprovisionen für die von ihm bis zur Vertragsbeendigung vermittelten Verträge zustehen[2].

§ 87c
Abrechnung, Buchauszug, Bucheinsicht

(1) Der Unternehmer hat über die Provision, auf die der Handelsvertreter Anspruch hat, monatlich abzurechnen; der Abrechnungszeitraum kann auf höchstens drei Monate erstreckt werden. Die Abrechnung hat unverzüglich, spätestens bis zum Ende des nächsten Monats, zu erfolgen.

(2) Der Handelsvertreter kann bei der Abrechnung einen Buchauszug über alle Geschäfte verlangen, für die ihm nach § 87 Provision gebührt.

(3) Der Handelsvertreter kann außerdem Mitteilung über alle Umstände verlangen, die für den Provisionsanspruch, seine Fälligkeit und seine Berechnung wesentlich sind.

(4) Wird der Buchauszug verweigert oder bestehen begründete Zweifel an der Richtigkeit oder Vollständigkeit der Abrechnung oder des Buchauszuges, so kann der Handelsvertreter verlangen, dass nach Wahl des Unternehmers entweder ihm oder einem von ihm zu bestimmenden Wirtschaftsprüfer oder vereidigten Buchsachverständigen Einsicht in die Geschäftsbücher oder die sonstigen Urkunden so weit gewährt wird, wie dies zur Feststellung der Richtigkeit oder Vollständigkeit der Abrechnung oder des Buchauszuges erforderlich ist.

(5) Diese Rechte des Handelsvertreters können nicht ausgeschlossen oder beschränkt werden.

Übersicht

	Rn.		Rn.
I. Bedeutung der Vorschrift	1	III. Buchauszug	
II. Provisionsabrechnung	7	1. Abhängigkeit vom Abrechnungsanspruch	23
1. Abrechnungszeitraum	8	2. Inhalt des Buchauszugs	27
2. Inhalt der Abrechnung	13	3. Durchsetzung und Verjährung	33
3. Wirkung der Abrechnung	16	IV. Auskunftsanspruch	36
4. Form der Abrechnung	19	V. Bucheinsicht	37
5. Rechtsnatur der Abrechnung	21		
6. Beweislastfragen	22		

---

1 OLG Düsseldorf v. 11.1.1977 – 23 U 32/76, DB 1977, 817.
2 A.M. *Staub/Brüggemann*, § 87b Rn. 11.

Schrifttum: *Behrend*, Aktuelle handelsvertreterrechtliche Fragen in Rechtsprechung und Praxis, NJW 2003, 1563; *Emde*, Beschränkung des Auskunftsrechts des Handelsvertreters in mehrstufigen Vertriebssystemen, MDR 1990, 1108; *Emde*, Abrechnung und Buchauszug als Informationsrechte des Handelsvertreters, MDR 2003, 1151; *Küstner* in Küstner/Thume, Handbuch des gesamten Außendienstrechts, Bd. 1, 3. Aufl. 2000, Kap. 6, Rn. 1385 ff.; *Kukat*, Der Anspruch des Handelsvertreters auf Erteilung eines Buchauszuges gem. § 87c Abs. 2 HGB, DB 2002, 1646; *Müller-Stein*, Buchauszug nach § 87c Abs. 2 HGB, VersR 2001, 830; *Seetzen*, Die Kontrollrechte des Handelsvertreters nach § 87c HGB und ihre Durchsetzung, WM 1985, 213; *Wolff*, Auskunftsrecht des Handelsvertreters zur Berechnung des Ausgleichsanspruchs, BB 1978, 1246.

I. Bedeutung der Vorschrift

1 § 87c regelt wichtige Informationsrechte des Handelsvertreters bezüglich seiner Provisionsansprüche. Die gesamte Vorschrift ist gem. § 87c Abs. 5 unabdingbar. Sie dient einerseits dem **Schutz des Handelsvertreters vor Provisionsvorenthaltungen** im weitesten Sinne und andererseits der **Klarstellung** hinsichtlich der Entstehung und der Höhe der ihm zustehenden Provisionsansprüche. Die Bestimmung besteht unverändert in der seit dem 1.12.1953 geltenden Fassung und ist weitgehend in Art. 12 der EG-Richtlinie übernommen worden. Deshalb gilt sie heute – ausgenommen § 87c Abs. 4 – europaweit. Von den vier in § 87c geregelten Rechten des Handelsvertreters – Abrechnung, Auskunftserteilung, Buchauszug und Bucheinsicht – ist der Unternehmer ipso iure nur zur Abrechnung verpflichtet, ohne dass es einer förmlichen Geltendmachung durch den Handelsvertreter oder einer diesbezüglichen vertraglichen Vereinbarung bedarf[1]. Hinsichtlich der übrigen Kontrollrechte bedarf es dagegen einer ausdrücklichen Geltendmachung.

2 Die Aufzählung der **vier Kontrollrechte des Handelsvertreters** beinhaltet eine **Rangfolge**[2]: Der Grundanspruch betrifft die Provisionsabrechnung, zu deren Erteilung der Unternehmer auch ohne ausdrückliche Geltendmachung verpflichtet ist. Gleichzeitig oder später können ein Buchauszug und Auskunft verlangt werden. Erst wenn weder die Abrechnung noch der Buchauszug oder die erteilte Auskunft für den Handelsvertreter zur erstrebten Klarheit hinsichtlich der ihm zustehenden Vergütungsansprüche führen oder wenn der Buchauszug überhaupt verweigert wird, gewährt das Gesetz zusätzlich den Anspruch auf Bucheinsicht. Allerdings ist zu beachten, dass – statt eines Buchauszugs – Bucheinsicht auch bereits dann gefordert werden kann, wenn an der Richtigkeit oder Vollständigkeit der erteilten Abrechnung begründete Zweifel bestehen[3]. In diesem Fall hat also der Handelsvertreter die Wahl, ob er den Buchauszuges oder gleich die Bucheinsicht verlangen will.

3 Auch wenn die Erteilung eines Buchauszuges verweigert wird, kann der Handelsvertreter wahlweise diesen Anspruch einklagen oder gleich Bucheinsicht verlangen. Wird der geforderte Buchauszug zwar erteilt, bestehen

---

1 BGH v. 13.3.1961 – VII ZR 35/60, DB 1961, 533.
2 BGH v. 24.6.1971 – VII ZR 223/69, BGHZ 56, 290.
3 BGH v. 1.12.1978 – I ZR 7/77, WM 1979, 304.

aber Zweifel an seiner Richtigkeit und Vollständigkeit, hat der Handelsvertreter wieder zwei Möglichkeiten: Er kann entweder zur Beseitigung der Zweifel ergänzende Auskünfte bzw. einen ergänzenden Buchauszug fordern oder gemäß § 87c Abs. 4 S. 1 den Unternehmer auf Gewährung der Bucheinsicht in Anspruch nehmen. Der Unternehmer kann in diesem Falle seinerseits entscheiden, ob er dem Handelsvertreter selbst die Bucheinsicht gewährt oder einem vom Handelsvertreter zu bestimmenden Wirtschaftsprüfer oder vereidigten Buchsachverständigen.

Zu beachten ist jedoch, dass der Handelsvertreter die Ansprüche auf Erteilung eines Buchauszugs und Bucheinsicht nicht gleichzeitig und nebeneinander geltend machen kann[1]. Vielmehr steht ihm, wie eben dargelegt, ein **Wahlrecht** zu, wie er seine Kontrollrechte ausüben will[2]. 4

Reicht keines der einzelnen Kontrollrechte aus, dem Handelsvertreter einen zuverlässigen Überblick über die ihm zustehenden Vergütungsansprüche zu verschaffen, so verbleibt ihm als ultima ratio schließlich noch die Möglichkeit, vom Unternehmer die Abgabe einer **eidesstattlichen Versicherung** gem. den §§ 259, 260 BGB zu fordern[3]. 5

Die in § 87c geregelten Ansprüche sind unselbständige **Hilfsrechte**, die deshalb nicht allein isoliert abtretbar[4] oder pfändbar sind. Sie können nur so lange geltend gemacht werden, wie der Hauptanspruch – d.h. der Provisionsanspruch – besteht und durchsetzbar ist. Ist der Provisionsanspruch verjährt, fehlt für die Hilfsansprüche das Rechtsschutzbedürfnis, so dass sie nicht mehr verlangt werden können[5]. Das Gleiche gilt, wenn sich die Vertragspartner über die Provisionsansprüche geeinigt haben[6]. Jedoch ist die endgültige Einigung an strenge Anforderungen geknüpft; näher dazu unten Rn. 16 ff. Für die Hilfsansprüche selbst gelten die allgemeinen Verjährungsvorschriften des BGB, wobei allerdings zu beachten ist, dass eine einheitliche Verjährung nicht angenommen werden kann, weil die in Betracht kommenden Ansprüche von unterschiedlichen Voraussetzungen abhängen[7]. Näheres dazu siehe bei der Kommentierung zum früheren § 88, dort Rn. 5. Diese Rechte gelten für alle Arten von Provisionen, unabhängig davon, ob es sich um Abschluss-, Vermittlungs-, Inkasso-, Delkredere- oder sonstige Provisionen handelt. Bei einer Umsatzbeteiligung hat der Vertreter einen An- 6

---

1 BGH v. 24.6.1971 – VII ZR 223/69, BGHZ 56, 290.
2 BGH v. 24.6.1971 – VII ZR 223/69, BGHZ 56, 290; OLG Düsseldorf v. 14.1.2000 – 16 U 223/98, OLGR 2000, 385.
3 BGH v. 16.5.1960 – VII ZR 206/59, BGHZ 32, 302.
4 H.M., OLG Hamm v. 21.3.1997 – 35 U 24/96, BB 1997, 1329; MünchKommHGB/v. Hoyningen-Huene, § 87c Rn. 4; Baumbach/Hopt, § 87c Rn. 1; a.A. Ebenroth/Boujong/Joost/Löwisch, § 87c Rn. 15.
5 BGH v 1.12.1978 – I ZR 7/77, NJW 1979, 764; BGH v. 22.5.1981 – I ZR 34/79, NJW 1982, 235; OLG Hamm v. 21.3.1997 – 35 U 24/96, BB 1997, 1329; OLG Köln v. 20.6.1997 – 3 U 146/96, BB 1997, 2130.
6 BGH v. 20.9.2006 – VIII ZR 100/05, BB 2006, 2494; BGH v. 29.11.1995 – VIII ZR 293/94, BB 1996, 176.
7 BGH v. 2.5.1981 – I ZR 34/79, NJW 1982, 235; vgl. auch unten Rn. 35 und 41 jew. m.N.

spruch auf Rechnungslegung entsprechend §§ 666, 675, 259 BGB[1]. Erhält der Handelsvertreter nur ein Fixum, ist § 87c nicht anwendbar, wohl aber, wenn er neben dem Fixum Provisionsansprüche hat[2].

II. Provisionsabrechnung

7   Der Anspruch des Handelsvertreters auf **Provisionsabrechnung** stellt die **erste Stufe seiner Informationsrechte** dar und soll es ihm ermöglichen, durch Vergleich mit seinen Unterlagen (insbesondere Auftrags- und Rechnungsdurchschlägen) zu prüfen, ob alle ihm nach §§ 87, 87a zustehenden Provisionen vom Unternehmer erkannt und erfasst sind. Die Provisionsabrechnung kann nicht unter Berufung darauf verweigert werden, der Handelsvertreter könne sich ja anhand der ihm vorliegenden Unterlagen selbst ein Bild über die ihm zustehenden Ansprüche verschaffen[3].

1. Abrechnungszeitraum

8   Nach § 87c Abs. 1 ist monatlich, höchstens aber im dreimonatlichen Turnus abzurechnen und zwar jeweils über diejenigen Provisionen, „auf die der Handelsvertreter Anspruch" hat. Das Gesetz stellt also darauf ab, ob der Provisionsanspruch entstanden ist, ohne dass es für seine Erfassung in der Provisionsabrechnung darauf ankommt, ob der Provisionsanspruch noch von einer aufschiebenden oder auflösenden Bedingung abhängt.

9   Bei monatlicher Provisionsabrechnung hat diese spätestens bis zum Ende des Monats zu erfolgen, der dem Monat folgt, in dem der Provisionsanspruch entstanden ist; bei Abrechnung im dreimonatigen Turnus entspricht dies dem Ende des Monats, der dem **Dreimonatszeitraum** folgt, innerhalb dessen die abzurechnenden Provisionsansprüche entstanden sind. Daraus folgt, dass z.B. spätestens Ende Juli über die in den Monaten April bis Juni entstandenen Provisionsansprüche abzurechnen ist. Bei monatlicher oder dreimonatlicher Abrechnung braucht nicht auf den Kalendermonat oder das Kalendervierteljahr abgestellt zu werden.

10 Von dem in § 87c Abs. 1 vorgeschriebenen wahlweise ein- oder dreimonatlichen Abrechnungsturnus für die dem Handelsvertreter zustehenden Provisionsansprüche kann nach § 87c Abs. 5 nicht abgewichen werden. Unwirksam ist demnach eine Vereinbarung, wonach nur einmal jährlich – etwa im Februar nach Ablauf des vorangegangenen Geschäftsjahres, während dessen der Handelsvertreter nur monatliche Abschläge erhielt – abzurechnen ist.

11 Der im Rahmen des § 87c Abs. 1 jeweils vereinbarte zulässige **späteste Abrechnungszeitpunkt** ist nach § 87a Abs. 4 **für die Fälligkeit des Provisionsanspruchs maßgeblich.**

---

1 OLG Karlsruhe v. 29.10.1965 – 10 U 199/65, BB 1966, 1169.
2 H.M. s. MünchKommHGB/*v. Hoyningen-Huene*, § 87c Rn. 10; *Ebenroth/Boujong/Joost/Löwisch*, § 87c Rn. 9; *Koller/Roth/Morck*, § 87c Rn. 1.
3 OLG München v. 15.2.1964 – U 1863/63, BB 1964, 698.

Endet der Handelsvertretervertrag, ist unabhängig vom vereinbarten Abrechnungsturnus auf den Zeitpunkt der Vertragsbeendigung eine **Endabrechnung** vorzunehmen, auch wenn der Anspruch auf Abrechnung in diesem Zeitpunkt noch nicht fällig ist[1]. Dies folgt aus § 614 BGB und rechtfertigt sich insbesondere daraus, dass der Handelsvertreter anderenfalls das gerade im Zeitpunkt der Vertragsbeendigung bedeutsame **Zurückbehaltungsrecht** nicht geltend machen könnte, das nach § 88a einen fälligen Provisionsanspruch voraussetzt. Überhangprovisionen und Provisionsansprüche gem. § 87 Abs. 3, die erst nach der Vertragsbeendigung fällig werden, sind sodann in einer gesonderten **Nachtragsabrechnung** zu erfassen.

2. Inhalt der Abrechnung

In der Provisionsabrechnung sind die im Zeitpunkt der Abrechnung bereits unbedingt entstandenen und auch solche Provisionsansprüche zu erfassen, die zwar zunächst entstanden waren, dann aber später durch Eintritt einer auflösenden Bedingung (§ 87a Abs. 2 und Abs. 3 S. 2) wieder entfallen können[2]. Streitig ist, ob auch jene Provisionen in die Abrechnung aufgenommen werden müssen, die noch vom Eintritt einer aufschiebenden Bedingung abhängig sind[3]. Hiergegen bestehen – anders als beim Buchauszug, der weitergehend ist – Bedenken, denn Sinn und Zweck der Abrechnung ist, dem Handelsvertreter einen überprüfbaren Nachweis über jene Provisionen zu gewähren, die im Abrechnungszeitpunkt zahlbar sind.

Ferner muss der Unternehmer auch über solche Provisionsansprüche abrechnen, die dem Handelsvertreter nach § 87 i.V.m. § 87a Abs. 3 zustehen, obwohl der Unternehmer das provisionspflichtig zustande gekommene Geschäft nicht oder nicht so ausgeführt hat, wie es abgeschlossen worden war; denn andernfalls würde der Zweck der Abrechnung verfehlt. Durch Ausklammerung dieser Provisionsansprüche würde der Unternehmer praktisch contra legem der Entscheidung darüber vorgreifen, auf welche Provisionen der Handelsvertreter Anspruch hat.

Schließlich sind in der Provisionsabrechnung auch **Provisionsvorschüsse** und sonstige dem Handelsvertreter **zustehende Vergütungen** zu erfassen (Inkassoprovisionen, Delkredere- und andere Verwaltungsprovisionen), auch wenn diese keine handelsvertretertypischen Vergütungsbestandteile darstellen.

---

1 OLG München v. 11.7.1958 – 6 U 767/58, BB 1958, 895.
2 MünchKommHGB/*v. Hoyningen-Huene*, § 87c Rn. 15.
3 Bejahend *Schröder*, BB 1955, 181; *Küstner* in Küstner/Thume I, Rn. 1406 ff. und *Küstner*, HVHM 1967, 144; *Westphal* in Graf v. Westphalen, Hdb. d. Handelsvertreterrechts, S. 249 Rn. 428; a.A. *Baumbach/Hopt*, § 87c Rn. 3; MünchKommHGB/*v. Hoyningen-Huene*, § 87c Rn. 16; *Heymann/Sonnenschein/Weitemeyer*, § 87c Rn. 4; *Ebenroth/Boujong/Joost/Löwisch*, § 87c Rn. 34; OLG Nürnberg v. 5.11.1965 – 6 U 62/65, BB 1966, 265; *Staub/Brüggemann*, § 87c Rn. 10.

3. Wirkung der Abrechnung

16 Trotz erteilter Abrechnung können über ihre Richtigkeit und Vollständigkeit **Meinungsverschiedenheiten** bestehen. Macht der Handelsvertreter keine Beanstandungen geltend, lässt sich aus der **stillschweigenden Hinnahme** erteilter Abrechnungen i.d.R. nicht deren Anerkennung entnehmen. Aus der Untätigkeit des Handelsvertreters folgt im Allgemeinen **kein Einverständnis** mit dem Inhalt der Abrechnungen, so dass noch nicht verjährte Provisionen nachträglich gefordert und in soweit auch die Hilfsansprüche des § 87c erhoben werden können. Für eine Einigung über die Abrechnung bedarf es vielmehr i.d.R. einer eindeutigen Willenserklärung des Handelsvertreters[1].

17 Auch die jahrelange widerspruchslose Hinnahme der Provisionsabrechnungen des Unternehmers kann nicht als ein sich ständig wiederholendes negatives Schuldanerkenntnis des Handelsvertreters ausgelegt werden, so dass ihm die Ansprüche auf Erteilung eines Buchauszuges und die Zahlung weiterer Provisionen weiterhin zustehen[2]. Das gilt auch dann, wenn es sich bei dem Handelsvertreter um eine GmbH – also einen Kaufmann – mit erheblichen Umsätzen handelt, der die Provisionsabrechnungen 16 Jahre lang nicht beanstandet hat[3]. Nur dann, wenn zu dem Schweigen des Handelsvertreters auf die übersandten Provisionsabrechnungen weitere Umstände hinzukommen, die als Indiz für seine Zustimmung zu deuten sind, kann es ausnahmsweise gerechtfertigt sein, ein Einverständnis mit dem Inhalt der Abrechnung und damit deren Anerkenntnis anzunehmen[4].

18 Schließlich ist selbst eine vertragliche Vereinbarung der Parteien, nach der die Provisionsabrechnungen des Unternehmers als anerkannt gelten, wenn der Handelsvertreter nicht innerhalb einer bestimmten Frist Widerspruch erhebt, ist wegen Verstoßes gegen § 87c Abs. 5 unwirksam[5].

4. Form der Abrechnung

19 Die Abrechnung ist schriftlich oder in Textform (§ 126b BGB) zu erteilen. Die Angaben müssen geordnet und übersichtlich dargestellt sein, damit der Handelsvertreter die einzelnen Geschäfte identifizieren und die Berechnung

---

1 St. Rspr., zuletzt BGH v. 20.9.2006 – VIII ZR 100/05, BB 2006, 2492, 2494; BGH v. 29.11.1995 – VIII ZR 293/94, BB 1996, 176 unter ausdrücklicher Aufgabe der früheren Rechtsprechung im Urteil v. 28.1.1965 – VII ZR 120/63, NJW 1965, 1136; vgl. auch BGH v. 23.10.1981 – I ZR 171/79, WM 1982, 152. Mitunter vertreten aber die unteren Instanzen eine davon abweichende Auffassung; vgl. OLG Hamm v. 15.5.1998 – 35 U 56/97, n. v. sowie OLG Naumburg v. 17.4.1997 – 2 U (Hs) 21/97, VersR 1999, 578; Einzelheiten bei *Küstner* in Küstner/Thume I, Rn. 1431 ff.
2 BGH v. 20.9.2006 – VIII ZR 100/05, BB 2006, 2494 und BGH v. 29.11.1995 – VIII ZR 293/94, BB 1996, 176.
3 OLG Hamburg v. 6.3.1998 – 11 U 95/97, BB 1998, 971.
4 Vgl. LG Saarbrücken v. 11.2.1999 – 11 S 355/97, VersR 1999, 1016 für den Fall, dass mit der jeweiligen Monatsabrechnung erneut auf die Folgen des Schweigens hingewiesen wird (zweifelhaft).
5 BGH v. 20.9.2006 – VIII ZR 100/05, BB 2006, 2492; Bestätigung von BGH v. 20.2.1964 – VII ZR 147/62, DB 1964, 583.

der Provision sowohl nach der Bemessungsgrundlage als auch nach den zugrundeliegenden Provisionssätzen überprüfen kann. Die Einzelprovisionen sind zu addieren und etwaige Provisionsvorschüsse abzuziehen[1].

Die Übersendung von Rechnungsdurchschriften mit dem Hinweis, dass damit die Abrechnung erfolgt sei, ist unzureichend und ersetzt die Abrechnung nicht[2].

5. Rechtsnatur der Abrechnung

Die Provisionsabrechnung ist eine Willenserklärung des Unternehmers, in welcher Höhe dem Handelsvertreter nach seiner Auffassung ein Provisionsanspruch zusteht und wie dieser Provisionsanspruch sich zusammengesetzt und errechnet hat. Damit hat sie den **Charakter eines abstrakten Schuldanerkenntnisses**. Deshalb hat der Unternehmer nur diejenigen Provisionsansprüche aufzunehmen, die er glaubt, anerkennen zu können und die er auch erfüllen will. Ist er der Auffassung, dass der Handelsvertreter während des Abrechnungszeitraumes keine Provision verdient habe, genügt er seiner Abrechnungspflicht durch die Mitteilung, dass kein Provisionsanspruch in dem fraglichen Zeitraum entstanden sei[3].

6. Beweislastfragen

Entsteht nach erteilter Abrechnung zwischen den Parteien Streit darüber, ob – etwa im Stornofall – Provisionsrückforderungsansprüche seitens des Unternehmens bestehen, so genügt es nicht, wenn der Handelsvertreter die Richtigkeit der Abrechnung pauschal bestreitet und die in der Abrechnung abgezogenen Posten einklagt. Vielmehr muss er konkret darlegen, aus welchen Gründen er die einzelnen Abzüge für unberechtigt hält und Anspruch auf Provision erhebt[4]. Dann hat der Unternehmer die Begründetheit der Abzüge darzulegen und ggf. zu beweisen, weil sie auf anspruchsvernichtenden Gründen beruhen muss.

III. Buchauszug

1. Abhängigkeit vom Abrechnungsanspruch

Sinn und Zweck des Buchauszugs ist, dem Handelvertreter eine Kontrolle der bereits erteilten oder noch zu erteilenden Provisionsabrechnungen zu ermöglichen, um so deren Richtigkeit und Vollständigkeit überprüfen zu können und damit Klarheit über die ihm zustehenden Provisionsansprüche zu

---

1 BGH v. 7.2.1990 – IV ZR 314/88, WM 1990, 710.
2 Vgl. zum Ganzen MünchKommHGB/v. *Hoyningen-Huene*, § 87c Rn. 20.
3 BGH v. 7.2.1990 – IV ZR 314/88, WM 1990, 710 f.
4 Vgl. OLG Braunschweig v. 15.1.1975 – 3 U 90/74, VersR 1975, 518; OLG Naumburg v. 17.4.1997 – 2 U 21/97, VersR 1999, 578; LG Saarbrücken v. 11.11.1999 – 11 S 336/98, VersR 2000, 761; LG Magdeburg v. 17.12.1996 – 31 O 463/96, r + s 1998, 528 und *Emde*, VersR 2001, 148, 154 zum Buchauszug.

erhalten[1]. Da der Anspruch auf den Buchauszug infolge seiner **Akzessorietät** einen noch bestehenden Abrechnungsanspruch voraussetzt, wird er gegenstandslos, sobald der Abrechnungsanspruch durch **Anerkennung** erledigt ist. Freilich gilt dies nur hinsichtlich der in der Abrechnung erfassten Geschäfte. Sind ohne Kenntnis des Bezirksvertreters Geschäfte mit bezirkszugehörigen Kunden abgeschlossen worden, die ihm nicht verprovisioniert wurden, können insoweit gleichwohl Abrechnung und Buchauszug gefordert werden, sobald der Handelsvertreter von derartigen Geschäften Kenntnis erlangt. Aus dem Wortlaut des § 87c Abs. 2 folgt nicht, dass der Anspruch nicht auch zeitlich nach bereits erfolgter Abrechnung geltend gemacht werden könnte[2]. Der Anspruch auf Erteilung eines Buchauszugs steht deshalb dem Handelsvertreter solange zu, wie über die erteilte Abrechnung noch keine Einigung vorliegt, die Abrechnung also vom Handelsvertreter noch nicht als richtig und vollständig anerkannt wurde[3]. Danach ist der eben genannte Zweck des Hilfsanspruchs erfüllt.

24 Jedoch setzt die **Geltendmachung** eines Buchauszuges **keine Zweifel an der Vollständigkeit und Richtigkeit der erteilten Abrechnung voraus**[4]. Denn der Buchauszug kann auch bereits „bei der Abrechnung" gefordert werden, zu einem Zeitpunkt also, zu dem die Abrechnung selbst noch gar nicht vorliegt.

25 Gelegentlich dient das Verlangen auf Erstellung eines Buchauszuges nicht seinem eigentlichen Zweck, die Vollständigkeit und Richtigkeit der Provisionsabrechnungen zu prüfen, sondern hat zum Ziel, den Unternehmer, der dafür häufig erhebliche Umstände und Aufwendungen erbringen müsste, hinsichtlich des Ausgleichsanspruches oder anderer Forderungen des Handelsvertreters zum Einlenken und zu Konzessionen zu bewegen. Ein solches Verhalten ist i.d.R. kaum nachweisbar. Es wäre allerdings absolut vertrags- und treuwidrig und damit rechtsmissbräuchlich, weil es dann letztlich nur als Schikane angesehen werden könnte. Gelingt dieser Nachweis im Einzelfall, würde das Geltendmachen den Grundsätzen von §§ 242 und 226 BGB widersprechen[5].

26 Ein Anspruch auf Buchauszug besteht nicht, wenn der Unternehmer dem Handelsvertreter mitteilt, er habe in dem Zeitraum, für den der Handelsvertreter Auskunft begehrt, **keine Geschäfte mit Bezirkskunden abgeschlossen**. Den Wahrheitsgehalt einer solchen Auskunft kann der Handelsvertreter nicht durch Klage auf Erteilung eines Buchauszugs überprüfen; hier muss er

---

1 St. Rspr.: BGH v. 11.7.1980 – I ZR 192/78, NJW 1981, 457; BGH v. 23.10.1981 – I ZR 171/79, WM 1982, 152; BGH v. 23.2.1989 – I ZR 203/87, WM 1989, 1073; BGH v. 24.5.1995 – VIII ZR 146/94, WM 1995, 1774 und BGH v. 20.9.2006 – VIII ZR 100/05, BB 2006, 2492.
2 BGH v. 11.7.1980 – I ZR 192/78, WM 1980, 1449.
3 BGH v. 11.7.1980 – I ZR 192/78, WM 1980, 1449; MünchKommHGB/v. Hoyningen-Huene, § 87c Rn. 49; vgl. auch *Seetzen*, WM 1985, 213; siehe dazu auch oben Rn. 16 ff.
4 BGH v. 23.10.1981 – I ZR 171/79, WM 1982, 152.
5 LG Hannover v. 7.2.2007 – 23 O 4512/99-128, VersR 2001, 764; *Müller/Stein*, VersR 2001, 830; *Segger*, NVersZ 2002, 102 und *Emde*, MDR 1999, 1108.

sich stattdessen des Mittels der eidesstattlichen Versicherung und der Bucheinsicht bedienen[1].

2. Inhalt des Buchauszugs

Der Buchauszug geht weiter als die Abrechnung. Er dient dem Zweck, dem Handelsvertreter zu ermöglichen, Klarheit über seine Provisionsansprüche zu gewinnen und die vom Unternehmer erteilte Abrechnung zu überprüfen. Deshalb muss der Buchauszug eine vollständige, geordnete und übersichtliche Darstellung aller Angaben enthalten, die für die Provision von Bedeutung sind und die der Handelsvertreter zur Überprüfung seiner Provisionsansprüche benötigt. Dazu gehören u.a. vollständige Angaben zu etwaigen Stornierungsgründen und zur Art der ergriffenen Erhaltungsmaßnahmen sowie die Aufnahme schwebender Geschäfte oder solcher, aus denen sich möglicherweise ein Provisionsanspruch ergeben kann[2].   27

Im Buchauszug sind auch die **Geschäfte** zu **erfassen**, hinsichtlich derer zwischen den Parteien **Meinungsverschiedenheiten über die Provisionspflicht** des Unternehmers bestehen[3], sofern eine solche generell in Betracht kommen könnte. Die Klärung, für welche Geschäfte dem Handelsvertreter Provisionsansprüche zustehen, kann nicht Gegenstand des Rechtsstreits über den Buchauszug sein[4]. Die Rechtsprechung ist bei der Gewährung des Buchauszugsrechts zu Gunsten des Handelsvertreters, der sich gegenüber dem Unternehmer in einer schwächeren Position befindet, eher großzügig und zieht den Kreis der vorzulegenden Unterlagen zu möglicherweise provisionspflichtigen Geschäften sehr weit. Deshalb sind darin Angaben zu machen, die den Handelsvertreter in die Lage versetzen, die Provisionsansprüche aus § 87 Abs. 1 und Abs. 3 Nr. 1 voneinander abzugrenzen[5].   28

Um dem Handelsvertreter die mit dem Buchauszug bezweckte Übersicht zu verschaffen, muss dieser sämtliche Einzeldaten aller als provisionspflichtig in Betracht kommenden Geschäfte enthalten, also die Daten der Auftragserteilung und -bestätigung, den Auftragsumfang, Daten und Umfang der Lieferungen bzw. Teillieferungen, das Rechnungsdatum und den Rechnungsbetrag, die Daten und Beträge der Zahlung bzw. der Teilzahlungen. Des Weiteren muss er Angaben darüber enthalten, warum ggf. nicht dem Auftragsinhalt entsprechend geliefert wurde bzw. warum der Kunde die Annahme der Ware verweigerte oder Ware zurückgesandt hat und in welchem Umfang Retouren erfolgten. Dies gilt auch insoweit, als der Unternehmer nach   29

---

1 OLG Frankfurt v. 13.12.1994 – 5 U 214/93, NJW-RR 1995, 351.
2 BGH v. 20.9.2006 – VIII ZR 100/05, BB 2006, 2492; BGH v. 21.3.2001 – VIII ZR 149/99, NJW 2001, 2333.
3 OLG Nürnberg v. 27.5.1981 – 4 U 2789/80, VersR 1982, 1099.
4 OLG Nürnberg v. 27.5.1981 – 4 U 2789/80, VersR 1982, 1099. Zum Inhalt eines Buchauszuges im Bereich des Versicherungsvertreterrechts BGH v. 21.3.2001 – VIII ZR 149/99, VersR 2001, 760. Zum Buchauszug bei bereits verjährter Provisionsforderung OLG Hamm v. 21.3.1997 – 35 U 24/96, BB 1997, 1329.
5 OLG Bamberg v. 16.5.2003 – 6 U 62/02, NJW-RR 2004, 475.

§ 86a Abs. 2 ohnehin verpflichtet ist, dem Handelsvertreter die Nichtausführung eines provisionspflichtigen Geschäfts mitzuteilen[1].

30 Der Unternehmer kann die Erteilung des Buchauszugs **nicht dadurch umgehen**, dass er den Handelsvertreter auf die bereits erteilten Abrechnungen und die ihm vorliegenden bzw. zur Verfügung gestellten **Auftrags- und Rechnungskopien** verweist und ihm ein Konglomerat von Rechnungsdurchschriften und dgl. zur Verfügung stellt Auch die dem Handelsvertreter fortlaufend übersandten Unterlagen können einen ordnungsgemäßen Buchauszug nicht ersetzen, wenn der Handelsvertreter diese Unterlagen selbst chronologisch ordnen und aufbewahren muss, um sich daraus die für die Nachprüfung der Provisionsabrechnung erforderlichen Informationen zusammenzusuchen[2]. Der Einwand des Unternehmers, die Geltendmachung des Buchauszugs sei rechtsmissbräuchlich, weil Geschäfts- und Betriebsgeheimnisse gewahrt werden müssten, ist unzulässig[3].

31 Gewährt der Unternehmer dem Handelsvertreter während der Vertragslaufzeit den ständigen Zugriff auf sein eigenes **elektronisches Agenturinformationssystem**, so kann dies den Anspruch auf Buchauszug jedenfalls dann nicht ersetzen, wenn dieses jeweils nur den aktuellen Stand der fraglichen Daten wiedergibt. Dann bietet es dem Handelsvertreter keinen Gesamtüberblick über den Zeitraum des geschuldeten Buchauszuges. Der Handelsvertreter kann nicht darauf verwiesen werden, dass er selbst die vorübergehend zugänglichen Daten jeweils „fixiert" und sammelt. Auch wenn der Handelsvertreter „auf Knopfdruck" mit Hilfe des elektronischen Agenturinformationssystems des Unternehmers selbst einen Buchauszug erstellen kann, erschüttert dies seinen Anspruch auf Buchauszug nach Vertragsbeendigung nicht, wenn er seit seinem Ausscheiden aus der Vertriebsorganisation des Unternehmers keinen Zugriff auf das System mehr hat[4].

32 Der Unternehmer kann den Anspruch des Handelsvertreters auch nicht dadurch beseitigen, dass er ihm statt des Buchauszugs die **Bucheinsicht** anbietet[5]. Ferner kann er den Buchauszug auch nicht im Hinblick auf die aus seiner Anfertigung resultierenden **hohen Kosten** verweigern[6] und sich darauf beschränken, dem Handelsvertreter lediglich Aktenordner mit Auftragsschreiben, Rechnungskopien und mit Kunden geführter Korrespondenz zur Verfügung zu stellen, aus denen sich dann der Handelsvertreter seinerseits in mühevoller Kleinarbeit die zur Klärung der ihm zustehenden Provisionen notwendigen Angaben zusammenstellen müsste. Eine solche **Übersendung von Aktenordnern** stellt keinen Buchauszug dar, der die für die Provisionen

---

1 Vgl. dazu *Küstner* in Küstner/Thume I, Rn. 1478.
2 BGH v. 20.9.2006 – VIII ZR 100/05, BB 2006, 2492.
3 OLG Frankfurt v. 20.11.2006 – 1 U 275/04, OLGReport Volltext.
4 BGH v. 20.9.2006 – VIII ZR 100/05, BB 2006, 2492.
5 OLG Frankfurt v. 19.6.1954 – 1 W 78/54, HVR Nr. 56.
6 BGH v. 24.6.1971 – VII ZR 223/69, BGHZ 56, 290. Vgl. auch OLG Köln v. 19.3.1999 – 4 U 42/98, n.v.: Auch Kosten in Höhe von 280 000 DM entlasten das Unternehmen nicht von der Pflicht zur Erteilung eines Buchauszugs, bestätigt durch BGH v. 21.3.2001 – VIII ZR 149/99, VersR 2001, 760.

des Handelsvertreters relevanten geschäftlichen Verhältnisse in klarer und übersichtlicher Weise vollständig widerspiegeln muss, soweit sie sich den Büchern des Unternehmers entnehmen lassen[1]. Nur dann, wenn die erteilten Abrechnungen sämtliche für einen Buchauszug notwendigen Voraussetzungen erfüllen, kann der Unternehmer die Erteilung des Buchauszugs verweigern, weil dann der Anspruch bereits erfüllt ist[2]. Sind die Provisionsansprüche, deren Klärung der Buchauszug dienen soll, im Zeitpunkt der Geltendmachung des Buchauszugs bereits verjährt, so sind die Hilfsansprüche gem. § 87c gegenstandslos[3].

3. Durchsetzung und Verjährung

Verweigert der Unternehmer die Erteilung des Buchauszugs, kann der Handelsvertreter wahlweise diesen Anspruch einklagen oder gem. § 87c Abs. 4 **Bucheinsicht** fordern[4]. Bestehen Zweifel an der Richtigkeit oder Vollständigkeit des erteilten Buchauszugs, hat der Handelsvertreter ebenfalls das Recht auf Bucheinsicht. Einen kompletten neuen Buchauszug kann er nicht verlangen, weil zumindest Teilerfüllung vorliegt. Jedoch hat er daneben wahlweise nach herrschender Auffassung auch Anspruch auf Richtigstellung bzw. Ergänzung des Buchauszugs. Die beanstandeten Unrichtigkeiten und Unvollständigkeiten muss er jeweils konkret darlegen[5]. Anspruch auf einen kompletten neuen Buchauszug hat der Handelsvertreter dagegen nur bei Mängeln, die den Buchauszug letztlich unbrauchbar machen[6]. Beseitigt ein nach rechtskräftigem Urteil erteilter Buchauszug die Zweifel an der Richtigkeit oder Vollständigkeit nicht, kann der Handelsvertreter nunmehr Bucheinsicht fordern.

33

Die **Zwangsvollstreckung** aus einem Titel auf Erteilung eines Buchauszugs erfolgt im Wege der Ersatzvornahme nach § 887 ZPO[7]. Führt die Vollstreckung nicht zur Beseitigung der Unvollständigkeit des erteilten Buchauszugs bzw. der aus dem Buchauszug sich ergebenden Zweifel oder bleibt auch die Bucheinsicht ergebnislos, bleibt dem Handelsvertreter schließlich nur

34

---

1 OLG Hamm v. 21.4.1994 – 18 U 140/93, VersR 1995, 779; OLG Hamm v. 21.3.1997 – 35 U 24/96, BB 1997, 1329.
2 BGH v. 21.3.2001 – VIII ZR 149/99, NJW 2001, 2333; BGH v. 24.5.1995 – VIII ZR 146/94, WM 1995, 1774.
3 BGH v. 22.5.1981 – I ZR 34/79, NJW 1982, 235.
4 BGH v. 13.7.1959 – II ZR 192/57, NJW 1959, 1964.
5 OLG Hamm v. 14.5.2003 – 35 U 36/02, HVR Nr. 1092; *Küstner* in Küstner/Thume, Bd. I, Rn. 1491; *Baumbach/Hopt*, § 87c Rn. 20; a.A. *Ebenroth/Boujong/Joost/Löwisch*, § 87c Rn. 28.
6 BGH v. 23.1.1964 – VII ZR 126/62, BB 1964, 409; OLG Düsseldorf v. 15.6.1994 – 16 W 19/94, HVR Nr. 817; OLG Nürnberg v. 28.7.1998 – 12 W 2209/98, BB 1999, 150; OLG Köln v. 3.5.1995 – 3 W 10/95, MDR 1995, 1064; OLG Hamburg v. 15.7.2000 – 4 W 36/00, HVR Nr. 956.
7 BGH v. 26.4.2007 – I ZB 82/06, MDR 2007, 1097. OLG Hamm v. 15.12.1964 – 15 W 317/64, HVR Nr. 345; zur Kostentragung, wenn auf Ergänzung eines unvollständig erteilten Buchauszuges geklagt wird, vgl. OLG München v. 21.8.1987 – 23 U 3376/87, VW 1988, 697.

die Möglichkeit, die Abgabe einer eidesstattlichen Versicherung nach §§ 259, 260 BGB zu fordern[1].

35 Die **Verjährungsfrist** beginnt daher erst mit dem Ende des für die Entstehung des Provisionsanspruchs maßgeblichen Fälligkeitsjahres. Denn die Verjährung kann zu Lasten des Berechtigten nicht beginnen, solange dieser nicht in der Lage ist, den Anspruch selbst geltend zu machen[2].

IV. Auskunftsanspruch

36 Der in § 87c Abs. 3 geregelte Auskunftsanspruch auf Mitteilung über alle Umstände, die für den Provisionsanspruch, seine Fälligkeit und seine Berechnung wesentlich sind, ergänzt den Anspruch des Handelsvertreters auf Erteilung der Abrechnung und des Buchauszugs. Dieser Anspruch soll dem Handelsvertreter die Möglichkeit geben, sich auch über solche Umstände Klarheit zu verschaffen, die sich aus den Büchern des Unternehmers nicht ergeben, die aber für die Berechnung seines Provisionsanspruchs erheblich sind[3]. Der Auskunftsanspruch dient damit der Erleichterung der **Nachprüfung der Provisionsabrechnung**[4]. Im Prozess kann der Handelsvertreter den Anspruch auf Erteilung einer Abrechnung, eines Buchauszugs und auf Auskunftserteilung nebeneinander in einer Klage geltend machen, wenn er weiß, dass sich die erbetenen Auskünfte nicht aus den Geschäftsbüchern ergeben werden. Es besteht kein Kumulierungsverbot[5]. Allerdings reicht es nicht aus, wenn lediglich der Wortlaut des Gesetzes im Klageantrag verwendet wird. Es muss vielmehr die Mitteilung ganz bestimmter einzelner Umstände gefordert werden[6].

V. Bucheinsicht

37 Der Handelsvertreter kann vom Unternehmer Bucheinsicht fordern, wenn der zunächst geforderte Buchauszug verweigert wird oder wenn an der Richtigkeit oder Vollständigkeit der Abrechnung oder des Buchauszuges begründete Zweifel bestehen (§ 87c Abs. 4). Das Recht auf Bucheinsicht kann also **nicht neben dem Anspruch auf Abrechnung, Buchauszug und Auskunft bzw. gleichzeitig mit diesen Ansprüchen geltend gemacht werden** – insoweit besteht zunächst noch kein Rechtsschutzinteresse[7] –, sondern es kommt als das am weitesten gehende Kontrollrecht des Handelsvertreters nur dann in Be-

---

1 Zur Abgabe einer eidesstattlichen Versicherung und zum Anspruch des Handelsvertreters auf Ergänzung eines erteilten Buchauszugs vgl. OLG Nürnberg v. 12.5.1999 – 12 U 4484/98, n.v.
2 BGH v. 11.7.1980 – I ZR 192/78, WM 1980, 1449.
3 BGH v. 21.3.2001 – VIII ZR 149/99, NJW 2001, 2333; OLG Köln v. 23.2.1972 – 2 U 81/71, DB 1972, 2104; OLG Bamberg v. 17.12.1999 – 6 U 41/99, HVR Nr. 936.
4 BGH v. 20.2.1964 – VII ZR 147/62, DB 1964, 583.
5 Streitig, wie hier OLG Köln v. 23.2.1972 – 2 U 81/71, DB 1972, 2104; a.A. offenbar Baumbach/Hopt, § 87c Rn. 23.
6 OLG Hamm v. 10.2.1967 – 15 W 185/66, DB 1967, 592.
7 BGH v. 24.6.1971 – VII ZR 223/69, BGHZ 56, 290.

tracht, wenn die strengen Voraussetzungen des § 87c Abs. 4 erfüllt sind. Erst, wenn auch die Einsichtnahme in die Bücher oder die sonstigen Urkunden des Unternehmers keine Klarheit bringt, kann der Handelsvertreter schließlich noch Klage auf Abgabe einer eidesstattlichen Versicherung erheben[1]. Dieses letzte Kontrollrecht ist also dem Anspruch auf Bucheinsicht nachgeordnet.

Die für die Bucheinsicht **notwendigen begründeten Zweifel** brauchen sich nicht auf die gesamte Abrechnung oder den gesamten Buchauszug zu beziehen. Der Anspruch auf Bucheinsicht ist vielmehr schon dann begründet, wenn die Abrechnung oder der Buchauszug nur in einem Punkt unrichtig sind oder zu begründeten Zweifeln Anlass geben[2]. Der Anspruch auf Einsichtnahme in die Bücher oder sonstigen Urkunden des Unternehmers bezieht sich zwar auf alle dem Handelsvertreter zustehenden Provisionsansprüche[3], er besteht jedoch nicht unbeschränkt, sondern nur insoweit, als dies zur Klärung der begründeten Zweifel erforderlich ist[4]. Unter den sonstigen Urkunden, hinsichtlich deren dem Handelsvertreter das Einsichtsrecht – über die Einsichtnahme in die Geschäftsbücher hinaus – zusteht, sind sämtliche Unterlagen, Verträge, Korrespondenzen und Belege zu verstehen, soweit diese geeignet sind, die entstandenen begründeten Zweifel zu beseitigen. 38

Besteht ein **begründeter Anspruch auf Bucheinsicht**, kann allein der Unternehmer entscheiden, wem er die Einsichtnahme gewährt, nämlich entweder dem Handelsvertreter selbst oder einem vom Handelsvertreter zu bestimmenden Wirtschaftsprüfer oder vereidigten Buchsachverständigen. Übt der Unternehmer sein Wahlrecht nicht aus, geht dieses nach Fristsetzung und fruchtlosem Fristablauf gem. § 264 BGB auf den Handelsvertreter über. Entscheidet sich der Unternehmer dafür, unmittelbar dem Handelsvertreter Bucheinsicht zu gewähren, kann dieser sich beim Einsichtsrecht der Hilfe eines Wirtschaftsprüfers oder vereidigten Buchsachverständigen nach eigener Wahl bedienen[5], und zwar auch dann, wenn dies im Urteil nicht angeordnet ist[6]. 39

Die durch die Bucheinsicht entstehenden **Kosten** hat zunächst der Handelsvertreter zu tragen. Stellt sich durch die Einsichtnahme die Berechtigung der vom Handelsvertreter begründeten Zweifel heraus, kann er die aus der durchgeführten Bucheinsicht resultierenden Kosten als Schadensersatz wegen positiver Vertragsverletzung gegen den Unternehmer geltend machen[7]. 40

---

1 BGH v. 16.5.1960 – VII ZR 206/59, BGHZ 32, 302.
2 OLG Köln v. 11.8.2000 – 19 U 84/2000, DB 2000, 2269 sowie OLG Celle v. 20.10.1961 – 11 U 46/61, BB 1962, 2.
3 OLG Nürnberg v. 5.11.1965 – 6 U 62/65, BB 1966, 265.
4 OLG München v. 13.8.1964 – 1b W 989/64, NJW 1964, 2257.
5 KG v. 10.5.1971 – 2 U 339/71, DB 1971, 1204.
6 OLG Frankfurt/M. v. 28.1.2002 – 5 W 2/2002, BB 2002, 474.
7 St. Rspr., BGH v. 16.5.1960 – VII ZR 206/59, BGHZ 32, 302; KG v. 10.5.1971 – 2 U 339/71, DB 1971, 1204; weitergehend *Knorr*, BB 1972, 969, wonach der Unternehmer grundsätzlich die Kosten der Bucheinsicht zu tragen habe, weil für das Einsichtsrecht schon begründete Zweifel ausreichen.

41 Der Anspruch auf Bucheinsicht wird **erst dann fällig**, wenn der Buchauszug verweigert wird und der Handelsvertreter sein Wahlrecht in der Weise ausübt, nunmehr Bucheinsicht zu fordern, oder wenn nach erteilter Abrechnung bzw. nach Vorlage eines Buchauszugs begründete Zweifel an dessen Richtigkeit oder Vollständigkeit bestehen. Die Verjährung des Einsichtsrechts kann deshalb erst mit dem Ende des Fälligkeitsjahres beginnen, nicht aber schon vorher zu einem Zeitpunkt, in dem der Handelsvertreter das Einsichtsrecht noch gar nicht ausüben konnte[1].

42 Setzt der Handelsvertreter seinen Anspruch auf Buchauszug gem. § 87c Abs. 2 klageweise durch, so beginnt die Verjährung seines Anspruchs auf Gewährung von Bucheinsicht nach § 199 Abs. 1 Nr. 1 und 2 BGB erst mit dem Schluss des Jahres, in dem der Handelsvertreter den Buchauszug erhalten hat[2].

§ 87d
Ersatz von Aufwendungen

Der Handelsvertreter kann den Ersatz seiner im regelmäßigen Geschäftsbetrieb entstandenen Aufwendungen nur verlangen, wenn dies handelsüblich ist.

Schrifttum: *Steindorff*, Wertersatz für Schäden als Aufwendungsersatz in Arbeits- und Handelsrecht, in: Festschrift Dölle, Bd. 1, 1963, S. 273; *Thume* in Küstner/Thume, Handbuch des gesamten Außendienstrechts, Bd. 1, 3. Aufl. 2000, Kap. 7 Rn. 1557 ff.

I. Inhalt und Bedeutung der Vorschrift

1 § 87d ist eine Sondervorschrift gegenüber §§ 670, 683 BGB; die Regelung ist auch nach dem Inkrafttreten des EG-Anpassungsgesetzes unverändert bestehen geblieben.

2 Als selbständiger Kaufmann hat der Handelsvertreter grundsätzlich die sich aus seiner Tätigkeit ergebenden **Kosten selbst zu tragen**. Dies gilt generell für alle Aufwendungen, die im regelmäßigen Geschäftsbetrieb entstanden sind, es sei denn, dass der Ersatz derartiger Aufwendungen handelsüblich ist. § 87d dies stellt klar. Abweichende Vereinbarungen sind jedoch stets möglich. Deshalb kann einerseits der Ersatz im regelmäßigen Geschäftsbetrieb entstandener Aufwendungen vereinbart werden, andererseits kann der Ersatzanspruch für jene Fälle ausgeschlossen werden, in denen ein Ersatz derartiger Aufwendungen handelsüblich ist. Für Aufwendungen, die außerhalb des regelmäßigen Geschäftsbetriebs entstanden sind, kommt es wiederum auf die getroffenen Vereinbarungen und bei deren Fehlen auf die Vorschriften

---

1 BGH v. 31.1.1979 – I ZR 8/77, WM 1979, 463.
2 BGH v. 1.12.1978 – I ZR 7/77, NJW 1979, 764 zu § 88 HGB.

der §§ 662 ff. bzw. 677 ff. BGB an. Aus § 87d ergibt sich also nicht zwangsläufig, ob der Handelsvertreter einen Ersatzanspruch für die außerhalb des regelmäßigen Geschäftsbetriebs entstandenen Aufwendungen haben kann.

Besteht ein Anspruch auf **Aufwendungsersatz**, unterliegen die Erstattungsbeträge als Aufwendungsentschädigung nach § 850a Nr. 3 ZPO dem Pfändungsschutz, soweit sie „den Rahmen des Üblichen" nicht übersteigen. Dies ist relativ unproblematisch, wenn jeweils konkret abgerechnete Aufwendungen erstattet werden. Erhält aber der Handelsvertreter eine pauschale Kostenerstattung, ist nur der Anteil unpfändbar, der die tatsächlich entstandenen Aufwendungen betrifft[1]. Reicht der pauschale Aufwendungsersatz zur Deckung der tatsächlichen Kosten nicht aus, erstreckt sich der **Pfändungsschutz** auch auf die vom Aufwendungsersatz nicht gedeckten Kosten[2].   3

II. Im regelmäßigen Geschäftsbetrieb entstandene Aufwendungen

Unter Aufwendungen, die im regelmäßigen Geschäftsbetrieb entstehen und   4
für die der Handelsvertreter nur bei entsprechend getroffenen **Vereinbarungen** oder bei **Handelsüblichkeit** Ersatz verlangen kann (sofern nicht der Ersatzanspruch vereinbarungsgemäß auch insoweit ausgeschlossen ist), sind alle Aufwendungen zu verstehen, die sich nach dem Berufsbild eines Handelsvertreters aus der Durchführung seiner Tätigkeit typischerweise ergeben, die also mit der ihm obliegenden Vermittlungs- oder Abschlusstätigkeit und der Erzielung entsprechender geschäftlicher Erfolge in unmittelbarem Zusammenhang stehen. Es kommt hierbei also auf den Umfang der dem Handelsvertreter übertragenen Aufgaben an, sofern diese nicht den üblichen Rahmen dessen überschreiten, was einem Handelsvertreter gemeinhin an Haupt- und Nebenpflichten übertragen zu werden pflegt, sofern dabei ein geläufiges Verhältnis von Aufwand und Geschäftsaussicht gewahrt ist.

Dazu gehören in erster Linie die Aufwendungen, die sich aus der **Reisetätigkeit** im weitesten Sinne, der Kundenbewirtung, der **Unterhaltung eines Büros** nebst Personal, der generellen Marktbeobachtung, der **Bonitätsprüfung** und der Ausübung der dem Handelsvertreter allgemein obliegenden Berichtspflicht ergeben.   5

Aufwendungen werden nicht selten in einer monatlichen **Spesen- bzw. Kostenpauschale** dem Handelsvertreter erstattet. Sind solche Pauschalen vereinbart, werden sie geschuldet, ohne dass es eines konkreten Nachweises bedarf, ob Auslagen in entsprechender Höhe jeweils tatsächlich angefallen sind. Vielmehr ist ein Fixkostenfixum auch dann zu zahlen, wenn die vergüteten Vermittlungsbemühen des Handelsvertreters nicht zu dem vom Unternehmer gewünschten Erfolg geführt haben. Anders wäre es nur, wenn der Handelsvertreter zu Lasten des Unternehmers treuwidrig handelt oder überhaupt keine Tätigkeit für diesen entfaltet[3].   6

---
1 *Müller*, ZfV 1975, 19; *Thume* in Küstner/Thume I, Rn. 1573.
2 *Meyer*, DB 1952, 693.
3 OLG Braunschweig v. 23.3.1956 – 2 U 181/55, BB 1956, 226.

7 **Nicht zu den Aufwendungen** des regelmäßigen Geschäftsbetriebs zu zählen sind Kosten bzw. Aufwendungen, die sich auf Pflichten beziehen, die nach § 86a vom Unternehmer **kostenlos** zu erbringen sind. Deshalb verbietet sich insoweit eine Kostenbelastung des Handelsvertreters für die ihm gemäß § 86a Abs. 1 zur Verfügung zu stellenden Unterlagen und für die ihm zu erteilenden Nachrichten Insoweit dürfen deshalb dem Handelsvertreter auch keine „Gebühren" für Unterlagen und Nachrichtenübermittlung in Rechnung gestellt werden.

8 Ferner gehören dazu nicht Kosten für Marktanalysen[1], für Werbemaßnahmen[2], die Angebotsausarbeitung, die Einarbeitung des Kunden bei technischem Gerät, die Durchführung des technischen Service, die Lagerhaltung und die Warenauslieferung sowie die Beschaffung von Ein- und Ausfuhrgenehmigungen. Nicht zum regelmäßigen Geschäftsbetrieb dürften auch Aufwendungen gehören, die durch Teilnahme an Vertreterkonferenzen, Messen und Ausstellungen oder dadurch entstehen, dass der Handelsvertreter ihm vom Kunden zugesandte beanstandete Ware an den Unternehmer weiterleitet oder von einem Kunden unter Eigentumsvorbehalt gelieferte Ware zurücknimmt und diese dem Unternehmer weiterleitet, wenn beim Kunden Zahlungsschwierigkeiten entstanden sind. Anders wäre jedoch die Rechtslage, wenn der Handelsvertreter derartige Pflichten vertraglich übernommen hätte, denn dann würden sie kraft Vereinbarung zu seinem regelmäßigen Geschäftsbetrieb gehören.

III. Behandlung anderer Kosten

9 Entstehen dem Handelsvertreter Kosten außerhalb des regelmäßigen Geschäftsbetriebs, und ist der Anspruch auf Aufwendungsersatz nicht generell vertraglich ausgeschlossen, so sind ihm die entstandenen Kosten zu ersetzen, wenn er weisungsgemäß gehandelt oder nach § 665 BGB berechtigterweise von den erteilten Weisungen abgewichen ist (§§ 670, 675 BGB). Handelt der Handelsvertreter außerhalb ihm erteilter Weisungen auf eigene Initiative, hängt der Ersatzanspruch davon ab, ob die Voraussetzungen des § 683 BGB erfüllt sind, die Geschäftsbesorgung also dem Interesse und dem wirklichen oder dem mutmaßlichen Willen des vertretenen Unternehmers entsprach.

10 Entstehen einem Handelsvertreter im Zusammenhang mit der Bewerbung um eine Vertretung **Vorstellungskosten**, insbesondere **Reisekosten**, und hat das einladende Unternehmen nicht ausdrücklich klargestellt, dass es die Vorstellungskosten nicht übernehmen werde, steht dem Handelsvertreter nach § 670 BGB ein Anspruch auf Ersatz der durch die Vorstellungsreise entstandenen Kosten zu[3]. Rechtsgrundlage ist hier § 670 BGB und nicht § 87d, weil § 87d nur Aufwendungen erfasst, die die eigentliche Tätigkeit des Handelsvertreters betreffen, nicht jedoch Aufwendungen außerhalb des regel-

---

1 *Baumbach/Hopt*, § 87d Rn. 5.
2 LAG Bremen v. 9.3.1955 – Sa 16/55, DB 1955, 535.
3 LG Hagen v. 25.2.1981 – 17 S 19/81, HVR Nr. 543; vgl. auch die weitere Rechtsprechung bei *Thume* in Küstner/Thume I, Rn. 1574 ff.

§ 88
Verjährung
(aufgehoben)

Schrifttum: *Küstner* in Küstner/Thume, Bd. I, 3. Aufl. 2000, Rn. 1294 ff.; *Küstner*, Zur Abkürzung der Verjährung für Ansprüche aus einem Handelsvertretervertrag, IHV 1984, Heft 9; *Stötter*, Der Verjährungseinwand gegen Handelsvertreter-Provisionsansprüche, NJW 1978, 799.

Die Bestimmung wurde am 14.12.2004 durch das Gesetz zur Anpassung von Verjährungsvorschriften an das Gesetz der Modernisierung des Schuldrechts[1] mit Wirkung vom 15.12.2004 **aufgehoben.** 1

I. Jetzige Rechtslage

Für die Verjährung von Ansprüchen aus einem Handelsvertreterverhältnis gelten jetzt die allgemeinen Vorschriften des BGB. Nach § 195 BGB beträgt die regelmäßige Verjährungsfrist **drei Jahre**. Die Frist beginnt gemäß § 199 Abs. 1 Nr. 1 und 2 BGB mit dem Schluss des Jahres, in dem der Anspruch entstanden ist und der jeweilige Gläubiger von den den Anspruch begründenden Umständen Kenntnis erlangt oder ohne grobe Fahrlässigkeit hätte erlangen müssen. Bei Unkenntnis verjähren die vertraglichen Ansprüche in zehn Jahren von ihrer Entstehung an (§ 199 Abs. 4 BGB). Schadensersatzansprüche der Parteien verjähren gemäß § 199 Abs. 2 und 3 BGB in zehn bzw. 30 Jahren. 2

II. Verjährungsfristen

Maßgebend für die regelmäßige Verjährung ist jetzt der **Zeitpunkt der Entstehung** des Anspruches, nicht mehr der seiner Fälligkeit. Weiteres Kriterium ist die Kenntnis des Gläubigers oder die grob fahrlässige Unkenntnis. Dies kann zu bedeutsamen Verschiebungen gegenüber dem früheren Rechtszustand führen. Entsteht beispielsweise der Provisionsanspruch im November des Jahres x, wird aber erst im Januar des darauf folgenden Jahres fällig, so beginnt die Verjährung mit Kenntnis des Handelsvertreters von den tatsächlichen Umständen bereits mit dem Schluss des Kalenderjahres x, während sie früher erst mit dem Schluss des darauf folgenden Kalenderjahres begann. 3

---

1 BGBl. I 3214.

4 Provisionsansprüche des Handelsvertreters entstehen gemäß § 87a Abs. 1 S. 1 und S. 3 in aller Regel nicht bereits mit Abschluss des vermittelten Geschäftes, sondern erst, wenn einer der Geschäftspartner das Geschäft ausgeführt hat. Die Entstehung hängt also vom Eintritt einer aufschiebenden Bedingung ab. Bis dahin hat der Handelsvertreter nur eine Provisionsanwartschaft. Aufschiebend bedingte Ansprüche entstehen also grundsätzlich erst mit Eintritt der Bedingung. Deshalb kann auch die Verjährung erst zu diesem Zeitpunkt beginnen[1].

5 Die Regelverjährung des BGB gilt auch für die **Hilfsansprüche** aus § 87c. Da diese einzelnen Hilfsansprüche jedoch wegen ihrer divergierenden Voraussetzungen zu unterschiedlichen Zeitpunkten entstehen, ist auch der Beginn der Verjährungsfristen ganz unterschiedlich[2]. So kann insbesondere die Verjährung des Rechtes auf Bucheinsicht nach § 87c Abs. 4 erst beginnen, wenn der zuvor geltend gemachte Buchauszug verweigert wird oder wenn dieser zunächst erstellt worden ist und sich erst dann begründete Zweifel an seiner Richtigkeit und Vollständigkeit ergeben.

6 Jedoch ist zu beachten, dass die Geltendmachung und Klageerhebung bezüglich einzelner Hilfsansprüche nur die Verjährung bezüglich dieser Ansprüche hemmen können. Dagegen tritt insoweit keine Hemmung der Verjährungsfrist für den Hauptanspruch, den Provisionsanspruch, ein. Lediglich die Stufenklage gemäß § 254 ZPO hat bindende Hemmungswirkung hinsichtlich aller mit ihr anhängig gemachten Ansprüche[3]. Dies ist besonders bedeutsam, weil mit dem Verjährungseintritt des Hauptanspruches das Recht auf den Hilfsanspruch erlischt; s. dazu § 87c Rn. 6.

7 Strittig ist, wann der **Ausgleichsanspruch** entsteht. Gemäß § 89b Abs. 1 S. 1 kann der Handelsvertreter diesen „nach Beendigung des Vertragsverhältnisses" verlangen. Die Frage der Entstehung steht hier in engem Zusammenhang mit der Fälligkeit des Anspruches. Ein Teil der Rechtsprechung und Lehre entnimmt der Formulierung des § 89b Abs. 1 S. 1, dass der Anspruch frühestens eine juristische Sekunde nach der rechtlichen Beendigung des Handelsvertretervertrages entstehen kann, also i.d.R. am darauf folgenden Tage[4]. Die Gegenmeinung vertritt die Auffassung, der Ausgleichsanspruch entstehe mit der Vertragsbeendigung selbst, also am letzten Tag des Vertra-

---

1 BGH v. 22.1.1987 – VIII ZR 88/85, NJW 1987, 2743, 2745; BGH v. 4.6.1981 – VII ZR 212/80, NJW 1981, 2343 f.; MünchKommBGB/*Grothe*, § 199 Rn. 6.
2 BGH v. 1.12.1978 – I ZR 7/77, NJW 1979, 764; BGH v. 31.1.1979 – I ZR 8/77, WM 1979, 463; BGH v. 11.7.1980 – I ZR 192/78, NJW 1982, 235.
3 BGH v. 14.5.1975 – IV ZR 19/74, MDR 1975, 829; BGH v. 17.6.1992 – IV ZR 183/91, MDR 1992, 1118.
4 So BGH v. 6.8.1997 – VIII ZR 92/96, MDR 1997, 1136; BGH v. 23.10.1996 – VIII ZR 16/96, BB 1997, 59; OLG Düsseldorf v. 25.2.2000 – 16 U 38/99, OLGR 2000, 406, 410 jew. für die Ausgleichsprognose am Tag nach der Beendigung; Ebenroth/Boujong/Joost/Löwisch, § 89b Rn. 12.

ges[1]. Die Frage erlangt erhebliche Bedeutung, wenn das Vertragsverhältnis zum 31.12. eines Jahres endet. Entsteht der Ausgleich am selben Tage, so beträgt die Verjährungsfrist insgesamt nur drei Jahre, weil sie mit dem Schluss dieses Jahres, also am selben Tage, beginnt. Andernfalls würde der Anspruch erst am 1.1. des folgenden Jahres entstehen mit der Folge, dass erst am Schluss des folgenden Jahres die Verjährung beginnen würde, die Gesamtfrist sich also auf vier Jahre erstrecken würde[2].

III. Abkürzung der Verjährungsfristen

Die für alle Ansprüche aus einem Handelsvertretervertrag geltende Verjährungsfrist kann gem. § 225 S. 3 BGB durch Vereinbarung abgekürzt werden. Für den Umfang der Abkürzung sind allein die Grundsätze von Treu und Glauben maßgebend. Mit Rücksicht auf die 12-monatige Ausschlussfrist des Ausgleichsanspruchs und die wesentliche Verlängerung der Verjährung bei unbekannten Ansprüchen ist künftig jedoch bei vertraglicher Abkürzung der Verjährungsfrist Vorsicht geboten. Der BGH fordert schon immer, dass „anerkennenswerte Interessen zumindest eines Vertragspartners eine angemessene Abkürzung der Verjährungsfrist rechtfertigen" müsse[3]. Solche **anerkennenswerten Interessen** liegen dann vor, wenn die Abkürzung der Verjährungsfrist einer zügigen Abwicklung des Vertrages und einer baldigen Klärung der beiderseitigen Rechte und Pflichten dient[4]. Zu kurze Fristen in Formularverträgen wurden von jeher als **unwirksam** angesehen, weil diese mit wesentlichen Grundgedanken der früher in § 88 getroffenen gesetzlichen Regelung nicht zu vereinbaren waren[5]. 8

Ferner muss die Abkürzung der Verjährungsfrist alle Ansprüche aus dem Vertragsverhältnis betreffen, darf also nicht nur die Ansprüche eines Vertragspartners beschränken[6]. Vielmehr ist die früher in § 88 vorgeschriebene Gleichbehandlung der Vertragspartner wohl auch weiterhin zu beachten. Bei Unwirksamkeit einer einseitig abgekürzten Verjährungsfrist tritt an deren Stelle die gesetzliche Verjährungsfrist, wenn ein Teil der Ansprüche des Vertragspartners ebenfalls der gesetzlichen Verjährungsfrist unterliegt[7]. Außerdem ist bei Vereinbarung einer kurzer Frist erforderlich, dass diese frühestens dann zu laufen beginnt, wenn der Anspruchsberechtigte von dem der 9

---

1 BGH v. 5.12.1968 – VII ZR 102/66, BGHZ 51, 184; BGH v. 8.11.1990 – I ZR 269/88, BB 1991, 368; BGH v. 6.8.1997 – VIII ZR 92/96, NJW 1998, 71; BFH v. 20.1.1983 – IV R 168/81; MünchKommHGB/*v. Hoyningen-Huene*, § 89b Rn. 210.
2 Näheres zu den Problemen s. insbesondere bei *Thume* in Küstner/Thume, Bd. II, Rn. 1625 ff.
3 BGH v. 12.10.1979 – I ZR 166/78, BGHZ 75, 218.
4 BGH v. 10.5.1990 – I ZR 175/88, BB 1990, 2066.
5 OLG Celle v. 12.2.1988 – 11 U 62/87, NJW-RR 1988, 1064.
6 BGH v. 12.10.1979 – I ZR 166/78, BGHZ 75, 218; OLG Hamm v. 25.6.1987 – I U 229/86, NJW-RR 1988, 674.
7 BGH v. 12.2.2003 – VIII ZR 284/01, NJW 2003, 1670.

Verjährung unterliegenden Anspruch Kenntnis erlangt[1]. Für die unbekannten Ansprüche werden wesentlich längere Fristen nötig sein, um der neuen Rechtslage zu genügen. Abkürzungen der Verjährungsfrist auf zwölf Monate in Formularverträgen wurden schon nach altem Recht teilweise beanstandet[2].

IV. Anspruchsverjährung und Arglisteinwand

10 Der Einrede der Verjährung kann der **Einwand der unzulässigen Rechtsausübung** entgegengehalten werden, wenn der Schuldner den Gläubiger in vorwerfbarer Weise über bestehende Ansprüche im Unklaren gelassen oder ihn gar hierüber arglistig getäuscht hat. So kann der Unternehmer, der den Handelsvertreter über die Entstehung von Provisionsansprüchen arglistig täuscht, auch nach Verjährung dieser Ansprüche aus dem Gesichtspunkt des Schadensersatzes verpflichtet sein, die Provisionsansprüche als unverjährt gegen sich gelten zu lassen[3]. Diese Fälle werden jedoch infolge der Verlängerung der Verjährungsfrist bei Unkenntnis des Anspruches kaum mehr vorkommen.

V. Verwirkung

11 Nur in **seltenen Ausnahmefällen** werden Ansprüche aus einem Handelsvertretervertrag schon vor Ablauf der Verjährungsfrist verwirkt sein, so dass der gleichwohl erfolgenden Geltendmachung des Anspruchs die Einrede der unzulässigen Rechtsausübung gegenübersteht. Der Verwirkungseinwand setzt in jedem Fall voraus, dass der Berechtigte eine ungebührlich lange Zeit verstreichen lässt, so dass der Verpflichtete annehmen durfte, es würden keine Ansprüche mehr gegen ihn erhoben werden, und er sich darauf einrichtete[4]. Die **bloße Untätigkeit des Berechtigten** während eines längeren, zur Verjährung nicht ausreichenden Zeitraums kann nicht zum Erlöschen eines Anspruchs führen[5]. Der BGH hatte zu dem inzwischen aufgehobenen § 88 festgestellt, dass für solche Ansprüche, die nach dem Gesetz ohnehin schon einer kurzen Verjährungsfrist unterliegen, eine Verwirkung vor Ablauf der Verjährungsfrist nur aus ganz besonderen Gründen angenommen werden könne, weil anderenfalls die durch die Verjährung gesetzlich vorgesehene zeitliche Beschränkung für die Erhebung von Ansprüchen gegenstandslos gemacht würde[6].

---

1 OLG Hamm v. 15.1.1999 – 35 U 30/98, VersR 1999, 1492; vgl. dazu auch *Emde*, VersR 2001, 148, 151 und *Küstner* in Küstner/Thume I, Rn. 1308 sowie BGH v. 10.5.1990 – I ZR 175/88, BB 1990, 2066.
2 OLG Celle v. 12.2.1988 – 11 U 62/87, NJW-RR 1988, 1064; vgl. auch OLG München v. 7.2.1996 – 7 U 5042/95, BB 1996, 980.
3 BGH v. 28.1.1977 – I ZR 171/75, BB 1977, 414.
4 BGH v. 17.2.1969 – II ZR 30/65, DB 1969, 569.
5 BGH v. 20.12.1968 – V ZR 97/65, DB 1969, 302.
6 BGH v. 17.2.1969 – II ZR 30/65, DB 1969, 569 sowie BGH v. 6.12.1988 – XI ZR 19/88, MDR 1989, 448.

§ 88a
Zurückbehaltungsrecht

(1) Der Handelsvertreter kann nicht im Voraus auf gesetzliche Zurückbehaltungsrechte verzichten.

(2) Nach Beendigung des Vertragsverhältnisses hat der Handelsvertreter ein nach allgemeinen Vorschriften bestehendes Zurückbehaltungsrecht an ihm zur Verfügung gestellten Unterlagen (§ 86a Abs. 1) nur wegen seiner fälligen Ansprüche auf Provision und Ersatz von Aufwendungen.

Schrifttum: *Höft*, Anmerkung zu OLG Köln, 14.5.1969 – 2 U 1/69, VersR 1970, 461; *Römhild*, Aufrechnungs- bzw. Zurückbehaltungsrecht hinsichtlich eingenommener Prämien?, VersVerm 1995, 430; *Schneider*, Aufrechnungsverbot und unabdingbares Zurückbehaltungsrecht nach § 88a HGB, DB 1969, 1229; *Schnitzler*, Gerichtsstandsvereinbarung und Zurückbehaltungsrecht des Handelsvertreters, DB 1966, 569.

I. Unabdingbarkeit

Nach § 88a Abs. 1 sind alle **gesetzlichen Zurückbehaltungsrechte** des Handelsvertreters, die ihm nach § 273 BGB und nach den §§ 369 ff. zustehen, zwingend. Das Zurückbehaltungsrecht nach § 369 steht ihm auch dann zu, wenn das vertretene Unternehmen nicht die Kaufmannseigenschaft besitzt, weil anderenfalls eine ungerechtfertigte unterschiedliche Rechtslage gegeben wäre, je nachdem, welche rechtliche Stellung das vertretene Unternehmen hat[1]. Unwirksam sind nicht nur der völlige Verzicht, sondern auch einzelne im Voraus erfolgende **Beschränkungen** der gesetzlichen Zurückbehaltungsrechte, beispielsweise im Wege einer Gerichtsstandsvereinbarung, durch die von der zwingenden Bestimmung des § 371 Abs. 4 abgewichen wird[2]. Ferner sind Vereinbarungen unzulässig, die besagen, dass dem Vertreter ein Zurückbehaltungsrecht vor der Vertragsbeendigung nur insoweit zustehen soll, als Meinungsverschiedenheiten über die aus dem Vertretungsvertrag dem Vertreter zustehenden Ansprüche bestehen[3].

Die **Unabdingbarkeit** dient in gleicher Weise dem Schutz des Handelsvertreters wie das Ausschluss- oder Beschränkungsverbot in § 87c und § 89b Abs. 4 S. 2. Gleichwohl ist aber auch vor der Vertragsbeendigung die Ausübung des Zurückbehaltungsrechts trotz eingetretener Fälligkeit nach § 369 Abs. 3 ausgeschlossen, wenn sie den dem Handelsvertreter erteilten Weisungen oder den ihm obliegenden Verpflichtungen entgegenstehen würde, etwa im Hinblick auf vom Kunden kassierte Gelder oder auf Gegenstände, deren der Handelsvertreter zur Ausübung der Vermittlungstätigkeit bedarf. Im Zeitpunkt der Vertragsbeendigung kann der Handelsvertreter ein Zurückbehaltungsrecht andererseits auch dann geltend machen, wenn seine An-

---
1 *Hopt*, Handelsvertreterrecht, § 88a Rn. 1 i.V.m. § 84 Rn. 28.
2 *Hopt*, Handelsvertreterrecht, § 88a Rn. 2.
3 BGH v. 29.3.1995 – VII ZR 102/94, VersR 1995, 570.

sprüche bei Vertragsfortsetzung im Hinblick auf den vereinbarten Abrechnungsturnus gem. § 87a Abs. 4 noch nicht fällig wären, weil im Zeitpunkt der Vertragsbeendigung sofort, ohne Rücksicht auf Fälligkeit abzurechnen ist[1] und anderenfalls der Handelsvertreter gerade im Zeitpunkt der Vertragsbeendigung des notwendigen Schutzes beraubt würde.

3 Aufgrund eines ausgeübten Zurückbehaltungsrechts kann der Handelsvertreter die **Klage auf Gestaltung der Befriedigung bei dem Gericht erheben**, in dessen Bezirk er seinen allgemeinen Gerichtsstand oder den Gerichtsstand der Niederlassung hat (§ 371 Abs. 4) und zwar auch dann, wenn im Handelsvertretervertrag ein anderer Gerichtsstand vereinbart ist[2]. Dieser besondere Gerichtsstand des § 371 Abs. 4 kann jedoch weder für eine Zwischenfeststellungsklage genutzt werden noch zur Austragung eines Streits über die Höhe der Forderung, auf die sich das ausgeübte Zurückbehaltungsrecht bezieht[3]; andererseits braucht im Rahmen der Befriedigungsklage die Höhe der zugrunde liegenden Forderung nicht beziffert zu werden[4].

4 **Vertraglich vereinbarte** zusätzliche **Zurückbehaltungsrechte** werden von der Bestimmung nicht erfasst. Da nur der **Vorausverzicht unwirksam** ist, kann nach Entstehen der konkreten Voraussetzungen des Zurückbehaltungsrechts nachträglich auf dessen Geltendmachung verzichtet werden.

II. Gegenstand des Zurückbehaltungsrechts

5 Bezüglich der Gegenstände, an denen der Handelsvertreter zurückbehaltungsberechtigt ist, muss unterschieden werden, ob das Vertragsverhältnis bei Ausübung des Zurückbehaltungsrechts noch besteht oder bereits beendet ist.

6 **Vor der Vertragsbeendigung** kann der Handelsvertreter das Zurückbehaltungsrecht nur im Rahmen der ihm erteilten Weisungen ausüben. Er darf mithin die Erfüllung der ihm obliegenden Aufgaben nicht verletzen. So besteht insbes. bezüglich der Unterlagen nur ein beschränktes Zurückbehaltungsrecht; der Handelsvertreter muss diese an Kunden abgeben, wenn er sie zu diesem Zweck erhalten hat. Das Gleiche gilt bei für Kunden bestimmte Vorführgeräte etc. Dagegen besteht ein Zurückbehaltungsrecht an allen Gegenständen, die er an den Unternehmer selbst zurück zu geben hätte.

7 **Nach der Vertragsbeendigung** kommt es gem. § 88a Abs. 2 darauf an, welche Forderungen durch die Ausübung des Zurückbehaltungsrechts gesichert werden sollen. Im Hinblick auf dem Handelsvertreter zur Verfügung gestellte Unterlagen (dazu gehört insbesondere auch eine dem Handelsvertreter zur Verfügung gestellte möglicherweise sehr wertvolle Musterkollektion)

---

1 OLG München v. 11.7.1958 – 6 U 767/58, BB 1958, 895; h.M.; Einzelheiten bei *Küstner* in Küstner/Thume I, Rn. 1452.
2 *Schnitzler*, DB 1966, 569.
3 OLG Hamburg v. 5.4.1951 – 3 U 434/50, MDR 1951, 741.
4 OLG Hamburg v. 20.11.1959 – 1 U 127/59, MDR 1960, 315.

kann das Zurückbehaltungsrecht nur wegen fälliger Ansprüche auf Provision und Aufwendungsersatz, nicht aber wegen eines mit der Vertragsbeendigung fällig gewordenen Ausgleichsanspruchs ausgeübt werden, weil nun der Unternehmer diese Unterlagen i.d.R. für die Fortsetzung der Vermittlungstätigkeit durch den Nachfolger des ausgeschiedenen Handelsvertreters benötigt. Wegen des Ausgleichsanspruchs kann der Handelsvertreter das Zurückbehaltungsrecht auch an Lagerware ausüben, wenn ihm die Unterhaltung eines Auslieferungslagers übertragen worden war.

III. Zurückbehaltungsrecht und Aufrechnungsverbot

Ist dem Handelsvertreter – wie dies in der **Versicherungswirtschaft** öfters geschieht – eine Inkassobefugnis übertragen worden und dementsprechend ein Aufrechnungsverbot vereinbart worden, wird der Unabdingbarkeitsgrundsatz gem. § 88a Abs. 1 nicht verletzt, obwohl dadurch im Hinblick auf derartige Gelder das Zurückbehaltungsrecht praktisch ausgeschlossen wird[1]. Dies ergibt sich nach § 369 Abs. 3 schon daraus, dass ein Zurückbehaltungsrecht bereits dann ausgeschlossen ist, wenn die Zurückbehaltung des Gegenstandes der vom Schuldner vor oder bei der Übergabe erteilten Anweisung oder der von dem Gläubiger übernommenen Verpflichtung, in einer bestimmten Weise mit dem Gegenstand zu verfahren, widerstreitet. Das ergibt sich aus § 273 Abs. 1 BGB. Einem Versicherungsvertreter kann deshalb an eingezogenen Versicherungsprämien schon aus der Natur der Sache kein Zurückbehaltungsrecht zustehen, weil die Versicherungsprämien dem Unternehmen für die den Versicherungsnehmern geschuldeten Versicherungsleistungen zur Verfügung stehen müssen[2].

8

§ 89
Fristgerechte Kündigung

(1) Ist das Vertragsverhältnis auf unbestimmte Zeit eingegangen, so kann es im ersten Jahr der Vertragsdauer mit einer Frist von einem Monat, im zweiten Jahr mit einer Frist von zwei Monaten und im dritten bis fünften Jahr mit einer Frist von drei Monaten gekündigt werden. Nach einer Vertragdauer von fünf Jahren kann das Vertragsverhältnis mit einer Frist von sechs Monaten gekündigt werden. Die Kündigung ist nur für den Schluss eines Kalendermonats zulässig, sofern keine abweichende Vereinbarung getroffen ist.

(2) Die Kündigungsfristen nach Absatz 1 Satz 1 und 2 können durch Vereinbarung verlängert werden; die Frist darf für den Unternehmer nicht kürzer sein als für den Handelsvertreter. Bei Vereinbarung einer kürzeren Frist für den Unternehmer gilt die für den Handelsvertreter vereinbarte Frist.

---
1 OLG Hamm v. 12.8.1993 – 18 W 23/93, NJW-RR 1994, 158.
2 LG Bonn v. 25.11.1970 – 11 O 92/68, VersR 1971, 543; vgl. auch *Römhild*, HVJ 1995, 430; *Küstner* in Küstner/Thume I, Rn. 1540; a.A. OLG Köln v. 14.5.1969 – 2 U 1/69, VersR 1970, 53 mit Anm. *Höft*, VersR 1970, 461; *Schneider*, DB 1969, 1229.

(3) Ein für eine bestimmte Zeit eingegangenes Vertragsverhältnis, das nach Ablauf der vereinbarten Laufzeit von beiden Teilen fortgesetzt wird, gilt als auf unbestimmte Zeit verlängert. Für die Bestimmung der Kündigungsfristen nach Absatz 1 Satz 1 und 2 ist die Gesamtdauer des Vertragsverhältnisses maßgeblich.

Übersicht

	Rn.		Rn.
I. Die gesetzliche Regelung	1	3. Besondere Kündigungstatbestände	
II. Kündigung von Verträgen auf unbestimmte Zeit		a) Teilkündigungen sind unzulässig	16
		b) Bedingte Kündigung	17
1. Rechtsnatur dieser Verträge	3	c) Probezeitvereinbarung	18
2. Kündigungsfristen und -termine	10	d) Kündigung vor Vertragsbeginn	19
a) Zwingende Regelungen	11	4. Das Vertragsverhältnis während der Kündigungsfrist	20
b) Vereinbarung längerer Fristen	14		
c) Vereinbarung abweichender Kündigungstermine	15	III. Verträge auf bestimmte Zeit	25

Schrifttum: *Becker-Schaffner,* Die Änderungskündigung aus materieller und prozessualer Sicht, BB 1991, 129; *Becker-Schaffner,* Zugang der Kündigung, BB 1998, 422; *Hromadka,* Die Änderungskündigung – eine Skizze, DB 2002, 1322; *Kindler,* Verwirkung des Rechts auf außerordentliche Kündigung: Für welche Dienstvertragstypen gilt § 626 Abs. 2 BGB?, BB 1988, 2051; *Küstner,* Die kündigungsrechtliche Behandlung von Handelsvertreterverträgen mit Verlängerungsklausel, BB 1972, 1239; *Küstner,* Handelsvertretervertrag mit Verlängerungsklausel, BB 1975, 195; *Maier,* Kündigung des Handelsvertreters wegen Alters oder Krankheit, BB 1978, 940; *Matthies,* Zur Auslegung des § 89 Abs. 1 S. 2 HGB, MDR 1986, 902; *Pauly,* Hauptprobleme der Änderungskündigung, DB 1997, 2378; *Schröder,* Kündigung von Handelsvertreterverträgen mit Verlängerungsklausel, BB 1974, 298; *Schröder,* Handelsvertreterverträge auf bestimmte Zeit, in: Festschrift Hefermehl, 1976, S. 113; *Seel,* Formale Voraussetzungen und (Mindest-)Inhalt einer Kündigungserklärung, MDR 2005, 1331; *Wente,* Findet § 103 InsO bei Insolvenz des dienstverpflichteten Unternehmens Anwendung?, ZIP 2005, 335.

I. Die gesetzliche Regelung

1 § 89 regelt die ordentliche Kündigung eines auf unbestimmte Zeit abgeschlossenen Handelsvertretervertrages. Die Vorschrift ist aufgrund der **EG-Harmonisierungs-Richtlinie** und des Anpassungsgesetzes vom 23.10.1989 insbesondere bezüglich der Kündigungsfristen geändert worden und gilt seit dem 1.1.1990.

2 Die EG-Richtlinie vom 18.12.1986 sah gegenüber den zuvor maßgeblichen Regelungen **zwingende Kündigungsfristen** für das 1. Vertragsjahr von einem Monat, für das 2. Vertragsjahr von zwei Monaten und für das 3. und die folgenden Vertragsjahre von drei Monaten vor. Sie erlaubte aber den Mitgliedstaaten, über die für das 3. und die folgenden Vertragsjahre maßgebliche Mindestkündigungsfrist hinaus für das 4. Vertragsjahr eine Mindestkündi-

gungsfrist von vier Monaten, für das 5. Vertragsjahr eine solche von fünf Monaten und für das 6. und die folgenden Vertragsjahre eine Mindestkündigungsfrist von sechs Monaten festzusetzen. Der Gesetzgeber hat von dieser Befugnis, vom 4. bis 6. Vertragsjahr jährlich steigende Kündigungsfristen festzusetzen, jedoch keinen Gebrauch gemacht, sondern für das 4. und 5. Vertragsjahr eine gleich bleibende dreimonatige und erst vom 6. Vertragsjahr an eine sechsmonatige Mindestkündigungsfrist – jeweils zum Monatsende – vorgeschrieben, die durch Vertragvereinbarung nicht verkürzt, wohl aber verlängert werden kann (§ 89 Abs. 2 S. 1).

II. Kündigung von Verträgen auf unbestimmte Zeit

1. Rechtsnatur dieser Verträge

Handelsvertreterverträge, die auf **unbestimmte Zeit abgeschlossen werden**, können durch ordentliche Kündigung (abgesehen von anderen Beendigungstatbeständen: Tod des Handelsvertreters, einvernehmliche Vertragsbeendigung, Arbeitsunfähigkeit, fristlose Kündigung aus wichtigem Grund) nur unter Einhaltung der genannten **Mindestfristen** jeweils zum Monatsende beendet werden.

3

Auf unbestimmte Zeit abgeschlossen ist ein Handelsvertretervertrag, wenn die Parteien darin keinen bestimmten Endtermin vorgesehen haben, so dass der Vertrag nicht durch ein äußeres Ereignis wie Zeitablauf oder Bedingungseintritt beendet werden kann. Dann ist im Zeitpunkt des Vertragsabschlusses nicht voraussehbar, wann das Vertragsverhältnis durch Kündigung oder einen der oben genannten anderen Beendigungsgründe beendet wird. Handelsvertreterverträge dagegen, die von vornherein auf eine bestimmte Zeitdauer abgeschlossen werden, laufen mit dem Ablauf der vereinbarten Zeitdauer automatisch aus, ohne dass es einer Kündigung bedarf; der Beendigungszeitpunkt liegt hier von vornherein fest. Ist ein Vertrag zunächst auf eine bestimmte Zeit abgeschlossen und wird er nach Beendigung dieser Laufzeit von beiden Parteien fortgesetzt, so verlängert er sich auf unbestimmte Zeit[1].

4

Auch Verträge mit einer sog. **Verlängerungsklausel** sind nach h.M. Handelsvertreterverträge auf unbestimmte Zeit, weil auch bei ihnen die Vertragsbeendigung von einer Willenserklärung abhängt. Sie werden zwar bei Vertragsabschluss zunächst für eine bestimmte Laufzeit fest abgeschlossen, sollen sich aber nach dem Willen der Parteien über den Ablauf dieser fest vereinbarten Zeitspanne hinaus auf eine weitere – häufig gleichlange – Zeitspanne verlängern, wenn nicht innerhalb einer bestimmten Frist vor Ablauf der zunächst vereinbarten oder der mangels Kündigung aus der Vertragsverlängerung sich ergebenden weiteren Zeitspanne eine Vertragskündigung er-

5

---

1 BGH v. 19.1.2005 – VIII ZR 139/04, NJW 2005, 273.

folgt[1]. Zwar hat der BGH[2] derartige Handelsvertreterverträgen mit Verlängerungsklausel als Verträge auf bestimmte Zeit angesehen, weil „die Parteien eine Absprache über die Laufzeit des Vertrages getroffen" hätten. Tatsächlich haben aber bei derartigen Verträgen die Parteien gar keine Absprache über die Laufzeit des Vertrages getroffen, sondern lediglich vereinbart, dass der Vertrag zunächst eine bestimmte Zeitspanne laufen soll und erstmalig zum Ende dieser Zeitspanne gekündigt werden könne. Die Vereinbarung unterscheidet sich also nicht von einem Handelsvertretervertrag, in dem von vornherein festgelegt wird, dass er z.B. nur unter Einhaltung einer bestimmten Kündigungsfrist nur jeweils zum Jahresende jedes zweiten Jahres gekündigt werden könne. Der Meinungsstreit ist jedoch letztlich rein akademisch, weil auch der BGH auf solche Verträge mit Verlängerungsklausel § 89 analog anwendet[3].

6   **Verträge auf Widerruf**, die eine Klausel enthalten, in der sich einer der Vertragspartner einen Widerruf mit sofortiger Wirkung vorbehalten, widersprechen der zwingenden Vorschrift des § 89. Sie stellen eine Umgehung der dort geregelten Mindestkündigungsfristen dar. Ein solcher Vertrag gilt daher als auf unbestimmte Zeit geschlossen und kann bei Widerruf ohne wichtigen Kündigungsgrund nur innerhalb der gesetzlichen Kündigungsfristen beendet werden[4].

7   Als ein einheitlicher Handelsvertretervertrag auf unbestimmte Zeit sind auch die sog. **Kettenverträge** anzusehen. Um solche Verträge handelt es sich dann, wenn der Vertrag zwar jeweils nur fest auf ein Jahr abgeschlossen wird, wenn aber dem Handelsvertreter jeweils am Ende der vereinbarten Laufzeit ein neuer Vertrag – wiederum mit fester Laufzeit – angeboten wird, der im Wesentlichen dem bisherigen Vertragsinhalt entspricht und nicht jedes Mal neu ausgehandelt wird[5].

8   Schließlich sind auch Handelsvertreterverträge, die **automatisch** enden sollen, wenn der Handelsvertreter ein bestimmtes Lebensalter erreicht hat, nicht als Verträge auf bestimmte Zeit, sondern auf unbestimmte Zeit anzusehen. Mit der Vereinbarung einer **Altersgrenze** soll lediglich festgelegt werden, dass der Vertrag mit ihrer Erreichung endet, ohne dass es einer Kündigung bedarf. Damit soll aber nicht ausgeschlossen werden, dass auch eine schon vorher ausgesprochene Kündigung jederzeit zulässig sein soll[6].

---

1 OLG Hamm v. 10.9.1973 – 18 W 54/73, BB 1973, 1233.
2 BGH v. 12.12.1974 – VII ZR 229/73, DB 1975, 299 mit abl. Anm. *Küstner*, BB 1975, 194.
3 BGH v. 12.12.1974 – VII ZR 229/73, NJW 1975, 387.
4 OLG Bamberg v. 20.5.1952 – 1 U 13/52, HVR Nr. 87; MünchKommHGB/*v. Hoyningen-Huene*, § 89 Rn. 33.
5 BGH v. 11.12.1958 – II ZR 169/57, VersR 1959, 129; BGH v. 17.7.2002 – VIII ZR 59/01, BB 2002, 2036; *Thume* in Küstner/Thume I, Rn. 1644 und Küstner/Thume II, Kap. V, Rn. 85 und Kap. XI, Rn. 19.
6 BGH v. 6.2.1969 – VII ZR 125/66, VersR 1969, 445; *Thume* in Küstner/Thume I, Rn. 1652.

Werden Handelsvertreterverträge auf die **Lebenszeit des Handelsvertreters** 9
oder für einen längeren Zeitraum als fünf Jahre unkündbar abgeschlossen,
ist umstritten, ob § 624 BGB anwendbar ist, wonach solche Verträge vom
Verpflichteten nach dem Ablauf von fünf Jahren mit einer Frist von sechs
Monaten gekündigt werden können[1]. Einigkeit herrscht immerhin darüber,
dass eine Anwendung dieser Bestimmung nur in Betracht kommt, wenn im
konkreten Vertragsverhältnis das dienstvertragliche Element vorherrscht[2].
In der Literatur wird dies nahezu einhellig für das Handelsvertreterrecht allgemein und für den Tankstellenhalter im Besonderen deshalb abgelehnt,
weil § 624 BGB eine starke persönliche und soziale Abhängigkeit des
Dienstverpflichteten voraussetze, diese aber beim hauptberuflich tätigen
(und nicht arbeitnehmerähnlichen) Handelsvertreter in der Regel fehle[3].

2. Kündigungsfristen und -termine

Die gesetzlichen Kündigungsfristen können vertraglich verlängert, nicht 10
aber abgekürzt werden, die Kündigungstermine, die den Endzeitpunkt des
Vertrages bestimmen, können vom Gesetz abweichend geregelt werden. Ferner gibt der das gesamte Schuldrecht bestimmende Grundsatz der Vertragsfreiheit den Parteien auch die Möglichkeit, das Recht des Unternehmers auf
ordentliche Kündigung völlig auszuschließen, wenn es sich um ein im Wirtschaftsleben erfahrenes Unternehmen handelt, das seine Interessen wahren
kann und das auf den teilweisen Kündigungsverzicht nach Abschätzung der
damit verbundenen Risiken eingegangen ist[4].

a) Zwingende Regelungen

Sofern vertraglich nicht längere Kündigungsfristen vereinbart werden, kann 11
ein auf unbestimmte Zeit abgeschlossener Handelsvertretervertrag nur unter Einhaltung der in § 89 Abs. 1 festgelegten **Mindestkündigungsfristen** gekündigt werden. Eine vertragliche Abkürzung dieser Mindestkündigungsfrist ist seit dem 1.1.1990 nicht mehr möglich. An die Stelle vereinbarter
abgekürzter und deshalb unwirksamer Kündigungsfristen treten bei ausgehandelten und formularmäßigen Handelsvertreterverträgen die jeweiligen
gesetzlichen Fristen[5]. Bei Versäumung der jeweils maßgeblichen Kündigungsfrist wirkt die ausgesprochene Kündigung erst zum sodann zulässigen
nächsten Termin.

---

1 Ablehnend BGH v. 9.6.1969 – VII ZR 49/67, BGHZ 52, 171; offen lassend BGH v. 31.3.1982 – I ZR 56/80, BB 1982, 1017.
2 OLG Hamm v. 8.5.1978 – 18 U 205/77, BB 1978, 1335; KG v. 26.6.1997 – 2 U 4731/96, MDR 1997, 1041; *MünchKommHGB/v. Hoyningen-Huene*, § 89 Rn. 4; *Baumbach/Hopt*, § 89 Rn. 7; ausführlich *Thume* in Küstner/Thume I, Rn. 1653 ff. m. w. Hw.
3 *Duden*, NJW 1962, 1326; *Würdinger*, NJW 1963, 1550; *Boldt*, BB 1962, 906; *Heyer*, NJW 1965, 1573; *v. Gamm*, NJW 1979, 2489, 2493; a.A. *Schröder*, Recht der Handelsvertreter, § 89 Rn. 8 und 41a; *Ritter*, NJW 1984, 2255 für personenbezogene Handelsvertreterverhältnisse.
4 BGH v. 26.4.1995 – VIII ZR 124/94, BB 1995, 1257.
5 OLG Nürnberg v. 29.1.1986 – 4 U 3370/85, NJW-RR 1986, 782 zu § 6 AGBG.

12 Gelten für die einzelnen Vertragsjahre **unterschiedlich lange Kündigungsfristen**, ist es nicht erforderlich, dass so frühzeitig gekündigt wird, dass die gesamte Kündigungsfrist noch im Kündigungsjahr ablaufen kann[1]. Gilt also beispielsweise für das zweite Vertragsjahr, das am 31.12. abläuft, gem. § 89 Abs. 1 eine Mindestkündigungsfrist von zwei Monaten, so ist fristgerecht gekündigt worden, wenn die Kündigung erst am 29.11. dem Kündigungsempfänger zugeht, aber erst am 31.1. des dritten Vertragsjahres das Vertragsverhältnis wirksam beendet, obwohl im dritten Vertragsjahr bereits eine Mindestkündigungsfrist von drei Monaten gilt.

13 Für die **Berechnung** gesetzlicher oder vertraglich vereinbarter Kündigungsfristen muss beachtet werden, dass die Kündigungserklärung so rechtzeitig dem Kündigungsempfänger zugeht, dass der Fristlauf nicht durch Samstage, Sonn- oder Feiertage gekürzt wird. Fällt für eine Kündigung zum 30.6. der für den Zugang der Kündigungserklärung letzte Tag, also beispielsweise der 30.4., auf einen Sonnabend, reicht der Zugang am Montag, dem 2.5., nicht aus. § 193 BGB findet auf Kündigungsfristen keine Anwendung[2].

b) Vereinbarung längerer Fristen

14 Die Vereinbarung längerer Kündigungsfristen lässt das Gesetz zu (§ 89 Abs. 2 S. 1), und zwar auch besonders lange Kündigungsfristen, so z.B. eine Frist von neun Monaten nur jeweils zum Ende eines jeden dritten Kalenderjahres[3]. Vom Gesetz abweichende längere Kündigungsfristen müssen gem. § 89 Abs. 2 S. 1 2. Hs. **für beide Vertragspartner gleich lang** sein. Wird im Vertrag festgelegt, dass für die Kündigung des Unternehmers eine kürzere Frist als für die des Handelsvertreters gelten soll, gilt für beide Vertragspartner die für die Kündigung des Handelsvertreters vereinbarte längere Frist (§ 89 Abs. 2 S. 2).

c) Vereinbarung abweichender Kündigungstermine

15 Nach § 89 Abs. 1 S. 2 kann die Kündigung zwar nur für den Schluss eines Kalendermonats erfolgen. Von dieser Regelung abweichende Vereinbarungen können aber getroffen werden, was nach früherem Recht nicht möglich war.

3. Besondere Kündigungstatbestände

a) Teilkündigungen sind unzulässig

16 Teilkündigungen eines einheitlichen Vertrages sind grundsätzlich unzulässig; und unwirksam sofern nicht zwischen den Parteien etwas Abweichen-

---

1 OLG Düsseldorf v. 18.2.1983 – 16 U 132/82, HVR Nr. 573.
2 BGH v. 28.9.1972 – VII ZR 186/71, NJW 1972, 2083; BGH v. 17.2.2005 – III ZR 172/04, WM 2005, 753.
3 KG v. 26.6.1997 – 2 U 4731/96, KG-Report Berlin, 1997, 198.

des vereinbart wurde[1]. Es ist deshalb nicht möglich, durch eine Teilkündigung den übertragenen Vertretungsbezirk, den zugewiesenen Kundenkreis oder den vereinbarten Provisionssatz zu ändern oder in anderer Weise eindeutig gegen den Willen des Vertragspartners in die getroffenen Vereinbarungen einzugreifen[2]. Ferner unterliegt die Wirksamkeit einer **Teilkündigungsklausel** in Formularverträgen der strengen Inhaltskontrolle gem. § 307 BGB. Sie sind unwirksam, wenn durch sie der Anspruch des Vertreters auf Ausgleich gem. § 89b beeinträchtigt werden könnte[3]. Das dürfte wegen der Unabdinbarkeit des § 89b auch für Individualverträge gelten.

b) Bedingte Kündigung

Die Kündigung eines Handelsvertretervertrages kann zwar unter einer aufschiebenden Bedingung ausgesprochen werden; sie ist **nicht grundsätzlich bedingungsfeindlich**[4]. Voraussetzung ist aber, dass die Kündigung eindeutig ist und der Handelsvertreter durch die der Kündigung beigefügte Bedingung nicht in eine ungewisse Lage gerät. Das wird dann der Fall sein, wenn nicht der Gekündigte, sondern nur der Kündigende selbst zweifelsfrei feststellen kann, ob die Bedingung eingetreten ist oder nicht; so z.B. bei einer Kündigung des Unternehmers, „sofern nicht die Leistungen verbessert werden". Sog. **Potestativ-Bedingungen**, bei denen der Bedingungseintritt allein vom Willen des Gekündigten abhängt, sind wirksam. Entsprechendes gilt auch für eine **Änderungskündigung**, die ein Angebot zur Fortsetzung des Vertrages zu geänderten Bedingungen darstellt[5].

c) Probezeitvereinbarung

Wird ein Handelsvertretervertrag mit „**vorgeschalteter Probezeit**" abgeschlossen, handelt es sich um einen Vertrag auf unbestimmte Zeit. Die Probebeschäftigung vollzieht sich hier im Rahmen des zeitlich bedingten Dauerverhältnisses. Das Probeverhältnis endet mit dem Ablauf der Zeit, für die es eingegangen wurde. Damit enden aber nicht sämtliche Vertragsbeziehungen zwischen den Parteien; vielmehr schließt sich an den Probevertrag vereinbarungsgemäß ein voll wirksamer Handelsvertretervertrag nahtlos an. Anders ist es jedoch, wenn der Probevertrag von vornherein ausdrücklich nur auf Zeit abgeschlossen wurde. Bei Handelsvertreterverträgen mit vorgeschalteter Probezeit können keine vom Gesetz abweichenden kürzeren Kündigungsfristen vereinbart werden.

---

[1] BGH v. 5.11.1992 – IX ZR 200/91, BB 1993, 1616; vgl. auch OLG Köln v. 10.5.1989 – 13 U 50/89, VersR 1989, 1148. Entsprechendes gilt auch für das Vertragshändlerrecht, BGH v. 6.10.1999 – VIII ZR 125/98, BGHZ 142; *Thume* in Küstner/Thume III, Rn. 1397.
[2] BGH v. 18.2.1977 – III ZR 175/75, DB 1977, 1844.
[3] Siehe dazu BGH v. 6.10.1999 – VIII ZR 125/98, BGHZ 142, 358 zur Unwirksamkeit einer solchen Klausel im Vertraghändlerrecht.
[4] *Thume* in Küstner/Thume I, Rn. 1620.
[5] BAG v. 7.6.1973 – 2 AZR 450/72, NJW 1973, 1819; Einzelheiten bei *Schmidt*, NJW 1971, 684 und *Küstner* in Küstner/Thume I, Rn. 1071.

d) Kündigung vor Vertragsbeginn

19 Ein Handelsvertretervertrag kann – wie Dienstverträge allgemein – auch schon vor dem Vertragsbeginn gekündigt werden. Diese Kündigung kann auch schon so frühzeitig erfolgen, dass die gesamte Kündigungsfrist vor dem beabsichtigen Vertragsbeginn liegt; denn auch bei einer vorvertraglichen Kündigung beginnt der Lauf der Kündigungsfrist mit Zugang der Kündigung und nicht erst mit dem vereinbarten Vertragsbeginn[1]. Es wird demgemäß nicht vorausgesetzt, dass die Kündigung nur zum ersten nach Vertragsbeginn liegenden Kündigungstermin erfolgen könne oder überhaupt erst mit dem Beginn des Vertreterverträges zu laufen beginnt[2].

4. Das Vertragsverhältnis während der Kündigungsfrist

20 Während laufender Kündigungsfrist besteht das Vertragsverhältnis mit allen vereinbarten Rechten und Pflichten beider Parteien unverändert fort. Insbesondere ist der Unternehmer mangels einer insoweit getroffenen Vereinbarung nicht berechtigt, den Handelsvertreter während der Kündigungsfrist **einseitig von jeder Tätigkeit freizustellen**[3].

21 Die vertragliche Vereinbarung von **Freistellungsklauseln** ist jedoch zulässig[4] und im Bereich der Versicherungswirtschaft häufig anzutreffen. Sie ermöglicht es dem Unternehmen, die Rechte und Ansprüche des Vertreters einseitig nach Gutdünken zu verkürzen und führt so für die Restlaufzeit des Vertrages zu einem Berufsverbot zu Lasten des Vertreters. Dennoch ist sie nach Auffassung des BGH[5] erlaubt, weil sie im Interesse des Unternehmens verhindern soll, dass der gekündigte Vertreter bei Vertragsende den von ihm geworbenen und betreuten Kundenstamm „mitnehmen" und einem Konkurrenzunternehmen zuführen kann.

22 Erfolgt eine Freistellung aufgrund einer diesbezüglich getroffenen Abrede, bleibt der Anspruch des Handelsvertreters auf eine angemessene Vergütung bestehen. Es handelt sich insoweit um eine vorgezogene Wettbewerbsabrede, die eine Karenzentschädigung auslöst[6], soweit der Handelsvertreter nicht aufgrund seiner Stellung als Bezirksvertreter oder Kundenschutzgenießer vertragliche Provisionsansprüche ohnehin behält[7].

---

1 BAG v. 9.5.1985 – 2 AZR 372/84, BB 1986, 1919.
2 So die frühere Rspr. des BAG v. 22.8.1964 – I AZR 64/64, BAGE 16, 204.
3 H.M.; MünchKommHGB/*v. Hoyningen-Huene*, § 89 Rn. 66; *Ebenroth/Boujong/ Joost/Löwisch*, § 89 Rn. 30; *Thume* in Küstner/Thume I, Rn. 1670 ff, 1683.
4 BGH v. 29.3.1995 – VIII ZR 102/94, VersR 1995, 570 mit Anm. *Römhild*, VersVerm 1995, 279.
5 BGH v. 29.3.1995 – VIII ZR 102/94, VersR 1995, 570.
6 BGH v. 29.3.1995 – VIII ZR 102/94, VersR 1995, 570; *Baumbach/Hopt*, § 89 Rn. 25.
7 BGH v. 12.3.1992 – I ZR 117/90, NJW-RR 1992, 1059; BGH v. 18.6.1959 – II ZR 121/57, NJW 1959, 1490. Zur Unzulässigkeit einer dem Handelsvertreterrecht fremden „Suspendierung" eines Handelsvertreters: OLG Brandenburg v. 18.7.1995 – 6 U 15/95, BB 1996, 2115.

Erfolgt keine Freistellung, ist der Unternehmer während der Kündigungsfrist 23
verpflichtet, dem Handelsvertreter eine **Musterkollektion** auch dann zur
Verfügung zu stellen, wenn der Handelsvertreter seine Vermittlungstätigkeit
wegen der bevorstehenden Vertragsbeendigung nur noch kurze Zeit durchführen kann. Gerade in solchen Fällen empfiehlt sich eine vertragliche Regelung, dass die Kündigungsfristen und -termine den unterschiedlichen Verkaufssaisons angepasst werden oder dass der Anspruch auf Aushändigung
einer Musterkollektion ausgeschlossen wird.

Während der laufenden Kündigungsfrist ist der Handelsvertreter verpflich- 24
tet, sich an das während des bestehenden Vertreterertrages geltende allgemeine **Konkurrenzverbot** zu halten Dies gilt auch, wenn der Unternehmer
den Handelsvertretervertrag zu Unrecht fristlos gekündigt hat, bis zum Ablauf der ordentlichen Kündigungsfrist. Will der Handelsvertreter am Vertrag
nicht festhalten, muss er aufgrund der unwirksamen fristlosen Kündigung
des Unternehmers nun selbst den Vertrag außerordentlich kündigen[1]. Der
gekündigte Handelsvertreter darf jedoch trotz des weiter bestehenden Wettbewerbsverbotes schon vor Vertragsbeendigung Kontakt zu anderen Unternehmen, auch Konkurrenten aufnehmen, um sich neue Auftraggeber zu suchen. Streitig ist, ob er die beabsichtigte nachvertragliche Übernahme einer
Konkurrenztätigkeit dem Unternehmer rechtzeitig vollständig offenbaren
muss. Dies wird teilweise bejaht, damit der Unternehmer den Einsatz des
Handelsvertreters während der Kündigungsfrist noch so gestalten kann, dass
ihm aus dessen Tätigkeit bis zur Vertragsbeendigung kein Schaden entsteht[2].

III. Verträge auf bestimmte Zeit

Die Zeitbestimmung eines Vertrages kann durch Vereinbarung eines be- 25
stimmten Kalenderdatums für dessen Ende oder eines genauen Zeitraumes
oder einer Fristsetzung erfolgen. Schließlich kann sie aus der Beschaffenheit
oder dem Zweck der Dienste zu entnehmen sein (vgl. § 620 Abs. 2 BGB). Solche Zeitverträge auf eine bestimmte Dauer sind daher z.B. auch die Vertretung in einer Saison, für die Dauer einer bestimmten Reisekampagne etc.
möglich. Derartige Handelsvertreterverträge enden automatisch mit dem
Ablauf der Zeit, für die sie abgeschlossen wurden, ohne dass es einer Kündigung bedarf.

Während seiner Laufzeit kann ein auf bestimmte Zeit abgeschlossener Ver- 26
trag nur aus wichtigem Grund gem. § 89a Abs. 1 vorzeitig durch Kündigung
beendet werden. Ein zunächst auf unbestimmte Zeit abgeschlossener Handelsvertretervertrag kann auch während seiner Laufzeit in einen auf be-

---

1 BGH v. 12.3.2003 – VIII ZR 197/02, WM 2003, 2103; BGH v. 17.10.1991 – I ZR
248/89, WM 1992, 311.
2 OLG Saarbrücken v. 19.12.1972 – 2 U 15/71, RVR 1973, 100; MünchKommHGB/v.
Hoyningen-Huene, § 89 Rn. 17; a.A. Staub/Brüggemann, § 86 Rn. 27; Schröder,
RVR 1973, 71.

stimmte Zeit abgeschlossenen Vertrag umgewandelt werden, so dass es dann zu seiner Beendigung ebenfalls keiner Kündigung mehr bedarf.

27 Wird ein zunächst auf bestimmte Zeit eingegangenes **Vertragsverhältnis nach Ablauf** der vereinbarten Laufzeit von beiden Teilen **fortgesetzt**, gilt das Vertragsverhältnis nach § 89 Abs. 3 als auf unbestimmte Zeit verlängert. Das gilt auch, wenn der Handelsvertreter einfach seine Tätigkeit fortsetzt und der Unternehmer die von ihm beigebrachten Geschäfte ausführt. Eine erneute Einigung oder ein fortdauerndes Einigsein der Parteien über sämtliche Bedingungen ihrer Zusammenarbeit ist nicht erforderlich[1]. In diesem Fall kann dann das verlängerte Vertragsverhältnis nur wiederum durch Kündigung beendet werden. Zum Schutz des Handelsvertreters ist in § 89 Abs. 3 S. 2 festgelegt, dass sich sodann die Dauer der Kündigungsfrist nach der gesamten Vertragsdauer richtet, also einschließlich der vorangegangenen, vereinbarungsgemäß zunächst auf bestimmte Zeit laufenden Vertragsperiode.

§ 89a
Fristlose Kündigung

(1) Das Vertragsverhältnis kann von jedem Teil aus wichtigem Grunde ohne Einhaltung einer Kündigungsfrist gekündigt werden. Dieses Recht kann nicht ausgeschlossen oder beschränkt werden.

(2) Wird die Kündigung durch ein Verhalten veranlasst, das der andere Teil zu vertreten hat, so ist dieser zum Ersatz des durch die Aufhebung des Vertragsverhältnisses entstehenden Schadens verpflichtet.

Übersicht

	Rn.		Rn.
I. Kündigung aus wichtigem Grund		6. Abmahnung	13
1. Bedeutung der Vorschrift	1	7. Nachschieben wichtiger Kündigungsgründe	14
2. Unabdingbarkeit	2	8. Wichtige Kündigungsgründe	16
3. Voraussetzung für die außerordentliche Kündigung	3	**II. Schadensersatzanspruch (§ 89a Abs. 2)**	18
4. Kündigungserklärung	10		
5. Zeitpunkt der Kündigung	12	**III. Unwirksamkeit der außerordentlichen Kündigung**	21

Schrifttum: *Becker-Schaffner*, Zugang der Kündigung, BB 1998, 422; *Emde*, Die betriebsbedingte außerordentliche Kündigung von Vertragshändlerverträgen durch den Unternehmer, BB 1996, 2260; *Fischer*, Die Anhörung des Arbeitnehmers vor der Verdachtskündigung, BB 2003, 522; *v. Hase*, Fristlose Kündigung und Abmahnung nach neuem Recht, NJW 2002, 2278; *Gerhards*, Abmahnungserfordernis bei Vertrauensstörungen, BB 1996, 794; *Kindler*, Verwirkung des Rechts auf außerordentliche Kündigung: Für welche Dienstvertragstypen gilt § 626 Abs. 2 BGB?, BB 1988, 2051; *Küstner*,

---

1 BGH v. 19.1.2005 – VIII ZR 139/04, VersR 2005, 504.

Bestandswegnahme und Schadenersatz, VersR 1996, 944; *Küstner* in Küstner/Thume, Handbuch des gesamten Außendienstrechts, Bd. 1, 3. Aufl. 2000, Rn. 1830 bis 2056 (alphabetische Zusammenstellung wichtiger Kündigungsgründe); *M. Löwisch,* Wilhelm Herschel und die Wurzeln von Ultima-Ratio – Grundsatz und Prognoseprinzip, BB 1998, 1793; *Lücke,* Unter Verdacht: Die Verdachtskündigung, BB 1997, 1842; *Lücke,* Die Verdachtskündigung – Fragen aus der Praxis, BB 1998, 2259; *Preis/Stoffels,* Die Inhaltskontrolle der Verträge selbständiger und unselbständiger Handelsvertreter, ZHR 160 (1996), 442; *Schaub,* Die arbeitsrechtliche Abmahnung, NJW 1990, 872; *Schwerdtner,* Das Recht zur außerordentlichen Kündigung im Handelsvertreterrecht als Gegenstand rechtsgeschäftlicher Vereinbarungen, DB 1989, 1757.

I. Kündigung aus wichtigem Grund

1. Bedeutung der Vorschrift

Handelsvertreterverträge gehören zu den Dauerschuldverhältnissen, die nach ständiger Rechtsprechung und Lehre schon immer ordentlich gekündigt werden konnten, wenn hierfür gravierende Gründe vorhanden sind. Mit der Schuldrechtsreform hat der Gesetzgeber dies für alle Dauerschuldverhältnisse in § 314 BGB kodifiziert. § 89a ist jedoch wesentlich älterer Natur. § 81 Abs. 2 des 2. Entwurfes eines Handelsgesetzbuches aus dem Jahre 1896 sah das Recht zur außerordentlichen Kündigung des Handelsvertretervertrages vor. Die heutige Fassung wurde bereits durch das Änderungsgesetz von 1953 eingeführt. Die Bestimmung ist lex specialis gegenüber § 314 Abs. 1 BGB[1], jedoch werden § 314 Abs. 2 i.V.m. § 323 Abs. 2 BGB anwendbar sein.

1

2. Unabdingbarkeit

Nach § 89a Abs. 1 S. 2 darf das Recht auf fristlose Kündigung weder beschränkt noch ausgeschlossen werden. Ob das Recht erweitert werden kann, ist nicht unbestritten[2]. Verstöße gegen den Unabdingbarkeitsgrundsatz führen zur Unwirksamkeit der entsprechenden Vereinbarung. Davon werden auch solche vertraglichen Regelungen erfasst, die das außerordentliche Kündigungsrecht nur **mittelbar erschweren**, weil sie für den Kündigenden finanzielle Nachteile enthalten, wie z.B. Vertragsstrafen oder den Verlust von vertraglichen Leistungen wie Boni, Kautionen[3] oder von Provisionsansprüchen. Das gilt auch, wenn beispielsweise an eine Kündigung die sofortige Rückzahlung und Verzinsungspflicht bis dato zinslos gewährter Darlehen geknüpft wird[4] oder die Pflicht des Handelsvertreters zur sofortigen Zahlung einer gestundeten Einstandsleistung oder des Unternehmers zur Leistung einer Abfindung unabhängig davon, ob die Voraussetzungen des § 89b vorlie-

2

---

[1] OLG Saarbrücken v. 25.1.2006 – 1 U 101/05-35, OLG-Report Saarbrücken 2006, 301.
[2] Ablehnend *Westphal,* Handbuch des Handelsvertreterrechts, Rn. 549 und *Schwerdtner,* DB 1989, 1757; Näheres s. dazu unten Rn. 9.
[3] LAG Stuttgart v. 30.6.1954 – II Sa 98/54, BB 1955, 177 mit Anm. *Schröder.*
[4] LG Karlsruhe v. 2.7.1990 – O 137/89, BB 1990, 1504.

gen[1]. Ferner darf das Kündigungsrecht nicht auf einzelne bestimmte Kündigungsgründe beschränkt werden[2].

3. Voraussetzung für die außerordentliche Kündigung

3 Die Kündigung eines Handelsvertretervertrages ohne Einhaltung einer Kündigungsfrist ist als einseitige empfangsbedürftige Willenserklärung nur möglich und wirksam, wenn sie auf einen wichtigen Grund gestützt werden kann. Dieser „wichtige Grund" stimmt inhaltlich mit dem Begriff des wichtigen Grundes i.S.d. § 89b Abs. 3 Nr. 2 überein[3].

4 Die **Kündigung** aus wichtigem Grund kann **mit sofortiger Wirkung**, also fristlos erfolgen. Sie kann jedoch auch fristgerecht oder mit einer kürzeren als der vereinbarten oder gesetzlichen Frist, d.h. mit einer sog. **Auslauffrist** ausgesprochen werden[4]. Ist das der Fall, tritt die Vertragsbeendigung mit dem Ablauf dieser mit der Kündigung gesetzten Frist ein. Entspricht die gesetzte Auslauffrist der gesetzlichen bzw. vereinbarten Frist für eine ordentliche Kündigung, so muss der Kündigende deutlich zum Ausdruck bringen, dass er eine außerordentliche Kündigung aussprechen will[5]. Fehlt dieser Hinweis, kann die Kündigung als außerordentliche Kündigung womöglich nicht anerkannt werden, was insbesondere für den Schadensersatz nach § 89a Abs. 2, aber auch für den Ausschluss des Ausgleichsanspruchs nach § 89b Abs. 3 Nr. 2 von Bedeutung wäre[6].

5 Der **wichtige Grund**, der den Kündigenden zur fristlosen Vertragskündigung berechtigt, liegt vor, wenn dem Kündigenden bei objektiver und gerechter Abwägung der beiderseitigen Interessen[7] und unter **Berücksichtigung der gesamten Umstände des konkreten Falles** eine Fortsetzung des Vertragsverhältnisses bis zum nächsten Beendigungstermin, zu dem das Vertragsverhältnis durch fristgerechte Kündigung beendet werden könnte oder durch Zeitablauf etc. enden würde, unzumutbar ist[8]. Ein Verschulden des Gekündigten ist nicht erforderlich. Entscheidend ist mithin allein, ob die Kündigungsgründe so schwerwiegend sind, dass sie die für eine Vertragsfortsetzung sprechenden Gründe nicht durchgreifen lassen. So ist beispielsweise nach einer unwirksamen fristlosen Kündigung des Unternehmers der Handelsvertreter i.d.R. berechtigt, seinerseits fristlos zu kündigen. Will er jedoch

---

1 Vgl. BGH v. 3.7.2000 – II ZR 282/98, BB 2000, 1751.
2 Vgl. zum Ganzen MünchKommHGB/v. Hoyningen-Huene, § 89a Rn. 84; Ebenroth/Boujong/Joost/Löwisch, § 89a Rn. 27; Heymann/Sonnenschein/Weitemeyer, § 89a Rn. 31.
3 BGH v. 16.2.2000 – VIII ZR 134/99, VersR 2000, 582, wodurch die frühere BGH-Rechtsprechung bestätigt wurde.
4 BGH v. 25.11.1998 – VIII ZR 221/97, NJW 1999, 946.
5 OLG Nürnberg v. 23.12.1958 – 2 U 183/58, BB 1959, 391.
6 So OLG Nürnberg v. 23.12.1958 – 2 U 183/58, BB 1959, 391; problematisch, es kommt wohl auf die Gesamtumstände des Einzelfalles an.
7 St. Rspr., BGH v. 30.1.1986 – I ZR 185/83, NJW 1986, 1931; BGH v. 1.12.1978 – I ZR 7/77, BB 1979, 241; BGH v. 28.4.1958 – II ZR 12/57, HVR Nr. 159.
8 St. Rspr.; BGH v. 14.4.1983 – I ZR 37/81, BB 1983, 1629.

am Vertrag festhalten und die sich daraus ergebenden Rechte nach wie vor in Anspruch nehmen, so hat er auch alle Vertragspflichten zu erfüllen und sich weiterhin jeden Wettbewerbs zu enthalten, der geeignet ist, die Interessen des Unternehmers zu beeinträchtigen. Tut er dies nicht und kündigt der Unternehmer daraufhin den Handelsvertretervertrag erneut, so ist besonders eingehend zu prüfen, ob diese erneute Kündigung nach Treu und Glauben ausnahmsweise unzulässig ist. Dabei bedarf es einer Abwägung aller Umstände des Einzelfalles. Insbesondere ist zu prüfen, ob dem Unternehmer bei dieser Sachlage die Fortsetzung des Vertrages bis zum Ablauf der ordentlichen Kündigungsfrist zumutbar gewesen wäre[1].

Der wichtige Grund muss nicht in der Person des anderen Vertragspartners gegeben sein, auch das Verhalten Dritter, etwa von Hilfspersonen kann ein wichtiger Kündigungsgrund sein[2]; Verschulden des Vertragspartners ist ebenfalls nicht erforderlich[3]. Ferner ist auch das eigene Verhalten des Kündigenden zu berücksichtigen. So kann eigene Vertragsuntreue[4] das Recht auf eine fristlose Kündigung ebenso ausschließen wie die längere Duldung der vertragswidrigen Verhalten des anderen Partners[5]. Da bei der Prüfung, ob der angegebene Grund als wichtiger Grund anerkannt werden kann, auf sämtliche Umstände des Einzelfalles abzustellen ist, ist jede Schematisierung zu vermeiden, denn derselbe Umstand, der im einen Fall einen wichtigen Grund darstellt, kann im anderen Fall angesichts anderer Begleitumstände dazu nicht ausreichen[6].

So kann es dem Kündigenden bei vereinbarten kurzen Kündigungsfristen möglicherweise eher zuzumuten sein, bis zum nächsten zulässigen Kündigungstermin am Vertrag festzuhalten, als bei vereinbarten langen Kündigungsfristen. Andererseits müssen im Hinblick auf die Anerkennung eines wichtigen Kündigungsgrundes für den Kündigenden **strenge Maßstäbe** gelten, wenn gerade er bei Vertragsabschluss auf eine langfristige Bindung Wert gelegt hatte[7]. Des Weiteren ist es von Bedeutung, ob es sich bei den Umständen, auf die sich der Kündigende als wichtige Kündigungsgründe beruft, um einen einmaligen Fall handelt, ob die Zusammenarbeit bisher befriedigend und erfolgreich war, ob Aussicht auf Abhilfe besteht, welche Folgen sich aus der außerordentlichen Kündigung für den anderen Vertragsteil ergeben und ob der Kündigende ähnliche Umstände, auf die er sich jetzt als wichtigen Grund beruft, bisher trotz Kenntnis mehr oder weniger ohne Beanstandung hingenommen hatte.

---

1 BGH v. 12.3.2003 – VIII ZR 197/02, NJW-RR 2003, 981.
2 OLG Saarbrücken v. 10.2.1999 – 1 U 35/99, NJW-RR 1999, 1339.
3 OLG Frankfurt/M v. 9.2.2004 – 5U 284/03, NJW-RR 2004, 1174 und OLG Düsseldorf v. 14.1.2000 – 16 U 28/95, OLGReport 2000, 246 zum Recht des Unternehmers auf fristlose Kündigung bei dauerhafter Erkrankung des Handelsvertreters.
4 BGH v. 17.12.1998 – I ZR 106/96, BB 1999, 974.
5 BGH v. 18.2.1982 – I ZR 20/80, NJW 1982, 1814.
6 BGH v. 20.2.1958 – II ZR 20/57, BB 1958, 894.
7 *Thume* in Küstner/Thume I, Rn. 1741.

8 Macht der Kündigende dem anderen Vertragsteil trotz ausgesprochener fristloser Vertragskündigung das Angebot, auf anderer Basis weiterhin zusammenzuarbeiten, können hinsichtlich der Unzumutbarkeit, am Vertrag weiterhin festzuhalten, erhebliche Zweifel berechtigt sein.

9 Die Parteien eines Handelsvertretervertrages können die zur vorzeitigen Beendigung berechtigenden **Gründe vertraglich festlegen**[1]. Dies kann auch in einem Formularvertrag geschehen[2]. Jedoch sind die Grenzen des § 89a Abs. 1 S. 2 einzuhalten; deshalb kann das Recht auf Kündigung aus wichtigem Grund nicht ganz ausgeschlossen oder beschränkt werden. Ein solcher Verstoß liegt auch vor, wenn die im Vertrag genannten Gründe als abschließend bezeichnet werden. Dagegen sind Vereinbarungen, die das Kündigungsrecht aus wichtigem Grund konkretisieren, grundsätzlich zulässig. Sie dürfen jedoch nicht gegen Treu und Glauben verstoßen[3]. Ein vereinbarter wichtiger Kündigungsgrund muss daher bei objektiver Betrachtung als wichtig i.S.v. § 89a Abs. 1 S. 1 bewertet werden können[4]. Die einvernehmliche Festlegung bestimmter Tatbestände als wichtige Gründe führt bei einer darauf gestützten Kündigung dazu, dass die weitere Interessenabwägung und Prüfung der Zumutbarkeit durch das Gericht nicht mehr erforderlich ist[5].

4. Kündigungserklärung

10 Für die außerordentliche Kündigung aus wichtigem Grund ist – sofern im Vertrag keine diesbezüglichen Vereinbarungen getroffen wurden – **keine besondere Form** vorgeschrieben. Sie kann wirksam auch mündlich ausgesprochen werden, muss jedoch so klar und unmissverständlich erklärt werden, dass beim Kündigungsempfänger keine Zweifel darüber entstehen können, dass es sich um eine außerordentliche Kündigung handelt[6]. Ob die uneingeschränkte Aufforderung des Unternehmers an den Handelsvertreter, jegliche weitere Tätigkeit zu unterlassen und die Unterlagen zurückzugeben, als fristlose Kündigung anzusehen ist[7], erscheint fraglich. Fehlt es der Kündigung an einem wichtigen Grund oder der notwendigen Eindeutigkeit, ist sie i.d.R. in eine fristgerechte Kündigung zum nächsten zulässigen Kündigungstermin umzudeuten, wenn sich nicht aus den Umständen des Einzelfalles etwas anderes ergibt[8].

---

1 BGH v. 7.7.1988 – I ZR 78/87, BB 1988, 1771.
2 BGH v. 12.3.1992 – I ZR 125/90, BB 1992, 1162; OLG München v. 11.8.1993 –7 U 2001/93, BB 1993, 1835.
3 BGH v. 7.7.1988 – I ZR 78/87, BB 1988, 1771.
4 KG v. 21.11.1997 – 5 U 5398/97, BB 1998, 607, 608.
5 BGH v. 7.7.1988 – I ZR 78/87, BB 1988, 1771.
6 BGH v. 5.5.1958 – II ZR 245/56, BGHZ 27, 220, 225; OLG München v. 11.11.1998 – 7 U 2577/98, HVR Nr. 894.
7 So OLG Brandenburg v. 18.7.1995 – 6 U 15/95, BB 1996, 2115.
8 BGH v. 12.1.1981 – VII ZR 332/79, DB 1981, 1821; BGH v. 12.3.1992 – I ZR 117/90, NJW-RR 1992, 1059.

In der Kündigungserklärung braucht zwar der wichtige Grund, auf den die 11
außerordentliche Kündigung gestützt wird, nicht angegeben zu werden[1]. Jedoch wird der Kündigungsempfänger ein Recht darauf haben, sich ein eigenes Urteil über die **Berechtigung der Kündigung** zu bilden. Deshalb darf er bei einer ohne Begründung ausgesprochenen mussaußerordentlichen Kündigung vom Unternehmer entsprechend § 626 Abs. 2 S. 2 BGB die schriftliche Mitteilung des Kündigungsgrundes verlangen[2].

5. Zeitpunkt der Kündigung

Die fristlose Kündigung muss zwar nicht innerhalb der kurzen Zweiwochenfrist gem. § 626 Abs. 2 BGB[3] erklärt werden, jedoch nach einer **angemessenen kurzen Überlegungsfrist ab Kenntnis** erfolgen. Wenn konkrete Hinweise für einen Kündigungsgrund vorliegen, hat der Kündigende diesen nachzugehen[4]. Die Dauer der angemessenen Überlegungszeit richtet sich nach den Umständen des jeweiligen Falles. Sie ist jedoch regelmäßig kürzer als zwei Monate, weil ein zweimonatiges Zuwarten darauf hindeutet, dass der Kündigende das beanstandete Ereignis selbst nicht als so schwerwiegend empfunden hat, dass eine weitere Zusammenarbeit mit dem Partner bis zum Ablauf der Frist für eine ordentliche Kündigung unzumutbar ist[5]. Der gleiche Rechtsgedanke findet sich nun in § 314 Abs. 3 BGB. 12

6. Abmahnung

Da die außerordentliche Kündigung im Konfliktfall das letzte unausweichliche Mittel – die ultima ratio – ist, hat vor deren Ausspruch grundsätzlich immer eine **Abmahnung** zu erfolgen, wenn der Kündigungsgrund auf einer Störung im Leistungsbereich beruht, also z.B. bei Unregelmäßigkeiten des Unternehmers bezüglich der Provisionsabrechnung und -zahlung oder bei Verletzungen des Handelsvertreters bezüglich der Betreuung seines Bezirks und des Kundenstammes etc. Dadurch soll dem Verletzer die Möglichkeit gegeben werden, die Störung zu beseitigen bzw. künftig zu unterlassen. Die Abmahnung muss deshalb den deutlichen Hinweis enthalten, dass die genau zu bezeichnende Störung den Bestand des Handelsvertretervertrages gefährdet. Dies wird auch bei relativ geringfügigen Verstößen auf der Vertrauensseite so sein, zumindest bei langjähriger Tätigkeit des Handelsvertreters und fehlendem Schadenseintritt[6]. Wird jedoch durch das Fehlverhalten des 13

---

1 BGH v. 12.6.1963 – VII ZR 272/61, BGHZ 40, 13; BGH v. 5.5.1958 – II ZR 245/56, BGHZ 27, 220, 222.
2 MünchKommHGB/*v. Hoyningen-Huene*, § 89a Rn. 62; *Ebenroth/Boujong/Joost/Löwisch*, § 89a Rn. 50; *Staub/Brüggemann*, § 89a Rn. 16; *v. Gamm*, NJW 1979, 2494.
3 BGH v. 19.11.1998 – III ZR 261/97, BB 1999, 388; BGH v. 26.5.1999 – VIII ZR 123/98, BB 1999, 1516; BGH v. 3.7.1986 – I ZR 171/84, DB 1986, 2228.
4 BGH v. 26.5.1999 – VIII ZR 123/98, BB 1999, 1516.
5 St. Rspr., BGH v. 26.5.1999 – VIII ZR 123/98, BB 1999, 1516; BGH v. 15.12.1993 – VIII ZR 157/92, WM 1994, 645; BGH v. 12.3.1992 – I ZR 117/90, WM 1992, 1440; BGH v. 14.4.1983 – I ZR 37/81, WM 1983, 28.
6 OLG Köln v. 19.7.2002 – 19 U 56/02, HVR Nr. 1051.

Vertragspartners die Vertrauensgrundlage in so schwerwiegender Weise erschüttert, dass diese auch durch eine Abmahnung nicht wiederhergestellt werden könnte, so kann die außerordentliche Kündigung ohne vorherige Abmahnung erfolgen[1]. Dies ergibt sich auch aus § 314 Abs. 2 i.V.m. § 323 Abs. 2 Nr. 3 BGB.

7. Nachschieben wichtiger Kündigungsgründe

14 Da eine außerordentliche Kündigung ohne Angabe der Gründe wirksam ausgesprochen werden kann, kann jeder wichtige Kündigungsgrund, der bereits im Zeitpunkt der Vertragskündigung vorlag, nachgeschoben werden, auch wenn er dem Kündigenden erst nach Ausspruch der Kündigung bekannt geworden ist[2]. Jedoch muss das Nachschieben alsbald nach Kenntniserlangung erfolgen. Handelte es sich, weil der Kündigende den wichtigen Grund nicht kannte, zunächst um eine fristgerechte Kündigung, so führt eine erneute außerordentliche auf diesen wichtigen Grund gestützte Kündigung zur sofortigen Vertragsbeendigung[3].

15 Nach Ausspruch der außerordentlichen Kündigung entstandene Kündigungsgründe können für deren Rechtfertigung nicht herangezogen werden, aber zum Anlass für eine weitere außerordentliche Kündigung dienen, die dann auch ausgesprochen werden muss, wenn nicht inzwischen der Vertrag aus Gründen des Zeitablaufs ohnehin beendet ist[4]. Eine nochmalige außerordentliche Kündigungserklärung soll dagegen entbehrlich sein, wenn zwischen dem nachgeschobenen wichtigen Grund und dem in der (unwirksamen) außerordentlichen Kündigung genannten, aber nicht ausreichend wichtigen Grunde ein innerer Zusammenhang besteht[5].

8. Wichtige Kündigungsgründe[6]

16 Der **Handelsvertreter** ist – i.d.R. nach vorausgegangener Abmahnung – zur **Kündigung aus wichtigem Grunde berechtigt**, wenn der Unternehmer ständig ohne ersichtlichen Grund und damit willkürlich den Abschluss ihm angetragener Geschäfte ablehnt und so die Vermittlungsbemühungen des Han-

---

1 St. Rspr. des BGH, BGH v. 17.1.2001 – VIII ZR 186/99, NJW-RR 2001, 645; BGH v. 26.5.1999 – VIII ZR 123/98, BB 1999, 1516 mit Anm. *Emde*, EWiR 1999, 705; BGH v. 16.12.1998 – VIII ZR 381/97, NJW-RR 1999, 539; BGH v. 9.10.1991 – XII ZR 122/90, NJW 1992, 496; BGH v. 11.2.1981 – VIII ZR 213/79, NJW 1981, 1264; BGH v. 21.11.1980 – I ZR 118/78, DB 1981, 987; KG v. 21.11.1997 – 5 U 5398/97, BB 1998, 607; OLG München v. 10.8.1993 – 7 U 6431/92, NJW-RR 1995, 292, 293 (re. Sp.); vgl. auch *Ebenroth/Boujong/Joost/Löwisch*, § 89a Rn. 12; MünchKommHGB/*v. Hoyningen-Huene*, § 89a Rn. 29; *Thume* in Küstner/Thume I, Rn. 1750.
2 BGH v. 12.6.1963 – VII ZR 272/61, BGHZ 40, 13.
3 BGH v. 15.12.1960 – VII ZR 212/59, BB 1961, 498.
4 BGH v. 28.4.1960 – VII ZR 218/59, NJW 1961, 307.
5 BGH v. 28.4.1960 – VII ZR 218/59, NJW 1961, 307; streitig; siehe dazu MünchKommHGB/*v. Hoyningen-Huene*, § 89a Rn. 72.
6 Vgl. die Zusammenstellung bei *Küstner* in Küstner/Thume I, Rn. 1830 ff. und III, 1336 ff.

delsvertreters immer wieder zunichte macht; wenn er ständig die ihm gem. § 87c obliegende Verpflichtung zur Abrechnung verletzt; wenn er treuwidrig vorhandene oder potentielle Kunden unter Hinweis auf damit verbundene Vorteile veranlasst, ihre Bestellungen unmittelbar bei ihm, also dem Unternehmer, aufzugeben[1] oder unangekündigt einen parallelen Direktvertrieb aufnimmt[2]; wenn er schon vor der Kündigung des Vertretervertrages mit einem Untervertreter des Handelsvertreters die spätere Übertragung der Vertretung des Handelsvertreters vereinbart[3]; wenn eine Mineralölgesellschaft einem Tankstellenhalter die Stammkunden abwirbt[4]; wenn ein Versicherungsunternehmen einem Versicherungsvertreter einen selbst vermittelten Bestand von erheblichem Umfang entzieht; wenn der Unternehmer vertragswidrig den übertragenen Vertretungsbezirk verkleinert[5]; wenn der Unternehmer den Handelsvertreter mit Rücksicht auf eine konkurrenzbedingte Situation mit der Drohung unter Druck setzt, er werde den Handelsvertrag fristlos kündigen, wenn nicht der Handelsvertreter seinerseits kündigungsrechtliche Konsequenzen ziehe[6]; wenn der Unternehmer die Verdienstmöglichkeiten des Handelsvertreters in einem dem Inhalt des Vertretervertrages widersprechenden Umfang lahm legt und durch ein überaus stark ausgeübtes Weisungsrecht die Unabhängigkeit des Handelsvertreters beeinträchtigt[7]; wenn der Unternehmer mangels entsprechender vertraglicher Vereinbarungen den Handelsvertreter während der Kündigungsfrist freistellt[8]; wenn der Unternehmer den Handelsvertretervertrag außerordentlich kündigt, obwohl wichtige Kündigungsgründe nicht vorliegen[9]; wenn der Unternehmer den dem Handelsvertreter zustehenden Kundenschutz in der Weise einschränkt, dass dem Handelsvertreter geschützte Kunden entzogen und ihm fortan für Geschäfte mit diesen Kunden keine Provisionen mehr gezahlt werden; wenn der Unternehmer vertragswidrig die mit dem Handelsvertreter vereinbarten Provisionssätze herabsetzt[10], dem Handelsvertreter die ihm vertraglich zustehenden Provisionen vorenthält[11] oder mehrfach nur unter Vorbehalt bezahlt[12]; wenn der Unternehmer die dem Handelsvertreter zustehenden Provisionen schleppend und immer wieder erst nach Abmahnung abrechnet bzw. auszahlt[13]; wenn der Unternehmer die Interessen des Han-

---

1 BGH v. 11.6.1959 – II ZR 106/57, BB 1959, 720.
2 OLG München v. 18.12.1991 – 7 U 2496/91, BB 1993, 1472.
3 BGH v. 18.6.1964 – VII ZR 254/62, BGHZ 42, 59.
4 BGH v. 11.6.1959 – II ZR 106/57, BB 1959, 720.
5 BGH v. 28.1.1971 – VII ZR95/69, WM 71, 561; OLG Stuttgart v. 21.10.1981 – 4 U 84/81, DB 1982, 800; OLG Düsseldorf v. 21.6.1955 – 2 U 105/55, HVR Nr. 77.
6 LG Frankfurt v. 12.10.1965 – 3/5 S 1/65, DB 1966, 499.
7 BGH v. 16.4.1959 – II ZR 114/58, HVR Nr. 211; OLG Oldenburg v. 5.12.1963 – 1 U 105/63, DB 1965, 105.
8 LG Düsseldorf v. 12.2.1976 – 30 O 9/76, HVR Nr. 499.
9 BGH v. 30.6.1969 – VII ZR 70/67, HVR Nr. 390; BGH v. 14.11.1966 – VII ZR 112/64, NJW 1967, 248.
10 BGH v. 27.5.1974 – VII ZR 16/73, WM 1974, 867, 870; OLG Stuttgart v. 9.6.1960 – 2 U 13/60, HVR Nr. 296.
11 BGH v. 1.10.1970 – VII ZR 171/68, WM 1970, 1513.
12 BGH v. 2.3.1989 – I ZR 121/87, BB 1989, 1077.
13 BGH v. 16.4.1959 – II ZR 114/58, HVR Nr. 211.

delsvertreters willkürlich dadurch verletzt, dass er unpünktlich oder schlechte Ware liefert[1]; wenn der Unternehmer den Handelsvertreter dadurch täuscht, dass er ihm bei Vertragsbeginn einen vorhandenen guten Kundenstamm zusichert, dieser in Wirklichkeit aber gar nicht vorhanden ist[2].

17 Der **Unternehmer** ist – i.d.R. nach vorheriger Abmahnung – zur **Kündigung aus wichtigem Grunde** berechtigt, wenn der Handelsvertreter den Versuch unternimmt, Vertreterkollegen des gleichen Unternehmens zu einem anderen Unternehmen abzuwerben[3]; wenn der Handelsvertreter durch nachlässige Bearbeitung des Kundenstammes einen Kundenschwund verursacht[4] oder den Bezirk und bestimmte dort ansässige potentielle Abnehmerkreise vernachlässigt[5]; wenn der Handelsvertreter seine Pflicht zur Aufbewahrung kassierter Fremdgelder verletzt[6]; wenn der Handelsvertreter seine Aufsichtspflicht über Erfüllungsgehilfen bzw. über ein ihm anvertrautes Auslieferungslager verletzt[7]; wenn der Handelsvertreter seine Berichtspflicht verletzt und dem Unternehmer Wochenberichte in einer bestimmten, vom Unternehmer geforderten Form nicht erstattet[8]; wenn sich Kunden wegen des Verhaltens des Handelsvertreters wiederholt beim Unternehmer berechtigterweise beschweren[9]; wenn der Handelsvertreter schuldhaft der ihm obliegenden Bonitätsprüfungspflicht nicht nachkommt und insbesondere in Kenntnis mangelnder Kreditfähigkeit der Kunden mit diesen Geschäfte vermittelt[10]; wenn die Tätigkeit des Handelsvertreters wegen mangelnden Einsatzes erfolglos bleibt[11]; wenn der Handelsvertreter trotz Kenntnis vom schuldhaften Verhalten eines Erfüllungsgehilfen nicht für Abhilfe sorgt[12]; wenn der Handelsvertreter dem Unternehmer Kundenaufträge manipuliert[13] oder die Unterschrift des Kunden auf dem Versicherungsantrag fälscht[14]; wenn der Versicherungsvertreter durch falsche Angaben gegenüber dem Unternehmen den Versicherungsnehmer im Schadensfall zu ungerechtfertigten Versicherungsleistungen verhilft[15]; wenn der Handelsvertreter Geschäfts- oder Betriebsgeheimnisse des Unternehmers preisgibt oder deren Preisgabe durch seine Erfüllungsgehilfen duldet[16]; wenn ein Kunde einem Handelsver-

---

1 BGH v. 12.12.1957 – II ZR 52/56, BGHZ 26, 161.
2 OLG Nürnberg v. 9.2.1956 – 3 U 143/55, HVR Nr. 153.
3 BGH v. 11.3.1977 – I ZR 146/75, DB 1977, 1046.
4 OLG Stuttgart v. 26.3.1957 – 5 U 17/56, DB 1957, 379.
5 OLG München v. 12.7.2002 – 21 U 1608/02, NJW-RR 2003, 401; OLG Stuttgart v. 9.6.1960 – 2 U 13/60, BB 1960, 956.
6 OLG Celle v. 9.5.1958 – 11 U 157/57, HVR Nr. 179.
7 OLG Celle v. 9.5.1958 – 11 U 155/57, HVR Nr. 179.
8 BGH v. 24.9.1987 – I ZR 243/85, DB 1988, 41.
9 BGH v. 16.3.1972 – VII ZR 170/70, VersR 1972, 534.
10 OLG Karlsruhe v. 25.3.1969 – 8 U 67/68, DB 1969, 741.
11 OLG Frankfurt v. 31.1.1967 – 5 U 61/66, DB 1967, 329.
12 BGH v. 5.2.1959 – II ZR 107/57, BGHZ 29, 275.
13 BGH v. 21.11.1980 – I ZR 118/78, VersR 1981, 190.
14 OLG München v. 1.7.2003 – 21 U 1637/03, VersR 2004, 470.
15 OLG Hamm v. 21.8.1998 – 35 U 92/97, VersR 1999, 1016.
16 BGH v. 5.2.1959 – II ZR 107/57, BGHZ 29, 275.

treter des Unternehmers Hausverbot erteilt und wenn dadurch praktisch jede Tätigkeit des Handelsvertreters für den Unternehmer lahm gelegt ist[1]; wenn der Handelsvertreter ein Wettbewerbsunternehmen – offen oder heimlich – vertritt[2] oder einem für einen Wettbewerber tätigen anderen Handelsvertreter in seine Geschäftsräume aufnimmt und nicht für eine ausreichende Trennung bzw. Geheimhaltung („Geschäftsraumpartnerschaft") sorgt[3]; wenn der Handelsvertreter vorsätzlich kreditschädigende Behauptungen über den Unternehmer verbreitet[4]; wenn der Handelsvertreter, obwohl die Übernahme weiterer Vertretungen der ausdrücklichen schriftlichen Zustimmung des Unternehmers bedarf, diesem Verbot zuwiderhandelt[5]; wenn der Handelsvertreter die ihm zur Vergütung gestellte Musterkollektion oder den Musterkoffer oder Musterware unterschlägt oder veruntreut[6]; wenn der Handelsvertreter aufgrund einer Inkassovollmacht vereinnahmte Gelder dem Unternehmen vorenthält[7]; wenn der Handelsvertreter eine vereinbarte Ausschließlichkeitsklausel verletzt[8] oder sich erhebliche Provisionen erschleicht[9]; wenn der Handelsvertreter seine ihm dem Unternehmer gegenüber obliegende Offenbarungspflicht dadurch verletzt, dass er seine Pläne, nach der Vertragsbeendigung für einen Wettbewerber tätig zu werden, dem Unternehmer verschweigt[10]; wenn der Handelsvertreter sich pflichtwidrig verhält oder den Verdacht eines pflichtwidrigen Verhaltens derart herbeiführt, dass dadurch das Vertrauensverhältnis nachhaltig gestört wird[11]; wenn der Handelsvertreter seine Vertretertätigkeit „nur mit wenig Nachdruck" ausübt und sich trotz Abmahnungen seine Werkstattverhältnisse in einer dem Ansehen des vertretenen Unternehmens abträglichen Beschaffenheit befinden[12]; wenn der Handelsvertreter, der eine besondere Vertrauensstellung zum Unternehmen einnimmt, Schmiergelder annimmt; wenn der Handelsvertreter immer wieder infolge Trunkenheit außerstande ist, die ihm aus dem Vertragsverhältnis sich ergebenden Pflichten zu erfüllen[13]; wenn ein Umsatzrückgang eintritt, der nachweisbar auf einer schuldhaften oder zumindest grob fahrlässigen Pflichtvernachlässigung des Handelsvertreters beruht (aus einer bloßen Errechnung eines Umsatzrückgangs kann auf ein schuldhaftes Verhalten noch nicht geschlossen werden)[14]; wenn sich der Handelsvertreter schuldhaft weigert, gem. den vertraglichen Verein-

---

1 BGH v. 6.6.1967 – VI ZR 214/65, BB 1967, 857.
2 St. Rspr.; vgl. die Zusammenstellung bei *Küstner* in Küstner/Thume I, Rn. 1929.
3 BGH v. 20.1.1969 – VII ZR 60/66, VersR 1969, 372.
4 BGH v. 5.5.1958 – II ZR 245/56, BGHZ 27, 220.
5 OLG Nürnberg v. 13.12.1962 – 2 U 219/62, BB 1963, 203.
6 OLG Nürnberg v. 5.2.1965 – 1 U 88/64, BB 1965, 688.
7 OLG Düsseldorf v. 16.3.1998 – 2 Ss 33/98, VersR 1999, 1149 sowie OLG Stuttgart v. 7.12.1961 – 2 U 145/61, DB 1962, 405.
8 OLG Frankfurt/M. v. 15.10.2003 – 1 U 159/03, NJW 2004, 124.
9 OLG München v. 23.5.2001 – 5 U 5676/00, VersR 2001, 568.
10 OLG Saarbrücken v. 19.12.1972 – 2 U 15/71, RVR 1973, 100.
11 BGH v. 5.2.1959 – II ZR 107/57, BGHZ 29, 275.
12 BGH v. 7.3.1957 – II ZR 261/55, BGHZ 24, 30.
13 OLG Celle v. 11.2.1961 – 9 U 149/60, VersR 1961, 507.
14 BGH v. 4.7.1960 – II ZR 236/58, VersR 1960, 707.

barungen für das vertretene Unternehmen tätig zu werden[1]; wenn auf Seiten des vertretenen Unternehmens der Verdacht eines schuldhaften Verhaltens des Handelsvertreters besteht, kann dies bereits eine außerordentliche Vertragskündigung rechtfertigen[2]; wenn der Handelsvertreter in so starkem Maße verschuldet ist, dass er einer geregelten Vermittlungs- bzw. Abschlusstätigkeit nicht mehr nachkommen kann. Entsprechendes gilt, wenn ein verschuldeter Handelsvertreter dem Unternehmer den Umfang seiner Verschuldung nicht mitteilt[3]; wenn der Handelsvertreter sich weigert, den ihm erteilten sachgerechten Weisungen Folge zu leisten[4]; wenn der Handelsvertreter trotz vereinbarter Zustimmungsbedürftigkeit eine Zweitvertretung übernimmt[5]; wenn sich der Unternehmer auf „vernünftige Gründe" für eine Betriebseinstellung berufen kann[6]. Ist ein Handelsvertreter für mehrere **Schwesterunternehmen innerhalb eines Konzernverbundes** tätig, so sind im Falle eines gravierenden vertragswidrigen Verhaltens – zumindest beim Vorliegen eines Vertrauensverstoßes – alle Unternehmen berechtigt, eine fristlose Kündigung auszusprechen[7].

II. Schadensersatzanspruch (§ 89a Abs. 2)

18   Nach § 89a Abs. 2 ist der Kündigungsempfänger zum Ersatz des durch die Aufhebung des Vertragsverhältnisses entstehenden Schadens verpflichtet, wenn die Kündigung durch ein von ihm zu vertretendes Verhalten veranlasst wurde. **Voraussetzung** für die Schadensersatzpflicht des Kündigungsempfängers ist somit eine berechtigte außerordentliche Kündigung, die der andere Vertragspartner durch sein schuldhaftes Verhalten verursacht hat. Nach Auffassung des BGH entsteht ein Schadensersatzanspruch gem. § 89a Abs. 2 auch dann, wenn die Parteien den Handelvertretervertrag, um eine eigentlich berechtigte Kündigung zu vermeiden, **durch** eine **einvernehmliche Aufhebungsvereinbarung** beenden. Entscheidend sei nämlich, ob überhaupt ein Recht zur Kündigung aus wichtigem Grunde bestand und deshalb vom anderen Vertragsteil die Aufhebung des Vertrages verlangt wurde. Wenn dies der Fall sei, stehe ein solches Verlangen einer Kündigung rechtlich gleich[8]. Jedoch kann in einem einvernehmlichen Aufhebungsvertrag ggf. gem. § 157 BGB auch ein Verzicht auf Schadensersatzansprüche gesehen werden.

---

1 BGH v. 9.4.1964 – VII ZR 123/62, BGHZ 41, 292.
2 BGH v. 5.2.1959 – II ZR 107/57, BGHZ 29, 275.
3 OLG Nürnberg v. 15.3.1960 – 2 U 224/58, BB 1960, 956.
4 BGH v. 21.1.1993 – I ZR 23/91, VersR 1993, 742; BGH v. 14.3.1960 – II ZR 79/58, BB 1960, 574.
5 OLG Düsseldorf v. 26.2.1993 – 16 U 115/92, n.v.; OLG Bamberg v. 26.4.1979 – I U 10/79, BB 1979, 1000; OLG Nürnberg v. 13.12.1962 – 2 U 219/61, HVR Nr. 342; OLG Karlsruhe v. 20.3.1981 – 15 U 175/80, n.v.
6 OLG Hamm v. 31.1.1997 – 35 U 33/96, OLGR Hamm 1997, 215.
7 OLG Bremen v. 30.3.2006 – 2 U 115/05, OLGR Bremen 2006, 489; OLG Köln v. 4.11.2002 – 19 U 38/02, OLGR Köln 2003, 135.
8 BGH v. 23.1.1964 – VII ZR 133/62, HVR Nr. 311.

Keine Schadensersatzpflicht entsteht, wenn der Kündigungsempfänger 19
selbst berechtigt gewesen wäre, seinerseits wegen eines vom Kündigenden
zu vertretenden Verhaltens das Vertragsverhältnis aus wichtigem Grund zu
kündigen, von diesem Kündigungsrecht aber keinen Gebrauch gemacht hat.
Denn es kann nach Treu und Glauben nicht gebilligt werden, den Kündigungsempfänger nur deshalb schlechter zu stellen, ihn also ohne Aufrechnungsmöglichkeit zum Schadensersatz zu verpflichten, wenn er seinerseits
bereit gewesen wäre, trotz des vertragswidrigen Verhaltens des Kündigenden
am Vertrag festzuhalten[1].

Der Schadensersatzpflichtige hat den anderen Vertragspartner gem. § 249 20
BGB so zu stellen, wie dieser stände, wenn das Vertragsverhältnis nicht vorzeitig beendet worden wäre. Der **Umfang des Schadensersatzanspruchs**[2] bezieht sich zeitlich auf den Zeitraum von der durch die fristlos ausgesprochene Kündigung herbeigeführten Vertragsbeendigung bis zu dem Zeitpunkt, zu
dem das Vertragsverhältnis durch fristgerechte Kündigung hätte beendet
werden können oder automatisch beendet worden wäre, wenn es von vornherein auf bestimmte Zeit abgeschlossen worden war[3]. Sind die Kündigungsfristen der Vertragspartner unterschiedlich, so kommt es auf den Zeitraum
an, der bei einer ordentlichen Kündigung des Kündigungsempfängers noch
verstreichen würde[4]. Der Kündigenden muss sich im Wege der Vorteilsausgleichung etwaige durch die Kündigung erlangte Vorteile anrechnen lassen;
so z.B. der Handelsvertreter, der anschließend eine Tätigkeit für einen anderen Unternehmer aufnehmen kann; anders ist es jedoch, wenn er lediglich
ohnehin freigebliebene Kapazitäten einsetzt[5]. Da ein Mitverschulden bezüglich des Schadenshöhe nach § 254 BGB zu berücksichtigen ist, kann der
Handelsvertreter zur Aufnahme anderer Tätigkeiten – ggf. auch außerhalb
seiner bisherigen Branche – verpflichtet sein[6].

III. Unwirksamkeit der außerordentlichen Kündigung

Eine unwirksame außerordentliche Vertragskündigung kann nach § 140 21
BGB in eine fristgerechte Kündigung zum nächsten zulässigen Termin **umgedeutet werden**, wenn der Kündigende das Vertragsverhältnis zweifelsfrei
spätestens mit Ablauf der Kündigungsfrist beenden wollte[7]. Bis zu diesem
Zeitpunkt besteht das Vertragsverhältnis mit allen beiderseitigen Rechten

---

1 BGH v. 29.11.1965 – VII ZR 202/63, BGHZ 44, 271; vgl. auch BGH v. 18.2.1982 – I
  ZR 20/80, NJW 1982, 1814.
2 Zu den Anforderungen an die Darlegungs- und Beweislast bei Geltendmachung von
  Schadensersatzansprüchen gem. § 89a Abs. 2: BGH v. 5.10.1989 – I ZR 160/88, WM
  1990, 477 mit Anm. v. *Hoyningen-Huene*, EWiR § 89a HGB 1/90, 167.
3 BGH v. 3.3.1993 – VIII ZR 101/92, NJW 1993, 1386.
4 OLG Karlsruhe v. 17.9.2003 – 1 U 9/03, NJW-RR 2004, 191.
5 BGH v. 1.3.1984 – I ZR 3/82, WM 1984, 1005.
6 BGH v. 1.3.1984 – I ZR 3/82, WM 1984, 1005; BGH v. 1.10.1970 – VII ZR 171/68,
  WM 1970, 1513.
7 BGH v. 20.2.1969 – VII ZR 101/67, BB 1969, 380; BGH v. 12.1.1981 – VII ZR 332/79,
  DB 1981, 1821.

und Pflichten unverändert fort. Der Empfänger kann jedoch die unwirksame außerordentliche Kündigung seinerseits zum Anlass nehmen, das – anderenfalls fortbestehende – Vertragsverhältnis durch fristlose Vertragskündigung zu beenden. Dazu ist er berechtigt, weil eine ohne wichtigen Grund ausgesprochene außerordentliche Kündigung ihrerseits wiederum einen wichtigen Grund zur fristlosen Kündigung für den Kündigungsempfänger darstellt[1]. Der Kündigungsempfänger kann jedoch auch am Vertrag weiterhin festhalten, seine Arbeitskraft anbieten und den kündigenden Vertragsteil auf diese Weise, wenn dieser von dem Angebot keinen Gebrauch macht, in Annahmeverzug setzen.

22 Der Partner, der das Vertragsverhältnis trotz **fehlenden wichtigen Grundes** außerordentlich gekündigt hat, ist dem Kündigungsempfänger gegenüber zum **Schadensersatz gem. § 280 BGB** verpflichtet, und zwar bis zu dem Zeitpunkt, zu dem das Vertragsverhältnis fristgerecht hätte gekündigt werden können[2] oder durch Zeitablauf ohnehin beendet worden wäre. Hat der Handelsvertreter den Unternehmer durch Anbietung seiner Dienste in Annahmeverzug versetzt, so behält er gem. § 615 S. 1 BGB seine **Vergütungsansprüche**, so insbes. den Anspruch auf Bezirksprovisionen, falls er Bezirksvertreter ist. Dann braucht er sich ersparte Kosten, die infolge des Unterbleibens der Dienstleistung nicht entstehen, nicht anrechnen zu lassen[3].

23 Kündigt der Handelsvertreter wegen der vorherigen unberechtigten außerordentlichen Kündigung des Unternehmers das Vertragsverhältnis seinerseits aus wichtigem Grund, ist der Unternehmer nach § 89a Abs. 2 zum Schadensersatz verpflichtet[4]. Mit dem Zugang der fristlosen Kündigung des Handelsvertreters endet der Handelsvertretervertrag, und in diesem Zeitpunkt entsteht dann auch der Ausgleichsanspruch gem. § 89b, der nach § 89b Abs. 3 in diesem Fall nicht ausgeschlossen ist.

§ 89b
Ausgleichsanspruch

(1) Der Handelsvertreter kann von dem Unternehmer nach Beendigung des Vertragsverhältnisses einen angemessenen Ausgleich verlangen, wenn und soweit

1. der Unternehmer aus der Geschäftsverbindung mit neuen Kunden, die der Handelsvertreter geworben hat, auch nach Beendigung des Vertragsverhältnisses erhebliche Vorteile hat,

---

1 St. Rspr.; BGH v. 30.6.1969 – VII ZR 70/67, HVR Nr. 399.
2 Zur Berechnung des entgangenen Gewinns des Unternehmers bei einer vom Handelsvertreter erklärten unberechtigten fristlosen Kündigung siehe BGH v. 30.5.2001 – VIII ZR 70/00, NJW-RR 2001, 1542.
3 BGH v. 12.3.1992 – I ZR 117/90, NJW-RR 1992, 1059; BGH v. 18.6.1959 – II ZR 121/57, NJW 1959, 1490.
4 St. Rspr.; BGH v. 11.10.1990 – I ZR 32/89, WM 1991, 196.

2. der Handelsvertreter infolge der Beendigung des Vertragsverhältnisses Ansprüche auf Provision verliert, die er bei Fortsetzung desselben aus bereits abgeschlossenen oder künftig zustande kommenden Geschäften mit den von ihm geworbenen Kunden hätte, und

3. die Zahlung eines Ausgleichs unter Berücksichtigung aller Umstände der Billigkeit entspricht.

Der Werbung eines neuen Kunden steht es gleich, wenn der Handelsvertreter die Geschäftsverbindung mit einem Kunden so wesentlich erweitert hat, dass dies wirtschaftlich der Werbung eines neuen Kunden entspricht.

(2) Der Ausgleich beträgt höchstens eine nach dem Durchschnitt der letzten fünf Jahre der Tätigkeit des Handelsvertreters berechnete Jahresprovision oder sonstige Jahresvergütung; bei kürzerer Dauer des Vertragsverhältnisses ist der Durchschnitt während der Dauer der Tätigkeit maßgebend.

(3) Der Anspruch besteht nicht, wenn

1. der Handelsvertreter das Vertragsverhältnis gekündigt hat, es sei denn, dass ein Verhalten des Unternehmers hierzu begründeten Anlass gegeben hat oder dem Handelsvertreter eine Fortsetzung seiner Tätigkeit wegen seines Alters oder wegen Krankheit nicht zugemutet werden kann, oder

2. der Unternehmer das Vertragsverhältnis gekündigt hat und für die Kündigung ein wichtiger Grund wegen schuldhaften Verhaltens des Handelsvertreters vorlag oder

3. auf Grund einer Vereinbarung zwischen dem Unternehmer und dem Handelsvertreter ein Dritter anstelle des Handelsvertreters in das Vertragsverhältnis eintritt; die Vereinbarung kann nicht vor Beendigung des Vertragsverhältnisses getroffen werden.

(4) Der Anspruch kann im Voraus nicht ausgeschlossen werden. Er ist innerhalb eines Jahres nach Beendigung des Vertragsverhältnisses geltend zu machen.

(5) Die Absätze 1, 3 und 4 gelten für Versicherungsvertreter mit der Maßgabe, dass an die Stelle der Geschäftsverbindung mit neuen Kunden, die der Handelsvertreter geworben hat, die Vermittlung neuer Versicherungsverträge durch den Versicherungsvertreter tritt und der Vermittlung eines Versicherungsvertrages es gleichsteht, wenn der Versicherungsvertreter einen bestehenden Versicherungsvertrag so wesentlich erweitert hat, dass dies wirtschaftlich der Vermittlung eines neuen Versicherungsvertrags entspricht. Der Ausgleich des Versicherungsvertreters beträgt abweichend von Absatz 2 höchstens drei Jahresprovisionen oder Jahresvergütungen. Die Vorschriften der Sätze 1 und 2 gelten sinngemäß für Bausparkassenvertreter.

Übersicht

	Rn.		Rn.
I. Vorbemerkungen		**VIII. Ausschluss des Ausgleichsanspruchs**	124
1. Rechtsentwicklung der Vorschrift in Deutschland	1	1. Eigenkündigung des Handelsvertreters (§ 89b Abs. 3 Nr. 1)	125
2. Rechtsnatur	5	a) Begründeter Anlass	129
3. Der Ausgleichsanspruch in Europa	7	b) Alters- oder krankheitsbedingte Gründe	134
II. Grundgedanken des Ausgleichsanspruchs		2. Kündigung des Unternehmers (§ 89b Abs. 3 Nr. 2)	139
1. Warenvertreter	9	3. Eintritt eines Dritten in das Vertragsverhältnis (§ 89b Abs. 3 Nr. 3)	143
2. Versicherungsvertreter	14	**IX. Unabdingbarkeit des Ausgleichsanspruchs und Umgehungspraktiken**	
III. Entstehung und Fälligkeit		1. Unabdingbarkeit (§ 89b Abs. 4 S. 1)	148
1. Zeitpunkt der Entstehung und der Fälligkeit	22	2. Umgehungspraktiken	
2. Entstehung bei Unwirksamkeit des Handelsvertretervertrages	25	a) Einmalprovisionen	151
IV. Anspruchsberechtigung		b) Vorauserfüllung des Ausgleichsanspruchs	152
1. Handelsvertreter	26	c) Abwälzungsvereinbarungen	153
2. Vertragshändler	31	d) Einstandszahlungen	155
3. Franchisenehmer	33	**X. Versicherungs- und Bausparkassenvertreter (§ 89b Abs. 5)**	
V. Ausgleichsverpflichtung		1. Ausgleichsrechtliche Besonderheiten	159
1. Unternehmer als Ausgleichsschuldner	34	2. Anspruchsvoraussetzungen	
2. Vertreternachfolger als Schuldner	43	a) Unternehmervorteile	160
VI. Anspruchsvoraussetzungen		b) Provisionsverluste des Versicherungsvertreters	161
1. Berechnungsgrundsätze	44	c) Billigkeitsgrundsatz	168
2. Formelle Anspruchsvoraussetzungen		3. Ausgleichshöchstgrenze	169
a) Vertragsbeendigung	49	4. Bedeutung der Grundsätze	170
b) Geltendmachung des Ausgleichsanspruchs	58	**XI. Beweislastfragen**	172
3. Materielle Anspruchsvoraussetzungen		**XII. Wettbewerbsbeschränkung durch Ausgleichszahlung?**	174
a) Neukundenwerbung	61		
b) Unternehmervorteile	71		
c) Provisionsverluste des Handelsvertreters	76		
d) Billigkeitsgrundsatz	94		
VII. Höchstgrenze des Ausgleichsanspruchs	111		

Schrifttum: *Arndt,* Alters- oder krankheitsbedingte Kündigung bei Handelsvertretungsgesellschaften: Erhaltung des Ausgleichsanspruchs durch Formwechsel?, DB 1999, 1789; *Ball,* Rechtsnatur und Funktion des Ausgleichsanspruchs nach § 89b HGB unter besonderer Berücksichtigung der Rechtsprechung des Bundesgerichtshofs, in: Saenger/Schulze, der Ausgleichsanspruch des Handelsvertreters, 2000, S. 17; *Bamberger,* Zur Frage des Ausgleichsanspruchs, insbesondere der Provisionsverlust des Handelsvertreters bei einer Vertriebsumstellung des Unternehmers, NJW 1984, 2670; *Behrend,* Aktuelle handelsvertreterrechtliche Fragen in Rechtsprechung und Praxis, NJW 2003, 1563; *Bodewig,* Der Ausgleichsanspruch des Franchisenehmers nach Beendigung des Vertragsverhältnisses, BB 1997, 637; *Braun*, Der Ausgleichsanspruch des Bausparkassenvertreters, VersVerm 1985, 568; *Brych*, Ausgleichsanspruch bei jedweder Art von Eigenkündigung?, BB 1992, 8; *Budde*, Das Ende der Einstandszahlung im Handelsvertreterrecht?, DB 2005, 2177; *Canaris*, Handelsrecht, 24. Aufl. 2006, § 15 VII; *Ekkenga*, Ausgleichsanspruch analog § 89b HGB und Ertragswertmethode, AG 1992, 345; *Evers/Keine*, Die Anrechenbarkeit von Versorgungsleistungen auf den Ausgleichsanspruch des Handelsvertreters, ZfV 2001, 585, 618, 765; *Evers/Keine*, Der Ausgleichsanspruch des Handelsvertreters: Anrechnung von Versorgungsleistungen nur bei Einstufung als „besonders günstige Vertragsbedingung", DB 2003, 1309; *Felix*, Betriebsaufgabe und Ausgleichsansprüche der Handelsvertreter nach § 89b HGB, BB 1987, 870; *Flohr*, Die Anwendbarkeit des § 89b HGB auf den Ausgleichsanspruch des Franchisenehmers bei Beendigung des Franchisevertrags, DStR 1998, 572; *Flohr*, Die Rückabwicklung gescheiterter Franchiseverhältnisse, WM 2001, 1441; *Fock*, Der nachvertragliche Schadenersatzanspruch des Handelsvertreters gem. Art. 17 Abs. 3 der EG-Handelsvertreterrichtlinie – Alternative oder Ergänzung zum Goodwill-Ausgleich des Vertreters?, in: Saenger/Schulze, Der Ausgleichsanspruch des Handelsvertreters, 2000, S. 62; *Fuchs-Baumann*, Ausgleichsanspruch des Versicherungsvertreters: Anrechnung des Barwerts einer von Versicherungsunternehmen finanzierten Versorgung, DB 2001, 2131; *Garbe*, Vereinbarung über den Ausgleichsanspruch im Bausparbereich, VersVerm 1984, 479; *Haas*, Wegfall des Ausgleichsanspruchs bei Eigenkündigung ohne besonderen Anlass verfassungswidrig?, BB 1991, 1441 sowie BB 1992, 941; *Habscheid*, Das Ausgleichsrecht des Handelsvertreters, in: Festschrift Schmidt-Rimpler, 1957, S. 335; *Herbert*, Neues zum Ausgleichsanspruch des Handelsvertreters, BB 1997, 1317; *Hermes*, Beendigung des Vertragshändlervertrages im deutschen und niederländischen Recht, RIW 1999, 81; *Höft*, Bemerkungen zu aktuellen Fragen um den Ausgleichsanspruch des Versicherungsvertreters, ZVersWiss 1976, 439; *Kainz/Lieber/Puszkajler*, Die „Münchener Formel" – oder Berechnung des Vertragshändlerausgleichs in der Autobranche, BB 1999, 434; *Keine*, Der Ausgleichsanspruch des Handelsvertreters, 2004; *Keine*, Der Verkauf einer Handelsvertretung – Rechtliche Besonderheiten bei der Nachfolge im Wege des § 89b III Nr. 3 HGB, NJW 2006, 2007; *Kirsch*, Ist der Ausgleichsanspruch des Vertragshändlers analog § 89b HGB am Ende?, NJW 1999, 2779; *Köhler*, Ausgleichsanspruch des Franchisenehmers: Bestehen, Bemessung, Abwälzung, NJW 1990, 1689; *Küstner*, Aktuelle Probleme des Vertriebsrechts, BB 1999, 541, 544; *Küstner*, Ausgleichsberechnung nach § 89b HGB – Fehler im Detail, BB 2000, Heft 20, „Die erste Seite"; *Küstner*, Im Versicherungsvertreterrecht kehrt keine Ruhe ein, VersR 2002, 513; *Küstner*, Vereinbarungstatbestände, die die Entstehung eines Ausgleichsanspruchs (§ 89b HGB) hindern sollen, in: Festschrift R. Trinkner, 1995, S. 193; *Küstner*, Zur Problematik Ausgleichsanspruch/Altersversorgung, VW 1997, 260; *Küstner*, Ausgleichsanspruch und Altersversorgung, VW 1997, 386; *Küstner*, Kann vor Gericht ein höherer Ausgleich als nach den „Grundsätzen" erzielt werden?, VW 1996, 1661; *Küstner*, Bestandswegnahme und Schadensersatz, VersR 1996, 944; *Küstner/Thume*, Der Ausgleichsanspruch des Handelsvertreters, in: Handbuch des gesamten Außendienstrechts, Band II, 8. Aufl. 2007; *Laber*, Eigenkündigung des Handelsvertreters: Verfassungsmäßigkeit des Ausschlusses des Ausgleichsanspruchs, DB 1994, 1275; *Löwe/Schneider*, Zur Anrechnung einer betrieblichen Altersversorgung auf den Ausgleichsanspruch des Handelsvertreters, ZIP 2003, 1129; *Melcher*, Die Anwendung des Handelsvertreterrechts auf Kapitalanlageberater, BB 1981, 2101; *Meyer*, Ausgleichszahlungen nach § 89b HGB zugunsten des Rechtsnachfolgers eines Handelsvertreters, DB 1981, 165; *Meyer*, Ausgleichsansprüche nach § 89b HGB beim Vertrieb langlebiger Wirtschaftsgüter, BB 1970, 780; *Müller*, Ausgleichsanspruch des Handelsvertreters nach § 89b I 2 HGB wegen erweiterter Altkundenbeziehung auch bei Umsatzrückgang?, NJW 1997, 3432; *Müller-Stein*, Ausgleichsanspruch gem. § 89b HGB nach Bestandsübertragungen aufgrund erteilter Maklerverträge, VersR 1990, 561; *Niebling*, Der Ausgleichsanspruch des Vertragshändlers, ZIP 1997, 2388; *Noetzel*, Die eigene Kündigung des Handelsvertreters und sein gesetzlicher Ausgleichsanspruch, DB 1993, 1557; *Pollkläsener*, Der handelsvertreterähnliche Ausgleichsanspruch nach § 89b HGB analog in der Mobilfunk-Telekommunikationsbranche, DB 2003, 927; *Retzer*, Verfassungsmäßigkeit des § 89b Abs. 3 Nr. 1 HGB?, BB 1993, 668; *Reufels/Lorenz*, „Pauschalierung des Ausgleichsanspruchs für Kfz-Händler" – ein Plädoyer gegen die „Münchener Formel", BB 2000, 1586; *Rittner*, Der Ausgleichsanspruch des Handelsvertreters und die jüngste BGH-Rechtsprechung, DB 1998, 457; *Saenger*, Das Recht des Handelsvertreters zur ausgleichswahrenden Eigenkündigung, DB 2000, 129; *Saenger*, Der Ausgleichsanspruch des Handelsvertreters bei Eigenkündigung, 1996; *Scherer*, Ausschluss von Ausgleichsansprüchen des Handelsvertreters, DB 1996, 1709; *Schmitz*, Handelsvertreterausgleichsansprüche bei Asset Deals, ZIP 2003, 59; *Schnug*, Der Ausgleichsanspruch des Versicherungsvertreters, Der Syndikus, 1999, 54; *Schreiber*, Der Ausgleichsanspruch des Handelsvertreters aus prozessualer Sicht, NJW 1998, 3737; *Schröder*, Ausgleichsanspruch nach § 89b HGB bei Veräußerung und Stilllegung des vertretenen Unternehmens, DB 1967, 2015; *Selthorst*, Der Ausschluss des Ausgleichs gemäß § 89b HGB, in: Saenger/Schulze, der Ausgleichsanspruch des Handelsvertreters, 2000, S. 43; *Siegert*, Der Ausgleichsanspruch des Kfz-Vertragshändlers, NJW 2007, 188; *Stötter*, Eingriffe des Versicherers in den Versicherungsbestand des Versicherungsvertreters, VersVerm 1986, 576; *Stötter*, Zweifelsfragen bei der Auslegung der „Grundsätze zur Errechnung der Höhe des Ausgleichsanspruchs (§ 89b HGB)", VersVerm 1985, 99; *Ströbl*, Ausgleichsanspruch bei Verkauf der Kundendatei an einen Dritten, BB 2006, 2258; *Stumpf*, Vertragshändlerausgleich analog § 89b HGB – praktische und dogmatische Fehlortung?, NJW 1998, 12; *Stumpf/Hesse*, Der Ausgleichsanspruch des Vertragshändlers, DB 1987, 1474; *Stumpf/Ströbl*, Der Ausgleichsanspruch des Kfz-Vertragshändlers, MDR 2004, 1209; *Sturm/Liekefett*, § 89b und Unternehmenskauf –Ausgleichsansprüche von Handelsvertretern nach Betriebsveräußerung durch Asset Deal, BB 2004, 1009; *Thume*, Der Ausgleichsanspruch des Handelsvertreters, BB 1990, 1645; *Thume*, Der Ausgleichsanspruch des Handelsvertreters gem. § 89b HGB in der Europäischen Union, BB 2004, 2473; *Thume*, Der neue Ausgleich-Ausschlusstatbestand nach § 89b Abs. 3 Nr. 3 HGB, BB 1991, 490; *Thume*, Einige Gedanken zum Ausgleichsanspruch nach § 89b HGB, BB 1999, 2309; *Thume*, Neues zum Ausgleichsanspruch des Handelsvertreters und des Vertragshändlers, BB 1994, 2358; *Thume*, Der Ausgleichsanspruch des Handelsvertreters, BB 1990, 1645; *Thume*, Anrechnung einer Alters- und Hinterbliebenenversorgungszusage auf den Ausgleichsanspruch des Versicherungsvertreters – ein Handelsbrauch, BB 2002, 1325; *Wauschkuhn*, Vereinbarungen im Hinblick auf den Ausgleichsanspruch des Vertragshändlers, BB 19965, 1517; *Westphal*, Ausgleichsanspruch des Handelsvertreters bei Veräußerung des Unternehmerbetriebs, BB 1998, 1432; *Westphal*, Die Handelsvertreter-GmbH: Renaissance mit Unterstützung des BFH?, BB 1999, 2517; *Westphal*, Die Berechnung des Ausgleichsanspruchs in der Praxis, in: Saenger/Schulze, Der Ausgleichsanspruch des Handelsvertreters, 2000, S. 30; *Westphal*, Der Ausgleichsanspruch des Tankstellenhalters, OLGR Düsseldorf Heft 12/2002 K 35; *Westphal*, Einstandszahlungen des Handelsvertreters, MDR 2005, 421; *Graf v. Westphalen*, Ausgleichsanspruch des Versicherungsvertreters und Nichtanrechnung einer Alters- und Hinterbliebenenversorgungszusage, DB 2000, 2255; *Graf v. Westphalen*, Scheinselbständigkeiten nach § 2 Nr. 9 SGB VI und der Ausgleichsanspruch des Handelsvertreters, ZIP 1999, 1083; *Graf v. Westphalen*, Analoge Anwendbarkeit von § 89b HGB auf Vertragshändler unter Berücksichtigung spezifischer Gestaltungen der Kfz-Branche, DB 1984, Beil. 24; *Graf v. Westphalen*, Funktionelle Verwandtschaft zwischen Altersversorgung und Ausgleich des Versicherungsvertreters? – BGH-Rechtsprechung auf dem Prüfstand, BB 2001, 1593; *Graf v. Wetphalen*, Die Provisionsverzichtsklausel im Spannungsverhältnis zum Ausgleichsanspruch des Versicherungsvertreters, DB 2003, 2319; *Wittmann*, Zum Ausgleichsanspruch von Handelsvertretern im EG-Ausland nach dem 31.12.1993, BB 1994, 2295.

I. Vorbemerkungen

1. Rechtsentwicklung der Vorschrift in Deutschland

Der dem früheren Handlungsagentenrecht der §§ 84 ff. im HGB vom 10.5.1897 unbekannte Ausgleichsanspruch ist durch das „Gesetz zur Änderung des Handelsgesetzbuchs (Recht der Handelsvertreter)" vom 6.8.1953[1] erstmals ins deutsche HGB eingeführt worden. Mit der Vorschrift des § 89b folgte der Gesetzgeber ausländischen Regelungen, insbesondere dem Art. 418u des schweizerischen Obligationenrechts i.d.F. des Bundesgesetzes über den Agenturvertrag vom 4.2.1949[2] und dem § 25 des österreichischen Handelsvertretergesetzes vom 24.6.1921[3]. § 89b bildet das Kernstück der die Rechtsstellung des Handelsvertreters wesentlich verbessernden Regelungen. Die seinerzeit neuen Vorschriften haben – neben der wirtschaftlichen Aufwärtsbewegung in den Jahren seit 1945 – ganz wesentlich zu einem neuen „Selbstbewusstsein" des Berufsstandes der Handelsvertreter geführt.

Noch heute ist diese Vorschrift die wirtschaftlich bedeutendste des gesamten Handelsvertreterrechts und zugleich der größte Zankapfel. Manche sehen darin ein „Herzstück"[4] und die anderen ein „Justizübel", zu dessen Eindämmung aufgerufen werden muss[5]. Bei Ausgleichsprozessen kochen in der Regel auch die Emotionen der Parteien hoch. Dies ist durchaus verständlich, wenn man bedenkt, dass das Vertragsverhältnis beendet ist. Während der Unternehmer die Auffassung vertritt, dass der Handelsvertreter für die geleisteten Dienste laufend Provisionen erhalten und daher seine Leistung abgegolten sei, sieht der Handelsvertreter den für den Unternehmer geschaffenen Kundenstamm als sein ureigenes Werk an, von dem er Abschied nehmen muss. Dafür erwartet er eine Gegenleistung. Jedenfalls handelt es sich aber um eine komplizierte Rechtsnorm, deren Anwendung und Auslegung im Einzelfall durchaus juristische Fallstricke bereithalten kann.

Seit 1953 ist die Vorschrift des § 89b in folgender Weise geändert worden:

Durch das **Gesetz vom 13.5.1976**[6] wurde der bis dahin als außerordentlich unbefriedigend empfundene Abs. 3 des § 89b dahingehend geändert, dass eine vom Handelsvertreter aus alters- oder krankheitsbedingten Gründen ausgesprochene Vertragskündigung nicht mehr, wie das vorher der Fall war,

---

1 BGBl. I 1953, 771.
2 Bundesgesetz über den Agenturvertrag v. 4.2.1949, Bundesbl. v. 14.4.1949 (betreffend die Einfügung der Art. 418a bis 418v in das schweizerische Obligationenrecht, in Kraft getreten am 1.1.1950).
3 Bundesgesetz über die Rechtsverhältnisse der selbständigen Handelsvertreter (HandelsvertreterG – HVertrG 1993, BGBl. 88/93 v. 11.2.1993), in Kraft getreten am 1.3.1993 = Neufassung des Bundesgesetzes v. 24.6.1921 i.d.F. des Bundesgesetzes v. 13.7.1960, BGBl. 1960, 1887, geänd. durch Bundesgesetz v. 15.6.1978, BGBl. 1978, 191. Zu Einzelheiten vgl. *Küstner*, RdW/Österr. 1994, 390.
4 *Grundmann*, Europäisches Schuldvertragsrecht, 1999, S. 569.
5 *Martinek*, FS Lüke, 1997, S. 402, 412.
6 Gesetz v. 13.5.1976, BGBl. I 1197. Dazu Näheres bei *Schröder*, DB 1976, 1269; *Mayer*, BB 1978, 940; *Küstner*, BB 1976, 630.

zum Ausschluss des Ausgleichsanspruchs führt, sofern dem Handelsvertreter aus den genannten Gründen eine Fortsetzung seiner Tätigkeit nicht zugemutet werden kann. Weitere Änderungen erfolgten durch das am 1.1.1990 in Kraft getretene **Anpassungsgesetz vom 23.10.1989**[1], durch das die bis dahin geltende Fassung an die EG-Richtlinie vom 18.12.1986[2] angepasst wurde. Diese Neufassung des § 89b setzte die Vorgaben der Richtlinie jedoch nicht in allen Punkten exakt um[3], so dass bei Warenvertretern stets auf eine richtlinienkonforme Auslegung der deutschen Ausgleichsbestimmung zu achten ist; s.o. Vor § 84 Rn. 11.

4   Die **Neuregelung** betrifft folgende Punkte:
   – Die Ausschlusstatbestände i.S.d. § 89b Abs. 3 sind um einen weiteren Tatbestand ergänzt worden, der dann vorliegt, wenn aufgrund einer Vereinbarung zwischen den Parteien des Handelsvertretervertrages ein Dritter anstelle des Handelsvertreters in das Vertragsverhältnis eintritt.
   – In § 89b Abs. 4 S. 2 ist die Ausschlussfrist für die Geltendmachung des Ausgleichsanspruchs von zuvor drei Monaten auf zwölf Monate verlängert worden.
   – Die den Ausgleichsanspruch des Versicherungsvertreters regelnde Verweisungsvorschrift in § 89b Abs. 5 hat keine Änderungen des materiellen Rechts, sondern nur eine redaktionelle Neufassung gebracht. Neu ist lediglich, dass in § 89b Abs. 5 die Geltung der Vorschrift nun auch sinngemäß für Bausparkassenvertreter festgelegt wird, was sich bisher nur aus § 92 Abs. 5 ergab.

2. Rechtsnatur

5   Die dogmatische Einordnung und der Gerechtigkeitsgehalt des Ausgleichsanspruches sind umstritten. Rechtsprechung und Lehre sehen in ihm letztlich eine zusätzliche Vergütung für die besondere Leistung des Handelsvertreters, nämlich die Schaffung eines Kundenstammes bzw. den Aufbau eines Versicherungsbestandes für den Unternehmer, die durch die bezahlten Provisionen noch nicht abgegolten worden sind[4]. Die der Bestimmung maßgeblich zugrunde liegenden Überlegungen gehen vom Gedanken des **Vorteilsausgleichs**[5] und vom Gebot der Gerechtigkeit aus. So betrachtet wird der Ausgleich zum „Surrogat" eines vom Gesetzgeber in § 87 Abs. 1 „gekapp-

---

1 Gesetz zur Durchführung der EG-Richtlinie zur Koordinierung des Rechts der Handelsvertreter v. 23.10.1989, BGBl. I 1910, in Kraft getreten am 1.1.1990 für Neuverträge und am 1.1.1994 für Altverträge; vgl. Einzelheiten bei *Küstner*, Das neue Recht des Handelsvertreters, 3. Aufl. 1997.
2 Richtlinie des Rates v. 18.12.1986 zur Koordinierung der Rechtsvorschriften der Mitgliedstaaten betr. die selbständigen Handelsvertreter, ABl. EG Nr. L 382 v. 31.12.1986, 17; auch abgedr. bei *Küstner* II, Rn. 1856 ff.
3 Nähere siehe *Thume*, BB 2004, 2473 und bei den einzelnen Abschnitten der Kommentierung.
4 Grundlegend BGH v. 13.5.1957 – II ZR 318/56, BGHZ 27, 214.
5 Amtl. Begründung BT-Drucks. 3856 v. 15.11.1952, S. 34. Vgl. auch *Staub/Brüggemann*, § 89b Rn. 2 mit weiteren Rechtsprechungsnachweisen.

ten" Provisionsanspruchs und stellt nach *Habscheid*[1] eine „**kapitalisierte Restvergütung**" dar, wobei der Höhe der Kapitalisierung durch § 89b Abs. 2 S. 1 eine obere Grenze gesetzt ist.

Gleichwohl stellt der Ausgleich mit Rücksicht auf den in § 89b Abs. 1 Nr. 3 als Anspruchsvoraussetzung niedergelegten Billigkeitsgrundsatz und die in § 89b Abs. 3 niedergelegten Ausschlusstatbestände **keinen reinen Vergütungsanspruch**[2] dar. Vielmehr ist er zugleich auch eine Schutzvorschrift[3] zugunsten des Handelsvertreters, die ihn in pauschalierter Form vor Verlusten schützt, die sich aus der Vertragsbeendigung im Hinblick auf seine erfolgreiche Vermittlungstätigkeit ergeben. Damit liegen ihm auch **sozialrechtliche** Überlegungen zugrunde[4], wie dies das BVerfG in seinem Beschluss vom 22.8.1995[5] ausdrücklich festgestellt hat. Dort heißt es, der Gesetzgeber habe sich mit der Einführung des Ausgleichsanspruchs dafür entschieden, „einen Beitrag zur Verbesserung der wirtschaftlichen Situation und sozialen Absicherung des Handelsvertreters zu leisten" Dazu meint allerdings *Canaris*[6], der Ausgleichsanspruch habe weniger Versorgungs-, sondern primär Entgeltcharakter, wenn auch der BGH in seinem Urteil vom 15.2.1965[7] die Berücksichtigung sozialer Verhältnisse des Handelsvertreters nicht ausschließe. Auch werde bei Vereinbarung einer Alters- oder Hinterbliebenenversorgung ein Handelsvertretervertrag in gewissem Umfang an eine arbeitsrechtliche Gestaltung herangeführt, was durch die damit verbundene Einbeziehung des Handelsvertreterrechts in den Schutz des BetrAVG gemäß dessen § 17 Abs. 1 S. 2 auch gesetzlichen Niederschlag gefunden habe.

3. Der Ausgleichsanspruch in Europa

Durch die Einbettung in das zwingende Recht der Europäischen Union nach Art. 17 und 18 der Handelsvertreter-Richtlinie erhielt der Ausgleichsanspruch eine neue Dimension. Zwar gilt die Richtlinie, wie erwähnt, nur für den Warenvertreter; sie hat jedoch infolge ihrer jeweiligen Umsetzung in

---

1 *Staub/Brüggemann*, § 89b Rn. 4 und *Habscheid*, FS Schmidt-Rimpler, 1957, S. 335.
2 *Canaris*, § 15 V. 1; MünchKommHGB/*v.Hoyningen-Huene*, § 89b Rn. 2 ff., 5 und 6; *Ebenroth/Boujong/Joost/Löwisch*, § 89b Rn. 3; *Heymann/Sonnenschein/Weitemeyer*, § 89b Rn. 5; *Ankele*, Handelsvertreterrecht, § 89b Rn. 10; *Küstner* in Küstner/Thume II, Kap. I, Rn. 36; *Bruck/Möller*, vor §§ 43–48 VVG Anm. 370 m.w.N.; BVerfG v. 22.8.1995 – 1 BvR 1624/92, WM 1995, 1761 *Hopt*, Handelsvertreterrecht, § 89b Rn. 3; *Baumbach/Hopt*, § 89b Rn. 1; a.A. *Grundmann*, Der Treuhandvertrag, 1997, S. 367, 375.
3 *Ulmer*, FS Möhring, 1975, S. 211–215; *Martinek/Semler/Habermeier*, Hdb. des Vertriebsrechts, § 11 Rn. 1; *Westphal*, Vertriebsrecht Bd. I, S. 247; a.M. *Staub/Brüggemann*, § 89b Rn. 7; *Baumbach/Hopt*, § 89b Rn. 3; ebenso BGH v. 16.2.1961 – VII ZR 239/59, BGHZ 34, 282, 290; BGH v. 12.6.1963 – VII ZR 272/61, BGHZ 40, 13, 15 sowie BGH v. 19.11.1970 – VII ZR 47/70, BGHZ 55, 45, 54.
4 Anderer Ansicht *Hopt*, Handelsvertreterrecht, § 89b Rn. 1 und in *Baumbach/Hopt*, § 89b Rn. 3; *Grundmann*, Der Treuhandvertrag, S. 375.
5 BVerfG v. 22.8.1995 – 1 BVR 1624/92, WM 1995, 1761 sowie VW 1996, 459.
6 *Canaris*, HR, § 15 V. 1. und 2.c).
7 BGH v. 15.2.1965 – VII ZR 194/63, BGHZ 43, 154.

jenen Staaten, die nur ein einheitliches Handelsvertreterrecht kennen, auch Auswirkungen auf andere Vertreterbranchen. Von den europäischen Staaten hat bislang lediglich Frankreich die von der Richtlinie eingeräumte Möglichkeit ergriffen, anstelle des Ausgleichs einen Schadenersatzanspruch nach Art. 17 Abs. 3 Richtlinie gesetzlich zu verankern, weil dieser Anspruch dort schon vorher bestanden hatte. Großbritannien und Irland haben ihren Vertragsparteien das Wahlrecht zwischen Ausgleich und Schadenersatzanspruch eingeräumt.

8 Diese zwingende Bestimmung des Ausgleichsanspruchs gilt laut einer Entscheidung des EuGH vom 19.12.2000 für alle Waren-Handelsvertreter, die auf dem Gebiet der EU und des EWR tätig sind, und zwar selbst dann, wenn der Unternehmer seinen Sitz außerhalb dieses Gebietes hat und die Parteien vertraglich das Recht des Unternehmerstaates vereinbart haben, welches keinen Ausgleich vorsieht[1]. Der Anspruch kann auch nicht dadurch vereitelt oder gefährdet werden, dass vertraglich über die Rechtswahl hinaus der ausschließliche Gerichtsstand eines Drittstaates gewählt wird, dessen Recht dem Ausgleich entsprechende Ansprüche des Handelsvertreters nicht kennt. Die damit einhergehende Derogation deutscher Gerichte ist unwirksam[2].

II. Grundgedanken des Ausgleichsanspruchs

1. Warenvertreter

9 Dem Ausgleichsanspruch des Warenvertreters liegt, wie schon erwähnt, der Gedanke zugrunde, dass der Schaffung einer **neuen Geschäftsverbindung** bzw. eines **neuen Kundenstammes** auch eine entsprechende Vergütung gegenüberstehen müsste. Das ist aber nicht der Fall, wenn die vom Handelsvertreter neu geschaffenen Geschäftsverbindungen über die Beendigung des Handelsvertretervertrages hinaus fortbestehen; denn ihm stehen nach § 87 Abs. 1 Provisionsansprüche nur für solche Geschäfte zu, die während des bestehenden Vertragsverhältnisses zustande kommen (bei § 87 Abs. 3 handelt es sich nur um eine zugunsten des Handelsvertreters getroffene Ausnahmeregelung). Für die nach Beendigung des Vertragsverhältnisses zustande kommenden **Folgegeschäfte** kann er also keine Provision mehr verlangen, obwohl er dem Unternehmer den entsprechenden Kundenstamm zugeführt hat. Diese Divergenz soll durch § 89b ausgeglichen werden. Mit dem Ausgleich soll der Handelsvertreter ein **zusätzliches Entgelt** dafür erhalten, dass er nach der Vertragsbeendigung aus den von ihm hergestellten Geschäftsverbindungen keinen Nutzen mehr zu ziehen vermag. So betrachtet ist der Ausgleichsanspruch im Grunde nichts anderes als eine kapitalisierte Rest-

---

1 EuGH v. 19.12.2000 – Rs. C 381/98 – Ingmar GB Ltd./Eaton Leonard Technologies Inc., EuZW 2001, 50 = BB 2001, 10 mit Anm. *Kindler*, RIW 2001, 133; die Entscheidung ist auf Zustimmung und Kritik gestoßen. Näheres bei *Küstner/Thume* II, Kap. XVIII, Rn. 4 f. m.w.N.
2 OLG München v. 17.5.2006 – 7 U 1781/06, IHR 2006, 166 mit Anm. *Thume*.

vergütung[1], freilich der Höhe nach beschränkt auf den Betrag einer durchschnittlichen Jahresprovision oder sonstigen Jahresvergütung (§ 89b Abs. 2).

Daraus wird Folgendes deutlich: Beim Ausgleichsanspruch des Warenvertreters ist, wenn es um die Frage seiner Entstehung und seiner Berechnung geht, **im Zeitpunkt der Vertragsbeendigung der Blick in die Zukunft zu richten**, um Klarheit darüber zu gewinnen, ob dem Handelsvertreter aus Folgegeschäften im Rahmen der von ihm bis zur Vertragsbeendigung hergestellten Geschäftsverbindungen zu neuen Kunden ohne die inzwischen eingetretene Vertragsbeendigung weitere Provisionsansprüche zufließen würden. Maßgeblich ist die **zukünftige Entwicklung** der hergestellten Geschäftsverbindungen. Diese ist – vom Zeitpunkt der Vertragsbeendigung aus so gut wie möglich – vorausschauend zu beurteilen, und zwar sowohl im Hinblick auf die Dauer ihres mutmaßlichen Fortbestandes als auch im Hinblick auf den zu erwartenden Umfang der Folgegeschäfte. 10

Der **Fortbestand** der vom Handelsvertreter geschaffenen Geschäftsverbindungen **nach der Vertragsbeendigung** ist von vielen Faktoren abhängig, etwa von der Qualität der Erzeugnisse, der Konkurrenzsituation, der Einführung der Produkte am Markt, der Konjunktur und – nicht zuletzt – auch der weiteren Kundenbetreuung durch den Nachfolger des ausgeschiedenen Handelsvertreters, wobei eine vom Vertreternachfolger durchgeführte schlechte Kundenbetreuung, die einen Umsatzrückgang zur Folge hat, oder eine sonstige Maßnahme des Unternehmers, die zum gleichen Ergebnis führt, nicht zu Lasten des ausgeschiedenen Handelsvertreters berücksichtigt werden darf. 11

Daraus folgt, dass die Entstehung eines Ausgleichsanspruchs ohne eine den beendenden Handelsvertretervertrag überdauernde, also auch nach der Vertragsbeendigung **fortbestehende Geschäftsverbindung** nicht in Betracht kommen kann. Konnte der Handelsvertreter, wie dies branchenbedingt durchaus vorkommt, jeweils mit neu geworbenen Kunden nur Einmalgeschäfte vermitteln (Fertighäuser an Endverbraucher; Grabsteine an die Hinterbliebenen Verstorbener; Handstrickmaschinen an Hausfrauen)[2], fehlt es an der Entstehung einer auf seinen Bemühungen beruhenden weiteren Geschäftsverbindung, weil Folgegeschäfte mit den von ihm geworbenen Kunden nicht mehr abgeschlossen werden. 12

Die **Rechtsprechung**[3] sieht nach alledem folgerichtig den Sinn des Ausgleichsanspruchs darin, dem Handelsvertreter für einen auf seine Leistung zurückzuführenden, ihm aber infolge der Beendigung des Vertragsverhältnis- 13

---
1 *Habscheid*, FS Schmidt-Rimpler, 1957, S. 335, 336 ff.
2 KG v. 17.5.1957 – 2 U 326/57, IHV 1957, 623.
3 BGH v. 7.11.1991 – I ZR 51/90, WM 1992, 825, 828; BGH v. 20.8.1981 – I ZR 59/79, NJW 1981, 1961; BGH v. 11.2.1977 – I ZR 185/75, BGHZ 68, 340; BGH v. 28.6.1973 – VII ZR 3/71, BGHZ 61, 112; BGH v. 30.6.1966 – VII ZR 124/65, BGHZ 45, 385; BGH v. 4.5.1959 – II ZR 160/57, BGHZ 30, 98; BGH v. 11.12.1958 – II ZR 73/57, BGHZ 29, 83; BGH v. 13.5.1957 – II ZR 318/56, BGHZ 24, 214; BGH v. 15.11.1984 – I ZR 9/82, NJW 1985, 860.

ses nicht mehr vergüteten Vorteil des Unternehmers, wie er in der Nutzung eines Kundenstammes liegt, eine weitgehend durch Billigkeitsgesichtspunkte bestimmte Gegenleistung zu verschaffen. Der Handelsvertreter soll demnach mit dem Ausgleichsanspruch für seine während der Vertragsdauer erbrachten, bei Vertragsende aber noch nicht abgegoltenen Leistungen eine zusätzliche Vergütung erhalten.

2. Versicherungsvertreter

14 Der **Grundgedanke**, der den Gesetzgeber veranlasst hat, auch dem Versicherungsvertreter bei Vertragsbeendigung einen Ausgleichsanspruch zuzubilligen, unterscheidet sich ganz wesentlich von den für den Ausgleichsanspruch des Warenvertreters maßgeblichen Grundgedanken[1]. Während nämlich der Tätigkeitserfolg des Warenvertreters typischerweise in der Herstellung laufender Geschäftsverbindungen besteht, innerhalb deren es immer wieder – mit oder ohne Notwendigkeit einer diesbezüglichen Förderung – zu Folgegeschäften kommt, die stets zur Entstehung neuer Provisionsansprüche führen, besteht der **Tätigkeitserfolg** des Versicherungsvertreters von vornherein im **Abschluss** bzw. der **Vermittlung langfristiger und dauerhafter Verträge**, die der versicherungsmäßigen Abdeckung eines bestimmten Risiko dienen und i.d.R. so lange fortbestehen, wie das versicherte Risiko besteht.

15 Schon daraus folgt, dass der Tätigkeitserfolg des Versicherungsvertreters nicht – wie bei Warenvertretern – in der Herstellung mehr oder weniger loser Kundenbeziehungen besteht, die sich durch Folgegeschäfte immer wieder aufs Neue manifestieren müssen, sondern in Versicherungsverträgen, hinsichtlich deren jede Nachbestellung von Natur aus ausgeschlossen ist. Entsteht jedoch ein **neuer Versicherungsbedarf** im Hinblick auf ein neues Risiko und kommt es dann aufgrund neuer Vermittlungsbemühungen des Vertreters zum Abschluss eines neuen Vertrages, so ist dieser mit dem schon früher abgeschlossenen Versicherungsvertrag nicht identisch und dient nur ausnahmsweise der Ergänzung oder Aufstockung des bereits abgeschlossenen Vertrages (vgl. Rn. 159 ff).

16 Dieser beim Versicherungsvertreter anders gelagerten Situation hat der Gesetzgeber durch die **Sonderregelung des § 92** Rechnung getragen. Danach stehen einem Versicherungsvertreter – eben weil es Nachbestellungen in dem für Warenvertreter typischen Sinne bei ihm nicht gibt – Provisionsansprüche nur für solche Geschäfte zu, die unmittelbar auf seine Tätigkeit zurückzuführen sind. **Den Begriff des Bezirksvertreters** gem. § 87 Abs. 2 **gibt es im Bereich des Versicherungsvertreterrechts nicht.** In § 92 Abs. 4 ist dem Tätigkeitserfolg des Versicherungsvertreters dadurch Rechnung getragen worden,

---

1 OLG Stuttgart v. 26.3.1957 – 5 U 17/56, DB 1957, 379; OLG Frankfurt v. 26.1.1978 – 15 U 250/76, BB 1978, 728. Zu den grundlegenden Unterschieden, die für die unterschiedliche Regelung des Warenvertreters einerseits und des Versicherungs- und Bausparkassenvertreters anderseits maßgeblich sind, vgl. *Küstner* in Küstner/Thume II, Kap. VIII, Rn. 140 ff.

dass ihm ein Provisionsanspruch grundsätzlich in Anhängigkeit von der vom Versicherungsnehmer gezahlten Prämie zustehen soll, die nach den zwischen den Parteien getroffenen Vereinbarungen die Bemessungsgrundlage für die geschuldete Provision darstellt.

Bei **Vereinbarung laufender gleich bleibender Provisionen**, die dem Versicherungsvertreter in Abhängigkeit von der vom Versicherungsnehmer zu zahlenden Prämie geschuldet werden, werden i.d.R. auch **Provisionsverzichtsklauseln** vereinbart, durch die nachvertragliche Provisionsansprüche – und damit die anderenfalls weiterhin zu zahlenden Vermittlungsgebühren – des ausgeschiedenen Versicherungsvertreters ausgeschlossen sind. Dann wird mit der Vertragsbeendigung auch beim Versicherungsvertreter das bis dahin ausgewogene Verhältnis zwischen Vermittlungserfolg und Vermittlungsvergütung beeinträchtigt und die Auswirkungen des vom Versicherungsvertreter bis zur Vertragsbeendigung aufgebauten Versicherungsbestandes werden zum Nachteil des ausscheidenden Vertreters beeinflusst. Laufen nämlich die bestandszugehörigen einzelnen Versicherungsverträge über die Beendigung des Vertretervertrages hinaus weiter, dann verliert der ausgeschiedene Versicherungsvertreter aufgrund des Verzichts Provisionsansprüche, die ihm ohne die Vertragsbeendigung aus den Prämienzahlungen der Versicherungsnehmer weiterhin unverändert zugeflossen wären. Der Ausgleichsanspruch des Versicherungsvertreters soll also zumindest teilweise den **Wegfall von Folgeprovisionen** kompensieren, der infolge der vereinbarten Provisionsverzichtsklausel mit der Vertragsbeendigung eintritt. Auch insofern ist der Unterschied zu der beim Warenvertreter durch die Vertragsbeendigung eintretenden Situation unverkennbar. Beim Versicherungsvertreter bezieht sich der Ausgleichsanspruch auf solche Provisionsansprüche, die dieser bereits mit dem Eintritt des Vermittlungserfolges dem Grunde nach erworben hatte, deren vollständiger Zufluss aber durch die bei Vertragsbeendigung wirksam werdende Provisionsverzichtsklausel ausgeschlossen ist. Beim **Warenvertreter** dagegen betrifft der Ausgleichsanspruch die viel unsicherere, durch die Vertragsbeendigung aber endende Chance, bei einem Fortbestand der hergestellten Geschäftsverbindung und dementsprechend bei künftig zustandekommenden Folgegeschäften Provisionsansprüche zu erwerben. 17

Daraus folgt, dass – im Gegensatz zum Warenvertreter – beim Ausgleichsanspruch des Versicherungsvertreters der Blick im Zeitpunkt der Anspruchsentstehung **in erster Linie in die Vergangenheit zu richten** ist, um die Frage beantworten zu können, welchen Umfang der vom ausgeschiedenen Versicherungsvertreter vermittelte Bestand im Zeitpunkt der Vertragsbeendigung hatte[1]. Die dem ausscheidenden Versicherungsvertreter aus der vertraglichen Tätigkeit und aus dem bis zur Vertragsbeendigung erzielten Vermittlungserfolg resultierende zustehende Gesamtvergütung ergibt sich mithin aus der Summe der bis zur Vertragsbeendigung verdienten Provisionsansprüche und – sofern der weitere Provisionszufluss nach der Vertrags- 18

---

1 *Sieg*, VersR 1964, 789; *Höft*, VersR 1967, 524.

beendigung durch eine vereinbarte Provisionsverzichtsklausel gehindert ist – aus dem an seine Stelle tretenden Ausgleichsanspruch.

19 Der Ausgleichsanspruch des Versicherungsvertreters wird ihm jedoch – anders beim Warenvertreter – nicht zusätzlich über die bereits verdienten Provisionsansprüche hinaus geschuldet. Bei ihm tritt vielmehr der Ausgleichsanspruch als **Provisionssurrogat**[1] an die Stelle bereits dem Grunde nach verdienter Provisionsansprüche, die aber aufgrund der vereinbarten Provisionsverzichtsklausel mit der Vertragsbeendigung entfallen. Deshalb ist der Ausgleichsanspruch des Versicherungsvertreters auch viel weniger ein von Billigkeitsgesichtspunkten beeinflusster Vergütungsanspruch als dies beim Warenvertreter der Fall ist[2]. Im Übrigen gelten die oben zur Rechtsnatur des Ausgleichsanspruchs des Warenvertreters gegebenen Erläuterungen auch für den Ausgleichsanspruch des Versicherungsvertreters. Ferner ist seit dem Änderungsgesetz von 1989 auch der **Ausgleichsanspruch des Bausparkassenvertreters** entsprechend geregelt (§ 89b Abs. 5 S. 3).

20 Ganz anders ist die Rechtslage, wenn der Vermittlungserfolg des Versicherungsvertreters durch eine **Einmalprovision** vergütet wird, die unmittelbar im Anschluss an den Vermittlungserfolg fällig wird. Bei einer solchen Provisionsregelung können im Normalfall gar keine Provisionsverluste entstehen, wenn der Vertretervertrag beendet wird. Dann entsteht auch **kein Ausgleichsanspruch**, weil die Voraussetzung des § 89b Abs. 1 Nr. 2 nicht gegeben ist. Entsprechendes gilt beim Bausparkassenvertreter, dem eine sog. Abschlussgebühr für einen vermittelten Bausparvertrag zusteht.

21 Besonderheiten gelten in diesem Bereich – Entsprechendes gilt für die Krankenversicherung – allerdings dann, wenn die **Ausnahmerechtsprechung** des BGH (zu Einzelheiten vgl. unten Rn. 164) zum Zuge kommt. Hier könnte ein Ausgleichsanspruch in Betracht kommen, wenn der vom Versicherungs- oder Bausparkassenvertreter vermittelte Vertrag als Ursprungsvertrag im Hinblick auf Folgeverträge anzusehen ist, die ihrerseits mit dem Ursprungsvertrag in einem engen wirtschaftlichen Zusammenhang stehen. Sie müssen aus dem Ursprungsvertrag hervorgegangen sein und darüber hinaus das gleiche Versicherungs- bzw. Bausparbedürfnis betreffen, so dass Identität zwischen dem Ursprungsvertrag und dem Folgevertrag besteht, der allein der Ausweitung des Ursprungsvertrages dient, weil z.B. die zunächst vereinbarte Versicherungssumme – oder die vereinbarte Bausparsumme – nicht ausreicht, um dem Versicherungsnehmer oder Bausparer die Erreichung des ursprünglich ins Auge gefassten Zieles zu ermöglichen.

---

1 *Höft*, VersR 1967, 524.
2 *Sieg*, VersR 1964, 789.

III. Entstehung und Fälligkeit

1. Zeitpunkt der Entstehung und der Fälligkeit

Der **Ausgleichsanspruch** entsteht unmittelbar **nach der Vertragsbeendigung** (§ 89b Abs. 1 S. 1 1. Hs.)[1]. Die Rechtsprechung ist insoweit meist ungenau[2]. Er wird gleichzeitig mit seiner Entstehung auch fällig[3] und zwar auch dann, wenn er erst innerhalb der Ausschlussfrist nach der Vertragsbeendigung geltend gemacht wird[4]. Von der Fälligkeit an ist der Ausgleichsbetrag gem. § 352 i.V.m. § 353 mit 5 % zu verzinsen.

Aber der Anspruch kann nur insoweit entstehen, als der Handelsvertreter die dafür in § 89b Abs. 1 Nr. 1 bis 3 niedergelegten notwendigen Voraussetzungen schon während der vertraglichen Tätigkeit für den Unternehmer geschaffen hat.

Zur **Verjährung** des Anspruchs siehe § 88 Rn. 7.

2. Entstehung bei Unwirksamkeit des Handelvertretervertrages

Eigentlich setzt der Ausgleichsanspruch das Bestehen und die Beendigung eines wirksamen Handelsvertretervertrages voraus. Ist dieser jedoch unwirksam, d.h. von Anfang an nichtig oder wirksam angefochten worden, so steht dem Handelsvertreter bei Beendigung dennoch nach h.M. ein Ausgleichsanspruch zu. Wird z.B. ein Handelsvertretervertrag durch den Unternehmer wegen arglistiger Täuschung angefochten, berührt dieser Tatbestand den Ausgleichsanspruch des Handelsvertreters nicht, sofern die einzelnen Anspruchsvoraussetzungen erfüllt sind. Auch bei Nichtigkeit des Handelsvertretervertrags ist dem Handelsvertreter ein Ausgleichsanspruch zuzubilligen, wenn der Unternehmer die vom Handelsvertreter hergestellten Geschäftsbeziehungen künftig weiterhin nutzen kann. Entsprechend den Regelungen im Arbeitsrecht muss ein Handelsvertretervertrag nach seiner Invollzugsetzung bis zu seiner Beendigung wie ein fehlerfrei zustande gekommenes Dienstverhältnis behandelt werden. Die Feststellung der Unwirksamkeit entfaltet daher ihre Wirkung ex nunc und nicht ex tunc[5].

---

1 OLG Hamm v. 5.5.1980 – 18 U 134/79, HVR Nr. 540; OLG Düsseldorf v. 16.3.2001 – 16 U 168/99, HVR Nr. 952; OLG Düsseldorf v. 2.11.2001 – 16 U 149/00, HVR Nr. 1043; *Ebenroth/Boujong/Joost/Löwisch*, § 89b Rn. 12 und 73; *Thume* in Küstner/Thume II, Kap. XIV, Rn. 1 ff.
2 Vgl. BGH v. 6.8.1997 – VIII ZR 92/96, NJW 1998, 71; BGH v 8.11.1990 – I ZR 269/88, NJW-RR 1991, 484; BGH v. 29.3.1990 – I ZR 2/89, NJW-RR 1991, 105 („mit der Beendigung").
3 BGH v. 23.10.1996 – VIII ZR 16/96, BB 1997, 59 unter II.2. e) („im Zweifel sofort nach Beendigung fällig"); OLG Düsseldorf v. 25.2.2000 – 16 U 38/99, OLGR 2000, 406.
4 OLG Köln v. 29.4.1968 – 13 U 74/67, VersR 1968, 966.
5 BGH v. 3.5.1995 – VIII ZR 95/94, BGHZ 129, 290 (Anfechtung wegen arglistiger Täuschung); BGH v. 12.1.1970 – VII ZR 191/67, BGHZ 53, 152; vgl. auch BGH v. 11.12.1996 – VIII ZR 22/96, BB 1997, 222 (Vertragshändler); *Küstner* in Küstner/Thume II, Kap. V, Rn. 154 ff.); *Heymann/Sonnenschein/Weitemeyer*, § 89b Rn. 20;

IV. Anspruchsberechtigung

1. Handelsvertreter

26 Ausgleichsberechtigt ist jeder hauptberuflich tätige Handelsvertreter bei der Vertragsbeendigung, sofern die einzelnen Anspruchsvoraussetzungen erfüllt sind und nicht ein Ausschlusstatbestand gem. § 89b Abs. 3 vorliegt. Dagegen sind **Gelegenheitsvermittler** (vgl. oben § 84 Rn. 1), **Propagandisten** (vgl. oben § 84 Rn. 21 f.), **Makler** und andere Dritte, die lediglich gelegentlich vermitteln, nicht ausgleichsberechtigt[1]. Die Kaufmannseigenschaft des Handelsvertreters wird nach § 84 Abs. 4 für den Anspruch nicht vorausgesetzt. Handelt es sich bei der Handelsvertreterfirma um eine Gesellschaft, ist diese ausgleichsberechtigt, nicht aber ein einzelner Gesellschafter, mag es sich auch um eine Einmann-GmbH handeln, deren einziger Gesellschafter den Außendienst versieht oder mag der Komplementär der KG der Hauptgesellschafter sein, der die ihm ursprünglich übertragenen Vermittlungs- bzw. Abschlussaufgaben der KG übertragen hat, die sodann mit Zustimmung des Unternehmers dessen Vertragspartnerin wurde. Dies ist von erheblicher Bedeutung in Hinblick auf den Ausschlusstatbestand des § 89b Abs. 3 Nr. 1, wenn die Handelsvertretungsgesellschaft wegen Alters oder Krankheit des maßgeblichen Gesellschafters kündigen will. Näheres dazu siehe unten Rn. 135.

27 Endet ein Handelsvertretervertrag durch den **Tod des Handelsvertreters**, sind seine Erben grundsätzlich ausgleichsberechtigt[2]. Bisher nicht entschieden ist jedoch, ob alle möglichen Erben ausgleichsberechtigt sind oder nur jene nahen Angehörigen, die in einer näheren persönlichen Beziehung zum Erblasser und damit auch zum Handelsvertretervertrag standen. Die Frage einer Ausgleichsminderung unter Billigkeitsgesichtspunkten mit Rücksicht auf den erbberechtigten Personenkreis hat der BGH im Urteil vom 13.5.1957 offen gelassen[3].

28 Im gleichen Umfang wie der Handelsvertreter gegenüber dem vertretenen Unternehmen ist auch der **echte Untervertreter** (zum Begriff vgl. § 84 Rn. 50, 51) gegenüber dem Handelsvertreter ausgleichsberechtigt, wenn ihm dieser als Vertragspartner gegenübersteht.

29 Auch **arbeitnehmerähnliche Personen** i.S.d. § 92a sind unter den in § 89b niedergelegten Voraussetzungen ausgleichsberechtigt. Im Streitfall sind für

---

Evers, BB 1992, 1365; *Canaris*, HR, § 17 Rn. 26 und 120; *Baumbach/Hopt*, § 89b Rn. 8; MünchKommHGB/v. *Hoyningen-Huene*, § 89b Rn. 32 ff.; kritisch *Ebenroth/Boujong/Joost/Löwisch*, § 89b Rn. 38; ablehnend *Canaris*, HR, § 15 VII, Rdn. 120.

1 Beim Makler und Versicherungsmakler fehlt das Merkmal der ständigen Betrauung, s.o. § 84 Rn. 9 und 40; auch „empfehlende Dritte" sind mangels Handelsvertretereigenschaft nicht ausgleichsberechtigt, BGH v. 11.10.1990 – I ZR 32/89, NJW-RR 1991, 156; Einzelheiten bei Küstner/Thume II, Kap. VI, Rn. 3 f.
2 BGH v. 13.5.1957 – II ZR 318/56 und 19/57, BGHZ 24, 214 und 223; BGH v. 15.12.1978 – I ZR 59/77, BGHZ 73, 99; BGH v. 17.11.1983 – I ZR 139/81, BB 1984, 365 mit Anm. *Ronsell*.
3 BGH v. 13.5.1957 – I ZR 318/56, BGHZ 24, 214.

diesen Personenkreis nach § 92a i.V.m. Art. 3 Abs. 1 HVG aber die Arbeitsgerichte zuständig. Art. 3 Abs. 1 HVG ist im Verhältnis zu § 5 Abs. 1 S. 2 ArbGG als Sondervorschrift anzusehen[1]. Entsprechendes gilt auch für Handelsvertreter als „arbeitnehmerähnliche Selbständige" i.S.d. § 7 Abs. 4 SGB IV. Dagegen sind mit Vermittlungs- oder Abschlussaufgaben betraute **angestellte Außendienst-Mitarbeiter** nicht ausgleichsberechtigt[2].

Handelsvertretern im Nebenberuf steht gem. § 92 Abs. 1 S. 1 kein Ausgleich zu, wenn der Agent im Vertrag ausdrücklich als nebenberuflicher Vertreter betraut wurde (§ 92b Abs. 2). Etwas anderes gilt bei einer bloß unrichtigen Bezeichnung im Vertrag, wenn der Handelsvertreter in Wirklichkeit hauptberuflich tätig ist und dies auch von Beginn an war (vgl. § 92b Rn. 7), die Falschbezeichnung also beispielsweise erfolgte, um eine bei Vertragsbeendigung entstehende Ausgleichsverpflichtung zu umgehen. § 92b Abs. 2 kommt jedoch nur zur Anwendung, wenn die nebenberufliche Tätigkeit des Handelsvertreters streitig ist, wenn also der Handelsvertreter die vom Unternehmer behauptete Nebenberuflichkeit bestreitet[3]. 30

2. Vertragshändler

Vertragshändler sind ausgleichsberechtigt, wenn die von der Rechtsprechung herausgearbeiteten Voraussetzungen für eine analoge Anwendung des § 89b auf diesen Personenkreis erfüllt sind. Diese erfordert zunächst, dass die Rechtsbeziehungen zwischen Hersteller und Händler **über bloße Verkäufer-/Käufer-Beziehungen** hinausgehen[4]. Ein Vertragshändler kann daher nur dann ausgleichsberechtigt sein, wenn er mit vertretertypischen Rechten und Pflichten in die Absatzorganisation des Herstellers eingegliedert ist. Er muss also in erheblichem Umfang Aufgaben zu erfüllen haben, wie sie sonst einem Handelsvertreter obliegen. Dazu gehört, dass er sich für den Vertrieb der Erzeugnisse des Herstellers ähnlich wie ein Handelsvertreter einzusetzen hat und auch sonst Bindungen und Verpflichtungen unterliegt, wie sie für einen Handelsvertreter typisch sind. Das bedeutet allerdings nicht, dass beim Händler alle nur denkbaren vertretertypischen Kriterien vorliegen müssten. Es reicht vielmehr aus, wenn diejenigen Kriterien gegeben sind, die dazu führen, dass der Vertragshändler eine dem Handelsvertreter vergleichbare Stellung einnimmt 31

Für **eine analoge Anwendung des § 89b** auf den Vertragshändler ist ferner erforderlich, dass dieser vertraglich verpflichtet ist, dem Unternehmer während oder bei Beendigung des Vertrages seinen Kundenstamm zu übertragen, so dass jener sich die daraus ergebenden Vorteile sofort und ohne weiteres 32

---

1 BAG v. 19.6.1963 – 5 AZR 31/62, DB 1963, 1290.
2 BAG v. 3.6.1958 – 2 AZR 638/57, DB 1958, 986; BGH v. 11.12.1958 – II ZR 73/57, BGHZ 29, 83. Ebenso ArbG Köln v. 22.7.1999 – 8 Ca 3505/99, VersR 2000, 724 mit überzeugender Begründung.
3 *Küstner* in Küstner/Thume II, Kap. II, Rn. 138; *Küstner* in Küstner/Thume I, Rn. 161, 195.
4 St. Rspr.; Näheres siehe bei Vertragshändlervertrag Rn. 79 und *Küstner/Thume* III, Rn. 1466.

nutzbar machen kann[1]. Die von der Literatur teilweise vertretene Auffassung, dass schon die rein faktische Möglichkeit der Nutzung des Kundenstamms ausreichend sei, auch wenn keine vertragliche Überlassungspflicht vereinbart sei, lehnt der BGH bislang ab[2]. Näheres dazu siehe beim Vertragshändlervertrag Rn. 80 ff.

3. Franchisenehmer

33 Über die Ausgleichsberechtigung des Franchisenehmers ist höchstrichterlich noch nicht entschieden worden[3]. Wie auch bei Vertragshändlerverträgen wird man eine analoge Anwendung des § 89b nicht ohne eine eingehende Analyse des Franchisevertrages[4] und seiner tatsächlichen Handhabung befürworten können. Generelle Aussagen über die **Analogiefähigkeit** können schon deshalb nicht gemacht werden, weil Franchiseverträge in ihrer praktischen Ausgestaltung sehr stark voneinander abweichen (siehe dazu § 84 Rn. 44 ff.). Immerhin zeigt eine Entscheidung des BGH zur analogen Anwendbarkeit des § 90a auf den Franchisenehmer[5], dass sich die Rechtsprechung einer entsprechenden Anwendung der Schutzvorschriften des Handelsvertreterrechts auf den Franchisenehmer nicht verschließt. Wie beim Vertragshändler auch wird man eine Ausgleichsberechtigung des Franchisenehmers davon abhängig machen müssen, dass zunächst die beiden von der Rechtsprechung typisierten Analogievoraussetzungen (Eingliederung in die Absatzorganisation und Verpflichtung des Franchisenehmers zur Überlassung des Kundenstamms) gegeben sind. Näheres dazu siehe unten beim Franchisevertrag Rn. 122.

V. Ausgleichsverpflichtung

1. Unternehmer als Ausgleichsschuldner

34 Ausgleichsschuldner des Handelsvertreters ist sein Vertragspartner, der Unternehmer, gleichgültig, wie dieser nach außen auftritt, ob er die Kaufmannseigenschaft besitzt oder nicht und wie er sich am rechtsgeschäftlichen Verkehr beteiligt[6]; zu Einzelheiten vgl. § 84 Rn. 13 f. Bei einer echten

---

1 BGH v. 6.10.1999 – VIII ZR 125/98, BB 2000, 16 und v. 26.2.1997 – VIII ZR 272/95, BB 1997, 852.
2 St. Rspr.: BGH v. 28.6.2006 – VIII ZR 350/04, WM 2006, 1919; BGH v. 26.2.1997 – VIII ZR 272/95, BGHZ 135, 14; BGH v. 17.4.1996 – VIII ZR 5/95, NJW 1996, 2159; BGH v. 1.12.1993 – VIII ZR 41/93, NJW 1994, 657.
3 Offen gelassen in BGH v. 23.7.1997 – VIII ZR 130/96 – Benneton, VersR 1997, 1276, 1279; siehe jedoch LG Hanau v. 28.5.2002 – 6 O 106/01, HVR Nr. 1175; LG Frankfurt/M v. 10.12.1999 – 3/8 O 28/99, HVR Nr. 1115 (rkr., Berufungsrücknahme des Unternehmers nach Hinweisbeschluss des OLG Frankfurt); LG Berlin v. 6.9.2004 – 101 O 23/04, HVR Nr. 1172.
4 So auch *Liesegang*, Der Franchise-Vertrag, 6. Aufl. 2003, S. 5; vgl. auch *Flohr*, Franchise-Vertrag, 3. Aufl. 2006, S. 184 und BB 2006, 389.
5 BGH v. 12.11.1986 – I ZR 209/84, NJW-RR 1987, 612 f.
6 BGH v. 21.1.1965 – VII ZR 22/63, BGHZ 43, 108, 113. Nach dem Urteil des EuGH v. 9.11.2000 – Rs. C-381/98, BB 2001, 10 mit Anm. *Kindler* kommt es hinsichtlich des

Untervertretung ist der Hauptvertreter als Vertragspartner des Untervertreters auch der Ausgleichschuldner; anders ist es bei einer unechten Untervertretung, denn dort ist der Unternehmer der Vertragpartner des Untervertreters (näheres dazu siehe § 84 Rn. 50f.

Jedoch bergen derartige Abwälzungsvereinbarungen eine Reihe von Unwägbarkeiten, zumal wenn sie nicht sorgfältig und detailliert ausgestaltet sind.

Da der Ausgleichsanspruch vom Unternehmer häufig als eine lästige Schuld angesehen wird, die dem bereits ausgeschiedenen Handelsvertreter noch zu entrichten ist, gibt es von jeher zahlreiche **Umgehungsversuche** und **Abwälzungsvereinbarungen**. Vorausgeschickt sei daher an dieser Stelle, dass der Ausgleichsanspruch nach § 89b Abs. 4 S. 1 nicht im Voraus ausgeschlossen oder eingeschränkt werden kann. Alle Vereinbarungen der Vertragspartner, die vor Vertragsbeendigung geschlossen werden und einen völligen oder teilweisen Ausschluss des Ausgleichs bzw. seine Beschränkung beinhalten, sind daher unwirksam. Erst nach Beendigung des Handelsvertretervertrages sind vertragliche Vereinbarungen über Ausschlüsse und Beschränkungen des Ausgleichsanspruches, über den Eintritt eines Dritten anstelle des Handelsvertreters in das Vertragsverhältnis (§ 89b Abs. 3 Nr. 3) oder Schuldübernahmen bezüglich des Ausgleichs durch den nachfolgenden Vertreter möglich[1]. 35

So bleibt der Unternehmer dem ausgeschiedenen Handelsvertreter gegenüber auch dann Ausgleichsschuldner, wenn er mit dessen Nachfolger vereinbart, dass dieser intern die Ausgleichslast wirtschaftlich zu tragen hat und wenn der Unternehmer sodann einen Teil der dem Vertreternachfolger zustehenden Provisionen unmittelbar dem ausgeschiedenen Handelsvertreter auszahlt, der sich seinerseits mit einer ratenweisen Tilgung der Ausgleichsverpflichtung einverstanden erklärt hatte. 36

Häufig erfolgt eine derartige **Abwälzung der Ausgleichslast auf den Vertreternachfolger** in der Weise, dass der Unternehmer den geschuldeten Ausgleich dem ausgeschiedenen Handelsvertreter auszahlt und mit dem Nachfolgevertreter vereinbart, dass dessen Provision so lange kürzt wird (sog. „Provisionseinbehalt"), bis – je nach den getroffenen Vereinbarungen – der gezahlte Ausgleich ganz oder teilweise vom Vertreternachfolger erstattet ist. Derartige Abwälzungsvereinbarungen sind nach der Rechtsprechung des BGH grundsätzlich zulässig[2], jedoch darf durch eine solche Vereinbarung das außerordentliche Kündigungsrecht der Vertragspartner nicht mittelbar 37

Ausgleichsschuldners nicht darauf an, ob dieser in einem Drittland ansässig ist, der Handelsvertreter aber seine Tätigkeit in einem EU- bzw. EWR-Staat ausübt, sofern zwischen den Parteien vereinbart wurde, dass für das Vertragsverhältnis das Recht des Drittlandes maßgeblich sein soll.

1 Vgl. dazu *Küstner*, BB 1990, 1713; *Thume*, BB 1991, 490; MünchKommHGB/*v. Hoyningen-Huene*, § 89b Rn. 216; ausführlich *Thume* in Küstner/Thume II, Kap. III, Rn. 3 ff.
2 BGH v. 29.6.1967 – VII ZR 323/64, DB 1967, 935; BGH v. 10.6.1968 – VII ZR 48/66, DB 1968, 1486; OLG Hamm v. 20.12.1996 – 35 U 35/96, OLG-Report Hamm 1997, 217; vgl. BGH v. 11.6.1975 – I ZR 136/74, NJW 1975, 926; zu einer Ausgleichsüber-

erschwert werden (§ 89a Abs. 1 S. 2); ferner darf sie nicht gegen § 89b Abs. 4 S. 1 verstoßen. Die Höhe des in einem Formularvertrag übernommenen Betrages unterliegt als Preisvereinbarung auch nicht der Inhaltskontrolle gem. § 307 BGB[1]. Näheres siehe Rn. 153 ff.

38 Jedoch bergen derartige Abwälzungsvereinbarungen eine Reihe von Unwägbarkeiten, zumal wenn sie nicht sorgfältig und detailliert ausgestaltet sind. So ist zunächst zu beachten, dass die vom ausgeschiedenen Handelsvertreter geworbenen Neukunden, die die Grundlage des ihm gezahlten Ausgleichs darstellen, keineswegs – wie vielfach angenommen wird – automatisch zu Neukunden des Vertreternachfolgers werden[2], und zwar deshalb nicht, weil diese Kunden dem Unternehmer schon vor Beginn der vertraglichen Zusammenarbeit mit dem Vertreternachfolger bekannt waren. Dies Problem kann jedoch vermieden werden, wenn im Rahmen der Abwälzungsvereinbarung gleichzeitig festgelegt wird, dass bei der späteren Berechnung des dem Vertreternachfolger ggf. zustehenden Ausgleichsanspruchs die bei Vertragsbeginn übernommenen Altkunden als Neukunden anzusehen sind.

39 Ferner werden häufig die Rechtsfolgen nicht bedacht und daher vertraglich auch nicht geregelt, die eintreten, wenn der mit dem Nachfolger abgeschlossene Vertrag bereits nach relativ kurzer Dauer wieder beendet wird. Dann ist möglicherweise das Verhältnis von Leistung und Gegenleistung (Ausgleichserstattung einerseits und provisionsmäßige Nutzung des übernommenen Kundenstammes durch den Vertreternachfolger andererseits) gestört oder der vereinbarte Gesamtbetrag nur teilweise durch den abgesprochenen Provisionseinbehalt bezahlt und noch ein Rest offen, dessen Schicksal die Parteien nicht bedacht haben. Diese Fälle müssen dann im Wege der ergänzenden Vertragsauslegung gelöst werden. So kann im ersten Fall der Unternehmer zur Rückzahlung eines entsprechenden Anteils der ihm durch den Provisionseinbehalt zugeflossenen Beträge verpflichtet sein[3] und im zweiten Fall der noch offene Restbetrag entfallen[4], um so die Unangemessenheit von Leistung und Gegenleistung nachträglich zu beseitigen. Dabei ist dann auch gem. § 242 BGB zu berücksichtigen, welcher Partner aus welchen Gründen den neuen Handelsvertretervertrag gekündigt hat oder aus welchen anderen Gründen dieser früher als beabsichtigt beendet wurde[5].

40 Beruht die **Störung des angemessenen Verhältnisses von Leistung und Gegenleistung** darauf, dass der erstattungspflichtige Vertreternachfolger den übernommenen Kundenstamm deshalb nicht nutzen kann, weil der Unternehmer sein Produktionsprogramm umstellt, gelten die gleichen Erwägungen, so dass der Handelsvertreter vom Unternehmer eine angemessene

---

nahmevereinbarung zwischen den beiden Handelsvertretern siehe auch *Thume* in Küstner/Thume II, Kap. III, Rn. 1 ff. und 39 ff. und *Westphal*, MDR 2005, 421.
1 BGH v. 9.12.1992 –VIII ZR 23/92, NJW-RR 1993, 375.
2 BGH v. 10.5.1984 – I ZR 36/82, NJW 1985, 58; Berufungsurteil: OLG Hamm v. 21.1.1982 – XVII U 50/81, DB 1982, 1167.
3 BGH v. 10.5.1984 – I ZR 36/82, NJW 1985, 58.
4 Vgl. BGH v. 10.6.1968 – VII ZR 48/66, DB 1968, 1486.
5 BGH v. 10.5.1984 – I ZR 36/82, NJW 1985, 58.

Rückzahlung der einbehaltenen Provisionsbeträge verlangen kann[1]. Ferner kann ein Rückforderungsanspruch des erstattungspflichtigen Vertreternachfolgers bestehen, wenn das vertretene Unternehmen nach erfolgter Zahlung infolge schwerer Erkrankung des Inhabers (Schlaganfall mit folgender Pflegebedürftigkeit) liquidiert wird[2].

Endet ein Handelsvertretervertrag durch eine **vom Handelsvertreter erklärte Kündigung** vor der vollständigen Erfüllung der dem Unternehmer gegenüber eingegangenen Ausgleichs-Erstattungsverpflichtung, wird der Handelsvertreter nicht ohne weiteres frei[3]. Der Unternehmer kann den ausgeschiedenen Vertreternachfolger grundsätzlich auf vollständige Erfüllung der eingegangenen Verpflichtung in Anspruch nehmen. Er muss sich aber entsprechend den in §§ 242 und 615 BGB niedergelegten Rechtsgedanken diejenigen Beträge anrechnen lassen, die er sich wiederum von zwei neuen Handelsvertretern hat zahlen lassen, denen er den Bezirk des ausgeschiedenen Handelsvertreters übertrug. Wieder eine andere Beurteilung kann gerechtfertigt sein, wenn sich der ausgeschiedene Handelsvertreter vertragswidrig verhalten hatte und dem Unternehmer deshalb Schadensersatzansprüche zustehen[4].

41

Die gleichen Probleme entstehen bei den seit einigen Jahren häufiger vorkommenden sog. **Einstandszahlungen**, die der Unternehmer von einem Handelsvertreter fordert, der einen verwaisten gut eingeführten Bezirk übernehmen möchte. Solche Einstandszahlungen können mit Rücksicht auf einen dem ausgeschiedenen Handelsvertreter vom Unternehmer gezahlten Ausgleich, aber auch ganz unabhängig von diesem vereinbart werden. In der Praxis wird dem Handelsvertreter die Zahlung des Einstandes nicht selten bis zur Vertragsbeendigung gestundet oder es wird seine Zahlungsverpflichtung in eine bei Vertragsbeendigung fällig werdende verzinsliche oder zinslose Darlehensverpflichtung umgewandelt. Wirtschaftlich soll damit die Möglichkeit geschaffen werden, mit dem Anspruch auf Zahlung des geschuldeten Kapitals gegen einen bei Vertragsbeendigung ggf. fällig werdenden Ausgleichsanspruch zu verrechnen[5]. Diese Vereinbarungen unterscheiden sich von den obigen Abwälzungsvereinbarungen in der Regel eigentlich nur dadurch, dass der Einstandspreis nicht als Amortisation des an den Vorgänger gezahlten Ausgleichs bezeichnet wird und daher dieser Zahlungszweck unerkannt bleibt. Die grundsätzliche Zulässigkeit der Einstandszahlungen wird von der Rechtsprechung zwar anerkannt, aber nur dann, wenn ihre Vereinbarung nicht gegen § 89a Abs. 1 S. 2 oder gegen den Unabdingbarkeitsgrundsatz des § 89b Abs. 4 verstößt. Das ist regelmäßig der Fall, wenn die Parteien einen so hohen Übernahmepreis vereinbaren, dass dies auf eine

42

---

1 BGH v. 29.6.1959 – II ZR 99/58, NJW 1959, 1964; vgl. auch OLG Saarbrücken v. 14.12.1978 – 8 U 94/78 und 8 U 50/78, HVR Nr. 524.
2 OLG Hamm v. 20.12.1996 – 35 U 35/96, OLG-Report Hamm 1997, 217; vgl. auch OLG München v. 11.4.1997 – 23 U 5702/96, BB 1997, 1553; KG v. 13.8.1997 – 23 U 6920/95, OLG-Report Berlin 1997, 294.
3 BGH v. 10.6.1968 – VII ZR 48/66, DB 1968, 1486.
4 BGH v. 10.6.1968 – VII ZR 48/66, DB 1968, 1486.
5 BGH v. 24.2.1983 – I ZR 14/81, WM 1983, 937.

Umgehung des Ausgleichsanspruchs hinauslaufen würde[1]. Schon vor Jahren wurden bei einem Formularvertrag Bedenken gegen die Wirksamkeit der Einstandsklausel mit sofortiger Zahlungspflicht daraus abgeleitet, dass ihr keine angemessene Gegenleistung gegenüberstand[2]. Eine gegen Treu und Glauben verstoßende Benachteiligung des Handelsvertreters kann i.d.R. nur verneint werden, wenn der Einstandszahlung hinreichend gewichtige Vorteile gegenüberstehen und sonst anerkennenswerte Interessen des Verwenders die Beibehaltung einer derartigen Klausel rechtfertigen[3]. Solche die Benachteiligung des Vertreters aufwiegende Umstände könnten insbes. die Vereinbarung einer besonders langen Vertragsdauer, hohe über den üblichen Sätzen liegende Provisionen, Übertragung des vorhandenen Altkundenstammes ausgleichsrechtlich als Neukundenstamm für den Handelsvertreter und die Übertragung des Vertriebes eines besonders hochwertigen Markenproduktes sein[4]. Die Vereinbarung eines Einstandsgeldes in Höhe einer Jahresprovision, die allein für die Chancen aus der Übernahme der Vertretung bezahlt werden sollte, wurde wiederholt als unangemessen hoch angesehen, weil der Handelsvertreter hier bei gehaltenen Umsätzen ein Jahr lang umsonst arbeiten müsste[5]. Unwirksam wegen Verstoßes gegen § 89b Abs. 4 ist ferner die Vereinbarung eines Übernahmepreises in Höhe von ca. einer vom Vorgänger erwirtschafteten Jahresprovision, wenn die Parteien vereinbaren, dass der vom Vorgänger geworbene Kundenstamm bei der Berechnung des späteren Ausgleichs nicht als vom Handelsvertreter geworben gilt[6].

2. Vertreternachfolger als Schuldner

43   Durch Vereinbarung zwischen Unternehmer und Vertreternachfolger, die allerdings der ausdrücklichen und eindeutigen Genehmigung des ausgeschiedenen Handelsvertreters bedarf, kann der Vertreternachfolger als Ausgleichsschuldner in die rechtliche Stellung des Unternehmers eintreten und so dessen Schuld gegenüber seinem ausgeschiedenen Vorgänger übernehmen (§ 415 BGB). Eine solche echte **Schuldübernahme** kann jedoch erst nach der rechtlichen Beendigung des Handelsvertretervertrages vereinbart werden, weil sie den Unternehmer aus der Ausgleichschuld entlässt. Frühere Vereinbarungen noch während der Vertragszeit sind wegen Verstoßes gegen § 89b Abs. 4 S. 1 unwirksam[7]. Bei einem **Schuldbeitritt** des Vertreternachfolgers während der Vertragszeit ist zu beachten, dass sowohl der Unternehmer als auch der Vertreternachfolger auf Erfüllung seines Ausgleichsanspruchs als

---

1 BGH v. 24.2.1983 – I ZR 14/81, WM 1983, 937.
2 OLG Frankfurt v. 14.5.1987 – 16 U 79/86, DB 1987, 2518.
3 OLG München v. 4.12.1996 – 7 U 3915/96, OLGR München 1997, 75; OLG München v. 11.4.1997 – 23 U 5702/96, OLGR München 1997, 173.
4 Siehe dazu auch OLG Stuttgart v. 27.8.1998 – 11 U153/97, HVR Nr. 999; OLG Schleswig v. 18.2.2000 – 14 U 18/99, HVR Nr. 998; *Westphal*, MDR 2005, 421; *Döpfer*, HV-Journal 2003, 16 und *Thume* in Küstner/Thume II, Kap. III, Rn. 30 ff.
5 OLG Celle v. 14.12.2000 – 11 U 61/00, HVR Nr. 940; OLG Celle v. 13.12.2001 – 11 U 90/01, bestätigt durch Nichtannahmebeschluss des BGH – VIII ZR 26/02, HVR Nr. 1038.
6 OLG München v. 20.10.2004 – 7 U 3194/04, HVR Nr. 1124.
7 BGH v. 29.6.1967 – VII ZR 323/64, DB 1967, 1407.

Gesamtschuldner haften (§ 421 BGB)[1]. Im Zweifelsfall liegt keine Schuldübernahme, sondern nur ein Schuldbeitritt des Nachfolgers vor[2].

VI. Anspruchsvoraussetzungen

1. Berechnungsgrundsätze

Für die Entstehung des Ausgleichsanspruchs müssen bestimmte formelle und materielle Voraussetzungen erfüllt sein. Die formellen Voraussetzungen sind die Vertragsbeendigung und die fristgerechte Geltendmachung des Ausgleichsanspruchs (unten Rn. 49, 58). Die materiellen Voraussetzungen sind der **Unternehmervorteil** (unten Rn. 71), der **Provisionsverlust** des Handelsvertreters und der **Billigkeitsgrundsatz** (unten Rn. 76, 94). 44

Für die Berechnung des Ausgleichs sind allein die in § 89b Abs. 1 enthaltenen **materiellen Anspruchsvoraussetzungen**, also die **Unternehmervorteile**, der **Provisionsverlust** und die **Billigkeitsgrundsätze** als Bemessungsgrundlage heranzuziehen. Die **Ausgleichshöchstgrenze** nach § 89b Abs. 2 stellt **keine Bemessungsgrundlage** dar[3]. Sie dient allein der Begrenzung des Ausgleichsanspruchs auf eine durchschnittliche Jahresprovision oder sonstige Jahresvergütung bei Warenvertretern bzw. auf eine dreifache durchschnittliche Jahresprovision oder sonstige Jahresvergütung bei Versicherungs- und Bausparkassenvertretern (§ 89b Abs. 5 S. 2). Ihre Begrenzungsfunktion tritt erst ein, wenn eine Prüfung der materiellen Anspruchsvoraussetzungen einen Betrag ergibt, der das durch die Ausgleichshöchstgrenze maximal vorgegebene Ausgleichsvolumen rechnerisch überschreitet. Dann ist der geschuldete Ausgleich auf den Betrag der Ausgleichshöchstgrenze gem. § 89b Abs. 2 bzw. § 89b Abs. 5 S. 2 zu reduzieren. Erreicht jedoch der nach § 89b Abs. 1 (ggf. i.V.m. § 89b Abs. 5 S. 1) ermittelte Betrag, der in der Praxis als **Rohausgleich** bezeichnet wird, die **Höchstgrenze** nicht, weil die Anspruchsvoraussetzungen nicht in ausreichend großem Umfang erfüllt sind, verliert die Höchstgrenze an Bedeutung, weil nichts zu begrenzen ist[4]. Von Bedeutung ist schließlich, dass für die Entstehung des Ausgleichsanspruchs die materiellen Anspruchsvoraussetzungen kumulativ **nebeneinander** erfüllt sein müssen. Dies ergibt sich aus der Formulierung des § 89b Abs. 1, wonach der Handelsvertreter einen Ausgleichsanspruch nur hat, „wenn und soweit" die materiellen Anspruchsvoraussetzungen erfüllt sind. Bei Warenvertretern ist jedoch zu beachten, dass lt. Art. 17 Abs. 2 lit. a der insoweit zwingenden EG-Richtlinie der Provisionsverlust des Handelsvertreters nur ein Sonderfall der Billigkeitserwägungen ist; zu den Auswirkungen bei Warenvertretern s. unten Rn. 77. 45

---

1 BGH v. 29.6.1967 – VII ZR 323/64, DB 1967, 1407.
2 OLG Celle v. 23.3.1961 – 5 U 165/60, BB 1961, 615.
3 St. Rspr.: BGH v. 25.11.1998 – VIII ZR 221/97, NJW 1999, 948; BGH v. 15.10.1992 – I ZR 173/91, NJW-RR 1993, 221.
4 Vgl. *Küstner* in Küstner/Thume II, Kap. IV, Rn. 15.

46 Der Ausgleichsanspruch unterliegt mithin einer **doppelten Begrenzung:** Er kann niemals höher sein als es den Anspruchsvoraussetzungen nach Abs. 1 (ggf. i.V.m. § 89b Abs. 5 S. 1) entspricht, aber auch niemals höher als die Höchstgrenze nach § 89b Abs. 2 bzw. Abs. 5 S. 2[1]. Daraus folgt: Ergibt die Prüfung der Voraussetzung der Unternehmervorteile und der Provisionsverluste einen Betrag in Höhe von 50 000 Euro und nach Prüfung der Billigkeit einen Betrag von 40 000 Euro, so sind die Anspruchsvoraussetzungen zwar nebeneinander erfüllt, aber doch übereinstimmend nur in Höhe von 40 000 Euro, so dass der sog. Rohausgleich insgesamt nur 40 000 Euro beträgt. Liegt diese Summe über der Ausgleichshöchstgrenze, muss sie auf diese reduziert werden. Der Unternehmer schuldet dann einen Ausgleich in Höhe einer durchschnittlichen Jahresprovision oder sonstigen Vergütung. Unterschreitet andererseits der Rohausgleich die Höchstgrenze, bedarf es keiner Begrenzung. In diesem Fall ist der Rohausgleich mit dem geschuldeten Ausgleich identisch.

47 Bei der Ausgleichsberechnung bedarf es stets einer **Prüfung aller Anspruchsvoraussetzungen**. Deshalb stellt es einen Verstoß gegen die Systematik des Gesetzes dar, wenn der Ausgleichsanspruch allein unter Billigkeitsgesichtspunkten geprüft und die weiteren Voraussetzungen des Unternehmervorteils und der Provisionsverluste vernachlässigt werden[2]. Wenn nämlich eine der Anspruchsvoraussetzung fehlt, ist die Entstehung des Ausgleichsanspruchs ohnehin gehindert, mag dies im Hinblick auf die erfolgreiche Tätigkeit des Handelsvertreters mitunter auch als unbefriedigend und nicht gerechtfertigt empfunden werden[3].

48 Andererseits ist für Billigkeitserwägungen im Rahmen des § 89b Abs. 2 kein Raum mehr. Vielmehr ist die Billigkeitsprüfung allein an das Ergebnis der Vorteils- und Verlustrechnung nach § 89b Abs. 1 S. 1 Nr. 1 und 2 anzuschließen. Dagegen hat sie nicht den Sinn, den nach § 89b Abs. 2 ermittelten Höchstbetrag mehr oder weniger herabzusetzen[4].

2. Formelle Anspruchsvoraussetzungen

a) Vertragsbeendigung

49 Erste Anspruchsvoraussetzung ist die Beendigung des Handelsvertretervertrages. Die Gründe der Vertragsbeendigung sind zunächst ohne Bedeutung, können jedoch im Einzelfall gem. § 89b Abs. 3 zum Ausschluss des Anspruchs führen oder im Rahmen der Billigkeitserwägungen relevant werden.

---

1 BGH v. 11.12.1958 – II ZR 73/57, BGHZ 29, 83.
2 BGH v. 10.5.1984 – I ZR 36/82, NJW 1985, 58.
3 Zur richtigen Berechnung des Ausgleichsanspruchs sind in der Literatur zahlreiche Berechnungsbeispiele veröffentlicht worden; vgl. dazu *Küstner/Thume* II, Kap. XIX und XX und Kommentierung der „Grundsätze" Rn. 1841 ff.; *Martinek*, FS Gerhard Lüke, S. 409, 413 ff.; *Abrahamczik*, Der Handelsvertretervertrag, 1999, S. 73–78; *Westphal*, Band 1, S. 303 ff. (für Warenhandelsvertreter).
4 BGH v. 25.11.1998 – VIII ZR 121/97, DB 1999, 216; BGH v. 15.10.1992 – I ZR 173/91, WM 1993, 392 und BGH v. 19.11.1970 – VII ZR 47/69, BB 1971, 105.

Die Dauer des Vertrages spielt dagegen keine Rolle, sofern nur die materiellen Anspruchsvoraussetzungen erfüllt sind[1]. **Typische Fälle der Vertragsbeendigung** sind die **Kündigung** durch den Unternehmer (sofern diese nicht auf einen wichtigen Grund wegen schuldhaften Verhaltens des Handelsvertreters gestützt wird), die Kündigung des Handelsvertreters (sofern diese auf alters- oder krankheitsbedingten Gründen[2] beruht oder auf einen im Verhalten des Unternehmers liegenden begründeten Anlass gestützt wird), der **Tod des Handelsvertreters**[3], der **automatische Ablauf des Vertrages infolge Befristung**, durch **Eintritt einer auflösenden Bedingung**, die Erreichung der Altersgrenze oder **Insolvenz des Unternehmers** (§ 115 InsO), sofern nicht zwischen Insolvenzverwalter und Handelsvertreter der Fortbestand des Vertragsverhältnisses vereinbart wird.

Ein weiterer Beendigungsgrund ist die **einvernehmliche Vertragsbeendigung**[4], gleichgültig, auf wessen Initiative sie erfolgt[5]. 50

Die **Anfechtung des Vertrages** hebt den abgeschlossenen Vertrag nicht rückwirkend ex tunc – auf, sondern beendet ihn zum Zeitpunkt des Zugangs der Anfechtungserklärung[6]. Das Gleiche gilt im Falle der Nichtigkeit. 51

Die **Betriebsveräußerung** durch den Unternehmer führt nicht zu einer automatischen Beendigung des bestehenden Handelsvertretervertrages[7]. § 613a BGB ist auf einen selbständigen Handelsvertreter nicht entsprechend anwendbar, so dass der erwerbende Unternehmer auch nicht automatisch in das Vertragsverhältnis eintritt[8]. Der Unternehmer ist im Falle der geplanten Betriebsveräußerung ebenso wie bei der Betriebsstilllegung verpflichtet, den Handelsvertreter rechtzeitig zu informieren, damit dieser sich auf die ver- 52

---

1 Vgl. LG Freiburg v. 28.5.1999 – 12 O 140/98, NJW-RR 2000, 110.
2 Vgl. dazu BGH v. 29.4.1993 – I ZR 150/91, BB 1993, 1312.
3 So schon BGH v. 13.5.1957 – II ZR 318/57, BGHZ 24, 214; die HV-Richtlinie bestimmt in Art. 17 Abs. 4 ausdrücklich, dass der Ausgleichanspruch auch dann besteht, wenn das Vertragsverhältnis durch den Tod des Handelsvertreters endet.
4 BGH v. 2.7.1987 – I ZR 188/85, NJW-RR 1988, 42.
5 BGH v. 13.3.1969 – VII ZR 48/67, BGHZ 52, 12. Wird ein Vertretervertrag im gegenseitigen Einvernehmen aufgehoben, wird in der Aufhebungsvereinbarung ein Ausgleichsverzicht niedergelegt und unterzeichnet der Handelsvertreter die Aufhebungsvereinbarung vor dem Zeitpunkt, zu dem das Vertragsverhältnis enden soll, unterzeichnet aber der Unternehmer erst nach dem Beendigungszeitpunkt, kann sich der Handelsvertreter, der ja vor dem Beendigungszeitpunkt seinen Verzicht erklärt hat, nicht darauf berufen, dieser Verzicht verstoße gegen den Unabdingbarkeitsgrundsatz und sei deshalb unwirksam. Der BGH hat in seinem Urteil v. 10.7.1996 – VIII ZR 261/95, BB 1996, 1734 festgestellt, die den Verzicht betreffende Bindungswirkung sei erst mit der Unterzeichnung der Vereinbarung durch den Unternehmer, also erst nach der Vertragsbeendigung eingetreten, so dass der Verzicht wirksam sei.
6 BGH v. 3.5.1995 – VII ZR 95/94, WM 1995, 1235; OLG Düsseldorf v. 22.3.1985 – 15 U 167/84, HVR Nr. 607; vgl *Küstner* in Küstner/Thume II, Kap. V, Rn. 154.
7 H.M.; MünchKommHGB/*v. Hoyningen-Huene*, § 89b Rn. 44; Ebenroth/Boujong/Joost/*Löwisch*, § 89b Rn. 42; Staub/*Brüggemann*, § 89b Rn. 26; *Sturm/Liekefett*, BB 2004, 1009.
8 BGH v. 12.11.1962 – VII ZR 223/61, NJW 1963, 100.

änderten Umstände einstellen kann[1]. Im Einzelfall müssen die berechtigten Interessen des Unternehmers an möglichst langer Geheimhaltung mit den Interessen des Handelsvertreters an möglichst frühzeitiger Unterrichtung gegeneinander abgewogen werden[2]. I.d.R. wird der Handelsvertreter das Vertragsverhältnis aus begründetem Anlass ausgleichserhaltend kündigen können, zumal wenn ihn der Unternehmer nicht oder nicht rechtzeitig unterrichtet hat. Ferner kann mit dem Nachfolgevertreter vereinbart werden, dass dieser in das Vertragsverhältnis eintritt mit der Folge, dass dieses fortgesetzt wird. Da in diesem Fall keine Beendigung stattfindet, entsteht mit der Fortsetzung auch kein Ausgleichsanspruch. Da der erwerbende Unternehmer in das Vertragsverhältnis eintritt, muss er bei Vertragsbeendigung die schon vom Handelsvertreter für den alten Unternehmer geschaffenen Geschäftsbeziehungen gegen sich gelten lassen[3].

53 Schließlich führt auch die **Umwandlung** des bestehenden hauptberuflichen Handelsvertretervertrages in ein nebenberufliches[4] oder ein dem Arbeitsrecht unterliegendes neues Vertragsverhältnis zur Beendigung des Vertretervertrages und demgemäß zur Entstehung eines Ausgleichsanspruchs, sofern die einzelnen Anspruchsvoraussetzungen erfüllt sind. Trotz der weiteren Zusammenarbeit der Parteien – wenn auch auf veränderter rechtlicher Grundlage – ist ggf. der Ausgleichsanspruch auf den Zeitpunkt der Vertragsumwandlung geltend zu machen, weil nach Ablauf der Ausschlussfrist von zwölf Monaten (§ 89b Abs. 4 S. 2) eine nachträgliche wirksame Geltendmachung nicht mehr möglich ist[5].

54 **Kettenverträge** sind nach Auffassung des BGH als ein einheitlicher, auf unbestimmte Zeit abgeschlossener Handelsvertretervertrag anzusehen. Um solche Verträge handelt es sich, wenn der Vertrag zwar jeweils nur fest auf eine bestimmte Dauer – i.d.R. ein Jahr – abgeschlossen wird, wenn aber dem Handelsvertreter jeweils am Ende der vereinbarten Laufzeit ein neuer Vertrag – wiederum mit fester Laufzeit – angeboten wird, der im Wesentlichen dem bisherigen Vertragsinhalt entspricht und nicht jedesmal neu ausgehandelt wird[6]. Diese enden demzufolge erst dann, wenn der letzte Vertrag der Kette ausläuft und kein neuer Folgevertrag mehr abgeschlossen wird. Diese Verträge führen, namentlich, wenn es sich um Rotationsvertrieb mit jeweils wechselnden Vertragsgebieten handelt, zu einer Reihe von ausgleichsrechtlichen Problemen, s. dazu unten Rn. 93.

---

1 BGH v. 7.2.1974 – VII ZR 93/73, WM 1974, 351.
2 BGH v. 7.2.1974 – VII ZR 93/73, WM 1974, 351.
3 MünchKommHGB/*v. Hoyningen-Huene*, § 89b Rn. 44; Ebenroth/Boujong/Joost/Löwisch, § 89b Rn. 43; vgl. zum Ganzen *Westphal*, BB 1998, 1432; siehe auch *Thume*, BB 1991, 490, 491 f.
4 OLG Nürnberg v. 18.9.1958 – III U 23/58, BB 1958, 1151.
5 Vgl. dazu auch *Küstner* in Küstner/Thume II, Kap. V, Rn. 127 ff.
6 BGH v. 11.12.1958 – II ZR 169/57, VersR 1959, 129; BGH v. 17.7.2002 – VIII ZR 59/01, BB 2002, 2036; *Thume* in Küstner/Thume I, Rn. 1644, Küstner/Thume II, Kap. V, Rn. 85 und Kap. XI, Rn. 19.

Wird der Handelsvertreter zum **Wehrdienst** einberufen, wird der bestehende Handelsvertretervertrag davon nicht betroffen; er besteht fort. Etwas anderes gilt nur dann, wenn der befristet abgeschlossene Handelsvertretervertrag während der Ableistung des Wehrdienstes durch Fristablauf automatisch endet oder wenn die schon vor der Einberufung zum Wehrdienst ausgesprochene Vertragskündigung zur Beendigung des Vertragsverhältnisses während des Wehrdienstes führt.

55

Ob eine **Teilbeendigung** des Vertrages einen Ausgleichsanspruch auslösen kann, ist höchst umstritten. Zunächst ist dazu anzumerken, dass Teilkündigungen des Handelsvertretervertrages, wie etwa die Herausnahme einzelner bestimmter Kunden oder eines Teils des zugewiesenen Bezirkes oder die Herabsetzung der vereinbarten Provisionen grundsätzlich wegen Verstoßes gegen Treu und Glauben unwirksam sind, sofern diese Kündigungsmöglichkeiten nicht im Handelsvertretervertrag vereinbart sind[1]. Sind jedoch derartige Abreden getroffen, so kann die vertraglich wirksam vereinbarte Herausnahme einzelner Kunden oder eine Bezirksverkleinerung für den Handelsvertreter eine erhebliche Schmälerung seiner Einkünfte bedeuten. Dennoch ist die Rechtsprechung in diesen Fällen sehr vorsichtig. So hat der BGH die Auffassung vertreten, dass die Übertragung der Verwaltung einzelner Versicherungsverträge auf einen Versicherungsmakler keine Teilbeendigung bedeutet, weil der Vertrag insgesamt nicht verändert werde, und deshalb keinen Ausgleichsanspruch zugelassen[2]. Wenn ein Kunde seinen Sitz außerhalb des Bezirkes des Vertreters verlegt, so dass dieser zukünftig keine Provisionen mehr aus der Fortsetzung der Geschäftsbeziehung mit dem Unternehmer erlangen kann, ist dieses Geschehen ebenfalls nicht ausgleichspflichtig[3]. Auch nach der Literatur ist im Einzelfall zumindest eine wesentlich quantitative Einschränkung der Tätigkeit des Handelsvertreters und seiner Vergütungsmöglichkeiten erforderlich, um einen Ausgleichsanspruch geltend machen zu können. Höchstrichterlich entschieden ist diese Frage aber noch nicht[4].

56

Eine **Änderungskündigung**, bei der dem Vertreter mit der Kündigung die Möglichkeit eingeräumt wird, seine Tätigkeit für den Unternehmer unter neuen Bedingungen fortzusetzen, ist zunächst auf eine Vertragsbeendigung gerichtet[5]. Die Ablehnung des neuen Vertragsangebotes führt daher zu einer endgültigen Beendigung, die grundsätzlich einen Ausgleichsanspruch auslöst. Bezüglich seiner Höhe können aber die Gründe der Ablehnung im Rahmen der Billigkeit nach § 89b Abs. 1 Nr. 3 Bedeutung erlangen[6].

57

---

1 BGH v. 5.11.1992 – IX ZR 200/91, NJW 1993, 1320.
2 BGH v. 27.10.1993 – VIII ZR 46/93, NJW 1994, 193; vgl. auch OLG Hamm v. 7.12.1992 – 18 U 203/91, VersR 1993, 833.
3 OLG Nürnberg v. 21.3.2001 – 12 U 4297/00, BB 2001, 1169.
4 Vgl. dazu auch BGH v. 6.10.1999 – VIII ZR 125/98, BB 2000, 60 mit Anm. *Emde* HVR Nr. 923.
5 BGH v. 6.10.1999 – VIII ZR 125/98, BB 2000, 60.
6 OLG Nürnberg v. 3.11.1982 – 4 U 275/81, HVR Nr. 571.

b) Geltendmachung des Ausgleichsanspruchs

58 Eine weitere formelle Anspruchsvoraussetzung ist die **rechtzeitige Geltendmachung** des Anspruches innerhalb eines Jahres nach der rechtlichen Beendigung des Vertragsverhältnisses (§ 89b Abs. 4 S. 2). Es handelt sich um eine materiell-rechtliche Ausschlussfrist, mit deren Ablauf der Ausgleichsanspruch erlischt. Die Frist hat den Zweck, die vertraglichen Beziehungen der Parteien nach Beendigung möglichst rasch zu klären. Der Unternehmer soll alsbald Gewissheit haben, ob der Handelsvertreter den Ausgleich geltend machen will oder nicht[1]. Die Frist kann weder verlängert noch verkürzt werden. Weder die Einsetzung in den vorigen Stand nach den Regeln der ZPO ist möglich, noch gelten die Regelungen des BGB zur Verjährung mit Ausnahme des § 211 BGB zu Gunsten der Erben[2]. Ist die Frist versäumt, so kann auch mit dem erloschenen Anspruch keine Aufrechnung mehr erfolgen, weil § 215 BGB nicht anwendbar ist[3]. Im Prozess ist die **Ausschlussfrist von Amts** wegen zu beachten, auch wenn deren Versäumung vom Unternehmer nicht gerügt wird.

59 Die Berufung auf die Fristversäumung kann ausnahmsweise gemäß § 242 BGB unzulässig sein, wenn der Unternehmer den **Ausgleichsanspruch** ausdrücklich oder durch Abschlagszahlungen **anerkannt**[4] oder den Handelsvertreter in sonstiger Weise von der förmlichen Geltendmachung abgehalten hat[5].

60 Die Frist beginnt, auch wenn die Vertragspartner tatsächlich ihre Vertragspflichten und -rechte nicht mehr ausüben, erst unmittelbar **nach der rechtlichen Beendigung** des Vertrages, weil der Anspruch erst zu diesem Zeitpunkt entsteht (§ 89b Abs. 1 S. 1 1. Hs.)[6]; siehe dazu oben Rn. 22. Eine **Form der Geltendmachung** ist nicht vorgeschrieben[7]. Jedoch muss die Erklärung eindeutig und unmissverständlich sein. Der Hinweis, sich „Schritte vorzubehalten", genügt nicht[8]. Eine **Bezifferung** der Höhe nach **ist nicht erforderlich**. Die Beweislast für den rechtzeitigen Zugang der Geltendmachung trägt der Handelsvertreter[9]. Die formlose Anmeldung kann auch vor Ver-

---

1 BGH v. 28.4.1968 – VII ZR 8/66, NJW 1968, 1419; BGH v. 9.7.1962 – VII ZR 49/61, BB 1962, 1101.
2 BGH v. 15.12.1978 – I ZR 59/77, BGHZ 73, 99.
3 OLG München v. 30.4.1958 – 7 U 2069/97, BB 1958, 789; OLG Karlsruhe v. 27.12.1984 – 9 U 100/84, WM 1985, 235, 237.
4 BGH v. 14.6.2006 – VIII ZR 261/04, DB 2006, 1953.
5 BGH v. 15.12.1978 – I ZR 59/77, BGHZ 73, 99; OLG Karlsruhe v. 27.12.1984 – 9 U 100/84, WM 1985, 235.
6 Vgl. BGH v. 6.8.1997 – VIII ZR 92/96, NJW 1998, 71; BGH v. 8.11.1990 – I ZR 269/88, NJW-RR 1991, 484; BGH v. 29.3.1990 – I ZR 2/89, NJW-RR 1991, 105 („mit der Beendigung").
7 BGH v. 29.4.1968 – VII ZR 8/66, BGHZ 50, 86.
8 BGH v. 22.9.1969 – VII ZR 103/67, DB 1969, 2077.
9 S. zum Ganzen auch *Küstner* in Küstner/Thume, Bd. II, Rn. 421 ff.; MünchKommHGB/*v. Hoyningen-Huene*, § 89b Rn. 203 ff.; *Ebenroth/Boujong/Joost/Löwisch*, § 89b Rn. 72 ff.

tragsbeendigung erfolgen, wenn das Vertragsende absehbar ist[1]. Da es allein Sache des Handelsvertreters als Anspruchsgläubiger ist, den ihm zustehenden Ausgleichsanspruch zu berechnen, wozu er i.d.R. anhand seiner eigenen Unterlagen in der Lage ist, besteht grundsätzlich nach Treu und Glauben keine Auskunftsverpflichtung des vertretenen Unternehmers[2].

3. Materielle Anspruchsvoraussetzungen

a) Neukundenwerbung

Die wichtigste Voraussetzung für das Entstehen des Ausgleichsanspruchs eines Warenvertreters ist seine **Werbung neuer Kunden** für den Unternehmer. Von diesem Kriterium hängt es ab, ob § 89b Abs. 1 S. 1 Nr. 1 und Nr. 2 erfüllt sind. 61

Kunden sind die Vertragspartner, mit denen der Unternehmer die jeweiligen Geschäfte abgeschlossen hat. Das können auch Betriebs- und Familienangehörige des Handelsvertreters[3], ja sogar dieser selbst sein, wenn er z.B. für den Unternehmer auch als Vertraghändler tätig ist. **Keine Kunden sind** dagegen **Dritte**, die der Handelsvertreter geworben hat, weil sie den potentiellen Kundenkreis beeinflussen können, wie z.B. Architekten oder Dachdecker beim Vertrieb von Dachziegeln. Diese werden nicht selbst zu Kunden, sondern üben nur durch Empfehlen der Ware einen mittelbaren oder unmittelbaren Einfluss auf die Kaufentscheidung des Kunden aus[4]. Anders könnte es jedoch im Einzelfall sein, wenn die Kaufentscheidung wegen der besonderen Art des Produktes entscheidend vom Dritten bestimmt wird, auf dessen Sachkunde sich der Käufer mangels eigener Kenntnis verlassen muss[5]. Problematisch ist, ob auch Personen als Kunden gelten können, die im Rahmen des vom Unternehmer gewählten Vertriebssystems eine verkaufsfördernde Mittlerrolle inne haben[6]. 62

Neu sind solche **Kunden, die vor Beginn des Handelsvertretervertrages noch nicht mit dem Unternehmer in geschäftlichen Beziehungen standen oder deren** bereits bestehende **Geschäftsverbindungen der Handelsvertreter so wesentlich erweitert** hat, dass dies wirtschaftlich der Werbung eines neuen Kunden entspricht (§ 89b Abs. 1 S. 2). Diese Kunden muss der Handelsvertreter während des Bestehens des Vertreterveertrages geworben haben; bei der Begründung der Geschäftsverbindung zu einem neuen Kunden muss der 63

---

1 BGH v. 12.6.1963 – VII ZR 272/61, BGHZ 40, 13, 18.
2 BGH v. 3.4.1996 – VIII ZR 54/95, BB 1996, 1190; vgl. *Wolff*, BB 1978, 1246.
3 BGH v. 6.8.1997 – VIII ZR 150/96, NJW 1998, 70; aber schwirige Prognose, ob die Geschäftsverbindung fortbestehen wird.
4 BGH v. 11.10.1990 – I ZR 32/89, DB 1990, 2592; BGH v. 15.6.1959 – II ZR 184/57, NJW 1959, 1677.
5 OLG Hamm v. 26.10.1961 – 18 U 148/61, HVR Nr. 321; OLG Düsseldorf v. 8.2.1977 – 23 U 44/76, HVR Nr. 504; offen gelassen von BGH v. 11.10.1990 – I ZR 32/89, DB 1990, 2592; siehe auch *Küstner/Thume* II, Kap. VI, Rn. 3 f.
6 So OLG Brandenburg v. 23.5.1995 – 6 U 146/94, HVR Nr. 937; Vertrieb von Kinderbüchern über Kindergartenleiterinnen.

Handelsvertreter also bereits als solcher, und zwar hauptberuflich, für das vertretene Unternehmen tätig gewesen sein. War er zu jener Zeit als nebenberuflicher Handelsvertreter, als Angestellter, Makler oder Gelegenheitsvermittler (vgl. oben Rn. 26) für den Unternehmer tätig, handelt es sich ausgleichsrechtlich nicht um vom Handelsvertreter geworbene Neukunden. Wird ein Handelsvertretervertrag erst nach erfolgter Kundenwerbung abgeschlossen, haben diese vom Handelsvertreter in seiner früheren Rechtsstellung hergestellten Geschäftsverbindungen ausgleichsrechtlich für ihn nur die Bedeutung von Altkunden, die freilich aufgrund intensivierender Vermittlungsbemühungen Neukunden gleichzustellen sein können. Bringt aber der Handelsvertreter Kunden ein, die er vor Begründung des Vertretervertrages als Großhändler für Erzeugnisse des Unternehmers geworben hatte, handelt es sich bei diesen seinen bisherigen Großhandelskunden ausgleichsrechtlich um Neukunden, weil der Unternehmer zu diesen Kunden vor Vertragsbeginn noch keine Geschäftsverbindung gehabt hatte.

64 Ein Kunde ist ausgleichsrechtlich auch dann ein Neukunde, wenn seine Werbung nur **mitursächlich** auf die Bemühungen des Handelsvertreters zurückzuführen[1] ist. Dabei genügt jede Art der Mitwirkung. So sind als vom Handelsvertreter geworbene Neukunden auch solche Kunden anzusehen, die im Rahmen von Bauvorhaben der öffentlichen Hand bei einer **Ausschreibung** den Zuschlag erhalten, obwohl hier die Vermittlungstätigkeit des Handelsvertreters naturgemäß beschränkt ist[2]. Entsprechendes gilt für Neukunden an SB-Stationen im Tankstellenbereich[3], soweit es sich bei ihnen um **Stammkunden** (Mehrfachkunden) und nicht um bloße **Laufkunden** handelt[4] und sie nicht bereits an einer anderen Tankstelle des Unternehmers ihren Bedarf deckten[5], und schließlich auch für solche Kunden, die Mitglieder eines Verbandes sind, bei dem die Erzeugnisse des Unternehmers gelistet sind und der Handelsvertreter sodann die Verbandsmitglieder als Kunden wirbt und auf diese Weise eine laufende Geschäftsbeziehung der Verbandskunden zum vertretenen Unternehmen entsteht[6]. Auch Messekunden, die der Handelsvertreter auf einer Messe – in Zusammenarbeit mit anderen Handelsvertretern – für das Unternehmen wirbt, sind als Neukunden anzusehen. Die neue Geschäftsverbindung ist dann ausgleichsrechtlich zugunsten desjenigen Handelsvertreters zu berücksichtigen, in dessen Bezirk der Kunde ansässig ist[7]. Benennt der Unternehmer dem Handelsvertreter **potentielle Kun-**

---

1 BGH v. 8.2.1980 – I ZR 78/78, NJW 1989, 1793; BGH v. 29.11.1984 – I ZR 149/82, DB 1985, 748; OLG München v. 14.10.1987 – 7 U 1642/87, HVR Nr. 640; *Küstner* in Küstner/Thume II, Rn. 644 ff.
2 BGH v. 8.2.1980 – I ZR 78/78, NJW 1980, 1793.
3 BGH v. 29.11.1984 – I ZR 149/82, DB 1985, 748.
4 St. Rspr.; BGH v. 15.10.1964 – VII ZR 150/62, BGHZ 42, 244; vgl. BGH v. 6.8.1997 – VIII ZR 92/96 und 150/96, n.v. Stammkunden sind auch solche, die teilweise ihren Bedarf bei anderen Tankstellen decken, es reicht aus, wenn sie mindestens vier Mal jährlich an der SB-Station tanken, so BGH v. 12.9.2007 – VIII ZR 194/06, BB 2007, 2475 mit Anm. *Emde.*
5 *Veith*, DB 1963, 1277.
6 OLG Düsseldorf v. 5.2.1988 – 16 U 104/87, HVHM 1988, 298.
7 KG v. 16.6.1969 – 2 U 2756/68, BB 1969, 1062.

den, die etwa aufgrund von Werbemaßnahmen des Unternehmers Interesse an dessen Erzeugnissen bekundet haben, werden solche Interessenten erst dann zu neuen Kunden, wenn aufgrund der Vermittlungstätigkeit des Handelsvertreters Geschäfte mit dem Unternehmen zustande gekommen sind[1].

Wird das vertretene **Unternehmen an einen Dritten veräußert** oder wird der Vertrieb auf einen anderen Unternehmer übertragen und schießt dieser mit dem Handelsvertreter einen neuen Vertretervertrag, sind wiederum die für den früher vertretenen Unternehmer geworbenen Kunden für den neuen Unternehmer Neukunden, wenn dieser z.B. die Kundenliste von dem Veräußerer entgeltlich erworben hat und der Handelsvertreter für das neue Unternehmen erstmals mit diesen Kunden Geschäfte vermittelt[2]. Daran ändert sich nichts, wenn die Kunden dem Erwerber bei Geschäftsabschluss namentlich bereits bekannt waren; für ihn sind sie bis zum Abschluss des ersten Geschäftes nur potentielle Kunden[3]. Das Gleiche gilt, wenn der Handelsvertreter zunächst für **ein in Insolvenz geratenes Unternehmen** tätig war und dann aufgrund eines neuen Vertrages für eine vom Geschäftsführer des insolventen Unternehmens neu gegründete Firma tätig wird. Auch hier steht ihm bei Beendigung seiner Tätigkeit für das neue Unternehmen ein Ausgleich zu, soweit er als „Handelsvertreter der ersten Stunde" beim Abschluss der ersten Aufträge für das neue Unternehmen mitgewirkt hat. Neukunde ist dann jeder, der die erste Bestellung bei der neuen Firma aufgibt, mag er auch schon früher Kunde des alten Unternehmens gewesen sein. Zum ausgleichspflichtigen Stammkunden wird er, wenn er nach der ersten Bestellung weitere Bestellungen tätigt[4]. 65

Die zur **Werbung** neuer Kunden führende Vermittlungstätigkeit des Handelsvertreters **braucht nicht unmittelbar durchgeführt zu werden**, sie kann sich auch mittelbar in der Weise auswirken, dass der Handelsvertreter sich zur Erfüllung seiner Vermittlungspflicht echter Untervertreter als Erfüllungsgehilfen bedient[5] oder wenn er unechten Untervertretern übergeordnet ist und die von den Untervertretern erzielten Vermittlungserfolge auf seiner unterstützenden Tätigkeit beruhen. 66

Demgegenüber sind im ausgleichsrechtlichen Sinne jene Kunden **keine Neukunden**, wenn die während des Vertretervertrages begonnene neue Geschäftsverbindung unmittelbar auf Verhandlungen beruht, die der Unternehmer mit einem potentiellen Kunden geführt hat, weil es insoweit an jeglicher mitursächlicher Vermittlungstätigkeit des Handelsvertreters fehlt. Auch ein Bezirkskunde, zu dem eine Geschäftsverbindung entsteht, ohne dass dies auch nur mitursächlich auf die Tätigkeit des Handelsvertreters zurückzuführen ist, kann nicht als Neukunde berücksichtigt werden[6]. 67

---

1 OLG Celle v. 7.1.1971 – 7 U 224/69, HVR Nr. 436.
2 OLG München v. 14.10.1987 – 7 U 1642/87, HVHM 1988, 392.
3 LG Bielefeld v. 19.4.1985 – 12 b O 85/84, HVR Nr. 608.
4 OLG Düsseldorf v. 10.4.1992 – 16 U 31/91, HVR Nr. 1077; vgl. auch OLG Saarbrücken v. 4.12.1996 – 3 U 343/96-59, BB 1997, 1603 mit Anm. *Thume*.
5 BGH v. 13.3.1969 – VII ZR 174/66, BGHZ 52, 5.
6 Vgl. *Küstner/Thume* II, Kap. VI, Rn. 68.

68 Der **Begriff des Neukunden ist branchenbezogen**. Ein bei Vertragsbeginn bereits vorhandener Altkunde des Unternehmers wird deshalb bei Gewinnung für einen neuen Geschäftszweig des Unternehmers insoweit zum Neukunden[1].

69 Ist die geschäftliche Beziehung zu einem früheren Kunden **vollständig abgebrochen** und gelingt es dem Handelsvertreter, diese frühere Altkundenbeziehung zu reaktivieren, ist der Kunde als Neukunde anzusehen. Ein Kunde kann gleichzeitig Altkunde und Neukunde sein, wenn der Unternehmer unterschiedliche Produkte herstellt und der Handelsvertreter die zu einem Kunden schon bestehende Geschäftsverbindung auf weitere Produkte des Unternehmers ausdehnt[2].

70 Eine **Intensivierung von Altkunden** gem. § 89b Abs. 1 S. 2 liegt vor, wenn der bei Vertragsbeginn mit einem übernommenen Altkunden erzielte Warenumsatz durch entsprechend intensivierende Vermittlungsbemühungen des Handelsvertreters wesentlich gesteigert worden ist. Beim Vergleich der Kundenumsätze zu Beginn und am Ende des Vertreterverträges sind daher die inzwischen eingetretenen Preiserhöhungen abzuziehen. Als **wesentliche Umsatzsteigerung** kann i.d.R. eine so ermittelte Umsatzverdoppelung angesehen werden. Der intensivierte Altkunde steht dann in vollem Umfang einem Neukunden gleich. Fehlt es an derartigen Bemühungen des Handelsvertreters und tritt gleichwohl eine erhebliche Umsatzsteigerung ein, die aber andere Ursachen hat, können die Altkunden nicht als ausgleichsfähige Neukunden berücksichtigt werden. Wird dem Handelsvertreter bei Vertragsbeginn ein Altkundenstamm zur Betreuung übertragen, empfiehlt es sich, um spätere Beweisschwierigkeiten zu vermeiden, den Altkundenstamm listenmäßig zu erfassen und auch die im letzten Jahr vor Vertragsbeginn mit diesen Altkunden erzielten Umsätze festzuhalten. Bei der Frage der Intensivierung reicht es im Zusammenhang mit der Ausgleichsberechtigung nicht aus, den Anfangs- und den Endumsatz im Wege des **Gesamtvergleichs** zu beurteilen. Vielmehr muss – ebenso wie dies auch sonst bei der Unterscheidung zwischen Altkunden und Neukunden notwendig ist – im Hinblick auf die Intensivierung jeder einzelne übernommene Altkunde daraufhin überprüft werden, ob er bis zur Vertragsbeendigung intensiviert wurde und worauf dies im Einzelnen beruht[3].

b) Unternehmervorteile

71 Nach § 89b Abs. 1 S. 1 Nr. 1 ist erforderlich, dass der Unternehmer aus dem vom Handelsvertreter geworbenen neuen Kundenstamm auch nach der Vertragsbeendigung erhebliche Vorteile ziehen kann. Dies Möglichkeit wird von der Rechtsprechung im Regelfall zugunsten des Handelsvertreters ver-

---

1 BGH v. 28.4.1999 – VIII ZR 354/97, BB 1999, 1399.
2 H.M.; *Schröder*, Recht der Handelsvertreter, § 89b Rn. 5a; *Staub/Brüggemann*, § 89b Rn. 34; *Küstner/Thume* II, Kap. VI, Rn. 51 ff.
3 Zur Intensivierung vgl. *Küstner/Thume* II, Kap. VI, Rn. 31 ff. sowie KG v. 28.8.1998 – 14 U 2193/97, n.v.

mutet. Richtete sich die Tätigkeit des Handelsvertreters jedoch auf die **Vermittlung von Einmalgeschäften**, die sich naturgemäß nicht wiederholen, weil beim Kunden ein weiterer Bedarf von der Sache her nicht in Betracht kommt und deshalb eine laufende Geschäftsverbindung nicht entstehen konnte, so hat der Unternehmer nach der Beendigung des Handelsvertretervertrages **kein**en weiteren **Unternehmervorteil** mehr, so dass auch kein Ausgleichsanspruch entstehen kann. Das wird etwa beim Vertrieb von Fertighäusern an Endverbraucher, beim Verkauf von Handstrickmaschinen an Hausfrauen[1], beim Verkauf von Ackerwagen an Landwirte, bei Verkauf von Garagentoren an Besitzer von Einfamilienhäusern oder beim Verkauf von Kochtopfsortimenten mit lebenslanger Haltbarkeit und dgl. der Fall sein[2].

Zwar steigt in diesen Fällen der Umsatz und damit der Wert des Unternehmens durch intensiven Einsatz des Handelsvertreters, seine Erzeugnisse werden hierdurch am Markt immer bekannter und deshalb immer gefragter und damit wird auch der Ruf des Unternehmens nachhaltig gefördert wird. Dennoch stellt dies alles – für sich betrachtet – keinen ausgleichsrechtlichen **Unternehmervorteil** dar. Vielmehr ist dieser nach § 89b Abs. 1 S. 1 Nr. 1 **nur gegeben, wenn die Wertsteigerung des Unternehmens auf der Schaffung neuer laufender Geschäftsverbindungen durch den Handelsvertreter beruht;** anderenfalls hätte der Handelsvertreter die Stellung eines stillen Gesellschafters[3]. Andererseits genügt für die Schaffung laufender Geschäftsverbindungen, wie erwähnt, jede mitursächliche Tätigkeit des Handelsvertreters, die auch darin bestehen kann, dass er im Auftrag des Unternehmers eine Außendienst-Organisation aufbaut, diese unterstützt und betreut und an deren Vermittlungserfolgen er durch Superprovisionen partizipiert[4]. Auch die Langlebigkeit eines Erzeugnisses allein schließt die Entstehung einer Geschäftsverbindung nicht aus, mögen auch zwischen den einzelnen Folgegeschäften sehr lange Kaufintervalle liegen; so kann etwa einen Handelsvertreter, der langlebige Wirtschaftsgüter, wie Gabelstapler oder Traktoren an Händler vertreibt, bei Vertragsende durchaus ein Ausgleichsanspruch zustehen[5]. 72

§ 89b Abs. 1 S. 1 Nr. 1 setzt nur voraus, dass der Unternehmer die dort beschriebenen Vorteile ziehen kann. Wird eine vom Handelsvertreter hergestellte Geschäftsverbindung von ihm **nicht ausgenutzt**, obwohl er dazu in der Lage wäre, kann sich dies nicht zum Nachteil des Handelsvertreters auswirken. Vielmehr reicht die Nutzungsmöglichkeit aus. Anders ist es jedoch, wenn die Nutzung der Geschäftsverbindung infolge nicht zu vertretender Unmöglichkeit oder infolge Unzumutbarkeit unterbleibt. Das kann bei Insolvenz des Unternehmers der Fall sein, aber auch dann, wenn die her- 73

---

1 KG v. 17.5.1957 – 2 U 326/57, IHV 1957, 623; BGH, Armenrechtsbeschluss v. 3.10.1957, mitgeteilt von *Buchwald*, IHV 1957, 623; *Küstner/Thume* II, Kap. VII, Rn. 6 ff.
2 BGH v. 15.6.1959 – II ZR 184/57, NJW 1959, 1677.
3 BGH v. 25.4.1960 – I ZR 130/58, NJW 1960, 1292.
4 BGH v. 24.6.1971 – VII ZR 223/69, BGHZ 56, 290.
5 BGH v. 31.1.1991 – I ZR 142/89, BB 1991, 1210.

gestellte Geschäftsverbindung schon vor der Vertragsbeendigung zum Erliegen gekommen war, weil die Kunden ihren Bedarf nicht mehr beim Unternehmer, sondern beim Großhandel deckten[1], wenn der Unternehmer die Herstellung der bislang vertrieben Produkte aus wirtschaftlichen Gründen einstellt oder seinen Betrieb ganz stillgelegt oder umstrukturiert[2]. Dagegen bleibt der Vorteil des Unternehmers bestehen, wenn dieser lediglich seine Vertriebsstruktur ändert und seine Ware nicht mehr an die Endkunden direkt, sondern über den Großhandel verkauft[3].

74 Der **Vorteilsbegriff** i.S.d. § 89b Abs. 1 Nr. 1 setzt nicht voraus, dass der Unternehmer konkrete Geschäftsgewinne aus Folgegeschäften ziehen kann, die mit den geworbenen Neukunden zustande kommen. Für den Vorteilsbegriff reicht es vielmehr aus, dass der Unternehmer im Hinblick auf den geworbenen Kundenstamm und die zu erwartenden Folgegeschäfte durch die Tätigkeit des ausgeschiedenen Handelsvertreters die Chance erhält, aus diesen Folgegeschäften Gewinne zu erzielen. So kann der Unternehmervorteil ggf. auch darin bestehen, dass bei einer Betriebsveräußerung der Unternehmer bezüglich des auf den Erwerber übergehenden Kundenstammes ein höheres Veräußerungsentgelt erzielt[4]. Dies wird im Regelfall auch vermutet[5]. Unterlässt es der Unternehmer, bei der Veräußerung des Betriebes für die Überlassung des Kundenstamms einen Erlös zu erzielen, so kann er dem Handelsvertreter das Fehlen eines Unternehmervorteils nicht entgegenhalten[6].

75 Da der Handelsvertreter die **Höhe der Unternehmervorteile** nicht einmal annähernd schätzen kann, weil er die Betriebsunterlagen des Unternehmer nicht kennt und auch nicht weiß, mit welchen Gewinnspannen dieser rechnen kann, unterstellt die Rechtsprechung, dass die Unternehmervorteile mindestens so hoch sind wie die Provisionsverluste des Handelsvertreters, soweit der Unternehmer nichts gegenteiliges nachweist.

c) Provisionsverluste des Handelsvertreters

76 Ist die Anspruchsvoraussetzung des Unternehmervorteils geprüft, kommt es gem. § 89b Abs. 1 S. 1 Nr. 2 des Weiteren darauf an, in welchem Umfang sich nach der Vertragsbeendigung für den Handelsvertreter **Provisionsverluste** aus Geschäften mit neuen Kunden, die er für den Unternehmer geworben hat, ergeben. Zum Begriff des Neukunden wird auf die obige Darstellung unter Rn. 61 ff. verwiesen

---

1 OLG Oldenburg v. 28.11.1962 – II U 150/62, BB 1963, 8.
2 BGH v. 9.11.1967 – II ZR 40/65, BGHZ 49, 39. Zur Problematik bei der Werbung neuer Kunden im sog. Rotationsvertrieb vgl. unten Rn. 93.
3 BGH v. 1.12.1983 – I ZR 181/81, HVR Nr. 581.
4 BGH v. 25.4.1960 – I ZR 130/58, NJW 1960, 1292; OLG Hamburg v. 25.3.1958 – 2 U 259/57, VersR 1958, 688; OLG Nürnberg v. 22.9.1961 – I 1 U 103/60, BB 1962, 155.
5 BGH 27.3.1996 – VIII ZR 116/95, BB 1996, 1026 ; OLG Karlsruhe v. 27.12.1984 – 9 U 100/84, ZIP 1985, 235; OLG Hamm 14.3.1977 – 18 U 162/76, HVR Nr. 511.
6 OLG Düsseldorf v. 2.11.2000 – 16 U 149/00, OLGR 2002, 164.

An dieser Stelle ist jedoch zu beachten, dass der deutsche Gesetzgeber die Vorgaben der Richtlinie nicht konsequent umgesetzt hat. Die Richtlinie schreibt nämlich in Art. 17 Abs. 2 lit. a vor, dass der Handelsvertreter einen Ausgleichsanspruch hat, 77

– wenn und soweit der Unternehmer nach Beendigung des Vertrages aus den Geschäften mit den vom Handelsvertreter entweder neu geworbenen oder den Umsatz wesentlich gesteigerten Kunden noch erhebliche Vorteile zieht und

– die Zahlung des Ausgleichs unter Berücksichtigung aller Umstände der Billigkeit entspricht.

Zu diesen Umständen zählt die Richtlinie insbesondere die dem Handelsvertreter aus künftigen Geschäften mit diesen Kunden entgehenden Provisionen. Das bedeutet jedoch – und dies ist in der Praxis bisher kaum beachtet worden – dass der Provisionsverlust des Handelsvertreters in der Richtlinie nur als ein besonderer Unterfall der Billigkeit angesehen wird. Der deutsche Gesetzgeber hat jedoch die alte Fassung des § 89b Abs. 1 beibehalten und weicht insoweit vom Wortlaut der Richtlinie ab. Im Bereich der Warenvertreter muss also darauf geachtet werden, dass § 89b Abs. 1 Nr. 1 und 2 unter Berücksichtigung des Wortlautes und des Sinn und Zwecks der Richtlinie ausgelegt werden, s. dazu Vor § 84 Rn. 2. Beim Warenvertreter darf daher der Provisionsverlust nicht als eine zusätzlich zwingende Anspruchsvoraussetzung angesehen werden, sondern nur im Rahmen der Billigkeit als besonderer Gesichtspunkt Berücksichtigung finden[1]. Näheres dazu siehe auch unten Rn. 94. 78

Hinsichtlich der dem Handelsvertreter aus der Vertragsbeendigung entstehenden Provisionsverluste ist zu unterscheiden, ob sie aus bereits abgeschossenen Geschäften resultieren oder aus künftig zustande kommenden Geschäften. Die **Provisionsverluste aus bereits abgeschlossenen Geschäften** ergeben sich dann, wenn Ansprüche des Handelsvertreters auf **Überhangprovisionen** vertraglich ausgeschlossen wurden, die gesetzliche Bestimmung des § 87 Abs. 1 also abbedungen wurde (vgl. § 87 Rn. 17). Dabei ist zu beachten, dass ein solcher Verzicht auf Überhangprovisionen auch bei Einmalgeschäften (vgl. oben Rn. 71) möglich ist. Dann erleidet der Handelsvertreter einen Provisionsverlust, der einen entsprechenden Ausgleichsanspruch entstehen lässt, weil die Abwicklung des provisionspflichtigen Geschäfts, das bereits vor der Vertragsbeendigung zustande kam, sich bis in die Zeit nach der Vertragsbeendigung erstreckt[2]. 79

Die **für die Provisionsverluste typischen Geschäfte** sind aber diejenigen, die im Rahmen einer vom Handelsvertreter hergestellten neuen Geschäftsverbindung künftig, also erst nach Vertragsbeendigung, zustande kommen und an denen der Handelsvertreter infolge der Vertragsbeendigung provisions- 80

---

1 *Canaris*, Handelsrecht, Rn. 110; *Ebenroth/Boujong/Joost/Hakenberg*, § 89b Rn. 176; *Baumbach/Hopt*, § 89b Rn. 32; *Thume*, BB 2004, 2473, 2474.
2 *Küstner* in Küstner/Thume II, Kap. VII, Rn. 7 ff.

mäßig nicht mehr partizipieren kann. Bei den Einmalgeschäften können solche Provisionsverluste nach Vertragsbeendigung nicht mehr entstehen, weil keine Folgegeschäfte zustande kommen (siehe oben Rn. 71) Etwas anderes gilt ausnahmsweise nur dann, wenn die Bestimmung des § 87 Abs. 3 vertraglich ausgeschlossen ist. In diesem Falle bekäme der Handelsvertreter für ein von ihm eingeleitetes oder überwiegend auf seiner mitverursachenden Tätigkeit beruhendes Geschäft, das erst nachvertraglich abgeschlossen wird, keine Provision mehr. Dieser Verlust muss daher ausgleichsrechtlich berücksichtigt werden, wenn die übrigen Anspruchsvoraussetzungen vorliegen.

81 **Überhangprovisionen**, die dem ausgeschiedenen Handelsvertreter aus solchen Geschäften zustehen, die schon vor Vertragsbeendigung abgeschlossen wurden, hindern die Entstehung von Provisionsverlusten aus künftig zustande kommenden Geschäften nicht, sie wirken sich also auf die Höhe des nach § 89b Abs. 1 zu berechnenden Ausgleichsanspruchs nicht aus[1]. Sie sind dem Handelsvertreter unabhängig vom Ausgleichsanspruch zu zahlen. Anders kann es ausnahmsweise sein, wenn die Vermittlungstätigkeit des Handelsvertreters sich auf die Vermittlung von Sukzessivlieferungsverträgen bezog, die weit in die Zeit nach der Vertragsbeendigung hineinreichen. Beim **Sukzessivlieferungsvertrag** stehen dem Handelsvertreter nachvertragliche Provisionsansprüche in Form von Überhangprovisionen zu für jene Lieferungen, die erst nach Beendigung des Vertreterverträges erfolgen. Diese können sich noch über Jahre hinaus hinziehen, wenn die Parteien nichts anderes vereinbart haben. Dann hat der Handelsvertreter insoweit keine Verluste zu erwarten. Aber er ist zukünftig gehindert, neue derartige Geschäfte für den Unternehmer zu akquirieren. Insoweit können dann wiederum Provisionsverluste entstehen, die bei der Ausgleichsberechnung zu berücksichtigen wären.

82 Um den Umfang der aus der Vertragsbeendigung resultierenden Provisionsverluste zu ermitteln, muss **im Zeitpunkt der Vertragsbeendigung** eine **Prognose bezüglich der weiteren Entwicklung** der vom Handelsvertreter hergestellten ausgleichsfähigen neuen Geschäftsverbindungen durchgeführt werden. Dabei wird die **Fortsetzung des Vertreterverträges als Fiktion** unterstellt[2]. Am Stichtag der Vertragsbeendigung ist gleichsam eine fotografische Momentaufnahme vorzunehmen. Alles was auf dieser – auch im Hintergrund – sichtbar wird, kann als eine mit hinreichender Sicherheit vorhersehbare Entwicklung noch in die Prognose einbezogen werden[3]. Spätere nicht vorhersehbare Änderungen der tatsächlichen Gegebenheiten ändern nach der Entscheidung des BGH vom 6.8.1997[4] die einmal gestellte Prognose

---

[1] Insofern ist Abschnitt II 2b des BGH-Urt. v. 23.10.1996 – VIII ZR 16/96, BB 1997, 59 missverständlich, worauf bereits zutreffend *Seelhorst*, BB 1997, 2019, 2020 zu III hingewiesen hat.
[2] St. Rspr., BGH v. 13.5.1957 – II ZR 19/57, BGHZ 24, 223; BGH v. 10.12.1997 – VIII ZR 329/96, WM 1998, 725; BGH v. 28.4.1999 – VIII ZR 354/97, BB 1999, 1599.
[3] Vgl. *Küstner/Thume* II, Kap. XVI, Rn. 4 f.
[4] BGH v. 6.8.1997 – VIII ZR 92/96, NJW 1998, 71.

nicht mehr und können daher die Höhe des Ausgleichsanspruches auch nicht mehr beeinflussen. Auch bei einem Rechtsstreit vor Gericht ist allein die Prognose zum Zeitpunkt der Vertragsbeendigung maßgebend und nicht etwa der Tag der letzten mündlichen Verhandlung. Die frühere Rechtsprechung ist insoweit überholt.

Bei der Erstellung der Prognose sind die bereits während des Vertrages gemachten Erfahrungen bezüglich der Entwicklung der vom Handelsvertreter akquirierten Geschäftsverbindungen heranzuziehen, um schätzen zu können, in welchem Umfang dem Vertreter aus Folgegeschäften mit den bis zur Vertragsbeendigung geworbenen neuen Kunden ohne die Vertragsbeendigung weitere Provisionen zugeflossen wären. Bei dieser Verlustermittlung im Rahmen einer Prognose sind folgende Gesichtspunkte zu beachten: 83

Da von einem **fiktiven Fortbestand** des Handelsvertretervertrages ausgegangen wird, muss auch eine weitere vertragsgemäße Tätigkeit des Handelsvertreters unterstellt werden. Das bedeutet, dass ausgleichsfähige Provisionsverluste infolge der Vertragsbeendigung nicht etwa nur dann anerkannt werden können, wenn die vom Handelsvertreter bis zur Vertragsbeendigung hergestellten neuen Geschäftsverbindungen danach automatisch ohne weiteres Zutun fortbestehen[1]. Wenn nur Nachbestellungen der geworbenen neuen Kunden im engeren Sinne berücksichtigt werden dürften, würde dies – je nach den Verhältnissen des Einzelfalles – zu einer Beschränkung der dem Handelsvertreter in Form des Ausgleichs zustehenden Restvergütung führen. Deshalb darf die sog. **Fortsetzungsfiktion** nicht dahin eingeschränkt werden, dass nur ein Provisionsverlust aus solchen Geschäften berücksichtigungsfähig sei, deren Zustandekommen keine weitere Tätigkeit erfordert hätte. Also auch dann, wenn das Vertragsverhältnis durch den Tod des Handelsvertreters endet oder der Handelsvertreter infolge schwerer Krankheit aus dem Vertragsverhältnis ausgeschieden ist und deshalb eine weitere Tätigkeit nicht in Betracht kommen kann, muss fiktiv seine weitere Tätigkeit unterstellt werden, wie diese zu Lebzeiten oder in gesunden Tagen ausgeübt worden war. Allerdings darf bei der für die Prognose zu unterstellenden weiteren vertragsgemäßen Tätigkeit des Handelsvertreters nicht gleichzeitig unterstellt werden, der Handelsvertreter könnte bei Fortsetzung seiner Tätigkeit auch weitere Neukunden werben. Da der Ausgleichsanspruch eine Vergütung für den bis zur Vertragsbeendigung geworbenen neuen Kundenstamm darstellt, muss eine weitere Vermittlungstätigkeit im Hinblick auf die **weitere Werbung neuer Kunden** außer Betracht bleiben[2]. 84

Standen dem Handelsvertreter schon während des bestehenden Handelsvertretervertrages für Folgegeschäfte mit den von ihm geworbenen Kunden **keine Provisionsansprüche** zu, können sich infolge der Vertragsbeendigung **keine Provisionsverluste** ergeben[3]. Allerdings legt der BGH hier einen strengen Maßstab an und sieht in einer Vertragsbestimmung, aufgrund deren dem 85

---

1 BGH v. 13.3.1957 – II ZR 19/57, BGHZ 24, 223.
2 BGH v. 22.6.1972 – VII ZR 36/71, BGHZ 57, 87.
3 *Staub/Brüggemann*, § 89b Rn. 5.

Handelsvertreter Folgegeschäfte von vornherein nicht provisionspflichtig sind, einen möglichen Verstoß gegen den Unabdingbarkeitsgrundsatz des § 89b Abs. 4 S. 1[1]. Andererseits kann ein Provisionsverlust aus künftig zustande kommenden Geschäften nicht dadurch beeinträchtigt werden, dass infolge mangelhafter oder überhaupt ausbleibender Betreuung des hinterlassenen Kundenstammes durch den Unternehmer sich der Umsatz rückläufig entwickelt[2].

86 Unter Berücksichtigung der vorstehenden Gesichtspunkte ist die **Berechnung der Provisionsverluste** i.d.R. in der Weise vorzunehmen, dass zunächst die dem Handelsvertreter in den letzten zwölf Monaten[3] vor der Vertragsbeendigung zugeflossenen Vermittlungs- bzw. Abschlussprovisionen aus Geschäften mit neuen Kunden aus den ihm insgesamt zugeflossenen Provisionen herausgerechnet werden (bei Geschäften besonderer Art, z.B. mit langlebigen Wirtschaftsgütern wird ein längerer Zeitraum zu berücksichtigen sein).

87 Dem Handelsvertreter zugeflossene **Verwaltungsprovisionen** (vgl. § 87 Rn. 4) sind bei der Ermittlung der Provisionsverluste **nicht zu berücksichtigen**[4]. Der BGH hat dies damit begründet, dass nur die dem Handelsvertreter zugeflossenen Vermittlungs- bzw. Abschlussprovisionen ein Entgelt dafür seien, dass der Handelsvertreter neue Kunden geworben habe. Die Verwaltungsprovisionen dienten demgegenüber der Vergütung für dem Handelsvertreter über die Vermittlungs- bzw. Abschlusstätigkeit hinaus übertragenen Aufgaben, die eigentlich dem Unternehmer oblägen, die aber aus Zweckmäßigkeitsgründen dem Handelsvertreter übertragen worden seien. Deshalb sind z.B. Vergütungen für die Ausübung des Regaldienstes bei der Verlustberechnung außer Ansatz zu lassen[5]. Bei der Herausrechnung der Verwaltungsvergütungen aus den Gesamtprovisionen können aber nur die tatsächlichen Verhältnisse maßgebend sein. Eine auf Betreiben des Unternehmers bezüglich der Höhe der Verwaltungsprovisionen getroffene vertragliche Vereinbarung, die von der Realität abweicht und den Verwaltungsanteil zu Lasten des Handelsvertreters zu hoch ansetzt, ist unwirksam, weil ihr eigentliches Ziel ist, den Ausgleichsanspruch zu beschränken, so dass sie gegen den Unabdingbarkeitsgrundsatz des § 89b Abs. 4 S. 1 verstößt[6].

88 **Im Tankstellenbereich** hat der BGH ferner die Abgrenzung zwischen Akquisitionsvergütung und Verwaltungsprovision in den letzen Jahren wiederholt zugunsten des Tankstellenhalters vorgenommen und das **Offenhalten einer**

---

1 BGH v. 25.10.1984 – I ZR 104/82, NJW 1985, 859.
2 LG Bielefeld v. 17.2.1971 – 11 O 243/70, BB 1972, 195.
3 St. Rspr.; BGH v. 28.4.1999 – VIII ZR 354/97, BB 1999, 1399; BGH v. 10.12.1997 – VIII ZR 329/96, WM 1998, 725; BGH v. 4.6.1975 – I ZR 130/73, WM 1975, 931; OLG Hamburg v. 20.12.1979 – 10 U 23/79, DB 1980, 972.
4 St. Rspr., BGH v. 10.12.1997 – VIII ZR 329/96, WM 1998, 725; BGH v. 4.5.1959 – II ZR 81/57, BGHZ 30, 98.
5 OLG Celle v. 22.4.1988 – 11 U 134/87, HVR Nr. 635.
6 BGH v. 10.7.2002 – VIII ZR 58/00, BB 2002, 2151; OLG Hamm v. 2.9.1999 – 4 U 26/99, n.v. m. Anm. *Evers*, EWiR 1999, 1127.

Tankstelle, die **Lagerhaltung und Auslieferung** und auch das **Inkasso** als werbende und damit **ausgleichspflichtige Tätigkeit** angesehen[1].

Ist auf diese Weise ein für die Ermittlung der Provisionsverluste maßgeblicher **Basisbetrag** ermittelt worden[2], muss die **Prognose** im Hinblick **auf einen** überschaubaren und in seiner Entwicklung **abschätzbaren Zeitraum** erstreckt werden[3]. Je nach den **Umständen des Einzelfalles** kann die Verlustprognose über einen Zeitraum von etwa drei bis **fünf Jahren** erstreckt werden[4]. In Ausnahmefällen sind aber auch längere Verlustprognosen anerkannt worden, so beim Bezirksstellenleiter eines Toto- und Lottobetriebes ein zwanzigjähriger Prognosezeitraum[5] und bei langlebigen Wirtschaftsgütern Zeiträume von acht[6] und zwölf[7] Jahren. Stets muss allerdings berücksichtigt werden, dass derart lange Prognosezeiträume ganz außergewöhnlich feste Geschäftsverbindungen voraussetzen. Drohen Einbrüche der Konkurrenz oder haben sich schon in der Vergangenheit die Kundenbeziehungen als anfällig dargestellt, kann eine so lange Prognosedauer nicht in Betracht kommen[8].

89

Im Rahmen der Verlustprognose ist ein möglichst **wirklichkeitsnahes Bild der zukünftigen Geschäftsentwicklung** zu ermitteln. Deshalb muss, wenn sich dafür aus der Zeit vor der Vertragsbeendigung Anhaltspunkte ergeben, auch eine Abwanderungsquote in Ansatz gebracht werden, wobei allerdings keineswegs pauschal vorgegangen werden darf[9], sondern für jeden Einzelfall aus der bisherigen Entwicklung der Kundenbeziehungen abgeleitet werden. Wenn sich z.B. schon vor der Vertragsbeendigung die Umsätze mit neu geworbenen Kunden in dem einen oder anderen Falle rückläufig entwickelten – was freilich eine Umsatzsteigerung im Hinblick auf den gesamten Bezirk keineswegs zwangsläufig ausschließt – so ist zu vermuten, dass dies auch nach Vertragsbeendigung geschieht, so dass entsprechende Abschläge bei der Prüfung der mutmaßlichen nachvertraglichen Entwicklung der neuen Geschäftsverbindungen nahe liegen. Allerdings ist diese Abwanderungsquote nicht nach der Zahl der Kunden, sondern im Hinblick auf die Umsatzschwankungen zu ermitteln.

90

---

1 BGH v. 6.8.1997 – VIII ZR 150/96 (BP I), NJW 1998, 66; BGH v. 6.8.1997 – VIII ZR 92/96 (BP II), NJW 1998, 71 und BGH v. 10.7.2002 – VIII ZR 158/01, NJW-RR 2002, 1548; vgl. dazu auch *Thume*, BB 1999, 2309, 2311 sowie *Emde*, VersR 2001, 148, 162.
2 Zur Darlegungs- und Beweislast des Handelsvertreters BGH v. 28.4.1988 – I ZR 66/87, NJW-RR 1988, 1061.
3 St. Rspr.; BGH v. 28.6.1973 – VII ZR 3/71, BGHZ 61, 112.
4 Zur Prognosedauer: BGH v. 3.6.1971 – VII ZR 23/70, BGHZ 56, 242; BGH v. 28.6.1973 – VII ZR 3/71, BGHZ 61, 112; OLG Köln v. 29.4.1968 – 13 U 74/67, VersR 1968, 966; OLG Frankfurt v. 8.12.1970 – 5 U 94/70, HVR Nr. 428.
5 BGH v. 4.6.1975 – I ZR 130/73, WM 1975, 931.
6 OLG Bamberg v. 24.10.1983 – 4 U 186/82, n.v. (Vertrieb von Backöfen).
7 BGH v. 31.1.1991 – I ZR 142/98, BB 1991, 1210 (Gabelstapler).
8 Einzelheiten dazu bei *Küstner* in Küstner/Thume II, Kap. VII, Rn. 52 ff. und 82 ff.
9 Näheres zur Abwanderungsquote siehe *Küstner* in Küstner/Thume II, Kap. VII, Rn. 72 ff.; vgl. dazu BGH v. 15.9.1999 – VIII ZR 137/98, NJW-RR 2000, 109.

91 Ist unter Zugrundelegung eines angemessenen Prognosezeitraums der Provisionsverlust insgesamt ermittelt worden, muss dieser noch einer **Abzinsung** unterworfen werden, weil er auf fiktiven Provisionseinnahmen beruht, die dem Handelsvertreter nach der Vertragsbeendigung bei unterstellter Vertragsfortsetzung innerhalb des Prognosezeitraums zugeflossen wären, während andererseits der Ausgleich bereits mit der Vertragsbeendigung als Kapitalzahlung fällig wird. Deshalb stellt der Ausgleichsanspruch (vgl. oben Rn. 5) im Grunde nur eine Kapitalisierung der aus hergestellten neuen Geschäftsverbindungen bei einer Vertragsfortsetzung noch anfallenden Vermittlungs- bzw. Abschlussprovision dar[1]. Nach Auffassung des BGH entfällt diese Abzinsung auch nicht etwa dann, wenn sich der Zufluss des Ausgleichs infolge eines durch mehrere Instanzen geführten Prozesses jahrelang verzögert, weil der Nachteil des verzögerten Zuflusses dadurch ausgeglichen werde, dass dem Handelsvertreter aufgrund des Zahlungsverzugs des Unternehmers ein Zinsanspruch zustehe[2].

92 Der so ermittelte Provisionsverlust wird im Allgemeine als „**Rohausgleich**" bezeichnet, der noch nach Billigkeitsgesichtspunkten zu überprüfen und ggf. zu korrigieren ist (siehe unten Rn. 94 ff.[3]. Dieser mindert sich nicht dadurch, dass der Handelsvertreter infolge der Vertragsbeendigung (möglicherweise) **Kosten einspart**. Eine solche Verlustminderung könnte – allein unter Billigkeitsgesichtspunkten – nur dann in Betracht kommen, wenn die Provisionen des Handelsvertreters schon während des noch laufenden Vertrages in außergewöhnlich großem Umfang durch Kosten belastet waren, wobei aber nur solche Kostenbelastungen Berücksichtigung finden können, die sich auf die dem Handelsvertreter zugeflossenen Vermittlungs- bzw. Abschlussprovisionen bezogen. Kosten, die sich aus einer dem Handelsvertreter übertragenen Verwaltungstätigkeit ergaben, müssen in diesem Zusammenhang außer Betracht bleiben[4], weil Verwaltungsvergütungen im Rahmen der Verlustermittlung ohnehin nicht berücksichtigt werden dürfen (vgl. oben Rn. 87).

93 Besonders problematisch ist die Ermittlung von Provisionsverlusten dann, wenn der Vertrieb nach dem sog. **Rotationsprinzip** organisiert ist. Dieses Prinzip besagt, dass der vom Handelsvertreter zu bearbeitende Bezirk vereinbarungsgemäß einem ständigen Wechsel unterworfen ist. Hat der Handelsvertreter eine Geschäftsverbindung zu einem neuen Kunden hergestellt, kann er diesen wegen des Bezirkswechsels im Hinblick auf Folgegeschäfte nicht nutzen. Gleichwohl wäre es unbillig, wenn die Anspruchsvoraussetzung des Provisionsverlustes allein wegen des praktizierten Rotationsprin-

---

1 St. Rspr.; BGH v. 28.4.1988 – ZR 66/87, NJW-RR 1988, 1061.
2 BGH v. 8.11.1990 – I ZR 269/88, BB 1991, 368. Zum Abzinsungssatz *Baumbach/Hopt*, § 89b Rn. 48.
3 Berechnungsbeispiele siehe bei *Küstner/Thume* II, Kap. XIX und Kommentierung der „Grundsätze" Kap. XX; *Martinek*, FS Gerhard Lüke, 1997, S. 409, 413 ff.; *Abrahamczik*, Der Handelsvertretervertrag, 2. Aufl. 1999, S. 73–78; *Westphal*, Vertriebsrecht, Band 1, Handelsvertreter, S. 304 ff. (für Warenvertreter).
4 St. Rspr.; BGH v. 3.6.1971 – VII ZR 23/70, BGHZ 56, 242; *Küstner*, BB 1962, 432; *Küstner*, NJW 1969, 769, sowie *Küstner* II, Rn. 942.

zips entfallen würde und der Handelsvertreter keinen Ausgleichsanspruch geltend machen könnte. Der BGH[1] hat diese Problematik durch eine Fiktion zugunsten des Handelsvertreters in der Weise gelöst, dass der Kläger nach der Beendigung des Vertragsverhältnisses diejenigen Bereiche, die er im letzten Jahr seiner Tätigkeit betreut habe, weiter betreuen würde. Bei Anwendung dieser Fiktion seien die in diesem Zeitraum geworbenen Kunden als vom Kläger neu geworbene Kunden i.S.d. § 89b Abs. 1 S. 1 Nr. 2 anzusehen. Für eine solche Berechnungsweise spreche, dass das Vertragsgefüge für die Vergangenheit erhalten bleibe. Die „Abänderung" des fingierten Vertragsverhältnisses für die Zukunft sei unter Berücksichtigung der Billigkeit des Ausgleichsanspruchs hinzunehmen. Sie lasse sich sowohl mit der hypothetischen Formulierung des § 89b Abs. 1 S. 1 Nr. 2 als auch mit dem Umstand in Einklang bringen, dass der Ausgleichsanspruch erst mit der Beendigung des Handelsvertretervertrages entstehe. Mit dieser, den besonderen Verhältnissen im Rotationssystem Rechnung tragenden modifizierten Berechnungsweise hat der BGH den Interessen des Handelsvertreters zumindest teilweise Rechnung getragen, ohne gleichzeitig im System selbst einen Verstoß gegen den Unabdingbarkeitsgrundsatz zu sehen.

c) Billigkeitsgrundsatz

§ 89b Abs. 1 S. 1 Nr. 3 enthält als weitere Voraussetzung des Anspruchs, dass seine **Zahlung unter Berücksichtigung aller Umstände der Billigkeit** entspricht. Diese Anspruchsvoraussetzung muss neben den Unternehmervorteilen und den Provisionsverlusten erfüllt sein. Beim Warenvertreter ist zu beachten, dass die Provisionsverluste als ein besonderes Kriterium im Rahmen der Billigkeit berücksichtigt werden können. 94

Das kann im Einzelfall durchaus bedeutsam werden, nämlich dann, wenn der Handelsvertreter gemäß den Vereinbarungen der Parteien für die von ihm geworbenen Kunden jeweils nur eine Einmalprovision erhalten hatte, wie z.B. beim Vertrieb von periodischen Produkten, etwa Zeitschriften. Es stehen ihm später für diese Kunden keine Provisionen mehr zu, gleichwohl ob der Vertrag fortgesetzt oder beendet wird. Bei Vertragsende entstehen also auch keine Provisionsverluste mehr. Dennoch hat der Unternehmer womöglich noch über lange Zeiträume Vorteile von der vom Handelsvertreter akquirierten Geschäftsverbindung. Dann wäre es unbillig, dem Handelsvertreter unter Berufung auf das Fehlen der Provisionsverluste den Ausgleich zu verweigern. 95

Für die Zahlung eines Ausgleichs reicht es jedoch nicht aus, wenn allein auf die Frage der Billigkeit abgestellt und die weiteren Anspruchsvoraussetzungen vernachlässigt werden. Es ist daher unrichtig, zunächst nur die Höchst- 96

---

1 BGH v. 28.4.1999 – VIII ZR 354/97, BB 1999, 1399 mit Anm. *Emde*, EWiR 1999, 653; vgl. dazu auch das frühere Urteil des BGH v. 25.10.1984 – I ZR 104/82, VersR 1985, 178. Vgl. *Küstner/Thume* II, Kap. VII, Rn. 106 ff.; VIII, Rn. 28 und XIII, Rn. 22 ff. kritisch zur früheren und neueren Rechtsprechung. Vgl. auch *Thume*, BB 1999, 2309, 2313 zu II 6b; *Schaefer*, NJW 2000, 320 und *Emde*, EWiR 1999, 653.

grenze nach § 89b Abs. 3 zu ermitteln und dann Abzüge aus Billigkeitsgründen vornehmen zu wollen. Vielmehr sind § 89b Abs. 1 S. 1 Nr. 1 und 2 grundsätzlich zuerst zu prüfen und erst dann ist das Resultat nach § 89b Abs. 1 S. 1 Nr. 3 erneut zu betrachten und ggf. zu korrigieren[1]. Mit der Billigkeitsvoraussetzung soll verhindert werden, dass trotz besonderer Umstände dem Handelsvertreter ein unangemessen niedriger oder ein unangemessen hoher Ausgleich zufließt. Nach h.M. darf sich jedoch allein aus Billigkeitserwägungen keine Erhöhung des Ausgleichsanspruchs über den Betrag der festgestellten Unternehmervorteile und Provisionsverluste hinaus hergeleitet werden. Der Billigkeitsgrundsatz könne sich trotz vorliegender ausgleichsmindernder Gesichtspunkte nur dann zugunsten des Handelsvertreters auswirken, wenn er dazu diene, dass die ausgleichsmindernden Umstände mit ausgleichserhöhenden Umständen **gewissermaßen saldiert** werden[2]. Ob diese Auffassung im Warenvertreterbereich bei richtlinienkonformer Auslegung des gesamten § 89b Abs. 1 noch aufrecht zu erhalten ist, erscheint zweifelhaft. Mit der Billigkeitsvoraussetzung soll in jedem Fall sichergestellt werden, dass die Höhe des zu zahlenden Ausgleichs angemessen ist.

97 Im Rahmen der Billigkeitsprüfung müssen **alle Umstände** geprüft werden, die sich auf die Höhe des zu zahlenden Ausgleichs auswirken können. Unter dem Begriff „alle Umstände" sind indessen nur solche zu verstehen, die mit dem Vertragsverhältnis in einem engen Zusammenhang stehen. „Vertragsfremde" Umstände müssen daher unberücksichtigt bleiben. Diese enge Auslegung des Begriffs der Billigkeit lässt erneut erkennen, dass es sich beim Ausgleich um einen zusätzlichen Vergütungsanspruch des Handelsvertreters bzw. im Bereich der Versicherungswirtschaft um ein Provisionssurrogat handelt. Geht man von diesem Vergütungszweck des Ausgleichs aus, können für die Billigkeitsprüfung i.d.R. nur solche Umstände von Bedeutung sein, die mit den Vorteilen des Unternehmens und den im Rahmen der Billigkeitsprüfung zu prüfenden Verlusten des Handelsvertreters in Beziehung stehen, die sich mithin unmittelbar aus dem Vertragsverhältnis ergeben[3].

98 Bei der Billigkeitsprüfung ist im Regelfall zunächst zu prüfen **ob sich die Unternehmervorteile einerseits und die Provisionsverluste andererseits der Höhe nach decken**. Dabei unterstellt die Rechtsprechung, dass die Unternehmervorteile mindestens so hoch sind wie die Provisionsverluste des Handelsvertreters, soweit der Unternehmer nichts Gegenteiliges nachweist[4]. Ist das der Fall, sind die ggf. vorhandenen weiteren Billigkeitsgesichtspunkte im Hinblick auf den ermittelten Betrag in Ansatz zu bringen. Decken sich aber die Unternehmervorteile und die Provisionsverluste der Höhe nach nicht, sind die Billigkeitsgesichtspunkte nur auf den niedrigeren Betrag an-

---

1 St. Rspr., BGH v. 11.12.1996 – VIII ZR 22/96, NJW 1997, 655; BGH v. 15.10.1992 – I ZR 173/91, BB 1992, 2385; BGH v. 12.12.1985 – I ZR 62/83, WM 1986, 392; BGH v. 10.5.1984 – I ZR 36/82, NJW 1985, 58.
2 BGH v. 21.11.1960 – VII ZR 235/59, VersR 1961, 52.
3 Einzelheiten bei *Küstner*, FS Trinkner, 1995, S. 207 ff. und in BB 1994, 1590, 1592; *Thume* in Küstner/Thume II, Kap. IX, Rn. 1 ff.
4 Vgl. BGH v. 29.3.1990 – I ZR 2/89, NJW 1990, 2891.

zusetzen, weil ein Ausgleichsanspruch nur entstehen kann, wenn und soweit sämtliche Anspruchsvoraussetzungen nebeneinander in gleicher Höhe erfüllt sind.

Folgenden **Billigkeitsgesichtspunkte** haben in der Rechtssprechung besondere Bedeutung erlangt[1]: 99

Die **wirtschaftliche und soziale Lage der Parteien** kann in gewissem Umfang zu berücksichtigen sein, wenn dies neben anderen Umständen des Falles billig erscheint[2]. Entsprechendes gilt auch für die **persönlichen Verhältnisse** des Handelsvertreters, wie z.B. sein **Alter**, seinen **Gesundheitszustand**, seine **Erwerbsfähigkeit** und seine weiteren Erwerbsmöglichkeiten[3]. Auf die Höhe der **Provisionseinnahmen** kommt es jedoch i.d.R. im Rahmen der Billigkeitsprüfung nicht an; denn ein Handelsvertreter mit besonders hohen Einnahmen trägt meist auch ein entsprechend hohes Unternehmerrisiko; außerdem dürften regelmäßig auch den aus besonders hohen Einnahmen resultierenden besonders hohen Verlusten entsprechend hohe Vorteile des Unternehmers gegenüberstehen, so dass sich eine ausgleichsmindernde Berücksichtigung dieser Gesichtspunkte im Rahmen der Billigkeitsprüfung verbietet. In gleicher Weise kommt auch der **Dauer der Vertretertätigkeit** keine Billigkeitsbedeutung zu[4], zumal sich hier in der Praxis für jeden Gesichtspunkt eine Begründung finden lässt. 100

Die Zahlung eines **Fixums** oder einer Garantieprovision kann ausgleichsmindernd berücksichtigt werden, weil dadurch dem Handelsvertreter je nach dem Umfang und der Dauer der gezahlten Beträge das Unternehmerrisiko abgenommen wurde[5]. Festbezüge wirken sich allerdings dann nicht ausgleichsmindernd aus, wenn sie nur dazu dienen sollen, dem Handelsvertreter den Beginn seiner Tätigkeit bzw. den Weg in die Selbständigkeit zu erleichtern[6]. 101

Ein **vertragswidriges Verhalten des Handelsvertreters**, insbesondere **unzulässige Konkurrenztätigkeit** kann sich nicht nur ausgleichsmindernd, sondern unter Billigkeitsgesichtspunkten sogar ausgleichsausschließend auswirken[7]. 102

Kosteneinsparungen, die sich für den Handelsvertreter infolge der Vertragsbeendigung ergeben, können ausgleichsmindernd in Ansatz gebracht werden, wenn es sich schon während des Vertragsverhältnisses um außerge- 103

---

1 Ausführliche Zusammenstellung bei *Thume* in Küstner/Thume II, Kap. IX, Rn. 23 ff. und 35 ff.
2 BGH v. 15.2.1965 – VII ZR 194/63, BGHZ 43, 154.
3 BGH v. 31.5.1965 – VII ZR 279/63, n.v.
4 BGH v. 19.11.1970 – VII ZR 47/69, BGHZ 55, 35; BGH v. 11.12.1996 – VIII ZR 22/96, NJW 1997, 655; siehe auch LG Freiburg v. 28.5.1999 – 12 O 140/98, NJW-RR 2000, 110 (Ausgleich nach dreimonatiger Tätigkeit bei Übertragung eines beträchtlichen Kundenstamms).
5 BGH v. 14.11.1966 – VII ZR 112/64, NJW 1967, 248; ebenso LG Stuttgart v. 28.1.2000 – 21 O 425/99, VersR 2000, 972.
6 KG v. 11.1.1988 – 2 U 3718/87, BB 1988, 582.
7 BGH v. 17.10.1984 – I ZR 95/82, VersR 1985, 246.

wöhnlich hohe Kosten gehandelt hat, so dass sich infolge der Vertragsbeendigung besonders hohe Einsparungen ergeben[1]. Kommt aber mit Rücksicht auf die außergewöhnliche Höhe der ersparten Kosten eine Ausgleichsminderung unter Billigkeitsgesichtspunkten in Betracht, lässt sich gleichwohl eine Ausgleichsminderung nur im Hinblick auf diejenigen ersparten Kosten rechtfertigen, die den Normalsatz überschreiten. Ist z.B. ein Kostensatz von 50 % im Verhältnis zu den Provisionseinnahmen als üblich anzusehen, waren aber die dem Handelsvertreter zugeflossen Provisionen mit Kosten in Höhe von 75 % belastet, kann sich nur ein Drittel der entstandenen Kosten auf die Höhe des Ausgleichs auswirken[2]. Sogar dann, wenn – insbesondere in den ersten Tätigkeitsjahren des Handelsvertreters – die Kosten die Provisionseinnahmen überschreiten, rechtfertigt dies nicht die Abweisung jeglichen Ausgleichsanspruchs[3]. Der BGH begründet diese Auffassung mit der Überlegung, dass es ungerechtfertigt sei, den Unternehmer nur deshalb um den Wegfall der Ausgleichsverpflichtung besser zu stellen, weil der Handelsvertreter keinen **Reinverdienst** erzielt habe.

104 **Unterstützende Werbemaßnahmen** des Unternehmens, die die Vermittlungstätigkeit des Handelsvertreters erleichtern, können sich dann ausgleichsmindernd auswirken, wenn nicht schon die Provision des Handelsvertreters mit Rücksicht auf diese Maßnahmen des Unternehmers entsprechend geringer festgesetzt wurde[4]. Dieser Gedanke ist auch bei den Überlegungen zur **Sogwirkung der Marke** von Bedeutung, die in der Rechtsprechung, namentlich beim Pkw-Vertrieb – je nach dem Bekanntheitsgrad der Marke –, wiederholt zu Abzügen zwischen 10 und 25 % geführt hat[5]. Im Tankstellenbereich hat der BGH den vom Berufungsgericht in Ansatz gebrachten Billigkeitsabschlag von 10 % wegen positiven Einflusses der Marke auf den Kaufentschluss des Kunden gebilligt und dabei darauf hingewiesen, dass gerade die Abwägung der „Sogwirkung einer Marke" im Rahmen der Billigkeitsprüfung zum Kernbereich des richterlichen Schätzungsermessens gehört und daher vom Revisionsgericht nur in beschränktem Umfang nachprüfbar ist[6]. Bei der Prüfung, ob die Sogwirkung nach Billigkeitsgesichtspunkten zu einer Minderung des Ausgleichsanspruches führen kann, muss jedoch auch bedacht werden, ob deshalb nicht schon die Provision des Tankstellenpächters vertraglich geringer vereinbart ist als bei anderen Marken. Ferner ist die Dauer des Vertretervertrages von Bedeutung. Bei langjährigen Verträgen hat der Vertreter womöglich selbst mit zur Bedeutung der Marke beigetragen.

---

1 St. Rspr.; BGH v. 12.2.2003 – VIII ZR 130/01, VersR 2003, 1530; BGH v. 6.2.1964 – VII ZR 100/62, BGHZ 41, 129.
2 OLG Celle v. 25.1.1968 – 7 U 146/67, NJW 1968, 1141.
3 BGH v. 27.10.1960 – II ZR 1/59, NJW 1961, 120.
4 BGH v. 15.12.1978 – I ZR 59/77, BGHZ 73, 99.
5 BGH v. 14.4.1983 – I ZR 37/81, NJW 1983, 2877; BGH v. 2.7.1987 – I ZR 188/85, WM 1987, 1462; BGH v. 6.3.1993 – VIII ZR 172/92, WM 1994, 243; BGH v. 5.6.1996 – VIII ZR 7/95, NJW 1996, 2302; BGH v. 26.2.1997 – VII ZR 272/95, BB 1997, 582.
6 BGH v. 10.7.2002 – VIII ZR 58/00, BB 2002, 2151. Auch ein außergewöhnlich niedriger Preis des Kraftstoffes kann eine solche Sogwirkung herbeiführen, so BGH v. 12.9.2007 – VIII ZR 194/06, BB 2007, 2475.

Mangelhafte Vermittlungserfolge des Handelsvertreters können nur sich ausgleichsmindernd auswirken, wenn diese vom Handelsvertreter zu vertreten sind[1]. Auch ein während des Vertrages eingetretener **Umsatzrückgang** bei Altkunden ist im Rahmen der Billigkeitsprüfung nur von Bedeutung, wenn er auf einer **Vernachlässigung** des Altkundenstammes durch den Handelsvertreter und nicht auf anderen Gründen beruht[2]. Der Verlust von Neukunden während des Vertrages ist wirkt sich ohnehin bereits bei der Berechnung des Rohausgleichs mindernd aus. 105

Da es sich beim Ausgleichsanspruch seiner Rechtsnatur nach um einen zusätzlichen Vergütungsanspruch des Handelsvertreters handelt (vgl. oben Rn. 5, Rn. 9), kann es sich unter Billigkeitsgesichtspunkten nicht ausgleichsmindernd auswirken, dass der Unternehmer verpflichtet ist, dem Vertreternachfolger solche nach der Vertragsbeendigung zustande kommenden Geschäfte zu verprovisionieren, die schon ausgleichsrechtlich zugunsten des ausgeschiedenen Handelsvertreters zu erfassen waren[3]. 106

Besonders günstige Vertragsbedingungen können sich unter Billigkeitsgesichtspunkten ausgleichsmindernd auswirken[4]. Die **Ablehnung einer** dem Handelsvertreter mit Änderungskündigung des Unternehmers angetragenen **Vertragsänderung** muss jedoch für die Höhe des Ausgleichs unter Billigkeitsgesichtspunkten außer Betracht bleiben[5]. 107

Von **erheblicher praktischer Bedeutung** ist schließlich der Einfluss einer vom Unternehmer finanzierten **Altersversorgung des Handelsvertreters** und ggf. seiner Hinterbliebenen. Der BGH hat im Jahre 1966 erstmals festgestellt, es entspreche im Regelfall nicht der Billigkeit, wenn der Unternehmer sowohl zur Zahlung eines ungekürzten Ausgleichs als auch zur Erbringung der zugesagten Versorgungsleistungen verpflichtet werde. Deshalb könne der Kapitalwert der Altersversorgung im Einzelfall die Entstehung des Ausgleichs insoweit hindern, als er der Höhe des Ausgleichs entspreche. Der BGH begründet seine Billigkeitsüberlegungen damit, dass zwischen dem Ausgleichsanspruch und einem Anspruch auf Altersversorgung eine „funktionelle Verwandtschaft" bestehe und dass, würde man die Billigkeitsgesichtspunkte außer Betracht lassen, eine nicht zu rechtfertigende **Doppelbelastung** des Unternehmers eintrete[6]. Dementsprechend vertritt – umgekehrt – auch *Canaris* die Auffassung, es entspreche keineswegs der Billigkeit, wenn anderenfalls der Handelsvertreter gewissermaßen „doppelt kassieren" könnte[7]. 108

Diese Rechtsprechung setzte der BGH in den folgenden Jahren fort und zwar **auch bei einer Fälligkeitsdifferenz** zwischen Vertragsbeendigung und Beginn 109

---

1 OLG Karlsruhe v. 11.4.1957 – 5 U 97/56, HVR Nr. 132.
2 OLG Schleswig v. 1.11.1957 – 5 U 86/57, BB 1958, 246.
3 BGH v. 15.10.1964 – VII ZR 150/62, BGHZ 42, 244.
4 BGH v. 1.10.1970 – VII ZR 171/68, WM 1970, 1513.
5 OLG Nürnberg v. 3.11.1982 – 4 U 275/81, HVR Nr. 571.
6 BGH v. 23.5.1966 – VII ZR 268/64, BGHZ 45, 268.
7 *Canaris*, HR, § 15 Rn. 112; vgl. auch *Graf v. Westphalen*, DB 2000, 2555.

der Rentenzahlung von mehr als 20 Jahren[1]. Im Jahre 2002 erklärte er eine Anrechnungsklausel in einem Formularvertrag, die die Anrechnung der Altersversorgung zwingend vorschrieb, wegen Verstoßes gegen § 89b Abs. 1 S. 1 Nr. 3 und Abs. 4 für unwirksam, weil damit weitere zwingend vorgeschriebene Billigkeitserwägungen ausgeschlossen würden[2]. Am gleichen Tage ließ er jedoch einen vom Berufungsgericht im Einzelstreitfall nach Abwägung aller wesentlichen Umstände gebilligten Abzug des Barwertes der Altersversorgung unbeanstandet, weil die Beurteilung keinen Rechtsfehler erkennen lasse. Er festigte die frühere Rechtsprechung, wonach wegen der „funktionellen Verwandtschaft zwischen Ausgleichsanspruch und Altersversorgung" der Barwert einer vom Unternehmer finanzierten Altersversorgung grundsätzlich auf den Ausgleichsanspruch angerechnet werden könne und dass dies auch bei einer Fälligkeitsdifferenz zwischen Ausgleich einerseits und Alterversorgungsbeginn andererseits den Abzug des Barwertes rechtfertige. Dabei kommt es nach Auffassung des BGH nicht auf die rechtliche Wirksamkeit der vereinbarten Vertragsklausel an. Vielmehr hätten die Parteien durch ihr Einverständnis mit einer solchen Regelung zum Ausdruck gebracht, was die für der Billigkeit entsprechend erachteten. Diesen Umstand habe das Berufungsgericht zum Nachteil des Versicherungsvertreters berücksichtigen dürfen, obwohl dieser bei Vertragsbeendigung erst 43 Jahre alt gewesen war. Zutreffend – so der BGH – habe das Berufungsgericht darauf hingewiesen, dass mit ansteigender Fälligkeitsdifferenz der zu berücksichtigende Rentenbarwert sich verringere und damit der Ausgleichsbetrag auch entsprechend weniger gekürzt werde. So verbleibe dem Kläger im vorliegenden Fall mehr als die Hälfte des rechnerisch ermittelten Ausgleichsbetrages und damit ein absolut und relativ hoher Betrag[3]. Etwaige Steuervergünstigungen des Unternehmers bei der Rentenfinanzierung fallen nach der Rechtsprechung bei den Billigkeitserwägungen nicht ins Gewicht[4]. Auch der Einwand, der Vertreter erhalte „niedrigere" Provisionen als ein Versicherungsmakler, ist nicht von Bedeutung, weil diese Personengruppen nicht vergleichbar sind[5]. Die Rechtsprechung des BGH hat in den letzten Jahren zu erheblichen kontroversen Stellungnahmen in der Literatur geführt[6].

---

1 BGH v. 17.11.1983 – I ZR 139/81, DB 1984, 556 (24 Jahre Fälligkeitsdifferenz); anders BGH v. 23.2.1994 – VIII ZR 94/93, NJW 1994, 1315 (Fälligkeitsdifferenz von 21 Jahren, die Parteien hatten aber eine Anrechnungsklausel vereinbart).
2 BGH v. 20.11.2002 – VIII ZR 146/01, WM 2003, 887.
3 BGH v. 20.11.2002 – VIII ZR 211/01, WM 2003, 691; zur Wirksamkeit der Anrechnung bei Fälligkeitsdifferenz von 11 Jahren siehe auch OLG München v. 16.11.2006 – 23 U 2539/06, OLGReport Volltext.
4 BGH v. 23.5.1966 – VII ZR 268/64, BGHZ 45, 268; OLG München v. 30.6.2005 – 23 U 2382/05, VersR 2006, 1122 (rkr.; der BGH hat die Nichtzulassungsbeschwerde mit Beschluss v. 30.5.2006 – VIII ZR 201/05 zurückgewiesen).
5 OLG München v. 30.6.2005 – 23 U 2382/05, VersR 2006, 1122 (rkr.; der BGH hat die Nichtzulassungsbeschwerde mit Beschluss v. 30.5.2006 – VIII ZR 201/05 zurückgewiesen).
6 Zur Kontroverse und zur Gesamtproblematik siehe ausführlich schon *Küstner*, BB 1999, 541, 548 und in Küstner/Thume II, Kap. X, Rn. 1 ff.; *Küstner*, VersR 2001, 58; VersR 2004, 157 ff. und 977; *Graf v. Westphalen*, NJW 2003, 1988 und DB 2003, 23

Eine Vertragsklausel mit dem Inhalt, dass der Vertreter bei Geltendmachung 110
des Ausgleichsanspruches auf eine Altersversorgung in Form eines Treugeldes verzichtete, hat der BGH als wirksam angesehen, weil dadurch der Ausgleich selbst unberührt bleibt und lediglich die Altersversorgung bei Inanspruchnahme entfiele[1].

VII. Höchstgrenze des Ausgleichsanspruchs

§ 89b Abs. 2 enthält für die Warenvertreter und für die Vertreter im Dienst- 111
leistungs- und Werkvertragsbereich eine Höchstgrenze des Ausgleichsanspruches, die sich auf **eine durchschnittliche Jahresprovision** oder sonstige Vergütung beläuft. Für die Versicherungs- und Bausparkassenvertreter beträgt die Höchstgrenze nach § 89b Abs. 5 S. 3 drei Jahresprovisionen oder Jahresvergütungen.

Diese Obergrenze greift jedoch erst ein, wenn der Ausgleichsanspruch nach 112
§ 89b Abs. 1 S. 1 Nr. 1–3 höher wäre, ist also keine Berechnungsgrundlage, sondern eine reine Kappungsgrenze (s. dazu oben Rn. 45 f.).

Deshalb ist auch für Billigkeitserwägungen im Rahmen des § 89b Abs. 2 113
kein Raum mehr. Vielmehr ist die Billigkeitsprüfung allein an das Ergebnis der Vorteils- und Verlustrechnung nach § 89b Abs. 1 S. 1 Nr. 1 und 2 anzuschließen. Dagegen hat sie nicht den Sinn, den nach § 89b Abs. 2 ermittelten Höchstbetrag mehr oder weniger herabzusetzen[2].

Diese **Höchstgrenze** stellt für die Berechnung des Ausgleichs keine Bemes- 114
sungsgrundlage dar; ihr kommt vielmehr lediglich Begrenzungsfunktion zu, mit der verhindert werden soll, dass dem Handelsvertreter ein noch höherer Ausgleich zufließt. Ist dies aufgrund der Prüfung der Anspruchsvoraussetzungen nach § 89b Abs. 1 rein rechnerisch der Fall, ist der Ausgleich auf den Betrag der Höchstgrenze zu reduzieren. Sind die Anspruchsvoraussetzungen nur in geringem Umfang erfüllt (weil z.B. der Handelsvertreter nur wenige neue Kunden geworben hat) und wird deshalb das durch die Höchstgrenze vorgegebene Ausgleichsvolumen nicht ausgefüllt, verliert die Höchstgrenze an Bedeutung, weil nichts zu begrenzen ist; in diesem Falle ist der geschuldete Ausgleich mit dem ermittelten Rohausgleich identisch.

Die in § 89b Abs. 2 enthaltene Höchstgrenze beträgt eine **durchschnittliche** 115
Jahresprovision oder sonstige Vergütung, berechnet aus den Provisionszuflüssen der letzten fünf Vertragsjahre. Bestand das Vertragsverhältnis insgesamt weniger als fünf Jahre, ist die maßgebliche durchschnittliche Jahresprovision entsprechend umzurechnen, d.h. es sind die durchschnittlichen

---

19; *Löwe/Schneider*, ZIP 2003, 1129; *Löwe/Schneider*, VersR 2004, 1518; *Emde*, VersR 2004, 513; *Evers/Kiehne*, DB 2002, 1309 und *Thume*, BB 2002, 1325.
1 BGH v. 21.5.2003 – VIII ZR 57/02, WM 2003, 2110.
2 BGH v. 25.11.1998 – VIII ZR 121/97, DB 1999, 216; BGH v. 15.10.1992 – I ZR 173/91, WM 1993, 392 und BGH v. 19.11.1970 – VII ZR 47/69, BB 1971, 105.

monatlichen Provisionszuflüsse während der gesamten Vertragsdauer zu ermitteln und anschließend mit zwölf zu multiplizieren.

116 Bei einer **Vertragsdauer von weniger als einem Jahr** ist umstritten, ob sich die Höchstgrenze auf den gesamten während der Vertragsdauer zugeflossenen Provisionsbetrag beschränkt oder ob dieser Betrag, der beispielsweise in sechsmonatiger Tätigkeit entstanden ist, wiederum auf ein Jahr hochgerechnet, also verdoppelt werden muss. Der zweiten Alternative folgt die herrschende Meinung[1]. Nach Auffassung einer Mindermeinung sind dagegen lediglich die tatsächlich während der kürzeren Vertragsdauer entstandenen Provisionen maßgeblich[2], weil nach dem Wortlaut des Gesetzes bei einer Tätigkeit von weniger als fünf Jahren ausdrücklich der Durchschnitt – nicht jedoch der Jahresdurchschnitt – maßgeblich ist.

117 Zur **Ermittlung** der Ausgleichshöchstgrenze sind **sämtliche** im Laufe des maßgeblichen Bezugszeitraums als Leistungsvergütung entstandenen **Provisionen oder sonstigen Vergütungen** zu berücksichtigen.
Die entsprechende Passage in Art. 17 Abs. 2 lit. b der Richtlinie hat dagegen folgenden Wortlaut:

118 „Der Ausgleich darf einen Betrag nicht überschreiten, der einem jährlichen Ausgleich entspricht, der aus dem Jahresdurchschnittsbetrag der Vergütungen, die der Handelsvertreter während der letzten fünf Jahre erhalten hat, errechnet wird; ..."

119 Der deutsche Wortlaut stellt also – wie auch der französische Text – auf den tatsächlichen Empfang der Vergütung ab, während der englische Text sich insoweit nicht genau festlegt[3]. Es wäre jedoch ungerecht, den Höchstbetrag nur an den tatsächlich gezahlten Vergütungen zu messen, denn dann wäre jener Unternehmer bevorzugt, der Zahlungen vertragswidrig verweigert oder zurückbehalten hat. Deshalb sind alle geschuldeten Provisionen und Vergütungen in die Berechnung einzubeziehen, auch wenn sie nicht bezahlt wurden, verjährt, einredebehaftet und noch nicht fällig sind.

120 Anders als bei der Ermittlung der Provisionsverluste gem. § 89b Abs. 1 S. 1 Nr. 2 werden in den Höchstbetrag nicht nur die Vermittlungs-, Abschlussprovisionen, sondern auch Verwaltungsprovisionen und alle anderen Vergütungen einbezogen, also insbes. auch jene, die sich auf Geschäfte mit übernommenen Altkunden oder selbst geworbenen neuen Kunden beziehen.

121 Ferner sind auch die dem Grunde nach bereits verdienten, aber erst nach Vertragsbeendigung fällig gewordenen **Überhangprovisionen**[4] mit zu berücksichtigen. Würde man derartige Überhangprovisionen außer Betracht lassen, würde jedenfalls bei kurzer Vertragsdauer und einem branchenbedingt gro-

---

1 *Baumbach/Hopt*, § 89b Rn. 49; *Schlegelberger/Schröder*, § 89b Rn. 24; *Heymann/Sonnenschein/Weitemeyer*, § 89b Rn. 75; *Ebenroth/Boujong/Joost/Westphal*, § 89b Rn. 131; MünchKommHGB/*v. Hoyningen-Huene*, § 89b Rn. 143.
2 *Küstner* in Küstner/Thume II, Kap. XII, Rn. 4; *Staub/Brüggemann*, § 89b Rn. 89.
3 Vgl. *Thume*, BB 2004, 2473, 2475.
4 BGH v. 23.10.1996 – VIII ZR 16/96, BB 1997, 59 mit Anm. *Seelhorst*, BB 1997, 2019; *Thume*, BB 1998, 1425, 1429 und *Küstner*, BB 1999, 541, 544.

ßen Anteil von Überhangprovisionen der Zweck des § 89b Abs. 2 verfehlt, der darin liegt, dass die Ausgleichshöhe sich nach der Höhe des vom Vertreter in seiner aktiven Zeit durch seine Tätigkeit verdienten Einkommens richten soll. Ferner sind beispielsweise auch **Regaldienstvergütungen** des Handelsvertreters bei der Ausgleichshöchstgrenze[1] – nicht aber bei der Ermittlung der Provisionsverluste im Zusammenhang mit der Billigkeitsprüfung – zu berücksichtigen. **Ausgenommen bleiben** lediglich **rein durchlaufende Posten**, wie etwa bezahlte Telefongebühren oder Mietkosten[2]. Der Höchstbetrag errechnet sich, wie auch der Rohausgleich, nach der **Bruttoprovision**, also einschließlich Mehrwertsteuer. So berechnet ist er ein Bruttoentgelt, in dem die Mehrwertsteuer enthalten ist; diese kann also nicht noch einmal aufgeschlagen werden[3].

Ist der Handelsvertreter im Innenverhältnis gegenüber einem echten **Untervertreter** verpflichtet, diesem einen Teil der ihm zugeflossenen Provisionszahlungen weiterzuleiten, berührt dies die für seinen Ausgleichsanspruch maßgebliche Höchstgrenze nicht, weil sich der Handelsvertreter der Dienste des Untervertreters zur Erfüllung eigener Verpflichtungen gegenüber dem Unternehmer bedient und sich daraus sein Provisionsanspruch im Hinblick auf den insgesamt vermittelten Umsatz herleitet. 122

Die Ausgleichshöchstgrenze wird auch **nicht durch ersparte Kosten** oder solche Provisionen gemindert, die dem Handelsvertreter zwar umsatzabhängig zugeflossen, aber als Kostenersatz bezeichnet worden waren[4]. Nur solche Beträge bleiben unberücksichtigt, die dem Handelsvertreter nicht als Leistungsvergütung zugeflossen waren, wie etwa durchlaufende Posten, die der Handelsvertreter als Lagermiete einem Spediteur weiterzuleiten hatte[5]. Ändert sich während des für die Ausgleichshöchstgrenze maßgeblichen Bezugszeitraums der Provisionssatz, gelten für die Ermittlung der Ausgleichshöchstgrenze keine Besonderheiten. Auch in diesem Fall ist die maßgebliche durchschnittliche Jahresprovision aus den insgesamt dem Handelsvertreter zugeflossenen oder dem Grunde nach bereits erworbenen Provisionen zu errechnen[6]. 123

VIII. Ausschluss des Ausgleichsanspruchs

§ 89b Abs. 3 enthält mehrere Ausschlusstatbestände. Die Bestimmung ist als Ausnahmevorschrift eng auszulegen und einer erweiternden Anwendung auf andere Tatbestände nicht zugänglich. Vielmehr stellt sie eine abschließende Regelung dar[7]. 124

---

1 OLG Celle v. 22.4.1988 – 11 U 134/87, HVR Nr. 635.
2 BGH v. 28.6.1973 – VII ZR 3/71, BGHZ 61, 112.
3 BGH v. 28.6.1973 – VII ZR 3/71, BGHZ 61, 112.
4 BGH v. 9.11.1970 – VII ZR 47/69, BGHZ 55, 45.
5 *Küstner* in Küstner/Thume II, Kap. XII, Rn. 50 ff.
6 A.A. OLG Karlsruhe v. 12.6.1984 – 8 U 30/84, Die Justiz, Amtsbl. des Justizministers Baden-Württemberg 1984, 340.
7 BGH v. 13.3.1969 – VII ZR 48/67, BGHZ 52, 12; zu Einzelheiten und den Auswirkungen vgl. *Küstner/Thume* II, Rn. 1314.

1. Eigenkündigung des Handelsvertreters (§ 89b Abs. 3 Nr. 1)

125 Nach § 89b Abs. 3 Nr. 1 besteht kein Anspruch auf Ausgleich, wenn der Handelsvertreter das Vertragsverhältnis gekündigt hat, es sei denn, dass ein Verhalten des Unternehmers hierzu begründeten Anlass gegeben hat oder dass ihm die Fortsetzung des Vertrages aus Krankheits- oder Altersgründen nicht zugemutet werden kann. Der 1. Hs. dieser Bestimmung lässt also bei einer Eigenkündigung des Handelsvertreters grundsätzlich den Ausgleichsanspruch entfallen. Ausnahmen von dieser Ausnahmeregelung sind in der 2. Hälfte der Nr. 1 enthalten. Der Gesetzgeber geht davon aus, dass ein Handelsvertreter keinen Ausgleichsanspruch bekommen soll, wenn er selbst die Beendigung des Vertrages durch einseitige Erklärung veranlasst hat. Da eine enge Auslegung geboten ist, entfällt der Ausgleichsanspruch nicht, wenn der Handelsvertreter den Vertrag nicht kündigt, sondern die Beendigung vorschlägt und diese dann auf seine Initiative hin zustande kommt[1]. Dieser Umstand kann jedoch bei der Ausgleichshöhe im Rahmen der Billigkeitserwägungen bedeutsam werden[2]. Ferner liegt keine Eigenkündigung des Handelsvertreters vor, wenn er bei einer Änderungskündigung des Unternehmers dessen Angebot zur Vertragsfortsetzung zu geänderten Bedingungen ablehnt. Auch hier sind die einzelnen Umstände im Rahmen der Billigkeitsprüfung abzuwägen[3].

126 In der **Literatur** sind **verfassungsrechtliche Bedenken** gegen den Wegfall des Ausgleichsanspruchs erhoben worden, wenn sich der Handelsvertreter auf die ausgleichswahrenden Tatbestände in § 89b Abs. 3 Nr. 1 bei einer selbst ausgesprochenen Kündigung nicht berufen kann[4]. Ihm werde durch den Wegfall des Ausgleichskapitals ein angestrebter Branchen- oder gar Berufswechsel erschwert; darüber hinaus spiele der Wegfall des Ausgleichsanspruchs gerade für die Zukunfts- und Alterssicherung des Handelsvertreters eine so große Rolle, dass sein Verlust „einen nicht mehr gutzumachenden Schaden anrichten" könne. Der Ausgleich sei oft der einzige wesentliche Vermögenswert, den der Handelsvertreter während seiner Tätigkeit erlange.

127 Diese Bedenken sind jedoch nicht berechtigt und werden von der Rechtsprechung und dem ganz überwiegenden Teil der Lehre zu Recht abgelehnt[5]. Bei § 89b Abs. 3 Nr. 1 handelt es um eine besondere Ausprägung des Billigkeits-

---

1 BGH v. 13.3.1969 – VII ZR 48/67, BGHZ 52, 12, 14.
2 So OLG Celle v. 18.4.2002 – 11 U 210/01, OLGR 2002, 262 (Abzug von ¾ des Rohausgleichs bei Ausscheiden des Handelsvertreters auf eigenen Wunsch und Antrieb); bedenklicher Sonderfall; siehe dazu *Thume* in Küstner/Thume I, Kap. IX, Rn. 46.
3 BGH v. 28.2.2007 – VIII ZR 30/06, BGHReport 2007, 767.
4 Verfassungswidrigkeit nehmen an: *Moritz*, DB 1987, 881; *Haas*, HVJ 1991, Heft 1/2, 14; *Haas*, BB 1991, 1441; *Haas*, BB 1992, 941.
5 BVerfG v. 22.8.1995 – 1BvR 1624/92, NJW 1996, 381; OLG Hamm v. 6.6.1991 – 18 U 114/90, NJW-RR 1992, 364; OLG Frankfurt v. 8.12.1970 – V U 94/70, HVR Nr. 428. *Brych* BB 1992, 8 f.; MünchKommHGB/v. *Hoyningen-Huene*, § 89b Rn 7; *Baumbach/Hopt*, § 89b Rn. 1; *Heymann/Sonnenschein/Weitemeyer*, § 89b Rn. 5; *Küstner*, ZAP 1999, 237, 257; *Saenger*, Der Ausgleichsanspruch des Handelsvertreters bei Eigenkündigung, DB 2000, 129; *Retzer*, BB 1993, 668; *Laber*, DB 1994, 1275.

grundsatzes, der ein wichtiges Element des Ausgleichsrechts darstellt und eine angemessene Abwägung der Interessen beider Parteien enthält. Deshalb ist im Einzelfall nicht die Frage der Billigkeit als solche prüfungsbedürftig, sondern nur die Frage, ob ein begründeter Anlass vorliegt oder nicht. Liegt er vor, entfällt die Wirkung der im Regelfall eingreifenden Ausschlussklausel. Fehlt jedoch ein begründeter Anlass, so entfällt die Ausgleichsberechtigung des Handelsvertreters, gleichgültig ob dies als billig empfunden wird oder nicht. Den Wegfall des Ausgleichs im Falle einer Eigenkündigung des Handelsvertreters bewertet der Gesetzgeber grundsätzlich als dem Billigkeitsgrundsatz entsprechend, sofern für die Vertragskündigung kein begründeter Anlass vorliegt. Deshalb gefährdet der Handelsvertreter seine Ausgleichsberechtigung nicht, wenn er aus Krankheits- oder Altergründen kündigt oder in einem Verhalten des Unternehmers, mag dies auch berechtigt sein, eine unzumutbare Beeinträchtigung seiner Interessen sieht und deswegen kündigt.

Die **Art der Kündigung** – fristgemäße oder fristlose – **und der Kündigungsgrund** sind ohne Bedeutung, es sei denn, die Ausnahmen des 2. Hs. wären gegeben. Die Kündigung des Handelvertreters muss Ursache der Vertragsbeendigung gewesen sein. Nicht erforderlich ist, dass der Vertrag anschließend tatsächlich durch die Kündigung beendet wird. Vielmehr besteht auch dann kein Ausgleichsanspruch, wenn im Anschluss an die Kündigung des Handelsvertreters die Parteien einen Aufhebungsvertrag schließen, um das Handelsvertreterverhältnis noch vor Ablauf der ordentlichen Kündigungsfrist zu beenden[1]. 128

a) Begründeter Anlass

Nach § 89b Abs. 3 Nr. 1 Hs. 2 1. Alt. bleibt der **Ausgleichsanspruch** des Handelsvertreters **trotz Eigenkündigung unberührt**, wenn ein Verhalten des Unternehmers dem Handelsvertreter begründeten Anlass zur Kündigung gegeben hat. Ein solcher **begründeter Anlass** braucht weder auf einem schuldhaften noch einem vertragswidrigen Verhalten zu beruhen. Er kann auch in einer aus dem Verhalten des Unternehmers sich ergebenden wirtschaftlichen Lage bestehen[2]. Entscheidend ist allein, dass das Verhalten des Unternehmers einen „vernünftigen, gerecht und billig denkenden Handelsvertreter"[3] unter den gegebenen Umständen des Einzelfalles zur Kündigung veranlassen kann, weil ihm eine Fortsetzung des Vertragsverhältnisses nicht mehr zugemutet werden kann[4], wobei allerdings auch das eigene Verhalten des Handelsvertreters berücksichtigt werden muss[5]. 129

An einen begründeten Anlass sind **geringere Anforderungen** als an einen wichtigen Grund i.S.d. § 89a zu stellen[6]. Ausreichend ist, dass der Unterneh- 130

---

1 BGH v. 20.10.1960 – VersR 1960, 1111; BGH v. 13.3.1969 – VII ZR 48/67, BGHZ 52, 12, 14; OLG Hamm v. 3.7.1987 – 18 U 296/86, NJW-RR 1988, 45.
2 BGH v. 28.11.1975 – I ZR 138/74, NJW 1976, 671.
3 BGH v. 14.11.1966 – VII ZR 112/64, BB 1966, 1410.
4 BGH v. 12.6.1963 – VII ZR 72/61, BGHZ 40, 13.
5 BGH v. 22.9.1960 – VII ZR 245/59, BB 1960, 1179.
6 St. Rspr.; BGH v. 7.6.1984 – I ZR 50/82, WM 1984, 1276.

mer durch sein Verhalten den Handelsvertreter in eine nicht haltbare Lage bringt[1], auch wenn dieses Verhalten sonst nicht zu beanstanden, ja für den Unternehmer selbst durchaus wirtschaftlich sinnvoll ist[2]. Jedoch rechtfertigt die Nichtfortzahlung von Betriebskostenzuschüssen, die der Rechtsvorgänger des Prinzipals über Jahre hinweg dem defizitären Handelsvertreter gewährt hatte, keine ausgleichserhaltende Eigenkündigung[3]. Der Handelsvertreter verliert seinen Ausgleichsanspruch auch nicht, wenn er eine fristlose Vertragskündigung, für die ein **wichtiger Kündigungsgrund** nicht besteht, nur auf einen vorliegenden begründeten Anlass stützen kann und der Unternehmer die außerordentliche Vertragskündigung des Handelsvertreters unbeanstandet hinnimmt, sie also nicht seinerseits zum Anlass einer außerordentlichen Kündigung nimmt, weil der Handelsvertreter zur fristlosen Kündigung nicht berechtigt war. Wenn nämlich eine solche auf einen begründeten Anlass gestützte unbeanstandete außerordentliche Kündigung zum Wegfall des Ausgleichsanspruchs führen würde, würde zu der eng auszulegenden Ausnahmevorschrift des § 89b Abs. 3 Nr. 1 ein weiterer Ausschlusstatbestand hinzutreten[4].

131 Bei seiner Kündigung braucht sich der Handelsvertreter auf einen begründeten Anlass nicht zu berufen; er ist vielmehr berechtigt, einen bei der Kündigung bereits vorliegenden, ihm aber erst später bekannt werdenden begründeten Anlass mit ausgleichserhaltender Wirkung nachzuschieben[5]. Nach Auffassung von *Küstner* in der Voraufl. ist der Handelsvertreter entsprechend der für das **Nachschieben eines wichtigen Kündigungsgrundes** ergangenen Rechtsprechung (vgl. § 89a Rn. 14) darüber hinaus auch berechtigt, einen nach der Vertragskündigung erst entstehenden begründeten Anlass mit ausgleichserhaltender Wirkung nachzuschieben. Es sei nämlich unbefriedigend, wenn der Unternehmer nur deshalb von seiner Ausgleichsverpflichtung befreit würde, weil er nach der bereits ausgesprochenen Kündigung des Handelsvertreters während des noch laufenden Vertrages durch sein Verhalten einen begründeten Anlass gegeben hat[6].

132 Im Einzelnen können die **folgenden Tatbestände einen begründeten Anlass** für eine mit ausgleichserhaltender Wirkung ausgesprochene **Vertragskündigung** des Handelsvertreters darstellen[7]: **Aufnahme eines parallelen Direktvertriebes** des Unternehmers bei vereinbarter Alleinvertretung[8]; erhebliche Pro-

---

1 BGH v. 13.12.1995 – VIII ZR 61/95, NJW 1996, 848; BGH v. 29.5.1967 – VII ZR 297/64, NJW 1967, 2153; BGH v. 6.11.1986 – I ZR 51/85, WM 87, 292.
2 So z.B. bei Sortimentserweiterung, BGH v. 3.11.1986 – I ZR 51/85, NJW 1987, 778.
3 OLG Köln v. 15.12.2006 – 19 U 92/06, OLGReport 2007, 250.
4 BGH v. 7.6.1984 – I ZR 50/82, WM 1984, 1276.
5 BGH v. 23.5.1984 – I ZR 42/82, DB 1984, 2298; *Thume* in Küstner/Thume II, Kap. XI, Rn. 36 ff.
6 Vgl. dazu *Thume* in Küstner/Thume II, Kap. XI, Rn. 39, siehe aber auch § 89a Rn. 15.
7 Siehe dazu die Aufzählungen in MünchKommHGB/*v. Hoyningen-Huene*, § 89b Rn. 165 und *Thume* in Küstner/Thume II, Kap. XI, Rn. 49 ff.
8 OLG Düsseldorf v. 19.1.2001 – 16 U 84/00, HVR Nr. 950 wichtiger Kündigungsgrund gegeben wegen Verstoßes gegen Treuepflicht (mit Hinweis auf BGH v. 10.2.1993 – VIII ZR 47/92, NJW-RR 1993, 678 zum Vertragshändler).

duktionseinschränkung des Unternehmers[1]; fehlende Beschaffung von Ersatzvergütungsmöglichkeiten nach Wegfall des Hauptlieferenten des Unternehmers[2]; **Produktionserweiterung** durch eines von mehreren Unternehmen, die der Handelsvertreter vertritt, so dass er in eine Interessenkollision gerät[3]; **deutliche Abweichung der** bei Vertragsbeginn dem Handelsvertreter **genannten Umsatzzahlen** von den tatsächlichen[4]; **Einschränkung der selbständigen** Stellung des Handelsvertreters und seiner Unabhängigkeit durch **überspannte Berichts-** und Umsatzforderungen[5]; Schmälerung der **Provisionschancen** des Handelsvertreters dadurch, dass der Unternehmer vom Handelsvertreter vermittelte Bestellungen mangelhaft ausführt, so dass Folgebestellungen ausbleiben[6]; **schleppende Provisionszahlung** durch den Unternehmer[7]; Widerruf der erteilten Vollmacht, wenn diese auch den Interessen des Handelsvertreters dient und zumindest stillschweigend vereinbart ist, dass die erteilte Vollmacht nicht einseitig entzogen werden kann[8]; unberechtigte außerordentliche Kündigung durch den Unternehmer[9]; Verschlechterung der wirtschaftlichen Lage des Unternehmers[10]; beharrliche Weigerung des Unternehmers, den Vertragsinhalt gem. § 85 urkundlich festzuhalten[11]; Abgabe des Angebots zur Fortsetzung eines Kettenvertrages zu Konditionen, die die Gefahr von erheblichen Provisionsverlusten mit sich bringen[12].

Für die Praxis ist von erheblicher Bedeutung, ob ein begründeter Anlass vorliegt, wenn der Unternehmer vereinbarte **Provisionen einseitig herabsetzt**, um eine „weitere Verbesserung des Geschäfts" durch Erzielung umfangreicherer Umsätze zu fördern, gleichzeitig jedoch Entschädigungszahlungen in Aussicht stellt, wenn das Provisionsaufkommen durch die Herabsetzung negativ beeinflusst werden sollte. Das OLG Karlsruhe hat den begründeten Anlass in einem solchen Fall verneint[13]. In dem zu entscheidenden Sachverhalt hatte eine Bausparkasse vereinbarte Provisionsregelungen geändert, um auf diese Weise das Geschäft zu beleben. Durch die Provisionsherabsetzungen sollten die im Provisionsbereich entstandenen erheblichen Kostenbelastungen kompensiert werden. Einer der betroffenen Bausparkassenvertreter sah in dieser Maßnahme der Bausparkasse einen begründeten Anlass, kün-

133

---

1 BGH v. 29.5.1967- VII ZR 297/64, BB 1967, 776.
2 OLG Köln v. 9.8.2002 – 19 U 59/02, VersR 2003, 642; vgl. BGH v. 20.11.1969 – VII ZR 175/67, BB 1970, 101 und BGH v. 23.5.1984 – I ZR 42/82, VersR 1984, 1091 (betr. Kündigung des Untervertreters).
3 BGH v. 6.11.1986 – I ZR 51/85, DB 1987, 531.
4 OLG Karlsruhe v. 16.12.1998 – 1 U 50/98, HVR Nr. 976 (Anfechtung wegen Arglist möglich, dann bleibt Ausgleichsanspruch trotz Vertragsnichtigkeit bestehen).
5 OLG Oldenburg v. 5.12.1963 – I U 105/63, DB 1964, 105; OLG Nürnberg v. 28.2.1964 – 4 U 251/60, BB 1964, 866.
6 OLG Celle v. 29.11.1961 – 3 U 163/61, DB 1962, 94.
7 LG Kaiserslautern v. 14.11.1955 – HO 5/55, HVR Nr. 81.
8 LG Düsseldorf v. 16.10.1975 – 34 O 128/75, zit. bei *Perwitz*, HVHM 1977, 795.
9 BGH v. 25.11.1998 – VIII ZR 221/97, NJW 1999, 946; BGH v. 12.1.1970 – VII ZR 191/67, BGHZ 53, 150 und BGH v. 14.11.1966 – VII ZR 112/64, NJW 1967, 248.
10 BGH v. 29.5.1965 – VII ZR 297/64, NJW 1967, 2153.
11 BGH v. 21.2.2006 – VIII ZR 61/04, HVR Nr. 1139.
12 BGH v. 13.12.1995 – VIII ZR 61/95, NJW 1996, 848.
13 OLG Karlsruhe v. 13.10.1992 – 8 U 20/92, n.v.

digte deshalb das Vertragsverhältnis und forderte eine Ausgleichszahlung. Er unterlag in erster und zweiter Instanz und rief sodann das Bundesverfassungsgericht an. Dieses nahm zwar die Verfassungsbeschwerde durch Beschluss vom 22.8.1995[1] nicht zur Entscheidung an, stellte jedoch fest, dass die den Ausgleichsanspruch ausschließende Regelung gemäß § 89b Abs. 3, wenn kein begründeter Anlass vorliege, gerechtfertigt sei, weil dadurch die „weitere Akzeptanz der Handelsvertreter-Tätigkeit bei den Unternehmen aufrecht erhalten werden solle". Denn eine Ausgleichsberechtigung auch bei einer vom Handelsvertreter ausgesprochenen Vertragskündigung, die nicht auf einen begründeten Anlass gestützt werden könne, führe im Ergebnis dazu, dass sich Unternehmen im Vertrieb nicht mehr der Vermittlungstätigkeit von Handelsvertretern bedienen würden. Im Ergebnis hat das BVerfG folgende Grundsätze aufgestellt: Der Wegfall des Ausgleichsanspruchs im Falle einer vom Handelsvertreter ohne verhaltensbedingten begründeten Anlass ist **verfassungsgemäß**. Ein begründeter Anlass kann nur gerechtfertigt werden, wenn dem kündigenden Handelsvertreter durch das Verhalten des Unternehmers ein **Festhalten am Vertrag unzumutbar** wird. Daran fehlt es insbesondere dann, wenn der Unternehmer durch Schadensbegrenzungsmaßnahmen der Berufung auf einen begründeten Anlass die Grundlage nimmt. Diese Voraussetzung sah das BVerfG wegen der von der Bausparkasse bei Schmälerung der Provisionsaufkommen in Aussicht gestellten Entschädigungszahlungen als gegeben an.

b) Alters- oder krankheitsbedingte Gründe

134   Der Ausgleichsanspruch bleibt nach § 89b Abs. 3 Nr. 1 2. Hs. auch dann unberührt, wenn der Handelsvertreter das Vertragsverhältnis deshalb kündigt, weil ihm ein weiteres Festhalten am Vertrag aus alters- oder krankheitsbedingten Gründen unzumutbar ist. In diesen Fällen ist – anders als bei der 1. Alternative der Nr. 1 – **der Handelsvertreter verpflichtet**, mit dem Ausspruch der Kündigung dem Unternehmer den **ausgleichswahrenden Grund zu benennen**, weil er ihm selbst bekannt, dem Unternehmer aber meist nicht bekannt ist. Deshalb genügt es nicht, dass im Zeitpunkt der Kündigung Krankheits- oder Altersgründe objektiv vorgelegen haben[2]. Kündigt der Vertreter statt dessen ohne jede nähere Begründung, läuft er in Gefahr, dass angenommen werden kann, er selbst habe bei Ausspruch der Kündigung die Unzumutbarkeit der Fortsetzung des Vertrages wegen Krankheit oder Alters noch nicht als gegeben angesehen. Da nach übereinstimmender Auffassung in Rechtsprechung und Lehre der Kündigungsgrund beim Ausspruch der Kündigung objektiv vorliegen muss, ist ein späteres Nachschieben nicht möglich[3].

---

[1] BVerfG v. 22.8.1995 – 1 BvR 1624/92, NJW 1996, 381.
[2] MünchKommHGB/v. *HoyningenHuene*, § 89b Rn. 168; *Schröder*, DB 1976, 1269; *Staub/Brüggemann*, § 89b Rn. 94; *Thume* in Küstner/Thume, II, Kap. XI, Rn. 107; a.A. *Ebenroth/Boujong/Joost/Löwisch*, § 89b Rn. 56; *Heymann/Sonnenschein/Weitemeyer*, § 89b Rn. 87; *Baumbach/Hopt*, § 89b Rn. 60.
[3] *Thume* in Küstner/Thume II, Kap. XI, Rn. 107; MünchKommHGB/*v.Hoyningen-Huene*, § 89b Rn. 168; a.A. *Baumbach/Hopt*, § 89b Rn. 60; *Ebenroth/Boujong/Joost/Löwisch*, § 89b Rn. 56; *Heymann/Sonnenschein/Weitemeyer*, § 89b Rn. 87.

Problematisch ist, ob auch eine **Handelsvertretergesellschaft**, deren maßgeblicher Gesellschafter erkrankt oder die Altersgrenze erreicht, berechtigt ist, den Vertretervertrag ausgleichserhaltend zu kündigen. Bei Personengesellschaften, also solchen des bürgerlichen Rechts, der KG und der OHG wird dies auf Grund einer Entscheidung des Kammergerichts Berlin aus dem Jahre 1985 i.d.R. bejaht, wenn die genannten Gründe bei dem Gesellschafter erfüllt sind, auf dessen Person die Zusammenarbeit mit dem Unternehmer zugeschnitten ist[1]. Seinerzeit handelte es sich um ein Familienunternehmen, das jedoch nicht, wie häufig fälschlich zitiert, als Personenkommanditgesellschaft, sondern als GmbH & Co. KG organisiert war. Der persönlich haftende Gesellschafter war jedoch der Alleinverantwortliche. Die gesamte Handelsvertretertätigkeit war ausschließlich auf ihn selbst abgestellt. Andererseits hatte 1982 das OLG Hamm in einem ähnlichen Fall die Möglichkeit einer ausgleichserhaltenden Kündigung einer als GmbH geführten Handelsvertretung abgesprochen, weil eine Anwendung von § 89b Abs. 3 Nr. 1 begrifflich schon daran scheitere, dass eine juristische Person weder von Alter noch von Krankheit gezeichnet sein könne. Auch eine entsprechende Anwendung scheide aus, weil bei einer GmbH die Person des Tätigen durch Bestellung neuer Geschäftsführer etc. jederzeit beliebig austauschbar sei. Dies gelte auch, wenn es sich um eine „Ein-Mann-GmbH" handle[2]. Dagegen hat das OLG München im Jahre 2002 entschieden, dass eine Vertreter-GmbH ausgleichserhaltend kündigen könne, wenn die alters- oder krankheitsbedingten Gründe in der Person des sie prägenden geschäftsführenden Gesellschafters stünden, so dass mit ihm die Gesellschaft „steht und fällt"[3]. Auch dies gilt jedoch wohl nur, wenn im Handelsvertretervertrag die Leistungsverpflichtungen des Vertreters auf die Person eines bestimmten Gesellschafters abgestellt sind, für diesen also eine persönliche Leistungsverpflichtung vereinbart ist[4].

135

Eine **Kündigung aus Altersgründen** ist auf den Ausgleichsanspruch ohne Einfluss, wenn der Handelsvertreter das jeweilige Rentenalter erreicht hat. In diesen Fällen tritt generell Unzumutbarkeit ein[5]. Die Kündigung muss allerdings als ordentliche Kündigung ausgesprochen werden, weil der Vertreter ja weiß, wann er die Altersgrenze erreicht und daher rechtzeitig planen kann. Bei einer fristlosen Kündigung bleibt der Ausgleichsanspruch jedoch unberührt, wenn diese vom Unternehmer akzeptiert wird[6].

136

Entsprechendes gilt bei **krankheitsbedingter Kündigung**. Unzumutbarkeit in diesem Falle liegt vor, wenn der Handelsvertreter so schwer erkrankt ist, dass eine ordnungsgemäße Wiederaufnahme bzw. Durchführung der ihm obliegenden Vermittlungs- oder Abschlussaufgaben auf absehbare Zeit nicht

137

---
1 KG vom 22.2.1985 – 14 U 1051/84, HVR Nr. 659.
2 OLG Hamm v. 12.7.1982 – 18 U 5/82, HVR Nr. 569.
3 OLG München v. 4.12.2002 – 7 U 3474/02, NJW-RR 2003, 541.
4 OLG München v. 19.1.2006 – 23 U 3885/05, HVR Nr. 1168.
5 *Schröder*, DB 1976, 1269; *Mayer*, BB 1978, 940; *Küstner*, DB 1976, 630 und *Küstner/Thume* II, Rn. 1241.
6 BGH v. 7.6.1984 – I ZR 50/82, NJW 1984, 2529 (zu Nr. 1, 1. Alt.); MünchKommHGB/*v. Hoyningen-Huene*, § 89b Rn 170.

erwartet werden kann[1]. Wenn der Vertrag sehr lange Kündigungsfristen enthält oder auf eine noch länger andauernde bestimmte Zeit abgeschlossen wurde, ist auch eine außerordentliche Kündigung gerechtfertigt[2]. Auch wenn der Handelsvertreter nicht durch eine Krankheit im engeren Sinne, sondern durch einen besonders schlechten gesundheitlichen Allgemeinzustand an der Wahrnehmung seiner Aufgaben in unzumutbarer Weise gehindert ist und er deshalb die Kündigung aussprechen muss, bleibt sein Ausgleichsanspruch unberührt. Jedoch ist die sozialrechtliche Anerkennung als Schwerbehinderter allein noch kein ausreichendes Indiz für die Unzumutbarkeit der Vertragsfortsetzung seitens des Handelsvertreters, weil sich die tatbestandlichen Voraussetzungen der Schwerbehinderung und der krankheitsbedingten Unzumutbarkeit der Vertragsfortsetzung nicht decken[3]. Bessert sich sein Gesundheitszustand nach der Vertragsbeendigung und erholt sich der Handelsvertreter, lebt das gekündigte Vertragsverhältnis nicht etwa wieder auf. Kommt eine Wiederaufnahme der früheren Tätigkeit in Betracht, müsste ein neuer Vertretervertrag abgeschlossen werden. Dehnt sich nach der Vertragsbeendigung die gerichtliche oder außergerichtliche Auseinandersetzung über den Ausgleichsanspruch über geraume Zeit aus, kann es sich empfehlen, den im Zeitpunkt der Vertragsbeendigung vorhandenen Gesundheitszustand des Handelsvertreters im Wege eines **Beweisverfahrens** durch eine Untersuchung feststellen zu lassen, die durch einen vom Gericht zu benennenden Arzt durchzuführen ist, um auf diese Weise zu vermeiden, dass – vielleicht nach Jahren – eine Überprüfung des im Zeitpunkt der ausgesprochenen Kündigung vorhanden gewesen Gesundheitszustand des Handelsvertreters – möglicherweise nur anhand ärztlicher Atteste aus jener Zeit – erschwert oder zuverlässig nicht mehr festgestellt werden kann[4]. Kündigt eine Handelsvertreterin mit Rücksicht auf die bevorstehende Niederkunft oder im Hinblick darauf, dass ihr mit Rücksicht auf die größere Zahl ihrer Kinder ein weiteres Festhalten am Vertrag unzumutbar sei, hat eine solche Vertragskündigung keine ausgleichserhaltende Wirkung, sie führt vielmehr zum Ausschluss des Ausgleichsanspruchs.

138 Vertritt ein **Handelsvertreter mehrerer Unternehmen** und entscheidet er sich, aus alters- oder krankheitsbedingten Gründen nur eines oder einige der bestehenden Vertragsverhältnisse zu kündigen, andere aber fortzuführen, kann gegenüber der Ausgleichsforderung von einem auf Ausgleichszahlung in Anspruch genommenen Unternehmer nicht eingewendet werden, es fehle mit Rücksicht auf die weitere Vertretertätigkeit für andere Unternehmen an der Unzumutbarkeit. Denn diese Frage ist stets allein im Hinblick auf das gekündigte Vertragsverhältnis zu prüfen, also ohne Rücksicht darauf, ob dem Handelsvertreter die Fortsetzung seiner Vertretertätigkeit für andere Unternehmen noch zumutbar ist.

---

1 BGH v. 29.4.1993 – I ZR 150/91, BB 1993, 1312.
2 Vgl. OLG Düsseldorf v. 14.1.2000 – 16 U 28/99, n.v.
3 BGH v. 29.4.1993 – I ZR 150/91, BB 1993, 1312.
4 OLG München v. 6.6.1984 – 7 U 5785/83, teilw. abgedr. in Autohaus 1986, Heft 3, 2 und Heft 4, 75.

2. Kündigung des Unternehmers (§ 89b Abs. 3 Nr. 2)

Der Ausgleichsanspruch ist gem. § 89b Abs. 3 Nr. 2 auch dann ausgeschlossen, **wenn der Unternehmer** das Vertragsverhältnis **gekündigt hat** und für die Kündigung ein **wichtiger Grund wegen schuldhaften Verhaltens** des Handelsvertreters vorlag. Ein Fehlverhalten von Hilfspersonen ist dem Handelsvertreter – anders als im Rahmen des § 89a Abs. 1 – grundsätzlich nicht nach § 278 BGB zuzurechnen[1].

139

Der **Wortlaut dieser Vorschrift** ist **keine exakte Umsetzung des Art. 18 a der Europäischen Richtlinie**. Nach jener Bestimmung besteht nämlich der Ausgleich nur dann nicht, wenn der Unternehmer den Vertrag **wegen des schuldhaften Verhaltens** des Handelsvertreters beendigt; sie stellt also einen direkten Kausalzusammenhang zwischen der Kündigung und dem Kündigungsgrund her. Eine richtlinien-konforme Auslegung des § 89b Abs. 3 Nr. 2 muss daher im Warenvertreterbereich diesen Kausalzusammenhang berücksichtigen. Die Kündigung muss eben wegen dieses Grundes und nicht aus anderen Gründen ausgesprochen werden[2]. Die frühere Rechtsprechung, wonach auch ein Nachschieben von Gründen, welche die Kündigung rechtfertigen, den Ausgleich ausschließt, ist deshalb nicht mehr anwendbar. Das Nachschieben solcher Gründe könnte allenfalls die Kündigung selbst gemäß § 89a rechtfertigen, nicht aber den Ausgleich ausschließen. Falls eine erneute fristlose Kündigung wegen Zeitablaufes nicht mehr möglich ist, kann der Ausgleich aber aus Billigkeitsgründen entfallen.

140

Der **Begriff des wichtigen Grundes stimmt mit dem in § 89a Abs. 1 überein**[3]. Deshalb kann bezüglich des schuldhaften Verhaltens des Handelsvertreters auf die dortigen Erl. verwiesen werden. Jedoch führt nicht jede berechtigte außerordentliche Kündigung zum Ausschluss des Ausgleichs, sondern nur jene, die auf dem Verschulden des Handelsvertreters beruht. So kann die Eröffnung eines Insolvenzverfahrens über das Vermögen eines Handelsvertreters für den Unternehmer einen Grund zur fristlosen Kündigung darstellen, sofern diesem nach Abwägung aller Umstände ein Zuwarten bis zum Ablauf der Fristen für eine ordentliche Kündigung unzumutbar erscheint. Der Ausschluss des Ausgleichs ist damit aber nicht präjudiziert, weil der Handelsvertreter auch ohne Verschulden in Insolvenz geraten kann[4].

141

War der Unternehmer wegen eines schuldhaften Verhaltens des Handelsvertreters zur außerordentlichen Kündigung des Vertragsverhältnisses berechtigt, endet das Vertragsverhältnis aber, bevor die Kündigung ausgesprochen wurde, aus einem anderen Grund – etwa durch den Tod des Handelsvertreters –, kann der Ausgleichsanspruch bei schuldhaftem Verhalten des Handelsvertreters statt nach § 89b Abs. 3 Nr. 2 auch nach dem Grundsatz der

142

---

1 BGH v. 18.7.2007 – VIII ZR 267/05, MDR 2007, 1432.
2 OLG Koblenz v. 22.3.2007 – 6 U 1313/06, OLGReport Koblenz 2007, 671; *Thume* in Küstner/Thume II, Kap. XI, Rn. 159.
3 BGH v. 16.2.2000 – VIII ZR 134/99, NJW 2000, 1866.
4 OLG Hamm v. 9.6.2004 – 35 W 5/04, OLGR Hamm 2004, 266.

Billigkeit ausgeschlossen sein[1]. Nach Auffassung des OLG Nürnberg[2] soll der Ausgleichsanspruch auch dann entfallen, wenn das Vertragsverhältnis im beiderseitigen Einvernehmen aufgehoben wird und der Unternehmer nur aus Entgegenkommen gegenüber dem Handelsvertreter von einer Kündigung wegen schuldhaften Verhaltens abgesehen hatte. Auch hier kann jedoch das Verhalten des Handelsvertreters im Rahmen der Billigkeitserwägungen berücksichtigt werden.

3. Eintritt eines Dritten in das Vertragsverhältnis (§ 89b Abs. 3 Nr. 3)

143 Schließlich entfällt der Ausgleichsanspruch nach § 89b Abs. 3 Nr. 3 auch dann, wenn sich der aus dem Vertragsverhältnis ausscheidende Handelsvertreter und der Unternehmer darüber einigen, dass ein Dritter anstelle des Handelsvertreters in das Vertragsverhältnis eintritt[3]. Diese Vereinbarung darf nicht vor Vertragsende getroffen werden. Schon deshalb hat diese Bestimmung in der Praxis wenig Bedeutung erlangt. Im Übrigen ist sie methodisch wenig geglückt.

144 Ihr liegt – entsprechend **Art. 1 lit. c der EG-Richtlinie** vom 18.12.1986 – der Gedanke zugrunde, dass der Handelsvertreter von seinem Nachfolger ein Entgelt für die Übertragung der Vertretung erhalten werde. Die Bestimmung erfasst aber gerade auch jene Fälle, in denen keine Vergütung an den ausscheidenden Handelsvertreter bezahlt wird, so z.B., wenn der Vater die Vertretung seinem Sohn übertragen will und das Unternehmen zustimmt.

145 Ohne Zweifel wird durch diese Vorschrift das Ausgleichsrisiko in gewissem Umfang vom Unternehmer auf den ausscheidenden Handelsvertreter verlagert. Letzterer bleibt bei einer mit dem Unternehmer getroffenen Einigung über den Eintritt des Dritten in das Vertragsverhältnis auch dann ohne Ausgleich, wenn er mit dem Dritten **keine Vergütungsregelung** bezüglich der auf diesen übergehenden Handelsvertretung hat erzielen können oder wenn die Zahlung der vereinbarten Vergütung gegenüber dem Dritten nicht durchsetzbar ist, weil dieser in Vermögensverfall gerät oder das Vertragsverhältnis zwischen ihm und dem Unternehmer aus anderen Gründen viel früher endet als dies zunächst erwartet werden konnte, so dass er dem ausgeschiedenen Handelsvertreter die vereinbarte Vergütung nicht mehr auszahlen kann. Einem ausscheidenden Handelsvertreter, der bereit ist, im Einvernehmen mit dem Unternehmer seine Handelsvertretung auf einen Dritten zu übertragen, kann deshalb nur empfohlen werden, sich vor unvorhergesehenen Nachteilen vorsorglich zu schützen, damit seine bisher erfolgreich aufgebaute Vertretung nicht ohne Vergütung entschädigungslos verloren geht. Er sollte deshalb vorsorglich, bevor er mit dem Unternehmer eine diesbezügliche Vereinbarung trifft, eine entsprechend durch Garantien abgesicherte Vergütungsregelung mit dem Dritten vereinbaren, der an seiner Stelle vom Unternehmer mit Ver-

---

1 BGH v. 6.2.1964 – VII ZR 100/62, BGHZ 4, 129.
2 OLG Nürnberg v. 19.12.1958 – 1 U 100/57, BB 1959, 318.
3 Zur Problematik vgl. *Küstner*, BB 1990, 1713; *Küstner*, HVJ 1995, 109; *Thume*, BB 1990, 1645, 1648.

mittlungs- oder Abschlussaufgaben betraut werden soll. Ferner sollte er zweckmäßigerweise vorsorglich seinen Ausgleichsanspruch gegenüber dem Unternehmer geltend machen und die mit dem Unternehmer zu treffende Vereinbarung mit dem Vorbehalt versehen, den Unternehmer auf Ausgleich in Anspruch zu nehmen, wenn sich der Dritte weigert, trotz der zwischen ihm und dem ausscheidenden Handelsvertreter getroffenen Vereinbarungen dem ausscheidenden Handelsvertreter eine Vergütung zu zahlen.

Diese Bestimmung birgt also erhebliche Gefahren in sich, so dass bei deren Abschluss die notwendige Vorsicht und Sorgfalt anzuraten ist. Aus dem Wortlaut des § 89b Abs. 3 Nr. 3 könnte man schließen, dass der Gesetzgeber davon ausgeht, dass das Vertragsverhältnis zwischen dem Unternehmer und dem ausscheidenden Handelsvertreter **fortbesteht** und lediglich eine Auswechslung des Vertragspartners stattfindet. Diese Schlussfolgerung kann aber nur eingeschränkt gezogen werden. Denn der neue Tatbestand setzt voraus, dass der Handelsvertretervertrag als solcher zwar fortbesteht, trotzdem aber im Hinblick auf das Ausscheiden des bisherigen Handelsvertreters eine **Vertragsbeendigung** eintritt. Der Begriff des „fortbestehenden Handelsvertretervertrages" ist mithin weit zu fassen[1].

146

Im Übrigen ist hier auch für den übernehmenden Vertreter Vorsicht geboten, weil ihm die von seinem Vorgänger geworbenen Kunden ausgleichsrechtlich nur dann als Neukunden zugerechnet werden, wenn dies ausdrücklich mit dem Unternehmer vereinbart ist[2].

147

IX. Unabdingbarkeit des Ausgleichsanspruchs und Umgehungspraktiken

1. Unabdingbarkeit (§ 89b Abs. 4 S. 1)

Zum Schutze des Handelsvertreters ist in § 89b Abs. 4 S. 1 ausdrücklich festgelegt, dass der Ausgleichsanspruch **im Voraus** – also vor der Vertragsbeendigung – **nicht ausgeschlossen** werden kann. Dem unzulässigen vollständigen Ausgleichsausschluss steht eine die Ausgleichshöhe beschränkende Vereinbarung gleich. Unabdingbarkeit bedeutet, dass im Hinblick auf den mit der Vertragsbeendigung entstehenden Ausgleichsanspruch keine einseitigen Erklärungen oder Vereinbarungen bezüglich des Ausgleichs zum Nachteil des Handelsvertreters getroffen werden können, gleichgültig, ob dies entgeltlich oder unentgeltlich geschieht[3]. Wenn im Gesetz von Unabdingbarkeit nur für die Zeit vor der Vertragsbeendigung die Rede ist, bedeutet dies, dass nach der Vertragsbeendigung den Ausgleich abbedingende Vereinbarungen zulässig sind, und zwar frühestens im Zeitpunkt der Vertragsbeendigung[4]. Bezüglich der Vertragsbeendigung ist allein auf die rechtliche, nicht auf die tatsächliche Vertragsbeendigung abzustellen.

148

---
1 BGH v. 14.4.1988 – I ZR 122/86, BB 1988, 2201. Vgl. dazu *Thume*, BB 1991, 490 zu IV.
2 BGH v. 10.5.1984 – I ZR 36/82, NJW 1985, 58.
3 BGH v. 30.12.1970 – VII ZR 141/68, BGHZ 55, 124.
4 BGH v. 15.6.1959 – II ZR 184/57, VersR 1959, 669.

149 Ein **Verstoß** gegen den Unabdingbarkeitsgrundsatz liegt mithin auch dann vor, wenn in einer Vereinbarung, derzufolge der Vertretervertrag zu einem späteren Zeitpunkt enden soll, gleichzeitig die Freistellung des Handelsvertreters und eine den Ausgleich einschränkende oder ausschließende Regelung getroffen wird[1].

150 Wird in einer Vereinbarung der Ausgleichsanspruch ausgeschlossen und erfolgt die **Unterzeichnung** der Vereinbarung durch den Handelsvertreter vor der Vertragsbeendigung, **durch den Unternehmer aber erst nach der Vertragsbeendigung**, kann sich der Handelsvertreter nicht auf eine Verletzung des Unabdingbarkeitsgrundsatzes berufen. Denn in diesem Falle ist der Ausgleichsausschluss wirksam. Mit Recht hat der BGH in seinem Urteil v. 10.7.1996[2] festgestellt, dass durch die erst nach der Vertragsbeendigung erfolgte Unterzeichnung der Vereinbarung durch den Unternehmer die Vereinbarung erst nach der Vertragsbeendigung, nicht aber schon vorher, wirksam geworden sei, denn die Vereinbarung habe vor der Vertragsbeendigung noch keine Bindungswirkung entfalten können. Mit Recht hat der BGH auch festgestellt, dass dem Umstand keine Bedeutung zukomme, dass der Anspruchsverzicht durch den Handelsvertreter bereits vor der Vertragsbeendigung wirksam geworden sei, weil er die Vereinbarung bereits vor der Vertragsbeendigung unterzeichnet habe.

2. Umgehungspraktiken

a) Einmalprovisionen

151 Bei der Vermittlung von Dauerschuldverträgen, in der Versicherungsbranche, bei Anzeigenvermittlungen und in anderen Bereichen, wie z.B. der Akquisition von periodisch erscheinenden Druckzeugnissen (Zeitschriften), werden häufig Einmalprovisionen für die Werbung eines Kunden vereinbart. Solche Provisionsabsprachen sind grundsätzlich zulässig. Dann steht dem Handelsvertreter i.d.R. kein Ausgleichsanspruch zu, weil es bei Vertragsbeendigung an dem erforderlichen nachvertraglichen Provisionsverlust gemäß § 89b Abs. 1 S. 1 Nr. 2 fehlt. Im Bereich der Warenvertreter ist dies im Hinblick auf die Handelsvertreter-Richtlinie von 1986 nicht mehr so zu sehen; denn der deutsche Gesetzgeber hat die ursprüngliche Fassung des §89b Abs. 1 S. 1 Nr. 1–3 unverändert beibehalten und insoweit den Art. 17 Abs. 2 lit. a der Richtlinie nicht exakt umgesetzt. Dort sind nämlich die Provisionsverluste nur ein besonderer Unterfall der Billigkeitserwägungen und nicht – wie im deutschen Recht – eine eigene Anspruchsvoraussetzung. Deshalb fordert die gebotene richtlinienkonforme Auslegung des § 89b Abs. 1, dass bei Warenvertretern der Provisionsverlust keine zwingende Anspruchsvoraussetzung sein darf. Auch bei fehlendem Provisionsverlust – z.B. weil der Vertreter für die Vermittlung eines Dauerabonnements von Büchern nur

---

1 BGH v. 29.3.1990 – I ZR 2/89, NJW-RR 1993, 471 mit Anm. *Küstner*, EWiR § 89b 1/90, 797; zur früheren Rspr. BGH v. 30.12.1970 – VII ZR 141/68, BGHZ 55, 124.
2 BGH v. 10.7.1997 – VIII ZR 261/95, BB 1996, 1734.

so sind die übernommenen Kunden nämlich Altkunden des Unternehmers und deshalb am Ende des Vertretervertrages bei der Ausgleichberechnung nach § 89b Abs. 1 nicht zu berücksichtigen[1].

d) Einstandszahlungen

155 In den letzten Jahren häufen sich die Fälle, in denen sich die Gerichte mit der Zulässigkeit von Einstandszahlungen zu befassen hatten. Handelsvertretern werden immer wieder solche Zahlungen abverlangt als Kaufpreis für die Übernahme der Handelsvertretung. Zweck solcher Vereinbarungen für den Unternehmer ist zum einen wiederum die Abwälzung des an den Vorgänger bezahlten Ausgleichs und zum anderen eine vorweggenommene Kompensation des an den übernehmenden Handelsvertreter bei dessen Vertragsbeendigung zu zahlenden Ausgleichs. Diese Einstandszahlung soll häufig vom Handelsvertreter nicht gleich bei Beginn des Vertrages in voller Höhe bezahlt werden, sondern wird bis zur Beendigung des Vertrages entweder ganz gestundet und dann mit dem ihm gegebenenfalls zustehenden Ausgleich verrechnet, oder sie soll durch eine Kürzung seiner Provisionen während des Vertrages ratenweise beglichen werden[2].

156 Solche Vereinbarungen sind grundsätzlich zulässig. So hat der BGH schon 1983 entschieden, dass grundsätzlich dagegen keine Bedenken bestehen, es sei denn, es werde ein so unangemessen hoher Übernahmepreis vereinbart, dass dies auf eine Umgehung des Ausgleichsanspruches hinausliefe (§ 89b Abs. 4)[3]. Sie scheitern auch nicht, wenn sie in einem Formularvertrag enthalten sind, soweit es sich um die Preisabsprache handelt[4]. Ferner dürfen derartige Absprachen im Einzelfall nicht zu einer Erschwerung des Rechts auf fristlose Kündigung des Vertrages führen, denn das hätte ihre Unwirksamkeit gemäß § 89a Abs. 1 S. 2 zur Folge, so z.B. wenn der Handelsvertreter verpflichtet wird, bei vorzeitiger Beendigung des Vertrages den noch offenen Restbetrag der Einstandssumme sofort zu bezahlen[5].

157 Wiederholt wurde ein Eintrittsgeld in Höhe einer Jahresprovision als unangemessen hoher Übernahmepreis angesehen[6]. Die Wirksamkeit einer solchen Abrede scheitert ferner, wenn die Werthaltigkeit des übernommenen Gebietes zweifelhaft ist[7], oder wenn bei einem Übernahmepreis in Höhe einer vom Vorgänger erwirtschafteten Jahresprovision vereinbart ist, dass die

---

1 BGH v. 10.5.1984 – I ZR 36/82, NJW 1985, 58; OLG Hamm v. 20.12.1996 – 35 U 35/96, OLGR 1997, 270; vgl. OLG München v. 4.12.1996 – 7 U 3915/96, BB 1997, 222; *Küstner/Thume* II, Kap. III, Rn. 3 ff.
2 Näheres zu den Einstandszahlungen des Handelsvertreters s. *Westphal*, MDR 2005, 421 und *Küstner/Thume* II, Kap. III, Rn. 30 ff.
3 BGH v. 24.2.1983 – I ZR 14/81, NJW 1983, 1727.
4 BGH v. 9.12.1992 – VIII ZR 23/92, NJW-RR 1993, 375.
5 Vgl. OLG Düsseldorf v. 16.3.2001 – 16 U 186/99, HVR Nr. 946.
6 OLG Celle v. 14.12.2000 – 11 U 61/00, HVR Nr. 940 und OLG Celle v. 13.12.2001 – 11 U 90/01, rechtskräftig durch Nichtannahmebeschluss des BGH, VIII ZR 26/02, HVR Nr. 1038.
7 OLG Schleswig v. 18.2.2000 – 14 U 18/99, HVR Nr. 998.

eine Einmalprovision bekommen hat – kann daher, wenn die übrigen Voraussetzungen vorliegen, ein Ausgleichsanspruch begründet sein.

b) Vorauserfüllung des Ausgleichsanspruchs

Auch Vergütungen als Vorauserfüllung des Ausgleichs nach § 89b sind grundsätzlich zulässig, wenn sie als Abschlagszahlungen eine zusätzliche Leistung des Unternehmers darstellen. Sie dürfen jedoch nicht dazu führen, dass dem Handelsvertreter eine durch seine Leistung eigentlich verdiente Provision vorenthalten wird oder dass der Ausgleichsanspruch selbst geschmälert wird. Deshalb sind Vorauserfüllungen nur zulässig, wenn

– die Abschlagszahlung der Vorauserfüllung des Ausgleichsanspruchs dient,
– die Gesamtprovision mit dem Vorauserfüllungsanteil deutlich über der in vergleichbaren Fällen anderweitig gezahlten Provision liegt,
– die der Vorauserfüllung dienenden Beträge vom Handelsvertreter zurückbezahlt werden müssen, wenn der Ausgleichsanspruch nicht entsteht oder entfällt.

Daher ist die schlichte Vereinbarung zur Zahlung einer Sondervergütung als Abgeltung des Ausgleichsanspruchs unzureichend und insoweit unwirksam[1].

c) Abwälzungsvereinbarungen

Nicht selten werden Vereinbarungen getroffen, in denen sich der Nachfolgevertreter verpflichtet, die vom Unternehmer an seinen Vorgänger gezahlten Ausgleichsansprüche zu übernehmen. Die Zahlung des geschuldeten Übernahmebetrages soll dabei meistens nicht gleich zu Beginn seines Vertretervertrages erfolgen, sondern erst bei dessen Beendigung mit dem ihm dann womöglich zustehenden eigenen Ausgleichsanspruch verrechnet werden. Oder die Zahlung soll in der Weise erfolgen, dass dem neuen Vertreter monatlich ein bestimmter Betrag oder Prozentsatz von seinen künftigen Provisionsansprüchen abgezogen und vom Unternehmer einbehalten wird. Derartige Regelungen führen letztendlich zu einer Entlastung und Freistellung des Unternehmers bzgl. des an den Vorgänger bezahlten Ausgleichsanspruchs.

Diese Art der Abwälzung ist zulässig[2], enthält jedoch erhebliche Gefahren für den neuen Handelsvertreter, insbesondere dann, wenn nicht vereinbart wird, dass die von seinem Vorgänger geworbenen Kunden bei der Berechnung des eigenen später bei Vertragsende entstehenden Ausgleichsanspruchs als seine eigenen Neukunden gewertet werden[3]. Fehlt eine solche Abrede,

---

1 BGH v. 13.1.1972 – VII ZR 81/72, BGHZ 58, 60. Näheres siehe *Küstner/Thume* II, Kap. XIII, Rn. 37 ff.
2 OLG Stuttgart v. 27.8.1998 –11 U 153/97, HVR Nr. 999.
3 OLG München v. 11.4.1997 – 23 U 5702/96, NJW 1998, 174; OLG München v. 4.12.1996 – 7 U 3915/96, BB 1997, 222.

von diesem Vorgänger geworbenen Kunden bei Vertragsbeendigung nicht als Neukunden des Handelsvertreters gelten sollen[1]. Schließlich ist eine Einstandsvereinbarung sittenwidrig, wenn zwischen den zu erwartenden Provisionsforderungen und der Zahlung des Einstandes ein auffälliges, den Vertreter ungebührlich benachteiligendes Missverhältnis besteht[2].

Ferner tritt bei all diesen Vereinbarungen ein besonderes Problem auf, wenn der neu abgeschlossene Handelsvertretervertrag bereits nach kurzer Zeit wieder aufgelöst wird, so dass es dem Vertreter nicht möglich wird, seine Einstandszahlung zu amortisieren. Dann erhebt sich die Frage, ob wegen Veränderung der Geschäftsgrundlage eine teilweise Rückerstattung möglich ist[3].

X. Versicherungs- und Bausparkassenvertreter (§ 89b Abs. 5)

1. Ausgleichsrechtliche Besonderheiten

Der in § 89b Abs. 5 geregelte Ausgleichsanspruch des Versicherungsvertreters, der nach § 89b Abs. 5 S. 3 auch für Bausparkassenvertreter gilt, trägt den **Besonderheiten** Rechnung, die in **der Versicherungswirtschaft** und im Bausparwesen im Unterschied zum Warenvertrieb maßgebend sind (vgl. § 89b Rn. 15 und § 92 Rn. 3). Insbesondere in der Versicherungswirtschaft kommen durch die erfolgreiche Vermittlungstätigkeit des Vertreters keine Geschäftsverbindungen zu Kunden zustande, die immer wieder zu Nachbestellungen der gleichen Art führen. Vielmehr dient jeder mit einem Versicherungsnehmer meist langfristig abgeschlossene neue Versicherungsvertrag der **Abdeckung eines neuen Risikos**, das sich von den schon durch abgeschlossene Versicherungsverträge abgedeckten Risiken unterscheidet[4]. Deshalb handelt es sich beim Versicherungsvertreter nicht um einen geworbenen Kundenstamm, sondern um einen vermittelten „Versicherungsbestand", den er, solange die zu diesem Bestand gehörenden einzelnen Versicherungsverträge bestehen, in Gestalt der Abschlussfolgeprovision nutzen kann, falls der Vermittlungserfolg nicht bereits durch eine **Einmalprovision** vergütet worden ist. Daher wird in § 89b Abs. 5 nicht auf Geschäftsverbindungen mit neu geworbenen Kunden abgestellt, sondern auf die Unternehmervorteile bzw. Provisionsverluste aus der Vermittlung neuer Versicherungsverträge. Auch die für Versicherungs- und Bausparkassenvertreter maßgebliche **Ausgleichshöchstgrenze**, die den Ausgleichsanspruch auf einen Betrag von höchstens drei Jahresprovisionen oder Jahresvergütungen begrenzt, trägt diesem Unterschied Rechnung[5].

---

1 OLG München v. 20.10.2004 – 7 U 3194/04, HVR NR. 1124.
2 OLG München v. 4.12.1996 – 7 U 3915/96, HVR Nr. 829.
3 Vgl. dazu BGH v. 10.5.1984 – I ZR 36/82, NJW 1985, 58; OLG Stuttgart v. 13.5.1992 – 4 U 238/91, HVR Nr. 838 und OLG München v. 4.12.1996 – 7 U 3915/96, HVR Nr. 829.
4 OLG Frankfurt v. 26.9.1978 – 15 U 250/76, VW 1978, 918.
5 Vgl. dazu *Küstner* in Küstner/Thume II, Kap. II, Rn. 44 ff.; Kap. VII, Rn. 255 ff.; Kap. VIII, Rn. 314 ff.

2. Anspruchsvoraussetzungen

a) Unternehmervorteile

160 Nach § 89b Abs. 5 S. 1 kommt es darauf an, dass der Unternehmer aus dem vom Versicherungsvertreter vermittelten **Bestand neuer Versicherungsverträge** auch nach der Beendigung des Vertragsverhältnisses **erhebliche Vorteile** hat. Neu im Sinne dieser Bestimmung ist grundsätzlich **jeder vom Vertreter vermittelte Versicherungsvertrag**, der ein neues Wagnis deckt. Wie im Ausgleichsrecht des Warenvertreters steht es nach § 89b Abs. 5 S. 1 der Vermittlung eines neuen Versicherungsvertrages gleich, wenn der Versicherungsvertreter einen bestehenden Versicherungsvertrag so wesentlich erweitert hat, dass dies wirtschaftlich der Vermittlung eines neuen Versicherungsvertrages entspricht. Auch hier ist der Vorteilsbegriff des § 89b Abs. 1 S. 1 Nr. 1 weit zu fassen. Ausreichend ist, dass das vertretene Unternehmen die Möglichkeit hat, aus dem vermittelten neuen Versicherungsbestand in irgendeiner Form Gewinne im weitesten Sinne zu ziehen. Auf die Entwicklung des Gesamtbestandes kommt es in diesem Zusammenhang nicht an, vielmehr kann ein ausgleichsfähiger Unternehmervorteil auch dann vorliegen, wenn sich der Gesamtbestand des Versicherungsunternehmens rückläufig entwickelt hat.

b) Provisionsverluste des Versicherungsvertreters

161 **Vergütungen** und Vergütungsanteile **für die Verwaltung des Bestandes** von Versicherungs- und Bausparverträgen **sind** bei der Berechnung der Provisionsverluste nach § 89b Abs. 1 S. 1 nicht zu berücksichtigen, also **nicht ausgleichspflichtig**[1]. Auch hier ist also – wie beim Warenvertreter – zu unterscheiden zwischen den Vermittlungs- und Abschlussprovisionen des Versicherungs- bzw. Bausparkassenvertreters und den Verwaltungsprovisionen, die er für die Bestandspflege erhält, also für Kundenbetreuung seines Bestandes, z.B. für die Unterstützung bei Schadensfällen, Bearbeitung von Änderungsmitteilungen, Anschriftenänderungen, Änderungen der berechtigten Fahrer im Kfz-Versicherungsbereich etc. Deshalb müssen sie der Höhe nach der geschuldeten Verwaltungstätigkeit entsprechen. Sind die vereinbarten Verwaltungsprovisionen zu hoch, so ist diese Vereinbarung wegen Verstoßes gegen § 307 BGB und § 89b Abs. 4 S. 1 unwirksam[2]. Insbesondere ist eine vollständige **Abbedingung des Anspruches** des Versicherungsvertreters **auf Vermittlungsprovision** und deren vollständige Ersetzung durch eine Verwaltungsprovision **mit § 89b Abs. 4 S. 1 nicht vereinbar**[3]. Im Wege der ergänzenden Vertragsauslegung wird dann eine dem Ausgleichsanspruch berücksichtigende anderweitige Verteilung erfolgen müssen. Je sorgfältiger im Vertrag die Unterscheidung getroffen ist, desto weniger kann sie beanstandet werden. Die Rechtsprechung des BGH zur Darlegungs- und Beweislast im

---

[1] St. Rspr. seit BGH v. 4.5.1959 – II ZR 81/57, BGHZ 30, 98; BGH v. 22.12.2003 – VIII ZR 117/03, WM 2004, 1483; BGH v. 1.6.2005 – VIII ZR 335/04, WM 2005, 1866; BGH v. 14.6.2006 – VIII ZR 261/04, DB 2006, 1953.
[2] OLG Hamm v. 2.9.1999 – 4 U 26/99, JR 2002, 67.
[3] BGH v. 14.6.2006 – VIII ZR 261/04, DB 2006, 1953.

Bereich des Tankstellenhalters ist auf einen Versicherungsvertrag, der jeweils gesonderte Provisionen für die Vermittlung von Versicherungsverträgen, für deren Erweiterung und für die Bestandspflege vorsieht, die diese Provisionen jeweils den entsprechenden Aufgaben des Vertreters zuordnet, nicht übertragbar[1]. Ist jedoch bei einer vertraglichen Provisionsregelung die Zweckbestimmung nicht zweifelsfrei, so trägt im Ausgleichsprozess das Versicherungsunternehmen die Darlegungs- und Beweislast dafür, dass und zu welchem Anteil die Provisionen dazu bestimmt sind, vermittlungsfremde Tätigkeiten des Vertreters abzugelten[2]. Bestimmt die Provisionsvereinbarung eines Versicherungsvertretervertrages, die generell zwischen Abschlussprovisionen, Verlängerungsprovisionen und „Verwaltungsprovisionen ab dem zweiten Versicherungsjahr" unterscheidet, dass der Vertreter für bestimmte Versicherungsarten gar keine Abschluss- oder Verlängerungsprovisionen, sondern nur die „Verwaltungsprovisionen ab dem zweiten Versicherungsjahr" bereits vom ersten Versicherungsjahr an erhält, so folgt daraus zwingend, dass in diesen „Verwaltungsprovisionen" auch ein Entgelt für die Vermittlung der betreffenden Beträge enthalten sein muss[3].

Bei der Berechnung des Ausgleichs an Hand der Vermittlungs- und Abschlussprovisionen des ausscheidenden Versicherungs- und Bausparkassenvertreters ist Folgendes zu beachten: Die **Einmalprovisionen**, die dieser für den Abschluss von Versicherungsverträgen – insbesondere im Lebensversicherungsbereich – bzw. Bausparverträgen erhalten hat, führen dazu, dass der Vertreter bereits die gesamte Vergütung bekommen hat. Durch die Vertragsbeendigung können ihm daher insoweit keine Provisionsverluste entstehen. Dagegen würden im Versicherungs- und Bausparbereich dem Vertreter die ihm vereinbarungsgemäß ausgezahlten ratierlichen Folgeprovisionen, wie sie z.B. im Kfz-Versicherungsbereich üblich sind, eigentlich jährlich solange zustehen, wie der von ihm abgeschlossene oder vermittelte Versicherungsvertrag besteht. Insoweit können deshalb dem ausscheidenden Versicherungs- und dem Bausparvertreter nach Beendigung seines Agenturvertrages nur dann Provisionsverluste entstehen, wenn die Vertragspartner eine **Provisionsverzichtsklausel**[4] für die Zeit nach der Vertragsbeendigung vereinbart haben. Ein solcher Provisionsverzicht hat nämlich zu Folge, dass die bereits durch die Vermittlungstätigkeit dem Grunde nach verdienten Provisionen, die entsprechend der Prämienzahlung durch den Versicherungsnehmer ratierlich fällig werden, solange der vermittelte Versicherungsvertrag besteht, von der Vertragsbeendigung an nicht mehr geschuldet werden. Die insoweit entstehenden **Provisionsverluste sind ausgleichsfähig**, ebenso wie die Provisionsverluste aus solchen vermittelten Verträgen, die nach § 87 Abs. 3 erst nach der Vertragsbeendigung abgeschlossen werden, sofern nach dem Agenturvertrag auch Provisionsansprüche aus derartigen nachvertraglich erst zustande kommenden Versicherungsverträgen ausgeschlossen sind. Der jeweilige **Provisionsverzicht** ist also die **Vorausset-**

---
1 BGH v. 22.12.2003 – VIII ZR 117/03, VersR 2004, 376.
2 BGH v. 1.6.2005 – VIII ZR 335/04, WM 2005, 1866.
3 BGH v. 14.6.2006 – VIII ZR 261/04, DB 2006, 1953.
4 Zur Wirksamkeit solcher Klauseln vgl. *Graf v. Westphalen*, DB 2000, 2255, 2256.

zung für das Entstehen des Ausgleichsanspruchs[1]. Freilich haben die zuletzt genannten Provisionsverluste aus künftig zustande kommenden Verträgen eine ganz andere Bedeutung als dies im Hinblick auf künftig zustande kommende Geschäfte beim Ausgleichsanspruch des Warenvertreters der Fall ist. Eine **generelle Ausdehnung der Ausgleichsberechtigung des ausgeschiedenen Versicherungsvertreters** auf künftig zustande kommende Verträge würde dazu führen, dass der Ausgleichsanspruch des Versicherungsvertreters rechtlich ebenso wie derjenige des Warenvertreters eine Vergütung für einen aufgebauten Kundenstamm darstellt, was er aber seiner ganzen Natur nach nicht sein kann, zumal dies auch dem Grundsatz widersprechen würde, dass einem Versicherungsvertreter nach § 92 Abs. 2 Provisionsansprüche nur für solche Verträge zustehen, die auf seine Tätigkeit zurückzuführen sind, dass also beim Versicherungsvertreter – von seltenen Ausnahmen abgesehen – Versicherungsverträge prinzipiell nicht provisionspflichtig sein können, deren Zustandekommen nicht ursächlich auf seine Tätigkeit zurückgeführt werden kann. Bei der Berechnung des Ausgleichs ist ferner – genau wie beim Warenvertreter – zu unterscheiden, ob es sich bei den Verlusten um ausgleichspflichtige Abschluss- und Verlängerungsprovisionen oder um nicht ausgleichspflichtige Verwaltungs- bzw. reine Bestandspflegeprovisionen handelt. Die Provisionsarten sollten daher im Vertretervertrag sorgfältig definiert werden. Die vollständige Deklaration von Vermittlungsprovisionen als Verwaltungsprovision ist wegen Verstoßes gegen § 89b Abs. 4 S. 1 unwirksam[2].

163 Im Zusammenhang mit der Entstehung von Provisionsverlusten war lange umstritten, wie Tatbestände ausgleichsrechtlich zu behandeln seien, in denen ein vom Versicherungsvertreter vermittelter Bestand von einem Versicherungsmakler übernommen wurde – man spricht hier häufig von einer „Bestandswegnahme" bzw. einem „Maklereinbruch". Die in diesem Zusammenhang entstehenden Probleme wurden oben in Rn. 56 behandelt.

164 Einen **Ausnahmetatbestand** für den Ausgleichsanspruch des Versicherungs- und des Bausparkassenvertreters bilden nach der Rechtsprechung des BGH[3] die Fälle, in denen bis zur Vertragsbeendigung vermittelte Versicherungs- oder Bausparverträge in der Zeit danach zum **Abschluss von Ergänzungsverträgen** führen, durch die die ursprünglich vom ausgeschiedenen Vertreter vermittelten Verträge inhaltlich erweitert oder der Summe nach erhöht werden. Es handelt sich hier um solche Verträge, für deren Vermittlung der Vertreter regelmäßig durch eine sog. Einmalprovision vergütet zu werden pflegt und in denen die Ergänzungsverträge sich bei **natürlicher Betrachtungsweise** lediglich als Fortsetzung (Verlängerung) oder Erweiterung (Summenerhöhung) der vom ausgeschiedenen Vertreter vermittelten Verträge darstellen. Der BGH hat ausdrücklich festgestellt, dass derartige Nachtragsverträge, die

---

1 BGH v. 20.11.2002 – VIII ZR 211/01, NJW 2003, 1245.
2 BGH v. 14.6.2006 – VIII ZR 261/04, NJW-RR 2006, 1542.
3 BGH v. 23.2.1961 – VII ZR 237/59, BGHZ 34, 310; BGH v. 6.7.1972 – VII ZR 75/71, BGHZ 59, 125. Näheres dazu *Küstner* in Küstner/Thume II, Kap. VIII, Rn. 246 ff. und bei der dortigen Kommentierung der „Grundsätze" in Kap. XX.

in **engem wirtschaftlichen Zusammenhang** mit dem ursprünglichen Vertrag stehen, aus ihm hervorgegangen sind und die das **gleiche Versicherungs- oder Bausparbedürfnis betreffen**, für den Ausgleichsanspruch des Versicherungs- und Bausparkassenvertreters berücksichtigt werden können[1]. Zwischen dem ursprünglich vermittelten Vertrag und dem Nachtrags- bzw. Erweiterungsvertrag muss also **Identität** bestehen. Folgeverträge, die der Versicherungsnehmer oder Bausparer zum Zwecke der Erlangung steuerlicher Vorteile abschließt, die also kein gleiches Versicherungs- bzw. Bausparbedürfnis betreffen, fallen mithin nicht unter diese Ausnahmerechtsprechung des BGH.

Nicht unter diese Rechtsprechung fallen hingegen **Gruppenverträge**, die sich aufgrund einer vereinbarten Klausel während ihrer Laufzeit ständig um **weitere Risiken** erweitern, ohne dass es zusätzlicher Vermittlungsbemühungen des Versicherungsvertreters bedarf. In derartigen Fällen ist der Versicherungsnehmer (also die Gruppenspitze bzw. der Träger der in einem Betrieb geschaffenen Versorgungseinrichtung) aufgrund der im Vertrag getroffenen Vereinbarungen verpflichtet, jeweils zu einem bestimmten Stichtag die in das Versorgungswerk hineinwachsenden Gruppenmitglieder zur Einbeziehung in den Gruppenlebensversicherungsvertrag anzumelden. Bei solchen **Gruppenlebensversicherungsverträgen** besteht eine Parallele zu den im Ausgleichsrecht des Warenvertreters typischen Geschäftsverbindungen bzw. Sukzessivlieferungsverträgen, deren Fortbestand über die Vertragsbeendigung hinaus kraft Gesetzes bzw. aufgrund einer getroffenen Provisionsverzichtsklausel für den ausgeschiedenen Handelsvertreter zu Provisionsverlusten führen. 165

In diesem Zusammenhang muss aber den **Unterschieden** Rechnung getragen werden, die sich in der Versicherungswirtschaft entwickelt haben. Handelt es sich bei einem Gruppenversicherungsvertrag nur um einen **Rahmenvertrag**, gilt etwas anderes. So z.B. bei den Gruppensterbegeldverträgen und Sammelversicherungsverträgen, aufgrund deren zwar laufend ebenfalls **Einzelversicherungsverträge** zustande kommen, wofür aber entsprechende Vermittlungsbemühungen des Versicherungsvertreters notwendig sind. Wenn der Abschluss neuer Einzelversicherungsverträge in einem Rahmenvertrag neue Vermittlungsbemühungen des Versicherungsvertreters voraussetzt, ist wiederum nur auf den im Zeitpunkt der Vertragsbeendigung vorhandenen Bestand abzustellen und die im Rahmen des vermittelten Vertrages zustande kommenden weiteren Einzelversicherungsverträge, die sodann der Vermittlungsbemühungen des Vertreternachfolgers bedürfen, sind als solche ausgleichsrechtlich beim ausgeschiedenen Vertreter unberücksichtigt zu lassen. 166

Derartige Verträge fallen nach der Rechtsprechung auch nicht unter die oben in Rn. 164 geschilderten **Ausnahmetatbestände**, weil es hier an dem ausgleichsrechtlich beachtlichen engen wirtschaftlichen Zusammenhang fehlt, 167

---

[1] Einzelheiten dazu bei *Küstner* in Küstner/Thume II, bei der Kommentierung der „Grundsätze" in Kap. XX.

wie ihn der BGH erstmals in seinem Urteil vom 23.2.1961, dem die Rechtsprechung gefolgt ist, anerkannt hat. Wohl zuletzt hat sich das OLG Celle in seinem Urteil vom 25.11.1992[1] mit einem solchen Tatbestand befassen müssen. Dort hatte ein ausgeschiedener Versicherungsvertreter zusätzlich zu dem ihm für den aufgebauten Bestand zugeflossenen Ausgleich weitere Ausgleichsforderungen für einen von ihm vermittelten Rahmenvertrag geltend gemacht, der „über Lebensversicherungsverträge mit Sammelinkasso" abgeschlossen worden war und in dem für den Versicherungsnehmer günstige Konditionen festgelegt waren, zu denen sich dessen Mitarbeiter durch Abschluss einzelner Verträge versichern konnten. Nach dem Vertrag war das Unternehmen verpflichtet, den Einzug der Beiträge vorzunehmen. Das Berufungsgericht hat die Ausgleichsklage zutreffend abgewiesen, weil ein Versicherungsvertreter nur im Hinblick auf die bis zur Vertragsbeendigung vermittelten neuen Versicherungsverträge oder deren wesentliche Erweiterung ausgleichsberechtigt sei. Versicherungsabschlüsse, die erst nach Beendigung des Versicherungsvertretervertrages zustande kämen, hätten grundsätzlich außer Betracht zu bleiben, denn es fehle hier an der von der Rechtsprechung geforderten Voraussetzung, dass die nach dem Ausscheiden des Vertreters zustande gekommenen Abschlüsse sich bei natürlicher Betrachtungsweise lediglich als Fortsetzung oder Erweiterung vom Vertreter vermittelter Verträge darstellen. Bei Rahmenverträgen aber fehle schon der enge wirtschaftliche Zusammenhang, der nur dann angenommen werden könne, wenn ein Zweitvertrag der Abdeckung des gleichen Risikos diene oder wenn der abgeschlossene Vertrag später erhöht werde. Enthalte der mit dem Unternehmer abgeschlossene Vertrag indessen nur Rahmenbedingungen und müssten die einzelnen Versicherungsverträge jeweils erst von den Interessenten abgeschlossen werden, sei ein solcher Vertrag mit einem echten Gruppenversicherungsvertrag nicht vergleichbar. Denn dessen Besonderheit liege darin, dass das Volumen des abgeschlossenen Gruppenversicherungsvertrages sich durch das Hinzutreten eines neuen Versicherten allein aufgrund seiner Gruppenzugehörigkeit, also ohne weiteres Zutun, ausdehne.

c) Billigkeitsgrundsatz

168 Bzgl. der Billigkeitsgesichtspunkte, die sich auf den Ausgleichsanspruch eines Versicherungs- oder Bausparkassenvertreters auszuwirken vermögen, gelten **keine Besonderheiten**; auf die Ausführungen oben zu Rn. 94 ff. sei deshalb verwiesen.

3. Ausgleichshöchstgrenze

169 Die Ausgleichshöchstgrenze im Bereich der Versicherungs- und Bausparkassenvertreter ist nach § 89b Abs. 5 S. 2 auf eine dreifache durchschnittliche Jahresprovision angehoben. Dies beruht darauf, dass ein ausscheidender Versicherungsvertreter i.d.R. bereits verdiente Provisionsansprüche verliert,

---

1 OLG Celle v. 25.11.1992 – 11 U 181/91, besprochen in VW 1994, 314.

die ihm weiterhin zugeflossen wären, wenn er nicht eine Provisionsverzichtsklausel vereinbart hätte. Wie erwähnt, handelt es sich beim Ausgleichsanspruch des Versicherungsvertreters nicht um eine infolge der Vertragsbeendigung entgehende Chance, aus möglichen künftigen Nachbestellungen der geworbenen neuen Kunden Provisionsansprüche herzuleiten, sondern sein Ausgleichsanspruch entsteht nur, sofern die laufenden und gleich bleibend ratierlich fällig werdenden Provisionen von der Vertragsbeendigung an durch eine in diesem Zeitpunkt wirksam werdende Provisionsverzichtsklausel entfallen. Die erheblich höhere Ausgleichshöchstgrenze rechtfertigt sich mithin daraus, dass beim Versicherungs- und Bausparkassenvertreter der Ausgleichsanspruch als Provisionssurrogat im Hinblick auf die dem Grunde nach bereits erworbenen, aber infolge einer Provisionsverzichtsklausel entfallenden Provisionsansprüche anzusehen ist, während es sich beim Ausgleichsanspruch des Warenvertreters um eine zusätzliche Vergütung handelt, die zu den bis zur Vertragsbeendigung bereits verdienten Provisionen hinzutritt und die sich auf Provisionsansprüche bezieht, die dem Handelsvertreter als künftig zustande kommenden Aufträgen der von ihm bis zur Vertragsbeendigung neu geworbenen Kunden zufließen würden, wenn sein Vertretervertrag nicht beendet worden wäre.

4. Bedeutung der Grundsätze

Da beim Versicherungsvertreter, dem vertraglich laufende gleich bleibende Provisionen solange zu zahlen sind, wie der vermittelte Versicherungsvertrag läuft, immer wieder die Frage **Schwierigkeiten** bereitet, in welchem Umfang in den geschuldeten Folgeprovisionen anteilig noch eine Vermittlungsprovision (Abschlussfolgeprovision) enthalten ist und weil andererseits in der Praxis immer wieder Probleme entstehen, wenn ermittelt werden muss, in welchem Umfang nachvertraglich zustande kommende Verträge als Ergänzungsverträge ausgleichsrechtlich berücksichtigt werden können, sind zunächst in der Sachversicherung, später aber auch in der Kranken- und Lebensversicherung sowie in der Bausparwirtschaft zwischen den Unternehmens- und Vertreterverbänden „**Grundsätze zur Errechnung der Höhe des Ausgleichsanspruchs**"[1] erarbeitet worden, die heute nahezu ausnahmslos in der Versicherungs- und Bausparwirtschaft der Ausgleichsberechnung zugrunde gelegt werden[2]. Diese Grundsätze sind heute teilweise als Handelsbrauch anerkannt, zuletzt durch Urteil des OLG Frankfurt vom 9.5.1986[3], zumindest aber nach der Rechtsprechung als Erfahrungswerte bei der Berechnung eines Ausgleichsanspruchs zu

---

1 Text der einzelnen Grundsätze bei *Küstner/Thume* II, S. 893 ff.; *Hopt*, HVR, 3. Aufl. 2003, Materialien IV.
2 Einzelheiten und Berechnungsbeispiele zu den in der Versicherungs- und Bauwirtschaft maßgeblichen Grundsätzen bei *Küstner* in Küstner/Thume II, Kommentierung der „Grundsätze", in Kap. XX.
3 OLG Frankfurt v. 9.5.1986 – 10 U 48/85, VersR 1986, 814; a.A. OLG Frankfurt v. 21.11.1995 – 8 U 110/95, n.v.; vgl. dazu *Küstner*, VW 1996, 1140; zur umfangreichen weiteren Rechtsprechung vgl. *Küstner* in Küstner/Thume II, Kap. XX, Rn. 14 ff. Vgl. auch LG Köln v. 4.7.1997 – 82 O 222/93, n.v.; dazu *Küstner*, VW 1997, 1166.

berücksichtigen[1]. In der Literatur allerdings wird ihr Charakter als Handelsbrauch weitgehend in Zweifel gezogen[2]. Die Berechnung des Ausgleichs nach den „Grundsätzen" widerspricht nicht § 89b Abs. 4 S. 1, wenn die Parteien nach Vertragsbeendigung diese bei der Berechnung in Höhe des Ausgleichsanspruches einvernehmlich zugrundelegen[3]. Sie ist zumindest eine seit Jahrzehnten bewährte Berechnungsgrundlage. Will der Handelsvertreter davon abweichen, muss er substantiiert und schlüssig vortragen und ggf. auch beweisen, welche Verträge er neu vermittelt hat. Verträge aus übernommenen und übertragenen Beständen können nur berücksichtigt werden, soweit sie der Vertreter so wesentlich erweitert hat, dass dies wirtschaftlich der Vermittlung eines neuen Versicherungsvertrages entspricht. Der Hinweis, ein übertragener Bestand könne wegen der Abwanderungsquote nicht mehr vorhanden sein, ist unzureichend[4].

171 Die für Ausgleichsansprüche in den einzelnen Versicherungssparten maßgeblichen Grundsätze stellen zwangsläufig eine **pauschalierte Regelung** dar, die indessen den besonderen Verhältnissen im Hinblick auf die vermittelten Bestände, die zwischen den Parteien vereinbarten Provisionsregelungen und die Dauer der für das Versicherungsunternehmen ausgeübten Vermittlungstätigkeit Rechnung tragen. Zu beachten ist, dass im Bereich der „Grundsätze-Sach" aufgrund einer getroffenen Vereinbarung zwischen dem Gesamtverband der deutschen Versicherungswirtschaft und den Vertreterverbänden eine Einigung dahingehend zustande gekommen ist, dass bzgl. der Ausgleichshöhe kein Unterschied mehr gemacht wird, gleichgültig, ob der Vertretervertrag im Erlebensfalle oder im Todesfall endet[5]. Die frühere Regelung ging dahin, dass im Todesfall ein den Erben des verstorbenen Versicherungsvertreters zustehender Ausgleich die Höhe des Ausgleichs nicht erreichte, der im Erlebensfalle nach den Grundsätzen zu zahlen gewesen wäre.

XI. Beweislastfragen[6]

172 Grundsätzlich trägt der **Handelsvertreter** die Beweislast dafür, dass die Voraussetzungen für den geforderten Ausgleich erfüllt sind. Dies gilt in besonderem Maße für seine Behauptung, dass die von ihm als **Neukunden** geworbenen Kunden auch „neu" i.S.d. Ausgleichsrechts sind. Insoweit ist der

---

1 OLG Hamburg v. 26.3.1992 – 8 U 97/90, VersR 1993, 476; *Thume*, BB 2002, 1325.
2 *Baumbach/Hopt*, § 89b Rn. 96; MünchKommHGB/*v. Hoyningen-Huene*, § 89b Rn. 253; *Graf v. Westphalen*, DB 2000, 2255.
3 BGH v. 21.5.1975 – I ZR 141/74, WM 1975, 856; BGH v. 20.11.2002 – VIII ZR 211/01, NJW 2003, 1245; OLG München v. 21.12.2005 – 7 U 2941/05, VersR 2006, 1124.
4 OLG München v. 21.12.2005 – 7 U 2941/05, VersR 2006, 1124.
5 Die diesbezügl. Korrespondenz ist abgedr. bei *Küstner* II, Rn. 1863; zur Problematik vgl. auch ebd., Rn. 1653 und *Küstner*, VersVerm 1994, 444.
6 Zur Beweislast s. BGH v. 19.11.1970 – VII ZR 47/69, BGHZ 55, 45, 52; BGH v. 26.2.1997 – VIII ZR 272/95, BB 1997, 852; vgl. auch OLG Saarbrücken v. 4.12.1996 – 1 U 343/96, NJW-RR 1997, 353 mit Anm. *Thume*, BB 1997, 1604.

Handelsvertreter also auch dafür beweispflichtig, dass übernommene Altkunden durch Intensivierung ausgleichsrechtlich neu geworbenen Kunden gleichstehen. Dieser Beweislast genügt der Handelsvertreter keineswegs dann, wenn er sich darauf beschränkt, lediglich die durchschnittliche Jahresprovision der letzten fünf Jahre zu fordern, ohne darzulegen, dass die einzelnen Anspruchsvoraussetzungen erfüllt sind[1]. Kann der Handelsvertreter den Beweis, Neukunden für das vertretene Unternehmen geworben zu haben, führen, gilt nach der Rechtsprechung ein „Beweis des ersten Anscheins", dass mit diesen neugeworbenen Kunden auch weiterhin Folgegeschäfte zustande kommen werden, die dem Handelsvertreter weiterhin provisionspflichtig wären, wenn das Vertragsverhältnis nicht beendet worden wäre. Bestreitet aber der Unternehmer die Neukundeneigenschaft, muss der Handelsvertreter auch beweisen, dass durch seine Tätigkeit Geschäftsverbindungen zwischen dem Unternehmer und den neuen Kunden zustande gekommen sind. Der Handelsvertreter ist auch bezüglich der aus der Vertragsbeendigung resultierenden Unternehmervorteile beweispflichtig. Allerdings wird ihm dieser Beweis dadurch erleichtert, dass eine tatsächliche Vermutung dafür spricht, dass eine im Zeitpunkt der Vertragsbeendigung bestehende Geschäftsverbindung auch weiterhin zu Folgegeschäften führen wird, wenn diese Geschäftsverbindung schon in der Vergangenheit immer wieder zu Geschäftsabschlüssen geführt hatte.

Der Handelsvertreter kann seiner Beweispflicht **nicht** dadurch entgehen, dass er den Unternehmer auf **Auskunftserteilung** über die nach der Vertragsbeendigung eingetretene Entwicklung der von ihm vermittelten Verträge in Anspruch nimmt. Der BGH hat in seinem Urteil vom 3.4.1996[2] einen solchen Anspruch abgelehnt. Zwar könne sich ein Anspruch auf Auskunft aus Treu und Glauben ergeben, wenn der Berechtigte in entschuldbarer Weise über das Bestehen oder den Umfang seines Rechts im Ungewissen sei und er sich die zur Vorbereitung und Durchführung seines Zahlungsanspruchs notwendigen Auskünfte nicht auf zumutbare Weise selbst beschaffen könne und der Verpflichtete sie unschwer zu geben vermag. Im Hinblick auf die künftige Entwicklung von ihm vermittelter Verträge bzw. im Hinblick auf die künftige Entwicklung einer Geschäftsverbindung sei es aber ausreichend, dass der Vertreter darlege, in welchem Umfang schon vor der Vertragsbeendigung Einzelgeschäfte – bzw. im Bereich des Versicherungsvertreters Vertragsverlängerungen oder Summenerhöhungen – „vorgekommen sind", weil daraus auf eine entsprechende weitere Entwicklung nach seinem Ausscheiden geschlossen werden könne.

173

---

1 OLG Saarbrücken v. 4.12.1996 – 1 U 343/96, BB 1997, 1603 mit Anm. *Thume*. Zur Substantiierung bzgl. der Höhe des Ausgleichsanspruchs eines Vertragshändlers vgl. BGH v. 12.1.2000 – VIII ZR 19/99, VersR 2000, 487 sowie zur Darlegungslast des Handelsvertreters *Schreiber*, NJW 1998, 3737 zu Ziff. II.
2 BGH v. 3.4.1996 – VIII ZR 54/95, BB 1996, 1190.

XII. Wettbewerbsbeschränkung durch Ausgleichszahlung?

174 Da ein Ausgleich gem. § 89b nichts weiter ist als eine in Kapitalform pauschalierte Abgeltung der aus der Vertragsbeendigung resultierenden Unternehmervorteile und der Provisionsverluste des Vertreters, hat eine Ausgleichszahlung keine wettbewerbsbeschränkende Wirkung zu Lasten des Handelsvertreters. Der **Ausgleichsanspruch** einerseits und eine **nachvertragliche Wettbewerbsbeschränkung** andererseits beruhen auf ganz unterschiedlichen Rechtsgrundlagen. Der Ausgleichsanspruch stellt eine von Billigkeitsgesichtspunkten beeinflusste zusätzliche Vergütung des Warenvertreters bzw. ein Provisionssurrogat des Versicherungsvertreters dar; durch ihn wird der Aufbau eines neuen Kundenstammes bzw. – beim Versicherungsvertreter – die Vermittlung neuer Versicherungsverträge vergütet. Demgegenüber bedarf eine nachvertragliche Wettbewerbsbeschränkung des Waren- bzw. Versicherungsvermittlers einer besonderen Vorschriften unterliegenden Wettbewerbsabrede, die ihrerseits entschädigungspflichtig ist (vgl. dazu § 90a Rn. 12 ff.).

175 Wenn also wenn eine **Ausgleichszahlung** geschuldet wird und außerdem eine entschädigungspflichtige **Wettbewerbsabrede** getroffen wurde, sind beide Leistungen **unabhängig voneinander zu erbringen**. In der Literatur wird diese Auffassung einhellig vertreten. Der BGH hat sich mit dieser Frage allerdings noch nicht befassen müssen. Das OLG Hamm hat in seinem Urteil vom 12.1.1989[1] für den Bereich der Versicherungswirtschaft festgestellt, dass eine Ausgleichszahlung nicht zu einer Wettbewerbsbeschränkung führen könne, weil dies der gesetzlichen Wertung widerspreche, wie sie durch die §§ 89b und 90a getroffen worden sei. Dort würden die Ausgleichszahlung und die nachvertragliche Wettbewerbsabrede unabhängig voneinander geregelt. Die Wettbewerbsabrede i.S.d. § 90a mit ihren eingeschränkten Möglichkeiten würde unterlaufen werden, wenn sämtliche Verträge, für die eine Ausgleichszahlung erfolge, automatisch auch einem Wettbewerbsverbot unterlägen. Es erscheine aber auch widersprüchlich, wenn ein Handelsvertreter, der aus eigenem Verschulden seinen Ausgleichsanspruch verliere, keinem Wettbewerbsverbot unterläge, wohl aber derjenige, dem seinerseits zu Unrecht gekündigt worden sei, der sich aber dann gleichwohl unter Hinnahme der Kündigung mit einem Ausgleichsanspruch begnüge. Wollte man einer Wettbewerbsbeschränkung durch eine Ausgleichszahlung das Wort reden, würden Regelungsgebiete miteinander verknüpft werden, zwischen denen streng zu trennen sei.

---

1 OLG Hamm v. 12.1.1989 – 4 U 77/88, BB 1989, 1221. Vgl. dazu auch *Küstner*, Kommentar „Grundsätze", Rn. 567 ff., 562.

§ 90
Geschäfts- und Betriebsgeheimnisse

Der Handelsvertreter darf Geschäfts- und Betriebsgeheimnisse, die ihm anvertraut oder als solche durch seine Tätigkeit für den Unternehmer bekannt geworden sind, auch nach Beendigung des Vertragsverhältnisses nicht verwerten oder anderen mitteilen, soweit dies nach den gesamten Umständen der Berufsauffassung eines ordentlichen Kaufmanns widersprechen würde.

Schrifttum: *Dannecker*, Der Schutz von Geschäfts- und Betriebsgeheimnissen, BB 1987, 1614; *Gaul*, Die Durchsetzung des Schutzes eines betriebsgeheimen Know-how, WRP 1988, 215; *Mautz/Löblich*, Nachvertraglicher Verrat von Betriebs- und Geschäftsgeheimnissen, MDR 2000, 67.

I. Bedeutung der Vorschrift

Die Geheimhaltungspflicht des Handelsvertreters bzgl. der Geschäfts- und Betriebsgeheimnisse des Unternehmers stellt eine besondere Ausprägung der schon in § 86 Abs. 1 ausdrücklich zwingend geregelten **Interessenwahrnehmungspflicht** dar. Sie hat ihre Ursache auch in der in § 90 angesprochene „Berufsauffassung eines ordentlichen Kaufmanns", die der Handelsvertreter ohnehin bereits nach § 347 Abs. 1 zu wahren hat.

II. Auslegung

Die nach § 90 dem Handelsvertreter **vor und nach der Vertragsbeendigung** obliegenden Pflichten betreffen **Geschäftsgeheimnisse** und **Betriebsgeheimnisse**, die ihm anvertraut oder durch seine Tätigkeit bekannt geworden sind. Beide Begriffe umfassen alle mit einem Geschäftsbetrieb zusammenhängenden Tatsachen, die nur einem eng begrenzten Personenkreis bekannt sind und die nach dem erklärten Willen des Unternehmers geheim zu halten sind.

Unter dem Begriff des **Geschäftsgeheimnisses** fallen alle Tatsachen, die den allgemeinen Geschäftsverkehr des Unternehmens im Hinblick auf den Kundenstamm, die Lieferanten und dgl. betreffen, während sich **Betriebsgeheimnisse** auf den technischen Ablauf, insbesondere die Herstellung, angewendete Herstellungsverfahren, technische Daten, Kalkulationsunterlagen u.Ä. beziehen[1].

Geschäfts- und Betriebsgeheimnisse sind dem Handelsvertreter „anvertraut", wenn sie ihm „vertraulich" zur Kenntnis gebracht wurden, weil er dieser Kenntnis zur Durchführung einer erfolgreichen Vermittlungstätigkeit bedarf. Sind sie ihm durch seine Tätigkeit bekannt geworden, kommt es nicht darauf an, ob das befugt oder unbefugt geschah. Er darf sie auch dann

---
1 *v. Gamm*, Wettbewerbsrecht, 5. Aufl. 1987, Kap. 50 Rn. 12.

nicht verwerten und Dritten mitteilen, wenn sie mit seiner eigenen Tätigkeit nicht direkt zusammenhängen, also z.B. Produkte betreffen, die er selbst nicht akquiriert.

III. Problematik der Kundenlisten

5 Von besonderer Bedeutung sind **Kundenlisten** und Adressen von einzelnen Kunden, die der Unternehmer dem Handelsvertreter bei Beginn oder während des Vertrages zur Verfügung stellt. Handelt es sich um Kunden, die nicht schon aufgrund ihrer Branchenzugehörigkeit als potentielle Abnehmer allgemein und daher auch jedem Branchenkenner bekannt sind, sondern um Privatkunden, die diesen Bekanntheitsgrad nicht haben, so hat der Unternehmer an deren Adressen ein besonderes Interesse an deren Geheimhaltung und Respektierung, das von der Rechtsprechung auch als schützenswert anerkannt ist. Dies gilt namentlich beim Vertrieb des Unternehmers an Endverbraucher. **Während des Vertrages** hat der Handelsvertreter schon aufgrund der Interessenwahrungs- und Treuepflicht diese Kundenlisten streng geheim zu halten.

6 **Nach Vertragsbeendigung** ist eine Interessenabwägung nach Treu und Glauben im Einzelfall notwendig, soweit die Parteien nicht ohnehin ein nachvertragliches und entschädigungspflichtiges Wettbewerbsverbot gemäß § 90a vereinbart haben. Dazu hat die Rechtsprechung folgende Grundsätze entwickelt: Kundenlisten sind bei Vertragsbeendigung **an den Unternehmer herauszugeben**. Der Handelsvertreter darf auch Kundenlisten nicht ohne Erlaubnis kopieren oder sich Notizen daraus machen, bevor er sie bei Beendigung des Vertrages zurückgibt[1]. **Unzulässig und verboten** ist die **Verwertung von Weitergaben von Anschriften** und Listen „aktiver" Kunden, welche die Geschäftsbeziehung zu dem Unternehmer fortsetzen wollen. Diese sind Geschäftsgeheimnis und nach Vertragsende geheim zu halten und dürfen nicht verwertet werden[2]. Schon gar nicht dürfen solche Listennamen an einen Auftraggeber derselben Branche weitergegeben werden[3]. Unlauter handelt der Handelsvertreter insbesondere, wenn er zu Unrecht zurückbehaltene oder auf unlautere Weise beschaffte Kundenlisten verwendet, um nach Vertragsbeendigung Kunden abzuwerben[4]. Der BGH hat im Urteil vom 19.12.2000 auch dann noch eine unzulässige strafbare Verwertung einer Kundenliste gesehen, wenn dem Vertreter Namen aus dieser Liste im Rahmen seiner geschäftlichen Tätigkeit während des Vertrages in seine persönlichen Unterlagen gelangt waren und später von diesem bei der Übernahme eines neuen konkurrierenden Unternehmens verwertet wurden[5]. Dagegen liegt kein vertragwidriges oder wettbewerbswidriges Verhalten vor, wenn der ausgeschiedene Vertreter nur solche Kundenadressen verwertet,

---
1 BGH v. 14.1.1999 – I ZR 2/97, BB 1999, 1452.
2 BGH v. 28.1.1993 – I ZR 294/90, NJW 1993, 1786; BGH v. 10.5.1995 – VIII ZR 144/94, BB 1995, 1437 und BGH v. 14.1.1999 – I ZR 2/97, BB 1999, 1452.
3 OLG Koblenz v. 24.7.1986 – 6 U 604/86, NJW-RR 1987, 95.
4 BGH v. 30.10.1962, WRP 1963, 50; OLG Karlsruhe v. 23.7.1986 – 6 U 86/86, n.v.
5 BGH v. 19.12.2000 – I ZR 119/00, WRP 2003, 642.

die in seinem Gedächtnis geblieben sind oder er sich solche Anschriften von Kunden nutzbar macht, die keinen dauerhaften geschäftlichen Kontakt mit dem bisherigen Unternehmen aufgenommen hatten[1].

Umstritten ist, ob die vorgenannten Grundsätze auch für die vom Handelsvertreter selbst für den Unternehmer neu geworbenen Kunden gelten sollen[2]. Dies dürfte allerdings zu weit gehen, weil andernfalls kein Handelsvertreter nach Beendigung des Vertrages bei der Übernahme einer neuen Konkurrenzvertretung die selbst geworbenen Kunden ansprechen dürfte. Das würde wohl dem **Grundsatz der Wettbewerbsfreiheit** widersprechen. Es gehört vielmehr zum Wesen des Wettbewerbs, dass Kunden abgeworben werden. Darum hat grundsätzlich niemand Anspruch auf Erhaltung seines Kundenstammstamms[3]. So ist auch das formularmäßige Verbot in einem Vertrag, das dem Handelsvertreter jede Nutzung von Kundenanschriften für den Fall seines Ausscheidens untersagt, nicht vereinbar mit dem Leitbild des § 90. Vielmehr entspricht es den Grundsätzen des Leistungswettbewerbs und widerspricht deshalb nicht der Berufsauffassung eines ordentlichen Kaufmanns, wenn ein ausgeschiedener Handelsvertreter in Konkurrenz mit dem früher von ihm vertretenen Unternehmen tritt[4]. Auch das BAG ist ähnlicher Auffassung[5]. Aus der Verschwiegenheitspflicht folge – zumindest dann, wenn sie den Außendienst-Mitarbeiter in nicht unerheblicher Weise in seiner nachvertraglichen Berufsausübung beschränkt – kein weitergehendes Verbot, die Kunden des bisherigen Arbeitgebers zu umwerben. Wenn der Arbeitgeber dies verhindern wolle, müsse er mit dem Arbeitnehmer ein Wettbewerbsverbot vereinbaren.

Beantragt der Unternehmer zur Durchsetzung des Verbots gem. § 90 eine **einstweilige Verfügung**, braucht dem Verfügungsantrag keine Liste mit den Namen und Anschriften der Kunden beigefügt zu werden, auf die sich das Verwertungsverbot des Handelsvertreters bzw. seine Geheimhaltungspflicht bezieht. Anderenfalls würde gerade durch die Antragstellung eine besondere Gefährdung der Interessen des Unternehmers eintreten, deren Schutz das einstweilige Verfügungsverfahren dient[6].

---

1 BGH v. 14.1.1999 – I ZR 2/97, BB 1999, 1452; Näheres zum Verbot der Verwendung von Kundenlisten s. *Thume* in Küstner/Thume I, Rn. 2159-218; *Ebenroth/Boujong/ Joost/Löwisch*, § 90 Rn. 7; MünchKommHGB/v. *Hoyningen-Huene*, § 90 Rn. 23 und *Heymann/Sonnenschein/Weitemeyer*, § 90 Rn. 4.
2 So OLG Koblenz v. 24.7.1986 – 6 U 604/86, NJW-RR 1987, 95; MünchKommHGB/v. *Hoyningen-Huene*, § 90 Rn. 25; a.A. *Ebenroth/Boujong/Joost/Löwisch*, § 90 Rn. 7.
3 BGH v. 7.4.2005 –I ZR 140/02, WRP 2005, 874 zur Kündigungshilfe des ausgeschiedenen Versicherungsvertreters.
4 BGH v. 28.1.1993 – I ZR 294/90, NJW 1993, 1786.
5 BAG v. 15.12.1987 – 3 AZR 474/86, DB 1988, 1020.
6 BAG v. 15.12.1987 – 3 AZR 474/86, DB 1988, 1020; vgl. BGH v. 6.11.1963 – 1b ZR 41/62, 40/63, DB 1963, 1758.

§ 90a
Nachvertragliches Wettbewerbsverbot

(1) Eine Vereinbarung, die den Handelsvertreter nach Beendigung des Vertragsverhältnisses in seiner gewerblichen Tätigkeit beschränkt (Wettbewerbsabrede), bedarf der Schriftform und der Aushändigung einer vom Unternehmer unterzeichneten, die vereinbarten Bestimmungen enthaltenden Urkunde an den Handelsvertreter. Die Abrede kann nur für längstens zwei Jahre von der Beendigung des Vertragsverhältnisses an getroffen werden; sie darf sich nur auf den dem Handelsvertreter zugewiesenen Bezirk oder Kundenkreis und nur auf die Gegenstände erstrecken, hinsichtlich deren sich der Handelsvertreter um die Vermittlung oder den Abschluss von Geschäften für den Unternehmer zu bemühen hat. Der Unternehmer ist verpflichtet, dem Handelsvertreter für die Dauer der Wettbewerbsbeschränkung eine angemessene Entschädigung zu zahlen.

(2) Der Unternehmer kann bis zum Ende des Vertragsverhältnisses schriftlich auf die Wettbewerbsbeschränkung mit der Wirkung verzichten, dass er mit dem Ablauf von sechs Monaten seit der Erklärung von der Verpflichtung zur Zahlung der Entschädigung frei wird.

(3) Kündigt ein Teil das Vertragsverhältnis aus wichtigem Grund wegen schuldhaften Verhaltens des anderen Teils, kann er sich durch schriftliche Erklärung binnen einem Monat nach der Kündigung von der Wettbewerbsabrede lossagen.

(4) Abweichende für den Handelsvertreter nachteilige Vereinbarungen können nicht getroffen werden.

Übersicht

	Rn.		Rn.
I. Bedeutung	1	b) Art der Entschädigung	17
II. Inhalt und Umfang der Wettbewerbsabrede	4	c) Fälligkeit der Entschädigung	18
		d) Fehlende Angemessenheit	19
III. Formvorschriften	8	V. Wegfall der Wettbewerbsbeschränkung	
1. Schriftform	9		
2. Aushändigung einer Urkunde	11	1. Wegfall durch Verzicht oder Vertrag	
IV. Wettbewerbsentschädigung		a) Schriftlicher Verzicht des Unternehmers	20
1. Rechtsnatur			
a) Keine Mindestverpflichtung	12	b) Aufhebungsvereinbarung	21
b) Entgeltcharakter der Wettbewerbsentschädigung	13	2. Wegfall aus anderen Gründen	22
2. Angemessenheit und Form		3. Kündigung aus wichtigem Grund	24
a) Angemessenheit der Entschädigung	14	VI. Verletzung des Wettbewerbsverbots	25
		VII. Abweichende Abreden	29

Schrifttum: *Bauer/Diller*, Nachvertragliche Wettbewerbsverbote: Änderungen durch die Schuldrechtsreform, NJW 2002, 1609; *Flatten*, Nachvertragliche Wettbewerbsverbote aus Unternehmersicht, ZIP 1999, 1701; *Gaul/Khanian*, Zulässigkeit und Grenzen arbeitsrechtlicher Regelungen zu Wettbewerbsverboten, MDR 2006, 181; *Grüll*, Die Konkurrenzklausel, 5. Aufl. 1993; *Gutbrod*, Zulässigkeit des nachvertraglichen Wettbewerbsverbotes ohne Karenzentschädigung, DB 1990, 1806; *Küstner*, Zur Wirksamkeit eines Wettbewerbsverbots nach § 90a HGB, wenn kein Bezirk zugewiesen ist, BB 1997, 1753; *Mayer*, Das gesetzliche Wettbewerbsverbot für Handelsvertreter, BB 1979, 500; *Plett*, Wirksamkeitsvoraussetzungen des nachvertraglichen Wettbewerbsverbots, DB 1986, 2282; *Röhsler/Borrmann*, Wettbewerbsbeschränkungen für Arbeitnehmer und Handelsvertreter, 1981; *Steindorff*, Vereitelte Ansprüche und Wettbewerbsverbot des Handelsvertreters, ZHR 130 (1980), 82; *Thume* in Küstner/Thume, Handbuch des gesamten Außendienstrecht, Band I, 3. Aufl. 2000, Rn. 2200 ff.

I. Bedeutung

§ 90a gilt in der heutigen Fassung seit 1.1.1990 für damalige Neuverträge und mit Wirkung vom 1.1.1994 für frühere Altverträge[1]. Nach § 90a Abs. 1 S. 2 2. Hs. können Wettbewerbsabreden in sachlicher und geographischer Hinsicht nicht mehr unbeschränkt vereinbart werden. Vielmehr darf sich ein Wettbewerbsverbot nur auf den dem Handelsvertreter zugewiesenen Bezirk oder Kundenkreis erstrecken und auch nur auf die Gegenstände, hinsichtlich derer der Handelsvertreter als Abschluss- bzw. Vermittlungsvertreter für den Unternehmer tätig ist.

Ferner gilt nach § 90a Abs. 3 das Lossagungsrecht infolge einer Kündigung aus wichtigem Grunde seitdem für beide Teile; der frühere Verlust des Entschädigungsanspruchs bei einer unternehmerseitigen Kündigung aus wichtigem Grund ist entfallen.

Die **Formvorschriften** der Bestimmung, die **Karenzfrist** von zwei Jahren, der **Umfang** des Wettbewerbsverbots und die vom Unternehmer während seiner Geltung bzw. im Falle des Verzichts geschuldete **Wettbewerbsentschädigung** sind insofern **zwingender Natur**, als abweichende für den Handelsvertreter nachteilige Vereinbarungen nicht getroffen werden können (§ 90a Abs. 4). In Wettbewerbsabreden enthaltene Bestimmungen, die der gesetzlichen Regelung nicht entsprechen und die deshalb unwirksam sind, führen jedoch nicht zur Unwirksamkeit der gesamten Abrede, vielmehr tritt an die Stelle der unwirksamen Vertragsbestimmung die zwingende gesetzliche Regelung[2]. Bezieht sich also z.B. die Wettbewerbsabrede auf einen längeren Zeitraum als zwei Jahre, wird sie mit Ablauf des zweiten Jahres, gerechnet ab Vertragsbeendigung, gegenstandslos[3]; bezieht sich die Abrede nach altem Recht auf das gesamte Bundesgebiet, obwohl dem Handelsvertreter nur der Freistaat Bayern als Vertretungsbezirk zugewiesen war, beschränkt sich nach der Neufassung des Gesetzes die Abrede nur auf den Vertretungsbezirk; ist die Wettbewerbsentschädigung mit Rücksicht auf die vereinbarte bun-

---
1 Näheres siehe ausführlich bei *Küstner/Thume* I, Rn. 2200 ff.
2 H.M.; OLG München v. 11.4.1963 – 6 U 588/63, BB 1963, 1194; *Canaris*, HR, § 15 Rn. 125; *Baumbach/Hopt*, § 90a Rn. 31; *Heymann/Sonnenschein/Weitemeyer*, § 90a Rn. 32; MünchKommHGB/*v. Hoyningen-Huene*, § 90a Rn. 68.
3 *Canaris*, HR, § 15 Rn. 125; *Baumbach/Hopt*, § 90a Rn. 31.

desweite Geltung des Wettbewerbsverbots hoch angesetzt, musste sie infolge der Verbotsbeschränkung auf den zuletzt bearbeiteten Vertretungsbezirk entsprechend herabgesetzt werden; ist ein entschädigungsloses Wettbewerbsverbot vereinbart, steht dem Handelsvertreter gleichwohl ein Anspruch auf Zahlung einer Wettbewerbsentschädigung gem. § 90a Abs. 1 S. 3 zu.

II. Inhalt und Umfang der Wettbewerbsabrede

4 Eine **Wettbewerbsabrede** i.S.d. § 90a ist eine Vereinbarung zwischen den Vertragsparteien, die den Handelsvertreter in seiner gewerblichen Tätigkeit beschränkt, die **vor – oder spätestens gleichzeitig mit – der Beendigung** des Vertragsverhältnisses getroffen wird und die sich allein auf einen Zeitraum von maximal zwei Jahren nach der Vertragsbeendigung bezieht. Die Auslegung einer Wettbewerbsabrede kann ergeben, dass sie nur für den Fall einer ordentlichen Kündigung, nicht aber dann gelten soll, wenn der Unternehmer das Vertragsverhältnis wegen schuldhaften Verhaltens des Handelsvertreters aus wichtigem Grund gekündigt hat[1].

5 Wettbewerbsabreden, die erst **nach der Vertragsbeendigung** getroffen werden, unterliegen nicht den zwingenden Regelungen des § 90a; sie können also – wenn auch stets nur innerhalb der durch §§ 138, 157 und 242 BGB gesetzten Grenzen – zeitlich, örtlich und sachlich unbeschränkt vereinbart werden und lösen auch keine Entschädigungsansprüche des Handelsvertreters aus, sofern diese nicht in der nachvertraglichen Vereinbarung ausdrücklich vorgesehen sind[2]. Dies gilt allerdings nur, wenn mit der Vertragsbeendigung die wirtschaftliche Abhängigkeit des Handelsvertreters vom Unternehmer endet und er von diesem Zeitpunkt an nicht mehr schutzbedürftig ist. Für derartige Fälle hat der BGH[3] ausgesprochen, dass § 90a auch für solche Wettbewerbsabreden nicht gelte, die gleichzeitig mit der Vertragsbeendigung getroffen werden oder die in einer Vereinbarung enthalten sind, durch die das Vertragsverhältnis rückwirkend aufgehoben wird[4]. Diese Einschränkung des Anwendungsbereichs des § 90a für erst nachvertraglich getroffene Wettbewerbsabreden ergibt sich aus ihrem Schutzzweck. Sie rechtfertigt sich nur in Fällen, in denen sich nach der Beendigung des Handelsvertretervertrages der Handelsvertreter und der Unternehmer gleichberechtigt gegenüberstehen. Fehlt es an dieser Gleichberechtigung, findet § 90a auch auf solche Wettbewerbsabreden Anwendung, die erst nach Beendigung des Vertragsverhältnisses getroffen werden[5]. Ferner ist § 90a in vollem Umfange dann anwendbar, wenn die Parteien die Vertragsbeendigung erst für einen in der Zukunft liegenden Zeitpunkt vereinbaren und

---

1 OLG München v. 18.10.1996 – 21 U 3748/96, OLG Report München 1997, 219.
2 BGH v. 5.12.1968 – VII ZR 192/66, BGHZ 51, 184.
3 BGH v. 5.12.1968 – VII ZR 192/66, BGHZ 51, 184.
4 BGH v. 24.11.1969 – VII ZR 146/67, BGHZ 53, 53, 89.
5 BGH v. 29.3.1990 – I ZR 2/89, NJW-RR 1991, 105; OLG Oldenburg v. 9.12.1993 – 1 U 113/93, n.v.; vgl. auch *Küstner* in Küstner/Thume I, Rn. 2200.

schon in dieser Vereinbarung eine nachvertragliche Wettbewerbsabrede treffen[1].

Das nachvertragliche Wettbewerbsverbot kann höchstens für einen **Zeitraum von zwei Jahren**, gerechnet von der Vertragsbeendigung an, vereinbart werden. Ferner darf es sich nur auf den dem Handelsvertreter zugewiesenen Bezirk oder Kundenkreis erstrecken und nur solche Gegenstände betreffen, hinsichtlich deren sich der Handelsvertreter um die Vermittlung oder den Abschluss von Geschäften für den Unternehmer zu bemühen hat. Hinsichtlich des Bezirks oder des Kundenkreises ist auf den jeweiligen Umfang am Ende des Vertragsverhältnisses abzustellen. Ist also der Bezirk oder der Kundenkreis während des bestehenden Vertrages verkleinert worden, kann sich das mit der Vertragsbeendigung wirksam werdende Wettbewerbsverbot nur auf den verkleinerten Bezirk oder Kundenkreis beziehen. Es ist auch nicht zulässig, die nachvertragliche gewerbliche Tätigkeit des Handelsvertreters im Hinblick auf sämtliche Erzeugnisse des Unternehmers zu beschränken, also auch auf solche, hinsichtlich deren der Handelsvertreter bis zur Vertragsbeendigung keine Vermittlungs- oder Abschlussvollmacht besaß. Das Abweichungsverbot des 90a Abs. 4 gilt in allen diesen Bereichen. Abreden, die die in 90a Abs. 1 S. 2 vorgeschriebenen Beschränkungen nicht berücksichtigen, sind insoweit unwirksam. Der Inhalt der Wettbewerbsabrede bestimmt sich dann allein nach dem gesetzlichen Schutzumfang[2]. 6

Der Begriff des „Bezirks" i.S.d. nach § 90a Abs. 1 S. 2 beschränkten Wettbewerbsverbots entspricht nach h.M. dem **Arbeitsgebiet** des Handelsvertreters, innerhalb dessen Grenzen er tätig ist. Nicht gemeint ist damit, dass ihm gleichzeitig die Rechte eines Bezirksvertreters gem. § 87 Abs. 2 zustehen müssen[3]. Dies kann im Einzelfall zu **ungerechtfertigten Ergebnissen** führen. So gibt es z.B. im Bereich der **Versicherungsvertreter** den Bezirksvertreter nicht, und häufig wird im Agenturvertrag auch kein Arbeitsgebiet festgelegt, innerhalb dessen Grenzen sich die Vermittlungstätigkeit abspielen soll. Erfahrungsgemäß betätigt sich aber gleichwohl ein Versicherungsvertreter schwerpunktmäßig meist nur in einem geographischen Gebiet, von dessen Mittelpunkt aus er seine Vermittlungstätigkeit durchführt. Wird kein Arbeitsgebiet festgelegt, würde nach dem Wortlaut des § 90a Abs. 1 S. 2 der Versicherungsvertreter – entsprechendes gilt für Anlageberater – einem Wettbewerbsverbot innerhalb der Grenzen ganz Deutschlands unterworfen werden können, obwohl er sich schwerpunktmäßig nur in einem geographisch mehr oder weniger sicher abgrenzbaren Gebiet betätigt. Deshalb sollte in einem solchen Fall das Gebiet, innerhalb dessen sich der Handelsvertreter schwerpunktmäßig betätigt, dem übertragenen Bezirk i.S.d. § 90a 7

---

1 BGH v. 24.11.1969 – VII ZR 146/67, BGHZ 53, 53, 89.
2 *Canaris*, HR, § 15 Rn. 125; *Baumbach/Hopt*, § 90a Rn. 31; *Heymann/Sonnenschein/Weitemeyer*, § 90a Rn. 32; MünchKommHGB/*v. Hoyningen-Huene*, § 90a Rn. 68; *Ebenroth/Boujong/Joost/Löwisch*, § 90a Rn. 36.
3 MünchKommHGB/*v. Hoyningen-Huene*, § 90a Rn. 25; *Ebenroth/Boujong/Löwisch*, § 90a Rn. 17; *Küstner/Thume* I, 2219.

Abs. 1 S. 2 gleichgesetzt werden[1]. Eine solche extensive Auslegung des § 90a Abs. 1 S. 2 würde auch den Grundsätzen entsprechen (Grundrecht der Berufsfreiheit), wie diese das Bundesverfassungsgericht auch für den Bereich des Handelsvertreterrechts anerkannt hat[2].

III. Formvorschriften

8 Die nachvertragliche Wettbewerbsabrede muss **schriftlich** vereinbart werden; die die vereinbarten Bestimmungen enthaltende **Urkunde muss dem Handelsvertreter ausgehändigt werden**. Auf die Volljährigkeit des Handelsvertreters kommt es – anders als im Recht des Handlungsgehilfen – nicht an, eine entsprechende Anwendung des § 74a Abs. 2 S. 2 auf das Recht des Handelsvertreters kommt nicht in Betracht, weil der Handelsvertreter durch die §§ 106 ff. BGB ausreichend geschützt ist[3].

1. Schriftform

9 Dieses Formerfordernis bedeutet, dass die Vereinbarung als solche **schriftlich niedergelegt** und die die Vereinbarung enthaltende Urkunde **von beiden Vertragspartnern unterzeichnet** wird. Stellvertretung bei der Unterschriftsleistung ist zulässig[4]. Ferner reicht es aus, wenn mehrere gleich lautende Urkunden aufgenommen werden und jede Partei die für die andere Partei bestimmte Urkunde unterzeichnet (§ 126 Abs. 2 BGB). Wird die Wettbewerbsvereinbarung – nicht notwendigerweise – in einer gesonderten Urkunde niedergelegt, muss auch diese unterzeichnet werden. Ein bloßer Hinweis in dem unterzeichneten schriftlichen Vertrag auf diese Urkunde, wonach diese einen wesentlichen Bestandteil des Gesamtvertrages darstellen soll, ersetzt die Einhaltung der Formvorschrift nicht. Dem Formerfordernis ist auch Genüge getan, wenn die Wettbewerbsvereinbarung neben anderen Vereinbarungen in einem schriftlich abgefassten Handelsvertretervertrag enthalten ist. Nicht ausreichend ist aber die brieflich erfolgende schriftliche Bestätigung einer getroffenen mündlichen Abrede.

10 Die schriftliche Niederlegung einer **Entschädigungsverpflichtung** ist – anders als nach § 74 Abs. 2 für Handlungsgehilfen – nicht erforderlich, weil sich diese Verpflichtung unmittelbar aus dem Gesetz (§ 90a Abs. 2 S. 3) er-

---

[1] Strittig; siehe dazu auch MünchKommHGB/v. *Hoyningen-Huene*, § 90a Rn. 26 f.
[2] Zur Gleichsetzung des Arbeitsgebiets mit dem Bezirk gem. § 90a Abs. 1 S. 2: MünchKommHGB/v. *Hoyningen-Huene*, § 90a Rn. 25; *Heymann/Sonnenschein/Weitemeyer*, § 90a Rn. 3; zur Ausdehnung der Vorschrift i.S. einer Gleichstellung des Bezirks auch mit einem schwerpunktmäßig bearbeiteten Gebiet *Küstner*, BB 1997, 1753; vgl. aber BezG Dresden v. 9.7.1991 – 3 U 26/91, BB 1991, 2030; BVerfG v. 7.2.1990 – 1 BvR 26/84, BB 1990, 440; *Baumbach/Hopt*, § 90a Rn. 17 stellt bezüglich der geographischen Reichweite zwecks Einschränkung bei Versicherungs- und Bausparkassenvertretern auf §§ 242 und 138 BGB ab.
[3] BAG v. 20.4.1964 – 5 AZR 278/63, DB 1964, 995.
[4] MünchKommHGB/v. *Hoyningen-Huene*, § 90a Rn. 30; *Ebenroth/Boujong/Joost/Löwisch*, § 90a Rn. 14; *Küstner/Thume* I, 2212.

gibt und die Höhe der zu zahlenden Entschädigung nicht exakt – wie in § 74 Abs. 2 – vorgeschrieben ist, sondern nur „angemessen" sein muss.

2. Aushändigung einer Urkunde

Die Aushändigung der die Wettbewerbsvereinbarung enthaltenden und unterzeichneten Urkunde an den Handelsvertreter dient der **Klarstellung und der Sicherstellung**, damit dieser sich jederzeit über die ihm obliegenden Wettbewerbsbeschränkungen informieren kann, zumal oft zwischen der Vereinbarung und der Vertragsbeendigung, von der an die Vereinbarung die Wirkung entfalten soll, eine lange Zeitspanne liegt. Deshalb muss die ausgehändigte Urkunde beim Handelsvertreter auch verbleiben. Wird sie nach Unterzeichnung und Aushändigung dem Unternehmer sogleich wieder zurückgegeben, ist die Vereinbarung nicht wirksam zustande gekommen, so dass aus ihr keine Rechte hergeleitet werden können. Entsprechendes gilt, wenn die unterzeichnete Urkunde nicht sogleich nach ihrer Unterzeichnung, sondern erst später – vielleicht erst nach Jahren oder erst kurz vor der Vertragsbeendigung – ausgehändigt wird, weil die Aushändigung zumindest innerhalb eines angemessenen Zeitraums nach der zustande gekommenen Vereinbarung erfolgen muss, wenn sie ihren Zweck erfüllen soll. Eine erst unangemessen lange nach der Vereinbarung erfolgende Aushändigung kann mithin den Formmangel nicht heilen[1].

11

IV. Wettbewerbsentschädigung

1. Rechtsnatur

a) Keine Mindestverpflichtung

Anders als im Recht des Handlungsgehilfen, wo in § 74 Abs. 2 für die Wettbewerbsentschädigung eine Mindesthöhe vorgeschrieben und die Wettbewerbsabrede nicht verbindlich ist, wenn die Entschädigungsverpflichtung des Unternehmers in der Vereinbarung nicht festgelegt ist[2] oder wenn sie der gesetzlichen Mindesthöhe nicht entspricht, bedarf es im Recht des Handelsvertreters keiner vertraglichen Entschädigungsverpflichtung, weil sich diese hier unmittelbar aus dem Gesetz ergibt. Mit Rücksicht auf die selbständigere und weniger schutzbedürftige Stellung des Handelsvertreters fordert das Gesetz in § 90a Abs. 2 S. 3 auch keinen Mindestbetrag, sondern lediglich, dass die Wettbewerbsentschädigung **„angemessen"** sein müsse.

12

b) Entgeltcharakter der Wettbewerbsentschädigung

Ihrer Rechtsnatur nach ist die Wettbewerbsentschädigung trotz ihrer Bezeichnung im Gesetz **keine „Entschädigung"**, sondern ein den Umständen

13

---

1 *Schröder*, Recht der Handelsvertreter, § 90a Rn. 12b; MünchKommHGB/*v. Hoyningen-Huene*, § 90a Rn. 35; Ebenroth/Boujong/Joost/Löwisch, § 90a Rn. 15; *Küstner/Thume* I, Rn. 2224 ff.; Heymann/Sonnenschein/Weitemeyer, § 90a Rn. 13.
2 BAG v. 14.8.1975 – 3 AZR 333/74, BB 1975, 2187.

nach angemessenes **Entgelt für die vereinbarte Wettbewerbsenthaltung**[1], die nicht unmittelbar den Verlust von Einkünften voraussetzt, die aber den Lebensbedarf des Handelsvertreters während der Dauer der Wettbewerbsentschädigung sichern soll[2]. Aus dem Entgeltcharakter der Wettbewerbsbeschränkung folgt, dass sie dem Grunde nach nicht davon abhängt, ob der Handelsvertreter ohne das Wettbewerbsverbot im konkreten Fall willens und in der Lage wäre, eine Wettbewerbstätigkeit überhaupt zu entfalten. So entfällt der Anspruch auf Wettbewerbsentschädigung nicht etwa dann, wenn der Handelsvertreter das Vertragsverhältnis aus **alters- oder krankheitsbedingten Gründen** kündigt oder wenn er während der Dauer der Wettbewerbsbeschränkung jedwede **Ausübung seines Handelsvertreterberufs** aufgrund seines schlechten Gesundheitszustades auf Dauer aufgeben muss oder wenn er in den **Ruhestand** tritt[3]. In derartigen Fällen kann der Unternehmer die Zahlung der Wettbewerbsentschädigung nicht im Hinblick auf die Unmöglichkeit des Handelsvertreters, überhaupt eine Wettbewerbstätigkeit auszuüben, verweigern[4]. Um seine Entschädigungsverpflichtung zu mindern oder gänzlich auszuschließen, kann der Unternehmer aber von der nach § 90a Abs. 2 bestehenden Möglichkeit Gebrauch machen und vor der Vertragsbeendigung schriftlich auf die Wettbewerbsbeschränkung verzichten, sobald er zu der Überzeugung gelangt, dass er der nachvertraglichen Wettbewerbsbeschränkung des Handelsvertreters nicht bedarf. Dann entfällt die Entschädigungsverpflichtung mit Ablauf von sechs Monaten seit der Verzichtserklärung, so dass eine Wettbewerbsentschädigung nur insoweit geschuldet wird, als der Zeitraum von sechs Monaten ganz oder teilweise in die Zeit nach der Vertragsbeendigung hineinreicht.

2. Angemessenheit und Form

a) Angemessenheit der Entschädigung

14 Die Höhe der Entschädigung ist angemessen, wenn sie unter **Berücksichtigung aller Umstände der Billigkeit** entspricht[5]. Bei der Prüfung der Angemessenheit sind die dem Handelsvertreter aus der Wettbewerbsvereinbarung erwachsenden Nachteile, etwa im Verhältnis zu einer anderen Berufstätigkeit und die dadurch dem Unternehmer zukommenden Vorteile zu berücksichtigen[6]. Die für Handlungsgehilfen geltende Anrechnungsvorschrift des § 74c Abs. 1 S. 1 kann wegen der wesentlichen Unterschiede zwischen den §§ 74 ff. und § 90a nicht als Maßstab für die Bemessung der Wettbewerbsentschädigung herangezogen werden. Der Gesetzgeber hat bewusst davon abgesehen, für das Recht des Handelsvertreters eine den §§ 74 ff. entspre-

---

1 BGH v. 19.12.1974 – VII ZR 2/74, WM 1975, 138.
2 BGH v. 16.11.1972 – VII ZR 53/72, BGHZ 59, 387.
3 BAG v. 3.7.1990 – 3 AZR 96/89, BB 1991, 911.
4 H.L.; BAG v. 2.12.1968 – 3 AZR 402/67, NJW 1969, 676, 677 zu §§ 74 ff.
5 BGH v. 19.12.1974 – VII ZR 2/74, WM 1975, 138.
6 BAG v. 20.4.1964 – 5 AZR 278/63, NJW 1964, 1641.

chende Regelung zu treffen[1]. Jedoch kann ein anderweitiger Verdienst des Handelsvertreters im Rahmen der Gesamtabwägungen angemessen berücksichtigt werden[2].

Auch der **Umfang der Wettbewerbsbeschränkung in örtlicher, zeitlicher und sachlicher Hinsicht** ist im Rahmen der Angemessenheitsprüfung zu berücksichtigen. Andererseits sind Einkommensvor- oder nachteile, Ersparnisse oder Kosten des Handelsvertreters, die auf seinen persönlichen Umständen oder Entschließungen nach der Vertragsbeendigung beruhen, unbeachtlich, was sich daraus ergibt, dass die Wettbewerbsentschädigung keinen Schadensausgleich darstellt, sondern Entgeltcharakter hat. 15

Unberücksichtigt bleibt schließlich auch der Umstand, dass regelmäßig dem Handelsvertreter im Zeitpunkt der Vertragsbeendigung auch ein **Ausgleich gem. § 89b** zusteht. Denn der Anspruch auf Wettbewerbsentschädigung steht dem Handelsvertreter unabhängig von diesem Ausgleichsanspruch zu, weil beide Ansprüche auf gänzlich unterschiedlichen Rechtsgrundlagen beruhen und unterschiedlichen Zwecken dienen. Deshalb kann der Handelsvertreter beide Ansprüche unabhängig voneinander geltend machen[3]. Auch der Ausgleichsanspruch mindert sich nicht etwa unter Billigkeitsgesichtspunkten mit Rücksicht auf einen dem Handelsvertreter nach der Vertragsbeendigung zustehenden Anspruch auf Wettbewerbsentschädigung. 16

b) Art der Entschädigung

Obwohl in § 90a Abs. 1 S. 3 im Hinblick auf die Wettbewerbsentschädigung von einer „Zahlungs"-Verpflichtung des Unternehmers die Rede ist, wird die Wettbewerbsentschädigung **nicht zwingend in Geld** geschuldet. Sie kann auch in Sachwerten oder in anderen dem Handelsvertreter gewährten Vorteilen bestehen[4]. Wird sie in Geld gewährt, handelt es sich, falls nichts anderes vereinbart ist, um ein **Bruttoentgelt**, sie enthält also schon die Mehrwertsteuer[5]. 17

c) Fälligkeit der Entschädigung

Das Gesetz regelt nicht die Fälligkeit einer in Geld zahlbaren Wettbewerbsentschädigung, ob sie also in monatlichen Teilbeträgen oder durch Zahlung eines einmaligen Betrages zu erbringen ist. Hierbei kommt es auf die getroffenen Vereinbarungen an. In der Praxis ist die **Zahlung monatlicher Teil-** 18

---

1 BGH v. 19.12.1974 – VIII ZR 2/74, BB 1975, 197; BAG v. 20.4.1964 – 5 AZR 278/63, NJW 1964, 1641.
2 BGH v. 19.12.1974 – VIII ZR 2/74, BB 1975, 197; BGH v. 7.3.1966 – VII ZR 143/64, n.v.
3 BGH v. 10.2.1993 – VIII ZR 47/92, WM 1993, 1464, 1470 zu IV; siehe dazu oben § 89b.
4 BGH v. 30.4.1962 – VII ZR 21/61, NJW 1962, 1346.
5 BGH v. 19.12.1974 – VIII ZR 2/74, BB 1975, 197.

beträge üblich. Mitunter kommen aber auch Wettbewerbsentschädigungen vor, die in einer Einmalzahlung erbracht werden.

d) Fehlende Angemessenheit

19 Ist die gezahlte Wettbewerbsentschädigung nach Auffassung des Handelsvertreters nicht angemessen oder ändern sich die Verhältnisse dergestalt, dass Zweifel im Hinblick auf die Angemessenheit der Wettbewerbsentschädigung berechtigt sind, kann der Handelsvertreter den Unternehmer auf Zahlung der angemessenen höheren Wettbewerbsentschädigung in Anspruch nehmen[1]. Mangels einer Einigung zwischen den Parteien ist sodann die im Urteil als angemessen festgesetzte Entschädigung zu zahlen[2]. Ein entsprechendes Recht – in diesem Falle auf Herabsetzung der Wettbewerbsentschädigung – muss auch dem Unternehmer zugebilligt werden[3]. Ein solches Verlangen steht insbesondere nicht im Widerspruch zu § 90a Abs. 4, wonach abweichende Vereinbarungen zum Nachteil des Handelsvertreters nicht getroffen werden können. Dieser Herabsetzungsanspruch des Unternehmers konnte für Entschädigungsverpflichtungen dann in Betracht kommen, wenn im Hinblick auf die Neufassung des § 90a Abs. 1 S. 2 der Umfang der Wettbewerbsbeschränkung auf den vom Handelsvertreter zuletzt bearbeiteten Bezirk oder den ihm zugewiesenen Kundenkreis zu beschränken war.

V. Wegfall der Wettbewerbsbeschränkung

1. Wegfall durch Verzicht oder Vertrag

a) Schriftlicher Verzicht des Unternehmers

20 **Bis zur Vertragsbeendigung** kann der Unternehmer durch **schriftliche Erklärung** auf die vereinbarte Wettbewerbsbeschränkung ganz oder teilweise verzichten. Nach Vertragsbeendigung kann dagegen die Wettbewerbsabrede nicht mehr einseitig, sondern nur noch durch Parteivereinbarung aufgehoben werden. Beim Verzicht des Unternehmers vor der Vertragsbeendigung wird der Handelsvertreter von der Vertragsbeendigung an frei, hat aber gleichwohl noch – bis zum Ablauf von sechs Monaten, gerechnet vom Zugang der Erklärung an – Anspruch auf Wettbewerbsentschädigung. Je geringer der zeitliche Abstand zwischen Verzicht und Vertragsbeendigung ist, desto länger besteht also noch ein Anspruch auf Wettbewerbsentschädigung. Diese Regelung rechtfertigt sich daraus, dass der Handelsvertreter der Wettbewerbsentschädigung je weniger bedarf, desto früher ihm der Verzicht des Unternehmers bekannt wird, so dass er sich ggf. schon während der Kündigungsfrist um eine Vertretertätigkeit bei einem Wettbewerber bemühen kann. Geht ihm die Verzichtserklärung erst am letzten Tag des Vertrages zu, musste er möglicherweise lukrative Bewerbungen von Wettbewerbern un-

---

1 *Schröder*, Recht der Handelsvertreter, § 90a Rn. 17a; *Ordemann*, BB 1965, 932, 933.
2 OLG Nürnberg v. 23.9.1960 – 4 U 151/60, BB 1960, 1261.
3 *Küstner/Thume* I, Rn. 2269.

terlassen, weil er von der Weitergeltung der vereinbarten Wettbewerbsabrede ausgehen musste. Die trotz Wettbewerbsverzicht bis zur Dauer von sechs Monaten weiterbestehende Entschädigungsverpflichtung des Unternehmers kann nach § 90a Abs. 4 nicht vor, wohl aber nach der Vertragsbeendigung durch Vereinbarung aufgehoben werden.

b) Aufhebungsvereinbarung

Einigen sich die Vertragspartner noch vor Vertragsbeendigung darauf, dass das vereinbarte nachvertragliche Wettbewerbsverbot entfallen soll, so handelt es sich um eine zulässige Aufhebungsvereinbarung, die **keiner Formvorschrift** unterliegt. Eine solche vor (oder auch nach) der Vertragsbeendigung erfolgende Vereinbarung kann die Wettbewerbsbeschränkung gänzlich oder nur teilweise aufheben. Im Falle einer vertraglichen Aufhebung „oder Beschränkung" der Wettbewerbsabrede kommt § 90a Abs. 2 S. 1 nicht zur Anwendung, weil der Handelsvertreter in diesem Fall der seinem Schutz dienenden Vorschrift nicht bedarf. Auch aus § 90a Abs. 4 ergibt sich nichts anderes, weil es sich hier nicht um eine für den Handelsvertreter nachteilige, sondern eine den Handelsvertreter begünstigende Vereinbarung handelt.

2. Wegfall aus anderen Gründen

Endet der Handelsvertretervertrag durch den **Tod des Handelsvertreters**, wird die Wettbewerbsabrede gegenstandslos, die Rechte und Pflichten aus einer Wettbewerbsabrede sind nicht vererblich. **Ohne Einfluss** auf die Fortgeltung der Wettbewerbsabrede **ist** es jedoch, wenn der Handelsvertreter in den **Ruhestand** tritt oder eine so schwere **Erkrankung** erleidet, dass er schon deshalb an jeglicher Ausübung einer Wettbewerbstätigkeit gehindert ist[1].

Streitig ist, ob bei **Eröffnung des Insolvenzverfahrens** über das Vermögen des Unternehmers oder bei Betriebseinstellung die Wettbewerbsabrede in analoger Anwendung des § 74a Abs. 1 S. 1 entfällt[2], sofern nicht – im Falle der Insolvenz – der Insolvenzverwalter das Unternehmen weiterführt, die Dienste des Handelsvertreters weiterhin in Anspruch nimmt und einen Zwangsvergleich oder die Veräußerung des Unternehmens anstrebt.

3. Kündigung aus wichtigem Grund

Nach § 90a Abs. 3 in der seit 1.7.1998 gültigen Neufassung kann sich der Vertragspartner, der den Handelsvertretervertrag aus wichtigem Grund wegen schuldhaften Verhaltens des anderen Teils kündigt, binnen einem Monat nach dieser Kündigung durch schriftliche Erklärung von der Wettbewerbsabrede lossagen. Der Kündigende hat also nach Ausspruch der Kündigung einen Monat lang die Wahl, ob er sich und damit auch den Ver-

---
1 BAG v. 3.7.1990 – 3 AZR 96/89, BB 1991, 911.
2 Zum Meinungsstand siehe *Thume* in Küstner/Thume I, Rn. 2319 ff.

tragspartner weiterhin an die Wettbewerbsabrede binden will oder nicht. Damit ist die frühere für die Vertragspartner ungleiche Regelung, die vom Bundesverfassungsgericht schon 1990 als verfassungswidrig angesehen worden war[1], endgültig entfallen.

VI. Verletzung des Wettbewerbsverbots

25 Treibt der Handelsvertreter entgegen den getroffenen Abreden zu Lasten des Unternehmers Wettbewerb, entfällt gem. §§ 320, 326 BGB für die Dauer der Zuwiderhandlung sein Anspruch auf Wettbewerbsentschädigung[2]. Unabhängig davon kann der Unternehmer den Handelsvertreter auf Unterlassung der abredewidrigen Konkurrenztätigkeit und damit auf Erfüllung der Wettbewerbsabrede in Anspruch nehmen. Die Vollstreckung aus einem Urteil erfolgt nach § 890 ZPO.

26 Ist eine abredewidrige Konkurrenztätigkeit des Handelsvertreters zu befürchten, kann der Unternehmer auch den Erlass einer **einstweiligen Verfügung** beantragen[3].

27 Ferner kann der Unternehmer – ggf. neben einer vereinbarten Vertragsstrafe – den Handelsvertreter gem. § 280 BGB auf **Schadensersatz**[4] in Anspruch nehmen oder nach § 323 BGB vorgehen und schließlich von der Wettbewerbsabrede zurücktreten[5]. In diesem Fall endet der Anspruch des Handelsvertreters auf Zahlung der Wettbewerbsentschädigung, bei einer erbrachten Einmalzahlung ist der Handelsvertreter zur Rückzahlung der überzahlten Beträge verpflichtet. Durch den Rücktritt verliert der Unternehmer seinerseits den Anspruch auf Einhaltung der Wettbewerbsabrede durch den Handelsvertreter. Macht der Unternehmer Schadensersatzansprüche geltend, muss er sich den Vorteil anrechnen lassen, der dadurch entsteht, dass er während des Wettbewerbsverstoßes des Handelsvertreters eine Wettbewerbsentschädigung nicht zu zahlen braucht[6].

28 Verletzt der Unternehmer seinerseits die getroffenen Abreden, etwa dadurch, dass er die Wettbewerbsentschädigung nicht zahlt, kann der Handelsvertreter die geschuldete Leistung einklagen oder seinerseits seine Rechte nach § 323 BGB geltend machen. Tritt er dann vom Vertrag zurück, wird er

---

1 BVerfG, Beschl. v. 7.2.1990 – 1 BvR 26/84, BB 1990, 440.
2 MünchKommHGB/v. *Hoyningen-Huene*, § 90a Rn. 71; *Baumbach/Hopt*, § 90a Rn. 21; zur Rechtslage vor der Schuldrechtsreform siehe BGH v. 9.5.1974 – VII ZR 34/72, VersR 1975, 132; BGH v. 4.2.1960 – II ZR 19/59, VersR 1960, 398.
3 OLG Stuttgart v. 30.6.1959 – 2 W 38/59, BB 1959, 792.
4 Zum Schadensersatzanspruch des Unternehmers und zur Auskunftspflicht des Handelsvertreters bezgl. getätigter Konkurrenzgeschäfte vgl. BGH v. 3.4.1996 – VIII ZR 3/95, BB 1996, 1188; a.A. BGH v. 23.1.1964 – VII ZR 133/62, NJW 1964, 817, wonach ein Auskunftsanspruch nur dann besteht, wenn der Unternehmer Herausgabe der durch die Wettbewerbsfähigkeit erlangten Provisionen fordern kann.
5 *Staub/Brüggemann*, § 90a Rn. 26; MünchKommHGB/v. *Hoyningen-Huene*, § 90a Rn. 71.
6 BGH v. 9.5.1974 – VII ZR 34/72, VersR 1975, 132.

von der Wettbewerbsbeschränkung frei, behält aber den Anspruch auf Entschädigung bis zum Zeitpunkt des Rücktritts. Ferner kann er Schadensersatz gem. § 280 BGB verlangen.

VII. Abweichende Abreden

Nach § 90a Abs. 4 sind – weitergehend als in § 75d – für den Handelsvertreter **nachteilige Vereinbarungen nichtig**. Die Wettbewerbsabrede wird im Wege der geltungserhaltenden Reduktion auf das gesetzlich zulässige Maß beschränkt (siehe oben Rn. 6). Unwirksam ist deshalb auch eine Vereinbarung, durch die sich der Unternehmer das Recht vorbehält, den Handelsvertreter innerhalb einer bestimmten Zeitspanne vor der Vertragsbeendigung oder danach auf Einhaltung einer Wettbewerbsbeschränkung in Anspruch zu nehmen[1]. Der Unternehmer bezweckt mit diesem Vorbehalt, sich erst dann für ein Wettbewerbsverbot zu entscheiden, wenn der Handelsvertretervertrag zu Ende geht und die Frage der Notwendigkeit eines Wettbewerbsverbots sodann für ihn aktuell wird. Ein solches nur vorbehaltenes oder **bedingtes Wettbewerbsverbot** läuft im Ergebnis auf ein entschädigungsloses Wettbewerbsverbot hinaus, wenn der Unternehmer von seinem Recht keinen Gebrauch macht, der Handelsvertreter aber bis zur Vertragsbeendigung mit einer Inanspruchnahme rechnen muss und er deshalb während der Kündigungsfrist keine Bemühungen anstellt, nach der Vertragsbeendigung für Wettbewerber tätig zu werden.

29

Die Rechtsprechung des BAG[2], wonach in derartigen Fällen dem Handlungsgehilfen eine Wettbewerbsentschädigung gem. § 75a nur dann zusteht, wenn er bei der Vertragsbeendigung klarstellt, dass er sich an das vorbehaltene Wettbewerbsverbot halten werde, dürfte auf § 90a nicht übertragbar sein, weil eine derartige Vereinbarung nach § 75d lediglich unverbindlich, nach § 90a Abs. 4 aber nichtig ist.

30

§ 91
Vollmachten des Handelsvertreters

(1) § 55 gilt auch für einen Handelsvertreter, der zum Abschluss von Geschäften von einem Unternehmer bevollmächtigt ist, der nicht Kaufmann ist.

(2) Ein Handelsvertreter gilt, auch wenn ihm keine Vollmacht zum Abschluss von Geschäften erteilt ist, als ermächtigt, die Anzeige von Mängeln einer Ware, die Erklärung, dass eine Ware zur Verfügung gestellt werde, sowie ähnliche Erklärungen, durch die ein Dritter seine Rechte aus mangelhafter Leistung geltend macht oder sich vorbehält, entgegenzunehmen; er kann die dem Unternehmer zustehenden Rechte auf Sicherung des Beweises gel-

---
1 LG Tübingen, Teilurt. v. 1.3.1976 – II HO 55/75, BB 1977, 671.
2 BAG v. 13.5.1986 – 3 AZR 85/85, DB 1986, 2288 mit Anm. *Küstner*, BB 1987, 413.

tend machen. Eine Beschränkung dieser Rechte braucht ein Dritter gegen sich nur gelten zu lassen, wenn er sie kannte oder kennen musste.

I. Bedeutung der Vorschrift

1 Die in § 91 niedergelegte Verweisung auf § 55 und damit gleichzeitig – im Hinblick auf den Umfang der Abschlussvollmacht – auch auf § 54 dient der **Gleichstellung** der für einen nichtkaufmännischen Unternehmer tätigen Handelsvertreter mit denjenigen Abschlussvertretern, die im Rahmen einer ihnen erteilten Handlungsvollmacht mit Abschlussaufgaben betraut sind. Mit dieser Gleichstellung wird erreicht, dass der in § 54 und in § 55 geregelte Vollmachtsumfang für alle Abschlussvertreter gilt, gleichgültig, ob der vertretene Unternehmer Kaufmann ist oder nicht, so dass sich die Rechtsstellung von Abschlussvertretern mit oder ohne Handlungsvollmacht Dritten gegenüber nicht unterscheidet, zumal beide Vertreter Dritten gegenüber im Rechtsverkehr auch in gleicher Weise auftreten. Da § 55, auf den in § 91 Abs. 1 verwiesen wird, nur den Abschlussvertreter betrifft, wird der Umfang der Vollmacht des Vermittlungsvertreters in der Sondervorschrift des § 91 Abs. 2 geregelt.

II. Umfang der Abschlussvollmacht

2 Der Umfang der einem Handelsvertreter erteilten Abschlussvollmacht bestimmt sich einerseits nach § 54, andererseits nach § 55 Abs. 2–4, und zwar einerseits durch positive, andererseits durch **negative Abgrenzung**. In positiver Hinsicht erstreckt sich die Vollmacht eines Handelsvertreters, der für den vertretenen Unternehmer befugt ist, im Namen und Rechnung des Unternehmers Geschäfte abzuschließen, auf alle Geschäfte und Rechtshandlungen, die der Betrieb eines derartigen Handelsgewerbes oder die Vornahme derartiger Geschäfte gewöhnlich mit sich bringt, sofern nicht vertraglich die erteilte Vollmacht einer Beschränkung unterliegt. Nach § 55 Abs. 4 gelten Abschlussvertreter als ermächtigt, die Anzeige von Mängeln einer Ware, die Erklärung, dass eine Ware zur Verfügung gestellt werde sowie ähnliche Erklärungen, durch die ein Dritter seine Rechte aus mangelhafter Leistung geltend macht oder sich vorbehält, entgegenzunehmen. Sie sind auch berechtigt, dem Unternehmer zustehende Rechte auf Sicherung des Beweises geltend zu machen. In negativer Hinsicht ergibt sich eine Vollmachtsbeschränkung aus § 55 Abs. 2, sofern nicht diese Beschränkung ausdrücklich ausgeschlossen ist. Nach § 55 Abs. 2 umfasst eine erteilte Abschlussvollmacht nicht die Befugnis, abgeschlossene Verträge zu ändern, insbesondere Zahlungsfristen zu gewähren. Zur Annahme von Zahlungen (§ 55 Abs. 3) ist ein Abschlussvertreter nur berechtigt, wenn er dazu ausdrücklich bevollmächtigt ist.

3 Vollmachtsbeschränkungen braucht ein Dritter nur dann gegen sich gelten zu lassen, wenn er die Beschränkungen kannte oder kennen musste.

III. Vollmacht des Vermittlungsvertreters

Der Umfang einer einem Handelsvertreter erteilten Vermittlungsvollmacht bestimmt sich nach § 91 Abs. 2. Er gilt als ermächtigt, die Anzeige von Mängeln einer Ware, die Erklärung, dass eine Ware zur Verfügung gestellt werde, sowie ähnliche Erklärungen, durch die ein Dritter seine Rechte aus mangelhafter Leistung geltend macht oder sich vorbehält, entgegenzunehmen. Er kann die dem Unternehmer zustehenden Rechte auf Sicherung des Beweises geltend machen. Auch insoweit braucht ein Dritter eine vertragliche Beschränkung dieser Rechte nur gegen sich gelten zu lassen, wenn er sie kannte oder kennen musste. 4

§ 91a
Mangel der Vertretungsmacht

(1) Hat ein Handelsvertreter, der nur mit der Vermittlung von Geschäften betraut ist, ein Geschäft im Namen des Unternehmers abgeschlossen, und war dem Dritten der Mangel an Vertretungsmacht nicht bekannt, so gilt das Geschäft als von dem Unternehmer genehmigt, wenn dieser nicht unverzüglich, nachdem er von dem Handelsvertreter oder dem Dritten über Abschluss und wesentlichen Inhalt benachrichtigt worden ist, dem Dritten gegenüber das Geschäft ablehnt.

(2) Das Gleiche gilt, wenn ein Handelsvertreter, der mit dem Abschluss von Geschäften betraut ist, ein Geschäft im Namen des Unternehmers abgeschlossen hat, zu dessen Abschluss er nicht bevollmächtigt ist.

I. Bedeutung und Vorschrift

Die Bestimmung ergänzt die §§ 54 und 55. § 91a Abs. 1 regelt die **Rechtsfolgen**, wenn ein Vermittlungsvertreter den Umfang der ihm erteilten Vollmacht überschreitet und Geschäfte im Namen und für Rechnung des Unternehmers abschließt, obwohl er dazu nicht bevollmächtigt ist. § 91a Abs. 2 enthält die gleichen Rechtsfolgen, wenn ein Abschlussvertreter den Umfang der ihm erteilten Abschlussvollmacht überschreitet. In beiden Fällen gilt – sofern dem Dritten der Mangel der Vertretungsmacht nicht bekannt war – das abgeschlossene Geschäft als vom Unternehmer genehmigt, wenn dieser das Geschäft dem Dritten gegenüber nicht unverzüglich ablehnt, nachdem er von dem Handelsvertreter oder dem Dritten über den Abschluss des Geschäfts und seinen wesentlichen Inhalt benachrichtigt worden ist. 1

Die Vorschrift enthält einen besonderen handelsrechtlichen **Vertrauenstatbestand zum Schutze des Dritten**, der weitreichende ist als in § 177 BGB, diesen aber nicht ganz verdrängt. Nach § 91a tritt bei Vollmachtsüberschreitung die Wirksamkeit des Geschäfts sofort ein; sie hängt aber von der auflösenden Bedingung der unverzüglichen Ablehnung durch den Unternehmer ab. Der andere Teil kann jedoch nach § 177 Abs. 2 BGB den Unternehmer 2 zur Genehmigung auffordern und den Vertrag nach § 178 BGB so lange widerrufen, wie die Genehmigung – binnen zwei Wochen – noch nicht erteilt ist[1]. Lässt der Unternehmer diese Frist verstreichen, gilt die Genehmigung als verweigert. Der Handelsvertreter haftet dann gem. § 179 BGB.

II. Wirksamkeit des Geschäftsabschlusses

3   Die dem Schutze des Dritten dienende Regelung des § 91a tritt nur ein, **wenn dem Dritten der Mangel der Vertretungsmacht nicht bekannt war**. War dem Dritten bekannt, dass der Handelsvertreter nur zur Vermittlung von Geschäften bevollmächtigt war oder dass die dem Abschlussvertreter erteilte Vollmacht in bestimmtem Umfang beschränkt war, richten sich die Rechtsfolgen des Abschlusses nach § 177 BGB.

4   Das **Ablehnungsrecht des Unternehmers** besteht nur, wenn dieser entweder vom Dritten oder vom Handelsvertreter selbst über den Geschäftsabschluss und seinen wesentlichen Inhalt benachrichtigt worden ist, wobei der Zugang der Information ausreicht. Wird der Unternehmer von der Vollmachtsüberschreitung von anderer Seite informiert, und nimmt er diese Information nicht zum Anlass der Geschäftsablehnung, kann sich dies für den Unternehmer nicht nachteilig auswirken; das Ablehnungsrecht ist in diesem Falle nicht verwirkt. Die Ablehnung muss jedoch **unverzüglich**, d.h. ohne schuldhaftes Zögern (§ 121 Abs. 1 S. 1 BGB) erfolgen.

III. Rechtsfolgen im Innenverhältnis

5   Gilt das vom Handelsvertreter unter Vollmachtsüberschreitung abgeschlossene Geschäft mangels Ablehnung durch den Unternehmer als von Anfang an wirksam zustande gekommen, ist es für den Handelsvertreter **uneingeschränkt provisionspflichtig**[2]. Dies rechtfertigt sich daraus, dass die für die Entstehung des Provisionsanspruchs notwendigen Voraussetzungen, also die Ausführung eines wirksam zustande gekommenen Geschäfts, in diesem Falle auf der nicht erfolgten Ablehnung des Ausgleichsanspruchs durch den Unternehmer beruhen, also von der Entscheidung des Unternehmers abhängt, dem wirksam abgeschlossenen Geschäft im Interesse des Kunden nicht den Boden zu entziehen. Eine andere Frage ist, ob der Unternehmer den Handelsvertreter mit Rücksicht auf die Vollmachtsüberschreitung auf Schadensersatz in Anspruch nehmen kann. Dies erscheint zweifelhaft, weil die Vollmachtsüberschreitung und damit das schuldhafte Verhalten des Handelsvertreters dadurch „geheilt" wurde, dass der Unternehmer von seinem Ablehnungsrecht keinen Gebrauch machte. Andererseits kann der Unternehmer aber aus solchen trotz Abmahnung wiederholten Verhalten des Handelsvertreters wohl die Konsequenz der außerordentlichen Vertragskündigung ziehen, wenn ihm ein weiteres Festhalten am Vertrag unzumutbar ist.

---

1 *Heymann/Sonnenschein/Weitemeyer*, § 91a Rn. 5; *Baumbach/Hopt*, § 91a Rn. 1.
2 *Staub/Brüggemann*, § 91a Rn. 14.

§ 92
Versicherungs- und Bausparkassenvertreter

(1) Versicherungsvertreter ist, wer als Handelsvertreter damit betraut ist, Versicherungsverträge zu vermitteln oder abzuschließen.

(2) Für das Vertragsverhältnis zwischen dem Versicherungsvertreter und dem Versicherer gelten die Vorschriften für das Vertragsverhältnis zwischen dem Handelsvertreter und dem Unternehmer vorbehaltlich der Absätze 3 und 4.

(3) In Abweichung von § 87 Abs. 1 Satz 1 hat ein Versicherungsvertreter Anspruch auf Provision nur für Geschäfte, die auf seine Tätigkeit zurückzuführen sind. § 87 Abs. 2 gilt nicht für Versicherungsvertreter.

(4) Der Versicherungsvertreter hat Anspruch auf Provision (§ 87a Abs. 1), sobald der Versicherungsnehmer die Prämie gezahlt hat, aus der sich die Provision nach dem Vertragsverhältnis berechnet.

(5) Die Vorschriften der Absätze 1 bis 4 gelten sinngemäß für Bausparkassenvertreter.

Übersicht

	Rn.		Rn.
I. Vorbemerkung	1	3. Entstehung und Wegfall des Provisionsanspruchs	6
II. Personenkreis	2	4. Stornogefahrabwehr	9
III. Notwendigkeit der Sonderregelung		5. Ausgleichsanspruch	12
1. Bedeutung der Vorschrift	3	6. Verwaltungsprovisionen	13
2. Provisionspflichtige Geschäfte	4		

Schrifttum: *Behrend,* Aktuelle handelsvertreterrechtliche Fragen in Rechtsprechung und Praxis, NJW 2003, 1563; *Dreher,* Die europa- und verfassungsrechtliche Beurteilung des Provisionsabgabeverbots in der Lebensversicherung, VersR 2001, 1; *Hans,* Die Provision des Handelsvertreters – insbesondere des Versicherungsvertreters – bei Nichtausführung des vermittelten Geschäfts, BB 1957, 1060 und BB 1958, 544; *Höft,* Die provisionsrechtlichen Sonderregelungen für die Versicherungswirtschaft, Gründe und Unverzichtbarkeit, VersR 1976, 205; *Höft,* Ausgleichsanspruch des Versicherungs- und Bausparkassenvertreters für künftig zustande kommende Verträge?, VersR 1967, 524; *Höft,* Bemerkungen zu aktuellen Fragen des Ausgleichsanspruchs des Versicherungsvertreters, ZVersWiss 1976, 439; *Küstner,* in Küstner/Thume, Handbuch des gesamten Außendienstrechts, Band II, 8. Aufl. 2007, Kapitel XVIII; *Loritz,* Provisionen beim Abschluss von Lebensversicherungsverträgen, VersR 2004, 405; *Müller,* Die Einklagung der Erstprämie in der Lebensversicherung, VersR 1974, 950; *Platz,* Schicksal der Provision bei der Stornierung von Versicherungsverträgen, VersR 1985, 621; *Stötter/Stötter,* Eingriffe des Versicherers in den Versicherungsbestand des Versicherungsvertreters, VersVerm 1986, 579.

I. Vorbemerkung

1 Der früher frei zugängliche Beruf des Versicherungsvertreters sollte nach dem Willen der Europäischen Union seit langem einheitlich geregelt werden. Bereits Ende 2002 wurde die **EG-Versicherungsvermittler-Richtlinie** verabschiedet[1]. Die **Umsetzung** sollte eigentlich bis zum 1.5.2005 erfolgen, verzögerte sich **in Deutschland** jedoch immer wieder. Die Neuregelung ist nun in die §§ 59 bis 68 des am 1.1.2008 in Kraft getretenen neuen Versicherungsvertragsgesetzes aufgenommen. Sie enthält Bestimmungen über die Qualifikation von Vermittlern, über Beratungs-, Informations- und Dokumentationspflichten sowie Haftungsvorschriften und solche über eine Berufshaftpflichtversicherung[2]. Diese Vorschriften sind in das VVG 2008 integriert worden. Die Bestimmungen des HGB wurden nicht verändert.

II. Personenkreis

2 § 92 enthält provisionsrechtliche Sonderbestimmungen für Versicherungs- und gem. § 92 Abs. 5 auch für Bausparkassenvertreter. Versicherungs- als auch Bausparkassenvertreter sind Handelsvertreter, wenn sie als Selbständige ständig damit betraut sind, Versicherungs- oder Bausparverträge für das vertretene Unternehmen zu vermitteln oder abzuschließen. Für beide Personengruppen gilt § 84 Abs. 1 ohne jede Einschränkung. Ein Rechtsanwalt kann nicht als Versicherungsvertreter tätig sein, weil dies mit seiner Stellung gem. § 1 BRAO nicht vereinbar ist[3].

III. Notwendigkeit der Sonderregelung

1. Bedeutung der Vorschrift

3 § 92 trägt den Besonderheiten Rechnung, die sich aus den vom Warenvertrieb abweichenden Verhältnissen in der Versicherungswirtschaft und im Bausparbereich ergeben. Während für den Warenvertrieb die Schaffung einer **Geschäftsverbindung** typisch ist, die – von Ausnahmen abgesehen – stets zum Abschluss gleichartiger Folgegeschäfte führt, werden in der Versicherungswirtschaft und im Bausparbereich langfristige feste **Verträge** abgeschlossen, **die der Abdeckung eines bestimmten Risikos** bzw. eines bestehenden **Bausparbedürfnisses** dienen. Nachbestellungen in dem für Warenvertreter typischen Sinne kommen deshalb in diesen Sparten nicht vor, wenn man von der nachträglichen Erhöhung der Lebensversicherungs- oder Bausparsumme oder der nachträglichen Aufstockung eines Krankenversicherungsvertrages[4] absieht, weil sich der Umfang des zunächst abgeschlossenen Lebensversicherungs- oder Bausparvertrages oder der zunächst abge-

---

1 Richtlinie 2002/92/EG des Europäischen Parlaments und des Rates v. 9.12.2002 für die Versicherungsvermittlung, ABl. EG v. 15.1.2003 Nr. L 9/3.
2 Gesetz zur Neuregelung des Versicherungsvermittlerrechts v. 19.12.2006, BGBl. I 2006, 3232.
3 BGH v. 12.2.2001 – AnwZ (B) 8/00, n.v.
4 *Küstner*, BB 1975, 493, und in *Küstner/Thume* II, Kap. XVIII.

deckte Krankenversicherungsschutz mit Rücksicht auf gestiegene Kosten im Laufe der Zeit als nicht ausreichend erweist[1]. Deshalb passen die auf die Verhältnisse im Warenvertrieb abgestellten provisionsrechtlichen Bestimmungen der §§ 87, 87a für Versicherungs- und Bausparkassenvertreter nicht in vollem Umfang[2].

2. Provisionspflichtige Geschäfte

§ 92 Abs. 3 bestimmt deshalb, dass ein Versicherungs- und Bausparkassenvertreter abweichend von § 87 Abs. 1 S. 1 einen Anspruch auf Provision nur für solche Geschäfte hat, die auf seine **Tätigkeit** zurückzuführen sind. Ihm steht also grundsätzlich kein Provisionsanspruch für Folgegeschäfte und **kein Kundenschutz** zu und auch kein Anspruch auf **Bezirksprovision** gem. § 87 Abs. 2.

4

Diese **Sondervorschriften sind aber nicht zwingend.** Zugunsten des Versicherungs- oder Bausparkassenvertreters kann in vollem Umfang oder beschränkt auf bestimmte Vertragsverhältnisse Kundenschutz oder gar Bezirksschutz eingeräumt werden, wenn dies auch nur selten vorzukommen pflegt. Ist einem Versicherungs- oder Bausparkassenvertreter (letzterem als „Bezirksleiter") ein Bezirk als bestimmtes Arbeitsgebiet mit der ausdrücklichen Verpflichtung zugewiesen, sich jeder Vermittlungstätigkeit in Nachbarbezirken zu enthalten, so hat dies nur als geographische Begrenzung des Tätigkeitsbereichs Bedeutung, nicht aber im Sinne eines übertragenen Bezirksschutzes gem. § 87 Abs. 2. Ebenso ist es, wenn einem Versicherungs- oder Bausparkassenvertreter ein Alleinvertretungsrecht im Bezirk übertragen wird. Zwar soll dann nur er allein sich im übertragenen Bezirk betätigen dürfen; aus einem solchen Alleinvertretungsrecht lässt sich kein Bezirksschutz i.S.d. § 87 Abs. 2 herleiten.

5

3. Entstehung und Wegfall des Provisionsanspruchs

Die Regelung in § 92 Abs. 4 ersetzt bzgl. der Entstehung des Provisionsanspruchs die für den Warenvertreter maßgebliche Regelung des § 87a Abs. 1[3]. Für **die Entstehung des Provisionsanspruchs des Versicherungs- und Bausparkassenvertreters** kommt es mithin nicht auf die „Ausführung des Geschäfts" an, auf die in § 87a Abs. 1 abgestellt wird, sondern allein auf **die Zahlung der Prämie** durch den Versicherungsnehmer oder Bausparer, die die

6

---

1 Zu derartigen Ausnahmetatbeständen vgl. BGH v. 23.2.1961 – VII ZR 237/59, BGHZ 34, 310 mit Anm. *Höft*, VersR 1967, 524, 527; BGH v. 21.3.1963 – VII ZR 95/61, VersR 1963, 566; BGH v. 6.7.1972 – VII ZR 75/71, BGHZ 59, 125 mit Anm. *Höft*; OLG Stuttgart v. 22.2.1971 – 5 U 89/70, VersR 1972, 44; BGH v. 10.7.1969 – VII ZR 111/67, BB 1970, 102; BGH v. 19.11.1970 – VII ZR 47/69, VersR 1971, 265 mit Anm. *Höft*.
2 Dies gilt insbesondere auch für die Problematik des Wegfalls des Provisionsanspruchs gem. § 87a Abs. 3; vgl. dazu die Einzelheiten bei *Küstner* in Küstner/Thume I, Rn. 1211 ff. sowie OLG Zweibrücken v. 21.3.1995 – 5 U 103/93, NJW-RR 1996, 285. Zur Darlegungslast des Versicherungsunternehmens bei Rückforderungsansprüchen im Stornofall vgl. OLG Saarbrücken v. 24.3.1999, VersR 2000, 1017.
3 BAG v. 25.10.1967 – 3 AZR 433/66, NJW 1968, 513.

Bemessungsgrundlage für die Provision darstellt. Vorher besteht nur eine Provisionsanwartschaft[1]. Auch § 92 Abs. 4 ist abdingbar. So kann z.B. ein Anspruch auf eine garantierte Mindestprovision, auf einen Vorschuss oder Teilprovision vereinbart werden. Die Entstehung des Provisionsanspruchs kann von der Zahlung der ersten Jahresprämie durch den Versicherungsnehmer, von einer bestimmten Anzahl von Monatsprämien oder der Abschlussgebühr (in der Bausparwirtschaft) abhängig sein. Ferner kann vereinbart werden, ob sich für den Vermittler aus jeder Prämienzahlung ein Provisionsanspruch ergibt (laufende gleich bleibende Provisionen), ob die Provision als Einmalprovision aus der Einlösungsprämie berechnet wird oder ob die Einlösungsprämie zu einer erhöhten Erstprovision und die vom Versicherungsnehmer gezahlte Folgeprämie zu niedrigeren Folgeprovisionen führt[2]. In der Praxis ist im Bereich der Kapitallebensversicherungen und im Bausparbereich die Zahlung einer **Einmalprovision** üblich, die sich nicht aus der Prämie, sondern aus der Höhe der Versicherungs- bzw. Bausparsumme errechnet und nach Zahlung der ersten Prämie entsteht. Bei den in anderen Sparten ratierlich zu zahlenden Folgeprovisionen wird regelmäßig ein **Provisionsverzicht** für die Zeit nach der Beendigung des Vertretervertrages vereinbart. Beides hat erhebliche Folgen für die Höhe eines ggf. zu zahlenden Ausgleichsanspruchs.

7   Aus § 92 Abs. 4 2. Hs. ergibt sich, dass es der Vertragsgestaltung überlassen ist, aus der Zahlung welcher Prämie der Provisionsanspruch entstehen soll. Liegen **vertragliche Vereinbarungen** bzgl. der Abhängigkeit der Entstehung des Provisionsanspruchs von der Prämienzahlung i.S.d. § 92 Abs. 4 vor, ist auch die Anwendbarkeit des § 87 Abs. 1 S. 3 ausgeschlossen. Dieser Bestimmung, wonach unabhängig von einer Vereinbarung der Provisionsanspruch entsteht, sobald und soweit der Dritte (hier also der Versicherungsnehmer bzw. der Bausparer) das Geschäft ausgeführt hat, kann im Bereich der Versicherungs- bzw. Bausparwirtschaft nur dann Bedeutung zukommen, wenn es an den in § 92 Abs. 4 angesprochenen vertraglichen Regelungen fehlt[3].

8   Da § 92 Abs. 4 nur eine Sonderregelung im Hinblick auf die Entstehung des Provisionsanspruchs darstellt, bleiben die **übrigen provisionsrechtlichen Bestimmungen bzgl. Provisionshöhe** (§ 87b), Fälligkeit (§ 87a Abs. 4) sowie der in § 87c geregelten Kontrollrechte des Handelsvertreters und schließlich der seinem Schutz dienenden Regelungen in §§ 87a Abs. 5 und 87c Abs. 5 **unberührt**; sie gelten mithin ohne Einschränkung auch für Versicherungs- und Bausparkassenvertreter.

4. Stornogefahrabwehr

9   Da der Provisionsanspruch gemäß § 92 Abs. 4 erst entsteht, wenn der Versicherungsnehmer die Prämie bezahlt hat, existiert bis zu diesem Zeitpunkt

---

1 OLG Stuttgart v. 29.8.1997 – 2 U 97/97, NJW-RR 1998, 1192.
2 Zu Einzelheiten bei den unterschiedlichen Provisionssystemen vgl. *Küstner* in Küstner/Thume I, Rn. 963.
3 *Küstner* in Küstner/Thume I, Rn. 956 und 963.

nur eine **Anwartschaft**. Auch im Versicherungsbereich gilt jedoch § 87a Abs. 3 S. 1 entsprechend. Der Vertreter hat also Anspruch auf Provision, wenn die Nichtzahlung der Einlösungsprämie durch den Versicherungsnehmer auf Umständen beruht, die vom Unternehmer zu vertreten sind. Wenn der Versicherungsnehmer die Zahlung der Einlösungsprämie (i.d.R. ist das die Erstprämie) nicht vornimmt, ist daher das Unternehmen zur Nachbearbeitung und Stornobearbeitung verpflichtet. Wenn diese unterbleibt, besteht der Provisionsanspruch des Vertreters fort. Die Nachbearbeitung dient somit der Sicherung des abgeschlossenen Versicherungsvertrages und zugleich der Sicherung des Provisionsanspruches[1].

Art und Umfang der Nachbearbeitungspflicht notleidender Verträge bestimmen sich nach den Umständen des Einzelfalls. **Das Unternehmen** kann entweder **eigene** geeignete **Maßnahmen zur Stornoabwehr ergreifen**, oder dem Vertreter durch eine Stornogefahrmitteilung Gelegenheit geben, den notleidend gewordenen Versicherungsvertrag selbst nachzuarbeiten[2]. Führt es die Nachbearbeitung selbst durch, so ist nicht etwa der abgeschlossene Versicherungsvertrag maßgeblich, sondern das Fürsorge- und Treueverhältnis gegenüber dem Vertreter. Zumindest hat das Unternehmen deshalb den Versicherungsnehmer nachdrücklich zur Prämienzahlung aufzufordern und ihm gegebenenfalls auch mit der Erhebung einer Prämienklage zu drohen; es ist jedoch im Regelfall nicht gehalten, im Klageweg gegen säumige Schuldner vorzugehen[3]. Erfolgt diese Nachbearbeitung seitens des Unternehmens „in dem gebotenen Umfang", so ist die Nichtausführung des Versicherungsvertrages nicht von ihm zu vertreten i.S.v. § 87a Abs. 3 S. 2[4].

10

Wenn das Unternehmen die Nachbearbeitung selbst durchführt, braucht es den Versicherungsvertreter auch während des Bestehens des Vertretervertrages über die Stornogefahr nicht zu unterrichten[5]. Nach dem Ausscheiden des Versicherungsvertreters gilt – schon in Hinblick auf die dann eintretende Abwerbegefahr – nichts anderes[6].

11

---

1 Zum Grundsatz der Nachbearbeitungspflicht des Versicherers siehe BGH v. 12.11.1987 – I ZR 3/86, NJW-RR 1988, 546; BGH v. 19.11.1982 – I ZR 125/80, DB 1983, 2135; für den Bausparbereich: BAG v. 10.3.1960 – 5 AZR 426/58, DB 1960, 582; vgl. zu Einzelheiten auch *Küstner* in Küstner/Thume I, Rn. 1218 ff. m.w.N.
2 BGH v. 25.5.2005 – VIII ZR 279/04, NJW-RR 2005, 1196; BGH v. 12.11.1987 – I ZR 3/86, NJW-RR 1988, 546.
3 BGH v. 25.5.2005 – VIII ZR 279/04, NJW-RR 2005, 1196.
4 BGH v. 25.5.2005 – VIII ZR 237/04, BGHRep 2005 Volltext; BGH v. 19.11.1982 – I ZR 125/80, VersR 1983, 371; BGH v. 12.11.1987 – I ZR 3/86, NJW-RR 1988, 546.
5 BGH v. 25.5.2005 – VIII ZR 237/04, BGHRep 2005 Volltext; insoweit abweichend von der bis dato h.M., wie etwa OLG Schleswig v. 24.4.1984 – 3 U 114/82, MDR 1984, 760; OLG Frankfurt/M. v. 20.11.1989 – 3 U 4/88, VersR 1991, 1135; OLG Saarbrücken v. 24.3.1999 – 1 U 529/98-96, VersR 2000, 1017; *Küstner/Thume* I, Rn. 1230.
6 BGH v. 25.5.2005 – VIII ZR 237/04, BGHRep 2005 Volltext; OLG Saarbrücken v. 24.3.1999 – 1 U 529/98-96, VersR 2000, 1017; *Küstner* in Küstner/Thume I, Rn. 1235 ff.

5. Ausgleichsanspruch

12 Die für Versicherungs- und Bausparkassenvertreter maßgeblichen ausgleichsrechtlichen Sondervorschriften sind nicht in § 92, sondern unmittelbar in § 89b Abs. 5 niedergelegt. Näheres siehe § 89b Rn. 159 ff.

6. Verwaltungsprovisionen

13 Die in § 92 Abs. 3 enthaltenen Sonderbestimmungen gelten nur für die dem Versicherungs- und Bausparkassenvertreter zustehenden Vermittlungs- und Abschlussprovisionen, nicht aber für die diesen Vermittlern darüber hinaus zustehenden Vergütungen, die ihnen vom vertretenen Unternehmen für vertraglich übernommene Verwaltungsaufgaben, insbes. die **Bestandspflege**, bezahlt werden. Dies beruht darauf, dass die §§ 87 ff. allein auf die handelsvertretertypischen Vergütungen abstellen. Es handelt sich hier beispielsweise um solche Vergütungen, die nicht erfolgsabhängig – wenn auch häufig in Abhängigkeit des erzielten Umsatzes –, sondern tätigkeitsbedingt gezahlt zu werden pflegen. Diese sind – genau wie beim Warenvertreter – nicht ausgleichspflichtig.

§ 92a
Mindestarbeitsbedingungen

(1) Für das Vertragsverhältnis eines Handelsvertreters, der vertraglich nicht für weitere Unternehmer tätig werden darf oder dem dies nach Art und Umfang der von ihm verlangten Tätigkeit nicht möglich ist, kann das Bundesministerium der Justiz im Einvernehmen mit dem Bundesministerium für Wirtschaft und Technologie nach Anhörung von Verbänden der Handelsvertreter und der Unternehmen durch Rechtsverordnung, die nicht der Zustimmung des Bundesrates bedarf, die untere Grenze der vertraglichen Leistungen des Unternehmers festsetzen, um die notwendigen sozialen und wirtschaftlichen Bedürfnisse dieser Handelsvertreter oder einer bestimmten Gruppe von ihnen sicherzustellen. Die festgesetzten Leistungen können vertraglich nicht ausgeschlossen oder beschränkt werden.

(2) Absatz 1 gilt auch für das Vertragsverhältnis eines Versicherungsvertreters, der auf Grund eines Vertrages oder mehrere Verträge damit betraut ist, Geschäfte für mehrere Versicherer zu vermitteln oder abzuschließen, die zu einem Versicherungskonzern oder zu einer zwischen ihnen bestehenden Organisationsgemeinschaft gehören, sofern die Beendigung des Vertragsverhältnisses mit einem dieser Versicherer im Zweifel auch die Beendigung des Vertragsverhältnisses mit den anderen Versicherern zur Folge haben würde. In diesem Falle kann durch Rechtsverordnung, die nicht der Zustimmung des Bundesrates bedarf, außerdem bestimmt werden, ob die festgesetzten Leistungen von allen Versicherern als Gesamtschuldnern oder anteilig oder nur von einem der Versicherer geschuldet werden und wie der Ausgleich unter ihnen zu erfolgen hat.

Schrifttum: *Buchner,* Das Recht der Arbeitnehmer, der Arbeitnehmerähnlichen und der Selbständigen – jedem das Gleiche oder jedem das Seine, NZA 1998, 1144; *Herschel,* Die arbeitnehmerähnlichen Personen, DB 1977, 1185; *Küstner* in Küstner/Thume, Handbuch des gesamten Außendienstrechts, Bd. 1, 3. Aufl. 2000, Rn. 209 ff.; *Ludwig,* Auf welche Handelsvertreter ist das Bundesurlaubsgesetz anwendbar?, DB 1966, 1971; *Reiserer,* Schluss mit dem Missbrauch der Scheinselbständigkeit, BB 1999, 366.

I. Arbeitnehmerähnliche Handels- und Versicherungsvertreter

§ 92a dient dem Schutz jener Handelsvertreter, deren wirtschaftliche Abhängigkeit vom Unternehmer besonders stark ausgeprägt ist und die deshalb eine dem Arbeitnehmer stark angenäherte Stellung haben. Das sind im Bereich der Waren- oder Dienstleistungsvermittlung solche Handelsvertreter, die entweder kraft Vertrages ausschließlich für ein Unternehmen tätig werden dürfen oder denen eine Tätigkeit für weitere Unternehmen nach Art und Umfang der von ihnen verlangten Tätigkeit nicht möglich ist (**Einfirmenvertreter**). Dem Gesetzgeber erschien es notwendig, dafür zu sorgen und sicherzustellen, dass dem so stark abhängigen Handelsvertreter „seine Arbeit wenigstens so viel einbringt, als er zur Erhaltung seiner Existenz unumgänglich benötigt"[1]. Deshalb hat er, um die notwendigen **sozialen und wirtschaftlichen Bedürfnisse dieser Handelsvertreter** (oder einer bestimmten Gruppe von ihnen) sicherzustellen, in § 92a Abs. 1 das Bundesministerium für Justiz ermächtigt, die untere Grenze der vertraglichen Leistungen des Unternehmers, die er diesen Handelsvertretern zu erbringen hat, durch Rechtsverordnung festzusetzen. Allerdings ist eine derartige Verordnung mangels eines dafür bestehenden Bedürfnisses bisher weder erlassen worden noch gegenwärtig geplant.

1

Ein Handelsvertreter hat die rechtliche Stellung eines **arbeitnehmerähnlichen Einfirmenvertreters**, wenn ihm die Tätigkeit für weitere Unternehmen vertraglich oder faktisch nicht erlaubt bzw. möglich ist. Dem vertraglichen Verbot steht es gleich, wenn dem Vertreter die Übernahme weiterer Tätigkeiten nur nach vorheriger Einwilligung des Unternehmers gestattet ist und dieser die Genehmigung nicht erteilt[2]. Die Vereinbarung eines Wettbewerbsverbotes besagt dagegen nichts darüber, ob der Vertreter für andere branchenfremde Unternehmen tätig werden darf[3]. Die faktische Unmöglichkeit, für weitere Unternehmen tätig zu werden, ist allein im Hinblick auf die nach Art und Umfang vom Handelsvertreter verlangte Tätigkeit, also im Hinblick auf den ihm erteilten Auftrag und die aus diesem Vertrag sich ergebenden Pflichten zu beurteilen, wobei zu prüfen ist, ob ihm noch Spielraum für die Vertretung eines weiteren Unternehmens verbleibt. Hierbei kommt es aber nicht auf die persönliche Leistungsfähigkeit des Handelsvertreters, etwa aufgrund vorgeschrittenen Alters oder seines Gesundheitszustandes

2

---

1 Amtl. Begr. BT-Drucks. 3856 v. 15.11.1952, S. 39, 40.
2 OLG Köln v. 6.4.2005 – 19 W 8/05, HVR Nr. 1159; OLG Köln v. 14.6.2000 – 19 W 12/00, VersR 2001, 894; OLG Stuttgart v. 11.5.1966 – 13 U 22/66, BB 1966, 1396.
3 OLG Saarbrücken v. 29.7.2004 – 5 W 144/04-09, HVR Nr. 1169.

an, sondern auf die durchschnittliche Fähigkeit eines normalen Handelsvertreters[1]. Könnte ein jüngerer Handelsvertreter bei gleichem Umfang der verlangten Tätigkeit noch Zeit für ein anderes Unternehmen erübrigen, kann sich der ältere Handelsvertreter, dem dies aufgrund seines vorgeschrittenen Alters nicht möglich ist, nicht darauf berufen, dass § 92a auf ihn anwendbar sei.

3 Auch **Versicherungs-** und die ihnen nach § 92 Abs. 5 rechtlich gleichgestellten **Bausparkassenvertreter** können die rechtliche Stellung arbeitnehmerähnlicher Handelsvertreter haben, ohne dass bei ihnen allerdings die Tätigkeit für nur ein Versicherungsunternehmen vorausgesetzt wird. Nach § 92a Abs. 2 können auch für mehrere Unternehmen tätige Versicherungsvertreter arbeitnehmerähnliche Handelsvertreter sein, wenn die vertretenen Unternehmen ihrerseits zu einem Versicherungskonzern oder zu einer zwischen ihnen bestehenden Organisationsgemeinschaft gehören und wenn die Beendigung des Vertragsverhältnisses mit einem vertretenen Unternehmen im Zweifel auch zur Beendigung der weiteren Vertragsverhältnisse führen würde. In derartigen Fällen stehen die mehreren vertretenen Unternehmen dem Versicherungsvertreter wie ein Unternehmen gegenüber, so dass der Versicherungsvertreter wie ein Einfirmenvertreter zu behandeln ist, weil er ebenso wie ein solcher „in die Gefahr der arbeitnehmerähnlichen Abhängigkeit" geraten kann[2]. Fehlt es aber an dieser Voraussetzung und unterliegt der Versicherungsvertreter weder vertraglich noch faktisch einer Beschränkung seiner Vermittlungstätigkeit auch im Hinblick auf andere Unternehmen, kommt eine arbeitnehmerähnliche Stellung nicht in Betracht[3]. Zum Schutz arbeitnehmerähnlicher Versicherungsvertreter kann nach § 92a Abs. 2 die in § 92a Abs. 1 erwähnte Rechtsverordnung auch bestimmen, ob alle vertretenen Unternehmen für die festgesetzten Leistungen gesamtschuldnerisch oder anteilig haften und wie der interne Ausgleich unter ihnen zu erfolgen hat.

II. Auswirkungen der arbeitnehmerähnlichen Rechtsstellung

4 Für **Rechtsstreitigkeiten** zwischen einem arbeitnehmerähnlichen Handels- bzw. Versicherungsvertreter i.S.d. § 92a und dem vertretenen Unternehmen sind die Arbeitsgerichte zuständig, sofern der Handelsvertreter während der letzten sechs Monate des Vertragsverhältnisses (bei kürzerer Vertragsdauer während dieser) im Durchschnitt monatlich nicht mehr als 1 000 Euro aufgrund des Vertragsverhältnisses an Vergütungen einschl. Provision und Ersatz für im regelmäßigen Geschäftsbetrieb entstandene Aufwendungen bezogen hat. Dies folgt aus § 5 Abs. 3 ArbGG. Die arbeitsgerichtliche Zuständigkeit ist aber nur gegeben, wenn beide Voraussetzungen – die arbeitnehmerähnliche Rechtsstellung nach § 92a und die im § 5 Abs. 3 ArbGG maßgebliche Höhe der Vergütungsgrenze – erfüllt sind. Ergibt sich so die Zu-

---

1 LG Düsseldorf v. 20.9.1955 – 2 b Sa 173/55, DB 1955, 535.
2 BAG v. 15.7.1961 – 5 AZR 472/60, NJW 1961, 2132.
3 BAG v. 15.7.1961 – 5 AZR 472/60, NJW 1961, 2132.

ständigkeit des Arbeitsgerichts, hat dieses allerdings nicht nach materiellem Arbeitsrecht, sondern nach Handelsvertreterrecht zu entscheiden, weil mit § 5 Abs. 3 ArbGG nur der Zweck verfolgt wird, eine als besonders schutzbedürftig anerkannte Gruppe von Handelsvertretern in den Genuss der arbeitsgerichtlichen Zuständigkeit kommen zu lassen.

Bei der Ermittlung der **Vergütungsgrenze** ist auf die während des maßgeblichen Sechsmonatszeitraums zugeflossenen Provisionen einerseits und bereits unbedingt entstandene Provisionsansprüche andererseits abzustellen, und zwar ohne Rücksicht darauf, ob die letzteren bereits erfüllt wurden. Zu berücksichtigen sind also auch die Überhangprovisionen, die erst nach der Vertragsbeendigung fällig werden[1]. Gezahlte Provisionsvorschüsse hingegen sind nach Auffassung des BGH[2] nicht zu berücksichtigen, weil es sich bei ihnen nur um vorläufige Zahlungen handelt, die nicht als Vergütungen i.S.d. gesetzlichen Bestimmungen anzusehen sind. Unter den maßgeblichen Bezügen sind Brutto-Bezüge[3] zu verstehen. Nach dem Urteil des LAG Düsseldorf[4] ist bei der Ermittlung der Vergütungsgrenze allein auf die zugeflossenen Bezüge, nicht auch auf die noch fälligen Ansprüche abzustellen. Mit Recht wird dagegen eingewendet, dass dann die Frage der gerichtlichen Zuständigkeit möglicherweise von einer Saumseligkeit[5] des Unternehmers abhängen würde. 5

Für die Ermittlung des **Vergütungsdurchschnitts** ist, wenn der Rechtsstreit nach der Beendigung des Vertragsverhältnisses anhängig wird, auf die letzten sechs Monate (bei kürzerer Vertragsdauer auf die gesamte Laufzeit) des Vertrages abzustellen. Wird ein Rechtsstreit während des Vertragsverhältnisses anhängig, muss auf die letzten sechs Monate vor Klageerhebung abgestellt werden. 6

§ 92b
Handelsvertreter im Nebenberuf

(1) Auf einen Handelsvertreter im Nebenberuf sind §§ 89 und 89b nicht anzuwenden. Ist das Vertragsverhältnis auf unbestimmte Zeit eingegangen, so kann es mit einer Frist von einem Monat für den Schluss eines Kalendermonats gekündigt werden; wird eine andere Kündigungsfrist vereinbart, so muss sie für beide Teile gleich sein. Der Anspruch auf einen angemessenen Vorschuss nach § 87a Abs. 1 Satz 2 kann ausgeschlossen werden.

---

1 So auch *Schröder*, Recht der Handelsvertreter, Art. 3 Rn. 3; *Bruck/Möller*, §§ 43–48 VVG Anm. 166; *Trinkhaus*, Hdb. d. Versicherungsvermittlung, 1955, S. 86.
2 BGH v. 9.12.1963 – VII ZR 113/62, HVR Nr. 306.
3 *Ankele*, Handelsvertreterrecht, 13. Lief. Sept. 2000, Art. 3 Rn. 5.
4 LAG Düsseldorf v. 11.4.1957 – II Sa 42/57, BB 1957, 614; a.A. OLG Frankfurt v. 1.12.1970 – 5 U 183/70, HVR Nr. 434.
5 *Staub/Brüggemann*, § 92a Rn. 9.

(2) Auf Absatz 1 kann sich nur der Unternehmer berufen, der den Handelsvertreter ausdrücklich als Handelsvertreter im Nebenberuf mit der Vermittlung oder dem Abschluss von Geschäften betraut hat.

(3) Ob ein Handelsvertreter nur als Handelsvertreter im Nebenberuf tätig ist, bestimmt sich nach der Verkehrsauffassung.

(4) Die Vorschriften der Absätze 1 bis 3 gelten sinngemäß für Versicherungsvertreter und Bausparkassenvertreter.

Schrifttum: *Baums*, Handelsvertreter im Nebenberuf, BB 1986, 891; *Emde*, Die Entwicklung des Vertriebsrechts im Zeitraum von August 1998 bis August 1999, VersR 1999, 1464; *Gamerschlag*, Nochmals: Nachvertragliches Wettbewerbsverbot und Karenzentschädigung, NJW 1989, 2870; *Küstner*, Aktuelle Probleme des Vertriebsrechts, BB 1999, 541 zu Abschn. I 2; *Küstner*, Nebenberufliche Vertretertätigkeit und Ausgleichsanspruch, BB 1996, 1212; *Küstner*, in Küstner/Thume, Handbuch des gesamten Außendienstrechts, Bd. 1, 3. Aufl. 2000, Rn. 161 ff.; *Schneider*, Der Streitwert für Klagen des Handelsvertreters, BB 1976, 1298; *Schröder*, Handelsvertreter im Nebenberuf, Inf. 1977, 33.

I. Bedeutung der Vorschrift

1   Handelsvertreter im Nebenberuf kommen auch heute – besonders in der Versicherungswirtschaft – häufig vor. Sie sind selbständige Handelsvertreter i.S.d. § 84 Abs. 1 S. 2[1], jedoch gelten nach § 92b Abs. 1 mit Rücksicht auf ihre nach Auffassung des Gesetzgebers geringere Schutzbedürftigkeit Sonderbestimmungen. Sie sind nicht ausgleichsberechtigt und für Verträge, die auf unbestimmte Zeit abgeschlossen wurden, gilt generell eine kurze Mindestkündigungsfrist von einem Monat zum Schluss eines Kalendermonats, und zwar für das gesamte Vertragsverhältnis. Allerdings kann diese kurze Kündigungsfrist durch Vereinbarung verlängert werden. Sie kann aber auch abgekürzt werden[2]. Es ist also zulässig, mit einem Handelsvertreter im Nebenberuf eine vierzehntägige Kündigungsfrist zu vereinbaren. Allerdings müssen die vereinbarten Kündigungsfristen für beide Vertragsparteien gleich lang sein. Der Anspruch des Warenvertreters auf Provisionsvorschuss nach § 87a Abs. 1 S. 2 kann nach § 92b Abs. 1 S. 3 ausgeschlossen werden; er steht dem nebenberuflichen Handelsvertreter mangels entsprechender Vereinbarung also zu, wenn für die Entstehung des Provisionsanspruchs von der Grundregel des § 87a Abs. 1 S. 1 abgewichen wird, also z.B. die Zahlung des Kaufpreises durch den Kunden für die Entstehung des Provisionsanspruches maßgeblich sein soll.

---

1 Vgl. die besondere Hervorhebung der Versicherungs- und Bausparkassenvertreter in § 92 Abs. 4.
2 *Ankele*, Handelsvertreterrecht, Loseblatt, § 92b Rn. 7; *Küstner* in Küstner/Thume I, Rn. 162.

II. Abgrenzungsproblematik

Schwierigkeiten bereitet die Abgrenzung des nebenberuflichen Handelsvertreters vom hauptberuflichen. Der Gesetzgeber hat sich in § 92 Abs. 3 mit einer Verweisung auf die Verkehrsauffassung begnügt[1]. Deshalb hat sich in der Praxis die sog. „**Übergewichtstheorie**" entwickelt. Danach liegt Nebenberuflichkeit vor, wenn es beim Handelsvertreter entweder an der überwiegenden Vermittlungstätigkeit oder daran fehlt, dass er aus der Vermittlungstätigkeit den überwiegenden Teil seines Arbeitseinkommens bezieht, weil der Schwerpunkt der Lebensgestaltung auf einem anderen Gebiet liegt[2]. Da allein die Verkehrsauffassung maßgeblich ist, sind davon abweichende Vereinbarungen unwirksam. So kann z.B. ein vollberuflicher Tankstellenhalter, der im dortigen Warenvertrieb als Franchisenehmer tätig ist, bezüglich der Kraftstoffe nicht zum nebenberuflichen Handelsvertreter herabgestuft werden[3]. Liegen beide Kriterien vor, handelt es sich um einen hauptberuflichen, fehlt nur eines der beiden Kriterien, handelt es sich um einen nebenberuflichen Handelsvertreter. Handelsvertreter im Hauptberuf kann danach nur ein Vermittler sein, der überwiegend als solcher tätig ist und aus dieser Tätigkeit auch den überwiegenden Teil seines Arbeitseinkommens bezieht[4].

Nebenberuflichkeit i.S.d. § 92b liegt demnach etwa vor bei Hausfrauen oder Studenten, die sich „nebenher" als Kosmetik- Schmuck- oder Haushaltswarenverkäuferin oder Versicherungsvermittler betätigen. Als nebenberuflichen Vertreter wird man auch einen im Innendienst beschäftigten Arbeitnehmer ansehen müssen, der in den Abendstunden für andere Unternehmer Geschäfte vermittelt, und zwar auch dann, wenn seine dabei erzielten Provisionseinnahmen sein monatliches Gehalt übersteigen. Andererseits kommt eine nebenberufliche Vertretertätigkeit nicht in Betracht, wenn ein im Innendienst tätiger Angestellter nebenbei mit Billigung des Arbeitgebers für diesen Geschäfte gegen Provision vermittelt[5]. Auch ein Rentner oder Pensionär, der ausschließlich vermittelnd tätig ist, dessen Provisionseinkünfte aber die Rente oder Pension nicht übersteigen, ist nebenberuflich tätig[6].

Mehrfachvertreter sind wohl immer Handelsvertreter im Hauptberuf. Eine nebenberufliche Tätigkeit im Hinblick auf eine einzelne kleinere von mehreren Vertretungen, die weder viel Mühe macht noch erhebliche Provisionen einbringt, kann nicht angenommen werden, wenn die **Vertretertätigkeit** als solche den **Hauptberuf** des Vermittlers darstellt[7]. Das dürfte, wenn der Han-

---
1 Siehe auch BGH v. 4.11.1998 – VIII ZR 248/97, BB 1999, 71.
2 OLG Bamberg v. 26.2.1999 – 6 U 6/97, HVR Nr. 935; *Ankele*, Handelsvertreterrecht, Loseblatt, § 92b Rn. 15 *Heymann/Sonnenschein/Weitemeyer*, § 92b Rn. 3; *Baumbach/Hopt*, § 92b Rn. 2.
3 BGH v. 18.4.2007 – VIII ZR 117/06, BB 2007, 1750 mit Anm. *Thume*.
4 Vgl. zu Einzelheiten und zur Abgrenzung *Küstner* in Küstner/Thume I, Rn. 164.
5 BAG v. 25.10.1967 – 3 AZR 453/66, NJW 1968, 518.
6 *Hopt*, Handelsvertreterrecht, § 92b Rn. 2.
7 BGH v. 2.2.1961 – VII ZR 253/59, n.v.; LG Düsseldorf v. 6.7.1954 – 11 O 46/54, HVR Nr. 84; *Finke*, WM 1969, 1122, 1123 zu I C.

delsvertreter einen Großhandel betreibt, zumindest auch dann gelten, wenn der Großhandel in engem wirtschaftlichen Zusammenhang mit der Vermittlungstätigkeit steht und mit dieser zusammen den Beruf des Vermittlers darstellt[1].

5   Bei sog. **Mehrbranchen-Vertretern** allerdings (Beispiel: Ein Tankstellenhalter vermittelt nebenher Kfz-Haftpflicht- und Kaskoversicherungen; ein Reisebüro vermittelt Reisegepäck- und Reiserücktrittskostenversicherungen) nimmt die herrschende Lehre mit Rücksicht auf die erheblichen Unterschiede zwischen Warenvermittlung einerseits und Versicherungsvermittlung andererseits eine nur nebenberufliche Versicherungsvermittlung an, sofern diese von der Arbeitsintensität oder den Einkünften her gegenüber der übrigen Vermittlungstätigkeit nur von untergeordneter Bedeutung ist.

6   Als Handelsvertreter im Nebenberuf können auch **juristische Personen oder Personengesellschaften** auftreten, was z.B. in der Versicherungswirtschaft im Hinblick auf sog. Organisationsverträge vorkommt, aufgrund deren ein Versicherungsunternehmen für ein anderes Unternehmen in der Weise vermittelnd tätig wird, dass es den eigenen Außendienst zur Vermittlung des vom anderen Unternehmen betriebenen Geschäfts einsetzt[2].

7   Nach § 92b Abs. 2 kann sich der Unternehmer auf die für die Nebenberuflichkeit geltenden Einschränkungen des § 92b Abs. 1 nur dann berufen, wenn er den Handelsvertreter „ausdrücklich als Handelsvertreter im Nebenberuf … betraut" hat. Schriftform ist zwar nicht erforderlich, jedoch muss sich die Ausdrücklichkeit zumindest aus den Umständen der Vertragsgestaltung entnehmen lassen. § 92b Abs. 2 setzt entsprechend den oben erläuterten Abgrenzungskriterien zunächst voraus, dass eindeutig Nebenberuflichkeit vorliegt. Die Betrauung und Bezeichnung eines in Wirklichkeit hauptberuflichen Handelsvertreters als „Handelsvertreter im Nebenberuf" kann nicht zur Anwendbarkeit der Sondervorschriften des § 92b Abs. 1 führen[3]. In derartigen Fällen trägt aber der nebenberuflich betraute Handelsvertreter, wenn er tatsächlich hauptberuflich tätig war, die Beweislast, wenn er nach der Vertragsbeendigung einen Ausgleichsanspruch geltend macht und durchzusetzen versucht[4].

II. Prozessuale Fragen

8   Fehlt es zwar an einer nebenberuflichen Betrauung, war der Handelsvertreter aber gleichwohl nur nebenberuflich tätig, kann sich der Unternehmer auf die in § 92b Abs. 1 niedergelegten Sondervorschriften nicht berufen, sofern der Handelsvertreter geltend macht, er sei in Wirklichkeit hauptberuflich tätig gewesen, wenn also zwischen den Parteien die zutreffende Beurteilung der beruflichen Tätigkeit des Handelsvertreters **streitig** ist. Räumt der

---

1 *Küstner* in Küstner/Thume I, Rn. 192; Gutachten DIHT v. 23.1.1957, HVR Nr. 145.
2 *Küstner* in Küstner/Thume I, Rn. 189.
3 *Schröder*, Inf. 1977, 33, 34 zu c.
4 LAG Hamm v. 12.1.1971 – 3 Sa 723/70, DB 1971, 439.

Handelsvertreter aber die Nebenberuflichkeit ein und ist diese damit unstreitig, kommt es auf den Mangel der ausdrücklichen nebenberuflichen Betrauung nicht an. Dann liegt § 92b Abs. 1 vor und der Anwendung von § 92b Abs. 2 bedarf es nicht mehr[1]. Vielmehr könnte der Unternehmer unter Berufung des Handelsvertreters auf den formalen Mangel der fehlenden Betrauung den Arglisteinwand entgegensetzen. Das ergibt sich aus dem prozessualen Charakter der Vorschrift. § 92b Abs. 2 geht davon aus, dass zwischen den Parteien über die Nebenberuflichkeit Streit herrscht und hat den Sinn und Zweck, dass eine Umgehung zwingender Vorschriften, insbesondere also des unabdingbaren Ausgleichsanspruchs, verhindert wird. Deshalb soll der Unternehmer von vornherein klarstellen, dass der Handelsvertreter nur nebenberuflich tätig werden soll. Besteht über die Nebenberuflichkeit zwischen den Parteien aber gar kein Streit, verliert der in § 92b Abs. 2 angesprochene formale Mangel an Bedeutung und auf die fehlende nebenberufliche Betrauung kommt es dann nicht mehr an[2]. Die Berufung des Unternehmers auf die im Vertrag niedergelegte nebenberufliche Betrauung und die daraus resultierenden Sondervorschriften gewinnen also nur dann Bedeutung, wenn der Handelsvertreter die – vom Unternehmer bestrittenen – Rechte eines hauptberuflichen Handelsvertreters geltend macht.

Umgekehrt kann sich der Unternehmer trotz ausdrücklicher Bezeichnung nicht auf die erfolgte nebenberufliche Betrauung berufen, wenn sich die anfangs unstreitige Nebenberuflichkeit während des Vertragsverhältnisses **in eine hauptberufliche Tätigkeit umgewandelt** hat und die sodann tatsächlich vorliegende Hauptberuflichkeit zwischen den Parteien unstreitig ist oder der Unternehmer sein Einverständnis zumindest konkludent dadurch erklärt hat, dass er in Kenntnis der angewachsenen Tätigkeit die weiteren Vermittlungsdienste des Vertreters in Anspruch nimmt[3]. 9

Wandelt sich die nebenberufliche Stellung des Handelsvertreters während des Vertragsverhältnisses in eine hauptberufliche Stellung um, ohne dass dies dem Unternehmer bekannt wird, so ist streitig, ob § 92b Abs. 1 weiterhin anwendbar, bleibt, auch wenn nach der Verkehrsauffassung eindeutig Nebenberuflichkeit nicht mehr vorliegt. Fraglich ist insbes., ob eine neue einseitige Ausweitung der Tätigkeit mangels ausdrücklicher oder zumindest stillschweigender Zustimmung des Unternehmers zu einer Änderung der Rechtsstellung des Handelsvertreters führt[4]. Allerdings dürfen die Anforde- 10

---

1 *Küstner* in Küstner/Thume I, Rn. 198; *Heymann/Sonnenschein/Weitemeyer*, § 92b Rn. 10; *Baumbach/Hopt*, § 92b Rn. 2; a.A. wohl MünchKommHGB/*v. Hoyningen-Huene*, § 92b Rn. 30; *Ebenroth/Boujong/Joost/Löwisch*, § 92b Rn. 8.
2 *Küstner* in Küstner/Thume I, Rn. 199; *Küstner*, BB 1966, 1214; *Baumbach/Hopt*, § 92b Rn. 3, 4.
3 BGH v. 4.11.1998 – VIII ZR 248/97, BB 1999, 91 mit Anm. *Küstner*, BB 1999, 541, 543; *Escher*, BB 1999, 72; *Küstner* in Küstner/Thume I, Rn. 199 ff. Nach Zurückverweisung durch den BGH (4.11.1998) hat das Berufungsgericht (OLG Bamberg v. 5.2.1999 – 6 U 6/97) die Hauptberuflichkeit der Klägerin rückwirkend ab 2.11.1982 anerkannt.
4 Offen lassend BGH v. 4.11.1998 – VIII ZR 248/97, BB 1999, 91; bejahend MünchKommHGB/*v. Hoyningen-Huene*, § 92b Rn. 26; *Ebenroth/Boujong/Joost/Löwisch*,

rungen an die Kenntniserlangung durch den Unternehmer hierbei nicht überspannt werden. Muss der Unternehmer aus der Entwicklung des Vertragsverhältnisses, dem ansteigenden Provisionszufluss und Tätigkeitsumfang des Handelsvertreters zwangsläufig auf eine nach der Verkehrsauffassung geänderte rechtliche Stellung des Handelsvertreters schließen, ohne daraus Konsequenzen zu ziehen, kann er sich auf die Weitergeltung des § 92b nicht berufen; die Beweislast hinsichtlich der Kenntniserlangung durch den Unternehmer obliegt allerdings dem Handelsvertreter.

11 Um Schwierigkeiten von vornherein zu vermeiden oder einzuschränken, die sich bei einem Streit zwischen den Parteien über die Haupt- oder Nebenberuflichkeit des Handelsvertreters ergeben können, wenn sich die anfänglich nebenberufliche Vermittlungstätigkeit zu einer solchen im Hauptberuf entwickelt hat, **empfehlen sich folgende Vertragsbestimmungen:**

12 „1. Die Firma betraut den Vermittler des Handelsvertreters im Nebenberuf als selbständigen Gewerbetreibenden mit den in § ... dieses Vertrages geregelten Aufgaben. Der Vermittler betreibt im Hauptberuf ein Gewerbe als ..., aus dem er gegenwärtig einen Umsatz von etwa ... Euro und ein Arbeitseinkommen i. H. v. rund ... Euro erzielt und das ihn täglich durchschnittlich ... Stunden in Anspruch nimmt.
2. Ändern sich die diesem Vertrag zugrunde liegenden Verhältnisse dergestalt, dass der Vermittler nach der Verkehrsauffassung möglicherweise nicht mehr als Handelsvertreter im Nebenberuf angesehen werden könnte, ist der Vermittler verpflichtet, die Firma unverzüglich zu informieren, damit diese die notwendigen Konsequenzen aus der neuen Situation ziehen kann.
3. Der Vermittler ist über den in Ziff. 1 erwähnten Hauptberuf hinaus nicht berechtigt, ohne ausdrückliche schriftliche Zustimmung der Firma eine weitere gewerbliche Tätigkeit, insbesondere eine Handelsvertretung, zu übernehmen. Ein Verstoß des Handelsvertreters gegen diese Verpflichtung berechtigt die Firma zur fristlosen Kündigung dieses Vertrages aus wichtigem Grund."

§ 92c
Ausländischer Handelsvertreter; Schifffahrtsvertreter

(1) Hat der Handelsvertreter seine Tätigkeit für den Unternehmer nach dem Vertrag nicht innerhalb des Gebietes der Europäischen Gemeinschaft oder der anderen Vertragsstaaten des Abkommens über den Europäischen Wirtschaftsraum auszuüben, so kann hinsichtlich aller Vorschriften dieses Abschnittes etwas anderes vereinbart werden.

(2) Das Gleiche gilt, wenn der Handelsvertreter mit der Vermittlung oder dem Abschluss von Geschäften betraut wird, die die Befrachtung, Abfertigung oder Ausrüstung von Schiffen oder die Buchung von Passagen von Schiffen zum Gegenstand haben.

---

§ 92b Rn. 14; verneinend LG Hannover v. 4.7.1972 – 9 S 56/72, VersR 1973, 153; Küstner in Küstner/Thume I, Rn. 203; Staub/Brüggemann, § 92b Rn. 10; Schröder, Inf. 1977, 33, 37; Heymann/Sonnenschein/Weitemeyer, § 92b Rn. 5 und 13.

Schrifttum: *Ankele*, Das Deutsche Handelsvertreterrecht nach der Umsetzung der EG-Richtlinie, DB 1989, 2211; *Ankele*, Harmonisiertes Handelsvertreterrecht für die Europäische Gemeinschaft, DB 1987, 569 und HVHM 1987, 112; *Bälz*, Der Ausschluss des Ausgleichsanspruchs in internationalen Handelsvertreterverträgen, NJW 2003, 1559; *Belgard*, Die Rechtsstellung des Handelsvertreters bei der Vermittlung von Schiffspassagen auf Binnengewässern, DB 1966, 1640; *Eckert*, Das neue Recht der Handelsvertreter – die Umsetzung der EG-Richtlinie in deutsches Recht, NZA 1990, 384; *Emde*, Heimatgerichtsstand für Handelsvertreter und andere Vertriebsmittler, RIW 2003, 505; *Freitag/Leible*, Internationaler Anwendungsbereich der Handelsvertreterrichtlinie – Europäisches Handelsvertreterrecht weltweit?, RIW 2001, 287; *Hagemeister*, Die Abdingbarkeit des Ausgleichsanspruchs bei ausländischen Handelsvertretern und Vertragshändlern, RIW 2006, 498; *Kindler*, Neues deutsches Handelsvertreterrecht aufgrund der EG-Richtlinie, RIW 1990, 358; *Klima*, Die Frage der Vereinbarkeit von § 92c HGB mit Art. 30 des Gesetzes zur Neuregelung des Internationalen Privatrechts, RIW 1987, 796; *Kocher*, Analoge Anwendung des Handelsvertreterrechts auf Vertragshändler in Europa, RIW 2003, 512; *Küstner*, Die Änderungen des Handelsvertreterrechts aufgrund der EG-Harmonisierungsrichtlinie vom 18.12.1986, BB 1990, 291; *Reithmann/Martiny*, Internationales Vertragsrecht, 6. Aufl. 2004, Rn. 2026 ff., 2042 ff.; *Thume*, Der Ausgleichsanspruch des Handelsvertreters gem. § 89b im Lichte der Europäischen Union, BB 2004, 2473; *Thume* in Küstner/Thume, Handbuch des gesamten Außendienstrechts, Bd. 1, 3. Aufl. 2000, Rn. 2329 ff.; *Thume*, Der Ausgleichsanspruch des Handelsvertreters gem. § 89b HGB in der Europäischen Union, BB 2004, 2473; *Wengler*, Zum Internationalen Privatrecht des Handelsvertretervertrages, ZHR 146 (1982), 30; *Westphal*, Handelsvertreterrecht in Deutschland, in: Graf v. Westphalen (Hrsg.), Handbuch des Handelsvertreterrechts in EU-Staaten und der Schweiz, S. 145, 173 ff. Rn. 83 ff.; *Wittmann*, Zum Ausgleichsanspruch von Handelsvertretern im EG-Ausland nach dem 31.12.1993, BB 1994, 2295.

I. Handelsvertreter im Ausland

1. § 92c als Sondervorschrift

§ 92c ist keine Kollisionsvorschrift des Internationalen Privatrechts, sondern eine Spezialnorm des deutschen Rechts. Sie ist bei grenzüberschreitenden Handelsvertreterverträgen von besonderer Bedeutung. Auch wenn die Parteien deutsches Recht vereinbaren, können sie nämlich nach dieser Bestimmung dann von den zwingenden Vorschriften des deutschen Handelsvertreterrechts abweichen, wenn der Handelsvertreter seine Tätigkeit für den Unternehmer nicht innerhalb des Gebietes der Europäischen Union oder des Europäischen Wirtschaftsraumes ausübt. Ist also beispielsweise der Handelsvertreter in der Türkei oder in Afrika für das deutsche Unternehmen tätig, so können die Parteien den Ausgleichsanspruch des § 89b ausschließen, auch wenn im Übrigen deutsches Recht vereinbart ist. Das Gleiche gilt, wenn der Handelsvertreter mit der Vermittlung oder dem Abschluss von Geschäften betraut ist, die die Befrachtung, Abfertigung oder Ausrüstung von Schiffen oder die Buchung von Passagen auf Schiffen zum Gegenstand haben (§ 92c Abs. 2). Vereinbaren die Vertragspartner jedoch deutsches Recht, ohne diese Möglichkeit zu nutzen, gelten auch die zwingenden Bestimmungen des deutschen Handelsvertreterrechts ausnahmslos[1].

1

---

1 *Staub/Brüggemann*, § 92c Rn. 1; *Baumbach/Hopt*, § 91c Rn. 1; *Thume* in Küstner/Thume I, Rn. 2408 und Küstner/Thume II, Kap. XVIII, Rn. 28 ff.; *Westphal* in Graf

2 Wenn der Handelsvertreter seine Tätigkeit sowohl innerhalb der Gebiete der EU bzw. eines anderen Vertragsstaats des EWR als auch außerhalb dieser Gebiete auszuüben hat, also etwa nicht nur in Deutschland und Österreich, sondern auch im Bereich anderer Staaten, die weder zur EU noch zum EWR gehören, gilt § 92c Abs. 1 für den gesamten Vertrag, weil die nach deutschem Recht maßgeblichen Grundsätze für das Gesamtvertragsverhältnis einheitlich gelten; d.h. bei Vereinbarung des deutschen Rechts kann insgesamt von den zwingenden Vorschriften des Handelsvertreterrechts nicht abgewichen werden[1].

3 Die Vorschrift ist mit Europarecht durchaus vereinbar, weil eine zwingende Anwendung umgesetzten Richtlinienrechts bei einer Tätigkeit des Handelsvertreters außerhalb der EU und des EWR mangels eines starken Gemeinschaftsbezuges nicht geboten ist und europäische Unternehmen außerhalb des Binnenmarktes keine Wettbewerbsnachteile erleiden sollen.

II. Rechtsanwendung

4 § 92c setzt als deutsche Rechtsnorm bei grenzüberschreitenden Verträgen die Anwendbarkeit deutschen Rechts voraus. Nach Art. 27 Abs. 1 EGBGB kann die Rechtswahl ausdrücklich oder stillschweigend und konkludent erfolgen. Auch eine Rechtswahl durch **Allgemeine Geschäftsbedingungen** ist möglich. Wird deutsches Recht gewählt, ist die Möglichkeit einer Inhaltskontrolle gemäß § 307 BGB umstritten. Eine **stillschweigende Vereinbarung** kann aber nur angenommen werden, wenn diese sich mit hinreichender Sicherheit aus den Bestimmungen des Vertrages oder den Umständen des Falles ergibt (Art. 27 Abs. 1 S. 1 EGBGB). Der tatsächliche Rechtswahlwille der Parteien muss festgestellt werden. Typische Umstände, die hierfür hinreichende Anhaltspunkte bieten, sind

– die Vereinbarung eines einheitlichen Gerichtsstandes

– die Vereinbarung eines Schiedsgerichts

– die Vereinbarung eines gemeinsamen Erfüllungsortes

– die Bezugnahme auf bestimmte Rechtsvorschriften eines Staates

– die Verwendung bestimmter Allgemeiner Geschäftsbedingungen oder anderer Formulare, die auf der Basis eines bestimmten Rechts entworfen sind

– das übereinstimmende Prozessverhalten der Vertragspartner.

5 Auch die Verwendung juristisch-technischer Klauseln kann ein Hinweis darauf sein, dass die Parteien ihre vertraglichen Beziehungen einer bestimm-

---

v. Westphalen (Hrsg.), Hdb. des Handelsvertreterrechts, 1995, S. 176 Rn. 96 ff.; *Ankele*, DB 1989, 2211, 2213; *Kindler*, RIW 1990, 358, 363.
1 H.M., *Baumbach/Hopt*, § 92c Rn. 6; *Küstner/Thume* I, Rn. 2422 m.w.Hw. auf die Literatur; *Ebenroth/Boujong/Joost/Loewisch*, § 92c Rn. 10 hält auch den Abschluss getrennter Handelsvertreterverträge mit dem selben Vertreter über verschiedene Vertragsgebiete nicht für zulässig.

ten Rechtsordnung unterwerfen wollten, auf welche diese Klausel zugeschnitten ist[1]. Der Umstand andererseits, dass die dem Auslandsvertreter geschuldeten Provisionen in **deutscher Währung** auf ein deutsches Konto in der Bundesrepublik Deutschland gezahlt werden, reicht als Anhaltspunkt für die zu unterstellende Anwendbarkeit deutschen Rechts nicht aus[2].

Die Rechtswahl kann **jederzeit**, also auch erst nachträglich, selbst noch im Prozess, erfolgen. Sie kann auch jederzeit durch eine neue Vereinbarung der Partner geändert werden und zwar jeweils ausdrücklich oder stillschweigend und mit Wirkung ex nunc oder ex tunc. 6

Fehlt es an einer Rechtswahl im vorgenannten Sinne, unterliegt das Vertragsverhältnis dem Heimatrecht des Handelsvertreters[3]. Das ergibt sich aus Art. 28 Abs. 1 EGBGB, wonach unter Berücksichtigung der Interessenlage nach den Umständen des Einzelfalles der Handelsvertretervertrag dem Recht des Staates unterliegt, zu dem er die **engste Verbindung** aufweist. Das ist nach Art. 28 Abs. 2 EGBGB die Rechtsordnung des Staates, in welchem die Partei, die die charakteristische Leistung zu erbringen hat, im Zeitpunkt des Vertragsabschlusses ihren gewöhnlichen Aufenthalt – der Handelsvertreter also seine Niederlassung – hat. Im Hinblick auf Handelsvertreterverträge stellen die Vermittlungsbemühungen des Handelsvertreters die charakteristische Leistung dar, so dass in derartigen Fällen also auf die Rechtsordnung abzustellen ist, die am Aufenthalts- oder Niederlassungsort des Handelsvertreters maßgeblich ist[4]. 7

Ergibt sich nach Art. 28 EGBGB die Anwendbarkeit des **Heimatrechts** des außerhalb des in § 92c genannten Gebietes tätigen Handelsvertreters, ist, wenn das Vertragsverhältnis deutschem Recht nicht unterliegt, für abweichende Vereinbarungen zwingender Regelungen des deutschen Handelsvertreterrechts unter Berufung auf § 92c kein Raum. Der Handelsvertreter ist also beispielsweise dann ausgleichsberechtigt, wenn das in Betracht kommende ausländische Recht einen Handelsvertreterausgleich vorsieht. Abweichungen von zwingenden Regelungen des deutschen Handelsvertreterrechts sind mithin nur zulässig und wirksam, wenn sich die Anwendbarkeit deutschen Rechts entweder aus ausdrücklich getroffenen oder schlüssigen Vereinbarungen oder aus Anhaltspunkten ergibt, die eine solche Annahme rechtfertigen. 8

---

1 Vgl. BGH v. 22.9.1972 – VIII ZR 259/69, NJW 1972, 391, 393; OLG Koblenz v. 17.9.1993 – 2 U 1230/91, RIW 1993, 934, jew. zum Alleinvertriebsrecht.
2 BGH v. 28.11.1980 – I ZR 122/78, DB 1981, 1279.
3 BGH v. 22.10.1987 – I ZR 224/85, DB 1988, 549 sowie BGH v. 28.11.1980 – I ZR 122/78, DB 1981, 1279.
4 BGH v. 16.3.1970 – VII ZR 125/68, NJW 1970, 1002; OLG Düsseldorf v. 18.6.1974 – 23 U 270/73, NJW 1974, 2185.

III. Auswirkungen auf den Ausgleichsanspruch

9   Die wichtigste Ausschlussmöglichkeit, von der in der Praxis am meisten Gebrauch gemacht wird, betrifft den Ausgleich nach § 89b. Nach dem Wortlaut des § 92c Abs. 1 ist der Ausgleich bei Vereinbarung deutschen Rechts auch dann abdingbar, wenn der Handelsvertreter nach dem ohne deutsche Rechtswahl anwendbaren Recht des ausländischen Staates einen dem Ausgleich entsprechenden Anspruch zwingend hätte. Ein Teil der Literatur ist der Auffassung, dass § 92c Abs. 1 insoweit einer teleologischen Reduktion bedarf. Zweck der Vorschrift ist es, den Vertragspartnern einen Gestaltungsspielraum zur Anpassung des Handelsvertretervertrages an die besonderen Verhältnisse des ausländischen Tätigkeitsortes zu ermöglichen. Insbesondere sollen Wettbewerbsnachteile durch Anwendung der strengeren und daher auch kostenintensiveren deutschen Schutzvorschriften vermieden werden. Wenn jedoch das im Falle der Nichtvereinbarung deutschen Rechts anwendbare ausländische Recht selbst einen vergleichbaren Schutz des Handelsvertreters vorsieht, besteht nach dem Zweck des § 92c Abs. 1 eigentlich kein solcher Anpassungsbedarf. Deshalb lässt sich die Auffassung vertreten, dass hier die Anwendung des § 92c Abs. 1 teleologisch nicht zu rechtfertigen ist[1]. Jedoch hat das OLG München eine solche teleologisch bedingte einschränkende Auslegung des § 92c Abs. 1 abgelehnt[2]. Nach dieser Auffassung wäre es zulässig, wenn ein in der Schweiz tätiger schweizerischer Handelsvertreter mit einem deutschen Unternehmen deutsches Recht vereinbart und dabei gemäß § 92c den Ausgleichsanspruch vertraglich völlig ausschließt.

10 Ein weiteres **Problem** entsteht **bei Ausweitung der Europäischen Union**. Seit Öffnung der Grenzen des ehemaligen Eisernen Vorhangs sind in zahlreichen Ländern Osteuropas, die inzwischen seit dem 1.5.2004 bzw. dem 1.1.2007 der EU angehören, Handelsvertreter tätig, die Verträge auf der Basis deutschen Rechts abgeschlossen haben, in welchen von der Möglichkeit des § 92c Gebrauch gemacht und der Ausgleichsanspruch ausgeschlossen worden war. Mit dem Stichtag der EU-Erweiterung, also seit dem 1.5.2004 bzw. 1.1.2007, ist diese Abweichung für Handelsvertreter, die in diesen Ländern tätig sind, unwirksam. Daher fragt sich, ob bei Beendigung des Vertrages in die Ausgleichsberechnung auch die vor dem Stichtag vom Handelsvertreter geworbenen neuen Kunden berücksichtigt werden müssen oder nicht. Bis dahin war ja der Ausschluss des Ausgleichs wirksam, die bis dahin neu geworbenen Kunden waren also nicht ausgleichspflichtig. Diese Handelsvertreterverträge enthalten daher m.E. eine ungewollte Regelungslücke, die gemäß § 157 BGB im Wege der ergänzenden Vertragsauslegung zu schließen ist. Maßgebend ist dabei der hypothetische Parteiwille; dieser wird im Allgemeinen zu der Erkenntnis führen, dass die Vertragspartner, hätten sie die Lücke erkannt, vereinbart hätten, dass alle Kunden, die bis zum Eintritt des Staates in die EU vom Handelsvertreter bereits geworben werden, keine aus-

---

1 *Thume*, BB 2004, 2473, 2476 und in Küstner/Thume I, Rn. 2424 und in Küstner/Thume II, Kap. XVIII, Rn. 35; *Kindler*, RIW 1990, 358, 363; *Öchsler* in Martinek/Semler/Habermeier, § 60 Rn. 14.
2 OLG München v. 11.1.2002 – 23 U 4416/01, RIW 2002, 319.

gleichspflichtigen Neukunden sein sollen. Das bedeutet, dass bei späterer Berechnung des Ausgleichs anlässlich der Vertragsbeendigung nur jene Kunden als Neukunden gewertet werden dürfen, die erst nach dem Beitrittsstichtag vom Vertreter für das Unternehmen geworben sind[1].

Umgekehrt ist jedoch für **alle Waren-Handelsvertreter, die auf dem Gebiet der Europäischen Union und des Europäischen Wirtschaftsraumes tätig sind**, laut einer Entscheidung des EuGH vom 19.12.2000 die nach Art. 17 und 18 der Handelvertreter-Richtlinie umgesetzte Bestimmung des § 89b zwingend, s. § 89b Rn. 8. Dies gilt auch dann, wenn der Unternehmer seinen Sitz außerhalb dieses Gebietes hat und die Parteien vertraglich das Recht des Unternehmerstaates vereinbart haben, welches keinen Ausgleich vorsieht[2]. Ihre Anwendung kann auch nicht dadurch vereitelt werden, dass vertraglich über die Rechtswahl hinaus der ausschließliche Gerichtsstand eines Drittstaates gewählt wird, dessen Recht dem Ausgleich entsprechende Ansprüche des Handelsvertreters nicht kennt. Die damit einhergehende Derogation deutscher Gerichte ist unwirksam[3]. 11

V. Vertreter von Schifffahrtsunternehmen

Handelsvertreter, die ständig mit den in § 92c Abs. 2 genannten Vermittlungs- bzw. Abschlussaufgaben betraut sind, **stehen Auslandsvertretern gleich**. Die Bestimmung gilt gleichermaßen für den Bereich von See- und Binnenschiffen[4], **nicht** jedoch für **Schiffsmakler**. Angesichts der durch das EG-Umsetzungsgesetz erfolgten generellen Ausdehnung des § 92c Abs. 1 auf solche Handelsvertreter, die weder im Inland noch in einem Mitgliedstaat der EU oder einem anderen Vertragsstaat des Europäischen Wirtschaftsraumes ihre Tätigkeit ausüben, ist die Zulässigkeit abweichender Vereinbarungen von zwingenden Regelungen des Gesetzes beschränkt auf solche Schifffahrtsvertreter, deren Niederlassung sich weder im Inland noch in einem EU-Mitgliedstaat bzw. einem anderen Staat des Europäischen Wirtschaftsraums befindet. Die Anwendbarkeit des § 92c Abs. 2 setzt aber – ebenso wie die Anwendbarkeit des § 92c Abs. 1 – voraus, dass das Vertragsverhältnis als solches deutschem Recht unterliegt. Ist das kraft Vereinbarung oder aufgrund der Bestimmungen des Art. 28 EGBGB nicht der Fall, unterliegt also der Handelsvertretervertrag dem am Sitz des Handelsvertreters geltenden ausländischen Handelsvertreterrecht, könnte die Anwendung des ausländischen Rechts nur dann ausgeschlossen sein, wenn das nach Art. 30 12

---

1 So auch KG v. 4.4.2003 – 14 U 260/01, HVR Nr. 1114; *Thume*, BB 2004, 2473, 2477.
2 EuGH v. 19.12.2000 – Rs. C 381/98 – Ingmar GB Ltd./Eaton Leonard Technologies Inc., BB 2001, 10 mit Anm. *Kindler*, RIW 2001, 133; die Entscheidung ist auf Zustimmung und Kritik gestoßen. Näheres s. bei *Küstner/Thume* II, Kap. XVIII, Rn. 4 ff. m.w.Hw.
3 OLG München v. 17.5.2006 – 7 U 1781/06, IHR 2006, 166 mit Anm. *Thume*.
4 Vgl. zur Anwendbarkeit des § 92c Abs. 2 auf die Vermittlung von Schiffspassagen auf Binnengewässern *Belgard*, DB 1966, 1640.

EGBGB „gegen die guten Sitten oder gegen den Zweck eines deutschen Gesetzes verstoßen würde". Einen Verstoß gegen den deutschen ordre public stellt es indessen nicht dar, wenn das anwendbare ausländische Recht keine dem deutschen Ausgleichsrecht vergleichbare Regelung enthält[1].

---

1 BGH v. 30.1.1961 – VII ZR 180/60, NJW 1961, 1061.

Achter Abschnitt Handelsmakler

Vorbemerkung vor § 93

Übersicht

	Rn.
I. Allgemeines	
1. Abgrenzung zum Handelsvertreter	1
2. Abgrenzung zum Zivilmakler	2
3. Mischformen	6
4. Bedeutung der §§ 93 ff.	8
5. Sondergesetzliche Vorschriften außerhalb von HGB und BGB	10
II. Das allgemeine Maklerrecht des BGB	
1. Maklervertrag	
a) Wesen und Besonderheiten	11
b) Abschluss	12
c) Beweislast	16
d) Beendigung	17
e) Sonderformen des Maklervertrages	
aa) Maklerwerk- und Maklerdienstvertrag	18
bb) Alleinauftrag	20
2. Nachweis und Vermittlung	27
a) Nachweis	28
b) Vermittlung	30
3. Rechte und Pflichten aus dem Maklervertrag	
a) Pflichten des Maklers	
aa) Treue- und Sorgfaltspflichten	31
bb) Doppeltätigkeit	33
cc) Folgen pflichtwidrigen Maklerverhaltens	34
b) Pflichten des Auftraggebers	37
4. Voraussetzungen des Vergütungsanspruchs des Maklers	38
a) Wirksame Beauftragung des Maklers – Person des Anspruchsverpflichteten – Makler(provisions)klauseln im Hauptvertrag	39
b) Zustandekommen des Hauptvertrages	41
c) Vertrag zwischen Auftraggeber und einem Dritten (insbesondere Verflechtungsfälle)	42
d) Volle Wirksamkeit des Hauptvertrages	
aa) Unwirksame Verträge; Grundsatz	53
bb) Anfechtbare und angefochtene Verträge	54
cc) Genehmigungsbedürftige Verträge	55
dd) Bedingte Verträge; Rücktrittsrechte	58
ee) Folgen der Unwirksamkeit des Hauptvertrages	60
ff) Bedeutung der Ausführung des Hauptvertrages	61
gg) Vorkaufsrechte	62
e) Identität des abgeschlossenen Vertrages mit dem im Maklervertrag vorgesehenen Hauptvertrag	65
f) Abschluss des Hauptvertrages in Kenntnis der Maklertätigkeit	70
g) Ursächlichkeit der Maklertätigkeit	
aa) Grundsatz	71
bb) Nachweismakler	72
cc) Vermittlungsmakler	74
dd) Ursächlichkeit bei mangelnder personeller Identität	75
ee) Beweislast	79
h) Folgeverträge	80
i) Beauftragung mehrerer Makler	81
j) Zusammenwirken mehrerer Makler	82
5. Fälligkeit, Höhe und Verjährung des Vergütungsanspruchs	
a) Fälligkeit	83
b) Höhe	84
c) Verjährung	85

Schrifttum (Auswahl):

a) Gesamtdarstellungen: *Dehner,* Das Maklerrecht – Leitfaden für die Praxis, 2001; *Glaser/Warncke,* Das Maklerrecht in der Praxis, 7. Aufl. 1982; *Schwerdtner,* Maklerrecht, 4. Aufl. 1999; *Wegener/Sailer/Raab,* Der Makler und sein Auftraggeber, 5. Aufl. 1997.

b) Einzeldarstellungen, Aufsätze und Rechtsprechungsübersichten: *Altmeppen*, Provisionsansprüche bei Vertragsauflösung, 1987; *Dehner*, Die Entwicklung des Maklerrechts seit 2000, NJW 2002, 3747 (Fortsetzung des Berichts von NJW 2000, 1986, weitere Fortsetzung NJW 2000, 1986 und *Fischer*, NJW 2007, 3107); *Diebold*, Voraussetzung des Provisionsanspruchs, 1987; *Kempen*, Der Provisionsanspruch des Zivilmaklers bei fehlerhaftem Hauptvertrag, 1984; *Knütel*, Die Provisionsteilung bei Mitwirkung mehrerer Makler oder Handelsvertreter, ZHR 144 (1980), 289; *Kock*, Informationsweitergaben und personelle Kongruenz im Maklerrecht, 1990; *Krehl*, Die Pflichtverletzungen des Maklers, 1989; *Krüger-Doyé*, Der Alleinauftrag im Maklerrecht, 1977; *Lehner*, Maklerklausel und Provisionsversprechen im notariellen Kaufvertrag, NJW 2000, 2405; *Lutter*, Zur Haftung des Emissionsgehilfen im grauen Kapitalmarkt, in: Festschrift Bärmann, 1975, S. 605; *Marcks*, Makler- und Bauträgerverordnung (MaBV), 7. Aufl. 2003; *K. Schmidt/Blaschczok*, Schiffsmaklerhaftung und Schiffsagenturhaftung im Spiegel der Rechtsprechung, VersR 1981, 393.

I. Allgemeines

1 Der Handelsmakler ist eine Sonderform des Maklers.

1. Abgrenzung zum Handelsvertreter

Als Makler unterscheidet sich der Handelsmakler vom Handelsvertreter dadurch, dass er **nicht** aufgrund eines (Dauer-)Vertrages, der ihn an einen bestimmten (oder mehrere bestimmte) Unternehmer bindet und in dessen Absatzorganisation eingliedert, **ständig** mit Tätigkeitspflicht damit betraut ist, für diesen eine unbestimmte Vielzahl von Vertragsschlüssen zu vermitteln[1]. Dies hindert den Handelsmakler allerdings nicht, von Fall zu Fall aufgrund jeweils neuen Auftrages wiederholt für denselben Auftraggeber tätig zu werden[2].

2. Abgrenzung zum Zivilmakler

2 Vom Zivilmakler unterscheidet sich der Handelsmakler sowohl durch die Art seiner Tätigkeit als auch durch die Art der von ihm vermittelten Geschäfte. Nach § 93 Abs. 1 ist Handelsmakler derjenige, der **gewerbsmäßig die Vermittlung von Verträgen über Gegenstände des Handelsverkehrs** übernimmt. Das HGB sieht den Unterschied zum Zivilmakler also sowohl darin, dass der Handelsmakler als gewerbsmäßiger Vermittler zwischen den (künftigen) Vertragsparteien fungiert (und seinem Auftraggeber nicht nur <u>eine</u> Gelegenheit zu einem Geschäftsabschluss nachweist), als auch darin, dass sich diese Vermittlungstätigkeit gerade auf Verträge über Gegenstände des Handelsverkehrs bezieht. Die Erfüllung nur eines dieser Merkmale genügt nicht.

3 **Gewerbsmäßig** bedeutet hier nicht anders als in § 1 eine auf Dauer angelegte, selbständige, auf die Erzielung von Einkünften gerichtete planmäßige Tätigkeit auf der Angebotsseite des Marktes, s. dazu näher § 1 Rn. 17 ff.; s. zur

---
1 BGH v. 4.12.1981 – I ZR 200/79, WM 1982, 272; BGH v. 1.4.1992 – IV ZR 154/91, WM 1992, 1193.
2 Ebenso *Heymann/Herrmann*, § 93 Rn. 6; *Staub/Brüggemann*, § 93 Rn. 3.

Vorbemerkung **Vor § 93**

Vermittlung unten Rn. 30 und zu **Gegenständen des Handelsverkehrs** § 93 Rn. 5. Handelsmakler ist demnach nur derjenige, der alle drei vorstehend aufgeführten Merkmale erfüllt. Wer nicht gewerbsmäßig, sondern nur gelegentlich und sei es auch als Vermittler von Gegenständen des Handelsverkehrs tätig wird (Gelegenheitsmakler), ist vom Berufsbild überhaupt nicht Makler. Für seine gelegentlichen Vermittlungen gelten aber rechtlich die Bestimmungen der §§ 652 ff. BGB. Als Gelegenheitsmakler kommen insbesondere auch Steuerberater und Rechtsanwälte in Betracht, die zwar kein Maklergewerbe betreiben, wohl aber, – insofern anders als Notare für die Vermittlung von Grundstücksgeschäften[1] – gelegentliche Vermittlungen, vor allem von Finanzierungen, vornehmen dürfen, auch Architekten[2]. Für Rechtsanwälte besteht keine gesetzliche Vorschrift, die makelnde Tätigkeiten allgemein i.S.v. § 134 BGB verbietet. Die ständige Ausübung des Maklerberufs sieht die Rechtsprechung allerdings als unzulässig an[3]. Allerdings sind selbst ohne die erforderliche Gewerbeerlaubnis (§ 34c GewO)[4] betriebene oder unter Verstoß gegen standesrechtliche Verbote vorgenommene Maklergeschäfte nicht generell unwirksam. Es kommt auf die Schwere des Verstoßes gegen Sinn und Zweck des standesrechtlichen Verbots im Einzelfall an[5].

Derjenige, der zwar gewerblich tätig ist, dessen Maklergewerbe aber nicht auf Geschäfte des Handelsverkehrs, sondern auf **Geschäfte anderer Art** oder lediglich auf den **Nachweis von Abschlussgelegenheiten** ausgerichtet ist, ist 4

---

1 S. § 14 Abs. 4 S. 1 BNotO; dazu BGH v. 22.3.1990 – IX ZR 117/88, WM 1990, 1215.
2 Zu Architekten s. speziell BGH v. 18.3.1999 – III ZR 93/98, NJW 1999, 2360.
3 BGH v. 31.10.1991 – IX ZR 303/90, NJW 1992, 681 f.; BGH v. 8.6.2000 – III ZR 186/99, NJW 2000, 3067, 3068 (Makler-GbR unter Beteiligung eines Rechtsanwalts); BGH v. 13.10.2003 – AnwZ (B) 79/02, NJW 2004, 212 (betr. Immobilienmakler und Vermittler von Finanzdienstleistungen). Für Steuerberater s. BGH v. 23.10.1980 – IVa ZR 28/80, BGHZ 78, 263.
4 BGH v. 23.10.1980 – IVa ZR 33/80, BGHZ 78, 269; BGH v. 18.9.1997 – III ZR 226/96, NJW 1998, 62, 64.
5 S. dazu (zusammenfassend) zunächst BGH v. 8.6.2000 – III ZR 186/99, NJW 2000, 3067; ferner BGH v. 31.10.1991 – IX ZR 303/90, WM 1992, 279 (Rechtsanwalt); BGH v. 23.10.1980 – IVa ZR 28/80, BGHZ 78, 263 (Steuerberater); anders nur, wenn der Steuerberater oder Rechtsanwalt für die Veranlassung seines Mandanten zu einer bestimmten Vermögensanlage von einem Dritten eine vor dem Mandanten geheimzuhaltende und geheim gehaltene Provision erhalten soll, BGH v. 19.6.1985 – IVa ZR 196/83, BGHZ 95, 81, 85, oder die Verbindung von Mandat und Maklertätigkeit so eng ist, dass die Provision zum (verbotenen) Erfolgshonorar wird, BGH v. 13.6.1996 – III ZR 113/95, BGHZ 133, 90; BGH v. 22.3.1990 – IX ZR 117/88, WM 1990, 1215: Nichtigkeit eines Vertrages, den ein Notar, der sich verbotswidrig als Makler betätigt hat, selbst beurkundet; BGH v. 18.3.1999 – III ZR 93/98, NJW 1999, 2360: Bekräftigung des Grundsatzes, dass Vertragsnichtigkeit (§ 134 BGB) nur vorliegt, wenn die Kommerzialisierung in dem betreffenden Lebensbereich anstößig ist (ja, bei entgeltlicher Vermittlung von Mandanten an Anwälte durch Nichtanwälte, von Patienten an Ärzte, nein bei Vermittlung von Aufträgen an Architekten); BGH v. 8.6.2000 – III ZR 187/99, NJW-RR 2000, 1502 und BGH v. 22.2.2001 – IX ZR 357/99, BGHZ 147, 39 (Rechtsanwälte, die sich mit einem Anwaltsnotar zu gemeinsamer Berufsausübung verbunden haben, dürfen keine Maklerverträge über Immobilien schließen; verbotswidrige Vereinbarungen sind nichtig).

Zivil-, nicht Handelsmakler. Der Prototyp des Zivilmaklers ist der Immobilienmakler. Dies schließt allerdings nicht aus, dass ein Handelsmakler auch die Vermittlung von Verträgen über Objekte, die nicht Gegenstand des Handelsverkehrs sind, übernehmen oder sich im Einzelfall auf eine nachweisende Tätigkeit beschränken, wie umgekehrt ein Zivilmakler gelegentlich auch Verträge über Gegenstände des Handelsverkehrs vermitteln kann (vgl. dazu unten Rn. 6 und § 93 Rn. 3 und 8).

5 Der Handelsmakler ist selbständiger Unternehmer und in jedem Falle Gewerbetreibender. Benötigt er für sein Unternehmen nach Art und Umfang eine kaufmännische Betriebseinrichtung (§ 1 Abs. 2; s. § 1 Rn. 13, 98 ff.), so ist er zugleich auch ohne Eintragung im Handelsregister Kaufmann kraft Handelsgewerbes (§ 1 Rn. 4) nach § 1 Abs. 1. Wird das Gewerbe zusammen mit anderen betrieben, so ist diese Gesellschaft Handelsgesellschaft (OHG oder KG) und damit ebenfalls Kaufmann nach § 6 (s. § 6 Rn. 6 ff.). Benötigt ein Handelsmakler für seinen Betrieb keine kaufmännische Einrichtung i.S.v. § 1 Abs. 2, so ist er als Kleingewerbetreibender ebenso wie die bei gemeinschaftlichem Betrieb bestehende (BGB-)Gesellschaft Nichtkaufmann, unterliegt aber gleichwohl auf Grund der Sonderregelung des § 93 Abs. 3 der Geltung der Vorschriften des HGB über den Handelsmakler (§§ 93–104, nicht dagegen auch der allgemeinen Vorschriften über Handelsgeschäfte, §§ 343–372)[1], soweit er oder die Gesellschaft Geschäfte i.S.d. §§ 93 ff. schließen. Das Gesetz billigt ihm jedoch als Einzelgewerbetreibenden in § 2 und als Gesellschaft in § 105 Abs. 2 die Befugnis zu, durch freiwillige Eintragung seiner Firma in das Handelsregister Kaufmannsstatus zu erwerben (s. dazu die Erl. zu § 2 sowie zu § 105). Bei Betrieb des Maklergewerbes in der Rechtsform einer Kapitalgesellschaft (GmbH oder AG) besteht gemäß § 6 Abs. 2 immer Kaufmannseigenschaft (s. dazu § 1 Rn. 6 und § 6 Rn. 8 ff.) unabhängig von der Betriebsgröße.

Anders als nach früherem Recht (zum HRefG s. Einl. Rn. 24 ff.) ist auch der Zivilmakler (wichtig vor allem für Immobilienmakler) bei Erforderlichkeit eines kaufmännisch eingerichteten Geschäftsbetriebs und damit unter denselben Voraussetzungen wie der Handelsmakler unabhängig von einer Handelsregistereintragung Kaufmann. Auch hinsichtlich des Erwerbs der Kaufmannseigenschaft durch freiwillige Eintragung im Handelsregister nach § 2 oder § 105 Abs. 2 und der Kaufmannseigenschaft von Formkaufleuten besteht insofern kein Unterschied zwischen Handels- und Zivilmaklern.

3. Mischformen

6 Betätigt sich ein Makler sowohl als Zivil- als auch als Handelsmakler, so sind bei der Feststellung, ob sein Unternehmen nach Art und Umfang einen

---

[1] A.A. *Koller/Roth/Morck*, § 93 Rn. 6a (mit Ausnahme der §§ 348–350), dessen Ansicht aber im Widerspruch nicht nur zu dem eindeutigen Wortlaut des § 93 Abs. 3, sondern auch zu den Gesetzesmaterialien steht, s. RegBegr. z. HRefG, BR-Drucks. 340/97 einerseits S. 63 und andererseits S. 69; aus demselben Grund ist entgegen *Canaris*, HR § 19 Rn. 6, auch eine entsprechende Anwendung der §§ 343–372 unzulässig.

in kaufmännischer Weise eingerichteten Geschäftsbetrieb erfordert (s. § 1 Rn. 98 ff.), der gemäß § 29 mit einer Firma ins Handelsregister einzutragen ist, **beide Bereiche zusammenzuzählen**, da es in aller Regel auf das Unternehmen in seiner Gesamtheit ankommt (s. dazu § 1 Rn. 22)[1].

Übernimmt ein **Handelsmakler** einen Auftrag, der in den **Bereich des Zivilmaklers** (oben Rn. 4) gehört, so gelten für dieses Geschäft ausschließlich die §§ 652 ff. BGB, nicht die Sonderbestimmungen der §§ 93 ff. (vgl. § 93 Abs. 2), wohl aber, wenn er Kaufmannseigenschaft besitzt (s. Rn. 5), alle übrigen handelsrechtlichen Sondervorschriften, weil auch dieses Geschäft nach § 344 Abs. 1 im Zweifel als zum Betrieb des Handelsgewerbes des Maklers gehörig gilt[2]. Im umgekehrten Falle der Betätigung des Zivilmaklers im Tätigkeitsfeld des Handelsmaklers gelten ebenfalls nur die §§ 652 ff. BGB, nicht die §§ 93 ff., ferner, wenn der Makler Kaufmannseigenschaft besitzt (s. Rn. 5), gemäß § 344 Abs. 1 wiederum alle sonstigen handelsrechtlichen Sondernormen (s. auch § 93 Rn. 3 und 9). 7

4. Bedeutung der §§ 93 ff.

Die §§ 93 ff. enthalten entsprechend dem weitgehend fragmentarischen Charakter des HGB (vgl. Einl. Rn. 19) auch für das eigentliche Geschäft des Handelsmaklers keine vollständige in sich abgeschlossene Regelung, sondern nur einige **Sonderbestimmungen**, die das Maklerrecht des BGB teils ergänzen, teils abändern und ihm in ihrem Anwendungsbereich vorgehen. Im Übrigen gelten auch für den Handelsmakler die §§ 652–655 BGB (§ 656 BGB – Ehevermittlung – hat für den Handelsmakler keine Bedeutung) sowie §§ 655a-e BGB (Darlehensvermittlungsverträge zwischen Unternehmer und Verbraucher). Bei reiner Nachweistätigkeit oder Vermittlung von Geschäften über Gegenstände außerhalb des Handelsverkehrs gelten diese Bestimmungen sogar ausschließlich (oben Rn. 4 und 7). 8

Das allgemeine Maklerrecht der §§ 652 ff. BGB kann hier (unten Rn. 11 ff.) nur in Grundzügen dargestellt werden. Wegen ausführlicher Erläuterungen muss auf das eingangs aufgeführte Schrifttum zum Maklervertrag des BGB, insbesondere auf *Schwerdtner*, Maklerrecht, sowie die Erläuterungen zu den §§ 652 ff. BGB in der Kommentarliteratur zum BGB verwiesen werden. 9

5. Sondergesetzliche Vorschriften außerhalb von HGB und BGB

Die Vorschriften des BGB (§§ 652 ff.) und des HGB (§§ 93 ff.) werden durch eine Reihe von sondergesetzlichen Regelungen ergänzt, die je nach Art des Betätigungsfeldes für den einzelnen Makler von unterschiedlicher Tragweite sind; vgl. insbesondere § 34c GewO (behördliche Erlaubnispflicht bei gewerbsmäßiger Maklertätigkeit); Makler- und Bauträger-VO (MaBV) – in der zum 1.7.2005 in Kraft getretenen Neufassung[3] – von Bedeutung vor allem 10

---

1 Ebenso *Heymann/Herrmann*, § 93 Rn. 3.
2 *Staub/Brüggemann*, vor § 93 Rn. 4; *Heymann/Herrmann*, § 93 Rn. 3.
3 BGBl. I 1666.

für Grundstücksmakler, Darlehens- und Anlagevermittler; Gesetz zur Regelung der Wohnungsvermittlung vom 4.11.1971[1]; zum BörsG vom 21.6.2002[2] s. bei § 93 Rn. 6[3].

II. Das allgemeine Maklerrecht des BGB

1. Maklervertrag

a) Wesen und Besonderheiten

11 Der Maklervertrag (vielfach auch kurz „Auftrag" genannt) ist nach der **Definition des § 652 Abs. 1 S. 1 BGB** ein Vertrag, durch den sich der Vertragspartner des Maklers, im üblichen Sprachgebrauch als „Auftraggeber" bezeichnet, verpflichtet, dem Makler eine Vergütung („Maklerlohn", „Provision", „Courtage") für den Nachweis der Gelegenheit zum Abschluss eines Vertrages mit einem Dritten oder für die Vermittlung eines solchen Vertragsschlusses zu zahlen, sofern der Abschluss eines solchen Vertrages (gewöhnlich im Gegensatz zu dem Abschluss des Maklervertrages zwischen Makler und Auftraggeber als „Hauptvertrag" bezeichnet) aufgrund des Nachweises oder der Vermittlung des Maklers zustande kommt. Das Besondere am Maklervertrag ist mithin, dass der Makler durch ihn nicht verpflichtet wird, für den Auftraggeber tätig zu werden, und der Auftraggeber nicht, eine ihm vom Makler nachgewiesene Gelegenheit zum Abschluss eines Hauptvertrages wahrzunehmen[4]. Darüber hinaus kann jede Partei den Vertrag regelmäßig jederzeit kündigen. Der an sich bestehenden Möglichkeit, vertraglich eine feste Laufzeit zu vereinbaren, kommt infolge der auch dann fehlenden Verpflichtung des Maklers zum Tätigwerden und des Auftraggebers zur Wahrnehmung der ihm vom Makler nachgewiesenen Abschlussgelegenheit keine nennenswerte praktische Bedeutung zu. Zum Maklerdienstvertrag, insbesondere Alleinauftrag, siehe unten Rn. 18 ff. Der Maklervertrag verpflichtet also als streng erfolgsbezogener Vertrag einseitig den Auftraggeber zur Zahlung der Maklervergütung, wenn er – was in seinem freien Belieben steht – die ihm vom Makler nachgewiesene oder vermittelte Angelegenheit wahrnimmt.

b) Abschluss

12 Der Maklervertrag kann **ausdrücklich oder stillschweigend** nach den für Vertragsschlüsse allgemein geltenden Regeln, §§ 145 ff. BGB, abgeschlossen werden. Zur Nichtigkeit des Vertrages aus besonderen Gründen s. oben Rn. 3 und unten Rn. 84. Schriftform ist nicht vorgeschrieben. Der Vertrags-

---

1 BGBl. I 1745.
2 BGBl. I 2010; Neufassung v. 16.7.2007, BGBl. I 1351.
3 Zur Rechtsstellung von Versicherungsvermittlern vgl. BGH v. 19.12.1984 – I ZR 181/82, BGHZ 93, 177; BGH v. 22.5.1985 – IVa ZR 190/83, BGHZ 94, 356, 359.
4 Zum gesetzlichen Leitbild des Maklervertrages s. auch BGH v. 20.2.2003 – III ZR 184/02, NJW-RR 2003, 699; BGH v. 17.4.1991 – IV ZR 112/90, NJW-RR 1991, 914, 915; BGH v. 21.10.1987 – IVa ZR 103/86, NJW 1988, 967, 968; BGH v. 20.3.1984 – IVa ZR 223/83, NJW 1985, 2477 f.

schluss kann, sofern die Voraussetzungen dafür gegeben sind, auch nach den Regeln über das sog. kaufmännische Betätigungsschreiben (vgl. näher bei § 346) zustande kommen, auch wenn der Makler Nichtkaufmann ist[1]. Zu beachten ist, wenn der Makler Kaufmann ist, ferner § 362 Abs. 1. Ein Formerfordernis (**notarielle Beurkundung**) kann sich jedoch auch beim Maklervertrag dann ergeben, wenn er die Verpflichtung zur Veräußerung oder zum Erwerb eines Grundstücks enthält, § 311b Abs. 1 BGB. Das Formerfordernis gilt zunächst schon nach allgemeinen Regeln (§ 311b Abs. 1 BGB) für jeden Maklervertrag, der eine ausdrückliche Kauf- oder Verkaufsverpflichtung enthält, und zwar hier ohne Rücksicht auf die Höhe der Entschädigung, die sich der Makler bei Nichterfüllung der Kauf- oder Verkaufsverpflichtung ausbedungen hat[2]. Darüber hinaus gilt es für alle Verträge, in denen durch die **Vereinbarung eines empfindlichen Nachteils für den Fall des Nichtabschlusses** ein mittelbarer Zwang zum Abschluss eines Vertrages über den Kauf oder Verkauf einer Immobilie ausgeübt wird. Ohne Bedeutung ist dabei, ob dieser Nachteil auf der Vereinbarung einer erfolgsunabhängigen Provision für den Fall, dass der Auftraggeber mit dem vom Makler beigebrachten Interessenten keinen Kaufvertrag schließt, einer Vertragsstrafe, der Verpflichtung zur Leistung eines pauschalierten Schadensersatzes, auf dem Verfall einer Anzahlung oder auf der Ausbedingung eines Entgeltes für ergebnislos gebliebene Bemühungen („Bemühungsgeld") beruht. Entscheidend ist allein, ob der die Leistung versprechende Maklerkunde (Auftraggeber) durch eine solche Vereinbarung so unter Druck gesetzt wird, dass seine freie Entscheidung ernstlich gefährdet ist[3]. Als Obergrenze sieht die Rechtsprechung dabei einen Satz von 10 bis 15 % der vereinbarten Provision an[4]. Im Einzelfall kann aber je nach den Verhältnissen, etwa im Hinblick auf die Größe des Objektes oder die wirtschaftliche Leistungsfähigkeit des Versprechenden schon die Zahlung eines niedrigeren Prozentsatzes der vereinbarten Provision bei Nichtzustandekommen des Geschäfts den Versprechenden so unter Druck setzen, dass er sich nicht mehr frei entscheiden kann[5]. Die gleichen Grundsätze gelten auch für eine Reservierungsvereinbarung, wenn durch sie ein entsprechender Druck zum Erwerb eines Grundstücks ausgeübt wird[6]. Nicht zur Beurkundungspflicht führt dagegen eine Vereinbarung, wonach der Makler Anspruch auf Ersatz seiner konkret für den betreffenden Kunden

---

1 Allg. M., OLG Bamberg, AIZ 1975, 147; OLG Düsseldorf v. 26.11.1993 – 7 U 260/92, NJW-RR 1995, 501 m.w.N.; s. dazu auch Einl. Rn. 38a und § 2 Rn. 31.
2 BGH v. 4.10.1989 – IVa ZR 250/88, WM 1990, 77 m.w.N.
3 BGH v. 18.12.1970 – IV ZR 1155/68, WM 1971, 190; BGH v. 2.2.1994 – IV ZR 24/93, WM 1994, 799; BGH v. 3.11.1978 – V ZR 30/77, NJW 1979, 307 f.; BGH v. 24.6.1981 – IVa ZR 159/80, NJW 1981, 2293; BGH v. 6.12.1979 – VII ZR 313/78, BGHZ 76, 43, 46 f. m.w.N.; BGH v. 4.10.1989 – IVa ZR 250/88, NJW-RR 1990, 557; s. auch BGH v. 4.10.1989 – IVa ZR 250/88, WM 1990, 77 m.w.N.; BGH v. 6.2.1980 – IV ZR 141/78, NJW 1980, 1622, st. Rspr.; recht anschaulich der Fall LG Limburg v. 3.11.1998 – 4 O 301/98, NJW-RR 1999, 847.
4 BGH v. 6.2.1980 – IV ZR 141/78, NJW 1980, 1622, st. Rspr.
5 BGH v. 2.7.1986 – IVa ZR 102/85, NJW 1987, 54; s. auch BGH v. 15.3.1989 – IVa ZR 2/88, DB 1989, 1015.
6 BGH v. 10.2.1988 – IVa ZR 268/86, BGHZ 103, 325, 329; BGH v. 18.3.1992 – IV ZR 41/91, VersR 1992, 958.

erbrachten, dem Umfang des Geschäfts angemessenen Aufwendungen haben soll[1]. Die in § 311b Abs. 1 S. 2 BGB vorgesehene Heilungsmöglichkeit gilt auch für den Maklervertrag[2]. Auch dieser Vertrag wird also wirksam, wenn Auflassung und Eintragung in das Grundbuch tatsächlich erfolgen. Formerfordernisse können sich insbesondere auch aus verbraucherschützenden gesetzlichen Regelungen ergeben, so die Schriftformerfordernisse aus § 655b BGB (Darlehensvermittlungsverträge mit einem Verbraucher) oder § 492 BGB (Maklervertrag mit Stundung des Provisionsanspruchs als Verbraucherkreditvertrag[3]), ferner auch aus Sondergesetzen (Sozialgesetze[4], Gemeindeordnungen). Zur Rechtslage beim Alleinauftrag s. Rn. 20.

13 Ein **stillschweigender** (oder genauer durch schlüssiges oder konkludentes Handeln bewirkter) **Abschluss eines Maklervertrages** wird regelmäßig vorliegen, wenn der Auftraggeber an den Makler herantritt und ihn um den Nachweis oder die Vermittlung eines Vertrages bittet. Ein solches Verhalten darf der Makler im Allgemeinen ohne weiteres als schlüssigen Ausdruck des Willens des Auftraggebers deuten, mit ihm einen Maklervertrag zu schließen. In diesem Fall ist die Provision, wenn es infolge der Bemühungen des Maklers zum Abschluss des Hauptvertrages kommt, ohne weiteres nach § 652 BGB und – wenn der Makler Kaufmann ist (vgl. dazu oben Rn. 5) – auch nach § 354 verdient. Einer besonderen vorherigen Klarstellung der Erwartung des Maklers, im Erfolgsfalle eine Provision zu erhalten, bedarf es in diesem Fall auch unabhängig von der – überholten – Vorschrift des § 653 Abs. 1 BGB nicht[5]. Vorausgesetzt ist dabei stets, dass der Anfragende keinen Anlass hat anzunehmen, der Makler sei schon von der Gegenseite beauftragt (s. dazu Rn. 14). Aus dieser Erwägung heraus fehlt es am Abschluss eines Maklervertrages z.B. auch dann, wenn der Kunde von sich aus, also ohne ein Inserat oder ein sonstiges vorausgegangenes Angebot des Maklers, Kontakt zu dem Makler mit der Bitte aufnimmt, ihm Objekte aus seinem Bestand zu nennen. Anders liegt es wiederum bei einer weitergehenden Nachfrage des Kunden nach Dienstleistungen des Maklers, insbesondere bei Erteilung eines eigenen Suchauftrags nach für den Kunden geeigneten Abschlussmöglichkeiten[6].

---

1 Unstr., s. nur BGH v. 2.7.1986 – IVa ZR 102/85, NJW 1987, 54.
2 St. Rspr., s. statt aller BGH v. 15.3.1989 – IVa ZR 2/88, WM 1989, 918; BGH v. 2.2.1994 – IV ZR 24/93, WM 1994, 799.
3 BGH v. 19.5.2005 – III ZR 240/04, ZIP 2005, 1179: Heilung des Formmangels durch Vermittlung des gewünschten Vertrages; ebenso BGH v. 14.6.2007 – III ZR 269/06, BGH Report 2007, 901 = VorsR 2007, 1127.
4 § 296 Abs. 1 S. 1 SGB III; s. hierzu näher *Kühl/Breitkreuz*, NZS 2004, 568 f.; BSG v. 6.4.2006 – B 7a AL 56/05 R, NJW 2007, 1902.
5 S. dazu etwa BGH v. 21.5.1971 – IV ZR 52/70, WM 1971, 1098 f.; OLG Köln v. 27.8.1987 – 10 U 11/87, NJW-RR 1987, 1529.
6 Str., wie im Text aber jetzt grundsätzlich BGH v. 22.9.2005 – III ZR 339/04, NJW 2005, 3779 m.N. auch zur Gegenmeinung und unter Aufgabe seiner früheren abweichenden Rechtsprechung; wie jetzt BGH so schon OLG Hamm v. 21.2.1994 – 18 U 87/93, NJW-RR 1994, 1540.

Vorbemerkung **Vor § 93**

Anders verhält es sich, wenn die **Initiative von dem Makler ausgeht** und der 14
an den Makler herantretende Interessent aus diesem oder einem anderen
Grund davon ausgehen darf, dass der Makler bereits für die (Markt-)Gegenseite tätig ist. Dies ist, wenn dem Interessenten nichts Gegenteiliges bekannt ist, regelmäßig der Fall, wenn der Makler mit „Angeboten" im geschäftlichen Verkehr auftritt. Meldet sich der Interessent etwa auf eine
Suchanzeige des Maklers, so bekundet er damit sein Interesse an der inserierten Abschlussgelegenheit und den Wunsch, nähere Angaben darüber zu
erhalten, nicht aber seinen Willen, einen (weiteren) Maklervertrag zu schließen[1]. Dementsprechend darf er auch die Übersendung der erbetenen Information und die weitere Tätigkeit des Maklers als Erfüllung des zwischen
dem Makler und seinem Auftraggeber geschlossenen Maklervertrages auffassen und muss dies nicht als Ausdruck des Willens verstehen, auch mit
ihm einen (weiteren) Maklervertrag zu schließen. Selbst die Besichtigung
des Verkaufsobjekts zusammen mit dem Makler würde bei dieser Sachlage
nicht zur Annahme eines schlüssigen Vertragsschlusses mit dem Makler
ausreichen[2]. Dies gilt auch dann, wenn dem Interessenten eine Übung der
Makler, für beide Teile tätig zu werden, oder ein Brauch, wonach beide Vertragsparteien dem Makler je einen Teil seines Gesamtlohnes zahlen (für den
Handelsmakler vgl. hierzu § 99), bekannt ist. Entsprechendes gilt erst recht,
wenn der Makler unaufgefordert mit der Mitteilung einer Abschlussgelegenheit an einen potentiellen Interessenten herantritt. In sämtlichen Fällen ist
es **Sache des Maklers, eindeutig klarzustellen**, dass er auch mit diesem Interessenten einen Maklervertrag abschließen will. Dies muss in einer Weise
geschehen, dass aus der Sicht des Interessenten nur der Schluss möglich ist,
der Makler wolle gegen ihn ebenfalls einen Provisionsanspruch erwerben.
Am besten geschieht dies durch ein ausdrückliches Provisionsverlangen[3].
Ein Kaufinteressent, der in Kenntnis eines solchen eindeutigen Provisionsverlangens eines Maklers dessen Dienste in Anspruch nimmt, gibt damit
grundsätzlich durch schlüssiges Verhalten zu verstehen, dass er den in dem
Provisionsbegehren liegenden Antrag auf Abschluss eines Maklervertrages

---

1 BGH v. 25.9.1985 – IVa ZR 22/84, BGHZ 95, 393; BGH v. 20.4.1983 – IVa ZR 2/82, WM 1983, 764, jew. m.w.N.; s. ferner die Nachweise in der übernächsten Fn.
2 St. Rspr., s. nur BGH v. 25.9.1985 – IV a ZR 22/84, BGHZ 95, 393 sowie zuletzt BGH v. 22.9.2005 – III ZR 393/04, NJW 2005, 3779, 3780 und BGH v. 16.11.2006 – III ZR 57/06, NJW-RR 2007, 400 ff.
3 BGH v. 25.9.1985 – IVa ZR 22/84, BGHZ 95, 393; BGH v. 12.2.1981 – IV ZR 105/80, WM 1981, 495; BGH v. 2.7.1986 – IVa ZR 246/84, WM 1986, 1390 f.; BGH v. 15.1.1986 – IVa ZR 46/84, WM 1986, 528; BGH v. 4.10.1995 – IV ZR 163/94, NJW-RR 1996, 114; BGH v. 20.6.1996 – III ZR 219/95, NJW-RR 1996, 1459; BGH v. 17.9.1998 – III ZR 174/97, NJW-RR 1999, 361, 362; BGH v. 4.11.1999 – III ZR 223/98, WM 2000, 420; BGH v. 11.4.2002 – III ZR 37/01, NJW 2002, 1945; BGH v. 16.11.2006 – III ZR 57/06, NJW-RR 2007, 400 ff.; s. auch BGH v. 25.9.1985 – IVa ZR 22/84, BGHZ 95, 393; BGH v. 20.4.1983 – IVa ZR 2/82, WM 1983, 764. Ist die Provision bereits bezahlt, so soll aber nach einer Entscheidung des OLG Celle v. 31.10.2002 – 11 U 44/02, NJW-RR 2003, 418 der Interessent, der die gezahlte Provision zurückverlangt, die Beweislast dafür tragen, dass die Provision nicht geschuldet war.

annehmen will[1]. Etwas anderes kann gelten, wenn die Klarstellung der Provisionsforderung in einem Exposé enthalten ist, das der Makler dem Interessenten während eines Gesprächstermins in die Hand drückt, weil der Makler nicht davon ausgehen kann, dass der Interessent den gesamten Inhalt des Exposés sofort zur Kenntnis genommen hat[2]. Außerhalb einer solchen Situation darf der Makler allerdings im Regelfall unterstellen, dass der Interessent den Inhalt eines ihm übermittelten Exposés zur Kenntnis genommen hat[3]. Wiederum anders verhält es sich, wenn der vom Makler angesprochene Interessent *vor* Inanspruchnahme der Dienste des Maklers ausdrücklich erklärt, dass er keinen Maklervertrag abschließen will. Das ist etwa auch dann der Fall, wenn er erklärt, er sei nicht bereit eine Maklerprovision zu zahlen. Im Falle einer derartigen Weigerung begründet auch der Umstand, dass er sich sodann gleichwohl die Dienste des Maklers gefallen lässt, keine Provisionspflicht. Mit einem solchen Verhalten setzt er sich nicht in Widerspruch zu seiner Weigerung, eine Provision zu zahlen (protestatio facta contraria)[4]. Eine solche Weigerung liegt aber nicht schon in der Ablehnung der Höhe der vom Makler geforderten Provision, wenn der Interessent im Übrigen zu verstehen gibt, dass er zur Verständigung über die Provision bereit sei[5]. Nach einer Entscheidung des OLG Karlsruhe[6] soll ein eindeutiges Provisionsverlangen auch dann vorliegen, wenn der Makler den Kaufinteressenten schon in dem ersten Telefongespräch darauf hinweist, dass in dem von ihm zu zahlenden Preis seine Provision enthalten sei, weil damit offenkundig sei, dass die Provision allein vom Käufer aufzubringen ist. Es ist jedoch fraglich, ob dieser Hinweis nicht auch so verstanden werden kann, dass der Käufer lediglich dem Verkäufer gegenüber zur Erstattung der von diesem geschuldeten Provision verpflichtet sein soll[7]. Es entspricht aber gefestigter Rspr., dass der allgemeine Hinweis auf eine Provisionspflicht des Auftraggebers zur Klarstellung des Wunsches nach Abschluss eines Maklervertrages nicht ausreicht, weil damit der erste Auftraggeber, vor allem aber ein Hinweis auf dessen Wunsch nach Abwälzung der Provisionspflicht, gemeint sein kann[8]. Da der Auftraggeber in den genannten Fällen nicht davon auszugehen

---

1 St. Rspr., s. nur BGH v. 16.11.2006 – III ZR 57/06, NJW-RR 2007, 400 ff.; BGH v. 6.12.2001 – III ZR 296/00, NJW 2002, 817; BGH v. 17.9.1998 – III ZR 174/97, NJW-RR 1999, 361.
2 OLG Schleswig v. 21.7.2006 – 14 U 55/06, NJW 2007, 1982 f.
3 Vgl. BGH v. 16.11.2006 – III ZR 57/06, NJW-RR 2007, 400, 402.
4 BGH v. 6.12.2001 – III ZR 296/00, NJW 2002, 817; BGH v. 11.4.2002 – III ZR 37/01, NJW 2002, 1945; s. auch die Nachw. in der vorstehenden Fn. Nach OLG Karlsruhe v. 30.3.2001 – 15 U/01, NJW-RR 2002, 1209 soll dies selbst dann gelten, wenn er dem Makler einen Tag später gestattet, mit einem Interessenten erneut eine Besichtigung vorzunehmen.
5 BGH v. 6.12.2001 – III ZR 296/00, NJW 2002, 817.
6 OLG Karlsruhe v. 22.7.1998 – 15 U 42/98, NZM 1999, 231.
7 So hat OLG Hamm v. 9.2.1998 – 18 U 120/97, NZM 1998, 380 den Hinweis, der Kaufpreis betrage „DM plus Provision" gedeutet.
8 BGH v. 12.2.1981 – IVa ZR 105/80, WM 1981, 495; BGH v. 14.1.1986 – IVa ZR 46/84, WM 1986, 1528; ebenso OLG Dresden v. 2.9.1998 – 8 U 3692/97, NZM 1998, 1016 mit umfassenden Rspr.-Belegen: Exposé-Vermerk „Courtage von 3 % ..."; ferner OLG Düsseldorf v. 26.4.1996 – 7 U 146/95, NJW-RR 1997, 368; unrichtig dagegen LG Köln v. 12.6.1996 – 26 S 291/95, NJW-RR 1997, 369.

braucht, dass die Maklerdienste gerade für ihn geleistet werden, kann hier auch § 354 dem Makler nicht zu einem Provisionsanspruch verhelfen[1]; s. dazu auch unten Rn. 15. Zum Sonderfall eines Provisionsanspruchs eines Maklers aus § 354, der selbst einen Bankkredit aufgenommen hat, um ihn an einen Dritten, von dem er keinen Maklerauftrag hat, weiterzugeben, vgl. BGH, Urteil vom 11.6.1964[2].

Lange streitig, aber inzwischen wohl geklärt, ist die Rechtslage, wenn der Makler dem Interessenten seine Forderung nach Abschluss eines Maklervertrages oder seine Erwartung, (auch) von ihm eine Provision zu erhalten, **gleichzeitig** mit den auf Verlangen oder unaufgefordert übermittelten Angaben über die Abschlussgelegenheit mitteilt. Eine ältere Entscheidung des BGH[3] nahm in diesem Falle an, der Interessent handele treuwidrig, wenn er die auf diese Weise erworbene Kenntnis der Abschlussgelegenheit verwerte und gleichzeitig den Abschluss eines Maklervertrages ablehne. Etwas anderes könne allenfalls gelten, wenn ein Interessent es schlechthin ablehne, einen Maklerauftrag zwecks Namhaftmachung eines Objektes zu erteilen und den Nachweis des Objektes dann anderweitig ohne Hinzuziehung eines Maklers erhalte. Dieser Sicht kann nicht zugestimmt werden, weil es der Makler dann schlechthin in der Hand hätte, den Interessenten durch **Verbindung der Übersendung der Objektaufgaben mit einer Provisionsforderung** zu zwingen, entweder mit ihm einen Maklervertrag zu schließen oder vom Abschluss des Geschäftes ganz abzusehen. Dies verbietet es, in einem solchen Falle das Erfordernis des Abschlusses eines Maklervertrages mit Billigkeitserwägungen zugunsten des Maklers zu überspielen. Der Makler erwirbt vielmehr auch bei gleichzeitiger Bekanntgabe des Objektes und seiner Provisionserwartung einen Provisionsanspruch gegen den Interessenten nur dann, wenn dieser anschließend einen Maklervertrag mit ihm abschließt[4]. Daran fehlt es, wenn der Interessent die Provisionserwartung ausdrücklich zurückweist (s. dazu auch unten a.E. der Rn.) oder sich doch jedenfalls so verhält, dass er dem Makler keinen Anlass gibt anzunehmen, er sei mit der Provisionsforderung einverstanden und deshalb zum (konkludenten) Abschluss eines Maklervertrages bereit. Bei dieser Sachlage rechtfertigt auch das spätere Zustandekommen des Hauptvertrages für sich allein keinen Rückschluss auf das Zustandekommen eines Maklervertrages. Ein solcher Vertrag kommt vielmehr abgesehen von einem ausdrücklichen Vertragsschluss nur zustande, wenn der Interessent nach Kenntnisnahme von der gegen ihn gerichteten Provisionsforderung des Maklers dessen Dienste weiterhin in Anspruch nimmt, ohne dem Makler seine mangelnde Bereitschaft, ihm eine

---

1 BGH v. 12.2.1981 – IVa ZR 105/80, WM 1981, 495; BGH v. 20.4.1983 – IVa ZR 2/82, WM 1983, 764; BGH v. 25.9.1985 – IVa ZR 22/84, BGHZ 95, 393, 398.
2 BGH v. 11.6.1964 – VII ZR 191/62, NJW 1964, 2343.
3 BGH v. 21.4.1971 – IV ZR 4/69, WM 1971, 904.
4 So zutreffend *Schwerdtner*, MaklerR, Rn. 116 ff.; *Heymann/Herrmann*, vor § 93 Rn. 13, will dagegen in diesem Fall in Anlehnung an BGH v. 21.4.1971 – IV ZR 4/69, WM 1971, 904, 905 auf die tatsächlich erfolgenden oder hypothetischen Nachweisalternativen abstellen.

Provision zu zahlen, deutlich zu machen[1]. Bei **Ablehnung einer Provisionspflicht seitens des Interessenten** würde es dem Makler nicht einmal zu einem Provisionsanspruch verhelfen, wenn der Interessent weiterhin mit ihm verhandelt, weil dieser berechtigt ist, den Makler ausschließlich als Makler der anderen Seite zu behandeln[2]. Der Makler wird dadurch nicht unangemessen benachteiligt, weil er es, wenn er einen Maklervertrag (auch) mit den von ihm gefundenen Interessenten schließen will, in der Hand hat, diesem das Objekt jeweils erst nach vorherigem Abschluss eines Maklervertrages bekannt zu geben[3]. In Ermangelung eines solchen vorangegangenen Abschlusses eines Maklervertrages nützt es dem Makler nicht einmal, wenn er dem Interessenten während der Besichtigung des Objektes ein Exposé mit Provisionsklausel in die Hand drückt, weil der Makler nicht erwarten kann, dass der Interessent das Exposé sofort durchlesen und von der darin enthaltenen Provisionsklausel Kenntnis nehmen werde[4]. Dem Zustandekommen eines Maklervertrags muss es nicht notwendigerweise entgegenstehen, wenn der Interessent auf die in dem Exposé enthaltene Provisionsforderung des Maklers mit der Erklärung reagiert, dass er eine Maklerprovision in dieser Höhe nicht akzeptiere[5]; s. dagegen oben das in Rn. 14 zitierte Urteil des BGH vom 6.12.2001[6], anders liegt es nur, wenn sich Makler und Interessent anschließend zumindest konkludent auf eine bestimmte Höhe der Provision einigen.

c) Beweislast

16 Die Beweislast für das Zustandekommen eines die Provisionspflicht im Erfolgsfall auslösenden Maklervertrages liegt durchweg beim **Makler**[7] (s. dazu näher unten Rn. 79).

d) Beendigung

17 Ist der Maklervertrag nicht auf bestimmte Zeit geschlossen, so ist er **jederzeit widerruflich**. Grundsätzlich tritt Vertragsbeendigung auch durch den Tod des Maklers ein[8]. In allen Fällen der Vertragsbeendigung ist die Provisi-

---

1 In diesem Sinne außer *Schwerdtner*, MaklerR, Rn. 116 ff., auch BGH v. 25.5.1983 – IVa ZR 26/82, NJW 1984, 232 unter kritischer Auseinandersetzung mit BGH v. 21.4.1971 – IV ZR 4/69, WM 1971, 904; ähnlich BGH v. 10.7.1985 – IVa ZR 15/84, WM 1985, 1232 und BGH v. 28.11.1990 – IV ZR 258/89, WM 1991, 643 und BGH v. 4.10.1995 – IV ZR 163/94, NJW-RR 1996, 114; s. auch BGH v. 16.11.2006 – III ZR 57/06, NJW-RR 2007, 400, 402.
2 Vgl. dazu BGH v. 2.7.1986 – IVa ZR 246/84, WM 1986, 1390.
3 In dieser Richtung auch BGH v. 25.5.1983 – IVa ZR 26/82, NJW 1984, 232.
4 BGH v. 28.11.1990 – IV ZR 258/89, WM 1991, 643; OLG Schleswig v. 21.7.2006 – 14 U 55/06, NJW 2007, 1982.
5 So zutreffend *Dehner*, NJW 2000, 1986, 1988 f. gegen OLG Frankfurt a. M. v. 15.9.1999 – 19 U 61/99, NJW-RR 2000, 58, das in diesem Fall eine Einigung über die Provisionszahlung dem Grunde nach angenommen hatte.
6 BGH v. 6.12.2001 – III ZR 296/00, NJW 2002, 817.
7 H.M., s. statt aller BGH v. 25.9.1985 – IVa ZR 22/84, BGHZ 90, 393, 401.
8 BGH v. 3.3.1965 – VIII ZR 266/63, NJW 1965, 964.

on aber trotzdem verdient, wenn der Makler schon vorher eine Tätigkeit entfaltet hat, die für den erst nachher erfolgten Abschluss des Hauptvertrages ursächlich geworden ist[1]. In der Erklärung des Maklers, er wolle das nachgewiesene Objekt selbst erwerben, liegt die Bitte um Entlassung aus dem Vertrag. In diesem Falle hat der Makler ausnahmsweise keinen Provisionsanspruch, wenn nunmehr der Auftraggeber das Grundstück erwirbt[2].

e) Sonderformen des Maklervertrages
aa) Maklerwerk- und Maklerdienstvertrag

Möglich ist auch der Abschluss eines **Maklerwerkvertrages**. Gegenstand eines solchen Vertrages ist zwar ebenfalls die Vermittlung eines (Haupt-)Vertrages. Im Unterschied zum „echten" Maklervertrag verpflichtet sich der Makler hier aber zur **Herbeiführung eines bestimmten Erfolges**, regelmäßig in Gestalt eines bestimmt bezeichneten Abschlusses. Da dieser im Gesetz nicht geregelte Vertragstyp sowohl Elemente des Makler- als auch des Werkvertrages (§§ 631 ff. BGB) enthält, sind in Ermangelung ausdrücklicher Parteivereinbarungen jeweils diejenigen Vorschriften beider Vertragsarten heranzuziehen, die dem Wesen des Vertrages im Einzelfall am besten entsprechen[3]. Das maklervertragliche Element kommt darin zum Ausdruck, dass der Auftraggeber nicht verpflichtet ist, die ihm vermittelte Abschlussgelegenheit wahrzunehmen[4]. Hauptanwendungsfall des Maklerwerkvertrages ist die **Beschaffung einer bestimmten Finanzierung**. Ob der Vergütungsanspruch des Finanzmaklers in einem solchen Falle bereits in dem Augenblick entsteht, in dem ein (Kredit-)Vertrag zustande kommt, durch den sein Auftraggeber einen klagbaren Anspruch auf Auszahlung des Darlehens erwirbt, oder ob der Provisionsanspruch erst entstehen und fällig sein soll, wenn die Darlehensvaluta tatsächlich ausgezahlt wird, ist durch Auslegung zu ermittelnde Sache der Vertragsgestaltung im Einzelfall[5]. Bei entgeltlicher Vermittlung eines Darlehens durch einen Unternehmer an einen Verbraucher (Einl. Rn. 12) kommt in aller Regel nach § 655a BGB nur die letztgenannte Alternative (Provisionsanspruch nur nach Auszahlung des Darlehens, §§ 655c, e BGB) in Betracht. Auch außerhalb dieses Sonderbereiches steht dem Makler aufgrund des maklervertraglichen Elementes (dazu schon oben) solcher Verträge in Ermangelung einer anderweitigen Vereinbarung kein Anspruch auf eine Vergütung oder eine Bearbeitungsgebühr zu, wenn der Auftraggeber die ihm über den Finanzmakler angebotene Finanzierung nicht annimmt, sondern sich den benötigten Kredit anderweitig selbst

---
1 BGH v. 3.3.1965 – VIII ZR 266/63, NJW 1965, 964 und h.M.
2 BGH v. 26.1.1983 – IVa ZR 158/81, NJW 1983, 1847.
3 BGH v. 21.10.1987 – IVa ZR 103/86, NJW 1988, 967 m.w.N.; MünchKommBGB/*Roth*, § 652 BGB Rn. 211; *Heymann/Herrmann*, vor § 93 Rn. 5; kritisch dazu (bei Tätigkeitspflicht des Maklers reiner Werkvertrag) *Staudinger/Reuter*, Vorbem. zu § 652 f. BGB Rn. 9; *Schäfer*, NJW 1989, 209; krit. auch *Krehl*, S. 18.
4 S. schon BGH v. 18.4.1966 – VIII ZR 111/64, NJW 1966, 1404; vgl. ferner BGH v. 17.4.1991 – IV ZR 112/90, WM 1991, 1083, 1084 m.w.N.
5 BGH v. 7.7.1982 – IVa ZR 50/81, NJW 1982, 2662; BGH v. 21.10.1987 – IVa ZR 108/86, NJW 1988, 967.

besorgt[1]. Ist der Auftraggeber hingegen **zur Abnahme der ihm angebotenen Finanzierung verpflichtet**, so liegt überhaupt kein Maklervertrag vor; es handelt sich dann um einen reinen Geschäftsbesorgungsvertrag mit Werkvertragscharakter[2]. Ist der Vertrag im Einzelfall dahin auszulegen, dass sich der Vergütungsanspruch nicht nach § 652 BGB, sondern nach Werkvertragsgrundsätzen richtet, so hat der Makler selbst dann einen Vergütungsanspruch, wenn der tatsächlich zustande gekommene Hauptvertrag nicht den Anforderungen des Vermittlungsauftrags entspricht; der Auftraggeber hat aber die werkvertraglichen Gewährleistungsrechte. Bei Anwendung des § 652 BGB entsteht dagegen in einem solchen Fall mangels Übereinstimmung der zu vermittelnden mit der vermittelten (oder nachgewiesenen) Leistung von vornherein kein Vergütungsanspruch des Finanzmaklers[3] (näher dazu Rn. 44).

19 Der **Maklerdienstvertrag** beruht dagegen auf einer Kombination von Elementen des Makler- und des Dienstvertrages (§§ 611 ff. BGB). Der Vertrag kann so ausgestaltet sein, dass der Makler zwar zur Tätigkeit für den Auftraggeber verpflichtet ist, für diese Tätigkeit als solche aber – anders als beim Dienstvertrag – keine Entlohnung erhält, sondern – wie beim Maklervertrag – nur einen Anspruch auf Maklerprovision beim tatsächlichen Zustandekommen des Hauptvertrages. Als eine solche Vertragsgestaltung betrachtet der BGH den so genannten **Alleinauftrag**[4] (s. dazu Rn. 20). Möglich ist jedoch auch eine Vertragsgestaltung[5], bei der bereits die **Tätigkeit als solche vergütet** wird, bei der also das Entgelt unabhängig vom Vermittlungserfolg zu zahlen ist[6]. Der Abschluss eines Maklerdienstvertrages, bei dem schon die Tätigkeit des Maklers als solche entlohnt wird, durch AGB dürfte aber außerhalb des Eheanbahnungsvertrages[7] wegen des Verbotes der Vereinbarung erfolgsunabhängiger Provisionen durch allgemeine Geschäftsbedingungen[8] (s. näher unten Rn. 26) nicht in Betracht kommen.

---

1 S. dazu BGH v. 1.12.1982 – IVa ZR 109/81, NJW 1982, 985.
2 BGH v. 17.4.1991 – IV ZR 112/90, WM 1991, 1083.
3 BGH v. 21.10.1987 – IVa ZR 103/86, NJW 1988, 967.
4 BGH v. 8.4.1987 – IVa ZR 17/86, WM 1987, 1044 m.w.N.
5 Sie ist besonders häufig bei Bauherrnmodellen, wo schon das Bemühen um Abschluss eines sog. Hauptvertrages mit einem Treuhänder, der alle weiteren zum Grundstückserwerb eventuell notwendigen Verträge abschließen soll, ein (steuerrelevantes) Vermittlungshonorar auslösen soll, vgl. dazu *Heymann/Herrmann*, vor § 93 Rn. 7 und BGH v. 20.4.1977 – IV ZR 118/76, BB 1977, 1672; s. aber auch BGH v. 17.4.1991 – IV ZR 112/90, WM 1991, 1083.
6 Zu diesen zwei Grundtypen des Maklerdienstvertrages BGH v. 21.10.1987 – IVa ZR 103/86, NJW 1988, 967, 968.
7 Dazu BGH v. 25.5.1983 – IVa ZR 182/81, BGHZ 87, 309, 312.
8 BGH v. 5.4.1984 – VII ZR 196/83, NJW 1984, 2162, 2163; BGH v. 20.3.1985 – IVa ZR 223/83, NJW 1985, 2477 (Unzulässigkeit erfolgsabhängiger Entgeltabreden in AGB, selbst wenn Makler Tätigkeitsverpflichtung und gewisse Garantien übernimmt); BGH v. 28.1.1987 – IVa ZR 173/85, BGHZ 99, 374; siehe ferner auch BGH v. 15.12.1976 – IV ZR 197/75, NJW 1977, 624. Ebenso schon die Rechtsprechung vor Inkrafttreten des AGBG, vgl. BGH v. 8.5.1973 – IV ZR 158/71, BGHZ 60, 377, 381 f. und BGH v. 8.5.1973 – IV ZR 8/72, BGHZ 60, 385, 390. – Zur Auslegung solcher Verträge s. BGH v. 1.12.1982 – IVa ZR 109/81, NJW 1983, 985 (Erforderlichkeit eindeu-

Schon weit vom gesetzlichen Leitbild des Maklervertrages entfernt sind auch Vermittlungsverträge, bei denen der Kunde verpflichtet ist, mit jedem ihm von dem Vermittler zugeführten Interessenten abzuschließen, sofern gewisse vertraglich festgelegte Bedingungen erfüllt sind. Je mehr solche Verträge den Charakter von Vertriebsvereinbarungen annehmen, desto weniger können auch die Vergütungen an den für Maklerprovisionen üblichen Sätzen gemessen werden[1]. 19a

bb) Alleinauftrag

Durch den Alleinauftrag – synonyme Begriffe sind Festauftrag, Festanhandgabe und ähnliche Bezeichnungen – **verzichtet der Auftraggeber für eine gewisse Zeit auf sein Recht, den Maklervertrag jederzeit zu widerrufen**. Ein solcher Abschluss kann formlos, auch stillschweigend erfolgen, wenn der Wille der Parteien, einen Alleinauftrag zu schließen, und die Tragweite der Pflichten, die damit begründet werden sollen, eindeutig feststellbar sind[2]. Die Entscheidung des BGH (KartSen.), wonach ein zwischen Unternehmen geschlossener Alleinauftrag ein dem Schriftformzwang des § 34 GWB a.F. unterliegender Kartellvertrag sei[3], ist infolge der ersatzlosen Streichung dieser Bestimmung durch die Sechste GWB-Novelle[4] überholt. – Abschluss durch allgemeine Geschäftsbedingungen ist, jedenfalls unter Kaufleuten, zulässig: Der Alleinauftrag ist weit verbreitet und weicht auch nicht so grundsätzlich vom gesetzlichen Leitbild des Maklervertrages ab, dass die Anwendung des § 307 BGB zwingend geboten wäre[5]. Das gilt aber nur, solange nicht auch die Abschlussfreiheit des Auftraggebers eingeschränkt oder eine unmittelbare oder mittelbare Provisionspflicht auch für den Fall des Gebrauchs dieser Freiheit begründet werden soll (s. auch unten Rn. 22 f.). 20

Regelmäßig ist die **Frist**, innerhalb der der Widerruf ausgeschlossen sein soll, fest bestimmt. Anderenfalls gilt gemäß § 157 BGB eine nach den Umständen 21

---

tiger Erkennbarkeit, dass allein schon das „Übermitteln" einer Abschlussgelegenheit und nicht erst das „Vermitteln", das heißt das Herbeiführen eines in der Entscheidungsfreiheit des Auftraggebers stehenden Vertragsschlusses die Honorarpflicht auslösen soll); ähnlich schon BGH v. 9.11.1966 – VIII ZR 170/64, NJW 1967, 198, 199 für den Alleinauftrag.

1 In einem solchen Fall s. BGH v. 20.2.2003 – III ZR 184/02, NJW-RR 2003, 699.
2 Unter diesem Gesichtspunkt zweifelt *Schwerdtner*, MaklerR, Rn. 953 entgegen der h.M. an der Möglichkeit eines stillschweigenden Abschlusses.
3 BGH v. 21.2.1995 – KZA 29/94, NJW-RR 1998, 1260; ebenso schon OLG Karlsruhe v. 14.9.1994 – 6 U 91/94, NJW-RR 1995, 237; s. dazu die Kritik von *Dehner*, NJW 1997, 18, 24 f.
4 BGBl. I 1998, 2521; in Kraft seit dem 1.9.1999.
5 Wie hier *Baumbach/Hopt*, § 93 Rn. 60: jedenfalls unter Kaufleuten; weiter gehend *Heymann/Herrmann*, vor § 93 Rn. 10: ohne Unterscheidung zwischen Kaufleuten und Nichtkaufleuten; auch MünchKommBGB/*Roth*, § 652 BGB Rn. 7 u. *Schwerdtner*, MaklerR, Rn. 957; vgl. auch BGH v. 5.4.1978 – IV ZR 160/75, WM 1978, 791: Zulässigkeit bei ausreichender Übersichtlichkeit des Vertragsformulars; die Entscheidung betrifft aber einen Fall vor Inkrafttreten des AGBG.

des Einzelfalles angemessene Frist[1]. In allgemeinen Geschäftsbedingungen dürfte aber eine Bindung auf mehr als zwei Jahre im Hinblick auf die in § 309 Nr. 9 lit. a BGB zum Ausdruck kommende Wertung in jedem Fall bedenklich sein, und zwar selbst dann, wenn der Auftraggeber Kaufmann ist[2]. Auch bei individualrechtlicher Regelung tritt Nichtigkeit des Maklervertrages nach § 138 BGB ein, wenn die zeitliche Bindung unbegrenzt sein soll[3], was aber im Zweifel nicht anzunehmen ist[4]. Vorzeitige Kündigung aus wichtigem Grund (vgl. § 626 BGB) ist jederzeit möglich, etwa bei Untätigkeit des Maklers, Präsentation unseriöser Geschäftsgegner oder anderer schwerwiegender Verstöße gegen seine Pflichten[5]. Wann im Einzelfall ein solches Kündigungsrecht gegeben ist, hängt von der Schwere der Pflichtverletzung des Maklers unter Berücksichtigung der restlichen Laufzeit des Vertrages ab.

22 Während der Laufzeit des Alleinauftrages darf der Auftraggeber den Hauptvertrag nicht unter Einschaltung eines anderen Maklers schließen. Dagegen bleibt das Recht des Auftraggebers, den Vertrag ohne Mithilfe eines anderen Maklers zu schließen (sog. **Eigen- oder Direktgeschäft**), im Zweifel unberührt[6]. Jedoch kann der Auftraggeber in diesem Fall ausnahmsweise verpflichtet sein, dem Makler seine Aufwendungen zu ersetzen, wenn diese nach Art des erteilten Auftrages ungewöhnlich hoch waren[7]. Weitergehende Vereinbarungen im Sinne eines Verbotes auch von Eigengeschäften oder einer Provisionspflichtigkeit derartiger Geschäfte sind zulässig. Dies gilt jedoch nicht für allgemeine Geschäftsbedingungen. Nach der ständigen Rechtsprechung des BGH können **Verweisungs- und Zuziehungsklauseln** nicht wirksam durch allgemeine Geschäftsbedingungen vereinbart werden; dementsprechend ist auch ein in allgemeinen Geschäftsbedingungen enthaltenes Verbot des Abschlusses von Eigen- und direkten Geschäften oder die Vereinbarung einer Provisionspflicht für diesen Fall wegen Verstoßes gegen § 307

---

1 BGH v. 21.9.1973 – IV ZR 89/72, WM 1974, 257, 260; BGH v. 4.2.1976 – IV ZR 115/74, WM 1976, 533; BGH v. 2.2.1994 – IV ZR 24/93, WM 1994, 799; OLG Hamm v. 25.11.1965 – 19 U 129/65, NJW 1966, 887 geht von einer Regelfrist von sechs Monaten aus; vgl. aber auch die wesentlich längeren Fristen in den genannten Entscheidungen des BGH.
2 Ähnlich *Baumbach/Hopt*, § 93 Rn. 60; etwas großzügiger *Heymann/Herrmann*, vor § 93 Rn. 8: Überschreitung der Zweijahresgrenze zulässig, wenn die Eigenart des Vertragsobjektes dies erfordert.
3 BGH v. 4.2.1976 – IV ZR 115/74, WM 1976, 533.
4 BGH v. 25.5.1983 – IVa ZR 182/81, BGHZ 87, 309.
5 Vgl. etwa BGH v. 18.9.1970 – IV ZR 1199/68, WM 1970, 1457.
6 BGH v. 22.2.1967 – VIII ZR 215/64, NJW 1967, 1225 f. m.w.N.; BGH v. 18.9.1970 – IV ZR 1199/68, WM 1970, 1457; BGH v. 4.2.1976 – IV ZR 115/74, WM 1976, 533. Nach OLG Frankfurt a.M. v. 2.11.2000 – 15 U 179/99, NJW-RR 2002, 1062 soll dies auch dann gelten, wenn für die andere Vertragspartei ein Makler tätig geworden ist, und nach OLG Koblenz v. 22.1.1999 – 10 U 1334/97 auch dann, wenn der andere Vertragsteil wiederum ein Makler ist, der das Objekt unmittelbar von dem Auftraggeber erwirbt.
7 OLG Hamm v. 17.5.1973 – 18 U 247/72, NJW 1973, 1976.

BGB unwirksam[1]. Dies gilt auch dann, wenn der Auftraggeber eine solche Klausel nach anfänglicher Ablehnung schließlich akzeptiert hat[2]. Anders verhält es sich nur bei individualvertraglichen Abmachungen oder wenn die Eigenverkaufsklausel i.S.d. § 305 Abs. 1 S. 3 BGB ausgehandelt worden ist[3].

Unangetastet bleibt auch beim Alleinauftrag die **Entschließungsfreiheit des Auftraggebers**, ob er das ihm vom Makler nachgewiesene oder vermittelte Geschäft tätigen will[4]. Der Auftraggeber kann sogar von der Absicht, ein solches Geschäft abzuschließen, ganz Abstand nehmen[5], ist dann aber wohl dem Makler zu einer entsprechenden Mitteilung verpflichtet, wenn er sich nicht schadensersatzpflichtig machen will (s. unten Rn. 37). 23

Dem Recht, das sich der Makler durch den Alleinauftrag sichert, sich eine Zeit lang exklusiv unter Ausschaltung aller anderen Makler um den Abschluss des Hauptvertrages zu bemühen, entspricht seine – nach allgemeinem Maklerrecht nicht bestehende (siehe oben Rn. 11) – Pflicht, im Sinne des ihm erteilten Auftrages im Interesse des Auftraggebers tätig zu werden und **sich aktiv um den Abschluss dieses Vertrages zu bemühen**[6]. Die Verletzung dieser Pflicht kann Schadensersatzansprüche des Auftraggebers nach sich ziehen[7]. 24

Auch der Alleinauftrag bleibt Maklervertrag im vollen Sinne der oben Rn. 11 gegebenen Begriffsbestimmung. Insbesondere ist die **Provision nicht** etwa **Gegenleistung für die Vermittlungs- oder Nachweisbemühungen**, also für die Tätigkeit des Maklers als solche. Die Provision wird vielmehr auch beim 25

---

1 BGH v. 2.11.1983 – IVa ZR 86/82, BGHZ 88, 368; BGH v. 28.1.1987 – IVa ZR 173/85, BGHZ 99, 374, 377; s. auch schon BGH v. 8.5.1973 – IV ZR 158/71, BGHZ 60, 377; BGH v. 27.3.1991 – IV ZR 90/90, NJW 1991, 1678; ebenso OLG Frankfurt a.M. v. 2.11.2000 – 15 U 179/99, NJW-RR 2002, 1062; kritisch dazu MünchKommBGB/ *Roth*, § 652 BGB Rn. 216.
2 BGH v. 30.9.1987 – IVa ZR 6/86, WM 1988, 28.
3 Dazu BGH v. 27.3.1991 – IV ZR 90/90, WM 1991, 1678; zum Begriff des „Aushandelns" i. d. S. siehe auch *Schwerdtner*, NJW 1990, 369; nach BGH v. 27.3.1991 – IV ZR 90/90 reicht es dafür jedenfalls nicht aus, dass lediglich die Höhe der Provision zur Disposition gestellt wurde.
4 BGH v. 17.11.1960 – VII ZR 236/59, NJW 1961, 307; BGH v. 22.2.1967 – VIII ZR 215/64, NJW 1967, 1225; BGH v. 1.7.1970 – IV ZR 1178/68, WM 1970, 1225; BGH v. 18.9.1970 – IV ZR 1169/68, WM 1970, 1457; BGH v. 19.1.1972 – IV ZR 79/70, WM 1972, 444; s. auch schon BGH v. 2.11.1983 – IVa ZR 86/82, BGHZ 88, 368; BGH v. 28.1.1987 – IVa ZR 173/85, BGHZ 99, 374, 377; BGH v. 27.3.1991 – IV ZR 90/90, NJW 1991, 1678; OLG Frankfurt a.M. v. 2.11.2000 – 15 U 179/99, NJW-RR 2002, 1062.
5 BGH v. 22.2.1967 – VIII ZR 215/64, NJW 1967, 1225 und BGH v. 18.9.1970 – IV ZR 1199/68, WM 1970, 1457.
6 BGH v. 8.5.1973 – IV ZR 158/71, BGHZ 60, 377; BGH v. 21.3.1966 – VIII ZR 290/63, NJW 1966, 1405, 1406; BGH v. 9.11.1966 – VIII ZR 170/64, NJW 1967, 198, 199; BGH v. 10.10.1973 – IV ZR 144/72, WM 1973, 1382, 1383; BGH v. 20.3.1985 – IVa ZR 223/83, NJW 1985, 2477, 2478; BGH v. 8.4.1987 – IVa ZR 17/86, WM 1987, 1044; BGH v. 1.4.1992 – IV ZR 154/91, NJW 1992, 2818, 2819.
7 Vgl. nur BGH v. 8.4.1987 – IV ZR 17/86, WM 1987, 1044 und die anderen Nachweise in der vorstehenden Fn.

Alleinauftrag allein durch die Herbeiführung des ursächlich auf die Tätigkeit des Maklers zurückgehenden Erfolges in Gestalt des Abschlusses des Hauptvertrages verdient. Der Provisionsanspruch besteht allerdings unter dieser Voraussetzung auch dann, wenn die während der Laufzeit des Alleinauftrages unternommenen Bemühungen des Maklers erst nach dessen Auslauf[1] Erfolg zeitigen. Vertragswidriger Abschluss über einen anderen Makler (im Falle entsprechender Vereinbarung auch ein Direktgeschäft) löst regelmäßig keine Provisionspflicht, sondern lediglich einen Anspruch aus positiver Vertragsverletzung aus. Der Makler muss, wenn er sich nicht auf das Verlangen nach Ersatz seiner (ebenfalls voll nachzuweisenden) vergeblichen Aufwendungen beschränkt, außer der Verletzung des Alleinauftrages beweisen, dass er innerhalb der Laufzeit des Alleinauftrages eine vertragsmäßige Abschlussgelegenheit nachgewiesen oder vermittelt hätte[2] (s. auch unten Rn. 37). Zu Klauseln, die dem Makler diesen – bisweilen schwierigen – Beweis erleichtern oder ersparen sollen, s. Rn. 26. Das Recht auf Schadensersatz kann verwirkt sein, wenn sich der Auftraggeber infolge lang anhaltender Untätigkeit des Maklers bindungsfrei fühlen dürfte[3].

26 Vereinbarungen, die dem Makler den Beweis seines Schadensersatzanspruchs erleichtern, sind individualvertraglich in den Grenzen von § 138 BGB zulässig. Das Gleiche gilt für Abmachungen, die dem Makler einen Anspruch auf Aufwendungsersatz sichern oder den Auftraggeber bei im Einzelnen bestimmten Vertragsverletzungen ohne Schadensnachweis zur Zahlung der vollen Provision verpflichten. Es ist dann durch Auslegung zu ermitteln, ob es sich um ein erweitertes, insbesondere erfolgsunabhängiges Provisionsversprechen, einen pauschalierten Schadensersatzanspruch, der den Makler im Wesentlichen lediglich von der Pflicht zum Nachweis seines Schadens entbindet, oder um ein Vertragsstrafeversprechen handelt[4]. Die **Vereinbarung einer erfolgsunabhängigen Provision** setzt allerdings voraus, dass der Auftraggeber ausreichend auf die Bedeutung dieser Bestimmung hingewiesen worden ist[5]. In allgemeinen Geschäftsbedingungen können derartige Abmachungen regelmäßig nicht getroffen werden. Dies gilt, da die nach § 310 Abs. 3 Nr. 2 BGB als solche auf Unternehmer und damit auch Kaufleute nicht unmittelbar anwendbaren Klauselverbote der §§ 308, 309 BGB jedenfalls zu einem großen Teil die allgemeine Inhaltskontrolle nach § 307 BGB beeinflussen (vgl. dazu Einl. Rn. 91, 94), im Wesentlichen auch gegenüber einem Auftraggeber, der Kaufmann ist. So verstößt schon jeder Versuch, durch allgemeine Geschäftsbedingungen auch nur die Beweisposition des Kunden zu verschlechtern, gegen § 309 Nr. 12 BGB[6]. Ebenso ist jede Vereinbarung, die im Ergebnis auf Ausbedingung einer erfolgsunabhängigen Provision

---

1 BGH v. 22.6.1966 – VIII ZR 159/65, NJW 1966, 2008.
2 BGH v. 22.2.1967 – VIII ZR 215/64, NJW 1967, 1225; BGH v. 22.6.1966 – VIII ZR 159/65, NJW 1966, 2008.
3 BGH v. 6.5.1977 – IV ZR 40/76, WM 1977, 871.
4 S. dazu näher BGH v. 6.11.1967 – VIII ZR 81/65, BGHZ 49, 84; BGH v. 22.4.1964 – VIII ZR 225/62, NJW 1964, 1467; BGH v. 3.12.1969 – IV ZR 1165/68, WM 1970, 392.
5 BGH v. 3.12.1969 – IV ZR 1165/68, WM 1970, 392.
6 BGH v. 28.1.1987 – IVa ZR 173/85, BGHZ 99, 374 (noch zu § 11 Nr. 5 ABGB).

durch vorformulierte Klauseln hinausläuft, wegen Verstoßes gegen § 307 Abs. 2 Nr. 1 BGB unwirksam[1]. Hierzu und zum weiteren Text vgl. auch schon oben Rn. 20, 22. Entsprechendes gilt erst recht für AGB-Klauseln, die die Abschlussfreiheit des Auftraggebers über das auch beim Alleinauftrag typischerweise bestehen bleibende Maß hinaus beschränken und an die Zuwiderhandlung Zahlungspflichten knüpfen, die im Ergebnis auf die Verpflichtung zur Zahlung einer Provision hinauslaufen[2], und sogar dann, wenn eine Vertragsstrafe an die an sich vertragswidrige Kündigung während der Festlaufzeit des Vertrages geknüpft wird[3]. Schließlich ist das Versprechen eines erfolgsunabhängigen Entgelts in allgemeinen Geschäftsbedingungen selbst dann unwirksam, wenn der Makler eine Garantie für seinen Vermittlungserfolg übernommen hatte[4]. Dementsprechend können im Hinblick auf § 307 BGB auch **Eigen- oder Direktgeschäfte des Auftraggebers** nicht durch allgemeine Geschäftsbedingungen untersagt werden. Entsprechende Klauseln sowie auf die Durchsetzung solcher Verbote oder auf die Provisionspflichtigkeit derartiger Geschäfte zielende Verweisungs- oder Zuziehungsklauseln, durch die der Auftraggeber verspricht, sämtliche, auch eigene Interessenten an den Makler zu verweisen, sind gemäß § 307 BGB unwirksam[5]. Ein **Anspruch auf Aufwendungsersatz** für den Fall, dass es während der Vertragsdauer zu keinem Abschluss des Hauptvertrages kommt, kann dagegen auch in allgemeinen Geschäftsbedingungen vereinbart werden. Eine solche Vereinbarung muss sich jedoch, wenn sie in allgemeinen Geschäftsbedingungen wirksam sein soll, wirklich und ausschließlich auf den Ersatz konkreten Aufwandes beziehen und darf nicht in Wahrheit nur die Verkleidung einer erfolgsunabhängigen Vergütung sein. Eine Pauschalierung in mäßiger Höhe ist möglich, jedoch nicht als Prozentsatz des Preises oder Gegenstandswertes[6]. Die vorstehenden Grundsätze gelten, obwohl AGB-Klauseln der geschilderten Art zumeist im Zusammenhang mit dem Abschluss von Alleinaufträgen verwendet werden, und deshalb auch hier beim Alleinauftrag behandelt worden sind, grundsätzlich für *alle* Maklerverträge, also auch für den „normalen" Maklervertrag nach §§ 652 ff. BGB.

---

1 BGH v. 28.1.1987 – IVa ZR 173/85, BGHZ 99, 374, 382 f.; BGH v. 15.3.1989 – IVa ZR 2/88, WM 1989, 918, 919; BGH v. 20.3.1985 – IVa ZR 223/83, NJW 1985, 2477; BGH v. 5.4.1984 – VII ZR 196/83, NJW 1984, 2162, 2163 (alle Entscheidungen noch zu § 9 Abs. 2 Nr. 1 AGBG); s. etwa auch den im Fall der LG Limburg v. 3.11.1998 – 4 O 301/98, NJW-RR 1999, 847 in Form eines pauschalierten Schadensersatzanspruches ausbedungenen Anspruch i.H.v. 5 % des Kaufpreises.
2 BGH v. 20.10.1976 – IV ZR 135/75, WM 1977, 15; BGH v. 26.2.1981 – IVa ZR 99/80, WM 1981, 561; BGH v. 8.5.1973 – IV ZR 158/71, BGHZ 60, 377, 381, 384.
3 BGH v. 1.7.1970 – IV ZR 1178/68, WM 1970, 1225.
4 BGH v. 20.3.1985 – IVa ZR 223/83, NJW 1985, 2477.
5 BGH v. 28.1.1987 – IVa ZR 173/85, BGHZ 99, 374 und v. 8.5.1973 – IV ZR 158/71, BGHZ 60, 377; BGH v. 2.11.1983 – IVa ZR 86/82, BGHZ 88, 386; BGH v. 30.9.1987 – IVa ZR 6/86, WM 1988, 28; BGH v. 6.11.1985 – IVa ZR 96/84, NJW 1986, 1173; s. auch BGH v. 15.12.1976 – IV ZR 197/75, NJW 1977, 624.
6 BGH v. 28.1.1987 – IVa ZR 173/85, BGHZ 99, 374, 383 f.

2. Nachweis und Vermittlung

27 Je nach Inhalt des Maklervertrages verdient der Makler seine Provision schon dadurch, dass der Abschluss des Hauptvertrages auf seinem Nachweis beruht, oder erst dadurch, dass er den Vertragsschluss vermittelt hat. Ist im Vertrag nichts besonderes bestimmt, so genügt im Zweifel **schon der erfolgreiche Nachweis**. In der Praxis lassen sich die Makler allerdings regelmäßig zum Nachweis *oder* zur Vermittlung beauftragen. Die besonderen Rechte und Pflichten eines Handelsmaklers werden allerdings erst durch eine Vermittlungstätigkeit begründet (§ 93 Rn. 8).

a) Nachweis

28 Nachweis ist die Mitteilung des Maklers an seinen Kunden (Auftraggeber), durch die dieser in die Lage versetzt wird, in konkrete Verhandlungen über den Abschluss des von ihm angestrebten Hauptvertrags einzutreten[1]. Dazu gehören regelmäßig nicht nur die eindeutige Bezeichnung des Objekts, sondern auch konkrete Angaben zur Person des potentiellen Vertragspartners, ggf. der Person, die zu substantiellen Verhandlungen über den Vertragsabschluss berechtigt ist. Das ist der zur Verfügung über das Objekt berechtigte, idR also der Eigentümer. Hinzu kommt, dass der dergestalt nachgewiesene Abschlussberechtigte auch tatsächlich im Nachweiszeitpunkt abschlussbereit ist[2]. Ist der nachgewiesene Vertragspartner eine Gesellschaft (oder ein Verein), so genügt auch bei Letztzuständigkeit eines anderen Organs, etwa der Gesellschafterversammlung (oder einer Mitgliederversammlung), die Angabe des vertretungsberechtigten und verhandlungsbereiten Geschäftsführers (oder Vorstands etc.), sofern keine Anhaltspunkte für die Abschlussunwilligkeit des letztentscheidungsberechtigten Organs vorliegen[3]. Die Kenntnis des Objektes allein würde etwa einem Kaufinteressenten nichts nützen, wenn er nicht zugleich erführe, dass es überhaupt zum Kauf, und zwar zu auch für ihn interessanten Bedingungen, steht und an wen er sich als Verhandlungspartner wenden muss[4]. Fehlt es an einer dieser Voraus-

---

1 BGH v. 6.7.2006 – III ZR 379/04, NJW 2006, 3062; BGH v. 16.12.2004 – III ZR 119/04, BGHZ 161, 349 ff.; BGH v. 18.1.1996 – III ZR 71/95, WM 1996, 928 m. umfangr. weit. Nachw.; ebenso BGH v. 23.11.2006 – III ZR 52/06, BGH Report 2007, 240 = NJW-RR 2007, 402 f.

2 BGH v. 16.12.2004 – III ZR 119/04, BGHZ 161, 349 ff.; BGH v. 4.3.1992 – IV ZR 267/90, NJW-RR 1992, 687; BGH v. 25.2.1999 – III ZR 191/98, BGHZ 141, 40; BGH v. 23.11.2006 – III ZR 52/06, BGH Report 2007, 240 f. = NJW-RR 2007, 402 f.; s. dazu auch unten Rn. 71 f.

3 BGH v. 16.11.2004 – III ZR 119/04, BGHZ 161, 349 ff.; bei entspr. Vereinbarung kann auch Verhandlungsbereitschaft genügen, s. *Fischer*, NJW 2007, 3107, 3109 m.w.N.; zum Merkmal der Abschlussbereitschaft s. auch *Fischer*, NJW 2007, 183, 184 und auch die neben Rn. 73 (bei „Unterbrechung des Kausalzusammenhangs") mitgeteilten Entscheidungen.

4 Zur Notwendigkeit der Namhaftmachung des möglichen Vertragspartners und zu denkbaren Ausnahmen: BGH v. 14.1.1987 – IVa ZR 206/85, NJW 1987, 1629; BGH v. 22.10.1986 – IVa ZR 4/85, WM 1987, 23, 24; BGH v. 15.2.1984 – IVa ZR 150/82, WM 1984, 560 und aus neuerer Zeit BGH v. 6.7.2006 – III ZR 379/04, NJW 2006, 3062: Namhaftmachung des Vertragsgegners ausnahmsweise u.a. entbehrlich, wenn

setzungen, so liegt regelmäßig kein Nachweis, sondern nur ein Hinweis auf eigene Ermittlungsmöglichkeiten vor. Der Nachweis muss grundsätzlich so konkret sein, dass der Auftraggeber wenigstens in groben Zügen abschätzen kann, ob die Abschlussgelegenheit für ihn in Betracht kommt, und er in die Lage versetzt wird, Verhandlungen mit dem ihm namentlich benannten möglichen Vertragspartner aufzunehmen[1], s. dazu auch unten Rn. 71. Alles Weitere ist nicht mehr Sache des Maklers. Weder hat er die Parteien zusammenzubringen noch sich an den Verhandlungen zu beteiligen. Wenn die Makler, die nach dem mit ihrem Auftraggeber geschlossenen Vertrag ihre Provision schon durch den erfolgreichen Nachweis verdienen (Nachweismakler), in der Praxis regelmäßig anders handeln, so geschieht dies im Allgemeinen im Interesse ihres erst mit dem Zustandekommen des Hauptvertrages entstehenden Provisionsanspruchs sowie um zu verhindern, dass der Auftraggeber „ausbricht".

An der **Ursächlichkeit** (s. näher unten Rn. 71 ff.) des Nachweises wird es regelmäßig fehlen, wenn der Auftraggeber schon vorher Kenntnis von der Abschlussgelegenheit hatte (sog. **Vorkenntnis**). Allerdings kann auch dann noch eine für die Entstehung eines Provisionsanspruches ausreichende Mitursächlichkeit der von dem Makler erteilten Informationen (dazu näher unten Rn. 72), ferner eine die Provisionspflicht ebenfalls auslösende Vermittlungstätigkeit (s. dazu Rn. 30) in Betracht kommen. 29

Dem provisionsschädlichen Einwand fehlender Ursächlichkeit des Maklernachweises versuchen die Makler häufig durch die sog. **Vorkenntnisklausel** zu begegnen. Diese Klausel verpflichtet den Auftraggeber, dem Makler seine Vorkenntnis binnen einer bestimmten Frist anzuzeigen, anderenfalls die Vorkenntnis als nicht vorhanden oder unbeachtlich und der Nachweis als ursächlich gelten soll. Eine solche Klausel kann nur individualvertraglich vereinbart werden. In allgemeinen Geschäftsbedingungen verstößt sie gegen das Verbot der Vereinbarung nicht ursächlicher, das heißt erfolgsunabhängiger Provisionen. Nach dem gesetzlichen Leitbild ist der Auftraggeber, der von einem Makler einen Nachweis über eine ihm bereits vorher bekannte Abschlussgelegenheit erhält, nicht verpflichtet, den Makler über seine Vorkenntnis zu unterrichten, weil er damit unter Umständen seinen eigenen In-

---

dessen Ermittlung „am Makler vorbei" auf Grund der schon gemachten Angaben „ein Leichtes" ist. Zu möglichen Ausnahmen s. auch OLG Hamm v. 2.11.1998 – 18 U 89/98, NJW-RR 1999, 632 (Namhaftmachung nur eines Miteigentümers, der aber für alle handeln konnte) u. v. 24.8.1998 – 18 U 20/98, NJW-RR 1999, 632 (Desinteresse des Kunden an Name und Anschrift des Verkäufers, den der Kunde vermittels der vom Makler erhaltenen Informationen gezielt an diesem vorbei ermittelt).
[1] S. statt aller BGH v. 18.1.1996 – III ZR 71/95, WM 1996, 928 mit umfassender Zusammenfassung seiner dahin gehenden Rechtsprechung; nicht als Nachweis ausreichend angesehen worden ist etwa die Übermittlung nur eines allgemeinen Marktüberblicks, in dem Objekte nur mit pauschalen Angaben verzeichnet sind, s. OLG Düsseldorf v. 10.1.1997 – 7 U 82/96, NJW-RR 1997, 1282; ferner, wenn der Makler außerstande ist, einen erbetenen Besichtigungstermin zu verschaffen, OLG Oldenburg v. 4.3.1997 – 5 U 163/96, NJW-RR 1997, 887; s. ferner LG Düsseldorf v. 9.5.2001 – 5 O 272/00, NJW-RR 2002, 489 (Exposé ohne Angabe von Name und Anschrift des Verkäufers).

teressen zuwider handeln müsste. Der Makler, der von diesem Interessenten keine Provision zu erwarten hat, könnte nämlich versucht sein, einen Abschluss mit diesem Interessenten zugunsten eines anderen, der ihm provisionspflichtig ist, zu hintertreiben. Als reine **Beweislastklausel** deckt sich die Vorkenntnisklausel dagegen weitestgehend mit der gesetzlichen Beweislastverteilung, welche die berechtigten Interessen des Maklers bereits angemessen berücksichtigt: Da der Maklervertrag gemäß § 652 BGB einen Provisionsanspruch nur dann auslöst, wenn der Hauptvertrag aufgrund eines Nachweises des Maklers zustande gekommen ist, hat der Makler außer dem Nachweis und dem Abschluss des Hauptvertrages auch die Ursächlichkeit seines Nachweises für das Zustandekommen des Hauptvertrages darzulegen und zu beweisen. Die Rechtsprechung nimmt aber, da dieser Nachweis, wenn der Auftraggeber Vorkenntnis behauptet, kaum zu führen ist, eine Umkehr der Beweislast an, wenn der Makler seinen Nachweis sowie den Abschluss des Hauptvertrages beweist und dieser Abschluss alsbald nach dem Nachweis in etwa zu den dort genannten Bedingungen erfolgt ist. Infolgedessen obliegt nunmehr dem Auftraggeber der Beweis, dass es an einer solchen Ursächlichkeit fehlt, weil er schon vor dem Nachweis Kenntnis von der Abschlussgelegenheit gehabt hat. Bei bewiesener Vorkenntnis bleibt dem Makler dann noch die Möglichkeit, die Mitursächlichkeit (unten Rn. 71 ff.) seiner Tätigkeit oder eine provisionspflichtige Vermittlertätigkeit zu beweisen[1].

b) Vermittlung

30 Die Vermittlung besteht darin, dass der Makler – persönlich oder durch in seinem Auftrag handelndes Hilfspersonal – **Verbindung zu dem potentiellen Vertragsgegner aufnimmt** und **auf diesen im Sinne eines Vertragsabschlusses mit seinem Auftraggeber einwirkt**[2]. Ist der Vertragsgegner von vornherein zu den Bedingungen des Auftraggebers abschlussbereit, so muss es auch genügen, dass der Vermittlungsmakler nach außen hervortritt und die Parteien zusammenführt. Auf Vorkenntnisse des Auftraggebers kommt es nicht an,

---

[1] Wie im Text BGH v. 10.12.1971 – IV ZR 85/69, WM 1971, 827; BGH v. 7.7.1976 – IV ZR 229/74, WM 1976, 960; BGH v. 26.4.1978 – IV ZR 66/77, WM 1978, 885; BGH v. 6.12.1978 – IV ZR 28/78, WM 1979, 439; BGH v. 9.11.1983 – IVa ZR 60/83, WM 1984, 62 u. auch schon BGH v. 20.4.1983 – IVa ZR 232/81, WM 1983, 794: dort auch zu der Einstellung des BGH, dass an den Beweis der Vorkenntnis nicht zu geringe Anforderungen gestellt werden dürfen; s. zu dem Ganzen auch *Knieper*, NJW 1970, 1293, 1296; BGH v. 9.11.1983 – IVa ZR 60/82, WM 1984, 62, 63 (zusammenfassend); BGH v. 4.3.1992 – IV ZR 267/90, VersR 1993, 50. A.A. MünchKommBGB/*Roth*, § 652 BGB Rn. 168 und *Schwerdtner*, MaklerR, Rn. 920, 925 sowie ihnen folgend *Heymann/Herrmann*, vor § 93 Rn. 36, die ausgehend von einer von der vorstehend zitierten Rspr. nicht anerkannten Pflicht des Auftraggebers zur Bekanntgabe seiner Vorkenntnis in der Vorkenntnisklausel eine auch in AGB zulässige, unwiderlegbare Beweisvermutung sehen wollen. Zur Vereinbarung einer Vorkenntnisklausel durch Schweigen auf ein kaufmännisches Bestätigungsschreiben (vgl. dazu auch schon § 2 Rn. 31 i.V.m. Einl. Rn. 38a) OLG Frankfurt a. M. v. 3.8.1999 – 17 U 123/96, NJW-RR 2000, 434.
[2] BGH v. 2.6.1976 – IV ZR 101/75, NJW 1976, 1844.

da Aufgabe des Vermittlungsmaklers nicht der Nachweis einer Abschlussgelegenheit, sondern die Vermittlung des Vertragsschlusses ist. Der Prototyp eines auf Vermittlung gerichteten Maklervertrages läge sogar gerade dann vor, wenn der Auftraggeber dem Makler Mitteilung von einer Abschlussgelegenheit macht und ihn beauftragt, mit dem potentiellen Vertragsgegner Verhandlungen über den Vertragsschluss aufzunehmen.

3. Rechte und Pflichten aus dem Maklervertrag
a) Pflichten des Maklers
aa) Treue- und Sorgfaltspflichten

Wie bereits in Rn. 11 dargelegt, eröffnet der Maklervertrag dem Makler lediglich eine Chance, sich durch erfolgreiche Nachweis- oder Vermittlungsbemühungen eine Provision zu verdienen, ohne dass damit eine Pflicht zum Tätigwerden für den Auftraggeber verbunden ist. Zu den Ausnahmen beim Maklerdienstvertrag und beim Alleinauftrag vgl. oben Rn. 19 ff. Dies hindert jedoch nicht, dass den Makler, und zwar auch beim einfachen Maklervertrag, umfassende Treue- und Sorgfaltspflichten treffen. Diese Pflichten bestehen während der gesamten Dauer der Tätigkeit des Maklers. Sie gelten für den Nachweismakler auch über den erfolgten Nachweis hinaus[1]. Der Inhalt der Treuepflicht des Maklers lässt sich letztlich nur anhand der Besonderheiten des einzelnen Auftrags unter Heranziehung der Verkehrsauffassung sowie des Grundsatzes von Treu und Glauben (§§ 242, 157 BGB) konkretisieren. Auf jeden Fall trifft den Makler eine umfassende **Informations- und Hinweispflicht**. Sie bezieht sich auf sämtliche dem Makler bekannt gewordenen Umstände, die für die Entschließung seines Auftraggebers erkennbar von Bedeutung sein können[2], sofern er nicht annehmen darf, dass sie diesem bereits bekannt sind und daher kein Aufklärungsbedarf besteht[3]. Diese Verpflichtung trifft den Makler auch dann (und zwar nach beiden Seiten), wenn er nicht nur ein Interessenvertreter einer Seite, sondern (im zulässigen Rahmen, s. Rn. 33) für beide Seiten tätig ist[4]. Dazu gehören insbesondere Informationen über das Objekt, das gekauft oder finanziert werden soll[5], wie über die Person des Vertragsgegners; letzteres insbesondere

31

---
1 BGH v. 26.1.1983 – IVa ZR 158/81, WM 1983, 385, 386; vgl. ferner BGH v. 26.9.1984 – IVa ZR 162/82, BGHZ 92, 184.
2 BGH v. 5.2.1962 – VII ZR 248/60, BGHZ 36, 323, 325; BGH v. 8.7.1970 – IV ZR 1174/68, WM 1970, 1270; BGH v. 8.7.1981 – IVa ZR 244/80, NJW 1981, 2685; BGH v. 18.12.1981 – V ZR 207/80, WM 1982, 428; BGH v. 28.9.2000 – III ZR 43/99, NJW 2000, 3642; BGH v. 18.1.2007 – III ZR 146/06 BGH Report 2007, 434, 435 = NJW-RR 2007, 711, 712; zu weitgehend: OLG Dresden v. 16.10.1996 – 8 U 808/96, NZM 1998, 81, wonach der Makler einen geschäftsunerfahrenen Kunden sogar soll darauf hinweisen müssen, dass dem Kunden die Finanzierung des Erwerbs voraussichtlich nicht möglich sein werde.
3 BGH v. 4.11.1987 – IVa ZR 145/86, WM 1988, 41, 43.
4 BGH v. 18.1.2007 – III ZR 146/06, BGH Report 2007, 434, 435 = NJW-RR 2007, 711, 712.
5 BGH v. 8.7.1970 – IV ZR 1174/68, WM 1970, 1270 und BGH v. 18.12.1981 – V ZR 207/80, WM 1982, 428; LG Freiburg v. 28.2.1996 – 9 S 259/95, NJW-RR 1997, 1281.

dann, wenn es sich um Umstände handelt, die dessen Zahlungsfähigkeit in Frage stellen[1], beim Vermittler von Kapitalanlagen auch Umstände, die Vermögensverhältnisse, Produktionsstand und Leistungsfähigkeit des Unternehmens betreffen[2], ferner über die besonderen Risiken bestimmter Kapitalanlageformen[3]. Erkennt der Makler, dass der Kunde schon vor ihm einen anderen Makler beauftragt hat, so muss er ihn auf die damit für den Fall verbundenen Gefahren hinweisen, falls der andere Auftrag ein Alleinauftrag ist[4]. Die Mitteilungspflicht kann sich selbst auf Vermutungen erstrecken, sofern sie dem Auftraggeber Anlass geben können, vom Vertragsabschluss abzusehen oder von sich aus weitere Erkundigungen einzuziehen. Von der Mitteilungspflicht sind grundsätzlich nur solche Umstände ausgenommen, von denen der Makler (s.o.) annehmen darf, dass sie seinem Auftraggeber ohnehin bekannt sind. Unzutreffende Vorstellungen des Auftraggebers hat der Makler richtig zu stellen. Das gilt insbesondere auch für unrealistisch hohe Preisvorstellungen des Auftraggebers, die in der Folge zur Unverkäuflichkeit des Objektes führen[5]. Fahrlässig unrichtige Auskünfte sind stets vertragswidrig[6]. Dagegen ist der Makler, wenn nicht etwas anderes vereinbart oder aufgrund der besonderen Umstände des Einzelfalles nach Treu und Glauben (§§ 242, 157 BGB) von ihm zu erwarten ist, was z.B. bei besonderer Bedeutung des Vertragsobjektes, erkennbarer Belehrungsbedürftigkeit des Auftraggebers, bei besonderer Zusicherung oder Übernahme einer Auskunftsverpflichtung und allgemein stets bei Inanspruchnahme besonderen Vertrauens[7] (vor allem in die Fachkompetenz des Maklers) der Fall sein kann[8], grundsätzlich **nicht zu eigenen Erkundigungen und Nachforschungen verpflichtet**. Er genügt seiner Pflicht, wenn er alle ihm bekannt gewordenen Umstände, die für die Entschließung seines Auftraggebers von Bedeutung sein könnten, oder von Dritten eingeholte Auskünfte an diesen weitergibt[9], darf dabei aber nicht durch vorbehaltlose Angaben den Eindruck erwecken, er habe sie nachgeprüft oder mache sie sich zu Eigen[10]. Ebenso wenig darf er

---

1 BGH v. 8.2.1967 – VIII ZR 174/64, BB 1967, 263; BGH v. 14.5.1969 – IV ZR 792/68, WM 1969, 880; s. dazu auch im Text Rn. 35.
2 BGH v. 19.1.1977 – VIII ZR 211/75, WM 1977, 334.
3 BGH v. 27.11.1990 – XI ZR 115/89, NJW 1991, 1106 (Aktien- und Aktienindexoption); BGH v. 22.1.1991 – XI ZR 151/89, NJW 1991, 1108 (Penny Stocks); BGH v. 6.6.1991 – III ZR 116/90, WM 1991, 1410 (Warentermin-Optionen); alle m.w.N.
4 OLG Hamm v. 15.5.1997 – 18 U 189/86, NJW-RR 1998, 842.
5 S. dazu BGH v. 16.12.1999 – III ZR 295/98, NJW-RR 2000, 432.
6 Zu fehlerhaften Ca.-Angaben des Maklers über Wohnflächen: OLG Hamm v. 31.10.1997 – 18 U 35/97, NZM 1998, 241.
7 BGH v. 4.11.1987 – IVa ZR 145/86, WM 1988, 41, 43.
8 BGH v. 8.7.1981 – IVa ZR 244/80, WM 1981, 1175; BGH v. 16.9.1981 – IVa ZR 85/80, WM 1982, 13, 14; ausdrücklich zustimmend *Heymann/Herrmann*, § 93 Rn. 10; ähnlich *Baumbach/Hopt*, § 93 Rn. 27.
9 BGH v. 5.2.1962 – VII ZR 248/60, BGHZ 36, 323, 328; BGH v. 8.3.1956 – II ZR 73/55, BB 1956, 733; BGH v. 28.9.2000 – III ZR 43/99, NJW 2000, 3642; s. auch OLG Frankfurt a.M. v. 26.9.2001 – 7 U 3/01, NJW-RR, 2002, 778.
10 BGH v. 16.9.1981 – IVa ZR 85/80, WM 1982, 13, 14; BGH v. 17.10.1990 – IV ZR 197/88; WM 1991, 246, 247: falsche Erklärung über die Finanzierbarkeit bei Inanspruchnahme besonderer Sachkenntnis; OLG Hamm v. 7.6.2001 – 18 U 153/00, NJW-RR 2002, 780.

Angaben der Gegenseite in sein Exposé aufnehmen, die nach den in seinem Beruf vorauszusetzenden Kenntnissen ersichtlich unrichtig, nicht plausibel oder sonst bedenklich erscheinen[1]. Stehen ihm für seinen Auftraggeber wichtige Informationen nicht in hinreichend gesicherter Weise zur Verfügung oder kann er sie sich nicht verschaffen, so muss er zumindest dies offen legen. Die Erklärungen des Maklers müssen also insgesamt so beschaffen sein, dass sie bei seinem Auftraggeber keine unzutreffenden Vorstellungen erwecken[2]. Keinesfalls gehört es ohne besondere Abrede zu den Aufgaben des Maklers, den Kunden rechtlich zu beraten. Die vorstehenden Aufklärungspflichten bestehen nur gegenüber den eigenen Kunden, nicht gegenüber dem Vertragspartner, zu dem der Makler in keinem eigenen Vertragsverhältnis steht; anders kann es sich verhalten, wenn dem Makler auf Grund einer Maklerklausel (s. Rn. 40a), ein eigenes Forderungsrecht gegen den Vertragspartner seiner Kunden zusteht[3].

Diese Informationspflichten bestehen selbst dann, wenn der Makler auch von der anderen Partei beauftragt ist und der Abschluss des Hauptvertrages durch Weitergabe der betreffenden Informationen erschwert wird[4]. Ist der Makler einer Partei zur **Verschwiegenheit** über an sich mitteilungsbedürftige Umstände verpflichtet, so muss er von der Vermittlung ganz absehen[5]. Bei unterschiedlichen Preisvorstellungen beider Auftraggeber ist der Makler, auch der Nachweismakler, zwar nicht zur Mitteilung der gegenseitigen Vorstellungen, wohl aber zu strikter Unparteilichkeit verpflichtet[6] (s. dazu auch unten Rn. 33). Anders kann es sich hinsichtlich der Mitteilungspflicht verhalten, wenn der sich auf eine Suchanzeige des Maklers meldende Interessent, mit dem der Makler einen Nachweismaklervertrag schließt, weiß, dass der Makler bereits von der anderen Seite als Vermittlungsmakler beauftragt ist und bei den Verhandlungen als dessen Beauftragter auftritt[7]. Zu diesen allgemeinen, im Grundsatz jeden Makler treffenden Treue- und Sorgfaltspflichten treten beim Handelsmakler noch die besonderen nur für ihn geltenden, aus §§ 94 ff. folgenden Pflichten hinzu; wegen des Inhalts dieser Sonderpflichten vgl. die Erläuterungen zu §§ 94 ff. sowie speziell zu den Folgen ihrer schuldhaften Verletzung die Erläuterungen zu § 98.

32

---

1 BGH v. 18.1.2007 – III ZR 146/06, BGH Report 2007, 434, 435 = NJW-RR 2007, 711, 712; zu der bei einem Makler anzunehmenden Fachkunde OLG Celle v. 31.10.2002 – 11 U 44/02, NJW-RR 2003, 418.
2 BGH v. 28.9.2000 – III ZR 43/99, NJW 2000, 3642.
3 So BGH v. 22.9.2005 – III ZR 395/04, NJW 2005, 3778: Gläubigerverpflichtung des Maklers zur Aufklärung, deren Verletzung nach den Grundsätzen des Verschuldens bei Vertragsschluss (jetzt § 311 Abs. 2 BGB) schadensersatzpflichtig machen kann; s. dazu Fischer, NJW 2007, 3107, 3111 m.w.N.
4 BGH v. 6.11.1967 – VIII ZR 178/66, JZ 1968, 69; s. ferner BGH v. 8.2.1967 – VIII ZR 174/64, Warn.Rspr. Nr. 40, 73 = BB 1967, 263; BGH v. 8.7.1970 – IV ZR 1174/68, WM 1970, 1270; BGH v. 15.10.1967 – VIII ZR 215/66, BGHZ 48, 344, 347 f.
5 BGH v. 14.5.1969 – IV ZR 792/68, WM 1969, 880.
6 BGH v. 15.10.1967 – VIII ZR 215/66, BGHZ 48, 344.
7 BGH v. 16.1.1970 – IV ZR 1162/68, NJW 1970, 1075.

bb) Doppeltätigkeit

33 Im Allgemeinen ist es dem Makler durch seine Treuepflicht **nicht verboten**, auch für den Vertragsgegner seines Auftraggebers tätig zu sein. Dies gilt insbesondere dann, wenn er bereits für den einen Teil als Vermittlungsmakler tätig ist und für den anderen Teil, den er etwa durch eine Suchanzeige gewonnen hat, nur als Nachweismakler tätig wird[1]. Die Gefahr von Interessenkollisionen ist hier gering. In einzelnen Geschäftssparten ist Doppeltätigkeit sogar geradezu üblich. Zum Handelsmakler vgl. § 98. Eine direkte Frage seines Auftraggebers, ob er auch für die andere Seite tätig ist, muss der Makler aber wahrheitsgemäß beantworten. Der Auftraggeber hat regelmäßig ein berechtigtes Interesse, darüber Bescheid zu wissen, um sein eigenes Verhalten entsprechend einrichten zu können. Will der Auftraggeber, dass der Makler allein für ihn tätig wird, so muss er dies bei Abschluss des Maklervertrages deutlich machen. Ein **Verbot der Doppeltätigkeit** kann sich aber auch ohne besondere Vereinbarung aus den Umständen, insbesondere aus Art und Inhalt des Auftrages, ergeben. So, wenn der Makler erkennbar die Stellung eines Vertrauensmaklers der einen Seite einnimmt[2] und ausschließlich deren Interessen vertreten soll. Eine solche Vertrauensstellung wird nicht schon durch den Abschluss eines Alleinauftrages (oben Rn. 20) begründet. Sie entsteht aber, wenn der Alleinauftrag auf längere Zeit abgeschlossen und so angelegt ist, dass die Initiative, insbesondere die Verhandlungsführung, weitestgehend in die Hände des Maklers gelegt ist[3]. Will der Makler trotzdem auch für den anderen Teil tätig werden, so bedarf es dazu einer ausdrücklichen Gestattung. Selbst wenn diese schon vorher durch die AGB[4] des Maklers erteilt worden ist, muss der Makler den Auftraggeber ausdrücklich in Kenntnis setzen, dass er von ihr Gebrauch machen will[5]. Die Notwendigkeit einer Gestattung entfällt, wenn der zweite Auftraggeber weiß, dass der Makler schon vor dem Vertragsschluss mit ihm von dem anderen Teil beauftragt ist[6]. Ein Verbot der Doppeltätigkeit auch ohne ausdrückliche Vereinbarung besteht regelmäßig auch dann, wenn sie im konkreten Fall erkennbare Gefahr der Verletzung der Interessen des Auftraggebers mit sich bringt (Interessenkollision). Bei beiderseitigem Vermittlungsauftrag liegt ein solcher Interessenkonflikt so nahe (Makler soll z.B. für einen Teil einen möglichst hohen, für den anderen einen möglichst niedrigen Preis aushandeln), dass eine Doppeltätigkeit im Allgemeinen als ver-

---

1 BGH v. 15.10.1967 – VIII ZR 215/66, BGHZ 48, 344; s. ferner BGH v. 16.1.1970 – IV ZR 1162/68, NJW 1970, 1075; s. auch BGH v. 26.3.1998 – III ZR 206/97, WM 1998, 1188, 1189 m.w.N; BGH v. 30.4.2003 – III ZR 381/02, NJW-RR 2003, 991; ähnlich schon BGH v. 26.3.1998 – III ZR 206/97, NJW-RR 1998, 992.
2 BGH v. 22.4.1964 – VIII ZR 225/62, NJW 1964, 1467; BGH v. 26.3.1998 – III ZR 206/97, NJW-RR 1998, 992, 993 = WM 1998, 1188, 1189 m.w.N.; OLG Dresden v. 26.8.1998 – 8 U 845/98, NZM 1998, 1017; BGH v. 11.11.1999 – III ZR 160/98, WM 2000, 422.
3 BGH v. 22.4.1964 – VIII ZR 225/62, NJW 1964, 1467.
4 Zur Zulässigkeit des Hinweises auf die Doppelmaklertätigkeit in AGB s. LG Mönchengladbach v. 1.3.2001 – 10 O 642/00, NJW-RR 2002, 491.
5 Vgl. BGH v. 22.4.1964 – VIII ZR 225/62, NJW 1964, 1467.
6 BGH v. 15.10.1967 – VIII ZR 215/66, BGHZ 48, 344, 347.

tragswidrig anzusehen sein wird. Ausdrückliche oder stillschweigende Gestattung durch die Parteien ist aber auch hier möglich. Die Rspr. geht beim **Immobilienkauf** sogar noch weiter, indem sie vorbehaltlich eines konkreten Interessenkonflikts im Einzelfall Gestattung der Doppeltätigkeit schon dann annimmt, wenn dem Maklerkunden die Doppeltätigkeit des Maklers zwar nicht bekannt ist, er aber mit ihr rechnen müsste, weil sie bei dieser Geschäftsart weitgehend üblich ist[1]. Entscheidend sei, ob der Makler mit seiner Tätigkeit das Vertrauen und die Interessen seiner Auftraggeber verletze. Das sei dann nicht der Fall, wenn er ihnen seine Tätigkeit für die jeweils andere Seite offen lege und sich darauf beschränke, als „ehrlicher Makler" in strenger Unparteilichkeit zwischen ihnen zu vermitteln[2]. Der Makler muss sich bei Ausführung eines solchen Doppelauftrages strikter Unparteilichkeit befleißigen und, wenn er einen Teil schon zur Frage des Preises beraten hat, den anderen darauf hinweisen, damit dieser sich anderswo Rat holen kann[3]; ein zur Verwirkung des Maklerlohnanspruchs führender Verstoß (unten Rn. 35) gegen diese Verpflichtung ist aber nicht schon darin zu sehen, dass der Makler kurz vor dem Vertragsabschluss mit dem von ihm zugeführten Erstinteressenten der anderen Vertragspartei noch einen weiteren Interessenten zuführt, was den Erstinteressenten zur Verbesserung seines Angebots nötigt[4]; zur Pflichtenstellung des Maklers bei erlaubter Doppeltätigkeit siehe auch schon oben Rn. 32.

cc) Folgen pflichtwidrigen Maklerverhaltens

Schuldhafte (auch fahrlässige) Verletzung seiner Pflichten löst eine **Schadensersatzpflicht** des Maklers gegenüber dem Auftraggeber nach den Regeln über die sog. positive Vertragsverletzung (jetzt gesetzlich geregelt in § 280 BGB) aus. Der Auftraggeber ist so zu stellen, wie er bei ordnungsmäßiger Pflichterfüllung gestanden hätte[5]. Besteht die Pflichtverletzung in einer schuldhaft unrichtigen oder unterlassenen Auskunft, so ist der Auftraggeber so zu stellen, als ob der Makler ihm richtig und rechtzeitig Auskunft erteilt

34

---

1 BGH v. 26.3.1998 – III ZR 206/97, WM 1998, 1188; BGH v. 30.4.2003 – III ZR 318/02, BGH Report 2003, 853 = NJW-RR 2003, 991; ähnlich schon BGH v. 26.3.1998 – III ZR 206/97, NJW-RR 1998, 992.
2 BGH v. 11.11.1999 – III ZR 160/98, NJW-RR 2000, 430, 431 (unter Verweis auf BGH v. 22.4.1964 – VIII ZR 225/62, NJW 1964, 1467 ff.; ebenso BGH v. 8.6.2000 – III ZR 186/99, NJW 2000, 367, 368 und (ebenfalls) v. 8.6.2000 – III ZR 187/99, NJW-RR 2000, 1502, 1503; im gleichen Sinn auch schon BGH v. 26.3.1998 – III ZR 206/97, NJW-RR 1998, 992, 993 = WM 1998, 1188, 1189; BGH v. 31.10.1991 – IS ZR 303/90, WM 1992, 279, 281; BGH v. 18.5.1973 – IV ZR 21/72, BGHZ 61, 17 ff. = NJW 1973, 1458, 1459; BGH v. 25.10.1967 – VIII ZR 215/66, BGHZ 48, 344, 348.
3 BGH v. 15.10.1967 – VIII ZR 215/66, BGHZ 48, 344; BGH v. 18.5.1973 – IV ZR 21/72, BGHZ 61, 17, 21 ff.; i.S. einer Verpflichtung zu strikter Unparteilichkeit auch BGH v. 30.4.2003 – III ZR 318/02, BGH Report 2003, 852 f. = NJW-RR 2003, 991; OLG Koblenz v. 8.9.1999 – 7 U 232/99, NJW-RR 2002, 491; s. auch die vorige Fn.
4 OLG Hamm v. 30.10.1997 – 18 U 35/97, NZM 1998, 291.
5 BGH v. 5.2.1962 – VII ZR 248/60, BGHZ 36, 323, 327; BGH v. 18.12.1981 – V ZR 207/80, WM 1982, 428; s. ferner OLG Schleswig v. 2.6.2000 – 14 U 136/99, NJW-RR 2002, 419.

hätte. Hätte der Auftraggeber in diesem Fall den Maklervertrag nicht geschlossen, so führt dies zur **Freistellung des Auftraggebers** von der Bindung an den Maklervertrag. Hätte er bei gebührender Erfüllung der Treue- und Informationspflichten des Maklers ebenfalls den Hauptvertrag nicht geschlossen, so führt dies im Ergebnis mindestens zum **Wegfall des Provisionsanspruchs**, möglicherweise auch darüber hinaus zur Verpflichtung des Maklers, den Auftraggeber so zu stellen, als ob dieser den Hauptvertrag nicht geschlossen hätte, was zur Folge haben kann, dass der Makler den Auftraggeber auch von den Folgen des Hauptvertrages freizustellen hat[1]. Liegt eine objektive Pflichtverletzung vor, so hat der Makler die Beweislast für sein fehlendes Verschulden; das Gleiche – Beweislast des Maklers – gilt auch für einen Entlastungstatbestand, der die objektive Pflichtverletzung des Maklers entfallen lässt, wenn der äußere Sachverhalt auf eine Pflichtwidrigkeit des Maklers schließen lässt[2].

35 Bei einer **besonders schwerwiegenden Verletzung** der Treue- und Sorgfaltspflichten des Maklers tritt **Verwirkung des Provisionsanspruchs** auch unabhängig von der Entstehung eines Schadens ein (Grundgedanke aus § 654 BGB). Sie liegt vor, wenn der Makler die Treuepflicht gegenüber seinem Auftraggeber „vorsätzlich, wenn nicht gar arglistig, mindestens aber in einer dem Vorsatz nahe stehenden grob leichtfertigen Weise verletzt hat und deshalb den Maklerlohn nach allgemeinem Rechts- und Billigkeitsempfinden nicht verdient hat"[3], folgt also weniger aus der Bedeutung der verletzten Pflicht und der Schwere der entstandenen Folgen als vielmehr subjektiv aus dem Gewicht der Treuepflichtverletzung[4]. Als Verwirkungstatbestände sind u.a. angesehen worden:
– mangelhafte Aufklärung über die wirtschaftlichen Verhältnisse des Vertragsgegners[5]; Unterlassung eines Hinweises auf die dem Makler bekannten finanziellen Schwierigkeiten des Bauträgers, der die von dem Makler nachgewiesene Eigentumswohnung herstellen soll[6]; beim Verkäufermakler Unterlassung des Hinweises auf die ihm bekannten Bedenken gegen die Finanzierbarkeit des Erwerbs durch den von ihm benannten Käufer[7]

---

1 Siehe dazu BGH v. 23.4.1969 – IV ZR 780/68, NJW 1969, 1625 und BGH v. 18.12.1981 – V ZR 207/80, WM 1982, 428 m.w.N.; ferner OLG Köln v. 20.1.1972 – 10 U 83/72, NJW 1972, 1813.
2 BGH v. 16.12.1999 – III ZR 295/98, NJW-RR 2000, 432.
3 So grundlegend BGH v. 5.2.1962 – VII ZR 248/60, BGHZ 36, 323, 327; BGH v. 26.9.1984 – IVa ZR 162/82, BGHZ 92, 184 m.w.N.; BGH v. 30.4.2003 – III ZR 318/02, BGH Report 2003, 853 = NJW-RR 2003, 991: Vorschrift hat Strafcharakter, deshalb Anwendungsbereich einzuschränken.
4 Siehe BGH v. 5.2.1962 – VII ZR 248/60, BGHZ 36, 323, 327; BGH v. 26.9.1984 – IVa ZR 162/82, BGHZ 92, 184; vgl. ferner BGH v. 24.6.1981 – IVa ZR 225/80, WM 1981, 1084 und erneut BGH v. 25.9.1991 – IV ZR 244/90, WM 1991, 1995; BGH v. 19.5.2005 – III ZR 322/04, NJW-RR 2005, 1423: im Regelfall nicht ausreichend die Verwendung unzulässiger AGB.
5 BGH v. 8.2.1967 – VIII ZR 174/64, BB 1967, 263.
6 OLG Hamburg v. 3.3.1997 – 13 U 12/97, NJW-RR 1998, 1206.
7 OLG Koblenz v. 3.12.1996 – 3 U 1248/95, NJW-RR 1997, 887.

(Begründung allerdings mit Schadensersatzpflicht des Maklers, oben Rn. 34);
- Gefährdung der Wirksamkeit des Hauptvertrages durch eigennütziges Verhalten des Maklers[1];
- Versuch des Maklers, den bevorstehenden Vertragsschluss zugunsten eines anderen Interessenten[2] oder im eigenen Interesse, insbesondere Erwerbsinteresse[3], zu hintertreiben; Drohung mit dem Platzenlassen des Notartermins durch den Verkäufermakler, wenn nicht vorher auch der Käufer ein Provisionsversprechen unterzeichnet[4]; umgekehrt auch der Versuch des Maklers, den Kunden im Interesse der Gegenseite mit der Erklärung unter Druck zu setzen, seine Verhandlungsposition werde sich wesentlich verschlechtern, wenn er nicht sofort zugreife[5]; Erklärung des Maklers, der darüber mit dem Vertragsgegner gar nicht gesprochen hat, dieser sei zum Nachgeben beim Preis nicht bereit, und der Kunde das Objekt später mit Hilfe eines anderen Maklers zu einem günstigeren Preis erwirbt[6];
- Verheimlichung der wirklichen Verhältnisse des Vertragsgegenstandes[7];
- unwahre Behauptung eines Maklers, der einem Kunden statt der Möglichkeit zum Eigentumserwerb nur diejenige zum Erwerb eines Erbbaurechts nachweist, das Eigentum könne zu einem bestimmten Preis hinzuerworben werden[8];
- Unterzeichnenlassen eines formunwirksamen Vertrages, um damit im Provisionsinteresse des Maklers bei dem über die Formpflichtigkeit erkennbar uninformierten Auftraggeber den falschen Eindruck der Gebundenheit zu erzeugen[9];
- Weitervermittlung des Objekts an einen Erwerber, an den der Maklerkunde, wie dem Makler bekannt war, auf keinen Fall verkaufen wollte[10];

---

1 BGH v. 25.6.1969 – IV ZR 793/68, NJW 1969, 1628.
2 BGH v. 26.10.1977 – IV ZR 177/76, WM 1978, 245.
3 BGH v. 26.1.1983 – IVa ZR 158/81, WM 1983, 385; siehe auch BGH v. 25.9.1991 – IV ZR 244/90, WM 1991, 1995.
4 OLG Düsseldorf v. 11.4.1997 – 7 U 63/96, NWM 1998, 240.
5 OLG Düsseldorf v. 8.10.1999 – 7 U 68/99, NJW-RR 2000, 1363.
6 OLG Koblenz v. 21.6.2001 – 5 U 225/01, NJW-RR 2002, 489.
7 BGHZ v. 5.3.1981 – IVa ZR 114/80, WM 1981, 590; OLG Düsseldorf v. 4.12.1998 – 7 U 59/98, NJW-RR 1999, 848 (bewusst unrichtige Angaben über die Wohnfläche des vom Kunden zu erwerbenden Hauses); OLG Naumburg v. 21.8.2001 – 9 U 84/01, NJW-RR 2002, 1208 (vorsätzliche Nichtweitergabe eines Gutachtens, das zahlreiche Mängel des Objekts dokumentiert).
8 OLG Hamm v. 1.3.1999 – 18 U 149/98, NJW-RR 2000, 59.
9 BGH v. 16.10.1980 – IVa ZR 35/80, WM 1981, 61; BGH v. 15.3.1989 – IVa ZR 2/88, WM 1989, 918; BGH v. 4.10.1989 – IVa ZR 250/88, NJW-RR 1990, 57; BGH v. 18.3.1992 – IV ZR 41/91, NJW-RR 1992, 817, 818; vgl. ferner BGH v. 24.6.1981 – IVa ZR 1225/80, WM 1981, 1084.
10 OLG Hamm v. 24.10.1996 – 18 U 67/96, NJW-RR 1997, 889.

– Versuch der Erlangung einer getarnten „Zusatzprovision" (Schmiergeld) eines Doppelmaklers[1].

Eine Pflicht zur Provisionsrückzahlung aufgrund einer erst nach Abschluss des Hauptvertrages und Zahlung der Provision begangenen Treuepflichtverletzung wird allerdings trotz der grundsätzlichen Anerkennung auch nachwirkender Treuepflichten (oben Rn. 31) in aller Regel nicht in Betracht kommen[2].

36 Die vertragswidrig verbotene Doppeltätigkeit (sog. **Makler-Parteiverrat**) ist im Allgemeinen als ein so schwerwiegender Fall des Treuebruchs anzusehen, dass die Verwirkung des Provisionsanspruchs gem. § 654 BGB in aller Regel eintritt, ohne dass es dazu besonderer Feststellung bedarf, dass der Makler auch subjektiv seines Lohnes unwürdig sei[3]. Entscheidend ist aber auch hier letztlich, ob der Makler mit seiner Tätigkeit auch für die andere Seite das Vertrauen und die Interessen seines Auftraggebers verletzt[4].

b) Pflichten des Auftraggebers

37 Trotz seiner Entschließungsfreiheit (oben Rn. 11) hat der Auftraggeber gegenüber dem Makler diejenigen **Treuepflichten** zu wahren, deren Beachtung der Makler nach den Grundsätzen redlichen Verhaltens im Geschäftsverkehr zumutbarerweise erwarten darf. Dazu gehört insbesondere die **Wahrung der Vertraulichkeit** der vom Makler erhaltenen Informationen[5]. Sie stellen letztlich das Geschäftskapital des Maklers dar. Ein schuldhafter Verstoß gegen diese Pflicht macht den Auftraggeber schadensersatzpflichtig. Der Schadensersatzanspruch umfasst in der Regel aber nur den Anspruch auf Ersatz der Aufwendungen des Maklers sowie etwaiger sonstiger Schäden[6]. Ein Ersatzanspruch in Höhe der Provision kommt regelmäßig nur dann in Betracht, wenn der Makler nachweisen kann, dass ihm durch den Bruch der Vertraulichkeit eine anderenfalls sichere Provision (durch Nachweis desselben Objekts an einen anderen Kunden) entgangen ist[7]. Ein

---

1 OLG Frankfurt a.M. – 19 U 232/00, NJW-RR 2002, 779.
2 So BGH v. 26.9.1984 – IVa ZR 162/82, BGHZ 92, 184.
3 So BGH v. 25.10.1967 – VIII ZR 215/66, BGHZ 48, 344, 350; zu einem minder schweren Fall (ein Mitglied der Makler-Gesellschaft war als Rechtsanwalt für die Gegenseite tätig geworden) s. BGH v. 8.6.2000 – III ZR 187/99, NJW-RR 2000, 1502, 1503.
4 BGH v. 11.11.1999 – III ZR 160/98, WM 2000, 422.
5 BGH v. 14.1.1987 – IVa ZR 130/85, NJW 1987, 2431, 2432; ebenso Münch-KommBGB/*Roth*, § 654 BGB Rn. 27; *Schwerdtner*, MaklerR, Rn. 353, 358 ff.; a.A. *Knieper*, NJW 1970, 1293, 1296.
6 Nach BGH v. 14.1.1987 – IVa ZR 130/85, NJW 1987, 2431, 2433 sogar nur die durch die unbefugte Weitergabe der Maklerinformation entstandenen Kosten.
7 BGH v. 14.1.1987 – IVa ZR 130/85, NJW 1987, 2341; OLG Dresden v. 13.2.1998 – 8 U 2863/97, NJW-RR 1999, 846; OLG Düsseldorf v. 8.10.1999 – 7 U 251/98, NJW-RR 2000, 1081; a.A. *Schwerdtner*, MaklerR, Rn. 365, der für den Fall, dass der Auftraggeber die vertrauliche Information an einen Dritten weitergibt und dieser nunmehr den Vertrag abschließt, dem Makler stets auch ohne Nachweis eine Ver-

Vorbemerkung	Vor § 93

Gegenstück zur Bestimmung des § 654 BGB (oben Rn. 35), das den Auftraggeber verpflichten würde, im Falle eines Treuebruchs die Provision schlechthin ohne Rücksicht auf das Zustandekommen des versprochenen Erfolges zu zahlen, gibt es für den Auftraggeber nicht[1]. Zur Provisionspflicht bei wirtschaftlichem Interesse des Auftraggebers an dem durch Informationsweitergabe zustande gekommenen Vertragsschluss eines Dritten vgl. unten Rn. 76. Will der Auftraggeber den Hauptvertrag endgültig nicht mehr abschließen oder hat er sich inzwischen definitiv anderweit entschieden, so muss er dies dem Makler zwecks Vermeidung sinnloser Aufwendungen mitteilen[2]. Bei schuldhafter Verletzung dieser **Anzeige-** bzw. **Mitteilungspflicht** kann der Makler Ersatz des Schadens verlangen, den er durch die unterlassene oder verzögerte Anzeige erlitten hat[3]. Das Gleiche muss gelten, wenn der Kunde einen Makler beauftragt, obwohl er von vornherein nicht abzuschließen bereit ist[4] oder keine Verfügungsbefugnis über den Gegenstand des Auftrages besitzt und der Hauptvertrag daraufhin nicht zustande kommt. Eine Verpflichtung, Verzögerungen[5] oder Mängel[6] beim Abschluss des Hauptvertrages zu vermeiden, ist dagegen nicht anzuerkennen. Ferner kann der Auftraggeber im Sinne einer Obliegenheit gehalten sein, beim Makler zurückzufragen, ob ein Interessent, der dies abstreitet, ihm vom Makler geschickt worden ist (**Rückfragepflicht**)[7] (vgl. auch unten Rn. 70). Da der Makler, vor allem der Nachweismakler, häufig zum Vertragsschluss als solchem nicht mehr hinzugezogen wird, hat der Makler, dessen Provision nach Grund und Höhe vom Abschluss und vom Inhalt des Hauptvertrages abhängt, wenn er sich die notwendigen Informationen nicht zumutbar auf andere Weise beschaffen kann, gegen den Auftraggeber einen **Anspruch auf Auskunft und Rechnungslegung**[8], wohl aber nicht auf Vorlegung der Vertragsurkunde. Die Beauftragung mehrerer Makler steht dem Auftraggeber außer beim Alleinauftrag frei, ist also keine Vertragsverletzung[9]. Inwieweit eine Pflicht be-

---

käuferprovision sichern will; wie hier aber *Baumbach/Hopt*, § 93 Rn. 39, 42 und wohl auch MünchKommBGB/*Roth*, § 654 BGB Rn. 27.
1 So auch BGH v. 6.12.1967 – VIII ZR 289/64, MDR 1968, 405.
2 H.M., BGH v. 19.1.1972 – IV ZR 79/70, WM 1972, 444, 445; MünchKommBGB/ *Roth*, § 654 BGB Rn. 27; *Heymann/Herrmann*, § 93 Rn. 26; *Baumbach/Hopt*, § 93 Rn. 39; *Knieper*, NJW 1970, 1293, 1296.
3 MünchKommBGB/*Roth*, § 654 BGB Rn. 27; *Schwerdtner*, MaklerR, Rn. 356 f., 368 ff.; *Knieper*, NJW 1970, 1293, 1296; a.A. *Mormann*, WM 1968, 954, 958 (Provisionspflicht); wie hier aber auch *Heymann/Herrmann*, § 93 Rn. 26.
4 *Schwerdtner*, MaklerR, Rn. 356 f., 368 ff.
5 A.A. KG v. 5.3.1956 – 4 U 2298/55, NJW 1956, 1758 und *Heymann/Herrmann*, § 93 Rn. 26.
6 *Schwerdtner*, MaklerR, Rn. 123 gegen KG v. 5.3.1956 – 4 U 2298/55, NJW 1956, 1758; hier zustimmend auch *Heymann/Herrmann*, § 93 Rn. 27; zu den besonderen Pflichten eines Versicherungsunternehmens gegenüber einem mit ihm in laufender Geschäftsbeziehung verbundenen Versicherungsmakler bei gefährdeten Verträgen OLG Hamm v. 9.5.1994 – 18 U 64/93, NJW-RR 1994, 1306.
7 OLG München v. 29.11.1967 – 12 U 1352/67, NJW 1968, 894; MünchKommBGB/ *Roth*, § 654 BGB Rn. 27; OLG Koblenz v. 18.9.2003 – 5 U 306/03, NJW-RR 2004, 414.
8 RGZ 53, 255; *Schwerdtner*, MaklerR, Rn. 639 ff.
9 BGH v. 19.1.1972 – IV ZR 79/70, WM 1972, 444.

steht, nach dem Scheitern von Verhandlungen wieder zu demselben Makler zurückzukehren, wenn die Verhandlungen unter anderen Umständen wieder aufgenommen werden, ist eine Frage der Zumutbarkeit im Einzelfall[1].

4. Voraussetzungen des Vergütungsanspruchs des Maklers

38 Voraussetzung für das Entstehen eines Vergütungsanspruchs (Lohn-, Provisions-, Courtageanspruch) des Maklers ist das Vorliegen eines gültigen Maklervertrages (s. Rn. 12 ff., 39 f.) sowie das Zustandekommen eines dem Inhalt des Maklervertrages entsprechenden (s. Rn. 41), wirksamen Hauptvertrages zwischen dem Auftraggeber und einem Dritten (s. Rn. 42 ff.) in Kenntnis (s. Rn. 70) und infolge der Tätigkeit des Maklers (sog. Kausalität oder Ursächlichkeit der Maklertätigkeit, s. Rn. 71).

a) Wirksame Beauftragung des Maklers – Person des Anspruchsverpflichteten – Makler(provisions)klauseln im Hauptvertrag

39 Ohne einen wirksamen Auftrag erwirbt der Makler selbst bei erfolgreicher Nachweis- oder Vermittlungstätigkeit grundsätzlich keinen Provisionsanspruch gegen die Parteien des mit seiner Hilfe zustande gekommenen Geschäfts. Zu den Voraussetzungen für das (auch stillschweigend mögliche) Zustandekommen eines wirksamen Maklervertrages, vgl. oben Rn. 12; zur Nichtigkeit des Maklervertrages aus besonderen Gründen s. oben Rn. 3 und unten Rn. 84 zur Sittenwidrigkeit; zur Bedeutung des § 354 für den Lohnanspruch des Maklers s. Rn. 13 ff. Nicht erforderlich ist der Abschluss des Maklervertrages vor dem Nachweis. Der Abschluss kann dem Nachweis auch nachfolgen[2].

40 Da der Provisionsanspruch auf dem Maklervertrag beruht, richtet er sich nur gegen den eigenen Auftraggeber, nicht dessen Vertragsgegner, mit dem der Makler keinen Maklervertrag geschlossen hat. Hat sich der Makler von beiden Vertragsteilen beauftragen lassen, so kann ihm gegen beide Parteien jeweils der volle Provisionsanspruch, also im Ergebnis eine **doppelte Provision** (z.B. Käufer- und Verkäuferprovision) zustehen, falls nicht die zwischen dem Makler und seinen Auftraggebern getroffenen Abmachungen so zu verstehen sind, dass er für seine Tätigkeit die dafür übliche Provision insgesamt nur einmal erhalten soll (vgl. dazu ergänzend bei § 99). Entsprechendes kann sich auch aus (zum Teil nach Geschäftssparte und Region unterschiedlicher) Verkehrssitte oder (soweit zwischen den Betroffenen maßgeblich) Handelsbrauch ergeben. Vielfach ist auch **Provisionsteilung** üblich, so dass beide Vertragsteile die Vergütung des Maklers je zur Hälfte tragen. Meistens wird dies aber nur das (Innen-)Verhältnis zwischen den am Vertragsschluss Beteiligten betreffen und den Anspruch des Maklers gegen jeden seiner Auftraggeber auf Zahlung der ihm nach dem Maklervertrag zustehenden ortsübli-

---

1 BGH v. 19.1.1972 – IV ZR 79/70, WM 1972, 444.
2 OLG Frankfurt a.M. v. 13.7.1999 – 5 U 33/98, NJW-RR 2000, 751.

chen Provision unberührt lassen. Zu der für Handelsmaklerverträge geltenden Sonderregelung (Provisionsteilung auch im Außenverhältnis) siehe bei § 99. Überhaupt gelten Absprachen zwischen den Parteien über die Provisionstragung (z.B. Provision zahlt allein der Käufer), wenn ihnen der Makler nicht zugestimmt hat, nur unter ihnen, siehe auch dazu bei § 99. Nicht selten vereinbart der Makler mit seinem Auftraggeber, dass die **Tätigkeit für ihn kostenfrei** sein soll. Nach dem wirtschaftlichen Sinn einer solchen Vereinbarung soll sich der Makler für seine Arbeit allein bei dem künftigen Vertragsgegner bezahlen. Sie kann je nach den Umständen dahin auszulegen sein, dass der Makler damit lediglich die Chance erhält, sich eine Provision durch Abschluss eines (zweiten) Maklervertrages mit dem von ihm nachgewiesenen oder vermittelten (künftigen) Vertragsgegner zu verdienen. Sie kann aber auch so zu verstehen sein, dass der Auftraggeber gehalten sein soll, den Vertragsgegner im Hauptvertrag zur Zahlung einer Vergütung an den Makler zu verpflichten.

Wird in den Hauptvertrag eine Klausel aufgenommen, durch die sich eine der beiden vertragschließenden Parteien zur Provisionszahlung an einen Makler verpflichtet, sog. **Maklerklausel**[1], so kann dies zunächst die Bedeutung haben, dass eine dem Makler von der einen Partei des Hauptvertrages geschuldete Provision auf die andere abgewälzt oder damit eine gegenüber dem Makler von der einen Partei eingegangene Verpflichtung dieses Inhalts (s. Rn. 40) eingelöst wird. In diesem Fall muss durch Auslegung ermittelt werden, ob dadurch nur eine Verpflichtung der die Zahlung der Maklerprovision versprechenden Partei des Hauptvertrages gegenüber der anderen (bei Provisionspflicht auch der anderen Partei: Erfüllungsübernahme, § 329 BGB) oder daneben ein eigener unmittelbarer selbständiger Anspruch des Maklers gegen die versprechende Partei i.S. eines Vertrages zugunsten Dritter, § 328 BGB[2], begründet werden soll. Die Voraussetzungen, unter denen das eine oder das andere anzunehmen sein soll, sind bisher immer noch wenig geklärt[3]. Ein den Makler unmittelbar berechtigender Vertrag zugunsten Dritter ist jedenfalls dann anzunehmen, wenn ein dahin gehender Verpflichtungswille aus dem Vertrag selbst oder den ihn begleitenden Umständen deutlich hervorgeht. Ein erhebliches Indiz in diese Richtung kann gegeben sein, wenn der Makler selbst bei dem Vertragsschluss anwesend ist und die Maklerklausel auf sein Drängen hin in den Vertrag aufgenommen wird. Von

40a

---

[1] Eine an ungewöhnlicher Stelle (unter den Regelungen über den Rücktritt) enthaltene Maklerklausel ist wegen Verstoßes gegen § 305c Abs. 1 BGB unwirksam, KG v. 23.1.2001 – 10 U 96/2/99, NJW-RR 2002, 490.

[2] BGH v. 22.9.2005 – III ZR 295/04, NJW 2005, 3778; BGH v. 11.1.2007 – III ZR 7/06, BGH Report 2007, 333 = VersR 2007, 392; unklar, aber in der Konsequenz wohl schon ebenso BGH v. 14.12.1995 – III ZR 34/95, BGHZ 138, 131, dort auch zur älteren abw. Rspr.; s. zu dem ganzen Fragenkreis *Dehner*, Maklerrecht, Rn. 421 ff.; s. dazu auch die Klausel in OLG Schleswig v. 26.10.2001 – 14 U 31/01, NJW-RR 2002, 782.

[3] Zu dem gesamten Fragenkreis ausführlich *Schwerdtner*, MaklerR, Rn. 804 mit umfangreichen Nachw.; vgl. ferner *Ohnesorge*, Provisionen im Maklerrecht. Das Abwälzen der Provisionslast auf Dritte, 1995; s. auch einerseits *v. Gerkan*, NJW 1982, 1742 und andererseits *Hitzelberger*, NJW 1982, 2854.

vornherein nur ein Vertrag zugunsten Dritter liegt vor, wenn es bisher an einem Maklervertrag fehlte.

40b Kommt eine Provisionspflichtigkeit der die Zahlung der Maklerprovision im Hauptvertrag versprechenden Partei in Betracht, so tritt der in dem Hauptvertrag begründete Vergütungsanspruch entweder selbständig neben einen bereits bestehenden Direktanspruch des Maklers aus § 652 Abs. 1 S. 1 BGB oder er ersetzt den bisher fehlenden Maklervertrag[1]. Da das in dem Hauptvertrag abgegebene Honorarversprechen in beiden Fällen der Honorierung der Maklerleistung dient, sind dem Versprechenden etwaige Einwände gegen das Zustandekommen eines Maklervertrages abgeschnitten. Davon zu unterscheiden ist jedoch die weitere Frage, ob der Versprechende dem Makler entgegenhalten kann, er habe gleichwohl keine einen Provisionsanspruch auslösende (Nachweis- oder Vermittlungs-)Leistung erbracht. Auch dieser Einwand ist dem Versprechenden jedoch im Allgemeinen abgeschnitten, wenn er bei Abgabe des Versprechens der Ansicht war, dass der Makler keine Tätigkeit entfaltet hatte, die einen Provisionsanspruch begründen könnte, oder ihm die Umstände bekannt waren, die einem solchen Anspruch entgegenstanden[2]. Denn in diesem Falle schafft das in dem Hauptvertrag trotz Fehlens einer provisionspflichtigen Maklerleistung abgegebene Provisionsversprechen einen selbständigen Verpflichtungs-(Schuld-)Grund in der Form eines echten Vertrages zugunsten Dritter (nämlich des Maklers), der unabhängig von der Erbringung einer echten Maklerleistung ist[3]. Dagegen bleibt dem Versprechenden der Einwand des Fehlens einer die Honorarforderung rechtfertigenden Maklerleistung erhalten, wenn er von der Entstehung eines den Maklerlohnanspruch hindernden Umstandes, wie etwa dem Vorhandensein einer Verflechtung zwischen dem Makler und der Vertragsgegenseite (s. Rn. 42 ff.), erst nach dem Abschluss des Hauptvertrages erfahren hat. In einem solchen Fall wäre die Annahme, die Parteien hätten einverständlich einen von der Erbringung einer Maklerleistung unabhängigen Schuldgrund schaffen wollen, ohne Grundlage[4].

40c Wiederum eine andere Frage ist es, ob das in dem Hauptvertrag zugunsten des Maklers abgegebene Provisionsversprechen bei einem späteren Rücktritt einer Partei von diesem Vertrag oder bei dessen einverständlicher Aufhebung entfällt. Im Zweifel ist dies anzunehmen, weil im Allgemeinen nicht davon auszugehen ist, dass sich die Parteien dieser Befugnis (§ 328 Abs. 2 BGB) zugunsten des Maklers begeben wollten[5]. Ausgeschlossen ist

---

1 BGH v. 12.3.1998 – III ZR 14/97, BGHZ 138, 170, 172.
2 So die Sachverhalte der Entscheidungen BGH v. 22.12.1976 – IV ZR 52/76, NJW 1977, 582; BGH v. 15.4.1987 – IVa ZR 53/86, WM 1987, 1140.
3 Außer BGH v. 22.12.1976 – IV ZR 52/76, NJW 1977, 582 und BGH v. 15.4.1987 – IVa ZR 53/86, WM 1987, 1140 vor allem BGH v. 12.3.1998 – III ZR 14/97, BGHZ 138, 170, 172.
4 BGH v. 12.3.1998 – III ZR 14/97, BGHZ 138, 170, 173.
5 So zutreffend *Schwerdtner*, MaklerR, Rn. 827 m. zahlr. Nachw. aus der dahin gehenden instanzgerichtlichen Rspr.; BGH v. 15.1.1986 – IVa ZR 46/84, NJW 1986, 1165, der allerdings dem Versprechenden die Darlegungs- und wohl auch Beweislast dafür auferlegen will, dass sich die Hauptvertragsparteien die Aufhebung des Provisions-

dagegen die Aufhebung des in dem Hauptvertrag abgegebenen Provisionsversprechens, wenn der Versprechende mit ihm die Provisionsverpflichtung der Gegenseite gegenüber dem Makler auf dem Wege eines echten Vertrages zugunsten Dritter im Wege der befreienden Schuldübernahme übernommen und der Makler dazu seine Zustimmung gemäß § 415 BGB erteilt hatte[1]. Regelmäßig unberührt von dem Rücktritt eines Vertragsteils von dem Hauptvertrag bleibt jedenfalls ein Provisionsanspruch des Maklers aus einen zwischen ihm und einer der beiden Vertragsparteien des Hauptvertrags geschlossenen Maklervertrag, s. dazu Rn. 58.

Ob und unter welchen Voraussetzungen ein **Provisionsanspruch auch bei Fehlen oder Unwirksamkeit eines Maklervertrages** bestehen kann, ist bisher nicht abschließend geklärt. Die Rechtsprechung schließt es nicht aus, dass der Makler, vorausgesetzt er besitzt Kaufmannseigenschaft (Vor § 93 Rn. 5), bei Fehlen eines wirksamen Maklervertrages einen Anspruch aus § 354 haben kann. Sie fordert hierfür, dass der Makler befugterweise für den Interessenten tätig geworden ist. Eine befugte Tätigkeit in diesem Sinne liegt jedenfalls dann vor, wenn der Interessent den Makler zu einer Nachweis- oder Vermittlungstätigkeit aufgefordert hat oder seine Dienste in der Kenntnis entgegennimmt, dass der Makler eine Provision hierfür erwartet. In beiden Fällen muss für den Interessenten erkennbar sein, dass der Makler gerade (mindestens auch) für ihn tätig ist. Daran kann es vor allem dann fehlen, wenn der Interessent davon ausgehen darf, dass der Makler bereits von der anderen Seite beauftragt ist und mit der Bekanntgabe seiner Information eine Leistung für diesen erbringen will[2]. Da bei Erfüllung der vorstehenden Voraussetzungen regelmäßig ein Maklervertrag vorliegen wird, kommen danach für die Anwendung von § 354 vor allem die Fälle in Betracht, in denen ein Maklervertrag geschlossen worden ist, aber auf Grund formeller Mängel (etwa Nichtbeachtung einer Formvorschrift) unwirksam ist. Allerdings darf die Vorschrift, aus der sich die Nichtigkeit ergibt, nicht gerade dem Schutz einer Vertragspartei dienen, wie dies etwa bei der Formvorschrift des § 655b BGB der Fall ist[3]; s. zu dem Ganzen auch die Erläuterungen zu § 354. 40d

Ein Anspruch des Maklers aus **ungerechtfertigter Bereicherung**, § 812 BGB, scheidet von vornherein aus, wenn der Interessent die Maklertätigkeit als Leistung der anderen Seite verstehen durfte[4]; s. oben Rn. 13 f. Davon abgesehen ist aber bereits fraglich, ob das Bereicherungsrecht überhaupt dazu geeignet ist, dem Makler bei Fehlen eines Vertrags Ansprüche zu geben. Die Privatrechtsordnung kennt grundsätzlich keine Pflicht zur Vergütung über- 40e

---

versprechens auch ohne Zustimmung des Maklers vorbehalten haben; dagegen *Schwerdtner*, MaklerR, Rn. 828; s. auch OLG Schleswig v. 26.10.2001 – 14 U 31/01, NJW-RR 2002, 782.
1 BGH v. 15.1.1986 – IVa ZR 46/84, NJW 1986, 1165; zustimmend *Schwerdtner*, MaklerR, Rn. 829.
2 BGH v. 7.7.2005 – ZR 397/04, NJW-RR 2005, 1572; BGH v. 25.9.1985 – IV a ZR 22/84, BGHZ 95, 393, 398 = NJW 1986, 177 = JR 1986, 369, 371 m.Anm. *Knütel*; zur Anwendbarkeit vom § 354 s. auch *Heße*, NJW 2002, 1834.
3 BGH v. 7.7.2005 – III ZR 397/04, NJW-RR 2005, 1572.
4 BGH v. 25.9.1985 – IV a ZR 22/84, BGHZ 95, 399.

lassener Informationen, egal ob ungefragt oder gefragt, sofern dies nicht auf vertraglicher Grundlage geschieht (oder – wie bei § 354, s.o. – eine spezielle Norm etwas anderes bestimmt). Für das Maklerrecht ist es geradezu prägend, dass die bloße Ausnutzung von Maklerwissen, nicht wesentlich anders auch bei einer Vermittlungstätigkeit, für sich genommen noch keinen Anspruch auf eine Vergütung begründet. Dementsprechend hat auch der BGH in einer neueren Entscheidung die Anwendbarkeit von § 812 BGB schon als a limine zweifelhaft bezeichnet[1]. Die Frage ist aus den auch in dem Urteil des BGH angesprochenen Gründen zu verneinen. Die Kenntnis von einer Geschäftsabschlussmöglichkeit ist kein Bestandteil des Maklervermögens, der durch eine Vermögensverschiebung i.S.d. § 812 BGB aus dem Vermögen des Maklers ausscheiden und in das Vermögen des Interessenten übergehen könnte: Der Makler kann ungeachtet der Kenntniserlangung durch den Interessenten sein Wissen weiterhin nutzen, der Interessent kann grundsätzlich dasselbe Wissen auch aus anderer Quelle und unentgeltlich erworben haben[2]. Wollte man dies anders sehen, müsste man wie bei § 354 (s.o.) mindestens verlangen, dass der Makler befugtermaßen (gerade) für den Interessenten tätig geworden ist. Damit sind – vor allem wenn der Makler Handelsmakler ist – (völlig abgesehen von den grundsätzlichen Bedenken gegen eine Anwendung des § 812 BGB) ohnehin allenfalls wenige Fallgestaltungen denkbar, in denen Raum für eine Heranziehung von § 812 BGB als Anspruchsgrundlage sein könnte[3]. Entsprechendes hätte für Ansprüche aus Geschäftsführung ohne Auftrag zu gelten.

b) Zustandekommen des Hauptvertrages

41 Erforderlich ist der Abschluss des Hauptvertrages. **Nicht ausreichend** sind Vorverträge[4], Einräumung von Vorkaufs- oder Vorverkaufsrechten[5], Kaufanwartschaftsverträge[6], verbindliche, aber noch nicht angenommene Kauf- oder Verkaufsangebote[7], Leistung von Anzahlungen[8] oder Vorwegnahme einzelner Erfüllungshandlungen ohne endgültig bindenden Vertragsschluss. Abweichende Vereinbarungen, die das Entstehen der Provisionspflicht vorverlegen, z.B. den Abschluss eines Vorvertrages ausreichen lassen, sind in den Grenzen von § 138 BGB zulässig[9], nicht aber durch allgemeine Geschäftsbedingungen[10]. Bei der **Kreditvermittlung** kommt es auf den durch Auslegung zu ermittelnden Inhalt des Maklervertrages an, ob der Makler seine Provision erst mit Auszahlung des Kredites oder schon mit Abschluss

---

1 BGH v. 7.7.2005 – III ZR 397/04, NJW-RR 2005, 1572.
2 So zutreffend *Dehner*, Maklerrecht, Rn. 77 f.
3 BGH v. 7.7.2005 – III ZR 397/04, NJW-RR 2005, 1572.
4 BGH v. 18.12.1974 – IV ZR 89/73, NJW 1975, 647; BGH v. 16.1.1991 – IV ZR 31/90, WM 1991, 819, 821.
5 BGH v. 18.12.1974 – IV ZR 89/73, NJW 1975, 647 und BGH v. 16.1.1991 – IV ZR 31/90, WM 1991, 819, 821.
6 BGH v. 5.11.1975 – IV ZR 174/74, WM 1976, 29.
7 OLG Stuttgart v. 23./25.8.1971 – ZR U 1/71, BB 1971, 1341 f.
8 BGH v. 18.12.1974 – IV ZR 89/73, NJW 1975, 647.
9 BGH v. 16.1.1991 – IV ZR 31/90, WM 1991, 819, 821.
10 BGH v. 18.12.1974 – IV ZR 89/73, NJW 1975, 647.

eines Kreditvertrages, aufgrund dessen der Kreditnehmer einen klagbaren Anspruch auf Auszahlung der Valuta erlangt, verdienen soll[1]. Trifft die letztgenannte Alternative zu, so ist die Provision selbst dann schon verdient, wenn es noch an der Stellung bestimmter Sicherheiten durch den Kreditnehmer fehlt, von denen die Auszahlung abhängig gemacht ist[2]. Ein so genannter Maklerwerkvertrag kann vorliegen, wenn sich der Makler zur Beschaffung des Kredits verpflichtet hat[3] (s. auch schon Rn. 18). Ist der Makler – was möglich ist – von beiden Seiten entsprechend bevollmächtigt, so kommt der Hauptvertrag schon vor Unterrichtung der Parteien vom Vertragsabschluss durch Zugang von Angebot und Annahme beim Makler zustande[4]. Zulässig ist auch eine Vollmacht des Maklers zum Abschluss für eine Partei[5].

c) Vertrag zwischen Auftraggeber und einem Dritten (insbesondere Verflechtungsfälle)

Der Hauptvertrag muss zwischen dem Auftraggeber des Maklers und einem Dritten zustande kommen. Der **Dritte** darf **nicht mit dem Makler identisch** sein. Ist der Makler selber Partner des nachgewiesenen oder vermittelten Vertrages, so steht ihm keine Provision zu[6]. Der Makler hat – und dies gilt grundsätzlich auch für den Handelsmakler, s. § 95 Rn. 13 – kein Selbsteintrittsrecht. 42

Die Rechtsprechung billigt dem Makler aber darüber hinaus auch dann keinen Provisionsanspruch zu, wenn er, ohne mit dem von ihm nachgewiesenen oder vermittelten Vertragsgegner rechtlich identisch zu sein, **wirtschaftlich** mit ihm so **eng verflochten** ist, dass er sich in der Dreiecksbeziehung Auftraggeber – Makler – Vertragsgegner im Konfliktfall bei regelmäßigem Verlauf auf die Seite des letzteren stellen wird. Bei Beherrschung des Maklers durch den Vertragsgegner oder umgekehrt des Vertragsgegners durch den Makler oder beider durch einen Dritten (sog. **echte Verflechtung**) fehlt es von vornherein an der für das Vorliegen einer Makler-, d.h. Mittlertätigkeit unerlässlichen Möglichkeit zur unabhängigen Willensbildung. In den sonstigen Verflechtungsfällen (sog. **unechte Verflechtung**) ist aufgrund des durch die Verflechtung mit dem Vertragsgegner gewissermaßen institutionalisierten Konflikts mit den Interessen des Auftraggebers die Fähigkeit des Maklers zu einer selbständigen, von derjenigen des Vertragspartners unabhängigen Willensbildung zumindest so stark eingeschränkt, dass er bei der 43

---

1 BGH v. 20.10.1987 – IVa ZR 103/86, NJW 1988, 967; BGH v. 7.7.1982 – IVa ZR 50/81, NJW 1982, 2662; zum Nachweis oder zur Vermittlung eines Kreditvertrags mit einem Verbraucher (§ 655c BGB) s. oben Rn. 18.
2 BGH v. 7.7.1982 – IVa ZR 50/81, NJW 1982, 2662.
3 S. dazu auch BGH v. 20.10.1987 – IVa ZR 103/86, NJW 1988, 967.
4 RGZ 104, 368; vgl. auch BGH v. 19.11.1981 – VII ZR 238/80, BGHZ 82, 219.
5 BGH v. 13.4.1983 – VIII ZR 33/82, WM 1983, 684.
6 BGH v. 22.7.1976 – III ZR 48/74, WM 1976, 1158, 1161; s. auch schon BGH v. 23.11.1973 – IV ZR 34/73, WM 1974, 58, 59; s. ferner BGH v. 16.4.1975 – IV ZR 21/74, WM 1975, 542, 543; BGH v. 18.10.1978 – IV ZR 143/77, WM 1979, 58; st. Rspr.

gebotenen, von seinem Verhalten im Einzelfall abstrahierenden Betrachtung als ungeeignet erscheint, die ihm übertragenen, in der gegebenen Lage deutlich gefährdeten Belange seines Auftraggebers dem gesetzlichen Leitbild des Maklers entsprechend wahrzunehmen[1].

44 **Provisionsschädliche Verflechtungen** hat die Rechtsprechung insbesondere in folgenden Fällen angenommen:

Makler und Vertragsgegner sind Gesellschaften, die von ein und derselben Person oder Personengruppe wirtschaftlich beherrscht werden[2]. Dem Fall der Beherrschung des Maklers und des Vertragsgegners durch einen Dritten steht es gleich, wenn der Makler den Vertragsgegner oder umgekehrt dieser den Makler wirtschaftlich beherrscht[3]. In allen diesen Fällen kommt es nicht auf die formelle gesellschaftsrechtliche Gestaltung, sondern auf die zugrunde liegenden wirtschaftlichen Verhältnisse an. Entscheidend ist, ob der Makler und der Vertragsgegner angesichts der bestehenden Beherrschungsverhältnisse noch die **Fähigkeit zu einer selbständigen, voneinander unabhängigen Willensbildung** haben. Fehlt es daran, so schließt es die wirtschaftliche Identität mit dem Vertragsgegner aus, dass der Makler – und dies gilt für den Nachweis- ebenso wie für den Vermittlungsmakler – unabhängiger Mittler zwischen zwei von ihm verschiedenen Hauptvertragsparteien sein kann.

45 Des Weiteren besteht auch unabhängig von einer Kapital- oder Gewinnbeteiligung eine den Provisionsanspruch ausschließende Verflechtung, wenn der **Makler zugleich diejenige Person ist, die bei dem Vertragsgegner über den Abschluss des Hauptvertrages entscheidet**. Denn auch in diesem Fall tritt er dem Auftraggeber nicht als Mittler gegenüber, sondern als Interessenvertre-

---

1 So grundsätzlich vor allem BGH v. 24.6.1981 – IVa ZR 159/80, WM 1981, 993, 994 unter 3.a); BGH v. 24.4.1985 – IVa ZR 211/83, WM 1985, 946; BGH v. 26.9.1990 – IV ZR 226/89, BGHZ 112, 240.
2 BGH v. 13.3.1974 – IV ZR 53/73, WM 1974, 482; BGH v. 30.6.1976 – IV ZR 207/74, WM 1976, 1158: Doppelstellung derselben Person jeweils als alleiniger Gesellschafter und Geschäftsführer sowohl der Komplementär-GmbH der Makler-KG als auch der Verkäuferfirma; BGH v. 15.3.1978 – IV ZR 77/77, WM 1978, 708; BGH v. 24.5.1985 – IVa ZR 211/83, WM 1985, 946; zum Kölner Modell des Erwerbs von Eigentumswohnungen: BGH v. 23.10.1980 – IVa ZR 41/80, WM 1980, 1428 und BGH v. 23.10.1980 – IVa ZR 45/80, NJW 1981, 277 sowie BGH v. 23.10.1980 – IVa ZR 39/80, WM 1981, 42; BGH v. 22.1.1981 – IVa ZR 40/80, WM 1981, 328 (in allen Fällen Beherrschung von Makler- und Treuhänderunternehmen durch dieselbe Person); BGH v. 23.10.1980 – IVa ZR 79/80, WM 1980, 1431 (dito in Bezug auf Makler- und Bankbetreuerunternehmen); dazu teilweise abweichend *Lieb*, DB 1981, 2145 und WM 1982, 782; gegen die von ihm für richtig gehaltene Unterscheidung von Nachweis- und Vermittlungstätigkeit, wobei nur bei letzterer eine Interessenkollision in Betracht kommen soll, aber zu Recht *Schwerdtner*, MaklerR, Rn. 689.
3 BGH v. 12.5.1971 – IV ZR 82/70, NJW 1971, 1839 (Makler-KG hielt Stammkapital des von ihr nachgewiesenen Kunden, einer GmbH, zu 90%); BGH v. 25.5.1973 – IV ZR 16/72, NJW 1973, 1649 (Beteiligung über 46%); BGH v. 15.4.1987 – IVa ZR 53/86, WM 1987, 1141 (Vertragsgegner 100%iger Gesellschafter des Maklerunternehmens); ebenso ganz allgemein für den Fall der Beherrschung des Maklers durch den Vertragsgegner BGH v. 24.5.1985 – IVa ZR 211/83, WM 1985, 946.

ter der anderen Seite, mit der das Geschäft auszuhandeln ist, und für die er ein Verkaufsangebot abgibt. Ein solches Verhältnis, das es ausschließt, dass er gleichzeitig in unabhängiger Weise die Belange des Kunden wahrnehmen und damit für diesen eine dem Leitbild des § 652 BGB entsprechende Maklerleistung erbringen kann, ist in der Rechtsprechung angenommen worden, wenn der Makler gleichzeitig Geschäftsführer des Vertragsgegners ist[1], ferner, wenn der Makler Bevollmächtigter der anderen Seite, etwa abschlussberechtigter Handelsvertreter, ist[2] oder wenn er in der bezeichneten Weise eng mit dem Abschlussvertreter der Gegenseite wirtschaftlich verflochten ist[3]. Provisionsunschädlich ist es dagegen, wenn der Makler eine Partei lediglich bei der Beurkundung des Hauptvertrages als Bevollmächtigter vertritt oder seine Vollmacht nur nach den ihm von einer Hauptpartei erteilten Weisungen ausübt, weil er dann nicht selbständig über den Abschluss des Hauptvertrages entscheidet[4]. Unberührt durch diese Rechtsprechung bleibt die Möglichkeit, dem beiderseits beauftragten Makler außerhalb der Fälle einer institutionalisierten Vertretung im Einzelfall Abschlussvollmacht zu erteilen.

Der Behandlung der Vertretungsfälle als Verflechtung entspricht es, dass die Rechtsprechung eine provisionsfähige Mittlertätigkeit des Maklers verneint, wenn die Entscheidung über das Zustandekommen des von ihm vermittelten oder nachgewiesenen Hauptvertrages bei ihm selbst liegt, weil der Vertragsgegner für den Abschluss des Vertrages seine Zustimmung benötigt[5]. In Übereinstimmung damit kann nach dieser Rechtsprechung auch der **Verwalter einer Wohnungseigentumsanlage**, von dessen Zustimmung die Gültigkeit eines Wohnungsverkaufs abhängig ist, wegen des dadurch institutionalisierten Konflikts (oben Rn. 43) mit den Interessen des Käufers nicht dessen Makler sein[6]. Anders verhält es sich dagegen, vorausgesetzt, dass nicht andere Gesichtspunkte mitzubekommen, wenn der Makler ohne der- 46

---

1 BGH v. 16.4.1975 – IV ZR 21/74, WM 1975, 542; OLG Frankfurt/M. v. 27.11.1974 – 17 U 55/74, NJW 1975, 543.
2 BGH v. 23.11.1973 – IV ZR 34/73, WM 1974, 58; anders BGH v. 12.3.1998 – III ZR 14/97, BGHZ 138, 170, 175 f. = NJW 1998, 1552 u. JZ 1998, 950 m.Anm. *Reuter*, für den Fall der Maklertätigkeit einer Angestellten des Verkäufers unter Berücksichtigung des Umstandes, dass sich die Maklertätigkeit in einem der Angestellten zugebilligten Freiraum zu selbständiger wirtschaftlicher Betätigung abspielte. Ohne einen solchen Freiraum wird man die Fähigkeit des Angestellten, als Makler auch die Interessen der Gegenseite als unabhängiger Mittler wahrzunehmen, im Regelfall zu verneinen haben; so auch *Schwerdtner*, MaklerR, Rn. 659; vgl. auch *Staudinger/Reuter*, §§ 652, 653 BGB Rn. 139.
3 BGH v. 24.4.1985 – IVa ZR 211/83, WM 1985, 946.
4 BGH v. 26.3.1998 – III ZR 206/97, NJW-RR 1998, 992, 993; s. dazu auch LG Berlin v. 4.3.1999 – 30 O 601/98, NJW-RR 2000, 433 (Mitwirkung des Maklers als gesetzlicher Vertreter einer Erbengemeinschaft nach Art. 233 § 2 EGBGB bei der Beurkundung des Hauptvertrages allein zu dem Zweck, den vorher bereits ausgehandelten Vertrag beurkunden zu lassen).
5 BGH v. 22.3.1978 – IV ZR 175/76, WM 1978, 711; BGH v. 26.9.1990 – IV ZR 226/89, BGHZ 112, 240.
6 So grundsätzlich BGH v. 26.9.1990 – IV ZR 226/89, BGHZ 112, 240, st. Rspr.; s. auch (zusammenfassend) BGH v. 6.2.2003 – III ZR 287/02, NJW 2003, 1249.

artige Zustimmungserfordernisse lediglich „einfacher" Verwalter des verkauften Objekts nach §§ 20 ff. WEG ist[1]. In einem institutionell bedingten Interessenkonflikt soll sich dagegen die Bank befinden, die die Zwangsvollstreckung aus einem Grundpfandrecht betreibt. Ihre Verpflichtung, bei der Verwertung auch die Interessen ihres Schuldners zu wahren, soll es ausschließen, dass ihr ein Provisionsanspruch für die Vermittlung eines freihändigen Verkaufs des Grundstücks gegen ihren Schuldner oder den Käufer zustehen kann[2].

47 Auch ohne beherrschenden Einfluss auf die Willensbildung des Vertragsgegners (oben Rn. 44) muss eine provisionsschädliche Verflechtung darüber hinaus stets dann angenommen werden, wenn der Makler selber an dem von ihm als Vertragsgegner nachgewiesenen oder vermittelten Unternehmen **als Gesellschafter beteiligt** ist. Eine Ausnahme kommt allenfalls bei ganz unbedeutenden Beteiligungen in Betracht[3]. Nicht ganz so eindeutig ist die Rechtslage, wenn nicht der Makler an dem Vertragsgegner, sondern nur dieser an dem Unternehmen des Maklers beteiligt ist, ohne dass zusätzlich einer der anderen eine Verflechtung begründenden Sachverhalte vorliegt. Da in diesem Fall der Makler nicht an dem Gewinn des Vertragsgegners aus dem Hauptgeschäft beteiligt ist, wird man, sofern er nicht aus besonderen Gründen den Weisungen des Vertragsgegners unterworfen ist, eine die Wahrung der Belange des Auftraggebers gefährdende Abhängigkeit des Maklers vom Vertragsgegner nut dann anzunehmen haben, wenn die Beteiligung erheblich ist oder aus sonstigen Gründen die Möglichkeit besteht, nachhaltigen Einfluss auf das Maklerunternehmen auszuüben[4]. Es spricht viel dafür, die Schwelle einer provisionsschädlichen Verflechtung bei der gebotenen typisierenden Betrachtung erst bei einem **Schachtelbesitz** anzusetzen[5]. Die weiter gehende Forderung nach Mehrheitsbesitz würde die typischen Einflussmöglichkeiten, die auch eine geringere Beteiligung schon vermitteln kann, unangemessen unterschätzen.

48 Unschädlich sind dagegen **Beziehungen lediglich persönlicher Art** (Freundschaft etc.) zwischen Makler und Vertragsgegner[6]. Etwas anderes soll aller-

---

1 Vgl. BGH v. 13.3.2003 – III ZR 299/02, NJW 2003, 393; BGH v. 28.4.2005 – III ZR 387/04, NJW-RR 2005, 1033; nach beiden Entscheidungen steht § 2 Abs. 2 Nr. 2 WoVermG nicht entgegen: die Vorschrift gilt nur für die Wohnungsvermittlung, nicht für den Kauf.
2 BGH v. 24.6.1997 – XI ZR 178/96, ZIP 1997, 1448 m.Anm. von *Schwerdtner* in EWiR § 276 BGB 3/97, 775; zur Bank als Makler und Grundpfandgläubiger s. auch noch OLG Hamm v. 1.6.1992 – 18 U 180/91, NJW-RR 1992, 1266 u. LG Berlin v. 22.2.1990 – 20 O 461/89, NJW-RR 1990, 1272.
3 BGH v. 16.4.1975 – IV ZR 21/74, NJW 1975, 1215 (Beteiligung 20 %); BGH v. 8.10.1975 – IV ZR 13/75, WM 1975, 1208 (Beteiligung ca. 43 %); BGH v. 30.6.1976 – IV ZR 28/75, WM 1976, 1228 (Beteiligung 40 %).
4 OLG Karlsruhe v. 31.3.1995 – 15 U 180/94, NJW-RR 1996, 629; s. dazu aber auch *Dehner*, NJW 1997, 1823: danach soll die Rspr. des BGH nicht auf die Beherrschungsmöglichkeit abstellen; dem könnte aber aus den im Text genannten Gründen nicht gefolgt werden.
5 So *Heymann/Herrmann*, vor § 93 Rn. 28.
6 BGH v. 24.6.1981 – IVa ZR 159/80, WM 1981, 993.

dings, weil hier ein institutionalisierter Interessenkonflikt vorliege, nach der Rechtsprechung des BGH gelten, wenn der Makler Ehegatte des Vertragsgegners ist[1]. Dem hat sich, unter der einschränkenden Voraussetzung, dass das Bestehen der Ehe gegenüber dem Auftraggeber nicht offen gelegt worden ist, auch das BVerfG angeschlossen[2]. Unschädlich sind dagegen – selbstverständlich – wirtschaftliche Verflechtungen zwischen dem Makler und seinem Auftraggeber[3].

Ob die Verflechtungsrechtsprechung auf andere nicht institutionalisierte Sachverhalte, wie **sonstige wirtschaftliche Abhängigkeiten** oder **langjährige Geschäftsbeziehungen** übertragbar ist, erscheint zweifelhaft, ist jedoch eher zu verneinen. Auch wenn ein Vermittler seine Einnahmen zu einem großen Teil aus der Vermittlung von Objekten desselben Auftraggebers erzielt, ist ihm ungeachtet der unübersehbaren Gefahr der Parteilichkeit zu dessen Gunsten die Fähigkeit, für ihn als Makler tätig zu sein, nicht abzusprechen, solange er nicht in der Sache als Handelsvertreter dieses Auftraggebers zu gelten hat[4]. Zur Abgrenzung zwischen Makler und Handelsvertreter s. schon oben Rn. 1. 49

In den genannten Fällen provisionsschädlicher Verflechtungen kann ein Vergütungsanspruch nur bestehen, wenn ein **von den Voraussetzungen des § 652 BGB unabhängiges (sog. selbständiges) Provisionsversprechen** abgegeben worden ist. Ob eine solche Vergütung als vereinbart anzusehen ist, soll nach der Rechtsprechung des BGH durch eine nicht am Wortlaut (der in aller Regel von einer Provision für Maklerleistungen bzw. Vermittlungsleistungen spricht) haftende Auslegung der zwischen Makler und Auftraggeber getroffenen Vereinbarungen zu ermitteln sein. Ein gewichtiges Indiz für die Zusage einer solchen von den Voraussetzungen des § 652 BGB unabhängigen Vergütungszusage will die Rechtsprechung darin sehen, dass dem Kunden die Tatsachen bekannt waren, aus denen sich ergibt, dass der Provisionsempfänger keine echten Maklerdienste leisten konnte[5]. Unter dieser Voraus- 50

---

1 BGH v. 3.12.1986 – IVa ZR 87/85, WM 1987, 409.
2 BVerfG v. 26.4.1988 – 1 BvR 1264/87, NJW 1988, 2663; s. aber auch noch vorher BVerfG v. 30.6.1987 – 1 BvR 1187/86, NJW 1987, 2733.
3 BGH v. 27.10.1976 – IV ZR 90/75, WM 1976, 1334.
4 Zur Abgrenzung BGH v. 1.4.1992 – IV ZR 154/91, WM 1992, 1193.
5 BGH v. 24.5.1985 – IVa ZR 211/83, WM 1985, 946, 948; ebenso BGH v. 16.4.1975 – IV ZR 21/74, WM 1975, 542, 543 m. N. zu der bereits dahin gehenden früheren Rspr. des BGH; ferner BGH v. 15.3.1978 – IV ZR 77/77, WM 1978, 708, 710; BGH v. 22.3.1978 – IV ZR 175/76, WM 1978, 711; BGH v. 24.6.1981 – IVa ZR 225/80, WM 1981, 1084; BGH v. 20.10.1982 – IVa ZR 87/81, WM 1983, 43; BGH v. 15.4.1987 – IVa ZR 53/86, WM 1987, 1140; in der Tendenz etwas strenger, aber auf der gleichen Linie auch BGH v. 26.9.1990 – IV ZR 226/89, BGHZ 122, 240, 243; s. aber auch BGH v. 24.6.1997 – XI ZR 178/96, ZIP 1997, 1448; offener jetzt BGH v. 12.3.1998 – III ZR 14/97, BGHZ 138, 170, 173 = NJW 1998, 1552; allein auf Abgabe des Provisionsversprechens in Kenntnis der Umstände abstellend, die den Provisionsempfänger an einer Maklertätigkeit hindern, aber: BGH v. 15.10.2000 – III ZR 240/99, NJW 2000, 3781 (Veräußerung eines Grundstücks durch einen Testamentsvollstrecker); ebenso: OLG Naumburg v. 28.3.2000 – 9 U 2/00, NJW-RR 2000, 1503 (Miteigentümer eines Grundstücks als Makler); s. ferner BGH v. 12.10.2006 – III ZR 331/04,

setzung soll der Vergütungsanspruch nicht davon abhängig sein, dass der Verspechende auch die rechtliche Bedeutung der Verflechtung (kein Provisionsanspruch des Maklers nach § 652 BGB) kennt[1]. Anders soll es sich nur verhalten, wenn dem Versprechenden die **Verflechtung vor Abschluss des Maklervertrages nicht bekannt** war, sondern er davon erst später vor Abschluss des Hauptvertrages erfährt, weil hier eine nachträgliche (konkludente) Ersetzung des kein wirksames Provisionsversprechen enthaltenden Maklervertrages durch eine von § 652 BGB unabhängige Vergütungszusage erforderlich sei. Ein dahingehender Verpflichtungswille des Kunden sei nur dann anzunehmen, wenn ihm bekannt sei, dass er ohne Eingehung einer neuen Verpflichtung nicht zur Zahlung einer Provision verpflichtet wäre[2]. In anderen Fällen hat der BGH, bedingt wohl durch die Fallage, die Unabhängigkeit der Vergütungszusage auch damit begründet, der Kunde habe sie in Kenntnis der Tatsache, dass keine Maklertätigkeit geleistet werden solle (oder sogar nicht geleistet war und auch nicht mehr geleistet werden konnte), abgegeben, um der von der Gegenseite gestellten Bedingung für den Abschluss des Vertrages zu genügen, weil er anderenfalls vor der Alternative gestanden hätte, das Objekt ohne Provision nicht erwerben zu können[3].

51 Diese Rechtsprechung bleibt hochgradig **unbefriedigend**, soweit sie es für ein von § 652 BGB unabhängiges Schuldversprechen ausreichen lässt, dass dem Kunden die Beziehung des Mittlers zu dem Vertragsgegner bekannt ist. Solange der Kunde nicht weiß, dass der Mittler aufgrund seiner Verpflechtung mit dem Vertragsgegner als Makler überhaupt keine Provision von ihm zu fordern hat, kann ihm nicht der Wille unterstellt werden, dem Mittler eine von der Erbringung einer Maklerleistung unabhängige Vergütung zuzusagen[4].

52 Soweit der Mittler als Makler keine Provision zu fordern hat, jedoch sonstige Leistungen für den Auftraggeber (Erledigung von Formalitäten, Dokumentenbeschaffung, Übernahme eines eigenen wirtschaftlichen Risikos etc.) erbringt, kann die ausgemachte Vergütung im Rahmen eines Geschäftsbesorgungsvertrages auch als **Entgelt** für diese Leistungen geschuldet sein[5].

BGH Report 2006, 1509 = NJW-RR 2007, 55 f.: selbständiges Provisionsversprechen nur dann Schenkung, wenn es an jeder Gegenleistung fehlt.
1 BGH v. 22.3.1978 – IV ZR 175/76, WM 1978, 711; BGH v. 20.10.1982 – IVa ZR 97/81, WM 1983, 42; BGH v. 24.4.1985 – IVa ZR 211/83, WM 1985, 946, 948; BGH v. 15.10.2000 – III ZR 240/99, NJW 2000, 3781; BGH v. 6.2.2003 – III ZR 287/02, NJW 2003, 1249.
2 BGH v. 22.3.1978 – IV ZR 175/76, WM 1978, 711, 712.
3 BGH v. 7.12.1977 – IV ZR 2/77, WM 1978, 247; BGH v. 22.12.1976 – IV ZR 52/76, WM 1977, 341; ähnlich auch BGH v. 2.2.1977 – IV ZR 84/76, WM 1977, 415; ähnlich OLG Düsseldorf v. 10.12.1999 – 7 U 53/99, NJW-RR 2000, 1504 (Verweisung der Kaufinteressenten durch den Verkäufer an einen nur gegen Provision arbeitenden Makler); sämtliche Begründungsmöglichkeiten zusammenfassend: BGH v. 15.3.1978 – IV ZR 77/77, WM 1978, 708, 710.
4 So zutreffend *Schwerdtner*, MaklerR, Rn. 706.
5 Vgl. BGH v. 2.7.1977 – IV ZR 84/76, WM 1977, 415; BGH v. 15.4.1987 – IVa ZR 53/86, WM 1987, 1140.

d) Volle Wirksamkeit des Hauptvertrages

aa) Unwirksame Verträge; Grundsatz

Ein unwirksamer Hauptvertrag begründet **weder einen Provisions- noch einen Schadensersatzanspruch** des Maklers. Dies gilt selbst dann, wenn der Auftraggeber des Maklers die Unwirksamkeit selbst verschuldet hat[1]. Der Grund der Unwirksamkeit ist ohne Bedeutung. Sie kann etwa auf Geschäftsunfähigkeit einer Partei, Gesetz- oder Sittenwidrigkeit (§§ 134, 138 BGB), einem offenen oder versteckten Einigungsmangel (§§ 154, 155 BGB), auf Vertretungsmängeln oder auf Formmängeln beruhen. Ein Lohnanspruch des Maklers entsteht in diesen Fällen selbst dann nicht, wenn der Auftraggeber den Vertrag in Unkenntnis seiner Unwirksamkeit erfüllt[2]. Bei nachträglicher **Heilung** des Mangels entsteht jedoch auch der Provisionsanspruch. Der Auftraggeber ist aber grundsätzlich nicht verpflichtet, die Heilung mit Rücksicht auf das Provisionsinteresse des Maklers herbeizuführen[3].

53

Im Übrigen lassen Umstände, die ohne die Gültigkeit des Vertragsschlusses (rückwirkend) zu beseitigen, lediglich die Leistungspflicht (für die Zukunft) entfallen lassen, den Provisionsanspruch regelmäßig unberührt. Zu den erstgenannten Umständen gehören neben den bereits eingangs genannten Unwirksamkeitsgründen auch die Anfechtung wegen Irrtums oder arglistiger Täuschung; zu den letztgenannten zählen insbesondere Rücktritt (s. aber auch unten Rn. 58 f), Kündigung, Wandlung oder Minderung und Wegfall der Geschäftsgrundlage[4]. Nach Wegfall des § 306 BGB a.F. **(anfängliche objektive Unmöglichkeit)**, wonach Verträge, die von Anfang an auf eine objektiv unmögliche Leistung gerichtet sind, schlechthin nichtig waren, ist die Rechtslage sehr str. Es wird sowohl die Ansicht vertreten, wonach es auch unter der Geltung des jetzigen § 311a BGB wegen § 275 Abs. 1 BGB bei der Nichtigkeit bewendet, weil der Maklervertrag mindestens die Möglichkeit der Entstehung einer Erfüllungsverpflichtung des vom Makler nachgewiesenen oder vermittelten Dritten stillschweigend voraussetzt[5], als auch die Meinung, dass der Makler wenigstens dann einen Provisionsanspruch haben müsse, wenn seinem Auftraggeber ein Schadensersatzanspruch wegen Nichterfüllung nach § 311a Abs. 2 BGB zustehe[6]. Im Einzelnen gilt Folgendes:

53a

bb) Anfechtbare und angefochtene Verträge

Nach §§ 119 f. oder § 123 BGB berechtigtermaßen angefochtene und infolgedessen rückwirkend nichtige (§ 142 BGB) Verträge stehen von Anfang an un-

54

---

1 BGH v. 16.6.1977 – IV ZR 58/76, WM 1977, 1049.
2 BGH v. 14.11.1979 – IV ZR 99/78, WM 1980, 17.
3 BGH v. 16.6.1977 – IV ZR 58/76, WM 1977, 1049.
4 St. Rspr., vgl. statt aller BGH v. 14.12.2000 – III ZR 3/00, NJW 2001, 966, 967 = ZIP 2001, 160; BGH v. 27.9.2001 – III ZR 318/00, BGH Report 2002, 8 = NJW-RR 2002, 50; BGH v. 14.7.2005 – III ZR 45/05, NJW-RR 2005, 1506.
5 So etwa *Palandt/Sprau*, § 652 BGB Rn. 35.
6 So *Dehner*, NJW 2002, 3747 m.w.N.

wirksamen gleich[1]. Dies gilt auch dann, wenn der Vertragspartner anficht, weil der Auftraggeber des Maklers beim Vertragsschluss mit einer Täuschung oder Drohung gearbeitet hat[2]. Ein **Provisionsanspruch entsteht** auch dann **nicht**, wenn die Anfechtung, wie im Gesellschaftsrecht (vgl. Erläuterungen zu § 105) ausnahmsweise keine Rückwirkung entfaltet, sondern lediglich die Vertragsbindung für die Zukunft entfallen lässt[3] oder das Recht zur Anfechtung (wie beim Kauf diejenige nach § 119 Abs. 2 BGB durch §§ 437 ff. BGB) ausnahmsweise durch Sonderregelungen ausgeschlossen ist[4]. Heben die Parteien den Vertrag aus Gründen, die an sich die Anfechtung gerechtfertigt hätten, auf so ist der Auftraggeber des Maklers nicht gehindert, sich diesem gegenüber auf das Anfechtungsrecht zu berufen, sofern das Anfechtungsrecht bei Geltendmachung der Gewährleistungsansprüche noch bestand. Dem gleich steht die erfolgreiche Wandlung des Kaufvertrages wegen eines Sachmangels anstelle einer auch möglichen Täuschungsanfechtung nach § 123 BGB[5]. In allen Anfechtungsfällen entfällt der Provisionsanspruch aber erst dann, wenn der Hauptvertrag tatsächlich (fristgemäß) angefochten und dadurch rückwirkend weggefallen ist[6]. Wird der Vertrag ungeachtet seiner erfolgreichen Anfechtung endgültig durchgeführt, so bleibt der Provisionsanspruch bestehen, wenn der ausgeführte Vertrag nicht wesentlich von dem angefochtenen abweicht[7].

cc) Genehmigungsbedürftige Verträge

55 Bei Verträgen, die nach öffentlichem oder privatem Recht einer Genehmigung – auch einer vormundschaftsgerichtlichen[8] – bedürfen, **entsteht der Provisionsanspruch erst, wenn die Genehmigung erteilt** und der Vertrag dadurch voll wirksam geworden ist[9]. Der Auftraggeber ist im Verhältnis zum Makler nicht verpflichtet, sich um die Erteilung der Genehmigung zu bemü-

---

1 BGH v. 8.5.1980 – IVa ZR 1/80, DB 1980, 2076.
2 BGH v. 29.11.1978 – IV ZR 44/77, NJW 1979, 975; zustimmend *Schwerdtner*, MaklerR, Rn. 462 ff. m. umfangr. Nachw. auch zu einer schon älteren Gegenmeinung.
3 BGH v. 29.11.1978 – IV ZR 44/77, NJW 1979, 975; ebenso *Schwerdtner*, MaklerR, Rn. 467.
4 OLG Braunschweig v. 31.8.1953 – 2 UH 35/53, NJW 1954, 1083; OLG Hamm v. 13.9.1990 – 18 U 224/89, NJW-RR 1991, 249 (Rückabwicklung des Vertrages wegen Verschuldens bei Vertragsschluss); für § 119 Abs. 2 BGB offen gelassen vom BGH v. 14.12.2000 – III ZR 3/00, ZIP 2001, 160.
5 BGH v. 14.12.2000 – III ZR 3/00, ZIP 2001, 160. Der in der vorigen Fn. zitierten Rspr. hat sich auch der BGH für das Verhältnis Wandlung zur Arglistanfechtung (§ 123 BGB) angeschlossen, s. BGH v. 14.12.2000 – III ZR 3/00, NJW 2002, 966; für das Anfechtungsrecht nach § 119 Abs. 2 BGB hat der BGH (a.a.O.) die Frage weiterhin offen gelassen; ebenso (für § 123 BGB) BGH v. 22.9.2005 – III ZR 295/04, NJW 2005, 3778, 3779.
6 LG Köln v. 19.11.1968 – 12 S 330/68, MDR 1969, 307; BGH v. 14.12.2000 – III ZR 3/00 – NJW 2001, 966 m. Bespr. von *Keim*, NJW 2001, 3165 und *Waas*, NZM 2001, 453.
7 OLG Braunschweig v. 2.7.1963 – 1 U 67/62, MDR 1963, 841.
8 BGH v. 8.5.1973 – IV ZR 8/72, BGHZ 60, 385.
9 BGH v. 21.4.1971 – IV ZR 66/69, WM 1971, 905; st. Rspr.; siehe auch BGH v. 8.5.1973 – IV ZR 8/72, BGHZ 60, 385: dort auch zur Unzulässigkeit der Abwälzung des Genehmigungsrisikos auf den Maklerkunden durch eine Klausel in den AGB

hen¹. Wird die Genehmigung nicht erteilt, hat der Makler daher keinen Lohnanspruch. Haben die Parteien des Hauptvertrages bestimmt, dass der genehmigungsbedürftige Vertrag auch bei Nichterteilung der Genehmigung „irgendwie" erfüllt werden soll, so kommt es für den Lohnanspruch des Maklers darauf an, ob eine Klausel dieses Inhalts in Ermangelung einer Genehmigung des Vertrages wirksam ist und bejahendenfalls dem eigentlich gewollten genehmigten Hauptvertrag gleich zu achten sein soll (Auslegungsfrage)². Zur Zulässigkeit von Vereinbarungen, wonach schon das Zustandekommen eines Vorvertrages die Provisionspflicht auslösen soll, vgl. oben Rn. 41.

Das Gleiche gilt, obwohl der Provisionsanspruch an sich nicht von der Erfüllung des Hauptvertrages abhängt (unten Rn. 61), wenn nicht der schuldrechtliche Vertrag (etwa der Kaufvertrag), sondern dessen **Vollzug der Genehmigung bedarf** und diese nicht erteilt wird. Die mit der Versagung der Genehmigung eintretende Unmöglichkeit der Erfüllung des Hauptvertrages wird von der Rechtsprechung im Ergebnis der Unwirksamkeit des Hauptvertrages gleichgestellt³. Für dieses Ergebnis ist es letztlich ohne Bedeutung, ob man hinsichtlich des von dem Makler herbeizuführenden Hauptvertrages anfängliche oder nachträgliche Unmöglichkeit annimmt; bei einer den Parteien bewussten Genehmigungsbedürftigkeit des Erfüllungsgeschäfts ist das schuldrechtliche Verpflichtungsgeschäft auf jeden Fall als unter der aufschiebenden Bedingung (dazu Rn. 58) des Möglichwerdens der Erfüllung durch Erhalt der Genehmigung geschlossen anzusehen⁴. 56

Ein **behördliches Negativattest** steht, wenn es dem Abschluss des Hauptvertrages Wirksamkeit verleiht und dessen wirksamen Vollzug ermöglicht, der Erteilung der Genehmigung auch dann gleich, wenn es zu Unrecht erteilt wurde⁵. 57

dd) Bedingte Verträge; Rücktrittsrechte

Ist der Hauptvertrag unter einer Bedingung geschlossen, so ist zu unterscheiden: Handelt es sich um eine **aufschiebende Bedingung**, so wird der Vertrag erst mit dem Eintritt der Bedingung wirksam (§ 158 Abs. 1 BGB). Infolge dessen kann Maklerlohn erst verlangt werden, wenn die Bedingung eintritt (§ 652 Abs. 1 S. 2 BGB). Der Makler erlangt in diesem Falle als Folge der Ab- 58

---

des Maklers, die die Unterzeichnung des Vertrages für die Entstehung des Provisionsanspruchs ausreichen lässt.
1 BGH v. 12.10.1983 – IVa ZR 36/82, WM 1984, 60; BGH v. 16.1.1991 – IV ZR 31/90, WM 1991, 819, 821; anders für den Fall, dass der Erteilung der Genehmigung keine Hindernisse entgegenstehen und die Parteien den Vertrag aus anderen Gründen aufheben, BGH v. 14.7.1976 – IV ZR 36/75, WM 1976, 1132 (angesichts der Abschlussfreiheit des Maklerkunden bedenklich).
2 BGH v. 16.1.1991 – IV ZR 31/90, WM 1991, 819, 821.
3 BGH v. 14.7.1976 – IV ZR 36/75, WM 1976, 1132; BGH v. 10.11.1976 – IV ZR 129/75, WM 1977, 21, 22 m.w.N.; ebenso schon BGH v. 21.4.1971 – IV ZR 66/69, WM 1971, 905.
4 Siehe dazu BGH v. 15.1.1992 – IV ZR 317/90, WM 1992, 745.
5 BGH v. 10.11.1976 – IV ZR 129/75, WM 1977, 21.

schlussfreiheit des Auftraggebers einen Provisionsanspruch auch dann nicht, wenn der Auftraggeber den Bedingungseintritt aus billigenswerten Überlegungen verhindert[1]. Zum Vorliegen einer aufschiebenden Bedingung bei Genehmigungsbedürftigkeit des Vollzugsgeschäftes s. oben Rn. 56. Bei Vereinbarung einer **auflösenden Bedingung** ist der Vertrag sofort voll wirksam; der nachträgliche Wegfall des Vertrages infolge Bedingungseintritts (§ 158 Abs. 2 BGB) lässt den Provisionsanspruch des Maklers – wenn nicht im Maklervertrag etwas anderes vereinbart worden ist – unberührt[2]. Die Auswirkung eines **vertraglichen Rücktrittsrechts** auf den Lohnanspruch des Maklers hängt davon ab, ob das Rücktrittsrecht seiner Funktion nach einer aufschiebenden oder einer auflösenden Bedingung entspricht. Ein vertragliches Rücktrittsrecht, das es einer Partei freistellt, ohne besondere Voraussetzungen binnen einer bestimmten Frist nach ihrem Belieben vom Hauptvertrag zurückzutreten, steht einer aufschiebenden Bedingung gleich. Ein Provisionsanspruch des Maklers kann also erst in dem Zeitpunkt entstehen, in dem das Rücktrittsrecht nicht mehr ausgeübt werden kann[3]. Denn ein Vertrag, dessen Verbindlichkeit noch eine Zeit lang vom Belieben einer Partei abhängt, ist noch nicht perfekt. Dagegen steht ein **gesetzliches Rücktrittsrecht** (s. auch unten Rn. 59) oder ein vertragliches, das einem gesetzlichen im Wesentlichen nachgebildet ist oder von bestimmten sachlichen Voraussetzungen abhängig gemacht ist, in aller Regel einer auflösenden Bedingung gleich[4], lässt also den Provisionsanspruch des Maklers unberührt. Dies gilt auch dann, wenn die Maklerlohnklausel in den Hauptvertrag mit aufgenommen war, ohne zu dessen Bestandteil zu werden[5].

59 Trotz Wirksamkeit des schuldrechtlichen Hauptvertrages und des Vollzugsgeschäftes steht dem Makler kein Provisionsanspruch zu, wenn die Provision nur für den Nachweis oder die Vermittlung von Baugelände versprochen war und sich das Grundstück tatsächlich als unbebaubar erweist[6]. Auch wenn der Maklervertrag keine dahin gehende Einschränkung enthält, ist die Provision gleichfalls nicht verdient, wenn der Käufer von einem ihm für den Fall, dass sich das Grundstück als nicht oder nicht sicher bebaubar erweist, vorbehaltenen Rücktrittsrecht Gebrauch gemacht hat oder jedenfalls noch mit einem solchen Rücktritt gerechnet werden muss. Zweck der Vereinbarung eines **Rücktrittsrechts für den Fall der Nichtbebaubarkeit des Grundstücks** wird es, was durch Vertragsauslegung festzustellen ist, häufig sein, den Vertrag noch solange in der Schwebe zu lassen, bis die Bebaubarkeit feststeht. Infolgedessen kommt ein solches Rücktrittsrecht der Vereinbarung ei-

---

1 BGH v. 21.4.1971 – IV ZR 66/69, WM 1971, 905.
2 BGH v. 21.4.1971 – IV ZR 66/69, WM 1971, 905.
3 BGH v. 23.11.2006 – III ZR 52/06, BGH Report 2007, 240; BGH v. 13.1.2000 – III ZR 204/98, NJW-RR 2000, 1302; BGH v. 20.2.1997 – III ZR 81/96, NJW 1997, 1583; OLG Karlsruhe v. 21.5.2004 – 15 U 39/03, NJW-RR 2005, 574.
4 BGH v. 9.1.1974 – IV ZR 71/73, NJW 1974, 694; BGH v. 11.11.1992 – IV ZR 218/91, WM 1993, 342 (Rücktrittsrecht für den Fall unterbliebener Sicherstellung des Kaufpreises); BGH v. 20.2.1997 – III ZR 208/95, NJW 1997, 1581, 1582; BGH v. 20.2.1997 – III ZR 81/96, NJW 1997, 1583; zusammenfassend Dehner, NJW 1997, 18, 21, 22.
5 BGH v. 6.3.1991 – IV ZR 53/90, WM 1991, 1129.
6 BGH v. 10.11.1976 – IV ZR 129/75, WM 1977, 21, 22.

ner aufschiebenden Bedingung (s. Rn. 58) gleich. Ähnlich kann es sich im Einzelfall aufgrund ergänzender Auslegung des Maklervertrages verhalten, wenn sich der Käufer den Rücktritt für den nahe liegenden Fall vorbehalten hat, dass es dem Verkäufer nicht gelingt, das Grundstück von sämtlichen Grundpfandrechten und dem Zwangsversteigerungsvermerk freizustellen[1]. Dies wird sich zu dem Grundsatz verallgemeinern lassen, dass das vertragliche Rücktrittsrecht stets einer aufschiebenden Bedingung gleichsteht, die den Maklerlohnanspruch nicht entstehen lässt, wenn es einer anfänglichen Unvollkommenheit des Hauptvertrages Rechnung tragen soll. Der Hauptvertrag bleibt dann – wie bei einer aufschiebenden Bedingung – solange in der Schwebe bis Klarheit über die Behebung der Unvollkommenheit geschaffen ist[2].

ee) Folgen der Unwirksamkeit des Hauptvertrages

In allen vorstehend genannten Fällen (s. Rn. 53 ff.), in denen der von dem Makler nachgewiesene oder vermittelte Hauptvertrag unwirksam ist, nicht wirksam wird oder nachträglich rückwirkend wegfällt, steht dem Makler **kein Provisionsanspruch** zu. Eine in der Annahme oder Erwartung der Wirksamkeit des Hauptvertrages bereits entrichtete Provision ist nach § 812 BGB zurückzuerstatten. 60

ff) Bedeutung der Ausführung des Hauptvertrages

Die Durchführung des Hauptvertrages ist dagegen für den Provisionsanspruch des Maklers grundsätzlich vorbehaltlich anderslautender vertraglicher Vereinbarungen **ohne Bedeutung**[3]; s. aber auch Rn. 56 und zum Vertrag für Vermittlung oder Nachweis eines Darlehensvertrags mit einem Verbraucher (§ 655c BGB) oben Rn. 18. Am Risiko der Nichtdurchführung des von ihm nachgewiesenen oder vermittelten Hauptgeschäftes ist der Makler nicht beteiligt. Der aufgrund wirksamen Vertragsschlusses entstandene Provisionsanspruch entfällt daher grundsätzlich nicht, wenn der Vertrag nicht durchgeführt, aufgehoben oder wegen einer auflösenden Bedingung oder infolge der Ausübung eines gesetzlichen oder vertraglichen von bestimmten Voraussetzungen abhängig gemachten Rücktrittsrechts nicht erfüllt wird[4], 61

---

1 Zu den letztgenannten Fällen s. BGH v. 10.11.1976 – IV ZR 129/75, WM 1977, 21, 22; BGH v. 21.4.1971 – IV ZR 66/69, WM 1971, 905 und BGH v. 20.2.1997 – III ZR 81/96, NJW 1997, 1583 sowie BGH v. 29.1.1998 – III ZR 76/97, WM 1998, 721.
2 Zustimmend *Dehner*, NJW 2000, 1986, 1991 und OLG Düsseldorf v. 15.8.1997 – 7 U 193/96, NZM 1998, 1018; kritisch *Schwerdtner*, MaklerR, Rn. 490, der die im Text behandelten Fallkonstellationen eher in der Nähe einer auflösenden Bedingung sieht; in jedem Falle bedenklich OLG Koblenz v. 3.12.1996 – 3 U 1248/95, NJW-RR 1997, 886 f.: kein Lohnanspruch des Maklers, wenn Rücktrittsrecht von vollständiger fristgebundener Hinterlegung des Gesamtkaufpreises abhängig gemacht worden war.
3 Unstr.; s. statt aller BGH v. 27.9.2001 – III ZR 318/00, BGH Report 2002, 8 = NJW-RR 2002, 50; BGH v. 14.12.2000 – III ZR 3/00, NJW 2001, 966 f. = ZIP 2001, 160.
4 BGH v. 7.7.1982 – IVa ZR 50/81, WM 1982, 1098; BGH v. 21.4.1971 – IV ZR 66/69, WM 1971, 905; BGH v. 5.5.1976 – IV ZR 63/75, BGHZ 60, 270, 271; BGH v. 9.1.1974

vgl. auch schon oben Rn. 58; dort und in Rn. 59 auch zu vereinzelten Ausnahmen. Hierher gehört auch der Rücktritt wegen Leistungsverzuges etc. einer Seite und die Ausübung von Gewährleistungsrechten. Auch Wandelung und Minderung lassen daher den Provisionsanspruch des Maklers grundsätzlich unberührt[1]; s. aber auch Rn. 54. Das Gleiche gilt, wenn der Partner des Hauptvertrages die von ihm gegenüber dem Auftraggeber des Maklers übernommenen Pflichten nicht erfüllt oder auch nicht erfüllen kann[2]; zur anfänglichen objektiven Unmöglichkeit, s. oben Rn. 53a. Anders verhält es sich, wenn nicht nur die normale Erwartung enttäuscht wird, der Hauptvertrag werde nach den Vorgaben durchgeführt, sondern der wirtschaftliche Zweck insgesamt verfehlt wird[3]. Abweichende Vereinbarungen können sich (auch stillschweigend) aus dem Maklervertrag sowie aus Handelsbrauch ergeben (s. auch bei § 346).

gg) Vorkaufsrechte

62 Die Ausübung des Vorkaufsrechts eines Dritten macht die für den Erstkäufer eines Grundstücks erbrachte Leistung des Maklers für jenen von Anfang an wertlos. In Ermangelung abweichender Vereinbarungen ist deshalb nicht anzunehmen, dass ihm der Erstkäufer als sein Auftraggeber auch für diesen Fall die Zahlung einer Provision versprechen wollte[4]. Die Ausübung des Vorkaufsrechts führt also zum **Verlust des Provisionsanspruchs**, wenn der Makler nicht zugleich im Auftrag des Verkäufers gehandelt hat. Dessen Provisionspflicht wird im Zweifel durch die Ausübung des Vorkaufsrechts nicht beeinflusst.

63 Bei dieser Rechtslage bewendet es auch dann, wenn die Provisionspflichtigkeit des Geschäfts erneut oder erstmals in dem Kaufvertrag erwähnt wird, sog. **Maklerklausel** (s. dazu oben Rn. 40a, b), ohne dass dadurch als Bestandteil des Kaufvertrages eine echte, von der Grundlage des Maklervertrages gelöste kaufrechtliche Verpflichtung geschaffen werden sollte. Anders verhält es sich dagegen, wenn der Käufer in dem Kaufvertrag, sei es im Sinne eines berechtigenden Vertrages zugunsten Dritter (§ 328 BGB), sei es auch nur gegenüber dem Verkäufer, eine **kaufvertragliche Verpflichtung zur Entlohnung des Maklers** übernommen hat. In diesem Fall geht die Verpflichtung zur Zahlung des Maklerlohnes als Bestandteil der Verpflichtung aus dem Kauf-

---

– IV ZR 71/73, NJW 1974, 694; siehe auch die Nachweise in den Fn. zu Rn. 58 a.E. und 59.
1 BGH v. 10.11.1976 – IV ZR 129/75, WM 1977, 21, 23.
2 BGH v. 30.11.2000 – III ZR 79/00, NJW-RR 2001, 562 (anfängliches Unvermögen des Verkäufers zur Verschaffung des Eigentums an dem Kaufobjekt); BGH v. 14.7.2005 – III ZR 45/05, NJW-RR 2005, 1506 (Unvermögen des Vertragspartners zur rechtsgültigen Erfüllung einer Bebauungspflicht).
3 BGH v. 20.2.1997 – III ZR 81/96, NJW 1997, 1583 f.
4 BGH v. 7.7.1982 – IVa ZR 50/81, WM 1982, 1098 f. = NJW 1982, 2662; BGH v. 14.12.1995 – III ZR 34/95, BGHZ 131, 318, 321 = NJW 1996, 654; BGH v. 4.3.1999 – III ZR 105/98, NJW 1999, 2271 (für das gesetzliche Vorkaufsrecht nach § 24 BauGB); teilweise anders das Schrifttum, s. MünchKommBGB/*Roth*, § 652 BGB Rn. 148 u. Fn. 634; *Staudinger/Reuter*, § 652 BGB Rn. 97.

vertrag nach § 464 Abs. 2 BGB auf den Vorkaufsberechtigten über. Anderenfalls würde der Verkäufer, der auch seinerseits dem Makler provisionspflichtig ist, den im Kaufvertrag ausbedungenen Vorteil der Abwälzung der Provision auf den Käufer verlieren[1].

Der **Provisionsanspruch eines Finanzmaklers**, der es übernommen hatte, dem Käufer die für den Grundstückskauf erforderlichen Finanzierungsmöglichkeiten nachzuweisen oder zu vermitteln, wird, wenn er diesen Leistungserfolg vertragsgemäß herbeigeführt hat, von der Ausübung des Vorkaufsrechts nicht berührt. Der von ihm zu erbringende Erfolg war die Vermittlung oder der Nachweis eines Darlehensvertrages über die zum Ankauf des Grundstücks erforderlichen Mittel, nicht dagegen der Grundstückskauf[2].   64

e) Identität des abgeschlossenen Vertrages mit dem im Maklervertrag vorgesehenen Hauptvertrag

Der tatsächlich zustande gekommene Vertrag muss gerade derjenige sein, mit dessen Herbeiführung der Makler beauftragt war. Führt die Tätigkeit des Maklers zum Abschluss eines anderen Vertrages, so entsteht kein Anspruch auf Maklerlohn. Es fehlt für dieses Geschäft an einem Provisionsversprechen. Das infolge der Maklertätigkeit abgeschlossene Geschäft muss also **inhaltlich wie personell** mit demjenigen **übereinstimmen**, das der Makler laut Vertrag nachzuweisen oder zu vermitteln hatte und für dessen Herbeiführung ihm die Provision versprochen worden war.   65

Ob diese Übereinstimmung gegeben ist, hängt in erster Linie von dem **Inhalt des Maklervertrages** ab. Je genauer dort der Inhalt des gewünschten Geschäfts bezeichnet ist, desto eher wird bei einer Abweichung die notwendige Identität fehlen, je weiter dort der Rahmen für den vom Makler zustande zu bringenden Erfolg bis hin zur Angabe eines nur allgemein umrissenen wirtschaftlichen Ergebnisses gezogen ist, desto eher wird die Identität zu bejahen sein. Die Parteien können (durch Individualabrede, nicht durch AGB[3]!) den Inhalt des provisionspflichtigen Hauptvertrages so weit fassen, dass darunter auch Vertragsgestaltungen fallen, die ohne eine solche Vereinbarung nach allgemeinen Grundsätzen (unten Rn. 67) nicht als (wirtschaftlich) identisch zu bezeichnen wären[4]. In allen Fällen, in denen die Identität des abgeschlossenen Geschäfts mit dem im Maklervertrag beabsichtigten in Frage steht, ist jedoch zu beachten, dass sich der Inhalt des Maklervertrages   66

---

1 Dazu ausführlich: BGH v. 15.10.1981 – III ZR 86/80, WM 1982, 332; BGH v. 28.11.1962 – VIII ZR 236/61, WM 1963, 31 ff.; eindeutig BGH v. 14.12.1995 – III ZR 34/95, BGHZ 138, 318, 323 f. Wesensmäßig als dessen Bestandteile gehören zum Kaufvertrag auch Bestimmungen über die Verteilung der Maklerkosten, die sich im üblichen Rahmen halten; das gilt auch dann, wenn sie im Ergebnis nur die sich schon aus den Maklerverträgen ergebenden Regelungen wiederholen; ebenso BGH v. 11.1.2007 – III ZR 7/06, BGH Report 2007, 333 = VersR 2007, 392.
2 BGH v. 7.7.1982 – IVa ZR 50/81, WM 1982, 1098.
3 OLG Hamburg v. 4.5.1991 – 9 U 146/90, MDR 1992, 27.
4 BGH v. 18.9.1985 – IVa ZR 139/83, WM 1985, 1422.

durch nachträgliche – auch stillschweigende – Abmachungen ändern kann; so etwa, wenn sich die Unrealisierbarkeit des ursprünglich beabsichtigten Vertragsschlusses herausstellt und Makler und Auftraggeber daraufhin einverständlich nach einem ähnlichen Ersatzgeschäft Ausschau halten[1]. Eine solche **Vertragsänderung** liegt vor allem dann nahe, wenn sich der Auftraggeber in Kenntnis der Andersartigkeit des Vertragsgegenstandes oder der Vertragsbedingungen die weitere Vermittlungstätigkeit des Maklers gefallen lässt[2].

67 Vollständige Identität zwischen dem beabsichtigten und dem abgeschlossenen Geschäft ist ohnehin nicht zu fordern. Übereinstimmung zwischen beiden Geschäften in dem oben Rn. 65 f. geforderten Sinne liegt auch dann vor, wenn der tatsächlich abgeschlossene Hauptvertrag zwar von dem abweicht, der Gegenstand des Hauptvertrages war, der Auftraggeber aber mit ihm wirtschaftlich den gleichen Erfolg erzielt[3]. Entscheidend ist demnach eine **wirtschaftliche Betrachtungsweise**, bei der es stets auf die Umstände des Einzelfalls ankommt[4]. Ausschlaggebend ist letztlich, ob der Makler gegen Treu und Glauben (§ 242 BGB) verstieße, wenn er sich darauf beriefe, der geschlossene Vertrag sei nicht der erstrebte Abschluss, den der Makler vermitteln oder nachweisen sollte[5]. Kleinere Abweichungen, die das mit dem beabsichtigten Geschäft angestrebte wirtschaftliche Ergebnis nicht tangieren, sind stets unschädlich. **Ungleichartig** sind in aller Regel Tausch statt Kauf, Miete oder Pacht statt Kauf und umgekehrt[6]. Ferner, wenn der Makler einen echten Darlehens(real)vertrag zustande bringen sollte, aber lediglich die Gelegenheit zum Abschluss eines Kreditvertrages (Konsensualvertrag) nachweist[7]; ebenso, wenn er statt eines Grundstückskaufvertrages mit dem Eigentümer lediglich einen Kaufvertrag mit einem anderen nicht durch Vormerkung gesicherten Käufer zu Wege bringt, der seinerseits das Grundstück erst noch erwerben muss[8]. Des Weiteren soll es an der wirtschaftli-

---

1 Ähnlich *Schwerdtner*, MaklerR, Rn. 392 f.
2 BGH v. 18.4.1973 – IV ZR 6/72, BB 1973, 1192; BGH v. 16.9.1999 – III ZR 77/98, NJW-RR 2000, 57; um eine Frage der Vertragsänderung handelt es sich wohl auch, wenn der Kunde von seinen zunächst unrealistisch hohen Preisvorstellungen abgeht und mit Hilfe des Maklers zu einem niedrigeren Preis verkauft, vgl. OLG Zweibrücken v. 15.12.1998 – 8 U 95/98, NJW-RR 1999, 1502.
3 St. Rspr.; zusammenfassend: BGH v. 21.10.1987 – IVa ZR 103/86, NJW 1988, 967 m.w.N.; aus jüngerer Zeit: BGH v. 7.5.1998 – III ZR 18/97, NJW 1998, 2277, 2278; BGH v. 16.9.1999 – III ZR 77/98, NJW-RR 2000, 57; siehe ferner BGH v. 5.4.1978 – IV ZR 37/77, WM 1978, 983.
4 BGH v. 28.1.1987 – IVa ZR 45/85, NJW 1987, 1628 = WM 1987, 510, 511; BGH v. 7.5.1998 – III ZR 18/97, NJW 1998, 2277, 2278.
5 BGH v. 8.4.2004 – III ZR 20/03, NJW-RR 2004, 851, 852 m. zahlr. Nachw. und ausführlichem Überblick über die Kasuistik; BGH v. 21.12.2005 – III ZR 451/04, NJW-RR 2006, 496.
6 BGH v. 5.4.1978 – IV ZR 37/77, WM 1978, 983, 985; ebenso *Schwerdtner*, MaklerR, Rn. 394.
7 BGH v. 21.10.1987 – IVa ZR 103/86, WM 1988, 221, 223 = NJW 1988, 967.
8 OLG Karlsruhe v. 4.2.1994 – 15 U 112/93, NJW-RR 1994, 508; s. aber auch unten Rn. 73 und BGH v. 2.4.1969 – IV ZR 761/68, WM 1969, 885 sowie BGH v. 27.10.1976 – IV ZR 149/75, WM 1976, 1313.

chen Identität zwischen einem Grundstückskaufvertrag zu einem Preis von 350 000 DM und der von dem Makler zwei Jahre vorher nachgewiesenen Möglichkeit zum Abschluss eines Kaufvertrages über dasselbe Objekt zum Preis von 450 000 DM fehlen[1]; ebenso, wenn der nachgewiesene Vertrag zum Erwerb von Wohnungseigentum in einer aus zwei Doppelhäusern bestehenden Wohnungseigentümergemeinschaft anstatt Alleineigentum an einer Doppelhaushälfte geführt hat[2]. Als **unschädlich** ist es angesehen worden, wenn die den Gegenstand des Maklervertrages bildenden Lkw den vorgesehenen Endabnehmer nicht auf direktem Wege, sondern über einen Zwischenhändler erreicht haben[3]; ebenso wenn der angestrebte Erwerb eines Unternehmens nicht als Unternehmenskauf (asset deal), sondern durch Erwerb der Anteile an der Trägergesellschaft (share deal) zustande kommt[4]. Dagegen soll es an der Identität fehlen, wenn der Auftraggeber das Objekt statt in Gänze von beiden Miteigentümern nur zur Hälfte von einem Miteigentümer erwerben kann[5] oder nicht wie angestrebt allein, sondern lediglich zu einem Viertel neben einem anderen[6]. Offen gelassen ist die Frage bei Erwerb durch eine GbR, an der der Auftraggeber zu einer Hälfte beteiligt ist[7]. Bleibt die Höhe einer vom Makler zu beschaffenden Finanzierung hinter der im Auftrag genannten Summe zurück, so ist die Abweichung wesentlich, wenn der Auftraggeber ein einheitliches Darlehen gerade in dieser Höhe haben wollte oder benötigte; sie ist unwesentlich, wenn der im Maklervertrag genannte Betrag nur als ungefährer Rahmen gedacht war und auch der vermittelte Kredit seinen Zweck erfüllt[8]. Ein Auszahlungskurs von 89,5 % statt erwünschter 90 % kann je nachdem, ob er den aus dem zu finanzierenden Objekt zu erwartenden Gewinn wesentlich schmälert, zur wirt-

---

1 OLG Düsseldorf v. 9.7.1993 – 7 U 18/93, NJW-RR 1993, 1272; ähnlich OLG Bamberg v. 22.12.1997 – 4 U 134/97, NJW-RR 1998, 565 bei einer Preisdifferenz zwischen 980 000 DM und 750 000 DM; s. aber auch BGH v. 25.2.1999 – III ZR 191/98, NJW 1999, 1255, wo wirtschaftliche Identität bejaht wurde bei einem geschuldeten Nachweis zum Kauf einer Wohnung mit Balkon für max. 400 000 DM, Nachweis der Gelegenheit zum Kauf einer Wohnung ohne Balkon für 420 000 DM und Kauf dieser Wohnung für 385 000 DM; auch im Übrigen ist die Rspr. zur wirtschaftlichen Gleichwertigkeit bei Preisunterschieden nicht einheitlich, s. dazu einerseits OLG Brandenburg v. 12.10.1999 – 11 U 116/98, NJW-RR 2000, 1505 und OLG Zweibrücken v. 15.12.1998 – 8 U 95/98, NJW-RR 1999, 1502; zu den Fragen der Preisdifferenz auch *Breiholdt*, MDR 1990, 973.
2 OLG Karlsruhe v. 8.8.2003 – 15 U 41/02, NJW-RR 2003, 1695.
3 BGH v. 30.11.1983 – IVa ZR 52/82, WM 1984, 342.
4 BGH v. 16.12.2004 – III ZR 119/04, BGHZ 161, 359; ähnlich (sehr grundsätzlich) BGH v. 21.12.2005 – III ZR 451/04, NJW-RR 2006, 496.
5 BGH v. 18.4.1973 – IV ZR 6/72, WM 1973, 814; s. aber auch BGH v. 4.10.1995 – IV ZR 73/94, NJW-RR 1996, 113.
6 BGH v. 15.2.1984 – IVa ZR 150/82, WM 1984, 560; ähnlich OLG Hamm v. 21.2.1991 – 18 U 76/90, NJW-RR 1991, 1206: Mietvertrag nur über eine Hälfte des Ladengeschäfts.
7 BGH v. 28.9.1983 – IVa ZR 12/82, WM 1983, 1287, 1289; s. auch BGH v. 7.5.1998 – III ZR 18/97, NJW 1998, 2277 zur Frage der wirtschaftlichen Identität, wenn der Maklerkunde, statt ein nachgewiesenes Grundstück zu kaufen, sämtliche Anteile an der Eigentümer-GmbH übernimmt.
8 BGH v. 7.7.1982 – IVa ZR 50/81, WM 1982, 1098.

schaftlichen Ungleichwertigkeit führen oder diese unberührt lassen[1]. Ähnliches wird für Zinsdifferenzen zu gelten haben. Unter dem Gesichtspunkt wirtschaftlicher Identität (Erreichbarkeit des angestrebten wirtschaftlichen Ziels) kann Gleichwertigkeit und damit rechtliche Identität auch bei Bebauung und Verwertung eines Grundstücks nach einem anderen, aber wirtschaftlich im Ergebnis nicht ungünstigeren Investitionsmodell bestehen[2].

68 Mindestens die Identität, nach heutiger Auffassung aber sogar ein von dem Makler nachgewiesener oder vermittelter Vertragsschluss fehlt auch dann, wenn der Erwerb nicht wie vorgesehen durch freihändigen Kauf, sondern in der Zwangsversteigerung erfolgt[3]. Der Makler wird deshalb gut daran tun, mit dem Auftraggeber zu vereinbaren, dass der **Erwerb in der Zwangsversteigerung** demjenigen durch Kauf gleichstehen soll. In AGB ist dies aber nicht möglich[4]. Ungleichwertig ist auch der Erwerb nur einer (ideellen) Grundstückshälfte durch Nachweis des Maklers und Erwerb der anderen Hälfte in der Zwangsvollstreckung gegenüber dem im Maklervertrag vorgesehenen freihändigen Erwerb des ganzen Grundstücks[5]. Identität kann aber auch bei Verwertung eines Grundstücks im Flurbereinigungsverfahren vorliegen[6].

69 An der für die Entstehung des Provisionsanspruchs erforderlichen Identität des tatsächlich zustande gekommenen Vertrages mit dem im Maklervertrag vorgesehenen Hauptvertrag kann es auch dann fehlen, wenn der Auftraggeber des Maklers die ihm nachgewiesene Abschlussgelegenheit nicht selber wahrnimmt, sondern der **Hauptvertrag mit einem von ihm verschiedenen Dritten** geschlossen wird, an den die von dem Makler gelieferte Information weitergegeben worden ist. In diesen Fällen kommt ein Provisionsanspruch gegen den Auftraggeber vorbehaltlich anderer Abmachungen zwischen ihm und dem Makler nur dann in Betracht, wenn dem Auftraggeber aufgrund besonderer Beziehungen zu dem vertragsschließenden Dritten der von diesem abgeschlossene Vertrag im Hinblick auf die Provisionspflicht gegenüber dem Makler wie ein von ihm selbst geschlossenes Geschäft zugerechnet werden kann, dazu unten Rn. 75 ff. Diese Situation und die mit ihr verbundenen Probleme können allerdings nicht nur im Verhältnis zwischen Auftraggeber und Makler auftreten. Die gleichen Fragen stellen sich auch dann, und zwar als Kausalitätsproblem, wenn nicht ein von dem Makler beigebrachter Erstinteressent den Hauptvertrag mit dem Auftraggeber schließt, sondern ein weiterer Interessent, der über den ersten Kenntnis von der Abschlussgelegenheit erhalten hat; s. deshalb zu diesem Fragenkreis unten Rn. 72 ff. Zu

---

1 BGH v. 21.10.1987 – IVa ZR 103/86, WM 1988, 221.
2 BGH v. 5.4.1978 – IV ZR 37/77, WM 1978, 983.
3 BGH v. 4.7.1990 – IV ZR 174/89, BGHZ 112, 59; BGH v. 20.2.1997 – III ZR 208/95, NJW 1997, 1581, 1582; BGH v. 4.3.1999 – III ZR 105/98, NJW 1999, 2271, 2273; kritisch gegenüber dieser Rspr. *Staudinger/Reuter*, § 652 BGB Rn. 68.
4 BGH v. 24.6.1992 – IV ZR 240/91, BGHZ 119, 32; BGH v. 20.2.1997 – IV ZR 208/95, NJW 1997, 1581, 1582; siehe aber auch OLG Hamburg v. 30.10.1992 – 11 U 129/92, NJW-RR 1993, 125; zum Aushandeln (§ 305 Abs. 1 S. 3 BGB, früher § 1 Abs. 2 AGBG) in einem solchen Fall: BGH v. 3.2.1993 – IV ZR 106/92, WM 1993, 799.
5 BGH v. 18.4.1973 – IV ZR 6/72, WM 1973, 814.
6 BGH v. 14.10.1992 – IV ZR 9/92, WM 1993, 302.

den Fällen des Erwerbs der Geschäftsanteile vom Gesellschafter anstelle des Unternehmens von der Gesellschaft und umgekehrt s. schon oben Rn. 67.

f) Abschluss des Hauptvertrages in Kenntnis der Maklertätigkeit

Der Abschluss des Hauptvertrages muss in Kenntnis der Maklertätigkeit erfolgt sein[1]. Der Auftraggeber muss die Möglichkeit gehabt haben, sich bei den Preisverhandlungen auf die ihn zukommende Provisionsforderung einzustellen. Eine Berufung auf selbstverschuldete Unkenntnis dürfte aber unzulässig sein. Eine Pflicht zur Rückfrage besteht in der Regel wohl nicht; anders unter Umständen beim Alleinauftrag oder wenn sie sich konkret aufdrängt[2] (s. auch schon oben Rn. 37). Beim Verkaufsauftrag wird sich der Auftraggeber aber unter Umständen vergewissern müssen, ob ihm ein dies leugnender Kunde vom Makler geschickt worden ist[3]. Unerheblich ist dagegen Kenntnis des Auftraggebers von der für den Vertragsschluss ursächlichen Tätigkeit des Maklers, wenn feststeht, dass der Auftraggeber den Hauptvertrag auch bei Kenntnis der provisionspflichtigen Maklertätigkeit nicht anders abgeschlossen hätte[4]. 70

g) Ursächlichkeit der Maklertätigkeit

aa) Grundsatz

Nach § 652 Abs. 1 BGB verdient der Makler eine Provision nur dann, wenn der (Haupt-)Vertrag „infolge des Nachweises oder infolge der Vermittlung des Maklers zustande kommt". Dieses Merkmal wird juristisch meist mit der Formulierung ausgedrückt, die Tätigkeit des Maklers müsse ursächlich (kausal) für den Vertragsschluss gewesen sein. Mitverursachung genügt. Die Tätigkeit des Maklers muss also keineswegs die alleinige, ja nicht einmal die Hauptursache für den Vertragsschluss gewesen sein. Es reicht aus, wenn sie den **Vertragsschluss nicht unwesentlich gefördert** hat, das heißt beim Vertragspartner ein nicht unwesentliches Motiv für den Abschluss gesetzt hat, bei ihm also Anstoß gewesen ist, sich konkret um das in Rede stehende Objekt zu bemühen[5] oder in einer anderen Formulierung, dass sich der Abschluss bei wertender Beurteilung zumindest auch als Ergebnis einer we- 71

---

1 So die wohl trotz BGH v. 6.7.1994 – IV ZR 101/93, NJW-RR 1994, 1260, 1261 h.M., vgl. MünchKommBGB/*Roth*, § 652 BGB Rn. 170 und die dortigen Nachweise; OLG München v. 29.11.1967 – 12 U 1352/67, NJW 1968, 894; *Baumbach/Hopt*, § 93 Rn. 40.
2 Ähnlich wie hier *Schwerdtner*, MaklerR, Rn. 605 ff., 613; weiter gehend OLG München v. 29.11.1967 – 12 U 1352/67, NJW 1968, 894.
3 *Schwerdtner*, MaklerR, Rn. 610.
4 BGH v. 6.7.1994 – IV ZR 101/93, NJW-RR 1994, 1260.
5 BGH v. 21.9.1973 – IV ZR 89/72, WM 1974, 257, 258; BGH v. 20.4.1983 – IVa ZR 232/81, WM 1983, 794; BGH v. 12.12.1984 – IVa ZR 89/83, WM 1985, 359.

sentlichen Maklerleistung darstellt; es genügt nicht, dass die Maklertätigkeit auf anderem Wege für den Erfolg adäquat kausal gewesen ist[1].

bb) Nachweismakler

72 Beim Nachweismakler genügt es, wenn er dem Auftraggeber die **Gelegenheit zum Vertragsschluss** so konkret unter Einschluss des Vertragspartners benannt hat, dass der Auftraggeber in die Lage versetzt worden ist, mit diesem in konkrete Vertragsverhandlungen einzutreten (dazu schon oben Rn. 28), und der Auftraggeber daraufhin den **Vertrag geschlossen** hat[2]. Der zeitliche Abstand zwischen beiden Ereignissen ist als solcher nicht von Bedeutung. Je enger aber der zeitliche Zusammenhang ist, desto näher liegt die Ursächlichkeit auf der Hand[3]. Solange der Vertragsschluss der Nachweistätigkeit des Maklers noch in angemessenem Zeitabstand nachfolgt, ergibt sich nach st. Rspr. ein Schluss auf den Ursachenzusammenhang von selbst[4]. Die zeitliche Nähe, die der Abschluss zur Tätigkeit des Maklers hatte, indiziert dessen Ursächlichkeit[5]. Als „angemessener Zeitabstand" in diesem Sinne hat die Rspr. Zeiträume von vier Monaten[6], von ca. drei bis fünf Monaten[7] und auch noch von mehr als einem halben Jahr[8] gelten lassen. Dagegen hat sie bei einem Abstand von einem Jahr oder mehr eine Kausalitätsvermutung grundsätzlich ausgeschlossen[9]. Die Ursächlichkeit des Nachweises ist regelmäßig ausgeschlossen, wenn dem Auftraggeber die Abschlussgelegenheit nicht erst durch den Nachweis des Maklers bekannt geworden ist, sondern er sie schon vorher konkret kannte, allgemeine Meinung; zur Vorkenntnis s. schon oben Rn. 29. Dies gilt selbst dann, wenn er die Vorkenntnis schon zu einem Zeitpunkt erlangt hatte, in dem er am Abschluss eines solchen Hauptvertrages noch nicht interessiert war[10]. Anders kann es auch bei Vorkenntnis liegen, wenn der Makler dem Auftraggeber zusätzliche, diesem **vorher nicht bekannte wesentliche Informationen** geliefert hat und erst diese Informationen dazu geführt haben, dass der Auftraggeber

---

1 BGH v. 18.1.1996 – III ZR 71/95, NJW-RR 1996, 691; BGH v. 25.2.1999 – III ZR 191/98, BGHZ 141, 40, 45 m. umfangr. weit. Nachw. aus der Rspr.; BGH v. 23.11.2006 – III ZR 52/06, BGH Report 2007, 240.
2 BGH v. 26.9.1979 – IV ZR 92/78, NJW 1980, 123; unstr. u. st. Rspr., BGH v. 25.2.1999 – III ZR 191/98, NJW 1999, 1255, 1256 m.w.N.; s. auch BGH v. 4.10.1995 – IV ZR 73/94, NJW-RR 1996, 113: Kausalität auch bei Benennung einer Person, die zwar noch nicht Eigentümer des Objekts ist, sich dieses aber verschaffen kann und zur Weiterveräußerung an den Maklerkunden bereit ist.
3 St. Rspr., vgl. etwa BGH v. 27.10.1976 – IV ZR 149/75, NJW 1977, 41, 42; BGH v. 2.4.1969 – IV ZR 781/68, WM 1969, 885.
4 BGH v. 6.7.2006 – III ZR 379/04, NJW 2006, 3062 unter Verweis auf BGH v. 25.2.1999 – III ZR 191/98, BGHZ 141, 40.
5 So OLG Koblenz v. 18.9.2003 – 5 U 306/03, NJW-RR 2004, 414.
6 BGH v. 25.2.1999 – III ZR 191/98, BGHZ 141, 40.
7 BGH v. 26.9.1979 – IV ZR 92/78, NJW 1980, 123.
8 BGH v. 22.9.2005 – III ZR 393/04, NJW 2005, 3779, 3781.
9 BGH v. 6.7.2006 – III ZR 379/04, NJW 2006, 3062 m. umfangr. Nachw. aus der Rspr. der Oberlandesgerichte.
10 BGH v. 16.5.1990 – IV ZR 64/89, WM 1990, 1578.

Vorbemerkung   Vor § 93

dazu veranlasst wurde, sich um das Objekt zu bemühen[1]. Als solche zur Begründung der Mitursächlichkeit erforderlichen wesentlichen Informationen[2] sind von der Rechtsprechung angesehen worden: Unterrichtung über wichtige, den Kauf entscheidend fördernde Einzelheiten des Objekts, insbesondere auch die Übermittlung von Unterlagen für die Rentabilitätsprüfung, von denen der Auftraggeber sodann tatsächlich Gebrauch gemacht hat[3], für den Kaufentschluss förderliche Angaben zu den Eigentumsverhältnissen[4], wertvolle Hinweise auf die Beschaffenheit des Grundstücks, darunter die Übergabe von Plänen des Hauses[5]. In allen Fällen wird die (Mit-)Ursächlichkeit der Maklertätigkeit nicht dadurch in Frage gestellt, dass der Auftraggeber die maßgeblichen Verhältnisse auch auf andere Weise hätte in Erfahrung bringen können, wenn er tatsächlich den Makler dafür in Anspruch genommen hat[6]. Fehlt es an einer (Mit-)Ursächlichkeit der Nachweistätigkeit des Maklers in dem vorstehend bezeichneten Sinne, so schließt die bereits vorhandene Kenntnis des Auftraggebers von der Abschlussgelegenheit die Möglichkeit, dass ein späterer, dasselbe Objekt betreffender Nachweis des Maklers ursächlich für den nachfolgenden Vertragsschluss geworden sein könnte, regelmäßig aus. Beruht die Vorkenntnis des Auftraggebers auf dem Nachweis eines anderen Maklers, so kann deshalb auch nur diesem ein Provisionsanspruch zustehen. Unter mehreren Nachweismaklern verdient also von den oben dargestellten Ausnahmen abgesehen allein derjenige die Provision, der dem Interessenten die Abschlussgelegenheit als Erster nachgewiesen hat[7]. Der zweite Makler kann sich dann eine Provision allenfalls dadurch verdienen, dass er als Vermittlungsmakler seines Auftraggebers in beachtlicher Weise auf die Abschlussbereitschaft des Vertragsgegners einwirkt[8].

Zweifelhaft ist die Rechtslage, wenn der Interessent denselben Nachweis in 73 etwa zur gleichen Zeit **von mehreren Maklern** erhält oder er einen ihm zeitlich früher zugegangenen Nachweis noch nicht zur Kenntnis genommen hat[9]. Nach Ansicht des BGH[10] soll der Makler die Beweislast, dass gerade

---

1 BGH v. 16.5.1990 – IV ZR 64/89, WM 1990, 1578; siehe ferner BGH v. 20.4.1983 – IVa ZR 232/81, WM 1983, 794; ähnlich BGH v. 12.12.1984 – IV ZR 89/83, WM 1985, 359, 360 und erneut BGH v. 4.10.1995 – IV ZR 163/94, NJW-RR 1996, 114.
2 BGH v. 12.12.1984 – IV ZR 89/83, WM 1985, 359, 360 und v. 20.4.1983 – IVa ZR 232/81, WM 1983, 794, 795; BGH v. 11.3.1970 – IV ZR 803/68, WM 1970, 855; BGH v. 4.10.1995 – IV ZR 163/94, NJW-RR 1996, 114.
3 BGH v. 11.3.1970 – IV ZR 803/68, WM 1970, 855.
4 BGH v. 14.5.1975 – IV ZR 134/73, AIZ 1975, 306.
5 BGH v. 5.5.1976 – IV ZR 151/74, n. v.; BGH v. 12.2.1984 – IVa ZR 89/83, WM 1985, 359, 360 mit zusammenfassender Darstellung der Rechtsprechung; dort auch zur Beweislast; s. ferner BGH v. 4.10.1995 – IV ZR 163/94, NJW-RR 1996, 114.
6 BGH v. 20.4.1983 – IVa ZR 232/81, WM 1983, 794, 795 m.w.N.
7 Vgl. dazu auch OLG Köln v. 28.3.1966 – 12 U 192/65, NJW 1966, 1412, 1413 und OLG Karlsruhe v. 19.11.1993 – 15 U 50/93, NJW-RR 1994, 509 m.w.N.
8 BGH v. 4.5.1967 – VIII ZR 40/65, DB 1967, 1173, 1174.
9 S. dazu BGH v. 6.12.1978 – IV ZR 28/78, NJW 1979, 869; s. ferner OLG Köln v. 28.3.1966 – 12 U 192/65, NJW 1966, 1412, 1413; OLG Düsseldorf, AIZ 1963, 61 f.; KG v. 23.2.1970 – 10 U 2400/69, NJW 1970, 901 f.
10 BGH v. 6.12.1978 – IV ZR 28/78, NJW 1979, 869.

sein Angebot ursächlich geworden ist, auch dann tragen, wenn beide Aufgaben kurz nacheinander zugehen und zunächst nicht gelesen werden; ein solcher Fall soll dem gleichzeitigen Zugang gleichstehen. Die Ursächlichkeit fehlt ferner, wenn der Interessent den Nachweis sofort als für ihn nicht in Betracht kommend „endgültig" ausgeschieden hatte und sich erst später, allein durch die Tätigkeit eines anderen Maklers bewogen, mit dem Objekt befasst hat[1]. Ferner fehlt es auch an einem für den späteren Vertragsabschluss kausalen Nachweis bei Benennung eines nicht verkaufsbereiten Eigentümers durch einen Verkäufermakler gegenüber einer Person, die erst später an die Stelle des Eigentümers tritt[2]. Von solchen Ausnahmen abgesehen, wird die Ursächlichkeit des Erstnachweises nicht dadurch beseitigt, dass die daraufhin aufgenommenen Verhandlungen zunächst gescheitert sind und der Vertrag erst später aufgrund neuer Verhandlungen ohne Beteiligung des Maklers zustande gekommen ist[3]. Dies gilt selbst dann, wenn daran ein anderer Makler mitgewirkt hat und dieses Objekt zu einem günstigeren Preis angeboten hat[4]. An der Ursächlichkeit des Nachweises ändert es ferner nichts, wenn der Auftraggeber zusätzlich die Dienste eines fremden Maklers in Anspruch nehmen muss, dem die Gegenseite Alleinauftrag erteilt hat[5]. Der Makler darf in diesen Fällen nur nicht den falschen Eindruck erwecken, der Auftraggeber werde allein mit seiner Hilfe mit dem Dritten zu einer Einigung gelangen[6]. Ebenso wenig fehlt es an der erforderlichen Mitursächlichkeit, wenn der Auftraggeber unter Hinzuziehung eines weiteren Maklers erfolgreich auf der Arbeit des ersten Maklers aufbaut[7]. Der Auftraggeber kann in diesem und ähnlichen Fällen auch mehreren Maklern provisionspflichtig werden. Hat der Kunde einem Makler Provision für den Fall eines bestimmten Geschäftsbeschlusses versprochen, obwohl er weiß oder annimmt, dass das Geschäft vom Makler der Gegenseite nachgewiesen worden ist, so fehlt es zwar an der Ursächlichkeit der Maklerleistung; der Maklerlohn soll nach der Rechtsprechung[8] aber trotzdem verdient sein, da

---

1 OLG Düsseldorf v. 28.8.1959 – 7 W 167/59, MDR 1959, 1010; s. auch OLG München, OLGZ 78, 444: Kausalität des Handelns des zweiten Maklers, der den Anstoß zum Vertragsschluss gegeben hat; letzteres außerhalb der in den vorstehenden Fn. aufgeführten Fälle wegen der Vorkenntnis des Auftraggebers (BGH v. 16.5.1990 – IV ZR 64/89, WM 1990, 1578) fraglich, wenn der zweite Makler auch nur Nachweismakler war.
2 BGH v. 4.3.1992 – IV ZR 267/90, NJW-RR 1992, 687 m.w.N.; s. ferner BGH v. 4.10.1995 – IV ZR 73/94, NJW-RR 1996, 113 und BGH v. 17.4.1997 – III ZR 182/96, NJW-RR 1997, 884; OLG Hamm v. 9.10.1997 – 18 U 123/96, NJW-RR 1999, 633 (nachgewiesenes Objekt stand wegen Option eines Dritten nicht zur Vermietung).
3 BGH v. 26.9.1979 – IV ZR 92/78, NJW 1980, 123; BGH v. 18.1.1996 – III ZR 71/95, WM 1996, 928; BGH v. 25.2.1999 – III ZR 191/98, NJW 1999, 1255 mit umfassender Zusammenstellung seiner bisherigen Rspr.; dazu Anm. *Schwerdtner* in EWiR § 652 BGB 1/99 S. 399 und Beispiel von *Dehner*, BB 1999, 1021.
4 BGH v. 26.9.1979 – IV ZR 92/78, NJW 1980, 123 und BGH v. 18.1.1996 – III ZR 71/95, WM 1996, 928.
5 BGH v. 2.4.1969 – IV ZR 761/68, WM 1969, 885; BGH v. 27.10.1976 – IV ZR 149/75, WM 1976, 1313.
6 BGH v. 27.10.1976 – IV ZR 149/75, WM 1976, 1313 f.
7 OLG Hamm v. 27.5.1971 – 18 U 144/70, MDR 1972, 606.
8 BGH v. 6.2.1991 – IV ZR 265/89, WM 1991, 818.

sich der Kunde sogar unabhängig von einer als Maklerleistung zu qualifizierenden Tätigkeit zu einer Provisionszahlung verpflichten kann; zum sog. selbständigen Provisionsversprechen s. auch schon oben Rn. 50 ff. bei den Verpflichtungsfällen. Im Übrigen kommt eine sog. **Unterbrechung des Kausalzusammenhangs** beim Nachweismakler nur ganz ausnahmsweise dann in Betracht, wenn der frühere Nachweis keinerlei Nachwirkungen – auch nicht in Form eines durch ihn hervorgerufenen und weiterbestehenden Interesses an dem Objekt – mehr hat und die Wiederaufnahme der Verhandlungen nach dem Erlöschen des Interesses des Kunden auf einem völlig neuen Anstoß beruht. So liegt etwa ein fortwirkender Nachweis auch dann noch vor, wenn die Verhandlungen mit dem nach wie vor abschlussbereiten Vertragsgegner zunächst scheitern und erst auf Grund einer Anzeige des Vertragsgegners neu aufgenommen werden[1] oder wenn die nur kurze Zeit unterbrochenen Verhandlungen mit eben vom Makler beigebrachten Mietinteressenten schon bald darauf doch noch zum Erfolg führen, weil sich der bisherige Mieter nachträglich entschlossen hat zu weichen[2]. Anders (Unterbrechung des Kausalzusammenhangs) verhält es sich z.B., wenn sich die vom Makler nachgewiesene Erwerbsmöglichkeit zerschlägt, weil der Eigentümer die Verkaufsabsicht endgültig aufgegeben oder sich für einen anderen Interessenten entschieden hat, dieselbe Kaufgelegenheit dann aber später unter veränderten Umständen neu entsteht und nunmehr von dem Maklerkunden ohne Hinweis des Maklers aus eigener Initiative oder auf Grund eines Hinweises von dritter Seite (auch etwa eines anderen Maklers) genutzt wird[3]. Dies gilt erst recht, wenn der Verkäufer bereits mit dem anderen Interessenten abgeschlossen hatte[4]. Eine Ausnahme (Fortdauer der Kausalität) kommt in diesem Fall nur dann in Betracht, wenn der Vertrag mit dem anderen Interessenten unter Einräumung eines befristeten, im Übrigen aber vorbehaltlosen Rücktrittsrechts geschlossen worden war und der erste Interessent (der Maklerkunde) das Objekt nach Ausübung des Rücktrittsrechts doch noch erwirbt[5]. Dagegen fehlt es an der Kausalität, wenn die Verhandlungen über das vom Makler nachgewiesene Kaufobjekt zum Erliegen kommen und der Maklerkunde das Objekt geraume Zeit später auf Grund eines neuen Angebots des Verkäufers zu einem wesentlich niedrigeren Preis kauft[6] oder ein zum Nachweiszeitpunkt nicht abschlussbereiter Eigentümer sich später aufgrund eines Sinneswandels ohne erneute Einschaltung des Maklers bereit findet, dem Interessenten das gewünschte Objekt zu verkaufen[7]. Ebenso fehlt es an der Kausalität, wenn der Maklerkunde nicht von

---

1 BGH v. 25.2.1999 – III ZR 191/98, BGHZ 141, 40.
2 Vgl. BGH v. 18.1.1996 – III ZR 71/95, NJW-RR 1996, 691; BGH v. 16.5.1990 – IV ZR 337/88, NJW-RR 1990, 1008.
3 BGH v. 23.11.2006 – III ZR 52/06, BGH Report 2007, 240 f. = NJW-RR 2007, 402 f. unter Hinweis auf BGH v. 20.3.1991 – IV ZR 93/90, NJW-RR 1991, 950 und BGH v. 16.5.1990 – IV ZR 337/88, MDR 1990, 906 = NJW-RR 1990, 1008 f.; vgl. ferner OLG Karlsruhe v. 7.10.1994 – 15 U 46/94, NJW-RR 1995, 753.
4 BGH v. 23.11.2006 – III ZR 52/06, BGH-Report 2007, 240 f. = NJW-RR 2007, 402 f.
5 BGH v. 23.11.2006 – III ZR 52/06, BGH-Report 2007, 240 f. = NJW-RR 2007, 402 f.
6 OLG Bamberg v. 22.12.1997 – 4 U 134/97, NJW-RR 1998, 565; s. auch Rn. 65.
7 OLG Düsseldorf v. 8.10.1999 – 7 U 182/98, NJW-RR 2000, 1504; ähnlich auch schon BGH v. 27.1.1988 – IVa ZR 237/86, WM 1988, 725, 726.

dem ihm nachgewiesenen Vormerkungsberechtigten, sondern nach Rückabwicklung des der Vormerkung zugrundeliegenden Vertrages von dem im Grundbuch eingetragenen Voreigentümer erwirbt[1], oder wenn ein anderer Erwerber die von dem Makler nachgewiesene Erwerbsgelegenheit zunächst zunichte macht und es dem Auftraggeber später aus eigener Kraft gelingt, das Objekt von diesem Zwischenerwerber zu kaufen[2] oder der Maklerkunde das zur Anmietung nachgewiesene Objekt, nachdem ihm ein anderer Mietinteressent zuvorgekommen war, nach überraschendem vorzeitigem (Wieder-)Freiwerden des Objekts später doch noch anmietet[3]. Weiterhin fehlt es an der Kausalität auch dann, wenn der Auftraggeber bei den Verhandlungen über die ihm vom Makler nachgewiesene Abschlussgelegenheit von einer anderen erfährt und diese wahrnimmt[4]. Zur Rechtslage, wenn der Kunde das ihm vom Makler nachgewiesene Objekt erst später nach Scheitern seiner Erwerbsbemühungen in der Zwangsversteigerung erwirbt, oben Rn. 68.

cc) Vermittlungsmakler

74 Beim Vermittlungsmakler reicht es zur (Mit-)Ursächlichkeit, dass seine Tätigkeit die **Abschlussbereitschaft des Vertragsgegners irgendwie gefördert** hat, der Makler also beim Vertragsgegner ein Motiv gesetzt hat, das für den Vertragsabschluss nicht völlig unbedeutend war[5]. Diese Voraussetzung ist regelmäßig auch dann erfüllt, wenn bereits gescheiterte Verhandlungen zwischen den Parteien durch den Makler wieder aufgenommen und zum erfolgreichen Abschluss geführt werden[6]. Erweist sich der Vertragsgegner sofort als abschlussbereit, so reicht sogar die Kontaktaufnahme oder die Zusammenführung der Parteien bereits aus (oben Rn. 30). Die Heranziehung des Maklers auch zum Vertragsschluss ist nicht erforderlich. Dagegen fehlt es beim Vermittlungsmakler an der Ursächlichkeit, wenn seine Versuche, für den Auftraggeber etwas zu erreichen, endgültig scheitern, so z.B. wenn sich sein Auftrag darauf beschränkte, einen günstigeren Preis für seinen Auftraggeber auszuhandeln, der Vertragsgegner aber zu keiner Preiskonzession bereit war[7] und der Vertrag später ganz und gar unabhängig von der früheren Maklertätigkeit aufgrund eines neuen Anstoßes auf völlig anderer Grund-

---

1 OLG Düsseldorf v. 17.3.2000 – 7 U 93/99, NJW-RR 2000, 1362; s. aber auch oben Rn. 67 mit Fn. 8.
2 BGH v. 27.1.1988 – IVa ZR 237/86, WM 1988, 725; anders aber BGH v. 30.11.1983 – IVa ZR 58/82, WM 1983, 342: Verkauf an den vom Makler nachgewiesenen Interessenten nicht unmittelbar, sondern mittelbar unter Einschaltung eines Zwischenhändlers; dazu auch OLG Hamm v. 18.4.1994 – 18 U 97/93, NJW-RR 1995, 820.
3 OLG Frankfurt a.M. v. 12.5.1998 – 5 U 90/97, NJW-RR 1999, 635.
4 LG Heidelberg v. 5.11.1964 – 1 S 68/64, MDR 1965, 132; s. dazu auch unten Rn. 75 ff. bei Erörterung der Kausalitätsfrage unter dem Gesichtspunkt der personellen Identität.
5 BGH v. 21.9.1973 – IV ZR 89/72, WM 1974, 257; ebenso schon BGH v. 24.5.1967 – VIII ZR 40/65, DB 1967, 1173, 1174 und BGH v. 21.5.1971 – IV ZR 52/70, WM 1970, 1098.
6 BGH v. 3.2.1955 – II ZR 335/53, DB 1955, 490.
7 BGH v. 23.3.1959 – II ZR 23/58, AIZ 1960, 13, 14.

lage geschlossen wird¹ oder einige der Miteigentümer die Mitwirkung des Maklers ablehnen und der Makler diesen Widerstand überwindet, indem er die anderen veranlasst, die Teilungsversteigerung zu betreiben².

dd) Ursächlichkeit bei mangelnder personeller Identität

Ein Maklerlohn ist auch dann nicht verdient, wenn der Hauptvertrag **nicht von dem Auftraggeber des Maklers** oder dem vom Makler nachgewiesenen oder vermittelten Interessenten³, sondern statt dessen mit einem **nicht vom Makler gewonnenen Dritten** geschlossen wird. Im ersten Fall, in dem der Auftraggeber des Maklers nicht Partei des Hauptvertrages wird (mangelnde personelle Identität zwischen Auftraggeber und Partei des Hauptvertrages), fehlt es, wenn der Auftrag des Maklers nicht so ausgelegt werden kann, dass er (zumindest auch) die Vermittlung (den Nachweis) eines Vertrages mit diesem Dritten umfasste, bereits an der Erbringung der vertraglich geschuldeten Maklerleistung an den Auftraggeber, im zweiten Falle (mangelnde Identität des vom Makler nachgewiesenen oder vermittelten Erstinteressenten mit dem vertragsschließenden Zweitinteressenten⁴) fehlt es jedenfalls an der für das Entstehen eines Provisionsanspruchs erforderlichen rechtlichen Ursächlichkeit der Vermittlungs- oder Nachweistätigkeit des Maklers für den Vertragsschluss. In derartigen Fällen erwirbt der Makler selbst dann keinen Provisionsanspruch, wenn der Vertragsschluss rein tatsächlich auf die Tätigkeit des Maklers zurückzuführen ist, weil der Erwerber durch sie (zufällig oder notwendigerweise) Kenntnis von der Abschlussgelegenheit erhalten hat; dies gilt sogar dann, wenn der Vertragsschluss mit dem Dritten auf einer Weitergabe der Maklerinformationen durch den vom Makler angesprochenen Erstinteressenten oder den Auftraggeber beruht⁵. Die Gefahr, dass seine Informationen in dritte Hände geraten, gehört zum Risikobereich des Maklers. Selbst die Weitergabe unter Verletzung einer Verpflichtung des anderen Teils zur Wahrung der Vertraulichkeit kann allenfalls Schadensersatz-

---

1 BGH v. 14.12.1959 – II ZR 241/58, MDR 1960, 283; BGH v. 24.5.1967 – VIII ZR 40/65, LM BGB § 652 Nr. 25 und BGH v. 21.9.1973 – IV ZR 89/72, WM 1974, 257 f.
2 OLG Dresden v. 26.8.1998 – 8 U 845/98, NZM 1998, 1017.
3 Dazu *Scheibe*, BB 1988, 849.
4 BGH v. 2.6.1976 – IV ZR 101/75, NJW 1976, 1844: Nicht der vom Makler beigebrachte Interessent, sondern der Notar kauft das Grundstück des Auftraggebers.
5 BGH v. 2.6.1976 – IV ZR 101/75, NJW 1976, 1844 und BGH v. 20.10.1983 – IVa ZR 36/82, NJW 1984, 358; weitergehend OLG Dresden v. 24.2.1999 – 8 U 3661/98, NJW-RR 1999, 1501 für den Fall, dass der Maklerkunde den Vertragsschluss durch den Dritten von Anfang an unter Ausnutzung der Leistung, aber ohne Wissen des Maklers angestrebt hat. Bei arglistigem Verhalten des Kunden mag dies angehen, vgl. dazu auch den Sachverhalt des Urt. des OLG Frankfurt a.M. v. 3.8.1999 – 17 U 123/96, NJW-RR 2000, 434. Im Übrigen darf aber der Unterschied zu der nur zur Schadensersatzpflicht des Auftraggebers führenden treuwidrigen Weitergabe der Maklerinformation (oben Rn. 37) nicht verwischt werden, s.o. Text. Wird die Absicht der Weitergabe gegenüber dem Makler offen gelegt, so ist die Identität zwischen Auftrags- und Vertragsinhalt dagegen gewahrt, wenn der Maklervertrag so ausgelegt werden kann, dass er auch den Abschluss des Hauptvertrages mit dem Dritten umfasst.

ansprüche des Maklers auslösen, nicht aber die Erfüllung der tatbestandlichen Voraussetzungen des § 652 BGB ersetzen.

76 Ein Provisionsanspruch des Maklers kann in den vorbezeichneten (s. Rn. 75) Fällen ausnahmsweise nur dann entstehen, wenn der Auftraggeber oder der von dem Makler nachgewiesene oder vermittelte Erstinteressent **persönlich oder wirtschaftlich mit dem vertragsschließenden Dritten so eng verbunden** ist und deshalb ein so **erhebliches eigenes Interesse** an dem Abschluss des Vertrages mit dem Dritten hat, dass es gerechtfertigt ist, ihm dessen Vertragsabschluss unter Provisionsgesichtspunkten wie ein mit ihm selbst abgeschlossenes Geschäft zuzurechnen. Voraussetzung für eine solche Annahme ist eine feste, auf Dauer angelegte, i.d.R. familiäre oder gesellschaftsrechtliche Bindung zwischen dem Auftraggeber oder dem vom Makler beigebrachten Erstinteressenten und dem tatsächlichen Vertragspartner, an den die Maklerinformation weitergegeben worden ist. Eine bloße, selbst auf längere Zeit unterhaltene Geschäftsbeziehung zwischen Auftraggeber oder dem Erstinteressenten und dem vertragschließenden Dritten wäre nicht ausreichend[1]; ebenso wenig sonstige private Beziehungen wie Freundschaft oder Bekanntschaft.

77 Eine die Provisionspflicht des Auftraggebers begründende **familiäre oder gesellschaftsrechtliche Beziehung** wird regelmäßig bestehen, wenn der Hauptvertrag mit nahen Familienangehörigen des Auftraggebers wie etwa statt mit dem Ehemann mit der Ehefrau[2] – fraglich bei Abschluss mit der Lebensgefährtin[3] –, statt mit dem Vater mit dem Sohn oder der Tochter, statt mit dem Kunden mit dessen Vater und Bruder[4] u. U. auch mit dem Bruder[5], statt mit einer KG mit deren Komplementär-GmbH, statt mit einer Kapitalgesellschaft mit deren Tochtergesellschaft[6], statt mit der Betriebs-GmbH mit deren Besitzgesellschaft[7] oder jeweils umgekehrt, statt mit dem Auftraggeber des Maklers oder dem von ihm nachgewiesenen oder vermittelten Erstinter-

---

[1] BGH v. 20.10.1983 – IVa ZR 36/82, NJW 1984, 358, 359.
[2] BGH v. 12.10.1983 – IVa ZR 36/82, NJW 1984, 358, 359; s. auch schon BGH v. 2.6.1976 – IV ZR 101/75, NJW 1976, 1844, 1845; OLG Koblenz v. 18.9.2003 – 5 U 306/03, NJW-RR 2004, 414.
[3] Verneinend: OLG Düsseldorf v. 8.10.1999 – 7 U 251/98, NJW-RR 2000, 1081 für den Fall, dass nicht eine GmbH, sondern die Lebensgefährtin des Geschäftsführers den Hauptvertrag geschlossen hatte; im Fall BGH v. 10.10.1990 – IV ZR 280/89, NJW 1991, 490 waren im Maklervertrag sowohl der Kunde als auch seine Lebensgefährtin als Kaufinteressenten aufgeführt.
[4] BGH v. 8.4.2004 – III ZR 20/03, MDR 2004, 931.
[5] So OLG Frankfurt a.M. v. 3.8.1999 – 17 U 123/96, NJW-RR 2000, 434 bei gemeinsamem Auftreten der Brüder gegenüber dem Makler unter bewusstem Verschweigen, welcher von ihnen beiden der wirkliche Interessent war. Hier lag allerdings die Annahme eines Versuchs nahe, den Makler arglistig um seine Provision zu bringen.
[6] Vgl. die in BGH v. 12.10.1984 – IVa ZR 36/82, NJW 1984, 358, 359 aufgeführten Fallgruppen; im gleichen Sinne auch schon BGH v. 2.6.1976 – IV ZR 101/75, NJW 1976, 1844, 1845. Anders aber in dem vom OLG München v. 16.12.1994 – 23 U 3641/94, BB 1995, 2078 entschiedenen Fall: Verbindung zwischen Maklerkunde und Erwerber nur über eine gemeinsame Konzern-Großmutter.
[7] OLG Koblenz v. 4.5.1984 – 2 U 457/82, WM 1984, 1191, 1193.

essenten mit der von diesem als Hauptgesellschafter oder Geschäftsführer beherrschten Gesellschaft[1] wie überhaupt statt mit einer Gesellschaft mit einer anderen Gesellschaft mit im wesentlich identischen Gesellschafterbestand[2] oder mit den Gesellschaftern anstatt mit der Gesellschaft (und umgekehrt), oben Rn. 67, 69, zustande kommt. Dabei wird nach der Rechtsprechung des BGH vorausgesetzt, dass die Verbindung bereits in dem Zeitpunkt bestand, in dem der Makler seine nachweisende oder vermittelnde Tätigkeit entfaltete[3]. Nach anderer Ansicht[4] soll es dagegen maßgeblich auf den Zeitpunkt des Abschlusses des Hauptvertrages ankommen. Dem ist unter der Voraussetzung, dass die nachweisende oder vermittelnde Tätigkeit des Maklers in dem Zeitpunkt der Überlassung der Abschlussgelegenheit seitens des Auftraggebers oder Erstinteressenten an den vertragsschließenden Dritten noch ursächlich fortwirkt, im Grundsatz zuzustimmen: Das Eigeninteresse des Auftraggebers oder Erstinteressenten an dem Abschluss des Hauptvertrages, das es rechtfertigt, ihm den Vertragsschluss unter provisionsrechtlichen Gesichtspunkten zuzurechnen, besteht auch dann, wenn er von dem Nachweis (der Vermittlung) des Maklers in der Weise Gebrauch macht, dass er das ihm angediente Objekt von seiner inzwischen geheirateten Ehefrau oder seiner inzwischen für den Betrieb seiner Geschäfte gegründeten GmbH erwerben lässt. Dagegen fehlt ein solches die Zurechnung rechtfertigendes Interesse, wenn das ihm während des Bestehens seiner Ehe oder seiner Gesellschafterstellung angebotene, von ihm nicht gekaufte Objekt später nach Scheidung seiner Ehe oder Ausscheiden aus der Gesellschaft von seiner früheren Ehefrau oder Gesellschaft erworben wird[5].

---

1 OLG Koblenz v. 16.1.1992 – 5 U 440/91, DB 1992, 2390.
2 BGH v. 5.10.1995 – III ZR 10/95, WM 1995, 2112; OLG Karlsruhe v. 2.12.1994 – 15 U 95/94, NJW-RR 1995, 1136; s. auch LG Dresden v. 24.2.1995 – 12 O 4141/94, NJW-RR 1996, 307.
3 BGH v. 20.10.1983 – IVa ZR 36/82, NJW 1984, 358, 359.
4 OLG Karlsruhe v. 2.12.1994 – 15 U 95/94, NJW-RR 1995, 1136.
5 Ähnlich auch OLG Koblenz v. 14.1.1993 – 5 U 1137/92, NJW-RR 1994, 180; siehe auch schon OLG Koblenz v. 4.5.1984 – 2 U 457/82, WM 1984, 1191. Nach OLG Hamm v. 16.1.1984 – 18 U 118/83, WM 1984, 906 soll es anscheinend darauf ankommen, dass die Bindung noch zur Zeit des Abschlusses des Hauptvertrages fortbesteht. Dem ist zuzustimmen, soweit eine bestehende Bindung in diesem Zeitpunkt gefordert wird, nicht aber dagegen hinsichtlich einer Notwendigkeit der Bindung bereits im Zeitpunkt des Tätigwerdens des Maklers. Wie im obigen Text allein auf den Zeitpunkt des Abschlusses des Hauptvertrages stellt jetzt auch der BGH für den Sonderfall ab, dass die enge Beziehung durch die Identität der hinter zwei juristischen Personen stehenden natürlichen Personen begründet wird, siehe BGH v. 5.10.1995 – III ZR 10/95, WM 1995, 2112, 2113; zustimmend *Dehner*, NJW 1997, 18, 20, wonach die scheinbar abweichende Entscheidung des BGH v. 12.10.1984 – IVa ZR 36/82, NJW 1984, 358 nur darauf beruhen soll, dass in diesem Fall der Makler eine Vermittlungsprovision verlangte und eine Vermittlung zwingend die Einwirkung auf den vorgesehenen Vertragspartner oder eine ihm schon im Zeitpunkt der Einwirkung gleichzusetzende Person voraussetzt; anders als im Text *Schwerdtner*, MaklerR, Rn. 423 auf der Grundlage seiner Auffassung, wonach nicht das Eigeninteresse die Gleichsetzung rechtfertigt, sondern der Schutz des Maklers vor dem Bruch der Vertraulichkeit seiner Angaben, gegen den er sich bei wirtschaftlichen oder persönlichen Beziehungen nicht sichern könne.

78 Nach der bisherigen Rechtsprechung nicht als zur Begründung einer Provisionspflicht ausreichend angesehen worden ist dagegen eine **ständige Geschäftsbeziehung** nicht gesellschaftsrechtlicher Art[1] (dazu oben Rn. 76), Erwerb des Objekts durch den Geschäftsführer persönlich anstatt durch die GmbH[2], durch den Aufsichtsratsvorsitzenden gemeinsam mit anderen Personen anstatt durch die Aktiengesellschaft[3].

ee) Beweislast

79 Die Beweislast für den Abschluss eines Maklervertrages sowie die darin getroffenen Abmachungen, die den Provisionsanspruch des Maklers begründen sollen, für die Nachweis- oder Vermittlungstätigkeit, also die Erbringung einer Maklerleistung für den Auftraggeber, sowie deren Ursächlichkeit für den Abschluss eines Hauptvertrages in sachlicher wie personeller Hinsicht liegt beim **Makler**, s. dazu schon oben Rn. 25 (Alleinauftrag), Rn. 29 und 72 (Vorkenntnis) und Rn. 16. Dort auch zu der Umkehrung der Beweislast bei Abschluss des Hauptvertrages in nahem zeitlichen Zusammenhang mit der Nachweis- oder Vermittlungstätigkeit des Maklers, der Beweislast des Auftraggebers für eine von ihm behauptete Vorkenntnis und der Möglichkeit des Maklers, ihr gegenüber den Beweis zu führen, dass seine Tätigkeit gleichwohl (mit-)ursächlich gewesen sei. Auch dabei kann dem Makler eine **Umkehrung der Beweislast** zugute kommen, dann nämlich, wenn dem Auftraggeber das Objekt vorher zu für ihn deutlich ungünstigeren Bedingungen angeboten worden war und er nunmehr den Vertrag kurze Zeit nach Zugang des Nachweises des Maklers zu den darin genannten günstigeren Bedingungen schließt[4]. Zur Beweislast des Maklers für die zeitliche Priorität seines Nachweises bei Übersendung desselben Nachweises durch mehrere Makler s. Rn. 73. Will der Interessent trotz zeitlicher Nähe mangelnde Ursächlichkeit des Maklerhandelns (zur sog. Unterbrechung des Kausalzusammenhangs s. Rn. 73) behaupten, so obliegt es ihm zu beweisen, dass der Abschluss ganz losgelöst von der vorherigen Tätigkeit des Maklers erfolgte[5].

h) Folgeverträge

80 Schließen dieselben Parteien später ohne erneutes Tätigwerden des Maklers weitere Verträge (Anschluss- oder Folgeverträge), so werden auch diese Vertragsschlüsse häufig in rein tatsächlichem Sinne dadurch ursächlich bedingt sein, dass der Makler die Parteien zwecks Abschluss des früheren Vertrages zusammengebracht hatte. Ob der Makler auch für solche Folgeverträge eine Provision verlangen kann, ist mithin in derartigen Fällen keine Frage der Ursächlichkeit, sondern eine Frage der im Maklerauftrag insoweit getroffenen Vereinbarungen. Erschöpfte sich der Auftrag des Maklers in der Herbeifüh-

---

1 BGH v. 20.10.1983 – IVa ZR 36/82, NJW 1984, 358, 359.
2 OLG München, AIZ 1986, 2, 4.
3 OLG Hamburg v. 30.11.1983 – 5 U 221/82, zitiert nach *Schwerdtner*, MaklerR, Rn. 432.
4 BGH v. 26.4.1978 – IV ZR 66/77, WM 1978, 885 f.
5 OLG Koblenz v. 18.9.2003 – 5 U 306/03, NJW-RR 2004, 414.

rung des ersten Vertrages, so kann er auch nur für diesen Abschluss eine Provision verlangen, anders, wenn der ihm erteilte Auftrag auch auf die (indirekte) Herbeiführung weiterer Verträge gerichtet war. Was im Einzelfall gewollt ist, muss notfalls durch **Auslegung des Maklervertrages** ermittelt werden, wobei Verkehrsauffassung und Handelsbräuchen eine ausschlaggebende Bedeutung zukommen kann[1]. Eine gesetzliche Regel, wonach im Zweifel nur der Erstvertrag provisionspflichtig ist, soll es außerhalb von Miet- und Pachtverträgen, für die es bei der grundsätzlichen Provisionspflicht nur des Erstvertrages bleibt, nach neuerer **Rechtsprechung des BGH** nicht geben. Provisionsfreiheit oder Provisionspflicht der Folgeverträge sollen vielmehr gleichberechtigte Auslegungsalternativen sein[2]. Diese auf allgemeine Kausalitätserwägungen rekurrierende Rechtsprechung ist nicht unbedenklich. Gesetzliches Leitbild ist (anders als im Handelsvertreterrecht) der auf den Nachweis oder die Vermittlung eines konkreten Vertrages gerichtete Maklerauftrag. Mit dem Abschluss dieses (Haupt-)Vertrages ist die Maklerleistung „verbraucht". Sollen darüber hinaus auch andere Verträge, die später ohne Zutun des Maklers zwischen den Parteien des Erstvertrages geschlossen werden, provisionspflichtig sein, so bedarf dies besonderer individualrechtlicher Abmachung. AGB des Maklers reichen dazu wegen § 307 BGB nicht aus[3]. Auf jeden Fall kann eine übermäßige Ausdehnung der Provisionspflicht für Folgegeschäfte sittenwidrig (§ 138 BGB) sein. Ob sich für die Zulässigkeit der Vereinbarung von Folgeprämien generell unabhängig von den besonderen Umständen des Einzelfalls und des einschlägigen Geschäftszweigs eine zeitliche Höchstgrenze festsetzen lässt, wie es zum Teil vorgeschlagen wird[4], erscheint eher fraglich. Zu den Besonderheiten beim Versicherungsmakler s. § 93 Rn. 7.

i) Beauftragung mehrerer Makler

Bei Einschaltung mehrerer Makler hat grundsätzlich, d.h. wenn keine abweichende Vereinbarung vorliegt, nach der Rechtsprechung **jeder den vollen Provisionsanspruch**, sofern seine Tätigkeit für den Vertragsschluss mindestens mitursächlich im oben (Rn. 71 ff.) bezeichneten Sinne geworden ist[5]. Im Schrifttum wird demgegenüber vereinzelt unter Hinweis auf eine sinngemäße Anwendung des § 660 Abs. 1 S. 1 BGB für eine **Provisionsteilung** plädiert, die dem typischen Willen des Maklerkunden, der mehrere Makler

81

---

[1] BGH v. 13.6.1990 – IV ZR 141/89, WM 1990, 1680; ähnlich auch schon BGH v. 27.11.1985 – IVa ZR 64/84, WM 1986, 329; a.A. *Koller*, BB 1981, 547.
[2] So ausdrücklich BGH v. 13.6.1990 – IV ZR 141/89, WM 1990, 1681; zu Miet- und Pachtverträgen auch bereits BGH v. 27.11.1985 – IVa ZR 64/84, WM 1986, 329.
[3] Wie hier *Schwerdtner*, MaklerR, Rn. 766 ff., 768, 937; ebenso für Miet- und Pachtverträge BGH v. 28.2.1973 – IV ZR 34/71, BGHZ 60, 243: „Differenzgebühr" bei Kauf des durch Vermittlung des Maklers angemieteten Hausgrundstücks innerhalb von fünf Jahren.
[4] So ansatzweise *Schwerdtner*, MaklerR, Rn. 941: fünf Jahre als Obergrenze.
[5] Vgl. etwa BGH v. 21.9.1973 – IV ZR 89/72, WM 1974, 257; BGH v. 27.10.1976 – IV ZR 149/75, NJW 1977, 41.

mit dem Nachweis oder der Vermittlung desselben Objekts beauftragte, besser entspreche[1].

j) Zusammenwirken mehrerer Makler

82 Von der Rechtslage bei der Beauftragung mehrerer Makler durch den Auftraggeber (oben Rn. 81) zu unterscheiden ist diejenige, die entsteht, wenn der Makler von sich aus weitere Makler einschaltet. Darin kann schlicht eine **Weitergabe des Auftrags** liegen, etwa weil der vom Kunden angesprochene Makler den Auftrag zur Zeit nicht übernehmen kann oder will. Ein Maklervertrag kommt hier nur zwischen dem Kunden und dem Makler zustande, an den der Auftrag weitergegeben worden ist. Ähnlich verhält es sich bei dem sog. **Zubringergeschäft** nur mit dem Unterschied, dass der vom Kunden zunächst angesprochene Makler (der Zubringer), der den Maklervertrag mit dem weiteren Makler vermittelt hat, von diesem aufgrund eines zu ihm (nicht zum Auftraggeber) bestehenden Vertragsverhältnisses einen – meist verhältnismäßig geringeren – Anteil an dessen Provision erhält[2]. Von einem **Untermaklergeschäft** spricht man, wenn der vom Kunden beauftragte (Haupt-)Makler seinerseits einen weiteren Maklervertrag mit einem anderen Makler schließt. Auch hier entstehen keine direkten vertraglichen Beziehungen des Auftraggebers zum Untermakler. Provisionspflichtige Vertragsbeziehungen bestehen nur zwischen dem Auftraggeber und dem Hauptmakler einerseits und dem Hauptmakler und dem Untermakler andererseits[3]. Zum sog. **Makler-Franchising** vgl. BGH-Urteil vom 26.10.1977[4]: Eine Franchising-Zentrale (Franchising-Geber) fungierte in Bezug auf die ihr vom Mitgliedsmakler pflichtgemäß mitgeteilten Aufträge als Zubringer für alle anderen Mitgliedsmakler (Franchising-Nehmer), denen gegen Beteiligung der Zentrale an der späteren Provision auf diese Weise die Möglichkeit eröffnet wurde, die Gelegenheit wahrzunehmen. Ein sog. **Gemeinschaftsgeschäft** liegt nur vor, wenn mehrere Makler auf entgegengesetzter Seite tätig werden und das Geschäft als Gemeinschaftsgeschäft behandeln wollen[5]. Für Gemeinschaftsgeschäfte gibt es keine gesetzlichen Regeln. Rechte und Pflichten der beteiligten Makler und dementsprechend auch die interne Aufteilung der aus dem Geschäft verdienten Gebühren bestimmen sich ausschließlich nach den zwischen ihnen getroffenen, erforderlichenfalls aus-

---

1 *Knütel*, ZHR 144 (1980), 289 ff.; teilweise zustimmend *Heymann/Herrmann*, vor § 93 Rn. 19 ff., 23, soweit der Auftraggeber mit der Einschaltung mehrerer Makler nicht erklärtermaßen gerade den Wettbewerbseffekt unter den Maklern nutzen wolle.
2 BGH v. 22.5.1963 – VIII ZR 254/61, BB 1963, 835; BGH v. 28.2.1968 – VIII ZR 6/66, BB 1968, 729 (letztere Entscheidung terminologisch nicht sehr glücklich).
3 BGH v. 28.2.1968 – VIII ZR 6/66, BB 1968, 729; s. auch OLG Hamm v. 1.3.1999 – 18 U 149/98, NJW-RR 2000, 59 zur Anwendbarkeit von § 278 BGB in diesem Verhältnis.
4 BGH v. 26.10.1977 – IV ZR 177/76, WM 1978, 245.
5 BGH v. 18.6.1986 – IVa ZR 7/85, WM 1986, 1288; BGH v. 23.2.1994 – IV ZR 58/93, NJW-RR 1994, 636; dazu ausführlich MünchKommBGB/*Roth*, § 652 BGB Rn. 246 ff.; s. auch *Schwerdtner*, MaklerR, Rn. 43 ff.

zulegenden Vereinbarungen[1]. Eine etwa allgemein oder regional bestehende Übung kann allenfalls Indiz bei der Ermittlung des Inhalts der jeweils abgeschlossenen Vereinbarungen sein[2]. Auch von Maklerverbänden ausgearbeitete Regelwerke werden, und zwar sogar bei Gemeinschaftsgeschäften unter mehreren demselben Verband angehörenden Maklern, nicht automatisch Bestandteil des Gemeinschaftsvertrages. Auch ihre Geltung muss vielmehr ausdrücklich oder stillschweigend vereinbart sein[3]. Bei (wie zumeist) vereinbarter Gebührenteilung darf sich nicht einer der beiden Makler entgegen seinen dem anderen Makler abgegebenen Erklärungen gegenüber seinem Auftraggeber auf einen niedrigeren Provisionssatz einlassen, wenn er es vermeiden will, sich seinem Partner schadensersatzpflichtig zu machen. Anderes gilt nur, wenn sonst eine Vermittlung des Objektes nicht möglich gewesen wäre[4]. Im Übrigen werden die Rechte und Pflichten der beteiligten Makler gegenüber ihren jeweiligen Auftraggebern durch das Gemeinschaftsgeschäft nicht berührt. Str. ist, ob für den Fall, dass der Abschluss des Hauptvertrages allein durch das Wirken eines der durch das Gemeinschaftsgeschäft verbundenen Makler zustande kommt, nur dieser einen Provisionsanspruch erwirbt[5] oder ob das Wirken des einen dem anderen zugerechnet wird[6].

5. Fälligkeit, Höhe und Verjährung des Vergütungsanspruchs

a) Fälligkeit

Die Fälligkeit des Provisionsanspruchs tritt grundsätzlich mit wirksamem **Abschluss des Hauptvertrages** (vgl. oben Rn. 41 und 61), nicht erst bei dessen Ausführung ein. Die Vereinbarung eines späteren Zeitpunktes ist unbeschränkt, eines früheren nur in Individualvereinbarungen zulässig. Ist Fälligkeit bei **Ausführung des Vertrages** vereinbart, so tritt sie im Falle verzögerter oder ganz unterbleibender Vertragsausführung nach Ablauf der Zeitspanne ein, innerhalb deren die Ausführung bei normalem Ablauf erwartet werden konnte[7]. Es kann aber auch gemeint sein, dass schon die Entstehung des Provisionsanspruchs von der Vertragsausführung abhängig sein sollte. Der Makler hat dann bei unterbleibender Vertragsausführung grundsätzlich keinen Provisionsanspruch, und zwar auch dann nicht, wenn die

83

---

1 BGH v. 18.6.1986 – IVa ZR 7/85, WM 1986, 1288 und BGH v. 23.2.1994 – IV ZR 58/93, NJW-RR 1994, 636; ebenso schon BGH v. 14.10.1981 – IVa ZR 152/80, WM 1982, 16.
2 BGH v. 23.2.1994 – IV ZR 58/93, NJW-RR 1994, 636.
3 BGH v. 18.6.1986 – IVa ZR 7/85, WM 1986, 1288; ebenso schon BGH v. 14.10.1981 – IVa ZR 152/80, WM 1982, 16, 17 m.w.N.; dort auch zu Folgeprovisionen bei Gemeinschaftsgeschäften.
4 Dazu ausführlich BGH v. 18.6.1986 – IVa ZR 7/85, WM 1986, 1288.
5 So z.B. *Dehner*, Maklerrecht, Rn. 407.
6 So OLG Stuttgart v. 10.7.2002 – 3 U 31/02, NJW-RR 2002, 1482 bei ausreichendem Hinweis an den Kunden auf das Gemeinschaftsgeschäft; zur Auslegung von „atypischen Gemeinschaftsgeschäften", die nicht ein einzelnes Objekt, sondern eine Vielzahl von Objekten erfassen sollen, s. OLG Stuttgart v. 7.3.2001 – 3 W 332/00, NJW-RR 2002, 783.
7 BGH v. 18.4.1966 – VIII ZR 111/64, NJW 1966, 1404, 1406.

Nichtausführung des Hauptvertrages auf einem Verschulden seines Auftraggebers beruht. Eine analoge Anwendung der für den Handelsvertreter geltenden Bestimmung des § 87a Abs. 3 lehnt die Rechtsprechung ab[1]. Eine Ausnahme kann gelten, wenn der Auftraggeber den Makler in der sicheren Erwartung der Vertragsdurchführung gehalten und so zu besonders intensiver Arbeit veranlasst hatte[2].

b) Höhe

84 Die Höhe der Provision richtet sich primär nach den getroffenen, notfalls auch nach den Grundsätzen der über die ergänzende Vertragsauslegung zu ermittelnden **Vereinbarungen**, sonst nach Taxe, und wenn eine solche – wie in aller Regel – nicht vorhanden ist, nach **Ortsüblichkeit**[3]. Lässt sich ein Makler nachträglich seine AGB unterzeichnen, die eine höhere als die ortsübliche Gebühr vorsehen, so ist es Sache des Maklers, den Auftraggeber nachdrücklich darauf hinzuweisen, dass er damit eine Vertragsänderung anstrebt, nach welcher der Auftraggeber nunmehr die höhere Vereinbarungsprovision schulden soll[4]. Ist eine Ortsüblichkeit nicht festzustellen, so ist eine angemessene, notfalls durch ergänzende richterliche Vertragsauslegung zu ermittelnde Vergütung geschuldet[5]. Von Maklerverbänden veröffentlichte „Taxen" sind – auch für ihre Mitgliedsfirmen – nicht als solche[6], sondern nur insoweit verbindlich, wie sie tatsächlich eine allgemeine Handhabung und damit die Üblichkeit wiedergeben[7]. Üblichkeit ist eine solche zum Zeitpunkt des Abschlusses des Maklervertrages am Erfüllungsort. Das ist der Ort, an dem sich das Objekt befindet[8]; hilfsweise gilt § 269 BGB. Ortsüblichkeit entscheidet auch darüber, ob der Makler die **Mehrwertsteuer** aufschlagen darf. Im Zweifel ist dies nicht der Fall[9], und zwar auch nicht gegenüber vorsteuerabzugs-

---

1 BGH v. 18.4.1966 – VIII ZR 111/64, NJW 1966, 1404 m.w.N.
2 BGH v. 18.4.1966 – VIII ZR 111/64, NJW 1966, 1404.
3 BGH v. 13.3.1985 – IVa ZR 211/82, BGHZ 94, 98 f.; BGH v. 31.3.1982 – IVa ZR 4/81, NJW 1982, 1523: dort insbesondere auch zur Beweislast für die Höhe; BGH v. 8.6.1986 – IVa ZR 7/85, WM 1986, 1228, 1229; zur Bedeutung von Handelsbrauch für die Bestimmung der Provisionshöhe OLG München v. 27.2.1991 – 7 U 4005/90, NJW-RR 1991, 1019; s. ferner BGH v. 12.2.1981 – IVa ZR 94/80, NJW 1981, 1444: Beweislast des Auftraggebers, wenn er ausnahmsweise vereinbarte Unentgeltlichkeit der Maklerleistung behauptet. Zur Beweislast s. auch BGH v. 31.3.1982 – IVa ZR 4/81, WM 1982, 613. Zur Höhe der Vergütungen für Immobilienmakler BGH v. 16.2.1994 – IV ZR 35/93, BGHZ 125, 135; kritisch dazu *Dehner*, NJW 1987, 57 f. und NJW 1997, 23 Fn. 66; s. ferner zur ortsüblichen Höhe OLG Frankfurt a.M. v. 14.5.1998 – 1 U 13/95, NJW-RR 1999, 1279.
4 KG v. 6.1.1994 – 10 U 1276/93, NJW-RR 1994, 1265 f.
5 BGH v. 13.3.1985 – IVa ZR 211/82, BGHZ 94, 98 ff.
6 A.A. anscheinend OLG Frankfurt/M. v. 12.5.1955 – 6 U 3/55, BB 1955, 490; wie hier aber auch *Schwerdtner*, MaklerR, Rn. 787.
7 Kritik an der Einholung von Sachverständigengutachten über die Höhe der ortsüblichen Provision bei Maklerverbänden bei *Dehner*, NJW 2000, 1986, 1993 betr. OLG Frankfurt a.M. v. 15.9.1999 – 19 U 61/99, NJW-RR 2000, 58 und OLG Frankfurt a.M. v. 12.5.1955 – 6 U 3/55, BB 1955, 490.
8 Wegen vereinzelter abweichender Ansichten s. *Schwerdtner*, MaklerR, Rn. 788.
9 BGH v. 22.3.1972 – VIII ZR 119/70, BGHZ 58, 292, 295.

berechtigten Auftraggebern. Eine vereinbarte überhöhte Provision kann richterlich nicht herabgesetzt werden. Sittenwidrig überhöhte, insbesondere wucherische Provisionsabsprachen sind jedoch nach § 138 BGB nichtig[1]. In der Regel besteht die Provision in einem **bestimmten Prozentsatz des Vertragspreises**[2]. Was darunter zu verstehen ist, ist Sache der Auslegung im Einzelfall. Im Allgemeinen schließt der provisionspflichtige Vertragspreis auch den Wert vertraglich vereinbarter Nebenleistungen mit ein, nicht jedoch Steuern und öffentliche Abgaben[3]. Vereinbarungen, wonach der Makler einen bestimmten Übererlös als Vergütung behalten darf, **sog. Übererlösklauseln**, sind nach Ansicht der Rechtsprechung zulässig, sofern sich nicht von vornherein absehen lässt, dass sich der Makler damit eine sittenwidrig überhöhte Gebühr verschafft und der Auftraggeber in diesem Zusammenhang auch im Übrigen nicht übervorteilt wird[4]. Eine solche sittenwidrige, zur Nichtigkeit der Vergütungsabrede (§ 138 BGB) führende Übervorteilung des Maklerkunden liegt jedenfalls vor, wenn der Makler den ihm durch einen qualifizierten Alleinauftrag verbundenen Verkäufer, der bereit ist, sich mit einem verhältnismäßig niedrigen Verkaufspreis zufrieden zu geben, nicht darüber aufklärt, dass der in Betracht kommende Kaufinteressent zur Zahlung eines sehr hohen Preises bereit ist[5]. Überhaupt sind Übererlösklauseln angesichts ihrer Gefährlichkeit für den Maklerkunden rechtlich allenfalls hinnehmbar, wenn dem Makler eine gesteigerte Sorgfaltspflicht in Bezug auf die zutreffende Unterrichtung eines nicht sachkundigen Auftraggebers über den realistischerweise erzielbaren Kaufpreis auferlegt wird[6]. Vor diesem Hintergrund ist es unverständlich, dass der für Käufer und Verkäufer gleichermaßen tätige (Doppel-)Makler (oben Rn. 33) nach einer Entscheidung des BGH nicht verpflichtet sein soll, den Käufer darüber aufzuklären, dass er sich von dem Verkäufer den über einen bestimmten Verkaufspreis hinausgehenden Betrag als Übererlös hat versprechen lassen[7]. Lohnverzicht des Maklers ist möglich; er ist nicht anfechtbar

---

1 S. dazu BGH v. 16.2.1994 – IV ZR 35/93, BGHZ 125, 135; BGH v. 30.5.2000 – IX ZR 121/99, NJW 2000, 2669.
2 Zur u.U. unterschiedlichen Berechnung des Vertragspreises für Käufer- und Verkäufermakler sowie zur Berechnung des maßgeblichen Verkaufspreises bei Unternehmensverkäufen, wenn zusätzlich zum Barpreis Schulden des Unternehmens übernommen werden, BGH v. 15.3.1995 – IV ZR 25/94, NJW 1995, 1738 und OLG Düsseldorf v. 8.10.1999 – 7 U 254/98, NJW-RR 2000, 1506; zur Bezugsgröße für den Nachweis zum Erwerb eines Hotelprojekts OLG Frankfurt a.M. v. 14.5.1998 – 1 U 13/95, NJW-RR 1999, 1279; nach OLG Frankfurt a.M. waren im Frankfurter Raum 1996 für den Nachweis zum Kauf eines Grundstücks 5 % plus MWSt. üblich.
3 BGH v. 14.6.1965 – VIII ZR 231/63, NJW 1965, 1755.
4 S. dazu BGH v. 16.4.1969 – IV ZR 784/68, WM 1969, 886; BGH v. 25.6.1969 – IV ZR 793/68, NJW 1969, 1628; s. ferner BGH v. 16.2.1994 – IV ZR 35/93, BGHZ 125, 135; das Schrifttum nimmt dagegen eher eine kritische Haltung ein, s. dazu einerseits *Schwerdtner*, MaklerR, Rn. 769 ff. und *Staudinger/Reuter*, §§ 652, 653 BGB Rn. 10 und andererseits MünchKommBGB/*Roth*, § 652 BGB Rn. 173; vgl. ferner *Dehner*, NJW 1997, 23; auch *Martinek*, JZ 1994, 1048.
5 BGH v. 16.2.1994 – IV ZR 35/93, BGHZ 125, 135.
6 Im Sinne des Bestehens dieser Pflicht OLG Düsseldorf v. 10.5.1996 – 7 U 86/95, NJW-RR 1997, 1278 und v. 5.2.1999 – 7 U 132/98, NJW-RR 1999, 1140.
7 BGH v. 16.1.1970 – IV ZR 162/68, NJW 1970, 1075; dagegen zutreffend *Schwerdtner*, MaklerR, Rn. 777.

wegen Drohung, wenn nur durch den Verzicht des Maklers der Vertragsschluss zu erreichen war[1]. Handelt der Auftraggeber völlig selbständig einen höheren Preis als vor ihm der Makler aus, so soll sich der Provisionsanspruch ausnahmsweise nach dem ursprünglich niedrigeren Preis richten können[2]. Spätere Veränderungen des vereinbarten Preises lassen den Lohnanspruch, wenn nicht etwas anderes vereinbart ist oder den Umständen nach als vereinbart zu gelten hat, im Zweifel unberührt[3]. Zur gerichtlichen Festsetzung einer angemessenen Provision kann es kommen, wenn die Parteien vereinbaren, dass bei Erzielung eines höheren als des angenommenen Preises „über eine Provision separat verhandelt werden" müsste, dann aber zu keiner Einigung gelangen[4]. Zu sog. „Tip-Provisionen"[5] s. *Dehner*, NJW 2000, 1986, 1993 f.

c) Verjährung

85 Der Provisionsanspruch verjährt für den Zivil- wie den Handelsmakler gleichermaßen in drei Jahren (§ 195 BGB). Die Verjährung beginnt mit dem Schluss des Jahres, in dem der Makler von den anspruchsbegründenden Umständen (regelmäßig der Abschluss des Hauptvertrages) Kenntnis erlangt hat oder ohne grobe Fahrlässigkeit hätte erlangen müssen (§ 199 BGB).

§ 93
Begriff

(1) Wer gewerbsmäßig für andere Personen, ohne von ihnen auf Grund eines Vertragsverhältnisses ständig damit betraut zu sein, die Vermittlung von Verträgen über Anschaffung oder Veräußerung von Waren oder Wertpapieren, über Versicherungen, Güterbeförderungen, Schiffsmiete oder sonstige Gegenstände des Handelsverkehrs übernimmt, hat die Rechte und Pflichten eines Handelsmaklers.

(2) Auf die Vermittlung anderer als der bezeichneten Geschäfte, insbesondere auf die Vermittlung von Geschäften über unbewegliche Sachen, finden, auch wenn die Vermittlung durch einen Handelsmakler erfolgt, die Vorschriften dieses Abschnitts keine Anwendung.

(3) Die Vorschriften dieses Abschnitts finden auch Anwendung, wenn das Unternehmen des Handelsmaklers nach Art oder Umfang einen in kaufmännischer Weise eingerichteten Geschäftsbetrieb nicht erfordert.

---

1 BGH v. 28.5.1969 – IV ZR 790/68, NJW 1969, 1627.
2 OLG Nürnberg v. 5.8.1976 – 2 U 196/75, MDR 1977, 52.
3 BGH v. 10.11.1976 – IV ZR 129/75, WM 1977, 21, 23.
4 BGH v. 6.7.1994 – IV ZR 101/93, WM 1994, 1984; dazu *Dehner*, NJW 1997, 23.
5 OLG Düsseldorf v. 28.11.1997 – 7 U 77/97, NJW-RR 1998, 1667 und v. 24.3.1995 – 7 U 67/94, NJW-RR 1996, 1011.

Übersicht

	Rn.		Rn.
I. Handelsmakler und Handelsmaklervertrag – Begriffsbestimmungen	1	2. Gegenstände des Handelsverkehrs a) Begriffsbestimmung	5
II. Bedeutung und Tragweite der §§ 93 ff.	3	b) Einzelne typische Gruppen von Handelsmaklern	6
III. Die einzelnen Begriffsmerkmale des Handelsmaklers und ihre Tragweite		c) Sonderstellung des Versicherungsmaklers	7
		3. Vermittlung	11
1. Gewerbsmäßigkeit der Vermittlungstätigkeit	4	4. Rechtsfolge des Fehlens eines der Merkmale zu 1 bis 3	12
		5. Fehlen ständiger Betrauung	13

I. Handelsmakler und Handelsmaklervertrag – Begriffsbestimmungen

§ 93 definiert den Kaufmannstypus des Handelsmaklers und umreißt zugleich mittelbar das Rechtsverhältnis des Handelsmaklervertrages, für den es in §§ 94 ff. einige Sonderregeln gegenüber dem allgemeinen Maklervertrag des BGB aufstellt. **1**

Handelsmakler ist danach, wer gewerbsmäßig ohne ständige Betrauung Verträge über Gegenstände des Handelsverkehrs vermittelt. **Handelsmaklervertrag** ist der einem solchen Makler erteilte Auftrag zur Vermittlung eines Geschäftes über einen Gegenstand des Handelsverkehrs. **2**

II. Bedeutung und Tragweite der §§ 93 ff.

Ein Auftrag (s. Rn. 2) an einen Handelsmakler löst die besonderen **Rechte und Pflichten der §§ 94 ff.** ohne Rücksicht darauf aus, ob sich der Auftraggeber oder sein Vertragspartner, die nicht Kaufleute zu sein brauchen, bewusst sind, dass der Vertrag rechtlich als Handelsmaklervertrag zu qualifizieren ist. Weitere Rechtsfolgen sind damit nicht verbunden. Insbesondere gelten auch für den Handelsmaklervertrag die allgemeinen Rechtsregeln des Maklerrechts des BGB (§§ 652 ff. BGB, vgl. dazu Vor § 93 Rn. 11 ff.), soweit sie nicht – was allerdings nur teilweise der Fall ist – gerade durch die Sondervorschriften der §§ 94 ff. verdrängt oder modifiziert wurden, sowie etwa einschlägige sondergesetzliche Vorschriften (vgl. dazu Vor § 93 Rn. 10). Wird einem Handelsmakler ein Auftrag, der nicht die besonderen Voraussetzungen des Handelsmaklervertrages erfüllt, oder einem Zivilmakler ein Handelsmaklerauftrag erteilt, so gilt das **allgemeine Maklerrecht der §§ 652 ff. BGB**. Der Unterschied zwischen Zivil- und Handelsmaklervertrag erschöpft sich mithin darin, dass die Sonderregeln der §§ 94 ff. im erstgenannten Fall keine Geltung beanspruchen (dazu auch unten Rn. 9 und auch schon Vor § 93 Rn. 7 f.). Zur Kaufmannseigenschaft von Zivil- und Handelsmaklern sowie wegen der Behandlung von Mischformen vgl. Vor § 93 Rn. 5 und ergänzend unten Rn. 9. **3**

III. Die einzelnen Begriffsmerkmale des Handelsmaklers und ihre Tragweite

1. Gewerbsmäßigkeit der Vermittlungstätigkeit

4 Der Begriff der Gewerbsmäßigkeit ist der gleiche wie in § 1 (vgl. dazu im Einzelnen § 1 Rn. 17 ff.). Entscheidend ist, ob das **Gewerbe tatsächlich ausgeübt** wird. Auf die Erlaubtheit nach öffentlich-rechtlichen (vgl. etwa § 34c GewO) oder standesrechtlichen Vorschriften kommt es nicht an. Die Wirksamkeit des dem Makler erteilten Auftrags hängt regelmäßig nicht von ihr ab (Vor § 93 Rn. 3). Das Gewerbe muss sich gerade auf die Vermittlung von Gegenständen des Handelsverkehrs beziehen.

2. Gegenstände des Handelsverkehrs

a) Begriffsbestimmung

5 Der Vermittlungsauftrag muss sich auf Gegenstände des Handelsverkehrs beziehen. In diesem Erfordernis liegt das wichtigste Unterscheidungsmerkmal zum Zivilmakler der §§ 652 ff. BGB (vgl. dazu im Einzelnen Vor § 93 Rn. 2). Gegenstände des Handelsverkehrs sind grundsätzlich alle leicht umschlagfähigen und damit **handelbaren Wirtschaftsgüter**[1]. Die von § 93 Abs. 1 selbst gelieferte Aufzählung ist nur beispielhaft. Waren sind körperliche Gegenstände (also nicht Rechte), auch Sachgesamtheiten, wie Warenlager, Büchereien, Briefmarkensammlungen etc., die als solche Gegenstand gewerbsmäßiger Umsatzgeschäfte sein können. Unerheblich ist der Aggregatzustand: Auch flüssige oder gasförmige Objekte wie Treibstoffe, Heizöl, Gas, Elektrizität, wohl auch Fernwärme, können im Verkehr als Ware ge- und behandelt werden[2]. Das Gleiche muss heute für EDV-Programme (Software) gelten, gleichgültig, ob sie verkörpert oder durch unmittelbares Einspielen geliefert werden[3]. Wertpapiere sind Papiere, die ihrer Natur nach, insbesondere mit Rücksicht auf ihre leichtere Übertragbarkeit, als Gegenstände des Handelsverkehrs in Betracht kommen[4]. Hauptbeispiele sind Aktien, Wechsel, Schecks sowie die indossablen Urkunden des § 363. **Keine Wertpapiere** sind Grundschuld-, Hypotheken-, Rentenschuldbriefe, Forderungen (Rechte), soweit sie nicht in einem umlauffähigen Papier verkörpert sind, sowie Papiere, die nicht das Recht verbriefen, sondern lediglich Beweiszwecken dienen, wie Sparbücher, Pfand-, Versicherungs-, Schuldscheine. Der Begriff der Waren und Wertpapiere ist derselbe wie in § 1 a.F., s. dazu ausführlich

---

1 *Lutter*, FS Bärmann, 1975, S. 606, 613; *Heymann/Herrmann*, § 93 Rn. 1; Staub/*Brüggemann*, § 93 Rn. 5; MünchKommHGB/v. *Hoyningen-Huene*, § 93 Rn. 36.
2 H.M., BGH v. 10.11.1960 – VIII ZR 167/59, NJW 1961, 453, 455.
3 BGH v. 4.11.1987 – VIII ZR 314/86, BGHZ 102, 135; BGH v. 18.10.1989 – VIII ZR 325/88; BGHZ 109, 97; BGH v. 24.1.1990 – VIII ZR 22/89, WM 1990, 510, 512; BGH v. 4.11.1992 – VIII ZR 165/91, WM 1993, 111; BGH v. 14.7.1993 – VIII ZR 147/92, WM 1993, 1639 (letztere Entscheidung zu betont auf Verkörperung auf einem Datenträger abstellend); s. zu diesem Fragenkreis ausführlich *Kort*, DB 1994, 1505 m. weiteren Schrifttumsnachw.
4 Denkschrift zum HGB, S. 13; allg. M.

1. Aufl. § 1 Rn. 14 ff., 24 ff. Weitere, nicht in § 93 aufgeführte Gegenstände des Handelsverkehrs sind insbesondere **gewerbliche Schutzrechte und Bankgeschäfte**; Darlehen, insbesondere, auch Bankkredite gegen grundpfandrechtliche Sicherung[1], nicht aber Hypothekengeschäfte allgemein (Immobilien). **Nicht** zu den Gegenständen des Handelsverkehrs zählen dagegen: Immobilien, Dienstverhältnisse (§ 655 BGB kommt damit für den Handelsmakler nicht in Betracht) und Dienstleistungen außerhalb des Transportgewerbes (die Ausnahme rechtfertigt sich wegen der Erwähnung von Güterbeförderungen und Schiffsmiete in § 93)[2], ferner nicht Unternehmen und Beteiligungen an Unternehmen (alles h.M.). Dies gilt sowohl für Beteiligungen an Personengesellschaften als auch für Anteile an einer GmbH. Eine Ausnahme bilden genormte Beteiligungen, die im Geschäftsverkehr wie Waren oder Wertpapiere (Aktien) umgeschlagen werden. Streitig und bisher nicht höchstrichterlich entschieden ist deshalb die Behandlung genormter Beteiligungen an Publikums-Kommanditgesellschaften[3].

b) Einzelne typische Gruppen von Handelsmaklern

Handelsmakler im Hinblick auf den Gegenstand der von ihnen vermittelten Geschäfte sind insbesondere **Schiffsmakler**, die Verträge des Seeverkehrs vermitteln. Sie arbeiten allerdings vielfach als Agenten einer bestimmten Reederei und damit als Handelsvertreter. Handelsmakler und überhaupt Makler ist der Schiffsmakler demgemäß nur dann, wenn er im Einzelfall im Auftrag eines anderen Unternehmers, für den er nicht ständig tätig ist, handelt[4]. Eine weitere wichtige Gruppe sind die **Finanzmakler** einschließlich Börsen- und Wertpapiermaklern. Bei den **Börsenmaklern** war früher zu unterscheiden zwischen Freimaklern (zum Börsenhandel zugelassene reine, nicht gesetzlich, sondern lediglich durch jeweils geltende Börsenusancen, vgl. dazu bei § 346, beschränkte Handelsmakler) und amtlich bestellten Kursmaklern, denen die Feststellung (oder die Mitwirkung dabei) des amtlichen Börsenkurses anvertraut war und die zwecks Vermeidung eines Missbrauchs dieser Stellung besonderen öffentlich-rechtlichen Veröffentlichungen (§§ 30 ff. BörsG) unterworfen waren. Diese Unterscheidung ist schon mit der Abschaffung der Figur des Kursmaklers durch die Neufassung des BörsG v. 21.6.2002[5] zum 1.7.2002 gegenstandslos geworden. Die Preisfeststellung ist seit der vorerst letzten Neufassung des BörsG vom 16.7.2007[6]

6

---

1 RGZ 76, 250, 252; OLG München v. 8.8.1970 – 12 U 2560/65, NJW 1970, 1924, 1925; *Heymann/Herrmann*, § 93 Rn. 1; *Baumbach/Hopt*, § 93 Rn. 12.
2 Vgl. auch *K. Schmidt*, HR, § 26 I 1c, S. 723.
3 Offen gelassen in BGH v. 29.4.1984 – IVa ZR 107/82, WM 1984, 667, 668 a.E.; für die Behandlung als Gegenstand des Handelsverkehrs aber wohl die ganz überwiegende Meinung: OLG Frankfurt a.M. v. 26.10.1978 – 1 U 235/77, WM 1979, 1393; *Heymann/Herrmann*, § 93 Rn. 2; *Baumbach/Hopt*, § 93 Rn. 12; *v. Grießenbeck*, BB 1988, 2188; MünchKommHGB/*v. Hoyningen-Huene*, § 93 Rn. 39.
4 Dazu *K. Schmidt*, HR, § 26 I 3, S. 714; *K. Schmidt/Blaschczok*, VersR 1981, 393.
5 BGBl. I 2010.
6 Vgl. hierzu insbesondere BGH v. 22.5.1985 – IVa ZR 190/83, BGHZ 94, 356 sowie BGH v. 27.11.1985 – IVa ZR 68/84, WM 1986, 329 und die dortigen Nachweise zum Spezialschrifttum.

der Regelung durch die jeweilige Börsenordnung überlassen. Zu den zulässigen Arten der Feststellung des Börsenpreises gehört auch die Feststellung durch sog. Skontroführer (zumeist zur Teilnahme am Börsenhandel zugelassene Kreditinstitute und Finanzdienstleistungsunternehmen, s. dazu §§ 27 ff. BörsenG).

c) Sonderstellung des Versicherungsmaklers

7 Eine Sonderstellung nimmt der **Versicherungsmakler** ein. Zum einen gelten für ihn einige gesetzliche Sonderbestimmungen[1]. Zudem bringen es die spezifischen Verhältnisse und Übungen der Versicherungsbranche mit sich, dass sich seine Stellung in wesentlichen Punkten von der anderer Makler, auch Handelsmakler, unterscheidet[2].

Auch der Versicherungsmakler ist rechtlich nicht an eine bestimmte Versicherung gebunden, sonst wäre er nicht Versicherungsmakler, sondern Versicherungsagent und damit Handelsvertreter (Vor § 93 Rn. 1 und unten Rn. 10). Trotzdem steht er nicht selten in einer laufenden Geschäftsbeziehung zu einer bestimmten Versicherung oder zu einem kleinen Kreis von Versicherungsunternehmen, denen er ständig Verträge vermittelt und mit denen er den wesentlichen Teil seiner Versicherungsmaklertätigkeit abwickelt. Trotz dieser engen Verbindung zur Versicherungsbranche wird er in der Regel von dem Versicherungsnehmer beauftragt und als dessen Interessen- oder sogar Abschlussvertreter angesehen, was auch darin zum Ausdruck kommt, dass sich die Versicherung die Kenntnis des Versicherungsmaklers von bestimmten Umständen im Regelfall nicht zurechnen lassen muss[3]. Im Gegensatz zu anderen Zivil- oder Handelsmaklern (Vor § 93 Rn. 11) trifft den Versicherungsmakler aufgrund dieser treuhänderischen Sachwalterstellung für den Versicherungsnehmer diesem gegenüber im Allgemeinen eine dem Maklerrecht sonst fremde **Tätigkeitspflicht**. Zu seinem Pflichtenkreis gehört nicht nur die – je nach den Umständen umgehende, jedenfalls rechtzeitige – Beschaffung des gewünschten Versicherungsschutzes, also der Abschluss des Versicherungsvertrages. Ihm obliegt vielmehr eine umfassende Betreuungspflicht. Er hat von sich aus den Versicherungsnehmer **sachkundig zu beraten**, insbesondere das Objekt und etwaige Risiken zu prüfen, den Versicherungsnehmer über das Ergebnis dieser Prüfungen und seine Einschätzung des Risikos und über den zu dessen Abdeckung geeigneten Versicherungsschutz zu unterrichten und ihn über seine Bemühungen, diesen Schutz zu beschaffen, auf dem Laufenden zu halten. Bei schuldhaft fehlerhafter oder verzögerter Erfüllung dieser Pflichten macht er sich gegenüber dem Auftraggeber **schadensersatzpflichtig**. Im Streitfall trägt er die Beweislast, dass er die ihm gegenüber seinem Auftraggeber obliegenden Pflichten ordnungsgemäß erfüllt hat oder der Schaden auch bei vertrags-

---

1 BGBl. I 1351.
2 S. dazu Gesetz zur Neuregelung des Versicherungsvermittlerrechts, BGBl. I 2006, 3232, in Kraft seit 22.7.2007, sowie §§ 34d ff., 42a GewO; zur Neuregelung näher *Reiff*, VersR 2007, 717 ff.
3 BGH v. 22.9.1999 – IV ZR 15/99, NJW-RR 2000, 316.

gerechter Erfüllung eingetreten wäre[1]. Trotz dieser gesteigerten Pflichtenstellung des Versicherungsmaklers entspricht es ständiger Übung, dass seine **Provision** nicht von dem Auftraggeber (Versicherungsnehmer), sondern ausschließlich von dem Versicherer bezahlt wird[2], dessen Prämie mit einem jedenfalls anfangs beträchtlichen Anteil die an den Makler zu entrichtende Courtage enthält (sog. **Bruttopolice**)[3].

Abweichend von § 652 BGB (Vor § 93 Rn. 41 und 61) wird die Provision im Ganzen jedenfalls bei Sachversicherungsverträgen (weniger im Bereich der Lebens- und Krankenversicherung) nicht schon bei dem Abschluss des Versicherungsvertrages, sondern erst mit dessen Ausführung durch Prämienzahlung des Versicherungsnehmers verdient[4]. Dabei gilt die Regel, dass der Makler die Provision nicht als Einmalzahlung, sondern in **laufenden Raten** erhält, deren Fälligkeitsdaten mit denen der Versicherungsprämien übereinstimmen. Es entspricht nahezu einhelliger Meinung, dass ab dem zweiten Vertragsjahr in der Courtage neben dem eigentlichen Vermittlungsentgelt auch ein Betreuungsentgelt (sog. Verwaltungs- oder auch Bestandspflegeentgelt) enthalten ist[5]. Diese Form der Regelung der Maklercourtage trägt der Besonderheit Rechnung, dass sich die vom Versicherungsmakler zu erbringende Leistung typischerweise nicht auf die Herbeiführung des Versicherungsvertrages, also eines einmaligen Vermittlungserfolges, beschränkt, sondern der Makler regelmäßig auch die weitere Betreuung des Versicherungsverhältnisses übernimmt. 8

Geht bei mehrjährigen Versicherungsverträgen die Betreuung des Vertrages auf einen anderen Makler über, so entspricht es wohl einem in der Branche bestehenden Handelsbrauch, die für die Restlaufzeit anfallenden Courtageansprüche **aufzuteilen**[6]. Bei (Sach-)Versicherungsverträgen mit einjähriger Laufzeit und Verlängerungsoption entfällt dagegen der Provisionsanspruch des Maklers nach Handelsbrauch, wenn die weitere Betreuung des Versicherungsvertrages von einem anderen Makler oder auch von der Versicherung selber übernommen wird[7]. Kündigt der Versicherungsnehmer den Versicherungsvertrag vor dessen Ablauf, so entfällt mit der weiteren Prämienzahlung auch der in den künftigen Prämienzahlungen enthaltene Anteil der Maklerprovision. Die Courtage teilt also grundsätzlich das Schicksal der Versicherungsprämie im Guten wie im Schlechten[8] (sog. Schicksalsteilungsgrundsatz). 9

---

1 BGH v. 22.5.1985 – IVa ZR 190/83, BGHZ 94, 356 ff.; BGH v. 20.1.2005 – III ZR 251/04, BGHZ 162, 67, 78; BGH v. 11.5.2006 – III ZR 228/05, NJW-RR 2006, 1403; BGH v. 14.6.2007 – III ZR 269/06, BGH Report 2007, 901 = VersR 2007, 1127.
2 BGH v. 22.5.1985 – IVa ZR 190/83, BGHZ 94, 356; BGH v. 13.1.2005 – III ZR 238/04, NJW-RR 2005, 568.
3 BGH v. 20.1.2005 – III ZR 251/04, BGHZ 162, 69.
4 S. BGH v. 13.1.2005 – III ZR 238/04, NJW-RR 2005, 568 m.w.N.; *Dehner*, Maklerrecht, Rn. 318.
5 BGH v. 13.1.2005 – III ZR 238/04, NJW-RR 2005, 568 m.w.N.
6 Vgl. BGH v. 13.1.2005 – III ZR 238/04, NJW-RR 2005, 568.
7 BGH v. 13.1.2005 – III ZR 238/04, NJW-RR 2005, 568.
8 H.M., s. BGH v. 20.1.2005 – III ZR 251/04, BGHZ 162, 67.

10 **Anders** verhält es sich bei Abschluss einer sog. **Nettopolice**, die eine reine, vom Versicherungsnehmer an den Makler zu zahlende Abschlussprovision vorsieht und keinen Betreuungsanteil enthält. Hier entsteht der Provisionsanspruch endgültig mit dem wirksamen Abschluss des Versicherungsvertrages und kann auch – allgemeinen Grundsätzen entsprechend; dazu Vor § 93 Rn. 53 – durch eine spätere Kündigung nicht mehr berührt werden. Die Vereinbarung einer solchen von dem späteren Schicksal des Versicherungsvertrages unabhängigen Provisionszahlungspflicht ist zulässig[1], verstößt insbesondere nicht gegen § 134 BGB; sie kann auch formularmäßig in Allgemeinen Geschäftsbedingungen getroffen werden: sie verstößt weder gegen § 305c Abs. 1 BGB noch gegen § 307 BGB[2]. Der Versicherungsmakler bleibt aber auch dann Interessenvertreter des Versicherungsnehmers mit den daraus entspringenden Beratungspflichten, s. oben Rn. 7; diese beschränken sich aber auf den zu vermittelnden Versicherungsvertrag; eine Aufklärungspflicht über den Inhalt des vorgelagerten Maklervertrags kann nur ausnahmsweise bestehen[3]. Zumindest der vollständige Ausschluss der Betreuungs- und Beratungspflicht in Allgemeinen Geschäftsbedingungen würde gegen § 307 BGB verstoßen[4]. Diese Besonderheiten legen es näher als bei anderen Maklern (Vor § 93 Rn. 80), dass er auch für einen Folgevertrag (Verlängerung des Versicherungsvertrages) Provision beanspruchen kann[5]. Nach Ansicht der Rechtsprechung kann sich aus dem engen Verhältnis zwischen Makler und Versicherer bei laufender Geschäftsbeziehung ungeachtet der Abschlussfreiheit des Versicherers (Vor § 93 Rn. 11) für diesen eine gesteigerte Pflicht zur Rücksichtnahme auf die Provisionsinteressen des Versicherungsmaklers ergeben[6].

3. Vermittlung

11 Der Auftrag muss auf Vermittlung des Vertragsabschlusses, **nicht** nur auf **Nachweis einer Abschlussgelegenheit** gerichtet sein. Zu den inhaltlichen Anforderungen an eine Vermittlungstätigkeit sowie zur Abgrenzung von Nachweis und Vermittlung ausführlich Vor § 93 Rn. 27 ff. Zur Vermittlung gehört, dass der Makler persönlich oder durch sein Personal Verbindung auch zu der anderen Partei, also dem potentiellen Vertragspartner, aufnimmt und in geeigneter Weise die Bereitschaft beider Interessenten zum Vertragsschluss fördert. Je nach Lage des Falles kann Vermittlung aber auch schon in der Zusammenführung bereits abschlussbereiter Partner liegen. Überlegun-

---

1 BGH v. 20.1.2005 – III ZR 251/04, BGHZ 162, 67; BGH v. 14.6.2007 – III ZR 269/06, BGH Report 2007, 901 = VersR 2007, 1127; BGH v. 19.5.2005 – III ZR 240/04, BGH Report 2005, 1157, BGH v. 19.5.2005 – III ZR 322/04, BGH Report 2005, 1158 = NJW-RR 2005, 1423.
2 Str., wie im Text aber BGH v. 20.1.2005 – III ZR 251/04, BGHZ 162, 67.
3 BGH v. 14.6.2007 – III ZR 269/06, BGH Report 2007, 901 = VersR 2007, 1127.
4 BGH v. 20.1.2005 – III ZR 251/04, BGHZ 162, 67; ferner BGH v. 19.5.2005 – III ZR 322/04, BGH Report 2005, 1158 = NJW-RR 2005, 1423.
5 BGH v. 27.11.1985 – IVa ZR 68/84, WM 1986, 329.
6 So aber *v. Gierke/Sandrock*, § 29 II 1b, S. 502 und *Schlegelberger/Schröder*, § 93 Rn. 36.

gen, den Vermittlungsbegriff in § 93 anders auszulegen als in § 652 BGB und für § 93 auch eine Nachweistätigkeit ausreichen zu lassen[1], sind nicht angebracht und finden angesichts des Wortlauts des § 93 im Gesetz keine Stütze[2].

4. Rechtsfolge des Fehlens eines der Merkmale zu 1 bis 3

Fehlt eines der vorstehend genannten Merkmale, so ist der Makler nicht Handels-, sondern **Zivilmakler**. Seine Verträge unterliegen allgemein lediglich den §§ 652 ff. BGB und, soweit einschlägig, etwaigen sondergesetzlichen Bestimmungen. Erfüllt die Geschäftstätigkeit eines Maklers zwar im Allgemeinen die o.g. Voraussetzungen und fehlt es daran nur im konkreten Einzelfall, übernimmt also ein Handelsmakler einen Auftrag, der nicht auf Gegenstände des Handelsverkehrs, sondern etwa auf eine Immobilie oder nur auf Nachweis einer Abschlussgelegenheit anstatt auf Vermittlung des Vertragsschlusses gerichtet ist, so hat der Handelsmakler einen **Zivilmaklervertrag** geschlossen, auf den zwar die §§ 652 BGB, nicht aber die §§ 93 ff. anwendbar sind. Dies ist für die erste Alternative sogar ausdrücklich im Gesetz ausgesprochen, vgl. § 93 Abs. 2 (vgl. zu alledem bereits oben Rn. 3 und Vor § 93 Rn. 7 ff.). Erbringt der Handelsmakler statt der vertraglich geschuldeten Vermittlung nur den Nachweis einer Abschlussgelegenheit, so erwirbt er keinen Provisionsanspruch.

12

5. Fehlen ständiger Betrauung

Dieses negative Merkmal dient der **Abgrenzung zum Handelsvertreter**. Wer fest an einen bestimmten Unternehmer gebunden ist, für den er aufgrund eines (Dauer-)Vertrages laufend Geschäftsabschlüsse hereinzuholen hat, ist überhaupt nicht Makler, sondern Handelsvertreter. Dagegen tut es der Eigenschaft als (Handels-)Makler keinen Abbruch, wenn der Vermittler ständig in laufender Geschäftsbeziehung Aufträge von denselben Händlern oder sogar nur von einem Händler erhält. Aufgrund ihrer hohen Spezialisierung (z.B. auf den Kaffee-Handel in Bremen) ist dies sogar für viele Handelsmakler ein Spezifikum ihres Berufes[3]. Zur Abgrenzung des Handelsmaklers vom Handelsvertreter s. auch Vor § 93 Rn. 1.

13

§ 94
Schlussnote

(1) Der Handelsmakler hat, sofern nicht die Parteien ihm dies erlassen oder der Ortsgebrauch mit Rücksicht auf die Gattung der Ware davon entbindet,

---

1 So aber *v. Gierke/Sandrock*, § 29 II 1b, S. 502 und *Schlegelberger/Schröder*, § 93 Rn. 36.
2 Wie hier *Staub/Brüggemann*, vor § 93 Rn. 13; *Heymann/Herrmann*, § 93 Rn. 5; MünchKommHGB/*v. Hoyningen-Huene*, § 93 Rn. 26.
3 *Staub/Brüggemann*, § 93 Rn. 3.

unverzüglich nach dem Abschlusse des Geschäfts jeder Partei eine von ihm unterzeichnete Schlussnote zuzustellen, welche die Parteien, den Gegenstand und die Bedingungen des Geschäfts, insbesondere bei Verkäufen von Waren oder Wertpapieren deren Gattung und Menge sowie den Preis und die Zeit der Lieferung, enthält.

(2) Bei Geschäften, die nicht sofort erfüllt werden sollen, ist die Schlussnote den Parteien zu ihrer Unterschrift zuzustellen und jeder Partei die von der anderen unterschriebene Schlussnote zu übersenden.

(3) Verweigert eine Partei die Annahme oder Unterschrift der Schlussnote, so hat der Handelsmakler davon der anderen Partei unverzüglich Anzeige zu machen.

Übersicht

	Rn.		Rn.
I. Rechtliche Bedeutung der Schlussnote		III. Inhalt, Unterzeichnung (§ 94 Abs. 2) und Zustellung der Schlussnote	
1. Zweckbestimmung	1		
2. Rechtsfolgen des Schweigens auf die Schlussnote	2	1. Inhalt	8
3. Vollständigkeitsvermutung	4	2. Unterzeichnung durch die Parteien (§ 94 Abs. 2)	9
II. Der Widerspruch gegen die Schlussnote		3. Zustellung	10
1. Form und Zeitpunkt	5	IV. Übersendung der Schlussnote als Pflicht des Handelsmaklers – Rechtsfolgen ihrer Verletzung	11
2. Adressat	6	V. Entbehrlichkeit einer Schlussnote	12
3. Entbehrlichkeit des Widerspruchs	7	VI. Die Anzeige nach § 94 Abs. 3	13

I. Rechtliche Bedeutung der Schlussnote

1. Zweckbestimmung

1 Die Schlussnote ist weder dazu bestimmt, einen Vertrag zustande zu bringen, noch ist sie Wirksamkeitsvoraussetzung des Vertragsschlusses, etwa im Sinne eines Formerfordernisses. So kann es trotz Vorhandenseins einer Schlussnote, etwa infolge eines Einigungsmangels zwischen den Parteien, an einem Vertragsschluss fehlen, wie umgekehrt der Vertrag trotz unterbliebener Zustellung einer Schlussnote bereits zustande gekommen sein kann. Die Schlussnote ist also **nicht maßgeblich für den Vertragsabschluss**. Sie hat vielmehr denselben Zweck wie ein Bestätigungsschreiben der Parteien selbst. Sie soll nach Abschluss des Geschäfts das Vereinbarte schriftlich zusammenfassen und fixieren und damit den Parteien ein **Beweismittel** für den Inhalt des zwischen ihnen zustande gekommenen, von dem Makler vermittelten Vertrages sichern. Zu einer solchen Beurkundung des Vertragsinhaltes ist der Handelsmakler aufgrund seiner Rolle als neutraler Mittler zwischen den Parteien geradezu prädestiniert.

2. Rechtsfolgen des Schweigens auf die Schlussnote

Als private Aufzeichnung eines zwischen den Parteien als Vermittler fungierenden Dritten hat die Schlussnote keine formelle Beweiskraft für den Inhalt der von den Parteien getroffenen Vereinbarungen. Die von dem Makler unterzeichnete Schlussnote beweist lediglich, dass der Makler die in ihr enthaltenen Aufzeichnungen niedergelegt hat (§ 416 ZPO). Eine unrichtige Wiedergabe der zwischen den Parteien getroffenen Abreden, so z.B., wenn der Vertrag fälschlicherweise als bereits zustande gekommen bezeichnet oder der Inhalt des geschlossenen Vertrages unzutreffend beschrieben wird, hat deshalb aus sich heraus nicht die Kraft, an dem Fehlen eines Vertrages oder an dem abweichenden Vertragsinhalt etwas zu ändern. Werden aber beiden Parteien inhaltlich übereinstimmende (vgl. dazu auch unten Rn. 7) Schlussnoten i.S.d. § 94 zugestellt, so kann aus der vorbehaltlosen Annahme der Schlussnote seitens der Parteien gemäß § 346 in der Regel die **Genehmigung des Geschäftes mit dem Inhalt der Schlussnote** gefolgert werden, und zwar auch dann, wenn es vorher noch nicht zu einem bindenden Abschluss gekommen war[1], weil die jeweils andere Partei regelmäßig gar nicht umhin kommen wird, in einem solchen Verhalten die Billigung des Inhalts der Note zu erblicken[2]. Es gelten hier ganz entsprechende Regeln wie beim Schweigen auf das kaufmännische Bestätigungsschreiben[3] (vgl. dazu näher bei § 346). Will also eine Partei den Inhalt der Schlussnote nicht gegen sich gelten lassen, weil der Vertrag nicht oder nicht so zustande gekommen ist wie in der Schlussnote wiedergegeben, so muss sie ihr unverzüglich widersprechen. Unterlässt sie einen rechtzeitigen Widerspruch, so muss sie den Vertragsschluss mit dem aus der Schlussnote ersichtlichen Inhalt hinnehmen, ohne geltend machen zu können, er entspreche nicht den getroffenen Vereinbarungen. Da die Genehmigungsfiktion an die vorbehaltlose Annahme der Schlussnote anknüpft, kann ihr Eintritt auch durch eine Verweigerung der Annahme der Schlussnote verhindert werden. Die bloße Unterschriftsverweigerung (§ 94 Abs. 2) würde dazu allerdings nicht ausreichen (s. unten Rn. 8).

Dies gilt um so mehr, als der Vertragsschluss vielfach **ohne unmittelbare Beteiligung der Parteien** zustande kommen wird, indem die den Vertragsschluss perfektionierenden Erklärungen der Parteien bei dem Makler zusammenlaufen. Dies kann z.B. der Fall sein, wenn der Makler das Angebot der einen Partei der anderen (rechtlich als Bote) übermittelt und der Vertrag nach dem Willen des Anbietenden oder nach Verkehrssitte (vgl. auch § 151 BGB) oder Handelsbrauch schon durch die Annahme des Angebotes gegenüber dem Makler zustande kommt[4]. Nicht selten wird der Makler auch eine

---
1 BGH v. 20.9.1955 – I ZR 139/54, NJW 1955, 1916; ebenso schon die Rechtsprechung des Reichsgerichts, RGZ 105, 205; h.M., *Staub/Brüggemann*, § 94 Rn. 2 unter C, *Heymann/Herrmann*, § 94 Rn. 2; *Baumbach/Hopt*, § 94 Rn. 2.
2 RGZ 105, 206.
3 BGH v. 13.4.1983 – VIII ZR 33/82, WM 1983, 684; OLG Hamburg v. 24.6.1955 – 1 U 81/55, BB 1955, 847; s. auch die Nachweise oben in der vorletzten Fn.
4 S. auch *Staub/Brüggemann*, § 94 Rn. 1; *Heymann/Herrmann*, § 94 Rn. 1; Münch-KommHGB/*v. Hoyningen-Huene*, § 93 Rn. 1.

entsprechende Empfangsvollmacht oder in Ausnahmefällen sogar eine Verhandlungs- und Abschlussvollmacht[1] der einen oder der anderen Seite haben.

3. Vollständigkeitsvermutung

4 Darüber hinaus wird der Schlussnote von der h.M. die Vermutung der Vollständigkeit jedenfalls hinsichtlich aller vertraglichen Abmachungen beigelegt, die üblicherweise in Schlussnoten der Makler festgehalten werden[2]. Auch bei rechtzeitigem Widerspruch gegen die Richtigkeit der Schlussnote hat derjenige, der behauptet, sie gebe nicht alle getroffenen Vereinbarungen vollständig wieder, zu **beweisen**, dass weitere mündliche Abmachungen getroffen worden sind, die auch zur Zeit der Errichtung der Schlussnote fortgelten sollten[3], was allerdings den in Rn. 2 eingangs angeführten Grundsatz des Fehlens einer formellen Beweiskraft der Schlussnote praktisch erheblich relativiert.

II. Der Widerspruch gegen die Schlussnote

1. Form und Zeitpunkt

5 Gibt die Schlussnote die getroffenen Abreden nach Ansicht einer Partei nicht zutreffend wieder und will sie deshalb einen Vertragsabschluss mit dem Inhalt der Schlussnote nicht gegen sich gelten lassen, so muss sie der ihr zugegangenen Schlussnote mit Rücksicht auf die Wirkungen einer widerspruchslosen Entgegennahme (oben Rn. 2) widersprechen. Der Widerspruch muss **unverzüglich**, d.h. ohne schuldhaftes Zögern (vgl. § 121 Abs. 1 BGB) – Büroverschulden geht zu Lasten des Widersprechenden –, erfolgen. Der Widerspruch gegen den Inhalt der Schlussnote ist anders als diese selbst (unten Rn. 10) **empfangsbedürftige Willenserklärung** (§ 130 BGB). Er muss dem Empfänger also zugehen[4], Absendung genügt nicht. Ein schon vor Zugang der Schlussnote erfolgter Widerspruch soll wiederholt werden müssen[5].

2. Adressat

6 Der **Widerspruch** ist **gegenüber der anderen Vertragspartei**, nicht gegenüber dem Makler[6], zu erklären. Ein Widerspruch gegenüber dem Makler hat nur

---

1 Vgl. etwa den in BGH v. 13.4.1983 – VIII ZR 33/82, WM 1983, 684 entschiedenen Sachverhalt.
2 *Staub/Brüggemann*, § 94 Rn. 4; *Baumbach/Hopt*, § 94 Rn. 1; *Heymann/Herrmann*, § 94 Rn. 8; MünchKommHGB/*v. Hoyningen-Huene*, § 94 Rn. 10.
3 *Staub/Brüggemann*, § 94 Rn. 4; *Heymann/Herrmann*, § 94 Rn. 8.
4 *Heymann/Herrmann*, § 94 Rn. 10; *Staub/Brüggemann*, § 94 Rn. 2 unter c), h.M.
5 *Heymann/Herrmann*, § 94 Rn. 10 unter Berufung auf *Straatmann/Ulmer*, Hamburger freundschaftliche Arbitrage, D 1b Nr. 26.
6 H.M., *Staub/Brüggemann*, § 94 Rn. 2 unter c); *Heymann/Herrmann*, § 94 Rn. 9; *Baumbach/Hopt*, § 94 Rn. 3; *Straatmann/Ulmer*, Hamburger freundschaftliche Arbitrage, D 1b Nr. 19 und 26.

dann dieselbe Wirkung, wenn ausnahmsweise kraft Vereinbarung oder Handelsbrauch Widerspruch beim Makler genügen soll[1] oder der Makler den Widerspruch unverzüglich an den Vertragspartner weitergeleitet hat. Hierzu ist der Makler zwar in entsprechender Anwendung von § 94 Abs. 3 verpflichtet (h.M.). Handelt er jedoch dieser Verpflichtung zuwider, so ist der Widerspruch der anderen Partei als richtigem Adressaten nicht zugegangen (oben Rn. 5) und deshalb unbeachtlich: Der Makler, dessen Vermittlungsauftrag mit der Erteilung der Schlussnote beendet ist, ist regelmäßig nicht zur Entgegennahme von Widersprüchen bevollmächtigt[2]. Der Widersprechende, dessen Widerspruch vom Makler nicht weitergeleitet wurde und deshalb unbeachtlich ist, muss den Vertrag wie in der Schlussnote beurkundet gegen sich gelten lassen[3]. Er kann allerdings versuchen, nach §§ 94 Abs. 3, 98 von dem Makler Ersatz des ihm dadurch entstandenen Schadens (unten Rn. 13) zu erlangen. – Wenig zweckmäßig ist es, anstatt gegenüber der Vertragsgegenseite zu widersprechen, vom Makler Berichtigung der Schlussnote zu verlangen. Ein **Berichtigungsanspruch gegen den Makler** besteht nämlich nur, wenn der Makler erkennt, dass er sich geirrt hat und das Berichtigungsverlangen anerkennt[4]. Möglich ist es dagegen, dass die Partei, die mit einzelnen Punkten der Schlussnote nicht einverstanden ist, weil sie nach ihrer Ansicht das Ergebnis der Vertragsverhandlungen nicht zutreffend wiedergibt, der Gegenpartei statt des Widerspruchs ihrerseits ein Bestätigungsschreiben schickt. Erfolgt hiergegen kein Widerspruch, wird nach allgemeinen Regeln der Inhalt des Bestätigungsschreibens maßgebend[5].

3. Entbehrlichkeit des Widerspruchs

Die Notwendigkeit eines Widerspruchs entfällt ebenso wie die Vollständigkeitsvermutung (oben Rn. 4), wenn schon die Schlussnote den Hinweis enthält, dass die Gegenseite die bisherigen Erklärungen nicht als endgültig und ausreichend ansieht, sondern sich die Festlegung des Vertragsinhalts durch ein eigenes Bestätigungsschreiben vorbehält. Dieser Sinn kommt regelmäßig der Klausel „**Schlussschein .... (der anderen Seite) folgt**" zu. Hier kann erst die nachfolgende Bestätigung der Gegenseite mit den darin enthaltenen Bedingungen Grundlage des Vertrages werden[6]. Enthält der Schlussschein selbst bereits Vorbehalte hinsichtlich des Zustandekommens des Vertrages oder gehen den Parteien Schlussnoten mit unterschiedlichem Inhalt zu, kann selbst die widerspruchslose Hinnahme der Schlussnote den Vertrag

7

---

1 BGH v. 13.4.1983 – VIII ZR 33/82, WM 1983, 684; *Baumbach/Hopt*, § 94 Rn. 3; MünchKommHGB/*v. Hoyningen-Huene*, § 94 Rn. 13.
2 RGZ 105, 205, 206.
3 *Staub/Brüggemann*, § 94 Rn. 2 unter c); *Heymann/Herrmann*, § 94 Rn. 10.
4 MünchKommHGB/*v. Hoyningen-Huene*, § 94 Rn. 14; *Heymann/Herrmann*, § 94 Rn. 9.
5 OLG Hamburg v. 24.6.1955 – 1 U 81/55, BB 1955, 847; *Staub/Brüggemann*, § 94 Rn. 2 unter c).
6 BGH v. 20.9.1955 – I ZR 139/54, NJW 1955, 1917; teilweise abweichend Hamburger freundschaftliche Arbitrage, BB 1955, 396, für die Platzusancen für den hamburgischen Warenhandel; dazu *Staub/Brüggemann*, § 94 Rn. 3.

zwischen den Parteien nicht herbeiführen; in diesem Falle entfällt auch die Beweisfunktion der Schlussnote in Ermangelung übereinstimmender Parteierklärungen. Der Vertrag kann dann allenfalls durch ein nachfolgendes unwidersprochenes Bestätigungsschreiben einer der Parteien Wirksamkeit erlangen[1].

III. Inhalt, Unterzeichnung (§ 94 Abs. 2) und Zustellung der Schlussnote

1. Inhalt

8 Die Schlussnote hat die **Vereinbarungen der Parteien einschließlich der getroffenen Nebenabreden** so vollständig wiederzugeben, wie es nach den jeweiligen Umständen zweckmäßig und erforderlich ist, damit sich jede Seite ein klares Bild von dem Inhalt des geschlossenen Vertrages machen kann. Die – eher beispielhafte – Aufzählung des Gesetzes soll die Pflicht zur vollständigen Wiedergabe des Vertragsinhalts in dem vorbezeichneten Sinne inhaltlich nicht beschränken. Bezugnahme auf frühere Schlussnoten über Geschäfte zwischen denselben Parteien ist zulässig[2]. Die Schlussnote ist vom Makler zu unterzeichnen. Elektronische Signatur reicht aus[3]. Sind deren Voraussetzungen (§ 126a BGB) erfüllt, so kann auch E-Mail für die Schlussnote benutzt werden[4].

2. Unterzeichnung durch die Parteien (§ 94 Abs. 2)

9 Eine Unterzeichnung der Schlussnote durch die Parteien ist vom Gesetz grundsätzlich nicht vorgesehen und auch nicht Voraussetzung für den Eintritt der oben Rn. 2, 4 bezeichneten Wirkungen. Teilweise anders verhält es sich nach § 94 Abs. 2 bei Geschäften, die nicht sofort erfüllt werden sollen. Dazu zählen insbesondere **aufschiebend bedingte oder befristete Geschäfte**, bei denen die Vertragsausführung beiderseits erst zu einem späteren Zeitpunkt erfolgen soll. Ob auch die einseitige Hinausschiebung der Erfüllungspflicht, z.B. bei Stundung des Kaufpreises, dazugehört, ist streitig, wird aber inzwischen überwiegend bejaht[5]. Bei solchen Verträgen hat der Makler – vorbehaltlich abweichenden Handelsbrauchs oder anderweitiger Parteivereinbarungen – dafür zu sorgen, dass jede Partei die Schlussnote unterschreibt und jeweils die von der anderen Partei unterschriebene Schlussnote zugestellt erhält. Zweckmäßigerweise erfüllt er diese Pflicht, indem er sich die Schlussnote nach Unterschrift zurücksenden lässt und sodann selbst jeder Partei die von der anderen unterzeichnete übermittelt. Die in § 94 Abs. 2

---

1 RGZ 123, 97, 99; BGH v. 20.9.1955 – I ZR 139/54, NJW 1955, 1916, 1917.
2 H.M., vgl. *Staub/Brüggemann*, § 94 Rn. 5.
3 *Ebenroth/Boujong/Joost/Strohn/Reiner*, § 94 Rn. 5; *Koller/Roth/Morck*, § 94 Rn. 2.
4 So zutr. *Ebenroth/Boujong/Joost/Strohn/Reiner*, § 94 Rn. 5.
5 *Staub/Brüggemann*, § 94 Rn. 5; *Heymann/Herrmann*, § 94 Rn. 6 auch mit Nachweisen zu älteren abweichenden Ansichten; ebenso MünchKommHGB/*v. Hoyningen-Huene*, § 94 Rn. 16; *Baumbach/Hopt*, § 94 Rn. 5; *Koller/Roth/Morck*, § 94 Rn. 4.

vorgesehene (Partei-)Unterschrift dient nur dazu, zusätzliche Klarheit über die Vertragsbedingungen zu schaffen und die Beweiskraft der Urkunde weiter zu stärken. Eine Verweigerung der Unterschrift ersetzt deshalb nicht den zur Vermeidung der Genehmigungswirkung (s. Rn. 2) regelmäßig erforderlichen Widerspruch (s. Rn. 5 ff.) gegen den Inhalt der Schlussnote[1].

3. Zustellung

Als Zustellung der Schlussnote genügt nach h.M. Übersendung, d.h. **Absendung eines einfachen Schreibens**. Einschreibesendung ist nicht erforderlich. Die Schlussnote ist keine empfangsbedürftige Willenserklärung i.S.d. § 130 BGB. Bei Anlass zur Annahme, dass die Schlussnote den Empfänger nicht erreicht hat, muss sich der Makler um erneute Zustellung bemühen. Schlägt diese wiederum fehl, so muss er der anderen Seite davon entsprechend Abs. 3 unverzüglich Anzeige machen[2] um zu verhindern, dass diese fälschlich auf den Eintritt der oben Rn. 2 beschriebenen Genehmigungswirkung vertraut.

10

IV. Übersendung der Schlussnote als Pflicht des Handelsmaklers – Rechtsfolgen ihrer Verletzung

Die Übersendung der unterzeichneten Schlussnote ist Pflicht eines jeden Handelsmaklers, und zwar auch dann, wenn er nur nicht im Handelsregister eingetragener Kleingewerbetreibender ist, § 93 Abs. 3. Sie besteht gleichermaßen gegenüber dem eigenen Auftraggeber wie gegenüber der Gegenpartei, und zwar selbst dann, wenn diese sich eines eigenen Maklers bedient hat. Auf die Erfüllung dieser Pflicht kann der Handelsmakler verklagt werden. Ihre schuldhafte Verletzung durch unterlassene oder verzögerte Erteilung der Schlussnote sowie durch eine sachlich unrichtige Schlussnote kann den Handelsmakler gegenüber seinem Auftraggeber und auch der ihm vertraglich nicht verbundenen anderen Seite nach § 98 **schadensersatzpflichtig** machen, wenn die Partei dadurch zu fehlerhaften schadensverursachenden Maßnahmen veranlasst wird oder der Vorteile, die sich an eine einwandfreie Schlussnote knüpfen, verlustig geht.

11

V. Entbehrlichkeit einer Schlussnote

Von der Pflicht zur Erteilung einer inhaltlich vollständigen Schlussnote ist der Handelsmakler grundsätzlich nur bei **Einverständnis beider Parteien**, das sich auch aus Handelsbrauch ergeben kann, frei. Dies folgt schon daraus, dass jede Partei ein berechtigtes Interesse an der Übermittlung einer zutreffenden Schlussnote an die jeweils andere Seite hat. Bei nur einseitigem Verzicht ist der Makler deshalb von seiner Pflicht, die Schlussnote beiden

12

---
1 RGZ 59, 350.
2 *Heymann/Herrmann*, § 94 Rn. 7; MünchKommHGB/*v. Hoyningen-Huene*, § 94 Rn. 11.

Parteien zuzusenden, nicht entbunden[1]. Nach anderer Ansicht hat ein ausdrücklich auf die eigene Person beschränkter Verzicht die Bedeutung, dass die verzichtende Partei den Inhalt der gegnerischen Schlussnote uneingeschränkt gegen sich gelten lassen will[2]. Die Pflicht zur Erteilung einer Schlussnote entfällt ferner, wenn dem Makler ausnahmsweise (vgl. § 95 Rn. 13) der **Selbsteintritt** erlaubt ist und er von diesem Recht Gebrauch macht, sowie für sog. Krämermakler (vgl. dazu § 104).

VI. Die Anzeige nach § 94 Abs. 3

13 Die Anzeige nach § 94 Abs. 3 hat der Makler zu machen, wenn eine Seite die **Annahme oder Unterschrift der Schlussnote verweigert**. Die Anzeigepflicht erstreckt sich auf alle Umstände, aus denen sich ergibt, dass eine Seite den Vertragsschluss nicht so wie in der Schlussnote beurkundet gelten lassen will. Die Vorschrift des Abs. 3 ist deshalb auch auf einen gegenüber dem Makler erhobenen Widerspruch (entsprechend) anwendbar (oben Rn. 6). Die Anzeige des § 94 Abs. 3 ist anders als die Zustellung der Schlussnoten ohne oder mit Unterschrift nach § 94 Abs. 1 und 2 (oben Rn. 10) empfangsbedürftige Erklärung[3]. Sie muss also zugehen. Absendung genügt nicht. Wird die Anzeige schuldhaft unterlassen oder verzögert, so kann sich der Makler nach § 98 schadensersatzpflichtig machen. Dies gilt nicht nur im Hinblick darauf, dass eine unterlassene oder verzögerte Anzeige den nicht unterrichteten Teil zu Fehldispositionen veranlassen kann, sondern auch mit Rücksicht darauf, dass sie den mit dem Inhalt der Schlussnote nicht einverstandenen Teil der mit der Annahme der Schlussnote verbundenen Genehmigungswirkung (oben Rn. 2) aussetzen kann.

§ 95
Vorbehaltene Aufgabe

(1) Nimmt eine Partei eine Schlussnote an, in der sich der Handelsmakler die Bezeichnung der anderen Partei vorbehalten hat, so ist sie an das Geschäft mit der Partei, welche ihr nachträglich bezeichnet wird, gebunden, es sei denn, dass gegen diese begründete Einwendungen zu erheben sind.

(2) Die Bezeichnung der anderen Partei hat innerhalb der ortsüblichen Frist, in Ermangelung einer solchen innerhalb einer den Umständen nach angemessenen Frist zu erfolgen.

(3) Unterbleibt die Bezeichnung oder sind gegen die bezeichnete Person oder Firma begründete Einwendungen zu erheben, so ist die Partei befugt, den Handelsmakler auf die Erfüllung des Geschäfts in Anspruch zu nehmen. Der Anspruch ist ausgeschlossen, wenn sich die Partei auf die Aufforderung des Handelsmaklers nicht unverzüglich darüber erklärt, ob sie Erfüllung verlange.

---

1 So *Heymann/Herrmann*, § 94 Rn. 5 und *Baumbach/Hopt*, § 94 Rn. 4.
2 So *Staub/Brüggemann*, § 94 Rn. 6.
3 *Staub/Brüggemann*, § 94 Rn. 8; *Heymann/Herrmann*, § 94 Rn. 10; h.M.

Übersicht

	Rn.		Rn.
I. Bedeutung der Schlussnote mit vorbehaltener Aufgabe des Vertragsgegners	1	b) Voraussetzungen wirksamer Benennung	9
II. Unanwendbarkeit und entsprechende Anwendbarkeit des § 95	2	4. Einwendungen gegen den Benannten	
1. Unanwendbarkeit	3	a) Allgemeines – Zeit und Form der Geltendmachung	10
2. Entsprechende Anwendbarkeit	4	b) Inhalt der Einwendungen	11
3. Streitige Fälle	5	5. Eigenhaftung des Maklers nach § 95 Abs. 3 S. 1	
III. Die Regelung im Einzelnen		a) Inhalt	12
1. Inhalt der Schlussnote mit Aufgabevorbehalt	6	b) Rechtliche Einordnung	13
2. Annahme der Schlussnote	7	c) Eigenhaftung und Provisionsanspruch	14
3. Folgen der Annahme a) Bindung des Annehmenden an den nachträglich benannten Vertragsgegner	8	d) Ausschluss der Eigenhaftung	15

I. Bedeutung der Schlussnote mit vorbehaltener Aufgabe des Vertragsgegners

§ 95 regelt die besonderen Rechtsfolgen, die eintreten, wenn die Schlussnote nicht wie im Regelfall des § 94 vollständig ist (vgl. § 94 Rn. 8), sondern die (spätere) Aufgabe des Vertragspartners vorbehält. Der Vorbehalt wird regelmäßig durch Klauseln wie „Aufgabe vorbehalten", „in Aufgabe" oder „für Aufgabe" ausgedrückt. Der Auftraggeber ist regelmäßig nicht gehalten, eine solche Schlussnote seines Maklers widerspruchslos hinzunehmen. Nimmt er sie aber an (vgl. unten Rn. 7), so lässt er damit dem Makler **freie Hand bei der Auswahl des Vertragsgegners**. Diese Entscheidung ist unwiderruflich. Der Auftraggeber ist nach Annahme der Schlussnote, in der die Benennung des Vertragsgegners vorbehalten ist, sowohl im Verhältnis zum Makler als auch zu dem Vertragsgegner an das Geschäft mit dem Vertragsgegner, den ihm der Makler später wirksam benennt (s. Rn. 9), gebunden, wenn er nicht gegen dessen Person begründete Einwendungen (s. Rn. 10 f.) zu erheben vermag. 1

Dem Makler bietet die Übersendung einer Schlussnote mit dem in § 94 bezeichneten Inhalt, aber unter Vorbehalt der nachträglichen Benennung des Vertragspartners, den Vorteil, dass er sich den **Auftrag sichern** kann, noch ehe er seine Vermittlungsaufgabe durch Zustandebringen des Abschlusses des Hauptvertrages mit einem geeigneten Vertragsgegner erfüllt hat, weil der Auftraggeber bei Annahme einer solchen Schlussnote den Auftrag nicht mehr widerrufen kann. Allerdings bringt dieses Vorgehen für den Makler gewisse Gefahren mit sich: Kann er den Vertragspartner nicht innerhalb ortsüblicher oder angemessener Frist (unten Rn. 9) benennen oder kann der Auftraggeber gegen den schließlich gefundenen und benannten Vertragsgegner begründete Einwendungen vorbringen (unten Rn. 11), so hat der Makler dem 2

Auftraggeber für das Zustandekommen des Geschäfts **persönlich einzustehen** mit der Folge, dass der Auftraggeber ihn selbst für die Erfüllung des Hauptvertrages in Anspruch nehmen kann (unten Rn. 12 f.).

II. Unanwendbarkeit und entsprechende Anwendbarkeit des § 95

1. Unanwendbarkeit

3   Aus dem vorstehend geschilderten Grundgedanken des § 95, der vom Gesetzgeber des HGB bereits vorgefundene ältere Usancen kodifiziert, folgt, dass § 95 nicht, auch nicht entsprechend, anwendbar ist, wenn der Geschäftsgegner nicht erst gefunden werden soll, sondern es darum geht, dass der Makler berechtigt sein soll, im Interesse der Geheimhaltung seiner Geschäftsverbindungen den Vertragsgegner unbenannt zu lassen[1]. In diesem Fall wird allerdings regelmäßig zum Schutz des Auftraggebers vereinbart werden, dass der Makler neben dem **unbekannt bleibenden Vertragsgegner** für die Vertragserfüllung haftet oder dass er bei Auftreten von Störungen bei der Vertragserfüllung zur Aufdeckung des Vertragsgegners verpflichtet ist. Eine (unmittelbare oder entsprechende) Anwendung des § 95 scheidet ferner dann aus, wenn die Benennung des Vertragsgegners absprachegemäß entbehrlich sein soll, weil der Auftraggeber nur an dem Geschäft als solchem, nicht aber auch an der Person des Geschäftspartners interessiert ist. So verhält es sich vielfach im Seefrachtgeschäft: Interesse des Verfrachters nur an der Befrachtung, gleichgültig durch wen[2].

2. Entsprechende Anwendbarkeit

4   Dagegen soll § 95 entsprechend anwendbar sein, wenn der Makler den Abschluss des Geschäfts nicht in einer Schlussnote, sondern in **anderer Form** unter Vorbehalt der nachträglichen Benennung des Vertragsgegners bestätigt und der Auftraggeber dem nicht widerspricht[3], ferner, wenn der **Aufgabevorbehalt nicht angenommen** wird[4], sondern nur unwidersprochen bleibt sowie auch dann, wenn der Makler zwar nachträglich einen Geschäftsgegner benennt, aber zu nicht mit der Schlussnote übereinstimmenden Geschäftsbedingungen[5]. § 95 ist auch auf den **Handelsvertreter** entsprechend anwendbar[6].

---

1   H.M., RGZ 97, 260; *Staub/Brüggemann*, § 95 Rn. 3; *Baumbach/Hopt*, § 95 Rn. 1; *Heymann/Herrmann*, § 95 Rn. 2; MünchKommHGB/*v. Hoyningen-Huene*, § 95 Rn. 3.
2   OLG Hamburg v. 1.3.1955 – 2 U 2/55, MDR 1955, 363; zustimmend *Staub/Brüggemann*, § 95 Rn. 2; *Heymann/Herrmann*, § 95 Rn. 2 und MünchKommHGB/*v. Hoyningen-Huene*, § 95 Rn. 3.
3   RGZ 103, 68; OLG Hamburg, OLGE 36, 268; *Staub/Brüggemann*, § 95 Rn. 1; *Heymann/Herrmann*, § 95 Rn. 2.
4   *Staub/Brüggemann*, § 95 Rn. 4; *Heymann/Herrmann*, § 95 Rn. 2.
5   *Heymann/Herrmann*, § 95 Rn. 10.
6   RGZ 97, 261 und h.M.

3. Streitige Fälle

Streitig ist der Umfang der Anwendbarkeit des § 95, wenn der Makler von seinem Auftraggeber **Vollmacht** zum Vertragsschluss mit einem Dritten hat. Nach einer von Teilen des Schrifttums vertretenen Ansicht[1] soll in diesem Falle nur die Einstandspflicht des Maklers wegen späterer Nichtbenennung zur Anwendung kommen, nicht aber auch diejenige wegen verspäteter oder Benennung eines ungeeigneten Vertragsgegners oder Abweichung von den Bedingungen der Schlussnote, da die Vollmacht des Maklers aus sich heraus Verbindlichkeit auch solcher Vertragsschlüsse schaffe. Es fragt sich aber, ob und inwieweit die dem Makler erteilte Vollmacht tatsächlich auch solche Vertragsschlüsse noch deckt.

III. Die Regelung im Einzelnen

1. Inhalt der Schlussnote mit Aufgabevorbehalt

Die Schlussnote muss grundsätzlich (sofern nicht etwas anderes vereinbart ist) die in § 94 bezeichneten Angaben, also insbesondere **Gegenstand und Bedingungen des Geschäfts, Preis, Erfüllungszeit** etc. (vgl. § 94 Rn. 8) enthalten. Unter den Vorbehalt späterer Aufgabe gestellt sein darf nur die Person des Vertragsgegners. Zusätze, nach denen außerdem bestimmte Eigenschaften des Vertragsgegners vorbehalten bleiben, stehen jedoch, da § 95 nachgiebiges Recht ist, der Anwendung des § 95 nicht entgegen[2]. Das Fehlen dieser Eigenschaft führt dann zu einer begründeten Einwendung i.S.v. § 95 Abs. 1.

2. Annahme der Schlussnote

Annahme ist an sich mehr als nur körperliche Entgegennahme. Sie ist ein von einem **rechtsgeschäftlichen Zustimmungswillen** getragenes ausdrückliches oder konkludentes Verhalten. Unter Kaufleuten wird widerspruchslose Hinnahme aber regelmäßig als Zustimmung und damit als Annahme zu gelten haben (vgl. näher bei § 346). Ist der Auftraggeber nicht Kaufmann, so kommt es auf die Verkehrsauffassung an[3].

---

1 *Staub/Brüggemann*, § 95 Rn. 10; ihm zustimmend *Heymann/Herrmann*, § 95 Rn. 4; a.A. *Schlegelberger/Schröder*, § 95 Rn. 7.
2 So schon RGZ 33, 331: „prima Ablader"; zustimmend *Staub/Brüggemann*, § 95 Rn. 11; im Ergebnis auch *Heymann/Herrmann*, § 95 Rn. 6.
3 *Staub/Brüggemann*, § 95 Rn. 5; entgegen der dort vertretenen Ansicht wird diese das Schweigen eines Nichtkaufmanns aber grundsätzlich nicht als Einverständnis deuten; wie oben im Text aber ausdrücklich *Ebenroth/Boujong/Joost/Strohn/Reiner*, § 95 Rn. 8; auch *Koller/Roth/Morck*, § 95 Rn. 3; ähnlich wie hier ferner MünchKommHGB/*v. Hoyningen-Huene*, § 95 Rn. 7 Fn. 7.

3. Folgen der Annahme

a) Bindung des Annehmenden an den nachträglich benannten Vertragsgegner

8 Mit dem fristgemäßen Zugang der nachträglichen Benennung unten Rn. 9 (mit dem Makler als Boten) kommt der Hauptvertrag mit dem vom Makler benannten Vertragsgegner zu den Bedingungen der Schlussnote zustande[1]. Der Vertragsschluss steht unter der **auflösenden Bedingung**, dass der Auftraggeber begründete Einwendungen (s. Rn. 10, 11) gegen den vom Makler benannten Vertragsgegner erhebt[2]. Die gegenteilige Auffassung[3] wäre mit Gesichtspunkten der Verkehrssicherheit nur schwer in Einklang zu bringen[4].

b) Voraussetzungen wirksamer Benennung

9 Die Benennung muss, um die vorbezeichnete Wirkung zu haben, so **konkret** sein, dass der Auftraggeber in der Lage ist, Erkundigungen einzuziehen, ob gegen den Vertragsgegner Einwendungen bestehen können. Die Benennung ist empfangsbedürftige Willenserklärung (§ 130 BGB)[5], muss dem Auftraggeber also **zugehen**; Absendung genügt nicht. Zum Zeitpunkt des Zugangs muss der Vertragsgegner dem Makler gegenüber das Vertragsangebot exakt zu den Bedingungen der Schlussnote angenommen haben. Anderenfalls kommt der Vertrag nicht zustande. Der Zugang muss innerhalb der ortsüblichen, in Ermangelung einer solchen innerhalb einer den Umständen nach angemessenen Frist (§ 95 Abs. 2), bei besonderer Vereinbarung innerhalb der vereinbarten Frist erfolgen. § 149 BGB kann allerdings zu beachten sein. Eine verspätete Anzeige lässt auch bei Schweigen des Auftraggebers den Hauptvertrag nicht zustande kommen[6]. Nachträgliche Vereinbarungen,

---

[1] Heute überwiegende Meinung: *Staub/Brüggemann*, § 95 Rn. 6; *Baumbach/Hopt*, § 95 Rn. 1; *Ebenroth/Boujong/Joost/Strohn/Reiner*, § 95 Rn. 9; *Koller/Roth/Morck*, § 95 Rn. 3; im Ergebnis auch *Heymann/Herrmann*, § 95 Rn. 4; a.A. RGZ 38, 168: Vertragsschluss mit Rückwirkung auf den Zeitpunkt der Annahme der Schlussnote; *Schlegelberger/Schröder*, § 95 Rn. 7: Zeitpunkt der Einigung zwischen Makler und Geschäftsgegner; dort auch jew. zur konstruktiven Seite; differenzierend MünchKommHGB/*v. Hoyningen-Huene*, § 95 Rn. 8, 9; anders vor allem auch *Canaris*, HR, § 19 Rn. 17: Makler als Stellvertreter des Auftraggebers.

[2] So *Staub/Brüggemann*, § 95 Rn. 6, 7 und *Baumbach/Hopt*, § 95 Rn. 1; *Koller/Roth/Morck*, § 95 Rn. 9; anders auch hier *Canaris*, HR, § 19 Rn. 20: Nichterhebung der Einwendungen gesetzliche Tatbestandsvoraussetzung; ähnlich jetzt auch *Ebenroth/Boujong/Joost/Strohn/Reiner*, § 95 Rn. 12a.

[3] *Canaris*, HR, § 19 Rn. 20; *Ebenroth/Boujong/Joost/Strohn/Reiner*, § 93 Rn. 12a.

[4] S. dazu die mühsamen Ausführungen bei *Ebenroth/Boujong/Joost/Strohn/Reiner* § 95 Rn. 12a.

[5] A.A. *Ebenroth/Boujong/Joost/Strohn/Reiner*, § 95 Rn. 11 (nur Kundgabe einer Willenserklärung des „Gegenkontrahenten" ohne eigenen selbständigen Bindungswillen des Mitteilenden, die aber trotz ihrer Natur notwendigerweise empfangsbedürftig ist; wie hier aber *Heymann/Herrmann*, § 95 Rn. 3.

[6] Alles durchweg h.M.; vgl. *Staub/Brüggemann*, § 95 Rn. 9; *Heymann/Herrmann*, § 95 Rn. 3; *Baumbach/Hopt*, § 95 Rn. 2; MünchKommHGB/*v. Hoyningen-Huene*, § 95 Rn. 11; s. auch schon OLG Hamburg, HansRGZ 1923, 540.

nach denen der Vertragsschluss auch zu abweichenden Bedingungen oder bei verspäteter Anzeige gelten soll, sind selbstverständlich nach allgemeinen Grundsätzen (Annahme des neuen Angebots, § 150 BGB, durch den Auftraggeber) möglich[1].

4. Einwendungen gegen den Benannten

a) Allgemeines – Zeit und Form der Geltendmachung

Die Bindung an den Hauptvertrag mit dem gemäß § 95 Abs. 2 nachträglich vom Makler benannten Vertragsgegner entfällt, wenn der Auftraggeber begründete Einwendungen gegen den Vertragsgegner erhebt, § 95 Abs. 1 Hs. 2 Trotz der eher in die gegenteilige Richtung weisenden Formulierung des Gesetzes muss man annehmen, dass es nicht reicht, dass die Einwendungen objektiv bestehen. Sie müssen auch **vorgebracht** werden. Es geht aber wohl zu weit, wenn man außerdem noch verlangt, dies müsse **unverzüglich** geschehen[2]. Das Gesetz schreibt keine Frist vor. Es muss also genügen, wenn der Auftraggeber seine Einwendungen innerhalb einer Frist vorbringt, in der eine solche Erklärung unter Berücksichtigung von Verkehrsüblichkeit und Handelsbrauch den Umständen nach zu erwarten ist[3]. Bei späterer Entdeckung von berechtigten Einwendungen gegen die Person des Vertragsgegners bleibt nur die zum Ersatz des Vertrauensschadens verpflichtende (§ 122 BGB) Anfechtung nach § 119 Abs. 2 BGB[4]. Die Geltendmachung von Einwendungen ist empfangsbedürftige Willenserklärung (§ 130 BGB), muss also zugehen. Sie kann sowohl gegenüber dem Geschäftsgegner als auch gegenüber dem Makler erklärt werden[5]. 10

b) Inhalt der Einwendungen

Die Einwendungen müssen sich gerade gegen die Person des vom Makler benannten Vertragsgegners richten. Sie müssen dessen Fähigkeit als geeigneter Geschäftspartner im Allgemeinen wie auch gerade im Hinblick auf das konkrete Geschäft mit dem Auftraggeber des Maklers betreffen, müssen aber in 11

---

1 H.M.; *Staub/Brüggemann*, § 95 Rn. 8; *Baumbach/Hopt*, § 95 Rn. 2; *Heymann/Herrmann*, § 95 Rn. 5; *Ebenroth/Boujong/Joost/Reiner*, § 95 Rn. 10 (der allerdings wegen der Dispositivität des § 95 auch eine Genehmigung der verspäteten Benennung durch den Auftraggeber für möglich hält); teilweise anders wohl MünchKommHGB/*v. Hoyningen-Huene*, § 95 Rn. 11: Genehmigung eines schwebend unwirksamen Geschäfts.
2 Auch die h.M. *Baumbach/Hopt*, § 95 Rn. 1 und *Ebenroth/Boujong/Joost/Strohn/Reiner*, § 95 Rn. 15 sowie *Koller/Roth/Morck*, § 95 Rn. 9; ähnlich anscheinend auch MünchKommHGB/*v. Hoyningen-Huene*, § 95 Rn. 14.
3 Ähnlich wie hier *Heymann/Herrmann*, § 95 Rn. 8; wiederum etwas anders GK/*Achilles*, § 95 Rn. 6: Nebenpflicht, den eingetretenen Schwebezustand „alsbald zu beseitigen".
4 *Staub/Brüggemann*, § 95 Rn. 12; *Heymann/Herrmann*, § 95 Rn. 8; *Ebenroth/Boujong/Joost/Strohn/Reiner*, § 95 Rn. 16 (einer auch hinsichtlich der Einredung als Willenserklärung) im Ergebnis auch MünchKommHGB/*v. Hoyningen-Huene*, § 95 Rn. 14.
5 Wie hier *Heymann/Herrmann*, § 95 Rn. 7.

jedem Falle geschäftsrelevant sein[1]. Bedenken in dieser Richtung können sich sowohl im Hinblick auf die Leistungsfähigkeit (auch rein finanzieller Art), die Zuverlässigkeit als auch in Bezug auf den geschäftlichen Ruf des Vertragsgegners ergeben. Soll der Vertragsgegner bestimmte vereinbarte Eigenschaften haben (oben Rn. 6), so begründet auch deren Fehlen ein Ablehnungsrecht des Auftraggebers unabhängig von ihrer objektiven Relevanz. Ein Recht, sich selbst als Vertragspartner zu benennen, steht dem Makler vorbehaltlich abweichender Vereinbarung nicht zu. Benennt er sich selbst als Geschäftspartner, so kann die Partei ihn ohne Angabe von Gründen ablehnen[2]. Ungeeignet sind unter allen Umständen Einwendungen gegen die Bedingungen des Geschäfts als solche. Dagegen muss der Einwand zulässig sein, dass die in der Schlussnote enthaltenen Bedingungen gerade gegenüber einem Geschäftsgegner wie dem nachträglich benannten, z.B. im Hinblick auf dessen fehlende oder angeschlagene Kreditwürdigkeit, unzumutbar seien. Die Beweislast für die einwendungsbegründenden Tatsachen trägt, wie sich schon aus der Formulierung des Ablehnungsrechts als Ausnahmetatbestand („es sei denn") ergibt, der Auftraggeber (unstreitig).

5. Eigenhaftung des Maklers nach § 95 Abs. 3 S. 1

a) Inhalt

12 Unterbleibt eine ordnungs-, insbesondere fristgemäße Benennung des Vertragsgegners oder hat der Auftraggeber rechtzeitig begründete Einwendungen gegen die Person des ihm nachträglich benannten Vertragsgegners erhoben, so kann der Auftraggeber den Makler persönlich auf Erfüllung des Vertrags in Anspruch nehmen, § 95 Abs. 3 S. 1. Das Risiko, in diese Haftung zu geraten, ist die Kehrseite der Möglichkeit des Maklers, sich das Geschäft zu sichern, noch ehe seine Vermittlungsbemühungen zu einem gesicherten Erfolg geführt haben (s. schon oben Rn. 2). Der Makler hat den Auftrag so zu erfüllen, als ob er mit ihm selbst als Vertragsgegner seines Auftraggebers zu den Bedingungen der Schlussnote zustande gekommen wäre. Auch an eine im Vertrag enthaltene Schiedsgerichtsabrede ist er gebunden[3]. Für Leistungsstörungen gelten die allgemeinen Regeln. Es handelt sich um eine gesetzliche Einstandspflicht[4], die kein Verschulden des Maklers voraussetzt (im letzten Punkt unstr.). Bei schuldhaftem Verhalten des Maklers und Schäden, die durch die Erfüllungspflicht des Maklers nicht ausgeglichen

---

1 Weitergehend anscheinend *Heymann/Herrmann*, § 95 Rn. 6; wie hier aber wohl *Staub/Brüggemann*, § 95 Rn. 11; MünchKommHGB/*v. Hoyningen-Huene*, § 95 Rn. 12 und auch schon RGZ 24, 64, 67.
2 Wie hier *Heymann/Herrmann*, § 95 Rn. 9; *Baumbach/Hopt*, § 95 Rn. 3; *Koller/Roth/Morck*, § 95 Rn. 10; a.A. *Ebenroth/Boujong/Joost/Strohn/Reiner*, § 95 Rn. 21.
3 BGH v. 5.5.1977 – III ZR 177/74, BGHZ 68, 356, 363; zustimmend MünchKommHGB/*v. Hoyningen-Huene*, § 95 Rn. 18.
4 *Staub/Brüggemann*, § 95 Rn. 13; MünchKommHGB/*v. Hoyningen-Huene*, § 95 Rn. 15: „Fall gesetzlicher Garantiehaftung"; *Baumbach/Hopt*, § 95 Rn. 3; *Koller/Roth/Morck*, § 95 Rn. 10 („Erfüllungshaftung"); anders *Ebenroth/Boujong/Joost/Strohn/Reiner*, § 95 Rn. 18 („primäre Leistungspflicht des Maklers").

werden, kann daneben auch eine Ersatzpflicht nach § 98 in Betracht kommen.

b) Rechtliche Einordnung

Die Vertragserfüllung durch den Makler nach § 95 Abs. 3 S. 1 ist auf der Seite des Auftraggebers ein Recht, über dessen Ausübung er eigenverantwortlich entscheidet, und auf der Seite des Maklers eine **gesetzliche Einstandspflicht**. Dem Recht des Auftraggebers, vom Makler Erfüllung zu verlangen, steht folglich kein entsprechendes Recht des Maklers, zur Erfüllung zugelassen zu werden, gegenüber. Der Makler kann sich daher nicht selbst mit bindender Wirkung für den Auftraggeber als Vertragspartner benennen[1]; s. schon oben Rn. 11. Ein Recht zum **Selbsteintritt** steht auch dem Handelsmakler grundsätzlich nicht zu (vgl. auch schon Vor § 93 Rn. 42). Es wird regelmäßig nur bei einer entsprechenden abweichenden Vereinbarung zwischen dem Makler und seinem Auftraggeber in Betracht kommen. Eine unzulässige Selbstbenennung des Maklers kann der Auftraggeber deshalb ohne Angaben von Gründen zurückweisen und z.B. die verkaufte Ware anderweitig veräußern. Das Recht des Auftraggebers, den Makler, der sich die Bezeichnung des Vertragsgegners in der Schlussnote vorbehalten hat, wegen verschuldeter verspäteter, unterlassener oder Schlechtbenennung eines Vertragspartners nach § 98 auf Schadensersatz in Anspruch zu nehmen, bleibt auch dann unberührt, wenn der Auftraggeber von dem Recht, den Makler nach § 95 Abs. 3 S. 1 in Anspruch zu nehmen, keinen Gebrauch macht, wenn er eine Selbstbenennung des Maklers zurückweist oder dieses Recht durch Unterlassen der unverzüglichen Erklärung nach § 95 Abs. 3 S. 2 (unten Rn. 15) verliert.

13

c) Eigenhaftung und Provisionsanspruch

Die Erfüllung des Geschäfts durch den Makler nach § 95 Abs. 3 S. 1 ist eine gesetzliche Einstandspflicht (oben Rn. 12, 13) des Maklers für den von ihm nicht zustande gebrachten Erfolg der Vermittlung eines geeigneten Vertragsgegners. Sie führt mithin ebenso wenig zu einem Provisionsanspruch des Maklers, als wenn er einen Hauptvertrag mit einer mit ihm wirtschaftlich identischen oder eng verflochtenen Partei zustande gebracht hätte[2] (siehe dazu näher Vor § 93 Rn. 42 ff.). Zu der (davon zu unterscheidenden) Selbstbenennung s. oben Rn. 11.

14

---

1 *Staub/Brüggemann*, § 95 Rn. 13; *Heymann/Herrmann*, § 95 Rn. 9; *Baumbach/Hopt*, § 95 Rn. 3; *MünchKommHGB/v. Hoyningen-Huene*, § 95 Rn. 17; *Koller/Roth/Morck*, § 95 Rn. 10; OLG Hamburg, OLGE 36, 268.
2 Str., wie hier *Baumbach/Hopt*, § 95 Rn. 3; *Heymann/Herrmann*, § 95 Rn. 11; *MünchKommHGB/v. Hoyningen-Huene*, § 95 Rn. 19; *GK/Achilles*, § 95 Rn. 8; *Koller/Roth/Morck*, § 95 Rn. 10; a.A. *Ebenroth/Boujong/Joost/Strohn/Reiner*, § 95 Rn. 20; auch *Canaris*, HR, § 19 Rn. 24; *Staub/Brüggemann*, § 95 Rn. 13 a.E. mit der Begründung, es liege „eine Art Erfüllung" des Maklervertrages vor, was aber inkonsequent gegenüber seiner eigenen Feststellung ist, es handele sich um eine gesetzliche Garantie.

d) Ausschluss der Eigenhaftung

15 § 95 Abs. 3 S. 2 ist Ausdruck der Anerkennung des berechtigten Interesses des Maklers, umgehend Klarheit darüber zu gewinnen, ob er aus seiner gesetzlichen Einstandspflicht gemäß § 95 Abs. 3 S. 1 in Anspruch genommen werden soll. Der Makler kann den Auftraggeber **auffordern**, sich darüber zu erklären, ob er von ihm persönlich Erfüllung verlangt. Erklärt sich der Auftraggeber daraufhin nicht unverzüglich, d.h. ohne schuldhaftes Zögern (vgl. § 121 BGB) – auch Organisationsverschulden geht zu Lasten des Auftraggebers –, so ist der Erfüllungsanspruch ausgeschlossen. Ein etwaiger Schadensersatzanspruch aus § 98 (oben Rn. 13) wird dadurch nicht berührt.

§ 96
Aufbewahrung von Proben

Der Handelsmakler hat, sofern nicht die Parteien ihm dies erlassen oder der Ortsgebrauch mit Rücksicht auf die Gattung der Ware davon entbindet, von jeder durch seine Vermittlung nach Probe verkauften Ware die Probe, falls sie ihm übergeben ist, so lange aufzubewahren, bis die Ware ohne Einwendung gegen ihre Beschaffenheit angenommen oder das Geschäft in anderer Weise erledigt wird. Er hat die Probe durch ein Zeichen kenntlich zu machen.

1 Die Vorschrift setzt voraus, dass ein Kauf nach Probe oder nach Muster[1] geschlossen worden ist *und* dem Makler die Probe, nach der verkauft worden ist, übergeben wurde. Die **Aufbewahrungspflicht** dauert dem Beweissicherungszweck der Bestimmung entsprechend so lange, wie nicht auszuschließen ist, dass es noch zu einem Streit über die vertragsmäßige Beschaffenheit der Ware kommen kann. Beim Handelskauf ist das regelmäßig das Verstreichen der Rügefrist nach § 377, sonst wohl erst der Ablauf der Verjährungsfrist der Gewährleistungsansprüche. Gleich stehen andere Ereignisse, die einen Streit der vorbezeichneten Art ausschließen, etwa einverständliche Vertragsaufhebung. Dazu zählt nicht der Fall, dass der Käufer unter Verzicht auf Lieferung Schadenersatz wegen Nichterfüllung nach § 437 Nr. 3 BGB verlangt, weil es hier – selbstverständlich – auf die Beschaffenheit der Probe ankommen kann[2]. Dem Sinn der Aufbewahrungspflicht entsprechend wird sie durch eine **Vorlegungspflicht** ergänzt. Diese richtet sich nach §§ 809 ff. BGB. Die Pflicht, die Probe auf Verlangen vorzulegen, besteht gegenüber beiden Parteien; gegenüber dem Auftraggeber des Maklers folgt sie bereits aus dem Auftragsverhältnis, gegenüber der anderen Partei aus einem durch die Tätigkeit des Maklers begründeten vertragsähnlichen Verhältnis. Aus dem Sinn der Vertragspflicht und der mindestens treuhandähnlichen Stellung des Maklers ergibt sich, dass er gegenüber dem Verlangen auf Vorlage der Probe

---

[1] Früher § 494 BGB; heute nicht mehr gesetzlich geregelt.
[2] *Staub/Brüggemann*, § 96 Rn. 3; *Heymann/Herrmann*, § 96 Rn. 2; MünchKommHGB/*v. Hoyningen-Huene*, § 96 Rn. 2.

kein Zurückbehaltungsrecht wegen eigener Ansprüche geltend machen darf (unstr.); anders bei Rückgabe der Probe (unten Rn. 3).

Die Aufbewahrung ist eine eigene gesetzliche Pflicht des Maklers, für die er, wenn nichts anderes vereinbart ist, **keine besondere Vergütung** verlangen kann. Anders verhält es sich mit den Kosten der Vorlegung; für sie gilt § 811 BGB[1]. 2

Nach Beendigung der Aufbewahrungspflicht ist die Probe nach §§ 667, 675 BGB an diejenige Partei **zurückzugeben**, von der sie der Makler erhalten hat. Steht er zu dieser Partei in keinem Auftragsverhältnis, so gelten diese Bestimmungen jedenfalls entsprechend[2]. Gegenüber dem Anspruch auf Rückgabe der Probe kann der Makler ein Zurückbehaltungsrecht (§ 273 BGB) wegen seiner eigenen Ansprüche aus dem Maklervertrag ausüben. Kann der Makler den Umständen nach davon ausgehen, dass kein Interesse am Rückerhalt der Probe besteht, so kann er sie vernichten. Dies kommt insbesondere bei Wertlosigkeit in Betracht. 3

Schuldhafte Verletzung der Aufbewahrungspflicht führt zur **Schadensersatzpflicht** des Maklers nach § 98. Der Einwand des Mitverschuldens (§ 254 BGB) ist möglich. 4

Die Aufbewahrungs- und Vorlegungspflicht besteht **gegenüber beiden Parteien**, auch wenn der Makler nur von einer Partei beauftragt ist[3]. Befreiung des Maklers von dieser Pflicht tritt deshalb nur dann ein, wenn sie ihm durch Vereinbarung oder Handelsbrauch im Verhältnis zu beiden Parteien erlassen ist. Die für ihre Person verzichtende Partei kann allerdings aus der unterlassenen Aufbewahrung keinen Schadensersatzanspruch herleiten, wenn sich dieser Verzicht später als für sie nachteilig herausstellt. 5

§ 97
Keine Inkassovollmacht

Der Handelsmakler gilt nicht als ermächtigt, eine Zahlung oder eine andere im Vertrage bedungene Leistung in Empfang zu nehmen.

Der Auftrag des Handelsmaklers erschöpft sich regelmäßig in der Vertragsvermittlung. Eine Vollmacht, für den Auftraggeber zu handeln, ist damit ebenso wenig wie beim Zivilmakler verbunden. Das Gesetz spricht diesen allgemeinen Grundsatz für den Sonderfall der Entgegennahme von Leistungen für den Auftraggeber in § 97 noch einmal ausdrücklich aus. Er gilt aber ebenso für alle anderen gegenüber der anderen Seite abzugebenden oder vorzunehmenden Erklärungen und Rechtshandlungen. Für sie alle ist der richtige Adressat nicht der Makler, sondern allein der **Vertragsgegner**. Die Vor- 1

---
1 *Heymann/Herrmann*, § 96 Rn. 1 und 3.
2 Unstr., *Staub/Brüggemann*, § 96 Rn. 4; *Heymann/Herrmann*, § 96 Rn. 3.
3 *Staub/Brüggemann*, § 96 Rn. 1 und *Heymann/Herrmann*, § 96 Rn. 1.

schrift wäre, weil ihr Inhalt bereits aus allgemeinen Grundsätzen folgt, an sich entbehrlich gewesen. Da das Recht des Handelsmaklers eine Reihe von Sonderregelungen enthält, die über die reine Vermittlung hinausgehen und die Vermittlerrolle des Maklers abrunden, schien dem Gesetzgeber die in § 97 ausgesprochene Klarstellung jedoch angebracht.

2 Die Vorschrift ist **nicht zwingend**. Abweichendes kann sich, soweit es noch mit der Rolle des Handelsmaklers als neutralem Vermittler zwischen den Parteien vereinbar ist und ihn nicht zum einseitigen Beauftragten einer Partei macht (vgl. dazu Vor § 93 Rn. 45), aus einer besonderen, ihm von der Partei erteilten Vollmacht oder sogar aus Handelsbrauch ergeben[1].

§ 98
Haftung gegenüber beiden Parteien

Der Handelsmakler haftet jeder der beiden Parteien für den durch sein Verschulden entstehenden Schaden.

I. Haftung gegenüber beiden Parteien – Bedeutung und Tragweite

1 Da der Makler – außer beim Maklerdienstvertrag, insbesondere beim Alleinauftrag (vgl. Vor § 93 Rn. 18, 29 ff.; zum Versicherungsmakler s. § 93 Rn. 7) – im Allgemeinen nicht zum Tätigwerden für seinen Auftraggeber verpflichtet ist, treffen ihn diesem gegenüber vor allem **Treue- und Sorgfaltspflichten**. Zu Art und Umfang dieser Pflichten vgl. im Einzelnen Vor § 93 Rn. 31 ff. Als vertragliche Pflichten obliegen ihm diese Pflichten nach allgemeinen Regeln nur gegenüber seinem Auftraggeber, nicht auch gegenüber der Gegenpartei, mit der er keinen Maklervertrag geschlossen hat (zur Möglichkeit der Doppelbeauftragung s. Vor § 93 Rn. 33). Infolgedessen kann den Makler nach allgemeinen Regeln auch eine Schadensersatzpflicht wegen schuldhafter Verletzung dieser Pflichten nur gegenüber seinem Auftraggeber treffen. Die Besonderheit des § 98 besteht darin, dass der **Handelsmakler**, sobald er auch nur von einer Partei einen rechtswirksamen Auftrag erhalten hat, bei schuldhafter Pflichtverletzung **beiden Parteien**, also nicht nur seinem Auftraggeber, sondern auch der Gegenpartei, die ihm keinen Auftrag erteilt hat, sondern mit der er lediglich bei Ausführung seines von der anderen Partei erhaltenen Vermittlungsauftrages in geschäftliche Verbindung getreten ist, zur Leistung von Schadensersatz verpflichtet sein kann. Dies führt im Ergebnis dazu, dass der Makler bei seiner Vermittlungstätigkeit auch die Interessen der Gegenseite zu wahren hat. Dem liegt die Vorstellung des Gesetzgebers zugrunde, der Makler trete, sobald er in Ausführung seines Ver-

---

[1] Heute h.M., *Staub/Brüggemann* zu § 97; *Baumbach/Hopt*, § 97 Rn. 1; *Heymann/ Herrmann*, § 97 Rn. 1; MünchKommHGB/*v. Hoyningen-Huene*, § 97 Rn. 4 f.; *Koller/Roth/Morck*, § 97 Rn. 2; *Ebenroth/Boujong/Joost/Strohn/Reiner*, § 97 Rn. 3; ebenso schon RGZ 97, 215, 218 betr. die (Abschluss-)Vollmacht eines Schiffsmaklers; a.A. früher *Düringer/Hachenburg*, § 97 Anm. 2.

mittlungsauftrages mit der Gegenseite geschäftliche Beziehungen aufnimmt und diese sich darauf eingelassen hat, auch zu ihr in ein vertragsähnliches Geschäfts- und Vertrauensverhältnis. Ein Teil des Schrifttums versteht deshalb § 98 (soweit die Vorschrift dem Makler Verantwortung auch gegenüber dem Dritten auferlegt) als ein gesetzliches Schuldverhältnis, während es anderer Teil in § 98 einen Vertrag mit Schutzwirkung für Dritte sieht[1] Wichtiger als diese unterschiedlichen dogmatischen Einordnungen ist die Einigkeit darüber, dass der Makler dadurch auch ohne zusätzliche Beauftragung durch den potentiellen Vertragsgegner seines Auftraggebers zum unparteiischen neutralen Vermittler („ehrlicher Makler"), der grundsätzlich das Interesse beider Seiten in gleicher Weise zu wahren hat[2], wird. Die dem Makler damit gegenüber der Gegenseite im Ergebnis auferlegten Pflichten entsprechen nach Art und Umfang denjenigen, die ihn gegenüber seinem Auftraggeber treffen (vgl. dazu Vor § 93 Rn. 31 ff.), können aber im Einzelfall entsprechend der gegensätzlichen Interessenlage beider Vertragsparteien, die der Makler zusammenführen soll, unterschiedlich sein. Seine Pflichtenstellung deckt sich damit insbesondere im Falle von Interessenkollisionen im Wesentlichen mit derjenigen eines Maklers mit Doppelauftrag (dazu im Einzelnen Vor § 93 Rn. 33)[3].

II. Umfang der Haftung

Da es sich um eine Haftung aus einem vertragsähnlichen Verhältnis handelt, ist die Schadensersatzpflicht nicht auf das negative Interesse beschränkt. Sie kann, was praktisch vor allem bei schuldhafter Vereitelung des Vertragsschlusses in Betracht kommen dürfte, auch das **positive Interesse** umfassen. Das wird – abgesehen von dem aber die Ausnahme bildenden Sonderfall, dass der Makler (auch stillschweigend) eine Garantie für das Zustandekommen des Vertrages übernommen hat – nach allgemeinen Schadensersatzregeln[4] im Wesentlichen dann in Betracht kommen, wenn der Makler durch seine Pflichtverletzung den Vertragsschluss schuldhaft vereitelt hat oder der Partei dadurch ein gleich günstiger oder sogar günstigerer anderer Abschluss entgangen ist. Bei Erfüllung dieser nach allgemeinen Grundsätzen von dem Geschädigten zu beweisenden Voraussetzungen hat

2

---

1 Für die Einordnung als gesetzliches Schutz- oder Schuldverhältnis: *Koller/Roth/Morck*, § 98 Rn. 1 und § 93 Rn. 24; *Baumbach/Hopt*, § 98 Rn. 1 und § 93 Rn. 24; *Canaris*, HR § 19 Rn. 26; GK/*Achilles*, § 98 Rn. 1; für die Einordnung als Vertrag mit Schutzwirkung für Dritte: *Lutter*, FS Bärmann, 1975, S. 605, 615; zustimmend *Heymann/Herrmann*, § 98 Rn. 1; MünchKommHGB/*v. Hoyningen-Huene*, § 98 Rn. 1; *K. Schmidt*, HR, § 26 II 3c S. 717. Wiederum anders: *Ebenroth/Boujong/Joost/Strohn/Reiner*, § 98 Rn. 1 (vertragliches Maklerverhältnis zu beiden Parteien, da nach der dort vertretenen Ansicht der Handelsmakler zu beiden Parteien in einem vertraglichen Verhältnis stehen soll, s. dazu dort auch § 93 Rn. 38, 44 ff.
2 Allg. M., s. die Nachw. in der vorigen Fn.; vgl. dazu auch OLG München v. 8.8.1970 – 12 U 2560/65, NJW 1970, 1925.
3 Zum Umfang der einen Emissionsgehilfen danach treffenden Prüfungspflichten *Lutter*, FS Bärmann, 1975, S. 605, 615 und *Heymann/Herrmann*, § 98 Rn. 4 m.w.N.
4 S. dazu etwa *Schwerdtner*, MaklerR, Rn. 340 ff.; vgl. auch OLG Düsseldorf v. 4.12.1998 – 7 U 59/98, NJW-RR 1998, 488 f.

ihn der Makler so zu stellen wie er bei Zustandekommen des Vertrags stünde[1]. Gehaftet wird nach § 276 BGB i.V.m. § 347 für jedes Verschulden. Für Mitverschulden des Geschädigten gilt § 254 BGB[2]. Die Haftung für Hilfspersonal (Erfüllungsgehilfen) – auch für vom Makler eingeschaltete Zwischenmakler[3] – richtet sich nach § 278 BGB, nicht wie außerhalb bestehender vertraglicher Beziehungen bei unerlaubten Handlungen nach § 831 BGB (unstr.). Der gegen den Makler gerichtete Schadensersatzanspruch unterliegt grundsätzlich der regelmäßigen dreijährigen Verjährungsfrist der §§ 195, 199 Abs. 3 BGB.

III. Abdingbarkeit

3 § 98 ist kein zwingendes Recht, kann also durch vertragliche Vereinbarung – auch konkludent – abbedungen werden. Dies gilt auch für die Haftung gegenüber dem Vertragsgegner. Dazu wird es im Regelfall nicht allein ausreichen, dass jede Seite einen Makler bestellt hat. Ebenso wenig genügt es, dass die Provision im Erfolgsfalle entgegen § 99 nur von einer Seite bezahlt werden soll. Zu verlangen ist vielmehr, dass der Makler gegenüber dem Vertragspartner verbal oder durch sein Auftreten deutlich macht, dass er **ausschließlich und einseitig Interessenwahrer der Gegenseite** sein will[4]. Ähnliches wird man annehmen müssen, wenn der Vertragsgegner von sich aus die Mitwirkung des von der anderen Seite beauftragten Maklers ablehnt[5].

4 Soll der Makler entgegen § 98 nur seinem Auftraggeber verpflichtet sein (oben Rn. 3), so entfällt gegenüber dem Vertragsgegner die quasi-vertragliche Haftung aus § 98. Dies berührt jedoch nicht die **deliktische Haftung des Maklers** für schuldhafte Verletzung der besonderen gesetzlichen Pflichten, die dem Handelsmakler in den Bestimmungen der §§ 94–96 und §§ 100 f. auferlegt sind und die als Schutzgesetz i.S.d. § 823 Abs. 2 BGB anzusehen sind[6]. Das Gleiche gilt selbstverständlich auch für eine etwaige Schadensersatzpflicht aus § 826 BGB oder die allgemeine Haftungsgrundlage des Verschuldens bei Vertragsschluss, die sich insbesondere aus Inanspruchnahme besonderen persönlichen Vertrauens ergeben kann.

---

1 MünchKommHGB/*v. Hoyningen-Huene*, § 98 Rn. 5; *Heymann/Herrmann*, § 98 Rn. 1; GK/*Achilles*, § 98 Rn. 3.
2 Unstr., vgl. auch OLG München v. 8.8.1970 – 12 U 2560/65, NJW 1970, 1925.
3 OLG Hamburg, OLGE 36, 268.
4 Ähnlich *Staub/Brüggemann*, § 98 Rn. 2 und *Heymann/Herrmann*, § 98 Rn. 3; MünchKommHGB/*v. Hoyningen-Huene*, § 98 Rn. 9; ähnlich auch *Baumbach/Hopt*, § 98 Rn. 2; *Canaris*, HR § 19 Rn. 27.
5 *Heymann/Herrmann*, § 98 Rn. 3; MünchKommHGB/*v. Hoyningen-Huene*, § 98 Rn. 3; ähnlich auch *Baumbach/Hopt*, § 98 Rn. 2; *Koller/Roth/Morck*, § 98 Rn. 3.
6 *Baumbach/Hopt*, § 98 Rn. 2; *Heymann/Herrmann*, § 98 Rn. 3; MünchKommHGB/*v. Hoyningen-Huene*, § 98 Rn. 10; ähnlich *Koller/Roth/Morck*, § 98 Rn. 1.

§ 99
Lohnanspruch gegen beide Parteien

Ist unter den Parteien nichts darüber vereinbart, wer den Maklerlohn bezahlen soll, so ist er in Ermangelung eines abweichenden Ortsgebrauchs von jeder Partei zur Hälfte zu entrichten.

I. Sinnzusammenhang und Voraussetzungen

Die in § 99 vorgesehene **Provisionsteilung** zwischen den Parteien ergänzt 1
die nach allgemeinen Regeln geltenden Grundsätze über die Tragung der Maklerprovision (vgl. dazu Vor § 93 Rn. 40), von denen sie zum Teil nicht unwesentlich abweicht. Die für den Handelsmakler als gesetzlicher Regelfall betrachtete Provisionsteilung ist vor dem Hintergrund der in § 98 getroffenen Regelung zu sehen. Entsprechend dem dort (vgl. § 98 Rn. 1) zum Ausdruck gekommenen gesetzlichen Leitbild des Handelsmaklers als neutralem, unparteilichem Mittler zwischen den Parteien, der jeder Seite gleichermaßen zur Wahrung ihrer Interessen verpflichtet ist, soll er seinen Lohn auch von jeder Seite zur Hälfte beanspruchen können, und beide Parteien sollen den Lohn auch untereinander zu gleichen Teilen zu tragen haben. Die Provisionsteilung setzt mithin voraus, dass der Makler entweder **von beiden Seiten beauftragt** ist oder jedenfalls zum Vertragsgegner seines Auftraggebers in dem in § 98 unterstellten **quasi-vertraglichen Pflichten- und Vertrauensverhältnis** steht. Ist der Makler nur von einer Seite beauftragt gewesen und dem Vertragsgegner eindeutig ausschließlich als Interessenverwalter seines Auftraggebers gegenübergetreten (§ 98 Rn. 3), so erwirbt er einen Provisionsanspruch auch nur gegen seinen Auftraggeber. Das Gleiche gilt, wenn der Vertragsgegner die Dienste des Maklers von vornherein für diesen eindeutig erkennbar zurückweist[1].

II. Inhalt der Regelung

Die in § 99 vorgesehene Provisionsteilung gilt zunächst im **Außenverhältnis** 2
des Maklers zu den Parteien des von ihm vermittelten Geschäfts. Der Handelsmakler hat also gegen jeden seiner Auftraggeber bzw. gegen seinen Auftraggeber und dessen Vertragsgegner, zu dem er in dem in § 98 bezeichneten quasi-vertraglichen Verhältnis steht, wenn nichts anderes vereinbart ist (s. Rn. 3), kraft gesetzlicher Auslegungsregel jeweils Anspruch auf die Hälfte der bei Fehlen besonderer Abmachungen für eine derartige Geschäftsvermittlung üblichen Provision. Zu einer einschränkenden Auslegung (sog. teleologischen Reduktion) der Vorschrift unter Beschränkung auf den Fall der echten Doppelbeauftragung des Maklers durch beide Parteien[2] besteht kein

---

1 Staub/Brüggemann, § 99 Rn. 9; Heymann/Herrmann, § 99 Rn. 1; Münch-KommHGB/v. Hoyningen-Huene, § 99 Rn. 4 f., 6.
2 So aber Canaris, HR, § 16 Rn. 30 (der dies bereits aus § 99 – „wer" – ableiten will) und Baumbach/Hopt, § 99 Rn. 1 (der dafür eine teleologische Reduktion des § 99

hinrichender Anlass. Die Berufung auf die allgemeine Grundregel des § 652 BGB, nach welcher der Makler einen Vergütungsanspruch nur gegen seinen Auftraggeber hat, bietet dafür keine Rechtfertigung. § 99 gewährt dem Handelsmakler einen (durch und durch dispositiven) Courtageanspruch kraft Gesetzes[1], der als Spezialregelung, die der besonderen Stellung des Handelsmaklers im Vergleich zu derjenigen des Zivilmaklers Rechnung tragen soll, den allgemeinen Grundsatz des § 652 BGB (teilweise modifizierend) überlagert[2]. In der Teilschuldnerschaft der beiden Vertragsparteien gegenüber dem Makler spiegelt sich die Rolle des Handelsmaklers als unparteiischer neutraler, zur Wahrung der Interessen beider Parteien angehaltener Vermittler mit seiner doppelten Pflichtenstellung gegenüber beiden Vertragsparteien (s. dazu insbes. § 98 Rn. 1). – Überlegungen, ob § 99 auch im **Innenverhältnis** gilt[3], erübrigen sich letztlich schon deshalb, weil aus § 99 mindestens mittelbar folgt, dass i.d.R., d.h. in Ermangelung abweichender Vereinbarungen oder eindeutiger Zurückweisung der Maklerdienste durch eine Seite (s. Rn. 1 a.E.), jede der beiden Vertragsparteien zur Zahlung der halben Gesamtprovision an den Makler verpflichtet ist[4]. Hat jedoch ein Vertragsteil dem Makler durch eine Sonderabmachung, in die der andere Teil nicht einbezogen ist, eine **höhere als die übliche Provision** versprochen, so muss er im Innen- wie im Außenverhältnis den überschießenden Betrag allein zahlen[5]. Die gesetzliche Regelteilung muss aber auch dann gelten, wenn der Vertragsgegner die Höhe der von dem anderen Teil mit dem Makler abgemachten Provision kennt und keinen Widerspruch gegen seine aus § 99 folgende Verpflichtung zur hälftigen Beteiligung daran erhebt[6]. Der Widerspruch muss, um auch gegenüber dem Makler im Außenverhältnis und nicht nur im Innenverhältnis zum Vertragsgegner Wirksamkeit zu entfalten, auch gegenüber dem Makler erhoben sein.

---

für erforderlich hält); gegenstandslos auf Grund seiner Auffassung, dass der Handelsmakler mit beiden Vertragsparteien in einem vertraglichen Maklerverhältnis steht (oben § 98 Rn. 1), für *Ebenroth/Boujong/Joost/Strohn/Reiner*, § 99 Rn. 1; wie im Text dagegen *Koller/Roth/Morck*, § 99 Rn. 1 (der allerdings die Gegenauffassung für „bedenkenswert" hält).

1 Überflüssig daher auch die gekünstelte Konstruktion einer zumindest stillschweigenden Beauftragung des Maklers auch durch die Gegenseite, so aber *v. Gierke/Sandrock*, § 29 II.1.c) S. 507 und *Schlegelberger/Schröder*, § 99 Rn. 9; wie hier auch *Koller/Roth/Morck*, § 99 Rn. 1 a.E.
2 So zutreffend im Wesentlichen auch *Staub/Brüggemann*, § 99 Rn. 6 u. 7 m.w.N. aus dem älteren Schrifttum; im Ergebnis auch MünchKommHGB/*v. Hoyningen-Huene*, § 99 Rn. 1–5 und (jew. ohne nähere Auseinandersetzung mit der Streitfrage) *Heymann/Herrmann*, § 99 Rn. 1 a.E. sowie GK/*Achilles*, § 99 Rn. 7; zweifelnd mit Sympathien für die abweichende Auffassung (*Canaris*, HR, § 16 Rn. 30; *Baumbach/Hopt*, § 99 Rn. 1) *Koller/Roth/Morck*, § 99 Rn. 1.
3 Dagegen *Baumbach/Hopt*, § 99 Rn. 2.
4 *Schlegelberger/Schröder*, § 99 Rn. 9; *Staub/Brüggemann*, § 99 Rn. 1; *Heymann/Herrmann*, § 99 Rn. 1; auch *Baumbach/Hopt*, § 99 Rn. 2.
5 So zutreffend *Staub/Brüggemann*, § 99 Rn. 5 und 8; *Baumbach/Hopt*, § 99 Rn. 2.
6 Wohl teilw. anders *Koller/Roth/Morck*, § 99 Rn. 4 u. *Baumbach/Hopt*, § 99 Rn. 2: Vertragsgegner, der nicht Auftraggeber des Maklers ist, schuldet dem Makler (entspr. das Innenverhältnis) stets nur die halbe übliche Courtage.

III. Abweichende Vereinbarungen

Abweichende Vereinbarungen sind **zulässig**. Soll eine der Parteien allein für den gesamten Maklerlohn aufkommen, so genügt dazu für das Innenverhältnis zwischen den Parteien eine entsprechende Abmachung unter ihnen. Der Makler ist daran aber nur dann gebunden, wenn er einer solchen Abmachung zugestimmt hat. Bei Beauftragung durch beide Parteien kann der Makler – wenn dies so mit ihm vereinbart ist – auch gegen jede Seite den vollen Lohnanspruch erwerben, so dass er im Ergebnis eine doppelte Provision (also z.B. eine Käufer- und eine Verkäuferprovision) verdient. Dafür ist jedoch, wie für jede andere von § 99 abweichende Provisionsabsprache eine Abmachung zu verlangen, aus der sich eindeutig ergibt, dass die Regelung des § 99, wonach der Handelsmakler den für eine Vertragsvermittlung der betreffenden Art üblichen Provisionsanspruch nur einmal erwirbt und gegen jede Partei jeweils zur Hälfte geltend machen kann, abbedungen sein soll. Durch eine **einseitige Verwahrung** kann sich der andere Vertragsteil seiner aus § 99 folgenden gesetzlichen Verpflichtung zur Bezahlung der hälftigen Maklerprovision nicht entziehen. Will er diese Verpflichtung auch gegenüber dem Makler von sich abwenden, so muss er von Anfang an, ehe er sich auf Verhandlungen mit dem Makler einlässt, dessen Dienst für seine Person in einer auch für den Makler eindeutig erkennbaren Weise zurückweisen[1] (s. auch schon Rn. 1).

3

IV. Orts- und Handelsbrauch

Vorrangig gegenüber der gesetzlichen Regelung ist auch Orts- und Handelsbrauch. Er kann insbesondere vorsehen, dass die Maklerprovision stets von einer Seite allein zu tragen ist[2], zum Versicherungsmakler s. § 93 Rn. 7.

4

V. Sonstiges

Für die Entstehung, Höhe, Fälligkeit und Verjährung des Provisionsanspruchs gelten die allgemeinen Grundsätze, vgl. Vor § 93 Rn. 38 ff.; dort auch Rn. 35 zur möglichen Verwirkung des Provisionsanspruchs.

5

§ 100
Tagebuch

(1) Der Handelsmakler ist verpflichtet, ein Tagebuch zu führen und in dieses alle abgeschlossenen Geschäfte täglich einzutragen. Die Eintragungen sind

---

1 *Staub/Brüggemann*, § 99 Rn. 7; *Heymann/Herrmann*, § 99 Rn. 2; *Baumbach/Hopt*, § 99 Rn. 3; für Beteiligung des Maklers an einer abw. Absprache auch Münch-KommHGB/*v. Hoyningen-Huene*, § 99 Rn. 8.
2 Vgl. etwa OLG Hamburg, VersR 1951, 261, 252; LG Hamburg v. 23.6.1961 – 62 S 1/61, MDR 1961, 945, h.M.

nach der Zeitfolge zu bewirken; sie haben die in § 94 Abs. 1 bezeichneten Angaben zu enthalten. Das Eingetragene ist von dem Handelsmakler täglich zu unterzeichnen oder gemäß § 126a Abs. 1 des Bürgerlichen Gesetzbuchs elektronisch zu signieren.

(2) Die Vorschriften der §§ 239 und 257 über die Einrichtung und Aufbewahrung der Handelsbücher finden auf das Tagebuch des Handelsmaklers Anwendung.

I. Die Tagebuchführungspflicht – Zweck und Umfang

1 Die Pflicht zur Tagebuchführung gilt für jeden Handelsmakler, auch wenn er nicht im Handelsregister eingetragener Kleingewerbebetreibender ist, s. § 93 Abs. 3. Ausgenommen sind nur Krämer-, Versicherungs- und Bausparvertragsmakler (§ 104). Die Pflicht zur Tagebuchführung dient zwar im Wesentlichen dem **Beweisinteresse** der Parteien, vgl. auch § 101, ist dem Handelsmakler jedoch zugleich als **öffentlich-rechtliche Pflicht** auferlegt und als solche durch Vereinbarung nicht abdingbar. Zwar finden auf das Tagebuch des Handelsmaklers die Vorschriften der §§ 239 und 257 über die Errichtung und Aufbewahrung der Handelsbücher entsprechende Anwendung. Es unterliegt deshalb einer Aufbewahrungsfrist von zehn Jahren, beginnend mit dem Schluss des Kalenderjahres, in dem die letzte Eintragung gemacht worden ist, § 257 Abs. 4 und 5, und zwar auch über die Aufgabe des Gewerbes hinaus (unstr.). Im Übrigen ist das Tagebuch jedoch **kein Handelsbuch** i.S.d. §§ 238 ff. Es dient nicht der Aufzeichnung eigener, sondern fremder Geschäfte. Beide Buchführungspflichten stehen also nebeneinander. Schuldhafte Verstöße gegen die Pflicht zur i.S.d. § 100 ordnungsgemäßen Tagebuchführung stehen als Ordnungswidrigkeiten nach § 103 unter Bußgeldandrohung. Die zivilrechtliche Wirksamkeit eines vom Handelsmakler abgeschlossenen oder vermittelten Geschäfts ist jedoch von der ordnungsgemäßen Eintragung im Tagebuch unabhängig.

2 In das Tagebuch sind **alle vom Handelsmakler vermittelten oder selber abgeschlossenen Geschäfte** einzutragen. Die Eintragung hat täglich in der Reihenfolge des Abschlusses oder der Kenntniserlangung von dem Abschluss zu erfolgen[1]. Angabe der Uhrzeit ist entbehrlich. Die Eintragung kann auch durch Hilfskräfte erfolgen. Die Pflicht zur täglichen Unterzeichnung ist dagegen höchstpersönlich.

3 Die Eintragungspflicht ist **unabhängig von der Wirksamkeit des betreffenden Vertrages**. Einzutragen sind deshalb auch nichtige oder angefochtene Verträge (h.M.), auch im Zeitpunkt der Kenntniserlangung des Maklers vom Vertragsschluss bereits wieder aufgehobene[2]. Verzicht der Parteien oder Orts-

---

1 *Ebenroth/Boujong/Joost/Strohn/Reiner*, § 100 Rn. 1; *Heymann/Herrmann*, § 100 Rn. 1.
2 *Ebenroth/Boujong/Joost/Strohn/Reiner*, § 100 Rn. 3; *Baumbach/Hopt*, § 100 Rn. 1; *Koller/Roth/Morck*, § 100 Rn. 2; *Heymann/Herrmann*, § 100 Rn. 3; a.A. *Staub/Brüggemann*, § 100 Rn. 2 für den Fall, dass der Vertrag im Zeitpunkt der Kenntniser-

gebrauch entbindet nicht von der öffentlich-rechtlichen Pflicht zur Führung des Tagebuchs[1]. Ohne Bedeutung ist es, ob dem Handelsmakler aus dem Geschäft ein Provisionsanspruch zusteht. Die Eintragung hat nicht nur den Abschluss als solchen zu verzeichnen, sondern sämtliche in § 94 Abs. 1 aufgeführten Angaben zu enthalten, also insbesondere die Parteien, den Gegenstand und die Bedingungen des Geschäfts sowie Preis und Zeit der Lieferung (vgl. § 94 Rn. 8). Wegen Einrichtungen und Aufbewahrung vgl. im Einzelnen das Schrifttum zu §§ 239 und 257.

II. Haftung bei Pflichtverletzung

Die schuldhafte Verletzung der Pflicht zur Tagebuchführung ist nicht nur nach § 103 ordnungswidrig und **bußgeldbewehrt**. Sie kann auch zivilrechtliche **Schadensersatzpflichten** gegenüber den Parteien nach § 98 (h.M.) und gegenüber der Partei, die nicht Auftraggeber des Maklers ist und auch nicht in dem in § 98 vorausgesetzten quasi-vertraglichen Verhältnis zu ihm steht (vgl. § 98 Rn. 1, 3), nach § 823 Abs. 2 BGB i.V.m. §§ 100, 103 nach sich ziehen[2]. Vgl. auch oben § 98 Rn. 4.

4

§ 101
Auszüge aus dem Tagebuch

Der Handelsmakler ist verpflichtet, den Parteien jederzeit auf Verlangen Auszüge aus dem Tagebuche zu geben, die von ihm unterzeichnet sind und alles enthalten, was von ihm in Ansehung des vermittelten Geschäfts eingetragen ist.

I. Der Anspruch auf einen Auszug aus dem Tagebuch

Der Anspruch ist einklagbar. Er richtet sich auf einen Auszug aus dem **tatsächlich eingetragenen Inhalt** des Tagebuchs, nicht auf Wiedergabe dessen, was einzutragen gewesen wäre, aber nicht eingetragen worden ist[3]. Er steht den Parteien des vom Makler vermittelten Geschäfts unabhängig davon zu, ob sie Auftraggeber des Maklers waren oder zu ihm nur in dem von § 98 vo-

1

---

langung des Maklers von seinem Abschluss bereits wieder einverständlich aufgehoben worden ist; ihm zustimmend MünchKommHGB/*v. Hoyningen-Huene*, § 100 Rn. 3 und GK/*Achilles*, § 100 Rn. 3.

1 *Baumbach/Hopt*, § 100 Rn. 1; *Staub/Brüggemann*, § 100 Rn. 3; *Ebenroth/Boujong/ Joost/Strohn/Reiner*, § 100 Rn. 2.
2 *Baumbach/Hopt*, § 100 Rn. 2; *Heymann/Herrmann*, § 100 Rn. 3; MünchKommHGB/*v. Hoyningen-Huene*, § 100 Rn. 8; *Ebenroth/Boujong/Joost/Strohn/Reiner*, § 100 Rn. 1.
3 *Heymann/Herrmann*, § 101 Rn. 1; MünchKommHGB/*v. Hoyningen-Huene*, § 101 Rn. 1; *Baumbach/Hopt*, § 1 Rn. 1.

rausgesetzten quasi-vertraglichen Verhältnis (§ 98 Rn. 1) standen[1] (vgl. auch § 98 Rn. 4). Der Tagebuchauszug ist zwar grundsätzlich vom Makler zu unterzeichnen. Der Anspruch auf den Buchauszug besteht aber auch gegen einen Rechtsnachfolger. Da der Auszug überdies an sich auch von einem Dritten gefertigt werden kann, erfolgt die Zwangsvollstreckung nach § 887 ZPO[2] (Fertigung des Auszugs durch einen Dritten auf Kosten des Handelsmaklers aufgrund entsprechender Ermächtigung seitens des Gerichts). Der Anspruch besteht für die Dauer der Aufbewahrungspflicht. Eine besondere Vergütung kann der Makler für die Erteilung des Auszugs nicht verlangen[3].

II. Der Anspruch auf Einsicht in das Tagebuch

2 Bei **entsprechendem rechtlichen Interesse** haben die in Rn. 1 genannten Parteien (nicht ein außenstehender Dritter, weil die Eintragung nicht in seinem Interesse gefertigt ist) nach § 810 BGB zusätzlich einen klagbaren Anspruch auf Einsicht in das Tagebuch. Diese Voraussetzung wird vor allem dann erfüllt sein, wenn begründete Zweifel an der Vollständigkeit eines bereits erteilten Tagebuchauszuges bestehen. Dem soll es gleichstehen, wenn ein Rechtsnachfolger, der nicht Handelsmakler ist, den Auszug erteilt hat[4]. Wegen der Einzelheiten des Rechts auf Urkundeneinsicht muss auf das Schrifttum zu § 810 BGB verwiesen werden.

§ 102
Vorlegung im Rechtsstreit

Im Laufe eines Rechtsstreits kann das Gericht auch ohne Antrag einer Partei die Vorlegung des Tagebuchs anordnen, um es mit der Schlussnote, den Auszügen oder anderen Beweismitteln zu vergleichen.

1 Die tatbestandlichen Voraussetzungen des § 102 sind teils enger, teils weiter als diejenigen des § 101 und des § 810 BGB. Enger insofern, als bereits ein Beweismittel in den Rechtsstreit eingeführt worden sein muss, mit dem der Tagebuchinhalt verglichen werden soll. § 102 scheidet mithin aus, wenn der Tagebuchinhalt einziges Beweismittel sein soll. Weiter ist § 102 insofern, als unter der vorstehend genannten Voraussetzung das Tagebuch **auch bei Prozessen mit Dritten oder unter Dritten**, die nicht Partei des vom Handels-

---

1 *Baumbach/Hopt*, § 101 Rn. 1; *Heymann/Herrmann*, § 101 Rn. 1; *Staub/Brüggemann*, § 101 Rn. 3 (ausführlich); *MünchKommHGB/v. Hoyningen-Huene*, § 101 Rn. 3; *Koller/Roth/Morck*, § 101 Rn. 2; anders (nur die Parteien des von dem Makler vermittelten Vertrags, die mit ihm einen Maklervertrag abgeschlossen haben, s. dazu schon oben § 98 Rn. 1) *Ebenroth/Boujong/Joost/Strohn/Reiner*, § 101 Rn. 2.
2 Heute ganz h.M., *Baumbach/Hopt*, § 101 Rn. 1; *MünchKommHGB/v. Hoyningen-Huene*, § 101 Rn. 2; *Heymann/Herrmann*, § 101 Rn. 1; *Staub/Brüggemann*, § 101 Rn. 2.
3 *Staub/Brüggemann*, § 101 Rn. 2.
4 So *Baumbach/Hopt*, § 101 Rn. 2 und ihm folgend *Heymann/Herrmann*, § 101 Rn. 2.

makler vermittelten Vertrages waren, zum Vergleich herangezogen werden kann[1]. Für diese Auslegung spricht auch der Gesetzestext, der keine besonderen einengenden Voraussetzungen hinsichtlich der an dem Rechtsstreit beteiligten Parteien erkennen lässt. Ist der Makler selbst Prozesspartei, so sind auch § 810 BGB und die §§ 422 ff. ZPO anwendbar[2].

§ 103
Ordnungswidrigkeiten

(1) Ordnungswidrig handelt, wer als Handelsmakler

1. vorsätzlich oder fahrlässig ein Tagebuch über die abgeschlossenen Geschäfte zu führen unterlässt oder das Tagebuch in einer Weise führt, die dem § 100 Abs. 1 widerspricht oder

2. ein solches Tagebuch vor Ablauf der gesetzlichen Aufbewahrungspflicht vernichtet.

(2) Die Ordnungswidrigkeit kann mit einer Geldbuße bis zu fünftausend Euro geahndet werden.

Die Vorschrift enthält die **öffentlich-rechtliche Sanktion** der in der Vorschrift im Einzelnen bezeichneten schuldhaften Verstöße gegen die Pflicht zur ordnungsgemäßen Tagebuchfortführung und -aufbewahrung. Bei Vernichtung vor Ablauf der gesetzlichen Aufbewahrungsfrist (§ 100 Rn. 1) nach § 103 Abs. 1 Nr. 2 ist gem. § 10 OWiG Vorsatz erforderlich. § 283b StGB kommt nicht zur Anwendung, weil das Tagebuch nur im Rahmen des § 100 Abs. 2 (s. § 100 Rn. 1), nicht aber auch im Übrigen als Handelsbuch anzusehen ist[3]. Wegen der Einzelheiten des Ordnungswidrigkeitenverfahrens und der Höhe der zulässigen Bußgelder ist auf das Gesetz über Ordnungswidrigkeiten i.d.F. vom 19.2.1987, BGBl. I 602, zu verweisen. 1

§ 104
Krämermakler

Auf Personen, welche die Vermittlung von Warengeschäften im Kleinverkehr besorgen, finden die Vorschriften über Schlussnoten und Tagebücher keine Anwendung. Auf Personen, welche die Vermittlung von Versicherungs- oder Bausparverträgen übernehmen, sind die Vorschriften über Tagebücher nicht anzuwenden.

---

1 *Baumbach/Hopt*, § 102 Rn. 1; *Heymann/Herrmann*, § 102 Rn. 1; *Koller/Roth/Morck*, § 102 Rn. 1; zweifelnd *Ebenroth/Boujong/Joost/Strohn/Reiner*, § 102 Rn. 3; ebenso GK/*Achilles* § 102 Rn. 2.
2 *Baumbach/Hopt*, § 102 Rn. 1; MünchKommHGB/*v. Hoyningen-Huene*, § 102 Rn. 2.
3 *Staub/Brüggemann*, § 103; *Heymann/Herrmann*, § 103 Rn. 1.

1 Der sog. **Krämermakler** (§ 104 S. 1) ist ein eigenständiger Begriff des § 104. Er darf nicht mit dem Handelsmakler verwechselt werden, der infolge des geringen Umfanges seines Geschäftes keiner kaufmännischen Betriebseinrichtung bedarf und deshalb nach §§ 1, 2 ohne (freiwillige) Eintragung im Handelsregister nicht als Kaufmann gilt. Wer Krämermakler ist, bestimmt sich nicht nach dem Umfang seines Unternehmens, sondern nach der Art der in seinem Unternehmen vermittelten Geschäfte. Krämermakler ist demnach, wer **Warengeschäfte** (also nicht Dienstleistungen!) im Kleinverkehr vermittelt. Nicht die geringe Größe des eigenen Unternehmens, sondern die geringe Größe der einzelnen vermittelten Geschäfte macht mithin den Krämermakler aus. Deshalb kann der Krämermakler des § 104 Kaufmann und der Handelsmakler der §§ 93–103 Kleingewerbetreibender sein.

2 Die **Rechtsfolge** des Betriebes des Gewerbes eines Krämermaklers ist in § 104 eindeutig bestimmt. Der Krämermakler unterliegt keiner gesetzlichen Pflicht zur Erteilung von Schlussnoten (§§ 94, 95) und der Führung eines Tagebuchs (§§ 100–103). Erteilt er dennoch freiwillig oder aufgrund Vereinbarung mit seinem Auftraggeber eine Schlussnote, so bleiben die §§ 94, 95 anwendbar. Auf ein freiwillig geführtes Tagebuch sind die §§ 100–102 anwendbar; § 103 scheidet auch dann aus, weil diese Bestimmung gerade Ausdruck einer – beim Krämermakler fehlenden – öffentlich-rechtlichen Pflicht zur Tagebuchführung ist. Dagegen gelten die §§ 96–99 sowie alle anderen Bestimmungen des allgemeinen Maklerrechts (vgl. Vor § 93 Rn. 11 ff.) auch für den Krämermakler. Durch § 104 nicht berührt wird ferner die allgemeine kaufmännische Buchführungspflicht der §§ 238 ff. Sie kann nur dann entfallen, wenn der Krämermakler zugleich nicht im Handelsregister eingetragener Kleingewerbetreibender (§§ 1, 2) ist, vgl. dazu oben Rn. 1 sowie die Erläuterungen zu §§ 1 und 2.

3 Die Vorschrift des Satzes 2 ist eingefügt durch Gesetz vom 23.10.1989[1]. Anders als § 104 S. 1 befreit sie lediglich von der Pflicht zur Führung von Tagebüchern. Angesichts des **Vorhandenseins von Versicherungsakten** erschien sie hier zur Beweissicherung nicht unbedingt erforderlich. Andererseits kann insbesondere für Versicherungsmakler mit mehreren Niederlassungen die Pflicht zur täglichen Unterschriftsleistung eine unzumutbare Belastung mit sich bringen.

---

[1] BGBl. I 1910.

Neunter Abschnitt Bußgeldvorschriften

§ 104a

Bußgeldvorschrift

(1) Ordnungswidrig handelt, wer vorsätzlich oder leichtfertig entgegen § 8b Abs. 3 Satz 1 Nr. 2 dort genannte Daten nicht, nicht richtig oder nicht vollständig übermittelt. Die Ordnungswidrigkeit kann mit einer Geldbuße bis zu zweihunderttausend Euro geahndet werden.

(2) Verwaltungsbehörde im Sinne des § 36 Abs. 1 Nr. 1 des Gesetzes über Ordnungswidrigkeiten ist die Bundesanstalt für Finanzdienstleistungsaufsicht.

§ 104a wurde durch das Transparenzrichtlinie-Umsetzungsgesetz vom 5.1.2007 („TUG")[1] neu eingeführt. Er enthält Bußgeldvorschriften für die Verletzung von Übermittlungspflichten nach § 8b. Werden bestimmte Daten nicht, nicht richtig oder nicht vollständig an das Unternehmensregister übermittelt, wird dies mit einem **Bußgeld von bis zu 200 000 Euro** geahndet. Die Einführung dieser Sanktionsvorschrift basiert auf Art. 28 Abs. 1 der Transparenzrichtlinie, der angemessene und hinreichende Sanktionsmöglichkeiten verlangt, mit denen Verstöße gegen die Transparenzrichtlinie[2] geahndet werden können und die abschreckend weiteren Verstößen effektiv vorbeugen[3]. Der Bußgeldrahmen entspricht dem für die Verletzung der Übermittlungspflicht an das Unternehmensregister in § 39 Abs. 4 i.V.m. Abs. 2 Nr. 19 WpHG. 1

Nach § 104a Abs. 1 ist die vorsätzliche oder leichtfertige Falschübermittlung von Daten bzw. das Nichtübermitteln von Daten mit Bußgeld in Höhe von bis zu 200 000 Euro bewährt. Unter die Daten i.S.d. § 104a fallen neben den kapitalmarktrechtlichen Veröffentlichungen nach § 8b Abs. 2 Nr. 10 unter anderem auch der Halbjahresfinanzbericht (§ 37w WpHG) und die Zwischenmitteilungen (§ 37x WpHG). 2

Die Sanktion in Höhe von 200 000 Euro erscheint einigen zu hoch, weil ein solches Bußgeld insbesondere kleinere (mittelständische) Unternehmen finanziell überfordern und in Existenznöte bringen kann; üblicher Weise werden Ordnungswidrigkeiten im HGB mit einer Geldbuße von bis zu 3

---

1 BGBl. I 10.
2 Richtlinie 2004/109/EG v. 15.12.2004 zur Harmonisierung der Transparenzanforderungen (...) und zur Änderung der Richtlinie 2001/34/EG, ABl. EG Nr. L 390 v. 31.12.2004, S. 38.
3 Vgl. Begr. RegE v. 11.8.2006, BR-Drucks. 579/06, S. 125 und BT-Drucks. 16/2498 v. 4.9.2006, S. 54.

50 000 Euro geahndet (bspw. § 341n Abs. 3, § 342e Abs. 2)[1]. Auch die mehrfache Sanktionierung der Verletzung von kapitalmarktrechtlichen Verhaltenspflichten (z.B. durch § 39 Abs. 2 Nr. 6 bzw. § 20 WpHG und § 104a) wird kritisiert[2].

---

1 Stellungnahme des BDI v. 29.8.2006, S. 11, abzurufen unter www.bdi-online.de; allgemein zum TUG: *Pirner/Lebherz*, Wie nach dem Transparenzrichtlinie-Umsetzungsgesetz publiziert werden muss, AG 2007, 19 ff.; *Bosse*, Wesentliche Neuregelungen ab 2007 aufgrund des Transparenzrichtlinie-Umsetzungsgesetzes für börsennotierte Unternehmen, DB 2007, 39 ff.; *Buchheim*, Entwurf des Gesetzes zur Umsetzung der EU-Tansparenzrichtlinie: Ausweitung de Publizitätspflichten, BB 2006, 1674 ff.; *Deutsches Aktieninstitut*, Stellungnahme zum Regierungsentwurf eines Transparenzrichtlinie-Umsetzungsgesetzes (TUG) v. 28. Juni 2006 – 16. August 2006, NZG 2006, 696 ff.
2 *Mülbert/Steup*, Das zweispurige Regime der Registerpublizität nach Inkrafttreten des TUG – Nachbesserungsbedarf aus Sicht von EU- und nationalem Recht, NZG 2007, 761 ff.

Zweites Buch   Handelsgesellschaften und stille Gesellschaft

Erster Abschnitt   Offene Handelsgesellschaft

Erster Titel   Errichtung der Gesellschaft

§ 105
Begriff der offenen Handelsgesellschaft

(1) Eine Gesellschaft, deren Zweck auf den Betrieb eines Handelsgewerbes unter gemeinschaftlicher Firma gerichtet ist, ist eine offene Handelsgesellschaft, wenn bei keinem der Gesellschafter die Haftung gegenüber den Gesellschaftsgläubigern beschränkt ist.

(2) Eine Gesellschaft, deren Gewerbebetrieb nicht schon nach § 1 Abs. 2 Handelsgewerbe ist oder die nur eigenes Vermögen verwaltet, ist offene Handelsgesellschaft, wenn die Firma des Unternehmens in das Handelsregister eingetragen ist. § 2 Satz 2 und 3 gilt entsprechend.

(3) Auf die offene Handelsgesellschaft finden, soweit nicht in diesem Abschnitt ein anderes vorgeschrieben ist, die Vorschriften des Bürgerlichen Gesetzbuchs über die Gesellschaft Anwendung.

*Übersicht**

	Rn.		Rn.
A. Die OHG		b) Kleingewerbetreibende; land- und forstwirtschaftliche Betriebe	8b
I. Rechtsnatur der OHG		c) Verwaltung des eigenen Vermögens	9
1. Allgemeines		d) Eintragung ohne Handelsgewerbe	10
a) Grundform der Personenhandelsgesellschaft	1	e) Schein-OHG	11
b) Bedeutung	2	4. Firma der OHG	
2. Die OHG als Personengesellschaft		a) Gemeinschaftliche Firma	12
a) Gesellschaftsverhältnis	3	b) Firmenführung als Tatbestandsmerkmal?	13
aa) Der Grundsatz	4	5. Unbeschränkte Haftung	14
bb) Ausnahmen	5	**II. Entstehung der OHG**	
b) Rechtsfähigkeit?	6	1. Gesellschaftsvertrag	
c) Kaufmannseigenschaft	7	a) Tatbestand des Vertragsschlusses	15
3. Unternehmensgegenstand der OHG			
a) Handelsgewerbe	8		

---

* Für ihre Unterstützung danke ich Herrn Michael Schoendon und Herrn David Schoenberger. Insbesondere möchte ich aber Herrn Michael Schulze für seine tatkräftige und wertvolle Hilfe danken.

	Rn.		Rn.
b) Inhalt des Vertrages	18	3. Veränderungen im Gesellschafterbestand	
c) Formerfordernisse		a) Eintritt und Ausscheiden	81
aa) Der Grundsatz	21	b) Anteilsübertragung	85
bb) Ausnahmen	22	c) Unterbeteiligung	87
d) Beteiligung Minderjähriger; Ehegattenzustimmung	26	4. Geltende Rechtsvorschriften für die OHG	88
e) Vertragsauslegung	28	**IV. Übergangsvorschriften zum Handelsrechtsreformgesetz**	90
f) Wirksamkeitsmängel	29	**B. Die Partnerschaftsgesellschaft**	
g) Vertragsänderungen	30	**I. Wesen der Gesellschaft**	100
h) Anwendbare Grundsätze/Vorschriften	33a	**II. Rechtsverhältnisse in der Gesellschaft**	101
2. Umwandlungstatbestände		**C. Europäisches Personengesellschaftsrecht**	
a) Umwandlung einer Personengesellschaft	34	**I. Rechtsgrundlagen der EWIV**	103
b) Formwechsel	35	**II. Rechtliche Ausgestaltung der EWIV**	
c) Verschmelzung, Spaltung	36	1. Funktion	104
d) Umwandlung einer Erbengemeinschaft	37	2. Rechtsverhältnisse	105
3. Fehlerhafte Gesellschaft		**D. Die Personenhandelsgesellschaft als verbundenes Unternehmen**	
a) Tatbestand	38	**I. Grundlagen**	
aa) Fehlerhaftigkeit	39	1. Allgemeines	106
bb) Vollzug	41	2. Grundbegriffe	108
b) Entgegenstehende Schutzinteressen	42	a) Abhängigkeit	109
c) Rechtsfolgen	46	b) Konzern	110
d) Geltung der Grundsätze für andere Rechtsvorgänge	47	**II. Die Personenhandelsgesellschaft als beherrschtes Unternehmen**	
4. Schein-OHG		1. Abhängige Personengesellschaft	111
a) Tatbestand	54	a) Begründung der Abhängigkeit	112
b) Rechtsfolgen	55	b) Rechtsstellung der Minderheitsgesellschafter	113
c) Scheingesellschafter	56	c) Rechtsstellung des herrschenden Gesellschafters	114
III. Gesellschafter und Rechtsverhältnisse in der OHG		2. Konzernabhängige Personengesellschaft	115
1. Gesellschafter		a) Zustimmungserfordernis	116
a) Natürliche und juristische Personen	57	b) Verlustübernahme	117
b) Gesamthandsgemeinschaften	62	c) Unterwerfung unter fremde Leitungsmacht	119
2. Rechtsstellung als Gesellschafter		**III. Die Personenhandelsgesellschaft als herrschendes Unternehmen**	121
a) Mitgliedschaftliche Rechtsbeziehungen	66	1. Erweiterung der Zuständigkeiten und Mitwirkungsrechte	122
b) Einteilung der Mitgliedschaftsrechte	67	2. Erweiterung der Informationsrechte	124
c) Pflichten des Gesellschafters	70	a) Einsichtsrechte	125
d) Beitrag und Einlage	71	b) Auskunftsrechte	126
aa) Arten der Einbringung	73a	3. Pflichtenstellung als Konzernobergesellschaft	127
bb) Höhe der Beiträge	73b		
cc) Nachträgliche Erhöhung der Beiträge	73c		
dd) Anwendbare Vorschriften	74		
e) Drittbeziehungen zur Gesellschaft	75		
f) Prozessuale Rollenverteilung	76		
g) Actio pro socio			
aa) Begriff	77		
bb) Inhalt	78		
cc) Hilfscharakter	80		

Schrifttum: *Bork*, Die Parteirollen im Streit um die Zugehörigkeit zu einer Personenhandelsgesellschaft, ZGR 1991, 125; *Brandes*, Die Rechtsprechung des Bundesgerichtshofs zur Personengesellschaft, WM 2000, 385 (Rechtsprechungsübersichten: WM 1986, Sonderbeil. Nr. 1, WM 1990, 1121, WM 1994, 569; WM 1998, 261); *Crezelius*, Gesellschaftsverträge und Unternehmensformen, 6. Aufl. 1995; *Flume*, Allgemeiner Teil des Bürgerlichen Rechts, Bd. I/1: Die Personengesellschaft, 1977; *Flume*, Gesellschaft und Gesamthand, ZHR 136 (1972), 177; *Grunewald*, Die Gesellschafterklage in der Personengesellschaft und der GmbH, 1990; *Hadding*, Actio pro socio, 1966; *B. Hartmann*, Der ausscheidende Gesellschafter in der Wirtschaftspraxis, 4. Aufl. 1983; *Huber*, Vermögensanteil, Kapitalanteil und Gesellschaftsanteil an Personengesellschaften des Handelsrechts, 1970; *Hüffer*, 100 Bände BGHZ: Personengesellschaftsrecht, ZHR 151 (1987), 396; *Kellermann/Stodolkowitz*, Höchstrichterliche Rechtsprechung zum Personengesellschaftsrecht, RWS-Skript 20, 4. Aufl. 1994; *Klauss/Birle*, Der Gesellschaftsvertrag in seiner zweckmäßigsten Form, 12. Aufl. 1986; *Kort*, Actio pro socio auch bei Klagen gegen Nicht-Gesellschafter, DStR 2001, 2162; *Lutter*, Theorie der Mitgliedschaft, AcP 180 (1980), 84; *Michalski*, OHG-Recht, 2000; *Paschke*, Die fehlerhafte Korporation, ZHR 155 (1991), 1; *Th. Raiser*, Das Recht der Gesellschafterklagen, ZHR 153 (1989), 1; *Schäfer*, Nachschusspflichten bei Personengesellschaften, in VGR (Hrsg.), Gesellschaftsrecht in der Diskussion 2007, 2008, S. 137; *K. Schmidt*, Die obligatorische Gruppenvertretung im Recht der Personengesellschaften und der GmbH, ZHR 146 (1982), 525; *K. Schmidt*, „Fehlerhafte Gesellschaft" und allgemeines Verbandsrecht, AcP 186 (1986), 421; *K. Schmidt*, Die fehlerhafte Anteilsübertragung, BB 1988, 1053; *K. Schmidt*, Grenzen des Minderjährigenschutzes im Handels- und Gesellschaftsrecht, JuS 1990, 517; *Schwintowski*, Grenzen der Anerkennung fehlerhafter Gesellschaften, NJW 1988, 937; *Stimpel*, Aus der jüngeren Rechtsprechung des Bundesgerichtshofes zum Gesellschaftsrecht, ZGR 1973, 73; *Stimpel*, Aus der Rechtsprechung des II. Zivilsenats, in: Festschrift 25 Jahre Bundesgerichtshof, 1975, S. 13; *Sudhoff*, Personengesellschaften, 8. Aufl. 2005; *Sudhoff*, Unternehmensnachfolge, 5. Aufl. 2005; *Teichmann*, Gestaltungsfreiheit in Gesellschaftsverträgen, 1980; *Ulmer*, Richterrechtliche Entwicklungen im Gesellschaftsrecht 1971–1985, 1986; *Ulmer*, Die Gesellschaft bürgerlichen Rechts und die Partnerschaftsgesellschaft, 4. Aufl. 2004; *Ulmer*, Hundert Jahre Personengesellschaftsrecht: Rechtsfortbildung bei OHG und KG, ZHR 161 (1997), 102; *Wertenbruch*, Die Rechtsprechung zum Personengesellschaftsrecht in den Jahren 2003 bis 2005, NZG 2006, 408; *H.P. Westermann*, Vertragsfreiheit und Typengesetzlichkeit im Recht der Personengesellschaften, 1970; *H.P. Westermann*, Die geltungserhaltende Reduktion im System der Inhaltskontrolle im Gesellschaftsrecht, in: Festschrift Stimpel, 1985, S. 69; *Wiedemann*, Die Übertragung und Vererbung von Mitgliedschaftsrechten bei Handelsgesellschaften, 1965; *Wiedemann*, Juristische Person und Gesamthand als Sondervermögen, WM 1975, Sonderbeil. Nr. 4; *Wiedemann*, Der Gesellschaftsvertrag der Personengesellschaften, WM 1990, Sonderbeil. Nr. 8; *Wiedemann*, Rechte und Pflichten des Personengesellschafters, WM 1992, Sonderbeil. Nr. 7; *Wiedemann*, Anteilsumwandlung und Mehrfachbeteiligung in der Personengesellschaft, in: Festschrift Zöllner, 1998, Bd. I, S. 635; *Zöllner*, Die Schranken mitgliedschaftlicher Stimmrechtsmacht bei den privatrechtlichen Personenverbänden, 1963.

Zur verbundenen Personengesellschaft: *Baumgartl*, Die konzernbeherrschte Personengesellschaft, 1986; *Bitter*, Konzernrechtliche Durchgriffshaftung bei Personengesellschaften, 2000; *Burbach*, Die abhängige Personengesellschaft, 1988; *Emmerich*, Das Konzernrecht der Personengesellschaften, in: Festschrift Stimpel, 1985, S. 743; *Emmerich/Habersack*, Konzernrecht, 8. Aufl. 2005; *Kleindiek*, Strukturvielfalt im Personengesellschafts-Konzern, 1991; *Löffler*, Die abhängige Personengesellschaft, 1988; *Th. Raiser*, Beherrschungsvertrag im Recht der Personengesellschaft, ZGR 1980, 559; *Th. Raiser*, Wettbewerb als Mittel konzernrechtlichen Präventivschutzes, in: Festschrift Stimpel, 1985, S. 855; *Reuter*, Die Personengesellschaft als abhängiges Unternehmen, ZHR 146 (1982), 1; *Reuter*, Ansätze eines Konzernrechts der Personengesellschaft in der höchstrichterlichen Rechtsprechung, AG 1986, 130; *Schießl*, Die beherrschte Personengesellschaft, 1985; *K. Schmidt*, Abhängigkeit, faktischer Konzern, Nichtaktienkonzern und Divisionalisierung im Bericht der Unternehmensrechtskommission, ZGR 1981, 455; *U.H. Schneider*, Zur Wahrnehmung von Mitgliedschaftsrechten an Tochtergesellschaften einer Personengesellschaft, in: Festschrift Bärmann, 1975, S. 873; *U.H. Schneider*, Die Personengesellschaft als verbundenes Unternehmen, ZGR 1975, 253; *U.H. Schneider*, Die Auskunfts- und Kontrollrechte des Gesellschafters in der verbundenen Personengesellschaft, BB 1975, 1353; *U.H. Schneider*, Die Personengesellschaft als herrschendes Unternehmen im Konzern, ZHR 143 (1979), 485; *U.H. Schneider*., Konzernbildung, Konzernleitung und Verlustausgleich im Konzernrecht der Personengesellschaften, ZGR 1980, 511; *U.H. Schneider*, Die Personengesellschaft als Konzernunternehmen, BB 1980, 1057; *Stehle*, Gesellschafterschutz gegen fremdunternehmerischen Einfluss in der Personenhandelsgesellschaft, 1986; *Ulmer* (Hrsg.), Probleme des Konzernrechts, 1989.

A. Die OHG

I. Rechtsnatur der OHG

1. Allgemeines

a) Grundform der Personenhandelsgesellschaft

1   Bei der OHG handelt es sich um die Grundform der Personengesellschaft des Handelsrechts[1]. Ein von mehreren Personen betriebenes Unternehmen, das ein Handelsgewerbe i.S.v. § 1 Abs. 2 zum Gegenstand hat, ist kraft Rechtsformzwangs ohne weiteres eine OHG[2]. Auf einen entsprechenden Willen der Gesellschafter kommt es nicht an. Die gesellschaftsrechtliche Einordnung untersteht mithin nicht dem Willen der Gesellschafter[3]. Das zwischen den Gesellschaftern bestehende Rechtsverhältnis und die Beziehungen zu Dritten werden in den §§ 105 ff. im Einzelnen geregelt.

b) Bedeutung

2   Obwohl die mittelständische unternehmerische Betätigung sich heute ganz überwiegend der Organisationsformen der GmbH und der GmbH & Co. KG bedient, während die Verbreitung der OHG wegen des Haftungsrisikos für die Gesellschafter rückläufig ist[4], haben die Vorschriften des OHG-Rechts – gewissermaßen als „Allgemeiner Teil des Personenhandelsgesellschaftsrechts"[5] – ihre bleibende Bedeutung behalten. Auf sie ist über § 161 Abs. 2

---

1 *Ebenroth/Boujong/Joost/Strohn/Wertenbruch*, § 105 Rn. 2.
2 BGH v. 17.6.1953 – II ZR 205/52, BGHZ 10, 91, 97; BGH v. 19.5.1960 – II ZR 72/59, BGHZ 32, 307, 310; BGH v. 23.11.1978 – II ZR 20/78, WM 1979, 327, 328; *Ebenroth/Boujong/Joost/Strohn/Wertenbruch*, § 105 Rn. 2; MünchKommHGB/*K. Schmidt*, § 105 Rn. 10; *Baumbach/Hopt*, § 105 Rn. 7.
3 BGH v. 19.5.1960 – II ZR 72/59, NJW 1960, 1664, 1665; OLG Dresden v. 20.11.2001 – 2 U 1928/01, NJW-RR 2003, 257, 259; *Baumbach/Hopt*, § 105 Rn. 7.
4 *Ebenroth/Boujong/Joost/Strohn/Wertenbruch*, § 105 Rn. 3; vgl. auch MünchHdb-GesR I/*Happ*, § 46 Rn. 12 ff.
5 Bzw. i.S. einer „Pilotfunktion", vgl. *Staub/Ulmer*, § 105 Rn. 13.

bei den verbreiteten Erscheinungsformen der GmbH & Co. KG zurückzugreifen, soweit nicht die §§ 161 ff. oder hineinspielende Grundsätze des GmbH-Rechts zu Besonderheiten führen.

2. Die OHG als Personengesellschaft

a) Gesellschaftsverhältnis

Die OHG ist ihrem Wesen nach als **Sonderfall der GbR (§ 705 BGB)** und damit als Zusammenschluss mehrerer Beteiligter auf der Grundlage eines Gesellschaftsvertrages zur Verfolgung eines gemeinsamen Zwecks aufzufassen[1]. Hierauf weist insbesondere die in § 105 Abs. 3 enthaltene Bezugnahme hin. Es handelt sich bei ihr um eine Gesamthandsgesellschaft[2], die am Rechtsverkehr teilnimmt und insoweit notwendigerweise Außengesellschaft ist[3]. Sie ist damit auch Handelsgesellschaft i.S.d. Überschrift des Zweiten Buches des HGB.

3

aa) Der Grundsatz

Die OHG kennt zwar keine Höchstzahl von Gesellschaftern, wohl aber setzt sie das Vorhandensein von **mindestens zwei Gesellschaftern** voraus[4], die durch einen Gesellschaftsvertrag verbunden sind (dazu näher Rn. 15 ff.). Dies folgt auch aus der Regelung des § 140 Abs. 1 S. 2, die an die Stelle des früheren § 142 a.F. getreten ist. Nach dieser Vorschrift scheitert der Ausschluss eines Gesellschafters nicht daran, dass nach dem Ausschluss nur ein Gesellschafter verbleiben würde. Eine derartige Regelung wäre aber überflüssig, wenn ein Ausschluss im Rahmen eines Zweipersonengesellschaftsverhältnisses am Fortbestehen eines Gesellschaftsverhältnisses nichts änderte[5]. Mithin ist nicht nur die Entstehung, sondern auch der Fortbestand der OHG davon abhängig, dass die Mindestzahl an Gesellschaftern gewahrt bleibt (§ 131 Rn. 2). Ist eine Gesamthand als Gesellschafterin an einer OHG beteiligt, so macht dies ungeachtet dessen, dass die erstere sich aus mehreren Personen zusammensetzt, das Vorhandensein eines weiteren Gesellschafters nicht entbehrlich, da die gesamthänderisch gehaltene Beteiligung nur einen einheitlichen Anteil darstellt[6]. Für das Vorhandensein zweier Gesellschafter genügt die Beteiligung einer natürlichen und einer ju-

4

---

1 MünchKommHGB/*K. Schmidt*, § 105 Rn. 4; *Ebenroth/Boujong/Joost/Strohn/Wertenbruch*, § 105 Rn. 6; *Baumbach/Hopt*, § 105 Rn. 1.
2 BGH v. 16.2.1961 – III ZR 71/60, BGHZ 34, 293, 296.
3 BGH v. 13.5.1953 – II ZR 157/52, BGHZ 10, 44, 48.
4 BGH v. 10.5.1978 – VIII ZR 32/77, BGHZ 71, 296, 300; BGH v. 19.2.1990 – II ZR 42/89, ZIP 1990, 505, 506; BGH v. 15.3.2004 – II ZR 247/01, NZG 2004, 611; KG v. 3.4.2007 – 1 W 305/06, ZIP 2007, 1505, 1506 f.; OLG Frankfurt v. 25.8.2003 – 20 W 354/02, NZG 2004, 808 f.; MünchKommHGB/*K. Schmidt*, § 105 Rn. 24; *Ebenroth/Boujong/Joost/Strohn/Wertenbruch*, § 105 Rn. 31; *Baumbach/Hopt*, § 105 Rn. 18; *Staub/Ulmer*, § 105 Rn. 69 f.; a.A. *Weimar*, ZIP 1997, 1769 ff.; *Baumann*, BB 1998, 225 ff.
5 KG v. 3.4.2007 – 1 W 305/06, ZIP 2007, 1505, 1507.
6 BGH v. 19.2.1990 – II ZR 42/89, ZIP 1990, 505, 506; MünchKommHGB/*K. Schmidt*, § 105 Rn. 24.

ristischen Person auch dann, wenn einziges Mitglied der juristischen Person die natürliche Person ist (Einmann-GmbH)[1]. Nicht erforderlich ist, dass die Gesellschafter alle eine Kapitalbeteiligung halten[2].

4a Jeder Gesellschafter ist mit einem Anteil an der OHG beteiligt; er kann grundsätzlich auch nur einen ungeteilten Mitgliedschaftsanteil innehaben[3]. Erwirbt er einen **weiteren Anteil** hinzu, entsteht ein (vergrößerter) **einheitlicher Anteil**[4]. Insbesondere kann neben einer Vollhafterbeteiligung nicht ein Kommanditanteil selbständig bestehen bleiben[5].

bb) Ausnahmen

5 Von dem Grundsatz, dass eine Gesellschaft mehrerer Gesellschafter (bzw. richtiger mehrerer Anteile) bedarf, gibt es aber auch Ausnahmen[6]. Dies gilt etwa dann, wenn zwar nur ein Gesellschafter, wohl aber verschiedene Anteile vorhanden sind. Dies scheint nur auf den ersten Blick aufgrund des Grundsatzes der Einheitlichkeit der Gesellschafterstellung ausgeschlossen (Rn. 4a). Es gibt aber Fälle, in denen die Verwaltung getrennt bleibender Anteile durch einen Gesellschafter zugelassen wird. Hierzu gehört etwa, wenn der verbleibende Gesellschafter in die Gesellschafterstellung des anderen als dessen Vorerbe eintritt[7]. Hier behalten die beiden Anteile indes ihre **Selbständigkeit** mit der Folge, dass auch bei nur einem noch verbleibenden Gesellschafter die OHG in der Zeit bis zum Eintritt der Nacherbfolge weiterbesteht[8]. Gleiches gilt, wenn der (verbleibende) Gesellschafter einen (Kommandit-)Anteil hinzuwirbt, der der Testamentsvollstreckung (siehe hierzu § 139 Rn. 16 ff.) unterliegt[9]. Ebenso ist zu entscheiden in den Fällen, in denen der hinzuerworbene Anteil mit einem Nießbrauch oder einem Pfandrecht belastet ist[10]. Eine Selbständigkeit von Anteilen ist auch anzu-

---

1 MünchKommHGB/*K. Schmidt*, § 105 Rn. 24.
2 MünchKommHGB/*K. Schmidt*, § 105 Rn. 24.
3 BGH v. 11.4.1957 – II ZR 182/55, BGHZ 24, 106, 108; BGH v. 20.4.1972 – II ZR 143/69, BGHZ 58, 316, 318; MünchKommHGB/*K. Schmidt*, § 105 Rn. 75 ff.; *Ebenroth/Boujong/Joost/Strohn/Wertenbruch*, § 105 Rn. 32.
4 BGH v. 10.6.1963 – II ZR 88/61, WM 1963, 989; OLG München v. 24.9.2003 – 7 U 2469/03, NJW-RR 2004, 334; MünchKommHGB/*K. Schmidt*, § 105 Rn. 77; *Ebenroth/Boujong/Joost/Strohn/Wertenbruch*, § 105 Rn. 32.
5 BGH v. 1.6.1987 – II ZR 259/86, BGHZ 101, 123, 129 f.; BayObLG v. 29.8.2003 – 3 Z BR 5/03, ZIP 2003, 1443 f.; *Staub/Ulmer*, § 105 Rn. 71.
6 Siehe Überblick bei *Ebenroth/Boujong/Joost/Strohn/Wertenbruch*, § 105 Rn. 33 ff.; MünchKommHGB/*K. Schmidt*, § 105 Rn. 25; KG v. 3.4.2007 – 1 W 305/06, ZIP 2007, 1505, 1506.
7 BGH v. 14.5.1986 – IVa ZR 155/84, BGHZ 98, 48, 57.
8 So MünchKommHGB/*K. Schmidt*, § 105 Rn. 25 und 78; *K. Schmidt*, GesR, 45 I 2b bb. Siehe hierzu auch *Wiedemann*, FS Zöllner, S. 635, 650; a.A. *Ebenroth/Boujong/Joost/Strohn/Wertenbruch*, § 105 Rn. 35; *Staub/Ulmer*, § 105 Rn. 69: Notwendigkeit einer Neubegründung der Gesellschaft mit Eintritt des Nacherbfalls.
9 MünchKommHGB/*K. Schmidt*, § 105 Rn. 78; *Ebenroth/Boujong/Joost/Strohn/Wertenbruch*, § 105 Rn. 33; a.A. *Ulmer*, NJW 1990, 73, 76 f.
10 OLG Düsseldorf v. 14.9.1998 – 3 Wx 209/98, NJW-RR 1999, 619 f.; *Ebenroth/Boujong/Joost/Strohn/Wertenbruch*, § 105 Rn. 36; MünchKommHGB/*K. Schmidt*, § 105 Rn. 25 und 78; a.A. wohl *Wiedemann*, FS Zöllner, S. 635, 643 ff.

nehmen, wenn für den zusätzlichen Anteil das Nachlassinsolvenzverfahren oder die Nachlassverwaltung angeordnet ist[1].

b) Rechtsfähigkeit?

Die OHG ist keine juristische Person, sondern Gesamthand[2]. Dennoch sind nicht die gesamthänderisch verbundenen Gesellschafter Zuordnungsobjekt für die Rechte und Pflichten, die die Gesellschaft betreffen. Es ist vielmehr die Gesamthand selbst als ein von den Gesellschaftern verschiedenes Rechtssubjekt, die Trägerin dieser Rechte und Pflichten ist[3]. Sie handelt als Organisationseinheit im Rechtsverkehr durch ihre Organe.

c) Kaufmannseigenschaft

Die Kaufmannseigenschaft der OHG folgt aus § 6 Abs. 1[4]. Nach h.M. sind auch die **Gesellschafter** selbst Kaufleute[5]; dabei wird die Kaufmannseigenschaft für sie aber vielfach nur auf ihre Stellung als Gesellschafter bezogen[6]. Nach anderer Auffassung[7] sind die Gesellschafter dagegen nicht selbst Kaufleute. Letzteres schließt aber – dieser Ansicht zufolge – nicht aus, dass einzelne der für Kaufleute geltenden Normen auf die Gesellschafter Anwendung finden. Der letztgenannten Ansicht ist zu folgen, will man sich nicht über die Trennung von Gesamthand und Gesellschafter (vgl. oben Rn. 6) in unzulässiger Weise hinwegsetzen; denn das Handelsgewerbe wird nicht von den einzelnen Gesellschaften, sondern von der Gesellschaft als solcher betrieben. Die Verneinung der Kaufmannseigenschaft der Gesellschafter hat auch Folgen für die Anerkennung der doppelstöckigen GmbH & Co. KG (vgl. dazu Rn. 9a sowie § 161 Rn. 43), da dann eine Komplementärgesellschaft, deren Tätigkeit sich in der Führung der Geschäfte der Hauptgesellschaft erschöpft, ggf. nur eine GbR wäre[8].

---

1 MünchKommHGB/*K. Schmidt*, § 105 Rn. 78; *Ebenroth/Boujong/Joost/Strohn/Wertenbruch*, § 105 Rn. 34. Offengelassen in BGH v. 10.12.1990 – II ZR 256/89, BGHZ 113, 132, 137.
2 Zu der terminologischen Bedeutung dieser Differenzierung vgl. MünchKommHGB/*K. Schmidt*, § 105 Rn. 7.
3 BGH v. 5.3.2008 – II ZR 89/07, ZIP 2008, 692, 693; MünchKommHGB/*K. Schmidt*, § 105 Rn. 7; *Staub/Habersack*, § 124 Rn. 3 f., 6; *Baumbach/Hopt*, § 105 Rn. 1; *Ebenroth/Boujong/Joost/Strohn/Wertenbruch*, § 105 Rn. 7.
4 MünchKommHGB/*K. Schmidt*, § 105 Rn. 11.
5 BGH v. 16.2.1961 – III ZR 71/60, BGHZ 34, 293, 296 f.; BGH v. 2.6.1966 – VII ZR 292/64, BGHZ 45, 282, 284.
6 Siehe etwa BGH v. 5.5.1960 – II ZR 128/58, WM 1960, 866, 867; BGH v. 11.10.1979 – III ZR 184/78, WM 1979, 1428 f.
7 *Staub/Ulmer*, § 105 Rn. 77 ff.; MünchKommHGB/*K. Schmidt*, § 105 Rn. 14; *Ebenroth/Boujong/Joost/Strohn/Wertenbruch*, § 105 Rn. 37; *Baumbach/Hopt*, § 105 Rn. 19.
8 Dazu vgl. *Schlegelberger/K. Schmidt*, § 105 Rn. 17.

7a Zu den entsprechend auf den Gesellschafter anzuwendenden Vorschriften zählen etwa § 109 GVG[1] oder §§ 29, 38 ZPO (vgl. auch § 128 Rn. 9)[2]. Schwierigkeiten bereitet die Behandlung des Gesellschafters nach den Verbraucherschutzvorschriften. Im Anwendungsbereich der §§ 13, 14 BGB gilt der Gesellschafter grundsätzlich als Verbraucher, wenn er außerhalb der Gesellschaft im privaten Bereich handelt[3]. Handelt der Gesellschafter im Zusammenhang mit seiner Beteiligung, ist je nach Schutzzweck der einzelnen Vorschrift zu differenzieren, ob der Gesellschafter einbezogen ist. Letzteres ist in Bezug auf § 1031 Abs. 5 ZPO beispielsweise zu verneinen[4]. Im Rahmen des § 304 InsO ist streitig, ob die Tätigkeit der Gesellschaft des persönlich haftenden Gesellschafters der OHG und KG zuzurechnen ist oder nicht[5].

3. Unternehmensgegenstand der OHG

a) Handelsgewerbe

8 Eine OHG setzt nach § 105 Abs. 1 voraus, dass mit ihr **als gemeinsamer Zweck** der **Betrieb eines Handelsgewerbes**[6] verfolgt wird. Erforderlich ist, dass das Gewerbe bereits tatsächlich betrieben wird. Handelt es sich um ein Gewerbe i.S.v. § 1 Abs. 2 (i.d.F. des HRefG v. 22.6.1998[7]), so ist diese Voraussetzung ohne weiteres erfüllt. Mit der Neufassung von § 1 Abs. 2 sind die früheren Begriffsbestimmungen zum Kaufmannsbegriff in den §§ 1 und 2 a.F. unter Wegfall des Katalogs der Grundhandelsgewerbe zu einem **einheitlichen Kaufmannsbegriff** zusammengefasst worden. Es kommt daher auf das Vorhandensein eines **Gewerbebetriebes** (siehe dazu näher § 1 Rn. 17 ff.) an, es sei denn, dass das Unternehmen nach Art und Umfang einen in kaufmännischer Weise eingerichteten Geschäftsbetrieb (zu diesem Merkmal § 1 Rn. 98 ff.) nicht erfordert. Für die Frage, ob das Unternehmen nach Art und Umfang einen in kaufmännischer Weise eingerichteten Gewerbebetrieb erfordert, ist nicht erforderlich, dass der „volle" Geschäftsbetrieb bereits im Entstehenszeitpunkt aufgenommen ist. Vielmehr genügt es, wenn das gemeinsame Unternehmen von vorneherein auf den Umfang eines vollkaufmännischen Unternehmens angelegt ist[8]. Entscheidend ist insofern ein objektiver Maßstab. Die Willensrichtung der Gesellschafter ist hingegen nicht maßgebend[9]. Die Eintragung des Unternehmens in das Handelsregister ist

---

1 *Baumbach/Hopt*, § 105 Rn. 20.
2 MünchKommHGB/*K. Schmidt*, § 105 Rn. 16; MünchKommZPO/*Patzina*, § 38 Rn. 15; a.A. *Baumbach/Hopt*, § 105 Rn. 20.
3 MünchKommHGB/*K. Schmidt*, § 105 Rn. 16, 17a.
4 MünchKommHGB/*K. Schmidt*, § 105 Rn. 17; *Ebenroth/Boujong/Joost/Strohn/Wertenbruch*, § 105 Rn. 37 und 55.
5 Dafür: *Braun/Buck*, § 304 InsO Rn. 17; a.A. *Vallender*, in K. Schmidt/Uhlenbruck (Hrsg.) Die GmbH in Krise, Sanierung und Insolvenz, 3. Aufl. 2003, Rn. 1773.
6 Zur Frage, ob die zum Zwecke der Ausführung eines Großbauvorhabens errichtete Arbeitsgemeinschaft (ARGE) eine OHG ist, siehe OLG Dresden v. 20.11.2001 – 2 U 1928/01, NZG 2001, 124 f.
7 BGBl. I 1474.
8 BGH v. 19.5.1960 – II ZR 72/59, NJW 1960, 1664, 1665.
9 BGH v. 19.5.1960 – II ZR 72/59, NJW 1960, 1664, 1665.

dabei (wie für die früheren Grundhandelsgewerbe) lediglich deklaratorisch. Ist von den Gesellschaftern eine OHG gewollt, aber mangels Handelsgewerbe nicht möglich, kann die Gesellschaft als GbR aufrecht erhalten werden (§ 140 BGB). Es können dann die für die Geschäftsführung und Vertretung geltenden Regelungen der OHG auf die GbR Anwendung finden[1].

Fällt das Merkmal eines kaufmännisch eingerichteten Geschäftsbetriebes später fort, schrumpft der Unternehmensumfang mithin zu dem eines Kleingewerbes (i.S.v. § 2), so wird die OHG nur dann zur GbR, wenn sie nicht im Handelsregister eingetragen ist. Ist sie eingetragen, bleibt sie auch bei einem betriebenen Kleingewerbe gemäß § 105 Abs. 2 Handelsgesellschaft (siehe dazu Rn. 8b)[2]. Diesen Status verliert eine eingetragene Gesellschaft hiernach nur dann, wenn sie überhaupt kein Gewerbe mehr und auch keine Vermögensverwaltung i.S.v. § 105 Abs. 2 (siehe unten Rn. 9) betreibt; der Betrieb also (nicht nur vorübergehend) stillgelegt oder aufgegeben wird. Sie ist dann eine Schein-OHG (nicht aber eine OHG kraft Eintragung i.S.v. § 5, da dafür die Ausübung eines Gewerbes vorauszusetzen ist[3]; siehe dazu auch § 1 Rn. 15 ff.). Eine Aufgabe des Geschäftsbetriebs liegt grundsätzlich auch in einer Verpachtung desselben[4].

b) Kleingewerbetreibende; land- und forstwirtschaftliche Betriebe

Auch **Kleingewerbetreibenden** i.S.v. § 2 (hierbei handelt es sich um die sog. Minderkaufleute i.S.d. früheren § 4) ist es freigestellt, eine von ihnen gebildete Gesellschaft als OHG in das Handelsregister eintragen zu lassen (§ 105 Abs. 2). Verpflichtet zu einem Antrag auf Eintragung sind sie jedoch nicht. Sie haben darüber hinaus das Recht, die Eintragung wieder löschen zu lassen. Infolge Löschung wandelt sich dann die OHG (identitätswahrend) in eine GbR um[5]. Geschäftsführung und Vertretung der bisherigen OHG gelten für die GbR fort[6]. Ein Kommanditist ist daher im Fall der Umwandlung in eine GbR regelmäßig von der Führung der Geschäfte und der Vertretung ausgeschlossen[7]. Im Einzelfall kann freilich eine Verpflichtung der übrigen Gesellschafter bestehen, einer Änderung der Geschäftsführungs- und Vertretungsregeln zuzustimmen[8]. Des Weiteren kann – wie nach dem früheren Recht – auch eine Gesellschaft, die ein **land- oder forstwirtschaftliches Unternehmen** betreibt, das nach Art und Umfang einen kaufmännischen Geschäftsbetrieb erfordert (§ 3), auf Antrag als Handelsgesellschaft eingetragen

---

1 *Baumbach/Hopt*, § 105 Rn. 7.
2 *Schulze-Osterloh*, ZIP 2007, 2390, 2393; *Ebenroth/Boujong/Joost/Strohn/Wertenbruch*, § 105 Rn. 19.
3 BGH v. 19.5.1960 – II ZR 72/59, NJW 1960, 1664, 1665; *Schulze-Osterloh*, ZIP 2007, 2390, 2394.
4 BGH v. 19.5.1960 – II ZR 72/59, NJW 1960, 1664, 1665.
5 *Ebenroth/Boujong/Joost/Strohn/Wertenbruch*, § 105 Rn. 20; *Baumbach/Hopt*, § 105 Rn. 8; vgl. auch BGH v. 10.5.1971 – II ZR 177/68, NJW 1971, 1698.
6 BGH v. 10.5.1971 – II ZR 177/68, NJW 1971, 1698; BGH v. 19.5.1960 – II ZR 72/59, NJW 1960, 1664, 1666 f.
7 BGH v. 10.5.1971 – II ZR 177/68, NJW 1971, 1698.
8 BGH v. 10.5.1971 – II ZR 177/68, NJW 1971, 1698 f.

werden. In allen diesen Fällen hat die Eintragung jeweils konstitutive Bedeutung für die Entstehung als Personenhandelsgesellschaft. Diese Qualifikation entfällt bei einer Gesellschaft von Kleingewerbetreibenden außer durch Löschung im Handelsregister (§§ 105 Abs. 2 S. 2, 2 Abs. 2 S. 3) durch Aufgabe der gewerblichen Betätigung (dann käme es bei fortbestehender Eintragung zu einer Schein-OHG). Eine eingetragene Gesellschaft mit einem Unternehmensgegenstand nach § 3 würde, wenn dieser einen auf kaufmännische Weise eingerichteten Geschäftsbetrieb nicht mehr erfordert, zu einer OHG kraft Eintragung (§ 5) werden; bei Aufgabe des Geschäftsbetriebes und bestehenbleibender Eintragung käme wieder eine Schein-OHG in Betracht.

c) Verwaltung des eigenen Vermögens

9 § 105 Abs. 2 eröffnet ferner einer Gesellschaft, die **nur eigenes Vermögen verwaltet**, die Möglichkeit, sich als OHG (oder KG) zu etablieren, wenn sie auf ihren Antrag in das Handelsregister eingetragen wird. Ebenso wie eine OHG von Kleingewerbetreibenden kann die Gesellschaft sich auch wieder im Handelsregister löschen lassen (§ 105 Abs. 2 S. 2 und § 2 Abs. 2 S. 3). In Betracht kommen hier im wesentlichen Holding-, Vermögensverwaltungs-, Immobilienverwaltungs-, Objekt- und Besitzgesellschaften[1]. Nach dem früheren Recht stand ihnen diese Möglichkeit nicht zur Verfügung, da die ausgeübte Tätigkeit – jedenfalls nach h.A. – nicht als ein Gewerbe einzuordnen war bzw. ist[2]. Die Neuregelung durch das HRefG hat zu der Frage geführt, ob auch Gesellschaften, deren (nichtgewerbliche) Betätigung nicht allein in einer Verwaltung ihres eigenen Vermögens besteht, als Handelsgesellschaften eingetragen werden können, sofern sie „auch" ihr eigenes Vermögen verwalten[3]. Zwar wird man hier nicht fordern können, dass die Gesellschaft ausschließlich in der Verwaltung ihres Vermögens tätig ist[4]. Aber das entscheidende Kriterium ist darin zu sehen, dass hier nur solche Gesellschaften in Betracht kommen, deren Unternehmensgegenstand allein deshalb nicht als Gewerbebetrieb eingeordnet werden kann, weil sie „nur" eigenes Vermögen verwalten[5]. Völlig unbedeutende, nicht über den privaten Bereich hinausgehende Betätigungen werden mithin unstreitig nicht erfasst. Vielmehr muss die Tätigkeit einem Gewerbe vergleichbar sein.

---

1 *Schulze-Osterloh*, ZIP 2007, 2390, 2393; *Ebenroth/Boujong/Joost/Strohn/Wertenbruch*, § 105 Rn. 22; MünchKommHGB/*K. Schmidt*, § 105 Rn. 56.
2 BGH v. 19.5.1960 – II ZR 72/59, BGHZ 32, 307, 310 ff.; BGH v. 19.2.1990 – II ZR 42/89, ZIP 1990, 505, 506; *Staub/Ulmer*, § 105 Rn. 26; Schlegelberger/*K. Schmidt*, § 105 Rn. 39; *Baumbach/Hopt*, § 105 Rn. 13.
3 So *K. Schmidt*, ZIP 1997, 909, 916 f.; *K. Schmidt*, DB 1998, 61 f.; dagegen *Schön*, DB 1998, 1169, 1174.
4 *Schön*, DB 1998, 1169, 1173 f.; *Schlitt*, NZG 1998, 580, 581.
5 Vgl. *Schulze-Osterloh*, ZIP 2007, 2390, 2393 f.; *Schäfer*, DB 1998, 1269, 1273 f. unter Hinweis auf den Regierungsentwurf zum HRefG, BT-Drucks. 13/8444 S. 40 f.; siehe auch *Ebenroth/Boujong/Joost/Strohn/Wertenbruch*, § 105 Rn. 24; a.A. aber MünchKommHGB/*K. Schmidt*, § 105 Rn. 58 ff., der in § 105 Abs. 2 einen Auffangtatbestand für die nicht schon unter § 105 Abs. 1 fallenden Gesellschafter sieht.

Hiernach würden weiterhin Bedenken bestehen, im Falle einer doppel- oder 9a
mehrstöckigen GmbH & Co. KG die Komplementärgesellschaft als KG einzuordnen (vgl. Rn. 7 sowie § 161 Rn. 4), sofern ihre Geschäftstätigkeit sich in der Führung der Geschäfte der Hauptgesellschaft erschöpft, zumal wenn sie selbst über kein wesentliches Vermögen verfügt. Denn dann ist sie nicht nur (und nicht einmal schwerpunktmäßig) mit der Verwaltung „eigenen" Vermögens beschäftigt[1]. Dagegen schadet geringfügige (zusätzliche) Fremdverwaltung in aller Regel nicht[2].

d) Eintragung ohne Handelsgewerbe

Außerhalb von diesen Grundsätzen sieht § 5 vor, dass auch eine Gesell- 10
schaft ohne Handelsgewerbe als Handelsgesellschaft zu behandeln ist, wenn sie als solche in das Handelsregister eingetragen ist. Sie ist **dann Handelsgesellschaft** (und nicht nur Scheinkaufmann)[3]. Doch bleibt auch dann das Erfordernis, dass sie überhaupt ein Gewerbe betreibt (siehe dazu auch § 5 Rn. 17)[4]. Nach dem von ihm vertretenen abweichenden Ansatz lässt *K. Schmidt*[5] jede unternehmerische Betätigung genügen. Hält man hingegen eine gewerbliche Betätigung für erforderlich, ist der Anwendungsbereich des § 5 allerdings durch die vom HRefG in den §§ 1, 2 und 105 Abs. 2 getroffenen Regelungen stark eingeschränkt (vgl. dazu Rn. 8a, 8b).

e) Schein-OHG

Unabhängig von § 5 kommt die Behandlung einer Gesellschaft als OHG 11
(oder KG) in den Fällen eines **veranlassten Rechtsscheins** in Betracht (dazu Rn. 54 f.)[6].

4. Firma der OHG

a) Gemeinschaftliche Firma

§ 105 Abs. 1 bestimmt, dass die OHG eine gemeinschaftliche (gemeint ist 12
eine „eigene")[7] Firma führt. Für die **Bildung der Firma** gelten die Regeln in § 19 (vgl. hierzu näher bei § 19).

---

1 Vgl. dazu auch *K. Schmidt*, ZIP 1997, 909, 916; anders *Schlitt*, NZG 1998, 580, 581, der die bisherigen Bedenken für ausgeräumt hält; in diesem Sinn auch *Ebenroth/Boujong/Joost/Strohn/Wertenbruch*, § 105 Rn. 23; *Baumbach/Hopt*, § 105 Rn. 13.
2 *Baumbach/Hopt*, § 105 Rn. 13.
3 BGH v. 6.7.1981 – II ZR 38/81, ZIP 1982, 1088, 1089.
4 BGH v. 19.5.1960 – II ZR 72/59, BGHZ 32, 307, 313 f.; BAG v. 17.2.1987 – 3 AZR 197/85, ZIP 1987, 1446, 1447.
5 MünchKommHGB/*K. Schmidt*, § 105 Rn. 58.
6 MünchKommHGB/*K. Schmidt*, § 105 Rn. 49, 257 ff.
7 *Ebenroth/Boujong/Joost/Strohn/Wertenbruch*, § 105 Rn. 29.

b) Firmenführung als Tatbestandsmerkmal?

13 Zweifelhaft ist, ob eine gemeinschaftliche Firma überhaupt **Voraussetzung für das Bestehen einer OHG** ist. Nach bisheriger h.M. ist dies der Fall, ohne dass es dabei allerdings darauf ankommt, ob die Firma den Anforderungen in § 19 genügt[1]. Richtigerweise kann es aber für den Tatbestand einer OHG allein auf die Einigung der Gesellschafter über den Betrieb des Unternehmens, nicht aber auf einen Konsens über die tatsächlich geführte Firmenbezeichnung ankommen[2], sofern wengstens ein gemeinschaftliches Auftreten nach außen vorliegt.

5. Unbeschränkte Haftung

14 Wesentlich für die OHG ist weiter, dass **bei keinem Gesellschafter** die **unbeschränkte Haftung** für die Gesellschaftsverbindlichkeiten **ausgeschlossen** ist. Hierbei geht es um die Außenhaftung; für das Innenverhältnis bleiben Haftungsfreistellungen möglich[3]. Ist die Außenhaftung nach den getroffenen Abreden für einen Teil der Gesellschafter beschränkt, kann es sich nicht um eine OHG handeln; ggf. kommt eine KG in Betracht.

II. Entstehung der OHG

1. Gesellschaftsvertrag

a) Tatbestand des Vertragsschlusses

15 Die OHG **entsteht als Gesellschaft** – sieht man einmal von der Umwandlung ab (Rn. 34) – mit dem **Abschluss des Gesellschaftsvertrages** (Rn. 3 f.), der auf den gemeinsamen Zweck des gemeinschaftlichen Betriebes eines Handelsgewerbes (§ 1 Abs. 2) gerichtet sein muss. Wird der Vertrag aufschiebend bedingt oder befristet geschlossen, entsteht die Gesellschaft erst mit Eintritt der Bedingung oder des Anfangstermins[4]. Eine Rückdatierung des Gesellschaftsvertrages oder des Beitritts eines neuen Gesellschafters ist nicht mit Außenwirkung, wohl aber für das Innenverhältnis möglich[5]. Möglich ist auch der Abschluss eines Vorvertrages. Das dadurch entstehende „Gebilde" ist dann in aller Regel als GbR einzuordnen[6].

---

1 BGH v. 29.11.1956 – II ZR 282/55, BGHZ 22, 240, 243.
2 MünchKommHGB/*K. Schmidt*, § 105 Rn. 43; *Baumbach/Hopt*, § 105 Rn. 5; *Ebenroth/Boujong/Joost/Strohn/Wertenbruch*, § 105 Rn. 29; siehe auch MünchHdb-GesR I/*Happ*, § 47 Rn. 57; *Staub/Ulmer*, § 105 Rn. 32 ff.
3 MünchKommHGB/*K. Schmidt*, § 105 Rn. 48.
4 *Staub/Ulmer*, § 105 Rn. 164 f.; *Ebenroth/Boujong/Joost/Strohn/Wertenbruch*, § 105 Rn. 40.
5 MünchKommHGB/*K. Schmidt*, § 105 Rn. 128; *Ebenroth/Boujong/Joost/Strohn/Wertenbruch*, § 105 Rn. 40; *Baumbach/Hopt*, § 105 Rn. 50.
6 *Staub/Ulmer*, § 105 Rn. 205.

Der Abschluss des Vertrages richtet sich nach den **Vorschriften des bürgerlichen Rechts** über Willenserklärungen und Verträge[1]. Auch ein stillschweigender Vertragsschluss ist möglich[2]; er wäre in einer einvernehmlichen Aufnahme des gemeinschaftlichen Geschäftsbetriebes zu erblicken[3] oder in der gemeinsamen Anmeldung zum Handelsregister[4]. Insbesondere bedarf es keiner Einigung über die Rechtsform der OHG[5]. Denn der gemeinschaftliche Betrieb eines Handelsgewerbes i.S.v. § 1 Abs. 2 führt, wenn nicht eine abweichende Rechtsform in wirksamer Weise begründet wird, kraft Rechtsformzwangs zur OHG (siehe oben Rn. 1). Dies ist auch der Fall, wenn eine angestrebte andere Rechtsform verfehlt wird[6]. 16

Seiner Natur nach ist der Gesellschaftsvertrag nicht nur ein schuldrechtlicher Vertrag, sondern auch ein **Organisationsvertrag**[7]. 17

b) Inhalt des Vertrages

Während die gesetzlichen Anforderungen an den Inhalt des Vertrages sich darauf beschränken, dass die Gesellschafter sich über den **gemeinschaftlichen Betrieb eines Handelsgewerbes** einig sind, werden die Vertragschließenden über diesen Mindestinhalt hinaus zumeist **weitere Regelungen** zu treffen haben, ohne die der Vertrag im Zweifel noch nicht als geschlossen zu bewerten sein wird. Hierzu gehören außer der Bezeichnung der beteiligten Gesellschafter das Auftreten nach außen unter einer eigenen Firma, die Festlegungen des Gesellschaftssitzes, ferner eine nähere Festlegung des Gegenstandes der Unternehmensbetätigung sowie Vereinbarungen über zu leistende Einlagen und sonstige Beitragspflichten[8]. 18

In Betracht kommen i.Ü. **nähere Bestimmungen** zur Regelung der Geschäftsführung und der Vertretung, der Gewinn- und Verlustbeteiligung, des Entnahmerechts, der Auflösung der Gesellschaft, des Ausscheidens von Gesellschaftern und der Gesellschafternachfolge, der Liquidation u.a.m. Insoweit solche Abreden nicht getroffen werden und auch das dispositive Recht vorhandene Lücken nicht ausfüllt, kann ein Anspruch auf Vertragsänderung oder -ergänzung bestehen. Soll die Zuständigkeit eines Schiedsgerichts zur 19

---

1 *Staub/Ulmer*, § 105 Rn. 145, 156; *Ebenroth/Boujong/Joost/Strohn/Wertenbruch*, § 105 Rn. 40.
2 *Ebenroth/Boujong/Joost/Strohn/Wertenbruch*, § 105 Rn. 41; *Baumbach/Hopt*, § 105 Rn. 50; MünchKommHGB/*K. Schmidt*, § 105 Rn. 30.
3 Vgl. BGH v. 28.11.1953 – II ZR 188/52, BGHZ 11, 190, 192; OLG Bremen v. 13.7.2001 – 4 U 6/01, NZG 2002, 173, 174.
4 BGH v. 17.9.1984 – II ZR 208/83, WM 1984, 1605 f.
5 BGH v. 29.11.1956 – II ZR 282/55, BGHZ 22, 240, 244; BGH v. 19.5.1960 – II ZR 72/59, BGHZ 32, 307, 310.
6 BGH v. 29.11.1956 – II ZR 282/55, BGHZ 22, 240, 244; BGH v. 23.11.1978 – II ZR 20/78, WM 1979, 327, 328.
7 *Staub/Ulmer*, § 105 Rn. 139, 141; *Baumbach/Hopt*, § 105 Rn. 47; *Ebenroth/Boujong/Joost/Strohn/Wertenbruch*, § 105 Rn. 39; *K. Schmidt*, GesR, § 59 I 2c; MünchKommHGB/*K. Schmidt*, § 105 Rn. 114.
8 *Ebenroth/Boujong/Joost/Strohn/Wertenbruch*, § 105 Rn. 13, 42.

Entscheidung entstehender Streitigkeiten aus dem Gesellschaftsvertrag gegeben sein, bedarf es des Abschlusses einer Vereinbarung nach den §§ 1029, 1031 ZPO[1]. § 1066 ZPO findet auf die Begründung der schiedsgerichtlichen Entscheidungszuständigkeit durch Abschluss eines Gesellschaftsvertrages, in dem die Schiedsklausel enthalten ist, keine Anwendung[2].

20 Von gesellschaftsvertraglichen Vereinbarungen sind **Abreden sonstiger Art** (insbesondere schuldrechtliche Nebenabreden) unter den Gesellschaftern zu unterscheiden[3]. Diese können die Gesellschafter, auch soweit sie nicht als Abänderungen des Gesellschaftsvertrages zu qualifizieren sind, u.U. in ähnlicher Weise wie Regelungen im Gesellschaftsvertrag binden (Andienungspflicht, gesplittete Einlagen – vgl. hierzu § 161 Rn. 141 f.). In der Personengesellschaft tritt dabei die für Kapitalgesellschaften kritische Frage nach den Möglichkeiten einer Satzungsdurchbrechung durch schuldrechtliche Abreden unter den Gesellschaftern[4] nicht in vergleichbarer Weise auf. Sind alle Gesellschafter an einer solchen Abrede beteiligt, so wird es sich im Zweifel um einen Teil des Gesellschaftsvertrages handeln[5], für den ja – anders als bei den Kapitalgesellschaften – keine Form vorgeschrieben ist (vgl. Rn. 21 ff.).

c) Formerfordernisse
aa) Der Grundsatz

21 Der Gesellschaftsvertrag ist **grundsätzlich formfrei** und kann demgemäß auch konkludent geschlossen werden (Rn. 16). Doch kann sich eine Formbedürftigkeit aus dem konkreten Inhalt des Vertrages ergeben:

bb) Ausnahmen

22 So kann die Verpflichtung zur **Einbringung eines Grundstücks** die Wahrung der Form des § 311b BGB erfordern[6]. Gleiches gilt, wenn der Gesellschafter verpflichtet wird, beim Ausscheiden oder bei Auflösung der Gesellschaft ein der Gesellschaft gehörendes Grundstück zu erwerben[7] oder wenn die Gesellschaft verpflichtet wird, ein Grundstück von dem Gesellschafter oder einem Dritten zu erwerben[8]. Hiervon wird aber die Einbringung von Anteilen an Gesamthandsgemeinschaften, zu deren Vermögen Grundeigentum gehört,

---

1 Siehe hierzu und zu anderen Formen der schiedsgerichtlichen Zuständigkeitsbegründung *Haas*, SchiedsVZ 2007, 1 ff.; vgl. auch *Ebenroth/Boujong/Joost/Strohn/Wertenbruch*, § 105 Rn. 55.
2 A.A. MünchKommHGB/*K. Schmidt*, § 105 Rn. 121; *K. Schmidt*, ZHR 162 (1998), 265, 277 ff.
3 *Ebenroth/Boujong/Joost/Strohn/Wertenbruch*, § 105 Rn. 43; *K. Schmidt*, GesR, § 5 I 5.
4 Vgl. dazu BGH v. 20.1.1983 – II ZR 243/81, ZIP 1983, 297, 298; BGH v. 27.10.1986 – II ZR 240/85, ZIP 1987, 293, 295; BGH v. 7.6.1993 – II ZR 81/92, ZIP 1993, 1074, 1075 f.
5 *Ebenroth/Boujong/Joost/Strohn/Wertenbruch*, § 105 Rn. 43.
6 BGH v. 5.12.1956 – V ZR 61/56, BGHZ 22, 312, 317.
7 BGH v. 10.4.1978 – II ZR 61/77, NJW 1978, 2505, 2506.
8 *Ebenroth/Boujong/Joost/Strohn/Wertenbruch*, § 105 Rn. 45.

nicht erfasst[1]. Ein Gesellschaftsvertrag, der den Zweck einer Gesellschaft mit Verwaltung und Verwertung von Grundstücken bezeichnet, einen Erwerb oder Verkauf eines Grundstücks aber nicht bindend festlegt, unterliegt nicht dem Formzwang des § 311b Abs. 1 S. 1 BGB[2].

Formbedürftig ist nach § 15 Abs. 4 GmbHG die Verpflichtung zur Übertragung von **GmbH-Anteilen**. Da aus § 15 Abs. 3 GmbHG auch ein Formzwang für die Abtretung eines Übertragungsanspruchs hergeleitet wird[3], wäre auch die Verpflichtung zur Anspruchsabtretung nach Abs. 4 der Vorschrift formbedürftig. Die Übertragung eines Anteils an einer Gesamthandsgemeinschaft, zu deren Vermögen GmbH-Anteile gehören, ist demgegenüber nicht formbedürftig[4]. 23

Die **unentgeltliche Zuwendung einer Beteiligung** als Gesellschafter durch den Gesellschaftsvertrag bedarf der Beurkundung nach § 518 Abs. 1 BGB[5]. Eine Unentgeltlichkeit liegt aber regelmäßig nicht vor, wenn der Beitretende Tätigkeitsverpflichtungen übernimmt und eine Haftung eingeht[6]. Ein etwaiger Formmangel wird nach § 518 Abs. 2 BGB durch Einräumung der Gesellschafterstellung geheilt[7]. 24

Formerfordernisse können ferner bei Einbringung des **gesamten Vermögens** in eine Gesellschaft (§ 311b Abs. 2 BGB)[8] oder bei Errichtung einer Handelsgesellschaft durch Eheleute in Gütergemeinschaft[9] auftreten. 25

d) Beteiligung Minderjähriger; Ehegattenzustimmung

Bei Beteiligung **nicht voll geschäftsfähiger Gesellschafter** bedarf der Vertragsschluss durch die für sie auftretenden gesetzlichen Vertreter nach den §§ 1822 Nr. 3, 1643 BGB der familien- oder vormundschaftsgerichtlichen Genehmigung. Dies gilt auch für den Eintritt in eine bereits bestehende Gesellschaft, ebenso für ein Ausscheiden aus ihr, da dies als Veräußerung eines 26

---

1 BGH v. 31.1.1983 – II ZR 288/81, BGHZ 86, 367, 370 f.; OLG Frankfurt v. 4.10.2006 – 4 U 32/06, NZG 2008, 19, 20. Mitunter wird aber die vorstehende Ansicht dahingehend eingeschränkt, dass § 311b BGB entsprechend anzuwenden ist, wenn „eine bewusste Umgehung" der Formvorschrift vorliegt, wenn also die formfreie Übertragung von Vermögensgegenständen der alleinige Zweck der Gesamthandsgesellschaft ist, vgl. *Staudinger/Habermeier*, § 719 BGB Rn. 13.
2 BGH v. 2.10.1997 – II ZR 249/96, NJW 1998, 376 f.
3 BGH v. 5.11.1979 – II ZR 83/79, BGHZ 75, 352, 354.
4 OLG Frankfurt v. 4.10.2006 – 4 U 32/06, NZG 2008, 19, 20.
5 BGH v. 2.7.1990 – II ZR 243/89, BGHZ 112, 40, 44 ff.
6 BGH v. 11.5.1959 – II ZR 2/58, WM 1959, 719, 720 f.; BGH v. 25.1.1965 – II ZR 233/62, WM 1965, 359; BGH v. 13.6.1977 – II ZR 150/76, WM 1977, 862, 864.
7 BGH v. 2.7.1990 – II ZR 243/89, BGHZ 112, 40, 46.
8 MünchKommHGB/*K. Schmidt*, § 105 Rn. 142; *Ebenroth/Boujong/Joost/Strohn/ Wertenbruch*, § 105 Rn. 53.
9 BGH v. 10.7.1975 – II ZR 154/72, BGHZ 65, 79, 81 verlangt dafür einen Ehevertrag nach § 1410 BGB.

Teils eines Erwerbsgeschäftes einzuordnen ist[1]. Zum Kündigungsrecht eines volljährig gewordenen Gesellschafters nach § 723 Abs. 1 S. 3 Nr. 2 BGB i.d.F. des MHbeG v. 25.8.1998[2] vgl. § 128 Rn. 8; siehe auch § 1 Rn. 87 ff.

27 Soweit sich ein Gesellschafter zur Einbringung seines gesamten Vermögens in eine Gesellschaft verpflichtet, ist nach § 1365 Abs. 1 BGB zusätzlich zum Formzwang aus § 311b BGB (Rn. 25) die **Einwilligung seines Ehegatten** erforderlich[3].

e) Vertragsauslegung

28 Die Auslegung von Gesellschaftsverträgen folgt den **allgemeinen Regeln**; insbesondere gelten die §§ 133, 157 BGB. Es findet damit eine „subjektive Auslegung" statt. Doch wäre der Grundsatz, dass Personengesellschaftsverträge im Gegensatz zur objektiven (gesetzesähnlichen) Auslegung von Satzungen subjektiv auszulegen sind[4], ggf. zu modifizieren, wenn die Gesellschaft auf den Wechsel der Gesellschafter abgestellt ist, wie namentlich bei der Publikumspersonengesellschaft (§ 161 Rn. 93)[5]. Bei dieser findet zudem – anders als sonst im Personengesellschaftsrecht – eine materielle Inhaltskontrolle des Vertrages statt (§ 161 Rn. 95). Da Gesellschaftsverträge zumeist auf eine längerfristige Zusammenarbeit ausgelegt sind, kommt dem Umstand, wie die Gesellschafter eine umstrittene Klausel über längere Zeit angewandt haben, für die Auslegung eine besondere Bedeutung zu[6]. Für schriftliche Gesellschaftsverträge gilt – wie für alle über ein Rechtsgeschäft aufgenommenen Urkunden[7] – die Vermutung der Richtigkeit und der Vollständigkeit[8].

f) Wirksamkeitsmängel

29 Die Wirksamkeit von Gesellschaftsverträgen richtet sich ebenfalls nach den **Vorschriften des bürgerlichen Rechts**. Sind einzelne Vertragsbestimmungen unwirksam, so wird dies allerdings nach dem anzunehmenden Parteiwillen

---

1 BGH v. 30.4.1955 – II ZR 202/53, BGHZ 17, 160, 164 f.; BGH v. 26.1.1961 – II ZR 240/59, WM 1961, 301, 303.
2 BGBl. I 2487.
3 BGH v. 27.1.1975 – II ZR 170/73, WM 1975, 662; MünchKommHGB/*K. Schmidt*, § 105 Rn. 149; *Ebenroth/Boujong/Joost/Strohn/Wertenbruch*, § 105 Rn. 60; *Baumbach/Hopt*, § 105 Rn. 24.
4 Z.B. BGH v. 16.2.1981 – II ZR 89/79, WM 1981, 438 f.
5 BGH v. 5.11.2007 – II ZR 230/06, ZIP 2007, 2413, 2414; BGH v. 17.7.2006 – II ZR 242/04, NJW 2006, 2854; BGH v. 30.4.1979 – II ZR 57/78, NJW 1979, 2102; *Grunewald*, ZGR 1995, 68, 89.
6 Vgl. BGH v. 13.3.1989 – II ZR 193/88, NJW-RR 1989, 993, 994; MünchKommHGB/*K. Schmidt*, § 105 Rn. 149; *Ebenroth/Boujong/Joost/Strohn/Wertenbruch*, § 105 Rn. 61.
7 BGH v. 5.7.2002 – V ZR 143/01, NJW 2002, 3164 f.; BGH v. 14.10.1999 – III ZR 203/98, ZIP 1999, 1887, 1888.
8 *Ebenroth/Boujong/Joost/Strohn/Wertenbruch*, § 105 Rn. 62.

regelmäßig nicht zu einer Gesamtunwirksamkeit des Vertrages nach § 139 BGB führen[1]. Vielfach ergibt sich dies auch aufgrund entsprechender (salvatorischer) Klauseln in Gesellschaftsverträgen. Bei inhaltlich zu weit gehenden und insoweit unwirksamen Regelungen kommt eine geltungserhaltende Reduktion in Betracht[2].

g) Vertragsänderungen

Änderungen des Vertrages sind Grundlagengeschäfte und erfordern eine entsprechende Willensübereinstimmung der Gesellschafter, sofern sich nicht aus dem Gesellschaftsvertrag etwas anderes ergibt (zu den gesellschaftsvertraglichen Grenzen der Mehrheitsherrschaft siehe § 119 Rn. 16 ff.). Auch sie können grundsätzlich konkludent geschehen[3], so z.B., wenn alle Gesellschafter an der Anmeldung der Änderung zur Eintragung in das Handelsregister mitwirken[4], oder bei einer vom ursprünglichen Vertrag abweichenden (längeren) Praxis in der Gesellschaft[5]. Allerdings gelten die Ausnahmen vom Grundsatz der Formfreiheit (vgl. oben Rn. 22 ff.) auch hier. 30

Eine **familien- oder vormundschaftsgerichtliche Genehmigung** einer Vertragsänderung nach den §§ 1822 Nr. 3, 1643 BGB ist regelmäßig nicht erforderlich[6], es sei denn, die Änderung wirkt sich vergleichbar wie der Eintritt oder das Ausscheiden des durch das Genehmigungsbedürfnis betroffenen Gesellschafters aus. Soll dieser aus einer Kommanditbeteiligung in die Position eines Vollhafters hinüberwechseln, ist § 1822 Nr. 10 BGB maßgeblich[7]. 31

Sieht der **Gesellschaftsvertrag** für Änderungen die **Schriftform** (§ 127 BGB) vor, so ist streitig, ob die Nichtbeachtung der Form zur Unwirksamkeit gemäß § 125 S. 2 BGB führt[8]. Ob eine Schriftformklausel Wirksamkeitsvoraussetzung für Vertragsänderungen sein soll, ist letztlich durch Auslegung zu ermitteln[9]. Da sich jedoch die Vertragsparteien einvernehmlich über eine ge- 32

---

1 BGH v. 5.2.1968 – II ZR 85/67, BGHZ 49, 364, 365; BGH v. 8.4.1976 – II ZR 203/74, WM 1976, 1027, 1029.
2 BGH v. 19.9.1988 – II ZR 329/87, BGHZ 105, 213, 220; BGH v. 5.6.1989 – II ZR 227/88, BGHZ 107, 351, 355 ff.
3 BGH v. 18.4.2005 – II ZR 55/03, NZG 2005, 625; MünchKommHGB/*K. Schmidt*, § 105 Rn. 163; *Ebenroth/Boujong/Joost/Strohn/Wertenbruch*, § 105 Rn. 65; *Wertenbruch*, NZG 2005, 665, 666.
4 BGH v. 17.9.1984 – II ZR 208/83, WM 1984, 1605, 1606; BGH v. 13.5.1985 – II ZR 196/84, WM 1985, 1229.
5 BGH v. 17.1.1966 – II ZR 8/64, NJW 1966, 826, 827; BGH v. 21.2.1978 – KZR 6/77, BGHZ 70, 331, 332; BGH v. 29.3.1996 – II ZR 263/94, BGHZ 132, 263, 271.
6 BGH v. 30.4.1955 – II ZR 202/53, BGHZ 17, 160, 163; BGH v. 20.9.1962 – II ZR 209/61, BGHZ 38, 26, 28; MünchKommHGB/*K. Schmidt*, § 105 Rn. 159.
7 *Staub/Ulmer*, § 105 Rn. 85; MünchKommHGB/*K. Schmidt*, § 105 Rn. 159.
8 Bejahend: *Staub/Ulmer*, § 105 Rn. 179; MünchKommHGB/*K. Schmidt*, § 105 Rn. 162; *Heymann/Emmerich*, § 105 Rn. 21; verneinend: BGH v. 5.2.1968 – II ZR 85/67, BGHZ 49, 364, 365; differenzierend: *Baumbach/Hopt*, § 105 Rn. 63.
9 *Baumbach/Hopt*, § 105 Rn. 63.

willkürte Schriftform hinwegsetzen können[1], wird eine formlose Vertragsänderung im Ergebnis regelmäßig Geltung erlangen.

33 Aus der gesellschafterlichen **Treuepflicht** (dazu § 109 Rn. 12 ff.) kann ausnahmsweise die Verpflichtung der Gesellschafter folgen, einer im Interesse der Gesellschaft und der Gesellschafter gebotenen und **zumutbaren Vertragsanpassung zuzustimmen**[2]. Voraussetzung hierfür ist, dass die Vertragsänderung objektiv im Interesse der Gesellschaft und der Gesellschafter (dringend) geboten und außerdem für den in Frage stehenden Gesellschafter zumutbar ist. In Frage kommt insoweit – vorbehaltlich der Umstände des Einzelfalls – etwa der Austritt eines Mitgesellschafters im allseitigen Interesse[3], die Erhöhung des Kommanditkapitals[4], die Änderung der Geschäftsführungsregeln, die Heraufsetzung der Tätigkeitsvergütung[5] oder die Vorwegnahme der Nachfolgeregelung für den Todesfall[6]. Ein zu Unrecht widersprechender Gesellschafter muss ggf. durch Klage zur Zustimmung (§ 894 ZPO) angehalten werden (anders in der Publikumsgesellschaft, vgl. § 161 Rn. 119)[7].

h) Anwendbare Grundsätze/Vorschriften

33a Anwendung findet auf den Gesellschaftsvertrag der Grundsatz der Vertragsfreiheit (hierzu und zu den Grenzen siehe § 109 Rn. 1 ff.). Keine Anwendung findet die AGB-Kontrolle nach §§ 307 ff. BGB (siehe § 310 Abs. 4 BGB). Zum Vertragsabschluss siehe oben Rn. 16, zur Auslegung siehe oben Rn. 28, zu § 139 BGB vgl. oben Rn. 29. Anwendung finden grundsätzlich auch die allgemeinen Grundsätze des Schuldrechts, sofern sich nicht aus den §§ 105 ff. Sonderregelungen ergeben[8]. Da aber der Gesellschaftsvertrag nicht auf den Austausch gegenseitiger Leistungen zwischen den Gesellschaftern gerichtet ist, sondern die wechselseitige Förderung des gemeinsamen Zwecks zum Gegenstand hat und darüber hinaus auch als Organisationsvertrag zu qualifi-

---

1 BGH v. 7.2.1972 – II ZR 169/69, BGHZ 58, 115, 118 f.; BGH v. 2.3.1978 – III ZR 99/76, BGHZ 71, 162, 164; BGH v. 29.3.1996 – II ZR 263/94, BGHZ 132, 263, 269 f.; *Ebenroth/Boujong/Joost/Strohn/Wertenbruch*, § 105 Rn. 66; MünchKommHGB/*K. Schmidt*, § 105 Rn. 162.
2 BGH v. 28.4.1975 – II ZR 16/73, BGHZ 64, 253, 257; BGH v. 5.11.1984 – II ZR 111/84, WM 1985, 195; BGH v. 19.11.1984 – II ZR 102/84, WM 1985, 256, 257; zu weiteren Einzelfällen: BGH v. 26.1.1961 – II ZR 240/59, WM 1961, 301, 302; BGH v. 18.3.1974 – II ZR 80/72, WM 1974, 831, 833; BGH v. 20.10.1986 – II ZR 86/85, ZIP 1987, 166, 167; MünchKommHGB/*K. Schmidt*, § 105 Rn. 164; *K. Schmidt*, GesR, § 5 IV.
3 BGH v. 26.1.1961 – II ZR 240/59, NJW 1961, 724 f.
4 MünchKommHGB/*K. Schmidt*, § 105 Rn. 164.
5 BGH v. 10.6.1965 – II ZR 6/63, NJW 1965, 1960.
6 BGH v. 8.11.2004 – II ZR 350/02, NJW-RR 2005, 263, 264.
7 *Ebenroth/Boujong/Joost/Strohn/Wertenbruch*, § 105 Rn. 71; MünchKommHGB/*K. Schmidt*, § 105 Rn. 166.
8 MünchKommHGB/*K. Schmidt*, § 105 Rn. 156; Staub/*Ulmer*, § 105 Rn. 146; *Ebenroth/Boujong/Joost/Strohn/Wertenbruch*, § 105 Rn. 77.

zieren ist (oben Rn. 17), finden die §§ 320 ff. BGB grundsätzlich keine Anwendung (siehe auch unten Rn. 74)[1]. So kann beispielsweise der Gesellschafter seine Beitragspflicht nicht mit der Begründung verweigern, dass die übrigen Gesellschafter ihrer Beitragspflicht auch noch nicht nachgekommen seien. Damit würde nämlich letztlich das Gesamtschuldnerverhältnis außer Vollzug gesetzt, was aber – nach Ingangsetzung der Gesellschaft – allein den gesellschaftsrechtlichen Regelungen vorbehalten ist.

Der Abschluss des Gesellschaftsvertrages der OHG ist grundsätzlich kein Handelsgeschäft; denn der Gesellschafter ist nicht Kaufmann (siehe oben Rn. 7). Auch finden die Vorschriften über Handelsgeschäfte insoweit keine entsprechende Anwendung. Ausnahmsweise ist der Abschluss des Gesellschaftervertrages aber dann als Handelsgeschäft anzusehen, wenn der Gesellschafter bereits Kaufmann ist und im Betrieb dieses Handelsgewerbes die Geschäftsbeteiligung eingeht[2]. 33b

2. Umwandlungstatbestände

a) Umwandlung einer Personengesellschaft

Eine OHG kann außer durch Gründungsvertrag dadurch entstehen, dass eine **KG oder GbR zur OHG** wird, im ersten Fall durch Wegfall der Kommanditisten oder Umwandlung ihrer Beteiligungen in solche als Vollhafter, im zweiten Fall durch Aufnahme eines Handelsgewerbes i.S.v. § 1 Abs. 2 (vgl. Rn. 8). 34

b) Formwechsel

Ebenfalls entsteht eine OHG durch eine formwechselnde Umwandlung einer Kapitalgesellschaft (§§ 190 ff. UmwG). 35

c) Verschmelzung, Spaltung

Ferner kann es zu einer OHG im Wege eine Verschmelzung durch Neugründung (§ 2 UmwG) oder eines der Tatbestände der Spaltung (§ 123 UmwG) kommen. 36

d) Umwandlung einer Erbengemeinschaft

Eine Erbengemeinschaft kann nicht ohne einen speziellen **Gründungsvertrag** in eine Personenhandelsgesellschaft übergehen. Derartiges findet auch nicht nach Ablauf der Dreimonatsfrist in § 27 Abs. 2 statt[3]. Soweit eine Erbengemeinschaft das erebte Unternehmen weiterbetreibt, kommt vielmehr 37

---

1 OLG München v. 28.7.2000 – 23 U 4359/99, ZIP 2000, 2256, 2257; MünchHdbGesR I/*v. Falkenhausen/Schneider*, § 60 Rn. 71 f.; *Ebenroth/Boujong/Joost/Strohn/Wertenbruch*, § 105 Rn. 79; *Baumbach/Hopt*, § 105 Rn. 48. Im Ergebnis auch Münch-KommHGB/*K. Schmidt*, § 105 Rn. 186.
2 *Baumbach/Hopt*, § 105 Rn. 49.
3 So aber *Rob. Fischer*, ZHR 144 (1980), 1, 12 ff.

für die Vertretung und die Haftung eine analoge Geltung der OHG-Vorschriften zum Zuge[1].

3. Fehlerhafte Gesellschaft

a) Tatbestand

38 Rechtsprechung und Wissenschaft haben den allgemeinen Grundsatz entwickelt, dass eine Unwirksamkeit der für die Entstehung eines Verbandes konstituierenden Einigung dem **Bestand** der gleichwohl **in Vollzug gesetzten Organisation** nicht entgegenstehen kann[2]. Die hier maßgeblichen Gesichtspunkte haben die Lehre von der fehlerhaften Gesellschaft begründet, die von der Lehre von den faktischen Vertragsverhältnissen und der Vertrauenshaftung verschieden und damit zu unterscheiden ist[3]. Im Mittelpunkt der Lehre stehen die Wertungsgesichtspunkte des Bestands- und des Verkehrsschutzes[4].

aa) Fehlerhaftigkeit

39 Der Tatbestand der fehlerhaften Gesellschaft setzt den Abschluss eines (unwirksamen) **Gesellschaftsvertrages** voraus[5]. Worauf die Fehlerhaftigkeit beruht, ist im Grundsatz gleichgültig. In Betracht kommen etwa die Anfechtungstatbestände[6], Formmängel[7] bzw. offener oder versteckter Dissens[8]. Fehlt es überhaupt an einem Vertrag bzw. an dem Willen der Parteien, ihre Rechtsbeziehungen nach gesellschaftsrechtlichen Gesichtspunkten zu regeln[9], entsteht gar keine Gesellschaft. Eine nur tatsächliche Gemeinschaft ohne Rücksicht auf jegliche Vertragsgrundlage reicht mithin nicht aus[10].

40 Weiterhin muss der Vertrag an **Wirksamkeitsmängeln** leiden, die ihn insgesamt nichtig oder unwirksam machen. Die bloße Unwirksamkeit einzelner Teile, die nicht (über § 139 BGB) eine Gesamtunwirksamkeit zur Folge

---

1 *Manfred Wolf*, AcP 81 (1981), 495 ff.; *K. Schmidt*, NJW 1985, 2785, 2788 ff.
2 RGZ 165, 193, 203 ff.; BGH v. 24.10.1951 – II ZR 18/51, BGHZ 3, 285, 288 f.; BGH v. 29.6.1970 – II ZR 158/69, BGHZ 55, 5, 8; BGH v. 16.10.2006 – II ZB 32/05, NZG 2007, 69. Für einen Überblick über die Rspr. siehe *Goette*, DStR 1996, 266 f. Für die steuerrechtlichen Konsequenzen dieser Rspr. siehe OLG Hamm v. 12.4.2007 – 27 U 190/06, NZG 2008, 24, 25.
3 Siehe hierzu MünchKommHGB/*K. Schmidt*, § 105 Rn. 230 f.
4 MünchKommHGB/*K. Schmidt*, § 105 Rn. 232.
5 BGH v. 28.11.1953 – II ZR 188/52, BGHZ 11, 190 f.; BGH v. 10.11.1975 – II ZR 94/73, WM 1976, 180, 181; *Ebenroth/Boujong/Joost/Strohn/Wertenbruch*, § 105 Rn. 176; MünchKommHGB/*K. Schmidt*, § 105 Rn. 234.
6 BGH v. 19.12.1974 – II ZR 27/73, BGHZ 63, 338, 344; vgl. auch *Ebenroth/Boujong/Joost/Strohn/Wertenbruch*, § 105 Rn. 177.
7 BGH v. 29.6.1992 – II ZR 284/91, NJW 1992, 2696, 2697 f.
8 BGH v. 14.10.1991 – II ZR 212/90, NJW 1992, 1501, 1502.
9 BGH v. 14.10.1991 – II ZR 212/90, NJW 1992, 1501, 1502.
10 BGH v. 16.10.2006 – II ZB 32/05, NZG 2007, 69, 70.

hat, führt nicht zur Fehlerhaftigkeit der Gesellschaft[1]. Vielmehr kommen dann andere Möglichkeiten in Betracht (Auflösung, Heilung, ergänzende Vertragsauslegung, Anspruch auf Vertragsergänzung u.a.m.).

bb) Vollzug

Erforderlich ist sodann, dass die gesellschaftliche Organisation **in Vollzug gesetzt** ist[2]. Wann dies der Fall ist, ist im Einzelnen nicht immer klar. Doch sind hier keine sehr hohen Anforderungen zu stellen[3]. Die Eintragung und Bekanntmachung der Gesellschaft erfüllt – auch wenn sonstige Vollzugshandlungen fehlen – den Vollzugstatbestand. Sie ist eine klare Manifestation, dass die Gesellschaft „in der Welt" ist[4]. Auch reicht es aus, dass mit dem Geschäftsbetrieb begonnen wird[5], sei es auch nur durch vorbereitende Geschäfte[6]. Ebenso reichen Leistungen der Gesellschafter in das Gesellschaftsvermögen aus[7], aber auch die Vornahme (anderer) innerer Verbandsakte, etwa Beschlussfassungen[8], setzt die Gesellschaft in Vollzug. Der Abschluss des Gesellschaftsvertrags als solcher bzw. reine Planungsmaßnahmen reichen demgegenüber nicht aus[9]. Ferner muss die Ingangsetzung der Gesellschaft den Gesellschaftern (durch Mitwirkung, Duldung, Veranlassung, Vertretung, etc.) auch zurechenbar sein[10].

b) Entgegenstehende Schutzinteressen

Kontroversen bestehen zu der Frage, ob **besondere Schutzinteressen** der Allgemeinheit oder bestimmter Beteiligter der Anerkennung einer fehlerhaften Gesellschaft entgegenstehen können, wie dies die h.M. teilweise annimmt[11].

---

1 BGH v. 30.3.1967 – II ZR 101/65, BGHZ 47, 293, 301; MünchKommHGB/*K. Schmidt*, § 105 Rn. 235; *Ebenroth/Boujong/Joost/Strohn/Wertenbruch*, § 105 Rn. 175.
2 BGH v. 21.3.2005 – II ZR 310/03, NJW 2005, 1784, 1785; MünchKommHGB/*K. Schmidt*, § 105 Rn. 236.
3 *Ebenroth/Boujong/Joost/Strohn/Wertenbruch*, § 105 Rn. 178.
4 MünchKommHGB/*K. Schmidt*, § 105 Rn. 236; siehe auch *Ebenroth/Boujong/Joost/Strohn/Wertenbruch*, § 105 Rn. 179; *Goette*, DStR 1996, 266, 268; a.A. *Staub/Ulmer*, § 105 Rn. 343; *Schlegelberger/K. Schmidt*, § 105 Rn. 209.
5 BGH v. 11.11.1991 – II ZR 287/90, BGHZ 116, 37, 40.
6 BGH v. 12.5.1954 – II ZR 167/53, BGHZ 13, 320, 321 f.; MünchKommHGB/*K. Schmidt*, § 105 Rn. 236.
7 RGZ 166, 51, 58 f.; BGH v. 12.5.1954 – II ZR 167/53, BGHZ 13, 320, 321 f.; BGH v. 21.3.2005 – II ZR 310/03, NJW 2005, 1784, 1785.
8 MünchKommHGB/*K. Schmidt*, § 105 Rn. 236.
9 *Ebenroth/Boujong/Joost/Strohn/Wertenbruch*, § 105 Rn. 180.
10 MünchKommHGB/*K. Schmidt*, § 105 Rn. 236; *Ebenroth/Boujong/Joost/Strohn/Wertenbruch*, § 105 Rn. 181.
11 BGH v. 21.3.2005 – II ZR 310/03, NJW 2005, 1784, 1785; BGH v. 20.3.1986 – II ZR 75/85, BGHZ 97, 243, 250; BGH v. 16.12.2002 – II ZR 109/01, NZG 2003, 277, 278 f. Grundsätzlich kritisch hierzu: *Ebenroth/Boujong/Joost/Strohn/Wertenbruch*, § 105 Rn. 182; MünchKommHGB/*K. Schmidt*, § 105 Rn. 237 ff.; *K. Schmidt*, GesR, § 6 III 3; *Schwintowski*, NJW 1988, 937 ff.

43 Dies wird vor allem bei Gesellschaftsverträgen bejaht, die gegen ein **gesetzliches Verbot** verstoßen oder **sittenwidrig** sind und deshalb nichtig sind[1], ebenso bei einem Verstoß gegen § 1 GWB[2].

44 Anerkannt ist darüber hinaus der Schutz nicht wirksam am Vertrag beteiligter **Minderjähriger**[3], aber auch anderer nicht vollgeschäftsfähiger Personen[4]. Doch wird dabei nicht von einer Unwirksamkeit des gesamten Vertrages, sondern nur der Beteiligung des Minderjährigen ausgegangen[5]. Andere gehen von einem wirksamen Beitritt aus, lassen aber alle nachteiligen Folgen, auch eine Haftung, für den Minderjährigen entfallen[6].

45 Hingegen wird ein wirksamer Beitritt für einen durch **arglistige Täuschung** oder **widerrechtliche Drohung** (§ 123 BGB) zur Beteiligung gebrachten Gesellschafter angenommen[7]. Dies hat namentlich für die Publikumsgesellschaft Bedeutung erlangt (§ 161 Rn. 111). Der Beigetretene kann seine Zugehörigkeit auch nicht durch eine Anfechtung beseitigen[8], sondern hätte lediglich das Recht, die Auflösung der Gesellschaft oder sein Ausscheiden zu verlangen; auch ein Recht zur Verweigerung übernommener Leistungspflichten hätte er nicht ohne weiteres[9].

c) Rechtsfolgen

46 Vor Invollzugsetzen können Mängel des Gesellschaftsvertrages mit Rückwirkung geltend gemacht werden. Die fehlerhafte (in Vollzug gesetzte) Gesellschaft ist dagegen **sowohl nach innen als auch nach außen wirksam**[10]. Die Außenhaftung nach §§ 130, 128 greift ein, ohne dass es auf den guten Glauben des Dritten als Gläubiger oder die Fehlerhaftigkeit seitens des Gesellschafters ankommt[11]. Doch gibt die Fehlerhaftigkeit in aller Regel einen

---

1 BGH v. 25.3.1974 – II ZR 63/72, BGHZ 62, 234, 240 f.; BGH v. 24.9.1979 – II ZR 95/78, BGHZ 75, 214, 217 f.; BGH v. 20.3.1986 – II ZR 75/85, BGHZ 97, 243, 250; BGH v. 16.12.2002 – II ZR 109/01, NZG 2003, 277, 279.
2 OLG Hamm v. 13.3.1986 – 4 W 43/86, NJW-RR 1986, 1487, 1488; *Staub/Ulmer*, § 105 Rn. 355; *Paschke*, ZHR 155 (1991), 1, 21.
3 BGH v. 30.4.1955 – II ZR 202/53, BGHZ 17, 160, 167 f.; BGH v. 20.9.1962 – II ZR 209/61, BGHZ 38, 26, 29; BGH v. 30.9.1982 – II ZR 58/81, NJW 1983, 748.
4 BGH v. 17.2.1992 – II ZR 100/91, WM 1992, 693, 694.
5 So die Rechtsprechung; vgl. auch *Staub/Ulmer*, § 105 Rn. 348, 350.
6 MünchKommHGB/*K. Schmidt*, § 105 Rn. 239; *Ebenroth/Boujong/Joost/Strohn/Wertenbruch*, § 105 Rn. 183; auch *A. Hueck*, Das Recht der OHG, S. 95.
7 BGH v. 8.11.1965 – II ZR 267/64, BGHZ 44, 235, 236; BGH v. 19.12.1974 – II ZR 27/73, BGHZ 63, 338, 344; *Ebenroth/Boujong/Joost/Strohn/Wertenbruch*, § 105 Rn. 184; MünchKommHGB/*K. Schmidt*, § 105 Rn. 240; *Baumbach/Hopt*, § 105 Rn. 80.
8 BGH v. 6.2.1958 – II ZR 210/56, BGHZ 26, 330, 335; BGH v. 19.12.1974 – II ZR 27/73, BGHZ 63, 338, 344.
9 BGH v. 6.2.1958 – II ZR 210/56, BGHZ 26, 330, 335; *Staub/Ulmer*, § 105 Rn. 372.
10 BGH v. 18.1.1988 – II ZR 140/87, NJW 1988, 1324; BGH v. 21.3.2005 – II ZR 310/03, NJW 2005, 1784, 1785.
11 BGH v. 8.11.1965 – II ZR 267/64, BGHZ 44, 235, 236 f.; BGH v. 30.9.1982 – II ZR 58/81, NJW 1983, 748.

wichtigen Grund für ein Auflösungs- oder Austrittsverlangen ab[1]. Die für eine Täuschung oder Drohung verantwortlichen Gesellschafter können von dem Betroffenen u.U. auf Ausschließung (§ 140)[2] oder auf Schadensersatz[3] belangt werden. Grundsätzlich muss der wichtige Grund durch Klage geltend gemacht werden[4]. Soweit jedoch der Gesellschaftsvertrag Kündigungsmöglichkeiten vorsieht, kommt ein Kündigungsrecht ggf. auch bei Fehlerhaftigkeit der Gesellschaft in Frage[5].

d) Geltung der Grundsätze für andere Rechtsvorgänge

Die Grundsätze der fehlerhaften Gesellschaft haben nicht nur für die Entstehung der Gesellschaft, sondern **auch für andere Rechtsvorgänge** Bedeutung: 47

So gelten sie insbesondere für den **fehlerhaften, aber vollzogenen Beitritt** zu einer bestehenden Gesellschaft[6], etwa bei Fehlen einer Vollmacht[7] oder bei einem versteckten Dissens[8]. Ein Beitrittsvollzug setzt die Schaffung von Rechtstatsachen voraus, an denen die Rechtsordnung nicht vorbeigehen kann, z.B. die Leistung von Beiträgen oder die Ausübung von Gesellschafterrechten[9]. Der fehlerhafte Beitritt kann nur für die Zukunft durch Austritt, ggf. aufgrund Kündigung, rückgängig gemacht werden[10]. U.U. kann sich aus § 242 BGB ergeben, dass der fehlerhaft eingetretene Gesellschafter seine Mitgliedschaftsrechte nicht geltend machen kann[11]. 48

Entsprechendes gilt auch für den **fehlerhaften Austritt**[12], der mit der Anwachsung der Beteiligung bei den anderen Gesellschaftern aufgrund bestimmter Vollzugsmaßnahmen als eingetreten anzusehen sein wird[13]. Hier hätte der ausgeschiedene Gesellschafter – unter dem Vorbehalt des § 242 49

---

1 BGH v. 24.10.1951 – II ZR 18/51, BGHZ 3, 285, 290 ff.; BGH v. 30.3.1967 – II ZR 101/65, BGHZ 47, 293, 300; MünchKommHGB/*K. Schmidt*, § 105 Rn. 246.
2 BGH v. 30.3.1967 – II ZR 101/65, BGHZ 47, 293, 300 f.
3 BGH v. 29.11.2004 – II ZR 6/03, DStR 2005, 295, 296 f.; BGH v. 19.7.2004 – II ZR 354/02, NZG 2004, 961 f.
4 BGH v. 24.10.1951 – II ZR 18/51, BGHZ 3, 285, 290 ff.; BGH v. 19.12.1974 – II ZR 27/73, BGHZ 63, 338, 345.
5 BGH v. 24.1.1974 – II ZR 158/72, WM 1974, 318, 319; siehe auch BGH v. 30.3.1967 – II ZR 101/65, BGHZ 47, 293, 301 f. zu weiteren Fällen.
6 BGH v. 8.11.1965 – II ZR 267/64, BGHZ 44, 235, 236; BayObLG v. 5.10.1989 – BReg 3 Z 114/89, NJW-RR 1990, 476; OLG Köln v. 14.6.2007 – 19 U 117/05, ZIP 2007, 2212 f.; MünchKommHGB/*K. Schmidt*, § 105 Rn. 248.
7 BGH v. 12.10.1987 – II ZR 251/86, ZIP 1988, 512, 513.
8 BGH v. 14.10.1991 – II ZR 212/90, ZIP 1992, 247, 248.
9 BGH v. 10.4.1978 – II ZR 61/77, WM 1978, 752, 754; BGH v. 14.10.1991 – II ZR 212/90, ZIP 1992, 247, 249.
10 BGH v. 6.2.1958 – II ZR 210/56, BGHZ 26, 330, 334 f.; BGH v. 8.11.1965 – II ZR 267/64, BGHZ 44, 235, 236; BGH v. 19.12.1974 – II ZR 27/73, BGHZ 63, 338, 345 f.
11 MünchKommHGB/*K. Schmidt*, § 105 Rn. 248.
12 BGH v. 14.1.1969 – II ZR 142/67, WM 1969, 791, 792; BGH v. 13.3.1975 – II ZR 154/73, WM 1975, 512, 514; BGH v. 17.2.1992 – II ZR 100/91, WM 1992, 693, 694 f.
13 MünchKommHGB/*K. Schmidt*, § 105 Rn. 249; Staub/*Ulmer*, § 105 Rn. 374.

BGB – einen Wiederaufnahmeanspruch[1]. Zu beachten ist, dass ein Ausscheiden aufgrund einer einseitigen Hinauskündigung eines Gesellschafters, die unwirksam ist, nicht ohne eine Mitwirkungshandlung des Betroffenen als vollzogen zu bewerten ist[2].

50 Auch die **fehlerhafte Auflösung** wird nach vergleichbaren Regeln behandelt[3].

51 Dies gilt ferner auch für eine (vollzogene) **fehlerhafte Vertragsänderung**[4], die aber vom BGH[5] abweichend nur bei Statusänderungen (z.B. Änderungen der Geschäftsführungsbefugnis, Stimmrechte oder Hafteinlagen)[6] den genannten Grundsätzen unterworfen wird.

52 In Betracht kommt ferner (als dem Fall des fehlerhaften Beitritts vergleichbar) auch die **fehlerhafte Anteilsumwandlung**, etwa einer Komplementärbeteiligung in eine solche als Kommanditist[7].

53 Hingegen gelten die Grundsätze der fehlerhaften Gesellschaft **nicht** für die Fälle der **fehlerhaften Rechtsnachfolge** im Gesellschaftsanteil, sei es bei einer Anteilsübertragung oder einer Gesamtrechtsnachfolge[8]. Hier bleibt es bei der Gesellschafterstellung des Veräußerers. Für einen Schutz der Gesellschaft oder anderer Betroffener lassen sich aber die §§ 413, 409 BGB heranziehen[9].

4. Schein-OHG

a) Tatbestand

54 Liegt eine OHG i.S. der erörterten Voraussetzungen – auch als fehlerhafte Gesellschaft – nicht vor und führt auch § 5 nicht zur Annahme einer Handelsgesellschaft, so kann ggf. gleichwohl der Rechtsschein einer OHG entstehen und zu Folgerungen führen. Dies ist aufgrund der Wirkungen der

---

1 BGH v. 14.4.1969 – II ZR 142/67, NJW 1969, 1483; *Staub/Ulmer*, § 105 Rn. 375; MünchKommHGB/*K. Schmidt*, § 105 Rn. 249.
2 MünchKommHGB/*K. Schmidt*, § 105 Rn. 249.
3 *Staub/Ulmer*, § 105 Rn. 367; *Heymann/Emmerich*, § 131 Rn. 36 f.; teilw. abw. Ansatz bei MünchKommHGB/*K. Schmidt*, § 105 Rn. 251; a.A. *Ebenroth/Boujong/Joost/Strohn/Wertenbruch*, § 105 Rn. 205.
4 *Staub/Ulmer*, § 105 Rn. 365; *Ebenroth/Boujong/Joost/Strohn/Wertenbruch*, § 105 Rn. 204; *Baumbach/Hopt*, § 105 Rn. 91; MünchKommHGB/*K. Schmidt*, § 105 Rn. 252.
5 BGH v. 10.12.1973 – II ZR 53/72, BGHZ 62, 20, 28 f.; BGH v. 21.10.1955 – V ZR 217/54, WM 1955, 1702, 1703 f.
6 *Ebenroth/Boujong/Joost/Strohn/Wertenbruch*, § 105 Rn. 252.
7 MünchKommHGB/*K. Schmidt*, § 105 Rn. 253.
8 So (unter Aufgabe der früheren abw. Rechtsprechung) BGH v. 22.1.1990 – II ZR 25/89, ZIP 1990, 371, 374; OLG Hamm v. 12.4.2007 – 27 U 190/06, NZG 2008, 24; vgl. zuvor bereits *K. Schmidt*, BB 1988, 1053 ff.
9 *K. Schmidt*, BB 1988, 1053, 1060; auch in MünchKommHGB/*K. Schmidt*, § 105 Rn. 256.

Handelsregisterpublizität (§ 15 Abs. 1, 3) möglich, aber auch dadurch, dass die Gesellschafter den **Rechtsschein** einer bestehenden OHG veranlassen oder dulden[1]. Ein solcher Rechtsschein entsteht insbesondere, wenn eine KG zu Unrecht als OHG im Handelsregister eingetragen ist oder eine GbR als OHG auftritt (siehe zu diesem Fragenkreis auch § 5 Rn. 37 ff.).

b) Rechtsfolgen

Die Rechtsfolgen bestimmen sich dahin, dass die Gesellschaft (anders, wenn eine solche überhaupt fehlt) gegenüber den **auf den Rechtsschein vertrauenden Dritten** so behandelt wird, als handele es sich um eine OHG[2]. Die Grundsätze der fehlerhaften Gesellschaft finden keine Anwendung. Die Gesellschafter trifft eine Haftung wie Gesellschafter einer OHG, u.U. also auch bei einem Kommanditisten[3]. Das gilt jedoch nur zu Lasten der Gesellschafter, die den Rechtsschein zurechenbar veranlasst haben. Die Schein-OHG/KG ist als solche nicht parteifähig. Vielmehr sind Anspruch und Klage gegen den dahinter stehenden Rechtsträger zu richten[4]. 55

c) Scheingesellschafter

Im Falle eines Scheingesellschafters, d.h. eines nur scheinbaren Gesellschafters einer wirklichen oder nur scheinbaren Gesellschaft, kann es unter den Voraussetzungen von § 15 Abs. 1, 3 sowie bei einem sonst von ihm veranlassten oder geduldeten Rechtsschein ebenfalls zu einer Haftung nach OHG-Regeln kommen[5]. Eine solche Haftung kann auch einen Kommanditisten treffen, der den Anschein einer unbeschränkten Haftung entstehen lässt[6]. § 130 ist jedoch auf den Scheingesellschafter nicht anwendbar. Hintergrund des § 130 ist, dass ein eintretender Gesellschafter dieselben Zugriffsmöglichkeiten auf das Gesellschaftsvermögen erhält wie der Altgesellschafter und daher sinnvoller Weise in dasselbe Haftungsregime wie der Altgesellschafter einzubeziehen ist. Diese Überlegungen greifen aber nicht, wenn nur der Anschein einer Gesellschafterstellung erweckt wird. Eine Haftung für Altverbindlichkeiten der Gesellschaft, die vor Setzung des Rechtsscheins einer Gesellschafterstellung entstanden sind, ist daher abzulehnen[7]. 56

---

1 BGH v. 27.5.1953 – II ZR 171/52, NJW 1953, 1220; Ebenroth/Boujong/Joost/Strohn/Wertenbruch, § 105 Rn. 207.
2 BGH v. 25.6.1973 – II ZR 133/70, BGHZ 61, 59, 67 f.; BGH v. 26.11.1979 – II ZR 256/78, WM 1980, 102.
3 BGH v. 8.5.1972 – II ZR 170/69, WM 1972, 822; BGH v. 6.4.1987 – II ZR 101/86, WM 1987, 689, 690.
4 Ebenroth/Boujong/Joost/Strohn/Wertenbruch, § 105 Rn. 209.
5 BGH v. 11.3.1955 – I ZR 82/53, BGHZ 17, 13, 15; OLG Saarbrücken v. 22.12.2005 – 8 U 91/05; NJW 2006, 2862, 2863.
6 Vgl. im Einzelnen BGH v. 8.5.1978 – II ZR 97/77, BGHZ 71, 354, 356 f.; BGH v. 8.5.1972 – II ZR 170/69, WM 1972, 822; BGH v. 8.7.1976 – II ZR 211/74, WM 1976, 1084, 1085; BGH v. 6.10.1977 – II ZR 4/77, WM 1977, 1405, 1406 f.
7 OLG Saarbrücken v. 22.12.2005 – 8 U 91/05, NJW 2006, 2862, 2863 f.

III. Gesellschafter und Rechtsverhältnisse in der OHG

1. Gesellschafter

a) Natürliche und juristische Personen

57 Gesellschafter einer OHG kann jede natürliche Person[1] und grundsätzlich auch jede juristische Person (AG, SE, KGaA, GmbH, rechtsfähiger Verein, Genossenschaft)[2] sein.

58 Auch die rechtsfähige **Stiftung** (§§ 80 ff. BGB) kann nicht nur Kommanditistin, sondern auch persönlich haftende Gesellschafterin sein[3]. Juristische Personen des öffentlichen Rechts sind ebenfalls grundsätzlich beteiligtenfähig[4].

59 Gesellschafter können auch **ausländische juristische Personen** oder Personengesellschaften sein, wenn sie nach deutschem Gesellschaftsrecht anerkannt sind und das ausländische Recht die Beteiligung zulässt[5].

60 Als Gesellschafter kommt des Weiteren auch eine in der Entstehung begriffene juristische Person (**Vorgesellschaft**) in Betracht[6]. Dies ist insbesondere für die Vor-GmbH als Komplementärin einer GmbH & Co. KG von Bedeutung (siehe dazu § 161 Rn. 17, 46 ff.).

61 Der Mitgliedschaft einer juristischen Person steht nicht entgegen, dass diese sich in der **Liquidation** befindet[7].

b) Gesamthandsgemeinschaften

62 Bei Gesamthandsgemeinschaften als Gesellschaftern ist zu unterscheiden:

---

1 MünchKommHGB/*K. Schmidt*, § 105 Rn. 83; *Staub/Ulmer*, § 105 Rn. 82; *Ebenroth/Boujong/Joost/Strohn/Wertenbruch*, § 105 Rn. 90.
2 MünchKommHGB/*K. Schmidt*, § 105 Rn. 84 f., 87.
3 *Staub/Ulmer*, § 105 Rn. 92; *Ebenroth/Boujong/Joost/Strohn/Wertenbruch*, § 105 Rn. 95; MünchKommHGB/*K. Schmidt*, § 105 Rn. 88.
4 RGZ 163, 142, 149; MünchKommHGB/*K. Schmidt*, § 105 Rn. 90; *Baumbach/Hopt*, § 105 Rn. 28; *Ebenroth/Boujong/Joost/Strohn/Wertenbruch*, § 105 Rn. 93; *Staub/Ulmer*, § 105 Rn. 92.
5 BayObLG v. 21.3.1986 – 3 Z 148/85, WM 1986, 968, 970; siehe ferner OLG Saarbrücken v. 21.4.1989 – 5 W 60/88, NJW 1990, 647; OLG Frankfurt v. 28.7.2006 – 20 W 181/06, ZIP 2006, 1673; LG Bielefeld v. 11.8.2005 – 24 T 19/05, NZG 2006, 504; *Ebenroth/Boujong/Joost/Strohn/Wertenbruch*, § 105 Rn. 95; *Baumbach/Hopt*, § 105 Rn. 28.
6 BGH v. 9.3.1981 – II ZR 54/80, BGHZ 80, 129, 132; MünchKommHGB/*K. Schmidt*, § 105 Rn. 86.
7 BGH v. 8.10.1979 – II ZR 257/78, BGHZ 75, 178, 181 f.; OLG Hamburg v. 13.3.1987 – 11 U 189/86, WM 1987, 720, 721; teilw. abw. MünchKommHGB/*K. Schmidt*, § 131 Rn. 56; vgl. auch § 131 Rn. 20. Danach soll die Auflösung der (einzigen) geschäftsführungs- und vertretungsberechtigten Gesellschafterin auch zur Auflösung der Gesellschaft selbst führen.

Eine **OHG oder KG** kann unstreitig Gesellschafterin einer OHG sein[1], wie sich dies auch aus den §§ 124, 172 Abs. 6 HGB, § 39 Abs. 4 InsO ergibt. Gleiches gilt für die **Partenreederei**, Partnerschaftsgesellschaft und die **EWIV** (zu dieser vgl. Rn. 103 ff.)[2].

63

Einer **GbR** war nach h.M. bislang die Fähigkeit, Gesellschafterin einer Handelspersonengesellschaft zu sein, abgesprochen worden[3]. Hier hat sich – bezogen auf Gesellschaften mit Außenwirkung – jedoch ein Sinneswandel vollzogen[4], nachdem die neuere Rechtsprechung[5] anerkannt hat, dass eine GbR Gesellschafterin einer anderen GbR sein kann und sie generell als rechts- und parteifähig einordnet. Darüber hinaus haben das BayObLG[6] und der BGH[7] entschieden, dass eine GbR Kommanditistin sein könne (siehe auch § 162 Abs. 1 S. 2). Nicht Gesellschafter einer OHG (KG) kann hingegen eine Innen-GbR sein[8].

64

Mitunter wird dem nichtsrechtsfähigen Verein die Befähigung abgesprochen, Gesellschafter zu sein[9]. Dieser Ansicht ist allerdings nicht zu folgen; denn ist die Außen-GbR beteiligtenfähig, dann kann aufgrund der Verweisung in § 54 BGB auf das Recht der GbR für den nichtsrechtsfähigen Verein nichts anderes gelten[10]. Allerdings ist dann – entsprechend der GbR (§ 106 Rn. 6) – auch hier für eine entsprechende Registerpublizität zu sorgen[11]. Die Bruchteilsgemeinschaft[12], **Erbengemeinschaft**[13] sowie die **eheliche Gütergemein-**

65

---

1 Vgl. z.B. BGH v. 2.7.1973 – II ZR 94/71, WM 1973, 1291 ff.; BFH v. 29.9.1991 – GrS 7/89, DB 1991, 889, 891.
2 Vgl. MünchKommHGB/*K. Schmidt*, § 105 Rn. 95; Ebenroth/Boujong/Joost/Strohn/ *Wertenbruch*, § 105 Rn. 96; *Baumbach/Hopt*, § 105 Rn. 28.
3 Vgl. etwa BGH v. 12.12.1966 – II ZR 41/65, BGHZ 46, 291, 296; BGH v. 7.7.1986 – II ZR 187/85, WM 1986, 1280; siehe auch BGH v. 19.2.1990 – II ZR 42/89, ZIP 1990, 505, 507; zur Gegenmeinung vgl. *Schlegelberger/K. Schmidt*, § 105 Rn. 68 ff.
4 LG Berlin v. 8.4.2003 – 102 T 6/03, ZIP 2003, 1201; MünchKommHGB/*K. Schmidt*, § 105 Rn. 96 ff.; *K. Schmidt*, GesR, § 46 I 1b; Ebenroth/Boujong/Joost/Strohn/Wertenbruch, § 105 Rn. 97; *Baumbach/Hopt*, § 105 Rn. 28.
5 BGH v. 29.1.2001 – II ZR 331/00, ZIP 2001, 330 ff.; siehe auch BGH v. 4.11.1991 – II ZB 10/91, BGHZ 116, 86, 88, und BGH v. 15.7.1997 – II ZR 154/96, BGHZ 136, 254, 257. Vgl. dazu auch *Ulmer*, ZIP 2001, 585, 595 f.
6 BayObLG v. 18.10.2000 – 3 ZBR 164/00, ZIP 2000, 2165, 2166 m.w.N.
7 BGH v. 16.7.2001 – II ZB 23/00, NJW 2001, 3121, 3122.
8 *Baumbach/Hopt*, § 105 Rn. 29.
9 *Staub/Ulmer*, § 105 Rn. 97; *Schlegelberger/Martens*, § 161 Rn. 35.
10 MünchKommHGB/*K. Schmidt*, § 105 Rn. 87; Ebenroth/Boujong/Joost/Strohn/ *Wertenbruch*, § 105 Rn. 98; *Baumbach/Hopt*, § 105 Rn. 28.
11 MünchKommHGB/*K. Schmidt*, § 105 Rn. 87; Ebenroth/Boujong/Joost/Strohn/ *Wertenbruch*, § 105 Rn. 98.
12 MünchKommHGB/*K. Schmidt*, § 105 Rn. 106.
13 BGH v. 22.11.1956 – II ZR 222/55, BGHZ 22, 186, 192; BGH v. 10.2.1977 – II ZR 120/75, BGHZ 68, 225, 237; BGH v. 4.5.1983 – IVa ZR 229/81, WM 1983, 672, 673; BGH v. 11.9.2002 – XII ZR 187/00, NJW 2002, 3389, 3390; siehe auch MünchKommHGB/*K. Schmidt*, § 105 Rn. 104; *Staub/Ulmer*, § 105 Rn. 98.

schaft[1] sind hingegen nicht beteiligtenfähig. Allerdings bleibt zu Letzterer offen, ob eine Gesellschafterbeteiligung zum Gesamtgut gehören kann[2].

2. Rechtsstellung als Gesellschafter

a) Mitgliedschaftliche Rechtsbeziehungen

66 Die Mitgliedschaft in der OHG begründet einmal **Rechtsbeziehungen zwischen den Gesellschaftern**, die durch den Gesellschaftsvertrag miteinander verbunden sind. Zugleich besteht ein **Rechtsverhältnis zur Gesellschaft** als solcher, aus dem mitgliedschaftliche Rechte und Pflichten des Gesellschafters hervorgehen. Aus ihm kann die Gesellschaft selbst die Erfüllung der sich ergebenden Verpflichtungen beanspruchen. Die Mitgliedschaft (als Inbegriff der in der gesellschafterlichen Beteiligung zusammengefassten Rechte und Pflichten)[3] ist darüber hinaus ein subjektives Recht, das durch § 823 Abs. 1 BGB geschützt ist[4].

b) Einteilung der Mitgliedschaftsrechte

67 Die Rechte aus der Mitgliedschaft lassen sich in solche **organisatorischer Art** und in **Vermögensrechte** unterteilen.

68 Zu den ersteren gehören die **Rechte auf Teilhabe** an der Gestaltung der gesellschaftlichen Verhältnisse und der Führung der Gesellschaft, insbesondere die Rechte auf Geschäftsführung (§§ 114 ff.) und Vertretung der Gesellschaft (§§ 125 ff.), das Stimmrecht (dazu § 119 Rn. 30 ff.) und bestimmte Schutzrechte wie das Recht auf Information (§ 118) und verschiedene Klagebefugnisse (§§ 117, 127, 133, 140), auch das Klagerecht der actio pro socio (vgl. dazu Rn. 77 f.). Diese Rechte können nicht losgelöst vom Stammrecht der Mitgliedschaft übertragen werden; dem steht das Abspaltungsverbot (§ 109 Rn. 7 f.) entgegen.

69 Bei den **Vermögensrechten** handelt es sich im Wesentlichen um die Ansprüche auf Gewinn (§§ 120 f.) und auf Entnahmen (§ 122), auf das Auseinandersetzungsguthaben (vgl. bei § 155) und auf Abfindung bei einem Ausscheiden. Sie können grundsätzlich selbständig abgetreten werden (§ 717 S. 2 BGB; siehe aber § 122 Rn. 4).

---

1 BayObLG v. 22.1.2003 – 3 Z BR 238/02 und 240/02, NZG 2003, 431; *Staub/Ulmer*, § 105 Rn. 100; *Ebenroth/Boujong/Joost/Strohn/Wertenbruch*, § 105 Rn. 100; *Staub/Schilling*, § 161 Rn. 18; MünchKommHGB/*K. Schmidt*, § 105 Rn. 105; *Baumbach/Hopt*, § 105 Rn. 29; *Schlegelberger/Martens*, § 161 Rn. 39.
2 Verneinend: *Staub/Ulmer*, § 105 Rn. 90; MünchKommHGB/*K. Schmidt*, § 105 Rn. 105.
3 MünchKommHGB/*K. Schmidt*, § 105 Rn. 169; *Habersack*, Die Mitgliedschaft – subjektives und „sonstiges" Recht, 1996, S. 28 ff.
4 BGH v. 12.3.1990 – II ZR 179/89, ZIP 1990, 1067, 1071. Näher zum Mitgliedschaftsverhältnis vgl. *Habersack*, Die Mitgliedschaft – subjektives und „sonstiges" Recht, 1996, S. 117 ff.; *Staub/Ulmer*, § 105 Rn. 211 ff.; *Lutter*, AcP 180 (1980), 84, 97 ff., 122 ff.

c) Pflichten des Gesellschafters

Den Rechten aus der Mitgliedschaft stehen die **Pflichten** gegenüber. Hier steht die Verpflichtung zur Leistung der bedungenen Beiträge und Einlagen im Vordergrund (dazu Rn. 71 ff.). Von Bedeutung ist weiter die Verpflichtung zur Wettbewerbsunterlassung (§§ 112 f.). Bei den organisatorischen Mitgliedschaftsrechten (Rn. 68) handelt es sich i.Ü. vielfach um sog. **Pflichtrechte**, bei denen mit der Rechtsposition bestimmte Pflichten verbunden sind, so zur Mitwirkung bei der Gestaltung der gesellschaftlichen Verhältnisse und zur ordnungsmäßigen Geschäftsführung. Darüber hinaus ist allgemein die Wahrnehmung gesellschaftlicher Rechtspositionen an die Beachtung der Treuepflicht (dazu § 109 Rn. 12 ff.), an das Gleichbehandlungsgebot (§ 109 Rn. 10 f.) sowie an die Wahrung des Kernbereichs des Mitgliedschaftsrechts aller Gesellschafter (§ 109 Rn. 6) gebunden.

d) Beitrag und Einlage

Gemäß § 705 BGB haben die Gesellschafter **Beiträge** zu leisten. Die Beitragspflicht gehört zu den Wesensmerkmalen der Personengesellschaft. Beiträge sind alle aufgrund des Mitgliedschaftsverhältnisses von den Gesellschaftern zur Förderung des gemeinschaftlichen Zwecks erbrachten Leistungen[1].

Die Gesellschafter sind in der Bestimmung der zu leistenden Beiträge frei[2]. In Betracht kommt jedes erlaubte Tun oder Unterlassen, das den Gesellschaftszweck fördert (z.B. Leistung von Geld, Erbringung von Dienstleistungen, das Zurverfügungstellen von Geschäftskontakten oder des Namens für die Firma, die Gewährung eines Darlehens, Gebrauchsüberlassung, etc)[3]. Ein Beitrag kann bereits darin liegen, dass der Gesellschafter sich an der Gesellschaft **beteiligt** und für ihre Verbindlichkeiten **haftet**[4]. Auch die Mitwirkung bei der Geschäftsführung stellt einen Beitrag dar[5] ebenso wie die Unterlassung von Wettbewerb[6].

Kennzeichnend für **Einlagen** (als Beiträge spezieller Art) ist, dass sie in das Gesellschaftsvermögen übergehen und damit auf Bildung von Eigenkapital abzielen[7]. Sie können Bar- und Sacheinlagen sein[8]. Einlagefähig sind alle

---
1 *Ebenroth/Boujong/Joost/Strohn/Wertenbruch*, § 105 Rn. 135.
2 *K. Schmidt*, GesR, § 20 II 2.
3 Siehe die Beispiele bei *Ebenroth/Boujong/Joost/Strohn/Wertenbruch*, § 105 Rn. 136; MünchKommHGB/*K. Schmidt*, § 105 Rn. 178; *K. Schmidt*, GesR, § 20 II 2a–e.
4 RGZ 37, 58, 61; *Staub/Ulmer*, § 105 Rn. 18; MünchKommHGB/*K. Schmidt*, § 105 Rn. 178.
5 BGH v. 6.4.1987 – II ZR 101/86, WM 1987, 689, 690.
6 RG JW 1931, 2975.
7 *K. Schmidt*, GesR, § 20 II 1; MünchKommHGB/*K. Schmidt*, § 105 Rn. 177; *Baumbach/Hopt*, § 109 Rn. 6; *Ebenroth/Boujong/Joost/Strohn/Wertenbruch*, § 105 Rn. 135; vgl. aber auch die (teilweise umstrittene) Diskussion um die Abgrenzung von Femd- und Eigenkapital nach IAS (International Accounting Standards) 32; vgl. *Knorr*, Status: Recht 2008, S. 91; *Förschle/Hoffmann*, in Beck'scher Bilanz-Kommentar, 6. Aufl. 2006, § 247 Rn. 167.
8 MünchKommHGB/*K. Schmidt*, § 105 Rn. 179.

Vermögensgegenstände, die bewertet und in das Gesellschaftsvermögen überführt werden können. Ein bloßer Goodwill fällt nicht hierunter, auch nicht Dienstleistungen, wohl aber obligatorische Nutzungsrechte[1].

aa) Arten der Erbringung

73a Die Einbringung vermögenswerter Leistungen in das Gesellschaftsvermögen kann „zu Eigentum", „zur Nutzung" und „dem Wert nach" erfolgen[2]. Die Unterschiede bestehen in der dinglichen Zuordnung, in der Gefahrtragung und in der Behandlung des Gegenstands bzw. seines Wertes im Liquidationsfall (vgl. § 733 Abs. 2 BGB). Maßgebend für die Art der Erbringung ist der Gesellschaftsvertrag. Was im Einzelnen gewollt ist, ist durch Auslegung zu ermitteln[3]. § 706 Abs. 2 BGB (auf den § 105 Abs. 3 verweist) stellt die widerlegbare Vermutung auf, dass die Sachen zu Eigentum einzubringen sind[4].

bb) Höhe der Beiträge

73b Die Höhe der Beiträge richtet sich nach dem Inhalt des Gesellschaftsvertrages. Soweit die Gesellschafter keine Vereinbarung getroffen haben, gilt § 706 Abs. 1 BGB, wonach die Gesellschafter im Zweifel gleiche Beiträge zu leisten haben. Bei der Bewertung der Beiträge sind die Gesellschafter grundsätzlich frei[5]. Die Leistung auf den geschuldeten Beitrag kann von dem Gesellschafter oder einem Dritten (auch einem Mitgesellschafter) nach § 267 BGB erbracht werden[6], solange sie nicht aus dem Vermögen der Gesellschaft stammt. Als nicht erbracht gilt daher der Beitrag, wenn der Mitgesellschafter einen Kredit aufnimmt, der durch Gegenstände aus dem Gesellschaftsvermögen besichert wird, um anschließend die Leistung nach § 267 BGB zu erbringen[7].

cc) Nachträgliche Erhöhung der Beiträge

73c Nach § 707 BGB ist der Gesellschafter – sieht man einmal von der Treuepflicht (vgl. § 109 Rn. 12 ff.) ab[8] – grundsätzlich nicht zu Nachschüssen verpflichtet[9]. §§ 735, 739 BGB bleiben hiervon allerdings unberührt (§ 131 Rn. 41 und § 149 Rn. 9 f.). Jenseits dieser Vorschriften ist eine Beitragserhöhung nur mit Zustimmung des Gesellschafters möglich. Der BGH spricht

---

1 Streitig, vgl. etwa *Bork*, ZHR 154 (1990), 205 ff.; *K. Schmidt*, ZHR 154 (1990), 237 ff.; MünchKommHGB/*K. Schmidt*, § 105 Rn. 179.
2 *K. Schmidt*, GesR, § 20 II 2d.
3 OLG Hamburg v. 7.2.1994 – 2 U 7/93, NJW-RR 1996, 803, 804.
4 *Ebenroth/Boujong/Joost/Strohn/Wertenbruch*, § 105 Rn. 138; *K. Schmidt*, GesR, § 20 II 2 d.
5 *Ebenroth/Boujong/Joost/Strohn/Wertenbruch*, § 105 Rn. 141.
6 BGH v. 30.4.1984 – II ZR 132/83, NJW 1984, 2290, 2291.
7 Vgl. hierzu *Ebenroth/Boujong/Joost/Strohn/Wertenbruch*, § 105 Rn. 141.
8 BGH v. 5.3.2007 – II ZR 282/05, ZIP 2007, 766, 767.
9 BGH v. 5.11.2007 – II ZR 230/06, ZIP 2007, 2413, 2414; *Wertenbruch*, DStR 2007, 1680.

insoweit von einem „mitgliedschaftlichen Grundrecht, nicht ohne eigene Zustimmung mit zusätzlichen Beitragspflichten belastet zu werden"[1]. § 707 BGB ist allerdings dispositiv[2]. Kein Verstoß gegen § 707 BGB liegt daher vor, wenn sich die Gesellschafter bereits im Gesellschaftsvertrag zur Leistung künftiger Beiträge verpflichten, z.B. wenn sie keine der Höhe nach festgelegten Beiträge versprechen, sondern sich verpflichten, entsprechend ihrer Beteiligung das zur Erreichung des Gesellschaftszweck Erforderliche beizutragen[3]. Ebenso ist § 707 BGB nicht berührt, wenn sich die Gesellschafter zum einen eine beitragsmäßig festgelegte Einlage und zum anderen laufende Beiträge versprechen (so genannte „gespaltene Beitragspflicht")[4]. In einem solchen Fall bedarf die Festlegung der Höhe der Beiträge keines Gesellschafterbeschlusses, sondern ist Sache des Geschäftsführers[5]. Fraglich ist nun, inwieweit derartige Verpflichtungen zur künftigen Beitragsleistung im Gesellschaftsvertrag konkretisiert sein müssen. Die h.M. geht – im Hinblick auf die überragende Bedeutung des § 707 BGB – davon aus, dass die Verpflichtung zur Leistung von laufenden Beiträgen aus dem Gesellschaftsvertrag eindeutig hervorgehen[6] und darüber hinaus die Höhe der laufenden Beiträge im Gesellschaftsvertrag bestimmt oder in objektiv bestimmbarer Weise ausgestaltet sein muss[7]. Ausreichend hierfür ist, wenn sich die notwendigen Angaben aus einer Gesamtschau von Gesellschaftsvertrag und Beitrittserklärung ergeben[8]. Letztlich gelten insoweit ähnliche Bestimmtheitsanforderungen wie in den Fällen, in denen der Gesellschaftsvertrag Nachschusspflichten durch Mehrheitsbeschluss[9] vorsieht (§ 109 Rn. 9 und § 119 Rn. 17 ff.)[10].

dd) Anwendbare Vorschriften

Leistungsstörungen im Zusammenhang mit der Erbringung von Einlagen bzw. Beiträgen können unstreitig bestimmte gesellschaftsrechtliche Folgen auslösen (Vertragsanpassungspflichten, Austritts-, Ausschließungs- oder

74

---

1 BGH v. 5.3.2007 – II ZR 282/05, ZIP 2007, 766, 767; vgl. auch BGH v. 3.12.2007 – 36/07, ZIP 2008, 697; *Ebenroth/Boujong/Joost/Strohn/Wertenbruch*, § 105 Rn. 142.
2 BGH v. 5.11.2007 – II ZR 230/06, ZIP 2007, 2413, 2414; a.A. *Schäfer*, in Gesellschaftsrecht in der Diskussion 2007, S. 137, 141 ff.
3 BGH v. 23.1.2006 – II ZR 126/04, ZIP 2006, 562, 563; BGH v. 5.11.2007 – II ZR 230/06, ZIP 2007, 2413, 2414.
4 BGH v. 23.1.2006 – II ZR 126/04, ZIP 2006, 562, 563; BGH v. 5.11.2007 – II ZR 230/06, ZIP 2007, 2413, 2414.
5 BGH v. 19.3.2007 – II ZR 73/06, ZIP 2007, 812, 813; BGH v. 5.11.2007 – II ZR 230/06, ZIP 2007, 2413, 2414.
6 BGH v. 19.3.2007 – II ZR 73/06, ZIP 2007, 812, 813; BGH v. 5.11.2007 – II ZR 230/06, ZIP 2007, 2413, 2414.
7 BGH v. 19.3.2007 – II ZR 73/06, ZIP 2007, 812, 813; BGH v. 5.11.2007 – II ZR 230/06, ZIP 2007, 2413, 2414.
8 BGH v. 5.11.2007 – II ZR 230/06, ZIP 2007, 2413, 2415.
9 BGH v. 26.3.2007 – II ZR 22/06, DStR 2007, 1313; BGH v. 5.3.2007 – II ZR 282/05, DStR 2007, 771, 772.
10 *Wertenbruch*, DStR 2007, 1680, 1681 ff.

Auflösungsrechte)[1]. Umstritten ist jedoch, welche darüber hinausgehenden bürgerlich-rechtliche Folgen in Betracht kommen. Anwendbar sind zunächst die §§ 275, 280, 281 BGB[2]. Bei anfänglich objektiv unmöglichem Beitragsversprechen (oder bei einem zufälligen Unmöglichwerden) wird mithin der Gesellschafter von seiner Beitragspflicht befreit. Anwendung finden auch die Vorschriften über den Schuldnerverzug (§§ 286 ff. BGB)[3]. Verschuldensmaßstab im Rahmen der Verzugs- bzw. Haftung für positive Forderungsverletzung (§ 280, 282 BGB) ist § 708 BGB[4]. Keine Anwendung finden die §§ 320 bis 326 BGB (siehe oben Rn. 33a)[5]; allenfalls kommt eine Anwendung der §§ 320 bis 322 BGB auf eine Zweipersonen-Innengesellschaft in Betracht[6], also nicht auf die OHG. Auch eine Analogie zu den §§ 434 ff. BGB bei Mängeln einer Sacheinlage wird nach neuerer Auffassung, der zu folgen ist, abgelehnt und stattdessen eine Ableitung der in Betracht kommenden Rechtsfolgen aus dem Gesellschaftsvertrag befürwortet[7].

e) Drittbeziehungen zur Gesellschaft

75 Von den mitgliedschaftlichen Rechtsbeziehungen sind die Rechtsverhältnisse zu unterscheiden, in die ein Gesellschafter **wie ein sonstiger Dritter** zur Gesellschaft treten kann, z.B. aufgrund eines Kaufgeschäftes mit der Gesellschaft. Ggf. kann es allerdings zu Überlagerungen solcher Rechtsverhältnisse durch mitgliedschaftsrechtliche Grundsätze kommen[8]. Dies gilt insbesondere für die gesellschaftsrechtliche Treuepflicht (vgl. § 109 Rn. 12 ff. und § 128 Rn. 3, 5)[9].

f) Prozessuale Rollenverteilung

76 Die unterschiedliche Zuordnung der mitgliedschaftlichen Rechtsbeziehungen (Rn. 66) spiegelt sich auch in der Verteilung der **Parteirollen bei Streitigkeiten** wider. Teilweise folgt die Rollenverteilung allerdings unmittelbar aus dem Gesetz (so bei den §§ 117, 127, 133, 140). Ein Streit über die Grundlagen des Gesellschaftsverhältnisses ist unter den Gesellschaftern (in ihrer Ge-

---

1 MünchKommHGB/*K. Schmidt*, § 105 Rn. 183.
2 *K. Schmidt*, GesR, § 20 III 3; MünchKommHGB/*K. Schmidt*, § 105 Rn. 184.
3 *Staub/Ulmer*, § 105 Rn. 153; MünchKommHGB/*K. Schmidt*, § 105 Rn. 184.
4 *Ebenroth/Boujong/Joost/Strohn/Wertenbruch*, § 105 Rn. 137; *Staub/Ulmer*, § 105 Rn. 153; MünchKommHGB/*K. Schmidt*, § 105 Rn. 184.
5 Vgl. MünchKommHGB/*K. Schmidt*, § 105 Rn. 186; *Heymann/Emmerich*, § 105 Rn. 5; *Baumbach/Hopt*, § 105 Rn. 48; *Staub/Ulmer*, § 105 Rn. 149.
6 MünchHdbGesR I/*v. Falkenhausen/Schneider*, § 60 Rn. 74; *Staub/Ulmer*, § 105 Rn. 148 ff.; *Schlegelberger/K. Schmidt*, § 105 Rn. 158 f.
7 *Staub/Ulmer*, § 105 Rn. 154; *Baumbach/Hopt*, § 109 Rn. 10; *Ebenroth/Boujong/Joost/Strohn/Wertenbruch*, § 105 Rn. 84; MünchKommHGB/*K. Schmidt*, § 105 Rn. 187; *K. Schmidt*, GesR, § 20 III 3d.
8 *Ebenroth/Boujong/Joost/Strohn/Wertenbruch*, § 105 Rn. 127; MünchKommHGB/*K. Schmidt*, § 105 Rn. 176.
9 MünchKommHGB/*K. Schmidt*, § 105 Rn. 176; *Ebenroth/Boujong/Joost/Strohn/Wertenbruch*, § 105 Rn. 127; *Staub/Ulmer*, § 105 Rn. 217.

samtheit) auszutragen¹. Hierunter fällt auch die Frage des Bestehens einer Mitgliedschaft².

g) Actio pro socio
aa) Begriff

Als actio pro socio bezeichnet man eine Klage des Gesellschafters, mit der dieser im eigenen Namen Ansprüche aus dem Gesellschaftsverhältnis (nicht aus Drittbeziehungen³) gegen einen Mitgesellschafter auf Leistung an die Gesellschaft geltend macht⁴. Die actio pro socio wurde ursprünglich am Modell der Personengesellschaft herausgearbeitet⁵, hat sich aber zwischenzeitlich zu einem allgemeinen Institut des Gesellschaftsrechts entwickelt, das u.a. auch im GmbH-Recht Anwendung findet⁶. Im Vordergrund stehen dabei – zumeist – Einlage-⁷ oder Schadensersatz- bzw. Unterlassungsansprüche⁸ wegen Verletzung von Geschäftsführungs- oder anderer gesellschaftsvertraglicher Pflichten⁹, bei denen aus bestimmten Gründen (etwa Mehrheitsverhältnisse in der Gesellschaft) nicht davon ausgegangen werden kann, dass die Gesellschaft diese in der gebotenen Weise verfolgt. 77

bb) Inhalt

In prozessualer Hinsicht muss die Klage auf der Grundlage der actio pro socio auf Leistung an die Gesellschaft gerichtet sein¹⁰. Da der Gesellschafter im eigenen Namen klagt, trägt er auch das Prozess- und das Kostenrisiko¹¹. 78

---

1 BGH v. 15.6.1959 – II ZR 44/58, BGHZ 30, 195, 197 f.; BGH v. 5.6.1967 – II ZR 128/65, BGHZ 48, 175, 176 f.; BGH v. 13.7.1981 – II ZR 56/80, BGHZ 81, 263, 264 f.; BGH v. 30.4.1984 – II ZR 293/83, BGHZ 91, 132, 133.
2 BGH v. 30.4.1984 – II ZR 293/83, BGHZ 91, 132, 133; BGH v. 6.11.1989 – II ZR 302/88, WM 1990, 309; BGH v. 11.12.1989 – II ZR 61/89, WM 1990, 675, 676; krit. dazu *Bork*, ZGR 1991, 125 ff.
3 BGH v. 2.7.1973 – II ZR 94/71, WM 1973, 1291, 1292; BGH v. 13.5.1985 – II ZR 170/84, ZIP 1985, 1137, 1138; für eine Ausweitung auch auf Drittbeziehungen *Kort*, DStR 2001, 2162, 2164 ff. m.w.N. Hier kommt man allerdings schnell zu Abgrenzungsproblemen mit dem Institut der Notgeschäftsführung.
4 BGH v. 16.1.2001 – II ZR 48/99, NJW 2001, 1210, 1211; *Grunewald*, Gesellschaftsrecht, 6. Aufl. 2005, 2 F Rn. 56.
5 *Bork/Oepen* ZGR 2001, 515 f.; *K. Schmidt*, GesR, § 21 IV 1b.
6 OLG Düsseldorf v. 28.10.1993 – 6 U 160/92, GmbHR 1994, 172, 173; OLG Köln 5.11.1992 – 18 U 50/92, GmbHR 1993, 816; *Hirte*, Kapitalgesellschaftsrecht, 5. Aufl. 2006, Rn. 3.94.
7 Siehe z.B. BGH v. 2.6.2003 – II ZR 102/02, NJW 2003, 2676, 2677.
8 Streitig, wie hier *Baumbach/Hopt*, § 116 Rn. 4; a.A. BGH v. 11.2.1980 – II ZR 41/79, NJW 1980, 1463, 1465.
9 Siehe z.B. BGH v. 22.6.1972 – II ZR 67/70, WM 1972, 1229, 1230; BGH v. 2.3.1973 – II ZR 94/71, NJW 1973, 2198, 2199 f.; BGH v. 14.5.1990 – II ZR 125/89, NJW 1990, 2627, 2628; LG Karlsruhe v. 19.1.2001 – O 123/00 KfH I, NJOZ 2001, 1023, 1025; *Ebenroth/Boujong/Joost/Strohn/Wertenbruch*, § 105 Rn. 147.
10 *Ebenroth/Boujong/Joost/Strohn/Wertenbruch*, § 105 Rn. 148; *Baumbach/Hopt*, § 109 Rn. 32.
11 *K. Schmidt*, GesR, § 21 IV 6b.

Die Rechtskraft der in dem Rechtsstreit zwischen Gesellschafter und Mitgesellschafter (bzw. Geschäftsführer) ergehenden Entscheidung erstreckt sich – h.M. nach – zumindest nicht zu Lasten der Gesellschaft[1]. Bei der actio pro socio handelt es sich richtiger Ansicht nach um einen Fall einer **gesetzlichen Prozessstandschaft**, mit der ein fremdes Recht im eigenen Namen verfolgt wird[2]. Die ältere Rechtsprechung[3] und die frühere h.M. im Schrifttum[4] gingen dagegen noch vom Bestehen eines eigenen materiellen Anspruchs des klagenden Gesellschafters aus.

79 Das Klagerecht der actio pro socio ist eine mitgliedschaftsrechtliche Befugnis, die jedem Gesellschafter (auch dem Kommanditisten)[5] zusteht und nach überwiegender Auffassung **im Grundsatz nicht entzogen** werden kann, ggf. aber eingeschränkt werden darf[6]. Die actio-pro-socio-Befugnis des Gesellschafters steht unter dem Vorbehalt der gesellschaftsrechtlichen Treuepflicht[7].

cc) Hilfscharakter

80 Die actio pro socio dient zumeist als spezifisches Instrument des Minderheitenschutzes, wobei sich jedoch der Gesellschafter nur dann auf eine Hilfszuständigkeit im Gesellschaftsinteresse berufen können soll, wenn es an einem „funktionsfähigen" Organ zur Durchsetzung der Ansprüche der Gesellschaft fehlt. Wann dies der Fall ist, ist in Rechtsprechung und Literatur noch nicht abschließend geklärt[8]. Einigkeit besteht lediglich insoweit, dass mithilfe der actio pro socio die gesellschaftsinterne Aufgabenverteilung

---

1 RGZ 90, 300, 302; MünchKommHGB/*K. Schmidt*, § 105 Rn. 203; a.A. *Bork/Oepen*, ZGR 2001, 515, 541.
2 BGH v. 13.5.1985 – II ZR 170/84, ZIP 1985, 1137, 1138; OLG Düsseldorf v. 13.2.2003 – 10 U 216/01, NJW-RR 2003, 513, 514; *Bork/Oepen*, ZGR 2001, 515, 530 f.; MünchKommHGB/*K. Schmidt*, § 105 Rn. 201; *Staub/Ulmer*, § 105 Rn. 262 ff.; *Hadding*, Actio pro socio, 1966, S. 101; *Heymann/Emmerich*, § 109 Rn. 21, 25a; *Kort*, DStR 2001, 2162, 2163; offen gelassen in OLG Dresden v. 20.11.2001 – 2 U 1928/01, NJW-RR 2003, 257, 260. Sowohl materiell-rechtlicher Anspruch als auch ein Fall der Prozessstandschaft: *Ebenroth/Boujong/Joost/Strohn/Wertenbruch*, § 105 Rn. 146.
3 So insbes. BGH v. 27.6.1957 – II ZR 15/56, BGHZ 25, 47, 49; BGH v. 2.7.1973 – II ZR 94/71, WM 1973, 1291, 1292.
4 Vgl. etwa GroßKommHGB/*Fischer*, § 124 Rn. 111; *A. Hueck*, Das Recht der OHG, S. 261; *Flume*, Die Personengesellschaft, S. 142.
5 *Kort*, DStR 1992, 2162, 2164.
6 *Staub/Ulmer*, § 105 Rn. 264; MünchKommHGB/*K. Schmidt*, § 105 Rn. 199; *Ebenroth/Boujong/Joost/Strohn/Wertenbruch*, § 105 Rn. 153; *Schlegelberger/Martens*, § 119 Rn. 25 und § 161 Rn. 68; *Wiedemann*, GesR I, S. 274; offen gelassen in BGH v. 2.7.1973 – II ZR 94/71, WM 1973, 1291, 1292; BGH v. 13.5.1985 – II ZR 170/84, ZIP 1985, 1137, 1138.
7 BGH v. 27.6.1957 – II ZR 15/56, BGHZ 25, 47, 49 f.; BGH v. 13.5.1985 – II ZR, NJW 1985, 2830, 2831; KG v. 10.11.1998 – 14 U 4160/96, DStR 2000, 1617.
8 BGH v. 14.5.1990 – II ZR 125/89, NJW 1990, 2627, 2628; OLG Köln v. 5.11.1992 – 18 U 50/92, GmbHR 1993, 816; OLG Düsseldorf v. 28.10.1993 – 6 U 160/92, GmbHR 1994, 172, 173 f.

nicht ohne weiteres aus den Angeln gehoben werden darf. Die actio pro socio ist daher gegenüber der gesellschaftsrechtlichen Zuständigkeitsverteilung grundsätzlich subsidiär[1] und damit nur ein **Hilfsrecht**. Sie kann wegen des Vorranges der gesellschaftlichen Organisation nur erhoben werden, wenn besondere Gründe die Klage notwendig machen, etwa die Gesellschaft ihren Anspruch nicht geltend macht oder machen will[2]. Eine nachträglich von der Gesellschaft erhobene Klage erledigt daher eine bereits anhängige Gesellschafterklage[3].

Ob und inwieweit für eine actio pro socio des Gesellschafters auch noch **nach Eröffnung des Insolvenzverfahrens** Raum bleibt, ist fraglich und noch nicht abschließend geklärt. Die Rechtsprechung hält teilweise den Gesellschafter insoweit für befugt und begründet dies im Wesentlichen damit, dass die actio pro socio die Insolvenzmasse nicht nachteilig, sondern allenfalls positiv berühre[4]; denn habe die Klage Erfolg, profitiere die Insolvenzmasse. Werde die Klage hingegen abgewiesen, binde dies den Insolvenzverwalter nicht. Darüber hinaus würde die Insolvenzmasse auch nicht mit den Kosten der Prozessführung des Gesellschafters belastet. Letztlich ist dieser Ansicht aber nicht zu folgen[5]. Inwieweit für die actio pro socio im **Liquidationsstadium** Raum ist, ist umstritten. Teilweise wird hier die Ansicht vertreten, dass die Kompetenz darüber zu befinden, ob die Geltendmachung von Einlageansprüchen für die Zwecke der Liquidation erforderlich ist, allein den Liquidatoren zufällt[6]. Anderer (richtiger) Ansicht nach steht auch in diesen Fällen dem einzelnen Gesellschafter die actio pro socio zu, er muss dann aber die Notwendigkeit der Geltendmachung der Einlageforderung zu Liquidationszwecken dartun[7]. Anders ist die Rechtslage aber bei einer Publikumsgesellschaft, bei der ein Nachtragsliquidator noch nicht bestellt ist (zum Erfordernis siehe § 146 Rn. 3a und § 155 Rn. 15). Hier hätte die Zulassung der actio pro socio die Folge, dass das notwendige Verfahren der gerichtlichen Bestellung des Nachtragsliquidators unterlaufen würde[8].

80a

---

1 *K. Schmidt*, GesR, § 21 IV 6b; *Ebenroth/Boujong/Joost/Strohn/Wertenbruch*, § 105 Rn. 145; MünchKommHGB/*K. Schmidt*, § 105 Rn. 198; siehe auch *Bork/Oepen* ZGR 2001, 515, 530 ff.; LG Karlsruhe v. 19.1.2001 – O 123/00 KfH I, NJOZ 2001, 1023, 1025; *Kort*, DStR 2001, 2162, 2163.
2 *Staub/Ulmer*, § 105 Rn. 268a; MünchKommHGB/*K. Schmidt*, § 105 Rn. 201; *Ebenroth/Boujong/Joost/Strohn/Wertenbruch*, § 105 Rn. 150; anders noch BGH v. 27.6.1957 – II ZR 15/56, BGHZ 25, 47, 50.
3 *Staub/Ulmer*, § 105 Rn. 269, MünchKommHGB/*K. Schmidt*, § 105 Rn. 201, 203; *Wiedemann*, GesR I, S. 274.
4 Siehe KG v. 10.11.1998 – 14 U 4160/96, DStR 2000, 1617 f.
5 Siehe ausführlich *Haas*, FS Konzen, 2005, S. 157, 165; vgl. ebenfalls *Bork/Oepen*, ZGR 2001, 515, 540.
6 BGH v. 30.11.1959 – II ZR 145/58, NJW 1960, 433; a.A. wohl BGH v. 4.11.2002 – 210/00, NZG 2003, 215; offen gelassen aber in BGH v. 2.6.2003 – II ZR 102/02, NJW 2003, 2676, 2677.
7 *Staub/Habersack*, § 149 Rn. 18; *Kort*, DStR 2001, 2162, 2164; *Bork/Oepen*, ZGR 2001, 515, 539.
8 BGH v. 2.6.2003 – II ZR 102/02, NJW 2003, 2676, 2677.

3. Veränderungen im Gesellschafterbestand

a) Eintritt und Ausscheiden

81 Der **Eintritt** in eine bestehende Gesellschaft setzt einen **Aufnahmevertrag** mit den vorhandenen Gesellschaftern (nicht der Gesellschaft) voraus[1]. Die etwaige Formbedürftigkeit des Vertrages richtet sich nach den gleichen Gesichtspunkten wie beim Gründungsvertrag (dazu Rn. 21 ff.). Der Gesellschaftsvertrag kann bereits das Beitrittsangebot an den Dritten enthalten[2]. Auch kann der Gesellschaftsvertrag einen Mehrheitsbeschluss über die Aufnahme eines Dritten vorsehen. Eine derartige Klausel unterliegt allerdings den Einschränkungen nach § 119 Rn. 16. Auch können sich die Gesellschafter im Gesellschaftsvertrag oder schuldrechtlich zur Aufnahme des Dritten verpflichten. Der Dritte hat dann einen Anspruch auf Aufnahme nach § 328 BGB[3].

82 Ein **Ausscheiden** eines Gesellschafters ist ebenfalls aufgrund einer entsprechenden Vereinbarung unter den Gesellschaftern möglich. Wegen der sonst in Betracht kommenden Möglichkeiten eines Ausscheidens vgl. § 131 Abs. 3.

83 Möglich ist eine Auswechslung von Gesellschaftern durch eine **Koordinierung von Aufnahme und Ausscheiden**[4]. Der neue Gesellschafter wird dabei jedoch nicht Rechtsnachfolger in der Mitgliedschaft des Ausscheidenden.

84 Dazu, dass die **Grundsätze der fehlerhaften Gesellschaft** auch für einen fehlerhaften Beitritt oder ein fehlerhaftes Ausscheiden gelten, vgl. Rn. 48 f.

b) Anteilsübertragung

85 Entgegen früherem Verständnis ist heute die Möglichkeit einer **Anteilsübertragung durch Rechtsgeschäft** (§§ 413, 398 BGB) zwischen dem Altgesellschafter und dem Neugesellschafter anerkannt[5]. Die Anteilsübertragung ist Grundlagengeschäft und bedarf daher grundsätzlich der Zustimmung aller Gesellschafter. Die Anteilsübertragung führt zu einer Rechtsnachfolge, setzt aber voraus, dass sie entweder im Gesellschaftsvertrag zugelassen ist[6] (wobei auch eine differenzierte Zulassung möglich ist[7]) oder die Mitgesellschafter ihr zustimmen. Fehlt es hieran, ist der Übertragungsvertrag bis zu einer

---

1 Siehe etwa BGH v. 3.11.1997 – II ZR 353/96, NJW 1998, 1225, 1226; BGH v. 17.11.1975 – II ZR 120/74, WM 1976, 15 f.; *Baumbach/Hopt*, § 105 Rn. 67.
2 *Baumbach/Hopt*, § 105 Rn. 67.
3 *Baumbach/Hopt*, § 105 Rn. 68.
4 Vgl. z.B. BGH v. 8.11.1965 – II ZR 223/64, BGHZ 44, 229, 231.
5 St. Rspr., vgl. BGH v. 28.4.1954 – II ZR 8/53, BGHZ 13, 179, 185 f.; BGH v. 8.11.1965 – II ZR 223/64, BGHZ 44, 229, 231; BGH v. 29.6.1981 – II ZR 142/80, BGHZ 81, 82, 86.
6 BGH v. 22.5.1989 – II ZR 211/88, WM 1989, 1221, 1222.
7 BGH v. 14.11.1960 – II ZR 55/59, WM 1961, 303, 304.

Entscheidung über eine Genehmigung schwebend unwirksam[1]. Der Gesellschaftsvertrag kann die Wirksamkeit der Übertragung an weitere Voraussetzungen knüpfen (z.B. Übergang erst mit Eintragung im Handelsregister). Mit der Übertragung des Anteils gehen im Zweifel auch alle bereits entstandenen Sozialansprüche und Sozialverbindlichkeiten auf den Eintretenden über. Im Einzelfall kann die Treuepflicht (vgl. § 109 Rn. 12 ff.) dazu führen, dass ein Anspruch auf Erteilung der Zustimmung besteht[2]. Möglich ist auch eine gleichzeitige Übertragung der Anteile an mehrere Dritte[3].

Der Übertragungsvertrag ist grundsätzlich **formfrei**, auch wenn etwa Grundstücke zum Gesellschaftsvermögen gehören[4]. Der Verkauf aller oder nahezu aller Anteile entspricht wahrscheinlich dem Verkauf des Unternehmens als solchem. Dementsprechend finden insoweit bei „Mängeln des Unternehmens" auf den Anteilskauf die §§ 434 ff. BGB entsprechende Anwendung[5]. Wo die Grenze liegt, ob Mängel des Unternehmens nach § 453 BGB auf den Anteilskauf durchschlagen, ist streitig[6]. Die Schwelle vom Rechts- zum Sachkauf ist noch nicht überschritten, wenn der Dritte 49 % der Anteile an einer GmbH erwirbt[7]. 86

c) Unterbeteiligung

Keine Anteilsübertragung findet bei der Begründung einer Unterbeteiligung an einem Gesellschaftsanteil statt. Zur Unterbeteiligung siehe §§ 230 ff. 87

4. Geltende Rechtsvorschriften für die OHG

Das Recht der OHG ist in den **§§ 105 ff.** enthalten. Die Vorschriften gelten über § 161 Abs. 2 auch für die KG, soweit nicht in den §§ 161 ff. Abweichendes bestimmt ist. 88

Im Übrigen sind auf die OHG die **§§ 705 ff. BGB** betreffend die GbR anzuwenden (§ 105 Abs. 3). Da die §§ 105 ff. zum Teil bereits abschließende Regelungen enthalten, beschränkt sich die Heranziehung der BGB-Vorschriften auf die §§ 706 bis 708, 712 Abs. 2, 717 bis 720, 722 Abs. 2, 723 Abs. 1 S. 3 ff., 725 Abs. 2, 732, 735 sowie 738 bis 740 BGB, teilweise auch auf § 713 BGB und die darin genannten Bezugsnormen[8]. 89

---

1 BGH v. 28.4.1954 – II ZR 8/53, BGHZ 13, 179, 185 f.; BGH v. 15.6.1964 – VIII ZR 7/63, WM 1964, 878, 879.
2 So zu § 15 Abs. 5 GmbHG: OLG Düsseldorf v. 23.1.1987 – 7 U 244/85, ZIP 1987, 227, 232; OLG Koblenz v. 21.1.1989 – U 1053/87 (Kart.), ZIP 1989, 301, 305; vgl. auch BGH v. 8.11.2004 – II ZR 350/02, ZIP 2005, 25; BGH v. 20.10.1986 – II ZR 86/85, WM 1987, 133.
3 BGH v. 8.11.1965 – II ZR 223/64, NJW 1966, 499 f.
4 Vgl. dazu BGH v. 31.1.1983 – II ZR 288/81, BGHZ 86, 367, 369 f.
5 BGH v. 28.11.2001 – VIII ZR 37/01, NJW 2002, 1042, 1043; BGH v. 2.6.1980 – VIII ZR 64/79, NJW 1980, 2408, 2409.
6 *Weitnauer*, NJW 2002, 2511, 2514; *Knott*, NZG 2002, 249, 250; *Fischer*, DStR 2004, 278, 280.
7 BGH v. 12.11.1975 – VIII ZR 142/74, NJW 1976, 236, 237.
8 *Staub/Ulmer*, § 105 Rn. 60.

IV. Übergangsvorschriften zum Handelsrechtsreformgesetz

90 Die Änderungen im Recht der Handelsgesellschaften durch das HRefG v. 22.6.1998[1] sind zum 1.7.1998 in Kraft getreten. Hierzu sind im 8. Abschnitt des EGHGB in den Art. 38 bis 41 einige Übergangsvorschriften erlassen worden, die zwischenzeitlich aufgehoben wurden. Für den Inhalt der Übergangsvorschriften wird auf die Vorauflage verwiesen.

91–99 Frei.

B. Die Partnerschaftsgesellschaft

I. Wesen der Gesellschaft

100 Durch das PartGG vom 25.7.1994[2], in Kraft seit dem 1.7.1995, ist den Angehörigen freier Berufe (§ 1 PartGG) eine **besondere Gesellschaftsform** zur gemeinsamen Berufsausübung zur Verfügung gestellt worden[3]. Sie stellt eine Alternative zu einem Zusammenschluss in Form einer GbR (die eine weniger verfestigte Struktur aufweist und keine Rechtsfähigkeit hat) dar. Sie soll einerseits dem hergebrachten Berufsbild des freien Berufes Rechnung tragen, andererseits eine moderne und flexible Organisationsform bieten. Die PartGG ist wie die OHG eine Personengesellschaft, die einer juristischen Person weithin angenähert ist (Verweisung auf § 124 in § 7 Abs. 2 PartGG). Sie ist namensrechtsfähig (§ 2 PartGG) und wird im Partnerschaftsregister eingetragen (§ 4 PartGG), ist aber keine Handelsgesellschaft. Die Mitglieder der Gesellschaft üben ihren Beruf innerhalb der Partnerschaft in eigener Verantwortlichkeit aus (§ 6 Abs. 1 PartGG) und haften auch für eigenes berufliches Fehlverhalten, während für die übrigen Partner eine Haftungsfreistellung möglich sein soll (siehe dazu Rn. 101).

II. Rechtsverhältnisse in der Gesellschaft

101 Im Einzelnen sind auf die Partnerschaftsgesellschaft **primär die Vorschriften der GbR** (§ 1 Abs. 4 PartGG) anzuwenden, darüber hinaus aber in weitem Umfang aufgrund mehrfacher Verweisungen (vgl. in den §§ 4 Abs. 1, 6 Abs. 3, 7 Abs. 2 und 3, 8 Abs. 1, 9 Abs. 1, 4 und 10 PartGG) das **Recht der OHG**. So gilt das Prinzip der Selbstorganschaft bei Einzelgeschäftsführung und Einzelvertretung durch die Partner (§§ 6, 7 PartGG). Die grundsätzliche Solidarhaftung aller Partner für die entstehenden Verbindlichkeiten (§ 8

---

[1] BGBl. I 1474.
[2] BGBl. I 1744.
[3] Näher zum Gesetz und den sich aufwerfenden Fragen: *Michalski/Römermann*, PartGG, 3. Aufl. 2005; *Meilicke/Graf v. Westphalen/Hoffmann/Lenz/Wolff*, PartGG, 2. Aufl. 2006; *Henssler*, PartGG, 2. Aufl. 2008; MünchKommBGB/*Ulmer*, Gesetz über Partnerschaftsgesellschaften Angehöriger Freier Berufe (§§ 1–11 PartGG), 4. Aufl. 2004.

PartGG) kann für vertragliche Ansprüche auf den oder die mit der Erledigung der konkreten geschäftlichen Angelegenheit betrauten oder im Zusammenhang mit ihr für Leitungs- und Überwachungsaufgaben verantwortlichen Partner beschränkt werden (§ 8 Abs. 2 PartGG), wenn auch nicht bereits durch den Gesellschaftsvertrag, sondern nur durch Absprache mit dem Berufsklienten, hier allerdings auch auf der Grundlage Allgemeiner Geschäftsbedingungen. Die haftenden Partner müssen jedoch konkret bestimmt sein[1]. Die Haftungskanalisierung ist nicht bei außervertraglichen Verbindlichkeiten möglich, so auch nicht für Haftungsfälle aus der beruflichen Betätigung gegenüber Dritten, etwa aufgrund einer Eigenhaftung als Sachwalter aus Verschulden bei Vertragsschluss bei im Namen eines Mandanten geführten Vertragsverhandlungen.

Ungeachtet der Absicht des Gesetzgebers, den Angehörigen der freien Berufe eine für ihre Zwecke geeignete Gesellschaftsform anzubieten, neigen viele Angehörige der freien Berufe nach wie vor dazu, eine GmbH oder gar GbR zu bilden.

C. Europäisches Personengesellschaftsrecht

I. Rechtsgrundlagen der EWIV

Durch die VO Nr. 2137/85 des Rates der Europäischen Gemeinschaft vom 25.7.1985[2] ist – als bisher einzige europarechtliche Regelung des Personengesellschaftsrechts – die **Europäische Wirtschaftliche Interessenvereinigung (EWIV)** geschaffen worden. Ihre nähere Ausgestaltung hat sie in Deutschland durch das Ausführungsgesetz vom 14.4.1988[3] erfahren.

II. Rechtliche Ausgestaltung der EWIV

1. Funktion

Die EWIV soll die **wirtschaftliche Tätigkeit** ihrer Mitglieder in der grenzüberschreitenden Zusammenarbeit **erleichtern** oder **entwickeln** und die Ergebnisse dieser Tätigkeit fördern. Ihr kommt lediglich eine Hilfsfunktion zu; den eigentlichen Bereich der wirtschaftlichen Betätigung ihrer Mitglieder betrifft sie nicht. Eine größere Verbreitung hat sie bisher nicht erlangt; sie ist im Wesentlichen nur als die Grundlage von grenzüberschreitenden Kooperationen von Rechtsanwälten in Erscheinung getreten[4].

---

1 *K. Schmidt*, NJW 1995, 1, 6; *Graf v. Westphalen*, ZIP 1995, 546, 548.
2 ABl. EG Nr. L 199 v. 31.7.1985, 1 ff.
3 BGBl. I 514.
4 Vgl. dazu *Zuck*, NJW 1990, 954 ff.; *Henssler*, NJW 1993, 2137, 2143 f.

2. Rechtsverhältnisse

105 Sowohl die EG-VO als auch das EWIV-AusfG enthalten **nähere Regelungen** über die Organisation der EWIV, die Mitgliedschaft in ihr, die Haftung der Mitglieder und die Beendigung der Gesellschaft. Nach § 1 EWIV-AusfG sind hilfsweise die **Vorschriften für die OHG** heranzuziehen. Die EWIV ist auch Handelsgesellschaft i.S. des HGB (§ 1 Hs. 2 EWIV-AusfG). Nach § 2 EWIV-AusfG ist sie in das Handelsregister einzutragen[1].

D. Die Personenhandelsgesellschaft als verbundenes Unternehmen

I. Grundlagen

1. Allgemeines

106 Das **Konzernrecht** ist bislang allein für die AG in den §§ 15 ff., 291 ff., 311 ff. AktG gesetzlich geregelt. Gleichwohl sind Unternehmensverbindungen auch unter Unternehmen mit anderer Rechtsform möglich und – namentlich im GmbH-Recht – verbreitet[2]. Auch für die Personengesellschaften des Handelsrechts kommt das in Betracht, wenngleich dies in der Praxis nur eine **eingeschränkte Bedeutung** erlangt hat[3]. Das lässt sich einmal darauf zurückführen, dass die gesetzestypischen Personenhandelsgesellschaften quantitativ stark zurückgegangen sind (Rn. 2), liegt aber auch daran, dass sie sich als abhängige Unternehmen für eine Fremdsteuerung nur bedingt eignen[4].

107 Die folgenden Erörterungen beschränken sich auf die **Besonderheiten**, die für verbundene Personenhandelsgesellschaften in Betracht kommen. Ergänzend ist auf die Darstellungen des Konzernrechts im Schrifttum zum Recht der AG und der GmbH zu verweisen.

2. Grundbegriffe

108 Die Einordnung einer **Personenhandelsgesellschaft als Unternehmen** führt zu keinen besonderen Problemen. Dies gilt auch für die Kriterien, die für eine Qualifizierung als herrschendes Unternehmen maßgeblich sind (dazu Rn. 109 f., 121). An diesen fehlt es indes für eine Komplementär-GmbH, soweit sie ausschließlich mit der Führung der Geschäfte der GmbH & Co. KG befasst und nicht an weiteren Gesellschaften beteiligt ist und dabei über ei-

---

1 Wegen der näheren rechtlichen Ausgestaltung vgl. *Hartard*, Die Europäische wirschaftliche Interessenvereinigung im deutschen, englischen und französischen Recht, 1991; *Lentner*, Das Gesellschaftsrecht der EWIV, 1994; *Müller-Gugenberger/Schotthöfer* (Hrsg.), Die EWIV in Europa, 1995; *Selbherr/Manz* (Hrsg.), Kommentar zur EWIV, 1995; *v. Rechenberg*, ZGR 1992, 299 ff.; *Knoll/Schuppen*, WiB 1994, 889 ff.
2 *K. Schmidt*, GesR. § 43 III 1a; *Emmerich/Habersack*, KonzernR, § 33 I.
3 *Ebenroth/Boujong/Joost/Strohn/Lange*, § 105 Anh. Rn. 1.
4 Zu den Rechtstatsachen vgl. *Staub/Ulmer*, Anh. § 105 Rn. 4 ff.

nen maßgeblichen Einfluss verfügt[1]; denn insoweit kann keine Interessenkollision entstehen. Entsprechendes gilt für den Gesellschafter der Komplementär-GmbH ohne anderweitige unternehmerische Betätigung und zwar selbst dann, wenn er zugleich eine Beteiligung an der KG als Kommanditist hält[2].

a) Abhängigkeit

Für Unternehmensverbindungen unter Einschluss von Personenhandelsgesellschaften gelten die als nicht rechtsformspezifisch ausgestalteten **Begriffsbestimmungen** der §§ 17, 18 AktG[3]. Abhängigkeit setzt voraus, dass ein anderes Unternehmen unmittelbar oder mittelbar einen beherrschenden Einfluss ausüben kann und damit in der Lage ist, dem abhängigen Unternehmen seinen Willen aufzuzwingen. Im Zusammenhang mit einer Personenhandelsgesellschaft ist zu beachten, dass auch eine Mehrheitsbeteiligung angesichts der §§ 115, 116 Abs. 2, 119 Abs. 1 allein noch keinen beherrschenden Einfluss auf die Gesellschaft verschafft, es hierfür vielmehr auf zusätzliche Regelungen im Gesellschaftsvertrag ankäme, die einen solchen Einfluss eines Gesellschafters oder einer Gesellschaftergruppe konstituieren[4]. Auch eine Minderheitsbeteiligung kann eine Abhängigkeit begründen, wenn diese durch entsprechende rechtliche (d.h. gesellschaftsvertragliche) oder tatsächliche Umstände den erforderlichen Einfluss sichert[5]. Für den Tatbestand der Abhängigkeit ist keine einheitliche Konzernleitung erforderlich[6].

109

b) Konzern

Geltung für die Personenhandelsgesellschaft als verbundenes Unternehmen haben grundsätzlich auch die für den **Konzerntatbestand** in § 18 AktG enthaltenen Regeln[7]. Danach ist eine Personengesellschaft als Konzernunternehmen anzusehen, wenn sie mit einem anderen Unternehmen unter einheitlicher Leitung zusammengefasst wird. Hierbei geht die h.M. auch von

110

---

1 Vgl. etwa *Ebenroth/Boujong/Joost/Strohn/Lange*, § 105 Anh. Rn. 5; *Schlegelberger/Martens*, Anh. § 105 Rn. 6; *U.H. Schneider*, ZGR 1975, 253, 263; *Wiedemann*, ZHR 146 (1982), 296, 302.
2 BSG v. 27.9.1994 – 10 RAr 1/92, AG 1995, 279, 282; MünchKommHGB/*Mülbert*, KonzernR, Rn. 53.
3 *Emmerich/Habersack*, KonzernR, § 33 III 1.
4 Siehe auch *Emmerich/Habersack*, KonzernR, § 33 III 1; *Staub/Ulmer*, Anh. § 105 Rn. 27 f.; *Schlegelberger/Martens*, Anh. § 105 Rn. 8 ff.; *Heymann/Emmerich*, Anh. § 105 Rn. 4; *Baumbach/Hopt*, § 105 Rn. 101.
5 BGH v. 13.10.1977 – II ZR 123/76, BGHZ 69, 334, 347.
6 BGH v. 17.3.1997 – II ZB 3/96, NJW 1997, 1855, 1856.
7 *Emmerich/Habersack*, KonzernR, § 33 III 3.

der Vermutung in § 18 Abs. 1 S. 3 AktG aus[1]. Ob dies auch für die Vermutungsregelung in § 18 Abs. 1 S. 2 AktG gilt, ist umstritten[2].

II. Die Personenhandelsgesellschaft als beherrschtes Unternehmen

Die wohl h.M. unterscheidet zwischen verschiedenen Varianten der abhängigen Personengesellschaft, nämlich der einfachen Abhängigkeit (siehe unten Rn. 111 ff.) und der Konzernabhängigkeit (siehe unten Rn. 115 ff.).

1. Abhängige Personengesellschaft

111 Die **Abhängigkeit** einer Personenhandelsgesellschaft lässt für sie und die außenstehenden Gesellschafter, für diese insbesondere wegen ihrer unbeschränkten Haftung, erhebliche Gefahren entstehen, namentlich wenn die Gesellschaft Einwirkungen ausgesetzt ist, deren Folgen sich für das Unternehmen schwer durchschauen und abgrenzen lassen[3]. Einen gewissen Schutz bietet allerdings das in § 112 niedergelegte Wettbewerbsverbot. Dieses bedarf allerdings einer Flankierung (vgl. unten Rn. 112 ff.). Dagegen besteht keine Notwendigkeit für besondere Vorkehrungen zum Schutz der Gesellschaftsgläubiger[4]. Ob dies auch dann gilt, wenn es sich bei dem herrschenden Unternehmen um einen Kommanditisten handelt, ist umstritten. Teilweise wird die Ansicht vertreten, den Kommanditisten unbeschränkt haften zu lassen, wenn er einen schädigenden Einfluss auf die (abhängige) Gesellschaft genommen hat[5]. Dies ist jedoch abzulehnen, da die h.M. auch sonst zugunsten der Gläubiger keine Vorkehrungen vorsieht, wenn die Komplementäre durch die Kommanditisten entmachtet werden (vgl. § 164 Rn. 10 ff.)[6].

a) Begründung der Abhängigkeit

112 Soweit es um die Begründung einer Abhängigkeit durch **Befreiung eines Gesellschafters von dem Wettbewerbsverbot** geht, bedarf dies grundsätzlich der **Zustimmung aller Gesellschafter**. Dies gilt sowohl für eine anfängliche Befreiung vom Wettbewerbsverbot als auch für eine solche, die nachträglich

---

1 BGH v. 5.12.1983 – II ZR 242/82, BGHZ 89, 162, 167; MünchKommHGB/*Mülbert*, KonzernR, Rn. 64; *Staub/Ulmer*, Anh. § 105 Rn. 31; *Heymann/Emmerich*, Anh. § 105 Rn. 3; *Baumbach/Hopt*, § 105 Rn. 102; *Schießl*, Die beherrschte Personengesellschaft, 1985, S. 13; aber beachtliche Einwände hiergegen bei *Schlegelberger/Martens*, Anh. § 105 Rn. 7, 13.
2 Siehe hierzu *Ebenroth/Boujong/Joost/Strohn/Lange*, § 105 Anh. Rn. 11.
3 BGH v. 16.2.1981 – II ZR 168/79, BGHZ 80, 69, 74; *Ebenroth/Boujong/Joost/Strohn/Lange*, § 105 Anh. Rn. 15.
4 MünchKommHGB/*Mülbert*, KonzernR, Rn. 243; *Emmerich/Habersack*, KonzernR, § 34 I 3.
5 *Emmerich/Habersack*, KonzernR, § 34 I 3.
6 MünchKommHGB/*Mülbert*, KonzernR, Rn. 244; *Ebenroth/Boujong/Joost/Strohn/Lange*, § 105 Anh. Rn. 31.

durch Satzungsänderung eingeführt wird[1]. Sieht der Gesellschaftsvertrag für eine nachträgliche Befreiung einen Mehrheitsbeschluss vor, unterliegt dies sowohl in formeller als auch inhaltlicher Hinsicht Schranken (§ 109 Rn. 3 ff.). Letztere bestehen insbesondere darin, dass es für eine Befreiung einer sachlichen Rechtfertigung bedarf[2]. Diskutiert wird weiter, ob auch für **andere Vorgänge**, die eine Abhängigkeit begründen würden, entsprechende Schranken zu gelten haben; doch wird dies nur unter solchen Umständen in Betracht kommen, die eine vergleichbare Bedeutung wie eine Wettbewerbsbefreiung haben[3], so z.B. auch für eine Anteilsübertragung an einen Erwerber mit noch anderweitigem unternehmerischen Engagement und der Möglichkeit, einen beherrschenden Einfluss in der Gesellschaft auszuüben[4]. Darüber hinaus bietet sich an, Mehrheitsklauseln in Gesellschaftsverträgen besonderen Konkretisierungsanforderungen für abhängigkeitsbegründende Gesellschafterbeschlüsse zu unterwerfen[5].

b) Rechtsstellung der Minderheitsgesellschafter

Was die **Rechtsstellung** der **außenstehenden Gesellschafter** betrifft, so erweitern sich ihre **Informationsrechte**, die hier nach allgemeiner Auffassung gemäß den §§ 118 Abs. 2, 166 als nicht abdingbar angesehen werden[6], durch Auskunftspflichten eines als herrschendes Unternehmen zu qualifizierenden Gesellschafters[7] über seine sonstigen unternehmerischen Betätigungen[8]. Ausgeweitet wird auch das Informationsrecht der Mitgeschäftsführer (vgl. § 115 Rn. 4), um ihnen die Gelegenheit zum Widerspruch überhaupt erst zu eröffnen[9]. Auch erstreckt sich das Auskunfts- und Einsichtsrecht des Gesellschafters der abhängigen Gesellschaft auf die Beziehungen der Gesellschaft zu dem herrschenden Unternehmen, soweit diese für die Gesellschafter relevant sind[10]. Ferner findet eine Ausweitung der **Mitwirkungsrechte** (§§ 116 Abs. 2, 164) auf alle abhängigkeitsrelevanten Geschäftsangelegenheiten von gesteigerter Bedeutung im Verhältnis zum herrschenden Unternehmen statt, auch wenn sie in einer unverbundenen Gesellschaft noch zu den betriebsgewöhnlichen Geschäften zu rechnen wären[11].

113

---

1 *Ebenroth/Boujong/Joost/Strohn/Lange*, § 105 Anh. Rn. 16, 19.
2 BGH v. 16.2.1981 – II ZR 168/79, BGHZ 80, 69, 74.
3 *Ebenroth/Boujong/Joost/Strohn/Lange*, § 105 Anh. Rn. 18.
4 *Staub/Ulmer*, Anh. § 105 Rn. 40, *Schlegelberger/Martens*, Anh. § 105 Rn. 24; jetzt auch (anders als in 1. Aufl.) *Heymann/Emmerich*, Anh. § 105 Rn. 7.
5 *Schlegelberger/Martens*, Anh. § 105 Rn. 25 m.w.N.
6 *Ebenroth/Boujong/Joost/Strohn/Lange*, § 105 Anh. Rn. 27; *Schneider*, BB 1975, 1353, 1355 ff.
7 Zu den Voraussetzungen hierfür vgl. BGH v. 29.3.1993 – II ZR 265/91, BGHZ 122, 123, 127 f.; BGH v. 13.12.1993 – II ZR 89/93, ZIP 1994, 207, 208.
8 *Emmerich/Habersack*, KonzernR, § 34 I 2; *Ebenroth/Boujong/Joost/Strohn/Lange*, § 105 Anh. Rn. 27; *Schneider*, BB 1975, 1353, 1355 f.; *Staub/Ulmer*, Anh. § 105 Rn. 49 f.; *Schlegelberger/Martens*, Anh. § 105 Rn. 26.
9 *Emmerich/Habersack*, KonzernR, § 34 I 2.
10 *Jäger*, DStR 1997, 1813, 1815; *Emmerich/Habersack*, KonzernR, § 34 I 2.
11 *Emmerich/Habersack*, KonzernR, § 34 I 2; *Staub/Ulmer*, Anh. § 105 Rn. 46 f.; *Ebenroth/Boujong/Joost/Strohn/Lange*, § 105 Anh. Rn. 28; *Schlegelberger/Mar-*

c) Rechtsstellung des herrschenden Gesellschafters

114 Den herrschenden Gesellschafter (bei mehrstufiger Abhängigkeit ggf. auch bei einer mittelbaren Beherrschung[1]) trifft eine **gesteigerte Treuepflicht**, die zu einem Verbot schädigender Einwirkungen auf die Gesellschaft führt[2] und ihm ein Wettbewerbsverbot auferlegt[3]. Die Haftungsprivilegierung in § 708 BGB gilt dabei für ihn nicht[4]; auch verkehrt sich die Beweislast zu seinem Nachteil[5]. Etwaige Schadensersatzansprüche können auch die Mitgesellschafter über die actio pro socio (vgl. oben Rn. 77 ff.) verfolgen[6]. Die Möglichkeit, gegenüber dem herrschenden Unternehmen nach §§ 117, 127, 133 zu verfahren, bleibt hiervon unberührt.

2. Konzernabhängige Personengesellschaft

115 Die **Konzernierung** einer Personenhandelsgesellschaft und damit ihre Unterwerfung unter eine fremde Leitungsmacht ist teilweise aus Gründen der Selbstorganschaft, der Bindung an das Gesellschaftsinteresse und der persönlichen Haftung als grundsätzlich unzulässig angesehen worden[7]. Jedoch hat sich dies nicht durchgesetzt. Überwiegend wird die Möglichkeit einer Konzernierung zu Recht anerkannt, allerdings nur unter den Voraussetzungen, dass eine Konzernabhängigkeit nur gegenüber einem an der Gesellschaft beteiligten Unternehmen begründet werden darf und dass die außenstehenden Gesellschafter vom herrschenden Unternehmen vom Haftungsrisiko freigestellt werden[8]. Überhaupt keine Bedenken könnten bestehen, wenn einer Personenhandelsgesellschaft keine natürlichen Personen als Gesellschafter angehören[9].

---

tens, Anh. § 105 Rn. 26; siehe auch BGH v. 9.5.1974 – II ZR 84/72, NJW 1974, 555 f.

1 Vgl. dazu BGH v. 5.12.1983 – II ZR 242/82, BGHZ 89, 162, 165 ff.; vgl. auch *Ebenroth/Boujong/Joost/Strohn/Lange*, § 105 Anh. Rn. 25.
2 *Ebenroth/Boujong/Joost/Strohn/Lange*, § 105 Anh. Rn. 23.
3 *Emmerich/Habersack*, KonzernR, § 34 I 1; *Schlegelberger/Martens*, Anh. § 105 Rn. 28 f.
4 *Emmerich/Habersack*, KonzernR, § 34 I 1; *Ebenroth/Boujong/Joost/Strohn/Lange*, § 105 Anh. Rn. 24; *Jäger*, DStR 1997, 1813, 1815.
5 BGH v. 5.2.1979 – II ZR 210/76, WM 1979, 937, 941; *Emmerich/Habersack*, KonzernR, § 34 I 1; a.A. *Ebenroth/Boujong/Joost/Strohn/Lange*, § 105 Anh. Rn. 26; vgl. auch *Baumbach/Hopt*, § 105 Rn. 103.
6 *Ebenroth/Boujong/Joost/Strohn/Lange*, § 105 Anh. Rn. 23.
7 So u.a. *Reuter*, ZHR 146 (1982), 1, 15 f.; *Schneider*, ZGR 1975, 253, 270; *Heymann/Emmerich*, 1. Aufl., § 105 Rn. 121; anders aber in 2. Aufl., Anh. § 105 Rn. 14; weitere Nachweise bei *Schießl*, Die beherrschte Personengesellschaft, 1985, S. 13.
8 Siehe insbes. *Baumbach/Hopt*, § 105 Rn. 105; *Ebenroth/Boujong/Joost/Strohn/Lange*, § 105 Anh. Rn. 32; *Staub/Ulmer*, Anh. § 105 Rn. 12 ff.; *Schlegelberger/Martens*, Anh. § 105 Rn. 31 ff.; *Stimpel* in Ulmer (Hrsg.), Probleme des Konzernrechts, S. 11, 16 ff.; *Jäger*, DStR 1997, 1813, 1814; auch BGH v. 5.2.1979 – II ZR 210/76, WM 1979, 937, 941; enger *K. Schmidt*, GesR, § 43 III 4a.
9 BayObLG v. 10.12.1993 – 3 ZBR 130/92, ZIP 1993, 263, 264.

a) Zustimmungserfordernis

Die Konzerneingangskontrolle wird dadurch gewährleistet, dass die Begründung einer Konzernabhängigkeit regelmäßig einer konkreten **gesellschaftsvertraglichen Regelung** unter **Zustimmung aller Gesellschafter** bedarf[1], die über eine allgemein gehaltene Konzernierungsklausel (d.h. eine Klausel im Gesellschaftsvertrag, die es ermöglicht, die Gesellschaft durch Mehrheitsbeschluss der Leitung eines herrschenden Unternehmens zu unterstellen) hinausgehen muss[2]. Neben hinreichender Konkretisierung des Beschlussgegenstands (vgl. auch § 119 Rn. 17) nimmt die h.M. auch eine Inhaltskontrolle, insbesondere auch die Überprüfung der korrekten Anwendung einer solchen Klausel vor (so genannte „zweistufige Kontrolle", vgl. § 119 Rn. 29a)[3]; denn ist die Konzernbildung nicht an die Zustimmung der Gesellschafter gebunden, fehlt es – im Hinblick auf die gravierenden Folgen einer solchen Entscheidung – an einer hinreichenden Richtigkeitsgewähr[4]. Zu Recht wird hierbei darauf hingewiesen, dass daneben die mögliche Alternative einer Konzernierung durch Abschluss eines Beherrschungsvertrages[5] sich in ihrer eigenständigen Bedeutung relativiert, zumal ein Beherrschungsvertrag als Organisationsvertrag[6] satzungsgleiche Qualität hätte, also in der Personengesellschaft eine gesellschaftsvertragliche Regelung voraussetzt[7].

116

b) Verlustübernahme

Grundsätzliche Übereinstimmung herrscht darüber, dass die Konzernierung der Gesellschaft eine **Verlustübernahmepflicht** des herrschenden Unternehmens zur Folge hat. Dies wird teilweise aus einer analogen Anwendung der §§ 302, 303 AktG[8], teilweise aus allgemeinen rechtsformübergreifend verstandenen Grundsätzen des Konzernrechts[9] hergeleitet. Ungeklärt ist bislang, ob die Verlustausgleichspflicht bei jeder Art einer Konzernabhängig-

117

---

1 *Emmerich/Habersack*, KonzernR, § 34 II 1; *Baumbach/Hopt*, § 105 Rn. 102.
2 *Ebenroth/Boujong/Joost/Strohn/Lange*, § 105 Rn. 35; *Staub/Ulmer*, Anh. § 105 Rn. 60; *Schlegelberger/Martens*, Anh. § 105 Rn. 36; *K. Schmidt*, GesR, § 43 III 4a.
3 *Wertenbruch*, ZIP 2007, 798, 799.
4 *Ebenroth/Boujong/Joost/Strohn/Lange*, § 105 Anh. Rn. 36; siehe auch *K. Schmidt*, GesR, § 16 III 3.
5 Zu dieser Möglichkeit: *Staub/Ulmer*, Anh. § 105 Rn. 69; *Baumbach/Hopt*, § 105 Rn. 105. Zur Notwendigkeit der Eintragung des Beherrschungsvertrages im Handelsregister *Schlegelberger/Martens*, Anh. § 105 Rn. 39.
6 BGH v. 14.12.1987 – II ZR 170/87, BGHZ 103, 1, 4 f.; BGH v. 24.10.1988 – II ZB 7/88, BGHZ 105, 324, 331.
7 Siehe im Einzelnen *Schlegelberger/Martens*, Anh. § 105 Rn. 37.
8 So (u.a.) *Ebenroth/Boujong/Joost/Strohn/Lange*, § 105 Anh. Rn. 39; *Kleindiek*, Strukturvielfalt im Personengesellschaftskonzern, S. 314 ff.
9 Vgl. namentlich *Staub/Ulmer*, Anh. § 105 Rn. 72 ff.; *Schlegelberger/Martens*, Anh. § 105 Rn. 41; siehe auch *Stimpel*, AG 1986, 117, 120 ff.; *Stimpel*, in Ulmer (Hrsg.), Probleme des Konzernrechts, S. 11, 25 f. (Treuepflicht des herrschenden Unternehmens). Abw. Ansatz bei *Bitter*, Konzernrechtliche Durchgriffshaftung bei Personengesellschaften, insbes. S. 137 ff., 490 ff.; siehe auch *Bitter*, ZIP 2001, 265 ff.

keit eintritt[1] oder (wie beim faktischen GmbH-Konzern) eine qualifizierte Konzernierung voraussetzt[2]. Zu folgen ist der letztgenannten Ansicht.

118 Die Verlustübernahmepflicht kann, soweit nicht § 138 BGB entgegensteht, durch allseitige Vereinbarung **abbedungen** werden[3], jedoch nicht, wenn das herrschende Unternehmen den Gläubigern nur beschränkt haftet[4].

c) Unterwerfung unter fremde Leitungsmacht

119 Die durch die Konzernierung begründete **Leitungsmacht** deckt die **gesamte Geschäftsführung** (einschließlich ungewöhnlicher betrieblicher Maßnahmen) ab, legitimiert aber keine vom Konzerninteresse nicht gerechtfertigten oder unverhältnismäßigen Eingriffe. Anknüpfungspunkt für einen Schutz der Betroffenen ist die Treuepflicht gegenüber dem Verband und den Mitgesellschaftern. Darüber hinaus ergeben sich Grenzen der Leitungsmacht auch in dem Bestandsschutz, nämlich dem Gebot, die Zahlungsfähigkeit und dadurch den Bestand der Gesellschaft zu wahren[5].

120 Die Rechte der Gesellschafter auf Informationserteilung, ihre Befugnis zur Geltendmachung von Sozialansprüchen durch die actio pro socio sowie die ihnen nach dem Gesetz zustehenden Gestaltungsklagemöglichkeiten bleiben i.Ü. unberührt.

III. Die Personenhandelsgesellschaft als herrschendes Unternehmen

121 Die Personenhandelsgesellschaft kann ohne weiteres herrschendes Unternehmen im Verhältnis zu einem anderen Unternehmen sein. Nimmt die konzernleitende Personengesellschaft lediglich Aufgaben der Verwaltung und Koordinierung wahr und betreibt daneben kein Handelsgewerbe i.S.v. § 1 Abs. 2, liegt bei fehlender Eintragung eine GbR vor, da es bei einer nach innen gerichteten Konzernleitung an einem unmittelbaren Marktbezug fehlt[6]. Wie bei Unternehmen in anderer Rechtsform besteht dabei die Gefahr, dass durch eine Verlagerung von unternehmerischen Aktivitäten in rechtlich selbständige Tochterunternehmen die Rechte der außenstehenden Gesellschafter auf Information, Mitwirkung und Gewinn verkürzt werden.

---

1 So *Staub/Ulmer*, Anh. § 105 Rn. 72; *Schlegelberger/Martens*, Anh. § 105 Rn. 40; *Stimpel*, in Ulmer (Hrsg.), Probleme des Konzernrechts, S. 11, 23 ff.
2 Dafür *Baumbach/Hopt*, § 105 Rn. 104; *Ebenroth/Boujong/Joost/Strohn/Lange*, § 105 Anh. Rn. 39; wohl auch *Heymann/Emmerich*, Anh. § 105 Rn. 14.
3 *Staub/Ulmer*, Anh. § 105 Rn. 76; *Stimpel*, in Ulmer (Hrsg.), Probleme des Konzernrechts, S. 11, 25.
4 So zu Recht *Schlegelberger/Martens*, Anh. § 105 Rn. 41.
5 BGH v. 5.2.1979 – II ZR 210/76, NJW 1980, 231, 232; MünchKommHGB/*Mülbert*, KonzernR, Rn. 226; *Ebenroth/Boujong/Joost/Strohn/Lange*, § 105 Anh. Rn. 40; *Schlegelberger/Martens*, Anh. § 105 Rn. 42.
6 MünchKommHGB/*Mülbert*, KonzernR, Rn. 65; *Ebenroth/Boujong/Joost/Strohn/Lange*, § 105 Anh. Rn. 72.

1. Erweiterung der Zuständigkeiten und Mitwirkungsrechte

Die Beteiligungsverwaltung gehört an sich zu den gewöhnlichen Geschäften i.S.v. § 116 Abs. 1[1]. Im Fall der Gruppenbildung erweitern sich mithin die **Zuständigkeiten der Geschäftsführung** der herrschenden Gesellschaft auf die Verwaltung der Beteiligungsrechte und die Wahrnehmung des vorhandenen Einflusses auf das abhängige Unternehmen. Mit der Erweiterung der Befugnisse der Geschäftsführung nehmen aber auch die Kontroll- und Mitwirkungsbefugnisse der von der Geschäftsführung ausgeschlossenen Gesellschafter zu[2]. Anderenfalls bestünde nämlich die Gefahr, dass die Mehrheit durch die bloße Ausgründung oder den Erwerb von Tochtergesellschaften einen von der Minderheit weitgehend freien Betätigungsraum schaffen könnte[3]. Anknüpfungspunkt für die erweiterten Mitwirkungsbefugnisse der übrigen Gesellschafter ist die Erkenntnis, dass Maßnahmen in Tochtergesellschaften, die im überwiegenden Besitz der (Ober-)Gesellschaft stehen, der Sache nach zugleich Geschäftsführungsmaßnahmen bei der Obergesellschaft darstellen. Je nachdem, welche Rückwirkungen diese Maßnahmen auf die Obergesellschaft haben, sind diese als außergewöhnliche Maßnahmen i.S. des § 116 Abs. 2 oder als Maßnahmen mit Grundlagencharakter zu qualifizieren mit der Folge, dass diese der Zustimmung aller Gesellschafter bedürfen[4]. Zum Schutz der Gesellschafter der Obergesellschafter ist dabei im Grundsatz ein großzügiger Maßstab anzulegen[5].

122

Maßnahmen der Konzern- bzw. Gruppenbildung, die der Zustimmung der Gesellschafter der Obergesellschaft bedürfen, sind etwa der Erwerb einer langfristigen Beteiligung (im Gegensatz zu einer kurzfristigen Finanzbeteiligung), die erhebliche Mittel bindet. Gleiches gilt, wenn die erworbene unternehmerische Beteiligung den Unternehmensgegenstand überschreitet oder wenn ein Unternehmensvertrag abgeschlossen wird. Im letzteren Fall wird man zwar nicht unbedingt stets ein Grundlagengeschäft, wohl aber eine außergewöhnliche Geschäftsführungsmaßnahme annehmen müssen[6]. Eine Ausgliederung ist als außergewöhnliche Maßnahme i.S. des § 116 Abs. 2 zu qualifizieren, wenn sie den Kernbereich der Unternehmenstätigkeit der (Ober-)Gesellschaft betrifft[7]. Maßnahmen der Konzernleitung, die eine Zu-

123

---

1 *Westermann*, ZIP 2007, 2289, 2291; *Ebenroth/Boujong/Joost/Strohn/Lange*, § 105 Anh. Rn. 74; *Emmerich/Sonnenschein/Habersack*, KonzernR, § 35 I 1.
2 MünchKommHGB/*Mülbert*, KonzernR, Rn. 88; *Westermann*, ZIP 2007, 2289, 2291.
3 *Emmerich/Habersack*, KonzernR, § 35 I 1.
4 *Westermann*, ZIP 2007, 2289, 2291; *Wertenbruch*, ZIP 2007, 798, 802; MünchKommHGB/*Mülbert*, KonzernR, Rn. 72 ff.; *Ebenroth/Boujong/Joost/Strohn/Lange*, § 105 Anh. Rn. 73; *Emmerich/Habersack*, KonzernR, § 35 I 1; *Baumbach/Hopt*, § 105 Rn. 106.
5 *Emmerich/Habersack*, KonzernR, § 35 I 2.
6 OLG Hamburg v. 29.7.2005 – 11 U 286/04, NZG 2006, 966, 967; MünchKommHGB/*Mülbert*, KonzernR, Rn. 82; siehe zur Rechtslage in der AG BGH v. 24.10.1988 – II ZB 7/88, BGHZ 105, 324, 333 ff.
7 MünchKommHGB/*Mülbert*, KonzernR, Rn. 80; *Ebenroth/Boujong/Joost/Strohn/Lange*, § 105 Anh. Rn. 75; vgl. auch BGH v. 8.5.1972 – II ZR 108/70, WM 1973, 170, 172.

stimmungspflicht auslösen, sind u.a. solche, die besondere Haftungsrisiken der Gesellschafter der Muttergesellschaft nach sich ziehen[1], die Gefahr einer Abhängigkeit der Gesellschaft von anderen Unternehmen heraufbeschwören oder eine (rechtliche bzw. tatsächliche) grundlegende Umstrukturierung der Tochtergesellschaft herbeiführen[2]. Hierzu zählt beispielsweise die Fusion der Tochtergesellschaft mit einem anderen Unternehmen, die Vereinbarung einer Gewinngemeinschaft der Tochtergesellschaft mit einem Dritten[3] oder eine übermäßige Thesaurierung von Gewinnen bei der Tochtergesellschaft, um eine Ausschüttung an die Mitgesellschafter der Muttergesellschaft zu verhindern[4].

123a Die Ausübung der Beteiligungsrechte der Gesellschaft in der Tochtergesellschaft ist Aufgabe der vertretungsberechtigten Gesellschafter. Die Bindung der vertretungsberechtigten Gesellschafter an die (u.U. erforderliche) Zustimmung der übrigen Gesellschafter hat nur interne Bedeutung und macht die Maßnahme im Außenverhältnis nicht unwirksam[5]. Setzen sich aber die Geschäftsführer über die Mitwirkungsbefugnisse der anderen Gesellschafter hinweg, so machen sie sich schadensersatzpflichtig[6]. Ausnahmsweise kann die fehlende Zustimmung der übrigen Gesellschafter aber auch auf das Außenverhältnis durchschlagen, nämlich für das Verhältnis der Gesellschaft zu einer hundertprozentigen Tochtergesellschaft. Letztere kann sich dann nicht auf den mit der unbeschränkten Vertretungsbefugnis verbundenen Verkehrsschutz berufen[7].

2. Erweiterung der Informationsrechte

124 Die Erweiterung der Entscheidungszuständigkeiten hat eine damit einhergehende Ausweitung der **Informationsbefugnisse** (§ 118) zur Folge. Dies ergibt sich aus ihrem Zweck, den Gesellschaftern die nötigen Aufschlüsse zu verschaffen, damit sie ihre Mitgliedschaftsrechte sachgerecht ausüben können.

---

1 *Ebenroth/Boujong/Joost/Strohn/Lange*, § 105 Anh Rn. 73; *Emmerich/Habersack*, KonzernR, § 35 I 2.
2 *Emmerich/Habersack*, KonzernR, § 35 I 2; *Ebenroth/Boujong/Joost/Strohn/Lange*, § 105 Anh. Rn. 73.
3 Vgl. BGH v. 11.2.1980 – II ZR 41/79, NJW 1980, 1463, 1465.
4 Siehe hierzu ausführlich *Westermann*, ZIP 2007, 2289, 2292 ff.; vgl. auch OLG Hamburg v. 9.8.2005 – 11 U 203/04, ZIP 2006, 895; *Baumbach/Hopt*, § 105 Rn. 106: MünchKommHGB/*Mülbert*, KonzernR, Rn. 97; für pflichtgemäßes Ermessen des Geschäftsführungsorgans der Obergesellschaft *Priester*, DStR 2007, 28, 31.
5 *Ebenroth/Boujong/Joost/Strohn/Lange*, § 105 Anh. Rn. 77; *Emmerich/Habersack*, KonzernR, § 35 I 3.
6 *Emmerich/Habersack*, KonzernR, § 35 I 1.
7 BGH v. 25.2.1982 – II ZR 174/80, BGHZ 83, 122, 132 f.; *Ebenroth/Boujong/Joost/Strohn/Lange*, § 105 Anh. Rn. 77; *Emmerich/Habersack*, KonzernR, § 35 I 3; vgl. auch OLG Koblenz v. 9.8.1990 – 6 U 888/90, NJW-RR 1991, 487, 490.

a) Einsichtsrechte

Allerdings können die Gesellschafter Einsicht grundsätzlich nur in die Unterlagen im Besitz ihrer **eigenen Gesellschaft** verlangen[1]. Für Unterlagen eines abhängigen, aber rechtlich selbständigen Unternehmens kommt jedoch ggf. eine **Beschaffungspflicht** der geschäftsführenden Gesellschafter in Betracht; denn die Beziehungen der Gesellschaft zu Beteiligungsgesellschaften gehören zu den Angelegenheiten der Gesellschaft[2]. Darüber hinaus wird in der Literatur auch eine verstärkte Dokumentationspflicht der Geschäftsführung über Angelegenheiten abhängiger Konzerngesellschaften befürwortet[3]. Dagegen besitzen die Gesellschafter keine direkten Einsichtsrechte gegenüber der Beteiligungsgesellschaft selbst; denn hierbei handelt es sich um eigenständige Rechtssubjekte, die von der Gesellschaft unterschieden werden müssen[4]. Mithin bezieht sich das Einsichtsrecht nur auf die Unterlagen, die im Besitz der Gesellschaft sind. Die vorstehenden Grundsätze gelten auch in Konzernen. Allerdings hat der BGH hiervon eine Ausnahme zugelassen, wenn es sich um ein im Alleinbesitz der Obergesellschaft befindliches Tochterunternehmen handelt[5]. Mitunter wird auch eine Ausnahme für den Fall verlangt, dass die Berufung auf die rechtliche Selbständigkeit der Tochtergesellschaft missbräuchlich ist[6]. Ansonsten begrenzen berechtigte Geheimhaltungsinteressen des abhängigen Unternehmens die Möglichkeiten des Zugriffs auf seine Unterlagen[7].

125

b) Auskunftsrechte

Vergleichbar liegt es bei den Rechten auf Auskünfte. Die Beziehungen (als solche) zu verbundenen Unternehmen sind eigene Angelegenheiten der Gesellschaft (vgl. auch § 131 Abs. 1 S. 2 AktG), für die die geschäftsführenden Gesellschafter im Bedarfsfall auch eine Informationsbeschaffungspflicht trifft[8], wenn auch nur in dem Umfang, in dem eigene Informationsrechte der herrschenden Gesellschaft gegenüber dem verbundenen Unternehmen bestehen. Anders liegt es bei Angelegenheiten der verbundenen Unternehmen selbst. Insbesondere im Rahmen der zu respektierenden Geheimhaltungsinteressen[9] lassen sich die Angelegenheiten der verbundenen Unter-

126

---

1 BGH v. 20.6.1983 – II ZR 85/82, WM 1983, 910, 911; BGH v. 16.1.1984 – II ZR 36/83, WM 1984, 807, 808; *Ebenroth/Boujong/Joost/Strohn/Lange*, § 105 Anh. Rn. 78.
2 *Baumbach/Hopt*, § 105 Rn. 106; *Ebenroth/Boujong/Joost/Strohn/Lange*, § 105 Anh. Rn. 78 und 81 f.
3 MünchKommHGB/*Mülbert*, KonzernR, Rn. 106 f.
4 *Kort*, ZGR 1987, 46, 52 f.; *Ebenroth/Boujong/Joost/Strohn/Lange*, § 105 Anh. Rn. 80.
5 BGH v. 8.7.1957 – II ZR 54/56, BGHZ 25, 115, 117; *Baumbach/Hopt*, § 105 Rn. 106.
6 *Schlegelberger/Martens*, Anh. § 105 Rn. 21; *Kort*, ZGR 1987, 46, 70 ff.
7 BGH v. 16.1.1984 – II ZR 36/83, WM 1984, 807, 808; *Ebenroth/Boujong/Joost/ Strohn/Lange*, § 105 Anh. Rn. 82.
8 Vgl. zur AG BGH v. 7.4.1960 – II ZR 143/58, BGHZ 32, 159, 165 f.
9 BGH v. 20.6.1983 – II ZR 85/82, WM 1983, 910, 911; BGH v. 16.1.1984 – II ZR 36/83, WM 1984, 807, 808.

nehmen nicht zugleich als solche der herrschenden Gesellschaft einordnen[1]; vgl. i.Ü. das in Rn. 125 Ausgeführte.

3. Pflichtenstellung als Konzernobergesellschaft

127 Ist die Personenhandelsgesellschaft ein **herrschendes Konzernunternehmen**, treffen sie gegenüber einer abhängigen AG die **Pflichten des Konzernrechts des AktG** (wie jede Konzernobergesellschaft unabhängig von ihrer Rechtsform), also neben den Mitteilungspflichten aus den §§ 20 ff. AktG im Falle eines Vertragskonzerns diejenigen aus den §§ 291 ff. AktG. Im Falle einer faktischen Beherrschung sind die §§ 311 ff. AktG anzuwenden, nicht jedoch bei einer qualifizierten faktischen Konzernierung, für die eine pauschale Verlustübernahme entsprechend § 302 AktG gilt[2]. Ist das beherrschte Unternehmen eine GmbH, kommen die (ungeschriebenen) Regeln des GmbH-Konzernrechts zum Zuge.

§ 106
Registeranmeldung

(1) Die Gesellschaft ist bei dem Gericht, in dessen Bezirke sie ihren Sitz hat, zur Eintragung in das Handelsregister anzumelden.

(2) Die Anmeldung hat zu enthalten:

1. den Namen, Vornamen, Geburtsdatum und Wohnort jedes Gesellschafters;

2. die Firma der Gesellschaft, den Ort, an dem sie ihren Sitz hat, und die inländische Geschäftsanschrift;

3. (aufgehoben)

4. die Vertretungsmacht der Gesellschafter

Übersicht

	Rn.		Rn.
I. Allgemeines		**II. Inhalt der Anmeldung**	
1. Eintragungsvorschriften für die OHG	1	1. Angaben zum Gesellschafter (§ 106 Abs. 2 Nr. 1)	
2. Anmeldepflicht		a) Gesellschafter ist eine natürliche Person	5
a) Voraussetzungen	2	b) Gesellschafter ist ein Verband	6
b) Anmeldung trotz Auflösung	3	c) Rechte Dritter an Gesellschaftsanteilen?	8
c) Widerruf der Anmeldung	4	2. Angaben zur Gesellschaft (§ 106 Abs. 2 Nr. 2)	9

---

1 *Ebenroth/Boujong/Joost/Strohn/Lange*, § 105 Anh. Rn. 84; *Schlegelberger/Martens*, Anh. § 105 Rn. 22; anders OLG Hamm v. 6.2.1986 – 8 W 52/85, WM 1986, 740.
2 Vgl. *Hüffer*, § 302 AktG Rn. 6 ff., 30, § 311 AktG Rn. 11.

	Rn.		Rn.
3. Zeitpunkt des Gesellschaftsbeginns (§ 106 Abs. 2 Nr. 3 a.F.) ...	13	2. Tatsachen von selbständiger Bedeutung	21
4. Vertretungsmacht der Gesellschafter (§ 106 Abs. 2 Nr. 4)	14	a) Eintragungsfähige Tatsachen ..	22
5. Ergänzende Angaben	16	b) Nicht eintragungsfähige Tatsachen	24
6. Registergerichtliche Überprüfung .	17	IV. Wirkungen der Eintragung der OHG	25
III. Eintragung sonstiger Tatsachen ...	19		
1. Klarstellungen	20		

Schrifttum: *Ammon,* Anmeldungen zum Handelsregister, DStR 1993, 1023; *Bergmann,* Die BGB-Gesellschaft als persönlich haftender Gesellschafter in oHG und KG, ZIP 2003, 2231; *Gustavus,* Die Vollmacht zu Handelsregisteranmeldungen bei Personengesellschaften und Gesellschaften mit beschränkter Haftung, GmbHR 1978, 219; *Gustavus,* Handelsregister-Anmeldungen, 6. Aufl. 2005 mit Nachtrag 2007; *K. Müller,* Die Prüfungspflicht des Handelsregisterrichters und -rechtspflegers, Rpfleger 1970, 375; *Piorreck,* Eintragungsfähigkeit von Geschäftsleitern und Hauptbevollmächtigten in das Handelsregister, BB 1975, 948; *Richert,* Die Heilbarkeit rechtlich mangelhafter Registeranmeldungen durch Eintragung, NJW 1958, 984; *Steinbeck,* Die Gesellschaft bürgerlichen Rechts als Gesellschafter einer Personenhandelsgesellschaft, DStR 2001, 1162.

I. Allgemeines

1. Eintragungsvorschriften für die OHG

Die §§ 106 bis 108 regeln die Anmeldung der OHG zum Handelsregister. Daneben gelten die allgemeinen Vorschriften für Handelsregistereintragungen (§§ 8 ff.) und zur Handelsfirma (§§ 17 ff.). Für die OHG gelten darüber hinaus die §§ 143 f., 148, 150, 157 und für die KG ferner §§ 162, 175. Alle diese Vorschriften bezwecken den Schutz des Rechtsverkehrs und sind daher zwingender Natur. 1

2. Anmeldepflicht

a) Voraussetzungen

Die in § 106 vorgeschriebene Anmeldung der OHG ist bei Betrieb eines Handelsgewerbes (§ 1 Abs. 2) **unverzüglich** nach Geschäftsbeginn zu bewirken[1]. Bei einem Unternehmen i.S.v. § 2 entsteht die Anmeldepflicht, wenn die Betätigung einen § 1 Abs. 2 entsprechenden Umfang erreicht, während im Falle von § 3 eine Anmeldepflicht nicht besteht[2]. Zuständig ist jeweils das Registergericht des Gesellschaftssitzes[3]. **Berechtigt zur Anmeldung** sind die Gesellschafter bei einem Unternehmen i.S.v. § 1 bereits mit Abschluss des 2

---

1 *Staub/Ulmer,* § 106 Rn. 7; *Ebenroth/Boujong/Joost/Strohn/Märtens,* § 106 Rn. 3; *Baumbach/Hopt,* § 106 Rn. 5; *Schlegelberger/Martens,* § 106 Rn. 3.
2 *Schlegelberger/Martens,* § 106 Rn. 4.
3 BayObLG v. 1.10.1970 – 2 Z 36/70, BayObLGZ 1970, 235, 238.

Gesellschaftsvertrages, in den Fällen der §§ 2 und 3 dann, wenn die Unternehmenstätigkeit auf ein vollkaufmännisches Gewerbe hin angelegt ist[1].

b) Anmeldung trotz Auflösung

3 Die Anmeldepflicht entfällt nicht, wenn die Gesellschaft bereits wieder **aufgelöst** ist[2]; erst mit einer Vollbeendigung erlischt sie. Um aber die Auflösung eintragen zu können, muss die Gesellschaft vorher eingetragen sein. Mithin ist diese nachzuholen, bevor die Auflösung eingetragen werden kann[3].

c) Widerruf der Anmeldung

4 Wird die Anmeldung **widerrufen** (was möglich ist[4]), müsste eine **erneute Anmeldung** gemäß § 14 vom Registergericht **erzwungen** werden[5].

II. Inhalt der Anmeldung

1. Angaben zum Gesellschafter (§ 106 Abs. 2 Nr. 1)

a) Gesellschafter ist eine natürliche Person

5 Ist der Gesellschafter eine natürliche Person, sind dessen **Nachname** und als Vorname der **Rufname**[6], der **Geburtstag** und der **Wohnort** anzugeben (§ 106 Abs. 2 Nr. 1)[7]. Für einen Gesellschafter, der ein einzelkaufmännisches Unternehmen betreibt, kann dessen **Firma**, ergänzt durch den Familiennamen, angemeldet werden[8]; nach anderer (richtiger erscheinender) Auffassung[9] ist allein der (volle) Name anzumelden. Die Angabe des Wohnorts beinhaltet nicht, dass die genaue Adresse angegeben wird[10]. Unter dem Begriff des Wohnortes ist derjenige Ort zu verstehen, an dem der Gesellschafter sich

---

1 *Ebenroth/Boujong/Joost/Strohn/Märtens*, § 106 Rn. 3; MünchKommHGB/*Langhein*, § 106 Rn. 10; *Schlegelberger/Martens*, § 106 Rn. 3.
2 *Staub/Ulmer*, § 106 Rn. 10; *Ebenroth/Boujong/Joost/Strohn/Märtens*, § 106 Rn. 5; MünchKommHGB/*Langhein*, § 106 Rn. 13; *Schlegelberger/Martens*, § 106 Rn. 5.
3 *Ebenroth/Boujong/Joost/Strohn/Märtens*, § 106 Rn. 5; *Baumbach/Hopt*, § 106 Rn. 5; MünchKommHGB/*Langhein*, § 106 Rn. 13; *Staub/Ulmer*, § 106 Rn. 10.
4 BayObLG v. 9.11.1989 – 3 Z 17/89, DB 1990, 168, 169.
5 *Gustavus*, GmbHR 1978, 219, 222; *Ebenroth/Boujong/Joost/Strohn/Märtens*, § 106 Rn. 6; MünchKommHGB/*Langhein*, § 106 Rn. 14.
6 Bei hinreichender Individualisierungskraft und Unterscheidbarkeit reichen auch Künstlernamen und Pseudonyme aus, in diesem Sinne MünchKommHGB/*Langhein*, § 106 Rn. 17; OLG Frankfurt v. 18.11.2002 – 20 W 319/02, NJW 2003, 364.
7 Siehe hierzu *Ebenroth/Boujong/Joost/Strohn/Märtens*, § 106 Rn. 9; MünchKommHGB/*Langhein*, § 106 Rn. 17.
8 BayObLG v. 16.2.1973 – 2 Z 4/73, BB 1973, 397; *Schlegelberger/Martens*, § 106 Rn. 8; *Baumbach/Hopt*, § 106 Rn. 6.
9 *Ebenroth/Boujong/Joost/Strohn/Märtens*, § 106 Rn. 9; MünchKommHGB/*Langhein*, § 106 Rn. 18; *Staub/Ulmer*, § 106 Rn. 15.
10 MünchKommHGB/*Langhein*, § 106 Rn. 22; *Ebenroth/Boujong/Joost/Strohn/Märtens*, § 106 Rn. 9.

tatsächlich dauernd oder aber überwiegend aufhält[1]. Die Angabe des Wohnortes kann grundsätzlich auch nicht bei einem Geheimhaltungsinteresse unterbleiben[2].

b) Gesellschafter ist ein Verband

Ist der Gesellschafter ein Verband, so ist anstelle des „Namens" bzw. des „Geburts- oder Gründungsdatums" die **Firma** anzugeben; denn hierdurch wird eine Gesellschaft individualisiert. Hat die Gesellschaft keine Firma, so sind deren Namen oder andere Angaben einzutragen, die eine hinreichende Identifikation ermöglichen[3]. Die Namen der Gesellschafter oder gesetzlichen Vertreter sind nicht anzumelden; denn diese sind aus dem Register ersichtlich, wo die Gesellschaft geführt wird[4]. Daher kann auch bei Personenhandelsgesellschaften auf die Angabe der Gesellschafter verzichtet werden[5]. Überwiegender Ansicht nach müssen die Gesellschafter auch nicht bei einer Vor-GmbH angegeben werden[6]. Ausnahmsweise sind die Gesellschafter aber aus Klarstellungsgründen anzugeben. Dies gilt dann, wenn eine OHG ein Einzelkaufmannsgeschäft unter der bisherigen Firma fortführen will[7]. Eine weitere Ausnahme ist dort angebracht, wo es an einer Registerpublizität hinsichtlich der Gesellschaft gänzlich fehlt. So kann eine BGB-Gesellschaft nicht nur Kommanditist (§ 161 Rn. 17 f.)[8], sondern auch Komplementär sein (vgl. § 105 Rn. 64). Einzutragen sind dann aber, um die mangelnde Registerpublizität der BGB-Gesellschaft auszugleichen, neben dem die Gesellschaft bürgerlichen Rechts individualisierenden Gesamtnamen auch die ihr im Zeitpunkt der Eintragung angehörenden Gesellschafter mit den Angaben entsprechend § 106 Abs. 2[9]. Für die Kommanditistenstellung ergibt sich dies unmittelbar aus § 162 Abs. 1 S. 2[10]. Spätere Wechsel in der Zusammensetzung der Gesellschafter der BGB-Gesellschaft sind ebenfalls anzumelden[11].

6

---

1 MünchKommHGB/*Langhein*, § 106 Rn. 22; *Ebenroth/Boujong/Joost/Strohn/Märtens*, § 106 Rn. 9.
2 Siehe hierzu und zu möglichen „Ausweichstrategien" MünchKommHGB/*Langhein*, § 106 Rn. 22.
3 Z.B. bei einer Stiftung, MünchKommHGB/*Langhein*, § 106 Rn. 20.
4 *Staub/Ulmer*, § 106 Rn. 14, 16; *Ebenroth/Boujong/Joost/Strohn/Märtens*, § 106 Rn. 10; MünchKommHGB/*Langhein*, § 106 Rn. 20; *Schlegelberger/Martens*, § 106 Rn. 9; anders BayObLG v. 21.3.1986 – 3 Z 148/85, ZIP 1986, 840, 844 für ausländische juristische Personen.
5 *Staub/Ulmer*, § 106 Rn. 16; *Ebenroth/Boujong/Joost/Strohn/Märtens*, § 106 Rn. 10; MünchKommHGB/*Langhein*, § 106 Rn. 19; *Schlegelberger/Martens*, § 106 Rn. 9.
6 BGH v. 12.11.1984 – II ZB 2/84, WM 1985, 165, 166: hier ist aber der Zusatz „i.G." oder „i.Gr." in das Handelsregister einzutragen.
7 BayObLG v. 1.10.1970 – 2 Z 36/70, BayObLGZ 1970, 235, 238.
8 BGH v. 16.7.2001 – II ZB 23/00, NJW 2001, 3121, 3122.
9 LG Berlin v. 8.4.2003 – 102 T 6/03, ZIP 2003, 1201; *Bergmann*, ZIP 2003, 2231, 2238; MünchKommHGB/*Langhein*, § 106 Rn. 19.
10 Für die Rechtslage vor der Gesetzesänderung BGH v. 16.7.2001 – II ZB 23/00, NJW 2001, 3121, 3122.
11 LG Berlin v. 8.4.2003 – 102 T 6/03, ZIP 2003, 1201.

7 Dem „Wohnsitz" bei natürlichen Personen entspricht bei einem Verband der satzungsmäßige **Sitz** der Gesellschaft. Weitere Angaben schreibt das Gesetz nicht vor; denn mit der Firma und dem Sitz des Verbandes können alle zur Identifizierung nötigen Angaben eingeholt werden[1]. Ob dies auch dann gilt, wenn ausländische juristische Personen und Personengesellschaften an der deutschen OHG beteiligt sind (siehe hierzu § 105 Rn. 59), ist fraglich. Mitunter werden in diesen Fällen zusätzliche Angaben in entsprechender Anwendung der §§ 13e ff. gefordert[2]. Dies ist jedoch abzulehnen.

c) Rechte Dritter an Gesellschaftsanteilen?

8 Ob Rechte Dritter an Gesellschaftsanteilen (Nießbrauch, offene Treuhandschaft) anzumelden sind, ist ungeklärt[3]. Doch dürfte mehr für eine Verneinung sprechen; denn den Nießbraucher bzw. Treugeber trifft im Außenverhältnis keine Mithaftung nach § 128, so dass insoweit auch kein Bedürfnis für eine entsprechende Registerpublizität besteht.

2. Angaben zur Gesellschaft (§ 106 Abs. 2 Nr. 2)

9 Nach § 106 Abs. 2 Nr. 2 ist zunächst die Firma in der Anmeldung anzugeben. Die angegebene Firma muss mit der tatsächlich verwendeten übereinstimmen. Die Zulässigkeit der geführten Firma richtet sich nach allgemeinem Firmenrecht (vgl. §§ 19, 22, 24).

10 Darüber hinaus ist der Sitz der Gesellschaft anzugeben. Grundsätzlich ist hierunter der Ort des **Schwerpunktes der unternehmerischen Betätigung** anzusehen, also der der Hauptverwaltung[4]. Betriebs- oder Produktionsstätten sind demgegenüber nicht entscheidend. Gleiches gilt für die Ausführung untergeordneter Verwaltungstätigkeiten[5]. Wird die Gesellschaft von mehreren Orten aus geführt, ist der Ort der Hauptverwaltung maßgebend[6]. Ein Doppelsitz ist nicht anzuerkennen[7].

11 Umstritten war zum bisherigen Recht, ob die Gesellschafter einen vom effektiven Verwaltungssitz abweichenden Sitz der Gesellschaft festlegen kön-

---

1 MünchKommHGB/*Langhein*, § 106 Rn. 23.
2 MünchKommHGB/*Langhein*, § 106 Rn. 21.
3 Dafür z.B. *Staub/Ulmer*, § 106 Rn. 7; siehe auch LG Aachen v. 28.9.2002 – 44 T 06/2003, RNotZ 2003, 398; anders *Ebenroth/Boujong/Joost/Strohn/Märtens*, § 106 Rn. 11; MünchKommHGB/*Langhein*, § 106 Rn. 24; *Schlegelberger/Martens*, § 106 Rn. 10; OLG Hamm v. 5.2.1963 – 15 W 395/62, NJW 1963, 1554, 1555.
4 BGH v. 27.5.1957 – II ZR 317/55, WM 1957, 999, 1000; BGH v. 9.1.1969 – IX ZB 567/66, WM 1969, 293, 294.
5 MünchKommHGB/*Langhein*, § 106 Rn. 26.
6 *Ebenroth/Boujong/Joost/Strohn/Märtens*, § 106 Rn. 13; MünchKommHGB/*Langhein*, § 106 Rn. 26.
7 MünchKommHGB/*Langhein*, § 106 Rn. 27; *Ebenroth/Boujong/Joost/Strohn/Märtens*, § 106 Rn. 13; *Schlegelberger/Martens*, § 106 Rn. 14; *Heymann/Emmerich*, § 106 Rn. 7; *A. Hueck*, Das Recht der OHG, S. 103; anders *Staub/Ulmer*, § 106 Rn. 22.

nen (fiktiver Verwaltungssitz). Die überwiegende Ansicht hat das bislang abgelehnt[1]. Dies wird man so nicht mehr vertreten können. Der Gesetzgeber hat durch die Streichung des § 4a Abs. 2 GmbHG (zumindest für die Kapitalgesellschaften) zum Ausdruck gebracht, dass die Gesellschafter den Sitz der GmbH frei bestimmen und damit abweichend vom Verwaltungssitz festlegen können. Warum für die OHG anderes gelten soll, ist nicht ersichtlich. Damit ist auch eine Verlegung des effektiven Verwaltungssitzes ins Ausland unschädlich und führt nicht – wie bisweilen früher vertreten[2] – zur Auflösung der Gesellschaft. Das gilt unabhängig davon, ob der (effektive) Verwaltungssitz in das EU-Ausland verlegt wird oder nicht (siehe in diesem Sinne auch den RefE vom 7.1.2008 für ein Gesetz zum internationalen Privatrecht der Gesellschaften, Vereine und juristischen Personen, Art. 10 f.).

Art. 3 Nr. 9 MoMiG hat § 106 Abs. 2 Nr. 2 modifiziert. Die Vorschrift sieht nunmehr vor, dass die inländische Geschäftsanschrift in der Anmeldung anzugeben ist. In der Regel wird diese mit der Anschrift des Geschäftslokals (und damit dem Sitz der Hauptverwaltung) übereinstimmen. Hat aber die Gesellschaft beispielsweise ihren effektiven Verwaltungssitz im Ausland, dann ist eine andere Anschrift als inländische Geschäftsanschrift anzugeben. Unter dieser Anschrift, die nunmehr im Handelsregister eingetragen wird, kann an die Vertreter der Gesellschaft wirksam zugestellt werden (§ 13e Abs. 3a). Ändert sich die Geschäftsanschrift, so haben die Gesellschafter diese Änderung mitzuteilen (§ 107). 12

3. Zeitpunkt des Gesellschaftsbeginns (§ 106 Abs. 2 Nr. 3 a.F.)

Nicht mehr anzugeben ist der Beginn der Gesellschaft (§ 106 Abs. 2 Nr. 3 a.F.). Die Bestimmung ist durch das Justizmodernisierungsgesetz[3] mit Wirkung vom 1.9.2004 aufgehoben worden. 13

4. Vertretungsmacht der Gesellschafter (§ 106 Abs. 2 Nr. 4)

Nach der an die Stelle von § 125 Abs. 4 a.F. getretene Bestimmung in § 106 Abs. 2 Nr. 4 (§ 125 Rn. 19) ist bei jeder Anmeldung die Vertretungsmacht der Gesellschafter kundzutun. Die Vorschrift bezweckt die Erhöhung der Übersichtlichkeit des Handelsregisters, indem die Vertretungsmacht stets und unmittelbar aus dem Handelsregister ersichtlich wird[4]. Anzugeben sind – anders als nach alter Rechtslage – nicht nur Abweichungen von dem gesetzlichen Regelfall, d.h. der Einzelvertretung, sondern auch dieser selbst[5]. 14

---

[1] Vgl. nur VG Aachen v. 19.3.2004 – 7 K 480/04, NJW 2005, 169, 170; *Ebenroth/Boujong/Joost/Strohn/Märtens*, § 106 Rn. 13; *MünchKommHGB/Langhein*, § 106 Rn. 28 f.; wohl auch *Baumbach/Hopt*, § 106 Rn. 8; a.A. *Staub/Ulmer*, § 106 Rn. 20.
[2] *Staub/Hüffer*, § 13c Rn. 11; *Schlegelberger/Martens*, § 106 Rn. 13; a.A. *Ebenroth/Boujong/Joost/Strohn/Märtens*, § 106 Rn. 14; *Zimmer*, NJW 2003, 3585, 3592.
[3] BGBl. I 2004, 2198.
[4] OLG Frankfurt v. 26.9.2005 – 20 W 192/05, FGPrax 2006, 82; OLG Frankfurt v. 28.3.2006 – 20 W 191/06, ZIP 2006, 1673, 1674.
[5] OLG Köln v. 24.5.2004 – 2 Wx 16/04, NZG 2004, 666, 667.

Nicht anzugeben sind allerdings Ermächtigungen gemäß § 125 Abs. 2 S. 2[1] oder der Umstand, dass ein Kommanditist schon kraft Gesetzes von der organschaftlichen Vertretung ausgeschlossen ist; denn § 106 Abs. 2 Nr. 4 gilt nur für Komplementäre, nicht aber für Kommanditisten[2]. Auch ist die einem Kommanditisten erteilte rechtsgeschäftliche Vertretungsmacht nicht anzugeben[3]. Anzugeben ist aber die Befreiung von dem Verbot des Selbstkontrahierens (§ 181 BGB); denn Sinn und Zweck des (neuen) § 106 Abs. 2 Nr. 4 ist es, den Rechtsverkehr umfassend über die Vertretungsverhältnisse der Gesellschaft zu informieren[4].

15 Ist Gesellschafter einer OHG eine **BGB-Gesellschaft**, so entscheiden die Vertretungsverhältnisse in der BGB-Gesellschaft auch darüber, wer mittelbar die Gesellschaft zu vertreten hat. Um dem Rechtsverkehr dies zu erschließen, sind im Rahmen des § 106 Abs. 2 Nr. 4 von §§ 714, 709 BGB zumindest abweichende Vertretungsverhältnisse in das Handelsregister einzutragen[5]. Anderer (und zutreffender) Ansicht nach sind die Vertretungsverhältnisse in der GbR stets anzumelden und einzutragen, unabhängig davon, ob sie vom gesetzlichen Leitbild abweichen oder nicht[6].

5. Ergänzende Angaben

16 Die aufgrund der Ermächtigung in § 125 Abs. 3 FGG (ab 1.9.2009: § 387 Abs. 3 FamFG)[7] erlassene Handelsregisterverordnung (HRV) sieht in § 24 Abs. 2 vor, dass bei der Anmeldung die Lage der Geschäftsräume (d.h. die Geschäftsanschrift) anzugeben ist. Dies gilt jedoch nicht, wenn die Lage der Geschäftsräume als inländische Geschäftsanschrift zur Eintragung in das Handelsregister angemeldet wird. Ferner ist nach § 24 Abs. 4 HRV darauf hinzuwirken, dass bei der Anmeldung auch der Unternehmensgegenstand, soweit er sich nicht aus der Firma ergibt, anzugeben ist. Diese Angaben sind nach § 34 HRV bekannt zu geben, aber nicht im Handelsregister einzutragen.

6. Registergerichtliche Überprüfung

17 In formeller Hinsicht überprüft das Registergericht, ob die Antragsteller rechts- und damit beteiligtenfähig sind und ob sie – soweit es sich um juris-

---

1 *Baumbach/Hopt*, § 106 Rn. 12; *Ebenroth/Boujong/Joost/Strohn/Märtens*, § 106 Rn. 16; a.A. *Servatius*, NZG 2002, 456, 458.
2 OLG Frankfurt v. 26.9.2005 – 20 W 192/05, FGPrax 2006, 82, 83; *Servatius*, NZG 2002, 456; *Ebenroth/Boujong/Joost/Strohn/Märtens*, § 106 Rn. 16.
3 OLG Frankfurt v. 26.9.2005 – 20 W 192/05, FGPrax 2006, 82, 83.
4 OLG Frankfurt v. 28.7.2006 – 20 W 191/06, ZIP 2006, 1673, 1674; *Ebenroth/Boujong/Joost/Strohn/Märtens*, § 106 Rn. 16; *Baumbach/Hopt*, § 106 Rn. 12.
5 LG Berlin v. 8.4.2003 – 102 T 6/03, ZIP 2003, 1201, 1202; *Steinbeck*, DStR 2001, 1162, 1165.
6 *Bergmann*, ZIP 2003, 2231, 2237 f.; *Baumbach/Hopt*, § 106 Rn. 12; *Ebenroth/Boujong/Joost/Strohn/Märtens*, § 106 Rn. 16.
7 BT-Drucks. 16/6308.

tische Personen handelt, ordnungsgemäß vertreten sind[1]. Für die insoweit vorzulegenden Nachweise, wenn die Gesellschaft eine ausländische ist, siehe die Anmerkungen zu § 12. Das Registergericht hat darüber hinaus die Richtigkeit der angemeldeten Tatsachen zu überprüfen; doch wird sich dies regelmäßig auf die Schlüssigkeit der Angaben beschränken und nur bei begründeten Bedenken zu Aufklärungsmaßnahmen (§ 12 FGG bzw. § 26 FamFG) führen[2]. Zu prüfen ist u.a. das wirksame Zustandekommen des Gesellschaftsvertrages[3], insbesondere hinsichtlich der Vertretung Minderjähriger[4]. Bei Neueintragung einer Firma ist nach § 23 S. 2 HRV die örtliche Industrie- und Handelskammer zu beteiligen[5]; bei Unzulässigkeit einer Firma ist dann (unter Aussetzung des Eintragungsverfahrens[6]) gemäß den §§ 37 Abs. 1 HGB, 140, 142 FGG (§§ 392, 395 FamFG) vorzugehen[7].

Das **Eintragungsverfahren** ist im Einzelnen in der HRV geregelt. Bekanntzumachen sind im Falle von § 106 die gesamte Eintragung, darüber hinaus aber auch die ergänzenden Angaben nach § 24 HRV. 18

III. Eintragung sonstiger Tatsachen

Nicht abschließend geklärt ist, ob außer den jeweils gesetzlich vorgeschriebenen Eintragungen sonstige Tatsachen in das Handelsregister aufgenommen werden können. Im Grundsatz gilt aber, dass das Register eine klare und schnelle Orientierung über die Rechtsverhältnisse ermöglichen soll. 19

1. Klarstellungen

Soweit es sich um lediglich **klarstellende zusätzliche Vermerke** handelt (wie z.B. ein Rechtsnachfolgevermerk beim Kommanditistenwechsel[8]), ist dies anerkannt[9]. 20

---

1 OLG Dresden v. 21.5.2007 – 1 W 52/07, ZIP 2007, 2076, 2078; LG Berlin v. 22.6.2004 – 102 T 48/04, ZIP 2004, 2380 f.
2 Vgl. insoweit BGH v. 4.7.1977 – II ZB 4/77, WM 1977, 971, 972; *Gustavus*, GmbHR 1978, 219, 220; *Ebenroth/Boujong/Joost/Strohn/Märtens*, § 106 Rn. 20; MünchKommHGB/*Langhein*, § 106 Rn. 40.
3 KG, OLGE 41, 202, 203; *Ebenroth/Boujong/Joost/Strohn/Märtens*, § 106 Rn. 20.
4 *Staub/Ulmer*, § 106 Rn. 29.
5 MünchKommHGB/*Langhein*, § 106 Rn. 41.
6 BayObLG v. 28.4.1988 – 3 Z 10/88, DB 1988, 1487.
7 BGH v. 4.7.1977 – II ZB 4/77, WM 1977, 971, 972.
8 RG (GrSZ), DNotZ 1944, 195, 196 = WM 1964, 1130, 1131.
9 MünchKommHGB/*Langhein*, § 106 Rn. 37; siehe auch *Ebenroth/Bojong/Joost/Strohn/Märtens*, § 106 Rn. 19.

2. Tatsachen von selbständiger Bedeutung

21 Bei Tatsachen von selbständiger Bedeutung ist dagegen teilweise geltend gemacht worden, dass die gesetzlichen Regelungen abschließend seien[1]. Die Gegenmeinung, die von der Aufgabe des Handelsregisters ausgeht, den **Rechtsverkehr** über wesentliche Umstände mit Außenwirkung **verlässlich zu unterrichten**, und der im Grundsatz zu folgen ist, lässt hingegen Ausnahmen zu[2]. Jedoch ist hier im Hinblick auf die Funktion des Handelsregisters restriktiv zu verfahren[3].

a) Eintragungsfähige Tatsachen

22 Danach kommen **als eintragungsfähig in Betracht**: der gesetzliche Vertreter einer ausländischen juristischen Person[4]; Geschäftsleiter nach § 53 Abs. 2 Nr. 1 KWG[5]; auch Hauptbevollmächtigte nach § 106 VAG[6]; Befreiungen vom Selbstkontrahierungsverbot für geschäftsführende Gesellschafter, auch für den Geschäftsführer der Komplementär-GmbH im Falle einer GmbH & Co. KG[7]; Fortsetzungsbeschlüsse nach Auflösung der Gesellschaft[8]; Testamentsvollstreckungsanordnungen für Kommanditbeteiligungen (str.)[9]. Zur Eintragung der Gesellschafter einer BGB-Gesellschaft siehe oben Rn. 6.

23 Eine **Eintragungspflicht** ist für diese Tatsachen aber **nicht ohne weiteres** gegeben. So ist für eine GmbH die Eintragung einer Befreiung vom Selbstkontrahierungsverbot zwar im Hinblick auf § 10 Abs. 1 S. 2 GmbHG anerkannt[10], für die Personenhandelsgesellschaft aber noch nicht[11]. Doch liegt eine bejahende Antwort auch hier in der Konsequenz der Dinge (siehe oben Rn. 14)[12].

---

1 So RGZ 132, 138, 140; BayObLG v. 15.10.1970 – 2 Z 14/70, BayObLGZ 1970, 243, 246; OLG Hamm v. 5.2.1963 – 15 W 395/62, NJW 1963, 1554, 1555; *A. Hueck*, Das Recht der OHG, S. 104.
2 Vgl. BGH v. 24.10.1988 – II ZB 7/88, BGHZ 105, 324, 343 f.; BayObLG v. 17.12.1987 – 3 Z 127/87, NJW-RR 1988, 869 f.; OLG Hamburg v. 29.4.1986 – 2 W 3/86, ZIP 1986, 1186, 1187; LG Berlin v. 8.4.2003 – 103 T 6/03, ZIP 2003, 1201, 1202; *Staub/Ulmer*, § 106 Rn. 12; *Schlegelberger/Martens*, § 106 Rn. 19; *Baumbach/Hopt*, § 106 Rn. 2 und § 8 Rn. 5.
3 MünchKommHGB/*Langhein*, § 106 Rn. 38.
4 BayObLG v. 21.3.1986 – 3 Z 148/85, ZIP 1986, 840, 844.
5 BayObLG v. 12.7.1973 – 2 Z 31/73, WM 1973, 1226, 1227.
6 Anders aber OLG Frankfurt v. 18.3.1976 – 20 W 141/76, BB 1976, 569, 570.
7 OLG Hamburg v. 29.4.1986 – 2 W 3/86, ZIP 1986, 1186; BayObLG v. 23.2.2000 – 3 Z BR 37/00, ZIP 2000, 701 f.; *Staub/Ulmer*, § 106 Rn. 12; auch *Schlegelberger/Martens*, § 106 Rn. 20.
8 MünchKommHGB/*Langhein*, § 106 Rn. 38; *Staub/Ulmer*, § 106 Rn. 12; *Schlegelberger/Martens*, § 106 Rn. 20.
9 Dafür: *Schlegelberger/Martens*, § 106 Rn. 21; *Ulmer*, NJW 1990, 73, 82; abl. KG v. 4.7.1995 – 1 W 5374/92, WM 1995, 1890, 1891.
10 BGH v. 28.2.1983 – II ZB 8/82, BGHZ 87, 59, 61; BGH v. 8.4.1991 – II ZB 3/91, ZIP 1991, 650, 651.
11 Vgl. OLG Hamburg v. 29.4.1986 – 2 W 3/86, ZIP 1986, 1186 f.
12 OLG Frankfurt v. 28.7.2006 – 20 W 191/06, ZIP 2006, 1673, 1674; *Baumbach/Hopt*, § 106 Rn. 18; MünchKommHGB/*Langhein*, § 106 Rn. 38.

b) Nicht eintragungsfähige Tatsachen

Tatsachen, die **keine Rechtsverhältnisse mit Außenwirkung** betreffen, sondern allein die Innenbeziehungen der Gesellschaft berühren, müssen dagegen ausscheiden, so Einschränkungen der Geschäftsfähigkeit bei Beteiligten[1]; güterrechtliche Verfügungsbeschränkungen[2]; Bestellung von Vertretern von Gesellschaftern[3]; Einzelheiten des Gesellschaftsverhältnisses[4], insbesondere Leistungen von Einlagen[5]. 24

IV. Wirkungen der Eintragung der OHG

Die Eintragung der OHG hat im Falle des § 105 Abs. 1 nur deklaratorische Wirkung. Dies gilt zumindest dann, wenn die Gesellschaft den Geschäftsbetrieb bereits aufgenommen hat; fehlt es hieran, entsteht die Gesellschaft nach außen erst mit der Eintragung (§ 123 Abs. 1). Im Falle des § 105 Abs. 2 kommt der Eintragung stets konstitutive Wirkung in dem Sinne zu, dass die OHG mit Wirkung nach außen entsteht (§ 123 Abs. 2). 25

§ 107
Anmeldung von Änderungen

Wird die Firma einer Gesellschaft geändert, der Sitz der Gesellschaft an einen anderen Ort verlegt oder die inländische Geschäftsanschrift geändert, tritt ein neuer Gesellschafter in die Gesellschaft ein oder ändert sich die Vertretungsmacht eines Gesellschafters, so ist dies ebenfalls zur Eintragung in das Handelsregister anzumelden.

I. Anmeldepflicht bei Änderungen

1. Allgemeines

a) Anmeldungserfordernis

Die Vorschrift, die zwingender Natur ist, regelt das **Anmeldungserfordernis bei Änderungen** der nach § 106 angemeldeten Tatsachen. Die Änderung muss entweder bereits eingetreten sein[6] oder an ihre Eintragung gebunden sein (so z.B. ein aufschiebend bedingter Eintritt eines Gesellschafters[7]). Künftige Änderungen unterliegen nicht der Anmeldung[8]. 1

---

1 *Staub/Ulmer*, § 106 Rn. 14; *Schlegelberger/Martens*, § 106 Rn. 21.
2 *Staub/Ulmer*, § 106 Rn. 14; *A. Hueck*, Das Recht der OHG, S. 104 f.
3 *Staub/Ulmer*, § 106 Rn. 14; *Schlegelberger/Martens*, § 106 Rn. 21.
4 KG, JW 1936, 2933; *Staub/Ulmer*, § 106 Rn. 13, 14; *Schlegelberger/Martens*, § 106 Rn. 21.
5 BGH v. 29.6.1981 – II ZR 142/80, BGHZ 81, 82, 87.
6 Vgl. etwa BayObLG v. 21.5.1970 – 2 Z 24/70, NJW 1970, 940, 941.
7 Dazu BGH v. 28.10.1981 – II ZR 129/80, BGHZ 82, 209, 212.
8 MünchKommHGB/*Langhein*, § 107 Rn. 12; *Ebenroth/Boujong/Joost/Strohn/Märtens*, § 107 Rn. 3.

2 Ist die **Tatsache**, auf die sich die Änderung bezieht, **nicht eingetragen**, so ist sie noch samt der Änderung anzumelden[1], selbst wenn wegen einer Erledigung der ursprünglichen Tatsache für diese eine Anmeldepflicht entfallen war.

b) Änderungen nach Auflösung

3 § 107 gilt auch für Änderungen im Auflösungsstadium der Gesellschaft, da auch dann noch eintretende Änderungen für den Rechtsverkehr Bedeutung haben können[2].

2. Firmenänderungen

4 Anmeldepflichtig ist jede Änderung der Firma, auch solche einzelner Firmenbestandteile, etwa von Zusätzen i.S.v. § 22[3].

3. Sitzverlegungen

5 Da sich der Sitz nach dem Schwerpunkt der unternehmerischen Betätigung richtet (§ 106 Rn. 10), führen tatsächliche Veränderungen unabhängig von einer entsprechenden Willensrichtung der Gesellschafter zu einer Sitzverlegung[4]. Die Eintragung der Sitzverlegung hat nur deklaratorische Bedeutung[5]. Die Anmeldung des neuen Sitzes ist an das Registergericht des bisherigen Sitzes zu richten (§ 13h Abs. 1). Die dem Gericht des neuen Sitzes obliegende Überprüfung beschränkt sich gemäß § 13h Abs. 2 S. 3, 4.

4. Veränderungen im Gesellschafterbestand

a) Eintritt von Gesellschaftern

6 Anzumelden ist **jeder Eintritt** eines Gesellschafters, auch ein solcher kraft **Anteilsübertragung**. Letzterer wird im Register durch einen **Rechtsnachfolgevermerk** gekennzeichnet[6]. Auch das **Einrücken eines Erben** unterliegt der Anmeldepflicht[7]; nichts anderes gilt für sonstige Fälle einer **Gesamtrechtsnachfolge**[8]. Wegen der Anmeldung des Ausscheidens eines Gesellschafters vgl. § 143 Abs. 2.

---

1 OLG Oldenburg v. 20.3.1987 – 5 W 9/87, DB 1987, 1527 f.
2 *Ebenroth/Boujong/Joost/Strohn/Märtens*, § 107 Rn. 3; MünchKommHGB/*Langhein*, § 107 Rn. 2; *Staub/Ulmer*, § 107 Rn. 11.
3 Allg. M., z.B. *Staub/Ulmer*, § 107 Rn. 4; *Baumbach/Hopt*, § 107 Rn. 1; *Ebenroth/Boujong/Joost/Strohn/Märtens*, § 107 Rn. 5; MünchKommHGB/*Langhein*, § 107 Rn. 4.
4 BGH v. 27.5.1957 – II ZR 317/55, WM 1957, 999, 1000.
5 BGH v. 27.5.1957 – II ZR 317/55, WM 1957, 999, 1000.
6 Vgl. RG (GrSZ), DNotZ 1944, 195, 198 ff. = WM 1964, 1130, 1133 (zur KG); MünchKommHGB/*Langhein*, § 107 Rn. 7, 9; *Schlegelberger/Martens*, § 107 Rn. 6.
7 BGH v. 3.7.1989 – II ZB 1/89, BGHZ 108, 187, 189 f.; *Ebenroth/Boujong/Joost/Strohn/Märtens*, § 107 Rn. 7.
8 *Baumbach/Hopt*, § 107 Rn. 1.

b) Umwandlung einer Beteiligung

Wie ein Eintritt ist auch die Umwandlung einer Gesellschafterbeteiligung (z.B. von einer Vollhafterbeteiligung in eine solche als Kommanditist) zu behandeln. In der Anmeldung muss lediglich auf diese Umwandlung hingewiesen werden[1]. 7

c) Eintragung trotz Firmenunzulässigkeit

Die Eintragung einer angemeldeten Veränderung hat unabhängig davon zu geschehen, ob die **Änderung die bisherige Firma unzulässig macht** und ob gleichzeitig die etwa notwendig werdende Firmenänderung eingetragen werden kann[2]. 8

5. Umwandlung der Gesellschaft

Neben den bisher erörterten Veränderungen ist auch anzumelden, wenn sich durch Umwandlung von Gesellschafterbeteiligungen (Rn. 7) oder Ausscheiden von Gesellschaftern eine KG in eine OHG umwandelt (oder umgekehrt), vgl. § 106 Rn. 3[3]. Zur Anmeldung der unter das Umwandlungsgesetz fallenden Formwechsel siehe §§ 198, 199 UmwG. 9

6. Änderungen der Vertretungsmacht

Die Anmeldepflicht für Veränderungen der Vertretungsmacht der Gesellschafter ist durch das Gesetz über elektronische Register und Justizkosten für Telekommunikation vom 10.12.2001[4] in § 107 verlagert worden (siehe § 125 Rn. 19). Anzumelden ist jegliche Veränderung der Vertretungsverhältnisse gemäß § 106 Abs. 2 Nr. 4 (siehe § 106 Rn. 14 ff.), einerlei ob die Veränderung einen Gesellschafter speziell betrifft (z.B. Ausschluss von der Vertretung nach § 127) oder mehrere bzw. alle Gesellschafter (Gesamtvertretung oder Kombinationsvarianten – siehe § 125 Rn. 8 – statt Einzelvertretung) betrifft. Auch die Aufhebung und Änderung der gemischten Gesamtvertretung (siehe § 125 Rn. 15 f.) ist anzumelden. 10

II. Änderungen ohne Anmeldepflicht

Nicht anzumelden ist der **Erwerb** einer **zusätzlichen Beteiligung** durch einen Gesellschafter, da es für diesen bei einer einheitlichen Beteiligung bleibt (§ 105 Rn. 4). 11

---

1 BayObLG v. 3.3.1988 – 3 Z 184/87, WM 1988, 710 f.; OLG Düsseldorf v. 26.5.1976 – 3 W 62/76, DB 1976, 1759.
2 BGH v. 4.7.1977 – II ZB 4/77, WM 1977, 971, 972.
3 *Ebenroth/Boujong/Joost/Strohn/Märtens*, § 107 Rn. 9; MünchKommHGB/*Langhein*, § 107 Rn. 10; *Staub/Ulmer*, § 107 Rn. 8.
4 BGBl. I 2001, 3422.

12 Keiner Anmeldepflicht unterliegen auch **Veränderungen** der in **§ 106 Abs. 2 Nr. 1** genannten Umstände; doch können sie angemeldet und zwecks Klarstellung eingetragen werden, ohne dass dabei alle Gesellschafter (wie in § 108 Abs. 1) mitwirken müssten[1]. Entsprechendes gilt auch für Änderungen der bei § 106 Rn. 16 genannten ergänzenden Angaben.

§ 108
Anmeldung durch die Gesellschafter
Die Anmeldungen sind von sämtlichen Gesellschaftern zu bewirken.

Schrifttum: *Beck*, Die Richtigkeit der Firmenzeichnung zur Aufbewahrung bei Gericht, BB 1962, 1265; *Gustavus*, Die Vollmacht zu Handelsregistereintragungen bei Personengesellschaften und Gesellschaften mit beschränkter Haftung, GmbHR 1978, 219.

I. Natur und Reichweite der Pflicht

1. Öffentlich-rechtliche Pflicht

1 Die Verpflichtung zur Anmeldung **trifft jeden Gesellschafter als öffentlich-rechtliche Pflicht**, deren Erfüllung nach § 14 gegen den säumigen Gesellschafter (nicht aber gegen die Gesellschaft) erzwungen werden kann[2]. Die Pflicht ist nicht dispositiv. Bei Verbänden als Gesellschaftern richten sich Zwangsmaßnahmen gegen die gesetzlichen Vertreter[3]. Ein Rechtsmittel steht aber nicht nur den Betroffenen, sondern auch der OHG selbst zu[4]. Einwendungen können aber nur darauf gestützt werden, dass es an einer Anmeldepflicht fehle, nicht aber auf Gründe aus dem Innenverhältnis der Gesellschafter untereinander[5]. Außer zur Anmeldung selbst, für die die Form des § 12 zu beachten ist, sind die Gesellschafter grundsätzlich nicht zu weiteren Nachweisen angehalten[6]. Die Gesellschafter brauchen die Anmeldung auch nicht gleichzeitig abzugeben[7].

---

1 *Staub/Ulmer*, § 107 Rn. 9; *Schlegelberger/Martens*, § 107 Rn. 10.
2 MünchKommHGB/*Langhein*, § 108 Rn. 4; *Ebenroth/Boujong/Joost/Strohn/Märtens*, § 108 Rn. 3.
3 BayObLG v. 20.6.1974 – 2 Z 2/74, DB 1974, 1521; MünchKommHGB/*Langhein*, § 108 Rn. 4; *Ebenroth/Boujong/Joost/Strohn/Märtens*, § 108 Rn. 3.
4 BayObLG v. 12.11.1987 – 3 Z 130/87, BB 1988, 88, 89; *Ebenroth/Boujong/Joost/Strohn/Märtens*, § 108 Rn. 3; MünchKommHGB/*Langhein*, § 108 Rn. 4.
5 *Ebenroth/Boujong/Joost/Strohn/Märtens*, § 108 Rn. 4.
6 BayObLG v. 28.3.1977 – 3 Z 24/76, DB 1977, 1085; BayObLG v. 4.4.1978 – 1 Z 15/78, Rpfleger 1978, 254, 255.
7 MünchKommHGB/*Langhein*, § 108 Rn. 18; *Staub/Ulmer*, § 108 Rn. 7; *Ebenroth/Boujong/Joost/Strohn/Märtens*, § 108 Rn. 7.

2. Geltung für die §§ 106, 107

§ 108 bezieht sich **nur auf die §§ 106, 107**[1]. Alle sonst im Gesetz vorgesehenen Anmeldungen können durch die vertretungsberechtigten Gesellschafter geschehen, soweit im Einzelfall nicht die Mitwirkung aller Gesellschafter vorgeschrieben ist.

3. Anmeldung als Verfahrenshandlung

Aus der Natur der Pflicht folgt, dass die Anmeldung eine Verfahrenshandlung ist. Die Regeln für Willenserklärungen sind daher nicht anzuwenden[2], wohl aber können einzelne Vorschriften entsprechende Anwendung finden (§§ 104 ff., 130 Abs. 1 S. 1 BGB).

4. Widerruf der Anmeldung

Bis zur Eintragung kann jeder Gesellschafter die Anmeldung gegenüber dem Registergericht **widerrufen** mit der Folge, dass die Eintragung unterbleiben muss[3]. Eine erforderlich bleibende erneute Anmeldung ist dann über § 14 zu erzwingen.

5. Gesellschaftsvertragliche Verpflichtung

Unabhängig von der öffentlich-rechtlichen Anmeldepflicht (oben Rn. 1) sind alle Gesellschafter einander auch **gesellschaftsrechtlich verpflichtet**, bei einer Anmeldung mitzuwirken[4]. Einwendungen hiergegen kommen nur insoweit in Betracht, als sie auch gegenüber der öffentlich-rechtlichen Pflicht durchgreifen würden[5]. Insbesondere kann der Gesellschafter die Mitwirkung nicht mit der Begründung zurück halten (entsprechend § 273 BGB), dass der die Eintragung begehrende Gesellschafter seine Verpflichtungen gegenüber der Gesellschaft nicht erfüllt habe[6]. Erzwungen werden kann diese (gesellschaftsrechtliche) Pflicht zur Mitwirkung nur durch den einzelnen Gesellschafter, nicht aber durch die Gesellschaft[7]. Ein obsiegendes Urteil ersetzt die Mitwirkung des Gesellschafters (§ 16 Abs. 1 S. 1). Die Klage auf Mitwirkung ist (trotz Fortgeltung des Anspruchs) ausgeschlossen, wenn der andere

---

1 *Staub/Ulmer*, § 108 Rn. 9; *Ebenroth/Boujong/Joost/Strohn/Märtens*, § 108 Rn. 6.
2 BayObLG v. 28.3.1977 – 3 Z 24/76, DB 1977, 1085; BayObLG v. 9.11.1989 – 3 Z 17/89, DB 1990, 168, 169.
3 BayObLG v. 9.11.1989 – 3 Z 17/89, DB 1990, 168, 169; *Ebenroth/Boujong/Joost/ Strohn/Märtens*, § 108 Rn. 8.
4 BGH v. 15.6.1959 – II ZR 44/58, BGHZ 30, 195, 197; BGH v. 2.5.1983 – II ZR 94/82, WM 1983, 785, 786; OLG München v. 28.3.2001 – 7 U 5341/00, NJOZ 2001, 1000, 1007; MünchKommHGB/*Langhein*, § 108 Rn. 5; *Wertenbruch*, NZG 2008, 216, 218.
5 BGH v. 10.12.1973 – II ZR 53/72, NJW 1974, 498, 499; *Ebenroth/Boujong/Joost/ Strohn/Märtens*, § 108 Rn. 5; MünchKommHGB/*Langhein*, § 108 Rn. 6; *Baumbach/ Hopt*, § 108 Rn. 6.
6 OLG München v. 28.3.2001 – 7 U 5341/00, NJOZ 2001, 1000, 1007.
7 BGH v. 10.12.1973 – II ZR 53/72, NJW 1974, 498, 499; MünchKommHGB/*Langhein*, § 108 Rn. 5; *Ebenroth/Boujong/Joost/Strohn/Märtens*, § 108 Rn. 5.

Gesellschafter einen Anspruch auf Auflösung der Gesellschaft nach §§ 133, 140 hat[1].

6. Materielle Billigung der Erklärungen durch Mitwirkung

6 Die Mitwirkung an der Anmeldung ist regelmäßig **intern** als materielle Billigung der in der Anmeldung enthaltenen Erklärungen zu verstehen[2].

II. Anmeldepflichtige Personen

1. Gesellschafter

7 Anmeldepflichtig sind **sämtliche Gesellschafter**, die der Gesellschaft zur Zeit des Eintritts des anmeldepflichtigen Tatbestandes angehört haben[3]. In der KG müssen auch die Kommanditisten mitwirken (§ 161 Abs. 2). Anmeldepflichtig sind auch die Gesellschafter ohne Geschäftsführungs- oder Vertretungsmacht. Ggf. sind auch die Gesellschafter anmeldepflichtig, die nach dem Eintritt der anmeldepflichtigen Tatsache ausgeschieden sind[4]. Anmeldepflichtig ist daher (neben den vorhandenen Gesellschaftern) der neu eintretende Gesellschafter in Bezug auf den Eintritt[5] oder der Ausscheidende in Bezug auf das Ausscheiden.

2. Erben, Testamentsvollstrecker

8 Beim Ausscheiden eines Gesellschafters durch Tod trifft die Anmeldepflicht bzgl. aller nach §§ 106, 107 eintragungspflichtiger (aber noch nicht angemeldeter) Tatsachen sowie in Bezug auf das Ausscheiden des verstorbenen Gesellschafter – außer die verbliebenen Gesellschafter – alle vorhandenen **Erben**, und zwar ohne Rücksicht darauf, ob sie als Nachfolger in die Gesellschafterstellung einrücken[6]. Dies gilt ebenso bei Eintritt einer Nacherbfolge[7]. Für den Nachweis der Rechtsnachfolge gilt § 12 Abs. 1 S. 3[8].

---

1 *Baumbach/Hopt*, § 108 Rn. 6.
2 St. Rspr., vgl. BGH v. 17.9.1984 – II ZR 208/83, WM 1984, 1605, 1606; BGH v. 13.5.1985 – II ZR 176/84, WM 1985, 1229; MünchKommHGB/*Langhein*, § 108 Rn. 7.
3 OLG Schleswig v. 4.6.2003 – 2 W 50/03, DStR 2003, 1891 (*Wagner*); OLG Dresden v. 21.5.2007 – 1 W 53/07, ZIP 2007, 2076, 2077 f.; *Staub/Ulmer*, § 108 Rn. 10; MünchKommHGB/*Langhein*, § 108 Rn. 9; *Ebenroth/Boujong/Joost/Strohn/Märtens*, § 108 Rn. 9.
4 BayObLG v. 28.3.1977 – 3 Z 24/76, DB 1977, 1085; BayObLG v. 4.4.1978 – 1 Z 15/78, Rpfleger 1978, 254, 255.
5 KG v. 5.10.2006 – 1 W 146/06, NZG 2007, 101.
6 BayObLG v. 12.10.1978 – 1 Z 102/78, DB 1979, 86; OLG Hamm v. 12.12.1985 – 15 W 443/85, Rpfleger 1986, 139, 140; KG v. 5.10.2006 – 1 W 146/06, NZG 2007, 101; *Ebenroth/Boujong/Joost/Strohn/Märtens*, § 108 Rn. 10; MünchKommHGB/*Langhein*, § 108 Rn. 10; *Staub/Ulmer*, § 108 Rn. 14; *Schlegelberger/Martens*, § 108 Rn. 10; *Baumbach/Hopt*, § 108 Rn. 1.
7 KG HRR 1934 Nr. 1041; MünchKommHGB/*Langhein*, § 108 Rn. 10.
8 Siehe hierzu OLG Köln v. 9.9.2004 – 2 Wx 22/04, DNotZ 2005, 555, 556 f.

Unterliegt die vererbte Beteiligung einer **Testamentsvollstreckung** (vgl. dazu § 139 Rn. 17 ff.), geht die Anmeldepflicht auf den Testamentsvollstrecker über. Eine Anmeldpflicht trifft hier den Erben nicht.

9

3. Gesetzliche bzw. organschaftliche Vertreter

Bei nicht voll geschäftsfähigen Gesellschaftern[1] oder bei Verbänden als Gesellschafter[2] haben deren gesetzliche oder organschaftliche Vertreter **mitzuwirken**; diese können dabei zugleich auch im eigenen Namen als Mitgesellschafter handeln[3]. Bei einer als Gesellschafter beteiligten juristischen Person oder Gesellschaft müssen nicht alle vorhandenen gesetzlichen Vertreter mitwirken, sondern nur in einer zur Vertretung ausreichenden Zahl[4]. Sind die Vertreter selbst Gesellschafter, muss ihr Auftreten auch als solche deutlich sein[5]. § 181 BGB bzw. §§ 181, 1629, 1630, 1795 BGB finden aber insoweit keine Anwendung[6].

10

4. Handeln durch Bevollmächtigte

Die anmeldepflichtigen Personen müssen nicht persönlich handeln, sondern können sich nach den §§ 12 Abs. 1 S. 2 HGB, 13 S. 3 FGG (ab 1.9.2009: §§ 10 f. FamFG) aufgrund einer **öffentlich beglaubigten Vollmacht** vertreten lassen[7]. Ein Vertreter, der selbst Gesellschafter ist, kann dabei auch im eigenen Namen an der Anmeldung mitwirken[8]. § 181 BGB ist insoweit nicht anwendbar[9]. Die Vollmacht ist grundsätzlich widerruflich[10]. Wird sie unwiderruflich erteilt, ist sie dennoch bei Vorliegen eines wichtigen Grundes widerruflich[11].

11

---

1 MünchKommHGB/*Langhein*, § 108 Rn. 13; *Ebenroth/Boujong/Joost/Strohn/Märtens*, § 108 Rn. 9.
2 *Baumbach/Hopt*, § 108 Rn. 3; *Ebenroth/Boujong/Joost/Strohn/Märtens*, § 108 Rn. 9; MünchKommHGB/*Langhein*, § 108 Rn. 13.
3 BayObLG v. 21.5.1970 – 2 Z 24/70, BB 1970, 940, 941; BayObLG v. 9.5.1977 – 3 Z 29/76, WM 1978, 70.
4 *Staub/Ulmer*, § 108 Rn. 11; *Ebenroth/Boujong/Joost/Strohn/Märtens*, § 108 Rn. 9; *Schlegelberger/Martens*, § 108 Rn. 14; siehe auch OLG Hamm v. 3.3.1983 – 15 W 1/82, OLGZ 1983, 257, 261.
5 BayObLG v. 20.6.1974 – 2 Z 2/74, DB 1974, 1520; OLG Hamm v. 3.3.1983 – 15 W 1/82, OLGZ 1983, 257, 263.
6 Siehe vorstehende Fn.; vgl. auch MünchKommHGB/*Langhein*, § 108 Rn. 13; *Ebenroth/Boujong/Joost/Strohn/Märtens*, § 108 Rn. 9.
7 BGH v. 17.7.2006 – II ZR 242/04, NJW 2006, 2854 f.; OLG Schleswig v. 4.6.2003 – 2 W 50/03, DStR 2003, 1891 (zur Vollmachtserteilung bei Umwandlung einer AG in eine GmbH & Co. KG); MünchKommHGB/*Langhein*, § 108 Rn. 14; *Renaud/Heinsen*, GmbHR 2008, 687, 689.
8 BayObLG v. 21.5.1970 – 2 Z 24/70, BB 1970, 940, 941; BayObLG v. 9.5.1977 – 3 Z 29/76, WM 1978, 70.
9 BayObLG v. 21.5.1970 – 2 Z 24/70, BB 1970, 940, 941; BayObLG v. 9.5.1977 – 3 Z 29/76, WM 1978, 70.
10 *Staub/Ulmer*, § 108 Rn. 12; *Ebenroth/Boujong/Joost/Strohn/Märtens*, § 108 Rn. 12; *Schlegelberger/Martens*, § 108 Rn. 12; *Baumbach/Hopt*, § 108 Rn. 3.
11 MünchKommHGB/*Langhein*, § 108 Rn. 14; *Staub/Ulmer*, § 108 Rn. 12.

12 Streitig ist, ob ein Gesellschafter bereits bei seinem Eintritt in die Gesellschaft (wie oft in Publikumsgesellschaften) eine **Generalvollmacht** für erforderliche Anmeldungen erteilen kann. Das wird z.T. bejaht, wenn der anzumeldende Vorgang seiner Art nach in der Vollmacht enthalten, also präzisiert ist[1]. Doch wird das im Grundsatz abzulehnen sein und kann nur aufgrund praktischer Notwendigkeiten für Publikumsgesellschaften zugelassen werden, hier aber auch nicht für Anmeldungen, die in die Rechtsstellung des Gesellschafters eingreifen[2]. Soweit hiernach eine Generalvollmacht möglich ist, kann sie ggf. auch als unwiderrufliche (vorbehaltlich wichtiger Gründe) ausgestaltet sein[3].

13 Der **Prokurist** eines als Gesellschafter beteiligten Unternehmens kann dieses bei Anmeldungen – ohne besondere Vollmacht – nicht vertreten[4], sondern benötigt eine besondere Vollmacht in der Form des § 12 Abs. 1 S. 2.

5. Insolvenzverwalter

14 Der Insolvenzverwalter über das Vermögen eines Gesellschafters ist an dessen Stelle anmeldepflichtig[5].

III. Zeichnung durch die Gesellschafter

15 Der frühere § 108 Abs. 2 (i.d.F. des HRefG) der Vorschrift, der den vertretungsberechtigten Gesellschaftern auferlegte, ihre Namensunterschrift unter Angabe der Firma zur Aufbewahrung beim Registergericht zu zeichnen (Zeichnungspflicht), ist durch Art. 1 Nr. 15 des Gesetzes über elektronische Handelsregister und Genossenschaftsregister sowie das Unternehmensregister (EHUG)[6] mit Wirkung vom 1. Januar 2007 ersatzlos aufgehoben worden.

---

1 BayObLG v. 9.5.1977 – 3 Z 29/76, WM 1978, 70; OLG Frankfurt v. 23.3.1973 – 20 W 209/73, OLGZ 1973, 270, 271; weitergehend MünchKommHGB/*Langhein*, § 108 Rn. 15.
2 Siehe im Einzelnen Staub/*Ulmer*, § 108 Rn. 13; Schlegelberger/*Martens*, § 108 Rn. 13; *Gustavus*, GmbHR 1978, 219, 220 ff.; KG v. 20.6.1975 – 1 W 455/75, WM 1976, 44.
3 BayObLG v. 25.3.1975 – 2 Z 10/75, WM 1975, 1193, 1194; KG v. 4.5.1979 – 1 W 3868/79, DNotZ 1980, 166, 167 f.; siehe auch BGH v. 17.7.2006 – II ZR 242/04, NJW 2006, 2854 f.
4 BGH v. 14.10.1968 – III ZR 82/66, WM 1969, 43; BGH v. 2.12.1991 – II ZB 13/91, NJW 1992, 975 f.; *Baumbach/Hopt*, § 108 Rn. 3; a.A. Renaud/Heinsen, GmbHR 2008, 687, 690 f.
5 BGH v. 3.7.1989 – II ZB 1/89, BGHZ 108, 187, 190; BGH v. 24.11.1980 – II ZR 265/79, WM 1981, 174, 175.
6 BGBl. I 2006, 2553.

Zweiter Titel Rechtsverhältnis der Gesellschafter untereinander

§ 109
Gesellschaftsvertrag

Das Rechtsverhältnis der Gesellschafter untereinander richtet sich zunächst nach dem Gesellschaftsvertrage; die Vorschriften der §§ 110 bis 122 finden nur insoweit Anwendung, als nicht durch den Gesellschaftsvertrag ein anderes bestimmt ist.

Übersicht

	Rn.		Rn.
I. Freiheit der Vertragsgestaltung . . .	1	5. Bestimmtheitsgrundsatz	9
II. Schranken der Gestaltungsfreiheit	3	6. Gleichbehandlungsgebot	10
1. Verbandssouveränität	4	7. Treuepflicht	
2. Selbstorganschaft	5	a) Allgemeines	12
3. Schutz des mitgliedschaftlichen		b) Bereiche der Aktualisierung . . .	13
Kernbereichs	6	c) Rechtsfolgen von Verstößen . . .	16
4. Abspaltungsverbot	7	8. Verhältnismäßigkeitsgrundsatz . .	18

Schrifttum: *Flume*, Die Problematik der Zustimmungspflicht des Gesellschafters einer Personengesellschaft zu Gesellschafterbeschlüssen und zur Änderung des Gesellschaftsvertrages, in: Festschrift Rittner, 1991, S. 119; *Hermanns*, Übertragung von Mitgliedschaftsrechten an Dritte – Gestaltungsmöglichkeiten und -grenzen, ZIP 2005, 2284; *Hüffer*, Zur gesellschaftsrechtlichen Treuepflicht als richterrechtlicher Generalklausel, in: Festschrift Steindorff, 1990, S. 59; *Loritz*, Vertragsfreiheit und Individualschutz im Gesellschaftsrecht, JZ 1986, 1073; *Lutter*, Theorie der Mitgliedschaft, AcP 180 (1980), 84; *Martens*, Bestimmtheitsgrundsatz und Mehrheitskompetenzen im Recht der Personengesellschaften, DB 1973, 413; *Priester*, Drittbindung des Stimmrechts und Satzungsautonomie, in: Festschrift Werner, 1984, S. 657; *Röttger*, Die Kernbereichslehre im Recht der Personenhandelsgesellschaften, 1989; *U.H. Schneider*, Die Änderung des Gesellschaftsvertrages einer Personengesellschaft durch Mehrheitsbeschluss, ZGR 1972, 357; *Teichmann*, Gestaltungsfreiheit in Gesellschaftsverträgen, 1970; *H.P. Westermann*, Vertragsfreiheit und Typengesetzlichkeit im Recht der Personengesellschaften, 1970; *Wiedemann*, Der Gesellschaftsvertrag der Personengesellschaften, WM 1990, Sonderbeil. Nr. 9; *Wiedemann*, Zu den Treuepflichten im Gesellschaftsrecht, in: Festschrift Heinsius, 1991, S. 949; *Wiedemann*, Rechte und Pflichten des Personengesellschafters, WM 1992 Sonderbeil. 7; *Wiedemann*, Erfahrungen mit der Gestaltungsfreiheit im Gesellschaftsrecht, ZGR 1998, Sonderheft 13, 5; *Zöllner*, Die Schranken mitgliedschaftlicher Stimmrechtsmacht bei den privatrechtlichen Personenverbänden, 1963; *Zöllner*, Die Anpassung von Personengesellschaftsverträgen an veränderte Umstände, 1979.

I. Freiheit der Vertragsgestaltung

1 Die Vorschrift stellt die grundsätzliche Freiheit der Gesellschafter heraus, ihre Rechtsbeziehungen nach ihren eigenen Vorstellungen im Gesellschaftsvertrag zu regeln. Diese Gestaltungsfreiheit ist Ausdruck der Verbandsautonomie, die eine Beteiligung von Nichtgesellschaftern an den Willensentscheidungen in der Gesellschaft ausschließt und auch der Möglichkeit entgegensteht, Dritten unentziehbare Rechte in den Angelegenheiten der Gesellschaft einzuräumen[1].

2 Die Regelungsfreiheit der Gesellschafter bezieht sich nicht nur auf die in § 109 genannten §§ 110 bis 122 (unter diesen hat allerdings § 118 Abs. 2 zwingenden Charakter, vgl. § 118 Rn. 18), sondern erfasst auch weitere Bereiche, so insbesondere Vereinbarungen zur Auflösung der Gesellschaft und ihrer Liquidation, hier jedoch vorbehaltlich der Vertragsbeendigungsfreiheit (§ 132 Rn. 14 ff.) und vorbehaltlich eingreifender Gesichtspunkte des Gläubigerschutzes[2].

II. Schranken der Gestaltungsfreiheit

3 Die gesellschafterliche Gestaltungsfreiheit ist indes nicht schrankenlos. Sie unterliegt auch außerhalb der §§ 134, 138 BGB Einschränkungen durch eine Reihe von Prinzipien, die teilweise (so die Verbandssouveränität, die Selbstorganschaft, der Kernbereichsschutz, das Abspaltungsverbot und der Bestimmtheitsgrundsatz) bereits der Vereinbarung von diesen Prinzipien widersprechenden Regelungen entgegenstehen, teilweise (so das Gleichbehandlungsgebot, die Treuepflicht und das Verhältnismäßigkeitsprinzip) sich vorwiegend als Rechtsausübungsschranken auswirken. Alle diese Grundsätze erfüllen zugleich wichtige Funktionen des Minderheitsschutzes in der Gesellschaft.

1. Verbandssouveränität

4 Unter der Verbandssouveränität ist die Autonomie der Gesellschaft (wie eines jeden Verbandes) zu verstehen, dass allein die Gesellschafter über die Gestaltung der Grundlagen ihres Zusammenschlusses zu entscheiden haben[3]. Der Grundsatz schließt aus, dass insoweit Dritten Mitwirkungs- und Zustimmungsrechte verliehen werden können, die nicht von einer Kompetenz der Gesellschafter überlagert werden[4].

---

1 Vgl. z.B. *Staub/Ulmer*, § 109 Rn. 33.
2 *Ebenroth/Boujong/Joost/Strohn/Märtens*, § 109 Rn. 2; MünchKommHGB/*Enzinger*, § 109 Rn. 3.
3 Siehe insbes. *Teichmann*, Gestaltungsfreiheit, S. 189 ff., 217 ff.; *Ebenroth/Boujong/Joost/Strohn/Märtens*, § 109 Rn. 16; MünchKommHGB/*Enzinger*, § 109 Rn. 15.
4 Dazu z.B. MünchKommHGB/*Enzinger*, § 109 Rn. 15 ff.; *Staub/Ulmer*, § 109 Rn. 33; *Schlegelberger/Martens*, § 109 Rn. 9 ff.

2. Selbstorganschaft

Der Grundsatz der Selbstorganschaft besagt, dass die organschaftlichen Geschäftsführungs- und Vertretungszuständigkeiten zwingend den Gesellschaftern zugeordnet sind. Nichtgesellschaftern können sie mit Rücksicht auf die unbeschränkte Gesellschafterhaftung (§§ 128 ff.) nicht übertragen werden (zum Verbot der Selbstentmachtung vgl. auch § 114 Rn. 7, 12 f.; § 125 Rn. 1)[1]. Im Einzelnen werden die Folgerungen aus dem Selbstorganschaftsprinzip bei den §§ 114 ff. und 125 ff. dargestellt.

5

3. Schutz des mitgliedschaftlichen Kernbereichs

Unzulässig und unwirksam sind Regelungen, mit denen in den Kernbereich des Mitgliedschaftsrechts der Gesellschafter eingegriffen wird[2]. Wegen der hierfür maßgeblichen Abgrenzungen und Fragen ist auf die Erörterungen zu § 119 Rn. 20 ff. zu verweisen.

6

4. Abspaltungsverbot

Das aus § 717 S. 1 BGB hervorgehende Verbot, die mitgliedschaftlichen Teilhaberechte organisationsrechtlicher Art vom Stammrecht der Mitgliedschaft abzuspalten, gilt über § 105 Abs. 3 auch für die OHG (siehe auch § 114 Rn. 8)[3]. Zu dem nach § 717 S. 1 BGB nicht abspaltbaren Rechten zählen die individuellen Vermögens- und Verwaltungsrechte der Gesellschafter. Ausgenommen sind nach § 717 S. 2 BGB lediglich bestimmte Vermögensrechte, nämlich die Ansprüche auf den Gewinnanteil oder das Auseinandersetzungsguthaben. Dies beruht auf der Annahme, dass es sich um von der Mitgliedschaft trennbare reine Zahlungsansprüche handelt, die – ohne den Grundsatz der Einheitlichkeit des mitgliedschaftlichen Rechtsverhältnisses zu verletzen – auch unbedenklich von Dritten geltend gemacht werden können[4]. Das Abspaltungsverbot hat namentlich in Fragen einer Übertragung des **Stimmrechts** Bedeutung erlangt. Allerdings kann die Ausübung des Stimmrechts einem Vertreter überlassen werden, wenn dies der Gesellschaftsvertrag zulässt oder alle Gesellschafter einverstanden sind[5]; ist der Ermächtigte selbst Gesellschafter, so steht dem Stimmrechtsgebrauch bei Maßnahmen der Geschäftsführung das Verbot des Selbstkontrahierens nicht entgegen[6]. Nach Sinn und Zweck des Abspaltungsverbotes ist es auch auf

7

---

1 *Ebenroth/Boujong/Joost/Strohn/Märtens*, § 109 Rn. 19; MünchKommHGB/*Enzinger*, § 109 Rn. 16, 19.
2 *Ebenroth/Boujong/Joost/Strohn/Märtens*, § 109 Rn. 17; MünchKommHGB/*Enzinger*, § 109 Rn. 23.
3 *K.Schmidt*, GesR, § 19 III 4; MünchKommHGB/*Enzinger*, § 109 Rn. 12.
4 OLG Hamm v. 24.5.2006 – 8 U 201/05, NZG 2006, 823 f.; MünchKommHGB/*Enzinger*, § 109 Rn. 12.
5 BGH v. 10.11.1951 – II ZR 111/50, BGHZ 3, 354, 357; *Hermanns*, ZIP 2005, 2284, 2288.
6 BGH v. 18.9.1975 – II ZB 6/74, BGHZ 65, 93, 99 f.; anders liegt es aber bei Änderungen des Gesellschaftsvertrages, vgl. BGH v. 18.9.1975 – II ZB 6/74, BGHZ 65, 93, 96.

Regelungen zu beziehen, die zu inhaltlich vergleichbaren Wirkungen führen[1], so bei unwiderruflichen und verdrängend wirkenden Stimmrechtsvollmachten[2], ebenso bei entsprechenden Ermächtigungen zur Rechtsausübung im eigenen Namen[3]. Nicht zu folgen ist in diesem Zusammenhang der bei einer Gelegenheit vom BGH[4] geäußerten Auffassung, dass einem Nichtgesellschafter durch den Gesellschaftsvertrag ein eigenes Stimmrecht eingeräumt werden könne[5]. Eine gegen das Abspaltungsverbot verstoßende Übertragung eines Verwaltungsrechts kann u.U. in eine wirksame Überlassung zur Ausübung umgedeutet werden (§ 140 BGB)[6].

8 **Möglich** bleibt eine widerrufliche Rechtsausübung durch einen Dritten namens des Gesellschafters[7], evtl. auch im eigenen Namen[8], jedoch jeweils nur unter dem Vorbehalt der Zulassung durch die übrigen Gesellschafter. Auch kommt eine Mitwirkung Dritter im Rahmen einer Beiratstätigkeit in Betracht[9]. Wegen der Möglichkeit, eine Gruppenvertretung für Gesellschafter vorzusehen, vgl. § 161 Rn. 21 ff. Besteht ein Nießbrauch an einem Gesellschaftsanteil, bleibt das Stimmrecht beim Gesellschafter[10], doch einer gesellschaftsvertraglich geregelten Verlagerung auf den Nießbraucher steht das Abspaltungsverbot nicht entgegen[11]. Gleiches gilt auch für die Einräumung von Mitverwaltungsrechten an einen Treugeber[12] oder Testamentsvollstrecker[13]

5. Bestimmtheitsgrundsatz

9 Der Bestimmtheitsgrundsatz[14] hat eine Begrenzung der Reichweite von Mehrheitsklauseln in Gesellschaftsverträgen zum Inhalt und führt zu Schranken der Mehrheitsherrschaft. So können allgemein gefasste Mehrheitsklauseln nur auf Geschäftsführungsfragen und laufende Angelegenheiten bezogen werden, während für Vertragsänderungen, insbesondere solche ungewöhnlicher Art, weiter gehende Anforderungen an die Möglichkeit von

---

1 *Ebenroth/Boujong/Joost/Strohn/Märtens*, § 109 Rn. 11.
2 BGH v. 10.11.1951 – II ZR 111/50, BGHZ 3, 354, 359; BGH v. 14.5.1956 – II ZR 229/54, BGHZ 20, 363, 365; BGH v. 15.12.1969 – II ZR 69/67, WM 1970, 157.
3 Siehe insbes. BGH v. 14.5.1956 – II ZR 229/54, BGHZ 20, 363, 365; *H.P. Westermann*, Vertragsfreiheit, S. 398 ff.
4 BGH v. 22.2.1960 – VII ZR 83/59, WM 1960, 430 f.
5 Gegen diese Entscheidung die ganz h.L., vgl. etwa *Schlegelberger/Martens*, § 109 Rn. 14; MünchKommBGB/*Ulmer*, § 717 BGB Rn. 10; *Ebenroth/Boujong/Joost/Strohn/Märtens*, § 109 Rn. 11; a.A. MünchKommHGB/*Enzinger*, § 109 Rn. 12.
6 BGH v. 14.5.1956 – II ZR 229/54, BGHZ 20, 363, 366 f.
7 *Schlegelberger/Martens*, § 109 Rn. 15; *K. Schmidt*, GesR, § 19 III 4c.
8 So *Staub/Ulmer*, § 109 Rn. 28.
9 Vgl. etwa BGH v. 1.12.1969 – II ZR 14/68, WM 1970, 246, 248.
10 BGH v. 19.11.1998 – II ZR 213/97, ZIP 1999, 68.
11 BGH v. 9.11.1998 – II ZR 213/97, NJW 1999, 571, 572; *K. Schmidt*, ZGR 1999, 601, 610 f.; *K. Schmidt*, GesR, § 19 III 4b.
12 BGH v. 23.6.2003 – II ZR 46/02, NJW-RR 2003, 1392, 1393; *K.Schmidt*, GesR, § 19 III 4b.
13 BGH v. 12.1.1998 – II ZR 23/97, NJW 1998, 1313, 1314.
14 Vgl. hierzu auch *Ebenroth/Boujong/Joost/Strohn/Märtens*, § 109, Rn. 18 f.

Mehrheitsentscheidungen bestehen. Die Berechtigung des Grundsatzes ist heute umstritten. Auf ihn wird bei § 119 Rn. 17 ff. näher eingegangen.

6. Gleichbehandlungsgebot

Der gewohnheitsrechtlich begründete Grundsatz der Gleichbehandlung der Gesellschafter, der in einer Reihe von Bestimmungen zum Ausdruck kommt (§§ 706 Abs. 1, 722 BGB; §§ 114 Abs. 1, 119 Abs. 1, 121 Abs. 3), schließt nicht aus, dass die Rechte und Pflichten der Gesellschafter im Gesellschaftsvertrag unterschiedlich bestimmt werden[1]. Insoweit muss der Grundsatz mit demjenigen der Vertragsfreiheit abgewogen werden[2]. Seine Bedeutung liegt im Verbot einer willkürlichen, sachlich nicht gerechtfertigten Ungleichbehandlung der Gesellschafterinteressen bei Gesellschafterbeschlüssen oder Maßnahmen der Geschäftsführung. Ein Verstoß würde ggf. zur Unwirksamkeit getroffener Entscheidungen und zur Verpflichtung begünstigter Gesellschafter führen, die Ungleichbehandlung rückgängig zu machen oder auszugleichen. Dem Gleichbehandlungsprinzip widersprechen aber nicht Regelungen, die in sachlich zu rechtfertigender Weise etwa Besserstellungen einzelner Gesellschafter mit hiermit verbundenen Belastungen kompensatorisch ausgleichen[3].

10

Besonderes Gewicht kommt dem Gleichbehandlungsgrundsatz zu bei dem Erfordernis einer gleichmäßigen Einforderung ausstehender Einlagen[4], bei der Gewinnverteilung und der Zulassung von Entnahmen[5], bei Veränderungen der Kapitalbeteiligungen[6], aber auch bei Drittgeschäften einzelner Gesellschafter mit der Gesellschaft[7]. Der einseitig benachteiligte Gesellschafter kann auf Gleichbehandlung klagen (Erfüllung bzw. Unterlassung) und/oder bei einem schuldhaften Verstoß Schadensersatz verlangen. Ist der dem Mitgesellschafter gewährte Vorteil rechtswidrig gewesen, besteht aber kein Anspruch auf „Gleichheit im Unrecht"[8].

11

---

1 BGH v. 17.12.2001 – II ZR 27/01, NJW-RR 2002, 904, 905; BGH v. 18.12.1955 – II ZR 222/53, BGHZ 16, 59, 70; BGH v. 14.5.1956 – II ZR 229/54, BGHZ 20, 363, 369; OLG München v. 28.3.2001 – 7 U 5341/00, NJOZ 2001, 1001, 1004 f.; *Staub/Ulmer*, § 105 Rn. 256; *Schlegelberger/K. Schmidt*, § 105 Rn. 151; *Ebenroth/Boujong/Joost/Strohn/Märtens*, § 109 Rn. 27; MünchKommHGB/*Enzinger*, § 109 Rn. 20 f.
2 BGH v. 17.12.2001 – II ZR 27/01, NJW-RR 2002, 904, 905.
3 Vgl. z.B. *Schlegelberger/Martens*, § 109 Rn. 29.
4 Vgl. OLG München v. 28.3.2001 – 7 U 5341/00, NJOZ 2001, 1001, 1005; MünchKommHGB/*Enzinger*, § 109 Rn. 21.
5 BGH v. 2.6.1977 – II ZR 126/75, WM 1977, 1022 ff.
6 Dazu BGH v. 30.9.1974 – II ZR 148/72, WM 1974, 1151, 1153.
7 *Schlegelberger/Martens*, § 109 Rn. 30.
8 *Baumbach/Hopt*, § 109 Rn. 30.

7. Treuepflicht

a) Allgemeines

12 Eine **herausragende Bedeutung** hat die gesellschafterliche Treuepflicht erlangt. Sie ist ein durch Richterrecht ausgeformter, gewohnheitsrechtlich anerkannter Rechtssatz, der dem mitgliedschaftlichen Gemeinschaftsverhältnis, der mitgliedschaftlichen Zweckförderungspflicht sowie dem Gleichlauf zwischen Rechtsmacht und Verantwortung Rechnung trägt[1]. Adressat der Treuepflicht ist nicht nur der Mehrheitsgesellschafter, sondern jeder Gesellschafter[2]. Dies gilt unabhängig davon, ob es sich bei dem Gesellschafter um eine natürliche oder juristische Person handelt[3]. Die Treuepflicht hat eine doppelte Zielrichtung. Sie erlegt den Gesellschaftern eine Rücksichtnahme einerseits auf die Interessen der Gesellschaft selbst, andererseits auf die Belange der Mitgesellschafter auf[4]. Inhaltlich ist die Treuepflicht auf die Wahrnehmung der Gesellschaftsinteressen ausgerichtet. Im mitgliedschaftlichen Bereich (nicht aber im privaten Bereich) muss der Gesellschafter daher – vorbehaltlich der Wahrnehmung berechtigter eigener Interessen – sein Verhalten den Belangen der Gesellschaft unterordnen[5]. Dies kann einerseits zu Handlungs- und Unterlassungspflichten des Gesellschafters führen oder andererseits den Gesellschafter in der Durchsetzung von Gesellschafterrechten beschränken (Schrankenfunktion). Schließlich ist die Treuepflicht auch als Wertungsmaßstab im Rahmen der Auslegung des Gesellschaftsvertrages[6] oder der gesetzlichen Vorschriften (z.B. im Rahmen eines Wettbewerbsverbotes[7]) heranzuziehen.

13 Die Konkretisierung der Treuepflicht erfolgt stets anhand der Umstände des Einzelfalles und unter Berücksichtigung des Grundsatzes der Verhältnismäßigkeit[8] sowie der Abwägung der beteiligten Interessen[9]. Die Beantwortung nach dem Inhalt der Treuepflicht ist daher nicht verallgemeinerungs-

---

1 *K. Schmidt*, GesR, § 20 IV 1b.
2 *K. Schmidt*, GesR, § 20 IV 3.
3 BGH v. 5.12.2005 – II ZR 13/04, NZG 2006, 194.
4 Vgl. etwa BGH v. 24.2.1954 – II ZR 3/53, BGHZ 12, 308, 319 f.; BGH v. 27.6.1957 – II ZR 15/56, BGHZ 25, 47, 53; BGH v. 5.12.2005 – II ZR 13/04, NZG 2006, 194; *Ebenroth/Boujong/Joost/Strohn/Märtens*, § 109, Rn. 20; *K. Schmidt*, GesR, § 20 IV 1c; *Ebenroth/Boujong/Joost/Strohn/Märtens*, § 109 Rn. 27; MünchKommHGB/*Enzinger*, § 109 Rn. 20 f. Siehe auch die Darstellung bei *Wiedemann*, ZGR 1998, Sonderheft 13, 5, 20 ff.
5 *Michalski*, NZG 1998, 460; vgl. auch BGH v. 5.12.2005 – II ZR 13/04, NZG 2006, 194.
6 *Baumbach/Hopt*, § 109 Rn. 23.
7 Vgl. etwa BGH v. 23.9.1985 – II ZR 257/84, WM 1985, 1444, 1445; BGH v. 8.5.1989 – II ZR 229/88, ZIP 1989, 986, 987.
8 Vgl. z.B. BGH v. 15.11.1982 – II ZR 62/82, BGHZ 85, 350, 360 f.; siehe auch BGH v. 26.3.2007 – II ZR 22/06, DStR 2007, 1313, 1314.
9 BGH v. 26.3.2007 – II ZR 22/06, DStR 2007, 1313, 1314; BGH v. 2.7.2007 – II ZR 181/06, DStR 2007, 2021 f.; BGH v. 16.2.1981 – II ZR 168/79, BGHZ 80, 69, 74 (zum Recht der GmbH).

fähig[1]. Zu den berücksichtigungsfähigen Umständen zählt insbesondere auch die Realstruktur der konkreten Gesellschaft. Mithin ist die Treuepflicht in der gesetzestypischen Personenhandelsgesellschaft regelmäßig besonders ausgeprägt, während sie etwa in der Publikumsgesellschaft (dazu § 161 Rn. 87 ff.) stark abgeschwächt ist[2].

In zeitlicher Hinsicht besteht die Treuepflicht während der gesamten Mitgliedschaft in der Gesellschaft. Richtiger Ansicht nach gibt es aber auch Vor- und Nachwirkungen der Treuepflicht (siehe auch § 131 Rn. 41)[3]. Insbesondere besteht die Treuepflicht grundsätzlich auch nach Auflösung der Gesellschaft bis zu deren Vollbeendigung weiter[4]. Hier ist jedoch die Intensität mitunter deutlich abgeschwächt (§ 145 Rn. 4, § 156 Rn. 5). Gleiches gilt auch für das eröffnete Insolvenzverfahren über das Vermögen der Gesellschaft[5].

14

b) Bereiche der Aktualisierung

Im Einzelnen kann die Treuepflicht sich bei der **Wahrnehmung der gesellschafterlichen Rechte in vielfältiger Weise aktualisieren**. Die Treuepflicht kann dem Gesellschafter etwa **Unterlassungspflichten** auferlegen. Die Schwelle wird dabei niedriger sein, wenn das in Frage stehende Gesellschafterrecht nicht eigen-, sondern uneigennützigen Zwecken dient[6]. Letzteres ist etwa bei dem Recht zur Geschäftsführung der Fall (§ 114 Rn. 19 f., § 115 Rn. 4 und § 116 Rn. 3). Dieses darf er nicht zu privaten Zwecken ausnutzen (§ 114 Rn. 22). Aber auch bei der Verfolgung eigennütziger Rechte kann der Gesellschafter einer (vorübergehenden) Unterlassungspflicht unterliegen. So ist der Gesellschafter beispielsweise im Rahmen seines Rückgriffs- oder Freistellungsanspruchs gegenüber seinen Mitgesellschaftern wegen Befriedigung eines Gläubigers oder Inanspruchnahme durch einen Gläubiger in mehrfacher Hinsicht beschränkt (§ 128 Rn. 10 f.). Gleiches gilt auch für das Entnahmerecht nach § 122 Abs. 1 (siehe § 122 Rn. 6). Beschränkungen können auch das Einsichts- und Informationsrecht nach § 118 (§ 118 Rn. 1), das Recht, Beschlussmängel zu rügen (§ 119 Rn. 11), oder das Recht zur Kündigung oder Auflösung der Gesellschaft (§§ 131 f.) unterliegen[7]. Im Einzelfall

15

---

[1] BGH v. 2.7.2007 – II ZR 181/06, DStR 2007, 2021; BGH v. 26.3.2007 – II ZR 22/06, DStR 2007, 1313; siehe auch *Ebenroth/Boujong/Joost/Strohn/Märtens*, § 109 Rn. 20.
[2] BGH v. 13.3.1978 – II ZR 63/77, BGHZ 71, 53, 58 f.; BGH v. 5.11.1984 – II ZR 111/84, ZIP 1985, 407, 408; OLG Dresden v. 29.11.2004 – 2 U 1507/04, DStR 2005, 615.
[3] *K. Schmidt*, GesR, § 20 IV 1b; *Baumbach/Hopt*, § 109 Rn. 24.
[4] BGH v. 2.7.2007 – II ZR 181/06, DStR 2007, 2021 f.; BGH v. 11.1.1971 – II ZR 143/68, WM 1971, 412, 414.
[5] OLG Dresden v. 29.11.2004 – 2 U 1507/04, DStR 2005, 615; *Gottwald/Haas*, InsO-Hdb, § 92 Rn. 295.
[6] Siehe die Beispiele bei *Michalski*, NZG 1998, 460, 461.
[7] OLG Celle v. 21.12.2005 – 9 U 96/05, ZIP 2006, 807, 809.

können sich nicht nur Unterlassungs-, sondern auch Handlungspflichten für die Gesellschafter ergeben[1]. Die Treuepflicht kommt etwa für das Verhalten der Mehrheit gegenüber der Minderheit ins Spiel[2]. Hier kann sich sowohl für den Mehrheitsgesellschafter[3] als auch für den Minderheitsgesellschafter[4] die Pflicht ergeben, den Anträgen der übrigen Gesellschafter zuzustimmen. In der Sache kann es etwa um die Zustimmung zu einer Klage nach § 117, 127 bzw. § 140 gehen (§ 117 Rn. 12, § 140 Rn. 17), zur Zuziehung von Beständen oder Beratern bei der Teilnahme an Abstimmungen (§ 119 Rn. 30), zur Auflösung der Gesellschaft (§ 131 Rn. 7)[5], zu einer gebotenen Änderungen des Gesellschaftsvertrages (z.B. im Zusammenhang mit Nachfolgeregelung[6], § 139 Rn. 1 oder einer Sanierung[7])[8] oder einer Auflösungsvereinbarung gehen (§ 145 Rn. 5). Je stärker der Eingriff in die Mitgliedschaftsrechte des Gesellschafters ist, desto höher sind die Anforderungen an eine aus der Treuepflicht abgeleiteten Handlungs- oder Unterlassungspflicht. Insbesondere an eine aus der Treuepflicht abgeleiteten Zustimmungspflicht zu einer Beitragserhöhung sind besonders hohe Anforderungen zu stellen[9]. Bei Fragen von existenzwichtiger Bedeutung kann auch außerhalb des Sonderrechts der Publikumsgesellschaft (§ 161 Rn. 119) sogar die grundsätzlich bestehende Notwendigkeit, eine pflichtwidrig verweigerte Zustimmung einzuklagen, entfallen[10].

c) Rechtsfolgen von Verstößen

16 Die Rechtsfolgen einer Treuepflichtverletzung können nicht nur in klagbaren Verhaltensansprüchen oder in der Unwirksamkeit (oder Anfechtbar-

---

1 Siehe die Beispiele bei *Michalski*, NZG 1998, 460 f.
2 *Lutter*, AcP 180 (1980), 84, 126 f.; vgl. auch BGH v. 5.12.1983 – II ZR 242/82, BGHZ 89, 162, 165 f.
3 Vgl. bei *Zöllner*, Schranken mitgliedschaftlicher Stimmrechtsmacht, S. 344 ff., 349 ff.; *U.H. Schneider*, ZGR 1972, 357, 384; *Immenga*, ZGR 1974, 385, 420 f.
4 BGH v. 28.5.1979 – II ZR 172/78, WM 1979, 1058, 1059 f.; BGH v. 20.10.1986 – II ZR 86/85, WM 1987, 133, 134.
5 BGH v. 17.12.1959 – II ZR 81/59, WM 1960, 105, 106.
6 BGH v. 8.11.2004 – II ZR 350/02, NJW-RR 2005, 263, 264.
7 BGH v. 5.11.1984 – II ZR 111/84, ZIP 1985, 407, 408; siehe auch BGH v. 2.7.2007 – II ZR 181/06, DStR 2007, 2021 f.: Keine Verpflichtung des Kommanditisten zur Durchführung eines zeitlich ungewissen Sanierungskonzepts einer Änderung des Gesellschaftsvertrages zuzustimmen, durch die ein Teil seiner Haftsumme in eine Zahlungspflicht gegenüber der KG umgewandelt wird; siehe auch OLG Celle v. 21.12.2005 – 9 U 96/05, ZIP 2006, 807, 809: bloßer Sanierungsbedarf löst auf Treuepflicht gestützte Nachschusspflicht nicht aus; denn der Gesellschafter darf sich auch für die Alternative der Auflösung entscheiden.
8 Vgl. im Übrigen etwa BGH 17.12.2001 – II ZR 27/01, NJW-RR 2002, 904, 905; BGH v. 28.4.1975 – II ZR 16/73, BGHZ 64, 253, 257 f.; siehe auch die Rechtsprechungsübersichten in BGH v. 25.9.1986 – II ZR 262/85, BGHZ 98, 276, 279 und BGH v. 20.3.1995 – II ZR 205/94, ZIP 1995, 819, 824.
9 BGH v. 4.7.2005 – II ZR 354/03, ZIP 2005, 1455, 1457; OLG Celle v. 21.12.2005 – 9 U 96/05, ZIP 2006, 807, 809.
10 BGH v. 29.9.1986 – II ZR 285/85, WM 1986, 1556, 1557.

keit, siehe § 119 Rn. 8 ff.) von Rechtsausübungsakten bestehen, sondern es können sich auch **Schadensersatzansprüche** ergeben[1], und zwar sowohl solche der Gesellschaft als auch solche der Gesellschafter, soweit diesen losgelöst von einem Gesellschaftsschaden Nachteile entstehen. Wirkt sich ein schädigendes Verhalten neben einer Schädigung der Gesellschaft selbst auch i.S. einer wirtschaftlichen Entwertung der Anteile der anderen Gesellschafter aus (sog. Doppelschaden), so ist der Ersatzanspruch auf Schadenswiedergutmachung innerhalb der Gesellschaft gerichtet[2]. In Betracht kann weiter eine Entziehung der Geschäftsführungs- oder der Vertretungsbefugnis, eine Ausschließung des verantwortlichen Gesellschafters, umgekehrt aber auch ein Austrittsrecht für andere Gesellschafter oder eine Auflösung der Gesellschaft kommen[3].

8. Verhältnismäßigkeitsgrundsatz

Der Verhältnismäßigkeitsgrundsatz, der vor allem für das Recht der Kapitalgesellschaften anerkannt ist[4], hat als **allgemeines Rechtsprinzip** auch für die Personengesellschaften Geltung[5]. So ist etwa bei im Gesellschaftsinteresse liegenden, aber die Interessen bestimmter Gesellschafter berührenden Maßnahmen nicht nur deren Eignung und Erforderlichkeit, dieses auch i.S. ihrer Ersetzbarkeit durch weniger eingreifende Lösungen, zu prüfen. Sondern die erstrebten Vorteile für die Gesellschaft müssen mit den damit für die Gesellschafter verbundenen Nachteilen auch in einem angemessenen Verhältnis stehen. Relevanz kann der Verhältnismäßigkeitsgrundsatz sodann bei Klagen auf Entziehung der Geschäftsführungs- und Vertretungsbefugnis und bei einem Auflösungs- oder Ausschließungsverlangen erlangen (siehe dazu die Erläuterungen zu den §§ 117, 127, 133, 140). Da derartige Schritte vielfach nur als ultima ratio in Betracht kommen, müssen ihnen im Rahmen des Zumutbaren Reaktionen mit einem milderen Mittel vorgehen.

17

Die **Rechtsfolgen** unverhältnismäßiger Maßnahmen bestehen im Allgemeinen in ihrer rechtlichen Unwirksamkeit.

18

---

1 *Ebenroth/Boujong/Joost/Strohn/Märtens*, § 109 Rn. 24; *Baumbach/Hopt*, § 109 Rn. 28.
2 BGH v. 29.6.1987 – II ZR 173/86, ZIP 1987, 1316, 1319.
3 *Ebenroth/Boujong/Joost/Strohn/Märtens*, § 109 Rn. 24; *Baumbach/Hopt*, § 109 Rn. 28.
4 BGH v. 13.3.1978 – II ZR 142/76, BGHZ 71, 40, 46; BGH v. 16.2.1981 – II ZR 168/79, BGHZ 80, 69, 74; BGH v. 19.4.1982 – II ZR 55/81, BGHZ 83, 319, 321.
5 *Ebenroth/Boujong/Joost/Strohn/Märtens*, § 109 Rn. 25.

§ 110
Ersatz von Aufwendungen und Verlusten

(1) Macht der Gesellschafter in den Gesellschaftsangelegenheiten Aufwendungen, die er den Umständen nach für erforderlich halten darf, oder erleidet er unmittelbar durch seine Geschäftsführung oder aus Gefahren, die mit ihr untrennbar verbunden sind, Verluste, so ist ihm die Gesellschaft zum Ersatze verpflichtet.

(2) Aufgewendetes Geld hat die Gesellschaft von der Zeit der Aufwendung an zu verzinsen.

Übersicht

	Rn.		Rn.
I. Überblick	1	III. Ausgleich von Verlusten	9
II. Aufwendungsersatz		1. Verlust des Gesellschafters	10
1. Gesellschafter als Anspruchsinhaber	2	2. Geschäftsbesorgung für die Gesellschaft	
2. Gesellschaft als Anspruchsgegner		a) Unmittelbarer Zusammenhang	11
a) Haftung der Gesellschaft	3	b) Verschulden als Ausschlussgrund?	12
b) Haftung der Mitgesellschafter?	4	3. Ansprüche gegen Dritte	14
3. Handeln in Gesellschaftsangelegenheiten		IV. Verzinsung, Freistellung, Konkurrenzen und Stellung des Ersatzpflichtigen	
a) Interessenkreis der Gesellschaft	5		
b) Befugnis zum Handeln?	6	1. Zinsen	15
4. Aufwendungen		2. Freistellung	16
a) Objektive Seite	7	3. Konkurrenzen	17
b) Subjektive Seite	8	4. Stellung des Ersatzberechtigten	18

Schrifttum: *Bastuck*, Enthaftung des Managements, 1986; *Hadding*, Zum Rückgriff des ausgeschiedenen haftenden Gesellschafters einer OHG oder KG, in: Festschrift Stimpel, 1985, S. 139; *Köhler*, Arbeitsleistungen als „Aufwendungen", JZ 1985, 359; *Kubis*, Der Regress des Personenhandelsgesellschafters aus materiellrechtlicher und verfahrensrechtlicher Sicht, 1988; *Walter*, Der Gesellschafter als Gläubiger seiner Gesellschaft, JuS 1982, 81.

I. Überblick

1 Die Vorschrift, der das Prinzip der Risikohaftung für Tätigkeiten in fremdem Interesse zugrunde liegt, gibt dem Gesellschafter einen Anspruch auf Ersatz seiner Aufwendungen (dazu Rn. 2 ff.), die er für die Gesellschaft gemacht hat, darüber hinaus aber auch für unfreiwillige Vermögensopfer (dazu Rn. 10 ff.). § 110 erweitert damit § 670 BGB und ist im Verhältnis zu diesem lex specialis[1]. § 110 ist dispositiv[2].

---
1 *Baumbach/Hopt*, § 110 Rn. 1; MünchKommHGB/*Langhein*, § 110 Rn. 4.
2 MünchKommHGB/*Langhein*, § 110 Rn. 28; *Baumbach/Hopt*, § 110 Rn. 18.

II. Aufwendungsersatz

1. Gesellschafter als Anspruchsinhaber

Der Anspruch steht allen (auch den nichtgeschäftsführenden) **Gesellschaftern** (auch Kommanditisten) für Aufwendungen aus der Zeit ihrer Zugehörigkeit zur Gesellschaft zu[1]. Werden daher ausgeschiedene Gesellschafter erst nach dem Ausscheiden aufgrund einer fortbestehenden Haftung in Anspruch genommen, beurteilen sich ihre Erstattungsansprüche nach anderen Rechtsgrundlagen (vgl. § 128 Rn. 31 f.). Für **Nichtgesellschafter** könnten Ansprüche aus § 110 ausnahmsweise im Zusammenhang der §§ 844, 845 BGB in Betracht kommen[2].

2

2. Gesellschaft als Anspruchsgegner

a) Haftung der Gesellschaft

Der Anspruch richtet sich **gegen die Gesellschaft**. Im Einzelfall kann seiner uneingeschränkten Geltendmachung die Treuepflicht entgegenstehen, so u.U. bei wirtschaftlichen Schwierigkeiten der Gesellschaft. Dagegen steht einer Inanspruchnahme der Gesellschaft die Treuepflicht nicht bereits entgegen, wenn neben der Gesellschaft auch ein Dritter hinsichtlich der Aufwendung ersatzpflichtig ist[3]. Insbesondere muss hier der Dritte nicht zunächst in Anspruch genommen werden. Wird in einem solchen Fall aber die Gesellschaft in Anspruch genommen, ist § 255 BGB zu beachten.

3

b) Haftung der Mitgesellschafter?

Eine Haftung der Mitgesellschafter **kommt während des Bestehens der Gesellschaft nicht zum Zuge**[4]. Das gilt selbst dann, wenn aus dem Gesellschaftsvermögen keine Befriedigung zu erlangen ist. Andernfalls käme es über § 110 zu Nachschussverpflichtungen entgegen § 707 BGB. Aus demselben Grund greift auch § 128 nicht ein[5]. Eine Inanspruchnahme kann ausnahmsweise als Vorwegnahme der Schlussabrechnung im Rahmen der Liquidation in Betracht kommen[6]. Wird allerdings ein Gesellschafter von einem Gesellschaftsgläubiger in Anspruch genommen (oder ist er einem solchen Gesellschafter gleichzustellen)[7], so ist dem betroffenen Gesellschafter

4

---

1 BGH v. 9.5.1963 – II ZR 124/61, BGHZ 39, 319, 324 f.; BGH v. 14.11.1977 – II ZR 35/77, WM 1978, 114, 115; BGH v. 7.12.2001 – II ZR 382/99, NJW-RR 2002, 455.
2 Vgl. dazu RGZ 167, 85, 89; BGH v. 19.6.1952 – III ZR 295/51, BGHZ 7, 30, 34.
3 *Baumbach/Hopt*, § 110 Rn. 6.
4 BGH v. 2.7.1962 – II ZR 294/60, BGHZ 37, 299, 301; BGH v. 17.12.2001 – II ZR 382/99, NJW-RR 2002, 455; *Ebenroth/Boujong/Joost/Strohn/Goette*, § 110 Rn. 29; a.A. *Wiedemann*, GesR, § 5 III a.
5 Vgl. MünchKommHGB/*Langhein*, § 110 Rn. 10; *Baumbach/Hopt*, § 110 Rn. 5.
6 BGH v. 2.7.1962 – II ZR 294/60, BGHZ 37, 299, 301 f. (h.M.); *Baumbach/Hopt*, § 110 Rn. 5; *Ebenroth/Boujong/Joost/Strohn/Goette*, § 110 Rn. 29; dagegen für eine subsidiäre Pro-rata-Haftung der übrigen Gesellschafter: *Schlegelberger/Martens*, § 110 Rn. 8 f.
7 Siehe BGH v. 17.12.2001 – II ZR 382/99, NJW-RR 2002, 455, 456.

subsidiär ein jeweils anteiliger Rückgriffsanspruch aus § 426 BGB gegen die Mitgesellschafter zuzugestehen[1].

3. Handeln in Gesellschaftsangelegenheiten

a) Interessenkreis der Gesellschaft

5 Erforderlich ist, dass der Gesellschafter sowohl objektiv im **Interessenkreis der Gesellschaft** tätig geworden ist als auch subjektiv mit entsprechender **Willensrichtung** gehandelt hat. Betätigungen dieser Art sind nicht nur Maßnahmen der Geschäftsführung, sondern kommen in vielerlei Zusammenhängen in Betracht. Das Tatbestandsmerkmal ist nicht nur dann erfüllt, wenn das Handeln des Gesellschafters unmittelbar der Verfolgung des Gesellschaftszwecks dient. Vielmehr werden auch Aktivitäten erfasst, die darauf abzielen, Schaden oder Gefahren von der Gesellschaft abzuwenden[2]. Verfolgt der Gesellschafter hingegen eigene Interessen oder überwiegen die eigenen Interessen eindeutig die gesellschaftsrechtlichen Ziele, scheidet § 110 aus. Dies gilt selbst dann, wenn der Gesellschafter hierdurch die Gesellschaftsangelegenheiten mittelbar fördert[3]. Ein Handeln im Eigeninteresse liegt aber nicht schon dann vor, wenn der Gesellschafter zugleich auch eine eigene Verpflichtung (etwa im Außenverhältnis) erfüllt. Die Verfolgung (überwiegend) eigener Interessen nimmt die h.M. dagegen an bei der Geltendmachung von Kontroll- und Informationsrechten oder bei der Teilnahme an einer Gesellschafterversammlung[4]. Ausnahmsweise kann hier aber Kostenersatz verlangt werden, wenn dies im Gesellschaftsvertrag vereinbart ist oder sich aus langjähriger Übung ergibt[5].

b) Befugnis zum Handeln?

6 Streitig ist, ob der Gesellschafter **zu der entfalteten Tätigkeit befugt** gewesen sein muss. Dies wird von der wohl überwiegenden Meinung[6], die den unbefugt handelnden Gesellschafter auf die §§ 677 ff. BGB verweist, angenommen. Eine „Befugnis" wird dann angenommen, wenn sich der geschäftsführende Gesellschafter in den Grenzen seiner Kompetenzen hält, bzw. der von der Geschäftsführung grundsätzlich ausgeschlossene Gesellschafter im Einzelfall – etwa durch Gesellschafterbeschluss – zu der konkreten Maßnahme beauftragt worden ist oder es sich um eine solche der Notgeschäftsführung

---

1 BGH v. 2.7.1962 – II ZR 294/60, BGHZ 37, 299, 302 f.; BGH v. 2.7.1979 – II ZR 132/78, NJW 1980, 339, 340; BGH v. 15.1.1988 – V ZR 183/86, WM 1988, 446, 448; BGH v. 17.12.2001 – II ZR 382/99, ZIP 2002, 394, 396; BGH v. 20.6.2005 – II ZR 252/03, ZIP 2005, 1552.
2 *Ebenroth/Boujong/Joost/Strohn/Goette*, § 110 Rn. 14; *Baumbach/Hopt*, § 110 Rn. 8.
3 *Ebenroth/Boujong/Joost/Strohn/Goette*, § 110 Rn. 14; *MünchKommHGB/Langhein*, § 110 Rn. 13.
4 *Staub/Ulmer*, § 110 Rn. 7, 13; *Schlegelberger/Martens*, § 110 Rn. 12; *Baumbach/Hopt*, § 110 Rn. 3.
5 *Baumbach/Hopt*, § 110 Rn. 3.
6 Vgl. z.B. *Staub/Ulmer*, § 110 Rn. 9 f.; *Heymann/Emmerich*, § 110 Rn. 5; *A. Hueck*, Das Recht der OHG, S. 211.

handelt[1]. Nach anderen[2] kommt es auf eine Befugnis nicht an. Hierfür spricht zum einen die bewusste Abkoppelung der Regelung von den allgemeinen Auftragsvorschriften. Zum anderen lässt das Gesetz die Ersatzpflicht davon abhängen, ob der Gesellschafter die Aufwendungen subjektiv für erforderlich halten durfte, und sorgt damit für eine sachgerechte (und als abschließend zu verstehende) Differenzierung.

4. Aufwendungen

a) Objektive Seite

Aufwendungen sind **freiwillige Vermögensopfer**. Es muss sich um ein sog. Sonderopfer handeln, d.h. eine Verpflichtung zur Leistung darf im Innenverhältnis zur Gesellschaft nicht bestehen[3]. Soweit der Gesellschafter im Außenverhältnis verpflichtet ist, steht dies im Innenverhältnis der Annahme der Freiwilligkeit nicht entgegen[4]. Kein Sonderopfer liegt dagegen vor, wenn es sich um eine Leistung des Gesellschafters handelt, die üblicherweise nicht erstattet/vergütet wird. Aufwendungen sind etwa die Erfüllung von Gesellschaftsschulden. Insofern ist es unerheblich, ob die Gesellschafter zugleich eigene Verbindlichkeiten tilgen[5] oder etwa einer Inanspruchnahme gemäß § 128[6] entgehen wollen. § 110 greift ebenfalls ein, wenn ein Gesellschafter auf eine Grundschuld zahlt, die er zugunsten einer Gesellschaftsverbindlichkeit bestellt hat, da die Gesellschaft hierdurch eine dauernde Einrede gegen ihre Inanspruchnahme aus der persönlichen Forderung erwirbt[7]. Gleiches gilt bei Rückgewähr von Ausschüttungen zur Vermeidung der eigenen (Kommanditisten-)Haftung, die Begleichung von Abgabe- und Steuerschulden für die Gesellschaft, die Übernahme von Prozesskosten zur Klärung von Rechtsfragen der Gesellschaft, die Überlassung von Gegenständen oder die Übernahme von Verbindlichkeiten für die Gesellschaft[8]. Eine Aufwendung liegt u.U. auch bei Schmiergeldzahlungen im Ausland vor[9].

7

---

1 Vgl. hierzu *Ebenroth/Boujong/Joost/Strohn/Goette*, § 110 Rn. 6.
2 *Schlegelberger/Martens*, § 110 Rn. 14; MünchKommHGB/*Langhein*, § 110 Rn. 6; *Baumbach/Hopt*, § 110 Rn. 2; *Ebenroth/Boujong/Joost/Strohn/Goette*, § 110 Rn. 6 f.; *Reichert/Winter*, BB 1988, 981, 991.
3 BGH v. 17.12.2001 – II ZR 381/99, ZIP 2002, 394; BGH v. 20.6.2005 – II ZR 252/03, DStR 2005, 1197, 1198; MünchKommHGB/*Langhein*, § 110 Rn. 11.
4 BGH v. 20.6.2005 – II ZR 252/03, ZIP 2005, 1552 f.; MünchKommHGB/*Langhein*, § 110 Rn. 12; *Ebenroth/Boujong/Joost/Strohn/Goette*, § 110 Rn. 10; *Staub/Ulmer*, § 110 Rn. 18; *Baumbach/Hopt*, § 110 Rn. 1.
5 BGH v. 17.12.2001 – II ZR 381/99, ZIP 2002, 394; BGH v. 20.6.2005 – II ZR 252/03, ZIP 2005, 1552 f.; *Ebenroth/Boujong/Joost/Strohn/Goette*, § 110 Rn. 12.
6 BGH v. 2.7.1962 – II ZR 294/60, BGHZ 37, 299, 301 f.; BGH v. 28.1.1980 – II ZR 250/78, BGHZ 76, 127, 130; BGH v. 14.1.1985 – II ZR 103/84, WM 1985, 455, 456.
7 Vgl. BGH v. 17.12.2001 – II ZR 382/99, ZIP 2002, 394.
8 BGH v. 2.7.1962 – II ZR 294/60, BGHZ 37, 299, 302; BGH v. 20.6.2005 – II ZR 252/03, ZIP 2005, 1552 f.; MünchKommHGB/*Langhein*, § 110 Rn. 11; *Schlegelberger/Martens*, § 110 HGB Rn. 18; *Baumbach/Hopt*, § 110 Rn. 10.
9 Vgl. BGH v. 8.5.1985 – IVa ZR 138/83, BGHZ 94, 268, 272. Zu beachten sind allerdings die Änderungen aufgrund des „Gesetzes zur Bekämpfung der internationalen Bestechung" (BGBl. II 1998, 2327, vgl. hierzu *Zieschang*, NJW 1999, 105 ff.), wonach

Dienstleistungen eines Gesellschafters überschreiten in aller Regel nicht die Schwelle eines Sonderopfers[1]. Eine Ausnahme gilt u.U. dann, wenn sie etwa zum Beruf oder Gewerbe des Gesellschafters gehören und üblicherweise entgeltlich erbracht werden[2]. Die Vergütung einer Tätigkeit als Geschäftsführer kann nicht nach § 110 verlangt werden. Hierfür bedarf es vielmehr einer Regelung im Gesellschaftsvertrag[3].

b) Subjektive Seite

8   Subjektiv ist (wie bei § 670 BGB) vorauszusetzen, dass der Gesellschafter die Aufwendung **für erforderlich halten durfte**. Es gilt somit, ähnlich wie bei § 670 BGB, ein objektiv-subjektiver Maßstab. Aufwendungen können hiernach auch dann ersatzfähig sein, wenn sie objektiv nicht erforderlich waren oder der Gesellschafter sie bei der Tätigung subjektiv nicht für erforderlich hielt. Es kommt nur darauf an, ob ein sorgfältiger Gesellschafter sie ex ante für erforderlich halten durfte[4]. Dabei ist der Sorgfaltsmaßstab der des § 708 BGB, der über § 105 Abs. 3 gilt[5]. Ein Gesellschafter kann danach aber u.U. (so etwa bei freiwilliger Erfüllung einer Gesellschaftsschuld) gehalten sein, sich vorher bei einem geschäftsführenden Gesellschafter zu erkundigen[6].

III. Ausgleich von Verlusten

9   Für den Ausgleichsanspruch gilt grundsätzlich das in den Rn. 2–7 Ausgeführte. Seiner Rechtsnatur nach ist auch der Anspruch auf Verlustersatz nicht als Schadens-, sondern als Aufwendungsersatzanspruch zu klassifizieren[7].

1. Verlust des Gesellschafters

10   Bei einem Verlust handelt es sich um eine **unfreiwillige Vermögenseinbuße** (insb. Vermögens-, Personen- und Sachschäden). Erfasst werden auch mittelbare Nachteile wie ein Verdienstausfall[8]. Ein Verlust kann ferner darin liegen, dass der Gesellschafter Dritten gegenüber ersatzpflichtig wird[9]. Immaterielle Schäden, etwa ein Anspruch auf Schmerzensgeld, stellen keinen

---

es auch nach deutschem Recht strafbar ist, Amtsträger, Abgeordnete eines fremden Staates sowie Bedienstete internationaler Organisationen oder deren Abgeordnete zu bestechen.
1   Siehe auch *Ebenroth/Boujong/Joost/Strohn/Goette*, § 110 Rn. 10, 13; MünchKommHGB/*Langhein*, § 110 Rn. 12.
2   Näher hierzu *Köhler*, JZ 1985, 359 ff.; *Staub/Ulmer*, § 110 Rn. 15; *Baumbach/Hopt*, § 110 Rn. 10.
3   Siehe *Baumbach/Hopt*, § 110 Rn. 1, 19.
4   *Baumbach/Hopt*, § 110 Rn. 9.
5   *Staub/Ulmer*, § 110 Rn. 14; MünchKommHGB/*Langhein*, § 110 Rn. 16.
6   *Schlegelberger/Martens*, § 110 Rn. 19.
7   *Staub/Ulmer*, § 110 Rn. 19; *Baumbach/Hopt*, § 110 Rn. 11.
8   BGH v. 7.11.1960 – VII ZR 82/59, BGHZ 33, 251, 257; MünchKommHGB/*Langhein*, § 110 Rn. 17.
9   BGH v. 5.12.1983 – II ZR 252/82, BGHZ 89, 153, 158 ff.

Verlust i.S.d. § 110 dar[1]. Gleiches gilt für den Verlust aus der Beteiligung selbst[2].

2. Geschäftsbesorgung für die Gesellschaft

a) Unmittelbarer Zusammenhang

Erforderlich ist weiter, dass der Verlust durch ein Tätigwerden bei der Besorgung von Gesellschaftsgeschäften oder aus damit untrennbar verbundenen Gefahren eintritt. Vorauszusetzen ist ein **enger und unmittelbarer Zusammenhang mit der Geschäftsbesorgung** bzw. eine **untrennbar mit ihr verbundene spezifische Gefahr**[3]. Das Tatbestandsmerkmal zielt darauf ab, das Haftungsrisiko der Gesellschaft überschaubar zu halten. Dagegen muss die Gesellschaft für Verluste, die der Gesellschafter nur gelegentlich eines Handelns für sie erlitten hat, nicht eintreten[4]. Auch das allgemeine Lebensrisiko des Gesellschafters begründet einen unmittelbaren Zusammenhang noch nicht. Daher sind Unfallschäden im Straßenverkehr oder Schäden aufgrund Hotelbrandes oder Hoteldiebstahls nicht ohne weiteres ersatzfähig, können dies aber aufgrund besonderer Umstände sein[5]. Werden Gesellschaftsangelegenheiten mit eigenen Geschäften verbunden und verwirklicht sich bei diesen ein Schadensrisiko, besteht grundsätzlich kein Ersatzanspruch[6].

11

b) Verschulden als Ausschlussgrund?

Ein Verschulden des Gesellschafters **schließt einen Anspruch nicht stets aus**. Handelt es sich aber um eine „normale" Risikosituation, dann ist der Anspruch grundsätzlich ausgeschlossen, wenn den Gesellschafter ein grobes Verschulden trifft[7]. In Fällen, in denen das Verschulden selbst aber als die Verwirklichung einer besonderen tätigkeitsbezogenen Gefahrenlage im Hinblick auf ein mögliches Fehlverhalten erscheint, kommt ein Ausgleich in Frage[8].

12

---

1 *Baumbach/Hopt*, § 110 Rn. 11; MünchKommHGB/*Langhein*, § 110 Rn. 17; *Staub/Ulmer*, § 110 Rn. 21.
2 *Ebenroth/Boujong/Joost/Strohn/Goette*, § 110 Rn. 18; *Baumbach/Hopt*, § 110 Rn. 11.
3 *Staub/Ulmer*, § 110 Rn. 22; MünchKommHGB/*Langhein*, § 110 Rn. 18; *Schlegelberger/Martens*, § 110 Rn. 21 f.; *Heymann/Emmerich*, § 110 Rn. 10; *Baumbach/Hopt*, § 110 Rn. 12 f.
4 *Ebenroth/Boujong/Joost/Strohn/Goette*, § 110 Rn. 21.
5 *Staub/Ulmer*, § 110 Rn. 22; *Schlegelberger/Martens*, § 110 Rn. 22 f.; differenzierend MünchKommHGB/*Langhein*, § 110 Rn. 19; *Ebenroth/Boujong/Joost/Strohn/Goette*, § 110 Rn. 23: wenn Gesellschafter aufgrund eilbedürftiger Geschäfte zur Eingehung besonderer Risiken veranlasst wurde.
6 BGH v. 30.5.1960 – II ZR 113/58, WM 1960, 840, 842.
7 Siehe auch BGH v. 5.12.1983 – II ZR 252/82, BGHZ 89, 153, 160 (zum Vereinsrecht).
8 MünchKommHGB/*Langhein*, § 110 Rn. 20; *Schlegelberger/Martens*, § 110 Rn. 24; auch *Staub/Ulmer*, § 110 Rn. 19.

13 **Ausgeschlossen** ist jedoch ein **Ersatz für Geldstrafen oder Bußgelder**, die einem Gesellschafter auferlegt werden. Das wäre mit dem Zweck der verhängten Sanktion nicht zu vereinbaren[1]. Vorherige Erstattungszusagen dürften nach den §§ 134, 138 BGB nichtig sein[2]. Eine nachträgliche Erstattung bzw. Erstattungszusage bei Geldstrafen soll laut BGH[3] nicht gegen § 258 Abs. 2 StGB verstoßen[4]. Ein Ersatz des auf der Freiheitsstrafe beruhenden Vermögensschadens kommt ebenfalls – grundsätzlich – nicht in Betracht[5].

3. Ansprüche gegen Dritte

14 Erlangt der Gesellschafter aufgrund des Verlustes Ansprüche gegen Dritte, so berührt dies (vorbehaltlich ausnahmsweise eingreifender Treupflichtgesichtspunkte, siehe auch oben Rn. 4) den Ausgleichsanspruch gegen die Gesellschaft nicht[6]. Jedoch muss die Gesellschaft gemäß § 255 BGB nur Zug um Zug gegen Abtretung der Ansprüche Ersatz leisten.

IV. Verzinsung, Freistellung, Konkurrenzen und Stellung des Ersatzpflichtigen

1. Zinsen

15 § 110 Abs. 2 sieht eine Zinspflicht der Gesellschaft für Geldaufwendungen vor (Zinssatz: 5 %, vgl. § 352 Abs. 2). Über den zu engen Wortlaut hinaus erstreckt sich die Zinspflicht auch auf Aufwendungsersatzansprüche, die wegen eines in Gesellschaftsangelegenheiten erlittenen Verlustes entstanden sind[7]. Die Vorschrift ist entsprechend auch auf Aufwendungen anderer Art und auf Verluste anzuwenden, so dass die in Betracht kommenden Ausgleichsansprüche vom Zeitpunkt der Konkretisierung der Vermögenseinbuße an zu verzinsen sind[8]. Verzinsungsbeginn ist der Zeitpunkt der Aufwendung bzw. des Verlustes.

---

1 Ganz h.L.; siehe nur *Baumbach/Hopt*, § 110 Rn. 14; zur möglichen (aber zweifelhaften) Ausnahme bei einer Bestrafung im Ausland, ohne dass zugleich ein deutscher Strafanspruch bestand, vgl. *Schlegelberger/Martens*, § 110 Rn. 25; MünchKommHGB/*Langhein*, § 110 Rn. 21 f.; kritisch zu dieser Einschränkung zumindest im Verhältnis zum EU-Ausland *Baumbach/Hopt*, § 110 Rn. 14; siehe auch *Ebenroth/Boujong/Joost/Strohn/Goette*, § 110 Rn. 19.
2 MünchKommHGB/*Langhein*, § 110 Rn. 23; *Schlegelberger/Martens*, § 110 Rn. 26 (aber streitig).
3 BGH v. 7.11.1990 – 2 StR 439/90, BGHSt 37, 226, 229.
4 Zweifelhaft, vgl. die beachtliche Kritik hieran, z.B. *Tröndle/Fischer*, § 258 StGB Rn. 9.
5 Auch hier wird aber mitunter danach differenziert, ob durch die Straftat in- oder ausländische Interessen berührt werden, MünchKommHGB/*Langhein*, § 110 Rn. 22.
6 OLG Düsseldorf v. 26.4.1956 – 6 U 308/55, NJW 1956, 1802, 1803; *Staub/Ulmer*, § 110 Rn. 20.
7 *Ebenroth/Boujong/Joost/Strohn/Goette*, § 110 Rn. 36.
8 MünchKommHGB/*Langhein*, § 110 Rn. 25; *Staub/Ulmer*, § 110 Rn. 26 f.; *Schlegelberger/Martens*, § 110 Rn. 29.

2. Freistellung

Besteht die Aufwendung oder der Verlust darin, dass der Gesellschafter mit einer Verbindlichkeit belastet ist, so hat er gegen die Gesellschaft nach Maßgabe des § 257 BGB einen Freistellungsanspruch[1].

16

3. Konkurrenzen

Gegenüber § 670 BGB (auf den die §§ 105 Abs. 3 HGB, 713 BGB verweisen) stellt § 110 eine Sonderregelung dar. Anwendbar sind jedoch (über § 713 BGB) die §§ 665 bis 667 sowie § 669 BGB, und zwar nicht nur zugunsten geschäftsführender Gesellschafter[2]. Nach § 713 BGB i.V.m. § 669 BGB kann der geschäftsführende Gesellschafter auch Vorschuss für Auslagen verlangen. Daneben kann § 110 auch mit entsprechenden gesellschaftsvertraglich geregelten Aufwendungsersatzansprüchen konkurrieren. § 110 besteht auch neben einem eventuellen Anspruch aus gesetzlichem Forderungsübergang[3], der sich ergeben kann, wenn der Gesellschafter als Bürge in Anspruch genommen wird (§ 774 Abs. 1 BGB) oder wenn der Zahlung ein Schuldbeitritt vorausgegangen ist, durch den er zum Gesamtschuldner geworden ist (§ 426 Abs. 2 BGB). Wird § 110 abbedungen (siehe oben Rn. 1), stellt sich die Frage, wie sich diese Vereinbarung auf die anderen Ansprüche auswirkt[4].

17

4. Stellung des Ersatzberechtigten

Der nach § 110 ersatzberechtigte Gesellschafter hat wie ein Beauftragter Pflichten aus § 105 Abs. 2, §§ 713, 664 ff. BGB. Praktisch bedeutsam werden die Auskunfts- und Rechenschaftspflicht (§ 666 BGB) und die Herausgabepflicht (§ 667 BGB)[5]. Mit dem Anspruch aus § 110 kann ein Gesellschafter auch gegen die Einlageforderung der Gesellschaft aufrechnen[6]. Auf seinen Anspruch muss sich der Gesellschafter keine Kürzungen (etwa ein Kommanditist für den auf ihn entfallenden Verlustanteil) gefallen lassen; denn dann würde er entgegen § 707 BGB mit einem Sonderopfer im Verhältnis zur Gesellschafter belastet[7].

18

§ 111
Zinspflicht

(1) Ein Gesellschafter, der seine Geldeinlage nicht zur rechten Zeit einzahlt oder eingenommenes Gesellschaftsgeld nicht zur rechten Zeit an die Gesell-

---

1 MünchKommHGB/*Langhein*, § 110 Rn. 26; *Baumbach/Hopt*, § 110 Rn. 16.
2 *Staub/Ulmer*, § 110 Rn. 33 ff.; MünchKommHGB/*Langhein*, § 110 Rn. 3; *Baumbach/Hopt*, § 110 Rn. 1.
3 *Palandt/Sprau*, § 774 BGB Rn. 1 ff. m.w.N.
4 MünchKommHGB/*Langhein*, § 110 Rn. 28.
5 *Baumbach/Hopt* § 110 Rn. 17.
6 OLG Dresden v. 24.6.2004 – 7 W 554/04, ZIP 2004, 2140, 2141.
7 BGH v. 17.12.2001 – II ZR 382/99, NJW-RR 2002, 455.

schaft abliefert oder unbefugt Geld aus der Gesellschaftskasse für sich entnimmt, hat Zinsen von dem Tage an zu entrichten, an welchem die Zahlung oder die Ablieferung hätte geschehen sollen oder die Herausnahme des Geldes erfolgt ist.

(2) Die Geltendmachung eines weiteren Schadens ist nicht ausgeschlossen.

Übersicht

	Rn.		Rn.
I. Inhalt der Vorschrift		b) Eingenommenes Geld	6
1. Zinspflicht	1	c) Unbefugte Geldentnahme	7
2. Erweiterte Anwendung		4. Beginn der Verzinsung	9
a) Geldschulden anderer Art	2	5. Zinshöhe	11
b) Ablieferung von Wertpapieren	3	**II. Sonstige Rechtsfolgen**	12
3. Die Tatbestände der Vorschrift			
a) Einlageschuld	4		

I. Inhalt der Vorschrift

1. Zinspflicht

1 Als Gegenstück zu § 110 Abs. 2 wird auch der Gesellschafter bei fälligen Geldschulden gegenüber der Gesellschaft einer Verzinsungspflicht (Zinssatz nach § 352 Abs. 2: 5 %), beginnend ab Fälligwerden der Schuld, unterworfen. Die Voraussetzungen des Verzuges (etwa Verschulden) oder der Rechtshängigkeit müssen hierfür nicht vorliegen. Damit wird dem Grundsatz Rechnung getragen, dass Kaufleute ihnen zur Verfügung stehendes Geld gewinnbringend anlegen „müssen" (vgl. insoweit auch §§ 353, 354 Abs. 2)[1]. Der Anspruch, bei dem es sich um einen eigenständigen gesellschaftsrechtlichen Ausgleichsanspruch handelt[2], ist lex specialis zu § 668 BGB. Sowohl § 111 Abs. 1 als auch § 111 Abs. 2 sind dispositiv.

2. Erweiterte Anwendung

a) Geldschulden anderer Art

2 Ob § 111 eine beispielhafte oder abschließende Aufzählung enthält, ist umstritten. Teilweise wird die Ansicht vertreten, dass auch **Geldschulden anderer Art auf der Grundlage des Gesellschaftsverhältnisses**, so etwa Schadensersatzverpflichtungen (z.B. wegen wettbewerbswidrigen Verhaltens nach §§ 112 f.), zu verzinsen sind[3]. Richtiger Ansicht nach ist § 111 nur auf solche Leistungen zu erweitern, die einer Einlage durch Bargeld gleichstehen[4]. Auf

---

[1] *Ebenroth/Boujong/Joost/Strohn/Goette*, § 111 Rn. 1; MünchKommHGB/*Langhein*, § 111 Rn. 1; kritisch zu dieser unterschiedlichen Behandlung von Kaufleuten und Nichtkaufleuten *Canaris*, HR, § 26 Rn. 10.
[2] MünchKommHGB/*Langhein*, § 111 Rn. 3.
[3] *Staub/Ulmer*, § 111 Rn. 3; *Schlegelberger/Martens*, § 111 Rn. 1, 5; *Baumbach/Hopt*, § 111 Rn. 1.
[4] MünchKommHGB/*Langhein*, § 111 Rn. 2.

die Einbringung von Sachen oder Lieferung von Sachen findet § 111 unstreitig keine Anwendung.

b) Ablieferung von Wertpapieren

Einer Geldschuld gleichzustellen sind auch **Verpflichtungen zur Ablieferung von Schecks, Wechseln und börsengängigen Wertpapieren,** jedenfalls dann, wenn die Papiere alsbald in Geld eingelöst werden können[1]. Hier kommt aber eine Zinspflicht erst in Frage, wenn sich der Anspruch in eine fällige Geldschuld umwandelt. 3

3. Die Tatbestände der Vorschrift

a) Einlageschuld

Das Gesetz nennt zunächst eine **ausstehende Einlageschuld.** Hierunter fallen alle auf die Zahlung gerichteten Leistungspflichten des Gesellschafters, die ihren Rechtsgrund im Gesellschaftsvertrag haben[2]. Damit fällt unter § 111 auch die gesellschaftsvertragliche Verpflichtung, der Gesellschaft Geldmittel als Fremdkapital (Darlehen) zu überlassen. Ist eine Einlage zu Unrecht an einen Gesellschafter zurückgezahlt, wird von § 111 auch der Wiedereinzahlungsanspruch erfasst, jedoch bei gutgläubigem Rückempfang ggf. erst von dem Zeitpunkt der Geltendmachung durch die Gesellschaft an[3]. 4

Auf die verspätete Leistung sonstiger Einlagegegenstände ist § 111 Abs. 1 nicht anwendbar[4]. Das gilt nicht auch hinsichtlich der ggf. statt der Sacheinlageverpflichtung in Geld zu bewirkenden Sekundärverbindlichkeit[5]. 5

b) Eingenommenes Geld

Die Pflicht, eingenommenes Geld abzuliefern, folgt im Regelfall aus § 105 Abs. 2 i.V.m. §§ 713, 667 BGB (ggf. auch aus §§ 681, 684 BGB)[6]. Als (eingenommenes) **nicht abgeliefertes Geld** ist jede Geldsumme anzusehen, die der Gesellschafter empfangen hat und die an die Gesellschaft auszukehren ist. Gleich bleibt, ob der Empfang des Geldes befugt oder unbefugt war. Die Zinspflicht knüpft daran an, dass der Gesellschaft Geld oder eine geldähnliche Leistung (siehe oben Rn. 2 f.) vorenthalten wird, die sie andernfalls gewinnbringend hätte nutzen können[7]. Der Ablieferungspflicht wird nicht schon dadurch genügt, dass das Privatkonto des Gesellschafters mit dem geschuldeten Betrag belastet wird. Entscheidend ist vielmehr, ob die Gesellschaft über den Betrag verfügen kann. Dem steht es gleich, wenn der Betrag 6

---

1 *Staub/Ulmer*, § 111 Rn. 4; *Schlegelberger/Martens*, § 111 Rn. 6.
2 *Ebenroth/Boujong/Joost/Strohn/Goette*, § 111 Rn. 7; *Staub/Ulmer*, § 111 Rn. 8.
3 So *Staub/Ulmer*, § 111 Rn. 8, 10; *Schlegelberger/Martens*, § 111 Rn. 7.
4 *Staub/Ulmer*, § 111 Rn. 9.
5 *Ebenroth/Boujong/Joost/Strohn/Goette*, § 111 Rn. 9.
6 *Staub/Ulmer*, § 111 Rn. 12; *Baumbach/Hopt*, § 111 Rn. 1.
7 *Ebenroth/Boujong/Joost/Strohn/Goette*, § 111 Rn. 11; *Baumbach/Hopt*, § 111 Rn. 1

auf ein Gesellschaftskonto eingezahlt oder eine fällige Verbindlichkeit der Gesellschaft beglichen wird[1].

c) Unbefugte Geldentnahme

7 Eine **Geldentnahme** i.S. der Vorschrift setzt voraus, dass der Gesellschafter (selbst oder durch Veranlassung der Entnahme durch Dritte) die Verfügung über den Geldbetrag für eigene Zwecke (und damit nicht für Gesellschaftszwecke) erlangt hat, ggf. also auch vermittels entsprechender Buchungen, z.B. unter Tilgung einer Privatschuld des Gesellschafters mit Gesellschaftsmitteln[2]. Die Entnahme ist **unbefugt**, wenn sie weder durch den Gesellschaftsvertrag oder einen Gesellschafterbeschluss noch von der Zustimmung der geschäftsführenden Gesellschafter gedeckt ist. Daher liegt kein Fall des § 111 vor bei Entnahme als Vorschuss auf bevorstehende Aufwendungen (§§ 713, 669 BGB) oder bei Ausreichung der Geldmittel auf der Grundlage eines Darlehens. Auf eine Gut- oder Bösgläubigkeit des Gesellschafters kommt es für § 111 ebenso wenig an wie auf ein Verschulden[3]. Eine Verzinsungspflicht entsteht nicht, wenn der Gesellschafter in Höhe des entnommenen Betrages eine fällige Forderung gegen die Gesellschaft hat[4].

8 Die Entnahme sonstiger Gegenstände begründet keine Verzinsungspflicht nach § 111 Abs. 1; es kommt jedoch ggf. eine Schadensersatzhaftung des Gesellschafters wegen Verletzung seiner Pflichten aus dem Gesellschaftsvertrag in Betracht[5].

4. Beginn der Verzinsung

9 Generell beginnt die Verzinsung nicht vor Fälligkeit der Forderung der Gesellschaft. Sie ist ausgeschlossen, wenn sich die Gesellschaft in Gläubigerverzug (§ 301 BGB) befindet[6].

10 Bei ausstehenden Einlagen beginnt die Verzinsung grundsätzlich mit dem Zeitpunkt, zu dem der Betrag der Gesellschaft zur Verfügung stehen soll[7]. Für den Zinsbeginn im Falle der Nichtablieferung von Gesellschaftsgeldern kann u.U. neben dem Ablauf der Frist zur rechtzeitigen Ablieferung die tatsächliche Möglichkeit der rechtzeitigen Leistung Voraussetzung für den Beginn der Verzinsung sein[8]. Im Falle der unbefugten Entnahme beginnt die

---

1 *Ebenroth/Boujong/Joost/Strohn/Goette*, § 111 Rn. 11; MünchKommHGB/*Langhein*, § 111 Rn. 10.
2 MünchKommHGB/*Langhein*, § 111 Rn. 11; *Staub/Ulmer*, § 111 Rn. 14; *Schlegelberger/Martens*, § 111 Rn. 13.
3 MünchKommHGB/*Langhein*, § 111 Rn. 3 und 14; *Staub/Ulmer*, § 111 Rn. 17; *Schlegelberger/Martens*, § 111 Rn. 15.
4 *Staub/Ulmer*, § 111 Rn. 16; *Schlegelberger/Martens*, § 111 Rn. 14.
5 *Staub/Ulmer*, § 111 Rn. 15.
6 *Ebenroth/Boujong/Joost/Strohn/Goette*, § 111 Rn. 20.
7 *Ebenroth/Boujong/Joost/Strohn/Goette*, § 111 Rn. 21 f.
8 *Staub/Ulmer*, § 111 Rn. 13.

Verzinsung mit der Entstehung des Rückzahlungsanspruchs der Gesellschaft, also im Allgemeinen bereits im Zeitpunkt der Entnahme selbst[1].

5. Zinshöhe

Die Höhe der geschuldeten Verzinsung richtet sich nach § 352 Abs. 2, soweit der Gesellschaftsvertrag nichts Abweichendes bestimmt. Die Geltendmachung eines höheren Zinsschadens, etwa gem. §§ 286, 288 BGB ist, wie § 111 Abs. 2 klarstellt, nicht ausgeschlossen. 11

II. Sonstige Rechtsfolgen

Zugunsten der Gesellschaft kommen u.U. (vgl. § 111 Abs. 2) zusätzlich Schadensersatzansprüche aus Verzug oder aufgrund anderer Leistungsstörungen, aber auch aus Delikt in Betracht. 12

Ob ein seinen Pflichten zuwiderhandelnder Gesellschafter sonstigen Sanktionen (vgl. dazu die §§ 117, 127, 133, 140) unterliegt, hängt von den Besonderheiten des Falles ab. 13

§ 112
Wettbewerbsverbot

(1) Ein Gesellschafter darf ohne Einwilligung der anderen Gesellschafter weder in dem Handelszweig der Gesellschaft Geschäfte machen noch an einer anderen gleichartigen Handelsgesellschaft als persönlich haftender Gesellschafter teilnehmen.

(2) Die Einwilligung zur Teilnahme an einer anderen Gesellschaft gilt als erteilt, wenn den übrigen Gesellschaftern bei Eingehung der Gesellschaft bekannt ist, dass der Gesellschafter an einer anderen Gesellschaft als persönlich haftender Gesellschafter teilnimmt, und gleichwohl die Aufgabe dieser Beteiligung nicht ausdrücklich bedungen wird.

Übersicht

	Rn.		Rn.
I. Überblick	1	b) Geschäftsbereich der Gesellschaft	6
II. Tatbestand der Vorschrift		c) Beteiligung an anderer Gesellschaft	8
1. Gesellschaftereigenschaft			
a) Bereich der Normadressaten	3	3. Befreiung durch Einwilligung	
b) Zeitliche Geltung	4	a) Möglichkeiten der Einwilligung	10
2. Reichweite des Verbots		b) Vermutungstatbestand in § 112	
a) Geschäfte machen	5	Abs. 2	12

---

1 *Staub/Ulmer*, § 111 Rn. 17.

	Rn.		Rn.
c) Rechtswirkungen der Einwilligung	14	**IV. Wettbewerbsverbot und Kartellrecht**	
III. Abweichende Vertragsregelungen		1. Allgemeines	
1. Einschränkungen des Wettbewerbsverbots	15	a) Einwirkungen von § 1 GWB	19
2. Erweiterungen des Wettbewerbsverbots, insbesondere das nachvertragliche Wettbewerbsverbot	16	b) Kartellwidriger Gesellschaftsvertrag	20
		2. Nachvertragliche Wettbewerbsbeschränkungen	21

Schrifttum: *Armbrüster*, Grundlagen und Reichweite von Wettbewerbsverboten im Personengesellschaftsrecht, ZIP 1997, 261; *Beuthien*, Gesellschaft und Kartellrecht, ZHR 142 (1978), 259; *Fleischer*, Gelöste und ungelöste Probleme der gesellschaftsrechtlichen Geschäftschancenlehre; NZG 2003, 985; *Kellermann*, Einfluss des Kartellrechts auf das gesellschaftsrechtliche Wettbewerbsverbot des persönlich haftenden Gesellschafters, in: Festschrift Rob. Fischer, 1979, S. 307; *Kübler*, Erwerbschancen und Organpflichten, in: Festschrift Werner, 1984, S. 437; *Kübler/Waltermann*, Die Geschäftschancen der Kommanditgesellschaft, ZGR 1991, 162; *Löffler*, Zur Reichweite des gesetzlichen Wettbewerbsverbots in der Kommanditgesellschaft, NJW 1986, 223; *Lutter*, Theorie der Mitgliedschaft, AcP 180 (1980), 84; *Mayer*, Wettbewerbsklauseln in Personengesellschaftsverträgen, NJW 1991, 23; *Salfeld*, Wettbewerbsverbote im Gesellschaftsrecht, 1987; *K. Schmidt*, Kartellverbot und „sonstige Wettbewerbsbeschränkungen", 1978; *K. Schmidt*, Vertragliche Wettbewerbsverbote im deutschen Kartellrecht, ZHR 149 (1985), 1; *Stimpel*, Die Rechtsprechung des Bundesgerichtshofes zur Innenhaftung des herrschenden Unternehmens im GmbH-Konzern, AG 1986, 117; *Weisser*, Gesellschafterliche Treuepflicht bei Wahrnehmung von Geschäftschancen der Gesellschaft durch de facto geschäftsführende Gesellschafter, DB 1989, 2010; *Wiedemann/Hirte*, Die Konkretisierung der Pflichten des herrschenden Unternehmens, ZGR 1986, 163.

I. Überblick

1 Dem gesetzlichen Leitbild entsprechend ist die OHG eine Arbeits- und Haftungsgemeinschaft[1]. Mit diesem Leitbild ist eine konkurrierende oder sich überschneidende wirtschaftliche Betätigung einzelner Gesellschafter nicht vereinbar; denn anderenfalls besteht die Gefahr, dass die Gesellschafter – gestützt auf ihre unternehmensinterne Position – den von der Gesellschaft verfolgten Zweck von innen aushöhlen. Letztlich lässt sich mithin § 112 auf die **Treuepflicht** des Gesellschafters zurück führen[2]. Der Gesellschafter ist danach (auch passiv) nämlich durch Unterlassen von Wettbewerb zur Förderung des Gesellschaftszwecks verpflichtet[3]. Die Gesellschafter können in Bezug auf § 112 (Abs. 1 und Abs. 2) abweichende Regelungen (siehe unten Rn. 15 ff.) treffen.

---

1 MünchKommHGB/*Langhein*, § 112 Rn. 1; *Baumbach/Hopt*, Einl. v. § 105 Rn. 15.
2 BGH v. 5.12.1983 – II ZR 242/82, BGHZ 89, 162, 165; *Baumbach/Hopt*, § 112 Rn. 1; MünchKommHGB/*Langhein*, § 112 Rn. 1.
3 *Lutter*, AcP 180 (1980), 84, 102 ff.; MünchHdbGesR I/*Mattfeld*, § 59 Rn. 4; MünchKommHGB/*Langhein*, § 112 Rn. 2.

Das Verhältnis des Wettbewerbsverbots zur **Geschäftschancenlehre** wird unterschiedlich beurteilt[1]. Beide sind jedenfalls eng miteinander verbunden; denn auch die Geschäftschancenlehre findet ihre Grundlage in der gesellschaftsrechtlichen Treuepflicht[2]. Mitunter wird die Ansicht vertreten, bei dem Wettbewerbsverbot handle es sich um einen Unter- bzw. Sonderfall des allgemeinen Verbots der unberechtigten Wahrnehmung von Geschäftschancen[3]. Andere sehen dies genau umgekehrt[4]. Schließlich wird auch die Ansicht vertreten, dass es sich hierbei um zwei eigenständige Fallgruppen der Treuepflicht handelt[5]. Für letztere Ansicht sprechen die besseren Gründe. 2

II. Tatbestand der Vorschrift

1. Gesellschaftereigenschaft

a) Bereich der Normadressaten

Das Verbot in § 112 richtet sich an **alle persönlich haftenden Gesellschafter**. Diese sind auch für das Handeln anderer in ihrem Namen auftretender Personen über § 278 BGB verantwortlich[6]. Das gilt – grundsätzlich – unabhängig davon, ob die Gesellschafter geschäftsführungsbefugt sind oder nicht; denn auch der nicht geschäftsführende Gesellschafter verfügt aufgrund seiner Mitwirkungs- und Kontrollrechte (§§ 116 Abs. 2, 118) über einen erheblichen Informationsvorsprung, der zu Lasten der Gesellschaft ausgenutzt werden kann[7]. Erfasst werden **auch andere Beteiligte, die materiell oder wirtschaftlich gesehen einem Gesellschafter gleichstehen**, z.B. Treugeber, Unterbeteiligte oder Nießbraucher, wenn sie über entsprechende gesellschaftsvertraglich vermittelte Informations- und Mitwirkungsrechte verfügen[8]. Die Rechtsprechung[9] hat darüber hinaus ein Wettbewerbsverbot auch für das einen Gesellschafter beherrschende Unternehmen bejaht. Die h.L. vertritt im Anschluss hieran den Standpunkt, dass § 112 generell in 3

---

1 *Fleischer*, NZG 2003, 985, 986.
2 *Kübler/Waltermann*, ZGR 1991, 162, 173; *Fleischer*, NZG 2003, 985 f.; MünchHdbGesR I/*Mattfeld*, § 59 Rn. 5; *Baumbach/Hopt*, § 112 Rn. 1.
3 *Merkt*, ZHR 159 (1995), 423, 449; *Kübler*, FS Werner, 1984, S. 7, 42; wohl auch *Baumbach/Hopt*, § 112 Rn. 1.
4 *Löffler*, NJW 1986, 223, 227 Fn. 59.
5 *Kübler/Waltermann*, ZGR 1991, 162, 173; MünchKommHGB/*Langhein*, § 112 Rn. 16; siehe auch *Michalski/Haas*, § 43 GmbHG Rn. 117 f.
6 *Staub/Ulmer*, § 112 Rn. 10; *Schlegelberger/Martens*, § 112 Rn. 1; *Baumbach/Hopt*, § 112 Rn. 2; MünchKommHGB/*Langhein*, § 112 Rn. 9; abw. *Kellermann*, FS Rob. Fischer, 1979, S. 307, 317 f.; *Armbrüster*, ZIP 1997, 261, 265 f.
7 *Ebenroth/Boujong/Joost/Strohn/Goette*, § 112 Rn. 4; *Baumbach/Hopt*, § 112 Rn. 2; MünchKommHGB/*Langhein*, § 112 Rn. 5; anders mag die Rechtslage zu beurteilen sein, wenn die Einsichts- und Kontrollrechte eingeschränkt sind; vgl. MünchHdbGesR I/*Mattfeld*, § 59 Rn. 8.
8 *Schlegelberger/Martens*, § 112 Rn. 6; MünchKommHGB/*Langhein*, § 112 Rn. 8; *Baumbach/Hopt*, § 112 Rn. 2.
9 BGH v. 5.12.1983 – II ZR 242/82, BGHZ 89, 162, 165.

konzerndimensionalen Zusammenhängen zu gelten hat[1]. Indes bleiben Bedenken gegen derart verallgemeinernde Folgerungen[2]. Keine Anwendung findet § 112 – grundsätzlich – auf den Kommanditisten (siehe § 165). Gleiches gilt für einen (rechtsgeschäftlichen) Vertreter der Gesellschaft oder den gesetzlichen Vertreter eines Gesellschafter-Gesellschafters[3]. Fällt die Person nicht in den Anwendungsbereich des § 112, kann sie im Einzelfall dennoch schadensersatzpflichtig sein aufgrund allgemeiner Erwägungen der Treuepflicht. Ob § 112 auch für den Geschäftsführer der Komplementär-GmbH einer GmbH & Co. KG gilt, ist bislang nicht abschließend geklärt. In der Literatur wird dies zum Teil – ebenso wie für den Vorstand der AG & Co. KG – bejaht[4]. Die Rechtsprechung steht dem teilweise skeptisch gegenüber (siehe zum Ganzen § 165 Rn. 19 ff.)[5].

b) Zeitliche Geltung

4 Das Wettbewerbsverbot gilt für die **Dauer der Zugehörigkeit zur Gesellschaft**[6], also erst und solange die Gesellschaft – und sei es mit dem geänderten Zweck der Herbeiführung der Liquidation – besteht und der Gesellschafter ihr angehört[7]. Auch wenn der Gesellschafter kurz vor dem Ausscheiden aus der Gesellschaft steht, ist er in vollem Umfang dem Wettbewerbsverbot unterworfen (für Vorbereitungshandlungen siehe unten Rn. 5)[8]. § 112 gilt auch in der Liquidation; denn in diesem Stadium bleiben die Treuebindungen bestehen[9]. Allerdings unterliegt der Gesellschafter hier – wegen des anders gearteten Gesellschaftszwecks – inhaltlich nicht denselben (umfassenden) Beschränkungen wie im Rahmen einer werbend tätigen Gesellschaft[10]. Insbesondere ist eine Interessenkollision durch Aufnahme einer Unternehmenstätigkeit im bisherigen Tätigkeitsfeld der Gesellschaft in diesem Stadium nicht ohne weiteres zu befürchten. Etwas anderes gilt dann, wenn die Liquidation die Weiterführung der Geschäfte nach Art einer werbenden Gesellschaft erforderlich macht[11]. Ein Wettbewerbsverbot für die Zeit nach

---

1 Vgl. etwa MünchHdbGesR I/*Mattfeld*, § 59 Rn. 10; *Emmerich*, FS Stimpel, 1985, S. 742, 748 f.; auch *Stimpel*, AG 1986, 117 ff.; *Wiedemann/Hirte*, ZGR 1986, 163, 165.
2 Kritisch auch MünchKommHGB/*Langhein*, § 112 Rn. 7; *Schlegelberger/Martens*, § 112 Rn. 3 ff. und § 165 Rn. 24 f.
3 OLG Hamburg v. 29.6.2007 – 11 U 141/06, ZIP 2007, 1370, 1372; *Ebenroth/Boujong/Joost/Strohn/Goette*, § 112 Rn. 6; *Baumbach/Hopt*, § 112 Rn. 2.
4 *Breitfeld*, in Sudhoff, GmbH & Co. KG, 6. Aufl. 2005, § 15 Rn. 83; *Hüffer*, § 88 AktG Rn. 4; *Koller/Roth/Morck*, § 165 Rn. 2.
5 Vgl. OLG Hamburg v. 29.6.2007 – 11 U 141/06, ZIP 2007, 1370, 1371 f.
6 BGH v. 12.7.1962 – II ZR 13/61, BGHZ 37, 381, 384 f.; BGH v. 29.10.1990 – II ZR 241/89, WM 1990, 2121, 2122.
7 *Ebenroth/Boujong/Joost/Strohn/Goette*, § 112 Rn. 18.
8 MünchKommHGB/*Langhein*, § 112 Rn. 19; *Ebenroth/Boujong/Joost/Strohn/Goette*, § 112 Rn. 20.
9 BGH v. 16.3.1961 – II ZR 14/59, WM 1961, 629, 631; BGH v. 11.1.1971 – II ZR 143/68, WM 1971, 412, 414; vgl. auch *Schlegelberger/Martens*, § 112 Rn. 8; *Baumbach/Hopt*, § 112 Rn. 3.
10 *Ebenroth/Boujong/Joost/Strohn/Goette*, § 112 Rn. 18.
11 Vgl. *Staub/Ulmer*, § 112 Rn. 12.

Ausscheiden aus der Gesellschaft lässt sich den §§ 112, 113 grundsätzlich nicht entnehmen[1]. Ein solches setzt in aller Regel eine entsprechende Abrede, etwa im Gesellschaftsvertrag, voraus, die den Schranken des § 1 GWB bzw. der §§ 138, 242 BGB (siehe unten Rn. 18 und 19) unterliegt. Ausnahmsweise ist ein ausgeschiedener Gesellschafter § 112 unterworfen, wenn dieser vorwerfbar Anlass für sein Ausscheiden gegeben hat. Dann kann u.U. eine Fortgeltung des gesetzlichen Wettbewerbsverbotes für eine gewisse weitere Dauer in Betracht kommen[2].

2. Reichweite des Verbots

a) Geschäfte machen

§ 112 verbietet das Geschäftemachen **im Handelszweig der Gesellschaft.** Als Geschäftemachen gilt jede auf Gewinnerzielung ausgerichtete Teilnahme am geschäftlichen Verkehr. Eine Gewerbsmäßigkeit ist nicht erforderlich. Auch eine gelegentliche Betätigung zu Erwerbszwecken genügt[3]. Ausgenommen vom Verbot – weil keine Teilnahme am Geschäftsverkehr – sind Geschäfte, die ganz überwiegend persönlichen Charakter haben, z.B. die Anlage von eigenem Vermögen oder Geschäfte für den privaten Bedarf. Jedoch dürfen auch hier keine Geschäftschancen der Gesellschaft sowie aus ihrem Bereich stammende Informationen ausgenutzt werden[4]. Dagegen liegt eine Beteiligung am Geschäftsverkehr vor, wenn der Gesellschafter vermittels eines unter seinem maßgeblichen Einfluss stehenden Unternehmens handelt[5], ohne dass es darauf ankommt, ob er seinen Einfluss tatsächlich zur Geltung bringt. Für die Teilnahme am Geschäftsverkehr unerheblich ist, ob der Gesellschafter für eigene oder für fremde Rechnung handelt (siehe § 113 Abs. 1 Hs. 2)[6]. Er darf auch nicht im Interesse Dritter als Handelsvertreter[7], Kommissionär, Makler oder Organperson eines anderen Unternehmens Wettbewerb betreiben[8]. Problematisch ist, ob ein Geschäftemachen schon bei bloßen Vorbereitungshandlungen vorliegt[9]. Die Grenze zwischen (zulässiger neutraler) Vorbereitungshandlung und (verbotenem) Geschäftemachen ist überschritten, wo der Gesellschafter in den Beginn der aktiven Ge-

---

1 BGH v. 12.7.1962 – II ZR 13/61, BGHZ 37, 381, 384 f.; *Baumbach/Hopt*, § 112 Rn. 3; *Ebenroth/Boujong/Joost/Strohn/Goette*, § 112 Rn. 19; MünchKommHGB/*Langhein*, § 112 Rn. 19.
2 *Schlegelberger/Martens*, § 112 Rn. 7; *Ebenroth/Boujong/Joost/Strohn/Goette*, § 112 Rn. 19; MünchKommHGB/*Langhein*, Rn. 21.
3 *Schlegelberger/Martens*, § 112 Rn. 9; MünchKommHGB/*Langhein*, § 112 Rn. 10.
4 BGH v. 23.9.1985 – II ZR 257/84, ZIP 1985, 1482, 1483; MünchKommHGB/*Langhein*, § 112 Rn. 10.
5 BGH v. 5.12.1983 – II ZR 242/82, BGHZ 89, 162, 166.
6 *Ebenroth/Boujong/Joost/Strohn/Goette*, § 112 Rn. 13; MünchKommHGB/*Langhein*, § 112 Rn. 10; *Baumbach/Hopt*, § 112 Rn. 4.
7 BGH v. 22.6.1972 – II ZR 67/70, WM 1972, 1229, 1230 f.
8 *Ebenroth/Boujong/Joost/Strohn/Goette*, § 112 Rn. 13; *Staub/Ulmer*, § 112 Rn. 23; *Schlegelberger/Martens*, § 112 Rn. 10; MünchKommHGB/*Langhein*, § 112 Rn. 10; *Baumbach/Hopt*, § 112 Rn. 4.
9 Siehe hierzu *Ebenroth/Boujong/Joost/Strohn/Goette*, § 112 Rn. 20; vgl. auch MünchKommHGB/*Langhein*, § 112 Rn. 19; *Baumbach/Hopt*, § 112 Rn. 3.

schäftstätigkeit übergeht, d.h. wenn er Geschäftsbeziehungen anbahnt, Geschäftsinterna konkret ausnützt oder verwertet oder auf andere Weise in die geschützte Sphäre der Gesellschaft eindringt[1]. Maßstab ist auch hier, ob und inwieweit die Gefahr einer Interessenkollision besteht[2]. Ein Verstoß gegen ein Wettbewerbsverbot liegt i.Ü. nicht schon darin, dass ein Gesellschafter einen von der Gesellschaft angepachteten Gegenstand gewinnbringend unterverpachtet[3].

b) Geschäftsbereich der Gesellschaft

6 Für den **Handelszweig der Gesellschaft sind in sachlicher** Hinsicht der im Gesellschaftsvertrag vorgesehene Unternehmensgegenstand und der sich daraus ergebende relevante Markt bestimmend. Allerdings ist die im Gesellschaftsvertrag verwendete Umschreibung des Unternehmensgegenstandes nicht unbedingt allein maßgeblich, da sie zu weit gefasst sein kann oder einvernehmlich nur in eingeschränktem Umfang wahrgenommen wird[4]. Eine lediglich faktische Einschränkung bei der Betätigung des Unternehmensgegenstandes, ohne dass seine volle Wahrnehmung zu erwarten ist, kann zwar u.U. das Interesse an der Einhaltung des Wettbewerbsverbotes entfallen lassen[5]. Dies ist aber nicht ohne weiteres so, wenn das in Betracht kommende Geschäft seiner Art nach einem sich entwickelnden Tätigkeitsbereich der Gesellschaft zuzuordnen ist[6]. Eine Erweiterung der geschäftlichen Betätigung über den Unternehmensgegenstand hinaus würde auch ein Wettbewerbsverbot dann ausdehnen, wenn die Gesellschafter sich konkludent über die Ausweitung bzw. über die ihr dienenden Maßnahmen einig geworden sind[7]; hierfür kann eine länger andauernde Geschäftspraxis sprechen[8]. Mithin muss der geschützte Bereich des Handelszweiges durch Auslegung bzw. mithilfe materieller Kriterien ermittelt werden. Dabei ist aber grundsätzlich nicht restriktiv zu verfahren[9]; denn bei § 112 handelt es sich strukturell um einen Gefährdungstatbestand. Daher sollten grundsätzlich auch alle „Handelszweige" mitgeschützt sein, die auf der bisherigen Entwicklungslinie der Gesellschaft liegen („line of business").

---

1 RGZ 90, 98, 100; *A. Hueck*, Das Recht der OHG, S. 204; vgl. auch OLG Oldenburg v. 17.2.2000 – 1 U 155/99, NZG 2000, 1038, 1039 f.
2 Siehe *Ebenroth/Boujong/Joost/Strohn/Goette*, § 112 Rn. 13; *Staub/Ulmer*, § 112 Rn. 20; MünchKommHGB/*Langhein*, § 112 Rn. 10.
3 BGH v. 3.11.1997 – II ZR 353/96, DStR 1998, 88, 90.
4 BGH v. 21.2.1978 – KZR 6/77, BGHZ 70, 331, 332; BGH v. 5.12.1983 – II ZR 242/82, BGHZ 89, 162, 170.
5 *Wiedemann/Hirte*, ZGR 1986, 163, 170 f.; MünchKommHGB/*Langhein*, § 112 Rn. 11.
6 Vgl. BGH v. 21.2.1978 – KZR 6/77, BGHZ 70, 331, 333; *Ebenroth/Boujong/Joost/ Strohn/Goette*, Rn. 9; *Staub/Ulmer*, § 112 Rn. 17; *Schlegelberger/Martens*, § 112 Rn. 15.
7 *Staub/Ulmer*, § 112 Rn. 16; MünchKommHGB/*Langhein*, § 112 Rn. 12; *Schlegelberger/Martens*, § 112 Rn. 16; *Baumbach/Hopt*, § 112 Rn. 5.
8 Enger insoweit *Schlegelberger/Martens*, § 112 Rn. 16.
9 MünchHdbGesR I/*Mattfeld*, § 59 Rn. 20; MünchKommHGB/*Langhein*, § 112 Rn. 13; *Baumbach/Hopt*, § 112 Rn. 5.

Was den **räumlichen Umfang** der Geschäftstätigkeit der Gesellschaft betrifft, 7
so ist nicht nur der faktische, sondern auch der potentielle Bereich der
möglichen Unternehmensbetätigung zu berücksichtigen. Ist ein Gesellschafter außerhalb des bisherigen räumlichen Betätigungsbereichs der Gesellschaft – bislang wettbewerbsneutral – geschäftlich tätig und kommt es
infolge einer Expansion der gesellschaftlichen Aktivitäten nunmehr zu
Überschneidungen, so wird auch dann grundsätzlich von der Maßgeblichkeit
des Wettbewerbsverbots auszugehen sein, u.U. aber mit der Folge, dass dem
Gesellschafter ein Recht zum Ausscheiden aus wichtigem Grund erwächst[1].

c) Beteiligung an anderer Gesellschaft

Das Gesetz untersagt dem Gesellschafter auch eine **Beteiligung als persön-** 8
lich haftender Gesellschafter an einer **gleichartigen Handelsgesellschaft**. Zur
Gleichartigkeit gelten dabei entsprechende Abgrenzungen wie zum Handelszweig der Gesellschaft (siehe in Rn. 6 f.). Die Eigenschaft als persönlich
haftender Gesellschafter ist nach allgemeiner Auffassung nicht in einem formalen Sinne zu verstehen. Entscheidend ist vielmehr die von der Beteiligung ausgehende Gefährdungslage[2]. So wird ein persönlich haftender Gesellschafter, der intern nur einen begrenzten Einfluss hat (etwa wie ein
Kommanditist), auszunehmen sein[3], während Kommanditisten oder auch
stille Gesellschafter, denen besondere Einflussbefugnisse innerhalb ihres
Unternehmens eingeräumt sind, erfasst werden müssen[4]. Ausgenommen
sind stets rein kapitalistische Beteiligungen[5]. Auch hier kann sich jedoch
der Gesellschafter wegen Verletzung der Treuepflicht schadensersatzpflichtig machen, wenn er dem anderen Unternehmen interne Informationen weitergibt oder ihm die Ausnutzung von Geschäftschancen der Gesellschaft ermöglicht[6].

§ 112 verbietet eine Beteiligung (als persönlich haftender Gesellschafter oder 9
gleichgestellter Gesellschafter) an einer Handelsgesellschaft. Angesprochen
sind damit OHG, KG, KGaA. Nach dem Normzweck können auch andere
Personengesellschaften als solche des Handelsrechts erfasst sein (z.B. GbR
oder ausländische Gesellschaftsform)[7]. Unabhängig von der im Gesetz genannten (bestimmten Art der) Beteiligung an einer anderen (Personen-)Handelsgesellschaft muss der Gesellschafter ein Wettbewerbsverbot aber auch
dann beachten, wenn er als maßgeblich beteiligter **Gesellschafter eines Unternehmens anderer Art** – gleichviel in welcher Rechtsform (z.B. Kapitalgesellschaft) – oder als dessen **Organ** handelt[8]. Entscheidend wird hierbei je-

---

1 Vgl. *Schlegelberger/Martens*, § 112 Rn. 17.
2 MünchKommHGB/*Langhein*, § 112 Rn. 17; *Schlegelberger/Martens*, § 112 Rn. 11;
 Ebenroth/Boujong/Joost/Strohn/Goette, § 112 Rn. 14 f.
3 OLG Bremen v. 7.7.2007 – 2 U 01/07, BB 2007, 1643, 1644.
4 *Staub/Ulmer*, § 112 Rn. 24; *Schlegelberger/Martens*, § 112 Rn. 11; *Ebenroth/Boujong/Joost/Strohn/Goette*, § 112 Rn. 14; MünchKommHGB/*Langhein*, § 112 Rn. 17.
5 Siehe auch OLG Bremen v. 7.7.2007 – 2 U 01/07, BB 2007, 1643, 1644.
6 *Schlegelberger/Martens*, § 112 Rn. 12; MünchKommHGB/*Langhein*, § 112 Rn. 18.
7 *Baumbach/Hopt*, § 112 Rn. 6.
8 BGH v. 21.2.1978 – KZR 6/77, BGHZ 70, 331, 334.

weils sein, ob er im Konkurrenzunternehmen über einen in dem Maße beherrschenden Einfluss verfügt, dass von einer Abhängigkeit dieses Unternehmens gesprochen werden kann[1]. Es kann dabei nicht darauf ankommen, ob der Gesellschafter seine Einflussposition tatsächlich wahrnimmt. Hieraus folgt zugleich, dass es einem vom Wettbewerbsverbot betroffenen Gesellschafter versagt ist, eine Beteiligung, die eine solche Herrschaftsmacht vermittelt, zu erwerben[2].

3. Befreiung durch Einwilligung
a) Möglichkeiten der Einwilligung

10 Dem Gesellschafter kann durch **Erklärung der übrigen Gesellschafter** Befreiung vom Wettbewerbsverbot erteilt werden, und zwar auch eingeschränkt (z.B. auf bestimmte Arten von Geschäften), unter Bedingungen, Befristungen oder auf Widerruf[3]. In jedem Fall ist die Befreiung – insbesondere, wenn diese für einen längeren Zeitraum erteilt wurde – aus wichtigem Grunde widerruflich[4]. Zu weiteren inhaltlichen Grenzen der Einwilligung siehe unten Rn. 14.

11 Die **Rechtsnatur** der Einwilligung ist umstritten. Teilweise wird hierin eine einseitige empfangsbedürftige Willenserklärung sämtlicher Gesellschafter gegenüber dem Betroffenen i.S. der §§ 182 ff. BGB gesehen[5]. Anderer Ansicht nach soll es sich hierbei um eine Beschlussfassung sämtlicher Gesellschafter handeln[6]. Der Streit ist praktisch ohne Auswirkungen. Auch wenn man einen Gesellschafterbeschluss für notwendig hält, bedarf es – soweit im Gesellschaftsvertrag nichts anderes geregelt ist – der Zustimmung aller Gesellschafter, da es sich hierbei um ein Grundlagengeschäft handelt[7]. Einer sachlichen Rechtfertigung bedarf die Einwilligung nicht[8]. Formvorschriften für die Einwilligung bestehen jedenfalls nicht. Die Einwilligung kann daher auch konkludent (z.B. für ein bereits bestehendes Konkurrenzunternehmen des Gesellschafters) gegeben werden[9]. Allerdings lässt sich die widerspruchslose Hinnahme eines Wettbewerbes nicht ohne weiteres als Erteilung einer Einwilligung auffassen. Es muss vielmehr hinzukommen, dass dies nicht nur im Einzelfall, sondern über einen längeren Zeitraum hinweg geschieht und der konkurrierende Gesellschafter daraus die berechtigte Überzeugung gewinnen kann, die übrigen Gesellschafter seien mit seinem

---

1 *Wiedemann*, GesR I, S. 232 ff.
2 *Schlegelberger/Martens*, § 165 Rn. 23; *Baumbach/Hopt*, § 112 Rn. 6.
3 MünchKommHGB/*Langhein*, § 112 Rn. 23, 25.
4 MünchHdbGesR I/*Mattfeld*, § 59 Rn. 26; *Staub/Ulmer*, § 112 Rn. 26; *Schlegelberger/Martens*, § 112 Rn. 20; *Baumbach/Hopt*, § 112 Rn. 9; MünchKommHGB/*Langhein*, § 112 Rn. 25.
5 MünchKommHGB/*Langhein*, § 112 Rn. 24; MünchHdbGesR I/*Mattfeld*, § 59 Rn. 26; *Baumbach/Hopt*, § 112 Rn. 9.
6 *Ebenroth/Boujong/Joost/Strohn/Goette*, § 112 Rn. 25.
7 A.A. *Baumbach/Hopt*, § 112 Rn. 9.
8 *Ebenroth/Boujong/Joost/Strohn/Goette*, § 112 Rn. 25; *Baumbach/Hopt*, § 112 Rn. 9.
9 *Staub/Ulmer*, § 112 Rn. 27; *Ebenroth/Boujong/Joost/Strohn/Goette*, § 112 Rn. 27; MünchKommHGB/*Langhein*, § 112 Rn. 26.

Verhalten einverstanden[1]. Eine konkludente Einwilligung kommt dann in Betracht, wenn den Gesellschaftern bei der Aufnahme eines neuen Gesellschafters dessen Wettbewerbsbetätigung bekannt ist, ohne dass sie dies zum Anlass einer Verbotsregelung nehmen[2]; hier wird von einer konkludenten Gestattung einer Konkurrenztätigkeit jedenfalls im bisherigen Umfang ausgegangen werden können[3]. Grundsätzlich kann die Einwilligung auch im Gesellschaftsvertrag erteilt werden. Die Reichweite der Einwilligung ist stets durch Auslegung zu ermitteln. Der Zeitpunkt der Einwilligung wird in § 112 nicht vorgeschrieben. Die Gesellschafter können daher ihre Zustimmung im Voraus erteilen oder das Verhalten des Mitgesellschafters genehmigen[4]. Eine Genehmigung kann insbesondere darin zum Ausdruck kommen, dass die Gesellschafter den für die Verfolgung der sich aus § 113 Abs. 1 ergebenden Ansprüche notwendigen Beschluss nicht fassen[5].

b) Vermutungstatbestand in § 112 Abs. 2

Für den **Sonderfall** in § 112 Abs. 2 stellt das Gesetz eine **unwiderlegliche Vermutung** auf. Diese gilt sowohl für die Errichtung der Gesellschaft als auch für die (spätere) Aufnahme eines Gesellschafters[6]. Diese steht aber unter zwei Einschränkungen. Zum einen muss allen (übrigen) Gesellschaftern die Beteiligung des Teilnehmenden an der konkurrierenden Gesellschaft (positiv)[7] bekannt gewesen sein. Zum anderen gilt die Einwilligung nur als erteilt, wenn die Aufgabe der (konkurrierenden) Beteiligung bei Aufnahme des Gesellschafters nicht „ausdrücklich bedungen" war. Hierfür reicht auch eine sonst eindeutige, wenn auch nur konkludente Willenskundgabe aus[8]. Da der Gesellschaftsvertrag (oder ein Beitrittsvertrag) eine Vereinbarung mit allen Gesellschaftern voraussetzt, genügt immer der Widerspruch eines einzelnen Gesellschafters, um den Vermutungstatbestand auszuschließen.

12

Eine analoge Anwendung der Vorschrift auf andere Konkurrenzlagen kommt nicht in Betracht[9].

13

c) Rechtswirkungen der Einwilligung

Eine Einwilligung führt außer zur Gestattung des künftig erlaubten Wettbewerbsverhaltens grundsätzlich auch zum Verzicht auf in der Vergangen-

14

---

1 *Ebenroth/Boujong/Joost/Strohn/Goette*, § 112 Rn. 28.
2 BGH v. 6.12.1963 – KZR 4/62, BGHZ 38, 306, 313 f.
3 *Staub/Ulmer*, § 112 Rn. 27.
4 MünchKommHGB/*Langhein*, § 112 Rn. 27.
5 *Ebenroth/Boujong/Joost/Strohn/Goette*, § 112 Rn. 28.
6 *Staub/Ulmer*, § 112 Rn. 29; *Schlegelberger/Martens*, § 112 Rn. 22; MünchKommHGB/*Langhein*, § 112 Rn. 28; *Baumbach/Hopt*, § 112 Rn. 10; a.A. wohl *Ebenroth/Boujong/Joost/Strohn/Goette*, § 112 Rn. 28.
7 Siehe hierzu MünchKommHGB/*Langhein*, § 112 Rn. 29.
8 *Staub/Ulmer*, § 112 Rn. 29; *Schlegelberger/Martens*, § 112 Rn. 22: im Ergebnis auch MünchKommHGB/*Langhein*, § 112 Rn. 30.
9 *Staub/Ulmer*, § 112 Rn. 30; *Schlegelberger/Martens*, § 112 Rn. 23, jeweils m.w.N.; siehe auch *Baumbach/Hopt*, § 112 Rn. 11.

heit etwa entstandene Ansprüche (siehe dazu § 113). Der begünstigte Gesellschafter erlangt indes keine weitergehende Rechtsstellung als ein nicht dem gesetzlichen Wettbewerbsverbot unterliegender Gesellschafter. Er darf (ähnlich wie ein Kommanditist, vgl. dazu § 165 Rn. 12 f.) z.B. aufgrund der bestehenden Treuebindungen nicht die der Gesellschaft zuzuordnenden Geschäftschancen im eigenen Interesse wahrnehmen[1] oder interne Informationen ausnutzen. Zu Recht wird auch angenommen, dass er die gestattete Konkurrenztätigkeit nicht zwecks Vernichtung der Gesellschaft oder zur Begründung ihrer Abhängigkeit ausüben darf[2].

III. Abweichende Vertragsregelungen

1. Einschränkungen des Wettbewerbsverbots

15 Abweichende Vereinbarungen sind – außer in Betracht kommender Präzisierungen und Konkretisierungen zum Umfang eines Wettbewerbsverbots – zunächst in Richtung auf eine Befreiung von dem gesetzlichen Wettbewerbsverbot oder dessen Lockerung möglich. Möglich sind auch verfahrensrechtliche Regelungen in Bezug auf die Art und Weise, wie die Einwilligung zu beantragen und/oder zu erteilen ist[3]. Soweit für Lockerungen des Wettbewerbsverbots nach dem Gesellschaftsvertrag ein Mehrheitsbeschluss zulässig ist, wird generell eine sachliche Rechtfertigung für eine solche Entscheidung zu verlangen sein[4]. Auch ist der dadurch begünstigte Gesellschafter dabei vom Stimmrecht ausgeschlossen[5].

2. Erweiterungen des Wettbewerbsverbots, insbesondere das nachvertragliche Wettbewerbsverbot

16 Umgekehrt kommen auch Erweiterungen eines Wettbewerbsverbots in Frage. Mitunter wird für Erweiterungen gefordert, dass diese eine Grundlage im Gesellschaftsvertrag finden müssen[6]. In jedem Fall ist für eine solche Erweiterung eine sachliche Rechtfertigung erforderlich[7]. Praktisch wird es hier vor allem um Vereinbarungen über ein **nachvertragliches Wettbewerbsverbot** gehen. An einem solchen Wettbewerbsverbot besteht vielfach – zumindest für eine Übergangszeit – ein Interesse; denn das Ausnutzen der als Gesellschafter erlangten Insiderinformationen kann für die Gesellschaft auch dann eine Gefahr darstellen, wenn der Gesellschafter zwischenzeitlich aus

---

1 BGH v. 23.3.1985 – II ZR 257/84, ZIP 1985, 1482, 1483; BGH v. 8.5.1989 – II ZR 229/88, ZIP 1989, 986, 987.
2 *Staub/Ulmer*, § 112 Rn. 33; MünchKommHGB/*Langhein*, § 112 Rn. 31; *Schlegelberger/Martens*, § 112 Rn. 24.
3 Siehe hierzu MünchKommHGB/*Langhein*, § 112 Rn. 35.
4 *Ebenroth/Boujong/Joost/Strohn/Goette*, § 112 Rn. 39; MünchKommHGB/*Langhein*, § 112 Rn. 36; *Staub/Ulmer*, § 112 Rn. 31; *Schlegelberger/Martens*, § 112 Rn. 27; *Baumbach/Hopt*, § 112 Rn. 13; *Wiedemann/Hirte*, ZGR 1986, 163, 173.
5 BGH v. 16.2.1981 – II ZR 168/79, BGHZ 80, 69, 71 (zur GmbH); siehe auch MünchKommHGB/*Langhein*, § 112 Rn. 36; *Baumbach/Hopt*, § 112 Rn. 13.
6 MünchKommHGB/*Langhein*, § 112 Rn. 37.
7 *Schlegelberger/Martens*, § 112 Rn. 29.

der Gesellschaft ausgeschieden ist. In der Praxis finden sich daher vielfach nachvertragliche Wettbewerbsverbote[1]. Da der ehemalige Gesellschafter grundsätzlich nicht mehr der Treuepflicht unterliegt (siehe oben Rn. 4), bedarf ein solches Wettbewerbsverbot einer gesonderten Vereinbarung[2].

Umstritten ist teilweise, an welchem rechtlichen Maßstab eine solche Vereinbarung zu messen ist. Die §§ 74 ff. sind weder insgesamt noch vereinzelt anwendbar[3]. Deren Anwendung kann aber im Verhältnis zwischen Gesellschaft und Gesellschafter vereinbart werden. Zu messen sind die nachvertraglichen Wettbewerbsverbote in jedem Fall an §§ 138, 242 BGB sowie an § 1 GWB (siehe hierzu unten Rn. 19). Überwiegend werden strenge Anforderungen an die Wirksamkeit derartiger Wettbewerbsverbote gestellt. Die durch §§ 138, 242 BGB gezogenen Grenzen sind nur dann eingehalten, wenn das Wettbewerbsverbot dem Schutz eines berechtigten geschäftlichen Interesses der Gesellschaft dient (Schutz der der Gesellschaft zustehenden Arbeitserfolge, Betriebs- und Geschäftsgeheimnisse, Kunden- und Mandantenbeziehung) und darüber hinaus der (ehemalige) Gesellschafter in seiner Berufsausübung bzw. wirtschaftlichen Betätigung nicht unbillig behindert wird (zweistufige Prüfung)[4]. Ob eine unbillige Beeinträchtigung vorliegt, ist das Ergebnis einer **komplexen Abwägung** der Umstände des Einzelfalles[5]. Dabei muss das Wettbewerbsverbot in zeitlicher (Länge), räumlicher (Gebiet) und auch in sachlicher (verbotene Wettbewerbshandlungen) Hinsicht angemessen sein[6]. In zeitlicher Hinsicht vermag ein erstrebter Betriebs- und Geheimnisschutz in aller Regel ein längeres Wettbewerbsverbot zu rechtfertigen als der Kunden- und Mandantenschutz. Überschritten ist in aller Regel das zulässige Maß, wenn das Wettbewerbsverbot die Dauer von zwei Jahren überschreitet[7]. Maßgebender Zeitpunkt für die Beurteilung ist nicht der Abschluss des Rechtsgeschäfts, sondern das Ausscheiden des Gesellschafters. 17

Verstößt ein nachvertragliches Wettbewerbsverbot gegen §§ 138, 242 BGB, stellt sich die Frage, ob dieses insgesamt nichtig ist oder regelentsprechend reduziert werden kann (i.S. des § 139 BGB). Voraussetzung für Letzteres ist, dass das Wettbewerbsverbot nach dem Willen der Parteien in selbständige 18

---

1 MünchKommHGB/*Langhein*, § 112 Rn. 20; *Ebenroth/Boujong/Joost/Strohn/Goette*, § 112 Rn. 21.
2 MünchKommHGB/*Langhein*, § 112 Rn. 20; *Schlegelberger/Martens*, § 112 Rn. 7; *Ebenroth/Boujong/Joost/Strohn/Goette*, § 112 Rn. 21.
3 *Schlegelberger/Martens*, § 112 Rn. 7; MünchKommHGB/*Langhein*, § 112 Rn. 22; *Baumbach/Hopt*, § 112 Rn. 14.
4 BGH v. 14.7.1986 – II ZR 296/85, WM 1986, 1282; BGH v. 29.10.1990 – II ZR 241/89, WM 1990, 2121, 2122; siehe auch MünchKommHGB/*Langhein*, § 112 Rn. 22; *Ebenroth/Boujong/Joost/Strohn/Goette*, § 112 Rn. 22.
5 MünchKommHGB/*Langhein*, § 112 Rn. 22; *Ebenroth/Boujong/Joost/Strohn/Goette*, § 112 Rn. 22.
6 Vgl. hierzu BGH v. 7.5.2007 – II ZR 281/05, DStR 2007, 1216, 1219; BGH v. 18.7.2005 – II ZR 159/03, DStR 2005, 1657; BGH v. 13.3.1979 – KZR 23/77, NJW 1979, 1605, 1606; *Staub/Ulmer*, § 112 Rn. 13; *Ebenroth/Boujong/Joost/Strohn/Goette*, § 112 Rn. 21 ff.; *Baumbach/Hopt*, § 112 Rn. 14.
7 BGH v. 7.5.2007 – II ZR 281/05, DStR 2007, 1216, 1219; BGH v. 8.5.2000 – II ZR 308/98, DStR 2000, 1021.

§ 112 OHG – Verhältnis der Gesellschafter untereinander

Teile zerlegt werden kann. Letzteres wird grundsätzlich bejaht, wenn das Wettbewerbsverbot in zeitlicher Hinsicht unangemessen ist[1], nicht aber wenn dieses (auch) in örtlicher oder sachlicher Hinsicht die zulässigen Grenzen überschreitet[2].

IV. Wettbewerbsverbot und Kartellrecht

1. Allgemeines

a) Einwirkungen von § 1 GWB

19 Nach § 1 GWB sind **den Markt spürbar beeinflussende**[3] **Absprachen und Beschlüsse**, die eine Beschränkung des Wettbewerbs zum Gegenstand haben, grundsätzlich unwirksam. Die Vorschrift lässt das in § 112 vorgesehene Wettbewerbsverbot, ggf. aber auch gesellschaftsvertragliche Wettbewerbsbeschränkungen unberührt, wenn sie jeweils erforderlich sind, um das Unternehmen in seinem Bestand und in seiner Funktionsfähigkeit zu erhalten und zu verhindern, dass ein Gesellschafter das Unternehmen von innen aushöhlt und zerstört und es so als Wettbewerber gegenüber der eigenen Geschäftstätigkeit ausschaltet[4]. Dogmatischer Anknüpfungspunkt hierfür ist die so genannte Immanenztheorie. Auch Art. 81 EG ist in diesen Fällen nicht berührt[5]. Nicht betroffen von den kartellrechtlichen Verbotsnormen sind folglich Wettbewerbsbeschränkungen, die auf einer vom Regelungswillen der Gesellschafter unabhängigen Treuebindung untereinander beruhen[6]. In dem Umfang, in welchem die Treuepflicht eingreift, behalten dann auch treuepflichtkonforme Vertragsregelungen Bestand. Dies gilt dann auch für einen nichtgeschäftsführenden Gesellschafter und in der KG auch für einen Kommanditisten, soweit diese aus Gründen der Treuepflicht Einschränkungen im Hinblick auf ein Wettbewerbsverhalten unterworfen sind[7].

---

1 BGH v. 29.10.1990 – II ZR 241/89, WM 1990, 2121, 2123; BGH v. 14.7.2000 – II ZR 308/98, ZIP 2000, 1337, 1339; BGH v. 13.3.1979 – KZR 23/77, NJW 1979, 1605; BGH v. 12.5.1998 – KZR 18/97, ZIP 1998, 1159, 1160; MünchKommHGB/*Langhein*, § 112 Rn. 22; *Baumbach/Hopt*, § 112 Rn. 13.
2 BGH v. 13.3.1979 – KZR 23/77, NJW 1979, 1605, 1606; OLG Düsseldorf v. 3.12.1998 – 6 U 151/98, GmbHR 1999, 120, 122; OLG Hamm v. 11.1.1988 – 9 U 142/87, GmbHR 1988, 344, 346; siehe auch MünchKommHGB/*Langhein*, § 112 Rn. 20; *Ebenroth/Boujong/Joost/Strohn/Goette*, § 112 Rn. 22; MünchHdbGesR I/*Mattfeld*, § 59 Rn. 32.
3 Dazu BGH v. 14.10.1976 – KZR 36/75, BGHZ 68, 6, 11 ff.
4 BGH v. 21.2.1978 – KZR 6/77, BGHZ 70, 331, 336; BGH v. 5.12.1983 – II ZR 242/82, BGHZ 89, 162, 169; BGH v. 3.5.1988 – KZR 17/87, BGHZ 104, 246, 251 f.
5 BGH v. 3.5.1988 – KZR 17/87, BGHZ 104, 246, 254.
6 BGH v. 5.12.1983 – II ZR 242/82, BGHZ 89, 162, 169.
7 Dazu näher BGH v. 5.12.1983 – II ZR 242/82, BGHZ 89, 162, 165 f.; *Staub/Ulmer*, § 112 Rn. 47; *Staub/Schilling*, § 165 Rn. 5; *Schlegelberger/Martens*, § 112 Rn. 33 und § 165 Rn. 31 f.; *K. Schmidt*, Kartellverbot, S. 80 ff.

b) Kartellwidriger Gesellschaftsvertrag

Verstößt der **Gesellschaftsvertrag als solcher** gegen § 1 GWB (oder Art. 81 EG), weil er inhaltlich Zwecke einer Wettbewerbsbeschränkung verfolgt, so führt dies zu seiner Unwirksamkeit[1] (zur Frage der Anerkennung der Gesellschaft als fehlerhaftes Unternehmen vgl. § 105 Rn. 43). 20

2. Nachvertragliche Wettbewerbsbeschränkungen

Zusätzlich zu den allgemeinen bzw. gesellschaftsrechtlichen Schranken (dazu Rn. 17) steht auch § 1 GWB wettbewerblichen Abreden für die Zeit nach dem Ausscheiden eines Gesellschafters aus der Gesellschaft in besonderer Weise entgegen. Vereinbarungen solcher Art lassen sich nur durch ein Interesse der Gesellschaft rechtfertigen, eine missbräuchliche Ausnutzung von Insiderkenntnissen zu verhindern. Sie kommen i.Ü. bei einer Aufteilung des Geschäftsbetriebes im Rahmen einer Auseinandersetzung in Betracht, wenn sie für die Zwecke der angestrebten Lösung erforderlich sind[2]. Aber auch dann bleibt nur Raum für ein Wettbewerbsverbot von begrenzter Laufzeit[3]. Letztlich gelten im Rahmen der hier vorzunehmende Abwägung ähnliche Grundsätze wie im Rahmen der §§ 138, 242 BGB (siehe oben Rn. 17)[4]. 21

§ 113
Verstoß gegen das Wettbewerbsverbot

(1) Verletzt ein Gesellschafter die ihm nach § 112 obliegende Verpflichtung, so kann die Gesellschaft Schadensersatz fordern; sie kann statt dessen von dem Gesellschafter verlangen, dass er die für eigene Rechnung gemachten Geschäfte als für Rechnung der Gesellschaft eingegangen gelten lasse und die aus Geschäften für fremde Rechnung bezogene Vergütung herausgebe oder seinen Anspruch auf die Vergütung abtrete.

(2) Über die Geltendmachung dieser Ansprüche beschließen die übrigen Gesellschafter.

(3) Die Ansprüche verjähren in drei Monaten von dem Zeitpunkt an, in welchem die übrigen Gesellschafter von dem Abschlusse des Geschäfts oder von der Teilnahme des Gesellschafters an der anderen Gesellschaft Kenntnis erlangen oder ohne grobe Fahrlässigkeit erlangen müssten; sie verjähren ohne Rücksicht auf diese Kenntnis oder grob fahrlässige Unkenntnis in fünf Jahren von ihrer Entstehung an.

(4) Das Recht der Gesellschafter, die Auflösung der Gesellschaft zu verlangen, wird durch diese Vorschriften nicht berührt.

---

1 BGH v. 1.12.1981 – KRB 5/79, ZIP 1982, 167, 168 f.
2 BGH v. 19.10.1993 – KZR 3/92, WM 1994, 220, 222.
3 *Schlegelberger/Martens*, § 112 Rn. 36.
4 Vgl. auch BGH v. 12.5.1998 – KZR 18/97, ZIP 1998, 1159, 1160 f.

Übersicht

	Rn.		Rn.
I. Ansprüche bei Verletzung des Wettbewerbsverbots	1	6. Sonstige Folgen von Verstößen	8
1. Unterlassen	2	**II. Durchsetzung der Ansprüche aus § 113**	
2. Schadensersatz	3	1. Geltendmachung	
3. Eintrittsrecht	4	a) Gesellschafterbeschluss	9
4. Weitere Ansprüche		b) Actio pro socio	10
a) Angemaßte Geschäftsführung	5	2. Verjährung	
b) Deliktische Ansprüche	6	a) Reichweite des § 113 Abs. 3	11
5. Vertragsstrafen	7	b) Verjährungslauf	12

I. Ansprüche bei Verletzung des Wettbewerbsverbots

1 § 113 behandelt die **Rechtsfolgen von Verstößen gegen § 112**. Dem Wortlaut nach werden alternativ (siehe dazu unten Rn. 9) Schadensersatz oder ein Eintrittsrecht gewährt. Die Vorschrift beschreibt die Rechtsfolgen jedoch **nicht abschließend**. Andere gesetzliche Ansprüche, insbesondere auf Unterlassung (siehe unten Rn. 2), werden durch § 113 nicht ausgeschlossen[1]. Bei Verletzungen von unabhängig hiervon bestehenden Treuebindungen (vgl. § 112 Rn. 14, § 165 Rn. 12 f.) gelten keine abweichenden Sanktionen, ebenso nicht bei Zuwiderhandlungen gegen Abreden, die die gesetzlichen Regeln lediglich modifizieren[2]. Hingegen ist bei weiter greifenden Vereinbarungen über Wettbewerbsverbote (z.B. beim nachvertraglichen Wettbewerbsverbot, siehe hierzu § 112 Rn. 16 f.) jeweils zu prüfen, ob für Verstöße auch die Grundsätze des § 113 gelten sollen oder ob es bei den allgemeinen vertragsrechtlichen Sanktionen verbleibt[3]. § 113 ist dispositiv. Für § 113 Abs. 3 gilt dies freilich nur in den Grenzen des § 202 BGB.

1. Unterlassung

2 Auch ohne Erwähnung in § 113 ist der Gesellschafter von der Sache her in erster Linie zur **Unterlassung eines verbotswidrigen Wettbewerbes** verpflichtet (siehe auch oben Rn. 1)[4]. Hierbei spielt es keine Rolle, dass die Erfüllung der Unterlassungspflicht etwa mit Auswirkungen auf ein anderes Unternehmen, vermittels dessen der Gesellschafter Wettbewerb betreibt, verbunden sein kann[5]. Die Gesellschaft kann die Unterlassung jedes dem § 112 widersprechenden Konkurrenzverhaltens verlangen und dieses klageweise durchsetzen[6] (siehe für weitere Einzelheiten unten Rn. 9 ff.). Die Gesellschaft

---

[1] *Ebenroth/Boujong/Joost/Strohn/Goette*, § 113 Rn. 5 f.; *Staub/Ulmer*, § 113 Rn. 5 f.; *Baumbach/Hopt*, § 113 Rn. 4.
[2] *Staub/Ulmer*, § 113 Rn. 4; MünchKommHGB/*Langhein*, § 113 Rn. 8.
[3] *Schlegelberger/Martens*, § 113 Rn. 2; siehe auch *Baumbach/Hopt*, § 113 Rn. 1.
[4] BGH v. 22.6.1972 – II ZR 67/70, WM 1972, 1229, 1230; MünchKommHGB/*Langhein*, § 113 Rn. 11; *Ebenroth/Boujong/Joost/Strohn/Goette*, § 113 Rn. 22; MünchHdbGesR I/*Mattfeld*, § 59 Rn. 33.
[5] BGH v. 22.6.1972 – II ZR 67/70, WM 1972, 1229, 1230.
[6] *Ebenroth/Boujong/Joost/Strohn/Goette*, § 113 Rn. 22; *Baumbach/Hopt*, § 113 Rn. 4.

kann – wenn ein Verstoß gegen § 112 in Form einer Beteiligung vorliegt – vom Gesellschafter aufgrund des Unterlassungsanspruchs das Ausscheiden aus der anderen Gesellschaft verlangen.

2. Schadensersatz

Der in § 113 Abs. 1 Hs. 1 erwähnte Schadensersatzanspruch richtet sich nach den allgemeinen Vorschriften der §§ 249 ff. BGB[1]. Das vorauszusetzende Verschulden des Wettbewerb betreibenden Gesellschafters richtet sich nach dem **Maßstab des § 708 BGB** (zur Beweislast vgl. § 280 Abs. 1 S. 2 BGB). Für schuldhafte Verstöße des Rechtsvorgängers hat der Gesellschafter nur bei Vorliegen eines besonderen Rechtsgrundes einzustehen[2]. Der Nachweis eines entstandenen Schadens wird allerdings oft auf große Schwierigkeiten stoßen. Dieser deckt sich nicht ohne weiteres mit dem Gewinn des Gesellschafters und zwar nicht einmal dann, wenn die Gesellschaft das Geschäft sonst selbst gemacht hätte[3]. Denkbar ist jedoch auch, dass die Gesellschaft einen Schaden dadurch erlitten hat, dass Kunden abspringen, eine Verschlechterung der Umsatz- oder Ertragssituation eintritt oder allgemein eine Störung des Geschäftsbetriebs hervorgerufen wird[4]. Den Schwierigkeiten des Schadensnachweises ist nach § 252 BGB bzw. durch Schadensschätzung nach § 287 ZPO Rechnung zu tragen[5]. Der Anspruch der Gesellschaft ist nicht um die eigene Beteiligungsquote zu kürzen[6].

3

3. Eintrittsrecht

Das der Gesellschaft nach § 113 Abs. 2 Hs. 1 gewährte Eintrittsrecht richtet sich allein gegen den verantwortlichen Gesellschafter, nicht aber gegen einen sonst am Konkurrenzgeschäft beteiligten Vertragspartner; es hat mithin keine Außenwirkung[7]. Selbst Kenntnis des Dritten von dem Wettbewerbsverstoß führt nicht zu unmittelbaren Vertragsbeziehungen zu der Gesellschaft[8]. Es kommt daher auch nicht darauf an, ob die Gesellschaft in der Lage wäre, die dem Dritten gegenüber bestehenden Verpflichtungen zu erfüllen[9]. Die Gesellschaft kann nach Ausübung des Rechts verlangen, dass der Gesellschafter die aus den abgeschlossenen Geschäften erzielten Gewinne und Vergütungen an sie abführt bzw. einen Vergütungsanspruch abtritt (**Abschöpfungsfunktion**). Herauszugeben sind auch sonstige Vorteile, etwa

4

---

1 *Ebenroth/Boujong/Joost/Strohn/Goette*, § 113 Rn. 7; MünchKommHGB/*Langhein*, § 113 Rn. 6; *Staub/Ulmer*, § 113 Rn. 14 f.
2 MünchKommHGB/*Langhein*, § 113 Rn. 6; *Staub/Ulmer*, § 113 Rn. 14.
3 *Baumbach/Hopt*, § 113 Rn. 1.
4 *Ebenroth/Boujong/Joost/Strohn/Goette*, § 113 Rn. 8; MünchKommHGB/*Langhein*, § 113 Rn. 6.
5 *Staub/Ulmer*, § 113 Rn. 16.
6 *Schlegelberger/Martens*, § 113 Rn. 3; *Ebenroth/Boujong/Joost/Strohn/Goette*, § 113 Rn. 9.
7 BGH v. 5.12.1983 – II ZR 242/82, BGHZ 89, 162, 171; *Ebenroth/Boujong/Joost/Strohn/Goette*, § 113 Rn. 10; MünchKommHGB/*Langhein*, § 113 Rn. 7.
8 *Ebenroth/Boujong/Joost/Strohn/Goette*, § 113 Rn. 11.
9 *Staub/Ulmer*, § 113 Rn. 18.

Informationen und sonstige Unterlagen[1]. Nicht erforderlich für das Eintrittsrecht ist die Verursachung eines Schadens der Gesellschaft als Folge des Verstoßes[2]; die Formulierung „statt dessen" (des Schadensersatzes) soll nur zum Ausdruck bringen, dass beide Rechte nebeneinander bestehen[3]. Für die Ausübung des Rechts kann somit im konkreten Fall sprechen, dass die Beweisführung für das Entstehen eines Schadens (dazu Rn. 3) entbehrlich wird. Notwendig ist aber für das Eintrittsrecht ein Verschulden des Gesellschafters („statt Schadensersatz")[4]. Macht die Gesellschaft vom Eintrittsrecht Gebrauch, hat der Gesellschafter Anspruch auf Aufwendungsersatz.

4a Der Begriff „Geschäfte" i.S. des § 113 umfasst sowohl das **„Geschäfte machen"** als auch den **verbotswidrigen Beteiligungserwerb** i.S. des § 112 (siehe dort)[5]. Im letzten Fall kann aber die Abtretung der Mitgliedschaft selbst nicht gefordert werden[6]. Vielmehr ist auch hier der Anspruch allein auf Abschöpfung gerichtet. Umstritten ist, in welcher Höhe die Abschöpfung stattfindet. Richtiger Ansicht nach ist diese nicht auf „totale" Abschöpfung aller aus der Beteiligung folgenden Vorteile gerichtet[7], sondern allein auf diejenigen Vorteile, die sich auf die vom Unternehmen getätigten Konkurrenzgeschäfte beziehen[8]. Ähnlich wird man verfahren müssen, wenn der Gesellschafter ein Geschäft auf fremde Rechnung getätigt hat und die Gesellschaft nunmehr die Abtretung des Vergütungsanspruchs verlangt. Ein Eintrittsrecht in Bezug auf den Vergütungsanspruch besteht auch hier nur in der auf die verbotswidrige Tätigkeit entfallenden Höhe[9].

4. Weitere Ansprüche

a) Angemaßte Geschäftsführung

5 In Betracht kommen neben § 113 **Gewinnherausgabeansprüche** aus **angemaßter Geschäftsführung (§§ 687 Abs. 2, 681, 667 BGB)**, die – anders als das Eintrittsrecht – für ihre Geltendmachung nicht den Einschränkungen in § 113 Abs. 2, 3 unterliegen[10]. Die Ansprüche setzen allerdings voraus, dass das verbotswidrige Geschäft der Gesellschaft bereits in einer Weise zugeord-

---

1 MünchKommHGB/*Langhein*, § 113 Rn. 8.
2 BGH v. 6.12.1963 – KZR 4/62, BGHZ 38, 306, 309; MünchKommHGB/*Langhein*, § 113 Rn. 7; *Staub/Ulmer*, § 113 Rn. 1.
3 *Staub/Ulmer*, § 113 Rn. 17.
4 MünchHdbGesR I/*Mattfeld*, § 59 Rn. 38.
5 BGH v. 6.12.1963 – KZR 4/62, BGHZ 38, 306, 308 f.; BGH v. 5.12.1983 – II ZR 242/82, BGHZ 89, 162, 171.
6 BGH v. 6.12.1963 – KZR 4/62, BGHZ 38, 306, 310; MünchKommHGB/*Langhein*, § 113 Rn. 8; *Staub/Ulmer*, § 113 Rn. 21; *Baumbach/Hopt*, § 113 Rn. 3.
7 So aber BGH v. 6.12.1963 – KZR 4/62, BGHZ 38, 306, 308 f.; *Baumbach/Hopt*, § 113 Rn. 3; *Staub/Ulmer*, § 113 Rn. 21.
8 *Schlegelberger/Martens*, § 113 Rn. 9; *A. Hueck*, Das Recht der OHG, S. 200, dort auch Fn. 25; MünchKommHGB/*Langhein*, § 113 Rn. 8; Ebenroth/Boujong/Joost/Strohn/*Goette*, § 113 Rn. 20.
9 *Schlegelberger/Martens*, § 113 Rn. 10; MünchKommHGB/*Langhein*, § 113 Rn. 9.
10 BGH v. 12.6.1989 – II ZR 334/87, WM 1989, 1335, 1338; MünchKommHGB/*Langhein*, § 113 Rn. 13.

net war, dass es auch äußerlich als fremdbezogen in Erscheinung tritt, z.B. indem es in eine mit der Gesellschaft bestehende schuldrechtliche Beziehung eingreift[1]; doch werden auch Eingriffe in hinreichend verfestigte Anwartschaften der Gesellschaft auf Geschäftsabschlüsse erfasst[2]. Die Geltendmachung eines auf angemaßte Eigengeschäftsführung gestützten Schadensersatzanspruchs (§§ 687 Abs. 2, 678 BGB) bei Verletzung des gesetzlichen Wettbewerbsverbots scheitert daran, dass § 113 insofern eine abschließende Regelung enthält[3].

b) Deliktische Ansprüche

Zu denken ist ferner an Ansprüche aus den §§ 823 ff. BGB. Allerdings wird für diese neben der als abschließend gedachten Regelung des § 113 grundsätzlich kein Raum mehr sein. Insbesondere ist § 112 nicht als gesetzliches Verbot i.S.v. § 823 Abs. 2 BGB zu verstehen[4]. In Betracht kommt jedoch ein Anspruch aus § 826 BGB[5]. Die tatbestandlichen Voraussetzungen gehen über § 112 hinaus. Abs. 2 und 3 des § 113 gelten für deliktische Ansprüche ebenfalls nicht.

6

5. Vertragsstrafen

Gesellschaftsvertragliche Abreden über Vertragsstrafen sind möglich. Ihre Geltendmachung beschränkt – soweit nichts anderes vereinbart ist – die sonstigen Ansprüche auf den weitergehenden Schaden, vgl. § 340 BGB[6]. Die Möglichkeit einer Strafherabsetzung (§ 343 BGB) hängt nach § 348 von der Kaufmannseigenschaft des Gesellschafters ab (dazu § 105 Rn. 7).

7

6. Sonstige Folgen von Verstößen

Neben dem Anspruch auf Auskunft (§ 242 BGB) und **Rechnungslegung** (§ 666 BGB)[7] stehen auch noch Möglichkeiten einer Sanktion des Gesellschafterverhaltens, etwa durch Auflösung der Gesellschaft (§ 113 Abs. 4), Ausschließung des Gesellschafters oder Entziehung seiner Geschäftsführungs- und Vertretungsbefugnis. Soll ein Nachfolgerbenennungsrecht eines Gesellschafters zugunsten eines Dritten ausgeübt werden, der sich mit der Gesellschaft in einem Konkurrenzverhältnis befindet, so steht dies der Benennung nur dann als Hindernis entgegen, wenn gegenüber dem Dritten wegen der Konkurrenzlage ein Ausschließungsgrund gegeben wäre[8]. Im Einzelfall kann das

8

---

1 Vgl. etwa BGH v. 23.3.1988 – IVa 41/87, WM 1988, 903, 904; BGH v. 12.6.1989 – II ZR 334/87, WM 1989, 1335, 1339.
2 So mit Recht *Staub/Ulmer*, § 113 Rn. 6; *Schlegelberger/Martens*, § 113 Rn. 17.
3 *Ebenroth/Boujong/Joost/Strohn/Goette*, § 113 Rn. 26.
4 *Ebenroth/Boujong/Joost/Strohn/Goette*, § 113 Rn. 27; *MünchKommHGB/Langhein*, § 113 Rn. 14.
5 BGH v. 12.6.1989 – II ZR 334/87, WM 1989, 1335, 1339.
6 Dazu *MünchHdbGesR I/Mattfeld*, § 59 Rn. 45; *Staub/Ulmer*, § 113 Rn. 26; *Schlegelberger/Martens*, § 113 Rn. 34.
7 BGH v. 22.6.1972 – II ZR 67/70, WM 1972, 1229, 1230.
8 BGH v. 14.12.1981 – II ZR 200/80, WM 1982, 234, 235.

verbotswidrige Verhalten des Gesellschafters auch die Tatbestandsvoraussetzungen des unlauteren Wettbewerbs nach dem UWG erfüllen.

II. Durchsetzung der Ansprüche aus § 113

1. Geltendmachung

a) Gesellschafterbeschluss

9 Für die Geltendmachung der in § 113 Abs. 1 aufgeführten Ansprüche bedarf es nach § 113 Abs. 2 eines **einstimmigen Beschlusses** der übrigen Gesellschafter (ohne Stimmrecht des Betroffenen), soweit sich nicht aus dem Gesellschaftsvertrag etwas anderes ergibt[1]. Ohne den Beschluss ist die Klage unbegründet. Der Beschluss kann aber noch während des Prozesses bis zum Schluss der letzten mündlichen Verhandlung gefasst und dem Gericht vorgelegt werden[2]. Ob ein solcher Beschluss auch für die Geltendmachung des Unterlassungsanspruchs notwendig ist, ist umstritten; richtiger Ansicht nach ist dies aber zu bejahen[3]. Keine entsprechende Anwendung findet § 113 Abs. 3 auf den Anspruch auf Auskunft und Rechnungslegung; denn dieser dient ja gerade dazu, eine sachgerechte Entscheidung über die Frage der Geltendmachung des Schadensersatzanspruches vorzubereiten. Bei entsprechend gewichtigen Interessen der Gesellschaft wird aus der Treuepflicht eine Verpflichtung zur Zustimmung folgen[4], deren Verletzung nach Eintritt der Verjährung (§ 113 Abs. 3) schadensersatzpflichtig machen wird. Die – auch konkludent mögliche[5] – Willensentschließung muss deutlich machen, ob Schadensersatz oder Eintritt verlangt wird[6]; dabei wird die Gesellschaft an die getroffene Wahl gebunden sein[7], kann jedoch bis zum Verjährungseintritt vom Schadensersatz auf das Eintrittsrecht übergehen[8]. Es handelt sich um einen Fall elektiver Konkurrenz, nicht um eine Wahlschuld, §§ 262 ff. BGB[9]. In der Insolvenz der Gesellschaft geht das Entscheidungsrecht auf den Insolvenzverwalter über[10]; denn dann spielt die mit § 113 Abs. 2 verfolgte Befriedungsfunktion keine Rolle mehr.

---

1 *Staub/Ulmer*, § 113 Rn. 28; *Ebenroth/Boujong/Joost/Strohn/Goette*, § 113 Rn. 26; MünchKommHGB/*Langhein*, § 113 Rn. 18.
2 So für den – ebenso der Befriedungsfunktion dienenden – § 46 Nr. 8 GmbHG BGH v. 3.5.1999 – II ZR 119/98, DStR 1999, 907, 908.
3 *Ebenroth/Boujong/Joost/Strohn/Goette*, § 113 Rn. 34, 41; MünchKommHGB/*Langhein*, § 113 Rn. 11; a.A. *Staub/Ulmer*, § 113 Rn. 5, 37; *Baumbach/Hopt*, § 113 Rn. 9.
4 MünchKommHGB/*Langhein*, § 113 Rn. 19; *Ebenroth/Boujong/Joost/Strohn/Goette*, § 113 Rn. 31; *Staub/Ulmer*, § 113 Rn. 28; *Baumbach/Hopt*, § 113 Rn. 9.
5 BGH v. 5.12.1983 – II ZR 242/82, BGHZ 89, 162, 172; *Ebenroth/Boujong/Joost/Strohn/Goette*, § 113 Rn. 35; MünchKommHGB/*Langhein*, § 113 Rn. 19.
6 *Ebenroth/Boujong/Joost/Strohn/Goette*, § 113 Rn. 29; *Schlegelberger/Martens*, § 113 Rn. 23.
7 *Schlegelberger/Martens*, § 113 Rn. 20; MünchHdbGesR I/*Mattfeld*, § 59 Rn. 49; *A. Hueck*, Das Recht der OHG, S. 204.
8 *Staub/Ulmer*, § 113 Rn. 11.
9 Vgl. hierzu *Staub/Ulmer*, § 113 Rn. 9 ff.; *Baumbach/Hopt*, § 113 Rn. 8.
10 *Staub/Ulmer*, § 113 Rn. 34; *Schlegelberger/Martens*, § 113 Rn. 25; *Baumbach/Hopt*, § 113 Rn. 7.

b) Actio pro socio

Soweit es um die Entschließungen nach § 113 Abs. 2 geht, kommt ein Vorgehen im Rahmen der actio pro socio (siehe hierzu § 105 Rn. 77 ff.) nicht in Betracht. Für sie ist indes Raum, wenn die Verfolgung der beschlossenen Geltendmachung von Ansprüchen unterbleibt, zumal bei einer nach § 113 Abs. 3 drohenden Verjährung[1]. 10

2. Verjährung

a) Reichweite des § 113 Abs. 3

§ 113 Abs. 3 sieht im Interesse einer **möglichst baldigen Konflikterledigung** eine relativ kurze Verjährung der von § 113 Abs. 1 erfassten Ansprüche vor. Führt allerdings der Verstoß gegen das Wettbewerbsverbot zugleich zur Verletzung weiterer wesentlicher Gesellschafterpflichten, so greift die Sonderverjährung nicht. So liegt es insbesondere bei einem wettbewerblichen Verhalten von Gesellschaftern mit Geschäftsführungsbefugnis[2]. Umstritten ist, ob § 113 Abs. 3 auch für den Unterlassungsanspruch gilt[3]. Teilweise wird dies mit der Begründung abgelehnt, dass eine entsprechende Anwendung des § 113 Abs. 3 gerade bei auf Dauer angelegten (verbotswidrigem) Wettbewerbsverhalten zu problematischen Folgen führen würde. Die Lösung für dieses Problem ist jedoch bei dem „richtigen" Verjährungsbeginn, nicht aber bei der Verjährungsfrist zu suchen. Daher sollte § 113 Abs. 3 auch auf den Unterlassungsanspruch Anwendung finden. 11

b) Verjährungslauf

Die **Verjährung beginnt**, wenn alle übrigen Gesellschafter von dem Wettbewerbsverhalten des Gesellschafters Kenntnis haben. Ausreichend ist die Kenntnis der wesentlichen Tatsachen[4]. Der Kenntnis steht nach § 113 Abs. 3 – ebenso wie im Rahmen des § 199 Abs. 1 Nr. 2 BGB – grob fahrlässige Unkenntnis gleich. Bloßes Kennenmüssen setzt hingegen die Frist nicht in Gang[5]. In jedem Fall verjährt der Anspruch spätestens fünf Jahre nach seiner Entstehung. Wie bei **fortwährenden Verstößen** zu verfahren ist, ist fraglich. Teilweise wird hier die Ansicht vertreten, dass die Verjährungsfrist be- 12

---

1 *Schlegelberger/Martens*, § 113 Rn. 1, 24; *Baumbach/Hopt*, § 113 Rn. 7; vgl. auch BGH v. 28.6.1982 – II ZR 199/81, WM 1982, 928 f. (zur gleichartigen Fragestellung beim Beschlusserfordernis in § 46 Nr. 8 GmbHG).
2 BGH v. 11.1.1971 – II ZR 143/68, WM 1971, 412, 413 f.; BGH v. 22.6.1972 – II ZR 67/70, WM 1972, 1229, 1230; auch BGH v. 12.6.1989 – II ZR 334/87, WM 1989, 1335, 1337. Nach *Schlegelberger/Martens*, § 113 Rn. 26 f., soll das aber nur gelten, wenn ein Verstoß gegen andere gesellschafterliche Pflichten unabhängig von der Verletzung des Wettbewerbsverbots zu bejahen sei.
3 Dafür: *Staub/Ulmer*, § 113 Rn. 7; *A. Hueck*, Das Recht der OHG, S. 204; vgl. auch RGZ 63, 252, 253 f. (zu § 61 Abs. 2); a.A. *Schlegelberger/Martens*, § 113 Rn. 15; MünchKommHGB/*Langhein*, § 113 Rn. 11, 20; *Baumbach/Hopt*, § 113 Rn. 10.
4 Siehe MünchKommHGB/*Langhein*, § 113 Rn. 21.
5 MünchKommHGB/*Langhein*, § 113 Rn. 21; Ebenroth/Boujong/Joost/Strohn/Goette, § 113 Rn. 42.

reits mit der ersten Zuwiderhandlung (und deren Kenntnis bzw. grob fahrlässigen Unkenntnis) auch für alle späteren Beeinträchtigungen zu laufen beginnt[1]. Warum hier von der Systematik der allgemeinen Verjährungsregeln abgewichen wird, ist wenig verständlich. Nach § 199 Abs. 1 Nr. 1 BGB ist nämlich der Anspruch für die Zwecke des Verjährungsrechts als nicht entstanden anzusehen, solange der Eingriff andauert[2]. Diesen Gedanken sollte man auch für § 113 Abs. 3 fruchtbar machen. Dann aber ergreift eine Verjährung bei einem fortgesetzten Verstoß – wenn überhaupt – nur die bisherigen Teilakte[3]. Nur so lassen sich nämlich schwierige Abgrenzungsprobleme vermeiden, etwa wenn bei einem auf Dauer angelegten Verstoß zunächst „klein" angefangen wird und später das verbotswidrige Verhalten an Grad und Stärke beständig zunimmt. Soweit man § 113 Abs. 3 auch auf Unterlassungsansprüche anwendet (siehe oben Rn. 11), ist für den Beginn der Verjährung – entsprechend § 199 Abs. 5 BGB – nicht an der Entstehung des Anspruchs, sondern an der Zuwiderhandlung anzuknüpfen. In aller Regel werden aber im Anwendungsbereich des § 199 Abs. 5 BGB Dauerhandlungen als ununterbrochene, sich wiederholende Einzelhandlungen angesehen mit der Folge, dass auch hier der Unterlassungsanspruch erst mit Einstellung des rechtswidrigen Verhaltens beginnt[4].

§ 114
Geschäftsführung

(1) Zur Führung der Geschäfte der Gesellschaft sind alle Gesellschafter berechtigt und verpflichtet.

(2) Ist im Gesellschaftsvertrag die Geschäftsführung einem Gesellschafter oder mehreren Gesellschaftern übertragen, so sind die übrigen Gesellschafter von der Geschäftsführung ausgeschlossen.

Übersicht

	Rn.		Rn.
I. Geschäftsführung in der OHG	1	b) Abgrenzung von der Vertretung	3
1. Begriff der Geschäftsführung		c) Abgrenzung von den Grundlagenangelegenheiten	4
a) Abgrenzung vom privaten oder sonstigen gesellschaftsfremden Bereich	2	2. Gesellschaftsvertragliche Regelungen der Geschäftsführung a) Rechtsgrundlage	7

---

[1] RGZ 63, 252, 253 f. (zu § 61 Abs. 2); *Ebenroth/Boujong/Joost/Strohn/Goette*, § 113 Rn. 45; *Baumbach/Hopt*, § 113 Rn. 10; *Staub/Ulmer*, § 113 Rn. 36.
[2] BGH v. 28.9.1973 – I ZR 136/71, NJW 1973, 2285 f.; BGH v. 17.4.2002 – VIII ZR 139/01, NJW-RR 2002, 1256, 1257; MünchKommBGB/*Grothe*, § 199 BGB Rn. 13; *Bamberger/Roth/Henrich/Spindler*, § 199 BGB Rn. 7.
[3] So zutreffend *Schlegelberger/Martens*, § 113 Rn. 31; MünchKommHGB/*Langhein*, § 113 Rn. 21.
[4] MünchKommBGB/*Grothe*, § 199 BGB Rn. 13, 50; siehe auch BGH v. 17.4.2002 – VIII ZR 139/01, NJW-RR 2002, 1256 f.

		Rn.			Rn.
	b) Kompetenz aller Gesellschafter als Regelfall	9		b) Maßstab	20
	c) Ausschluss von der Geschäftsführung	10		c) Inhalt	22
	d) Anderweitige Regelung unter den Gesellschaftern	11	3.	Haftung	25
				a) Pflichtwidrigkeit und Verschulden	26
	e) „Betrauung" eines Dritten mit der Geschäftsführung	12		b) Ermessensspielraum	27
	f) Mitwirkung Dritter	14		c) Schaden	28
II.	Rechtsstellung des geschäftsführenden Gesellschafters			d) Ausschluss der Haftung	29
				e) Geltendmachung von Ansprüchen	
	1. Personengebundenheit	15		aa) Zuständigkeit	30
	a) Übergang auf Erben; minderjährige Gesellschafter	16		bb) Darlegungs- und Beweislast	31
			4.	Vergütung	
	b) Personenmehrheiten als geschäftsführende Gesellschafter	18		a) Erforderlichkeit einer Vereinbarung	32
	2. Pflichtengebundenheit			b) Anpassung der Vergütung	33
	a) Grundlage	19		c) Ansprüche bei Verhinderung	34

Schrifttum: *Helm/Wagner*, Fremdgeschäftsführung und -vertretung bei Personenhandelsgesellschaften, BB 1979, 225; *Huber*, Betriebsführungsverträge zwischen selbständigen Unternehmen, ZHR 142 (1988), 1; *Huber*, Betriebsführungsverträge zwischen konzernverbundenen Unternehmen, ZHR 142 (1988), 123; *Kübler*, Erwerbschancen und Organpflichten, in: Festschrift Werner, 1984, S. 437; *Kust*, Zur Sorgfaltspflicht und Verantwortlichkeit eines ordentlichen und gewissenhaften Geschäftsleiters, WM 1980, 758; *Löffler*, Betriebsführungsverträge mit Personengesellschaften, NJW 1983, 2920; *Priester*, Jahresabschlussfeststellung bei Personengesellschaften, DStR 2007, 28; *Schießl*, Die Wahrnehmung von Geschäftschancen der GmbH durch ihren Geschäftsführer, GmbHR 1988, 53; *Schulze-Osterloh*, das Grundlagengeschäft zwischen Geschäftsführungsmaßnahme und Änderung des Gesellschaftsvertrages, in: Festschrift Hadding, 2004, S. 637; *Werra*, Zum Stand der Diskussion um die Selbstorganschaft, 1991; *H.P. Westermann/Pöllath*, Abberufung und Ausschließung von Gesellschaftern/Geschäftsführern in Personengesellschaften und GmbH, RWS-Skript 77, 4. Aufl. 1988.

I. Geschäftsführung in der OHG

1. Begriff der Geschäftsführung

Der Begriff der Geschäftsführung ist im HGB und auch im BGB nicht definiert. Lediglich punktuell legt das Gesetz bestimmte (Geschäftführungs-)Aufgaben fest (z.B. § 107, 112, 125a, 130a, 242[1] etc.), die jedoch nur einen kleinen Ausschnitt aus der mit der Geschäftsführung einhergehenden Aufgabenfülle umschreiben. Einigkeit besteht mithin darüber, dass der Begriff Geschäftsführung weit über diese einzelnen geregelten Pflichten hinausgeht. Er umfasst nämlich die **Gesamtheit** der bei der **Verfolgung des Gesellschaftszwecks** in Betracht kommenden **Betätigungen** mit Ausnahme 1

---

1 Aufstellung des Jahresabschlusses ist Geschäftsführungsmaßnahme, siehe *Schulze-Osterloh*, FS Hadding, 2004, S. 637, 641; zur Feststellung des Jahresabschlusses siehe unten Rn. 5.

insbesondere der Grundlagenangelegenheiten[1] (siehe hierzu unten Rn. 4 f.). Unerheblich ist, ob es sich um tatsächliche, rechtsgeschäftliche, gewöhnliche oder außergewöhnliche Tätigkeiten handelt[2]. Auch höchstpersönliche Arbeit z.B. als Erfinder oder Künstler kann Teil der Geschäftsführung sein[3]. Aufgrund der großen Bandbreite der durch den Begriff umschriebenen Tätigkeiten ist eine abschließende Aufzählung der zur Geschäftsführung zählenden Angelegenheiten nicht möglich. Letztlich lässt sich der Begriff – jenseits der durch Gesetz, Gesellschaftsvertrag oder durch Gesellschaftsbeschlüsse zugewiesenen Aufgaben – nur mithilfe der Erkenntnisse der Betriebswirtschaftslehre näher konkretisieren[4]. Danach zählen zur Geschäftsführung – je nach Art und Größe der Unternehmens mit unterschiedlicher Intensität – in erster Linie die **Führungsaufgaben** im „Unternehmen" (Formulierung der Unternehmensziele, Strategieentscheidungen, wie diese Unternehmensziele in räumlicher, finanzieller[5], sachlicher, personeller Hinsicht und im Verhältnis zu den Wettbewerbern am Markt umzusetzen sind, Planung, Abwägung, Kontrolle und Überwachung der zu treffenden und der getroffenen Maßnahmen im Hinblick auf die Unternehmensziele, etc.). Neben diesen Führungsentscheidungen zählt freilich auch die so genannte **„laufende"** bzw. **„täglich anfallende" Tätigkeit** zur Geschäftsführung, etwa die Vorbereitung und der Abschluss von Rechtsgeschäften mit Bezug zum Gesellschaftszweck (z.B. Ankauf von Rohstoffen und Produktionsmitteln, Verkauf der hergestellten Produkte, Anmieten von Geschäftsräumen, Einstellung und Entlassung von Personal), die Sicherung, Inbesitznahme und Verwaltung des Gesellschaftsvermögens[6], die Geltendmachung von Forderungen[7] (einschließlich der Sozialansprüche gegenüber den Gesellschaftern), die Prozessführung oder die Erledigung der geschäftlichen Korrespondenz bzw. die Ausführung von Gesellschafterbeschlüssen[8].

a) Abgrenzung vom privaten oder sonstigen gesellschaftsfremden Bereich

2 Nicht zum Bereich der Geschäftsführung gehören Tätigkeiten, die **keinen Bezug zum Gesellschaftszweck** haben. Die Abgrenzung ist nicht immer einfach. Das gilt insbesondere dann, wenn der (geschäftsführende) Gesellschafter diese vornimmt. Grundsätzlich ist von einer gesellschaftsfremden Tätig-

---

1 *Schlegelberger/Martens*, § 114 Rn. 4; MünchHdbGesR I/*v. Dittfurth*, § 53 Rn. 3; *Staub/Ulmer*, § 114 Rn. 11, 15 f.; *Ebenroth/Boujong/Joost/Strohn/Mayen*, § 114 Rn. 4; *Baumbach/Hopt*, § 114 Rn. 2.
2 BGH v. 10.10.1994 – II ZR 32/94, NJW 1995, 192; *Baumbach/Hopt*, § 114 Rn. 2; MünchKommHGB/*Rawert*, § 114 Rn. 7; *K.Schmidt*, GesR, § 47 V 1.
3 *Baumbach/Hopt*, § 114 Rn. 2.
4 Siehe hierzu und zur nachfolgenden Aufzählung insbesondere MünchKommHGB/ *Rawert*, § 114 Rn. 8; *Ebenroth/Boujong/Joost/Strohn/Mayen*, § 114 Rn. 4; *Baumbach/Hopt*, § 114 Rn. 2.
5 Z.B. die Aufnahme eines stillen Gesellschafters, *Schulze-Osterloh*, FS Hadding, 2004, S. 637, 649 (zum atypischen stillen Gesellschafter siehe unten Rn. 5).
6 BGH v. 24.1.1983 – VIII ZR 353/81, BGHZ 86, 300, 307; BGH v. 27.10.1971 – VIII ZR 48/70, BGHZ 57, 166, 167 f.
7 BGH v. 2.7.1973 – II ZR 94/71, NJW 1973, 2198.
8 MünchKommHGB/*Rawert*, § 114 Rn. 9.

keit auszugehen, wenn die in Frage stehende Handlung in gleicher Weise auch von einem gesellschaftsfremden Dritten vorgenommen worden wäre, sie also nicht in der Stellung eines (geschäftsführenden) Gesellschafters wurzelt. Das betrifft insbesondere solche Tätigkeiten, die lediglich bei Gelegenheit der Geschäftsführung vorgenommen werden (z.B. das Fahren eines Geschäfts-Pkw; siehe hierzu auch § 110 Rn. 5). Abgrenzungsschwierigkeiten entstehen aber nicht nur zum **privaten**, sondern auch zu einem sonstigen (gesellschaftsfremden) **beruflichen Bereich** des Gesellschafters, etwa wenn dieser die Gesellschaft als Anwalt oder Steuerberater berät[1]. Hier ist durch Auslegung zu ermitteln, ob eine Drittbeziehung, eine Beitragsleistung (§ 706 BGB) oder aber eine Geschäftsführungsmaßnahme vorliegt. Im Zweifel spricht viel für eine Maßnahme causa societatis und damit für einen Akt der Geschäftsführung[2].

b) Abgrenzung von der Vertretung

Die Geschäftsführung ist von der Vertretungsbefugnis (§ 125) richtigerweise nicht i.S. einer Gegenüberstellung von Innen- und Außenverhältnis zu unterscheiden, sondern nach den Kompetenzen des **rechtlichen „Dürfens"** gegenüber dem **rechtlichen „Können"**[3], wobei die Geschäftsführung den übergreifenden Bereich bildet. Liegt eine Vertretungsmaßnahme vor, lässt dies daher die Qualität derselben als Geschäftsführungsmaßnahme unberührt[4]. Im Einzelfall kann es dazu kommen, dass ein Geschäftsführer im Rahmen seines rechtlichen „Könnens" gehandelt und die Gesellschaft nach außen wirksam vertreten hat, gleichzeitig aber das rechtliche „Dürfen" und somit seine Geschäftsführungsbefugnis überschritten hat. Während die Vertretungsbefugnis unbeschränkt und unbeschränkbar ist (§ 126 Abs. 1, 2), erstreckt sich die – ohnehin frei regelbare – Geschäftsführungsbefugnis nach § 116 Abs. 1 nur auf die Handlungen, die der gewöhnliche Betrieb des Handelsgewerbes des Gesellschaft mit sich bringt[5]. Zu beachten ist, dass nicht jede Tätigkeit eines geschäftsführenden Gesellschafters in Angelegenheiten der Gesellschaft als Geschäftsführerhandeln zu qualifizieren ist, da der Gesellschafter ihr auch in anderen Rechtsbeziehungen gegenübertreten kann. Ob das im Einzelnen der Fall ist (z.B. bei einer Erfindung des Gesellschafters), muss von den konkreten Umständen abhängen[6].

---

1 Siehe hierzu *Ebenroth/Boujong/Joost/Strohn/Mayen*, § 114 Rn. 9; MünchKommHGB/*Rawert*, § 114 Rn. 16.
2 MünchKommHGB/*Rawert*, § 114 Rn. 16; vgl. auch MünchHdbGesR/v. *Dittfurth*, § 53 Rn. 4.
3 MünchKommHGB/*Rawert*, § 114 Rn. 7; *Ebenroth/Boujong/Joost/Strohn/Mayen*, § 114 Rn. 5; *Staub/Ulmer*, § 114 Rn. 13; anders *Baumbach/Hopt*, § 114 Rn. 1; MünchHdbGesR I/v. *Ditfurth*, § 47 Rn. 2.
4 Im Ergebnis auch MünchKommHGB/*Rawert*, § 114 Rn. 7.
5 *Ebenroth/Boujong/Joost/Strohn/Mayen*, § 114 Rn. 5.
6 Vgl. dazu *Schlegelberger/Martens*, § 114 Rn. 9; *Baumbach/Hopt*, § 114 Rn. 2; *A. Hueck*, Das Recht der OHG, S. 223.

c) Abgrenzung von den Grundlagenangelegenheiten

4 **Nicht zur (gewöhnlichen oder außergewöhnlichen) Geschäftsführung** gehören die **Grundlagenangelegenheiten** der Gesellschaft, die insbesondere die Gestaltung und die Änderung des Gesellschaftsvertrages, aber auch sonst das Rechtsverhältnis der Gesellschafter untereinander betreffen bzw. in grundlegende Rechte der Gesellschafter eingreifen[1]. Über sie hat die Gesamtheit der Gesellschafter zu entscheiden, sofern nicht im Gesellschaftsvertrag etwas anderes vorgesehen ist[2]. Bindungen unterliegt der einzelne Gesellschafter im Rahmen der Abstimmung über Grundlagengeschäfte nur im Hinblick auf die Treuepflicht. Die Mitwirkungskompetenz eines Gesellschafters wird dabei nicht dadurch berührt, dass an seinem Anteil ein Nießbrauch bestellt ist[3].

5 Zu den Grundlagenangelegenheiten gehören etwa[4]: die Aufnahme oder das Ausscheiden von Gesellschaftern[5] (auch eines atypischen stillen Gesellschafters)[6], die Zustimmung zur Veräußerung eines nach dem Gesellschaftsvertrag abtretbaren Gesellschaftsanteils[7], die Organisation von Geschäftsführung und Vertretung, die Entscheidung über Entnahmen[8] oder über die Geltendmachung von Ersatzansprüchen nach § 113 (siehe § 113 Rn. 9), die Feststellung des Jahresabschlusses (vgl. § 120 Rn. 7), die Befreiung vom Wettbewerbsverbot nach § 112 (siehe § 112 Rn. 11)[9] oder der Erlass bzw. Verzicht von Ersatzansprüchen aus pflichtwidriger Geschäftsführung[10], die Erhöhung der Beiträge[11], Beschlussfassungen der Gesellschaftergesamtheit (also unter Einschluss der nichtgeschäftsführenden Gesellschafter), ggf. auch Entscheidungen über wesentliche Struktur- und Organisationsmaßnahmen (insoweit im Einzelnen streitig[12]). Letztere wird man wohl dann zu den Grundlagengeschäften zählen müssen, wenn sie zu einer tatsächlichen faktischen und grundlegenden Veränderung der gesellschaftlichen Verhältnisse führen (z.B. Übertragung des gesamten Vermögens der Gesellschaft oder wesentlicher

---

1 OLG Hamburg v. 29.7.2005 – 11 U 286/04, NZG 2005, 966 f.; MünchHdbGesR I/*v. Dittfurth*, § 53 Rn. 7; *Ebenroth/Boujong/Joost/Strohn/Mayen*, § 114 Rn. 6; *Baumbach/Hopt*, § 114 Rn. 3; *Schulze-Osterloh*, FS Hadding, 2004, S. 637, 639.
2 BGH v. 14.11.1977 – II ZR 95/76, NJW 1978, 1000; OLG Hamburg v. 29.7.2005 – 11 U 286/04, NZG 2005, 966 f.; *Ebenroth/Boujong/Joost/Strohn/Mayen*, § 114 Rn. 6.
3 BGH v. 9.11.1998 – II ZR 213/97, ZIP 1998, 68, 69 f.
4 *Schulze-Osterloh*, FS Hadding, 2004, S. 637, 645 ff.; *Priester*, DStR 2007, 28 f.; MünchKommHGB/*Rawert*, § 114 Rn. 9; *Ebenroth/Boujong/Joost/Strohn/Mayen*, § 114 Rn. 7.
5 BGH v. 11.2.1980 – II ZR 41/79, BGHZ 76, 160, 164; *Baumbach/Hopt*, § 114 Rn. 3.
6 MünchKommHGB/*Rawert*, § 114 Rn. 12; *Staub/Ulmer*, § 114 Rn. 16; siehe auch *Schulze-Osterloh*, FS Hadding, 2004, S. 637, 640.
7 *Schlegelberger/Martens*, § 114 Rn. 6; MünchKommHGB/*Rawert*, § 114 Rn. 9.
8 *Schulze-Osterloh*, FS Hadding, 2004, S. 637, 647.
9 *Schulze-Osterloh*, FS Hadding, 2004, S. 637, 642; *Staub/Ulmer*, § 112 Rn. 32.
10 BGH v. 13.5.1985 – II ZR 170/84, NJW 1985, 2830.
11 RGZ 151, 321, 327 f.; BGH v. 5.3.2007 – II ZR 282/05, DStR 2007, 771, 772; *Baumbach/Hopt*, § 114 Rn. 3.
12 Vgl. dazu MünchKommHGB/*Rawert*, § 114 Rn. 11; *Schlegelberger/Martens*, § 114 Rn. 7.

Teile hiervon[1], Abschluss und Kündigung eines Unternehmenspachtvertrages[2], Abschluss von Unternehmensverträgen und Begründung von Konzernrechtsverhältnissen[3], etc.). Streitig ist i.Ü., ob Geschäfte außerhalb des Gesellschaftszwecks bzw. des Unternehmensgegenstandes noch zum Bereich der Geschäftsführung[4] zu rechnen oder (wohl richtiger) Grundlagenangelegenheiten[5] sind.

Die Abgrenzung der Grundlagengeschäfte von den Geschäftsführungsmaßnahmen ist in bestimmten Grenzen – insbesondere unter Beachtung des Kernbereichs der Mitgliedschaft und des Bestimmtheitsgrundsatzes (siehe hierzu § 119 Rn. 17 ff.) – **dispositiv**. Die Gesellschafter können daher (im Gesellschaftsvertrag oder durch Gesellschafterbeschluss)[6] deren Wahrnehmung der Geschäftsführung überlassen (so z.B. die Aufnahme von Gesellschaftern[7]).

6

2. Gesellschaftsvertragliche Regelungen der Geschäftsführung

a) Rechtsgrundlage

Die Geschäftsführung der Gesellschafter ist Ausfluss des Gesellschaftsverhältnisses (siehe § 114 Abs. 1 ergänzt durch § 109 Abs. 1 sowie § 105 Abs. 2 i.V.m. §§ 709–713, 664–670 BGB). Daher ist die Geschäftsführung zwingend **den Gesellschaftern vorbehalten (Prinzip der Selbstorganschaft)**. Dieser Grundsatz verbietet es, sämtliche Gesellschafter von der Geschäftsführung auszuschließen und diese auf Dritte zu übertragen[8]. Nichtgesellschaftern können organschaftliche Befugnisse weder umfassend noch teilweise verliehen werden[9]. Sie können insbesondere nicht zum Geschäftsführer bestellt werden[10]. Auch eine ihr gleichstehende unwiderrufliche und verdrängende Bevollmächtigung ist nicht möglich. Mithin können Dritte mit Aufgaben der Geschäftsführung allein auf anderer Grundlage beauftragt werden (z.B. schuldrechtsgeschäftlich begründete Beauftragung).

7

---

1 BGH v. 9.1.1995 – II ZR 24/94, NJW 1995, 596; *Schulze-Osterloh*, FS Hadding, 2004, S. 637, 646.
2 OLG Hamburg v. 29.10.1999 – 1 U 45/99, NZG 2000, 421, 422.
3 OLG Hamburg v. 29.7.2005 – 11 U 286/04, NZG 2005, 966, 967 (anders aber, wenn Gesellschaft als „Obergesellschaft" einen solchen Vertrag schließt); *Schulze-Osterloh*, FS Hadding, 2004, S. 637, 646 f.; *Baumbach/Hopt*, § 114 Rn. 3.
4 So die h.L., vgl. RGZ 158, 302, 308; *Staub/Ulmer*, § 116 Rn. 8; für eine Einordnung als ungewöhnliche Geschäfte (§ 116 Abs. 2): *K. Schmidt*, GesR, § 47 V 1c.
5 So *Schlegelberger/Martens*, § 116 Rn. 5.
6 MünchKommHGB/*Rawert*, § 114 Rn. 14; Ebenroth/Boujong/Joost/Strohn/Mayen, § 114 Rn. 8; *Schlegelberger/Martens*, § 114 Rn. 8.
7 BGH v. 11.2.1980 – II ZR 41/79, BGHZ 76, 160, 164; BGH v. 14.11.1977 – II ZR 95/76, WM 1978, 136, 137.
8 BGH v. 20.9.1993 – II ZR 204/92, NJW-RR 1994, 98; siehe aber auch unter Rn. 13.
9 BGH v. 10.11.1951 – II ZR 111/50, BGHZ 3, 354, 356 ff.; BGH v. 14.5.1956 – II ZR 229/54, BGHZ 20, 363, 364 ff.; BGH v. 22.1.1962 – II ZR 11/61, BGHZ 36, 292, 293 ff.; BGH v. 20.9.1993 – II ZR 204/92, NJW-RR 1994, 98; Ebenroth/Boujong/Joost/Strohn/Mayen, § 114 Rn. 17.
10 MünchKommHGB/*Rawert*, § 114 Rn. 24.

8 Da die Geschäftsführungsbefugnis Ausfluss der Mitgliedschaft ist, kann sie von dieser (entsprechend § 717 S. 1 BGB) nicht abgespalten werden. Aus diesem **Abspaltungsverbot** folgt mithin, dass die eigene Geschäftsführungsbefugnis nicht auf einen Dritten übertragen werden kann, sondern von dem Gesellschafter ausgeübt werden muss. Nicht vereinbar mit dem Abspaltungsverbot ist es auch, wenn sich ein Gesellschafter in seiner Geschäftsführung durch Mitgesellschafter vertreten lässt[1]. Zulässig ist aber die (insbesondere zeitweise) Überlassung der Geschäftsführung zur Ausübung, soweit dies der Gesellschaftsvertrag vorsieht oder die übrigen Gesellschafter zustimmen.

b) Kompetenz aller Gesellschafter als Regelfall

9 Das Gesetz geht in § 114 Abs. 1 von der Regel aus, dass alle Gesellschafter geschäftsführungsbefugt sind, und zwar nach der weiteren – von § 709 BGB abweichenden – Regel in § 115 Abs. 1 i.S. der Einzelgeschäftsführung.

c) Ausschluss von der Geschäftsführung

10 Wie aus § 114 Abs. 2 hervorgeht, kann die Geschäftsführung durch Gesellschaftsvertrag **einem oder mehreren der Gesellschafter übertragen** werden; die **übrigen Gesellschafter** sind dann von ihr **ausgeschlossen**. Die Auslegungsregel greift allerdings nur ein, wenn sich aus dem Gesellschaftsvertrag nichts anderes ergibt[2]. Die Vorschrift findet auch Anwendung, wenn den geschäftsführenden Gesellschaftern im Gesellschaftsvertrag einzelne Geschäftsführungsbereiche zugewiesen sind; der betreffende Geschäftsführer darf dann nach § 114 Abs. 2 nur in diesem Bereich und in dem durch den Gesellschaftsvertrag festgelegten Umfang geschäftsführend tätig werden[3]. Auch den von der Geschäftsführung ausgeschlossenen Gesellschaftern steht im Einzelfall die Befugnis der **Notgeschäftsführung** zu, wenn es um Maßnahmen zur Erhaltung von Gegenständen des Gesellschaftsvermögens (§ 744 Abs. 2 BGB) oder der Gesellschaft selbst geht. Die von der Geschäftsführung ausgeschlossenen Gesellschafter haben keinen Unterlassungsanspruch gegen die geschäftsführenden Gesellschafter im Hinblick auf eine Geschäftsführungsmaßnahme. Vielmehr haben sie Letztere grundsätzlich hinzunehmen und können allenfalls auf die Geltendmachung von Schadensersatzansprüchen (vgl. unten Rn. 25 ff.) hinwirken. Nur unter den engen, an § 744 Abs. 2 BGB ausgerichteten Voraussetzungen können die von der Geschäftsführung ausgeschlossenen Gesellschafter Unterlassung einer Geschäftsführungsmaßnahme fordern und auch gerichtlich durchsetzen[4]. Aus § 744 Abs. 2 BGB folgt allerdings keine Vertretungsbefugnis im Außenver-

---

[1] *Baumbach/Hopt*, § 114 Rn. 11.
[2] MünchKommHGB/*Rawert*, § 114 Rn. 20.
[3] *Ebenroth/Boujong/Joost/Strohn/Mayen*, § 114 Rn. 12; MünchKommHGB/*Rawert*, § 114 Rn. 20; *Staub/Ulmer*, § 114 Rn. 44.
[4] BGH v. 5.12.2005 – II ZR 13/04, NZG 2006, 194, 195.

hältnis[1]. Ob der von der Geschäftsführung ausgeschlossene Gesellschafter über § 744 Abs. 2 BGB hinaus ausnahmsweise zur Geschäftsführung berechtigt sein kann, ist fraglich. Mitunter wird dies (für besondere Situationen, z.B. Wahrnehmung besonderer Chancen) aus einer ergänzenden Auslegung des Gesellschaftsvertrages oder aber aus den §§ 677 ff. BGB abgeleitet[2].

d) Anderweitige Regelung unter den Gesellschaftern

Da § 114 dispositiv ist (vgl. § 109 Rn. 2), können die Gesellschafter die Geschäftsführung in den vom Selbstorganschaftsprinzip (siehe oben Rn. 7) und dem Abspaltungsverbot (Rn. 8 und § 109 Rn. 7 f.) gezogenen Grenzen (inhaltlich und zeitlich) **frei regeln**[3]. Das gilt für die Bestimmung von Weisungs- und Zustimmungsrechten anderer Gesellschafter (auch solcher ohne Geschäftsführungsbefugnis), die Schaffung von Kontrollorganen oder die Einrichtung von Ressortzuständigkeiten bei mehreren geschäftsführenden Gesellschaftern. Abweichenden Gestaltungen sind auch die Kompetenzabgrenzungen in den §§ 115, 116 und 119 zugänglich (vgl. jeweils die Erl. dazu). Es können ferner Regelungen über eine Vergütung der Geschäftsführungstätigkeit (siehe unten Rn. 32 ff.) und über eine Altersversorgung getroffen werden, und zwar sowohl im Gesellschaftsvertrag selbst als auch in einem unabhängig hiervon geltenden (Dienst-)Vertrag. Allerdings müssen bei Gestaltungen der Geschäftsführungsbefugnis, die vom gesetzlichen Regelfall abweichen, stets die Grenzen beachtet werden, die der Vertragsfreiheit bei der Ausgestaltung des Gesellschaftsvertrages gesetzt sind (vgl. hierzu § 109 Rn. 3 ff.).

11

e) „Betrauung" eines Dritten mit der Geschäftsführung

Trotz Grundsatz der Selbstorganschaft und dem Abspaltungsverbot lässt die h.M. zwar nicht eine verdrängende Übertragung, wohl aber die Ausübung von Geschäftsführungsfunktionen durch Dritte in weitem Umfang zu[4]. Dies gilt etwa für so genannte **Betriebsführungsverträge (Managementverträge)**[5]. Überschritten ist die Grenze erst dort, wo dem Dritten die Geschäftsführungsbefugnisse „zur Gänze" eingeräumt und dieser dadurch einem geschäftsführenden Gesellschafter völlig gleichgestellt wird (z.B. in Form einer organvertretenden Generalvollmacht)[6]. Handlungen, die das Gesetz aus-

12

---

1 *Baumbach/Hopt*, § 114 Rn. 7; *Ebenroth/Boujong/Joost/Strohn/Mayen*, § 114 Rn. 13.
2 *Baumbach/Hopt*, § 114 Rn. 7.
3 MünchKommHGB/*Rawert*, § 114 Rn. 21; *Ebenroth/Boujong/Joost/Strohn/Mayen*, § 114 Rn. 15.
4 BGH v. 22.1.1962 – II ZR 11/61, BGHZ 36, 292, 293 f.; BGH v. 20.9.1993 – II ZR 204/92, NJW-RR 1994, 98; kritisch insoweit MünchKommHGB/*Rawert*, § 114 Rn. 26; *Reuter*, JZ 1986, 16, 18.
5 BGH v. 5.10.1981 – II ZR 203/80, WM 1982, 394, 396; *Ebenroth/Boujong/Joost/Strohn/Mayen*, § 114 Rn. 18; vgl. auch MünchHdbGesR I/*v. Dittfurth*, § 53 Rn. 24.
6 BGH v. 18.7.2002 – III ZR 124/01, NZG 2002, 813, 814 (für Befugnisse des GmbH-GF); BGH v. 18.10.1976 – II ZR 9/75, NJW 1977, 199, 200; KG v. 11.6.1991 – 1 W 1581/91, NJW-RR 1992, 34, 35.

schließlich dem Gesellschafter vorbehält, dürfen mithin nicht dem Dritten übertragen werden. Diese Einschränkung ist freilich nicht von großer praktischer Bedeutung; denn der Kreis der Geschäfte, der kraft Gesetzes – mit Rücksicht auf die Interessen der Allgemeinheit – ausschließlich dem geschäftsführenden Gesellschafter vorbehalten ist, ist eng. Jenseits dieser gesetzlichen Vorschriften, die die Erfüllung bestimmter Aufgaben dem Gesellschafter zur „persönlichen" Pflicht machen, kann der Generalbevollmächtigte mit allen Aufgaben betraut werden. Dies gilt insbesondere auch für die (originär) der Geschäftsführung obliegenden Führungsaufgaben (siehe oben Rn. 1). Formal ist – aufgrund des Verbots einer organvertretenden Generalvollmacht – der Dritte damit in der Unternehmenshierarchie unterhalb der Ebene der geschäftsführenden Gesellschafter angesiedelt[1]. Die mit der Geschäftsführung verbundenen Rechte und Pflichten verbleiben mithin bei den geschäftsführenden Gesellschaftern[2]. Damit gehen für diese gegenüber dem Dritten grundsätzlich eine Aufsichtspflicht, ein Informations- und Kontrollrecht sowie ein Weisungsrecht einher[3]. Letzteres kann jedoch – nach Ansicht der Rechtsprechung – wiederum in zulässiger Weise beschränkt werden[4]. Einen völligen Ausschluss der Kontroll- und Informationsrechte wird man hingegen nicht zulassen können[5]. Soweit die dem Dritten verliehenen Befugnisse über diese rechtlichen Grenzen hinausgehen, ist die „Überlassung" der Befugnisse unwirksam. Daraus folgt nicht ohne weiteres, dass auch die mit dem Dritten getroffene Vereinbarungen unwirksam sind, doch kommt es zu Schranken bei ihrer Durchsetzbarkeit, wobei der Dritte insoweit auf etwa in Betracht kommende Schadensersatzansprüche verwiesen ist[6].

13 Fraglich ist, ob die Überlassung der Geschäftsführung an Dritte gekoppelt werden kann mit § 114 Abs. 2, nämlich dem **Ausschluss aller übrigen Gesellschafter** von der Geschäftsführung. Auch dies lässt die h.M. zu[7]. Doch darf dies nicht i.S. der Verleihung einer organschaftlichen Geschäftsführungskompetenz verstanden werden. Es gelten vielmehr auch hier die oben genannten Grenzen entsprechend mit der Folge, dass den Gesellschaftern nach dem Grundsatz der Selbstorganschaft die Befugnis verbleibt, jederzeit maßgeblich über die Angelegenheiten der Geschäftsführung zu befinden. In-

---

1 *Ebenroth/Boujong/Joost/Strohn/Weber*, vor § 48 Rn. 4; MünchKommHGB/*Lieb/Krebs*, vor § 48 Rn. 72.
2 Siehe aus der Rspr.: BGH v. 16.11.1981 – II ZR 213/80, WM 1982, 40, 41; BGH v. 5.10.1981 – II ZR 203/80, WM 1982, 394, 397; BGH v. 22.3.1982 – II ZR 74/81, WM 1982, 583; BGH v. 20.9.1993 – II ZR 204/92, NJW-RR 1994, 98.
3 *Ebenroth/Boujong/Joost/Strohn/Mayen*, § 114 Rn. 20; *Schlegelberger/Martens*, § 114 Rn. 12, 51, 53; *A. Hueck*, Das Recht der OHG, S. 317 f.
4 Siehe BGH v. 22.3.1982 – II ZR 74/81, WM 1982, 583.
5 *Ebenroth/Boujong/Joost/Strohn/Mayen*, § 114 Rn. 18; *Schlegelberger/Martens*, § 114 Rn. 53.
6 *Schlegelberger/Martens*, § 114 Rn. 53.
7 MünchKommHGB/*Rawert*, § 114 Rn. 28; *K.Schmidt*, GesR, § 47 V 1a (S. 1390); *Schlegelberger/Martens*, § 114 Rn. 54; *Staub/Ulmer*, § 114 Rn. 10; *A. Hueck*, Das Recht der OHG, S. 119 f.

sofern handelt es sich nicht um einen Ausschluss von der Geschäftsführung im eigentlichen Sinne[1].

f) Mitwirkung Dritter

Dritte können grundsätzlich im Rahmen von **Beiräten oder Gesellschafterausschüssen** an der Geschäftsführung mitwirken[2]. Ist aber ein solches Gremium nicht ausschließlich mit Gesellschaftern besetzt, so gelten für die Wahrnehmung von Geschäftsführungsaufgaben durch ein solches Gremium die vorstehenden Grundsätze entsprechend (siehe Rn. 12)[3]. Den geschäftsführungsbefugten Gesellschaftern muss also auch hier – in bestimmten Grenzen – die Letztentscheidungsbefugnis (in Form von Informations-, Kontroll-, Weisungs- bzw. Korrektur- oder Kündigungsrechten) verbleiben. Klauseln, die bestimmen, dass mehrere Gesellschafter ihre Rechte zwingend durch einen gemeinsamen Vertreter ausüben lassen müssen, sind ebenfalls nur unter den vorstehenden Einschränkungen zulässig[4]. Siehe zur Bestellungskompetenz und der hieraus folgenden Annexkompetenz auch § 161 Rn. 72.

14

II. Rechtstellung des geschäftsführenden Gesellschafters

1. Personengebundenheit

Die Geschäftsführungsbefugnis eines Gesellschafters ist an seine Person gebunden und setzt daher die **persönliche Wahrnehmung** der damit verbundenen Aufgaben voraus[5]. Je nach Art und Größe des Unternehmens kann der Gesellschafter aber Hilfskräfte heranziehen, etwa für die Umsetzung der von ihm getroffenen Entscheidungen oder für sonstige Hilfsfunktionen (Delegation)[6]. Auch eine Ressortaufteilung unter den (geschäftsführenden) Gesellschaftern ist zulässig (zu den Auswirkungen auf die Pflichtenstellung, siehe unten Rn. 21). Der Gesellschafter kann sich aber in Bezug auf die Geschäftsführungsbefugnisse (einschließlich der ihm obliegenden Führungsaufgaben) nicht insgesamt durch einen anderen (auch nicht durch einen Mitgesellschafter) vertreten lassen. Die (zeitweise) Delegation von Aufgaben an Mitarbeiter während einer vorübergehenden Verhinderung ist jedoch nicht ausgeschlossen. Entscheidend ist aber, dass die organrechtliche Leitungs-

15

---

1 *Staub/Ulmer*, § 114 Rn. 10; *Ebenroth/Boujong/Joost/Strohn/Mayen*, § 114 Rn. 19; MünchKommHGB/*Rawert*, § 114 Rn. 28.
2 Vgl. *Voormann*, Der Beirat im Gesellschaftsrecht, 2. Aufl. 1990, S. 117 ff.; *Ebenroth/ Boujong/Joost/Strohn/Mayen*, § 114 Rn. 23 f.
3 Siehe hierzu *Ebenroth/Boujong/Joost/Strohn/Mayen*, § 114 Rn. 23; MünchKommHGB/*Rawert*, § 114 Rn. 29 f.
4 MünchKommHGB/*Rawert*, § 114 Rn. 31; *Staub/Ulmer*, § 114 Rn. 77; enger *Ebenroth/Boujong/Joost/Strohn/Mayen*, § 114 Rn. 27.
5 MünchKommHGB/*Rawert*, § 114 Rn. 40; *Ebenroth/Boujong/Joost/Strohn/Mayen*, § 114 Rn. 29.
6 *Baumbach/Hopt*, § 114 Rn. 11.

kompetenz des geschäftsführenden Gesellschafters unberührt bleibt[1]. Weisungen der anderen Gesellschafter in Bezug auf die Geschäftsführung ist er vorbehaltlich besonderer Regelungen im Gesellschaftsvertrag, etwa bei vorgesehenen Mehrheitsentscheidungen in Geschäftsführungsangelegenheiten[2], nicht unterworfen[3]; insoweit kommt auch eine actio pro socio, mit der er zu einer bestimmten Maßnahme angehalten werden soll, nicht in Betracht[4].

a) Übergang auf Erben; minderjährige Gesellschafter

16 Wegen ihres grundsätzlich personengebundenen Charakters geht die Geschäftsführungsbefugnis eines Gesellschafters im Todesfall nur dann auf seine einrückenden **Erben** über, wenn die entsprechende Befugnis allen Gesellschaftern zustehen soll. Anders ist es, wenn dem Erblasser diese Position nur aufgrund seiner besonderen persönlichen Qualifikation eingeräumt war[5]. Ob der Erbe bei vergleichbarer persönlicher Eignung ggf. die Übertragung einer Geschäftsführungsbefugnis verlangen kann, bleibt unberührt.

17 Einem **minderjährigen Gesellschafter** können mit Genehmigung des Vormundschaftsgerichts (§ 112 BGB) Geschäftsführungsaufgaben übertragen werden. Dagegen wird eine Wahrnehmung der Geschäftsführung durch den gesetzlichen Vertreter eines minderjährigen Gesellschafters regelmäßig nur mit Zustimmung der übrigen Gesellschafter in Betracht kommen[6].

b) Personenmehrheiten als geschäftsführende Gesellschafter

18 Sind juristische Personen (oder andere Personengesellschaften) Gesellschafter, üben die Geschäftsführung ihre organschaftlichen Vertreter aus[7].

2. Pflichtengebundenheit

a) Grundlage

19 Jeder geschäftsführender Gesellschafter hat nicht nur das Recht, sondern auch die **Pflicht zur Geschäftsführung**[8]. Eines gesonderten Dienstvertrages bedarf es hierfür nicht[9]. Die gesellschaftsrechtliche Pflicht zur Geschäfts-

---

1 *Ebenroth/Boujong/Joost/Strohn/Mayen*, § 114 Rn. 29 m.w.N; MünchKommHGB/*Rawert*, § 114 Rn. 41.
2 Vgl. *Staub/Ulmer*, § 114 Rn. 19.
3 BGH v. 11.2.1980 – II ZR 41/79, BGHZ 76, 160, 164.
4 BGH v. 11.2.1980 – II ZR 41/79, BGHZ 76, 160, 168.
5 BGH v. 6.11.1958 – II ZR 146/57, WM 1959, 53, 54.
6 A.A. *Baumbach/Hopt*, § 114 Rn. 4; MünchKommHGB/*Rawert*, § 114 Rn. 36.
7 Vgl. MünchKommHGB/*Rawert*, § 114 Rn. 37; *Ebenroth/Boujong/Joost/Strohn/Mayen*, § 114 Rn. 11 m.w.N.
8 RGZ 142, 13, 18; BGH v. 24.1.1972 – II ZR 3/69, WM 1972, 489, 490; MünchKommHGB/*Rawert*, § 114 Rn. 39; *Staub/Ulmer*, § 114 Rn. 1, 17 f.; Schlegelberger/*Martens*, § 114 Rn. 19; *K.Schmidt*, GesR, § 47 V 1.
9 *Ebenroth/Boujong/Joost/Strohn/Mayen*, § 114 Rn. 28.

führung ergibt sich unmittelbar aus § 114 Abs. 1 (sowie aus dem Gesellschaftsvertrag) und erstreckt sich grundsätzlich auf den gesamten Tätigkeitsbereich in der Gesellschaft, soweit sich nicht aus dem Gesellschaftsvertrag etwas anderes ergibt. Die Pflicht zur Geschäftsführung verhindert nicht, dass der Gesellschafter außerhalb der Führungsaufgaben (vgl. oben Rn. 1) einzelne Angelegenheiten delegiert.

b) Maßstab

Maßstab für die dem Gesellschafter obliegenden Geschäftsführungspflicht ist, im Interesse der Gesellschaft zu wirken und dabei in uneigennütziger Weise die Interessen der Gesellschaftergesamtheit im Rahmen des durch den Gesellschaftsvertrag bestimmten Gesellschaftszwecks zu verfolgen[1]. Dieser Maßstab gilt auch, wenn der Gesellschafter Geschäftsführungsaufgaben im Rahmen eines Beiratsmandats oder eines anderen Gremiums wahrnimmt[2]. Sind an der Geschäftsführung Dritte beteiligt (z.B. in Gestalt eines Beirats) oder ist die Geschäftsführung (in den zulässigen Grenzen) einem Dritten überlassen, richtet sich der von diesen zu beachtende Pflichtenmaßstab nach der zu diesen Externen bestehenden Vertragsbeziehung[3].

20

Von der Wahrnehmung dieser Pflicht entbindet den Gesellschafter nicht der Umstand, dass er Aufgaben innerhalb des Unternehmens oder an einen externen Dritten (in zulässiger Weise) überträgt. Die Geschäftsführungspflicht wandelt sich dann aber in eine solche zur sorgsamen Auswahl, Anleitung, Kontrolle und Überwachung des Betreffenden und nötigenfalls[4] auch in eine Pflicht zum Eingreifen[5]. Auch eine Ressortverteilung unter den (geschäftsführenden) Gesellschaftern entbindet den nicht ressortzuständigen Gesellschafter nicht von der Gesamtverantwortung. Vielmehr verbleiben bei ihm gewisse Restpflichten (einschließlich einer evtl. **Eingriffspflicht**) in Bezug auf die Gesellschaft[6].

21

c) Inhalt

Die dem Gesellschafter obliegenden **Geschäftsführungspflichten** sind vielfältig. So ist er etwa verpflichtet, das von der OHG betrieben Unternehmen sachgerecht und verantwortungsbewusst (aktiv) zu führen (zu den Führungsaufgaben siehe oben Rn. 1). Ist ein Gesellschafter hieran gehindert, so begründet dies einen Pflichtenverstoß, wenn er den Ausfall zu vertreten hat,

22

---

1 BGH v. 24.1.1972 – II ZR 3/69, WM 1972, 489, 490; MünchKommHGB/*Rawert*, § 114 Rn. 43; *Ebenroth/Boujong/Joost/Strohn/Mayen*, § 114 Rn. 32.
2 *Ebenroth/Boujong/Joost/Strohn/Mayen*, § 114 Rn. 26.
3 *Baumbach/Hopt*, § 114 Rn. 11; *Ebenroth/Boujong/Joost/Strohn/Mayen*, § 114 Rn. 26.
4 Die Möglichkeit des Widerspruchs ist zwar in § 115 als Widerspruchsrecht ausgestaltet. Im Einzelfall kann dieses aber – zum Schutz der Gesellschaft – zu einer Widerspruchspflicht verdichten, siehe MünchKommHGB/*Rawert*, § 114 Rn. 50.
5 *Schlegelberger/Martens*, § 114 Rn. 12; MünchKommHGB/*Rawert*, § 114 Rn. 50; *Baumbach/Hopt*, § 114 Rn. 11.
6 BGH v. 1.3.1993 – II ZR 61/92, WM 1994, 1030, 1032.

aber auch, wenn er nicht für eine Vertretung gesorgt hat[1]. Im Rahmen der Geschäftsführung muss der Gesellschafter den (durch Gesetz – z.B. § 112, Gesellschaftsvertrag – z.B. Ressortbildung und Gesellschaftsbeschlüsse gezogenen) zulässigen Handlungsrahmen beachten. Pflichtwidrig handelt daher, wer sich über die durch §§ 115, 116 gezogenen **Kompetenzgrenzen** hinwegsetzt. Allein der Kompetenzverstoß kann mithin eine Haftung (siehe hierzu unten Rn. 25 f.) auslösen[2], ohne dass eine Pflichtwidrigkeit beim Ausführungsverhalten hinzutreten muss[3]. Darüber hinaus hat der geschäftsführende Gesellschafter für eine zweckentsprechende Unternehmensorganisation und eine Kontrolle der Geschäftsabläufe zu sorgen[4].

23 Der geschäftsführende Gesellschafter ist auch verpflichtet, mit den anderen Geschäftsführern **vertrauensvoll zusammen zu arbeiten**, mit diesen zu kooperieren und diese zu **informieren**[5]. Letzteres folgt nicht zuletzt aus § 115, der die Möglichkeit vorsieht, einer Maßnahme eines geschäftsführungsbefugten Gesellschafters zu widersprechen. Hiervon können die Gesellschafter aber vernünftiger Weise nur Gebrauch machen, wenn den einzelnen geschäftsführungsbefugten Gesellschafter die Pflicht trifft, ohne Verlangen die erforderlichen Nachrichten zu erteilen und auf Verlangen Auskunft und Rechenschaft zu geben[6]. Rechtliche Grundlage für die (von einem Verlangen unabhängige) Benachrichtigungspflicht ist § 105 i.V.m. §§ 713, 666 BGB.

24 Der geschäftsführende Gesellschafter muss des Weiteren die ihm durch die **Treuepflicht** gezogenen Grenzen einhalten, insbesondere hat er seine **Arbeitskraft** – den Erfordernissen des Unternehmens (Branche, Größe oder wirtschaftliche Lage des Unternehmens) und den persönlichen Umständen entsprechend – zur Verfügung zu stellen[7]. Da es den Gesellschaftern entscheidend auf das Ergebnis des Arbeitseinsatzes des Geschäftsführers ankommt[8], lässt sich wohl aus der (aus der Treuepflicht fließenden) Förderpflicht des geschäftsführenden Gesellschafters kaum ableiten, dass dieser an fest bestimmte (Kern-)Arbeitszeiten gebunden ist[9]. Aufgrund der Treuepflicht darf der Gesellschafter seine Stellung **nicht zu privaten Zwecken ausnutzen**. Das ist etwa der Fall, wenn er sich zu Lasten der Gesellschaft persönlich bereichert, Leistungen Dritter (z.B. Schmiergelder) für sich persönlich im Zusammenhang mit seiner geschäftsführenden Tätigkeit ent-

---

1 *Schlegelberger/Martens*, § 114 Rn. 20.
2 BGH v. 11.1.1988 – II ZR 192/87, WM 1988, 968, 969; BGH v. 12.6.1989 – II ZR 334/87, WM 1989, 1335, 1339; BGH v. 4.11.1996 – II ZR 48/95, ZIP 1996, 2164, 2165; ebenso MünchKommHGB/*Rawert*, § 114 Rn. 64; *Staub/Ulmer*, § 114 Rn. 58a.
3 So aber MünchKommBGB/*Ulmer*, § 708 BGB Rn. 10, unter Heranziehung der §§ 677 ff. BGB; hingegen nur für eine Anknüpfung an § 678 BGB: *Martens*, ZHR 147 (1983), 377, 397 f.
4 *Schlegelberger/Martens*, § 114 Rn. 32.
5 MünchKommHGB/*Rawert*, § 114 Rn. 50 f.; *Baumbach/Hopt*, § 114 Rn. 14
6 MünchKommHGB/*Rawert*, § 114 Rn. 51.
7 *Schlegelberger/Martens*, § 114 Rn. 20; MünchKommHGB/*Rawert*, § 114 Rn. 44 f.
8 BFH 27.3.2001 – I R 40/00, BB 2001, 2097, 2098.
9 Siehe auch BGH v. 7.12.1987 – II ZR 206/87, ZIP 1988, 568, 569.

gegennimmt[1] oder Geschäftschancen, die der Gesellschaft zustehen, an sich zieht bzw. ausnutzt (zur Abgrenzung von § 112 siehe dort Rn. 1)[2]. Schließlich muss er der Gesellschaft auch alles herausgeben, was er aus der Ausführung seiner Tätigkeit erlangt hat (§ 105 Abs. 2 i.V.m. §§ 713, 667 BGB). Dies gilt auch für erhaltene Schmiergelder[3].

3. Haftung

Eine spezielle gesetzliche Haftungsregelung für (schuldhafte) Pflichtverletzungen des geschäftsführenden Gesellschafters existiert nicht. Bei pflichtwidrig-schuldhaftem Verhalten haftet der geschäftsführende Gesellschafter der Gesellschaft daher nach allgemeinen Grundsätzen auf **Schadensersatz (§ 280 BGB)** wegen Verletzung der gesellschaftsvertraglich begründeten Pflichten. Das gilt auch bei Überschreitung der Geschäftsführungsbefugnisse (siehe auch oben Rn. 21)[4]. Ferner kommt auch eine Haftung auf Rückgängigmachung der pflichtwidrig ausgeführten Handlungen in Betracht[5]. Die **Anspruchsverjährung** richtet sich nach § 199 Abs. 2 und 3 BGB[6].

25

a) Pflichtwidrigkeit und Verschulden

Eine Haftung setzt einen Pflichtenverstoß voraus (siehe zu den Pflichten oben Rn. 22 ff.). Die **Pflichtwidrigkeit entfällt**, wenn die Mitgesellschafter dem Verhalten in Kenntnis der Zusammenhänge zugestimmt haben oder dieses nachträglich billigen. Daneben setzt die Haftung ein Verschulden voraus. **Sorgfaltsmaßstab** ist insoweit § 105 Abs. 2 i.V.m. **§ 708 BGB**[7] (anders zum Sonderfall der Teilnahme am Straßenverkehr auch der BGH[8]). Dies gilt im Grundsatz auch für kompetenzwidriges Handeln des Geschäftsführers. Hier muss sich allerdings das Verschulden nur auf die Kompetenzüberschreitung, nicht aber auf die Ausführung der Maßnahme beziehen[9]. § 708 BGB liegt der Gedanke zugrunde, dass Personen die miteinander einen Gesellschaftsvertrag eingehen und damit ein persönliches Vertrauensverhältnis

26

---

1 BGH v. 21.2.1983 – II ZR 183/82, WM 1983, 498, 499; *Baumbach/Hopt*, § 114 Rn. 12.
2 BGH v. 11.1.1971 – II ZR 143/68, WM 1971, 412, 413 f.; BGH v. 22.6.1972 – II ZR 67/70, WM 1972, 1229, 1230; BGH v. 23.9.1985 – II ZR 257/84, NJW 1986, 584, 585; KG v. 11.5.2000 – 2 U 4203/99, NZG 2001, 129 (GmbH); *Baumbach/Hopt*, § 114 Rn. 13; MünchKommHGB/*Rawert*, § 114 Rn. 48.
3 RGZ 164, 98, 102 f.
4 BGH v. 4.11.1996 – II ZR 48/95, NJW 1997, 314; a.A. *Baumbach/Hopt*, § 114 Rn. 15: Haftung allein aus §§ 677 ff. BGB mit der Folge, dass dem Gesellschafter der § 708 BGB nicht zugute kommt.
5 *Ebenroth/Boujong/Joost/Strohn/Mayen*, § 114 Rn. 34.
6 MünchKommHGB/*Rawert*, § 114 Rn. 70.
7 BGH v. 4.11.1996 – II ZR 48/95, NJW 1997, 314; *K.Schmidt*, GesR, § 47 II 3.
8 BGH v. 20.12.1966 – VI ZR 53/65, BGHZ 46, 313, 317 f.; BGH v. 11.3.1970 – IV ZR 772/68, BGHZ 53, 352, 355; kritisch dazu: *Staub/Ulmer*, § 114 Rn. 61; MünchKommBGB/*Ulmer*, § 708 BGB Rn. 12.
9 BGH v. 4.11.1996 – II ZR 48/95, NJW 1997, 314; siehe aber auch oben Rn. 22.

begründen, sich gegenseitig so nehmen wollen, wie sie allgemein sind[1]. § 708 BGB ist daher nicht anwendbar, wo es an einem persönlichen Vertrauen zwischen den Beteiligten fehlt. Wenn sich also die Vertragsbeziehungen von den persönlichen Eigenschaften der Gesellschafter gelöst haben, kann sich mithin der Haftungsmaßstab nur nach objektiven Kriterien bemessen. Dies ist etwa bei einer Publikumsgesellschaft (siehe hierzu § 161 Rn. 87 ff.) der Fall[2]. Gleiches gilt aber auch, wenn der Gesellschafter als Organwalter tätig wird; denn dann geht die Erwartung der Beteiligten grundsätzlich dahin, dass der Gesellschafter (als Treuhänder fremder Interessen) nicht nur die eigene, sondern die im Verkehr erforderliche Sorgfalt anwendet[3]. Das Verschulden zugezogener Hilfskräfte bzw. von Mitarbeitern, denen der Gesellschafter Aufgaben (zulässig) übertragen hat, ist ihm nicht nach § 278 BGB zuzurechnen. Eine Haftungserleichterung entsprechend den für das Arbeitsrecht entwickelten Grundsätzen ist für Organpersonen nicht anzuerkennen[4].

b) Ermessensspielraum

27 Da es selbst innerhalb der durch Gesetz, Gesellschaftsvertrag, Gesellschafterbeschlüsse und Treupflicht gezogenen Grenzen oftmals nicht eine allein richtige Geschäftsführungsmaßnahme gibt, billigt die überwiegende Ansicht dem geschäftsführenden Gesellschafter für den Bereich der unternehmerischen Entscheidungen einen **Ermessensspielraum** zu[5]. Erst eine Überschreitung der Grenzen des jeweils vertretbaren Verhaltensbereichs kann dann den Vorwurf eines schuldhaften Pflichtverstoßes begründen. Die insoweit geltenden Grundsätze sind dieselben wie im Rahmen der Geschäftsführerhaftung nach § 43 GmbHG[6]. Nicht eindeutig geklärt ist, ob die von dem unternehmerischen Handlungsermessen ausgehende Privilegierung bereits auf der Pflichten- oder erst auf der Verschuldensebene zu berücksichtigen ist.

c) Schaden

28 Der Pflichtverstoß muss **ursächlich** für einen der Gesellschaft entstandenen **Schaden** sein. Die Feststellung des Schadens und seines Umfanges richtet sich nach den §§ 249 ff. BGB. Der ggf. (namentlich bei Kompetenzverstößen, Rn. 22) in Betracht kommende Einwand des pflichtgemäßen Alternativverhaltens schließt die Schadensentstehung nicht aus, wenn dies mit dem Normzweck unvereinbar ist. Dies wird man insbesondere bei Verstößen gegen die innergesellschaftliche Kompetenzordnung annehmen müssen (auch

---

1 BGH v. 4.7.1977 – II ZR 150/75, BGHZ 69, 207, 209; *Schneider*, ZGR 1978, 1, 31; MünchKommBGB/*Ulmer*, § 708 BGB Rn. 1.
2 BGH v. 4.7.1977 – II ZR 150/75, BGHZ 69, 207, 210; *Schneider*, ZGR 1978, 1, 31 f.; MünchKommHGB/*Rawert*, § 114 Rn. 59.
3 BGH v. 7.3.1983 – II ZR 11/82, NJW 1983, 1675, 1676; BGH v. 4.7.1977 – II ZR 150/75, BGHZ 69, 207, 210.
4 BGH v. 27.2.1975 – II ZR 112/72, WM 1975, 467, 469; *Schlegelberger/Martens*, § 114 Rn. 35; MünchKommHGB/*Rawert*, § 114 Rn. 60.
5 MünchKommHGB/*Rawert*, § 114 Rn. 56; *Staub/Ulmer*, § 114 Rn. 40, 55.
6 *Baumbach/Hueck/Zöllner/Noack*, § 43 GmbHG Rn. 17; *Michalski/Haas*, § 43 GmbHG Rn. 64 ff.

zum Schutz der Minderheit)[1]. Zu beachten ist, dass auch eine insolvente oder vermögenslose Gesellschaft (noch weiter) geschädigt werden kann[2].

d) Ausschluss der Haftung

Eine Haftung scheidet aus, wenn die Gesellschafter der Geschäftsführungsmaßnahme zugestimmt oder diese gebilligt haben (siehe oben Rn. 26). Der Haftungsanspruch ist auch dann nicht durchsetzbar, wenn die Gesellschafter den Geschäftsführer entlastet haben. Hierunter versteht man die einseitige, verbindliche (durch Beschluss ausgesprochene) Billigung der Art und Weise der Geschäftsführung während der zurückliegenden (Entlastungs-)Periode[3]. Eine solche Entlastung kann auch in der gemeinschaftlichen Unterzeichnung der Bilanz (§ 245 S. 2) liegen[4]. Die Wirkungen des wirksamen **Entlastungsbeschlusses** sind nicht als Verzicht einzuordnen. Vielmehr kommt dem Entlastungsbeschluss lediglich eine Präklusionswirkung zu[5]. Diese reicht nur so weit, wie der Anspruch überhaupt verzichtbar ist und dieser bei sorgfältiger Prüfung aller vorgelegten Unterlagen und erstatteten Berichte erkennbar war[6]. Soweit diese Voraussetzungen erfüllt sind, spielt die dogmatische Verortung des Haftungsanspruchs keine Rolle (§§ 823 ff., § 280, § 812 BGB oder § 113). Ein einklagbarer Anspruch des Gesellschafters auf Entlastung seiner Geschäftsführung besteht nicht[7]. In der Insolvenz der Gesellschaft kann die von der Entlastung ausgehende gläubigerbenachteiligende Wirkung nach §§ 129 ff. InsO angefochten werden. Ausgeschlossen ist die Haftung auch im Falle eines (wirksamen) Verzichts auf den Haftungsanspruch. Letzteres kann durch ein negatives Schuldanerkenntnis, einen Vergleich i.S. des § 779 BGB oder einen Erlassvertrag (§ 397 BGB) erfolgen.

29

e) Geltendmachung von Ansprüchen

aa) Zuständigkeit

Die **Verfolgung von Schadensersatzansprüchen** ist grundsätzlich Sache der geschäftsführenden Gesellschafter. Sie bedürfen hierfür – soweit im Gesellschaftsvertrag nichts anderes geregelt ist – der legitimierenden Zustimmung der übrigen Gesellschafter (§ 116 Abs. 2)[8]. Fehlt diese, ist die Klage nicht un-

30

---

1 Vgl. *v. Gerkan*, ZHR 149 (1990), 39, 48 f.; vgl. auch *Michalski/Haas*, § 43 GmbHG Rn. 199; Großkomm.AktG/*Hopt*, § 93 AktG Rn. 267.
2 BGH 17.3.1987 – VI ZR 282/85, BGHZ 100, 190, 198; OLG Saarbrücken v. 24.10.2001 – 1 U 125/01-28, ZIP 2002, 130, 131.
3 MünchKommHGB/*Rawert*, § 114 Rn. 71; *Baumbach/Hopt*, § 114 Rn. 16.
4 MünchKommHGB/*Rawert*, § 114 Rn. 71; *Baumbach/Hopt*, § 114 Rn. 16.
5 BGH v. 20.5.1985 – II ZR 165/84, BGHZ 94, 324, 326; OLG München v. 18.7.1991 – 24 U 880/90, NJW-RR 1993, 1507; MünchKommHGB/*Rawert*, § 114 Rn. 71; *Nägele/Nestel*, BB 2000, 1253, 1254; *Schaub*, DStR 1992, 985, 988.
6 BGH v. 20.5.1985 – II ZR 165/84, BGHZ 94, 324, 326; BGH v. 14.11.1994 – II ZR 160/93, NJW 1995, 1353, 1356 f.; vgl. auch *Baumbach/Hopt*, § 114 Rn. 16; MünchKommHGB/*Rawert*, § 114 Rn. 71; *Schneider/Schneider*, GmbHR 2005, 1229, 1232.
7 BGH v. 20.5.1985 – II ZR 165/84, BGHZ 94, 324, 327 f. (für GmbH); siehe auch MünchKommHGB/*Rawert*, § 114 Rn. 72 ff.; *Baumbach/Hopt*, § 114 Rn. 16.
8 OLG Hamm v. 5.3.2003 – 8 U 130/02, NZG 2003, 627.

zulässig, sondern unbegründet[1]. Über einen Vergleich oder einen Anspruchsverzicht muss stets die Gesellschaftergesamtheit befinden (Grundlagengeschäft, Rn. 5)[2]. Der verantwortliche Gesellschafter hat kein Stimmrecht[3]. Allein die Möglichkeit aber, dass ein Mitgesellschafter auch irgendwie verantwortlich sein könnte, begründet für diesen kein Stimmverbot[4]. Trotz Fehlens einer § 46 Nr. 8 GmbHG entsprechenden Vorschrift hat die Gesellschafterversammlung eine Bestellkompetenz hinsichtlich eines Prozessvertreters, was bereits aus der gesellschaftsrechtlichen Verbandsautonomie folgt. Für einen Beschluss analog § 46 Nr. 8 GmbHG stellt es, von offensichtlichen Missbrauchsfällen abgesehen, keinen Anfechtungs- oder Nichtigkeitsgrund dar, dass die Klage keine hinreichende Erfolgsaussicht hat[5]. Wird ein Ersatzanspruch von der Gesellschaft nicht verfolgt, hat der einzelne Gesellschafter die **actio pro socio** (§ 105 Rn. 77 ff.). Diese stellt jedoch den subsidiären Rechtsbehelf dar. Sie schließt die Anspruchsgeltendmachung im Namen der Gesellschaft als Rechtsinhaberin niemals aus[6].

bb) Darlegungs- und Beweislast

31 Die Beweislast liegt bei der **Gesellschaft**, soweit es um den **Schadenseintritt** und die **Ursächlichkeit** (ggf. mit der Erleichterung des § 287 ZPO) des Geschäftsführerverhaltens geht[7]. Umgekehrt hat der **Gesellschafter** das **Fehlen eines Verschuldens** zu beweisen[8], darüber hinaus aber auch die Voraussetzungen für ein Eingreifen des Einwandes vom pflichtgemäßen Alternativverhalten (vgl. Rn. 28). Differenzierter sind die Dinge in Bezug auf die Pflichtwidrigkeit. Hier trifft die Gesellschaft zunächst eine Substantiierungslast im Hinblick auf den Pflichtenverstoß. Das Verhalten des Gesellschafters muss sich danach „möglicherweise" als pflichtwidrig darstellen (ggf. unter den Erleichterungen des Anscheinsbeweises). Je näher sich das Verhalten des Gesellschafters am unternehmerischen Handlungsermessen annähert, desto substantiierter hat die Gesellschaft einen möglichen Pflichtenverstoß darzulegen. Erst dann ist es am geschäftsführenden Gesellschafter, sich in Bezug auf die (angebliche) Pflichtwidrigkeit seines Handelns durch entsprechenden Vortrag (und notfalls durch Beweisantritt) zu entlasten[9]. Insgesamt

---

1 Vgl. auch BGH v. 4.11.2002 – II ZR 224/00, DStR 2003, 124, 125.
2 *Schlegelberger/Martens*, § 114 Rn. 6, 41; *Staub/Ulmer*, § 114 Rn. 64.
3 OLG Hamm v. 5.3.2003 – 8 U 130/02, NZG 2003, 627 f.; LG Karlsruhe v. 19.1.2001 – O 123/00 KfH I, NJOZ 2001, 1023 f.; MünchKommHGB/*Rawert*, § 114 Rn. 67; *Schlegelberger/Martens*, § 114 Rn. 41.
4 OLG Hamm v. 5.3.2003 – 8 U 130/02, NZG 2003, 627, 628.
5 LG Karlsruhe v. 19.1.2001 – O 123/00 KfH I, NJOZ 2001, 1023, 1026 f.
6 LG Karlsruhe v. 19.1.2001 – O 123/00 KfH I, NJOZ 2001, 1023, 1025 f.
7 BGH v. 13.1.1954 – II ZR 6/53, BB 1954, 143; BGH v. 8.7.1985 – II ZR 198/84, ZIP 1985, 1135, 1136.
8 *Schlegelberger/Martens*, § 114 Rn. 39; *Staub/Ulmer*, § 114 Rn. 63; *Heymann/Emmerich*, § 114 Rn. 18.
9 BGH v. 4.11.2002 – II ZR 224/00, DStR 2003, 124, 125 (für die GmbH); a.A. MünchKommHGB/*Rawert*, § 114 Rn. 69: Geschäftsführer muss darlegen und beweisen, dass ein Verhalten pflichtgemäß ist.

ist die Verteilung der Darlegungs- und Beweislastverteilung nicht anders als im Recht der GmbH[1].

4. Vergütung

a) Erforderlichkeit einer Vereinbarung

Da die Geschäftsführung zu den gesellschaftsvertraglichen Pflichten gehört, bedarf die Zahlung einer Vergütung einer **entsprechenden Vereinbarung**, ggf. auf der Grundlage eines Gesellschafterbeschlusses[2]. Möglich ist auch eine Regelung in dem Gesellschaftsvertrag oder einem besonderen Dienstvertrag. Ist die Vergütung im Gesellschaftsvertrag abschließend geregelt, bedarf es zur Auszahlung keines zusätzlichen Beschlusses. Die Entnahme ist dann einfache Geschäftsführungsmaßnahme[3]. In Ausnahmefällen kann das Entnahmerecht im Hinblick auf die Treuepflicht Beschränkungen unterliegen[4]. Bei einer über das übliche Maß hinausgehenden Tätigkeit wird vielfach von einer konkludenten Vereinbarung ausgegangen[5]. Doch ist dies als Regelannahme zweifelhaft[6]. Nach der Rechtsprechung[7] setzt ein Anspruch auf Vergütung bei Fehlen einer ausdrücklichen Abrede eine entsprechende Vertragsauslegung oder einen Wegfall der Geschäftsgrundlage voraus. 32

b) Anpassung der Vergütung

Eine automatische Anpassung des Vergütungsanspruchs bei veränderten Umständen ist – soweit vertraglich (u.U. auch konkludent) nichts anderes vereinbart ist – nicht möglich. Wohl aber kann der Vergütungsanspruch im Einzelfall einer Anpassung unterliegen[8], wenn eine **wesentliche Änderung der Verhältnisse vorliegt**, etwa bei einer Ausweitung der Geschäftsführungsaufgaben. Eine (aus der Treuepflicht folgende) Pflicht der Mitgesellschafter, einer Erhöhung zuzustimmen, kann aber nur unter besonderen Umständen erwachsen[9]. Umgekehrt, bei einer Einschränkung des Tätigkeitsumfanges, 33

---

1 Hierzu ausführlich: *v. Gerkan*, ZHR 149 (1990), 39 ff.; *Goette*, ZGR 1995, 648 ff.; *Fleck*, GmbHR 1997, 237 ff.; *Heermann*, ZIP 1998, 761, 767 f.; vgl. auch *Michalski/Haas*, § 43 GmbHG Rn. 248 ff.; *Baumbach/Hueck/Zöllner/Noack*, § 43 GmbHG Rn. 36 ff.
2 BGH v. 21.5.1955 – IV ZR 7/55, BGHZ 17, 299, 301; BGH v. 10.6.1965 – II ZR 6/63, BGHZ 44, 40, 41 f.; BGH v. 5.12.2005 – II ZR 13/04, NZG 2006, 194, 195; MünchHdbGesR I/*v. Falkenhausen/Schneider*, § 63 Rn. 27.
3 BGH v. 5.12.2005 – II ZR 13/04, NZG 2006, 194, 195.
4 BGH v. 5.12.2005 – II ZR 13/04, NZG 2006, 194, 195.
5 BGH v. 21.5.1955 – IV ZR 7/55, BGHZ 17, 299, 301; vgl. auch MünchKommHGB/ *Rawert*, § 114 Rn. 78; *Baumbach/Hopt*, § 110 Rn. 19.
6 *Schlegelberger/Martens*, § 114 Rn. 22 f.; MünchKommHGB/*Rawert*, § 114 Rn. 78; *Ebenroth/Boujong/Joost/Strohn/Mayen*, § 114 Rn. 48; siehe auch MünchKommBGB/*Ulmer*, § 709 BGB Rn. 32.
7 BGH v. 4.7.1977 – II ZR 91/76, WM 1977, 1140.
8 BGH v. 4.7.1977 – II ZR 91/76, WM 1977, 1140.
9 Vgl. z.B. BGH v. 10.6.1965 – II ZR 6/63, BGHZ 44, 40, 41 f.; BGH v. 7.2.1974 – II ZR 140/72, WM 1974, 375, 376; BGH v. 15.6.1978 – II ZR 146/77, WM 1978, 1230, 1231; MünchKommHGB/*Rawert*, § 114 Rn. 82 f.; MünchHdbGesR I/*v. Falkenhausen/ Schneider*, § 63 Rn. 28.

aber auch in einer Krisenlage und bei entstehendem Sanierungsbedarf, wären auch die geschäftsführenden Gesellschafter verpflichtet, einer angemessenen Herabsetzung (etwa analog § 87 Abs. 2 AktG) zuzustimmen[1]. In allen Fällen hätte sich eine notwendige Anpassung nach den Grundsätzen in § 315 Abs. 1 BGB zu richten.

c) Ansprüche bei Verhinderung

34 Bei einer Verhinderung nicht nur vorübergehender Art entfällt grundsätzlich die Vergütung[2], doch kann sich im Einzelfall aus Treupflichterwägungen (kurzfristige schuldlose Verhinderung, Erkrankung, etc.) auch etwas anderes ergeben[3]. Hat der Gesellschafter aus Anlass seines Ausfalls Ansprüche gegen Dritte, so bleiben diese trotz Fortzahlung der Vergütung unberührt, sind aber entsprechend § 255 BGB an die Gesellschaft abzutreten. Der Dritte wird nach richtiger Ansicht[4] auch nicht entlastet, wenn dem Gesellschafter trotz seines Ausfalls eine gewinnabhängige Tätigkeitsvergütung weitergezahlt wird.

§ 115
Geschäftsführer; Gesamtgeschäftsführung

(1) Steht die Geschäftsführung allen oder mehreren Gesellschaftern zu, so ist jeder von ihnen allein zu handeln berechtigt; widerspricht jedoch ein anderer geschäftsführender Gesellschafter der Vornahme der Handlung, so muss diese unterbleiben.

(2) Ist im Gesellschaftsvertrag bestimmt, dass die Gesellschafter, denen die Geschäftsführung zusteht, nur zusammen handeln können, so bedarf es für jedes Geschäft der Zustimmung aller geschäftsführenden Gesellschafter, es sei denn, dass Gefahr im Verzug ist.

Übersicht

	Rn.		Rn.
I. Einzelgeschäftsführung		f) Keine Außenwirkung des Widerspruchs	8
1. Gesetzlicher Regelfall	1	**II. Gesamtgeschäftsführung**	
2. Widerspruchsrecht		1. Regelungsmöglichkeiten	9
a) Voraussetzungen	2	2. Zustimmungserfordernis	
b) Ausübung	3	a) Allgemeines	10
c) Unterrichtungspflicht	4	b) Gegenstand der Zustimmung	11
d) Pflichtgebundenheit des Widerspruchsrechts	5	c) Pflichtgebundenheit	12
e) Rechtsfolgen	7	d) Gefahr im Verzug	13

---

1 *Schlegelberger/Martens*, § 114 Rn. 26; MünchKommHGB/*Rawert*, § 114 Rn. 84; auch *Staub/Ulmer*, § 114 Rn. 47.
2 BGH v. 13.5.1953 – II ZR 157/52, BGHZ 10, 44, 52 f.
3 Vgl. bei MünchKommHGB/*Rawert*, § 114 Rn. 87 f.; *Schlegelberger/Martens*, § 114 Rn. 27.
4 *Schlegelberger/Martens*, § 114 Rn. 28.

Schrifttum: *Schmidt-Rimpler*, Zum Problem der Vertretungsmacht des zur Einzelgeschäftsführung befugten Gesellschafters beim Widerspruch eines anderen in der bürgerlichrechtlichen Gesellschaft, in: Festschrift Knur, 1972, S. 235; *Schwamberger*, Teilung der Geschäftsführungsbefugnis und Geschäftsverteilung in den Personengesellschaften des Handelsrechts, BB 1963, 279; *Weygand*, Der Widerspruch des geschäftsführenden Gesellschafters bei einer offenen Handelsgesellschaft (Kommanditgesellschaft) nach § 115 HGB, AcP 158 (1959/60), 150.

I. Einzelgeschäftsführung

1. Gesetzlicher Regelfall

Das Gesetz – abweichend von § 709 BGB – geht bei mehreren vorhandenen geschäftsführenden Gesellschaftern von einer Einzelgeschäftsführung aus. Dies dient der Flexibilität und Effizienz innerhalb der Gesellschaft[1]. In dieser Rechtsstellung unterliegt der Gesellschafter abgesehen von § 116 Abs. 2 keinem Weisungsrecht und keinem Zustimmungsvorbehalt der Mitgesellschafter[2]. Die Einzelgeschäftsführung gilt für den Gesamtbereich der Geschäftsführungsangelegenheiten, und zwar auch, wenn die geschäftsführenden Gesellschafter unter sich eine Ressortaufteilung absprechen[3]. Anders ist es, wenn die Ressortzuständigkeit gesellschaftsvertraglich festgelegt ist (siehe hierzu § 114 Rn. 11) und dies (so im Zweifel) als entsprechende Beschränkung der Einzelgeschäftsführung zu verstehen ist[4]. Auch bei einer solchen inhaltlichen Beschränkung wird aber für ressortübergreifende Grundsatzfragen der Geschäftsführung eine Zuständigkeit aller Geschäftsführer (dann aber als Gesamtgeschäftsführung) anzunehmen sein[5]. Die Einzelgeschäftsführungsbefugnis deckt nicht das bewusste Übergehen eines Mitgesellschafters, von dem Widerspruch zu erwarten ist. Bei Zweifeln, ob ein Geschäft die Zustimmung der Gesellschafter erhalten wird, muss es zur Not unterbleiben[6]. § 115 Abs. 1 ist dispositiv. Der Gesellschaftsvertrag kann die Geschäftsführungsbefugnis (einschließlich des Widerspruchsrechts, § 115 Abs. 1 Hs. 2) abweichend regeln (siehe auch § 114 Rn. 11)[7]. 1

2. Widerspruchsrecht

a) Voraussetzungen

§ 115 Abs. 1 Hs. 2 gewährt im Falle einer Einzelgeschäftsführung den **anderen geschäftsführenden Gesellschaftern** (nur diesen)[8] ein Widerspruchsrecht. 2

---

1 Ebenroth/Boujong/Joost/Strohn/*Mayen*, § 115 Rn. 1; MünchKommHGB/*Rawert*, § 115 Rn. 2; Schlegelberger/*Martens*, § 115 Rn. 1.
2 BGH v. 11.2.1980 – II ZR 41/79, BGHZ 76, 160, 164.
3 Vgl. z.B. *A. Hueck*, Das Recht der OHG, S. 120 f.
4 Schlegelberger/*Martens*, § 115 Rn. 3; Staub/*Ulmer*, § 114 Rn. 43, 80.
5 Schlegelberger/*Martens*, § 115 Rn. 4.
6 Ebenroth/Boujong/Joost/Strohn/*Mayen*, § 115 Rn. 5; Baumbach/*Hopt*, § 115 Rn. 1.
7 Siehe auch MünchKommHGB/*Rawert*, § 115 Rn. 9, 41 f.; Staub/*Ulmer*, § 115 Rn. 25.
8 MünchKommHGB/*Rawert*, § 115 Rn. 10; Staub/*Ulmer*, § 115 Rn. 12.

Unter Umständen kann auch eine Pflicht zum Widerspruch bestehen, wenn das Gesellschaftsinteresse dies verlangt (siehe auch § 114 Rn. 20 f., vgl. § 115 Rn. 5)[1]. Widerspricht ein zur Geschäftsführung berechtigter Gesellschafter einer Handlung eines anderen, so muss diese unterbleiben. Dies entspricht dem Prinzip der Gleichberechtigung aller geschäftsführenden Gesellschafter. Im Falle der Gesamtgeschäftsführung mehrerer Gesellschafter können diese ihr Widerspruchsrecht nur gemeinsam ausüben[2]. Das Widerspruchsrecht ist bei einer gesellschaftsvertraglichen Beschränkung der Geschäftsführung z.B. auf ein Ressort (vgl. Rn. 1) nur für den eigenen Zuständigkeitsbereich gegeben[3]. Das Widerspruchsrecht ist auch gegeben, wenn der geschäftsführende Gesellschafter „persönlich" von der Maßnahme betroffen ist; es sei denn es liegt eine auch das Stimmrecht ausschließende Interessenkollision vor[4]. Das Widerspruchsrecht richtet sich gegen Einzelmaßnahmen der Geschäftsführung (also nicht gegen die Ausübung sonstiger Mitgliedschaftsrechte, z.B. Teilnahme an Gesellschafterversammlung oder Stammrechtsausübung)[5] und dient der Kontrolle der Geschäftsführungstätigkeit eines anderen geschäftsführenden Gesellschafters, kann sich aber auch auf planerische Gesamtentscheidungen beziehen[6], darüber hinaus auch wohl allgemein auf Maßnahmen bestimmter Art[7]. Der pauschale Widerspruch gegen die gesamte Geschäftsführung ist unzulässig und würde zudem durch eine faktische Entziehung der Geschäftsführungsbefugnis auf eine Umgehung des § 117 hinauslaufen[8]. Die Billigung einer Maßnahme durch die Gesellschaftermehrheit schließt das Widerspruchsrecht nicht aus. Hat die (erforderliche) Gesellschaftermehrheit allerdings eine Maßnahme beschlossen, so ist dieser Beschluss für die Geschäftsführer bindend; sie können nur aus wichtigem Grund hiervon abweichen[9].

b) Ausübung

3   Der Widerspruch ist eine an den oder die handlungswilligen Geschäftsführer gerichtete empfangsbedürftige Willenserklärung. Er bedarf keiner Form und

---

1 *Baumbach/Hopt*, § 115 Rn. 2; vgl. *Ebenroth/Boujong/Joost/Strohn/Mayen*, § 115 Rn. 6.
2 *Baumbach/Hopt*, § 115 Rn. 2; vgl. *Ebenroth/Boujong/Joost/Strohn/Mayen*, § 115 Rn. 6.
3 *Schlegelberger/Martens*, § 115 Rn. 3, 4; *Staub/Ulmer*, § 114 Rn. 43, 80; MünchKommHGB/*Rawert*, § 115 Rn. 10 f.
4 MünchKommHGB/*Rawert*, § 115 Rn. 13; *Schlegelberger/Martens* § 115 Rn. 4.
5 Ebenfalls nicht möglich ist der Widerspruch gegen ein Unterlassen, vgl. MünchKommHGB/*Rawert*, § 115 Rn. 15.
6 RGZ 84, 136, 139.
7 *Staub/Ulmer*, § 115 Rn. 13; MünchKommHGB/*Rawert*, § 115 Rn. 17 f.; *Baumbach/Hopt*, § 115 Rn. 2; *A. Hueck*, Das Recht der OHG, S. 126; enger *Schlegelberger/Martens*, § 115 Rn. 7.
8 *Ebenroth/Boujong/Joost/Strohn/Mayen*, § 115 Rn. 9; *Baumbach/Hopt*, § 115 Rn. 2; siehe zu einem solchen Fall auch BGH v. 10.12.2001 – II ZR 139/00, ZIP 2002, 396, 398.
9 *Ebenroth/Boujong/Joost/Strohn/Mayen*, § 115 Rn. 7; *Baumbach/Hopt*, § 115 Rn. 2

kann konkludent erklärt werden[1]. Der Widerspruch ist nur bis zur Vornahme der Handlung[2] möglich, ein späterer Widerspruch ist unbeachtlich[3]. Der Widerruf des Widerspruches ist jederzeit möglich. Ein Widerspruch gegen den Widerspruch ist – obwohl Geschäftsführungsmaßnahme (siehe oben Rn. 2) – ausgeschlossen[4].

c) Unterrichtungspflicht

Da ein Widerspruch nur vor Ausführung der Maßnahme erklärt werden kann, hat ein geschäftsführender Gesellschafter die übrigen **rechtzeitig** zuvor zu unterrichten, soweit nicht (wie in § 115 Abs. 2) Gefahr im Verzuge ist oder ein Interesse an vorheriger Information wegen minderer Bedeutung der Angelegenheit nicht anzunehmen ist (siehe § 114 Rn. 23)[5].

d) Pflichtgebundenheit des Widerspruchsrechts

Die Einlegung eines Widerspruchs liegt nicht im freien Belieben des Gesellschafters, vielmehr stellt das Widerspruchsrecht ein pflichtgebundenes Geschäftsführungsrecht dar, das nur im Rahmen eines pflichtmäßigen Ermessens, also nicht gesetzeswidrig, willkürlich oder für persönliche Belange ausgeübt werden darf[6]. Andernfalls ist der Widerspruch unbeachtlich[7]. Allerdings lässt sich der Ermessensgebrauch nur in eingeschränkter Weise gerichtlich überprüfen[8]. In jedem Falle unzulässig wäre die Blockade der Tätigkeit eines anderen geschäftsführenden Gesellschafters[9]. Umgekehrt kann eine Verpflichtung zum Widerspruch entstehen, wenn eine bevorstehende Maßnahme erkennbar den Gesellschaftsinteressen widerspricht[10]. Dies schließt ein, dass ein geschäftsführender Gesellschafter sich ggf. die erforderlichen Informationen beschaffen muss, um dieser Verpflichtung genügen zu können[11]. Durch frühere Zustimmung des Widersprechenden wird das Widerspruchsrecht im Regelfall ausgeschlossen; etwas anderes gilt nur bei

---

1 *Staub/Ulmer*, § 115 Rn. 16; MünchKommHGB/*Rawert*, § 115 Rn. 19; *Baumbach/Hopt*, § 115 Rn. 2.
2 Wann das vorliegt, kann mitunter problematisch sein, vgl. MünchKommHGB/*Rawert*, § 115 Rn. 26.
3 *Ebenroth/Boujong/Joost/Strohn/Mayen*, § 115 Rn. 11; *Schlegelberger/Martens*, § 115 Rn. 8; MünchKommHGB/*Rawert* § 115 Rn. 25.
4 *Baumbach/Hopt*, § 115 Rn. 2; MünchKommHGB/*Rawert*, § 115 Rn. 16.
5 BGH v. 19.4.1971 – II ZR 159/68, WM 1971, 819, 820; OLG Hamm v. 24.6.1992 – 8 U 82/92, BB 1993, 165; *Baumbach/Hopt*, § 115 Rn. 1.
6 BGH v. 28.11.1955 – II ZR 16/54, BB 1956, 92; BGH v. 8.7.1985 – II ZR 4/85, ZIP 1985, 1134 f.; MünchKommHGB/*Rawert*, § 115 Rn. 10, 36 f.
7 *Baumbach/Hopt*, § 115 Rn. 3; siehe auch BGH v. 10.12.2001 – II ZR 139/00, ZIP 2002, 396, 398.
8 BGH v. 24.1.1972 – II ZR 3/69, WM 1972, 489, 490; BGH v. 8.7.1985 – II ZR 4/85, ZIP 1985, 1134 f.; BGH v. 11.1.1988 – II ZR 192/87, ZIP 1988, 843, 844.
9 RGZ 84, 136, 139.
10 *Staub/Ulmer*, § 115 Rn. 15; *Baumbach/Hopt*, § 115 Rn. 2; MünchKommHGB/*Rawert*, § 115 Rn. 39.
11 *Schlegelberger/Martens*, § 115 Rn. 13; *A. Hueck*, Das Recht der OHG, S. 134 f.

wichtigem Grund (z.B. wenn Zustimmung auf der Basis unrichtiger Informationen gegeben wurde)[1].

6 Aus der Pflichtgebundenheit des Widerspruchsrechts sowie aus dessen Wesen ist zu folgern, dass seine **Ausübung** grundsätzlich **zu begründen** ist, soweit die Gründe nicht offensichtlich oder anderweitig bekannt sind[2]. Andernfalls ist der Widerspruch unbeachtlich[3]. Allzu hohe Anforderungen sollten jedoch an die Begründungspflicht nicht gestellt werden.

e) Rechtsfolgen

7 Bei berechtigtem Widerspruch muss die Maßnahme unterbleiben. Die Wirksamkeit des Widerspruchs kann im Wege der Feststellungsklage geklärt werden (§ 256 Abs. 1 ZPO)[4]. Wird eine Geschäftsführungsmaßnahme trotz Widerspruchs oder ohne rechtzeitige Unterrichtung (Rn. 4) vollzogen, stellt dies grundsätzlich einen Verstoß gegen die Pflicht zur ordnungsgemäßen Geschäftsführung dar (siehe § 114 Rn. 19 ff.)[5]. Aufgrund dieser Pflichtverletzung ist der handelnde Gesellschafter verpflichtet, die **Folgen seines Tuns zu beseitigen**, soweit dies möglich ist und im Gesellschaftsinteresse liegt[6]. Auch Mitgesellschafter können die Maßnahmen rückgängig machen (selbst gegen den Widerspruch des Handelnden)[7]; u.U. trifft sie im konkreten Fall sogar eine dahingehende Pflicht[8]. Der Unterlassungsanspruch kann ggf. auch im Rahmen der Möglichkeiten des einstweiligen Rechtsschutzes verfolgt werden[9]. Daneben kommen Schadensersatzansprüche wegen des Kompetenzverstoßes in Betracht (§ 114 Rn. 25 f.). Im Einzelfall kann der Kompetenzverstoß auch als grobe Pflichtverletzung einzuordnen sein, der nach § 117 den (teilweisen) Entzug der Geschäftsführungsbefugnis[10], die Ausschließung des Gesellschafters (§ 140) oder die Auflösung der Gesellschaft (§ 133) rechtfertigt. Auch ein unberechtigter Widerspruch kann – weil Geschäftsführungsmaßnahme (siehe oben Rn. 5) – zu einer Haftung des Widersprechenden, etwa gem. § 280 BGB wegen einer Treuepflichtverletzung, führen.

---

1 MünchKommHGB/*Rawert*, § 115 Rn. 10; *Baumbach/Hopt*, § 115 Rn. 2.
2 *Schlegelberger/Martens*, § 115 Rn. 11; MünchKommHGB/*Rawert*, § 115 Rn. 23.
3 BGH v. 24.1.1972 – II ZR 3/69, WM 1972, 489, 490; siehe auch BGH v. 10.12.2001 – II ZR 139/00, ZIP 2002, 396, 398; *Schlegelberger/Martens*, § 115 Rn. 11; MünchKommHGB/*Rawert*, § 115 Rn. 24; *Baumbach/Hopt*, § 115 Rn. 2; abw. *Staub/Ulmer*, § 115 Rn. 18: Wirksamkeit des unbegründeten Widerspruchs, aber aus der Treuepflicht folgende Schadensersatzansprüche des unbegründet Widersprechenden.
4 MünchKommHGB/*Rawert*, § 115 Rn. 43.
5 BGH v. 10.12.2001 – II ZR 139/00, ZIP 2002, 396, 397.
6 OLG Hamm v. 24.6.1992 – 8 U 82/92, BB 1993, 165; MünchKommHGB/*Rawert*, § 115 Rn. 28, 33; *Staub/Ulmer*, § 115 Rn. 19.
7 BGH v. 19.4.1971 – II ZR 159/68, WM 1971, 819, 820 f.
8 Siehe auch BGH v. 19.4.1971 – II ZR 159/68, WM 1971, 819, 820 f.
9 OLG Hamm v. 24.6.1992 – 8 U 82/92, BB 1993, 165; MünchKommHGB/*Rawert*, § 115 Rn. 44.
10 Siehe auch BGH v. 10.12.2001 – II ZR 139/00, ZIP 2002, 396, 397 f. (dort aber für den konkreten Fall abgelehnt).

f) Keine Außenwirkung des Widerspruchs

Eine trotz Widerspruchs vollzogene **Maßnahme** bleibt **nach außen** mit Rücksicht auf den Umfang der gesetzlichen Vertretung (§ 126 Abs. 2) **wirksam**[1]; doch kommen ggf. die Regeln über den Missbrauch der Vertretungsmacht zum Zuge (dazu § 126 Rn. 8 f.)[2]. Dagegen könnte sich ein Mitgesellschafter, der Adressat der Maßnahme ist[3], nicht auf eine bestehende Vertretungsbefugnis berufen (siehe § 126 Rn. 7).

II. Gesamtgeschäftsführung

1. Regelungsmöglichkeiten

Der Gesellschaftsvertrag kann eine Gesamtgeschäftsführung aller oder einiger Gesellschafter vorsehen. Dabei können auch die Möglichkeiten der Einzel- und der Gesamtgeschäftsführung in beliebiger Weise personen- oder bereichsbezogen miteinander kombiniert werden und ggf. auch Mehrheitsentscheidungen vorgesehen werden. Ferner können einzelne Gesellschafter an die Mitwirkung von Prokuristen gebunden werden. Ist Gesamtvertretung (§ 125 Abs. 2) vorgesehen, lässt sich daraus allein allerdings noch nicht auf eine Gesamtgeschäftsführung schließen[4]. Es kann hingegen wegen der fehlenden Außenwirkung des Widerspruchsrechts (vgl. hierzu Rn. 8) gerade sinnvoll sein, den zur Einzelgeschäftsführung berechtigten Gesellschafter hinsichtlich der Vertretungsbefugnis an die Zustimmung der anderen Gesellschafter zu binden[5].

2. Zustimmungserfordernis

a) Allgemeines

Ist Gesamtgeschäftsführung angeordnet, bedarf jede Maßnahme der Zustimmung aller geschäftsführungsberechtigten Gesellschafter. Fehlt die Zustimmung, muss die Maßnahme unterbleiben. Bei Bedarf besteht die Pflicht der Gesamtgeschäftsführer zur gemeinsamen Beratung[6]. Damit wird mit der Anordnung der Gesamtgeschäftsführung zugleich eine Konsultationspflicht der geschäftsführenden Gesellschafter statuiert[7]. Die Ausübung erfolgt wie diejenige des Widerspruchsrechts im Wege empfangsbedürftiger, nicht formgebundener und daher auch konkludent möglicher Willenserklärung[8]. Sie

---

1 *Baumbach/Hopt*, § 115 Rn. 4; MünchKommHGB/*Rawert*, § 115 Rn. 30.
2 OLG Hamm v. 24.6.1992 – 8 U 82/92, BB 1993, 165, 166.
3 BGH v. 20.9.1962 – II ZR 209/61, BGHZ 38, 26, 34; BGH v. 5.4.1973 – II ZR 45/71, WM 1973, 637, 638.
4 *Schlegelberger/Martens*, § 115 Rn. 22; abw. *Staub/Ulmer*, § 115 Rn. 30 und § 114 Rn. 86.
5 *Ebenroth/Boujong/Joost/Strohn/Mayen*, § 115 Rn. 24.
6 *Staub/Ulmer*, § 115 Rn. 32.
7 *Ebenroth/Boujong/Joost/Strohn/Mayen*, § 115 Rn. 25; *Baumbach/Hopt*, § 115 Rn. 5.
8 *Staub/Ulmer*, § 115 Rn. 33; MünchKommHGB/*Rawert*, § 115 Rn. 50.

kann sowohl vor Durchführung der Maßnahme als auch im Nachhinein erklärt werden[1].

b) Gegenstand der Zustimmung

11 Die in § 115 Abs. 2 vorgesehene Zustimmung kann nicht nur für **konkrete Einzelmaßnahmen**, sondern auch für Maßnahmen **bestimmter Art** erteilt werden[2], nicht aber generell für alle künftigen Geschäftsführungsmaßnahmen, da damit die Gesamtgeschäftsführung unterlaufen würde[3].

c) Pflichtgebundenheit

12 Ebenso wie der Gebrauch des Widerspruchsrechts (Rn. 5) ist auch die Entscheidung über die Erteilung der Zustimmung an das **pflichtmäßige Ermessen** der zustimmungsberechtigten Gesellschafter gebunden[4], so dass sich im Einzelfall eine Pflicht zur Erteilung oder auch zur Verweigerung der Zustimmung ergeben kann. Die Verweigerung bedarf ebenso wie die Widerspruchseinlegung (Rn. 6) der **Begründung**. Wird die Zustimmung pflichtwidrig versagt, kann die Maßnahme gleichwohl durchgeführt werden; alle sonst in Betracht kommenden Sanktionen bleiben i.Ü. unberührt[5]. Ein Widerruf einer erteilten Zustimmung würde einen wichtigen Grund oder eine Sachlage voraussetzen, bei der die Zustimmung pflichtgemäß zu verweigern gewesen wäre[6]. Eine systematische Verweigerung der Mitwirkung an der Geschäftsführung kann zur Verwirkung des Zustimmungsrechtes führen[7].

d) Gefahr im Verzug

13 Ist Gefahr im Verzug, d.h. wenn wegen gegebener Eilbedürftigkeit einer im Interesse der Gesellschaft liegenden Maßnahme eine Zustimmung aller Gesellschafter nicht mehr erreichbar ist, befreit das Gesetz von der Einholung der Zustimmung derjenigen, deren Zustimmung nicht schnell genug erhältlich ist. Hat jedoch mindestens einer der gesamtgeschäftsführenden Gesellschafter seine Zustimmung bereits rechtswirksam verweigert, so muss der Vollzug der Maßnahme trotz der Gefahrenlage unterbleiben[8].

---

1 *Ebenroth/Boujong/Joost/Strohn/Mayen*, § 115 Rn. 27; MünchKommHGB/*Rawert*, § 115 Rn. 54.
2 *Staub/Ulmer*, § 115 Rn. 34; *Heymann/Emmerich*, § 115 Rn. 17; enger: *Schlegelberger/Martens*, § 115 Rn. 24.
3 Vgl. BGH v. 12.12.1961 – II ZR 255/59, BGHZ 34, 27, 30 f. (für das Recht der GmbH); MünchKommHGB/*Rawert*, § 115 Rn. 51.
4 *Baumbach/Hopt*, § 115 Rn. 6; MünchKommHGB/*Rawert*, § 115 Rn. 47.
5 *Schlegelberger/Martens*, § 115 Rn. 25.
6 *Schlegelberger/Martens*, § 115 Rn. 27; *Staub/Ulmer*, § 115 Rn. 34.
7 *Baumbach/Hopt*, § 116 Rn. 6.
8 BGH v. 4.5.1955 – IV ZR 185/54, BGHZ 17, 181, 185 f.; siehe zum Ganzen auch MünchKommHGB/*Rawert*, § 115 Rn. 57 ff.

§ 116
Umfang der Geschäftsführungsbefugnis

(1) Die Befugnis zur Geschäftsführung erstreckt sich auf alle Handlungen, die der gewöhnliche Betrieb des Handelsgewerbes der Gesellschaft mit sich bringt.

(2) Zur Vornahme von Handlungen, die darüber hinausgehen, ist ein Beschluss sämtlicher Gesellschafter erforderlich.

(3) Zur Bestellung eines Prokuristen bedarf es der Zustimmung aller geschäftsführenden Gesellschafter, es sei denn, dass Gefahr im Verzug ist. Der Widerruf der Prokura kann von jedem der zur Erteilung oder zur Mitwirkung bei der Erteilung befugten Gesellschafter erfolgen.

Übersicht

	Rn.		Rn.
I. Reichweite der Geschäftsführungsbefugnis		2. Fehlen eines Zustimmungsbeschlusses	
1. Gewöhnlicher und ungewöhnlicher Geschäftsbetrieb	1	a) Ausführungsverbot	5
2. Beispiele	2	b) Notgeschäftsführungsrecht	6
II. Zustimmungserfordernis (§ 116 Abs. 2)		III. Bestellung und Widerruf einer Prokura (§ 116 Abs. 3)	
1. Gesellschafterbeschluss		1. Bestellung (§ 116 Abs. 3 S. 1)	
a) Voraussetzungen	3	a) Bestellungskompetenz	7
b) Ausführungspflicht	4	b) Gefahr im Verzug	8
		2. Widerruf (§ 116 Abs. 3 S. 2)	
		a) Kompetenzen	9
		b) Prokura aufgrund Sonderrechts	10

I. Reichweite der Geschäftsführungsbefugnis

1. Gewöhnlicher und ungewöhnlicher Geschäftsbetrieb

In § 116 Abs. 1, 2 wird innerhalb der Geschäftsführung (zum Begriff vgl. § 114 Rn. 1 f.) zwischen Geschäften des gewöhnlichen und des ungewöhnlichen Betriebes der Gesellschaft unterschieden. Für den **gewöhnlichen Geschäftsbetrieb** ist die Kompetenz der **geschäftsführenden Gesellschafter** gegeben, während für die **ungewöhnlichen Geschäfte** eine **Entscheidungszuständigkeit sämtlicher Gesellschafter** vorgesehen ist; diese sollen jedenfalls an Entscheidungen beteiligt werden, die wegen ihrer Art und ihres Umfangs von besonderer (insbesondere haftungsrechtlicher) Bedeutung sind[1]. Für die Abgrenzung kommt es nicht nur darauf an, ob das Geschäft abstrakt dem gewöhnlichen Betrieb eines derartigen Handelsgeschäfts entspricht, sondern, ob das auch für das konkrete Unternehmen nach seinem   1

---

1 OLG Hamburg v. 29.7.2005 – 11 U 286/06, NZG 2005, 966, 967 f.; *Ebenroth/Boujong/Joost/Strohn/Mayen*, § 116 Rn. 1; MünchKommHGB/*Jickeli*, § 116 Rn. 6 f.

Umfang und seiner Ausrichtung der Fall ist[1]. Demgemäß liegt ein ungewöhnliches Geschäft vor, wenn es über den Rahmen der bisher betriebenen Aktivitäten hinausgeht und wegen seiner Bedeutung oder der damit verbundenen Risiken Ausnahmecharakter hat[2]. Die Einordnung ist daher jeweils eine Frage des Einzelfalls unter Berücksichtigung der konkreten Umstände. So kann im Einzelfall etwa ein gewöhnliches Geschäft zum ungewöhnlichen werden, wenn es die Gefahr einer schweren Interessenkollision birgt[3]. Grundlagengeschäfte (siehe oben § 114 Rn. 5 f.) sind kein Teil der Geschäftsführung, gehören also weder zu den gewöhnlichen noch zu den außergewöhnlichen Geschäften. Ebenso wie § 116 Abs. 2 und 3 ist auch § 116 Abs. 1 dispositiv. Der zustimmungsbedürftige Kreis der Geschäfte kann erweitert, aber auch beschränkt werden[4].

2. Beispiele

2   Zur **gewöhnlichen Geschäftstätigkeit** der Gesellschaft sind Baumaßnahmen[5] gerechnet worden, auch die Verlagerung von Warenbeständen[6] und die Bestellung von Sicherheiten[7]. Als gewöhnliche Geschäftstätigkeit werden überdies angesehen[8]: Geschäfte im Handelszweig, der den Gegenstand des Unternehmens bildet, insbesondere An- und Verkaufsgeschäfte, Aufnahme von Darlehen und die dazugehörige Kreditvergabe. Eine **ungewöhnliche Bedeutung** ist z.B. angenommen worden bei Erweiterungsinvestitionen[9], dem Erwerb von Wertpapieren auf Kredit[10] oder Grundstücken[11], Kreditgeschäften von besonderer Tragweite[12], dem Abschluss eines Ergebnisabführungsvertrages als Obergesellschaft (soweit nicht schon ein Grundlagengeschäft vorliegt)[13], einer Zusammenlegung der Einkaufsorganisation mit einem anderen Unternehmen, das von einem der geschäftsführenden Gesellschafter betrieben wird (so dass schwer zu kontrollierende Interessenkollisionen im Raum stehen)[14], Veräußerungen von Werten, die als Notrücklage dienen sollten[15], Einrichtung von Zweigniederlassungen, die Aufnahme eines stillen Gesellschafters[16], die Verfolgung von Schadensersatzansprüchen wegen

---

1 *Baumbach/Hopt*, § 116 Rn. 1.
2 RGZ 158, 302, 308; BGH v. 13.1.1954 – II ZR 6/53, BB 1954, 153; FG München v. 7.12.2004 – 2 K 3049/03, DStRE 2005, 737, 738; *Baumbach/Hopt*, § 116 Rn. 1; MünchKommHGB/*Jickeli*, § 116 Rn. 23 ff.
3 MünchKommHGB/*Jickeli*, § 116 Rn. 15; *Baumbach/Hopt*, § 116 Rn. 2.
4 Vgl. z.B. OLG Hamburg v. 29.7.2005 – 11 U 286/04, NZG 2005, 966, 967.
5 BGH v. 11.2.1980 – II ZR 41/79, BGHZ 76, 160, 162 f.
6 BGH v. 13.1.1954 – II ZR 6/53, BB 1954, 153 f.
7 RGZ 158, 302, 308 ff.
8 *Baumbach/Hopt*, § 116 Rn. 1, MünchKommHGB/*Jickeli*, § 116 Rn. 23 ff.
9 *Staub/Schilling*, § 164 Rn. 3.
10 FG München v. 7.12.2004 – 2 K 3049/03, DStRE 2005, 737, 738.
11 RGZ 109, 57.
12 BGH v. 13.1.1954 – II ZR 6/53, BB 1954, 153 f.
13 OLG Hamburg v. 29.7.2005 – 11 U 286/04, NZG 2005, 966, 967 f.
14 BGH v. 8.5.1972 – II ZR 108/70, BB 1973, 212, 214.
15 RG JW 1930, 705, 706.
16 *Baumbach/Hopt*, § 116 Rn. 2.

fehlerhafter Geschäftsführung[1] sowie bei sonstigen erheblichen Umorganisationen im Unternehmen[2]. Wie Maßnahmen einer Konzernbildung[3] oder solche innerhalb eines von der OHG abhängigen Unternehmens einzuordnen sind, lässt sich nicht generell entscheiden, sondern muss von den konkreten Gegebenheiten abhängen; betriebsungewöhnliche Geschäfte im abhängigen Unternehmen lassen sich nicht per se als solche auch der herrschenden Gesellschaft qualifizieren, sondern sind an ihrer Bedeutung für die Letztere zu messen[4].

II. Zustimmungserfordernis (§ 116 Abs. 2)

1. Gesellschafterbeschluss

a) Voraussetzungen

Ungewöhnliche Geschäfte bedürfen eines **Beschlusses sämtlicher Gesellschafter (auch der nicht geschäftsführenden oder der Kommanditisten)**[5]. Das Gesetz geht vom Erfordernis einer Einstimmigkeit der Beschlussfassung aus. Doch kann der Gesellschaftsvertrag hier auch eine Entscheidung mit Stimmenmehrheit vorsehen, ebenso auch einen Beschluss lediglich der geschäftsführenden Gesellschafter. Das Beschlusserfordernis besteht – anders als bei § 115 Abs. 2 – auch bei Gefahr im Verzug, es sei denn, die Maßnahme stellt sich angesichts einer notwendigen Gefahrenabwehr als gewöhnliche Maßnahme dar[6]. Die Gesellschafter sind verpflichtet, sich an der Beschlussfassung zu beteiligen[7]. Sie dürfen sich nicht grundlos der Stimme enthalten oder der Gesellschafterversammlung ohne wichtigen Grund fernbleiben, weil andernfalls der erforderliche einstimmige Beschluss verhindert würde. Wiederholtes pflichtwidriges Verhalten dieser Art kann zum Schadensersatz verpflichten, ggf. auch zur Verwirkung des Stimmrechts führen[8]. Eine Stimmenthaltung wird nur zulässig sein, wenn weder eine Pflicht zur Zustimmung noch zu ihrer Verweigerung besteht[9]. Darüber hinaus unterliegen die Gesellschafter – da der Beschluss **Wahrnehmung der Geschäftsführung** ist – den gleichen Bindungen an das Gesellschaftsinteresse wie die geschäftsführenden Gesellschafter (insbesondere Pflicht zur ordnungsgemäßen Geschäftsführung und Treuepflicht, siehe § 114 Rn. 22 ff.)[10]. Mithin kann,

3

---

1 RGZ 171, 51, 54.
2 *Schlegelberger/Martens*, § 116 Rn. 12.
3 Siehe zum Ganzen MünchKommHGB/*Jickeli*, § 116 Rn. 18 ff.
4 So bejahend im Fall von BGH v. 8.5.1972 – II ZR 108/70, BB 1973, 212, 214; siehe dazu *Schlegelberger/Martens*, § 116 Rn. 8.
5 OLG Hamburg v. 29.7.2005 – 11 U 286/04, NZG 2005, 966, 967; *Baumbach/Hopt*, § 116 Rn. 2; MünchKommHGB/*Jickeli*, § 116 Rn. 36.
6 BGH v. 13.1.1954 – II ZR 6/53, BB 1954, 143.
7 *Baumbach/Hopt*, § 116 Rn. 5; MünchKommHGB/*Jickeli*, § 116 Rn. 38 f.; *A. Hueck*, ZGR 1972, 237, 240 ff.
8 Ebenroth/Boujong/Joost/Strohn/*Mayen*, § 116 Rn. 11; *Baumbach/Hopt*, § 116 Rn. 5; MünchKommHGB/*Jickeli*, § 116 Rn. 39.
9 *Schlegelberger/Martens*, § 116 Rn. 18.
10 Dazu BGH v. 28.11.1955 – II ZR 16/54, WM 1956, 29, 30; BGH v. 8.7.1985 – II ZR 4/85, ZIP 1985, 1134.

wenn Zweck und Interesse der Gesellschaft eine bestimmte Maßnahme gebieten, auch eine Pflicht zur Erteilung der Zustimmung bestehen[1]. Hier gelten – auch für die Folgen eines pflichtwidrigen Verhaltens – entsprechende Regeln wie für die Ausübung des Widerspruchsrechts in § 115 Abs. 2 (vgl. § 115 Rn. 5). Insbesondere ist eine pflichtwidrig verweigerte Zustimmung grundsätzlich unbeachtlich. Ebenso kann die bestehende Pflichtbindung auch die Ablehnung einer geplanten Maßnahme erfordern. Eine Ablehnung wird aber – wegen Eingreifens der Treuepflicht – regelmäßig einer Begründungspflicht unterliegen[2].

b) Ausführungspflicht

4   Liegt ein Zustimmungsbeschluss vor, ist er **für die geschäftsführenden Gesellschafter bindend**, und sie müssen ihn ausführen. Kehrseite der Ausführungspflicht ist, dass der Geschäftsführer von der Verantwortlichkeit für das Geschäft befreit wird[3]. Die Geschäftsführer sind zur Vornahme des ungewöhnlichen Geschäfts ermächtigt und können nur auf Ersatz in Anspruch genommen werden, wenn sie den Gesellschaftern vor der Beschlussfassung wesentliche Informationen vorenthalten[4]. Der Widerruf der Zustimmung ist nur aus wichtigem Grunde zulässig[5]. Wann die Maßnahme durchgeführt wird, ist insoweit nicht maßgebend[6]. Möglich bleibt jedoch in jedem Fall die Einwirkung auf die anderen Gesellschafter zwecks Herbeiführung eines neuen Gesellschafterbeschlusses zur Korrektur[7].

2. Fehlen eines Zustimmungsbeschlusses

a) Ausführungsverbot

5   Kommt es zu keinem zustimmenden Beschluss, **darf** die entsprechende Geschäftsführungsmaßnahme **nicht vollzogen** werden. Anders liegt es, wenn eine Zustimmung entgegen einer bestehenden Pflicht verweigert worden ist[8]. Ebenso wird man entscheiden müssen bei einer unerlässlichen außergewöhnlichen Erhaltungsmaßnahme, bei der eine rechtzeitige Beschlussfassung nicht möglich war[9]. In diesem Fall wäre die Berufung auf die fehlende

---

1   Vgl. z.B. BGH v. 24.11.1972 – II ZR 3/69, WM 1972, 489; BGH v. 2.7.1973 – II ZR 94/71, WM 1973, 1291, 1294; OLG München v. 22.10.2003 – 7 U 2721/03, NJW-RR 2004, 192, 193 (Vergütung des Geschäftsführers).
2   So BGH v. 24.11.1972 – II ZR 3/69, WM 1972, 489 f.; *A. Hueck*, Das Recht der OHG, S. 128; anders *Flume*, Die Personengesellschaft, 1977, S. 267; *Staub/Ulmer*, § 116 Rn. 20; vgl. dazu auch *Schlegelberger/Martens*, § 116 Rn. 17.
3   MünchKommHGB/*Jickeli*, § 116 Rn. 43.
4   *Ebenroth/Boujong/Joost/Strohn/Mayen*, § 116 Rn. 14 f.
5   *Schlegelberger/Martens*, § 116 Rn. 19; *Staub/Ulmer*, § 116 Rn. 24; *Baumbach/Hopt*, § 116 Rn. 6; *A. Hueck*, Das Recht der OHG, S. 124.
6   A.A. *Heymann/Emmerich*, § 116 Rn. 10.
7   *Ebenroth/Boujong/Joost/Strohn/Mayen*, § 116 Rn. 14 f.
8   BGH v. 2.7.1973 – II ZR 94/71, WM 1973, 1291, 1294; *Schlegelberger/Martens*, § 116 Rn. 21; *A. Hueck*, Das Recht der OHG, S. 175; siehe auch *Staub/Ulmer*, § 116 Rn. 21.
9   *Baumbach/Hopt*, § 116 Rn. 7.

Zustimmung treuwidrig. Allerdings handelt der Geschäftsführer, der die Maßnahme durchführt, auf eigene Gefahr und macht sich ggf. schadensersatzpflichtig[1]. Ob die Unterlassung einer nicht durch Zustimmung gedeckten Maßnahme durch (Unterlassungs-)klage gegen die geschäftsführenden Gesellschafter durchgesetzt werden kann, ist vom BGH[2] zwar grundsätzlich verneint worden (allein späterer Schadensersatz ist danach möglich), verlangt aber angesichts des hier gegebenen Kompetenzverstoßes doch wohl eine bejahende Antwort[3]. Fehlt der zustimmende Beschluss, hat dies keine Auswirkungen auf die Vertretungsmacht[4].

b) Notgeschäftsführungsrecht

Auch bei Versagung der Zustimmung kann im Falle von § 744 Abs. 2 BGB jeder Gesellschafter (auch wenn er keine Geschäftsführungsbefugnis hat) ein Notgeschäftsführungsrecht wahrnehmen, wenngleich nur unter den engen Voraussetzungen dieser Vorschrift. Eine Vertretungsmacht nach außen wird durch dieses Recht aber nicht begründet[5].

III. Bestellung und Widerruf einer Prokura (§ 116 Abs. 3)

1. Bestellung (§ 116 Abs. 3 S. 1)

a) Bestellungskompetenz

Wegen der weitreichenden Vertretungsmacht eines Prokuristen (§ 49) sind in § 116 Abs. 3 besondere Regelungen getroffen. Die Prokurabestellung fällt danach auch bei einer Einzelgeschäftsführungsbefugnis in die **Zuständigkeit aller geschäftsführenden Gesellschafter**. Der gesetzliche Vertreter eines minderjährigen Gesellschafters bedarf für seine Mitwirkung hierbei nicht der familien- oder vormundschaftsgerichtlichen Genehmigung[6]. Die Prokura wird nicht für den Minderjährigen, sondern für die Gesellschaft erteilt, die ihrerseits nicht unter Vormundschaft steht. Bei der Erteilung handelt es sich i.d.R. um ein gewöhnliches Geschäft i.S. des § 116 Abs. 1[7]. Andernfalls wäre ja nach § 116 Abs. 2 die Zustimmung sämtlicher und nicht nur der geschäftsführenden Gesellschafter notwendig. Handelt es sich ausnahmsweise um ein ungewöhnliches Geschäft, kommt § 116 Abs. 2 zum Zuge. Wegen der wirtschaftlichen Verknüpfung der Bestellung mit der Frage des Abschlusses eines Dienstvertrages wird zu Recht angenommen, dass sich auch

---

1 *Ebenroth/Boujong/Joost/Strohn/Mayen*, § 116 Rn. 17.
2 BGH v. 11.2.1980 – II ZR 41/79, BGHZ 76, 160, 168.
3 OLG Koblenz v. 9.8.1990 – 6 U 888/90, NJW-RR 1991, 487, 488; MünchKommHGB/*Jickeli*, § 116 Rn. 46; dafür auch z.B. *Lutter*, AcP 180 (1980), 84, 139 f.; *Schlegelberger/Martens*, § 116 Rn. 22; *Baumbach/Hopt*, § 116 Rn. 4.
4 MünchKommHGB/*Jickeli*, § 116 Rn. 3.
5 BGH v. 4.5.1955 – IV ZR 185/54, BGHZ 17, 181, 184; *Baumbach/Hopt*, § 116 Rn. 7.
6 BGH v. 20.9.1962 – II ZR 209/61, BGHZ 38, 26, 30; BGH v. 29.6.1970 – II ZR 158/69, NJW 1971, 375, 376.
7 *Baumbach/Hopt*, § 116 Rn. 8.

die Anstellungskompetenz nach § 116 Abs. 3 S. 1 richtet[1]. Für das Außenverhältnis der Bestellung bleibt dagegen die Vertretungsbefugnis (§ 126 Abs. 1) maßgebend[2]. Ist jedoch offenbar, dass bei der Bestellung kompetenzwidrig gehandelt worden ist und daher mit einem alsbaldigen Widerruf (§ 116 Abs. 3 S. 2) zu rechnen ist, so kann das Registergericht die Eintragung der Prokura ablehnen[3]. Die Regeln für die Erteilung der Prokura gelten auch für ihre Erweiterung (etwa gemäß § 49 Abs. 2).

b) Gefahr im Verzug

8 Bei Gefahr im Verzug kann – wie bei § 115 Abs. 2 – **jeder geschäftsführende Gesellschafter** eine Prokura erteilen. Gefahr im Verzug besteht nur, wenn der Gesellschaft infolge ungenügender Vertretung, die allein durch die sofortige Erteilung der Prokura behoben werden kann, ernsthaft Schaden droht[4]. Teilweise wird angenommen, dass die Bestellung bei Gefahr im Verzug nur als vorläufige Regelung zu gelten habe[5]. Dem ist jedoch zu Recht entgegenzuhalten, dass die anderen Gesellschafter durch das Widerrufsrecht hinreichend geschützt sind[6]. Ist § 116 Abs. 2 einschlägig, entfällt eine Bestellungsbefugnis wegen Gefahr im Verzuge (vgl. Rn. 3).

2. Widerruf (§ 116 Abs. 3 S. 2)

a) Kompetenzen

9 In § 116 Abs. 3 S. 2 **erleichtert** das Gesetz (über die Schranken des § 115 Abs. 1, 2 hinaus) den **Widerruf** einer Prokura; auch hier bleibt jedoch die Wirksamkeit des Widerrufs nach außen von der Vertretungsbefugnis abhängig. Doch könnte hier der widerrufende Gesellschafter von den vertretungsberechtigten Gesellschaftern die Mitwirkung beim (innergesellschaftlich ja maßgebenden) Widerruf verlangen[7]. Das Widerrufsrecht gilt nach richtiger Ansicht[8] auch für eine Beschränkung der Prokura i.S. der §§ 49 Abs. 2, 50 sowie für eine Erweiterung derselben. Bei Erweiterungen und Beschränkungen der Prokura ist allerdings zu beachten, dass sie nur im Rahmen des gesetzlich normierten Umfangs der Prokura in Betracht kommen[9].

---

1 *Schlegelberger/Martens*, § 116 Rn. 27.
2 BGH v. 14.2.1974 – II ZB 6/73, BGHZ 62, 166, 169.
3 *Schlegelberger/Martens*, § 116 Rn. 27; abw. *Staub/Ulmer*, § 116 Rn. 28.
4 *Ebenroth/Boujong/Joost/Strohn/Mayen*, § 116 Rn. 23.
5 GroßKommHGB/*Fischer*, § 116 Rn. 11; *Heymann/Emmerich*, § 116 Rn. 15; *Baumbach/Hopt*, § 116 Rn. 8.
6 *Schlegelberger/Martens*, § 116 Rn. 29; *Staub/Ulmer*, § 116 Rn. 34 Fn. 71; *A. Hueck*, Das Recht der OHG, S. 122.
7 RG DR 1942, 1698, 1699.
8 *Schlegelberger/Martens*, § 116 Rn. 32; *Baumbach/Hopt*, § 116 Rn. 10 (aber streitig).
9 *Ebenroth/Boujong/Joost/Strohn/Mayen*, § 116 Rn. 27.

b) Prokura aufgrund Sonderrechts

Ist die Prokura auf **gesellschaftsvertraglicher Grundlage** erteilt und begründet sie ein **Sonderrecht**, ist sie im Innenverhältnis nur bei wichtigem Grund widerruflich (anderes gilt für die Außenwirkung eines erklärten Widerrufs, vgl. die §§ 126 Abs. 1, 52 Abs. 1)[1]. Diese Schranke gilt dann auch für die Widerrufskompetenz nach § 116 Abs. 3 S. 2; darüber hinaus wird auch § 116 Abs. 2 einschlägig sein[2].

10

§ 117
Entziehung der Geschäftsführungsbefugnis

Die Befugnis zur Geschäftsführung kann einem Gesellschafter auf Antrag der übrigen Gesellschafter durch gerichtliche Entscheidung entzogen werden, wenn ein wichtiger Grund vorliegt; ein solcher Grund ist insbesondere grobe Pflichtverletzung oder Unfähigkeit zur ordnungsmäßigen Geschäftsführung.

Übersicht

	Rn.		Rn.
I. Entziehung der Geschäftsführung		II. Verfahren	
1. Allgemeines	1	1. Klagevoraussetzungen	
2. Wichtiger Grund		a) Gestaltungsklage, notwendige Streitgenossenschaft	11
a) Tatbestand	2	b) Mitwirkungserfordernis	12
b) Grobe Pflichtverletzung	3	c) Verbindung von Verfahren	14
c) Unfähigkeit	5	2. Gerichtliche Entscheidung	
d) Gesamtabwägung	6	a) Gestaltungsurteil	16
3. Beschränkungen der Geschäftsführungsbefugnis		b) Einstweiliger Rechtsschutz	17
a) Möglichkeiten	8	c) Schiedsverfahren	18
b) Verfahren, Klageantrag	9	d) Folgen der (teilweisen) Entziehung	19
4. Niederlegung der Geschäftsführung	10	III. Abweichende Vertragsregelungen	21
		1. Entziehungsgründe	22
		2. Entziehungsverfahren	23

Schrifttum: *Rob. Fischer*, Die Entziehung der Geschäftsführungs- und Vertretungsbefugnis in der OHG, NJW 1959, 1057; *Pabst*, Mitwirkungspflichten bei Klagen nach den §§ 117, 127, 140 HGB und bei der Anpassung von Verträgen im Recht der Personengesellschaften, BB 1977, 1524; *Pabst*, Prozessuale Probleme bei Rechtsstreitigkeiten wegen Entziehung von Geschäftsführungs- bzw. Vertretungsbefugnis sowie Ausschließung eines Gesellschafters, BB 1978, 892; *Reichert/Winter*, Die „Abberufung" und Ausschließung des geschäftsführenden Gesellschafters der Publikums-Personengesell-

---

[1] BGH v. 27.6.1955 – II ZR 232/54, BGHZ 17, 392, 395.
[2] Vgl. *Schlegelberger/Martens*, § 116 Rn. 33.

schaft, BB 1988, 981; *K. Schmidt,* „Kündigung der Geschäftsführung und Vertretung" durch den Personengesellschafter, DB 1988, 2241; *K. Schmidt,* Mehrseitige Gestaltungsprozesse bei Personengesellschaften, 1992; *Ulmer,* Gestaltungsklagen im Personengesellschaftsrecht und notwendige Streitgenossenschaft, in: Festschrift Geßler, 1971, S. 269; *H.P. Westermann/Pöllath,* Abberufung und Ausschließung von Gesellschaftern/Geschäftsführern in Personengesellschaften und GmbH, 4. Aufl. 1988.

I. Entziehung der Geschäftsführung

1. Allgemeines

1   Anders als § 712 BGB sieht § 117 eine Entziehung der Geschäftsführungsbefugnis (zur Entziehung der Vertretungsmacht siehe § 127) durch eine gerichtliche Entscheidung vor. Gegenstand der Entziehung nach § 117 kann jede **organschaftliche** (aber nur diese[1]) **Geschäftsführung** sein. Dies gilt auch, wenn sie abweichend von der gesetzlichen Regelung ausgestaltet (also durch Gesellschaftsvertrag erweitert oder beschränkt worden) ist[2]. Unerheblich ist folglich, ob sie als Einzel- oder Gesamtgeschäftsführungsbefugnis ausgestaltet ist[3]. § 117 ist also anwendbar im Falle eines als Geschäftsführer tätigen Kommanditisten[4] (dazu vgl. § 164 Rn. 10 ff.) oder wenn dem an sich von der Geschäftsführung ausgeschlossenen Gesellschafter durch Gesellschaftsvertrag Weisungs- und Vetorechte eingeräumt wurden[5]. Auch dem einzigen vorhandenen geschäftsführenden Gesellschafter kann die Geschäftsführungsbefugnis entzogen werden, und zwar auch der Komplementär-GmbH in der GmbH & Co. KG[6] (zur Publikumsgesellschaft vgl. insoweit § 161 Rn. 99).

1a Keine Anwendung findet § 117 auf den GmbH-Geschäftsführer einer GmbH & Co. KG[7]. Für geschäftsführende (gesellschaftsfremde) Dritte (siehe § 114 Rn. 12, 14) gilt § 117 ebenfalls nicht (weil keine organschaftliche Geschäftsführungsbefugnis). Vielmehr findet hier Auftrags- oder Dienstvertragsrecht Anwendung[8]. Nicht berührt wird durch § 117 das Recht (und u.U. die Pflicht) zur Notgeschäftsführung (§ 744 Abs. 2 BGB)[9]. Keine Anwendung findet § 117 überdies auf – von der Geschäftsführung zu unterscheidende – Verwaltungsrechte, die dem Gesellschafter (in erster Linie) im eigenen Interesse eingeräumt sind (etwa das Kontroll- und Informationsrecht der §§ 118,

---

1   BGH v. 22.1.1962 – II ZR 11/61, BGHZ 36, 292, 294; siehe auch *Ebenroth/Boujong/Joost/Strohn/Mayen,* § 117 Rn. 2; *MünchKommHGB/Jickeli,* § 117 Rn. 6; *Baumbach/Hopt,* § 117 Rn. 3.
2   RGZ 110, 418, 421; OLG Köln v. 14.7.1976 – 2 U 7/76, BB 1977, 464, 465; *Ebenroth/Boujong/Joost/Strohn/Mayen,* § 117 Rn. 2, 4.
3   *Staub/Ulmer,* § 117 Rn. 12.
4   BGH v. 27.6.1955 – II ZR 232/54, BGHZ 17, 392, 395; BGH v. 17.12.1973 – II ZR 124/72, WM 1974, 177, 178.
5   *MünchKommHGB/Jickeli,* § 117 Rn. 9; *Baumbach/Hopt,* § 117 Rn. 3.
6   BGH v. 11.7.1960 – II ZR 260/59, BGHZ 33, 105, 107; BGH v. 9.12.1968 – II ZR 33/67, BGHZ 51, 198, 201; BGH v. 25.4.1983 – II ZR 170/82, ZIP 1983, 1066; *MünchKommHGB/Jickeli,* § 117 Rn. 7.
7   Vgl. *Ebenroth/Boujong/Joost/Strohn/Mayen,* § 117 Rn. 2.
8   *Baumbach/Hopt,* § 117 Rn. 2; *MünchKommHGB/Jickeli,* § 117 Rn. 6.
9   *MünchKommHGB/Jickeli,* § 117 Rn. 11.

166)¹. Ein Missbrauch kann hier aber nach § 242 BGB im Einzelfall zum Rechtsverlust führen.

2. Wichtiger Grund

a) Tatbestand

Die Entziehung setzt einen wichtigen Grund voraus, d.h. eine so **nachhaltige Störung des Vertrauensverhältnisses** unter den Gesellschaftern, dass den übrigen Gesellschaftern die weitere Ausübung der Geschäftsführung **nicht mehr zuzumuten** ist bzw. dass hierdurch die Belange der Gesellschaft gefährdet werden². Letzteres erfordert eine Abwägung (siehe unten Rn. 6 f.). Mit Rücksicht auf die Bedeutung des Eingriffs ist ein strenger Maßstab anzulegen. Der wichtige Grund muss grundsätzlich auf die Geschäftsführung zurückgehen³. Die in § 117 genannten Regelbeispiele sind nicht abschließend⁴. Bei entsprechendem Gewicht können auch Umstände außerhalb der Geschäftsführung des betroffenen Gesellschafters als Entziehungsgrund in Betracht kommen⁵. Ein Verschulden ist keine notwendige Voraussetzung für den Tatbestand des wichtigen Grundes. Einem als Gesellschafter beteiligten Verband ist dabei das Verhalten seiner Geschäftsführer oder maßgeblichen Gesellschafter zuzurechnen⁶.

2

b) Grobe Pflichtverletzung

Als **Beispielsfall** führt das Gesetz zunächst eine grobe Pflichtverletzung auf, für die ein Schuldvorwurf, und zwar regelmäßig von einem erheblichen Grad, gefordert wird⁷. Hier kommen in Betracht: Missachtung der eigenen Kompetenzgrenzen und der Mitwirkungsrechte von Mitgesellschaftern, Obstruktion und Verweigerung einer Kooperation, Nachlässigkeiten von Gewicht und (der Verdacht von)⁸ Unredlichkeiten, missbräuchliches Verhalten zum eigenen Vorteil, Verstöße gegen das Wettbewerbsverbot, Straftaten zum Nachteil der Gesellschaft, Beleidigungen und Tätlichkeiten gegen Mitgesellschafter, verschuldete schwere Zerwürfnisse, auch Verfehlungen innerhalb verbundener Unternehmen⁹.

3

---

1 Vgl. *Staub/Ulmer*, § 117 Rn. 20; MünchKommHGB/*Jickeli*, § 117 Rn. 9; *Baumbach/Hopt*, § 117 Rn. 4.
2 BGH v. 25.4.1983 – II ZR 170/82, NJW 1984, 173 f.; siehe auch BGH v. 11.2.2008 – II ZR 67/06, ZIP 2008, 597, 598 (GbR); MünchKommHGB/*Jickeli*, § 117 Rn. 37 f.; *Staub/Ulmer*, § 117 Rn. 26 f.
3 Vgl. *Ebenroth/Boujong/Joost/Strohn/Mayen*, § 117 Rn. 7 f.
4 MünchKommHGB/*Jickeli*, § 117 Rn. 46, 58.
5 RGZ 164, 257, 260 f. (zum GmbH-Recht).
6 Siehe BGH v. 18.10.1976 – II ZR 98/75, WM 1977, 500, 502; BGH v. 25.4.1983 – II ZR 170/82, NJW 1984, 173 f.
7 BGH v. 25.4.1983 – II ZR 170/82, NJW 1984, 173 f.
8 BGH v. 11.2.2008 – II ZR 67/06, ZIP 2008, 597, 598.
9 Aus der Rspr.: RGZ 162, 388, 392; 164, 257, 258 (zu § 61 GmbHG); RG HRR 1940 Nr. 1074; BGH v. 24.1.1972 – II ZR 3/69, WM 1972, 489 f.; BGH v. 25.4.1983 – II ZR 170/82, NJW 1984, 173, 174; BGH v. 11.2.2008 – II ZR 67/06, ZIP 2008, 597, 598 f.; OLG Nürnberg v. 27.3.1958 – 3 U 227/58, WM 1958, 710, 713 f.; OLG Stuttgart v.

4 Im wesentlichen kommen jeweils die **gleichen Tatbestände** in Betracht, die auch für eine Entziehung der Vertretungsmacht (§ 127), die Auflösung der Gesellschaft (§ 133) und die Ausschließung eines Gesellschafters (§ 140) bedeutsam werden können, und zwar soweit sie dem betroffenen Gesellschafter zuzurechnen sind und ihn als Geschäftsführer nicht mehr zumutbar erscheinen lassen; siehe dazu näher § 133 Rn. 6 ff. Ob und inwieweit die Pflichtverletzung zu einem Schaden geführt hat, ist nicht maßgebend[1].

c) Unfähigkeit

5 Das weitere gesetzliche Regelbeispiel der **Unfähigkeit zur ordnungsgemäßen Geschäftsführung** erfasst Fälle wie Erkrankungen, lange Abwesenheit, Altersabbau oder unzureichende fachliche Befähigung[2]. Ein Verschulden ist hierbei jeweils nicht vorausgesetzt. Vgl. hierzu auch die bei § 133 Rn. 14 erörterten Fälle.

d) Gesamtabwägung

6 Die Qualifizierung des Entziehungstatbestandes als wichtigen Grund setzt eine **Abwägung der gesamten** (bis zum Schluss der letzten mündlichen Verhandlung vorliegenden) **Umstände** und betroffenen Interessen (der Gesellschaft und Gesellschafter), einschließlich des Verhaltens der anderen Gesellschafter, voraus[3]. Eine Rolle können hier eine vorangegangene langjährige Zusammenarbeit, eigenes Fehlverhalten der Mitgesellschafter sowie die Situation und früheren Verdienste des betroffenen Gesellschafters spielen[4]. Ergibt sich im Rahmen der Gesamtbetrachtung, dass eine weniger einschneidende, den Beteiligten aber gleichwohl zumutbare Lösung in Betracht kommt, sind die Mitgesellschafter unter Berücksichtigung des Verhältnismäßigkeitsgrundsatzes auf diese zu verweisen[5]. Keine (verhältnismäßigere) Alternative stellt im Falle einer GmbH & Co. KG allerdings die Möglichkeit dar, zunächst auf eine Abberufung des GmbH-Geschäftsführers nach § 38 Abs. 2 GmbHG zu drängen[6].

7 Ob ein wichtiger Grund anzuerkennen ist, ist **Aufgabe des Tatrichters**. Maßgebend ist insoweit der Lebenssachverhalt bei Rechtshängigkeit der Klage.

15.6.1961 – 2 U 81/61, DB 1961, 1644; siehe auch die Beispiele bei *Ebenroth/Boujong/Joost/Strohn/Mayen*, § 117 Rn. 11.
1 MünchKommHGB/*Jickeli*, § 117 Rn. 50; siehe auch BGH v. 11.2.2008 – II ZR 67/06, ZIP 2008, 597, 598.
2 Vgl. etwa BGH v. 19.12.1951 – II ZR 42/51, LM § 117 HGB Nr. 1; MünchKommHGB/*Jickeli*, § 117 Rn. 56 f.; *Ebenroth/Boujong/Joost/Strohn/Mayen*, § 117 Rn. 12.
3 BGH v. 25.4.1983 – II ZR 170/82, ZIP 1983, 1066, 1069; BGH v. 10.12.2001 – II ZR 139/00, ZIP 2002, 396, 397 ff.; MünchKommHGB/*Jickeli*, § 117 Rn. 29 ff.; *Ebenroth/Boujong/Joost/Strohn/Mayen*, § 117 Rn. 13.
4 BGH v. 18.10.1976 – II ZR 98/75, WM 1977, 500, 502; BGH v. 25.4.1983 – II ZR 170/82, NJW 1984, 173, 174.
5 BGH v. 25.4.1983 – II ZR 170/82, NJW 1984, 173, 174.
6 BGH v. 25.4.1983 – II ZR 170/82, NJW 1984, 173 f.

Wird dieser gegen „neue" Abberufungsgründe ausgetauscht, ist dies eine Klageänderung. Den Lebenssachverhalt im Zeitpunkt der Rechtshängigkeit „aufhellende" Umstände hat der Tatrichter hingegen – in den Grenzen der Prozessförderungspflicht der Parteien – bis zum Ende der mündlichen Verhandlung zu berücksichtigen[1]. Das Revisionsgericht prüft lediglich, ob der Rechtsbegriff des wichtigen Grundes verkannt ist, ob alle relevanten Umstände berücksichtigt sind und ob die Grenzen des Bewertungsermessens beachtet sind[2].

3. Beschränkungen der Geschäftsführungsbefugnis

a) Möglichkeiten

Wie anerkannt ist[3], kann **statt einer vollständigen Entziehung** der Geschäftsführungsbefugnis auch lediglich ihre Beschränkung angestrebt werden. Es gilt der Grundsatz der Verhältnismäßigkeit[4]. Daher kommt eine vollständige Entziehung der Geschäftsführungsbefugnis nur in Betracht, wenn mildere Mittel nicht ausreichen, um den für die Mitglieder unzumutbaren Zustand zu beseitigen[5]. Hier kommt etwa die Einführung einer Gesamtgeschäftsführung[6] statt einer Einzelgeschäftsführung, eine Beschneidung der Kompetenzen in sachlicher oder räumlicher (etwa hinsichtlich bestimmter Niederlassungen) bzw. in zeitlicher Hinsicht in Betracht[7]. Das kann namentlich Bedeutung erlangen, wenn die Gesamtabwägung aller Umstände (Rn. 6) für eine völlige Entziehung der Geschäftsführung nicht ausreicht, wohl aber eine weniger einschneidende Maßnahme rechtfertigt.

8

b) Verfahren, Klageantrag

Hiernach in Betracht kommende Beschränkungen dieser Art sind ebenfalls im gerichtlichen **Verfahren des § 117** zu verfolgen, doch setzt dies einen entsprechenden Klageantrag (u.U. als Hilfsantrag) voraus (siehe auch unten Rn. 11)[8]. Die teilweise Entziehung ist mithin gegenüber der Entziehung zur

9

---

1 BGH v. 11.2.2008 – II ZR 67/06, ZIP 2008, 597, 599.
2 BGH v. 18.10.1976 – II ZR 98/75, WM 1977, 500, 502; *Ebenroth/Boujong/Joost/ Strohn/Mayen*, § 117 Rn. 9.
3 BGH v. 9.12.1968 – II ZR 33/67, BGHZ 51, 198, 203; BGH v. 25.4.1983 – II ZR 170/82, NJW 1984, 173, 174; *Ebenroth/Boujong/Joost/Strohn/Mayen*, § 117 Rn. 14; MünchKommHGB/*Jickeli*, § 117 Rn. 19 ff.
4 BGH v. 10.12.2001 – II ZR 139/00, ZIP 2002, 396, 397.
5 BGH v. 10.12.2001 – II ZR 139/00, ZIP 2002, 396, 397 ff.
6 BGH v. 10.12.2001 – II ZR 139/00; ZIP 2002, 396, 397; vgl. auch BGH v. 9.12.1968 – II ZR 33/67, BGHZ 51, 198, 203.
7 Vgl. *Ebenroth/Boujong/Joost/Strohn/Mayen*, § 117 Rn. 14 m.w.N.; *Baumbach/ Hopt*, § 117 Rn. 5, 14.
8 BGH v. 10.12.2001 – II ZR 139/00, ZIP 2002, 396, 397; *Baumbach/Hopt*, § 117 Rn. 5; *Schlegelberger/Martens*, § 117 Rn. 12 f.; *Staub/Ulmer*, § 117 Rn. 19; vgl. auch BGH v. 6.7.1961 – II ZR 219/58, BGHZ 35, 272, 283 f.

Gänze kein Minus[1]. Bei der vollständigen und teilweisen Entziehung der Geschäftsführungsbefugnis handelt es sich vielmehr um verschiedene Streitgegenstände (die freilich nach § 260 ZPO – als Haupt- und Hilfsantrag – miteinander verbunden werden können).

4. Niederlegung der Geschäftsführung

10 Ein geschäftsführender Gesellschafter kann seinerseits die Geschäftsführung niederlegen, wenn der **Gesellschaftsvertrag** derartiges vorsieht oder die anderen Gesellschafter **einverstanden** sind. Unabhängig hiervon kann der Gesellschafter über § 712 Abs. 2 BGB bei **wichtigem Grund** die Geschäftsführung kündigen[2], z.B. bei erheblichen Zerwürfnissen oder dringenden persönlichen Anlässen. Der Gesellschaftsvertrag kann das Niederlegungsrecht näher regeln, aber wegen § 671 Abs. 3 BGB nicht beseitigen.

II. Verfahren

1. Klagevoraussetzungen

a) Gestaltungsklage, notwendige Streitgenossenschaft

11 Der vom Gesetz vorgesehene Antrag (gemeint ist Klage), ist eine Gestaltungsklage und grundsätzlich von **sämtlichen übrigen Gesellschaftern** (auch denen ohne Geschäftsführungsbefugnis) zu erheben[3]. Gerichtet ist die Klage gegen den in Frage stehenden Gesellschafter, dem die Geschäftsführungsbefugnis entzogen werden soll. Bei einer Publikumsgesellschaft genügt allerdings ein Mehrheitsbeschluss (siehe § 161 Rn. 99). Die klagenden Gesellschafter sind notwendige Streitgenossen nach § 62 ZPO[4]. Jedoch ist bei Nichtmitwirkung eines Gesellschafters der Nachweis zugelassen, dass er mit der Klageerhebung einverstanden ist[5]; dies führt dann zu einer gewillkürten Prozessstandschaft der klagenden Gesellschafter[6]. Zuständig für die Klage ist das Gericht am Sitz der Gesellschaft (§ 22 ZPO) oder am allgemeinen Gerichtsstand.

11a Die Klage ist **keine Maßnahme der Geschäftsführung**, sondern betrifft die Grundlagen der Rechtsbeziehung unter den Gesellschaftern. Damit ist die

---

1 BGH v. 10.12.2001 – II ZR 139/00, ZIP 2002, 396, 397; MünchKommHGB/*Jickeli*, § 117 Rn. 23; *Staub/Ulmer*, § 117 Rn. 19; *Ebenroth/Boujong/Joost/Strohn/Mayen*, § 117 Rn. 24.
2 *Schlegelberger/Martens*, § 117 Rn. 56 f.; *Ebenroth/Boujong/Joost/Strohn/Mayen*, § 117 Rn. 42; *Staub/Ulmer*, § 117 Rn. 81; *K. Schmidt*, DB 1988, 2241 ff.
3 BGH v. 28.4.1975 – II ZR 16/73, BGHZ 64, 253, 255; BGH v. 18.10.1976 – II ZR 98/75, BGHZ 68, 81, 82 (zu § 140); BGH v. 25.4.1983 – II ZR 170/82, NJW 1984, 173; *Ebenroth/Boujong/Joost/Strohn/Mayen*, § 117 Rn. 15; *Baumbach/Hopt*, § 117 Rn. 6.
4 BGH v. 15.6.1959 – II ZR 44/58, BGHZ 30, 195, 197; *Ebenroth/Boujong/Joost/Strohn/Mayen*, § 117 Rn. 20.
5 BGH v. 18.10.1976 – II ZR 98/75, BGHZ 68, 81, 83; BGH v. 15.9.1997 – II ZR 97/96, ZIP 1997, 1919 (jeweils zu § 140); anders *K. Schmidt*, Mehrseitige Gestaltungsprozesse, S. 107.
6 *Reichert/Winter*, BB 1988, 891.

Zustimmung aber auch bei Gefahr im Verzuge notwendig[1]. Die Klage ist gegen den Gesellschafter zu erheben und auf Änderung des Gesellschaftsvertrages durch Richterspruch gerichtet, wobei sich die Änderungsbefugnis auf die (Teil-)Entziehung der Geschäftsführungsbefugnis beschränkt. Die Änderung wirkt gegenüber allen mit der Gesellschaft in Verbindung stehenden Personen, allerdings brauchen sich Dritte die Änderung vor deren Eintragung im Handelsregister nicht entgegenhalten zu lassen[2]. Eine **Frist** ist für die Erhebung der Klage nicht vorgesehen. Die Klage kann daher grundsätzlich auch auf bereits längere Zeit zurückliegende Umstände gestützt werden. Das Verstreichenlassen eines längeren Zeitrums kann allerdings gegen das Vorliegen eines wichtigen Grundes sprechen oder im Einzelfall zu einer Verwirkung des Klagerechts führen[3]. Letzteres setzt freilich voraus, dass die betreffenden Umstände bekannt waren.

b) Mitwirkungserfordernis

Ungeachtet des prozessualen Mitwirkungserfordernisses ist ein Gesellschafter **zur Beteiligung** an der Klage **nur verpflichtet**, wenn dies im Interesse der Gesellschaft durch die Treuepflicht geboten ist[4]. Von einer Mitwirkungspflicht wird aber i.d.R. auszugehen sein, wenn ein Entziehungsgrund gegeben ist[5]. Die Verpflichtung müsste erforderlichenfalls durch Klage auf Zustimmung zur Entziehung der Geschäftsführungsbefugnis durchgesetzt werden[6]. Für dieses Klageverfahren besteht nicht die Notwendigkeit einer Mitwirkung aller sonstigen Gesellschafter[7]. 12

Die Rechtsprechung und die wohl überwiegende Meinung gestatten es, die **Entziehungsklage** und die **Zustimmungsklage zu verbinden** (§ 260 ZPO)[8], während nach anderer Auffassung[9] zunächst über den Zustimmungsantrag entschieden werden müsse. Doch sprechen Gründe der Prozessökonomie wohl für die erstgenannte Lösung[10]. 13

---

1 *Ebenroth/Boujong/Joost/Strohn/Mayen*, § 117 Rn. 16.
2 *Staub/Ulmer*, § 117 Rn. 56.
3 *Staub/Ulmer*, § 117 Rn. 57; *Schlegelberger/Martens*, § 117 Rn. 32; *Ebenroth/Boujong/Joost/Strohn/Mayen*, § 117 Rn. 19.
4 RGZ 162, 388, 396 f. (zur GbR); BGH v. 25.4.1983 – II ZR 170/82, NJW 1984, 173; *Baumbach/Hopt*, § 117 Rn. 6; *Ebenroth/Boujong/Joost/Strohn/Mayen*, § 117 Rn. 16.
5 BGH v. 25.4.1983 – II ZR 170/82, ZIP 1983, 1066, 1070; *Schlegelberger/Martens*, § 117 Rn. 25.
6 BGH v. 28.4.1975 – II ZR 16/73, BGHZ 64, 253, 256 f.; BGH v. 18.10.1976 – II ZR 98/75, BGHZ 68, 81, 82; BGH v. 25.4.1983 – II ZR 170/82, NJW 1984, 173; *Ebenroth/Boujong/Joost/Strohn/Mayen*, § 117 Rn. 16.
7 BGH v. 28.4.1975 – II ZR 16/73, BGHZ 64, 253, 256.
8 BGH v. 18.10.1976 – II ZR 98/75, BGHZ 68, 81, 83 (zu § 140); BGH v. 25.4.1983 – II ZR 170/82, NJW 1984, 173; *Ebenroth/Boujong/Joost/Strohn/Mayen*, § 117 Rn. 17.
9 So z.B. *Ulmer*, FS Geßler, 1991, S. 269, 281 f.
10 Siehe bei *Schlegelberger/Martens*, § 117 Rn. 28.

c) Verbindung von Verfahren

14 Soll **mehreren Gesellschaftern** die Geschäftsführung entzogen werden, so können sie **gemeinsam verklagt** werden, während als Kläger die übrigen Gesellschafter auftreten[1]. Dabei ist nicht vorauszusetzen, dass die Entziehungsgründe bei allen Beklagten identisch sind[2]. Bleibt allerdings die Klage auch nur gegenüber einem der beklagten Gesellschafter erfolglos, ist sie insgesamt abzuweisen, da es dann auf der Klägerseite an der Mitwirkung aller nicht betroffenen Gesellschafter (siehe oben Rn. 11) fehlt.

15 Keine Hindernisse bestehen dagegen, die Entziehungsklage **mit anderen Klagen nach den §§ 127, 133, 140 zu verbinden** (§ 260 ZPO)[3] und die verschiedenen Anträge in ein Hilfsverhältnis zueinander zu stellen. In gleicher Weise kann auch die beklagte Seite durch Widerklageanträge vorgehen.

2. Gerichtliche Entscheidung

a) Gestaltungsurteil

16 Die Entziehung der Geschäftsführung wird durch Gestaltungsurteil ausgesprochen. Die Gestaltungswirkung tritt mit Rechtskraft des Urteils ein. Folgeänderungen des Gesellschaftsvertrages, die aufgrund der gerichtlichen Änderung notwendig werden, sind Sache der Gesellschafter (siehe unten Rn. 19)[4].

b) Einstweiliger Rechtsschutz

17 **Möglich sind Maßnahmen des einstweiligen Rechtsschutzes** nach den §§ 935, 940 ZPO[5]. Ist das Hauptsacheverfahren noch nicht anhängig, so wird grundsätzlich ein Vorgehen aller übrigen Gesellschafter verlangt[6]. In Betracht kommen auch Schritte, mit denen eine Mitwirkungspflicht (Rn. 11 f.) durchgesetzt werden soll[7]. Auch der betroffene Gesellschafter kann seinerseits durch Antrag auf Erlass einer einstweiligen Verfügung gegen eine Entziehung angehen. Ebenso können auch Streitigkeiten aus Anlass einer nach dem Gesellschaftsvertrag durch Gesellschafterbeschluss zugelassenen Entziehung der Geschäftsführung (dazu Rn. 24) Gegenstand eines einstweiligen

---

1 BGH v. 28.4.1975 – II ZR 16/73, BGHZ 64, 253, 255; BGH v. 18.10.1976 – II ZR 98/75, BGHZ 68, 81, 83 f. (zu § 140); *Ebenroth/Boujong/Joost/Strohn/Mayen*, § 117 Rn. 21.
2 *Schlegelberger/Martens*, § 117 Rn. 30; *Staub/Ulmer*, § 117 Rn. 55, 59; *Baumbach/Hopt*, § 117 Rn. 7; *Heymann/Emmerich*, § 117 Rn. 14.
3 *MünchKommHGB/Jickeli*, § 117 Rn. 13 ff.
4 *Staub/Ulmer*, § 117 Rn. 64; *MünchKommHGB/Jickeli*, § 117 Rn. 7; *Baumbach/Hopt*, § 117 Rn. 10.
5 BGH v. 11.7.1960 – II ZR 260/59, BGHZ 33, 105, 107; BGH v. 20.12.1982 – II ZR 110/82, BGHZ 86, 177, 180; *Ebenroth/Boujong/Joost/Strohn/Mayen*, § 117 Rn. 25.
6 Vgl. bei *Schlegelberger/Martens*, § 117 Rn. 36; *Ebenroth/Boujong/Joost/Strohn/Mayen*, § 117 Rn. 25.
7 Vgl. *v. Gerkan*, ZGR 1985, 167, 179 ff.

Rechtsschutzverfahrens werden. Das Gericht kann jeweils alle ihm erforderlich erscheinenden Anordnungen gemäß § 938 Abs. 1 ZPO treffen, notfalls sogar einen Dritten zum vorläufigen, evtl. sogar alleinigen Geschäftsführer bestellen[1].

c) Schiedsverfahren

Haben sich die Gesellschafter einem Schiedsverfahren unterworfen (was möglich ist)[2], so ist umstritten, ob die **Wirkungen des Schiedsspruchs** erst mit seiner Vollstreckbarkeitserklärung (§ 1060 ZPO) oder bereits mit Erfüllung der in § 1054 ZPO festgelegten Erfordernissen eintritt[3]. Für Letzteres sprechen die besseren Gründe. Im Rahmen eines Schiedsverfahrens kommen auch einstweilige Maßnahmen eines Schiedsgerichts in Betracht (§ 1041 ZPO). 18

d) Folgen der (teilweisen) Entziehung

Wird einem Gesellschafter die Geschäftsführungsbefugnis entzogen, so wird oft eine **Anpassung der Geschäftsführungsregelung** unter den übrigen Gesellschaftern erforderlich werden, insbesondere in einer zweigliedrigen Gesellschaft[4]. Lässt sich dies nicht durch eine (ggf. ergänzende) Vertragsauslegung erreichen, bedarf es zusätzlicher Vereinbarungen der Gesellschafter; u.U. sind die Gesellschafter aufgrund von Treuepflichtbindungen gehalten, einer sachgerechten Neugestaltung zuzustimmen[5]. Die Klage auf Zustimmung kann bereits mit der Klage auf Entziehung verbunden werden[6]. Kommt es nicht zu einer Neuordnung, würden sich Fragen einer Auflösung der Gesellschaft oder Ausschließung eines obstruierenden Gesellschafters stellen. 19

Wird dem Geschäftsführer die Geschäftsführungsbefugnis insgesamt entzogen, so ist davon auch das Widerspruchsrecht nach § 115 (und auch § 166 Abs. 2) erfasst[7]. Ist dem **einzigen geschäftsführenden Gesellschafter** das Geschäftsführungsrecht entzogen, steht die entsprechende Befugnis nunmehr – soweit sich aus dem Gesellschaftsvertrag nichts anderes ergibt[8] – allen Ge- 20

---

1 BGH v. 11.7.1960 – II ZR 260/59, BGHZ 33, 105, 111; OLG Hamm v. 1.9.1951 – 7 W 385/51, MDR 1951, 742, 743.
2 Vgl. näher zu den Möglichkeiten eines Schiedsgerichts bei *K. Schmidt*, ZHR (1998), 265 ff.; *Schütze*, BB 1998, 1650 ff.; *Trittmann*, ZGR 1999, 340 ff.
3 Für Ersteres RGZ 71, 254, 256; BayObLG v. 24.2.1984 – 3 Z 197/83, WM 1984, 809, 810; a.A. *Zöller/Geimer*, § 1055 ZPO Rn. 2; *Schwab/Walter*, Schiedsgerichtsbarkeit, 7. Aufl. 2005, Kap. 21 Rn. 12.
4 BGH v. 9.12.1968 – II ZR 33/67, BGHZ 51, 198, 202.
5 *H.P. Westermann*, Vertragsfreiheit und Typengesetzlichkeit im Recht der Personengesellschaften, 1970, S. 229; OLG Koblenz v. 14.12.1956 – 2 U 471/56, MDR 1957, 295, 296.
6 *Baumbach/Hopt*, § 117 Rn. 10.
7 Siehe auch MünchKommHGB/*Jickeli*, § 117 Rn. 18; *Staub/Ulmer*, § 117 Rn. 14.
8 *Ebenroth/Boujong/Joost/Strohn/Mayen*, § 117 Rn. 34.

sellschaftern gemeinsam zu[1]. Anpassungsnotwendigkeiten werden auch entstehen, wenn der Gesellschafter, dem die Geschäftsführungsbefugnis entzogen wird, für seine Tätigkeit eine **Vergütung** bezogen hat. Bestand diese in einer Gewinnverteilung, so ist diese nunmehr u.U. anzupassen. Hatte der Gesellschafter nach dem Gesellschaftsvertrag Anspruch auf eine feste tätigkeitsbezogene Vergütung, so erlischt diese mit Entzug der Geschäftsführung. Ist die Vergütung aufgrund eines Dienstvertrages geschuldet, stellt § 117 i.d.R. einen Grund zur fristlosen Kündigung dar (§ 626 BGB)[2].

III. Abweichende Vertragsregelungen

21 Der dispositive Charakter des § 117 ermöglicht in weitem Umfang abweichende Regelungen für die Entziehung der Geschäftsführungsbefugnis (Erleichterungen oder Erschwerungen)[3]. Mitunter wird sogar ein völliger Ausschluss einer Entziehung für möglich gehalten[4]. Doch ist dem nicht zu folgen[5].

1. Entziehungsgründe

22 Der Gesellschaftsvertrag kann die Gründe für eine Entziehung erweitern, beschränken oder konkretisieren. Möglich ist ferner eine abschließende Festlegung der Entziehungsgründe. Der Gesellschaftsvertrag kann auch vorsehen, dass eine Abberufung als Geschäftsführer ohne besonderen Grund (allein durch Mehrheitsbeschluss) möglich sein soll[6].

2. Entziehungsverfahren

23 Verfahrensrechtlich kann die Klageerhebung an einen **Mehrheitsbeschluss** der Gesellschafter gebunden werden[7]. Die überstimmten Gesellschafter sind dann verpflichtet, sich an der beschlossenen Klageerhebung zu beteiligen[8].

---

1 BGH v. 9.12.1968 – II ZR 33/67, BGHZ 51, 198, 201 f.; vgl. auch BGH v. 11.2.2008 – II ZR 67/06, ZIP 2008, 597, 598.
2 *Ebenroth/Boujong/Joost/Strohn/Mayen*, § 117 Rn. 29.
3 Vgl. BGH v. 4.10.2004 – II ZR 356/02, ZIP 2004, 2282, 2284; MünchKommHGB/*Jickeli*, § 117 Rn. 12; *Ebenroth/Boujong/Joost/Strohn/Mayen*, § 117 Rn. 35.
4 Vgl. *Staub/Ulmer*, § 117 Rn. 43; *A. Hueck*, Das Recht der OHG, S. 157; *Schlegelberger/Martens*, § 117 Rn. 51; tendenziell auch MünchKommHGB/*Jickeli*, § 117 Rn. 80; *Ebenroth/Boujong/Joost/Strohn/Mayen*, § 117 Rn. 36.
5 Vgl. *Baumbach/Hopt*, § 117 Rn. 11; MünchKommHGB/*K. Schmidt*, § 127 Rn. 9 zur Parallelsituation bei der Entziehung der Vertretungsmacht; abl. auch RG HRR 1940 Nr. 1074.
6 BGH v. 23.10.1972 – II ZR 31/70, NJW 1973, 750, 751; *Ebenroth/Boujong/Joost/Strohn/Mayen*, § 117 Rn. 37; *Schlegelberger/Martens*, § 117 Rn. 53; *A. Hueck*, Das Recht der OHG, S. 158.
7 Vgl. auch BGH v. 9.11.1987 – II ZR 100/87, BGHZ 102, 172, 176; *Ebenroth/Boujong/Joost/Strohn/Mayen*, § 117 Rn. 39.
8 *Staub/Ulmer*, § 117 Rn. 70; *Heymann/Emmerich*, § 117 Rn. 26; *Schlegelberger/Martens*, § 117 Rn. 52; *Ebenroth/Boujong/Joost/Strohn/Mayen*, § 117 Rn. 39.

Auch kann von der Notwendigkeit einer **Entziehungsklage überhaupt abgegangen** werden und die Entziehung einem (einfachen oder qualifizierten) Mehrheitsbeschluss überlassen werden[1]. Der betroffene Gesellschafter hat dann bei der Beschlussfassung kein Stimmrecht[2]. Ob die übrigen Gesellschafter kraft Treuepflicht verpflichtet sind, einer Entziehung zuzustimmen, hängt vom Vorliegen eines wichtigen Grundes ab[3]. Wirksam wird ein solcher Beschluss mit Mitteilung an den Betroffenen. Geht es um eine Entziehung außerhalb eines wichtigen Grundes (vgl. Rn. 22), ist für das gerichtliche Verfahren des § 117 ohnehin kein Raum. Einen Streit über die Wirksamkeit einer beschlossenen Entziehung müssten die Gesellschafter dann anschließend über eine Feststellungsklage austragen. Eine gerichtliche Nachprüfung des Beschlusses kann nicht durch Gesellschaftsvertrag ausgeschlossen werden[4], wohl aber kann die Überprüfung einem Schiedsgericht übertragen werden. Soweit die Abberufung einem Beirat übertragen ist, bestehen allerdings dann Bedenken gegen die Wirksamkeit einer solchen Gestaltung, wenn der Beirat etwa überwiegend mit Nichtgesellschaftern besetzt ist[5].

24

§ 118
Informationsrechte der Gesellschafter

(1) Ein Gesellschafter kann, auch wenn er von der Geschäftsführung ausgeschlossen ist, sich von den Angelegenheiten der Gesellschaft persönlich unterrichten, die Handelsbücher und die Papiere der Gesellschaft einsehen und sich aus ihnen eine Bilanz und einen Jahresabschluss anfertigen.

(2) Eine dieses Recht ausschließende oder beschränkende Vereinbarung steht der Geltendmachung des Rechts nicht entgegen, wenn Grund zu der Annahme unredlicher Geschäftsführung besteht.

Übersicht

	Rn.		Rn.
I. Inhalt des Informationsrechts		3. Anspruchsgegner	4
1. Allgemeines	1	4. Gegenstand des Informationsrechts	5
2. Anspruchsinhaber		5. Einsichtsrecht	6
a) Gesellschafter	2	6. Auskunftsrecht	7
b) Rechte des ausgeschiedenen Gesellschafters	3		

---

1 BGH v. 4.10.2004 – II ZR 356/02, ZIP 2004, 2282, 2284; BGH v. 20.12.1982 – II ZR 110/82, BGHZ 86, 177, 180; BGH v. 23.10.1972 – II ZR 31/70, NJW 1973, 750, 751.
2 BGH v. 9.11.1987 – II ZR 100/87, BGHZ 102, 172, 176.
3 BGH v. 9.11.1987 – II ZR 100/87, BGHZ 102, 172, 176.
4 *Baumbach/Hopt*, § 117 Rn. 12.
5 Vgl. *Schlegelberger/Martens*, § 117 Rn. 54; siehe auch *Heymann/Emmerich*, § 117 Rn. 29.

	Rn.		Rn.
II. Ausübung des Informationsrechts		3. Prozessuale Rechtsdurchsetzung	15
1. Einschaltung Dritter		**III. Abweichende Regelungen**	
a) Grundsatz: Persönliche Ausübung	8	1. Gestaltungsmöglichkeiten	17
b) Unterstützung durch Sachverständige	9	2. Tatbestand des § 118 Abs. 2	18
		IV. Sonstige Informationsrechte	
c) Versagung der persönlichen Ausübung	10	1. Kollektive Informationsrechte	19
2. Einzelheiten der Rechtsausübung		2. Einsichtsrecht nach § 810 BGB	21
a) Ort der Einsicht	11	3. Informationsrecht nach § 242 BGB	22
b) Zeitdauer	12		
c) Aufzeichnungen, Abschriften	13	4. Vorlegungsrechte	23
d) Kosten	14		

Schrifttum: *Goerdeler*, Die Zuziehung von Sachverständigen bei der Einsicht in die Bücher, in: Festschrift Stimpel, 1985, S. 125; *Hirte*, Die Ausübung der Informationsrechte von Gesellschaftern durch Sachverständige, BB 1985, 2208; *Kort*, Das Informationsrecht des Gesellschafters der Konzernobergesellschaft, ZGR 1987, 46; *Schießl*, Die Informationsrechte der Personenhandelsgesellschafter im Lichte der GmbH-Novelle 1980, GmbHR 1985, 109; *K. Schmidt*, Informationsrechte in Gesellschaften und Verbänden, 1985; *U.H. Schneider*, Die Auskunfts- und Kontrollrechte des Gesellschafters in der verbundenen Personengesellschaft, BB 1975, 1353; *Wohlleben*, Informationsrechte des Gesellschafters, 1989.

I. Inhalt des Informationsrechts

1. Allgemeines

1   Das in § 118 gewährleistete Informationsrecht gehört zum **Grundtatbestand** der gesellschaftlichen **Mitgliedschaftsrechte**[1], ist aber dispositiv (vgl. unten Rn. 17). Es dient dazu, dem Gesellschafter die erforderliche Unterrichtung zu ermöglichen, um sowohl seine Vermögensinteressen als auch seine Mitverwaltungsbefugnisse in der Gesellschaft sachgerecht wahrnehmen zu können[2]. Das Recht besteht auch in der Liquidation der Gesellschaft[3] und danach (§ 157 Abs. 3). Beschränkungen der Rechtsausübung ergeben sich allenfalls bei einem Missbrauch oder aus Gründen der Treuepflicht[4], etwa wenn – vergleichbar wie bei § 51a Abs. 2 GmbHG – eine Verwendung der Informationen zu gesellschaftsfremden Zwecken oder zum Nachteil der Gesellschaft, namentlich zu Wettbewerbszwecken, zu besorgen ist[5], ferner

---

1 *Ebenroth/Boujong/Joost/Strohn/Mayen*, § 118 Rn. 1; MünchKommHGB/*Enzinger*, § 118 Rn. 1 f.
2 BGH v. 28.5.1962 – II ZR 156/61, WM 1962, 883; *K. Schmidt*, Informationsrechte, S. 23.
3 BGH v. 15.12.1969 – II ZR 82/68, BB 1970, 187; *Ebenroth/Boujong/Joost/Strohn/ Mayen*, § 118 Rn. 7.
4 *Ebenroth/Boujong/Joost/Strohn/Mayen*, § 118 Rn. 15; MünchKommHGB/*Enzinger*, § 118 Rn. 29; *Baumbach/Hopt*, § 118 Rn. 1.
5 Vgl. etwa BGH v. 12.6.1954 – II ZR 154/53, BGHZ 14, 53, 59 f.; BGH v. 14.12.1981 – II ZR 200/80, WM 1982, 1061.

beim Verdacht eines sonstigen vertragswidrigen Verhaltens[1]. Die Absicht, eigene Ansprüche gegen die Gesellschaft zu verfolgen, kann das Informationsrecht nicht einschränken[2]. Auch Geheimhaltungsinteressen führen lediglich dazu, dass der Gesellschafter die erlangten Informationen vertraulich zu behandeln hätte[3]. In jedem Falle hätte die Gesellschaft Hinderungsgründe darzutun und zu beweisen, wenn eine Information verweigert werden soll[4]. Hat der Gesellschafter dem Jahresabschluss zugestimmt oder der Geschäftsführer die Entlastung (§ 114 Rn. 26) erteilt, so liegt hierin kein Verzicht und keine Verwirkung auf die Informationsansprüche[5]. Auch ist es nicht treuwidrig, den Informationsanspruch zur Vorbereitung eines Schadensersatzanspruchs oder Abfindungsanspruchs geltend zu machen[6]. Ist der Gesellschafter säumig mit eigenen Pflichten, steht dies einer Geltendmachung der Ansprüche aus § 118 nicht entgegen[7]. Zur in Betracht kommenden Erweiterung der Informationsrechte in Fällen einer Unternehmensverbindung vgl. § 105 Rn. 113, 124 ff. Das Informationsrecht nach § 118 ist nicht nach § 117 entziehbar (siehe § 117 Rn. 1a).

2. Anspruchsinhaber

a) Gesellschafter

Die Informationsrechte aus § 118 stehen allen Gesellschaftern (mit und ohne Geschäftsführungsbefugnis) für die Dauer ihrer **Zugehörigkeit zur Gesellschaft** zu. Nach dem Ausscheiden besteht das Recht nicht mehr, auch nicht für Angelegenheiten aus der Zeit der Mitgliedschaft[8]. § 118 ist nämlich in erster Linie auf das subjektive Recht der Mitgliedschaft bezogen[9], nicht aber auf die einzelnen aus der Mitgliedschaft fließenden Mitwirkungs- und Teilhaberechte. Auf Dritte ist die Kontrollbefugnis aufgrund des gesellschaftsrechtlichen Abspaltungsverbots (siehe Rn. 7 f.) grundsätzlich nicht übertragbar. Hat der Gesellschafter einzelne Vermögensrechte (z.B. auf Gewinn oder Abfindung) zediert, folgt daraus kein Kontrollrecht des Erwerbers; dieser hat nur Anspruch auf Mitteilung des ihm zustehenden Betrages[10].

2

---

1 RGZ 148, 278, 281.
2 RG DR 1944, 245, 247; *Baumbach/Hopt*, § 118 Rn. 1.
3 *A. Hueck*, Das Recht der OHG, S. 189.
4 Siehe auch BGH v. 8.7.1957 – II ZR 54/56, BGHZ 25, 115, 120 f.; *Ebenroth/Boujong/Joost/Strohn/Mayen*, § 118 Rn. 16.
5 KG v. 23.12.1987 – 2 W 6008/87, GmbHR 1988, 222, 224 (GmbH).
6 *Schlegelberger/Martens*, § 118 Rn. 19; *Ebenroth/Boujong/Joost/Strohn/Mayen*, § 118 Rn. 15.
7 *Baumbach/Hopt*, § 118 Rn. 1; *Ebenroth/Boujong/Joost/Strohn/Mayen*, § 118 Rn. 14.
8 BGH v. 23.10.1961 – II ZR 102/60, WM 1961, 1329; BGH v. 17.4.1989 – II ZR 258/88, WM 1989, 878, 879 f.; OLG Hamm v. v. 18.1.1993 – 8 U 132/92, NJW-RR 1994, 933, 934; *Ebenroth/Boujong/Joost/Strohn/Mayen*, § 118 Rn. 5; *Baumbach/Hopt*, § 118 Rn. 2; a.A. *Heymann/Emmerich*, § 118 Rn. 2.
9 Vgl. OLG Hamm v. 18.1.1993 – 8 U 132/92, NJW-RR 1994, 933, 934.
10 BGH v. 3.11.1975 – II ZR 98/74, WM 1975, 1299, 1300; OLG Hamm v. 24.5.2006 – 8 U 201/05, NZG 2006, 823 f.

b) Rechte des ausgeschiedenen Gesellschafters

3 Ein ehemaliger Gesellschafter, auch ein Erbe, der nicht als Gesellschafter einrückt, hat hingegen Einsichts- und Auskunftsansprüche auf der Grundlage der §§ 810, 242 BGB, soweit dies zur Klärung von Ansprüchen aus dem Gesellschaftsverhältnis geboten ist[1]. Im Unterschied zu § 118[2] verlangt die h.M. im Rahmen der §§ 810, 242 BGB ein vom Anspruchsteller darzulegendes Informationsbedürfnis. Es müssen danach Anhaltspunkte vorliegen, dass die gewährte Auskunft oder vorgelegte Abrechnung fehlerhaft ist[3]. Zu Recht wird dabei der Anwendungsbereich des § 810 BGB weit verstanden[4], da der ausgeschiedene Gesellschafter sonst der Willkür der übrigen Beteiligten ausgesetzt wäre. Die zur Verfügung stehenden Überprüfungsmöglichkeiten bleiben daher nicht wesentlich hinter den bisherigen Rechten zurück. Bedeutung hat dies namentlich für die Ermittlung eines Abfindungsguthabens (siehe § 131)[5]. Jedoch hat der ehemalige Gesellschafter regelmäßig keine Einsicht mehr in Vorgänge aus der Zeit nach seinem Ausscheiden[6]. Auch verändert sich die Darlegungs- und Beweislast: Anders als sonst (Rn. 1) muss der Gesellschafter nach seinem Ausscheiden im Streitfall seinerseits die Reichweite seiner Rechte dartun.

3. Anspruchsgegner

4 Die Informationsansprüche richten sich (auch im eröffneten Insolvenzverfahren)[7] an sich gegen die **Gesellschaft**[8]. Doch wird außerhalb des Insolvenzverfahrens ein Anspruch auch gegenüber den geschäftsführenden Gesellschaftern[9] bzw. gegenüber denjenigen Gesellschaftern anerkannt, die intern für die Informationsgewährung zuständig, zu einer Informationsgewährung aber nicht bereit sind[10]. In keinem Fall richtet sich der Anspruch aber gegen im Unternehmen tätiges Personal oder sonstige in einem Auftrags- oder Dienstverhältnis zur Gesellschaft stehende Personen[11].

---

1 BGH v. 11.7.1988 – II ZR 346/87, WM 1988, 1447, 1448; *Ebenroth/Boujong/Joost/Strohn/Mayen*, § 118 Rn. 5; *Staub/Ulmer*, § 118 Rn. 49.
2 *Baumbach/Hopt*, § 118 Rn. 1; siehe auch KG v. 23.12.1987 – 2 W 6008/87, GmbHR 1988, 222, 223 (GmbH); *Ebenroth/Boujong/Joost/Strohn/Mayen*, § 118 Rn. 1.
3 BGH v. 17.4.1989 – II ZR 258/88, MittbayNot 1989, 225, 226 f.; OLG Hamm v. 18.1.1993 – 8 U 132/92, NJW-RR 1994, 933, 934.
4 BGH v. 20.1.1971 – VIII ZR 251/69, BGHZ 55, 201, 203; BGH v. 17.4.1989 – II ZR 258/88, MittbayNot 1989, 225, 226 f.
5 BGH v. 10.6.1963 – II ZR 88/61, WM 1963, 989, 990; BGH v. 17.4.1989 – II ZR 258/88, WM 1989, 878, 879.
6 BGH v. 9.7.1959 – II ZR 252/58, WM 1959, 1034, 1035.
7 OLG Hamm v. 25.10.2001 – 15 W 118/01, NZG 2002, 178, 179; OLG Zweibrücken v. 7.6.2006 – 3 W 122/06, ZInsO 2006, 1171.
8 BGH v. 8.7.1957 – II ZR 54/56, BGHZ 25, 115, 118; BGH v. 28.5.1962 – II ZR 156/61, WM 1962, 883; *Baumbach/Hopt*, § 118 Rn. 1; *Ebenroth/Boujong/Joost/Strohn/Mayen*, § 118 Rn. 25.
9 BGH v. 8.7.1957 – II ZR 54/56, BGHZ 25, 115, 118; BGH v. 20.6.1983 – II ZR 83/82, WM 1983, 910, 911; *Ebenroth/Boujong/Joost/Strohn/Mayen*, § 118 Rn. 25.
10 *Staub/Ulmer*, § 18 Rn. 10.
11 MünchHdbGesR I/*Weipert*, § 58 Rn. 14.

4. Gegenstand des Informationsrechts

Der Informationsanspruch bezieht sich auf die **Angelegenheiten der Gesellschaft**. Damit sind alle wirtschaftlichen Verhältnisse der Gesellschaft, auch diejenigen steuerlicher und öffentlich-rechtlicher Art, im weitesten Sinne erfasst[1]. Dem gebotenen weiten Verständnis entspricht es, dass ein Gesellschafter sich etwa bei der Prüfung des Jahresabschlusses auch über Angelegenheiten früherer Jahre unterrichten darf[2]. Auch die Beziehungen zu verbundenen Unternehmen (nicht aber deren eigene Angelegenheiten) gehören dazu[3]. Doch richtet sich der Unterrichtungsanspruch nur gegen die eigene Gesellschaft[4]; ob diese etwa zur Beurteilungen solcher Beziehungen benötigte Unterlagen vom anderen Unternehmen beschaffen muss, hängt davon ab, ob sie ihrerseits hierauf Zugriff hat und kein Geheimhaltungsinteresse des anderen Unternehmens entgegensteht[5]. Wegen der Auskunftsrechte in Konzernbeziehungen, vgl. auch § 105 Rn. 113, 126. Das Informationsrecht umfasst grundsätzlich alle Unterrichtungsmöglichkeiten, namentlich das Recht auf Einsicht in die Unterlagen und das Recht auf Auskunft[6]. Im eröffneten Insolvenzverfahren wird das Informationsrecht des Gesellschafters durch den Insolvenzzweck überlagert. Daher muss der Gesellschafter nunmehr ein konkretes Informationsbedürfnis darlegen und glaubhaft machen[7]. Darüber hinaus ist zu berücksichtigen, dass mit Insolvenzeröffnung gemäß § 36 Abs. 2 Nr. 1 InsO die Geschäftsbücher zur Insolvenzmasse gehören und der Verwaltungsbefugnis des Insolvenzverwalters unterliegen. Ein Informationsbedürfnis des Gesellschafters ist hier nur unter engen Voraussetzungen anzunehmen, etwa wenn sich der Gesellschafter über das Bestehen von Gesellschaftsverbindlichkeiten vergewissern muss, um sich gegen eine Inanspruchnahme nach § 128 i.V.m. § 93 InsO verteidigen zu können. Der Anspruch reduziert sich überdies zu einer Gestattung der Einsichtnahme in die Geschäftsunterlagen, wenn eine Auskunftserteilung für den Insolvenzverwalter mit einem übermäßigen Aufwand verbunden wäre[8].

5

---

[1] Vgl. dazu *K. Schmidt*, Informationsrechte, S. 33; *Ebenroth/Boujong/Joost/Strohn/Mayen*, § 118 Rn. 9; *Baumbach/Hopt*, § 118 Rn. 3.
[2] KG v. 23.11.1987 – 2 W 6008/87, GmbHR 1988, 221, 224 (GmbH); *Schlegelberger/Martens*, § 118 Rn. 19.
[3] BGH v. 8.7.1957 – II ZR 54/56, BGHZ 25, 115, 118; BGH v. 20.6.1983 – II ZR 83/82, WM 1983, 910, 911; BGH v. 16.1.1984 – II ZR 36/83, WM 1984, 807, 808.
[4] *Ebenroth/Boujong/Joost/Strohn/Mayen*, § 118 Rn. 9; *Schlegelberger/Martens*, § 118 Rn. 8.
[5] Vgl. BGH v. 8.7.1957 – II ZR 54/56, BGHZ 25, 115, 118; BGH v. 20.6.1983 – II ZR 83/82, WM 1983, 910, 911; BGH v. 16.1.1984 – II ZR 36/83, WM 1984, 807, 808.
[6] Vgl. hierzu *Ebenroth/Boujong/Joost/Strohn/Mayen*, § 118 Rn. 9 f.
[7] OLG Hamm v. 25.10.2001 – 15 W 118/01, NZG 2002, 178, 180.
[8] OLG Zweibrücken v. 7.9.2006 – 3 W 122/06, ZInsO 2006, 1171; *Gottwald/Haas*, InsoHdb, § 94 Rn. 90.

5. Einsichtsrecht

6 Der Gesellschafter hat in erster Linie das Recht, die „Handelsbücher" und „Papiere" einzusehen[1]. Verstanden werden hierunter die Handelsbücher i.S. des § 238 sowie das (nach § 257) aufbewahrungspflichtige Schriftgut (insb. Handelskorrespondenz, Jahresabschlüsse, Buchungsbelege). Zum Schriftgut zählen auch die technischen Surrogate (z.B. Mikrofilm) sowie moderne nichtschriftliche Speicherung mithilfe der EDV. Letztere sind dem Gesellschafter auf dem Bildschirm oder per Ausdruck zur Verfügung zu stellen. Wenn geschäftliche Vorgänge nur in Privatunterlagen anderer Gesellschafter vorhanden sind, sind auch diese zur Einsicht vorzulegen, da auch sie ihrer Funktion nach Geschäftsunterlagen der Gesellschaft sind[2]. Das Recht auf Einsicht umfasst auch die Befugnis, zum Zweck der Einsichtnahme Geschäftsräume zu betreten sowie Anlagen und Einrichtungen zu besichtigen[3]. Ein Anspruch auf Herausgabe von Unterlagen ist allerdings nicht gegeben[4]. Auch ist der Gesellschafter nicht berechtigt, Mitarbeiter der Gesellschaft zu befragen und von ihnen Auskünfte zu erbitten (siehe aber auch Rn. 7)[5].

6. Auskunftsrecht

7 Neben dem Anspruch auf Einsicht kann der Gesellschafter auch die Erteilung von Auskünften verlangen, jedenfalls soweit dem Informationsbedürfnis durch eine Einsichtnahme nicht hinreichend genügt wird[6]. Namentlich bei Unvollständigkeit oder Unrichtigkeit der Geschäftsunterlagen können hier Ansprüche, auch zur Verschaffung zusätzlicher Informationen, bestehen[7].

---

1 *Baumbach/Hopt*, § 118 Rn. 4; *Ebenroth/Boujong/Joost/Strohn/Mayen*, § 118 Rn. 11; MünchKommHGB/*Enzinger*, § 118 Rn. 15.
2 BGH v. 15.12.1969 – II ZR 82/68, BB 1970, 187; *Ebenroth/Boujong/Joost/Strohn/ Mayen*, § 118 Rn. 11.
3 *Baumbach/Hopt*, § 118 Rn. 4; *Ebenroth/Boujong/Joost/Strohn/Mayen*, § 118 Rn. 12.
4 Vgl. hierzu *Ebenroth/Boujong/Joost/Strohn/Mayen*, § 118 Rn. 12; MünchKommHGB/*Enzinger*, § 118 Rn. 9.
5 *Staub/Ulmer*, § 118 Rn. 21; *Baumbach/Hopt*, § 118 Rn. 3; MünchKommHGB/*Enzinger*, § 118 Rn. 8.
6 BGH v. 12.6.1954 – II ZR 154/53, BGHZ 14, 53, 60; BGH v. 20.6.1983 – II ZR 83/82, WM 1983, 910, 911; *Ebenroth/Boujong/Joost/Strohn/Mayen*, § 118 Rn. 13; *Staub/ Ulmer*, § 118 Rn. 25; für einen weiter gehenden Umfang des Auskunftsrechts: *Schlegelberger/Martens*, § 118 Rn. 14 f.; GroßKommHGB/*Fischer*, § 118 Rn. 6.
7 Vgl. dazu OLG Hamm v. 6.2.1986 – 8 W 52/85, ZIP 1986, 709, 711.

II. Ausübung des Informationsrechts

1. Einschaltung Dritter

a) Grundsatz: Persönliche Ausübung

Der Gesellschafter muss sein Einsichtsrecht **grundsätzlich persönlich** ausüben, da es von seinem Mitgliedschaftsrecht nicht abspaltbar ist[1]. Hier scheidet auch – ausgenommen bei Einvernehmen aller Gesellschafter – die Bevollmächtigung eines Dritten aus; zur Gestattung einer solchen sind die Gesellschafter nur bei triftigen Gründen (z.B. längere Abwesenheit des Gesellschafters, Krankheit, etc.) verpflichtet[2]. Hingegen ist die Rechtsausübung durch einen gesetzlichen Vertreter zulässig[3]. Für minderjährige oder in der Geschäftsführung beschränkte Gesellschafter besteht nur diese Möglichkeit, ihre Rechte auszuüben. Der gesetzliche Vertreter muss sich allerdings den zum Schutze der anderen Gesellschafter bestehenden Pflichten, etwa der Verschwiegenheitspflicht, unterwerfen[4].

8

b) Unterstützung durch Sachverständige

Dem Grundsatz der persönlichen Ausübung steht jedoch nicht entgegen, dass der Gesellschafter zwecks sachgerechter Rechtswahrnehmung einen berufsrechtlich zur Verschwiegenheit verpflichteten sachverständigen Dritten zur eigenen Unterstützung heranzieht[5]. Einer besonderen Begründung bedarf es hierfür nicht. Der Sachverständige wird nicht mit der selbständigen Wahrnehmung der Informationsrechte betraut, sondern der Gesellschafter bleibt für diese selbst zuständig. Diese Möglichkeit entfällt allerdings, wenn die Einschaltung **im Einzelfall unzulässig** ist, sie etwa offensichtlich überflüssig ist oder überwiegende Gesellschaftsinteressen entgegenstehen; dies müsste aber jeweils die Gesellschaft dartun[6]. Im Übrigen muss der Dritte in seiner Person für die Gesellschaft zumutbar sein; er darf nicht etwa für ein Konkurrenzunternehmen tätig sein oder befürchten lassen, dass er das Vertrauensverhältnis unter den Gesellschaftern zu stören geeignet ist[7]. Im Falle der Unzumutbarkeit steht der Gesellschaft ein Ablehnungsrecht zu.

9

---

1 BGH v. 28.5.1962 – II ZR 156/61, WM 1962, 883; BGH v. 3.11.1975 – II ZR 98/74, WM 1975, 1299 (zur stillen Gesellschaft); *Ebenroth/Boujong/Joost/Strohn/Mayen*, § 118 Rn. 17; MünchKommHGB/*Enzinger*, § 118 Rn. 18.
2 BGH v. 8.7.1957 – II ZR 54/56, BGHZ 25, 115, 122 f.; *Ebenroth/Boujong/Joost/Strohn/Mayen*, § 118 Rn. 19; MünchKommHGB/*Enzinger*, § 118 Rn. 21.
3 BGH v. 21.6.1965 – II ZR 68/63, BGHZ 44, 98, 103; MünchKommHGB/*Enzinger*, § 118 Rn. 20; einschränkend demgegenüber: *Schlegelberger/Martens*, § 118 Rn. 22.
4 *Ebenroth/Boujong/Joost/Mayen*, § 118 Rn. 18.
5 BGH v. 8.7.1957 – II ZR 54/56, BGHZ 25, 115, 123; BGH v. 2.7.1979 – II ZR 213/78, WM 1979, 1061; BGH v. 16.1.1984 – II ZR 36/83, WM 1984, 807, 808; MünchKommHGB/*Enzinger*, § 118 Rn. 23.
6 BGH v. 28.5.1962 – II ZR 156/61, WM 1962, 883; MünchKommHGB/*Enzinger*, § 118 Rn. 24.
7 BGH v. 28.5.1962 – II ZR 156/61, WM 1962, 883; *Ebenroth/Boujong/Joost/Strohn/Mayen*, § 118 Rn. 22.

Die Beweislast liegt insofern bei der Gesellschaft[1]. Im Streitfall wäre der Sachverständige durch das Gericht nach § 145 FGG (ab 1.9.2009: § 375 FamFG) zu bestimmen[2].

c) Versagung der persönlichen Ausübung

10 Umgekehrt können **Interessen der Gesellschaft** die persönliche Rechtsausübung durch den Gesellschafter entfallen lassen, z.B. die Einsicht in wettbewerbsrelevante Unterlagen bei einem bestehenden Wettbewerbsverhältnis[3]. Dann muss sich der Gesellschafter darauf verweisen lassen, die Einsicht durch einen zur Verschwiegenheit verpflichteten Sachverständigen auszuüben, dem zusätzlich die Verpflichtung aufzuerlegen ist, den Gesellschafter nicht über die geheim zu haltenden Umstände zu informieren[4]. Bei auftretenden Konflikten zwischen dem Geheimhaltungsinteresse der Gesellschaft und dem Informationsbegehren des Gesellschafters soll nach OLG München[5] dann der Sachverständige abwägen, was den Vorrang verdient. Jedoch wird hier im Zweifel ein vorhandenes Schutzbedürfnis der Gesellschaft den Ausschlag geben müssen.

2. Einzelheiten der Rechtsausübung

a) Ort der Einsicht

11 Die Einsicht muss dort, wo die Unterlagen bei ordnungsgemäßer Geschäftsführung aufbewahrt werden, also grundsätzlich in den **Geschäftsräumen der Gesellschaft** wahrgenommen werden (zum Zutrittsrecht siehe oben Rn. 6)[6]. Ein Anspruch auf Aushändigung von Unterlagen zwecks Mitnahme oder ein Anspruch auf Versendung besteht grundsätzlich nicht[7]. Allerdings muss dem Einsicht nehmenden Gesellschafter ein geeigneter Raum zur Verfügung gestellt werden.

b) Zeitdauer

12 Dem Gesellschafter muss ferner eine **angemessene Zeit** für seine Überprüfung eingeräumt werden. Der Gesellschafter hat bei der Rechtsausübung

---

1 Vgl. hierzu *Ebenroth/Boujong/Joost/Strohn/Mayen*, § 118 Rn. 22 f.
2 BGH v. 28.10.1953 – II ZR 149/52, BGHZ 10, 385, 389; BGH v. 11.10.1982 – II ZR 125/81, WM 1982, 1403, 1404; *Ebenroth/Boujong/Joost/Strohn/Mayen*, § 118 Rn. 22.
3 BGH v. 15.12.1969 – II ZR 82/68, BB 1970, 187; BGH v. 2.7.1979 – II ZR 213/78, WM 1979, 1061; BGH v. 14.12.1981 – II ZR 200/80, WM 1982, 234, 236; *Ebenroth/Boujong/Joost/Strohn/Mayen*, § 118 Rn. 20.
4 BGH v. 15.12.1969 – II ZR 82/68, BB 1970, 187; BGH v. 2.7.1979 – II ZR 213/78, WM 1979, 1061.
5 OLG München v. 22.11.1994 – 25 U 3920/94, BB 1995, 143.
6 BGH v. 16.1.1984 – II ZR 36/83, WM 1984, 807; OLG Köln v. 20.12.1960 – 9 U 106/60, BB 1961, 953; OLG Celle v. 8.11.1982 – 1 W 19/82, BB 1983, 1450; *Ebenroth/Boujong/Joost/Strohn/Mayen*, § 118 Rn. 25; *MünchKommHGB/Enzinger*, § 118 Rn. 26; *Baumbach/Hopt*, § 118 Rn. 4.
7 *MünchKommHGB/Enzinger*, § 118 Rn. 9; *Baumbach/Hopt*, § 118 Rn. 4.

grundsätzlich auf die Interessen der Gesellschaft und deren Geschäftsablauf Rücksicht zu nehmen. Die Einsicht ist daher i.d.R. während der üblichen **Geschäftszeit** zu gewähren, doch können die Umstände auch eine andere Zeitbestimmung nahe legen, etwa wenn die Einsichtnahme mit erheblichen Störungen des Geschäftsablaufs verbunden ist[1].

c) Aufzeichnungen, Abschriften

Der Gesellschafter ist befugt, sich über die eingesehenen Unterlagen Aufzeichnungen zu machen[2]. Auch kann er von ihnen Abschriften oder Fotokopien herstellen, soweit dadurch nicht Interessen der Gesellschaft berührt werden[3]. Grundsätzlich muss er die Kopien **selbst anfertigen**; eine Unterstützung durch die Gesellschaft kann nur in beschränktem Umfang verlangt werden[4]. An Dritte darf der Gesellschafter die Kopien nicht weitergeben.

13

d) Kosten

Die Kosten, die mit der Rechtsausübung verbunden sind, hat **grundsätzlich der Gesellschafter** zu tragen, da er eigene Interessen wahrnimmt[5]. Das kann anders sein, wenn etwa die Zuziehung eines Sachverständigen im Interesse der Gesellschaft geboten ist[6], aber auch, wenn die Heranziehung sich aufgrund Lücken- und Fehlerhaftigkeit der Unterlagen als notwendig erweist[7], ferner, wenn die Einsicht ergibt, dass dem Gesellschafter gegenüber wesentliche Pflichten verletzt worden sind[8]. Dann sind die Kosten als Teil des Schadens zu ersetzen.

14

3. Prozessuale Rechtsdurchsetzung

Bei einer Informationsverweigerung muss der Gesellschafter sein Recht durch **Leistungsklage** im ordentlichen Streitverfahren gegen die Gesellschaft (bzw. geschäftsführenden Gesellschafter, vgl. oben Rn. 4) verfolgen. Klageantrag und Urteil müssen die vorzulegenden Unterlagen nicht im Einzelnen bezeichnen[9]. Wollte man anders entscheiden, würde man zu Lasten des Gesellschafters unvertretbar hohe Anforderungen stellen, die ihm die Ausübung des Einsichtsrechts praktisch unmöglich machen. Die Klage ist daher grundsätz-

15

---

1 *Ebenroth/Boujong/Joost/Strohn/Mayen*, § 118 Rn. 26; MünchKommHGB/*Enzinger*, § 118 Rn. 27; *Staub/Ulmer*, § 118 Rn. 38.
2 *Staub/Ulmer*, § 118 Rn. 22 f.; *Baumbach/Hopt*, § 118 Rn. 4.
3 Vgl. OLG Köln v. 26.4.1985 – 24 W 54/84, ZIP 1985, 800, 801 (GmbH); MünchKommHGB/*Enzinger*, § 118 Rn. 9.
4 *Wohlleben*, Informationsrechte, S. 123 ff.
5 BGH v. 15.12.1969 – II ZR 82/68, BB 1970, 187; *Ebenroth/Boujong/Joost/Strohn/Mayen*, § 118 Rn. 29; *Baumbach/Hopt*, § 118 Rn. 5.
6 Vgl. *Schlegelberger/Martens*, § 118 Rn. 30 m.w.N. (streitig).
7 OLG München v. 1.4.1954 – 6 U 1895/53, BB 1954, 669; *Baumbach/Hopt*, § 118 Rn. 5.
8 Zu alledem vgl. *Goerdeler*, FS Stimpel, 1985, S. 125, 137.
9 BGH v. 8.7.1957 – II ZR 54/56, BGHZ 25, 115, 121; BGH v. 2.7.1979 – II ZR 213/78, WM 1979, 1061; *Ebenroth/Boujong/Joost/Strohn/Mayen*, § 118 Rn. 30.

lich auf Einsicht in alle Geschäftsunterlagen zu richten. Gleiches gilt für den Urteilstenor. Es obliegt dem Beklagten, darzutun und notfalls zu beweisen, dass die Einsichtnahme in bestimmte Unterlagen im konkreten Fall nicht erforderlich ist. Für die Durchsetzung des Einwands kommt grundsätzlich nur das Vollstreckungsverfahren in Betracht[1]; vorläufiger Rechtsschutz kommt etwa zur Sicherstellung von Büchern und Papieren in Frage[2]. Wegen der sich im Recht der KG (und namentlich im Falle einer GmbH & Co. KG) ergebenden zusätzlichen Rechtswegfragen vgl. § 166 Rn. 48 ff.

16 Die **Zwangsvollstreckung** des Einsichtsrechts vollzieht sich richtigerweise gemäß § 883 ZPO[3]. Im Falle einer auf Auskunft gerichteten Klage erfolgt die Vollstreckung nach § 888 ZPO, da es sich insofern um eine unvertretbare Handlung handelt[4].

III. Abweichende Regelungen

1. Gestaltungsmöglichkeiten

17 Gemäß § 109 können die Rechte in § 118 Abs. 1 **umgestaltet, beschränkt oder auch erweitert** werden. Eine Beschränkung kommt namentlich bei Geheimhaltungsinteressen in Betracht. Denkbar ist auch eine Erweiterung der Kontrollbefugnis auf bereits ausgeschiedene Gesellschafter oder Personen, die keine Gesellschafterstellung innehaben; auch kann die Rechtsausübung einem Ausschuss, einem Beirat oder einem Sachverständigen übertragen werden[5]. Benötigt der Gesellschafter jedoch für eine sachgerechte Wahrnehmung seines Stimmrechts Auskünfte, so wird eine Einschränkung nur in dem Maße in Betracht kommen, wie auch das Stimmrecht selbst Beschränkungen unterliegen würde[6]. Offen ist i.Ü., ob die Rechtsentwicklung etwa zu einer weiterreichenden Unzulässigkeit von Informationsrechtsbeschränkungen führen wird; allerdings ist es angreifbar[7], aus der anerkanntermaßen zu weit geratenen Regelung in § 51a GmbHG[8] Rückschlüsse auf eine Unbeschränkbarkeit der Informationsrechte in der Personengesellschaft zu ziehen. Jedenfalls ist eine völlige Entziehung des Informationsrechts in jedem Fall von der Voraussetzung abhängig, dass weniger eingreifende Mittel nicht (mehr) zur Verfügung stehen, da hier der Kernbereich des gesellschafterli-

---

1 BGH v. 2.7.1979 – II ZR 213/78, WM 1979, 1061; BGH v. 8.7.1957 – II ZR 54/56, BGHZ 25, 115, 121; *Ebenroth/Boujong/Joost/Strohn/Mayen*, § 118 Rn. 30.
2 *Ebenroth/Boujong/Joost/Strohn/Mayen*, § 118 Rn. 30; MünchKommHGB/*Enzinger*, § 118 Rn. 39.
3 OLG Hamm v. 4.10.1973 – 14 W 73/73, NJW 1973, 653; vgl. näher *Schlegelberger/Martens*, § 118 Rn. 42; a.A. MünchKommHGB/*Enzinger*, § 118 Rn. 40: § 888 ZPO.
4 *Staub/Ulmer*, § 118 Rn. 54; *Ebenroth/Boujong/Joost/Strohn/Mayen*, § 118 Rn. 31.
5 BGH v. 16.1.1984 – II ZR 36/83, WM 1984, 807, 808.
6 Vgl. näher *Schlegelberger/Martens*, § 118 Rn. 15, 31, auch § 166 Rn. 44; *Grunewald*, ZGR 1989, 545, 553.
7 Siehe die Fragestellung in BGH v. 11.7.1988 – II ZR 246/87, WM 1988, 1447 f.
8 Vgl. dazu etwa GroßKommGmbHG/*Ulmer*, § 51a GmbHG Rn. 4.

chen Mitgliedschaftsrechts betroffen wird[1]. Eine abweichende Regelung bedarf einer Abrede im Gesellschaftsvertrag oder muss sich zumindest schlüssig aus dessen Gesamtzusammenhang ergeben. Ein Mehrheitsbeschluss genügt grundsätzlich nicht[2].

2. Tatbestand des § 118 Abs. 2

Beschränkende Regelungen jeder Art entfalten keine Wirkung, wenn Grund zu der Annahme **unredlicher Geschäftsführung** besteht. Der Tatbestand ist weit auszulegen[3], da andernfalls die Gefahr der Aushöhlung des durch § 118 Abs. 2 gewährleisteten Minderheitenschutzes bestünde[4]. Dafür reicht es, wenn sachliche Anhaltspunkte, d.h. Verdachtsmomente für Unredlichkeiten vorliegen. Diese Verdachtsgründe muss der Gesellschafter im Streitfall substantiiert darlegen[5], ohne sie jedoch darüber hinaus glaubhaft machen zu müssen[6]. Ein Verdacht kann sich u.U. auf eine grundlose Verweigerung verlangter Informationen[7] oder auf das Fehlen wichtiger Geschäftsunterlagen[8] gründen.

18

IV. Sonstige Informationsrechte

1. Kollektive Informationsrechte

Aus den §§ 713, 666 BGB, die über § 105 Abs. 3 auch für die OHG gelten, folgt ein umfassendes Informationsrecht der Gesellschafter[9], welches jedoch nicht dem einzelnen Gesellschafter zusteht, sondern als ein **Kollektivrecht der Gesellschaftergesamtheit** einzuordnen ist[10]. Es reicht aber grundsätzlich nicht weiter als die individualrechtlichen Befugnisse, da es ebenfalls dem Zweck dient, den Gesellschaftern die sachgerechte Ausübung ihrer Mitverwaltungsrechte zu ermöglichen. Verpflichtet sind die geschäftsführenden Gesellschafter. Entgegen *Schlegelberger/Martens*[11] dürfte der Auskunftsanspruch aber auch durch einen einzelnen Gesellschafter im Wege der actio

19

---

1 BGH v. 10.10.1994 – II ZR 18/94, ZIP 1994, 1942, 1944; weitergehend *Baumbach/Hopt*, § 118 Rn. 17; für Unzulässigkeit, siehe MünchKommHGB/*Enzinger*, § 118 Rn. 32.
2 Vgl. hierzu MünchKommHGB/*Enzinger*, § 118 Rn. 30; MünchHdbGesR I/*Weipert*, § 58 Rn. 10; *Staub/Ulmer*, § 118 Rn. 41.
3 *Ebenroth/Boujong/Joost/Strohn/Mayen*, § 118 Rn. 35; MünchKommHGB/*Enzinger*, § 118 Rn. 33.
4 *Staub/Ulmer*, § 118 Rn. 45.
5 BGH v. 16.1.1984 – II ZR 36/83, WM 1984, 807, 808; *Baumbach/Hopt*, § 118 Rn. 18; MünchKommHGB/*Enzinger*, § 118 Rn. 34 f.
6 *Staub/Ulmer*, § 118 Rn. 45; *Baumbach/Hopt*, § 118 Rn. 18.
7 *Schlegelberger/Martens*, § 118 Rn. 34; MünchKommHGB/*Enzinger*, § 118 Rn. 35.
8 OLG Hamm v. 27.2.1970 – 15 W 4/70, OLGZ 1970, 394, 397.
9 *Huber*, ZGR 1982, 539, 546 ff.; vgl. auch MünchHdbGesR I/*Weipert*, § 58 Rn. 3.
10 RGZ 148, 278, 279; *Schlegelberger/Martens*, § 118 Rn. 17; *Ebenroth/Boujong/Joost/Strohn/Mayen*, § 118 Rn. 41; *K. Schmidt*, GesR, § 21 III 2; *Staub/Ulmer*, § 118 Rn. 6; abw. *Heymann/Emmerich*, § 118 Rn. 5.
11 *Schlegelberger/Martens*, § 166 Rn. 17.

pro socio geltend gemacht werden können[1]. Ein Interesse hierfür kann außerhalb der Durchsetzung eines individuellen Informationsanspruches insbesondere deshalb bestehen, weil dem Gesellschafter daran gelegen sein kann, dass alle Mitgesellschafter die erstrebte Information erhalten. Allerdings wäre die actio pro socio nur insoweit möglich, als die begehrte Auskunft auch aufgrund des individuellen Informationsrechts verlangt werden könnte[2].

20 Dem Informationsrecht der Gesellschafter entspricht eine **Berichtspflicht** der geschäftsführenden Gesellschafter. Wie sich aus § 666 BGB ergibt, haben sie die übrigen Gesellschafter aus gegebenem Anlass unaufgefordert über die in Betracht kommenden Umstände zu unterrichten, um ihnen eine zweckentsprechende Ausübung ihrer Mitgliedschaftsrechte zu ermöglichen[3].

2. Einsichtsrecht nach § 810 BGB

21 § 810 BGB gewährt bei Vorliegen eines rechtlichen Interesses (siehe auch oben Rn. 3) einen Anspruch auf Einsicht von Urkunden. Die Vorschrift wird – insbesondere zugunsten ausgeschiedener Gesellschafter – weit ausgelegt (siehe oben Rn. 3), unterliegt aber ebenso wie § 118 Abs. 1 den Schranken des Missbrauchsverbots.

3. Informationsrecht nach § 242 BGB

22 § 242 BGB ist nach ständiger Rechtsprechung der Grundsatz zu entnehmen, dass ein Auskunftsanspruch innerhalb vertraglicher Rechtsbeziehungen oder im Rahmen eines gesetzlichen Schuldverhältnisses immer dann zu bejahen ist, wenn der Berechtigte entschuldbar über das Bestehen und den Umfang eines Rechts im Ungewissen ist und der Verpflichtete dadurch nicht unzumutbar belastet wird. Im Hinblick auf Ansprüche aus dem Gesellschaftsvertrag kommt dem subsidiären, eine Gesetzeslücke voraussetzenden Anspruch jedoch nur begrenzte Bedeutung zu[4].

4. Vorlegungsrechte

23 Ein Anspruch auf Vorlegung folgt nicht aus § 118; er kann sich jedoch bei Vorliegen eines rechtlichen Interesses aus § 810 BGB ergeben[5]. Ebenso kommen die auf Vorlegung von Beweisunterlagen im Zivilprozess gerichteten Vorschriften der §§ 422 ff. ZPO einschließlich ihrer handelsrechtlichen Ergänzung durch § 258 in Betracht[6].

---

1 So auch *Staub/Schilling*, § 166 Rn. 3.
2 BGH v. 23.2.1992 – II ZR 128/91, ZIP 1992, 758, 760.
3 *Staub/Schilling*, § 166 Rn. 3.
4 Vgl. *Staub/Ulmer*, § 118 Rn. 51 m.w.N.
5 *Ebenroth/Boujong/Joost/Strohn/Mayen*, § 118 Rn. 42.
6 Vgl. *Ebenroth/Boujong/Joost/Strohn/Mayen*, § 118 Rn. 42; hierzu *Staub/Ulmer*, § 118 Rn. 52.

§ 119
Gesellschafterbeschluss

(1) Für die von den Gesellschaftern zu fassenden Beschlüsse bedarf es der Zustimmung aller zur Mitwirkung bei der Beschlussfassung berufenen Gesellschafter.

(2) Hat nach dem Gesellschaftsvertrag die Mehrheit der Stimmen zu entscheiden, so ist die Mehrheit im Zweifel nach der Zahl der Gesellschafter zu berechnen.

Übersicht

	Rn.
I. Gesellschafterbeschluss	
1. Tatbestand und Rechtsnatur	
a) Zustandekommen des Beschlusses	1
b) Gesellschafterversammlung	4
c) Schriftformvereinbarung	5
d) Einordnung als Rechtsgeschäft	7
2. Beschlussmängel	
a) Nichtigkeits- und Anfechtungsmodell	8
b) Einteilung der Mängel	9
c) Geltendmachung	12
II. Mehrheitsbeschlüsse	
1. Grundsatz: Einstimmigkeit	13
2. Mehrheitsklauseln	15
3. Grenzen der Mehrheitsherrschaft	16
4. Bestimmtheitsgrundsatz	
a) Grundlagen	17
b) Ungewöhnliche Vertragsänderungen oder ähnliche Beschlussgegenstände	18
c) Berechtigung des Grundsatzes	19
5. Schutz des mitgliedschaftlichen Kernbereichs	
a) Bedeutung	20
b) Unverzichtbare Rechte	21
aa) Erhaltung der Mitgliedschaftsrechte	22
bb) Recht zum Ausscheiden	23
cc) Versammlungsteilnahme	24
dd) Klagerecht gegen Gesellschafterbeschlüsse	25
ee) Stimmrecht	26
ff) Informationsrecht	27
gg) Actio pro socio	28
c) Verzichtbare Rechte	29
6. Zweistufige Prüfung	29a
III. Teilnahme- und Stimmrecht	
1. Teilnahmerecht	30
2. Ausübung des Stimmrechts	31
3. Beschränkungen und Ausschluss	
a) Gesellschaftsvertragliche Regelungen	32
b) Ausschluss durch Gesetz	34
4. Stimmpflichten	
a) Tatbestände	37
b) Rechtsfolgen bei Verstößen	38
5. Stimmbindungsabreden	39

Schrifttum: *Brändel*, Änderungen des Gesellschaftsvertrages durch Mehrheitsentscheidungen, in: Festschrift Stimpel, 1985, S. 95; *Rob. Fischer*, Gedanken über einen Minderheitenschutz bei Personengesellschaften, in: Festschrift Barz, 1974, S. 33; *Flume*, Die Problematik der Zustimmungspflicht des Gesellschafters einer Personengesellschaft zu Gesellschafterbeschlüssen und Änderungen des Gesellschaftsvertrags, in: Festschrift Rittner, 1991, S. 119; *Giedinghagen*, Alles (noch) bestimmt genug?, DStR, 2007, 1965; *Goette*, Minderheitenschutz bei gesellschaftsvertraglicher Abweichung vom Einstimmigkeitsprinzip, in: Festschrift Sigle, 2000, S. 145; *Köster*, Anfechtungs- und Nichtigkeitsklage gegen Gesellschafterbeschlüsse bei OHG und KG, 1981; *Löffler*, Der Kernbereich der Mitgliedschaft als Schranke für Mehrheitsbeschlüsse bei Personengesellschaften, NJW 1989, 2656; *Lutter*, Theorie der Mitgliedschaft, AcP 180 (1980), 84; *Martens*, Bestimmtheitsgrundsatz und Mehrheitskompetenzen im Recht der Personengesellschaften, DB 1973, 413; *Mecke*, Vertragsändernde Mehrheitsbeschlüsse in der OHG und KG, BB 1988, 2258; *Noack*, Fehlerhafte Beschlüsse in Gesellschaften und Vereinen, 1989; *Röttger*, Die Kernbereichslehre im Recht der Personengesellschaften, 1989; *K. Schmidt*, Die Beschlußanfechtungsklage bei Vereinen und Personengesellschaften, in: Festschrift Stimpel, 1985, S. 217; *K. Schmidt*, Rechtsschutz des Minderheitsgesellschafters gegen rechtswidrige ablehnende Beschlüsse, NJW 1986, 2018; *K. Schmidt*, Mehrheitsregelungen in GmbH & Co-Verträgen, ZHR 158 (1994), 205; *U.H. Schneider*, Die Änderung des Gesellschaftsvertrages durch Mehrheitsbeschluß, ZGR 1972, 357; *Ulmer*, Gesellschafterbeschlüsse in Personengesellschaften – Zur Bindung der Gesellschafter an ihre Stimmabgabe, in: Festschrift Niederländer, 1991, S. 415; *Wertenbruch*, Beschlussfassung in Personengesellschaft und KG-Konzern, ZIP 2007, 798; *H.P. Westermann*, Vertragsfreiheit und Typengesetzlichkeit im Recht der Personengesellschaften, 1970; *Zöllner*, Schranken mitgliedschaftlicher Stimmrechtsmacht bei den privatrechtlichen Personenverbänden, 1963; *Zöllner*, Die Anpassung von Personengesellschaftsverträgen an veränderte Umstände, 1979.

I. Gesellschafterbeschluss

1. Tatbestand und Rechtsnatur

a) Zustandekommen des Beschlusses

1 Die gemeinsame Willensbildung der Gesellschafter verwirklicht sich in der Form des Gesellschafterbeschlusses. Hierbei handelt es sich um einen mehrseitigen Akt aus einzelnen Stimmen der Gesellschafter, wobei die Stimmabgabe selbst wiederum **Willenserklärung** ist und somit den allgemeinen Regeln über Rechtsgeschäfte unterliegt[1].

2 Das Gesetz verlangt für das Zustandekommen eines Beschlusses **nicht** die Einhaltung **bestimmter Förmlichkeiten**. Daher kann ein Beschluss auch durch schlüssiges Verhalten bzw. stillschweigend zustande kommen[2]. Der Beschluss kann innerhalb wie außerhalb einer Versammlung der Gesellschafter (z.B. Umlaufverfahren[3] oder Briefwechsel)[4], durch mündliche oder schriftliche (also nicht notwendigerweise gleichzeitige[5]) Stimmabgabe gefasst werden. Soweit der Gesellschaftsvertrag nichts anderes vorsieht, hat die Stimmabgabe gegenüber den Mitabstimmenden zu erfolgen[6]. Sieht der

---

1 BGH v. 18.9.1975 – II ZB 6/74, BGHZ 65, 93, 97 f.; MünchHdbGesR I/*Weipert*, § 57 Rn. 79; MünchKommHGB/*Enzinger*, § 119 Rn. 14; Ebenroth/Boujong/Joost/Strohn/Goette, § 119 Rn. 37; *K. Schmidt*, GesR, § 15 I 2b.
2 *Ebenroth/Boujong/Joost/Strohn/Goette*, § 119 Rn. 30.
3 Siehe hierzu im Detail *Ebenroth/Boujong/Joost/Strohn/Goette*, § 119 Rn. 39 ff.; vgl. auch OLG München v. 28.3.2001 – 7 U 5341/00, NJOZ 2001, 1000, 1002.
4 RGZ 128, 172, 176; RGZ 163, 385, 392; vgl. auch *Ebenroth/Boujong/Joost/Strohn/Goette*, § 119 Rn. 30.
5 BGH v. 19.2.1990 – II ZR 42/89, ZIP 1990, 505, 507.
6 *Ebenroth/Boujong/Joost/Strohn/Goette*, § 119 Rn. 38; *Schlegelberger/Martens*, § 119 Rn. 35.

Gesellschaftsvertrag vor, dass ein Gesellschafter die Abstimmung leitet, hat die Stimmabgabe ihm gegenüber zu erfolgen[1].

Eine Beschlussfassung außerhalb einer förmlichen Abstimmung in einer Versammlung kann Fragen der **Bindung** der Gesellschafter **an ihre Stimmabgabe** aufwerfen. Teilweise wird jede Bindung bis zum Abschluss des Abstimmungsverfahrens verneint[2]. Doch wird überwiegend – und zu Recht – eine Bindung entsprechend den §§ 145 ff. BGB angenommen[3], jedoch in Geschäftsführungsangelegenheiten unter engen Voraussetzungen, u.U. aber auch bei Vertragsänderungen und Grundlagenfragen, ein Widerrufsrecht aus wichtigem Grund anerkannt[4]. Gelegentlich wird aber auch jede Widerrufsmöglichkeit verneint[5]. 3

b) Gesellschafterversammlung

Ist im Gesellschaftsvertrag die Willensbildung in einer Gesellschafterversammlung vorgesehen, so kann mangels abweichender Regularien im Gesellschaftsvertrag prinzipiell **jeder Gesellschafter** eine solche **einberufen**[6] (zu den Verhältnissen in der GmbH & Co. KG vgl. § 163 Rn. 5). Sieht der Gesellschaftsvertrag allein Einberufung durch den Versammlungsleiter vor, können die übrigen Gesellschafter nur bei wichtigem Grund die Einberufung verlangen[7]. Wegen der sonstigen Einberufungserfordernisse und der Formalien der Versammlung lässt sich notfalls auf die Vorschriften des Aktien- und des GmbH-Rechts zurückgreifen[8]. Überdies können die Gesellschafter die Formalien frei regeln. 4

c) Schriftformvereinbarung

Soweit der Gesellschaftsvertrag für Beschlüsse die Schriftform vorsieht, ist durch Auslegung zu ermitteln, ob dies nur der **Klarstellung** dient, oder ob 5

---

[1] *Baumbach/Hopt*, § 119 Rn. 26; vgl. auch OLG München v. 28.3.2001 – 7 U 5341/00, NJOZ 2001, 1000, 1003.
[2] OGH v. 13.4.1950 – I ZS 96/49, OGHZ 4, 66, 69 f.; *Heymann/Emmerich* (1. Aufl.), § 119 Rn. 4 (anders 2. Aufl.).
[3] Vgl. *Staub/Ulmer*, § 119 Rn. 3; siehe auch BGH v. 19.2.1990 – II ZR 42/89, ZIP 1990, 505, 508.
[4] Siehe dazu *Schlegelberger/Martens*, § 119 Rn. 5; *Staub/Ulmer*, § 119 Rn. 27; *A. Hueck*, Das Recht der OHG, S. 164 f.; MünchHdbGesR I/*Weipert*, § 57 Rn. 82 f.; MünchKommHGB/*Enzinger*, § 119 Rn. 15.
[5] *Messer*, FS Fleck, 1988, S. 221, 224, 228; *Ebenroth/Boujong/Joost/Strohn/Goette*, § 119 Rn. 3, der auf einen regelmäßig dahingehenden stillschweigenden Willen der Beteiligten abstellt.
[6] OLG Köln v. 13.2.1987 – 19 U 172/86, ZIP 1987, 1120, 1122; *Baumbach/Hopt*, § 119 Rn. 29; *Ebenroth/Boujong/Joost/Strohn/Goette*, § 119 Rn. 35.
[7] OLG Köln v. 13.2.1987 – 19 U 172/86, ZIP 1987, 1120.
[8] *Schlegelberger/Martens*, § 119 Rn. 6; *Ebenroth/Boujong/Joost/Strohn/Goette*, § 119 Rn. 36; *Scholz/K. Schmidt*, Anh. § 45 GmbHG Rn. 33; MünchKommHGB/*Enzinger*, § 119 Rn. 48.

§ 125 S. 2 BGB eingreift[1]. Im Zweifel ist nur eine deklaratorische Bedeutung gewollt. Jedenfalls wird man i.Ü. eine Beschlussprotokollierung für die Formwahrung ausreichen lassen[2]. Unabhängig hiervon wird es bei einer Außerachtlassung der Form in praxi zumeist so liegen, dass von einem (dann maßgeblichen) Gesellschafterwillen in Richtung auf eine Durchbrechung des Formzwangs bzw. eine Abweichung von ihm ausgegangen werden kann[3]. Hier liegt ggf. auch eine informelle Änderung des Gesellschaftsvertrags im Bereich des Möglichen[4].

6 Bei einem **Streit über den Inhalt** oder das Ergebnis eines Beschlusses ist i.Ü. nach ganz h.M. nicht das protokollierte (oder vom Versammlungsleiter festgestellte) Beschlussergebnis, sondern das wirklich Beschlossene maßgeblich[5].

d) Einordnung als Rechtsgeschäft

7 Der Gesellschafterbeschluss hat die **Qualität eines Rechtsgeschäfts**, ohne dass die allgemeinen Regeln für Rechtsgeschäfte oder zu Willenserklärungen immer uneingeschränkt anwendbar sind[6]. In der Rechtsprechung wird teilweise auf den Begriff des Sozialakts abgestellt[7], ohne dass dies aber zu praktisch bedeutsamen abweichenden Konsequenzen führt[8]. Beschlüsse, die vom Gesellschaftsvertrag abweichen (nicht nur für den Einzelfall), haben die gleiche Rechtsnatur wie der Gesellschaftsvertrag selbst[9].

---

1 BGH v. 5.2.1968 – II ZR 85/67, BGHZ 49, 364, 365; *Staub/Ulmer*, § 119 Rn. 23; *Zöllner*, Anpassung von Gesellschaftsverträgen, S. 12; anders: MünchKommBGB/*Ulmer*, § 705 BGB Rn. 50; *A. Hueck*, Das Recht der OHG, S. 168; *Wiedemann*, GesR I, S. 177; differenzierend: *Schlegelberger/Martens*, § 119 Rn. 7; *Baumbach/Hopt*, § 119 Rn. 28; *Ebenroth/Boujong/Joost/Strohn/Goette*, § 119 Rn. 32 ff.; MünchKommHGB/*Enzinger*, § 119 Rn. 46.
2 *Scholz/K. Schmidt*, Anh. § 45 GmbHG Rn. 37; siehe auch BGH v. 24.11.1975 – II ZR 89/74, BGHZ 66, 82, 86 f. zur Publikumsgesellschaft; im Einzelnen streitig, vgl. bei *Schlegelberger/Martens*, § 119 Rn. 7.
3 Vgl. dazu BGH v. 7.2.1972 – II ZR 169/69, BGHZ 58, 115, 119; BGH v. 2.3.1978 – III ZR 99/76, BGHZ 71, 162, 164; siehe auch *Baumbach/Hopt*, § 119 Rn. 28.
4 BGH v. 17.1.1966 – II ZR 8/64, WM 1966, 159; BGH v. 5.2.1990 – II ZR 94/89, WM 1990, 714, 715.
5 Vgl. bei *Scholz/K. Schmidt*, Anh. § 45 GmbHG Rn. 38.
6 Siehe etwa *Schlegelberger/Martens*, § 119 Rn. 4; *Staub/Ulmer*, § 119 Rn. 7; *Ebenroth/Boujong/Joost/Strohn/Goette*, § 119 Rn. 28; *K. Schmidt*, GesR, § 15 I 2; MünchKommHGB/*Enzinger*, § 119 Rn. 10; *Baumbach/Hopt*, § 119 Rn. 25.
7 Siehe z.B. BGH v. 9.7.1990 – II ZR 9/90, ZIP 1990, 1194.
8 *Ebenroth/Boujong/Joost/Strohn/Goette*, § 119 Rn. 28: begriffliche Zuordnung dient nicht der Lösung von Einzelfragen.
9 *Baumbach/Hopt*, § 119 Rn. 28; *Ebenroth/Boujong/Joost/Strohn/Goette*, § 119 Rn. 28.

2. Beschlussmängel

a) Nichtigkeits- und Anfechtungsmodell

Die **h.M.** geht bei Wirksamkeitsmängeln eines Beschlusses von seiner **grundsätzlich gegebenen Nichtigkeit** aus. Der Streit hierüber ist dann unter den Gesellschaftern selbst auszutragen[1]. Dies ist auch der Standpunkt der Rechtsprechung, die das Bestehen einer **Klagefrist** für die Geltendmachung von Beschlussmängeln **verneint**; nach ihr kommen allenfalls die allgemeinen Regeln einer Rechtsverwirkung in Betracht[2]. Im Gegensatz hierzu wird – mit unterschiedlichen Ansätzen – eine analoge Anwendung der (auch für das Recht der GmbH geltenden) **aktienrechtlichen Vorschriften über die Anfechtung und Nichtigkeit** von Gesellschafterbeschlüssen (einschließlich der Möglichkeit einer positiven Beschlussfeststellungsklage) vertreten[3]. Die Gegenansicht hat namentlich im Auge, dass nach h.M. eine Berufung auf eine Beschlussnichtigkeit grundsätzlich ohne zeitliche Begrenzung möglich ist, da das Treuepflichtprinzip und der Verwirkungsgedanke dies nicht hinreichend einschränken können. Demgegenüber wird seitens der h.L. auf die gegenüber dem Kapitalgesellschaftsrecht abweichende Interessenlage, insbesondere auf die Haftungssituation der Gesellschafter, hingewiesen[4]. Allerdings relativiert sich dieses Argument erheblich aufgrund des Umstandes, dass in der Realität kaum noch natürliche Personen als Vollhafter fungieren. Das Bedürfnis, nach eindeutigen rechtlichen Regeln alsbald Klarheit über den Bestand eines Gesellschafterbeschlusses zu erlangen, spricht daher eher für das von der Gegenmeinung vertretene „Anfechtungsmodell".

8

b) Einteilung der Mängel

Der Mangel kann auf verschiedenen Umständen beruhen. Er kann seinen Grund in der Stimmabgabe haben oder aber auf dem Beschluss als solchen beruhen. Im letzteren Fall ist weiter nach **formellen** und **materiellen Beschlussmängeln** zu unterscheiden.

9

Da auf die Stimmabgabe die **allgemeinen Regeln über Willenserklärungen** Anwendung finden (siehe oben Rn. 1), kann diese – etwa Hinblick auf §§ 116 ff., 181 BGB – nichtig sein. Bedarf der Beschluss der Einstimmigkeit, schlägt die Fehlerhaftigkeit der Stimmabgabe auf den Beschluss durch mit der Folge, dass dieser nichtig ist[5]. Gilt hingegen das Mehrheitsprinzip, sind

9a

---

1 *Schlegelberger/Martens*, § 119 Rn. 9 f.; *Staub/Ulmer*, § 119 Rn. 78, 80; MünchKommHGB/*Enzinger*, § 119 Rn. 97; *A. Hueck*, Das Recht der OHG, S. 183, 185; *Ebenroth/Boujong/Joost/Strohn/Goette*, § 119 Rn. 77.
2 BGH v. 24.9.1990 – II ZR 167/89, BGHZ 112, 339, 444; BGH v. 11.12.1989 – II ZR 61/89, WM 1990, 675, 676; BGH v. 7.6.1999 – II ZR 278/98, ZIP 1999, 1391, 1392; OLG München v. 6.6.2004 – 7 U 5669/03, NZG 2004, 807.
3 Insbes. *K. Schmidt*, GesR, § 47 V 2c und § 15 II 1a; *K. Schmidt*, FS Stimpel, 1985, S. 217, 229 ff.; *Scholz/K. Schmidt*, Anh. § 45 GmbHG Rn. 52 ff.; MünchKommHGB/ *Enzinger*, § 119 Rn. 99.
4 Siehe etwa *Noack*, Fehlerhafte Beschlüsse, S. 171.
5 *Ebenroth/Boujong/Joost/Strohn/Goette*, § 119 Rn. 71.

die Auswirkungen der nichtigen Stimmangabe anhand einer Kausalitätsprüfung zu untersuchen. Entscheidend ist danach, ob das erforderliche Quorum auch ohne die nicht zu berücksichtigende – weil als Enthaltung zu wertende – Stimmabgabe erreicht worden ist[1].

10 Unter den formellen Beschlussmängeln führen Verstöße gegen **bloße Ordnungsvorschriften**, die keine Gesellschafterbelange zum Gegenstand haben, zu keinen Wirksamkeitsmängeln[2]. Ob eine Verfahrensvorschrift bloße Ordnungsvorschrift ist, ist durch Auslegung zu ermitteln. Bei **anderen Verfahrensverstößen** ist entscheidend, ob sie sich ursächlich auf das Beschlussergebnis ausgewirkt haben können[3], etwa bei Nichtladung oder nicht ordnungsgemäßer Ladung der Gesellschafter zu einer Versammlung[4]. Im Interesse alsbaldiger Klärung der Beschlusswirksamkeit wird auf der Grundlage der „Nichtigkeitslösung" der h.L. (Rn. 8) teilweise verlangt, dass der betroffene Gesellschafter den Verfahrensverstoß nach Kenntnisnahme unverzüglich rügen müsse[5]. Möglich ist auch eine Teilnichtigkeit des Beschlusses, wenn der Rest ein sinnvoller Beschluss bleibt und für sich allein gelten soll[6] (§ 139 BGB).

11 **Materielle Mängel**, also Verstöße gegen das Gesetz und gegen sachlich-rechtliche Rechtspositionen der Gesellschafter, machen den Beschluss fehlerhaft und führen nach der h.L. zu seiner Nichtigkeit (anders ist es bei einem Eingreifen der Grundsätze der fehlerhaften Gesellschaft, vgl. § 105 Rn. 38 ff.). Insbesondere Verstöße gegen die Treuepflicht oder das Gleichbehandlungsgebot oder unzulässige Eingriffe in den mitgliedschaftlichen Kernbereich (dazu Rn. 20 ff.) kommen hier in Betracht. Doch kann eine nachträgliche Zustimmung der benachteiligten Gesellschafter den Beschlussmangel heilen. Auch kann das Recht, den Mangel zu rügen, aus Gründen der Treuepflicht verwirkt werden[7]. Dies gilt jedoch nicht bei Verstößen gegen §§ 134, 138 BGB[8].

---

1 BGH v. 19.1.1987 – II ZR 158/86, ZIP 1987, 444 f.; BGH v. 4.7.1954 – II ZR 342/53, BGHZ 14, 264, 267 f.; *Staub/Ulmer*, § 119 Rn. 77; *Ebenroth/Boujong/Joost/Strohn/Goette*, § 119 Rn. 71; *Schlegelberger/Martens*, § 119 Rn. 11.
2 *Baumbach/Hopt*, § 119 Rn. 31; *Ebenroth/Boujong/Joost/Strohn/Goette*, § 119 Rn. 72.
3 Vgl. BGH v. 19.1.1987 – II ZR 158/86, ZIP 1987, 444, 445; BGH v. 9.11.1987 – II ZR 100/87, ZIP 1988, 22; *Ebenroth/Boujong/Joost/Strohn/Goette*, § 119 Rn. 72; *Baumbach/Hopt*, § 119 Rn. 31.
4 BGH v. 14.11.1994 – II ZR 160/93, ZIP 1995, 738, 743; BGH v. 30.3.1987 – II ZR 180/86, BGHZ 100, 264, 266; OLG Stuttgart v. 1.8.2007 – 14 U 24/06, NZG 2008, 26, 27.
5 *Schlegelberger/Martens*, § 119 Rn. 11; *A. Hueck*, Das Recht der OHG, S. 184; *Noack*, Fehlerhafte Beschlüsse, S. 75 f.
6 BGH v. 5.4.1973 – II ZR 45/71, BB 1973, 771.
7 BGH v. 23.10.1972 – II ZR 35/70, WM 1973, 100; *Ebenroth/Boujong/Joost/Strohn/Goette*, § 119 Rn. 74; *Schlegelberger/Martens*, § 119 Rn. 12.
8 *Schlegelberger/Martens*, § 119 Rn. 18; *Ebenroth/Boujong/Joost/Strohn/Goette*, § 119 Rn. 74.

c) Geltendmachung

Auf der Grundlage der „Nichtigkeitslösung" der h.L. kann eine Nichtigkeit durch **Feststellungsklage** unter den Gesellschaftern, aber auch (inzident) durch Berufung auf sie innerhalb eines Rechtsstreits oder außerprozessual geltend gemacht werden[1]. Die Klage ist nicht fristgebunden[2], wohl aber gelten allgemeine Verwirkungsgrundsätze[3]. Eine notwendige Streitgenossenschaft der Gesellschafter besteht dabei nicht[4]. Der Rechtsstreit ist vielmehr gegen die Gesellschafter zu richten, die die vom Kläger abweichende Rechtsansicht einnehmen[5]. Möglich ist, dass im Gesellschaftsvertrag eine prozessuale Sachbefugnis der Gesellschaft selbst für Rechtsstreitigkeiten über die Geltung von Beschlüssen vorgesehen wird (vgl. auch § 161 Rn. 125)[6] mit der Folge, dass die übrigen Gesellschafter verpflichtet wären, das Urteil zu respektieren[7], dies aber freilich nur, wenn ihnen Gelegenheit gegeben worden ist, dem Verfahren beizutreten[8]. Der Gesellschaftsvertrag kann i.Ü. die Geltendmachung von Beschlussmängeln befristen[9] und sie auch an sonstige Voraussetzungen binden. Die Frist muss aber angemessen sein und die Leitbildfunktion der Monatsfrist in § 246 AktG als Mindestfrist beachten[10]. Darüber hinaus hat die Rechtsprechung entschieden, dass die an das Kapitalgesellschaftsrecht angelehnte Befristung von Beschlussmängelstreitigkeiten dort nicht greift, wo in „grundrechtsgleiche" Mitgliedschaftsrechte ohne Zustimmung des betroffenen Gesellschafters eingegriffen wurde. Als ein solcher Fall gilt etwa ein Beschluss, der gegen § 707 BGB verstößt und gegen den Willen des Gesellschafters zusätzliche Beitragspflichten anordnet[11]. Ein solcher Beschluss ist auch nach Verstreichen der „Anfechtungsfrist" im Verhältnis zwischen Gesellschaft und Gesellschafter relativ unwirksam, was mit der allgemeinen Feststellungsklage geltend gemacht werden kann.

12

---

1 BGH v. 15.11.1982 – II ZR 62/82, BGHZ 85, 350, 353; BGH v. 30.4.1984 – II ZR 293/83, BGHZ 91, 132, 133; BGH v. 13.12.1994 – II ZR 15/94, ZIP 1995, 460; *Ebenroth/Boujong/Joost/Strohn/Goette*, § 119 Rn. 75.
2 BGH v. 7.6.1999 – II ZR 278/98, ZIP 1999, 1391.
3 BGH v. 11.12.1989 – II ZR 61/89, NJW-RR 1990, 474; BGH v. 24.9.1990 – II ZR 167/89, BGHZ 112, 339, 344; OLG München v. 28.3.2001 – 7 U 5341/00, NJOZ 2001, 1001, 1002.
4 BGH v. 15.6.1959 – II ZR 44/58, BGHZ 30, 195, 197.
5 *Schlegelberger/Martens*, § 119 Rn. 13.
6 BGH v. 15.11.1982 – II ZR 62/82, BGHZ 85, 350, 353; BGH v. 13.12.1994 – II ZR 15/94, ZIP 1995, 460; BGH v. 24.3.2003 – II ZR 4/01, ZIP 2003, 843; BGH v. 17.3.2006 – II ZR 242/04, EWiR 2006, 761 f.; BGH v. 17.7.2006 – II ZR 242/04, NZG 2006, 703; *Ebenroth/Boujong/Joost/Strohn/Goette*, § 119 Rn. 78.
7 BGH v. 30.4.1984 – II ZR 293/83, BGHZ 91, 132, 133; BGH v. 30.6.1966 – II ZR 149/64, WM 1966, 1036; BGH v. 17.7.2006 – II ZR 242/04, NZG 2006, 703.
8 Vgl. dazu BGH v. 20.1.1986 – II ZR 73/85, BGHZ 97, 28, 31.
9 BGH v. 20.1.1977 – II ZR 217/75, BGHZ 68, 212, 216; BGH v. 15.6.1987 – II ZR 261/86, ZIP 1987, 1178, 1179.
10 BGH v. 13.12.1994 – II ZR 15/94, ZIP 1995, 460, 461; *Ebenroth/Boujong/Joost/Strohn/Goette*, § 119 Rn. 78.
11 BGH v. 5.3.2007 – II ZR 282/05, DStR 2007, 771, 772 f.; BGH v. 26.3.2007 – II ZR 22/06, NZG 2007, 582, 583.

II. Mehrheitsbeschlüsse

1. Grundsatz: Einstimmigkeit

13 Das Gesetz geht als Regelfall davon aus, dass Beschlüsse **von allen Gesellschaftern einstimmig** zu fassen sind. Auch die Verhinderung eines Gesellschafters oder die Eilbedürftigkeit einer Angelegenheit befreit nicht von der Einhaltung dieses Grundsatzes, der die Gesellschaft als Arbeits- und Haftungsgemeinschaft der Gesellschafter charakterisiert. Die Verweigerung der Zustimmung kann jedoch daraufhin überprüft werden, ob das Verhalten treuwidrig ist. Trifft dies zu, können die anderen Gesellschafter auf Zustimmung klagen.

14 Die gesetzliche Lösung erschwert jedoch die Willensbildung in der Gesellschaft und kann zu ihrer völligen Blockierung führen. Deshalb wird im Gesellschaftsvertrag vielfach von ihr abgegangen, und es werden **Mehrheitsentscheidungen** vorgesehen. Für die Publikumsgesellschaft ergibt sich dies unabhängig hiervon aus dem für sie von der Rechtsprechung entwickelten Sonderrecht (vgl. § 161 Rn. 91, 99 f., 116 f.). Mehrheitsentscheide können etwa für Geschäftsführungsmaßnahmen, Grundlagengeschäfte oder für die Bestellung[1], Abberufung des Geschäftsführers bzw. für die Entziehung der Geschäftsführungsbefugnis (§ 117) vorgesehen werden.

2. Mehrheitsklauseln

15 Lässt der Gesellschaftsvertrag Mehrheitsentscheidungen zu, so ist nach § 119 Abs. 2 im Zweifel die **Mehrheit nach der Anzahl der Gesellschafter** (also nach Köpfen) zu berechnen; im Zweifel ist dabei die Mehrheit aller vorhandenen (also nicht nur der an der Beschlussfassung beteiligten) Gesellschafter erforderlich[2]. Dabei werden jedoch vom Stimmrecht ausgeschlossene Gesellschafter nicht mitgezählt. Stimmenthaltungen müssen demgegenüber als Gegenstimmen gewertet werden[3]. Diese Regeln werden nicht selten abbedungen[4], so namentlich zugunsten einer Stimmenberechnung nach der Höhe der **Kapitalanteile**, teilweise etwa auch nach beteiligten Familienstämmen. Möglich ist auch eine Kombination von Mehrheitserfordernissen sowohl nach Köpfen als auch nach Kapitalanteilen. Des Weiteren finden sich auch Vereinbarungen über Mehrfachstimmrechte oder Vetorechte.

3. Grenzen der Mehrheitsherrschaft

16 Ebenso wie die Freiheit zur inhaltlichen Gestaltung von Gesellschaftsverträgen (dazu § 109 Rn. 1 ff.) unterliegt auch der Gebrauch von Stimmenmehrheiten **Einschränkungen**, an die die Gesellschaftermehrheit gebunden ist.

---

1 *Wertenbruch*, ZIP 2007, 798.
2 *Schlegelberger/Martens*, § 119 Rn. 16; MünchKommHGB/*Enzinger*, § 119 Rn. 5; *Scholz/K. Schmidt*, Anh. § 45 GmbHG Rn. 23; *Ebenroth/Boujong/Joost/Strohn/ Goette*, § 119 Rn. 66.
3 BGH v. 30.3.1998 – II ZR 20/97, NJW 1998, 1946.
4 Siehe hierzu *Ebenroth/Boujong/Joost/Strohn/Goette*, § 119 Rn. 67.

Dem Minderheitsschutz dient hier insbesondere das Gleichbehandlungsgebot (§ 109 Rn. 10 f.), die Treuepflicht (§ 109 Rn. 12 ff.) und der Verhältnismäßigkeitsgrundsatz (§ 109 Rn. 17 f.). Eine spezielle Bedeutung haben der nachfolgend erörterte Bestimmtheitsgrundsatz (Rn. 17 ff.) und der Schutz des Kernbereichs der mitgliedschaftlichen Rechtsstellung (Rn. 20 ff.). Darüber hinaus kann auch in Sonderrechte grundsätzlich nicht ohne Zustimmung des Betroffenen eingegriffen werden[1]. Beschlüsse, die in diese Rechte eingreifen, können daher zwar frei von Beschlussmängeln und damit grundsätzlich wirksam, dem Gesellschafter, der seine Zustimmung (nicht treuwidrig) verweigert, gegenüber aber relativ unwirksam sein[2]. Für die Geltendmachung gilt Rn. 12 mit der Maßgabe, dass der Feststellungsanspruch stets auch gegenüber der Gesellschaft selbst besteht[3]. Der Bestimmung einer Frist zur Geltendmachung im Gesellschaftsvertrag steht regelmäßig die Bedeutung der Sonderrechte entgegen[4].

4. Bestimmtheitsgrundsatz

a) Grundlagen

Der schon vom RG[5] und sodann vom BGH[6] in ständiger Rechtsprechung vertretene Bestimmtheitsgrundsatz begrenzt die **Reichweite gesellschaftsvertraglicher Mehrheitsklauseln**[7]. Nach herkömmlichem Verständnis hat er eine wesentliche Rolle beim Minderheitenschutz gespielt. Hierauf sollte der Grundsatz aber nicht reduziert werden. Vielmehr dient er auch der Absicherung der parteiautonomen Willensbildung, indem er dem einzelnen Gesellschafter die Entscheidung ermöglicht, ob und inwieweit er sich des Schutzes des Einstimmigkeitsprinzips begeben will[8]. Ist eine Mehrheitsklausel lediglich allgemein formuliert, so legitimiert sie Mehrheitsentscheidungen nur in Geschäftsführungsfragen und laufenden Angelegenheiten[9]. Bezieht sich die Klausel inhaltlich auch auf Vertragsänderungen, so werden von ihr nur Änderungen bzw. Grundlagengeschäfte (vgl § 114 Rn. 1) gewöhnlicher Art erfasst. Für diese aber ist eine minutiöse Auflistung von Beschlussgegenständen im Gesellschaftsvertrag weder sachgemäß noch notwendig[10]. Vielmehr genügt es, wenn sich für den betreffenden Beschlussgegenstand der

17

---

1 BGH v. 4.11.1968 – II ZR 63/67, NJW 1969, 131.
2 BGH v. 5.3.2007 – II ZR 282/05, DStR 2007, 771, 772; BGH v. 26.3.2007 – II ZR 22/06, DStR 2007, 1313, 1314.
3 BGH v. 5.3.2007 – II ZR 282/05, DStR 2007, 771, 772 f.
4 BGH v. 5.3.2007 – II ZR 282/05, DStR 2007, 771, 772.
5 RGZ 91, 166; RGZ 163, 385, 391.
6 BGH v. 12.11.1952 – IV ZB 93/52, BGHZ 8, 35, 41 f.; BGH v. 13.7.1967 – II ZR 72/67, BGHZ 48, 251, 253; BGH v. 15.6.1987 – II ZR 261/86, ZIP 1987, 1178.
7 Siehe hierzu *Ebenroth/Boujong/Joost/Strohn/Goette*, § 119 Rn. 49 ff.
8 In diesem Sinne BGH v. 15.1.2007 – II ZR 245/05, DStR 2007, 494; *Schlegelberger/Martens*, § 119 Rn. 17, 20; *Ebenroth/Boujong/Joost/Strohn/Goette*, § 119 Rn. 55, *K. Schmidt*, ZHR 158 (1994), 205, 214 ff.
9 Siehe *Giedinghagen*, DStR 2007, 1765 m.w.N.; BayObLG v. 10.11.2004 – 3 Z BR 148/04, NZG 2005, 173, 174.
10 BGH v. 15.1.2007 – II ZR 245/05, DStR 2007, 494, 495 f.

Wille zur Mehrheitsentscheidung aus dem Gesellschaftsvertrag ergibt[1]. Bei ungewöhnlichen, grundlegenden Vertragsänderungen oder ähnlichen die Grundlagen der Gesellschaft oder die Rechtssituationen der Gesellschafter berührenden Beschlussgegenständen dagegen muss der Gesellschaftsvertrag zweifelsfrei ergeben, dass die Klausel auch für diese gelten soll[2]. Ob dies der Fall ist, ist ggf. durch Auslegung zu ermitteln. U.U. kann die fehlende Ermächtigungsgrundlage unbeachtlich sein, wenn der Gesellschafter kraft Treuepflicht zur Zustimmung verpflichtet ist[3]. Für die Publikumsgesellschaft (vgl. § 161 Rn. 116) sowie für die kapitalistisch strukturierte KG[4] hat der BGH den Bestimmtheitsgrundsatz allerdings aufgegeben, nicht jedoch bereits bei einer größeren Anzahl von Gesellschaftern[5]; dabei ist der BGH allerdings von einer Abdingbarkeit des Bestimmtheitsgrundsatzes ausgegangen[6].

b) Ungewöhnliche Vertragsänderungen oder ähnliche Beschlussgegenstände

18 Als **Vertragsänderungen ungewöhnlicher Art** sind **angesehen worden**[7]: Erweiterungen von Einlage- und Beitragspflichten[8], Änderungen der Gewinnverteilung[9], Eingriffe in die Gleichbehandlung[10], in das Recht der actio pro socio[11] und in Sonderrechte[12], Gestattungen besonderer Entnahmen[13], Maßnahmen der Rücklagenbildung[14], Änderungen der Mehrheitserfordernisse (i.S. einer Herabsetzung)[15], der Vertragsdauer[16], des Gesellschaftszwecks[17], der Kündigungsfolgen[18] sowie der Auseinandersetzungsregeln[19], Beschlüsse

---

1 BGH v. 15.1.2007 – II ZR 245/05, DStR 2007, 494, 496.
2 BGH v. 15.1.2007 – II ZR 245/05, DStR 2007, 494, 495; BGH v. 12.11.1952 – IV ZB 93/52, BGHZ 8, 35, 41 f.; BGH v. 13.5.1985 – II ZR 170/84, ZIP 1985, 1137, 1138.
3 BGH v. 5.3.2007 – II ZR 282/05, DStR 2007, 771, 772.
4 BGH v. 15.11.1982 – II ZR 62/82, BGHZ 85, 350, 356 ff.; BGH v. 13.3.1978 – II ZR 63/77, BGHZ 71, 53 ff.; *Giedinghagen*, DStR 2007, 1965, 1966 m.w.N.
5 BGH v. 15.6.1987 – II ZR 261/86, ZIP 1987, 1178: 65 Kommanditisten einer Familiengesellschaft.
6 Dagegen zu Recht: *Schlegelberger/Martens*, § 119 Rn. 23; *Scholz/K. Schmidt*, Anh. § 45 GmbHG Rn. 24; *K. Schmidt*, ZHR 158 (1994), 205, 219 f.; *Ebenroth/Boujong/Joost/Strohn/Goette*, § 119 Rn. 55.
7 *Ebenroth/Boujong/Joost/Strohn/Goette*, § 119 Rn. 61 ff.
8 RGZ 91, 166, 168 f.; RGZ 163, 385, 391; BGH v. 12.11.1952 – IV ZB 93/52, BGHZ 8, 35, 41; BGH v. 5.3.2007 – II ZR 282/05, DStR 2007, 771, 772; BGH v. 23.1.2006 – II ZR 126/04, DStR 2006, 621, 622.
9 BGH v. 27.1.1975 – II ZR 130/73, WM 1975, 662; BGH v. 10.5.1976 – II ZR 180/74, WM 1976, 661 f.; BGH v. 29.9.1986 – II ZR 285/85, WM 1986, 1556.
10 BGH v. 12.11.1952 – IV ZB 93/52, BGHZ 8, 35, 42.
11 BGH v. 13.5.1985 – II ZR 170/84, ZIP 1985, 1137, 1138.
12 Dazu vgl. *A. Hueck*, Das Recht der OHG, S. 179.
13 BGH v. 2.6.1986 – II ZR 169/85, WM 1986, 1109 f.
14 BGH v. 10.5.1976 – II ZR 180/74, WM 1976, 661, 662.
15 BGH v. 15.6.1987 – II ZR 261/86, ZIP 1987, 1178 f.
16 BGH v. 7.12.1972 – II ZR 131/68, WM 1973, 990, 991.
17 Vgl. im Einzelnen *Heymann/Emmerich*, § 119 Rn. 33.
18 BGH v. 13.7.1967 – II ZR 72/67, BGHZ 48, 251, 254.
19 BGH v. 14.4.1966 – II ZR 192/64, WM 1966, 707 f.

über eine Auflösung oder eine Fortsetzung der Gesellschaft[1], über die Aufnahme und das Ausscheiden von Gesellschaftern[2], Umwandlungsbeschlüsse[3]. Nicht die Grundlagen der Gesellschaft berührt hingegen die Bilanzfeststellung, auch wenn hierdurch das Gewinnrecht der Gesellschafter tangiert werden kann[4]. Ob eine allgemeine Mehrheitsklausel einen Mehrheitsbeschluss zur Bildung offener Rücklagen deckt, ist umstritten. Teilweise wird das bejaht, teilweise mit Blick auf den Eingriff in das Gewinnrecht des Gesellschafters verneint; liegt in dem Beschluss eine Vertragsänderung (weil etwa vom Vollausschüttungsprinzip abgewichen wird), so bedarf es einer speziellen Ermächtigungsgrundlage, die sich auch auf Vertragsänderungen bezieht[5].

c) Berechtigung des Grundsatzes

Die Berechtigung des Bestimmtheitsgrundsatzes ist überaus **streitig** geworden. Gegen ihn wird vor allem eingewendet, dass er nur formaler Natur sei und durch eine kautelarjuristische Kasuistik im Gesellschaftsvertrag gegenstandslos zu machen sei; damit verfehle er einen Minderheitsschutz. Die Kontrolle der Mehrheitsmacht sei demgegenüber mit anderen Mitteln, namentlich mit dem Kernbereichsschutz zu gewährleisten[6]. Unter dem Eindruck der Kritik hat auch der BGH die Frage eines Festhaltens am Bestimmtheitsgrundsatz zwischenzeitlich offen gelassen[7]. Andere Stimmen halten den Bestimmtheitsgrundsatz – wenn auch mit reduzierter Bedeutung – weiterhin für unverzichtbar[8]. Ihnen ist beizutreten (siehe auch oben Rn. 17). Insbesondere *K. Schmidt*[9] hat überzeugend dargetan, dass die Funktion des Bestimmtheitsgrundsatzes nicht in einer inhaltlichen (materiellen) Begrenzung der Mehrheitsherrschaft, sondern in der gebotenen Eindeutigkeit gesellschaftsvertraglicher Ermächtigungen für Mehrheitsentscheidungen zu sehen ist, während die Wahrung der Minderheits- und Individualrechte durch den Kernbereichsschutz und das Belastungsverbot (vgl. § 707 BGB) gewährleistet werde. Es liegt in der Konsequenz dieser Sicht, dass die Beachtung des Bestimmtheitsgrundsatzes dann keine enumerative Aufzählung von Beschlussgegenständen im Gesellschaftsvertrag erfordert; die Eindeutig-

19

---

1 BGH v. 12.11.1952 – IV ZB 93/52, BGHZ 8, 35, 42.
2 BGH v. 12.11.1952 – IV ZB 93/52, BGHZ 8, 35, 42; BayObLG v. 10.11.2004 – 3 ZBR 148/04, NZG 2005, 173, 174.
3 BGH v. 15.11.1982 – II ZR 62/82, BGHZ 85, 350 ff.
4 BGH v. 15.1.2007 – II ZR 245/05, DStR 2007, 494, 496; anders noch BGH v. 29.3.1996 – II ZR 263/94, BGHZ 132, 263, 266.
5 *Staub/Ulmer*, § 120 Rn. 42.
6 Vgl. etwa *Staub/Ulmer*, § 119 Rn. 38 f., § 105 Rn. 190, § 109 Rn. 41; *Staub/Schilling*, § 163 Rn. 4; MünchKommHGB/*Enzinger*, § 119 Rn. 81; *Hüffer*, ZHR 151 (1987), 396, 407; *Mecke*, BB 1988, 2258, 2261 ff.; *Ulmer*, ZHR 161 (1997), 102, 122; siehe auch *Wiedemann*, GesR I, S. 411 ff.
7 BGH v. 10.10.1994 – II ZR 18/94, ZIP 1994, 1942, 1943.
8 *Schlegelberger/Martens*, § 119 Rn. 19 ff.; *Heymann/Emmerich*, § 119 Rn. 34; *Baumbach/Hopt*, § 119 Rn. 39; *K. Schmidt*, GesR § 16 II 2e; *A. Hueck*, Das Recht der OHG, S. 178.
9 *K. Schmidt*, ZHR 158 (1994), 205, 214 ff.; auch *K.Schmidt*, GesR, § 16 II 2c–d.

keit einer gesellschaftsvertraglichen Ermächtigung kann sich auch ohne einen solchen Katalog aus dem Vertragsinhalt ergeben[1]. Diese Sichtweise hat sich jüngst auch der BGH zu eigen gemacht und klargestellt, dass er mit der Maßgabe an dem Bestimmtheitsgrundsatz festhalten möchte, dass abseits[2] strenger Kasuistik auch die Auslegung des Gesellschaftsvertrags auf einen eindeutigen Regelungswillen schließen lassen könne (vgl. Rn. 17)[3].

5. Schutz des mitgliedschaftlichen Kernbereichs

a) Bedeutung

20 Wesentliche (inhaltliche) Einschränkungen des Mehrheitsprinzips ergeben sich aus den Grundsätzen zum Schutz des Kernbereichs der mitgliedschaftlichen Rechtsstellung eines Gesellschafters[4]. Dieser Kernbereich steht zum Teil gar nicht (schlechthin unverzichtbar), zum Teil nur mit Zustimmung des betroffenen Gesellschafters (relativ unverzichtbar) zur Disposition der übrigen Gesellschafter[5]. Er bildet damit eine wesentliche Grundlage für den **Minderheitsschutz** in der Gesellschaft. Der Nachweis, dass die Mehrheitsentscheidung die zulässigen inhaltlichen Grenzen überschreitet, muss die überstimmte Minderheit führen[6]. Die Abgrenzung der Kernbereichssphäre ist allerdings nicht in jeder Hinsicht zweifelsfrei[7].

b) Unverzichtbare Rechte

21 Als unverzichtbare Rechte eines Gesellschafters kommen in Betracht[8]:

aa) Erhaltung der Mitgliedschaftsrechte

22 Unverzichtbar ist das Recht auf Wahrnehmung aller Befugnisse, die der **Erhaltung der Rechtsstellung des Gesellschafters** und der Abwehr von Eingriffen in diese dienen[9]. So kann ein Gesellschafter grundsätzlich nicht ohne wichtigen Grund[10] oder nach freiem Ermessen[11] ausgeschlossen werden (an-

---

1 *K. Schmidt*, ZHR 158 (1994), 205, 209 f.; vgl. auch *Hermanns*, ZGR 1996, 103, 114 f.
2 *Priester*, DStR 2007, 28, 31.
3 BGH v. 15.1.2007 – II ZR 245/05, DStR 2007, 494, 495 f.
4 Zur Herleitung vgl. BGH v. 14.5.1956 – II ZR 229/54, BGHZ 20, 363, 369 f.; BGH v. 5.11.1984 – II ZR 111/84, ZIP 1985, 407, 408.
5 BGH v. 15.1.2007 – II ZR 245/05, DStR 2007, 494, 496; *Wertenbruch*, ZIP 2007, 798, 799.
6 BGH v. 15.1.2007 – II ZR 245/05, DStR 2007, 494, 496; *Giedinghagen*, DStR 2007, 1965, 1968.
7 Vgl. etwa MünchKommBGB/*Ulmer*, § 709 BGB Rn. 93; siehe auch Staub/*Ulmer*, § 119 Rn. 40 ff.
8 MünchKommHGB/*Enzinger*, § 119 Rn. 65; *Wertenbruch*, ZIP 2007, 798, 799; *K. Schmidt*, GesR, § 16 III 3b; vgl. auch BayObLG v. 10.11.2004 – 3 Z BR 148/04, NZG 2005, 173, 174.
9 BGH v. 14.5.1956 – II ZR 229/54, BGHZ 20, 363, 367 f.
10 BGH v. 20.1.1977 – II ZR 217/75, BGHZ 68, 212, 215.
11 BGH v. 13.7.1981 – II ZR 56/80, BGHZ 81, 263, 265 f.; siehe auch BGH v. 25.3.1985 – II ZR 240/84, WM 1985, 772, 773.

ders evtl. bei einer Hinauskündigung aufgrund eines festen Tatbestandsmerkmals im Gesellschaftsvertrag[1]).

bb) Recht zum Ausscheiden

Das Gegenstück zu dieser Rechtsposition ist das gesellschafterliche **Recht zur Beendigung der Mitgliedschaft** (durch Kündigung oder Auflösung), das für die Personengesellschaften gemäß § 723 Abs. 1, 3 BGB gewährleistet ist[2] und nicht durch unangemessene Kündigungsfristen oder Abfindungsregelungen unzumutbar erschwert werden darf (vgl. dazu § 131 Rn. 34 sowie § 132 Rn. 16). 23

cc) Versammlungsteilnahme

Zwingender Natur ist sodann das Recht auf Teilnahme an der Gesellschafterversammlung. Es kann zumindest nicht generell ausgeschlossen werden und bleibt auf jeden Fall für solche Beschlussgegenstände gewahrt, die den sonstigen Kernbereich der Gesellschafterrechte betreffen. Das Teilnahmerecht kann indes ein Pflichtrecht sein, also zur Mitwirkung bei der Willensbildung verpflichten[3]. Es schließt die Befugnis ein, das Wort zu ergreifen und zu allen Beschlusspunkten Gehör zu erhalten[4]. 24

dd) Klagerecht gegen Gesellschafterbeschlüsse

Im Zusammenhang mit dem Recht auf Teilhabe an der Willensbildung in der Gesellschaft ist auch das Recht, Beschlüsse durch eine Klage anzugreifen, nicht entziehbar, sondern kann allenfalls in seiner Ausübung geregelt werden[5]. 25

ee) Stimmrecht

Ferner kann das Stimmrecht nicht ohne weiteres **gänzlich beseitigt werden**, auch wenn hier weit reichende Beschränkungen möglich sind[6]; ein völliger Wegfall kommt aber z.B. für die Komplementär-GmbH in einer GmbH & Co. KG in Betracht[7]. Grenzen für eine Stimmrechtsversagung ergeben sich namentlich bei Beschlüssen, die zu einem Eingriff in den Kernbestand der Mitgliedschaftsrechte führen[8]. So deckt ein Stimmrechtsausschluss für ei- 26

---

1 BGH v. 19.9.1988 – II ZR 329/87, WM 1989, 133, 134.
2 BGH v. 7.12.1972 – II ZR 131/68, WM 1973, 990, 991.
3 BGH v. 24.1.1972 – II ZR 3/69, WM 1972, 489, 490; *Scholz/K. Schmidt*, Anh. § 45 GmbHG Rn. 34.
4 *Schlegelberger/Martens*, § 119 Rn. 25 und § 161 Rn. 67; *Scholz/K. Schmidt*, Anh. § 45 GmbHG Rn. 36.
5 BGH v. 21.3.1988 – II ZR 308/87, WM 1988, 753, 755 (zur GmbH).
6 Siehe etwa für Kommanditisten BayObLG v. 10.11.2004 – 3 Z BR 148/04, NZG 2005, 173, 174.
7 Vgl. im Einzelnen etwa GroßKommHGB/*Fischer*, § 119 Rn. 23; *Schlegelberger/Martens*, § 119 Rn. 37; *Staub/Ulmer*, § 119 Rn. 68 f.; MünchKommHGB/*Enzinger*, § 119 Rn. 75; *Zöllner*, Schranken mitgliedschaftlicher Stimmrechtsmacht, S. 194; anders *Wiedemann*, GesR I, S. 368.
8 Vgl. auch BGH v. 14.5.1956 – II ZR 229/54, BGHZ 20, 363, 367 f.

nen Kommanditisten nicht die Auferlegung zusätzlicher Verpflichtungen für ihn oder eine Verkürzung seiner Gesellschafterrechte[1]. Ein Stimmrechtsausschluss für einen unbeschränkt haftenden Gesellschafter ist grundsätzlich nicht möglich, ebenso wie eine gänzliche Übertragung des Stimmrechts (sog. Abspaltungsverbot)[2]. Gegenstandslos sind auch Vereinbarungen, die faktisch zu einer Stimmrechtsübertragung führen[3]. Anders kann es allein für die Komplementär-GmbH in einer KG sein, so im Falle einer personenidentischen Gesellschaft, ohne dass hier Schranken aus dem Kernbereichsschutz für die GmbH entgegenstehen[4].

ff) Informationsrecht

27 Das Informationsrecht ist im Rahmen von § 118 Abs. 2 **unentziehbar**; gleiches kommt aber auch für andere Auskunftsrechte im Rahmen des Rechts auf Teilnahme an den Gesellschafterversammlungen und des Stimmrechts (Rn. 24, 26) in Betracht[5]. Eine Entziehung dieser Rechte könnte nur als letztes Mittel in Frage kommen[6] und scheidet so gut wie immer aus.

gg) Actio pro socio

28 Schließlich ist das Klagerecht auf der Grundlage der actio pro socio zu nennen. Es kann nach ganz überwiegender Auffassung **nicht schlechthin entzogen**, sondern **nur eingeschränkt** werden (§ 105 Rn. 79). So bleibt es z.B. in jedem Falle im Bereich des § 118 Abs. 2 von Bestand.

c) Verzichtbare Rechte

29 Bei den verzichtbaren Gesellschafterrechten, in die **nur mit Zustimmung** des betroffenen Gesellschafters **eingegriffen** werden kann, handelt es sich im Wesentlichen um die materiell-rechtlichen Positionen der Mitgliedschaft, z.B. im Zusammenhang mit dem Belastungsverbot des § 707 BGB[7], hier etwa bei Beitragserhöhungen, ferner bei den Rechten auf Gewinnbezug und auf Beteiligung am Liquidationserlös. Die Zustimmung zu Mehrheitsbeschlüssen kann im Gesellschaftsvertrag vorweggenommen werden[8]. Freilich dürfen die Regelungen nicht zu allgemein gehalten sein und müssen im Falle der antizipierten Zustimmung etwa zu Beitragserhöhungen Ausmaß und Umfang einer möglichen zusätzlichen Belastung und deren Obergrenze

---

1 BGH v. 14.5.1956 – II ZR 229/54, BGHZ 20, 363, 369.
2 Vgl. Ebenroth/Boujong/Joost/Strohn/Goette, § 119 Rn. 5.
3 Beispiele bei Ebenroth/Boujong/Joost/Strohn/Goette, § 119 Rn. 15.
4 BGH v. 24.5.1993 – II ZR 73/92, ZIP 1993, 1076, 1078.
5 Schlegelberger/Martens, § 119 Rn. 25 und § 118 Rn. 15.
6 BGH v. 10.10.1994 – II ZR 18/94, ZIP 1994, 1942, 1944.
7 Dazu K. Schmidt, GesR, § 16 III 3b cc; anders noch BGH v. 14.5.1956 – II ZR 229/54, BGHZ 20, 363, 369; zustimmend hingegen BGH v. 5.3.2007 – II ZR 282/05, DStR 2007, 771, 772.
8 BGH v. 15.1.2007 – II ZR 245/05, DStR 2007, 494.

erkennen lassen[1]. Zu den weiterreichenden Eingriffsmöglichkeiten in der Publikumsgesellschaft vgl. § 161 Rn. 116 ff. In der GmbH & Co. KG ist es zulässig und vielfach üblich, dass die Komplementär-GmbH, deren Funktion auf die Führung der Geschäfte der KG beschränkt ist, an deren Kapital nicht beteiligt ist und dass sie auch keinen Gewinnanspruch und kein Stimmrecht hat (vgl. § 161 Rn. 57).

6. Zweistufige Prüfung

Die Einhaltung des Bestimmtheitsgrundsatzes und die Beachtung der sich aus der Kernbereichslehre ergebenden Pflichten im Einzelfall sind in zwei Stufen zu überprüfen[2]: Zunächst ist nach den Grundsätzen des Bestimmtheitsgrundsatzes zu ermitteln, ob sich der einzelne Gesellschafter wirksam der Entscheidung der Mehrheit der Gesellschafter unterworfen hat. In einem weiteren Schritt schließt sich dann die Prüfung an, ob trotz prinzipieller Zulassung der Mehrheitsentscheidung im Gesellschaftsvertrag ein unzulässiger Eingriff in nicht oder nur mit (antizipierter) Zustimmung des einzelnen Gesellschafters dispositive Mitgliedschaftsrechte vorliegt.

III. Teilnahme- und Stimmrecht

1. Teilnahmerecht

Zur Teilnahme an der Versammlung berechtigt sind im Zweifel nur die Gesellschafter und – im Einzelfall auch – Vertreter (vgl. Rn. 31). Dagegen können – vorbehaltlich eines Gesellschafterbeschlusses oder besonderer Vereinbarungen – nicht teilnehmen Beistände (bei gleichzeitiger Anwesenheit des Gesellschafters), Beobachter, Berater oder Angestellte. Im Einzelfall kann allerdings aufgrund der Treuepflicht eine Zustimmungspflicht der (anderen) Gesellschafter bestehen[3].

2. Ausübung des Stimmrechts

Der Gesellschafter nimmt an der Willensbildung der Gesellschaft durch die Ausübung seines Stimmrechts teil. Dies muss im Hinblick auf das Abspaltungsverbot (§ 109 Rn. 7 f.) grundsätzlich **persönlich** geschehen. Bei nicht unbeschränkter Geschäftsfähigkeit wird das Stimmrecht vom gesetzlichen Vertreter wahrgenommen[4]. Da die Stimmabgabe eine Willenserklärung ist, gelten die dafür maßgeblichen Rechtsregeln. Ist sie nichtig, ist sie wie eine

---

1 BGH v. 5.3.2007 – II ZR 282/05, DStR 2007, 771, 772; BGH v. 26.3.2007 – II ZR 22/06, DStR 2007, 1313, 1314 m.w.N; OLG München v. 16.6.2004 – 7 U 5669/03, NZG 2004, 807.
2 BGH v. 15.1.2007 – II ZR 245/05; DStR 2007, 494, 495; BayObLG v. 10.11.2004 – 3 Z BR 148/04, NZG 2005, 173, 174; *Goette*, FS Sigle, 2000, S. 145, 156 ff.; *Ebenroth/Boujong/Joost/Strohn/Goette*, § 119 Rn. 59; zustimmend: *Baumbach/Hopt*, § 119 Rn. 39; BGH v. 15.1.2007 – II ZR 245/05, ZIP 2007, 475, 476 f.
3 LG Köln v. 25.10.1974 – 48 O 129/74, BB 1975, 343; *Baumbach/Hopt*, § 119 Rn. 30.
4 BGH v. 21.6.1965 – II ZR 68/63, BGHZ 44, 98, 100 f.

Stimmenthaltung zu behandeln[1] und kann dadurch das Abstimmungsergebnis beeinflussen[2].

3. Beschränkungen und Ausschluss

a) Gesellschaftsvertragliche Regelungen

32 Möglich sind **vertragliche Einschränkungen** des Stimmrechts. Zu den hier durch den Kernbereichsschutz gezogenen Grenzen vgl. zuvor Rn. 26. Auch Sonderrechte eines Gesellschafters können ihm nicht unter Ausschluss seines Zustimmungsrechts entzogen werden (Rn. 16).

33 Davon abgesehen kann der Gesellschaftsvertrag die **Stimmkraft** der Beteiligungen unterschiedlich bestimmen. Hier sind (unbeschadet der aus 138 BGB folgenden Schranken) Anteile mit einem Mehrstimmrecht, ggf. auch mit einem Vetorecht möglich[3], umgekehrt aber auch stimmrechtslose Anteile, dies aber wohl nur für Kommanditisten[4]. In der GmbH & Co. KG, jedenfalls in der personenidentischen Gesellschaft, kann ein Stimmrecht der Komplementär-GmbH ausgeschlossen sein, und zwar hier sogar auch für Angelegenheiten des mitgliedschaftlichen Kernbereichs[5].

b) Ausschluss durch Gesetz

34 In bestimmten Konstellationen ist das Stimmrecht eines Gesellschafters kraft Gesetzes ausgeschlossen, so nach den §§ 113 Abs. 2, 117, 127, 140 Abs. 1 und 141 Abs. 2, darüber hinaus entsprechend den §§ 34 BGB, 47 Abs. 4 GmbHG und 136 Abs. 1 AktG[6]; dies gilt auch in den Fällen einer Beschlussfassung über die Entlastung des Gesellschafters, über seine Befreiung von einer Verbindlichkeit oder über die Einleitung eines Rechtsstreits gegen ihn[7]. Jedoch darf i.Ü. ein Gesellschafter grundsätzlich auch in Angelegenheiten mitstimmen, die seine persönlichen Interessen besonders berühren[8], es sei denn, es kommt bei einem seine Belange betreffenden Beschluss auf das

---

1 *Zöllner*, Schranken mitgliedschaftlicher Stimmrechtsmacht, S. 359.
2 Vgl. zum Recht der GmbH: BGH v. 28.1.1980 – II ZR 84/79, BGHZ 76, 154, 158; BGH v. 26.10.1983 – II ZR 87/83, BGHZ 88, 320, 329 f.
3 BGH v. 14.5.1956 – II ZR 229/54, BGHZ 20, 363, 370.
4 BGH v. 14.5.1956 – II ZR 229/54, BGHZ 20, 363, 367 f.
5 BGH v. 24.5.1993 – II ZR 73/92, ZIP 1993, 1076, 1078.
6 LG Karlsruhe v. 19.1.2001 – O 123/00 KfH I, NJOZ 2001, 1023, 1024 f.; KG v. 26.2.2004 – 2 U 36/02, NZG 2004, 664, 665; *Schlegelberger/Martens*, § 119 Rn. 39; *Scholz/K. Schmidt*, Anh. § 45 GmbHG Rn. 46; *Staub/Ulmer*, § 119 Rn. 66; *Ebenroth/Boujong/Joost/Strohn/Goette*, § 119 Rn. 10.; MünchKommHGB/*Enzinger*, § 119 Rn. 30; *A. Hueck*, Das Recht der OHG, S. 171 f.; *Zöllner*, Schranken mitgliedschaftlicher Stimmrechtsmacht, S. 190 ff.
7 Siehe auch BGH v. 9.5.1974 – II ZR 84/72, WM 1974, 834, 835.
8 Vgl. etwa BGH v. 29.9.1955 – II ZR 225/54, BGHZ 18, 205, 210; BGH v. 29.5.1967 – II ZR 105/66, BGHZ 48, 163, 167; BGH v. 9.12.1968 – II ZR 57/67, BGHZ 51, 209, 215 (siehe aber zum Testamentsvollstrecker dort auf S. 217); BGH v. 9.7.1990 – II ZR 9/90, ZIP 1990, 1174 f.

Vorliegen eines ihm zuzurechnenden wichtigen Grundes an[1]. Kraft Gesetzes ausgeschlossen ist das Stimmrecht des Gesellschafters auch im Falle des Stimmrechtsmissbrauchs[2]. Ein solcher kann in Betracht kommen, wenn der Gesellschafter Sondervorteile verfolgt oder der Gesellschafter unter verständiger Würdigung der Sach- und Rechtslage und unter Berücksichtigung seiner Vermögensinteressen willkürlich Maßnahmen blockiert.

Im Einzelnen streitig ist der Ausschluss des Stimmrechts bei der Beschlussfassung über ein **Rechtsgeschäft zwischen der Gesellschaft und dem Gesellschafter**[3]. Doch folgt aus allgemeinen verbandsrechtlichen Grundsätzen die Notwendigkeit einer bejahenden Antwort. 35

Handelt ein Gesellschafter bei einem Beschluss, der eigene vertragliche Beziehungen zur Gesellschaft oder zu den Gesellschaftern betrifft, zugleich in Vertretung eines Mitgesellschafters, so gilt **§ 181 BGB**, und zwar auch, wenn es um die eigene Bestellung zum Geschäftsführer auf der Grundlage eines Anstellungsvertrages geht[4]. 36

4. Stimmpflichten

a) Tatbestände

Die unter den Gesellschaftern bestehenden Pflichtbindungen können zu **konkreten Verhaltenspflichten bei einer Stimmabgabe** führen. Sind einstimmige Beschlüsse erforderlich, muss sich jeder Gesellschafter an der Abstimmung beteiligen (keine Stimmenthaltung!) und sich zu diesem Zweck auch zuvor im erforderlichen Maße informieren[5]. Davon abgesehen kann die Treuepflicht in vielerlei Hinsicht zu der Verpflichtung führen, bestimmten Beschlussvorhaben zuzustimmen oder umgekehrt sie abzulehnen. Der Stimmrechtsgebrauch in Geschäftsführungsangelegenheiten ist grundsätzlich an den Erfordernissen eines pflichtgemäßen Geschäftsführerhandelns auszurichten (vgl. § 114 Rn. 7 ff.). Auch bei Vertragsänderungen oder anderen Grundlagenentscheidungen kommt je nach gegebener Sachlage und bei entsprechend gewichtigem Anlass eine Pflicht zur Zustimmung in Betracht[6]. 37

---

1 *A. Hueck*, Das Recht der OHG, S. 172; *Zöllner*, Schranken mitgliedschaftlicher Stimmrechtsmacht, S. 236.
2 OLG Hamm v. 5.3.2003 – 8 U 130/02, NZG 2003, 627, 628; *Baumbach/Hopt*, § 119 Rn. 11.
3 Bejahend: RGZ 136, 236, 245; *Schlegelberger/Martens*, § 119 Rn. 40; *Scholz/K. Schmidt*, Anh. § 45 GmbHG Rn. 46; MünchKommBGB/*Ulmer*, § 709 BGB Rn. 70; *Zöllner*, Schranken mitgliedschaftlicher Stimmrechtsmacht, S. 193 f.; verneinend: *Staub/Ulmer*, § 119 Rn. 66; MünchKommHGB/*Enzinger*, § 119 Rn. 33; *A. Hueck*, Das Recht der OHG, S. 171; unentschieden: BGH v. 13.7.1967 – II ZR 72/67, BGHZ 48, 251, 256.
4 BGH v. 24.9.1990 – II ZR 167/89, BGHZ 112, 339, 341 f.; BGH v. 16.1.1995 – II ZR 290/93, ZIP 1995, 377.
5 *A. Hueck*, ZGR 1972, 237, 241 ff.; vgl. weiter *Scholz/K. Schmidt*, Anh. § 45 GmbHG Rn. 34.
6 Siehe den Überblick in BGH v. 25.9.1986 – II ZR 262/85, BGHZ 98, 276, 279 und BGH v. 20.3.1995 – II ZR 205/94, ZIP 1995, 819, 824; im Einzelnen: BGH v.

b) Rechtsfolgen bei Verstößen

38 Bei pflichtwidrigem Stimmgebrauch ist in Geschäftsführungsfragen die **Stimmabgabe unbeachtlich**[1]. In anderen Fällen muss der Gesellschafter grundsätzlich auf eine gebotene Zustimmung verklagt werden[2], nicht jedoch in der Publikumsgesellschaft (§ 161 Rn. 124), auch nicht bei dringlicher und existenzwichtiger Bedeutung des angestrebten Beschlusses[3]. Auch ein einstweiliger Rechtsschutz, mit dem einem Gesellschafter verboten werden soll, sein Stimmrecht in einer bestimmten Weise bzw. nicht auszuüben, ist möglich[4]. Allerdings sind in einem solchen Fall an den Verfügungsanspruch und an den Verfügungsgrund besonders hohe Anforderungen zu stellen[5].

5. Stimmbindungsabreden

39 Vereinbarungen, durch die ein Gesellschafter sich zu einem bestimmten Stimmgebrauch verpflichtet, sind innerhalb der Grenzen der allgemeinen gesellschafterlichen Pflichtbindungen, namentlich der Treuepflicht, **grundsätzlich zulässig**[6]. Doch trifft die vom BGH[7] dabei anerkannte Möglichkeit, auch Bindungen gegenüber Nichtgesellschaftern einzugehen, teilweise auf Kritik, soweit es sich nicht um Fälle einer offenen Treuhand oder einer Unterbeteiligung handelt[8]. Indes dürften die Bedenken nicht begründet sein, da eine Stimmbindung ohnehin nur in den Grenzen der Treuepflicht in Be-

---

10.6.1965 – II ZR 6/63, BGHZ 44, 40, 41 f. (Regelung einer Tätigkeitsvergütung); BGH v. 28.4.1975 – II ZR 16/73, BGHZ 64, 253, 257 f. (Mitwirkung bei einer Ausschließung); BGH v. 24.4.1954 – II ZR 35/53, BB 1954, 456 (Pflicht zur Übernahme der Geschäftsführung); BGH v. 26.1.1961 – II ZR 240/59, NJW 1961, 724 (Zustimmung zum Ausscheidensbegehren); BGH v. 20.10.1986 – II ZR 86/85, WM 1987, 133, 134 f. (Regelung einer Gesellschafternachfolge); weitere Beispielsfälle: BGH v. 1.12.1969 – II ZR 14/68, WM 1970, 246, 248; BGH v. 5.11.1984 – II ZR 111/84, ZIP 1985, 407, 408; BGH v. 21.10.1985 – II ZR 57/85, ZIP 1986, 91, 92; vgl. auch BGH v. 10.10.1994 – II ZR 18/94, ZIP 1994, 1942, 1943.

1 BGH v. 17.12.1959 – II ZR 81/59, NJW 1960, 434, 435; OLG Hamm v. 5.3.2003 – 8 U 130/02, NZG 2003, 627, 628.
2 Vgl. z.B. BGH v. 12.10.1959 – II ZR 237/57, WM 1959, 1433, 1434.
3 BGH v. 28.5.1979 – II ZR 172/78, WM 1979, 1058, 1059 f.; BGH v. 29.9.1986 – II ZR 285/85, WM 1986, 1556, 1557; *Staub/Ulmer*, § 119 Rn. 58 (unter Aufgabe des Standpunktes bei § 105 Rn. 250).
4 Vgl. *v. Gerkan*, ZGR 1985, 167, 172 ff.; siehe auch OLG Düsseldorf v. 18.5.2005 – 15 U 202/04, NZG 2005, 633, 634 f.; OLG Hamburg v. 28.6.1991 – 11 U 65/91, ZIP 1991, 1428, 1429 (zur GmbH) mit zust. Anm. *K. Schmidt*, GmbHR 1991, 467 f.; OLG Koblenz v. 25.10.1990 – 6 U 238/90, NJW 1991, 1119, 1120: generell unzulässig.
5 OLG Düsseldorf v. 18.5.2005 – 15 U 202/04, NZG 2005, 633, 634 f.; OLG München v. 20.7.1998 – 23 W 1455/98, NZG 1999, 407 f.; *Leuering/Simon*, NJW-Spezial 2005 Heft 9, 411.
6 BGH v. 29.5.1967 – II ZR 105/66, BGHZ 48, 163, 167 f. – Dies gilt jedoch nicht für geschäftsführende Gesellschafter im Hinblick auf ihre Organpflichten, vgl. *Schlegelberger/Martens*, § 119 Rn. 49; *Staub/Ulmer*, § 119 Rn. 74; MünchKommHGB/ *Enzinger*, § 119 Rn. 37.
7 BGH v. 29.5.1967 – II ZR 105/66, BGHZ 48, 163, 167 f.
8 Vgl. etwa *Staub/Ulmer*, § 119 Rn. 75.

tracht kommt[1]. Unterliegt insbesondere ein Gesellschafter, zu dessen Gunsten eine Stimmbindung besteht, einem Stimmverbot oder einer Pflichtbindung im Hinblick das Abstimmungsverhalten, so wirkt dies jeweils auch auf die Stimmbindung ein und begrenzt die aus ihr folgenden Verpflichtungen. Nicht anders wird die Situation zu beurteilen sein, wenn die Befolgung einer Stimmbindung gegenüber einem Nichtgesellschafter mit den gesellschafterlichen Verhaltenspflichten des gebundenen Gesellschafters in Widerspruch gerät[2].

Durchzusetzen sind Stimmbindungsabreden vermittels einer **Leistungsklage** i.S. von § 894 ZPO[3]. Zum einstweiligen Rechtsschutz vgl. Rn. 38. 40

§ 120
Gewinn- und Verlustberechnung

(1) Am Schlusse jedes Geschäftsjahrs wird aufgrund der Bilanz der Gewinn oder der Verlust des Jahres ermittelt und für jeden Gesellschafter sein Anteil daran berechnet.

(2) Der einem Gesellschafter zukommende Gewinn wird dem Kapitalanteile des Gesellschafters zugeschrieben; der auf einen Gesellschafter entfallende Verlust sowie das während des Geschäftsjahrs auf den Kapitalanteil entnommene Geld wird davon abgeschrieben.

Übersicht

	Rn.		Rn.
I. Allgemeines	1	d) Austragung von Streitigkeiten	11
II. Jahresabschluss		III. Behandlung der Anteile am Jahresergebnis und der Entnahmen	12
1. Aufstellung	3		
a) Kompetenz	4	1. Kapitalanteil und Kapitalkonto	13
b) Bewertungsermessen	5	a) Variabler Kapitalanteil	14
2. Feststellung	6	b) Fester Kapitalanteil	15
a) Rechtsnatur	7	2. Sonderkonten	
b) Inhaltliche Anforderungen	8	a) Möglichkeiten	16
c) Bewertungsermessen, Ergebnisverwendung	9	b) Abgrenzung zum Kapitalkonto	17

Schrifttum: *Förschle/Knopp,* Mindestinhalt der Gewinn- und Verlustrechnung für Einzelkaufleute und Personenhandelsgesellschaften, DB 1989, 1037, 1096; *Ganßmüller,* Der Gewinnanteil der Gesellschafter von Handelspersonengesellschaften und seine rechtliche Behandlung, DB 1967, 2103; *Goerdeler,* Auswirkungen des Bilanzrichtliniengesetzes auf Personengesellschaften, in: Festschrift Fleck, 1988, S. 53; *Großfeld,* Bilanzrecht für Juristen, NJW 1986, 955; *Huber,* Vermögensanteil, Kapitalanteil und Gesellschaftsanteil, 1970; *Huber,* Gesellschafterkonten in der Personengesellschaft,

---
1 Siehe auch *Schlegelberger/Martens,* § 119 Rn. 50.
2 *Schlegelberger/Martens,* § 119 Rn. 49.
3 BGH v. 29.5.1967 – II ZR 105/66, BGHZ 48, 163, 173.

ZGR 1988, 1; *Knobbe-Keuk*, Bilanz- und Unternehmenssteuerrecht, 9. Aufl. 1993; *Mellwig*, Rechnungslegungszwecke und Kapitalkonten bei Personengesellschaften, BB 1979, 1409; *Priester*, Stille Reserven und offene Rücklagen bei Personengesellschaften, in: Festschrift Quack, 1991, S. 373; *Schulze-Osterloh*, Die Rechnungslegung der Einzelkaufleute und Personenhandelsgesellschaften nach dem Bilanzrichtlinien-Gesetz, ZHR 150 (1986), 403; *Ulmer*, Gewinnanspruch und Thesaurierung in OHG und KG, in: Festschrift Lutter, 2000, S. 935; *H. Westermann*, Zur Problematik der Rücklagen der Personenhandelsgesellschaft, in: Festschrift v. Caemmerer, 1978, S. 657; *Wilhelm*, Bilanz, Vermögen, Kapital, Gewinn bei Einzelkaufmann, Personalgesellschaften und Kapitalgesellschaften, ZHR 159 (1995), 454; *Woltmann*, Die Bilanz der Personenhandelsgesellschaft an der Schwelle des Bilanzrichtlinien-Gesetzes, WPg 1977, 245, 275.

I. Allgemeines

1   Die Vorschrift hat die Verteilung des im Jahresabschluss ausgewiesenen Gewinns oder Verlustes auf die Anteile der Gesellschafter zum Gegenstand. Soweit § 120 Abs. 1 nur von der „Bilanz" spricht, ist das ohne praktische Relevanz. In welcher Weise ein Gewinn unter die Gesellschafter verteilt wird, regelt sich nach § 121. Bei der Gewinnermittlung hat die Frage der Bildung stiller Reserven und von Rücklagen besondere Bedeutung (nachfolgend Rn. 10). Die in § 120 Abs. 2 weiter vorgesehene Abschreibung von Entnahmen wird durch § 122 ergänzt.

2   Die gesetzlich vorgesehene Gewinnverteilung wird in der Praxis durch abweichende Vereinbarungen **vielfach abbedungen** und durch andere Regelungen ersetzt. Das gilt namentlich für die geführten Gesellschafterkonten (siehe dazu Rn. 16 f.).

II. Jahresabschluss

1. Aufstellung

3   Unter Aufstellung des Jahresabschlusses versteht man die zusammenfassende Übernahme des Zahlenwerkes aus Buchführung und Inventar (§§ 238, 240) in Bilanz und Gewinn- und Verlustrechnung unter Vornahme der entsprechenden Abschlussbuchungen und unter Beachtung der bilanziellen Vorschriften und Vorgaben des Gesellschaftsvertrags[1]. Eine Frist sieht das Gesetz für die Aufstellung des Jahresabschlusses nicht vor. § 243 Abs. 3 schreibt lediglich vor, dass dies innerhalb der einem ordnungsgemäßen Geschäftsgang entsprechenden Zeit zu erfolgen hat[2].

---

1 MünchKommHGB/*Priester*, § 120 Rn. 46.
2 Zur Konkretisierung dieses Zeitrahmens siehe MünchKommHGB/*Priester*, § 120 Rn. 51.

a) Kompetenz

Die in § 242 vorgeschriebene Aufstellung des Jahresabschlusses ist innerhalb der Gesellschaft Aufgabe der **geschäftsführenden Gesellschafter**[1]. Diese sind hierzu in ihrer Gesamtheit verpflichtet und können durch Klage (auch der nichtgeschäftsführende Gesellschafter etwa im Wege der actio pro socio)[2] zur Mitwirkung an der Aufstellung angehalten werden[3]. Die Gesellschaft ist am Verfahren nicht beteiligt[4]. Die Pflicht zur Aufstellung muss allerdings von den geschäftsführenden Gesellschaftern nicht höchstpersönlich erfüllt werden. Vielmehr kann diese Aufgabe auf Vertreter oder Mitarbeiter delegiert werden[5]. Eine Entäußerung der Verantwortung für die Erfüllung der Aufgabe geht damit jedoch nicht einher.

b) Bewertungsermessen

Die Aufstellung des Jahresabschlusses bedeutet, dass ein vollständiger, genehmigungsfähiger Entwurf hergestellt wird. Dazu gehört auch die Ausübung des **bilanzrechtlichen Bewertungsermessens**[6]. Soweit es um die Bilanzierungsentscheidungen geht, die die Darstellung der Vermögens-, Finanz- und Ertragslage der Gesellschaft betreffen, verbleibt es bei den Bewertungsentscheidungen der geschäftsführenden Gesellschafter, sofern die gesetzlichen Regeln der §§ 238 ff. und die Grundsätze ordnungsgemäßer Buchführung beachtet sind. Dagegen fallen Bilanzierungsmaßnahmen, denen die Bedeutung einer Ergebnisverwendung zukommt, in die Kompetenz der Gesamtheit aller Gesellschafter bei der Feststellung des Jahresabschlusses (siehe dazu Rn. 9 f.)[7]. An die in diesem Rahmen von den geschäftsführenden Gesellschaftern ermessensgerecht getroffenen Entscheidungen sind die übrigen Gesellschafter bei der Feststellung des Jahresabschlusses grundsätzlich gebunden. Wenn sie sachgemäß und im Einklang mit den geltenden Rechtsvorschriften und den Grundsätzen ordnungsmäßiger Buchführung (§§ 238 Abs. 1, 243 Abs. 1) ausgefallen sind, bleiben sie maßgeblich[8].

---

1 BGH v. 24.3.1980 – II ZR 88/79, BGHZ 76, 338, 342; BGH v. 29.3.1996 – II ZR 263/94, BGHZ 132, 263, 266; BGH v. 27.9.1979 – II ZR 31/78, WM 1979, 1330.
2 Ebenroth/Boujong/Joost/Strohn/Ehricke, § 120 Rn. 14; Schlegelberger/Martens, § 120 Rn. 2; MünchKommHGB/Priester, § 120 Rn. 53.
3 Schlegelberger/Martens, § 120 Rn. 2; Ebenroth/Boujong/Joost/Strohn/Ehricke, § 120 Rn. 9; MünchKommHGB/Priester, § 120 Rn. 48, 52.
4 Staub/Ulmer, § 120 Rn. 14; MünchKommHGB/Priester, § 120 Rn. 52.
5 BGH v. 3.7.1961 – II ZR 74/60, WM 1961, 886, 887; MünchKommHGB/Priester, § 120 Rn. 49; Ebenroth/Boujong/Joost/Strohn/Ehricke, § 120 Rn. 10.
6 Schlegelberger/Martens, § 120 Rn. 3; Ebenroth/Boujong/Joost/Strohn/Ehricke, § 120 Rn. 19.
7 Vgl. BGH v. 29.3.1996 – II ZR 263/94, BGHZ 132, 263, 266 f., 274 ff.
8 Schlegelberger/Martens, § 120 Rn. 3; Staub/Ulmer, § 120 Rn. 14, 25; Ulmer, FS Hefermehl, 1976, S. 207, 218 ff.; Ebenroth/Boujong/Joost/Strohn/Ehricke, § 120 Rn. 19.

2. Feststellung

6 Die Feststellung des Jahresabschlusses bedeutet dessen Billigung und Verbindlicherklärung durch das zuständige Organ[1]. Sie schließt die Rechnungslegung ab und entspricht daher der Erfüllung der öffentlich-rechtlichen Pflicht zur Rechnungslegung[2].

a) Rechtsnatur

7 Der aufgestellte Jahresabschluss bedarf, um für die Gesellschafter verbindlich zu werden, sodann der Feststellung durch die Gesamtheit der Gesellschafter. Die Feststellung, die grundsätzlich ein **Grundlagengeschäft** (§ 114 Rn. 1 f.), aber i.S. des Bestimmtheitsgrundsatzes kein ungewöhnliches Geschäft (vgl. § 119 Rn. 17 f.) darstellt[3], hat unter den Gesellschaftern rechtsgeschäftliche Bedeutung im Hinblick auf die im Jahresabschluss enthaltenen Vermögenspositionen. Der Feststellungsbeschluss bedarf keiner Form; er kann konkludent durch Hinnahme des übersandten Abschlusses zustande kommen[4]. Materiell wird in der Feststellung heute überwiegend ein kausales Anerkenntnis gesehen[5]. Das Anerkenntnis kann ggf. nach den §§ 119, 123 BGB angefochten[6] oder nach § 812 Abs. 2 BGB kondiziert werden[7]. Das Anerkenntnis erfasst die Feststellung des gesamten Jahresabschlusses[8]. Streitig ist, welche Bindungswirkung das Anerkenntnis in Bezug auf die Verbindlichkeiten und Ansprüche zwischen Gesellschaft und Gesellschafter entfaltet. Richtiger Ansicht nach sind nur solche Ansprüche und Verbindlichkeiten in die Bindungswirkung der Bilanzfeststellung einzubeziehen, die in die Bilanz einbezogen wurden[9] bzw. dort ihren Niederschlag[10] gefunden haben[11]. Dritte, die vom Jahresabschluss betroffen sind (z.B. stille Gesellschafter), können sich dagegen ohne weiteres auf eine Unrichtigkeit der in

---

1 BGH v. 29.3.1996 – II ZR 263/94, BGHZ 132, 263, 266; *Ebenroth/Boujong/Strohn/Ehricke*, § 120 Rn. 33; MünchKommHGB/*Priester*, § 120 Rn. 54.
2 *W. Müller*, FS Quack, 1991, S. 359, 360.
3 BGH v. 15.1.2007 – II ZR 245/05, NZG 2007, 259, 260; BGH v. 29.3.1996 – II ZR 263/94, BGHZ 132, 263, 268 ff.; *Staub/Ulmer*, § 120 Rn. 1; *Ebenroth/Boujong/Joost/Strohn/Ehricke*, § 120 Rn. 33.
4 BGH v. 3.11.1975 – II ZR 87/74, DB 1975, 1605, 1606; MünchKommHGB/*Priester*, § 120 Rn. 65; *Ebenroth/Boujong/Joost/Strohn/Ehricke*, § 120 Rn. 49.
5 *Schlegelberger/Martens*, § 120 Rn. 5; *Staub/Ulmer*, § 120 Rn. 19; MünchKommHGB/*Priester*, § 120 Rn. 56; *Ebenroth/Boujong/Joost/Strohn/Ehricke*, § 120 Rn. 36 ff.; für ein abstraktes Schuldanerkenntnis noch: BGH v. 11.1.1960 – II ZR 69/59, WM 1960, 187, 188; GroßKommHGB/*Fischer*, § 120 Rn. 11; *A. Hueck*, Das Recht der OHG, S. 243.
6 BGH v. 11.1.1960 – II ZR 69/59, WM 1960, 187, 188.
7 BGH v. 13.1.1966 – II ZR 68/64, WM 1966, 448, 449.
8 *Schlegelberger/Martens*, § 120 Rn. 4; *Ebenroth/Boujong/Joost/Strohn/Ehricke*, § 120 Rn. 41; MünchKommHGB/*Priester*, § 120 Rn. 59.
9 *Ebenroth/Boujong/Joost/Strohn/Ehricke*, § 120 Rn. 33; *Staub/Ulmer*, § 120 Rn. 17.
10 BGH v. 11.1.1960 – II ZR 69/59, BB 1960, 188.
11 Weitergehend *Schlegelberger/Martens*, § 120 Rn. 4; gegen eine Bindungswirkung dagegen MünchKommHGB/*Priester*, § 120 Rn. 61.

ihm enthaltenen Ansätze berufen[1]. Dies gilt jedoch nicht für den Zessionar eines Gewinnanspruchs, da ihm (über § 404 BGB) die Maßgeblichkeit des festgestellten Jahresabschlusses entgegengehalten werden kann.

b) Inhaltliche Anforderungen

Der Jahresabschluss, aus dem sich das festgestellte Jahresergebnis ergibt, muss den dafür geltenden §§ 242 ff.[2] genügen, namentlich den Bewertungsvorschriften der §§ 252 ff. Verstößt der Beschluss gegen diese Anforderungen, so ist er nichtig[3] und nicht anfechtbar (siehe § 119 Rn. 8 f.)[4].

8

c) Bewertungsermessen, Ergebnisverwendung

Während die Ansatz- und Bewertungsentscheidungen zur Darstellung der Vermögens-, Finanz- und Ertragslage der Gesellschaft (i.S. der Ergebnisermittlung) den geschäftsführenden Gesellschaftern obliegen und insoweit die Gesellschaftergesamtheit binden (Rn. 4), können die zur Feststellung des Jahresabschlusses berufenen Gesellschafter, sofern der Gesellschaftsvertrag dies vorsieht, ggf. aber auch dann, wenn eine solche Maßnahme im Interesse des Unternehmensbestandes erforderlich ist, Entscheidungen über eine **Ergebnisverwendung** treffen[5]. Gestattet der Gesellschaftsvertrag hierzu Mehrheitsentscheidungen, müssen diese, da sie die Gewinnbeteiligung der Gesellschafter berühren, den Anforderungen des Bestimmtheitsgrundsatzes und insbesondere des Kernbereichsschutzes (§ 119 Rn. 17 ff., 20 ff.) genügen[6]. Unabhängig davon kann sich aber eine Zustimmungspflicht dissentierender Gesellschafter ergeben[7]. Die Gewinnverwendung ist daher von Gewinnermittlung zu unterscheiden. Die Abgrenzung ist nicht immer einfach[8].

9

Als Ergebnisverwendung und nicht als Darstellung des Gesellschaftsvermögens (Gewinnermittlung) gelten insbesondere die Einstellung **offener Rücklagen** und die Bildung **stiller Reserven**. Bei Letzteren bestehen Unklarheiten, in welchem Umfange für sie Raum neben dem insoweit einschlägigen Bewertungsermessen der geschäftsführenden Gesellschafter bleibt. Nach der Rechtsprechung können Aufwandsrückstellungen nach § 249 Abs. 1 S. 3, Abs. 2, zusätzliche Abschreibungen nach § 253 Abs. 4 sowie

10

---

1 *Schlegelberger/Martens*, § 120 Rn. 7; MünchKommHGB/*Priester*, § 120 Rn. 62; Ebenroth/Boujong/Joost/Strohn/Ehricke, § 120 Rn. 47.
2 Siehe hierzu Ebenroth/Boujong/Joost/Strohn/Ehricke, § 120 Rn. 20 ff.
3 Ebenroth/Boujong/Joost/Strohn/Ehricke, § 120 Rn. 51.
4 So aber MünchKommHGB/*Priester*, § 120 Rn. 70.
5 BGH v. 29.3.1996 – II ZR 263/94, BGHZ 132, 263, 274 ff.
6 Offen gelassen in BGH v. 15.1.2007 – II ZR 245/05, DStR 2007, 494, 497, ob für Ergebnisverwendungsbeschluss eine besondere Mehrheitsermächtigung im Gesellschaftsvertrag erforderlich ist.
7 BGH v. 29.3.1996 – II ZR 263/94, BGHZ 132, 263, 274 ff.; z.T. krit. *Ulmer*, FS Lutter, S. 935, 944 f.
8 Siehe hierzu BGH v. 29.3.1996 – II ZR 263/94, BGHZ 132, 263, 275 f.; Ebenroth/Boujong/Joost/Strohn/Ehricke, § 120 Rn. 67 f.

steuerliche Sonderabschreibungen als Teil der Gewinnverwendung beschlossen werden (str.)[1].

d) Austragung von Streitigkeiten

11 Streitigkeiten über die Mitwirkung bei der Bilanzfeststellung und über die Richtigkeit der Bilanzansätze sind **unter den Gesellschaftern auszutragen**[2]. Die Gesellschaft ist daran nicht beteiligt. Dabei besteht (anders als bei einer Klage auf Aufstellung der Bilanz) eine notwendige Streitgenossenschaft der Gesellschafter[3].

III. Behandlung der Anteile am Jahresergebnis und der Entnahmen

12 Der auf den Gesellschafter entfallende Gewinn- oder Verlustanteil ist jeweils dem Kapitalanteil des Gesellschafters zu- oder abzuschreiben (§ 120 Abs. 2). Gleiches gilt für Entnahmen.

1. Kapitalanteil und Kapitalkonto

13 Der Kapitalanteil gibt als **Bewertungsziffer** das (jeweilige) Maß der Beteiligung des Gesellschafters am Gesellschaftsvermögen wieder[4]. Er ist aber nicht identisch mit dem wirklichen Wert der Beteiligung[5] und ist auch keine Forderung gegen die Gesellschaft. Daher ist er auch Verfügungen des Gesellschafters bzw. dem Zugriff der Gläubiger, etwa im Wege der Pfändung, entzogen[6]. Bedeutung hat er vor allem für die Gewinnverteilung (§§ 121, 122) sowie für den Anteil am Liquidationserlös (§ 155). Seiner Funktion nach beschränkt sich der Kapitalanteil also auf die Zumessung der im Gesetz ausdrücklich genannten Vermögensrechte und ist damit vom „Gesellschaftsanteil", d.h. der Zusammenfassung aller mitgliedschaftlichen Rechte und Pflichten verschieden.

---

1 BGH v. 29.3.1996 – II ZR 263/94, BGHZ 132, 263, 275 f.; vgl. auch *Döllerer*, BB 1987, Beil. 12, 10; *Priester*, FS Quack, 1991, S. 373, 386; *Schulze-Osterloh*, ZHR 150 (1986), 403, 421 f. und BB 1995, 2519, 2521. Nach *Staub/Ulmer*, § 120 Rn. 37 f. und *Ulmer*, FS Lutter, S. 935, 941 ff. sind außer Rücklagen nur Ermessenreserven nach § 253 Abs. 4 möglich. Ebenfalls in diesem Sinne: *Ebenroth/Boujong/Joost/Strohn/Ehricke*, § 120 Rn. 28.
2 BGH v. 27.9.1979 – II ZR 31/78, WM 1979, 1330, 1331.
3 BGH v. 10.10.1983 – II ZR 181/82, WM 1983, 1279, 1280.
4 *Ebenroth/Boujong/Joost/Strohn/Ehricke*, § 120 Rn. 58; *Schlegelberger/Martens*, § 120 Rn. 25; MünchKommHGB/*Priester*, § 120 Rn. 84; *A. Hueck*, Das Recht der OHG, S. 229; vgl. auch *Huber*, Vermögensanteil, S. 228.
5 Vgl. BGH v. 1.6.1987 – II ZR 295/86, BGHZ 101, 123, 126.
6 *Baumbach/Hopt*, § 120 Rn. 13; MünchKommHGB/*Priester*, § 120 Rn. 87; *Ebenroth/Boujong/Joost/Strohn/Ehricke*, § 120 Rn. 59.

a) Variabler Kapitalanteil

Nach § 120 Abs. 2 ist der Kapitalanteil eine durch die jeweiligen Zu- und Abschreibungen beeinflusste **variable Größe**. Sein Ausgangswert ist die vom Gesellschafter erbrachte Einlage. Die zu berücksichtigenden Veränderungen können zu einem negativen Wert des Kapitalanteils führen, und zwar ggf. bei allen Gesellschaftern (man spricht dann von einem negativen Kapitalanteil)[1]. Ein solcher negativer Kapitalanteil beeinträchtigt die Mitgliedschaft als subjektives Recht grundsätzlich nicht und löst auch keine Nachschusspflicht aus[2]. Die für die Höhe des Kapitalanteils maßgeblichen Vorgänge werden auf dem für den Gesellschafter geführten **Kapitalkonto** verbucht. Neben dem Kapitalkonto können für den Gesellschafter weitere Konten bestehen (dazu Rn. 16 f.), die jedoch nicht der Bestimmung des Kapitalanteils dienen, sondern andere Rechtsbeziehungen zur Gesellschaft zum Gegenstand haben. Denkbar ist allerdings auch eine Beteiligung ohne einen Kapitalanteil[3], wenn der Gesellschafter ohne Einlagepflicht, ohne Ergebnisbeteiligung und ohne Anspruch auf Abfindung oder auf den Liquidationserlös beteiligt ist (so häufig die Komplementär-GmbH in einer GmbH & Co. KG). H.M. nach kann ein Gesellschafter im Hinblick auf den Grundsatz der Einheitlichkeit des Gesellschaftsanteils nicht mehrere Kapitalanteile halten[4]. 14

b) Fester Kapitalanteil

Abweichend von der gesetzlichen Regelung wird gesellschaftsvertraglich vielfach ein Kapitalanteil als **feste Größe** vereinbart[5], der sich dann an der Höhe der Einlage orientiert. Die anfallenden Zu- und Abschreibungen von Gewinn- und Verlustanteilen sowie von Entnahmen werden dann üblicherweise auf einem „**Kapitalkonto II**" verbucht, das dann gleichfalls Kapitalkontoqualität hat[6]. Doch ergibt sich aus einem passiven Kapitalkonto II noch keine Ausgleichspflicht vor einer Auseinandersetzung der Gesellschaft oder einem Ausscheiden des Gesellschafters[7]. In der Liquidation sind die Salden beider Konten zwecks Ermittlung der Liquidationsanteile der Gesellschafter zu summieren[8]. 15

---

1 MünchKommHGB/*Priester*, § 120 Rn. 88; *Ebenroth/Boujong/Joost/Strohn/Ehricke*, § 120 Rn. 72.
2 BGH v. 10.2.1977 – II ZR 120/75, BGHZ 68, 225, 227; *Baumbach/Hopt*, § 120 Rn. 22; *Ebenroth/Boujong/Joost/Strohn/Ehricke*, § 120 Rn. 59.
3 BFH v. 9.2.2006 – IV R 23/04, DStRE 2006, 837, 838; OLG Hamm v. 30.3.2007 – 30 U 13/06, NZI 2007, 584, 587; *K. Schmidt*, GesR, § 47 I 1b; vgl. auch *Huber*, Vermögensanteil, S. 289 ff.; MünchKommHGB/*Priester*, § 120 Rn. 91.
4 BGH v. 11.4.2957 – II ZR 182/55, BGHZ 24, 106, 108 f.; BGH v. 20.4.1972 – II ZR 143/69, BGHZ 58, 316, 318; BayObLG v. 5.2.2003 – 3 Z BR 8/03, DB 2003, 762, 763; *Ebenroth/Boujong/Joost/Strohn/Ehricke*, § 120 Rn. 61; *Schlegelberger/Martens*, § 161 Rn. 41; a.A. MünchKommHGB/*Priester*, § 120 Rn. 93; *Lüttge*, NJW 1994, 5, 10 f.
5 Siehe etwa RGZ 128, 172, 175; MünchKommHGB/*Priester*, § 120 Rn. 100 ff.
6 MünchKommHGB/*Priester*, § 120 Rn. 105.
7 BGH v. 27.9.1982 – II ZR 241/81, WM 1982, 1311, 1312.
8 *Huber*, ZGR 1988, 1, 62.

2. Sonderkonten

a) Möglichkeiten

16 Zumeist entsteht das Bedürfnis, **weitere Konten** für einen Gesellschafter einzurichten, die den **verschiedensten Zwecken** dienen können, so der Verbuchung von Ansprüchen aus Darlehensgeschäften, von Tätigkeitsvergütungen, entnahmefähigen Gewinnanteilen, Rücklagen aus dem nicht als Gewinn verteilten Jahresertrag u.a.m[1]. Ein Guthaben auf einem solchen Sonderkonto begründet eine Forderung gegen die Gesellschaft, die abgetreten oder auch gepfändet werden kann[2]. Hier bestehen die unterschiedlichsten Möglichkeiten der Gestaltung, etwa im Hinblick auf die Entnahmerechte der Gesellschafter oder eine Verzinsung von Guthaben. Ggf. kann sich dabei eine Pflicht zur Verzinsung aus einer über längere Zeit einvernehmlich geübten Praxis ergeben[3]. Die Bezeichnung der Konten variiert in der Praxis ebenfalls, so z.B. als „Privatkonto" oder „Darlehenskonto"[4].

b) Abgrenzung zum Kapitalkonto

17 Die Frage, ob ein Konto ein **Privatkonto** darstellt **oder** ihm die **Funktion eines** (weiteren) **Kapitalkontos** zukommt, kann u.U. Schwierigkeiten bereiten. Da es dabei darauf ankommt, ob die auf dem Konto verbuchten Beträge für die Gesellschaft Eigenkapital oder Fremdkapital darstellen sollen, ist maßgeblich, ob das Konto der Verlustabdeckung durch den Gesellschafter dient oder verselbständigte Forderungen ausweist[5]. Was im Einzelnen gewollt ist, ist durch Auslegung zu ermitteln[6]. Nicht entscheidend ist hingegen die Bezeichnung des Kontos[7] oder ob der Gesellschafter für das Konto einer Entnahmebeschränkung unterliegt[8]. Selbst die Verzinslichkeit eines unter der Bezeichnung „Darlehenskonto" geführten Kontos soll für sich genommen noch nicht den Schluss zuungunsten eines Kapitalkontos zulassen[9].

---

[1] Vgl. hierzu MünchKommHGB/*Priester*, § 120 Rn. 96 f.
[2] OLG Köln v. 11.1.2000 – 22 U 139/99, ZIP 2000, 1726, 1729.
[3] BGH v. 19.12.1977 – II ZR 10/76, WM 1978, 300, 301.
[4] FG Düsseldorf v. 11.2.2004 – 7 K 5373/01 F, DStRE 2004, 928, 939; MünchKommHGB/*Priester*, § 120 Rn. 96.
[5] BGH v. 23.2.1978 – II ZR 145/76, WM 1978, 342, 343 f.; OLG Köln v. 11.1.2000 – 22 U 139/99, ZIP 2000, 1726, 1727 f.; FG Düsseldorf v. 11.2.2004 – 7 K 5737/01 F, DStRE 2004, 938, 939; w.N. bei *Schlegelberger/Martens*, § 120 Rn. 37 f.
[6] OLG Köln v. 11.1.2000 – 22 U 139/99, ZIP 2000, 1726, 1727.
[7] FG Düsseldorf v. 11.2.2004 – 7 K 5737/01 F, DStRE 2004, 938, 939; OLG Köln v. 11.1.2000 – 22 U 139/99, ZIP 2000, 1726, 1727.
[8] BGH v. 23.2.1978 – II ZR 145/76, WM 1978, 342, 343 f.
[9] FG Düsseldorf v. 11.2.2004 – 7 K 5737/01 F, DStRE 2004, 938, 939.

§ 121
Gewinn- und Verlustverteilung

(1) Von dem Jahresgewinne gebührt jedem Gesellschafter zunächst ein Anteil in Höhe von vier vom Hundert seines Kapitalanteils. Reicht der Jahresgewinn hierzu nicht aus, so bestimmen sich die Anteile nach einem entsprechend niedrigeren Satze.

(2) Bei der Berechnung des nach Absatz 1 einem Gesellschafter zukommenden Gewinnanteils werden Leistungen, die der Gesellschafter im Laufe des Geschäftsjahres als Einlage gemacht hat, nach dem Verhältnisse der seit der Leistung abgelaufenen Zeit berücksichtigt. Hat der Gesellschafter im Laufe des Geschäftsjahrs Geld auf seinen Kapitalanteil entnommen, so werden die entnommenen Beträge nach dem Verhältnisse der bis zur Entnahme abgelaufenen Zeit berücksichtigt.

(3) Derjenige Teil des Jahresgewinns, welcher die nach den Absätzen 1 und 2 zu berechnenden Gewinnanteile übersteigt, sowie der Verlust eines Geschäftsjahrs wird unter die Gesellschafter nach Köpfen verteilt.

Schrifttum: *Bormann/Hellberg*, Ausgewählte Probleme der Gewinnverteilung in der Personengesellschaft, DB 1997, 2415; *Breidenbach*, Angemessenheit der Gewinnverteilung bei Familien-Personengesellschaften, DB 1980, Beil. 20; *Flume*, Die Gewinnverteilung in Personengesellschaften nach Gesellschaftsrecht und Steuerrecht, DB 1973, 786; *Teichmann/Widmann*, Die steuerrechtliche Anerkennung der Gewinnverteilung in Personengesellschaften, ZGR 1975, 156.

I. Gewinnanspruch des Gesellschafters

Der Gewinnanspruch des Gesellschafters **entsteht** mit der Feststellung des Jahresabschlusses und des darin ausgewiesenen Gewinns[1]. Eines eigenständigen, weitergehenden Beschlusses der Gesellschafter bedarf es mithin nicht. Der Anspruch ist **übertragbar** und **pfändbar** (§ 717 BGB). Das gilt auch für künftige Ansprüche[2]. Nicht übertragbar ist jedoch das mit der Mitgliedschaft verbundene Gewinnstammrecht; dem steht das Abspaltungsverbot (§ 109 Rn. 7) entgegen[3]. Im Falle einer Abtretung der (einzelnen) künftig entstehenden Gewinnansprüche verbleibt die Kompetenz zur Feststellung des Jahresabschlusses – ebenso wie die sonstigen der Kontrolle oder Durchsetzung des Anspruchs dienenden Verwaltungsrechte – beim Gesellschafter[4]; und darüber hinaus ginge die antizipierte Abtretung ins Leere, wenn der Gesellschafter vor Anspruchsentstehung seine Mitgliedschaft überträgt

1

---

[1] BGH v. 6.4.1981 – II ZR 186/80, BGHZ 80, 357; *Baumbach/Hopt*, § 121 Rn. 3; *Ebenroth/Boujong/Joost/Strohn/Ehricke*, § 121 Rn. 3.
[2] *Baumbach/Hopt*, § 121 Rn. 4; *Ebenroth/Boujong/Joost/Strohn/Ehricke*, § 121 Rn. 6.
[3] *Ebenroth/Boujong/Joost/Strohn/Ehricke*, § 121 Rn. 7; *Schlegelberger/Martens*, § 121 Rn. 6; siehe auch *K. Schmidt*, vor § 335 Rn. 9; *MünchKommBGB/Ulmer*, § 705 BGB Rn. 98; *Ulmer*, FS Fleck, 1988, S. 383, 399.
[4] *Baumbach/Hopt*, § 121 Rn. 5; *Ebenroth/Boujong/Joost/Strohn/Ehricke*, § 121 Rn. 6.

oder verliert oder sonstige gesellschaftsvertragliche Veränderungen entgegenstehen[1]. Der Gewinnanspruch ist in erster Linie Ausgleich für das übernommene Haftungsrisiko mit der Folge, dass der Gesellschafter des Gewinnanspruchs – vorbehaltlich anderweitiger Regelungen im Gesellschaftsvertrag – nicht dadurch verlustig geht, dass er (z.B. infolge Krankheit) seine Arbeitskraft für die Gesellschaft nicht mehr zur Verfügung stellen kann[2]. Der Anspruch auf Gewinn ist gegen die Gesellschaft gerichtet und stellt für diese eine Sozialverbindlichkeit dar[3]. Eine persönliche Haftung der (Mit-)Gesellschafter (§ 128) scheidet aus[4].

1a Unter Gewinn i.S.d. § 121 ist der bilanzielle Gewinnbegriff zu verstehen, d.h. der im Jahresüberschuss nach Ausübung der Bewertungswahlrechte ausgewiesene und festgestellte positive Überschuss der Aktiva über die Passiva[5]. Wird der Gewinnanspruch nicht geltend gemacht, wird der Gewinn dem Kapitalanteil des Gesellschafters gemäß § 120 (siehe § 120 Rn. 13 ff.) gut geschrieben[6]. Die Geltendmachung des Gewinnanspruchs erfolgt hinsichtlich der Kapitaldividende über das in § 122 Abs. 1 1. Hs. geregelte (gewinnunabhängige) Kapitalentnahmerecht. Der darüber hinausgehende Gewinnanspruch kann im Wege des Gewinnentnahmerechts nach § 122 Abs. 1 2. Hs. geltend gemacht werden. Mit Geltendmachung wandelt sich das entsprechende Guthaben auf dem Kapitalkonto in ein Forderungsrecht[7].

II. Vorausgewinnanteil

2 Nach der (dispositiven) Gesetzesregelung erhält jeder Gesellschafter aus dem bilanziell festgestellten Jahresgewinn vorab einen Anteil in Höhe von **4% seines Kapitalanteils** (Vordividende), bei geringer angefallenem Gewinn einen entsprechend niedrigeren Satz. Fehlt ein Gewinn, so erhalten die Gesellschafter nichts; denn die Vordividende ist ein Gewinnanteil und keine Verzinsung auf das eingesetzte Kapital. Wird statt einer Vorausgewinnverteilung eine offene Rücklage gebildet, so sind die für die einzelnen Gesellschafter zu verbuchenden Rücklagenanteile im gleichen Verhältnis zu bemessen. Bei einem negativen Kapitalanteil entfällt ein Vorausgewinn. Gleiches gilt, wenn der Gesellschafter keinen Kapitalanteil (siehe § 120 Rn. 14) hat. Verändert sich die Höhe des Kapitalanteils im Laufe des Geschäftsjahres, so ist

---

1 *Ebenroth/Boujong/Joost/Strohn/Ehricke*, § 121 Rn. 6; MünchKommHGB/*Priester*, § 121 Rn. 13; *Schlegelberger/Martens*, § 121 Rn. 7 und § 122 Rn. 15; *Staub/Ulmer*, § 121 Rn. 18; *A. Hueck*, Das Recht der OHG, S. 254 f.
2 OLG München v. 12.1.2001 – 23 U 4087/00, NZG 2001, 793, 794.
3 *Ebenroth/Boujong/Joost/Strohn/Ehricke*, § 121 Rn. 4; MünchKommHGB/*Priester*, § 121 Rn. 12.
4 *Staub/Ulmer*, § 121 Rn. 6; MünchKommHGB/*Priester*, § 121 Rn. 12; *Ebenroth/Boujong/Joost/Strohn/Ehricke*, § 121 Rn. 4.
5 *Baumbach/Hopt*, § 121 Rn. 1; *Schlegelberger/Martens*, § 121 Rn. 9; *Staub/Ulmer*, § 121 Rn. 3.
6 *Ebenroth/Boujong/Joost/Strohn/Ehricke*, § 121 Rn. 4; *Schlegelberger/Martens*, § 121 Rn. 6.
7 MünchKommHGB/*Priester*, § 121 Rn. 12; *Ebenroth/Boujong/Joost/Strohn/Ehricke*, § 121 Rn. 4; *Staub/Ulmer*, § 121 Rn. 5.

der Vorausgewinn im Verhältnis zu den Zeiträumen der jeweils maßgeblichen Höhe zu berechnen (§ 121 Abs. 2).

III. Verteilung des übrigen Gewinns und des Verlustes

1. Verteilung des übrigen Jahresgewinns

Ein nach Verteilung des Vorausgewinnanteils noch verbleibender Gewinn wird nach § 121 Abs. 3 unter den Gesellschaftern nach **Köpfen** (und dem Rücksicht auf die Kapitalanteile) verteilt. Wegen der hier vielfach anzutreffenden abweichenden Vertragsregelungen vgl. Rn. 5. 3

2. Verlustverteilung

Ebenso wie ein überschießender Gewinn ist auch ein Jahresverlust nach Köpfen (also unabhängig von den Kapitalanteilen) zu verteilen. Dies kann zur Entstehung negativer Kapitalanteile führen. Die Gesellschafter sind zum Ausgleich des negativen Kapitalkontos nicht verpflichtet (§ 707 BGB), aber auch nicht berechtigt (vgl. auch § 122 Rn. 12). Unberechtigte Nachschüsse sind daher auf dem Privatkonto zu verbuchen (§ 120 Rn. 16). 4

IV. Abweichende Vertragsregelungen

1. Gewinnverteilung

a) Regelungsmöglichkeiten

§ 121 ist dispositiv[1]. In der Praxis finden sich **vielfach abweichende Vereinbarungen** über die Behandlung des Jahresergebnisses. Hier eröffnet sich – vorbehaltlich des § 138 BGB[2] – ein breites Feld an Regelungsmöglichkeiten[3]. So kann statt einer Gewinnverteilung eine gewinnunabhängige Verzinsung der Kapitalanteile vorgesehen werden[4]; u.U. kann dies für den begünstigten Gesellschafter zugleich als Ausschluss von einer Verlustbeteiligung verstanden werden. Der Anspruch auf gewinnunabhängige Leistungen endet jedoch im Zweifel, wenn der Kapitalanteil aufgezehrt ist[5]. Doch sind Gestaltungen möglich, die eine Gewinnverteilung auch für negative Kapitalanteile sowie für Gesellschafter ohne einen Kapitalanteil vorsehen[6]. In Betracht kommen sodann Regelungen über Vorausgewinne, etwa als Vergütung für die Wahrnehmung der Geschäftsführung, für Aufbauleistungen in der Gründungsphase, für besondere Erfahrung oder (Geschäfts-)Kontakte, für die Überlas- 5

---

1 OLG München v. 12.1.2001 – 23 U 4087/00, NZG 2001, 793; vgl. hierzu MünchHdbGesR I/v. *Falkenhausen/Schneider*, § 63 Rn. 10 ff.
2 MünchKommHGB/*Priester*, § 121 Rn. 28.
3 Vgl. *Baumbach/Hopt*, § 121 Rn. 8; *Ebenroth/Boujong/Joost/Strohn/Ehricke*, § 121 Rn. 17 ff.
4 BGH v. 27.1.1975 – II ZR 130/73, WM 1975, 662; siehe auch OLG München v. 12.1.2001 – 23 U 4087/00, NZG, 2001, 793.
5 BGH v. 5.4.1979 – II ZR 98/76, WM 1979, 803, 804.
6 Vgl. dazu *Bormann/Hellberg*, DB 1997, 2417, 2419.

sung von Arbeitsmitteln oder Grundstücken oder als Ausgleich für das übernommene Haftungsrisiko[1]. Statt einer Gewinnverteilung nach Köpfen kann eine solche nach der Höhe der Kapitalanteile vorgesehen werden. Sind allerdings – bei variablen Anteilen – alle Beteiligungen negativ, versagt diese Regelung; es müsste dann auf Angemessenheitsgesichtspunkte wie in § 168 Abs. 2 (dazu vgl. § 168 Rn. 6 ff.) zurückgegriffen werden[2]. Die gleiche Notwendigkeit ergibt sich, wenn nur ein Teil der Kapitalanteile negativ ist, da sonst deren Inhaber von jeder künftigen Gewinnbeteiligung ausgeschlossen wären[3]. Denkbar sind auch Vereinbarungen, nach denen ein Gesellschafter von jeder Teilnahme am Gewinn ausgeschlossen ist[4].

b) Erhöhung von Kapitalanteilen

6 Richtet sich die Gewinnbeteiligung nach der Höhe der Kapitalanteile und lässt der Gesellschaftsvertrag eine Erhöhung des Kapitalanteils durch einen Gesellschafter zu, **können sich die Gewinnanteile unangemessen verändern**. In diesem Falle ist dann nicht von den Nominalbeträgen der Anteile, sondern vom wirklichen Wert der Beteiligungen als Verteilungsmaßstab auszugehen[5].

c) Rücklagen

7 Außer bei der Gewinnfeststellung (§ 120 Rn. 9) ist auch **im Rahmen der Gewinnverwendung** eine **Rücklagenbildung** möglich. Soweit gesellschaftsvertraglich eine Mehrheitsentscheidung zugelassen ist, ist hier aber eine zu Vertragsänderungen ermächtigende Mehrheitsklausel erforderlich (siehe hierzu § 120 Rn. 7 und § 119 Rn. 17); außerdem bedarf der Beschluss der sachlichen Rechtfertigung[6].

2. Verlustverteilung

8 Gestaltungsfreiheit besteht auch zur Verlustverteilung, bei der – ebenso wie bei der Gewinnverteilung (Rn. 5) – ein völliger Ausschluss für einen Gesellschafter möglich ist. Ein solcher Ausschluss kann u.U. auch als für die beim Ausscheiden eines Gesellschafters oder bei der Liquidation erforderliche Gesamtabrechnung maßgeblich vereinbart sein. Die Kongruenzregel des § 722

---

1 OLG München v. 12.1.2001 – 23 U 4087/00, NZG 2001, 793.
2 Vgl. auch BGH v. 22.3.1956 – II ZR 200/54, WM 1956, 1062, 1063.
3 Vgl. *Schlegelberger/Martens*, § 121 Rn. 10 und § 168 Rn. 24; MünchKommHGB/*Priester*, § 121 Rn. 36.
4 BGH v. 6.4.1987 – II ZR 101/86, WM 1987, 689, 690; MünchHdbGesR I/*v. Falkenhausen/Schneider*, § 63 Rn. 14; *Staub/Ulmer*, § 121 Rn. 17 und § 105 Rn. 22 (h.L.).
5 BGH v. 27.9.1982 – II ZR 140/81, WM 1982, 1433.
6 BGH v. 15.1.2007 – II ZR 245/05, DStR 2007, 494, 495 f.; weitergehend wohl noch BGH v. 29.3.1996 – II ZR 263/94, BGHZ 132, 263, 274 ff.; BGH v. 10.5.1976 – II ZR 180/74, WM 1976, 661, 662 f.; *Schlegelberger/Martens*, § 121 Rn. 21; abw. *Staub/Ulmer*, § 120 Rn. 42 und § 122 Rn. 36: konkrete gesellschaftsvertragliche Regelung wegen Eingriffs in den Kernbereich der Mitgliedschaftsrechte erforderlich; siehe auch *Ulmer*, BB 1976, 950 f.

Abs. 2 BGB, nach der im Zweifel Gewinn- und Verlustbeteiligung gleich sein sollen, kann i.Ü. abbedungen werden.

3. Vertragsänderungen

Da Änderungen der Gewinn- und Verlustbeteiligung Änderungen des Gesellschaftsvertrages sind, müssen die dafür geltenden Erfordernisse gewahrt werden[1]. Eine für Vertragsänderungen zugelassene Mehrheitsentscheidung deckt eine Abänderung des Verteilungsschlüssels nur in den Grenzen des Bestimmtheitsgrundsatzes (siehe § 119 Rn. 17 ff.) und des Kernbereichsschutzes (siehe § 119 Rn. 20 ff.) ab[2]. Eine vom Inhalt des Gesellschaftsvertrages abweichende Verteilungspraxis dürfte erst bei langjähriger Übung auf einen entsprechenden Regelungswillen der Gesellschafter schließen lassen[3]. 9

§ 122
Entnahmerecht

(1) Jeder Gesellschafter ist berechtigt, aus der Gesellschaftskasse Geld bis zum Betrage von vier vom Hundert seines für das letzte Geschäftsjahr festgestellten Kapitalanteils zu seinen Lasten zu erheben und, soweit es nicht zum offenbaren Schaden der Gesellschaft gereicht, auch die Auszahlung seines den bezeichneten Betrag übersteigenden Anteils am Gewinne des letzten Jahres zu verlangen.

(2) Im übrigen ist ein Gesellschafter nicht befugt, ohne Einwilligung der anderen Gesellschafter seinen Kapitalanteil zu vermindern.

Übersicht

	Rn.		Rn.
I. Entnahmerecht		**II. Gewinnauszahlungsanspruch**	
1. Wesen und Zweck	1	1. Inhalt des Anspruchs	
2. Geltendmachung des Anspruchs	1a	a) Entstehung, Geltendmachung	7
a) Zeitliche Voraussetzungen	2	b) Abtretbarkeit, Pfändbarkeit, Aufrechnung	8
b) Belastung des Kapitalkontos	3	2. Leistungsverweigerungsrecht	9
c) Abtretbarkeit, Pfändbarkeit, Aufrechnung	4	**III. Keine Veränderung des Kapitalanteils**	
d) Einwirkungen der Treuepflicht	6	1. Verminderung des Kapitalanteils	10

---

1 *Ebenroth/Boujong/Joost/Strohn/Ehricke*, § 121 Rn. 14 f.; *Baumbach/Hopt*, § 121 Rn. 10.
2 BGH v. 10.5.1976 – II ZR 180/74, WM 1976, 661; BGH v. 29.9.1986 – II ZR 285/85, WM 1986, 1556, 1557; *Ebenroth/Boujong/Joost/Strohn/Ehricke*, § 121 Rn. 14 f.
3 Vgl. BGH v. 17.1.1966 – II ZR 8/64, WM 1966, 159 f.; BGH v. 19.12.1977 – II ZR 10/76, WM 1978, 300, 301; zurückhaltend aber: *Wiedemann*, WM 1990, Beil. 8, 12; *Ebenroth/Boujong/Joost/Strohn/Ehricke*, § 121 Rn. 16; MünchKommHGB/*Priester*, § 121 Rn. 31.

	Rn.		Rn.
2. Erhöhung des Kapitalanteils	12	c) Steuerentnahmerecht	16
IV. Abweichende Regelungen	13	2. Ausschüttungsbeschlüsse und Vertragsänderungen	
1. Regelungsmöglichkeiten		a) Gewinnverwendungsbeschlüsse	17
a) Rücklagenbildung	14		
b) Tätigkeitsvergütungen	15	b) Vertragsänderungen	18

Schrifttum: *Barz*, Die vertragliche Entnahmeregelung bei OHG und KG, in: Festschrift Knur, 1972, S. 25; *Ganßmüller*, Das Steuerentnahmerecht der Gesellschafter der OHG und KG, 1986; *Ulmer*, Gewinnanspruch und Thesaurierung in OHG und KG, in: Festschrift Lutter, 2000, S. 935; *H. Westermann*, Zur Problematik der Rücklagen der Personenhandelsgesellschaft, in: Festschrift v. Caemmerer, 1978, S. 657.

I. Entnahmerecht

1. Wesen und Zweck

1 § 122 Abs. 1 gibt dem Gesellschafter unabhängig von einem (gleichfalls in der Vorschrift geregelten) Gewinnauszahlungsanspruch das Recht auf die jährliche Entnahme eines Betrages in Höhe von 4 % seines letzten Kapitalanteils, und zwar unabhängig davon, ob die Gesellschaft einen Gewinn erzielt hat. Der Anspruch setzt einen auf einen positiven Wert lautenden Kapitalanteil voraus. Zweck der Regelung ist die **Versorgung des Gesellschafters**, der in der nach dem gesetzlichen Leitbild gegebenen Arbeits- und Haftungsgemeinschaft seine berufliche Tätigkeit entfaltet. Der Entnahmeanspruch besteht gegenüber der Gesellschaft[1]. Es handelt sich dabei um eine Sozialverbindlichkeit der Gesellschaft, für die die Gesellschafter nicht nach § 128 einzustehen haben. Der Anspruch ist ein Zahlungsanspruch, der durch die geschäftsführenden Gesellschafter zu erfüllen ist. Doch können diese auch persönlich auf Leistung aus dem Gesellschaftsvermögen in Anspruch genommen werden[2]. Hat der Anspruchsinhaber selbst Geschäftsführungsbefugnis, kann er die Auszahlung an sich selbst veranlassen, ohne durch § 181 BGB gehindert zu sein. Bei einem Streit über die Berechtigung einer Entnahme trifft den entnehmenden Gesellschafter die Beweislast[3]. § 122 gilt nur für die werbende offene Handelsgesellschaft, dagegen nicht in der Liquidation[4].

2. Geltendmachung des Anspruchs

1a Entnahme ist jede unmittelbare oder mittelbare **vermögenswerte Leistung aus dem Gesellschaftsvermögen** an den Gesellschafter causa societatis, d.h. nicht auf der Grundlage eines Drittgeschäfts[5]. Dem steht eine Leistung an

---

1 RGZ 120, 135, 137; BGH v. 11.1.1960 – II ZR 69/59, WM 1960, 187 f.; MünchKommHGB/*Priester*, § 122 Rn. 10 f.
2 RGZ 170, 392, 395; BGH v. 8.6.1961 – II ZR 91/59, WM 1961, 1075; MünchKommHGB/*Priester*, § 122 Rn. 11.
3 BGH v. 8.11.1999 – II ZR 197/98, ZIP 2000, 136, 137.
4 MünchKommHGB/*Priester*, § 12 Rn. 3.
5 MünchKommHGB/*Priester*, § 122 Rn. 5 f.; *Baumbach/Hopt*, § 122 Rn. 1.

einen Dritten gleich, die auf Weisung des Gesellschafters (und damit mittelbar an diesen) erfolgt[1]. Erfasst sind nicht nur Geldzahlungen, sondern Vermögenszuwendungen jeder Art. Hierzu gehören auch Nutzungsentnahmen[2].

a) Zeitliche Voraussetzungen

Der Anspruch auf Entnahme für ein bestimmtes Geschäftsjahr entsteht mit der Feststellung des Jahresabschlusses für das vorangegangene Geschäftsjahr[3] und kann nur **während des folgenden Jahres bis zur Feststellung des Jahresabschlusses für das abgelaufene Jahr** geltend gemacht werden[4]. Die Erfüllbarkeit (und Durchsetzbarkeit) setzt ein entsprechendes Verlangen des Gesellschafters voraus[5]. Zur Geltendmachung genügt die Aufforderung, die „Mindestrendite" oder den Gewinn auszubezahlen. Die Beträge müssen insbesondere nicht rechtshängig geltend gemacht werden[6]. Ist der Anspruch geltend gemacht worden, so verjährt er in drei Jahren (§§ 195, 199 BGB)[7]. Unterbleibt eine rechtzeitige Geltendmachung, so erlischt der Anspruch. Soweit dem Gesellschafter auf sein Entnahmerecht Vorschüsse gewährt worden sind (ein Anspruch hierauf besteht grundsätzlich nicht)[8], ohne dass diese durch das Entnahmerecht und einen daneben entstehenden Gewinnanspruch abgedeckt werden, sind sie auf der Grundlage des Gesellschaftsverhältnisses zurückzuzahlen[9]. Die §§ 812 ff. BGB treten dahinter zurück[10].

2

b) Belastung des Kapitalkontos

Mit dem entnommenen Betrag wird das Kapitalkonto des Gesellschafters belastet (§ 120 Abs. 2). Die Möglichkeit, den Betrag statt einer Auszahlung einem Privatkonto des Gesellschafters gutzuschreiben, wird mit Rücksicht auf den Zweck des Entnahmerechts mitunter für unzulässig gehalten[11]. Da-

3

---

1 *Ebenroth/Boujong/Joost/Strohn/Ehricke*, § 122 Rn. 4; MünchKommHGB/*Priester*, § 122 Rn. 5.
2 *Ebenroth/Boujong/Joost/Strohn/Ehricke*, § 122 Rn. 4; MünchKommHGB/*Priester*, § 122 Rn. 5.
3 *Staub/Ulmer*, § 122 Rn. 4; MünchKommHGB/*Priester*, § 122 Rn. 7; *Ebenroth/Boujong/Joost/Strohn/Ehricke*, § 122 Rn. 6.
4 *Schlegelberger/Martens*, § 122 Rn. 6; *Staub/Ulmer*, § 122 Rn. 10; MünchKommHGB/*Priester*, § 122 Rn. 29; *Ebenroth/Boujong/Joost/Strohn/Ehricke*, § 122 Rn. 7; *A. Hueck*, Das Recht der OHG, S. 250.
5 *Schlegelberger/Martens*, § 122 Rn. 14; MünchKommHGB/*Priester*, § 122 Rn. 8.
6 MünchKommHGB/*Priester*, § 12 Rn. 30; *Ebenroth/Boujong/Joost/Strohn/Ehricke*, § 122 Rn. 7; *Schlegelberger/Martens*, § 122 Rn. 6.
7 Zum alten Recht (30 Jahre) siehe BGH v. 6.4.1981 – II ZR 186/80, BGHZ 80, 357.
8 MünchKommHGB/*Priester*, § 122 Rn. 13.
9 RGZ 166, 65, 71 f.; MünchKommHGB/*Priester*, § 122 Rn. 14.
10 *Schlegelberger/Martens*, § 122 Rn. 9; *Ebenroth/Boujong/Joost/Strohn/Ehricke*, § 122 Rn. 17; *Baumbach/Hopt*, § 122 Rn. 11.
11 *Schlegelberger/Martens*, § 122 Rn. 12; *A. Hueck*, Das Recht der OHG, S. 249 f.; anders: *Ebenroth/Boujong/Joost/Strohn/Ehricke*, § 122 Rn. 27; MünchKommHGB/*Priester*, § 122 Rn. 30, allerdings mit der Einschränkung, dass der Gesellschafter über das Guthaben auf diesem Konto jederzeit verfügen können müsse.

ran ist auch dann festzuhalten, wenn der Gesellschafter über das Guthaben auf diesem Konto nach den getroffenen Vereinbarungen jederzeit frei verfügen kann, weil dieses Verfügungsrecht immer Einschränkungen durch die Treuepflicht unterliegen kann (Rn. 6) und daher nie gleichwertig neben der tatsächlichen Auszahlung steht.

c) Abtretbarkeit, Pfändbarkeit, Aufrechnung

4   Anders als für einen Anspruch auf Gewinnauszahlung wird eine **Abtretbarkeit** und **Pfändbarkeit** für den Entnahmeanspruch wegen seiner Zweckbestimmung überwiegend **verneint**, soweit er nicht durch eine entsprechende Gewinnausschüttung gedeckt ist[1]. Dem ist in der Frage der Abtretbarkeit in vollem Umfang zuzustimmen. Doch dürften die Einwände gegen eine Pfändbarkeit dann nicht durchschlagen, wenn der Gesellschafter seinen Anspruch bereits (i.S. der Ausführungen in Rn. 2) geltend gemacht hat[2].

5   Ob gegen den Entnahmeanspruch seitens der Gesellschaft **aufgerechnet** werden kann, ist ebenfalls streitig[3]. An sich spricht der Zweck des Entnahmerechts gegen eine Aufrechenbarkeit. Soweit jedoch eine Pfändung zuzulassen ist, wird auch eine Aufrechnung nicht anders zu behandeln sein.

d) Einwirkungen der Treuepflicht

6   Auch wenn der in § 122 Abs. 1 erfasste Ausnahmetatbestand sich nur auf den Gewinnauszahlungsanspruch bezieht, kann auch das Entnahmerecht inhaltlich durch die Treuepflicht beeinflusst sein. Ihm steht zwar nicht entgegen, dass der Gesellschafter seine Einlage noch nicht voll erbracht hat oder ihn eine Verlustausgleichspflicht trifft[4]. Doch kann die Geltendmachung des Entnahmeanspruchs treuwidrig sein, wenn es neben den offenbar schädlichen Folgen für die Gesellschaft dem Gesellschafter wirtschaftlich zuzumuten ist, auf die Erfüllung seines Anspruchs zu verzichten; dabei dürften die Schranken höher als beim Tatbestand in § 122 Abs. 1 anzusetzen sein[5]. Denkbar ist aber auch eine gegenläufige Auswirkung der Treuepflicht

---

1 Vgl. etwa RGZ 67, 13, 17 ff.; *Staub/Ulmer*, § 122 Rn. 15; *Ulmer*, FS Lutter, S. 935, 949 f.; *A. Hueck*, Das Recht der OHG, S. 249; anders z.B. *Teichmann*, Gestaltungsfreiheit in Gesellschaftsverträgen, 1970, S. 156; *Heymann/Emmerich*, § 122 Rn. 13; *Baumbach/Hopt*, § 122 Rn. 4; *Winnefeld*, DB 1977, 897 ff.; vermittelnd: *Schlegelberger/Martens*, § 122 Rn. 13; *MünchKommHGB/Priester*, § 122 Rn. 23; *Ebenroth/Boujong/Joost/Strohn/Ehricke*, § 122 Rn. 30; *Wiedemann*, Die Übertragung und Vererbung von Mitgliedschaftsrechten bei Handelsgesellschaften, 1965, S. 295 f.
2 Vgl. *Schlegelberger/Martens*, § 122 Rn. 13; so auch *MünchKommHGB/Priester*, § 122 Rn. 25; *Ebenroth/Boujong/Joost/Strohn/Ehricke*, § 122 Rn. 33.
3 Dafür: *Staub/Ulmer*, § 122 Rn. 7; *MünchKommHGB/Priester*, § 122 Rn. 23; *Ebenroth/Boujong/Joost/Strohn/Ehricke*, § 122 Rn. 30; dagegen: *Schlegelberger/Martens*, § 122 Rn. 7.
4 *GroßKommHGB/Fischer*, § 122 Rn. 7.
5 *Ulmer*, FS Lutter, S. 935, 950 f.; *Schlegelberger/Martens*, § 122 Rn. 7; *MünchKommHGB/Priester*, § 122 Rn. 40; *Ebenroth/Boujong/Joost/Strohn/Ehricke*, § 122 Rn. 34; *A. Hueck*, Das Recht der OHG, S. 249.

dahin, dass bestimmte Umstände, etwa ein vorübergehender Sonderbedarf eines Gesellschafters (so z.B. eine mit der Gewinnbeteiligung einhergehende Steuerpflicht, ggf. auch bei einer Einstellung erwirtschafteter Gewinne in Rücklagen), dazu führen können, dem Gesellschafter einen Anspruch auf eine höhere als im Gesetz vorgesehene Entnahme zuzubilligen[1].

II. Gewinnauszahlungsanspruch

1. Inhalt des Anspruchs

a) Entstehung, Geltendmachung

Der Gesellschafter kann ferner die Auszahlung eines über den Betrag der zugelassenen Entnahme hinausgehenden Gewinnanteils verlangen. § 122 Abs. 1 statuiert mithin insoweit den Grundsatz der Vollausschüttung[2]. Der Anspruch **entsteht** mit der Feststellung des Jahresabschlusses und der Berechnung des Gewinnanteils[3]. Er setzt keinen positiven Kapitalanteil voraus[4]. Für seine **Geltendmachung** gilt das in Rn. 2 Ausgeführte. Wird der Anspruch nicht bis zur Feststellung des Jahresabschlusses für das Folgejahr geltend gemacht, erlischt er. Der Gewinnbetrag wird dann dem Kapitalkonto mit der Folge einer Erhöhung des Kapitalanteils gutgeschrieben (§ 120 Abs. 2); bei einem festen Kapitalanteil erfolgt die Gutschrift auf einem etwa eingerichteten Kapitalkonto II, sonst auf einem Privatkonto (siehe hierzu § 120 Rn. 16 f.).

7

b) Abtretbarkeit, Pfändbarkeit, Aufrechnung

Der Anspruch ist abtretbar (§ 717 S. 2 BGB), pfändbar und aufrechenbar. Zur Rechtsstellung eines Zessionars, vgl. auch § 121 Rn. 1. Die Abtretung des Gewinnanspruches zieht das Entnahmerecht und die Befugnis, diesen Anspruch geltend zu machen, nach sich[5].

8

2. Leistungsverweigerungsrecht

Das sich aus § 122 Abs. 1 ergebende Leistungsverweigerungsrecht[6] der Gesellschaft bezieht sich nur auf den weiteren Gewinnanspruch (für Entnahmerecht, siehe oben Rn. 6) und setzt voraus, dass die Zahlung zu einem „of-

9

---

1 *Staub/Ulmer*, § 122 Rn. 21, 30; *Ulmer*, FS Lutter, S. 935, 951; *Schlegelberger/Martens*, § 122 Rn. 11; *A. Hueck*, Das Recht der OHG, S. 249; zurückhaltend aber BGH v. 29.3.1996 – II ZR 263/94, BGHZ 132, 263, 277.
2 OLG Karlsruhe v. 28.2.2003 – 4 U 8/02, NZG 2003, 429, 430.
3 *Staub/Ulmer*, § 122 Rn. 4; MünchKommHGB/*Priester*, § 122 Rn. 29; *Ebenroth/Boujong/Joost/Strohn/Ehricke*, § 122 Rn. 6.
4 MünchKommHGB/*Priester*, § 122 Rn. 26; *Schlegelberger/Martens*, § 122 Rn. 14; *Baumbach/Hopt*, § 122 Rn. 12.
5 *Ebenroth/Boujong/Joost/Strohn/Ehricke*, § 122 Rn. 36; *Baumbach/Hopt*, § 122 Rn. 12; MünchKommHGB/*Priester*, § 122 Rn. 28.
6 MünchKommHGB/*Priester*, § 122 Rn. 33; *Staub/Ulmer*, § 122 Rn. 18; *Ebenroth/Boujong/Joost/Strohn/Ehricke*, § 122 Rn. 39.

fenbaren Schaden" der Gesellschaft führen würde. Damit ist der Verlust an liquiden Mitteln, die zur Fortführung des Unternehmens benötigt werden, gemeint, wobei der Schaden für einen sachkundigen Dritten ohne weiteres erkennbar sein muss[1]. Maßgebend ist der Zeitpunkt des Auszahlungsverlangens. Die Gesellschaft kann seine Erfüllung nur so lange und soweit verweigern, wie ihre Schwierigkeiten anhalten; werden sie behoben, ist der Gewinnanteil auszuzahlen, und zwar ggf. auch noch nach Ablauf des folgenden Geschäftsjahres[2]. U.U. kommen auch Teilleistungen in Betracht. Auszahlungen trotz bestehenden Leistungsverweigerungsrechts können nicht zurückverlangt werden. § 813 Abs. 1 BGB greift nicht[3].

III. Keine Veränderung des Kapitalanteils

1. Verminderung des Kapitalanteils

10 Einem Gesellschafter ist es gemäß § 122 Abs. 2 verwehrt, eigenmächtig weitere Beträge zu entnehmen und dadurch seinen Kapitalanteil zu vermindern. Auch eine buchmäßige Umschreibung von Beträgen auf sein Privatkonto ist nicht gestattet[4]. Eine gleichwohl vollzogene unerlaubte Entnahme müsste daher zu Lasten des Privatkontos des Gesellschafters verbucht werden[5] und begründet einen Rückzahlungs- sowie ggf. auch einen Schadensersatzanspruch. Der Anspruch der Gesellschaft auf Rückzahlung kann auch im Wege der actio pro socio geltend gemacht werden.

11 Der Gesellschafter hat die **Beweislast** für die Berechtigung von Entnahmen[6]. Die Berufung auf einen Gesellschafterbeschluss dürfte dafür aber ausreichen[7]. Bei einer unberechtigten Entnahme kann der Gesellschafter sich der Rückzahlungsverpflichtung nicht durch eine Berufung auf seine Gutgläubigkeit entziehen[8]; zur Streitfrage, ob dies im Hinblick auf § 172 Abs. 5 etwa für einen Kommanditisten in Betracht kommt, vgl. § 169 Rn. 17.

---

1 Vgl. etwa *Schlegelberger/Martens*, § 122 Rn. 16; *Staub/Ulmer*, § 122 Rn. 20; MünchKommHGB/*Priester*, § 122 Rn. 37; *Ebenroth/Boujong/Joost/Strohn/Ehricke*, § 122 Rn. 44.
2 *Schlegelberger/Martens*, § 122 Rn. 17; MünchKommHGB/*Priester*, § 122 Rn. 33; *Ebenroth/Boujong/Joost/Strohn/Ehricke*, § 122 Rn. 39.
3 MünchKommHGB/*Priester*, § 122 Rn. 36; *Ebenroth/Boujong/Joost/Strohn/Ehricke*, § 122 Rn. 40.
4 *Schlegelberger/Martens*, § 122 Rn. 19; MünchKommHGB/*Priester*, § 122 Rn. 43.
5 *Ebenroth/Boujong/Joost/Strohn/Ehricke*, § 122 Rn. 47; MünchKommHGB/*Priester*, § 122 Rn. 44; *Schlegelberger/Martens*, § 122 Rn. 18.
6 BGH v. 11.1.1960 – II ZR 69/59, WM 1960, 187, 190.
7 *Schlegelberger/Martens*, § 122 Rn. 19; anders wohl BGH v. 21.2.1982 – II ZR 134/80, ZIP 1982, 577, 578; differenzierend: MünchKommHGB/*Priester*, § 122 Rn. 12.
8 MünchKommHGB/*Priester*, § 122 Rn. 44; *Ebenroth/Boujong/Joost/Strohn/Ehricke*, § 122 Rn. 19.

2. Erhöhung des Kapitalanteils

Ohne Zustimmung der Mitgesellschafter ist auch eine Erhöhung des Kapitalanteils (etwa durch eine freiwillige Einlage) **nicht möglich**, da sich sonst die nach der Höhe des Kapitalanteils bestimmenden Rechte und Pflichten im Verhältnis zu den übrigen Gesellschaftern verändern würden[1].

IV. Abweichende Regelungen

Die Gesellschafter können von den Vorschriften des § 122 in nahezu beliebiger Weise abweichende Regelungen treffen, und zwar sowohl zugunsten einer Erweiterung der Entnahmemöglichkeiten als auch i.S. ihrer Beschränkung. Die Ausübung von auf eine Erweiterung der Entnahmemöglichkeiten gerichteten abweichenden Regelungen kann im Einzelfall Einschränkungen durch die Treuepflicht des Gesellschafters unterliegen[2]. Schon wegen des Interesses, die Kapitalgrundlage der Gesellschaft abzusichern, liegen Vereinbarungen nahe, die Einschränkungen von Entnahmerechten vorsehen. Grenzen für Restriktionen können sich allerdings aus dem Kernbereichsschutz und dem Bestimmtheitsgrundsatz (§ 119 Rn. 17 ff., 20 ff.), u.U. auch aus § 138 BGB ergeben.

1. Regelungsmöglichkeiten

a) Rücklagenbildung

Vielfach finden sich **Entnahmebeschränkungen in Form von Rücklagenbildungen**, wobei die auf den Gesellschafter entfallenden Anteile an der Rücklage auf dem Kapitalkonto oder einem Sonderkonto (Rücklagenkonto) verbucht werden oder der Gesellschaft in sonstiger Weise, z.B. als Darlehen, zur Verfügung gestellt werden. Soweit bei einem Darlehen das gesetzliche Kündigungsrecht (§ 489 BGB) nicht abbedungen ist, kann einer Rückforderung u.U. die Treuepflicht entgegenstehen[3]. Dazu, dass auf Darlehenskonten verbuchte Gutschriften trotz einer Beschränkung der Entnahmemöglichkeit keine Guthaben mit Kapitalkontoqualität sind, sondern selbständige Forderungen gegen die Gesellschaft begründen, vgl. § 120 Rn. 12, 14 f.

b) Tätigkeitsvergütungen

Vereinbarte Tätigkeitsvergütungen können im Allgemeinen voll entnommen werden, da sie zumeist dem Lebensunterhalt des Gesellschafters dienen sollen[4].

---

1 Schlegelberger/Martens, § 122 Rn. 19.
2 OLG Karlsruhe v. 28.2.2003 – 4 U 8/02, NZG 2003, 429, 430.
3 OLG Düsseldorf v. 18.10.1962 – 6 U 25/61, BB 1963, 284.
4 Staub/Schilling, § 169 Rn. 27; MünchKommHGB/Priester, § 122 Rn. 51.

c) Steuerentnahmerecht

16 Häufig werden Entnahmebeschränkungen nicht auf Beträge erstreckt, die die Gesellschafter zur Erfüllung von **Steuerpflichten** benötigen, die im Zusammenhang mit ihrer Beteiligung entstehen[1]. Ein Steuerentnahmerecht hat aber in jedem Falle eine gesellschaftsvertragliche Gestattung zur Voraussetzung[2].

2. Ausschüttungsbeschlüsse und Vertragsänderungen

a) Gewinnverwendungsbeschlüsse

17 Vertragsbestimmungen, die die Ausschüttung des festgestellten Unternehmensgewinns einer jährlichen Beschlussfassung zur Gewinnverwendung vorbehalten, haben den Vorteil, dass damit in flexibler Weise auf die jeweilige Finanzierungssituation der Gesellschaft Rücksicht genommen werden kann[3]. Hier kann der Gesellschaftsvertrag auch eine Mehrheitsentscheidung vorsehen. Der Bestimmtheitsgrundsatz wird dadurch nicht berührt (siehe § 119 Rn. 17 ff.). Doch kann im Einzelfall durch einen Ausschüttungsausschluss der Kernbereich der Mitgliedschaft (§ 119 Rn. 20 ff.) betroffen sein, so u.U. bei Beschlüssen gegen einen Vorausgewinn oder gegen Ausschüttungen zur Abdeckung von Steuerbelastungen[4]. Die Entziehung bereits entstandener Ansprüche auf gewinnunabhängige Leistungen ist grundsätzlich von der Zustimmung des betroffenen Gesellschafters abhängig[5]. Jedoch kann der Gesellschafter ggf. aufgrund seiner Treuepflicht zur Zustimmung verpflichtet sein, wenn überwiegende Interessen der Gesellschaft dies erfordern[6].

b) Vertragsänderungen

18 Sollen **Auszahlungsbeschränkungen durch Änderung des Gesellschaftsvertrages** geschaffen werden, so steht einer dafür zugelassenen Mehrheitsentscheidung auch hier der Bestimmtheitsgrundsatz nicht entgegen[7]. Im Übrigen gelten vergleichbare Schranken wie bei Rn. 17.

---

[1] Siehe dazu *Barz*, FS Knur, 1972, S. 25, 28 ff.
[2] BGH v. 29.3.1996 – II ZR 263/94, BGHZ 132, 263, 277.
[3] MünchKommHGB/*Priester*, § 122, Rn. 50, 52 f.
[4] Vgl. dazu *Schlegelberger/Martens*, § 169 Rn. 26 m.w.N.; OLG Karlsruhe v. 28.2.2003 – 4 U 8/02, NZG 2003, 429, 430. Abweichend MünchKommHGB/*Priester*, § 122 Rn. 55. Thesaurierungsbeschlüsse lassen den Kernbereich im Grundsatz unberührt, weil dem Gesellschafter die Beträge als Wertsteigerung seiner Beteiligung verbleiben. Mindestkapitalschutz sei hier allein über gesellschaftsrechtliche Treuepflicht zu gewähren.
[5] BGH v. 27.1.1975 – II ZR 130/73, WM 1975, 662, 663; MünchKommHGB/*Priester*, § 122 Rn. 57.
[6] OLG Karlsruhe v. 28.3.2003 – 4 U 8/02, NZG 2003, 429, 430.
[7] BGH v. 10.5.1976 – II ZR 180/74, WM 1976, 661, 663.

Dritter Titel Rechtsverhältnis der Gesellschafter zu Dritten

§ 123
Wirksamkeit im Außenverhältnis

(1) Die Wirksamkeit der offenen Handelsgesellschaft tritt im Verhältnis zu Dritten mit dem Zeitpunkt ein, in welchem die Gesellschaft in das Handelsregister eingetragen wird.

(2) Beginnt die Gesellschaft ihre Geschäfte schon vor der Eintragung, so tritt die Wirksamkeit mit dem Zeitpunkt des Geschäftsbeginns ein, soweit nicht aus § 2 oder § 105 Abs. 2 sich ein anderes ergibt.

(3) Eine Vereinbarung, dass die Gesellschaft erst mit einem späteren Zeitpunkt ihren Anfang nehmen soll, ist Dritten gegenüber unwirksam.

Übersicht

	Rn.		Rn.
I. Gegenstand der Vorschrift		II. Wirksamwerden mit Eintragung	8
1. Entstehung als Handelsgesellschaft		III. Wirksamwerden mit Geschäftsbeginn	
a) Voraussetzungen	1	1. Betrieb eines Handelsgewerbes	9
b) Wirksamwerden des Gesellschaftsvertrags	2	2. Geschäftsbeginn	
c) Entstehung als Gesellschaft	3	a) Zeitpunkt	10
2. Zwingende Natur der Vorschrift	5	b) Einverständnis der Gesellschafters	11
3. Wegfall der Kaufmannseigenschaft	6	IV. Analoge Anwendung auf den neu eintretenden Gesellschafter?	12
4. Rechtsscheintatbestände	7		

Schrifttum: *Beyerle*, Gesetzliche Umwandlung einer OHG oder KG in eine Gesellschaft bürgerlichen Rechts, NJW 1972, 229; *K. Schmidt*, Zur Stellung der OHG im System der Handelsgesellschaften, 1972.

I. Gegenstand der Vorschrift

1. Entstehung als Handelsgesellschaft

a) Voraussetzungen

§ 123 regelt nicht die Frage, wann der Gesellschaftsvertrag wirksam wird oder wann vom Bestehen einer Gesellschaft gesprochen werden kann. Es geht vielmehr darum, **von welchem Zeitpunkt an eine bestehende Gesellschaft eine Handelsgesellschaft** darstellt. Dies hängt maßgeblich vom Gegenstand ihrer unternehmerischen Betätigung (vgl. §§ 1 ff., 105 Abs. 1, 2) ab. 1

b) Wirksamwerden des Gesellschaftsvertrages

2 Das Wirksamwerden des Gesellschaftsvertrages ist nach den **Rechtsregeln des Vertragsrechts** zu beurteilen und unterliegt grundsätzlich der Disposition der Gesellschafter[1]. Allerdings führt § 123 Abs. 3 dazu, dass ein Vorverlegen oder ein Hinausschieben der Vertragswirksamkeit abweichend vom Zeitpunkt der Eintragung oder des Geschäftsbeginns lediglich interne Bedeutung hätte, aber nicht den Tatbestand einer nach außen wirksam gewordenen Gesellschaft berührt[2].

c) Entstehung als Gesellschaft

3 Auch die Entstehung als Gesellschaft (also ggf. als GbR) kann – und wird oft – dem **Wirksamwerden als Handelsgesellschaft vorausgehen**[3]. Ist gesellschaftsvertraglich der Betrieb eines Handelsgewerbes i.S.v. § 1 Abs. 2 vorgesehen, wird das Rechtsverhältnis unter den Gesellschaftern allerdings auch schon vor der Entstehung als Handelsgesellschaft nach den §§ 105 ff. (insbesondere für die Geschäftsführung und die Vertretung) zu beurteilen sein[4].

4 Erlangt die Gesellschaft den Status einer Handelsgesellschaft, bleibt dadurch ihre **Identität als Rechtsträgerin** gewahrt. Es handelt sich lediglich um einen kraft Gesetzes eintretenden Formwechsel[5].

2. Zwingende Natur der Vorschrift

5 Abs. 3 der Vorschrift stellt klar, dass die Bestimmungen in den Abs. 1 und 2 zwingend sind. Abweichende Abreden unter den Gesellschaftern haben lediglich Bedeutung für ihre internen Beziehungen (siehe auch Rn. 2).

3. Wegfall der Kaufmannseigenschaft

6 Verliert eine entstandene Handelsgesellschaft ihre Kaufmannseigenschaft (vgl. dazu die bei § 105 Rn. 8a, 8b und 10 erörterten Möglichkeiten), so **entfällt** damit ihr **Status als Handelsgesellschaft**, soweit nicht § 5 zum Zuge kommt. Die Gesellschaft wird zu einer GbR[6]; anders ist es lediglich in der Liquidation (vgl. § 156). Bei völliger Aufgabe jeder gewerblicher Tätigkeit verbleibt es auch über § 5 bei keiner Kaufmannseigenschaft (§ 105 Rn. 10).

---

1 MünchKommHGB/*K. Schmidt*, § 123 Rn. 2.
2 BGH v. 24.5.1976 – II ZR 207/74, WM 1976, 972, 974; MünchKommHGB/*K. Schmidt*, § 123 Rn. 2.
3 MünchKommHGB/*K. Schmidt*, § 123 Rn. 3.
4 Vgl. etwa BGH v. 19.5.1960 – II ZR 72/59, BGHZ 32, 307, 314; BGH v. 29.11.1971 – II ZR 181/68, WM 1972, 21, 22. – Zu sonstigen Fragen der (teilw. streitigen) Behandlung einer unternehmenstragenden Gesellschaft vgl. bei MünchKommHGB/*K. Schmidt*, § 123 Rn. 13 ff. m.w.N.
5 BGH v. 19.5.1960 – II ZR 72/59, BGHZ 32, 307, 310 ff.
6 BGH v. 19.5.1960 – II ZR 72/59, BGHZ 32, 307, 311 f.; BGH v. 14.6.1976 – II ZR 105/74, WM 1976, 1053, 1054.

4. Rechtsscheintatbestände

Von den Fällen, in denen es trotz Unwirksamkeit des Gesellschaftsvertrages nach Invollzugsetzung der Gesellschaft (§ 105 Rn. 38 ff.) oder aufgrund einer Eintragung ins Handelsregister gemäß § 5 (§ 105 Rn. 10) zur Entstehung einer Handelsgesellschaft kommt, sind die Tatbestände zu unterscheiden, in denen eine Handelsgesellschaft nicht besteht, jedoch ein Rechtsschein einer solchen begründet wird. Die dabei zugunsten des auf den Scheintatbestand vertrauenden Rechtsverkehrs jeweils in Betracht kommenden Rechtsfolgen werden bei § 105 Rn. 11, 54 ff. erörtert.

II. Wirksamwerden mit Eintragung

Nach § 123 Abs. 1 tritt die Wirksamkeit der OHG nach außen mit der Eintragung ins Handelsregister (und nicht erst mit Bekanntmachung)[1] ein, es sei denn, es kommt ein früherer Zeitpunkt wegen einer bereits vor der Eintragung aufgenommenen Geschäftstätigkeit (dazu Rn. 9 ff.) in Betracht. Fraglich ist, wie die Fälle zu behandeln sind, in denen die Gesellschaft ein eingetragenes Unternehmen (Einzelkaufmann oder Gesellschaft) übernimmt. Teilweise soll dies entsprechend § 123 Abs. 1 zu behandeln sind. Der Erwerb macht danach die Gesellschaft sogleich zur Handelsgesellschaft[2]. Eine Ausnahme soll allerdings beim Erwerb eines eingetragenen Formkaufmanns gelten; weil dieser nicht in Bezug auf das (betriebene) Unternehmen nach § 1 ff. eingetragen wird. Hier soll daher die Gesellschaft im Außenverhältnis erst mit Aufnahme des ersten Folgegeschäfts (nach § 123 Abs. 2) entstehen[3]. Richtiger erscheint es, alle Fälle des Erwerbs einheitlich § 123 Abs. 2 zuzuordnen[4].

III. Wirksamwerden mit Geschäftsbeginn

1. Betrieb eines Handelsgewerbes

Eine Gesellschaft wird bereits vor ihrer Eintragung zur Handelsgesellschaft, wenn sie bereits davor den Betrieb eines Handelsgewerbes aufgenommen hat. Vor der Eintragung der Gesellschaft kann ein Handelsgewerbe aber nur vorliegen, wenn das von ihr betriebene Unternehmen ein **Handelsgewerbe** i.S. von § 1 Abs. 2 ist; denn gewerbliche Betätigungen nach den §§ 2, 3 können erst mit der Eintragung zu einer Handelsgesellschaft führen; das gleiche gilt für eine Vermögensverwaltungsgesellschaft i.S. von § 105 Abs. 2. Nicht erforderlich ist, dass das aufgenommene Handelsgewerbe sogleich einen in kaufmännischer Weise eingerichteten Geschäftsbetrieb aufweist. Es genügt,

---

1 MünchKommHGB/*K. Schmidt*, § 123 Rn. 6; *Baumbach/Hopt*, § 123 Rn. 5; Ebenroth/Boujong/Joost/Strohn/Hillmann, § 123 Rn. 15.
2 BGH v. 13.7.1972 – II ZR 111/70, BGHZ 59, 179, 183; Ebenroth/Boujong/Joost/Strohn/Hillmann, § 123 Rn. 16.
3 BGH v. 13.7.1972 – II ZR 111/70, BGHZ 59, 179, 183 f.
4 MünchKommHGB/*K. Schmidt*, § 123 Rn. 7; *Baumbach/Hopt*, § 123 Rn. 6.

dass es hierauf angelegt ist[1]. Um Letzteres anzunehmen bedarf es jedoch zuverlässiger Anhaltspunkte. Bloße Zukunftserwartungen genügen insoweit nicht. Vielmehr ist in einem solchen Fall auf die Verhältnisse abzustellen, wie sie sich in dem jeweils maßgebenden Zeitpunkt darstellen[2].

2. Geschäftsbeginn

a) Zeitpunkt

10 Für die Aufnahme der Geschäftstätigkeit reichen **vorbereitende Geschäfte** aus, so z.B. die Anmietung von Räumen bzw. des Geschäftslokals[3], der Abschluss eines sonstigen Rechtsgeschäfts[4], die Versendung von Warenlieferungen[5] oder die Eröffnung eines Bankkontos[6]. Die Rechtshandlung bzw. das Rechtsgeschäft muss jedoch zum einen im Namen der Gesellschaft vorgenommen werden (für Rechnung der Gesellschaft reicht insoweit nicht)[7]. Zum anderen muss das Geschäft bzw. die Rechtshandlung Dritten gegenüber vorgenommen werden. Damit bleiben Rechtsgeschäfte außer Betracht, die den Innenrechtskreis der Gesellschaft nicht verlassen[8]. Die Leistung einer Einlage bei der KG ist daher unbeachtlich[9]. Maßgebend ist schließlich stets der **tatsächliche**, nicht aber ein hiervon (unzulässig) abweichend im Handelsregister eingetragener **Zeitpunkt** des Geschäftsbeginns[10]. Gleiche Wirkung wie ein Geschäftsbeginn haben Kundgebungen an die Öffentlichkeit (z.B. Zeitungsanzeigen, Rundschreiben, etc.)[11].

b) Einverständnis der Gesellschafter

11 Ob die Aufnahme der Geschäfte im Einverständnis aller Gesellschafter geschehen muss, ist streitig. Die h.L. bejaht dies[12]. Dabei soll die Zustimmung aber ausdrücklich oder stillschweigend erteilt werden können. Der BGH hat die Frage bislang offen gelassen[13]. Anderer Ansicht nach soll auch ein nicht

---

1 BGH v. 17.6.1953 – II ZR 205/52, BGHZ 10, 91, 96; OLG Stuttgart v. 27.2.2002 – 9 U 205/01, NZG 2002, 910, 912.
2 OLG Stuttgart v. 27.2.2002 – 9 U 205/01, NZG 2002, 910, 912.
3 RG DR 1941, 1943, 1944; OLG Karlsruhe v. 24.1.2001 – 6 U 137/00, NZG 2001, 748, 749.
4 KG DR 1939, 1795.
5 OLG Karlsruhe v. 24.1.2001 – 6 U 137/00, NZG 2001, 748, 749.
6 BGH v. 26.4.2004 – II ZR 120/02, BB 2004, 1357, 1358; OLG Stuttgart v. 27.2.2002 – 9 U 205/01, NZG 2002, 910, 912.
7 MünchKommHGB/*K. Schmidt*, § 123 Rn. 9, 10; *Baumbach/Hopt*, § 123 Rn. 9.
8 OLG Karlsruhe v. 24.1.2001 – 6 U 137/00, NZG 2001, 748, 749 (Überlassung von Restbeständen des Gesellschafters an Gesellschaft).
9 RGZ 166, 51, 59; MünchKommHGB/*K. Schmidt*, § 123 Rn. 9.
10 RGZ 119, 64, 67 f.; *Baumbach/Hopt*, § 123 Rn. 9.
11 *Baumbach/Hopt*, § 123 Rn. 9; MünchKommHGB/*K. Schmidt*, § 123 Rn. 9.
12 Vgl. OLG Stuttgart v. 27.2.2002 – 9 U 205/01, NZG 2002, 910, 912; Staub/*Habersack*, § 123 Rn. 20; Heymann/*Emmerich*, § 123 Rn. 13a; *Baumbach/Hopt*, § 123 Rn. 12; Ebenroth/Boujong/Joost/Strohn/*Hillmann*, § 123 Rn. 23; *A. Hueck*, Das Recht der OHG, S. 45.
13 BGH v. 26.4.2004 – II ZR 120/02, BB 2004, 1357, 1358.

abgesprochenes Handeln eines vertretungsberechtigten Gesellschafters der Gesellschaft und den übrigen Gesellschaftern zuzurechnen sein[1].

IV. Analoge Anwendung auf den neu eintretenden Gesellschafter?

Eine entsprechende Anwendung des § 123 auf das Verhältnis eines neu in eine bestehende Gesellschaft eintretenden Gesellschafters zu Dritten wird diskutiert. Danach sollen Dritte aus der Eigenschaft als Gesellschafter abzuleitende Rechte gegen den eintretenden Gesellschafter (beispielsweise die Haftung nach § 128 i.V.m. § 130) nicht schon aufgrund des Beitrittsvertrags herleiten können[2]. Auch der Eintritt entfalte Rechtswirkung Dritten gegenüber erst durch die Eintragung im Handelsregister oder eine andere nach außen gerichtete Betätigung der Gesellschaft im Einverständnis des Eintretenden, etwa wenn die Geschäfte mit Zustimmung des Eintretenden auch für seine Rechnung fortgesetzt werden[3]. Diese Ansicht ist mit *K. Schmidt*[4] abzulehnen[5]. Zutreffend führt er aus, dass § 176 Abs. 2 entgegen den Ausführungen der Gegenansicht kein Argument zugunsten einer analogen Anwendung des § 123 zu entnehmen ist. Hierfür wäre nämlich Voraussetzung, dass es auch für eine Haftung des Eintretenden entsprechend § 176 Abs. 1 auf dessen Zustimmung zur Geschäftsfortführung ankäme[6]. Einer solchen Zustimmung bedarf es der h.L. zufolge aber nicht[7], die insoweit der Rechtssprechung folgt[8].

12

§ 124
Selbständigkeit der Gesellschaft; Zwangsvollstreckung

(1) Die offene Handelsgesellschaft kann unter ihrer Firma Rechte erwerben und Verbindlichkeiten eingehen, Eigentum und andere dingliche Rechte an Grundstücken erwerben, vor Gericht klagen und verklagt werden.

(2) Zur Zwangsvollstreckung in das Gesellschaftsvermögen ist ein gegen die Gesellschaft gerichteter vollstreckbarer Schuldtitel erforderlich.

---

1 MünchKommHGB/*K. Schmidt*, § 123 Rn. 10.
2 *Baumbach/Hopt*, § 123 Rn. 4.
3 *Baumbach/Hopt*, § 123 Rn. 4.
4 MünchKommHGB/*K. Schmidt*, § 123 Rn. 1a.
5 Vgl. auch *Koller/Roth/Morck*, § 123 Rn. 5.
6 In diesem Sinne noch: GroßKommHGB/*Schilling*, § 176 Rn. 21.
7 Vgl. § 176 Rn. 49; *Baumbach/Hopt*, § 176 Rn. 9; *Koller/Roth/Morck*, § 176 Rn. 9; MünchKommHGB/*K. Schmidt*, § 176 Rn. 28; *Ebenroth/Boujong/Joost/Strohn*, § 176 Rn. 31; *Staub/Schilling*, § 176 Rn. 23.
8 BGH v. 28.10.1981 – II ZR 129/80, NJW 1982, 883, 884 mit zust. Anm. *K. Schmidt*, NJW 1982, 886.

Übersicht

	Rn.		Rn.
I. Die OHG als Trägerin von Rechten und Pflichten	1	c) Schutz gegen Eingriffe	4
II. Überblick		d) Ämterfähigkeit	5
1. OHG und materielles Recht		2. OHG und Verfahrensrecht	
a) Rechtsinhaberschaft der Gesellschaft	2	a) Erkenntnisverfahren, Vollstreckung	6
b) Rechtsgeschäfte, Verhaltenszurechnung	3	b) Insolvenzverfahren	8
		c) Sonstiges	9
		3. OHG und Steuerrecht	10

Schrifttum: *Flume*, Gesellschaft und Gesamthand, ZHR 136 (1972), 177; *Huber*, Die Parteifähigkeit der Personengesellschaft des Handelsrechts und ihr Wegfall während des Prozesses, ZZP 82 (1969), 224; *Huber*, Vermögensanteil, Kapitalanteil und Gesellschaftsanteil an Personengesellschaften des Handelsrechts, 1970; *Oberhammer*, Die OHG im Zivilprozess, 1998; *Otte*, Zur Erbfähigkeit der Personengesellschaften, in: Festschrift Westermann, 2008, S. 535; *K. Schmidt*, Zur Stellung der OHG im System der Handelsgesellschaften, 1972; *K. Schmidt*, Unternehmenskonkurs, Unternehmensträgerkonkurs, Gesellschafterkonkurs, in: Festschrift 100 Jahre KO, 1977, S. 247; *Schulze-Osterloh*, Das Prinzip der gesamthänderischen Bindung, 1972; *Uhlenbruck*, Die GmbH & Co. KG in Krise, Konkurs und Vergleich, 2. Aufl. 1988.

I. Die OHG als Trägerin von Rechten und Pflichten

1 Nach § 124 Abs. 1 kann die OHG unter ihrer Firma Rechte und Pflichten erwerben. Die Streitfragen, ob sie deshalb als juristische Person anzusehen ist oder ob ihr als Verband, also nicht nur den Gesellschaftern in gesamthänderischer Verbundenheit, Rechtsfähigkeit zukommt (§ 105 Rn. 6)[1], sind angesichts dessen, dass man sich über die aus § 124 herzuleitenden Folgerungen doch weithin einig ist, ohne besondere Bedeutung. Der Gesetzgeber spricht jedenfalls in mehreren Rechtsvorschriften von der OHG als „rechtsfähiger Personengesellschaft" (§§ 14, 159 Abs. 2, 1061, 1092 Abs. 2 BGB) und nähert damit die Handelsgesellschaft zunehmend den juristischen Personen an[2].

II. Überblick

1. OHG und materielles Recht

a) Rechtsinhaberschaft der Gesellschaft

2 Die Gesellschaft ist Zuordnungsobjekt für die Rechte und Pflichten der Gesellschaft[3] und daher **materiell Inhaber** der **Ansprüche gegen die Gesellschafter** auf Leistung der bedungenen Beiträge und Einlagen, ebenso **aller Gegenstände**, die in sie eingebracht worden sind oder die sie bei ihrer Geschäftstätigkeit erworben hat. Nur sie allein kann – vertreten durch ihre or-

---

1 *Ebenroth/Boujong/Joost/Strohn/Hillmann*, § 124 Rn. 1; *Baumbach/Hopt*, § 124 Rn. 2.
2 LSG Mainz v. 12.9.2004 – 5 ER 95/c4 KR, BeckRS 2005 Nr. 40003.
3 BGH v. 5.3.2008 – IV ZR 89/07, ZIP 2008, 692, 693.

ganschaftlichen oder bevollmächtigten Vertreter – hierüber verfügen[1]. Den Gesellschaftern steht demgegenüber kein Bruchteil oder sonstiger Anteil an den Gegenständen des Gesellschaftsvermögens zu[2]. Das gilt auch dann, wenn nur ein einziger Gesellschafter am Kapital der Gesellschaft beteiligt ist[3]. Die OHG ist grundrechts-[4], grundbuch- und insolvenzrechtsfähig (§ 11 Abs. 2 Nr. 1 InsO), kann als Erbin eingesetzt werden[5] und kann Mitglied in einer anderen Personengesellschaft[6], in einer Kapitalgesellschaft oder in einem Verein sein (streitig ist im Hinblick auf § 281 Abs. 1 AktG allerdings, ob sie als Komplementärin in einer KGaA fungieren kann[7]). Sie kann Sachbesitzerin sein[8]; dabei übt sie den Besitz durch die geschäftsführenden Gesellschafter aus.

b) Rechtsgeschäfte, Verhaltenszurechnung

Aus den in ihrem Namen abgeschlossenen Rechtsgeschäften wird die Gesellschaft berechtigt und verpflichtet, wobei nicht ausgeschlossen ist, dass neben ihr auch die Gesellschafter in die Rechtswirkungen eines Vertragsschlusses einbezogen werden können[9]. Umstritten ist allerdings, wie die Einbeziehung der Gesellschafter in das im Namen der Gesellschaft begründeten Schuldverhältnis dogmatisch zu begründen ist[10]. Richtiger Ansicht nach ist durch Auslegung der Vereinbarung zu ermitteln, ob die Gesellschafter in den Schutzbereich der Vereinbarung miteinbezogen sind oder hieraus selbst berechtigt oder verpflichtet sein sollen[11]. Letzteres wird allerdings die Ausnahme sein; denn eine Vermutung dahingehend, dass der Handelnde nicht nur im Namen der Gesellschaft, sondern auch im Namen der Gesellschafter handelt, gibt es nicht. Auch folgt aus dem Umstand, dass der Handelnde Vertretungsmacht für die Gesellschaft hat, nicht ohne weiteres auch eine Vertretungsmacht gegenüber den Gesellschaftern. Für das Verhalten ih-

3

---

1 *Ebenroth/Boujong/Joost/Strohn/Hillmann*, § 124 Rn. 2; *Baumbach/Hopt*, § 124 Rn. 12; *Staub/Habersack*, § 124 Rn. 6 ff.
2 *Huber*, Vermögensanteil, S. 10 f.; *Ebenroth/Boujong/Joost/Strohn/Hillmann*, § 124 Rn. 2; *Baumbach/Hopt*, § 124 Rn. 17.
3 BFH v. 9.12.2006 – IV R 23/04, DStRE 2006, 837, 838.
4 BVerfG v. 29.7.1959 – 1 BvR 394/58, BVerfGE 10, 39 ff.; BVerfG v. 2.9.2002 – BvR 1103/02, NJW 2002, 3533.
5 BFH v. 7.12.1988 – II R 150/85, NJW 1989, 2495; vgl. zum Ganzen *Otte*, FS Westermann, S. 535, 536 ff.; siehe auch *Ebenroth/Boujong/Joost/Strohn/Hillmann*, § 124 Rn. 9.
6 BGH v. 9.3.1981 – II ZR 54/80, BGHZ 80, 129, 132.
7 Bejahend BGH v. 24.2.1997 – II ZB 11/96, BGHZ 134, 392, 395 f.; *Ebenroth/Boujong/Joost/Strohn/Hillmann*, § 124 Rn. 10.
8 BGH v. 26.5.1967 – II ZR 73/66, WM 1967, 938, *Ebenroth/Boujong/Joost/Strohn/Hillmann*, § 124 Rn. 7.
9 BGH v. 5.3.2008 – IV ZR 89/07, ZIP 2008, 692, 693 ff.; BGH v. 24.1.1990 – IV ZR 270/88, BGHZ 110, 127, 128; BGH v. 7.10.1987 – IVa ZR 67/86, ZIP 1988, 108 f. (teilw. missverständlich, vgl. dazu *Schlegelberger/K. Schmidt*, § 124 Rn. 16; *Staub/Habersack*, § 124 Rn. 12); *Ebenroth/Boujong/Joost/Strohn/Hillmann*, § 124 Rn. 3; MünchKommHGB/*K. Schmidt*, § 124 Rn. 15.
10 Siehe *Ebenroth/Boujong/Joost/Strohn/Hillmann*, § 124 Rn. 3.
11 MünchKommHGB/*K. Schmidt*, § 124 Rn. 15; *Staub/Habersack*, § 124 Rn. 12.

rer Organe und Hilfspersonen hat die Gesellschaft nach den §§ 31, 278 und 254 BGB einzustehen[1]; auch für deren deliktisches Verhalten ist die Gesellschaft gemäß den §§ 31, 831 BGB verantwortlich (siehe § 125 Rn. 3). Zudem gelten die persönlich haftenden Gesellschafter als „nahe stehende Personen" i.S. des § 138 Abs. 2 Nr. 1, 3 InsO. Die Gesellschaft selbst (und nicht der Gesellschafter) ist Adressat der unternehmerischen deliktischen Verkehrssicherungspflichten[2].

c) Schutz gegen Eingriffe

4 Die Gesellschaft genießt Schutz gegen Eingriffe in ihre Rechte und gegen Schädigungen auf der Grundlage der **allgemeinen Vorschriften**, auch im Bereich des Immaterialgüterschutzes, so auch des Ehrenschutzes[3]. Ein Schmerzensgeldanspruch kommt für sie allerdings nicht in Betracht[4].

d) Ämterfähigkeit

5 Die OHG kann **Ämter verschiedenster Art** wahrnehmen, so das eines organschaftlichen Vertreters in einer Personengesellschaft, eines Testamentsvollstreckers[5], eines Verwalters einer Wohnungseigentumsgemeinschaft[6] sowie eines Liquidators in einer Personenhandelsgesellschaft (denn in einer solchen kann jeder Gesellschafter Liquidator sein, vgl. § 146), nach überwiegender Auffassung auch in einer Körperschaft. Sie kann hingegen nicht sein: Insolvenzverwalter, Vormund und Pfleger, Vorstand einer Körperschaft sowie Prokurist[7].

2. OHG und Verfahrensrecht

a) Erkenntnisverfahren, Vollstreckung

6 Nicht nur vermögensrechtlich, sondern auch prozessual sind der Gesellschafts- und der Gesellschafterprozess streng voneinander zu trennen. Beide haben einen unterschiedlichen Streitgegenstand, wie sich nicht zuletzt aus § 129 Abs. 4 ergibt[8]. Allgemeiner Gerichtsstand der OHG ist nach § 17 ZPO der Sitz der Gesellschaft. Nach ausdrücklicher Gesetzesvorschrift ist die OHG **aktiv und passiv parteifähig**. Sie ist allerdings (wie alle Verbände) pro-

---

1 *Ebenroth/Boujong/Joost/Strohn/Hillmann*, § 124 Rn. 4; *Baumbach/Hopt*, § 124 Rn. 25 ff.
2 *Ebenroth/Boujong/Joost/Strohn/Hillmann*, § 124 Rn. 5; MünchKommHGB/*K. Schmidt*, § 124 Rn. 17; *Staub/Habersack*, § 124 Rn. 14.
3 BGH v. 8.7.1980 – VI ZR 177/78, BGHZ 78, 24, 25.
4 BGH v. 8.7.1980 – VI ZR 177/78, BGHZ 78, 24, 27 f.
5 *Ebenroth/Boujong/Joost/Strohn/Hillmann*, § 124 Rn. 10; *Baumbach/Hopt*, § 124 Rn. 33.
6 OLG Hamburg v. 5.2.1988 – 2 W 11/87, OLGZ 1988, 299, 302.
7 Siehe jeweils die Nachweise bei MünchKommHGB/*K. Schmidt*, § 124 Rn. 23; *Staub/Habersack*, § 124 Rn. 20; *Ebenroth/Boujong/Joost/Strohn/Hillmann*, § 124 Rn. 10; MünchKommHGB/*K. Schmidt*, § 124 Rn. 20.
8 *Oberhammer*, Die OHG im Zivilprozess, 1998, S. 126.

zessunfähig und muss daher durch ihre vertretungsberechtigten Gesellschafter als gesetzliche Vertreter handeln (§§ 51 Abs. 1, 313 Abs. 1 Nr. 1 ZPO)[1]. Die Parteifähigkeit der Gesellschaft entfällt erst mit ihrer Vollbeendigung, daher noch nicht bereits mit der Einstellung eines Insolvenzverfahrens mangels Masse[2]. Prozesskostenhilfe kann ihr unter den Voraussetzungen des § 116 S. 1 Nr. 2 ZPO gewährt werden. Ein ergehendes Urteil in einem Rechtsstreit mit der OHG wirkt nur für und gegen sie, nicht aber auch gegenüber einem nicht am Prozess beteiligten Gesellschafter; dieser wird ohne eigenen Beitritt oder ohne dass er mitverklagt wird, nicht Prozesspartei[3]. In dem Verfahren für und gegen die Gesellschaft hat der (vertretungsberechtigte) Gesellschafter die Stellung einer „Quasi-Partei" (siehe etwa § 455 Abs. 1 ZPO)[4]; die Haftung eines Gesellschafters für eine titulierte Gesellschaftsschuld setzt vollstreckungsrechtlich einen gegen ihn gerichteten Titel voraus. Eine Umschreibung des Titels gegen ihn ist nicht möglich (vgl. § 129 Abs. 4). Umgekehrt ermöglicht, wie § 124 Abs. 2 klarstellt, ein Titel gegen einen Gesellschafter noch keine Vollstreckung in das Gesellschaftsvermögen. Vielmehr bedarf es hierfür eines gegen die Gesellschaft gerichteten Titels. War die Gesellschaft früher eine BGB-Gesellschaft und hatte der Gläubiger einen Titel gegen alle Gesellschafter erstritten, so reichte dies – auch nach Eintragung der Gesellschaft in das Handelsregister – für die Vollstreckung in das Gesellschaftsvermögen aus[5]. Ob dies fortgilt, wird teilweise als zweifelhaft bezeichnet[6], da die Rechtsprechung nunmehr – entgegen § 736 ZPO – auch für eine BGB-Gesellschaft einen gegen diese gerichteten Titel genügen lässt[7]. Richtiger Ansicht nach ist die Entscheidung aber nicht so zu lesen, dass ein gegen die Gesellschaft lautender Titel erforderlich ist[8]. Vielmehr „genügt" für eine Zwangsvollstreckung in das Gesellschaftsvermögen ein solcher Titel mit der Folge, dass nach wie vor in das Vermögen der BGB-Gesellschaft mit einem gegen sämtliche Gesellschafter lautenden Titel vollstreckt werden kann[9]. Dies gilt jedenfalls für solche titulierten Verbindlichkeiten, für die die Gesellschaft ebenso wie die in Anspruch genommenen Gesellschafter haftet[10].

Fällt die Gesellschaft während eines Rechtsstreits **wegen Vollbeendigung weg**, so erlangen die Gesellschafter nicht von selbst die Stellung von Prozessparteien[11]. Vielmehr wird dann die Klage unzulässig[12]. Wenn jedoch alle 7

---

1 BGH v. 4.5.1955 – IV ZR 185/54, BGHZ 17, 181, 190 f.
2 BGH v. 7.10.1994 – II ZR 58/93, ZIP 1994, 1185.
3 BGH v. 13.2.1974 – VIII ZR 147/72, BGHZ 62, 131, 132 f.; BGH v. 18.3.1975 – X ZB 12/74, BGHZ 64, 155, 156.
4 BGH v. 19.10.1964 – II ZR 109/62, BGHZ 42, 230, 231 f.
5 *Staub/Habersack*, § 124 Rn. 42.
6 MünchKommHGB/*K. Schmidt*, § 124 Rn. 30.
7 BGH v. 29.1.2001 – II ZR 331/00, BGHZ 146, 341, 356.
8 So aber *Hadding*, ZGR 2001, 743; *Baumbach/Hopt*, § 124 Rn. 45.
9 OLG Schleswig v. 20.12.2005 – 2 W 205/05, Rpfleger 2006, 261; siehe auch BGH v. 16.7.2004 – IX a ZB 288/03, NJW 2004, 3632, 3634; a.A. *Habersack*, BB 2001, 481.
10 BGH v. 25.1.2008 – V ZR 63/07, ZIP 2008, 501, 502.
11 BGH v. 13.2.1974 – VIII ZR 147/72, BGHZ 62, 131, 132.
12 BGH v. 5.4.1979 – II ZR 73/78, BGHZ 74, 212 f.

Gesellschafter bis auf einen ausscheiden, geht die Parteirolle auf diesen wegen der eintretenden Gesamtrechtsnachfolge über; hier wäre § 239 ZPO entsprechend anzuwenden[1]. Nur in einem solchen Falle kommt auch eine Titelumschreibung auf den Gesellschafter nach § 727 ZPO in Betracht[2].

b) Insolvenzverfahren

8   Nach § 11 Abs. 2 Nr. 1 InsO sind OHG und KG **insolvenzfähig**. Während im Konkursverfahren die Gesellschafter als Gemeinschuldner behandelt wurden[3], ist nach der InsO Träger der Gemeinschuldnerrolle die Gesellschaft selbst[4]. Hierfür sprechen insbesondere der Wortlaut der §§ 101 Abs. 1 S. 1, 227 Abs. 2, 278 Abs. 2 InsO. Auch wenn infolge der Haftung in § 128 die Gesellschafts- und die Gesellschafterinsolvenz zeitlich oftmals miteinander einhergehen werden, sind beide in rechtlicher Hinsicht streng zu trennen. Beide Insolvenzen sind selbständig abzuwickeln[5].

c) Sonstiges

9   Für die Frage, ob Schieds- oder Gerichtsstandsvereinbarungen zwischen der Gesellschaft und Dritten auch dem Gesellschafter im Rahmen des § 128 entgegen gehalten werden können, siehe § 128 Rn. 9.

3. OHG und Steuerrecht

10 Die OHG ist, da sie weder eine natürliche noch eine juristische Person ist, **nicht einkommen- oder körperschaftsteuerpflichtig.** Das erwirtschaftete Einkommen wird bei den nach § 15 Abs. 1 Nr. 2 EStG als Mitunternehmern behandelten Gesellschaftern versteuert. Dagegen schuldet die OHG Umsatzsteuer (§ 1 Abs. 1 Nr. 3 UStG) und Gewerbesteuer (§ 5 Abs. 1 S. 3 GewStG).

---

1 So die h.L., vgl. etwa *Staub/Habersack*, § 124 Rn. 40; *Ebenroth/Boujong/Joost/Strohn/Hillmann*, § 124 Rn. 28; nach a.A. sind die §§ 241, 246 ZPO entsprechend anwendbar: *K. Schmidt*, FS Henckel, 1995, S. 749, 767; MünchKommHGB/*K. Schmidt*, § 124 Rn. 29; zustimmend: *Thomas/Putzo/Hüßtege*, § 239 ZPO Rn. 3, § 241 ZPO Rn. 2; unentschieden: BGH v. 18.2.2002 – II ZR 331/00, NJW 2002, 1207; *Baumbach/Hopt*, § 124 Rn. 44.
2 *Staub/Habersack*, § 124 Rn. 43.
3 BGH v. 16.2.1961 – III ZR 71/60, BGHZ 34, 293, 297; *A. Hueck*, Das Recht der OHG, S. 384; *Jaeger/Weber*, §§ 209, 210 KO Rn. 18; *Kuhn/Uhlenbruck*, § 1 KO Rn. 8.
4 MünchKommHGB/*K. Schmidt*, Anh. § 158 Rn. 5; *Staub/Habersack*, § 145 Rn. 53; *Baumbach/Hopt*, § 124 Rn. 46; *Gottwald/Haas*, InsoHdb, § 94 Rn. 37.
5 *Staub/Schäfer*, § 131 Rn. 31; *Gottwald/Haas*, InsoHdb, § 94 Rn. 4.

§ 125
Vertretung

(1) Zur Vertretung der Gesellschaft ist jeder Gesellschafter ermächtigt, wenn er nicht durch den Gesellschaftsvertrag von der Vertretung ausgeschlossen ist.

(2) Im Gesellschaftsvertrage kann bestimmt werden, dass alle oder mehrere Gesellschafter nur in Gemeinschaft zur Vertretung der Gesellschaft ermächtigt sein sollen (Gesamtvertretung). Die zur Gesamtvertretung berechtigten Gesellschafter können einzelne von ihnen zur Vornahme bestimmter Geschäfte oder bestimmter Arten von Geschäften ermächtigen. Ist der Gesellschaft gegenüber eine Willenserklärung abzugeben, so genügt die Abgabe gegenüber einem der zur Mitwirkung bei der Vertretung befugten Gesellschafter.

(3) Im Gesellschaftsvertrage kann bestimmt werden, dass die Gesellschafter, wenn nicht mehrere zusammen handeln, nur in Gemeinschaft mit einem Prokuristen zur Vertretung der Gesellschaft ermächtigt sein sollen. Die Vorschriften des Absatzes 2 Satz 2 und 3 finden in diesem Falle entsprechende Anwendung.

Übersicht

	Rn.
I. Vertretung der OHG	
1. Organschaftliche Vertretung	
a) Grundsatz der Selbstorganschaft	1
b) Keine Notvertretungsbefugnis	2
c) Zurechnung des Vertreterhandelns	3
2. Rechtsgeschäftliche Vertretung	4
II. Einzel- und Gesamtvertretung	
1. Einzelvertretung als Regel	5
2. Gesamtvertretung	
a) Gesellschaftsvertragliche Vereinbarung	7
b) Gestaltungsmöglichkeiten	8
c) Zusammenwirken der Gesamtvertreter	9
d) Einzelermächtigung von Gesamtvertretern	10
e) Passivvertretung	11
3. Wegfall und Verhinderung von Gesamtvertretern	12
4. Gemischte Gesamtvertretung	15
III. Ausschluss von der Vertretung	
1. Ausschluss durch den Gesellschaftsvertrag	17
2. Gesellschafter ohne volle Geschäftsfähigkeit	18
3. Personenmehrheit als Gesellschafter	19
IV. Anmeldungen zum Handelsregister	20

Schrifttum: *Beuthin*, Zur Theorie der Stellvertretung im Gesellschaftsrecht, in: Festschrift Zöllner I, S. 87; *Beuthin/Müller*, Gemischte Gesamtvertretung und unechte Gesamtprokura, DB 1996, 461; *Dieckmann*, Zur Schadensersatzpflicht der Offenen Handelsgesellschaft und deren Gesellschafter, wenn ein nicht (allein-)vertretungsberechtigter Gesellschafter gegen die Vertretungsordnung der Gesellschaft verstößt, WM 1987, 1473; *Helm/Wagner*, Fremdgeschäftsführung und -vertretung bei Personenhandelsgesellschaften, BB 1979, 225; *Lüdke-Handjery*, Die „Ermächtigung" eines gesamtvertretungsberechtigten OHG-Gesellschafters zum Alleinhandeln, DB 1972, 565; *W. Müller*, Drittorgane bei Personengesellschaften, NJW 1955, 1909; *Werra*, Zum Stand der Diskussion um die Selbstorganschaft, 1991.

I. Vertretung der OHG

1. Organschaftliche Vertretung

a) Grundsatz der Selbstorganschaft

1 Die in § 125 Abs. 1 vorgesehene Vertretung (zur Abgrenzung von der Geschäftsführung siehe § 114 Rn. 3) der OHG durch ihre Gesellschafter ist Ausdruck des Prinzips der Selbstorganschaft[1] (dazu § 109 Rn. 5, § 114 Rn. 3); diese **organschaftliche Vertretung ist mit der Stellung als persönlich haftender Gesellschafter zwingend verbunden**[2]. Die Rechtsnatur der organschaftlichen Vertretung ist in theoretischer Hinsicht umstritten[3], ohne dass sich hieraus jedoch nennenswerte praktische Folgen ergeben[4]. Sie kann durch den Gesellschaftsvertrag nicht ausgeschlossen werden. So kann der Gesellschaftsvertrag keinen Ausschluss sämtlicher Gesellschafter von der Vertretung bestimmen[5]. Auch ist es nicht zulässig, wenn in einer KG der einzige persönlich haftende Gesellschafter an die Mitwirkung eines Prokuristen gebunden werden soll[6]. Dritten kann eine organschaftliche Vertretung weder verliehen (anders lediglich in der Liquidation, § 146 Abs. 2) noch zur Ausübung überlassen werden[7]. Aufgrund ihrer übergeordneten Stellung können die Gesellschafter daher einem Dritten die Vertretungsmacht grundsätzlich wieder entziehen. Ist ein anderer Verband Mitglied der Gesellschaft, so wird zwar die dem Verband zustehende Vertretung durch dessen organschaftliche Vertreter wahrgenommen; diese werden dadurch jedoch nicht zu Vertretern der OHG. Der Umfang der organschaftlichen Vertretungsmacht richtet sich nach § 126.

b) Keine Notvertretungsbefugnis

2 Die gerichtliche Einsetzung eines **Notvertreters** entsprechend § 29 BGB ist nach allgemeiner Auffassung[8] ausgeschlossen. Lediglich die Bestellung eines Prozessvertreters (§ 57 ZPO) ist möglich[9].

---

1 Vgl. BGH v. 11.7.1960 – II ZR 260/59, BGHZ 33, 105, 108; BGH v. 9.12.1968 – II ZR 33/67, BGHZ 51, 198, 200; BGH v. 5.10.1981 – II ZR 203/80, WM 1982, 349, 396 f.
2 BGH v. 6.2.1958 – II ZR 210/56, BGHZ 26, 330, 333; BGH v. 11.7.1960 – II ZR 260/59, BGHZ 33, 105, 108; BGH v. 9.12.1968 – II ZR 33/67, BGHZ 51, 198, 200.
3 Siehe hierzu *K. Schmidt*, GesR, § 10 I 2.
4 MünchKommHGB/*K. Schmidt*, § 125 Rn. 3; *Beuthin*, FS Zöllner I, 1998, S. 87, 89 ff.
5 BGH v. 9.12.1968 – II ZR 33/67, BGHZ 51, 198, 200; BGH v. 3.11.1997 – II ZR 353/96, NJW 1998, 1225; BGH v. 10.12.2001 – II ZR 139/00, NJW-RR 2002, 540; *Baumbach/Hopt*, § 125 Rn. 3.
6 BGH v. 6.2.1958 – II ZR 210/56, BGHZ 26, 330, 333.
7 BGH v. 5.10.1981 – II ZR 203/80, NJW 1982, 1817; MünchKommHGB/*K. Schmidt*, § 125 Rn. 5, 8; *Baumbach/Hopt*, § 125 Rn. 6.
8 Siehe etwa *Staub/Habersack*, § 125 Rn. 12; *Ebenroth/Boujong/Joost/Strohn/Hillmann*, § 125 Rn. 6; MünchKommHGB/K. *Schmidt*, § 125 Rn. 7; *Baumbach/Hopt*, § 125 Rn. 8; dazu auch BGH v. 9.12.1968 – II ZR 33/67, BGHZ 51, 198, 200.
9 RGZ 116, 116, 118.

c) Zurechnung des Vertreterhandelns

Die zur Vertretung berufenen Gesellschafter sind deren gesetzliche Vertreter 3
i.S. von § 51 ZPO. Im Übrigen finden die **§§ 164 ff. BGB** Anwendung (zu
§ 165 BGB siehe unten Rn. 18), und zwar einschließlich der Regeln über das
Handeln ohne Vertretungsmacht und der Grundsätze einer Rechtsscheinzurechnung
(siehe auch § 124 Rn. 3)[1]. Auch wenn ein Gesellschafter nicht
ausdrücklich oder konkludent im Namen der Gesellschaft aufgetreten ist,
wird diese dann verpflichtet, wenn das getätigte Geschäft unternehmensbezogenen
Charakter hat[2]. Jedoch trifft die Beweislast denjenigen, der sich
bei einem nicht klar erkennbaren Auftreten als Vertreter auf die unternehmensbezogene
Bedeutung abgegebener Erklärungen berufen will[3]. Ist die
Person Gesellschafter verschiedener Gesellschaften, ist durch Auslegung zu
ermitteln, in wessen Namen gehandelt wurde. Lässt sich eine Zuordnung
nicht vornehmen, kann das unklare Doppelvertreterhandeln zur gesamtschuldnerischen
Haftung der Gesellschaften führen[4]. Ein Verschulden des
organschaftlichen Vertreters im rechtsgeschäftlichen wie im deliktischen
Bereich wird der Gesellschaft entsprechend § 31 BGB zugerechnet[5]. Für eine
Wissenszurechnung, z.B. in Fragen eines guten oder bösen Glaubens, ist
nach h.M. § 166 BGB maßgeblich[6]; nach anderer (wohl besser passender)
Auffassung[7] richtet auch sie sich grundsätzlich nach § 31 BGB. In der (zu
§ 166 BGB erörterten) Streitfrage, ob im Falle der Einzelvertretung für eine
Wissenszurechnung auf den Kenntnisstand von einem der am konkreten
Geschäft beteiligten vertretungsberechtigten Gesellschafter abzustellen ist
oder ob die Kenntnis eines beliebigen sonstigen vertretungsberechtigten Gesellschafters
ausreicht, ist der erstgenannten Auffassung zu folgen[8]. Geht
man hingegen von der Anwendbarkeit des § 31 BGB aus, so reicht das Wis-

---

1 MünchKommHGB/K. *Schmidt*, § 125 Rn. 3; *K. Schmidt*, GesR, § 10 II 1.
2 Vgl. etwa BGH v. 18.3.1974 – II ZR 167/72, BGHZ 62, 216, 219 ff.; BGH v. 15.1.1990
 – II ZR 311/88, WM 1990, 600 f.; BGH v. 25.10.1994 – XI ZR 239/93, ZIP 1994, 1860,
 1861.
3 BGH v. 13.10.1994 – IX ZR 25/94, BB 1995, 11, 12.
4 *K. Schmidt*, GesR, § 5 II 1c; MünchKommHGB/*K. Schmidt*, § 125 Rn. 1; *Ebenroth/
 Boujong/Joost/Strohn/Hillmann*, § 125 Rn. 11; a.A. *Staub/Habersack*, § 125 Rn. 17
 (Wahlrecht des Gläubigers).
5 BGH v. 8.2.1952 – I ZR 92/51, NJW 1952, 537, 538; BGH v. 3.12.1973 – II ZR 14/72,
 WM 1974, 153, 154.
6 Vgl. z.B. BGH v. 1.3.1984 – IX ZR 34/83, ZIP 1984, 809, 811; siehe auch OLG Köln
 v. 29.8.2002 – 8 U 5/02, DStRE 2004, 301, 302; *Ebenroth/Boujong/Joost/Strohn/Hillmann*,
 § 125 Rn. 15; *Baumbach/Hopt*, § 125 Rn. 4.
7 *Staub/Habersack*, § 125 Rn. 20; MünchKommHGB/*K. Schmidt*, § 125 Rn. 13; *K.
 Schmidt*, GesR, § 10 V 2.
8 Vgl. BGH v. 29.5.1958 – II ZR 105/57, WM 1958, 1104, 1105; GroßKommHGB/*Fischer*,
 § 125 Rn. 25; *A. Hueck*, Das Recht der OHG, S. 274 Fn. 16; MünchKommBGB/*Schramm*,
 § 166 BGB Rn. 21; abw. BGH v. 8.12.1989 – V ZR 246/87,
 BGHZ 109, 327, 330 f.; *Heymann/Emmerich*, § 125 Rn. 40 f.; *Baumbach/Hopt*,
 § 125 Rn. 4; *Ebenroth/Boujong/Joost/Strohn/Hillmann*, § 125 Rn. 16; wohl auch
 BGH v. 16.2.1961 – III ZR 71/60, BGHZ 34, 293, 297; offengelassen in BGH v.
 17.5.1995 – VIII ZR 70/94, ZIP 1995, 1082, 1084. Allgemein zur Wissenszurechnung
 innerhalb arbeitsteilig arbeitender Organisationen vgl. BGH v. 2.2.1996 – V ZR
 239/94, ZIP 1996, 548, 550 f.

sen eines nicht an der Maßnahme beteiligten organschaftlichen Vertreters aus[1]. Die Rechtsprechung zur Wissenszurechnung innerhalb der Gesellschaft ist jedenfalls wenig einheitlich[2]. Bei Gesamtvertretung ist allerdings bereits die Kenntnis oder das Kennenmüssen eines der zur Mitwirkung berufenen Vertreters relevant[3]. Im Insolvenzrecht (sowie dem Anfechtungsgesetz) ist der persönlich haftende Gesellschafter nahe stehende Person (§ 138 Abs. 2 Nr. 1, 3 InsO).

2. Rechtsgeschäftliche Vertretung

4   Unberührt bleibt die Möglichkeit, dass sich die Gesellschaft durch Prokuristen, Handlungsbevollmächtigte oder andere rechtsgeschäftlich bestellte Vertreter vertreten lässt[4]. Hierfür gelten die allgemeinen Regeln. Wie jedem Dritten kann auch einem nicht vertretungsberechtigten Gesellschafter, ebenso aber auch einem Gesellschafter, der nur Befugnisse als Gesamtvertreter hat[5], Prokura oder Vollmacht erteilt werden. Hier können auch gesellschaftsvertragliche Sonderrechte auf eine Erteilung begründet werden[6].

II. Einzel- und Gesamtvertretung

1. Einzelvertretung als Regel

5   Als **gesetzlicher Regelfall** ist die Einzelvertretung vorgesehen. Da danach jeder Gesellschafter Vertretungsmacht hat, kann es zu widersprechenden Erklärungen kommen. Hier ist dann – bei unwiderruflichen Erklärungen – jeweils die zeitlich frühere maßgebend; bei Gleichzeitigkeit gelten beide nicht[7]. Im Übrigen gilt die zeitlich spätere Erklärung.

6   Eine Einzelvertretung würde ungeachtet der §§ 714, 709 BGB auch als im Zweifel gewollt weiter gelten, wenn eine (nicht eingetragene) OHG infolge Rückganges ihres Geschäftsbetriebs zu einem kleingewerblichen Unternehmen (§ 2) fortan nur als GbR weiter besteht[8].

---

1 *Staub/Habersack*, § 125 Rn. 20.
2 Siehe *Baumbach/Hopt*, § 125 Rn. 4; MünchKommBGB/*Schramm*, § 166 BGB Rn. 21; *Bamberger/Roth/Habermeier*, § 166 BGB Rn. 15.
3 BGH v. 14.2.1974 – II ZR 6/73, BGHZ 62, 166, 173; MünchKommHGB/*K. Schmidt*, § 125 Rn. 50; GroßKommHGB/*Fischer*, § 125 Rn. 25; *Ebenroth/Boujong/Joost/Strohn/Hillmann*, § 125 Rn. 16; *A. Hueck*, Das Recht der OHG, S. 287.
4 MünchKommHGB/*K. Schmidt*, § 125 Rn. 9.
5 So zutr. MünchKommHGB/*K. Schmidt*, § 125 Rn. 10; siehe auch oben § 48 Rn. 24; anders die h.L., *Staub/Joost*, § 48 Rn. 46; *Ebenroth/Boujong/Joost/Strohn/Hillmann*, § 125 Rn. 7.
6 BGH v. 27.6.1955 – II ZR 232/54, BGHZ 17, 392, 394 f.
7 RGZ 81, 92, 95; *Staub/Habersack*, § 125 Rn. 18; *Ebenroth/Boujong/Joost/Strohn/Hillmann*, § 125 Rn. 13; MünchKommHGB/*K. Schmidt*, § 125 Rn. 25; *Baumbach/Hopt*, § 125 Rn. 10.
8 BGH v. 10.5.1971 – II ZR 177/68, WM 1972, 21, 22; siehe auch MünchKommHGB/*K. Schmidt*, § 125 Rn. 26.

2. Gesamtvertretung

a) Gesellschaftsvertragliche Vereinbarung

Ist durch den Gesellschaftsvertrag eine Gesamtvertretung vorgesehen, so können die Gesellschafter für die Gesellschaft nur gemeinsam oder in der zur Vertretung erforderlichen Zahl auftreten. Ist eine Regelung über eine bestimmte Form der Gesamtvertretung unwirksam, so gilt im Zweifel eine Gesamtvertretung durch alle Gesellschafter[1].

b) Gestaltungsmöglichkeiten

Gesamtvertretung und Einzelvertretung können miteinander **kombiniert** werden[2], so dass für einige Gesellschafter Einzelvertretungsmacht bestehen kann, andere aber nur gemeinsam handeln können. Jedoch kann eine Gesamtvertretung nicht allein für einen bestimmten Gegenstandsbereich von Geschäften eingeführt werden[3]. Im Übrigen sind **verschiedene Varianten** einer Gesamtvertretung möglich. Zur gemischten Gesamtvertretung vgl. Rn. 15 f.

c) Zusammenwirken der Gesamtvertreter

Bei Gesamtvertretung müssen **nicht** alle zur Mitwirkung erforderlichen Gesellschafter **gleichzeitig** handeln[4]. Auch eine Komplettierung des erforderlichen Quorums durch **nachträgliche Genehmigung** von Erklärungen eines nicht allein zum Handeln befugten Gesellschafters seitens der übrigen zur Vertretung berechtigten Gesellschafter ist möglich[5]. Die Genehmigung bedarf dann nicht einer für das Rechtsgeschäft vorgeschriebenen Form (§§ 177, 182 Abs. 2, 184 Abs. 1 BGB)[6].

d) Einzelermächtigung von Gesamtvertretern

Einzelne der Gesamtvertreter können nach § 125 Abs. 2 S. 2 zur Vornahme bestimmter Geschäfte oder bestimmter Arten von Geschäften **ermächtigt** werden. Vorbehaltlich gesellschaftsvertraglicher Regelungen steht es jedem Gesamtvertreter grundsätzlich frei, die Ermächtigung zu erteilen oder nicht. Der Umfang der Ermächtigung ist im Zweifel durch Auslegung zu ermit-

---

1 BGH v. 11.7.1960 – II ZR 260/59, BGHZ 33, 105, 108; vgl. auch Münch-KommHGB/*K. Schmidt*, § 125 Rn. 27; *Staub/Habersack*, § 125 Rn. 38.
2 RGZ 90, 21, 22 f.; MünchKommHGB/*K. Schmidt*, § 125 Rn. 31 f.; *Baumbach/Hopt*, § 125 Rn. 14.
3 *A. Hueck*, Das Recht der OHG, S. 283; *Staub/Habersack*, § 125 Rn. 40; *Ebenroth/Boujong/Joost/Strohn/Hillmann*, § 125 Rn. 22.
4 RGZ 81, 325 f.; MünchKommHGB/*K. Schmidt*, § 125 Rn. 28; *Baumbach/Hopt*, § 125 Rn. 16.
5 *Ebenroth/Boujong/Joost/Strohn/Hillmann*, § 125 Rn. 24; *Baumbach/Hopt*, § 125 Rn. 16.
6 MünchKommHGB/*K. Schmidt*, § 125 Rn. 28; *Ebenroth/Boujong/Joost/Strohn/Hillmann*, § 125 Rn. 24.

teln. Die Rechtsnatur der Ermächtigung ist streitig[1]. Im Allgemeinen wird in ihr eine Erweiterung der Gesamtvertretungsbefugnis gesehen[2]. Die Ermächtigung kann nicht angenommen und auch nicht abgelehnt werden. Ob der zu Ermächtigende an der Ermächtigungserklärung mitzuwirken hat[3] oder statt dessen nur Erklärungsempfänger ist[4], sollte im Interesse einer Vermeidung unnötiger Komplikationen bei Unterbleiben seiner Mitwirkung im letzteren Sinne beantwortet werden. Die Rechtsprechung[5] gestattet es, dass die gesamtvertretungsberechtigten Gesellschafter, die an einer Vertretung aus Gründen des § 181 BGB gehindert sind, einen nicht betroffenen Gesellschafter ermächtigen; das trifft jedoch auf durchgreifende Bedenken[6]. Die Ermächtigung kann formlos erteilt werden und ist jederzeit widerruflich[7].

e) Passivvertretung

11 Die Regeln der Gesamtvertretung gelten nicht für eine Passivvertretung der Gesellschaft (§ 125 Abs. 2 S. 3). Hier gilt zwingend eine Einzelvertretungsbefugnis[8]. § 125 Abs. 2 S. 3 gilt auch bei der gemischten Gesamtvertretung (siehe Rn. 15) mit der Folge, dass zur Passivvertretung hier ebenfalls jeder Gesamtvertreter alleine befugt ist (siehe unten Rn. 16).

3. Wegfall und Verhinderung von Gesamtvertretern

12 **Welche Folgen** ein Wegfall oder eine Verhinderung eines gesamtvertretungsberechtigten Gesellschafters hat und ob noch eine Vertretung der Gesellschaft möglich ist, **hängt vom Inhalt des Gesellschaftsvertrages ab**. Bei zwei gesamtvertretungsberechtigten Gesellschaftern führt die vorübergehende Verhinderung des einen (z.B. wegen § 181 BGB) nicht zur Alleinvertretung durch den anderen[9]. Dies gilt selbst bei Gefahr im Verzug. Jedoch kann der verhinderte Gesellschafter verpflichtet sein, aus Treuegesichtspunkten eine Ermächtigung (Rn. 10) zu erteilen. Ebenso bleiben bei einer Mehrzahl von zur Mitwirkung berufenen Gesamtvertretern beim Ausfall eines von ihnen die übrigen nicht ohne weiteres gesamtvertretungsberechtigt. Anders soll es aber sein, wenn einer von mehreren gemeinsam zur Vertretung befugten Gesellschaftern von der Gesellschaft verklagt werden soll[10]. Auch beim Weg-

---

1 MünchKommHGB/*K. Schmidt*, § 125 Rn. 44; *Baumbach/Hopt*, § 125 Rn. 17.
2 Vgl. etwa BGH v. 6.3.1975 – II ZR 80/73, BGHZ 64, 72, 76.
3 So RGZ 81, 325, 328; GroßKommHGB/*Fischer*, § 125 Rn. 18, 21.
4 So *Staub/Habersack*, § 125 Rn. 47; *Ebenroth/Boujong/Joost/Strohn/Hillmann*, § 125 Rn. 31; MünchKommHGB/*K. Schmidt*, § 125 Rn. 43.
5 Vgl. z.B. BGH v. 6.3.1975 – II ZR 80/73, BGHZ 64, 72, 75.
6 MünchKommHGB/*K. Schmidt*, § 125 Rn. 43; *Staub/Habersack*, § 125 Rn. 51; a.A. *Ebenroth/Boujong/Joost/Strohn/Hillmann*, § 125 Rn. 35.
7 MünchKommHGB/*K. Schmidt*, § 125 Rn. 43, 46; *Staub/Habersack*, § 125 Rn. 53; *Baumbach/Hopt*, § 125 Rn. 17; *Ebenroth/Boujong/Joost/Strohn/Hillmann*, § 125 Rn. 33; *A. Hueck*, Das Recht der OHG, S. 285.
8 MünchKommHGB/*K. Schmidt*, § 125 Rn. 48; *Baumbach/Hopt*, § 125 Rn. 18.
9 BGH v. 12.12.1961 – II ZR 255/59, BGHZ 34, 27, 29; MünchKommHGB/*K. Schmidt*, § 125 Rn. 54.
10 BGH v. 4.11.1982 – II ZR 210/81, WM 1983, 60.

fall eines von zwei Gesamtvertretern entsteht für den anderen im Zweifel keine Alleinvertretungsmacht[1]. Anders liegt es in einem solchen Fall aber, wenn der ausfallende Gesellschafter seine Beteiligung nur treuhänderisch für den anderen hält[2]. Ebenso kommt es in der KG beim Ausscheiden eines von zwei Komplementären mit Gesamtvertretungsbefugnis im Hinblick auf § 170 zur Alleinvertretung durch den Verbliebenen[3].

Ob in sonstigen Konstellationen[4] eines Ausfalls (also insbesondere bei dauerhaften Verhinderungen) eines Gesamtvertreters eine fortbestehende Gesamtvertretungsbefugnis der noch vorhandenen Vertreter angenommen werden kann, wird von der (ggf. ergänzenden) **Auslegung des Gesellschaftsvertrages** abhängen[5]. Dabei wird insbesondere der Gesichtspunkt einer Wahrung der Handlungsfähigkeit der Gesellschaft Bedeutung erlangen (siehe auch unten Rn. 17)[6]. 13

In allen Fällen, in denen hiernach eine Vertretung der Gesellschaft nicht mehr möglich ist, werden unter den Gesellschaftern **Ansprüche** erwachsen, **an einer Vertragsanpassung** zwecks Wiederherstellung einer funktionsfähigen Vertretungsregelung mitzuwirken[7]. 14

4. Gemischte Gesamtvertretung

§ 125 Abs. 3 lässt eine Gesamtvertretung von Gesellschaftern zusammen **mit einem Prokuristen** zu. Zulässig ist auch eine Kombination von § 125 Abs. 2 und Abs. 3, d.h. die Bindung gesamtvertretungsberechtigter Gesellschafter an die Mitwirkung eines Prokuristen[8]. Wegen der Geltung des Selbstorganschaftsprinzips kann aber nicht der einzige vorhandene vertretungsberechtigte Gesellschafter[9] und auch nicht die Gesamtheit der Gesellschafter an die Mitwirkung eines Prokuristen gebunden werden[10]. Davon abgesehen sind verschiedene Möglichkeiten von Mitwirkungsregelungen denkbar[11], auch Kombinationen derart, dass die Gesellschaft entweder von zwei Gesellschaftern oder von einem zusammen mit einem Prokuristen vertreten werden kann. 15

---

1 BGH v. 25.5.1964 – II ZR 42/62, BGHZ 41, 367, 369; OLG Hamburg v. 11.9.1987 – 11 W 55/87, ZIP 1987, 1319, 1320.
2 BGH v. 17.6.1991 – II ZR 261/89, WM 1991, 1753, 1755.
3 BGH v. 25.5.1964 – II ZR 42/62, BGHZ 41, 367, 369.
4 Über BGH v. 4.11.1982 – II ZR 210/81, WM 1983, 60 hinaus.
5 MünchKommHGB/*K. Schmidt*, § 125 Rn. 53.
6 Siehe dazu MünchKommHGB/*K. Schmidt*, § 125 Rn. 52 f.
7 MünchKommHGB/*K. Schmidt*, § 125 Rn. 53.
8 Staub/*Habersack*, § 125 Rn. 58; MünchKommHGB/*K. Schmidt*, § 125 Rn. 33.
9 BGH v. 6.2.1958 – II ZR 210/56, BGHZ 26, 330, 333; MünchKommHGB/*K. Schmidt*, § 125 Rn. 33.
10 MünchKommHGB/*K. Schmidt*, § 125 Rn. 33.
11 Vgl. MünchKommHGB/*K. Schmidt*, § 125 Rn. 34 ff.

16 Der **Umfang** der gemischten Gesamtvertretung bestimmt sich nach § 126, nicht nach § 49[1]. Die gemischte Gesamtvertretung erweitert mithin sachlich die Vertretungsmacht des Prokuristen. Auch § 125 Abs. 2 S. 3 gilt für die gemischte Gesamtvertretung, vgl. in § 125 Abs. 3 S. 2; danach käme auch einem gesamtvertretungsberechtigten Prokuristen eine passive Einzelvertretung zu[2]. Dagegen wird § 125 Abs. 2 S. 2 regelmäßig nicht zugunsten eines Prokuristen herangezogen werden können[3].

III. Ausschluss von der Vertretung

1. Ausschluss durch den Gesellschaftsvertrag

17 Wie sich aus § 125 Abs. 1 ergibt, können einzelne Gesellschafter durch den Gesellschaftsvertrag von der Vertretung ausgeschlossen werden. Ggf. bedürfen die entsprechenden Regelungen im Vertrag der Auslegung, so wenn darin nur bestimmte Gesellschafter als Vertreter genannt sind (dann Ausschluss der anderen)[4]. Auch ein Ausschluss von der Geschäftsführung kann für einen Ausschluss auch von der Vertretung sprechen[5]. Die Aufhebung eines Ausschlusses setzt eine Vertragsänderung voraus[6]. Nicht möglich ist ein gegenständlich beschränkter Ausschluss der Vertretungsmacht (z.B. Prokuraerteilung oder Grundstücksgeschäft)[7]. Ebenfalls ausgeschlossen ist ein befristeter oder bedingter Ausschluss der Vertretungsmacht. Wer von der Vertretung ausgeschlossen ist, hat auch keine Notvertretungsmacht analog § 744 Abs. 2 BGB[8]. Fällt der letzte vertretungsberechtigte Gesellschafter weg, so ist im Zweifel davon auszugehen, dass die Vertretungsmacht der von der Vertretung ausgeschlossenen Gesellschafter wieder auflebt (siehe auch oben Rn. 12 ff.)[9]. Ein Notvertreter kann jedenfalls nicht bestellt werden (siehe oben Rn. 2). Soweit die Vertretungsmacht nicht wieder auflebt, wird die Gesellschaft handlungsunfähig und gilt damit i.S. des § 131 als aufgelöst (siehe § 131 Rn. 21).

---

1 RGZ 134, 303, 306; *Baumbach/Hopt*, § 125 Rn. 23; *Ebenroth/Boujong/Joost/Strohn/Hillmann*, § 125 Rn. 41; MünchKommHGB/*K. Schmidt*, § 125 Rn. 42; *Staub/Habersack*, § 125 Rn. 61.
2 *Staub/Habersack*, § 125 Rn. 62; *Ebenroth/Boujong/Joost/Strohn/Hillmann*, § 125 Rn. 42; wohl auch MünchKommHGB/*K. Schmidt*, § 125 Rn. 49; *A. Hueck*, Das Recht der OHG, S. 287.
3 GroßKommHGB/*Fischer*, § 125 Rn. 26.
4 Siehe auch RGZ 24, 27; MünchKommHGB/*K. Schmidt*, § 125 Rn. 15; *Baumbach/Hopt*, § 125 Rn. 12.
5 *Staub/Habersack*, § 125 Rn. 33; *Ebenroth/Boujong/Joost/Strohn/Hillmann*, § 125 Rn. 44; MünchKommHGB/*K. Schmidt*, § 125 Rn. 15.
6 MünchKommHGB/*K. Schmidt*, § 125 Rn. 17.
7 MünchKommHGB/*K. Schmidt*, § 125 Rn. 15.
8 BGH v. 4.5.1955 – IV ZR 185/54, BGHZ 17, 181, 184 und 187; BayObLG v. 10.6.1980 – 3 Z 71/77, ZIP 1980, 904, 905.
9 MünchKommHGB/*K. Schmidt*, § 125 Rn. 16.

2. Gesellschafter ohne volle Geschäftsfähigkeit

Ein nicht vollgeschäftsfähiger Gesellschafter kann vertretungsbefugt sein. Doch ist wegen der Haftungssituation in der OHG § 165 BGB nicht auf eine organschaftliche Vertretung zu beziehen, so dass für den Gesellschafter sein gesetzlicher Vertreter zu handeln hätte[1]. Der gesetzliche Vertreter benötigt dann für namens der OHG getätigte Geschäfte keine familien- oder vormundschaftsgerichtliche Genehmigung nach den §§ 1643, 1821, 1822 BGB[2]. Hingegen wird ein minderjähriger Gesellschafter im Falle einer Ermächtigung nach § 112 BGB selbst tätig sein dürfen[3]. 18

3. Personenmehrheit als Gesellschafter

Ist eine Kapitalgesellschaft vertretungsberechtigter Gesellschafter der OHG, üben die Vertretungsmacht für die OHG die Vertretungsorgane der Gesellschafter-Gesellschaft (Kapitalgesellschaft) aus. Gleiches gilt, wenn es sich bei der Gesellschafter-Gesellschaft um eine Personengesellschaft handelt. 19

IV. Anmeldungen zum Handelsregister

§ 125 Abs. 4 a.F. bestimmte, dass der Ausschluss von der Vertretung sowie alle vom Grundsatz der Einzelvertretung abweichende Vertragsgestaltungen anmelde- und eintragungspflichtig für das Handelsregister sind. Die Bestimmung wurde durch das Gesetz über elektronische Register und Justizkosten für Telekommunikation vom 10.12.2001[4] durch § 106 Abs. 2 Nr. 4, § 107 n.F. ersetzt. Die neue Regelung bezweckt die Erhöhung der Übersichtlichkeit des Handelsregisters und dessen Verständlichkeit, indem die Vertretungsmacht der organschaftlichen Vertreter unmittelbar und stets aus dem Handelsregister ersichtlich sein soll[5]. 20

§ 125a
Geschäftsbriefe

(1) Auf allen Geschäftsbriefen der Gesellschaft gleichviel welcher Form, die an einen bestimmten Empfänger gerichtet werden, müssen die Rechtsform und der Sitz der Gesellschaft, das Registergericht und die Nummer, unter der die Gesellschaft in das Handelsregister eingetragen ist, angegeben wer-

---

1 *Staub/Habersack*, § 125 Rn. 29; *Ebenroth/Boujong/Joost/Strohn/Hillmann*, § 125 Rn. 48; *Baumbach/Hopt*, § 125 Rn. 10; MünchKommHGB/*K. Schmidt*, § 125 Rn. 18; *Heymann/Emmerich*, § 125 Rn. 17a.
2 Siehe auch BGH v. 20.9.1962 – II ZR 209/61, BGHZ 38, 26, 29; *Staub/Habersack*, § 125 Rn. 30.
3 *Ebenroth/Boujong/Joost/Strohn/Hillmann*, § 125 Rn. 49; MünchKommHGB/*K. Schmidt*, § 125 Rn. 18; *Baumbach/Hopt*, § 125 Rn. 10; *A. Hueck*, Das Recht der OHG, S. 305.
4 BGBl. I 3422.
5 OLG Frankfurt v. 28.7.2006 – 20 W 191/06, ZIP 2006, 1673, 1674.

den. Bei einer Gesellschaft, bei der kein Gesellschafter eine natürliche Person ist, sind auf den Geschäftsbriefen der Gesellschaft ferner die Firmen der Gesellschafter anzugeben sowie für die Gesellschafter die nach § 35 a des Gesetzes betreffend die Gesellschaften mit beschränkter Haftung oder § 80 des Aktiengesetzes für Geschäftsbriefe vorgeschriebenen Angaben zu machen. Die Angaben nach Satz 2 sind nicht erforderlich, wenn zu den Gesellschaftern der Gesellschaft eine offene Handelsgesellschaft oder Kommanditgesellschaft gehört, bei der ein persönlich haftender Gesellschafter eine natürliche Person ist.

(2) Für Vordrucke und Bestellscheine ist § 37a Abs. 2 und 3, für Zwangsgelder gegen die zur Vertretung der Gesellschaft ermächtigten Gesellschafter und die Liquidatoren ist § 37a Abs. 4 entsprechend anzuwenden.

Schrifttum: *Haas*, Die Vertreterhaftung bei Weglassen des Rechtsformzusatzes nach § 4 Abs. 2 GmbHG, NJW 1997, 2854; *Hüttmann*, Mindestangaben auf Geschäftsbriefen und Bestellscheinen einer GmbH & Co KG ab 1.1.1981, DB 1980, 1884; *Schaffland*, Angabepflichten auf Geschäftsbriefen einer GmbH & Co KG, BB 1980, 1501.

1. Zweck der Vorschrift

1 Die durch das HRefG und das EHUG teilweise neu gefasste Vorschrift sieht in Abs. 1 S. 1 die dort vorgeschriebenen Angaben für alle Handelsgesellschaften vor; für sie gilt auch § 125a Abs. 2. Erfasst ist damit im Grundsatz auch die nicht eingetragene OHG. Darüber hinaus verpflichtet 125a Abs. 1 S. 2 Gesellschaften ohne natürliche Personen als persönlich haftende Gesellschafter noch zu zusätzlichen Angaben. Damit wird bezweckt, den Rechtsverkehr über die **Beschränkung der Haftung** in der Gesellschaft auf eine abgegrenzte Vermögensmasse zu **informieren**[1]. Von den zusätzlichen Angaben werden in § 125a Abs. 1 S. 3 wiederum Gesellschaften freigestellt, zu deren Gesellschaftern eine Personenhandelsgesellschaft gehört, bei der ein persönlich haftender Gesellschafter eine natürliche Person ist. Ob diese Freistellung auch dann gilt, wenn erst auf der dritten oder einer noch höheren Ebene einer mehrstöckigen Gesellschaft eine natürliche Person als Vollhafter Mitglied ist, ist fraglich. Die wohl überwiegende Ansicht bejaht dies[2]. Das entspricht zwar § 19 Abs. 2 n.F., nicht aber beispielsweise dem Verständnis in § 19 Abs. 3 InsO. Darüber hinaus hat der Gesetzgeber – anders als in § 19 – die Rechtslage in § 125a Abs. 1 S. 3 nicht angepasst. Zudem ist der Zugriff auf eine zweifach mediatisierte Haftung i.d.R. nur schwer zu verwirklichen, mit der Folge, dass eine entsprechende Anwendung der Vorschrift auch sachlich nicht angezeigt ist.

2 § 125a wird ergänzt durch die für das Recht der KG geltende **Parallelvorschrift in § 177a**. Betroffen sind in der Praxis im Wesentlichen die Erscheinungsformen der GmbH & Co. KG. Zu der für § 125a vorgesehenen **Übergangsregelung** bis zum 31.12.1999 vgl. die Vorauflage § 105 Rn. 90, 92.

---

1 *Baumbach/Hopt*, § 125 a Rn. 1.
2 *Staub/Habersack*, § 125a Rn. 6; *Ebenroth/Boujong/Joost/Strohn/Hillmann*, § 125a Rn. 6; *MünchKommHGB/K. Schmidt*, § 125a Rn. 4; *Baumbach/Hopt*, § 125a Rn. 4.

2. Angaben auf Geschäftsbriefen

Als **Geschäftsbriefe** an bestimmte Empfänger sind individuelle Mitteilungen (gleich welcher Form) außerhalb des gesellschaftsinternen Schriftverkehrs zu verstehen. Ausgenommen sind allerdings mündliche oder telefonische Mitteilungen sowie solche Mitteilungen, die sich nicht an einen bestimmten Dritten, sondern an eine unbestimmte Vielzahl von Empfängern richtet. Im Rahmen von Drittbeziehungen kommen auch Gesellschafter als Adressaten in Betracht, ferner verbundene Unternehmen und Arbeitnehmer[1].

Anzugeben sind: Die Rechtsform der Gesellschaft, ihr Sitz, das zuständige Registergericht, die Handelsregister-Nr. und die Firmen der Gesellschafter. Bei der Angabe der Rechtsform sind zulässige Abkürzungen möglich, aber unter Einschluss der zur Firma gehörenden Zusätze[2]. Gehört zu den Gesellschaftern eine **Kapitalgesellschaft**, so sind ferner die nach den § 35a GmbHG, § 80 AktG vorgeschriebenen Angaben (Rechtsform, Sitz, Registergericht, Register-Nr., die Geschäftsführer bzw. Vorstandsmitglieder sowie der Vorsitzende des Aufsichtsrats bzw. eines Beirats) mitzuteilen. Dies gilt auch für eine Mitgliedschaft innerhalb einer als Gesellschafterin beteiligten Personenhandelsgesellschaft.

3. Vordrucke, Bestellscheine

§ 125a Abs. 2 i.V.m. § 37a Abs. 2 befreit Vordrucke (z.B. Lieferscheine), die in einer bereits bestehenden Geschäftsbeziehung verwendet werden, von den Anforderungen in § 125a Abs. 1. Eine ständige oder auf Dauer angelegte Geschäftsverbindung wird nicht vorausgesetzt. Bestellscheine gelten nach § 37a Abs. 3 hingegen als Geschäftsbriefe.

4. Folgen von Verstößen

Nach § 125a Abs. 2 und § 37a Abs. 4 kann bei Nichtbeachtung der Gebote ein Zwangsgeld festgesetzt werden.

Der Verstoß gegen § 125a macht den mit der Gesellschaft abgeschlossenen Vertrag nicht nichtig. Der Empfänger einer nicht mit den notwendigen Angaben versehenen Mitteilung kann jedoch evtl. nach § 119 Abs. 2 BGB die getroffenen Vereinbarungen anfechten wegen Irrtums über eine kreditrelevante Information. Möglich ist daneben auch ein Schadensersatzanspruch. Hier kommen bei einem Verstoß gegen § 125a Abs. 1 S. 2 insbesondere die Haftungstatbestände einer Schutzgesetzverletzung (§ 823 Abs. 2 BGB)[3] oder eines Verschuldens bei Vertragsschluss (§§ 280, 311 Abs. 2 BGB)[4] in Be-

---

1 *Staub/Habersack*, § 125a Rn. 11; MünchKommHGB/*K. Schmidt*, § 125a Rn. 7.
2 *Staub/Habersack*, § 125a Rn. 16; *Ebenroth/Boujong/Joost/Strohn/Hillmann*, § 125a Rn. 8; MünchKommHGB/*K. Schmidt*, § 125a Rn. 9; *Hüttmann*, DB 1980, 1884; anders *Heymann/Emmerich*, § 125a Rn. 9.
3 LG Detmold v. 20.10.1989 – 9 O 402/89, GmbHR 1991, 23 (§ 35a GmbHG); *Haas*, NJW 1997, 2854, 2857.
4 Siehe auch *Altmeppen*, ZIP 2007, 889, 893 f.

tracht. Vielfach wird auch eine auf veranlasstem Rechtsschein beruhende Vertrauenshaftung befürwortet[1].

§ 126
Umfang der Vertretungsmacht

(1) Die Vertretungsmacht der Gesellschafter erstreckt sich auf alle gerichtlichen und außergerichtlichen Geschäfte und Rechtshandlungen einschließlich der Veräußerung und Belastung von Grundstücken sowie der Erteilung und des Widerrufs einer Prokura.

(2) Eine Beschränkung des Umfanges der Vertretungsmacht ist Dritten gegenüber unwirksam; dies gilt insbesondere von der Beschränkung, dass sich die Vertretung nur auf gewisse Geschäfte oder Arten von Geschäften erstrecken oder dass sie nur unter gewissen Umständen oder für eine gewisse Zeit oder an einzelnen Orten stattfinden soll.

(3) In betreff der Beschränkung auf den Betrieb einer von mehreren Niederlassungen der Gesellschaft finden die Vorschriften des § 50 Abs. 3 entsprechende Anwendung.

Schrifttum: *Dieckmann*, Zur Schadensersatzpflicht der offenen Handelsgesellschaft und deren Gesellschafter, wenn ein nicht (allein-)vertretungsberechtigter Gesellschafter gegen die Vertretungsordnung der Gesellschaft verstößt, WM 1987, 1473; *Rob. Fischer*, Der Missbrauch der Vertretungsmacht, auch unter Berücksichtigung der Handelsgesellschaften, in: Festschrift Schilling, 1973, S. 3; *Geßler*, Zum Missbrauch organschaftlicher Vertretungsmacht, in: Festschrift v. Caemmerer, 1978; S. 531; *John*, Der Missbrauch organschaftlicher Vertretungsmacht, in: Festschrift Mühl, 1981, S. 349; *G. Roth*, Missbrauch der Vertretungsmacht durch den GmbH-Geschäftsführer, ZGR 1985, 265.

I. Reichweite der Vertretungsmacht

1. Umfassender Umfang

a) Bereich der Erstreckung

1   Nach § 126 Abs. 1 kommt der organschaftlichen Vertretung ein umfassender, nach außen grundsätzlich nicht beschränkbarer Umfang zu, und zwar ohne Rücksicht auf die Reichweite der Geschäftsführungsbefugnis. Daher erstreckt sich die Vertretungsmacht auch auf **ungewöhnliche Geschäfte**, also auch auf solche, die mit dem Gesellschaftszweck nicht in unmittelbarem

---

1 BGH v. 18.3.1974 – II ZR 167/72, BGHZ 62, 216, 222 ff.; BGH v. 1.6.1981 – II ZR 1/81, NJW 1981, 2569 f.; BGH v. 5.2.2007 – II ZR 84/05, ZIP 2007, 908, 909; siehe auch *Staub/Habersack*, § 125a Rn. 19 f.; *Ebenroth/Boujong/Joost/Strohn/Hillmann*, § 125a Rn. 11; *Baumbach/Hueck/Zöllner/Noack*, § 35a GmbHG Rn. 20; z.T. anders (gegen eine Rechtsscheinhaftung); *MünchKommHGB/K. Schmidt*, § 125a Rn. 4; *Haas*, NJW 1997, 2854 ff.

Zusammenhang stehen[1]. Klarstellend nennt das Gesetz die Veräußerung und Belastung von Grundstücken sowie die Erteilung und Entziehung der Prokura. Die Vertretungsmacht bezieht sich ebenso auf die **Rechtsverhältnisse zwischen der Gesellschaft und den Gesellschaftern**[2]. Dem Bereich der Vertretung wird auch die Rechtsmacht zugerechnet, Angestellten verbindliche Weisungen zu erteilen[3], obschon die interne Befugnis zur Erteilung von Weisungen eine Frage der allgemeinen Geschäftsführungsbefugnis ist[4]. Die Vertretungsmacht gilt auch, wenn unter den Gesellschaftern Minderjährige sind. §§ 1821 f. BGB gelten insoweit nicht[5].

b) Selbstkontrahierungsverbot

Eine **Grenze** findet die Vertretungsbefugnis im **Verbot des Selbstkontrahierens** (§ 181 BGB). Eine **Befreiung** hiervon bedürfte einer gesellschaftsvertraglichen Regelung oder eines Beschlusses mit vertragsändernder Mehrheit[6], während für den Einzelfall ein anderer vertretungsberechtigter Gesellschafter die Gestattung erklären kann[7]. Wegen der Folgen der Verhinderung eines gesamtvertretungsberechtigten Gesellschafters aufgrund von § 181 BGB vgl. § 125 Rn. 12 ff.

2

2. Grundlagenangelegenheiten

Da es sich um die Vertretung der Gesellschaft handelt, erstreckt sie sich nicht auf die Rechtsverhältnisse der Gesellschafter untereinander, die die Grundlagen der Gesellschaft betreffen; denn an derartigen Geschäften ist die Gesellschaft nicht beteiligt. Vielmehr handeln die Gesellschafter hier im eigenen Namen. Hierzu gehören etwa: Änderungen des Gesellschaftsvertrages[8], Änderungen des Gesellschaftszwecks[9], Veränderungen im Gesellschafterbestand[10], der Abschluss eines Unternehmensvertrages[11]. Dagegen wird die Aufnahme eines stillen Gesellschafters sowie die Beendigung des Rechtsverhältnisses mit ihm als von der Vertretungsmacht gedeckt angese-

3

---

1 *Baumbach/Hopt*, § 126 Rn. 1; *Ebenroth/Boujong/Joost/Strohn/Hillmann*, § 126 Rn. 3; *Staub/Habersack*, § 126 Rn. 5.
2 *Staub/Habersack*, § 126 Rn. 10; MünchKommHGB/*K. Schmidt*, § 126 Rn. 4, 9; *A. Hueck*, Das Recht der OHG, S. 298.
3 *Staub/Habersack*, § 126 Rn. 6; MünchKommHGB/*K. Schmidt*, § 126 Rn. 4; *Ebenroth/Boujong/Joost/Strohn/Hillmann*, § 126 Rn. 6; *A. Hueck*, Das Recht der OHG, S. 293.
4 MünchKommHGB/*K. Schmidt*, § 126 Rn. 4; *Baumbach/Hopt*, § 126 Rn. 1.
5 RGZ 125, 380, 381.
6 BGH v. 7.2.1972 – II ZR 69/69, BGHZ 58, 115, 116 ff.; BGH v. 6.3.1975 – II ZR 80/73, BGHZ 64, 72, 74 ff.
7 BGH v. 7.2.1972 – II ZR 169/69, BGHZ 58, 115, 117; BGH v. 1.12.1969 – II ZR 224/67, WM 1970, 249, 251.
8 Vgl. dazu BGH v. 26.10.1978 – II ZR 119/77, WM 1979, 71, 72.
9 *Ebenroth/Boujong/Joost/Strohn/Hillmann*, § 126 Rn. 9.
10 BGH v. 6.2.1958 – II ZR 210/56, BGHZ 26, 330, 333; BGH v. 18.10.1962 – II ZR 12/61, WM 1962, 1353, 1354.
11 Siehe dazu *Staub/Habersack*, § 126 Rn. 18; *Ebenroth/Boujong/Joost/Strohn/Hillmann*, § 126 Rn. 10; *Schießl*, Die beherrschte Personengesellschaft, 1985, S. 27 f.

hen[1]; doch wird dies nicht auf einen atypischen stillen Gesellschafter erstreckt werden können[2].

4   Nicht von der Vertretungsmacht gedeckt, sondern von einem zustimmenden Gesellschafterbeschluss abhängig ist die **Veräußerung** (mit oder ohne Firma) **des** von der Gesellschaft betriebenen **Unternehmens bzw. Handelsgeschäfts**, jedenfalls wenn dieses das gesamte Gesellschaftsvermögen darstellt (Rechtsgedanke des § 361 Abs. 1 AktG)[3]. Doch bleibt die Wirksamkeit einzelner vollzogener Übertragungsgeschäfte unberührt[4].

II. Beschränkungen der Vertretungsmacht

1. Einzelne Niederlassungen

5   § 126 Abs. 3 gestattet eine Beschränkung der Vertretungsmacht auf einzelne Niederlassungen, sofern diese **unter verschiedenen Firmen betrieben** werden (dazu vgl. § 50 Abs. 3). Die Beschränkung bedarf der Eintragung bei den Registergerichten sowohl der Haupt- als auch der Zweigniederlassung[5].

2. Unwirksamkeit gegenüber Dritten

6   § 126 Abs. 2 bestimmt, dass sonstige Beschränkungen der Vertretungsbefugnis Dritten gegenüber unwirksam sind (zu den Fragen eines für den Dritten erkennbaren Missbrauchs der Vertretungsmacht siehe Rn. 8 f.).

3. Vertretung gegenüber Gesellschaftern

7   Hingegen sind Beschränkungen im Rechtsverkehr der Gesellschaft mit den Gesellschaftern **möglich**; denn § 126 Abs. 2 bezweckt den Schutz Dritter, die mit der Gesellschaft in Rechtsbeziehung treten. Demgegenüber bedürfen die Gesellschafter keines Schutzes[6]. Dies gilt auch für Drittbeziehungen der Gesellschafter zur Gesellschaft. Beschränkungen dieser Art können auf dem Gesellschaftsvertrag oder auf einem Gesellschafterbeschluss beruhen. Davon abgesehen reicht hier die Vertretungsmacht grundsätzlich nicht über

---

1   BGH v. 18.10.1962 – II ZR 12/61, WM 1962, 1353, 1354; BGH v. 26.10.1978 – II ZR 119/77, WM 1979, 71, 72; *Ebenroth/Boujong/Joost/Strohn/Hillmann*, § 126 Rn. 11.
2   So zu Recht *Staub/Habersack*, § 126 Rn. 15; *Ebenroth/Boujong/Joost/Strohn/Hillmann*, § 126 Rn. 11; *MünchKommHGB/K. Schmidt*, § 126 Rn. 11; *Blaurock*, Handbuch der stillen Gesellschaft, 6. Aufl. 2003, Rn. 11.12.
3   BGH v. 9.1.1995 – II ZR 24/94, ZIP 1995, 278, 279; *Ebenroth/Boujong/Joost/Strohn/Hillmann*, § 126 Rn. 9; *Baumbach/Hopt*, § 126 Rn. 3.
4   BGH v. 8.7.1991 – II ZR 246/90, WM 1991, 1552, 1553.
5   *MünchKommHGB/K. Schmidt*, § 126 Rn. 19; a.A. *Ebenroth/Boujong/Joost/Strohn/Hillmann*, § 126 Rn. 13: Vermerk der Beschränkung beim Registergericht der Zweigniederlassung entbehrlich.
6   *Ebenroth/Boujong/Joost/Strohn/Hillmann*, § 126 Rn. 14.

den Bereich der Geschäftsführungsbefugnis hinaus[1]. Auf die Kenntnis oder das Kennenmüssen der Beschränkung der Vertretungsbefugnis kommt es insoweit nicht an[2]. Ebenso wie im Verhältnis zu den Gesellschaftern, dem Treugeber oder dem atypischen Nießbraucher[3]. Gegenüber einem ausgeschiedenen Gesellschafter findet hingegen § 126 Abs. 2 grundsätzlich Anwendung.

III. Missbrauch der Vertretungsmacht

1. Tatbestand

Macht ein Gesellschafter von seiner Vertretungsmacht Gebrauch, obwohl sie intern beschränkt, insbesondere nicht von seiner Geschäftsführungsbefugnis gedeckt ist, bleibt sein Handeln Dritten gegenüber gleichwohl grundsätzlich wirksam. Anders liegt es jedoch, wenn der Missbrauch für den Dritten deutlich ist. Dabei kommt es nicht auf ein bewusstes Zusammenspielen mit dem Vertreter zum Nachteil der vertretenen Gesellschaft an[4], auch nicht auf eine positive Kenntnis des Dritten von der Pflichtwidrigkeit des Vertreters. Andererseits reicht aber auch eine einfache Fahrlässigkeit des Dritten nicht aus[5], zumal damit der mit der Erstreckung der Vertretungsmacht bezweckte Verkehrsschutz verfehlt würde. Vielmehr ist entscheidend, ob der Missbrauch so **deutlich offen liegt**, dass sich objektiv ein entsprechender **Verdacht aufdrängen muss**[6]. Nicht erforderlich ist, dass der Vertreter bewusst zum Nachteil der Gesellschaft handelt. Ausreichend ist vielmehr, dass objektiv eine Überschreitung der internen Bindung vorliegt[7].

8

2. Rechtsfolgen

Ist hiernach für einen Dritten der Missbrauch deutlich, so kann er sich nach Treu und Glauben nicht auf die formal bestehende Vertretungsmacht beru-

9

---

1 BGH v. 20.9.1962 – II ZR 209/61, BGHZ 38, 26, 33 ff.; BGH v. 5.4.1973 – II ZR 45/71, WM 1973, 637; BGH v. 26.10.1978 – II ZR 119/77, WM 1979, 71, 72; *Ebenroth/Boujong/Joost/Strohn/Hillmann*, § 126 Rn. 16.
2 *Ebenroth/Boujong/Joost/Strohn/Hillmann*, § 126 Rn. 17; *Baumbach/Hopt*, § 126 Rn. 6.
3 *Staub/Habersack*, § 126 Rn. 30; *Ebenroth/Boujong/Joost/Strohn/Hillmann*, § 126 Rn. 18.
4 BGH v. 5.12.1983 – II ZR 56/82, ZIP 1984, 310, 311; BGH v. 18.5.1988 – IVa ZR 5/87, ZIP 1988, 847, 849.
5 Vgl. BGH v. 15.12.1975 – II ZR 148/74, WM 1976, 658, 659; BGH v. 5.12.1983 – II ZR 56/82, ZIP 1984, 310, 311; BGH v. 29.6.1999 – XI ZR 277/98, ZIP 1999, 1303, 1304.
6 BGH v. 27.3.1985 – VIII ZR 5/84, BGHZ 94, 132, 138; BGH v. 5.12.1983 – II ZR 56/82, ZIP 1984, 310, 311; BGH v. 14.3.1988 – II ZR 211/87, WM 1988, 704, 706; BGH v. 18.5.1988 – IVa ZR 5/87, ZIP 1988, 847, 849; BGH v. 5.11.2003 – VIII ZR 218/01, NZG 2004, 139, 140 (grob fahrlässig die Augen verschlossen); OLG Stuttgart v. 2.6.1999 – 9 U 246/98, NZG 1999, 1009, 1010.
7 BGH v. 5.11.2003 – VIII ZR 218/01, NZG 2004, 139, 140; OLG Stuttgart v. 2.6.1999 – 9 U 246/98, NZG 1999, 1009, 1010; siehe auch *Ebenroth/Boujong/Joost/Strohn/Hillmann*, § 126 Rn. 21.

fen[1]. Mitunter werden in diesen Fällen auch die §§ 177 f. BGB entsprechend angewandt[2]. In der Praxis kommen die verschiedenen Ansichten allerdings nicht zu unterschiedlichen Ergebnissen[3], denn nach beiden Ansichten kann die Gesellschaft das Auftreten des Vertreters genehmigen. Bei einem kollusiven Zusammenwirken mit dem Vertreter sind darüber hinaus die §§ 138, 826 BGB einschlägig[4].

§ 127
Entziehung der Vertretungsmacht

Die Vertretungsmacht kann einem Gesellschafter auf Antrag der übrigen Gesellschafter durch gerichtliche Entscheidung entzogen werden, wenn ein wichtiger Grund vorliegt; ein solcher Grund ist insbesondere grobe Pflichtverletzung oder Unfähigkeit zur ordnungsgemäßen Vertretung der Gesellschaft.

Schrifttum: Vgl. die Angaben zu § 117.

I. Entziehung der Vertretungsmacht

1. Allgemeines

1   Ebenso wie für die Entziehung der Geschäftsführungsbefugnis (§ 117) sieht das Gesetz auch für die Entziehung der organschaftlichen Vertretungsmacht ein Klageverfahren mit einer gerichtlichen Gestaltungsentscheidung vor, so dass Klagehäufung gem. § 260 ZPO bezüglich beider Klagen möglich ist. Bereits seinem Wortlaut nach ist § 127 nicht auf vertretungsberechtigte Dritte (vgl. § 125 Rn. 4), etwa den **Prokuristen**, anwendbar. § 127 ist insoweit zwingend, als die Entziehung der Vertretungsbefugnis aus wichtigem Grund nicht abbedungen werden kann (siehe unten Rn. 11)[5]. Wohl aber können die Gesellschafter das Verfahren abweichend von § 127 regeln.

2   Entzogen werden kann grundsätzlich **jede Ausgestaltung der Vertretungsmacht** (Einzel-, echte und unechte Gesamtvertretungsmacht oder die auf die Niederlassung beschränkte Vertretungsmacht)[6]. Während jedoch auch dem einzigen geschäftsführenden Gesellschafter die Geschäftsführungsbefugnis entzogen werden kann (§ 117 Rn. 1), ist es – bezogen auf eine KG – nicht möglich, einem einzigen persönlich haftenden Gesellschafter die Vertre-

---

1 Siehe vorstehende Fn., ferner BGH v. 19.5.1980 – II ZR 241/79, WM 1980, 953, 954.
2 *Staub/Habersack*, § 126 Rn. 27; MünchKommHGB/*K. Schmidt*, § 126 Rn. 22.
3 *Ebenroth/Boujong/Joost/Strohn/Hillmann*, § 126 Rn. 23.
4 BGH v. 19.5.1980 – II ZR 241/79, WM 1980, 953, 954 f.
5 *Staub/Habersack*, § 127 Rn. 15; *K. Schmidt*, GesR, § 48 II 4b.
6 MünchKommHGB/*K. Schmidt*, § 127 Rn. 3; *Baumbach/Hopt*, § 127 Rn. 5; *Ebenroth/Boujong/Joost/Strohn/Hillmann*, § 127 Rn. 7 f.

tungsmacht zu entziehen[1]. Eine solche Klage wäre auf eine unmögliche Rechtsfolge gerichtet[2]. Soll dieser durch eine erst noch in die Gesellschaft aufzunehmende Person ersetzt werden, so bedürfte dies der Zustimmung durch alle Gesellschafter[3]. Sind mehrere persönlich haftende Gesellschafter vorhanden, so kann die Vertretungsmacht einem dieser Gesellschafter auch dann entzogen werden, wenn die (persönlich haftenden) Gesellschafter bisher nur gesamtvertetungsberechtigt sind[4]. Folge der Entziehung ist, dass die übrigen Gesellschafter gesamtvertretungsberechtigt bleiben. Eine Ausnahme gilt allerdings dann, wenn die Gesellschaft nur zwei gesamtvertretungsberechtigte Gesellschafter hatte. Dann erhält der verbleibende Gesellschafter mit Rechtskraft des Gestaltungsurteils Alleinvertretungsmacht[5]. Die Entziehung ist auch möglich, wenn nur ein **einziger vertetungsberechtigter Gesellschafter** vorhanden ist (aber weitere persönlich haftende Gesellschafter da sind)[6]. Letzteren wächst dann ihrerseits die organschaftliche Vertretungsmacht zu.

2. Wichtiger Grund

Ebenfalls wie bei der Entziehung der Geschäftsführungsbefugnis setzt die Entziehung einen wichtigen Grund voraus. Vergleichbar wie in § 117 nennt das Gesetz als Beispielsfälle eine **grobe Pflichtverletzung** und eine **Unfähigkeit zur ordnungsgemäßen Vertretung** der Gesellschaft. Wegen der insoweit anzulegenden Maßstäbe, auch für die erforderliche Gesamtabwägung der konkreten Umstände, gelten die gleichen Grundsätze wie bei der Entziehung der Geschäftsführungsbefugnis. Insoweit wird auf die Erl. zu § 117 (§ 117 Rn. 2 ff.) Bezug genommen. Der wichtige Grund muss dem Gesellschafter als Zustand oder als Verhaltensweise zuzurechnen sein[7]. Ein Verschulden des Gesellschafters ist nicht erforderlich[8].

3. Beschränkung der Vertretungsmacht

a) Möglichkeiten

Der Wortlaut des § 127 scheint darauf hinzudeuten, dass die organschaftliche Vertretungsmacht entweder nur vollständig in Fortfall gebracht werden

---

1 Vgl. etwa BGH v. 9.12.1968 – II ZR 33/67, BGHZ 51, 198, 200; BGH v. 10.12.2001 – II ZR 139/00, ZIP 2002, 396, 397.
2 Siehe auch BGH v. 10.12.2001 – II ZR 139/00, ZIP 2002, 396, 397.
3 BGH v. 3.11.1997 – II ZR 353/96, DStR 1998, 88, 89 f.; MünchKommHGB/*K. Schmidt*, § 127 Rn. 5.
4 *Ebenroth/Boujong/Joost/Strohn/Hillmann*, § 127 Rn. 7 f.; MünchKommHGB/*K. Schmidt*, § 127 Rn. 3; siehe zu den Folgen auch § 125 Rn. 12 ff.
5 BGH v. 25.4.1964 – II ZR 42/62, BGHZ 41, 367, 368 f.; *Ebenroth/Boujong/Joost/ Strohn/Hillmann*, § 127 Rn. 8.
6 RGZ 74, 297, 299 ff.; *Staub/Habersack*, § 127 Rn. 7; *Ebenroth/Boujong/Joost/ Strohn/Hillmann*, § 127 Rn. 7; MünchKommHGB/*K. Schmidt*, § 127 Rn. 7.
7 MünchKommHGB/*K. Schmidt*, § 127 Rn. 16.
8 *Ebenroth/Boujong/Joost/Strohn/Hillmann*, § 127 Rn. 4.

kann oder aber unverändert fortbesteht[1]. Einer solchen Auslegung steht aber der Grundsatz der Verhältnismäßigkeit entgegen[2]. Auch bei der Vertretungsmacht ist daher statt einer völligen Entziehung eine Beschränkung **möglich**, etwa indem der Gesellschafter anstelle einer Einzelvertretung nur noch eine (echte oder unechte) Gesamtvertretung erhält oder seine Vertretungsmacht auf einzelne Niederlassungen (§ 126 Abs. 3) beschränkt wird[3]. Es kann im Einzelfall so liegen, dass ein zur völligen Entziehung der Vertretungsbefugnis ausreichender wichtiger Grund nicht zu bejahen ist, jedoch ihre Beschränkung unter den gegebenen Umständen angebracht ist (siehe auch § 117 Rn. 8).

b) Verfahren, Klageantrag

5 Auch die Beschränkung der Vertretungsmacht ist im gerichtlichen **Verfahren des § 127** zu verfolgen. Da der Antrag auf völlige Entziehung der Vertretungsmacht nicht auch den Antrag auf deren teilweise Entziehung mit umfasst (es handelt sich um verschiedene Streitgegenstände)[4], legt § 308 Abs. 1 ZPO die Stellung von Hilfsanträgen nahe[5] (vgl. auch § 117 Rn. 9).

4. Eintragung im Handelsregister

6 Gemäß § 125 Abs. 4 ist die Entziehung (oder eine Beschränkung) zur Eintragung in das Handelsregister anzumelden. Im Falle einer auf Entziehung lautenden gerichtlichen Entscheidung genügt die Anmeldung der übrigen Gesellschafter ohne den von der Entziehung betroffenen Beteiligten (§ 16 Abs. 1 S. 1).

5. Niederlegung der Vertretung

7 Nicht in § 127 geregelt ist die Niederlegung der Vertretung durch den vertretungsberechtigten Gesellschafter. Nach verbreiteter Meinung[6] hat ein Gesellschafter jedoch aufgrund des über § 105 Abs. 3 anzuwendenden § 712 Abs. 2 BGB bei einem wichtigen Grund auch das Recht zur Niederlegung

---

[1] BGH v. 10.12.2001 – II ZR 139/00, ZIP 2002, 396, 397.
[2] BGH v. 10.12.2001 – II ZR 139/00, ZIP 2002, 396, 397; *Staub/Habersack*, § 127 Rn. 13; MünchKommHGB/*K. Schmidt*, § 127 Rn. 17.
[3] BGH v. 10.12.2001 – II ZR 139/00, ZIP 2002, 396, 397; siehe auch RG JW 1935, 696, 697; OGH v. 16.6.1948 – ZS 11/48, NJW 1948, 691, 693; *A. Hueck*, Das Recht der OHG, S. 152, 300; *Staub/Habersack*, § 127 Rn. 11; MünchKommHGB/*K. Schmidt*, § 127 Rn. 12.
[4] BGH v. 10.12.2001 – II ZR 139/00, ZIP 2002, 396, 397 = WuB II F § 127 HGB 1.02 (mit Anmerkung *v. Gerkan*).
[5] BGH v. 10.12.2001 – II ZR 139/00, ZIP 2002, 396, 397; MünchKommHGB/*K. Schmidt*, § 127 Rn. 23.
[6] Vgl. etwa GroßKommHGB/*Fischer*, § 127 Rn. 24; *Heymann/Emmerich*, § 127 Rn. 10; *Koller/Roth/Morck*, § 127 Rn. 4.

der Vertretung. Nach anderer Auffassung[1] ist das aber aus § 712 Abs. 2 BGB nicht herzuleiten; danach kommt nur eine Aufgabe der Geschäftsführungsbefugnis in Frage, mit der auch die Vertretungsbefugnis entfällt. Dem ist darin zuzustimmen, dass die genannte Vorschrift **keine isolierte Niederlegung** der Vertretungsbefugnis ohne gleichzeitige Beendigung der Geschäftsführung gestattet[2].

II. Verfahren

1. Klagevoraussetzungen

Ebenso wie bei § 117 handelt es sich in § 127 um eine **Gestaltungsklage**, an der alle übrigen Gesellschafter mitzuwirken haben[3]. Die Klage ist gegen den Gesellschafter gerichtet, dem die Vertretungsbefugnis entzogen werden soll. Wegen der Fragen der Durchsetzung der Mitwirkungspflicht, der Verbindung der Entziehungsklage mit einer Klage auf Zustimmung zur Entziehung, des Vorgehens gegen mehrere Gesellschafter, denen jeweils die Vertretungsbefugnis aberkannt werden soll, sowie der Verbindung mit Klageanträgen gemäß den §§ 117, 133 und 140 gilt das bereits bei § 117 Ausgeführte (§ 117 Rn. 11 ff.).

8

2. Gerichtliche Entscheidung

Auch zur gerichtlichen Entscheidung im Entziehungsprozess, zur Möglichkeit von Eilmaßnahmen und zum schiedsgerichtlichen Verfahren kann auf die entsprechenden Erörterungen zu § 117 (§ 117 Rn. 16 ff.) verwiesen werden. Ebenso wie im Verfahren des einstweiligen Rechtsschutzes ein Nichtgesellschafter mit der vorläufigen Wahrnehmung der Geschäftsführung betraut werden kann, kommt derartiges u.U. auch für die Regelung der Vertretungsbefugnis in Betracht[4].

9

Zur bei einer Entziehung der Vertretungsbefugnis ggf. auftretenden Notwendigkeit zur Anpassung der Vertragsregelung, vgl. § 117 Rn. 19 und § 125 Rn. 14.

10

---

1 *K. Schmidt*, DB 1988, 2241, 2243; *Baumbach/Hopt*, § 127 Rn. 4; MünchKommHGB/*K. Schmidt*, § 127 Rn. 6 und § 125 Rn. 23 f.; *Ebenroth/Boujong/Joost/ Strohn/Hillmann*, § 127 Rn. 10.
2 Vgl. auch *A. Hueck*, Das Recht der OHG, S. 303 f.
3 MünchKommHGB/*K. Schmidt*, § 127 Rn. 20; *Ebenroth/Boujong/Joost/Strohn/Hillmann*, § 127 Rn. 12; *Staub/Habersack*, § 127 Rn. 16.
4 BGH v. 11.7.1960 – II ZR 260/59, BGHZ 33, 105, 110 f.; *Staub/Habersack*, § 127 Rn. 19; *Ebenroth/Boujong/Joost/Strohn/Hillmann*, § 127 Rn. 13; MünchKommHGB/*K. Schmidt*, § 127 Rn. 29; *A. Hueck*, Das Recht der OHG, S. 301 f.

III. Abweichende Vertragsgestaltungen

1. Entziehungsgründe

11 Durch Gesellschaftsvertrag kann der Tatbestand des wichtigen Grundes näher **konkretisiert** und präzisiert werden[1] und können auch die Anforderungen an ihn erhöht oder erleichtert werden[2]. Davon abgesehen kann sodann eine Entziehung der Vertretung außerhalb des Erfordernisses eines wichtigen Grundes vorgesehen werden[3]. Teilweise wird vertreten, dass umgekehrt aber auch die Möglichkeit, einem Gesellschafter die Vertretungsbefugnis zu entziehen, ganz ausgeschlossen werden könne[4]. Hiergegen ist jedoch einzuwenden, dass sich die Gesellschafter nicht für die Zukunft an einen für sie unzumutbaren Vertreter binden können[5].

2. Entziehungsverfahren

12 Verfahrensrechtlich kann die Klageerhebung von einem **Mehrheitsbeschluss** der Gesellschafter abhängig gemacht werden. Auch kann statt eines Klageverfahrens vereinbart werden, dass über eine Entziehung durch Beschluss entschieden werden soll (siehe dazu bereits § 117 Rn. 24). Die gerichtliche Überprüfung des Beschlusses wäre dann – ebenfalls wie bei einer Entziehung der Geschäftsführungsbefugnis – auf eine Feststellungsklage hin möglich. Der betroffene Gesellschafter hätte bei der Beschlussfassung kein Stimmrecht[6]. Insbesondere bei einer Publikumsgesellschaft ist eine Abberufung aus wichtigem Grund durch Mehrheitsbeschluss auch ohne gesellschaftsvertragliche Zulassung möglich[7]. Ist eine Entziehung ohne wichtigen Grund vorgesehen (Rn. 11), kommt dafür ein Klageverfahren nach § 127 ohnehin nicht in Betracht, sondern dies bleibt allein einer Beschlussfassung der Gesellschafter vorbehalten.

---

[1] MünchKommHGB/*K. Schmidt*, § 127 Rn. 18.
[2] *Staub/Habersack*, § 127 Rn. 4; *Ebenroth/Boujong/Joost/Strohn/Hillmann*, § 127 Rn. 18; MünchKommHGB/*K. Schmidt*, § 127 Rn. 18; *A. Hueck*, Das Recht der OHG, S. 158, 300.
[3] RG, HRR 1940 Nr. 1074; BGH v. 23.10.1972 – II ZR 31/70, NJW 1973, 691; BGH v. 3.11.1997 – II ZR 353/96, NJW 1998, 1225, 1226; MünchKommHGB/*K. Schmidt*, § 127 Rn. 19.
[4] So GroßKommHGB/*Fischer*, § 127 Rn. 21, auch § 117 Rn. 9; *A. Hueck*, Das Recht der OHG, S. 157, 300.
[5] *Staub/Habersack*, § 127 Rn. 15; abl. auch RG JW 1935, 696, 697 und HRR 1940 Nr. 1074; *Heymann/Emmerich*, § 127 Rn. 9; *Baumbach/Hopt*, § 127 Rn. 11; *Ebenroth/Boujong/Joost/Strohn/Hillmann*, § 127 Rn. 17; MünchKommHGB/*K. Schmidt*, § 127 Rn. 9.
[6] BGH v. 9.11.1987 – II ZR 100/87, BGHZ 102, 172, 176.
[7] BGH v. 9.11.1987 – II ZR 100/87, BGHZ 102, 172, 178; *Ebenroth/Boujong/Joost/Strohn/Hillmann*, § 127 Rn. 23; MünchKommHGB/*K. Schmidt*, § 127 Rn. 36; *Reichert/Martin*, BB 1988, 981, 984, 986.

§ 128
Persönliche Haftung

Die Gesellschafter haften für die Verbindlichkeiten der Gesellschaft den Gläubigern als Gesamtschuldner persönlich. Eine entgegenstehende Vereinbarung ist Dritten gegenüber unwirksam.

Übersicht

	Rn.		Rn.
I. Haftung des Gesellschafters		2. Geltendmachung der Haftung – im Interesse des Gläubigergleichbehandlungsgrundsatzes –	
1. Anwendungsbereich	1		
2. Grundlagen der Haftung	2	a) Zuständig für Geltendmachung	19
a) Gesellschaftsschuld	3	b) Art der Geltendmachung	20
b) Gesellschafterstellung	4	3. Rückgriff	21
3. Ausgestaltung der Haftung		4. Insolvenzplan	22
a) Haftungsmerkmale	5	5. Gesellschaftsinsolvenz und Gesellschafterinsolvenz	23
b) Haftungsinhalt	6		
c) Haftungsbeschränkung für Minderjährige	8	**IV. Der ausgeschiedene Gesellschafter**	
d) Prozessuale Fragen	9	1. Allgemeines	24
II. Rückgriff und Freistellung		2. Ausscheiden und gleichgestellte Tatbestände	
1. Rückgriff gegen die Gesellschaft	10	a) Gleichgestellte Fälle	25
2. Rückgriff gegen Mitgesellschafter	11	b) Maßgeblicher Zeitpunkt	26
3. Freistellungsanspruch	12	3. Alt- und Neuverbindlichkeiten	27
4. Bürgschaften und Sicherheiten eines Gesellschafters		a) Rechtsgeschäftliche Verbindlichkeiten	28
a) Formfreiheit einer Bürgschaft	13	b) Vertragserweiterungen	29
b) Rückgriff	14	c) Gesetzliche Schuldverhältnisse	30
c) Ausscheiden des Bürgen aus der Gesellschaft	16	4. Freistellung und Rückgriff	
III. Haftung in der Insolvenz der Gesellschaft		a) Gegenüber der Gesellschaft	31
1. Fortbestand und Inhalt der Haftung	17	b) Gegenüber den Gesellschaftern	33

Schrifttum: *Beuthien*, Die Haftung von Personengesellschaftern, DB 1975, 725, 773; *Brinkmann*, Die Bedeutung der §§ 92, 93 InsO für den Umfang der Insolvenz- und Sanierungsmasse, 2001; *Büscher/Klußmann*, Forthaftung und Regress ausgeschiedener Personengesellschafter, ZIP 1992, 11; *Emmerich*, Erfüllungstheorie oder Haftungstheorie, in: Festschrift Lukes, 1990, S. 639; *Flume*, Gesellschaftsschuld und Haftungsverbindlichkeit des Gesellschafters bei der OHG, in: Festschrift Knur, 1972, S. 125; *Flume*, Der Inhalt der Haftungsverbindlichkeit des Gesellschafters nach § 128, in: Festschrift Reinhardt, 1972, S. 223; *Hadding*, Inhalt und Verjährung der Haftung des Gesellschafters einer OHG oder KG, ZGR 1981, 577; *Hadding*, Zum Rückgriffsrecht des ausgeschiedenen Gesellschafters einer OHG oder KG, in: Festschrift Stimpel, 1985, S. 139; *Hunke*, Die Haftung des ausgeschiedenen Gesellschafters, 1987; *Klinck*, Voraussetzung und Folgen eines Prozessvergleichs im Einziehungsprozess nach § 93 InsO, NZI 2008, 349; *Kornblum*, Die Haftung der Gesellschafter für Verbindlichkeiten von Personengesellschaften, 1972; *Lindacher*, Grundfälle zur Haftung bei Personengesellschaften, JuS 1982, 349; *Marotzke*, Haften die Gesellschafter einer OHG für die

Verfahrenskosten der Gesellschaftsinsolvenz?, ZInsO 2008, 57; *H.F. Müller*, Der Verband in der Insolvenz, 2002; *K. Müller*, Die Einwirkung des Konkurses der OHG auf die persönliche Haftung des Gesellschafters, NJW 1968, 225, 2230; *Pohlmann*, Die Verfahrenskostendeckung durch Geltendmachung der persönlichen Gesellschafterhaftung über § 93 InsO, ZInsO 2008, 21; *K. Schmidt*, Wechselverband und Gesellschafterhaftung bei Personengesellschaften des Handelsrechts, ZHR 137 (1974), 509; *K. Schmidt*, Zur Haftung und Enthaftung der persönlich haftenden Gesellschafter bei Liquidation und Konkurs der Personengesellschaft, ZHR 152 (1988), 105; *Schönewolf*, Die persönliche Haftung der Gesellschafter einer OHG und einer GbR für im Rahmen der Geschäftsführung begangene Delikte, 1989.

I. Haftung des Gesellschafters

1. Anwendungsbereich

1 Die Vorschrift gilt für den Gesellschafter einer OHG, Komplementär und den Kommanditisten (der aber nach §§ 171, 172 nur beschränkt haftet). § 278 Abs. 2 AktG verweist auf § 128 für den persönlich haftenden Gesellschafter einer KG aA. Gleiches gilt grundsätzlich für den Partner einer Partnerschaftsgesellschaft (§ 8 Abs. 1 S. 1 und 2 PartGG) und die Mitglieder einer EWIV (Art. 24 Abs. 1 S. 2 EWIV-VO). Entsprechende Anwendung findet § 128 auf die Gesellschafter einer (Außen-)Gesellschaft bürgerlichen Rechts[1]. Darüber hinaus wird im Zusammenhang mit dem Haftungsdurchgriff auf Gesellschafter bei so genannten Beschränkthaftern § 128 teilweise unmittelbar[2] oder analog[3] angewandt. Gleiches gilt für eine Vor-GmbH, deren Eintragung endgültig scheitert[4]. Nach § 128 S. 2 sind von dem Grundsatz der persönlichen Haftung abweichende Vereinbarungen der Gesellschafter untereinander gegenüber den Gesellschaftsgläubigern unwirksam.

2. Grundlagen der Haftung

2 § 128 setzt voraus, dass im Zeitpunkt der Begründung der Gesellschaftsschuld (unten Rn. 3) eine OHG vorhanden ist. Der Rechtsschein des Bestehens einer OHG (vgl. § 105 Rn. 10, 11) kann ausreichen. Die den Rechtsschein setzenden Gesellschafter müssen sich dann diesen – soweit nicht schon § 15 eingreift – nach allgemeinen Grundsätzen zurechnen lassen und haften dann entsprechend § 128[5].

---

1 BGH v. 27.9.1999 – II ZR 371/98, BGHZ 142, 315 ff.; BGH v. 29.1.2001 – II ZR 331/00, BGHZ 146, 341 ff.; BGH v. 7.4.2003 – II ZR 56/02, BGHZ 154, 370 ff.; BGH v. 17.10.2006 – XI ZR 185/05, NZG 2007, 183; BGH v. 15.10.2007 – ZR 136/06, ZIP 2007, 2313, 2314.
2 Siehe etwa BGH v. 16.9.1985 – II ZR 275/84, BGHZ 95, 330, 332.
3 BGH v. 14.11.2005 – II ZR 178/03, ZIP 2006, 467, 468.
4 BGH v. 29.11.1956 – II ZR 282/55, BGHZ 22, 240, 245; OLG Jena v. 27.3.2002 – 4 U 663/01, NJW-RR 2002, 970.
5 BGH v. 11.3.1955 – I ZR 82/53, BGHZ 17, 13, 16 ff.; *Staub/Habersack*, § 128 Rn. 7.

a) Gesellschaftsschuld

Die in der Vorschrift bestimmte Haftung trifft den Gesellschafter als eigene 3
Verbindlichkeit, die aber gegenüber der Gesellschaftsschuld akzessorisch ist.
Sie entsteht für alle während der Zugehörigkeit zur Gesellschaft (rechtsgeschäftlich wie gesetzlich)[1] begründeten sowie für die bereits vor dem Eintritt vorhanden gewesenen (§ 130) **Schuldverpflichtungen der Gesellschaft**[2] und gilt auch für Verbindlichkeiten gegenüber Mitgesellschaftern aus Drittbeziehungen zur Gesellschaft (vgl. dazu unten Rn. 5 und § 105 Rn. 75)[3]. Abzugrenzen sind die Drittansprüche von (aus dem Gesellschaftsverhältnis bestehenden) Sozialansprüchen, für die die (Mit-)Gesellschafter grundsätzlich nicht nach § 128 einzustehen haben, solange die Gesellschaft besteht. Dies gilt auch dann wenn der Gesellschafter Befriedigung von der Gesellschaft nicht erlangen kann[4]. Für den Rückgriff des Gesellschafters gegen die Mitgesellschafter, wenn er von einem Gläubiger in Anspruch genommen wird, siehe unten Rn. 11. Abzugrenzen ist die Haftung nach § 128 schließlich auch von der Eigenhaftung des Gesellschafters[5]. Letzterer kann nämlich in seiner Person einen eigenständigen Haftungstatbestand bzw. Schuldtatbestand begründen (siehe z.B. Rn. 13 ff.).

b) Gesellschafterstellung

Die Haftung knüpft an die Stellung als Gesellschafter an. Die einmal be- 4
gründete Haftung dauert an, solange die OHG besteht und der Gesellschafter ihr angehört. Die Auflösung der Gesellschaft ändert an der einmal entstandenen Haftung nichts (siehe aber zur Enthaftung § 159). Gleiches gilt, wenn der Gesellschafter ausscheidet, nachdem die Gesellschaftsschuld begründet wurde. Zu einer Rechtsscheinhaftung eines ehemaligen Gesellschafters oder eines Scheingesellschafters kann es außerhalb von § 15 Abs. 1, 3 dann kommen, wenn in zurechenbarer Weise der Rechtsschein einer unbeschränkten Haftung als Gesellschafter veranlasst oder geduldet worden ist, vgl. § 105 Rn. 54 ff.; § 125a Rn. 7[6].

---

1 BGH v. 3.5.2007 – IX ZR 218/05, ZIP 2007, 1460, 1462; MünchKommHGB/*K. Schmidt*, § 128 Rn. 10; *Baumbach/Hopt*, § 128 Rn. 2.
2 Erfasst sind auch öffentlich-rechtliche Verbindlichkeiten und Steuerschulden, BFH v. 2.11.2001 – VII B 155/01, NZI 2002, 173, 175; BFH v. 9.5.2006 – VII R 50/05, NJW-RR 2006, 1696, 1697; VG München v. 29.11.2004 – 22 Cs 04.2701, NJW-RR 2005, 829, 830; *Ebenroth/Boujong/Joost/Strohn/Hillmann*, § 128 Rn. 9; vgl. auch VGH München v. 22.6.2005 – 87 B 04 3564, NJW 2006, 1894, 1896.
3 BGH v. 10.11.1969 – II ZR 40/67, WM 1970, 280; BGH v. 1.12.1982 – VIII ZR 206/81, NJW 1983, 749; BGH v. 3.4.2006 – II ZR 40/05, NJW-RR 2006, 1268, 1269; BGH v. 17.12.2001 – II ZR 382/99, NJW-RR 2002, 455, 456; OLG Karlsruhe v. 24.1.2001 – 6 U 137/00, NZG 2001, 748, 749.
4 BGH v. 2.7.1962 – II ZR 204/60, BGHZ 37, 299, 301 f.; BGH v. 10.4.1989 – II ZR 158/88, WM 1989, 1021.
5 *Ebenroth/Boujong/Joost/Strohn/Hillmann*, § 128 Rn. 13; siehe auch unten Rn. 13 ff.
6 BFH v. 9.5.2006 – VII R 50/05, NJW-RR 2006, 1696, 1697; *Ebenroth/Boujong/Joost/Strohn/Hillmann*, § 128 Rn. 7; *Staub/Habersack*, § 128 Rn. 7 f.

3. Ausgestaltung der Haftung

a) Haftungsmerkmale

5 Die Haftung ist **persönlich, unbeschränkt, unmittelbar und gesamtschuldnerisch**[1] mit den übrigen Gesellschaftern (nur mit diesen, nicht auch im Verhältnis zur schuldenden Gesellschaft[2]). Auf eine Haftung der Gesellschaft oder der Mitgesellschafter kann ein Gesellschafter den Gläubiger nicht verweisen[3]. Der Gläubiger kann nach seinem Belieben die Leistung von jedem Gesellschafter ganz oder teilweise fordern. Auf das Innenverhältnis der Gesellschafter untereinander kommt es nicht an. Allerdings ist ein Gesellschafter in seiner Eigenschaft als Drittgläubiger (siehe oben Rn. 3) aus Gründen der Treuepflicht gehalten, zunächst die Gesellschaft in Anspruch zu nehmen, soweit eine Befriedigung aus ihrem Vermögen zu erwarten ist[4]. Ob die Treuepflicht hier weiter auch dazu führt, dass ein solcher Gesellschafter-Gläubiger bei einem Vorgehen gegen einen Mitgesellschafter sich bei teilbarer Schuld den Anteil abziehen lassen muss, für den er selbst intern als Gesellschafter aufzukommen hätte, ist nicht eindeutig. Hier bestehen sogar in der Rechtsprechung der BGH-Senate Unterschiede. Teilweise wird eine aus der Treuepflicht fließende Beschränkung befürwortet[5]. Teilweise wird jegliche gesellschaftsrechtliche Beschränkung bei der Durchsetzung von Drittforderungen gegen die (Mit-)Gesellschafter abgelehnt[6].

b) Haftungsinhalt

6 Der Gesellschafter haftet inhaltlich grundsätzlich auf dasselbe wie die Gesellschaft (sog. **Erfüllungstheorie im Gegensatz zur Haftungstheorie**)[7]. Dies gilt außer für Geldschulden auch für die Leistung und Lieferung von Sachen sowie für geschuldete vertretbare Handlungen[8]. In allen diesen Fällen wird der Gesellschafter auf Klage eines Gläubigers zur gleichen Leistung wie die Gesellschaft verurteilt. Die h.M. tut sich mit einer Begründung der Erfüllungstheorie auf der Grundlage einer rechtlich verselbständigten Gesamt-

---

1 BGH v. 15.10.2007 – II ZR 136/06, ZIP 2007, 2313, 2314.
2 BGH v. 9.5.1963 – II ZR 124/61, BGHZ 39, 319, 323 f.; BGH v. 8.11.1965 – II ZR 223/64, BGHZ 44, 229, 233 f.
3 *Staub/Habersack*, § 128 Rn. 26; MünchKommHGB/*K. Schmidt*, § 128 Rn. 20; *Ebenroth/Boujong/Joost/Strohn/Hillmann*, § 128 Rn. 18.
4 OLG Karlsruhe v. 24.1.2001 – 6 U 137/00, NZG 2001, 748, 749; *Ebenroth/Boujong/Joost/Strohn/Hillmann*, § 128 Rn. 18.
5 Vgl. BGH v. 1.12.1982 – VIII ZR 206/81, ZIP 1983, 51, 54; OLG Karlsruhe v. 24.1.2001 – 6 U 137/00, NZG 2001, 748, 749; *Staub/Habersack*, § 128 Rn. 13; weitergehend MünchKommHGB/*K. Schmidt*, § 128 Rn. 18: Haftung der Mitgesellschafter nur in Höhe ihrer jeweiligen internen Anteile.
6 In diesem Sinne wohl BGH v. 17.12.2001 – II ZR 382/99, DStR 2002, 319, 320 (*Goette*); BGH v. 3.4.2006 – II ZR 40/05, DStR 2006, 1238, 1240.
7 Vgl. BGH v. 14.2.1957 – II ZR 190/55, BGHZ 23, 302, 305 ff.; BGH v. 11.12.1978 – II ZR 235/77, BGHZ 73, 217, 223 f.; BGH v. 1.4.1987 – VIII ZR 15/86, ZIP 1987, 842, 843; siehe zum Ganzen auch *K. Schmidt*, GesR, § 49 III 1; MünchHdbGesR I/*Neubauer*, § 68 Rn. 14; MünchKommHGB/*K. Schmidt*, § 128 Rn. 24.
8 *Ebenroth/Boujong/Joost/Strohn/Hillmann*, § 128 Rn. 12.

Persönliche Haftung § 128

hand (vgl. § 124 Rn. 1 f.) schwer. Ganz überwiegend wird die Rechtfertigung hierfür nicht in dem Grundsatz der Akzessorietät gesucht, sondern aus dem Sinn und Zweck der Gesellschafterhaftung hergeleitet[1]. Da der Gesellschafter die Gesellschaft hinsichtlich der Kreditwürdigkeit repräsentiert, erfordere – so die h.M. – das Sicherungsinteresse des Gläubigers eine Erfüllungshaftung des Gesellschafters[2]. Nun wird aber die Funktion des § 128 nicht allein durch das Sicherungsinteresse des Gläubigers bestimmt. Einschränkungen erfährt die Erfüllungstheorie daher durch das schutzwürdige Interesse des Gesellschafters an der **Freihaltung** seiner **Privatsphäre**. Letzteres kann mitunter zur Folge haben, dass der Gesellschafter nur auf das Interesse an der Erfüllung durch die Gesellschaft in Anspruch genommen werden kann. Mithin sind im Einzelfall die Belange des Gläubigers und des Gesellschafters gegeneinander abzuwägen[3]. Grundsätzlich hat das Interesse des Gesellschafters an der Freihaltung seiner Privatsphäre zurückzutreten, wenn die Erbringung der Leistung zu seinem Pflichtenkreis innerhalb der Gesellschaft gehört, er in der Lage ist, die Gesellschaft zu der betreffenden Leistung zu veranlassen oder wenn er die Leistung durch Aufwendung von Geld und Beauftragung eines Dritten ohne persönlichen Einsatz erfüllen kann[4]. Fraglich ist aber, ob der gesellschaftsfreie Bereich bei Ansprüchen betroffen ist, die auf unvertretbare Handlungen gerichtet sind. Dies ist im Prinzip zu bejahen, denn die Leistungserbringung durch einen Gesellschafter ist insofern nicht inhaltsgleich mit der Leistung durch die Gesellschaft. Mithin ist eine Verurteilung zu einer unvertretbaren Handlung grundsätzlich nicht möglich[5]. Gleiches müsste für Unterlassungs- und Duldungsverpflichtungen gelten. Allerdings ist ein Gesellschafter aus Erwägungen von Treu und Glauben auch zur Einhaltung eines für die Gesellschaft geltenden Wettbewerbsverbotes verurteilt worden[6]; nach *K. Schmidt*[7] kommen hierfür richtigerweise aber nur eigene Verpflichtungen des Gesellschafters in Betracht. Schließlich kann auch die Abgabe einer von der Gesellschaft geschuldeten Willenserklärung nur von der Gesellschaft selbst und nicht von den Gesellschaftern verlangt werden[8].

---

1 *K. Schmidt*, GesR, § 49 III 1 a aa; *Ebenroth/Boujong/Joost/Strohn/Hillmann*, § 128 Rn. 22.
2 BGH v. 14.2.1957 – II ZR 190/55, BGHZ 23, 302, 305 ff.; BGH v. 11.12.1978 – II ZR 235/77, BGHZ 73, 217, 223.
3 BGH v. 14.2.1957 – II ZR 190/55, BGHZ 23, 302, 305 f.; BGH v. 11.12.1978 – II ZR 235/77, BGHZ 73, 217, 221 f.; *Baumbach/Hopt*, § 128 Rn. 9; MünchHdbGesR I/*Neubauer*, § 68 Rn. 17.
4 *Ebenroth/Boujong/Joost/Strohn/Hillmann*, § 128 Rn. 22.
5 *Staub/Habersack*, § 128 Rn. 36; MünchKommHGB/*K. Schmidt*, § 128 Rn. 28; *K. Schmidt*, GesR, § 49 III 2b; weitergehend hingegen BGH v. 14.2.1957 – II ZR 190/55, BGHZ 23, 302, 306: Verurteilung eines geschäftsführenden Gesellschafters zur Rechnungslegung; *Ebenroth/Boujong/Joost/Strohn/Hillmann*, § 128 Rn. 27.
6 Siehe z.B. BGH v. 7.6.1972 – VIII ZR 175/70, BGHZ 59, 64, 67; auch BGH v. 9.11.1973 – I ZR 83/72, WM 1974, 253, 254; siehe auch *Ebenroth/Boujong/Joost/Strohn/Hillmann*, § 128 Rn. 19; *Baumbach/Hopt*, § 128 Rn. 17.
7 MünchKommHGB/*K. Schmidt*, § 128 Rn. 29; *Staub/Habersack*, § 128 Rn. 39.
8 BGH v. 25.1.2008 – V ZR 63/07, ZIP 2008, 501, 502; BGH v. 22.12.1982 – V ZR 315/81, WM 1983, 220, 221; MünchKommHGB/*K. Schmidt*, § 128 Rn. 30, *Ebenroth/Boujong/Joost/Strohn/Hillmann*, § 128 Rn. 28; *Staub/Habersack*, § 128 Rn. 37.

7 Die Gesellschafterhaftung richtet sich auch in ihrem jeweiligen **Umfang** nach der Gesellschaftsschuld. Sie folgt darüber hinaus deren Veränderungen, etwa von einer vertraglichen Leistungspflicht zu einer Schadensersatzverpflichtung[1]. Aus der Akzessorietät der Gesellschafterhaftung folgt auch, dass ein Erlass der Gesellschaftsschuld unter Aufrechterhaltung der Gesellschafterhaftung nicht möglich ist, es sei denn, eine entsprechende Abrede erfolgt mit Zustimmung des Gesellschafters[2]. Interne Absprachen über eine Haftungsfreistellung sind den Gläubigern gegenüber unwirksam, wie § 128 S. 2 ausdrücklich bestimmt.

c) Haftungsbeschränkung für Minderjährige

8 § 723 Abs. 1 S. 3 Nr. 2, S. 4 ff. BGB i.d.F. des MHbeG v. 25.8.1998[3] gestattet einem volljährig gewordenen Gesellschafter unter bestimmten Voraussetzungen eine Kündigung; diese führt in der OHG zu seinem Ausscheiden gemäß § 131 Abs. 3 Nr. 3. Das Kündigungsrecht steht in der KG auch einem Kommanditisten zu, der noch etwas auf die Pflichteinlage oder die Haftsumme (§§ 171, 172) schuldet[4].

d) Prozessuale Fragen

9 Die Klagen gegen die Gesellschaft und gegen einen (oder alle) Gesellschafter können miteinander verbunden werden. Es besteht dann eine **einfache Streitgenossenschaft** i.S. von § 59 ZPO[5]. Werden Gesellschaft und Gesellschafter gemeinsam verurteilt, so geschieht das in der Praxis vielfach mit der Formulierung „als Gesamtschuldner". Da jedoch keine Gesamtschuldnerschaft besteht (Rn. 5), ist die Wortwahl „wie Gesamtschuldner", obwohl auch nicht völlig korrekt, vorzuziehen. Wird ein Gesellschafter einer OHG von einem Arbeitnehmer auf Zahlung der Arbeitsvergütung in Anspruch genommen, welche die Gesellschaft schuldet, so ist für diesen Streitgegenstand der Rechtsweg zu den Arbeitsgerichten eröffnet (§ 2 Abs. 1 Nr. 3 lit. a ArbGG); denn der Gesellschafter ist als Arbeitgeber i.S. des ArbGG zu behandeln[6]. Eine vergleichbare Zuständigkeitserstreckung zu Lasten des Gesellschafters befürwortet die h.M. auch beim Gerichtsstand des Erfüllungsortes (§ 29 ZPO)[7] oder der unerlaubten Handlung[8]. Ob sich eine Gerichtsstands-

---

1 BGH v. 21.12.1962 – II ZR 74/59, BGHZ 36, 224, 226; BGH v. 13.7.1967 – II ZR 268/64, BGHZ 48, 203, 204 f.; *Ebenroth/Boujong/Joost/Strohn/Hillmann*, § 128 Rn. 23.
2 BGH v. 20.4.1967 – II ZR 220/65, BGHZ 47, 376, 378; BGH v. 26.5.1975 – III ZR 76/72, WM 1975, 974.
3 BGBl. I 2487.
4 Vgl. *Grunewald*, ZIP 1999, 597, 599 f.
5 BGH v. 13.7.1970 – VIII ZR 230/68, BGHZ 54, 251, 254; BGH v. 10.3.1988 – IX ZR 194/87, WM 1988, 843 f.; *Ebenroth/Boujong/Joost/Strohn/Hillmann*, § 128 Rn. 59.
6 BAG v. 28.2.2006 – 5 AS 19/05, NJW 2006, 1372 f.; BAG v. 14.11.1979 – 4 AZR 3/78, NJW 1980, 1710, 1711; *Grunsky*, ArbGG, 7. Aufl. 1995, § 2 Rn. 85a.
7 BayObLG v. 9.9.2002 – 1Z AR 116/02, ZIP 2002, 1998 f.; OLG Schleswig v. 11.8.2003 – 2 W 128/03, OLGR Schleswig 2004, 161 f.
8 BayObLG v. 17.1.1980 – Allg Reg. 87/79, Rpfleger 1980, 156.

oder Schiedsklausel zwischen Gläubiger und Gesellschaft auch auf den Gesellschafter (kraft Gesetzes) erstreckt, ist streitig. Die überwiegende Ansicht nimmt dies sowohl für die Gerichts-[1] als auch die Schiedsklausel[2] an. In der Literatur hat dies teilweise Kritik hervorgerufen[3]. Der h.M. ist jedoch zu folgen. Die Bindung an die Schieds- bzw. Gerichtsstandsklausel folgt nicht aus der Rechtsnatur der OHG als Gesamthand[4] und auch nicht aus dem dem § 128 zugrunde liegenden Prinzip der Akzessorietät[5]. Letzteres zeigt bereits ein Blick auf die Rechtslage beim Bürgen. Dieser unterliegt nämlich nicht der Schiedsbindung des Hauptschuldners[6]; denn die Schiedsbindung ist – ebensowenig wie die Vollstreckbarkeit – eine „Modalität" oder Eigenschaft der Forderung[7]. Vielmehr folgt die Schiedsbindung aus dem dem § 128 zugrunde liegenden Repräsentationsgedanken (oben Rn. 7), der auch im Prozessrecht (vgl. § 129 Rn. 6) Eingang findet[8]. Da allerdings der Repräsentationsgedanke unterschiedlich stark ausgeprägt sein kann, muss in Bezug auf die Schiedsbindung zwischen dem persönlich haftenden Gesellschafter und dem Kommanditisten unterschieden werden. Nur Ersterem, nicht aber Letzterem kann die Schieds- bzw. Gerichtsstandsvereinbarung entgegen gehalten werden[9].

II. Rückgriff und Freistellung

1. Rückgriff gegen die Gesellschaft

Der durch einen Gläubiger wegen einer Gesellschaftsschuld in Anspruch genommene Gesellschafter hat nach § 110 einen **Erstattungsanspruch** gegen die Gesellschaft (vgl. § 110 Rn. 7). Ob auch der Anspruch des Gläubigers auf den leistenden Gesellschafter übergeht (was im Hinblick auf den Übergang von Sicherheiten, §§ 412, 401 BGB, oder eine Umschreibung des Titels auf

10

---

[1] BGH v. 8.7.1981 – VIII ZR 256/80, WM 1981, 938, 940; *Zöller/Vollkommer*, § 38 ZPO Rn. 10; *Ebenroth/Boujong/Joost/Strohn/Hillmann*, § 128 Rn. 61.
[2] BGH v. 12.11.1990 – II ZR 249/89, NJW-RR 1991, 423, 424; BayObLG v. 13.11.2003 – 4 Z SchH 08/03, SchiedsVZ 2004, 45, 46; OLG Köln v. 13.8.1964 – 2 U 65/60, NJW 1961, 1312, 1313; *Musielak/Voit*, ZPO, 5. Aufl. 2007, § 1029 Rn. 8; *Zöller/Geimer*, § 1029 ZPO Rn. 64; *Schwab/Walter*, Schiedsgerichtsbarkeit, 7. Aufl. 2005, Kap. 7 Rn. 35.
[3] MünchKommHGB/*K. Schmidt*, § 128 Rn. 22; *K. Schmidt*, DB 1989, 2315, 2317 ff.; *Weber/v. Schlabrendorff*, FS Grossner, 1994, S. 477, 482 ff.; *Habersack*, SchiedsVZ 2003, 241, 246.
[4] So aber OLG Köln v. 9.11.1960 – 2 U 65/60, NJW 1961, 1312, 1313; LG Berlin v. 13.8.1964 – 81 OH 2/64, KTS 1965, 176, 177.
[5] So aber *Wiegand*, SchiedsVZ 2003, 52, 57.
[6] BGH v. 5.5.1977 – III ZR 177/74, BGHZ 68, 356, 359; BGH v. 12.11.1990 – 249/89, NJW-RR 1991, 423, 424.
[7] Vgl. *Haas/Oberhammer*, FS K. Schmidt, 2009 (im Erscheinen); *Oberhammer*, Die OHG im Zivilprozess, 1998, S. 126.
[8] *Haas/Oberhammer*, FS K. Schmidt, 2009 (im Erscheinen).
[9] *Schwab/Walter*, Schiedsgerichtsbarkeit, 7. Aufl. 2005, Kap. 7 Rn. 35; *Zöller/Geimer*, § 1029 ZPO Rn. 64.

den Gesellschafter, § 727 ZPO, Bedeutung hätte), ist ungeklärt. Die h.M.[1] verneint dies mit Recht, da mangels einer Gesamtschuldnerschaft zwischen Gesellschaft und Gesellschafter § 426 Abs. 2 BGB nicht anzuwenden ist. Soweit eine Gegenmeinung[2] einen Übergang in Anlehnung an § 774 Abs. 1 BGB annimmt, bleiben die Voraussetzungen einer solchen Analogie zweifelhaft; sie entspricht kaum dem Gesetzeswillen.

2. Rückgriff gegen Mitgesellschafter

11   Im Verhältnis zu den Mitgesellschaftern gilt § 426 BGB[3]. Der Grundsatz, dass Sozialansprüche nur gegen die Gesellschaft, nicht aber gegen die Gesellschafter geltend gemacht werden können, gilt für den Aufwendungsersatzanspruch nach § 110 nicht (siehe § 110 Rn. 4). Doch muss der vom Gläubiger in Anspruch genommene Gesellschafter sich aus Gründen der **Treuepflicht** vorrangig an die Gesellschaft halten, sofern von ihr eine Erstattung erwartet werden kann[4]. Die subsidiäre Haftung der Mitgesellschafter beschränkt sich i.Ü. auf ihren internen Verlustanteil[5]. Für Drittforderungen des Gesellschafters siehe oben Rn. 5.

3. Freistellungsanspruch

12   Die Berechtigung des Gesellschafters, sich von der Gesellschaft die an den Gläubiger erbrachte Leistung erstatten zu lassen, gibt dem Gesellschafter auch das Recht, schon vor seiner Inanspruchnahme durch den Gläubiger von der Gesellschaft eine Freistellung zu verlangen[6]. Dies gilt auch dann, wenn die Inanspruchnahme unbegründet ist. Auch insoweit kann der Freistellungsgläubiger verlangen, dass die Ansprüche abgewehrt werden[7]. Im Innenverhältnis der Gesellschafter untereinander bestehen ebenfalls „Freistellungsansprüche"[8]. Der Anspruch entsteht mit Entstehung des Gesamtschuldverhältnisses. Der Gesellschafter kann aber von seinen Mitgesellschaftern die Freistellung erst fordern, wenn die ernsthafte Möglichkeit

---

1   U.a. BGH v. 9.5.1963 – II ZR 124/61, BGHZ 39, 319, 323 f.; *Ebenroth/Boujong/Joost/ Strohn/Hillmann*, § 128 Rn. 30; *Baumbach/Hopt*, § 128 Rn. 25.
2   Vgl. etwa *K. Schmidt*, GesR, § 49 V 1; MünchKommHGB/*K. Schmidt*, § 128 Rn. 31; *Staub/Habersack*, § 128 Rn. 43.
3   BGH v. 17.12.2001 – II ZR 382/99, NJW-RR 2002, 455 f.; BGH v. 15.10.2007 – II ZR 136/06, ZIP 2007, 2313, 2314.
4   BGH v. 2.7.1962 – II ZR 204/60, BGHZ 37, 299, 301 ff.; BGH v.2.7.1979 – II ZR 132/78, NJW 1980, 339, 340; BGH v. 17.12.2001 – II ZR 382/99, NJW-RR 2002, 455 f.; *Ebenroth/Boujong/Joost/Strohn/Hillmann*, § 128 Rn. 33.
5   BGH v. 17.12.2001 – II ZR 382/99, NJW-RR 2002, 455 f.; BGH v. 2.7.1962 – II ZR 204/60, BGHZ 37, 299, 302 f.; BGH v. 15.1.1988 – V ZR 183/86, BGHZ 103, 72, 76; *Ebenroth/Boujong/Joost/Strohn/Hillmann*, § 128 Rn. 32.
6   LG Hagen v. 12.3.1974 – 8 HO 231/73, BB 1976, 763; MünchKommHGB/*K. Schmidt*, § 128 Rn. 35; *Staub/Habersack* § 128 Rn. 41; *Ebenroth/Boujong/Joost/ Strohn/Hillmann*, § 128 Rn. 36.
7   BGH v. 19.4.2002 – V ZR 3/01, ZIP 2002, 1299; BGH v. 15.10.2007 – II ZR 136/06, ZIP 2007, 2313, 2315.
8   BGH v. 15.10.2007 – II ZR 136/06, ZIP 2007, 2313, 2317; vgl. auch *Palandt/Grüneberg*, § 426 BGB Rn. 3; *Erman/Ehmann*, § 426 BGB Rn. 16.

seiner Inanspruchnahme durch einen Gesellschaftsgläubiger besteht[1]. Der Höhe nach ist der Freistellungsanspruch auf den Verlustanteil beschränkt[2]. Zudem kommt der Freistellungsanspruch aus Treuegesichtspunkten nur in Betracht, wenn von der Gesellschaft eine Freistellung nicht zu erhalten ist[3]. Letzteres ist bereits dann der Fall, wenn der Gesellschaft frei verfügbare Mittel zur Erfüllung der Gesellschaftsschuld nicht zur Verfügung stehen[4].

4. Bürgschaften und Sicherheiten eines Gesellschafters
a) Formfreiheit einer Bürgschaft

Soweit ein Gesellschafter sich für eine Gesellschaftsschuld verbürgt oder eine andere Sicherheit bestellt hat, beurteilt sich seine Haftung nicht nach § 128, sondern nach dem eingegangenen Sicherungsgeschäft. Die Haftung aus dem Sicherungsgeschäft und § 128 stehen hier also selbständig nebeneinander. Ein persönlich haftender Gesellschafter kann sich dabei formfrei gemäß § 350 verbürgen, wobei die h.M. auf die Kaufmannseigenschaft des Gesellschafters abstellt[5].   13

b) Rückgriff

Der Gesellschafter kann **gegen die Gesellschaft** Rückgriff nehmen (für eine Bürgschaft ist dies ausdrücklich in § 774 BGB bestimmt), soweit nicht etwas Abweichendes abgesprochen ist. Hat jedoch die Besicherung gemäß den §§ 39, 44a InsO „kapitalersetzende" Bedeutung, so steht dies ggf. der Möglichkeit eines Rückgriffs entgegen.   14

Ein Rückgriff gegen **Mitgesellschafter** kommt hingegen nur in dem Maße in Betracht, wie er auch auf der Grundlage von § 128 möglich wäre[6]; denn auch insoweit ist der Regressanspruch des Gesellschafters gegen die Gesellschaft nicht als „Drittanspruch" (siehe oben Rn. 3) einzuordnen.   15

c) Ausscheiden des Bürgen aus der Gesellschaft

Ob der Gesellschafter-Bürge beim Ausscheiden aus der Gesellschaft die Bürgschaft dem Gläubiger gegenüber **aus wichtigem Grunde kündigen**   16

---

1 BGH v. 15.10.2007 – II ZR 136/06, ZIP 2007, 2313, 2314 f.; MünchKommHGB/*K. Schmidt*, § 128 Rn. 36; *Ebenroth/Boujong/Joost/Strohn/Hillmann*, § 128 Rn. 37.
2 Siehe hierzu BGH v. 15.10.2007 – II ZR 136/06, ZIP 2007, 2313, 2315 f.
3 BGH v. 25.3.1991 – I ZR 13/90, BGHZ 114, 138, 142; BGH v. 15.10.2007 – II ZR 136/06, ZIP 2007, 2313, 2314 f.; *Staub/Habersack*, § 128 Rn. 47.
4 BGH v. 15.1.1988 – V ZR 183/86, BGHZ 103, 72, 76; BGH v. 15.10.2007 – II ZR 136/06, ZIP 2007, 2313, 2315.
5 BGH v. 22.10.1981 – III ZR 149/80, NJW 1982, 569, 570; *Ebenroth/Boujong/Joost/Strohn/Hillmann*, § 128 Rn. 55; anders daher bei einem Kommanditisten, vgl. BGH v. 7.7.1980 – III ZR 28/79, ZIP 1980, 866, 868; andere Herleitung des Ergebnisses bei *K. Schmidt*, ZIP 1986, 1510 ff. und *Staub/Habersack*, § 128 Rn. 81.
6 MünchKommHGB/*K. Schmidt*, § 128 Rn. 102; *Ebenroth/Boujong/Joost/Strohn/Hillmann*, § 128 Rn. 57; *Staub/Habersack*, § 128 Rn. 82; siehe auch OLG Hamburg v. 4.10.1985 – 11 U 18/83, ZIP 1985, 1390, 1391 (zur GmbH).

kann[1], hängt von der konkreten Ausgestaltung des Bürgschaftsverhältnisses ab. U.U. kommt eine solche Kündigung aus Treu und Glauben im Falle eines unbefristeten Bürgschaftsverhältnisses in Betracht[2]. Im Innenverhältnis zur Gesellschaft wird der Gesellschafter allerdings entsprechend § 738 Abs. 1 S. 2 BGB die Befreiung von der Bürgschaft beanspruchen können[3].

III. Haftung in der Insolvenz der Gesellschaft

1. Fortbestand und Inhalt der Haftung

17 Die **persönliche Haftung** der Gesellschafter gilt auch im Insolvenzverfahren über das Gesellschaftsvermögen weiter[4]. Fraglich ist allerdings, ob der Gesellschafter im eröffneten Verfahren auf Erfüllung der Gesellschaftsschuld in Anspruch genommen werden kann[5]. Ungeachtet dessen, welcher Haftungskonzeption man für § 128 außerhalb des Insolvenzverfahren folgt (Erfüllungs- oder Haftungstheorie, siehe oben Rn. 6), ist für die Dauer des Insolvenzverfahrens zu berücksichtigen, dass der Insolvenzverwalter gegen die Gesellschafter nur nach § 45 InsO umgewandelte Forderungen der Gesellschaftsgläubiger geltend machen kann[6]. Die besseren Gründe sprechen daher dafür, die Sicherungsinteressen des einzelnen Gläubigers hinter das Gesamtgläubigerinteresse zurück treten zu lassen.

18 Der Gesellschafter haftet für die im Zeitpunkt der Insolvenzeröffnung bestehenden Gesellschaftsverbindlichkeiten (so genannte Altverbindlichkeiten). Hierzu zählen sämtliche **Insolvenzforderungen** (z.B. auch § 103 Abs. 2 InsO)[7]. Der Gesellschafter haftet auch für **Masseverbindlichkeiten** nach § 55 Abs. 1 Nr. 2 (2. Alt.) InsO; denn diese haben ihren Rechtsgrund in den vor der Eröffnung des Insolvenzverfahrens geschlossenen und nunmehr nach §§ 103 ff. InsO zu erfüllenden Verträgen[8]. Hat der Insolvenzverwalter die von der Gesellschaft gegenüber einem Gesellschaftsgläubiger erbrachte Leistung angefochten, so lebt die Gläubigerforderung nach § 144 Abs. 1 InsO so

---

1 Vgl. zu dieser Möglichkeit BGH v. 10.6.1985 – III ZR 63/84, ZIP 1985, 1192, 1194 f.
2 *Ebenroth/Boujong/Joost/Strohn/Hillmann*, § 128 Rn. 58.
3 BGH v. 16.1.1974 – VIII ZR 229/72, WM 1974, 214, 215; OLG Hamburg v. 3.2.1984 – 11 U 208/83, ZIP 1984, 707 f.; MünchKommHGB/*K. Schmidt*, § 128 Rn. 105.
4 BGH v. 13.7.1967 – II ZR 268/64, BGHZ 48, 203, 205; BAG v. 12.6.2002 – 10 AZR 199/01, NJOZ 2003, 1506, 1509; *Ebenroth/Boujong/Joost/Strohn/Hillmann*, § 128 Rn. 65; MünchKommHGB/*K. Schmidt*, § 128 Rn. 77; *Staub/Habersack*, § 128 Rn. 71, 76; siehe i.Ü. auch bei *K. Schmidt/Bitter*, ZIP 2000, 1077 ff.
5 Siehe zu dem Problem *Gottwald/Haas*, InsOHdb, § 94 Rn. 74.
6 MünchKommHGB/*K. Schmidt*, § 128 Rn. 86; *Gottwald/Haas*, InsOHdb, § 94 Rn. 74; a.A.: *Staub/Habersack*, § 128 Rn. 76; *Uhlenbruck/Hirte*, § 93 InsO Rn. 39; wohl auch *Ebenroth/Boujong/Joost/Strohn/Hillmann*, § 128 Rn. 68.
7 *H.F. Müller*, Der Verband in der Insolvenz, S. 233; *Staub/Habersack*, § 128 Rn. 72; MünchKommHGB/*K. Schmidt*, Anh. § 158 Rn. 47 und 128 Rn. 78; *K. Schmidt*, GmbHR 2002, 1209, 1215; *Ebenroth/Boujong/Joost/Strohn/Hillmann*, § 128 Rn. 68.
8 MünchKommInsO/*Brandes*, § 93 Rn. 11; BK-InsO/*Blersch/v.Olshausen*, § 93 Rn. 3; *Staub/Habersack*, § 128 Rn. 72; MünchKommHGB/*K. Schmidt*, § 128 Rn. 78; *Ebenroth/Boujong/Joost/Strohn/Hillmann*, § 128 Rn. 68; *Uhlenbruck/Hirte*, § 93 InsO Rn. 36; *Gottwald/Haas*, InsOHdb, § 94 Rn. 75.

wieder auf, wie sie ursprünglich bestand. Damit einher lebt auch die Gesellschafterhaftung nach § 128 wieder auf. Umstritten ist, ob der Gesellschafter für sonstige vom (vorläufigen) Insolvenzverwalter[1] begründete **(Neu-)Verbindlichkeiten** einzustehen hat[2]. Die wohl überwiegende Ansicht lehnt dies zu Recht ab[3]. Ob dies auch für die **Kosten des Insolvenzverfahrens (§ 54 InsO)** gilt, ist fraglich. Die h.M. behandelt diese als Neuverbindlichkeiten, für die der Gesellschafter nicht einzustehen hat[4]. Dies ist allerdings – mit Blick auf den Repräsentationsgrundsatz (vgl. oben Rn. 9) – abzulehnen[5].

2. Geltendmachung der Haftung – im Interesse des Gläubigergleichbehandlungsgrundsatzes

a) Zuständig für Geltendmachung

Im Insolvenzverfahren macht allein der Insolvenzverwalter nach § 93 InsO die Haftungsansprüche der Gläubiger gegen den Gesellschafter geltend[6]. Allerdings umfasst die Ermächtigung zur Geltendmachung durch den Insolvenzverwalter nur Haftungsansprüche der Gesellschaftsgläubiger, die ihre Forderung im Verfahren angemeldet haben[7]. Der einzelne Gesellschaftsgläubiger ist während der Dauer des Verfahrens an der Verfolgung seines Anspruchs gehindert. Man spricht hier insoweit auch von einer **Sperrwirkung** zu seinen Lasten[8]. Diese greift auch dann, wenn der Gläubiger seinen Anspruch im Verfahren über das Vermögen der Gesellschaft nicht anmeldet[9]. Von der Sperrwirkung erfasst wird jedoch nur die gesellschaftsrechtliche (persönliche) Haftung gegenüber den Gläubigern[10]. Hat der Gesellschafter daher zusätzlich eine Bürgschaft oder eine andere Sicherheit gestellt oder

19

---

1 Für in der Eigenverwaltung begründete Verbindlichkeiten siehe *Gottwald/Haas*, InsoHdb, § 89 Rn. 27.
2 Siehe hierzu MünchKommInsO/*Brandes*, § 93 Rn. 11; BK-InsO/*Blersch/v. Olshausen*, § 93 Rn. 3; *Gottwald/Haas*, InsoHdb, § 94 Rn. 76.
3 OLG Brandenburg v. 23.5.2007 – 7 U 173/06, ZInsO 2007, 1155 f.; *H.F. Müller*, Der Verband in der Insolvenz, S. 233 ff.; *Prütting*, ZIP 1997, 1725, 1732; MünchKommHGB/*K. Schmidt*, § 128 Rn. 81; *K. Schmidt*, GmbHR 2002, 1209, 1215; *Brinkmann*, Die Bedeutung der §§ 92, 93 InsO für den Umfang der Insolvenz- und Sanierungsmasse, S. 120; *Uhlenbruck/Hirte*, § 93 InsO Rn. 36; *Gottwald/Haas*, InsoHdb, § 94 Rn. 76.
4 OLG Brandenburg v. 23.5.2007 – 7 U 173/06, ZInsO 2007, 1155 f.; OLG Celle v. 20.6.2007 – 9 U 153/06, ZIP 2007, 2210, 2211; MünchKommInsO/*Brandes*, § 92 Rn. 10; BK-InsO/*Blersch/v.Olshausen*, § 93 Rn. 3; MünchKommHGB/*K. Schmidt*, § 128 Rn. 81; *Ebenroth/Boujong/Joost/Strohn/Hillmann*, § 128 Rn. 69; *Uhlenbruck/Hirte*, § 93 InsO Rn. 37; *Marotzke*, ZInsO 2008, 57, 61 f.; a.A.: *Kübler/Prütting/Lüke*, § 93 InsO Rn. 27 ff.; *Braun*, § 93 InsO Rn. 22.
5 Münchener Handbuch/*Butzer/Knof*, § 85 Rn. 60; *Gottwald/Haas*, InsoHdb, § 94 Rn. 77; siehe auch *H.F. Müller*, Der Verband in der Insolvenz, S. 245 ff.
6 BGH v. 4.7.2002 – IX ZR 265/01, ZIP 2002, 1492, 1493; MünchKommInsO/*Brandes*, § 93 Rn. 1; BK-InsO/*Blersch/v.Olshausen*, § 93 Rn. 1.
7 BAG v. 28.11.2007 – 6 AZR 377/07, ZIP 2008, 846, 847.
8 BFH v. 2.11.2001 – VII B 155/01, NZI 2002, 173, 174; *Gottwald/Haas*, InsoHdb, § 94 Rn. 81 ff.; *Ebenroth/Boujong/Joost/Strohn/Hillmann*, § 128 Rn. 70.
9 MünchKommInsO/*Brandes*, § 93 Rn. 13; *Uhlenbruck/Hirte*, § 93 InsO Rn. 4.
10 BFH v. 2.11.2001 – VII B 155/01, NZI 2002, 173, 174.

haftet er aus einem von § 128 verschiedenen Rechtsgrund, können die Gläubiger während des Insolvenzverfahrens „ungehindert" gegen ihn vorgehen[1]. Zugunsten des Insolvenzverwalters begründet § 93 InsO – überwiegender Ansicht nach – eine so genannte **Ermächtigungswirkung**[2], die vielfach auch als Einziehungs- oder Prozessführungsbefugnis umschrieben wird[3]. Nach h.M. ist § 93 InsO mithin keine eigenständige Anspruchsgrundlage[4]. Daher müssen die mit Hilfe von § 93 InsO geltend gemachten Einzelforderungen substantiiert dargelegt werden[5]. Ob eine so verstandene „Ermächtigungswirkung" jedoch die Bedeutung des § 93 InsO richtig umschreibt, ist fraglich. So sind die (nach § 93 InsO in der Hand des Insolvenzverwalters gebündelten) Haftungsansprüche der Gläubiger bei der Massekostendeckungsprüfung (§ 26 InsO) so zu berücksichtigen[6], als stünde der Anspruch der Masse zu. Auch muss der eingezogene Betrag nicht den Gesellschaftsgläubigern zugute kommen. Vielmehr können hieraus auch Verfahrenskosten und sonstige Masseverbindlichkeiten beglichen werden. Der Insolvenzverwalter kann den Anspruch sogar im Falle von Masseunzulänglichkeit einziehen, wenn die Gläubiger von der Einziehung überhaupt nicht profitieren[7]. Des Weiteren kann sich der Insolvenzverwalter auch zu Lasten der Gesellschaftsgläubiger über die Haftungsansprüche vergleichen bzw. diese abtreten, soweit dies nicht objektiv insolvenzzweckwidrig ist[8]. Auch kann der Gesellschafter nicht haftungsbefreiend an den Gläubiger leisten[9]. Von der bei den Gläubigern verbleibenden Rechtsinhaberschaft bleibt mithin – praktisch gesehen – während der Dauer des Insolvenzverfahrens nicht viel übrig.

---

1 BGH v. 14.11.2002 – IX ZR 2367/99, NZI 2003, 94, 95; BGH v. 4.7.2002 – IX ZR 265/01, ZIP 2002, 1492, 1493; BFH v. 2.11.2001 – VII B 155/01, NZI 2002, 173, 174.; *Staub/Habersack*, § 128 Rn. 76, 80; *Ebenroth/Boujong/Joost/Strohn/Hillmann*, § 128 Rn. 70; MünchKommHGB/*K. Schmidt*, § 128 Rn. 84; *Haas/Müller*, NZI 2002, 366 ff.; a.A. *Bork*, ZIP 1999, 1988, 1991; *Bork*, NZI 2002, 362, 363 ff.
2 Siehe hierzu BAG v. 28.11.2007 – 6 AZR 377/07, ZIP 2008, 846, 848; *Gottwald/Haas*, InsoHdb, § 94 Rn. 83 ff.; *Ebenroth/Boujong/Joost/Strohn/Hillmann*, § 128 Rn. 70.
3 BGH v. 9.10.2006 – II ZR 193/05, DStR 2007, 125; HK-InsO/*Eickmann*, § 93 Rn. 1; *Kübler/Prütting/Lüke*, § 93 InsO Rn. 16.
4 BGH v. 9.10.2006 – II ZR 193/05, DStR 2007, 125; BAG v. 28.11.2007 – 6 AZR 377/07, ZIP 2008, 846, 848; OLG Brandenburg v. 23.5.2007 – 7 U 173/06, ZInsO 2007, 155.
5 BGH v. 9.10.2006 – II ZR 193/03, DStR 2007, 125.
6 AG Hamburg v. 27.11.2007 – 67 g IN 370/07, ZInsO 2007, 1283; MünchKommInsO/*Brandes*, § 93 Rn. 10; *Pohlmann*, ZInsO 2008, 21, 23; *Uhlenbruck/Hirte*, § 93 InsO Rn. 3; *Gottwald/Haas*, InsoHdb, § 94 Rn. 35; a.A. MünchKommHGB/*K. Schmidt*, Anh. § 158 Rn. 39; *Floeth*, EWIR 2008, 281, 282.
7 *Gottwald/Haas*, InsoHdb, § 94 Rn. 83 und § 92 Rn. 547 ff.; a.A. aber *Dienstühler*, ZIP 1998, 1697, 1706.
8 BAG v. 28.11.2007 – 6 AZR 377/07, ZIP 2008, 846, 848; LAG Berlin v. 29.3.2007 – 17 Sa 1952/06, EWiR 2007, 725 (*Runkel/Schmidt*): Vergleich; *Krüger*, NZI 2002, 367, 370; BK-InsO/*Blersch/v.Olshausen*, § 93 Rn. 7; MünchKommHGB/*K. Schmidt*, § 128 Rn. 85; *Gottwald/Haas*, InsoHdb, § 94 Rn. 91; a.A.: HK-InsO/*Eickmann*, § 93 Rn. 1; *Kübler/Prütting/Lüke*, § 93 InsO Rn. 16; *Uhlenbruck/Hirte*, § 93 InsO Rn. 6; *Klinck*, NZI 2008, 349 ff.
9 MünchKommInsO/*Brandes*, § 90 Rn. 13.

b) Art der Geltendmachung

Da der Insolvenzverwalter einen etwa vorhandenen Überschuss bei der Schlussverteilung an die Gesellschafter herauszugeben hat (§ 199 S. 2 InsO)[1], kann der vom Insolvenzverwalter in Anspruch genommene Gesellschafter die Zahlung insoweit verweigern, als das vorhandene Gesellschaftsvermögen zur Befriedigung der Gläubiger ausreicht[2]. Im Übrigen aber ist der Insolvenzverwalter bei der Durchsetzung der Haftungsansprüche nach § 128 nicht beschränkt. Er ist insbesondere nicht verpflichtet, im Rahmen des § 93 InsO von vornherein die vorhandene Masse abzuziehen[3]. Vielmehr ist dem Gesellschafter nur dann eine Einrede gegen den Insolvenzverwalter zuzugestehen, wenn die **Geltendmachung des Haftungsanspruchs rechtsmissbräuchlich** (§ 242 BGB) ist, der Insolvenzverwalter also die geltend gemachten Beträge offensichtlich nicht benötigt[4]. Maßgeblicher Zeitpunkt für die Beurteilung der voraussichtlich zur Verfügung stehenden Insolvenzmasse ist die Verfahrenseröffnung und die in diesem Zeitpunkt vorliegende Eröffnungsbilanz[5]. Im Übrigen erwirbt der Gesellschafter mit der Zahlung entsprechend § 144 InsO die Gläubigerforderungen, die er im Insolvenzverfahren über das Vermögen der Gesellschaft anmelden kann.

20

3. Rückgriff

Soweit der Gesellschafter vor Verfahrenseröffnung einen Gläubiger befriedigt, nimmt er mit seinem **Erstattungsanspruch aus § 110** am Verfahren teil[6]. Nach Insolvenzeröffnung kann der Gesellschafter nicht mehr befreiend an den Gläubiger leisten mit der Folge, dass ein Erstattungsanspruch ausscheidet. Hat der Gesellschafter an den Insolvenzverwalter geleistet, kann er Regress bei den Mitgesellschaftern (siehe Rn. 11) nehmen.

21

4. Insolvenzplan

Kommt es im Rahmen eines Insolvenzplans (§§ 217 ff. InsO) zu einer Schuldbefreiung der Gesellschaft (§ 227 Abs. 1 InsO), so **gilt dies auch für die Gesellschafterhaftung** (§ 227 Abs. 2 InsO). § 227 Abs. 2 InsO stellt ledig-

22

---

1 OLG Hamm v. 30.3.2007 – 30 U 13/06, NZI 2007, 584, 586.
2 *Uhlenbruck/Hirte*, § 93 InsO Rn. 22; *Gottwald/Haas*, InsoHdb, § 94 Rn. 86.
3 Strenger wohl BGH v. 14.11.2005 – II ZR 178/03, DStR 2007, 808, 811: Geltendmachung beschränkt sich dem Ergebnis nach auf den Betrag, der zur Gläubigerbefriedigung erforderlich ist. Eine etwa vorhandene Masse ist abzusetzen.
4 OLG Hamm v. 30.3.2007 – 30 U 13/06, NZI 2007, 584, 586 und 590; BK-InsO/*Blersch/v.Olshausen*, § 93 Rn. 5 f.; HK-InsO/*Eickmann*, § 93 Rn. 7; *K. Schmidt/Bitter*, ZIP 200, 1077, 1087; *Gottwald/Haas*, InsoHdb, § 94 Rn. 86; *Ebenroth/Boujong/Joost/Strohn/Hillmann*, § 128 Rn. 70; a.A.: MünchKommHGB/*K. Schmidt*, § 128 Rn. 86: Ausfallhaftungsmodell; siehe auch *Uhlenbruck/Hirte*, § 93 InsO Rn. 25.
5 OLG Hamm v. 30.3.2007 – 30 U 13/06, NZI 2007, 584, 589; siehe auch *K. Schmidt/Bittner*, ZIP 2000, 1077, 1087.
6 Vgl. MünchKommHGB/*K. Schmidt*, § 128 Rn. 92 f.; *Staub/Habersack*, § 128 Rn. 75; *A. Hueck*, Das Recht der OHG, S. 385.

lich eine Ausprägung des Akzessorietätsprinzips dar[1]. Erfasst ist deshalb nur die persönliche Haftung aus § 128, nicht aber aus einem anderen Rechtsgrund[2]. Jedoch kann die befreiende Wirkung des § 227 Abs. 2 InsO nicht nur dem Insolvenzgläubiger, sondern auch einem regressnehmenden Sicherungsgeber entgegen gehalten werden[3]. § 227 Abs. 2 InsO soll nach überkommener Auffassung nur einem persönlich haftenden Gesellschafter zugute kommen, nicht aber einem Kommanditisten, der einer Außenhaftung unterliegt[4]. Hier spricht aber mehr für eine Einbeziehung des Kommanditisten[5]. Umstritten ist, ob dem ausgeschiedenen Gesellschafter, der der Nachhaftung unterliegt, § 227 Abs. 2 InsO zugute kommt[6]. Bislang hat dies die überwiegende Ansicht verneint[7]; doch ist diese Einschränkung nicht gerechtfertigt[8]. Nicht anders sollte die Rechtslage beim ausgeschiedenen Gesellschafter gesehen werden[9].

5. Gesellschaftsinsolvenz und Gesellschafterinsolvenz

23 Vielfach geht die Insolvenz der Gesellschaft mit einer solchen eines Gesellschafters einher[10]. Die **beiden** jeweils eröffneten **Verfahren** haben dann **selbständige Bedeutung** und sind eigenständig abzuwickeln[11]. Allerdings ergeben sich gegenseitige Einwirkungen[12]. In der „Doppelinsolvenz" kommt § 93 InsO ebenfalls zur Anwendung. Der Insolvenzverwalter im Gesellschaftsinsolvenzverfahren nimmt dann am Gesellschafterinsolvenzverfahren teil und muss die Forderungen sämtlicher Gesellschaftsgläubiger im Insolvenzverfahren über das Vermögen des Gesellschafters anmelden und durchsetzen[13]. Fraglich und umstritten ist allerdings, in welcher Höhe der Insolvenzverwalter die Forderungen im Gesellschafterinsolvenzverfahren anmelden kann (Grundsatz der Doppelanmeldung oder Ausfallprinzip)[14]. Für die Doppelanmeldung sprechen dabei die besseren Gründe[15]. Mitunter

---

1 *H.F. Müller*, Der Verband in der Insolvenz, S. 415; MünchHdbGesR I/*Butzer/Knof*, § 85 Rn. 96 f.
2 MünchKommHGB/*K. Schmidt*, § 128 Rn. 89.
3 MünchKommHGB/*K. Schmidt*, § 128 Rn. 89.
4 Vgl. *Schlitt*, NZG 1998, 755, 761; zum früheren Recht (§§ 211 Abs. 2 KO, 109 Nr. 3 VglO) auch RGZ 150, 163, 173; BGH v. 25.5.1970 – II ZR 183/68, WM 1970, 967, 968.
5 *H.F. Müller*, Der Verband in der Insolvenz, S. 426; MünchKommHGB/*K. Schmidt*, § 128 Rn. 91 und §§ 171, 172 Rn. 120; siehe auch *Staub/Schilling*, § 171 Rn. 24 f.
6 *Ebenroth/Boujong/Joost/Strohn/Hillmann*, § 128 Rn. 73.
7 BGH v. 25.5.1970 – II ZR 183/68, WM 1970, 967, 968.
8 *H.F. Müller*, Der Verband in der Insolvenz, S. 422 ff.; MünchKommHGB/*K. Schmidt*, § 128 Rn. 90; *Heymann/Emmerich*, § 128 Rn. 29a.
9 MünchHdbGesR I/*Butzer/Knof*, § 85 Rn. 99 ff.
10 *Gottwald/Haas*, InsoHdb, § 94 Rn. 126.
11 *K. Schmidt*, GmbHR 2002, 1208, 1210; *K. Schmidt*, ZGR 1996, 204, 218.
12 Näher dazu *Gottwald/Haas*, InsoHdb, § 94 Rn. 126 ff.
13 *Gottwald/Haas*, InsoHdb, § 94 Rn. 130.
14 Siehe hierzu *v. Olshausen*, ZIP 2003, 1321, 1322 f.; MünchKommHGB/*K. Schmidt*, § 128 Rn. 87; *Gottwald/Haas*, InsoHdb, § 94 Rn. 131 ff.
15 Siehe *v. Olshausen*, ZIP 2003, 1321, 1329 f.; *Bitter*, ZInsO 2002, 557, 561; *Gottwald/Haas*, InsoHdb, § 94 Rn. 134; a.A.: MünchKommHGB/*K. Schmidt*, § 128

hat der Gesellschafter im Rahmen des § 128 auch für Masseverbindlichkeiten (§ 55 InsO) einzustehen (siehe oben Rn. 18). Diese haben im Gesellschafterverfahren nicht (auch) den Rang von Masseverbindlichkeiten; denn das Gesellschafterinsolvenzverfahren steht nicht im Dienste des Gesellschaftsinsolvenzverfahrens[1].

IV. Der ausgeschiedene Gesellschafter

1. Allgemeines

Scheidet ein Gesellschafter aus der OHG aus, besteht seine Haftung für die bis dahin entstandenen Gesellschaftsverbindlichkeiten fort, und zwar bis zur Verwirklichung des Enthaftungstatbestandes nach § 160. Für neu entstehende Verbindlichkeiten (zur Abgrenzung vgl. Rn. 25 ff.) haftet der Gesellschafter dagegen nicht mehr. In der Insolvenz der Gesellschaft haftet auch ein bereits ausgeschiedener Gesellschafter gemäß § 93 InsO gegenüber dem Insolvenzverwalter[2].   24

2. Ausscheiden und gleichgestellte Tatbestände

a) Gleichgestellte Fälle

Wie ein **Ausscheiden** durch Beendigung der Mitgliedschaft in der Gesellschaft sind die Fälle der **Übertragung des Anteils**[3] an einen Rechtsnachfolger, die **Umwandlung einer Vollhafterbeteiligung** in die eines Kommanditisten[4] sowie die **Beendigung der unbeschränkten Kommanditistenhaftung** nach § 176[5] zu behandeln. Zu nennen ist hier außerdem ein **Formwechsel der Gesellschaft in** eine andere Rechtsform (§ 190 UmwG)[6]; zum Fortbestehen der Haftung in einem solchen Fall vgl. auch § 224 UmwG, der die Nachhaftung in Übereinstimmung mit § 160 begrenzt.   25

b) Maßgeblicher Zeitpunkt

Der **Zeitpunkt des Ausscheidens** bestimmt sich nach dem Wirksamwerden des entsprechenden Rechtsgeschäfts oder des sonst maßgeblichen Vorgan-   26

Rn. 87; MünchKommInsO/*Brandes*, § 93 InsO Rn. 27 f.; HK-InsO/*Eickmann*, § 93 InsO Rn. 10.
1 *Staub*/*Habersack*, § 128 Rn. 78; siehe auch *Gottwald*/*Haas*, InsoHdb, § 94 Rn. 135.
2 OLG Hamm v. 30.3.2007 – 30 U 13/06, NZI 2007, 584, 588; MünchKommHGB/*K. Schmidt*, § 128 Rn. 84; MünchKommInsO/*Brandes*, § 93 InsO Rn. 5, 14; *Gottwald*/ *Haas*, InsoHdb, § 94 Rn. 108; *Gerhardt*, ZIP 2000, 2181, 2183.
3 MünchKommHGB/*K. Schmidt*, § 128 Rn. 43.
4 BGH v. 22.9.1980 – II ZR 204/79, BGHZ 78, 114, 116 f.; BGH v. 19.5.1983 – II ZR 49/82, ZIP 1983, 819, 820; OLG Hamm v. 30.3.2007 – 30 U 13/06, NZI 2007, 584, 589; OLG Hamm v. 24.10.2007 – 8 U 29/07, NZG 2008, 101; MünchKommHGB/*K. Schmidt*, § 128 Rn. 44.
5 BGH v. 19.12.1977 – II ZR 202/76, BGHZ 70, 132, 137; BGH v. 11.12.1978 – II ZR 235/77, BGHZ 73, 217, 222 f.
6 Vgl. auch OLG Hamm v. 24.10.2007 – 8 U 29/07, GmbHR 2008, 151, 152; OVG Koblenz v. 11.3.1986 – 6 A 132/84, NJW 1986, 2129 f. (noch zum UmwG 1956).

§ 128　OHG – Verhältnis der Gesellschafter zu Dritten

ges[1]. Bei einem Ausschließungsurteil (§ 140) kommt es auf den Eintritt der Rechtskraft an (siehe dort).

3. Alt- und Neuverbindlichkeiten

27　Die bezogen auf den Zeitpunkt des Ausscheidens maßgebliche Abgrenzung von Alt- und Neuschulden richtet sich nicht nach der Entstehung der Verbindlichkeit, erst recht nicht nach ihrer Fälligkeit, sondern nach der **Schaffung ihrer Rechtsgrundlage**[2].

a) Rechtsgeschäftliche Verbindlichkeiten

28　Bei rechtsgeschäftlich begründeten Verbindlichkeiten ist der **Zeitpunkt des Vertragsschlusses maßgeblich**[3]. Dass das Vertragsangebot bereits bindend abgegeben wurde bzw. eine (langfristige) Option vorliegt, reicht nicht aus[4]. Der Zeitpunkt des Vertragsschlusses ist auch für die Einzelverbindlichkeiten aus einem auf vertraglicher Grundlage beruhenden Dauerschuldverhältnis[5] maßgebend. Daher besteht auch die Haftung für Verbindlichkeiten aus einem über den Zeitpunkt des Ausscheidens von der OHG fortgeführten Dienst- oder Arbeitsverhältnisses weiter[6], und zwar einschließlich für eine zugesagte betriebliche Altersversorgung[7]. Dasselbe gilt für Energie- und Wasserversorgungsverträge[8]. Zu den Altverbindlichkeiten, für die der ausgeschiedene Gesellschafter einzustehen hat, zählen auch die Sekundäransprüche aus dem vor dem Ausscheiden abgeschlossenen Vertrag, auch wenn die den Folgeanspruch begründenden Tatsachenvoraussetzungen erst nachträglich eingetreten sind[9].

b) Vertragserweiterungen

29　Wird ein bestehender **Vertrag erweitert oder verlängert**, handelt es sich bei den zusätzlich begründeten Verbindlichkeiten regelmäßig um **Neuschul-**

1　MünchKommHGB/*K. Schmidt*, § 128 Rn. 48.
2　RGZ 140, 10, 14; BGH v. 21.12.1970 – II ZR 258/67, BGHZ 55, 267, 269 f.; MünchKommHGB/*K. Schmidt*, § 128 Rn. 49; *Ebenroth/Boujong/Joost/Strohn/Hillmann*, § 128 Rn. 46; *Baumbach/Hopt*, § 128 Rn. 29.
3　BGH v. 21.12.1962 – II ZR 74/59, BGHZ 36, 224, 225; BGH v. 13.7.1967 – II ZR 268/64, BGHZ 48, 203, 204 f.; BGH v. 19.5.1983 – II ZR 49/82, ZIP 1983, 819, 820.
4　*Staub/Habersack*, § 128 Rn. 63; MünchKommHGB/*K. Schmidt*, § 128 Rn. 50.
5　BGH v. 19.12.1977 – II ZR 202/76, BGHZ 70, 132, 135; BGH v. 19.5.1983 – II ZR 207/81, ZIP 1983, 813, 814; OLG Düsseldorf v. 13.2.2003 – 10 K 216/01, NJW-RR 2003, 513, 514; OLG Hamm v. 24.10.2007 – 8 U 29/07, GmbHR 2008, 151, 152; MünchKommHGB/*K. Schmidt*, § 128 Rn. 50.
6　BAG v. 3.5.1983 – 3 AZR 1263/79, ZIP 1983, 715, 718.
7　BGH v. 19.5.1983 – II ZR 50/82, BGHZ 87, 286, 287.
8　BGH v. 19.12.1977 – II ZR 202/76, BGHZ 70, 132, 135.
9　*Staub/Habersack*, § 128 Rn. 68; MünchKommHGB/*K. Schmidt*, § 128 Rn. 51; *Baumbach/Hopt*, § 128 Rn. 30.

den[1], für die der ausgeschiedene Gesellschafter nicht einzustehen hat, es sei denn, die Gesellschaft war bereits durch den ursprünglichen Vertrag im Hinblick auf die Erweiterung gebunden. Auf die Frage einer bereits vor dem Ausscheiden entstandenen Bindung wird es auch bei Ausführungsgeschäften in Vollzug eines Rahmenvertrages ankommen. Eine Stundung ändert am Charakter der Verbindlichkeit nichts, 6doch soll dies bei der Prolongation einer Wechselschuld anders sein[2]. Besondere Fragen können sich zur Haftung für den Saldo aus einem Kontokorrentverhältnis ergeben[3]. Die Herabsetzung einer Forderung wandelt diese ebenfalls nicht in eine Neuverbindlichkeit um[4].

c) Gesetzliche Schuldverhältnisse

Bei Verbindlichkeiten **gesetzlichen Ursprungs** kommt es ebenfalls nicht auf die endgültige Entstehung der konkreten Schuld an, sondern auf die Verwirklichung der entscheidenden tatbestandlichen Grundlage für die Anspruchsentstehung[5]. 30

4. Freistellung und Rückgriff

a) Gegenüber der Gesellschaft

Nach § 105 Abs. 2 und § 738 Abs. 1 S. 2 BGB erlangt der Gesellschafter mit dem Ausscheiden gegen die Gesellschaft einen **Anspruch auf Freistellung** von der Haftung für die Altverbindlichkeiten. Wird er wegen einer Gesellschaftsschuld in Anspruch genommen, verwandelt sich der Freistellungsanspruch in einen **Rückgriffsanspruch**. Dieser lässt sich allerdings nicht mehr auf § 110 stützen[6]; er wird teils aus § 426 BGB[7], teils aus § 738 Abs. 1 S. 2 BGB[8], teils (was zweifelhaft ist, vgl. oben Rn. 10) aus einer entsprechenden Anwendung von § 774 BGB[9] hergeleitet. 31

Dazu, dass ein ehemaliger Gesellschafter, der sich für eine Gesellschaftsschuld verbürgt oder sie sonst besichert hat, regelmäßig einen Freistellungsanspruch (und ggf. einen Rückgriffsanspruch) erwirbt, vgl. Rn. 12. 32

---

1 BGH v. 24.9.2007 – II ZR 284/05, DStR 2007, 2222, 2223; RGZ 86, 60, 62 f.; 125, 417, 418; *Staub/Habersack*, § 128 Rn. 67; MünchKommHGB/*K. Schmidt*, § 128 Rn. 52.
2 RGZ 125, 417, 418; h.L.; dagegen zu Recht MünchKommHGB/*K. Schmidt*, § 128 Rn. 52.
3 Siehe dazu etwa BGH v. 28.6.1968 – I ZR 156/66, BGHZ 50, 277, 278; BGH v. 9.12.1971 – III ZR 58/69, WM 1972, 283, 284; BGH v. 2.11.1973 – I ZR 88/72, NJW 1973, 100; kritisch zur Rspr. MünchKommHGB/*K. Schmidt*, § 128 Rn. 55 f.
4 BGH v. 24.9.2007 – II ZR 284/05, DStR 2007, 2222, 2223.
5 MünchKommHGB/*K. Schmidt*, § 128 Rn. 57; siehe z.B. BGH v. 25.11.1985 – II ZR 80/85, WM 1986, 288; OVG Koblenz v. 11.3.1986 – 6 A 132/84, NJW 1986, 2129.
6 BGH v. 9.5.1963 – II ZR 124/61, BGHZ 39, 319, 324 f.
7 So BGH v. 9.5.1963 – II ZR 124/61, BGHZ 39, 319, 324 f.; GroßKommHGB/*Fischer*, § 128 Rn. 60.
8 *Staub/Habersack*, § 128 Rn. 45.
9 So MünchKommHGB/*K. Schmidt*, § 128 Rn. 61.

b) Gegenüber den Gesellschaftern

33 Im Hinblick auf das mit den bisherigen **Mitgesellschaftern** bestehende **Gesamtschuldverhältnis** könnte der ausgeschiedene Gesellschafter, soweit § 738 Abs. 1 S. 2 BGB einschlägig ist, von den verbliebenen Gesellschaftern in vollem Umfang eine Freistellung beanspruchen und gegen sie Rückgriff nehmen. Im Regressfall haften ihm die Gesellschafter dabei gesamtschuldnerisch[1]. Im Falle eines Ausscheidens nach einer Anteilsübertragung hat er ferner die Möglichkeit, gegen den **Rechtsnachfolger** Rückgriff zu nehmen[2].

§ 129
Einwendungen des Gesellschafters

(1) Wird ein Gesellschafter wegen einer Verbindlichkeit der Gesellschaft in Anspruch genommen, so kann er Einwendungen, die nicht in seiner Person begründet sind, nur insoweit geltend machen, als sie von der Gesellschaft erhoben werden können.

(2) Der Gesellschafter kann die Befriedigung des Gläubigers verweigern, solange der Gesellschaft das Recht zusteht, das ihrer Verbindlichkeit zugrunde liegende Rechtsgeschäft anzufechten.

(3) Die gleiche Befugnis hat der Gesellschafter, solange sich der Gläubiger durch Aufrechnung gegen eine fällige Forderung der Gesellschaft befriedigen kann.

(4) Aus einem gegen die Gesellschaft gerichteten vollstreckbaren Schuldtitel findet die Zwangsvollstreckung gegen die Gesellschafter nicht statt.

Übersicht

	Rn.		Rn.
I. Einwendungen des Gesellschafters	1	II. Anfechtung und Aufrechnungseinrede	10
1. Eigene Einwendungen	2	1. Anfechtung	11
2. Einwendungen der Gesellschaft	3	2. Aufrechnung	
a) Verjährung (insbesondere)	4	a) Sinngehalt des § 129 Abs. 3	12
b) Erlass (insbesondere)	5	b) Alleiniges Aufrechnungsrecht der Gesellschaft	13
c) Urteilswirkungen	6		
d) Gestaltungsrechte	7		
e) Insolvenzverfahren	8	III. Zwangsvollstreckung gegen den Gesellschafter	14
3. Der ausgeschiedene Gesellschafter	9		

Schrifttum: *Brandes*, Verjährung von Gesellschafts- und Gesellschafterschuld im Recht der Personenhandelsgesellschaften, in: Festschrift Stimpel, 1985, S. 105; *Bülow*,

---

1 MünchKommHGB/*K. Schmidt*, § 128 Rn. 63; GroßKommHGB/*Fischer*, § 128 Rn. 60; *Hadding*, FS Stimpel, 1985, S. 139, 161; a.A. Staub/*Habersack*, § 128 Rn. 50: Teilschulden.
2 BGH v. 18.11.1974 – II ZR 70/73, NJW 1975, 166, 167; BGH v. 20.10.1980 – II ZR 257/79, WM 1981, 139.

Einrede der Aufrechenbarkeit für Personengesellschafter, Bürgen und Hauptgesellschafter im Eingliederungskonzern, ZGR 1988, 192; *Schlüter*, Die Einrede der Aufrechenbarkeit des OHG-Gesellschafters und des Bürgen, in: Festschrift H. Westermann, 1974, S. 509. Vgl. i.Ü. die Angaben zu § 128.

I. Einwendungen des Gesellschafters

§ 129 Abs. 1 regelt die Frage, welche Einwendungen der von einem Gesellschaftsgläubiger in Anspruch genommene Gesellschafter seiner Haftung entgegenhalten kann. Obwohl das Gesetz lediglich von Einwendungen spricht, sind die Einreden gleichwohl mit erfasst[1]. 1

1. Eigene Einwendungen

Ohne weiteres kann der Gesellschafter alle die Einwendungen oder Einreden erheben, die ihm persönlich gegenüber dem Gläubiger zustehen. So kann er sich auf eine ihm gewährte Stundung berufen oder mit einer eigenen Gegenforderung aufrechnen (wie auch umgekehrt der Gläubiger mit seinem Haftungsanspruch gegen eine Forderung des Gesellschafters aufrechnen könnte)[2]. Ist der Gesellschafter rechtskräftig zur Leistung verurteilt worden, kann er neue Einwendungen aus eigenem Recht nur nach Maßgabe des § 767 Abs. 2 ZPO geltend machen. Im Insolvenzverfahren kann der Gesellschafter dem Insolvenzverwalter im Rahmen des § 93 InsO nur solche persönlichen Einreden und Einwendungen entgegen halten, die ihm gegenüber allen Gesellschaftsgläubigern zustehen[3]. 2

2. Einwendungen der Gesellschaft

In gleicher Weise kann der Gesellschafter alle der Gesellschaft zustehenden Einwendungen und Einreden geltend machen. Dies folgt bereits aus der Akzessorietät der Haftung (§ 128 Rn. 6 f.). Als Einreden bzw. Einwendungen kommen solche jeglicher Art[4] in Betracht[5], insbesondere aber: Erfüllung, Erlass, Vergleich, Annahmeverzug, Verwirkung, rechtskräftige Abweisung, Stundung, pactum de non petendo, Verjährung, etc. § 129 gilt allerdings nicht für Einreden, die sich in prozessrechtlichen Folgen erschöpfen[6]. 3

---

1 MünchKommHGB/*K. Schmidt*, § 129 Rn. 4; *Baumbach/Hopt*, § 129 Rn. 1; *Ebenroth/Boujong/Joost/Strohn/Hillmann*, § 129 Rn. 3.
2 Vgl. MünchKommHGB/*K. Schmidt*, § 129 Rn. 2.
3 *Uhlenbruck/Hirte*, § 93 InsO Rn. 41; *Kübler/Prütting/Lüke*, § 93 InsO Rn. 53.
4 BAG v. 12.6.2002 – 10 AZR 199/01, NJOZ 2003, 1506, 1510.
5 *Baumbach/Hopt*, § 129 Rn. 1; *Staub/Habersack*, § 129 Rn. 4; MünchKommHGB/*K. Schmidt*, § 129 Rn. 4.
6 *Baumbach/Hopt*, § 129 Rn. 4; MünchKommHGB/*K. Schmidt*, § 129 Rn. 5; *Staub/Habersack*, § 129 Rn. 5; *Ebenroth/Boujong/Joost/Strohn/Hillmann*, § 129 Rn. 5.

a) Verjährung (insbesondere)

4 Der Gesellschafter kann sich **auf eine eingetretene Verjährung der Gesellschaftsschuld berufen**[1], muss sich andererseits aber auch eine der Gesellschaft gegenüber erwirkte Verjährungshemmung entgegenhalten lassen[2]. Eine Verjährungseinrede entfällt für ihn auch, wenn die Verjährung allein ihm gegenüber, etwa durch Klageerhebung, gehemmt worden ist[3]. Ob eine solche Hemmung auch zu Lasten der Gesellschaft wirkt, ist zweifelhaft[4], lässt sich im Hinblick auf die Akzessorietät der Gesellschafterhaftung aber kaum begründen[5]. Verjährt die Schuld gegenüber der Gesellschaft, nachdem der Gesellschafter bereits zur Leistung verurteilt ist, so bleibt für ihn die Verurteilung nach § 197 Abs. 1 Nr. 3 BGB maßgeblich[6]. Ob die Haftung des Gesellschafters nach eigenständigen Vorschriften verjährt, ist umstritten[7]. In jedem Fall läuft jedoch vor Auflösung der Gesellschaft eine solche Frist nicht (arg. e § 159).

b) Erlass (insbesondere)

5 Nicht möglich ist ein Erlass des Gesellschaftsgläubigers gegenüber der Gesellschaft mit der Maßgabe, dass der Gesellschafter weiterhin nach § 128 in Anspruch genommen werden kann. Ein solcher Vorbehalt ist unwirksam und führt im Zweifel zur Unwirksamkeit des gesamten Erlasses[8]. Etwas anderes gilt nur, wenn der betroffene Gesellschafter zustimmt[9]. Umgekehrt ist aber ein Erlass des Gläubigers gegenüber dem Gesellschafter unter dem Vorbehalt der Inanspruchnahme der Gesellschaft stets möglich[10]. Da aber der Verzicht auf die persönliche Haftung eine doch recht außergewöhnliche Ausnahme darstellt, muss ein solcher Verzicht deutlich zum Ausdruck kommen, kann also im Zweifel nicht konkludent geschlossen werden[11].

c) Urteilswirkungen

6 Das Recht, Einwendungen der Gesellschaft vorzubringen, schließt ein, dass der Gesellschafter sich auf ein **zugunsten der Gesellschaft** ergangenes

---

1 BGH v. 8.2.1982 – II ZR 235/81, WM 1982, 509, 510; MünchKommHGB/*K. Schmidt*, § 129 Rn. 7; *Staub/Habersack*, § 129 Rn. 6.
2 BGH v. 11.12.1978 – II ZR 235/77, BGHZ 73, 217, 222 f.; *Baumbach/Hopt*, § 129 Rn. 2; MünchKommHGB/*K. Schmidt*, § 129 Rn. 8; *Ebenroth/Boujong/Joost/Strohn/Hillmann*, § 129 Rn. 4; a.A. *Staub/Habersack*, § 129 Rn. 7.
3 BGH v. 22.3.1988 – X ZR 64/87, BGHZ 104, 76, 80 f.
4 Offengelassen in BGH v. 22.3.1988 – X ZR 64/87, BGHZ 104, 76, 81 f.
5 MünchKommHGB/*K. Schmidt*, § 129, Rn. 9; *Baumbach/Hopt*, § 129 Rn. 2; *Staub/Habersack*, § 129 Rn. 7 m.w.N.
6 BGH v. 27.4.1981 – II ZR 177/80, WM 1981, 875; MünchKommHGB/*K. Schmidt*, § 129 Rn. 11.
7 MünchKommHGB/*K. Schmidt*, § 129 Rn. 7; *Hofmeister*, NZG 2002, 851, 854.
8 *Baumbach/Hopt*, § 129 Rn. 3.
9 BGH v. 20.4.1967 – II ZR 220/65, BGHZ 47, 376.
10 BGH v. 28.6.1971 – III ZR 103/68, BB 1971, 975; OLG Hamm v. 30.3.2007 – 30 U 13/06, NZI 2007, 584, 589.
11 OLG Hamm v. 30.3.2007 – 30 U 13/06, NZI 2007, 584, 589.

rechtskräftiges **Urteil** über die Schuld berufen kann, soweit er selbst nicht bereits rechtskräftig verurteilt ist[1]. Umgekehrt muss er sich aber eine **Verurteilung der Gesellschaft** entgegenhalten lassen[2]. Auf verbleibende Einwendungen der Gesellschaft könnte er dann nur noch zurückgreifen, soweit sie nicht nach § 767 Abs. 2 ZPO präkludiert sind[3]; er braucht dazu jedoch nicht – so lange er selbst noch nicht verurteilt ist – eine Vollstreckungsgegenklage zu erheben, sondern kann seinen Einwand auf jede andere Weise geltend machen[4]. Der Geltungsgrund für die Rechtskrafterstreckung liegt nicht – wie ein Blick auf die Bürgenhaftung zeigt[5] – in der Akzessorietät der Gesellschafterhaftung[6]. Vielmehr liegt der Grund für die Rechtskrafterstreckung darin, dass die Interessen des Gesellschafters im Prozess der Gesellschaft (als Quasi-Partei, vgl. § 124 Rn. 6) hinreichend repräsentiert werden[7]. Da dem Repräsentationsgedanken eine mitunter typisierende Betrachtung zugrunde liegt, bedarf diese für „extrem" gelagerte Fälle einer Korrektur[8]. Ist daher etwa der **Titel** gegen die Gesellschaft in **kollusivem Zusammenwirken** zwischen dem Gläubiger und den für die Gesellschaft als Vertreter aufgetretenen Beteiligten erwirkt worden, so kann der Gesellschafter die der Gesellschaft möglich gewesenen Einwendungen dem Gläubiger weiterhin entgegenhalten; der Einwendungsausschluss des § 129 Abs. 1 wird in derartigen Fällen durchbrochen[9].

d) Gestaltungsrechte

Gestaltungsrechte der Gesellschaft, die diese zur Anfechtung, Aufrechnung, Kündigung oder zum Rücktritt berechtigen, kann der Gesellschafter **nicht selbst ausüben**. Für sie gilt § 129 Abs. 1 nicht. Jedoch gibt ihm § 129 Abs. 2

7

---

1 RGZ 49, 340, 343; 102, 301, 302 f.; *Staub/Habersack*, § 129 Rn. 10; *Ebenroth/Boujong/Joost/Strohn/Hillmann*, § 129 Rn. 5; MünchKommHGB/*K. Schmidt*, § 129 Rn. 12.
2 BGH v. 3.4.2006 – II ZR 40/05, DStR 2006, 1238, 1239; BGH v. 13.7.1970 – VIII ZR 230/68, BGHZ 54, 251, 255; BAG v. 12.6.2002 – 10 AZR 199/01, NJOZ 2003, 1506, 1510; *Baumbach/Hopt*, § 129 Rn. 7; MünchKommHGB/*K. Schmidt*, § 129 Rn. 10, 13; *Staub/Habersack*, § 129 Rn. 11.
3 BGH v. 3.4.2006 – II ZR 40/05, DStR 2006, 1238, 1239; BGH v. 13.7.1970 – VIII ZR 230/68, BGHZ 54, 251, 255; BAG v. 12.6.2002 – 10 AZR 199/01, NJOZ 2003, 1506, 1510; MünchKommHGB/*K. Schmidt*, § 129 Rn. 13; *Ebenroth/Boujong/Joost/Strohn/Hillmann*, § 129 Rn. 6; *Staub/Habersack*, § 129 Rn. 12.
4 BGH v. 3.4.2006 – II ZR 40/05, DStR 2006, 1238, 1239; RGZ 124, 146, 152; MünchKommHGB/*K. Schmidt*, § 129 Rn. 13; *Staub/Habersack*, § 129 Rn. 12; *Ebenroth/Boujong/Joost/Strohn/Hillmann*, § 129 Rn. 6.
5 BGH v. 9.7.1988 – IX ZR 272/96, NJW 1998, 2972, 2973; BGH v. 12.3.1980 – VIII ZR 115/79, NJW 1980, 1460, 1461.
6 *Oberhammer*, Die OHG im Zivilprozess, 1998, S. 60 f.; *K. Schmidt*, GesR, § 49 VI 1a.
7 *Oberhammer*, Die OHG im Zivilprozess, 1998, S. 61 ff.; *K. Schmidt*, GesR, § 49 VI 1a; zum Repräsentationsgedanken siehe auch § 128 Rn. 6.
8 *Oberhammer*, Die OHG im Zivilprozess, 1998, S. 72 ff.
9 BGH v. 11.12.1995 – II ZR 220/94, ZIP 1996, 227, 228; MünchHdbGesR I/*Neubauer*, § 68 Rn. 39.

und 3 bei einer möglichen Anfechtung oder Aufrechnung ein **Leistungsverweigerungsrecht**.

e) Insolvenzverfahren

8 Wird die Forderung gegen die Gesellschaft im Prüfungstermin nicht ausdrücklich bestritten (§§ 178 Abs. 2, 201 Abs. 2 InsO), gilt sie gemäß § 178 Abs. 3 InsO als rechtskräftig festgestellt[1], so dass die Gesellschaft keine Einreden und Einwendungen mehr hiergegen erheben kann[2]. Jedoch ist zu beachten, dass der Gesellschafter zur Wahrung des rechtlichen Gehörs an dem Forderungsfeststellungsverfahren zu beteiligen ist und Gelegenheit haben muss, der Forderungsanmeldung mit Wirkung für seine persönliche Haftung zu widersprechen. Anderenfalls kann sich der Insolvenzverwalter nicht auf die Feststellungswirkung des § 178 Abs. 3 InsO gegenüber dem Gesellschafter berufen; denn der Repräsentationsgedanke (vgl. oben Rn. 6) ist hier nicht gewahrt[3]. § 178 Abs. 3 InsO kann daher im Verhältnis zum ausgeschiedenen Gesellschafter, der für Altverbindlichkeiten haftet, keine Wirkung entfalten[4]. Gilt die Feststellungswirkung auch gegenüber dem Gesellschafter, dann hat dies zur Folge, dass dieser nach § 129 nur noch in seiner Person begründete Einreden und Einwendungen geltend machen kann[5] (siehe hierzu oben Rn. 2).

3. Der ausgeschiedene Gesellschafter

9 Für den ausgeschiedenen Gesellschafter gelten einige **Besonderheiten**. So beschränkt eine Verurteilung der Gesellschaft die Einwendungsmöglichkeiten eines zur Zeit der Klageerhebung der Gesellschaft nicht mehr angehörenden Gesellschafters nicht[6]. Hingegen kann er sich unverändert auf eine der Gesellschaft günstige Entscheidung berufen[7]. Auch die Rechtshängigkeit der Klage gegen die Gesellschaft kann dem ausgeschiedenen Gesellschafter nicht entgegengehalten werden[8]. Besonderheiten haben auch für haftungsbestärkende Erklärungen der Gesellschaft zu gelten (Schuldanerkenntnis, Vergleichsvertrag, etc.). Diese braucht sich der ausgeschiedene Gesellschafter nicht entgegenhalten zu lassen[9]. Zu § 178 Abs. 3 InsO siehe oben Rn. 8.

---

1 Siehe auch MünchKommHGB/*K. Schmidt*, § 129 Rn. 13.
2 BAG v. 12.6.2002 – 10 AZR 199/01, NJOZ 2003, 1506, 1510 (für entspr. Vorschrift in § 145 Abs. 2 KO); HK-InsO/*Eickmann*, § 93 Rn. 10; MünchKommInsO/*Brandes*, § 93 Rn. 31.
3 BGH v. 14.11.2005 – II ZR 178/03, DStR 2006, 805, 811; BGH v. 9.10.2006 – II ZR 193/05, DStR 2007, 126; a.A. wohl MünchHdbGesR I/*Neubauer*, § 68 Rn. 38.
4 OLG Hamm v. 30.3.2007 – 30 U 13/06, NZI 2007, 584, 588.
5 BGH v. 9.10.2006 – II ZR 193/05, DStR 2007, 125 f.; *Staub/Habersack*, § 129 Rn. 12; *Uhlenbruck/Hirte*, InsO, § 93 Rn. 41; *Gottwald/Haas*, InsoHdb, § 94 Rn. 89.
6 BGH v. 8.11.1965 – II ZR 223/64, BGHZ 44, 229, 233 f.; BGH v. 22.9.1980 – II ZR 204/79, BGHZ 78, 114, 120 f.; OLG Hamm v. 30.3.2007 – 30 U 13/06, NZI 2007, 584, 588.
7 Vgl. MünchKommHGB/*K. Schmidt*, § 129 Rn. 16; *Staub/Habersack*, § 129 Rn. 15.
8 *Staub/Habersack*, § 129 Rn. 15; MünchKommHGB/*K. Schmidt*, § 129 Rn. 16.
9 *Staub/Habersack*, § 129 Rn. 15; MünchKommHGB/*K. Schmidt*, § 129 Rn. 15.

II. Anfechtungs- und Aufrechnungseinrede

§ 129 Abs. 2, 3 entspricht dem für einen Bürgen geltenden § 770 BGB. Die Vorschrift trägt dem Umstand Rechnung, dass der Gesellschafter ein der Gesellschaft zustehendes Recht zur Anfechtung oder Aufrechnung nicht selbst ausüben kann (es sei denn, er ist zur Vertretung der Gesellschaft berechtigt). § 129 Abs. 2 gilt für sonstige Gestaltungsrechte der Gesellschaft entsprechend[1]. 10

1. Anfechtung

Das aus § 129 Abs. 2 folgende Leistungsverweigerungsrecht des Gesellschafters besteht **bis zur Anfechtung** durch die Gesellschaft oder bis zum **Wegfall des Anfechtungsrechts** (vgl. dazu die §§ 121, 124, 144 BGB). Kommt es zur Anfechtung, so führt dies zum Erlöschen der Gesellschaftsschuld (§ 142 BGB), doch bleibt die Entstehung anderer Verbindlichkeiten (so aus den §§ 122, 812 BGB) unberührt. 11

2. Aufrechnung

a) Sinngehalt des § 129 Abs. 3

§ 129 Abs. 3 stellt seinem Wortlaut nach auf eine Aufrechnungsmöglichkeit für den Gläubiger ab (wie in § 770 Abs. 1 BGB). Doch ist die Vorschrift nicht in diesem Sinne zu verstehen, da es richtigerweise nur auf eine **für die Gesellschaft mögliche Aufrechnung** ankommen kann[2]. 12

b) Alleiniges Aufrechnungsrecht der Gesellschaft

Auch hier besteht das Leistungsverweigerungsrecht **so lange, wie die Gesellschaft aufrechnen kann**. Mit der überwiegend vertretenen Ansicht[3] kommt es hierfür nicht darauf an, ob auch der Gläubiger aufrechnen könnte. 13

III. Zwangsvollstreckung gegen den Gesellschafter

Während § 124 Abs. 2 zur Vollstreckung in das Gesellschaftsvermögen ein gegen die Gesellschaft gerichteter Titel erforderlich ist, setzt § 129 Abs. 4 für eine Vollstreckung gegen den Gesellschafter einen **gegen diesen erwirkten Titel** voraus. Die Umschreibung eines Titels gegen einen Gesellschafter 14

---

1 *Baumbach/Hopt*, § 129 Rn. 10; *Ebenroth/Boujong/Joost/Strohn/Hillmann*, § 129 Rn. 10; *Staub/Habersack*, § 129 Rn. 21; a.A.: MünchKommHGB/*K. Schmidt*, § 129 Rn. 18.
2 Vgl. dazu BGH v. 14.12.1964 – VIII ZR 119/63, BGHZ 42, 396, 397 f.; MünchKommHGB/*K. Schmidt*, § 129 Rn. 24; *Staub/Habersack*, § 129 Rn. 23; *Ebenroth/Boujong/Joost/Strohn/Hillmann*, § 129 Rn. 13; *A. Hueck*, Das Recht der OHG, S. 324 f.
3 MünchKommHGB/*K. Schmidt*, § 129 Rn. 23; GroßKommHGB/*Fischer*, § 129 Rn. 12; *Baumbach/Hopt*, § 129 Rn. 12; *A. Hueck*, Das Recht der OHG, S. 324 f.; anders RGZ 137, 34, 36 (zu § 770 BGB).

ist nur möglich, wenn alle übrigen Gesellschafter ausgeschieden sind (vgl. § 124 Rn. 7)[1]. Allerdings kann sich ein Gesellschafter gegen eine Vollstreckung in sein Privatvermögen aufgrund eines Titels gegen die Gesellschaft u.U. aus Gründen von Treu und Glauben nicht mit der Drittwiderspruchsklage wehren, wenn er selbst für die Titelschuld haftet[2].

§ 129a
(aufgehoben)

Die Vorschrift ist durch Art. 3 Nr. 11 des Gesetzes zur Modernisierung des GmbH-Rechts und zur Bekämpfung von Missbräuchen (MoMiG) aufgehoben worden (Art. 25 MoMiG). Für Altfälle, d.h. für Insolvenzverfahren über das Vermögen der Gesellschaft, die vor dem Inkrafttreten des MoMiG eröffnet wurden, gilt gemäß Art. 10 MoMiG das bisherige Recht fort. Siehe hierzu die Vorauflage.

§ 130
Haftung bei Eintritt in die Gesellschaft

(1) Wer in eine bestehende Gesellschaft eintritt, haftet gleich den anderen Gesellschaftern nach Maßgabe der §§ 128 und 129 für die vor seinem Eintritt begründeten Verbindlichkeiten der Gesellschaft, ohne Unterschied, ob die Firma eine Änderung erleidet oder nicht.

(2) Eine entgegenstehende Vereinbarung ist Dritten gegenüber unwirksam.

Übersicht

	Rn.		Rn.
I. Grundlagen		2. Tatbestand des Eintritts	
1. Normzweck	1	a) Bestehen einer Gesellschaft	4
2. Anwendungsbereich	2	b) Aufnahme, Rechtsnachfolge, Umwandlung	5
II. Eintritt in die Gesellschaft		c) Firmenänderung ohne Bedeutung	7
1. Allgemeines	3	**III. Rechtsfolgen**	8

Schrifttum: *Gerlach*, Die Haftungsordnung der §§ 25, 28, 130 HGB, 1976; *Honsell/Harrer*, Die Haftung für Altschulden nach §§ 28, 130 HGB bei arglistiger Täuschung, ZIP 1983, 259; *Kornblum*, Die Haftung der Gesellschafter für Verbindlichkeiten von Personengesellschaften, 1972.

---

1 MünchKommHGB/*K. Schmidt*, § 129 Rn. 27.
2 BGH v. 1.6.1953 – IV ZR 196/52, LM § 771 ZPO Nr. 2 (h.L.); näher dazu MünchKommZPO/*K. Schmidt*, § 771 ZPO Rn. 49; MünchKommHGB/*K. Schmidt*, § 129 Rn. 28; *Staub/Habersack*, § 129 Rn. 27; anders noch RG JW 1905, 89.

I. Grundlagen

1. Normzweck

Der Normzweck der Vorschrift wird **nicht einheitlich bestimmt**. Übereinstimmung herrscht allenfalls im Ausgangspunkt, nämlich dass es sich bei § 130 um eine Gläubigerschutzregel handelt[1]. Im Übrigen aber gehen die Ansichten auseinander und reichen von einer quasi vertraglichen Schuldübernahme, über eine Rechtsscheinhaftung bis hin zu einer gesetzlichen, das Akzessorietätsprinzip in § 128 ergänzenden Regelung[2].

2. Anwendungsbereich

Die Vorschrift findet – ebenso wie § 128 – außer auf die OHG und KG auch auf die KGaA, die Partnerschaftsgesellschaft, EWIV und die Außengesellschaft bürgerlichen Rechts Anwendung[3]. Allerdings gilt hier eine „Rückwirkungssperre" für Gesellschafter, die vor 2001 einer **Gesellschaft bürgerlichen Rechts** beigetreten sind[4]. Diese **dem Schutz des Vertrauens des beitretenden Gesellschafters** dienende „Sperre" ist jedoch im Einzelfall mit Aspekten der materiellen Gerechtigkeit abzuwägen[5]. Danach muss der Vertrauensschutz zurücktreten, wenn der Neugesellschafter die bestehenden Altverbindlichkeiten der Gesellschaft im Beitrittszeitpunkt kennt oder wenn er sie bei auch nur geringer Aufmerksamkeit hätte erkennen können[6].

II. Eintritt in die Gesellschaft

1. Allgemeines

Nach dem Gesetz soll ein in eine Gesellschaft eintretender Gesellschafter wie alle anderen Gesellschafter für sämtliche Gesellschaftsverbindlichkeiten haften. Daher ordnet es – und zwar mit zwingender Wirkung im Außenverhältnis (§ 130 Abs. 2) – auch eine Haftung für die beim Eintritt bereits bestehenden Verbindlichkeiten an. Keine Regelung im Gesetz hat hingegen der Aufnahmevertrag selbst gefunden. Letzterer wird grundsätzlich als Ge-

---

1 *Staub/Habersack*, § 130 Rn. 2; *Ebenroth/Boujong/Joost/Strohn/Hillmann*, § 130 Rn. 1.
2 Siehe zum Ganzen MünchKommHGB/*K. Schmidt*, § 130 Rn. 1.
3 BGH v. 7.4.2003 – II ZR 56/02, BGHZ 154, 370, 375; BGH v. 2.12.2003 – XI ZR 421/02, NJW 2004, 389, 840; a.A. noch BGH v. 30.4.1979 – II ZR 137/78, BGHZ 74, 240.
4 BGH v. 7.4.2003 – II ZR 56/02, BGHZ 154, 370, 377; a.A. MünchKommHGB/*K. Schmidt*, § 130 Rn. 5.
5 BGH v. 12.12.2005 – II ZR 283/03, NJW 2006, 765, 766; OLG Dresden v. 22.12.2004 – 8 U 1432/04, NZG 2005, 549, 550 f.
6 BGH v. 12.12.2005 – II ZR 283/03, NJW 2006, 765, 766; BGH v. 9.10.2006 – II ZR 193/05, DStR 2007, 125 f.

sellschaftsvertrag mit sämtlichen schon vorhandenen Gesellschaften geschlossen[1].

2. Tatbestand des Eintritts

a) Bestehen einer Gesellschaft

4   Vorausgesetzt ist eine **bestehende OHG**, sei sie auch fehlerhaft zustande gekommen[2] oder bereits im Stadium der Auflösung. Tritt dagegen jemand als persönlich haftender Gesellschafter in das Handelsgeschäft eines Einzelkaufmanns ein, kommt es also erst aufgrund des Eintritts zur Entstehung einer Personenhandelsgesellschaft, so ist nicht § 130, sondern § 28 anwendbar[3]. Dann ergibt sich die persönliche Haftung für die bereits bestehenden Unternehmensschulden aus den §§ 28 Abs. 1, 128, hier jedoch mit der Möglichkeit einer abweichenden Vereinbarung gemäß § 28 Abs. 2.

b) Aufnahme, Rechtsnachfolge, Umwandlung

5   Das Gesetz versteht unter dem Eintritt primär die Aufnahme in die Gesellschaft als (zusätzlicher) Gesellschafter. Doch gilt es auch für den Erwerb einer Mitgliedschaft durch Rechtsnachfolge, sei es durch eine rechtsgeschäftliche Anteilsübertragung oder sei es aufgrund einer Gesamtrechtsnachfolge[4]. Als Eintritt i.S. von § 130 ist ferner auch die Umwandlung einer Kommanditbeteiligung in eine solche als Vollhafter anzusehen[5].

6   Erfasst wird auch ein **fehlerhafter Beitritt** (§ 105 Rn. 48), nicht dagegen eine fehlerhafte Anteilsübertragung (§ 105 Rn. 53)[6]. Auf einen Scheingesellschafter, d.h. auf eine Person, die den Anschein einer Gesellschafterstellung erweckt, ist § 130 nicht entsprechend anwendbar[7], denn § 130 ist insbesondere die Kehrseite der Möglichkeit des neu eintretenden Gesellschafters auf das Gesellschaftsvermögen zuzugreifen. An einer vergleichbaren Teilhabe des „Scheingesellschafters" fehlt es jedoch. Mithin kann die Haftung des Scheingesellschafters nur so weit gehen, wie der Rechtsschein reicht.

---

1 Siehe hierzu und zu den Ausnahmen MünchKommHGB/*K. Schmidt*, § 130 Rn. 9.
2 BGH v. 8.11.1965 – II ZR 267/64, BGHZ 44, 235, 237; *Ebenroth/Boujong/Joost/Strohn/Hillmann*, § 130 Rn. 3.
3 RGZ 142, 98, 101; *Ebenroth/Boujong/Joost/Strohn/Hillmann*, § 130 Rn. 4.
4 MünchKommHGB/*K Schmidt*, § 130 Rn. 14; *Staub/Habersack*, § 130 Rn. 8 ff.; *Ebenroth/Boujong/Joost/Strohn/Hillmann*, § 130 Rn. 5. 7; vgl. auch BGH v. 6.7.1981 – II ZR 38/81, ZIP 1981, 1088, 1089.
5 *Staub/Habersack*, § 130 Rn. 4; MünchKommHGB/*K. Schmidt*, § 130 Rn. 14; *Ebenroth/Boujong/Joost/Strohn/Hillmann*, § 130 Rn. 5; zu den steuerrechtlichen Implikationen der damit einhergehenden Haftungserweiterung, siehe BFH v. 14.10.2003 – VIII R 38/02, NJW-RR 2004, 682, 683 ff.
6 BGH v. 6.2.1958 – II ZR 210/56, BGHZ 26, 330, 335; MünchKommHGB/*K. Schmidt*, § 130 Rn. 15; *Staub/Habersack*, § 130 Rn. 8; *Baumbach/Hopt*, § 130 Rn. 4.
7 OLG Saarbrücken v. 22.12.2005 – 8 U 91/05, NJW 2006, 2862, 2863 f.; *Baumbach/Hopt*, § 130 Rn. 5.

c) Firmenänderung ohne Bedeutung

Ob sich im Zusammenhang mit dem Eintritt die Firma der Gesellschaft ändert, bleibt ohne Einfluss[1]. Auch auf einen Rechtsschein kommt es nicht an.

III. Rechtsfolgen

Als Folge des Eintritts entsteht die **unbeschränkte persönliche Haftung für alle vorhandenen Gesellschaftsverbindlichkeiten** gemäß den §§ 128, 129, und zwar ab Wirksamwerden des Eintritts (nicht also schon ab Abschluss des Aufnahmevertrages)[2]. Anders ist es lediglich bei einem Eintritt **als Erbe** eines Gesellschafters, wenn die **Gesellschaft bereits aufgelöst** ist; dann trifft den Erben lediglich die erbrechtliche Haftung mit der Möglichkeit der Haftungsbeschränkung[3]. Wegen der Fragen einer Haftungsbeschränkung für den als Erben in eine werbende Gesellschaft einrückenden Nachfolger vgl. die Erl. zu § 139. Nach § 130 Abs. 2 ist eine die Haftung ausschließende Vereinbarung Dritten gegenüber unwirksam. Im Innenverhältnis unter den Gesellschaftern besteht hingegen Vertragsfreiheit[4].

§ 130a
Zahlungsunfähigkeit und Überschuldung der Gesellschaft

(1) Nachdem bei einer Gesellschaft, bei der kein Gesellschafter eine natürliche Person ist, die Zahlungsunfähigkeit eingetreten ist oder sich ihre Überschuldung ergeben hat, dürfen die organschaftlichen Vertreter der zur Vertretung der Gesellschaft ermächtigten Gesellschafter und die Liquidatoren für die Gesellschaft keine Zahlungen leisten. Dies gilt nicht von Zahlungen, die auch nach diesem Zeitpunkt mit der Sorgfalt eines ordentlichen und gewissenhaften Geschäftsleiters vereinbar sind. Entsprechendes gilt für Zahlungen an Gesellschafter, soweit diese zur Zahlungsunfähigkeit der Gesellschaft führen mussten, es sei denn, dies war auch bei Beachtung der in Satz 1 bezeichneten Sorgfalt nicht erkennbar. Die Sätze 1 bis 3 gelten nicht, wenn zu den Gesellschaftern der offenen Handelsgesellschaft eine andere offene Handelsgesellschaft oder Kommanditgesellschaft gehört, bei der ein persönlich haftender Gesellschafter eine natürliche Person ist.

(2) Wird entgegen § 15a Abs. 1 der Insolvenzordnung die Eröffnung des Insolvenzverfahrens nicht oder nicht rechtzeitig beantragt oder werden entgegen Absatz 1 Zahlungen geleistet, so sind die organschaftlichen Vertreter der zur Vertretung der Gesellschaft ermächtigten Gesellschafter und die Liquidatoren der Gesellschaft gegenüber zum Ersatz des daraus entstehenden Scha-

---

1 MünchKommHGB/*K. Schmidt*, § 130 Rn. 16; *Ebenroth/Boujong/Joost/Strohn/Hillmann*, § 130 Rn. 8.
2 MünchKommHGB/*K. Schmidt*, § 130 Rn. 18.
3 BGH v. 6.7.1981 – II ZR 38/81, ZIP 1981, 1088, 1090.
4 MünchKommHGB/*K. Schmidt*, § 130 Rn. 10.

dens als Gesamtschuldner verpflichtet. Ist dabei streitig, ob sie die Sorgfalt eines ordentlichen und gewissenhaften Geschäftsleiters angewandt haben, so trifft sie die Beweislast. Die Ersatzpflicht kann durch Vereinbarung mit den Gesellschaftern weder eingeschränkt noch ausgeschlossen werden. Soweit der Ersatz zur Befriedigung der Gläubiger der Gesellschaft erforderlich ist, wird die Ersatzpflicht weder durch einen Verzicht oder Vergleich der Gesellschaft noch dadurch aufgehoben, dass die Handlung auf einem Beschluss der Gesellschafter beruht. Satz 4 gilt nicht, wenn der Ersatzpflichtige zahlungsunfähig ist und sich zur Abwendung des Insolvenzverfahrens mit seinen Gläubigern vergleicht oder wenn die Ersatzpflicht in einem Insolvenzplan geregelt wird. Die Ansprüche aus diesen Vorschriften verjähren in fünf Jahren.

(3) Diese Vorschriften gelten sinngemäß, wenn die in den Absätzen 1 und 2 genannten organschaftlichen Vertreter ihrerseits Gesellschaften sind, bei denen kein Gesellschafter eine natürliche Person ist, oder sich die Verbindung von Gesellschaften in dieser Art fortsetzt.

Übersicht

	Rn.		Rn.
I. Grundlagen	1	**V. Rechtsfolgen bei Pflichtverstößen**	
1. Geltungsbereich		1. § 130a Abs. 2 S. 1	21
a) Inhalt der Regelung	2	a) Verletzung der Insolvenzantragspflicht	22
b) Gesellschaft ohne natürliche Personen als Vollhafter	3	b) Verletzung der Masseerhaltungspflicht	23
2. Normadressaten		c) Existenzvernichtender Eingriff	24
a) Organschaftliche Vertreter, Liquidatoren	4	d) Verschulden und Beweislast	25
b) Mehrstufige Beteiligung	5	e) Geltendmachung des Anspruchs, Verzicht und Vergleich, Verjährung	26
c) Faktische Organpersonen	6	2. Weitere Ansprüche	27
d) Keine Normadressaten	7	a) § 15a Abs. 1 InsO als Schutzgesetz	28
II. Antragspflicht bei Insolvenz der Gesellschaft		aa) Vertragliche Neugläubigeransprüche	29
1. Inhalt der Pflicht	8	bb) Abgrenzung Altgläubiger – Neugläubiger	30
a) Zahlungsunfähigkeit	9	cc) Geltendmachung der Neugläubigeransprüche	31
b) Überschuldung	12	b) Verschulden bei Vertragsschluss	32
2. Ende der Pflicht	14	c) Garantievertrag	33
III. Masseerhaltungspflicht	15	d) Sonstige Ansprüche	34
IV. Verbot der Existenzvernichtung	17		
1. Zahlungsbegriff	18		
2. Zahlung „an die Gesellschafter"	19		
3. Zurechnungszusammenhang	20		

Schrifttum: *Böcker/Poertzgen,* Kausalität und Verschulden beim künftigen § 64 Satz 3 GmbHG, WM 2007, 1203; *Greulich/Bunnemann,* Geschäftsführerhaftung für zur Zahlungsunfähigkeit führende Zahlungen an die Gesellschafter nach § 64 II 3 GmbHG-RefE – Solvenztest im deutschen Recht?, NZG 2006, 681; *Haas,* Aktuelle Rechtsprechung zur Insolvenzantragspflicht des GmbH-Geschäftsführers, DStR 2003, 423; *Haas,* Der Erstattungsanspruch nach § 64 Abs. 2 GmbHG, NZG 2004, 737; *Haas,*

Die Berücksichtigung der Insolvenzquote im Rahmen des Haftungsanspruchs nach § 64 Abs. 2 GmbHG, in: Festschrift Fischer, 2008, 211; *Knof*, Die neue Insolvenzverursachungshaftung nach § 64 Satz 3 RegE-GmbHG, DStR 2007, 1536; *Kratzsch*, Das „faktische Organ" im Gesellschaftsrecht, ZGR 1985, 506; *Poertzgen*, Die rechtsformneutrale Insolvenzantragspflicht (§ 15a InsO), ZInsO 2007, 574; *K. Schmidt*, Organverantwortlichkeit und Sanierung im Insolvenzrecht der Unternehmen, ZIP 1980, 328; *K. Schmidt*, Konkursverschleppungshaftung und Konkursverursachungshaftung, ZIP 1988, 1497; *K. Schmidt*, Wege zum Insolvenzrecht der Unternehmen, 1990; *K. Schmidt*, Übermäßige Geschäftsführerrisiken aus § 64 Abs. 2 GmbHG, § 130a Abs. 3 HGB?, ZIP 2005, 2177; *Stein*, Das faktische Organ, 1984; *Stein*, Die Normadressaten der §§ 64, 84 GmbHG und die Verantwortlichkeit von Nichtgeschäftsführern wegen Konkursverschleppung, ZHR 148 (1984), 207.

I. Grundlagen

Mit der **Krise der Gesellschaft** obliegen der Geschäftsleitung in einer „kapitalistisch strukturierten" OHG nach § 130a bestimmte haftungs- und strafbewehrte Pflichten. Diese Pflichten sind nicht dispositiv, insbesondere kann die Geschäftsleitung nicht durch entsprechenden Beschluss der Gesellschafter von der Beachtung dieser Pflichten entbunden werden bzw. deren Verletzung genehmigt werden[1]. Weitere Pflichten mit Insolvenzeröffnung ergeben sich für organschaftlichen Vertreter aus §§ 20, 22 Abs. 3, 97 Abs. 2, 101 InsO[2]. 1

1. Geltungsbereich

a) Inhalt der Regelung

Die Vorschrift ist durch Gesetz vom 29.7.1976[3] eingefügt und durch das GmbHÄndG 1980[4] sowie das **MoMiG** ergänzt bzw. geändert worden. Ihre jetzige Fassung, die (gemäß Art. 25 MoMiG) mit Inkrafttreten des MoMiG gilt, lehnt sich an die §§ 64 GmbHG, 92 Abs. 2 AktG an und hat, da auf sie in § 177a auch für das Recht der KG verwiesen wird, in erster Linie Bedeutung für die Insolvenz der GmbH & Co. KG. Gerät neben dieser auch die Komplementär-GmbH in die Insolvenz, gilt für deren Gläubiger § 64 GmbHG. § 130a wird durch die Strafvorschrift in § 15a Abs. 4 InsO ergänzt. 2

b) Gesellschaft ohne natürliche Personen als Vollhafter

§ 130a setzt voraus, dass der OHG keine natürlichen Personen angehören und dass auch in einer als Gesellschafterin beteiligten Handelsgesellschaft keine natürliche Person als Mitglied unbeschränkt haftet. Zur (verneinend zu entscheidenden) Streitfrage, ob die Ausnahmeregelung in § 130a Abs. 1 3

---

1 *Ebenroth/Boujong/Joost/Strohn/Hillmann*, § 130a Rn. 28.
2 Siehe hierzu auch *Gottwald/Haas*, InsoHdb, § 94 Rn. 33.
3 BGBl. I 2034.
4 BGBl. I 836.

S. 1 2. Hs. auch zugunsten einer mehrstöckigen Gesellschaft zum Zuge kommt, bei der erst in der dritten Ebene eine natürliche Person als Vollhafter vorhanden ist, vgl. § 125a Rn. 1[1]. Wollte man anders entscheiden, fehlte es an einem Gleichlauf mit § 19 Abs. 3 InsO zwischen Anwendbarkeit des Überschuldungstatbestandes und § 130a. Keine Anwendung findet § 130a – über den Wortlaut hinaus –, wenn der OHG eine BGB-Gesellschaft angehört, die wiederum eine natürliche Person als Gesellschafter hat[2]. Gleiches gilt, wenn der OHG eine KGaA mit einer natürlichen Person als Komplementär angehört[3]. Entsprechende Anwendung findet die Vorschrift hingegen auf die KG, bei der auf der ersten oder zweiten Ebene keine natürliche Person für die Verbindlichkeiten (voll) haftet (siehe § 177a) sowie auf die BGB-Gesellschaft, die keine natürliche Person als „Vollhafter" auf der ersten oder zweiten Gesellschafterebene hat[4].

2. Normadressaten

a) Organschaftliche Vertreter, Liquidatoren

4 Die Pflichten aus § 130a, die dem Schutz der Gesellschaftsgläubiger (und nicht dem Schutz der Gesellschaft) dienen sollen[5], treffen die organschaftlichen Vertreter der zur Vertretung der OHG befugten (Gesellschafter-)Gesellschaften und die Liquidatoren. Nach allgemeiner Meinung ist es dabei ohne Bedeutung, ob der Bestellungsakt unwirksam ist, sofern die Organfunktion tatsächlich ausgeübt wird[6]. Eine Beendigung der Amtsstellung befreit von den Pflichten nur für die Zukunft und nur unter der Voraussetzung, dass der Vertreter dafür sorgt, dass die Organaufgaben auf andere Personen übertragen werden[7]. In einem mehrköpfigen Leitungsorgan treffen die Pflichten jedes einzelne Mitglied der Geschäftsleitung[8].

---

1 *Gottwald/Haas*, InsoHdb, § 94 Rn. 20; *Ebenroth/Boujong/Joost/Strohn/Hillmann*, § 130a Rn. 4; *Baumbach/Hopt*, § 130a Rn. 2; a.A. *Staub/Habersack*, § 130a Rn. 8; MünchKommHGB/*K. Schmidt*, § 130a Rn. 10.
2 MünchKommHGB/*K. Schmidt*, § 130a Rn. 10; *Staub/Habersack*, § 130a Rn. 8.
3 MünchKommHGB/*K. Schmidt*, § 130a Rn. 10.
4 MünchKommHGB/*K. Schmidt*, § 130a Rn. 7; *Staub/Habersack*, § 130a Rn. 10; *Ebenroth/Boujong/Joost/Strohn/Hillmann*, § 130a Rn. 6; *Gottwald/Haas*, InsoHdb, § 92 Rn. 146.
5 *Staub/Habersack*, § 130a Rn. 2, 6; *Ebenroth/Boujong/Joost/Strohn/Hillmann*, § 130a Rn. 2.
6 MünchKommHGB/*K. Schmidt*, § 130a Rn. 14; *Ebenroth/Boujong/Joost/Strohn/Hillmann*, § 130a Rn. 10; *Staub/Habersack*, § 130a Rn. 10; *Stein*, ZHR 148 (1984), 207, 221 f.
7 BGH v. 14.12.1951 – 2 StR 368/51, NJW 1952, 554 (zu § 64 GmbHG); MünchKommHGB/*K. Schmidt*, § 130a Rn. 15; *Ebenroth/Boujong/Joost/Strohn/Hillmann*, § 130a Rn. 7.
8 *Baumbach/Hopt*, § 130a Rn. 7; *Staub/Habersack*, § 130a Rn. 11; MünchKommHGB/*K. Schmidt*, § 130a Rn. 13.

b) Mehrstufige Beteiligung

Der **Kreis der verpflichteten Personen** wird bei einer **mehrstufigen Beteiligung** nach § 130a Abs. 3 erweitert. Die Vorschrift ist unklar formuliert, will aber besagen, dass sich die Pflichtenstellung in allen Fällen, in denen eine Gesellschaft organschaftlicher Vertreter oder Liquidator ist, jeweils auf ihre Organpersonen erstreckt und diese zusätzlich einbezieht.

c) Faktische Organpersonen

Als von den Pflichten in § 130a betroffen werden nach h.M. auch faktische Organpersonen eingeordnet[1]. Erfasst wird danach zum einen die tatsächlich, wenn auch unwirksam bestellte Organperson (siehe oben Rn. 4) und zum anderen – teilweise zu Unrecht[2] – auch derjenige, der ohne einen (unwirksamen) Bestellungsakt mit Wissen und Wollen der Gesellschafter der (Gesellschafter-)Gesellschaft deren Geschäfte **wie ein Geschäftsführer wahrnimmt**[3]. Wann Letzteres der Fall ist, ist nicht ganz eindeutig. Die überwiegende Ansicht stellt darauf ab, ob die Person – wirtschaftlich gesehen – Führungsfunktionen im Unternehmen ausübt[4]. Eine Verdrängung der (ordnungsgemäß) bestellten Organpersonen ist nicht Voraussetzung[5]. Darüber hinaus muss die Person aber nach außen durch eigenes und prägendes Tätigwerden in Erscheinung getreten sein[6].

d) Keine Normadressaten

Nicht von der Vorschrift betroffen sind Gesellschafter ohne Vertretungsbefugnis sowie Aufsichtsrats- oder Beiratsmitglieder[7]. Zu ihrer etwaigen Haftung vgl. unten Rn. 34. Fraglich ist, inwieweit § 15a Abs. 3 InsO, der die

---

1 St. Rspr., vgl. BGH v. 9.7.1979 – II ZR 118/77, BGHZ 75, 96, 106; BGH v. 21.3.1988 – II ZR 194/87, BGHZ 104, 44, 46; BGH v. 22.9.1982 – 3 StR 287/82, BGHSt 31, 118, 122; BGH v. 10.5.2000 – 3 StR 101/00, ZIP 2000, 1390, 1391; *Ebenroth/Boujong/Joost/Strohn/Hillmann*, § 130a Rn. 11; MünchKommHGB/*K. Schmidt*, § 130a Rn. 16 f.; kritisch: *Stein*, ZHR 148 (1984), 207, 217 f., 229 ff.; *Staub/Habersack*, § 130a Rn. 12; *Haas*, DStR 2003, 423 f. (für Antragspflicht).
2 GroßKommAktG/*Habersack*, § 92 Rn. 32; MünchKommInsO/*Schmahl*, § 15 InsO Rn. 68; *Vallender*, MDR 1999, 280, 282; in Bezug auf die Insolvenzantragspflicht: *Haas*, DStR 1998, 1359, 1360; *Gottwald/Haas*, InsoHdb, § 92 Rn. 56 ff.
3 BGH v. 25.2.2002 – I ZR 196/00, BGHZ 150, 61, 69 f.; BGH v. 11.7.2005 – II ZR 235/03, BB 2005, 1869, 1870 f.; siehe auch OLG Schleswig v. 4.5.2007 – 5 U 100/06, ZInsO 2007, 948, 949; OLG Jena v. 28.11.2001 – 4 U 234/01, DZWIR 2003, 82, 83.
4 *Roth*, ZGR 1989, 421, 424; *Konzen*, NJW 1989, 2977, 2985; *Scholz/Schneider*, § 43 GmbHG Rn. 15.
5 BGH v. 21.3.1988 – II ZR 194/87, BGHZ 104, 44, 46 f.
6 BGH v. 2.2.2002 – II ZR 196/00, DStR 2002, 1010, 1012; OLG Düsseldorf v. 25.11.1993 – 6 U 245/92, GmbHR 1994, 317, 318; *Ebenroth/Boujong/Joost/Strohn/Hillmann*, § 130a Rn. 11; *Cahn*, ZGR 2003, 298, 314 f.; *Drygala*, ZIP 2005, 423, 429.
7 MünchKommHGB/*K. Schmidt*, § 130a Rn. 18; *Gottwald/Haas*, InsoHdb, § 94 Rn. 24.

Antragspflicht bei Führungslosigkeit einer GmbH, AG oder Genossenschaft regelt, auf eine „kapitalistische" OHG entsprechend anzuwenden ist[1].

II. Antragspflicht bei Insolvenz der Gesellschaft

1. Inhalt der Pflicht

8 Wird die **Gesellschaft zahlungsunfähig** i.S. von § 17 InsO oder **überschuldet** (§ 19 InsO), so muss die Eröffnung des Insolvenzverfahrens beantragt werden. Dies gilt nicht im Falle der (bloßen) drohenden Zahlungsunfähigkeit[2]. Anders als nach bisherigem Recht ist die Insolvenzantragspflicht nunmehr rechtsformübergreifend in § 15a Abs. 1 InsO geregelt. Der Adressatenkreis der Antragspflicht in § 15a Abs. 1 S. 2 und § 15a Abs. 2 InsO entspricht dabei § 130a Abs. 1 und Abs. 3[3]. Der Antrag muss spätestens innerhalb von drei Wochen seit Eintritt des Insolvenztatbestandes (Zahlungsunfähigkeit bzw. Überschuldung) gestellt werden. Dabei entsteht die Pflicht nicht etwa erst mit Fristablauf. Vielmehr muss der Antrag so früh wie möglich gestellt werden, d.h. bereits vor Ablauf der **Dreiwochenfrist**, wenn mit einer etwaigen Sanierung nicht mehr zu rechnen ist[4]. Ohne Bedeutung ist ferner, ob eine Ablehnung des Antrags wegen Masselosigkeit (§ 26 InsO) zu erwarten ist[5]. Die Pflicht knüpft allein an objektiven Umständen an. Ob und inwieweit der organschaftliche Vertreter Kenntnis von dem Auslösetatbestand hatte oder hätte haben können, ist nicht maßgebend[6]. Um die Pflicht mithin überhaupt erfüllen zu können, ist der organschaftliche Vertreter zu einer beständigen unternehmerischen Selbstkontrolle verpflichtet[7]. Verfügt er nicht über die notwendige Fachkenntnis, muss er unabhängigen und externen Sachverstand heranziehen[8]. Ob § 15a InsO auch dazu verpflichtet, einen „zulässigen Antrag" zu stellen, ist fraglich. Nach § 15a Abs. 4 InsO ist es jedenfalls strafbewehrt, wenn der Antrag nicht nur nicht rechtzeitig, sondern auch „nicht richtig" gestellt wird. Richtiger Weise sollte dies auch schon von der Pflicht in § 15a Abs. 1 InsO mitumfasst sein[9].

---

1 In diesem Sinne *Poertzgen*, ZInsO 2007, 574, 577.
2 *Staub/Habersack*, § 130a Rn. 15; MünchKommHGB/*K. Schmidt*, § 130a Rn. 19; *Ebenroth/Boujong/Joost/Strohn/Hillmann*, § 130a Rn. 12.
3 *Poertzgen*, ZInsO 2007, 574, 575, 576.
4 BGH v. 9.7.1979 – II ZR 118/77, BGHZ 75, 96, 111 f. (zu § 92 AktG); siehe auch BGH v. 5.2.2007 – II ZR 51/06, ZIP 2007, 1501, 1502: „unverzüglich"; *Ebenroth/Boujong/Joost/Strohn/Hillmann*, § 130a Rn. 16; MünchKommHGB/*K Schmidt*, § 130a Rn. 20, 24 ff.
5 OLG Bamberg v. 13.8.1982 – 6 W 27/82, ZIP 1983, 200.
6 So aber noch BGH v. 9.7.1979 – II ZR 118/77, BGHZ 75, 96, 110; zutr. demgegenüber BGH v. 29.11.1999 – II ZR 273/98, BGHZ 143, 184, 185; *Staub/Habersack*, § 130a Rn. 19; MünchKommHGB/*K. Schmidt*, § 130a Rn. 20.
7 BGH v. 5.2.2007 – II ZR 51/06, ZIP 2007, 1501, 1502; BGH v. 14.5.2007 – II ZR 48/06, ZIP 2007, 1265, 1266.
8 BGH v. 14.5.2007 – II ZR 48/06, ZIP 2007, 1265, 1266 f.
9 *Gottwald/Haas*, InsoHdb, § 92 Rn. 62 f.

a) Zahlungsunfähigkeit

Die Zahlungsunfähigkeit ist legal definiert in § 17 Abs. 2 S. 1 InsO und setzt voraus, dass der Schuldner nicht in der Lage ist, die fälligen Zahlungsverpflichtungen zu erfüllen. Wann Zahlungspflichten im vorgenannten Sinne **fällig** sind, ist streitig. Im Gegensatz zu weiten Teilen der Literatur[1] geht der BGH von einem eigenständigen, von § 271 BGB verschiedenen insolvenzrechtlichen Fälligkeitsbegriff aus[2]. Danach muss – in Anlehnung an die Rechtsprechung zur KO[3] – die Forderung über § 271 BGB hinaus auch von dem Gläubiger „ernstlich" eingefordert werden. Hieran sind jedoch keine allzu hohen Anforderungen zu stellen. Ausreichend ist danach bereits eine einzige ernsthafte Zahlungsaufforderung. Nicht notwendig ist demgegenüber im Rahmen des § 17 Abs. 2 S. 1 InsO, dass ein Gläubiger ein Zahlungsverlangen regelmäßig oder auch nur ein einziges Mal wiederholt. Es genügt, wenn eine Gläubigerhandlung feststeht, aus der sich der Wille, von dem Schuldner Erfüllung zu verlangen, im Allgemeinen ergibt[4]. Damit werden letztlich auch solche Gläubiger berücksichtigt, die den Schuldner zur Zahlung aufgefordert, dann aber weitere Bemühungen unterlassen haben, weil diese aussichtslos sind. In diesen „erzwungenen Stundungen" liegt kein Einverständnis des Gläubigers, dass der Schuldner vorerst nicht erfüllen müsse oder gar eine stillschweigende Einwilligung in eine nachrangige Befriedigung[5]. 9

Bei der Zahlungsunfähigkeit handelt es sich um eine **Geldilliquidität**[6]. Ob eine „Unfähigkeit zur Erfüllung" vorliegt, wird im Wesentlichen durch ein inhaltliches und ein zeitliches Moment bestimmt. Keine Zahlungsunfähigkeit liegt bei einer nur vorübergehenden **Zahlungsstockung** vor[7], d.h. wenn der Schuldner die fehlenden liquiden Mittel kurzfristig erhält bzw. sich beschaffen kann. Die Zahlungsunfähigkeit setzt daher eine so genannte Zeitraum- und nicht nur eine Zeitpunktilliquidität voraus[8]. Demnach können den fälligen Verbindlichkeiten auch solche Aktiva gegenüber gestellt werden, die innerhalb kurzer Zeit in Liquidität ungewandelt werden können. Hier ist jedoch ein sehr strenger Maßstab anzulegen[9]. Wie lange die Zahlungsschwierigkeiten anhalten müssen, um Zahlungsunfähigkeit zu begründen, war lange Zeit umstritten[10]. Der BGH hat diese Frage nunmehr abschließend dahingehend geklärt[11], dass eine bloß vorübergehende Zahlungs- 10

---
1 MünchKommInsO/*Eilenberger*, § 17 Rn. 7; HK-InsO/*Kirchhof*, § 17 Rn. 9; *Schmidt/Schröder*, § 17 InsO Rn. 7.
2 BGH v. 19.7.2007 – IX ZB 36/07, ZIP 2007, 1666.
3 BGH v. 30.4.1992 – IX ZR 176/91, BGHZ 118, 171, 174; BGH v. 30.4.1994 – IX ZR 176/91, ZIP 1992, 778, 779 (m.w.N.).
4 BGH v. 19.7.2007 – IX ZB 36/07, ZIP 2007, 1666, 1668.
5 BGH v. 14.2.2008 – IX 38/04, ZIP 2008, 707, 708.
6 *Gottwald/Uhlenbruck*, InsoHdb, § 6 Rn. 5.
7 BGH v. 24.5.2005 – IX ZR 123/04, NZI 2005, 547.
8 *Uhlenbruck* § 17 InsO, Rn. 9 f.
9 AG Köln v. 7.3.2007 – 71 IN 609/06, NZI 2007, 666, 668 f.
10 Siehe Überblick bei *Harz/Baumgartner/Conrad*, ZInsO 2005, 1304 ff.
11 BGH v. 24.5.2005 – IX ZR 123/04, NZI 2005, 547, 548.

stockung anzunehmen ist, wenn der Zeitraum nicht überschritten wird, den eine kreditwürdige Person benötigt, um sich die notwendigen Mittel zu leihen. Dabei geht der BGH – in Anlehnung an die Frist in § 64 Abs. 1 GmbHG, § 92 Abs. 2 AktG – von einem erforderlichen, aber auch ausreichenden Zeitraum von maximal drei Wochen aus[1]. Maßgebend ist insoweit allein die Möglichkeit. Ob sich der Schuldner die liquiden Mittel auch tatsächlich kurzfristig verschafft, ist nicht maßgebend[2].

11 Fraglich ist auch, ab welcher **Deckungslücke** von einer „Geldilliquidität" i.S. des § 17 Abs. 2 S. 1 InsO gesprochen werden kann. Der Gesetzgeber ging seinerzeit (selbstverständlich) davon aus, dass ganz geringfügige Liquiditätslücken den Vorwurf der Zahlungsunfähigkeit nicht begründen[3]. Andererseits ist auch klar, dass einer Annahme der Zahlungsunfähigkeit nicht entgegensteht, wenn die Gesellschaft noch vereinzelt – in der Summe u.U. beachtliche – Zahlungen leistet[4]. In der Literatur war – mangels Anhaltspunkten im Gesetz – die Höhe der erforderlichen Deckungslücke lange Zeit umstritten[5]. Der BGH hat diese Streitfrage nunmehr dahingehend entschieden, dass bei einer Liquiditätslücke des Schuldners von weniger als 10 v.H. regelmäßig von der Zahlungsfähigkeit des Schuldners auszugehen ist, es sei denn, es ist bereits absehbar, dass die Lücke demnächst mehr als 10 v.H. erreichen wird[6]. Beträgt die Lücke aber 10 v.H. oder mehr, ist dem BGH zufolge grundsätzlich von einer Zahlungsunfähigkeit auszugehen, sofern nicht ausnahmsweise mit an Sicherheit grenzender Wahrscheinlichkeit zu erwarten ist, dass die Liquiditätslücke in absehbarer Zeit vollständig oder fast vollständig beseitigt werden wird und den Gläubigern ein Zuwarten nach den besonderen Umständen des Einzelfalls zuzumuten ist[7].

b) Überschuldung

12 Die Gesellschaft ist überschuldet nach § 19 Abs. 2 S. 1 InsO, wenn ihr Vermögen die bestehenden Verbindlichkeiten nicht mehr deckt. Nur wenn die Unternehmensfortführung überwiegend wahrscheinlich ist, sind bei der Gegenüberstellung nicht Liquidatoren, sondern Fortführungswerte anzusetzen. Damit hat der Gesetzgeber den Überschuldungsbegriff in § 19 Abs. 2 InsO **abweichend von der alten Rechtslage** („modifizierter zweistufiger Überschuldungsbegriff") geregelt. Nach neuem Recht beseitigt eine positive Zukunftsprognose die Überschuldung nicht mehr[8]. Vielmehr entscheidet der Ausgang der Zukunftsprognose allein über die Bewertungsansätze in der

---

1 BGH v. 24.5.2005 – IX ZR 123/04, NZI 2005, 547, 548; siehe auch BGH v. 21.9.2006 – IX ZR 55/05; HK-InsO/*Kirchhof*, § 17 Rn. 18; *Schmidt/Schröder*, § 17 InsO Rn. 24.
2 *Schmidt/Schröder*, § 17 InsO Rn. 24.
3 BGH v. 24.5.2005 – IX ZR 123/04, NZI 2005, 547, 549.
4 BGH v. 14.2.2008 – IX ZR 38/04, ZIP 2008, 706, 707.
5 Siehe zur Bandbreite der vertretenen Ansichten *Uhlenbruck*, § 17 InsO Rn. 10.
6 BGH v. 24.5.2005 – IX ZR 123/04, NZI 2005, 547, 550.
7 BGH v. 24.5.2005 – IX ZR 123/04, NZI 2005, 547, 550; OLG Schleswig v. 7.6.2007 – 5 U 174/06, EWiR 2008, 49 f.
8 BGH v. 5.2.2007 – II ZR 51/06, ZIP 2007, 1501; BGH v. 5.2.2007 – II ZR 234/05, DStR 2007, 728, 731.

Überschuldungsbilanz, und zwar entweder nach Liquidationswerten (§ 19 Abs. 2 S. 1 InsO) oder nach Fortführungsgesichtspunkten (§ 19 Abs. 2 S. 2 InsO). Fortführungswerte dürfen der Überschuldungsbilanz nach dem Gesetzeswortlaut nur dann zu Grunde gelegt werden, wenn die Fortführung des Unternehmens „überwiegend wahrscheinlich" ist. Die Zugrundelegung der Fortführungswerte ist damit der zu begründende Ausnahmefall[1]. Letzteres liegt nur dann vor, wenn zum einen auf Grund einer sorgfältig erstellten Finanz- und Ertragsplanung mittelfristig nicht mit dem Eintritt der Zahlungsunfähigkeit zu rechnen ist. Ist dies hingegen nicht der Fall oder fehlt es an einem Fortführungswillen, ist die Zukunftsprognose negativ[2]. Überwiegender Ansicht nach umfasst der mittelfristige Prognosezeitraum grundsätzlich eine Zeitspanne von ca. zwei Jahren (bzw. laufendes und folgendes Geschäftsjahr)[3]. Dabei kommt den organschaftlichen Vertretern im Rahmen der Zukunftsprognose ein beschränkter Beurteilungsspielraum zugute[4].

Die Prüfung der Überschuldung erfordert die Aufstellung eines **Vermögensstatus**, bei dem den Aktiva die Verbindlichkeiten gegenüber zu stellen sind. Die Handelsbilanz kann insoweit allenfalls als Ausgangspunkt dienen. Deren Bewertungsansätze müssen für die Überschuldungsprüfung korrigiert werden[5]. Auch müssen nicht bilanzierbare Vermögenswerte aufgenommen werden, wenn sie einen im Rahmen der Verwertung realisierbaren Vermögenswert darstellen. 13

2. Ende der Pflicht

Die Antragspflicht endet außer durch den Wegfall der Insolvenzlage durch Eröffnung des Insolvenzverfahrens. Hat ein organschaftlicher Vertreter den Antrag gestellt, so ruht für die übrigen die Pflicht zur Antragstellung[6]. Wird das Insolvenzverfahren trotz Insolvenzantrag eines organschaftlichen Vertreters nicht eröffnet und der Antrag auch nicht infolge Masselosigkeit abgelehnt, lebt die Antragspflicht aller organschaftlichen Vertreter rückwirkend wieder auf[7]. Gleiches gilt, wenn ein Gläubiger den Antrag gestellt hat[8]. 14

III. Masseerhaltungspflicht

Mit Eintritt der Zahlungsunfähigkeit oder Überschuldung trifft den organschaftlichen Vertreter neben der Antrags- auch die Masseerhaltungspflicht. 15

---

1 BGH v. 9.10.2006 – II ZR 303/05, DStR 2006, 2186; BGH v. 5.2.2007 – II ZR 234/05, DStR 2007, 728, 731.
2 BGH v. 9.10.2006 – II ZR 303/05, DStR 2006, 2186; OLG Frankfurt v. 25.10.2000 – 17 U 63/99, NZG 2001, 173 f.
3 *Kübler/Prütting/Pape*, § 19 InsO Rn. 16.
4 Siehe *Haas*, DStR 2003, 423, 425 f.
5 BGH v. 16.7.2007 – II ZR 226/06, DStR 2007, 1641, 1642.
6 BGH v. 9.7.1979 – II ZR 118/77, BGHZ 75, 96, 106.
7 *Gottwald/Haas*, InsoHdb, § 92 Rn. 54.
8 A.A. BGH v. 5.7.1956 – 3 StR 140/56 (zu § 64 GmbHG); *Ebenroth/Boujong/Joost/ Strohn/Hillmann*, § 130a Rn. 18; *Staub/Habersack*, § 130a Rn. 24.

Letztere hat der Gesetzgeber – inkonsequent – nicht rechtsformübergreifend in der InsO, sondern in § 130a Abs. 1 geregelt. Nach der Vorschrift dürfen mit Eintritt der genannten Auslösetatbestände grundsätzlich **keine Zahlungen aus dem Gesellschaftsvermögen** mehr geleistet werden (§ 130a Abs. 1), die das (der Befriedigung der Gläubiger vorbehaltene) Gesellschaftsvermögen verringern[1]. Die Dreiwochenfrist in § 15a Abs. 1 S. 1 InsO gilt hierfür nicht[2]. Seinem Sinn nach erfasst das Gesetz **nicht nur Geldzahlungen**, sondern auch Leistungen anderer Art, die zur Schmälerung der Masse führen, so die Einzahlung von Geldern oder das Einreichen von Schecks auf debitorische Geschäftskonten[3], die Genehmigung von Lastschriften (auch durch Nichtausübung der Widerrufsmöglichkeit und daran anknüpfender Genehmigungsfiktion)[4], nicht aber das Eingehen von Verbindlichkeiten oder die Nichtbeendigung von Dauerschuldverhältnissen[5]. Erfasst werden durch die Masseerhaltungspflicht also nur Abgänge auf der Aktivseite des Vermögens. Hierzu gehören nicht Zahlungen an Dritte aus Kreditmitteln[6]. Diese verringern nämlich nicht das den Gläubigern vorbehaltene verteilungsfähige Vermögen, sondern führen nur zu einem Gläubigertausch. Anders ist die Rechtslage freilich dann, wenn der Kredit aus Gesellschaftsmitteln besichert ist. An einer „Verringerung" der Masse fehlt es auch im Falle der Herausgabe von Vermögensgegenständen, an denen ein Aussonderungsrecht besteht[7]. Gleiches gilt, wenn der herausgegebene Vermögenswert von der Gesellschaft nur treuhänderisch verwaltet wird[8]. Letzteres ist freilich nicht der Fall, wenn der Dritte der Gesellschaft Mittel mit einer bestimmten Zweckabrede überlässt[9].

16 Gestattet sind lediglich Zahlungen und Leistungen, die der **Sorgfalt eines ordentlichen und gewissenhaften Geschäftsleiters** entsprechen. Letzteres beurteilt sich grundsätzlich aus der Warte der Gläubigergesamtheit zum Zeitpunkt der Vornahme der Zahlung[10]. Maßgebend ist damit letztlich, ob durch die Zahlungen größere Nachteile für die Insolvenzmasse abgewendet werden sollten[11]. Im Einzelfall können daher die Zahlung von Arbeitslöhnen oder auch die Zahlungen auf die Wasser-, Strom- und Heizungsrechnungen statt-

---

1 BGH v. 5.2.2007 – II ZR 51/06, ZIP 2007, 1501; *Ebenroth/Boujong/Joost/Strohn/ Hillmann*, § 130a Rn. 21; *Staub/Habersack*, § 130a Rn. 25.
2 *Ebenroth/Boujong/Joost/Strohn/Hillmann*, § 130a Rn. 20.
3 BGH v. 29.11.1999 – II ZR 273/98, BGHZ 143, 184, 186 f.; BGH v. 26.3.2007 – II ZR 310/05, DStR 2007, 1003, 1004; siehe zum Ganzen auch *Gottwald/Haas*, InsHdb, § 92 Rn. 145.
4 BGH v. 25.10.2007 – IX ZR 217/06, ZIP 2007, 2273 f.
5 BGH v. 26.3.2007 – II ZR 310/05, DStR 2007, 1003, 1004; BGH v. 29.11.1999 – II ZR 273/98, BGHZ 143, 184, 187 f.; *Gottwald/Haas*, InsHdb, § 92 Rn. 146; a.A. *Ebenroth/Boujong/Joost/Strohn/Hillmann*, § 130a Rn. 21.
6 BGH v. 26.3.2007 – II ZR 310/05, DStR 2007, 1003, 1004.
7 BGH v. 3.2.1987 – VI ZR 268/85, BGHZ 100, 19, 23 ff.
8 *Gottwald/Haas*, InsHdb, § 92 Rn. 147.
9 BGH v. 31.3.2003 – II ZR 150/02, DStR 2003, 1133.
10 *Ebenroth/Boujong/Joost/Strohn/Hillmann*, § 130a Rn. 22; *Fleck*, GmbHR 1974, 224, 230 f.; siehe auch *Haas*, NZG 2004, 737, 742.
11 BGH v. 5.11.2007 – II ZR 262/06, ZIP 2008, 72, 73.

haft sein, mit denen ernsthafte Aussichten auf einen Vergleich oder eine Sanierung gewahrt werden sollen[1]. Insgesamt ist hier aber ein strenger Maßstab anzulegen[2]; denn dient das Zahlungsverbot dem Schutz der Befriedigungsaussichten der Gläubiger im Insolvenzverfahren, so darf nicht übersehen werden, dass die Erhaltung des Schuldnerunternehmens an sich kein selbständiges Verfahrensziel der InsO darstellt[3]. Entgegen seiner früheren Rechtsprechung[4] ist der BGH nunmehr der Ansicht, dass die Erfüllung steuerrechtlicher Pflichten der Gesellschaft durch den organschaftlichen Vertreter sowie die Abführung von Sozialversicherungsbeiträgen für die Arbeitnehmer aus dem Gesellschaftsvermögen der Sorgfalt eines gewissenhaften Geschäftsleiters entspricht[5].

IV. Verbot der Existenzvernichtung

Der Gesetzgeber hat in § 130a Abs. 1 S. 3 das Zahlungsverbot auf solche Zahlungen an die Gesellschafter erweitert, die „zur Zahlungsunfähigkeit der Gesellschaft führen mussten". 17

1. Zahlungsbegriff

Auf den ersten Blick liegt es nahe, den Zahlungsbegriff des § 130a Abs. 1 S. 3 ebenso auszulegen wie in § 130a Abs. 1 S. 1. Erfasst wären danach alle Leistungen (und nicht nur Geldzahlungen), die das Aktivvermögen der Gesellschaft schmälern[6]. Für ein derartiges Verständnis spricht auch die Gesetzesbegründung[7]. Zweifel an einem so verstandenen Zahlungsbegriff ergeben sich aber daraus, dass nach § 130a Abs. 1 S. 3 nur solche Zahlungen verboten sind, die zur Zahlungsunfähigkeit i.S. des § 17 Abs. 2 InsO führen. Die Zahlungsunfähigkeit umschreibt aber einen Zustand der Geldilliquidität (siehe oben Rn. 9 ff.). Mithin scheiden von vornherein alle solchen Leistungen als „Zahlung" (z.B. Sachleistungen) aus, die die Fähigkeit nicht beeinträchtigen, fällige Zahlungspflichten der Gesellschaft zu begleichen. Werden daher andere Vermögenswerte als liquide Mittel bzw. Vermögensgegenstände weggegeben, die sich innerhalb kurzer Zeit in liquide Mittel umwandeln lassen, dann greift § 130a Abs. 1 S. 3 schon von seiner Zielrichtung her nicht. Freilich müssen derartige Vermögensabgänge nicht schon beim Zahlungsbegriff ausgesondert werden. Vielmehr kann dies auch im Rahmen der Kausalitäts- 18

---

1 BGH v. 5.11.2007 – II ZR 262/06, ZIP 2008, 72, 73; OLG Koblenz v. 9.2.2006 – 6 U 607/05, NZG 2006, 583.
2 *Gottwald/Haas*, InsOHdb, § 92 Rn. 153.
3 Weiter demgegenüber BGH v. 5.11.2007 – II ZR 262/06, ZIP 2008, 72, 73.
4 BGH v. 8.1.2001 – II ZR 88/99, BGHZ 146, 264, 271; BGH v. 18.4.2005 – II ZR 61/03, ZIP 2005, 1026, 1027.
5 BGH v. 14.5.2007 – II ZR 48/06, ZIP 2007, 1265, 1266; LG München I v. 14.9.2007 – 14 HK O 1877/07, ZIP 2007, 1960, 1962; a.A. für die Erfüllung von Steuerpflichten in der Krise BFH 27.2.2007 – VII R 67/05, EWiR 2007, 523 f. (*Beck*).
6 *Böcker/Poertzgen*, WM 2007, 1203.
7 RegE-MoMiG, S. 106; siehe auch *Knof*, DStR 2007, 1536, 1537.

betrachtung (siehe unten Rn. 20) geschehen[1]. Fraglich ist auch, wie in den Fällen zu verfahren ist, in denen die Gesellschaft liquide Mittel weggibt und dafür im Gegenzug nicht kurzfristig liquidierbare Vermögenswerte vom Gesellschafter erhält. Während eine Gegenleistung im Rahmen des § 130a Abs. 1 S. 1 bei der Prüfung zu berücksichtigen ist, ob ein Vermögensabgang vorliegt, ist dies im Rahmen des § 130a Abs. 1 S. 3 durchaus fraglich; denn beide Vorschriften verfolgen letztlich ein unterschiedliches Ziel. Während erstere Vorschrift dem Schutz der Befriedigungschancen der Gläubiger und der Durchsetzung des Gläubigergleichbehandlungsgrundsatzes dient[2], will § 130a Abs. 1 S. 3 – überwiegender Ansicht nach – einen Beitrag zur Insolvenzvermeidung[3] leisten. Unstreitig nicht erfasst von dem Zahlungsbegriff in § 130a Abs. 1 S. 3 werden Rechtshandlungen mit Bezug auf das Passivvermögen[4].

2. Zahlung „an die Gesellschafter"

19 Der durch das MoMiG neu eingeführte § 130a Abs. 1 S. 3 erfasst – anders als § 130a Abs. 1 S. 1 – nur Zahlungen an Gesellschafter. Eine Zahlung „an" den Gesellschafter liegt vor, wenn die **Leistung unmittelbar** an diesen ausgekehrt wird. Gleiches sollte aber – in Anlehnung an die Rechtsprechung zu § 30 Abs. 1 GmbHG – auch dann gelten, wenn die „Zahlung" dem **Gesellschafter nur mittelbar zugute kommt**, etwa wenn seine Verbindlichkeiten bei einem Dritten beglichen werden[5]. Auch den Begriff des „Gesellschafters" wird man in Anlehnung an § 30 Abs. 1 GmbHG auslegen müssen mit der Folge[6], dass nicht nur Zahlungen an den formalen Gesellschafter, sondern auch an solche Personen verboten sind, die mit einem Gesellschafter eine wirtschaftliche oder familienrechtliche Einheit bilden[7]. In aller Regel wird in diesen Fällen allerdings schon eine mittelbare Leistung an den Gesellschafter zu bejahen sein[8].

3. Zurechnungszusammenhang

20 Verboten sind nur solche Zahlungen, die die „Zahlungsunfähigkeit herbeiführen müssen". Die Vorschrift verlangt mithin einen engen Zusammenhang zwischen geleisteter Zahlung und Zahlungsunfähigkeit (zum Begriff der Zahlungsunfähigkeit siehe oben Rn. 9 ff.)[9]. Die Gesetzesbegründung um-

---

1 In diesem Sinne wohl *Knof*, DStR 2007, 1536, 1537 f.
2 BGH v. 11.9.2000 – II ZR 370/99, NZI 2001, 87 f.; BGH v. 31.3.2003 – II ZR 150/02, DStR 2003, 1133 f.; *Haas*, NZG 2004, 737, 738; *Knof*, DStR 2007, 1536, 1538.
3 *Greulich/Bunnemann*, NZG 2006, 681, 684; *Böcker/Poertzgen*, WM 2007, 1203; *Knof*, DStR 2007, 1536, 1537, 1538.
4 *Knof*, DStR 2007, 1536, 1538.
5 BGH v. 29.5.2000 – II ZR 118/98, ZIP 2000, 1251, 1255; siehe auch BGH v. 13.7.1981 – II ZR 256/79, BGHZ 81, 252, 260; GroßKommGmbHG/*Habersack*, § 30 GmbHG Rn. 60.
6 Siehe hierzu GroßKommGmbHG/*Habersack*, § 30 GmbHG Rn. 65 ff.
7 In diesem Sinne auch *Knof*, DStR 2007, 1536, 1538.
8 Siehe auch *Sernetz/Haas*, Kapitalaufbringung und -erhaltung in der GmbH, 2003, Rn. 406.
9 *Knof*, DStR 2007, 1536, 1539; siehe auch *Böcker/Poertzgen*, WM 2007, 1203, 1206 f.

schreibt diesen mit den Worten, dass nur solche Zahlungen verboten sind, die „*ohne Hinzutreten weiterer Kausalbeiträge zur Zahlungsunfähigkeit der Gesellschaft führen*"[1]. Ein derart enges Verständnis, würde freilich den Anwendungsbereich der Vorschrift massiv einengen und an den Bedürfnissen der Praxis vorbei gehen[2]. In aller Regel ziehen nämlich die Gesellschafter ihr Geld aus der Gesellschaft erst dann ab, wenn sich die Insolvenz der Gesellschaft abzeichnet oder ankündigt. Letzteres wäre aber nach dieser Definition nicht verboten; denn der Liquiditätsentzug würde hier ja nur den (durch andere Ursachen ausgelösten) Untergang der Gesellschaft beschleunigen, nicht aber in Gang setzen. Wenn die Vorschrift also einen Beitrag zum Gläubigerschutz leisten soll, dann muss es ausreichen, wenn die Zahlung an die Gesellschafter einen (wesentlichen) Beitrag dazu leistet, dass die Zahlungsunfähigkeit der Gesellschaft herbeigeführt oder deren Eintritt beschleunigt wird[3]. Anleihen für eine wertende Betrachtung lassen sich u.U. auch bei § 122 Abs. 1 2. Hs. nehmen, der den Gewinnzahlungsanspruch des Gesellschafter für den Fall einschränkt, dass dieser zum „offenbaren Schaden der Gesellschaft reicht" (siehe § 122 Rn. 9). Ob dies der Fall ist oder nicht, kann der organschaftliche Vertreter grundsätzlich auf der Grundlage eines ordnungsgemäß erstellten Finanz- und Liquiditätsplans erkennen, bei dem den voraussichtlichen Auszahlungen pro Zeitabschnitt die entsprechenden Zahlungseingänge gegenüber zu stellen sind. Dabei muss – grundsätzlich – gewährleistet sein, dass für jeden Zeitabschnitt keine oder nur eine unwesentliche Unterdeckung (siehe hierzu oben Rn. 11) vorliegt. Letztlich ähnelt damit die von dem organschaftlichen Vertreter im Rahmen des § 130a Abs. 1 S. 3 anzustellende Prognose der im Rahmen der drohenden Zahlungsunfähigkeit (oder der Zukunftsprognose im Zusammenhang mit dem Überschuldungstatbestand) anzustellenden Prüfung[4]. War die Zahlungsunfähigkeit auf der Grundlage eines ordnungsgemäß erstellten Finanz- und Ertragsplans für den organschaftlichen Vertreter (ex ante) nicht erkennbar, scheidet ein Verstoß gegen das Zahlungsverbot in § 130a Abs. 1 S. 3 aus.

V. Rechtsfolgen bei Pflichtverstößen

1. § 130a Abs. 2 S. 1

Die Vorschrift beinhaltet verschiedene Anspruchsgrundlagen, nämlich wegen Verletzung der Insolvenzantragspflicht, der Masseerhaltungpflicht und wegen existenzvernichtenden Eingriffs. 21

a) Verletzung der Insolvenzantragspflicht

Laut § 130a Abs. 2 führt eine Verletzung der Pflicht in § 15a Abs. 1 InsO zu einer (ggf. gesamtschuldnerischen) Schadensersatzhaftung der organschaftli- 22

---

1 RegE-MoMiG, S. 106.
2 A.A. *Böcker/Poertzgen*, WM 2007, 1203, 1207: Definition zu begrüßen.
3 In diese Richtung ging noch der Wortlaut des RefE-MoMiG, siehe hierzu *Knof*, DStR 2007, 1536, 1539; vgl. auch *Greulich/Bunnemann*, NZG 2006, 681, 684.
4 *Knof*, DStR 2007, 1536, 1541 f.

chen Vertreter gegenüber der Gesellschaft. Bei dem zu ersetzenden Schaden handelt es sich der Sache nach um den **Gesamtgläubigerschaden**, der im Gesellschaftsvermögen **in Gestalt einer Verminderung der vorhandenen Vermögenswerte oder einer Erhöhung des Schuldenvolumens** entsteht[1]. Auch wenn der Anspruch der Gesellschaft zusteht, dient er doch dem Schutz der Gläubigergesamtheit[2]. Einbezogen in den Schutzbereich sind lediglich die so genannten Altgläubiger. Das sind diejenigen vertraglichen Gläubiger, die ihren Anspruch vor Eintritt der Insolvenzreife erworben haben (siehe unten Rn. 30) bzw. die gesetzlichen Gläubiger (unabhängig vom Zeitpunkt ihres Anspruchserwerbs). Nur das diesen effektiv zur Befriedigung zustehende bzw. für den Fall der rechtzeitigen Insolvenzauslösung zugestandene (verteilungsfähige) Gesellschaftsvermögen ist bei Berechnung des Gesamtgläubigerschadens nach § 130a Abs. 2 S. 1 zu berücksichtigen.

b) Verletzung der Masseerhaltungspflicht

23 § 130a Abs. 2 S. 1 spricht zwar auch im Zusammenhang mit der Verletzung der Masseerhaltungspflicht von einem Schadensersatzanspruch. Der BGH hat jedoch jüngst zu Recht entschieden, dass der Anspruch – ebenso wie § 64 S. 1 GmbHG – auf Erstattung der Zahlungen und nicht etwa nur auf den Ersatz eines Quotenschadens gerichtet ist[3]. Für eine Angleichung beider Vorschriften spricht insbesondere die Gesetzgebungsgeschichte zu § 130a Abs. 3 S. 1 (jetzt § 130a Abs. 2 S. 1)[4]. Darüber hinaus spricht für einen von dem allgemeinen Verständnis abweichenden Schadensbegriff im Rahmen des § 130a Abs. 2 S. 1, dass durch die Begleichung einer Verbindlichkeit aus der Sicht der Gesellschaft kein Schaden entsteht; denn der Auszahlung steht das Erlöschen der Verbindlichkeit gegenüber. Würde man daher dem Schadensverständnis in §§ 249 ff. BGB folgen, würde § 130a Abs. 2 S. 1 in weiten Teilen „leer" laufen[5]. Zu ersetzen ist mithin in allen Fällen (ungekürzt) die verbotswidrige Auszahlung. Dies gilt auch, wenn der organschaftliche Vertreter eine Gesellschaftsschuld beglichen hat[6]. Eine Besserstellung der Masse ist hierdurch nicht zu befürchten; denn entsprechend § 144 InsO lebt die Gläubigerforderung in der Hand des organschaftlichen Vertreters gegen die

---

1 MünchKommHGB/*K. Schmidt*, § 130a Rn. 36; *Baumbach/Hopt*, § 130a Rn. 11; *Staub/Habersack*, § 130a Rn. 28; *Ebenroth/Boujoung/Joost/Strohn/Hillmann*, § 130a Rn. 24.
2 *Ebenroth/Boujong/Joost/Strohn/Hillmann*, § 130a Rn. 24; MünchKommHGB/*K. Schmidt*, § 130a Rn. 36; *Staub/Habersack*, § 130a Rn. 28.
3 BGH v. 26.3.2007 – II ZR 310/05, DStR 2007, 1003, 1004; BGH v. 5.2.2007 – II ZR 51/06, ZIP 2007, 1501, 1502; in diesem Sinne auch OLG Schleswig v. 27.10.2005 – 5 U 82/05, EWiR 2005, 891 (*Haas/Hoßfeld*); OLG Koblenz v. 9.2.2006 – 6 U 607/05, NZG 2006, 583, 584; *Gottwald/Haas*, InsoHdb, § 94 Rn. 34; a.A. *K. Schmidt*, ZIP 2005, 2177; *Staub/Habersack*, § 130a Rn. 28; MünchKommHGB/*K. Schmidt*, § 130a Rn. 33.
4 BGH v. 26.3.2007 – II ZR 310/05, DStR 2007, 1003, 1004; BGH v. 5.2.2007 – II ZR 51/06, ZIP 2007, 1501, 1502; siehe auch BT-Drucks. 7/3441, S. 47.
5 BGH v. 5.2.2007 – II ZR 51/06, ZIP 2007, 1501, 1502.
6 BGH v. 5.2.2007 – II ZR 51/06, ZIP 2007, 1501, 1502; *Ebenroth/Boujong/Joost/Strohn/Hillmann*, § 130a Rn. 24.

Gesellschaft auf, wenn er die Leistung der Insolvenzmasse erstattet hat[1]. Hat die Gesellschaft eine Gegenleistung für die Auszahlung erhalten, ist diese beim Umfang der Erstattungspflicht zu berücksichtigen. Für die Frage, mit welchem Wert die Gegenleistung zu berücksichtigen ist, kommt es nicht auf den Zeitpunkt der Erbringung der Gegenleistung, sondern auf den Zeitpunkt der Insolvenzeröffnung an[2]. Lediglich mittelbare Vorteile, die mit der Auszahlung in einem (losen) Zusammenhang stehen, sind nicht zu berücksichtigen[3]. Ist die Auszahlung an den Dritten nach §§ 129 ff. InsO anfechtbar, so steht dem Insolvenzverwalter ein (in den Grenzen des § 60 InsO auszuübendes) Wahlrecht zu, wie er die Masse anreichern möchte. Insbesondere hat der Geschäftsführer gegenüber dem Insolvenzverwalter, der das Anfechtungsrecht noch nicht ausgeübt hat, kein Leistungsverweigerungsrecht. Um eine Bereicherung der Masse auszuschließen, kann der Erstattungsanspruch nur nach Maßgabe des § 255 BGB geltend gemacht werden[4].

c) Existenzvernichtender Eingriff

Hat der organschaftliche Vertreter Zahlungen an den Gesellschafter geleistet, die die Zahlungsunfähigkeit im oben genannten Sinne herbeigeführt haben, so muss er diese erstatten. Für diesen Erstattungsanspruch gelten die o.g. Grundsätze grundsätzlich entsprechend (siehe oben Rn. 23). Dabei können jedoch Gegenleistungen nicht stets berücksichtigt werden (siehe oben Rn. 18). Die praktische Bedeutung des Schadensersatzanspruchs sollte nicht überbewertet werden. In aller Regel bildet nämlich die Zahlungsunfähigkeit den Schlusspunkt der wirtschaftlichen Abwärtsentwicklung des Schuldners und ist daher – grundsätzlich – der Überschuldung nachgelagert. Da sich nun aber ein enger Kausalzusammenhang zwischen Auszahlung an die Gesellschafter und der Herbeiführung der Zahlungsunfähigkeit nur in einem engen zeitlichen Umfeld zur Zahlungsunfähigkeit konstruieren lässt, wird in den meisten Fällen die Gesellschaft im Auszahlungszeitpunkt bereits überschuldet sein, so dass bereits § 130a Abs. 1 S. 2 zum Tragen kommt. 24

d) Verschulden und Beweislast

Die Ersatzpflicht nach § 130a Abs. 2 setzt Verschulden voraus. Nach § 130a Abs. 2 S. 2 ist das Verschulden zu vermuten. Die organschaftlichen Vertreter haben sich insoweit also **zu entlasten**, und zwar auch im Hinblick auf die Beachtung der objektiven Sorgfaltspflicht[5]. So ist ein Verschulden des organschaftichen Vertreters zu vermuten, wenn er trotz Eintritts der Insolvenzrei- 25

---

1 Siehe zum Ganzen *Haas*, FS Fischer, 2008, S. 211 ff.
2 BGH v. 18.3.1974 – II ZR 2/72, NJW 1974, 1088, 1089; BGH v. 31.3.2003 – II ZR 150/02, DStR 2003, 1133, 1134; siehe auch *Gottwald/Haas*, InsoHdb, § 92 Rn. 151.
3 *Gottwald/Haas*, InsoHdb, § 92 Rn. 152 f.
4 OLG Oldenburg v. 10.5.2004 – 15 U 13/04, GmbHR 2004, 1014, 1015; *Goette*, ZInsO 2005, 1, 5; *Gottwald/Haas*, InsoHdb, § 92 Rn. 154.
5 BGH v. 5.2.2007 – II ZR 51/06, ZIP 2007, 1501; *Staub/Habersack*, § 130a Rn. 32.

fe Zahlungen vornimmt bzw. den Insolvenzantrag nicht stellt[1]. Auch hat er darzulegen und zu beweisen, dass – bei feststehender Auszahlung – eine gleichwertige Gegenleistung erbracht wurde, die bei Insolvenzeröffnung auch noch vorhanden war bzw. dass die Zahlung aus anderen Gründen im Interesse der Gläubigergesamtheit lag[2]. Wird der Geschäftsführer wegen Insolvenzverschleppung in Anspruch genommen, so muss dieser darlegen und notfalls auch beweisen, dass im Rahmen der Überschuldungsprüfung eine positive Fortführungsprognose bestand und daher nicht Liquidations-, sondern Fortführungswerte zugrunde zu legen waren[3]. Um seiner Darlegungs- und Beweislast nachkommen zu können, hat der organschaftliche Vertreter einen Anspruch auf Einsicht (nicht Auskunft) in die vom Insolvenzverwalter in Besitz genommenen Geschäftsunterlagen. Verwehrt der Insolvenzverwalter die Einsicht, kehrt sich die Darlegungs- und Beweislast um[4]. Ein Verschulden kann entfallen, wenn der organschaftliche Vertreter die Insolvenzreife nicht erkannt hat, weil er sich auf den Rat eines unabhängigen, fachlich qualifizierten Berufsträgers verlassen hat, oder wenn die Rechtslage zu dem maßgebenden Zeitpunkt unklar war[5]. Die Schwelle für einen solchen entschuldbaren „Verbotsirrtum" ist aber hoch. So muss der organschaftliche Vertreter den Berufsträger über sämtliche für die Beurteilung erheblichen Umstände ordnungsgemäß informiert und darüber hinaus eine eigene Plausibilitätskontrolle durchgeführt haben[6].

e) Geltendmachung des Anspruchs, Verzicht und Vergleich, Verjährung

26 Die Ansprüche aus § 130a Abs. 2 macht im eröffneten Verfahren ausschließlich der Insolvenzverwalter geltend. Ist Eigenverwaltung angeordnet, verfolgt die Ansprüche in entsprechender Anwendung des § 280 InsO der Sachverwalter[7]. Bei Masseunzulänglichkeit bleibt der Insolvenzverwalter zur Geltendmachung der Ansprüche berechtigt[8]. Kommt es wegen Masselosigkeit nicht zur Eröffnung eines Insolvenzverfahrens, kann der Anspruch durch einen Gesellschaftsgläubiger (ganz und nicht nur in Höhe des auf ihn entfallenden Quotenschadens oder „Schadensanteils") gepfändet werden[9].

---

1 BGH v. 5.2.2007 – II ZR 234/05, DStR 2007, 728, 729; BGH v. 14.5.2007 – II ZR 48/06, ZIP 2007, 1265, 1266; BGH v. 29.11.1999 – II ZR 273/98, BGHZ 143, 184 f. (GmbH).
2 BGH v. 5.2.2007 – II ZR 51/06, ZIP 2007, 1501.
3 BGH v. 9.10.2006 – II ZR 303/05, DStR 2006, 2186; OLG Koblenz v. 9.2.2006 – 6 U 607/05, NZG 2006, 583.
4 LG München I v. 14.9.2007 – 14 HK O 1877/07, ZIP 2007, 1960, 1961.
5 BGH v. 5.2.2007 – II ZR 234/05, DStR 2007, 728, 729 (eigenkapitalersetzende Gesellschafterdarlehen).
6 BGH v. 16.7.2007 – II ZR 226/06, DStR 2007, 1641, 1642; BGH v. 14.5.2007 – II ZR 48/06, ZIP 2007, 1265, 1266.
7 Siehe auch *Gottwald/Haas*, InsoHdb, § 89 Rn. 381.
8 *Gottwald/Haas*, InsoHdb, § 92 Rn. 549 f.
9 BGH v. 11.9.2000 – II ZR 370/99, NZI 2001, 87, 88; *Gottwald/Haas*, InsoHdb, § 92 Rn. 245.

Um die Rechtsverfolgung in diesen Fällen nicht unnötig zu erschweren, sollte man dem Gläubiger gestatten, entsprechend § 93 Abs. 5 AktG direkt (und ohne den Umweg der Pfändung) gegen den Geschäftsführer vorgehen zu können[1]. In § 130a Abs. 2 S. 3 und 4 trifft das Gesetz ergänzende Regelungen über die Wirksamkeit eines Anspruchsverzichts oder eines Vergleichs mit der Organperson. Diese Beschränkungen gelten – jenseits der geregelten Ausnahmen[2] – nicht zu Lasten des Insolvenzverwalters[3]. Die Schadensersatz- und Erstattungsansprüche verjähren in fünf Jahren (§ 130a Abs. 2 S. 6).

2. Weitere Ansprüche

Neben § 130a Abs. 2 kommen ggf. auch **Schadensersatzansprüche der Gesellschaft** auf **anderer Grundlage** (Verletzung der Gesellschafter- oder Geschäftsführerpflichten, § 43 GmbHG, unerlaubte Handlung) oder der Gläubiger in Betracht (siehe auch § 26 Abs. 3 InsO). 27

a) § 15a Abs. 1 InsO als Schutzgesetz

§ 15a Abs. 1 InsO ist **Schutzgesetz zugunsten der Gesellschaftsgläubiger**[4]. Damit kommen Ansprüche der Gläubiger aus § 823 Abs. 2 BGB i.V.m. § 15a Abs. 1 InsO in Betracht. Das Verhältnis dieses Ersatzanspruchs zu § 130a Abs. 2 S. 1 1. Alt. ist nicht eindeutig. Nach ständiger Rechtsprechung ist ein deliktischer Schutz nach § 823 Abs. 2 BGB dort abzulehnen, wo die Belange der Geschädigten schon auf andere Weise hinreichend abgesichert sind[5]. Da die Interessen der vertraglichen Altgläubiger (sowie der gesetzlichen Gläubiger) auf Ersatz des gesamten Quotenschaden schon ausreichend durch § 130a Abs. 2 S. 1 geschützt sind, können allein die vertraglichen Neugläubiger einen individuellen Schadensersatzanspruch aus § 823 Abs. 2 BGB herleiten, da § 130a Abs. 2 S. 1 insoweit zu ihren Lasten eine Schutzlücke enthält[6]. 28

---

1 Siehe zur entsprechenden Anwendung der Vorschrift *Röhricht*, ZIP 2005, 505, 510; *Haas*, GmbHR 2006, 505, 506 f.; a.A. aber die wohl h.M., siehe etwa Nachweise bei *Scholz/Schneider*, § 43 GmbHG Rn. 209 m.w.N.
2 Siehe hierzu *Haas*, in Krieger/Schneider (Hrsg.), Handbuch Managerhaftung, 2007, § 11 Rn. 16 ff.
3 *Gottwald/Haas*, InsOHdb, § 94 Rn. 30.
4 *Poertzgen*, ZInsO 2007, 574, 575; zur Verjährungsvorschrift: BGH v. 3.2.1987 – VI ZR 268/85, BGHZ 100, 19, 23; BGH v. 6.6.1994 – II ZR 292/91, BGHZ 126, 181, 190.
5 BGH v. 21.4.1982 – IVa ZR 267/80, BGHZ 84, 312, 316; BGH v. 19.2.1990 – II ZR 268/88, BGHZ 110, 342, 360; BGH v. 13.4.1994 – II ZR 16/93, BGHZ 125, 366, 376 f.
6 *Gottwald/Haas*, InsOHdb, § 94 Rn. 31; im Ergebnis auch *Staub/Habersack*, § 130a Rn. 35 ff.; a.A. aber *Ebenroth/Boujong/Joost/Strohn/Hillmann*, § 130a Rn. 32; MünchKommHGB/*K. Schmidt*, § 130a Rn. 43: auch Altgläubiger haben Schadensersatzanspruch.

aa) Vertragliche Neugläubigeransprüche

29 Für vertragliche Neugläubiger gesteht der BGH[1] (unter Zustimmung aller betroffenen Senate des BGH und des BAG[2] und ungeachtet mancher Kritik[3]) zu Recht einen Anspruch auf **vollen Ausgleich** des Schadens zu. Diese sind also zu stellen, wie sie stehen würden, wenn sie zum fraglichen Zeitpunkt um die Insolvenzreife der Gesellschaft gewusst hätten. Im Regelfall hätten sie dann den Vertrag nicht abgeschlossen mit der Folge, dass ihnen der (volle) Vertrauensschaden zu ersetzen ist[4]. Eine Vorteilsausgleichung kommt nur in Betracht, soweit die dem Gläubiger zufließenden Vorteile aufgrund einer wertenden Betrachtung anzurechnen sind und den Schädiger entlasten sollen[5].

bb) Abgrenzung Altgläubiger – Neugläubiger

30 Als (vertraglichen) Neugläubiger bezeichnet man nicht nur denjenigen Gläubiger, der nach Eintritt der Insolvenzreife zur Gesellschaft in vertragliche Beziehung getreten ist[6]. Entscheidend ist vielmehr, ob der Gläubiger der Gesellschaft nach Eintritt der Insolvenzreife Kredit gewährt hat, d.h. insbesondere in Vorleistung getreten ist[7]. Besteht zwischen dem Gläubiger und dem Schuldner z.B. bei Eintritt der Insolvenzreife bereits ein Kontokorrentverhältnis, gelangt aber die Forderung gegen die Gesellschaft erst danach zu Entstehung (z.B. durch tatsächliche Gewährung zusätzlichen Kredits bzw. dessen Inanspruchnahme durch die Gesellschaft), dann ist der Gläubiger insoweit Neugläubiger[8]. Der BGH begründet dies mit dem Schutzzweck des § 64 Abs. 1 GmbHG. Dieser liegt darin, potentielle Neugläubiger „*davor zu bewahren, einer [insolventen Gesellschaft] noch Geld- oder Sachkredit zu gewähren und dadurch einen Schaden zu erleiden.*" Mithin kann ein Gläubiger, dem Ansprüche aus einem vor Eintritt der Insolvenzreife abgeschlossenen Dauerschuldverhältnis zustehen, sowohl Alt- als auch Neugläubiger sein. Dem vertragliche Gläubiger steht der gesetzliche Neugläubiger, also derjenige, der seinen (gesetzlichen) Anspruch nach Insolvenzreife erworben

---

1 BGH v. 6.6.1994 – II ZR 292/91, BGHZ 126, 181, 192 ff.; BGH v. 7.11.1994 – II ZR 138/92, ZIP 1995, 31, 32; zust. *Kübler*, ZGR 1995, 481, 485 ff.; *Bork*, ZGR 1995, 505, 512 ff.
2 Vgl. dazu BGH v. 6.6.1994 – II ZR 292/91, ZIP 1994, 1104.
3 Siehe z.B. *Ulmer*, ZIP 1993, 769 ff.; *G. Müller*, GmbHR 1996, 393, 397 ff.
4 BGH v. 6.6.1994 – II ZR 292/91, BGHZ 126, 181, 192 ff.; siehe hierzu im Einzelnen auch *Gottwald/Haas*, InsoHdb, § 92 Rn. 82 ff.
5 BGH v. 12.3.2007 – II ZR 315/05, DStR 2007, 961, 963.
6 So aber OLG Jena v. 28.11.2001 – 4 U 234/01, ZIP 2002, 631; OLG Hamburg v. 31.7.2007 – 14 U 71/07, ZIP 2007, 2318 f.; *Ebenroth/Boujong/Joost/Strohn/Hillmann*, § 130a Rn. 33.
7 BGH v. 5.2.2007 – II ZR 234/05, DStR 2007, 728, 730; BGH v. 25.7.2005 – II ZR 390/03, ZIP 2005, 1734, 1737; OLG Celle v. 5.12.2001 – 9 U 204/01, NZG 2002, 730, 732; OLG Saarbrücken v. 30.11.2000 – 8 U 71/00, NZG 2001, 414, 415; siehe auch BGH v. 12.3.2007 – II ZR 315/05, DStR 2007, 961, 963; *Haas*, DStR 2003, 423, 427; a.A. OLG Hamburg v. 31.7.2007 – 14 U 71/07, ZIP 2007, 2318 f.: maßgebend ist allein der Vertragsschluss.
8 BGH v. 5.2.2007 – II ZR 234/05, DStR 2007, 728, 730.

hat, nicht gleich[1]. Dies folgt schon aus dem Normzweck des § 15a Abs. 1 InsO; denn die Vorschrift dient nicht dazu, insolvente Gesellschaften vom „Markt" zu nehmen, sondern vom „Geschäftsverkehr" fern zu halten[2]. Gesetzliche Neugläubiger sind daher wie (vertragliche) Altgläubiger, nicht aber wie vertragliche Neugläubiger zu behandeln[3]. Nicht in den Schutzbereich des § 15a Abs. 1 InsO sind solche Gläubiger einbezogen, die ihren Anspruch erst nach Insolvenzeröffnung erwerben[4].

cc) Geltendmachung der Neugläubigeransprüche

Die vertraglichen Neugläubiger können ihren Vertrauensschaden auch während des Insolvenzverfahrens selbständig geltend machen[5]. § 92 InsO entfaltet zu Lasten der vertraglichen Neugläubiger keine Sperrwirkung. Der Neugläubigerschaden ist auch nicht um die Insolvenzquote auf seine Forderung zu kürzen[6]. Anderenfalls müsste der Gläubiger das Ende des Insolvenzverfahrens abwarten, um seinen Haftungsanspruch gegen den organschaftlichen Vertreter geltend machen zu können. Der Gläubiger hat aber, um eine Bereicherung zu verhindern, entsprechend § 255 BGB Zug um Zug gegen Erstattung des (vollen) negativen Interesses seinen Anspruch an den organschaftlichen Vertreter abzutreten[7].

31

b) Verschulden bei Vertragsschluss

In Betracht kommt weiterhin eine **Eigenhaftung der organschaftlichen Vertreter** nach den Grundsätzen des Verschuldens bei Vertragsschluss, ebenso aber auch anderer für die Gesellschaft handelnder Personen, danach ggf. also auch von Gesellschaftern. Das setzt aber voraus, dass der Vertreter entweder unter Inanspruchnahme besonderen persönlichen Vertrauens die Vertragsverhandlungen zugunsten der (bereits insolventen) Gesellschaft beeinflusst hat oder eigene unmittelbare wirtschaftliche Interessen verfolgt hat[8]. Eine Inanspruchnahme eines solchen Vertrauens liegt jedoch nicht vor, wenn nur

32

---

1 BGH 25.7.2005 – II ZR 390/03, ZIP 2005, 1734, 1738; LG Bonn v. 17.4.1998 – 3 O 403/97, ZIP 1998, 923; *Gottwald/Haas*, InsoHdb, § 92 Rn. 90 f.; a.A. *Reiff/Arnold*, ZIP 1998, 1893, 1896 ff.
2 BGH 25.7.2005 – II ZR 390/03, ZP 2005, 1734, 1737.
3 *Gottwald/Haas*, InsoHdb, § 92 Rn. 94.
4 BGH v. 8.3.1999 – II ZR 159/98, NZG 1999, 718, 719; *Gottwald/Haas*, InsoHdb, § 82 Rn. 70.
5 BGH v. 6.6.1994 – II ZR 292/91, BGHZ 126, 181, 201; BGH v. 7.11.1994 – II ZR 138/92, ZIP 1995, 31, 32; BGH v. 7.11.1994 – II ZR 108/93, ZIP 1995, 211, 212 f.; BGH v. 25.7.2005 – II ZR 390/03, ZIP 2005, 1734, 1737; BGH v. 18.12.2007 – VI ZR 231/06, NZI 2008, 242; zust. *Bork*, ZGR 1995, 505, 523 ff.; *Staub/Habersack*, § 130a Rn. 37; *Ebenroth/Boujong/Joost/Strohn/Hillmann*, § 130a Rn. 35; a.A. *Hasselbach*, DB 1996, 2213, 2214 f.
6 BGH v. 5.2.2007 – II ZR 234/05, DStR 2007, 728, 731; BK-InsO/*Blersch/v. Olshausen*, § 92 Rn. 4; *Gottwald/Haas*, InsoHdb, § 92 Rn. 87; a.A. noch BGH v. 6.6.1994 – II ZR 292/91, BGHZ 126, 181, 201.
7 BGH v. 5.2.2007 – II ZR 234/05, DStR 2007, 728, 731.
8 Vgl. etwa BGH v. 23.2.1983 – VIII ZR 325/81, BGHZ 87, 27, 32 ff.

das normale Verhandlungsvertrauen in Rede steht; erforderlich ist vielmehr ein zusätzlicher spezifischer Vertrauenstatbestand[1]. Und auch bei der Alternative des Eigeninteresses ist Zurückhaltung geboten. Eine maßgebliche Beteiligung oder eine beherrschende Stellung in der Gesellschaft reicht dafür nicht aus[2], aber auch nicht, dass der Vertreter zugunsten der Gesellschaft Sicherheiten aus dem eigenen Vermögen bestellt hat[3]. Danach werden Ansprüche dieser Art nur unter besonderen Begleitumständen zum Zuge kommen.

c) Garantievertrag

33 Mitunter hat die Rechtsprechung eine Haftung des organschaftlichen Vertreters auch auf einen selbständigen Garantievertrag (§ 311 BGB) gestützt, wenn dieser dem Gläubiger durch fehlerhafte kreditrelevante Informationen von der Verfolgung seiner Ansprüche abgehalten bzw. diesen zum Eingehen von geschäftlichen Beziehungen mit der Gesellschaft „verleitet" hat[4]. Dabei hat die Rechtsprechung die Schwelle für eine Abgrenzung einer unverbindlichen Zusicherung im Vorfeld einer vertraglichen Vereinbarung von einem eigenständigen Auskunfts- und Garantievertrag teilweise recht niedrig angesetzt. Die Abgrenzung des selbständigen Garantievertrages von den Fällen des Verschuldens bei Vertragsschluss droht dadurch zu verschwimmen.

d) Sonstige Ansprüche

34 Im Einzelfall kann Raum für vertragliche Ansprüche[5] oder **deliktische Ansprüche** sein, namentlich auf der Grundlage einer pflichtwidrigen Verschleierung der wirtschaftlichen Lage der Gesellschaft bei der Anbahnung geschäftlicher Beziehungen, sei es aus § 823 Abs. 2 BGB (wobei als Schutzgesetze insbesondere die §§ 263, 265b StGB, aber auch die §§ 331 HGB, 82 Abs. 2 Nr. 2 GmbHG in Frage kommen) oder sei es aus § 826 BGB[6]. Insbesondere § 826 BGB wird vielfach in Fällen der Insolvenzverschleppung angewandt, wenn der Geschädigte nicht in den persönlichen Schutzbereich des § 15a Abs. 1 InsO (siehe oben Rn. 30) fällt[7]. Auch hier können nicht nur die in § 130a bezeichneten Organpersonen betroffen sein. Vielmehr kann unter

---

[1] BGH v. 4.7.1983 – II ZR 220/82, BGHZ 88, 67, 69; BGH v. 6.6.1994 – II ZR 292/91, BGHZ 126, 181, 187; BGH v. 1.7.1991 – II ZR 180/90, ZIP 1991, 1140, 1142 f.

[2] BGH v. 6.6.1994 – II ZR 292/91, BGHZ 126, 181, 186; auch BGH v. 4.5.1981 – II ZR 193/80, ZIP 1981, 1076, 1077; BGH v. 5.10.1988 – VIII ZR 325/87, ZIP 1988, 1543, 1544.

[3] BGH v. 6.6.1994 – II ZR 292/91, BGHZ 126, 181, 186 f.; BGH v. 7.11.1994 – II ZR 138/92, ZIP 1995, 31.

[4] BGH v. 18.2.2002 – II ZR 358/99, NZG 2002, 779 f.; BGH v. 18.6.2001 – II ZR 248/99, DStR 2001, 1397 f.; siehe aber auch LAG Hamm v. 8.2.2005 – 19 Sa 2429/04, NZA-RR 2005, 483.

[5] Siehe *Gottwald/Haas*, InsoHdb, § 94 Rn. 32.

[6] Z.B. BGH v. 7.11.1994 – II ZR 138/92, ZIP 1995, 31, 32.

[7] BGH v. 18.12.2007 – VI ZR 231/06, NZI 2008, 242, 243; BGH v. 26.6.1989 – II ZR 289/88 NJW 1989, 3277, 3278; BAG v. 3.9.1998 – 8 AZR 189/87, NZA, 199, 39, 42; *Gottwald/Haas*, InsoHdb, § 92 Rn. 123 f.

dem Gesichtspunkt der Gehilfenhaftung (§ 830 BGB) auch ein Dritter haftungsrechtlich verantwortlich sein[1].

§ 130b

(aufgehoben)

Schrifttum: Vgl. die Angaben zu § 130a; ferner: *K. Schmidt*, Die Strafbarkeit „faktischer Geschäftsführer" wegen Konkursverschleppung als Methodenproblem: Festschrift Rebmann, 1989, S. 419.

§ 130b ist durch Art. 3 Nr. 13 MoMiG aufgehoben und in § 15a Abs. 4 InsO weitgehend inhaltsgleich überführt worden. Die neue Bestimmung gilt gemäß Art. 10 MoMiG für alle Verfahren, die nach dem Inkrafttreten des MoMiG eröffnet wurden. Zur Rechtslage vor diesem Zeitpunkt vgl. die Vorauflage.

Vierter Titel Auflösung der Gesellschaft und Ausscheiden von Gesellschaftern

§ 131

Auflösungs- und Ausscheidensgründe

(1) Die offene Handelsgesellschaft wird aufgelöst:

1. durch Ablauf der Zeit, für welche sie eingegangen ist;
2. durch Beschluss der Gesellschafter;
3. durch die Eröffnung des Insolvenzverfahrens über das Vermögen der Gesellschaft;
4. durch gerichtliche Entscheidung.

(2) Eine offene Handelsgesellschaft, bei der kein persönlich haftender Gesellschafter eine natürliche Person ist, wird ferner aufgelöst:

1. mit der Rechtskraft des Beschlusses, durch den die Eröffnung des Insolvenzverfahrens mangels Masse abgelehnt worden ist;
2. durch die Löschung wegen Vermögenslosigkeit nach § 141a des Gesetzes über die Angelegenheiten der freiwilligen Gerichtsbarkeit.

---

1 Siehe hierzu (und insbesondere zum doppelten Vorsatzerfordernis) BGH v. 25.7.2005 – II ZR 390/03, ZIP 2005, 1734, 1736.

Dies gilt nicht, wenn zu den persönlich haftenden Gesellschaftern eine andere offene Handelsgesellschaft oder Kommanditgesellschaft gehört, bei der ein persönlich haftender Gesellschafter eine natürliche Person ist.

(3) Folgende Gründe führen mangels abweichender vertraglicher Bestimmung zum Ausscheiden eines Gesellschafters:

1. Tod des Gesellschafters,
2. Eröffnung des Insolvenzverfahrens über das Vermögen des Gesellschafters,
3. Kündigung des Gesellschafters,
4. Kündigung durch den Privatgläubigers des Gesellschafters,
5. Eintritt von weiteren im Gesellschaftsvertrag vorgesehenen Fällen,
6. Beschluss der Gesellschafter.

Der Gesellschafter scheidet mit dem Eintritt des ihn betreffenden Ereignisses aus, im Falle der Kündigung aber nicht vor Ablauf der Kündigungsfrist.

Übersicht

	Rn.
I. Inhalt der Vorschrift	1
II. Auflösung, Vollbeendigung, Fortsetzung	
1. Auflösung und Vollbeendigung	2
2. Fortsetzung der Gesellschaft	
a) Fortsetzungsbeschluss	4
b) Beseitigung der Auflösungsfolgen	6
III. Auflösungsgründe	
1. Zeitablauf (§ 131 Abs. 1 Nr. 1)	7
2. Auflösungsbeschluss (§ 131 Abs. 1 Nr. 2)	8
3. Insolvenz der Gesellschaft (§ 131 Abs. 1 Nr. 3)	
a) Insolvenzfähigkeit	9
b) Insolvenzgründe	10
c) Antragsrecht und Antragspflicht	11
aa) Zahlungsunfähigkeit und Überschuldung	12
bb) Drohende Zahlungsunfähigkeit	14
d) Entscheidung über den Insolvenzantrag	15
aa) Insolvenzeröffnung	16
bb) Abweisung mangels Masse	17
e) Gemeinschuldnerrolle	18
4. Gerichtliche Entscheidung (§ 131 Abs. 1 Nr. 4)	19
5. Auflösungsgründe in § 131 Abs. 2	20
6. Weitere Auflösungsgründe?	21
7. Keine Auflösungsgründe	22
IV. Ausscheiden von Gesellschaftern	
1. Vorbemerkungen	23
2. Tod eines Gesellschafters (§ 131 Abs. 3 S. 1 Nr. 1)	
a) Erbnachfolge	24
b) Auflösung und Vollbeendigung eines beteiligten Verbandes	25
c) Umwandlungstatbestände	27
3. Insolvenz eines Gesellschafters (§ 131 Abs. 3 S. 1 Nr. 2)	
a) Auswirkungen auf die Mitgliedschaft/Gesellschaft	29
b) Auswirkungen auf das Insolvenzverfahren	31
c) Nachlassinsolvenzverfahren	32
d) Nachlassverwaltung	33

	Rn.		Rn.
4. Kündigung durch Gesellschafter oder Privatgläubiger (§ 131 Abs. 3 S. 1 Nr. 3, 4)	34	dd) Keine Rahmenverträge	56
		c) Gesonderte Abrechnung	57
		d) Rechenschaftspflicht	59
5. Sonstige im Gesellschaftsvertrag vorgesehene Fälle (§ 131 Abs. 3 S. 1 Nr. 5)	35	e) Abweichende Regelungen	60
		VI. Abfindungsklauseln	
		1. Möglichkeiten	
6. Gesellschafterbeschluss (§ 131 Abs. 3 S. 1 Nr. 6)	36	a) Zulässigkeit von Abfindungsbeschränkungen	61
V. Rechtsfolgen des Ausscheidens		b) Gegenstand von Klauseln	63
1. Begriff des Ausscheidens	37	2. Rechtliche Grenzen	
2. Anwachsung	38	a) Gläubigerbenachteiligung	65
3. Rückgabe von Gegenständen	39	b) Gesellschafterbenachteiligung	66
4. Schuldbefreiung	40	aa) Kein völliger Abfindungsausschluss	67
5. Abfindung			
a) Gegenstand der Abfindung	41	bb) Abfindungsbeschränkungen	68
b) Fälligkeit	42	cc) Auszahlungsregelungen	69
c) Abschichtungsbilanz	43	dd) Sonstige Gesichtspunkte	70
d) Einzelposten	46	3. Rechtsfolgen im Falle der Gesellschafterbenachteiligung	
e) Unternehmensbewertung	48	a) Anpassung einer nichtigen Abfindungsregelung	71
6. Nachschusspflicht	50		
7. Schwebende Geschäfte		b) Nachträglich eintretende Unangemessenheit der Klausel	72
a) Bedeutung des § 740 BGB	51		
b) Begriff	52	aa) Unanwendbarkeit der Klausel	73
aa) Rechtsgeschäftliche Vorgänge	53		
bb) Erwerbsgeschäfte	54	bb) Ergänzende Vertragsauslegung	74
cc) Keine Dauerrechtsverhältnisse	55	cc) Grenz- oder Richtwerte?	75

Schrifttum: *Barz*, Verschmelzung von Personengesellschaften, in: Festschrift Ballerstedt, 1975, S. 143; *Ebenroth/A. Müller*, Abfindungsklauseln im Recht der Personengesellschaften, BB 1993, 1153; *Engel*, Abfindungsklauseln – eine systematische Übersicht, NJW 1986, 345; *Ensthaler*, Die Liquidation von Personengesellschaften, 1985; *Großfeld*, Die Abfindung bei der Ausschließung aus einer Personengesellschaft, ZGR 1982, 141; *Großfeld*, Zweckmäßige Abfindungsklauseln, AG 1988, 217; *Großfeld*, Unternehmens- und Anteilsbewertung, 4. Aufl. 2002; *B. Hartmann*, Der ausscheidende Gesellschafter in der Wirtschaftspraxis, 4. Aufl. 1983; *Hillers*, Personengesellschaft und Liquidation, 1989; *Hörstel*, Der Auseinandersetzungsanspruch bei Ausscheiden einzelner Gesellschafter sowie der Liquidation von Gesellschaften und gesellschaftsähnlichen Rechtsverhältnissen, NJW 1994, 2268; *Merle*, Personengesellschaften auf unbestimmte Zeit und auf Lebenszeit, in: Festschrift Bärmann, 1975, S. 631; *Michalski*, Feststellung des Abfindungsguthabens durch einen Sachverständigen, ZIP 1991, 914; *Moxter*, Grundzüge ordnungsmäßiger Unternehmensbewertung, 2. Aufl. 1983; *Roolf/Vahl*, Die Beteiligung eines Gesellschafters am Ergebnis schwebender Geschäfte, DB 1983, 1964; *Sethe*, Die Wirkung und dogmatische Einordnung von Fortsetzungs- und Nachfolgeklauseln im Lichte der HGB-Reform, JZ 1997, 989; *K. Schmidt*, Unternehmenskonkurs, Unternehmensträgerkonkurs und Gesellschafterkonkurs, in: Festschrift 100 Jahre KO, 1977, S. 247; *K. Schmidt*, Abfindung, Unternehmensbewertung und schwebende Geschäfte, DB 1983, 2401; *K. Schmidt*, Die Handels-Personengesellschaft in Liquidation, ZHR 153 (1989), 270; *K. Schmidt*, Wege zum Insolvenzrecht der Unternehmen, 1990; *K. Schmidt*, Insolvenzordnung und Gesellschaftsrecht, ZGR 1998, 633; *Schulze-Osterloh*, Das Auseinandersetzungsguthaben des ausscheidenden Gesellschafters einer Personengesellschaft nach § 738 Abs. 1 Satz 2 BGB, ZGR

1986, 545; *Ulmer,* Abfindungsklauseln in Personengesellschafts- und GmbH-Verträgen: ein Plädoyer für die Ertragswertklausel, in: Festschrift Quack, 1991, S. 477; *Ulmer/Schäfer,* Die rechtliche Beurteilung vertraglicher Abfindungsbeschränkungen bei nachträglich eintretendem grobem Mißverhältnis, ZGR 1995, 134; *H.P. Westermann,* Vertragsfreiheit und Typengesetzlichkeit im Recht der Personengesellschaften, 1970.

I. Inhalt der Vorschrift

1 § 131 ist durch das **HRefG** unter Einbeziehung des Regelungsgehalts des bisherigen § 138, der weggefallen ist, **erheblich umgestaltet** und darüber hinaus durch das EGInsO an das seit dem 1.1.1999 geltende Insolvenzrecht angepasst worden. Insbesondere hat das HRefG die im bisherigen § 131 enthaltenen Auflösungstatbestände des Todes und der Insolvenz eines Gesellschafters sowie der Kündigung der Gesellschaft dahin umgestaltet, dass sie – vorbehaltlich anderer Bestimmung im Gesellschaftsvertrag – nur noch zum Ausscheiden des betreffenden Gesellschafters aus der (werbend, d.h. unaufgelöst fortbestehenden) Gesellschaft führen sollen (§ 131 Abs. 3). Da hiernach der Tod eines Gesellschafters im gesetzlichen Regelfall nunmehr sein Ausscheiden (bzw. das seiner Erben) zur Folge hat, ergibt sich freilich die Notwendigkeit, dass dann, wenn eine Fortsetzung des Gesellschaftsverhältnisses mit einem oder mehreren der Erben gewollt ist, in den Gesellschaftsvertrag entsprechende Nachfolgeklauseln (siehe § 139 Rn. 6 ff.) aufgenommen werden müssen (dazu vgl. Rn. 24). Zu Schwierigkeiten kommt es auch bei Altverträgen, bei denen die Auflösungsfolge des § 131 Abs. 1 gewollt, aber nicht im Vertragstext ausgedrückt war, sowie bei Kündigungen eines Gesellschafters in Unkenntnis der Ausscheidensfolge[1]. Ferner schafft § 131 Abs. 2 zusätzliche Tatbestände für die Auflösung von Gesellschaften, bei denen kein persönlich haftender Gesellschafter eine natürliche Person ist.

II. Auflösung, Vollbeendigung, Fortsetzung

1. Auflösung und Vollbeendigung

2 § 131 führt in Abs. 1 und 2 die Auflösungsgründe für die OHG und die KG auf (dazu, ob die Aufzählung abschließend ist, vgl. Rn. 21). § 131 Abs. 1 Nr. 3 und Abs. 2 sind nicht dispositiv[2]. Die Auflösung führt nicht zum sofortigen Wegfall der Gesellschaft, sondern versetzt diese in das **Liquidations- bzw. Abwicklungsstadium**. Die h.M. deutet den Übergang von einer werbenden Gesellschaft in das Abwicklungsstadium als Zweckänderung[3]. Anderer Ansicht nach soll der Liquiditätszweck den werbenden Zweck nicht verdrängen, sondern lediglich überlagern[4] (siehe auch § 145 Rn. 4). Die Identität der Gesellschaft wird jedoch – unabhängig von dem vorstehenden Meinungs-

---

1 *K. Schmidt,* BB 2001, 7 ff.
2 *Baumbach/Hopt,* § 131 Rn. 78; *Ebenroth/Boujong/Joost/Strohn/Lorz,* § 131 Rn. 11.
3 RGZ 123, 151, 155; OLG Hamm v. 3.7.2003 – 15 W 375/02, FGPrax 2003, 235 *Ebenroth/Boujong/Joost/Strohn/Lorz,* § 131 Rn. 9; *Baumbach/Hopt,* § 145 Rn. 4; *Staub/Habersack,* § 145 Rn. 16.
4 *K. Schmidt,* GesR, § 52 IV 1a.

streit – durch die Auflösung nicht tangiert[1]. Auch bleibt der Status als Handelsgesellschaft voll erhalten. Die aufgelöste Gesellschaft ist zudem insolvenzfähig (siehe unten Rn. 9). Auf die Abwicklung finden – soweit kein Fall der Insolvenzeröffnung vorliegt (siehe hierzu § 145 Abs. 1) oder die Gesellschafter keine andere Art der Auseinandersetzung vorgesehen haben – die §§ 145 ff. Anwendung. Erst nach abgeschlossener Liquidation kommt es zur **Vollbeendigung** der Gesellschaft. Diese kann aber (ausnahmsweise) auch ohne vorherige Abwicklung eintreten, z.B. wenn alle Gesellschafter bis auf einen wegfallen (weil z.B. alle anderen ausscheiden oder die anderen ihre Gesellschaftsanteile auf den verbleibenden Gesellschafter übertragen)[2]; denn der numerus clausus der Gesellschaftsrechte lässt eine Personengesellschaft mit lediglich einem Gesellschafter nicht zu (zu den Ausnahmen von dem Grundsatz siehe § 105 Rn. 4 f.). Hier gehen sämtliche Aktiva und Passiva im Wege der Gesamtrechtsnachfolge auf den verbleibenden Gesellschafter über[3]. Für die Frage, wie sich eine solche Vollbeendigung ohne vorherige Auflösung auf einen laufenden Zivilprozess auswirkt, siehe § 124 Rn. 7. Weitere Fälle stellen die Tatbestände in den §§ 2, 123 UmwG dar, soweit es dabei zu einem liquidationslosen Wegfall der Gesellschaft unter Übergang ihres Vermögens auf einen anderen Rechtsträger kommt.

Auch die **fehlerhafte, aber vollzogene Auflösung** führt zum Eintritt der Gesellschaft in das Liquidationsstadium (§ 105 Rn. 50). Bei Geltendmachung der Fehlerhaftigkeit der Auflösungsentscheidung kann ggf. eine Fortsetzung der Gesellschaft erreicht werden (dazu Rn. 4 ff.). 3

2. Fortsetzung der Gesellschaft

a) Fortsetzungsbeschluss

Die aufgelöste Gesellschaft kann – auch wenn dies das Gesetz ausdrücklich (sieht man einmal von § 134 ab) nur für den Fall der Insolvenzeröffnung vorsieht (siehe § 144) – auch in anderen Fällen **vor ihrer Vollbeendigung** durch einen **Gesellschafterbeschluss** als werbende Gesellschaft fortgesetzt werden[4]. §§ 134, 144 sind insoweit nicht abschließend[5]. Bei dem Fortsetzungsbeschluss handelt es sich um eine identitätswahrende Rückumwandlung durch Umgestaltung des Gesellschaftszwecks (siehe auch Rn. 1). Auf eine 4

---

1 *Ebenroth/Boujong/Joost/Strohn/Lorz*, § 131 Rn. 31; *Staub/Schäfer*, § 131 Rn. 6.
2 BGH v. 19.5.1960 – II ZR 72/59, BGHZ 32, 307, 315; BGH v. 10.5.1978 – VIII ZR 166/77, BGHZ 71, 296, 299 f.; BGH v. 19.12.1990 – II ZR 42/89, ZIP 1990, 505, 506; BFH v. 4.10.2006 – VIII R 7/03, DStR 2006, 2168, 2169; BayObLG v. 19.6.2001 – 3Z BR 48/01, NJW-RR 2002, 246 f.; OLG Karlsruhe v. 25.10.2006 – 7 U 11/06, NZG 2007, 265, 267; OLG Hamm v. 3.7.2003 – 15 W 375/02, FGPrax 2003, 235; KG v. 3.4.2007 – 1 W 305/06, ZIP 2007, 1505, 1506.
3 *Bork/Jacoby*, ZGR 2005, 611, 625 ff.; *Ebenroth/Boujong/Joost/Strohn/Lorz*, § 131 Rn. 10; a.A. *Weimar*, ZIP 1997, 1769.
4 BGH v. 4.4.1951 – II ZR 10/50, BGHZ 1, 324, 327; BGH v. 12.7.1982 – II ZR 157/81, BGHZ 84, 379, 381; BGH v. 19.6.1995 – II ZR 255/93, ZIP 1995, 1412; *Ebenroth/Boujong/Joost/Strohn/Lorz*, § 131 Rn. 32; *Staub/Schäfer*, § 131 Rn. 57.
5 *Staub/Schäfer*, § 131 Rn. 61.

Eintragung im Handelsregister kommt es – trotz Anmeldepflicht (siehe § 144 Abs. 2) – insoweit nicht an. Voraussetzung für einen Fortsetzungsbeschluss ist in jedem Fall, dass noch unverteiltes Vermögen vorhanden ist[1] und dass der Zweck der Gesellschaft auf den Betrieb eines Handelsgewerbes oder einer in § 105 Abs. 2 bezeichneten Tätigkeit gerichtet ist[2]. Darüber hinaus muss der materielle Auflösungsgrund beseitigt werden (Ausscheiden des einzigen Komplementärs, der wichtige Grund, etc., siehe hierzu auch Rn. 6)[3].

5 Der Beschluss, der auch konkludent möglich ist, bedarf grundsätzlich der **Einstimmigkeit**[4]. Etwas anderes gilt nur dann, wenn im Gesellschaftsvertrag unter Beachtung des Bestimmtheitsgrundsatzes (§ 119 Rn. 17 ff.) andere Mehrheiten vorgesehen sind[5]. Der für einen minderjährigen Gesellschafter handelnde gesetzliche Vertreter bedarf für die Fortsetzungsentscheidung keiner familien- oder vormundschaftsgerichtlichen Genehmigung i.S. der §§ 1643, 1822 Nr. 3 BGB, es sei denn, der Minderjährige ist erst nach einer Auflösung der Gesellschaft aufgrund Erbfalls in die Gesellschaft eingetreten[6]. Der Fortsetzungsbeschluss wird im Zweifel sofort oder zu einem im Beschluss bestimmten Zeitpunkt wirksam[7]. Ausnahmsweise kann mit Blick auf die Treuepflicht (vgl. § 109 Rn. 12 ff.) eine Verpflichtung der Gesellschafter bestehen, einer Fortsetzung zuzustimmen bzw. gegen eine Abfindung auszuscheiden[8]. Für Letzteres verlangt der BGH allerdings, dass einerseits „beachtliche" Gründe gegen eine Abwicklung sprechen und andererseits die Interessen des unwilligen Gesellschafters dadurch gewahrt werden, dass er eine volle, nicht hinter dem voraussichtlichen Liquidationserlös zurück bleibende Abfindung erhält sowie von der Haftung für Gesellschaftsverbindlichkeiten befreit wird[9].

b) Beseitigung der Auflösungsfolgen

6 Eine Fortsetzung kann zusätzlich die **Beseitigung bestimmter bereits eingetretener Wirkungen des Auflösungstatbestandes** erforderlich machen. Das gilt namentlich für die Auflösung durch die Eröffnung des Insolvenzverfahrens über das Gesellschaftsvermögen (vgl. dazu die Erl. zu § 144). Ist gesell-

---

1 *Baumbach/Hopt*, § 131 Rn. 33; *Ebenroth/Boujong/Joost/Strohn/Lorz*, § 131 Rn. 32; *Staub/Schäfer*, § 131 Rn. 62.
2 Vgl. RGZ 155, 75, 83 f.; *Uhlenbruck/Hirte*, § 11 InsO Rn. 306.
3 *Staub/Schäfer*, § 131 Rn. 61; *Ebenroth/Boujong/Joost/Strohn/Lorz*, § 131 Rn. 32; MünchHdbGesR I/*Butzer/Knof*, § 83 Rn. 72; *K. Schmidt*, ZHR 153 (1989), 270, 281.
4 BGH v. 2.7.2007 – II ZR 181/06, ZIP 2007, 1988; *Ebenroth/Boujong/Joost/Strohn/ Lorz*, § 131 Rn. 33; *Staub/Schäfer*, § 131 Rn. 63.
5 BGH v. 2.7.2007 – II ZR 181/06, ZIP 2007, 1988.
6 *Ebenroth/Boujong/Joost/Strohn/Lorz*, § 131 Rn. 36; *Staub/Schäfer*, § 131 Rn. 66; *Baumbach/Hopt*, § 131 Rn. 31.
7 *Staub/Schäfer*, § 131 Rn. 58.
8 BGH v. 25.9.1986 – II ZR 262/85, BGHZ 98, 276, 279; auch BGH v. 21.10.1985 – II ZR 57/85, WM 1986, 68, 69; *Staub/Schäfer*, § 131 Rn. 65; *Ebenroth/Boujong/Joost/ Strohn/Lorz*, § 131 Rn. 34.
9 BGH v. 21.10.1985 – II ZR 57/85, WM 1986, 68, 69.

schaftsvertraglich vorgesehen, dass es beim Tod oder Wegfall eines Gesellschafters zur Auflösung der Gesellschaft kommen soll, müsste eine Regelung über die Nachfolge in den Gesellschaftsanteil oder über die Abfindung für den Anteil geschaffen werden[1]. Fällt in einer KG der einzige persönlich haftende Gesellschafter weg, muss eine neue Mitgliedschaft eines Vollhafters eingerichtet werden; bis dahin besteht die KG als Liquidationsgesellschaft mit den Kommanditisten als Gesellschaftern. Betreiben die Kommanditisten stattdessen die Gesellschaft ohne eine solche Regelung und ohne Liquidation weiter, wird diese kraft Rechtsformzwangs zur OHG[2]. Ein Fortsetzungsbeschluss ist auch dann möglich, wenn die Gesellschaft nach § 131 Abs. 2 Nr. 1 aufgelöst wurde. Jedoch wird man einen solchen Beschluss auch hier – vergleichbar den Fällen, in denen das Insolvenzverfahren eingestellt wird – nur unter Einschränkungen zulassen können. Demzufolge setzt eine Fortführung voraus, dass die Gesellschaft die Insolvenz **nachhaltig** überwunden hat (entsprechend § 212 InsO). Es muss also gewährleistet sein, dass beim Schuldner weder Zahlungsunfähigkeit noch drohende Zahlungsunfähigkeit oder Überschuldung vorliegen. Ist die Auflösung der Gesellschaft infolge öffentlichen Interesses angeordnet worden, bedarf die Fortsetzung der Zustimmung der entscheidenden Behörde[3].

III. Auflösungsgründe

1. Zeitablauf (§ 131 Abs. 1 Nr. 1)

Eine Auflösung tritt nach Ablauf der Zeit ein, für die die Gesellschaft eingegangen ist. Sie tritt von selbst ein. Eines Beschlusses der Gesellschafter bedarf es nicht. Unter § 131 Abs. 1 Nr. 1 fällt auch, wenn die Dauer der Gesellschaft durch ein bestimmtes Ereignis begrenzt sein soll, dessen Eintritt zwar gewiss, sein Zeitpunkt aber offen ist[4]. Nicht erfasst wird hingegen eine Gestaltung, nach der sich die Gesellschaft bei Nichtkündigung jeweils um eine bestimmte Zeit verlängert[5]. § 131 Abs. 1 Nr. 1 greift nur ein, wenn eine **Höchstfrist** vereinbart ist[6]. Ist eine Mindestfrist vereinbart, so hat dies – im Zweifel – allein Bedeutung für § 132. Bei Zweifeln, ob eine Höchst- oder Mindestfrist gewollt ist, ist davon auszugehen, dass die Gesellschaft auf unbefristete Zeit geschlossen wurde[7].

7

---

1 Siehe dazu auch BGH v. 21.10.1985 – II ZR 57/85, WM 1986, 68, 69.
2 BGH v. 12.11.1952 – II ZR 260/51, BGHZ 8, 35, 37 f.; BGH v. 23.11.1978 – II ZR 207/78, NJW 1979, 1705, 1706; *K. Schmidt*, GesR, § 53 V 1a; MünchKommHGB/*K. Schmidt*, § 131 Rn. 46. Nach *Frey/v. Bredow*, ZIP 1998, 1621, 1624 soll dagegen auch der weggefallene Komplementär (bzw. seine Erben) der Liquidationsgesellschaft weiter angehören.
3 *Staub/Schäfer*, § 131 Rn. 62.
4 RGZ 95, 147, 150.
5 RGZ 156, 129, 134; BGH v. 14.4.1966 – II ZR 192/64, WM 1966, 707.
6 *Ebenroth/Boujong/Joost/Strohn/Lorz*, § 131 Rn. 12; *Baumbach/Hopt*, § 131 Rn. 11; MünchKommHGB/*K. Schmidt*, § 131 Rn. 11.
7 *Ebenroth/Boujong/Joost/Strohn/Lorz*, § 131 Rn. 12; MünchKommHGB/*K. Schmidt*, § 131 Rn. 11; *Staub/Schäfer*, § 131 Rn. 16.

2. Auflösungsbeschluss (§ 131 Abs. 1 Nr. 2)

8 Die Gesellschafter können unabhängig von anderen Auflösungsgründen die Gesellschaft im Beschlusswege auflösen und zwar auch dann, wenn ein Endtermin nach § 131 Abs. 1 Nr. 1 vereinbart wurde[1]. Für einen Auflösungsbeschluss ist **grundsätzlich Einstimmigkeit** erforderlich[2], doch kann der Gesellschaftsvertrag unter Beachtung des Bestimmtheits- (§ 119 Rn. 17 ff.) und des Gleichbehandlungsgrundsatzes (§ 109 Rn. 10 f.), der Treupflicht (§ 109 Rn. 12 ff.) und des Schutzes des mitgliedschaftlichen Kernbereichs (§ 119 Rn. 20 ff.) eine Mehrheitsentscheidung vorsehen[3]. Zur Frage der Formfreiheit liegt es wie beim Abschluss eines Gesellschaftsvertrages (§ 105 Rn. 21 ff.). Für einen beteiligten minderjährigen Gesellschafter gilt das Genehmigungserfordernis des § 1823 BGB[4]. Bei Ehegatten, die im gesetzlichen Güterstand leben, bedarf der unter Mitwirkung des verheirateten Gesellschafters ergangene Auflösungsbeschluss – wegen der Gleichstellung der Auflösung mit einer Verfügung – der Zustimmung seines Ehegatten, wenn die übrigen Voraussetzungen der Vorschrift erfüllt sind[5]. Ein Auflösungsbeschluss kann auch konkludent gefasst werden[6], so z.B. bei beschlossener Einstellung oder Veräußerung des Geschäftsbetriebs oder Unternehmens[7]. Ein solcher liegt ferner vor, wenn die Gesellschafter eine unwirksame Auflösungskündigung eines von ihnen akzeptieren[8]. Dazu, ob die Gesellschafter aus der Treuepflicht einer sachlich gebotenen Auflösung zuzustimmen verpflichtet sind, vgl. § 109 Rn. 13 ff. Die Übergänge zwischen einem Auflösungsbeschluss und einer Vertragsänderung, die eine Auflösung zu einem künftigen Zeitpunkt (dann § 131 Abs. 1 Nr. 1) vorsieht, sind allerdings fließend[9].

3. Insolvenz der Gesellschaft (§ 131 Abs. 1 Nr. 3)

a) Insolvenzfähigkeit

9 Die OHG ist (ebenso wie die KG) nach § 11 Abs. 2 Nr. 1 InsO insolvenzfähig. Sobald und solange die OHG im Handelsregister eingetragen ist, kommt es nicht darauf an, ob es sich bei dem betriebenen Gewerbe um ein

---

1 *Staub/Schäfer*, § 131 Rn. 19.
2 MünchKommHGB/*K. Schmidt*, § 131 Rn. 15; *Ebenroth/Boujong/Joost/Strohn/Lorz*, § 131 Rn. 14; *Baumbach/Hopt*, § 131 Rn. 12; siehe auch OLG Hamm v. 26.10.1988 – 8 U 21/88, DB 1989, 815.
3 *Staub/Schäfer*, § 131 Rn. 20; MünchKommHGB/*K. Schmidt*, § 131 Rn. 15.
4 MünchKommHGB/*K. Schmidt*, § 131 Rn. 18; *Ebenroth/Boujong/Joost/Strohn/Lorz*, § 131 Rn. 16; *A. Hueck*, Das Recht der OHG, S. 344.
5 *Ebenroth/Boujong/Joost/Strohn/Lorz*, § 131 Rn. 16; *Staub/Schäfer*, § 131 Rn. 25.
6 RG Recht 1936 Nr. 4470; *Ebenroth/Boujong/Joost/Strohn/Lorz*, § 131 Rn. 17; MünchKommHGB/*K. Schmidt*, § 131 Rn. 18.
7 Siehe auch BGH v. 22.5.1958 – II ZR 36/57, WM 1960, 105; vgl. auch OLG Karlsruhe v. 24.1.2001 – 6 U 137/00, NZG 2001, 748, 749.
8 *Baumbach/Hopt*, § 131 Rn. 12.
9 Vgl. RGZ 145, 99, 101; MünchKommHGB/*K. Schmidt*, § 131 Rn. 16; *Ebenroth/Boujong/Joost/Strohn/Lorz*, § 131 Rn. 18.

solches i.S. des § 1 Abs. 2 HGB handelt (§ 5 HGB)[1]. Insolvenzfähig ist nach § 11 Abs. 3 InsO auch die aufgelöste Gesellschaft, solange die Verteilung des Vermögens nicht vollzogen ist[2], d.h. die Gesellschaft noch nicht voll beendigt ist. Da die fehlerhafte OHG, der ein – wenn auch mangelhafter – Gesellschaftsvertrag zugrunde liegt[3], für die Vergangenheit wie eine wirksame OHG behandelt wird, soweit dies nicht mit gewichtigen Interessen der Allgemeinheit in Widerspruch steht (siehe § 105 Rn. 38 ff.), ist auch diese insolvenzfähig[4]. Eine Scheingesellschaft kann, muss aber nicht notwendig, insolvenzfähig sein[5].

b) Insolvenzgründe

Eröffnungsgründe für die OHG sind die allgemeinen Eröffnungsgründe, d.h. die Zahlungsunfähigkeit (§ 17 InsO, siehe hierzu auch § 130a Rn. 9 ff.) und die drohende Zahlungsunfähigkeit (§ 18 InsO). Bei der Feststellung, ob die Gesellschaft i.S. des § 17 InsO zahlungsunfähig ist, ist – auf Grund des Trennungsprinzips (siehe auch § 128 Rn. 23) – allein auf die Verhältnisse bei der Gesellschaft, nicht aber auf die Leistungsfähigkeit der Gesellschafter abzustellen[6]. Kein Eröffnungsgrund ist grundsätzlich der Tatbestand der Überschuldung (siehe hierzu auch § 130a Rn. 12 f.). Eine Ausnahme gilt nach § 19 Abs. 3 InsO für die so genannten kapitalistischen Personengesellschaften (insbesondere die GmbH & Co. KG), d.h. für solche Gesellschaften ohne Rechtspersönlichkeit, bei denen kein persönlich haftender Gesellschafter eine natürliche Person ist. Allerdings schließt die mittelbare Stellung mindestens einer natürlichen Person als persönlich haftender Gesellschafter auf der zweiten Ebene, d.h. als Gesellschafter der Gesellschafter-Gesellschaft, die Überschuldung als Insolvenzauslösetatbestand aus (§ 19 Abs. 3 S. 2 InsO). Soweit ausnahmsweise ein Überschuldungsstatus zu erstellen ist, kann die unbeschränkte Haftung eines Gesellschafters gegenüber den Gläubigern nicht aktiviert werden, da der Haftungsanspruch allein den Gläubigern, nicht aber der Gesellschaft zusteht. Aus § 93 InsO folgt nichts anderes, da die Vorschrift die Rechtsinhaberschaft bzgl. des Haftungsanspruchs unberührt lässt und erst mit Insolvenzeröffnung d.h. nach dem für die Überschuldungsbilanz maßgebenden Stichtag zur Anwendung kommt (siehe § 128 Rn. 17).

10

---

1 Vgl. *Gottwald/Haas*, InsoHdb, § 94 Rn. 5.
2 Siehe hierzu auch AG Lübeck v. 8.6.2001 – 43a IN 81/01, DZWIR 2001, 308; AG Potsdam v. 1.2.2001 – 35 IN 478/00, ZIP 2001, 346.
3 Siehe zu diesem Erfordernis BGH v. 16.10.2006 – II ZB 32/05, NZG 2007, 69, 70.
4 BGH v. 16.10.2006 – II ZB 32/05, NZG 2007, 69; *Häsemeyer*, Insolvenzrecht, Rn. 31.05; *Staub/Schäfer*, § 131 HGB Rn. 29; *Uhlenbruck/Hirte*, § 11 Rn. 49; MünchKommHGB/*K. Schmidt*, Anh § 158 Rn. 4.
5 Siehe hierzu *Gottwald/Haas*, InsoHdb, § 94 Rn. 6.
6 *Armbruster*, Die Stellung des haftenden Gesellschafters in der Insolvenz der Personenhandelsgesellschaften nach geltendem Recht und zukünftigem Recht, 1996, S. 21; *Ebenroth/Boujong/Joost/Strohn/Lorz*, § 131 Rn. 22; *Gottwald/Haas*, InsoHdb, § 94 Rn. 7.

c) Antragsrecht und Antragspflicht

11 Für die Antragspflicht siehe § 130a Rn. 8 ff. Für die Frage, wem innerhalb der Gesellschaft das Antragsrecht zusteht, ist in erster Linie nach dem Insolvenzgrund zu unterscheiden.

aa) Zahlungsunfähigkeit und Überschuldung

12 Im Falle der Zahlungsunfähigkeit oder Überschuldung steht nach § 15 Abs. 1 InsO das Antragsrecht „jedem Mitglied des Vertretungsorgans" und jedem „persönlich haftenden Gesellschafter" zu. Da die OHG nach herkömmlichem Verständnis auf Grund des Prinzips der Selbstorganschaft (siehe § 125 Rn. 1) kein besonderes Vertretungsorgan hat[1], ist der Begriff „Mitglieder des Vertretungsorgans" so auszulegen, dass alle die Gesellschafter antragsberechtigt sind, die nicht von der gesellschaftsrechtlichen Vertretung ausgeschlossen sind[2]. Da nach § 15 Abs. 1 InsO daneben auch persönlich und unbeschränkt haftende Gesellschafter zum Kreis der Antragsberechtigten zählen und zwar völlig unabhängig davon, wie die Vertretungsbefugnis geregelt ist[3], kommt der ersten Fallgruppe in § 15 Abs. 1 InsO für die OHG keine Bedeutung zu. Ein ausgeschiedener Gesellschafter ist nicht antragsbefugt, auch wenn er für die Verbindlichkeiten der Gesellschaft weiterhin haftet (siehe § 128 Rn. 22 ff.). Der von einem Gesellschafter in seiner Eigenschaft als persönlich Haftender gestellte (Eigen-)Antrag kann auch nur von diesem wieder zurückgenommen werden[4].

13 Ist bei einer OHG ein persönlich haftender Gesellschafter keine natürliche Person, steht das Antragsrecht nach § 15 Abs. 3 S. 1 InsO den natürlichen Personen zu, die als „organschaftliche Vertreter" den „vertretungsberechtigten Gesellschafter" vertreten. Bei einer mehrstöckigen Gesellschaft ist nach § 15 Abs. 3 S. 2 InsO die antragsberechtigte Person entsprechend zu ermitteln. Haftet in einer OHG sowohl eine natürliche Person als auch eine (Gesellschafter-)Gesellschaft für die Schulden derselben unbeschränkt, findet § 15 Abs. 3 keine Anwendung. Das Antragsrecht steht hier sowohl der natürlichen Person (als vertretungsberechtigter Gesellschafter bzw. auf Grund der unbeschränkten Haftung) zu als auch der Gesellschafter-Gesellschaft (als vertretungsberechtigter Gesellschafter bzw. auf Grund der unbeschränkten Haftung). Die Gesellschafter-Gesellschaft wird insoweit von ihrem vertretungsberechtigten Organ vertreten.

bb) Drohende Zahlungsunfähigkeit

14 Im Fall der drohenden Zahlungsunfähigkeit (§ 18 InsO) knüpft das Antragsrecht an die gesellschaftsvertraglichen Vertretungsregeln an, sofern nicht al-

---

1 *Kübler/Prütting/Noack*, InsO GesR, Rn. 433.
2 MünchHdbGesR I/*Butzer/Knof*, § 85 Rn. 16; enger *Kübler/Prütting/Noack*, InsO GesR, Rn. 433.
3 *Kübler/Prütting/Noack*, InsO GesR, Rn. 435; HK-InsO/*Kirchhof*, § 15 Rn. 9.
4 *Kübler/Prütting/Noack*, InsO GesR, Rn. 444; a.A. anscheinend MünchKomm-HGB/*K. Schmidt* Anh § 158 Rn. 36.

le Gesellschafter (oder Abwickler) den Antrag gemeinsam stellen (§ 18 Abs. 3 InsO). Haben beispielsweise zwei GmbH eine OHG gegründet und sind die GmbH nach § 125 Abs. 2 nur gemeinsam zur Vertretung der OHG berechtigt, so können die Geschäftsführer beider GmbH den Antrag für die OHG nur gemeinsam stellen.

d) Entscheidung über den Insolvenzantrag

Nach § 26 Abs. 1 InsO hat das Insolvenzgericht zu prüfen, ob ein Insolvenzgrund vorliegt und ob das Vermögen des Schuldners voraussichtlich ausreicht, die Verfahrenskosten zu decken (Massekostendeckungsprüfung). Im Rahmen der Massekostendeckungsprüfung darf das Gericht nur das verwertbare Vermögen des Schuldners berücksichtigen. Hierzu gehört auch die (vom Insolvenzverwalter) nach § 93 InsO geltend zu machende Gesellschafterhaftung (siehe § 128 Rn. 19), soweit diese durchsetzbar bzw. werthaltig ist[1]. Dies gilt, obwohl die Gesellschafterhaftung nicht Bestandteil des Gesellschaftsvermögens ist und die Einziehungsbefugnis des Insolvenzverwalters erst mit Eröffnung des Insolvenzverfahrens entsteht (§ 128 Rn. 19).

aa) Insolvenzeröffnung

Im Falle der Insolvenzeröffnung wird die Gesellschaft aufgelöst, bleibt aber bis zu deren Beendigung erhalten[2]. Die Auflösung tritt mit Erlass des Eröffnungsbeschlusses (also mit Herausgabe zur Bekanntgabe) ein (§ 27 InsO)[3]. Nicht ausreichend ist die Anordnung von Sicherungsmaßnahmen. § 131 Abs. 1 Nr. 3 kann im Gesellschaftsvertrag nicht abbedungen werden. Das Abwicklungsverfahren folgt – wie sich aus § 145 Abs. 1 ergibt – nicht dem HGB, sondern den Vorschriften der Insolvenzordnung. Die Auflösung der Gesellschaft und ihr Grund sind nach § 143 Abs. 1 S. 3 in das Handelsregister von Amtes wegen einzutragen. Kenntnis erlangt das Registergericht von der Eröffnung des Insolvenzverfahrens nach § 31 Nr. 1 InsO. Gemäß § 80 Abs. 1 InsO geht mit Eröffnung des Insolvenzverfahrens die Verwaltungs- und Verfügungsbefugnis über das zur Insolvenzmasse gehörende Vermögen auf den Insolvenzverwalter über (§ 180 InsO). Die Befugnisse der Gesellschafter werden hierdurch weitgehend eingeschränkt. Nicht ausgeschlossen ist, dass die Gesellschafter (mit Drittforderungen) auch als Gläubiger am Insolvenzverfahren über das Vermögen der Gesellschaft teilnehmen[4].

---

1 MünchKommInsO/*Brandes*, § 93 Rn. 10; *Uhlenbruck*, in Kölner Schrift zur Insolvenzordnung, S. 1157 Rn. 19; *Uhlenbruck/Hirte*, InsO, § 93 Rn. 3; a.A. MünchKommHGB/*K. Schmidt*, Anh § 158 Rn. 39.
2 Vgl. BFH v. 15.3.1995 – I R 82/95, ZIP 1995, 1275, 1276; *Robrecht*, DB 1968, 471, 474.
3 BGH v. 19.9.1996 – IX ZR 277/95, ZIP 1996, 1909, 1910 f.; MünchKommHGB/*K. Schmidt*, § 131 Rn. 28.
4 MünchKommHGB/*K. Schmidt*, § 128 Rn. 92; *Ebenroth/Boujong/Joost/Strohn/Lorz*, § 128 HGB Rn. 73; *Staub/Habersack*, § 128 HGB Rn. 75.

bb) Abweisung mangels Masse

17 Siehe hierzu unten Rn. 20.

e) Gemeinschuldnerrolle

18 Umstritten ist, wem die Gemeinschuldnerrolle in der Insolvenz der OHG/KG zukommt. Die bislang überwiegende Meinung vertrat die Ansicht, dass – mangels Rechtsfähigkeit der OHG/KG – allein die persönlich haftenden Gesellschafter (nicht die Kommanditisten) in ihrer Gemeinschaft Träger der Gemeinschuldnerrolle sind[1]. Anderer Ansicht nach ist die OHG als verselbständigte Einheit – ohne rechtsfähig zu sein – selbst Träger der Gemeinschuldnerrolle. Für die infolge der Insolvenzeröffnung aufgelöste OHG handeln danach die vertretungsberechtigten Gesellschafter, soweit deren Befugnisse nicht durch die des Insolvenzverwalters verdrängt werden[2]. Für die letztgenannte Auffassung sprechen insbesondere der Wortlaut in § 101 Abs. 1 S. 1 InsO, § 227 Abs. 2 und § 278 Abs. 2 InsO.

4. Gerichtliche Entscheidung (§ 131 Abs. 1 Nr. 4)

19 Die Auflösung durch gerichtliche Entscheidung ist in § 133 geregelt. Vgl. die dortigen Erl.

5. Auflösungsgründe in 131 Abs. 2

20 Wird der Antrag auf Eröffnung des Insolvenzverfahrens mangels Masse abgelehnt, löst dies – grundsätzlich – die Gesellschaft nicht automatisch auf[3]. Etwas anderes gilt nach § 131 Abs. 2 Nr. 1 für die OHG, bei der auf der ersten und auf der zweiten Ebene (siehe § 131 Abs. 2 S. 2) kein persönlich haftender Gesellschafter eine natürliche Person ist (vgl. auch § 125a Rn. 1)[4]. Die Gesellschaft wird mit Rechtskraft des Beschlusses, durch den die Eröffnung mangels Masse abgelehnt wird, aufgelöst[5]. Die Auflösung und ihr Grund sind nach § 143 Abs. 1 S. 3 von Amts wegen in das Handelsregister einzutragen. Kenntnis vom Abweisungsbeschluss erlangt das Registergericht nach § 31 Nr. 2 InsO. Die Abwicklung erfolgt dann nach den §§ 145 ff. Eine Aus-

---

[1] Vgl. BGH v. 16.2.1961 – III ZR 71/60, BGHZ 34, 293, 297; BFH v. 15.3.1995 – I R 82/95, ZIP 1995, 1275, 1276; *Robrecht*, DB 1968, 471, 474; *Uhlenbruck/Hirte*, § 11 Rn. 236.
[2] Vgl. MünchKommHGB/*K. Schmidt* Anh § 158 Rn. 5; MünchHdbGesR I/*Butzer/Knof*, § 85 Rn. 29 ff.; *Staub/Habersack*, § 145 Rn. 53; *Baumbach/Hopt*, § 124 Rn. 46; *Staub/Schäfer*, § 131 Rn. 36.
[3] BGH v. 8.10.1979 – II ZR 257/78, BGHZ 75, 178, 179 f.; BGH v. 24.10.1985 – VII ZR 337/84, BGHZ 96, 151, 154; *Baumbach/Hopt*, § 131 Rn. 13; *Ebenroth/Boujong/Joost/Strohn/Lorz*, § 130a Rn. 23; MünchKommHGB/*K. Schmidt*, § 131 Rn. 33.
[4] Weitergehend MünchKommHGB/*K. Schmidt*, § 131 Rn. 32: ausreichend für den Ausschlusstatbestand, wenn eine natürliche Person jenseits der zweiten Ebene unbeschränkt für die Schulden haftet.
[5] MünchHdbGesR I/*Butzer/Knof*, § 83 Rn. 42; *Ebenroth/Boujong/Joost/Strohn/Lorz*, § 131 Rn. 23.

nahme gilt für die so genannten Publikumskommanditgesellschaften. Auf diese passen – überwiegender Ansicht nach – die §§ 161 Abs. 2, 146 ff. nicht durchweg (siehe § 177 Rn. 32). Inwieweit die §§ 161, 146 ff. auch bei einer (einfachen) GmbH & Co. KG Modifizierungen erfahren, ist bislang noch nicht höchstrichterlich geklärt[1]. Zu dem Fall, dass das Insolvenzverfahren über das Vermögen der Komplementär-GmbH mangels Masse nicht eröffnet wurde, siehe unten Rn. 25. § 131 Abs. 2 S. 1 Nr. 2 ordnet eine Auflösung auch dann an, wenn eine solche Gesellschaft, wie dies nach dem nunmehr geltenden § 141a Abs. 1, 3 FGG (ab 1.9.2009: § 394 Abs. 1, 4 FamFG) vorgesehen ist, **wegen Vermögenslosigkeit** im Handelsregister **gelöscht** wird[2].

6. Weitere Auflösungsgründe?

§ 131 ist an sich als erschöpfende Aufzählung der Auflösungsgründe konzipiert[3]. Gemeint ist damit, dass auf die Auflösungsgründe des BGB nicht zurückgegriffen werden kann. Indes kommt es anerkanntermaßen auch zur Auflösung einer KG, wenn der einzige (bzw. letzte) Komplementär „wegfällt" (zum Begriff des Wegfalls siehe unten Rn. 23 f.) und weitere Kommanditisten noch vorhanden sind. Hier sind Ausscheiden (siehe unten Rn. 23) und Auflösung der Gesellschaft zu kombinieren[4]. Fällt hingegen der letzte Kommanditist weg, wandelt sich die KG in eine OHG um[5]. Scheidet ein Gesellschafter aus einer zweigliedrigen Gesellschaft aus, fallen Auflösung und Vollabwicklung der Gesellschaft zusammen (siehe Rn. 2, 29). Die Gesellschafter sind frei, zusätzliche Auflösungstatbestände in den Gesellschaftsvertrag aufzunehmen. Insbesondere können sie die in § 131 Abs. 3 genannten Gründe für ein Ausscheiden eines Gesellschafters zu Auflösungsgründen ausgestalten. Ferner müssen einige zusätzliche gesetzliche Tatbestände aus dem öffentlichen Recht (§§ 3 ff. VereinsG, § 38 Abs. 1 S. 1 KWG, evtl. § 41 Abs. 3 GWB) für eine Auflösung in Betracht gezogen werden[6]. Diese weiteren gesetzlichen Auflösungsgründe sind allesamt nicht dispositiv[7].

21

---

1 Siehe hierzu *K. Schmidt*, GmbHR 2002, 1209, 1215; *Staub/Habersack*, § 146 Rn. 13.
2 Vgl. hierzu auch *Ebenroth/Boujong/Joost/Strohn/Lorz*, § 131 Rn. 24; *MünchKommHGB/K. Schmidt*, § 131 Rn. 38 ff.
3 BGH v. 8.10.1979 – II ZR 257/78, BGHZ 75, 178, 179; BGH v. 25.11.1981 – VIII ZR 299/80, BGHZ 82, 323, 326; *Ebenroth/Boujong/Joost/Strohn/Lorz*, § 131 Rn. 26; *Baumbach/Hopt*, § 131 Rn. 6; lediglich eingeschränkt *MünchKommHGB/K. Schmidt*, § 131 Rn. 9.
4 *Baumbach/Hopt*, § 131 Rn. 36; *Staub/Schäfer*, § 131 Rn. 43; *K. Schmidt*, GesR, § 53 V 1a; *Ebenroth/Boujong/Joost/Strohn/Lorz*, § 131 Rn. 31; offen gelassen in OLG Köln v. 3.4.2001 – 25 W 2/00, NZG 2002, 87, 88.
5 *K. Schmidt*, GesR, § 53 V 1a.
6 Vgl. *Staub/Schäfer*, § 131 Rn. 45 ff.; *Ebenroth/Boujong/Joost/Strohn/Lorz*, § 131 Rn. 28; *MünchKommHGB/K. Schmidt*, § 131 Rn. 9 und 45 ff.
7 *Baumbach/Hopt*, § 131 Rn. 78.

7. Keine Auflösungsgründe

22 Nicht zu einer Auflösung kommt es bei einer **Vollbeendigung** der Gesellschaft ohne Abwicklung (Rn. 2). Auch die **Einstellung, Veräußerung oder Verpachtung des Gewerbebetriebes** führt nicht zur Auflösung (siehe aber auch oben Rn. 8)[1]. Wird die Gesellschaft dadurch zu einer GbR (vgl. § 123 Rn. 6), so existiert sie als solche weiter und gerät nicht in die Liquidation. Schließlich löst sich die Gesellschaft nicht von selbst bei Enteignung[2], Vermögenslosigkeit[3], Zweckverfehlung oder anderen vergleichbaren Hindernissen auf, auch wenn diese Umstände regelmäßig Anlass für eine Kündigung oder Auflösungsklage sein werden.

IV. Ausscheiden von Gesellschaftern

1. Vorbemerkungen

23 Das Ausscheiden eines Gesellschafters und die Fortsetzung der Gesellschaft unter den übrigen Gesellschaftern **vermeidet** die **Auflösungsfolge**. Die Regelung gilt auch für die KG. Umstritten ist, ob § 131 Abs. 3 auch in einer **bereits aufgelösten Personenhandelsgesellschaft** zum Zuge kommt. Die wohl überwiegende Ansicht bejaht dies[4] (siehe aber auch unten Rn. 29). Verdrängt werden die Ausscheidungsfolgen aber in der **Zweipersonengesellschaft**. Hier führt nämlich das Ausscheiden des einen Gesellschafters zum Erlöschen der Gesellschaft ohne Liquidation und zum Übergang des Gesellschaftsvermögens auf den verbliebenen Gesellschafter[5] (siehe oben Rn. 2, aber auch unten Rn. 29). Der ausscheidende Gesellschafter wird mithin nicht Mitglied einer Liquidationsgesellschaft[6]. Scheidet der einzige persönlich haftende Gesellschafter in einer mehrgliedrigen KG aus, kann die Gesellschaft unter den verbleibenden Kommanditisten nicht fortgeführt werden. Daher kommt es hier zur Auflösung und Abwicklung der KG (siehe oben Rn. 21). Der Gesellschaftsvertrag kann in § 131 Abs. 3 nicht aufgeführte Ausscheidensgründe vorsehen. Er kann auch anstelle der Ausscheidungsgründe in § 131 Abs. 3 S. 1

---

1 BGH v. 25.11.1981 – VIII ZR 299/80, BGHZ 82, 232, 236; BGH v. 14.12.1972 – II ZR 82/70, WM 1973, 863, 864.
2 Siehe zu Enteignung durch die ehemalige DDR OLG Zweibrücken v. 24.9.2001 – 3 W 201/01, NJW-RR 2002, 457 f.; LG Koblenz v. 19.6.2001 – 4 HAT 3/01, VIZ 2002, 316 f.
3 Siehe auch OLG Zweibrücken v. 24.9.2001 – 3 W 201/01, NJW-RR 2002, 457, 458.
4 Vgl. z.B. BGH v. 4.4.1951 – II ZR 10/50, BGHZ 1, 324, 330 (zu § 142); h.L., vgl. die Nachweise bei MünchKommHGB/*K. Schmidt*, § 131 Rn. 55; a.A. KG v. 21.4.1969 – 1 W Umw 386/68, WM 1969, 900, 901; wohl auch OLG Hamm v. 3.7.2003 – 15 W 375/02, FGPrax 2003, 235 f.; zurückhaltend: *Heymann/Emmerich*, § 138 Rn. 2; differenzierend *Staub/Schäfer*, § 131 Rn. 105 f.
5 Siehe etwa BGH v. 21.1.1957 – II ZR 147/56, WM 1957, 512, 513 f.; BGH v. 16.12.1999 – VII ZR 53/97, ZIP 2000, 229, 230; BFH v. 4.10.2006 – VIII R 7/03, DStR 2006, 2168, 2169; *Baumbach/Hopt*, § 131 Rn. 35; *Ebenroth/Boujong/Joost/Strohn/Lorz*, § 131 Rn. 30; *Bork/Jacoby*, ZGR 2005, 611, 649; MünchKommHGB/*K. Schmidt*, § 131 Rn. 46.
6 So aber *Frey/v. Bredow*, ZIP 1998, 1621, 1624; eingeschränkt auch *Staub/Schäfer*, § 131 Rn. 109 f.

Nr. 1–4 bestimmen, dass die Gesellschaft aufzulösen ist. Letzteres bietet sich insbesondere für eine Zweipersonengesellschaft an, um die (zwingende) Gesamtrechtsnachfolge des verbleibenden „Gesellschafters" zu verhindern. Um dem verbleibenden Gesellschafter dennoch die Möglichkeit zu eröffnen, das Unternehmen fortzuführen, kann die Auflösungsfolge mit einem Übernahmerecht (siehe hierzu auch § 132 Rn. 12, 15) kombiniert werden.

1. Tod eines Gesellschafters (§ 131 Abs. 3 S. 1 Nr. 1)

a) Erbnachfolge

Nach § 131 Nr. 4 a.F. war vorgesehen, dass der Tod eines Gesellschafters (in der KG der Tod eines persönlich haftenden Gesellschafters) die Gesellschaft auflöste. Danach ging der Gesellschaftsanteil auf den Erben über, der damit Mitglied der Liquidationsgesellschaft wurde[1], im Falle einer Erbengemeinschaft in ungeteilter Berechtigung der Erben[2]. Die Möglichkeit einer erbrechtlichen Haftungsbeschränkung bestand dann für die Alt- wie für Neuverbindlichkeiten[3]. Diese Regel war in der Praxis jedoch zumeist abbedungen worden, und zwar üblicherweise durch eine Nachfolgeregelung zugunsten eines oder einer Mehrzahl von Erben des verstorbenen Gesellschafters. Um der Rechtswirklichkeit entgegenzukommen, hat der Gesetzgeber daher bestimmt, dass der Tod nicht mehr zur Auflösung, sondern nur noch zum Ausscheiden des Gesellschafters bzw. seiner Erben führen soll. Die Erben rücken nicht als Gesellschafter ein und haben lediglich Anspruch auf das Abfindungsguthaben, das Gegenstand des Nachlasses wird[4]. Doch wird diese Rechtsfolge den Bedürfnissen der Praxis oft nicht entsprechen, da der Wille der Beteiligten weiterhin vielfach darauf gerichtet sein wird, das Gesellschaftsverhältnis mit dem (oder den) Erben fortzusetzen. Deshalb muss in einem solchen Falle nach wie vor Vorsorge durch Aufnahme einer **Nachfolgeregelung** im Gesellschaftsvertrag getroffen werden, um die Mitgliedschaft in der werbenden Gesellschaft vererblich zu gestalten[5].

b) Auflösung und Vollbeendigung eines beteiligten Verbandes

Überwiegender Ansicht nach ist § 131 Abs. 3 S. 1 Nr. 1 auf einen (Gesellschafter-)Verband entsprechend anzuwenden[6]. Fraglich ist nur, wann ein dem Tod natürlicher Personen vergleichbarer Tatbestand bei einem (Gesellschafter-)Verband eintritt. Nicht gleichzustellen mit dem Tod des Gesellschafters ist die bloße **Auflösung** des beteiligten (Gesellschafter-)Verbandes.

---
1 BGH v. 14.5.1986 – IVa ZR 155/84, BGHZ 98, 48, 58.
2 BGH v. 20.5.1981 – V ZB 25/79, NJW 1982, 170, 177; MünchKommBGB/*Ulmer*, § 727 BGB Rn. 10.
3 BGH v. 10.12.1990 – II ZR 256/89, BGHZ 113, 132, 134; BGH v. 6.7.1981 – II ZR 38/81, ZIP 1981, 1088, 1089; zu den Folgen einer unterbliebenen Eintragung der Auflösung im Handelsregister vgl. BGH v. 4.3.1976 – II ZR 145/75, BGHZ 66, 98, 102 f.
4 BGH v. 10.2.1977 – II ZR 120/75, BGHZ 68, 225, 229 f.
5 *Sethe*, JZ 1997, 989, 994; *K. Schmidt*, DB 1998, 61, 63 f.
6 OLG Hamm v. 30.3.2007 – 30 U 13/06, NZI 2007, 584, 587.

Letztere führt nicht zum Ausscheiden desselben. Auch die Abweisung der Insolvenzeröffnung über den (Gesellschafter-)Verband mangels Masse führt nicht zu dessen Ausscheiden[1]. Ob aber die Auflösung des einzigen „Vollhafter" in der Gesellschaft (z.B. die GmbH in einer GmbH & Co. KG) u.U. als Ausscheiden zu werten ist, ist fraglich. Die h.M. lehnt dies jedenfalls ab[2]. Abweichend hiervon ist ein Teil des Schrifttums[3] für eine Auflösung der GmbH & Co. KG auch im Falle der Auflösung ihrer Komplementärin eingetreten. Dem ist – im Hinblick auf den Rechtsgedanken in § 131 Abs. 2 – zumindest für die Fälle zuzustimmen, in denen über die Komplementär-GmbH das Insolvenzverfahren mangels Masse nicht eröffnet wurde[4]. Hier bewirkt der (Abweisungs-)Beschluss das Ausscheiden der Komplementär-GmbH und damit die Auflösung auch der KG.

26 Gleich zu behandeln mit dem Tod eines Gesellschafters ist – zumindest auf den ersten Blick – auch die **Vollbeendigung einer als Gesellschafterin beteiligten Gesellschaft oder juristischen Person**[5]. Da die Vollbeendigung jedoch voraussetzt, dass der Verband kein Vermögen hat, ist schwer vorstellbar, wie es zu einer (Voll-)Beendigung des (Gesellschafter-)Verbandes kommen kann, da ja der Gesellschaftsanteil in dessen Vermögen fällt[6]. Anders ist die Rechtslage dort, wo es zu einer liquidationslosen Vollbeendigung des (Gesellschafter-)Verbandes kommt (siehe hierzu oben Rn. 2) und der Gesellschaftsanteil nicht übertragbar ist[7].

c) Umwandlungstatbestände

27 Ein **Formwechsel** (§ 190 UmwG) bei einer als Gesellschafterin beteiligten Gesellschaft oder juristischen Person bleibt ohne Auswirkungen, da die Identität der Gesellschafterin gewahrt bleibt. Ebenso ist dies bei einer **Verschmelzung durch Aufnahme** (§ 2 UmwG) der Fall, sofern die **Gesellschafterin der aufnehmende Beteiligte** ist[8]. Ob die **übrigen** in § 2 UmwG genannten **Verschmelzungstatbestände**, die mit einem Wegfall der bisherigen Gesell-

---

1 OLG Hamm v. 30.3.2007 – 30 U 13/06, NZI 2007, 584, 587; *Baumbach/Hopt*, § 131 Rn. 22; a.A. MünchKommHGB/*K. Schmidt*, § 131 Rn. 74.
2 BGH v. 8.10.1979 – II ZR 257/78, BGHZ 75, 178, 181 f.; OLG Hamburg v. 13.7.1987 – 11 U 184/86, WM 1987, 720, 721.
3 Vor allem *K. Schmidt*, z.B. in MünchKommHGB/*K. Schmidt*, § 131 Rn. 56; dort auch w.N.; siehe auch *Ebenroth/Boujong/Joost/Strohn/Lorz*, § 131 Rn. 44.
4 *Staub/Schäfer*, § 131 Rn. 40; a.A. BGH v. 8.10.1979 – II ZR 257/78, NJW 1980, 233; OLG Hamburg v. 13.3.1987 – 11 U 184/86, DB 1987, 1244.
5 BGH v. 8.10.1979 – II ZR 257/78, BGHZ 75, 178, 182; BGH v. 12.7.1982 – II ZR 157/81, WM 1982, 974 (h.M.); OLG Hamm v. 30.3.2007 – 30 U 13/06, NZI 2007, 584, 587; *Baumbach/Hopt*, § 131 Rn. 36; *Ebenroth/Boujong/Joost/Strohn/Lorz*, § 131 Rn. 44; anderer Ansatz bei MünchKommHGB/*K. Schmidt*, § 131 Rn. 68.
6 *Staub/Schäfer*, § 131 Rn. 77; MünchKommHGB/*K. Schmidt*, § 131 Rn. 68; siehe auch OLG Hamm v. 30.3.2007 – 30 U 13/06, NZI 2007, 584, 587: im konkreten Fall hatte der (Gesellschafter-)Verband kein Kapitalanteil, siehe hierzu § 120 Rn. 12.
7 *Staub/Schäfer*, § 131 Rn. 78.
8 Siehe dazu auch BGH v. 20.9.1993 – II ZR 151/92, BGHZ 123, 289, 295 f.; *Ebenroth/Boujong/Joost/Strohn/Lorz*, § 131 Rn. 44; MünchKommHGB/*K. Schmidt*, § 131 Rn. 96.

schafterin (i.S. einer Vollbeendigung) einhergehen, zu ihrem Ausscheiden führen, ist streitig und nicht abschließend geklärt[1]. Indes wird die gesetzliche Regel in § 131 Abs. 2 S. 1 Nr. 1, die mangels anderer Vereinbarungen einen Fortbestand der Gesellschaft als werbende mit dem Erben eines Gesellschafters nicht vorsieht, im Zweifel auch der Fortsetzung des Gesellschaftsverhältnisses mit einem Nachfolgeunternehmen, welches die Mitgliedschaft als Rechtsnachfolger erworben hat, entgegenstehen und daher dessen Ausscheiden nach sich ziehen; doch kann der Gesellschaftsvertrag etwas anderes ergeben. Verneint man die Ausscheidensfolge, bleibt für die bisherigen Gesellschafter immerhin noch die Möglichkeit einer Ausschließungsklage bei Unzumutbarkeit des neuen Gesellschafters[2].

Klar ist i.Ü., dass eine **Abspaltung** oder **Ausgliederung** (§ 123 UmwG) bei einem als Gesellschafter beteiligten Unternehmen, das dabei die Mitgliedschaftsstellung behält, ohne Auswirkungen auf seine Zugehörigkeit zur Gesellschaft bleibt, während ein Wegfall des Mitgliedsunternehmens bei einer **Aufspaltung** – ebenso aber auch die **Übertragung der Mitgliedschaft** auf ein Nachfolgeunternehmen **bei einer Abspaltung** oder **Ausgliederung** – und die dabei eintretende Rechtsnachfolge der Nachfolgeunternehmen wie die zuvor erwähnten Fälle eines Wegfalls des bisherigen Gesellschafters bei einer Verschmelzung zu behandeln wären.

28

3. Insolvenz eines Gesellschafters (§ 131 Abs. 3 S. 1 Nr. 2)

a) Auswirkungen auf die Mitgliedschaft/Gesellschaft

Nach dem gesetzlichen Leitbild führt die Eröffnung des Insolvenzverfahrens über das Vermögen des Gesellschafters (einer OHG oder KG) zu dessen Ausscheiden aus der Gesellschaft. Das gilt in der KG sowohl für den Komplementär als auch für den Kommanditisten. Maßgebender Zeitpunkt ist der Erlass des Eröffnungsbeschlusses[3]. Die Anwendung von vorläufigen Sicherungsmaßnahmen im Insolvenzeröffnungsverfahren führt indessen noch nicht zum Ausscheiden desselben[4]. Wird das Insolvenzverfahren eröffnet, später aber eingestellt, bleibt hiervon die Ausscheidensfolge unberührt. Anders ist die Rechtslage, wenn der Eröffnungsbeschluss im Wege der sofortigen Beschwerde (§ 6 InsO) aufgehoben wird. Damit fällt auch der Ausscheidungsgrund rückwirkend wieder weg[5]. Umstritten ist, ob § 131 Abs. 3 S. 1 Nr. 2 auch in einer zweigliedrigen Gesellschaft zur Anwendung kommt; denn fällt infolge des § 131 Abs. 3 S. 1 Nr. 2 einer der Gesellschafter weg, kä-

29

---

1 Siehe *Staub/Schäfer*, § 131 Rn. 79 ff.; zu § 131 a.F., der noch die Auflösungsfolge vorsah, bejahend: *Schlegelberger/K. Schmidt*, § 131 Rn. 34, 46; im gegenteiligen Sinne: RGZ 123, 289, 294, 296; *Hachenburg/Ulmer*, § 60 GmbHG Rn. 116; *A. Hueck*, Das Recht der OHG, S. 347 Fn. 24.
2 *Staub/Schäfer*, § 131 Rn. 79 ff.; *MünchKommHGB/K. Schmidt*, § 131 Rn. 68; *Ebenroth/Boujong/Joost/Strohn/Lorz*, § 131 Rn. 44.
3 *Ebenroth/Boujong/Joost/Strohn/Lorz*, § 131 Rn. 45; *MünchKommHGB/K. Schmidt*, § 131 Rn. 72.
4 *Staub/Schäfer*, § 131 Rn. 88; *MünchKommHGB/K. Schmidt*, § 131 Rn. 72.
5 *Staub/Schäfer*, § 131 Rn. 87.

me es zur Gesamtrechtsnachfolge beim verbleibenden Gesellschafter und damit zur liquidationslosen Vollbeendigung der Gesellschaft. Teilweise wird nun die Ansicht vertreten, dass diese Rechtsfolge von § 131 Abs. 3 S. 1 Nr. 2 nicht gewollt sei; denn Sinn und Zweck der Regelung sei es gewesen, die Auflösungs- durch die Ausscheidungsfolgen zu ersetzen, um die Kontinuität der Gesellschaft im Falle der Gesellschafterinsolvenz zu sichern[1]. Die besseren Gründe würden daher dafür sprechen, es im Fall der Gesellschafterinsolvenz in der zweigliedrigen Personengesellschaft bei der „alten Rechtsfolge" zu belassen und dies mithilfe einer teleologischen Reduktion des § 131 Abs. 3 S. 1 Nr. 2 zu begründen[2]. Der BGH folgt dieser Ansicht zu Recht nicht[3]. Danach führt – etwa – die Eröffnung des Insolvenzverfahrens über die Komplementär-GmbH zu deren Ausscheiden mit der Folge der liquidationslosen Vollbeendigung der KG und Gesamtrechtsnachfolge durch den einzigen verbleibenden Kommanditisten[4]. Letzterer haftet jedoch – vorbehaltlich einer weitergehenden Haftung aus §§ 171 f., 25 bzw. bei Fortführung des Handelsgeschäfts – für die Schulden des Handelsgeschäfts nur mit dem ihm zugefallenen Gesellschaftsvermögen[5]. Folgt man dieser Ansicht, so stellt sich die Frage, wie zu verfahren ist, wenn die Gesellschafterinsolvenz eingetreten ist, nachdem bereits über das Gesellschaftsvermögen das Insolvenzverfahren eröffnet wurde. Hier liegt es auf den ersten Blick nahe, das Insolvenzverfahren über die Gesellschaft einzustellen, da diese ja (nach Insolvenzeröffnung) infolge Vollbeendigung nicht mehr existent ist („Horrorvision")[6]. Zwingend ist dies allerdings nicht. Zum einen stellt § 11 InsO für die Insolvenzfähigkeit auf den Zeitpunkt der Insolvenzeröffnung ab. Zum anderen kennt die InsO auch Insolvenzverfahren über Sondervermögen (vgl. § 11 Abs. 2 Nr. 2 InsO). Richtiger Ansicht nach kann daher das einmal eröffnete Verfahren über das noch vorhandene Gesellschaftsvermögen fortgeführt werden, wobei Träger dieses Sondervermögens der letzte Gesellschafter ist[7].

30 Ob und inwieweit die Gesellschafter im Gesellschaftsvertrag vom gesetzlichen Leitbild in § 131 Abs. 3 S. 1 Nr. 2 abweichen können, ist fraglich. Unstreitig kann der Gesellschaftsvertrag anordnen, dass anstelle des Ausschei-

---

1 BFH v. 4.10.2006 – VIII R 7/03, DStR 2006, 2168, 2169; *Staub/Schäfer*, § 131 Rn. 109.
2 MünchKommHGB/*K. Schmidt*, § 131 Rn. 76; MünchKommHGB/*K. Schmidt*, § 131 Rn. 76; *Staub/Schäfer*, § 131 Rn. 88a.
3 In diesem Sinne wohl auch *Ebenroth/Boujong/Joost/Strohn/Lorz*, § 131 Rn. 46.
4 BGH v. 15.3.2004 – II ZR 247/01, ZIP 2004, 1047, 1048.
5 BGH v. 15.3.2004 – II ZR 247/01, ZIP 2004, 1047, 1048; BGH v. 10.12.1990 – II ZR 256/89, BGHZ 113, 132, 134 ff.
6 So wohl BFH v. 4.10.2006 – VIII R 7/03, DStR 2006, 2168, 2170; siehe auch *K. Schmidt*, GmbHR 2002, 1209, 1214.
7 OLG Hamm v. 30.3.2007 – 30 U 13/06, NZI 2007, 584, 587 f.; LG Dresden v. 7.3.2005 – 5 T 0889/04, ZInsO 2005, 384 f.; HK-InsO/*Kirchhof*, § 11 Rn. 26; *Schmidt/Wehr*, § 11 InsO Rn. 52; *Bork/Jacoby*, ZGR 2005, 611, 630; *Albertus/Fischer*, ZInsO, 2005, 246, 249 f.; anders die Begründung bei *Gundlach/Frenzel/Schmidt*, DStR 2004, 449, 451: Gesamtrechtsnachfolge scheitert am Insolvenzbeschlag; a.A. AG Potsdam v. 1.2.2001 – 35 IN 478/00, ZIP 2001, 346.

dens des Gesellschafters die Gesellschaft aufgelöst werden soll[1]. Ob der Gesellschaftsvertrag auch bestimmen kann, dass die Gesellschafterinsolvenz als solche für die Gesellschaft „folgenlos" bleibt, ist umstritten[2]. Auf den ersten Blick könnte hiergegen sprechen, dass durch die dem Insolvenzverwalter „aufgezwungene" Mitgliedschaft die Vermögensabwicklung behindert und die Masse mit zusätzlichen Verbindlichkeiten aus § 128 belastet wird. Diese Bedenken verlieren allerdings an Gewicht, wenn man bedenkt, dass – bei entsprechender Bestimmung im Gesellschaftsvertrag – dem Insolvenzverwalter auch eine Mitgliedschaft in der Liquidationsgesellschaft „aufgenötigt" werden kann. Zudem wird man – mit Blick auf den § 135 – dem Insolvenzverwalter ein Kündigungsrecht zugestehen müssen, das jedoch nicht den Beschränkungen § 135 unterliegt[3]. Scheidet der Gesellschafter mit Insolvenzeröffnung nicht aus, wird die Mitgliedschaft (in der u.U. aufgelösten) Gesellschaft Bestandteil der Insolvenzmasse (§ 35 InsO)[4]. Die Verwaltungs- und Verfügungsbefugnis bzgl. der Mitgliedschaft geht damit grundsätzlich auf den Insolvenzverwalter über.

b) Auswirkungen auf das Insolvenzverfahren

Im Insolvenzverfahren über das Vermögen des Gesellschafters nehmen die Gesellschaftsgläubiger wegen der persönlichen Haftung des Gesellschafters mit der vollen Höhe ihrer Forderung teil (vgl. § 43 InsO), soweit über das Vermögen der Gesellschaft das Insolvenzverfahren nicht eröffnet ist (ansonsten siehe § 128 Rn. 21). Sind mehrere Gesellschafter, nicht aber die Gesellschaft insolvent geworden, kann der Gesellschaftsgläubiger ebenfalls nach § 43 InsO vorgehen[5]. Freistellungs- und Regressansprüche (siehe § 128 Rn. 10) des Gesellschafters gegen die Gesellschaft und die Mitgesellschafter werden vom Insolvenzverwalter wahrgenommen[6]. In die Insolvenzmasse fällt – wenn der Gesellschafter mit Insolvenzeröffnung aus der Gesellschaft ausscheidet (siehe Rn. 29) – der Abfindungsanspruch des Gesellschafters (§§ 105 Abs. 3, 738 BGB; zu Berechnung desselben siehe unten Rn. 43 ff.)[7]. Die Gesellschaft kann aber ungeachtet des § 96 Nr. 1 InsO mit Gegenansprüchen aufrechnen, denn der Abfindungsanspruch entsteht zwar erst im Zeitpunkt des Ausscheidens, ist aber bereits zuvor in Gestalt der den Anteilswert repräsentierenden Einlage bzw. als Anspruch auf das zukünftige Auseinandersetzungsguthaben angelegt[8].

31

---

1 Staub/Schäfer, § 131 Rn. 86; MünchHdbGesR I/Piehler/Schulte, § 74 Rn. 9.
2 MünchKommHGB/K. Schmidt, § 131 Rn. 57; MünchHdbGesR I/Piehler/Schulte, § 74 Rn. 9; a.A. Staub/Schäfer, § 131 Rn. 86; Baumbach/Hopt, § 131 Rn. 78; Uhlenbruck/Hirte, § 11 InsO Rn. 255.
3 Uhlenbruck, § 35 InsO Rn. 104.
4 Siehe auch BGH v. 14.2.1957 – VII ZR 250/56, BGHZ 23, 307, 314; OLG Rostock v. 11.9.2003 – 7 W 54/03, ZIP 2004, 44 f.
5 Kübler/Prütting/Noack, InsO GesR, Rn. 480; Staub/Schäfer, § 131 Rn. 90.
6 Sie sind auch bei der Feststellung der Insolvenzreife des Gesellschafters zu aktivieren, sofern sie werthaltig sind.
7 Staub/Schäfer, § 131 Rn. 89.
8 Staub/Schäfer, § 131 Rn. 89; MünchKommHGB/K. Schmidt, § 131 Rn. 129, siehe auch BGH v. 11.7.1988 – II ZR 281/87, NJW 1989, 453.

c) Nachlassinsolvenzverfahren

32 Ein Nachlassinsolvenzverfahren (§§ 315 ff. InsO) soll entsprechend den Erwägungen in einer Entscheidung des BGH[1] nicht zum Ausscheiden des betroffenen Gesellschafters führen. Doch ist dem richtigerweise nicht zu folgen[2], da die Lage eine Gleichbehandlung mit dem Fall eines allgemeinen Insolvenzverfahrens über das Vermögen eines Gesellschafters gebietet.

d) Nachlassverwaltung

33 Die Anordnung einer Nachlassverwaltung für einen verstorbenen Gesellschafter bewirkt **kein Ausscheiden**[3]. Doch wird dem Nachlassverwalter ein **Kündigungsrecht** entsprechend § 135 zuzugestehen sein[4].

4. Kündigung durch Gesellschafter oder Privatgläubiger (§ 131 Abs. 3 S. 1 Nr. 3, 4)

34 Die Vorschrift begründet selbst kein Kündigungsrecht, sondern regelt nur die Rechtsfolgen einer anderweitig geregelten Austrittskündigung[5]. Zum Ausscheiden eines Gesellschafters führen danach die Kündigung durch den Gesellschafter (§§ 132, 134) sowie die Kündigung durch einen seiner Privatgläubiger (§ 135). Sofern der Gesellschaftsvertrag nichts anderes bestimmt, führt auch die außerordentliche Kündigung durch einen Gesellschafter zu seinem Ausscheiden und nicht zur Auflösung der Gesellschaft. Hinzuweisen ist hier auf das Kündigungsrecht, das zugunsten eines **minderjährigen Gesellschafters bei Eintritt der Volljährigkeit** gemäß § 723 Abs. 1 S. 3 Nr. 2 BGB (i.d.F. des MHbeG vom 25.8.1998[6]) entsteht. Eine solche Kündigung ist als Austrittskündigung i.S. von § 131 Abs. 3 S. 1 Nr. 3 zu verstehen. Es wäre auch in der KG gegeben, wenn der als Kommanditist beteiligte Minderjährige noch Leistungen auf die Pflichteinlage oder auf die Haftsumme (§§ 171 Abs. 1, 172 Abs. 4) schuldet[7].

5. Sonstige im Gesellschaftsvertrag vorgesehene Fälle (§ 131 Abs. 3 S. 1 Nr. 5)

35 Es steht grundsätzlich nichts im Wege, im Gesellschaftsvertrag auch in weiteren Fällen das Ausscheiden eines Gesellschafters vorzusehen. So könnten

---

1 BGH v. 30.4.1984 – II ZR293/83, BGHZ 91, 132, 135; siehe auch *Ebenroth/Boujong/ Joost/Strohn/Lorz*, § 131 Rn. 47.
2 MünchKommHGB/*K. Schmidt*, § 131 Rn. 73; *K. Schmidt*, FS Uhlenbruck, 2000, S. 655 ff.; *Baumbach/Hopt*, § 131 Rn. 22; a.A. *Staub/Schäfer*, § 131 Rn. 88; *Ebenroth/Boujong/Joost/Strohn/Lorz*, § 131 Rn. 47.
3 BGH v. 30.3.1967 – II ZR 101/65, BGHZ 47, 293, 296 (h.M.); MünchHdbGesR I/*Piehler/Schulte*, § 74 Rn. 11.
4 Vgl. *Ulmer*, FS Schilling, 1973, S. 79, 98 f.; a.A.: *A. Hueck*, Das Recht der OHG, S. 419 Fn. 60.
5 *Ebenroth/Boujong/Joost/Strohn/Lorz*, § 131 Rn. 50.
6 BGBl. I 2487.
7 Vgl. dazu *Grunewald*, ZIP 1999, 597, 599 f.; *Ebenroth/Boujong/Joost/Strohn/Lorz*, § 131 Rn. 53.

z.B. bestimmte Gründe für eine Auflösung der Gesellschaft nach § 133, die einem Gesellschafter i.S. von § 140 zuzurechnen sind, als Tatbestand für sein Ausscheiden ausgestaltet werden. Doch wäre eine solche Abrede, wenn sie keinen wichtigen Grund voraussetzt, in aller Regel unwirksam; denn die Vorschrift bezweckt nicht die Möglichkeiten der Ausschließung von Gesellschaftern durch Gesellschaftsvertrag oder Gesellschaftsbeschluss zu erleichtern[1]. Letztlich gelten hier ähnliche Grundsätze wie für die Ausschließungsklauseln (siehe auch § 140 Rn. 23)[2].

6. Gesellschafterbeschluss (§ 131 Abs. 3 S. 1 Nr. 6)

Die Vorschrift hat im wesentlichen Bedeutung für die Fälle eines einvernehmlichen Ausscheidens eines Gesellschafters. Soll eine solche Entscheidung gegen den Willen des betroffenen Gesellschafters ergehen, so bedürfte es nicht nur einer entsprechenden Regelung im Gesellschaftsvertrag, sondern es würde – da es sich dann um eine Ausschließung handeln würde – auch auf das Vorliegen eines wichtigen Grundes ankommen (vgl. § 140 Rn. 22 f.)[3]. 36

V. Rechtsfolgen des Ausscheidens

1. Begriff des Ausscheidens

Das Ausscheiden führt zum Erlöschen der Mitgliedschaft und damit zum Ende der Mitverwaltungs- und Teilhaberechte sowie der Beteiligung am gesamthänderisch gebundenen Vermögen. § 131 Abs. 3 S. 2 stellt klar, dass das Ausscheiden des Gesellschafters mit dem Eintritt des ihn betreffenden Ereignisses wirksam wird. Bei einem Ausscheiden durch Kündigung ist der Ablauf einer in Betracht kommenden Kündigungsfrist maßgebend; in den Fällen der §§ 132 und 135 ist eine Frist von sechs Monaten vor dem Schluss des Geschäftsjahres einzuhalten. Die Rechtsfolgen des Ausscheidens (bei fortbestehendem Gesellschaftsverhältnis) richten sich über § 105 Abs. 3 nach den §§ 738–740 BGB. Diese Vorschriften bezwecken, die Stellung des ausscheidenden Gesellschafters weitestgehend derjenigen bei einer Auseinandersetzung der Gesellschaft anzugleichen[4]. 37

2. Anwachsung

Nach § 738 Abs. 1 S. 1 BGB **wächst der Anteil** des ausscheidenden Gesellschafters **den übrigen Gesellschaftern** (im Verhältnis ihrer Beteiligungsquoten) zu und vergrößert deren Anteile entsprechend. Eines besonderen Übertragungsgeschäftes bedarf es nicht. Zur Zweipersonengesellschaft vgl. Rn. 23. Das Anwachsungsprinzip ist grundsätzlich nicht dispositiv[5]. 38

---

1 RegE, BT-Drucks. 13/844, S. 65 f.
2 *Staub/Schäfer*, § 131 Rn. 99.
3 *Staub/Schäfer*, § 131 Rn. 101; *Ebenroth/Boujong/Joost/Strohn/Lorz*, § 131 Rn. 54.
4 *Ebenroth/Boujong/Joost/Strohn/Lorz*, § 131 Rn. 55.
5 *Ebenroth/Boujong/Joost/Strohn/Lorz*, § 131 Rn. 55, 57; *Baumbach/Hopt*, § 131 Rn. 39; siehe auch MünchKommHGB/*K. Schmidt*, § 131 Rn. 104.

2. Rückgabe von Gegenständen

39 Dem Ausscheidenden sind Gegenstände, die er der Gesellschaft (im Rahmen seiner Beitragspflicht) **zur Benutzung überlassen** (also nicht übereignet) hat, zurückzugeben (§ 738 Abs. 1 S. 2 BGB). Der Anspruch richtet sich gegen die Gesellschaft und wird mit dem Ausscheiden fällig[1]. Für den Untergang oder eine Verschlechterung (wozu insbesondere auch die bestimmungsgemäße Abnutzung gehört) der Gegenstände wird ein Ersatz nicht geleistet (§ 732 S. 2 BGB).

3. Schuldbefreiung

40 Von der **Haftung** für die vorhandenen **Altverbindlichkeiten** (vgl. § 128 Rn. 24 ff.) ist der Gesellschafter im Innenverhältnis **zu befreien**; bei noch nicht fälligen Schulden kann zu seinen Gunsten Sicherheit geleistet werden (§ 738 Abs. 1 S. 2, 3 BGB). Auf welche Weise die Freistellung geschieht (z.B. durch Erfüllung der Verbindlichkeit oder Entlassung des Ausgeschiedenen aus der Mithaftung mit Zustimmung des Gläubigers), bleibt den Gesellschaftern überlassen. Soweit der ausscheidende Gesellschafter Sicherheiten für Gesellschaftsschulden gestellt hat, kann er eine Enthaftung der Sicherungsgegenstände verlangen[2]. Im Außenverhältnis richtet sich die Enthaftung für Altverbindlichkeiten nach § 160. Für nach dem Zeitpunkt des Ausscheidens begründete Gesellschaftsverbindlichkeiten (Neuverbindlichkeiten) hat der Ausgeschiedene nicht einzustehen. Ist das Ausscheiden des Gesellschafters allerdings nicht nach § 143 Abs. 2 in das Handelsregister eingetragen, ist § 15 Abs. 1 zu beachten.

4. Abfindung

a) Gegenstand der Abfindung

41 Der ausscheidende Gesellschafter soll nach § 738 Abs. 1 S. 2 BGB das erhalten, **was er bei einer Auseinandersetzung zu bekommen hätte** (siehe auch oben Rn. 28). Schuldner des Anspruchs ist die Gesellschaft[3] bei zusätzlicher Haftung der verbleibenden Gesellschafter nach § 128 bzw. nach den §§ 171 f.[4] Eine dem Gesetz widersprechende Nachschusspflicht liegt hierin nicht[5]. U.U. kann aber eine nachwirkende Treuepflicht dazu führen, dass der Ausgeschiedene sich zunächst an die Gesellschaft halten muss. Gleichzeitig Ausgeschiedene haften einander nicht. In der zweigliedrigen Gesell-

---

1 *Staub/Schäfer*, § 131 Rn. 115.
2 RGZ 132, 29, 32.
3 BGH v. 15.5.1972 – II ZR 144/69, WM 1972, 1399, 1400; MünchKommHGB/*K. Schmidt*, § 131 Rn. 128; Ebenroth/Boujong/Joost/Strohn/Lorz, § 131 Rn. 65; Baumbach/Hopt, § 131 Rn. 48.
4 BGH v. 11.10.1971 – II ZR 68/68, WM 1971, 1451, 1452; OLG Frankfurt v. 6.4.2005 – 23 U 151/00, NZG 2005, 712; MünchKommHGB/*K. Schmidt*, § 131 Rn. 128.
5 MünchKommHGB/*K. Schmidt*, § 131 Rn. 28; Ebenroth/Boujong/Joost/Strohn/Lorz, § 131 Rn. 65; a.A. wohl OLG Frankfurt v. 6.4.2005 – 23 U 151/00, NZG 2005, 712.

schaft haftet der verbliebene Gesellschafter allein[1]. Der Anspruch entsteht mit dem Ausscheiden[2], ist aber schon mit Abschluss des Gesellschaftsvertrages dem Grunde nach angelegt. Der Gesellschafter kann schon vor Ausscheiden über den Anspruch verfügen[3].

b) Fälligkeit

Der mit dem Ausscheiden entstandene Anspruch wird nach früherer h.M.[4] mit der **Berechnung durch die Abschichtungsbilanz** (dazu Rn. 43) fällig, doch kann der Gesellschafter die Abfindung selbst berechnen und einfordern[5]. Teilweise wird daher von einer sofortigen Fälligkeit ausgegangen[6]. Sachgerecht ist es, für die Fälligkeit auf die **Berechenbarkeit des Anspruchs** abzustellen[7]. Die Verzinsung des Abfindungsguthabens folgt nicht aus § 353; denn der Abschluss des Gesellschaftsvertrages ist kein Handelsgeschäft (str.)[8]. Auch die Annahme einer konkludenten Verzinsungsabrede[9] erscheint problematisch[10].

42

c) Abschichtungsbilanz

Die Berechnung des Anspruchs geschieht in einer Abschichtungsbilanz (auch Auseinandersetzungs- oder Abfindungsbilanz genannt), die ihrer Natur nach eine **Vermögensbilanz der Gesellschaft** ist[11], die wiederum auf der überkommenen Substanzwertberechnung (siehe unten Rn. 48) beruht. Der sich ergebende Wert des Gesellschaftsvermögens wird dann nach dem maßgeblichen Verteilungsschlüssel rechnerisch auf die Kapitalanteile der Gesellschafter umgelegt und führt so zur Bestimmung des Abfindungsguthabens[12]. Auf die örtliche Zuständigkeit für die Klage auf Auszahlung des Abfindungsguthabens findet § 22 ZPO Anwendung, auch wenn der Gesellschafter kein „Mitglied" mehr ist. Dagegen ist in Fällen mit Auslandsbezug Art. 22 Nr. 2

43

---

1 BGH v. 8.1.1990 – II ZR 115/89, ZIP 1990, 305, 306.
2 BGH v. 19.9.1983 – II ZR 12/83, BGHZ 88, 205, 207; BGH v. 11.7.1988 – II ZR 281/87, ZIP 1988, 1545, 1546; OLG Karlsruhe v. 12.10.2006 – 9 U 34/06, NZG 2007, 423, 424; OLG Frankfurt v. 4.10.2006 – 4 U 32/06, NZG 2008, 19, 20; *Baumbach/Hopt*, § 131 Rn. 48; MünchKommHGB/*K. Schmidt*, § 131 Rn. 129; *Ebenroth/Boujong/Joost/Strohn/Lorz*, § 131 Rn. 66; *Staub/Schäfer*, § 131 Rn. 140.
3 *Ebenroth/Boujong/Joost/Strohn/Lorz*, § 131 Rn. 66; *Baumbach/Hopt*, § 131 Rn. 54.
4 Vgl. z.B. RG JW 1917, 539; *A. Hueck*, Das Recht der OHG, S. 458.
5 BGH v. 13.7.1987 – II ZR 274/86, ZIP 1987, 1314, 1315.
6 Siehe auch BGH v. 11.6.1959 – II ZR 101/58, WM 1959, 886, 887; *Ebenroth/Boujong/Joost/Strohn/Lorz*, § 131 Rn. 67.
7 MünchKommHGB/*K. Schmidt*, § 131 Rn. 129; *Baumbach/Hopt*, § 131 Rn. 54; auch *Heymann/Emmerich*, § 138 Rn. 14.
8 *Staub/Schäfer*, § 131 Rn. 142; *Ebenroth/Boujong/Joost/Strohn/Lorz*, § 131 Rn. 68.
9 So *Staub/Schäfer*, § 131 Rn. 142.
10 So zu Recht *Ebenroth/Boujong/Joost/Strohn/Lorz*, § 131 Rn. 68.
11 BGH v. 21.4.1955 – II ZR 227/53, BGHZ 17, 130, 136; BGH v. 16.12.1985 – II ZR 38/85, ZIP 1986, 301, 302.
12 BGH v. 21.4.1955 – II ZR 227/53, BGHZ 17, 131, 133; BGH v. 17.11.1955 – II ZR 42/54, BGHZ 19, 42, 47; BGH v. 23.10.2006 – II ZR 192/05, NZG 2007, 19.

EuGVVO (Art. 16 Nr. 2 LugÜ) nicht einschlägig[1]. Die Bilanz ist i.d.R. von den verbliebenen Gesellschaftern aufzustellen[2], und zwar unter ihnen in erster Linie von den geschäftsführenden Gesellschaftern[3]. Zu einer Bilanzfeststellung wie beim Jahresabschluss kommt es hier nicht (siehe unten Rn. 44); an ihre Stelle tritt die Einigung der verbliebenen Gesellschafter mit dem Ausgeschiedenen[4]. Im Streitfall ist die Frage der Bilanzrichtigkeit gerichtlich auszutragen[5], ohne dass dabei aber eine Bilanzaufstellung durch das Gericht in Betracht kommt[6]. Zur Geltendmachung eines Auseinandersetzungsguthabens bedarf es ausnahmsweise einer Auseinandersetzungsbilanz dann nicht, wenn kein zu liquidierendes Gesellschaftsvermögen mehr vorhanden ist. In einem solchen Fall kann der Gesellschafter, der für sich ein Guthaben in Anspruch nimmt, dieses unmittelbar gegen den ausgleichungspflichtigen Gesellschafter geltend machen[7].

44 Der ausgeschiedene Gesellschafter hat einen **Anspruch auf die Aufstellung der Bilanz**, der nach h.M.[8] gegen die geschäftsführenden Gesellschafter, nach anderer Auffassung[9] gegen die Gesellschaft, geltend zu machen ist; richtigerweise ist ein Klagerecht in beiden Richtungen anzunehmen[10]. Eine Stufenklage auf Bilanzaufstellung und Zahlung ist möglich[11]. Ein Anspruch auf Feststellung der (Abfindungs-)Bilanz besteht nicht, da letztere nicht Voraussetzung für die Entstehung und die Fälligkeit des Abfindungsanspruchs ist[12].

45 Zum **Informationsrecht** des ausgeschiedenen Gesellschafters gegenüber der Gesellschaft vgl. § 118 Rn. 3. Auskunftsansprüche gegen Mitgesellschafter bestehen grundsätzlich nicht, auch wenn diese für den Abfindungsanspruch haften (vgl. oben Rn. 31)[13].

---

1 OLG Hamm v. 13.11.2006 – 8 U 139/06, NZG 2007, 387 f.
2 BGH v. 1.6.1959 – II ZR 192/58, WM 1959, 856, 857; OLG Frankfurt v. 4.10.2006 – 4 U 32/06, NZG 2008, 19, 20.
3 BGH v. 1.6.1959 – II ZR 192/58, WM 1959, 856, 857; BGH v. 27.9.1979 – II ZR 31/78, WM 1979, 1330; MünchKommHGB/*K. Schmidt*, § 131 Rn. 136.
4 MünchKommHGB/*K. Schmidt*, § 131 Rn. 137; MünchKommBGB/*Ulmer*, § 738 BGB Rn. 22.
5 BGH v. 13.7.1987 – II ZR 274/86, WM 1987, 1280, 1281.
6 BGH v. 7.11.1957 – II ZR 251/56, BGHZ 26, 25, 28.
7 BGH v. 23.10.2006 – II ZR 192/05, NZG 2007, 19.
8 BGH v. 1.6.1959 – II ZR 192/58, WM 1959, 856, 857; BGH v. 27.9.1979 – II ZR 31/78, WM 1979, 1330; OLG Karlsruhe v. 25.10.2006 – 7 U 11/06, NZG 2007, 265, 268.
9 MünchKommHGB/*K. Schmidt*, § 131 Rn. 136; Baumbach/Hopt, § 131 Rn. 51.
10 *Heymann/Emmerich*, § 138 Rn. 18.
11 BGH v. 9.10.1974 – IV ZR 164/73, WM 1975, 1162, 1164.
12 OLG Karlsruhe v. 25.10.2006 – 7 U 11/06, NZG 2007, 265, 268; MünchKommHGB/*K. Schmidt*, § 131 Rn. 137.
13 MünchKommHGB/*K. Schmidt*, § 131 Rn. 130.

d) Einzelposten

Da der **Abfindungsanspruch** ein **einheitlicher Anspruch** ist, können die bis dahin im Verhältnis zwischen dem Gesellschafter und der Gesellschaft entstandenen **Einzelansprüche nicht mehr selbständig** geltend gemacht werden (Durchsetzungssperre); sie werden zu bloßen Abrechnungsposten[1]. Das gilt für die Gesellschaft ebenso wie für den ausgeschiedenen Gesellschafter. Zu unselbständigen Rechnungsposten zählen etwa Freistellungsansprüche gegen die Gesellschaft (§ 128 Rn. 12)[2]. Drittgläubigerforderungen des Gesellschafters (vgl. § 105 Rn. 75)[3] werden hingegen von der Durchsetzungssperre nicht erfasst. Tritt nämlich ein Gesellschafter der Gesellschaft wie jeder dritte Gläubiger gegenüber, ist nicht einzusehen, weshalb er anders als jeder außenstehende Gläubiger auf die Erfüllung seiner Forderung soll warten müssen, bis die Schlussabrechnung feststeht. Für den Abfindungsanspruch gelten die gleichen Grundsätze wie bei der Gesamtabrechnung in der Liquidation der Gesellschaft (dazu § 155 Rn. 9)[4]. Danach ist eine Leistungsklage auf Zahlung von Einzelbeträgen nur möglich, wenn der Gesellschafter jedenfalls Anspruch auf Auszahlung eines bezifferbaren Mindestbetrages hat[5]. Letztlich handelt es sich hierbei um die Geltendmachung des unstreitigen Teils der Gesamtforderung[6]. Auch Schulden des ausgeschiedenen Gesellschafters sind nur noch einzuziehen, wenn diesem im Ergebnis kein Abfindungsguthaben mehr zusteht[7]. Ausgenommen von der Durchsetzungssperre sind im Einzelfall auch Ansprüche aus (vorsätzlich) unerlaubter Handlung, etwa wenn der ausscheidende Gesellschafter der Gesellschaft vorsätzlich Schaden dadurch zufügt, indem er – im Hinblick auf einen Abfindungsanspruch – Geld entnimmt. Insoweit gilt § 393 BGB entsprechend[8].

Der Streit, ob bestimmte Einzelposten begründet und in die Abschichtungsbilanz aufzunehmen sind, ist durch **Feststellungsklage**, ggf. auch durch eine

---

1 BGH v. 8.12.1960 – II ZR 234/59, WM 1961, 323; BGH v. 12.11.1970 – II ZR 23/69, WM 1971, 130, 131; BGH v. 5.2.1979 – II ZR 210/76, WM 1979, 937, 938; BGH v. 9.3.1981 – II ZR 70/80, WM 1981, 487 f.; BGH v. 15.10.2007 – II ZR 136/06, ZIP 2007, 2313, 2315 ff.; OLG Karlsruhe v. 24.1.2001 – 6 U 137/00, NZG 2001, 748, 749; OLG Frankfurt v. 4.10.2006 – 4 U 32/06, NZG 2008, 19, 20; KG v. 5.3.2007 – 23 U 113/06, NZG 2006, 70, 72.
2 BGH v. 15.10.2007 – II ZR 136/06, ZIP 2007, 2313, 2315 f.
3 BGH v. 12.11.2007 – II ZR 183/06, ZIP 2008, 24, 26; BGH v. 3.4.2006 – II ZR 40/05, DStR 2006, 1238, 1239; KG v. 5.3.2007 – 23 U 113/06, NZG 2008, 70, 72; *Baumbach/Hopt*, § 131 Rn. 44; a.A. OLG Karlsruhe v. 24.1.2001 – 6 U 137/00, NZG 2001, 748, 749.
4 Vgl. z.B. BGH v. 9.12.1991 – II ZR 87/91, ZIP 1992, 245, 246; BGH v. 15.5.2000 – II ZR 6/99, ZIP 2000, 1208, 1209.
5 BGH v. 5.7.1993 – II ZR 234/92, ZIP 1993, 1307, 1309; BGH v. 24.10.1994 – II ZR 231/93, ZIP 1994, 1846; vgl. auch OLG Frankfurt v. 4.10.2006 – 4 U 32/06, NZG 2008, 19, 20; KG v. 5.3.2007 – 23 U 113/06, NZG 2008, 70, 72.
6 MünchKommHGB/*K. Schmidt*, § 131 Rn. 131; *Ebenroth/Boujong/Joost/Strohn/Lorz*, § 131 Rn. 100.
7 BGH v. 9.12.1991 – II ZR 87/91, WM 1992, 306, 307.
8 OLG Hamm v. 16.1.2003 – 27 U 208/01, NZG 2003, 677, 678.

Auskunftsklage, auszutragen[1] (siehe auch § 155 Rn. 9). Unzulässig ist aber eine Gestaltungsklage dergestalt, dass die ganze Bilanz durch das Gericht festgestellt wird[2]. U.U. kann ein im Wege der Leistungsklage eingeforderter Einzelanspruch, der der Durchsetzungssperre unterliegt (vgl. oben Rn. 46), in ein Feststellungsbegehren mit dem Inhalt umgedeutet werden, dass der Betrag in jener Form in die Bilanz einzubringen ist[3].

e) Unternehmensbewertung

48 Ziel der Bewertung im Rahmen des § 738 Abs. 1 S. 2 BGB ist es, den **wahren Wert** des Gesellschaftsvermögens am Tag des Ausscheidens zu bestimmen[4]. Maßgeblich ist also der volle wirtschaftliche Wert des Unternehmens, d.h. der so genannte **Verkehrswert**. In Bezug auf die Bewertungsmethode, um das Bewertungsziel im Wege der Schätzung zu ermitteln, ging der Gesetzgeber in § 738 Abs. 1 S. 2 BGB noch von einer Substanzwertberechnung aus[5]. Die heutige ganz h.M. sieht dagegen den **Ertragswert** des Unternehmens bei seiner Fortführung als den maßgeblichen Ausgangspunkt an[6]. Allerdings betont die Rechtsprechung i.Ü., dass eine rechtliche Bindung an eine bestimmte Bewertungsmethode nicht besteht[7]. Die Wahl der richtigen Bewertungsmethode ist allerdings – entgegen der Ansicht der Rechtsprechung – (reversible) Rechts- und nicht Tatfrage[8]. Die Ertragswertmethode geht davon aus, dass der bei einer Unternehmensveräußerung im Allgemeinen erzielbare Preis den auf den Bewertungsstichtag abgezinsten künftig zu erwartenden Gewinnen[9] entspricht. Ist der Ertragswert geringer als der Zerschlagungswert (Liquidationswert), so ist dieser maßgebend[10]. Betriebsneutrale

---

1 BGH v. 7.11.1957 – II ZR 251/56, BGHZ 26, 25, 30; BGH v. 20.9.1971 – II ZR 157/68, WM 1971, 1450; *Ebenroth/Boujong/Joost/Strohn/Lorz*, § 131 Rn. 99.
2 MünchKommHGB/*K. Schmidt*, § 131 Rn. 136; *Staub/Schäfer*, § 131 Rn. 149.
3 BGH v. 18.3.2002 – II ZR 103/01, NZG 2002, 519; KG v. 5.3.2007 – 23 U 113/06, NZG 2008, 70, 72.
4 *Ebenroth/Boujong/Joost/Strohn/Lorz*, § 131 Rn. 64, 69.
5 Vgl. *Huber*, Vermögensanteil, Kapitalanteil und Gesellschaftsanteil an Personengesellschaften des Handelsrechts, 1970, S. 321 ff.; MünchKommHGB/*K. Schmidt*, § 131 Rn. 138.
6 Siehe z.B. BGH v. 16.12.1991 – II ZR 58/91, BGHZ 116, 359, 370 f.; BGH v. 24.5.1993 – II ZR 36/92, ZIP 1993, 1160, 1162 (vgl. auch BGH v. 19.6.1995 – II ZR 58/94, ZIP 1995, 1256, 1258 zur Bilanzierung einer Beteiligung; siehe dazu *Großfeld*, EWiR 1995, 897); *Baumbach/Hopt*, § 131 Rn. 49; *Ebenroth/Boujong/Joost/Strohn/Lorz*, § 131 Rn. 69.
7 BGH v. 24.10.1990 – XII ZR 101/89, WM 1991, 283, 284; BGH v. 25.5.1993 – II ZR 36/92, ZIP 1993, 1160, 1162; OLG München v. 15.1.1988 – 14 U 572/87, BB 1988, 429, 430.
8 *K. Schmidt*, HandelsR, § 4 II 2; *Großfeld*, JZ 1981, 641 ff.; a.A. BGH v. 13.3.2006 – II ZR 295/04, DStR 2006, 1005, 1006; BGH v. 24.10.1990 – XII ZR 101/89, NJW 1991, 1547: Auswahl und Anwendung der Bewertungsmethode ist Tatfrage.
9 Dazu BGH v. 16.12.1991 – II ZR 58/91, BGHZ 116, 359, 370 f.; BGH v. 29.4.1984 – II ZR 256/83, NJW 1985, 192, 193; BGH v. 20.3.1994 – II ZR 205/94, ZIP 1995, 819, 829.
10 Vgl. BGH v. 17.1.1973 – IV ZR 142/70, WM 1973, 306, 307; BGH v. 1.7.1982 – IX ZR 34/81, NJW 1982, 2441; BayObLG v. 31.5.1995 – 3 Z BR 67/89, BB 1995, 1759, 1760; *Baumbach/Hopt*, § 131 Rn. 49; eingeschränkt OLG Düsseldorf v. 27.2.2004 –

Vermögensbestandteile, die nicht den Ertragswert des Unternehmens mitbestimmen, werden in ihrem Substanzwert erfasst[1]. Nicht sachgerecht (und daher allenfalls noch als ein nicht offenbar unrichtiges Schiedsgutachten hinzunehmen[2]) ist eine Bewertung nach dem „Stuttgarter Verfahren", das von Steuerbilanzwerten ausgeht[3].

Bewertungsstichtag ist das Wirksamwerden des Ausscheidens (§ 738 Abs. 1 S. 2 BGB, siehe aber auch § 140 Abs. 2). Doch sind bei der hierauf abgestellten Bewertung auch spätere Erkenntnisse einzubeziehen, soweit sie auf vor dem Stichtag gegebenen Umständen beruhen[4]. Soweit erforderlich, ist der Unternehmenswert durch ein Gutachten zu ermitteln; hier kommt auch ein gesellschaftsvertraglich vereinbartes Schiedsgutachten (für das die §§ 317 ff. BGB gelten[5]) in Betracht. Die nach § 738 Abs. 2 BGB zugelassene Schätzung setzt eine Herausstellung der Anknüpfungstatsachen voraus[6]. 49

5. Nachschusspflicht

Errechnet sich für den Gesellschafter kein Abfindungsguthaben, sondern ein **negativer Saldo**, so hat er den entsprechenden Betrag in das Gesellschaftsvermögen zu zahlen (§ 739 BGB). 50

6. Schwebende Geschäfte

a) Bedeutung des § 740 BGB

Der (über § 105 Abs. 3) anzuwendende § 740 BGB sieht vor, dass schwebende Geschäfte nicht in die stichtagsbezogene Berechnung der Abfindung eingehen, sondern zu einer gesonderten Abrechnung (näher dazu Rn. 57 f.) führen sollen. Hierzu ist geltend gemacht worden, dass für diese dem Substanzwertdenken verhaftete Norm kein Raum bleibt, wenn die Abfindung sich – wie grundsätzlich geboten (Rn. 48) – nach dem Ertragswert des Unternehmens bestimmt[7]. Gleichwohl bleibt die Regelung maßgeblich, soweit die **noch nicht abgewickelten Geschäfte** bei der **Ertragswertberechnung unberücksichtigt** geblieben sind[8]. 51

---

19 W 3/00, ZIP 2004, 753; offen gelassen in BGH v. 13.3.2006 – II ZR 295/04, DStR 2006, 1005, 1006.
1 Siehe z.B. OLG Düsseldorf v. 17.2.1984 – 19 W 1/81, ZIP 1984, 586, 588.
2 BGH v. 14.7.1986 – II ZR 249/85, WM 1986, 1384, 1385.
3 *Großfeld*, Unternehmens- und Anteilsbewertung, S. 33, 149 ff.
4 BGH v. 17.1.1973 – IV ZR 142/70, WM 1973, 306, 308; OLG Düsseldorf v. 17.2.1984 – 19 W 1/81, ZIP 1984, 586, 589; *Ebenroth/Boujong/Joost/Strohn/Lorz*, § 131 Rn. 74.
5 BGH v. 25.6.1952 – II ZR 104/51, BGHZ 6, 335, 339.
6 BGH v. 29.4.1984 – II ZR 256/83, NJW 1985, 192, 193.
7 Siehe z.B. *Staub/Schäfer*, § 131 Rn. 123, 125; *Ebenroth/Boujong/Joost/Strohn/Lorz*, § 131 Rn. 108; *Großfeld*, Unternehmens- und Anteilsbewertung, S. 37; MünchKommBGB/*Ulmer*, § 740 BGB Rn. 3.
8 Vgl. OLG Hamm v. 11.5.2004 – 27 U 224/03, NZG 2005, 175 f.; *K. Schmidt*, DB 1983, 2401, 2403.

b) Begriff

52 Als **schwebende Geschäfte** sind diejenigen anzusehen, an die die **Gesellschaft** schon **gebunden** ist, die aber **noch nicht erfüllt** sind[1]. Dabei genügt eine einseitige Bindung der Gesellschaft durch eine Vertragsofferte[2], ebenso ein Vorvertrag, der zum Abschluss des Hauptvertrages verpflichtet. Eine alleinige Bindung des Geschäftspartners ist dagegen ohne Belang[3].

aa) Rechtsgeschäftliche Vorgänge

53 Es muss sich ferner um rechtsgeschäftliche Geschäftsvorgänge handeln[4]. Unklar ist, ob auch anhängige **Prozesse** oder laufende **Vergleichsverhandlungen** über Angelegenheiten rechtsgeschäftlichen Ursprungs noch zu den schwebenden Geschäften zu zählen sind[5] oder ob es sich dabei jeweils um ungewisse Forderungen und Verbindlichkeiten handelt, denen bereits bei der Abfindungsbemessung zum Stichtag abschließend Rechnung zu tragen ist. Das Ertragswertprinzip (Rn. 48) legt ein Vorgehen nach der letzteren Auffassung nahe.

bb) Erwerbsgeschäfte

54 Weiter müssen **auf Erwerb gerichtete Rechtsgeschäfte** vorliegen[6]. Notwendige Ergänzungsgeschäfte, die zur Abwicklung der schwebenden Geschäfte erforderlich werden, sind dabei mitzuberücksichtigen, auch entstehende und den Gewinn beeinflussende Steuern und Abgabelasten, nicht aber sonstige (Hilfs-)Geschäfte, die nicht selbst den geschäftlichen Umsatz betreffen (z.B. Veränderungen des Anlagevermögens[7], Miete von Geschäftsräumen).

cc) Keine Dauerrechtsverhältnisse

55 Dauerrechtsverhältnisse fallen **nicht unter den Begriff der schwebenden Geschäfte**[8]. Daher sind auch Beteiligungen an anderen Unternehmen nicht einzubeziehen. Auch Dauerschuldverhältnisse scheiden hiernach aus, und zwar auch, wenn es sich um auf Erwerb gerichtete Umsatzgeschäfte handelt[9]. Gewinne und Verluste aus solchen Rechtsbeziehungen sind auf den

---

1 Vgl. etwa BGH v. 16.12.1985 – II ZR 38/85, ZIP 1986, 301, 303; *Ebenroth/Boujong/Joost/Strohn/Lorz*, § 131 Rn. 109; *Staub/Schäfer*, § 131 Rn. 126.
2 OLG Celle v. 2.6.1954 – 9 U 64/53, BB 1954, 757; *Ebenroth/Boujong/Joost/Strohn/Lorz*, § 131 Rn. 109.
3 So zu Recht MünchKommHGB/*K. Schmidt*, § 131 Rn. 135; anders *A. Hueck*, Das Recht der OHG, S. 461.
4 MünchKommBGB/*Ulmer*, § 740 BGB Rn. 4.
5 So *Heymann/Horn*, § 235 Rn. 16.
6 MünchKommBGB/*Ulmer*, § 740 BGB Rn. 4; *K. Schmidt*, DB 1983, 2401, 2404.
7 *Staub/Schäfer*, § 131 Rn. 126.
8 BGH v. 16.12.1985 – II ZR 38/85, ZIP 1986, 301, 303; BGH v. 9.6.1986 – II ZR 229/85, WM 1986, 967, 968.
9 BGH v. 16.12.1985 – II ZR 38/85, ZIP 1986, 301, 303; BGH v. 9.6.1986 – II ZR 229/85, WM 1986, 967, 968.

dd) Keine Rahmenverträge

Aus dem Gesagten folgt, dass auch Rahmenverträge **keine schwebenden Geschäfte** sind[2]. Um solche kann es sich lediglich bei den innerhalb der Rahmenvereinbarung abgeschlossenen und noch nicht abgewickelten Einzelgeschäften handeln.

56

c) Gesonderte Abrechnung

Über die schwebenden Geschäfte ist **außerhalb** der für die Abfindung maßgeblichen **Abschichtungsbilanz abzurechnen**[3]. So sind z.B. Rückstellungen im Jahresabschluss, die schwebende Geschäfte betreffen, nicht in die Abschichtungsbilanz zu übernehmen, ebensowenig bereits ausgezahlte Gewinne aus schwebenden Geschäften[4]. Auch bereits erbrachte Teilleistungen, die sich auf ein noch nicht vollständig abgewickeltes Gesamtgeschäft beziehen, sind nicht zu berücksichtigen[5].

57

Ein **Gewinnanteil aus schwebenden Geschäften ist auszukehren**, ein **Verlust auszugleichen** (vgl. § 739 BGB). Die Fälligkeit der jeweiligen Ansprüche tritt grundsätzlich zum Schluss des Geschäftsjahres nach möglicher Abrechnung ein. Dem sich ergebenden Zahlungsanspruch kann der schuldende Teil nicht entgegenhalten, eine noch im folgenden Jahr zu erwartende Abwicklung weiterer schwebender Geschäfte werde zu einer Korrektur der Zahlungspflichten führen. Vielmehr bleibt das Ergebnis weiterer schwebender Geschäfte einer selbständigen Abrechnung vorbehalten.

58

d) Rechenschaftspflicht

Der ausgeschiedene Gesellschafter kann am Schluss des Geschäftsjahres jeweils **Rechenschaft** über die abgewickelten Geschäfte **verlangen** (§ 740 Abs. 2 BGB). Das Informationsrecht eines Gesellschafters (§ 118; in der KG: § 166) steht ihm dagegen nicht mehr zu. Einsicht in Unterlagen kann er grundsätzlich nicht beanspruchen[6], es sei denn unter den Voraussetzungen der §§ 810, 242 BGB. Innerhalb der Gesellschaft trifft die Rechenschaftspflicht die geschäftsführenden Gesellschafter[7].

59

---

1 BGH v. 16.12.1985 – II ZR 38/85, ZIP 1986, 301, 303.
2 BGH v. 16.12.1985 – II ZR 38/85, ZIP 1986, 301, 303.
3 BGH v. 16.1.1969 – II ZR 115/67, WM 1969, 494; BGH v. 8.4.1976 – II ZR 203/74, WM 1976, 1027, 1030.
4 BGH v. 9.7.1959 – II ZR 252/58, WM 1959, 1034.
5 BGH v. 7.12.1992 – II ZR 248/91, ZIP 1993, 195, 196; teilw. kritisch hierzu: *Brandes*, WM 1994, 569, 574.
6 BGH v. 9.7.1959 – II ZR 252/58, WM 1959, 1034, 1035; BGH v. 8.4.1976 – II ZR 203/74, WM 1976, 1027, 1029 f.
7 BGH v. 8.12.1960 – II ZR 223/59, WM 1961, 173.

e) Abweichende Regelungen

60 Abweichende Vertragsbestimmungen über die **Beteiligung an schwebenden Geschäften**, insbesondere ein Ausschluss dieser Beteiligung, sind **möglich**[1] und verbreitet. Sie empfehlen sich auch vielfach, um die Auseinandersetzung mit dem ausgeschiedenen Gesellschafter zu vereinfachen[2].

VI. Abfindungsklauseln

1. Möglichkeiten

a) Zulässigkeit von Abfindungsbeschränkungen

61 Verbreitet sind gesellschaftsvertragliche Regelungen über die Abfindung ausscheidender Gesellschafter. Mit ihnen wird teilweise eine **Vereinfachung und Erleichterung bei der Berechnung** der Abfindung, teilweise das (legitime) Interesse an einer **Erhaltung des Bestandes der Gesellschaft** und ihrer Liquidität, mitunter auch eine Erschwerung des Ausscheidens bezweckt[3]. Da § 738 BGB dispositiv ist, sind Abfindungsbeschränkungen grundsätzlich zulässig[4], unterliegen aber zum Schutz der Gläubiger und des (ausscheidenden) Gesellschafters bestimmten Grenzen (siehe unten Rn. 65 ff.). Führt hingegen die Abfindungsregelung im Gesellschaftsvertrag zu einem Abfindungsbetrag, der den tatsächlichen Wert des Anteils deutlich übersteigt, so ist dies grundsätzlich unbedenklich[5].

62 Zu beachten ist, dass es sich bei Vereinbarungen unter den Gesellschaftern anlässlich des Ausscheidens eines von ihnen auch dann, wenn dabei von einer „Übertragung" des Gesellschaftsanteils und einem dafür zu zahlenden „Kaufpreis" die Rede ist, rechtlich um gesellschaftsrechtliche **Abfindungsvereinbarungen** handeln kann, die den dafür geltenden Regeln unterliegen[6].

b) Gegenstand von Klauseln

63 Vor allem finden sich Klauseln über die **Berechnung** der Abfindung, aber auch über die **Fälligkeit** ihrer Auszahlung (i.S. einer zeitlichen Streckung)[7], u.U. auch über einen Abfindungsausschluss.

---

1 BGH v. 14.7.1960 – II ZR 188/58, WM 1960, 1121, 1122; BGH v. 28.5.1979 – II ZR 217/78, WM 1979, 1065; siehe zu alldem *Staub/Schäfer*, § 131 Rn. 130 ff.
2 *Roolf/Vahl*, DB 1983, 1964, 1968.
3 Zu den Zielen, siehe OLG München v. 1.9.2004 – 7 U 6152/99, NZG 2004, 1055, 1056; MünchKommHGB/*K. Schmidt*, § 131 Rn. 150; *Ebenroth/Boujong/Joost/Strohn/Lorz*, § 131 Rn. 115.
4 Vgl. BGH v. 16.12.1991 – II ZR 58/91, BGHZ 116, 359, 368 (zur GmbH); *Ebenroth/Boujong/Joost/Strohn/Lorz*, § 131 Rn. 120; MünchKommHGB/*K. Schmidt*, § 131 Rn. 148 ff.
5 OLG München v. 23.3.2006 – 23 U 4425/04, NZG 2007, 143.
6 BGH v. 28.9.1995 – II ZR 87/94, ZIP 1995, 1750, 1751; *Ebenroth/Boujong/Joost/Strohn/Lorz*, § 131 Rn. 119.
7 Vgl. auch BGH v. 9.7.2001 – II ZR 205/99, NJW 2001, 3777, 3778.

Eine erhebliche Bedeutung haben unter den Regelungen zur Bemessung der 64
Abfindung die so genannten Buchwertklauseln[1]. Danach wird der ausscheidende Gesellschafter zum Buchwert seines Anteils, d.h. seines Kapitalkontos (vgl. § 120 Rn. 13 ff.) auf der Grundlage der Handels- und Steuerbilanz abgefunden. Im Gesellschaftsvermögen vorhandene **stille Reserven** sowie der **Firmenwert bleiben hingegen unberücksichtigt**, während Rücklagen und sonstige Bilanzposten mit Rücklagencharakter einzubeziehen sind[2]. Bisweilen sehen Abfindungsabreden auch eine Berechnung der Abfindung nach dem sog. „Stuttgarter Verfahren"[3] oder nach anderen Berechnungsmethoden[4] vor.

2. Rechtliche Grenzen

a) Gläubigerbenachteiligung

Abfindungsregelungen können wegen **Sittenwidrigkeit** (§ 138 BGB) einmal 65
dann nichtig sein, wenn sie einseitig die **Interessen der Gläubiger** des ausscheidenden Gesellschafters **beeinträchtigen**[5], z.B. wenn Beschränkungen der Abfindung nur bei einer Anteilspfändung, bei einer Gesellschafterinsolvenz oder bei vergleichbaren Ausscheidenstatbeständen gelten sollen und sich damit ausschließlich zu Lasten der Gesellschaftergläubiger auswirken. Ggf. kommen im Zusammenhang mit einer angestrebten Benachteiligung eines Gesellschafternachlasses auch die Möglichkeiten der §§ 2287, 2325 BGB, 129 ff. InsO[6], 1 ff. AnfG in Betracht[7]. Ein bestimmter Vollstreckungserfolg zugunsten der Gläubiger muss nicht sicher gestellt werden[8]. Der Gläubiger soll im Wege der Pfändung oder Insolvenzeröffnung lediglich keine schlechtere (aber auch keine bessere) Stellung erhalten als der Gesellschafter selbst[9]. Abfindungsbeschränkungen, die im Verhältnis zum Gesellschafter angemessen sind, hat daher auch der Gläubiger hinzunehmen[10].

---

1 *Ebenroth/Boujong/Joost/Strohn/Lorz*, § 131 Rn. 116; MünchHdbGesR I/*Piehler/Schulte*, § 76 Rn. 7 ff.
2 BGH v. 29.5.1978 – II ZR 52/77, WM 1978, 1044 f.
3 Dazu vgl. *Großfeld*, Unternehmens- und Anteilsbewertung, S. 33, 149 ff.
4 *Ebenroth/Boujong/Joost/Strohn/Lorz*, § 131 Rn. 118.
5 Vgl. etwa BGH v. 7.4.1960 – II ZR 69/58, BGHZ 32, 151, 155 f.; BGH v. 12.6.1975 – II ZB 12/73, BGHZ 65, 22, 26 (zur GmbH); *Baumbach/Hopt*, § 131 Rn. 60; MünchKommHGB/*K. Schmidt*, § 131 Rn. 160.
6 § 119 InsO findet hingegen auf Gesellschaftsverträge keine Anwendung.
7 Vgl. BGH v. 12.6.1975 – II ZB 12/73, BGHZ 65, 22, 26 ff.; HK-InsO/*Marotzke*, § 119 Rn. 9; dazu *Heckelmann*, Abfindungsklauseln in Gesellschaftsverträgen, 1973, S. 209 ff., 212 ff., 230 ff., 251 f.; MünchKommHGB/*K. Schmidt*, § 131 Rn. 163, 160; *K. Schmidt*, GesR § 50 IV 2c aa; zum Verhältnis von § 138 BGB zu den Anfechtungsvorschriften, siehe BGH v. 23.4.2002 – XI ZR 136/01, NZI 2002, 430, 432 f.
8 *Richter*, Die Abfindung ausscheidender Gesellschafter unter Beschränkung auf den Buchwert, S. 135.
9 BGH v. 12.6.1975 – II ZB 12/73, BGHZ 65, 22, 25.
10 BGH v. 12.6.1975 – II ZB 12/73, BGHZ 65, 22, 24; OLG Hamm v. 11.2.1999 – 27 U 187/98, NZG 1999, 599; vgl. auch *Richter*, Die Abfindung ausscheidender Gesellschafter unter Beschränkung auf den Buchwert, S. 136; *Bischoff*, GmbHR 1984, 61, 65.

b) Gesellschafterbenachteiligung

66 Eine Nichtigkeit nach § 138 BGB[1] tritt ferner ein, wenn die Vereinbarung einer Klausel zum Nachteil der Gesellschafter zu einer **unangemessenen Beschränkung der Abfindung** gegenüber § 738 Abs. 1 S. 2 BGB führt[2]. Hier ist eine Unwirksamkeit teilweise auch aus den §§ 723 Abs. 3 BGB, 133 Abs. 3 wegen Beeinträchtigung der Kündigungsfreiheit hergeleitet worden[3]; das ist aber teilweise auf Widerspruch gestoßen[4].

aa) Kein völliger Abfindungsausschluss

67 Ein **völliger Ausschluss** einer Abfindung ist **grundsätzlich nichtig**, selbst bei Ausschließung eines Gesellschafters aus wichtigem Grund[5]. Ein Abfindungsausschluss ist lediglich für den Erben eines mit seinem Tode ausscheidenden Gesellschafters zugelassen worden[6], also dann wenn lediglich der Abfindungsanspruch (nicht aber die Mitgliedschaft) in den Nachlass fällt. Hier wirkt nämlich die Abfindungsregelung nicht auf die geschützte Entscheidungsfreiheit der Erben ein. Darüber hinaus tragen andere Regelungen – etwa §§ 2325, 2287 BGB – der benachteiligenden Wirkung derartiger Klauseln hinreichend Rechnung[7]. Darüber hinaus dient hier der Abfindungsausschluss grundsätzlich einem legitimen Zweck, nämlich eine lebzeitigen Verfügung über den Anteilswert auf den Todesfall zu ermöglichen.

bb) Abfindungsbeschränkungen

68 Abfindungsbeschränkungen in Form von Regelungen über die Bewertung des Gesellschaftsvermögens müssen eine **angemessene Abfindung** ermöglichen[8]. Hier sind **Buchwertabfindungen** grundsätzlich zulässig, soweit sie nicht (wie praktisch allerdings häufig) zu einer Abfindung erheblich unter dem Anteilswert führen[9]. Abschläge vom Buchwert sind allerdings fragwür-

---

1 §§ 307 ff. BGB finden auf Gesellschaftsverträge im Hinblick auf § 310 Abs. 4 S. 1 BGB keine Anwendung.
2 Vgl. BGH v. 29.1.1962 – II ZR 172/60, WM 1962, 462, 463; BGH v. 29.5.1978 – II ZR 52/77, WM 1978, 1044, 1045; BGH v. 24.9.1984 – II ZR 256/83, WM 1984, 1506; BGH v. 9.1.1989 – II ZR 83/88, ZIP 1989, 770, 772; zur Rspr. der Instanzgerichte vgl. *Mecklenbrauck*, BB 2000, 2001, 2002 f.
3 So z.B. BGH v. 13.3.2006 – II ZR 295/04, DStR 2006, 1005, 1006; BGH v. 28.5.1979 – II ZR 217/78, WM 1979, 1064; vgl. auch BGH v. 7.4.2008 – II ZR 3/06, ZIP 2008, 1075, 1077; BGH v. 24.9.1984 – II ZR 256/83, WM 1984, 1506; OLG Naumburg v. 4.3.2001 – 7 U 21/00, NZG 2001, 658.
4 Vgl. bei *K. Schmidt*, GesR, § 50 IV 2c cc.
5 *Ulmer*, NJW 1979, 81, 84; MünchKommHGB/*K. Schmidt*, § 131 Rn. 63; *Baumbach/Hopt*, § 131 Rn. 63.
6 RGZ 145, 289, 294; BGH v. 22.11.1956 – II ZR 222/55, BGHZ 22, 186, 194 f.; BGH v. 14.7.1971 – III ZR 91/70, WM 1971, 1338; OLG Saarbrücken v. 28.6.1984 – 6 UF 181/82, FamRZ 1984, 794, 795; MünchKommHGB/*K. Schmidt*, § 131 Rn. 161; *K. Schmidt*, GesR, § 45 V 3b; a.A. *Heymann/Emmerich*, § 138 Rn. 41.
7 Siehe hierzu *Staudinger/v. Olshausen*, BGB, § 2325 Rn. 30 ff.
8 Siehe dazu *Ulmer*, FS Quack, 1991, S. 477 ff.
9 BGH v. 29.5.1978 – II ZR 52/71, WM 1978, 1044, 1045; BGH v. 29.5.1980 – II ZR 255/79, WM 1980, 1362, 1363; BGH v. 29.4.1984 – II ZR 256/83, WM 1984, 1056.

dig und jedenfalls bei einer Reduzierung der Abfindung auf den halben buchmäßigen Kapitalanteil unzulässig[1]. Feste Prozentsätze gibt es jedoch nicht. Die vorstehenden Grundsätze gelten – sieht man einmal vom Ausscheiden durch Tod und Unvererbbarkeit der Gesellschafterstellung ab (siehe Rn. 67) – unabhängig davon, welches der Anlass für das Ausscheiden ist (Kündigung, Ausschließung etc.)[2]. Die Grundsätze gelten auch unabhängig davon, wie der Gesellschafter den Anteil erworben hat (Gründungsmitglied oder z.B. durch Schenkung, siehe auch Rn. 70).

cc) Auszahlungsregelungen

Zulässig sind auch Regelungen über die Auszahlung der Abfindung[3]. Eine Streckung über mehr als zehn Jahre wird allerdings nicht mehr vertretbar sein[4]. Im Übrigen muss der Gesellschaftsvertrag u.U. eine angemessene Verzinsung vorsehen. 69

dd) Sonstige Gesichtspunkte

Für die Bewertung einer Regelung kann auch der **Anlass des Ausscheidens** bedeutsam sein, so dass Beschränkungen eher bei einer Ausschließung aus wichtigem Grund[5] als bei anderen Tatbeständen[6] in Betracht kommen. Im Einzelfall kann etwa die Berufung auf die Abfindungsklausel treuwidrig sein, wenn die anderen Gesellschafter durch ihr vertragswidriges Verhalten selbst erst das Ausscheiden des Gesellschafters veranlasst haben[7]. Hingegen ist eine Benachteiligung sog. „**Gesellschafter minderen Rechts**"[8] grundsätzlich nicht gerechtfertigt, so insbesondere auch nicht wegen des Umstandes, dass dem Ausgeschiedenen der Anteil geschenkt worden ist[9]. Jedoch lässt sich berücksichtigen, dass der Ertragswert einer Gesellschaft etwa das Verdienst der in der Gesellschaft verbleibenden und sie tragenden Gesellschafter ist[10]. 70

---

1 BGH v. 9.1.1989 – II ZR 83/88, ZIP 1989, 770, 771.
2 *Ebenroth/Boujong/Joost/Strohn/Lorz*, § 131 Rn. 128 f.; *Baumbach/Hopt*, § 131 Rn. 65.
3 RGZ 162, 388, 393.
4 MünchKommHGB/*K. Schmidt*, § 131 Rn. 171; MünchKommBGB/*Ulmer*, § 738 BGB Rn. 53.
5 BGH v. 9.1.1989 – II ZR 83/88, ZIP 770, 772.
6 Dazu BGH v. 29.5.1978 – II ZR 52/77, WM 1978, 1044, 1045; BGH v. 24.9.1984 – II ZR 256/83, WM 1984, 1056 f.
7 MünchKommHGB/*K. Schmidt*, § 131 Rn. 176; *K. Schmidt*, GesR, § 50 IV 2 c ee); *Ulmer/Schäfer*, ZGR 1995, 145, 147 ff.
8 Siehe etwa *Flume*, NJW 1979, 902, 903 f.; *Sigle*, ZGR 1999, 659, 672 f.
9 BGH v. 9.1.1989 – II ZR 83/88, ZIP 1989, 770, 772; siehe auch Schlegelberger/*K. Schmidt*, § 138 Rn. 72; *Ebenroth/Boujong/Joost/Strohn/Lorz*, § 131 Rn. 126; *Baumbach/Hopt*, § 131 Rn. 66.
10 BGH v. 29.5.1978 – II ZR 52/77, WM 1978, 1044, 1045.

3. Rechtsfolgen im Falle der Gesellschafterbenachteiligung

a) Anpassung einer nichtigen Abfindungsregelung

71 Benachteiligt die Abfindungsklausel den Gesellschafter von vornherein, d.h. bereits im Zeitpunkt des Vertragsschlusses vollkommen unangemessen, ist sie – ebenso wie im Falle der Gläubigerbenachteiligung[1] – von Anfang an nichtig[2]. Umstritten ist, ob im Falle der (ursprünglichen) Nichtigkeit Raum für eine geltungserhaltende Reduktion ist[3]. Überwiegend wird dies in der Literatur zu Recht kritisch bewertet[4]. Allenfalls lässt sich im Einzelfall mit einer geltungserhaltenden Vertragsauslegung arbeiten, mit deren Hilfe man dann zu einer „angemessenen Abfindung" gelangt. Hier dürften dieselben Kriterien zur Anwendung kommen wie im Rahmen der ergänzenden Vertragsauslegung bei nachträglichem Missverhältnis (siehe unten Rn. 74).

b) Nachträglich eintretende Unangemessenheit der Klausel

72 Nicht selten tritt der Fall ein, dass eine ursprünglich noch angemessene und deshalb wirksame Klausel angesichts einer erfolgreichen Unternehmensentwicklung zu einem **im Laufe der Zeit** zunehmenden Auseinanderfallen von Abfindungsanspruch und wirklichem Anteilswert führt und daher eine **angemessene Abfindung nicht mehr gewährleistet**. Dies kann namentlich bei Buchwertklauseln eintreten. Auch in diesem Fall ist der Gesellschafter, insbesondere dessen Entschließungsfreiheit, zu schützen. Feste Grenzen gibt es aber seitens der Rechtsprechung auch hier nicht[5].

aa) Unanwendbarkeit der Klausel

73 Durch ein nachträgliches Missverhältnis wird die Klausel nicht etwa unwirksam[6]. Vielmehr wird sie lediglich **im konkreten Falle unanwendbar**, und zwar nach der gegenwärtigen Linie der Rechtsprechung[7] im Wege einer an Treu und Glauben orientierten ergänzenden Vertragsauslegung, nach anderer (sachgerechter erscheinender) Auffassung aufgrund einer auf den Gesichtspunkt der unzulässigen Rechtsausübung gestützten richterlichen Aus-

---

1 BGH v. 12.6.1975 – II ZB 12/73, BGHZ 65, 22, 26; OLG Frankfurt v. 9.9.1977 – 20 W 702/76, BB 1978, 170.
2 BGH v. 16.12.1991 – II ZR 58/91, BGHZ 116, 359, 376; BGH v. 9.1.1989 – II ZR 83/88, ZIP 1989, 770, 772; MünchKommHGB/*K. Schmidt*, § 131 Rn. 168.
3 Befürwortend *K. Schmidt*, GesR, § 50 IV 2c dd; MünchKommHGB/*K. Schmidt*, § 131 Rn. 173.
4 *Staub/Schäfer*, § 131 Rn. 188; *Kort*, DStR 1995, 1963; *Baumbach/Hopt*, § 131 Rn. 73.
5 Siehe auch Nachweise bei *Ebenroth/Boujong/Joost/Strohn/Lorz*, § 131 Rn. 133.
6 So aber die frühere Rspr. (wiedergegeben in BGH v. 20.9.1993 – II ZR 104/92, BGHZ 123, 281, 283), die auf eine unzulässige Einschränkung des Kündigungsrechts abstellte.
7 BGH v. 20.9.1993 – II ZR 104/92, BGHZ 123, 281, 283; BGH v. 24.5.1993 – II ZR 36/92, ZIP 1993, 1160, 1161; ferner BGH v. 13.6.1994 – II ZR 38/93, BGHZ 126, 226, 242.

übungskontrolle[1]. Beide Lösungen werden allerdings im Ergebnis der Klauselunanwendbarkeit im Ergebnis regelmäßig konvergieren. Denn entscheidend ist stets, ob ein Festhalten an der Abfindungsregelung bei Berücksichtigung der berechtigten Interessen der Beteiligten unzumutbar ist. Zu den im Rahmen der Prüfung zu berücksichtigenden Interessen und Umstände zählt etwa die Dauer der Mitgliedschaft des Ausgeschiedenen, sein Anteil am Aufbau und Erfolg des Unternehmens sowie der Anlass des Ausscheidens[2]. Letztlich sind diese Umstände „doppelrelevant". Sie dienen nämlich auf der ersten Stufe dazu, das Missverhältnis zu begründen, und auf der zweiten Stufe dazu, den Vertrag nach den Grundsätzen von Treu und Glauben zu ergänzen (siehe sogleich Rn. 74).

bb) Ergänzende Vertragsauslegung

Bei einer unanwendbar gewordenen Regelung ist die **Höhe der Abfindung** nach der **Rechtsprechung**[3] durch eine ergänzende Vertragsauslegung auf der Grundlage von Treu und Glauben unter Berücksichtigung der beiderseitigen Interessen und aller Umstände des Einzelfalls zu ermitteln. Nicht etwa ist die Abfindung nunmehr nach dem vollen Anteilswert zu bemessen[4]. Unter den für die Abwägung bestimmenden Gesichtspunkten kommen danach vor allem in Betracht: Die konkrete Divergenz zwischen der vorgesehenen Abfindung und dem Anteilswert, die Dauer der Zugehörigkeit des Ausgeschiedenen zur Gesellschaft und sein Anteil am Aufbau des Unternehmens, der Anlass seines Ausscheidens, die tatsächliche Beeinträchtigung der Kündigungsfreiheit durch die Abfindungsklausel, das Angewiesensein des Ausgeschiedenen auf die Wertbemessung des Anteils, die Vermögens- und Liquiditätslage der Gesellschaft und die vorgesehenen Modalitäten der Auszahlung[5]. Ob für eine ergänzende Vertragsauslegung auch dann Raum ist, wenn die Gesellschafter die Entstehung des Missverhältnisses (sehenden Auges) in Kauf genommen haben, erscheint fraglich[6]. Ausschließen lässt sich wohl eine solche Anpassung durch entsprechende Formulierungen[7]

74

---

1 *Ulmer/Schäfer*, ZGR 1995, 134, 144 ff.; auch MünchKommHGB/*K. Schmidt*, § 131 Rn. 174; siehe ferner BGH v. 25.9.1980 – II ZR 255/79, WM 1980, 1362, 1363 (Hinweis auf § 242 BGB).
2 BGH v. 20.9.1993 – II ZR 104/92, BGHZ 123, 281, 286 f.; BGH v. 24.5.1993 – II ZR 36/92, ZIP 1993, 1161, 1162.
3 BGH v. 20.9.1993 – II ZR 104/92, BGHZ 123, 281, 286 f.; BGH v. 24.5.1993 – II ZR 36/92, ZIP 1993, 1160, 1162; vgl. auch BGH v. 13.6.1994 – II ZR 38/93, BGHZ 126, 226, 242.
4 BGH v. 24.5.1993 – II ZR 36/92, ZIP 1993, 1160, 1162; tendenziell anders: *Wiedemann*, WM 1992 Beil. 7, 38 ff.
5 BGH v. 20.9.1993 – II ZR 104/92, BGHZ 123, 281, 288; BGH v. 24.5.1993 – II ZR 36/92, ZIP 1993, 1160, 1162; OLG München v. 1.9.2004, 7 U 6152/99, NZG 2004, 1055, 1056.
6 Siehe hierzu *Sigle*, ZGR 1999, 659, 670 f.; *Ulmer/Schäfer*, ZGR 1995, 134, 139; *G. Müller*, ZIP 1995, 1561, 1569.
7 Siehe Formulierungsbeispiele bei *Lange*, NZG 2001, 635, 644; *Ulmer/Schäfer*, ZGR 1995, 134, 142.

kaum[1]. Hierfür spricht insbesondere der Grundsatz von Treu und Glauben.

cc) Grenz- oder Richtwerte?

75 Die damit ganz auf Herstellung einer Einzelfallgerechtigkeit abzielende Rechtsprechung bringt die Gefahr mit sich, dass es in der Praxis zu sehr unterschiedlichen und diffusen Bewertungen und somit zu Einbußen bei der Rechtssicherheit kommt. Es bietet sich daher an, statt auf eine alle Gesichtspunkte umfassende Interessenabwägung abzustellen von dem **aus der Abfindungsregelung erkennbaren Parteiwillen auszugehen**, dabei allerdings unter Außerachtlassung der mit Treu und Glauben nicht mehr vereinbaren Regelungselemente[2]. Hier steht ernsthaft zur Diskussion, ob bestimmte Grenz- oder Richtwerte für hinnehmbare Abfindungsbeschränkungen zugrunde gelegt werden können[3]; Lösungen dieser Art sind in der Rechtsprechung in anderen Zusammenhängen jedenfalls nicht unbekannt[4].

§ 132
Kündigung eines Gesellschafters

Die Kündigung eines Gesellschafters kann, wenn die Gesellschaft für unbestimmte Zeit eingegangen ist, nur für den Schluss eines Geschäftsjahres erfolgen; sie muss mindestens sechs Monate vor diesem Zeitpunkt stattfinden.

Schrifttum: *Merle*, Personengesellschaften auf unbestimmte Zeit und auf Lebenszeit, in: Festschrift Bärmann, 1975, S. 631; *Strothmann/Vieregge*, Gesellschaft und ordentliche Kündigung, in: Festschrift Oppenhoff, 1985, S. 451; *Teichmann*, Gestaltungsfreiheit in Gesellschaftsverträgen, 1970; *Ulmer*, Kündigungsschranken im Handels- und Gesellschaftsrecht, in: Festschrift Möhring, 1975, S. 295.

I. Arten der Kündigung

1 § 132 hat die **Austrittskündigung** (§ 131 Abs. 3 Nr. 3) zum Gegenstand. Gemeint ist jeweils die **ordentliche Kündigung**[5]. Für außerordentliche Kündigungen und eine Hinauskündigung anderer Gesellschafter gelten andere Regeln (vgl. dazu die Erl. zu §§ 133, 140).

---

1 OLG München v. 1.9.2004 – 7 U 6152/99, NZG 2004, 1055, 1057; *Ebenroth/Boujong/Joost/Strohn/Lorz*, § 131 Rn. 135; *K. Schmidt*, GesR, § 50 IV 2c dd.
2 Vgl. näher *Ulmer/Schäfer*, ZGR 1995, 134, 149 ff.
3 So die Vorschläge bei *Ulmer/Schäfer*, ZGR 1995, S. 152 ff.; vgl. auch *Ulmer*, ZHR 161 (1997), 102, 124.
4 Vgl. etwa die Rspr. zur regelmäßigen Nichtigkeit von Ratenkreditverträgen bei Verdoppelung der Zinsbelastung gegenüber dem Marktzins oder bei einer absoluten Zinsdifferenz von 120% (BGH v. 24.3.1988 – III ZR 30/87, BGHZ 104, 102, 105; BGH v. 13.3.1990 – XI ZR 252/89, BGHZ 110, 336, 340).
5 *Staub/Schäfer*, § 132 Rn. 1, 5.

II. Gesellschaft auf unbestimmte Zeit

Die Vorschrift setzt eine auf unbestimmte Zeit eingegangene Gesellschaft voraus. Das ist im Prinzip der **Gegenbegriff zu § 131 Abs. 1 Nr. 1** (siehe § 131 Rn. 6). Gleichwohl sind Überschneidungen möglich, so dass beide Vorschriften zum Zuge kommen können. So kann eine auf eine Höchstdauer eingegangene Gesellschaft bereits vorher nach § 132 gekündigt werden. Und ebenso kommt bei einer Mindestdauer der Gesellschaft für die hierüber hinausgehende Zeitdauer eine Kündigung nach § 132 in Frage[1].

Nach § 134 werden eine Gesellschaft, die für die **Lebenszeit** eines Gesellschafters eingegangen ist, und eine solche, die nach einer bestimmten Zeitdauer **stillschweigend fortgesetzt** wird, einer auf unbestimmte Dauer geschlossenen Gesellschaft gleichgestellt.

III. Kündigungsrecht des Gesellschafters

1. Kündigungsberechtigung

Die Kündigungsberechtigung ist höchstpersönliches und unentziehbares Recht eines jeden Gesellschafters. Das Kündigungsrecht gehört zum **Kernbereich der Mitgliedschaft**[2] und besteht unabhängig von der Geschäftsführungs- und Vertretungsbefugnis des Gesellschafters und kann nicht auf einen Dritten übertragen werden (§ 717 S. 2 BGB).

2. Kündigungserklärung

a) Erfordernisse

Die Kündigung als einseitige, empfangsbedürftige Gestaltungserklärung ist grundsätzlich **allen Gesellschaftern gegenüber** auszusprechen[3]. Eine Mitteilung allein gegenüber den geschäftsführenden Gesellschaftern genügt (vorbehaltlich anderweitiger Bestimmungen im Gesellschaftsvertrag) nur, wenn die übrigen Gesellschafter von ihr Kenntnis erlangen[4]. Sie bedarf **keiner Form**[5], wenn nicht der Gesellschaftsvertrag bestimmte Anforderungen aufstellt. Sie kann **nicht unter eine** echte **Bedingung** gestellt werden[6], wohl aber ist eine vom Willen der Mitgesellschafter abhängige Potestativbedingung zulässig[7]. Da eine konkludente Erklärung genügt, kann eine Kündigung auch in einer Klage auf Feststellung einer eingetretenen Auflösung der Gesell-

---

1 MünchKommHGB/*K. Schmidt*, § 132 Rn. 6, 10; *Staub/Schäfer*, § 132 Rn. 4.
2 OLG Hamm v. 6.11.2001 – 27 U 64/01, NJW-RR 2002, 729.
3 MünchKommHGB/*K. Schmidt*, § 132 Rn. 18; *Baumbach/Hopt*, § 132 Rn. 3; *Ebenroth/Boujong/Joost/Strohn/Lorz*, § 132 Rn. 5; *Staub/Schäfer*, § 132 Rn. 13.
4 BGH v. 11.1.1993 – II ZR 227/91, ZIP 1993, 261, 262; LG Cottbus v. 12.7.2001 – 2 O 214/01, NZG 2002, 375; *Ebenroth/Boujong/Joost/Strohn/Lorz*, § 132 Rn. 5; MünchKommHGB/*K. Schmidt*, § 132 Rn. 17.
5 *Staub/Schäfer*, § 132 Rn. 15.
6 RGZ 91, 307, 308 f.; eingeschränkt MünchKommHGB/*K. Schmidt*, § 132 Rn. 18.
7 MünchKommHGB/*K. Schmidt*, § 132 Rn. 15; *Staub/Schäfer*, § 132 Rn. 11.

schaft gesehen werden[1]. Die bloße Änderung einer Kündigung reicht aber nicht. Der kündigende Gesellschafter ist an die einmal abgegebene Kündigungserklärung gebunden und kann diese nur mit Zustimmung aller übrigen Gesellschafter zurücknehmen.

b) Kündigungsfrist

5   Die Kündigungsfrist beträgt **sechs Monate zum Schluss des Geschäftsjahres**. Die Kündigung muss daher mindestens um diese Zeit vor dem Geschäftsjahresende erklärt werden. Die Kündigungsfrist berechnet sich nach §§ 187, 193 BGB[2]. Wie aus § 723 Abs. 2 BGB hervorgeht, ist auch eine Kündigung zur Unzeit wirksam[3], verpflichtet aber ggf. zum Schadensersatz (vgl. Rn. 8).

3. Kündigungswirkungen

6   Die Kündigung führt nach § 131 Abs. 3 S. 1 Nr. 3 zum Ausscheiden des Gesellschafters, und zwar gemäß § 131 Abs. 3 S. 2 i.V.m. § 132 zum Schluss des Geschäftsjahres.

7   Ist die Kündigung im Einzelfall **missbräuchlich**, kann sie unwirksam sein[4]. Das wird aber nur unter besonderen Umständen der Fall sein[5]. Das Ziel, über die Kündigung eine Fortsetzung der Gesellschaft unter günstigeren Bedingungen zu erreichen, macht allein die Kündigung noch nicht missbräuchlich[6]. In Betracht kommt aber etwa eine eigensüchtige Interessenverfolgung unter Schädigung der Mitgesellschafter[7].

8   Sowohl bei einer hiernach **unwirksamen** als auch bei einer **trotz Unzeit wirksamen** (Rn. 5) **Kündigung** kommt jeweils eine Haftung des kündigenden Gesellschafters auf **Schadensersatz** in Frage[8].

---

1   BGH v. 3.7.1958 – II ZR 32/57, WM 1958, 1335.
2   *Ebenroth/Boujong/Joost/Strohn/Lorz*, § 132 Rn. 13; *Staub/Schäfer*, § 132 Rn. 18.
3   BGH v. 14.1.1953 – II ZR 232/52, NJW 1954, 106; MünchKommHGB/*K. Schmidt*, § 132 Rn. 16; *Baumbach/Hopt*, § 132 Rn. 5; *Ebenroth/Boujong/Joost/Strohn/Lorz*, § 132 Rn. 15.
4   Siehe z.B. RG DR 1943, 1220; OGH v. 9.3.1950 – I ZS 17/49, OGHZ 3, 250, 254; MünchKommHGB/*K. Schmidt*, § 132 Rn. 6; *Baumbach/Hopt*, § 132 Rn. 6.
5   *Staub/Schäfer*, § 132 Rn. 21; *Baumbach/Hopt*, § 132 Rn. 6; MünchKommHGB/*K. Schmidt*, § 132 Rn. 20.
6   BGH v. 28.2.1977 – II ZR 210/75, DB 1977, 1403, 1404.
7   MünchKommHGB/*K. Schmidt*, § 132 Rn. 20; MünchKommBGB/*Ulmer*, § 723 BGB Rn. 39 f.; vgl. auch BGH v. 28.1.1980 – II ZR 124/78, BGHZ 76, 352, 355 und v. 1.2.1988 – II ZR 75/87, BGHZ 103, 183, 193 ff. (zur GmbH und AG).
8   MünchKommHGB/*K. Schmidt*, § 132 Rn. 21; MünchKommBGB/*Ulmer*, § 723 BGB Rn. 37.

IV. Abweichende Vertragsregelungen

1. Erweiterungen des Kündigungsrechts

Erweiterungen und Erleichterungen der Kündigungsmöglichkeiten sind möglich. Der Rechtsausübung können nur im Einzelfall Treupflichtgesichtspunkte entgegenstehen. 9

2. Beschränkungen des Kündigungsrechts

Wird das Kündigungsrecht für eine **bestimmte Zeit** oder bis zum Erreichen eines **bestimmten Zwecks ausgeschlossen**, so kommt dies einer auf eine bestimmte Mindestzeit geschlossenen Gesellschaft, bei der für die Mindestzeit eine ordentliche Kündigung nicht möglich wäre (vgl. auch Rn. 2), die danach aber kündbar ist, gleich. Derartiges ist zulässig[1]. Nur für eine überlange Bindung, die sich als Umgehung des § 723 Abs. 3 BGB auswirkt, gilt anderes (näher dazu Rn. 15). 10

Möglich sind auch **Verlängerungen** der gesetzlichen Kündigungsfrist[2]; vgl. dazu auch § 723 Abs. 1 BGB. 11

Ferner **können die Kündigungswirkungen beschränkt werden**, so etwa durch Übernahmerechte der verbleibenden Gesellschafter (siehe aber auch unten Rn. 15)[3], ggf. auch durch Klauseln, nach denen die Gesellschaft bei Auflösung in eine Kapitalgesellschaft umzuwandeln sei[4]. Auch kann eine Kündigung durch abfindungsbegrenzende Klauseln erschwert werden (zu den dabei aber bestehenden Grenzen vgl. § 131 Rn. 67 ff.). 12

Zulässig sind auch **unterschiedliche Kündigungsbeschränkungen** für die vorhandenen Gesellschafter, sofern sie auf sachlichen Gründen beruhen[5]. 13

3. Kein Ausschluss des Kündigungsrechts

Nach § 723 Abs. 3 BGB, der auch für die Personenhandelsgesellschaft gilt, ist ein völliger Ausschluss des ordentlichen Kündigungsrechts unzulässig[6]. 14

---

1 BGH v. 17.6.1953 – II ZR 205/52, BGHZ 10, 91, 98; BGH v. 19.1.1967 – II ZR 27/65, WM 1967, 315, 316; BGH v. 13.3.2006 – II ZR 295/04, DStR 2006, 1005, 1006; MünchKommHGB/*K. Schmidt*, § 132 Rn. 25; *Staub/Schäfer*, § 132 Rn. 28; *Ebenroth/Boujong/Joost/Strohn/Lorz*, § 132 Rn. 19; *A. Hueck*, Das Recht der OHG, S. 365.
2 MünchKommHGB/*K. Schmidt*, § 132 Rn. 27; *Ebenroth/Boujong/Joost/Strohn/Lorz*, § 132 Rn. 19.
3 Vgl. z.B. RGZ 106, 128, 130 f.
4 RGZ 156, 129, 136 f.; MünchKommHGB/*K. Schmidt*, § 132 Rn. 29; *Ebenroth/Boujong/Joost/Strohn/Lorz*, § 132 Rn. 23; *A. Hueck*, Das Recht der OHG, S. 366.
5 RGZ 156, 129, 134 f.; BGH v. 18.3.1968 – II ZR 26/66, WM 1968, 532, 533; MünchKommHGB/*K. Schmidt*, § 132 Rn. 28; *Staub/Schäfer*, § 132 Rn. 26.
6 BGH v. 20.12.1956 – II ZR 166/55, BGHZ 23, 10, 15; BGH v. 24.9.1984 – II ZR 256/83, WM 1984, 1506; BGH v. 13.3.2006 – II ZR 295/04, DStR 2006, 1005, 1006; *Staub/Schäfer*, § 132 Rn. 29; *Baumbach/Hopt*, § 132 Rn. 12.

a) Regelungen mit Ausschlusswirkung

15 Unwirksam sind auch Klauseln, die das Kündigungsrecht **unzumutbar beschränken** oder **erschweren**, insbesondere einen zeitlichen Ausschluss einer Kündigungsmöglichkeit vorsehen, der einer lebenslangen Bindung gleichkommt[1]. Das ist der Fall bei einer Bindung der Gesellschafter an die Gesellschaft, die „zeitlich ganz unüberschaubar ist und infolgedessen die persönliche und wirtschaftliche Betätigungsfreiheit des Gesellschafters unvertretbar einengt"[2]. In der Praxis sind Bindungen von fünf[3] oder sogar von 15 Jahren[4] für zulässig erachtet worden. Im Einzelfall ist auch eine Bindung von 30 Jahren[5] für zulässig gehalten worden. Doch wird mit der letztgenannten Dauer die äußerste Grenze des Möglichen erreicht sein[6]. In jedem Fall lässt sich die Grenze der zulässigen Zeitbestimmung nicht generell abstrakt, sondern nur anhand des Einzelfalls unter Abwägung der Umstände beantworten. Hierbei sind die schutzwürdigen Interessen des einzelnen Gesellschafters an einer absehbaren einseitigen Lösungsmöglichkeit sowie die Struktur der Gesellschaft, die Art und das Ausmaß der für die Beteiligten aus dem Gesellschaftsvertrag folgenden Pflichten und das durch den Gesellschaftsvertrag begründete Interesse an einem möglichst langfristigen Bestand der Gesellschaft gegeneinander abzuwägen[7]. Kommen weitere belastende Momente hinzu, wird auch bei kürzerer Dauer eine Nichtigkeit der Beschränkung eintreten[8]. Folge hiervon ist, dass dann grundsätzlich nicht auf dispositives Gesetzesrecht zurückzugreifen, sondern der Vertrag anzupassen ist[9]. Eine unzumutbare Beschränkung kann auch darin bestehen, dass der im Falle einer Kündigung bestehende Abfindungsanspruch des Gesellschafters unzumutbar eingeschränkt wird (vgl. § 131 Rn. 65 ff.). Eine unzumutbare Beschränkung liegt u.U. dann vor, wenn der Gesellschaftsvertrag ein Übernahmerecht des anderen Teils auch für den Fall vorsieht, dass der Gesellschafter die Auflösung der Gesellschaft durch berechtigte außerordentliche Kündigung herbeiführt[10].

b) Abtretungsklauseln u.a.

16 Das Verbot des § 723 Abs. 3 BGB kommt nach verbreiteter und zutreffender Auffassung nicht zum Zuge, wenn der Ausschluss oder die Beschränkung des Kündigungsrechts durch **angemessene und zumutbare Abtretungs-, An-**

---

1 *K. Schmidt*, GesR, § 50 II 4c; MünchKommHGB/*K. Schmidt*, § 132 Rn. 33; Ebenroth/Boujong/Joost/Strohn/*Lorz*, § 132 Rn. 25; MünchKommBGB/*Ulmer*, § 723 BGB Rn. 65.
2 BGH v. 18.9.2006 – II ZR 137/04, NJW 2007, 295, 296.
3 BGH v. 13.3.2006 – II ZR 295/04, DStR 2006, 1005, 1006.
4 RGZ 156, 129, 134 f.
5 BGH v. 19.1.1967 – II ZR 27/65, WM 1967, 315, 316; a.A. BGH v. 18.9.2006 – II ZR 137/04, NJW 2007, 295, 296 (für Rechtsanwalt).
6 So zu Recht *K. Schmidt*, GesR, § 50 II 4c bb.
7 BGH v. 16.10.2006 – II ZB 32/05, NJW 2007, 295, 296.
8 RGZ 156, 129, 135; *K. Schmidt*, GesR, § 50 II 4c bb.
9 BGH v. 18.9.2006 – II ZR 137/04, NJW 2007, 295, 297.
10 BGH v. 7.5.2007 – II ZR 281/05, DStR 2007, 1216, 1219.

dienungs- oder Umwandlungsregelungen kompensiert wird und dem Gesellschafter auf diese Weise eine Lösung seiner gesellschafterlichen Bindung ermöglicht wird[1].

c) Rechtsfolgen unzulässiger Regelungen

Ein unzulässiger Ausschluss oder eine unzumutbare Beschränkung des Kündigungsrechts hat die rechtliche **Unwirksamkeit** der Regelung zur Folge. Ob in diesen Fällen Raum für die Anerkennung einer Kündigungsbeschränkung in zumutbaren Grenzen bleibt, ist dann eine Frage der **Vertragsauslegung und -anpassung**[2], evtl. einer geltungserhaltenden Reduktion[3]. Lässt sich das nicht bejahen, verbleibt es bei der Anwendung des § 132. 17

§ 133
Auflösung durch Gerichtsentscheidung

(1) Auf Antrag eines Gesellschafters kann die Auflösung der Gesellschaft vor dem Ablaufe der für ihre Dauer bestimmten Zeit oder bei einer für unbestimmte Zeit eingegangenen Gesellschaft ohne Kündigung durch gerichtliche Entscheidung ausgesprochen werden, wenn ein wichtiger Grund vorliegt.

(2) Ein solcher Grund ist insbesondere vorhanden, wenn ein anderer Gesellschafter eine ihm nach dem Gesellschaftsvertrag obliegende wesentliche Verpflichtung vorsätzlich oder aus grober Fahrlässigkeit verletzt oder wenn die Erfüllung einer solchen Verpflichtung unmöglich wird.

(3) Eine Vereinbarung, durch welche das Recht des Gesellschafters, die Auflösung der Gesellschaft zu verlangen, ausgeschlossen oder diesen Vorschriften zuwider beschränkt wird, ist nichtig.

Übersicht

	Rn.		Rn.
I. Anwendungsbereich	1	2. Auflösungsgründe	
II. Wichtiger Grund		a) Schuldhafte Pflichtverletzungen	6
1. Voraussetzungen		aa) Gewicht des Pflichtverstoßes	7
a) Unzumutbarkeit der Fortsetzung	4	bb) Kasuistik	9
b) Verhältnismäßigkeit der Auflösungsfolge	5	cc) Unzumutbarkeitsfolge	11

---

1 Vgl. im Einzelnen MünchKommHGB/*K. Schmidt*, § 132 Rn. 31; *Staub/Schäfer*, § 132 Rn. 30 f.; *Ebenroth/Boujong/Joost/Strohn/Lorz*, § 132 Rn. 27; *H.P. Westermann*, Vertragsfreiheit und Typengesetzlichkeit im Recht der Personengesellschaften, 1970, S. 240 (teilw. streitig).
2 BGH v. 19.1.1967 – II ZR 27/65, WM 1967, 315, 316.
3 BGH v. 19.9.1988 – II ZR 329/87, BGHZ 105, 213, 221; auch BGH v. 5.6.1989 – II ZR 227/88, BGHZ 107, 351, 358.

	Rn.		Rn.
b) Pflichtverstöße ohne Verschulden	13	c) Verbindung von Klagebegehren	19
c) Unmöglichwerden von Pflichten	14	2. Gerichtliche Entscheidung a) Gestaltungsurteil	20
d) Gründe im Zustand der Gesellschaft	15	b) Einstweiliger Rechtsschutz, Schiedsverfahren	21
3. Wegfall von Gründen	16	**IV. Abweichende Vertragsgestaltungen**	
III. Verfahren		1. Geltungsbereich des § 133 Abs. 3	22
1. Klagevoraussetzungen a) Gestaltungsklage, Mitwirkung der Gesellschafter	17	2. Auflösungsgründe	23
b) Ausscheidende Gesellschafter	18	3. Auflösungskündigung	24

Schrifttum: *Mayer*, Zur Mitwirkungspflicht beim Ausschluss von Personengesellschaftern, BB 1992, 1497; *K. Schmidt*, Mehrseitige Gestaltungsprozesse bei Personengesellschaften, 1992; *Schöne*, Gesellschafterausschluss bei Personengesellschaften, 1993; *Stauf*, Der wichtige Grund bei der personengesellschaftlichen Auflösungs- und Ausschließungsklage, 1980. Siehe i.Ü. die Angaben zu § 117.

I. Anwendungsbereich

1 § 133 regelt die Möglichkeit, eine Gesellschaft – sei sie auf eine bestimmte oder auf eine unbestimmte Zeit eingegangen – aus wichtigem Grund durch gerichtliche Entscheidung aufzulösen. Dies kommt jedoch nicht für eine Gesellschaft in Betracht, die nach gesellschaftsvertraglicher Regelung jederzeit durch fristlose Kündigung aufgelöst werden kann[1], und zwar auch dann nicht, wenn das Kündigungsrecht von einem wichtigen Grund abhängt[2].

2 Die Vorschrift gilt auch für eine **fehlerhafte Gesellschaft**[3]. Dabei stellt die Fehlerhaftigkeit grundsätzlich einen wichtigen Grund für die Auflösung dar[4].

3 Die h.M. verneint die Klagemöglichkeit, wenn die Gesellschaft **bereits aufgelöst** ist[5]. Demgegenüber wird aber zu Recht darauf hingewiesen, dass ein anderer Auflösungstatbestand einer Auflösungsklage nur dann entgegensteht, wenn er definitiv feststeht[6]. Nach Vollbeendigung ist § 133 unanwendbar.

---

1 OGH v. 7.7.1949 – I ZS 4/49, OGHZ 2, 253, 258; *A. Hueck*, Das Recht der OHG, S. 373.
2 BGH v. 17.12.1960 – II ZR 32/59, BGHZ 31, 295, 300; BGH v. 3.10.1957 – II ZR 150/56, WM 1957, 1406, 1407.
3 BGH v. 15.6.1951 – V ZR 46/50, BGHZ 3, 285, 290.
4 BGH v. 15.6.1951 – V ZR 46/50, BGHZ 3, 285, 290; auch BGH v. 30.3.1967 – II ZR 101/65, BGHZ 47, 293, 300 f.
5 *Staub/Schäfer*, § 133 Rn. 9; *Heymann/Emmerich*, § 133 Rn. 2.
6 MünchKommHGB/*K. Schmidt*, § 133 Rn. 5; *Ebenroth/Boujong/Joost/Strohn/Lorz*, § 133 Rn. 3; *Baumbach/Hopt*, § 133 Rn. 3.

II. Wichtiger Grund

1. Voraussetzungen

a) Unzumutbarkeit der Fortsetzung

Ein wichtiger Grund setzt voraus, dass zumindest einem Teil der Gesellschafter **wegen der Beeinträchtigung des Gesellschaftszwecks** die Fortsetzung der Gesellschaft unzumutbar ist, weil die Grundlage für ein sinnvolles Zusammenarbeiten in der Gesellschaft entfallen ist[1]. Der wichtige Grund ist ein prognostischer Tatbestand, wobei Umstände in der Vergangenheit immer nur Indikatoren für die auf die Zukunft bezogene Wertung der Unzumutbarkeit sind[2]. Dabei können aber auch länger zurückliegende Umstände, wenn sie für sich allein eine Auflösung nicht gerechtfertigt hätten oder wenn sie nicht mehr selbständig geltend gemacht werden können (Rn. 16), später eintretende Gründe verstärken und unterstützen[3]. Voraussetzung ist aber, dass die in der Vergangenheit liegenden Umstände Rückschlüsse auf die Zukunft zulassen. Der Rückgriff auf Umstände in der Vergangenheit kann unter den Gesichtspunkten Verzicht, Verteilung oder Verwirkung verwehrt sein (Rn. 16).

4

b) Verhältnismäßigkeit der Auflösungsfolge

Ebenso wie bei den Klagen der §§ 117 und 127 (vgl. § 117 Rn. 8, § 127 Rn. 4) gilt der **Grundsatz der Verhältnismäßigkeit** und des **geringstmöglichen Eingriffs**. Die Auflösung ist ultima ratio[4]. Daher haben weniger einschneidende Maßnahmen, unter denen eine Fortsetzung der Gesellschaft zumutbar bliebe und die durchzusetzen wären, den Vorrang, z.B. die Entziehung der Geschäftsführungs- oder Vertretungsbefugnis, ggf. auch die Ausschließung eines Gesellschafters[5]. Auf ein eigenes Austrittsrecht kann ein klagender Gesellschafter allerdings nur verwiesen werden, wenn dies für ihn zumutbar ist (vgl. insoweit zur Publikumsgesellschaft § 161 Rn. 111). Ggf. kommt auch die Möglichkeit einer angebotenen und zumutbaren Vertragsänderung in Betracht[6]. Grundsätzlich sind die Anforderungen an die Intensität der Stö-

5

---

1 BGH v. 30.11.1951 – II ZR 109/51, BGHZ 4, 108, 113; MünchKommHGB/*K. Schmidt*, § 133 Rn. 11; *Ebenroth/Boujong/Joost/Strohn/Lorz*, § 133 Rn. 4; *Staub/Schäfer*, § 133 Rn. 10.
2 MünchKommHGB/*K. Schmidt*, § 133 Rn. 12; *Staub/Schäfer*, § 133 Rn. 13.
3 Siehe dazu BGH v. 27.10.1955 – II ZR 310/53, BGHZ 18, 350, 359; BGH v. 3.7.1961 – II ZR 74/60, WM 1961, 886, 887; OLG Nürnberg v. 27.3.1958 – 3 U 227/54, WM 1958, 710, 713.
4 MünchKommHGB/*K. Schmidt*, § 133 Rn. 13.
5 Vgl. etwa BGH v. 30.11.1951 – II ZR 109/51, BGHZ 4, 108, 111 f.; BGH v. 14.5.1952 – II ZR 40/51, BGHZ 6, 113, 116 f.; BGH v. 27.10.1955 – II ZR 310/53, BGHZ 18, 350, 362 ff.; BGH v. 29.1.1968 – II ZR 126/66, WM 1968, 430, 431 f.; BGH v. 28.4.1975 – II ZR 49/73, WM 1975, 769, 770.
6 BGH v. 29.1.1968 – II ZR 126/66, WM 1968, 430, 432; BGH v. 28.4.1975 – II ZR 49/73, WM 1975, 769, 770.

rung umso höher anzusetzen, je größer die durch die Auflösung gefährdeten wirtschaftlichen Werte sind[1].

2. Auflösungsgründe

a) Schuldhafte Pflichtverletzungen

6 § 133 Abs. 2 nennt als Beispielsfall zunächst die schuldhafte Verletzung **wesentlicher Pflichten** aus dem Gesellschaftsverhältnis durch einen Mitgesellschafter.

aa) Gewicht des Pflichtverstoßes

7 Die verletzte Pflicht darf **nicht** nur einen **unbedeutenden Geschäftsbereich** betreffen[2]; doch kann bei Wiederholungsgefahr, insbesondere nach erfolgloser Abmahnung, eine andere Bewertung möglich sein[3]. Das Gewicht der Verfehlung hängt auch von der **Stellung des Gesellschafters** innerhalb der Gesellschaft ab[4]. Da **alle Umstände des Einzelfalls** zu berücksichtigen sind, können der Schadensumfang, das Alter des Gesellschafters, frühere Verdienste sowie das Verhalten anderer Gesellschafter den Vorwurf mildern oder verschärfen[5]. Die Pflichtverletzung muss in jedem Fall zu einer Zerstörung oder Zerrüttung der Vertrauensgrundlage unter den Gesellschaftern geführt haben und die Fortsetzung der Gesellschaft unzumutbar machen.

8 Waren die **Mitgesellschafter** mit dem Pflichtverstoß **einverstanden**, können sie sich regelmäßig nicht auf ihn berufen[6].

bb) Kasuistik

9 **Im Einzelnen** kommen als **Pflichtwidrigkeiten** in Betracht[7]: Straftaten[8], Veruntreuungen und Unredlichkeiten[9], ein sonstiges illoyales oder treuwidriges

---

1 *Ebenroth/Boujong/Joost/Strohn/Lorz*, § 133 Rn. 12; MünchKommHGB/*K. Schmidt*, § 133 Rn. 26.
2 BGH v. 18.10.1965 – II ZR 232/63, WM 1966, 29, 31.
3 Siehe etwa BGH v. 18.10.1965 – II ZR 232/63, WM 1966, 29, 31; BGH v. 17.12.1969 – II ZR 116/67, MDR 1969, 555; BGH v. 28.4.1975 – II ZR 16/73, WM 1975, 774, 775.
4 BGH v. 3.7.1961 – II ZR 74/60, WM 1961, 886, 887; BGH v. 9.11.1972 – II ZR 30/70, WM 1973, 11, 12.
5 Vgl. etwa BGH v. 30.11.1951 – II ZR 109/51, BGHZ 4, 108, 117; BGH v. 18.10.1965 – II ZR 232/63, WM 1966, 29, 31.
6 BGH v. 17.12.1960 – II ZR 32/59, BGHZ 31, 295, 307; BGH v. 13.1.1958 – II ZR 136/56, WM 1958, 216.
7 MünchKommHGB/*K. Schmidt*, § 133 Rn. 27 ff.
8 BGH v. 3.7.1961 – II ZR 74/60, WM 1961, 886, 888; BGH v. 14.6.1999 – II ZR 193/98, ZIP 1999, 1355, 1356.
9 RG JW 1935, 2490; RG SeuffA 67, 412, 413 f.; BGH v. 14.5.1952 – II ZR 40/51, BGHZ 6, 113, 116 f.; BGH v. 13.1.1958 – II ZR 136/56, WM 1958, 216, 217.

Verhalten[1], insbesondere Wettbewerbsverstöße[2], Verletzungen der Pflicht zur Geschäftsführung und zur Mitarbeit[3], Kompetenzüberschreitungen und andere Eigenmächtigkeiten von Gewicht[4], Verstöße gegen Informationspflichten[5]. Auch die Verweigerung geschuldeter Einlagen kann u.U. Bedeutung erlangen[6], ferner kommen Beleidigungen (auch Tätlichkeiten) gegenüber Mitgesellschaftern in Frage[7].

Liegt ein **erhärteter Verdacht** einer in Betracht kommenden Pflichtwidrigkeit vor, kann dieser bereits ein Auflösungsbegehren begründen[8]. Ein Fehlverhalten im **privaten Bereich** kann dann relevant werden, wenn es sich gegen einen anderen Gesellschafter richtet oder sich zum Schaden der Gesellschaft auswirkt[9]. 10

cc) Unzumutbarkeitsfolge

Der Pflichtenverstoß muss die **Vertrauensgrundlage** zwischen den Gesellschaftern **zerrüttet** bzw. zerstört und dadurch die **Fortsetzung der Gesellschaft unzumutbar** gemacht haben[10]. Auf die Zerrüttungsfolge braucht sich ein Verschulden nicht zu erstrecken[11]. Umgekehrt kann es von Einfluss auf die Frage der Zumutbarkeit sein, wenn dem Auflösungskläger eigene Pflichtverletzungen entgegenzuhalten sind[12]. Trägt er gar die überwiegende Verantwortung für die Zerrüttung oder hat er einen Grund für den eigenen Ausschluss gesetzt, entfällt nach h.M. das Recht auf Auflösung der Gesell- 11

---

1 BGH v. 30.11.1951 – II ZR 109/51, BGHZ 4, 108, 113 ff.; BGH v. 25.1.1960 – II ZR 22/59, BGHZ 32, 17, 32 ff.; BGH v. 23.2.1981 – II ZR 229/79, BGHZ 80, 346, 350 (zur GmbH); BGH v. 17.9.1964 – II ZR 136/62, WM 1964, 1188, 1190 8 f.; BGH v. 23.11.1967 – II ZR 183/66, WM 1968, 221, 222; BGH v. 25.2.1985 – II ZR 99/84, WM 1985, 997, 998.
2 OLG Stuttgart v. 15.6.1961 – 2 U 81/61, DB 1961, 1644.
3 RG JW 1927, 1350, 1351; BGH v. 20.12.1962 – II ZR 79/61, WM 1963, 282, 283; BGH v. 6.2.1964 – II ZR 4/62, WM 1964, 419, 420; BGH v. 11.7.1966 – II ZR 215/64, WM 1966, 857 3 f.
4 BGH v. 15.12.1958 – II ZR 131/57, WM 1959, 134, 135; BGH v. 17.9.1964 – II ZR 36/62, WM 1964, 1188, 1190 1 f.; BGH v. 18.11.1974 – II ZR 107/73, WM 1975, 329, 330; BGH v. 28.6.1993 – II ZR 119/92, NJW-RR 1993, 1123, 1124 f.
5 BGH v. 28.6.1993 – II ZR 119/92, NJW-RR 1993, 1123, 1124 f.
6 BGH v. 17.2.1969 – II ZR 116/67, WM 1969, 526, 527; BGH v. 8.7.1976 – II ZR 34/75, WM 1976, 1030, 1032.
7 BGH v. 8.7.1976 – II ZR 34/75, WM 1976, 1030, 1032.
8 RG JW 1927, 1684 (zur GmbH); BGH v. 17.12.1960 – II ZR 32/59, BGHZ 31, 295, 304 f.; BGH v. 26.10.1970 – II ZR 4/69, WM 1971, 20, 22.
9 BGH v. 30.11.1951 – II ZR 109/51, BGHZ 4, 108, 113 5 f.; BGH v. 9.11.1972 – II ZR 30/70, WM 1973, 11 f.
10 BGH v. 30.11.1951 – II ZR 109/51, BGHZ 4, 108, 113; BGH v. 23.1.1967 – II ZR 166/65, BGHZ 46, 392, 396 f.
11 BGH v. 20.12.1962 – II ZR 79/61, WM 1963, 282, 283; BGH v. 28.4.1975 – II ZR 49/73, WM 1975, 769, 770.
12 BGH v. 30.11.1951 – II ZR 109/51, BGHZ 4, 108, 111; BGH v. 23.1.1967 – II ZR 166/65, BGHZ 46, 392, 396 f.

schaft[1]. Gleichwohl kann richtigerweise auch in solchen Fällen der objektive Tatbestand der Zerrüttung die Auflösung unumgänglich machen[2].

12 Die Unzumutbarkeit einer Fortsetzung der Gesellschaft hängt darüber hinaus von **weiteren Momenten** ab. Hier kann vor allem die bisherige Bestandsdauer der Gesellschaft eine Rolle spielen[3] sowie die Folgen der mit einer Auflösung verbundenen Vernichtung von Werten[4], aber auch, wie die Auflösung die einzelnen Gesellschafter trifft[5].

b) Pflichtverstöße ohne Verschulden

13 Neben dem in § 133 Abs. 2 angeführten Tatbestand der schuldhaften Pflichtverletzung kann auch ein nicht schuldhafter Pflichtenverstoß eine Auflösung begründen, sofern er im Ergebnis eine **Fortsetzung der Gesellschaft unzumutbar** macht. Allerdings wird ein schuldhafter Verstoß regelmäßig ein größeres Gewicht als ein nicht verschuldeter haben[6].

c) Unmöglichwerden von Pflichten

14 § 133 Abs. 2 führt ferner das Unmöglichwerden einer wesentlichen gesellschafterlichen Verpflichtung auf. Hierfür kommt es nicht darauf an, bei welchem der Gesellschafter (ggf. auch beim Kläger) die Unmöglichkeit eintritt[7]. Als Möglichkeiten dieser Art kommen in Betracht[8]: Der Eintritt einer Arbeitsunfähigkeit bei einem Gesellschafter oder eine sonstige dauerhafte Verhinderung an einer Mitarbeit[9], nicht ohne weiteres aber Erkrankungen oder Entwicklungen, die zur Geschäftsunfähigkeit des Gesellschafters führen[10]. Auch der wirtschaftliche Zusammenbruch eines Gesellschafters kann hier Bedeutung erlangen[11].

---

1 BGH v. 23.2.1981 – II ZR 229/79, BGHZ 80, 346, 348 (zur GmbH); BGH v. 11.7.1966 – II ZR 147/64, WM 1966, 1051.
2 So zu Recht MünchKommHGB/K. Schmidt, § 133 Rn. 25; Staub/Schäfer, § 133 Rn. 22; siehe auch BGH v. 20.12.1962 – II ZR 79/61, WM 1963, 282, 283.
3 Vgl. etwa BGH v. 17.2.1962 – II ZR 79/61, WM 1963, 282, 283; BGH v. 18.11.1974 – II ZR 107/73, WM 1975, 329, 331; BGH v. 14.7.1976 – IV ZR 36/75, WM 1976, 1032.
4 BGH v. 5.12.1963 – II ZR 39/63, WM 1964, 201.
5 BGH v. 29.1.1968 – II ZR 126/66, WM 1968, 430, 431.
6 BGH v. 28.4.1975 – II ZR 16/73, WM 1975, 774, 775; BGH v. 18.10.1976 – II ZR 98/75, WM 1977, 500, 502; MünchKommHGB/K. Schmidt, § 133 Rn. 23; Baumbach/Hopt, § 133 Rn. 8; Ebenroth/Boujong/Joost/Strohn/Lorz, § 133 Rn. 10.
7 Vgl. MünchKommHGB/K. Schmidt, § 133 Rn. 36; Staub/Schäfer, § 133 Rn. 39; Baumbach/Hopt, § 133 Rn. 8.
8 MünchKommHGB/K. Schmidt, § 133 Rn. 38 ff.
9 RG JW 1900, 413, 414; BGH v. 2.5.1985 – III ZR 4/84, BGHZ 94, 248, 256 ff.; OGH v. 1.12.1949 – I ZS 37/49, NJW 1950, 184.
10 RG JW 1933, 98.
11 RG LZ 1914, 1036, 1037.

d) Gründe im Zustand der Gesellschaft

Zur Auflösung können im Übrigen Gründe führen, die das **Gesellschaftsverhältnis** selbst **betreffen**. Abgesehen von der Fehlerhaftigkeit der Gesellschaft (Rn. 2) können hier etwa die Unmöglichkeit der Zweckerreichung oder ein Zweckwegfall[1], sodann eine anders nicht behebbare dauerhafte Unrentabilität der ausgeübten Unternehmenstätigkeit[2] Bedeutung erlangen.

3. Wegfall von Gründen

Die Berufung auf einen entstandenen Auflösungsgrund kann entfallen bei Verzicht der Gesellschafter[3], bei Eintritt eines Verwirkungstatbestandes[4], bei nachträglicher Billigung eines Fehlverhaltens[5], evtl. auch bei dessen Hinnahme für längere Zeit nach Erlangung sicherer Kenntnis vom Tatbestand[6]. Dazu, dass Gründe, die hiernach nicht mehr geltend gemacht werden können, bei Hinzutreten weiterer Umstände ggf. aber ergänzend für die Gesamtbeurteilung Gewicht haben können, vgl. Rn. 4.

III. Verfahren

1. Klagevoraussetzungen

a) Gestaltungsklage, Mitwirkung der Gesellschafter

Bei der Klage handelt es sich um eine Gestaltungsklage[7]. Jeder Gesellschafter kann die Klage erheben[8], nicht aber ein ausgeschiedener Gesellschafter, ein stiller Gesellschafter oder ein Unterbeteiligter[9]. Mehrere klagende Gesellschafter sind **notwendige Streitgenossen**[10]. Zu verklagen sind die übrigen Mitgesellschafter als notwendige Streitgenossen, soweit sie sich nicht mit der Auflösung einverstanden erklärt haben[11].

---

1 BGH v. 12.5.1977 – II ZR 89/75, BGHZ 69, 160, 162.
2 RG LZ 1907, 139; JW 1927, 1684 (zur GmbH).
3 RGZ 51, 89, 91.
4 RG JW 1935, 2490, 2491; BGH v. 11.7.1966 – II ZR 215/64, WM 1966, 857, 858.
5 Siehe auch BGH v. 17.12.1960 – II ZR 32/59, BGHZ 31, 295, 307 f.
6 BGH v. 11.7.1966 – II ZR 215/64, WM 1966, 857, 858; BGH v. 14.6.1999 – II ZR 193/98, ZIP 1999, 1355, 1356 f.
7 MünchKommHGB/*K. Schmidt*, § 133 Rn. 43.
8 *Baumbach/Hopt*, § 133 Rn. 13; *Staub/Schäfer*, § 133 Rn. 51.
9 *Staub/Schäfer*, § 133 Rn. 50.
10 BGH v. 15.6.1959 – II ZR 44/58, BGHZ 30, 195, 197.
11 BGH v. 13.1.1958 – II ZR 136/56, WM 1958, 216, 217; *Ebenroth/Boujong/Joost/Strohn/Lorz*, § 133 Rn. 32; *Baumbach/Hopt*, § 133 Rn. 13; *Staub/Schäfer*, § 133 Rn. 47 f.; anders *K. Schmidt*, Mehrseitige Gestaltungsprozesse, S. 70 f., sowie MünchKommHGB/*K. Schmidt*, § 133 Rn. 48: Alle Gesellschafter müssen entweder Kläger oder Beklagte sein.

b) Ausscheidende Gesellschafter

18 Scheiden Gesellschafter während des Prozesses aus der Gesellschaft aus, so kann im Falle einer Anteilsübertragung oder einer sonstigen Rechtsnachfolge der Nachfolger auf der **Klägerseite** durch einen **gewillkürten Parteiwechsel** in das Verfahren einbezogen werden. Für einen entsprechenden Wechsel auf der Gegenseite ist das jedoch nicht möglich. Hier wird hingegen eine Anwendung von § 265 ZPO erwogen[1], doch bleibt dies zweifelhaft. In sonstigen Fällen eines Ausscheidens wird die Klage, soweit es um die Parteirolle des Ausgeschiedenen geht, jeweils unzulässig.

c) Verbindung von Klagebegehren

19 Zu den Möglichkeiten einer Verbindung des Auflösungsbegehrens mit anderen Klageanträgen, auch mit einer Widerklage, vgl. § 117 Rn. 15.

2. Gerichtliche Entscheidung

a) Gestaltungsurteil

20 Entsprechend der Natur der Klage entscheidet das Gericht durch ein Gestaltungsurteil. Liegen die Voraussetzungen[2] für eine Auflösung vor, so muss – entgegen dem Wortlaut – das Gericht die Auflösung aussprechen. Das Gericht hat kein Ermessen. Die Gestaltungswirkung tritt mit der Rechtskraft ein. Die Gesellschaft ist danach zu liquidieren. Das Urteil kann aus Zweckmäßigkeitserwägungen (auf Antrag) den Auflösungszeitpunkt auch auf einen späteren Zeitpunkt verschieben[3].

b) Einstweiliger Rechtsschutz, Schiedsverfahren

21 Für begleitende Maßnahmen des einstweiligen Rechtsschutzes bleibt Raum. Allerdings kann die Auflösung als solche nicht durch einstweilige Verfügung ausgesprochen werden[4]. Die Gesellschafter können sich auch einem Schiedsverfahren unterwerfen (vgl. dazu auch § 117 Rn. 18)[5]. Streitig ist, ob im Fall des Schiedsspruchs die Auflösungswirkung bereits mit dem Erlass eintritt oder aber ob die Gestaltungswirkung der Vollstreckbarerklärung des Schiedsspruchs bedarf (vgl. § 117 Rn. 18)[6].

---

1 MünchKommHGB/*K. Schmidt*, § 133 Rn. 49.
2 RGZ 122, 312, 314; MünchKommHGB/*K. Schmidt*, § 133 Rn. 55; *Staub/Schäfer*, § 133 Rn. 61.
3 *Ebenroth/Boujong/Joost/Strohn/Lorz*, § 133 Rn. 38; *Staub/Schäfer*, § 133 Rn. 54; MünchKommHGB/*K. Schmidt*, § 133 Rn. 55.
4 *Baumbach/Hopt*, §133 Rn. 14; *Staub/Schäfer*, § 133 Rn. 62; MünchKommHGB/*K. Schmidt*, § 133 Rn. 57; *Ebenroth/Boujong/Joost/Strohn/Lorz*, § 133 Rn. 35.
5 BayObLG v. 24.2.1984 – BReg. 3 Z 197/83, WM 1984, 809; MünchKommHGB/*K. Schmidt*, § 133 Rn. 44; *Baumbach/Hopt*, § 133 Rn. 19.
6 Siehe hierzu auch *Staub/Schäfer*, § 133 Rn. 7; *Baumbach/Hopt*, § 133 Rn. 19, *Ebenroth/Boujong/Joost/Strohn/Lorz*, § 133 Rn. 45.

IV. Abweichende Vertragsgestaltungen

1. Geltungsbereich des § 133 Abs. 3

§ 133 Abs. 3 führt zur Unwirksamkeit von Vereinbarungen, die das Auflösungsrecht ausschließen oder entgegen § 133 Abs. 1, 2 beschränken. Dies gilt jedoch nur für gesellschaftsvertragliche Regelungen. § 133 Abs. 3 hindert dagegen weder eine Klagerücknahme noch einen Vergleich, einen Verzicht oder aber die Verwirkung des Auflösungsanspruchs[1]. Jedoch ist eine Ersetzung des Auflösungsrechts durch ein Austrittsrecht des die Beendigung des Gesellschaftsverhältnisses anstrebenden Gesellschafters zulässig[2]; es wird sogar ein automatisches Ausscheiden eines die Auflösung begehrenden Gesellschafters im Fall der Klageerhebung für möglich gehalten[3], wenn auch grundsätzlich nur bei voller Abfindung[4].

22

2. Auflösungsgründe

Den Gesellschaftern steht es frei, bestimmte Tatbestände als wichtige Gründe für eine Auflösung zu vereinbaren[5]. Zu bejahen ist auch die Möglichkeit, bestimmte Sachverhalte als Auflösungsgründe auszuschließen. Allerdings kann dieser Ausschluss je nach der konkreten Sachlage im Einzelfall gegen § 133 Abs. 3 verstoßen[6].

23

3. Auflösungskündigung

Es steht nichts im Wege, statt der Auflösungsklage eine Auflösungskündigung vorzusehen[7] (siehe auch Rn. 1). Auch kann das Klageverfahren in gewissem Umfang modifiziert werden, soweit damit keine Erschwerung der Auflösung verbunden ist. Zulässig ist etwa auch eine Regelung, dass die Klage gegen die Gesellschaft zu richten ist[8].

24

---

1 *Ebenroth/Boujong/Joost/Strohn/Lorz*, § 133 Rn. 40; MünchKommHGB/*K. Schmidt*, § 133 Rn. 64.
2 *Staub/Schäfer*, § 133 Rn. 73; *Baumbach/Hopt*, § 133 Rn. 19; MünchKommHGB/*K. Schmidt*, § 133 Rn. 70.
3 MünchKommHGB/*K. Schmidt*, § 133 Rn. 71; *K. Schmidt*, GesR, § 52 I 1c; *A. Hueck*, Das Recht der OHG, S. 380.
4 RGZ 162, 388, 393.
5 RG JW 1938, 521, 522; 1938, 2752, 2753; *Staub/Schäfer*, § 133 Rn. 70; MünchKommHGB/*K. Schmidt*, § 133 Rn. 67.
6 MünchKommHGB/*K. Schmidt*, § 133 Rn. 68; *Ebenroth/Boujong/Joost/Strohn/Lorz*, § 133 Rn. 42; *Staub/Schäfer*, § 133 Rn. 69; generell gegen die Möglichkeit eines Ausschlusses: *A. Hueck*, Das Recht der OHG, S. 379 ff.; siehe auch *Heymann/Emmerich*, § 133 Rn. 24.
7 BGH v. 17.12.1960 – II ZR 32/59, BGHZ 31, 295, 300; BGH v. 3.10.1957 – II ZR 150/56, WM 1957, 1406, 1407; *Staub/Schäfer*, § 133 Rn. 72; MünchKommHGB/*K. Schmidt*, § 133 Rn. 66; *Ebenroth/Boujong/Joost/Strohn/Lorz*, § 133 Rn. 44.
8 MünchKommHGB/*K. Schmidt*, § 133 Rn. 66, 50; *Staub/Schäfer*, § 133 Rn. 49; *Ebenroth/Boujong/Joost/Strohn/Lorz*, § 133 Rn. 33.

§ 134
Gesellschaft auf Lebenszeit und fortgesetzte Gesellschaft

Eine Gesellschaft, die für die Lebenszeit eines Gesellschafters eingegangen ist oder nach dem Ablaufe der für ihre Dauer bestimmten Zeit stillschweigend fortgesetzt wird, steht im Sinne der Vorschriften der §§ 132 und 133 einer für unbestimmte Zeit eingegangenen Gesellschaft gleich.

Schrifttum: Vgl. die Angaben zu § 132.

1. Gesellschaft auf Lebenszeit

1 Wegen der sachlichen Vergleichbarkeit einer auf Lebenszeit eines Gesellschafters eingegangenen Gesellschaft mit einer Gesellschaft auf unbestimmte Zeit sieht § 134 eine Gleichstellung beider im Rahmen der §§ 132, 133 vor. Die Vorschrift ist eine Parallelbestimmung zu § 724 BGB[1].

2 § 134 setzt voraus, dass der Gesellschaftsvertrag ausdrücklich auf Lebenszeit eines[2] oder mehrer Gesellschafter als Mindestdauer lautet[3]. Die Vorschrift greift nicht, wenn die Lebenszeit als Höchstfrist[4] oder eine Laufzeit vereinbart wird, die die zu erwartende Lebenszeit überschreitet[5]. Hier gilt vielmehr das zu § 132 Rn. 15 gesagte. Nicht anwendbar ist § 134 auch dann, wenn die Gesellschafter eine feste Höchstdauer vereinbart und diese mit der Lebenszeitklausel gepaart haben („bis zum ..., höchstens aber bis zum Tod des Komplementärs"). Denn dann liegt nichts anderes als die Vereinbarung des Todes des Gesellschafters als Auflösungsgrund innerhalb einer für eine bestimmte Zeit (§ 131 Abs. 1 Nr. 1) geschlossenen Gesellschaft vor[6].

3 Soweit § 134 einschlägig ist, wird die auf Lebenszeit eingegangene Gesellschaft von Gesetzes wegen in eine solche auf unbestimmte Zeit umgedeutet. Die Vorschrift ist allerdings teleologisch zu reduzieren, wenn zwar eine „Lebenszeitklausel" vereinbart ist, der Gesellschafter aber die Umwandlung in eine Kapitalgesellschaft verlangen kann, die Anteile der Gesellschafter frei übertragbar sind und der Gesellschafter entweder als Kommanditist nicht mit dem Privatvermögen haftet oder als persönlich haftender Gesellschafter das Recht hat, die Haftung durch Umwandlung seines Anteils in ei-

---

1 *Ebenroth/Boujong/Joost/Strohn/Lorz*, § 134 Rn. 1; MünchKommHGB/*K. Schmidt*, § 134 Rn. 1.
2 So die wohl überwiegende Ansicht, *Baumbach/Hopt*, § 134 Rn. 2; *Ebenroth/Boujong/Joost/Strohn/Lorz*, § 134 Rn. 3; MünchKommHGB/*K. Schmidt*, § 134 Rn. 12; a.A. wohl *Staub/Schäfer*, § 134 Rn. 5.
3 *Ebenroth/Boujong/Joost/Strohn/Lorz*, § 134 Rn. 3.
4 *Ebenroth/Boujong/Joost/Strohn/Lorz*, § 134 Rn. 4; MünchKommHGB/*K. Schmidt*, § 134 Rn. 11.
5 MünchKommHGB/*K. Schmidt*, § 134 Rn. 11; *Ebenroth/Boujong/Joost/Strohn/Lorz*, § 134 Rn. 4.
6 MünchKommHGB/*K. Schmidt*, § 134 Rn. 11.

ne Kommanditbeteiligung jederzeit umzuwandeln[1]. Fraglich ist auch, ob im Einzelfall – aufgrund entsprechenden Parteiwillens – eine geltungserhaltende Reduktion der Lebenszeitklausel in eine noch zulässige Bindung möglich ist. Letzteres wird vielfach – zu Recht (siehe auch § 132 Rn. 15) – bejaht[2]. Soweit § 134 einschlägig ist, hat jeder der vorhandenen Gesellschafter das in § 132 gewährte Kündigungsrecht und die Möglichkeit der Auflösungsklage nach § 133. Wegen der Frage, ob das Kündigungsrecht ausgeschlossen oder beschränkt werden kann, vgl. § 132 Rn. 10 ff.

2. Stillschweigende Fortsetzung der Gesellschaft

Ebenso sind die **§§ 132, 133 anzuwenden**, wenn eine auf eine bestimmte Zeitdauer abgeschlossene Gesellschaft nach Zeitablauf stillschweigend durch die Gesellschafter fortgesetzt wird[3]. Erforderlich ist, dass sich ein allseitiger Wille der Gesellschafter zu einer Fortsetzung feststellen lässt. 4

Teilweise wird einer stillschweigenden Fortsetzung der Fall gleichgestellt, dass **ausdrücklich** eine **Fortsetzung beschlossen** wird, ohne dass dabei eine Regelung über die künftige Dauer getroffen wird[4]. Hier kann aber bereits von einer unmittelbaren Geltung der §§ 132, 133 gesprochen werden. 5

§ 135
Kündigung durch einen Privatgläubiger

Hat ein Privatgläubiger eines Gesellschafters, nachdem innerhalb der letzten sechs Monate eine Zwangsvollstreckung in das bewegliche Vermögen des Gesellschafters ohne Erfolg versucht ist, auf Grund eines nicht bloß vorläufig vollstreckbaren Schuldtitels die Pfändung und Überweisung des Anspruchs auf dasjenige erwirkt, was dem Gesellschafter bei der Auseinandersetzung zukommt, so kann er die Gesellschaft ohne Rücksicht darauf, ob sie für bestimmte oder unbestimmte Zeit eingegangen ist, sechs Monate vor dem Ende des Geschäftsjahres für diesen Zeitpunkt kündigen.

Übersicht

	Rn.		Rn.
I. Gegenstand der Vorschrift	1	2. Pfändung	
II. Voraussetzungen der Kündigung		a) Gegenstand	4
		b) Abtretungswirkungen	5
1. Privatgläubigerstellung	2	c) Anteilsverpfändung	6

---

1 MünchKommHGB/*K. Schmidt*, § 134 Rn. 9; siehe auch *Ebenroth/Boujong/Joost/Strohn/Lorz*, § 134 Rn. 4.
2 *Baumbach/Hopt*, § 134 Rn. 6; *Staub/Schäfer*, § 134 Rn. 7; *Ebenroth/Boujong/Joost/Strohn/Lorz*, § 134 Rn. 7.
3 *Baumbach/Hopt*, § 134 Rn. 5.
4 So MünchKommHGB/*K. Schmidt*, § 134 Rn. 16; *Baumbach/Hopt*, § 134 Rn. 5.

	Rn.		Rn.
3. Vollstreckungstitel	7	a) Zugangserfordernis	9
4. Erfolgloser Vollstreckungsversuch	8	b) Kündigungsfrist	10
III. Kündigung und Rechtsfolgen		2. Rechtsfolgen	11
1. Kündigungserklärung			

Schrifttum: *Furtner*, Pfändung der Mitgliedschaftsrechte bei Personengesellschaften, MDR 1965, 613; *Marotzke*, Zwangsvollstreckung in Gesellschaftsanteile nach Abspaltung der Vermögensansprüche, ZIP 1988, 1509; *Paschke*, Zwangsvollstreckung in den Anteil eines Gesellschafters am Gesellschaftsvermögen einer Personengesellschaft, 1981; *K. Schmidt*, Der unveräußerliche Gesamthandsanteil – ein Vollstreckungsgegenstand?, JR 1977, 177.

I. Gegenstand der Vorschrift

1 Da ein Privatgläubiger eines Gesellschafters während des Bestehens der Gesellschaft die vermögensrechtliche Substanz des Gesellschaftsanteils nicht im Vollstreckungswege verwerten kann, gibt die Vorschrift ihm unter bestimmten Voraussetzungen das Recht, durch Kündigung das Ausscheiden des Gesellschafters und damit die Möglichkeit zu erreichen, auf das Abfindungsguthaben zuzugreifen. Das **Kündigungsrecht** ist **zwingend**.

II. Voraussetzungen der Kündigung

1. Privatgläubigerstellung

2 Es muss sich um einen Privatgläubiger eines Gesellschafters handeln. Eine Haftung für **Gesellschaftsschulden** gibt daher dem Gläubiger **kein Kündigungsrecht**; denn hier kann der Gläubiger unmittelbar auf das Gesellschaftsvermögen zugreifen. Daher gilt auch der Gläubiger, der nach § 128 gegen den Gesellschafter vorgeht, nicht als Privatgläubiger i.S. der Vorschrift[1]. Ein Mitgesellschafter kann zugleich Privatgläubiger eines anderen Gesellschafters sein, sofern seine Forderung nicht auf dem Gesellschaftsverhältnis beruht[2]. Zwar kann dann der Ausübung des Kündigungsrechts u.U. die Treuepflicht entgegenstehen, doch muss der Gläubiger sein Befriedigungsinteresse grundsätzlich nicht hinter die Gesellschafts- und Gesellschafterinteressen zurückstellen[3]. Das Kündigungsrecht eines Privatgläubigers bleibt auch unberührt, wenn nach dem Tod des schuldenden Gesellschafters dessen Erbe in die Gesellschaft einrückt[4]. Darüber hinaus gilt § 135 nur für den Einzelgläubiger, nicht aber für den Insolvenzverwalter[5]; denn mit Insolvenzeröff-

---

1 *Ebenroth/Boujong/Joost/Strohn/Lorz*, § 135 Rn. 5; *Staub/Schäfer*, § 135 Rn. 3.
2 *Ebenroth/Boujong/Joost/Strohn/Lorz*, § 135 Rn. 6; *Baumbach/Hopt*, § 135 Rn. 4.
3 BGH v. 25.11.1969 – II ZR 78/68, BGHZ 51, 84, 87; BGH v. 16.2.1978 – II ZR 53/76, WM 1978, 675, 676; *Ebenroth/Boujong/Joost/Strohn/Lorz*, § 135 Rn. 7.
4 MünchKommHGB/*K. Schmidt*, § 135 Rn. 7; *Staub/Schäfer*, § 135 Rn. 6; *Stodolkowitz*, FS Kellermann, 1991, S. 439, 444 f.
5 *Staub/Schäfer*, § 135 Rn. 3.

nung über das Vermögen des Gesellschafters scheidet dieser aus der Gesellschaft aus.

Ein Kündigungsrecht ist auch dem **Nachlassverwalter** eines Gesellschafters zuzugestehen[1]. 3

2. Pfändung

a) Gegenstand

Die Pfändung, die nach den §§ 828 ff. ZPO zu vollziehen ist, bezieht sich nach dem Wortlaut des § 135 auf den Anspruch auf das Auseinandersetzungsguthaben. Nach heutigem Verständnis – siehe auch die Fassung des zeitlich später entstandenen § 725 Abs. 1 BGB – ist darunter aber die **Pfändung des Gesellschaftsanteils** i.S.d. §§ 859 Abs. 1 ZPO, 725 Abs. 1 BGB[2] zu verstehen[3]; diese schließt den Anspruch auf das Auseinandersetzungsguthaben ein. Die Verwertung des gepfändeten Anteils beschränkt sich allerdings auf die noch offenen Gewinnansprüche und auf das Abfindungsguthaben und lässt die nichtvermögensrechtlichen Mitgliedschaftsrechte unberührt. Ob auch eine „Überweisung" des Anteils „zur Einziehung" möglich ist, ist unklar[4], wird aber für die Ausübung der Rechte aus § 135 nicht vorausgesetzt. Wird lediglich (entsprechend dem Wortlaut des § 135) eine Pfändung (und Überweisung) des Anspruchs auf das künftige Auseinandersetzungsguthaben erwirkt, so reicht dies für einen Erwerb der Rechte nach § 135 nicht aus[5]. Jedoch wird hier vielfach eine Umdeutung in eine Anteilspfändung in Betracht kommen[6]. 4

b) Abtretungswirkungen

Ist der Gesellschaftsanteil **vor Wirksamwerden einer Pfändung abgetreten** worden, geht diese ins Leere[7], nicht aber, wenn die Abtretung lediglich den Anspruch auf das Auseinandersetzungsguthaben betraf[8]. Der Dritte erwirbt 5

---

1 BayObLG v. 30.10.1990 – BReg. 2 Z 121/90, BayObLGZ 1990, 306, 310; MünchKommHGB/*K. Schmidt*, § 135 Rn. 5; *Ebenroth/Boujong/Joost/Strohn/Lorz*, § 135 Rn. 7; *Staub/Schäfer*, § 135 Rn. 6.
2 Zur Geltung im Recht der Personenhandelsgesellschaften BGH v. 8.12.1971 – VIII ZR 113/70, WM 1972, 81 f.
3 Vgl. BGH v. 21.4.1986 – II ZR 198/85, BGHZ 97, 392, 394; *Flume*, NJW 1988, 161, 162; *Stodolkowitz*, FS Kellermann, 1991, S. 439, 446; *Ebenroth/Boujong/Joost/Strohn/Lorz*, § 135 Rn. 12; *Staub/Schäfer*, § 135 Rn. 12, 7.
4 Vgl. dazu MünchKommHGB/*K. Schmidt*, § 135 Rn. 14; *Staub/Schäfer*, § 135 Rn. 13.
5 *Flume*, NJW 1988, 161, 162; *Stodolkowitz*, FS Kellermann, 1991, S. 439, 446 m.w.N.; *Ebenroth/Boujong/Joost/Strohn/Lorz*, § 135 Rn. 13; *Staub/Schäfer*, § 135 Rn. 8; anders MünchKommHGB/*K. Schmidt*, § 135 Rn. 11, 17.
6 *Staub/Schäfer*, § 135 Rn. 7, 12; *Ebenroth/Boujong/Joost/Strohn/Lorz*, § 135 Rn. 13.
7 *Ebenroth/Boujong/Joost/Strohn/Lorz*, § 135 Rn. 15.
8 BGH v. 16.5.1988 – II ZR 375/87, BGHZ 104, 351, 353 (zur GmbH); MünchKommBGB/*Ulmer*, § 717 Rn. 35 (h.L.); anders *Marotzke*, ZIP 1988, 1509 ff.; zweifelnd auch MünchKommHGB/*K. Schmidt*, § 135 Rn. 17.

hier den (an die Stelle des Anteils tretenden) Abfindungsanspruch mit dem Pfändungspfandrecht. Zeitlich nach der Pfändung liegende Abtretungen lassen die durch die Pfändung erlangte Rechtsstellung in jedem Falle unberührt[1].

c) Anteilsverpfändung

6   Eine **rechtsgeschäftliche Verpfändung** eines Anteils ist bei gesellschaftsvertraglicher Zulassung (eine solche liegt aber noch nicht in der Zulassung einer Anteilsübertragung[2]) oder Zustimmung der Gesellschafter möglich, berechtigt den Pfandgläubiger aber nicht zur Kündigung nach § 135. Seine Rechtsstellung erfasst ebenfalls nur die mit dem Anteil verbundenen vermögensrechtlichen Ansprüche[3]. Für die Verwertung des Pfandrechts gilt § 1277 Abs. 1 BGB. Der Gläubiger muss daher den Anteil zusätzlich pfänden, um dann nach § 135 kündigen und auf das Auseinandersetzungsguthaben zugreifen zu können.

3. Vollstreckungstitel

7   Die Pfändung muss aufgrund eines **nicht nur vorläufig vollstreckbaren Schuldtitels** geschehen sein. Bei einem Urteil ist daher Rechtskraft erforderlich. Da das Gesetz einen nicht mehr abänderbaren Titel voraussetzt, können auch ein Arrestbeschluss, ein Vollstreckungsbescheid oder ein Vorbehaltsurteil, soweit diese jeweils noch abgeändert werden können, nicht ausreichen, um ein Kündigungsrecht zu begründen[4]. Allerdings reicht es aus, dass der Titel im Zeitpunkt der Kündigung endgültig vollstreckbar ist[5]. Stehen der Vollstreckung Hindernisse entgegen, etwa bei einer einstweiligen Einstellung der Zwangsvollstreckung oder wegen Annahmeverzuges des Gläubigers, besteht kein Kündigungsrecht[6].

4. Erfolgloser Vollstreckungsversuch

8   Schließlich ist vorauszusetzen, dass innerhalb der **letzten sechs Monate vor der Pfändung** eine Zwangsvollstreckung in das bewegliche Vermögen des Gesellschafters erfolglos verlaufen ist. Der Vollstreckungsversuch braucht nicht vom Gläubiger ausgegangen zu sein; es genügt, dass jemand anderes eine Vollstreckung betrieben hat[7].

---

1 MünchKommHGB/*K. Schmidt*, § 135 Rn. 15; *Staub/Schäfer*, § 135 Rn. 14.
2 MünchKommHGB/*K. Schmidt*, § 135 Rn. 34; *Wiedemann*, Die Übertragung und Vererbung von Mitgliedschaftsrechten bei Handelsgesellschaften, 1965, S. 423.
3 *Staub/Schäfer*, § 135 Rn. 16; MünchKommHGB/*K. Schmidt*, § 135 Rn. 35.
4 LG Lübeck v. 6.3.1986 – 7 T 162/86, NJW-RR 1986, 836, 837 (allg. Meinung).
5 BGH v. 28.6.1982 – II ZR 233/81, ZIP 1982, 1072.
6 MünchKommHGB/*K. Schmidt*, § 135 Rn. 22; *Staub/Schäfer*, § 135 Rn. 9; *A. Hueck*, Das Recht der OHG, S. 369.
7 MünchKommHGB/*K. Schmidt*, § 135 Rn. 19; *Staub/Schäfer*, § 135 Rn. 7; *Ebenroth/Boujong/Joost/Strohn/Lorz*, § 135 Rn. 10.

III. Kündigung und Rechtsfolgen

1. Kündigungserklärung

a) Zugangserfordernis

Die Kündigung als empfangsbedürftige Willenserklärung muss – soweit im Gesellschaftsvertrag nichts anderes geregelt ist[1] – grundsätzlich **allen Gesellschaftern gegenüber** abgegeben werden, also auch gegenüber dem ebenfalls von ihr betroffenen Schuldner[2]. Jedoch reicht die Abgabe gegenüber einem Gesellschafter aus, wenn und sobald die übrigen Gesellschafter von der Kündigung Kenntnis erlangen[3]. Die Gesellschafter können einen Nachweis des Titels und des vergeblichen Vollstreckungsversuches verlangen[4].

9

b) Kündigungsfrist

§ 135 bestimmt, dass die Kündigung mit **einer Frist von sechs Monaten** zum Schluss des Geschäftsjahres erklärt werden muss. Abweichende Kündigungsregeln, die unter den Gesellschaftern vereinbart sind, gelten für den Gläubiger nicht[5]. Die Nichteinhaltung der Kündigungsfrist hat das Erlöschen des Kündigungsrechts zur Folge. Die Kündigung gilt insbesondere dann nicht für den nächstmöglichen Termin[6].

10

2. Rechtsfolgen

Die Kündigung führt zum **Ausscheiden des Gesellschafters**. Neben **Auskunftsrechten** gegen seinen **Schuldner** (§ 836 Abs. 3 ZPO) steht dem Gläubiger ein gesellschaftsrechtlicher Informationsanspruch nicht zu; doch sind **gegenüber der Gesellschaft** Ansprüche nach den **§§ 810, 242 BGB** denkbar[7]. Das Pfandrecht am Gesellschaftsanteil setzt sich als Pfandrecht am Abfindungsanspruch fort[8]. Zur Frage, inwieweit den Abfindungsanspruch beschränkende Klauseln dem (Privat-)Gläubiger entgegen gehalten werden können, siehe § 131 Rn. 61 ff., 71 ff.

11

---

1 Bei Publikumsgesellschaften sollte von einer abweichenden Regelung auch ohne ausdrückliche Bestimmung im Gesellschaftsvertrag ausgegangen werden, siehe *Ebenroth/Boujong/Joost/Strohn/Lorz*, § 135 Rn. 18; *Staub/Schäfer*, § 135 Rn. 20; MünchKommHGB/*K. Schmidt*, § 135 Rn. 24.
2 BGH v. 29.11.1956 – II ZR 134/56, WM 1957, 163; *Staub/Schäfer*, § 135 Rn. 20.
3 BGH v. 11.1.1993 – II ZR 227/91, ZIP 1993, 261, 262; MünchKommHGB/*K. Schmidt*, § 135 Rn. 23.
4 MünchKommHGB/*K. Schmidt*, § 135 Rn. 23; *Staub/Schäfer*, § 135 Rn. 16; *Baumbach/Hopt*, § 135 Rn. 9; *Ebenroth/Boujong/Joost/Strohn/Lorz*, § 135 Rn. 19.
5 MünchKommHGB/*K. Schmidt*, § 135 Rn. 25; *Ebenroth/Boujong/Joost/Strohn/Lorz*, § 135 Rn. 17; *Staub/Schäfer*, § 135 Rn. 21; *A. Hueck*, Das Recht der OHG, S. 369.
6 *Ebenroth/Boujong/Joost/Strohn/Lorz*, § 135 Rn. 17.
7 Siehe dazu auch KG OLGE 21 (1910), 386; MünchKommHGB/*K. Schmidt*, § 135 Rn. 29; *Staub/Schäfer*, § 135 Rn. 27.
8 *Ebenroth/Boujong/Joost/Strohn/Lorz*, § 135 Rn. 22.

12 Wird der **Gläubiger** vom Gesellschafter **in der Folgezeit befriedigt** oder **fallen auf andere Weise** die **Kündigungsvoraussetzungen nachträglich weg**, so bleibt die Kündigung gleichwohl wirksam. Eine Fortsetzung der Gesellschaft bedarf dann einer Entscheidung der Gesellschafter, wobei je nach Sachlage eine Verpflichtung entstehen kann, der Fortsetzung zuzustimmen, u.U. auch unter Einschluss des ausgeschiedenen Pfändungsschuldners[1].

§§ 136–138
(aufgehoben)

§ 139
Fortsetzung mit den Erben

(1) Ist im Gesellschaftsvertrage bestimmt, dass im Falle des Todes eines Gesellschafters die Gesellschaft mit dessen Erben fortgesetzt werden soll, so kann jeder Erbe sein Verbleiben in der Gesellschaft davon abhängig machen, dass ihm unter Belassung des bisherigen Gewinnanteils die Stellung eines Kommanditisten eingeräumt und der auf ihn fallende Teil der Einlage des Erblassers als seine Kommanditeinlage anerkannt wird.

(2) Nehmen die übrigen Gesellschafter einen dahingehenden Antrag des Erben nicht an, so ist dieser befugt, ohne Einhaltung einer Kündigungsfrist sein Ausscheiden aus der Gesellschaft zu erklären.

(3) Die bezeichneten Rechte können von dem Erben nur innerhalb einer Frist von drei Monaten nach dem Zeitpunkt, in welchem er von dem Anfalle der Erbschaft Kenntnis erlangt hat, geltend gemacht werden. Auf den Lauf der Frist finden die für die Verjährung geltenden Vorschriften des § 210 des Bürgerlichen Gesetzbuchs entsprechende Anwendung. Ist bei dem Ablaufe der drei Monate das Recht zur Ausschlagung der Erbschaft noch nicht verloren, so endigt die Frist nicht vor dem Ablaufe der Ausschlagungsfrist.

(4) Scheidet innerhalb der Frist des Absatzes 3 der Erbe aus der Gesellschaft aus oder wird innerhalb der Frist die Gesellschaft aufgelöst oder dem Erben die Stellung eines Kommanditisten eingeräumt, so haftet er für die bis dahin entstandenen Gesellschaftsschulden nur nach Maßgabe der die Haftung des Erben für die Nachlassverbindlichkeiten betreffenden Vorschriften des bürgerlichen Rechts.

(5) Der Gesellschaftsvertrag kann die Anwendung der Vorschriften der Absätze 1 bis 4 nicht ausschließen; es kann jedoch für den Fall, dass der Erbe sein Verbleiben in der Gesellschaft von der Einräumung der Stellung eines Kommanditisten abhängig macht, sein Gewinnanteil anders als der des Erblassers bestimmt werden.

1 RGZ 169, 153, 155 f.; BGH v. 15.6.1959 – II ZR 44/58, BGHZ 30, 195, 201 f.; siehe auch BGH v. 1.6.1987 – II ZR 128/86, BGHZ 101, 113, 120 und BGH v. 29.11.1956 – II ZR 134/55, WM 1957, 163.

Übersicht

	Rn.		Rn.
I. Rechtsnachfolge beim Tod des Gesellschafters		b) Bestimmung der Kommanditeinlage	31
1. Nachfolgeregelungen	1	aa) Ausstehende Einlagen	32
a) Erbrechtliche Nachfolgeklauseln	3	bb) Pflichteinlage	33
aa) Erbgang	4	cc) Haftsumme	36
bb) Vorhandensein eines Erben	5	c) Gewinnanteil, Entnahmen	38
cc) Mehrzahl von Erben	6	d) Fristgebundenheit	39
dd) Qualifizierte Nachfolgeregelungen	7	3. Ausscheiden des Erben	
b) Eintrittsklauseln	8	a) Erklärung des Ausscheidens	41
c) Vermächtnis, Auseinandersetzungsanordnung	10	b) Zugangserfordernis	42
d) Rechtsgeschäftliche Nachfolgeklauseln	12	c) Rechtsfolgen	53
2. Vor- und Nacherbfolge		4. Abweichende Vertragsregelungen	
a) Nachfolgeklausel für den Erben	13	a) Grundsätzliche Unabdingbarkeit der Vorschrift	44
b) Verfügungsbeschränkungen	14	b) Gewährung eines Austrittsrechts	45
c) Gewinnaufteilung	15	c) Umwandlungsklauseln	46
3. Testamentsvollstreckung und Nachlassverwaltung		**III. Außenhaftung des Gesellschafter-Erben**	
a) Testamentsvollstreckung am OHG-Anteil	16	1. Grundlagen	51
b) Ersatzlösungen	17	a) Erbenhaftung	53
c) Testamentsvollstreckung in der aufgelösten Gesellschaft	21	b) Gesellschafterhaftung	
d) Nachlassverwaltung	22	aa) Gesellschafterhaftung für Altverbindlichkeiten	54
II. Wahlrecht des Gesellschafter-Erben		bb) Gesellschafterhaftung für Neuverbindlichkeiten	55
1. Anwendungsbereich des § 139		cc) Gesellschafterhaftung für Zwischenneuschulden	56
a) Vererbter Vollhafteranteil	23	2. Das Haftungsprivileg in § 139 Abs. 4	
b) Eintritt aufgrund Nachfolgeklausel	24	a) Erwerb einer Kommanditistenstellung	57
c) Geltung in der aufgelösten Gesellschaft?	25	b) Ausscheidender Erbe	58
d) Erbfolge unter Gesellschaftern	26	c) Auflösung der Gesellschaft	59
2. Umwandlung der Beteiligung		d) Einwirkungen der Handelsregisterpublizität	60
a) Berechtigte Person	29		

Schrifttum: *Buchner*, Die Kommanditistenhaftung bei Rechtsnachfolge in Gesellschaftsanteile, DNotZ 1988, 467; *Emmerich*, Die Haftung des Gesellschaftererben nach § 139 HGB, ZHR 150 (1986), 193; *Flume*, Die Erbennachfolge in den Anteil an einer Personengesellschaft und die Zugehörigkeit des Anteils zum Nachlass, NJW 1988, 161; *Flume*, Die Nachlasszugehörigkeit der Beteiligung an einer Personengesellschaft in ihrer Bedeutung für Testamentsvollstreckung, Nachlassverwaltung, Nachlasskonkurs und Surrogationserwerb, ZHR 155 (1991), 501; *Frey*, Tod des einzigen Komplementärs, ZGR 1988, 281; *Herfs*, Haftung des Erben als Nachfolger eines Komplementärs, DB 1991, 2121; *Konzen*, Der vermeintliche Erbe in der OHG, ZHR 145 (1981), 29; *Michalski*, Die Vor- und Nacherbschaft in einen OHG(KG)- und GmbH-Anteil, DB 1987, Beil. 16; *Saßenrath*, Die Kommanditistenhaftung des ehemaligen Komplementärs und seiner Rechtsnachfolger, BB 1990, 1209; *K. Schmidt*, Kommanditeinlage und Haftsumme des Gesellschaftererben – Scheinprobleme, Probleme und Problemlösungen zu § 139 HGB, ZGR 1989, 445; *K. Schmidt*, Zur kombinierten Nachfolge- und

Umwandlungsklausel bei OHG- und Komplementäranteilen, BB 1989, 1702; *Siegmann*, Zur Fortbildung des Rechts der Anteilsvererbung; NJW 1995, 481; *Stodolkowitz*, Nachlasszugehörigkeit von Personengesellschaftsanteilen, in: Festschrift Kellermann, 1991, S. 439; *Ulmer*, Die Sonderzuordnung des vererbten OHG-Anteils – Zum Einfluss von Testamentsvollstreckung, Nachlassverwaltung und Nachlasskonkurs auf die Gesellschafterbeteiligung, in: Festschrift Schilling, 1973, S. 79; *Ulmer/Schäfer*, Zugriffsmöglichkeiten der Nachlass- und Privatgläubiger auf den durch Sondervererbung übergegangenen Anteil an einer Personengesellschaft, ZHR 160 (1996), 413; *Wiedemann*, Die Übertragung und Vererbung von Mitgliedschaften an Handelsgesellschaften, 1965; *Wiedemann*, Zum Stand der Vererbungslehre in der Personengesellschaft, in: Festschrift Großfeld, 1999, S. 1309.

I. Rechtsnachfolge beim Tod des Gesellschafters

1. Nachfolgeregelungen

1 Das Gesetz sieht in § 131 Abs. 3 S. 1 Nr. 1 beim Tod eines Gesellschafters als Regelfall sein Ausscheiden aus der Gesellschaft vor. Der Wille der Beteiligten wird jedoch vielfach – wie schon unter der Geltung von § 131 Nr. 4 a.F. – auf eine Fortsetzung mit einem (oder mehreren) der Erben des Gesellschafters gerichtet sein. Soll daher die (dispositive) gesetzliche Regelfolge vermieden werden, ist es auch nach dem nunmehr geltenden Recht erforderlich, eine Nachfolgeregelung zu treffen. Hier kann die gesellschafterliche Treuepflicht (vgl. § 109 Rn. 12 ff.) u.U. sogar zu der Verpflichtung führen, einer Vertragsgestaltung in Richtung auf eine solche Regelung zuzustimmen[1].

2 Für gewöhnlich wird in Bezug auf die Nachfolgeregelung zwischen erbrechtlichen Nachfolgeklauseln (einfache und qualifizierte, Rn. 3 ff.) sowie rechtsgeschäftlichen Nachfolgeregelungen (Eintrittsklausel – siehe Rn. 8 f. – und rechtsgeschäftliche Nachfolgeklausel, siehe Rn. 12) unterschieden[2]. Was von den Parteien gewollt ist, ist durch Auslegung zu ermitteln, wobei im Zweifel von einer erbrechtlichen Nachfolgeregelung auszugehen ist[3]. Hierfür spricht insbesondere das Interesse der Mitgesellschafter[4].

a) Erbrechtliche Nachfolgeklauseln

3 In der Praxis ist häufig eine Fortsetzung mit dem (oder den) Erben aufgrund einer **im Gesellschaftsvertrag enthaltenen erbrechtlichen Nachfolgeklausel** anzutreffen (teilweise auch einfach Nachfolgeklausel genannt). Eine solche bewirkt, dass der Gesellschaftsanteil vererblich gestellt wird[5]. Der Vollzug der Nachfolgeklausel ist aber dem Erbrecht vorbehalten. Mithin zeitigt die

---

1 BGH v. 20.10.1986 – II ZR 86/85, ZIP 1987, 166, 167 f.
2 Zu der Terminologie siehe auch *K. Schmidt*, GesR, § 45 VI c).
3 BGH v. 10.2.1977 – II ZR 120/75, BGHZ 68, 225, 230 ff.; BGH v. 29.9.1977 – II ZR 214/75, NJW 1978, 264, 265; *Baumbach/Hopt*, § 139 Rn. 10.
4 *Ebenroth/Boujong/Joost/Strohn/Lorz*, § 139 Rn. 46; *Staub/Schäfer*, § 139 Rn. 19; siehe auch *K. Schmidt*, GesR, § 45 V 6 a aa].
5 BGH v. 10.2.1977 – II ZR 120/75, BGHZ 68, 225, 229; *Ebenroth/Boujong/Joost/Strohn/Lorz*, § 139 Rn. 5; *Baumbach/Hopt*, § 139 Rn. 2.

(erbrechtliche) Nachfolgeklausel nur Wirkung, wenn die Regelung der Erbfolge durch Verfügung von Todes wegen konform zu der erbrechtlichen Nachfolgeklausel getroffen wird[1] (oder eine eintretende gesetzliche Erbfolge ihr entspricht). Nachfolgeklauseln dieser Art gelten damit nur für die wirklichen Erben, nicht aber zugunsten von vermeintlichen Erben[2]. Aus welchen Gründen der einrückende Nachfolger als Erbe berufen ist, ist gleichgültig. Nachfolgeberechtigt ist sowohl der Ersatz- als auch der Vor- oder Nacherbe (siehe unten Rn. 13 f.) sowie der Erbeserbe[3]. Der Vermächtnisnehmer rückt demgegenüber nicht automatisch in die Stellung des Erblassers ein (siehe unten Rn. 10). Werden „die Erben" im Gesellschaftsvertrag als Nachfolger berufen, so ist damit im Zweifel nicht auch der Fiskus als Erbe gemeint[4]. Scheitert die Nachfolge, weil die in der Nachfolgeklausel Benannten nicht Erben werden, kommt eine ergänzende Auslegung oder Umdeutung der Nachfolge als Eintrittsklausel in Betracht (siehe auch unten Rn. 9)[5].

aa) Erbgang

Die Gesellschafterstellung geht auf die Erben kraft Erbrechts über, und zwar i.S. einer Sondererbfolge[6]. Das gilt unabhängig davon, ob der Erblasser einen Kommanditanteil oder aber Stellung eines persönlich haftenden Gesellschafters innehatte[7]. Die Sondererbfolge wird **auch bei Vorhandensein nur eines Erben** angenommen[8]. Hierbei wird heute ganz überwiegend davon ausgegangen, dass der ererbte Anteil Nachlassbestandteil wird[9]. Keine Sondererbfolge tritt ein, wenn nicht ein Anteil einer werbenden, sondern einer Abwicklungsgesellschafter in den Nachlass fällt (siehe unten Rn. 6).

4

bb) **Vorhandensein eines Erben**

Der Erbe rückt automatisch in die Stellung des Erblassers ein, sofern er die Erbschaft nicht ausschlägt. Der Gesellschaftsanteil geht auf den Erben in

5

---

1 BGH v. 10.12.1973 – II ZR 53/72, BGHZ 62, 20, 23.
2 *K. Schmidt*, AcP 186 (1986), 421, 437 f.; *Staub/Schäfer*, § 139 Rn. 39; *Baumbach/Hopt*, § 139 Rn. 5.
3 *Ebenroth/Boujong/Joost/Strohn/Lorz*, § 139 Rn. 8; *Staub/Schäfer*, § 139 Rn. 31.
4 *Baumbach/Hopt*, § 139 Rn. 11.
5 BGH v. 29.9.1977 – II ZR 214/75, NJW 1978, 264 f.; *Baumbach/Hopt*, § 139 Rn. 10.
6 St. Rspr., vgl. BGH v. 10.2.1977 – II ZR 120/75, BGHZ 68, 225, 229 f.; BGH v. 14.5.1986 – IVa ZR 155/84, BGHZ 98, 48, 51; BGH v. 1.6.1987 – II ZR 259/86, BGHZ 101, 123, 125; BGH v. 3.7.1989 – II ZB 1/89, BGHZ 108, 187, 192.
7 OLG Hamm v. 6.11.2001 – 27 U 64/01, NJW-RR 2002, 729; *Baumbach/Hopt*, § 139 Rn. 14.
8 BGH v. 22.11.1956 – II ZR 222/55, BGHZ 22, 186, 193; BGH v. 30.4.1984 – II ZR 293/83, BGHZ 91, 132, 137; streitig, siehe *Ebenroth/Boujong/Joost/Strohn/Lorz*, § 139 Rn. 13; *MünchKommHGB/K. Schmidt*, § 139 Rn. 14.
9 Bejaht in BGH v. 14.5.1986 – IVa ZR 155/84, BGHZ 98, 48, 52 ff.; siehe auch BGH v. 6.10.1980 – II ZR 268/79, BGHZ 78, 177, 184; OLG Hamm v. 6.11.2001 – 27 U 64/01, NJW-RR 2002, 729; anders noch BGH v. 22.11.1956 – II ZR 222/55, BGHZ 22, 186, 193 f.; BGH v. 30.4.1984 – II ZR 293/83, BGHZ 91, 132, 135 f.; zu einer Bejahung tendierend das neuere Schrifttum, *Ebenroth/Boujong/Joost/Strohn/Lorz*, § 139 Rn. 17; *Ulmer/Schäfer*, ZHR 160 (1996), 413, 419 f.

dem Umfang über, in dem ihn der Erblasser innehatte. Das gilt auch in Bezug auf die Befugnis zur Geschäftsführung und Vertretung, soweit diese Rechte nicht – was durch Auslegung zu ermitteln ist – als höchstpersönliche an die Person des Erblassers gekoppelt wurden[1]. Da die Beteiligung vollumfänglich auf den Erben übergeleitet wird, können in dieser Fallkonstruktion Abfindungsansprüche zunächst nicht entstehen.

cc) Mehrzahl von Erben

6   Die Sondererbfolge (oben Rn. 4) hat namentlich bei einer Mehrzahl von Erben Bedeutung. Hier wirkt sie sich dahin aus, dass die Erben den **Anteil nicht zur gesamten Hand erwerben**, sondern **anteilig in Höhe ihrer jeweiligen Erbquoten**. Der Anteil spaltet sich daher in entsprechend viele Teile auf[2]. Die Singularsukzession wirkt wie eine gesetzlich sich vollziehende (dingliche) Teilerbauseinandersetzung[3]. Soweit der Gesellschaftsvertrag in Fällen dieser Art eine gemeinschaftliche Rechtsausübung der Erben vorsieht, gilt dafür im Zweifel das Gemeinschaftsrecht (§ 745 BGB)[4]. Hier kommt auch in Betracht, dass einer der Erben Komplementär und die übrigen Kommanditisten werden sollen[5]. Stellt der Gesellschaftsvertrag den Geschäftsanteil für die Erben vererblich, ordnet der Erblasser aber im Wege einer Teilungsanordnung an (§ 2048 BGB), dass der Anteil nur einem einzelnen unter den Erben zugewiesen wird, so hat diese erbrechtliche Teilungsanordnung keine dingliche Wirkung mit der Folge, dass die Miterben ihren Anteil nun dem durch die Teilungsanordnung Begünstigten übertragen müssen[6]. Letzteres bedarf jedoch – soweit der Gesellschaftsanteil im Gesellschaftsvertrag nicht übertragbar gestellt wurde – der Zustimmung aller Mitgesellschafter[7]. Fällt nicht ein Anteil einer werbenden, sondern einer aufgelösten Gesellschaft in den Nachlass, scheidet eine Sondererbfolge der einzelnen Erben in den Anteil aus. Vielmehr bleibt es hier bei den allgemeinen erbrechtlichen Grundsätzen. Der Anteil an der Liquidationsgesellschaft geht mithin auf die Miterben zur gesamten Hand über[8]. Die Mitgliedschaftsrechte in der aufgelösten Gesellschaft können von den Miterben nur gemeinschaftlich ausgeübt werden.

1 BGH v. 6.11.1958 – II ZR 146/57, NJW 1959, 192; BGH v. 25.2.1964 – II ZR 42/62, BGHZ 41, 367, 368; MünchKommHGB/*K. Schmidt*, § 139 Rn. 14.
2 BGH v. 22.11.1956 – II ZR 222/55, BGHZ 22, 186, 192 f.; BGH v. 10.2.1977 – II ZR 120/75, BGHZ 68, 225, 237; BGH v. 1.6.1987 – II ZR 259/86, BGHZ 101, 123, 126; BGH v. 4.5.1983 – IVa ZR 229/81, WM 1983, 672, 673; OLG Hamm v. 6.11.2001 – 27 U 64/01, NJW-RR 2002, 729.
3 MünchKommBGB/*Leipold*, § 192 BGB Rn. 61; *Staub/Schäfer*, § 139 Rn. 43; Staudinger/*Marotzke*, § 1922 BGB Rn. 178 f.
4 BGH v. 6.10.1992 – KVR 24/91, BGHZ 119, 346, 354.
5 BGH v. 20.10.1986 – II ZR 86/85, ZIP 1987, 166, 167; *Baumbach/Hopt*, § 139 Rn. 16.
6 MünchKommHGB/*K. Schmidt*, § 139 Rn. 15; Ebenroth/Boujong/Joost/Strohn/Lorz, § 139 Rn. 17; *Schäfer*, BB 2004, 14, 16; a.A. *Priester*, NotBZ 1977, 558, 561.
7 Ebenroth/Boujong/Joost/Strohn/Lorz, § 139 Rn. 17; siehe auch unten Rn. 10 f.
8 BGH v. 14.5.1986 – IV a ZR 15/84, BGHZ 98, 48, 58; RGZ 106, 63, 65; MünchKommHGB/*K. Schmidt*, § 139 Rn. 9; *K. Schmidt*, GesR, § 45 V 2 c); *Staub/Schäfer*, § 139 Rn. 55.

dd) Qualifizierte Nachfolgeregelungen

Sind mehrere Erben vorhanden, kann der Anteil kraft einer **qualifizierten** **Nachfolgeklausel** (im Gesellschaftsvertrag) auf einen (oder einige[1]) von ihnen übergehen[2]. Auch dabei handelt es sich um eine Sondererbfolge[3]. Der unter mehreren Miterben auserseheneн Erbe wird grundsätzlich allein Gesellschafter; bei mehreren zur Nachfolge berufenen Erben liegt es dann wie bei Rn. 6. Die Gesellschafterstellung geht auf die im Gesellschaftsvertrag Benannten in voller Höhe über, auch wenn diese nur zu einem Bruchteil Erbe geworden sind[4]. Die nicht berufenen Miterben haben keine Abfindungsansprüche gegen die Gesellschaft[5], sondern können sich wegen eines Ausgleichs nur an den (oder die) zum Nachfolger bestimmten Erben halten. Soweit der Erblasser hierzu nichts angeordnet hat, wäre unter den Erben im Zweifel der volle Wert des ererbten Anteils auszugleichen[6], wobei sich als Rechtsgrundlage hierfür eine entsprechende Heranziehung der §§ 2050 ff. BGB anbietet[7]. Diese Ausgleichungspflicht kann der Erblasser aber im Wege eines Vorausvermächtnisses ausschließen[8]. Zur Anwendung des § 2306 BGB zum Schutz des pflichtteilsberechtigen Nachfolgers in den Gesellschaftsanteil siehe *Staudinger/Haas*, § 2306 BGB Rn. 28. Die qualifizierte Nachfolgeregelung kann i.Ü. so ausgestaltet werden, dass die Nachfolge sich auf das Stammrecht der Mitgliedschaft beschränkt, während die Gewinn- und Auseinandersetzungsansprüche in den gemeinschaftlichen Nachlass fallen[9]. Der Erblasser kann auch anordnen, dass der Erbe nur in Höhe seiner Erbquote in den Anteil nachfolgen soll und im Übrigen die Miterben für ihre Quoten abzufinden sind.

7

b) Eintrittsklauseln

Nicht um eine Sondernachfolge handelt es sich bei einer **gesellschaftsvertraglichen Eintrittsklausel**. Durch sie wird für einen Begünstigten (der nicht Erbe sein muss) ein Recht auf Eintritt in die Gesellschaft – entweder i.S. eines schuldrechtlichen Anspruchs gegen die verbliebenen Gesellschafter auf Abschluss eines Beitrittsvertrages oder auch aufgrund einer einseitigen Ge-

8

---

1 OLG München v. 25.3.1980 – 5 U 3711/79, MDR 1981, 587.
2 BGH v. 10.2.1977 – II ZR 120/75, BGHZ 68, 225, 237 f.; BGH v. 4.5.1983 – IVa ZR 229/81, WM 1983, 672, 673.
3 *Ebenroth/Boujong/Joost/Strohn/Lorz*, § 139 Rn. 19.
4 BGH v. 10.2.1977 – II ZR 120/75, BGHZ 68, 225, 236 f.; *K. Schmidt*, GesR, § 45 V 5b; *Staub/Schäfer*, § 139 Rn. 10, 45; *Baumbach/Hopt*, § 139 Rn. 16.
5 BGH v. 11.8.1968 – II ZR 179/66, BGHZ 50, 316, 318; BGH v. 10.2.1977 – II ZR 120/75, BGHZ 68, 225, 238; BFH v. 26.3.1981 – IV R 130/77, NJW 1982, 407, 408.
6 BGH v. 22.11.1956 – II ZR 222/55, BGHZ 22, 186, 196 f.; auch BGH v. 10.2.1977 – II ZR 120/75, BGHZ 68, 225, 238; BFH v. 26.3.1981 – IV R 130/77, NJW 1982, 407, 408.
7 Siehe z.B. *Tiedau*, NJW 1980, 2446, 2448 f.; MünchKommHGB/*K. Schmidt*, § 139 Rn. 20; *Staub/Schäfer*, § 139 Rn. 10, 14; *Deckert*, NZG 1998, 43, 47.
8 MünchKommHGB/*K. Schmidt*, § 139 Rn. 20; *Baumbach/Hopt*, § 139 Rn. 18.
9 BGH v. 25.5.1987 – II ZR 195/86, WM 1987, 981 f.

staltungserklärung[1] – begründet. Hierbei handelt es sich in aller Regel um einen begünstigenden Vertrag zugunsten eines Dritten auf den Todesfall (§§ 328, 331 BGB)[2]. Der Eintritt vollzieht sich dabei in zwei Stufen: Zunächst wächst der Anteil des verstorbenen Gesellschafters den übrigen Gesellschaftern zu (§ 738 Abs. 1 BGB); und mit der Ausübung des Eintrittsrechts erwirbt der Berechtigte eine neue Beteiligung[3], und zwar im Zweifel mit der gleichen Rechtsstellung wie bei einer Erbnachfolge in den Anteil des Verstorbenen[4]. Da die Beteiligung des Gesellschafters den Mitgesellschafter anwächst und damit nicht erhalten bleibt, erwerben die Erben mit Eintritt des Erbfalls den Abfindungsanspruch nach § 738 Abs. 1 S. 2 BGB. Um eine Abfindung der übrigen Erben und darüber hinaus eine erneute Leistung der Einlage beim Eintritt zu vermeiden, kann der Erblasser durch letztwillige Verfügung anordnen, dass der mit der zunächst eintretenden Anwachsung an die anderen Gesellschafter entstehende Abfindungsanspruch vorweg dem Begünstigten erbrechtlich zugewiesen wird. Dieser kann dann seine Einlageverpflichtung durch Verrechnung erfüllen. Man spricht dann insoweit von einer erbrechtlichen Variante der vermögensmäßigen Nachfolge des Eintrittsberechtigen[5]. Entspricht der Abfindungsanspruch nicht dem „wahren" Anteilswert aufgrund einer entsprechenden Klausel im Gesellschaftsvertrag (siehe § 131 Rn. 61 ff.), ist der Eintrittsberechtigte (im Zweifel) nicht verpflichtet, den Differenzbetrag zum wahren Wert des Kapitalanteils als Einlage zu erbringen[6]. Denkbar ist aber auch, dass eine Abfindung der (übrigen) Erben ausgeschlossen wird[7] und der Erblasser seine Mitgesellschafter verpflichtet, den ihm mit dem Erbfall anwachsenden Kapitalanteil treuhänderisch für den Eintrittsberechtigten zu halten und diesem zu übertragen, falls er das Eintrittsrecht ausübt. In aller Regel ist es sinnvoll, eine Frist für die Ausübung des Eintrittsrechts vorzusehen. Ist ein solches nicht vorgesehen, muss das Eintrittsrecht innerhalb einer „angemessenen" Frist ausgeübt werden[8].

9 Ein Eintrittsrecht kann auch für **andere Fälle** als für den Tod eines Gesellschafters begründet werden. Auch kann eine fehlgeschlagene qualifizierte Nachfolgeklausel gemäß § 140 BGB in eine Eintrittsklausel **umgedeutet**

---

1 BGH v. 29.9.1977 – II ZR 214/75, WM 1977, 1323, 1326; *Ebenroth/Boujong/Joost/ Strohn/Lorz*, § 139 Rn. 38; siehe auch MünchKommHGB/*K. Schmidt*, § 139 Rn. 27.
2 MünchKommHGB/*K. Schmidt*, § 139 Rn. 27; *Baumbach/Hopt*, § 139 Rn. 5; *Ebenroth/Boujong/Joost/Strohn/Lorz*, § 139 Rn. 38; *Staub/Schäfer*, § 139 Rn. 15.
3 MünchKommHGB/*K. Schmidt*, § 139 Rn. 29; *Ebenroth/Boujong/Joost/Strohn/Lorz*, § 139 Rn. 42.
4 BGH v. 25.5.1987 – II ZR 195/86, WM 1987, 981, 982; MünchKommHGB/*K. Schmidt*, § 139 Rn. 27.
5 *Ebenroth/Boujong/Joost/Strohn/Lorz*, § 139 Rn. 45; *Baumbach/Hopt*, § 139 Rn. 55; MünchKommHGB/§ 139 Rn. 30.
6 MünchKommHGB/*K. Schmidt*, § 139 Rn. 30; *Ebenroth/Boujong/Joost/Strohn/Lorz*, § 139 Rn. 45.
7 BGH v. 29.9.1977 – II ZR 214/75, WM 1977, 1323, 1325; MünchKommHGB/*K. Schmidt*, § 139 Rn. 30; *Staub/Schäfer*, § 139 Rn. 150.
8 BGH v. 29.9.1977 – II ZR 214/75, NJW 1978, 264, 266; MünchKommHGB/*K. Schmidt*, § 139 Rn. 28; *Baumbach/Hopt*, § 139 Rn. 53; *Ebenroth/Boujong/Joost/ Strohn/Lorz*, § 139 Rn. 32.

b) Ersatzlösungen

17 Ist eine Testamentsvollstreckung gesellschaftsvertraglich nicht zugelassen oder sollen einem Testamentsvollstrecker weitergehende Mitwirkungsmöglichkeiten verschafft werden, kommen die folgenden Ersatzlösungen in Betracht:

18 So kann der ererbte Anteil dem Testamentsvollstrecker als **Treuhänder** übertragen werden[1]. Dies setzt allerdings – wie jede Anteilsübertragung – die Zulassung durch den Gesellschaftsvertrag oder die Zustimmung der Mitgesellschafter voraus. Der Gesellschafter-Erbe kann zur Übertragung durch eine Auflage des Erblassers[2] oder auch durch eine Erbeinsetzung unter einer (aufschiebenden oder auflösenden) Bedingung angehalten werden. Der Testamentsvollstrecker wird dann in das Handelsregister eingetragen und tritt nach außen nicht als Testamentsvollstrecker, sondern als Gesellschafter auf[3]. Er haftet den Gläubigern der Gesellschaft persönlich und unbeschränkt.

19 Zu denken ist ferner an die Erteilung einer **unwiderruflichen Vollmacht** für die Wahrnehmung der Gesellschafterrechte durch den Testamentsvollstrecker[4]. Die Vollmacht könnte schon vom Erblasser mit postmortaler Wirkung gegeben werden, und es kommt dabei in Betracht, eine etwa unwirksame Einsetzung einer Testamentsvollstreckung für einen Gesellschaftsanteil in eine solche Vollmacht umzudeuten. Ihre Erteilung kann auch (wie in Rn. 18) dem Erben aufgegeben werden. Doch bleiben jeweils Bedenken gegen eine derartige unwiderrufliche und verdrängende Vollmacht aufgrund des Abspaltungsverbots (§ 109 Rn. 7 f.); dagegen wäre der Kernbereich der Mitgliedschaftsstellung (§ 119 Rn. 20 ff.) von ihr nicht ohne weiteres betroffen. Der Testamentsvollstrecker kann dieser Lösung zufolge eine Haftung des Erben mit dessen Privatvermögen begründen, wozu er zu seiner Eigenschaft als Testamentsvollstrecker gemäß § 2206 BGB nicht berechtigt wäre.

20 In Betracht kommt schließlich eine **Ermächtigung** des Testamentsvollstreckers, die Gesellschafterrechte **im eigenen Namen auszuüben**[5]. Hier käme es wiederum wie bei der Treuhandübertragung auf die Zulassung im Gesellschaftsvertrag oder die Zustimmung der Mitgesellschafter an. Indes erlangen die bereits gegen die Vollmachtlösung sprechenden Bedenken aus dem Abspaltungsverbot hier ein noch gesteigertes Gewicht[6].

---

[1] BGH v. 11.4.1957 – II ZR 182/55, BGHZ 24, 106, 112 f.; BGH v. 24.11.1980 – II ZR 194/79, WM 1981, 71, 73.
[2] Vgl. auch RGZ 172, 199, 206 ff.; BGH v. 11.4.1957 – II ZR 182/55, BGHZ 24, 106, 113 f.
[3] OLG Düsseldorf v. 24.9.2007 – I-9 U 26/07, ZEV 2008, 142, 143;
[4] Vgl. insbes. OLG Düsseldorf v. 24.9.2007 – I-9 U 26/07, ZEV 2008, 142, 143; *Ulmer*, ZHR 146 (1982), 555, 569 ff.
[5] RGZ 172, 199, 205 ff.
[6] *Bommert*, BB 1984, 178, 183; siehe auch BGH v. 20.1.1969 – II ZR 75/67, BB 1969, 773.

3. Testamentsvollstreckung und Nachlassverwaltung

a) Testamentsvollstreckung am OHG-Anteil

Eine Testamentsvollstreckung (Verwaltungsvollstreckung) am **Anteil eines OHG-Gesellschafters** (oder eines Komplementärs in einer KG) in einer **werbenden Gesellschaft** war nach bisheriger h.M. unzulässig[1], während eine solche am **Kommanditanteil** für möglich gehalten wurde und wird[2] (vgl. dazu näher § 177 Rn. 13 ff.). Für die Ablehnung beim Vollhafteranteil war – abgesehen von Überlegungen dazu, ob der Anteil wegen der Sondernachfolge Nachlassbestandteil (vgl. dazu Rn. 4) und die Mitgliedschaft persönlicher Natur sei – maßgeblich, dass sie mit der unbeschränkten Gesellschafterhaftung unvereinbar ist und die organisationsrechtliche Stellung des Gesellschafters nicht erfassen kann[3]. Gleichwohl ist nunmehr von der **Zulässigkeit einer Testamentsvollstreckung** auch an einem Vollhafteranteil auszugehen. Sie setzt allerdings eine **Zulassung im Gesellschaftsvertrag** oder eine sonstige Zustimmung der Gesellschafter voraus[4]. Ob eine solche allerdings schon in einer erbrechtlichen Nachfolgeklausel im Gesellschaftsvertrag zu erblicken ist, ist umstritten[5]. Freilich kann sie nur die mit dem Anteil verbundenen Vermögensrechte wie den Gewinnanspruch und den Anspruch auf das künftige Auseinandersetzungsguthaben erfassen (so genannte „Außenseite der Beteiligung"), nicht dagegen die Rechte, die unmittelbar die Mitgliedschaft des Erben berühren[6]. Dem Testamentsvollstrecker stehen daher keine Befugnisse in Fragen der inneren Angelegenheiten der Gesellschaft zu[7]; wegen seiner Mitwirkung bei erforderlichen Anmeldungen zum Handelsregister vgl. § 177 Rn. 18. Die Möglichkeit einer Testamentsvollstreckung wird namentlich auch dann anzuerkennen sein, wenn es zur Anteilsvererbung an einen bereits der Gesellschaft angehörenden Gesellschafter kommt[8].

---

1 BGH v. 11.4.1957 – II ZR 182/55, BGHZ 24, 106, 112 f.; BGH v. 10.2.1977 – II ZR 120/75, BGHZ 68, 225, 239; BGH v. 14.5.1986 – IVa ZR 155/84, BGHZ 98, 48, 55 f.; BGH v. 3.7.1989 – II ZB 1/89, BGHZ 108, 187, 195; *A. Hueck*, Das Recht der OHG, S. 416; *Ulmer/Schäfer*, ZHR 160 (1996), 413, 439 f.; anders aber MünchKommHGB/*K. Schmidt*, § 139 Rn. 47; *Marotzke*, AcP 187 (1987), 223, 236 ff.

2 BGH v. 14.5.1986 – IVa ZR 155/84, BGHZ 98, 48, 57; BGH v. 3.7.1989 – II ZB 1/89, BGHZ 108, 187, 195; OLG Hamm v. 6.11.2001 – 27 U 64/01, NJW-RR 2002, 729; *Ebenroth/Boujong/Joost/Strohn/Lorz*, § 139 Rn. 82 ff.; *Staub/Schäfer*, § 139 Rn. 59 ff.

3 BGH v. 11.4.1957 – II ZR 182/55, BGHZ 24, 106, 112 f.; BGH v. 10.2.1977 – II ZR 120/75, BGHZ 68, 225, 239; BGH v. 14.5.1986 – IVa ZR 155/84, BGHZ 98, 48, 55 f.

4 BGH v. 3.7.1989 – II ZB 1/89, BGHZ 108, 187, 191; OLG Düsseldorf v. 24.9.2007 – I-9 U 26/07, ZEV 2008, 142, 143; *Ebenroth/Boujong/Joost/Strohn/Lorz*, § 139 Rn. 69; MünchKommHGB/*K. Schmidt*, § 139 Rn. 48.

5 So *Mayer*, ZIP 1990, 976, 977; a.A. *Ebenroth/Boujong/Joost/Strohn/Lorz*, § 139 Rn. 69.

6 *Ebenroth/Boujong/Joost/Strohn/Lorz*, § 139 Rn. 73; *Staub/Schäfer*, § 139 Rn. 58; weitergehend MünchKommHGB/*K. Schmidt*, § 139 Rn. 51.

7 BGH v. 12.1.1998 – II ZR 23/97, ZIP 1998, 383 f.; siehe auch BGH v. 10.1.1996 – IV ZB 21/94, ZIP 1996, 327, 329 f.; OLG Düsseldorf v. 24.9.2007 – I-9 U 26/07, ZEV 2008, 142, 143.

8 Vgl. BGH v. 10.1.1996 – IV ZB 21/94, ZIP 1996, 327, 329 f.; näher hierzu *Wiedemann*, FS Zöllner, S. 605, 646 ff.

c) Testamentsvollstreckung in der aufgelösten Gesellschaft

Ist die Gesellschaft aufgelöst, bestehen **keine Hindernisse** gegen eine **Testamentsvollstreckung** an einem Gesellschaftsanteil[1]. In diesem Fall unterliegen sowohl die Beteiligung an der Abwicklungsgesellschaft als auch das auf den Erben entfallende Auseinandersetzungsguthaben umfassend der Testamentsvollstreckung. Dabei erstrecken sich die Befugnisse des Testamentsvollstreckers – auch ohne die Zustimmung der Mitgesellschafter – auf die inneren Angelegenheiten der Abwicklungsgesellschaft[2]. Auch der Beschluss, die aufgelöste Gesellschaft wieder in eine werbende umzuwandeln (siehe § 131 Rn. 4 ff.), bedarf der Zustimmung des Testamentsvollstreckers, da hierdurch der Anspruch auf das Auseinandersetzungsguthaben entfällt[3]. Nichts anderes gilt für den **Abfindungsanspruch** des ausgeschiedenen Erben bei Fortsetzung der Gesellschaft unter den übrigen Gesellschaftern[4].

21

d) Nachlassverwaltung

Eine Nachlassverwaltung am Gesellschaftsanteil ist zulässig, erfasst jedoch **nur die vermögensrechtlichen Ansprüche** aus der Beteiligung, nicht aber die persönlichen Mitgliedschaftsrechte[5]; deren Wahrnehmung verbleibt dem Erben. Allerdings ist dem Nachlassverwalter ein Kündigungsrecht gemäß § 135 zuzugestehen (§ 131 Rn. 33).

22

II. Wahlrecht des Gesellschafter-Erben

1. Anwendungsbereich des § 139

a) Vererbter Vollhafteranteil

Das Gesetz **mutet** dem in die Gesellschaft als Nachfolger eines Gesellschafters einrückenden Erben **nicht zu**, die Stellung eines **unbeschränkt haftenden Gesellschafters** zu übernehmen, und gewährt ihm daher nach Maßgabe des § 139 das Recht, sein Verbleiben in der Gesellschaft von der Umwandlung seiner Beteiligung in einen Kommanditanteil abhängig zu machen. Dieses Recht steht gemäß § 161 Abs. 2 auch dem Erben eines Komplemen-

23

---

1 BGH v. 14.5.1986 – IVa ZR 155/84, BGHZ 98, 48, 55 f.; BGH v. 3.7.1989 – II ZB 1/89, BGHZ 108, 187, 192; BGH v. 10.12.1990 – II ZR 256/89, BGHZ 113, 132, 134. Zu den Folgen einer unterbliebenen Eintragung der Auflösung im Handelsregister vgl. BGH v. 4.3.1976 – II ZR 145/75, BGHZ 66, 98, 102 f.
2 MünchKommHGB/*K. Schmidt*, § 139 Rn. 53; *Staub/Schäfer*, § 139 Rn. 55; *Ebenroth/Boujong/Joost/Strohn/Lorz*, § 139 Rn. 63.
3 MünchKommHGB/*K. Schmidt*, § 139 Rn. 53; *Ebenroth/Boujong/Joost/Strohn/Lorz*, § 139 Rn. 63.
4 BGH v. 14.5.1986 – IVa ZR 155/84, BGHZ 98, 48, 55 f.; auch BGH v. 30.4.1984 – II ZR 293/83, BGHZ 91, 132, 136.
5 BGH v. 30.3.1967 – II ZR 10/65, BGHZ 47, 293, 296; BGH v. 30.4.1984 – II ZR 293/83, BGHZ 91, 132, 136 f.; MünchKommHGB/*K. Schmidt*, § 139 Rn. 55; *Ebenroth/Boujong/Joost/Strohn/Lorz*, § 139 Rn. 90 f.

tärs in der KG zu. Für die GbR lehnt die h.M. die Anwendung des § 139 bislang ab[1].

b) Eintritt aufgrund Nachfolgeklausel

24 § 139 gilt nur für den kraft einer (erbrechtlichen) Nachfolgeklausel – also **kraft Erbrechts** – eintretenden Rechtsnachfolger (siehe oben Rn. 3 ff.), nicht aber für einen Beitritt aufgrund eines Eintrittsrechts oder eines Vermächtnisses, da es dort eines solchen Schutzes nicht bedarf[2].

c) Geltung in der aufgelösten Gesellschaft?

25 Aus § 139 Abs. 4 wird hergeleitet, dass für ein Wahlrecht des Erben in einer bereits aufgelösten Gesellschaft kein Raum sein kann[3]; dem ist beizutreten[4].

d) Erbfolge unter Gesellschaftern

26 Erbt ein Gesellschafter einen weiteren Gesellschaftsanteil, kann das Wahlrecht nach § 139 aufgrund des Grundsatzes der Einheitlichkeit des Personengesellschaftsanteils (vgl. hierzu § 105 Rn. 4a) beschränkt sein. Gehörte der Erbe der Gesellschaft etwa bereits **vor dem Erbfall als Vollhafter** an, erbt er also einen zusätzlichen Anteil, mit dem sich seine bisherige Beteiligung dann zu einem einheitlichen Anteil vereinigt, so kommt § 139 nicht zum Zuge[5]. Hier wird der Erbe nämlich letztlich nicht vor die Entscheidung gestellt, die Erbschaft auszuschlagen oder persönlich haftender Gesellschafter zu werden. Dagegen hat ein **Kommanditist**, der einen Komplementäranteil hinzu erwirbt, das Wahlrecht für die gesamte (dann) entstehende Komplementärbeteiligung[6]. Macht er von dem Wahlrecht keinen Gebrauch, bleibt er mit seiner gesamten Beteiligung und damit insgesamt allein persönlich haftender Gesellschafter[7].

27 Ist die vererbte Gesellschafterstellung **nicht mit einer Kapitalbeteiligung verbunden**, beschränkt sich die Anwendung des § 139 auf die Absätze 2 bis

---

1 *Baumbach/Hopt*, § 139 Rn. 8; *Ebenroth/Boujong/Joost/Strohn/Lorz*, § 139 Rn. 98; a.A. MünchKommHGB/*K. Schmidt*, § 139 Rn. 60.
2 *Staub/Schäfer*, § 139 Rn. 72; MünchKommHGB/*K. Schmidt*, § 139 Rn. 62.
3 BGH v. 6.7.1981 – II ZR 38/81, ZIP 1981, 1088, 1090; *Staub/Schäfer*, § 139 Rn. 73; *Baumbach/Hopt*, § 139 Rn. 8; *A. Hueck*, Das Recht der OHG, S. 428.
4 Anders aber MünchKommHGB/*K. Schmidt*, § 139 Rn. 61.
5 KG JW 1936, 2933; MünchKommHGB/*K. Schmidt*, § 139 Rn. 65; *Baumbach/Hopt*, § 139 Rn. 8 und 37; *Ebenroth/Boujong/Strohn/Lorz*, § 139 Rn. 100.
6 BGH v. 21.10.1970 – II ZR 258/67, BGHZ 55, 267, 269 f.; BayObLG v. 29.1.2003 – 3Z BR 5/03, NZG 2003, 476 f.; *Ebenroth/Boujong/Joost/Strohn/Lorz*, § 139 Rn. 99; *Staub/Schäfer*, § 139 Rn. 68; *Baumbach/Hopt*, § 139 Rn. 7.
7 BayObLG v. 29.1.2003 – 3Z BR 5/03, DB 2003, 762, 763.

4[1], eröffnet also lediglich die Möglichkeit, ein Ausscheiden aus der Gesellschaft zu verlangen.

Beerbt der **einzige Kommanditist** den **einzigen Komplementär**, so kann eine Gesellschaft nicht fortbestehen. Vielmehr kommt es hier zur liquidationslosen Vollbeendigung der Gesellschaft (vgl. § 131 Rn. 2). Statt des § 139 kommt hier eine Haftung analog § 27 zum Zuge, die neben die (beschränkbare) Erbenhaftung tritt[2]. Wird dann der Geschäftsbetrieb in der Dreimonatsfrist des § 27 Abs. 2 eingestellt, so kommt für Vermögensübergänge, die bis zum 31.12.1998 stattgefunden haben, gemäß Art. 223a EGBGB noch eine Haftung mit dem Gesellschaftsvermögen entsprechend dem bis zu diesem Zeitpunkt geltenden § 419 Abs. 2 BGB a.F. in Betracht[3].   28

2. Umwandlung der Beteiligung

a) Berechtigte Personen

Der Erbe des Gesellschafters (bei einer Mehrzahl einrückender Erben – Rn. 6 – jeder für sich und unabhängig voneinander[4]) **kann die Umwandlung** des ererbten Anteils in eine Kommanditbeteiligung (durch entsprechenden Antrag an die Mitgesellschafter) **verlangen**. Das Wahlrecht steht dem Gesellschafter persönlich zu und kann daher nicht von einem Fremdverwalter (Testamentsvollstrecker, Rn. 16, oder Nachlassverwalter, Rn. 22) ausgeübt werden[5]. Die Umwandlung vollzieht sich – wie sich aus § 139 Abs. 4 ergibt – erst durch Vertrag mit allen Gesellschaftern, nicht schon durch die Ausübung des Wahlrechts[6]. Es handelt sich dabei um eine Änderung des Gesellschaftsvertrages. Haben mehrere Erben den Antrag jeweils für ihren Anteil gestellt, können diese unterschiedlich beschieden werden[7]. Der Gesellschaftsvertrag kann auch einen Mehrheitsbeschluss vorsehen (beachte aber § 119 Rn. 17 ff.). Auch kann der Gesellschaftsvertrag Umwandlungsklauseln vorsehen (siehe unten Rn. 46 ff.).   29

Dem Vorerben steht das Wahlrecht ohne Einschränkung zu. Er kann die Einräumung der Kommanditistenstellung beantragen und im Falle der Ableh-   30

---

1 *Ebenroth/Boujong/Joost/Strohn/Lorz*, § 139 Rn. 101; *Staub/Schäfer*, § 139 Rn. 74; MünchKommHGB/*K. Schmidt*, § 139 Rn. 63; *A. Hueck*, Das Recht der OHG, S. 426; a.A. *Baumbach/Hopt*, § 139 Rn. 42.
2 *Ebenroth/Boujong/Joost/Strohn/Lorz*, § 139 Rn. 102; *Staub/Schäfer*, § 139 Rn. 70; MünchKommHGB/*K. Schmidt*, § 139 Rn. 66; *Baumbach/Hopt*, § 139 Rn. 7.
3 BGH v. 10.12.1990 – II ZR 256/89, BGHZ 113, 132, 134 ff.
4 BGH v. 21.10.1970 – II ZR 258/67, BGHZ 55, 267, 269 f.; *Staub/Schäfer*, § 139 Rn. 77; *Ebenroth/Boujong/Joost/Strohn/Lorz*, § 139 Rn. 103; *Baumbach/Hopt*, § 139 Rn. 37.
5 *Staub/Schäfer*, § 139 Rn. 78; *Ebenroth/Boujong/Joost/Strohn/Lorz*, § 139 Rn. 104.
6 BayObLG v. 29.1.2003 – 3Z BR 5/03, NZG 2003, 476.
7 BGH v. 21.12.1970 – II ZR 258/67, BGHZ 55, 267, 269; *Ebenroth/Boujong/Joost/Strohn/Lorz*, § 139 Rn. 103; MünchKommHGB/*K. Schmidt*, § 139 Rn. 68; *Baumbach/Hopt*, § 139 Rn. 39.

nung aus der Gesellschaft ausscheiden[1]. Er ist in der Ausübung des Wahlrechts durch die Anordnung der Nacherbfolge nicht beschränkt. Macht der Vorerbe von dem Wahlrecht keinen Gebrauch, kann dies der Nacherbe im Falle des Nacherbfalles noch ausüben[2]. Hat der Vorerbe den Austritt aus der Gesellschaft erklärt oder ist der Anteil in eine Kommanditistenstellung umgewandelt worden, ist der Nacherbe hieran gebunden. § 139 greift dann für ihn nicht mehr[3].

b) Bestimmung der Kommanditeinlage

31 Kommt es zu einem Vertrag mit den Gesellschaftern im oben genannten Sinne (Rn. 29), wird der Erbe mit Vertragsschluss Kommanditist und die Gesellschaft wandelt sich in eine KG. Im Übrigen aber bleibt der Gesellschaftsvertrag unberührt. Soweit der Umwandlungsvertrag Art und Umfang der künftigen Beteiligung des Erben nicht besonders regelt, gelten für die Bemessung der Einlage folgende Gesichtspunkte:

aa) Ausstehende Einlagen

32 **Schuldete der Erblasser** der Gesellschaft **noch eine Einlage**, muss sie der Erbe noch erbringen. Er haftet dafür als Erbe mit der Möglichkeit der Haftungsbeschränkung nach den §§ 1967 ff. BGB, jedoch nach Fortsetzung der Mitgliedschaft über drei Monate hinweg[4] auch gesellschaftsrechtlich unbeschränkbar.

bb) Pflichteinlage

33 Von der etwa noch geschuldeten Einlage des Erblassers im erwähnten Sinne muss die **bedungene Einlage des Erben** als Soll-Beteiligung in seiner Stellung als Kommanditist (**Pflichteinlage**) unterschieden werden[5].

34 Nach bisher h.M. soll sie der Höhe nach dem **Kapitalanteil des Erblassers z.Zt. des Erbfalls** entsprechen, und zwar zuzüglich eines noch geschuldeten Einlagebetrages und unzulässiger Entnahmen[6]. Dabei gehen die Meinungen auseinander, wovon bei einem negativen Kapitalanteil des Erblassers aus-

---

1 Staub/Schäfer, § 139 Rn. 88; MünchKommHGB/K. Schmidt, § 139 Rn. 62; Ebenroth/Boujong/Joost/Strohn/Lorz, § 139 Rn. 103.
2 MünchKommHGB/K. Schmidt, § 139 Rn. 37, 62; Ebenroth/Boujong/Joost/Strohn/Lorz, § 139 Rn. 106; Staub/Schäfer, § 139 Rn. 84; Baumbach/Hopt, § 139 Rn. 37.
3 BGH v. 25.5.1977 – IV ZR 15/76, BGHZ 69, 47, 52; Staub/Schäfer, § 139 Rn. 84; Ebenroth/Boujong/Joost/Strohn/Lorz, § 139 Rn. 106; MünchKommHGB/K. Schmidt, § 139 Rn. 68.
4 Vgl. MünchKommHGB/K. Schmidt, § 139 Rn. 72; K. Schmidt, ZGR 1989, 445, 457 f.: Gesamtanalogie zu den §§ 27, 139.
5 So zu Recht K. Schmidt, ZGR 1989, 445, 459 ff.; MünchKommHGB/K. Schmidt, § 139 Rn. 73.
6 Siehe etwa Ebenroth/Boujong/Joost/Strohn/Lorz, § 139 Rn. 108; Baumbach/Hopt, § 139 Rn. 41; Staub/Schäfer, § 139 Rn. 102; A. Hueck, Das Recht der OHG, S. 425.

zugehen ist[1]. Überwiegend wird hier die bedungene Einlage auf einen Euro festgesetzt[2].

Demgegenüber ist jedoch der Sicht *K. Schmidts*[3] zu folgen, die der Interessenlage der Beteiligten besser gerecht wird. Dies gilt namentlich im Hinblick darauf, dass der Erbe nach § 139 Abs. 1, 4 nicht anders gestellt sein soll, als habe er eine Kommanditbeteiligung geerbt[4]. Danach ist für die bedungene Einlage des Erben **von der bedungenen Einlage für den Erblasser auszugehen**, wie dies auch § 139 Abs. 1 nahelegt, jedoch zuzüglich dessen, was der Erblasser etwa an erzielten Überschüssen in der Gesellschaft ohne ein noch bestehendes Entnahmerecht (§ 122 Abs. 1) gehalten hat. Danach entspricht bei festen Kapitalanteilen (§ 120 Rn. 13) der Kapitalkontostand des Erblassers der bedungenen Einlage des Erben. Bei einem variablen Kapitalanteil kommt es hingegen darauf an, was sich als bedungene Einlage des Erblassers aus dem Gesellschaftsvertrag oder der Eröffnungsbilanz ergibt bzw. was ansonsten der Erblasser in der Gesellschaft zu belassen hatte[5].

35

cc) Haftsumme

Die von der Pflichteinlage zu unterscheidende Haftsumme (dazu § 171 Rn. 6 f.) soll **nach h.M. mit dem Betrag des ererbten Kapitalkontos** angesetzt werden, teils unter Hinzurechnung noch geschuldeter Einlagen und unzulässiger Entnahmen[6], teils ohne eine solche Hinzurechnung[7]. Ist das Kapitalkonto negativ, soll die Haftsumme mit einem Euro angenommen werden[8].

36

Nach dem eingangs von Rn. 35 herausgestellten Zusammenhang ist demgegenüber auch hier entsprechend der Auffassung *K. Schmidts*[9] von der **bedungenen Einlage als der Haftsumme** auszugehen. Zu Recht wird dabei darauf hingewiesen[10], dass eine Eintragung einer Pro-forma-Haftsumme von einem Euro unzulässig sein muss.

37

---

1 Vgl. zum Meinungsstand MünchKommHGB/*K. Schmidt*, § 139 Rn. 74.
2 *Baumbach/Hopt*, § 139 Rn. 42; *Ebenroth/Boujong/Joost/Strohn/Lorz*, § 139 Rn. 107; *Staub/Schäfer*, § 139 Rn. 103, 104.
3 *K. Schmidt*, ZGR 1989, 445, 459 ff.; sowie MünchKommHGB/*K. Schmidt*, Rn. 75; ebenso *Heymann/Emmerich*, § 139 Rn. 45.
4 Vgl. dazu MünchKommHGB/*K. Schmidt*, § 139 Rn. 75.
5 *K. Schmidt*, ZGR 1989, 445, 462 f.
6 Vgl. z.B. *A. Hueck*, Das Recht der OHG, S. 425; *Ebenroth/Boujong/Joost/Strohn/Lorz*, § 139 Rn. 106.
7 *Staub/Schäfer*, § 139 Rn. 107.
8 *Staub/Schäfer*, § 139 Rn. 105; *Ebenroth/Boujong/Joost/Strohn/Lorz*, § 139 Rn. 107; *Baumbach/Hopt*, § 139 Rn. 42; siehe auch *Saßenrath*, BB 1990, 1209, 1212.
9 *K. Schmidt*, ZGR 1989, 445, 463 ff.; auch MünchKommHGB/*K. Schmidt*, Rn. 79 f.; so jetzt auch *Heymann/Emmerich*, § 139 Rn. 45a.
10 MünchKommHGB/*K. Schmidt*, §§ 139 Rn. 79a.

c) Gewinnanteil, Entnahmen

38 Der Gewinnanteil des Erben entspricht grundsätzlich demjenigen des Erblassers (§ 139 Abs. 1, siehe aber Abs. 5 2. Hs.)[1]. Für Entnahmen ist nicht § 122, sondern § 169 maßgebend.

d) Fristgebundenheit

39 Das Umwandlungsrecht kann der Erbe nur innerhalb der **Dreimonatsfrist in § 139 Abs. 3** geltend machen, wenn das Austrittsrecht nach § 139 Abs. 2 und das Haftungsprivileg gewahrt werden sollen. Die Frist beginnt mit der Kenntnis des Erben vom Anfall der Erbschaft, unterfällt jedoch einer Ablaufhemmung für den Fall, dass der Erbe die Erbschaft noch ausschlagen kann. Zugunsten eines nicht voll geschäftsfähigen Erben kommt ferner ggf. eine Ablaufhemmung nach § 210 BGB zum Zuge.

40 Die Frist in § 139 Abs. 3 ist außer durch ein rechtzeitiges Ausscheiden des Erben aus der Gesellschaft (dazu Rn. 41) gewahrt, wenn dem Erben innerhalb der Frist die Stellung eines Kommanditisten eingeräumt wird oder die Gesellschaft aufgelöst wird (vgl. § 139 Abs. 4). Zu den Folgen einer Fristüberschreitung vgl. Rn. 54, 56.

3. Ausscheiden des Erben

a) Erklärung des Ausscheidens

41 Kommt es nicht rechtzeitig innerhalb der Frist des § 139 Abs. 3 zu einer Annahme des Umwandlungsantrags des Erben durch die Mitgesellschafter, so kann der Erbe **innerhalb der genannten Frist sein Ausscheiden erklären** oder es dabei belassen und als vollhaftender Gesellschafter in der Gesellschaft verbleiben. Das gilt jedoch nur, wenn auch der Antrag fristgerecht gestellt war. Die Frist verlängert sich nicht, wenn die Mitgesellschafter, denen eine angemessene Überlegungsfrist zuzubilligen ist[2], ihre Entscheidung nicht rechtzeitig treffen, nicht einmal dann, wenn sie etwa die Fristwahrung vereiteln[3].

b) Zugangserfordernis

42 Die Austrittserklärung muss **allen Gesellschaftern rechtzeitig zugehen**[4]. Es ist zulässig, den Austritt bereits mit dem Umwandlungsantrag in Form einer Potestativbedingung für den Fall einer nicht rechtzeitigen Antragsannahme zu verbinden (allg. Meinung).

---

1 MünchKommHGB/*K. Schmidt*, § 139 Rn. 82.
2 MünchKommHGB/*K. Schmidt*, § 139 Rn. 86; *Staub/Schäfer*, § 139 Rn. 88.
3 MünchKommHGB/*K. Schmidt*, § 139 Rn. 86.
4 MünchKommHGB/*K. Schmidt*, § 139 Rn. 87.

c) Rechtsfolgen

Nach dem Ausscheiden wird die Gesellschaft unter den verbleibenden Gesellschaftern fortgeführt. Der ausscheidende Erbe ist abzufinden (§ 131 Rn. 41 ff.). Im Zweifel gilt dabei eine Klausel im Gesellschaftsvertrag, die die Abfindung eines Gesellschafters für den Fall der Kündigung beschränkt, nicht auch für den wegen Ablehnung der Umwandlung ausscheidenden Gesellschafter[1]. Beansprucht die Abfindungsklausel auch für die Fälle des Ausscheidens nach § 139 Abs. 2 Geltung, so ist diese sowohl an § 139 Abs. 5 als auch an den allgemeinen Grundsätzen für Abfindungsklauseln (§ 131 Rn. 65 ff.) zu messen.

43

4. Abweichende Vertragsregelungen

a) Grundsätzliche Unabdingbarkeit der Vorschrift

Nach § 139 Abs. 5 können **§ 139 Abs. 1 bis 4 grundsätzlich nicht abbedungen** werden; eine Ausnahme gilt nur für die Gewinnbeteiligung[2]. Davon abgesehen darf weder zum Nachteil des Erben dessen Wahlrecht ausgeschlossen, beschränkt oder erschwert werden (etwa durch Übernahme eines höheren Kommanditanteils oder zusätzliche Pflichten zur Einlageleistung; benachteiligende Berechnung des Abfindungsanspruchs für den Fall des Ausscheidens nach § 139 Abs. 2 gegenüber sonstigen Fällen)[3] noch kann zu seinen Gunsten die Dreimonatsfrist verlängert werden (dem stehen die Interessen der Gesellschaftsgläubiger entgegen)[4]. Möglich bleiben aber Erleichterungen bei der Herbeiführung der Haftungsbeschränkung nach § 139 Abs. 4 durch entsprechende Vertragsklauseln i.S. einer Erleichterung des Ausscheidens oder der Beteiligungsumwandlung.

44

b) Gewährung eines Austrittsrechts

Zulässig ist es, dem durch eine Nachfolgeklausel einrückenden Erben ein **Austrittsrecht** unabhängig vom Tatbestand des § 139 Abs. 2 zuzugestehen, dessen i.S. von § 139 Abs. 3 fristgerechter Gebrauch zur Haftungsbeschränkung nach § 139 Abs. 4 führt; daneben verbleiben dem Erben allerdings die sonstigen Rechte aus § 139[5].

45

c) Umwandlungsklauseln

Erhebliche Bedeutung haben Umwandlungsklauseln, die die **Umwandlung** der Gesellschafterposition eines kraft Nachfolgeregelung in die Gesellschaft

46

---

1 *Baumbach/Hopt*, § 139 Rn. 43; *Ebenroth/Boujong/Joost/Strohn/Lorz*, § 139 Rn. 111; großzügiger demgegenüber *Staub/Schäfer*, § 139 Rn. 112.
2 *Ebenroth/Boujong/Joost/Strohn/Lorz*, § 139 Rn. 135; siehe auch MünchKommHGB/*K. Schmidt*, § 139 Rn. 93.
3 Siehe *Staub/Schäfer*, § 139 Rn. 135 ff.; MünchKommHGB/*K. Schmidt*, § 139 Rn. 92; *Ebenroth/Boujong/Joost/Strohn/Lorz*, § 139 Rn. 134.
4 *Ebenroth/Boujong/Joost/Strohn/Lorz*, § 139 Rn. 137.
5 RG DR 1943, 1224, 1226.

einrückenden Erben **in eine Beteiligung als Kommanditist** zum Gegenstand haben[1]:

47 Solche Klauseln können eine **automatische Umwandlung** vorsehen[2]. Bei ihnen entfällt dann das Austrittsrecht nach § 139 Abs. 2, da dieses nur für den Fall einer Nichteinräumung der Kommanditistenstellung gewährt ist. Der Erbe kommt indes in den Genuss des Haftungsprivilegs nach § 139 Abs. 4[3].

48 Ferner kann vorgesehen werden, dass der Erbe die Umwandlung durch eine **einseitige gestaltende Erklärung** herbeiführen kann[4]. Wird das Recht innerhalb der Frist des § 139 Abs. 3 ausgeübt, tritt die Haftungserleichterung nach § 139 Abs. 4 ein. Ob das Austrittsrecht nach § 139 Abs. 2 hier abbedungen ist, weil der Erbe selbst darüber entscheiden kann, ob er Kommanditist wird, ist nicht unzweifelhaft; es muss ihm jedenfalls für den Fall verbleiben, dass sein Optionsrecht streitig ist[5].

49 Schließlich kann die Umwandlungsklausel für den Erben lediglich einen **schuldrechtlichen Anspruch** auf eine Umwandlung begründen[6]. Hier entfällt für die Mitgesellschafter die Möglichkeit, dem Erben die Stellung eines Kommanditisten zu verweigern. Erfüllen sie jedoch den Umwandlungsanspruch nicht rechtzeitig, kann der Erbe die Vergünstigung des § 139 Abs. 4 nur durch einen rechtzeitigen Austritt erlangen.

50 Es versteht sich, dass Umwandlungsklauseln dieser Art auch **außerhalb des Bereichs des § 139**, der nur den kraft einer Sondererbfolge in die Gesellschaft einrückenden Erben betrifft, in einem Gesellschaftsvertrag enthalten sein können, so z.B. auch bei Eintrittsrechten oder bei Anteilsübertragungen, darüber hinaus auch ganz unabhängig von Veränderungen im Gesellschafterbestand. In diesen Fällen kommen aber die Rechtsfolgen des § 139 nicht zum Zuge[7].

III. Außenhaftung des Gesellschafter-Erben

1. Grundlagen

51 § 139 Abs. 4 sieht für die dort aufgeführten Fälle des fristgerechten (vgl. § 139 Abs. 3) Erwerbs der Kommanditistenstellung, des fristgerechten Ausscheidens und der Auflösung innerhalb der Frist eine **Haftungserleichterung** für den als Erben eingerückten Gesellschafter vor. Dieses Privileg gilt glei-

---

1 Vgl. näher dazu *K. Schmidt*, BB 1989, 1702 ff.; *Ebenroth/Boujong/Joost/Strohn/Lorz*, § 139 Rn. 137 ff.
2 Siehe etwa BayObLG v. 29.1.2003 – 3Z BR 5/03, NZG 2003, 476.
3 BGH v. 1.6.1987 – II ZR 259/86, BGHZ 101, 123; MünchKommHGB/*K. Schmidt*, § 139 Rn. 137.
4 „Optionsrecht" i.S. von *K. Schmidt*, BB 1989, 1702, 1704.
5 MünchKommHGB/*K. Schmidt*, § 139 Rn. 136; *Ebenroth/Boujong/Joost/Strohn/ Lorz*, § 139 Rn. 138.
6 *Ebenroth/Boujong/Joost/Strohn/Lorz*, § 139 Rn. 133.
7 Zu den Zugriffsmöglichkeiten der Nachlass- und Privatgläubiger auf den übergegangenen Anteil vgl. näher *Ulmer/Schäfer*, ZHR 160 (1996), 413 ff.

späterem Erlangen einer Stellung als Kommanditist eine Enthaftung nach § 160 in Betracht.

bb) Gesellschafterhaftung für Neuverbindlichkeiten

55 Für die Neuverbindlichkeiten der Gesellschaft, also die nach Ende der Schwebezeit begründeten Gesellschaftsschulden, haftet der in die Vollhafterposition des Erblassers einrückende Erbe, wenn und so lange er nicht Kommanditist wird, nach § 128. Kommt es zum Erwerb der Kommanditistenstellung, gelten für die danach begründeten Verbindlichkeiten die §§ 171, 172.

cc) Gesellschafterhaftung für Zwischenneuschulden

56 Für die **zwischen dem Einrücken des Erben** in die Vollhafterposition und der **Umwandlung seiner Beteiligung** in die eines Kommanditisten begründeten Zwischenneuschulden haftet der Gesellschafter während der Schwebezeit – entgegen einer früher vertretenen Rechtsansicht[1] – nach § 128 und damit (vorläufig) unbeschränkt; denn – soweit der Gesellschaftsvertrag nichts anderes bestimmt (siehe oben Rn. 46 ff.) – tritt der Gesellschaftererbe (zunächst) als persönlich haftender Gesellschafter in die Gesellschaft ein[2]. Da die Haftung aber durch Ausübung des Wahlrechts beschränkbar ist, kann der Gesellschafter während der Schwebezeit die Leistung aus seinem Privatvermögen vorläufig verweigern[3]. Begleicht der Gesellschafter die Gesellschaftsschuld dennoch, so leistet er nicht auf eine Nichtschuld. Auch findet § 267 BGB keine Anwendung[4]. Nach welchen gesellschaftsrechtlichen Vorschriften der Gesellschafter nach Ende der Schwebezeit für die Zwischenneuschulden haftet, hängt von der Wahrung der Voraussetzungen in § 139 ab. Hat eine Umwandlung in eine Kommanditistenstellung stattgefunden, so entfällt die Haftung für die Zwischenneuschulden nach § 139. Die (gesellschaftsrechtliche) Eigenhaftung des Gesellschafters ergibt sich aber nunmehr aus §§ 173, 171 f.[5] Hat der Gesellschafter nach Ende der Schwebezeit die Stellung eines unbeschränkt haftenden Gesellschafters, richtet sich seine Haftung für alle nach dem Erbfall begründeten Gesellschaftsverbindlichkeiten nach § 128[6].

---

1 *A.Hueck*, Das Recht der OHG, § 28 II 1 c.
2 BayObLG v. 29.1.2003 – 3Z BR 5/03, NZG 2003, 476; MünchKommHGB/*K. Schmidt*, § 139 Rn. 104; *BaumbachHopt*, § 139 Rn. 45; siehe auch *Ebenroth/Boujong/Joost/Strohn/Lorz*, § 139 Rn. 116.
3 BayObLG v. 29.1.2003 – 3Z BR 5/03, NZG 2003, 476; MünchKommHGB/*K. Schmidt*, § 139 Rn. 104; *BaumbachHopt*, § 139 Rn. 45; siehe auch *Ebenroth/Boujong/Joost/Strohn/Lorz*, § 139 Rn. 116.
4 MünchKommHGB/*K. Schmidt*, § 139 Rn. 104.
5 *Staub/Schäfer*, § 139 Rn. 123; *Baumbach/Hopt*, § 139 Rn. 47; MünchKommHGB/*K. Schmidt*, § 139 Rn. 113; *Ebenroth/Boujong/Joost/Strohn/Lorz*, § 139 Rn. 124.
6 MünchKommHGB/*K. Schmidt*, § 139 Rn. 108; *Ebenroth/Boujong/Joost/Strohn/Lorz*, § 139 Rn. 120.

chermaßen für diejenigen Erben, die aufgrund einer Austritts- oder Umwandlungsklausel (Rn. 46 ff.) fristgerecht ausscheiden oder eine Kommanditistenposition erlangen.

Bei der Beurteilung der sich jeweils ergebenden Haftungsverhältnisse muss genau zwischen der **erbrechtlichen** Haftung und der **gesellschaftsrechtlichen Haftung** des Erben unterschieden werden sowie danach, wann die Gesellschaftsschulden begründet wurden[1]. 52

a) Erbenhaftung

Der Erbe (bei einer Mehrheit von Erben alle, auch die, die nicht als Nachfolger berufen sind)[2] haftet den Gläubigern für die Nachlassverbindlichkeiten nach den **erbrechtlichen Vorschriften der §§ 1967 ff. BGB.** Zu jenen zählt auch die Gesellschafterhaftung des Erblassers aus § 128 für die bisher entstandenen Gesellschaftsschulden (Altverbindlichkeiten) und die in der Schwebezeit entstehenden Gesellschaftsschulden (Zwischenneuschulden)[3]. Diese Haftung kann nach den gegebenen erbrechtlichen Möglichkeiten (§§ 1975 ff. BGB) unabhängig von den Voraussetzungen des § 139 auf den Bestand des Nachlasses beschränkt werden. 53

b) Gesellschafterhaftung
aa) Gesellschafterhaftung für Altverbindlichkeiten

Für Altverbindlichkeiten haftet der Gesellschafter während der Schwebezeit nach § 130. Da die gesellschaftsrechtliche Eigenhaftung aufgrund Umwandlung in eine Kommanditistenstellung noch beschränkbar ist, kann der Gesellschafter während der Schwebezeit die Leistung aus seinem Privatvermögen vorläufig verweigern (siehe unten Rn. 56)[4]. Hat mit Ablauf der Schwebezeit eine Umwandlung in eine Kommanditistenstellung stattgefunden, so entfällt die Haftung nach § 130 und an ihre Stelle tritt diejenige nach den **§§ 173, 171 f.** Diese besteht neben der auf den Nachlass beschränkbaren Erbenhaftung, ist aber ihrerseits nicht in dieser Weise beschränkbar[5]. Denn hier kann der Erbe nicht anders als bei einem ererbten Kommanditanteil gestellt sein, bei dem Erbenhaftung und Gesellschafterhaftung ebenfalls zusammentreffen, ohne dass für die letztere aber eine Beschränkung auf den Nachlass stattfindet (näher dazu § 173 Rn. 27, 29). Zugunsten des Erben, der für die Altschulden mangels einer fristgerechten Umwandlung der ererbten Vollhafterbeteiligung unbeschränkt gemäß § 130 haftet, kommt aber nach 54

---

1 Vgl. insbes. MünchKommHGB/*K. Schmidt*, § 139 Rn. 101 ff.; *Baumbach/Hopt*, § 139 Rn. 44.
2 *Ebenroth/Boujong/Joost/Strohn/Lorz*, § 139 Rn. 125.
3 BGH v. 21.10.1970 – II ZR 258/67, BGHZ 55, 267, 273; MünchKommHGB/*K. Schmidt*, § 139 Rn. 103, 107, 113; *Ebenroth/Boujong/Joost/Strohn/Lorz*, § 139 Rn. 121.
4 Im Ergebnis auch *Ebenroth/Boujong/Joost/Strohn/Lorz*, § 139 Rn. 119.
5 MünchKommHGB/*K. Schmidt*, § 139 Rn. 110, 112; *Baumbach/Hopt*, § 139 Rn. 47; *Staub/Schäfer*, § 139 Rn. 123; *Ebenroth/Boujong/Joost/Strohn/Lorz*, § 139 Rn. 124.

2. Das Haftungsprivileg in § 139 Abs. 4

a) Erwerb einer Kommanditistenstellung

Wird der Erbe unter den Voraussetzungen des § 139 oder aufgrund einer vertraglichen Umwandlungsklausel unter Wahrung der Frist in § 139 Abs. 3 **Kommanditist**, so gilt für seine erbrechtliche und gesellschaftsrechtliche Haftung das in den Rn. 51 ff. Ausgeführte. 57

b) Ausscheidender Erbe

Scheidet der Erbe innerhalb der genannten Frist (egal aus welchem Grund)[1] **aus**, unterliegt er **allein der erbrechtlichen Haftung**; diese erstreckt sich nach § 139 Abs. 4 allerdings auch auf die Zwischenneuschulden bis zum Ausscheiden[2]. Für die Neuschulden haftet der ausgeschiedene Gesellschafter-Erbe überhaupt nicht[3]. Die zunächst auf der Grundlage der §§ 128 und 130 eingetretene Haftung für die Altverbindlichkeiten und für die Neuverbindlichkeiten bis zum Ausscheiden entfällt[4]. 58

c) Auflösung der Gesellschaft

Wird die Gesellschaft vor Ablauf der Frist des § 139 Abs. 3 (aber nach Eintritt des Erbfalls) aufgelöst, wird das Wahlrecht in § 139 gegenstandslos mit der Folge, dass den Erben **nur eine Haftung nach den erbrechtlichen Regeln**[5] **trifft**, auch hier aber unter Einschluss der Zwischenschulden bis zur Auflösung[6]. Es versteht sich, dass die Erleichterung nur eingreift, wenn die Gesellschaft tatsächlich abgewickelt und nicht etwa weiterbetrieben wird[7]. Wird die Gesellschaft (ausnahmsweise aufgrund entsprechender gesellschaftsvertraglicher Regelungen) mit dem Tod des Gesellschafters aufgelöst, findet § 139 keine Anwendung (siehe oben Rn. 25). Dennoch wird aus dem Rechtsgedanken des § 139 Abs. 4 gefolgert, dass die grundsätzlich unbeschränkte Haftung der Liquidationsgesellschafter nur den Nachlass trifft und damit im Ergebnis nach den erbrechtlichen Grundsätzen beschränkt ist[8]. Gleiches gilt, wenn die Gesellschaft bereits vor Eintritt des Erbfalls aufgelöst war[9]. 59

---

1 *Staub/Schäfer*, § 139 Rn. 124; *Baumbach/Hopt*, § 139 Rn. 48; *Ebenroth/Boujong/Joost/Strohn/Lorz*, § 139 Rn. 129.
2 *Ebenroth/Boujong/Joost/Strohn/Lorz*, § 139 Rn. 129; *Staub/Schäfer*, § 139 Rn. 124; MünchKommHGB/*K. Schmidt*, § 139 Rn. 115 f.
3 MünchKommHGB/*K. Schmidt*, § 139 Rn. 115.
4 BGH v. 21.10.1970 – II ZR 258/67, BGHZ 55, 267, 271.
5 RGZ 72, 119, 121; *A. Hueck*, Das Recht der OHG, S. 430.
6 *Ebenroth/Boujong/Joost/Strohn/Lorz*, § 139 Rn. 131; MünchKommHGB/*K. Schmidt*, § 139 Rn. 120 f.
7 BGH v. 23.11.1978 – II ZR 20/78, NJW 1979, 1705, 1706; *Staub/Schäfer*, § 139 Rn. 125.
8 BGH v. 6.7.1981 – II ZR 38/81, NJW 1982, 45, 46; *Staub/Schäfer*, § 139 Rn. 126; MünchKommHGB/*K. Schmidt*, § 139 Rn. 119; *Ebenroth/Boujong/Joost/Strohn/Lorz*, § 139 Rn. 132.
9 *Staub/Schäfer*, § 139 Rn. 126.

d) Einwirkungen der Handelsregisterpublizität

60 Werden die zur Haftungsbeschränkung führenden Veränderungen nicht alsbald im **Handelsregister** verlautbart, kann es zu einer Fortdauer der unbeschränkten Haftung gegenüber dem Rechtsverkehr kommen, der von der Maßgeblichkeit des bisherigen Registerstandes ausgeht.

61 Ist weiterhin der **Erblasser als Gesellschafter eingetragen**, so wird die Umwandlung des Gesellschaftsanteils in eine Kommanditbeteiligung des Erben als Haftungsfall i.S. des § 176 Abs. 2 behandelt (streitig; vgl. dazu näher § 176 Rn. 43, dort in § 176 Rn. 41 f. auch zur abweichend beurteilten Sachlage, wenn der Erbe der Gesellschaft bereits als eingetragener Kommanditist angehört).

62 Fehlt es hingegen an der (nach § 143 erforderlichen) **Eintragung des Ausscheidens** des Erben oder der **Auflösung** der Gesellschaft, so kann es unter den Voraussetzungen des § 15 Abs. 1 zu einer Haftung nach § 128 gegenüber den Neugläubigern kommen[1]. Nach dem Gesetzeszweck des § 139 ist diese Haftung aber nur gegeben, wenn die Eintragung nicht unverzüglich angemeldet worden ist; insoweit muss das gleiche wie im Falle des § 176 Abs. 2 gelten (vgl. dazu § 176 Rn. 43). Die Haftung unterliegt der erbrechtlichen Beschränkung[2]. Nicht durch § 15 Abs. 1 werden hingegen die Altgläubiger und die Gläubiger der Zwischenneuschulden geschützt[3].

§ 140
Ausschließung aus der Gesellschaft

(1) Tritt in der Person eines Gesellschafters ein Umstand ein, der nach § 133 für die übrigen Gesellschafter das Recht begründet, die Auflösung der Gesellschaft zu verlangen, so kann vom Gericht anstatt der Auflösung die Ausschließung dieses Gesellschafters aus der Gesellschaft ausgesprochen werden, sofern die übrigen Gesellschafter dies beantragen. Der Ausschließungsklage steht nicht entgegen, dass nach der Ausschließung nur ein Gesellschafter verbleibt.

(2) Für die Auseinandersetzung zwischen der Gesellschaft und dem ausgeschlossenen Gesellschafter ist die Vermögenslage der Gesellschaft in dem Zeitpunkte maßgebend, in welchem die Klage auf Ausschließung erhoben ist.

---

1 MünchKommHGB/*K. Schmidt*, § 139 Rn. 118.
2 So zutreffend RGZ 144, 199, 206; BGH v. 4.3.1976 – II ZR 145/75, BGHZ 66, 98, 102 f. (h.L.).
3 Siehe BGH v. 21.10.1970 – II ZR 258/67, BGHZ 55, 267, 272 ff.

Übersicht

	Rn.		Rn.
I. Anwendungsbereich	1	**III. Verfahren**	
II. Wichtiger Grund		1. Klagevoraussetzungen	
1. Voraussetzungen		a) Gestaltungsklage, Streitgenossenschaft	16
a) Unzumutbarkeit der weiteren Gesellschaftszugehörigkeit	3	b) Mitwirkungspflicht	17
b) Zurechnung des Ausschließungsgrundes	4	c) Verbindung von Klagebegehren	18
c) Allseitige Unzumutbarkeit	5	2. Gerichtliche Entscheidung	
d) Verhältnismäßigkeit der Ausschließung	6	a) Gestaltungsurteil	19
		b) Urteilswirkungen	20
2. Ausschließungsgründe		**IV. Abweichende Vertragsregelungen**	
a) Pflichtverletzungen	7	1. Abdingung des Ausschließungsrechts	22
b) Sonstige Tatbestände	8	2. Ausschließungsgründe	
c) Abwägungserfordernisse	9	a) Festlegung von Gründen	23
aa) Verhaltensbewertung	10	b) Ausschließung ohne wichtigen Grund	24
bb) Ausschließungsfolgen	11	3. Ausschließungsverfahren	29
cc) Beschaffenheit des Gesellschaftsverhältnisses	12		
dd) Zustand der Gesellschaft	14		
d) Wegfall von Gründen	15		

Schrifttum: *Behr,* Der Ausschluss aus der Personengesellschaft im Spannungsfeld zwischen Vertrag und Status, ZGR 1985, 475; *Grunewald,* Der Ausschluss aus Gesellschaft und Verein, 1988; *Henssler,* Hinauskündigung und Austritt von Gesellschaftern in personalistisch strukturierten Gesellschaften, in: Festschrift Konzen, 2004, S. 267; *Kulka,* Die gleichzeitige Ausschließung mehrerer Gesellschafter aus Personengesellschaften und GmbH, 1983; *Riegger,* Die Rechtsfolgen des Ausscheidens aus einer zweigliedrigen Personengesellschaft, 1969; *K. Schmidt,* Mehrseitige Gestaltungsprozesse bei Personengesellschaften, 1992; *Stauf,* Der wichtige Grund bei der gesellschaftsvertraglichen Auflösungs- und Ausschließungsklage, 1980; *Verse,* Inhaltskontrolle von „Hinauskündigungsklauseln" – eine korrekturbedürftige Rechtsprechung, DStR 2007, 1822; *H.P. Westermann/Pöllath,* Abberufung und Ausschließung von Gesellschaftern/Geschäftsführern in Personengesellschaften und GmbH, RWS-Skript 77, 4. Aufl. 1988.

I. Anwendungsbereich

Die Vorschrift soll es den vertragstreuen Gesellschaftern ermöglichen, statt einer Auflösung der Gesellschaft (§ 133) deren Fortsetzung ohne den Störer zu wählen[1]. In einer KG ist auch die Ausschließung des einzigen Komplementärs möglich[2], hier allerdings mit der Folge, dass sich die Gesellschaft auflösen würde, wenn nicht die Mitgliedschaft eines neuen persönlich haftenden Gesellschafters eingerichtet wird (siehe § 131 Rn. 23). Die Vorschrift ist durch das HRefG durch Anfügung von Abs. 1 S. 2 dahin ergänzt worden, dass sie auch für eine Ausschließung in einer zweigliedrigen Gesellschaft 1

---

1 BGH v. 14.5.1952 – II ZR 40/51, BGHZ 6, 113, 114.
2 BGH v. 14.5.1952 – II ZR 40/51, BGHZ 6, 113, 114; BGH v. 18.10.1976 – II ZR 98/75, BGHZ 68, 81, 82; *Ebenroth/Boujong/Joost/Strohn/Lorz,* § 140 Rn. 3.

gelten soll. Die dadurch überflüssig gewordene Regelung der Geschäftsübernahme in § 142 ist zugleich wegfallen.

2 Es ist anerkannt, dass die Ausschließungsmöglichkeit auch in der bereits **aufgelösten Gesellschaft** gegeben ist[1]. Doch entsteht dabei die Frage, ob der Ausschließungsgrund eine Fortdauer der Mitgliedschaft des Auszuschließenden während der Abwicklung wirklich unzumutbar macht[2]. Steht allerdings ein Gesellschafter einer beabsichtigten sinnvollen Fortsetzung einer aufgelösten Gesellschaft im Wege, kann er vor die Wahl gestellt werden, an der Fortsetzung mitzuwirken oder seine Ausschließung hinzunehmen[3].

II. Wichtiger Grund

1. Voraussetzungen

a) Unzumutbarkeit der weiteren Gesellschaftszugehörigkeit

3 Grundsätzlich kann jeder Umstand, der eine Auflösungsklage nach § 133 begründen würde, auch einen wichtigen Ausschließungsgrund bilden[4]. Entgegen manchen Stimmen[5] gelten auch keine erhöhten Anforderungen gegenüber § 133[6]. Erforderlich ist jedoch ein Tatbestand, der **den übrigen Gesellschaftern die Fortsetzung des Gesellschaftsverhältnisses mit dem Auszuschließenden unzumutbar macht** bzw. dass ein weiteres sinnvolles Zusammenwirken mit ihm nicht mehr zu erwarten ist[7]. Dafür ist nicht erforderlich, dass die Gesellschaft aufgrund des Verhaltens des Gesellschafters einen Schaden erlitten hat. Ausreichend ist vielmehr eine Gefährdung der gemeinsamen Zweckverfolgung[8]. Dies setzt voraus, dass der Ausschließungsgrund dem auszuschließenden Gesellschafter im Hinblick auf sein Verhalten oder einen die Unzumutbarkeit begründenden Zustand zuzurechnen ist. Ist die Zumutbarkeitsgrenze nicht erreicht, ist für eine auf § 242 BGB gestützte richterliche Rechtsfortbildung kein Raum[9].

---

1 OLG Frankfurt v. 2.10.2001 – 5 U 31/2000, NZG 2002, 1022, 1023; *Ebenroth/Boujong/Joost/Strohn/Lorz*, § 140 Rn. 4.
2 BGH v. 4.4.1951 – II ZR 10/50, BGHZ 1, 324, 330 ff.; BGH v. 23.11.1967 – II ZR 183/66, WM 1968, 221, 223 (jeweils zu § 142); OLG Frankfurt v. 2.10.2001 – 5 U 31/2000, NZG 2002, 1022, 1023; siehe auch *Staub/Schäfer*, § 140 Rn. 30; MünchKommHGB/*K. Schmidt*, § 140 Rn. 34; *Ebenroth/Boujong/Joost/Strohn/Lorz*, § 140 Rn. 4.
3 Siehe auch BGH v. 21.10.1985 – II ZR 57/85, ZIP 1986, 91, 92.
4 *Ebenroth/Boujong/Joost/Strohn/Lorz*, § 140 Rn. 5.
5 Vgl. z.B. RGZ 24, 136, 138; OLG Hamm v. 25.11.1991 – 8 U 68/91, DB 1992, 673; *A. Hueck*, Das Recht der OHG, S. 439.
6 MünchKommHGB/*K. Schmidt*, § 140 Rn. 13; *Staub/Schäfer*, § 140 Rn. 15; *Baumbach/Hopt*, § 140 Rn. 3; *Ebenroth/Boujong/Joost/Strohn/Lorz*, § 140 Rn. 5; *Scheifele*, BB 1989, 792, 794 f.
7 BGH v. 17.12.1960 – II ZR 32/59, BGHZ 31, 295, 304; BGH v. 23.2.1981 – II ZR 229/79, BGHZ 80, 346, 350 (zur GmbH); BGH v. 10.6.1965 – II ZR 194/64, WM 1965, 1037, 1038; *Ebenroth/Boujong/Joost/Strohn/Lorz*, § 140 Rn. 5.
8 *Ebenroth/Boujong/Joost/Strohn/Lorz*, § 140 Rn. 12.
9 *Ebenroth/Boujong/Joost/Strohn/Lorz*, § 140 Rn. 6.

b) Zurechnung des Ausschließungsgrundes

Eine Zurechnung setzt **nicht notwendig ein Verschulden** des Auszuschlie- 4
ßenden voraus, wenngleich ein schuldhaftes Verhalten, insbesondere von
grober Art, erhebliche Bedeutung haben kann[1]. Für ein Fehlverhalten seines
Rechtsvorgängers braucht ein Gesellschafter, der hieran nicht beteiligt war,
grundsätzlich nicht einzustehen[2]. Wohl aber muss er sich das Verhalten seines gesetzlichen Vertreters entgegenhalten lassen[3], zumal wenn dieser nicht
abberufen wird, im Einzelfall auch das Verhalten eingeschalteter Hilfspersonen[4]. Ebenso kommt eine Zurechnung des Verhaltens eines Treuhänders[5]
oder eines den Gesellschafter als abhängiges Unternehmen beherrschenden
Dritten[6] in Betracht. Bei Angehörigen oder anderen Dritten müssen die Besonderheiten des Einzelfalls den Ausschlag geben[7].

c) Allseitige Unzumutbarkeit

Die Unzumutbarkeitsfolge muss **gegenüber allen übrigen Gesellschaftern**, 5
die in der Gesellschaft verbleiben sollen, bestehen. Haben die Mitgesellschafter eine Zerrüttung der Vertrauensgrundlage mitverursacht, kommt es
auf eine Bewertung der jeweiligen Verantwortlichkeit an (siehe dazu Rn. 10).
Kann z.B. ein Teil von ihnen wegen eigener erheblicher Pflichtwidrigkeiten
eine Ausschließung nicht verlangen, müssten auch sie ausgeschlossen werden; andernfalls bleibt nur die Möglichkeit einer Auflösung der Gesellschaft[8]. Auch im Falle einer Rechtsnachfolge auf Seiten der die Ausschließung betreibenden Gesellschafter (die grundsätzlich ein entstandenes
Ausschließungsrecht unberührt lassen wird[9]), kann ein pflichtwidriges Verhalten des Rechtsvorgängers u.U. einer Ausschließung entgegenstehen[10].

d) Verhältnismäßigkeit der Ausschließung

Auch bei § 140 gilt – wie bei den §§ 117 (§ 117 Rn. 6), 127 (§ 127 Rn. 2) und 6
133 (§ 133 Rn. 5) – der Grundsatz der Verhältnismäßigkeit und des **geringst-**

---

1 BGH v. 9.7.1952 – II ZR 145/51, LM § 140 Nr. 2; BGH v. 18.10.1976 – II ZR 98/75, WM 1977, 500, 502; BGH v. 15.9.1997 – II ZR 97/96, ZIP 1997, 1919, 1821; *Ebenroth/Boujong/Joost/Strohn/Lorz*, § 140 Rn. 11.
2 RGZ 109, 80, 82 f.; 153, 274, 278; BGH v. 4.4.1951 – II ZR 10/50, BGHZ 1, 324, 330; BGH v. 14.10.1957 – II ZR 109/56, WM 1958, 49, 50.
3 RGZ 105, 376, 377; BGH v. 18.10.1976 – II ZR 98/75, WM 1977, 500, 502; *Ebenroth/Boujong/Joost/Strohn/Lorz*, § 140 Rn. 13.
4 MünchKommHGB/*K. Schmidt*, § 140 Rn. 25.
5 BGH v. 25.1.1960 – II ZR 22/59, BGHZ 32, 17, 33; BGH v. 23.11.1967 – II ZR 183/66, WM 1968, 221, 222.
6 MünchKommHGB/*K. Schmidt*, § 140 Rn. 26.
7 Vgl. aus der Rspr. BGH v. 14.10.1957 – II ZR 109/56, WM 1958, 49, 50; BGH v. 3.7.1961 – II ZR 74/60, WM 1961, 886, 888.
8 MünchKommHGB/*K. Schmidt*, § 140 Rn. 21.
9 RGZ 153, 274, 278; BGH v. 25.1.1965 – II ZR 233/62, WM 1965, 359 (zu § 142).
10 RGZ 153, 274, 279; BGH v. 25.1.1960 – II ZR 22/59, BGHZ 32, 17, 31; BGH v. 26.10.1970 – II ZR 4/69, WM 1971, 20, 22.

möglichen Eingriffs. Die Ausschließung ist stets ultima ratio[1]. Entfällt die Unzumutbarkeit der weiteren Gesellschaftszugehörigkeit bei Entziehung einer bestehenden Geschäftsführungs- oder Vertretungsbefugnis, sind die klagenden Gesellschafter hierauf verwiesen[2] (vgl. auch § 133 Rn. 5). Als Abhilfe kommt hier auch eine vom Auszuschließenden angebotene und zumutbare Vertragsänderung in Betracht, etwa die Umwandlung seiner Beteiligung in die eines Kommanditisten oder stillen Gesellschafters[3]. Maßgebend ist stets die Abwägung im konkreten Einzelfall, wobei der maßgebende Zeitpunkt derjenige der letzten mündlichen Tatsachenverhandlung ist[4].

2. Ausschließungsgründe

a) Pflichtverletzungen

7   Wie bei den §§ 117, 127 und 133 werden auch hier in erster Linie **Verletzungen wesentlicher Verpflichtungen** aus dem Gesellschaftsverhältnis eine Rolle spielen. Wegen der in Betracht kommenden Tatbestände vgl. die Darstellung bei § 133 Rn. 6 ff.

b) Sonstige Tatbestände

8   Auch außerhalb von Pflichtverletzungen kann sich eine Unzumutbarkeit ergeben, das Gesellschaftsverhältnis mit dem Auszuschließenden fortzuführen. Außer einer anhaltenden **Unfähigkeit**, den wesentlichen mit der Gesellschafterstellung verbundenen **Pflichten** zur Mitarbeit oder der Leistung einer Einlage **zu genügen (z.B. aufgrund schwerer Krankheit oder langer Strafhaft)**[5], kann hier namentlich ein **wirtschaftlicher Zusammenbruch** eines Gesellschafters Bedeutung erlangen (siehe auch hier näher § 133 Rn. 14). **Persönliche Spannungen** und gesellschaftsbezogene Meinungsverschiedenheiten können dagegen die Ausschließung eines Gesellschafters (Kommanditisten) nur in besonders schweren Fällen rechtfertigen[6].

---

[1] OLG München v. 31.7.2001 – 30 U 509/95, NZG 2002, 328, 330; OLG Frankfurt v. 2.10.2001 – 5 U 31/2000, NZG 2002, 1022, 1023; *Ebenroth/Boujong/Joost/Strohn/Lorz*, § 140 Rn. 8.

[2] BGH v. 26.10.1970 – II ZR 4/69, WM 1971, 20, 22; BGH v. 18.10.1976 – II ZR 98/75, WM 1977, 500, 502 f.; MünchKommHGB/*K. Schmidt*, § 140 Rn. 12.

[3] BGH v. 30.11.1951 – II ZR 109/51, BGHZ 4, 108, 112; BGH v. 28.4.1975 – II ZR 16/73, BGHZ 64, 253, 258; BGH v. 26.10.1970 – II ZR 4/69, WM 1971, 20, 22; *Ebenroth/Boujong/Joost/Strohn/Lorz*, § 140 Rn. 9.

[4] BGH v. 15.9.1997 – II ZR 97/96, ZIP 1997, 1919, 1920; OLG Frankfurt v. 2.10.2001 – 5 U 31/2000, NZG 2002, 1022, 1023; *Staub/Schäfer*, § 140 Rn. 4, 8; *Baumbach/Hopt*, § 140 Rn. 14.

[5] *Ebenroth/Boujong/Joost/Strohn/Lorz*, § 140 Rn. 21.

[6] BGH v. 15.9.1997 – II ZR 97/96, DStR 1997, 1817, 1819; *Ebenroth/Boujong/Joost/Strohn/Lorz*, § 140 Rn. 22.

c) Abwägungserfordernisse

Gegenüber der Lage bei einer Auflösungsklage haben **Billigkeitsgesichtspunkte** hier ein gesteigertes Gewicht, da der auszuschließende Gesellschafter von der Maßnahme in schwerer wiegender Weise als durch eine Auflösung der Gesellschaft betroffen sein wird. Hier ist im Einzelnen zu beachten:

aa) Verhaltensbewertung

Haben – wie oft – auch die anderen Gesellschafter zur Zerrüttung der Beziehungen beigetragen, hängt die Entscheidung von einer **Bewertung der jeweiligen Verantwortlichkeit** ab. Eine Mitverantwortung der die Ausschließung betreibenden Gesellschafter beseitigt ihr Ausschließungsrecht zwar nicht ohne weiteres[1], kann aber bei entsprechender Gewichtigkeit selbst dann einer Ausschließung entgegenstehen, wenn den Auszuschließenden ein überwiegendes Verschulden trifft[2]. Eine schematische Aufrechnung wechselseitigen Verschuldens bzw. wechselseitiger Pflichtverletzungen verbietet sich allerdings[3].

bb) Ausschließungsfolgen

In die Abwägung müssen auch die **persönlichen und wirtschaftlichen Folgen** des Ausschlusses **für den Betroffenen** einfließen[4], etwa im Hinblick auf sein Alter und seine künftigen Erwerbsmöglichkeiten[5] und unter Berücksichtigung der ihm zugedachten Abfindung[6]. Von Bedeutung sind auch die bisherigen **Leistungen und Verdienste** des Auszuschließenden für den Aufbau und die Ausstattung des Unternehmens[7]. Die Höhe der zu zahlenden Abfindung ist demgegenüber für die Zulässigkeit des Ausschlusses nicht maßgebend[8].

---

1 BGH v. 30.11.1951 – II ZR 109/51, BGHZ 4, 108, 111; BGH v. 23.11.1967 – II ZR 183/66, WM 1968, 221, 222; BGH v. 7.11.1960 – II ZR 216/59, WM 1961, 32, 33.
2 BGH v. 21.3.1957 – II ZR 97/56, WM 1957, 582, 583; OLG München v. 31.7.2001 – 30 U 509/95, NZG 2002, 328, 330; siehe auch zum Recht der GmbH: BGH v. 17.2.1955 – II ZR 316/53, BGHZ 16, 317, 322 f.; BGH v. 25.1.1960 – II ZR 22/59, BGHZ 32, 17, 35; BGH v. 23.2.1981 – II ZR 29/79, BGHZ 80, 346, 351.
3 MünchKommHGB/*K. Schmidt*, § 140 Rn. 30; *Ebenroth/Boujong/Joost/Strohn/Lorz*, § 140 Rn. 16.
4 MünchKommHGB/*K. Schmidt*, § 140 Rn. 31; *Ebenroth/Boujong/Joost/Strohn/Lorz*, § 140 Rn. 17.
5 Vgl. dazu BGH v. 14.5.1952 – II ZR 40/51, BGHZ 6, 113, 117 f.; BGH v. 26.10.1970 – II ZR 4/69, WM 1971, 20, 22.
6 Siehe etwa BGH v. 15.12.1958 – II ZR 131/57, LM § 133 Nr. 4.
7 Im Einzelnen: BGH v. 30.11.1951 – II ZR 109/51, BGHZ 4, 108, 111; BGH v. 14.5.1952 – II ZR 40/51, BGHZ 6, 113, 118; BGH v. 23.1.1967 – II ZR 166/65, BGHZ 46, 392, 396; BGH v. 18.10.1965 – II ZR 232/63, WM 1966, 29, 31; BGH v. 23.11.1967 – II ZR 183/66, WM 1968, 221, 222; BGH v. 18.10.1976 – II ZR 98/75, WM 1977, 500, 502.
8 *Ebenroth/Boujong/Joost/Strohn/Lorz*, § 140 Rn. 17; MünchKommHGB/*K. Schmidt*, § 140 Rn. 31.

cc) Beschaffenheit des Gesellschaftsverhältnisses

12 Eine Rolle kann sodann die Art des Gesellschaftsverhältnisses spielen[1], so im Hinblick auf die Realstruktur der Gesellschaft[2] oder die Besonderheiten der gesellschafterlichen Position[3], evtl. auch die Größe des Anteils[4]. Die Ausschließung eines Kommanditisten ist dabei an erhöhte Anforderungen gebunden[5]. Besondere Fragen – mit u.U. ambivalenten Bewertungsalternativen – können sich für die Loyalitätsbeziehungen in Familiengesellschaften ergeben[6]. Dazu, dass eine Ausschließung aus einer bereits aufgelösten Gesellschaft gesteigerten Anforderungen unterliegt, vgl. Rn. 2.

13 Nach verbreiteter Auffassung[7] sollen in einer **zweigliedrigen Gesellschaft** gesteigerte Anforderungen an die Gründe für eine Ausschließung gelten. Doch ist dem in dieser Allgemeinheit nicht zu folgen. Ob ein durchgreifender Ausschließungsgrund gegeben ist, hängt jeweils von den Umständen des Einzelfalls ab[8].

dd) Zustand der Gesellschaft

14 Schließlich können u.U. auch die Auswirkungen der Ausschließung auf die Lage der Gesellschaft die Entscheidung mitbeeinflussen, etwa ob die verbleibenden Gesellschafter imstande sind, das Unternehmen fortzuführen[9].

d) Wegfall von Gründen

15 Wie bei § 133 das Auflösungsrecht (vgl. § 133 Rn. 16) kann auch hier das Recht auf Ausschließung durch **Verzicht, Verwirkung** oder **Billigung** eines Fehlverhaltens entfallen[10]. Dasselbe gilt, wenn Gesellschafter bei an sich bestehendem Ausschließungsrecht den Mitgesellschafter auf andere (unlautere) Weise aus der Gesellschaft zu drängen versuchen, um das Unternehmen auf diese Weise vorteilhaft an sich zu bringen[11].

---

1 *Ebenroth/Boujong/Joost/Strohn/Lorz*, § 140 Rn. 18.
2 BGH v. 27.10.1955 – II ZR 310/53, BGHZ 18, 350, 360 f.
3 BGH v. 18.10.1976 – II ZR 98/75, WM 1977, 500, 502; zum einzigen Komplementär in der KG vgl. BGH v. 14.5.1952 – II ZR 40/51, BGHZ 6, 113, 117 f.; BGH v. 26.10.1970 – II ZR 4/69, WM 1971, 20, 22.
4 Vgl. BGH v. 14.5.1952 – II ZR 40/51, BGHZ 6, 113, 117; anders aber BGH v. 9.12.1968 – II ZR 42/67, BGHZ 51, 204, 207.
5 BGH v. 12.12.1994 – II ZR 206/93, ZIP 1995, 113; vgl. auch BGH v. 3.7.1961 – II ZR 74/60, WM 1961, 886, 887.
6 BGH v. 30.11.1951 – II ZR 109/51, BGHZ 4, 108, 111; BGH v. 14.5.1952 – II ZR 40/51, BGHZ 6, 113, 116 f.; BGH v. 9.12.1968 – II ZR 42/67, BGHZ 51, 204, 206; BGH v. 9.11.1972 – II ZR 30/70, WM 1973, 11 f.
7 Vgl. etwa BGH v. 30.11.1951 – II ZR 109/51, BGHZ 4, 108, 110; GroßKommHGB/*Ulmer*, § 142 Rn. 12 f.; *Baumbach/Hopt*, § 140 Rn. 3.
8 MünchKommHGB/*K. Schmidt*, § 140 Rn. 14, 18.
9 BGH v. 30.11.1951 – II ZR 109/51, BGHZ 4, 108, 111; BGH v. 5.12.1963 – II ZR 39/63, WM 1964, 201 f.; BGH v. 25.1.1965 – II ZR 233/62, WM 1965, 359; BGH v. 23.11.1967 – II ZR 183/66, WM 1968, 221, 222.
10 *Ebenroth/Boujong/Joost/Strohn/Lorz*, § 140 Rn. 23.
11 BGH v. 15.6.1964 – II ZR 21/62, WM 1964, 1127, 1128.

III. Verfahren

1. Klagevoraussetzungen

a) Gestaltungsklage, Streitgenossenschaft

Die Ausschließungsklage (die auch als Widerklage erhoben werden kann[1]) ist eine Gestaltungsklage[2]. Gerichtsstand sind der Wohnsitz des Auszuschließenden oder der Sitz der Gesellschaft (§§ 13, 17, 22 ZPO)[3]. Die Zuständigkeit eines Schiedsgerichts kann vereinbart werden. Die Schiedsfähigkeit des Streitgegenstands richtet sich nach § 1030 Abs. 1 ZPO[4]. Die Gestaltungsklage ist grundsätzlich von **sämtlichen Gesellschaftern** (nicht aber von der Gesellschaft) zu erheben, die nicht ausgeschlossen werden sollen[5]. Diese sind dabei notwendige Streitgenossen i.S. von § 62 ZPO[6]. Wie bei den vergleichbaren Klagen nach den §§ 117, 127 und 133 (siehe § 117 Rn. 11, § 127 Rn. 8, § 133 Rn. 17) braucht sich ein Gesellschafter, der sich mit der Ausschließung des zu verklagenden Mitgesellschafters einverstanden erklärt, am Verfahren nicht zu beteiligen[7]. Scheidet der (auszuschließende) Gesellschafter während des Verfahrens aus, erlischt der Anspruch auf Ausschließung und es tritt (prozessual) Erledigung ein[8]. § 140 Abs. 1 S. 2 hebt hervor, dass auch der letztverbleibende Gesellschafter die Ausschließungsklage erheben kann (zu den Rechtsfolgen siehe unten Rn. 20). Aus dieser Vorschrift kann nicht die Zulässigkeit der Einpersonengesellschaft abgeleitet werden (vgl. § 105 Rn. 4). Abweichend von dem Grundsatz, dass der Streit, ob jemand der Gesellschaft angehört, nicht mit dieser, sondern mit den Mitgesellschaftern ausgetragen werden muss, ist es rechtlich möglich, im Gesellschaftsvertrag zu bestimmen, dass ein derartiger Prozess mit der Gesellschaft auszufechten ist[9]. Damit wird zwar der Rechtsstreit nicht mit

16

---

1 MünchKommHGB/*K. Schmidt*, § 140 Rn. 65; *Baumbach/Hopt*, § 140 Rn. 21.
2 OLG Frankfurt v. 2.10.2001 – 5 U 31/2000, NZG 2002, 1022, 1023; MünchKommHGB/*K. Schmidt*, § 140 Rn. 64; *Ebenroth/Boujong/Joost/Strohn/Lorz*, § 140 Rn. 24.
3 MünchKommHGB/*K. Schmidt*, § 140 Rn. 64; *Baumbach/Hopt*, § 140 Rn. 21.
4 *Staub/Schäfer*, § 140 Rn. 58; MünchKommHGB/*K. Schmidt*, § 140 Rn. 64, 90; *Baumbach/Hopt*, § 140 Rn. 30; *Ebenroth/Boujong/Joost/Strohn/Lorz*, § 140 Rn. 51.
5 BGH v. 28.4.1975 – II ZR 16/73, BGHZ 64, 253, 255; BGH v. 18.10.1976 – II ZR 98/75, BGHZ 68, 81, 82; BGH v. 11.12.1989 – II ZR 61/89, NJW-RR 1990, 474 f.; OLG München v. 25.1.1999 – 30 U 569/98, NZG 1999, 590; *Staub/Schäfer*, § 140 Rn. 36; *Ebenroth/Boujong/Joost/Strohn/Lorz*, § 140 Rn. 28; MünchKommHGB/*K. Schmidt*, § 140 Rn. 66, 67.
6 BGH v. 15.6.1959 – II ZR 44/58, BGHZ 30, 195, 197; OLG München v. 25.1.1999 – 30 U 569/98, NZG 1999, 590, 591; MünchKommHGB/*K. Schmidt*, § 140 Rn. 73.
7 BGH v. 18.10.1976 – II ZR 98/75, BGHZ 68, 81, 83; OLG München v. 25.1.1999 – 30 U 569/98, NZG 1999, 590; h.M., z.B. *Staub/Schäfer*, § 140 Rn. 37; *Lindacher*, FS Paulick, 1973, S. 73, 78; anders GroßKommHGB/*Ulmer*, § 140 Rn. 32; *K. Schmidt*, Mehrseitige Gestaltungsprozesse, S. 82, 90 ff.; MünchKommHGB/*K. Schmidt*, § 140 Rn. 67, 71.
8 OLG München v. 31.7.2001 – 30 U 509/95, NZG 2002, 328, 333; *Staub/Schäfer*, § 140 Rn. 43; MünchKommHGB/*K. Schmidt*, § 140 Rn. 39.
9 BGH v. 11.12.1989 – II ZR 61/89, NJW-RR 1990, 474, 475.

Rechtskraft gegenüber den Gesellschaftern entschieden. Nach dem Sinn und Zweck einer solchen Vertragsbestimmung sind die Gesellschafter aber schuldrechtlich verpflichtet, ein im Verhältnis zwischen einem Gesellschafter und der Gesellschaft ergangenes Urteil anzuerkennen[1].

b) Mitwirkungspflicht

17 Die notwendige Mitwirkung eines mit der Ausschließung nicht einverstandenen Gesellschafters bei der Klage muss ggf. mit einer auf **Zustimmung zur auf Ausschließung gerichteten Klage** verfolgt werden[2]. Diese Zustimmung kann auch durch einen Mitgesellschafter allein eingeklagt werden[3]. Eine Mitwirkungspflicht (aufgrund der gesellschaftsrechtlichen Treuepflicht)[4] wird i.d.R. bestehen, wenn ein Ausschließungsgrund gegeben ist (siehe auch insoweit § 117 Rn. 12)[5]. Auf seine Mitwirkung braucht jedoch ein Gesellschafter dann nicht in Anspruch genommen zu werden, wenn er verbindlich sein Ausscheiden für den Fall erklärt, dass die Klage gegen den auszuschließenden Gesellschafter Erfolg hat[6].

c) Verbindung von Klagebegehren

18 Wenn mehrere Gesellschafter ausgeschlossen werden sollen, kann dies **in einem Klageverfahren** angestrebt werden. Auch insoweit liegt es nicht anders als bei den §§ 117, 127 (vgl. § 117 Rn. 14, § 127 Rn. 8)[7]. Zu sonstigen Möglichkeiten, verschiedene Klagebegehren (z.B. Zustimmungs- und Ausschließungsklage)[8] zu verbinden, vgl. § 117 Rn. 15. Da in aller Regel an den „wichtigen Grund" im Rahmen des § 140 höhere Anforderungen gestellt werden als an §§ 117, 127 (siehe auch oben Rn. 6), ist es gegebenenfalls sinnvoll, die Anträge nach § 140 und nach §§ 117, 127 als Eventualanträge zu verbinden[9].

---

1 BGH v. 11.12.1989 – II ZR 61/89, NJW-RR 1990, 474, 475.
2 BGH v. 18.10.1976 – II ZR 98/75, BGHZ 68, 81, 83; OLG München v. 25.1.1999 – 30 U 569/98, NZG 1999, 590; *Staub/Schäfer*, § 140 Rn. 40; MünchKommHGB/*K. Schmidt*, § 140 Rn. 70.
3 BGH v. 28.4.1975 – II ZR 16/73, BGHZ 64, 253, 256; *Baumbach/Hopt*, § 140 Rn. 20; *Ebenroth/Boujong/Joost/Strohn/Lorz*, § 140 Rn. 29.
4 OLG München v. 31.7.2001 – 30 U 509/95, NZG 2002, 328, 332; *Staub/Schäfer*, § 140 Rn. 39; *Baumbach/Hopt*, § 140 Rn. 20; *Ebenroth/Boujong/Joost/Strohn/Lorz*, § 140 Rn. 29 f.
5 Zur Kritik am dogmatischen Konzept der Mitwirkungspflicht: *K. Schmidt*, Mehrseitige Gestaltungsprozesse, S. 82 ff.; MünchKommHGB/*K. Schmidt*, § 140 Rn. 62.
6 BGH v. 18.10.1976 – II ZR 98/75, BGHZ 68, 81, 83.
7 *Ebenroth/Boujong/Joost/Strohn/Lorz*, § 140 Rn. 32; teilw. anders MünchKommHGB/*K. Schmidt*, § 140 Rn. 67, 74.
8 BGH v. 18.10.1976 – II ZR 98/75, BGHZ 68, 81, 83 ff.; *Staub/Schäfer*, § 140 Rn. 40; *Ebenroth/Boujong/Joost/Strohn/Lorz*, § 140 Rn. 31; MünchKommHGB/*K. Schmidt*, § 140 Rn. 75.
9 MünchKommHGB/*K. Schmidt*, § 140 Rn. 12, 76.

2. Gerichtliche Entscheidung

a) Gestaltungsurteil

Wie bei den §§ 117, 127 und 133 entscheidet das Gericht, soweit es der Ausschließungsklage stattgibt, durch Gestaltungsurteil. Hierzu sowie zur Möglichkeit eines einstweiligen Rechtsschutzes und eines Schiedsverfahrens vgl. § 117 Rn. 17 f. und § 133 Rn. 21. Die Ausschließung selbst kann aber nicht durch eine einstweilige Verfügung ausgesprochen werden[1]. 19

b) Urteilswirkungen

Mit **Rechtskraft** des Urteils **scheidet der betroffene Gesellschafter** aus der Gesellschaft **aus**[2]. Sein Anteil wächst den verbleibenden Gesellschaftern zu. In der zweigliedrigen Gesellschaft (ebenso in den Fällen, in denen nur ein Gesellschafter übrigbleibt) geht das gesamte Vermögen der Gesellschaft durch Gesamtrechtsnachfolge auf ihn über, während die Gesellschaft aufgrund Vollbeendigung erlischt (vgl. § 131 Rn. 2)[3]. Besonderer Übertragungserklärungen bedarf es dabei nicht[4]. Die Fortführung der bisherigen Firma beurteilt sich nach § 24 Abs. 2. Der ausscheidende Gesellschafter ist nach den bei § 131 Rn. 41 ff. erörterten Gesichtspunkten abzufinden. Ggf. kann er gegenüber seiner Mitwirkung bei einer aufgrund seines Ausscheidens erforderlichen Grundbuchberichtigung mit seinem Abfindungsanspruch ein Zurückbehaltungsrecht geltend machen[5]. 20

Unabhängig davon, dass der Gesellschafter erst mit Rechtskraft des Urteils ausscheidet, bestimmt § 140 Abs. 2, dass als **Stichtag für die Bemessung der Abfindung** der Zeitpunkt der Klageerhebung maßgebend ist. Auf diese Weise sind Prozessverzögerungen durch den Beklagten für die Abfindung unschädlich[6]. Bei mehreren Beklagten wird es dabei auf die Zustellung der Klage an den letzten von ihnen ankommen. In der Streitfrage, ob es im Falle einer Ausschließung, zu der es erst aufgrund im Laufe des Verfahrens entstandener oder vorgebrachter Gründe kommt, statt auf die Klageerhebung auf den Zeitpunkt der Entstehung bzw. Geltendmachung dieser Gründe ankommt[7], erscheint eine bejahende Antwort angebracht. 21

---

1 MünchKommHGB/*K. Schmidt*, § 140 Rn. 80; *Baumbach/Hopt*, § 140 Rn. 21.
2 *Staub/Schäfer*, § 140 Rn. 47; MünchKommHGB/*K. Schmidt*, § 140 Rn. 83.
3 Siehe z.B. BGH v. 13.7.1967 – II ZR 268/64, BGHZ 48, 203, 206; BGH v. 16.12.1999 – VII ZR 53/97, ZIP 2000, 229, 230.
4 BGH v. 13.7.1967 – II ZR 268/64, BGHZ 48, 203, 206; BGH v. 9.7.1968 – V ZR 80/66, BGHZ 50, 307, 308 f.; BGH v. 10.5.1978 – VIII ZR 32/77, BGHZ 71, 296, 300.
5 BGH v. 8.1.1990 – II ZR 115/89, WM 1990, 435, 436.
6 *Ebenroth/Boujong/Joost/Strohn/Lorz*, § 140 Rn. 36.
7 So MünchKommHGB/*K. Schmidt*, § 140 Rn. 87; *Staub/Schäfer*, § 140 Rn. 50; *Ebenroth/Boujong/Joost/Strohn/Lorz*, § 140 Rn. 36; *A. Hueck*, Das Recht der OHG, S. 445; anders RGZ 101, 242, 245; *Heymann/Emmerich*, § 140 Rn. 29.

IV. Abweichende Vertragsregelungen

1. Abdingung des Ausschließungsrechts

22 Da es an einer Vorschrift wie § 133 Abs. 3 fehlt, wird das Ausschließungsrecht als abdingbar angesehen, da stets die Möglichkeit einer Auflösung der Gesellschaft aus wichtigem Grund bleibt[1]. Doch ist dies zweifelhaft und jedenfalls für eine Publikumsgesellschaft nicht anzuerkennen[2].

2. Ausschließungsgründe

a) Festlegung von Gründen

23 Durch den Gesellschaftsvertrag kann näher bestimmt werden, ob **bestimmte Tatbestände als wichtige Gründe** eine Ausschließung ermöglichen oder umgekehrt nicht rechtfertigen sollen[3]. Auf eine Abwägung der Umstände des Einzelfalles unter Berücksichtigung des Ultima-ratio-Prinzips sowie auf Billigkeitsgesichtspunkte (siehe oben Rn. 9 ff.) kommt es dann nicht an[4]. Als wichtiger Grund kommt dabei namentlich die Pfändung des Gesellschaftsanteils in Betracht, und zwar unabhängig von einer Gläubigerpfändung nach § 135. Möglich ist auch eine Erschwerung der Ausschließung[5].

b) Ausschließung ohne wichtigen Grund

24 Dagegen ist eine Ausschließung **ohne wichtigen Grund (etwa nach billigem Ermessen) grundsätzlich sittenwidrig (§ 138 Abs. 1 BGB) und damit nicht möglich**[6]. Das gilt unabhängig davon, ob sich das Hinauskündigungsrecht unmittelbar aus dem Gesellschaftsvertrag oder aus einer daneben getroffenen schuldrechtlichen Abrede ergibt[7]. Entsprechende Klauseln bergen nämlich nicht nur die Gefahr eines Ausschlusses aus sachfremden Erwägungen, sondern leisten zugleich einer Willkürherrschaft einzelner Gesellschafter oder der Gesellschaftermehrheit Vorschub[8]. An dieser Wertung ändert sich

---

1 BGH v. 9.12.1968 – II ZR 42/67, BGHZ 51, 204, 205.
2 Vgl. MünchKommHGB/*K. Schmidt*, § 140 Rn. 89; *Ebenroth/Boujong/Joost/Strohn/ Lorz*, § 140 Rn. 43; *Heymann/Emmerich*, § 140 Rn. 31.
3 BGH v. 9.12.1968 – II ZR 42/67, BGHZ 51, 204, 205; BGH v. 8.7.1965 – II ZR 143/63, WM 1965, 1035, 1036: Wiederverheiratungsklausel.
4 *Ebenroth/Boujong/Joost/Strohn/Lorz*, § 140 Rn. 52.
5 *Ebenroth/Boujong/Joost/Strohn/Lorz*, § 140 Rn. 52; *Staub/Schäfer*, § 140 Rn. 55.
6 BGH v. 19.3.2007 – II ZR 300/05, DStR 2007, 914, 915; BGH v. 7.5.2007 – II ZR 281/05, DStR 2007, 1216, 1217; BGH v. 19.9.2005 – II ZR 173/04, NZG 2005, 968, 969; BGH v. 8.3.2004 – II ZR 165/02, NZG 2004, 569 f. Für eine Analyse der aktuellen Rechtsprechung siehe *Verse*, DStR 2007, 1822 ff.; a.A. *Behr*, ZGR 1990, 370 ff.; *Krämer*, NJW 1981, 2553.
7 BGH v. 9.7.1990 – II ZR 194/89, BGHZ 112, 103, 107; BGH v. 19.9.2005 – II ZR 173/04, NZG 2005, 968, 969.
8 BGH v. 7.5.2007 – II ZR 281/05, DStR 2007, 1216, 1217; BGH v. 19.3.2007 – II ZR 300/05, DStR 2007, 914, 915; BGH v. 19.9.2005 – II ZR 173/04, NZG 2005, 968, 970; BGH v. 14.3.2005 – II ZR 153/03, NZG 2005, 479, 480; BGH v. 8.3.2004 – II ZR 165/02, NZG 2004, 569, 570; BGH v. 13.7.1981 – II ZR 56/80, BGHZ 81, 263, 266 ff.; OLG Düsseldorf v. 16.1.2004 – 17 U 50/03, NZG 2005, 352, 353.

nichts dadurch, dass der mit der Hinauskündigung belastete Gesellschafter eine volle oder angemessene Abfindung beanspruchen kann[1]. Nicht zulässig ist auch eine Ausschließung nach freiem Ermessen, die sich gegenüber einem Gesellschafter „minderen Rechts" richtet[2]. Ausnahmsweise kann aber eine Hinauskündigungsklausel zulässig sein, wenn sie wegen besonderer Umstände sachlich gerechtfertigt ist[3]. Ob Letzteres der Fall ist, ist stets durch Abwägung der Umstände des konkreten Falles zu ermitteln[4]. Letztlich nimmt die Rechtsprechung damit eine Inhaltskontrolle der Hinauskündigungsklausel vor[5]. Dabei lassen sich die folgenden Fallgruppen ausmachen[6]:

So kann beispielsweise, da das Gesetz – vorbehaltlich abweichender Regelungen im Gesellschaftsvertrag – die Fortsetzung der Gesellschaft ohne den Erben eines Gesellschafters vorsieht (§ 131 Abs. 3 S. 1 Nr. 1), ein Ausschließungsrecht gegenüber einem als Gesellschafter einrückenden Erben vorgesehen werden[7]. Auch im Übrigen kann eine Hinauskündigungsklausel wirksam sein, wenn sie Ausdruck der **Testierfreiheit** des Erblassers ist[8].

Zulässig kann eine Hinauskündigungsklausel sein, die den Altgesellschaftern die Möglichkeit der Prüfung innerhalb einer angemessenen Frist ermöglicht, ob und inwieweit mit dem eintretenden Gesellschafter das für eine gemeinsame harmonische Berufsausübung erforderliche Vertrauensverhältnis

---

1 BGH v. 19.9.2005 – II ZR 173/04, NZG 2005, 968, 970; BGH v. 13.7.1981 – II ZR 56/80, BGHZ 81, 263, 268; *Baumbach/Hopt*, § 140 Rn. 31; a.A. *Huber*, ZGR 1980, 177, 210 f.
2 So aber z.B. *Flume*, DB 1986, 629, 632 ff.
3 Vgl. aus der Rspr.: BGH v. 20.1.1977 – II ZR 217/75, BGHZ 68, 212, 215; BGH v. 13.7.1981 – II ZR 56/80, BGHZ 81, 263, 267; BGH v. 5.6.1989 – II ZR 227/88, BGHZ 107, 351, 353; BGH v. 9.7.1990 – II ZR 194/89, BGHZ 112, 103, 107; BGH v. 7.2.1994 – II ZR 191/92, ZIP 1994, 592, 593; BGH v. 19.9.2005 – II ZR 173/04, NZG 2005, 968, 969; BGH v. 19.3.2007 – II ZR 300/05, DStR 2007, 914, 915; BGH v. 7.5.2007 – II ZR 281/05, DStR 2007, 1216, 1217; OLG Düsseldorf v. 16.1.2004 – 17 U 50/03, NZG 2005, 352, 353; so auch die h.M. im Schrifttum, vgl. die Nachw. bei Münch-KommHGB/*K. Schmidt*, § 140 Rn. 100; *Henssler*, FS Konzen, 2004, S. 267, 273 ff.
4 BGH 19.9.1988 – II ZR 329/87, BGHZ 105, 213, 217; BGH v. 8.3.2004 – II ZR 165/02, NZG 2004, 569, 570; OLG Düsseldorf v. 16.1.2004 – 17 U 50/03, NZG 2005, 352, 353.
5 Hingegen für eine Ausübungskontrolle (versus einer Inhaltskontrolle) der Hinauskündigungsklausel *Henssler*, FS Konzen, 2004, S. 267, 281 f.; *Drinkuth*, NJW 2006, 410 ff.; siehe auch *Verse*, DStR 2007, 1822, 1827 ff.
6 Siehe hierzu *Henssler*, FS Konzen, 2004, S. 267, 271 ff.; vgl. auch Münch-KommHGB/*K. Schmidt*, § 140 Rn. 101 ff.
7 BGH v. 19.9.1988 – II ZR 329/87, BGHZ 105, 213, 219 ff.; anders noch BGH v. 13.7.1981 – II ZR 56/80, BGHZ 81, 263, 270. Zur Wiederverheiratungsklausel BGH v. 8.7.1965 – II ZR 143/63, WM 1965, 1035, 1036; siehe auch *Henssler*, FS Konzen, 2004, S. 267, 271.
8 BGH v. 19.3.2007 – II ZR 300/05, DStR 2007, 914, 915 f.; siehe hierzu u.a. *Verse*, DStR 2007, 1822, 1824; *Langefeld*, ZEV 2007, 342 f.

hergestellt werden kann (so genannte „**Erprobungsklausel**")[1]. Die Vereinbarung einer solchen „Prüfungszeit" ist jedenfalls dann nicht sittenwidrig, wenn der oder die Altgesellschafter das Unternehmen seit einer geraumen Zeit betreiben und einen „good will" aufgebaut haben. Die angemessene Prüfungszeit hat sich zeitlich daran zu orientieren, welcher Zeitraum notwendig ist, um sich gegenseitig kennen zu lernen, Vertrauen zueinander zu fassen und u.U. bestehende Differenzen auszuräumen bzw. tragfähige Kompromisse zu erarbeiten. Höchstgrenze für eine solche (vereinbarte) Probezeit dürften wohl drei Jahre sein[2], wobei sich allerdings jede schematische Betrachtung verbietet[3]. Wird diese überschritten, so ist die Kündigung aber nicht zwingend unwirksam. Vielmehr kann das Gericht die vereinbarte (unzulässige) Frist auf das zulässige Höchstmaß reduzieren[4]. Voraussetzung für eine solche geltungserhaltende Reduktion ist aber, dass entweder gegen die übrigen Vertragsteile nichts einzuwenden ist oder sich einzelne andere einseitig belastende Klauseln ohne weiteres vom Inhalt des übrigen Vertrages trennen lassen[5]. Für die Frage, ob eine (angemessene) Frist vereinbart ist, kommt es auf den Ausspruch der Kündigung, nicht aber darauf an, wann der Gesellschafter aufgrund der Kündigung effektiv seine Gesellschafterstellung verliert[6].

27 Zulässig ist auch eine so genannte „**Kooperationsklausel**"[7]. Hierunter versteht man Fallgestaltungen, in denen die Gesellschafterbeteiligung quasi Annex zu einem Kooperationsvertrag zwischen den Gesellschaftern ist, die Mitgliedschaft also keinerlei Chancen verschafft, die nicht bereits aufgrund des Kooperationsvertrages bestehen, und die Mitgliedschaftsrechte nur sinnvoll durch einen aufgrund des Kooperationsvertrages verbundenen Gesellschafter ausgeübt werden können. Will in einem solchen Fall die (Hinauskündigungs-)Klausel sicherstellen, dass der Gesellschaft nur Partner des Kooperationsvertrages angehören, so ist dies unbedenklich. Als zulässig hat die Rechtsprechung schließlich auch „**Management- bzw. Mitarbeitermodelle**" erachtet, bei denen die Gesellschafterstellung an das Geschäftsführeramt bzw. die Angestelltenposition des Gesellschafters geknüpft ist[8]. Der Sinn und Zweck dieser Gestaltungsform besteht darin, den jeweiligen Geschäftsführer zum einen an dem wirtschaftlichen Ergebnis der Gesellschaft zu beteiligen und zum anderen ihm eine Stellung zu verschaffen, die auch nach außen seine Verbundenheit zum Unternehmen und seine Einflussnahmemöglichkeiten erkennen lassen[9]. Ein derart motiviertes Unternehmens-

---

[1] BGH v. 8.3.2004 – II ZR 165/02, NZG 2004, 569, 570; BGH v. 7.5.2007 – II ZR 281/05, DStR 2007, 1216, 1218.
[2] BGH v. 7.5.2007 – II ZR 281/05, DStR 2007, 1216, 1218.
[3] Siehe insbesondere auch *Verse*, DStR 2007, 1822, 1824.
[4] BGH v. 7.5.2007 – II ZR 281/05, DStR 2007, 1216, 1218.
[5] BGH v. 7.5.2007 – II ZR 281/05, DStR 2007, 1216, 1219.
[6] BGH v. 7.5.2007 – II ZR 281/05, DStR 2007, 1216, 1219.
[7] BGH v. 14.3.2005 – II ZR 153/03, NZG 2005, 479, 480.
[8] BGH v. 19.9.2005 – II ZR 173/04, NZG 2005, 968, 970; siehe hierzu auch *Habersack/Verse*, ZGR 2005, 451, 461 ff.; *Henssler*, FS Konzen, 2004, S. 267, 273.
[9] BGH v. 19.9.2005 – II ZR 173/04, NZG 2005, 968, 969 f.; OLG Düsseldorf v. 16.1.2004 – 17 U 50/03, NZG 2005, 352, 353.

beteiligungsmodell auf Zeit ist nicht zu beanstanden. Nicht beanstandet wurde schließlich auch eine Hinauskündigungsklausel gegenüber einer Gesellschafterin, die ihren Gesellschaftsanteil von dem zur Hinauskündigung berechtigten Gesellschafter im Rahmen einer „eheähnlichen Beziehung" lediglich treuhänderisch bzw. **treuhandähnlich** übertragen erhalten hat[1].

Keine hinreichende Rechtfertigung ist andererseits eine Anknüpfung an eine nur untergeordnete Kapitalbeteiligung[2] oder an die Art und Weise des Anteilserwerbs (z.B. „schenkweise" oder durch Erbschaft erlangte Mitgliedschaft[3])[4]. U.U. lässt sich eine unzulässige Ausschließungsklausel in ein Ausschließungsrecht aus wichtigem Grund umdeuten[5]. Dass i.Ü. eine Ausschließung auch dort, wo sie sachlich gerechtfertigt sein kann, im Einzelfall einer Missbrauchskontrolle unterliegen würde, bleibt unberührt[6]. Abzugrenzen sind die so genannten Hinauskündigungsklauseln von Fallgestaltungen, wonach ein Gesellschafter aufgrund außerhalb des Gesellschaftsverhältnisses bestehender Vereinbarungen verpflichtet ist, aus der Gesellschaft auszuscheiden bzw. seinen Anteil auf einen anderen zu übertragen. Hier liegt – grundsätzlich – kein Ausschließungsvorgang vor mit der Folge, dass die oben genannten Grundsätze nicht zur Anwendung gelangen[7]. 28

3. Ausschließungsverfahren

Statt des gerichtlichen Verfahrens kann der Gesellschaftsvertrag eine Ausschließung durch Gesellschafterbeschluss oder sogar durch die Entscheidung eines Gesellschaftsorgans vorsehen[8]. Soll eine Ausschließung durch Mehrheitsbeschluss möglich sein, wird dies allerdings nur unter Beachtung des Bestimmtheitsgrundsatzes (§ 119 Rn. 17 ff.) in Betracht kommen (anders insoweit bei der Publikumsgesellschaft, § 161 Rn. 116). 29

§§ 141, 142

(aufgehoben)

---

1 BGH v. 9.7.1990 – II ZR 194/89, BGHZ 112, 103, 108 ff.; siehe auch OLG Karlsruhe v. 12.10.2006 – 9 U 34/06, NZG 2007, 423, 425; vgl. auch *Henssler*, FS Konzen, 2004, S. 267, 271 f.
2 Siehe den Fall in BGH v. 25.3.1985 – II ZR 240/84, ZIP 1985, 737 f.
3 BGH v. 2.7.1990 – II ZR 243/89, BGHZ 112, 40, 47; BGH v. 19.3.2007 – II ZR 300/05, DStR 2007, 914, 915.
4 OLG Karlsruhe v. 12.10.2006 – 9 U 34/06, NZG 2007, 423, 425; MünchKommHGB/*K. Schmidt*, § 140 Rn. 102.
5 BGH v. 5.6.1989 – II ZR 227/88, BGHZ 107, 351, 354 ff.; Staub/*Schäfer*, § 140 Rn. 68; Ebenroth/Boujong/Joost/Strohn/*Lorz*, § 140 Rn. 53.
6 BGH v. 8.3.2004 – II ZR 165/02, NZG 2004, 569, 570; MünchKommHGB/*K. Schmidt*, § 140 Rn. 104.
7 OLG Karlsruhe v. 12.10.2006 – 9 U 34/06, NZG 2007, 423, 424.
8 BGH v. 17.12.1960 – II ZR 32/59, BGHZ 31, 295, 300; BGH v. 20.1.1977 – II ZR 217/75, BGHZ 68, 212, 214; BGH v. 13.7.1981 – II ZR 56/80, BGHZ 81, 263, 265 f.; BGH v. 5.6.1989 – II ZR 227/88, BGHZ 107, 351, 356; siehe auch BGH v. 3.2.1997 – II ZR 71/96, NJW-RR 1997, 925; MünchKommHGB/*K. Schmidt*, § 140 Rn. 41.

§ 143
Anmeldung von Auflösung und Ausscheiden

(1) Die Auflösung der Gesellschaft ist von sämtlichen Gesellschaftern zur Eintragung in das Handelsregister anzumelden. Dies gilt nicht in den Fällen der Eröffnung oder der Ablehnung der Eröffnung des Insolvenzverfahrens über das Vermögen der Gesellschaft (§ 131 Abs. 1 Nr. 3 und Abs. 2 Nr. 1). In diesen Fällen hat das Gericht die Auflösung und ihren Grund von Amts wegen einzutragen. Im Falle der Löschung der Gesellschaft (§ 131 Abs. 2 Nr. 2) entfällt die Eintragung der Auflösung.

(2) Absatz 1 Satz 1 gilt entsprechend für das Ausscheiden eines Gesellschafters aus der Gesellschaft.

(3) Ist anzunehmen, dass der Tod eines Gesellschafters die Auflösung oder das Ausscheiden zur Folge gehabt hat, so kann, auch ohne dass die Erben bei der Anmeldung mitwirken, die Eintragung erfolgen, soweit einer solchen Mitwirkung besondere Hindernisse entgegenstehen.

I. Eintragungspflichtige Tatsachen

1. Auflösung der Gesellschaft

1 Die Vorschrift, die durch Art. 40 Nr. 11 EGInsO neugefasst worden ist, sieht zunächst die Eintragung der Auflösung der Gesellschaft vor. Wird die Gesellschaft nach ihrer Auflösung fortgesetzt, ist dies gesondert zur Eintragung anzumelden[1]. Kommt es zur Vollbeendigung der Gesellschaft ohne vorherige Auflösung, ist das Erlöschen der Firma nach § 31 Abs. 2 einzutragen[2]; eine Vollbeendigung aufgrund eines Erwerbs aller Anteile durch einen Gesellschafter, der dann Alleininhaber des Handelsunternehmens wird, ist als Inhaberänderung i.S. von § 31 Abs. 1 zu behandeln[3]. Für die Auflösung einer auf fehlerhafter Vertragsgrundlage beruhenden Gesellschaft gelten keine Besonderheiten. Ist diese in Vollzug gesetzt, so ist auch deren „Auflösung" einzutragen[4].

2. Ausscheiden eines Gesellschafters

2 Einzutragen ist auch das Ausscheiden eines Gesellschafters aus der (fortbestehenden) Gesellschaft. Der Grund für das Ausscheiden ist unerheblich. Einzutragen ist das Ausscheiden unabhängig von einer Voreintragung[5] und sogar auch dann, wenn die Eintragung der Gesellschaft selbst pflichtwidrig

---

1 *Ebenroth/Boujong/Joost/Strohn/Lorz*, § 143 Rn. 3; MünchKommHGB/*K. Schmidt*, § 143 Rn. 3; a.A. *Staub/Schäfer*, § 143 Rn. 12.
2 KG v. 3.4.2007 – 1 W 305/06, ZIP 2007, 1505, 1507; vgl. auch LG Duisburg v. 10.2.1998 – 44 T 6/97, Rpfleger 1998, 306; MünchKommHGB/*K. Schmidt*, § 143 Rn. 4; a.A. *Staub/Schäfer*, § 143 Rn. 11.
3 *Staub/Schäfer*, § 143 Rn. 11; *Ebenroth/Boujong/Joost/Strohn/Lorz*, § 143 Rn. 4.
4 *Staub/Schäfer*, § 143 Rn. 6; MünchKommHGB/*K. Schmidt*, § 143 Rn. 3.
5 OLG Oldenburg v. 20.3.1987 – SW 9/87, GmbHR 1988, 140.

unterblieben ist¹. Erlischt die Gesellschaft durch den Wegfall des Gesellschafters, handelt es sich zugleich um eine (einzutragende) Vollbeendigung der Gesellschaft (Rn. 1).

In den Fällen einer **Rechtsnachfolge** in den Gesellschaftsanteil eines Gesellschafters kraft Rechtsgeschäfts oder Erbnachfolge wird der Wegfall des bisherigen Gesellschafters registerrechtlich als Ausscheiden und die Nachfolge als Eintritt i.S. von § 107 behandelt, und zwar mit einem entsprechenden Rechtsnachfolgevermerk (§ 107 Rn. 6; vgl. dort auch Rn. 7 zur Umwandlung einer Gesellschafterbeteiligung)². 3

II. Anmeldepflicht der Gesellschafter

1. Alle Gesellschafter

Anmeldepflichtig sind alle Gesellschafter (einschließlich des Kommanditisten), im Falle des Ausscheidens **auch der Ausgeschiedene**³. Der Ausgeschiedene hat einen Mitwirkungsanspruch gegen die anderen Gesellschafter vergleichbar den Fällen des § 108 (vgl. § 108 Rn. 5). Dieser Anspruch kann auch im Wege der einstweiligen Verfügung durchgeführt werden⁴. Die Erklärungen müssen allerdings nicht gleichzeitig abgegeben werden, auch ist Stellvertretung möglich⁵. In einer Publikums-KG ist davon auszugehen, dass – auch ohne ausdrückliche Regelung – die geschäftsführenden Gesellschafter zur Erfüllung der allseitigen Anmeldepflichten bevollmächtigt bzw. ermächtigt sind⁶. Die Anmeldung der Auflösung der Gesellschaft hängt in ihrer Wirksamkeit nicht von der (gleichzeitigen) Anmeldung der Liquidatoren ab⁷. Ist die Auflösung der Gesellschaft oder die Ausschließung eines Gesellschafters durch Gestaltungsurteil (§§ 133, 140) ausgesprochen worden, so genügt zur Anmeldung die Erklärung der übrigen Mitgesellschafter; die Anmeldung durch den vom Gestaltungsurteil Betroffenen wird durch Vorlage einer Ausfertigung des rechtskräftigen Urteils ersetzt⁸. Beim Tod eines Gesellschafters trifft die Anmeldepflicht dessen **Erben**, und zwar auch die nicht als Nachfolger einrückenden Erben (siehe dazu § 108 Rn. 8)⁹. Für die Anmel- 4

---

1 OLG Brandenburg v. 29.5.2002 – 7 U 221/01, NZG 2002, 909, 910; *Ebenroth/Boujong/Joost/Strohn/Lorz*, § 143 Rn. 5; *Staub/Schäfer*, § 143 Rn. 13; MünchKommHGB/*K. Schmidt*, § 143 Rn. 5.
2 KG v. 12.11.2002 – 1 W 462/01, NZG 2003, 122, 124; *Staub/Schäfer*, § 143 Rn. 13; MünchKommHGB/*K. Schmidt*, § 143 Rn. 8.
3 BayObLG v. 19.6.2001 – 3Z BR 48/01, NJW-RR 2002, 246; KG v. 8.6.2004 – 1 W 685/03, BB 2004, 1521, 1524; OLG Frankfurt v. 25.8.2003 – 20 W 354/02, NZG 2004, 808, 809; MünchKommHGB/*K. Schmidt*, § 143 Rn. 10; *Ebenroth/Boujong/Joost/Strohn/Lorz*, § 143 Rn. 8; *Staub/Schäfer*, § 143 Rn. 14.
4 MünchKommHGB/*K. Schmidt*, § 143 Rn. 14; *Wertenbruch*, NZG 2008, 216, 218.
5 *Ebenroth/Boujong/Joost/Strohn/Lorz*, § 143 Rn. 14.
6 *Staub/Schäfer*, § 143 Rn. 14; MünchKommHGB/*K. Schmidt*, § 143 Rn. 10.
7 BayObLG v. 7.3.2001 – 3Z BR 68/01, NZG 2001, 792.
8 *Staub/Schäfer*, § 143 Rn. 15.
9 KG v. 7.3.1991 – 1 W 3124/88, NJW-RR 1991, 835; KG v. 5.10.2006 – 1 W 146/06, NZG 2007, 101; *Ebenroth/Boujong/Joost/Strohn/Lorz*, § 143 Rn. 9; MünchKommHGB/*K. Schmidt*, § 143 Rn. 10; *Staub/Schäfer*, § 143 Rn. 16.

depflicht bei Eintritt eines Erben in die Gesellschaft, siehe § 108 Rn. 7. Soweit ein Gesellschafter schon vor seinem Tode ausgeschieden ist, sind nach zutreffender Ansicht ebenfalls alle seine Erben zur Anmeldung seines Ausscheidens verpflichtet[1]. Bei Eröffnung des Insolvenzverfahrens über das Vermögen eines Gesellschafters (§ 131 Abs. 3 S. 1 Nr. 2) ist der **Insolvenzverwalter** statt des Gesellschafters anmeldepflichtig[2]. Ist über einen Kommanditanteil Verwaltungsvollstreckung angeordnet, ist der Testamentsvollstrecker anmeldepflichtig[3].

5 Nach § 143 Abs. 1 S. 2 brauchen die Gesellschafter eine Auflösung wegen Eröffnung oder wegen Ablehnung einer Eröffnung des Insolvenzverfahrens über das Vermögen der Gesellschaft (§ 131 Abs. 1 Nr. 3, Abs. 2 S. 1 Nr. 1) nicht anzumelden; die erforderliche Eintragung (Auflösung und Auflösungsgrund) geschieht von Amts wegen. Kenntnis erlangt das Registergericht von der Entscheidung über den Eröffnungsantrag nach § 31 Nr. 1 bzw. Nr. 2 InsO. Danach übermittelt die Geschäftsstelle des Insolvenzgerichts dem Registergericht eine Ausfertigung des Eröffnungsbeschlusses. Im Fall einer Löschung der Gesellschaft im Handelsregister wegen Vermögenslosigkeit nach § 131 Abs. 2 S. 1 Nr. 2 entfällt naturgemäß die Eintragung einer Auflösung (§ 143 Abs. 1 S. 4).

2. Ausnahmeregelung in § 143 Abs. 3

6 § 143 Abs. 3 sieht eine **Erleichterung des Eintragungsverfahrens** bei einer auf dem Tod eines Gesellschafters beruhenden Auflösung der Gesellschaft oder Ausscheiden dieses Gesellschafters vor, sofern der Mitwirkung der Erben bei der Anmeldung besondere Hindernisse entgegenstehen. Anwendungsfälle sind eine nicht alsbald behebbare Ungewissheit, wer Erbe geworden ist, ferner eine Unerreichbarkeit der Erben.

III. Wirkungen der Eintragung

7 Die Eintragung, die jeweils nur **deklaratorischer Natur** ist[4], ist bedeutsam für die **Sonderverjährung** und die **Enthaftung** gemäß den §§ 159, 160[5]. Solange sie aussteht, können die eintragungspflichtigen Veränderungen Dritten unter den Voraussetzungen des § 15 Abs. 1 nicht entgegengehalten werden. Das kann namentlich im Falle des Ausscheidens zu einer sonst nicht gegebenen Haftung gemäß § 128 für entstehende Neuverbindlichkeiten der Gesellschaft führen.

---

1 MünchKommHGB/*K. Schmidt*, § 143 Rn. 10.
2 *Staub/Schäfer*, § 143 Rn. 15; MünchKommHGB/*K. Schmidt*, § 143 Rn. 10.
3 BGH v. 3.7.1989 – II ZB 1/89, BGHZ 108, 187, 190.
4 MünchKommHGB/*K. Schmidt*, § 143 Rn. 20; *Ebenroth/Boujong/Joost/Strohn/Lorz*, § 143 Rn. 16; *Staub/Schäfer*, § 143 Rn. 28.
5 So auch BayObLG v. 7.3.2001 – 3Z BR 68/01, NZG 2001, 792.

§ 144
Fortsetzung der Gesellschaft nach Insolvenz

(1) Ist die Gesellschaft durch die Eröffnung des Insolvenzverfahrens über ihr Vermögen aufgelöst, das Verfahren aber auf Antrag des Schuldners eingestellt oder nach der Bestätigung eines Insolvenzplans, der den Fortbestand der Gesellschaft vorsieht, aufgehoben, so können die Gesellschafter die Fortsetzung der Gesellschaft beschließen.

(2) Die Fortsetzung ist von sämtlichen Gesellschaftern zur Eintragung in das Handelsregister anzumelden.

I. Fortsetzung nach Auflösung aufgrund Insolvenz

1. Voraussetzungen

1 Das Gesetz erwähnt in § 144 ausdrücklich, dass in den Fällen einer Auflösung der Gesellschaft durch die Eröffnung des Insolvenzverfahrens unter bestimmten Voraussetzungen, denen die Bedeutung eines **Wegfalls des Auflösungsgrundes** zukommt, eine Fortsetzung der Gesellschaft beschlossen werden kann. Die Vorschrift ist durch Art. 40 Nr. 12 EGInsO an das seit 1999 geltende Insolvenzrecht angepasst worden.

a) Einstellung des Insolvenzverfahrens

2 Eine Fortsetzungsmöglichkeit besteht zunächst bei einer Einstellung des Insolvenzverfahrens auf Antrag des Schuldners (d.h. der Gesellschaft, siehe zur Gemeinschuldnerrolle § 131 Rn. 18) gemäß den §§ 212, 213 InsO.

b) Bestätigung eines Insolvenzplans

3 Als weiterer Tatbestand kommt die Bestätigung eines Insolvenzplans (§§ 217 ff., 235 ff. InsO), der den Fortbestand der Gesellschaft vorsieht, in Betracht.

c) Sonstige Verfahrensbeendigung

4 Ob auch in anderen Fällen der Beendigung des Insolvenzverfahrens eine Fortsetzungsmöglichkeit besteht, ist fraglich. Das Insolvenzverfahren führt nämlich – grundsätzlich – zur Vollabwicklung des Unternehmensträgers. Für die kapitalistische OHG/KG (also die Personengesellschaft, bei der weder auf der ersten noch auf der zweiten Ebene eine natürliche Person unbeschränkt für die Schulden der Gesellschaft haftet) ergibt sich dies aus §§ 141 Abs. 3, Abs. 1 S. 2 FGG (ab 1.9.2009: § 394 Abs. 4, Abs. 1 S. 2 FamFG). Diese ist von Amts wegen zu löschen, wenn das Insolvenzverfahren über das Vermögen der Gesellschaft durchgeführt worden ist und die für die Vermögenslosigkeit geforderten Voraussetzungen sowohl bei der Gesellschaft als auch bei den persönlich haftenden Gesellschaftern vorliegen. Ist über das Ver-

mögen einer gesetzestypischen OHG/KG das Insolvenzverfahren eröffnet worden, führt das Verfahren ebenfalls zur Abwicklung des Unternehmensträgers. Dies ergibt sich aus den insolvenzrechtlichen Vorschriften, die für die gesellschaftsrechtlichen Liquidationsregeln grundsätzlich (siehe zu den Ausnahmen unten Rn. 5) keinen Raum lassen. Werden etwa nach Einstellung des Verfahrens nach §§ 211, 209 (Masseunzulänglichkeit) Gegenstände der Insolvenzmasse ermittelt, findet keine gesellschaftsrechtliche Liquidation nach den §§ 145 ff. statt; vielmehr wird die Gesellschaft gemäß § 211 Abs. 3 InsO durch eine Nachtragsverteilung nach insolvenzrechtlichen Grundsätzen abgewickelt. Verbleibt nach Abschluss des Verfahrens (§ 200 InsO) ein Überschuss, kommt es ebenfalls zu einer Vollabwicklung des Rechtsträgers nach den insolvenzrechtlichen Vorschriften; denn nach § 199 S. 2 InsO ist der Überschuss, wenn der Schuldner keine natürliche Person ist, an die Gesellschafter und nicht an die Gesellschaft herauszugeben. Ist die Masse aber restlos verteilt und damit kein Gesellschaftsvermögen mehr vorhanden, erlischt die OHG bzw. KG, weil sie von diesem Zeitpunkt an nicht mehr gewerblich tätig ist. Eine Fortsetzung der Gesellschaft ist nicht mehr möglich[1].

5 Stellt sich nach Verfahrenseröffnung heraus, dass die Insolvenzmasse nicht ausreicht, um die Kosten des Verfahrens zu decken, muss das Insolvenzgericht nach § 207 Abs. 1 InsO das Verfahren einstellen, wenn nicht ein ausreichender Geldbetrag vorgeschossen wird. Soweit Barmittel in der Masse vorhanden sind, hat der Insolvenzverwalter nach § 207 Abs. 3 1 InsO vor Einstellung des Verfahrens die Kosten desselben zu berichtigen. Da er aber nach § 207 Abs. 3 S. 2 InsO nicht verpflichtet ist, die vorhandenen Massegegenstände zu verwerten, kann es nach Einstellung des Verfahrens noch zu einem Liquidationsverfahren nach den §§ 145 ff. kommen. Da mit einer derartigen Beendigung des Insolvenzverfahrens nicht die Vollabwicklung des Unternehmensträgers einhergeht, können hier die Gesellschafter analog § 144 Abs. 1 die Fortsetzung der aufgelösten Gesellschaft beschließen[2]. Voraussetzung ist allerdings auch hier, dass der Geschäftsbetrieb nicht eingestellt und das Gesellschaftsvermögen noch nicht restlos verteilt ist.

2. Fortsetzungsbeschluss

a) Beschlussfassung

6 Die Gesellschafter können in den genannten Fällen die Fortsetzung der Gesellschaft beschließen. Der Gesellschafterbeschluss bedarf grundsätzlich der Zustimmung aller Gesellschafter (§ 119)[3]. Soweit der Gesellschaftsvertrag Mehrheitsbeschlüsse vorsieht, gilt für die Entscheidung der Bestimmtheits-

---

[1] A.A. *Ebenroth/Boujong/Joost/Strohn/Lorz*, § 144 Rn. 6.
[2] BGH v. 7.10.1994 – V ZR 58/93, NJW 1995, 196; *Häsemeyer*, Insolvenzrecht, Rn. 31.08; *Uhlenbruck/Hirte*, § 11 InsO Rn. 308; *Baumbach/Hopt*, § 144 Rn. 1; a.A. MünchKommHGB/*K. Schmidt*, § 144 Rn. 3.
[3] BGH v. 2.7.2007 – II ZR 181/06, DStR 2007, 2021, 2022; MünchKommHGB/*K. Schmidt*, § 144 Rn. 8; *Ebenroth/Boujong/Joost/Strohn/Lorz*, § 144 Rn. 7.

grundsatz (§ 119 Rn. 17 ff.)[1]. Eine bestimmte Form ist für den Fortsetzungsbeschluss nicht vorgesehen (siehe § 131 Rn. 4 ff.). Kommt es nicht zu einer Fortsetzung, bleibt die Gesellschaft aufgelöst und ist zu liquidieren.

Fraglich ist, ob der Fortsetzungsbeschluss – außerhalb der §§ 212, 213 InsO bzw. § 248 InsO – bestimmten inhaltlichen Anforderungen genügen muss, um eine missbräuchliche Fortsetzung zu Lasten der Gläubiger zu verhindern. Dies wird man in jedem Fall für die kapitalistische OHG/KG bejahen müssen. Der Fortsetzungsbeschluss setzt danach voraus, dass die Gesellschaft die Insolvenz überwunden hat, der Auflösungsgrund also beseitigt ist[2]. Gleiches gilt aber auch für die gesetzestypische OHG/KG; denn auch hier bewahrt die persönliche Haftung der Gesellschafter den Geschäftsverkehr nicht ohne weiteres vor Schaden. Vielmehr sollte auch hier Voraussetzung für einen Fortsetzungsbeschluss sein, dass die Insolvenz der Gesellschaft überwunden ist[3].

b) Rechtsverhältnisse nach Fortsetzung

Durch den Fortsetzungsbeschluss wird die aufgelöste Gesellschaft ex nunc und identitätswahrend in eine werbende Gesellschaft zurückverwandelt. Die Gesellschaft setzt ihre bisherigen Rechtsbeziehungen fort, soweit sie nicht durch das Insolvenzverfahren erloschen oder verändert worden sind. Auf dem Verfahren beruhende Unterbrechungen von Rechtsstreitigkeiten sind mit dem Ende des Verfahrens entfallen[4].

II. Anmeldung zum Handelsregister

§ 144 Abs. 2 spricht die Selbstverständlichkeit aus, dass die Gesellschafter die Fortsetzung zur Eintragung in das Handelsregister anzumelden haben. Die Beendigung des Insolvenzverfahrens wird dagegen von Amts wegen eingetragen (§ 32). Unterbleibt die Anmeldung der Fortsetzung (oder deren Eintragung), muss die Gesellschaft ein Handeln der bisherigen Liquidatoren ggf. nach § 15 Abs. 1 gegen sich gelten lassen.

---

1 BGH v. 2.7.2007 – II ZR 181/06, DStR 2007, 2021, 2022.
2 *Schlitt*, NZG 1998, 755, 762; *Ebenroth/Boujong/Joost/Strohn/Lorz*, § 144 Rn. 4.
3 So zu Recht MünchKommHGB/*K. Schmidt*, § 144 Rn. 4 ff.; a.A. *Häsemeyer*, Insolvenzrecht, Rn. 31.08.
4 Zur Rechtslage nach Aufnahme eines Rechtsstreits durch den Insolvenzverwalter (§§ 85 f. InsO) vgl. *Stein/Jonas/Roth*, § 240 ZPO Rn. 39 f.; *Zöller/Greger*, § 240 ZPO Rn. 10 ff.

Fünfter Titel Liquidation der Gesellschaft

§ 145
Erforderlichkeit der Liquidation

(1) Nach der Auflösung der Gesellschaft findet die Liquidation statt, sofern nicht eine andere Art der Auseinandersetzung von den Gesellschaftern vereinbart oder über das Vermögen der Gesellschaft das Insolvenzverfahren eröffnet ist.

(2) Ist die Gesellschaft durch Kündigung des Gläubigers eines Gesellschafters oder durch die Eröffnung des Insolvenzverfahrens über das Vermögen eines Gesellschafters aufgelöst, so kann die Liquidation nur mit Zustimmung des Gläubigers oder des Insolvenzverwalters unterbleiben; ist im Insolvenzverfahren Eigenverwaltung angeordnet, so tritt an die Stelle der Zustimmung des Insolvenzverwalters die Zustimmung des Schuldners.

(3) Ist die Gesellschaft durch Löschung wegen Vermögenslosigkeit aufgelöst, so findet eine Liquidation nur statt, wenn sich nach der Löschung herausstellt, dass Vermögen vorhanden ist, das der Verteilung unterliegt.

Übersicht

	Rn.		Rn.
I. Liquidation der Gesellschaft		2. Möglichkeiten einer Auseinandersetzung	
1. Liquidationserfordernis		a) Vermögensübertragung mit Vollbeendigung	7
a) Grundsatz	1	b) Unternehmensübertragung	9
b) Liquidationspflicht?	3	3. Notwendige Zustimmung Dritter	
2. Liquidationszweck	4	a) Tatbestände des § 145 Abs. 2	10
II. Auseinandersetzungen anderer Art		b) Rechtsgeschäftlich begründete Rechtspositionen	13
1. Vereinbarung der Gesellschafter		**III. Insolvenz der Gesellschaft**	
a) Voraussetzungen	5	1. Allgemeines	14
b) Nicht vollgeschäftsfähige Gesellschafter	6	2. Aufgabenbereich des Insolvenzverwalters im einzelnen	17

Schrifttum: *Butzer*, Die Liquidation von Personengesellschaften, Jura 1994, 628; *Hillers*, Personengesellschaft und Liquidation, 1989; *K. Schmidt*, Die Handels-Personengesellschaft in der Liquidation, ZHR 153 (1989), 270.

I. Liquidation der Gesellschaft

1. Liquidationserfordernis

a) Grundsatz

Wird die Gesellschaft (OHG oder KG) aufgelöst (zu den Auflösungsgründen, siehe § 131 Rn. 7 ff.), so ordnet das Gesetz in § 145 Abs. 1 die Liquidation der Gesellschaft nach Maßgabe der §§ 146 ff. an, sofern nicht eine andere Art der Auseinandersetzung vorgesehen ist (dazu Rn. 5 ff.) oder ein Insolvenzverfahren über das Gesellschaftsvermögen stattfindet (Rn. 14). Allerdings setzt eine Liquidation sinngemäß voraus, dass die Gesellschaft noch über ein Aktivvermögen verfügt (h.L.)[1]. Das ist im Falle einer Löschung wegen Vermögenslosigkeit (§ 131 Abs. 2 S. 1 Nr. 2) grundsätzlich nicht der Fall, wie § 145 Abs. 3 klarstellt. 1

Frei. 2

b) Liquidationspflicht?

Ob außer einer **internen Verpflichtung** der Gesellschafter, den Liquidationszweck zu fördern, **gegenüber Dritten** eine Pflicht zur Liquidation besteht, ist bislang ungeklärt[2], lässt sich aber kaum begründen. Allerdings können Haftungsfolgen eintreten, wenn eine gebotene Liquidation nicht durchgeführt wird, z.B. bei einer Fortführung einer nach Wegfall des einzigen Komplementärs aufgelösten KG (siehe dazu § 177 Rn. 1)[3]. 3

2. Liquidationszweck

Zweck der Liquidation ist die **vermögensmäßige Abwicklung und Beendigung** der aufgelösten Gesellschaft. Hierbei besteht die Gesellschaft als Abwicklungs-(Liquidations-)Gesellschaft fort; sie ist (weiterhin) rechts- und parteifähig und bleibt auch Handelsgesellschaft. Sowohl im Verhältnis zu Dritten als auch zwischen den Gesellschaftern untereinander bleiben die bisherigen Rechtsverhältnisse erhalten, werden allerdings innergesellschaftlich durch den nunmehr maßgeblichen Liquidationszweck geprägt. Dies gilt auch für die Treuepflicht[4] (vgl. auch § 156 und § 109 Rn. 12 ff.). Da die Treuepflicht aber stets einer Abwägung der Umstände des Einzelfalles bedarf, ist auch der Umstand, dass sich die Gesellschaft in Liquidation befindet, in die Abwägung einzustellen (siehe etwa für das Wettbewerbsverbot § 112 Rn. 2). Insgesamt sind an aus der Treuepflicht abzuleitenden Verhal- 4

---
1 RGZ 40, 29, 31; BGH v. 11.4.1957 – VII ZR 280/56, WM 1957, 707, 708; *Ebenroth/Boujong/Joost/Strohn/Hillmann*, § 145 Rn. 8.
2 Weithin bejaht von MünchKommHGB/*K. Schmidt*, § 145 Rn. 13 f.; vgl. auch *Staub/Habersack*, § 145 Rn. 4; a.A. *Ebenroth/Boujong/Joost/Strohn/Hillmann*, § 145 Rn. 14.
3 *Ebenroth/Boujong/Joost/Strohn/Hillmann*, § 145 Rn. 14; *Staub/Habersack*, § 145 Rn. 23; MünchKommHGB/*K. Schmidt*, § 145 Rn. 45.
4 BGH v. 2.7.2007 – II ZR 181/06, ZIP 2007, 1988; BGH v. 11.1.1971 – II ZR 143/68, WM 1971, 412, 414.

tenspflichten des Gesellschafters in der Phase der Abwicklung höhere Anforderungen zu stellen als im Falle der werbenden Gesellschaft[1].

II. Auseinandersetzungen anderer Art

1. Vereinbarung der Gesellschafter

a) Voraussetzungen

5 Die Gesellschafter können – aufgrund einer gesellschaftsvertraglichen Regelung, einer anlässlich der Auflösung getroffenen Vereinbarung[2] oder gemäß einer Vereinbarung nach eingetretener Auflösung[3] – eine abweichende Auseinandersetzung vorsehen. Soweit hierfür nicht (unter Wahrung des Bestimmtheitsgrundsatzes, vgl. § 119 Rn. 17 ff.) eine Mehrheitsentscheidung zugelassen ist, bedarf dies der Zustimmung aller Gesellschafter[4]. Im Einzelfall kann aber aus der Treuepflicht (§ 109 Rn. 12 ff.) eine Verpflichtung zur Zustimmung zu einer sinnvollen und zumutbaren Regelung erwachsen[5].

b) Nicht vollgeschäftsfähige Gesellschafter

6 Eine gesellschaftsvertragliche Regelung, die für den Fall der Auflösung eine Veräußerung des Unternehmens vorsieht, bedarf für einen nicht vollgeschäftsfähigen Gesellschafter nach h.M. gemäß den §§ 1822 Nr. 3, 1643 BGB der familien- oder vormundschaftsgerichtlichen Genehmigung, nicht jedoch, wenn eine solche Lösung erst nach Auflösung beschlossen wird[6]. Wird indes eine Übertragung des Unternehmens oder eines Grundstücks auf einen minderjährigen Gesellschafter vereinbart, gelten die §§ 1821 Abs. 1 Nr. 5, 1822 Nr. 3 BGB.

2. Möglichkeiten einer Auseinandersetzung

a) Vermögensübertragung mit Vollbeendigung

7 Die Gesellschafter können zwischen einer Vielzahl möglicher Lösungen wählen[7], etwa dass das **Gesellschaftsvermögen im ganzen** auf einen **anderen Rechtsträger** übertragen wird und es auf diese Weise zu einer Vollbeendigung der Gesellschaft ohne Liquidation kommt[8]. Namentlich kommt eine

---

1 BGH v. 2.7.2007 – II ZR 181/06, ZIP 2007, 1988.
2 OLG Schleswig v. 4.9.2001 – 3 U 4/00, NZG 2002, 719, 720 f.
3 BayObLG v. 30.12.1980 – 1 Z 108/80, ZIP 1981, 188, 189; OLG Hamm v. 31.10.1983 – 15 W 134/83, ZIP 1984, 180, 181.
4 *Ebenroth/Boujong/Joost/Strohn/Hillmann*, § 145 Rn. 16.
5 *Ebenroth/Boujong/Joost/Strohn/Hillmann*, § 145 Rn. 16; *Staub/Habersack*, § 145 Rn. 23.
6 RGZ 122, 370, 372; *Ebenroth/Boujong/Joost/Strohn/Hillmann*, § 145 Rn. 17; *Heymann/Sonnenschein/Weitemeyer*, § 145 Rn. 14; *A. Hueck*, Das Recht der OHG, S. 472 f.; abw. (generell gegen ein Genehmigungserfordernis): MünchKommHGB/*K. Schmidt*, § 145 Rn. 48; *Staub/Habersack*, § 145 Rn. 26.
7 *Staub/Habersack*, § 145 Rn. 35 ff.; MünchKommHGB/*K. Schmidt*, § 145 Rn. 31 ff.
8 Siehe hierzu BFH v. 25.6.2002 – IX R 47/98, DStR 2002, 1524, 1525 f.

Übernahme durch einen der Gesellschafter in Betracht, entweder durch Erwerb aller Gesellschaftsanteile oder durch den Austritt aller Mitgesellschafter. Die Mitgesellschafter werden dabei durch den Veräußerungspreis bzw. die Abfindung entschädigt. Beim Austritt aus der Gesellschaft gilt § 24 Abs. 2[1].

Zu einer Vollbeendigung ohne Liquidation kommt es ferner bei einer **Verschmelzung** durch Neugründung oder durch Aufnahme (wenn bei dieser die Gesellschaft das aufgenomme Unternehmen ist), vgl. § 2 UmwG. Auch bei einem **Formwechsel** (§ 190 UmwG) besteht die Gesellschaft als Personenhandelsgesellschaft nicht fort, ohne dass es aber zu einer Liquidation kommt. Weitere Möglichkeiten einer Vollbeendigung sind mit den in den §§ 123 ff. UmwG geregelten Spaltungstatbeständen verbunden[2]. 8

b) Unternehmensübertragung

In Betracht kommt ferner, zwar die Gesellschaft, **nicht** aber das von ihr betriebene **Unternehmen zu liquidieren**. Dies ist neben einer **Realteilung** des Unternehmens zwischen den Gesellschaftern[3] möglich, indem ein Gesellschafter das Unternehmen innerhalb des Liquidationsverfahrens **als Ganzes übernimmt**[4] oder das Unternehmen in eine andere gegründete Gesellschaft **eingebracht** wird[5]. Da es sich jeweils um atypische Abwicklungsmaßnahmen handelt, liegt die Entscheidung über sie nicht bei den Liquidatoren (unbeschadet ihrer Vertretungsmacht nach außen, § 149 S. 2), sondern bei den Gesellschaftern (Rn. 5). 9

3. Notwendige Zustimmung Dritter

a) Tatbestände des § 145 Abs. 2

Im Falle einer – nach früherem Recht möglichen sowie aufgrund entsprechender Regelung im Gesellschaftsvertrag vorgesehenen – Auflösung der Gesellschaft durch Gläubigerkündigung oder Gesellschafterinsolvenz bindet § 145 Abs. 2 eine abweichende Art der Auseinandersetzung an die Zustimmung des Gläubigers (die zusätzlich zu der des Schuldner-Gesellschafters erforderlich ist)[6] oder des Insolvenzverwalters (dieser handelt aber nach § 80 InsO anstelle des Gemeinschuldners). Doch gilt dies nur für Vereinbarungen, die nach der Auflösung getroffen werden, nicht aber für bereits im Ge- 10

---

1 BGH v. 9.1.1989 – II ZR 142/88, ZIP 1989, 368, 369.
2 Vgl. *Staub/Habersack*, § 145 Rn. 98; *Ebenroth/Boujong/Joost/Strohn/Hillmann*, § 145 Rn. 23.
3 Vgl. z.B. RGZ 106, 128, 130 f.; siehe auch OLG Celle v. 27.6.2001 – 9 U 79/00, NZG 2001, 1081 ff.; *Ebenroth/Boujong/Joost/Strohn/Hillmann*, § 145 Rn. 24.
4 Siehe etwa OLG Oldenburg v. 17.1.1955 – 3 Wx 70/54, WM 1955, 383 f.; *Ebenroth/Boujong/Joost/Strohn/Hillmann*, § 145 Rn. 24.
5 Vgl. RG JW 1908, 686; KG DNotZ 1929, 341 f.; MünchKommHGB/*K. Schmidt*, § 145 Rn. 41.
6 MünchKommHGB/*K. Schmidt*, § 145 Rn. 55, 60; *Staub/Habersack*, § 145 Rn. 32; *Ebenroth/Boujong/Joost/Strohn/Hillmann*, § 145 Rn. 21.

sellschaftsvertrag enthaltene Regelungen. Sind Letztere allerdings unter Benachteiligung der Gläubiger nur für die Fälle der §§ 131 Abs. 3 S. 1 Nr. 2, 135 vorgesehen, sind sie für Gläubiger und Insolvenzverwalter wegen Verstoßes gegen § 138 BGB nicht bindend (siehe auch § 131 Rn. 65)[1]. Ist in einem Insolvenzverfahren Eigenverwaltung (§§ 270 ff. InsO) angeordnet, ist die Zustimmung des Schuldners maßgebend.

11 Die Zustimmung ist bei einer Anteilspfändung oder einer Gesellschafterinsolvenz nach allgemeiner Meinung auch dann erforderlich, wenn die Gesellschaft schon **vorher aufgelöst** war[2].

12 Anders als bei einem Gesellschafter unterliegt die Entscheidung über die Erteilung der Zustimmung durch die nach § 145 Abs. 2 zu beteiligenden Dritten dem freien Ermessen und **nicht** der gesellschafterlichen **Treuepflicht**[3].

b) Rechtsgeschäftlich begründete Rechtspositionen

13 Hat ein Gesellschafter den Anspruch auf das Auseinandersetzungsguthaben **abgetreten** oder **verpfändet**, erlangt der Erwerber keine vergleichbare Rechtsstellung. Eine abweichende Auseinandersetzung hängt nicht von seiner Zustimmung ab[4].

III. Insolvenz der Gesellschaft

1. Allgemeines

14 Wird die Gesellschaft durch Eröffnung des **Insolvenzverfahrens** aufgelöst (§ 131 Abs. 1 Nr. 3), findet eine **Liquidation nach den §§ 145 ff. nicht statt**. Das Vermögen der Gesellschaft wird vielmehr nach den Vorschriften der InsO zugunsten der Gläubiger verwaltet und verwertet. Das geschieht durch den Insolvenzverwalter. Anders als nach dem früheren Recht erstrecken sich seine Aufgaben darüber hinaus auf die **Abwicklung** der Gesellschaft bis zur **Vollbeendigung** (§ 199 S. 2 InsO). Er ist aber nicht Vertreter der Gesellschaft, sondern handelt als Amtstreuhänder.

15 Zur Insolvenzmasse i.S. des § 35 InsO zählt das gesamte Vermögen des Schuldners das dem Schuldner zur Zeit der Eröffnung des Verfahrens gehört, sowie dasjenige, das er während des Verfahrens erlangt. Zur Insolvenzmasse

---

1 MünchKommHGB/*K. Schmidt*, § 145 Rn. 50, 53; *Staub/Habersack*, § 145 Rn. 30.
2 MünchKommHGB/*K. Schmidt*, § 145 Rn. 54, 58; *Staub/Habersack*, § 145 Rn. 28; Heymann/Sonnenschein/Weitemeyer, § 145 Rn. 16; a.A. wohl Ebenroth/Boujong/Joost/Strohn/Hillmann, § 145 Rn. 14.
3 MünchKommHGB/*K. Schmidt*, § 145 Rn. 57; *Staub/Habersack*, § 145 Rn. 32.
4 MünchKommHGB/*K. Schmidt*, § 145 Rn. 61; *A. Hueck*, Das Recht der OHG, S. 474 f.

gehören insbesondere[1]: die Firma[2], rückständige Einlagen[3], ggf. Ansprüche auf Nachschüsse[4], Sozialansprüche der Gesellschaft gegen die Gesellschafter, gesplittete Einlagen (§ 161 Rn. 141 ff.)[5], Schadensersatzansprüche der Gesellschaft gegen die Gesellschafter, etc.

Geändert hat sich auch die **Stellung der Gesellschafter**. Während sie nach dem früheren Recht als Gemeinschuldner eingeordnet wurden[6], fällt nunmehr die Gemeinschuldnerrolle der Gesellschaft selbst zu (siehe § 131 Rn. 18). Nach § 101 Abs. 1 S. 1 InsO treffen die vertretungsberechtigten Gesellschafter aber persönliche Verfahrenspflichten im Rahmen des Insolvenzverfahrens. Darüber hinaus haben sie auch die Verfahrensrechte für die Gemeinschuldnerin wahrzunehmen. 16

2. Aufgabenbereich des Insolvenzverwalters im Einzelnen

Nach § 80 InsO geht mit Insolvenzeröffnung das Recht, über die Insolvenzmasse (siehe oben Rn. 15) zu verfügen, auf den Insolvenzverwalter über. Die Organisation der Gesellschaft und auch die Mitgliedschaft der Gesellschafter bleiben mit Insolvenzeröffnung bestehen. Die Befugnisse der Gesellschafter werden aber – soweit es sich nicht um den insolvenzfreien bzw. gesellschaftsinternen Bereich handelt – durch den Insolvenzverwalter verdrängt. Im Rahmen seiner Aufgaben und Befugnisse hat der Insolvenzverwalter die Ansprüche der Gesellschaft zur Masse zu ziehen. Jenseits der Masse kann er Anfechtungsansprüche geltend machen sowie die Gesellschafterhaftung gegenüber den Gläubigern gemäß § 93 InsO und die Kommanditistenhaftung gemäß § 171 Abs. 2 (dazu vgl. § 171 Rn. 56a ff.). Ein erhebliches Betätigungsfeld eröffnet sich vielfach für die Verfolgung von Ansprüchen gegenüber Gesellschaftern bei kapitalersetzenden Gesellschafterkrediten (§§ 39, 44a, 135 InsO). 17

Der Insolvenzverwalter hat das Gesellschaftsunternehmen – grundsätzlich – bis zum Berichtstermin **einstweilen fortzuführen**. **Veräußert** er dieses samt der Firma, bedarf es grundsätzlich keiner Zustimmung des/der Namensträ- 18

---

1 MünchKommHGB/*K. Schmidt*, § 158 Anh Rn. 43.
2 *Kübler/Prütting/Noack*, InsO GesR, Rn. 475; MünchHdbGesR I/*Butzer/Knof*, § 85 Rn. 45; MünchKommHGB/*K. Schmidt*, Anh § 158 Rn. 43; *Gottwald/Haas*, InsoHdb, § 94 Rn. 51.
3 BGH v. 9.2.1981 – II ZR 38/80, NJW 1981, 2251, 2252; BGH v. 10.12.1984 – II ZR 28/84, ZIP 1985, 233, 234; OLG Köln v. 16.12.1982 – 7 U 70/82, ZIP 1983, 310, 311.
4 *Gottwald/Haas*, InsoHdb, § 94 Rn. 53.
5 Siehe hierzu *Gottwald/Haas*, InsoHdb, § 94 Rn. 55; MünchKommHGB/*K. Schmidt*, § 172 a Rn. 7.
6 BGH v. 16.2.1961 – III ZR 71/60, BGHZ 34, 293, 297; GroßKommHGB/*Ulmer*, § 131 Rn. 52.

ger[1]. Eine Prokura kann er nicht erteilen[2]; in Betracht kommt lediglich die Erteilung einer Handlungsvollmacht.

§ 146
Bestellung der Liquidatoren

(1) Die Liquidation erfolgt, sofern sie nicht durch Beschluss der Gesellschafter oder durch den Gesellschaftsvertrag einzelnen Gesellschaftern oder anderen Personen übertragen ist, durch sämtliche Gesellschafter als Liquidatoren. Mehrere Erben eines Gesellschafters haben einen gemeinsamen Vertreter zu bestellen.

(2) Auf Antrag eines Beteiligten kann aus wichtigen Gründen die Ernennung von Liquidatoren durch das Gericht erfolgen, in dessen Bezirk die Gesellschaft ihren Sitz hat; das Gericht kann in einem solchen Falle Personen zu Liquidatoren ernennen, die nicht zu den Gesellschaftern gehören. Als Beteiligter gilt außer den Gesellschaftern im Falle des § 135 auch der Gläubiger, durch den die Kündigung erfolgt ist. Im Falle des § 145 Abs. 3 sind die Liquidatoren auf Antrag eines Beteiligten durch das Gericht zu ernennen.

(3) Ist über das Vermögen eines Gesellschafters das Insolvenzverfahren eröffnet und ist ein Insolvenzverwalter bestellt, so tritt dieser an die Stelle des Gesellschafters.

I. Liquidatorenbestellung durch die Gesellschafter

1. Regelung in § 146 Abs. 1 S. 1

a) Entscheidung durch die Gesellschafter

1   Das Gesetz überlässt die Bestellung der Liquidatoren den Gesellschaftern. Abweichend von den Verhältnissen in der werbenden Gesellschaft, in der das Prinzip der Selbstorganschaft gilt (dazu § 109 Rn. 5), können **auch Nichtgesellschafter** zu Liquidatoren berufen werden. Hierfür können auch **juristische Personen** ausersehen werden, ebenso **Personenhandelsgesellschaften**[3].

2   Die Frage, wer bei Auflösung der Gesellschaft Liquidator sein soll, kann bereits im **Gesellschaftsvertrag** geregelt sein. Ansonsten erfolgt die Bestellung durch **Gesellschafterbeschluss**, der grundsätzlich einstimmig gefasst werden muss; eine Mehrheitsentscheidung ist nur bei Wahrung des Bestimmtheitsgrundsatzes möglich.

---

[1] OLG Hamm v. 25.6.1981 – 4 U 56/81, ZIP 1981, 1356 f.; zur GmbH vgl. auch BGH v. 27.9.1982 – II ZR 51/82, BGHZ 85, 221, 224.
[2] BGH v. 4.12.1957 – V ZR 251/56, WM 1958, 430, 431 (h.L.); anders MünchKommHGB/*K. Schmidt*, § 158 Anh Rn. 46.
[3] KG JW 1930, 1410 f.; MünchKommHGB/*K. Schmidt*, § 146 Rn. 5; *Staub/Habersack*, § 146 Rn. 11, 20.

b) Im Zweifel: alle Gesellschafter

Kommt es nicht zu einer Bestellung der Gesellschafter, sind im Zweifel alle Gesellschafter Liquidatoren, also in der KG **auch die Kommanditisten**[1]. Das Amt dieser geborenen Liquidatoren beginnt sofort mit der Auflösung der Gesellschaft und endet mit deren Vollbeendigung. Das Amt besteht fort, wenn sich nach Löschung der Gesellschaft im Handelsregister (§ 157) herausstellt, dass noch Aktivvermögen vorhanden ist (siehe auch § 155 Rn. 14)[2]. 3

Für die **Publikumsgesellschaft** wird allerdings anzunehmen sein, dass die vorhandene Komplementär-Gesellschaft Liquidatorin sein soll (§ 177 Rn. 32). Auch setzt hier die Durchführung einer Nachtragsliquidation (also einer Fortsetzung der Liquidation nach Löschung im Handelsregister) in entsprechender Anwendung des § 273 Abs. 4 AktG die gerichtliche Bestellung eines Nachtragsliquidators voraus[3]. 3a

Für nicht voll geschäftsfähige Gesellschafter nimmt der **gesetzliche Vertreter** die Aufgaben des Liquidators wahr[4]. 4

2. Gemeinsamer Vertreter der Erben

a) Stellung des gemeinsamen Vertreters

Ist der Anteil eines verstorbenen Gesellschafters außerhalb einer Sondererbfolge (vgl. § 139 Rn. 3 ff.) auf eine Erbenmehrheit übergegangen, der der Anteil dann ungeteilt zusteht (§ 139 Rn. 2), müssen die Erben nach § 146 Abs. 1 S. 2 grundsätzlich einen gemeinsamen Vertreter bestellen. Allerdings können die Gesellschafter sich auch mit einem gemeinschaftlichen Handeln der Erben einverstanden erklären[5]. Die Vorschrift gilt **nicht nur**, wenn die Gesellschaft – entgegen dem gesetzlichen Leitbild in § 131 Abs. 3 S. 1 Nr. 1 – **durch den Tod** des Erblassers **aufgelöst** worden ist, sondern **auch** für einen **nach der Auflösung eingetretenen Erbfall**[6]. Nach h.M. ist der gemeinsame Vertreter – vorbehaltlich einer anderweitigen Liquidatorenbestellung durch die Gesellschafter (Rn. 1) – selbst Liquidator[7]. Doch wird es der Sachlage besser gerecht, wenn von einer Ausübung der gemeinschaftlichen Gesell- 5

---

[1] BGH v. 24.9.1982 – V ZR 188/79, WM 1982, 1170; OLG Hamm v. 5.3.2003 – 8 U 130/02, NZG 2003, 627; OLG München v. 30.3.2001 – 23 U 5757/00, NZG 2001, 959, 960.
[2] *Ebenroth/Boujong/Joost/Strohn/Hillmann*, § 146 Rn. 3.
[3] BGH v. 2.6.2003 – II ZR 102/02, NJW 2003, 2676; *Ebenroth/Boujong/Joost/Strohn/Hillmann*, § 146 Rn. 3; *Staub/Habersack*, § 146 Rn. 14.
[4] MünchKommHGB/*K. Schmidt*, § 146 Rn. 4; a.A. *Baumbach/Hopt*, § 146 Rn. 2 (der gesetzliche Vertreter soll selbst Liquidator sein).
[5] Vgl. *K. Schmidt*, ZHR 153 (1989), 270, 289; MünchKommHGB/*K. Schmidt*, § 146 Rn. 17.
[6] MünchKommHGB/*K. Schmidt*, § 146 Rn. 19; *Staub/Habersack*, § 146 Rn. 23.
[7] GroßKommHGB/*Schilling*, § 146 Rn. 13; *Baumbach/Hopt*, § 146 Rn. 2; *Heymann/Sonnenschein/Weitmeyer*, § 146 Rn. 4.

schafterrechte der Miterben einschließlich der Liquidatorenfunktion durch den gemeinsamen Vertreter ausgegangen wird[1].

b) Bestellung des Vertreters

6 Bestellt wird der gemeinsame Vertreter durch **Mehrheitsbeschluss** der Erben (§§ 2038, 745 BGB). Unterbleibt eine Bestellung und gestatten die Gesellschafter nicht ein gemeinschaftliches Handeln der Erben, fehlt diesen die Möglichkeit, ihre Rechte im Rahmen der Liquidation auszuüben. Die Gesellschaft handelt dann durch die sonst zu Liquidatoren berufenen Gesellschafter; notfalls ist für die Erben ein Liquidator durch das Gericht nach § 146 Abs. 2 zu bestellen.

c) Testamentsvollstreckung

7 Im Fall einer Testamentsvollstreckung, die in der aufgelösten Gesellschaft möglich ist (vgl. § 139 Rn. 21), ist nach h.L. der Testamentsvollstrecker Liquidator[2].

II. Liquidatorenbestellung durch das Gericht

1. Wichtiger Grund

8 Bei einem wichtigen Grund sieht § 146 Abs. 2 eine Bestellung von Liquidatoren durch das Gericht vor. Ein wichtiger Grund ist gegeben, wenn eine **Handlungsunfähigkeit der Gesellschaft** besteht oder droht, ohne dass sich eine Abhilfe durch die Gesellschafter als möglich erweist. Im Einzelnen kann dies etwa bei einem Zerwürfnis unter den Gesellschaftern in Betracht kommen[3], sodann bei Pflichtwidrigkeiten vorhandener Liquidatoren[4] oder ihrer Unfähigkeit[5], bei einer auftretenden Notwendigkeit die erforderliche gesetzliche Vertretung der Gesellschaft zu komplettieren[6], aber auch bei allen sonstigen Hindernissen, die den Erfordernissen einer geordneten Abwicklung entgegenstehen. Ergibt sich, dass eine als vermögenslos im Handelsregister gelöschte Gesellschaft (§ 131 Abs. 2 S. 1 Nr. 2) noch über Vermögen verfügt (vgl. § 145 Abs. 3), ist die Bestellung durch das Gericht in jedem Falle obligatorisch (siehe oben Rn. 3a). § 6 Abs. 6a VermG sieht eine gegenüber § 146 Abs. 2 erheblich erleichterte gerichtliche Abwicklerbestellung für die so genannte „Trümmerrestitution" vor[7].

---

[1] MünchKommHGB/*K. Schmidt*, § 146 Rn. 17, 24; *Staub/Habersack*, § 146 Rn. 26.
[2] *Staub/Habersack*, § 146 Rn. 29; *A. Hueck*, Das Recht der OHG, S. 489, *Baumbach/Hopt*, § 146 Rn. 2; abw. Ansatz bei MünchKommHGB/*K. Schmidt*, § 146 Rn. 26.
[3] BayObLG, JW 1928, 2639, 2640.
[4] OLG Hamm v. 13.12.1957 – 15 W 522/57, BB 1958, 497.
[5] OLG Hamm v. 14.6.1960 – 15 W 194/60, BB 1960, 918.
[6] RGZ 162, 370, 377.
[7] LG Berlin v. 7.3.2003 – 102 T 137/02, VIZ 2003, 382, 383.

2. Verfahren

a) Zuständigkeit, Antragserfordernis

Zuständig ist das für den Sitz der Gesellschaft örtlich zuständige **Amtsgericht** (§ 145 Abs. 1 FGG bzw. § 375 FamFG), das auf **Antrag der „Beteiligten"** im Verfahren nach dem FGG/FamFG tätig wird. Zu den Beteiligten zählen – neben den Gesellschaftern[1] – auch die Erben (gemeinschaftlich) eines Gesellschafters und ihr gemeinsamer Vertreter, der Privatgläubiger im Fall des § 135, der Insolvenzverwalter bei einer Gesellschafterinsolvenz oder einem Nachlassinsolvenzverfahren, ferner der Testamentsvollstrecker, richtigerweise auch der Nachlassverwalter[2].

9

b) Entscheidung des Gerichts

Bei seiner Entscheidung ist das Gericht zwar **nicht an den Antrag gebunden**[3], darf aber über einen bestimmt gefassten Antrag **nicht hinausgehen**[4]. Das Gericht kann aber z.B. bestimmen, ob Einzel- oder Gesamtvertretung bestehen soll[5]. Der Ernannte ist nicht verpflichtet, das Amt zu übernehmen[6]; so kann insbesondere ein Nichtgesellschafter sein Einverständnis von der Bewilligung einer Vergütung durch die Gesellschaft abhängig machen. Das Amt beginnt, wenn der Ernannte die Ernennung annimmt[7].

10

III. Rechtsstellung des Insolvenzverwalters

Aus § 146 Abs. 3 folgt eine **Substituierung** des von einem Insolvenzverfahren betroffenen Gesellschafters durch den Insolvenzverwalter **bei der Wahrnehmung der Gesellschafterrechte**[8], und zwar einschließlich des Stimmrechts[9]. Amtsbefugnisse als Liquidator fallen ihm jedoch nur zu, wenn der insolvente Gesellschafter zu den Liquidatoren gehören würde[10].

11

§ 146 Abs. 3 gilt außer bei einem vor der Auflösung der Gesellschaft eröffneten Gesellschafterinsolvenzverfahren auch für eine bereits **vorher aufgelöste Gesellschaft**[11] sowie in den Fällen eines **Nachlassinsolvenzverfah-**

12

---

1 LG Berlin v. 7.3.2003 – 102 T 137/02, VIZ 2003, 382, 383.
2 *Staub/Habersack*, § 146 Rn. 37; *Baumbach/Hopt*, § 146 Rn. 5; streitig; a.A. BayObLG v. 4.2.1988 – 3Z 133/87, DB 1988, 853 f.
3 RG Recht 1914 Nr. 1148; *Ebenroth/Boujong/Joost/Strohn/Hillmann*, § 146 Rn. 17.
4 MünchKommHGB/*K. Schmidt*, § 146 Rn. 35; *Staub/Habersack*, § 146 Rn. 39.
5 LG Berlin v. 7.3.2003 – 102 T 137/02, VIZ 2003, 382, 383; MünchKommHGB/*K. Schmidt*, § 146 Rn. 42.
6 MünchKommHGB/*K. Schmidt*, § 146 Rn. 42; *Ebenroth/Boujong/Joost/Strohn/Hillmann*, § 146 Rn. 18; *Staub/Habersack*, § 146 Rn. 40.
7 *Baumbach/Hopt*, § 146 Rn. 5; MünchKommHGB/*K. Schmidt*, § 146 Rn. 42.
8 BGH v. 24.11.1980 – II ZR 265/79, ZIP 1981, 181.
9 MünchKommHGB/*K. Schmidt*, § 146 Rn. 52.
10 MünchKommHGB/*K. Schmidt*, § 146 Rn. 45; *Staub/Habersack*, § 146 Rn. 46; wohl auch BGH v. 24.11.1980 – II ZR 265/79, ZIP 1981, 181.
11 MünchKommHGB/*K. Schmidt*, § 146 Rn. 47.

rens[1], kann aber nicht auf den Nachlassverwalter erstreckt werden[2]. Ferner lässt sich die Vorschrift entsprechend auf ein **Ausscheiden eines Gesellschafters** mit der Eröffnung des Gesellschafterinsolvenzverfahrens im Hinblick auf die in die Masse fallenden vermögensrechtlichen Ansprüche anwenden[3].

IV. Andere Vertreter der Gesellschaft

13 In der Liquidation ist nach wohl h.M. die Bestellung einer Prokura heute anerkannt[4]; eine zuvor bestellte Prokura erlischt mit der Auflösung[5]. Dagegen bleibt eine Handlungsvollmacht möglich, doch beschränkt sich ihre Reichweite auf die Liquidationsgeschäfte[6].

§ 147
Abberufung von Liquidatoren

Die Abberufung von Liquidatoren geschieht durch einstimmigen Beschluss der nach § 146 Abs. 2 und 3 Beteiligten; sie kann auf Antrag eines Beteiligten aus wichtigen Gründen auch durch das Gericht erfolgen.

I. Abberufung durch die Beteiligten

1. Abberufungsbeschluss

1 Für die Abberufung eines Liquidators sieht das Gesetz einen **einstimmigen Beschluss** der Beteiligten i.S. von § 146 Abs. 2, 3 (siehe dazu § 146 Rn. 9) vor; doch haben die Erben eines Gesellschafters, soweit sie von der Bestellung eines gemeinsamen Vertreters (§ 146 Abs. 1 S. 2) dispensiert sind (§ 146 Rn. 6), nur eine gemeinschaftliche Stimme.

2 Der Abberufung unterliegt (unabhängig vom Berufungsgrund) **jeder Liquidator**, auch ein als solcher tätiger Insolvenzverwalter (§ 146 Rn. 11)[7]. Was den gemeinsamen Vertreter der Erben betrifft, richtet sich die Frage seiner Abberufung danach, ob ihm selbst oder der Gesamtheit der Erben das Amt des Liquidators zukommt (vgl. dazu § 146 Rn. 5). Ein nach § 146 Abs. 2 vom Gericht bestellter Liquidator kann ebenfalls abberufen werden, allerdings nur

---

1 MünchKommHGB/*K. Schmidt*, § 146 Rn. 48; *Staub/Habersack*, § 146 Rn. 7, 27; *Baumbach/Hopt*, § 146 Rn. 2.
2 MünchKommHGB/*K. Schmidt*, § 146 Rn. 50; anders *Staub/Habersack*, § 146 Rn. 45.
3 BGH v. 24.11.1980 – II ZR 265/79, ZIP 1981, 181.
4 *Baumbach/Hopt*, § 48 Rn. 1; MünchKommHGB/*K. Schmidt*, § 146 Rn. 53.
5 MünchKommHGB/*K. Schmidt*, § 146 Rn. 54; *Staub/Habersack*, § 146 Rn. 50; a.A. RGZ 72, 119, 122 f.; *A. Hueck*, Das Recht der OHG, S. 501.
6 RGZ 72, 119.
7 MünchKommHGB/*K. Schmidt*, § 147 Rn. 4.

mit Zustimmung desjenigen Beteiligten, der die Bestellung erwirkt hat[1]. Beruht die Stellung als Liquidator auf einem Sonderrecht eines Gesellschafters, ist die Abberufung ohne Zustimmung des Berechtigten nur aus wichtigem Grund möglich.

2. Beschlusswirkungen

Mit dem Abberufungsbeschluss endet das Liquidatorenamt, nicht ohne weiteres jedoch auch ein mit dem Abberufenen abgeschlossener Dienstvertrag[2]. Dieser bedarf der Kündigung, die ggf. aber in der Abberufungsentscheidung liegen kann.

3. Einschränkung der Liquidatorenrechte

Statt einer Abberufung können die Beteiligten auch die Rechtsstellung des Liquidators einschränken, etwa eine Einzelvertretungsbefugnis in eine Gesamtvertretung umwandeln. Dagegen ist eine gegenständliche Beschränkung der Vertretungsmacht nach § 151 Dritten gegenüber unwirksam.

4. Abdingbarkeit der gesetzlichen Regelung

Das Einstimmigkeitserfordernis ist nicht zwingend[3]. Der Gesellschaftsvertrag kann hier eine Mehrheitsentscheidung ermöglichen. Umgekehrt kann er das Abberufungsrecht aber auch ausschließen[4].

5. Amtsniederlegung

Ein Liquidator, der nicht zugleich Gesellschafter ist, kann seinerseits sein Amt niederlegen[5]. Die Frage, ob ein Gesellschafter sein Liquidatorenamt niederlegen kann, wird entsprechend der Möglichkeit einer Niederlegung der Vertretungsbefugnis aus § 127 zu beurteilen sein (dazu § 127 Rn. 7).

II. Abberufung durch das Gericht

1. Voraussetzungen

Bei **wichtigem Grund** kann ein Liquidator auf Antrag eines Beteiligten durch das Gericht abberufen werden. Hierbei handelt es sich um das Gegenstück zur gerichtlichen Bestellungskompetenz nach § 146 Abs. 2. Die Vorschrift hat zwingenden Charakter.

---

1 MünchKommHGB/*K. Schmidt*, § 147 Rn. 14; *Staub/Habersack*, § 147 Rn. 3; *Heymann/Sonnenschein/Weitemeyer*, § 147 Rn. 6.
2 BayObLG v. 30.12.1980 – 1 Z 108/80, ZIP 1981, 188, 189.
3 *Ebenroth/Boujong/Joost/Strohn/Hillmann*, § 147 Rn. 3; *Staub/Habersack*, § 147 Rn. 3; MünchKommHGB/*K. Schmidt*, § 147 Rn. 5.
4 MünchKommHGB/*K. Schmidt*, § 147 Rn. 15; *Staub/Habersack*, § 147 Rn. 8.
5 BayObLG v. 30.12.1980 – 1 Z 108/80, ZIP 1981, 188, 190.

8 Als wichtiger Grund kommen alle Umstände in Betracht, die das **weitere Amtieren** für einen Teil der Beteiligten **unzumutbar machen**. Hier ist insbesondere an Pflichtverletzungen von Gewicht zu denken, die den Liquidator untragbar machen, aber auch an eine persönliche Unfähigkeit. Entscheidend ist die Gefährdung des Abwicklungszwecks[1]. Doch sind die Anforderungen eher höher als für die Abberufung eines Geschäftsführers nach § 117[2].

9 Über den Kreis der bei § 146 Abs. 2 **Antragsberechtigten** hinaus wird hier zu Recht auch einem einzelnen Miterben eines Gesellschafters ein eigenes Antragsrecht zuerkannt[3].

2. Einstweiliger Rechtsschutz

10 Eine Abberufung durch einstweilige Verfügung des Prozessgerichts kommt daneben nicht in Betracht[4]. Doch ist i.Ü. ein Vorgehen im Rahmen des einstweiligen Rechtsschutzes nicht ausgeschlossen, so etwa eine vorläufige Suspendierung oder ein Verbot bestimmter Maßnahmen[5].

§ 148
Anmeldung der Liquidatoren

(1) Die Liquidatoren und ihre Vertretungsmacht sind von sämtlichen Gesellschaftern zur Eintragung in das Handelsregister anzumelden. Das gleiche gilt von jeder Änderung in den Personen der Liquidatoren oder in ihrer Vertretungsmacht. Im Falle des Todes eines Gesellschafters kann, wenn anzunehmen ist, dass die Anmeldung den Tatsachen entspricht, die Eintragung erfolgen, auch ohne dass die Erben bei der Anmeldung mitwirken, soweit einer solchen Mitwirkung besondere Hindernisse entgegenstehen.

(2) Die Eintragung gerichtlich bestellter Liquidatoren sowie die Eintragung der gerichtlichen Abberufung von Liquidatoren geschieht von Amts wegen.

1. Inhalt der Anmeldung

1 Anzumelden sind **alle berufenen Liquidatoren** sowie jede **Veränderung** unter ihnen. Auch der Insolvenzverwalter über das Vermögen eines Gesellschafters (§ 146 Abs. 3) der gemeinsame Erbenvertreter (§ 146 Abs. 1 S. 2) sowie

---

[1] OLG Hamm v. 27.7.1954 – 15 W 287/54, BB 1954, 913; BGH v. 29.9.1960 – 15 W 305/60, BB 1960, 1355; BayObLG v. 6.12.1995 – 3Z BR 216/95, BB 1996, 234 f. (zur GmbH).
[2] OLG Hamm v. 14.6.1960 – 15 W 194/60, BB 1960, 918.
[3] MünchKommHGB/*K. Schmidt*, § 147 Rn. 23; *Baumbach/Hopt*, § 147 Rn. 4.
[4] OLG Frankfurt v. 26.10.1988 – 22 U 168/88, ZIP 1989, 39 f.; *Ebenroth/Boujong/Joost/Strohn/Hillmann*, § 147 Rn. 8; *Staub/Habersack*, § 147 Rn. 15.
[5] MünchKommHGB/*K. Schmidt*, § 147 Rn. 26; *Staub/Habersack*, § 147 Rn. 15; vgl. auch *v. Gerkan*, ZGR 1985, 177, 183.

ein Testamentsvollstrecker (vgl. § 146 Rn. 7) sind anzumelden. Soweit eine juristische Person oder eine Personenhandelsgesellschaft Liquidatorin ist, gelten die gleichen Anforderungen wie bei § 106 (vgl. § 106 Rn. 5 ff.). Besteht entgegen der Regel des § 150 Abs. 1 Einzelvertretungsbefugnis, ist auch dies anzumelden[1], darüber hinaus jede Änderung in der Vertretungsmacht der Liquidatoren. Die Anmeldungen werden nicht entbehrlich, wenn etwa zugleich das Erlöschen der Firma (§ 157 Abs. 1) angemeldet wird[2]. Auch sperrt die Nichtanmeldung der Liquidatoren nicht den Antrag oder die Eintragung anderer eintragungspflichtiger Umstände wie beispielsweise die Auflösung der Gesellschaft (§ 143) oder das Erlöschen der Firma (§ 157)[3].

Im Verfahren der Löschung eines Liquidators ist auch die **Gesellschaft selbst**, vertreten durch die übrigen Liquidatoren, zu **beteiligen**[4].

Hinsichtlich der **gerichtlich bestellten Liquidatoren** (§ 146 Abs. 2) bedarf es keiner Anmeldung; sie werden von Amts wegen eingetragen.

2. Anmeldepflicht der Gesellschafter

Anmeldepflichtig sind **alle Gesellschafter**[5], im Falle eines verstorbenen Gesellschafters seine Erben, für einen in der Insolvenz befindlichen Gesellschafter der Insolvenzverwalter. Hier gilt Entsprechendes wie bei § 143 (vgl. § 143 Rn. 4). § 148 Abs. 1 S. 3 sieht auch die gleiche Erleichterung einer Eintragung wie § 143 Abs. 3 vor (siehe dazu § 143 Rn. 6).

3. Zeichnung durch die Liquidatoren

In § 148 Abs. 3 war früher die Pflicht der Liquidatoren zur Zeichnung mit ihrer Namensunterschrift enthalten. Diese Regelung ist durch das am 1.1.2007 in Kraft getretene Gesetz über elektronische Handelsregister, Genossenschaftsregister und Unternehmensregister (EHUG)[6] vom 10.11.2006 aufgehoben worden. Damit ist auch das Erfordernis, eine Unterschriftsprobe zu hinterlegen, entfallen.

§ 149
Aufgaben der Liquidatoren

Die Liquidatoren haben die laufenden Geschäfte zu beenden, die Forderungen einzuziehen, das übrige Vermögen in Geld umzusetzen und die Gläubi-

---

1 LG Berlin v. 7.3.2003 – 102 T 137/02, VIZ 2003, 382, 384.
2 BayObLG v. 11.5.1982 – 3 Z 39/82, WM 1982, 1288, 1289; siehe auch BayObLG v. 7.3.2001 – 3Z BR 68/01, NZG 2001, 792.
3 BayObLG v. 7.3.2001 – 3Z BR 68/01, NZG 2001, 792.
4 BayObLG v. 21.9.1994 – 3Z BR 177/94, ZIP 1994, 1767, 1768.
5 BayObLG v. 7.3.2001 – 3Z BR 68/01, NZG 2001, 792; LG Berlin v. 7.3.2003 – 102 T 137/02, VIZ 2003, 382, 384.
6 BGBl. I 2007, 2553.

ger zu befriedigen; zur Beendigung schwebender Geschäfte können sie auch neue Geschäfte eingehen. Die Liquidatoren vertreten innerhalb ihres Geschäftskreises die Gesellschaft gerichtlich und außergerichtlich.

Übersicht

	Rn.		Rn.
I. Rechtsstellung der Liquidatoren		b) Andere Ansprüche gegen die Gesellschafter	8
1. Geschäftsführungs- und Vertretungsbefugnis	1	c) Nachschüsse	9
2. Verantwortlichkeit		d) Beweislast	12
a) Haftung	2	e) Gleichmäßige Belastung der Gesellschafter?	13
b) Actio pro socio	3	3. Vermögensumsetzung in Geld	14
II. Aufgaben der Liquidatoren		4. Befriedigung der Gläubiger	
1. Beendigung der laufenden Geschäfte	4	a) Grundsätze	16
2. Einziehung von Forderungen	5	b) Gesellschafter als Gläubiger	17
a) Einlageforderungen	6	5. Weitere Aufgaben	18
		III. Vertretung durch die Liquidatoren	20

I. Rechtsstellung der Liquidatoren

1. Geschäftsführungs- und Vertretungsbefugnis

1 Die Liquidatoren fungieren als Geschäftsführungs- und Vertretungsorgane der aufgelösten Gesellschaft. Sie haben die Abwicklung zu betreiben. Unberührt bleibt die Zuständigkeit der Gesellschafter in Grundlagenangelegenheiten[1]. Zu diesen zählt auch eine andere Art der Auseinandersetzung i.S. von § 145 (siehe § 145 Rn. 5, 7 ff.). Allerdings wird den Liquidatoren eine Änderung des Gesellschaftssitzes zugestanden, wenn die Liquidation dies erforderlich macht[2]; doch müsste auch dies richtigerweise den Gesellschaftern vorbehalten bleiben[3]. Die Gesellschafter ihrerseits sind nicht befugt, die Geschäftsführung oder Vertretung der Gesellschaft wahrzunehmen[4]. Sie üben aber die Mitgliedschaftsrechte in der aufgelösten Gesellschaft aus.

2. Verantwortlichkeit

a) Haftung

2 Ein als Liquidator amtierender Gesellschafter haftet der Gesellschaft nach den gleichen Grundsätzen **wie ein geschäftsführender Gesellschafter** auf

---

1 *Ebenroth/Boujong/Joost/Strohn/Hillmann*, § 149 Rn. 2; MünchKommHGB/*K. Schmidt*, § 149 Rn. 5.
2 BGH v. 9.1.1969 – IX ZB 567/66, WM 1969, 293, 294.
3 Vgl. auch MünchKommHGB/*K. Schmidt*, § 149 Rn. 5; *Staub/Habersack*, § 149 Rn. 4.
4 *Staub/Habersack*, § 145 Rn. 14; *Ebenroth/Boujong/Joost/Strohn/Hillmann*, § 149 Rn. 2; MünchKommHGB/*K. Schmidt*, § 149 Rn. 6; abw. RGZ 91, 34, 36 zum Auftreten der Gesellschaftergesamtheit.

Schadensersatz (dazu § 114 Rn. 25 ff.)[1]. Ebenso wie der geschäftsführende Gesellschafter muss auch der Liquidator seine geschäftliche Tätigkeit am Wohle der Gesellschaft orientieren und den Interessen der Gesellschaft grundsätzlich Vorrang vor den eigenen einräumen[2]. Ist der Liquidator ein Nichtgesellschafter, so wird er nicht auf mitgliedschaftlicher, sondern auf der Grundlage eines Dienstvertrages tätig. Damit haftet er nach den dafür geltenden Rechtsregeln, hier dann ohne die Haftungserleichterung nach § 708 BGB[3]. Eine Außenhaftung besteht außerhalb von § 128 nicht, soweit nicht ein besonderer Verpflichtungstatbestand, etwa eine Eigenhaftung aus Verschulden bei Vertragsschluss (hierzu vgl. § 130a Rn. 32) oder Delikt eingreift. Zu beachten ist dabei allerdings, dass § 149 S. 1 kein Schutzgesetz zugunsten der Gesellschaftsgläubiger ist.

b) Actio pro socio

Die Gesellschafter können im Wege der actio pro socio (§ 105 Rn. 77 ff., die **auch in der aufgelösten Gesellschaft** ihre Bedeutung hat[4], die Liquidatoren zu einem rechtmäßigen Verhalten (etwa zur Beachtung der Kompetenzverteilung oder von Weisungen der Gesellschafter, § 152) anhalten[5]. Richtigerweise sollte eine Klage auch gegenüber einem zum Liquidator bestellten Nichtgesellschafter bejaht werden[6]; dies rechtfertigt sich auch aus der Erwägung, dass die Zulassung von Nichtgesellschaftern zum Liquidatorenamt nicht als Aufgabe des Grundsatzes der Selbstorganschaft zu verstehen ist (zur Klage gegen eine außenstehende Organperson in der GmbH & Co. KG vgl. auch § 161 Rn. 79). Die Frage der Zweckmäßigkeit bestimmter Liquidationsmaßnahmen unterliegt dagegen der alleinigen Entscheidung der Liquidatoren.

3

II. Aufgaben der Liquidatoren

1. Beendigung der laufenden Geschäfte

Die Liquidatoren haben die noch nicht beendigten Geschäftsbeziehungen der Gesellschaft abzuwickeln. Insbesondere Dauerrechtsverhältnisse sind zu beenden; dabei sind zumutbare vorzeitige Lösungsmöglichkeiten wahrzunehmen[7]. Da eine abrupte Einstellung der Unternehmenstätigkeit meist

4

---

1 *Ebenroth/Boujong/Joost/Strohn/Hillmann*, § 149 Rn. 2; MünchKommHGB/*K. Schmidt*, § 149 Rn. 5.
2 OLG Düsseldorf v. 3.12.1999 – 17 U 173/97, NZG 2000, 475, 476; siehe auch *Ebenroth/Boujong/Joost/Strohn/Hillmann*, § 149 Rn. 3.
3 *Ebenroth/Boujong/Joost/Strohn/Hillmann*, § 149 Rn. 3.
4 BGH v. 17.6.1953 – II ZR 205/52, BGHZ 10, 91, 101; BGH v. 30.11.1959 – II ZR 145/58, WM 1960, 47, 48; RGZ 158, 302, 304; OLG Düsseldorf v. 3.12.1999 – 17 U 173/97, NZG 2000, 475.
5 Vgl. MünchKommHGB/*K. Schmidt*, § 149 Rn. 7 sowie § 146 Rn. 55; Staub/*Habersack*, § 150 Rn. 5; Heymann/Sonnenschein/Weitemeyer, § 150 Rn. 2.
6 MünchKommHGB/*K. Schmidt*, § 150 Rn. 5, 7.
7 MünchKommHGB/*K. Schmidt*, § 149 Rn. 10; *Ebenroth/Boujong/Joost/Strohn/Hillmann*, § 149 Rn. 6; Staub/*Habersack*, § 149 Rn. 13 f.

ausscheidet, kann das Unternehmen nach pflichtgemäßem Ermessen zeitweilig weitergeführt werden[1], nicht jedoch außerhalb des Liquidationszwecks als werbende Gesellschaft. Zur Beendigung schwebender Geschäfte dürfen neue Geschäfte eingegangen werden; hier ist im Interesse einer sachgerechten Verfolgung des Liquidationszwecks ein weites Verständnis der in Betracht kommenden Möglichkeiten anerkannt[2].

2. Einziehung von Forderungen

5   Einzuziehen sind nicht nur Forderungen gegen Dritte, wobei nicht fällige Ansprüche nach Möglichkeit fällig zu stellen sind, sondern auch solche gegen die Gesellschafter:

a) Einlageforderungen

6   Einlagen der Gesellschafter werden allerdings nur noch geschuldet, soweit sie **für die Abwicklung erforderlich** sind[3]. Die Erforderlichkeit bestimmt sich danach, ob die Beträge für die Tätigkeit der Liquidationsgesellschaft oder zur Gläubigerbefriedigung benötigt werden[4], nicht aber für Zwecke von Ausgleichszahlungen unter den Gesellschaftern[5], es sei denn, die Liquidatoren sind hierzu besonders beauftragt[6].

7   Nach den gleichen Regeln wie für Bareinlagen sind **Sacheinlagen, Nutzungsüberlassungen** und andere **einlagengleiche Finanzierungsbeiträge** (etwa „gesplittete" Pflichteinlagen, vgl. § 161 Rn. 141 ff.; Ansprüche aus kapitalersetzenden Gesellschafterkrediten, dazu §§ 39, 44a, 135 InsO; stille Einlagen mit Haftkapitalcharakter, vgl. § 236 Rn. 13 ff.) zu behandeln.

b) Andere Ansprüche gegen die Gesellschafter

8   Auch sonstige Ansprüche gegen die Gesellschafter, so **Schadensersatzansprüche**[7] oder Ansprüche auf Erstattung **unberechtiger Entnahmen oder Gewinne**[8] sind von den Liquidatoren unter entsprechenden Voraussetzun-

---

1 RGZ 72, 236, 240 (zur Genossenschaft); *Ebenroth/Boujong/Joost/Strohn/Hillmann*, § 149 Rn. 5; MünchKommHGB/*K. Schmidt*, § 149 Rn. 8 f.; *Staub/Habersack*, § 149 Rn. 14.
2 RGZ 72, 236, 240; BGH v. 26.1.1959 – II ZR 174/57, WM 1959, 323, 324. Zu Beispielen für zulässige Neugeschäfte vgl. RGZ 44, 80, 84; 146, 376, 378 f.; RG LZ 1919, 376, 377; OLG Frankfurt v. 19.11.1979 – 20 W 708/79, OLGZ 1980, 95, 99.
3 BGH v. 3.2.1977 – II ZR 201/75, WM 1977, 617, 618; BGH v. 3.7.1978 – II ZR 54/77, WM 1978, 898.
4 Siehe die zuvor genannte Rspr., ferner BGH v. 5.11.1979 – II ZR 145/78, ZIP 1980, 192, 193.
5 BGH v. 21.11.1983 – II ZR 19/83, ZIP 1984, 49, 54; abw. MünchKommHGB/*K. Schmidt*, § 149 Rn. 22; *Staub/Habersack*, § 149 Rn. 23 f.
6 BGH v. 14.11.1977 – II ZR 183/75, NJW 1978, 424.
7 BGH v. 30.11.1959 – II ZR 145/58, WM 1960, 47, 48; vgl. auch OLG Hamm v. 5.3.2003 – 8 U 130/02, NZG 2003, 627 f.; *Ebenroth/Boujong/Joost/Strohn/Hillmann*, § 149 Rn. 14.
8 BGH v. 3.2.1977 – II ZR 201/75, WM 1977, 617, 618.

gen wie Einlageforderungen einzuziehen. Hierher gehören in der GmbH & Co. KG auch mögliche der KG zuzuordnende Erstattungsansprüche auf der Grundlage der **§§ 30, 31 GmbHG** (vgl. § 172 Rn. 63 ff.).

c) Nachschüsse

Es fragt sich, ob die Liquidatoren auch die nach § 735 BGB zu zahlenden Nachschüsse[1], die zur Tilgung der Gesellschaftsschulden oder zur Rückerstattung von Einlagen erforderlich sind, einzufordern haben. 9

Soweit es um die **Berichtigung von Gesellschaftsschulden** geht, wird nach neuerer, der Sache besser gerecht werdender Auffassung der Anspruch der Gesellschaft zugeordnet[2], während herkömmlicherweise nur von Ausgleichsansprüchen der Gesellschafter untereinander ausgegangen wird[3]. Hier hätten die Liquidatoren die benötigten Beträge entsprechend der Verlustbeteiligung der Gesellschafter einzufordern; für einen Kommanditisten gilt dabei § 167 Abs. 3. 10

Anders liegt es bei den Beträgen, die der **Rückerstattung von Einlagen** dienen sollen. Denn da in der Personenhandelsgesellschaft (anders als bei der GbR, vgl. § 733 Abs. 2 S. 1 BGB) eine Einlagenerstattung **nicht vorgesehen** ist, haben die Gesellschafter Fehlbeträge untereinander auszugleichen, ohne dass entsprechende Ansprüche im Verhältnis zur Gesellschaft bestehen[4]. Dementsprechend ist der Ausgleich auch nicht Aufgabe der Liquidatoren, es sei denn, diese sind entsprechend ermächtigt[5]. Nach anderer Ansicht[6] soll auch hier eine Zuständigkeit der Liquidatoren und ein Zahlungsanspruch der Gesellschaft gegeben sein. 11

d) Beweislast

Die Beweislast in der Frage, ob von den Gesellschaftern geschuldete Beträge noch für die Liquidation benötigt werden, hat der jeweils **in Anspruch genommene Gesellschafter**[7]. Doch haben die Liquidatoren die für die Befriedi- 12

---

1 Vgl. auch BGH v. 26.3.2007 – II ZR 22/06, DStR 2007, 1313, 314.
2 MünchKommHGB/*K. Schmidt*, § 149 Rn. 27; *K. Schmidt*, ZHR 153 (1989), 270, 296; *Staub/Habersack*, § 149 Rn. 31; a.A. Ebenroth/Boujong/Joost/Strohn/Hillmann, § 149 Rn. 15; Baumbach/Hopt, § 155 Rn. 3.
3 RG LZ 1914, 1030; *A. Hueck*, Das Recht der OHG, S. 509; auch Baumbach/Hopt, § 149 Rn. 3.
4 RG LZ 1914, 1030; BGH v. 14.4.1966 – II ZR 34/64, WM 1966, 706; *Heymann/Sonnenschein/Weitemeyer*, § 149 Rn. 7; *A. Hueck*, Das Recht der OHG, S. 520 ff.
5 RG LZ 1914, 1030; Ebenroth/Boujong/Joost/Strohn/Hillmann, § 149 Rn. 11, 15; *Heymann/Sonnenschein/Weitemeyer*, § 149 Rn. 7.
6 *K. Schmidt*, ZHR 153 (1989), 270, 296; sowie MünchKommHGB/*K. Schmidt*, § 149 Rn. 29; *Staub/Habersack*, § 149 Rn. 32.
7 BGH v. 3.7.1978 – II ZR 54/77, NJW 1978, 2154; *Staub/Habersack*, § 149 Rn. 22; Ebenroth/Boujong/Joost/Strohn/Hillmann, § 149 Rn. 16.

gung der Gläubiger bedeutsamen Verhältnisse der Gesellschaft im Rahmen des ihnen Möglichen darzulegen[1].

e) Gleichmäßige Belastung der Gesellschafter?

13 Die Liquidatoren sind nicht verpflichtet, die von ihnen benötigten Summen auf alle Gesellschafter im Verhältnis der von ihnen jeweils geschuldeten Beträge zu verteilen und anteilig einzuziehen. Sie können vielmehr nach pflichtgemäßem Ermessen entscheiden, in welchem Umfang sie gegen die einzelnen Gesellschafter vorgehen[2].

3. Vermögensumsetzung in Geld

14 Soweit nicht der Gesellschaftsvertrag oder ein Gesellschafterbeschluss eine bestimmte Form der Umsetzung vorgibt, werden die in Betracht kommenden Schritte zur Versilberung des Gesellschaftsvermögens **von den Liquidatoren bestimmt**. Diese haben dabei den vorteilhaftesten Weg, d.h. denjenigen mit einem möglichst hohen Erlös, zu wählen. Hier kommt eine Einzelveräußerung der zum Gesellschaftsvermögen gehörenden Gegenstände, aber auch eine Veräußerung des Unternehmens im ganzen[3] in Betracht. Eine Unternehmensveräußerung samt der Firma ist aber von der Zustimmung aller Gesellschafter (zu der diese allerdings verpflichtet sein können) abhängig[4]. Die Veräußerung kann grundsätzlich auch an einen der Gesellschafter geschehen. Auch eine Einbringung in eine andere Gesellschaft gegen Gewährung einer Beteiligung für die Gesellschaft, evtl. auch für die Gesellschafter, ist denkbar, doch wird dies grundsätzlich ebenfalls einer Zustimmung der Gesellschafter bedürfen[5].

15 Den Gesellschaftern sind die der Gesellschaft **zur Nutzung überlassenen Gegenstände** zurückzugeben (§ 732 BGB), nicht aber die zu Eigentum der Gesellschaft in diese eingebrachten. Ist ein Gegenstand „seinem Werte nach"[6] eingebracht, ist er zwar ebenfalls zurückzugeben, jedoch nur gegen Zahlung des Wertes an die Gesellschaft[7].

---

1 BGH v. 3.7.1978 – II ZR 54/77, WM 1978, 898, 899; BGH v. 5.11.1979 – II ZR 145/78, ZIP 1980, 192, 194.
2 BGH v. 5.11.1979 – II ZR 145/78, ZIP 1980, 192, 194.
3 RGZ 85, 397, 399; 158, 226, 228; *Staub/Habersack*, § 149 Rn. 35; MünchKommHGB/*K. Schmidt*, § 149 Rn. 36; *Ebenroth/Boujong/Joost/Strohn/Hillmann*, § 149 Rn. 18; siehe auch *Hillers*, Personengesellschaft und Liquidation, 1989, S. 66 ff.
4 RGZ 158, 226, 230; MünchKommHGB/*K. Schmidt*, § 149 Rn. 36; *Staub/Habersack*, § 149 Rn. 35; *Ebenroth/Boujong/Joost/Strohn/Hillmann*, § 149 Rn. 18.
5 MünchKommHGB/*K. Schmidt*, § 149 Rn. 38; *Staub/Habersack*, § 149 Rn. 36; *Ebenroth/Boujong/Joost/Strohn/Hillmann*, § 149 Rn. 18.
6 BGH v. 25.3.1965 – II ZR 148/62, WM 1965, 746, 747.
7 MünchKommHGB/*K. Schmidt*, § 149 Rn. 42; *Staub/Habersack*, § 149 Rn. 42.

4. Befriedigung der Gläubiger

a) Grundsätze

Die Liquidatoren haben die Gläubiger, deren Forderungen sie zu überprüfen haben, zu befriedigen. Diese Pflicht besteht allerdings nur im Innenverhältnis, nicht aber gegenüber den Gläubigern. Letztere können daher aus § 149 S. 1 keine Ansprüche gegen die Liquidatoren ableiten[1]. Insbesondere besteht keine Pflicht der Liquidatoren zur Gläubigergleichbehandlung. Erforderlichenfalls müssen die Liquidatoren Rechtsstreitigkeiten austragen; Vergleiche sind möglich (und vielfach sinnvoll)[2]. Wenn es die Umstände nahelegen, kann auch auf eine Verjährungseinrede verzichtet werden[3]. Die Erfüllung von Ansprüchen wird nicht dadurch gehindert, dass noch nicht alle Gläubiger bekannt sind[4]. Ergibt sich allerdings, dass das Liquidationsvermögen nicht für die Befriedigung aller Gläubiger ausreicht, muss im Falle des § 15a InsO Insolvenzantrag gestellt werden.

16

b) Gesellschafter als Gläubiger

Gesellschafter können ihre Forderungen grundsätzlich nur durch **Geltendmachung in der Auseinandersetzungsrechnung** verfolgen[5]. Das gilt – entgegen einer früheren Rechtsprechung[6] – nicht auch für Drittgläubigeransprüche. Diese unterliegen keiner Durchsetzungssperre[7]. Im Übrigen aber sind die (Gesellschafter-)Forderungen lediglich **Rechnungsposten** für die Bestimmung der Liquidationsanteile. Anders ist es nur, wenn bereits feststeht, dass der Gesellschafter in jedem Falle einen bestimmten Betrag aus dem Gesellschaftsvermögen verlangen kann (vgl. § 155 Rn. 9).

17

5. Weitere Aufgaben

Das Gesetz verpflichtet die Liquidatoren des Weiteren zur **Rechnungslegung** (§ 154), zur **Verteilung des Restvermögens** (§ 155) und zur **Anmeldung des Erlöschens** der Firma (§ 157). Vgl. jeweils die Erl. zu diesen Vorschriften.

18

Nicht vom Gesetz genannt, aber aus dem Gebot einer bestmöglichen Erhaltung und Verwertung des Gesellschaftsvermögens abzuleiten ist die Pflicht

19

---

1 *Staub/Habersack*, § 149 Rn. 37; *Ebenroth/Boujong/Joost/Strohn/Hillmann*, § 149 Rn. 20; MünchKommHGB/*K. Schmidt*, § 149 Rn. 40.
2 *Ebenroth/Boujong/Joost/Strohn/Hillmann*, § 149 Rn. 19; *Staub/Habersack*, § 149 Rn. 38.
3 RG LZ 1919, 376, 377.
4 MünchKommHGB/*K. Schmidt*, § 149 Rn. 42; *Staub/Habersack*, § 149 Rn. 39.
5 BGH v. 2.7.1962 – II ZR 204/60, BGHZ 37, 299, 304; auch BGH v. 15.1.1988 – V ZR 183/86, BGHZ 103, 72, 77; BGH v. 4.6.1984 – II ZR 230/83, ZIP 1984, 1084.
6 BGH v. 15.1.1988 – V ZR 183/86, BGHZ 103, 72, 76; BGH v. 10.11.1969 – II ZR 40/67, WM 1970, 280, 281; BGH v. 20.10.1977 – II ZR 92/76, WM 1978, 89, 90; BGH v. 1.12.1982 – VIII ZR 206/81, NJW 1983, 749.
7 BGH v. 3.4.2006 – II ZR 40/05, DStR 2006, 1238, 1239.

der Liquidatoren zur **sorgfältigen und gewissenhaften Verwaltung** der Vermögenssubstanz[1].

III. Vertretung durch die Liquidatoren

20 Die aufgelöste Gesellschaft wird nach § 149 S. 2 von den Liquidatoren vertreten. Die Vertretungsmacht ist nach ganz h.M. **auf den Liquidationszweck beschränkt**[2]. Allerdings gilt dafür ein weiter Maßstab[3]. Die Gesellschaft ist auch an hierdurch nicht gedeckte Geschäfte gebunden, wenn nicht der Geschäftspartner die Überschreitung des Liquidationszweckes erkennen konnte; dies wäre aber von der Gesellschaft darzutun und zu beweisen[4]. Die Gegenauffassung, die von einer unbeschränkten Vertretungsbefugnis ausgeht[5], kommt unter Heranziehung der Regeln zum Missbrauch der Vertretungsmacht (vgl. dazu § 126 Rn. 8 f.) aber zu den gleichen Ergebnissen.

21 Zur Einschränkung der Vertretungsbefugnis durch das Verbot des Selbstkontrahierens vgl. § 151 Rn. 5.

§ 150
Mehrere Liquidatoren

(1) Sind mehrere Liquidatoren vorhanden, so können sie die zur Liquidation gehörenden Handlungen nur in Gemeinschaft vornehmen, sofern nicht bestimmt ist, dass sie einzeln handeln können.

(2) Durch die Vorschrift des Absatzes 1 wird nicht ausgeschlossen, dass die Liquidatoren einzelne von ihnen zur Vornahme bestimmter Geschäfte oder bestimmter Arten von Geschäften ermächtigen. Ist der Gesellschaft gegenüber eine Willenserklärung abzugeben, so findet die Vorschrift des § 125 Abs. 2 Satz 3 entsprechende Anwendung.

I. Gemeinschaftliche Geschäftsführung

1 § 150 sieht abweichend von den Regelfällen der §§ 115 und 125 und vorbehaltlich einer anderweitigen Bestimmung vor, dass mehrere Liquidatoren sowohl bei der Geschäftsführung als auch bei der Vertretung der Gesellschaft nur gemeinsam handeln können. Die Abweichung erklärt sich aus der Lockerung der persönlichen Bindungen der Gesellschafter im Liquidationsstadium[6].

---

1 Vgl. MünchKommHGB/*K. Schmidt*, § 149 Rn. 15; *Staub/Habersack*, § 149 Rn. 17; im Erg. auch BGH v. 26.1.1959 – II ZR 174/57, WM 1959, 323, 324.
2 BGH v. 1.12.1983 – II ZR 149/82, ZIP 1984, 312, 315.
3 Vgl. z.B. RGZ 72, 119, 122; 146, 376, 378 f.; BGH v. 26.1.1959 – II ZR 174/57, WM 1959, 323, 324.
4 Siehe die zuvor genannte Rspr.
5 MünchKommHGB/*K. Schmidt*, § 149 Rn. 52; *Staub/Habersack*, § 149 Rn. 46.
6 Siehe auch *Ebenroth/Boujong/Joost/Strohn/Hillmann*, § 150 Rn. 1.

1. Zusammenwirken der Liquidatoren

a) Pflichtbindung

Das Erfordernis des gemeinsamen Handelns setzt voraus, dass alle Liquidatoren mit der jeweils anstehenden Geschäftsführungsmaßnahme einverstanden sein müssen. Dabei ist das Verhalten eines jeden Liquidators an ein **pflichtgemäßes Ermessen** gebunden[1]; hieraus kann sich eine Zustimmungspflicht ergeben (siehe dazu § 115 Rn. 10), deren Befolgung nötigenfalls durch Klage (auch gegenüber dem Drittliquidator) erzwungen werden kann, und zwar ggf. auch durch die Mitgesellschafter über die actio pro socio (§ 105 Rn. 77 ff.)[2]. Zweckmäßigkeitsfragen können allerdings nicht von dem Gericht entschieden werden; denn insoweit ist der Beurteilungsspielraum der Liquidatoren zu beachten[3]. Der pflichtwidrig einer Maßnahme widersprechende Liquidator macht sich der Gesellschaft gegenüber schadensersatzpflichtig[4].

b) Wegfall und Verhinderung von Liquidatoren

Aus dem Gesagten folgt, dass bei vorübergehendem Ausfall eines Liquidators die übrigen nicht allein zur Geschäftsführung befugt sind. Ob das auch dann gilt, wenn ein Liquidator ersatzlos wegfällt, ist umstritten. Teilweise wird auch hier die Ansicht vertreten, dass es nicht zu einer alleinigen Geschäftsführungsbefugnis der verbleibenden Liquidatoren kommt, sondern dass eine Ersatzbestellung (notfalls durch Gericht) erfolgen muss[5]. Richtiger Ansicht nach sind jedoch bei einem ersatzlosen Wegfall oder Ausscheiden des Liquidators die Verbleibenden geschäftsführungsbefugt[6].

c) Notgeschäftsführung

Auch wenn das Gesetz ein Handeln eines einzelnen Liquidators bei Gefahr im Verzuge (wie bei der Geschäftsführung, vgl. § 115 Abs. 2) an sich nicht vorsieht, ist bei einer sonst nicht abwendbaren Gefahr ein Notgeschäftsführungsrecht eines gesamtgeschäftsführungsberechtigten Liquidators anerkannt[7].

---

1 *Ebenroth/Boujong/Joost/Strohn/Hillmann*, § 150 Rn. 2; MünchKommHGB/*K. Schmidt*, § 150 Rn. 5.
2 MünchKommHGB/*K. Schmidt*, § 150 Rn. 5; *Staub/Habersack*, § 150 Rn. 5; *Ebenroth/Boujong/Joost/Strohn/Hillmann*, § 150 Rn. 3.
3 BGH v. 8.7.1985 – II ZR 4/85, NJW 1986, 844; BGH v. 24.1.1972 – II ZR 3/69, NJW 1972, 862, 863 f.
4 *Ebenroth/Boujong/Joost/Strohn/Hillmann*, § 150 Rn. 3; MünchKommHGB/*K. Schmidt*, § 150 Rn. 5; *Staub/Habersack*, § 150 Rn. 4.
5 *Staub/Habersack*, § 150 Rn. 6, 11 f.
6 MünchKommHGB/*K. Schmidt*, § 150 Rn. 4 m.w.N.; a.A. *Staub/Habersack*, § 150 Rn. 12.
7 MünchKommHGB/*K. Schmidt*, § 150 Rn. 9; *Staub/Habersack*, § 150 Rn. 6; *Ebenroth/Boujong/Joost/Strohn/Hillmann*, § 150 Rn. 4; *Heymann/Sonnenschein/Weitemeyer*, § 150 Rn. 3; *Baumbach/Hopt*, § 150 Rn. 1.

2. Abweichende Regelungen

5 Die Gesellschafter (aber auch das Gericht gemäß § 146 Abs. 2) können durch den Gesellschaftsvertrag oder durch Beschluss den Liquidatoren **Einzelgeschäftsführungsbefugnis** erteilen. Möglich sind aber auch **Kombinationen** einer Einzel- mit einer Gesamtgeschäftsführung, auch Mehrheitsentscheidungen der Liquidatoren (vgl. dazu § 115 Rn. 9)[1]. Wegen der Handlungsmöglichkeiten bei Einzelgeschäftsführung vgl. § 115 Rn. 1 ff.

II. Gemeinschaftliche Vertretung

1. Regelfall

a) Gesamtvertretung

6 Für die als Regelfall vorgesehene Gesamtvertretung aller Liquidatoren gilt das bei § 125 Rn. 9 Ausgeführte. Auch die Geltendmachung von Ansprüchen durch die Gesellschaft gegen einen Mitgesellschafter oder die Verfügung über solche Ansprüche können nur gemeinschaftlich erfolgen[2]. Die nach § 150 Abs. 2 S. 1 mögliche Einzelermächtigung entspricht dabei derjenigen in § 125 Abs. 2 S. [3]. Die Ermächtigung erfolgt durch formlose (auch stillschweigende) Erklärung gegenüber dem zu Ermächtigenden. Ebenso wie § 125 Abs. 2 S. 3 ist auch bei der Entgegennahme von Willenserklärungen eine Einzelvertretungsbefugnis vorhanden.

b) Wegfall und Verhinderung eines Liquidators

7 Für den Wegfall oder die Verhinderung eines Liquidators gelten entsprechende Regeln wie in der werbenden Gesellschaft (dazu § 125 Rn. 12)[4]. Insbesondere führt die Verhinderung eines zur gemeinschaftlichen Vertretung berufenen Gesellschafters oder das Erlöschen dessen Vertretungsmacht nicht dazu, dass dann alle übrigen Gesellschafter allein Vertretungsmacht haben[5]. Damit muss die Handlungsfähigkeit der Gesellschaft durch die Neubestellung von Liquidatoren (notfalls auch durch das Gericht[6]) wiederhergestellt werden.

2. Abweichende Regelungen

8 Wie bei der Geschäftsführung (Rn. 5) sind auch bei der Vertretung abweichende Gestaltungen zulässig. Neben einer **Einzelvertretung** sind auch

---

1 *Staub/Habersack*, § 150 Rn. 9; *Ebenroth/Boujong/Joost/Strohn/Hillmann*, § 150 Rn. 5.
2 RGZ 162, 370, 376 f.; OLG Hamm v. 5.3.2003 – 8 U 130/02, NZG 2003, 627.
3 OLG Hamm v. 5.3.2003 – 8 U 130/02, NZG 2003, 627.
4 Siehe in diesem Sinne auch *Staub/Habersack*, § 150 Rn. 11 f.; *Ebenroth/Boujong/Joost/Strohn/Hillmann*, § 150 Rn. 7; a.A. MünchKommHGB/*K. Schmidt*, § 150 Rn. 10.
5 OLG Hamm v. 5.3.2003 – 8 U 130/02, NZG 2003, 627.
6 OLG Hamm v. 5.3.2003 – 8 U 130/02, NZG 2003, 627, 628.

Kombinationsmöglichkeiten (§ 125 Rn. 8) denkbar. Ein Ausschluss eines Liquidators von der Vertretung kommt dagegen nicht in Betracht[1]; auch kann das Handeln eines Liquidators nicht von der Mitwirkung eines Prokuristen abhängig gemacht werden[2].

§ 151
Vertretungsmacht der Liquidatoren

Eine Beschränkung des Umfanges der Befugnisse der Liquidatoren ist Dritten gegenüber unwirksam.

I. Umfang der Vertretungsmacht

1. Allgemeines

Die Vorschrift entspricht dem § 126 Abs. 2 und dient wie diese dem Schutz des Rechtsverkehrs. Sie gestattet aber (anders als § 126 Abs. 3) keine Beschränkung der Vertretung auf einzelne Niederlassungen. 1

Zu beachten ist ferner, dass der Umgang der Vertretungsmacht der Liquidatoren sich (anders als die weiter reichende Vertretungsbefugnis in der werbenden Gesellschaft, § 126 Rn. 1) nur auf **Geschäfte innerhalb des Liquidationszwecks** bezieht (§ 149 Rn. 20)[3]. 2

Gegenüber Dritten kann die Vertretungsmacht der Liquidatoren **nicht eingeschränkt** werden; dagegen sind Beschränkungen mit Wirkung für das Innenverhältnis ebenso wie bei § 126 möglich, wie insbesondere aus § 152 hervorgeht. 3

2. Erweiterung der Vertretungsbefugnis

Es steht nichts im Wege, die auf den Liquidationszweck begrenzte Vertretungsbefugnis auf **zusätzliche Aufgaben** zu erweitern[4]. Nach der Gegenansicht, die von einer unbeschränkten Vertretungsmacht ausgeht, handelt es sich dann nicht um eine Erweiterung, sondern nur um eine Klarstellung[5]. 4

---

1 MünchKommHGB/*K. Schmidt*, § 150 Rn. 13; *Ebenroth/Boujong/Joost/Strohn/Hillmann*, § 150 Rn. 8.
2 MünchKommHGB/*K. Schmidt*, § 150 Rn. 13; *Ebenroth/Boujong/Joost/Strohn/Hillmann*, § 150 Rn. 8; siehe aber auch *Staub/Habersack*, § 150 Rn. 13; *A. Hueck*, Das Recht der OHG, S. 500.
3 *Ebenroth/Boujong/Joost/Strohn/Hillmann*, § 151 Rn. 2; a.A. MünchKommHGB/*K. Schmidt*, § 151 Rn. 1; *Staub/Habersack*, § 151 Rn. 6.
4 KG JFG 4, 276, 280; *Ebenroth/Boujong/Joost/Strohn/Hillmann*, § 151 Rn. 2; *Baumbach/Hopt*, § 149 Rn. 7 und § 151 Rn. 1; *Heymann/Sonnenschein/Weitemeyer*, § 151 Rn. 3.
5 MünchKommHGB/*K. Schmidt*, § 151 Rn. 4 und § 149 Rn. 53; siehe auch *Staub/Habersack*, § 151 Rn. 7.

3. Selbstkontrahierungsverbot

5 Verhindert an der Ausübung der Vertretungsbefugnis ist ein Liquidator in den Fällen des § 181 BGB. Zur Möglichkeit einer Befreiung vgl. § 126 Rn. 2. Ob die Befreiung eines vertretungsberechtigten Gesellschafters auch für seine Tätigkeit als Liquidator fort gilt[1], ist eine Frage der konkreten Umstände. Zur Vertretungsbefugnis in der Gesellschaft bei Wegfall eines gesamtvertretungsberechtigten Liquidators aufgrund von § 181 BGB vgl. § 125 Rn. 12.

II. Missbrauch der Vertretungsmacht

6 Macht ein Liquidator von seiner Vertretungsmacht Gebrauch, obwohl er intern Beschränkungen (vgl. Rn. 3) unterliegt, so wurde bisher angenommen, dass ein sich im Rahmen des Liquidationszwecks haltendes Geschäft gleichwohl stets i.S. der §§ 149, 151 wirksam sei; eine interne Beschränkung bleibe Dritten gegenüber auch bei deren Kenntnis hiervon ohne Wirkungen[2]; nur in Kollusionsfällen sei es anders. Doch kann das nicht überzeugen; vielmehr müssen auch hier wie bei § 126 die Grundsätze über den Missbrauch der Vertretungsmacht zum Zuge kommen[3]. Insbesondere lässt sich nicht aus § 151 herleiten, dass ein Missbrauchsverhalten einem nicht schutzwürdigen Dritten nicht entgegengehalten werden könne.

§ 152
Weisungsgebundenheit

Gegenüber den nach § 146 Abs. 2 und 3 Beteiligten haben die Liquidatoren, auch wenn sie vom Gerichte bestellt sind, den Anordnungen Folge zu leisten, welche die Beteiligten in betreff der Geschäftsführung einstimmig beschließen.

1. Weisungsrecht der Gesellschafter

1 Da die Gesellschafter (einschließlich der nach § 146 Abs. 2, 3 hinzutretenden Beteiligten) Herren des Abwicklungsverfahrens sind, unterwirft das Gesetz die Liquidatoren den von den Gesellschaftern erteilten Weisungen bei der Führung der Geschäfte. Es versteht sich, dass die Liquidatoren nur an rechtswirksam zustande gekommene Weisungen gebunden sind[4].

---

[1] Vgl. dazu OLG Düsseldorf v. 9.12.1988 – 16 U 52/88, NJW-RR 1990, 51.
[2] Siehe etwa RGZ 9, 148 f.; GroßKommHGB/*Schilling*, § 151 Rn. 5.
[3] So zutr. *Ebenroth/Boujong/Joost/Strohn/Hillmann*, § 151 Rn. 3; *Staub/Habersack*, § 151 Rn. 8 f.; MünchKommHGB/*K. Schmidt*, § 151 Rn. 5 (allerdings vom Standpunkt einer unbeschränkten Vertretungsmacht ausgehend); *Heymann/Sonnenschein/Weitemeyer*, § 151 Rn. 2; vgl. auch RGZ 7, 119, 120; BGH v. 26.1.1959 – II ZR 174/57, WM 1959, 323, 324.
[4] BGH v. 26.1.1959 – II ZR 174/57, WM 1959, 323, 324; *Ebenroth/Boujong/Joost/ Strohn/Hillmann*, § 152 Rn. 1.

2. Beschlussfassung

Die Weisung setzt einen **einstimmigen Beschluss** voraus, an dem die in § 146 Abs. 2, 3 genannten Beteiligten mitwirken. Die Weisung bezieht sich auf Angelegenheiten der Geschäftsführung, nicht der Vertretung, lässt also die Vertretungsmacht unberührt. Wohl aber kann sich die Weisung auf die Ausübung der Vertretungsmacht beziehen[1]. Auch die Vornahme von Nichtliquidationsgeschäften kann (mit Bindungswirkung sowohl für Gesellschafter- als auch Nichtgesellschafterliquidatoren) beschlossen werden[2].

2

3. Abweichende Regelungen

Die Vorschrift ist **nicht zwingend**[3]. Der Gesellschaftsvertrag kann innerhalb des Bestimmtheitsgrundsatzes (§ 119 Rn. 17 ff.) eine Mehrheitsentscheidung genügen lassen, die dann auch einen Privatgläubiger oder einen Insolvenzverwalter über das Vermögen eines Gesellschafters binden würde, es sei denn, der Beschluss richtet sich einseitig gegen die Gläubigerinteressen[4]. Auch kann die Entscheidung anderen Institutionen, so einem Beirat, übertragen sein (allg. Meinung). Umgekehrt kommt ggf. auch ein Verzicht auf ein Weisungsrecht in Betracht[5].

3

§ 153
Unterschrift der Liquidatoren

Die Liquidatoren haben ihre Unterschrift in der Weise abzugeben, dass sie der bisherigen, als Liquidationsfirma zu bezeichnenden Firma ihren Namen beifügen.

1. Zeichnung durch die Liquidatoren

§ 153 befasst sich (anders als § 148 Abs. 3) mit der Zeichnung durch die Liquidatoren beim **Handeln** für die Liquidationsgesellschaft **im schriftlichen Geschäftsverkehr**. Sinn und Zweck der Vorschrift ist es, den Geschäftsverkehr auf die Risiken hinzuweisen, die mit einem geschäftlichen Kontakt mit einer Liquidationsgesellschaft verbunden sind[6]. Vorgeschrieben ist ein **Zusatz zur Firma**, der sie als in Liquidation befindlich bezeichnet, der aber

1

---

1 *Staub/Habersack*, § 152 Rn. 7; *Ebenroth/Boujong/Joost/Strohn/Hillmann*, § 152 Rn. 3.
2 MünchKommHGB/*K. Schmidt*, § 152 Rn. 9; *Ebenroth/Boujong/Joost/Strohn/Hillmann*, § 152 Rn. 4; *Staub/Habersack*, § 152 Rn. 8; auch *A. Hueck*, Das Recht der OHG, S. 503; anders *Staub/Habersack*, § 152 Rn. 8.
3 BGH v. 13.7.1967 – II ZR 72/67, BGHZ 48, 251, 255.
4 So zu Recht MünchKommHGB/*K. Schmidt*, § 152 Rn. 14.
5 MünchKommHGB/*K. Schmidt*, § 152 Rn. 14; *Ebenroth/Boujong/Joost/Strohn/Hillmann*, § 152 Rn. 7; abw. *Staub/Habersack*, § 152 Rn. 4.
6 *Staub/Habersack*, § 153 Rn. 1.

nicht Firmenbestandteil wird[1]. Ausreichend und üblich sind Abkürzungen wie „in Liqu." oder auch „i.L.". Der Zusatz ist auch erforderlich, wenn – was zulässig ist[2] – die Firma während der Liquidation geändert wird.

2 Zeichnet der Liquidator für die Gesellschaft **ohne den gebotenen Zusatz**, berührt das die Wirksamkeit der abgegebenen Erklärung nicht[3], doch können sich Haftungsfolgen ergeben, wenn der Erklärungsempfänger darüber getäuscht wird, dass er es mit einem Unternehmen in der Liquidation zu tun hat. Ansprüche ergeben sich insoweit insbesondere aus Delikt; denn § 153 ist – ebenso wie § 68 Abs. 2 GmbHG –[4] ein Schutzgesetz i.S. des § 823 Abs. 2 BGB[5]. Ggf. kann auch eine Schadensersatzhaftung des Liquidators gegenüber der Gesellschaft entstehen.

2. Gesellschaften ohne natürliche Personen als Vollhafter

3 In Gesellschaften, denen keine natürlichen Personen als unbeschränkt haftende Gesellschafter angehören, so insbesondere in der GmbH & Co. KG, gilt § 19 Abs. 2 weiter; auch die §§ 125a, 177a sind hinsichtlich der vorgeschriebenen Angaben in Geschäftsbriefen zu beachten. Wird für eine an der Gesellschaft beteiligte und aufgelöste GmbH gehandelt, ist § 68 GmbHG maßgebend. Sind beide Gesellschaften aufgelöst, geht es – soweit die GmbH nicht Liquidatorin ist – nur um § 153, andernfalls sind die §§ 68 GmbHG, 153 nebeneinander zu beachten.

§ 154
Liquidationsbilanzen

Die Liquidatoren haben bei dem Beginne sowie bei der Beendigung der Liquidation eine Bilanz aufzustellen.

Übersicht

	Rn.		Rn.
I. Rechnungslegung in der Liquidation		a) Herkömmliche Auffassung	1a
		b) Gegenansicht: Jahresabschlüsse in der Liquidation	5
1. Bedeutung des § 154	1	c) Stellungnahme	9

---

1 MünchKommHGB/*K. Schmidt*, § 153 Rn. 7; *Staub/Habersack*, § 153 Rn. 3; *Ebenroth/Boujong/Joost/Strohn/Hillmann*, § 153 Rn. 2.
2 *Staub/Habersack*, § 153 Rn. 3; MünchKommHGB/*K. Schmidt*, § 153 Rn. 8.
3 *Ebenroth/Boujong/Joost/Strohn/Hillmann*, § 153 Rn. 3.; MünchKommHGB/*K. Schmidt*, § 153 Rn. 5.
4 OLG Frankfurt v. 18.3.1998 – 13 U 280/96, DStR 1998, 904; OLG Frankfurt v. 18.9.1991 – 21 U 10/90, NJW 1991, 3286, 3287; OLG Stuttgart v. 28.2.1986 – 2 U 148/85, NJW-RR 1986, 836; *Baumbach/Hueck/Schulze-Osterloh*, § 68 GmbHG Rn. 13; a.A. *Lutter/Hommelhoff/Kleindiek*, § 68 GmbHG Rn. 6.
5 *Staub/Habersack*, § 153 Rn. 8; *Ebenroth/Boujong/Joost/Strohn/Hillmann*, § 153 Rn. 3; *Baumbach/Hopt*, § 153 Rn. 1.

	Rn.		Rn.
2. Gegenstand der Liquidationsrechnungen	10	II. Steuerbilanzen	13
3. Bilanzaufstellung in der Liquidation	11	III. Buchführung	14

Schrifttum: *Förster/Döring*, Die Liquidationsbilanz, 4. Aufl. 2005; *Förster/Grönwoldt*, Das Bilanzrichtlinien-Gesetz und die Liquidationsbilanz, BB 1987, 577; *Kunz/Mundt*, Rechnungslegungspflichten in der Insolvenz, DStR 1997, 620, 624; *Scherrer/Heni*, Liquidations-Rechnungslegung, 2. Aufl. 1996; *K. Schmidt*, Liquidationsbilanzen und Konkursbilanzen, 1989; *K. Schmidt*, Die Handels-Personengesellschaft in Liquidation, ZHR 153 (1989), 270; *K. Schmidt*, Liquidationsergebnisse und Liquidationsrechnungslegung im Handels- und Steuerrecht, in: Festschrift L. Schmidt, 1993, S. 227.

I. Rechnungslegung in der Liquidation

1. Bedeutung des § 154

Welche Bedeutung § 154 insbesondere im Verhältnis zu den Rechnungslegungsvorschriften in §§ 242 ff. zukommt, ist umstritten. In der Literatur stehen sich insoweit eine „herkömmliche" und eine „neuere Lehre" gegenüber[1]. 1

a) Herkömmliche Auffassung

Nach herkömmlichem Verständnis **löst § 154** mit der Auflösung der Gesellschaft **die Geltung der allgemeinen Rechnungslegung nach den §§ 242 ff. ab**[2]. Nur in besonderen Fällen, etwa bei besonderem Umfang der Abwicklungstätigkeit, soll noch Raum für eine Jahresrechnungslegung sein, jedoch lediglich auf zivilrechtlicher (nicht: öffentlich-rechtlicher) Grundlage[3]. 1a

Im Einzelnen ist danach bei Eintritt der Auflösung eine **Schlussbilanz der werbenden Gesellschaft** aufzustellen, und zwar im Falle der Auflösung während des Geschäftsjahres für das in Betracht kommende Rumpfgeschäftsjahr[4]. Diese wäre zwar noch als Erfolgsbilanz aufzumachen[5]; doch dürften dabei, da bereits die Notwendigkeit einer Liquidation feststeht, Veräuße- 2

---

1 Siehe zum Meinungsstand MünchKommHGB/*K. Schmidt*, § 154 Rn. 3 ff.; Ebenroth/Boujong/Joost/Strohn/Hillmann, § 154 Rn. 1 ff.
2 GroßKommHGB/*Schilling*, § 154 Rn. 7; Baumbach/Hopt, § 154 Rn. 4; *A. Hueck*, Das Recht der OHG, S. 510; *Förster/Döring*, Die Liquidationsbilanz, 2. Teil Rn. 2, vgl. dort aber auch Rn. 47, 124 ff.
3 GroßKommHGB/*Schilling*, Rn. 7; Baumbach/Hopt, Rn. 4; BGH v. 5.11.1979 – II ZR 145/78, WM 1980, 332, 333; OLG Celle v. 11.5.1983 – 9 U 160/82, ZIP 1983, 943, 944.
4 Siehe z.B. GroßKommHGB/*Schilling*, Rn. 6, 7.
5 Vgl. z.B. *A. Hueck*, Das Recht der OHG, S. 511.

rungswerte anzusetzen sein[1]. Für weitere Jahresabschlüsse während der Dauer der Liquidation ist grundsätzlich kein Raum mehr[2].

3 Gemäß § 154 ist weiterhin eine an die Stelle der Jahresrechnungslegung tretende **Liquidationseröffnungsbilanz** zu erstellen[3], die aber eine Vermögensbilanz ist und daher alle Vermögenspositionen mit ihrem wirklichen (Veräußerungs-)Wert zu erfassen hat[4]. Sie soll den Gang der Liquidation vorwegnehmend darstellen[5].

4 Abgesehen davon, ob im Laufe des Liquidationsverfahrens Anlass zu Zwischenbilanzen besteht, wird zum Abschluss der Liquidation, sobald feststeht, welches Restvermögen zu verteilen ist, die in § 154 vorgesehene **Liquidationsschlussbilanz** aufgestellt, bei der es sich ebenfalls um eine Vermögensbilanz handelt.

b) Gegenansicht: Jahresabschlüsse in der Liquidation

5 Von anderer Seite[6] wird eine grundsätzlich andere Sicht vertreten, da zwischen der von § 154 gemeinten **internen Rechnungslegung der Liquidatoren** und der allgemeinen (externen) Rechnungslegung der Gesellschaft zu unterscheiden sei. Die Letztere bleibe auch in der Liquidation notwendig[7].

6 Danach sind auch während der Liquidation **regelmäßig Jahresabschlüsse** i.S. der §§ 242 ff., also aufgrund einer entsprechenden öffentlich-rechtlichen Pflicht, von den Liquidatoren aufzustellen[8], während eine Schlussbilanz der werbenden Gesellschaft entbehrlich ist[9]. Da das Unternehmen nicht fortgeführt werden soll, sind dabei – wie bei der Bilanzierung einer aufgelösten Kapitalgesellschaft (§§ 270 Abs. 2 S. 2 AktG, 71 Abs. 2 S. 2 GmbHG) – allerdings jeweils Veräußerungswerte anzusetzen, und zwar mit der erforderli-

---

1 *Förster/Döring*, Die Liquidationsbilanz, 2. Teil Rn. 70.
2 GroßKommHGB/*Schilling*, § 154 Rn. 7.
3 *A. Hueck*, Das Recht der OHG, S. 512.
4 RGZ 80, 104, 107; GroßKommHGB/*Schilling*, § 154 Rn. 4; *Förster/Döring*, Die Liquidationsbilanz, 2. Teil Rn. 125.
5 *Förster/Döring*, Die Liquidationsbilanz, 3. Teil Rn. 9 ff.
6 Namentlich MünchKommHGB/*K. Schmidt*, § 154 Rn. 8 ff.; siehe nun aber auch *Förster/Döring*, Die Liquidationsbilanz, 2. Teil Rn. 69 ff., 163 f.; Staub/*Habersack*, § 154 Rn. 8 ff.; Ebenroth/Boujong/Joost/Strohn/Hillmann, § 154 Rn. 5; *Scherrer/Heni*, Liquidations-Rechnungslegung, S. 4 ff., 148 f., 209 ff.; MünchHdbGesR I/*Butzer/Knof*, § 84 Rn. 63.
7 MünchKommHGB/*K. Schmidt*, § 154 Rn. 8, 14, 15; Staub/*Habersack*, § 154 Rn. 9, 13; Ebenroth/Boujong/Joost/Strohn/Hillmann, § 154 Rn. 6; vgl. auch Heymann/Sonnenschein/Weitemeyer, § 154 Rn. 1.
8 MünchKommHGB/*K. Schmidt*, § 154 Rn. 8, 15; Staub/*Habersack*, § 154 Rn. 17, 20; Ebenroth/Boujong/Joost/Strohn/Hillmann, § 154 Rn. 6.
9 MünchKommHGB/*K. Schmidt*, § 154 Rn. 10, 18; Ebenroth/Boujong/Joost/Strohn/Hillmann, § 154 Rn. 7; anders Staub/*Habersack*, § 154 Rn. 18; *Scherrer/Heni*, Liquidations-Rechnungslegung, S. 166 ff., die eine Schlussbilanz für ein Rumpfgeschäftsjahr bei Auflösung im Laufe des Geschäftsjahres für erforderlich halten.

chen Differenzierung, ob das Unternehmen als ganzes veräußert werden soll oder ob es zu seiner Zerschlagung kommen soll[1].

Eine **Liquidationseröffnungsbilanz** ist lediglich als Bestandteil der **internen Rechnungslegung** gegenüber der Gesellschaft erforderlich, für die ebenfalls Veräußerungswerte anzusetzen sind[2]. 7

Eine **Liquidationsschlussbilanz** ist mit Abschluss der Abwicklung als Bestandteil der allgemeinen Rechnungslegung erforderlich. Von ihr ist die in § 154 gemeinte **Rechnungslegung der Liquidatoren** gegenüber der Gesellschaft zu unterscheiden; u.U. kann aber beides in einem Rechenwerk zusammengefasst werden[3]. 8

c) Stellungnahme

Berücksichtigt man, dass § 154 der Sache nach nur die gesellschaftsinterne Rechnungslegung durch die Liquidatoren gegenüber der Gesellschaft bzw. den Beteiligten betrifft, während die Rechnungslegung der Gesellschaft nach den §§ 242 ff. anderen Zwecken dient, lässt sich der Auffassung, die letzteren Vorschriften würden durch § 154 als Sonderregelung verdrängt, nicht folgen. Auch wenn es für das Personengesellschaftsrecht an Vorschriften wie § 270 AktG und § 71 GmbHG fehlt, die auch während der Liquidation Jahresabschlüsse ausdrücklich vorschreiben, wird daher auch hier von der **Notwendigkeit von Jahresabschlüssen** während des Liquidationsverfahrens auszugehen sein[4]. Speziell für die Fälle der GmbH & Co. KG ist zudem zu beachten, dass sie durch § 264a (i.d.F. des KapCoRiLiG, vgl. § 161 Rn. 69) jetzt den strengeren Bilanzierungsregeln für Kapitalgesellschaften unterworfen sind; dies spricht ggf. dafür, dass dies auch in der Liquidation der Gesellschaft zu gelten hätte. Damit sprechen die besseren Gründe für eine Revision der herkömmlichen Sichtweise. 9

2. Gegenstand der Liquidationsrechnungen

Die von den Liquidatoren nach § 154 aufzustellenden Rechnungen dienen der **Ermittlung des Liquidationsergebnisses**[5]. Dabei soll die Eröffnungsrechnung dieses Ergebnis und den Gang der Liquidation vorausschauend vorwegnehmen[6]. Die sich im Vergleich der Eröffnungsrechnung mit der letzten Jahresbilanz (oder Rumpfjahresbilanz) vor der Auflösung ergebenden Gewinne oder Verluste haben dabei nur buchtechnische Bedeutung; sie beruhen auf 10

---

1 MünchKommHGB/K. *Schmidt*, § 154 Rn. 20; *Staub/Habersack*, § 154 Rn. 19 ff.; *Ebenroth/Boujong/Joost/Strohn/Hillmann*, § 154 Rn. 12.
2 MünchKommHGB/K. *Schmidt*, § 154 Rn. 11, 16; *Ebenroth/Boujong/Joost/Strohn/ Hillmann*, § 154 Rn. 8; siehe auch *Staub/Habersack*, § 154 Rn. 11, 14 f.
3 MünchKommHGB/K. *Schmidt*, § 154 Rn. 12, 22, 29; *Staub/Habersack*, § 154 Rn. 16, 25; *Ebenroth/Boujong/Joost/Strohn/Hillmann*, § 154 Rn. 10.
4 Vgl. dazu MünchKommHGB/K. *Schmidt*, § 154 Rn. 14.
5 *Ebenroth/Boujong/Joost/Strohn/Hillmann*, § 154 Rn. 13.
6 *Staub/Habersack*, § 154 Rn. 15; MünchKommHGB/K. *Schmidt*, § 154 Rn. 25; *Ebenroth/Boujong/Joost/Strohn/Hillmann*, § 154 Rn. 14.

der unterschiedlichen Bilanzierung[1]. Da die Eröffnungsrechnung eine Vermögensaufstellung ist, hat eine Neubewertung zum Bilanzstichtag des Zeitpunkts der Auflösung der Gesellschaft zu erfolgen[2]. Dabei sind die Vermögenswerte jeweils – abhängig von der voraussichtlichen Verwertungsweise – mit ihrem jeweiligen Veräußerungswert zugrunde zu legen; stille Reserven (auch stille Verluste) sind aufzulösen. Darüber hinaus sind auch alle sonstigen (in der werbenden Gesellschaft nicht bilanzierbaren) werthaltigen Vermögenspositionen aufzunehmen. Eine Gewinn- oder Verlustverteilung findet nicht mehr statt. Das Liquidationsergebnis wird aus dem Vergleich mit der letzten Bilanz vor der Auflösung erkennbar[3]. Die **Liquidationsschlussrechnung** ist ebenfalls eine Vermögensbilanz[4] und gibt gegenüber der Eröffnungsrechnung dann lediglich noch den Verlauf und den wirtschaftlichen Erfolg des Liquidationsverfahrens und die daraus etwa folgenden Ergebnismodifikationen wieder[5]. Mitgesellschafter sind bei einer Klage auf Zustimmung zur Liquidationsschlussbilanz keine notwendigen Streitgenossen i.S. des § 62 Abs. 1 ZPO[6]. Das Klageziel (Zustimmung) ist im Wege einer Feststellungsklage zu verfolgen[7].

3. Bilanzaufstellung in der Liquidation

11 Die **Liquidationsrechnungen** nach § 154 sind **von den Liquidatoren aufzustellen**. Gleiches gilt, da die Liquidatoren das dafür zuständige Geschäftsführungsorgan bilden, für die daneben zu erstellenden (Rn. 6, 9) **Jahresabschlüsse** und die gesellschaftsinterne Schlussbilanz (Rn. 8). Die Abschlüsse bedürfen (anders als die Rechnungslegung nach § 154) der Feststellung durch alle Gesellschafter und sonstigen Beteiligten i.S. von § 146 Abs. 2, 3 (vgl. dazu § 120 Rn. 7).

12 Von der Erstellung der Liquidationseröffnungsrechnung können die Beteiligten die Liquidatoren im allseitigen Einvernehmen freistellen[8].

---

1 MünchKommHGB/*K. Schmidt*, § 154 Rn. 25; *Staub/Habersack*, § 154 Rn. 27; *Ebenroth/Boujong/Joost/Strohn/Hillmann*, § 154 Rn. 15; *A. Hueck*, Das Recht der OHG, S. 512.
2 *Staub/Habersack*, § 154 Rn. 14; *Ebenroth/Boujong/Joost/Strohn/Hillmann*, § 154 Rn. 14.
3 Dazu MünchKommHGB/*K. Schmidt*, § 154 Rn. 26; *Staub/Habersack*, § 154 Rn. 27; *A. Hueck*, Das Recht der OHG, S. 512.
4 *Staub/Habersack*, § 154 Rn. 16; *Ebenroth/Boujong/Joost/Strohn/Hillmann*, § 154 Rn. 17.
5 MünchKommHGB/*K. Schmidt*, § 154 Rn. 29; *Ebenroth/Boujong/Joost/Strohn/Hillmann*, § 154 Rn. 17.
6 OLG München v. 30.3.2001 – 23 U 5757/00, NZG 2001, 959, 960.
7 OLG München v. 30.3.2001 – 23 U 5757/00, NZG 2001, 959, 960.
8 MünchKommHGB/*K. Schmidt*, § 154 Rn. 27; *Staub/Habersack*, § 154 Rn. 6; *Ebenroth/Boujong/Joost/Strohn/Hillmann*, § 154 Rn. 16.

II. Steuerbilanzen

Die steuerrechtlichen Bilanzierungspflichten bestehen auch während der Liquidation fort[1]. 13

III. Buchführung

Die Buchführungspflicht (§ 238) wird von der Auflösung der Gesellschaft ebenfalls nicht berührt. Sie trifft die Liquidatoren aufgrund ihrer Stellung als Geschäftsführungsorgan[2]. 14

§ 155
Verteilung des Gesellschaftsvermögens

(1) Das nach Berichtigung der Schulden verbleibende Vermögen der Gesellschaft ist von den Liquidatoren nach dem Verhältnis der Kapitalanteile, wie sie sich auf Grund der Schlussbilanz ergeben, unter die Gesellschafter zu verteilen.

(2) Das während der Liquidation entbehrliche Geld wird vorläufig verteilt. Zur Deckung noch nicht fälliger oder streitiger Verbindlichkeiten sowie zur Sicherung der den Gesellschaftern bei der Schlussverteilung zukommenden Beträge ist das Erforderliche zurückzubehalten. Die Vorschriften des § 122 Abs. 1 finden während der Liquidation keine Anwendung.

(3) Entsteht über die Verteilung des Gesellschaftsvermögens Streit unter den Gesellschaftern, so haben die Liquidatoren die Verteilung bis zur Entscheidung des Streits auszusetzen.

Übersicht

	Rn.		Rn.
I. Allgemeines	1	2. Verteilungsschlüssel	8
II. Vorläufige Verteilung (§ 155 Abs. 2)		3. Gesamtabrechnung a) Einzelansprüche als Rechnungsposten	9
1. Gegenstand der Verteilung	2	b) Einzubeziehende Ansprüche	10
2. Verteilungsschlüssel	3	4. Fehlendes Restvermögen	11
3. Zuvielzahlungen	4	5. Vollbeendigung der Gesellschaft nach der Liquidation	
4. Kein Entnahmerecht	5	a) Tatbestand der Vermögenslosigkeit	12
III. Schlussverteilung (§ 155 Abs. 1)			
1. Gegenstand der Verteilung	7		

---

1 OLG Celle v. 11.5.1983 – 9 U 160/82, ZIP 1983, 943, 945; MünchKommHGB/*K. Schmidt*, § 154 Rn. 30; Staub/*Habersack*, § 154 Rn. 10; *Ebenroth/Boujong/Joost/Strohn/Hillmann*, § 154 Rn. 6.
2 MünchKommHGB/*K. Schmidt*, § 154 Rn. 31; Staub/*Habersack*, § 154 Rn. 7, 14; *Ebenroth/Boujong/Joost/Strohn/Hillmann*, § 154 Rn. 6.

	Rn.		Rn.
b) Haftungsverhältnisse nach der Vollbeendigung	13	2. Austragung des Streits unter den Gesellschaftern	17
c) Nachtragsliquidation	14	**V. Ausgleich unter den Gesellschaftern**	18
IV. Aussetzung der Verteilung (§ 155 Abs. 3)			
1. Aussetzungserfordernis	16		

I. Allgemeines

1 Die Vorschrift betrifft die Verteilung des Restvermögens nach Erledigung der sonstigen Abwicklungsaufgaben gemäß § 149. Ein danach ggf. noch erforderlicher Saldenausgleich der Kapitalkonten der Gesellschafter (Rn. 18 f.) ist dagegen nicht Teil des Liquidationsverfahrens, sondern geschieht zwischen den Gesellschaftern selbst[1], soweit sie dies nicht zusätzlich den Liquidatoren übertragen[2].

1a Grundlage der Verteilung sind die **Ansprüche** der Gesellschafter **auf das Auseinandersetzungsgutaben**. Diese Ansprüche **entstehen mit der Auflösung** der Gesellschaft[3]. Deshalb würde ihre Vorausabtretung ins Leere gehen, wenn der Gesellschaftsanteil zwischenzeitlich an einen Dritten übertragen wird, bevor sämtliche Voraussetzungen der Anspruchsentstehung erfüllt sind. Dies gilt jedoch nicht für einen Anteilsübergang kraft Gesamtrechtsnachfolge; hier muss der Anteilserwerber die Vorausabtretung gegen sich gelten lassen[4].

II. Vorläufige Verteilung (§ 155 Abs. 2)

1. Gegenstand der Verteilung

2 Diejenigen Geldmittel, die **für die Zwecke der Liquidation nicht** bzw. nicht mehr **benötigt** werden, haben die Liquidatoren an die Gesellschafter bereits vor Beendigung des Liquidationsverfahrens auszuschütten. Hierauf haben die Gesellschafter Anspruch[5]. Der Anspruch ist selbständig abtretbar. Hat ein Gesellschafter das Auseinandersetzungsguthaben abgetreten, so steht die Abschlagszahlung aber dem neuen Gläubiger zu[6]. Ob die Mittel benötigt werden, haben die Liquidatoren sorgfältig zu prüfen. Einzubehalten sind da-

---

1 BGH v. 14.4.1966 – II ZR 34/64, WM 1966, 706; GroßKommHGB/*Schilling*, § 155 Rn. 19; *A. Hueck*, Das Recht der OHG, S. 523.
2 RG LZ 1914, 1030; BGH v. 14.11.1977 – II ZR 183/75, NJW 1978, 424; a.A. *K. Schmidt*, ZHR 153 (1989), 270, 294 ff., sowie MünchKommHGB/*K. Schmidt*, § 155 Rn. 1 f., 16 ff., 25 ff. und 46 f.; *Staub/Habersack*, § 155 Rn. 9, die auch dies zu den Aufgaben der Liquidatoren rechnen.
3 BGH v. 11.7.1988 – II ZR 281/87, ZIP 1988, 1545, 1546; BGH v. 14.7.1997 – II ZR 122/96, ZIP 1997, 1589, 1590 f.
4 BGH v. 14.7.1997 – II ZR 122/96, ZIP 1997, 1589, 1590 f.
5 RGZ 47, 16, 19; *Staub/Habersack*, § 155 Rn. 25; MünchKommHGB/*K. Schmidt*, § 155 Rn. 9; *Ebenroth/Boujong/Joost/Strohn/Hillmann*, § 155 Rn. 10.
6 MünchKommHGB/*K. Schmidt*, § 155 Rn. 10.

gegen außer den Mitteln, die für die Befriedigung der Gläubiger erforderlich sind, auch diejenigen, die für eine Verteilung zwar in Betracht kommen, deren konkrete Aufteilung aber noch nicht zu beurteilen ist (siehe auch § 155 Abs. 2 S. 2). Die Vorschrift bezweckt Rückzahlungspflichten der Empfänger zu vermeiden[1]. Auszuschütten ist danach nur das, von dem bereits feststeht, dass der Beteiligte jedenfalls diesen Betrag zu erhalten hat[2]. Aus § 155 Abs. 2 S. 2 können jedoch keine Ansprüche der Gläubiger gegen den Empfänger hergeleitet werden. Vielmehr muss ein übergangener Gläubiger seine Rechte gegen die Gesellschaft verfolgen. Auch hat der Gläubiger keinen Anspruch gegen die Liquidatoren wegen unberechtigter Ausschüttung. Insbesondere ist § 155 kein Schutzgesetz i.S. des § 823 Abs. 2 BGB zugunsten der Gläubiger[3].

2. Verteilungsschlüssel

Die entbehrlichen Mittel werden entsprechend der Regel in § 155 Abs. 1 nach dem voraussichtlichen **Verhältnis der Kapitalanteile** (Liquidationsanteile) verteilt[4].

3

3. Zuvielzahlungen

Da die Verteilung nur vorläufiger Natur ist, können die Liquidatoren Zahlungen, die über das hinausgehen, was die Beteiligten bei der Schlussverteilung zu erwarten haben, **zurückverlangen**[5]. Hat dagegen nur ein einzelner Beteiligter zuviel erhalten, ist umstritten, ob der Vertrag zurückverlangt werden kann[6] oder aber ob der gebotene Ausgleich bei der Schlussverteilung vollzogen wird[7]. Der Rückzahlungsanspruch wird teilweise aus dem Vorbehalt einer Vorläufigkeit der Zahlung hergeleitet[8], teilweise aus § 812 BGB[9]; doch würde auch letzterenfalls ein Entreicherungseinwand entfallen, da die Zahlung nur unter Vorbehalt geleistet war[10].

4

---

1 MünchKommHGB/*K. Schmidt*, § 155 Rn. 6; *Ebenroth/Boujong/Joost/Strohn/Hillmann*, § 155 Rn. 7.
2 BGH v. 2.7.1962 – II ZR 204/60, BGHZ 37, 299, 305.
3 *Staub/Habersack*, § 155 Rn. 4; MünchKommHGB/*K. Schmidt*, § 155 Rn. 15, 50; *Ebenroth/Boujong/Joost/Strohn/Hillmann*, § 155 Rn. 4.
4 *Staub/Habersack*, § 155 Rn. 23; MünchKommHGB/*K. Schmidt*, § 155 Rn. 8; *Ebenroth/Boujong/Joost/Strohn/Hillmann*, § 155 Rn. 8.
5 *Staub/Habersack*, § 155 Rn. 27; *Ebenroth/Boujong/Joost/Strohn/Hillmann*, § 155 Rn. 11.
6 MünchKommHGB/*K. Schmidt*, § 155 Rn. 13; *Staub/Habersack*, § 155 Rn. 27; *Ebenroth/Boujong/Joost/Strohn/Hillmann*, § 155 Rn. 11.
7 RG LZ 1931, 1261.
8 *Baumbach/Hopt*, § 155 Rn. 1; *A. Hueck*, Das Recht der OHG, S. 515 f.
9 MünchKommHGB/*K. Schmidt*, § 155 Rn. 13; *Staub/Habersack*, § 155 Rn. 27.
10 Vgl. dazu BGH v. 8.6.1988 – IVb ZR 51/87, WM 1988, 1494, 1496.

4. Kein Entnahmerecht

5 Wie § 155 Abs. 2 S. 3 deutlich macht, entfällt während der Liquidation das gesetzliche Entnahmerecht aus § 122 Abs. 1; denn dieses erübrigt sich im Hinblick auf den Anspruch auf Abschlagszahlungen. Was **frühere Gewinne** angeht, wird teilweise angenommen, dass auch insoweit ein Entnahmerecht wegfällt[1], während nach anderer Ansicht Gewinne aus dem letzten Geschäftsjahr vor der Auflösung noch entnommen werden dürfen[2]. Es liegt hier nahe[3], dass Gewinne aus dem Geschäftsjahr der Auflösung nicht mehr auszuzahlen sind, während für bereits festgestellte Gewinne aus dem Vorjahr § 122 Abs. 1 maßgeblich ist.

6 Ob **gesellschaftsvertraglich vereinbarte Entnahmerechte** nach einer Auflösung fortbestehen sollen, ist eine Frage der Auslegung des konkreten Gesellschaftsvertrages[4].

III. Schlussverteilung (§ 155 Abs. 1)

1. Gegenstand der Verteilung

7 Das **nach Schuldentilgung noch vorhandene** und in Geld umgesetzte **Aktivvermögen** wird unter die Gesellschafter verteilt. Doch ist es möglich, dass nach Vereinbarung der Gesellschafter einzelne Gegenstände nicht versilbert, sondern einem Gesellschafter zu einem bestimmten Wert übertragen werden[5]. Ohne sein Einverständnis braucht sich der Gesellschafter aber keine andere Leistung als Geld aufdrängen zu lassen[6]. Ob die Gesellschafter eine Schlussverteilung auch vor vollständiger Befriedigung der Gläubiger beschließen können, ist fraglich und dürfte zu verneinen sein[7].

2. Verteilungsschlüssel

8 Das vorhandene Vermögen wird an die Gesellschafter nach dem **Verhältnis ihrer Kapitalanteile** (Liquidationsanteile), wie sich diese aus der Schlussrechnung der Liquidatoren (§ 154) ergeben, verteilt. Wird neben einem festen

---

1 So z.B. *A. Hueck*, Das Recht der OHG, S. 516; im Erg. auch *Staub/Habersack*, § 155 Rn. 24, der den Gewinnauszahlungsanspruch nur noch als unselbständigen Rechnungsposten der Gesamtabrechnung einordnet.
2 GroßKommHGB/*Schilling*, § 155 Rn. 9.
3 MünchKommHGB/*K. Schmidt*, § 155 Rn. 11; *Ebenroth/Boujong/Joost/Strohn/Hillmann*, § 155 Rn. 9; kritisch insoweit *Staub/Habersack*, § 155 Rn. 24.
4 MünchKommHGB/*K. Schmidt*, § 155 Rn. 12; *Ebenroth/Boujong/Joost/Strohn/Hillmann*, § 155 Rn. 9; a.A. *Staub/Habersack*, § 155 Rn. 24.
5 BayObLG v. 18.11.1982 – 3Z 32/82, WM 1983, 353, 355; *Ebenroth/Boujong/Joost/Strohn/Hillmann*, § 155 Rn. 13.
6 BayObLG v. 18.11.1982 – 3Z 32/82, WM 1983, 353, 355; siehe auch MünchKommHGB/*K. Schmidt*, § 155 Rn. 45; *Ebenroth/Boujong/Joost/Strohn/Hillmann*, § 155 Rn. 13.
7 Vgl. *Schlegelberger/K. Schmidt*, § 155 Rn. 42, auch Rn. 50; *Ebenroth/Boujong/Joost/Strohn/Hillmann*, § 155 Rn. 12; GroßKommHGB/*Schilling*, § 155 Rn. 2; anders *Staub/Habersack*, § 155 Rn. 16.

Kapitalkonto eine bewegliches („Kapitalkonto II") geführt (vgl. § 120 Rn. 14 f.), so sind die Salden beider Konten zu summieren[1]. Soweit ein Teil der Kapitalanteile negativ ist, erfolgt eine Verteilung nur an die Inhaber aktiver Anteile im Verhältnis ihrer Größe, während der i.Ü. erforderliche Saldenausgleich den Gesellschaftern überlassen bleibt[2].

3. Gesamtabrechnung

a) Einzelansprüche als Rechnungsposten

Bei der Ermittlung der Kapitalanteile findet eine Gesamtabrechnung unter **Erfassung aller auf dem Gesellschaftsverhältnis beruhenden Ansprüche zwischen der Gesellschaft und den Gesellschaftern** statt. Diese Ansprüche haben nur noch die Funktion von Rechnungsposten und können grundsätzlich **nicht mehr selbständig** durch Leistungsklage **geltend gemacht werden** (Durchsetzungssperre)[3]. Ein Anspruch besteht nur noch hinsichtlich des abschließenden Saldos. Anders ist es lediglich, wenn ein Gesellschafter dartun kann, dass ihm aus der Schlussabrechnung in jedem Falle ein bestimmter Mindestbetrag zusteht[4]. Richtiger Weise wird hier aber kein einzelner aus dem Gesellschaftsverhältnis fließender Anspruch, sondern ein unstreitiger Teil des Saldos geltend gemacht (siehe § 131 Rn. 46). Eine Ausnahme von der Durchsetzungssperre kommt ferner in Betracht, wenn die gesellschaftsrechtliche Treuepflicht verletzt ist[5] oder wenn es um den letzten vorhandenen Aktivwert geht[6]. Sofortige Leistung kann schließlich verlangt werden, wenn sich aus dem Sinn und Zweck gesellschaftsvertraglicher Bestimmungen ergibt, dass Ansprüche auch bei Auflösung der Gesellschaft ihre Selbständigkeit behalten sollen[7]. Ansonsten ist ein Streit um die Berechtigung von Einzelposten der Auseinandersetzungsrechnung durch Feststellungsklage (ggf. auch i.V.m. einer Auskunftsklage) auszutragen. Ein insoweit zu Unrecht gestellter Leistungsantrag ist dabei ohne weiteres in einen Feststellungsantrag umzudeuten (vgl. auch § 131 Rn. 47)[8]; dies gilt auch im Falle einer Stufenklage mit einem Auskunftsbegehren in der ersten Stufe[9].

---

1 *Huber*, ZGR 1988, 1, 62; *Ebenroth/Boujong/Joost/Strohn/Hillmann*, § 155 Rn. 14; MünchKommHGB/*K. Schmidt*, § 155 Rn. 21.
2 Zum abweichenden Standpunkt von *K. Schmidt* und *Staub/Habersack* vgl. oben Rn. 1.
3 BGH v. 2.7.1962 – II ZR 204/60, BGHZ 37, 299, 304 f. (st. Rspr.).
4 BGH v. 15.1.1988 – V ZR 183/86, BGHZ 103, 72, 77; BGH v. 9.3.1992 – II ZR 195/91, NJW 1992, 2757, 2758; BGH v. 10.5.1993 – II ZR 111/92, ZIP 1993, 919, 920; *Ebenroth/Boujong/Joost/Strohn/Hillmann*, § 155 Rn. 16.
5 BGH v. 17.6.1953 – II ZR 205/52, BGHZ 10, 91, 101; BGH v. 22.2.1971 – II ZR 100/68, WM 1971, 723, 725.
6 BGH v. 24.10.1994 – II ZR 231/93, ZIP 1994, 1846.
7 BGH v. 2.10.1997 – II ZR 249/96, ZIP 1997, 2120, 2121.
8 BGH v. 10.5.1993 – II ZR 111/92, ZIP 1993, 919, 921.
9 BGH v. 24.10.1994 – II ZR 231/93, ZIP 1994, 1846, 1847.

b) Einzubeziehende Ansprüche

10 Unter den auf dem Gesellschaftsverhältnis beruhenden Ansprüchen der Gesellschaft gegen die Gesellschafter und umgekehrt werden **Forderungen jeder Art** erfasst, z.B. Rückgriffsansprüche gegen die Gesellschaft aufgrund einer Inanspruchnahme durch einen Gläubiger (§ 128) oder Schadensersatzansprüche, nicht aber **auch Drittgläubigerforderungen** (vgl. § 105 Rn. 75) der Gesellschafter (siehe § 131 Rn. 46 und § 149 Rn. 17)[1]. Macht ein Gesellschafter gegen seinen Mitgesellschafter eine Forderung aus einem anderen Rechtsverhältnis als der Gesellschaft geltend und steht er demzufolge seinem Mitgesellschafter in Bezug auf diese Forderung wie ein dritter Gläubiger gegenüber, fehlt es an der die Durchsetzungssperre allein rechtfertigenden gesellschafterlichen Bindung[2]. Für Dienste oder eine Überlassung von Gegenständen zur Nutzung wird kein Ausgleich gewährt, wenn nicht etwas anderes vereinbart ist (§ 733 Abs. 2 S. 3 BGB). Eine Rückerstattung von Einlagen (§ 733 Abs. 2 S. 1 BGB) sieht das Recht der OHG nicht vor (§ 149 Rn. 11); sie bleibt, soweit sie in Betracht kommt, grundsätzlich dem Kontenausgleich unter den Gesellschaftern selbst vorbehalten. Dies gilt auch für sonstige Ansprüche der Gesellschafter untereinander.

4. Fehlendes Restvermögen

11 Weist die Gesellschaft kein Restvermögen mehr auf oder bleiben gar ungedeckte Schulden, **entfällt eine Schlussverteilung**[3]. Die Aufgaben der Liquidatoren erschöpfen sich dann in der Auskehrung des vorhandenen Vermögens an die Gläubiger. Auch hier bleibt den Gesellschaftern der Ausgleich ihrer Konten untereinander außerhalb des Liquidationsverfahrens überlassen[4].

5. Vollbeendigung der Gesellschaft nach der Liquidation

a) Tatbestand der Vermögenslosigkeit

12 Die Gesellschaft ist vollbeendigt, wenn **kein Aktivvermögen mehr vorhanden** ist, wenn also alles vorhandene Vermögen zur Befriedigung der Gläubiger verwendet und ein etwa verbliebener Rest an die Gesellschafter verteilt worden ist[5]. Die **Gesellschaft** ist dann **erloschen**; die **Liquidation** ist **beendet**. Die Löschung der Gesellschaft im Handelsregister (§ 157) hat nur deklaratorischen Charakter[6]. Umstritten ist die Rechtslage, wenn kein Aktivver-

---

1 BGH v. 12.11.2007 – II ZR 183/06, ZIP 2006, 24, 26; a.A. *Ebenroth/Boujong/Joost/ Strohn/Hillmann*, § 155 Rn. 17.
2 BGH v. 12.11.2007 – II ZR 183/06, ZIP 2008, 24, 26.
3 *Ebenroth/Boujong/Joost/Strohn/Hillmann*, § 155 Rn. 18.
4 Vgl. dazu BGH v. 28.11.1957 – II ZR 55/57, BGHZ 26, 126, 133; *A. Hueck*, Das Recht der OHG, S. 521.
5 RG JW 1926, 1432, 1433; BGH v. 21.6.1979 – IX ZR 69/75, WM 1979, 913; MünchKommHGB/*K. Schmidt*, § 155 Rn. 52; *Staub/Habersack*, § 155 Rn. 34; *Ebenroth/ Boujong/Joost/Strohn/Hillmann*, § 155 Rn. 21; *Baumbach/Hopt*, § 157 Rn. 1.
6 MünchKommHGB/*K. Schmidt*, § 155 Rn. 52; *Ebenroth/Boujong/Joost/Strohn/Hillmann*, § 155 Rn. 21; *Baumbach/Hopt*, § 157 Rn. 3.

mögen mehr, wohl aber Schulden vorhanden sind. Nach teilweiser vertretener Ansicht soll dies einer Vollbeendigung der Gesellschaft nicht entgegenstehen[1]. Nach der hier vertretenen Ansicht (siehe § 149 Rn. 10) ist dem aber nicht zu folgen; denn soweit es um die Berichtigung von Gesellschaftsschulden geht, ist der Gesellschaft ein Anspruch auf zu zahlende Nachschüsse nach § 735 BGB zugeordnet. Mithin besteht in diesen Fällen noch Aktivermögen der Gesellschaft, so dass es nicht zu einer Vollbeendigung der Gesellschaft kommen kann[2]. Das gilt auch dann, wenn das Reinvermögen bereits verteilt is[3]

b) Haftungsverhältnisse nach der Vollbeendigung

Ob **die ehemaligen Gesellschafter** auch nach eingetretener Vollbeendigung gemäß § 128 **weiter** haften und insoweit untereinander Ausgleichung schulden, ist fraglich[4]. Die Antwort auf diese Frage hängt insbesondere davon ab, ob nach Verteilung des Gesellschaftsvermögens noch eine Haftungsabwicklung über das Gesellschaftsvermögen erfolgen kann[5]. Dies wiederum ist davon abhängig, ob die Gesellschaft – wegen des ihr zugeordneten Verlustausgleichsanspruchs (Rn. 12) – als noch fortbestehend betrachtet wird oder nicht. Auch ein Gesellschafter, der sich für die Gesellschaft verbürgt hat, haftet trotz Wegfalls der Gesellschaft weiter[6].

13

c) Nachtragsliquidation

Stellt sich nachträglich heraus, dass **noch Gesellschaftsvermögen vorhanden** ist, so ist in Wahrheit eine **Vollbeendigung** gar **nicht eingetreten** und ist die **Liquidation** daher noch **nicht beendet**[7]. Die Liquidatoren – und zwar regelmäßig die bisherigen Amtsinhaber – haben dann eine Nachtragsliquidation durchzuführen (siehe auch § 146 Rn. 3)[8].

14

Für eine **Personenhandelsgesellschaft ohne natürliche Personen als Vollhafter** (bzw. für eine Publikums-KG) muss der Liquidator analog § 273 Abs. 4 AktG gerichtlich bestellt werden (siehe auch § 146 Rn. 3a)[9]. Für den Fall, dass eine solche Gesellschaft als vermögenslos im Handelsregister gelöscht worden ist und sich nachträglich noch Vermögen findet (vgl. §§ 131 Abs. 2

15

---

1 *Ebenroth/Boujong/Joost/Strohn/Hillmann*, § 155 Rn. 21.
2 *MünchKommHGB/K. Schmidt*, § 155 Rn. 53.
3 *Ebenroth/Boujong/Joost/Strohn/Hillmann*, § 155 Rn. 52; *Staub/Habersack*, § 155 Rn. 34.
4 So *Ebenroth/Boujong/Joost/Strohn/Hillmann*, § 155 Rn. 21; *Baumbach/Hopt*, § 155 Rn. 3.
5 In diesem Sinne zu Recht *MünchKommHGB/K. Schmidt*, § 155 Rn. 55.
6 BGH v. 25.11.1981 – II ZR 299/80, ZIP 1982, 294, 295.
7 *MünchKommHGB/K. Schmidt*, § 155 Rn. 56; *Staub/Habersack*, § 155 Rn. 35; *Ebenroth/Boujong/Joost/Strohn/Hillmann*, § 155 Rn. 22.
8 BGH v. 21.6.1979 – II ZR 69/75, WM 1979, 913, 914.
9 BGH v. 2.6.2003 – II ZR 102/02, NJW 2003, 2676; OLG Hamm v. 13.7.1990 – 15 W 40/90, NJW-RR 1990, 1371.

S. 1 Nr. 2, 145 Abs. 3), schreibt das Gesetz dies in § 146 Abs. 2 S. 3 ausdrücklich vor.

15a Sind jedoch nur noch einzelne Abwicklungsmaßnahmen notwendig wie beispielsweise die Abgabe einer Löschungsbewilligung, ist überwiegender Ansicht nach eine Nachtragsliquidation entbehrlich. Vielmehr soll der Verwahrer der Papiere und Bücher (§ 157 Abs. 2) ermächtigt sein, derartige Erklärungen für die gelöschte Gesellschaft abzugeben[1].

IV. Aussetzung der Verteilung (§ 155 Abs. 3)

1. Aussetzungserfordernis

16 Entsteht zwischen den Gesellschaftern Streit über die Vermögensverteilung, **verpflichtet** dies die Liquidatoren, die **Verteilung auszusetzen**[2]. Sie selbst haben keine Kompetenz, den Streit zu entscheiden[3]. Auszusetzen ist die Verteilung aber nur in dem vom Streit betroffenen Umfang, also nicht unbedingt das gesamte Verteilungsverfahren[4].

2. Austragung des Streits unter den Gesellschaftern

17 Die Gesellschafter müssen, wenn sie sich nicht einigen, ihren Streit ggf. **im Rechtsweg austragen**, regelmäßig durch eine Feststellungsklage (siehe auch § 154 Rn. 10)[5]. Die rechtskräftige Entscheidung des Gerichts bindet dann die Liquidatoren[6]. So lange der Streit andauert, ist die Liquidation nicht beendet[7]. Doch können die Liquidatoren nach Erledigung aller sonstigen Aufgaben den streitigen Betrag hinterlegen[8].

V. Ausgleich unter den Gesellschaftern

18 Der Ausgleich der Kapitalkonten unter den Gesellschaftern ist grundsätzlich **Angelegenheit der Gesellschafter selbst** (vgl. Rn. 1; siehe auch § 149 Rn. 11)[9]. Er erfolgt im Anschluss an die Schlussabrechnung der Liquidatoren. Dennoch ist – ebenso wie Einzelansprüche der Gesellschafter im Verhältnis zur Gesellschaft, die in der Liquidation nur noch Rechnungsposten für die Gesamtabrechnung sind (siehe oben Rn. 9) – auch im Gesellschafter-

---

1 *Staub/Habersack*, § 155 Rn. 35; MünchKommHGB/*K. Schmidt*, § 155 Rn. 57; *Ebenroth/Boujong/Joost/Strohn/Hillmann*, § 155 Rn. 22.
2 RG LZ 1931, 1387, 1388.
3 RGZ 47, 16, 20.
4 MünchKommHGB/*K. Schmidt*, § 155 Rn. 37; *Staub/Habersack*, § 155 Rn. 31; *Ebenroth/Boujong/Joost/Strohn/Hillmann*, § 155 Rn. 20.
5 OLG München v. 30.3.2001 – 23 U 5757/00, NZG 2001, 959, 960.
6 *Baumbach/Hopt*, § 155 Rn. 4, z.T. anders *Staub/Habersack*, § 155 Rn. 33.
7 BayObLG v. 18.11.1982 – 3 Z 32/82, WM 1983, 353, 355.
8 BayObLG v. 20.11.1978 – 1 Z 118/78, 90/78, WM 1979, 655, 656.
9 BGH v. 4.6.1984 – II ZR 230/83, ZIP 1984, 1088, 1089; *Ebenroth/Boujong/Joost/Strohn/Hillmann*, § 155 Rn. 23; a.A. MünchKommHGB/*K. Schmidt*, § 155 Rn. 17.

ausgleich die selbständige Geltendmachung einzelner Ansprüche (z.B. aus einem Gesamtschuldnerregress) ausgeschlossen[1].

Auszugleichen sind die sich aus der Gesamtabrechnung innerhalb der Gesellschaft ergebenden **Kapitalkonten**[2], ggf. auch unter weiterer Berücksichtigung der etwa für eine Einlagenerstattung (§ 733 Abs. 2 S. 1 BGB) anzusetzenden Beträge (dazu § 149 Rn. 11). Hinzukommen können zusätzliche Ausgleichsansprüche bei Inanspruchnahme durch Gesellschaftsgläubiger nach Beendigung der Liquidation (vgl. Rn. 13). Der einzelne Gesellschafter kann seine Ausgleichsansprüche jeweils selbst berechnen und gegen die anderen geltend machen[3]. 19

§ 156
Innenverhältnis der Gesellschafter

Bis zur Beendigung der Liquidation kommen in bezug auf das Rechtsverhältnis der bisherigen Gesellschafter untereinander sowie der Gesellschaft zu Dritten die Vorschriften des zweiten und dritten Titels zur Anwendung, soweit sich nicht aus dem gegenwärtigen Titel oder aus dem Zwecke der Liquidation ein anderes ergibt.

1. Grundsatz: Fortbestehen der Rechtsverhältnisse

§ 156 stellt klar, dass grundsätzlich die **Rechtsverhältnisse der werbenden Gesellschaft**, die ihre Identität mit der Auflösung nicht ändert, **fortbestehen**. Daher sind die §§ 105 ff. weiterhin anzuwenden, soweit nicht die §§ 145 ff. oder der Liquidationszweck, der nunmehr die Tätigkeit der Gesellschaft beherrscht, etwas anderes ergeben. 1

So ist weiterhin, auch bei einer Einstellung oder Veräußerung des Unternehmens, von einer **fortbestehenden Kaufmannseigenschaft** der Gesellschaft bis zu ihrem Erlöschen auszugehen[4]. Der Sitz der Gesellschaft besteht fort[5]. Veränderungen im Bestand der Gesellschafter sind weiterhin möglich[6]. Unberührt bleibt namentlich das Informations- und Einsichtsrecht der Gesellschafter[7]; es erlangt während der Liquidation ggf. sogar eine besondere Bedeutung. § 119 bleibt ebenfalls während der Abwicklung anwendbar. Es 2

---

1 BGH v. 2.7.1962 – II ZR 204/60, BGHZ 37, 299, 304 f.; BGH v. 15.1.1988 – V ZR 183/86, BGHZ 103, 72, 77; BGH v. 4.6.1984 – II ZR 230/83, ZIP 1984, 1088, 1089; *Ebenroth/Boujong/Joost/Strohn/Hillmann*, § 155 Rn. 24.
2 Rechenbeispiele bei MünchKommHGB/*K. Schmidt*, § 155 Rn. 25 ff.
3 BGH v. 5.7.1993 – II ZR 234/92, ZIP 1993, 1307, 1309.
4 KG DR 1940, 806; *K. Schmidt*, ZHR 153 (1989), 270, 299, sowie MünchKommHGB/*K. Schmidt*, § 156 Rn. 7 ff.; *Staub/Habersack*, § 145 Rn. 13; anders wohl *Staub/Brüggemann*, § 1 Rn. 29 f.
5 BGH v. 9.1.1969 – IX ZB 567/66, WM 1969, 293, 294.
6 RGZ 106, 63, 67.
7 Vgl. z.B. OLG Celle v. 11.5.1983 – 9 U 160/82, ZIP 1983, 943.

bleibt auch bei der Gesellschafterhaftung nach den §§ 128 ff., und zwar auch für die Neuverbindlichkeiten aus der Zeit der Abwicklung[1].

3 Erhalten bleiben ferner die Möglichkeiten der **actio pro socio** (§ 105 Rn. 77 ff.)[2]. Für sie kann in der aufgelösten Gesellschaft angesichts der Lockerung der Treuebindungen sogar ein gesteigertes Bedürfnis entstehen. Zwar ist die Klage an sich auf Leistung an die Gesellschaft gerichtet, doch kann ausnahmsweise nunmehr auch eine Leistung an den klagenden Gesellschafter verlangt werden, wenn eine Leistung an die Gesellschaft sich bei dem gegebenen Stand der Abwicklung nur noch als Umweg ohne Sinn darstellt[3].

2. Eintretende Veränderungen

4 Teilweise modifizieren sich jedoch die Rechtsverhältnisse zur Gesellschaft und unter den Gesellschaftern. **Wesentlich** sind dabei **folgende Veränderungen**:

5 Gemäß den §§ 146 ff. gehen Geschäftsführung und Vertretung auf die Liquidatoren über. Damit werden die §§ 114–117 verdrängt. Gleiches gilt für die Vertretungsregeln in §§ 125, 126, 127. Zu der Frage, ob erteilte Prokuren erlöschen und ob eine Neuerteilung möglich ist, siehe § 146 Rn. 13. Das Gewinnbezugs- und Entnahmerecht entfällt (§ 155 Rn. 5); an seine Stelle treten die Regelungen in den §§ 154 und 155. Entsprechend der vom Liquidationszweck beeinflussten Abschwächung der Treuepflicht (§ 109 Rn. 12, § 145 Rn. 4)[4] gilt auch das strenge Wettbewerbsverbot der §§ 112, 113 nicht ohne weiteres, es sei denn, die Unternehmenstätigkeit wird noch (was möglich ist, § 149 Rn. 4), einstweilen aufrechterhalten[5].

§ 157
Anmeldung des Erlöschens der Gesellschaft; Geschäftsunterlagen

(1) Nach der Beendigung der Liquidation ist das Erlöschen der Firma von den Liquidatoren zur Eintragung in das Handelsregister anzumelden.

(2) Die Bücher und Papiere der aufgelösten Gesellschaft werden einem der Gesellschafter oder einem Dritten in Verwahrung gegeben. Der Gesellschafter oder der Dritte wird in Ermangelung einer Verständigung durch das Gericht bestimmt, in dessen Bezirk die Gesellschaft ihren Sitz hat.

---

1 RGZ 72, 119, 120.
2 BGH v. 17.6.1953 – II ZR 205/52, BGHZ 10, 91, 101; BGH v. 30.11.1959 – II ZR 145/58, WM 1960, 47, 48; BGH v. 2.6.2003 – II ZR 102/02, NJW 2003, 2676 f.
3 BGH v. 17.6.1953 – II ZR 205/52, BGHZ 10, 91, 102; BGH v. 19.5.1958 – II ZR 53/57, BB 1958, 603.
4 Siehe dazu BGH v. 2.7.2007 – II ZR 181/06, DStR 2007, 2021, 2022; BGH v. 11.7.1971 – II ZR 143/68, WM 1971, 412, 414.
5 BGH v. 16.3.1961 – II ZR 14/59, WM 1961, 629, 631.

(3) Die Gesellschafter und deren Erben behalten das Recht auf Einsicht und Benutzung der Bücher und Papiere.

I. Anmeldung des Erlöschens der Firma (§ 157 Abs. 1)

1. Tatbestand des Erlöschens

a) Vollbeendigung nach Auflösung

Die in § 157 Abs. 1 vorgeschriebene Anmeldung ist zwingender Natur[1] und setzt die **Beendigung der Liquidation** und den Eintritt der Vollbeendigung (dazu § 155 Rn. 12) voraus. Die Vorschrift gilt aber auch für eine Vollbeendigung, zu der es im Zusammenhang mit einer Insolvenz der Gesellschaft kommt[2]. 1

Erlischt die Gesellschaft aufgrund einer **anderen Art der Auseinandersetzung** ohne Liquidation der Gesellschaft (§ 145 Rn. 7 f.), ist dies nach § 31 Abs. 2 anzumelden[3]. Im Falle einer anderweitigen Auseinandersetzung ohne Liquidation des von der Gesellschaft betriebenen Unternehmens (§ 145 Rn. 9) gelten bei einer Unternehmensveräußerung samt der Firma die §§ 31 Abs. 1, 107, 143 Abs. 2; die Gesellschaft muss ggf. eine neue eigene Firma bilden[4], deren Erlöschen dann bei der Vollbeendigung anzumelden ist. 2

b) Vollbeendigung ohne Auflösung

In den Fällen einer Vollbeendigung ohne vorangegangene Auflösung der Gesellschaft, etwa beim Ausscheiden aller Gesellschafter bis auf einen oder beim Erwerb aller Anteile durch einen Gesellschafter, ist § 157 nicht einschlägig[5]. Hier sind allein die §§ 31, 107 anzuwenden (vgl. auch § 143 Rn. 1). 3

2. Anmeldepflichtige Personen

Anmeldepflichtig sind die **Liquidatoren**. Dabei müssen sämtliche Liquidatoren mitwirken[6]. Die Anmeldung des Erlöschens der Firma hängt in ihrer Wirksamkeit nicht davon ab, dass auch andere eintragungspflichtige Vorgän- 4

---

1 MünchKommHGB/*K. Schmidt*, § 157 Rn. 6; *Staub/Habersack*, § 157 Rn. 5; *Ebenroth/Boujong/Joost/Strohn/Hillmann*, § 157 Rn. 3.
2 MünchKommHGB/*K. Schmidt*, § 157 Rn. 4; *Staub/Habersack*, § 157 Rn. 4.
3 BayObLG v. 3.10.1980 – BReg. 1 Z 108/80, ZIP 1981, 188, 191; KG v. 3.4.2007 – 1 W 305/06, ZIP 2007, 1505, 1507; *Ebenroth/Boujong/Joost/Strohn/Hillmann*, § 157 Rn. 2; *Heymann/Sonnenschein/Weitemeyer*, § 157 Rn. 4; *Baumbach/Hopt*, § 157 Rn. 1; a.A. OLG Frankfurt v. 25.8.2003 – 20 W 354/02, NZG 2004, 808, 809; MünchKommHGB/*K. Schmidt*, § 157 Rn. 3, 8, 17; *Staub/Habersack*, § 157 Rn. 2.
4 MünchKommHGB/*K. Schmidt*, § 158 Rn. 12; *Staub/Habersack*, § 157 Rn. 3; *Ebenroth/Boujong/Joost/Strohn/Hillmann*, § 157 Rn. 2; *A. Hueck*, Das Recht der OHG, S. 480.
5 MünchKommHGB/*K. Schmidt*, § 157 Rn. 5; *Staub/Habersack*, § 157 Rn. 4; *Ebenroth/Boujong/Joost/Strohn/Hillmann*, § 157 Rn. 2.
6 BayObLG v. 7.3.2001 – 3 Z BR 68/01, NZG 2001, 792; *Ebenroth/Boujong/Joost/Strohn/Hillmann*, § 157 Rn. 5.

ge angemeldet werden (z.B. Anmeldung der Auflösung – § 143 Abs. 1; Anmeldung der Liquidatoren – § 148 Abs. 1)[1]. Fraglich ist, wer im Falle des Insolvenzverfahrens anmeldepflichtig ist, wenn es zur Vollabwicklung des Unternehmensträgers kommt. Richtiger Ansicht nach gehört dies zu den Aufgaben des Insolvenzverwalters. Dieser hat daher analog § 157 Abs. 1 das Erlöschen zur Eintragung in das Handelsregister anzumelden (vgl. auch § 145 Rn. 14)[2]. Kommt es zur Vollbeendigung ohne ein vorausgegangenes Liquidationsverfahren und gibt es daher keine Liquidatoren, trifft die Anmeldepflicht die **Gesellschafter**. Gibt es Liquidatoren und melden alle Gesellschafter nach Beendigung der Liquidation das Erlöschen der Firma an, so genügt dies für § 157 Abs. 1, auch wenn die Gesellschafter nicht zur Anmeldung verpflichtet sind; denn sie sind die Herren des Liquidationsverfahrens (siehe § 152 Rn. 1)[3].

5 Wegen der Natur der Anmeldepflicht und ihrer Erzwingbarkeit vgl. § 108 Rn. 1 ff.

3. Eintragung des Erlöschens

a) Deklaratorische Bedeutung

6 Die Eintragung hat lediglich deklaratorische Bedeutung[4]. Ob die Gesellschaft tatsächlich aufgrund Vollbeendigung **erloschen** ist, beurteilt sich nach den **tatsächlichen Gegebenheiten** (vgl. § 155 Rn. 12). Sie besteht daher ungeachtet einer Eintragung eines Erlöschens fort, wenn sie noch Vermögen oder Verbindlichkeiten (str., siehe § 155 Rn. 12) hat; dann ist eine Nachtragsliquidation durchzuführen (§ 155 Rn. 14)[5]. Für diese bleiben die Liquidatoren grundsätzlich (siehe aber auch § 155 Rn. 14 ff.) in ihrem Amt[6].

b) Unterbleiben der Eintragung

7 Ist die erforderliche Eintragung unterblieben, gilt gegenüber gutgläubigen Dritten die Vertretungsbefugnis der Liquidatoren als fortbestehend[7]. Auch kann ein Dritter, der gegen die vermeintlich noch bestehende Gesellschaft einen Titel erwirkt, sich gegenüber den ehemaligen Gesellschaftern gemäß **§ 15 Abs. 1** auf die Wirkungen der §§ 128 f., 159 Abs. 4 in gleicher Weise wie bei einer noch existenten Gesellschaft berufen[8].

---

1 BayObLG v. 7.3.2001 – 3 Z BR 68/01, NZG 2001, 792.
2 MünchKommHGB/*K. Schmidt*, § 157 Rn. 4; *Ebenroth/Boujong/Joost/Strohn/Hillmann*, § 157 Rn. 2; *Staub/Habersack*, § 157 Rn. 4.
3 BayObLG v. 7.3.2001 – 3 Z BR 68/01, NZG 2001, 792 f.; *Baumbach/Hopt*, § 157 Rn. 2; *Ebenroth/Boujong/Joost/Strohn/Hillmann*, § 157 Rn. 5.
4 BGH v. 21.6.1979 – IX ZR 69/75, WM 1979, 913; *Staub/Habersack*, § 157 Rn. 10; MünchKommHGB/*K. Schmidt*, § 157 Rn. 13.
5 *Staub/Habersack*, § 157 Rn. 12 f.
6 BGH v. 21.6.1979 – IX ZR 69/75, WM 1979, 913.
7 MünchKommHGB/*K. Schmidt*, § 157 Rn. 15; *Ebenroth/Boujong/Joost/Strohn/Hillmann*, § 157 Rn. 6.
8 RGZ 127, 98, 99.

II. Verwahrung der Unterlagen der Gesellschaft (§ 157 Abs. 2)

1. Aufbewahrungspflicht

Die Bücher und Papiere, die **gemäß § 257 aufzubewahren** sind, sind nach Beendigung der Liquidation von einem Gesellschafter oder auch einem Dritten zu verwahren. Die Vorschrift gilt auch – soweit die Bücher nicht auf einen Erwerber des Unternehmens übergehen – für eine Vollbeendigung der Gesellschaft nach einer andersartigen Auseinandersetzung i.S. von § 145[1], ferner bei masselosen Abwicklungen[2] sowie bei einer Vollbeendigung im Zusammenhang mit einem Insolvenzverfahren über das Gesellschaftsvermögen[3]. Die Vorschrift ist zwingend[4].

8

2. Bestimmung des Verwahrers

Verwahrer kann ein Gesellschafter oder aber ein Dritter sein. In Betracht kommt eine natürliche oder juristische Person bzw. eine Personenhandelsgesellschaft oder eine Außengesellschaft bürgerlichen Rechts[5]. Der Verwahrer wird **von den Gesellschaftern (durch Beschluss oder im Gesellschaftsvertrag) bestimmt.** Gesellschaftsgläubiger, Privatgläubiger eines Gesellschafters, Zessionare des Auseinandersetzungsguthabens sowie die Liquidatoren nehmen an der Bestimmung nicht teil[6]. Mit dem Verwahrer wird regelmäßig ein Verwahrungsvertrag abgeschlossen. Ist das Unternehmen an einen Gesellschafter oder einen Dritten veräußert worden, liegt es nahe, dass dieser auch Verwahrer sein soll[7]. Allein durch die Bestimmung, wer Verwahrer sein soll, ist dieser (selbst wenn es sich hierbei um einen Gesellschafter oder Liquidator handeln sollte) nicht zur Übernahme der Verwahrung verpflichtet[8].

9

Kommt es zu keiner Bestimmung durch die Gesellschafter, hat das **Gericht** im Verfahren nach § 145 FGG (§ 375 FamFG) einen Verwahrer zu bestimmen. Auch dieser muss aber nicht gegen seinen Willen die Verwahrungspflicht übernehmen[9]. Der erforderliche Antrag kann von den Gesellschaf-

10

---

1 MünchKommHGB/*K. Schmidt*, § 157 Rn. 17; *Staub/Habersack*, § 157 Rn. 13; *Heymann/Sonnenschein/Weitemeyer*, § 157 Rn. 6; *Baumbach/Hopt*, § 157 Rn. 4.
2 MünchKommHGB/*K. Schmidt*, § 157 Rn. 17; *Ebenroth/Boujong/Joost/Strohn/Hillmann*, § 157 Rn. 8; a.A. *Staub/Habersack*, § 157 Rn. 13.
3 OLG Stuttgart v. 3.1.1984 – 8 W 447/83, ZIP 1984, 1385; *Staub/Habersack*, § 157 Rn. 13.
4 MünchKommHGB/*K. Schmidt*, § 157 Rn. 6; *Staub/Habersack*, § 157 Rn. 5; *Ebenroth/Boujong/Joost/Strohn*, § 157 Rn. 3.
5 *Staub/Habersack*, § 157 Rn. 14; *Ebenroth/Boujong/Joost/Strohn/Hillmann*, § 157 Rn. 10.
6 MünchKommHGB/*K. Schmidt*, § 157 Rn. 19; *Ebenroth/Boujong/Joost/Strohn/Hillmann*, § 157 Rn. 11; *Staub/Habersack*, § 157 Rn. 16.
7 RGZ 43, 133, 135; OLG Hamburg v. 13.7.1972 – 11 U 162/71, BB 1972, 417.
8 OLG Stuttgart v. 3.1.1984 – 8 W 447/83, ZIP 1984, 1385; *Staub/Habersack*, § 157 Rn. 15; *Ebenroth/Boujong/Joost/Strohn/Hillmann*, § 157 Rn. 12.
9 *Ebenroth/Boujong/Joost/Strohn/Hillmann*, § 157 Rn. 15.

tern, vorhandenen Gesellschafter-Erben sowie dem Insolvenzverwalter über das Vermögen eines Gesellschafters gestellt werden[1], darüber hinaus ggf. auch vom Insolvenzverwalter über das Gesellschaftsvermögen[2]. Durch die gerichtliche Anordnung (und die Annahme durch den Bestimmten) kommt zwischen dem Verwahrer und den Gesellschaftern ein Verwahrungsvertrag zustande. Die Gesellschafter haben als Gesamtschuldner dem Verwahrer eine Vergütung nach § 689 BGB zu entrichten[3].

III. Recht auf Einsicht in die Unterlagen (§ 157 Abs. 3)

1. Einsichtsberechtigte

11 Alle **Gesellschafter**, die z.Zt. der Beendigung der Liquidation (oder z.Zt. einer Vollbeendigung ohne Liquidation) der Gesellschaft angehört haben, können die Unterlagen einsehen, ohne dafür ein rechtliches oder berechtigtes Interesse dartun zu müssen[4]. Mitunter wird aber dem Verwahrer der Einwand gestattet, dass dem Betreffenden (jegliches) Informationsinteresse fehle[5]. Ein Einsichtsrecht haben auch die **Erben** der genannten Gesellschafter. Auch für den **Insolvenzverwalter** bei einer Gesellschafterinsolvenz kommt es in Betracht, wobei dahinstehen kann, ob man es ihm selbst zugesteht[6] oder nur von einem Ausübungsrecht ausgeht[7]. Alle übrigen Personen, so früher ausgeschiedene Gesellschafter und deren Erben, der gemeinsame Vertreter nach § 146 Abs. 1 S. 2, ein Privatgläubiger, die Liquidatoren, ein Testamentsvollstrecker oder ein Nachlaßverwalter haben die Möglichkeit einer Einsicht nur unter den Voraussetzungen der §§ 810, 242 BGB. Die Einsichtnahme findet grundsätzlich am Einsichtsort statt.

2. Durchsetzung des Einsichtsrechts

12 Besteht Streit über das Einsichtsrecht, müsste es im gerichtlichen Streitverfahren geltend gemacht werden. Das Recht kann grundsätzlich nur persönlich ausgeübt werden (siehe dazu auch § 118 Rn. 8 ff.).

---

[1] MünchKommHGB/*K. Schmidt*, § 157 Rn. 22; *Staub/Habersack*, § 157 Rn. 19; *A. Hueck*, Das Recht der OHG, S. 519.
[2] OLG Stuttgart v. 3.1.1984 – 8 W 447/83, ZIP 1984, 1385; MünchKommHGB/*K. Schmidt*, § 157 Rn. 22; *Staub/Habersack*, § 157 Rn. 19; *Ebenroth/Boujong/Joost/Strohn/Hillmann*, § 157 Rn. 14.
[3] *Baumbach/Hopt*, § 157 Rn. 6; MünchKommHGB/*K. Schmidt*, § 157 Rn. 24.
[4] *Staub/Habersack*, § 157 Rn. 21; *Heymann/Sonnenschein/Weitemeyer*, § 157 Rn. 7; *Baumbach/Hopt*, § 157 Rn. 7; vgl. auch *Schlegelberger/K. Schmidt*, § 157 Rn. 25; a.A. RGZ 43, 133, 135.
[5] *Ebenroth/Boujong/Joost/Strohn/Hillmann*, § 157 Rn. 18; MünchKommHGB/*K. Schmidt*, § 157 Rn. 29; *Staub/Habersack*, § 157 Rn. 24.
[6] So GroßKommHGB/*Schilling*, § 157 Rn. 15; *Baumbach/Hopt*, § 157 Rn. 7.
[7] Dafür MünchKommHGB/*K. Schmidt*, § 157 Rn. 22; *Staub/Habersack*, § 157 Rn. 23.

§ 158
Andere Art der Auseinandersetzung

Vereinbaren die Gesellschafter statt der Liquidation eine andere Art der Auseinandersetzung, so finden, solange noch ungeteiltes Gesellschaftsvermögen vorhanden ist, im Verhältnis zu Dritten die für die Liquidation geltenden Vorschriften entsprechende Anwendung.

1. Anwendungsbereich der Vorschrift

Der Gesetzgeber ging davon aus, dass es bei einer anderen Art der Auseinandersetzung (§ 145) einer ausdrücklichen Regelung bedürfe, um im Verhältnis zu Dritten die Vorschriften über die Liquidation entsprechend gelten lassen zu können. Führt indes die andersartige Auseinandersetzung zu einem Erlöschen der Gesellschaft ohne vorheriges Liquidationsverfahren (§ 145 Rn. 7 f.), so entfällt jede Möglichkeit für eine Heranziehung der Liquidationsvorschriften[1]. Bedeutung kann § 158 allenfalls in den Fällen erlangen, in denen das von der Gesellschaft betriebene Unternehmen nicht liquidiert wird, sondern darüber in anderer Weise verfügt wird (§ 145 Rn. 9[2]). Doch wäre auch dann die Vorschrift eigentlich überflüssig, da § 156 ohnehin heranzuziehen wäre[3]. Umstritten ist, ob § 158 Anwendung findet, wenn eine Vereinbarung über eine andersartige Auseinandersetzung nur bezüglich eines Teils des Gesellschaftsvermögens (oder nur in Bezug auf einzelne Vermögensgegenstände) vorliegt[4].

1

2. Vorhandensein von Gesellschaftsvermögen

Die Vorschrift gilt, so lange noch ungeteiltes Gesellschaftsvermögen vorhanden ist. Nur dann ist die Gesellschaft noch nicht vollbeendigt und noch nicht erloschen (§ 155 Rn. 12, 14). Als Vermögen ist nicht nur der ursprüngliche Vermögensbestand der Gesellschaft zu berücksichtigen, sondern auch das, was die Gesellschaft etwa als Gegenleistung aus einer Veräußerung von Vermögensbestandteilen erlangt.

2

3. Anzuwendende Vorschriften

Zu den für die Gesellschaft geltenden Vorschriften gilt das zu § 156 Ausgeführte. Im Innenverhältnis der Gesellschafter sind die Vereinbarungen über die andere Art der Auseinandersetzung maßgeblich.

3

---

1 So zu Recht MünchHdbGesR I/*Butzer/Knof*, § 84 Rn. 5; MünchKommHGB/*K. Schmidt*, § 158 Rn. 4; vgl. auch *Ebenroth/Boujong/Joost/Strohn/Hillmann*, § 158 Rn. 3.
2 Vgl. auch BayObLG v. 30.12.1980 – BReg. 1 Z 108/80, ZIP 1981, 188, 190.
3 MünchKommHGB/*K. Schmidt*, § 158 Rn. 3; *Staub/Habersack*, § 158 Rn. 2.
4 In diesem Sinne *Staub/Habersack*, § 158 Rn. 5; a.A. MünchKommHGB/*K. Schmidt*, § 158 Rn. 9; *Ebenroth/Boujong/Joost/Strohn/Hillmann*, § 158 Rn. 3.

Sechster Titel Verjährung. Zeitliche Begrenzung der Haftung

§ 159
Sonderverjährung

(1) Die Ansprüche gegen einen Gesellschafter aus Verbindlichkeiten der Gesellschaft verjähren in fünf Jahren nach der Auflösung der Gesellschaft, sofern nicht der Anspruch gegen die Gesellschaft einer kürzeren Verjährung unterliegt.

(2) Die Verjährung beginnt mit dem Ende des Tages, an welchem die Auflösung der Gesellschaft in das Handelsregister des für den Sitz der Gesellschaft zuständigen Gerichts eingetragen wird.

(3) Wird der Anspruch des Gläubigers gegen die Gesellschaft erst nach der Eintragung fällig, so beginnt die Verjährung mit dem Zeitpunkt der Fälligkeit.

(4) Der Neubeginn der Verjährung und ihre Hemmung nach § 204 des Bürgerlichen Gesetzbuchs gegenüber der aufgelösten Gesellschaft wirken auch gegenüber den Gesellschaftern, die der Gesellschaft zur Zeit der Auflösung angehört haben.

Übersicht

	Rn.		Rn.
I. Neufassung der §§ 159, 160		2. Gegenstand der Sonderverjährung	
1. Sonderverjährung und Nachhaftungsbegrenzung	1	a) Außenhaftung für Altschulden	7
		b) Forderungstitulierung	8
2. Weitere Tatbestände der Nachhaftungsbegrenzung	2	c) Kürzere Anspruchsverjährung	9
		d) Neuverbindlichkeiten	10
II. Sonderverjährung nach § 159		3. Beginn der Verjährung	
1. Geltungsbereich	3	a) Eintragung der Auflösung	11
a) Auflösung durch Eröffnung des Insolvenzverfahrens	4	b) Spätere Fälligkeit	12
b) Verjährungsbeginn mit Vollbeendigung?	5	4. Hemmung und Neubeginn der Verjährung	
c) Verhältnis des § 159 zu § 160	6	a) Gegenüber der Gesellschaft	14
		b) Gegenüber dem Gesellschafter	15
		c) Rechtsfolgen	16

Schrifttum: *Armbrüster,* Zur Nachhaftung ausgeschiedener Gesellschafter von Personengesellschaften, DZWIR 1994, 55; *Hofmeister,* Zur Auswirkung des neuen Verjährungsrechts auf die Nachhaftung der Gesellschafter, NZG 2002, 851; *Leverenz,* Enthält § 160 HGB dispositives Recht?, ZHR 160 (1996), 75; *Lieb,* Zum Entwurf eines Nachhaftungsbegrenzungsgesetzes, GmbHR 1992, 561; *Lieb,* Haftungsklarheit für den Mittelstand? – Offene (Überlegungs-)Fragen nach Erlass des Nachhaftungsbegrenzungsgesetzes, GmbHR 1994, 657; *Reichold,* Das neue Nachhaftungsbegrenzungsgesetz, NJW 1964, 1617; *K. Schmidt,* Zur Haftung und Enthaftung der persönlich haftenden Gesellschafter bei Liquidation und Konkurs der Handelsgesellschaft, ZHR 152 (1988), 105; *K. Schmidt,* Gesellschaftsrechtliche Grundlagen eines Nachhaftungsbegrenzungsgesetzes, DB 1990, 2357; *K. Schmidt*, Das neue Nachhaftungsbegrenzungsgesetz, ZIP 1994, 243; *Seibert*, Nachhaftungsbegrenzungsgesetz – Haftungsklarheit für den Mittelstand, DB 1994, 461; *Steinbeck*, Das Nachhaftungsbegrenzungsgesetz, WM 1996, 2041; *Ulmer/Timmann*, Die Enthaftung ausgeschiedener Gesellschafter, ZIP 1992, 1; *Wertenbruch*, Beginn der Enthaftungsfrist bei Ausscheiden aus einer Personengesellschaft, NZG 2008, 216.

I. Neufassung der §§ 159, 160

1. Sonderverjährung und Nachhaftungsbegrenzung

Durch das **Nachhaftungsbegrenzungsgesetz – NachhBG – vom 18.3.1994**[1] sind die **§§ 159, 160 inhaltlich umgestaltet** worden. In der davor geltenden Fassung war für die persönliche Haftung der Gesellschafter (§§ 128 ff.) bei Auflösung der Gesellschaft oder Ausscheiden aus ihr eine fünfjährige Sonderverjährung vorgesehen. Bei einer Verjährung bleibt es nach § 159 jetzt nur noch bei der Auflösung der Gesellschaft, während für die Tatbestände des Ausscheidens in § 160 die Nachhaftung auf diejenigen Gläubigeransprüche begrenzt wird (i.S. einer Ausschlussregelung), die innerhalb von fünf Jahren ab Ausscheiden geltend gemacht worden sind. § 160 wird durch die Übergangsregelungen in den Art. 35 und 36 EGHGB ergänzt.

1

2. Weitere Tatbestände der Nachhaftungsbegrenzung

Das NachhBG sieht ferner gemäß den **§§ 26, 28 Abs. 3** eine Haftungsbegrenzung für die Fälle der Veräußerung eines Handelsgeschäfts (§ 25) sowie der Umwandlung eines einzelkaufmännischen Handelsgeschäfts in eine Personenhandelsgesellschaft durch Eintritt eines Gesellschafters (§ 28), sofern der bisherige Geschäftsinhaber dabei Kommanditist wird, zugunsten des bisherigen Inhabers vor. Weiter ist durch **§ 736 Abs. 2 BGB** auch die Nachhaftung eines aus einer GbR ausscheidenden Gesellschafters begrenzt. Und schließlich waren vergleichbare Bestimmungen auch für **Unternehmensumwandlungen** getroffen worden; diese sind allerdings im Hinblick auf das 1994 in Kraft getretene UmwG und die darin enthaltenen Regelungen (§§ 45, 133 Abs. 3–5, 224 UmwG[2]) nicht mehr aktuell.

2

II. Sonderverjährung nach § 159

1. Geltungsbereich

Anders als in der bis 1994 geltenden Fassung des § 159 sieht die Vorschrift nunmehr eine Sonderverjährung nur noch für den Fall der Auflösung der Gesellschaft vor.

3

---

1 BGBl. I 560.
2 Dazu, dass die §§ 45, 224 UmwG über ihren Wortlaut hinaus auch auf die persönliche Haftung eines Kommanditisten zu beziehen sind, vgl. *Lutter/H. Schmidt*, 3. Aufl. 2004, § 45 UmwG Rn. 9; *Lutter/Joost*, 3. Aufl. 2004, § 224 UmwG Rn. 1.

a) Auflösung durch Eröffnung des Insolvenzverfahrens

4 § 159 Abs. 1 greift bei einem der Auflösungsgründe nach § 131 Abs. 1. Erfasst wird u.a. auch die Auflösung durch Eröffnung des Insolvenzverfahrens über das Gesellschaftsvermögen (§ 131 Abs. 1 Nr. 3). Die dabei in Betracht kommenden Besonderheiten bei der Gesellschafterhaftung (dazu § 128 Rn. 17 ff.) sind indes nicht etwa einem Ausscheiden der Gesellschafter (mit der Folge, dass dann § 160 anzuwenden wäre) gleichzustellen[1]. Erlischt die Gesellschaft ohne Liquidation – etwa weil alle Anteile sich in der Hand eines Gesellschafters vereinigen (§ 131 Rn. 2) – so werden die ausgeschiedenen Gesellschafter nach Maßgabe des § 160 von der Haftung frei[2].

b) Verjährungsbeginn mit Vollbeendigung?

5 Für die sonstigen Fälle der Auflösung ist schon unter Geltung von § 159 a.F. zu Recht geltend gemacht worden[3], dass ein **Verjährungsbeginn ab Auflösung** der Gesellschaft **nicht gerechtfertigt** ist und dafür erst **ab Vollbeendigung** Raum sein kann; insoweit bedürfe die Vorschrift einer Uminterpretierung. Nachdem jedoch der Gesetzgeber bei der 1994 erfolgten Neufassung des § 159 ausdrücklich bei der Maßgeblichkeit des Auflösungstatbestandes und seiner Eintragung ins Handelsregister verblieben ist, wird dies ungeachtet der weiterhin berechtigten Kritik hieran[4] als der maßgebliche Gesetzesinhalt akzeptiert werden müssen.

c) Verhältnis des § 159 zu § 160

6 Der Tatbestand des § 159 schließt nicht aus, dass daneben auch die Rechtsfolgen des § 160 zum Zuge kommen können. Das kann z.B. der Fall sein, wenn nach einer Auflösung der Gesellschaft ein Gesellschafter ausscheidet (oder auch bei umgekehrter Reihenfolge dieser Vorgänge).

2. Gegenstand der Sonderverjährung

a) Außenhaftung für Altschulden

7 Die bei Auflösung der Gesellschaft eintretende Sonderverjährung betrifft nur die **persönliche (Außen-)Haftung** nach den §§ 128, 130 sowie – für die KG – den §§ 171, 172, 176 für die Gesellschaftsschulden, nicht aber eine Haftung aus einem anderen Verpflichtungsgrund, z.B. aus einer Bürgschaft oder einem Schuldbeitritt, auch nicht innergesellschaftliche Verpflichtungen der Gesellschaft gegenüber[5]. Unerheblich ist insoweit der Rechtsgrund

---

1 Dafür aber *Schlegelberger/K. Schmidt*, § 159 Rn. 13.
2 MünchKommHGB/*K. Schmidt*, § 159 Rn. 19; *Staub/Habersack*, § 159 Rn. 7; *Ebenroth/Boujong/Joost/Strohn/Hillmann*, § 159 Rn. 5.
3 Vgl. *K. Schmidt*, DB 1990, 2357, 2359 f.; *K. Schmidt*, ZHR 152 (1988), 105, 107 f., 116 ff.; *Schlegelberger/K. Schmidt*, § 159 Rn. 14, 27.
4 Siehe z.B. *Lieb*, GmbHR 1992, 561, 566; *Reichold*, NJW 1994, 1617, 1619.
5 *Hofmeister*, NZG 2002, 851, 852; *Staub/Habersack*, § 159 Rn. 12; MünchKommHGB/*K. Schmidt*, § 159 Rn. 20; *Ebenroth/Boujong/Joost/Strohn/Hillmann*, § 159 Rn. 7, 9.

der Gesellschaftsverbindlichkeit. Sie gilt aber auch für Drittgläubigeransprüche eines Mitgesellschafters, da dafür nach § 128 gehaftet wird (§ 128 Rn. 1)[1]. Erfasst sind auch im Abwicklungsstadium begründete Gesellschaftsschulden (siehe unten Rn. 10).

b) Forderungstitulierung

Die Sonderverjährung greift unabhängig davon ein, ob der Anspruch etwa gegenüber der Gesellschaft tituliert ist[2]. Wenn jedoch der Gesellschafter selbst verurteilt ist, ist gemäß § 197 BGB für einen Verjährungseintritt erst nach 30 Jahren Raum[3].

8

c) Kürzere Anspruchsverjährung

Verjährt der Gläubigeranspruch nach anderen Vorschriften in kürzerer Zeit als in fünf Jahren, führt dies zwar zu **keiner entsprechenden Verkürzung** der Verjährung für den **Haftungsanspruch**[4]. Jedoch kann der Gesellschafter sich gemäß § 129 Abs. 1 auf eine gegenüber der Gesellschaft eingetretene Verjährung berufen[5]; denn diese Vorschrift bleibt neben § 159 anwendbar. Davon abgesehen kann die Verjährungsfrist des § 159 gemäß § 202 BGB durch Vereinbarung mit dem Gläubiger verkürzt werden[6].

9

d) Neuverbindlichkeiten

§ 159 betrifft auch die nach der Auflösung entstandenen Verbindlichkeiten der Gesellschaft. Hier beginnt die Sonderverjährung aber jeweils mit dem Fälligwerden des Gläubigeranspruchs (§ 159 Abs. 3).

10

3. Beginn der Verjährung

a) Eintragung der Auflösung

§ 159 Abs. 2 bestimmt, dass die Verjährung mit dem **Ende des Tages zu laufen beginnt**, an welchem die **Auflösung** der Gesellschaft bzw. die Eröffnung des Insolvenzverfahrens[7] in das Handelsregister **eingetragen** wird. Dies gilt

11

---

1 *Staub/Habersack*, § 159 Rn. 12; MünchKommHGB/*K. Schmidt*, § 159 Rn. 24; *Baumbach/Hopt*, § 159 Rn. 4; *Ebenroth/Boujong/Joost/Strohn/Hillmann*, § 159 Rn. 7.
2 RG JW 1938, 1173; *Baumbach/Hopt*, § 159 Rn. 4; MünchKommHGB/*K. Schmidt*, § 159 Rn. 25; *Ebenroth/Boujong/Joost/Strohn/Hillmann*, § 159 Rn. 10.
3 BGH v. 27.4.1981 – II ZR 177/80, WM 1981, 875.
4 BGH v. 11.12.1978 – II ZR 235/77, BGHZ 73, 217, 223; BGH v. 8.2.1982 – II ZR 235/81, WM 1982, 509, 510; *Staub/Habersack*, § 159 Rn. 15; abw. *Heymann/Sonnenschein/Weitemeyer*, § 159 n.F. Rn. 4.
5 Vgl. BGH v. 8.2.1982 – II ZR 235/81, WM 1982, 509, 510; *Brandes*, FS Stimpel, 1985, S. 105, 113 ff.
6 *Staub/Habersack*, § 159 Rn. 4.
7 BGH v. 8.2.1982 – II ZR 235/81, WM 1982, 509, 510; BGH v. 21.3.1983 – II ZR 113/82, ZIP 1983, 822, 823.

auch, wenn es an einer Voreintragung der Gesellschaft fehlt[1]. Sinn und Zweck der Vorschrift ist es, den Gesellschafter der Notwendigkeit zu entheben, alle Gläubiger einzeln von der Auflösung der Gesellschaft in Kenntnis zu setzen. Stattdessen lässt es der Gesetzgeber für den Fristbeginn genügen, dass die Gläubiger von der Auflösung durch Einsichtnahme in das Handelsregister und die dortige Eintragung Kenntnis erlangen können[2]. Hat der Gläubiger daher positive Kenntnis von der Auflösung der Gesellschaft, so setzt dies den Lauf der Frist in Gang[3].

b) Spätere Fälligkeit

12 Wird die Forderung erst nach der Eintragung der Auflösung fällig, so setzt die **Verjährung** erst **mit dem Fälligkeitszeitpunkt** ein (§ 159 Abs. 3). Dies gilt insbesondere für das Fälligwerden von Teilansprüchen aus Dauerschuldverhältnissen[4], ist darüber hinaus aber auch auf die **nachträgliche Entstehung einzelner Ansprüche** aus einem Rechtsverhältnis zu beziehen.

13 Frei.

4. Hemmung und Neubeginn der Verjährung

a) Gegenüber der Gesellschaft

14 § 159 Abs. 4 bestimmt, dass der Neubeginn der Verjährung durch Anerkenntnis bzw. durch gerichtliche oder behördliche Vollstreckungsmaßnahmen (§ 212 Abs. 1 BGB) und die Hemmung der Verjährung durch Rechtsverfolgung (§ 204 Abs. 1 BGB) im Verhältnis des Gläubigers zur aufgelösten Gesellschaft zwar nicht gegen einen im Zeitpunkt der Auflösung bereits ausgeschiedenen[5], wohl aber gegen einen der Gesellschaft zu diesem Zeitpunkt noch angehörenden Gesellschafter wirkt[6]. Dies gilt jedenfalls, wenn die (von §§ 204, 212 BGB erfassten) Rechtshandlungen oder geschäftsähnlichen Handlungen vorgenommen wurden, so lange noch ungeteiltes (Gesellschafts-)Vermögen vorhanden ist (oder später aufgefunden wird), d.h. die Liquidation noch nicht beendet ist.

---

1 MünchKommHGB/K. Schmidt, § 159 Rn. 29; a.A. OLG Oldenburg v. 20.3.1987 – 5 W 9/87, BB 1987, 1622, 1623; Staub/Habersack, § 159 Rn. 19; Baumbach/Hopt, § 159 Rn. 6; Ebenroth/Boujong/Joost/Strohn/Hillmann, § 159 Rn. 12.
2 Siehe BGH v. 24.9.2007 – II ZR 284/05, DStR 2007, 2222, 2223.
3 So wohl auch BGH v. 24.9.2007 – II ZR 284/05, DStR 2007, 2222, 2223; OLG Dresden v. 26.2.2001 – 2 U 2766/00, NZG 2001, 664, 667; a.A. MünchKommHGB/K. Schmidt, § 159 Rn. 29, 7.
4 BGH v. 6.6.1968 – II ZR 118/66, BGHZ 50, 232, 235 f.
5 BGH v. 8.11.1966 – II ZR 223/64, BGHZ 44, 229, 233 f.; BGH v. 22.9.1980 – II ZR 204/79, BGHZ 78, 114, 120 f.
6 Für die Anmeldung der Forderung im Insolvenzverfahren über das Vermögen der Gesellschaft (§ 204 Abs. 1 Nr. 10 BGB), siehe BAG v. 12.6.2002 – 10 AZR 199/01, NJOZ 2003, 1506, 1510 f.

b) Gegenüber dem Gesellschafter

Hemmung und Neubeginn gegenüber dem Gesellschafter bleiben möglich, doch sind sie gemäß § 129 Abs. 1 ohne Wirkung, wenn der Anspruch gegen die Gesellschaft bereits verjährt war[1]. Hemmung und Neubeginn gegenüber einem Gesellschafter wirkt allerdings nicht zu Lasten eines Mitgesellschafters. Eine Hemmung gegenüber dem Gesellschafter wird von einer nachfolgenden Verjährung gegenüber der Gesellschaft nicht berührt[2]. 15

c) Rechtsfolgen

Ist die Verjährung der Gesellschaftsverbindlichkeit gehemmt, so wird dieser Zeitraum in die laufende Fünfjahresfrist nicht eingerechnet (§ 209 BGB). Im Fall des Neubeginns der Verjährung läuft die Fünfjahresfrist im Ganzen neu, beginnend mit dem auf das Anerkenntnis bzw. der Vollstreckungshandlung folgenden Tag (§ 212 Abs. 1 BGB). War die Verjährung noch vor der Auflösung der Gesellschaft gehemmt, hindert dies den Lauf der Sonderverjährung nach § 159[3]. 16

§ 160
Nachhaftungsbegrenzung

(1) Scheidet ein Gesellschafter aus der Gesellschaft aus, so haftet er für ihre bis dahin begründeten Verbindlichkeiten, wenn sie vor Ablauf von fünf Jahren nach dem Ausscheiden fällig und daraus Ansprüche gegen ihn in einer in § 197 Abs. 1 Nr. 3 bis 5 des Bürgerlichen Gesetzbuchs bezeichneten Art festgestellt sind oder eine gerichtliche oder behördliche Vollstreckungshandlung vorgenommen oder beantragt wird; bei öffentlich-rechtlichen Verbindlichkeiten genügt der Erlass eines Verwaltungsakts. Die Frist beginnt mit dem Ende des Tages, an dem das Ausscheiden in das Handelsregister des für den Sitz der Gesellschaft zuständigen Gerichts eingetragen wird. Die für die Verjährung geltenden §§ 204, 206, 210, 211 und 212 Abs. 2 und 3 des Bürgerlichen Gesetzbuches sind entsprechend anzuwenden.

(2) Einer Feststellung in einer in § 197 Abs. 1 Nr. 3 bis Nr. 5 des Bürgerlichen Gesetzbuchs bezeichneten Art bedarf es nicht, soweit der Gesellschafter den Anspruch schriftlich anerkannt hat.

(3) Wird ein Gesellschafter Kommanditist, so sind für die Begrenzung seiner Haftung für die im Zeitpunkt der Eintragung der Änderung in das Handelsregister begründeten Verbindlichkeiten die Absätze 1 und 2 entsprechend anzuwenden. Dies gilt auch, wenn er in der Gesellschaft oder einem ihr als Gesellschafter angehörenden Unternehmen geschäftsführend tätig wird. Seine Haftung als Kommanditist bleibt unberührt.

---

[1] BGH v. 8.2.1982 – II ZR 235/81, WM 1982, 509, 510.
[2] BGH v. 22.3.1988 – X ZR 64/87, BGHZ 104, 76, 80 f.
[3] MünchKommHGB/*K. Schmidt*, § 159 Rn. 33; *Ebenroth/Boujong/Joost/Strohn/Hillmann*, § 159 Rn. 14.

Übersicht

	Rn.		Rn.
I. Einführung der Nachhaftungsbegrenzung		**II. Geltender Rechtszustand**	7
1. Neufassung des § 160 durch das Nachhaftungsbegrenzungsgesetz	1	1. Der Tatbestand des Ausscheidens	8
2. Früherer Rechtszustand	2	2. Haftung für die Altverbindlichkeiten	9
a) Rechtsprechungsregeln	3	3. Nachhaftungsbegrenzung	
b) Keine Enthaftung des geschäftsführenden Kommanditisten	4	a) Fristenlauf	11
c) Analogie zu § 613a Abs. 2 BGB?	5	b) Geltendmachung der Gläubigerforderung	13
d) Sonderverjährung und Enthaftung in der Gesellschaft bürgerlichen Rechts	6	c) Hemmung und Neubeginn	14
		4. Anspruchsverjährung	15
		5. Abdingbarkeit der Regelung	16

Schrifttum: Vgl. die Angaben zu § 159.

I. Einführung der Nachhaftungsbegrenzung

1. Neufassung des § 160 durch das Nachhaftungsbegrenzungsgesetz

1 Wie bei § 159 Rn. 1 dargestellt, sind die Fälle einer Nachhaftung ausgeschiedener Gesellschafter für die Gesellschaftsverbindlichkeiten aus dem Tatbestand des früheren § 159 herausgenommen und nunmehr in § 160 geregelt, und zwar nicht mehr i.S. einer Sonderverjährung, sondern in der Weise, dass es nach einem Zeitraum von fünf Jahren grundsätzlich zu einem Erlöschen der Haftung kommt.

2. Früherer Rechtszustand

2 Allerdings hatte die **Rechtsprechung** auch schon unter der Geltung von § 159 a.F. außerhalb der Sonderverjährung eine **Enthaftung bei Dauerschuldverhältnissen** anerkannt, da die sich u.U. über viele Jahre verteilenden Fälligkeiten der aus dem Schuldverhältnis entspringenden Teilleistungsverpflichtungen zu einer unangemessen langen, auch vom Gesetz nicht bedachten Haftungserstreckung führen konnten.

a) Rechtsprechungsregeln

3 Diese Enthaftung trat bei kündbaren Rechtsverhältnissen mit dem ersten auf das Ausscheiden folgenden **ordentlichen Kündigungstermin** zugunsten des Gläubigers ein[1], bei Fehlen einer Kündigungsmöglichkeit aber **fünf Jahre nach Eintragung des Ausscheidens**[2]. Ein außerordentliches Kündigungsrecht des Vertragspartners führte dagegen nicht zu einer Enthaftung[3].

---

1 BGH v. 19.12.1977 – II ZR 202/76, BGHZ 70, 132, 135 f.; BGH v. 19.5.1983 – II ZR 50/82, BGHZ 87, 286, 291 f.
2 BGH v. 19.5.1983 – II ZR 50/82, BGHZ 87, 286, 292; OLG Hamm v. 24.10.2007 – 8 U 29/07, NZG 2008, 101, 102.
3 BGH v. 18.10.1984 – II ZR 312/83, NJW 1985, 1899.

b) Keine Enthaftung des geschäftsführenden Kommanditisten

Die Rechtsprechung versagte i.Ü. eine Enthaftung in den Fällen, in denen 4
ein in die Position eines Kommanditisten überwechselnder Gesellschafter
weiterhin die Geschäfte der Gesellschaft führte, namentlich als Geschäftsführer einer Komplementär-GmbH[1], auch hier allerdings gegen den Widerspruch eines Teils des Schrifttums[2].

c) Analogie zu § 613a Abs. 2 BGB?

Im Hinblick auf die Forthaftung des ausgeschiedenen Gesellschafters für 5
Ansprüche aus bestehenden Arbeitsverhältnissen war eine Analogie zu
§ 613a Abs. 2 BGB erörtert worden[3]. Doch hatte die Rechtsprechung derartiges zu Recht stets abgelehnt, da die Situation nicht vergleichbar sei[4].

d) Sonderverjährung und Enthaftung in der Gesellschaft bürgerlichen Rechts

§ 159 a.F., aber auch die von der Rechtsprechung entwickelten Enthaftungs- 6
regeln waren analog auch auf die GbR anzuwenden[5]. Nunmehr verweist
§ 736 Abs. 2 BGB (i.d.F. des NachhBG) auf § 160[6]; § 159 wird auch weiterhin
analog für die GbR zu gelten haben.

II. Geltender Rechtszustand

Mit Inkrafttreten des NachhBG am 26.3.1994 ist es zu manchen Änderungen 7
der Rechtslage, die durch die von der Rechtsprechung geschaffenen Regeln
bestimmt war, gekommen. Die zuvor maßgeblich gewesenen Rechtsgrundsätze, insbesondere die sog. Kündigungstheorie (Rn. 3), sind – soweit nicht
nach der Übergangsvorschrift des Art. 35 S. 1 Nr. 1 EGHGB das alte Recht
weiter gilt (dazu Vorauflage Rn. 17) – daneben nicht mehr anwendbar[7]. Die
durch das NachhBG geschaffene Übergangsregelung des Art. 35 EGHGB hat
auch nach der Modifizierung des § 160 durch das Schuldrechtsmodernisierungsgesetz weiterhin Geltung[8]. Im Einzelnen gilt nunmehr Folgendes:

---

1 BGH v. 22.9.1980 – II ZR 204/79, BGHZ 78, 114, 118; BGH v. 25.9.1989 – II ZR 259/88, BGHZ 108, 330, 341 f.; BAG v. 3.5.1983 – 3 AZR 1263/79, BAGE 42, 312, 323 f.; BAG v. 28.11.1989 – 3 AZR 818/87, BAGE 63, 260, 264; BAG v. 28.11.1989 – 3 AZR 818/87, ZIP 1990, 534, 535.
2 Vgl. *Schlegelberger/K. Schmidt*, § 159 Rn. 20 m.w.N.
3 Siehe z.B. *Wiesner*, ZIP 1983, 1032, 1036.
4 BGH v. 19.5.1983 – II ZR 50/82, BGHZ 87, 286, 292; BAG v. 3.5.1983 – 3 AZR 1263/79, BAGE 42, 312, 322.
5 BGH v. 10.2.1992 – II ZR 54/91, BGHZ 117, 168, 174 ff.
6 Für die Frage, wie die Verweisung in Ermangelung eines Gesellschaftsregisters zu lesen ist, vgl. *Wertenbruch*, NZG 2008, 216.
7 BGH v. 27.9.1999 – II ZR 356/98, BGHZ 142, 324, 330 f.; *Staub/Habersack*, § 160 Rn. 34.
8 OLG Hamm v. 24.10.2007 – 8 U 29/07, NZG 2008, 101.

1. Der Tatbestand des Ausscheidens

8 Außer auf ein vollständiges Ausscheiden aus der Gesellschaft – auch auf dasjenige eines Kommanditisten aus einer KG – ist die geltende Regelung auf **andere Fälle eines Wegfalls der Stellung als Vollhafter** anzuwenden[1], also auch auf eine Umwandlung der Beteiligung in die eines Kommanditisten[2] sowie auf die Beendigung der unbeschränkten Kommanditistenhaftung gemäß § 176 (vgl. § 128 Rn. 25). Was den **Formwechsel** der Gesellschaft in eine andere Rechtsform (§ 190 UmwG) angeht, so ist statt des § 160 die Vorschrift des § 224 UmwG maßgeblich, die aber eine mit § 160 übereinstimmende Begrenzung der Nachhaftung vorsieht. § 160 ist weiter über § 736 Abs. 2 BGB auch für die **Umwandlung einer GbR in eine KG** einschlägig, wenn ein bisher unbeschränkt haftender Gesellschafter dabei Kommanditist wird. Durch § 160 Abs. 3 S. 2 hat der Gesetzgeber – Wünschen der mittelständischen Wirtschaft nachgebend – der Rechtsprechung, soweit sie einem weiterhin geschäftsführend tätigen Kommanditisten eine Enthaftung nicht zugestand, den Boden entzogen. § 160 Abs. 3 S. 3 der Vorschrift über die Forthaftung für die Schulden entsprechend den Regeln für eine Kommanditbeteiligung (§§ 173, 171 f.) ist hingegen lediglich eine Klarstellung.

2. Haftung für die Altverbindlichkeiten

9 Wie die Regelung in § 159 (vgl. § 159 Rn. 7) bezieht sich auch § 160 nur auf die persönliche Haftung des Gesellschafters für Gesellschaftsverbindlichkeiten (§§ 128, 171 f., 176)[3]. Zur **Abgrenzung** der Altverbindlichkeiten, die der Nachhaftung gemäß den §§ 128 ff. unterliegen, vgl. § 128 Rn. 27 ff. Für Neuschulden haftet der ausgeschiedene Gesellschafter nicht; bei einem Wechsel in eine Kommanditistenstellung greift insoweit aber die Kommanditistenhaftung nach den §§ 171, 172 ein.

10 Für die Enthaftung kommt es nicht auf die Natur der Verbindlichkeit an[4]. Erfasst werden **Gläubigeransprüche aller Art**, auch solche aus Dauerschuldverhältnissen; denn hier ist die Rechtsgrundlage für die einzelnen Schuldverpflichtungen bereits in dem Vertrag selbst angelegt[5]. Haftet der Gesellschafter dem Gläubiger jedoch aus einem anderen Verpflichtungsgrund (z.B. aus Bürgschaft oder Schuldbeitritt), ist § 160 nicht einschlägig[6].

---

1 Siehe hierzu *Ebenroth/Boujong/Joost/Strohn/Hillmann*, § 160 Rn. 5; siehe auch *Baumbach/Hopt*, § 160 Rn. 7.
2 Siehe hierzu auch OLG Hamm v. 30.3.2007 – 30 U 13/06, NZI 2007, 584, 589; OLG Hamm v. 24.10.2007 – 8 U 29/07, NZG 2008, 101.
3 BGH v. 18.1.2002 – V ZR 68/01, NZG 2002, 467.
4 BGH v. 18.1.2002 – V ZR 68/01, NZG 2002, 467; MünchKommHGB/*K. Schmidt*, § 159 Rn. 25.
5 BAG v. 19.5.2004 – 5 AZR 405/03, NJW 2004, 3287, 3288; OLG Hamm v. 30.3.2007 – 30 U 13/06, NZI 2007, 584, 588; *Baumbach/Hopt*, § 128 Rn. 29.
6 MünchKommHGB/*K. Schmidt*, § 159 Rn. 25; *Ebenroth/Boujong/Joost/Strohn/Hillmann*, § 160 Rn. 5; *Baumbach/Hopt*, § 160 Rn. 2; *A. Hueck*, Das Recht der OHG, S. 525; abw. für einen Schuldbeitritt bei § 26 a.F.: BGH v. 25.11.1964 – V ZR 185/62, BGHZ 42, 381, 383 ff.; auch *Baumbach/Hopt*, § 160 Rn. 3, anders aber in Rn. 2.

3. Nachhaftungsbegrenzung

a) Fristenlauf

Die **Fünfjahresfrist** für die Enthaftung **beginnt grundsätzlich mit der Eintragung des Ausscheidens** bzw. der **Umwandlung der Beteiligung** in die eines Kommanditisten (§ 160 Abs. 1 S. 2). Sinn und Zweck des § 160 Abs. 1 S. 2 ist es, den Gesellschafter der Notwendigkeit zu entheben, alle Gläubiger einzeln von seinem Ausscheiden in Kenntnis zu setzen. Stattdessen lässt es der Gesetzgeber für den Fristbeginn ausreichen, dass die Gläubiger vom Ausscheiden durch Einsichtnahme in das Handelsregister und der dortigen Eintragung Kenntnis erlangen können[1]. Im Lichte dieser Zweckbestimmung des § 160 Abs. 1 S. 2 (und mit Blick auf die Nachhaftung in der BGB-Gesellschaft nach § 736 Abs. 2 BGB) muss die Frist auch dann zu laufen beginnen, wenn der Gläubiger positive Kenntnis vom Ausscheiden des Gesellschafters (oder Umwandelns seiner Beteiligung) hat. Setzt der Gläubiger innerhalb der Fünfjahresfrist ab Kenntnis vom Ausscheiden des Gesellschafters seine Ansprüche gegenüber dem ausgeschiedenen Gesellschafter nicht durch, kann ihm nicht gestattet werden, sich auf die fehlende Eintragung des Ausscheidens zu berufen[2].

11

Die Enthaftung tritt ohne weiteres für solche Ansprüche ein, die in dieser Zeitspanne nicht mehr fällig werden (§ 160 Abs. 1 S. 1)[3]. Hier wird der Eintritt der Enthaftung teilweise sogleich mit dem Ausscheiden aus der Gesellschaft angenommen[4]. Doch ist dem allenfalls für solche Ansprüche zuzustimmen, bei denen ein Fälligwerden innerhalb der fünf Jahre schlechthin nicht denkbar ist. Im Hinblick auf die eindeutige Regelung in § 160 wird man diese Rechtsfolge auch für solche Ansprüche annehmen müssen, die typischerweise erst nach Jahren und außerhalb der Ausschlussfrist entstehen und fällig werden und deren rechtzeitige Geltendmachung daher ausgeschlossen ist[5]. Bei **innerhalb der Frist fällig werdenden Ansprüchen** kommt es mit dem Fristablauf zur Enthaftung.

12

b) Geltendmachung der Gläubigerforderung

Der Gläubiger kann den Eintritt der Enthaftung des Gesellschafters dadurch abwenden, dass er den (innerhalb der Ausschlussfrist fällig werdenden) An-

13

---

1 BGH v. 24.9.2007 – II ZR 284/05, DStR 2007, 2222, 2223.
2 BGH v. 24.9.2007 – II ZR 284/05, DStR 2007, 2222, 2223; siehe auch Münch-KommHGB/*K. Schmidt*, § 160 Rn. 27; *Wertenbruch*, NZG 2008, 216; a.A. OLG Hamm v. 30.3.2007 – 30 U 13/06, NZI 2007, 584, 589; *Staub/Habersack*, § 160 Rn. 16 i.V.m. § 159 Rn. 17; *Ebenroth/Boujong/Joost/Strohn/Hillmann*, § 160 Rn. 9; *Baumbach/Hopt*, § 160 Rn. 2; offen gelassen in BAG v. 19.5.2004 – 5 AZR 405/03, NJW 2004, 3287, 3288.
3 *Ebenroth/Boujong/Joost/Strohn/Hillmann*, § 160 Rn. 17; MünchKommHGB/*K. Schmidt*, § 159 Rn. 31.
4 *Staub/Habersack*, Rn. 17; *Lieb*, GmbHR 1992, 561, 564; *Seibert*, DB 1994, 461; a.A. *Ebenroth/Boujong/Joost/Strohn/Hillmann*, § 160 Rn. 17.
5 MünchKommHGB/*K. Schmidt*, § 160 Rn. 25; *Ebenroth/Boujong/Joost/Strohn/Hillmann*, § 160 Rn. 17.

spruch vor Fristablauf feststellen lässt (§ 197 Abs. 1 Nr. 3 bis 5 BGB), Vollstreckungshandlungen vornimmt oder beantragt oder aber – bei öffentlich-rechtlichen Forderungen – durch Verwaltungsakt festsetzt. Um einen Anspruch bei einer erst kurz vor Fristablauf eintretenden Fälligkeit nicht einzubüßen, kann der Gläubiger auch schon vor Fälligwerden auf Feststellung (§ 256 ZPO) oder auf künftige Leistung (§§ 257 ff. ZPO) klagen. Einer Feststellung nach § 197 Abs. 1 Nr. 3 bis 5 BGB steht es gleich, wenn der Gesellschafter den Anspruch **schriftlich anerkannt** hat (vgl. § 160 Abs. 2). Auch hierdurch wird die Enthaftung verhindert. Das schriftliche Anerkenntnis muss kein solches i.S.v. § 780 BGB sein.

c) Hemmung und Neubeginn

14 § 160 Abs. 1 S. 3 erklärt einzelne Bestimmungen des Verjährungsrechts des BGB auf die Ausschlussfrist für entsprechend anwendbar. Gehemmt wird der Lauf der Fünfjahresfrist insbesondere durch Rechtsverfolgungsmaßnahmen (§ 204 Abs. 1 BGB), infolge höherer Gewalt (§ 206 BGB), bei fehlender Geschäftsfähigkeit (§ 210 BGB) sowie in Nachlassfällen (§ 211 BGB). Verwiesen wird schließlich auch auf § 212 Abs. 2 und 3 BGB, die den Neubeginn der Verjährung im Fall von Vollstreckungshandlungen unter bestimmten Voraussetzungen rückwirkend entfallen lassen.

4. Anspruchsverjährung

15 Die Möglichkeit einer Enthaftung lässt unberührt, dass der Gesellschafter sich auch auf eine eingetretene Verjährung des Anspruchs (vgl. § 129 Rn. 4) berufen kann[1]. Dies gilt auch, wenn ihm gegenüber eine Sonderverjährung nach § 159 in Betracht kommt (§ 159 Rn. 6).

5. Abdingbarkeit der Regelung

16 Die Regelungen in § 160 Abs. 1 bis 3 sind nicht zwingend und können durch Vereinbarung mit dem Gläubiger abbedungen werden[2].

---

[1] *Ebenroth/Boujong/Joost/Strohn/Hillmann*, § 160 Rn. 17; *Hofmeister*, NZG 2002, 851, 853 f.
[2] So die zutr. h.M.: MünchKommHGB/*K. Schmidt*, § 159 Rn. 16; *Kollbach*, GmbHR 1994, 164, 165; *Reichold*, NJW 1994, 1617, 1619; vgl. ferner (zu § 26) *Heymann/Emmerich*, § 26 Rn. 22; abw. *Staub/Habersack*, § 160 Rn. 6 f.; *Leverenz*, ZHR 160 (1996), 75 ff.

Zweiter Abschnitt Kommanditgesellschaft

§ 161
Begriff der Kommanditgesellschaft

(1) Eine Gesellschaft, deren Zweck auf den Betrieb eines Handelsgewerbes unter gemeinschaftlicher Firma gerichtet ist, ist eine Kommanditgesellschaft, wenn bei einem oder bei einigen von den Gesellschaftern die Haftung gegenüber den Gesellschaftsgläubigern auf den Betrag einer bestimmten Vermögenseinlage beschränkt ist (Kommanditisten), während bei dem anderen Teil der Gesellschafter eine Beschränkung der Haftung nicht stattfindet (persönlich haftende Gesellschafter).

(2) Soweit nicht in diesem Abschnitt ein anderes vorgeschrieben ist, finden auf die Kommanditgesellschaft die für die offene Handelsgesellschaft geltenden Vorschriften Anwendung.

Übersicht

	Rn.
A. Grundtypus der KG	
I. Rechtsnatur und Bedeutung	
1. Personengesellschaft	1
2. Haftungsbeschränkung	2
3. Handelsgewerbe	3
4. Erscheinungsformen	4
II. Entstehung der KG	
1. Gesellschaftsvertrag	5
a) Konkludenter Vertragsschluss	6
b) Kein Formzwang	7
c) Minderjährige Gesellschafter	8
d) Einzelheiten; fehlerhafte Gesellschaft	10
2. Umgestaltung einer anderen Personengesellschaft	11
3. Umwandlungstatbestände	13
III. Firma der KG	
1. Maßgebende Vorschriften	14
2. GmbH & Co. KG	16
IV. Gesellschafter	
1. Komplementäre	17
2. Kommanditisten	18
3. Kaufmannseigenschaft der Gesellschafter	19
4. Einheitlichkeit der Beteiligung	20
5. Gemeinsamer Vertreter	21
a) Bestellung	22
b) Befugnisse	23
c) Rechtsbeziehungen	24
d) Abberufung	25
B. GmbH & Co. KG	
I. Wesen, Bedeutung und Zulässigkeit	
1. Typenverbindung	26
2. Gründe für die Rechtsformwahl	27
a) Steuerliche Gründe	28
b) Rechnungslegung und Publizität	29
c) Gesellschaftsrechtliche Gründe	30
3. Anerkennung der Gestaltung	35
4. Unternehmensgegenstand	37
II. Erscheinungsformen	
1. Gesellschaften mit unterschiedlichen Beteiligungsverhältnissen	39
2. Personengleiche Gesellschaft	40
3. Einmanngesellschaft	41
4. Einheitsgesellschaft (oder wechselseitig beteiligte GmbH & Co.)	42
5. Mehrstufige Gesellschaft	43
6. Kapitalistische Gesellschaft	44
III. Entstehung der GmbH & Co. KG	
1. Gesellschaftsvertrag	45
2. Vor-GmbH als Komplementärin	46
a) Vertretungsmacht der Geschäftsführer	47

	Rn.
b) Haftung der Gesellschafter	48
c) Handelndenhaftung	50
d) Vorgründungsgesellschaft	51
3. Haftung der Kommanditisten	51a

IV. Firma der GmbH & Co. KG

	Rn.
1. Erfordernisse	52
2. Mehrstöckige Gesellschaften	53
3. Gesellschaftssitz	54
4. Abgeleitete Firmenbezeichnung	55
5. Rechtsscheinhaftung	56

V. Rechtsverhältnisse in der GmbH & Co. KG

	Rn.
1. Stellung der Komplementär-GmbH	57
2. Treuepflichten in der GmbH & Co. KG	57a
3. Verantwortlichkeit der Komplementär-GmbH	58
4. Rechtsstellung des Geschäftsführers der GmbH	59
5. Umfang der Geschäftsführungs- und Vertretungsbefugnis	61
a) Handeln außerhalb bestehender Befugnisse	62
b) Handeln in rechtsgeschäftlicher Vertretung der KG	63
c) Prokuristen der GmbH	64
d) Prokuristen der KG	65
e) Prokura für Kommanditisten/Geschäftsführer der Komplementär-GmbH	66
6. Selbstkontrahieren	67
7. Rechnungslegung in der GmbH & Co. KG	69

VI. Beirat in der GmbH & Co. KG

	Rn.
1. Gesellschaftsorgan	71
2. Funktionen und Kompetenzen	
a) Aufgabenstellung	74
b) Umfang der Kompetenzen	75
c) Mitgliedschaft von Nichtgesellschaftern	77
3. Haftung der Beiratsmitglieder	78

VII. Mitbestimmung in der GmbH & Co. KG

	Rn.
1. Mehrheitsbeteiligung in der GmbH als Voraussetzung	81
2. Rechtsfolgen	83
3. Kein Ausschluss der GmbH von der Geschäftsführung	84
4. Konzernverbindungen	85

	Rn.
5. Einzelheiten	86

C. Publikumsgesellschaft

I. Bedeutung und Struktur

	Rn.
1. Organisation von Anlegerinteressen	87
2. Gründungsanlässe	88
3. Körperschaftliche Struktur	89
4. Mittelbare Beteiligung der Anleger	90
5. Entwicklung eines Sonderrechts	91

II. Gesellschaftsvertrag

	Rn.
1. Formfragen	92
2. Vertragsauslegung	93
3. Inhaltskontrolle	95
a) Haftungsmaßstab	97
b) Verjährung von Ersatzansprüchen	98
c) Abberufung der Komplementärin	99
d) Keine Sperrminorität für die Gründer	100
e) Keine Sonderbefugnisse für die Komplementärin	101
f) Verbot des Selbstkontrahierens	102
g) Kontrollrechte der Anleger	103
h) Einberufung von Gesellschafterversammlungen	104
i) Nachschusspflicht	104a
j) Schlichtungsklauseln	105
k) Schiedsabreden	106

III. Beitritt und Ausscheiden der Kommanditisten

	Rn.
1. Beitrittsvertrag	107
a) Formfreiheit	108
b) Folgen eines Dissenses	109
c) Geschäftsunfähigkeit des Beitretenden	110
2. Arglistige Täuschung	111
a) Abschichtungsbilanz	112
b) Keine Kündigung bei aufgelöster Gesellschaft	113
c) Keine Kündigung bei alle Gesellschafter betreffenden Gründen	114
d) Mittelbar beteiligte Anleger	115
3. Übertragung der Anteile	115a

IV. Vertragsänderungen und Gesellschafterbeschlüsse ... 115b

	Rn.
1. Keine Geltung des Bestimmtheitsgrundsatzes	116
2. Umgestaltungsmöglichkeiten durch Mehrheitsbeschluss	117

	Rn.		Rn.
a) Grenzen für Änderungen	118	6. Factoringgeschäfte über Einlagenansprüche	148
b) Hinnahme von Eingriffen	119	7. Nachschüsse	149
c) Kündigungsrecht	120	8. Kapitalaufbringung, Außenhaftung	150
d) Vertragsänderung durch den Beirat	121	**VII. Haftung bei der Anlegerwerbung**	
3. Ladung zur Gesellschafterversammlung	122	1. Grundsätze	151
4. Zustandekommen von Beschlüssen	124	a) Unterrichtung über die Verhältnisse der Gesellschaft	152
V. Organe und Rechtsverhältnisse		b) Risikoaufklärung	153
1. Vertretung und Geschäftsführung	126	c) Aufklärungspflichtige Personen	154
2. Einsetzung eines Beirats	129	2. Haftungstatbestände	155
3. Haftung der Beiratsmitglieder	130	a) Haftung aus Vertrag	156
a) Unzulässige Gewinnausschüttung	131	b) Verschulden bei Vertragsschluss	157
b) Haftungsfreistellung durch Gesellschafterbeschluss	132	c) Haftung des Treuhandkommanditisten	158
c) Keine Berufung auf Mitverschulden	133	d) Haftung von Kreditinstituten	159
d) Actio pro socio	134	e) Vertreter- und Sachwalterhaftung	16
4. Kommanditistenausschüsse	136	f) Deliktische Haftung	160a
5. Stellung des Treuhandkommanditisten	137	g) Prospekthaftung	161
a) Pflichtbindung	138	aa) Haftungserstreckung auf KG und Kommanditisten	161a
b) Rechtsverhältnisse gegenüber der Gesellschaft	139	bb) Haftungserstreckung auf Garanten	162
c) Haftung bei Pflichtverletzungen	140	cc) Freizeichnungsklauseln	163
VI. Beteiligung des Anlegers		dd) Spezialgesetzliche Prospekthaftung	163a
1. „Gesplittete" Einlagen	141	3. Ursächlichkeit des Beitritts für den Schaden	164
2. Alleinige Beteiligung als atypischer stiller Gesellschafter	143	4. Schaden des Anlegers	165
3. Einlage und Treuhandkonto	144	5. Mitverschulden	167
4. Vermittlung der Einlagenfinanzierung	145	6. Verjährung	168
5. Stellung von Sicherheiten zugunsten der Gesellschaft	147	7. Gerichtsstand	170

Schrifttum: Siehe neben den Schrifttumsangaben zu § 105: *Binz/Sorg*, Die GmbH & Co. KG im Gesellschafts- und Steuerrecht, 10. Aufl. 2005; *Brandes*, Die Rechtsprechung des BGH zur GmbH & Co. KG und zur Publikumsgesellschaft, WM 1987, Sonderbeil. Nr. 1; *Grunewald*, Haftung für fehlerhafte Geschäftsführung in der GmbH & Co. KG, BB 1981, 581; *Haack*, Der Beirat in der GmbH & Co. KG, BB 1993, 1607; *Hesselmann/Tillmann/Mueller-Thuns*, Handbuch der GmbH & Co. KG, 19. Aufl. 2005; *Hölters*, Sonderprobleme des Beirats der GmbH & Co. KG, DB 1980, 2225; *Huber*, Haftungsprobleme der GmbH & Co. KG im Gründungsstadium, in: Festschrift Hefermehl, 1976, S. 127; *Immenga*, Die personalistische Kapitalgesellschaft, 1970; *Klauss/Birle*, Die GmbH & Co, 7. Aufl. 1988; *Klauss/Mittelbach*, Die Kommanditgesellschaft, 4. Aufl. 1984; *Konzen*, Geschäftsführung, Weisungsrecht und Verantwortlichkeit in der GmbH und GmbH & Co. KG, NJW 1989, 2977; *Kunze*, Der Geltungsbereich des § 4 Abs. 1 S. 1 MitbestG, ZGR 1978, 321; *Priester*, Die Vertragsgestaltung bei der GmbH & Co. KG, RWS-Skript 107, 3. Aufl. 2000; *Quack*, Gesellschaftsverträge der GmbH & Co. KG, RWS-Vertragsmuster 5, 2001; *K. Schmidt*, Die Vor-GmbH als

Unternehmerin und als Komplementärin, NJW 1981, 1345; *K. Schmidt*, Die GmbH & Co. – eine Zwischenbilanz, GmbHR 1984, 272; *K. Schmidt*, Handelsrechtliche Probleme der doppelstöckigen GmbH & Co. KG, DB 1990, 93; *U.H. Schneider*, GmbH und GmbH & Co. KG in der Mitbestimmung, ZGR 1977, 335; *Schulze zur Wiesche/Ottersbach*, GmbH u. Co KG, 3. Aufl. 2005; *Sudhoff*, GmbH & Co. KG, 6. Aufl. 2005; *Uhlenbruck*, Die GmbH & Co. KG in Krise, Konkurs und Vergleich, 2. Aufl. 1988; *Wagner/Rux*, Die GmbH & Co. KG, 10. Aufl. 2004; *H.P. Westermann/Pöllath*, Abberufung und Ausschließung von Gesellschaftern/Geschäftsführern in Personengesellschaft und GmbH, RWS-Skript 77, 4. Aufl. 1988; *Wiesner*, Aktuelle Probleme der Mitbestimmung in der GmbH & Co. KG, GmbHR 1981, 36; *Zöllner*, GmbH und GmbH & Co. KG in der Mitbestimmung, ZGR 1977, 319.

Zur Publikumsgesellschaft: *Bälz*, Treuhandkommanditist, Treuhänder der Kommanditisten und Anlegerschutz, ZGR 1980, 1; *Blaurock*, Unterbeteiligung und Treuhand an Gesellschaftsanteilen, 1981; *Färber*, Die Publikumsgesellschaft, 1990; *Gieseke*, Besondere Probleme der „mittelbaren" Beteiligung an einer Publikums-KG durch einen Treuhand-Kommanditisten, DB 1984, 970; *Hadding*, Rückgriff des haftenden Treuhandkommanditisten, in: Festschrift Fleck, 1988, S. 71; *Hille*, Die Inhaltskontrolle der Gesellschaftsverträge von Publikums-Personengesellschaften, 1986; *Hoegen*, Einzelfragen zur Haftung bei Anlagevermittlung und Anlageberatung unter besonderer Berücksichtigung der Rechtsprechung des Bundesgerichtshofes, in: Festschrift Stimpel, 1985, S. 247; *Hüffer*, Der Aufsichtsrat in der Publikumsgesellschaft, ZGR 1980, 320; *Hüffer*, Organpflichten und Haftung in der Publikums-Personengesellschaft, ZGR 1981, 348; *Kaligin*, Die spezifischen Risiken und Rechtsschutzmöglichkeiten des Kommanditisten bei Beteiligung an Abschreibungsgesellschaften in der Rechtsform GmbH & Co. KG, 1983; *Kellermann*, Zur Anwendung körperschaftlicher Grundsätze und Vorschriften auf die Publikums-Kommanditgesellschaft, in: Festschrift Stimpel, 1985, S. 295; *Maulbetsch*, Beirat und Treuhand in der Publikumsgesellschaft, 1984; *Moll*, Anlegerschutz und Gläubigerschutz, BB 1982, Beil. Nr. 3; *Pleyer*, Zur Grundlage des Schadensersatzanspruchs wegen fehlerhafter Prospekte beim Vertrieb von Anteilen an einer Publikums-KG in der Rechtsprechung, in: Festschrift Stimpel, 1985, S. 335; *Pleyer/Hegel*, Zur Grundlage der Prospekthaftung bei der Publikums-KG in der Literatur, ZIP 1986, 681; *Reichert/Martin*, Die „Abberufung" und Ausschließung des geschäftsführenden Gesellschafters der Publikums-Personengesellschaft, BB 1988, 981; *Stimpel*, Anlegerschutz und Gesellschaftsrecht in der Publikums-Kommanditgesellschaft, in: Festschrift Rob. Fischer, 1979, S. 771; *Weisner/Lindemann*, Recht zur Verweigerung oder Pflicht zur Erteilung der Zustimmung bei der Übertragung von Anteilen an einer Publikums-KG, ZIP 2008, 766; *M. Wolf*, BGH-Rechtsprechung aktuell: Prospekthaftung und Verschulden bei Vertragsschluss, NJW 1994, 24.

A. Grundtypus der KG

I. Rechtsnatur und Bedeutung

1. Personengesellschaft

1 Das Gesetz hat die KG als Personengesellschaft des Handelsrechts ausgestaltet, die mit der OHG wesensverwandt ist und als Modifizierung dieser zu verstehen ist[1]. Sie ist wie diese Handelsgesellschaft und hat daher Kaufmannseigenschaft (§ 6 Abs. 1). Vermögensrechtlich bildet sie eine Gesamthandsgemeinschaft. Es gelten für sie nach § 161 Abs. 2 auch die §§ 105 ff., soweit sich nicht in den §§ 161 ff. Sonderregelungen finden.

---

1 *Ebenroth/Boujong/Joost/Strohn/Weipert*, § 161 Rn. 1; *Baumbach/Hopt*, § 161 Rn. 2.

2. Haftungsbeschränkung

Von der OHG unterscheidet sich die KG dadurch, dass für einen Teil der Gesellschafter die dort unbeschränkte Haftung (§§ 128 ff.) gegenüber den Gesellschaftsgläubigern auf den **Betrag einer bestimmten Einlage** beschränkt ist (§§ 171 ff.). Dem Haftungsprivileg der Kommanditisten entspricht eine Einschränkung ihrer Mitverantwortung und ihrer Herrschaftsbefugnisse (insbes. §§ 164, 170).

2

3. Handelsgewerbe

Wie bei der OHG muss auch bei der KG der Gesellschaftszweck auf den Betrieb eines Handelsgewerbes unter einer gemeinschaftlichen Firma gerichtet sein (§ 161 Abs. 1)[1]. Handelt es sich um einen Gewerbebetrieb, der die Voraussetzungen des § 1 Abs. 2 nicht erfüllt und der erst bei Eintragung im Handelsregister ein kaufmännisches Gewerbe nach den §§ 2, 3 darstellen würde, so kann die KG als solche erst von der Eintragung (die dann konstitutiv ist) an bestehen[2]. Dies gilt auch für eine Gesellschaft, deren Unternehmensgegenstand lediglich in der Verwaltung des eigenen Vermögens (i.S.v. § 105 Abs. 2) besteht. Bis dahin handelt es sich um eine GbR. Vgl. dazu des Näheren bei § 123 Rn. 1 ff.; wegen der Verhältnisse in der GmbH & Co. KG vgl. unten Rn. 37, 46 ff., 51.

3

4. Erscheinungsformen

Die durch das Gesetz ermöglichte Beschränkung der persönlichen Haftung für einen Teil der Gesellschafter hat zu sehr unterschiedlichen Ausformungen der gesellschaftsrechtlichen Rechtswirklichkeit geführt. Dabei sind die weitreichenden Gestaltungsmöglichkeiten, die das geltende Recht eröffnet (§ 163), voll ausgeschöpft worden. Die dem Gesetz zugrunde liegende Vorstellung, dass der KG mindestens eine natürliche Person als Komplementär angehört, ist dabei ganz in den Hintergrund getreten; denn seit 1922 ist die KG mit einer Kapitalgesellschaft (z.B. GmbH) als einzig persönlich haftende Gesellschafterin anerkannt[3]. Typisch ist heute das **Vorherrschen der GmbH & Co. KG**, bei der als alleiniger persönlich haftender Gesellschaft eine GmbH fungiert. Die GmbH & Co. KG stellt ein Gebilde dar, das zwar KG bleibt, bei dem aber entgegen dem Leitbild des Gesetzes eine Haftungsbeschränkung für alle unmittelbar oder mittelbar beteiligten natürlichen Personen besteht (Rn. 26 ff.). Beträchtliche Verbreitung haben seit den 1960er Jahren auch die sog. Publikumsgesellschaften gefunden, die in ihrer Struktur der gesetzestypischen Kommanditgesellschaft, zumeist aber der GmbH & Co. KG entsprechen (vgl. unten Rn. 87 ff.). Ungeachtet der anzutreffenden erheblichen Typenvarianten bleiben aber für alle Gesellschaften die §§ 161 ff. grundsätzlich maßgeblich. Den Vorschriften des Gesetzes

4

---

[1] Baumbach/Hopt, § 161 Rn. 2.
[2] BGH v. 13.7.1972 – II ZR 111/70, BGHZ 59, 179, 183; Ebenroth/Boujong/Joost/Strohn/Weipert, § 161 Rn. 6.
[3] RGZ 105, 101.

kommt daher nach wie vor eine hohe Praxisrelevanz zu, auch wenn sie für den Bereich der GmbH & Co. KG und der Publikumsgesellschaft durch eine Anzahl von Sonderregelungen, die teils auf Richterrecht beruhen, ergänzt und abgewandelt werden.

II. Entstehung der KG

1. Gesellschaftsvertrag

5 Entstehungstatbestand und Grundlage der KG ist (wie bei der OHG) der Abschluss des Gesellschaftsvertrages. Durch ihn werden die Rechtsbeziehungen zwischen den Gesellschaftern im Innenverhältnis begründet. Diese Beziehungen richten sich auch dann schon nach dem Innenrecht der KG, wenn die Gesellschaft ihren Geschäftsbetrieb noch nicht aufgenommen hat und noch nicht ins Handelsregister eingetragen ist. Die Aufnahme der Geschäfte und die Eintragung (die bei einer unter die §§ 2, 3 sowie 105 Abs. 2 fallenden Unternehmenstätigkeit konstitutiv ist, vgl. Rn. 3) haben vornehmlich für das Außenverhältnis zu Dritten Bedeutung.

a) Konkludenter Vertragsschluss

6 Der Gesellschaftsvertrag kann auch konkludent abgeschlossen werden. Doch würde dies voraussetzen, dass die Einigung zweifelsfrei erkennen lässt, dass die beteiligten Kommanditisten nur in Höhe einer bestimmten Einlage persönlich haften sollen. Praktisch wird daher die Möglichkeit eines stillschweigenden Vertragsschlusses kaum in Betracht kommen.

b) Kein Formzwang

7 Einer Form bedarf der Gesellschaftsvertrag nur dann, wenn die vorgesehenen Vertragserklärungen im Einzelfall einer Formvorschrift unterliegen wie z.B. die Einbringung eines Grundstücks nach § 311b Abs. 1 BGB (vgl. näher § 105 Rn. 21 ff.).

c) Minderjährige Gesellschafter

8 Sollen Minderjähriger Gesellschafter werden, so bedarf der Vertragsschluss auch dann der **Genehmigung des Familien- bzw. des Vormundschaftsgerichts**, wenn der Minderjährige nur Kommanditist werden soll. Denn auch dann handelt es sich um einen Gesellschaftsvertrag, der „zum Betrieb eines Erwerbsgeschäfts" i.S.d. §§ 1643 Abs. 1, 1822 Nr. 3 BGB eingegangen wird[1]. Dies gilt sowohl für einen ursprünglichen wie für einen nachträglichen Beitritt und auch für ein Ausscheiden des Minderjährigen aus der KG[2]. Dagegen sind spätere Vertragsänderungen grundsätzlich genehmigungsfrei, da es sich

---

1 BGH v. 30.4.1955 – II ZR 202/53, BGHZ 17, 160, 165.
2 BGH v. 30.4.1955 – II ZR 202/53, BGHZ 17, 160, 165.

dann nicht mehr um das „Eingehen" eines Vertrages handelt[1]. Zum Recht eines volljährig gewordenen Gesellschafters, seine Mitgliedschaft gemäß § 723 Abs. 1 S. 3 Nr. 2 BGB aufzukündigen, vgl. § 131 Rn. 34.

Sind die gesetzlichen Vertreter eines Minderjährigen am Vertragsschluss auch in eigenem Namen beteiligt, so hindert **§ 181 BGB** ein Handeln zugleich namens des Minderjährigen. Zwar ist die Vorschrift dann nicht anzuwenden, wenn der Vertretene durch das Geschäft lediglich einen rechtlichen Vorteil erlangt[2]; doch ist die Begründung auch nur einer Kommanditbeteiligung rechtlich nicht lediglich vorteilhaft[3], und zwar auch dann nicht, wenn die Haftsumme bereits geleistet und die Kommanditistenstellung im Handelsregister eingetragen (§ 176 Abs. 2) ist[4]. 9

d) Einzelheiten; fehlerhafte Gesellschaft

Wegen der Einzelheiten des Vertragsabschlusses und der Behandlung von Fehlern, insbesondere zu den Grundsätzen der fehlerhaften Gesellschaft, wird auf die Kommentierung zu § 105 Rn. 15 ff., 38 ff. und § 109 Rn. 1 ff. verwiesen. 10

2. Umgestaltung einer anderen Personengesellschaft

Eine KG kann ferner durch eine **Umgestaltung einer OHG** entstehen, wenn z.B. in diese ein zusätzlicher Gesellschafter als Kommanditist aufgenommen wird oder wenn die Beteiligung eines unbeschränkt haftenden Gesellschafters in die eines Kommanditisten geändert wird. 11

Ferner kommt es zu einer KG, wenn eine **GbR** nunmehr **ein Handelsgewerbe** i.S.v. § 1 Abs. 2 **betreibt** und zugleich gesellschaftsvertraglich eine Haftungsbeschränkung für einen Teil der Gesellschafter vorgesehen ist[5]. 12

3. Umwandlungstatbestände

Von den erörterten Möglichkeiten ist die Entstehung einer KG aufgrund eines der im **UmwG vorgesehenen Umwandlungstatbestände**, sei es aufgrund Formwechsels (§ 190 UmwG), Verschmelzung (§ 2 UmwG) oder Spaltung (§ 123 UmwG), zu unterscheiden (vgl. dazu § 105 Rn. 35 f.). 13

---

1 BGH v. 20.9.1962 – II ZR 209/61, BGHZ 38, 26, 32.
2 BGH v. 27.9.1972 – IV ZR 225/69, BGHZ 59, 236, 240.
3 BGH v. 10.2.1977 – II ZR 120/75, BGHZ 68, 225, 231 f.
4 Vgl. *Schlegelberger/Martens*, § 161 Rn. 53; *Brox*, FS Bosch, 1976, S. 75, 79 f.; *Hohaus/Eickmann*, BB 2004, 1707, 1708; a.A. MünchKommHGB/*Grunewald*, § 161, Rn. 23.
5 *Schlegelberger/Martens*, § 161 Rn. 60; MünchKommHGB/*Grunewald*, § 161 Rn. 7.

III. Firma der KG

1. Maßgebende Vorschriften

14 Die KG benötigt eine gemeinschaftliche Firma, die sowohl bei einer ursprünglichen als auch bei einer fortgeführten Firmenbezeichnung den **Anforderungen in § 19 Abs. 1 Nr. 3** genügen muss; hierzu wird auf die Erl. zu § 19 verwiesen (wegen der hier geltenden Übergangsregelung vgl. § 105 Rn. 90 f.). Soweit die KG im Rahmen der §§ 21 ff. eine **bisherige Firma fortführt**, darf die abgeleitete Firma im Rechtsverkehr zu keinen unzutreffenden Vorstellungen über Art, Umfang und Rechtsverhältnisse des Unternehmens führen[1].

15 Frei.

2. GmbH & Co. KG

16 Zur Firma der GmbH & Co. KG vgl. Rn. 52 ff.

IV. Gesellschafter

1. Komplementäre

17 Die KG setzt sich – anders als die OHG – aus zwei Gruppen von Gesellschaftern zusammen. Eine **persönliche und unbeschränkte Haftung** trifft nur die „persönlich haftenden Gesellschafter" (Komplementäre). Die KG muss mindestens einen Komplementär haben (zu den Folgen, wenn dieser wegfällt, siehe § 131 Rn. 21). Dazu, wer sich an einer KG als Komplementär beteiligen kann, gelten die gleichen Regeln wie für die Zugehörigkeit zu einer OHG (vgl. § 105 Rn. 57 ff.)[2]. Auch eine OHG, eine andere KG oder eine GbR (vgl. § 105 Rn. 62 ff.) kann Komplementär sein. Was die Verhältnisse in der GmbH & Co. KG (Rn. 26 ff.) angeht, so ist auch eine Vor-GmbH komplementärfähig (vgl. dazu Rn. 46 sowie § 105 Rn. 60). Die Rechtsstellung des Komplementärs entspricht durchweg der eines OHG-Gesellschafters.

2. Kommanditisten

18 Die andere Gruppe der Gesellschafter stellen die Kommanditisten dar. Auch sie haften für die Gesellschaftsverbindlichkeiten persönlich und ggf. mit ihrem gesamten Vermögen, aber nur bis zur Höhe der für sie im Gesellschaftsvertrag vorgesehenen und im Handelsregister eingetragenen **Haftsumme** (im Unterschied zu der lediglich für das Innenverhältnis der Gesellschafter in u.U. abweichender Höhe vereinbarten, auch ganz abdingbaren Pflichteinlage). Bei geleisteter Haftsumme verbleibt keine Außenhaftung des Kommanditisten. Die KG muss mindestens einen Kommanditisten haben. Die Vorausset-

---

1 Vgl. insbes. BGH v. 18.3.1974 – II ZR 167/72, BGHZ 62, 216, 226 ff.; BGH v. 9.12.1976 – II ZB 6/76, BGHZ 68, 12, 15.
2 *Baumbach/Hopt*, § 161 Rn. 3.

zungen dafür, als Kommanditist einer KG anzugehören, sind die gleichen wie für die Mitgliedschaft als Komplementär. Allerdings kann – im Grundsatz – ein Komplementär nicht gleichzeitig Kommanditist sein (vgl. § 105 Rn. 4a f.). Die Ehegattengütergemeinschaft i.S. des § 1415 BGB kann wegen fehlender Rechtsfähigkeit nicht als solche Kommanditistin einer KG sein[1].

3. Kaufmannseigenschaft der Gesellschafter

Dem persönlich haftenden Gesellschafter wird herkömmlicherweise (aber zu Unrecht) selbst Kaufmannseigenschaft i.S.d. §§ 1 ff. zuerkannt[2]. Zu den Einwänden gegen diese Sicht vgl. § 105 Rn. 7. Dagegen wird der Kommanditist nicht als Kaufmann angesehen[3]. Das gilt auch dann, wenn die Stellung des Kommanditisten vertraglich der eines Komplementärs angenähert ist. Schiedsvereinbarungen der KG mit Dritten erstrecken sich – h.M. zufolge – nicht auch auf den Kommanditisten (siehe auch § 128 Rn. 9)[4].

19

4. Einheitlichkeit der Beteiligung

Ausgeschlossen ist, dass ein Gesellschafter zugleich Komplementär und Kommanditist ist. Vereinigen sich zwei Mitgliedschaften in einer Person, so bildet sich eine einheitliche Beteiligung, bei der eine Komplementärstellung nunmehr die gesamte Beteiligung bestimmt[5]. Ein einheitlicher Anteil entsteht auch, wenn sich in der Hand eines Gesellschafters mehrere Kommanditbeteiligungen vereinigen[6]. Dies folgt jeweils aus der personenrechtlichen Natur der gesellschaftlichen Beteiligung. Gleichwohl ist für bestimmte Konstellationen ein Bedürfnis für Modifizierungen des Einheitlichkeitsgrundsatzes anzuerkennen (vgl. dazu § 105 Rn. 6.).

20

5. Gemeinsamer Vertreter

Mitunter sieht der Gesellschaftsvertrag vor, dass mehrere Kommanditisten ihre Rechte nur durch einen gemeinsamen Vertreter wahrnehmen können. Damit soll namentlich den **negativen Folgen einer Anteilszersplitterung** bei Erbnachfolgen **entgegengewirkt** werden[7]. Hierin liegt keine unzulässige Stimmrechtsabspaltung[8]. Die Bestellung des Vertreters lässt die einzelnen Anteile nicht auf diesen übergehen, führt aber zu einer Bündelung bei der Rechtswahrnehmung[9]. Der Vertreter handelt dabei namens der Kommandi-

21

---

1 BayObLG v. 22.1.2003 – 3Z BR 238/02, NZG 2003, 431.
2 BGH v. 16.2.1961 – III ZR 71/60, BGHZ 34, 293, 295 f.; BGH v. 2.6.1966 – VII ZR 292/64, BGHZ 45, 282, 284.
3 St. Rspr., vgl. BGH v. 2.6.1966 – VII ZR 292/64, BGHZ 45, 282, 285; BGH v. 22.10.1981 – III ZR 149/80, NJW 1982, 569, 570; vgl. auch *Baumbach/Hopt*, § 161 Rn. 5.
4 *Baumbach/Hopt*, § 161 Rn. 5.
5 BGH v. 10.6.1963 – II ZR 88/61, WM 1963, 989.
6 BGH v. 1.6.1987 – II ZR 259/86, BGHZ 101, 123, 129.
7 Vgl. dazu *K. Schmidt*, ZHR 146 (1982), 525, 527 f.
8 MünchKommHGB/*Grunewald*, § 161 Rn. 165.
9 MünchKommHGB/*Grunewald*, § 161 Rn. 162.

tisten. Unterbleibt seine Bestellung, können die Gesellschafterrechte nicht ausgeübt werden[1].

a) Bestellung

22 Der Vertreter, dessen Bestellung auf einen Beschluss der betroffenen Gesellschafter zurückgeht, ist an die Interessen der Auftraggeber gebunden und intern ihren Weisungen unterworfen. Seine Bevollmächtigung ist widerruflich. Nach h.A[2]. soll es bei der Bestellung im Zweifel eines **einstimmig gefassten Beschlusses** der vertretenen Gesellschafter bedürfen, wobei aber dissentierende Beteiligte ggf. eine Zustimmungspflicht trifft. Darüber hinaus kann eine Obstruktion u.U. als Rechtsmissbrauch unbeachtlich sein[3]. Nach anderer Auffassung, die sich zutreffend auf die Grundsätze des Gemeinschaftsrechts (§ 745 BGB) beruft und den Vorzug verdient, ist auch eine **Mehrheitsentscheidung** möglich[4]. In der Auswahl des Vertreters sind die Gesellschafter vorbehaltlich im Gesellschaftsvertrag enthaltener Bindungen frei; sie können dann auch einen Nichtgesellschafter bestellen[5]. Die KG kann aber stets einen Vertreter zurückweisen, der für sie unzumutbar ist[6].

b) Befugnisse

23 Die dem Vertreter übertragenen Befugnisse unterliegen **Grenzen** im Hinblick auf dem Gesellschafter verbleibende Möglichkeiten zur Ausübung von unverzichtbaren Rechten, die den Kernbereich seiner Mitgliedschaft oder einen zwingenden Minderheitsschutz betreffen (vgl. hierzu auch § 163 Rn. 4 und § 119 Rn. 13 ff., 20 ff.)[7]. Bei verzichtbaren Rechten des Kernbereichs bedarf es einer persönlichen Zustimmung. Insbesondere verbleiben dem Gesellschafter die Rechte zur Kündigung und – mit einigen Einschränkungen – auf persönliche Mitwirkung bei Änderungen des Gesellschaftsvertrage[8]. Auch eine unwiderruflich gestellte verdrängende Stimmrechtsvollmacht, jedenfalls soweit sie sich auf Gegenstände des Kernbereichs beziehen soll, wird als unwirksam zu bewerten sein. Unentziehbar ist auch das Recht des Gesellschafters auf Teilnahme an Gesellschafterversammlungen[9]. Eine Vertreterklausel beschränkt nicht ohne weiteres die Möglichkeit der Komman-

---

1 BGH v. 12.12.1966 – II ZR 41/65, BGHZ 46, 291, 297.
2 *Schlegelberger/Martens*, § 161 Rn. 85 m.w.N.; auch BGH v. 12.12.1966 – II ZR 41/65, BGHZ 46, 291, 297.
3 Vgl. hierzu *Schlegelberger/Martens*, § 161 Rn. 85.
4 MünchKommHGB/*Grunewald*, § 161 Rn. 173 f.; *Scholz/K Schmidt*, Anh. § 45 GmbHG Rn. 44; vgl. auch BGH v. 6.10.1992 – KVR 24/91, BGHZ 119, 346, 354.
5 BGH v. 12.12.1966 – II ZR 41/65, BGHZ 46, 291, 295.
6 *K. Schmidt*, ZHR 146 (1982), 526, 547; MünchKommHGB/*Grunewald*, § 161 Rn. 173.
7 MünchKommHGB/*Grunewald*, § 161 Rn. 167.
8 Dazu BGH v. 7.12.1972 – II ZR 131/68, NJW 1973, 1602. Zur möglichen Bündelung der Kontrollrechte vgl. OLG Hamm v. 20.10.1997 – 8 U 118/96, ZIP 1997, 1498 ff. (dort auch zur Unzulässigkeit einer Regelung, die einen bestimmten Gruppenvertreter vorschreibt).
9 Vgl. BGH v. 17.10.1988 – II ZR 18/88, WM 1989, 63, 64 betr. die GmbH.

ditisten, ihre Rechte im Prozess zu verfolgen[1]. Im Einzelnen ist hier allerdings manches streitig[2].

c) Rechtsbeziehungen

Die Rechtsbeziehungen unter den vertretenen Gesellschaftern werden ganz überwiegend als **GbR** oder als **gesellschaftsähnliches Verhältnis**[3] angesehen[4]. Sie erstrecken sich auch auf den Vertreter, sofern er selbst der Gesellschaftergruppe angehört, während der Bestellung eines Außenstehenden ein Auftrag oder ein Geschäftsbesorgungsvertrag zugrunde liegen wird. Durch Mehrheitsbeschluss der „Gruppe" kann nur bei wichtigem Grund in die mitgliedschaftlichen Rechte des Gesellschafters eingegriffen werden[5].   24

d) Abberufung

Für die Abberufung des Gruppenvertreters können die Gruppenmitglieder intern Regelungen treffen. Fehlen solche, so ist umstritten und ungeklärt, ob eine Abberufung nur einstimmig, mit Mehrheit oder durch jeden einzelnen Gesellschafter möglich sein kann[6]. Hier dürfte es naheliegen, die gleichen Grundsätze wie für die Vertreterbestellung (vgl. Rn. 22) heranzuziehen.   25

B. GmbH & Co. KG

I. Wesen, Bedeutung und Zulässigkeit

1. Typenverbindung

Die heutige Rechtswirklichkeit der KG wird nahezu ganz durch das Erscheinungsbild der GmbH & Co. KG bestimmt. Sie ist von der Kautelarjurisprudenz erfunden und vielfältig ausgebaut worden. Gekennzeichnet ist sie dadurch, dass als persönlich haftender Gesellschafter eine GmbH fungiert. Ist die GmbH die einzig persönlich haftende Gesellschafterin, spricht man von einer typischen oder echten GmbH & Co. KG. Sind weitere natürliche Personen als persönlich haftende Gesellschafter vorhanden, spricht man von einer „unechten" GmbH & Co. KG[7]. Die GmbH & Co. KG führt zu einer **Typenverbindung der Personen- und der Kapitalgesellschaft** (juristischen Person) mit einer spezifischen Gemengelage aus beiden Bereichen. Eine neue Rechtsform einer eigenen Handelsgesellschaft wird damit jedoch nicht   26

---

1 BGH v. 12.12.1966 – II ZR 41/65, BGHZ 46, 291, 297 ff.
2 Vgl. *Schlegelberger/Martens*, § 161 Rn. 80; *Staub/Schilling*, § 163 Rn. 16.
3 So BGH v. 12.12.1966 – II ZR 41/65, BGHZ 46, 291, 295; BGH v. 4.10.2004 – II ZR 356/03, NZG 2005, 33, 34.
4 Anders *K. Schmidt*, ZHR 146 (1982), 525, 540 f.; *Staub/Schilling*, § 163 Rn. 17: §§ 742 ff. BGB.
5 BGH v. 4.10.2004 – II ZR 356/03, NZG 2005, 33, 34.
6 Nachw. zum Meinungsstand bei *Scholz/K. Schmidt*, Anh. § 45 GmbHG Rn. 44; MünchKommHGB/*Grunewald*, § 161 Rn. 176; *Schlegelberger/Martens*, § 161 Rn. 86.
7 *Ebenroth/Boujong/Joost/Strohn/Weipert*, § 177a Anh. A Rn. 3; *Binz/Sorg*, § 1 Rn. 3.

geschaffen[1]. Vielmehr bleiben beide Gesellschaften im Rechtssinne selbständig und sind in erster Linie den jeweils für sie geltenden Rechtsregeln der §§ 161 ff. und des GmbHG unterworfen. So behält auch die KG formal die Stellung einer Personengesellschaft[2]. Die eingegangene enge organisatorische Verbindung von Personen- und Kapitalgesellschaft führt jedoch zu teilweise schwierigen **Koordinationsproblemen**. Insbesondere zeigen sich mannigfache Ausstrahlungen des GmbH-Rechts auf das Recht der KG, das dadurch zum Teil überlagert und modifiziert wird. So muss von einem entstandenen Sonderrecht der GmbH & Co. KG gesprochen werden. In der Praxis seltener, aber ebenso zulässig sind Verbindungen der KG mit anderen juristischen Personen, etwa der AG[3], Auslandskapitalgesellschaften[4] oder Stiftungen[5].

2. Gründe für die Rechtsformwahl

27 Dass sich die GmbH & Co. KG (neben der unverbundenen GmbH) zu der maßgeblichen Organisationsform entwickelt hat, der sich heute unternehmerisches Handeln bedient, hat eine **Mehrzahl von Gründen**[6]:

a) Steuerliche Gründe

28 Ursprünglich waren steuerliche Gesichtspunkte von Bedeutung, die vor allem in der Doppelbesteuerung der Gewinne einer juristischen Person und der verteilten Gewinnanteile der Gesellschafter lagen. Das hat viele Unternehmen veranlasst, sich formal als Personengesellschaft zu organisieren, und zwar regelmäßig unter Ausschließung der Komplementär-GmbH vom Unternehmensgewinn. Die Änderungen des Körperschafts- und Einkommensteuerrechts von 1976 haben allerdings die wesentlichen **Nachteile der Doppelbesteuerung** durch ein Anrechnungsverfahren ausgeräumt[7]. Der steuerliche Anreiz hat daher heute keine große Bedeutung mehr.

b) Rechnungslegung und Publizität

29 Lange Zeit unterlag die GmbH & Co. KG nicht der durch das BiRiLiG[8] eingeführten Verpflichtung, den Jahresabschluss nach den §§ 316–329 prüfen zu lassen und offenzulegen. Allein die Komplementär-GmbH war der Rech-

---

1 Vgl. BayObLG v. 13.11.1984 – 3 Z 60/83, DB 1985, 271 f.; *K. Schmidt*, GmbHR 1984, 272, 274 ff.
2 BGH v. 18.3.1974 – II ZR 167/72, BGHZ 62, 216, 226.
3 *Ebenroth/Boujong/Joost/Strohn/Weipert*, § 177a Anh. A Rn. 22.
4 BayObLG v. 21.3.1986 – OLG Saarbrücken v. 21.4.1986 – 5 W 60/88, NJW 1990, 647, 648; OLG Hamm v. 6.4.1987 – 15 W 194/85, NJW-RR 1967, 990, 991, vgl. auch MünchKommHGB/*Grunewald*, § 161 Rn. 101.
5 *Ebenroth/Boujong/Joost/Strohn/Weipert*, § 177a Anh. A Rn. 24; *Baumbach/Hopt*, Anh. § 177a Rn. 11.
6 MünchKommHGB/*Grunewald*, § 161 Rn. 47 ff.; *Binz/Sorg*, § 1 Rn. 5 ff.
7 *Ebenroth/Boujong/Joost/Strohn/Weipert*, § 177a Anh. A Rn. 8.
8 Gesetz zur Durchführung der 4., 7. und 8. Richtlinie des Ministerrates der EG zur Koordinierung des Gesellschaftsrechts vom 19.12.1985 (BGBl. I S. 2355).

nungslegungs-, Prüfungs- und Publizitätspflicht unterworfen. Da die Komplementär-GmbH aber in aller Regel eine kleine Kapitalgesellschaft i.S.d. § 267 Abs. 1 ist; griffen die Erleichterungen der §§ 266, 276, 288. Zudem entfiel die Prüfungspflicht (§ 316 Abs. 1), und die Offenlegungspflicht nach den §§ 325 f. war beschränkt. Dies hat sich allerdings durch das Kapitelgesellschafts- und Co-Richtlinien-Gesetz vom 24.2.2000[1] geändert. § 264a stellt nunmehr die KG in bilanzrechtlicher Hinsicht der Kapitalgesellschaft grundsätzlich dann gleich, wenn bei ihr nicht zumindest ein persönlich haftender Gesellschafter eine natürliche Person oder eine Personengesellschaft ist, bei der eine natürliche Person persönlich haftender Gesellschafter ist.

c) Gesellschaftsrechtliche Gründe

Von größerer Relevanz für die Entscheidung zugunsten der Rechtsform der GmbH & Co. KG sind heute die Gesichtspunkte gesellschaftsrechtlicher Art[2]. Sie sind von den Vorteilen bestimmt, die in der Kombination der freien Gestaltungsmöglichkeiten des Personengesellschaftsrechts mit nutzbar gemachten Elementen aus der Verbandsstruktur der GmbH bestehen. 30

Hier spielt die **Haftungsbeschränkung** für alle beteiligten natürlichen Personen eine Rolle[3]. Zwar bleibt es bei der unbeschränkten Haftung der Komplementär-GmbH, doch werden deren Gesellschafter nur in Höhe der übernommenen Stammeinlagen betroffen. Da der GmbH ferner vielfach nur die Aufgabe der Geschäftsführung in der KG übertragen wird, kann zudem das Stammkapital häufig auf den gesetzlichen Mindestbetrag (§§ 5 Abs. 1, 5a GmbHG) beschränkt bleiben. 31

Vorteilhaft wirkt sich auch die Möglichkeit einer faktischen **Drittorganschaft** bei der Vertretung der KG aus[4]. Formal wird das für OHG und KG geltende Prinzip der Selbstorganschaft (§ 109 Rn. 5) dadurch gewahrt, dass die GmbH als Komplementärin für die Vertretung der KG zuständig ist. Da jedoch zu Geschäftsführern der GmbH auch außenstehende Personen bestellt werden können, ist im Ergebnis eine (mittelbare) Fremdorganschaft für die KG herstellbar. Damit ist nicht nur die Möglichkeit eröffnet, einen außenstehenden Fachmann mit der Unternehmensleitung zu betrauen, der dabei keine persönliche Haftung für die Gesellschaftsverbindlichkeiten übernehmen muss, während im Übrigen die Gesellschafter gemäß der Kompetenzverteilung in der GmbH den maßgebenden Einfluss bei der Führung der Geschäfte und die Herrschaft über das Gesamtunternehmen behalten. Sondern es werden auch die Probleme der Nachfolgeregelung ausgeschaltet, die sich 32

---

1 BGBl. I 154.
2 *Ebenroth/Boujong/Joost/Strohn/Weipert*, § 177a Anh. A Rn. 9 ff.; MünchKommHGB/*Grunewald*, § 161 Rn. 47 ff.; *Binz/Sorg*, § 1 Rn. 17 ff.; *Baumbach/Hopt*, Anh. § 177a Rn. 3.
3 *Ebenroth/Boujong/Joost/Strohn/Weipert*, § 177a Anh. A Rn. 9.
4 *Ebenroth/Boujong/Joost/Strohn/Weipert*, § 177a Anh. A Rn. 10; MünchKommHGB/*Grunewald*, § 161 Rn. 48.

beim Ausfall des etwa einzigen Komplementärs in der gesetzestypischen KG ergeben können[1].

33 Von Bedeutung ist sodann die Möglichkeit der **Kapitalbeschaffung** ohne Aufgabe der Herrschaft über das Unternehmen. Dies ist insbesondere für die Publikumsgesellschaften typisch geworden, in denen das Übergewicht der Gründungsgesellschafter durch den Gesellschaftsvertrag festgeschrieben wurde, während das Interesse der Kommanditisten auf ihre Vermögensanlage beschränkt blieb[2].

34 Schließlich ist noch die Möglichkeit zu erwähnen, eine **Einmann-GmbH & Co. KG** zu bilden. Auch ist der Weg einer notwendigen Unternehmenssanierung durch Beteiligung zusätzlicher Kapitalgeber erleichtert[3].

3. Anerkennung der Gestaltung

35 Die **Zulässigkeit der GmbH & Co. KG** war lange in der Rechtslehre umstritten, da sie vielfach als Missbrauch formaler Gestaltungsmöglichkeiten, namentlich in haftungsrechtlicher Hinsicht, empfunden wurde. Die Rechtsprechung hat jedoch die Zulässigkeit dieser Gestaltung bejaht[4]. Sie wird heute auch vom Gesetzgeber anerkannt (vgl. etwa die §§ 19 Abs. 2, 125a, 129a, 130a, 172 Abs. 6, 177a; auch § 4 Abs. 1 MitbestG und den zwischenzeitlich aufgehobenen § 129a)[5].

36 Ungeachtet der generellen Klärung der Zulässigkeitsfrage entstehen bei einer Reihe von **Einzelproblemen** Zweifelsfragen, weil es in der Bewältigung des Gebildes und der Koordinierung der in Betracht kommenden Regeln nach wie vor Friktionen gibt. Der Diskussion in der Gegenwart geht es dabei vornehmlich darum, konkreten **Missbräuchen** der Gestaltungsmöglichkeiten entgegenzutreten[6].

4. Unternehmensgegenstand

37 Für den Unternehmensgegenstand der GmbH & Co. KG gilt das gleiche wie für die einfache KG (vgl. Rn. 3). Der erforderliche Betrieb eines Handelsgewerbes i.S.v. § 1 Abs. 2 ergibt sich nicht schon daraus, dass die Komplementär-GmbH nach § 13 Abs. 3 GmbHG als Handelsgesellschaft und nach § 6 als Kaufmann gilt[7]. Denn eine GmbH kann auch zu anderen Zwecken als zum Betrieb eines Handelsgewerbes gegründet werden (§ 1 GmbHG). Er-

---

1 Vgl. *Hesselmann/Tillmann/Mueller-Thuns*, Hdb. der GmbH & Co. KG, Rn. 54 f., 58; *Ebenroth/Boujong/Joost/Strohn/Weipert*, § 177a Anh. A Rn. 10.
2 *Hesselmann/Tillmann/Mueller-Thuns*, Hdb. der GmbH & Co. KG, Rn. 53, 754 f.
3 *Hesselmann/Tillmann/Mueller-Thuns*, Hdb. der GmbH & Co. KG, Rn. 56.
4 RGZ 105, 101, 104 ff.; BGH v. 12.7.1956 – VI ZR 28/53, GmbHR 1957, 41.
5 *Ebenroth/Boujong/Joost/Strohn/Weipert*, § 177a Anh. A Rn. 14; *Binz/Sorg*, § 1 Rn. 16.
6 Vgl. dazu *Schlegelberger/Martens*, § 161 Rn. 97; *K. Schmidt*, GmbHR 1984, 272, 278 ff.
7 BayObLG v. 13.11.1984 – 3 Z 60/83, NJW 1985, 982, 983.

forderlich ist, dass die KG selbst eine Tätigkeit i.S.d. §§ 1 ff., 105 Abs. 2 betreibt.

Der **Unternehmensgegenstand der GmbH** muss von dem der KG unterschieden werden. Es entspricht der Praxis und kann als anerkannt gelten, dass der Unternehmensgegenstand einer GmbH, der sich in der Führung der Geschäfte einer KG erschöpft, mit der Bezeichnung dieser Aufgabe gehörig gemäß § 3 Abs. 1 Nr. 2 GmbHG konkretisiert ist[1]. 38

II. Erscheinungsformen

1. Gesellschaften mit unterschiedlichen Beteiligungsverhältnissen

Nicht selten **differieren die personelle Zusammensetzung** und die **Beteiligungsverhältnisse** in KG und GmbH. Das kann sich zufällig ergeben, kann aber auch gewollt sein, wenn die Gesellschaftergruppen eine unterschiedliche Stellung haben und in beiden Gesellschaften einen unterschiedlichen Einfluss ausüben sollen. Dies ist u.a. bei den Publikumsgesellschaften (Rn. 87 ff.) der Fall. 39

2. Personengleiche Gesellschaft

Verbreitet – insbesondere bei Gesellschaften mit geringer Mitgliederzahl – ist die personengleiche GmbH & Co. KG[2]. Bei ihr sind die GmbH-Gesellschafter und die Kommanditisten personenidentisch und verfügen vielfach in beiden Gesellschaften über die gleiche Beteiligung[3]. Die **Komplementär-GmbH** fungiert dabei typischerweise nur **als Organ der KG**. Hier lässt sich eine weitgehende organisatorische „Verzahnung" beider Gesellschaften erreichen bis hin zu einem vereinheitlichten Beschlussorgan und einer Allzuständigkeit der Kommanditisten[4]. Solange durch die Gesellschaftsverträge gewährleistet ist, dass die Beteiligungen – auch in der Höhe – nicht auseinanderfallen und für die Willensbildung jeweils die gleichen Voraussetzungen gelten, lassen sich die Koordinationsprobleme hier minimieren. 40

3. Einmanngesellschaft

Ein besonderer Fall der personengleichen Gesellschaften ist die Einmann-GmbH & Co. KG, in der der **Alleingesellschafter der GmbH zugleich der einzige Kommanditist** ist. Seit Einführung der Einmanngründung im GmbH-Recht (§ 1 GmbHG) kann auch die GmbH & Co. KG als Einmanngesellschaft gegründet werden. Übernimmt der Alleingesellschafter auch die 41

---

1 *Schlegelberger/Martens*, § 161 Rn. 107.
2 *Ebenroth/Boujong/Joost/Strohn/Weipert*, § 177a Anh. A Rn. 15; *Baumbach/Hopt*, Anh. § 177a Rn. 6.
3 Siehe z.B. OLG Hamburg v. 9.8.2005 – 11 U 203/04, ZIP 2006, 898.
4 *Scholz/K. Schmidt*, Anh. § 45 GmbHG Rn. 2 ff., 22 f., 55 ff.; vgl. auch *K.Schmidt*, FS Röhricht, 2005, S. 511, 520 ff.

Geschäftsführung der GmbH, so unterliegt er nach den §§ 35 Abs. 4 GmbHG, 181 BGB dem Verbot des Selbstkontrahierens mit der GmbH[1].

4. Einheitsgesellschaft (oder wechselseitig beteiligte GmbH & Co.)

42 Die sog. Einheitsgesellschaft entsteht, wenn die zunächst an der GmbH beteiligten Kommanditisten ihre Geschäftsanteile in Erfüllung einer gesellschaftsvertraglich vorgesehenen Einlagepflicht der KG übertragen[2]. Die KG wird dadurch Alleingesellschafterin der GmbH, während die Kommanditisten nur die Kommanditanteile behalten. Die Einheitsgesellschaft ist die **konsequenteste Form der Verzahnung beider Gesellschaften.** Gegen die Zulässigkeit der Gestaltung sind Einwände erhoben worden, doch hat der Gesetzgeber sie in § 172 Abs. 6 als möglich vorausgesetzt[3]. Wie auch in anderen Fällen einer wechselseitigen Beteiligung mit einer Personengesellschaft ist dabei ein Stimmrecht der GmbH innerhalb der KG nicht ausgeschlossen[4]. Gleichwohl ergeben sich hier Probleme bei der Willensbildung in der GmbH. Insbesondere stellt sich die Frage, ob die Gesellschafterrechte in der GmbH durch ihre Geschäftsführer ausgeübt werden können. Der BGH scheint das zu bejahen[5]. In der Literatur wird dies z.T. kritisch gesehen und eine Einheitsbetrachtung der GmbH & Co. KG befürwortet, bei der die Kommanditisten das der KG zustehende Stimmrecht in der Komplementär-GmbH ausüben[6]. Auf diese Weise wird eine „Doppelfunktion" der GmbH-Geschäftsführer als Organ der GmbH und als Vertreterin der Alleingesellschafterin vermieden, was in der Komplementär-GmbH ansonsten zu einem Spannungsverhältnis zu § 46 GmbHG führen würde. Freilich hat auch diese Lösung mit Blick auf § 170 Tücken; denn danach sind die Kommanditisten von der organschaftlichen Vertretung ausgeschlossen[7]. Diese lassen sich auch dann kaum ausschließen, wenn man eine entsprechende Regelung[8] über eine Willensbildung durch die Kommanditisten in der Gesellschaft vorsieht (vgl. dazu näher § 172 Rn. 57 ff.[9]).

5. Mehrstufige Gesellschaft

43 Die doppel- oder mehrstufige GmbH & Co. KG ist dadurch gekennzeichnet, dass als **persönlich haftender Gesellschafter eine weitere GmbH & Co. KG**

---

1 Vgl. hierzu auch *Ebenroth/Boujong/Joost/Strohn/Weipert*, § 177a Anh. A Rn. 16.
2 Vgl. *Ebenroth/Boujong/Joost/Strohn/Weipert*, § 177a Anh. A Rn. 18; *Binz/Sorg*, § 8; *Baumbach/Hopt*, Anh. § 177a Rn. 8.
3 Vgl. *Ebenroth/Boujong/Joost/Strohn/Weipert*, § 177a Anh. A Rn. 18.
4 BGH v. 6.10.1992 – KVR 24/91, BGHZ 119, 346, 356.
5 BGH v. 16.7.2007 – II ZR 109/06, NZG 2007, 751, 752; BGH v. 8.1.2007 – II ZR 267/05, NZG 2007, 591, 592.
6 *K. Schmidt*, ZIP 2007, 2193, 2196.
7 *Gehrlein*, BB 2007, 1915.
8 Vgl. *Schlegelberger/Martens*, § 161 Rn. 101; *Staub/Schilling*, § 161 Rn. 35; allgemein zu den gegen die Konstruktion bestehenden Bedenken: *Scholz/K. Schmidt*, Anh. § 45 GmbHG Rn. 58 ff.
9 Siehe auch *Esch*, BB 1991, 1129 ff.

fungiert. Auch diese Gestaltung ist heute anerkannt[1]; Bedenken entstehen allerdings, wenn die Komplementär-KG kein sonstiges Handelsgewerbe ausübt und die Stellung als Komplementärin und Geschäftsführerin der Basisgesellschaft allein noch keine Kaufmannseigenschaft begründet[2]. Diese Bedenken werden auch nicht durch § 105 Abs. 2 vollständig ausgeräumt, der auch Gesellschaften ohne eigenes Gewerbe, deren Unternehmensgegenstand allein in der Verwaltung ihres eigenen Vermögens besteht, eine Eintragung als Handelsgesellschaft ermöglicht (dazu § 105 Rn. 7, 9a).

6. Kapitalistische Gesellschaft

Während die KG auch mit einer GmbH als persönlich haftendem Gesellschafter regelmäßig einen personalistischen Charakter behält (denn in der Praxis überwiegen ganz eindeutig die personalistisch strukturierten Gesellschaften), finden sich andererseits auch kapitalistisch verfasste Formen der GmbH & Co. KG. Dafür kommen Gesellschaften in Betracht, in denen in größerer Zahl vorhandene Kommanditisten das wesentliche Kapital halten und auch den beherrschenden Einfluss ausüben, während der Komplementär-GmbH lediglich die Verwaltungsaufgaben obliegen[3]. Ähnlich ist es bei den Publikumsgesellschaften, bei denen allerdings der beherrschende Einfluss nicht bei den Geldanlegern, sondern in der Regel bei den Gründungsgesellschaftern liegt. In beiden Fällen ist für die KG eine **Struktur mit oft ausgeprägten körperschaftlichen Zügen** typisch, die sie in manchem der Verfassung der AG vergleichbar macht. Die hier bei der Publikumsgesellschaft auftretenden Fragen werden an anderer Stelle näher erörtert (Rn. 87 ff.).

44

III. Entstehung der GmbH & Co. KG

1. Gesellschaftsvertrag

Wegen des Abschlusses des Gesellschaftsvertrages innerhalb der KG vgl. Rn. 5 ff. Für die GmbH & Co. KG ist dabei zu beachten, dass einer Mitwirkung des Geschäftsführers der GmbH, der zugleich Kommanditist ist, das **Verbot des Selbstkontrahierens** (§ 181 BGB) entgegensteht[4]. Er bedarf daher einer Gestattung durch die GmbH. Ist allerdings die GmbH gerade zwecks Übernahme der Komplementärstellung gegründet worden, so wird dem Gesellschaftsvertrag der GmbH auch ohne ausdrückliche Erklärung die Gestat-

45

---

1 LG Bremen v. 3.8.1971 – 14 T 10/71, BB 1971, 1121, 1122; *Ebenroth/Boujong/Joost/Strohn/Weipert*, § 177a Anh. A Rn. 19; *Binz/Sorg*, § 2 Rn. 14 ff.
2 *Schlegelberger/Martens*, § 161 Rn. 103; liberaler insoweit *Binz/Sorg*, § 2 Rn. 20 ff.
3 *Ebenroth/Boujong/Joost/Strohn/Weipert*, § 177a Anh. A Rn. 20; *Baumbach/Hopt*, § 161 Rn. 11.
4 *Baumbach/Hopt* Anh. § 177a Rn. 12; *MünchKommHGB/Grunewald*, § 161 Rn. 58; so auch für den Abschluss eines Anstellungsvertrages des GmbH-GF mit der KG, BGH v. 1.12.1969 – II ZR 224/67, DB 1970, 389, 390; *Ebenroth/Boujong/Joost/Strohn/Weipert*, § 177a Anh. A Rn. 76.

tung des Selbstkontrahierens zugunsten der Geschäftsführer-Kommanditisten zu entnehmen sein[1].

2. Vor-GmbH als Komplementärin

46 Nachdem die Rechtsprechung zum Wegfall des sog. Vorbelastungsverbots geführt hat, zufolge dem die GmbH nur in diejenigen vor ihrer Eintragung begründeten Verbindlichkeiten eintreten sollte, die ihre Grundlage im Gesetz oder im Gesellschaftsvertrag hatten, ist damit zugleich die **Komplementärfähigkeit der Vor-GmbH** anerkannt worden[2]. Die Vor-GmbH kann daher auch bei der Eintragung der KG ins Handelsregister als deren persönlich haftender Gesellschafter eingetragen werden[3]. Die Vor-GmbH ist jedoch mit dem Zusatz „i.G." kenntlich zu machen. Letzterer wird nach der Eintragung der GmbH gelöscht. Gleichwohl führt die Stellung der Vor-GmbH als persönlich haftender Gesellschafter zu einigen Besonderheiten:

a) Vertretungsmacht der Geschäftsführer

47 Die Vertretungsmacht der Geschäftsführers einer Vor-GmbH richtet sich noch nicht nach § 37 Abs. 1 GmbHG, sondern bestimmt sich im Zweifel allein nach dem **Zweck der Vor-GmbH**, der normalerweise auf die Herbeiführung der Rechtsfähigkeit (§ 11 Abs. 1 GmbHG) und auf die Verwaltung des schon vorhandenen Gesellschaftsvermögens beschränkt ist[4]. Entspricht es jedoch der Willensrichtung der Gründungsgesellschafter, dass die Vor-GmbH bereits vor ihrer Eintragung als persönlich haftender Gesellschafter in die KG eintritt, so wird damit auch die Vertretungsmacht des Geschäftsführers auf die Wahrnehmung der Geschäftsführungs- und Vertretungskompetenz innerhalb der KG erweitert. Eine etwa verbleibende Beschränkung der Vertretungsmacht im Verhältnis zur Vor-GmbH wirkt sich dann nicht mehr aus, soweit die Vor-GmbH durch ihren Geschäftsführer die KG vertritt[5]. Das folgt aus den §§ 126 Abs. 2, 161 Abs. 2.

b) Haftung der Gesellschafter

48 Da die Vor-GmbH nach den §§ 128, 161 Abs. 2 für die Verbindlichkeiten der KG haftet, werfen sich Fragen einer **persönlichen Haftung der Gründungsgesellschafter** der Vorgesellschaft für deren Schulden im Außenverhältnis auf. Die frühere Rechtsprechung des BGH ging von einer solchen Haftung

---

1 BGH v. 15.1.1968 – II ZR 221/65, BB 1968, 481.
2 BGH v. 9.3.1981 – II ZR 54/80, BGHZ 80, 129, 132; BGH v. 16.3.1992 – II ZB 17/91, NJW 1992, 1824 f.; Binz/Sorg, § 2 Rn. 4; Baumbach/Hopt, Anh. § 177a Rn. 15.
3 GroßkommGmbHG/*Ulmer*, § 11 Rn. 160; MünchKommHGB/*Grunewald*, § 161 Rn. 56; Baumbach/Hueck/Fastrich, § 11 GmbHG Rn. 15, 62; Lutter/Hommelhoff/ Bayer, § 11 GmbHG Rn. 6.
4 BGH v. 9.3.1981 – II ZR 54/80, BGHZ 80, 129, 139; vgl. auch GroßKommGmbHG/ *Ulmer*, § 11 Rn. 68 ff.; a.A. Binz/Sorg, § 3 Rn. 53.
5 GroßKommGmbHG/*Ulmer*, § 11 Rn. 164; Ebenroth/Boujong/Joost/Strohn/Weipert, § 177a Anh. A Rn. 33 ff.

aus, doch sollte sich diese bei rechtsgeschäftlich begründeten Gesellschaftsverbindlichkeiten, sofern für den Rechtsverkehr erkennbar gemacht war, dass die Beteiligten nur eine beschränkte Haftung eingehen wollten, auf den Betrag der jeweils noch geschuldeten Einlage begrenzen; die Haftung sollte mit der Eintragung der GmbH enden[1]. Für die Zeit danach kam für die Gesellschafter allein noch die mit der Eintragung einsetzende interne (anteilige) **Vorbelastungshaftung (Unterbilanzhaftung)** gegenüber der Gesellschaft in Betracht, sofern deren Vermögen zum Zeitpunkt der Eintragung das Stammkapital nicht mehr abdeckte. Diese Haftung, die entsprechend § 9 Abs. 2 GmbHG in zehn Jahren seit der Eintragung verjährt, erstreckt sich auf den Ausgleich des gesamten bis zur Eintragung entstandenen Verlustes bis zur Wiederherstellung des Stammkapitals[2]. Da wegen der Komplementärhaftung der GmbH die gesamte Schuldenlast der KG auf das Vermögen der GmbH durchschlagen kann, kann die Vorbelastungshaftung u.U. erhebliche Dimensionen erreichen.

Nach Ansicht des BGH lässt das System der Vorbelastungshaftung für eine vor der Eintragung der GmbH bestehende **Außenhaftung** der Gründungsgesellschafter **keinen Raum mehr**. Vielmehr trifft die Gesellschafter nach Ansicht des BGH im Innenverhältnis nicht nur die Vorbelastungshaftung der eingetragenen GmbH (vgl. Rn. 48), sondern auch eine **schon vor Eintragung** der Gesellschaft entstehende (ebenfalls unbeschränkte) **Verlustdeckungspflicht**[3]. Soweit das BAG und das BSG bislang insoweit von einer Außenhaftung der Gesellschafter ausgingen, wobei das BSG für nichtrechtsgeschäftliche Verbindlichkeiten (insofern anders als das BAG) eine unbeschränkte Haftung annahm, haben sich beide Gerichte nunmehr der Auffassung des BGH angeschlossen[4]. Wird eine Vor-GmbH nach Scheitern der Eintragung oder Aufgabe der Eintragungsabsicht (ebenso, wenn diese von vornherein fehlte) statt einer Liquidation weiterbetrieben (sog. **unechte Vorgesellschaft**), so kommt es kraft Rechtsformzwangs zu einer unbeschränkten persönlichen (Außen-)Haftung der Gesellschafter nach den Regeln für die OHG oder die GbR[5]. Eine (wenn auch nur anteilige) Außenhaftung

49

---

1 BGH v. 15.12.1975 – II ZR 95/73, BGHZ 65, 378, 382; BGH v. 15.6.1978 – II ZR 205/76, BGHZ 72, 45, 48 ff.; BGH v. 16.3.1981 – II ZR 59/80, BGHZ 80, 182, 184. Zum Haftungswegfall bei Eintragung siehe insbes. BGH v. 9.3.1981 – II ZR 54/80, BGHZ 80, 129, 144; abw. *Beuthien*, ZIP 1996, 305, 360, 361 f.
2 BGH v. 9.3.1981 – II ZR 54/80, BGHZ 80, 129, 140 f.; BGH v. 24.10.1988 – II ZR 176/88, WM 1989, 16, 17 f.; GroßKommGmbHG/*Ulmer*, § 11 Rn. 205 ff.; *Baumbach/Hueck/Fastrich*, § 11 GmbHG Rn. 61 ff.
3 BGH v. 27.1.1997 – II ZR 123/94, BGHZ 134, 333, 338 ff.; BGH v. 4.3.1996 – II ZR 123/94, ZIP 1996, 590 ff.; zuvor bereits *Meister*, FS Werner, 1984, S. 521, 548 f.; *Lieb*, FS Stimpel, 1985, S. 399, 414; *Stimpel*, FS Fleck, 1988, S. 345, 361 ff.; *Baumbach/Hueck/Fastrich*, § 11 GmbHG Rn. 24 ff.; GroßKommGmbHG/*Ulmer*, § 11 Rn. 77 ff.
4 Vgl. ZIP 1996, 1548 f. – Zur früheren Rechtsprechung vgl. BAG v. 23.8.1995 – 10 AZR 908/94 (A), ZIP 1995, 1892 ff.; BSG v. 28.2.1986 – 2 RU 21/85, ZIP 1986, 645 f.; vgl. auch *Scholz/K. Schmidt*, § 11 GmbHG Rn. 79 ff.
5 Vgl. GroßKommGmbHG/*Ulmer*, § 11 Rn. 27; *Baumbach/Hueck/G. Hueck/Fastrich*, § 11 GmbHG Rn. 32 f.; siehe auch BGH v. 9.3.1981 – II ZR 54/80, BGHZ 80, 129, 142; BAG v. 25.7.1997 – 9 AZR 483/96, ZIP 1997, 2199, 2201; BFH v. 7.4.1998 –

nimmt die Rechtsprechung[1] bei Vermögenslosigkeit der Vor-GmbH, bei einer Einmann-Vor-GmbH und bei Vorhandensein nur eines Gläubigers an. Im Falle der **alsbaldigen Liquidation** der Vorgesellschaft aktualisiert sich intern (unbeschadet der streitigen Frage einer daneben bestehenden Außenhaftung) die (unbeschränkte) Verlustdeckungspflicht der Gesellschafter für die nach Verwertung des Gesellschaftsvermögens noch ungedeckten Schulden[2].

c) Handelndenhaftung

50 In Betracht kommt bei einer Betätigung der Vor-GmbH als persönlich haftender Gesellschafter ferner die Handelndenhaftung aus **§ 11 Abs. 2 GmbHG**. Die Vorschrift erfasst jedoch nur ein rechtsgeschäftliches Handeln[3]. Die Haftung trifft allein den Geschäftsführer und solche Personen, die faktisch die Geschäftsführung der Vor-GmbH wahrnehmen[4], schließt jedoch dann auch ein Handeln für die Vor-GmbH als gesetzliche Vertreterin der KG ein, soweit dadurch auch eine Haftung der Vor-GmbH für die Verbindlichkeiten der KG begründet wird[5]. Auch diese Haftung endet mit der Eintragung der GmbH ins Handelsregister[6]; dies gilt auch für eine zuvor etwa entstandene Haftung aus § 179 BGB[7].

d) Vorgründungsgesellschaft

51 Die erörterten Haftungstatbestände setzen jeweils die Entstehung einer Vor-GmbH durch Abschluss eines notariellen Gründungsvertrages (§ 2 GmbHG) voraus. Ist es dazu noch nicht gekommen, so kann unter den künftigen Gesellschaftern der GmbH lediglich eine sog. Vorgründungsgesellschaft zustande gekommen sein. Diese ist eine **Personengesellschaft** und als solche entweder eine GbR oder – sofern sie bereits ein Handelsgewerbe i.S.v. § 1 Abs. 2 betreibt – eine OHG[8]. Kommt es unter dieser Voraussetzung bereits zur Entstehung einer KG mit der Vorgründungsgesellschaft als Komplementärin, so

---

VII R 82/97, ZIP 1998, 1149, 1151 f.; BSG v. 8.12.1999 – B 12 KR 10/98, ZIP 2000, 494, 498; anders, zumindest unklar, BGH v. 4.3.1996 – II ZR 123/94, ZIP 1996, 590, 592 (re. Sp.); krit. dazu *Schwarz*, ZIP 1996, 2005, 2007; offen gelassen in BGH v. 27.1.1997 – II ZR 123/94, BGHZ 134, 333, 341.
1 BGH v. 27.1.1997 – II ZR 123/94, BGHZ 134, 333, 340 f.; BFH v. 7.4.1998 – VII R 82/97, ZIP 1998, 1149, 1151; BSG v. 8.12.1999 – B 12 KR 10/98, ZIP 2000, 494, 497; BAG v. 15.12.1999 – 10 AZR 165/98, ZIP 2000, 1546, 1549; vgl. auch *Ebenroth/Boujong/Joost/Strohn/Weipert*, § 177a Anh. A Rn. 42.
2 BGH v. 4.3.1996 – II ZR 123/94, ZIP 1996, 590, 591; *Stimpel*, FS Fleck, 1988, S. 345, 359, 363; GroßKommGmbHG/*Ulmer*, § 11 Rn. 55 f.
3 BGH v. 15.12.1975 – II ZR 95/73, BGHZ 65, 378, 380.
4 BGH v. 15.12.1975 – II ZR 95/73, BGHZ 65, 378, 380; BGH v. 31.5.1976 – II ZR 185/74, BGHZ 66, 359, 360 f.; vgl. auch MünchKommHGB/*Grunewald*, § 161 Rn. 57.
5 BGH v. 9.3.1981 – II ZR 54/80, BGHZ 80, 129, 133; *K. Schmidt*, NJW 1981, 1345 ff.; Scholz/*K. Schmidt*, § 11 GmbHG Rn. 168; *Baumbach/Hopt*, Anh. § 177a Rn. 17; MünchKommHGB/*Grunewald*, § 161 Rn. 57; a.A. *Binz/Sorg*, § 3 Rn. 75 ff.
6 BGH v. 16.3.1981 – II ZR 59/80, BGHZ 80, 182, 185.
7 BGH v. 17.3.1980 – II ZR 11/79, BGHZ 76, 320, 323.
8 BGH v. 20.6.1983 – II ZR 200/82, NJW 1983, 2822.

haftet gemäß § 128 diese – und damit auch ihre Gesellschafter – für die Verbindlichkeiten der KG. Diese Haftung endet weder mit der Gründung der Vor-GmbH noch mit deren Eintragung in das Handelsregister, da die Vorgründungsgesellschaft nicht mit der GmbH identisch ist und nicht in ihr aufgeht. Eine Haftungsbegrenzung oder ein Haftungsausschluss ist nur denkbar, wenn derartiges mit den Gläubigern vereinbart wird[1].

3. Haftung der Kommanditisten

Die Kommanditisten haften den Gläubigern nach § 171 Abs. 1 bis zur Höhe ihrer Einlagen, soweit diese noch nicht geleistet worden sind. Hat die KG ihre Geschäfte bereits vor Eintragung in das Handelsregister aufgenommen, haftet jeder Kommanditist, der dem Geschäftsbeginn zugestimmt hat, für die bis zur Eintragung begründeten Verbindlichkeiten unbeschränkt. Eine Ausnahme gilt dann, wenn der Gläubiger die Beteiligung als Kommanditist kannte (§ 176 Abs. 1). Tritt die Gesellschaft unter der Firma GmbH & Co. KG im Rechtsverkehr auf, greift die Haftung nach § 176 grundsätzlich nicht, weil üblicherweise alle Gesellschafter außer der Komplementär-GmbH Kommanditisten sind und der Rechtsverkehr dies weiß[2].

51a

IV. Firma der GmbH & Co. KG

1. Erfordernisse

Nach § 19 Abs. 2 muss die Firma einen die **Haftungsbeschränkung kennzeichnenden Zusatz** enthalten. Wegen der hier jeweils zu beachtenden Erfordernisse und Einzelheiten vgl. die Erl. zu § 19.

52

2. Mehrstöckige Gesellschaften

Nach dem Willen des Gesetzgebers[3] soll § 19 Abs. 2 im Falle einer mehrstöckigen Gesellschaft nur dann zum Zuge kommen, wenn auf keiner Stufe, also auch nicht auf der dritten oder einer höheren, eine natürliche Person als Vollhafter vorhanden ist. Damit folgt der Gesetzgeber einer Entscheidung des BayObLG[4] zu § 19 Abs. 5 S. 1 a.F. Das begegnet jedoch Bedenken, da eine derart weitgehend mediatisierte persönliche Haftung den Belangen des Rechtsverkehrs keinen hinreichenden Schutz bietet[5].

53

---

1 BGH v. 20.6.1983 – II ZR 200/82, NJW 1983, 2822, 2823.
2 *Baumbach/Hopt*, Anh. § 177a Rn. 19; *Ebenroth/Boujong/Joost/Strohn/Weipert*, § 177a Anh. A Rn. 45; vgl. auch BGH v. 21.3.1983 – II ZR 113/82, NJW 1983, 2258, 2259; OLG Schleswig v. 14.9.2004 – 5 U 86/04, DZWIR 2005, 163 f.
3 Vgl. den Regierungsentwurf zum HRefG, ZIP 1997, 142, 951 f.
4 BayObLG v. 8.9.1994 – 3 ZBR 118/94, ZIP 1994, 1694, 1695; gl. A. *Baumbach/Hopt*, § 19 Rn. 25.
5 Zu Recht anders auch KG v. 5.7.1988 – 1 W 1485/87, ZIP 1988, 1194; MünchKommHGB/*Bokelmann*, § 19 Rn. 63; *Heymann/Emmerich*, § 19 Rn. 30, jeweils zu § 19 Abs. 5 S. 1 a.F.; siehe auch *v. Gerkan*, ZGR 1997, 173, 188 f.

3. Gesellschaftssitz

54 Wenn KG und GmbH ihren **Sitz am gleichen Ort** haben, ist ferner § 30 Abs. 1 zu beachten[1]. Auf die Erl. zu dieser Vorschrift wird verwiesen.

4. Abgeleitete Firmenbezeichnung

55 Die Möglichkeit für eine GmbH & Co. KG, eine abgeleitete Firma fortzuführen, ist ebenfalls **durch § 19 Abs. 2 eingeschränkt.** Schon durch die Vorgängervorschrift des § 19 Abs. 5 S. 1 war die vorher praktizierte Rechtsprechung[2] zum Gesetz erhoben worden. Ebenso wie bei einer ursprünglichen Firmenbezeichnung muss daher auch eine übernommene und fortgeführte Firma einen Zusatz erhalten, der eine die GmbH & Co. KG kennzeichnende Haftungsbeschränkung wiedergibt. In jedem Falle muss der mögliche Eindruck vermieden werden, es könne noch ein weiterer persönlich haftender Gesellschafter vorhanden sein[3].

5. Rechtsscheinhaftung

56 Wird § 19 Abs. 2 nicht beachtet, so kann dies zu einer Rechtsscheinhaftung führen. Auf die Verlautbarung der wirklichen Gesellschafterzusammensetzung im Handelsregister (§ 15 Abs. 2) wird man sich demgegenüber nicht berufen können, da der durch die irreführende Firmenbezeichnung geschaffene Rechtsschein durchschlägt[4]. Die Haftung trifft diejenigen, die den Rechtsschein gesetzt haben, hier also in erster Linie den Geschäftsführer, der die unverändert gebliebene Firma im Rechtsverkehr weiterverwendet hat[5]. Doch kommt auch eine Verantwortlichkeit der Gesellschafter in Frage, wenn sie nicht für eine richtige Firmenbezeichnung sorgen[6].

V. Rechtsverhältnisse in der GmbH & Co. KG

1. Stellung der Komplementär-GmbH

57 Die Komplementärin ist zumeist nicht oder nur in untergeordneter Weise am Kapital der KG beteiligt. Ihre Funktion ist **vielfach nur die Führung der Geschäfte der KG**, die dann über die §§ 6, 35 GmbHG ihrem Geschäftsführer zufällt. Vielfach ist sie auch von der Beteiligung am Unternehmensgewinn sowie vom Stimmrecht ausgeschlossen[7]. Zum Geschäftsführer kann jede geeignete Person bestellt werden. Zuständig hierfür sind die Gesellschafter der

---

1 BGH v. 16.3.1981 – II ZB 9/80, BGHZ 80, 353, 354.
2 BGH v. 18.3.1974 – II ZR 167/72, BGHZ 62, 216, 226 ff.
3 BGH v. 12.11.1984 – II ZR 2/84, WM 1985, 165, 166.
4 BGH v. 8.5.1978 – II ZR 97/77, BGHZ 71, 354, 357; auch BGH v. 1.6.1981 – II ZR 1/81, NJW 1981, 2569.
5 *Schlegelberger/Martens*, § 161 Rn. 23.
6 *Brandes*, WM 1987, Sonderbeil. Nr. 1, 4.
7 Vgl. BGH v. 24.5.1993 – II ZR 73/92, NJW 1993, 2100 f.; *Bohnsen*, GmbHR 2001, 317, 319 f.; siehe auch OLG München v. 16.1.1998 – 23 U 2991/97, GmbHR 1999, 81, 83.

GmbH[1]. Allerdings gebietet es die gesellschafterliche Treuepflicht, der die GmbH als persönlich haftender Gesellschafterin und der GmbH-Gesellschafter, soweit er, gleichzeitig auch Kommanditist ist, unterliegt, dass dabei auf die Interessen der Kommanditisten Rücksicht genommen wird[2]. Zudem ist die Komplementärin verpflichtet, die Geschäfte der KG ordnungsgemäß zu führen (§ 114). Damit hat sie auch sicherzustellen, dass die Aufgaben der Geschäftsführung im Interesse der KG sach- und ordnungsgemäß wahrgenommen werden. Hieraus lässt sich die Pflicht ableiten, einen geeigneten Geschäftsführer zu bestellen[3]. Nicht nur die Bestellung eines Geschäftsführers, sondern auch dessen Abberufung und Kündigung sind grundsätzlich eine Geschäftsführungsmaßnahme, die allein der Komplementär-GmbH obliegt[4]. Aus der Treuepflicht sowie § 114 bzw. § 164 (vgl. § 164 Rn. 4) lassen sich auch Schranken für den Widerruf des Geschäftsführers nach § 38 GmbHG ableiten[5]. Auch hier lässt die Pflicht zur ordnungsgemäßen Geschäftsführung nicht ohne weiteres zu, den integeren, fähigen und das Unternehmen ordnungsgemäß und erfolgreich führenden Geschäftsführer auszuwechseln und dadurch den Unternehmenserfolg zu gefährden[6].

2. Treuepflichten in der GmbH & Co. KG

Die Grundsätze zu Treupflichten in Personengesellschaften (vgl. § 109 Rn. 12 ff.) gelten auch in der GmbH & Co. KG[7], erfahren dort aber z.T. Weiterungen. Da die GmbH der Verpflichtung obliegt, die Geschäfte der KG zu führen, muss sie diese im wohlverstandenen Interesse der KG und ihrer Kommanditisten wahrnehmen. Mithin besteht eine Treuepflicht zwischen der Komplementärin und den Kommanditisten. Dies gilt jedenfalls in der personenidentischen GmbH. Hier erstreckt sich die Pflicht des Mehrheitsgesellschafters in der GmbH darauf, die gesellschaftsbezogenen Interessen der Minderheitsgesellschafter auch insoweit zu wahren, als es um deren Rechts- und Vermögenspositionen in der KG geht[8]. Ob dies allerdings auch dann gilt, wenn eine nicht personenidentische GmbH & Co. KG vorliegt, ist umstritten[9]. In jedem Fall aber kann der Kommanditist im Wege der actio pro socio gegen die GmbH vorgehen und Schadensersatz verlangen[10].

57a

---

1 MünchKommHGB/*Grunewald*, § 161 Rn. 77.
2 *Binz/Sorg*, § 9 Rn. 2 ff.; *Baumbach/Hopt*, Anh. § 177a Rn. 22.; MünchKommHGB/*Grunewald*, § 161 Rn. 77.
3 *Ebenroth/Boujong/Joost/Strohn/Weipert*, § 177a Anh. A Rn. 73.
4 BGH v. 8.1.2007 – II ZR 267/05, NZG 2007, 591, 592.
5 OLG München v. 19.11.2003 – 7u 4505/03, NZG 2004, 374, 375.
6 *Binz/Sorg*, § 9 Rn. 3; MünchKommHGB/*Grunewald*, § 161 Rn. 77, 79; *Ebenroth/Boujong/Joost/Strohn/Weipert*, § 177a Anh. A Rn. 75.
7 Vgl. etwa BGH v. 5.12.2005 – II ZR 13/04, NJW 2006, 194; MünchKommHGB/*Grunewald*, § 161 Rn. 64.
8 BGH v. 5.6.1975 – II ZR 23/74, BGHZ 65, 15, 20; *Ebenroth/Boujong/Joost/Strohn/Weipert*, § 177a Anh. A Rn. 87; *Baumbach/Hopt*, Anh. § 177a Rn. 22.
9 Siehe hierzu einerseits *Ebenroth/Boujong/Joost/Strohn/Weipert*, § 177a Anh. A Rn. 88; andererseits MünchKommHGB/*Grunewald*, § 161 Rn. 65; *Stimpel*, AG 1986, 117, 118 f.
10 MünchKommHGB/*Grunewald*, § 161 Rn. 65, 68.

3. Verantwortlichkeit der Komplementär-GmbH

58 Abweichend von der Rechtslage für die gesetzestypische KG wird die Haftung der Komplementär-GmbH als Geschäftsführerin gegenüber der KG nicht nach § 708 BGB zu bestimmen sein, sondern sich – da für die GmbH ein nach § 43 GmbHG verantwortlicher Geschäftsführer handelt – auch der KG gegenüber nach dem letztgenannten Maßstab richten[1]. Das gilt zumindest für eine körperschaftlich strukturierte GmbH & Co. KG[2]. Das dürfte auch gelten, wenn der Geschäftsführer selbst Kommanditist ist. Für die Fälle der Publikumsgesellschaft ist das bereits der Stand der Rechtsprechung[3]. Für Handlungen ihrer Organmitglieder hat die GmbH gegenüber der KG nach § 31 BGB einzustehen[4].

4. Rechtsstellung des Geschäftsführers der GmbH

59 Mit dem Geschäftsführer der Komplementär-GmbH wird vielfach neben seiner organschaftlichen Bestellung – vor allem bei außenstehenden Geschäftsführern – ein **Anstellungsvertrag** abgeschlossen. Normalerweise erfolgt die Anstellung bei der GmbH. Streitigkeiten aus dem Anstellungsverhältnis sind dann – aufgrund des § 5 Abs. 1 S. 3 ArbGG – vor den ordentlichen Gerichten auszutragen[5]. Sinn und Zweck des § 5 Abs. 1 S. 3 ArbGG ist es – unabhängig von der rechtlichen Qualifikation des zugrundeliegenden Anstellungsvertrages als Dienst- oder Arbeitsvertrag – „Hausstreitigkeiten" im Arbeitgeberbereich den Gerichten für Arbeitssachen zu entziehen[6]. Möglich ist aber nicht nur ein Vertragsschluss mit der GmbH, sondern auch mit der KG (sog. Drittanstellung)[7]. Hier stellt sich dann die Frage, ob § 5 Abs. 1 S. 3 ArbGG ebenfalls zur Anwendung kommt; denn die Vorschrift stellt darauf ab, ob der Betreffende „gesetzlicher Vertreter" des Vertragspartners ist. Das BAG hat früher angenommen, dass der Geschäftsführer der Komplementär-GmbH lediglich Organvertreter der GmbH, nicht aber zugleich „gesetzlicher Vertreter" der KG i.S.d. § 5 Abs. 1 S. 3 ArbGG sei[8]. Zwischenzeitlich hat das BAG aber seine Rechtsauffassung geändert. Danach gehört nunmehr der Geschäftsführer der Komplementär-GmbH – unabhängig von der Qualifikation

---

1 MünchKommHGB/*Grunewald*, § 161 Rn. 64.
2 *Hüffer*, ZGR 1981, 348, 362 f.; *Ebenroth/Boujong/Joost/Strohn/Weipert*, § 177a Anh. A Rn. 67; *Baumbach/Hopt*, Anh. § 177a Rn. 26.
3 Vgl. BGH v. 12.11.1979 – II ZR 174/77, BGHZ 75, 321, 327 f.; BGH v. 24.3.1980 – II ZR 213/77, BGHZ 76, 326, 337 f.; BGH v. 17.3.1980 – II ZR 85/79, WM 1980, 593; BGH v. 16.2.1981 – II ZR 49/80, WM 1981, 440, 441; BGH v. 14.11.1994 – II ZR 160/93, ZIP 1995, 738, 741.
4 *Ebenroth/Boujong/Joost/Strohn/Weipert*, § 177a Anh. A Rn. 32.
5 BAG v. 6.5.1999 – 5 AZB 22/98, ZIP 1999, 1456 f.; BAG v. 13.5.1996 – 5 AZB 27/95, ZIP 1996, 1311; vgl. auch *Scholz/Schneider/Sethe*, § 35 GmbHG Rn. 372 und Rn. 167 ff.
6 BAG v. 20.8.2003 – 5 AZB 79/02, NJW 2003, 3290, 3291.
7 Vgl. *Binz/Sorg*, § 9 Rn. 6; *Ebenroth/Boujong/Joost/Strohn/Weipert*, § 177a Anh. A Rn. 76; vgl. auch BAG v. 20.8.2003 – 5 AZB 79/02, NJW 2003, 3290, 3291.
8 Vgl. BAG v. 10.7.1980 – AZR 68/79, NJW 1981, 302, 303; BAG v. 13.7.1995 – AZB 37/94, NZA 1995, 1070 f.; zustimmend *Jaeger*, NZA 1998, 961, 966 f.; *Weber/Burmester*, GmbHR 1997, 778, 779 f.

des zugrunde liegenden Anstellungsvertrages und unabhängig davon, mit wem der Geschäftsführer den Anstellungsvertrag geschlossen hat – nach dem Sinn und Zweck des § 5 Abs. 1 S. 3 ArbGG nicht zu den Arbeitnehmern i.S. dieses Gesetzes[1]. Von der Frage der Rechtswegzuständigkeit ist die weitere Frage zu unterscheiden, ob materiellrechtlich auf den Anstellungsvertrag Arbeitsrecht unmittelbar oder entsprechend zur Anwendung kommt[2]. Die Organpflichten des Geschäftsführers gegenüber der GmbH bleiben indes von dieser Frage unberührt. Bei Unwirksamkeit eines Anstellungsvertrages bleibt sein Inhalt gleichwohl für die Dauer des Organverhältnisses maßgebend[3].

Ist der Geschäftsführer bei der GmbH angestellt, so bestehen keine unmittelbaren Vertragsbeziehungen zur KG. Die KG ist jedoch jedenfalls dann, wenn die wesentliche Aufgabe der GmbH in der Geschäftsführung für die KG besteht, in den **Schutzbereich des Anstellungsvertrages** mit der GmbH einbezogen[4]. Der Geschäftsführer kann hiernach damit auch selbst der KG wegen Verletzung seiner dienstvertraglichen Pflichten ersatzpflichtig werden. Der Haftungsmaßstab richtet sich dabei auch der KG gegenüber nach § 43 GmbHG[5] (zur Verteilung der Beweislast hierbei vgl. § 114 Rn. 31). Die KG kann ihren Anspruch unabhängig von den Erfordernissen des § 46 Nr. 8 GmbHG geltend machen[6]. Die in § 43 Abs. 4 GmbHG vorgesehene fünfjährige Verjährung gilt dabei nicht, wenn ein Geschäftsführer, der auch Kommanditist ist, durch sein Verhalten zugleich gegen seine Pflichten als Gesellschafter verstößt[7]; dann greift die allgemeine Verjährungsfrist des § 195 BGB. Offen, aber richtigerweise zu bejahen ist, ob eine Haftung gegenüber der KG auch dann eintritt, wenn es an einem Anstellungsvertrag fehlt[8]. Deliktische Ansprüche der KG gegen den GmbH-Geschäftsführer sind jederzeit möglich[9].

60

---

1 BAG v. 20.8.2003 – 5 AZB 70/02, NJW 2003, 3290, 3292; in diesem Sinne bereits zuvor OLG München v. 10.4.2003 – ZW 656/03, GmbHR 2003, 1503 f.; *Bauer*, GmbHR 1981, 109, 111.
2 Vgl. hierzu *Scholz/Schneider/Sethe*, § 35 GmbHG Rn. 167 ff.
3 BGH v. 16.1.1995 – II ZR 290/93, ZIP 1995, 377, 378.
4 BGH v. 24.3.1980 – II ZR 213/77, BGHZ 76, 326, 337 f.; BGH v. 17.3.1987 – VI ZR 282/85, BGHZ 100, 190, 193; BGH v. 14.11.1994 – II ZR 160/93, ZIP 1995, 738, 745; krit. hierzu teilw. das Schrifttum, vgl. bei *Schlegelberger/Martens*, § 164 Rn. 9 ff.; MünchKommHGB/*Grunewald*, § 161 Rn. 82 ff.
5 Vgl. BGH v. 24.3.1980 – II ZR 213/77, BGHZ 76, 326, 337 f.; BGH v. 17.3.1987 – VI ZR 282/85, BGHZ 100, 190, 193; BGH v. 14.11.1994 – II ZR 160/93, ZIP 1995, 738, 745; vgl. auch *Binz/Sorg*, § 9 Rn. 21; eingeschränkt *Ebenroth/Boujong/Joost/Strohn/ Weipert*, § 177a Anh. A Rn. 83; anders MünchHdbGesR II/*Wirth*, § 3 Rn. 8: Geltung von § 708 BGB, wenn kraft gesellschaftsvertraglicher Abrede ein Kommanditist Geschäftsführer ist.
6 BGH v. 12.11.1979 – II ZR 174/77, BGHZ 75, 321, 327; BGH v. 24.3.1980 – II ZR 213/77, BGHZ 76, 326, 337 f.
7 BGH v. 28.6.1982 – II ZR 121/81, WM 1982, 1025, 1026; BGH v. 14.9.1998 – V ZR 175/97, ZIP 1999, 240, 241.
8 Bejahend: *Brandes*, WM 1987, Sonderbeil. Nr. 1, 7.
9 MünchKommHGB/*Grunewald*, § 161 Rn. 85.

5. Umfang der Geschäftsführungs- und Vertretungsbefugnis

61 Hinsichtlich der Reichweite der Geschäftsführungs- und Vertretungsbefugnis gelten über § 161 Abs. 2 die Grundsätze der §§ 116, 126, ergänzt durch die für den GmbH-Geschäftsführer maßgeblichen §§ 35 ff. und 43 GmbHG. Ein Weisungsrecht gegenüber der Geschäftsführung hat – soweit im Gesellschaftsvertrag der GmbH nichts anderes bestimmt ist – nach § 37 GmbHG nur die Gesellschafterversammlung der GmbH (und damit nicht die Kommanditisten)[1]. Bei der personenidentischen Gesellschaft kann aber in Geschäftsführungsfragen eine Allzuständigkeit der Kommanditisten eingerichtet werden[2]. Der Umfang der vom Geschäftsführer namens der GmbH für die KG wahrzunehmenden Vertretungsmacht ist gesetzlich festgelegt und für das Außenverhältnis nicht beschränkbar.

a) Handeln außerhalb bestehender Befugnisse

62 Zu beachten ist, dass ein Handeln außerhalb der Grenzen der Geschäftsführungsbefugnis zum **Schadensersatz** verpflichtet und nicht etwa nur nach den Regeln der Geschäftsführung ohne Auftrag zu beurteilen ist[3].

b) Handeln in rechtsgeschäftlicher Vertretung der KG

63 Es ist darüber hinaus möglich, den Geschäftsführer der GmbH zusätzlich zum rechtsgeschäftlichen Vertreter der KG zu bestellen, ihm insbesondere Prokura zu erteilen[4].

c) Prokuristen der GmbH

64 Aus der Komplementärfunktion der GmbH und ihrer sich daraus ergebenden Aufgabe, die Geschäfte der KG zu führen, folgt ferner, dass auch Prokuristen der GmbH für die KG handeln können (siehe auch unten Rn. 66)[5].

d) Prokuristen der KG

65 Die Vertretungsmacht eines für die KG bestellten Prokuristen kann zwar an die Mitwirkung der GmbH (vertreten durch ihre Geschäftsführer) gebunden werden. Jedoch ist es unzulässig, dass der Prokurist für die KG nur zusammen mit einem nicht alleinvertretungsberechtigten Geschäftsführer handeln darf, da dies gegen den Grundsatz der rechtlichen Selbständigkeit beider Gesellschaften verstößt[6].

---

1 MünchKommHGB/*Grunewald*, § 161 Rn. 69.
2 *Scholz/K. Schmidt*, Anh. § 45 GmbHG Rn. 22; *Baumbach/Hopt*, Anh. § 177a Rn. 27.
3 BGH v. 11.1.1988 – II ZR 192/87, WM 1988, 968, 970.
4 BayObLG v. 14.7.1980 – 1 Z 17/80, BB 1980, 1487.
5 So z.B. OLG Hamm v. 3.7.1967 – 15 W 283/67, NJW 1967, 2163.
6 BayObLG v. 20.1.1970 – 2 Z 68/69, WM 1970, 333.

e) Prokura für Kommanditisten/Geschäftsführer der Komplementär-GmbH

Zur Prokura-Erteilung an einen Kommanditisten vgl. § 170 Rn. 9 ff. Möglich ist es, dem Geschäftsführer der Komplementär-GmbH eine Prokura unmittelbar für die KG zu erteilen (vgl. oben Rn. 63). Dieser kann dann wahlweise als Geschäftsführer der Komplementär-GmbH oder als Prokurist der KG nach außen auftreten[1]. 66

6. Selbstkontrahieren

Für **Verträge**, die der Geschäftsführer im eigenen Namen **mit der KG oder GmbH** oder zwischen beiden Gesellschaften abschließen will, gelten die Schranken des **§ 181 BGB**[2]. Eine generelle Befreiung hiervon bedarf, soweit es um die Vertretung der GmbH geht, einer gesellschaftsvertraglichen Regelung und der Eintragung ins Handelsregister[3]. Nach § 35 Abs. 4 GmbHG gilt dies auch für den Alleingesellschafter-Geschäftsführer. Für den Nachweis eines Insichgeschäftes innerhalb der Einmanngesellschaft werden strenge Anforderungen, zumindest im Hinblick auf eine ordnungsgemäße Verbuchung, gestellt[4]. Das Selbstkontrahierungsverbot erstreckt sich auch auf vom Geschäftsführer eingeschaltete Unterbevollmächtigte, nicht aber auf einen für die Gesellschaft auftretenden Prokuristen[5]. 67

Für **Geschäfte mit der KG** bedarf es einer **Gestattung durch diese**. Fehlt es an einer generellen Befreiung im Gesellschaftsvertrag der KG, so müsste die Gestattung im Einzelfall durch das Vertretungsorgan der Komplementär-GmbH erteilt werden. Das kann der von § 181 BGB betroffene Geschäftsführer aber nicht sich selbst gegenüber. Die Kommanditisten oder die GmbH-Gesellschafter sind zu einer Gestattung nicht befugt. Im Einzelfall können aber die Gesellschafter der KG das Rechtsgeschäft durch besonderen Gesellschafterbeschluss, der insoweit den Anforderungen an eine Änderung des Gesellschaftsvertrages entsprechen muss, genehmigen[6]; soweit hieran der Geschäftsführer für die Komplementärin mitwirkt, handelt es sich um ein eigenes Geschäft mit der GmbH[7] (vgl. dazu Rn. 67). 68

7. Rechnungslegung in der GmbH & Co. KG

Das **BiRiLiG** hatte die GmbH & Co. KG als **Personenhandelsgesellschaft** eingeordnet und sie (entgegen mancher hieran geäußerter Kritik) nicht den für Kapitalgesellschaften geltenden §§ 264 ff. unterworfen. Nachdem aber durch die GmbH & Co-Richtlinie 90/605/EWG vom 8.11.1990[8] eine Gleichstellung mit den für eine Kapitalgesellschaft geltenden Vorschriften für die 69

---

1 BayObLG v. 14.7.1980 – BReg 1 Z 17/80, BB 1980, 1487; *Binz/Sorg*, § 4 Rn. 3.
2 BGH v. 16.1.1995 – II ZR 290/93, ZIP 1995, 377.
3 BGH v. 28.2.1983 – II ZB 8/82, BGHZ 87, 59, 60.
4 BGH v. 19.11.1979 – II ZR 197/78, BGHZ 75, 358, 363.
5 BGH v. 13.6.1984 – VIII ZR 125/83, BGHZ 91, 334, 336.
6 BGH v. 7.2.1972 – II ZR 169/69, BGHZ 58, 115, 117 ff.
7 BGH v. 7.2.1972 – II ZR 169/69, BGHZ 58, 115, 117 ff.
8 ABl. EG Nr. L 317 v. 16.11.1990, 20.

Rechnungslegung angeordnet worden war, hat der deutsche Gesetzgeber ihre Umsetzung durch das KapCoRiLiG vom 24.2.2000[1] vollzogen[2].

70 Frei.

VI. Beirat in der GmbH & Co. KG

1. Gesellschaftsorgan

71 In der GmbH & Co. KG wird öfters (besonders bei einer größeren Anzahl von Kommanditisten) ein Beirat (auch mit abweichenden Bezeichnungen, z.B. als Aufsichtsrat) als zusätzliches, im Gesetz nicht vorgesehenes Gesellschaftsorgan geschaffen (siehe auch § 114 Rn. 14). Er kann sowohl bei der KG als auch bei der GmbH eingerichtet werden[3].

72 Die **Bestellung der Beiratsmitglieder richtet** sich nach dem Gesellschaftsvertrag[4] und geschieht regelmäßig durch Gesellschafterbeschluss; evtl. – sofern vorgesehen – werden die Mitglieder von einzelnen Gesellschaftern oder Gesellschaftergruppen entsandt. Regelt der Gesellschaftsvertrag nur die Aufgaben und Errichtung eines Beirats, nicht aber die Bestellungskompetenz, so erfordert der Beschluss, durch den Beiratsmitglieder benannt werden, grundsätzlich der Mitwirkung sämtlicher Gesellschafter (§ 119 Abs. 1)[5]. Den Regeln über die Bestellung folgen auch die für die Festlegung der Anstellungsbedingungen der Beiratsmitglieder[6] und für deren Abberufung. Ist die personelle Beiratsbesetzung vertraglich festgelegt, bedarf es zur Abberufung einer vertragsändernden Mehrheit, auch im Falle eines wichtigen Grundes. Die Begründung einer Beiratsmitgliedschaft für einen Gesellschafter wird vielfach für diesen ein Sonderrecht darstellen, das ihm entsprechend § 35 BGB und vorbehaltlich einer Abberufung aus wichtigem Grunde nur mit seiner Zustimmung entzogen werden kann[7]. Rechtsstreitigkeiten über die Zusammensetzung des Beirats haben die Gesellschafter untereinander auszutragen[8].

73 Statt eines Gesellschaftsorgans kann auch ein **Kontrollorgan der Kommanditisten** eingerichtet werden. Dieses ist dann Sachwalter der Gruppeninteressen der Kommanditisten innerhalb der Gesellschaft[9] (vgl. auch Rn. 136).

---

1 BGBl. I 154.
2 Zum Inhalt des Gesetzes vgl. *Strobel*, BB 1999, 1054, 1057 f.; *Bihr*, BB 1999, 1862 f.; *Ernst*, DStR 1999, 903 ff.
3 *Baumbach/Hopt*, Anh. § 177a Rn. 31.
4 Zu der Frage, ob die Bestellungskompetenz den geschäftsführenden Gesellschaftern auch dann zugewiesen werden kann, wenn es Sinn und Zweck des Beirats ist, vergleichbar einem Aufsichtsrat die Geschäftsführung zu überwachen, vgl. *Schulze-Osterloh*, ZIP 2006, 49, 50 ff.
5 *Schulze-Osterloh*, ZIP 2006, 49, 50.
6 *Schulze-Osterloh*, ZIP 2006, 49, 50 f.
7 *Staub/Schilling*, § 163 Rn. 19.
8 BGH v. 23.10.1967 – II ZR 164/65, BB 1968, 145, 146; BGH v. 28.2.1977 – II ZR 58/75, DB 1977, 1086, 1087.
9 BGH v. 21.2.1983 – II ZR 128/82, WM 1983, 555, 557 f.

2. Funktionen und Kompetenzen

a) Aufgabenstellung

Die Gesellschafter sind bei der Ausgestaltung der Aufgaben und Befugnisse des Beirats in der KG weitgehend frei (vgl. § 114 Rn. 11, 14). Sie können vereinbaren, dass dem Beirat die **Beratung und Kontrolle der Geschäftsführung** obliegt, u.U. mit Entscheidungsbefugnissen[1]. Außerdem können ihm Aufgaben im Rahmen der Geschäftsführung übertragen werden[2], evtl. auch ein Weisungsrecht, wie es einem Kommanditisten zugestanden werden kann[3], ferner eine Mitwirkung bei außergewöhnlichen Handlungen (§ 164) oder bei der Feststellung des Jahresabschlusses (§ 167). In Betracht kommen auch vermittelnde und schlichtende Funktionen. In gewissen Grenzen können ihm auch Zuständigkeiten im Bereich gesellschaftlicher Grundlagenentscheidungen zugewiesen werden[4], etwa soweit es um die Bestellung oder Abberufung eines an der Gesellschaft vermögensmäßig nicht beteiligten Komplementärs (einer Verwaltungs-GmbH) oder um die Aufnahme oder den Ausschluss von Gesellschaftern geht[5], darüber hinaus sogar für bestimmte Änderungen oder Anpassungen des Gesellschaftsvertrages[6]. Die Einzelheiten zu den Aufgaben und Kompetenzen des Beirats müssen im Gesellschaftsvertrag geregelt sein. Maßnahmen des im Rahmen der ihm gesellschaftsvertraglich zugewiesenen Kompetenzen handelnden Beirats sind für die Gesellschafter verbindlich; sie können Beiratsbeschlüsse nur mit vertragsändernder Mehrheit ändern[7]. 74

b) Umfang der Kompetenzen

Die **Reichweite der Beiratskompetenzen** kann problematisch werden, soweit er mehr als nur Unterstützungs- und Kontrollaufgaben wahrnimmt. Auch fragt sich, in welchem Umfang der Einfluss etwaiger in den Beirat berufener Nichtgesellschafter legitimiert sein kann. 75

Auch soweit der Beirat Befugnisse zur Gestaltung der Grundlagen der Gesellschaft hat, wird eine Grenze zu ziehen sein, soweit dabei in den **Kernbereich der gesellschafterlichen Mitgliedschaftsrechte** (siehe dazu § 163 Rn. 4 und § 119 Rn. 20 ff.) eingegriffen würde[8]. Hier liegt es vergleichbar wie im Falle eines obligatorischen Gruppenvertreters (Rn. 21 ff.). So wird eine 76

---

1 MünchKommHGB/*Grunewald*, § 161 Rn. 145.
2 BGH v. 22.1.1962 – II ZR 11/61, BGHZ 36, 292, 293 f.; MünchKommHGB/*Grunewald*, § 161 Rn. 150.
3 Dazu BGH v. 17.3.1966 – II ZR 282/63, BGHZ 45, 204, 206; vgl. Ebenroth/Boujong/Joost/Strohn/Weipert, § 177a Anh. A Rn. 110; MünchKommHGB/*Grunewald*, § 161 Rn. 151.
4 MünchKommHGB/*Grunewald*, § 161 Rn. 155.
5 Vgl. Staub/*Schilling*, § 163 Rn. 21; MünchKommHGB/*Grunewald*, § 161 Rn. 156.
6 BGH v. 19.11.1984 – II ZR 102/84, WM 1985, 256, 257.
7 BGH v. 1.12.1969 – II ZR 224/67, WM 1970, 249, 250; Ebenroth/Boujong/Joost/Strohn/Weipert, § 177a Anh. A Rn. 112.
8 BGH v. 19.11.1984 – II ZR 102/84, WM 1985, 256, 257; vgl. auch Ebenroth/Boujong/Joost/Strohn/Weipert, § 177a Anh. A Rn. 110.

Einlagenerhöhung wegen der daraus folgenden Zahlungspflichten für die Kommanditisten oder der sich etwa ergebenden Änderungen in der Beteiligung – soweit überhaupt – allenfalls in engen Grenzen möglich sein[1]; in der Publikumsgesellschaft ist dafür allerdings eher Raum[2]. Die Aufnahme neuer Mitglieder ist im Grundsatz ebenfalls möglich[3].

c) Mitgliedschaft von Nichtgesellschaftern

77 Sind im Beirat Nichtgesellschafter vertreten, so spricht dies dafür, die **Kompetenzen** des Organs noch **enger** zu ziehen (vgl. auch § 114 Rn. 12 ff.), wobei es u.U. von Bedeutung sein kann, wie groß der Einfluss der außenstehenden Mitglieder ist. Eine die Gesellschafter majorisierende Entscheidung von Nichtgesellschaftern müsste auf durchgreifende Bedenken stoßen. Unabhängig davon ist den Gesellschaftern die Kompetenz vorzubehalten, die Mitgliedschaft Außenstehender im Beirat zu beenden und jeden durch Außenstehende maßgeblich beeinflussten Beiratsbeschluss aufzuheben[4].

3. Haftung der Beiratsmitglieder

78 Als Organ der Gesellschaft hat der Beirat die **Interessen der Gesellschaft** ebenso wie die der **Gesellschafter** zu wahren[5]. Diese Pflichtenlage ist auch maßgebend für seine Haftung. Für ein Beiratsmitglied, das zugleich Gesellschafter ist, bestimmt sich dabei seine Verantwortlichkeit nach § 708 BGB (vgl. auch § 114 Rn. 20, 24)[6], es sei denn, die dem Beirat übertragene Kontrollaufgabe soll in besonders sachverständiger und berufsmäßiger Weise, etwa unter Beteiligung externer Fachleute, wahrgenommen werden. Dann kommt – wie in der Publikumsgesellschaft[7] – eine Haftung entsprechend §§ 43, 52 GmbHG i.V.m. den §§ 116, 93 AktG in Betracht[8]. Die Haftung externer Mitglieder ergibt sich im Zusammenhang des mit ihnen abgeschlossenen Auftrages oder Geschäftsbesorgungsvertrages (§ 114 Rn. 20)[9].

79 Ein **Schadensersatzanspruch** steht **der KG** zu. Ein Kommanditist könnte Ansprüche nur geltend machen, wenn das Anstellungsverhältnis zum Beiratsmitglied Schutzwirkung ihm gegenüber hat, oder im Rahmen der **actio pro**

---

1 Vgl. näher bei *Schlegelberger/Martens*, § 161 Rn. 116 f. (m.w.N.); enger: *Scholz/K. Schmidt*, Anh. § 45 GmbHG Rn. 62.
2 BGH v. 24.11.1975 – II ZR 89/74, BGHZ 66, 82, 85 f.
3 Vgl. aber auch *Schlegelberger/Martens*, § 161 Rn. 118; MünchKommHGB/*Grunewald*, § 161 Rn. 156.
4 *Schlegelberger/Martens*, § 161 Rn. 119.
5 BGH v. 4.7.1977 – II ZR 150/75, BGHZ 69, 207, 209; BGH v. 14.4.1975 – II ZR 147/73, WM 1975, 767.
6 MünchKommHGB/*Grunewald*, § 161 Rn. 159.
7 BGH v. 4.7.1977 – II ZR 150/75, BGHZ 69, 207, 213.
8 *Schlegelberger/Martens*, § 164 Rn. 26; *Scholz/K. Schmidt*, Anh. § 45 GmbHG Rn. 62; MünchHdbGesR II/*Riegger*, § 8 Rn. 88 ff.; stets für die Anwendung der kapitalgesellschaftsrechtlichen Haftungsnormen hingegen *Ebenroth/Boujong/Joost/Strohn/Weipert*, § 177a Anh. A Rn. 113.
9 BGH v. 22.10.1984 – II ZR 2/84, WM 1984, 1640, 1641.

socio. Zu den Voraussetzungen der actio pro socio vgl. näher § 105 Rn. 77 ff. Das ist unproblematisch, wenn das Organmitglied selbst Gesellschafter ist und zugleich auch seine gesellschafterlichen Pflichten verletzt hat[1]; ist es nicht Gesellschafter, käme eine actio pro socio allenfalls in Frage, wenn sich der Schutzbereich der Organpflichten auch auf den einzelnen Gesellschafter erstreckt[2]. Unterlassungs-, Schadensersatz- und Auskunftsansprüche des einzelnen Kommanditisten gegen die Beiratsmitglieder der (GmbH & Co) KG bestehen nicht[3].

Für den Beirat in der **Publikumsgesellschaft**, der dort eine dem Aufsichtsrat in der AG noch stärker angenäherte Stellung hat, gelten besondere Regeln, auch in haftungsrechtlicher Hinsicht (vgl. dazu Rn. 129 ff.). 80

VII. Mitbestimmung in der GmbH & Co. KG

1. Mehrheitsbeteiligung in der GmbH als Voraussetzung

Obwohl das MitbestG Personengesellschaften als solche nicht erfasst, wird eine GmbH & Co. KG gleichwohl mittelbar von § 4 Abs. 1 MitbestG einbezogen, wenn die **Mehrheit der Kommanditisten**, berechnet entweder nach der Mehrheit der Anteile oder nach der Mehrheit der Stimmen in der KG, **zugleich die Mehrheit in der Komplementär-GmbH** hat; auch hier ist alternativ wieder die Mehrheit der Anteile oder die der Stimmen maßgebend. Diesen Mehrheitserfordernissen entspricht auch die Einheitsgesellschaft (Rn. 42), auch wenn dort die GmbH-Anteile nicht den einzelnen Kommanditisten zugeordnet sind, sondern ihnen gemeinschaftlich als zum Gesamthandsvermögen der KG gehörig zustehen[4]. Treuhänderisch gehaltene Anteile in KG und GmbH sind bei fremdnütziger Treuhand dem Treugeber, bei eigennütziger Treuhand dem Treuhänder zuzurechnen. Eigene Anteile der Komplementär-GmbH werden ebenso wenig für die Mehrheitsfeststellung berücksichtigt wie die, die etwa von der Komplementärin abhängige Unternehmen halten (vgl. § 16 Abs. 2 bis 4 AktG). Dagegen werden den Kommanditisten Anteile zugerechnet, die sie an einem von der Komplementärin abhängigen Unternehmen innehaben. 81

Um zu vermeiden, dass § 4 Abs. 1 MitbestG unterlaufen wird, erfassen § 4 Abs. 1 S. 2 und 3 MitbestG auch die Gestaltungen bei **mehrstöckigen Gesellschaften** (Rn. 43). 82

2. Rechtsfolgen

Wird die in § 4 Abs. 1 MitbestG vorausgesetzte Mehrheitsbeteiligung erreicht, so besteht die Rechtsfolge darin, dass die **bei der KG tätigen Arbeitnehmer als Arbeitnehmer der Komplementär-GmbH** bewertet werden. Das 83

---

1 Vgl. z.B. BGH v. 21.2.1983 – II ZR 128/82, WM 1983, 555, 557.
2 BGH v. 22.10.1984 – II ZR 2/84, WM 1984, 1640, 1641.
3 OLG Karlsruhe v. 30.12.1997 – 19 U 205/96, GmbHR 1998, 645, 646.
4 OLG Bremen v. 30.4.1980 – 1 W 3/80, DB 1980, 1332 f.; *Binz/Sorg*, § 14 Rn. 67 f.

kann die Konsequenz begründen, dass die GmbH nach § 1 Abs. 1 MitbestG der Mitbestimmung der Arbeitnehmer unterworfen wird, wenn die Zahl der Arbeitnehmer mehr als 2000 beträgt. Eine Hinzurechnung der Arbeitnehmer der KG findet jedoch nicht statt, wenn die GmbH einen eigenen Bereich von Geschäften betreibt und selbst mehr als 500 Arbeitnehmer hat. Dem liegt zugrunde, dass eine Hinzurechnung nur dann geschehen soll, wenn KG und GmbH ein wirtschaftlich einheitliches Unternehmen darstellen.

3. Kein Ausschluss der GmbH von der Geschäftsführung

84 § 4 Abs. 2 MitbestG gebietet, dass die der Mitbestimmung unterworfene Komplementär-GmbH nicht von der Geschäftsführung in der KG ausgeschlossen werden darf. Jedoch führt die Vorschrift nicht dazu, dass neben der GmbH auch anderen Beteiligten eine Geschäftsführungsbefugnis nicht verliehen werden dürfte. Im Übrigen bleiben die Möglichkeiten, der GmbH unter den Voraussetzungen der §§ 117, 161 Abs. 2 die Geschäftsführungs- und Vertretungsbefugnis zu entziehen, unberührt.

4. Konzernverbindungen

85 Sehr streitig und bislang ungeklärt ist, ob auf das Verhältnis zwischen der KG und der GmbH neben § 4 MitbestG auch die für Konzernverbindungen geltenden Regeln in § 5 Abs. 1 S. 1 MitbestG über die **Zurechnung von Arbeitnehmern in abhängigen Unternehmen** anzuwenden sind[1]. Unberührt bleibt hiervon, dass eine Zurechnung der Arbeitnehmer aus abhängigen Drittunternehmen gegenüber einer von § 4 MitbestG erfassten Komplementär-GmbH zu geschehen hat, wenn die KG herrschendes Unternehmen in einem Konzernverbund ist (§ 5 Abs. 2 MitbestG). Des Weiteren sind alle einer Komplementär-GmbH zuzurechnenden Arbeitnehmer einem lediglich die KG beherrschenden Unternehmen zuzurechnen (§ 5 Abs. 1 S. 2 MitbestG).

5. Einzelheiten

86 Wegen der Einzelheiten der mitbestimmungsrechtlichen Regelungen und der danach in Betracht kommenden Folgerungen muss auf das Schrifttum und die Erläuterungswerke zum Mitbestimmungsgesetz verwiesen werden[2].

C. Publikumsgesellschaft

I. Bedeutung und Struktur

1. Organisation von Anlegerinteressen

87 Beträchtliche Verbreitung haben seit den 1960er Jahren die sog. Publikumsgesellschaften (auch als Massengesellschaften oder Abschreibungsgesell-

---

1 Zum Meinungsstand vgl. *Binz/Sorg*, § 14 Rn. 46 ff.; *Schlegelberger/Martens*, § 161 Rn. 196.
2 Vgl. auch *Schlegelberger/Martens*, § 161 Rn. 184 ff.; MünchHdbGesR II/*Riegger*, § 7.

schaften bezeichnet) gefunden. Sie sind formal überwiegend als GmbH & Co. KG konzipiert, mitunter als doppelstöckige Gesellschaften. Daneben finden sich aber auch Konstruktionen, bei denen die Anleger sich in Form einer mehrgliedrigen stillen Gesellschaft an einem Unternehmen (etwa einer GmbH) beteiligen (vgl. dazu § 230 Rn. 70 ff.)[1]. Ihrer Zweckbestimmung nach dienen sie der **Ansammlung und Verwaltung von Kapitalmitteln** einer unbestimmten Vielzahl aufzunehmender Kommanditisten (ggf. auch stiller Gesellschafter[2]. Wann freilich von einer „Vielzahl" von Gesellschaftern gesprochen werden kann, ist nicht ganz eindeutig. Der BGH jedenfalls hat eine KG mit 50 Gesellschaftern nach den Regeln der Publikumsgesellschaft behandelt[3]. Bei 20 Gesellschaftern ist hingegen die Grenze zur Publikumsgesellschaft noch nicht überschritten[4].

Typischerweise ist die Komplementärin ermächtigt, nach ihrer Wahl weitere Gesellschafter aufzunehmen. Die Kommanditisten haben dementsprechend keinen Einfluss auf die personelle Zusammensetzung der Gesellschaft und stehen sowohl untereinander als auch zu den Gründungsgesellschaftern in keinerlei persönlichen oder sonstigen Beziehungen, wie dies bei dem gesetzlichen Leitbild entsprechenden Gesellschaften der Fall ist. Ihre Rechte sind in aller Regel auf wenige Kontroll- und Überwachungsregeln reduziert, die zudem häufig nur über ein Vertretungsorgan wahrgenommen werden können (Beirat, Ausschuss). In der Öffentlichkeit, auf dem Kapitalmarkt geworben, müssen sie einen fertig formulierten Gesellschaftsvertrag hinnehmen und können auf seinen Inhalt keinen mitgestaltenden Einfluss ausüben[5]. Der Gesellschaftsvertrag weist wegen der angestrebten Vielzahl von Anlegern eine körperschaftliche Struktur auf. Die Gründungsgesellschafter behalten sich darin regelmäßig den maßgeblichen Einfluss auf die Führung des Unternehmens vor[6].

87a

2. Gründungsanlässe

Anlass für die Gründung von Publikumsgesellschaften war vor allem das Interesse, unter gezielter **Ausnutzung von steuerrechtlichen** Möglichkeiten Buchverluste, insbesondere durch erhöhte Abschreibungen, zu erwirtschaften und diese den Anlegern als Mitunternehmern entsprechend den von ihnen geleisteten Einlagemitteln zuzuweisen und sie so mit Hilfe der auf diese Weise geschaffenen negativen Kapitalanteile von der Einkommensteuer zu entlasten[7]. Die Gesellschaften betätigten sich zu diesem Zweck an der Fi-

88

---

1 *Baumbach/Hopt*, Anh. § 177a Rn. 52.
2 *Ebenroth/Boujong/Joost/Strohn/Weipert*, § 177a Anh. B Rn. 1; MünchHdbGesR II/*Gummert*, § 61 Rn. 1; MünchKommHGB/*Grunewald*, § 161 Rn. 103.
3 BGH v. 15.4.1975 – II ZR 147/73, BGHZ 64, 238, 239.
4 BGH v. 11.12.1989 – II ZR 61/89, NJW-RR 1990, 474, 475.
5 *Ebenroth/Boujong/Joost/Strohn/Weipert*, § 177a Anh. B Rn. 2.
6 Zu diesen Wesensmerkmalen vgl. BGH v. 15.4.1975 – II ZR 147/73, BGHZ 64, 238, 241; BGH v. 3.5.1982 – II ZR 78/81, BGHZ 84, 11, 13 f.
7 Siehe etwa MünchHdbGesR II/*Gummert*, § 61 Rn. 3 ff.; *Hüffer*, JuS 1979, 457 ff.; *Baumbach/Hopt*, Anh. § 177a Rn. 52, 55.

nanzierung von Seeschiffen und anderen durch Sonderabschreibungsmöglichkeiten geförderten Investitionen, später in der Beteiligung an der Öl- und Gasförderung, auch – sehr verbreitet – in der Entwicklung sog. Bauherren- und Bauträgermodelle[1]. Die Bedeutung derartiger Gesellschaften ist jedoch inzwischen ganz zurückgegangen[2]. Das liegt einmal daran, dass die teilweise überzogenen Steuerersparniserwartungen der Anleger oft nicht zu realisieren waren und dass es durch Misswirtschaft und Zusammenbrüche von unseriösen Gründungen zu hohen wirtschaftlichen Verlusten kam. Darüber hinaus war durch die Einfügung des § 15a EStG gemäß Gesetz vom 20.8.1980[3] die Möglichkeit einer Verlustverrechnung für die beteiligten Kommanditisten erheblich beschnitten und grundsätzlich auf den Betrag der haftenden Einlage begrenzt worden. Und mit dem Beschluss des Großen Senats des BFH vom 25.6.1984[4], mit dem die sog. Geprägetheorie aufgegeben und die Anforderungen an eine Mitunternehmerschaft (§ 15 Abs. 1 Nr. 2 EStG) gesteigert worden sind, waren die Möglichkeiten zur Erzielung von Steuervorteilen weithin entfallen[5]. Die Rechtspraxis hatte indes Streitigkeiten aus früheren Gesellschaftsgründungen noch für längere Zeit aufzuarbeiten. Unabhängig hiervon haben die von ihr erarbeiteten Grundsätze bleibende Bedeutung[6].

3. Körperschaftliche Struktur

89 Die durch die Gegebenheiten der Mitgliedschaftsstruktur bedingte Organisation der Publikumsgesellschaften trägt notwendigerweise einen weithin **körperschaftlichen Charakter**, der in vielem der Verfassung der AG vergleichbar ist. Die Einrichtung fakultativer Gesellschaftsorgane in Form von Beiräten und Ausschüssen ist die Regel. Die Beteiligung von Anlegern ist vielfach in Form eines unmittelbaren Beitritts als Kommanditist vorgesehen[7]. Doch werden im Funktionsinteresse der Gesamtorganisation die Kommanditistenrechte meist auf einen Beirat oder einen Treuhänder übergeleitet (unechte Treuhand)[8], im Falle dispositiver Rechtsstellungen aber auch abbedungen[9].

4. Mittelbare Beteiligung der Anleger

90 Mitunter sind die Anleger **nicht unmittelbar an der KG beteiligt**, sondern in einer **besonderen GbR** zusammengefasst, die dann typischerweise ebenfalls

---

1 *Ebenroth/Boujong/Joost/Strohn/Weipert*, § 177a Anh. B Rn. 4.
2 *Ebenroth/Boujong/Joost/Strohn/Weipert*, § 177a Anh. B Rn. 6.
3 BGBl. I 1545.
4 BFH v. 25.6.1984 – GrS 4/82, BFHE 141, 405 = WM 1984, 1481.
5 Siehe dazu *Knobbe-Keuk*, BB 1985, 473 ff.
6 So mit Recht *K. Schmidt*, DB 1993, 2167.
7 Vgl. z.B. BGH v. 9.2.1976 – II ZR 65/75, NJW 1976, 894; BGH v. 17.7.2006 – II ZR 242/04; NZG 2006, 703.
8 Vgl. BGH v. 12.12.1966 – II ZR 41/65, BGHZ 46, 291, 292; *Baumbach/Hopt*, Anh. § 177a Rn. 52.
9 Vgl. MünchHdbGesR II/*Gummert*, § 61 Rn. 10 ff.

eine körperschaftliche Struktur mit entsprechender Organbildung aufweist. Kommanditist ist dann allein ein eigens eingesetzter **Treuhänder**, auf dessen Person die Anlegerinteressen gebündelt werden[1]. Die GbR kann entweder nur unter den Anlegern bestehen oder auch den Treuhänder einschließen, der dann geschäftsführender Gesellschafter sein wird. Die Gesellschaft kann organisatorisch mit der KG verknüpft sein. Da es sich in aller Regel um eine offene Treuhandschaft handelt, sind die Anleger im Innenverhältnis zum Treuhänder und auch zur KG schuldrechtlich wie an dieser beteiligte Gesellschafter (Kommanditisten) gestellt[2] (siehe auch Rn. 115, 137 ff.). Grundsätzlich können sie ihre Rechte nur über den Treuhänder wahrnehmen; doch können ihnen auch eigene gesellschafterliche Mitverwaltungsrechte gewährt werden[3], ohne dass dem das Abspaltungsverbot (§ 109 Rn. 7 f.) entgegensteht[4]. Hier können sich Übergänge zu einer mehrgliedrigen atypischen Unterbeteiligungsgesellschaft mit Elementen der Treuhand ergeben (dazu § 230 Rn. 103, 106). Zu der Frage, ob und inwieweit der Treuhandvertrag dem Rechtsberatungsgesetz (jetzt: Rechtsdienstleistungsgesetz) unterfällt, siehe BGH v. 8.5.2006 – II ZR 123/05, NZG 2006, 540 ff.; BGH v. 15.2.2005 – XI ZR 396/03, ZIP 2005, 1361; BGH v. 16.12.2002 – II ZR 109/01, NZG 2003, 277 f.; *Altmeppen*, ZIP 2006, 1 ff.

5. Entwicklung eines Sonderrechts

Trotz ihres körperschaftlichen Aufbaus ist die Publikumsgesellschaft **formal als Personengesellschaft** konstituiert. Mit ihrer Gestaltung der innergesellschaftlichen Ordnung entfernt sie sich aber weit von dem gesetzlichen Leitbild der KG[5]. Die dadurch gegebenen erheblichen Gefahren für die Anleger, die insbesondere einer für sie vorgegebenen Vertragsgestaltung und einer dabei von den Initiatoren für sich vorbehaltenen Herrschaftsbefugnis ausgesetzt sind, haben die Rechtsprechung[6] veranlasst, **Sonderrechtsnormen** zu entwickeln[7]. Durch diese wird im Interesse des Anlegerschutzes, aber auch der Funktionsfähigkeit der Gesellschaft die Dispositionsfreiheit der Gründer nicht unerheblich eingeschränkt und wird der Verband speziellen Rechtsgrundsätzen unterworfen, die zum Teil dem Recht der AG entsprechen.

91

---

1 Vgl. hierzu MünchKommHGB/*Grunewald*, § 161 Rn. 105; *Ebenroth/Boujong/Joost/Strohn/Weipert*, § 177a Anh. B Rn. 9; siehe auch BGH v. 20.3.2006 – II ZR 326/04; DStR 2006, 1003; BGH v. 8.5.2006 – II ZR 123/05, NZG 2006, 540; BGH v. 2.7.2001 – II ZR 304/00, NZG 2001, 936.
2 BGH v. 30.3.1987 – II ZR 163/86, WM 1987, 811; vgl. auch BGH v. 24.2.1992 – II ZR 89/91, NJW-RR 1992, 930 f.
3 So ein Stimmrecht, vgl. OLG Koblenz v. 22.10.1987 – 6 U 777/86, WM 1989, 260, 261.
4 *Staub/Ulmer*, § 105 Rn. 103, 106.
5 *Ebenroth/Boujong/Joost/Strohn/Weipert*, § 177a Anh. B Rn. 32.
6 Vgl. bereits BGH v. 14.12.1972 – II ZR 82/70, NJW 1973, 1604 f.
7 *Binz/Sorg*, § 13 Rn. 13; *Baumbach/Hopt*, Anh. § 177a Rn. 53; *Ebenroth/Boujong/Joost/Strohn/Weipert*, § 177a Anh. B Rn. 17; MünchHdbGesR II/*Gummert*, § 61 Rn. 9.

Auch wenn Publikumsgesellschaften in der gegenwärtigen Rechtspraxis nicht mehr die Rolle wie in der Vergangenheit spielen, behalten die von der Rechtsprechung entwickelten Grundsätze weiterhin paradigmatische Bedeutung (Rn. 88 a.E.).

II. Gesellschaftsvertrag

1. Formfragen

92 Der Gesellschaftsvertrag ist wie sonst bei der KG **grundsätzlich formfrei**[1]. Soweit für den Anleger eine Verpflichtung zum Erwerb von Grund- oder Wohnungseigentum vorgesehen ist, greift der Beurkundungszwang des § 311b Abs. 1 BGB ein. Aus den Grundsätzen der vertraglichen Inhaltskontrolle (siehe Rn. 95) folgt allerdings im Übrigen die **Notwendigkeit einer schriftlichen Abfassung**. Das Formerfordernis erfüllt nämlich einen Informationsschutz zugunsten der beitretenden Gesellschafter[2]. Die Schriftform, die auch für vertragsgestaltende Gesellschafterbeschlüsse gilt, kann dabei aber durch eine Beschlussprotokollierung gewahrt werden[3]. Insbesondere Abmachungen, mit denen Gründungsgesellschaftern Vorteile verschafft werden sollen (z.B. zugesagte Tätigkeitsvergütungen), sind ohne schriftliche Verlautbarung im Vertrag oder in einem Gesellschafterbeschluss ebenso unwirksam wie die Ausführungsgeschäfte[4]. Dies gilt auch bei einer lediglich durch einen Treuhandkommanditisten vermittelten Beteiligung[5].

2. Vertragsauslegung

93 Die Auslegung des Vertrages geschieht (wie bei der Satzung einer AG) nach **objektiven Grundsätzen**. Subjektive Vorstellungen der Vertragschließenden, die im schriftlichen Vertrag keinen Ausdruck gefunden haben, bleiben unberücksichtigt[6]. Umstritten ist, ob diese Auslegungsgrundsätze schon dann greifen, wenn die Gesellschaft auf die Aufnahme einer Vielzahl von Kommanditisten (siehe oben Rn. 87) ausgelegt ist oder ob sie erst dann greifen, wenn „neue" Gesellschafter zu den Gründern hinzukommen oder diese ersetzen[7]. Regelungen, die Anleger belasten, werden restriktiv ausgelegt[8]; z.B.

---

1 MünchKommHGB/*Grunewald*, § 161 Rn. 108.
2 MünchKommHGB/*Grunewald*, § 161 Rn. 108; vgl. auch BGH v. 5.2.1990 – II ZR 94/89, NJW 1990, 2684, 2685.
3 BGH v. 24.11.1975 – II ZR 89/74, BGHZ 66, 82, 86 f.
4 BGH v. 4.3.1976 – II ZR 178/74, WM 1976, 446 f.; *Baumbach/Hopt*, Anh. § 177a Rn. 67; *Ebenroth/Boujong/Joost/Strohn/Weipert*, § 177a Anh. B Rn. 18.
5 BGH v. 7.11.1977 – II ZR 105/76, WM 1978, 87, 88.
6 BGH v. 4.7.2005 – II ZR 354/03, ZIP 2005, 1455, 1456; BGH v. 23.1.2006 – II ZR 126/04, DStR 2006, 621, 622; BGH v. 17.7.2006 – II ZR 242/04, NZG 2006, 703; BGH v. 14.10.2006 – XI ZR 185/05, NZG 2007, 183, 184; BGH v. 7.11.1977 – II ZR 105/76, WM 1978, 87, 88, BGH v. 10.10.1983 – II ZR 213/82, WM 1983, 1407, 1408; *Baumbach/Hopt*, Anh. § 177a Rn. 67.
7 Vgl. hierzu MünchKommHGB/*Grunewald*, § 161 Rn. 111.
8 *Ebenroth/Boujong/Joost/Strohn/Weipert*, § 177a Anh. B Rn. 21.

gilt die Übernahme einer Verpflichtung zur Erhöhung der Beteiligung im Zweifel nur, wenn das zusätzliche Kapital der Verfolgung des Gesellschaftszweckes dienen soll[1]. Einschränkend auszulegen ist die Verpflichtung, Sicherungserklärungen für der Gesellschaft gewährte Kredite abzugeben[2]. Hierbei macht es wiederum generell keinen Unterschied, ob der Anleger unmittelbar oder nur mittelbar (über einen Treuhandkommanditisten) beteiligt ist oder ob es sich um den Gesellschaftsvertrag ergänzende Verträge handelt, die für die Rechtsstellung der Anleger bedeutsam sind und ihnen beim Beitritt als Entscheidungsgrundlage zugänglich gemacht worden sind[3]. Eine von der gesellschaftsvertraglichen Regelung abweichende Praxis ist für die Zukunft nicht bindend, selbst wenn sie längere Zeit widerspruchslos hingenommen worden ist[4].

Für **Individualabreden** mit einem beitretenden Anleger gelten dagegen die allgemeinen Auslegungsregeln[5]. Von der Gesellschaft eingeschaltete Vermittler haben dabei die Stellung von Empfangsboten der Gesellschaft für Erklärungen des Anlegers[6]. 94

3. Inhaltskontrolle

Angesichts der einseitigen Bestimmung des Vertragsinhalts durch die Gründer, die dem Anleger keine Möglichkeit zu abändernden Gestaltungen einräumt, hat sich eine an Treu und Glauben orientierte **vertragliche Inhaltskontrolle** als unabweislich ergeben[7]. Denn mangels eines freien Aushandelns der Vertragsbedingungen fehlt es an der sonst für einen Vertragsschluss präsumierten Richtigkeitsgewähr. Die Inhaltskontrolle beruht zwar nicht auf einer Geltung der §§ 305 ff. BGB (vgl. insoweit § 310 Abs. 4 S. 1 BGB), ist dieser aber durchaus vergleichbar[8]. Dabei geht grundsätzlich eine Vertragsauslegung der Inhaltskontrolle vor[9]. Auch kann ein bestimmter Vertrauensschutz für Gesellschafter zu berücksichtigen sein, die an der Gestal- 95

---

1 BGH v. 28.9.1978 – II ZR 218/77, WM 1978, 1399, 1400.
2 BGH v. 30.4.1979 – II ZR 57/78, WM 1979, 672.
3 BGH v. 7.11.1977 – II ZR 105/76, WM 1978, 87, 88; OLG Hamburg v. 24.11.1995 – 11 U 174/93, DB 1996, 1403 f.
4 BGH v. 5.2.1980 – II ZR 84/89, NJW 1990, 2684, 2685.
5 BGH v. 22.1.1979 – II ZR 185/78, WM 1979, 612, 613; BGH v. 6.12.1982 – II ZR 70/82, WM 1983, 118, 120.
6 BGH v. 19.11.1984 – II ZR 74/84, WM 1985, 125, 126.
7 Grundlegend: BGH v. 14.4.1975 – II ZR 147/73, BGHZ 64, 238, 241 ff.; siehe auch BGH v. 9.11.1987 – II ZR 100/87, BGHZ 102, 172, 177; BGH v. 21.3.1988 – II ZR 135/87, BGHZ 104, 50, 53 f.; BGH v. 20.3.2006 – II ZR 326/04, NJW 2006, 2410, 2411; MünchHdbGesR II/*Gummert*, § 65 Rn. 7 ff.; *Ebenroth/Boujong/Joost/Strohn/ Weipert*, § 177a Anh. B Rn. 24; MünchKommHGB/*Grunewald*, § 161 Rn. 118.
8 Vgl. BGH v. 20.3.2006 – II ZR 326/04, NJW 2006, 2410, 2411; BGH v. 10.10.1994 – II ZR 32/94, BGHZ 127, 176, 183 ff. (zu einer als mehrgliedrige stille Gesellschaft organisierten Publikumsgesellschaft); *Ebenroth/Boujong/Joost/Strohn/Weipert*, § 177a Anh. B Rn. 15.
9 BGH v. 30.4.1979 – II ZR 57/78, WM 1979, 672; *Baumbach/Hopt*, Anh. § 177a Rn. 68; *Ebenroth/Boujong/Joost/Strohn/Weipert*, § 177a Anh. B Rn. 25.

tung und Formulierung des Vertrages nicht beteiligt waren[1]. Führt die eingreifende Inhaltskontrolle zur Unbeachtlichkeit getroffener Regelungen, kann sich sodann die Notwendigkeit einer ergänzenden Vertragsauslegung ergeben[2]. Die Inhaltskontrolle findet unabhängig davon statt, ob der Anleger unmittelbar oder mittelbar an der KG beteiligt ist und bezieht letzterenfalls auch die Treuhandabrede ein[3]. Eine Klausel, die der Inhaltskontrolle nicht stand hält, ist nichtig. An ihre Stelle tritt das dispositive Recht bzw. die ergänzende Vertragsauslegung[4].

96 Wegen des **Kontrollmaßstabes** hat die Rechtsprechung zum Teil aktienrechtliche Vorschriften übernommen, aber betont, dass hier Zurückhaltung geboten sei, da es sich um eine Personengesellschaft handele und es auf die Ausgestaltung des Gesellschaftsverhältnisses im Einzelfall ankomme[5]. Die Heranziehung kapitalgesellschaftsrechtlicher Regeln dürfe nicht zu einer Beeinträchtigung des Gläubigerschutzes führen, sondern komme nur zugunsten des Anlegerschutzes und der Funktionsfähigkeit der Gesellschaft in Frage[6]. Ergänzend stellt der BGH auf das Leitbild einer Publikumsgesellschaft ab, in der die Anlegerinteressen angemessen gewahrt sind[7]. Im Einzelnen sind folgende Regeln entwickelt worden[8]:

a) Haftungsmaßstab

97 Im Rahmen der Inhaltskontrolle hat der BGH entschieden, dass der Haftungsmaßstab für die Geschäftsführung der persönlich haftenden Gesellschafter dem **Kapitalgesellschaftsrecht** zu entnehmen ist (§§ 93 AktG, 43 GmbHG); § 708 BGB ist nicht maßgeblich und kann auch nicht vereinbart werden[9]; dies gilt auch für den GmbH-Geschäftsführer[10] (vgl. auch Rn. 60). Eine den aktienrechtlichen Vorschriften (§§ 116, 93 AktG) entsprechende Haftung trifft auch Aufsichtsrats- und Beiratsmitglieder[11] (hierzu vgl. auch Rn. 130).

---

1 BGH v. 14.4.1975 – II ZR 147/73, BGHZ 64, 238, 241; BGH v. 21.3.1988 – II ZR 135/87, BGHZ 104, 50, 53.
2 BGH v. 12.5.1977 – II ZR 98/75, BGHZ 69, 160, 166; BGH v. 13.3.1978 – II ZR 63/77, BGHZ 71, 53, 59; vgl. auch *Stimpel*, FS Rob. Fischer, 1979, S. 771, 775 ff.
3 BGH v. 21.3.1988 – II ZR 135/87, BGHZ 104, 50, 55; für eine Inhaltskontrolle des Treuhandvertrages nach den §§ 307 ff. BGB MünchKommHGB/*Grunewald*, § 161 Rn. 124.
4 MünchKommHGB/*Grunewald*, § 161 Rn. 123.
5 BGH v. 4.7.1977 – II ZR 150/75, BGHZ 69, 207, 220; BGH v. 12.7.1982 – II ZR 201/81, BGHZ 84, 383, 386; BGH v. 7.3.1983 – II ZR 11/82, BGHZ 87, 84, 87.
6 BGH v. 12.7.1982 – II ZR 201/81, BGHZ 84, 383, 386 f.; BGH v. 11.10.1979 – II ZR 174/77, WM 1979, 1428, 1429.
7 BGH v. 3.5.1982 – II ZR 78/81, BGHZ 84, 11, 15.
8 Siehe auch Überblick bei MünchKommHGB/*Grunewald*, § 161 Rn. 120 ff.
9 Vgl. *Schneider*, ZGR, 1978, 1, 15 und 31.
10 BGH v. 12.11.1979 – II ZR 174/77, BGHZ 75, 321, 327 f.; BGH v. 17.3.1980 – II ZR 85/79, WM 1980, 593; BGH v. 14.11.1994 – II ZR 160/93, ZIP 1995, 738, 741, 745.
11 BGH v. 4.7.1977 – II ZR 150/75, BGHZ 69, 207, 209 f.

b) Verjährung von Ersatzansprüchen

Eine Verjährung von Schadensersatzansprüchen gegen Organpersonen, insbesondere Aufsichtsrats- oder Beiratsmitglieder, tritt in Anlehnung an die §§ 116, 93 Abs. 6 AktG, 52 Abs. 3 GmbHG, 41, 34 Abs. 6 GenG nicht vor fünf Jahren ein[1]. Diese aus der Zeit vor Inkrafttreten des Schuldrechtsmodernisierungsgesetzes stammende Rechtsprechung hat auch heute noch Bestand; denn die oben genannten Vorschriften sind hierdurch nicht modifiziert worden[2].

98

c) Abberufung der Komplementärin

Die Abberufung der Komplementärin sowie ihres Geschäftsführers aus den Geschäftsführungsfunktionen aus wichtigem Grund kann entgegen den Regeln in den §§ 84 Abs. 3 AktG, 38 Abs. 2 GmbHG nicht vom Erreichen einer qualifizierten Mehrheit abhängig gemacht werden[3]. Die **einfache Mehrheit** gilt auch für die Ersetzung der Abberufenen[4]. Es bedarf daher nicht eines Vorgehens im Wege der Gestaltungsklage nach den §§ 117, 161 Abs. 2[5].

99

d) Keine Sperrminorität für die Gründer

Unwirksam ist auch eine Bestimmung, die den Gründern eine Sperrminorität bei einem Geschäftsführerwechsel oder bei der Wahl des Aufsichtsrats sichern soll[6]. Auch sonst werden Mehrstimm- oder Vetorechte, die die Interessenwahrnehmung durch die Anleger beeinträchtigen, vielfach unwirksam sein[7].

100

e) Keine Sonderbefugnisse für die Komplementärin

Der Komplementär-GmbH kann nicht einseitig nach freiem Ermessen das **Recht zur Übernahme** von Kommanditbeteiligungen eingeräumt werden[8]. Auch ein einseitiges Recht auf **Hinauskündigung** der Anleger nach freiem Ermessen besteht nicht, so auch nicht bei einer in Form von atypischen mehrgliedrigen stillen Beteiligungen konstituierten Publikumsgesellschaft[9].

101

---

1 BGH v. 14.4.1975 – II ZR 147/73, BGHZ 64, 238, 244; BGH v. 7.3.1983 – II ZR 11/82, 87, 84, 88; BGH v. 20.3.2006 – II ZR 326/04, NJW 2006, 2410, 2411.
2 So auch *Ebenroth/Boujong/Joost/Strohn/Weipert*, § 177a Anh. B Rn. 30.
3 BGH v. 9.11.1987 – II ZR 100/87, BGHZ 102, 172, 178 f.; BGH v. 22.3.1982 – II ZR 74/81, WM 1982, 583, 584.
4 BGH v. 10.10.1983 – II ZR 213/82, WM 1983, 1407.
5 Vgl. *Stimpel*, FS Rob. Fischer, 1979, S. 771, 774, 748 f.; *Reichert/Winkler*, BB 1984, 981, 984.
6 BGH v. 10.10.1983 – II ZR 213/82, WM 1983, 1407 f.; siehe auch BGH v. 22.3.1982 – II ZR 74/81, NJW 1982, 2495, 2496; BGH v. 9.11.1987 – II ZR 100/87, BGHZ 102, 172, 178; MünchHdbGesR II/*Gummert*, § 65 Rn. 28.
7 *Schlegelberger/Martens*, § 161 Rn. 147.
8 BGH v. 3.5.1982 – II ZR 78/81, BGHZ 84, 11, 14 f.; BGH v. 21.3.1988 – II ZR 135/87, BGHZ 104, 50, 57 ff.; OLG München v. 14.1.1987 – 7 U 3828/86, NJW-RR 1987, 925 f.
9 BGH v. 7.2.1994 – II ZR 191/92, BGHZ 125, 74, 80.

Ob und inwieweit die Gewährung einer angemessenen Abfindung vorgesehen ist, ist ohne Bedeutung[1].

f) Verbot des Selbstkontrahierens

102 Dagegen neigt der BGH[2] nicht dazu, eine Befreiung vom Verbot des § 181 BGB im Gesellschaftsvertrag einer Publikumsgesellschaft zu beanstanden[3].

g) Kontrollrechte der Anleger

103 Ein Ausschluss des Kontrollrechts nach § 166 Abs. 1 dürfte nur in Betracht kommen, wenn kompensatorisch eine angemessene Überwachung der Geschäftsführung in anderer Weise gewährleistet ist[4].

h) Einberufung von Gesellschafterversammlungen

104 In entsprechender Anwendung von § 50 Abs. 3 GmbHG kann auch eine Gesellschafterminderheit eine Gesellschafterversammlung einberufen, wenn die dafür an sich zuständige geschäftsführende Gesellschafterin einer dahin gehenden Aufforderung nicht nachkommt[5]. Ebenso hätte der Beirat ein Noteinberufungsrecht[6].

i) Nachschusspflicht

104a Beitragserhöhungen zu Lasten des Gesellschafters können nur mit Zustimmung eines jeden Gesellschafters beschlossen werden, die – wie dies bei Publikumsgesellschaften üblich ist – auch antizipiert erteilt werden kann. Die Wirksamkeit einer solchen gesellschaftsrechtlichen Bestimmung hängt dann davon ab, ob sie eindeutig ist und Ausmaß und Umfang der möglichen zusätzlichen Belastung erkennen lässt. Das erfordert die Angabe einer Obergrenze oder die Festlegung sonstiger Kriterien, die das Erhöhungsrisiko eingrenzen[7].

---

1 BGH v. 13.7.1981 – II ZR 56/80, BGHZ 81, 263, 268 f.; BGH v. 21.3.1988 – II ZR 135/87, BGHZ 104, 50, 58 f.
2 BGH v. 11.2.1980 – II ZR 41/79, BGHZ 76, 160, 166.
3 Zu den Gegenmeinungen vgl. bei *Schlegelberger/Martens*, § 161 Rn. 147.
4 *Stimpel*, FS Rob. Fischer, 1979, S. 771, 777.
5 BGH v. 9.11.1987 – II ZR 100/87, BGHZ 102, 172, 175; vgl. auch MünchKommHGB/*Grunewald*, § 161 Rn. 126.
6 BGH v. 30.3.1998 – II ZR 20/97, ZIP 1998, 859, 860 f.
7 BGH v. 24.11.1975 – II ZR 89/74, BGHZ 66, 82, 85; BGH v. 23.1.2006 – II ZR 126/04, DStR 2006, 621, 623; vgl. auch MünchHdbGesR II/*Gummert*, § 65 Rn. 18 ff.

j) Schlichtungsklauseln

Schlichtungsklauseln, die den Klageweg erst nach einem Schlichtungsversuch im Beirat eröffnen, sind nur zulässig, wenn sie die Anrufung der Gerichte nicht unangemessen erschweren[1]. 105

k) Schiedsabreden

Die Rechtsprechung hatte zum Schutz der Anleger eine Anwendung des § 1048 a.F. ZPO ausgeschlossen[2]. Die Folge einer Anwendbarkeit des § 1048 a.F. ZPO wäre gewesen, dass die Formvorschrift des § 1027 a.F. ZPO keine Anwendung findet. Damit wäre aber die von dieser Formvorschrift ausgehende Schutz- und Warnfunktion entfallen. Dies hat der BGH verhindert, indem er § 1048 a.F. ZPO auf Schiedsklauseln in Gesellschaftsverträgen einer Publikums-KG für nicht entsprechend anwendbar erklärt hat. Diese Problematik hat sich durch die jetzt geltenden §§ 1029, 1031 ZPO teilweise entschärft; denn hierdurch ist die Formstrenge der Schiedsvereinbarungen gegenüber dem alten Recht (sieht man einmal von § 1031 Abs. 5 ZPO ab) gelockert worden. Es stellt sich daher heute die Frage, ob und inwieweit diese Rechtsprechung heute noch Geltung beanspruchen kann. Die wohl überwiegende Ansicht bejaht dies und begründet dies letztlich damit, dass § 1048 a.F. ZPO inhalts- und wortgleich in § 1066 n.F. ZPO überführt worden sei und sich an der Unanwendbarkeit der Vorschrift nichts geändert habe[3]. Die Ansicht ist jedoch abzulehnen. § 1066 ZPO trägt dem Umstand Rechnung, dass eine Bindungswirkung auch durch einen von einer Vereinbarung verschiedenen Ausschlusstatbestand zustande kommen kann. Auf einen solchen ist dann der – ersichtlich auf Vereinbarungen zugeschnittene § 1031 ZPO – nicht anzuwenden. Ob also § 1031 ZPO Anwendung findet oder nicht, richtet sich mithin allein nach der Art des Abschlusstatbestandes. Dieser ist aber je nach dem, ob der Gesellschafter der Schiedsklausel als Gründungsmitglied zugestimmt hat, die Schiedsklausel nachträglich durch Mehrheitsentscheidung eingeführt wurde, der Gesellschafter zu einem späteren Zeitpunkt der Gesellschaft beigetreten ist oder den „Anteil" durch Einzelrechtsnachfolge erworben hat, verschieden[4]. Von der Frage der Form ist die weitere zu unterscheiden, inwieweit die Schiedsklausel einer Inhaltskontrolle stand hält. Dies wird mitunter für Publikumsgesellschaften generell verneint[5]. Dabei wird jedoch übersehen, dass die Schiedsgerichtsbarkeit grundsätzlich eine der staatlichen Gerichtsbarkeit gleichwertige Form des Rechtsschutzes darstellt[6]. 106

---

1 BGH v. 4.7.1977 – II ZR 55/76, WM 1977, 997, 998; siehe auch MünchHdbGesR II/*Gummert*, § 65 Rn. 22.
2 BGH v. 11.10.1978 – III ZR 184/78, WM 1979, 1428 f.; vgl. auch MünchHdbGesR II/*Gummert*, § 65 Rn. 23.
3 Vgl. etwa *Ebenroth/Boujong/Joost/Strohn/Weipert*, § 177a Anh. B Rn. 31; *Baumbach/Hopt*, Anh. § 177a Rn. 67.
4 *Haas*, SchiedsVZ 2007, 1 ff.
5 Vgl. MünchKommHGB/*K.Schmidt*, § 105 Rn. 124.
6 Vgl. BR-Drucks. 211/96 v. 22.3.1996, S. 109 f.; vgl. auch *Welter*, JZ 1989, 588, 591.

III. Beitritt und Ausscheiden der Kommanditisten

1. Beitrittsvertrag

107 Da sich der Beitritt eines Kommanditisten wegen der Vielzahl der Gesellschafter nicht durch einen Vertrag mit allen organisieren lässt, wird regelmäßig die **Komplementär-GmbH** entweder als **Abschlussvertreter** für alle vorhandenen Gesellschafter bevollmächtigt[1] oder zum **Abschluss im eigenen Namen** ermächtigt[2]; letzterenfalls kommt der Aufnahmevertrag unmittelbar mit der KG zustande. Die Ermächtigung deckt ggf. auch vereinbarte Beitrittsmodalitäten, insbesondere die Vereinbarung von Bedingungen[3] oder z.B. die Herabsetzung der Beteiligung, wenn die Verschaffung eines Darlehens durch die KG zwecks Finanzierung der Einlage misslingt[4]. Auch dritte Personen (Treuhänder) können zum Abschluss von Aufnahmeverträgen bevollmächtigt werden[5]. Soweit die Komplementärin Vermittler zur Entgegennahme von Beitrittserklärungen einschaltet, haben jene die Stellung von Empfangsboten[6]. Der Beitritt kann auch unter einer aufschiebenden Bedingung erfolgen[7]. Ist die Aufnahme eines neuen Gesellschafters nicht durch die Vollmacht gedeckt, beurteilen sich die Rechtsbeziehungen zwischen dem neuen Mitglied und den übrigen Gesellschaftern nach den Grundsätzen über die fehlerhafte Gesellschaft (vgl. hierzu § 105 Rn. 38 ff.)[8]. Werden im Zusammenhang mit den Beitrittsverhandlungen unrichtige Angaben gemacht, kommt eine Haftung nach den Regeln der culpa in contrahendo in Betracht (§ 311 Abs. 2 BGB)[9].

a) Formfreiheit

108 Der Beitrittsvertrag ist grundsätzlich formfrei, bedarf aber bei einer vom Anleger übernommenen Verpflichtung zum Erwerb von Immobiliarrechten der Beurkundung nach § 311b Abs. 1 BGB[10]. Mögliche Nebenabreden sind trotz der üblichen Schriftlichkeit nicht unwirksam. Soweit für Veränderungen

---

1 BGH v. 17.11.1975 – II ZR 120/74, WM 1976, 15, 16; BGH v. 15.12.1987 – II ZR 70/82, NJW 1983, 1117, 1118; vgl. auch BGH v. 14.11.1977 – II ZR 95/76, NJW 1978, 1000, 1001.
2 BGH v. 14.11.1977 – II ZR 95/76, WM 1978, 136, 137; BGH v. 10.12.1984 – II ZR 28/84, WM 1985, 258; siehe auch BGH v. 6.12.1987 – I ZR 70/82, NJW 1983, 1117, 1118; BGH v. 16.5.1994 – II ZR 223/92, NJW-RR 1994, 1185 f.
3 BGH v. 22.1.1979 – II ZR 185/78, WM 1979, 612, 613; BGH v. 19.11.1984 – II ZR 47/84, WM 1985, 125 f.
4 BGH v. 6.12.1982 – II ZR 70/82, WM 1983, 118, 120.
5 BGH v. 16.11.1981 – II ZR 213/80, WM 1982, 40, 42.
6 BGH v. 19.11.1984 – II ZR 47/84, WM 1985, 125 f.
7 BGH v. 19.11.1984 – II ZR 47/84, NJW 1985, 1080, 1081; KG v. 11.12.2001 – 4 U 8633/00, WM 2003, 1066.
8 BGH v. 22.3.1982 – II ZR 74/81, NJW 1982, 2495, 2496; vgl. auch zur stillen Gesellschaft in diesem Sinne BGH v. 26.9.2005 – II ZR 314/03, ZIP 2005, 2060.
9 Vgl. hierzu MünchKommHGB/*Grunewald*, § 161 Rn. 137 ff.
10 BGH v. 10.4.1978 – II ZR 61/77, WM 1978, 752, 753; MünchHdbGesR II/*Gummert*, § 62 Rn. 10.

des Gesellschaftsvertrages die Schriftform vorgesehen ist, gilt dies nicht für den Beitritt selbst und die dabei vereinbarten Besonderheiten[1].

b) Folgen eines Dissenses

Bei einem Dissens der Erklärungen zur Aufnahme kommt ein Beitritt gleichwohl zustande, wenn der Anleger konkludent zu erkennen gibt, an dem von der Gesellschaft für wirksam gehaltenen Vertrag gebunden zu sein[2]. 109

c) Geschäftsunfähigkeit des Beitretenden

Bei Geschäftsunfähigkeit des Beitretenden finden die Grundsätze der fehlerhaften Gesellschaft keine Anwendung[3] (näher dazu § 105 Rn. 38 ff., 44). 110

2. Arglistige Täuschung

Im Übrigen wird ein **Beitritt** auch dann **wirksam**, wenn der Anleger dabei arglistig getäuscht worden ist und sich auf eine Anfechtung nach den §§ 123, 142 Abs. 1 BGB berufen will. Das folgt aus den Grundsätzen der fehlerhaften Gesellschaft, die auch für einen fehlerhaften Beitritt gelten (§ 105 Rn. 48)[4]. Doch bildet eine arglistige Täuschung stets einen wichtigen Grund zur Beendigung der Mitgliedschaft. Da es aber in der gegebenen Interessenlage unangebracht wäre, den Anleger auf eine Auflösungsklage zu verweisen, wird ihm im Falle eines wichtigen Grundes ein **Recht zur fristlosen Kündigung** seiner Mitgliedschaft zuerkannt[5], dessen Ausübung zu einem Ausscheiden ex nunc führt. Das Recht besteht unabhängig davon, ob der Gesellschaftsvertrag Kündigungsrechte vorsieht. Möglicher Erklärungsgegner ist auch die zur Aufnahme von Mitgliedern ermächtigte persönlich haftende Gesellschafterin[6]. 111

a) Abschichtungsbilanz

Die Kündigung führt zur Notwendigkeit einer Abschichtungsbilanz, für die die allgemeinen Regeln gelten[7]. Die Beweislast für entstandene Verluste hat 112

---

1 BGH v. 6.12.1982 – II ZR 70/82, WM 1983, 118, 120; BGH v. 19.11.1984 – II ZR 47/84, WM 1985, 125 f.
2 BGH v. 21.10.1985 – II ZR 78/85, WM 1986, 321, 322.
3 BGH v. 16.11.1981 – II ZR 213/80, WM 1982, 40, 43 unter Hinweis auf BGH v. 29.6.1970 – II ZR 158/69, BGHZ 55, 5, 9.
4 BGH v. 18.1.1988 – II ZR 140/87, WM 1988, 418, 419; BGH v. 2.7.2001 – II ZR 304/00, NZG 2001, 936, 937; MünchHdbGesR II/*Gummert*, § 62 Rn. 12; krit. dazu *K. Schmidt*, BB 1988, 1053, 1059 f.
5 BGH v. 19.12.1974 – II ZR 27/73, BGHZ 63, 338, 345 f.; BGH v. 12.5.1977 – II ZR 89/75, BGHZ 69, 160, 162 f.; BGH v. 2.7.2001 – II ZR 304/00, NZG 2001, 936, 937; *Baumbach/Hopt*, Anh. § 177a Rn. 58.
6 BGH v. 19.12.1974 – II ZR 27/73, BGHZ 63, 338, 345 f.
7 Vgl. dazu BGH v. 19.12.1974 – II ZR 27/73, BGHZ 63, 338, 345 f.; BGH v. 22.1.1979 – II ZR 178/77, BGHZ 73, 294, 302; BGH v. 14.12.1972 – II ZR 82/70, WM 1973, 863, 865; BGH v. 16.11.1981 – II ZR 213/80, WM 1982, 40, 43.

die Gesellschaft[1]. Einer Ausgleichspflicht kann der Kommanditist keine Einwendungen aus der verübten Täuschung entgegenhalten, weil diese nur im Verhältnis zu den dafür Verantwortlichen durchgreifen, nicht aber den übrigen Gesellschaftern zugerechnet werden können[2].

b) Keine Kündigung bei aufgelöster Gesellschaft

113 Das Kündigungsrecht wegen arglistiger Täuschung entfällt, wenn die Gesellschaft bereits im **Stadium der Abwicklung** ist. Denn das Recht ist dem Gesellschafter nur im Interesse des Fortbestandes der Gesellschaft als werbendes Unternehmen gewährt; nach eingetretener Auflösung ist dafür kein Raum mehr[3].

c) Keine Kündigung bei alle Gesellschafter betreffenden Gründen

114 Eine Kündigungsmöglichkeit entfällt auch dann, wenn der in Betracht kommende wichtige Grund nicht allein den einzelnen Geschäftsführer, sondern alle Gesellschafter trifft[4]. Dann muss vielmehr im Interesse einer geordneten Abwicklung Auflösungsklage erhoben werden. Hier kann ein Kündigungsrecht nur dann ausnahmsweise wieder zum Zuge kommen, wenn die Gesellschafter etwa eine Auflösung nicht eintreten lassen wollen und eine Fortsetzung der Gesellschaft unter wesentlich veränderten Bedingungen beschließen[5]. Denn dann ist der einzelne Gesellschafter nicht gehalten, seine Mitgliedschaft unter diesen Umständen aufrechtzuerhalten[6].

d) Mittelbar beteiligte Anleger

115 Ist der Anleger nur **mittelbar über einen Treuhandkommanditisten an der KG beteiligt**, müsste ein Kündigungsrecht an sich durch den Treuhänder geltend gemacht werden. Aber wegen der dabei auftretenden organisationsrechtlichen Schwierigkeiten bei der Rechtsverwirklichung wird dem Anleger die Möglichkeit eingeräumt, sich bei pflichtwidrigem Verhalten des Treuhänders durch Kündigung diesem gegenüber von seiner Beteiligung zu lösen[7]. Bei Auflösung des Treuhandverhältnisses wird der Gesellschaftsvertrag im Allgemeinen eine Herabsetzung der insgesamt vom Treuhänder gehaltenen Kommanditeinlage vorsehen. Die Auskehrung einer an den Anleger zurückzuzahlenden Beteiligung hätte dann der Treuhänder geltend zu

---

1 BGH v. 9.5.1988 – II ZR 298/87, NJW-RR 1988, 1059.
2 BGH v. 19.12.1974 – II ZR 27/73, BGHZ 63, 338, 348; BGH v. 14.12.1972 – II ZR 82/70, WM 1973, 863, 865.
3 BGH v. 11.12.1978 – II ZR 41/78, WM 1979, 160, 161.
4 BGH v. 12.5.1977 – II ZR 89/75, BGHZ 69, 160, 162; BGH v. 28.11.1977 – II ZR 235/75, BGHZ 70, 61, 66.
5 BGH v. 12.5.1977 – II ZR 89/75, BGHZ 69, 160, 167; BGH v. 13.3.1978 – II ZR 63/77, BGHZ 71, 53, 60 f.
6 Siehe auch BGH v. 21.4.1980 – II ZR 144/79, WM 1980, 868, 869.
7 BGH v. 22.1.1979 – II ZR 178/77, BGHZ 73, 294, 299 f.

machen[1]. Für eine dabei etwa entstehende Außenhaftung des Treuhänders nach § 172 Abs. 4 müsste der Anleger dem Treuhänder in aller Regel nach den §§ 670, 675 BGB einstehen, da er nicht schlechter, aber auch nicht besser stehen soll, als wenn er unmittelbar an der KG beteiligt wäre[2]. Ersetzt demgemäß der Anleger den Haftungsaufwand des Treuhänders, so würde dies allerdings einen Rückgriffs(Erstattungs-)anspruch gegen die Gesellschaft begründen, der formell in der Person des Treuhänders entstehen würde. Dieser wäre zur Abtretung an den Anleger verpflichtet. Jedoch könnte der Anspruch so lange nicht durchgesetzt werden, wie dies zu einem erneuten Wiederaufleben der Haftung des Treuhänders führen würde[3].

3. Übertragung der Anteile

115a In der Regel ist die Übertragung von Anteilen (siehe hierzu auch § 173 Rn. 9 ff.) an einer Publikums-Gesellschaft von der Zustimmung der Gesellschaft abhängig[4]. Der Zustimmungsvorbehalt macht die ohne vorherige Zustimmung vorgenommene Verfügung über den Kommanditanteil – nicht aber bereits das schuldrechtliche Verpflichtungsgeschäft[5] – schwebend unwirksam[6]. Soweit der Gesellschaftsvertrag keine weitere Konkretisierung enthält[7], hat der Zustimmungsberechtigte seine Entscheidung nach pflichtgemäßem Ermessen zu treffen. Aufgrund der gesellschaftsrechtlichen Treuepflicht kann in der Regel die Zustimmung nur verweigert werden, wenn diese Entscheidung unter Abwägung der beteiligten Interessen erforderlich und verhältnismäßig ist[8].

IV. Vertragsänderungen und Gesellschafterbeschlüsse

115b Auch in der Publikumsgesellschaft ist eine Änderung des Gesellschaftsvertrages möglich[9]. Dies gilt im Grundsatz auch für eine konkludente Änderung.

1. Keine Geltung des Bestimmtheitsgrundsatzes

116 Anders als sonst im Personengesellschaftsrecht, wo es nach bisher h.L. grundsätzlich erforderlich ist, dass Ausnahmen vom Einstimmigkeitsgebot (§ 119 Abs. 1) im Gesellschaftsvertrag hinsichtlich des Beschlussgegenstandes eindeutig bezeichnet werden müssen, namentlich bei grundlegenden Vertragsumgestaltungen (Bestimmtheitsgrundsatz, vgl. dazu, auch zu seiner Berechtigung, § 119 Rn. 17 ff.), gelten für die Publikumsgesellschaft **andere**

---
1 BGH v. 22.1.1979 – II ZR 178/77, BGHZ 73, 294, 301.
2 BGH v. 28.1.1980 – II ZR 250/78, BGHZ 76, 127, 130 f.
3 Vgl. im Einzelnen hierzu BGH v. 14.1.1985 – II ZR 103/84, BGHZ 93, 246, 247 ff.
4 *Weisner/Lindemann*, ZIP 2008, 766, 767.
5 *Weisner/Lindemann*, ZIP 2008, 766, 767.
6 So auch für die GmbH *Scholz/Winter/Seibt*, § 15 GmbHG Rn. 133.
7 Siehe für einen solchen Fall OLG Bremen v. 7.6.2007 – 2 U 1/07, DStR 2007, 1267.
8 *Weisner/Lindemann*, ZIP 2008, 766, 768 ff.
9 BGH v. 5.2.1990 – II ZR 94/89, NJW 1990, 2684, 2685.

Regeln[1]. Das Einstimmigkeitsprinzip würde häufig zu einer Blockade gebotener Maßnahmen führen. Der BGH[2] hat daher den Bestimmtheitsgrundsatz hier aufgegeben. Sieht der Gesellschaftsvertrag das Mehrheitsprinzip vor, so kommt es nicht darauf an, dass die Gegenstände der Beschlussfassung, für die es gelten soll, bezeichnet sind. Es entspricht der Linie der Rechtsprechung, Mehrheitsentscheidungen auch dann gelten zu lassen, wenn der Gesellschaftsvertrag sie nicht vorgesehen hat[3].

2. Umgestaltungsmöglichkeiten durch Mehrheitsbeschluss

117 Die auf diese Weise erleichterte Möglichkeit einer Vertragsänderung gilt auch für **weitreichende Umgestaltungen**, z.B. für eine Kapitalerhöhung, wenn auch nur unter bestimmten Kautelen zugunsten der bisherigen Gesellschafter[4], für einen Beschluss zur Fortsetzung der Gesellschaft angesichts einer drohenden Zweckverfehlung[5], für eine Auswechslung der persönlich haftenden Gesellschafterin[6] oder für einen Verzicht auf die Verzinsung der Kapitaleinlagen[7].

a) Grenzen für Änderungen

118 Grenzen sind ändernden Beschlüssen allerdings dadurch gesetzt[8], dass eine sachwidrige **Ungleichbehandlung** der Gesellschafter nicht zulässig ist[9]. Auch verbieten sich grundsätzlich Eingriffe in den **Kernbereich** des Mitgliedschaftsrechts oder in unentziehbare **Sonderrechte**[10]. So ist die Möglichkeit verneint worden, ein Weisungsrecht gegenüber der persönlich haftenden Gesellschafterin zu begründen[11]. Bereits entstandene Ansprüche auf Zinsen können nicht ohne weiteres beseitigt werden[12]. Im Einzelfall kann der durch Mehrheitsbeschluss erfolgte Eingriff in gesellschaftsvertraglich Individualrechte der Kommanditisten dadurch ausgeglichen werden, dass ihnen ein Recht zum sofortigen Austritt aus der Gesellschaft gewährt wird[13] (vgl. auch unten Rn. 120).

---

1 MünchKommHGB/*Grunewald*, § 161 Rn. 114; MünchHdbGesR II/*Gummert*, § 66 Rn. 15 f.; *Baumbach/Hopt*, Anh. § 177a Rn. 69 a f.; *Ebenroth/Boujong/Joost/Strohn/Weipert*, § 177a Anh. B Rn. 34 ff.
2 BGH v. 13.3.1978 – II ZR 63/77, BGHZ 71, 53, 58 f.; auch BGH v. 5.11.1984 – II ZR 111/84, WM 1985, 195, 196.
3 Siehe dazu *Stimpel*, FS Rob. Fischer, 1979, S. 771, 779; *Kellermann*, FS Stimpel, 1985, S. 295, 301.
4 BGH v. 24.11.1975 – II ZR 89/74, BGHZ 66, 82, 85 f.
5 BGH v. 12.5.1977 – II ZR 89/75, BGHZ 69, 160, 166.
6 BGH v. 13.3.1978 – II ZR 63/77, BGHZ 71, 53, 58 f.
7 BGH v. 5.11.1984 – II ZR 111/84, WM 1985, 662, 663.
8 Vgl. *Ebenroth/Boujong/Joost/Strohn/Weipert*, § 177a Anh. B Rn. 37.
9 BGH v. 14.5.1956 – II ZR 229/54, BGHZ 20, 363, 369.
10 Vgl. z.B. BGH v. 10.11.1954 – II ZR 299/53, BGHZ 15, 177, 181; BGH v. 19.11.1984 – II ZR 102/84, WM 1985, 256, 257.
11 BGH v. 11.2.1980 – II ZR 41/79, BGHZ 76, 160, 164 f.
12 BGH v. 27.1.1975 – II ZR 130/73, WM 1975, 662, 663.
13 *Ebenroth/Boujong/Joost/Strohn/Weipert*, § 177a Anh. B Rn. 37.

b) Hinnahme von Eingriffen

Jedoch muss der einzelne Gesellschafter im Rahmen des Zumutbaren **Eingriffe in seine Rechtsstellung** hinnehmen, die mit Rücksicht auf die Gesellschaft und die Erhaltung der geschaffenen Werte **dringend geboten** sind[1]. Das folgt aus der auch in der Publikumsgesellschaft bestehenden Treuepflicht (§ 109 Rn. 12 ff.), die eine Verpflichtung begründen kann, einer bestimmten Maßnahme zuzustimmen[2]. Da es in der Publikumsgesellschaft aber praktisch undurchführbar ist, einen seine Zustimmung pflichtwidrig verweigernden Gesellschafter zunächst auf Erteilung der Zustimmung zu verklagen, gilt hier, dass die Stimmabgabe dieses Gesellschafters so zu behandeln ist, als habe er seiner Verpflichtung entsprechend abgestimmt[3]. Zu beachten ist allerdings, dass die Treuepflicht in der Publikumsgesellschaft im Vergleich zur gesetzestypischen Gesellschaft stark abgeschwächt ist (vgl. § 109 Rn. 13).

119

c) Kündigungsrecht

Unabhängig hiervon hat aber der mit einer wesentlichen Umgestaltung des Gesellschaftsverhältnisses nicht einverstandene Gesellschafter das Recht, seine Mitgliedschaft aus wichtigem Grund aufzukündigen und so aus der Gesellschaft auszuscheiden; denn er ist nicht verpflichtet, unter den veränderten Umständen in der Gesellschaft zu bleiben[4] (vgl. auch Rn. 111).

120

d) Vertragsänderung durch den Beirat

Der Gesellschaftsvertrag kann auch durch den Beirat geändert werden, sofern dieser dazu im Vertrag ermächtigt ist. Doch ist dies nur möglich, wenn die Gesellschafter im Übrigen nicht von der Ausübung ihrer Mitgliedschaftsrechte ausgeschlossen sind und die Gesellschafterversammlung eine eigene Kompetenz für Vertragsänderungen behält[5].

121

3. Ladung zur Gesellschafterversammlung

Auch sonst gelten für die Beschlüsse in der Publikumsgesellschaft wegen der dortigen Gegebenheiten einige Sonderregeln. Das **Unterbleiben der Ladung** eines Gesellschafters führt nicht ohne weiteres zur Nichtigkeit von in der Versammlung gefassten Beschlüssen. Wenn sich ausschließen lässt, dass der Ladungsmangel das Abstimmungsergebnis beeinflusst hat, ist der Beschluss wirksam. Dafür kommt es allerdings nicht nur darauf an, ob die Stimme des abwesenden Gesellschafters für das Beschlussergebnis aus-

122

---

1 BGH v. 28.4.1975 – II ZR 16/73, BGHZ 64, 253, 257 f.; vgl. auch BGH v. 23.1.2006 – IIZR 126/04, DStR 2006, 621, 623.
2 MünchKommHGB/*Grunewald*, § 161 Rn. 117, 125.
3 BGH v. 5.11.1984 – II ZR 111/84, WM 1985, 195, 196; BGH v. 19.11.1984 – II ZR 102/84, WM 1985, 256, 257; BGH v. 29.9.1986 – II ZR 285/85, WM 1986, 1556, 1557; MünchKommHGB/*Grunewald*, § 161 Rn. 117.
4 BGH v. 13.3.1978 – II ZR 63/77, BGHZ 71, 53, 61.
5 BGH v. 19.11.1984 – II ZR 102/84, WM 1985, 256, 257.

schlaggebend gewesen wäre. Sondern es müsste des Weiteren auszuschließen sein, dass auch eine der Abstimmung vorausgehende Aussprache unter Beteiligung des Abwesenden von Einfluss auf das Abstimmungsverhalten der Versammlung gewesen sein könnte[1]. Ist der Gesellschafter absichtlich nicht eingeladen worden, weil die einladende Geschäftsführung insoweit einen falschen Rechtsstandpunkt vertreten hat, ist der Beschluss nur dann ausnahmsweise nicht nichtig, wenn es Gründe gibt, die den Irrtum entschuldigen[2].

123 Für eine **ordnungsgemäße Ladung** genügt im Übrigen die Absendung an die zuletzt bekannte Anschrift des Gesellschafters. Was die Ladungsfrist betrifft, so wird die einwöchige Frist des § 51 Abs. 1 S. 2 GmbHG allerdings nicht genügen[3]. Eine im Gesellschaftsvertrag vorgesehene Einberufungsfrist rechnet aus Gründen der Rechtssicherheit und Kontrollierbarkeit wie in § 121 Abs. 4 S. 1 AktG bereits ab Aufgabe der Ladung zur Post[4].

4. Zustandekommen von Beschlüssen

124 Die für einen Beschluss **erforderliche Mehrheit** ist unbeschadet abweichender Bestimmungen im Gesellschaftsvertrag nach der Mehrheit der abgegebenen Stimmen (berechnet nach Kapitalanteilen)[5] – und nicht (wie sonst im Personengesellschaftsrecht) nach der Mehrheit aller stimmberechtigten Gesellschafter – zu berechnen[6]. Macht ein Gesellschafter dabei vom Stimmrecht entgegen einer Pflicht, die eine Zustimmung zu bestimmten gebotenen Maßnahmen erfordert, Gebrauch, so bedarf es nicht (wie sonst regelmäßig, vgl. § 119 Rn. 37) einer Klage gegen den betreffenden Gesellschafter auf Erteilung der Zustimmung. Vielmehr ist die treuwidrige Stimmabgabe ohne weiteres unbeachtlich[7] (siehe auch Rn. 119).

125 Angesichts der Schwierigkeiten, in einer Massengesellschaft **Streitigkeiten über die Grundlagen der Gesellschaft** zwischen den Gesellschaftern auszutragen, wie das an sich für eine Personengesellschaft wesensgemäß ist, kann der Gesellschaftsvertrag (oder ein ergänzender Gesellschafterbeschluss) vorsehen, dass ein solcher Streit, insbesondere über die Wirksamkeit eines Gesellschafterbeschlusses, mit der Gesellschaft auszutragen ist, und ferner, dass diese auch die Wirksamkeit eines Beschlusses in dem Rechtsstreit gegen den diese Wirksamkeit bestreitenden Gesellschafter mit Wirkung gegenüber allen übrigen Gesellschaftern feststellen lassen kann

---

1 BGH v. 9.11.1972 – II ZR 63/71, BGHZ 59, 369, 375 f.; BGH v. 19.1.1987 – II ZR 158/86, WM 1987, 425 f.; vgl. auch OLG Stuttgart v. 1.8.2007 – 14 U 24/06, NZG 2008, 26, 27; MünchHdbGesR II/*Gummert*, § 66 Rn. 5 ff.
2 OLG Stuttgart v. 1.8.2007 – 14 U 24/06, NZG 2008, 26, 27.
3 *Staub/Schilling*, § 161 Rn. 43.
4 BGH v. 30.3.1998 – II ZR 20/97, ZIP 1998, 859, 860.
5 MünchKommHGB/*Grunewald*, § 161 Rn. 127.
6 BGH v. 10.10.1983 – II ZR 213/82, WM 1983, 1407, 1408; BGH v. 30.3.1998 – II ZR 20/97, ZIP 1998, 859, 861; MünchHdbGesR II/*Gummert*, § 66 Rn. 18.
7 BGH v. 5.11.1984 – II ZR 111/84, WM 1985, 195, 196.

(vgl. auch § 119 Rn. 12)[1]. Auch ohne ausdrückliche Bestimmung im Gesellschaftsvertrag kann die Auslegung des Gesellschaftsvertrages eine solche Regelung ergeben[2]. Jedoch müssen konkrete Anhaltspunkte für eine solche Auslegung vorhanden sein[3]. Hierfür spricht etwa, wenn die Feststellungsklage innerhalb einer aktienrechtlichen Anfechtungsklage angenäherten Frist (§ 246 Abs. 1 AktG) zu erheben ist oder die gesellschaftsrechtlichen Bestimmungen zur Klageerhebung den Vorschriften über die Anfechtungsbefugnis nach § 245 Nr. 1–3 AktG weitgehend entsprechen[4]. Doch folgt dies nicht schon daraus, dass die Komplementär-GmbH ermächtigt ist, die Gesellschaft im Rahmen von Beitrittsverträgen zu vertreten[5]. Eine Klagefrist (entsprechend § 246 Abs. 1 AktG) besteht bei Fehlen einer dahin gehenden Bestimmung im Gesellschaftsvertrag nicht[6]. Voraussetzung für die Feststellungsklage ist schließlich auch ein Feststellungsinteresse des Gesellschafters. Hieran fehlt es, wenn dieser in einer Klage gegen die Gesellschaft Feststellung der Nichtigkeit der Ausschließung anderer Kommanditisten begehrt[7]. Ist in dem Gesellschaftsvertrag bestimmt, dass der Rechtsstreit nicht unter den Gesellschaftern, sondern mit der Gesellschaft auszutragen ist, dann folgt aus einer solchen Vertragsbestimmung auch, dass die übrigen Gesellschafter schuldrechtlich verpflichtet sind, sich an die in dem Rechtsstreit zwischen dem Gesellschafter und der Gesellschaft ergangene Entscheidung zu halten[8].

V. Organe und Rechtsverhältnisse

1. Vertretung und Geschäftsführung

Wie auch sonst in der GmbH & Co. KG liegt die **gesetzliche Vertretung** bei der Komplementär-GmbH, die durch ihren Geschäftsführer handelt. Zur Haftung gegenüber der KG vgl. Rn. 60. 126

Wegen der Möglichkeit, den **Geschäftsführer** mit einfacher Mehrheit **abzuberufen**, ist auf Rn. 99 hinzuweisen. Zur Frage, ob den Kommanditisten insoweit ein Abberufungsrecht zuerkannt werden kann, vgl. *Hopt*, ZGR 1979, 1, 21 ff. 127

---

1 BGH v. 17.7.2006 – II ZR 242/04, NZG 2006, 703, 704; BGH v. 15.11.1982 – II ZR 62/82, BGHZ 85, 350, 353; vgl. auch BGH v. 2.5.1983 – II ZR 94/82, WM 1983, 785, 786.
2 BGH v. 7.6.1999 – II ZR 278/98, ZIP 1999, 1391, 1393; BGH v. 17.7.2006 – II ZR 242/04, NZG 2006, 703, 704.
3 BGH v. 17.7.2006 – II ZR 242/04, NZG 2006, 703, 704; a.A. OLG Celle v. 26.8.1998 – 9 U 56/98, NZG 1999, 64; MünchKommHGB/*Grunewald*, § 161 Rn. 131.
4 BGH v. 17.7.2006 – II ZR 242/04, NZG 2006, 703, 704.
5 BGH v. 2.5.1983 – II ZR 94/82, WM 1983, 785, 786; insoweit aber weiter gehend *Casper*, BB 1999, 1837, 1838.
6 BGH v. 7.6.1999 – II ZR 278/98, ZIP 1999, 1391, 1392.
7 BGH v. 17.7.2006 – II ZR 242/04; NZG 2006, 703, 704.
8 BGH v. 17.7.2006 – II ZR 242/04, NZG 2006, 703, 704; BGH v. 11.12.1989 – II ZR 61/89, NJW-RR 1990, 474, 475.

128 Der BGH[1] hat **verneint**, dass die Kommanditisten einer Publikumsgesellschaft ohne entsprechende Grundlage im Gesellschaftsvertrag **auf die Geschäftsführung** der persönlich haftenden Gesellschafterin **einwirken** dürfen, da dem die Zuständigkeitsordnung in der Gesellschaft entgegenstehe. Der Kommanditist ist danach auf Schadensersatzansprüche beschränkt[2].

2. Einsetzung eines Beirats

129 Die fakultative Schaffung eines Beirats (dazu Rn. 71 ff.) ist für die Publikumsgesellschaft praktisch die Regel (ggf. unter einer abweichenden Bezeichnung)[3]. Auch ohne gesellschaftsvertragliche Grundlage kann dies **durch Mehrheitsbeschluss** geschehen[4]. Angesichts der Vergleichbarkeit der Verbandsorganisation mit der einer AG ist der Maßstab für die Überwachungs- und Kontrollpflichten, die den Beirat treffen, in Anlehnung an § 111 AktG zu bestimmen[5]. So wird der Beirat dafür zu sorgen haben, dass der Jahresabschluss rechtzeitig und sachgemäß erstellt und durch einen unabhängigen Sachverständigen überprüft wird[6]; er hat auch selbst den Abschluss zu überprüfen. Ferner muss er die Geschäftsführung zu regelmäßiger Berichterstattung veranlassen und bei Bedarf auch eigene Nachforschungen anstellen. Er muss sich insbesondere darüber unterrichten, ob und wie die von der Gesellschaft projektierte Betätigung verwirklicht wird[7]. Allerdings sind die Mitglieder des Beirats nicht gehalten, die gesamte Geschäftsführung zu kontrollieren[8]. Bei ungewöhnlichen und risikobehafteten Maßnahmen haben sie jedoch tätig zu werden und ggf. auf das Geschäftsführungsorgan mit dem Ziel einzuwirken, die Ausführung der Maßnahme zu verhindern[9]. Diese Überwachungspflichten obliegen jedem Mitglied des Beirats in eigener Verantwortung[10]. Wegen der Zuständigkeit des Beirats zu Änderungen des Gesellschaftsvertrages vgl. Rn. 121.

3. Haftung der Beiratsmitglieder

130 Bei **Verletzungen ihrer Pflichten** sind die Beiratsmitglieder der Gesellschaft ersatzpflichtig, ohne sich auf § 708 BGB berufen zu können[11]. Vielmehr bestimmt sich ihre Verantwortlichkeit nach den Grundsätzen der §§ 116, 93

---

1 BGH v. 11.2.1980 – II ZR 41/79, BGHZ 76, 160, 168; krit. dazu: *Schlegelberger/Martens*, § 161 Rn. 157 m.w.N.; *Staub/Schilling*, § 161 Rn. 30 f., 34.
2 *Ebenroth/Boujong/Joost/Strohn/Weipert*, § 177a Anh. B Rn. 75.
3 *Ebenroth/Boujong/Joost/Strohn/Weipert*, § 177a Anh. B Rn. 87.
4 *Staub/Schilling*, § 161 Rn. 40.
5 BGH v. 22.10.1979 – II ZR 151/77, WM 1979, 1425, 1426.
6 BGH v. 7.11.1977 – II ZR 43/76, WM 1977, 1446, 1447.
7 BGH v. 7.11.1977 – II ZR 43/76, WM 1977, 1446, 1447.
8 *Ebenroth/Boujong/Joost/Strohn/Weipert*, § 177a Anh. B Rn. 88.
9 BGH v. 4.7.1977 – II ZR 150/75, BGHZ 69, 207, 214.
10 BGH v. 4.7.1977 – II ZR 150/75, BGHZ 69, 207, 213.
11 *Ebenroth/Boujong/Joost/Strohn/Weipert*, § 177a Anh. B Rn. 89.

AktG[1] einschließlich der Beweisregel in § 93 Abs. 2 S. 2 AktG[2] und der Verjährung gemäß § 93 Abs. 6 AktG[3].

a) Unzulässige Gewinnausschüttung

Die Haftung wegen eines Schadens, der der Gesellschaft durch eine vom Beirat zu verantwortende unzulässige Gewinnvorwegausschüttung entstanden ist, setzt den Nachweis voraus, dass eine Wiedereinziehung der Fehlbeträge nicht möglich oder ohne Aussicht ist[4]. 131

b) Haftungsfreistellung durch Gesellschafterbeschluss

Eine **Haftung tritt nicht ein**, wenn der Beirat durch einen bindenden Gesellschafterbeschluss gedeckt ist oder wird[5]. Anders liegt es aber, wenn dem Beirat vorzuwerfen ist, dass er gebotene Schritte zur Verhinderung eines den Gesellschaftsinteressen zuwiderlaufenden Beschlusses unterlassen hat[6]. 132

c) Keine Berufung auf Mitverschulden

Soweit der Beirat haftet, kann er sich der KG gegenüber nicht nach § 254 BGB auf ein etwaiges Mitverschulden der Komplementär-GmbH berufen, da ihm aus seiner Überwachungspflicht auch ein Fehlverhalten der persönlich haftenden Gesellschafterin zuzurechnen ist[7]. 133

d) Actio pro socio

Der Schadensersatzanspruch steht grundsätzlich allein der Gesellschaft zu[8]. Wegen der Verfolgung des **Schadensersatzanspruchs** gegen Beiratsmitglieder **durch einen Gesellschafter** vgl. Rn. 79. § 147 Abs. 1 AktG findet – soweit gesellschaftsvertraglich nichts anderen geregelt ist – keine entsprechende Anwendung[9]. 134

Schwierigkeiten für eine in Betracht kommende actio pro socio ergeben sich allerdings, wenn die **Anleger nur mittelbar** (über ein Treuhandverhältnis) an der KG **beteiligt** sind. Ob hier zugunsten eines eigenen Anspruchs des Treugebers mit einer Analogie zu den §§ 309, 317 AktG[10] oder mit treuhandspezifischen Überlegungen[11] geholfen werden kann, ist ungeklärt. 135

---

1 BGH v. 4.7.1977 – II ZR 150/75, BGHZ 69, 207, 213; BGH v. 12.11.1979 – II ZR 174/77, BGHZ 75, 321, 328.
2 BGH v. 22.10.1979 – II ZR 151/77, WM 1979, 1425, 1428.
3 BGH v. 7.3.1983 – II ZR 11/82, BGHZ 87, 84, 88.
4 BGH v. 7.11.1977 – II ZR 43/76, WM 1977, 1446, 1448.
5 *Ebenroth/Boujong/Joost/Strohn/Weipert*, § 177a Anh. B Rn. 91.
6 BGH v. 4.7.1977 – II ZR 150/75, BGHZ 69, 207, 217.
7 BGH v. 4.7.1977 – II ZR 150/75, BGHZ 69, 207, 218.
8 BGH v. 22.10.1984 – II ZR 2/84, NJW 1985, 1900, 1901.
9 Vgl. auch MünchKommHGB/*Grunewald*, § 161 Rn. 133.
10 So *Hüffer*, ZGR 1980, 320, 356.
11 Vgl. *Schlegelberger/Martens*, § 161 Rn. 160.

4. Kommanditistenausschüsse

136 Von einem Beirat sind die teilweise anzutreffenden Kommanditistenausschüsse zu unterscheiden[1]. Da ein solcher Ausschuss **kein Organ der Gesellschaft** ist, stehen die Ersatzansprüche gegen Ausschussmitglieder allen Kommanditisten gemeinschaftlich zu. Zu den Fragen eines von den Kommanditisten im Interesse einer Sanierung gebildeten Fonds vgl. BGH v. 21.2.1983 – II ZR 128/82, WM 1983, 555, 557.

5. Stellung des Treuhandkommanditisten

137 Bei einer nur mittelbaren Beteiligung, bei der ein Treuhandkommanditist (Rn. 90) zwischengeschaltet ist, ist allein der Treuhänder mit allen Rechten und Pflichten Gesellschafter[2]. Ihm muss eine von der Geschäftsführung der KG unabhängige Stellung eingeräumt sein[3]. Nur dann kann er nämlich die Interessen der Treugeber angemessen wahrnehmen[4]. Hat der Treuhänder keine unabhängige Stellung, muss dies gegenüber (potentiellen) Treugebern offen gelegt werden (vgl. unten Rn. 183).

a) Pflichtbindung

138 Seine Pflichten bestehen in der **Wahrnehmung der Anlegerinteressen**. Er muss sich zwecks sachgerechter Erfüllung seiner Aufgaben den erforderlichen Überblick über die geschäftlichen Angelegenheiten verschaffen. Das zu den Anlegern bestehende Treuhandverhältnis schließt eine Pflicht zur Information von Beitrittsinteressenten über alle für eine Beteiligung wesentlichen Fragen ein[5]. Sieht er sich hierzu außerstande, darf er die Treuhandschaft nicht übernehmen oder muss er die Beitrittsinteressenten auf die Lückenhaftigkeit seiner Informationen hinweisen[6]. Im Übrigen hat der Treuhänder die Treugeber im Innenverhältnis wie Kommanditisten der KG zu stellen[7].

b) Rechtsverhältnisse gegenüber der Gesellschaft

139 Die KG hat mangels unmittelbarer Rechtsbeziehungen **keine Ansprüche gegen die Anleger** auf Leistung ihrer Einlage, sondern nur gegen den Treuhänder[8]. Jedoch darf der Treuhänder empfangene Einlagen der KG auch bei dro-

---

1 Vgl. hierzu *Ebenroth/Boujong/Joost/Strohn/Weipert*, § 177a Anh. B Rn. 93.
2 BGH v. 30.6.1980 – II ZR 178/79, BGHZ 77, 392, 395; BGH v. 20.3.2006 – II ZR 326/04, NJW 2006, 2410, 2411.
3 BGH v. 22.1.1979 – II ZR 178/77, BGHZ 73, 294, 298 f.; BGH v. 17.12.1979 – II ZR 240/78, WM 1980, 401, 402.
4 BGH v. 22.1.1979 – II ZR 178/77, BGHZ 73, 294, 299.
5 *Ebenroth/Boujong/Joost/Strohn/Weipert*, § 177a Anh. B Rn. 96.
6 BGH v. 24.5.1982 – II ZR 124/81, BGHZ 84, 141, 144 f.
7 BGH v. 30.3.1987 – II ZR 163/86, NJW 1987, 2677, 2678.
8 OLG München v. 22.2.1984 – 7 U 4726/83, WM 1984, 810, 811 f.; OLG Düsseldorf v. 28.3.1991 – 6 U 163/90, ZIP 1991, 1494, 1496 f.; vgl. auch BGH v. 20.3.2006 – II ZR 326/04, NJW 2006, 2410, 2411; a.A. aber wohl BGH v. 18.10.1976 – II ZR 98/75,

hendem Vermögensverfall nicht vorenthalten[1]; denn das Anlagerisiko trifft allein den Anleger und zwar so, wie wenn der Anleger unmittelbar Kommanditist gewesen wäre. Ist die Weiterleitung der Einlagen an die KG von bestimmten Mittelfreigabekriterien abhängig gemacht, so ist auch eine vorzeitige **Abtretung** der Ansprüche auf die Einlageleistungen an die KG nach § 399 BGB ausgeschlossen; dies gilt nicht für etwaige Ansprüche des Treuhänders gegen die Anleger auf Zahlung von Verzugszinsen[2]. Zur hier zu beachtenden Kongruenz der Einlagepflichten des Treuhandkommanditisten gegenüber der Gesellschaft mit den Leistungspflichten der Anleger vgl. BGH v. 24.2.1992 – II ZR 89/91, ZIP 1992, 836, 837 ff.; dazu *Weipert*, ZHR 157 (1993), 513 ff.

c) Haftung bei Pflichtverletzungen

Bei Pflichtverletzungen haftet der Treuhänder den Anlegern aus dem Treuhandverhältnis, und zwar bei Abschluss des Treuhandvertrages auch über § 278 BGB für ein Verschulden der KG, insbesondere für ohne sein Wissen herausgegebene Prospekte[3]. Die Verjährungsfrist beträgt nach § 195 BGB drei Jahre. Dazu, dass der Anleger bei pflichtwidrigem Verhalten des Treuhänders seine Beteiligung aufkündigen kann[4], und zur Frage der Außenhaftung des Treuhänders sowie seiner Freistellung durch den Treugeber nach Rückzahlung der Einlage vgl. Rn. 115.

140

VI. Beteiligung des Anlegers

1. „Gesplittete" Einlagen

Häufig ist in Gesellschaftsverträgen von Publikumsgesellschaften (wie auch sonst in KG-Verträgen[5]) bestimmt, dass der Anleger der KG neben der Kommanditeinlage sogleich oder zu einem späteren Zeitpunkt weitere einlagegleiche Leistungen (oft in Höhe eines Mehrfachen der Einlage) zu gewähren hat. Derartige zusätzliche Leistungspflichten verstoßen nicht gegen § 707 BGB, hat ihnen doch der Gesellschafter zugestimmt. Liegt eine im Gesellschaftsvertrag enthaltene antizipierte Zustimmung zu einer der Höhe nach noch nicht feststehenden (sondern der späteren Entscheidung eines Gesellschaftsorgans vorbehaltenen) Leistungspflicht vor, sind allerdings die Grundsätze der Inhaltskontrolle zu beachten (siehe oben Rn. 104a). Im Einzelfall kann nun fraglich sein, ob sich die Anleger in dem Gesellschaftsvertrag tatsächlich zu einlagegleichen (zusätzlichen) Leistungen verpflichtet haben. Dies ist insbesondere dann der Fall, wenn sie die (neben der Einlage geschuldete) Leistungspflicht im Gesellschaftsvertrag als **„Darlehen"** oder

141

BGHZ 68, 81, 82; vgl. auch BGH v. 2.7.2001 – II ZR 304/00, NZG 2001, 936, 937 zum umgekehrten „Durchgriff".
1 BGH v. 17.12.1979 – II ZR 240/78, WM 1980, 401, 402.
2 BGH v. 10.6.1991 – II ZR 247/90, WM 1991, 1502, 1503.
3 BGH v. 24.5.1982 – II ZR 124/81, BGHZ 84, 141, 143.
4 Vgl. auch *Ebenroth/Boujong/Joost/Strohn/Weipert*, § 177a Anh. B Rn. 103.
5 BGH v. 21.3.1988 – II ZR 238/87, BGHZ 104, 33, 39 f.

als „**stille Beteiligung**" umschreiben. Hier stellt sich dann die Frage, ob diese zusätzlichen Leistungsverpflichtungen wie eine Verpflichtung zur Einlageleistung („gesplittete Einlage") zu behandeln sind oder ob diese eine losgelöst von der Kommanditbeteiligung zu bewertende Rechtsbeziehung begründen, die dem Schuldrecht oder den §§ 230 ff. unterstehen. Die Frage hat insbesondere für die Insolvenz der Gesellschaft Bedeutung; denn hier gelten für Einlageverpflichtungen andere Grundsätze als für Schuldverträge oder stille Beteiligungen.

141a Letztlich kommt es darauf an, wie die Parteien die (zusätzlich) geschuldete Leistung verstanden wissen wollten, insbesondere ob die zusätzlichen Mittel die Funktion von Eigen- oder von Fremdkapital haben sollten[1]. Maßgebend für die Auslegung ist insoweit der Zeitpunkt, in dem die Verpflichtung begründet wurde. Was von den Parteien gewollt ist, ist ein Frage des Einzelfalles und durch Auslegung des Gesellschaftsvertrages unter Berücksichtigung des Grundsatzes von Treu und Glauben zu ermitteln. Dabei kommt es auf den wahren Willen der Parteien und nicht auf die von den Parteien gewählte Bezeichnung bzw. Etikettierung an. Die Kriterien für die Ermittlung des mutmaßlichen Willens der Parteien orientieren sich an den dem Eigenkapital zukommenden Funktionen. Wesensmerkmal des Eigenkapitals sind insbesondere die Vermögensbindung zugunsten der Gesellschaft, die nicht einseitig, sondern nur im Zusammenwirken der Gesellschaft wieder aufgehoben werden kann, sowie die dem Eigenkapital zukommende Haftungsfunktion zugunsten der Gesellschaftsgläubiger. Indizien dafür, dass die Kommanditisten die Leistung einlagegleich erbringen sollen und wollen sind u.a[2]., wenn die (zusätzlichen) Mittel der Abwendung einer Krise dienen, die Mittel langfristig der Gesellschaft zu belassen und die Rückforderungsrechte der Kommanditisten beschränkt sind, für die Hingabe der Mittel weder eine Verzinsung noch eine Besicherung vorgesehen ist, die zusätzlichen Mittel zur Erreichung des Gesellschaftszwecks unentbehrlich sind[3] oder der Umfang der jeweiligen Leistungspflicht and dem Geschäftsanteil der Kommanditisten ausgerichtet ist.

142 Sollen nach dem Willen der Parteien die zusätzlichen Leistungen einlagegleich behandelt werden, so bilden sie zusammen mit der Einlage über die bedungene Haftsumme hinaus die gesellschaftsvertragliche Beitragspflicht i.S. einer „gesplitteten" Pflichteinlage. Sie dienen der Eigenkapitalausstattung der Gesellschaft und können auch bei Fehlen besonderer gesellschaftsvertraglicher Bestimmungen nicht ohne gleichzeitige Beendigung der Kommanditbeteiligung zurückgefordert werden, auch nicht über eine außerordentliche Kündigung wegen wirtschaftlicher Schwierigkeiten der

---

1 Vgl. auch MünchKommHGB/*K. Schmidt*, § 172a Rn. 73; vgl. auch *Bayer/Lieder*, ZIP 2008, 809, 813.
2 BGH v. 12.5.1977 – II ZR 89/75, BGHZ 69, 160, 170; BGH v. 10.12.1984 – II ZR 28/84, BGHZ 93, 159, 161; *Habersack*, ZHR 161 (1997), 457, 479 ff.; *Bayer/Lieder*, ZIP 2008, 809, 813.
3 Vgl. auch *Ebenroth/Boujong/Joost/Strohn/Henze*, § 177a Anh. B Rn. 105.

Gesellschaft[1]. Darüber hinaus sind die übernommenen Leistungen ebenso wie eine rückständige Kommanditeinlage in der Gesellschaftsinsolvenz oder noch nach Auflösung der Gesellschaft zu erbringen, sofern sie noch zur Befriedigung der Gläubiger benötigt werden[2]. Ist für eine stille Einlage eine Verlustbeteiligung ausgeschlossen, so hat diese Abrede wegen des eigenkapitalgleichen Charakters der Gesellschafterhilfe nur die (interne) Folge, dass Verluste der Kommanditeinlage (im formalen Sinne) und daneben der Komplementärin anzulasten sind[3]. Entgegen § 236 kann eine stille Einlage auch nicht in der Insolvenz der KG geltend gemacht werden[4]. Die einheitliche Bewertung der Kommanditeinlage und der daneben vorgesehenen Mittel hat ferner zur Folge, dass auch Zahlungen auf ein Gesellschafterdarlehen oder eine stille Einlage für das Außenverhältnis als **Leistungen auf die Haftsumme** (§§ 171, 172) anzurechnen sind[5].

2. Alleinige Beteiligung als atypischer stiller Gesellschafter

Ist ein Anleger nur als stiller Gesellschafter, aber im Innenverhältnis **vermögensmäßig** (atypisch) **wie ein Gesamthänder** an der Gesellschaft beteiligt (wie etwa bei der in Rn. 87 erwähnten Organisationsform einer mehrgliedrigen stillen Gesellschaft), so gelten für die Rückforderung der Einlage entsprechende Grundsätze wie in Rn. 115, 141 f.[6]

143

3. Einlage und Treuhandkonto

Ist für die Einbringung einer Einlage vereinbart, dass sie zunächst auf ein Treuhandkonto gebracht und erst nach Erfüllung bestimmter Voraussetzungen (z.B. Sicherstellung einer bestimmungsgemäßen Verwendung) an die Gesellschaft weitergeleitet werden soll, so hat der Treuhänder (z.B. ein Notar) sich an die festgelegten Bedingungen zu halten und verletzt andernfalls seine Pflichten aus dem Treuhandvertrag[7]. Der Treuhandvertrag kann mit dem Anleger oder mit der Gesellschaft bestehen. Letzterenfalls handelt es sich um einen Vertrag zugunsten des Anlegers[8].

144

---

1 BGH v. 28.11.1977 – II ZR 235/75, BGHZ 70, 61, 64; vgl. auch *Ebenroth/Boujong/Joost/Strohn/Henze*, § 177a Anh. B Rn. 106; MünchKommHGB/*K. Schmidt*, § 172a Rn. 74.
2 BGH v. 10.12.1984 – II ZR 28/84, BGHZ 93, 159, 161; BGH v. 17.5.1982 – II ZR 16/81, WM 1982, 742, 743; vgl. auch MünchKommHGB/*K. Schmidt*, § 172a Rn. 74.
3 BGH v. 5.11.1979 – II ZR 145/78, WM 1980, 332, 332.
4 BGH v. 5.11.1979 – II ZR 145/78, WM 1980, 332, 332.
5 BGH v. 10.12.1984 – II ZR 28/84, BGHZ 93, 159, 162; BGH v. 17.5.1982 – II ZR 16/81, WM 1982, 742, 743; *Ebenroth/Boujong/Joost/Strohn/Henze*, § 177a Anh. B Rn. 107; MünchKommHGB/*K. Schmidt*, § 172a Rn. 74.
6 Vgl. dazu BGH v. 17.12.1984 – II ZR 36/84, WM 1985, 284; auch BGH v. 7.11.1988 – II ZR 46/88, BGHZ 106, 7, 9; *Ebenroth/Boujong/Joost/Strohn/Henze*, § 177a Anh. B Rn. 111.
7 BGH v. 22.11.1977 – VI ZR 176/76, WM 1978, 190, 191; BGH v. 17.2.1986 – II ZR 238/84, WM 1986, 583, 584.
8 BGH v. 14.4.1986 – II ZR 123/85, WM 1986, 904, 905.

4. Vermittlung der Einlagenfinanzierung

145 Wird die Finanzierung einer Einlage von der Gesellschaft über ein dem Anleger gewährtes **Bankdarlehen** vermittelt, so kommt ein Einwendungsdurchgriff zu Lasten der Bank aus der gegebenen Interessenlage und mangels eines speziellen Schutzbedürfnisses für den Anleger nicht in Betracht[1].

146 Soll die Einlage über ein **von der Gesellschaft zu beschaffendes Darlehen** finanziert werden und scheitert die Beschaffung, so enthält die Ermächtigung zum Abschluss von Beitrittsverträgen auch die Befugnis, die Beteiligungssumme zu ermäßigen[2].

5. Stellung von Sicherheiten zugunsten der Gesellschaft

147 Wenn der Gesellschafter **Schuldbeitritts- oder Bürgschaftserklärungen** zugunsten der Gesellschaft abgeben soll, bedarf dies der eindeutigen Regelung im Gesellschaftsvertrag[3].

6. Factoringgeschäfte über Einlagenansprüche

148 Überträgt die Gesellschaft die Ansprüche auf die Kommanditeinlagen durch **Globalzession** im Wege des **unechten Factoring**, so ist der Übertragungsvertrag wegen Sittenwidrigkeit nichtig, wenn dadurch eine übermäßige und unangemessene wirtschaftliche Abhängigkeit der Gesellschaft vom Factor begründet wird[4].

7. Nachschüsse

149 Die Vereinbarung von Nachschüssen ist im Zweifel nur auf den Fall bezogen, dass dies der Förderung des Gesellschaftszweckes dient[5] (vgl. auch oben Rn. 104a).

8. Kapitalaufbringung, Außenhaftung

150 Weitere Besonderheiten der Rechtsstellung der Kommanditisten bei der Kapitalaufbringung und der Außenhaftung werden im Zusammenhang bei den §§ 171, 172 erörtert.

---

1 BGH v. 13.11.1980 – II ZR 96/79, WM 1980, 1456, 1447 f.
2 BGH v. 6.12.1982 – II ZR 70/82, WM 1983, 118, 120.
3 BGH v. 30.4.1979 – II ZR 57/78, WM 1979, 672.
4 BGH v. 12.10.1978 – II ZR 217/77, WM 1978, 1400, 1401 f.
5 BGH v. 28.9.1978 – II ZR 218/77, WM 1978, 1399, 1400.

VII. Haftung bei der Anlegerwerbung

1. Grundsätze

Beträchtliche Missstände bei der Anwerbung der (teilweise leichtgläubigen) Kapitalanleger haben dazu geführt, dass die Rechtsprechung ein **besonderes Haftungssystem** zum Schutz irregeführter Anleger entwickelt hat[1]. Die Haftung ergänzt die Befugnis eines getäuschten Anlegers, durch Kündigung aus wichtigem Grund die Zugehörigkeit zur Gesellschaft zu beenden (dazu Rn. 111 ff.). So hat der Anleger unabhängig von dieser Möglichkeit Anspruch auf Schadensersatz, wenn ihm bei seinem Beitritt ein unzutreffendes Bild über das Beteiligungsprojekt verschafft wird und er insbesondere nicht über die aus dem Beitritt typischerweise drohenden Gefahren und über die Umstände, die das Projekt vereiteln könnten und daher für seine Entschließung von Bedeutung sein können, richtig und vollständig unterrichtet wird[2]. Der Umfang der erforderlichen Aufklärung richtet sich nach Treu und Glauben und dem im konkreten Fall nach der Verkehrsanschauung Gebotenen. Diesen Anforderungen muss jeweils bereits der Emissionsprospekt der Anlagegesellschaft genügen[3].

151

a) Unterrichtung über die Verhältnisse der Gesellschaft

Die Information muss die wesentlichen kapitalmäßigen und personellen **Verflechtungen** zwischen der Gesellschaft, ihren Komplementären, Geschäftsführern, beherrschenden Gesellschaftern und denjenigen Unternehmen, die für das Projekt eingeschaltet sind, deutlich machen[4]. Dazu gehört auch die Unterrichtung über hier gewährte **Sondervorteile**[5] oder sonstige Umstände, die dazu führen, dass das aufgebrauchte Kapital zu einem wesentlichen Teil an die Gründer und Initiatoren zurück fließt.

152

b) Risikoaufklärung

Informiert werden muss sodann über das **wirtschaftliche Risiko** der Anlage, namentlich über die den mit ihr verfolgten Zweck mit Wahrscheinlichkeit gefährdenden Umstände[6], und zwar auch unter Offenlegung aller Entwick-

153

---

1 *Ebenroth/Boujong/Joost/Strohn/Weipert*, § 177a Anh. B Rn. 41.
2 Vgl. BGH v. 15.12.2003 – II ZR 244/01, ZIP 2004, 312; BGH v. 1.3.2004 – II ZR 88/02, ZIP 2004, 1104; BGH v. 21.3.2005 – II ZR 140/03, ZIP 2005, 753; BGH v. 26.9.2005 – II ZR 314/03, ZIP 2005, 2060.
3 BGH v. 6.10.1980 – II ZR 60/80, BGHZ 79, 337, 344; auch BGH v. 2.2.1983 – IVa ZR 118/81, WM 1983, 263, 264; BGH v. 10.10.1994 – II ZR 95/93, NJW 1995, 130, 131.
4 BGH v. 6.10.1980 – II ZR 60/80, BGHZ 79, 337, 344.
5 BGH v. 10.10.1994 – II ZR 220/93, ZIP 1994, 1851, 1852; BGH v. 7.4.2003 – II ZR 160/02, ZIP 2003, 996, 997 f.; vgl. auch *Ebenroth/Boujong/Joost/Strohn/Weipert*, § 177a Anh. B Rn. 42.
6 BGH v. 8.6.1978 – III ZR 136/76, BGHZ 72, 92, 103; BGH v. 16.11.1978 – II ZR 94/77, BGHZ 72, 382, 388; v. 22.5.1980 – II ZR 209/79, BGHZ 77, 172, 178; BGH v. 30.10.1987 – II ZR 144/86, WM 1988, 48, 50; BGH v. 24.5.1993 – II ZR 136/92, WM 1993, 1277, 1278; BGH v. 20.3.2006 – II ZR 326/04, NJW 2006, 2410, 2411.

lungen, die sich seit der Herausgabe des Anlageprospekts ereignet haben[1]. Insgesamt muss über alle Umstände aufgeklärt werden, die für den Beitrittsentschluss erkennbar von wesentlicher Bedeutung sind[2]. Dies gilt z.B. auch dafür, dass projektierte Baukosten sich im Zusammenhang mit einer angebotenen Mietgarantie erhöhen[3] oder für Risiken in Bezug auf die steuerliche Anerkennungsfähigkeit der konkreten Anlage[4]. Gleiches gilt auch hinsichtlich rechtlicher Bedenken gegen die Durchführbarkeit des Anlagemodells (z.B. aufgrund – geplanter – gesetzlicher Änderungen)[5].

c) Aufklärungspflichtige Personen

154 Die Informationspflichten treffen nicht nur die für den Prospektinhalt verantwortlichen Gesellschafter, sondern auch die zwecks **Vermittlung und Vertrieb** von Beteiligungen tätig werdenden Personen, die das Prospektmaterial zu kontrollieren haben und ggf. Nachforschungen anstellen müssen[6]. Eine vom Anleger gewünschte Beratung muss fundiert und differenziert ausfallen[7]. Die Auskunftspflichten können nur dann entfallen, wenn der Anleger bereits über gleichwertige Erkenntnismöglichkeiten verfügt[8].

2. Haftungstatbestände

155 Eine Haftung wegen **Verletzung der Informationspflicht** kann sich rechtlich aus verschiedenen rechtlichen **Gesichtspunkten** ergeben. Hier wird jeweils bei Falschangaben im Prospekt regelmäßig von einem **Verschulden** der handelnden Personen auszugehen sein[9].

a) Haftung aus Vertrag

156 Zunächst kommt eine vertragliche Haftung aus einem konkludent abgeschlossenen **Auskunfts- und Beratungsvertrag** in Betracht, der bei Auskünften von erheblicher Bedeutung für die Entschließungen des Auskunftsemp-

---

1 Vgl. insbes. BGH v. 24.4.1978 – II ZR 172/76, BGHZ 71, 284, 289; BGH v. 13.3.1980 – II ZR 258/78, BGHZ 76, 231, 233; BGH v. 6.10.1980 – II ZR 60/80, BGHZ 79, 337, 344; BGH v. 26.9.1991 – VII ZR 376/89, BGHZ 115, 213, 222 f.; BGH v. 10.4.1978 – II ZR 103/76, WM 1978, 611, 612; BGH v. 5.7.1993 – II ZR 194/92, WM 1993, 1787, 1788.
2 BGH v. 9.10.1989 – II ZR 257/88, WM 1990, 145, 146; BGH v. 29.5.2000 – II ZR 280/98, ZIP 2000, 1296, 1297 f.
3 BGH v. 10.10.1994 – II ZR 220/93, ZIP 1994, 1851, 1853.
4 BGH v. 14.7.2003 – II ZR 202/02, NZG 2003, 920, 921 f.
5 BGH v. 21.3.2005 – II ZR 149/03, ZIP 2005, 763.
6 BGH v. 22.3.1979 – VII ZR 259/77, BGHZ 74, 103, 111; BGH v. 2.2.1983 – IVa ZR 118/81, WM 1983, 263, 264; BGH v. 13.1.2000 – III ZR 62/99, ZIP 2000, 355 f.; BGH v. 20.3.2006 – II ZR 326/04, NJW 2006, 2410, 2411; vgl. auch *Ebenroth/Boujong/Joost/Strohn/Weipert*, § 177a Anh. B Rn. 43.
7 BGH v. 25.11.1981 – IVa ZR 286/80, WM 1982, 90 f.
8 BGH v. 22.4.1981 – VIII ZR 34/80, WM 1981, 876, 878; BGH v. 12.5.1986 – II ZR 84/85, WM 1986, 1047, 1048.
9 BGH v. 28.9.1992 – II ZR 224/91, WM 1992, 1892.

fängers sowie in Fällen der Sachkunde und eines eigenen wirtschaftlichen Interesses des Auskunftsgebers regelmäßig anzunehmen sein wird[1]. Vor allem bei einem Wunsch des Anlegers nach Information und Beratung können sich weitreichende Vertragspflichten eines Vermittlers ergeben[2].

b) Verschulden bei Vertragsschluss

Möglich ist ferner eine **vertragliche Haftung** oder eine solche aus Verschulden bei Vertragsschluss im Hinblick auf den Abschluss des **Beitrittsvertrages**. Sie trifft ohne weiteres die Gründungsgesellschafter[3] und die handelnde Komplementärin[4], jedoch nicht die Mitgesellschafter der Anlagegesellschaft, die (anders als sonst bei gesellschaftsvertraglichen Beitrittsverhandlungen[5]) unter den Verhältnissen einer korporativ organisierten Massengesellschaft nicht für das Verhalten der beim Beitrittsvertrag handelnden Personen oder Stellen über § 278 BGB verantwortlich zu machen sind[6]. Anders liegt es bei Gesellschaftern, die eine besondere Stellung i.S.v. Garanten für das Anlageprojekt innehaben[7] oder die durch ihr finanzielles Engagement über Gründung und Fortbestand der Gesellschaft entscheiden[8]. Auch haftet ein Anlagegesellschafter, der selbst durch unrichtige Angaben einen anderen zum Beitritt veranlasst[9].

157

c) Haftung des Treuhandkommanditisten

Wird der Anleger nur mittelbar über einen Treuhandkommanditisten beteiligt, so gilt nichts Abweichendes; eine Haftung trifft hierbei auch den Treuhänder[10], der auch für das Verhalten eingeschalteter Dritter (unbeschadet deren eigener Haftung) einstehen muss[11]. U.U. trifft den Treuhänder gegenüber den Anlegern auch eine Mittelverwendungskontrolle in der KG. Eine solche Prüfung hat spätestens zu erfolgen, wenn die KG im Handelsregister angemeldet und einsatzbereit ist. Verletzt der Treuhänder diese (vor-)vertragliche Pflicht gegenüber den Anlegern, macht er sich schadensersatzpflichtig[12].

158

---

1 BGH v. 22.3.1979 – VII ZR 259/77, BGHZ 74, 103, 106; BGH v. 27.6.1984 – IVa ZR 231/82, WM 1984, 1075, 1076; BGH v. 13.1.2000 – III ZR 62/99, ZIP 2000, 355.
2 BGH v. 4.3.1987 – IVa ZR 122/85, WM 1987, 495, 496 f.
3 BGH v. 30.3.1987 – II ZR 163/86, WM 1987, 811, 812.
4 BGH v. 9.10.1989 – II ZR 257/88, WM 1990, 145, 146.
5 Vgl. dazu BGH v. 21.9.1987 – II ZR 265/86, WM 1987, 1336 f.
6 BGH v. 24.4.1978 – II ZR 172/76, BGHZ 71, 284, 286; BGH v. 14.1.1985 – II ZR 41/84, WM 1985, 533, 534; BGH v. 20.3.2006 – II ZR 326/04, NJW 2006, 2410, 2411.
7 BGH v. 1.10.1984 – II ZR 158/84, WM 1984, 1529, 1530.
8 BGH v. 25.2.1991 – II ZR 60/90, WM 1991, 637, 638 f.
9 BGH v. 20.1.1992 – II ZR 90/91, ZIP 1992, 322, 323.
10 BGH v. 30.3.1987 – II ZR 163/86, WM 1987, 811, 812; BGH v. 10.10.1994 – II ZR 220/93, ZIP 1994, 1851, 1853; BGH v. 20.3.2006 – II ZR 326/04, NJW 2006, 2410, 2411.
11 BGH v. 14.1.1985 – II ZR 41/84, WM 1985, 533 f.
12 BGH v. 24.7.2003 – III ZR 390/02, NZG 2003, 916, 917.

d) Haftung von Kreditinstituten

159 Ein aus Anlass eines Beitritts etwa mit der Vermittlung eines Darlehens befasstes Kreditinstitut hat **in der Regel keine Aufklärungspflichten**. Eine Haftung kommt allenfalls in besonderen Fällen eines das Anlagerisiko betreffenden erkennbaren Wissensvorsprungs der Bank, einer von ihr selbst begründeten Gefahrenlage für den Anleger oder sonst bei über die Rolle als Kreditinstitut hinausgehenden Aktivitäten in Betracht[1]. Letzteres kann dann dazu führen, dass der Gedanke des „verbundenen Geschäfts" in § 358 Abs. 1 BGB auf den Kredit Anwendung findet, der zur Finanzierung der Beteiligung an einer Anlagegesellschaft aufgenommen wurde[2].

e) Vertreter- und Sachwalterhaftung

160 Wegen Verschuldens bei Vertragsschluss haftet nicht nur, wer Vertragspartner ist oder werden soll, sondern auch die für ihn auftretenden Vertreter oder Sachwalter, die entweder ein besonderes persönliches Vertrauen in Anspruch genommen haben oder aufgrund eigener wirtschaftlicher Interessen die Verhandlungen beeinflusst haben[3].

f) Deliktische Haftung

160a Eine Haftung kann sich auch aus § 823 Abs. 2 BGB i.V.m. § 264a StGB ergeben[4] bzw. §§ 263, 266 StGB sowie nach § 826 BGB[5].

g) Prospekthaftung

161 Über die genannten Fälle hinaus kann die von der Rechtsprechung entwickelte (zivilrechtliche) Prospekthaftung eingreifen. Sie lehnt sich an die gesetzlichen Haftungstatbestände an, die an den Vertrieb von Prospekten anknüpfen, und trägt dem Bedürfnis Rechnung, den Anlegern einen **typisierten Vertrauensschutz**[6] auch gegenüber den Personen zu gewähren, die als Gründer[7], Gestalter, Initiatoren[8] oder in sonstiger Funktion die Gesellschaft leiten oder beherrschen oder sonst einen besonderen Einfluss auf sie ausüben

---

1 BGH v. 8.6.1978 – III ZR 136/76, BGHZ 72, 92, 104; BGH v. 25.4.1985 – III ZR 27/84, WM 1985, 993, 994.
2 BGH v. 14.6.2004 – II ZR 393/02, ZIP 2004, 1394; BGH v. 14.6.2004 – II ZR 395/01, ZIP 2004, 1402, 1405; BGH v. 31.1.2005 – II ZR 200/03, ZIP 2005, 565.
3 BGH v. 5.4.1971 – VII ZR 163/69, BGHZ 56, 81, 83 ff. Wegen der hier erforderlichen Abgrenzungen vgl. näher BGH v. 5.12.1977 – AnwSt(R) 5/77, BGHZ 70, 337, 343; BGH v. 4.7.1983 – II ZR 220/82, BGHZ 88, 67, 69 f.; BGH v. 14.11.1983 – II ZR 184/82, WM 1984, 127, 128; BGH v. 23.10.1985 – VIII ZR 210/84, WM 1985, 1526, 1527.
4 BGH v. 14.6.2004 – II ZR 395/01, ZIP 2004, 1402, 1406.
5 BGH v. 28.2.2005 – II ZR 13/03, ZIP 2005, 709; vgl. auch § 177a Anh. B Rn. 65.
6 *Ebenroth/Boujong/Joost/Strohn/Weipert*, § 177a Anh. B Rn. 49.
7 BGH v. 9.10.1989 – II ZR 257/88, WM 1990, 145, 148. Das gilt auch, wenn es sich um einen Gründungskommanditisten handelt, vgl. BGH v. 14.7.2003 – II ZR 202/02, ZIP 2003, 1651, 1652 f.
8 BGH v. 6.10.1980 – II ZR 60/80, BGHZ 79, 337, 341.

(Hintermann) und hieraus Verantwortung für die Herausgabe des Prospekts tragen[1]. Eine vergleichbare Haftung entsteht auch im Zusammenhang mit der Beteiligung an Bauherrenmodellen[2]. Es haften hier jeweils nicht nur diejenigen, die den Prospekt herausgeben oder unterzeichnen, sondern alle, von denen die Initiative zu dem Prospekt ausgeht[3]. Ob und inwieweit also der Einfluss oder die Bedeutung der Personen im Prospekt zum Ausdruck kommt, ist gleichgültig. Die Haftung tritt ein, wenn die Unrichtigkeit oder Unvollständigkeit des Prospektes ursächlich für den Beitritt war[4]. Zur Haftung eines Treuhandkommanditisten ohne Rücksicht auf Kenntnis und Billigung des Prospektinhalts vgl. die BGH-Entscheidungen v. 24.5.1982 und v. 14.1.1985[5].

aa) Haftungserstreckung auf KG und Kommanditisten

Grundsätzlich nicht prospekthaftungspflichtig sind die Kommanditisten. Etwas anderes gilt nur, wenn sie mit unrichtigen Angaben den Beitritt von Anlegern herbeigeführt haben[6]. Im Übrigen aber ist die „Täuschung" der Prospektverantwortlichen nur diesen zuzurechnen. Dabei darf freilich nicht übersehen werden, dass auch ein Kommanditist Gründer, Initiator oder Gesellschafter mit einem beherrschenden Einfluss sein kann (siehe oben Rn. 160). Trifft dies zu, sind ihm die falschen Angaben nach § 278 BGB zuzurechnen. Ebenfalls nicht prospekthaftungspflichtig ist die KG selbst. Ihr sind die Täuschungen der Initiatoren etc. nicht zuzurechnen[7]. Dies gilt insbesondere im Anwendungsbereich der Grundsätze der fehlerhaften Gesellschaft (siehe § 105 Rn. 38 ff.), die andernfalls unterlaufen würden[8].

161a

bb) Haftungserstreckung auf Garanten

Einer (Prospekt-)Haftung unterliegen hier auch die Personen, die kraft ihres Berufes oder ihrer Fachkunde als Vertrauensträger für die Verlässlichkeit der Prospektangaben erscheinen, die also kraft ihrer **beruflichen Sachkenntnis** (als Rechtsanwalt, Wirtschaftsprüfer, Steuerberater) oder sonst aufgrund ihres Sachverstandes mit ihrer Zustimmung im Prospekt als **Garanten** für das Projekt herausgestellt werden und prospektmäßige Erklärungen abgeben[9].

162

---

1 Grundlegend BGH v. 24.4.1978 – II ZR 172/76, BGHZ 71, 284, 287 f.
2 BGH v. 31.5.1990 – VII ZR 340/88, BGHZ 111, 314, 317 f.; BGH v. 26.9.1991–VII ZR 376/89, BGHZ 115, 213, 218 f.
3 BGH v. 6.10.1980 – II ZR 60/80, BGHZ 79, 337, 340 ff.; BGH v. 22.3.1982 – II ZR 114/81, BGHZ 83, 222, 223 f.; BGH v. 17.2.1986 – II ZR 238/84, WM 1986, 583, 584.
4 BGH v. 5.7.1993 – II ZR 194/92, BGHZ 123, 106, 110 f.
5 BGH v. 24.5.1982 – II ZR 124/81, BGHZ 84, 141, 145; BGH v. 14.1.1985 – II ZR 41/84, WM 1985, 533 f.
6 BGH v. 1.10.1984 – II ZR 158/84, NJW 1985, 380, 381; BGH v. 30.3.1987 – II ZR 163/86, NJW 1987, 2677, 2678.
7 *Wagner*, WM 2004, 2240, 2247 f.; *Westermann*, ZIP 2002, 240, 243; *Baumbach/Hopt*, Anh. § 177a Rn. 64.
8 *Schäfer*, ZHR 170 (2006), 373, 382 ff.
9 BGH v. 22.5.1980 – II ZR 209/79, BGHZ 77, 172, 176 f.; BGH v. 21.11.1983 – II ZR 27/83, WM 1984, 19 f.; BGH v. 19.1.1987 – II ZR 158/86, WM 1987, 425, 426; vgl. auch *Ebenroth/Boujong/Joost/Strohn/Weipert*, § 177a Anh. B Rn. 51.

Ihre Haftung wird jedoch nur für diejenigen Prospektangaben begründet, für die dem Betreffenden nach der Art seiner Herausstellung und seiner Erklärungen eine Garantenfunktion zukommt[1]. Hingegen reicht es nicht aus, wenn jemand im Prospekt als Beiratsmitglied oder Kommanditist aufgeführt wird[2]. Diese Personen haften also – anders als die unter Rn. 161 Aufgeführten – nicht für jede Unrichtigkeit oder Unvollständigkeit des Prospekts.

cc) Freizeichnungsklauseln

163 Im Prospekt enthaltene Freizeichnungsklauseln können die Haftung in aller Regel nicht ausschließen[3].

dd) Spezialgesetzliche Prospekthaftung

163a Von der allgemeinen (zivilrechtlichen) Prospekthaftung zu unterscheiden ist die spezialgesetzliche Prospekthaftung. Diese findet sich in §§ 44 ff. BörsG, § 127 InvG und §§ 13 f. VerkProspG[4]. Während die allgemeine zivilrechtliche Prospekthaftung und die börsen- und investmentrechtliche Prospekthaftung einen unterschiedlichen Anwendungsbereich haben, kann es zwischen der allgemeinen zivilrechtlichen und der Prospekthaftung nach dem Verkaufsprospektgesetz Überschneidungen geben. Letzteres regelt die Prospekt(-haft-)pflicht für sämtliche nicht verbrieften Unternehmensbeteiligungen wie Anteile an Personenhandelsgesellschaften, GmbH-Anteile, Anteile an GbR sowie stille Beteiligungen an Gesellschaften. Damit stellt sich aber die Frage, wie sich diese gesetzliche Prospekthaftung für nicht verbriefte Unternehmensbeteiligungen zu der zivilrechtlichen Prospekthaftung verhält[5].

3. Ursächlichkeit des Beitritts für den Schaden

164 Die Haftung ergibt sich daraus, dass der Anleger bei gehöriger Information das mit dem Beitritt verbundene Risiko nicht auf sich genommen hätte. Er trägt dafür die Beweislast, doch sind daran keine überhöhten Anforderungen zu stellen[6]. Es kommt bei der Prüfung der Ursächlichkeit für den Beitrittsentschluss namentlich auf die **Bedeutung der verschwiegenen Umstände** für die Bewertung des Anlageprojekts an[7]. Es entspricht dabei der Lebenserfahrung, dass ein wesentlicher Prospektfehler für die Anlageentscheidung ur-

---

1 BGH v. 14.4.1986 – II ZR 123/85, WM 1986, 904, 906.
2 BGH v. 6.10.1980 – II ZR 60/80, BGHZ 79, 337, 348 f.
3 BGH v. 27.6.1984 – IVa ZR 231/82, WM 1984, 1075, 1077; vgl. auch BGH v. 11.12.2003 – III ZR 118/03, ZIP 2004, 414.
4 Vgl. *Ebenroth/Boujong/Joost/Strohn/Weipert*, § 177a Anh. B Rn. 44; *Baumbach/Hopt*, Anh. § 177a Rn. 59.
5 Vgl. hierzu einerseits *Ebenroth/Boujong/Joost/Strohn/Weipert*, § 177a Anh. B Rn. 46 und andererseits *Baumbach/Hopt*, Anh. § 177a Rn. 59.
6 BGH v. 6.10.1980 – II ZR 60/80, BGHZ 79, 337, 346; BGH v. 24.5.1982 – II ZR 124/81, BGHZ 84, 141, 148.
7 BGH v. 17.6.1991 – II ZR 121/90, WM 1991, 1543, 1545; BGH v. 28.9.1992 – II ZR 224/91, WM 1992, 1892, 1893.

sächlich geworden ist[1]. Prospektfehler dürfen jedoch nicht als Vorwand für Ansprüche bei einer auf anderen Gründen beruhenden Beitrittsreue dienen[2].

4. Schaden des Anlegers

Der Schaden des Anlegers ergibt sich daraus, dass er auf die Verlässlichkeit der ihm gemachten Angaben vertraut hat, und besteht in den ihm durch den Beitritt **entstandenen Vermögenseinbußen (Einlage, Maklerprovision, Agio)**[3]. Er hat aber auch Anspruch auf **Ersatz für die entgangenen Vorteile**, die er sonst bei einem anderen Einsatz seiner Mittel erlangt hätte[4]. Stehen dem Anleger noch werthaltige Ansprüche aus der Beteiligung zu, kann Schadensersatz nur Zug um Zug gegen Abtretung der Ansprüche verlangt werden[5]. U.U. muss der Anleger auch Drittansprüche nach § 255 BGB Zug um Zug abtreten[6]. Bei einer lediglich mittelbaren Beteiligung entfällt diese Einschränkung, da dann u.U. Ansprüche nur dem Treuhänder zustehen würde[7].

165

Auf den Schadensersatzanspruch sind alle **Vorteile** aus der Beteiligung **anzurechnen**[8]. Dies gilt grundsätzlich auch für auf der Schädigung beruhende Steuereinsparungen, es sei denn, dass der erlangte Schadensersatz als Einkommen zu versteuern ist. Letzterenfalls kommt es aufgrund von § 287 ZPO auf eine genaue Berechnung der steuerlichen Vor- und Nachteile nicht an[9], ausgenommen wenn die Vorteile außergewöhnlich sind[10].

166

---

1 BGH v. 28.9.1992 – II ZR 224/91, WM 1992, 1892, 1893; BGH v. 14.7.2003 – II ZR 202/02, ZIP 2003, 1651, 1653; BGH v. 29.5.2000 – II ZR 280/98, ZIP 2000, 1296, 1298.
2 BGH v. 5.7.1993 – II ZR 194/92, WM 1993, 1787, 1790.
3 BGH v. 22.3.1979 – VII ZR 259/77, BGHZ 74, 103, 113; BGH v. 26.9.1991 – VII ZR 376/89, BGHZ 115, 213, 221; BGH v. 16.1.1991 – VIII ZR 14/90, WM 1991, 695, 698; BGH v. 5.7.1993 – II ZR 194/92, WM 1993, 1787, 1788; BGH v. 14.6.2004 – II ZR 395/01, ZIP 2004, 1402, 1406.
4 BGH v. 2.12.1991 – II ZR 141/90, ZIP 1992, 324, 325.
5 BGH v. 6.10.1980 – II ZR 60/80, BGHZ 79, 337, 346; BGH v. 26.9.1991 – VII ZR 376/89, BGHZ 115, 213, 221.
6 BGH v. 14.6.2004 – II ZR 395/01, ZIP 2004, 1402, 1406.
7 BGH v. 24.5.1982 – II ZR 124/81, BGHZ 84, 141, 148.
8 BGH v. 26.9.1991 – VII ZR 376/89, BGHZ 115, 213, 221; BGH v. 27.11.1989 – IX ZR 4/88, WM 1989, 1685, 1688; BGH v. 5.7.1993 – II ZR 194/92, WM 1993, 1787, 1789.
9 BGH v. 22.3.1979 – VII ZR 259/77, BGHZ 74, 103, 114; BGH v. 9.12.1987 – IVa ZR 204/86, WM 1988, 220 f.
10 BGH v. 27.6.1984 – IVa ZR 231/82, WM 1984, 1075, 1076; BGH v. 12.2.1986 – IVa ZR 76/84, WM 1986, 517, 520; BGH v. 9.10.1989 – II ZR 257/88, WM 1990, 145, 148.

5. Mitverschulden

167 Für ein Mitverschulden des Anlegers ist **im Allgemeinen keine Grundlage** gegeben[1]. Anders kann es liegen, wenn der Anleger Warnungen und besondere Hinweise nicht berücksichtigt hat[2].

6. Verjährung

168 Ansprüche aus Vertragsverletzung und Verschulden bei Vertragsschluss verjähren **grundsätzlich innerhalb der regelmäßigen Verjährungsfrist (§ 195 BGB)**[3]. Die früheren besonderen berufsrechtlichen Verjährungsregeln (z.B. §§ 68 StBerG, 51a WPO, 51b BRAO) kamen nur für Ansprüche aus Vertragsbeziehungen mit den Berufsangehörigen (auch als Treuhänder der Anleger) oder aus der Anbahnung solcher Beziehungen in Betracht[4].

169 Hingegen verjähren Ansprüche aus der allgemeinen zivilrechtlichen **Prospekthaftung**[5] – in Anlehnung an die früheren §§ 20 Abs. 5 KAG, 12 Abs. 5 AuslInvestmG – in sechs Monaten, nachdem der Anleger von der Prospektunrichtigkeit Kenntnis erlangt hat, spätestens aber in drei Jahren seit dem Beitritt. Dies gilt auch für eine Haftung aus der Vermittlung der Beteiligung[6]. Für den Beitritt zu einem Bauherrenmodell lässt die Rechtsprechung[7] die kurze Verjährungsfrist für eine Prospekthaftung aber nicht zum Zuge kommen, da der Anleger hier einem werkvertraglichen Besteller gleichgestellt wird. Handelt es sich hingegen um den Beitritt zu einem geschlossenen Immobilienfonds, bleibt es bei der kurzen Prospektverjährung[8].

7. Gerichtsstand

170 Für Ansprüche aus der Prospekthaftung gegen Gründer und Initiatoren ist ein Gerichtsstand **auch am Sitz der Gesellschaft** gegeben (§ 22 ZPO)[9]. Der Gerichtsstand des Delikts (§ 32 ZPO) begründet – infolge der Rechtspre-

---

1 BGH v. 22.3.1979 – VII ZR 259/77, BGHZ 74, 103, 114.
2 BGH v. 25.11.1981 – IVa ZR 286/80, WM 1982, 90, 91.
3 BGH v. 22.3.1982 – II ZR 114/81, BGHZ 83, 222, 223; BGH v. 17.6.1991 – II ZR 121/90, WM 1991, 1543, 1545; BGH v. 20.3.2006 – II ZR 326/04, NJW 2006, 2410, 2411.
4 BGH v. 16.1.1986 – VII ZR 61/85, BGHZ 97, 21, 25; BGH v. 11.3.1987 – IVa ZR 290/85, BGHZ 100, 132, 135 f.; BGH v. 26.9.1991 – VII ZR 376/89, BGHZ 115, 213, 220 f.; BGH v. 9.11.1992 – II ZR 141/91, BGHZ 120, 157, 159; BGH v. 1.6.1994 – VIII ZR 36/93, ZIP 1994, 1115, 1117 f.; siehe auch *Brandes*, WM 1994, 569, 580.
5 Die Verjährung der gesetzlichen Prospekthaftung ist besonders geregelt. Danach verjähren die Ansprüche in einem Jahr seit Kenntniserlangung von der Fehlerhaftigkeit des Prospekts (§ 46 BörsG) bzw. von der Pflicht, einen Prospekt oder Verkaufsprospekt zu veröffentlichen (§ 13a Abs. 5 VerkProspG i.V.m. § 46 BörsG).
6 BGH v. 22.3.1982 – II ZR 114/81, BGHZ 83, 222, 224 ff.; BGH v. 14.1.1985 – II ZR 124/82, WM 1985, 534, 536; BGH v. 5.7.1993 – II ZR 194/92, WM 1993, 1787, 1791.
7 BGH v. 1.6.1994 – VII ZR 36/93, BGHZ 126, 166, 171 ff.
8 BGH v. 18.12.2000 – II ZR 84/99, ZIP 2001, 369, 370.
9 BGH v. 13.3.1980 – II ZR 258/78, BGHZ 76, 231, 234 f.

chungsänderung des BGH[1] – nunmehr auch einen solchen für einen Prospekthaftungsanspruch[2].

§ 162
Anmeldung zum Handelsregister

(1) Die Anmeldung der Gesellschaft hat außer den in § 106 Abs. 2 vorgesehenen Angaben die Bezeichnung der Kommanditisten und den Betrag der Einlage eines jeden von ihnen zu enthalten. Ist eine Gesellschaft bürgerlichen Rechts Kommanditist, so sind auch deren Gesellschafter entsprechend § 106 Abs. 2 und spätere Änderungen in der Zusammensetzung der Gesellschafter zur Eintragung anzumelden.

(2) Bei der Bekanntmachung der Eintragung der Gesellschaft sind keine Angaben zu den Kommanditisten zu machen; die Vorschriften des § 15 sind insoweit nicht anzuwenden.

(3) Diese Vorschriften finden im Falle des Eintritts eines Kommanditisten in eine bestehende Handelsgesellschaft und im Falle des Ausscheidens eines Kommanditisten aus einer Kommanditgesellschaft entsprechende Anwendung.

Übersicht

	Rn.		Rn.
I. Anmeldung der KG	1	III. Änderungen in der KG	
1. Inhalt der Anmeldung		1. Eintritt eines Kommanditisten	
a) Anmeldung nach Geschäftsaufnahme	2	a) Beitritt, Anteilsumwandlung	12
b) Angabe der Haftsumme	3	b) Anteilsübertragung, Sonderrechtsnachfolgevermerk, Abfindungsversicherung	13
c) Vor-GmbH als Komplementärin	4	c) Sonstige Rechtsnachfolge	17
d) Außen-GbR als Kommanditistin	4a	2. Ausscheiden eines Kommanditisten	19
2. Anmeldepflichtige Personen		3. Sonstige Änderungen	20
a) Sämtliche Gesellschafter	5	IV. Wirkungen von Eintragung und Bekanntmachung	
b) Vertretung bei der Anmeldung	6		
c) Zweigniederlassungen	7	1. Eintragung der KG	21
d) Weitere Erfordernisse	8	2. Eintragung der Haftsumme	22
II. Eintragung und Bekanntmachung			
1. Inhalt der Eintragung	9		
2. Bekanntmachung	11		

Schrifttum: *Eckert*, Rechtsfolgen des Kommanditistenwechsels, ZHR 147 (1983), 565; *Friedl*, Haftungsauswirkungen des Kommanditistenwechsels unter Lebenden, DStR

---

[1] Nach BGH v. 10.12.2002 – X ARZ 208/02, NJW 2003, 828 erfasst § 32 ZPO im Rahmen des einheitlichen prozessualen Anspruchs alle in Anspruchskonkurrenz stehenden Anspruchsgrundlagen.
[2] BGH v. 11.2.1980 – II ZR 259/78, WM 1980, 825.

2008, 510; *B. Hartmann,* Der ausscheidende Gesellschafter in der Wirtschaftspraxis, 4. Aufl. 1983; *Huber,* Eintragungsfehler bei der Abtretung von Kommanditanteilen, ZGR 1984, 146; *Jeschke,* Der Rechtsnachfolgevermerk im Handelsregister bei der Übertragung von Mitgliedschaftsrechten an Kommanditgesellschaften, DB 1983, 541; *K. Schmidt,* Kommanditistenwechsel und Nachfolgevermerk, GmbHR 1981, 253; *Spindelhirn,* Der Rechtsnachfolgevermerk im Handelsregister, DB 1983, 271; *Wiedemann,* Die Übertragung und Vererbung von Mitgliedschaftsrechten bei Handelsgesellschaften, 1965.

I. Anmeldung der KG

1 Die KG muss bei dem Gericht, in dessen Bezirk sie ihren Sitz hat, zur Eintragung in das Handelsregister angemeldet werden. Gegenüber den §§ 106 ff. enthält § 162 ergänzende **Sonderregeln** für die Anmeldung und Eintragung der KG ins Handelsregister sowie für Veränderungen im Bestand der Kommanditisten[1]. Abs. 2 der Vorschrift ist durch Art. 4 Nr. 8 des Namensaktiengesetzes (NaStraG) vom 18.1.2001[2] neu gefasst worden.

1. Inhalt der Anmeldung

a) Anmeldung nach Geschäftsaufnahme

2 Nach § 106 Abs. 1 ist die KG mit Aufnahme des Geschäftsbetriebs zum Handelsregister anzumelden, wobei die Entstehung der KG grundsätzlich nicht von der Eintragung abhängt (§§ 161 Abs. 2, 123 Abs. 2), die Anmeldung aber gleichwohl als öffentliche Pflicht bei Nichtbetreibung nach §§ 29, 14 sanktioniert wird. Die Eintragung kann aber schon vor Geschäftsbeginn betrieben werden. Das empfiehlt sich vor allem, um eine unbeschränkte Kommanditistenhaftung nach § 176 bei einer Geschäftstätigkeit zwischen Anmeldung und Eintragung zu vermeiden. Die Anmeldung wird nicht dadurch entbehrlich, dass die Gesellschaft inzwischen in Liquidation gegangen ist. Es versteht sich, dass die Anmeldung als KG auch erforderlich ist, wenn in eine OHG ein neuer (ebenfalls anzumeldender) Gesellschafter als Kommanditist aufgenommen wird[3].

b) Angabe der Haftsumme

3 Außer der nach § 106 Abs. 2 vorgeschriebenen Mitteilung der vorhandenen Gesellschafter, die sich nach § 162 Abs. 1 S. 1 auch auf die Kommanditisten erstrecken muss, und den Angaben über Firma und Sitz der Gesellschaft ist auch für jeden Kommanditisten der **Betrag seiner Einlage** anzumelden. Hierbei handelt es sich nicht um die intern bedungene Pflichteinlage, sondern um die für das Außenverhältnis maßgebliche **Haftsumme** i.S.d. §§ 171, 172 (§ 171 Rn. 6). Wenn sie nicht ausdrücklich als solche bezeichnet wird, ist

---

[1] *Ebenroth/Boujong/Joost/Strohn/Weipert,* § 162 Rn. 5.
[2] BGBl. I 123.
[3] *Schlegelberger/Martens,* § 162 Rn. 14.

das unschädlich, sofern sie sich aus den Umständen ergibt[1]. Erhöhungen (§ 172 Abs. 2) oder Herabsetzungen (§ 174) der Haftsumme müssen nach § 175 zur Eintragung angemeldet werden.

c) Vor-GmbH als Komplementärin

Wird die KG **vor Eintragung einer als persönlich haftenden Gesellschafterin vorgesehenen GmbH angemeldet,** so hindert dies die Eintragung der KG nicht. Das folgt aus der jetzt anerkannten Komplementärfähigkeit der Vor-GmbH (vgl. § 161 Rn. 46). Diese ist dabei als Vorgesellschaft zu kennzeichnen, etwa durch den Zusatz „i.G."[2]. Der Zusatz wird nach Eintragung der GmbH gelöscht[3]. 4

d) Außen-GbR als Kommanditistin

Mit § 162 Abs. 1 S. 2, eingeführt durch das ERJuKoG[4], stellt der Gesetzgeber (der Rechtsprechung des BGH[5] folgend) klar, dass die (Außen-)GbR Kommanditistin einer KG sein kann (vgl. dazu § 105 Rn. 64). Dabei ordnet § 162 Abs. 1 S. 2 das zur Sicherheit des Rechtsverkehrs erforderliche Maß an Publizität an, wobei die Eintragungspflicht der GbR als Kommanditistin der KG bereits aus §§ 161 Abs. 2, 106 Abs. 2 Nr. 1 folgt und § 162 Abs. 1 S. 2 nur zusätzlich die Eintragungspflicht der Gesellschafter der GbR statuiert. Die GbR-Gesellschafter und die spätere Änderungen in deren Gesellschafterbestand sind entsprechend § 106 Abs. 2 Nr. 1 zur Eintragung anzumelden. Unabhängig davon, ob die Gesellschaft einen speziellen Namen führt, sind die einzelnen Gesellschafter mit dem Zusatz „in Gesellschaft bürgerlichen Rechts" anzugeben[6]. 4a

2. Anmeldepflichtige Personen

a) Sämtliche Gesellschafter

Anmeldepflichtig sind alle Gesellschafter (§ 108), also **auch die Kommanditisten.** Ist eine (Außen-)GbR Kommanditistin, sind sämtliche ihrer Gesellschafter anmeldepflichtig, weil die Mitgliedschaft ihnen zur gesamten Hand zusteht[7]. Die Komplementäre haben ihre Unterschrift unter Angabe der Firma nach Wegfall des früheren § 108 Abs. 2 nicht mehr zu zeichnen (vgl. § 108 Rn. 15). 5

---

1 OLG Celle v. 24.3.1975 – 9 Wx 1/75, OLGZ 1975, 385, 386: „Bareinlage".
2 BGH v. 12.11.1984 – II ZB 2/84, WM 1985, 165, 166.
3 *Baumbach/Hopt*, Anh. § 177a Rn. 13.
4 Gesetz über elektronische Register und Justizkosten für Telekommunikation, BGBl. I 2001, 3422.
5 BGH v. 16.7.2001 – II ZB 23/00, ZIP 2001, 1713 (Ls.).
6 BGH v. 16.7.2001 – II ZB 23/00, ZIP 2001, 1713, 1714.
7 *Ebenroth/Boujong/Joost/Strohn/Weipert*, § 162 Rn. 11.

b) Vertretung bei der Anmeldung

6   Bei der Anmeldung können sich die Gesellschafter nach § 12 Abs. 1 **aufgrund öffentlich beglaubigter Vollmacht** vertreten lassen (z.B. durch einen Notar)[1]. Die Vertretung eines Kommanditisten durch einen Prokuristen ist ohne eine solche Vollmacht nicht möglich, da die Anmeldung nicht zum Betrieb eines Handelsgewerbes i.S.v. § 49 Abs. 1 gehört[2]. Der Vertretung minderjähriger Gesellschafter durch den gesetzlichen Vertreter steht § 181 BGB auch dann nicht entgegen, wenn der gesetzliche Vertreter selbst Gesellschafter ist[3].

c) Zweigniederlassungen

7   Betrifft die Anmeldung lediglich Veränderungen bei einer Zweigniederlassung, so ist nur eine Mitwirkung der vertretungsberechtigten Gesellschafter erforderlich[4].

d) Weitere Erfordernisse

8   Im Einzelnen gelten für die Erfordernisse der Anmeldung die **§§ 12 ff., 106 ff.**, auf deren Erl. verwiesen wird.

II. Eintragung und Bekanntmachung

1. Inhalt der Eintragung

9   Einzutragen sind **die in die Anmeldung aufzunehmenden Angaben**. Ist eine Gesellschaft Mitglied der KG, so wird nur ihre Firma eingetragen, nicht aber ihre Gesellschafter[5] (Ausnahme, wenn eine GbR sich als Kommanditistin beteiligt, vgl. Rn. 4a). Dies gilt auch für einen Kommanditisten, der sich als Kaufmann unter seiner Firma an der KG beteiligt. Zur Klarstellung kann sein Name der Firma hinzugefügt werden[6].

10 **Weitere Angaben** können **nicht** eingetragen werden, so kein Vermerk über eine Gruppenvertretung für die Kommanditisten[7] und keine Angaben über die Leistung der Kommanditeinlage[8].

---

1 *Ebenroth/Boujong/Joost/Strohn/Weipert*, § 162 Rn. 12.
2 BayObLG v. 5.7.1974 – 2 Z 19/74, DB 1974, 1520, 1521 f.
3 *Ebenroth/Boujong/Joost/Strohn/Weipert*, § 162 Rn. 12.
4 *Schlegelberger/Martens*, § 162 Rn. 8; *Staub/Schilling*, § 162 Rn. 5.
5 Vgl. *Schlegelberger/Martens*, § 162 Rn. 10; *Staub/Schilling*, § 162 Rn. 8 (h.L.).
6 BayObLG v. 16.2.1973 – 2 Z 4/73, BB 1973, 397; nach *Staub/Schilling*, § 161 Rn. 25, ist der Zusatz dagegen obligatorisch.
7 OLG Hamm v. 26.4.1952 – 15 W 73/52, MDR 1952, 549; *Ebenroth/Boujong/Joost/Strohn/Weipert*, § 162 Rn. 19.
8 BGH v. 29.6.1981 – II ZR 142/80, BGHZ 81, 82, 87.

2. Bekanntmachung

Was die **Kommanditisten** betrifft, so werden über sie bei der Bekanntmachung der Eintragung der Gesellschaft nach der Neufassung des § 162 Abs. 2 (vgl. Rn. 1) – anders als sonst unter § 10 – keine Angaben mehr gemacht, da die nach dem früheren Recht vorgesehenen Angaben für den Rechtsverkehr wenig aussagefähig und damit weithin funktionslos waren[1]. Mangels einer Bekanntmachung entfällt auch eine Anwendung von § 15, wie § 162 Abs. 2 Hs. 2 klarstellt. Die Person und Haftsumme des Kommanditisten sind aber aus dem Handelsregister selbst ersichtlich.

III. Änderungen in der KG

1. Eintritt eines Kommanditisten

a) Beitritt, Anteilsumwandlung

Tritt ein Kommanditist der KG bei, so gilt nach § 162 Abs. 3, der die (den Ein- und Austritt regelnden) §§ 107 und 143 Abs. 3 ergänzt, für Anmeldung, Eintragung und Bekanntmachung Entsprechendes wie nach § 162 Abs. 1 und 2. Eine Bekanntmachung des Eintritts entfällt demgemäß. Ebenso ist die Umwandlung einer Komplementärbeteiligung in eine solche als Kommanditist zu behandeln, bei der die mitgliedschaftliche Gesellschafterstellung unberührt bleibt und daher im eigentlichen Wortsinne weder ein Ein- noch ein Austritt vorliegt; hier bedarf es der korrespondierenden Anmeldung des Wegfalls als persönlich haftender Gesellschafter, insoweit allerdings unter namentlicher Bezeichnung des Gesellschafters. Die Anmeldung kann sich dabei auf die Angabe der Umwandlung der Gesellschafterstellung oder den Erwerb der jetzigen Beteiligung beschränken, da dadurch der Vorgang klargestellt wird[2].

b) Anteilsübertragung, Sonderrechtsnachfolgevermerk, Abfindungsversicherung

Besondere Fragen wirft die **Rechtsnachfolge in der Kommanditbeteiligung** auf, zu der es insbesondere durch rechtsgeschäftliche Übertragung kommen kann. Während man früher nur einen Austritt des bisherigen und eine damit einhergehende Aufnahme eines neuen Kommanditisten für möglich hielt (§ 173 Rn. 4 ff.), ist heute die Abtretbarkeit der Mitgliedschaft (§§ 413, 398 BGB) bei entsprechender Zulassung im Gesellschaftsvertrag oder mit Zustimmung aller Gesellschafter außer Streit[3] (§ 173 Rn. 8 ff.). Auch eine treuhänderische Übertragung ist möglich[4].

---

1 Vgl. die Begründung zum Entwurf des Namensaktiengesetzes (NaStraG), BT-Drucks. 14/4051 v. 8.9.2000, S. 19.
2 BayObLG v. 21.5.1970 – 2 Z 24/70, NJW 1970, 1796; OLG Düsseldorf v. 26.5.1976 – 3 W 62/76, DB 1976, 1759 ff.; MünchKommHGB/*Grunewald*, § 162 Rn. 17.
3 BGH v. 8.11.1965 – II ZR 223/64, BGHZ 44, 229, 231; BGH v. 29.6.1981 – II ZR 142/80, BGHZ 81, 82, 84; vgl. auch *Friedl*, DStR 2008, 510.
4 BGH v. 30.6.1980 – II ZR 219/79, BGHZ 77, 392, 395.

14 Eine Rechtsnachfolge führt dazu, dass der Eintretende in vollem Umfang die Rechte und Pflichten seines Vorgängers übernimmt und daher nur insoweit haftet, als den Vorgänger aufgrund einer ausstehenden Einlage noch eine Haftung traf. Diese im Verhältnis zu einem nicht auf Rechtsnachfolge beruhenden Kommanditistenwechsel abweichende Haftungslage erfordert es, dass im Handelsregister ein **Vermerk über die Rechtsnachfolge** eingetragen wird (Sonderrechtsnachfolgevermerk), um die gesetzlich nicht geregelte – aber zulässige – Rechtsnachfolge in einen Kommanditanteil aufgrund Übertragung der Mitgliedschaft in notwendiger Abgrenzung von dem im Gesetz normierten Austritt eines alten sowie Eintritt eines neuen Kommanditisten zu kennzeichnen[1]. Andernfalls würde der Rechtsschein erzeugt, dass unbeschadet einer etwa noch fortbestehenden Außenhaftung des Altgesellschafters (soweit dessen Einlage noch aussteht) gegenüber den Altgläubigern (§§ 171, 172, 160) für den Eintretenden ein neuer Kommanditanteil mit einer zusätzlichen Haftsumme geschaffen sei (Näheres vgl. § 173 Rn. 7, 10, 17). Bei mehrfacher Rechtsnachfolge in einen Anteil ohne jeweilige Eintragungen sind alle bisherigen Vorgänge nachzutragen, um die sonst drohenden Haftungsrisiken zu vermeiden. Die Eintragung des Sonderrechtsnachfolgevermerks ist seit der Grundsatzentscheidung des RG[2] zwischenzeitlich gewohnheitsrechtlich anerkannt[3] und auch nicht nach Änderung des § 162 Abs. 2 (Rn. 1) obsolet geworden, weil das berechtigte Interesse Dritter fortbesteht, über die der Mitgliedschaft zu Grunde liegenden Rechtsverhältnisse umfassend und richtig informiert zu werden[4].

15 Erforderlich bei der Anmeldung des Sonderrechtsnachfolgevermerks ist weiter die – gesetzlich nicht normierte – Erklärung[5], dass der Alt-Kommanditist im Zusammenhang mit der Sonderrechtsnachfolge **keine Abfindung** aus dem Gesellschaftsvermögen (die seine Haftung nach § 172 Abs. 4 S. 1 wiederaufleben lassen würde) erhalten habe und ihm eine solche auch nicht versprochen wurde (negative Abfindungsversicherung). Die Abfindungsversicherung ist Beweismittel im Anmeldeverfahren im Rahmen der Amtsermittlungspflicht des Registergerichts nach § 12 FGG (§ 26 FamFG). Dass die Abfindungsversicherung gesetzlich nicht geregelt ist, steht ihrer Anerkennung indes nicht entgegen, denn sie geht mit der Anerkennung der Sonderrechtsnachfolge, die ihrerseits im Wege der Rechtsfortbildung entwickelt wurde, einher und ist ein probates Beweismittel im Rahmen des Anmelde-

---

1 BGH v. 19.9.2005 – II ZB 11/04, NZG 2006, 15; BGH v. 29.6.1981 – II ZR 142/80, BGHZ 81, 82, 84; OLG Hamm v. 16.9.2004 – 15 W 304/04, NZG 2005, 272, 273; OLG Köln v. 4.2.2004 – 2 Wx 36/03, RNotZ 169, 171. *Ebenroth/Boujong/Joost/ Strohn/Weipert*, § 162 Rn. 37.
2 RG (GrSZ), DNotZ 1944, 195, 198 ff.
3 BGH v. 29.6.1981 – II ZR 142/80, NJW 1981, 2747 f.; BGH v. 19.9.2005 – II ZB 11/04, NZG 2006, 15 (m.w.N.).
4 BGH v. 19.9.2005 – II ZB 11/04, NZG 2006, 15.
5 RG (GrSZ), DNotZ 1944, 195, 198 ff. = WM 1964, 1130, 1133; BGH v. 19.9.2005 – II ZB 11/04, NZG 2006, 15 f.; OLG Zweibrücken v. 14.6.2000 – 3 W 92/00, FGPrax, 208 ff.; OLG Köln v. 9.4.1953 – 8 W 11/52, DNotZ 1953, 435, 436; *Schlegelberger/ Martens*, § 162 Rn. 18; *Staub/Schilling*, § 173 Rn. 7; bestätigend: BGH v. 19.9.2005 – II ZB 11/04, NZG 2006, 15 f.

verfahrens[1]. Diese Erklärung muss nur von den vertretungsberechtigten Gesellschaftern und dem Altkommanditisten abgegeben werden; eingetragen wird sie dagegen nicht.

Ebenso wie der Eintritt eines Kommanditisten ist auch die Rechtsnachfolge in einen Kommanditanteil nicht bekannt zu machen. 16

c) Sonstige Rechtsnachfolge

Die Eintragung einer Rechtsnachfolge ist auch in **anderen Fällen eines Überganges der Mitgliedschaft** auf einen neuen Rechtsinhaber erforderlich, so im Falle des Erbganges oder aufgrund eines Umwandlungstatbestandes. Andernfalls käme es auch hier zu nachteiligen Haftungsfolgen. 17

Geht ein Kommanditanteil auf eine **Mehrheit von Erben** über, so ist anzumelden und einzutragen, wie sich die Einlage auf die Erben aufteilt. Alle Erben müssen bei der Anmeldung mitwirken. Dies gilt auch dann, wenn aus einer Erbenmehrheit nur einer aufgrund eines Nachfolge- oder Eintrittsrechts in die Gesellschaft einrückt[2] (siehe dazu § 177 Rn. 6 und § 139 Rn. 6 ff.). 18

2. Ausscheiden eines Kommanditisten

Entsprechendes wie in Rn. 12 ff. ausgeführt gilt auch für das Ausscheiden eines Kommanditisten einschließlich des Ausscheidens aufgrund einer Rechtsnachfolge. Wird der Anteil auf einen anderen Kommanditisten übertragen, so ist außer dem Ausscheiden die Rechtsnachfolge und die damit verbundene Erhöhung der Haftsumme des Erwerbers einzutragen. Bei der Vereinigung zweier oder mehrer Personenhandelsgesellschaften durch Anwachsung verbunden mit dem Ein- und Austritt von Gesellschaftern im Wege der Änderung der Gesellschaftsverträge beider Gesellschaften geht das Gesellschaftsvermögen im Wege der Gesamtrechtsnachfolge auf die andere Gesellschaft über[3]. In diesem Fall ist nach §§ 161 Abs. 2, 143 Abs. 1 und 2 und 157 Abs. 1 das Ausscheiden des Komplementärs und nach § 162 Abs. 3 das des Kommanditisten durch Übertragung der jeweiligen Gesellschaftsanteile auf die andere Personengesellschaft und die dadurch bedingte Auflösung der Gesellschaft sowie das Erlöschen der Firma anzumelden[4]. 19

---

1 BGH v. 19.9.2005 – II ZB 11/04, NZG 2006, 15, 16 (Entscheidung aufgrund eines Vorlagebeschlusses des KG Berlin v. 8.6.2004 – 1 W 685/03, BB 2004, 1521 ff., das eine abweichende Ansicht vertrat).
2 BayObLG v. 12.10.1978 – 1 Z 102/78, DNotZ 1979, 109, 111 f.
3 BGH v. 19.2.1990 – II ZR 42/89, NJW-RR 1990, 798, 799 f. (die Zulässigkeit dieses Übertragungsmodells – anstelle einer Verschmelzung nach dem UmwG – ist allgemein anerkannt).
4 OLG Frankfurt v. 25.8.2003 – 20 W 354/02, NZG 2004, 808, 809 (Vereinigung zweier GmbH & Co. KG durch Übertragung der Geschäftsanteile auf eine der Gesellschaften).

3. Sonstige Änderungen

20 Wegen sonstiger Änderungen in der Verhältnissen der KG gelten die **gleichen Anmeldepflichten wie für die OHG**. Fällt der letzte Kommanditist weg, so wird die Gesellschaft zur OHG oder – wenn nur noch ein Gesellschafter übrig ist – zum einzelkaufmännischen Unternehmen; dies ist nach § 106 mit der geänderten Rechtsform anzumelden[1]. Sind alle persönlich haftenden Gesellschafter weggefallen, tritt die (anzumeldende) Auflösung der Gesellschaft ein.

IV. Wirkungen von Eintragung und Bekanntmachung

1. Eintragung der KG

21 Die Eintragung hat regelmäßig nur **rechtsbekundende Wirkung**. Wird eine KG dagegen gemäß §§ 2, 3 oder 105 Abs. 2 eingetragen, so wirkt dies **konstitutiv**. Dies gilt vom Ergebnis her auch für unter § 5 fallende Eintragungen einer KG (vgl. § 105 Rn. 10).

2. Eintragung der Haftsumme

22 Die mit der Eintragung der Haftsumme eintretende **Begrenzung der Außenhaftung** richtet sich nach § 172 Abs. 1, der insoweit § 15 Abs. 2 verdrängt. Es kommt insoweit weder auf eine Bekanntmachung der Eintragung noch auf ein Kennenmüssen eines Gläubigers an. Weicht die Eintragung von der Anmeldung ab, so ist der eingetragene Betrag maßgebend, sei er nun höher oder niedriger als der angemeldete. Der Gläubiger kann sich gegenüber dem Kommanditisten auf eine höhere als angemeldet eingetragene Haftsumme aber nicht berufen, wenn er die niedrigere Anmeldung kannte[2].

§ 163
Innenverhältnis der Gesellschafter

Für das Verhältnis der Gesellschafter untereinander gelten in Ermangelung abweichender Bestimmungen des Gesellschaftsvertrags die besonderen Vorschriften der §§ 164 bis 169.

Schrifttum: Vgl. die Angaben zu § 119; ferner: *Bälz*, Treuhandkommanditist, Treuhänder der Kommanditisten und Anlegerschutz, ZGR 1980, 1; *Immenga*, Die Minderheitsrechte der Kommanditisten, ZGR 1974, 385.

---

1 *Schlegelberger/Martens*, § 162 Rn. 14; *Staub/Schilling*, § 162 Rn. 13.
2 *Schlegelberger/Martens*, § 162 Rn. 28; weitergehend *Schlegelberger/K. Schmidt*, § 172 Rn. 31, und *Staub/Schilling*, § 172 Rn. 3, die auch eine Berufung auf eine zwar der Anmeldung entsprechend eingetragene, jedoch im Gesellschaftsvertrag niedriger vereinbarte Haftsumme versagen, sofern der Gläubiger die Vertragsregelung kennt.

I. Inhalt der Vorschrift

1. Freiheit der Vertragsgestaltung

Wie § 109 für die OHG statuiert § 163 für die KG das Prinzip der Vertragsfreiheit, soweit es um das **Innenrecht** der Gesellschaft geht. Dagegen sind die in den §§ 170 ff. geregelten Außenbeziehungen zwingender Natur und einer abweichenden Disposition der Gesellschafter entzogen.

2. Allgemeine Rechtsgrundsätze für das Gesellschaftsverhältnis

Die Vertragsfreiheit eröffnet weitreichende Gestaltungsmöglichkeiten, die die Praxis gerade für die KG mit bemerkenswertem Erfindungsreichtum wahrgenommen hat. Das zeigt sich besonders in den vielfältigen Typenvarianten der GmbH & Co. KG (dazu § 161 Rn. 26 ff., 40 ff.) und der Publikumsgesellschaft (§ 161 Rn. 87 ff.). Sie ist aber **nicht schrankenlos**. Allgemein sind die die Vertragsfreiheit begrenzenden §§ 134 und 138 BGB zu beachten[1]. Daneben gelten für die KG aber auch die allgemeinen Grundsätze des Personengesellschaftsrechts (siehe dazu die Erl. zu § 109). Durchgängig ist dabei auch der Gleichbehandlungsgrundsatz zu beachten, ohne dass sich dabei für die Rechtsstellung der Kommanditisten prinzipielle Besonderheiten ergeben. Wesentliche Begrenzungen ergeben sich insbesondere für die Publikumsgesellschaft aus dem für sie maßgeblichen Sonderrecht, durch das in weitem Umfang vertragliche Regelungen überlagert und verdrängt werden (§ 161 Rn. 91 ff.).

3. Rangordnung der gesetzlichen Regeln

Unbeschadet der Möglichkeit, dass die gesellschaftsvertragliche Gestaltung an die gesetzlichen Vorschriften zwingenden Charakters gebunden ist, bleibt der Gesellschaftsvertrag die maßgebliche Grundlage für die Innenbeziehungen der Gesellschafter. Ergänzend gelten nach § 163 die Vorschriften der §§ 164 bis 169, aber auch der (dispositive) § 177 für die Rechtsstellung der Kommanditisten. Auf der nächsten Stufe ist (über § 161 Abs. 2) subsidiär auf die in § 109 genannten §§ 110 bis 122 und weiter auf die §§ 131 ff. abzustellen. Schließlich ist gemäß § 105 Abs. 3 noch auf die Vorschriften betreffend die GbR (§§ 705 ff. BGB) zurückzugreifen. Der Rückgriff auf die dispositiven Regelungen der §§ 164 ff. hat ggf. den Regeln über die ergänzende Vertragsauslegung zu weichen[2]. Für die Innenrechtsbeziehung der Komplementäre gilt das Recht der OHG (§ 161 Abs. 2).

---

[1] Ebenroth/Boujong/Joost/Strohn/*Weipert*, § 163 Rn. 3 und 8; MünchKommHGB/*Grunewald* § 163 Rn. 4, § 161 Rn. 27.
[2] BGH v. 23.11.1978 – II ZR 20/78, NJW 1979, 1705, 1706; BGH v. 24.9.1984 – II ZR 256/83, NJW 1985, 192, 193; MünchKommHGB/*Grunewald* § 163 Rn. 3.

II. Änderungen des Gesellschaftsvertrages

4 Eine Änderung des Gesellschaftsvertrages erfordert im Falle eines Mehrheitsbeschlusses, dass sich in Fällen grundlegender Umgestaltungen die Zulassung einer Mehrheitsentscheidung für den Beschlussgegenstand unzweideutig aus dem Gesellschaftsvertrag ergibt[1] (**Bestimmtheitsgrundsatz**; vgl. dazu, auch zur Frage der – weiterhin zu bejahenden – Berechtigung dieses Grundsatzes, § 119 Rn. 17 ff.). Für die Publikumsgesellschaft[2] sowie für die atypische kapitalistische KG[3] gilt das nicht (vgl. bereits § 161 Rn. 116, § 109 Rn. 9). Allerdings entfällt der Bestimmtheitsgrundsatz nicht schon bei einer größeren Anzahl von Gesellschaftern (so nicht bei 65 Kommanditisten einer Familiengesellschaft[4]). Unabhängig von einer Berücksichtigung des Bestimmtheitsgrundsatzes müssen Vertragsänderungen aber jedenfalls den mitgliedschaftlichen **Kernbereich** der Gesellschafterrechte (§ 119 Rn. 20 ff.) berücksichtigen. Dazu, dass die Treuepflicht die Zustimmung zu Vertragsänderungen gebieten kann, vgl. Rn. 5 sowie § 109 Rn. 15.

III. Willensbildung in der Gesellschaft

1. Gesellschafterbeschluss

a) Beschlussfassung

5 Für das **Zustandekommen** eines Gesellschafterbeschlusses gelten die gleichen Regeln wie bei der OHG (vgl. § 119 Rn. 1 ff.). Die Beschlussfassung geschieht nach näherer Bestimmung im Gesellschaftsvertrag, ggf. in einer (im Gesetz allerdings nicht vorgeschriebenen) Versammlung. Ist eine solche vorgesehen oder üblich, kommt für einen Kommanditisten ein außerordentliches Einberufungsrecht entsprechend dem Rechtsgedanken in § 50 Abs. 3 GmbHG in Betracht[5]. Das Einstimmigkeitserfordernis in § 119 Abs. 1 wird vielfach abbedungen. In der Publikumsgesellschaft gilt – auch für Grundlagenbeschlüsse und sogar bei Fehlen gesellschaftsvertraglicher Regelungen – das Mehrheitsprinzip (vgl. § 161 Rn. 99 f., 117 f.).

b) Mehrheitsberechnung

6 Darüber hinaus ist ganz überwiegend die Berechnung der Mehrheit nicht nach Köpfen (§ 119 Abs. 2), sondern nach den jeweiligen **Kapitalbeteiligungen** an der Gesellschaft vorgesehen. Es lässt sich aber nicht sagen, dass im Zweifel bei allen Kommanditgesellschaften die Mehrheit nach den Kapitalanteilen maßgeblich sei[6].

---

1 BGH v. 15.1.2007 – II ZR 245/05, DStR 2007, 494, 495.
2 BGH v. 13.3.1978 – II ZR 63/77, BGHZ 71, 53, 57 ff.
3 BGH v. 15.11.1982 – II ZR 62/82, BGHZ 85, 350, 356 ff.
4 BGH v. 15.6.1987 – II ZR 261/86, WM 1987, 1122 f.
5 BGH v. 9.11.1987 – II ZR 100/87, BGHZ 102, 172, 175.
6 So aber *Staub/Schilling*, § 163 Rn. 9; wie hier: *Schlegelberger/Martens*, § 163 Rn. 5.

2. Stimmrecht
a) Ausübung des Stimmrechts

Bei der Beschlussfassung wirken die Gesellschafter aufgrund des ihnen zustehenden Stimmrechts mit, soweit es nicht in zulässiger Weise (§ 119 Rn. 32 ff.) beschränkt oder ausgeschlossen ist.

7

Für die Ausübung des Stimmrechts bestehen im Übrigen keine Besonderheiten gegenüber dem Innenrecht der OHG (§ 119 Rn. 31 ff.). Die Wahrnehmung kann einem Vertreter überlassen werden, sofern dies gesellschaftsvertraglich zugelassen ist oder alle Gesellschafter zustimmen. Jedoch ist eine den Stimmrechtsinhaber ausschließende (verdrängende) Vollmacht unzulässig, da sie gegen das **Verbot der Abspaltung von Mitgliedschaftsrechten** (§ 717 S. 1 BGB) verstoßen würde (näher zu diesen Fragen § 109 Rn. 7).

8

b) Stimmbindung, Stimmverbot

Besonderheiten gegenüber der OHG gelten auch nicht für eine Stimmbindung unter den Gesellschaftern oder für ein Stimmverbot. Zu diesen Fragen muss jeweils auf die Erl. bei § 119 Rn. 32 ff., 39 f. verwiesen werden.

9

3. Mitwirkung von Nichtgesellschaftern

Der Gesellschaftsvertrag kann in mehrfacher Hinsicht eine Mitwirkung von Nichtgesellschaftern vorsehen, so bei Regelungen über die Zusammensetzung des Beirats (§ 161 Rn. 71 ff.) und bei der Gruppenvertretung von Gesellschaftern (§ 161 Rn. 21 ff.)[1]. In allen Fällen leiten sich die Dritten verliehenen Befugnisse angesichts des Grundsatzes der Verbandssouveränität (§ 109 Rn. 4) aus den Mitgliedschaftsrechten der Gesellschafter ab und begründen daher strikte Pflichtbindungen gegenüber den Belangen der Gesellschaft und der Gesellschafter. Die Möglichkeit, Außenstehenden Entscheidungsbefugnisse zu übertragen, ist dabei, namentlich im Hinblick auf den Kernbereich der Mitgliedschaftsrechte (dazu § 109 Rn. 6 und § 119 Rn. 20 ff.), sachlich begrenzt (§ 161 Rn. 76).

10

§ 164
Geschäftsführung

Die Kommanditisten sind von der Führung der Geschäfte der Gesellschaft ausgeschlossen; sie können einer Handlung der persönlich haftenden Gesellschafter nicht widersprechen, es sei denn, dass die Handlung über den gewöhnlichen Betrieb des Handelsgewerbes der Gesellschaft hinausgeht. Die Vorschriften des § 116 Abs. 3 bleiben unberührt.

---

1 *Ebenroth/Boujong/Joost/Strohn/Weipert*, § 163 Rn. 12 ff.

Übersicht

	Rn.		Rn.
I. Inhalt der gesetzlichen Regelung		**II. Abweichende Vertragsregelungen**	
1. Keine Geschäftsführung durch Kommanditisten		1. Erweiterung der Kommanditistenrechte	
a) Rechtsstellung der Kommanditisten	1	a) Geschäftsführung	10
b) Geschäftsführung der Komplementäre	2	b) Haftungsfragen	14
c) Verantwortlichkeit der Geschäftsführer	3	2. Einschränkung der Kommanditistenrechte	
d) Erteilung und Widerruf der Prokura (§ 164 S. 2)	3a	a) Möglichkeiten	16
2. Außergewöhnliche Geschäfte		b) Stimmrechtsausschluss	17
a) Zustimmungsrecht der Kommanditisten	4	c) Besondere Organzuständigkeiten	18
b) Notgeschäftsführung	5	3. Geschäftsführungsbefugnisse Dritter	19
c) Aufstellung und Feststellung des Jahresabschlusses	5a	**III. Mitarbeit des Kommanditisten bei der Geschäftsführung**	
3. Grundlagengeschäfte	6	1. Organschaftliche Kompetenzen	
4. Rechtsverhältnisse in der GmbH & Co. KG		a) Regelung im Gesellschaftsvertrag	20a
a) Besonderheiten der Verantwortlichkeit	7	b) Keine Arbeitnehmerstellung	22
b) Abberufung des GmbH-Geschäftsführers	9	c) Altersversorgung	23
		2. Mitarbeit auf sonstiger Grundlage	25

Schrifttum: *Grunewald*, Haftung für fehlerhafte Geschäftsführung in der GmbH & Co. KG, BB 1981, 581; *Hölters*, Der Beirat der GmbH und der GmbH & Co. KG, 1979; *Hopt*, Zur Abberufung des GmbH-Geschäftsführers bei der GmbH & Co., insbesondere der Publikumsgesellschaft, ZGR 1979, 1; *Hüffer*, Organpflichten und Haftung in der Publikums-Personengesellschaft, ZGR 1981, 348; *Immenga*, Die Minderheitsrechte der Kommanditisten, ZGR 1974, 385; *Klingberg*, Mitarbeitende Kommanditisten im Gesellschaftsrecht, 1990; *H.P. Westermann/Pöllath*, Abberufung und Ausschließung von Gesellschaftern/Geschäftsführern in Personengesellschaften und GmbH, RWS-Skript Nr. 77, 4. Aufl. 1988.

I. Inhalt der gesetzlichen Regelung

1. Keine Geschäftsführung durch Kommanditisten

a) Rechtsstellung der Kommanditisten

1 Das Gesetz schließt die Kommanditisten in § 164 S. 1 Hs. 1 von der Geschäftsführung aus. Sie haben daher grundsätzlich auch nicht das Recht, vom Komplementär die Unterlassung einer bestimmten gewöhnlichen Geschäftsführungsmaßnahme (Rn. 4 ff.) zu verlangen (§ 164 S. 1 Hs. 2), und zwar auch nicht, wenn mit der Maßnahme die Pflicht zur ordnungsmäßigen Führung der Geschäfte verletzt würde[1]. Doch ist die Vorschrift (anders als der die Vertretung betreffende § 170) **abdingbar** (§ 163). Der Ausschluss gilt

---

1 BGH v. 11.2.1980 – II ZR 41/79, BGHZ 76, 160, 167 f.

nicht für die Mitwirkung an **außergewöhnlichen Geschäften** (dazu Rn. 4). Mangels Beteiligung des Kommanditisten an der Geschäftsführung hat er auch keine Pflicht, sich um die Geschäftsangelegenheiten zu kümmern, es sei denn, die Treuepflicht gebietet ihm, auf erkennbar gewordene Gefahren hinzuweisen[1].

b) Geschäftsführung der Komplementäre

Die Geschäftsführungsbefugnis steht nach der gesetzlichen Regelung den Komplementären jeweils alleine zu, und zwar **für den Bereich des gewöhnlichen Geschäftsbetriebes ausschließlich** (§§ 161 Abs. 2, 114; zum Umfang der sich daraus ergebenden Kompetenzen vgl. die §§ 115, 116 Abs. 1, 3). Danach hätte ein Kommanditist auch nicht über die Bestellung eines Prokuristen oder ihren Widerruf mitzuentscheiden (näher dazu Rn. 3a). Soll dagegen die einem persönlich haftenden Gesellschafter zustehende Geschäftsführungsbefugnis entzogen werden, so sind nach § 117 auch die Kommanditisten zur Mitwirkung berufen. Entfällt die Geschäftsführung des einzigen vorhandenen persönlich haftenden Gesellschafters, so steht die Geschäftsführung im Zweifel der Gesamtheit aller Gesellschafter zu[2].

c) Verantwortlichkeit der Geschäftsführer

Der anzulegende Haftungsmaßstab richtet sich bei der Innenhaftung der geschäftsführenden Gesellschafter in der personalistischen KG nach § 708 BGB[3]. Überschreitet der Geschäftsführer seine Kompetenzen, so haftet er wegen Verletzung seiner gesellschafterlichen Pflichten nach § 280 Abs. 1 BGB, nicht aber nach den §§ 677 ff. BGB[4]. Auch bei angemaßter Geschäftsführung ist es nicht anders[5].

d) Erteilung und Widerruf der Prokura (§ 164 S. 2)

Der Anwendungsbereich des § 164 S. 2 ist umstritten. Vertreten wird, dass § 164 S. 2 lediglich klarstellende Funktion dahingehend habe, dass § 116 Abs. 3 eben auch für die KG gilt, es also bei der Ausnahmeregelung (§ 116 Abs. 3) zur Einzelgeschäftsführungsbefugnis (§ 116 Abs. 1) auch in der KG bleibt. Soweit aber der Gesellschaftsvertrag die Prokurabestellung bzw. deren Widerruf als zustimmungsbedürftig regle, sie also als außergewöhnliche Geschäftsführung ansehe, bleibe es beim Zustimmungserfordernis der Kommanditisten nach § 164 S. 1[6]. Andererseits wird vertreten, dass § 116 Abs. 3 auch dann gelte, wenn die Erteilung der Prokura ein außergewöhnliches

---

1 *Schlegelberger/Martens*, § 164 Rn. 15.
2 BGH v. 9.12.1968 – II ZR 33/67, BGHZ 51, 198, 201.
3 BGH, v. 4.11.1996 – II ZR 48/95, NJW 1997, 314 (Entscheidung erging hinsichtlich eines geschäftsführenden Gesellschafters einer OHG).
4 BGH v. 11.1.1988 – II ZR 192/87, WM 1988, 968, 969; a.A. *Schlegelberger/Martens*, § 164 Rn. 8.
5 BGH v. 12.6.1989 – II ZR 334/87, WM 1989, 1335, 1338.
6 *Baumbach/Hopt*, § 164 Rn. 5; *Ebenroth/Boujong/Joost/Strohn/Weipert*, § 164 Rn. 8.

oder ein Grundlagengeschäft sei, weil insoweit der Verweis in § 164 S. 2 auf § 116 Abs. 3 demgegenüber die speziellere Regelung enthalte[1]. Richtiger Ansicht nach müsste es aber durchaus möglich sein, durch Gesellschaftsvertrag sowohl die Prokurabestellung als (zustimmungsbedürftiges) außergewöhnliches Geschäft zu deklarieren als auch zusätzlich und ausdrücklich auf die Regelung des § 164 S. 2 zu verzichten. Dann nämlich gibt es keinen Satz 2 mehr, der den Grundsatz lex specialis derogat legi generali verwirklicht, so dass § 116 Abs. 2 uneingeschränkt und unbestritten zur Anwendung kommen kann. Die Dispositivität des § 164 S. 2 ergibt sich bereits aus § 163.

2. Außergewöhnliche Geschäfte

a) Zustimmungsrecht der Kommanditisten

4   Für Angelegenheiten, die über den gewöhnlichen Geschäftsbetrieb hinausgehen, sieht das Gesetz in § 164 S. 1 Hs. 2 eine Regelung vor, die entsprechend § 116 Abs. 2 dahin zu verstehen ist, dass **alle Gesellschafter einschließlich der Kommanditisten** der Maßnahme zustimmen müssen, also ein einstimmiger Gesellschafterbeschluss vorliegen muss[2]. Der Wortlaut des § 164 S. 1 Hs. 2 ist nach h.M.[3] demnach im Lichte der Regelung des § 116 Abs. 2 auszulegen. Danach entspricht das Widerspruchsrecht in § 164 inhaltlich dem Zustimmungsvorbehalt in § 116 Abs. 2. Der Begriff des außergewöhnlichen Geschäfts ist damit der gleiche wie in § 116 Abs. 2. Maßgebend ist damit im Lichte der Umstände des Einzelfalls, ob die Handlung nach ihrem Inhalt und Zweck über den Rahmen des Geschäftsbetriebs hinausgeht oder durch ihre Bedeutung und die damit verbundene Gefahr eine Ausnahme darstellt[4]. Da die Zustimmungskompetenz eine Geschäftsführungsbefugnis darstellt, muss der Gesellschafter sich grundsätzlich an den Interessen der Gesellschaft orientieren. Die Treuepflicht (§ 109 Rn. 12) kann daher eine Verpflichtung zur Zustimmung begründen. – In der Kautelarpraxis ist es vielfach üblich, statt des Zustimmungsrechts eine Mehrheitsentscheidung vorzusehen.

b) Notgeschäftsführung

5   Ist für die Erhaltung der Gesellschaft oder eines Vermögensgegenstandes Gefahr im Verzug, so kommt entsprechend dem Rechtsgedanken des § 744 Abs. 2 BGB aufgrund der Treuepflicht ein **Notgeschäftsführungsrecht der Kommanditisten** in Frage, in dessen Rahmen sie selbständig die erforderlichen Schritte veranlassen können. Liegen diese Voraussetzungen nicht vor,

---

1 MünchKommHGB/*Grunewald*, § 164 Rn. 19, 10; *Staub/Schilling* § 164 Rn. 1.
2 RGZ 158, 302, 306 f.; vgl. auch OLG München v. 19.11.2003 – 7 U 4505/03, NZG 2004, 374, 375.
3 *Ebenroth/Boujong/Joost/Strohn/Weipert*, § 164 Rn. 6; *Baumbach/Hopt*, § 164 Rn. 2.
4 OLG München v. 19.11.2003 – 7 U 4505/03, NZG 2004, 374, 375; *Baumbach/Hopt*, § 116 Rn. 2; *Schlegelberger/Martens*, § 164 Rn. 17.

dann handeln sie als Geschäftsführer ohne Auftrag[1]. Dieses Recht verschafft ihnen jedoch keine Vertretungsbefugnis im Außenverhältnis[2].

c) Aufstellung und Feststellung des Jahresabschlusses

Die Ausführungen zu § 120 Rn. 3 ff. gelten entsprechend. Die Feststellung des Jahresabschlusses (Rechtsakt) einer KG ist im Gegensatz zu dessen Aufstellung (Realakt) keine bloße Geschäftsführungsmaßnahme, welche in die alleinige Kompetenz der geschäftsführenden Gesellschafter (regelmäßig der Komplementäre) fällt, sondern, wegen der Verbindlichkeitserklärung des Jahresabschlusses im Innenverhältnis (§ 120 Rn. 6 f.), ein außergewöhnliches Geschäft, das vorbehaltlich einer anderweitigen gesellschaftsrechtlichen Vereinbarung der Zustimmung auch der Kommanditisten bedarf[3]. Gleiches gilt auch für die Wahl eines Abschlussprüfers, soweit nach §§ 316 ff., 264a (GmbH & Co. KG) oder § 6 Abs. 3 PublG (Großunternehmen) eine Abschlussprüfung als zwingende Voraussetzung für die Feststellung des Jahresabschlusses erforderlich ist (§ 167 Rn. 3)[4]. Die Beschlussfassung über die Feststellung des Jahresabschlusses nach dem Mehrheitsprinzip ist bei gesellschaftsvertraglicher Vereinbarung nicht zu beanstanden, soweit sich durch Auslegung des Gesellschaftsvertrags nur ergibt, dass diesbezüglich das Mehrheitsprinzip gelten soll (§ 163 Rn. 5 und § 120 Rn. 7)[5]. Darin ist kein Verstoß gegen den Bestimmtheitsgrundsatz zu sehen[6]. Zur Aufstellung des Jahresabschlusses können die geschäftsführenden Gesellschafter auch durch die Kommanditisten durch actio pro socio (§ 105 Rn. 77 ff.) gezwungen werden[7].

3. Grundlagengeschäfte

Nicht zum Bereich der Geschäftsführung rechnen diejenigen Angelegenheiten, die die Grundlagen der Gesellschaft betreffen, also die Beziehungen der Gesellschafter untereinander[8]. Beschlüsse über Grundlagenfragen bedürfen vorbehaltlich anderweitiger Regelungen im Gesellschaftsvertrag grundsätzlich der **Zustimmung aller Gesellschafter**[9]. Sieht der Gesellschaftsvertrag die Möglichkeit von **Mehrheitsentscheidungen** vor, so gilt dies für ungewöhnliche Beschlussgegenstände im Lichte des Bestimmtheitsgrundsatzes nur bei entsprechender spezifischer Auflistung (dazu § 163 Rn. 4). Dagegen legitimieren nur allgemein im Vertrag vorgesehene Mehrheiten lediglich sol-

---

1 MünchKommHGB/*Grunewald*, § 170 Rn. 20.
2 BGH v. 4.5.1955 – IV ZR 185/54, BGHZ 17, 181, 184 f.; MünchKommBGB/*K. Schmidt*, §§ 744, 745 BGB Rn. 38; MünchKommHGB/*Grunewald*, § 170 Rn. 7.
3 BGH v. 29.3.1996 – II ZR 263/94, ZIP 1996, 750, 752; BGH v. 15.1.2007 – II ZR 245/05, ZIP 2007, 475, 476.
4 BGH v. 24.3.1980 – II ZR 88/79, NJW 1989, 1690 f.
5 Die Rspr. des BGH v. 29.3.1996 – II ZR 263/94, ZIP 1996, 750, 752 wird somit durch BGH v. 15.1.2007 – II ZR 245/05, ZIP 2007, 475, 477 ausdrücklich aufgegeben.
6 BGH v. 15.1.2007 – II ZR 245/05, ZIP 2007, 475, 476.
7 *Baumbach/Hopt*, § 164 Rn. 3.
8 BGH v. 11.2.1980 – II ZR 41/79, BGHZ 76, 160, 164.
9 BGH v. 2.6.1986 – II ZR 169/85, WM 1986, 1109.

che Entscheidungen in Grundlagenangelegenheiten, die im Leben der Gesellschaft regelmäßig wiederkehren[1].

4. Rechtsverhältnisse in der GmbH & Co. KG

a) Besonderheiten der Verantwortlichkeit

7   Bei der GmbH & Co. KG ergeben sich für die Verantwortlichkeit der persönlich haftenden Gesellschafterin sowie ihres Geschäftsführers **haftungsrechtliche Besonderheiten**, die in § 161 Rn. 60 (vgl. auch für die Publikumsgesellschaft § 161 Rn. 97 f.) erörtert worden sind.

8   Für die **Entziehung der Geschäftsführungsbefugnis** der Komplementär-GmbH gilt § 117 unverändert[2]. Keine Anwendung findet § 117 dagegen auf den GmbH-Geschäftsführer einer GmbH & Co. KG[3]. Liegt bei einer GmbH & Co. KG die wesentliche Entscheidungskompetenz bei den Kommanditisten, kann der GmbH-Gesellschafter den Geschäftsführer der GmbH nicht ohne Zustimmung der Kommanditisten abberufen und ersetzen. Er kann sich insbesondere nicht auf den formellen Standpunkt stellen, lediglich von seiner Organisationshoheit Gebrauch gemacht zu haben[4].

b) Abberufung des GmbH-Geschäftsführers

9   Entsteht ein Anlass, den Geschäftsführer der GmbH abzuberufen, so richtet sich dieser Schritt nach den **§§ 38, 46 Nr. 5 GmbHG**. Sind die Kommanditisten in der GmbH nicht vertreten oder ohne Einfluss (wie in einer Publikumsgesellschaft), so fragt sich, wie ein für die Abberufung vorhandener wichtiger Grund zur Geltung gebracht werden soll, wenn die GmbH-Gesellschafter nicht bereit sind, die Konsequenzen zu ziehen. Zum Teil wird hier eine analoge Anwendung der §§ 117, 127 vertreten[5]. Eher ist jedoch an ein Vorgehen der Kommanditisten gegen die Komplementär-GmbH im Wege der actio pro socio (§ 105 Rn. 77 ff.) zu denken, um sie zur Erfüllung ihrer gesellschaftlichen Pflichten anzuhalten[6].

---

1 *Staub/Schilling*, § 164 Rn. 6.
2 BGH v. 25.4.1983 – II ZR 170/82, WM 1983, 750; *Baumbach/Hopt*, Anh. 177a Rn. 26.
3 Vgl. *Ebenroth/Boujong/Joost/Strohn/Mayen*, § 117 Rn. 2.
4 OLG München v. 19.11.2003 – 7 U 4505/03, NZG 2004, 374, 375.
5 *Hopt*, ZGR 1979, 1, 16; *Hüffer*, ZGR 1981, 348, 359; *Baumbach/Hopt*, Anh. 177a Rn. 30; a.A. MünchKommHGB/*Grunewald*, § 161 Rn. 80.
6 *Schlegelberger/Martens*, § 164 Rn. 6.

II. Abweichende Vertragsregelungen

1. Erweiterung der Kommanditistenrechte

a) Geschäftsführung

Der Gesellschaftsvertrag oder eine sonstige Vereinbarung der Gesellschafter kann den **Kommanditisten** die (volle oder partielle) **Befugnis zur Geschäftsführung** entsprechend § 116 auch im gewöhnlichen Geschäftsbereich verleihen[1] oder die Geschäftsführungsbefugnis des Komplementärs an die Weisungen des Kommanditisten binden. Die Wahrnehmung der Befugnisse gehört dann zu ihren gesellschafterlichen Pflichten[2]. Sie treten dann als zusätzliche Geschäftsführer mit gleichen Kompetenzen neben die vorhandenen Komplementäre. Es kommt sogar in Betracht, dass die Komplementäre gänzlich aus der Geschäftsführung ausscheiden[3]. So kann insbesondere in der personenidentischen GmbH & Co. KG eine Allzuständigkeit der Kommanditisten eingerichtet werden[4]. Bei anderen Gesellschaftsstrukturen würde eine solche Gestaltung allerdings Fragen dazu aufwerfen, ob die Komplementäre in ihren Haftungsinteressen durch die ihnen nach § 170 verbleibende Vertretungsbefugnis hinreichend geschützt sind[5].

10

Für die **Entziehung** der dem Kommanditisten übertragenen Geschäftsführung gilt § 117[6] (Rn. 21).

11

Dem Kommanditisten kann auch ein **Weisungsrecht** gegenüber einem persönlich haftenden Gesellschafter eingeräumt werden. Das kommt in der GmbH & Co. KG in Frage und ergibt sich als praktische Konsequenz namentlich aus der Herrschaftslage in der personenidentischen Gesellschaft (§ 161 Rn. 40).

12

Soweit einem Kommanditisten Geschäftsführungsrechte übertragen sind, kann damit aber wegen § 170 **keine organschaftliche Vertretungsbefugnis** verbunden werden. In Betracht kommt lediglich die Erteilung von Prokura oder Handlungsvollmacht (vgl. § 170 Rn. 1, 8 ff.).

13

b) Haftungsfragen

Die Verleihung voller Geschäftsführungsbefugnisse soll nach der Rechtsprechung **keine unbeschränkte Außenhaftung** für den Kommanditisten begründen, und zwar auch nicht, wenn er materiell Unternehmensträger ist und

14

---

1 BGH v. 8.5.1989 – II ZR 229/88, NJW 1989, 2687, 2688.
2 BGH v. 27.6.1955 – II ZR 232/54, BGHZ 17, 392, 394; BGH v. 4.3.1976 – II ZR 178/74, WM 1976, 446.
3 BGH v. 12.11.1952 – II ZR 260/51, BGHZ 8, 35, 46; BGH v. 9.12.1968 – II ZR 33/67, BGHZ 51, 198, 201.
4 *Scholz/K. Schmidt*, Anh. § 45 GmbHG Rn. 22.
5 Kritisch *Schlegelberger/Martens*, § 164 Rn. 27 m.w.N.; a.A. BGH v. 9.12.1968 – II ZR 33/67, BGHZ 51, 198, 200 f.
6 Streitig; ausdrücklich offen gelassen durch BGH v. 4.10.2004 – II ZR 365/02, ZIP 2004, 2282, 2284 f.

planmäßig ein vermögensloser persönlich haftender Gesellschafter eingesetzt ist[1]. Unberührt bliebe allerdings eine Rechtsscheinhaftung bei einem Auftreten wie ein persönlich haftender Gesellschafter[2].

15 Wegen der **Innenhaftung** des geschäftsführenden oder sonst die Geschäftsführung in pflichtwidriger Weise beeinflussenden[3] Kommanditisten vgl. oben Rn. 3.

2. Einschränkung der Kommanditistenrechte

a) Möglichkeiten

16 Umgekehrt kann der Gesellschaftsvertrag die aus § 164 S. 1 folgenden **Mitwirkungskompetenzen** des Kommanditisten **beschränken**. Als schärfste Form der Beschränkung kommt dabei sogar der komplette Ausschluss des Kommanditisten von der Geschäftsführung in Betracht[4]. Dies ist aber nicht für den Kernbereich des Mitgliedschaftsrechts (dazu § 119 Rn. 20 ff.) möglich. Auch kann vorgesehen werden, dass die Zustimmung einer Mehrheit der Kommanditisten ausreicht oder dass einzelne oder alle Kommanditisten bei außergewöhnlichen oder Grundlagengeschäften nicht mitwirken[5]. Darin ist kein Verstoß gegen die Verbandssouveränität und auch kein Fall des § 138 BGB zu sehen.

b) Stimmrechtsausschluss

17 Es besteht die Möglichkeit eines Stimmrechtsausschlusses für die außergewöhnlichen Geschäfte (Rn. 4). Doch unterliegt auch dieser Schranken, soweit der mitgliedschaftsrechtliche Kernbereich berührt wird[6]. Bei einer weitgehenden Beseitigung des Zustimmungsrechts wird den Kommanditisten zumindest eine substantielle Informations- und Kontrollmöglichkeit verbleiben müssen (so namentlich in der Publikumsgesellschaft).

c) Besondere Organzuständigkeiten

18 Häufig sind Beschränkungen derart, dass die Mitwirkungs- und Kontrollrechte der Kommanditisten weithin einem besonderen Organ der Gesellschaft (Beirat, Aufsichtsrat o.Ä.) übertragen werden. Das ist **grundsätzlich möglich** (und in einer Publikumsgesellschaft aus organisatorischen Gründen oft unvermeidlich), wenn die Tätigkeit des eingeschalteten Organs nicht auf Sonderinteressen abgestellt ist, sondern auf die Wahrung des Gesellschaftsinteresses ausgerichtet ist. Hinsichtlich der Beiratskompetenz vgl. § 161

---

1 BGH v. 17.3.1966 – II ZR 282/63, BGHZ 45, 204, 207 f.; aber str., vgl. *Schlegelberger/Martens*, § 164 Rn. 44 m.w.N.
2 MünchKommHGB/*Grunewald*, § 164 Rn. 23.
3 Siehe etwa BGH v. 2.7.1973 – II ZR 94/71, WM 1973, 1291, 1293.
4 Siehe auch MünchKommHGB/*Grunewald* § 164 Rn. 27.
5 MünchKommHGB/*Grunewald* § 164 Rn. 27.
6 BGH v. 14.5.1956 – II ZR 229/54, BGHZ 20, 363, 368.

Rn. 74 ff. und zur Innenhaftung der Beiratsmitglieder § 161 Rn. 78 bzw. – betreffend die Publikumsgesellschaft – § 161 Rn. 130.

3. Geschäftsführungsbefugnisse Dritter

Wie bei der OHG ermöglicht auch bei der KG die dispositive Natur des § 164 in gewissem Umfang auch eine Betrauung außenstehender Dritter mit Geschäftsführungsaufgaben, jedoch ohne echte Übertragung der organschaftlichen Geschäftsführung (siehe dazu § 114 Rn. 12).

19

III. Mitarbeit des Kommanditisten bei der Geschäftsführung

Bei Mitarbeit des Kommanditisten bei der Geschäftsführung ist zwischen der gesellschaftsvertraglich vereinbarten (Rn. 20a ff.) und der außergesellschaftsvertraglichen Mitarbeit (Rn. 25 f.) zu unterscheiden. Diese Differenzierung ist wegen der unterschiedlich anwendbaren Regelungswerke und der daraus resultierenden Rechtsfolgen notwendig.

20

1. Organschaftliche Kompetenzen

a) Regelung im Gesellschaftsvertrag

Sollen dem Kommanditisten organschaftliche Geschäftsführungskompetenzen eingeräumt werden, so kann dies **nur durch den Gesellschaftsvertrag** geschehen[1]. Hierbei bedarf auch die Zusage einer Vergütung einer gesellschaftsvertraglichen Vereinbarung[2]. Im Einzelnen können dem Kommanditisten übertragene Aufgaben als gesellschaftsvertragliche Beitragspflichten ausgestaltet sein, für die eine Vergütung in Form eines zusätzlichen Gewinnanteils vorgesehen werden kann[3]. Auch ist eine gesellschaftsvertragliche Rahmenregelung möglich, die durch einen Dienstvertrag ergänzt wird.

20a

Eine **Beendigung oder Modifikation** der Mitarbeitsbeziehung setzt eine **Änderung** des Gesellschaftsvertrages voraus. Das mitgliedschaftliche Recht des Kommanditisten auf Mitarbeit kann nur bei Vorliegen eines wichtigen Grundes entzogen werden[4]. Ob hier auch ein Vorgehen nach § 117 oder ein Gesellschafterbeschluss ausreichen kann, ist offen[5].

21

---

1 BGH v. 27.6.1955 – II ZR 232/54, BGHZ 17, 392, 394 f.; so der Fall bei BGH v. 4.10.2004 – II ZR 356/02, ZIP 2004, 2282, 2284.
2 BGH v. 4.3.1976 – II ZR 178/74, WM 1976, 466.
3 BGH v. 17.12.1973 – II ZR 124/72, WM 1974, 177, 178.
4 BGH v. 4.10.2004 – II ZR 365/02, ZIP 2004, 2282, 2284.
5 BGH v. 17.12.1973 – II ZR 124/72, WM 1974, 177, 178; auch durch BGH v. 4.10.2004 – II ZR 365/02, ZIP 2004, 2282, 2284 f. ausdrücklich offen gelassen; bejahend: *Baumbach/Hopt*, § 164 Rn. 7; *Ebenroth/Boujong/Joost/Strohn/Mayen*, § 117 Rn. 2, verneinend: MünchKommHGB/*Grunewald*, § 164 Rn. 25.

b) Keine Arbeitnehmerstellung

22 Der geschäftsführende Kommanditist ist kein Arbeitnehmer der KG, da dies seiner organschaftlichen Stellung nicht entspricht; hier liegt es nicht anders als beim Geschäftsführungsorgan einer Kapitalgesellschaft[1]. Eine Arbeitnehmerstellung kann aber gegeben sein, wenn der Kommanditist in einer GmbH & Co. KG Geschäftsführer der GmbH aufgrund eines Anstellungsvertrages mit der KG ist[2].

c) Altersversorgung

23 Ist dem geschäftsführenden Kommanditisten eine betriebliche Altersversorgung zugesagt, so ist § 17 Abs. 1 S. 2 BetrAVG zu beachten. Danach werden auch Versorgungsrechte von angestellten Organpersonen in die gesetzliche Regelung einbezogen. Dies gilt aber nicht, wenn diese Personen **Unternehmerqualität** haben; dies ist der Fall, wenn sie aufgrund einer Mehrheitsbeteiligung und entsprechender Leitungsmacht als Herr des Unternehmens anzusehen sind[3]. Hierzu ist darauf hinzuweisen, dass bei Komplementären grundsätzlich eine Unternehmereigenschaft anzunehmen ist; eine Ausnahme gilt nur für den „angestellten" Komplementär[4].

24 In vergleichbarer Weise ist auch der als **Geschäftsführer der Komplementär-GmbH** tätige Kommanditist einzuordnen. Hier lassen sich beide Gesellschaften dann, wenn die GmbH keinen eigenen Geschäftsbetrieb hat, als wirtschaftliche Einheit ansehen und die Fragen der Mehrheitsbeteiligung und der Leitungsmacht bei der KG nach dem Kommanditanteil zuzüglich der über die Mitgliedschaft in der GmbH anteilig vermittelten Beteiligung bewerten[5]. Ergibt sich danach keine Mehrheitsbeteiligung, ist zusätzlich zu untersuchen, ob mehrere vorhandene Gesellschafter-Geschäftsführer, die nicht ganz unwesentlich an der GmbH beteiligt sind, zusammengerechnet eine Mehrheit innehaben[6].

2. Mitarbeit auf sonstiger Grundlage

25 Soll sich der Kommanditist in der Gesellschaft außerhalb der Geschäftsführungsebene betätigen, so kann dies ebenfalls auf **gesellschaftsvertraglicher Grundlage** vereinbart werden. Ebenso ist die Begründung eines von der Mitgliedschaft in der Gesellschaft rechtlich selbständigen **Dienst- oder Arbeitsverhältnisses** möglich. Letzterenfalls kommt ein Vertrag mit der Gesellschaft, vertreten durch die geschäftsführenden Gesellschafter, zustande.

---

1 Vgl. z.B. BGH v. 29.1.1981 – II ZR 92/80, BGHZ 79, 291, 292.
2 BAG v. 10.7.1980 – 3 AZR 68/79, AP Nr. 1 zu § 5 ArbGG 1979; Näheres hierzu bei *Schlegelberger/Martens*, § 164 Rn. 37 f. m.w.N.
3 BGH v. 28.4.1980 – II ZR 254/78, BGHZ 77, 94, 104.
4 BGH v. 9.6.1980 – II ZR 255/78, BGHZ 77, 233, 239.
5 BGH v. 28.4.1980 – II ZR 254/78, BGHZ 77, 94, 105.
6 BGH v. 9.6.1980 – II ZR 255/78, BGHZ 77, 233, 241 ff.; streitig, vgl. etwa *Hanau/Kemper*, ZGR 1982, 123, 133 ff.; *Uhlenbruck*, Die GmbH & Co. KG in Krise, Konkurs und Vergleich, 2. Aufl. 1988, S. 575 f.

Insoweit kommen die §§ 115 ff. nicht zur Anwendung[1]. Welche der beiden Möglichkeiten gegeben ist, kann im Einzelfall zweifelhaft sein. Maßgebend wird in erster Linie sein, ob und wie die Tätigkeit des Kommanditisten im Gesellschaftsvertrag angesprochen und geregelt ist. Im Übrigen lässt sich annehmen, dass ein bereits vor Aufnahme in die Gesellschaft bestehendes und dann fortgesetztes Beschäftigungsverhältnis ohne Änderung der rechtlichen Qualität fortdauern wird. Von Bedeutung kann auch der Umfang der Beteiligung und des Einflusses auf die Leitung der Gesellschaft sein. Wird das Entgelt durch eine Beteiligung am Jahresgewinn geleistet, so wird an ein gesellschaftsrechtliches Beschäftigungsverhältnis zu denken sein[2]. Sollte der Kommanditist allerdings eine Unternehmerstellung innehaben, sind einige Schutzvorschriften zugunsten von Arbeitnehmern nicht anwendbar[3]. Auch dürfte im Falle einer Pflichtverletzung durch den dienstvertraglich gebundenen Kommanditisten der Haftungsmaßstab des § 708 BGB keine Anwendung finden, weil die organschaftlichen Besonderheiten gerade nicht gewollt sind[4].

26 Beruht die Mitarbeit auf einer gesellschaftsvertraglichen Grundlage, so setzt eine **Entziehung** eine Vertragsänderung voraus (vgl. Rn. 21). Wird die gesellschaftsvertraglich vorgesehene Tätigkeit durch einen Dienst- oder Arbeitsvertrag ergänzt, so kann dieser nicht losgelöst von der gesellschaftsvertraglichen Regelung gekündigt werden[5].

§ 165
Wettbewerbsverbot für den Kommanditisten

Die §§ 112 und 113 finden auf die Kommanditisten keine Anwendung.

Übersicht

	Rn.		Rn.
I. Reichweite der gesetzlichen Regelung		**III. Wettbewerbsverbot aufgrund Treuepflicht**	
1. Wettbewerbsverbot für die Komplementäre	1	1. Reduktion des § 165	7
2. Freistellung der Kommanditisten	2	2. Kommanditist als Geschäftsführer	7a
II. Vertragliche Regelungen		3. Kommanditistenbeteiligung mit beherrschendem Einfluss	8
1. Dispositionsfreiheit der Gesellschafter	3	4. Sonstige Fallgestaltungen a) Erweiterte Kontrollrechte	10
2. Konkludente Vereinbarungen	4		

---

1 MünchKommHGB/*Grunewald*, § 164 Rn. 24.
2 Vgl. näher Schlegelberger/*Martens*, § 164 Rn. 42 f.
3 MünchKommHGB/*Grunewald*, § 164 Rn. 24 m.w.N.
4 So auch MünchKommHGB/*Grunewald*, § 164 Rn. 24.
5 BAG v. 11.5.1978 – 3 AZR 21/77, NJW 1979, 999, 1000.

	Rn.		Rn.
b) Kontrollrechte im gesetzlichen Umfang	11	V. **Umfang des Wettbewerbsverbots und Rechtsfolgen von Verstößen**	
c) Dienstverhältnis	14	1. Sachlicher und persönlicher Verbotsbereich	
IV. **Wettbewerbsverbot in der GmbH & Co. KG**		a) Sachlicher Bereich	19
1. Komplementär-GmbH	15	b) Persönlicher Bereich	20
2. Kommanditisten	16	2. Rechtsfolgen von Wettbewerbsverstößen	22
3. GmbH-Gesellschafter	17	VI. **Wettbewerbsverbot und Kartellrecht**	24
4. GmbH-Geschäftsführer	18		
5. AG-Vorstand	18a		

Schrifttum: Vgl. außer den Angaben zu § 112: *Kübler/Waltermann,* Geschäftschancen der Kommanditgesellschaft, ZGR 1991, 162; *Löffler,* Zur Reichweite des gesetzlichen Wettbewerbsverbots in der Kommanditgesellschaft, NJW 1986, 223; *Müller,* Das gesetzliche Wettbewerbsverbot der Gesellschafter der KG, NJW 2007, 1724; *Riegger,* Unterliegt die Komplementär-GmbH dem gesetzlichen Wettbewerbsverbot?, BB 1983, 90.

I. Reichweite der gesetzlichen Regelung

1. Wettbewerbsverbot für die Komplementäre

1 Für einen persönlich haftenden Gesellschafter, gleichgültig ob geschäftsführend oder nicht, bleibt es beim Wettbewerbsverbot der §§ 112, 113[1], um der abstrakten Gefahr der eigennützigen Verwertung der durch die Geschäftsführung und die umfassenden Informationsrechte gewonnenen Kenntnisse zu begegnen. Soweit in § 112 Abs. 1, 2 und § 113 Abs. 1, 3 auf die „anderen" oder „übrigen" Gesellschafter abgestellt ist, sind damit in einer KG auch die Kommanditisten erfasst.

2. Freistellung der Kommanditisten

2 Der Gesetzeswortlaut mag zunächst zu der Annahme verleiten, dass ein Kommanditist keinen Beschränkungen in Hinsicht auf ein Wettbewerbsverbot unterliegt. Das ist indes so nicht der Fall. Die Nichtanwendbarkeit der §§ 112, 113 besagt für sich nicht mehr, als dass der Kommanditist nicht schlechthin den speziellen Verboten in den genannten Vorschriften unterliegt. Das heißt aber nicht, dass er der KG nach Belieben Konkurrenz machen dürfte. Unabhängig davon, dass der Gesellschaftsvertrag hier Grenzen ziehen kann (vgl. Rn. 3 ff.), die sich jedoch ihrerseits wiederum an § 138 BGB messen lassen müssen, können sich u.U. erhebliche **Schranken aus der gesellschafterlichen Treuepflicht** (§ 109 Rn. 12 ff.) ergeben[2]. Ob und wie weit das der Fall ist, muss im jeweiligen Einzelfall unter Bewertung der aus der Beteiligung folgenden konkreten Pflichtenstellung des Kommanditisten

---

1 BGH v. 21.2.1978 – KZR 6/77, BGHZ 70, 331, 334 ff.
2 *Müller,* NJW 2007, 1724, 1725.

beantwortet werden[1]. Danach wird im Allgemeinen nur derjenige Kommanditist, der keine über die §§ 164 ff. hinausgehenden Befugnisse hat, namentlich wenn seine Beteiligung **nur kapitalistischen Charakter** hat, keinem Wettbewerbsverbot unterliegen. Hintergrund der gesetzgeberischen Entscheidung ist die Annahme, dass der gesetzestypische Kommanditist wegen der fehlenden Einsichtnahme in die inneren Abläufe der KG keine Kenntnisse erlangt, die er für eigene Geschäfte ausnutzen kann[2]. Bei den tatsächlich vorherrschenden Erscheinungsformen der KG werden sich dagegen regelmäßig Einschränkungen bei der Wettbewerbsfreiheit des Kommanditisten feststellen lassen.

II. Vertragliche Regelungen

1. Dispositionsfreiheit der Gesellschafter

Wie aus § 163 hervorgeht, kann die gesetzliche Regelung durch vertragliche Abreden modifiziert werden. Diese können einerseits in der Befreiung der Gesellschafter von – wegen der Treuepflicht (§ 109 Rn. 12 ff.) – in Betracht kommenden Wettbewerbsverboten bestehen (§ 112 Rn. 8 ff.), andererseits aber ein Wettbewerbsverbot vorsehen und seinen Umfang festlegen (§ 112 Rn. 12 ff.). Neben dem Wettbewerbsverbot eines Kommanditisten während seiner mitgliedschaftlichen Zeit kommt auch ein nachvertragliches Wettbewerbsverbot in Betracht, welches nicht aus einer nachwirkenden Treuepflicht abgeleitet werden kann, sondern grundsätzlich einer besondere Vereinbarung bedarf[3]. Diese muss sich jedoch an §§ 138, 242 BGB messen lassen (§ 112 Rn. 14 f.), die die Grenzen der Vertragsfreiheit festlegen. Das (nachträgliche) Wettbewerbsverbot ist insoweit in zeitlicher, örtlicher und gegenständlicher Hinsicht zu überprüfen[4]. Ein über zwei Jahre hinausgehendes nachvertragliches Wettbewerbsverbot verstößt regelmäßig[5] gegen die guten Sitten, wobei die zeitliche Grenzüberschreitung lediglich eine geltungserhaltende Reduktion nach sich zieht[6]. Die Unwirksamkeit des nachvertraglichen Wettbewerbsverbotes zieht dagegen eine gegenständliche oder räumliche Grenzüberscheitung nach sich[7]. 3

2. Konkludente Vereinbarungen

Soweit ausdrückliche Vereinbarungen betreffend die Kommanditisten fehlen, besteht im Allgemeinen kein Bedürfnis dafür, Wettbewerbsabreden als 4

---

1 BGH v. 5.12.1983 – II ZR 242/82, BGHZ 89, 162, 165 f.
2 *Müller*, NJW 2007, 1724, 1725.
3 *Ebenroth/Boujong/Joost/Strohn//Weipert*, § 165 Rn. 13.
4 BGH v. 18.7.2005 – II ZR 159/03, NZG 2005, 843 f. (Entscheidung betr. eine Anwaltssozietät).
5 BGH v. 10.6.1964 – VIII ZR 262/63, NJW 1964, 2203 – in Ausnahmefällen kann auch mal eine Schutzfrist von drei Jahren gerechtfertigt sein.
6 BGH v. 8.5.2000 – II ZR 308/98, NJW 2000, 2584, 2585; BGH v. 29.9.2003 – II ZR 59/02, NZG 2004, 35; BGH v. 18.7.2005 – II ZR 159/03, NZG 2005, 843 f.
7 BGH v. 18.7.2005 – II ZR 159/03, NZG 2005, 843, 844 (Entscheidung betr. eine Anwaltssozietät).

etwa konkludent getroffen zu unterstellen. Denn die daraus als etwa gewollt ableitbaren Regeln werden sich zumeist ohnehin aus den Grundsätzen der **Treuepflicht** ergeben, die unabhängig von dem Regelungswillen der Beteiligten ihre Beziehungen beeinflusst.

5 Ein **Rückgriff** auf eine **Vertragsinterpretation** kommt daher nur in Fällen in Betracht, in denen das Ergebnis nicht allein als von der Treuepflicht bestimmt angesehen werden kann. So wird man ein konkludent verabredetes Wettbewerbsverbot unterstellen können, wenn ein Kommanditist ein eigenes Unternehmen an die KG veräußert[1] oder als Sacheinlage einbringt, allerdings nur mit Reichweite auf den Tätigkeitsbereich des veräußerten Unternehmens und auch nur zeitlich begrenzt[2]. Dabei bleibt ansonsten ein auf der Treuepflicht beruhendes Wettbewerbsverbot unberührt.

6 Umgekehrt kann eine **Einschränkung eines Wettbewerbsverbotes** als u.U. gewollt angenommen werden, wenn den Gesellschaftern die wettbewerbliche Aktivität eines Kommanditisten bei dessen Aufnahme in die Gesellschaft bekannt ist, ohne dass sie hiergegen Einwendungen erheben (vgl. § 112 Rn. 8).

III. Wettbewerbsverbot aufgrund Treuepflicht

1. Reduktion des § 165

7 § 165 hat den gesetzestypischen Kommanditisten im Auge, der lediglich als Kapitalgeber fungiert, keine Einflussmöglichkeiten auf die Geschäftsleitung der KG hat und auch im Verhältnis zu § 118 mit geringeren Informationsrechten ausgestattet ist. Entspricht die rechtliche Stellung des Kommanditisten nicht dem Gesetzestypus, dann muss auch § 165 vor dem Hintergrund der Treuepflicht eine Einschränkung erfahren. § 112 verfolgt das Ziel, die Betätigungsmöglichkeiten der Gesellschafter im Handelszweig der Gesellschaft wegen ihrer Einsichtsmöglichkeiten, Einflussrechte und der vollen Gewinnpartizipierung einzuschränken, um der abstrakten Gefahr einer missbräuchlichen Verwendung entgegenzuwirken. Soweit sich aber der Kommanditist der Rechtsstellung des Komplementärs annähert und so eine vergleichbare abstrakte Gefahrenlage entsteht, muss entgegen § 165 auch die Zielsetzung des § 112 Berücksichtigung finden[3].

2. Kommanditist als Geschäftsführer

7a Sind dem Kommanditisten Aufgaben aus der **Geschäftsführung** übertragen (vgl. hierzu § 164 Rn. 10), so kann ihm ein Wettbewerbsverhalten ebenso wenig erlaubt sein wie einem persönlich haftenden Gesellschafter. Die Treuepflicht führt hier zu einer Bindung, die im Ergebnis derjenigen in den

---

1 Vgl. MünchKommBGB/*Roth*, § 242 BGB Rn. 163.
2 *Schlegelberger/Martens*, § 165 Rn. 6.
3 *Ebenroth/Boujong/Joost/Strohn/Weipert*, § 165 Rn. 6; *Müller*, NJW 2007, 1724, 1725.

§§ 112, 113 entspricht. Dies wird auch zu gelten haben, wenn dem Kommanditisten ohne eigene Geschäftsführungsbefugnis ein **Weisungsrecht** (§ 164 Rn. 12) gegenüber den geschäftsführenden Gesellschaftern eingeräumt ist[1]. Bei **partieller Geschäftsführungsbefugnis** des Kommanditisten, beschränkt sich ein Wettbewerbsverbot aus der Treuepflicht auf den übertragenen Geschäftskreis, wobei dieser wegen Unmöglichkeit einer punktuellen Abgrenzung nicht zu eng gezogen werden darf[2]. Auch derjenige, der aus seiner Kommanditistenstellung heraus das Unternehmen führt, ohne rechtlich dazu berufen zu sein – **faktische Geschäftsführer** – ist an das Wettbewerbsverbot gebunden[3], denn er darf aufgrund seiner nur tatsächlichen Herrschaftsmacht im Ergebnis nicht besser gestellt werden als der rechtlich zur Geschäftsführung Berufene[4].

3. Kommanditistenbeteiligung mit beherrschendem Einfluss

Nicht anders ist es zu beurteilen, wenn der Kommanditist aus sonstigen Gründen über einen **beherrschenden Einfluss** auf die **Leitung des Unternehmens** verfügt, so wenn er eine Kapitalmehrheit innehat, ggf. auch aufgrund einer geringeren, aber dennoch eine maßgebliche Herrschaft über die Gesellschaft begründenden Beteiligung[5]. Auch eine Mehrheitsbeteiligung in der Komplementär-GmbH reicht dafür u.U. aus[6]. Bei gegebenem beherrschendem Einfluss verbietet es die Treuepflicht ebenfalls, dass der Kommanditist sich als Konkurrent des Unternehmens betätigt[7]. Dabei muss nicht erst nachgewiesen werden, dass der Kommanditist seine Einflussmöglichkeiten tatsächlich ausübt. Denn deren Ausübung ist jederzeit möglich (abstrakte Gefahr), und nach der Lebenserfahrung ist davon auszugehen, dass hiervon auch Gebrauch gemacht wird. Zu beachten ist jedoch, dass nicht allein das Innehaben der Kapitalmehrheit den beherrschenden Einfluss begründet, sondern dass diese ursächlich dafür sein muss, dass der Kommanditist die werbende Tätigkeit der Gesellschaft lenkt[8].

Soll einem Kommanditisten Befreiung vom Wettbewerbsverbot erteilt werden, so ist dafür im Zweifel eine **Zustimmung aller Gesellschafter** zu fordern (§ 112 Rn. 10 f.).

---

1 Ebenso *Schlegelberger/Martens*, § 165 Rn. 9; *Müller*, NJW 2007, 1724, 1725 f.; *Staub/Schilling*, § 165 Rn. 2; MünchKommHGB/*Grunewald*, § 165 Rn. 5.
2 MünchKommHGB/*Grunewald*, § 165 Rn. 6; a.A. Ebenroth/Boujong/Joost/Strohn/ Weipert, § 165 Rn. 6.
3 MünchKommHGB/*Grunewald*, § 165 Rn. 8.
4 *Müller*, NJW 2007, 1724, 1726.
5 *Schlegelberger/Martens*, § 165 Rn. 17; vgl. auch BGH v. 16.2.1981 – II ZR 168/79, BGHZ 80, 69, 73.
6 BGH v. 5.12.1983 – II ZR 242/82, BGHZ 89, 162, 166 f.
7 BGH v. 5.2.1979 – II ZR 210/76, NJW 1980, 231 f.
8 Ebenroth/Boujong/Joost/Strohn/Weipert, § 165 Rn. 9.

4. Sonstige Fallgestaltungen

a) Erweiterte Kontrollrechte

10 Umstritten ist, ob ein Kommanditist auch dann keinen Wettbewerb betreiben darf, wenn ihm über die Rechtsstellung des § 166 hinaus **umfassende Kontroll- und Informationsrechte** (etwa wie in § 118) zugestanden sind. Hier wird ein Wettbewerbsverbot teilweise im Hinblick auf § 1 GWB verneint[1]; den wettbewerblichen Gefahren, die für die Gesellschaft aus der Rechtsstellung des Kommanditisten erwüchsen, müsse in anderer Weise entgegengewirkt werden. Die Gegenmeinung[2], die mehr für sich hat, geht dagegen von einem auch in diesem Fall bestehenden Wettbewerbsverbot aus, da die bei einer Ausnutzung der besonderen Insiderkenntnisse dem Unternehmen drohenden Nachteile nicht wirksam auf andere Weise ausgeschaltet werden können; ein Wettbewerbsverbot folgt daher als Konsequenz aus der gesellschafterlichen Treuepflicht und steht dann auch mit § 1 GWB im Einklang.

b) Kontrollrechte im gesetzlichen Umfang

11 Im Gegensatz hierzu wird ein Wettbewerbsverbot für einen Kommanditisten zu verneinen sein, der nur über die **gesetzlichen Kontroll- und Informationsrechte** (§ 166) verfügt. Das entspricht der Wertung, die in § 165 zum Ausdruck kommt. Verbleibenden Gefahren kann im Übrigen dadurch begegnet werden, dass im Einzelfall die Informationsrechte nach § 166 nur in eingeschränkter Form ausgeübt werden dürfen (§ 166 Rn. 9)[3]. Auch können einem generellen Wettbewerbsverbot u.U. auch Bedenken aus § 1 GWB entgegenstehen[4].

12 Gleichwohl kann auch für den Kommanditisten, der keinem allgemeinen Wettbewerbsverbot unterworfen ist oder der von einem solchen durch eine getroffene Vereinbarung freigestellt ist, **im Einzelfall** die Verpflichtung bestehen, einen **Wettbewerb** gegenüber der Gesellschaft **zu unterlassen**. So wäre die Ausnutzung von Umständen, von denen er als Gesellschafter Kenntnis erlangt hat, zu Wettbewerbszwecken treuwidrig[5]. Insbesondere darf der Gesellschafter Erwerbschancen der Gesellschaft nicht für sich ausnutzen, wenn ihm das konkrete Geschäft aufgrund seiner Gesellschafterstellung zugänglich geworden ist[6].

---

1 Siehe etwa *Kellermann*, FS Rob. Fischer, 1979, S. 307, 318; *Armbrüster*, ZIP 1997, 261, 266 f.; MünchKommHGB/*Grunewald*, § 165 Rn. 9.
2 Vgl. *Müller*, NJW 2007, 1724, 1726; Schlegelberger/*Martens*, § 165 Rn. 12 ff.; auch Staub/*Schilling*, § 165 Rn. 2; Heymann/*Horn*, § 165 Rn. 4; MünchHdbGesR II/*Mattfeld*, § 12 Rn. 34 f.; Baumbach/*Hopt*, § 165 Rn. 3.
3 Baumbach/*Hopt*, § 165 Rn. 2.
4 Vgl. dazu Schlegelberger/*Martens*, § 165 Rn. 10 f.; Staub/*Schilling*, § 165 Rn. 2, 4.
5 *Lutter*, AcP 180 (1980), 84, 116; vgl. aber MünchKommBGB/*Ulmer*, § 705 BGB Rn. 195.
6 BGH v. 8.5.1989 – II ZR 229/88, ZIP 1989, 986, 987 f.; vgl. auch für den GmbH-Geschäftsführer BGH v. 10.2.1977 – II ZR 19/75, WM 1977, 361, 362; BGH v. 23.9.1985 – II ZR 246/84, ZIP 1985, 1484 f.

Auf Geschäfte außerhalb derartiger Zusammenhänge muss der Kommanditist aber nicht allein deshalb verzichten, weil sie auch in den Betätigungsbereich der Gesellschaft fallen und für diese vorteilhaft wären. Dies könnte nur dann anders sein, wenn das Geschäft **für den Bestand des Unternehmens von besonderer Bedeutung** ist und für den Gesellschafter unter den gegebenen Verhältnissen eine Zurückstellung seiner Interessen zumutbar ist. Dabei wird es maßgeblich auf die konkrete Struktur der Gesellschaft und die Art der Beteiligung daran ankommen müssen[1].

13

c) Dienstverhältnis

Besteht zwischen der Gesellschaft und dem Kommanditisten ein **Dienst- oder Arbeitsverhältnis**, so begründen die dafür maßgeblichen Regeln ein Verbot wettbewerblicher Betätigung[2].

14

IV. Wettbewerbsverbot in der GmbH & Co. KG

1. Komplementär-GmbH

Die Komplementärin unterliegt ohne weiteres dem Wettbewerbsverbot[3]. War die GmbH vor ihrer Zugehörigkeit zur KG im selben Geschäftsbereich wie diese tätig, so kommt bei Kenntnis der KG-Gesellschafter eine konkludente Einwilligung in eine Freistellung vom Wettbewerbsverbot in Frage (vgl. auch Rn. 6).

15

2. Kommanditisten

Hinsichtlich der Kommanditisten gilt zunächst das in Rn. 2 ff., 7 ff. Ausgeführte. Handelt es sich um eine personengleiche GmbH & Co. KG (§ 161 Rn. 40), so liegt eine Erstreckung des Wettbewerbsverbotes kraft der Treuepflicht auf die Gesellschafter nahe, zumindest wenn sie – wie hier vielfach typisch – als die wirklichen Träger des Unternehmens fungieren[4]. Soweit der Kommanditist die Gesellschaft wegen maßgeblicher Mehrheit sowohl am Kommanditkapital als auch am Kapital der Komplementär-GmbH beherrscht, greift das Wettbewerbsverbot des § 112 dem Sinn nach für den Kommanditisten[5].

16

---

1 Vgl. näher bei *Schlegelberger/Martens*, § 165 Rn. 18 ff.
2 *Staub/Schilling*, § 165 Rn. 4; MünchKommHGB/*Grunewald*, § 165 Rn. 8.
3 Vgl. *Schlegelberger/Martens*, § 165 Rn. 34; *Staub/Schilling*, § 165 Rn. 6 (h.M.); die gegenteilige Entscheidung OLG Frankfurt v. 15.4.1982 – 6 U 104/81, BB 1982, 1383 f. ist vereinzelt geblieben.
4 *Baumbach/Hopt*, § 165 Rn. 3 und Anh. § 177a Rn. 23; zurückhaltend insoweit *Schlegelberger/Martens*, § 165 Rn. 34; abw. wohl auch *Staub/Schilling*, § 165 Rn. 6.
5 BGH v. 4.12.2001 – X ZR 167/99, NJW 2002, 1046, 1047; MünchKommHGB/*Grunewald*, § 165 Rn. 5.

3. GmbH-Gesellschafter

17 Die Mitglieder der Komplementär-GmbH unterliegen unmittelbar keinem Wettbewerbsverbot gegenüber der KG. Aus dem Gesichtspunkt der Treuepflicht kann dies jedoch der Fall sein, z.B. wenn die Beteiligung an der GmbH zu einer Beherrschung der KG führt[1] (vgl. auch Rn. 8).

4. GmbH-Geschäftsführer

18 Unabhängig davon, ob ein Geschäftsführer der persönlich haftenden Gesellschafterin etwa bereits aufgrund seiner Beteiligung an der KG oder GmbH einem Wettbewerbsverbot nach den zuvor behandelten Regeln unterliegt, muss sich der Geschäftsführer aufgrund seiner nach § 43 GmbHG bestimmenden Pflichtenstellung, die ein Wettbewerbsverbot gegenüber der GmbH einschließt[2] und sich kraft Schutzwirkung auf die KG erstrecken dürfte (vgl. § 161 Rn. 60), auch dieser gegenüber eines Wettbewerbs enthalten.

5. AG-Vorstand

18a Die Komplementär-AG selbst unterliegt dem Wettbewerbsverbot des § 112. Dies gilt jedoch – anderes bei einem GmbH-Geschäftsführer (Rn. 18) – nicht für die Vorstandsmitglieder der Komplementär-AG; denn bei einer AG komme es nicht in Betracht, den Organpflichten der Vorstandsmitglieder Schutzwirkung zu Gunsten Dritter (also der KG) zuzuerkennen, weil die aus der Organstellung begründeten Pflichten nur gegenüber der AG selbst bestehen[3]. Eine analoge Anwendung des § 112 komme ebenfalls aufgrund der fehlenden vergleichbaren Interessenlage nicht in Betracht, denn § 112 trifft eine Regelung für Personen, die sich im eigenen wirtschaftlichen Interesse an einem Unternehmen beteiligen. Vorstände einer AG sind dagegen Fremdinteressenwahrer[4].

V. Umfang des Wettbewerbsverbots und Rechtsfolgen von Verstößen

1. Sachlicher und persönlicher Verbotsbereich

a) Sachlicher Bereich

19 Sachlich erstreckt sich ein Wettbewerbsverbot, soweit darüber nicht besondere Abreden getroffen sind, auf den Bereich des **Marktes**, auf dem sich die Gesellschaft nach ihrem Unternehmensgegenstand betätigt oder zu betätigen vorhat (siehe dazu § 112 Rn. 3 ff.).

---

1 BGH v. 5.12.1983 – II ZR 242/82, BGHZ 89, 162, 166 f.
2 BGH v. 23.9.1985 – II ZR 246/84, ZIP 1985, 1484 f.
3 OLG Hamburg v. 29.6.2007 – 11 U 141/06, ZIP 2007, 1370, 1371 f.
4 OLG Hamburg v. 29.6.2007 – 11 U 141/06, ZIP 2007, 1370, 1372 f.

b) Persönlicher Bereich

Ein Wettbewerbsverbot würde auch dann eingreifen, wenn der Kommanditist zugleich maßgeblich beteiligter **Gesellschafter eines anderen Unternehmens** – gleichviel in welcher Rechtsform – oder dessen Organ ist (näher dazu § 112 Rn. 6 f.). 20

Auch ein mit der KG **konzernmäßig verbundenes beherrschendes Unternehmen** kann einem Wettbewerbsverbot unterliegen[1]; vgl. auch § 112 Rn. 1. 21

2. Rechtsfolgen von Wettbewerbsverstößen

Verletzt ein Gesellschafter ein bestehendes Wettbewerbsverbot, so bestimmen sich die **Sanktionen**, abgesehen von dem jedenfalls gegebenen Anspruch auf Unterlassung der Konkurrenztätigkeit, auch außerhalb des § 112 grundsätzlich nach den in § 113 vorgesehenen Rechtsfolgen. Insoweit ist auf die Erl. zu § 113 zu verweisen (siehe auch § 113 Rn. 5 ff. zu den weiteren möglichen Ansprüchen und Folgen von Verstößen). 22

Wegen der **Geltendmachung** der danach in Betracht kommenden Ansprüche, insbesondere im Hinblick auf das Beschlusserfordernis in § 113 Abs. 2, die Möglichkeit einer **actio pro socio** und wegen der **Anspruchsverjährung** vgl. § 113 Rn. 9 ff. 23

VI. Wettbewerbsverbot und Kartellrecht

Unter Umständen kann sich § 1 GWB auf die Geltung von Wettbewerbsbeschränkungen im Verhältnis zwischen den Gesellschaftern auswirken. Das kann namentlich bei nachvertraglichen Wettbewerbsabreden Bedeutung erlangen. Unter welchen Voraussetzungen das in Betracht kommt, wird bei § 112 Rn. 15 ff. erörtert. 24

§ 166
Informationsrechte des Kommanditisten

(1) Der Kommanditist ist berechtigt, die abschriftliche Mitteilung des Jahresabschlusses zu verlangen und dessen Richtigkeit unter Einsicht der Bücher und Papiere zu prüfen.

(2) Die in § 118 dem von der Geschäftsführung ausgeschlossenen Gesellschafter eingeräumten weiteren Rechte stehen dem Kommanditisten nicht zu.

(3) Auf Antrag eines Kommanditisten kann das Gericht, wenn wichtige Gründe vorliegen, die Mitteilung einer Bilanz und eines Jahresabschlusses oder sonstiger Aufklärungen sowie die Vorlegung der Bücher und Papiere jederzeit anordnen.

---

1 BGH v. 5.12.1983 – II ZR 242/82, BGHZ 89, 162, 165.

Übersicht

	Rn.
I. Zum Inhalt der Vorschrift	1
II. Das Informationsrecht in § 166 Abs. 1	
1. Inhalt des Rechts	
a) Abschrift des Jahresabschlusses	2
b) Einsicht in Unterlagen	3
c) Unternehmensverbindungen	5
d) Anspruchsgegner	6
2. Ausübung des Einsichtsrechts	
a) Persönliche Ausübung	7
b) Materielle Grenzen des Rechts	9
c) Art und Weise der Einsicht	10
d) Wegfall des Rechts	13
e) Auflösungsstadium (Liquidation und Insolvenz)	14
3. Ansprüche bei Unrichtigkeit des Jahresabschlusses	15
4. Ansprüche bei Fehlen des Jahresabschlusses	15a
III. Das Informationsrecht in § 166 Abs. 3	
1. Voraussetzungen des Rechts	16
a) Verfahren	17
b) Gegenstand der Rechtsverfolgung	18
c) Wichtiger Grund	19
d) Anspruchsgegner	21
e) Verbundene Unternehmen	22
f) Zeitlicher Rahmen des materiellen Anspruchs	22a
2. Gerichtliche Anordnung	
a) Inhalt der Anordnung	23
b) Bestehen einer KG	24
IV. Weitere Auskunftsrechte	25
1. Individuelle Informationsrechte	
a) Wahrnehmung der Mitgliedschaftsrechte	26
aa) Treuepflichtschranken	27
bb) Auskunft bei Zuständigkeit in Geschäftsführungsangelegenheiten	28
cc) Gewöhnliche Geschäftsführungsangelegenheiten	29
dd) Vertragsänderungen, Grundlagenangelegenheiten	30
ee) Unternehmensverbindungen	31
ff) Ergänzender Auskunftsanspruch bei ungewisser Vermögenslage	31a
b) Anspruchsgegner	32
2. Kollektive Informationsrechte	33
V. Besonderheiten in der GmbH & Co. KG	
1. Informationsrechte in der GmbH	35
2. Angelegenheiten der GmbH	36
VI. Abweichende Vertragsregelungen	
1. Möglichkeiten anderweitiger Vereinbarungen	37
a) Mitteilung des Jahresabschlusses	38
b) Kontrollrechte aus § 166 Abs. 3	39
c) Abschlussprüfung durch Sachverständige	41
d) Erweitertes Auskunftsrecht	43
2. Besonderheiten bei der Publikumsgesellschaft	
a) Sonderregeln	44
b) Ergänzendes Auskunftsrecht	45
c) Mittelbare Beteiligung	46
VII. Gerichtliche Zuständigkeit	48
1. Grundsätzliche Zuständigkeit der streitigen Gerichtsbarkeit	49
2. Abgrenzungsfragen zum Verfahren nach § 166 Abs. 3	50
a) Informationsrecht aus § 166 Abs. 1 und wichtiger Grund	51
b) Rechtsverfolgung nach § 166 Abs. 3	52
c) Zusammentreffen von Rechten aus § 166 Abs. 1 und 3	53
3. Zuständigkeit für sonstige Auskunftsrechte	54
4. Verhältnis zum Verfahren nach den §§ 51a, 51b GmbHG	56
5. Schiedsverfahren	57
6. Vollstreckung	57a
VIII. Ausgeschiedener Kommanditist	
1. Kein gesellschaftsrechtliches Informationsrecht	
a) Wegfall der bisherigen Rechte	58
b) Rechte aus den §§ 810, 242 BGB	59
2. Verfahrensrechtliche Fragen	60
3. Informationsrechte der Erben des Kommanditisten	62

Schrifttum: Vgl. außer den Angaben zu § 118: *Goerdeler*, Das allgemeine Informationsrecht des Kommanditisten in Bezug auf den Jahresabschluss, in: Festschrift Kellermann, 1991, S. 77; *Grunewald*, Zum Informationsrecht in der GmbH & Co. KG, ZGR 1989, 545; *Huber*, Das Auskunftsrecht des Kommanditisten, ZGR 1982, 539; *Immenga*, Die Minderheitsrechte des Kommanditisten, ZGR 1974, 385; *Veltins/Hikel*, Zur Einschränkung bzw. Erweiterung der Informationsrechte des Kommanditisten, DB 1989, 465; *Weipert*, Gesellschafterinformationsrechte in der Kommanditgesellschaft, DStR 1992, 1097.

I. Zum Inhalt der Vorschrift

§ 166 enthält Regeln über das Einsichts- und Prüfungsrecht des Kommanditisten. In § 166 Abs. 1 und 2 wird das reguläre Überwachungs- und Kontrollrecht bezogen auf den Jahresabschluss (dazu Rn. 2 ff.) und in § 166 Abs. 3 ein außerordentliches Einsichtsrecht, das sich auch auf andere Angelegenheiten beziehen kann (dazu Rn. 16 ff.), angesprochen. Damit sind aber die Informationsrechte des Kommanditisten **noch nicht erschöpfend bezeichnet**. Ihm stehen darüber hinaus aus seiner Mitgliedschaft Auskunftsansprüche zu, um seine Rechte als Gesellschafter wahrnehmen zu können (Rn. 25 ff.). In der GmbH & Co. KG können sich weitergehende Befugnisse aus den §§ 51a, 51b GmbHG ergeben (Rn. 35 f.).

1

II. Das Informationsrecht in § 166 Abs. 1

1. Inhalt des Rechts

a) Abschrift des Jahresabschlusses

Der Kommanditist kann eine **Abschrift** des jeweiligen **Jahresabschlusses** (§ 242 Abs. 3) verlangen und, soweit erstellt, auch des Anhangs[1]. Gleiches gilt für die **Eröffnungsbilanz** als notwendige Grundlage jeder folgenden Prüfung der Gewinnermittlung durch Bestandsvergleich[2]. Nach allgemeiner Auffassung erstreckt sich dieses Recht auch auf die Mitteilung der **Steuerbilanz**[3]. Hierauf bleibt ohne Einfluss, dass die Kommanditisten bereits das Recht haben, bei der Feststellung (nicht aber bei der Aufstellung) des Jahresabschlusses mitzuwirken (§ 167 Rn. 3 f.) und dass hieraus bereits die Verpflichtung des geschäftsführenden Gesellschafters folgt, ihnen den aufgestellten Abschluss zuzuleiten. Im Liquidationsverfahren kann eine Abschrift der **Liquidationseröffnungs- und -schlussbilanz** verlangt werden[4]. Von der schriftlichen Mitteilungspflicht nicht erfasst sind u.a. freiwillige

2

---

1 MünchKommHGB/*Grunewald*, § 166 Rn. 9.
2 *Ebenroth/Boujong/Joost/Strohn/Weipert*, § 166 Rn. 7.
3 OLG Stuttgart v. 18.2.1970 – 8 W 350/69, OLGZ 1970, 262, 264 f.; *Schlegelberger/Martens*, § 166 Rn. 6; *Staub/Schilling*, § 166 Rn. 9; *Baumbach/Hopt*, § 166 Rn. 3; MünchKommHGB/*Grunewald*, § 166 Rn. 9.
4 MünchKommHGB/*Grunewald* § 166 Rn. 9, 26; *Baumbach/Hopt*, § 166 Rn. 3.

Zwischenabschlüsse (vgl. Rn. 23) oder Prüfberichte (z.B. Betriebsprüfungsbericht des Finanzamts)[1] (vgl. Rn. 4).

b) Einsicht in Unterlagen

3 Weiter hat der Kommanditist das Recht, zwecks Überprüfung der Richtigkeit des Jahresabschlusses die **Bücher und Papiere der KG einzusehen**. Er kann dafür grundsätzlich alle für den Jahresabschluss relevanten Unterlagen der Gesellschaft einsehen und selbst bestimmen, in welche davon er Einblick nehmen will[2]. Aus dem begrenzten Zweck des Einsichtsrechts folgt allerdings, dass es sich nicht auf Unterlagen beziehen kann, die für die Frage der Richtigkeit des Abschlusses irrelevant sind. Es kommt folglich darauf an, dass die Unterlagen **geeignet** und **erforderlich** sind, die Richtigkeit des Jahresabschlusses zu überprüfen[3]. Kein Einsichtsrecht besteht nach BayObLG[4] mangels Geeignetheit zur Überprüfung der Richtigkeit des Jahresabschlusses in – im Auftrag für die KG angefertigte – **Rechtsgutachten**, auch wenn diese sich mit Fragen der Bilanzierung im Zusammenhang mit Gesellschafterpflichten beschäftigen; denn die materielle Rechtslage ist nicht von der Aussage eines Gutachtens abhängig. Es ist im Streitfall aber Sache der Gesellschaft, darzulegen und zu beweisen, dass eine Einsicht in bestimmte Unterlagen nicht erforderlich oder missbräuchlich sei[5].

4 Da dem Kommanditisten auch die **Steuerbilanz** mitzuteilen ist (Rn. 2), bezieht sich sein **Einsichtsrecht** auch auf die für deren Richtigkeit bedeutsamen **Unterlagen**. Zu ihnen würden auch Prüfungsberichte des Finanzamtes gehören[6].

c) Unternehmensverbindungen

5 Einsicht in die entsprechenden Unterlagen von mit der KG verbundenen Unternehmen kann, wenn nicht mit der KG verbundene Dritte neben der KG an der Tochtergesellschaft beteiligt sind, grundsätzlich nicht verlangt werden[7]. Nur bei abhängigen Tochterunternehmen kommt dies ausnahmsweise in Betracht, z.B. wenn die KG eine Abteilung ihres Unternehmens nach Ausgliederung durch eine 100%ige Tochter-GmbH betreibt[8]. Auch in

---

1 *Ebenroth/Boujong/Joost/Strohn/Weipert*, § 166 Rn. 7 f.; *Baumbach/Hopt*, § 166 Rn. 3.
2 *Baumbach/Hopt*, § 166 Rn. 4; MünchKommHGB/*Grunewald*, § 166 Rn. 2.
3 BGH v. 8.7.1957 – II ZR 54/56, NJW 1957, 1555, 1556.
4 BayObLG v. 23.10.2002 – 3 Z BR 157/02, NZG 2003, 25, 26.
5 BGH v. 8.7.1957 – II ZR 54/56, BGHZ 25, 115, 120 f.; BGH v. 2.7.1979 – II ZR 213/78, WM 1979, 1061; *Baumbach/Hopt*, § 166 Rn. 4; *Ebenroth/Boujong/Joost/ Strohn/Weipert*, § 166 Rn. 9.
6 *Baumbach/Hopt*, § 166 Rn. 3 f.
7 BGH v. 20.6.1983 – II ZR 85/82, WM 1983, 910, 911; BGH v. 16.1.1984 – II ZR 36/83, WM 1984, 807, 808.
8 BGH v. 8.7.1957 – II ZR 54/56, BGHZ 25, 115, 118; *Baumbach/Hopt*, § 166 Rn. 16; *Ebenroth/Boujong/Joost/Strohn/Weipert*, § 166 Rn. 12; *Weipert*, DStR 1992, 1097, 1099.

solchen Fällen muss der Einsichtsanspruch aber gegen die KG verfolgt werden, die dann ihrerseits die benötigten Unterlagen herbeischaffen muss[1]. Weitergehende Möglichkeiten einer Information können u.U. bei wichtigem Grund i.S.d. § 166 Abs. 3 (Rn. 22) oder aufgrund eines sonstigen Auskunftsanspruches des Kommanditisten (Rn. 25) eröffnet sein. Wegen der Informationsrechte im Konzernverhältnis vgl. auch § 105 Rn. 113, 124 ff. Soweit die KG selbst beherrschte Gesellschaft ist, vgl. Rn. 22.

d) Anspruchsgegner

Der Anspruch des Kommanditisten richtet sich **gegen die Gesellschaft**, die insoweit eine Sozialverbindlichkeit trifft und durch ihren Komplementär gesetzlich vertreten wird[2]. Daneben kann der Kommanditist aber aufgrund der bestehenden gesellschaftsvertraglichen Beziehungen auch gegen die **geschäftsführenden Gesellschafter** vorgehen, die kraft ihrer Aufgabenstellung für die Erfüllung des Anspruchs zu sorgen haben[3]. Jedoch kann der Kommanditist von ihnen nicht im Wege der actio pro socio die Erteilung weiterer Informationen, die er selbst nicht beanspruchen könnte, an die Gesellschaftergesamtheit verlangen (vgl. Rn. 33). Für den Fall der Insolvenz der KG siehe Rn. 14.

6

2. Ausübung des Einsichtsrechts

a) Persönliche Ausübung

Der Kommanditist muss sein Einsichtsrecht grundsätzlich **persönlich** ausüben[4]. Es kann als höchstpersönliches Recht nicht übertragen werden[5]. Bei **Minderjährigen** kann das Recht der gesetzliche Vertreter wahrnehmen, während die Einsichtnahme durch einen **Bevollmächtigten** grundsätzlich nur mit Zustimmung der anderen Gesellschafter in Betracht kommt (§ 118 Rn. 8). Im Allgemeinen muss es dem Kommanditisten aber gestattet sein, bei der Ausübung seines Einsichtsrechts einen **Sachverständigen** hinzuzuziehen, damit er von seinem Einsichtsrecht überhaupt einen sachgerechten Gebrauch machen kann[6] (vgl. § 118 Rn. 9).

7

---

1 *Schlegelberger/Martens*, § 166 Rn. 9, 47; anders OLG Köln v. 3.5.1967 – 2 Wx 217/66, OLGZ 1967, 362, 363 f.
2 BGH v. 8.7.1957 – II ZR 54/56, BGHZ 25, 115, 118; BGH v. 28.5.1962 – II ZR 156/61, WM 1962, 883; BGH v. 20.6.1983 – II ZR 85/82, WM 1983, 910, 911.
3 BGH v. 20.6.1983 – II ZR 85/82, WM 1983, 910, 911; BayObLG v. 23.10.2002 – 3Z BR 157/02, NZG 2003, 25 f., anders noch BayObLG v. 4.7.1991 – 3Z 151/90, NJW-RR 1991, 1444; *Baumbach/Hopt*, § 166 Rn. 1 i.V.m. § 118 Rn. 1.
4 BGH v. 8.7.1957 – II ZR 54/56, BGHZ 25, 115, 122; BGH v. 28.5.1962 – II ZR 156/61, WM 1962, 883.
5 *Ebenroth/Boujong/Joost/Strohn/Weipert*, § 166 Rn. 9; *Baumbach/Hopt*, § 166 Rn. 5.
6 BGH v. 8.7.1957 – II ZR 54/56, NJW 1957, 1555, 1556 f.; *Ebenroth/Boujong/Joost/Strohn/Weipert*, § 166 Rn. 9.

8   Auch zur Frage, unter welchen Umständen eine persönliche Ausübung des Einsichtsrechts entfällt[1], weil **überwiegende Interessen der Gesellschaft** entgegenstehen, z.B. bei einem Wettbewerbsverhältnis mit dem Kommanditisten[2], ist auf die Ausführungen zum Recht der OHG (§ 118 Rn. 10) hinzuweisen.

b) Materielle Grenzen des Rechts

9   Materiell sind die **Einsichtsrechte** des Kommanditisten durch den mit ihnen zu verfolgenden **Zweck der Überprüfung** des Jahresabschlusses **begrenzt**. Zu anderen Zwecken kann er eine Einsicht nicht verlangen (vgl. Rn. 3). Im Rahmen seiner Rechte hat er auch Zugang zu Unterlagen, an deren Geheimhaltung der Gesellschaft gelegen ist. Die **Grenze** seiner Befugnisse liegt erst beim **Missbrauch**. Besteht die Gefahr einer Ausnutzung der Einsicht zu Wettbewerbszwecken, kann im Einzelfall ein Einsichtsrecht entfallen oder Beschränkungen unterworfen sein, insbesondere von der Einschaltung eines zur Verschwiegenheit verpflichteten Sachverständigen abhängig sein (§ 118 Rn. 1, 9 f.).

c) Art und Weise der Einsicht

10 Auch für die sonstigen Umstände der Einsicht bestehen Bindungen, die sich aus dem Zweck der Überprüfung ergeben. So wird der Kommanditist sein Einsichtsrecht nur in **angemessener zeitlicher Frist** nach Mitteilung des Jahresabschlusses ausüben dürfen. Einer fortlaufenden und wiederholten Einsicht steht § 166 Abs. 2 entgegen. Ergibt sich gleichwohl konkret das Bedürfnis zu einer erneuten Einsicht, ist der Kommanditist auf den Weg des § 166 Abs. 3 verwiesen[3].

11 In aller Regel ist der Kommanditist gehalten, die Unterlagen **in den Geschäftsräumen** der Gesellschaft und während der üblichen Geschäftszeit einzusehen (vgl. § 118 Rn. 11 f.). Eine Verpflichtung der Gesellschaft zur Aushändigung der Unterlagen beinhaltet das Einsichtsrecht dagegen nicht[4].

12 **Aufzeichnungen** und **Abschriften** wird sich der Kommanditist in der Regel machen dürfen, wenn nicht berechtigte Interessen der Gesellschaft entgegenstehen. Dagegen lässt sich aus dem Gesetz nicht herleiten, dass der Kommanditist von der Gesellschaft die Erteilung von Abschriften oder Fotokopien von Unterlagen verlangen könne (§ 118 Rn. 13). Die **Kosten** der Einsicht muss der Kommanditist selbst tragen, da er mit der Einsicht eigene Interessen wahrnimmt[5]. Wird wegen Unklarheit oder Fehlerhaftigkeit der

---

[1] MünchKommHGB/*Grunewald*, § 166 Rn. 19 ff.; Ebenroth/Boujong/Joost/Strohn/Weipert, § 166 Rn. 10.
[2] BGH v. 14.12.1981 – II ZR 200/80, WM 1982, 234, 236.
[3] *Schlegelberger/Martens*, § 166 Rn. 11.
[4] MünchKommHGB/*Grunewald* § 166 Rn. 4; Ebenroth/Boujong/Joost/Strohn/Weipert, § 166 Rn. 9; BGH v. 16.1.1984 – II ZR 36/83, NJW 1984, 2470 (zur stillen Gesellschaft – Auslegung des Antrags auf Herausgabe).
[5] MünchKommHGB/*Grunewald*, § 166 Rn. 9.

Unterlagen die Zuziehung eines Sachverständigen notwendig, so wird für die dadurch entstehenden Kosten die Gesellschaft erstattungspflichtig sein (§ 118 Rn. 14).

d) Wegfall des Rechts

Das Kontrollrecht **entfällt**, wenn der Kommanditist den Jahresabschluss mitunterzeichnet und damit als verbindlich **anerkannt** hat[1]; denn damit verliert es seine Grundlage. Entsprechend BGH v. 3.11.1975[2] ist ein Anerkenntnis aber auch ohne Unterzeichnung des Abschlusses möglich, etwa durch Mitwirkung an seiner Feststellung (§ 164 Rn. 5a, § 167 Rn. 5 f.). Ein Wiederaufleben des Rechts kommt jedoch dann in Betracht, wenn das Anerkenntnis kondiziert oder angefochten wird[3] (vgl. § 120 Rn. 6 f.). Zum Wegfall des Rechts beim ausgeschiedenen Kommanditist vgl. Rn. 58 ff. Das Informationsrecht des Kommanditisten **entfällt** dagegen **nicht** mit Eröffnung des Insolvenzverfahrens über das Vermögen der KG, auch wenn dies zu deren Auflösung führt (§§ 131 Abs. 1 Nr. 3, 161 Abs. 2)[4]. Jedoch ist der Informationsanspruch des Kommanditisten wegen der speziellen Rechenschafts- und Auskunftspflichten nach §§ 66 Abs. 1, 79 InsO mit Einschränkungen verbunden[5] (vgl. Rn. 14).

13

e) Auflösungsstadium (Liquidation und Insolvenz)

Befindet sich die KG in der **Liquidation**, so besteht das Einsichtsrecht weiter, wenn der Kommanditist nicht zu den Liquidatoren gehören sollte[6]. Erlangt er – wie das nach den §§ 161 Abs. 2, 146 die Regelfolge wäre – die Stellung als Liquidator, so stehen ihm insoweit die Rechte eines Komplementärs zu[7]. Zum Mitteilungsrecht der nach § 154 aufzustellenden Liquidationsbilanzen vgl. Rn. 2. Nach Eröffnung des **Insolvenzverfahrens** über das Vermögen einer KG richtet sich der nach § 166 Abs. 3 durchzusetzende Informationsanspruch des Kommanditisten gegen den Insolvenzverwalter[8], aber nur soweit dessen Befugnisse reichen[9]. Unterschieden wird indes zwischen Informationen, die Sachverhalte jeweils vor oder nach Verfahrenseröffnung betreffen. Einen Informationsanspruch muss der Insolvenzverwalter deshalb auch nur in der Weise erfüllen, dass er den Kommanditisten

14

---

1 OLG Nürnberg v. 22.3.1957 – 1 (5) U 10/56, BB 1957, 1053; *Ebenroth/Boujong/Joost/Strohn/Weipert*, § 166 Rn. 16; a.A. MünchKommHGB/*Grunewald*, § 166 Rn. 6; *Baumbach/Hopt*, § 166 Rn. 4.
2 BGH v. 3.11.1975 – II ZR 87/74, WM 1975, 1261, 1262.
3 BGH v. 1.11.1960 – II ZR 69/59, WM 1960, 187, 189.
4 OLG Zweibrücken v. 7.9.2006 – 3 W 122/06, ZIP 2006, 2047, 2048.
5 BayObLG v. 8.4.2005 – 3Z BR 246/04, ZIP 2005, 1087 (Entscheidung zu § 51a Abs. 1 GmbHG).
6 OLG Celle v. 8.11.1982 – 1 W 19/82, BB 1983, 1450; *Baumbach/Hopt*, § 166 Rn. 2.
7 KG LZ 1931, 1002, 1003; MünchKommHGB/*Grunewald*, § 166 Rn. 26.
8 OLG Zweibrücken v. 7.9.2006 – 3 W 122/06, ZIP 2006, 2047, 2048; *Baumbach/Hopt*, § 166 Rn. 2.
9 BayObLG v. 8.4.2005 – 3Z BR 246/04, ZIP 2005, 1087; OLG Hamm v. 25.10.2001 – 15 W 118/01, DB 2002, 363 (Entscheidung zu § 51a Abs. 1 GmbHG).

Einsicht in konkret bezeichnete und von ihm in Verwahrung genommenen Geschäftsunterlagen gewährt, welche sich auf Zeiträume vor der Eröffnung des Insolvenzverfahrens beziehen (vgl. auch § 118 Rn. 5)[1]. Auskunft muss er demgegenüber grundsätzlich nicht erteilen. Da die Eröffnung des Insolvenzverfahrens damit zu einer Einschränkung des Informationsrechts führt, kann die gegen die Geschäftsführung ausgesprochene Verpflichtung zur Informationserteilung nicht gegen den Insolvenzverwalter umgeschrieben werden[2].

3. Ansprüche bei Unrichtigkeit des Jahresabschlusses

15 Ergibt die Kontrolle Unrichtigkeiten des Jahresabschlusses, so braucht der Kommanditist ihn nicht gegen sich gelten zu lassen, es sei denn, er hat ihn durch Zustimmung als verbindlich anerkannt (dazu Rn. 13). Er kann dann von den für die Aufstellung verantwortlichen Gesellschaftern (nicht: von der Gesellschaft) die Änderung des Abschlusses verlangen (vgl. auch § 120 Rn. 11)[3].

4. Ansprüche bei Fehlen des Jahresabschlusses

15a Fehlt die Buchführung gänzlich, dann verletzt der zur Buchführung verantwortliche vollhaftende Komplementär (§ 167 Rn. 2) seine Pflicht aus §§ 242 Abs. 1 und 2, 6 Abs. 1, 114, 161 Abs. 2. Einen eigenen Anspruch auf ordnungsgemäße Buchführung und einen den Grundsätzen ordnungsgemäßer Buchführung entsprechenden Jahresabschluss gegen die KG oder gegen den Komplementär hat der Kommanditist jedoch nicht. Er kann den Sozialanspruch auf Einhaltung dieser Pflicht für die KG aber im Rahmen der actio pro socio (vgl. § 105 Rn. 77 ff.) durchsetzen[4].

III. Das Informationsrecht in § 166 Abs. 3

1. Voraussetzungen des Rechts

16 Der Kommanditist hat über § 166 Abs. 1 hinaus bei Vorhandensein wichtiger Gründe weiter gehende Rechte auf Mitteilung und Vorlage von Unterlagen[5].

a) Verfahren

17 Für die Durchsetzung dieser Rechte ist ein besonderes gerichtliches Verfahren vorgesehen. Zuständig ist das **Amtsgericht**, dem die Führung des Han-

---

[1] OLG Zweibrücken v. 7.9.2006 – 3 W 122/06, ZIP 2006, 2047, 2048; BayObLG v. 8.4.2005 – 3Z BR 246/04, ZIP 2005, 1087; OLG Hamm v. 25.10.2001 – 15 W 118/01, DB 2002, 363.
[2] OLG Hamm v. 10.1.2008 – 15 W 343/07, ZIP 2008, 899, 900.
[3] BGH v. 27.9.1979 – II ZR 31/78, WM 1979, 1330.
[4] MünchKommHGB/*Grunewald*, § 166 Rn. 8.
[5] Abw. *Scholz/K. Schmidt*, Anh. § 51a GmbHG Rn. 56 f.: nur Regelung des Rechtsweges bei Herleitung sämtlicher Informationsrechte aus einer rechtsfortbildenden Auslegung des Abs. 1.

delsregisters der KG obliegt § 145 FGG (bzw. § 376 Abs. 1, § 374 Nr. 1 FamFG). Es handelt sich gleichwohl nicht um eine Handelsregistersache i.S. der §§ 125 ff. FGG (bzw. § 374 Nr. 1 FamFG), sondern um eine Handelssache (bzw. um ein „unternehmensrechtliches Verfahren", vgl. § 375 Nr. 1 FamFG) als sog. echtes Streitverfahren der freiwilligen Gerichtsbarkeit[1], auf das die Vorschriften der ZPO entsprechende Anwendung finden[2], der Amtsermittlungsgrundsatz (§ 12 FGG bzw. § 26 FamFG) aber zu beachten ist. Das Gericht entscheidet auf Antrag des Kommanditisten nach den Vorschriften des **FGG/FamFG** (vgl. aber im Übrigen zur gerichtlichen Zuständigkeit Rn. 48 ff.). Die Verpflichtung der Geschäftsführung zur Vorlage von Unterlagen entsteht materiell jedoch nicht erst mit der gerichtlichen Anordnung, sondern besteht schon vorher und kann bei verzögerter Erfüllung zur Schadensersatzpflicht führen[3].

b) Gegenstand der Rechtsverfolgung

Bei seinem Vorgehen ist der Kommanditist nicht auf den in § 166 Abs. 1 genannten Zweck der Überprüfung eines Jahresabschlusses beschränkt. Er kann vielmehr auch **anders geartete Informationsinteressen** verfolgen[4]. 18

c) Wichtiger Grund

Erforderlich ist ein wichtiger Grund für das Informationsbegehren. Er muss im Streitfall durch das Gericht festgestellt werden[5]. Er ist gegeben, wenn das reguläre Informationsrecht aus § 166 Abs. 1 nicht für eine sachgemäße Ausübung der Mitgliedschaftsrechte ausreicht und wegen einer **Gefährdung der Interessen des Kommanditisten** eine Regelung getroffen werden muss[6]. Das wird vielfach eine **Abwägung** mit den Interessen der Gesellschaft erfordern[7]. Der Gefährdungstatbestand wird bereits durch einen konkreten Verdacht auf eine nicht ordnungsmäßige Geschäfts- oder Buchführung[8], eine Pflichtverletzung der geschäftsführenden Gesellschafter oder eine drohende Schädigung der Gesellschaft oder des Kommanditisten im Hinblick auf seine mitgliedschaftliche Position verwirklicht[9]. Darüber hinaus kann Anlass zu einem Vorgehen sein, dass besondere Ereignisse, die für das Unternehmen oder die Rechte des Kommanditisten von Bedeutung sind, alsbaldige Entscheidungen des Kommanditisten erfordern, z.B. zu Maßnahmen nach den §§ 117, 127, zur Geltendmachung einer actio pro socio oder zu seinem Verbleiben in der Ge- 19

---

1 OLG Hamm v. 22.8.2005 – 15 W 219/05, NZG 2006, 620; *Bumiller/Winkler*, FGG, 8. Aufl. 2006, § 145 Rn. 1 f.
2 *Ebenroth/Boujong/Joost/Strohn/Weipert*, § 166 Rn. 43; *Baumbach/Hopt*, § 166 Rn. 15.
3 Vgl. näher bei *Schlegelberger/Martens*, § 166 Rn. 23.
4 *Baumbach/Hopt*, § 166 Rn. 18.
5 OLG Stuttgart v. 18.2.1970 – 8 W 350/69, OLGZ 1970, 262, 263.
6 BGH v. 16.1.1984 – II ZR 36/83, WM 1984, 807 f. (zu § 338 a.F. = § 233).
7 OLG Hamm v. 22.8.2005 – 15 W 219/05, NZG 2006, 620, 621.
8 KG KGJ 1930, A 120, 124.
9 BGH v. 20.6.1983 – II ZR 85/82, WM 1983, 910, 911; siehe auch OLG Hamm v. 22.8.2005 – 15 W 219/05, NZG 2006, 620, 621.

sellschaft[1]. An die **Darlegungslast** des Gefährdungstatbestandes dürfen keine überspannten Anforderungen gestellt werden, weil die Informationserteilung gerade der tatsächlichen Aufklärung der maßgeblichen Sachverhalte dient[2].

20 Auch die **Rechte nach § 166 Abs. 1** können im Verfahren nach Abs. 3 verfolgt werden, wenn ein wichtiger Grund vorliegt[3]. Ein solcher wird bei Eilbedürftigkeit der Rechtsverwirklichung zu bejahen sein. Zweifelhaft ist, ob bereits die Verweigerung der nach § 166 Abs. 1 verlangten Mitteilung oder Einsicht einen wichtigen Grund i.S.v. § 166 Abs. 3 darstellt[4]. Dies dürfte aber zu verneinen sein[5], da der Tatbestand des wichtigen Grundes auch voraussetzt, dass wegen der Gefährdung der mitgliedschaftlichen Interessen ein Einschreiten nach § 166 Abs. 3 geboten ist.

d) Anspruchsgegner

21 Auch hier können sowohl die Gesellschaft als auch die geschäftsführenden Gesellschafter Anspruchsgegner sein (vgl. Rn. 6).

e) Verbundene Unternehmen

22 Soweit es um Unterlagen verbundener Unternehmen geht, gilt grundsätzlich das in Rn. 5 Ausgeführte. Ein **Konzernverhältnis** stellt **für sich allein noch keinen wichtigen Grund** für eine Ausweitung des Einsichtsrechts dar[6]. Indes können zusätzliche Aspekte hinzutreten, so wenn der Kommanditist Umstände geltend machen kann, die auf eine Beeinträchtigung seiner Rechte und Interessen durch schädigende Einwirkungen eines herrschenden Unternehmens auf die von ihm abhängige KG hindeuten[7]. Auch in einem solchen Fall bleiben aber die KG und ihre geschäftsführenden Gesellschafter Anspruchsgegner[8]; ggf. muss die Gesellschaft sich – soweit möglich – die vorzulegenden Unterlagen vom herrschenden Unternehmen beschaffen.

f) Zeitlicher Rahmen des materiellen Anspruchs

22a Das mitgliedschaftliche Informationsrecht kann auch Geschäftsvorgänge erfassen, die sich auf einen Zeiträume vor dem Eintritt des Kommanditisten in die Gesellschaft erstrecken, soweit dies zur Wahrnehmung der Mitglied-

---

1 *Staub/Schilling*, § 166 Rn. 2, 11.
2 OLG Hamm v. 22.8.2005 – 15 W 219/05, NZG 2006, 620, 621.
3 OLG Köln v. 30.5.1967 – 2 Wx 216/66, OLGZ 1967, 362, 363; OLG Stuttgart v. 18.2.1970 – 8 W 350/69, OLGZ 1970, 262, 263.
4 Vgl. z.B. OLG Hamm v. 25.2.1970 – 15 W 4/70, BB 1970, 509; *Staub/Schilling*, § 166 Rn. 11.
5 Mit *Schlegelberger/Martens*, § 166 Rn. 26; einschränkend auch BayObLG v. 4.7.1991 – 3 Z 151/90, DB 1991, 1874.
6 *Schlegelberger/Martens*, § 166 Rn. 48; vgl. auch BGH v. 20.6.1983 – II ZR 85/82, WM 1983, 910, 911; *Baumbach/Hopt*, § 166 Rn. 17.
7 *Schlegelberger/Martens*, § 166 Rn. 49 m.w.N.; siehe dazu auch BGH v. 5.2.1979 – II ZR 210/76, NJW 1980, 231, 232.
8 *Staub/Schilling*, § 166 Rn. 5.

schaftsrechte von Bedeutung ist. Zwar hat der Kommanditist sein Informationsrecht grundsätzlich zeitnah auszuüben (vgl. Rn. 10), jedoch können besondere Interessen des Kommanditisten im Rahmen des § 166 Abs. 3 einen längeren Zeitraum rechtfertigen, dies insbesondere dann, wenn es um die grundlegenden Strukturen der Kapitalbeteiligung des Gesellschafters geht (Entwicklung der Gesellschafterkonten). Zeitlich begrenzt ist der Anspruch durch die gesetzlichen Aufbewahrungsfristen (§ 257)[1].

2. Gerichtliche Anordnung
a) Inhalt der Anordnung

§ 166 Abs. 3 führt den möglichen Inhalt der Anordnung **nicht erschöpfend** 23 auf. Das Gericht kann die Vorlage jeder Art von Unterlagen anordnen, z.B. auch von Zwischenbilanzen[2]. Maßgebend ist der jeweilige Zweck der Überprüfung. Das Gericht kann auch anordnen, dass der Kommanditist sich der Hilfe eines Sachverständigen bedienen darf, den es ggf. selbst auswählen kann, oder dass die Unterlagen nur durch einen Sachverständigen zu überprüfen sind[3]. Ebenso kann angeordnet werden, dass die Unterlagen zur Einsicht dem Gericht vorzulegen sind. Darüber hinaus besteht die Möglichkeit, „sonstige Aufklärungen" zu verlangen, also die Erteilung von Auskünften über bestimmte Zusammenhänge. Soll allerdings nur ein Informationsanspruch aus § 166 Abs. 1 im Verfahren nach Abs. 3 verfolgt werden, so kommen nur Maßnahmen in Betracht, die sich in den Grenzen des Einsichtsrechts nach § 166 Abs. 1 halten[4].

b) Bestehen einer KG

Anordnungen nach § 166 Abs. 3 können **nur für die Dauer des Bestehens der** 24 **KG** ergehen. Daher kommt ein Verfahren nach Beendigung der KG nicht mehr in Betracht. Im Übrigen scheidet eine Vorlage von Unterlagen eines einzelkaufmännischen Unternehmens, aus dem die KG hervorgegangen ist, aus[5]. Zur Frage der Fortführung eines vor Ausscheiden des Kommanditisten eingeleiteten Verfahrens vgl. Rn. 61.

IV. Weitere Auskunftsrechte

In § 166 nicht erfasst[6] sind weitere Auskunftsrechte, die sich aus der mit- 25 gliedschaftlichen Stellung des Kommanditisten ergeben können. Insoweit

---

1 OLG Hamm v. 22.8.2005 – 15 W 219/05, NZG 2006, 620, 621.
2 OLG Celle v. 11.5.1983 – 9 U 160/82, BB 1983, 1450, 1451 f.
3 BGH v. 15.12.1969 – II ZR 82/68, BB 1970, 187; OLG Hamm v. 11.12.1969 – 15 W 483/69, DB 1970, 43.
4 OLG Hamm v. 27.2.1970 – 15 W 4/70, BB 1970, 509.
5 OLG Düsseldorf v. 8.7.1970 – 3 W 128/70, DB 1970, 1779.
6 Vgl. *Schlegelberger/Martens*, § 166 Rn. 18; anders *Scholz/K. Schmidt*, Anh. § 51a GmbHG Rn. 56 f.: Rechtsfortbildung von § 166 Abs. 1; *Ebenroth/Boujong/Joost/Strohn/Weipert*, § 166 Rn. 28.

ist § 166 nicht abschließend[1]. Solche stehen zum Teil ihm persönlich, zum Teil der Gesellschaftergesamtheit zu[2].

1. Individuelle Informationsrechte

a) Wahrnehmung der Mitgliedschaftsrechte

26 Es ist anerkannt, dass jeder Gesellschafter Anspruch auf Erteilung derjenigen Auskünfte hat, auf die er zur sachgerechten Wahrnehmung seiner Mitgliedschaftsrechte angewiesen ist[3]. Dieser Anspruch ist ein **grundlegender Bestandteil seiner Mitgliedschaftsposition**. Er kommt insbesondere zum Zuge, wenn die benötigten Angaben nicht aus den nach § 166 Abs. 1, 3 zugänglichen Unterlagen hervorgehen[4]. Da er der Ausübung der mitgliedschaftlichen Befugnisse dient, besteht er nicht unumschränkt, sondern nur im Umfang seiner Zweckgebundenheit[5]. Allerdings dürfte – wie bei § 166 Abs. 1[6] – im Streitfall die Gesellschaft zu beweisen haben, dass dem Gesellschafter ein Anspruch auf eine bestimmte Auskunft nicht zustehe.

aa) Treuepflichtschranken

27 Die Geltendmachung des Auskunftsanspruchs unterliegt wie jede mitgliedschaftliche Befugnis der Treuepflicht (§ 109 Rn. 12 ff.). Der Kommanditist kann daher keine Auskunft verlangen, wenn zu besorgen ist, dass er sie zu gesellschaftsfremden Zwecken verwenden wird (vgl. zur Situation in der GmbH § 51a Abs. 2 GmbHG). Das kommt namentlich bei Bestehen eines Wettbewerbsverhältnisses in Frage. Jedoch besteht dann die Möglichkeit, die Informationserteilung an einen zur Berufsverschwiegenheit verpflichteten Sachverständigen zu verlangen[7] (vgl. Rn. 8).

bb) Auskunft bei Zuständigkeit in Geschäftsführungsangelegenheiten

28 Im Einzelnen besteht ein Auskunftsrecht in solchen Angelegenheiten, in denen der Kommanditist **nach § 164 zu beteiligen** ist. Denn eine sachgerechte Mitwirkung setzt eine entsprechende Information voraus. Sind dem Kommanditisten durch den Gesellschaftsvertrag weitergehende Geschäftsführungsbefugnisse verliehen (§ 164 Rn. 10 ff.), so stehen ihm hieraus ohnehin alle Informationsrechte zu, derer er für die ihm übertragenen Aufgaben bedarf[8].

---

1 OLG Stuttgart v. 5.6.2002 – 14 U 6/02, NZG 2002, 1105.
2 *Schlegelberger/Martens*, § 166 Rn. 17; *Scholz/K. Schmidt*, Anh. § 51a GmbHG Rn. 56; MünchKommHGB/*Grunewald*, § 166 Rn. 11 f.
3 OLG Stuttgart v. 5.6.2002 – 14 U 6/02, NZG 2002, 1105; *Weipert*, DStR 1992, 1097, 1098.
4 BGH v. 20.6.1983 – II ZR 85/82, WM 1983, 910, 911.
5 *Ebenroth/Boujong/Joost/Strohn/Weipert*, § 166 Rn. 2 f.; *Baumbach/Hopt*, § 166 Rn. 11.
6 Dazu BGH v. 8.7.1957 – II ZR 54/56, BGHZ 25, 115, 120 f.
7 MünchKommHGB/*Grunewald* § 166 Rn. 16.
8 Vgl. im Einzelnen auch MünchHdbGesR II/*Mattfeld*, § 12 Rn. 72 ff.

cc) Gewöhnliche Geschäftsführungsangelegenheiten

Umgekehrt wird ein **Recht auf Auskunft zu verneinen** sein, soweit es sich um Angelegenheiten der gewöhnlichen Geschäftsführung handelt, bei denen der Kommanditist im Regelfall nach § 164 kein Mitentscheidungsrecht hat. Einem Auskunftsrecht steht hier auch die Wertung in § 166 Abs. 2 entgegen, die gerade besagt, dass der Kommanditist ein allgemeines Informationsrecht nicht haben soll. Anders wird es jedoch liegen, wenn der Verdacht einer pflichtwidrigen Geschäftsführung gegeben ist[1]. Hier wird der Bereich der zu erteilenden Auskunft nicht enger als bei § 166 Abs. 3 (siehe oben Rn. 19) verstanden werden können.

29

dd) Vertragsänderungen, Grundlagenangelegenheiten

Auskunftsrechte sind erst recht gegeben, wenn es sich um eine Änderung des Gesellschaftsvertrages oder um Angelegenheiten handelt, die die Grundlagen der Gesellschaft (dazu § 164 Rn. 6) betreffen[2].

30

ee) Unternehmensverbindungen

Unabhängig von den durch die § 166 Abs. 1 und 3 eröffneten Möglichkeiten (vgl. Rn. 5, 22) kann ein Auskunftsrecht auch in Angelegenheiten **verbundener Unternehmen** gegeben sein, natürlich immer unter der Voraussetzung, dass die erstrebte Information für die sachgemäße Ausübung der Mitgliedschaftsrechte erforderlich ist[3].

31

ff) Ergänzender Auskunftsanspruch bei ungewisser Vermögenslage

Grundsätzlich ist der Kommanditist zur Kontrolle des Jahresabschlusses auf das Einsichtnahmerecht in die Bücher und Papiere nach § 166 Abs. 1 beschränkt. Soweit sich aus diesen die tatsächliche Vermögenslage nicht hinreichend entnehmen lässt, besteht ergänzend ein Auskunftsanspruch, soweit die Information Grundlage für einen zu fassenden Beschluss ist[4] (z.B. Gewinnverteilungsbeschluss). Dies kann etwa der Fall sein, wenn keine Geschäftsunterlagen mehr vorhanden sind, weil sie im Zuge des Ablaufs der Aufbewahrungsfristen (§ 257 Abs. 4) vernichtet wurden oder nicht mehr damit zu rechnen ist, dass diese noch vorhanden sind, weil die Aufbewahrungsfrist bereits seit längerer Zeit verstrichen ist[5].

31a

b) Anspruchsgegner

Der Auskunftsanspruch kann – wie bei § 166 Abs. 1 und 3 (vgl. Rn. 6, 21) – sowohl gegen die **Gesellschaft** als auch gegen die **geschäftsführenden Gesellschafter** geltend gemacht werden. Eine persönliche Auskunftspflicht, die ihre Grundlage in den gesellschaftsvertraglichen Beziehungen hat, trifft die

32

---

1 BGH v. 20.6.1983 – II ZR 85/82, WM 1983, 910, 911.
2 *Schlegelberger/Martens*, § 166 Rn. 18 m.w.N.
3 *Staub/Schilling*, § 166 Rn. 5; *Scholz/K. Schmidt*, Anh. § 51a GmbHG Rn. 56.
4 *Ebenroth/Boujong/Joost/Strohn/Weipert*, § 166 Rn. 28.
5 OLG Stuttgart v. 5.6.2002 – 14 U 6/2002, NZG 2002, 1105, 1106.

geschäftsführenden Gesellschafter gerade bei in Betracht kommenden Pflichtverstößen[1].

2. Kollektive Informationsrechte

33 Das aus den §§ 713, 666 BGB herzuleitende kollektive Informationsrecht (vgl. § 118 Rn. 19) gilt über die §§ 161 Abs. 2, 105 Abs. 3 auch für die KG[2]. Hierzu und zur Möglichkeit einer Geltendmachung dieses Rechts durch einen einzelnen Gesellschafter im Wege der actio pro socio vgl. § 118 Rn. 19.

34 Dem Informationsrecht der Gesellschafter entspricht eine **Berichtspflicht** der geschäftsführenden Gesellschafter; auch insoweit vgl. § 118 Rn. 20.

V. Besonderheiten in der GmbH & Co. KG

1. Informationsrechte in der GmbH

35 § 51a GmbHG eröffnet den Gesellschaftern der GmbH **weiterreichende Informationsmöglichkeiten**, als sie der Kommanditist gegenüber der KG hat. Da alle Angelegenheiten der KG auch solche der Komplementär-GmbH sind[3], sind sie auf diese Weise den GmbH-Gesellschaftern in vollem Umfang zugänglich[4]. Bei gleichzeitiger Beteiligung in beiden Gesellschaften hat ein Kommanditist daher entsprechend erweiterte Möglichkeiten, sich über die Geschäfte der KG zu informieren. Ist ein Kommanditist nicht an der GmbH beteiligt, so stellt sich die unbefriedigende Folge ein, dass er über die Angelegenheit der KG weniger erfährt als ein (u.U. gar nicht der KG angehörender) Gesellschafter der GmbH. Das führt zu unerfreulichen Inkongruenzen in den Informationsmöglichkeiten, die aber kaum auflösbar erscheinen. Es wird schwerlich in Betracht kommen, hier die Rechte der Kommanditisten entsprechend § 51a GmbHG zu erweitern, zumal es eher geboten ist, die unsachgemäß weite Fassung dieser Vorschrift einzugrenzen[5].

2. Angelegenheiten der GmbH

36 Umgekehrt sind die Angelegenheiten der GmbH nicht ohne weiteres zugleich solche der KG. Das kommt vielmehr nur insoweit in Betracht, als es um die **Stellung der GmbH als persönlich haftende Gesellschafterin in der KG** geht. Hier kommen Auskunftsrechte der Kommanditisten vor allem unter den in Rn. 19, 29 erörterten Umständen in Frage, namentlich beim Verdacht einer pflichtwidrigen Geschäftsführung der GmbH[6]. Auch die Ent-

---

1 BGH v. 20.6.1983 – II ZR 85/82, WM 1983, 910, 911.
2 *Ebenroth/Boujong/Joost/Strohn/Weipert*, § 166 Rn. 3; MünchKommHGB/*Grunewald*, § 166 Rn. 46; *Baumbach/Hopt*, § 166 Rn. 12; *Weipert*, DStR 1992, 1097 f.
3 BGH v. 11.7.1988 – II ZR 346/87, WM 1988, 1447, 1448; OLG Hamm v. 6.2.1986 – 8 W 52/85, NJW 1986, 1693; GroßKommGmbHG/*Hüffer*, § 51a Rn. 77.
4 MünchKommHGB/*Grunewald*, § 166 Rn. 45; *Weipert*, DStR 1992, 1097, 1098.
5 Vgl. z.B. GroßKommGmbHG /*Hüffer*, § 51a GmbHG Rn. 78; MünchKommHGB/*Grunewald*, § 166 Rn. 45.
6 Weitergehend MünchKommHGB/*Grunewald*, § 166 Rn. 43.

wicklung der wirtschaftlichen Lage der GmbH kann Auskunftsansprüche begründen. Da alle Auskunftsansprüche auch gegen die geschäftsführenden Gesellschafter verfolgt werden können (Rn. 32), kann der Kommanditist unmittelbar von der GmbH die benötigten Aufschlüsse verlangen. Die Mitteilung des Jahresabschlusses der GmbH an die Kommanditisten ist von § 166 Abs. 1 nicht erfasst[1].

VI. Abweichende Vertragsregelungen

1. Möglichkeiten anderweitiger Vereinbarungen

Durch gesellschaftsvertragliche Abreden können die Informationsrechte des Kommanditisten abweichend gestaltet werden. In Betracht kommt dabei (unproblematisch) die Erweiterung[2], aber auch die Einschränkung seiner Informationsrechte[3]. Hier finden sich insbesondere Regelungen, nach denen die Befugnisse der Kommanditisten durch einen **gemeinsamen Vertreter** oder ein **Aufsichtsorgan** (Beirat) ausgeübt werden (§ 161 Rn. 21, 71). Eine solche Beschränkung der eigenen Rechtsausübung ist grundsätzlich zulässig[4]. Voraussetzung ist allerdings, dass das Organ von den Kommanditisten in angemessener Weise kontrolliert werden kann[5]. Allerdings hat der BGH[6] die Frage aufgeworfen (ohne sie zu entscheiden), ob angesichts der Reichweite der (unabdingbar gestellten) Rechte in § 51a GmbHG auch die durch § 166 gewährte Rechtsstellung als nicht einschränkbar verstanden werden müsste[7]. Ein Ausschluss sämtlicher Informationsrechte kann ohnehin nur als äußerstes Mittel in Betracht kommen; grundsätzlich steht einer solchen Maßnahme der Schutz des Kernbereichs des Mitgliedschaftsrechts (vgl. § 109 Rn. 6) entgegen[8].

37

a) Mitteilung des Jahresabschlusses

Als **unverzichtbar** im Rahmen von § 166 Abs. 1 wird die Mitteilung des festgestellten Jahresabschlusses anzusehen sein[9].

38

---

1 MünchKommHGB/*Grunewald*, § 166 Rn. 43.
2 MünchKommHGB/*Grunewald*, § 166 Rn. 47 m.w.N.; *Baumbach/Hopt*, § 166 Rn. 21.
3 *Baumbach/Hopt*, § 166 Rn. 21; differenzierend MünchKommHGB/*Grunewald*, § 166 Rn. 48.
4 BGH v. 12.12.1966 – II ZR 41/65, BGHZ 46, 291, 294.
5 *Wiedemann*, GesR I, S. 378.
6 BGH v. 11.7.1988 – II ZR 346/87, WM 1988, 1447 f.
7 Bejahend: *Scholz/K. Schmidt*, Anh. § 51a GmbHG Rn. 57; wohl auch *Weipert*, DStR 1992, 1097.
8 BGH v. 10.10.1994 – II ZR 18/94, ZIP 1994, 1942, 1943 f.
9 *Staub/Schilling*, § 166 Rn. 15; für eine Abdingungsmöglichkeit indes *Schlegelberger/Martens*, § 166 Rn. 40; siehe aber auch BGH v. 11.7.1988 – II ZR 346/87, WM 1988, 1447 f.

b) Kontrollrechte aus § 166 Abs. 3

39 Übereinstimmung herrscht darüber, dass der Gesellschaftsvertrag das außerordentliche Kontrollrecht aus **§ 166 Abs. 3 nicht einschränken** darf[1]. Da dieses Recht die persönlichen Entscheidungsmöglichkeiten des Kommanditisten vor allem bei Vorfällen besonderer Art gewährleisten soll, entzieht sich dieses Recht auch einer Mediatisierung durch Übertragung auf einen gemeinsamen Vertreter oder ein Kontrollorgan.

40 Auf der anderen Seite führt eine vertragliche **Erweiterung** der Kontrollrechte insoweit **nicht** zur Eröffnung des in § 166 Abs. 3 vorgesehenen **Verfahrens nach dem FGG**, da dieser Rechtsweg nicht durch Vereinbarung begründet werden kann[2].

c) Abschlussprüfung durch Sachverständige

41 Umstritten sind die Folgen für das Einsichtsrecht aus § 166 Abs. 1, wenn der **Gesellschaftsvertrag** eine Prüfung des Jahresabschlusses durch einen Sachverständigen vorsieht. Teilweise wird vertreten, dass der Kommanditist dann im Zweifel lediglich den Prüfungsbericht einsehen kann[3]. Nach anderer Auffassung[4], für die mehr spricht, tritt eine solche Beschränkung nur ein, wenn der Gesellschaftsvertrag sie vorsieht.

42 Auch wenn die geschäftsführenden Gesellschafter den Abschluss **ohne entsprechende Regelung** im Gesellschaftsvertrag durch einen Sachverständigen überprüfen lassen, beschränkt sich das Einsichtsrecht nicht derart, dass der Kommanditist alternativ allein den Prüfungsbericht oder die Unterlagen unter Ausschluss des Prüfungsberichts einsehen dürfe[5].

d) Erweitertes Auskunftsrecht

43 Das Auskunftsrecht des Kommanditisten (Rn. 25 ff.), soweit es gegenständlich **über den Bereich von § 166 Abs. 1 hinausgeht**, lässt sich insoweit nicht einschränken, als der Kommanditist die Auskünfte benötigt, um die ihm zustehenden Mitwirkungsrechte, namentlich die unentziehbaren (§ 164 Rn. 16), in sachgemäßer Weise wahrzunehmen. Das Recht verbleibt ihm persönlich auch bei einer vorgesehenen Überleitung der Informationsbefugnisse auf einen gemeinsamen Vertreter oder einen Beirat[6].

---

[1] Vgl. etwa OLG Hamm v. 27.2.1970 – 15 W 4/70, DB 1970, 509; *Weipert*, DStR 1992, 1097; *Schlegelberger/Martens*, § 166 Rn. 46; *Staub/Schilling*, § 166 Rn. 15; *Baumbach/Hopt*, § 166 Rn. 19; MünchKommHGB/*Grunewald*, § 166 Rn. 48.
[2] OLG Köln v. 30.5.1967 – 2 Wx 217/66, OLGZ 1967, 262, 265.
[3] *Staub/Schilling*, § 166 Rn. 17.
[4] *Schlegelberger/Martens*, § 166 Rn. 40.
[5] So aber *Staub/Schilling*, § 166 Rn. 17; dagegen mit Recht *Schlegelberger/Martens*, § 166 Rn. 7.
[6] Vgl. näher *Schlegelberger/Martens*, § 166 Rn. 44.

2. Besonderheiten bei der Publikumsgesellschaft

a) Sonderregeln

Die besonderen Verhältnisse in der Publikumsgesellschaft führen zu einigen **zusätzlichen Gesichtspunkten**. Da der Gesellschaftsvertrag nicht unter Beteiligung der Kommanditisten frei ausgehandelt worden ist, sondern von den Gründern vorgegeben ist, tritt das Bedürfnis, die Anleger vor einem völligen Ausschluss ihrer Kontrollrechte zu schützen, in gesteigerter Weise hervor. Hinzu kommt, dass die Anleger meist weder die Möglichkeit noch die Sachkunde haben, ihre Überwachungsbefugnisse effektiv auszuüben. Andererseits macht die Vielzahl der Gesellschafter eine Mediatisierung und Bündelung der individuellen Informations- und Kontrollrechte, etwa durch Schaffung eines Beirats, praktisch unvermeidbar. Hier unterliegt die Vertragsgestaltung jeweils der richterlichen Inhaltskontrolle (§ 161 Rn. 95)[1]. Eine vollständige Verlagerung der Rechte aus § 166 auf ein Überwachungsorgan setzt voraus, dass dieses von den Kommanditisten gewählt und kontrolliert werden kann[2].

44

b) Ergänzendes Auskunftsrecht

Einen **besonderen Stellenwert** behält auch das ergänzende Auskunftsrecht (Rn. 26 ff.) des Kommanditisten. Hier wird mit Recht vertreten, dass es nicht nur **unentziehbar**[3] ist, soweit der Kommanditist auf die Auskünfte für die Wahrnehmung seiner Mitwirkungsbefugnisse angewiesen ist (dazu Rn. 43), sondern angesichts des strukturbedingten Wegfalls der meisten Mitentscheidungsmöglichkeiten der Anleger muss ihnen unabhängig hiervon ein Auskunftsanspruch verbleiben, der (vergleichbar der Regelung in den §§ 131 ff. AktG und den dafür geltenden Grundsätzen) in der Gesellschafterversammlung geltend gemacht werden kann[4]. Das schriftliche Mitteilungsrecht des Jahresabschlusses nach § 166 Abs. 1 an jeden Kommanditisten ist wegen des im Verhältnis gering zu sehenden organisatorischen Aufwands auch in der Publikumsgesellschaft nicht abdingbar[5].

45

c) Mittelbare Beteiligung

Sind die Anleger nur **mittelbar** über einen **Treuhandkommanditisten** (§ 161 Rn. 90, 115, 137 ff.) beteiligt, so stehen ihnen die an die Mitgliedschaft in der KG anknüpfenden Rechte aus § 161 nicht zu. Ihnen ist daher auch das in § 166 Abs. 3 eröffnete Verfahren verschlossen. Sie haben jedoch aus dem Treuhandverhältnis Auskunftsansprüche, die nach § 666 BGB auch ohne vorherige Aufforderung zu erfüllen sind.

46

---

1 *Baumbach/Hopt*, Anh. § 177a Rn. 68.
2 MünchKommHGB/*Grunewald*, § 166 Rn. 50.
3 MünchKommHGB/*Grunewald*, § 166 Rn. 50; *Baumbach/Hopt*, Anh. § 177a Rn. 72.
4 *Schlegelberger/Martens*, § 166 Rn. 45.
5 MünchKommHGB/*Grunewald*, § 166 Rn. 52.

47 Sollen nach dem Gesellschaftsvertrag die nur mittelbar beteiligten Anleger für die Innenbeziehungen – wie vielfach gewollt – **so gestellt** sein, als seien sie **unmittelbar** beteiligt (§ 161 Rn. 115), so haben sie die gleichen Rechte, wie wenn sie Kommanditisten wären. Das besondere Verfahren nach § 166 Abs. 3 wäre ihnen allerdings auch dann nicht eröffnet.

VII. Gerichtliche Zuständigkeit

48 Die im geltenden Recht vorgesehenen Möglichkeiten, für ein Informationsbegehren Rechtsschutz in Anspruch zu nehmen, führen leider zum Teil zu Unklarheiten und Zweifeln.

1. Grundsätzliche Zuständigkeit der streitigen Gerichtsbarkeit

49 Das Recht auf Überprüfung **nach § 166 Abs. 1** und das **ergänzende Auskunftsrecht** des Kommanditisten sind im Streitfall im Klagewege gegen die Gesellschaft oder die geschäftsführenden Gesellschafter (Rn. 6) im streitigen Zivilprozessverfahren durch Leistungsklage zu verfolgen[1]. Das schließt bei Vorhandensein eines stichhaltigen Verfügungsgrundes auch die Möglichkeit ein, vorläufigen Rechtsschutz durch eine einstweilige Verfügung (§§ 935 ff. ZPO) zu erlangen[2].

2. Abgrenzungsfragen zum Verfahren nach § 166 Abs. 3

50 Das in **§ 166 Abs. 3** vorgesehene FGG-(ab dem 1.9.1999 FamFG-)Verfahren (Rn. 17) führt demgegenüber zu Überschneidungen in zweifacher Hinsicht:

a) Informationsrecht aus § 166 Abs. 1 und wichtiger Grund

51 Einmal kann es sich um einen gegenständlich unter **§ 166 Abs. 1** fallenden Anspruch handeln, dessen Geltendmachung **zusätzlich** durch einen **wichtigen Grund** nach § 166 Abs. 3 gestützt wird. Hier wird ganz überwiegend vertreten, dass dann wahlweise ein Vorgehen entweder im FGG-Verfahren oder in der streitigen Gerichtsbarkeit (einschließlich des einstweiligen Rechtsschutzes) möglich sei[3]. Es kann jedoch nicht befriedigen, dass der einzuschlagende Rechtsweg in das Belieben des Kommanditisten gestellt sein soll. Nach *K. Schmidt*[4] soll § 166 Abs. 3 die Zuständigkeit der streitigen Gerichtsbarkeit dann – und nur dann – verdrängen, soweit es um den einstweiligen Rechtsschutz geht; für das Verfahren zur Hauptsache bleibe allein der

---

[1] MünchKommHGB/*Grunewald*, § 166 Rn. 27; *Ebenroth/Boujong/Joost/Strohn/Weipert*, § 166 Rn. 36.
[2] *Baumbach/Hopt*, § 166 Rn. 14; *Weipert*, DStR 1992, 1097, 1102.
[3] So z.B. OLG Celle v. 11.5.1983 – 9 U 160/82, BB 1983, 1450, 1451; BayObLG v. 4.7.1991 – 3 Z 151/90, NJW-RR 1991, 1444, 1445; *Schlegelberger/Martens*, § 166 Rn. 13, 22, 32; *Staub/Schilling*, § 166 Rn. 13; *Baumbach/Hopt*, Anh. § 177a Rn. 14.
[4] *K. Schmidt*, Informationsrechte in Gesellschaften und Verbänden, 1984, S. 72 ff.; *Scholz/K. Schmidt*, § 51a GmbHG Rn. 57; ferner *Schlegelberger/K. Schmidt*, § 338 Rn. 18 zum vergleichbaren § 233 n.F.

Prozessweg der ZPO[1]. Dieser Vorschlag ermöglicht zwar eine eindeutige Abgrenzung der Zuständigkeiten; gleichwohl bleibt die Herausnahme einstweiliger Regelungen aus der streitigen Gerichtsbarkeit und ihre Zuweisung an die freiwillige Gerichtsbarkeit zweifelhaft.

b) Rechtsverfolgung nach § 166 Abs. 3

Ungeklärt ist auch, ob ein **Überprüfungsverfahren nach § 166 Abs. 3**, das gegenständlich über § 166 Abs. 1 hinausgeht, außer im Verfahren nach dem FGG wahlweise auch im streitigen Prozess verfolgt werden kann[2]. Die gesetzliche Regelung legt aber eine Verneinung nahe. Nach *K. Schmidt*[3] wäre auch hier danach zu differenzieren, ob eine einstweilige Regelung (dann: FGG-Verfahren) oder ein Hauptsacheverfahren (dann: Prozessweg) angestrebt wird. 52

c) Zusammentreffen von Rechten aus § 166 Abs. 1 und 3

Stehen dem Gesellschafter Ansprüche sowohl aus § 166 Abs. 1 als auch aus § 166 Abs. 3 zu, so soll er nicht gezwungen sein, neben dem Klageweg für Abs. 1 ein zusätzliches FGG-Verfahren anhängig zu machen[4]. 53

3. Zuständigkeit für sonstige Auskunftsrechte

Für Auskunftsrechte außerhalb des § 166 (Rn. 25 ff.) ist dagegen zweifelsfrei allein die **streitige Gerichtsbarkeit** einschließlich von Maßnahmen des einstweiligen Rechtsschutzes gegeben. 54

Überschneidungen mit der Zuständigkeit des **FGG-Gerichts** können sich allerdings auch hier für den Fall ergeben, dass nach § 166 Abs. 3 die Anordnung einer bestimmten Auskunft (vgl. zu dieser Möglichkeit Rn. 23) erstrebt wird. Dann entstehen die gleichen Fragen wie in Rn. 51. 55

4. Verhältnis zum Verfahren nach den §§ 51a, 51b GmbHG

Ganz unbefriedigend wird die Verfahrenslage, wenn bei Simultanmitgliedschaft in KG und Komplementär-GmbH ein Informationsbegehren gegenüber beiden Gesellschaften verfolgt werden soll. Denn im Verfahren gegen die GmbH entscheidet nach den §§ 51b GmbHG, 132 Abs. 1 und 3, 99 Abs. 1 AktG ausschließlich das Landgericht nach den Vorschriften des FGG (künftig: FamFG)[5]. Die Zersplitterung der Verfahrenswege ist danach vollkom- 56

---

1 BayObLG v. 4.7.1991 – 3 Z 151/90, NJW-RR 1991, 1444, 1445 zeigte Tendenzen dieser Ansicht zu folgen, sah sich aber als Gericht der FGG darüber nicht entscheidungsbefugt.
2 Dafür *Staub/Schilling*, § 166 Rn. 13; dagegen *Schlegelberger/Martens*, § 166 Rn. 22; offengelassen in BayObLG v. 10.10.1978 – 1 Z 14/78, DB 1978, 2405, 2406.
3 *K. Schmidt*, Informationsrechte in Gesellschaften und Verbänden, 1984, S. 72 ff.
4 BGH v. 16.1.1984 – II ZR 36/83, WM 1984, 807 f. (zu § 338 a.F. = § 233).
5 *Hachenburg/Hüffer*, § 51b GmbHG Rn. 11.

men. Der Gesetzgeber sollte den Gesamtbereich der Kontrollverfahren künftig einheitlich regeln.

5. Schiedsverfahren

57 Die Frage, ob für Streitigkeiten über Informationsansprüche, soweit sie im Verfahren nach dem FGG (FamFG) auszutragen sind, generell die Zuständigkeit eines Schiedsgerichts vorgesehen werden kann, war für die §§ 51a, 51b GmbHG in der Vergangenheit mitunter verneint worden[1], wird aber heute von der h.M. zu Recht bejaht[2]. Denn Schiedsklauseln sind nur in Angelegenheiten der freiwilligen Gerichtsbarkeit im eigentlichen Sinne ausgeschlossen, nicht aber bei echten Streitigkeiten, wie sie hier vorliegen. Insbesondere steht hier einer Schiedsfähigkeit – anders als gegenüber Beschlussmängelklagen im GmbH-Recht[3] – nicht das Problem einer Rechtskrafterstreckung auf nicht am Verfahren beteiligte Dritte entgegen. Erst recht nichts anderes gilt für eine Streitsache, die von § 166 Abs. 3 erfasst wird[4].

6. Vollstreckung

57a Die Vollstreckung der in § 166 enthaltenen Rechte ist streitig[5]. – Vertreten wird zum einen die Herausgabevollstreckung nach § 883 ZPO[6] und zum anderen die Vollstreckung nach § 888 ZPO (vgl. auch § 118 Rn. 16)[7]. Die Zwangsvollstreckung nach § 883 ZPO durch Wegnahme der Geschäftspapiere zum Zwecke der Herausgabe an den Informationsgläubiger mag zwar der effizientere Weg sein, doch entspricht er nicht den gesetzlichen Anforderungen, weil § 166 nicht die Beeinträchtigung der Besitzposition gestattet. Die Zwangsmittel des § 888 ZPO sind gegen die zur Geschäftsführung verpflichteten Gesellschafter zu richten.

---

[1] OLG Köln v. 16.10.1988 – 16 Wx 114/88, WM 1989, 218, 220; LG Mönchengladbach v. 15.1.1986 – 7 O 221/85, GmbHR 1986, 390, 391.
[2] OLG Koblenz v. 21.12.1989 – 6 W 834/89, WM 1990, 1992, 1993; OLG Hamm v. 7.3.2000 – 15 W 355/99, ZIP 2000, 1013 f. m.w.N.
[3] Vgl. dazu BGH v. 29.3.1996 – II ZR 124/95, ZIP 1996, 830, 833.
[4] *Staub/Schilling*, § 166 Rn. 13; BayObLG v. 10.10.1978 – BReg. 1 Z 14/78, BayObLGZ 1978, 294, 298 f.
[5] *Ebenroth/Boujong/Joost/Strohn/Weipert*, § 166 Rn. 37.
[6] OLG Hamm v. 4.10.1973 – 14 W 73/73, NJW 1974, 653; OVG Koblenz v. 4.7.1986 – 1 E 11/86, NJW 1987, 1220, 1221; OLG Köln v. 7.12.1987 – 2 W 175/87, NJW-RR 1988, 1210 *Palandt/Sprau*, § 809 BGB Rn. 13.
[7] MünchKommHGB/*Grunewald*, § 166 Rn. 29; MünchKommBGB/*Hüffer*, § 809 BGB Rn. 17, 10; *Weipert*, DStR 1992, 1097, 1101 f.

VIII. Ausgeschiedener Kommanditist

1. Kein gesellschaftsrechtliches Informationsrecht
a) Wegfall der bisherigen Rechte

Nach dem Ausscheiden aus der KG stehen dem Kommanditisten die bisherigen **gesellschaftsrechtlichen Informationsrechte nicht mehr** zu. Er kann sie auch nicht mehr für Vorgänge aus der Zeit seiner Zugehörigkeit zur Gesellschaft geltend machen[1]. Insoweit gilt nichts anderes als für ein Ausscheiden eines Gesellschafters aus einer OHG, das ebenfalls zum Verlust der Ansprüche aus § 118 (siehe § 118 Rn. 3) führt. Für die Mitteilung der Auseinandersetzungsbilanz gilt jedoch weiterhin § 166 Abs. 1[2]. 58

b) Rechte aus den §§ 810, 242 BGB

Der Kommanditist kann stattdessen nur noch Ansprüche aus den §§ 810, 242 BGB haben. Zur Reichweite dieses Rechts vgl. § 118 Rn 3. 59

2. Verfahrensrechtliche Fragen

Ist ein **Verfahren der streitigen Gerichtsbarkeit** zur Zeit des Ausscheidens anhängig, so steht seiner Fortsetzung nichts im Wege. Jedoch ist das geltend gemachte Informationsbegehren nunmehr unter den §§ 810, 242 BGB zu beurteilen[3]. 60

Ist dagegen ein **Verfahren** nach § 166 Abs. 3 vor dem Amtsgericht **nach den Vorschriften des FGG/FamFG** eingeleitet, so kann es nicht fortgesetzt werden, da mit dem Ausscheiden des Kommanditisten die speziellen Verfahrensvoraussetzungen entfallen[4]. Der ehemalige Kommanditist muss seine Rechte nunmehr in der streitigen Gerichtsbarkeit weiterverfolgen. 61

3. Informationsrechte der Erben des Kommanditisten

In gleicher Weise wie zuvor bestimmen sich auch Auskunftsansprüche der **Erben** eines Kommanditisten, die **nicht in die Stellung eines Gesellschafters einrücken**. Die Befugnisse eines solchen erlangen sie nur, wenn sie selbst Gesellschafter werden[5]. 62

Wird der **Nacherbe** eines Kommanditisten nach dem Nacherbfall Inhaber der Kommanditbeteiligung, so erlangt er die Rechte aus § 166 Abs. 1 nur für die Zeit ab Eintritt des Nacherbfalles[6]. Denn er ist nicht Rechtsnachfolger des Vorerben, der bis dahin der Gesellschaft angehört hatte. 63

---

1 MünchKommHGB/*Grunewald*, § 166 Rn. 37.
2 *Ebenroth/Boujong/Joost/Strohn/Weipert*, § 166 Rn. 7.
3 MünchKommHGB/*Grunewald*, § 166 Rn. 38.
4 Dafür mit Recht *Schlegelberger/Martens*, § 166 Rn. 24.
5 *Schlegelberger/Martens*, § 166 Rn. 15.
6 BGH v. 26.4.1982 – II ZR 161/81, WM 1982, 709, 710.

§ 167
Gewinn- und Verlustberechnung

(1) Die Vorschriften des § 120 über die Berechnung des Gewinns oder Verlustes gelten auch für den Kommanditisten.

(2) Jedoch wird der einem Kommanditisten zukommende Gewinn seinem Kapitalanteil nur so lange gutgeschrieben, als dieser den Betrag der bedungenen Einlage nicht erreicht.

(3) An dem Verluste nimmt der Kommanditist nur bis zum Betrage seines Kapitalanteiles und seiner noch rückständigen Einlage teil.

Übersicht

	Rn.		Rn.
I. Vorbemerkung	1	2. Begrenzung der Gewinngutschriften	10
II. Jahresabschluss		3. Sonderkonten	11
1. Aufstellung	2	IV. Verlustbeteiligung des Kommanditisten	12
2. Feststellung		V. Abweichende Vertragsregelungen	13
a) Mitwirkung aller Gesellschafter	3	1. Feststellung des Jahresabschlusses	14
b) Zustimmungskompetenz der Kommanditisten	4	2. Gewinn- und Verlustbeteiligung	
c) Bewertungsermessen	6	a) Regelungen zur Gewinnbeteiligung	15
d) Unrichtigkeit des Abschlusses	7	b) Regelungen zur Verlustbeteiligung	16
III. Gewinngutschrift für den Kommanditisten		3. Sonderkonten	17
1. Kapitalanteil und Kapitalkonto			
a) Begriff des Kapitalanteils	8		
b) Buchungen auf dem Kapitalkonto	9		

Schrifttum: Vgl. die Angaben zu § 120; ferner: *K. Schmidt*, Grenzen und Risiken der Binnenhaftung von Kommanditisten, DB 1995, 1381; *Schulze-Osterloh*, Aufstellung und Feststellung des handelsrechtlichen Jahresabschlusses der Kommanditgesellschaft, BB 1995, 2519; *Ulmer*, Die Mitwirkung des Kommanditisten an der Bilanzierung der KG, in: Festschrift Hefermehl, 1976, S. 207.

I. Vorbemerkung

1   Die Vorschrift ist Teil der Regelungen, die die Beteiligung des Kommanditisten am Jahresergebnis der KG betreffen. Sie knüpft an den für die OHG geltenden § 120 an und trifft einige Sonderbestimmungen für den Kapitalanteil des Kommanditisten mit Rücksicht auf dessen gegenüber dem Komplementär andere Rechtsposition. § 167 wird ergänzt durch die §§ 168 und 169.

II. Jahresabschluss

1. Aufstellung

Wie bei der OHG wird das Jahresergebnis durch den Jahresabschluss ausgewiesen. Die Aufstellung des Jahresabschlusses (d.h. die Anfertigung eines noch der Billigung bedürfenden Entwurfs) ist Aufgabe der **geschäftsführenden Gesellschafter**, also im Regelfall der Komplementäre[1]. Insofern gilt das bereits zu § 120 (§ 120 Rn. 3 ff., 6 ff.) Ausgeführte. Für die GmbH & Co. KG, bei der die GmbH die einzige vollhaftende Gesellschafterin der KG ist, sind bei der Aufstellung des Jahresabschlusses gemäß § 264a die besonderen Anforderungen der §§ 264 ff. zu beachten. Bei Überschreitung der in § 267 Abs. 1 geregelten Schwellenwerte besteht eine Abschlussprüfungspflicht nach §§ 316, 264a[2].

2. Feststellung

a) Mitwirkung aller Gesellschafter

Der aufgestellte Jahresabschluss bedarf, um für die Gesellschafter verbindlich zu werden, der Feststellung. Nach früherer Auffassung[3] handelte es sich dabei nicht um eine Maßnahme der Geschäftsführung, sondern um ein **Grundlagengeschäft**. Ob an dieser Auffassung nach einem Urteil des BGH[4] aus dem Jahr 2007 festgehalten werden kann, ist nicht eindeutig (vgl. § 114 Rn. 4), im Ergebnis aber wohl zu bejahen mit der Folge, dass die Feststellung **Sache aller Gesellschafter** einschließlich der Kommanditisten ist[5], woran auch die lediglich durch die Komplementäre wahrzunehmende Unterzeichnungspflicht nach § 245 S. 2 nichts ändert[6].

b) Zustimmungskompetenz der Kommanditisten

Die Mitwirkungsbefugnisse der Kommanditisten (Rn. 3) führen zu einem **Zustimmungsrecht** in Form einer Einstimmigkeitsentscheidung gemäß der Grundregel des § 119 Abs. 1, sofern der Gesellschaftsvertrag nicht eine Mehrheitsentscheidung zulässt (§ 119 Rn. 15 ff.); im letzteren Fall greift der

---

1 BGH v. 29.3.1996 – II ZR 263/94, BGHZ 132, 263, 271; BGH v. 27.9.1979 – II ZR 31/78, WM 1979, 1330; *Ebenroth/Boujong/Joost/Strohn/Weipert*, § 167 Rn. 2; *Baumbach/Hopt*, § 164 Rn. 3; MünchKommHGB/*Grunewald*, § 167 Rn. 1.
2 MünchKommHGB/*Grunewald*, § 167 Rn. 1.
3 Vgl. dazu BGH v. 1.11.1960 – II ZR 69/59, WM 1960, 187, 188 f.; BGH v. 27.2.1962 – VI ZR 194/61, WM 1962, 579, 580.
4 BGH v. 15.1.2007 – II ZR 245/05, NZG 2007, 259, 260; a.A. noch BGH v. 29.3.1996 – II ZR 263/94, NJW 1996, 1678 f.
5 BGH v. 24.3.1980 – II ZR 88/79, BGHZ 76, 338, 342; BGH v. 29.3.1996 – II ZR 263/94, BGHZ 132, 263, 266 f.; *Ulmer*, FS Hefermehl, 1976, S. 207, 216 ff.; *Schlegelberger/Martens*, § 167 Rn. 5 ff.; *Scholz/K. Schmidt*, Anh. § 45 GmbHG Rn. 17; *Schulze-Osterloh*, BB 1995, 2519; *Heymann/Horn*, § 167 Rn. 2; MünchKommHGB/ *Grunewald*, § 167 Rn. 2.
6 BGH v. 29.3.1996 – II ZR 263/94, NJW 1996, 1678, 1679; MünchKommHGB/*Grunewald*, § 167 Rn. 2.

Bestimmtheitsgrundsatz nicht ein, da die Feststellung als jährlich wiederkehrende Entscheidung keinen Beschluss mit außergewöhnlichem Inhalt darstellt[1] (§ 164 Rn. 6; § 119 Rn. 17). Ergibt die Auslegung des Gesellschaftsvertrags, dass die Feststellung des Jahresabschlusses dem Mehrheitsprinzip (§ 119 Rn. 13 ff.) unterworfen sein soll, dann genügt bereits eine „Allgemeine Mehrheitsklausel" dem Bestimmtheitserfordernis. Aufgegeben ist damit die Rechtsprechung[2], wonach die Jahresabschlussfeststellung durch Mehrheitsprinzip nur bei ausdrücklicher Einbeziehung dieses Beschlussgegenstandes, der Art und Umfang des Eingriffs erkennen lässt, genügt[3] (§ 119 Rn. 17). Entspricht der Jahresabschluss den Geboten aus Gesetz, Vertrag und Buchführungsgrundsätzen, besteht eine Verpflichtung, die Zustimmung zu erteilen[4].

5 Für die **Form der Zustimmung** bestehen keine Anforderungen. Sie kann konkludent auch durch Hinnahme des übersandten Abschlusses erteilt werden[5].

c) Bewertungsermessen

6 Für die bilanzpolitischen Ermessensentscheidungen gilt die gleiche **Kompetenzverteilung**, wie sie **in der OHG** für die Befugnisse der zur Aufstellung des Jahresabschlusses berufenen geschäftsführenden Gesellschafter einerseits und der für die Abschlussfeststellung zuständige Gesamtheit aller Gesellschafter andererseits maßgeblich ist[6]. Hierzu wird auf die Ausführungen zu § 120 Rn. 4 und 7 f. verwiesen.

d) Unrichtigkeit des Abschlusses

7 Ein Kommanditist, der den Jahresabschluss für unrichtig hält, hat die Möglichkeit, seine Änderung zu verlangen. Der **Rechtsstreit** ist **unter den Gesellschaftern** (nicht mit der Gesellschaft) **auszutragen**[7].

III. Gewinngutschrift für den Kommanditisten

1. Kapitalanteil und Kapitalkonto

a) Begriff des Kapitalanteils

8 Der Begriff des Kapitalanteils in § 167 Abs. 2 entspricht dem in § 120 Abs. 2. Insoweit kann auf die Erl. in § 120 Rn. 13 ff. verwiesen werden.

---

1 BGH v. 15.1.2007 – II ZR 245/05, BGHZ 170, 283.
2 BGH v. 29.3.1996 – II ZR 263/94, NJW 1996, 1678, 1679.
3 BGH v. 15.1.2007 – II ZR 245/05, BGHZ 170, 283.
4 Wegen der hier in Betracht kommenden Pflichtbindungen vgl. BGH v. 29.3.1996 – II ZR 263/94, BGHZ 132, 263, 276 f.
5 Vgl. auch BGH v. 3.11.1975 – II ZR 87/74, BB 1975, 1605, 1606.
6 BGH v. 29.3.1996 – II ZR 263/94, BGHZ 132, 263, 266 f., 272 ff.
7 BGH v. 27.9.1979 – II ZR 31/78, WM 1979, 1330.

b) Buchungen auf dem Kapitalkonto

Die für die Höhe des Kapitalanteils maßgeblichen Vorgänge (Einlageleistungen, Gewinngutschriften, Verlustlastschriften, Rückzahlungen) werden auf dem für den Gesellschafter geführten (variablen) **Kapitalkonto** gebucht (vgl. § 120 Rn. 14). Neben dem Kapitalkonto können für den Gesellschafter noch weitere Konten bestehen, die jedoch nicht der Bestimmung des Kapitalanteils dienen, sondern andere Rechtsbeziehungen zur Gesellschaft betreffen (Rn. 11, 17; auch § 120 Rn. 12, 14 f.).

2. Begrenzung der Gewinngutschriften

Anders als bei der OHG sieht § 167 Abs. 2 vor, dass der Gewinnanteil eines Kommanditisten (der nach § 168 zu ermitteln ist) seinem Kapitalanteil nur so lange auf dem Kapitalkonto gutzuschreiben ist, bis der **Betrag der „bedungenen Einlage"** erreicht ist. Damit ist die sog. Pflichteinlage gemeint, d.h. der in einem Geldbetrag angegebene Wert, mit dem sich der Kommanditist nach dem Gesellschaftsvertrag an der Gesellschaft beteiligen soll. Die Pflichteinlage ist von der **Haftsumme** (§ 171 Rn. 6 ff.) zu unterscheiden, die den im Handelsregister (§ 162 Abs. 1) einzutragenden Betrag bezeichnet, der für die Außenhaftung (§§ 171 f.), nicht aber für § 167 Abs. 2 maßgeblich ist[1]. Die gesetzliche Regelung führt dazu, dass der Kapitalanteil des Kommanditisten (anders als der eines persönlich haftenden Gesellschafters, §§ 120 Abs. 2, 161 Abs. 2) nicht über eine bestimmte Obergrenze hinaus anwachsen kann. Zu einer Zuschreibung anfallender Gewinne i.S.d. § 120 Abs. 2 auf dem variablen Kapitalkonto kommt es also erst gar nicht, wenn die Pflichteinlage vollständig geleistet und nicht durch Verluste oder Auszahlungen abgeschrieben wurde. Die Verzinsung des variablen Kapitalkontos bedarf der Vereinbarung[2].

3. Sonderkonten

Die Gutschriftbegrenzung hat jedoch keine Einschränkung der Gewinnrechte des Kommanditisten aus § 168 zur Folge. Sie führt nur dazu, dass der nicht mehr gutzuschreibende Gewinn zugunsten des Kommanditisten auf einem anderen – vom Gesetz zwar nicht erwähnten, aber vorausgesetzten – Konto zu buchen ist[3]. Ein solches Konto wird vielfach als **Privatkonto** (oder auch Verrechnungskonto, Darlehenskonto, Sonderkonto) bezeichnet; ein Gesellschafter kann je nach der darin erfassten Rechtsbeziehung auch mehrere weitere Konten dieser Art außer dem Kapitalkonto bei der Gesellschaft unterhalten. Vielfach treffen die Gesellschaftsverträge Regelungen über die Behandlung der Sonderkonten und der Geltendmachung von Ansprüchen daraus. Soweit nichts anderes vereinbart ist, ist der positive Saldo des Privat-

---

1 *Ebenroth/Boujong/Joost/Strohn/Weipert*, § 167 Rn. 3 und 7; MünchKommHGB/ *Grunewald*, § 167 Rn. 13; *Baumbach/Hopt*, § 164 Rn. 2.
2 *Baumbach/Hopt*, § 164 Rn. 2.
3 MünchKommHGB/*Grunewald*, § 167 Rn. 16; *Baumbach/Hopt*, § 167 Rn. 3; *Ebenroth/Boujong/Joost/Strohn/Weipert*, § 167 Rn. 10.

kontos jederzeit verfügbar und durch Gesellschaftergläubiger pfändbar (vgl. auch § 120 Rn. 16). Die Forderung aus dem Privatkonto kann grundsätzlich auch dann geltend gemacht werden, wenn das Kapitalkonto negativ wird, soweit dies nicht gegen die Treuepflicht verstößt. Im Falle der Insolvenz ist der Kommanditist mit der Forderung aus dem Privatkonto Insolvenzgläubiger[1]. Die Unwandlung eines Guthabens zu Kapitalanteilen bzw. in eine Darlehensforderung mit Kündigungsfristen setzt einen zumindest konkludenten Vertrag voraus[2]. Die Verzinsung des Privatkontos bedarf ebenfalls der Vereinbarung[3].

IV. Verlustbeteiligung des Kommanditisten

12 Entfallen Verlustanteile auf den Kommanditisten, so werden sie wie beim persönlich haftenden Gesellschafter nach den §§ 161 Abs. 2, 120 Abs. 2 von seinem Kapitalanteil auf dem variablen Kapitalkonto abgeschrieben. § 167 Abs. 3 darf dabei nicht dahin missverstanden werden, dass der Kommanditist am Verlust nicht über die Aufzehrung seines Kapitalanteils hinaus teilnehme. Ein Verlustanteil ist dem Kapitalkonto vielmehr auch dann zu belasten, wenn sich dadurch ein negativer Kapitalanteil ergibt[4]. Insofern ist auch steuerrechtlich die Möglichkeit eines negativen Kapitalanteils durch § 15a EStG anerkannt, wobei § 15a EStG dem negativen Kapitalkonto die Wirkung eines Verlustvortrags verleiht. § 167 Abs. 3 hat allein die Bedeutung, dass den Kommanditisten über die Pflichteinlage hinaus keine Nachschusspflicht trifft[5], er also einen negativ gewordenen Kapitalanteil auch nicht anlässlich seines Ausscheidens oder in der Liquidation der Gesellschaft auffüllen muss[6]; dies gilt auch dann, wenn ihn i.Ü. eine Außenhaftung gemäß den §§ 171, 172 trifft[7]. Die Verluste treffen dann vielmehr allein die Komplementäre[8]. Der Kommanditist darf bei einer verlustbedingten Herabminderung seines Kapitalkontos unter den Betrag der Pflichteinlage lediglich über in der Folgezeit anfallende Gewinnanteile nicht frei verfügen; diese müssen nach § 169 Abs. 1 S. 2 Hs. 2 zur Wiederauffüllung des Kapitalanteils seinem Kapitalkonto gutgeschrieben werden[9]. Teile der Literatur halten aus bilanzrechtlichen Erwägungen – namentlich zur Kenntlichmachung des Verrechnungsvolumens der KG gegen den Kommanditisten – ein auf der Aktiv-

---

1 MünchKommHGB/*Grunewald*, § 167 Rn. 16.
2 *Baumbach/Hopt*, § 167 Rn. 7.
3 OLG Hamm v. 14.6.1999 – 8 U 177/96, NZG 2000, 252, 253 f. (für Gewinnunabhängige Verzinsung); *Baumbach/Hopt*, § 167 Rn. 3.
4 BFH v. 10.11.1980 – GrS 1/79, DB 1981, 557; *Schlegelberger/Martens*, § 167 Rn. 13; MünchKommHGB/*Grunewald* § 167 Rn. 15.
5 BGH v. 13.12.1982 – II ZR 282/81, BGHZ 86, 122, 126; *Ebenroth/Boujong/Joost/Strohn/Weipert*, § 167 Rn. 4.
6 BGH v. 23.10.1985 – IVb ZR 62/84, WM 1986, 234, 235; MünchKommHGB/*Grunewald*, § 167 Rn. 15; *Baumbach/Hopt*, § 167 Rn. 5.
7 Vgl. dazu *K. Schmidt*, DB 1995, 1381, 1382.
8 BGH v. 13.12.1982 – II ZR 282/81, BGHZ 86, 122, 126; *Ebenroth/Boujong/Joost/Strohn/Weipert*, § 167 Rn. 12.
9 MünchKommHGB/*Grunewald*, § 167 Rn. 15.

seite der Bilanz zu errichtendes **gesondertes Verlustvortragskonto** als zwingenden Gegenposten zum Eigenkapitalausweis für erforderlich[1]. Sinnvoll ist dies in jedem Fall aber schon zur Vermeidung einer (versehentlichen) Einlagenrückgewähr bevor ein Verlust ausgeglichen ist, um nicht die Rechtsfolge des § 172 Abs. 4 auszulösen.

V. Abweichende Vertragsregelungen

In den Gesellschaftsverträgen finden sich vielfach abweichende Bestimmungen: 13

1. Feststellung des Jahresabschlusses

Der Gesellschaftsvertrag kann Regelungen zur Feststellung des Jahresabschlusses treffen[2]. Hiervon wird in der KG u.a. durch Übertragung der Aufgabe auf einen **Beirat** (§ 161 Rn. 74) Gebrauch gemacht. Zum Ausweis des Jahresergebnisses im Jahresabschluss, insbesondere zur Bildung stiller Reserven und offener Rücklagen vgl. § 120 Rn. 9 f. 14

2. Gewinn- und Verlustbeteiligung

a) Regelungen zur Gewinnbeteiligung

Gesellschaftsverträge enthalten häufig vom Gesetz abweichende Grundsätze über die Behandlung der auf einen Gesellschafter entfallenden Gewinn- und Verlustanteile[3]. Hier können Komplementäre und Kommanditisten hinsichtlich der **Gewinngutschriften** gleichgestellt werden, indem z.B. für die Kommanditisten die Obergrenze des § 167 Abs. 2 abbedungen wird[4]. Umgekehrt kann auch für den Komplementär eine Obergrenze festgesetzt oder – was sehr häufig ist – für alle Gesellschafter **feste Kapitalanteile** vorgesehen werden[5]. Diese sind dann auf einem für jeden Gesellschafter eingerichteten festen Kapitalkonto (Kapitalkonto I) bis zur maximalen Höhe der Pflichteinlage zu buchen. An diese – ohne Änderung des Gesellschaftsvertrags – unveränderliche Einlage knüpft regelmäßig die Gewinnbeteiligung und das Stimmrecht an[6]. Gewinn- und Verlustanteile, Entnahmen usw. sind dann auf **Sonderkonten** – häufig als Kapitalkonto II bezeichnet – zu buchen, die dann ebenfalls Kapitalkontoqualität haben (vgl. dazu § 120 Rn. 15, 16 f.). Eine noch nicht geleistete (aber eingeforderte)[7] Einlage eines Gesellschafters 15

---

1 *Ebenroth/Boujong/Joost/Strohn/Weipert*, § 167 Rn. 19 (m.w.N.).
2 *Baumbach/Hopt*, § 167 Rn. 6.
3 MünchKommHGB/*Grunewald* § 167 Rn. 18.
4 BGH v. 23.1.1967 – II ZR 58/65, WM 1967, 317, 318; MünchKommHGB/*Grunewald*, § 167 Rn. 17; *Baumbach/Hopt*, § 167 Rn. 7.
5 Siehe z.B. RGZ 128, 172, 175; MünchKommHGB/*Grunewald*, § 167 Rn. 18.
6 MünchKommHGB/*Grunewald*, § 167 Rn. 18.
7 Dazu *Ebenroth/Boujong/Joost/Strohn/Weipert*, § 167 Rn. 8.

wird auf einem solchen Konto vermerkt[1]. Eine Abdingung der Obergrenze des § 167 Abs. 2 kann sich etwa für den Erben eines persönlich haftenden Gesellschafters, der als Kommanditist in die Gesellschaft einrückt, im Wege einer Vertragsauslegung ergeben[2]. Soll ein stehengelassener Gewinn (Kapitalkonto II) künftig als Darlehen behandelt werden – die Unterscheidung hat besonders im Insolvenzfall und bei der Verfügbarkeit Relevanz –, bedarf es dazu eines Vertrags (Rn. 11). Die einvernehmliche Buchung auf ein gesondertes **Darlehenskonto** (Privatkonto, vgl. Rn. 11) ist Indiz für einen solchen Vertragsschluss[3]. Allerdings entscheidet nicht die Buchung auf einem Konto über den Charakter als Beteiligungs- oder Forderungsrecht des Gesellschafters, sondern die vertragliche Vereinbarung, die durch Auslegung zu ermitteln is[4] (vgl. § 120 Rn. 17). Gesellschaftsvertraglich kann auch der Errichtung eines (gemeinschaftlichen) **Rücklagekontos** bedungen werden, auf dem Gewinne zugunsten des wirtschaftlichen Fortbestands durch Schaffung eines Risikopolsters der Gesellschaft thesauriert werden[5] (vgl. § 168 Rn. 23).

b) Regelungen zur Verlustbeteiligung

16 Eine Gleichstellung von Komplementären und Kommanditisten kann auch für die Verlustbeteiligung durch Abdingung des § 167 Abs. 3 oder Vereinbarung einer Pflicht der Kommanditisten zur Verlustabdeckung vorgesehen werden. Eine Abrede, die auf eine Nachschusspflicht hinausläuft, muss aber eindeutig sein[6]. Dieses Erfordernis besteht gleichermaßen, wenn – wie oft – eine Beteiligung einer (nur als Steuerungsinstrument ausgestalteten) **Komplementär-GmbH** am Verlust ausgeschlossen wird und sie von der Haftung für die Gesellschaftsverbindlichkeiten im Innenverhältnis freigestellt wird; dies setzt eine klare Abdingung des § 167 Abs. 3 voraus[7].

3. Sonderkonten

17 Wegen der vielfältigen Möglichkeiten zur Einrichtung von Sonderkonten und zu deren Funktionen vgl. Rn. 9 und 11 sowie § 120 Rn. 16 f.

---

1 Die ausstehende eingeforderte Pflichteinlage kann auch auf der Aktivseite ausgewiesen werden (wie für Kapitalgesellschaften nach § 272 Abs. 1 S. 2); darauf näher eingehend *Ebenroth/Boujong/Joost/Strohn/Weipert*, § 167 Rn. 7 m.w.N.
2 BGH v. 23.1.1967 – II ZR 58/65, WM 1967, 317, 318.
3 *Baumbach/Hopt*, § 167 Rn. 7.
4 OLG Köln v. 10.1.2000 – 22 U 139/99, ZIP 2000, 1726, 1727 f.
5 *Ebenroth/Boujong/Joost/Strohn/Weipert*, § 167 Rn. 20; MünchKommHGB/*Grunewald*, § 167 Rn. 20.
6 BGH v. 27.9.1982 – II ZR 241/81, WM 1982, 1311, 1312.
7 Vgl. BGH v. 28.11.1994 – II ZR 240/93, ZIP 1995, 115, 116 f.; auch OLG Karlsruhe v. 25.11.1981 – 6 U 14/81, WM 1982, 340, 342; *Schlegelberger/Martens*, § 167 Rn. 19; *Staub/Schilling*, § 167 Rn. 6; siehe hierzu auch *K. Schmidt*, DB 1995, 1381, 1382 ff.

§ 168
Gewinn- und Verlustverteilung

(1) Die Anteile der Gesellschafter am Gewinne bestimmen sich, soweit der Gewinn den Betrag von vier vom Hundert der Kapitalanteile nicht übersteigt, nach den Vorschriften des § 121 Abs. 1 und 2.

(2) In Ansehung des Gewinns, welcher diesen Betrag übersteigt, sowie in Ansehung des Verlustes gilt, soweit nicht ein anderes vereinbart ist, ein den Umständen nach angemessenes Verhältnis der Anteile als bedungen.

Übersicht

	Rn.		Rn.
I. Vorabausschüttung	1	III. Abweichende Vertragsbestimmungen	
II. **Verteilung des sonstigen Jahresergebnisses**		1. Bedürfnis für vertragliche Regelungen	17
1. Abweichung von § 121 Abs. 3	5	2. Tätigkeitsvergütungen	18
2. Angemessenheit der Ergebnisverteilung		3. Sonstige Regelungen der Ergebnisverteilung	
a) Gesetzliche Generalklausel	6	a) Maßgeblichkeit der Kapitalanteile	20
b) Verlustverteilung	13	b) Ausschüttung fester Beträge	21
3. Gerichtliche Entscheidung	14	c) Erhöhung von Kapitalanteilen	22
4. Steuerrechtliche Angemessenheit		d) Rücklagenbildung	23
a) Familiengesellschaften	15	4. Ausschluss des Komplementärs von der Ergebnisbeteiligung	24
b) GmbH & Co. KG	16	5. Vertragsänderungen	25

Schrifttum: Vgl. die Angaben zu § 121.

I. Vorabausschüttung

§ 168 Abs. 1 sieht zunächst – wie § 121 Abs. 1, 2 für die OHG – eine Vorabausschüttung aus dem Jahresgewinn, soweit dieser dafür ausreicht, in Höhe von **4 % der Kapitalanteile** eines jeden Gesellschafters vor (§ 121 Rn. 2). Bleibt der Jahresgewinn dahinter zurück, so wird die Ausschüttung entsprechend gekürzt. 1

Die Regelung bedeutet, dass ein Gesellschafter mit einem **negativen Kapitalanteil** keinen Anspruch auf eine Vorabdividende haben kann[1], ebenso wenig auch ein Gesellschafter, der noch keine Einlage geleistet hat[2]. Spiegelbildlich hat ein Gesellschafter, dessen Kapitalanteil negativ geworden ist, keine Sollzinsen zu erbringen, weil er zum Verlustausgleich nicht verpflichtet ist[3]. 2

---

1 *Ebenroth/Boujong/Joost/Strohn/Weipert*, § 168 Rn. 4; *Baumbach/Hopt*, § 168 Rn. 1.
2 *Schlegelberger/Martens*, § 168 Rn. 5.
3 *Ebenroth/Boujong/Joost/Strohn/Weipert*, § 168 Rn. 4.

Eine derartige Verzinsung käme einer Nachschusspflicht gleich, die gesellschaftsvertraglich ausdrücklich geregelt sein muss. Bei einer unberechtigten Entnahme kommt jedoch eine Verzinsungspflicht aus §§ 111, 162 Abs. 2 in Betracht.

3 Da der Kapitalanteil eines Kommanditisten dann, wenn die gesetzliche Regelung in § 167 Abs. 2 nicht abbedungen ist, nicht über den Betrag der Pflichteinlage anwachsen kann (§ 167 Rn. 10), kann auch die Vorabausschüttung für ihn nie auf eine Größenordnung von mehr als 4 % der Pflichteinlage ansteigen.

4 **Veränderungen des Kapitalanteils** im Laufe des Geschäftsjahres sind wie in § 121 Abs. 2 zu berücksichtigen[1]. Entsprechendes müsste auch für einen erst im Laufe des Jahres eintretenden Kommanditisten gelten, so auch für den Nacherben, der einen Vorerben (dessen Rechtsnachfolger er aber nicht ist) ablöst[2].

II. Verteilung des sonstigen Jahresergebnisses

1. Abweichung von § 121 Abs. 3

5 Ein den Betrag von 4 % für die Kapitalanteile übersteigender Gewinn wird für die Gesellschafter nicht – wie bei der OHG im Zweifel gemäß § 121 Abs. 3 – nach Köpfen, sondern nach anderen Maßstäben der Angemessenheit verteilt (§ 168 Abs. 2). Die Abweichung gegenüber dem Recht der OHG erklärt sich aus der Unterschiedlichkeit der Gesellschaftergruppen in der KG.

2. Angemessenheit der Ergebnisverteilung

a) Gesetzliche Generalklausel

6 Das Gesetz beschränkt sich für die Verteilung des übersteigenden Gewinns und eines Verlustes darauf, dass bei Fehlen vertraglicher Verteilungsregelungen „ein den Umständen nach **angemessenes Verhältnis** der Anteile" gelten soll. Zur Ausfüllung der sehr allgemein gehaltenen Wertung müssen alle in Betracht kommenden Umstände des jeweiligen Gesellschaftsverhältnisses berücksichtigt werden[3]. Für die ergänzende Gewinnverteilung können dabei folgende Gesichtspunkte eine Rolle spielen:

7 Zugunsten der Komplementäre kann das auf sie entfallende größere Risiko wegen ihrer **unbeschränkten Haftung** (§ 128) veranschlagt werden, das Anlass zur Gewährung eines **Gewinnvoraus** geben wird[4]. Interne Verlustfreistellungen des Komplementärs oder Bürgschaftsübernahmen durch den Kommanditisten können aber zu anderen Bewertungen führen. Unter dem

---

1 *Baumbach/Hopt*, § 168 Rn. 1.
2 Dazu BGH v. 24.6.1982 – II ZR 161/81, WM 1982, 709, 710.
3 BGH v. 22.3.1956 – II ZR 200/54, WM 1956, 1062, 1064.
4 *Baumbach/Hopt*, § 168 Rn. 2.

Gesichtspunkt des Haftungsrisikos ist es angemessen, einer natürlichen Person eine höhere Vergütung zu gewähren als einer juristischen Person[1].

Für die Pflicht zur Führung der Geschäfte kann eine aus dem Gewinn zu zahlende **Tätigkeitsvergütung** anzuerkennen sein. Dies kommt auch für Kommanditisten zum Zuge, denen Aufgaben der Geschäftsführung übertragen sind[2]. Anders liegt es dagegen, wenn einem geschäftsführenden Gesellschafter eine gewinnunabhängige Vergütung zugesagt ist.

8

Von Bedeutung kann sodann sein, ob und in welchem Umfang ein Gesellschafter einem **Wettbewerbsverbot** und damit Einschränkungen in seinen Erwerbsmöglichkeiten außerhalb der Gesellschaft unterliegt.

9

Ein weiterer relevanter Umstand kann sich daraus ergeben, dass etwa bestimmte Gesellschafter in besonderer Weise das **Kapital** der Gesellschaft aufgebracht und damit maßgeblich die Voraussetzungen für ihr Tätigwerden geschaffen haben.

10

Der Verteilungsschlüssel kann ferner durch das **Verhältnis der Beteiligung** der Komplementäre **am Ertrag** einerseits zu derjenigen der Kommanditisten auf der anderen Seite beeinflusst sein[3].

11

Soweit die in Betracht kommen Gesichtspunkte (die je nach den konkreten Besonderheiten einen durchaus unterschiedlichen Stellenwert haben können) berücksichtigt sind, wird im Übrigen eine Gewinnverteilung entsprechend den **Kapitalanteilen** (nicht aber nach Köpfen) in Betracht kommen[4].

12

b) Verlustverteilung

Die Verteilung von Verlusten wird sich in manchem an **vergleichbaren Grundsätzen** ausrichten. Doch muss es nicht so sein, dass nur eine spiegelbildliche Lösung zur Gewinnverteilung in Betracht kommt. So lässt sich etwa für einen dem Gewinnvoraus als Tätigkeitsvergütung entsprechenden Verlustvoraus keine Rechtfertigung erkennen[5]. Für eine Verlustverteilung erscheint es im Regelfall noch eher als beim Gewinn angemessen, auf die jeweiligen Kapitalanteile abzustellen, erst recht in Fällen einer kapitalistischen Binnenstruktur der Gesellschaft[6]. Gegen eine Schlechterstellung der Komplementäre gegenüber den Kommanditisten wegen des den ersteren zukommenden Einflusses auf die Geschäftsführung und die sich daraus ergebenden Verantwortlichkeit spricht auch, dass die Verlustbeteiligung der Kommanditisten sich auf die Aufzehrung der Pflichteinlage beschränkt und

13

---

1 MünchKommHGB/*Grunewald*, § 168 Rn. 3.
2 *Ebenroth/Boujong/Joost/Strohn/Weipert*, § 168 Rn. 8.
3 BGH v. 15.6.1978 – II ZR 146/77, WM 1978, 1230, 1231.
4 MünchKommHGB/*Grunewald*, § 168 Rn. 4.
5 *Schlegelberger/Martens*, § 168 Rn. 10.
6 *Baumbach/Hopt*, § 168 Rn. 3; a.A. *Ebenroth/Boujong/Joost/Strohn/Weipert*, § 168 Rn. 12; differenzierend MünchKommHGB/*Grunewald*, § 168 Rn. 5.

hierüber hinausgehende Verluste von ihnen nicht ausgeglichen werden müssen (§ 167 Rn. 12). Das insofern verminderte Verlustrisiko rechtfertigt es daher im Ergebnis regelmäßig nicht, die Kommanditisten bei der Verlustaufteilung besser als die Komplementäre zu behandeln[1].

3. Gerichtliche Entscheidung

14 Entsteht Streit über die Verteilung von Gewinn und Verlust, müssen die Gesellschafter ihn durch Leistungs- oder Feststellungsklage austragen. Einer Feststellungsklage würde wegen der für die Rechnungslegung maßgeblichen Perioden (jährliche Rechnungslegung nach § 120 Abs. 1) – zeitlich abgegrenzt durch die jeweiligen Bilanzstichtage – nicht das abstrakte Feststellungsinteresse fehlen[2]. Gerichtet ist die Feststellungsklage darauf, dass der Gewinn auch in den folgenden Geschäftsjahren nach einem bestimmten Schlüssel zu verteilen ist[3]. Im Klageverfahren ist dabei nicht die Gesellschaft selbst Partei[4], sondern der klagende Gesellschafter muss die Klage gegen die Mitgesellschafter richten[5]. Es müssen also alle Gesellschafter auf der Aktiv- oder auf der Passivseite beteiligt werden, wobei die jeweils auf einer Seite stehenden Gesellschafter notwendige Streitgenossen sind[6]. Das Gericht muss bei seiner Entscheidung alle in Betracht kommenden Umstände umfassend würdigen und bewerten. Die festzustellende Angemessenheit der Verteilung liegt dabei auf tatrichterlichem Gebiet[7].

4. Steuerrechtliche Angemessenheit

a) Familiengesellschaften

15 Unberührt von § 168 bleibt die steuerrechtliche Angemessenheitskontrolle, die bei Familiengesellschaften überprüft, ob die **Gewinnverteilung** auf der Gesellschafterstellung begünstigter Angehöriger beruht oder ob es sich um Bezüge aus dem Privatbereich handelt[8]. Namentlich bei unentgeltlichem Anteilserwerb gelten besondere Begrenzungen[9].

b) GmbH & Co. KG

16 Korrekturen unterliegt ggf. auch die Gewinnverteilung in der GmbH & Co. KG, bei der ein unangemessen niedriger Gewinnanteil der GmbH als ver-

---

1 *Schlegelberger/Martens*, § 168 Rn. 10 f.
2 *Baumbach/Hopt*, § 168 Rn. 2.
3 MünchKommHGB/*Grunewald*, § 168 Rn. 6.
4 BGH v. 17.12.1973 – II ZR 124/72, WM 1974, 177, 178.
5 MünchKommHGB/*Grunewald*, § 168 Rn. 6; *Ebenroth/Boujong/Joost/Strohn/Weipert*, § 168 Rn. 28.
6 *Ebenroth/Boujong/Joost/Strohn/Weipert*, § 168 Rn. 28.
7 BGH v. 22.3.1956 – II ZR 200/54, WM 1956, 1062, 1064.
8 BFH v. 29.5.1972 – Gr.S. 4/71, DB 1972, 2092; siehe dazu auch *Bormann/Hellberg*, DB 1997, 2415, 2421; *Ebenroth/Boujong/Joost/Strohn/Weipert*, § 168 Rn. 22 ff.
9 Vgl. BFH v. 10.11.1987 – VIII R 166/84, DB 1988, 940; siehe auch *L. Schmidt*, 27. Aufl. 2008, § 15 EStG Rn. 740 ff.

deckte Gewinnausschüttung an die Kommanditisten zu einer abweichenden Gewinnzurechnung führen kann[1].

III. Abweichende Vertragsbestimmungen

1. Bedürfnis für vertragliche Regelungen

Angesichts der Unbestimmtheit der im Gesetz enthaltenen Angemessenheitsregel sind vertragliche Bestimmungen der Gesellschafter sinnvoll und üblich[2]. Zum Teil ergeben sich Verteilungsregeln auch aus sonstigen Vertragsabreden. So soll nach § 722 Abs. 2 BGB dann, wenn nur die Gewinnbeteiligung oder nur die Verlustbeteiligung im Vertrag festgelegt ist, die getroffene Bestimmung im Zweifel für beide Möglichkeiten gelten[3]. Der Vertragsinhalt kann aber auch etwas hiervon Abweichendes ergeben[4]. Er kann für die Gewinnverteilung auch an die Steuerbilanz anknüpfen[5].

17

2. Tätigkeitsvergütungen

Hier finden sich häufig Regelungen über **Vorausgewinne**, aber auch feste, ggf. sogar ganz **gewinnunabhängige Vergütungen** für die Führung der Geschäfte. Diese Vergütungen können auch dazu führen, dass ein handelsrechtlicher Gesamthandsverlust entsteht, weil diese Vereinbarungen zu Lasten des Gewinns gebucht werden. Ein dadurch entstehender Verlust ist nach den üblichen Bedingungen unter den Gesellschaftern zu verteilen[6]. Steuerrechtlich sind diese Vergütungen jedoch regelmäßig als Sonderbetriebseinnahmen in einer für den Gesellschafter zu führenden Sondergewinnermittlung zu erfassen, weil das Steuerrecht Rechtsbeziehungen zwischen der Gesellschaft und den Gesellschaftern nicht in gleichem Maße anerkennt wie das Zivilrecht.

18

Ein im Gesellschaftsvertrag einer OHG bei gleicher Gewinnbeteiligung der Gesellschafter nicht vorgesehener Anspruch auf eine Tätigkeitsvergütung kann bei Einrücken eines Kommanditisten in die Gesellschaft zugunsten der verbleibenden Vollhafter als gewollt angesehen werden; der Kommanditist kann nicht erwarten, den verbliebenen Komplementären in der Gewinnverteilung gleichgestellt zu bleiben[7].

19

---

1 BFH v. 15.11.1967 – IV R 139/67, DB 1968, 334; BFH v. 3.2.1977 – IV R 122/73, DB 1977, 846.
2 *Ebenroth/Boujong/Joost/Strohn/Weipert*, § 168 Rn. 2, 13.
3 *Ebenroth/Boujong/Joost/Strohn/Weipert*, § 168 Rn. 13.
4 Vgl. RGZ 169, 105, 108 f.; RG WarnRspr 1934 Nr. 141.
5 BGH v. 11.11.1985 – II ZR 35/85, WM 1986, 355 f.
6 *Ebenroth/Boujong/Joost/Strohn/Weipert*, § 168 Rn. 14.
7 BGH v. 15.6.1978 – II ZR 146/77, WM 1978, 1230, 1231; vgl. allgemein zur Angemessenheit einer Gewinnbevorzugung für einen als Vollhafter einrückenden Gesellschafter auch BGH v. 4.7.1977 – II ZR 91/76, WM 1977, 1140.

3. Sonstige Regelungen der Ergebnisverteilung

a) Maßgeblichkeit der Kapitalanteile

20 Weithin üblich ist es, Gewinn und Verlust entsprechend dem **Verhältnis der Kapitalanteile** zu verteilen. Wegen der hierbei u.U. auftretenden Fragen vgl. § 121 Rn. 5 ff.

b) Ausschüttung fester Beträge

21 Möglich sind auch Vereinbarungen über die Ausschüttung ergebnisunabhängiger fester Beträge, auch in Form einer Verzinsung, auf die Kapitalanteile. Hier kommen insbesondere Tätigkeitsvergütungen (§ 169 Rn. 21) in Betracht.

c) Erhöhung von Kapitalanteilen

22 Zu den Konsequenzen einer etwa gesellschaftsvertraglich zugelassenen Erhöhung des Kapitalanteils für einen Gesellschafter, durch die sich die Gewinnanteile unangemessen verändern können, vgl. § 121 Rn. 6.

d) Rücklagenbildung

23 Möglich sind ferner Regelungen, nach denen der festgestellte Jahresgewinn nur teilweise verteilt und im Übrigen **in Rücklagen eingestellt** werden soll (§ 167 Rn. 15). Der nicht verteilte Gewinn kann aber auch im Zusammenhang mit einer Beschränkung des Auszahlungsanspruchs auf den Kapitalkonten der Gesellschafter verbucht werden. Zu den hier im Falle einer Mehrheitsentscheidung geltenden Erfordernissen vgl. § 121 Rn. 7.

4. Ausschluss des Komplementärs von der Ergebnisbeteiligung

24 In Betracht kommt auch ein völliger Ausschluss eines Gesellschafters vom Gewinn und vom Verlust. Bei der GmbH & Co. KG, in der die GmbH nur die Geschäfte führt, ist deren Ausschluss vom Jahresergebnis die Regel. Verluste sind dann nur unter den Kommanditisten zu verteilen. Doch führt dies allein noch nicht zu einer Verlustabdeckungspflicht (§ 167 Rn. 12). Es bleibt mangels einer solchen Pflicht vielmehr bei einer Verlustteilnahme bis zur Grenze des § 167 Abs. 3.

5. Vertragsänderungen

25 Da Änderungen der Gewinn- und Verlustverteilung Änderungen des Gesellschaftsvertrages sind, müssen die dafür geltenden Erfordernisse gewahrt werden. Eine für Vertragsänderungen zugelassene Mehrheitsentscheidung deckt eine Abänderung des Verteilungsschlüssels nur ab, wenn dem **Bestimmtheitsgrundsatz** (§ 119 Rn. 17 ff.) genügt ist (vgl. § 121 Rn. 9).

§ 169
Gewinnauszahlungsanspruch

(1) § 122 findet auf den Kommanditisten keine Anwendung. Dieser hat nur Anspruch auf Auszahlung des ihm zustehenden Gewinns; er kann auch die Auszahlung des Gewinns nicht fordern, solange sein Kapitalanteil durch Verlust unter den auf die bedungene Einlage geleisteten Betrag herabgemindert ist oder durch die Auszahlung unter diesen Betrag herabgemindert werden würde.

(2) Der Kommanditist ist nicht verpflichtet, den bezogenen Gewinn wegen späterer Verluste zurückzuzahlen.

Übersicht

	Rn.		Rn.
I. Kein Entnahmerecht des Kommanditisten		**III. Keine Gewinnrückzahlung bei späteren Verlusten**	
1. Entnahmerecht nur für Komplementäre	1	1. Voraussetzung: Bezogener Gewinn	
2. Ausnahme: Steuerentnahmerecht des Kommanditisten	2	a) Tatbestand des Gewinnbezugs	14
		b) Maßgeblicher Zeitpunkt	15
II. Anspruch auf Gewinnauszahlung		2. Rückzahlungspflicht aus anderen Gründen	
1. Gewinnanteil als Voraussetzung	3	a) Verstoß gegen § 169 Abs. 1 S. 2; unrichtiger Jahresabschluss	16
2. Auszahlungsbeschränkungen		b) Geltung von § 172 Abs. 5?	17
a) Ausschlusstatbestand in § 169 Abs. 1 S. 2	4	**IV. Abweichende vertragliche Regelungen**	18
b) § 122 und Treuepflicht	10	1. Bereiche der Regelungsmöglichkeiten	
c) Wegfall beim nächsten Jahresabschluss?	11	a) Rücklagen, Darlehensvereinbarungen	19
3. Durchsetzung des Anspruchs		b) Entnahmen	20
a) Anspruchsgegner	12	c) Tätigkeitsvergütungen	21
b) Entnahmerecht bei Geschäftsführungsbefugnis	13	d) Steuerentnahmerecht	22
		e) Gesellschafternachfolge in einen Vollhafteranteil	23
		2. Gewinnverwendungsbeschlüsse und Vertragsänderungen	24

Schrifttum: Vgl. außer den Angaben zu § 122: *K. Schmidt*, Der gutgläubige Empfang von Scheingewinnen und die Kapitalsicherung im Aktienrecht, im Recht der GmbH und im Kommanditgesellschaftsrecht, BB 1984, 1588; *Weimar*, Der nicht abgerufene Gewinn des Kommanditisten und des stillen Gesellschafters, DB 1978, 285.

I. Kein Entnahmerecht des Kommanditisten

1. Entnahmerecht nur für Komplementäre

1 Während das (ergebnisunabhängige) Entnahmerecht (§ 122 Rn. 1 ff.) des OHG-Gesellschafters aus § 122 auch für den persönlich haftenden Gesellschafter in der KG besteht (§ 161 Abs. 2), schließt das – allerdings auch hier dispositive – Gesetz dies für den Kommanditisten aus. Es gewährt dem Kommanditisten lediglich einen Anspruch auf Gewinnauszahlung[1], schränkt diesen aber in § 169 Abs. 1 S. 2 Hs. 2 wieder ein. Unter **Gewinnauszahlung** ist entweder die tatsächliche Auszahlung des Gewinns in Geld oder Geldeswert oder aber die Gutschrift auf dem bei der Gesellschaft für den Kommanditisten geführten Privatkonto (§ 167 Rn. 11 und 15) zu verstehen (Rn. 14). § 169 zeigt auf, unter welchen Voraussetzungen ein Gewinnauszahlungsanspruch entsteht (§ 169 Abs. 1) und wann ein Kommanditist eine solche Auszahlung, ohne der Gefahr eines bereichungsrechtlichen Anspruchs (Rn. 16) ausgesetzt zu sein, behalten darf (§ 169 Abs. 2).

2. Ausnahme: Steuerentnahmerecht des Kommanditisten

2 Unter besonderen Umständen können die Treuebindungen in der Gesellschaft einen Anspruch des Kommanditisten begründen, dass die auf seiner Beteiligung beruhende Steuerpflicht von der Gesellschaft erfüllt wird[2]. Ein solcher Anspruch kommt vor allem in Betracht, wenn dem Kommanditisten nicht zuzumuten ist, die entstehenden Steuern anderweitig aufzubringen. Ein eigenes Entnahmerecht hat der Kommanditist auch dann allerdings nur, wenn er Geschäftsführerkompetenzen hat. Andernfalls ist er auf gleiche Weise wie beim Gewinnauszahlungsanspruch darauf verwiesen, den Anspruch gegenüber der Gesellschaft geltend zu machen (vgl. Rn. 12 f.).

II. Anspruch auf Gewinnauszahlung

1. Gewinnanteil als Voraussetzung

3 Der schuldrechtliche Gewinnauszahlungsanspruch des Kommanditisten gegen die KG entsteht, wenn auf ihn im Zeitpunkt der Feststellung des Jahresabschlusses nach § 168 oder den Bestimmungen des Gesellschaftsvertrages ein Gewinnanteil entfällt[3]. Der Anspruch ist ohne entgegenstehende Vereinbarung sofort fällig[4].

---

[1] *Ebenroth/Boujong/Joost/Strohn/Weipert*, § 169 Rn. 1.
[2] *Barz*, FS Knur, 1972, S. 25, 27.
[3] *Ebenroth/Boujong/Joost/Strohn/Weipert*, § 169 Rn. 3.
[4] MünchKommHGB/*Grunewald*, § 169 Rn. 2.

2. Auszahlungsbeschränkungen

a) Ausschlusstatbestand in § 169 Abs. 1 S. 2

§ 169 Abs. 1 S. 2 Hs. 2 lässt einen Auszahlungsanspruch entfallen, wenn und soweit der Kapitalanteil des Kommanditisten durch in Vorjahren entstandene Verluste unter den Betrag abgesunken ist, der den bisherigen **Einlageleistungen** entspricht. Der Gewinn ist dann zur Wiederauffüllung des Fehlbetrages zu verwenden. 4

Es kommt danach nicht etwa darauf an, ob der Kapitalanteil etwa hinter dem Betrag der Pflichteinlage zurückbleibt, sondern nur darauf, ob er die Summe der bislang auf die Pflichteinlage **tatsächlich erbrachten Einschüsse** nicht mehr erreicht. 5

Des Weiteren führt ein Zurückbleiben des Kapitalanteils hinter den erbrachten Einlageleistungen **nur dann** zu einer **Auszahlungssperre**, wenn der Fehlbetrag durch auf den Kommanditisten entfallende **Verluste** aus Vorjahren entstanden ist, nicht aber, wenn die Verminderung auf anderen Gründen beruht, z.B. auf einer gestatteten Entnahme[1]. Unzulässige Entnahmen wären ohnehin nicht zu Lasten des Kapitalanteils zu verbuchen, sondern dem Gesellschafter auf einem Sonderkonto zu belasten; sie begründen dann einen Rückzahlungsanspruch der Gesellschaft[2]. 6

Aus dem Gesagten folgt, dass ein Auszahlungsanspruch **nicht davon abhängig** wäre, dass der Kommanditist **bereits Einlageleistungen** erbracht hat[3]. Auch wenn auf die Pflichteinlage noch nichts geleistet ist, könnte der Kommanditist einen Gewinnanteil grundsätzlich ausgezahlt verlangen, vorausgesetzt sein Kapitalanteil ist nicht durch Verluste negativ geworden (vgl. Rn. 9). 7

Dies lässt allerdings unberührt, dass die Gesellschaft bei Fälligkeit der Einlageforderung mit dieser gegen den Gewinnauszahlungsanspruch **aufrechnen** kann (bzw. bei einer Sacheinlageforderung den Gewinnanteil gemäß § 273 BGB zurückhalten kann)[4]. 8

Hat der Kommanditist noch **keine Einlageleistungen** erbracht und ist sein **Kapitalanteil** durch entstandene Verluste **negativ**, so scheint der Wortlaut des Gesetzes der Auszahlung eines nunmehr anfallenden Gewinnanteils nicht entgegenzustehen. Das entspricht jedoch nicht dem Sinn der Regelung. Denn wenn z.B. später die Einlage voll geleistet wird, verbleibt gleichwohl ein verlustbedingt unter den Einlageleistungen valutierender Kapitalanteil, der einer Auszahlung von Gewinnanteilen entgegenstehen muss. § 169 Abs. 1 S. 2 Hs. 2 muss daher so verstanden werden, dass auch bei Ein- 9

---
1 Differenzierend MünchKommHGB/*Grunewald*, § 169 Rn. 3.
2 *Staub/Schilling*, § 169 Rn. 2.
3 *Baumbach/Hopt*, § 169 Rn. 4.
4 MünchKommHGB/*Grunewald* § 169 Rn. 6; *Baumbach/Hopt*, § 169 Rn. 4.

lageleistungen in „Null-Höhe" in der Folge entstehende Verluste zu einer Auszahlungssperre für sodann nachfolgende Gewinne führen[1].

b) § 122 und Treuepflicht

10 Da § 122 Abs. 1 nach § 169 Abs. 1 nicht anzuwenden ist, wird überwiegend angenommen, dass der Auszahlungsanspruch des Kommanditisten nicht schlechthin entfällt, wenn die Gewinnauszahlung der Gesellschaft zum **offenbaren Schaden** gereicht[2]. Doch bleibt unberührt, dass die gesellschaftliche **Treuepflicht** dem Auszahlungsbegehren entgegenstehen kann, jedoch eine restriktive Handhabung des Grundsatzes geboten erscheint. Der Treuwidrigkeitseinwand zielt dabei insbesondere auf die Verletzung der Zweckförderungspflicht durch den Kommanditisten ab, wenn dieser durch sein Auszahlungsverlangen der KG liquide Mittel entzieht, die diese notfalls durch Fremdkapital finanzieren muss. Dabei ist jedoch zu beachten, dass sich die Zweckförderungspflicht eines Kommanditisten regelmäßig auf die Erbringung der Pflichteinlage begrenzt, so dass die Treuepflicht im Ergebnis den Auszahlungsanspruch u.a. nur dann beschränken kann, soweit der KG infolge eines Liquiditätsverlustes ein dauerhafter Schaden droht[3], namentlich wenn die Auszahlung die Insolvenzreife zur Folge hätte[4]. Der Treueeinwand ist aber nur vorübergehender Natur, denn die Rechte des Minderheitenkommanditisten dürfen nicht dauerhaft ungeschützt sein. Eine Abwägung des Individualinteresses des Kommanditisten an der Auszahlung des Gewinnanteils mit dem Interesse der Gesellschaft an ihrer Erhaltung unterliegt der ständigen Überprüfbarkeit[5]. Dogmatisch begründet die Treuepflicht nach teilweise vertretener Auffassung[6] inhaltlich ein dem § 122 Abs. 1 entsprechendes Auszahlungshindernis. Nach anderen[7] ist dagegen wegen der Unanwendbarkeit von § 122 Abs. 1 zu differenzieren und sind die gegenläufigen Interessen gegeneinander abzuwägen. Hier dürfte die letztere Auffassung vorzuziehen sein.

c) Wegfall beim nächsten Jahresabschluss?

11 Zum Teil ist angenommen worden, entsprechend § 122 Abs. 1 entfalle der Auszahlungsanspruch, wenn er nicht **vor Feststellung des nächsten Jahresabschlusses** geltend gemacht wird (vgl. § 122 Rn. 2). In dieser Allgemeinheit unterliegt dies jedoch Bedenken, da die genannte Vorschrift nicht für Kom-

---

1 *Schlegelberger/Martens*, § 169 Rn. 7; *H. Sudhoff*, Rechte und Pflichten des Kommanditisten, 3. Aufl. 1986, S. 60; MünchKommHGB/*Grunewald* § 169 Rn. 3.
2 So die h.L., grundsätzlich auch RGZ 120, 135, 141.
3 *Ebenroth/Boujong/Joost/Strohn/Weipert*, § 169 Rn. 14; MünchKommHGB/*Grunewald* § 169 Rn. 7; *Baumbach/Hopt*, § 169 Rn. 3.
4 OLG Bamberg v. 17.6.2005 – 6 U 56/04, NZG 2005, 808.
5 OLG Bamberg v. 17.6.2005 – 6 U 56/04, NZG 2005, 808, 809.
6 *Schlegelberger/Martens*, § 169 Rn. 11.
7 Vgl. z.B. *Staub/Schilling*, § 169 Rn. 4.

manditisten gelten soll. Richtigerweise[1] ist ein Gewinn, der nicht dem Kapitalanteil zugeschrieben worden ist, grundsätzlich ohne zeitliche Begrenzung abrufbar, es sei denn, dass die **Treuepflicht** dem Verlangen entgegensteht. Dies kann z.B. so sein, wenn die sofortige Auszahlung erheblicher Gewinnanteile, die sich für den Gesellschafter auf seinem Privatkonto angesammelt haben, die Gesellschaft in Schwierigkeiten brächte.

3. Durchsetzung des Anspruchs

a) Anspruchsgegner

Der Anspruch auf Gewinnauszahlung richtet sich **gegen die Gesellschaft**[2]. Jedoch kommt aus der Gesellschafterbeziehung auch eine Klage gegen die geschäftsführenden Gesellschafter auf Leistung aus dem Gesellschaftsvermögen in Betracht[3]. Wird dagegen nur über die Höhe des Gewinnanteils gestritten, so wäre dies unter den Gesellschaftern auszutragen (§ 168 Rn. 14).

12

b) Entnahmerecht bei Geschäftsführungsbefugnis

Hat der Kommanditist Geschäftsführungskompetenzen, so kann er seinen Anspruch durch Entnahme (§ 122 Rn. 1a) verwirklichen, also im Namen der KG selbst erfüllen[4].

13

III. Keine Gewinnrückzahlung bei späteren Verlusten

1. Voraussetzung: Bezogener Gewinn

a) Tatbestand des Gewinnbezugs

Dass ein zu Recht bezogener Gewinn (ausgezahlt oder auf dem Privatkonto – § 167 Rn. 11, 15 – gutgeschrieben) nicht wegen späterer Verluste wieder zurückgezahlt werden muss, versteht sich ohne weiteres, wird aber vom Gesetz in § 169 Abs. 2 gleichwohl ausdrücklich normiert und kommt auch durch § 167 Abs. 3 zum Ausdruck (§ 167 Rn. 12). Bezogen ist ein Gewinn nicht nur, wenn er dem Kommanditisten **ausgezahlt** ist, sondern auch, wenn er ihm **auf einem Privatkonto gutgeschrieben** wurde[5]. Da die Gutschrift eines Gewinnanteils auf dem Privatkonto eine Verbindlichkeit des Kommanditisten gegenüber der KG begründet, handelt es sich dabei ebenfalls um eine Gewinnauszahlung[6]. Ist hingegen der Gewinn auf dem Kapitalkonto gebucht, geht er wie alle Gutschriften hierauf in den jeweiligen Wert des Ka-

14

---

1 Vgl. *Schlegelberger/Martens*, § 169 Rn. 9 f.; *Staub/Schilling*, § 169 Rn. 5; *Baumbach/Hopt*, § 169 Rn. 5.
2 BGH v. 29.9.1955 – II ZR 66/54, WM 1955, 1585, 1586.
3 RGZ 170, 392, 395 f.
4 MünchKommHGB/*Grunewald*, § 169 Rn. 2.
5 BFH v. 14.7.1976 – II R 79/74, WM 1977, 603; MünchKommHGB/*Grunewald* § 169 Rn. 12; Ebenroth/Boujong/Joost/Strohn/Weipert, § 169 Rn. 11.
6 Ebenroth/Boujong/Joost/Strohn/Weipert, § 169 Rn. 11.

pitalanteils ein und ist insoweit auch Abbuchungen durch spätere Verluste ausgesetzt[1].

b) Maßgeblicher Zeitpunkt

15 Der für den Bezug maßgebliche Zeitpunkt ist der der **Auszahlung** oder der Gutschrift.

2. Rückzahlungspflicht aus anderen Gründen

a) Verstoß gegen § 169 Abs. 1 S. 2; unrichtiger Jahresabschluss

16 Unberührt bleibt die Verpflichtung des Kommanditisten, Gewinnanteile, auf deren Auszahlung er **keinen Anspruch** hatte, zurückzugewähren (Scheingewinne)[2]. Das kann z.B. der Fall sein, wenn die Auszahlung gegen § 169 Abs. 1 S. 2 Hs. 2 verstößt oder wenn der Gewinnanspruch aufgrund einer nachfolgenden Berichtigung des Jahresabschlusses entfällt oder wenn der Jahresabschluss sonst unwirksam ist. Solche an den Kommanditisten ausgezahlten Gewinne werden rechtsgrundlos bezogen. Die KG hat demnach einen bereicherungsrechtlichen Anspruch gegen den Gesellschafter[3].

b) Geltung von § 172 Abs. 5?

17 Streitig ist, ob die Rückzahlungspflicht ausscheidet, wenn der Kommanditist den Gewinn aufgrund eines **in gutem Glauben errichteten Jahresabschlusses** bezogen hat (§ 172 Abs. 5). Die überwiegende Meinung[4] hält den Rückzahlungsanspruch auch dann für gegeben; § 172 Abs. 5 habe nur Geltung im Außenverhältnis. Eine im Vordringen befindliche Meinung[5] will die Vorschrift dagegen auch auf die Innenbeziehungen der Gesellschaft erstrecken. Sie machen geltend, die in § 172 Abs. 5 erstrebte Haftungsfreistellung werde unterlaufen, wenn der Kommanditist gleichwohl intern für den bezogenen Scheingewinn einstehen müsse und insoweit Zugriffen in der Liquidation, in der Insolvenz oder durch einen in den Rückzahlungsanspruch vollstreckenden Gläubiger ausgesetzt sei. Obwohl das Argument nicht von der Hand zu weisen ist, dürfte mehr für eine restriktive Geltung des § 172 Abs. 5 sprechen, da die Vorschrift sonst innergesellschaftlich zu einer Ungleichbehandlung von Komplementären und Kommanditisten führen würde; ohnehin liegt im Übrigen die Deutung nahe, dass es einem Gläubiger durch § 172 Abs. 5 verwehrt sein muss, auf den internen Rückzahlungs-

---

1 BGH v. 23.2.1978 – II ZR 145/76, WM 1978, 342, 343; MünchKommHGB/*Grunewald*, § 169 Rn. 12.
2 *Ebenroth/Boujong/Joost/Strohn/Weipert*, § 169 Rn. 16.
3 BGH v. 12.7.1982 – II ZR 201/81, NJW 1982, 2500 f.; *Wagner*, DStR 2008, 563, 567; *Baumbach/Hopt*, § 169 Rn. 6.
4 Nachw. bei *Schlegelberger/Martens*, § 169 Rn. 16; vgl. auch MünchHdbGesR II/*v. Falkenhausen*, § 22 Rn. 46 f.; *Baumbach/Hopt*, § 169 Rn. 6; § 172 Rn. 9; *Ebenroth/Boujong/Joost/Strohn/Weipert*, § 169 Rn. 16.
5 *K. Schmidt*, BB 1984, 1588, 1592 f.; sowie in *Schlegelberger*, §§ 171, 172 Rn. 93 f.; *Staub/Schilling*, § 172 Rn. 16; MünchKommHGB/*Grunewald*, §§ 171, 172 Rn. 94.

anspruch zurückzugreifen[1]. Im Übrigen ist es den Gesellschaftern aber unbenommen, eine dem § 171 Abs. 5 entsprechende gesellschaftsvertragliche Regelung für die Innenbeziehung aufzunehmen[2].

IV. Abweichende vertragliche Regelungen

§ 169 geht ebenso wie § 122 davon aus, dass anfallende Gewinne grundsätzlich ausgeschüttet werden. Doch kann sich das Bedürfnis ergeben, insbesondere im Interesse der Erhaltung der Kapitalgrundlage der Gesellschaft, Entnahme- und Gewinnauszahlungsansprüche zu beschränken. Hierzu und zu den Grenzen solcher Regelungen vgl. § 122 Rn. 13 ff. Da sich der künftige Finanzierungsbedarf der Gesellschaft und der künftige Entnahmebedarf der Gesellschafter bei Vertragsschluss kaum so vorhersehen lässt, dass für alle Fälle passende Lösungen gefunden werden, ist es oftmals hilfreich, in den Gesellschaftsvertrag auch die Motive für die vereinbarte Lösung aufzunehmen. Auf diese Weise kann u.U. eine Anpassung vorgenommen werden, wenn Wirkung der Lösung und die Motive hierzu auseinanderlaufen.

18

1. Bereiche der Regelungsmöglichkeiten

a) Rücklagen, Darlehensvereinbarungen

In Betracht kommen vor allem Entnahme- oder Auszahlungsbeschränkungen in Form von **Rücklagenbildungen**[3], wobei die auf den einzelnen Gesellschafter entfallenden Anteile an der Rücklage auf dem Kapitalkonto oder auf einem Sonderkonto (Rücklagenkonto) gebucht werden oder der Gesellschaft in anderer rechtlicher Form, insbesondere als **Darlehen**, zur Verfügung gestellt werden (vgl. dazu § 122 Rn. 14). Während auf Darlehenskonten gebuchte Gutschriften selbständige Forderungen gegen die Gesellschaft begründen (dazu § 120 Rn. 16), haben Guthaben auf Rücklagenkonten die Bedeutung von erbrachten Pflichteinlagen[4].

19

b) Entnahmen

Ferner kann im Hinblick auf ein **gewinnunabhängiges Entnahmerecht** die Rechtsstellung der Kommanditisten an die der Komplementäre (§ 122) angeglichen werden und umgekehrt[5]. Wegen der Möglichkeit, feste Beträge ohne Abhängigkeit vom Jahresgewinn auszuschütten, vgl. § 168 Rn. 21. In diesem Zusammenhang darf aber nicht übersehen werden, dass der Kommanditist durch Entnahmehandlungen das der KG zur Verfügung gestellte Eigenkapital mindern kann. Eine solche Eigenkapitalminderung kann zu einer Ein-

20

---

1 Vgl. dazu *Schlegelberger/Martens*, § 169 Rn. 17 f.
2 *Ebenroth/Boujong/Joost/Strohn/Weipert*, § 169 Rn. 17.
3 OLG München v. 30.6.1993 – 7 U 6765/92, NJW-RR 1994, 1057, 1058; *Ebenroth/Boujong/Joost/Strohn/Weipert*, § 169 Rn. 5, 29.
4 *Staub/Schilling*, § 161 Rn. 17.
5 *MünchKommHGB/Grunewald*, § 169 Rn. 9; *Baumbach/Hopt*, § 169 Rn. 7.

lagenrückgewähr nach § 172 Abs. 4 mit der Folge des Wiederauflebens der persönlichen Haftung des Kommanditisten führen[1].

c) Tätigkeitsvergütungen

21 Sind Tätigkeitsvergütungen vorgesehen, so können sie im Allgemeinen entnommen werden (§ 122 Rn. 15).

d) Steuerentnahmerecht

22 Dazu, dass Entnahmebeschränkungen vielfach nicht auf Beträge bezogen werden, die die Gesellschafter **zur Erfüllung** von im Zusammenhang mit ihrer Beteiligung entstehenden **Steuerpflichten** benötigen, vgl. § 122 Rn. 16.

e) Gesellschafternachfolge in einen Vollhafteranteil

23 Ein **als Kommanditist einrückender Rechtsnachfolger** eines persönlich haftenden Gesellschafters kann sich gegenüber einer für den Rechtsvorgänger maßgeblich gewesenen Entnahmebeschränkung nicht ohne weiteres auf den Auszahlungsanspruch aus § 169 Abs. 1 S. 2 berufen, soweit das den Interessen der Gesellschaft an einer ausreichenden Eigenkapitalbildung widersprechen würde[2].

2. Gewinnverwendungsbeschlüsse und Vertragsänderungen

24 Zu möglichen Vertragsbestimmungen, die die Auskehrung des Unternehmensgewinns einer alljährlichen Beschlussfassung der Gesellschafter über die Gewinnverwendung vorbehalten, und zur Einführung von Auszahlungsbeschränkungen durch Änderungen des Gesellschaftsvertrages gilt das bereits zum Recht der OHG Ausgeführte (§ 122 Rn. 17 f.).

§ 170
Vertretung

Der Kommanditist ist zur Vertretung der Gesellschaft nicht ermächtigt.

Übersicht

	Rn.		Rn.
I. Gesetzliche Vertretung der KG	1	b) Entziehung der Vertretungsbefugnis	4
1. Vertretung durch die Komplementäre		c) Registeranmeldung von Vertretungsregelungen	6
a) Geltung des Rechts der OHG	2		

---

1 Ebenroth/Boujong/Joost/Strohn/Weipert, § 169 Rn. 18.
2 BGH v. 14.5.1973 – II ZR 144/71, WM 1973, 844, 846.

	Rn.		Rn.
d) Sonderproblem: Vertretung in der Einheitsgesellschaft	6a	b) Minderjährige Kommanditisten	12
2. Vertretungsbefugnis des Kommanditisten im Ausnahmefall	7	c) Verfassungsmäßiger Vertreter	13
		d) Haftungsfragen	14
II. Gewillkürte Vertretung durch Kommanditisten	8	3. Entziehung der Vertretungsbefugnis	15
1. Möglichkeiten einer gewillkürten Vertretung	9	a) Prokura auf gesellschaftsvertraglicher Grundlage	15a
2. Rechtswirkungen	11	b) Handlungsvollmacht auf gesellschaftsvertraglicher Grundlage	16
a) Umfang der Vertretungsbefugnis	11	c) Vertretungsbefugnis sonstiger Art	17
		d) Einstweiliger Rechtsschutz	18

Schrifttum: Vgl. die Angaben zu § 125; ferner: *Bergmann*, Der Kommanditist als Vertretungsorgan der Kommanditgesellschaft, ZIP 2006, 2064; *Brox*, Zur Gesamtvertretung einer Kommanditgesellschaft durch den Komplementär und den Kommanditisten, in: Festschrift H. Westermann, 1974, S. 21.

I. Gesetzliche Vertretung der KG

Anders als der das Innenrecht betreffende (und nach § 163 dispositive) Ausschluss der Kommanditisten von der Geschäftsführung (§ 164) ist der in § 170 normierte Ausschluss von der (organschaftlichen) Vertretung (§ 125 Rn. 1) der KG zwingend[1]. Die Vorschrift will die gesetzliche Vertretung den Komplementären vorbehalten[2] und betont damit das **Prinzip der Selbstorganschaft** (§ 109 Rn. 5). Sie steht allerdings nicht im Wege, einem Kommanditisten eine nichtorganschaftliche (gewillkürte) Vertretungsmacht zu verleihen. Unter besonderen Umständen kommen allerdings auch Kompetenzen des Kommanditisten bei der gesetzlichen Vertretung der Gesellschaft in Frage (dazu Rn. 7). Zur Vertretung der GmbH bei der GmbH & Co. KG vgl. § 161 Rn. 61 ff..

1. Vertretung durch die Komplementäre

a) Geltung des Rechts der OHG

Die KG wird gesetzlich durch ihre Komplementäre vertreten, §§ 161 Abs. 2, 125 ff. Der Gesellschaftsvertrag kann dies nicht wirksam ausschließen; eine entsprechende Bestimmung würde zur Gesamtvertretung aller vorhandenen Komplementäre führen[3].

---

1 BGH v. 9.12.1968 – II ZR 33/67, BGHZ 51, 198, 200; *Baumbach/Hopt*, § 170 Rn. 1; eingehend zur Rechtfertigung dieses Gesetzesverständnisses *Ebenroth/Boujong/Joost/Strohn/Weipert*, § 170 Rn. 2 ff.; a.A. *Bergmann*, ZIP 2006, 2064 ff., der sich gegen die tradierte Meinung wendet und § 170 keinen zwingenden Charakter beimisst.
2 MünchKommHGB/*Grunewald*, § 170 Rn. 2.
3 BGH v. 11.7.1960 – II ZR 260/59, BGHZ 33, 105, 108.

3 Im Einzelnen kann die Vertretung mit den gleichen gesellschaftsvertraglichen Gestaltungsmöglichkeiten wie in der OHG geregelt werden. Ist eine Gesamtvertretung mehrerer vorhandener Komplementäre vorgesehen, so kann auch eine **gemischte Gesamtvertretung** eingerichtet werden, bei der ein einzelner persönlich haftender Gesellschafter an die Mitwirkung eines Prokuristen (der zugleich Kommanditist sein kann[1]) gebunden ist (§ 125 Abs. 3)[2]. Dies geht jedoch nicht, wenn nur ein einziger persönlich haftender Gesellschafter vorhanden ist[3] oder sonst Einzelvertretungsmacht bei mehreren Komplementären gegeben ist (vgl. auch § 125 Rn. 15).

b) Entziehung der Vertretungsbefugnis

4 Soll einem persönlich haftenden Gesellschafter die Vertretungsbefugnis entzogen werden, so gehören auch die Kommanditisten zu den „übrigen" Gesellschaftern i.S.v. § 127. Bei nur einem vorhandenen Komplementär ist eine Entziehung der Vertretungsmacht aber nicht möglich[4]. Dies hindert indes nicht, dass bei einem Ausschließungsprozess gegen diesen – oder auch neben einer Auflösungsklage – die Vertretungsmacht durch einstweilige Verfügung entzogen und einem Dritten übertragen werden kann, bei dem es sich auch um einen Kommanditisten handeln kann[5].

5 In der **Publikumsgesellschaft** liegt es nahe, für die Entziehung der Vertretungsbefugnis einen Mehrheitsbeschluss der Gesellschafter anstelle der Gestaltungsklage nach § 127 genügen zu lassen[6].

c) Registeranmeldung von Vertretungsregelungen

6 Bei der Anmeldung von besonderen Regelungen für die Vertretung oder von Änderungen zum Handelsregister müssen nach § 125 Abs. 4 auch die Kommanditisten mitwirken. Eine Eintragung der gewillkürten Stellvertretungsmacht (Rn. 8 ff.) der Kommanditisten in das Handelsregister ist indes nicht möglich. Die Regelung des § 106 Abs. 2 Nr. 4 gilt nur für den persönlich haftenden Komplementär, denn die Regelung zielt auf die organschaftliche Vertretungsmacht ab, von der die Kommanditisten aber zwingend ausgeschlossen sind[7].

---

1 BGH v. 14.2.1974 – II ZB 6/73, BGHZ 62, 166, 170.
2 *Baumbach/Hopt*, § 170 Rn. 1.
3 BGH v. 6.2.1958 – II ZR 210/56, BGHZ 26, 330, 332 f.
4 BGH v. 9.12.1968 – II ZR 33/67, BGHZ 51, 198, 200.
5 BGH v. 11.7.1960 – II ZR 260/59, BGHZ 33, 105, 108; MünchKommHGB/*Grunewald*, § 170 Rn. 8.
6 Vgl. *Reichert/Martin*, BB 1988, 981, 984; auch *Stimpel*, FS Rob. Fischer, 1979, S. 771; 780 f.
7 OLG Frankfurt a.M. v. 26.9.2005 – 20 W 192/05, NZG 2006, 262; *Bergmann*, ZIP 2006, 2064, 2071 (zugleich Besprechung des vorgenannten Beschlusses des OLG Frankfurts).

d) Sonderproblem: Vertretung in der Einheitsgesellschaft

Soweit die Organisation der Einheitsgesellschaft nicht abweichend geregelt ist, sind es letztlich die Geschäftsführer der GmbH, die in der Komplementär-GmbH Gesellschafterrechte wahrnehmen; denn die Gesellschafterin der GmbH (= KG) wird bei Ausübung ihrer Gesellschafterrechte durch die Komplementär-GmbH vertreten, die wiederum durch die GmbH-Geschäftsführer vertreten wird. Im Ergebnis fungieren die Geschäftsführer in der Komplementär-GmbH daher zugleich als Gesellschafter der GmbH und als deren Geschäftsführer[1] (vgl. § 161 Rn. 42).

6a

2. Vertretungsbefugnis des Kommanditisten im Ausnahmefall

Unbeschadet der in Rn. 4 erwähnten Möglichkeit, dass ein Kommanditist durch gerichtliche Entscheidung zum Vertreter der KG bestellt werden kann, kann er die Stellung eines organschaftlichen Vertreters nur erlangen, wenn die Gesellschaft aufgelöst ist (§§ 161 Abs. 2, 146 Abs. 1)[2]. Im sich anschließenden Liquidationsverfahren sind auch die Kommanditisten vertretungsbefugt[3] (vgl. § 146 Rn. 3). In Teilen der Literatur[4] wird mitunter die Ansicht einer (zeitlich und sachlich begrenzten) Vertretungsmacht des Kommanditisten in so genannten Notsituationen vertreten. Unterstützen lässt sich diese Ansicht unter dem Gesichtspunkt der Regelungen zum „Gefahr im Verzug" als allgemeiner Rechtsgedanke, bei denen gerade die Eilbedürftigkeit Folge des (zeitlich und sachlich begrenzten) Kompetenzwechsels ist.

7

II. Gewillkürte Vertretung durch Kommanditisten

Es steht grundsätzlich nichts im Wege, einem Kommanditisten – wie jedem Dritten – eine Vertretungsmacht (Rn. 9) nichtorganschaftlicher Art (Rn. 10) einzuräumen. Dafür gelten die §§ 164 ff. BGB und nicht die §§ 125 bis 127. Die Einräumung organschaftlicher Vertretungsmacht an den Kommanditisten lässt sich in eine umfassende rechtsgeschäftliche Vertretungsmacht (im Umfang § 126 entsprechend) auf gesellschaftsvertraglicher Grundlage (Rn. 10) nach § 140 BGB umdeuten[5].

8

1. Möglichkeiten einer gewillkürten Vertretung

Dem Kommanditisten kann jede Form rechtsgeschäftlicher Vertretungsmacht erteilt werden. Häufig anzutreffen in der Praxis sind **Prokura** oder

9

---

1 BGH v. 16.7.2007 – II ZR 109/06, DStR 2007, 1640, 1641; kritisch insoweit *K. Schmidt*, ZIP 2007, 2193 ff.
2 Vgl. *Schlegelberger/Martens*, § 170 Rn. 10; *Schlegelberger/K. Schmidt*, § 177 Rn. 6.
3 BGH v. 24.9.1982 – V ZR 188/79, WM 1982, 1170; OLG Hamm v. 5.3.2003 – 8 U 130/02, NZG 2003, 627; OLG München v. 30.3.2001 – 23 U 5757/00, NZG 2001, 959, 960.
4 MünchKommHGB/*Grunewald*, § 170 Rn. 7.
5 MünchKommHGB/*Grunewald*, § 170 Rn. 12.

Handlungsvollmacht[1]. Zur Eintragungsfähigkeit in das Handelsregister vgl. Rn. 6.

10 Die Erteilung kann auf **gesellschaftsvertraglicher Grundlage** oder durch sonstiges **Rechtsgeschäft**, z.B. im Rahmen eines selbständigen Dienstverhältnisses, geschehen. Im ersteren Fall nimmt der Kommanditist die Vertretungsbefugnis in seiner Rechtsstellung als Gesellschafter wahr[2], ohne jedoch organschaftliche Vertretungsmacht zu haben[3]. Im Unterschied zur organschaftlichen Vertretungsmacht, die Ausprägung des Mitgliedschaftsrechts ist und für die die §§ 125 bis 127 gelten, beschreibt die Vollmachtserteilung auf gesellschaftsvertraglicher Grundlage lediglich das zugrunde liegende Rechtsverhältnis zwischen Kommanditist und KG (Grundgeschäft)[4]. Aus diesem Grundverhältnis (gesellschaftsrechtlicher Grundlage) folgt jedoch zugunsten des Kommanditisten eine sonderrechtliche Position, die ihm nicht ohne weiteres entzogen werden kann (vgl. Rn. 15 f.). Sowohl die auf gesellschaftsvertraglicher als auch auf sonstigem Rechtsgeschäft beruhende Vertretungsmacht ist aber stets „nur" um eine von dem organschaftlichen Vertreter abgeleitete Vertretungsmacht. Wegen der hieraus folgenden Konsequenzen für die Entziehung der Befugnis vgl. Rn. 15 f.

10a Nach wohl herrschender Auffassung in der Literatur[5] kann ein Kommanditist Geschäftsführer der Komlementär-GmbH im Rahmen einer **GmbH & Co. KG** sein. Hierin wird kein Verstoß gegen den Grundsatz der Selbstorganschaft gesehen, weil bei formaler Betrachtung letztlich die GmbH organschaftliche Vertreterin der KG sei.

2. Rechtswirkungen

a) Umfang der Vertretungsbefugnis

11 Wegen des Umfanges der Vertretungsmacht eines Kommanditisten als Prokurist oder Handlungsbevollmächtigter gelten keine Besonderheiten gegenüber Nichtgesellschaftern mit entsprechender Vertretungsbefugnis.

b) Minderjährige Kommanditisten

12 Da der Kommanditist beim Handeln als Vertreter nicht nur die KG verpflichtet, sondern sich auch selbst als Gesamthänder bindet, ist es zweifelhaft, ob ein minderjähriger Kommanditist gemäß **§ 165 BGB** als Vertreter

---

1 BGH v. 13.3.1972 – II ZR 164/69, BB 1972, 726; *Baumbach/Hopt*, § 170 Rn. 3; MünchKommHGB/*Grunewald*, § 170 Rn. 15.
2 BGH v. 27.6.1955 – II ZR 232/54, BGHZ 17, 392, 394 f.
3 OLG Frankfurt v. 26.9.2005 – 20 W 192/05, FGPrax 2006, 82, 83; *Baumbach/Hopt*, § 170 Rn. 1; siehe auch oben Rn. 1; a.A. *Bergmann*, ZIP 2006, 2064, 2071.
4 A.A. *Ebenroth/Boujong/Joost/Strohn/Weipert*, § 170 Rn. 11 – danach komme es auf die Differenzierung zwischen organschaftlicher und durch Gesellschaftsvertrag eingeräumten Vertretungsmacht im Ergebnis nicht an.
5 MünchKommHGB/*Grunewald* § 170 Rn. 19; *Baumbach/Hopt*, § 170 Rn. 3.

auftreten kann. Dies wird überwiegend zu Recht verneint, soweit nicht sein gesetzlicher Vertreter zustimmt[1].

c) Verfassungsmäßiger Vertreter

Der durch Gesellschaftsvertrag (vgl. Rn. 10) als Vertreter eingesetzte Kommanditist ist **verfassungsmäßig berufener Vertreter der KG i.S.v. § 31 BGB**. Er kann dies aber auch sein, wenn ihm auf andere Weise bedeutsame wesensmäßige Funktionen der Gesellschaft zur selbständigen und eigenverantwortlichen Erledigung übertragen worden sind und er die Gesellschaft insoweit repräsentiert[2]. Dies wird u.a. bei einer ihm erteilten Generalvollmacht gegeben sein[3]. 13

d) Haftungsfragen

Auch wenn beim Auftreten eines Kommanditisten als Vertreter nicht deutlich wird, dass hier nicht ein persönlich haftender Gesellschafter in organschaftlicher Vertretung handelt, folgt daraus noch **nicht**, dass der Kommanditist deshalb bereits **wie ein persönlich haftender Gesellschafter** aus dem Vertreterverhalten **haften** müsste. Diese Folge dürfte erst in Betracht kommen, wenn der Kommanditist durch weitere Umstände den Eindruck erweckt, er sei persönlich haftender Gesellschafter[4]. 14

3. Entziehung der Vertretungsbefugnis

Die Konsequenz aus der lediglich von den persönlich haftenden Gesellschaftern abgeleiteten Vertretungsmacht (Rn. 10) ist, dass diese von jedem organschaftlich vertretungsberechtigten Gesellschafter (Komplementär) sofort (siehe aber auch Rn. 15a ff.) widerrufen werden kann[5]. Einer (Gestaltungs-) Klage entsprechend § 127 bedarf es nicht, weil eine solche nur im Rahmen der gesetzlich geregelten Fälle statthaft ist und durch rechtsgeschäftliche Vereinbarung gerade nicht konstituiert werden kann[6]. Eine entsprechende gesellschaftsvertragliche Vereinbarung wäre unwirksam[7]. 15

---

1 Nachw. bei *Schlegelberger/Martens*, § 170 Rn. 18.
2 BGH v. 30.10.1967 – VII ZR 82/65, BGHZ 49, 19, 21; auch BGH v. 12.7.1977 – VI ZR 159/75, WM 1977, 994, 995.
3 *Hübner*, ZHR 143 (1979), 1, 20.
4 *Wiedemann*, FS Bärmann, 1975, S. 1037, 1052; *Schlegelberger/Martens*, § 170 Rn. 21.
5 BGH v. 27.6.1955 – II ZR 232/54, NJW 1955, 1394, 1395; *Ebenroth/Boujong/Joost/ Strohn/Weipert*, § 170 Rn. 6; *Baumbach/Hopt*, § 170 Rn. 4.
6 MünchKommZPO/*Becker-Eberhard*, Vor §§ 253 ff. Rn. 28.
7 MünchKommHGB/*Grunewald*, § 170 Rn. 13; *Baumbach/Hopt*, § 170 Rn. 4, § 127 Rn. 3.

a) Prokura auf gesellschaftsvertraglicher Grundlage

15a Der **Widerruf** der einem Kommanditisten auf gesellschaftsvertraglicher Grundlage erteilten Prokura ist zwar nach außen sogleich – also ohne gerichtliche Entscheidung – wirksam (§ 52 Abs. 1), darf aber wegen der vertraglichen Sonderrechtsstellung des Kommanditisten nur mit seiner **Zustimmung oder aus wichtigem Grund** (wie in § 127) erklärt werden. Ergibt sich, dass es hieran fehlt, so muss dem Kommanditisten die entzogene Prokura wegen der gesellschaftsvertraglichen Regelung umgehend wiedererteilt werden[1].

b) Handlungsvollmacht auf gesellschaftsvertraglicher Grundlage

16 Angesichts der gegenüber einer Prokura abweichenden Regelung der Entziehung einer Handlungsvollmacht (vgl. dazu § 168 S. 2 BGB), die dem Kommanditisten durch den Gesellschaftsvertrag erteilt worden ist, wird deren Widerruf auch nach außen nur dann wirksam, wenn dafür ein wichtiger Grund besteht.

c) Vertretungsbefugnis sonstiger Art

17 Sind Prokura oder Handlungsvollmacht dagegen **nicht auf gesellschaftsvertraglicher Grundlage** erteilt worden und begründen sie damit für den Kommanditisten keine sonderrechtliche Position, so richtet sich ihr Widerruf nach den allgemeinen Vorschriften dieses Rechtsverhältnisses[2]. Auch wenn eine Handlungsvollmacht nach den getroffenen Abreden nicht oder nicht ohne weiteres widerruflich sein sollte, kann sie aus wichtigem Grund stets widerrufen werden[3].

d) Einstweiliger Rechtsschutz

18 Vorläufige Maßnahmen im Verfahren des einstweiligen Rechtsschutzes sind sowohl in Richtung auf eine **Suspendierung einer Vertretungsbefugnis** als auch auf **Wiedereinräumung** einer widerrufenen Prokura oder Vollmacht möglich. Doch hängt der Erfolg solcher Schritte vom gegebenen Regelungsbedürfnis ab[4].

§ 171
Kommanditistenhaftung

(1) Der Kommanditist haftet den Gläubigern der Gesellschaft bis zur Höhe seiner Einlage unmittelbar; die Haftung ist ausgeschlossen, soweit die Einlage geleistet ist.

---

1 BGH v. 27.6.1955 – II ZR 232/54, BGHZ 17, 392, 394 ff.; MünchKommHGB/*Grunewald*, § 170 Rn. 16; kritisch dazu. MünchKommHGB/*Grunewald*, § 170 Rn. 17 ff.
2 *Baumbach/Hopt*, § 170 Rn. 4.
3 BGH v. 12.5.1969 – VII ZR 15/67, WM 1969, 1009; BGH v. 8.2.1985 – V ZR 32/84, WM 1985, 646, 647.
4 Vgl. dazu *v. Gerkan*, ZGR 1985, 167, 183 ff.

(2) Ist über das Vermögen der Gesellschaft das Insolvenzverfahren eröffnet, so wird während der Dauer des Verfahrens das den Gesellschaftsgläubigern nach Absatz 1 zustehende Recht durch den Insolvenzverwalter oder den Sachwalter ausgeübt.

Übersicht

	Rn.
I. Haftung des Kommanditisten (§ 171 Abs. 1 Hs. 1)	
1. Merkmale der Haftung	1
a) Unmittelbare und persönliche Haftung	2
b) Haftungsbeschränkung	3
c) Inhalt der Haftung	4
d) Haftung für öffentlich-rechtliche Verbindlichkeiten	5
2. Haftsumme und Pflichteinlage	
a) Sprachgebrauch des Gesetzes	6
b) Verhältnis der Haftsumme zur Pflichteinlage	7
c) Anrechnung von Einlageleistungen	8
3. Gegenstand der Einlage	
a) Bar- und Sacheinlage	9
b) Regelungsfreiheit im Innenverhältnis	12
c) Abtretbarkeit der Einlageforderung	14
4. Enthaftung durch Leistung an Gläubiger	
a) Erlöschen der Außenhaftung	15
b) Kein Vollwertigkeitserfordernis	16
c) Abtretung des Einlageanspruchs an Gläubiger	17
d) Gläubigerbefriedigung aus Gesellschaftersicherheiten	20
e) Erledigung der Pflichteinlageschuld nach Gläubigerbefriedigung	21
5. Haftung des ausgeschiedenen Kommanditisten	
a) Haftung für Altschulden	22
b) Erstattungsanspruch	23
c) Besondere Sachlagen	24
6. Sonstige Haftungstatbestände	25
a) Rechtsgeschäftliche Haftung	26
b) Rechtsschein, Durchgriff, Delikt	27
c) Gläubigerzugriff auf Freistellungsanspruch	28
II. Haftungsbefreiung durch Einlageleistung (§ 171 Abs. 1 Hs. 2)	29
1. Leistung des Einlagegegenstandes	
a) Erbringung der Einlage	30

	Rn.
b) Leistung zugunsten des Haftkapitals	34
c) Keine Einlageleistung durch Gläubigerbefriedigung	38
d) Einbuchung von Werten	40
2. Werthaltigkeit der Leistung	44
a) Bewertung von Sacheinlagen	45
b) Aufrechnung gegen die Einlageschuld	49
3. Einlageleistung in der GmbH & Co. KG	
a) Gesonderte Einlagenaufbringung in KG und GmbH	53
b) Leistung von Stammeinlagen an die KG	54
c) Weiterreichung der Stammeinlage an die KG	54a
4. Beweislast	55
III. Haftung in der Insolvenz der KG (§ 171 Abs. 2)	
1. Verhältnis von § 171 Abs. 2 zu § 93 InsO	56a
2. Wirkungen der Verfahrenseröffnung	
a) Geltendmachung der Haftungsansprüche	57
b) Geltendmachung der Pflichteinlageforderung	58
c) Insolvenzverfahren als Voraussetzung	59
3. Umfang der Haftung	63
a) Keine Wahl zwischen Gläubigerbefriedigung und Einlageleistung	64
b) Einwendungen gegen den Haftungsanspruch	66
c) Abtretung des Haftungsanspruchs	68
d) Aufrechnung gegen den Haftungsanspruch	69
e) Erfassung der unbeschränkten Haftung (§ 176)	71
4. Haftungsanspruch und Einlageschuld	
a) Bareinlageschuld	72
b) Sacheinlageschuld	73
c) Bewertung von Sacheinlagen	74

	Rn.		Rn.
5. Ausgeschiedener Kommanditist	75	b) Gerichtsstand	81
a) Haftung für Altschulden	75	c) Prozessunterbrechung	82
b) Wegfall der Haftung	76	d) Beweislast	83
c) Erstattungsansprüche	77	e) Prozessvergleich	84
d) Aufrechnung	78	f) Anfechtung von Rechtshandlungen	85
e) Bildung einer Sondermasse	79		
6. Verfahrensrechtliche Fragen		g) Insolvenz des Kommanditisten	86
a) Insolvenzgründe	80	h) Insolvenzplan	87

Schrifttum: *Hadding,* Zum Rückgriff des ausgeschiedenen Gesellschafters einer OHG oder KG, in: Festschrift Stimpel, 1985, S. 139; *Häsemeyer,* Kommanditistenhaftung und Insolvenzrecht, ZHR 149 (1985), 42; *Knobbe-Keuk,* Die Haftung des Kommanditisten für die Schulden der Gesellschaft, ZHR 135 (1971), 410; *Kornblum,* Die Haftung der Gesellschafter für Verbindlichkeiten von Personengesellschaften, 1972; *Michel,* Die Rechtsfolgen von Vermögensverschiebungen nach einer Kommanditanteilsübertragung, ZGR 1993, 118; *Schmelz,* „Überschießende Außenhaftung" des Kommanditisten – Eine systematische Darstellung, DStR 2006, 1704; *K. Schmidt,* Kapitalaufbringung, Kapitalerhaltung und Unterkapitalisierung bei der GmbH & Co., DB 1973, 2227; *K. Schmidt,* Kommanditisteneinlage – Kapitalaufbringung und Kapitalerhaltung in der KG, ZGR 1976, 307; *K. Schmidt,* § 171 II HGB – eine Bestimmung nur für den Konkurs der Kommanditgesellschaft?, JR 1976, 278; *K. Schmidt,* Einlage und Haftung des Kommanditisten, 1977; *K. Schmidt,* Zur Haftsumme des Kommanditisten bei Sacheinlageversprechen, DB 1977, 2313; *K. Schmidt,* Die GmbH & Co. – eine Zwischenbilanz, GmbHR 1984, 272; *K. Schmidt,* Zur Bareinlage durch Verrechnung und Aufrechnung in der Kommanditgesellschaft, ZGR 1986, 152; *K. Schmidt,* Mittelaufbringung und Mittelverwendung bei der GmbH & Co. KG, ZIP 2008, 481; *Uhlenbruck,* Die GmbH & Co. KG in Krise, Konkurs und Vergleich, 2. Aufl. 1988; *H. Westermann,* Ausgleichsansprüche des Kommanditisten, dessen Haftsumme die Pflichteinlage übersteigt, bei Inanspruchnahme von Gläubigern der KG, in: Festschrift Barz, 1974, S. 81; *Wiedemann,* Beschränkte und unbeschränkte Kommanditistenhaftung, in: Festschrift Bärmann, 1975, S. 1037.

I. Haftung des Kommanditisten (§ 171 Abs. 1 Hs. 1)

1 In den §§ 171 bis 176 regelt das Gesetz die Außenhaftung der Kommanditisten gegenüber den Gesellschaftsgläubigern. Die Vorschriften sind zwingender Natur[1]. Das Gesetz unterscheidet zwischen der beschränkten Kommanditistenhaftung in den §§ 172 bis 175 und der unbeschränkten Kommanditistenhaftung in § 176. § 171 Abs. 1 Hs. 1 beschäftigt sich mit der summenmäßig begrenzten Kommanditistenhaftung (Rn. 2 ff.), während § 171 Abs. 1 Hs. 2 die Haftungsbefreiung des Kommanditisten regelt (Rn. 29 ff.). § 171 Abs. 1 und § 172 Abs. 4 stehen in einem engen sachlichen Zusammenhang und regeln, ob zu Gunsten des Kommanditisten die Haftungsbeschränkung greift[2] (Rn. 8). Für die Haftung des Komplementärs gelten gegenüber der Haftung des OHG-Gesellschafters keine Besonderheiten (§§ 162 Abs. 2, 128 bis 130).

---

1 MünchKommHGB/*K. Schmidt,* §§ 171, 172 Rn. 1.
2 MünchKommHGB/*K. Schmidt,* §§ 171, 172 Rn. 3 und 8.

1. Merkmale der Haftung

a) Unmittelbare und persönliche Haftung

Nach § 171 Abs. 1 Hs. 1 haftet der Kommanditist den Gläubigern der Gesellschafter unmittelbar und persönlich[1]. Die Gläubiger können ihn wegen ihrer Forderungen gegen die Gesellschaft sogleich in Anspruch nehmen. Hierin liegt grundsätzlich auch dann kein rechtsmissbräuchliches Verhalten, wenn der Komplementär den Gläubiger hierzu auffordert[2]. Die Haftung des Kommanditisten ist akzessorisch zur Gesellschaftsschuld[3]. Der Kommanditist kann sie nicht auf das Gesellschaftsvermögen verweisen[4]. Er haftet mit den übrigen Gesellschaftern zusammen als Gesamtschuldner (§§ 161 Abs. 2, 128). Bei mittelbarer Unternehmensbeteiligung (Treuhand, Nießbrauch oder Unterbeteiligung)[5] treffen sämtliche Rechte und Pflichten den formellen Gesellschafter[6], was insbesondere für die Haftung nach §§ 171 Abs. 1, 161 Abs. 2, 128 gilt.

2

Den Gläubigern gegenüber kann er alle Einwendungen erheben, die die KG hat, darüber hinaus aber auch die, die ihm persönlich zustehen (§ 129 Abs. 1), etwa die Einwendung, dass er durch Befriedigung eines anderen Gläubigers die summenmäßig begrenzte Haftung herbeigeführt hat (Rn. 15). Ist die Gesellschaft allerdings rechtskräftig verurteilt, kann sich der Kommanditist nur insoweit auf Einreden und Einwendungen der KG berufen, soweit er mit diesen nicht nach § 767 Abs. 2 ZPO präkludiert ist (siehe auch § 129 Rn. 5)[7]. Kann die Gesellschaft sich von ihrer Verbindlichkeit durch eine Anfechtung befreien oder kann die Gesellschaft gegen die Forderung aufrechnen, so hat der Kommanditist ein Leistungsverweigerungsrecht (§ 129 Abs. 2; zur Auslegung der Vorschrift siehe § 129 Rn. 10 f.).

2a

b) Haftungsbeschränkung

Anders als der persönlich haftende Gesellschafter haftet der Kommanditist summenmäßig beschränkt „bis zur Höhe seiner Einlage". Er haftet allerdings mit seinem gesamten Eigenvermögen, jedoch in betragsmäßiger Beschränkung auf die Haftsumme[8] (dazu näher in Rn. 6 ff.). Im Falle des § 176 kann es auch zu einer unbeschränkten Haftung kommen.

3

---

1 *Baumbach/Hopt*, § 171 Rn. 2; MünchKommHGB/*K. Schmidt*, §§ 171, 172 Rn. 1.
2 BGH v. 9.7.2007 – II ZR 95/06, DStR 2007, 1878, 1879.
3 MünchKommHGB/*K. Schmidt*, §§ 171, 172 Rn. 17.
4 BGH v. 9.5.1963 – II ZR 124/61, BGHZ 39, 319, 322; *Baumbach/Hopt*, § 171 Rn. 2.
5 *K.Schmidt*, GesR § 61 I 1.
6 OLG Jena v. 26.4.2006 – 6 U 1014/05, NZG 2007, 460, 461; *Ebenroth/Boujong/Joost/ Strohn*, § 171 Rn. 120.
7 OLG Düsseldorf v. 27.4.2001 – 17 U 180/00, NZG 2001, 890, 891 (zur OHG : BGH v. 1.7.1976 – VII ZR 85/74, DB 1976, 2302); gleiches gilt bei rechtskräftigem Vollstreckungsbescheid : OLG Rostock v. 6.6.2001 – 6 U 253/99, NZG 2001, 1135.
8 MünchKommHGB/*K. Schmidt*, §§ 171, 172 Rn. 4.

c) Inhalt der Haftung

4 Streitig ist, ob die Haftung des Kommanditisten inhaltlich wie die des OHG-Gesellschafters[1] und des persönlich haftenden Gesellschafters auf **Erfüllung der Gesellschaftsschuld** gerichtet ist (so die herkömmliche Auffassung[2]) oder ob die Beschränkung auf die Haftsumme nur zur **Haftung in Höhe eines Geldbetrages** führt (vgl. für die OHG § 128 Rn. 6)[3]. Die praktische Verwirklichung der Kommanditistenhaftung lässt die letztere Auffassung natürlicher erscheinen. Der Streit gewinnt da an Bedeutung, wo der Kommanditist Naturalleistungen zu erbringen hat. Diese sind zwar auf die Einlageschuld und damit auf die Haftung anrechenbar, jedoch nach der hier vertretenen Auffassung nicht durch den Gläubiger erzwingbar. Anders liegt es aber bei der komplementärähnlichen Haftung nach § 176[4].

d) Haftung für öffentlich-rechtliche Verbindlichkeiten

5 Das Haftungssystem der §§ 171, 172 greift zugunsten des Kommanditisten auch für Steuerschulden ein, soweit die KG Steuer- oder Entrichtungsschuldnerin i.S.d. § 43 AO i.V.m. dem jeweiligen Einzelsteuergesetz ist[5]. Steuerschuldnerin ist die KG u.a. für die Umsatzsteuer (§ 13a Abs. 1 Nr. 1, § 2 UStG) und Gewerbesteuer[6] (§ 5 Abs. 1 S. 1 und 3 GewStG) als Unternehmerin, für die Grunderwerbsteuer (§ 13 Nr. 1 GrdErStG) und die Grundsteuer (§ 10 Abs. 1 GrdStG), weil sie nach §§ 124, 161 Abs. 2 selbst Eigentum an Grundstücken erwerben kann. Entrichtungsschuldnerin ist die KG etwa im Rahmen des Lohnsteuerabzugs für die eigenen Arbeitnehmer oder des Steuerabzugs nach § 50a Abs. 4 EStG. Gleiches gilt für sonstige öffentlich-rechtliche Verbindlichkeiten der Gesellschaft[7]. Von dem Haftungssystem in §§ 171, 172 (i.S. von Einstehenmüssen für fremde Schulden) ist die Haftung des Kommanditisten i.S. einer Handlungsverantwortung zu unterscheiden. Eine derartige Haftung trifft den Kommanditisten mit rechtsgeschäftlich ausgestatteter Stellvertretungsmacht (z.B. Prokura) etwa im Rahmen der §§ 69, 34, 35, 71 AO.

---

1 Dazu BGH v. 14.2.1957 – II ZR 190/55, BGHZ 23, 302, 305.
2 Siehe etwa *Baumbach/Hopt*, 29. Aufl. 1995, § 171 Rn. 2, anders seit der 30. Auflage; MünchKommHGB/*K. Schmidt*, §§ 171, 172 Rn. 16 m.w.N.
3 So *Kornblum*, S. 251 ff.; *Staub/Schilling*, § 171 Rn. 4; MünchKommHGB/*K. Schmidt*, §§ 171, 172 Rn. 16; *Ebenroth/Boujong/Joost/Strohn*, § 171 Rn. 12.
4 BGH v. 11.12.1978 – II ZR 235/77, BGHZ 73, 217, 219 f.
5 MünchKommHGB/*K. Schmidt*, §§ 171, 172 Rn. 20.
6 Durch die Neufassung des GewStG hat sich die Auffassung, dass der Kommanditist als persönlicher Steuerschuldner unbeschränkt haftet, erledigt; so noch BFH v. 29.11.1965 – Gr. S. 3/64 S, NJW 1966, 1096 f.
7 BGH v. 27.1.1965 – I b ZR 47/63, BB 1965, 303, 304 (Fernsprechgebührenschuld); BFH v. 24.7.1984 – VII R 6/81, ZIP 1984, 1245.

2. Haftsumme und Pflichteinlage

a) Sprachgebrauch des Gesetzes

Das Gesetz verwendet den Begriff der „Einlage" teilweise (so in den §§ 161 Abs. 1, 162, 171 Abs. 1 Hs. 1, 172 Abs. 1 bis 3, 174, 175) i.S. der **Haftsumme**, teilweise i.S. der **Pflichteinlage** (so in den §§ 167 Abs. 2, 3, 169 Abs. 2, 171 Abs. 1 Hs. 2, 172 Abs. 4). Unter der Haftsumme wird die nach § 162 Abs. 1 im Handelsregister einzutragende summenmäßige Begrenzung der Kommanditistenhaftung verstanden (Außenverhältnis). Die Pflichteinlage bezeichnet hingegen die im Innenverhältnis – sich aus dem Gesellschaftsvertrag ergebende – zu leistende Einlage des Kommanditisten[1].

b) Verhältnis der Haftsumme zur Pflichteinlage

Die Haftsumme begrenzt den Umfang der Kommanditistenhaftung[2]. Ihre **Höhe** wird **durch den Gesellschaftsvertrag bestimmt**. Sie kann sowohl höher als auch niedriger als die Pflichteinlage festgesetzt werden. Mangels besonderer Regelung ist davon auszugehen, dass beide auf den gleichen Betrag lauten sollen[3]. Das bedeutet, dass bei der Vereinbarung einer Sacheinlage deren Geldwert als Haftsumme anzunehmen ist. Bei rechtlicher Unwirksamkeit eines Sacheinlageversprechens soll nach dem BGH[4] auch die Haftsumme in entsprechendem Umfang reduziert sein; doch trifft dies mit Recht auf Widerspruch[5].

c) Anrechnung von Einlageleistungen

Das Gesetz bringt Haftsumme und Pflichteinlage in einen Zusammenhang, indem es die Leistung der Einlage auf beide Gesichtspunkte bezieht; der Kommanditist erfüllt seine gesellschaftsvertragliche Einlagepflicht und befreit sich gleichzeitig von der Außenhaftung (§ 171 Abs. 1 Hs. 2). Umgekehrt wirkt sich eine Rückzahlung der Einlage in einem Wiederaufleben der Haftung aus (§ 172 Abs. 4).

3. Gegenstand der Einlage

a) Bar- und Sacheinlage

Die vertraglich bedungene Einlage kann außer in einer Barleistung auch in der Einbringung von Sachleistungen bestehen; letzterenfalls kann auch ein Unternehmen oder eine Beteiligung an einem solchen eingebracht werden[6]. Die Leistung auf die Einlageschuld kann auch durch einen Dritten gemäß

---

1 BGH v. 10.10.1994 – II ZR 220/93, ZIP 1994, 1850.
2 BGH v. 29.3.1973 – II ZR 25/70, BGHZ 60, 324, 327 f.
3 BGH v. 28.3.1977 – II ZR 230/75, WM 1977, 783, 784; *Baumbach/Hopt*, § 171 Rn. 1.
4 Vgl. BGH v. 28.3.1977 – II ZR 230/75, WM 1977, 783, 784.
5 Vgl. bei *Schlegelberger/K. Schmidt*, § 171 Rn. 23 m.w.N.
6 MünchKommHGB/*K. Schmidt*, §§ 171, 172 Rn. 9.

§ 267 BGB erfolgen[1], soweit der Gesellschaftsvertrag nicht gegenteiliges regelt oder die Leistung höchstpersönlich zu erbringen ist (Rn. 11).

10 Doch wird vorauszusetzen sein, dass die Sacheinlage einen nach Handelsrecht **bilanzierungsfähigen Wert** darstellt[2]. Hiernach können bewertungsfähige Vermögenspositionen jeder Art Gegenstand einer Einlage sein, bewegliche und unbewegliche Sachen, Rechte einschließlich von Forderungen. Künftig erst entstehende Forderungen werden jedoch nicht in Betracht kommen[3]. Möglich ist ferner die Einbringung von Forderungen gegen die Gesellschaft selbst; sie vollzieht sich dann durch Erlass oder Abtretung, letzterenfalls mit der Wirkung der Konfusion. Auch kann als Pflichteinlage die Übernahme einer Bürgschaft für eine Gesellschaftsschuld oder die Befriedigung eines Gläubigers bedungen werden[4]. Von Bedeutung sind Sacheinlagen durch Einbringung eines Unternehmens bei der Gründung der Gesellschaft. Der Goodwill (Firmenwert) eines Unternehmens kann für sich allein keine taugliche Sacheinlage sein, sondern ist lediglich Bewertungsfaktor für ein eingebrachtes Unternehmen[5]. Ggf. kommt aber ein Know-how als Einlageobjekt in Betracht[6]. Zur Umbuchung einer im Gesellschaftsvermögen vorhandenen Rücklage vgl. § 173 Rn. 48.

11 Zweifelhaft ist sodann, ob andere geldwerte **Dienste** oder ein Überlassen von **Gegenständen zur Nutzung** einen tauglichen Einlagegegenstand bilden können. Das wird allerdings – vor allem bei Diensten – erst in Betracht kommen, wenn und soweit die Leistung erbracht ist und der Gesellschaft dadurch ein (bilanzierungsfähiger) Vermögenswert zugewendet ist[7]. Betreffend die Einbringung von Nutzungsrechten, auch obligatorischer Art, steht die heute h.M. auf dem Standpunkt, dass diese Gegenstand einer Sacheinlage sein können[8].

---

1 OLG Jena v. 26.4.2006 – 6 U 1014/05, NZG 2007, 460, 461; *Ebenroth/Boujong/Joost/Strohn*, § 171 Rn. 66.
2 Vgl. *Schlegelberger/K. Schmidt*, § 171 Rn. 9; *Schlegelberger/Martens*, § 161 Rn. 28; *Staub/Schilling*, § 161 Rn. 21; MünchKommHGB/*K. Schmidt*, §§ 171, 172 Rn. 9 (h.M.).
3 *Schlegelberger/Martens*, § 161 Rn. 30; abw. *Staub/Schilling*, § 161 Rn. 18.
4 BGH v. 10.10.1994 – II ZR 220/93, ZIP 1994, 1850, 1851; *Ebenroth/Boujong/Joost/Strohn*, § 171 Rn. 55; a.A. MünchKommHGB/*K. Schmidt*, §§ 171, 172 Rn. 9, der davon ausgeht, dass die Übernahme einer Bürgschaft zugunsten der KG zwar ein Beitrag, aber keine Einlage des Kommanditisten sein kann.
5 OLG Köln v. 14.6.1971 – 2 U 45/71, BB 1971, 1077; *Baumbach/Hopt*, § 171 Rn. 6; MünchKommHGB/*K. Schmidt*, §§ 171, 172 Rn. 9.
6 Streitig; bejahend: *Barz*, FS W. Schmidt, 1959, S. 157 ff.; *Schlegelberger/Martens*, § 161 Rn. 28; *Staub/Schilling*, § 161 Rn. 18; *Ebenroth/Boujong/Joost/Strohn*, § 171 Rn. 55; verneinend *Ballerstedt*, ZHR 127 (1963), 92, 97; ohne Stellungnahme MünchKommHGB/*K. Schmidt*, §§ 171, 172 Rn. 9.
7 Vgl. z.B. *Schlegelberger/Martens*, § 161 Rn. 28 f.; *Staub/Schilling*, § 161 Rn. 19; *Ebenroth/Boujong/Joost/Strohn*, § 171 Rn. 55; MünchKommHGB/*K. Schmidt*, §§ 171, 172 Rn. 50.
8 Siehe etwa *Schlegelberger/K. Schmidt*, § 105 Rn. 155 f.; auch *Staub/Ulmer*, § 105 Rn. 227, jeweils m.w.N.; differenzierend *Ebenroth/Boujong/Joost/Strohn*, § 171 Rn. 55.

b) Regelungsfreiheit im Innenverhältnis

12 Mit Wirkung für das Innenverhältnis können die Gesellschafter allerdings über die Einlagenansprüche frei verfügen, sie auch umgestalten oder erlassen[1]. Die sich nach der Haftsumme bestimmende Außenhaftung der Kommanditisten wird dadurch allerdings nicht berührt (vgl. § 172 Abs. 3).

13 Der Gesellschaftsvertrag kann vorsehen (so häufig in Publikumsgesellschaften, aber nicht nur dort[2]), dass die zur Erreichung des Gesellschaftszwecks erforderliche Kapitalausstattung von den Kommanditisten nicht nur durch die Kommanditeinlagen im formalen Sinne aufzubringen sind, sondern dass die Kommanditisten sich hierbei mit weiteren Kapitalleistungen in Form von Darlehen oder stillen Einlagen beteiligen. Die gesellschafterliche Beitragspflicht setzt sich dann aus der Kommanditeinlage und den weiter vorgesehenen Mitteleinschüssen zusammen („**gesplittete**" Beteiligung). Die zusätzlichen Kapitalmittel sind dann – soweit dies dem Willen der Beteiligten entspricht – ebenfalls den Regeln betreffend die Einbringung der Pflichteinlage unterworfen (vgl. dazu Rn. 35 und § 161 Rn. 141 ff.).

c) Abtretbarkeit der Einlageforderung

14 Die Einlageforderung ist **abtretbar**[3] und damit auch **pfändbar**[4]. Sie kann daher auf einen Gesellschaftsgläubiger übertragen werden (vgl. dazu Rn. 17 ff., 39). Die Abtretung an einen sonstigen Dritten ist nur wirksam, wenn der Gegenwert dafür in das Vermögen der KG gelangt ist[5]. Bei Unwirksamkeit der Abtretung besteht die Außenhaftung des Kommanditisten fort. Eine Übertragung im Wege des unechten Factoring kann wegen Sittenwidrigkeit nichtig sein[6].

4. Enthaftung durch Leistung an Gläubiger

a) Erlöschen der Außenhaftung

15 Nimmt ein Gesellschaftsgläubiger den Kommanditisten wegen einer Forderung gegen die KG außerhalb des Insolvenzverfahrens direkt in Anspruch, so wird der Kommanditist durch die Befriedigung des Gläubigers (und zwar auch bei einer Leistung an Erfüllungs Statt[7]) in entsprechender Höhe von der grundsätzlich **summenmäßig beschränkten Außenhaftung frei**[8] (nicht je-

---

1 Vgl. BGH v. 26.10.1981 – II ZR 176/80, WM 1982, 5, 7; MünchKommHGB/*K. Schmidt*, §§ 171, 172 Rn. 11.
2 BGH v. 21.3.1988 – II ZR 238/87, BGHZ 104, 33, 39 f.
3 BGH v. 19.12.1974 – II ZR 27/73, BGHZ 63, 338, 340; BGH v. 28.11.1983 – II ZR 97/83, WM 1984, 50.
4 MünchKommHGB/*K. Schmidt*, §§ 171, 172 Rn. 11.
5 BGH v. 28.9.1981 – II ZR 109/80, WM 1981, 1203; a.A. MünchKommHGB/*K. Schmidt*, §§ 171, 172 Rn. 12.
6 BGH v. 12.10.1978 – II ZR 217/77, WM 1978, 1400, 1401 f.; MünchKommHGB/*K. Schmidt*, §§ 171, 172 Rn. 12
7 BGH v. 30.4.1984 – II ZR 132/83, WM 1984, 893, 895.
8 MünchKommHGB/*K. Schmidt*, §§ 171, 172 Rn. 14.

doch von der Einlageverpflichtung gegenüber der Gesellschaft, vgl. Rn. 21). Unter mehreren Gläubigern hat der Kommanditist die Wahl, an wen er leisten will, und zwar auch noch, wenn einer der Gläubiger bereits gegen ihn Klage erhoben hat[1]. Es versteht sich, dass sein Wahlrecht auch die Möglichkeit einschließt, anstelle einer Zahlung an einen Gläubiger seine Einlage an die KG zu erbringen. Das Wahlrecht besteht bis zur Eröffnung des Insolvenzverfahrens (vgl. Rn. 59 und 64)[2]. Zu den Fragen, wie sich im Falle eines Kommanditistenwechsels aufgrund einer Anteilsübertragung (dazu § 173 Rn. 8 ff.) die Befriedigung eines Neugläubigers einerseits oder Altgläubiger andererseits jeweils auf die persönliche Haftung des bisherigen Kommanditisten und seines Nachfolgers auswirken kann, vgl. im Einzelnen bei *v. Olshausen*, Gedächtnisschrift für Knobbe-Keuk, 1997, S. 247, 270 f., 274 ff.

b) Kein Vollwertigkeitserfordernis

16 Anders als bei der Leistung der Einlage an die KG (dazu Rn. 44 ff.) kommt es bei der Gläubigerbefriedigung nicht darauf an, ob die getilgte Forderung im Hinblick auf die wirtschaftliche Lage der Gesellschaft etwa noch vollwertig war. Die Haftungsbefreiung tritt nach dem Gesetz vielmehr zum Nennwert der abgelösten Gläubigerforderung ein[3].

c) Abtretung des Einlageanspruchs an Gläubiger

17 Ist die Einlageforderung an einen Gläubiger abgetreten und nimmt dieser nunmehr den Kommanditisten in Anspruch, so ist zu unterscheiden:

18 Bei einer Abtretung an **Erfüllungs Statt** geht die Forderung des Gläubigers gegen die KG unter. Da zugleich der KG ein entsprechender Vermögenswert (die Schuldbefreiung) zufließt, erlischt auch die Außenhaftung des Kommanditisten[4]; er haftet dem Gläubiger nunmehr allein als dem Erwerber des Anspruchs auf die Pflichteinlage[5].

19 Geschieht die Abtretung nur **erfüllungshalber** (gleiches gilt bei einer Anspruchspfändung durch den Gläubiger), so bleibt die Forderung des Gläubigers gegen die KG bestehen, ebenso die Außenhaftung des Kommanditisten. Er wird hiervon erst durch Befriedigung des Gläubigers frei[6]. Diese Folge tritt ebenso ein, wenn der Gläubiger dem Kommanditisten die abgetretene Einlageforderung erlässt oder wenn er sie weiter an den Kommanditisten (mit der Folge der Konfusion) abtritt[7].

---

1 BGH v. 3.3.1969 – II ZR 222/67, BGHZ 51, 391, 393.
2 BGH v. 9.12.1971 – II ZR 33/68, BGHZ 58, 72, 74.
3 BGH v. 8.7.1985 – II ZR 269/84, BGHZ 95, 188, 195 f.
4 BGH v. 19.12.1974 – II ZR 27/73, BGHZ 63, 338, 341.
5 *Staub/Schilling*, § 171 Rn. 11; *Baumbach/Hopt*, § 171 Rn. 9.
6 BGH v. 19.12.1974 – II ZR 27/73, BGHZ 63, 338, 341.
7 BGH v. 28.11.1983 – II ZR 94/83, WM 1984, 50, 51.

d) Gläubigerbefriedigung aus Gesellschaftersicherheiten

Als Leistung des Kommanditisten an den Gläubiger ist es auch anzusehen, wenn der Gläubiger sich aus einem vom Kommanditisten gegebenen **Sicherungsgegenstand** befriedigt[1].   20

e) Erledigung der Pflichteinlageschuld nach Gläubigerbefriedigung

Da die Befriedigung eines Gläubigers (ohne vorherige Abtretung der Einlageforderung durch die KG) keine Einlageleistung in das haftende KG-Vermögen darstellt, **erlischt die Pflichteinlageschuld nicht gleichzeitig** (von der Außenhaftung wird er jedoch frei)[2]. Von ihr wird der Kommanditist erst durch die Aufrechnung mit seinem Erstattungsanspruch, den er aus der Tilgung der Gläubigerforderung erlangt (aus § 110), gegenüber der Gesellschaft frei[3], weil allein durch die Befriedigung des Gläubigers durch den Kommanditisten der Gesellschaft kein Vermögenswert zufließt. Auf die Werthaltigkeit der Gegenforderung kommt es in diesem Zusammenhang nicht an[4] (Rn. 50). Hat der Kommanditist intern eine Sacheinlage zu leisten, so tritt an die Stelle der dann nicht möglichen Aufrechnung ein Leistungsverweigerungsrecht[5].   21

5. Haftung des ausgeschiedenen Kommanditisten

a) Haftung für Altschulden

Bis zur Eintragung und Bekanntmachung seines Ausscheidens (§ 15 Abs. 1) haftet der Kommanditist in gleicher Weise wie zuvor für alle Gesellschaftsverbindlichkeiten, danach nach Maßgabe des § 160 nur noch für die **bis dahin entstandenen Schulden**[6]. Von seiner Haftung kann er sich durch Zahlung an einen der Altgläubiger befreien. Daneben bleibt ihm die Möglichkeit (wie in Rn. 15), sich durch Leistung an die Gesellschaft[7] seiner Haftung zu entledigen[8]; das Geleistete steht dann zur Befriedigung der Altgläubiger zur Verfügung[9].   22

b) Erstattungsanspruch

Bei Inanspruchnahme durch einen Gläubiger erwirbt er (wie ein der Gesellschaft noch angehörender Kommanditist) einen Erstattungsanspruch gegen   23

---

1 BGH v. 9.12.1971 – II ZR 33/68, BGHZ 58, 72, 74.
2 MünchKommHGB/*K. Schmidt*, §§ 171, 172 Rn. 50.
3 BGH v. 30.4.1984 – II ZR 132/83, WM 1984, 893, 895; abw. *Staub/Schilling*, § 171 Rn. 2.
4 *Ebenroth/Boujong/Joost/Strohn*, § 171 Rn. 36.
5 *Schlegelberger/K. Schmidt*, § 171 Rn. 50; MünchKommHGB/*K. Schmidt*, §§ 171, 172 Rn. 50.
6 BGH v. 20.3.1958 – II ZR 2/57, BGHZ 27, 51, 55 f.
7 MünchKommHGB/*K. Schmidt*, §§ 171, 172 Rn. 43.
8 BGH v. 9.5.1963 – II ZR 124/61, BGHZ 39, 319, 329.
9 BGH v. 9.5.1963 – II ZR 124/61, BGHZ 39, 319, 326; vgl. auch BGH v. 10.5.1978 – VIII ZR 32/77, BGHZ 71, 296, 304.

die Gesellschaft, der sich hier zusätzlich aus § 738 Abs. 1 BGB herleiten lässt[1]. Bezüglich der Aufrechnungsmöglichkeiten, vgl. Rn. 50 f.

c) Besondere Sachlagen

24 Zur Stellung des ausgeschiedenen Gesellschafters in der **Insolvenz der Gesellschaft** vgl. Rn. 75 ff. und zur **Rückzahlung der Einlage an ihn** § 172 Rn. 33 f. Wegen der Haftungsfrage beim **Kommanditistenwechsel** durch Anteilsübertragung siehe § 162 Rn. 13 ff. und § 173 Rn. 10 ff.

6. Sonstige Haftungstatbestände

25 Die in § 171 Abs. 1 normierte Außenhaftung des Kommanditisten lässt seine Inanspruchnahme aus anderen Verpflichtungsgründen unberührt.

a) Rechtsgeschäftliche Haftung

26 Hier kommt eine rechtsgeschäftliche Haftung neben der KG aus **Bürgschaft**, **Schuldbeitritt** oder Garantievertrag in Frage (siehe auch § 130a Rn. 32 f.)[2]. Möglich ist u.U. eine Eigenhaftung wegen **Verschuldens bei Vertragsschluss**, wenn der Kommanditist bei Vertragsverhandlungen als Vertreter oder Sachwalter der KG auftritt und die Verhandlungen durch Inanspruchnahme besonderen persönlichen Vertrauens oder Verfolgung von Eigeninteressen beeinflusst[3]. Für eine Verfolgung von Eigeninteressen reicht eine maßgebliche Beteiligung an der KG (oder einer Komplementär-GmbH) für sich allein aber nicht aus[4] (näher dazu § 130a Rn. 32). Keine Haftung begründet hingegen die Einräumung einer umfassenden Vertretungsbefugnis, auch nicht bei alleinigem Weisungs- und Geschäftsführungsrecht des Kommanditisten[5].

b) Rechtsschein, Durchgriff, Delikt

27 Unberührt bleiben ferner Haftungsmöglichkeiten, die aus **Rechtsscheintatbeständen**, aufgrund von Auswirkungen der **Handelsregisterpublizität** (§ 15 Abs. 1) oder im Falle des § 176 zu einer Haftung wie für einen persönlich haftenden Gesellschafter führen. Sodann kann eine **Durchgriffshaftung** oder eine **deliktische Haftung** (§ 826 BGB auch unter der Fallgruppe des existenzvernichtenden Eingriffs[6]) in Frage kommen, wenn eine vermögenslose GmbH als persönlich haftender Gesellschafter eingeschaltet wird[7], bei Ver-

---

1 BGH v. 20.3.1958 – II ZR 2/57, BGHZ 27, 51, 57.
2 *Baumbach/Hopt*, § 171 Rn. 4.
3 BGH v. 25.1.1984 – VIII ZR 227/82, WM 1984, 2284, 2285.
4 BGH v. 6.6.1994 – II ZR 292/91, BGHZ 126, 181, 186; siehe auch BGH v. 5.10.1988 – VIII ZR 325/87, WM 1988, 1673, 1674.
5 *Baumbach/Hopt*, § 171 Rn. 4.
6 Zu diesem neuen (für die GmbH entwickelten) Haftungskonzept siehe BGH v. 16.7.2007 – II ZR 3/04, NJW 2007, 2689; BGH v. 7.1.2008 – II ZR 314/05, NZI 2008, 196.
7 *Ebenroth/Boujong/Joost/Strohn*, § 171 Rn. 29; *Baumbach/Hopt*, § 171 Rn. 4.

mischung von Gesellschafts- und Privatvermögen[1] oder bei anderen kompensationslosen Eingriffen in das der Zweckbindung zur vorrangigen Befriedigung der Gläubiger dienende Gesellschaftsvermögen.

c) Gläubigerzugriff auf Freistellungsanspruch

Zu einer über die betragsmäßige Haftsummenbegrenzung (§ 171 Abs. 1) hinausgehenden Haftung kann es **mittelbar** kommen, wenn (wie in der GmbH & Co. KG häufig) die Verlustbeteiligung des persönlich haftenden Gesellschafters ausgeschlossen ist und der Gesellschaftsvertrag – insoweit unter Abdingung von § 167 Abs. 3 (dazu § 167 Rn. 16 sowie § 168 Rn. 24) – eine interne **Ausgleichs- oder Freistellungspflicht** des Kommanditisten vorsieht. Ein Gesellschaftsgläubiger kann sich dann über einen Zugriff (durch Pfändung) auf den Freistellungsanspruch an den Kommanditisten halten. Dieser kann aber ihm gegenüber mit einem ihm gegen die KG zustehenden Anspruch aufrechnen, da ihm dies nach § 406 BGB verbleibt.   28

II. Haftungsbefreiung durch Einlageleistung (§ 171 Abs. 1 Hs. 2)

Nach § 171 Abs. 1 Hs. 2 entfällt die Haftung des Kommanditisten, soweit die Einlage geleistet ist.   29

1. Leistung des Einlagegegenstandes

a) Erbringung der Einlage

Als Einlage versteht das Gesetz hier die **Pflichteinlage**[2] (Rn. 6). Diese muss in vereinbarter Weise in Form einer Wertzuführung erbracht werden[3].   30

Die geschuldete Einlage kann eine **Bareinlage** oder eine **Sacheinlage** sein. Ersterenfalls befreit sich der Kommanditist in Höhe des Nennbetrags von der Haftung, wobei die Zahlung mit Buchgeld der Bargeldzahlung gleichsteht[4] (Rn. 47). Durch Überweisung eines Buchgeldbetrags auf ein debitorisch geführtes Bankkonto, kann der Kommanditist seine Einlagepflicht erfüllen[5]. Letzterenfalls erlangt die Frage ihrer Bewertung eine besondere Bedeutung (vgl. Rn. 44 ff.).   31

Ist der Kommanditist intern von einer **Einlagepflicht freigestellt** oder **übersteigt die Haftsumme die** (bereits erbrachte) **Pflichteinlage**, so hat er auch die Möglichkeit, sich durch eine (zusätzliche) Leistung in Höhe der noch be-   32

---

1 Vgl. dazu BGH v. 30.11.1978 – II ZR 204/76, NJW 1979, 2104; BGH v. 26.11.1979 – II ZR 256/78, WM 1980, 102 f.; BGH v. 12.11.1984 – II ZR 250/83, NJW 1985, 740.
2 MünchKommHGB/*K. Schmidt*, §§ 171, 172 Rn. 6.
3 BGH v. 8.7.1985 – II ZR 269/84, WM 1985, 1224, 1225.
4 MünchKommHGB/*K. Schmidt*, §§ 171, 172 Rn. 53.
5 OLG Dresden v. 24.6.2004 – 7 W 554/04, NZG 2004, 1155; Ebenroth/Boujong/Joost/Strohn, § 171 Rn. 43.

stehenden Außenhaftung von dieser zu befreien[1], auch wenn er die Pflichteinlage gegenüber der Gesellschaft nicht mehr schuldet[2]. Dies gilt auch für den bereits **ausgeschiedenen** Kommanditisten[3] mit der Besonderheit, dass seine Leistung dann nur für die Altgläubiger zu verwenden ist (Rn. 22).

33 Hat ein Kommanditist, der keine Pflichteinlage (mehr) schuldet, aber noch einer Außenhaftung ausgesetzt ist, seinerseits eine Forderung gegen die Gesellschaft (etwa Rn. 21), so kann er damit zwecks Haftungsbefreiung in entsprechender Anwendung von § 387 BGB **aufrechnen**[4] (siehe aber Rn. 44, 49).

b) Leistung zugunsten des Haftkapitals

34 Die Einlage muss in der Weise erbracht werden, dass sie **auf die Einlageschuld** geleistet wird und das **haftende Kapital** der Gesellschaft vermehrt[5]. Es genügt daher z.B. nicht, wenn der Kommanditist der Gesellschaft einen Geldbetrag als Darlehen zur Verfügung stellt[6].

35 Hat der Kommanditist – wie das vor allem in der Publikumsgesellschaft häufig ist, aber auch sonst vorkommt – nach dem Gesellschaftsvertrag nicht nur eine Kommanditeinlage, sondern auch weitere Leistungen, meist als Darlehen oder stille Beteiligung, in die Gesellschaft einzubringen, so haben auch die **zusätzlichen Leistungen** – grundsätzlich – den rechtlichen Charakter von Pflichteinlagen, sofern sie im Interesse der Verwirklichung des Gesellschaftszweckes der notwendigen Kapitalausstattung der Gesellschaft dienen (vgl. dazu Rn. 13 sowie § 161 Rn. 141 ff.). Demgemäß wirken sich auch hierauf erbrachte Zahlungen haftungsbefreiend aus (§ 161 Rn. 142).

36 Als Leistung einer Einlage ist auch anzusehen, wenn der Kommanditist einen **Gewinnanteil stehenlässt**. Das setzt allerdings voraus, dass der Gewinn gemäß § 167 Abs. 2 zur Erhöhung der Einlage auf dem Kapitalkonto verbucht wird und dem Kommanditisten nicht etwa auf einem Sonderkonto zur Verfügung gestellt wird (dazu § 167 Rn. 9, 11). Muss der Gewinn aber nach § 169 Abs. 1 zur Wiederauffüllung eines Fehlbetrages verwendet werden, um den der Kapitalanteil infolge eingetretener Verluste abgesunken ist (§ 169 Rn. 4 ff.), so hat die Gutschrift diese Wirkungen nicht[7].

37 Gegen eine Bareinlagepflicht kann der Kommanditist auch die **Aufrechnung** mit einer Gegenforderung gegen die Gesellschaft erklären[8]. Eine Befreiung

---

1 BGH v. 9.12.1971 – II ZR 33/68, BGHZ 58, 72, 76; BGH v. 10.11.1975 – II ZR 202/74, NJW 1976, 418, 419; gegen die analoge Aufrechnungsmöglichkeit *Schmelz*, DStR 2006, 1704, 1708 f.
2 MünchKommHGB/*K. Schmidt*, §§ 171, 172 Rn. 42, 22.
3 BGH v. 9.5.1963 – II ZR 124/61, BGHZ 39, 319, 329.
4 BGH v. 9.12.1971 – II ZR 33/68, BGHZ 58, 72, 76.
5 *Schlegelberger/K. Schmidt*, § 171 Rn. 46 ff.
6 Vgl. etwa OLG Hamburg v. 28.9.1983 – 5 U 173/82, ZIP 1984, 1090, 1092.
7 *Schlegelberger/K. Schmidt*, § 171 Rn. 56 m.w.N.
8 BGH v. 3.3.1969 – II ZR 222/67, BGHZ 51, 391, 393.

von der Außenhaftung tritt allerdings nur in dem Umfang ein, in welchem die Gegenforderung **werthaltig** ist (näher Rn. 44, 49).

c) Keine Einlageleistung durch Gläubigerbefriedigung

Dazu, dass die Befriedigung eines Gesellschaftsgläubigers der Sache nach keine Leistung der Einlage darstellt, sondern dem Kommanditisten nur die Möglichkeit eröffnet, mit seinem Anspruch auf Aufwendungsersatz gegen die Einlageforderung aufzurechnen, vgl. Rn. 21. 38

Ist dagegen die **Einlageforderung** an einen Gläubiger **abgetreten** (Rn. 17 ff.) oder hat dieser sie pfänden und sich überweisen lassen, so führt die Leistung des Kommanditisten rechtlich ebenfalls zur Erfüllung der Einlagenschuld[1]. 39

d) Einbuchung von Werten

Im Übrigen kann die Leistung der Einlage durch **Einbuchung** oder **Umbuchung** von Werten auf das Kapitalkonto des Kommanditisten bewirkt werden, denn das Gesetz verlangt zwar eine tatsächliche Wert-, aber keine Mittelzuführung von außen[2]. 40

Dies kann insbesondere dadurch geschehen, dass ein Guthaben des Kommanditisten auf einem **Sonderkonto** (§ 167 Rn. 11) zugunsten seiner Einlage umgebucht wird; rechtlich stellt dies eine Verrechnung der betroffenen Ansprüche dar. 41

Eine Umbuchung ist auch dann möglich, wenn eine **Komplementärstellung** in eine solche als Kommanditist **umgewandelt** ist[3]. Zu den Fragen, mit welcher Pflichteinlage und welcher Haftsumme der Gesellschafter fortan beteiligt ist und ob die entsprechenden Beträge erbracht sind, werden im Zweifel die gleichen Erwägungen wie im Falle von § 139 (vgl. § 139 Rn. 33 ff.) zum Zuge kommen müssen. Hatte der persönlich haftende Gesellschafter keine Einlage zu erbringen und ist nichts über die Höhe der Pflichteinlage als Kommanditist vereinbart, so wird der zur Zeit der Umwandlung vorhandene Buchwert des Kapitalkontos des Gesellschafters als die bedungene Einlage anzusehen sein[4]. Voraussetzung für die haftungsbefreiende Wirkung des § 171 Abs. 1 Hs. 2 ist jedoch, dass die Kommanditeinlage im Zeitpunkt der Umwandlung auch werthaltig war. Ausreichend ist dabei die Deckung der Haftsumme aus stillen Reserven, die im Zeitpunkt der Einbuchung jedoch nicht aufgedeckt werden müssen[5]. Die Werthaltigkeit muss aber im Streitfall durch den Kommanditisten bewiesen werden[6] (Rn. 55 f.). 42

---

1 BGH v. 19.12.1974 – II ZR 27/73, BGHZ 63, 338, 341; BGH v. 28.11.1983 – II ZR 94/83, WM 1984, 50 f.
2 MünchKommHGB/*K. Schmidt*, §§ 171, 172 Rn. 41; *Baumbach/Hopt*, § 171 Rn. 6.
3 BGH v. 1.6.1987 – II ZR 259/86, BGHZ 101, 123, 126; MünchKommHGB/*K. Schmidt*, §§ 171, 172 Rn. 45.
4 *Buchner*, DNotZ 1988, 467, 477 f.
5 BGH v. 1.6.1987 – II ZR 259/86, NJW 1987, 1984 f.; *Baumbach/Hopt*, § 171 Rn. 6.
6 MünchKommHGB/*K. Schmidt*, §§ 171, 172 Rn. 61.

43 Hiervon abgesehen können Einbuchungen auch in sonstiger Weise zugunsten eines Kommanditisten geschehen. Hier ist es auch möglich, dass der Wert der Einlage **aus dem Vermögen eines persönlich haftenden Gesellschafters** (oder etwa eines bisherigen Alleininhabers eines Unternehmens bei dessen Umwandlung in eine KG unter Aufnahme von Kommanditisten) zur Verfügung gestellt wird[1], und zwar sogar aus dessen Kapitalkonto. Praktisch relevant ist die schenkweise Einräumung eines Kommanditanteils durch Einbuchung. Dies kommt insbesondere im Bereich der Familienpersonengesellschaften vor. Erforderlich für eine Haftungsbefreiung bleibt aber auch hier, dass der Vorgang nicht mit Belastungen der Gesellschaft verbunden ist, sondern ihrem gebundenen Vermögen ein entsprechender Wert zugeführt wird, insbesondere die eingebuchte Einlage wertmäßig abgedeckt ist[2].

2. Werthaltigkeit der Leistung

44 Während die Gesellschafter für ihre internen Beziehungen über die Anrechnung und Bewertung von Gesellschafterleistungen frei bestimmen können[3], tritt eine **Haftungsbefreiung nur im Umfang der Werthaltigkeit** der geleisteten Einlage ein[4]. Diese Voraussetzung führt zu keinen Schwierigkeiten, soweit es um eine Geldeinlage geht (Rn. 31). Doch können bei Sacheinlagen (dazu Rn. 10 f.) und bei einer Aufrechnung gegen die Einlagenforderung (Rn. 37) erhebliche Bewertungsunsicherheiten auftreten. Beweispflichtig ist hierfür im Streitfall der Kommanditist[5] (Rn. 55 f.). Hier ist Folgendes von Bedeutung:

a) Bewertung von Sacheinlagen

45 Wird eine Sacheinlage eingebracht, so ist sie bezogen auf den Leistungszeitpunkt zu bewerten[6]. Maßgebend ist der **wahre wirtschaftliche Wert**, nicht der Wert, mit dem sie etwa im Gesellschaftsvertrag angesetzt ist[7]. Soweit sich eine Insolvenz abzeichnet ist die Sacheinlage mit dem Liquidationswert anzusetzen[8]. Gesellschaftsinterne Abreden hierzu haben nur für das Innenverhältnis Bedeutung. Demgemäß wird der Kommanditist nur in Höhe der tatsächlichen Wertzuführung frei[9]. Das kann sich dahin auswirken, dass er mit der Leistung der Sacheinlage im vollen Umfang zwar die vertragliche Pflichteinlage erbringt, jedoch seine Außenhaftung nur teilweise ablöst.

---

1 BGH v. 14.1.1985 – II ZR 103/84, BGHZ 93, 246, 250 f.
2 BGH v. 21.5.1973 – II ZR 22/72, WM 1973, 778, 779 ff.
3 BGH v. 26.10.1981 – II ZR 176/80, WM 1982, 5, 7.
4 BGH v. 8.7.1985 – II ZR 269/84, BGHZ 95, 188, 195, 197; MünchKommHGB/*K. Schmidt*, §§ 171, 172 Rn. 54; *Baumbach/Hopt*, § 171 Rn. 6.
5 MünchKommHGB/*K. Schmidt*, §§ 171, 172 Rn. 61, 54.
6 MünchKommHGB/*K. Schmidt*, §§ 171, 172 Rn. 54.
7 BGH v. 1.6.1987 – II ZR 259/86, BGHZ 101, 123, 127; *Baumbach/Hopt*, § 171 Rn. 6.
8 *Baumbach/Hopt*, § 171 Rn. 6.
9 BGH v. 9.5.1963 – II ZR 124/61, BGHZ 39, 319, 329; BGH v. 25.6.1973 – II ZR 133/70, BGHZ 61, 59, 71; BGH v. 8.7.1985 – II ZR 269/84, BGHZ 95, 188, 195, 197.

Für den Fall, dass eine **Sacheinlage unterbewertet** ist, ist streitig, ob sie auch mit dem erhöhten Wertanteil zur Haftungsbefreiung führt. Das wird (mit Recht) bejaht[1]. Hierfür ist maßgebend, dass im Zweifel der wirkliche Wert der bedungenen Sacheinlage die Höhe der Haftsumme festlegt[2]. Wird daher eine Kommanditeinlage durch Umbuchung einer Komplementärbeteiligung erbracht (Rn. 42), so kommt es zur Haftungsbefreiung im Umfang des wahren wirtschaftlichen Beteiligungswertes, und zwar unter Mitberücksichtigung vorhandener stiller Reserven; der (u.U. sogar negative) Buchwert des Kapitalkontos ist nicht maßgeblich[3].

46

Die Notwendigkeit einer Bewertung gilt für Sacheinlagen jeder Art. Wird eine **Forderung gegen die Gesellschaft** eingebracht (Rn. 10, 32), so hängt ihre Werthaltigkeit von der wirtschaftlichen Lage und der Kreditwürdigkeit der Gesellschaft ab[4], die dann überprüft werden müssten. Keine Sacheinlage, sondern eine Bareinlage ist die Zahlung mit Buchgeld, auch soweit das Gesellschaftskonto bei dem kontoführenden Kreditinstitut debitorisch ist[5] (Rn. 31).

47

Vergleichbare Schwierigkeiten ergeben sich bei der Einbringung eines **Unternehmens** oder einer Unternehmensbeteiligung. Hat das Unternehmen etwa infolge Überschuldung einen **negativen Wert**, so tritt keine Haftungsbefreiung ein. Obwohl hier das Vermögen der KG durch die Einbringung vermindert wird, haftet der Kommanditist den Gläubigern – ebensowenig wie in anderen Fällen von Auszahlungen, die die Haftsumme übersteigen – nicht über die Haftsumme hinaus[6]. Ob der Kommanditist intern den Mitgesellschaftern ersatzpflichtig ist, bleibt davon unberührt.

48

b) Aufrechnung gegen die Einlageschuld

Der Kommanditist kann nach der Gesetzeslage mit einer Forderung gegen die KG gegen die Einlageverpflichtung aufrechnen. Gesellschaftsvertraglich kann ein Aufrechnungsverbot bestehen[7]. Dieses kann auch stillschweigend vereinbart sein, wenn die Umstände auf einen entsprechenden Willen der Gesellschafter schließen lassen[8]. Wird gegen eine Bareinlageforderung die Aufrechnung erklärt, so tritt (unbeschadet einer Tilgung des Anspruchs auf die Pflichteinlage zum Nennwert der Gegenforderung[9]) eine **Enthaftung** ge-

49

---

1 Vgl. etwa *Staub/Schilling*, § 171 Rn. 9; *Baumbach/Hopt*, § 171 Rn. 6; *Ebenroth/Boujong/Joost/Strohn*, § 171 Rn. 48; a.A. MünchKommHGB/*K. Schmidt*, §§ 171, 172 Rn. 48 m.w.N.
2 BGH v. 1.6.1987 – II ZR 259/86, BGHZ 101, 123, 127; BGH v. 28.3.1977 – II ZR 230/75, WM 1977, 783, 784.
3 BGH v. 1.6.1987 – II ZR 259/86, BGHZ 101, 123, 127.
4 BGH v. 29.3.1973 – II ZR 25/70, BGHZ 60, 324, 327 f.
5 MünchKommHGB/*K. Schmidt*, §§ 171, 172 Rn. 55, 53.
6 BGH v. 29.3.1973 – II ZR 25/70, BGHZ 60, 324, 327 f.
7 MünchKommHGB/*K. Schmidt*, §§ 171, 172 Rn. 58.
8 OLG Hamm v. 19.5.1999 – 8 U 298/98, NZG 2000, 200, 201.
9 Vgl. *v. Gerkan*, FS Kellermann, 1991, S. 68, 73; z.T. anders (im Falle gegenläufiger Interessen der Mitgesellschafter) *v. Olshausen*, ZGR 2000, 175, 182 ff.

§ 171 Kommanditgesellschaft

mäß § 171 Abs. 1 Hs. 2 nur in dem Umfang ein[1], in dem die **Gegenforderung werthaltig** ist[2] (zur Ausnahme siehe Rn. 50). Maßgebend ist der Zeitpunkt der Aufrechnung. Die Vollwertigkeit der Gegenforderung wird nicht schon dadurch begründet, dass sie die Gegenleistung für eine der Gesellschaft bereits erbrachte werthaltige Leistung verkörpert[3].

50 Keine Probleme ergeben sich, wenn der Kommanditist einen **Gesellschaftsgläubiger befriedigt** hat und nun mit dem erworbenen **Ersatzanspruch** (Rn. 21, 23) gegenüber der KG aufrechnet[4]. Da durch die Gläubigerbefriedigung bereits eine Enthaftung in Höhe der getilgten Gläubigerforderung und ohne Rücksicht auf ihre Vollwertigkeit eingetreten ist (Rn. 15, 16), kann ohne weiteres gegen den verbleibenden Anspruch auf die Pflichteinlage aufgerechnet werden[5].

51 Nach *K. Schmidt*[6] soll eine Aufrechnung mit der Folge einer Enthaftung zum Nennwert (ohne Rücksicht auf Werteinbußen) auch möglich sein, wenn ein ausgeschiedener Kommanditist mit der Forderung auf sein **Abfindungsguthaben**, das an die Stelle seiner Einlage getreten ist, aufrechnet. Diese Auffassung würde aber voraussetzen, dass die Gutschrift des Abfindungsbetrages entgegen der h.M., der zu folgen ist (vgl. dazu § 172 Rn. 29), nicht als Rückzahlung gemäß § 172 Abs. 4 eingeordnet wird.

52 Soweit eine Aufrechnung oder Verrechnung dazu dient, bereits vom Kommanditisten eingebrachte **Fremdmittel**, die materiell **Pflichteinlagenqualität** haben (vgl. Rn. 35, auch § 161 Rn. 141 ff.), formal **in Kommanditeinlagen umzuwandeln**, so bleibt dies haftungsrechtlich neutral. Bei Fremdmitteln sonstiger Art tritt eine Enthaftung in dem Umfang ein, in welchem sie dem Vollwertigkeitserfordernis genügen[7].

3. Einlageleistung in der GmbH & Co. KG

a) Gesonderte Einlagenaufbringung in KG und GmbH

53 In der GmbH & C.o KG müssen die Einlagen der KG und die Stammeinlagen der GmbH entsprechend den jeweils dafür geltenden Regeln gesondert

---

1 Teilweise Wertzuführung führt zur teilweisen Befreiung, BGH v. 8.7.1985 – II ZR 269/84, NJW 1985, 2947, 2948; *Baumbach/Hopt*, § 171 Rn. 7.
2 BGH v. 8.7.1985 – II ZR 269/84, BGHZ 95, 188, 195; BGH v. 10.11.1975 – II ZR 202/74, WM 1976, 107 ff.; OLG Hamm v. 19.5.1999 – 8 U 298/98, NZG 2000, 200, 201; OLG Dresden v. 24.6.2004 – 7 W 554/04, NZG 2004, 1155; *K. Schmidt*, GesR, § 54 II 3c; *Ebenroth/Boujong/Joost/Strohn*, § 171 Rn. 48; *Baumbach/Hopt*, § 171 Rn. 7; MünchKommHGB/*K. Schmidt*, §§ 171, 172 Rn. 59.
3 BGH v. 10.11.1975 – II ZR 202/74, WM 1976, 107.
4 BGH v. 8.7.1985 – II ZR 269/84, NJW 1985, 2947, 2948 (der BGH macht die Werthaltigkeitsprüfung zum Grundsatz, lässt aber gleichzeitig eine Ausnahme für den Fall der Regressforderung zu).
5 OLG Hamm v. 19.5.1999 – 8 U 298/98, NZG 2000, 200, 201; MünchKommHGB/*K. Schmidt*, §§ 171, 172 Rn. 58.
6 MünchKommHGB/*K. Schmidt*, §§ 171, 172 Rn. 60, auch Rn. 73.
7 MünchKommHGB/*K. Schmidt*, §§ 171, 172 Rn. 60.

aufgebracht werden. Das gilt auch dann, wenn sich die Betätigung der Komplementär-GmbH in der Geschäftsführung für die KG erschöpft[1]. Durch § 172 Abs. 6 wird in diesem Zusammenhang klargestellt, dass die Kommanditeinlage nicht dadurch erbracht werden kann, dass die Kommanditisten die in ihrer Hand befindlichen GmbH-Geschäftsanteile in die KG einbringen (Näheres dazu § 172 Rn. 58 ff.).

b) Leistung von Stammeinlagen an die KG

Die direkte **Einzahlungen auf die Stammeinlagen der GmbH** in das Vermögen der KG auf ein von ihr geführtes (Giro-)Konto hat wegen des Verstoßes gegen die Kapitalaufbringungsvorschriften grundsätzlich keine Erfüllungswirkung[2]. 54

Da der GmbH-Gesellschafter aber seine Einlagepflicht auch dann erfüllt, wenn er auf Veranlassung der GmbH an einen Gläubiger leistet (§ 362 Abs. 2 BGB), der eine vollwertige, fällige und liquide Forderung (Vollwertigkeitsprinzip[3]) gegen die GmbH hat, ist es dann auch möglich, dass er den Betrag der Stammeinlage an die KG überweist, sofern dies der Verwirklichung der Absicht der GmbH dient, mit diesen Mitteln ihre eigene Einlagepflicht gegenüber der KG zu erfüllen. Der zahlende GmbH-Gesellschafter wird aus seiner Verpflichtung nach § 19 GmbHG dann frei, soweit das übrige Vermögen der GmbH zur Deckung ihrer Verbindlichkeiten (einschließlich ihrer Haftung als Komplementärin, soweit die Ansprüche der Gläubiger der KG über das KG-Vermögen hinausgehen) ausreicht[4].

c) Weiterreichung der Stammeinlage an die KG

Nach der Rechtsprechung[5] hat die Einzahlung auf die Stammeinlage bei der GmbH dann ebenfalls wegen Verstoßes gegen die Kapitalaufbringungsgrundsätze keine Erfüllungswirkung, soweit der eingezahlte Betrag als Darlehen an die Co. KG weitergeleitet wird. Der BGH weitet damit seine Rechtsprechung[6], wonach die alsbaldige Rückführung der Stammeinlageleistung an den Gesellschafter die Erfüllungswirkung hindert („Hin- und Herzahlen"), auf Empfänger aus, durch die der Gesellschafter in gleicher Weise begünstigt wird wie durch eine unmittelbare Rückzahlung (z.B. bei der typische GmbH & Co. KG). Wie viel Zeit zwischen Eintragung der GmbH und der Darlehensgewährung vergehen muss, damit nicht mehr von einer Umgehung der 54a

---

1 BGH v. 25.11.1985 – II ZR 48/85, NJW 1986, 989; BGH v. 10.12.2007 – II ZR 180/06, ZIP 2008, 174, 176.
2 BGH v. 25.11.1985 – II ZR 48/85, NJW 1986, 989.
3 *Scholz/Schneider/Westermann*, § 19 GmbHG Rn. 63 ff.
4 BGH v. 25.11.1985 – II ZR 48/85, WM 1986, 129, 130; kritisch dazu *K. Schmidt*, ZIP 2008, 481, 489.
5 BGH v. 10.12.2007 – II ZR 180/06, ZIP 2008, 174 ff.; mit beachtlichen Argumenten ablehnend *K. Schmidt*, ZIP 2008, 481, 486 ff.
6 BGH v. 2.12.2002 – II ZR 101/02, ZIP 2003, 211, 212.

Kapitalaufbringungsvorschriften gesprochen werden kann, ist höchstrichterlich nicht entschieden[1].

54b Ob die vom BGH in Rn. 54 und 54a eingeschlagene Richtung nach Änderung des GmbHG durch das MoMiG weiter verfolgt wird oder aber eine Richtungsänderung entsprechend der gesetzgeberischen Intention – Deregulierung und Deformalisierung des Kapitalaufbringungsrechts – erfolgt, bleibt abzuwarten.

4. Beweislast

55 Wie sich aus § 171 Abs. 1 Hs. 2 ergibt, trägt der Kommanditist die Beweislast dafür, dass es zu seiner Befreiung von der Außenhaftung gekommen ist[2]. Daher hat er im Streitfalle auch einen die Haftsumme abdeckenden Wert einer Sacheinlage, einer zur Aufrechnung gestellten Gegenforderung oder eines umgebuchten Komplementäranteils zu beweisen[3].

56 Abweichend hiervon soll nach *Staub/Schilling*[4] der Gesellschaftsgläubiger die Beweislast haben, wenn streitig ist, ob der gesellschaftsvertragliche Wertansatz zu einer Überbewertung einer Sacheinlage führt. Dem ist nicht zu folgen, da gesellschaftsinterne Abreden dieser Art den Gläubiger nicht binden (vgl. oben Rn. 45).

III. Haftung in der Insolvenz der KG (§ 171 Abs. 2)

1. Verhältnis von § 171 Abs. 2 zu § 93 InsO

56a § 171 Abs. 2 gilt nach h.M. nicht für die Komplementärshaftung bzw. die unbeschränkte Haftung des Kommanditisten nach § 176 (siehe § 176 Rn. 22a)[5]. Vielmehr findet insoweit allein § 93 InsO Anwendung[6]. Letztere Vorschrift ist der Bestimmung des § 171 Abs. 2 nachgebildet und sollte die Lücke schließen, die darin besteht, dass nach Ansicht der Rechtsprechung[7] § 171 Abs. 2 nicht analog auf vollhaftende Gesellschafter anzuwenden ist[8]. Aus heutiger Sicht ist § 171 Abs. 2 gegenüber § 93 InsO aber wohl die ergänzende Sondervorschrift für die beschränkte Haftung der Kommanditisten[9].

---

1 Dazu *Binz/Sorg*, § 3 Rn. 6 f. m.w.N.
2 BGH v. 30.4.1984 – II ZR 132/83, WM 1984, 893, 895.
3 BGH v. 1.6.1987 – II ZR 259/86, BGHZ 101, 123, 127; BGH v. 18.11.1976 – II ZR 129/75, WM 1977, 167, 168.
4 *Staub/Schilling*, § 171 Rn. 9.
5 BGH v. 28.10.1981 – II ZR 129/80, NJW 1982, 883, 885; *Gottwald/Haas*, InsoHdb, § 94 Rn. 100; MünchKommHGB/*K. Schmidt*, §§ 171, 172 Rn. 106.
6 Zur umstrittenen Reichweite des § 93 InsO vgl. BGH v. 4.7.2002 – IX ZR 265/01, DStR 2003, 215 ff.; danach betrifft § 93 InsO nur den Bereich der akzessorischen Gesellschafterhaftung (§§ 128, 161 Abs. 2, 176); keine Anwendung dagegen, wenn die Haftung auf einer rechtlich selbständigen Verpflichtung des Gesellschafter beruht, etwa die Haftung nach §§ 69, 34, 35 AO, siehe hierzu § 128 Rn. 17.
7 BGH v. 21.1.1993 – IX ZR 275/91, NJW 1993, 663, 665.
8 MünchKommHGB/*K. Schmidt*, §§ 171, 172 Rn. 106.
9 MünchKommHGB/*K. Schmidt*, §§ 171, 172 Rn. 100.

Systematisch stellt sich die Frage, warum der Gesetzgeber die Geltendmachung der unbeschränkten Gesellschafterhaftung (§ 128) im Insolvenzrecht und den Einzug der Kommanditistenhaftung im HGB geregelt hat. Stimmig ist das nicht, geht es doch bei beiden Vorschriften um die Verwirklichung des Gläubigergleichbehandlungsgrundsatzes jenseits der Insolvenzmasse[1].

2. Wirkungen der Verfahrenseröffnung

a) Geltendmachung der Haftungsansprüche

Wird über das Vermögen der KG das Insolvenzverfahren eröffnet, so können die dem Gläubiger zustehenden **Haftungsansprüche** gegen die Kommanditisten allein vom **Insolvenzverwalter** oder dem **Sachwalter** (§ 270 Abs. 3 InsO) geltend gemacht werden (§ 171 Abs. 2)[2]. Die Zusammenfassung in einer Hand dient der gleichmäßigen Berücksichtigung der Gläubiger im Insolvenzverfahren und damit der Vermeidung des Wettlaufs der Gläubiger um die Haftungsinanspruchnahme des Kommanditisten[3]. § 171 Abs. 2 bildet keine eigene Anspruchsgrundlage. Vielmehr wird – so die überwiegende Ansicht – der Insolvenzverwalter mit „treuhänderischer Einziehungsbefugnis" als gesetzlicher Prozessstandschafter der einzelnen Gläubiger tätig[4]. Er macht also fremde Rechte im eigenen Namen geltend[5]. Freilich darf die bei den Gläubigern verbleibende Restzuständigkeit nicht überbewertet werden. So ist etwa der Anspruch nach § 171 Abs. 2 bei der Massekostendeckungsprüfung (§ 26 InsO) so zu berücksichtigen[6], als stünde der Anspruch der Masse zu. Auch muss der eingezogene Betrag nicht den Gesellschaftsgläubigern zugute kommen. Vielmehr können hieraus auch Verfahrenskosten und sonstige Masseverbindlichkeiten beglichen werden[7]. Der Insolvenzverwalter kann den Anspruch sogar im Falle von Masseunzulänglichkeit einziehen, wenn die Gläubiger von der Einziehung überhaupt nicht profitieren[8]. Schließlich kann sich der Insolvenzverwalter auch zu Lasten der Gesellschaftsgläubiger über die Haftungsansprüche vergleichen bzw. diese abtreten[9]. Auch kann der Gesellschafter nicht haftungsbefreiend an den Gläubiger leisten (siehe unten Rn. 64[10]. Von der bei den Gläubigern verbleibenden Rechtsinhaber-

57

---

1 *Gottwald/Haas*, InsoHdb, § 94 Rn. 96.
2 BGH v. 20.3.1958 – II ZR 2/57, NJW 1958, 787, 788; BGH v. 17.9.1964 – II ZR 162/62, NJW 1964, 2407, 2409; *Ebenroth/Boujong/Joost/Strohn*, § 171 Rn. 94.
3 BGH v. 20.3.1958 – II ZR 2/57, NJW 1958, 787 f.; *Baumbach/Hopt*, § 171 Rn. 11.
4 BGH v. 9.10.2006 – II ZR 193/05, DStR 2007, 125 (zu § 93 InsO); siehe auch *Gottwald/Haas*, InsoHdb, § 94 Rn. 83, 97.
5 BGH v. 17.9.1964 – II ZR 162/62, NJW 1964, 2407, 2408.0
6 MünchKommInsO/*Brandes*, § 93 Rn. 10; *Uhlenbruck/Hirte*, InsO, § 93 Rn. 3; *Gottwald/Haas*, InsoHdb, § 94 Rn. 35; aA MünchKommHGB/*K. Schmidt*, Anh § 158 Rn. 39.
7 *Gottwald/Haas*, InsoHdb, § 94 Rn. 99.
8 *Gottwald/Haas*, InsoHdb, § 94 Rn. 99; a.A. aber *Dienstühler*, ZIP 1998, 1697, 1706.
9 Siehe *Gottwald/Haas*, InsoHdb, § 94 Rn. 102, 91; a.A. HK-InsO/*Eickmann*, § 93 InsO Rn. 1; *Kübler/Prütting/Lüke*, § 93 InsO Rn. 16; *Uhlenbruck/Hirte*, § 93 InsO Rn. 6.
10 MünchKommHGB/*K. Schmidt*, §§ 171, 172 Rn. 107; *Gottwald/Haas*, InsoHdb, § 94 Rn. 98.

schaft bleibt mithin – praktisch gesehen – während der Dauer des Insolvenzverfahrens nicht viel übrig.

b) Geltendmachung der Pflichteinlageforderung

58 Die Befugnis des Insolvenzverwalters, auch die im **Innenverhältnis** der Gesellschafter noch offen Ansprüche (offene Pflichteinlage oder Nachschussverpflichtung) zu verfolgen[1], ergibt sich nicht aus § 171 Abs. 2, sondern aus den §§ 80, 148 InsO[2]. Die noch nicht erfüllten Einlagenansprüche gehören zur Insolvenzmasse (§ 35 InsO), die der Insolvenzverwalter zu verwalten und zu verwerten hat[3] (zur Bildung einer Sondermasse für Altgesellschafter vgl. Rn. 79). Der Insolvenzverwalter hat die offenen Ansprüche einzufordern, soweit sie zur Gläubigerbefriedigung erforderlich sind[4] (zur Beweislast vgl. Rn. 67, 83). Erforderlichkeit ist dann gegeben, wenn das Gesellschaftsvermögen zur Gläubigerbefriedigung nicht ausreicht.

c) Insolvenzverfahren als Voraussetzung

59 § 171 Abs. 2 setzt ein **Insolvenzverfahren** über das **KG-Vermögen** voraus, wobei es unerheblich ist, ob ein Insolvenzverwalter nach § 56 InsO bestellt oder Eigenverwaltung nach §§ 270 ff. InsO angeordnet ist. Die Befugnisse des § 171 Abs. 2 stehen letzterenfalls dem Sachwalter zu. § 171 Abs. 2 findet hingegen keine Anwendung, wenn das Insolvenzverfahren mangels Masse abgelehnt oder eingestellt (§ 207 InsO) wird[5]. Anders ist die Rechtslage im Fall der Masseunzulänglichkeit. Hier bleibt der Insolvenzverwalter zur Geltendmachung nach § 171 Abs. 2 berechtigt (§ 208 Abs. 3 InsO), auch wenn den Insolvenzgläubigern der eingezogene Betrag nicht unmittelbar zugute kommt. Hier kann letztlich nichts anderes gelten wie bei anderen Ansprüchen zum Schutz der Gesellschaftsgläubiger, die im eröffneten Verfahren über die Masse zu liquidieren sind[6]. Wenn aber der Insolvenzverwalter zur Geltendmachung der Insolvenzanfechtungsansprüche berechtigt bleibt[7], kann für § 171 Abs. 2 nichts anderes gelten.

60 Ohne Einfluss auf das Eingreifen der Vorschrift ist es, ob der Gesellschafterbestand gewechselt hat, ob der in Anspruch zu nehmende Kommanditist

---

[1] BGH v. 29.9.1977 – II ZR 157/76, WM 1977, 1377, 1379.
[2] MünchKommHGB/*K. Schmidt*, §§ 171, 172 Rn. 98; MünchKommInsO/*Lwowski/Peters*, § 35 Rn. 207.
[3] MünchKommHGB/*K. Schmidt*, §§ 171, 172 Rn. 97, 112; MünchKommInsO/*Lwowski/Peters*, § 35 Rn. 196.
[4] BGH v. 14.1.1991 – II ZR 112/90, NJW 1991, 922, 923; *Ebenroth/Boujong/Joost/Strohn*, § 171 Rn. 96; MünchKommHGB/*K. Schmidt*, §§ 171, 172 Rn. 97.
[5] MünchKommHGB/*K. Schmidt*, §§ 171, 172 Rn. 102.
[6] Vgl. *Gottwald/Haas*, InsOHdb, § 92 Rn. 547 ff.
[7] BGH v. 19.7.2001 – IX ZR 36/99, NZI 2001, 585, 587; vgl. auch OLG Brandenburg v. 30.5.2002 – 8 U 101/01 ZIP 2002, 1698, 1699; a.A. OLG Dresden v. 21.1.2001 – 13 W 1650/00, NZI 2001, 259, 260.

ausgeschieden ist, ob die Gesellschaft inzwischen etwa zu einer OHG geworden ist und ob sie eine fehlerhafte Gesellschaft ist[1].

Entgegen früherer Rechtsprechung ist der BGH seit 1990[2] der zutreffenden Auffassung[3], dass **§ 171 Abs. 2 entsprechend anzuwenden** ist, wenn das Insolvenzverfahren – bei jeweils fortbestehender Außenhaftung bisheriger Kommanditisten – eine frühere KG nach eingetretener Rechtsformänderung, etwa bei einer Rückbildung zur GbR, bei Entstehung eines einzelkaufmännischen Unternehmens durch Ausscheiden von Gesellschaftern oder Vereinigung von Beteiligungen oder einen neuen Rechtsträger bei Übergang der Gesellschaftsschulden kraft Gesamtrechtsnachfolge betrifft[4]. **Anders** dürfte es dagegen sein, wenn das Insolvenzverfahren eine Gesellschaft betrifft, die nach eingetretenem **Formwechsel** i.S.v § 190 UmwG die zuvor vorhanden gewesene KG fortgesetzt hat. Zwar besteht eine Außenhaftung der Kommanditisten auch nach dem Formwechsel gemäß § 224 UmwG (der auch auf die Kommanditistenhaftung zu erstrecken ist)[5] fort. Doch lässt sich eine Kompetenz des Insolvenzverwalters über das Vermögen der formgewechselten Gesellschaft zur Geltendmachung der Haftungsansprüche kaum begründen. 61

Nach dem BGH[6] soll § 171 Abs. 2 ferner entsprechend angewendet werden, wenn über das Vermögen einer **zu Unrecht als KG im Handelsregister** eingetragenen GbR das Insolvenzverfahren eröffnet worden ist und es um die Haftung gegenüber den Vertragsgläubigern geht[7]. 62

3. Umfang der Haftung

Für die Haftung des Kommanditisten im Insolvenzverfahren ergeben sich eine Reihe von Besonderheiten (vgl. insoweit auch § 128 Rn. 16 ff.): 63

a) Keine Wahl zwischen Gläubigerbefriedigung und Einlageleistung

Der Kommanditist hat **nicht mehr die Wahlmöglichkeit**, sich durch Befriedigung eines Gesellschaftsgläubigers statt durch Leistung an die Gesellschaft von der Haftung zu befreien[8]. Hat er noch vor Verfahrenseröffnung an einen Gläubiger gezahlt, so greift zwar § 171 Abs. 2 nicht ein; jedoch kann der In- 64

---

1 Vgl. zu alledem RGZ 51, 33, 36 f.; BGH v. 2.7.1990 – II ZR 139/89, BGHZ 112, 31, 35.
2 BGH v. 2.7.1990 – II ZR 139/89, BGHZ 112, 31, 35 f.
3 Vgl. bei *K. Schmidt*, Einlage und Haftung des Kommanditisten, S. 131 ff.
4 MünchKommHGB/*K. Schmidt*, §§ 171, 172 Rn. 105; *Baumbach/Hopt*, § 171 Rn. 11.
5 Vgl. *Lutter/Joost*, Umwandlungsgesetz, 3. Aufl. 2004, § 224 UmwG Rn. 8 ff., 17.
6 BGH v. 14.1.1991 – II ZR 112/90, BGHZ 113, 216, 220 ff.
7 Dazu BGH v. 14.1.1991 – II ZR 112/90, NJW 1991, 922 f.; dieser vom BGH entschiedene Fall kann nach der Reform der §§ 1–6, 105 Abs. 2 im Jahre 1998 nicht mehr auftreten; *Baumbach/Hopt*, § 171 Rn. 11; MünchKommHGB/*K. Schmidt*, §§ 171, 172 Rn. 103.
8 BGH v. 9.12.1971 – II ZR 33/68, BGHZ 58, 72, 75; *Baumbach/Hopt*, § 171 Rn. 11.

solvenzverwalter die Leistung unter den Voraussetzungen der §§ 129 ff. InsO anfechten[1]. Für eine Aufrechnung des Kommanditisten gegenüber einem Gesellschaftsgläubiger und umgekehrt ist wegen der auf den Insolvenzverwalter übergeleiteten Rechtszuständigkeit kein Raum mehr[2], was auch für den Steuergläubiger gilt[3].

65 Ist hingegen die **Einlageforderung bereits vor Verfahrenseröffnung** durch die KG an den Gläubiger **abgetreten**, und sei es auch nur erfüllungshalber, ohne dass der Insolvenzverwalter die Abtretung noch anfechten (§§ 129 ff. InsO) kann, so muss dieser die Zahlung des Kommanditisten an den Gläubiger auch dann gelten lassen, wenn sie erst nach Verfahrenseröffnung geschieht[4].

b) Einwendungen gegen den Haftungsanspruch

66 Gegenüber dem Haftungsanspruch des Insolvenzverwalters kann der Kommanditist nur die Einwendungen erheben, die der **Gesellschaft** zustehen oder die er selbst gegenüber **allen Gläubigern** geltend machen könnte. Einwendungen, die er nur einzelnen Gläubigern entgegenhalten könnte, sind ihm gegenüber dem Insolvenzverwalter genommen[5].

67 Der Gesellschafter kann aber darüber hinaus geltend machen, dass die **Einforderung** der Haftsumme für die Befriedigung der Insolvenzgläubiger (dazu gehören auch die nachrangigen Insolvenzgläubiger i.S.d. § 39 InsO[6]) **nicht mehr** (oder nicht mehr in vollem Umfang) **erforderlich** sei[7]. Die Beweislast hierfür trägt der Kommanditist; doch hat der Insolvenzverwalter im Rahmen des ihm Möglichen die für die Befriedigung der Gläubiger bedeutsamen Verhältnisse der Gesellschaft darzulegen[8]. Auch ist der Insolvenzverwalter nicht gehalten, die haftenden Kommanditisten in gleichmäßig belastender Weise in Anspruch zu nehmen, sondern kann nach seinem pflichtmäßigen Ermessen vorgehen[9]. Für die Frage, ob und inwieweit der Kommanditist auch für die Masseverbindlichkeiten einzustehen hat, siehe § 128 Rn. 28[10].

---

1 K. *Schmidt*, Einlage und Haftung des Kommanditisten, S. 138 f.; MünchKommHGB/*K. Schmidt*, §§ 171, 172 Rn. 107; *Ebenroth/Boujong/Joost/Strohn*, § 171 Rn. 111.
2 BGH v. 17.9.1964 – II ZR 162/62, BGHZ 42, 192, 193 f.; MünchKommHGB/*K. Schmidt*, §§ 171, 172 Rn. 107.
3 BFH v. 24.7.1984 – VII R 6/81, ZIP 1984, 1245.
4 BGH v. 28.11.1983 – II ZR 94/83, WM 1984, 50, 51.
5 BGH v. 14.1.1991 – II ZR 112/90, BGHZ 113, 216, 221; MünchKommHGB/*K. Schmidt*, §§ 171, 172 Rn. 110; *Ebenroth/Boujong/Joost/Strohn*, § 171 Rn. 112; *Gottwald/Haas*, InsOHdb, § 94 Rn. 103.
6 MünchKommHGB/*K. Schmidt*, §§ 171, 172 Rn. 109.
7 BGH v. 9.5.1963 – II ZR 124/61, BGHZ 39, 319, 326; MünchKommHGB/*K. Schmidt*, §§ 171, 172 Rn. 110.
8 BGH v. 11.12.1989 – II ZR 78/89, BGHZ 109, 334, 344.
9 BGH v. 11.12.1989 – II ZR 78/89, BGHZ 109, 334, 344; *Baumbach/Hopt*, § 171 Rn. 12; *Gottwald/Haas*, InsOHdb, § 94 Rn. 101.
10 Vgl. auch OLG Hamm v. 20.11.2000 – 8 U 22/00, NZG 2001, 359, 360.

c) Abtretung des Haftungsanspruchs

In einer älteren Entscheidung hat der BGH eine Abtretung des Haftungsanspruchs **grundsätzlich ausgeschlossen**[1]. Allein eine treuhänderische Abtretung an einen Insolvenzgläubiger zwecks Einziehung zugunsten der Masse soll danach zulässig sein. Diese Rechtsprechung lässt sich kaum aufrecht erhalten. Sie steht nicht im Einklang mit anderen Vorschriften, die der Durchsetzung des Gläubigergleichbehandlungsgrundsatzes jenseits der Insolvenzmasse dienen. Zu nennen sind in diesem Zusammenhang insbesondere die Insolvenzanfechtungsansprüche, die ebenso wie § 171 Abs. 2 im Interesse der Insolvenzgläubiger in der Hand des Insolvenzverwalters entstehen. Diese sind aber nach wohl überwiegender Ansicht abtretbar[2]. Dann kann aber für § 171 Abs. 2 – ebenso wie für § 93 InsO – nichts anderes gelten.

68

d) Aufrechnung gegen den Haftungsanspruch

Eine Aufrechnung gegenüber dem Haftungsanspruch entsprechend § 387 BGB ist möglich, wenn der Kommanditist **vor Verfahrenseröffnung** (§§ 94 ff. InsO) eine **Forderung gegen die KG erworben** hat[3] (anders bei Aufrechnung gegen Gesellschaftsgläubiger, vgl. Rn. 64). Dagegen entfällt eine Aufrechnung, soweit sie etwa mit Ansprüchen auf Rückgewähr von Einlagen geschehen soll, da erbrachte Leistungen zugunsten des Haftkapitals der Gesellschaft weiter zur Befriedigung der Gläubiger zur Verfügung stehen müssen[4]. Damit scheidet im Insolvenzverfahren auch eine Aufrechnung mit den in Rn. 51 f. erörterten Ansprüchen aus. Dass in Fällen einer möglichen Aufrechnung der Kommanditist für den Haftungsanspruch nicht Schuldner der Gesellschaft war, steht wegen der aus § 171 Abs. 1 Hs. 2 folgenden Befugnis, an die Gesellschaft zu leisten, nicht entgegen[5]; insofern käme es nicht darauf an, ob der Kommanditist noch eine Pflichteinlage schuldet (Rn. 32). Eine Befreiung von der Haftung tritt allerdings auch hier nur im Umfang der Werthaltigkeit der Gegenforderung ein (Rn. 49)[6]. Das ist regelmäßig die Insolvenzquote[7].

69

Erwirbt der Kommanditist **während des Insolvenzverfahrens** eine **Forderung gegen die KG**, weil er aufgrund **Schuldbeitritts**[8] oder **Bürgschaft**[9] vom Gläu-

70

---

1 BGH v. 1.7.1974 – II ZR 115/72, BB 1974, 1360, 1361.
2 *Eckardt*, KTS 1993, 585 ff.; siehe auch *Kübler/Prütting/Paulus*, § 143 InsO Rn. 8; HK-InsO/*Kreft*, § 129 InsO Rn. 88; *Uhlenbruck/Hirte*, § 143 InsO Rn. 4; MünchKommInsO/*Kirchhof*, § 129 InsO Rn. 214 ff.; BK-InsO/*Haas*, § 143 InsO Rn. 15 f.
3 BGH v. 9.12.1971 – II ZR 33/68, BGHZ 58, 72, 75; auch BGH v. 7.7.1980 – II ZR 233/79, NJW 1981, 232, 233.
4 BGH v. 10.12.1984 – II ZR 28/84, BGHZ 93, 159, 163 f.
5 MünchKommHGB/*K. Schmidt*, §§ 171, 172 Rn. 111; *Baumbach/Hopt*, § 171 Rn. 13.
6 *Baumbach/Hopt*, § 171 Rn. 13.
7 *Ebenroth/Boujong/Joost/Strohn*, § 171 Rn. 111.
8 BGH v. 9.12.1971 – II ZR 33/68, BGHZ 58, 72, 77.
9 BGH v. 1.7.1974 – II ZR 115/72, WM 1974, 1004, 1005.

biger in Anspruch genommen wird, so hatte der BGH[1] unter der Geltung der KO eine Aufrechnung jedoch mit dem Teil der erworbenen Forderung zugelassen, der die noch ausstehende Haftsumme überstieg[2]. Seit Geltung der InsO ist aber in diesen Fällen eine Aufrechnung gemäß § 95 Abs. 1 S. 3 InsO nicht mehr möglich[3].

e) Erfassung der unbeschränkten Haftung (§ 176)

71 Während die unbeschränkte Kommanditistenhaftung (§ 176) unter der Konkursordnung nicht (auch nicht von § 171 Abs. 2) erfasst war[4], ist die überwiegende Ansicht heute der Meinung, dass die Haftung unter **§ 93 InsO** subsumiert und daher vom Insolvenzverwalter geltend gemacht werden kann (siehe hierzu § 176 Rn. 22a).

4. Haftungsanspruch und Einlageschuld

a) Bareinlageschuld

72 Schuldet der Kommanditist bei bestehender Außenhaftung intern auch noch die Pflichteinlage, so ergeben sich **keine besonderen Probleme** bei der Abwicklung, soweit eine Bareinlage zu leisten ist. Wegen § 171 Abs. 1 befreit die Zahlung des Kommanditisten an den Insolvenzverwalter in beiderlei Hinsicht[5]. Bei unterschiedlich hohen offenen Beträgen ist darüber hinaus der verbleibende Mehrbetrag zu zahlen. Das Einforderungsrecht des Insolvenzverwalters erstreckt sich auch auf Darlehen und stille Einlagen, die als Beiträge für die Kapitalausstattung der KG geschuldet werden[6]; vgl. dazu Rn. 35 und § 161 Rn. 141 ff.

b) Sacheinlageschuld

73 Zweifelhaft ist dagegen das Verhältnis zwischen der auf eine Geldsumme gerichteten Haftung (Rn. 4) und einer ausstehenden Sacheinlage. Hier ist fraglich, was Gegenstand des Einforderungsrechts des Insolvenzverwalters ist[7]. Die wohl überwiegende Ansicht billigt dem Insolvenzverwalter ein Wahlrecht zwischen der Einforderung der Einlage und dem Haftungsbetrag zu[8]. Ku-

---

1 BGH v. 9.12.1971 – II ZR 33/68, BGHZ 58, 72, 78
2 Krit. hierzu v. *Gerkan*, FS Kellermann, 1991, S. 67, 69 ff.
3 v. *Olshausen*, ZGR 2000, 175, 184.
4 BGH v. 28.10.1981 – II ZR 129/80, BGHZ 82, 209, 214; BGH v. 4.7.1983 – II ZR 235/82, WM 1983, 1039, 1040.
5 MünchKommHGB/*K. Schmidt*, §§ 171, 172 Rn. 99.
6 BGH v. 10.12.1984 – II ZR 28/84, BGHZ 93, 159, 161.
7 Siehe zum Meinungsstand, *Armbruster*, Die Stellung des haftenden Gesellschafters in der Insolvenz der Personengesellschaften nach geltendem Recht und zukünftigen Recht, 1996, S. 44 ff.
8 Vgl. etwa *Staub/Schilling*, § 171 Rn. 19; *Ebenroth/Boujong/Joost/Strohn*, § 171 Rn. 98; *Häsemeyer*, Insolvenzrecht, 4. Aufl. 2007, Rn. 31.43; *Bork*, in Kölner Schrift zur Insolvenzordnung, 2. Aufl. 2000, S. 1333 Rn. 6; a.A. aber *K. Schmidt*, Einlage und Haftung des Kommanditisten, S. 127 ff.; MünchKommHGB/

mulativ können die Rechte in keinem Fall ausgeübt werden, soweit sie sich der Höhe nach entsprechen[1].

c) Bewertung von Sacheinlagen

Für die Bewertung der Sacheinlage gelten die in Rn. 44 ff. erörterten Gesichtspunkte. Hier kommt ggf. auch eine Minderbewertung wegen der Gesellschaftsinsolvenz in Betracht[2]. 74

5. Ausgeschiedener Kommanditist

a) Haftung für Altschulden

Wie in Rn. 22 erörtert haftet der ausgeschiedene Kommanditist nach Eintragung und Bekanntmachung des Ausscheidens aus der KG nur noch den **Altgläubigern** im Rahmen der Nachhaftungsbegrenzung des § 160. Da er keine Pflichteinlage mehr schuldet, kommt ihm gegenüber nur noch der Haftungsanspruch in Betracht. Die Haftungsabwicklung nach § 171 Abs. 2 ist auf den (ausgeschiedenen) Kommanditisten auch dann anzuwenden, wenn aus der KG durch Ausscheiden des einzigen Kommanditisten eine identitätswahrende OHG geworden ist. Dies gilt auch dann, wenn die Gesellschaft ohne Abwicklung durch Austritt aller Kommanditisten aus der Gesellschaft und Vermögenszuwachs auf den einzigen Komplementär aufgelöst wurde[3]. 75

b) Wegfall der Haftung

Vergleichbar wie beim der Gesellschaft noch angehörenden Kommanditisten (Rn. 67) besteht die Haftung nur noch, soweit sie zur **Befriedigung** der (Alt-) Gläubiger **erforderlich** ist[4]. Daran fehlt es etwa, wenn die vorhandenen Altgläubiger sich nicht am Insolvenzverfahren beteiligen[5]. Obwohl auch der ausgeschiedene Kommanditist sich im Insolvenzverfahren nicht mehr durch Befriedigung von Gläubigern von der Haftung nach § 171 Abs. 2 befreien kann[6], müsste der Insolvenzverwalter eine Gläubigerbefriedigung gelten lassen, sofern der Kommanditist die Forderungen sämtlicher Gläubiger, denen 76

K. Schmidt, §§ 171, 172 Rn. 99; Schlitt NZG 1998, 755, 761: Vorrang der Einlagepflicht.
1 Ebenroth/Boujong/Joost/Strohn, § 171 Rn. 99; Armbruster, Die Stellung des haftenden Gesellschafters in der Insolvenz der Personengesellschaften nach geltendem Recht und zukünftigen Recht, 1996, S. 44.
2 BGH v. 9.5.1963 – II ZR 124/61, BGHZ 39, 319, 330; Knobbe-Keuk, ZHR 135 (1971), 410, 433; anders MünchKommHGB/K. Schmidt, §§ 171, 172 Rn. 99 m.w.N.
3 MünchKommHGB/K. Schmidt, §§ 171, 172 Rn. 103.
4 BGH v. 20.3.1958 – II ZR 2/57, BGHZ 27, 51, 56 f.; BGH v. 10.5.1978 – VIII ZR 32/77, BGHZ 71, 296, 305; Ebenroth/Boujong/Joost/Strohn, § 171 Rn. 107; Baumbach/Hopt, § 171 Rn. 14.
5 BGH v. 19.5.1958 – II ZR 83/57, NJW 1958, 1139.
6 BGH v. 17.9.1964 – II ZR 162/62, BGHZ 42, 192, 194.

§ 171 Kommanditgesellschaft

er haftet, ablöst[1]; dies dürfte[2] nicht anders sein, wenn die Befriedigung der Gläubiger teilweise auf der Inanspruchnahme bestehender Vorrechte innerhalb des Verfahrens beruht[3].

c) Erstattungsansprüche

77 Auch soweit der ausgeschiedene Kommanditist sich durch Zahlungen an Altgläubiger nach Eröffnung des Insolvenzverfahrens nicht gemäß § 171 Abs. 2 befreien kann, erwirbt er entsprechende Erstattungsansprüche **gegen die Gesellschaft**. Diese kann er jedoch im Insolvenzverfahren erst nach Befriedigung aller Altgläubiger (oder bei wertmäßiger Abdeckung ihrer Ansprüche durch die vom Ex-Kommanditisten nach § 171 Abs. 2 an die Masse erbrachten Zahlungen) geltend machen, dann allerdings im gleichen Rang wie die anderen Insolvenzgläubiger[4].

d) Aufrechnung

78 Eine Aufrechnung **gegenüber dem Haftungsanspruch** ist möglich mit Forderungen gegen die KG, die der Kommanditist vor seinem Ausscheiden und vor Verfahrenseröffnung erworben hat[5]. Insofern gilt im Ergebnis nichts anderes als für die noch der Gesellschaft angehörenden Kommanditisten (vgl. Rn. 69).

e) Bildung einer Sondermasse

79 Soweit die gemäß § 171 Abs. 2 vom ausgeschiedenen Kommanditisten eingeforderten Leistungen nur zur Befriedigung der Altgläubiger zu verwenden sind, sind sie vom Insolvenzverwalter **rechnerisch als Sondermasse** zu verwalten und entsprechend zu verteilen[6].

6. Verfahrensrechtliche Fragen

a) Insolvenzgründe

80 Insolvenzgrund ist für die gesetzestypische KG die **Zahlungsunfähigkeit**, für die GmbH & Co. KG, bei der auch im Falle der Mehrstufigkeit keine natürliche Person unbeschränkt haftet, daneben auch die **Überschuldung** (§§ 17, 19 Abs. 3 InsO). § 18 InsO sieht zusätzlich die drohende Zahlungsunfähigkeit

---

[1] MünchKommHGB/*K. Schmidt*, §§ 171, 172 Rn. 116.
[2] So auch i.S.v. BGH v. 9.5.1963 – II ZR 124/61, BGHZ 39, 319 ff.
[3] *Schlegelberger/K. Schmidt*, § 171 Rn. 116, auch 117.
[4] BGH v. 20.3.1958 – II ZR 2/57, BGHZ 27, 51, 58 f.; BGH v. 9.5.1963 – II ZR 124/61, BGHZ 39, 319, 325.
[5] BGH v. 7.7.1980 – II ZR 233/79, WM 1980, 1191, 1192; MünchKommHGB/*K. Schmidt*, §§ 171, 172 Rn. 118.
[6] BGH v. 20.3.1958 – II ZR 2/57, BGHZ 27, 51, 56; BGH v. 9.5.1963 – II ZR 124/61, BGHZ 39, 319, 326; BGH v. 10.5.1978 – VIII ZR 32/77, BGHZ 71, 296, 304 f.; MünchKommHGB/*K. Schmidt*, §§ 171, 172 Rn. 116; *Gerhardt*, ZIP 2000, 2181, 2184 ff.

als weiteren Insolvenzgrund vor. Zur Verpflichtung, Insolvenzantrag zu stellen, vgl. die §§ 177a, 130a Abs. 1 HGB, 15 InsO.

b) Gerichtsstand

Der Gerichtsstand für die Einforderung der Pflichteinlage wird nach § 22 ZPO vom **Sitz der Gesellschaft** bestimmt. Nach § 29 ZPO kann ein Einlagenanspruch auch am Erfüllungsort geltend gemacht werden. § 22 ZPO ist dagegen nicht auf die Zahlung der Hafteinlageschuld nach § 171 Abs. 2 anwendbar, weil es sich bei diesem im Ergebnis um einen gesetzlichen Anspruch der Gläubiger gegen den Kommanditisten handelt und eine Klage auf den Haftungsanspruch das Rechtsverhältnis der Mitgliedschaft als solches nicht betrifft[1]. Der Wahlgerichtsstand nach § 22 ZPO ist demnach nur dann nicht begründet, soweit die Hafteinlage über die Pflichteinlage hinausgeht. § 19a ZPO ist nicht einschlägig, denn die Bestimmung gilt h.M. zufolge nur für Passivprozesse gegen den Insolvenzverwalter[2].

81

c) Prozessunterbrechung

Ein zwischen einem Gläubiger und einem Kommanditisten **anhängiger Rechtsstreit** wird durch die Eröffnung des Insolvenzverfahrens entsprechend § 17 AnfG (i.d.F. von Art. 1 EGInsO) **unterbrochen**[3]. Der Insolvenzverwalter hat die Möglichkeit, den Prozess aufzunehmen, muss dies aber nicht, ohne dabei seine Rechte aus § 171 Abs. 2 einzubüßen[4]. Nimmt er nicht auf, müssten die bisherigen Parteien den Rechtsstreit wegen der Kosten (wie in § 17 Abs. 3 S. 1 AnfG) fortsetzen.

82

d) Beweislast

Im Streitfall muss der **Insolvenzverwalter** beweisen, dass Forderungen von Gläubigern bestehen, für die der Kommanditist haftet[5]. Trägt dagegen der Kommanditist vor, dass seine Inanspruchnahme zur Gläubigerbefriedigung **nicht erforderlich** ist (Rn. 58), trägt er die Darlegungs- und Beweislast[6].

83

---

1 OLG Karlsruhe v. 20.1.1998 – 4 W 169/97, NZG 1998, 349; OLG Schleswig v. 27.3.1980 – 2 U 60/79, ZIP 1980, 256, 257; OLG Naumburg v. 24.8.2000 – 7 U (Hs) 3/00, NZG 2000, 1218, 1219; MünchKommZPO/*Patzina*, § 22 Rn. 7.
2 Vgl. BGH v. 27.5.2003 – IX ZR 203/02, NJW 2003, 2916; vgl. auch *Thomas/Putzo*, § 19a ZPO Rn. 3.
3 BGH v. 28.10.1981 – II ZR 129/80, BGHZ 82, 209, 217 f.; MünchKommHGB/*K. Schmidt*, §§ 171, 172 Rn. 115; *Baumbach/Hopt*, § 171 Rn. 12.
4 MünchKommHGB/*K. Schmidt*, §§ 171, 172 Rn. 115.
5 MünchKommHGB/*K. Schmidt*, §§ 171, 172 Rn. 114; *Ebenroth/Boujong/Joost/Strohn*, § 171 Rn. 96.
6 OLG Stuttgart v. 2.12.1998 – 20 U 29/98, NZG 1999, 113, 115; *Ebenroth/Boujong/Joost/Strohn*, § 171 Rn. 96 m.w.N.

e) Prozessvergleich

84 Ein im Rechtsstreit zwischen Insolvenzverwalter und Kommanditist geschlossener Vergleich **wirkt** auch **gegenüber den Gesellschaftsgläubigern**[1].

f) Anfechtung von Rechtshandlungen

85 Unberührt bleiben die Möglichkeiten des Insolvenzverwalters zur Anfechtung von Rechtshandlungen vor Verfahrenseröffnung (siehe auch Rn. 64).

g) Insolvenz des Kommanditisten

86 Ist auch über das Vermögen des Kommanditisten das Insolvenzverfahren eröffnet, hat der Insolvenzverwalter über das Vermögen der Gesellschaft die Ansprüche auf Haftsumme und Pflichteinlage im Verfahren betreffend den Kommanditisten als Insolvenzforderung geltend zu machen (§§ 174 ff. InsO).

h) Insolvenzplan

87 Ob dann, wenn es im Rahmen eines Insolvenzplans (§§ 217 ff. InsO) zu einer **Schuldreduzierung** für die Gesellschaft (§ 227 Abs. 1 InsO) kommt, sich diese gemäß § 227 Abs. 2 InsO nur zugunsten der persönlich haftenden Gesellschafter auswirkt (wie das für die frühere Rechtslage gemäß den §§ 211 Abs. 2 KO, 109 Nr. 3 VglO angenommen worden ist[2]), nicht aber die Außenhaftung des Kommanditisten berühren soll[3], ist zweifelhaft. Hier spricht mehr dafür, die Schuldreduzierung **auch für den Kommanditisten** eintreten zu lassen[4].

§ 172
Haftungsumfang

(1) Im Verhältnisse zu den Gläubigern der Gesellschaft wird nach der Eintragung in das Handelsregister die Einlage eines Kommanditisten durch den in der Eintragung bestimmten Betrag bestimmt.

(2) Auf eine nicht eingetragene Erhöhung der aus dem Handelsregister ersichtlichen Einlage können sich die Gläubiger nur berufen, wenn die Erhöhung in handelsüblicher Weise kundgemacht oder ihnen in anderer Weise von der Gesellschaft mitgeteilt worden ist.

---

1 RGZ 39, 62, 64 f.
2 BGH v. 25.5.1970 – II ZR 183/68, WM 1970, 967, 968; RGZ 150, 163, 173.
3 So *Schlitt*, NZG 1998, 755, 761.
4 Vgl. insoweit bereits zum früheren Recht: *Schlegelberger/K. Schmidt*, § 171 Rn. 120; *Scholz/K. Schmidt*, § 63 GmbHG Rn. 104; *Staub/Schilling*, § 171 Rn. 24 f.; zum heutigen Recht siehe MünchKommHGB/*K. Schmidt*, §§ 171, 172 Rn. 120.

(3) Eine Vereinbarung der Gesellschafter, durch die einem Kommanditisten die Einlage erlassen oder gestundet wird, ist den Gläubigern gegenüber unwirksam.

(4) Soweit die Einlage eines Kommanditisten zurückbezahlt wird, gilt sie den Gläubigern gegenüber als nicht geleistet. Das gleiche gilt, soweit ein Kommanditist Gewinnanteile entnimmt, während sein Kapitalanteil durch Verlust unter den Betrag der geleisteten Einlage herabgemindert ist oder soweit durch die Entnahme der Kapitalanteil unter den bezeichneten Betrag herabgemindert wird.

(5) Was ein Kommanditist auf Grund einer in gutem Glauben errichteten Bilanz in gutem Glauben als Gewinn bezieht, ist er in keinem Falle zurückzuzahlen verpflichtet.

(6) Gegenüber den Gläubigern einer Gesellschaft, bei der kein persönlich haftender Gesellschafter eine natürliche Person ist, gilt die Einlage eines Kommanditisten als nicht geleistet, soweit sie in Anteilen an den persönlich haftenden Gesellschaftern bewirkt ist. Dies gilt nicht, wenn zu den persönlich haftenden Gesellschaftern eine offene Handelsgesellschaft oder Kommanditgesellschaft gehört, bei der ein persönlich haftender Gesellschafter eine natürliche Person ist.

Übersicht

	Rn.		Rn.
I. Maßgeblichkeit der Haftsummeneintragung (§ 172 Abs. 1)	1	c) Tätigkeitsvergütungen	21
1. Eintragung der Haftsumme	2	d) Sonstige Rückzahlungstatbestände	24
2. Unrichtigkeit der Eintragung		e) Leistungen an Dritte	25
a) Maßgeblichkeit der Eintragung	5	f) Zuwendungen aus dem Komplementärvermögen	26
b) Kenntnis abweichender Vereinbarungen	6	g) Umbuchungen auf Privatkonto	29
c) Berichtigung der Eintragung	8	h) Zinsen, Sicherheiten	30
3. Keine Verlautbarung einer Außenhaftung	10	2. Wirkungen der Rückzahlung	
II. Erhöhung der Haftsumme (§ 172 Abs. 2)		a) Haftung nur in Höhe der Haftsumme	31
1. Wirksamwerden der Eintragung	11	b) Verbleibende Abdeckung der Haftsumme	32
2. Vorverlegte Wirksamkeit	12	3. Ausgeschiedener Kommanditist	33
a) Handelsübliche Bekanntmachung	13	4. Gewinnentnahmen	35
b) Mitteilung auf andere Weise	14	a) Entstandene Gewinne	36
3. Vertrauensschutzhaftung	15	b) Verhältnis zu § 169 Abs. 1 S. 2 Hs. 2	38
III. Erlass und Stundung der Einlage (§ 172 Abs. 3)	16	5. Bezug von Scheingewinnen	40
IV. Rückzahlung der Einlage (§ 172 Abs. 4 und 5)	18	a) Ausschüttung nicht entstandener Gewinne	41
1. Tatbestand der Rückzahlung		b) Guter Glaube	44
a) Zuwendungen jeder Art	19	c) Schutzzweckerstreckung	53
b) Drittgeschäfte mit dem Kommanditisten	20	d) Auswirkungen auf die Innenbeziehungen?	54
		6. Beweislastfragen	55

	Rn.		Rn.
V. Rechtslage in der GmbH & Co. KG (§ 172 Abs. 6)	57	2. Kapitalerhaltung in der GmbH & Co. KG	63
1. Kapitalaufbringung bei wechselseitiger Beteiligung		a) Stammkapitalbeeinträchtigung bei der GmbH	64
a) Keine Einlageleistung durch Einbringung des GmbH-Anteils	58	b) Erstattungspflicht der Kommanditisten	67
b) Erwerb von GmbH-Anteilen mit dem Kommanditkapital	60	c) Haftung Dritter	69
		d) Haftung der Mitgesellschafter	70
c) Entsprechende Anwendung von § 33 GmbHG	61	e) Kein Wegfall der Erstattungspflicht bei Wiederherstellung des Stammkapitals	71

Schrifttum: Vgl. zunächst die Angaben zu § 171; außerdem: *Bayer/Lieder*, Das Agio des Kommanditisten, ZIP 2008, 809; *Bork*, Die Haftung des entlohnten Gesellschafter-Geschäftsführers bei der GmbH & Co KG, AcP 184 (1984), 465; *Butzke*, Die Bedeutung anderweitiger Auffüllung des Stammkapitals für Einlage- und Erstattungsansprüche der GmbH gegen ihre Gesellschafter, ZHR 154 (1990), 357; *Canaris*, Die Rückgewähr von Gesellschaftereinlagen durch Zuwendungen an Dritte, in: Festschrift Rob. Fischer, 1979, S. 31; *Fleck*, Der Grundsatz der Kapitalerhaltung – seine Ausweitung und seine Grenzen, in: Festschrift 100 Jahre GmbHG, 1992, S. 391; *Hadding*, Rückgriff des haftenden Treuhandkommanditisten, in: Festschrift Fleck, 1988, S. 71; *Riegger*, Geschäftsführervergütung und persönliche Haftung des Kommanditisten, DB 1983, 1909; *K. Schmidt*, Der gutgläubige Empfang von Scheingewinnen und die Kapitalsicherung im Aktienrecht, im Recht der GmbH und im Kommanditgesellschaftsrecht, BB 1984, 1588; *Stimpel*, Zum Auszahlungsverbot des § 30 Abs. 1 GmbHG, in: Festschrift 100 Jahre GmbHG, 1992, S. 335; *Theiselmann*, Die Kapitalaufbringung in der GmbH & Co. KG, GmbHR 2008, 521; *Ulmer*, Gesellschafterhaftung gegenüber der GmbH bei Vorteilsgewährung unter Verstoß gegen § 30 Abs. 1 GmbHG, in: Festschrift 100 Jahre GmbHG, 1992, S. 363.

I. Maßgeblichkeit der Haftsummeneintragung (§ 172 Abs. 1)

1   Das Gesetz erklärt in § 172 Abs. 1 die Höhe der eingetragenen Haftsumme (§ 170 Rn. 6) als für die Außenhaftung des Kommanditisten maßgeblich. Diese Regelung steht nicht zur Disposition der Gesellschafter.

1. Eintragung der Haftsumme

2   Die einzutragende Haftsumme muss dem Handelsregister nach § 162 Abs. 1 **angemeldet** werden (zum Anmeldungs- und Eintragungsverfahren vgl. bei § 162) und auf einen Geldbetrag lauten. Letzteres gilt auch für die Sacheinlage[1], die einer entsprechenden Bewertung bedarf (§ 171 Rn. 10 f., 45 ff.).

3   **Bis zur Eintragung** haftet der Kommanditist für die bis dahin entstandenen Gesellschaftsschulden nach § 176 **unbeschränkt**[2]. Zur Ausnahme bei Kenntnis des Gläubigers vgl. § 176 Rn. 18 f., 51. Mit der Eintragung beschränkt

---

[1] *Ebenroth/Boujong/Joost/Strohn*, § 172 Rn. 1.
[2] *Baumbach/Hopt*, § 172 Rn. 1; *Ebenroth/Boujong/Joost/Strohn*, § 172 Rn. 2.

sich die Außenhaftung grundsätzlich auf den eingetragenen Betrag (Ausnahme Rn. 5 ff.). Sie wirkt also rechtsbegründend[1].

Unerheblich ist, ob eine Haftsumme (entgegen § 162 Abs. 2) **bekanntgemacht** wird, da sich auch dann die Haftung nach dem eingetragenen Betrag richtet[2]. Auch wenn eine Bekanntmachung von der Eintragung abweicht, kommen Rechtsfolgen aus § 15 Abs. 3 nicht in Betracht, da die Vorschrift nur bekanntzumachende Tatsachen meint[3]. Die Möglichkeit einer sonstigen Haftung aus einem vom Kommanditisten zurechenbar veranlassten Rechtsschein bliebe aber unberührt. 4

2. Unrichtigkeit der Eintragung

a) Maßgeblichkeit der Eintragung

Wird die Haftsumme unrichtig (d.h. abweichend von der Anmeldung oder von den gesellschaftsvertraglichen Vereinbarungen) eingetragen, so bleibt doch die Eintragung maßgebend[4]. Der Kommanditist kann sich dann grundsätzlich den Gläubigern gegenüber auf eine niedriger eingetragene Summe berufen, während die Gläubiger ihn auf einen höher eingetragenen Betrag in Anspruch nehmen können[5]. 5

b) Kenntnis abweichender Vereinbarungen

Abweichend von den Grundsätzen in Rn. 5 kann sich der Kommanditist einem Gläubiger gegenüber dann auf eine **niedrigere** zur Eintragung **angemeldete** als dann eingetragene **Haftsumme berufen**, wenn der Gläubiger die **angemeldete Höhe** bei Forderungsbegründung **kennt**[6]. Nach weitergehender Auffassung[7] soll dem Kommanditisten auch eine Berufung auf eine gesellschaftsvertraglich niedriger vereinbarte Haftsumme bei Kenntnis des Gläubigers hiervon gestattet sein (zweifelhaft). In allen Fällen wird sich der Kommanditist auf eine niedrigere als die eingetragene Summe nur dann berufen können, wenn er die Eintragung weder zurechenbar veranlasst noch geduldet hat[8]. 6

Im umgekehrten Fall ist eine **höher vereinbarte** als eingetragene Haftsumme zugunsten der Gläubiger entsprechend § 172 Abs. 2 (dazu Rn. 12 ff.) dann 7

---

1 MünchKommHGB/*K. Schmidt*, §§ 171, 172 Rn. 25; *Ebenroth/Boujong/Joost/Strohn*, § 172 Rn. 2.
2 MünchKommHGB/*K. Schmidt*, §§ 171, 172 Rn. 26.
3 *Staub/Schilling*, § 172 Rn. 2; jetzt auch MünchKommHGB/*K. Schmidt*, §§ 171, 172 Rn. 26; anders noch *Schlegelberger/K. Schmidt*, § 172 Rn. 26; a.A. MünchKommHGB/*Grunewald*, § 162 Rn. 12.
4 *Ebenroth/Boujong/Joost/Strohn*, § 172 Rn. 3; MünchKommHGB/*K. Schmidt*, §§ 171, 172 Rn. 27.
5 MünchKommHGB/*K. Schmidt*, §§ 171, 172 Rn. 27.
6 Vgl. *Schlegelberger/Martens*, § 162 Rn. 28; *Baumbach/Hopt*, § 172 Rn. 1 (h.M.).
7 So *Staub/Schilling*, § 172 Rn. 3; MünchKommHGB/*K. Schmidt*, §§ 171, 172 Rn. 31; *Ebenroth/Boujong/Joost/Strohn*, § 172 Rn. 5.
8 *Heymann/Horn*, § 172 Rn. 3.

maßgeblich, wenn der höhere Betrag allgemein in handelsüblicher Weise oder einem einzelnen Gläubiger in anderer Form bekanntgegeben worden ist[1].

c) Berichtigung der Eintragung

8   Aus dem Zusammenhang der gesetzlichen Regelung folgt, dass eine **Berichtigung** einer unrichtigen Eintragung auf einen **niedrigeren Betrag keine rückwirkende Kraft** hat, die berichtigte Eintragung daher – wie bei § 174 – nur für die Zukunft den Haftungsumfang bestimmt. Eine Berichtigung auf einen **höheren** Betrag kommt dagegen allen Gläubigern mit Wirkung vom ursprünglichen Eintragungszeitpunkt zugute[2]. Ein Staatshaftungsanspruch nach Art. 34 GG, § 839 Abs. 1 BGB wegen der unrichtigen Eintragung in das Handelsregister kommt grundsätzlich schon deshalb nicht in Betracht, weil dem Kommanditisten mit der Registerbeschwerde ein Rechtsmittel i.S.d. § 839 Abs. 3 BGB an die Hand gegeben wurde[3]. Es ist nämlich die Pflicht des Kommanditisten, die erhaltene Eintragungsmitteilung auf Richtigkeit und Vollständigkeit zu überprüfen[4] und bei Fehlerhaftigkeit Primärrechtsschutz zu suchen[5].

9   Die Berichtigung einer unrichtigen Eintragung kann vom Kommanditisten erwirkt werden, wenn sie von der Anmeldung abweicht. Besteht eine Abweichung hingegen nur vom Gesellschaftsvertrag, so bedarf es entsprechend § 175 eines Antrages aller Gesellschafter[6]. Eine etwaige Amtslöschung (§ 142 FGG bzw. § 395 FamFG) einer unrichtigen Haftsummeneintragung darf nur mit gleichzeitiger Eintragung des richtigen Betrages geschehen[7].

3. Keine Verlautbarung einer Außenhaftung

10 Die Eintragung der Haftsumme im Handelsregister verlautbart nicht, ob der Kommanditist noch haftet (§ 171 Abs. 1 Hs. 1) oder durch Einlageleistung (§ 171 Rn. 30 ff.) oder Gläubigerbefriedigung (§ 171 Rn. 15) von der Außenhaftung frei geworden ist (§ 171 Abs. 1 Hs. 2)[8]. Die Leistung der Haftsumme ist keine in das Handelsregister eintragungsbedürftige oder auch nur eintragungsfähige Tatsache[9]. Ob ein Gesellschaftsgläubiger vom Kommanditist

---

1 MünchKommHGB/*K. Schmidt*, §§ 171, 172 Rn. 30; *Ebenroth/Boujong/Joost/Strohn*, § 172 Rn. 6.
2 MünchKommHGB/*K. Schmidt*, §§ 171, 172 Rn. 27.
3 *Ebenroth/Boujong/Joost/Strohn*, § 172 Rn. 8.
4 MünchKommHGB/*K. Schmidt*, §§ 171, 172 Rn. 27.
5 *Palandt/Sprau*, BGB, § 839 Rn. 71 (m.w.N.); *Ebenroth/Boujong/Joost/Strohn*, § 172 Rn. 8.
6 *Ebenroth/Boujong/Joost/Strohn*, § 172 Rn. 7.
7 KG JW 1934, 2699, 2700; *Ebenroth/Boujong/Joost/Strohn*, § 172 Rn. 7; MünchKommHGB/*K. Schmidt*, §§ 171, 172 Rn. 27.
8 BGH v. 29.6.1981 – II ZR 142/80, BGHZ 81, 82, 87.
9 BGH v. 29.6.1981 – II ZR 142/80, NJW 1981, 2747 f.; BGH v. 1.6.1987 – II ZR 259/86, BGHZ 101, 123, 127 f.

Auskunft über eine etwa noch bestehende Haftung verlangen kann (etwa aus § 242 BGB), ist streitig[1], wird regelmäßig aber wohl zu verneinen sein.

II. Erhöhung der Haftsumme

1. Wirksamwerden der Eintragung (§ 172 Abs. 2)

Eine Erhöhung der Haftsumme setzt im Innenverhältnis eine Gesellschaftsvertragsänderung voraus und ist grundsätzlich mit ihrer (nach § 175 zu bewirkenden) Eintragung im Außenverhältnis wirksam, und zwar dann auch für die bereits zuvor entstandenen Gesellschaftsschulden (Rechtsgedanke des § 173)[2]. Insoweit gelten die gleichen Regeln wie für die Ersteintragung einer Haftsumme. Die Eintragung der Haftsummenerhöhung wirkt ebenfalls rechtsbegründend[3]. § 172 Abs. 2 macht davon eine in den folgenden Rn. 12 bis 14 beschriebene Ausnahme.

11

2. Vorverlegte Wirksamkeit

§ 172 Abs. 2 führt zur Maßgeblichkeit einer vereinbarten Haftsummenerhöhung **vor ihrer Eintragung**, wenn sie in handelsüblicher Weise von der Gesellschaft bekanntgemacht oder den Gläubigern auf anderem Wege mitgeteilt wird. Dies setzt eine (jedenfalls konkludente) Zustimmung des Kommanditisten voraus, da ihm nur dann das Verhalten der Geschäftsführer zuzurechnen ist[4]. Es reicht aber auch aus, dass der Kommanditist selbst die Erhöhung bekannt gibt[5].

12

a) Handelsübliche Bekanntmachung

Wesenstypisch für eine handelsübliche Bekanntmachung i.S.d. § 172 Abs. 2 – im Gegensatz zur Mitteilung auf sonstige Weise (Rn. 14) – ist die Unbestimmbarkeit der möglichen Adressaten[6]. Sie kann etwa durch **Anzeigen** in Tageszeitungen[7], durch veranlasste Publikation auf der unternehmenseige-

13

---

1 Bejahend: OLG Jena v. 26.4.2006 – 6 U 1014/05, NZG 2007, 460, 462; *Staub/Schilling*, § 172 Rn. 2; *Ebenroth/Boujong/Joost/Strohn*, § 172 Rn. 4 (bejahend für den Gesellschaftsgläubiger, ablehnend für Dritte); abl. MünchKommHGB/*K. Schmidt*, §§ 171, 172 Rn. 32.
2 *Ebenroth/Boujong/Joost/Strohn*, § 172 Rn. 11; MünchKommHGB/*K. Schmidt*, §§ 171, 172 Rn. 34.
3 MünchKommHGB/*K. Schmidt*, §§ 171, 172 Rn. 34; *Ebenroth/Boujong/Joost/Strohn*, § 172 Rn. 9.
4 So auch die h.L., z.B. *Baumbach/Hopt*, § 172 Rn. 2; MünchKommHGB/*K. Schmidt*, §§ 171, 172 Rn. 36, 37; *Ebenroth/Boujong/Joost/Strohn*, § 172 Rn. 12, 13; nicht eindeutig : BGH v. 3.7.1989 – II ZB 1/89, NJW 1989, 3152, 3155 (Beschluss beschäftigt sich nur mit dem Eintragungsverfahren und setzt dort für die Eintragung die Veranlassung des Gesellschafters voraus, aber nicht mit der Rechtsfolge der Eintragung trotz fehlender Veranlassung); abw. *Heymann/Horn*, § 172 Rn. 6.
5 Vgl. hierzu MünchKommHGB/*K. Schmidt*, §§ 171, 172 Rn. 36; *Baumbach/Hopt*, § 172 Rn. 2.
6 MünchKommHGB/*K. Schmidt*, §§ 171, 172 Rn. 36.
7 RG JW 1930, 2658, 2659.

nen Homepage[1] oder durch **Rundschreiben** geschehen; sie muss als allgemeine Kundmachung zu verstehen sein. Inhaltlich muss sich aus der Bekanntmachung ergeben, dass der Kommanditist seine Haftung erhöht hat und um welchen Betrag sich die Haftsumme erhöht hat[2]. Wegen ihrer eintragungsersetzenden Wirkung gilt sie zwingend gegenüber allen vorhandenen Gläubigern, auch denen gegenüber, die keine Kenntnis von ihr erlangt haben[3].

b) Mitteilung auf andere Weise

14 Die Mitteilung auf andere Weise richtet sich an eine konkrete Person oder konkreten Personenkreis. Die Erhöhungsmitteilung wirkt nur **zugunsten derjenigen**, an die die **Mitteilung gerichtet** und zugegangen ist[4]. Ein Gläubiger, der auf anderem Wege von der Erhöhung erfährt, wird dagegen nicht begünstigt[5].

3. Vertrauensschutzhaftung

15 Unberührt von § 172 Abs. 2 bleibt eine Haftung des Kommanditisten aus Gründen des Vertrauensschutzes, wenn er zurechenbar den **Rechtsschein** für eine Haftsummenerhöhung gesetzt oder geduldet hat (z.B. bei Duldung einer ohne seine Zustimmung geschehenen Bekanntmachung durch die Gesellschaft) und der Gläubiger darauf vertraut[6].

III. Erlass und Stundung der Einlage (§ 172 Abs. 3)

16 § 172 Abs. 3 spricht die Selbstverständlichkeit aus, dass die Pflichteinlageschuld durch Vereinbarung der Gesellschafter erlassen oder gestundet werden kann, die Außenhaftung des Kommanditisten in Höhe seiner Haftsumme dadurch aber nicht beeinflusst wird. Eine Herabsetzung der Haftsumme ist nur über die §§ 174, 175 möglich.

17 Unberührt bleibt die Möglichkeit, durch interne Absprache die **Pflichteinlage** zu erlassen, zu ermäßigen oder zu stunden. Vereinbarungen hierüber wären auch den (Vollsteckungs-)Gläubigern gegenüber, die etwa in den Einlageanspruch der Gesellschaft gegen den Kommanditisten vollstrecken wollen, verbindlich, soweit sie nicht im Einzelfall sittenwidrig oder nach den §§ 129 ff. InsO bzw. nach dem AnfG anfechtbar sind[7]. Dies gilt auch gegen-

---

1 *Ebenroth/Boujong/Joost/Strohn*, § 172 Rn. 12.
2 RG JW 1930, 2658, 2659; *Ebenroth/Boujong/Joost/Strohn*, § 172 Rn. 12.
3 MünchKommHGB/*K. Schmidt*, §§ 171, 172 Rn. 35; *Ebenroth/Boujong/Joost/Strohn*, § 172 Rn. 12.
4 MünchKommHGB/*K. Schmidt*, §§ 171, 172 Rn. 37; *Baumbach/Hopt*, § 172 Rn. 2.
5 MünchKommHGB/*K. Schmidt*, §§ 171, 172 Rn. 37; *Staub/Schilling*, § 172 Rn. 5, 6; *Ebenroth/Boujong/Joost/Strohn*, § 172 Rn. 13.
6 *Ebenroth/Boujong/Joost/Strohn*, § 172 Rn. 16; MünchKommHGB/*K. Schmidt*, §§ 171, 172 Rn. 38.
7 *Ebenroth/Boujong/Joost/Strohn*, § 172 Rn. 17; MünchKommHGB/*K. Schmidt*, §§ 171, 172 Rn. 39.

IV. Rückzahlung der Einlage (§ 172 Abs. 4 und 5)

§ 172 Abs. 4 S. 1 ergänzt die Regelung in § 171 Abs. 1 Hs. 2 und führt zum Wiederaufleben der Außenhaftung bei einer Rückgewähr von Einlageleistungen. Es handelt sich um zwingendes Recht. Für das Innenverhältnis gilt die Vorschrift nicht[2]; ob danach eine zurückgewährte Einlage erneut zu erbringen oder an die Gesellschaft zurückzugewähren ist, bestimmt sich nach den Rechtsbeziehungen im Gesellschaftsverhältnis[3] bzw. nach §§ 812 BGB, 11 AnfG oder 143 InsO[4].

18

Während § 172 Abs. 4 S. 1 die Außenhaftung des Kommanditisten bei Minderung des Gesellschaftsvermögens ohne angemessenen Gegenwert wiederaufleben lässt, macht § 172 Abs. 4 S. 2 davon eine Ausnahme, indem er korrespondierend zu § 169 Abs. 1 S. 2 Hs. 1 Gewinnentnahmen grundsätzlich haftungsunschädlich zulässt, nur unter bestimmten Voraussetzungen jedoch die Außenhaftung wieder aufleben lässt (Rn. 35 ff.). Der Entwurf eines Gesetzes zur Modernisierung des Bilanzrechts (BilMoG) will dem § 172 Abs. 4 einen weiteren Satz anfügen, wonach bei der Berechnung des Kapitalanteils Erträge i.S. von § 268 Abs. 8 nicht zu berücksichtigen sind. § 172 Abs. 5 ergänzt dann wiederum § 172 Abs. 4 S. 2, indem er eine haftungsschädliche Entnahme nach § 172 Abs. 4 S. 2 unter bestimmten Voraussetzungen (Rn. 40 ff.) für haftungsunschädlich erklärt.

18a

1. Tatbestand der Rückzahlung

a) Zuwendungen jeder Art

Die Vorschrift erfasst nach ihrem Sinn nicht nur Zahlungsvorgänge, sondern Zuwendungen jeder Art an den Kommanditisten, mit der der Gesellschaft **Vermögenswerte** ohne angemessenen Gegenwert **entzogen** werden[5]. Es wird damit jede Überführung von Mitteln aus dem Gesellschaftsvermögen erfasst, soweit es sich nicht um nach § 172 Abs. 4 S. 2 freigestellte Gewinnentnahmen handelt. Insbesondere muss die Rückgewähr nicht in einer Geldleistung bestehen[6]. Als eine Rückzahlung kommt daher ggf. auch in Betracht, wenn ein Kommanditist bei der **Aufspaltung** einer KG oder der **Abspaltung** eines Unternehmensteils (§ 123 Abs. 1, 2 UmwG) eine Beteiligung an einem Nachfolgeunternehmen erhält. Die dabei eintretende Haftungsfol-

19

---

1 MünchKommHGB/*K. Schmidt*, §§ 171, 172 Rn. 39.
2 OLG Koblenz v. 15.12.1994 – 6 U 289/91, NJW-RR 1995, 486, 487.
3 Siehe auch BGH v. 3.7.1978 – II ZR 110/77, WM 1978, 1228, 1229 f.
4 MünchKommHGB/*K. Schmidt*, §§ 171, 172 Rn. 62.
5 BGH v. 9.5.1963 – II ZR 124/61, BGHZ 39, 319, 331; BGH v. 13.2.1967 – II ZR 158/65, NJW 1967, 1321; auch BGH v. 1.12.1986 – II ZR 306/85, WM 1987, 348, 349 zu §§ 30, 31 GmbHG; *Ebenroth/Boujong/Joost/Strohn*, § 172 Rn. 21; MünchKommHGB/*K. Schmidt*, §§ 171, 172 Rn. 66.
6 *Ebenroth/Boujong/Joost/Strohn*, § 172 Rn. 21.

ge des § 172 Abs. 4 ist angesichts der Gesamtschuldnerhaftung aller am Spaltungsvorgang beteiligten Unternehmen (§§ 133 f. UmwG) hier allerdings unangemessen und bedürfte der Korrektur[1]. Im Falle einer **Verschmelzung** oder eines Formwechsels ist es haftungsschädlich, wenn sich ein ausscheidender Kommanditist seine Einlage *vor* Wirksamwerden der Veränderung zurückgewähren lässt. Dagegen wird ein Kommanditist, der gemäß den §§ 29 oder 207 UmwG Widerspruch eingelegt hat, zunächst Mitglied des übernehmenden oder des formgewechselten Rechtsträgers und scheidet erst nachträglich aus diesem nach Annahme des Barabfindungsangebots (§§ 31, 209 UmwG) aus. Hier käme es zu keiner Haftung[2].

b) Drittgeschäfte mit dem Kommanditisten

20 Im Fall eines Drittgeschäfts (zum Begriff siehe § 105 Rn. 75) eines Kommanditisten mit der Gesellschaft kommt es zu einer **Rückgewähr**, wenn der Kommanditist **keine angemessene und vollwertige Gegenleistung** erbringt[3] (z.B. wenn der Kaufpreis für Warenlieferungen an die KG oder die Zinsen für ein von ihr gewährtes Darlehen zu niedrig sind). Die Rückgewähr bemisst sich dann nach dem Minderwert der Gegenleistung[4]. Die bloße Stundung einer Gegenleistung oder eine Darlehensgewährung an einen Kommanditisten wird nicht dadurch zu einer Rückgewähr, dass der Kommanditist zahlungsunfähig wird[5]. War der Kommanditist im Zeitpunkt der Stundung bereits kreditunwürdig, so liegt schon im Zeitpunkt der Stundung eine Rückgewähr vor[6]. Gleiches gilt, wenn der Kommanditist später kreditunwürdig wird und die Gesellschaft die Forderung einfach „stehenlässt" und nicht einzieht.

c) Tätigkeitsvergütungen

21 Bezieht der Kommanditist eine **gewinnunabhängige Tätigkeitsvergütung** aufgrund des Gesellschafts- oder eines Dienstvertrages, so wird der Gesellschaft bei angemessener Festsetzung der Vergütung ein entsprechender Gegenwert durch die geleisteten Dienste zugeführt. Eine Rückgewähr liegt nur in einer **überhöhten Vergütung**[7]. Wegen der Rechtsprechung des FG Nürnberg[8] sollte aber stets ein gesonderter Dienstvertrag geschlossen werden.

---

1 Vgl. dazu etwa *Naraschewski*, DB 1995, 1265 ff.
2 Vgl. *Lutter/H. Schmidt*, 3. Aufl. 2004, § 45 UmwG Rn. 9; *Lutter/Joost*, 3. Aufl. 2004, § 224 UmwG Rn. 8; *Wiedemann*, ZGR 1999, 568, 591; abw. *Laumann* in Goutier/Knopf/Tulloch, Umwandlungsrecht, 1996, S. 569, 591.
3 FG Nürnberg v. 10.12.2002 – II 553/2000, DStRE 2003, 1354, 1355 f.; *Ebenroth/Boujong/Joost/Strohn*, § 172 Rn. 25; MünchKommHGB/*K. Schmidt*, §§ 171, 172 Rn. 68.
4 Vgl. BGH v. 20.2.1989 – II ZR 167/88, BGHZ 107, 7, 12 f.
5 *Ebenroth/Boujong/Joost/Strohn*, § 172 Rn. 26; a.A. *Staub/Schilling*, § 172 Rn. 9.
6 *Ebenroth/Boujong/Joost/Strohn*, § 172 Rn. 26.
7 BAG v. 28.9.1982 – 3 AZR 304/80, WM 1983, 514, 515; anders noch OLG Celle v. 26.3.1973 – 9 U 172/72, OLGZ 1973, 343, 344 f.; OLG Hamm v. 15.11.1976 – 8 U 80/76, DB 1977, 717 f.; a.A. FG Nürnberg v. 10.12.2002 – II 553/2000, DStRE 2003, 1354, 1355 f. (Vergütungen für Tätigkeiten, die aufgrund gesellschaftsvertraglicher Vereinbarung geleistet werden, seien stets als Einlagenrückgewähr zu betrachten).
8 FG Nürnberg v. 10.12.2002 – II 553/2000, DStRE 2003, 1354, 1355 f.

Weiterhin sollte dann im Gesellschaftsvertrag auch festgehalten werden, dass die Dienstvergütung zu Lasten des Gewinns zu buchen und auch bei Verlust zu zahlen ist[1].

Ist eine Vergütung **gewinnabhängig** (z.B. als Vorausgewinn) ausgestaltet, so gelten zusätzlich die Regeln für eine Gewinnentnahme (§ 172 Abs. 4 S. 2[2]). 22

Dies gilt jeweils auch, wenn der Kommanditist als Geschäftsführer oder Angestellter einer Komplementär-GmbH eine Vergütung bezieht und die KG hierfür aufkommt[3]. 23

d) Sonstige Rückzahlungstatbestände

Im Übrigen kommen als Tatbestände einer Rückzahlung in Betracht: Das Eingehen einer Verbindlichkeit zugunsten des Kommanditisten sowie die Erfüllung einer Schuld des Kommanditisten, ggf. auch die Gewährung einer Sicherheit für eine solche Schuld[4]. Eindeutig ist auch der Fall, dass die KG dem Kommanditisten den Betrag erstattet, den er zur Befriedigung eines Gesellschaftsgläubigers aufgewendet hat. Die Haftung lebt auch dann wieder auf, wenn an den Gesellschafter ein **Agio** zurück gezahlt wird, sofern dadurch der Stand des Kapitalkontos unter den Betrag seiner Haftsumme sinkt oder zuvor schon diesen Wert nicht mehr erreicht hat. Dies gilt unabhängig davon, ob das Agio nach den gesellschaftsvertraglichen Regeln dem Eigenkapital zuzurechnen ist, oder ob die Rückzahlung ausdrücklich als „Rückzahlung des Agios" bezeichnet oder ohne Angabe eines Zahlungsgrundes geleistet wurde[5]. 24

e) Leistungen an Dritte

Wird aus dem Gesellschaftsvermögen an einen Dritten geleistet, so kann dies gleichfalls eine Rückgewähr darstellen, wenn dies **für Rechnung des Kommanditisten** geschieht und keine gleichwertige Gegenleistung gegenübersteht, insbesondere er dadurch von einer Verbindlichkeit befreit wird, oder wenn z.B. der Dritte im Gegenzuge eine Leistung an den Kommanditisten übernimmt[6]. Auch die Bezahlung privater Steuern des Kommanditisten durch die Gesellschaft ist grundsätzlich Rückzahlung i.S.d. § 172 Abs. 4. Dies soll nach Meinungen im Schrifttum nicht gelten, soweit die KG die Ertragssteuern, die auf den Gesamtgewinn des Kommanditisten entfallen, übernimmt[7]. 25

---

1 BFH v. 3.10.1998 – VIII R 4-98, DStR 1999, 104, 105.
2 Vgl. *Staub/Schilling*, § 172 Rn. 11.
3 BAG v. 28.9.1982 – 3 AZR 304/80, WM 1983, 514, 515.
4 BGH v. 20.10.1975 – II ZR 214/74, WM 1976, 130, 131 f.
5 BGH v. 5.5.2008 – II ZR 105/07, ZIP 2008, 1175 ff.; BGH v. 9.7.2007 – II ZR 95/06, ZIP 2007, 2074 ff; MünchKommHGB/*K. Schmidt*, §§ 171, 172 Rn. 67; a.A. *Bayer/Lieder*, ZIP 2008, 809, 810 ff.; *Grunewald*, GesR, 1. C. Rn. 40.
6 BGH v. 13.2.1967 – II ZR 158/65, BGHZ 47, 149, 156; näher hierzu bei *Canaris*, FS Rob. Fischer, 1979, S. 31, 54; auch BGH v. 20.10.1975 – II ZR 214/74, WM 1976, 130, 131 f.; *Ebenroth/Boujong/Joost/Strohn*, § 172 Rn. 36; *Baumbach/Hopt*, § 172 Rn. 7; MünchKommHGB/*K. Schmidt*, §§ 171, 172 Rn. 70.
7 Einzelheiten sind noch ungeklärt; vgl. etwa MünchKommHGB/*K. Schmidt*, §§ 171, 172 Rn. 70; *Ebenroth/Boujong/Joost/Strohn*, § 172 Rn. 36.

f) Zuwendungen aus dem Komplementärvermögen

26 Um **keine Rückgewähr** i.S. des § 172 Abs. 4 (vgl. aber für die GmbH & Co. KG unten Rn. 63) handelt es sich, wenn dem Kommanditisten Vermögenswerte aus dem **Komplementärvermögen** überlassen werden. Denn Gesellschaftsvermögen und Komplementärvermögen bilden keine zusammengehörige Haftungsmasse[1] (vgl. aber § 173 Rn. 38). Die Leistung durch den persönlich haftenden Gesellschafter könnte sogar unter Umbuchung von dessen Kapitalkonto erbracht werden[2]. Es schadet auch nicht, wenn die Abfindung aus dem Vermögen der KG, aber für Rechnung des persönlich haftenden Gesellschafters gezahlt wird[3]. Anders ist es jedoch, wenn dieser für Rechnung der Gesellschaft handelt und hieraus gegen sie einen **Aufwendungsersatzanspruch** erlangt[4].

27 Ebenso ist die Rechtslage zu beurteilen, wenn die Leistung von einem anderen noch der **Außenhaftung unterliegenden Kommanditisten** erbracht wird (wegen der Haftungsfragen bei der Übertragung eines Kommanditanteils vgl. i.Ü. § 173 Rn. 10 ff.).

28 Übernimmt der leistende persönlich haftende Gesellschafter das **Unternehmen als Einzelkaufmann** (unter Ausscheiden aller Kommanditisten) und wird er damit Rechtsnachfolger der KG, so sind die Leistungen (Abfindungen), die er den Kommanditisten erbringt, Rückzahlungen[5]. Denn hier verbinden sich das Gesellschaftsvermögen und das Übernehmervermögen zu einer haftenden Einheit, die durch die Auszahlungen an die Kommanditisten geschmälert wird.

g) Umbuchungen auf Privatkonto

29 Umstritten ist, ob eine Rückzahlung bereits vorliegt, wenn eine **Einlage umgebucht** und dem Kommanditisten auf einem Privatkonto als Forderung gutgeschrieben wird, z.B. unter Umwandlung der Beteiligung in eine Forderung auf ein Abfindungs- oder Auseinandersetzungsguthaben oder in eine Darlehensforderung. Mit der h.M. ist das zu verneinen, solange die Kapitalmittel in der Gesellschaft verbleiben und damit weiter dem Zugriff der Gläubiger unterliegen[6]. Nach anderer Auffassung[7] stellt die Umwandlung dagegen eine Rückgewähr dar, da die entsprechenden Mittel aus dem haftenden Kapital der Gesellschaft herausgenommen werden und nunmehr Fremdkapital sind;

---

1 BGH v. 14.1.1985 – II ZR 103/84, BGHZ 93, 246, 250.
2 BGH v. 30.4.1984 – II ZR 132/83, WM 1984, 893, 895.
3 BGH v. 2.7.1990 – II ZR 139/89, BGHZ 112, 31, 36 f.
4 BGH v. 28.1.1980 – II ZR 250/78, BGHZ 76, 127, 130; BGH v. 14.1.1985 – II ZR 103/84, BGHZ 93, 246, 249; MünchKommHGB/*K. Schmidt*, §§ 171, 172 Rn. 71; *Baumbach/Hopt*, § 172 Rn. 7.
5 BGH v. 18.1.1973 – II ZR 114/71, BGHZ 61, 149, 151.
6 BGH v. 9.5.1963 – II ZR 124/61, BGHZ 39, 319, 331; BGH v. 20.10.1975 – II ZR 214/74, WM 1976, 130, 131 f.; Ebenroth/Boujong/Joost/Strohn, § 172 Rn. 24; *Baumbach/Hopt*, § 172 Rn. 7.
7 *Schlegelberger/K Schmidt*, § 172 Rn. 63, 72 f. (m.w.N.); MünchKommHGB/*K. Schmidt*, §§ 171, 172 Rn. 72.

allerdings könne sich der Kommanditist durch Aufrechnung mit seinem Auszahlungsanspruch von der wiederaufgelebten Haftung befreien[1].

h) Zinsen, Sicherheiten

Unberührt bleibt, dass von der KG auf den Auszahlungsanspruch gezahlte Zinsen, die nicht durch erwirtschaftete Gewinne abgedeckt sind[2], oder durch eine von ihr zur Absicherung des Anspruchs bestellte Sicherheit (vgl. dazu Rn. 24) Einlagenrückzahlungen wären.

30

2. Wirkungen der Rückzahlung

a) Haftung nur in Höhe der Haftsumme

Werden dem Kommanditisten Einlageleistungen zurückgewährt, so beschränkt sich die entstehende Haftung betragsmäßig auf die Haftsumme, und zwar auch dann, wenn die Rückzahlungen diesen Betrag überschreiten[3].

31

b) Verbleibende Abdeckung der Haftsumme

Streitig ist, wie sich Rückzahlungen an den Kommanditisten auswirken, solange sie die bisher erbrachten Einlageleistungen **nicht unter den Betrag der Haftsumme** herabmindern. Nach der zutreffenden h.M.[4] führen solche Zahlungen nicht zum Wiederaufleben einer Außenhaftung. Maßgeblich dafür, ob die Haftsumme noch durch bisher geleistete Einlagen abgedeckt ist, ist dabei jeweils der (fortgeführte) **Buchwert** des Kapitalanteils, nicht sein tatsächlicher Wert[5]; dies gilt auch für die auf Verlustzuweisung ausgerichtete Publikumsgesellschaft[6]. Hat der Kommanditist über die Einlage hinaus ein **Aufgeld** gezahlt, das keinen Einlagecharakter hatte, sondern ein Entgelt an die Mitgesellschafter für die Aufnahme sein sollte, so begründet auch eine Rückzahlung in Höhe des Aufgeldes noch keine Außenhaftung[7]. Die Rückzahlung eines Agios an den Kommanditisten führt aber dann zum Wiederaufleben seiner persönlichen (im Umfang begrenzten) Haftung, soweit dadurch der Kapitalanteil des Kommanditisten unter den Betrag der Haftsumme sinkt[8].

32

---

1 Vgl. aber hiergegen *Uhlenbruck*, Die GmbH & Co KG in Krise, Konkurs und Vergleich, 2. Aufl. 1988, S. 646 f.
2 Vgl. insoweit BGH v. 9.5.1963 – II ZR 124/61, BGHZ 39, 319, 332.
3 BGH v. 29.3.1973 – II ZR 25/70, BGHZ 60, 324, 327; BGH v. 12.7.1982 – II ZR 201/81, BGHZ 84, 383, 387; BGH v. 19.2.1990 – II ZR 268/88, NJW 1990, 1725, 1729; Ebenroth/Boujong/Joost/Strohn, § 172 Rn. 22.
4 *Staub/Schilling*, § 172 Rn. 9; *Baumbach/Hopt*, § 171 Rn. 4; MünchKommHGB/*K. Schmidt*, §§ 171, 172 Rn. 64; a.A. noch Schlegelberger/*K. Schmidt*, § 172 Rn. 64.
5 BGH v. 11.12.1989 – II ZR 78/89, BGHZ 109, 334, 339 f.; MünchKommHGB/*K. Schmidt*, §§ 171, 172 Rn. 64.
6 BGH v. 11.12.1989 – II ZR 78/89, NJW 1990, 1109, 1110 f.
7 BGH v. 12.7.1982 – II ZR 201/81, BGHZ 84, 383, 387.
8 BGH v. 9.7.2007 – II ZR 95/06, ZIP 2007, 2074 f.

3. Ausgeschiedener Kommanditist

33 Wird einem Kommanditisten im Zusammenhang mit seinem Ausscheiden das **Abfindungs- oder Auseinandersetzungsguthaben** vor Ablauf der Ausschluss- bzw. Verjährungsfrist (§§ 160, 159) **ausgezahlt**, so stellt auch das eine Einlagenrückgewähr dar (siehe hierzu auch in Rn. 19 die Konstellationen bei der Aufspaltung einer KG oder der Abspaltung eines Unternehmensteils sowie bei einer Verschmelzung der KG). Sie begründet die persönliche Haftung für die bis zur Eintragung des Ausscheidens im Handelsregister entstandenen Gesellschaftsverbindlichkeiten[1]. Auf den internen Freistellungsanspruch kann der Kommanditist sich den Gläubigern gegenüber nicht berufen[2].

34 Zur Frage, ob erst die Auszahlung des Guthabens, nicht aber bereits die Umbuchung der Einlage als Abfindungs- oder Auseinandersetzungsguthaben haftungsbegründend wirkt, vgl. Rn. 29.

4. Gewinnentnahmen

35 Eine Gewinnentnahme führt dann zur Haftung, wenn der Kapitalanteil entweder durch vorangegangene Verluste **unter den Betrag der geleisteten Einlage herabgemindert** ist oder durch die Entnahme herabgemindert wird. Die Einlage gilt dann ebenfalls insoweit als nicht geleistet. Diese in § 172 Abs. 4 S. 2 enthaltene Rechtsfolge ähnelt der (dispositiven) internen Gewinnauszahlungssperre nach § 169 Abs. 1 S. 2 Hs. 2, doch darf sie mit ihr nicht verwechselt werden (vgl. unten Rn. 38).

a) Entstandene Gewinne

36 Die Vorschrift bezieht sich auf tatsächlich entstandene Gewinne. Ein Gewinn in diesem Sinne ist auch eine **gewinnabhängig ausgestaltete Vergütung** für Tätigkeiten eines Gesellschafters (Rn. 22). Handelt es sich nicht um wirklich erwirtschaftete Gewinne, sondern um sog. Scheingewinne, so stellt deren Auszahlung eine Einlagenrückgewähr nach § 172 Abs. 4 S. 1 dar[3]; im Übrigen gilt hier § 172 Abs. 5 (dazu Rn. 40 ff.).

37 Wie Gewinn sind auch **Zinsen** auf den Kapitalanteil oder andere feste Beträge zu behandeln[4].

b) Verhältnis zu § 169 Abs. 1 S. 2 Hs. 2

38 Als „Einlage" i.S.v. § 172 Abs. 4 S. 2 ist die Haftsumme zu verstehen[5]. Die Haftung tritt also ein, wenn der Betrag der **bisher erbrachten Einlageleistun-**

---

1 *Ebenroth/Boujong/Joost/Strohn*, § 172 Rn. 38; MünchKommHGB/*K. Schmidt*, §§ 171, 172 Rn. 75.
2 BGH v. 29.1.1976 – II ZR 156/74, WM 1976, 809; MünchKommHGB/*K. Schmidt*, §§ 171, 172 Rn. 73.
3 RG Gruch. 37 (1893), 1161, 1163; MünchKommHGB/*K. Schmidt*, §§ 171, 172 Rn. 77.
4 MünchKommHGB/*K. Schmidt*, §§ 171, 172 Rn. 77.
5 MünchKommHGB/*K. Schmidt*, §§ 171, 172 Rn. 77; *Ebenroth/Boujong/Joost/Strohn*, § 172 Rn. 19.

gen hinter der Haftsumme zurückbleibt oder durch zwischenzeitliche Verluste unter sie **herabgesunken** ist und wenn **nunmehr Gewinnanteile entnommen** werden. Insofern liegt es **anders als bei § 169 Abs. 1 S. 2 Hs. 2**, wo es auf den zugunsten der Pflichteinlage geleisteten Betrag und dessen etwaige Herabminderung ankommt (§ 169 Rn. 4 ff.). Ob eine Gewinnauszahlung nach § 169 Abs. 1 S. 2 Hs. 2 unzulässig und nach § 172 Abs. 4 S. 2 haftungsschädlich ist, kann daher, wenn Pflichteinlage und Haftsumme verschieden hoch sind, u.U. unterschiedlich zu beantworten sein. Doch führt eine nach § 169 unzulässige Gewinnauszahlung nach h.M. (vgl. Rn. 32) noch nicht zur Außenhaftung, wenn die vorhandene Einlage noch die Haftsumme abdeckt[1] (maßgeblich ist hierfür der verbleibende Buchwert des Kapitalanteils[2]). Als Verluste i.S.v. § 172 Abs. 4 S. 2 werden auch die Buchverluste bei Abschreibungen einzuordnen sein, sofern die dabei entstehenden stillen Reserven nicht wieder aktiviert werden[3].

Die bei § 169 Rn. 9 erörterte Frage, ob eine Gewinnauszahlungssperre auch besteht, wenn der Kommanditist **noch nichts auf seine Pflichteinlage eingezahlt** hat, anschließend sein Kapitalanteil durch Verluste negativ geworden ist und nunmehr ein Gewinn anfällt, findet bei § 172 Abs. 4 S. 2 keine Parallele. Über den Betrag der Haftsumme hinaus kommt eine Außenhaftung nicht in Betracht. Insbesondere erhöht sich die Haftsumme nicht, wenn der Kommanditist, der noch keine Einlage geleistet hat, trotz erlittener Verluste nachfolgend entstandene Gewinne entnimmt[4]. 39

5. Bezug von Scheingewinnen

§ 172 Abs. 5 spricht davon, dass Gewinne, die aufgrund einer gutgläubig errichteten Bilanz gutgläubig bezogen worden sind, nicht „zurückgezahlt" werden müssen. Bei der Stellung der Vorschrift im Gesetz bedeutet dies, dass der Bezug solcher Scheingewinne sonst grundsätzlich zu einem Wiederaufleben der Haftung führt[5]. Zu beachten ist, dass in der Insolvenz der Gesellschaft u.U. dennoch eine Haftung des Gesellschafters auf Rückgewähr der Scheingewinne nach Maßgabe des § 134 InsO in Betracht kommt[6]. 40

a) Ausschüttung nicht entstandener Gewinne

Die Vorschrift setzt voraus, dass dem Kommanditisten ein durch den Jahresabschluss ausgewiesener Gewinn ausgeschüttet wird, obwohl bei **richtigem Bilanzansatz** ein **Gewinn nicht erzielt** worden ist. Ohne sie würde – da § 172 41

---

1 *Ebenroth/Boujong/Joost/Strohn*, § 172 Rn. 44.
2 BGH v. 11.12.1989 – II ZR 78/89, BGHZ 109, 334, 339 f.; MünchKommHGB/*K. Schmidt*, §§ 171, 172 Rn. 64.
3 *Heymann/Horn*, § 172 Rn. 17.
4 Vgl. MünchKommHGB/*K. Schmidt*, §§ 171, 172 Rn. 80; *Ebenroth/Boujong/Joost/Strohn*, § 172 Rn. 46.
5 MünchKommHGB/*K. Schmidt*, §§ 171, 172 Rn. 92; *Ebenroth/Boujong/Joost/Strohn*, § 172 Rn. 54.
6 Vgl. hierzu BGH v. 29.11.1990 – IX ZR 29/90, NJW 1991, 560 ff.; siehe auch LG Rottweil v. 26.1.2007 – 2 O 360/06, n.v.

Abs. 4 S. 2 nur für wirklich entstandene Gewinne gilt – die Auszahlung des Scheingewinns als Rückgewähr von Einlagen i.S.v. § 172 Abs. 4 S. 1 einzuordnen sein. § 172 Abs. 5 soll den gutgläubigen Bezieher schützen und vermeiden, dass Gewinnausschüttungen stets auf ihre Berechtigung zu überprüfen wären[1].

42 Erforderlich ist zunächst, dass der Gewinn **bilanziell ausgewiesen** ist, und zwar als Gewinn. Daher werden Vorauszahlungen auf einen erwarteten Gewinn oder gewinnunabhängige Leistungen nicht erfasst[2]. Angemessene Vergütungen der KG an den Kommanditisten aufgrund eines Drittgeschäfts (siehe zum Begriff § 105 Rn. 75) sind kein Gewinnbezug[3].

43 **Bezogen** ist der Gewinn nach zutreffender h.M. – wie bei § 169 Abs. 2 (vgl. § 169 Rn. 14) – nicht nur bei einer Auszahlung an den Kommanditisten, sondern auch bei Gutschrift auf einem Privatkonto[4]. Insoweit kommt es für den zeitlichen Anknüpfungspunkt des guten Glaubens nicht auf die Auszahlung, sondern allein auf die Gutschrift auf dem Privatkonto an. Entfällt der gute Glaube also zwischen der Gutschrift und der tatsächlichen Auszahlung, ist dies unschädlich[5] (vgl. Rn. 49).

b) Guter Glaube

44 Das Gesetz spricht von einer Bilanzerrichtung (Aufstellung und Feststellung) in gutem Glauben sowie von gutem Glauben beim Gewinnbezug. Nur bei Vorliegen dieser doppelten Anknüpfung an Errichtung und Bezug greift die schützende Billigkeitsregelung[6] zugunsten des Kommanditisten. Guter Glaube nur des Empfängers (wie bei § 62 Abs. 1 AktG) genügt nicht[7].

45 Das führt zunächst zu dem Erfordernis, dass **alle diejenigen, die** an der Aufstellung und Feststellung des Jahresabschlusses **mitzuwirken haben** (vgl. dazu § 167 Rn. 2 ff.), hierbei in gutem Glauben handeln müssen[8].

46 Wird die Bilanz durch **Mehrheitsbeschluss** festgestellt, so wird guter Glaube nur bei den dafür stimmenden Gesellschaftern zu fordern sein[9], während bei den übrigen eine nur fahrlässige Unkenntnis der Bilanzunrichtigkeit nicht schadet[10].

---

1 MünchKommHGB/*K. Schmidt*, §§ 171, 172 Rn. 82.
2 RGZ 37, 82, 85 f.; *Ebenroth/Boujong/Joost/Strohn*, § 172 Rn. 50; MünchKommHGB/*K. Schmidt*, §§ 171, 172 Rn. 84.
3 MünchKommHGB/*K. Schmidt*, §§ 171, 172 Rn. 84.
4 *Staub/Schilling*, § 172 Rn. 17; anders *Ebenroth/Boujong/Joost/Strohn*, § 172 Rn. 50; differenzierend MünchKommHGB/*K. Schmidt*, §§ 171, 172 Rn. 85.
5 *Ebenroth/Boujong/Joost/Strohn*, § 172 Rn. 50.
6 BGH v. 1.6.1987 – II ZR 259/86, NJW 1987, 3184, 3186.
7 MünchKommHGB/*K. Schmidt*, §§ 171, 172 Rn. 87.
8 *Staub/Schilling*, § 172 Rn. 18; *Ebenroth/Boujong/Joost/Strohn*, § 172 Rn. 52.
9 *Staub/Schilling*, § 172 Rn. 18.
10 A.A. *Ebenroth/Boujong/Joost/Strohn*, § 172 Rn. 52 (danach müssen die geschäftsführenden Gesellschafter bei der Aufstellung und sämtliche Gesellschafter, die bei der Beschlussfassung über die Feststellung mitwirken, gutgläubig sein).

Ferner muss der **Kommanditist beim Gewinnbezug** gutgläubig sein. 47

Wird der Gewinn für Rechnung des Kommanditisten **an einen Dritten ausgezahlt**, so kommt nach Lage des Einzelfalls[1] u.U. eine Zurechnung des Wissens des Dritten in Betracht[2]. 48

Was den **Zeitraum** der Gutgläubigkeit der Beteiligten angeht, so muss diese bei allen von der Errichtung der Bilanz bis zum Gewinnbezug gegeben sein[3]. 49

Streitig und ganz ungeklärt ist der **Maßstab für den guten Glauben**. Der BGH[4] hat bislang lediglich entschieden, dass eine vorsätzliche Verletzung anerkannter Bilanzierungsgrundsätze den guten Glauben bei den zur Bilanzaufstellung berufenen Gesellschaftern ausschließe. Auch bei einer Fehlbewertung von Bilanzposten wider besseres Wissen ist Bösgläubigkeit gegeben[5]. Im Übrigen werden folgende Auffassungen vertreten: 50

Nach *K. Schmidt*[6] schadet nur eine vorsätzliche (einschließlich des bedingten Vorsatzes) Verletzung von Bilanzierungsgrundsätzen bzw. beim gewinnbeziehenden Kommanditisten positive Kenntnis oder billigende Inkaufnahme der Bilanzunrichtigkeit. Nach anderer Auffassung[7] führt auch grobfahrlässige Unkenntnis der Bilanzunrichtigkeit zur Bösgläubigkeit, während laut *Düringer/Hachenburg/Flechtheim*[8] die Verletzung der persönlichen Sorgfalt des § 708 BGB hierfür ausreicht. Nach weiteren Stimmen, denen zu folgen sein dürfte, genügt jeweils leichte Fahrlässigkeit[9]. 51

Was die Verhältnisse in der **Publikumsgesellschaft** betrifft, so kann nach dem BGH[10] die Außenhaftung des Kommanditisten nicht über § 172 Abs. 5 hinaus durch eine analoge Anwendung von § 62 Abs. 1, 3 AktG (mit der Folge, dass es nur auf eine Gutgläubigkeit des Kommanditisten ankäme) eingeschränkt werden, da die Heranziehung kapitalgesellschaftsrechtlicher Regeln nicht zu einer Beeinträchtigung des Gläubigerschutzes führen darf[11]. 52

---

1 So RG Gruch. 37 (1893), 1161, 1163 bei bösgläubigem Ehegatten.
2 MünchKommHGB/*K. Schmidt*, §§ 171, 172 Rn. 91; *Ebenroth/Boujong/Joost/Strohn*, § 172 Rn. 53.
3 Vgl. *Staub/Schilling*, § 172 Rn. 18; auch MünchKommHGB/*K. Schmidt*, §§ 171, 172 Rn. 90.
4 BGH v. 12.7.1982 – II ZR 201/81, BGHZ 84, 383, 385 f.
5 RG Gruch. 37 (1893), 1161, 1162 f.
6 *K. Schmidt*, BB 1984, 1588, 1592; auch MünchKommHGB/*K. Schmidt*, §§ 171, 172 Rn. 89.
7 *Baumbach/Hopt*, § 172 Rn. 10, *Heymann/Horn*, § 172 Rn. 25; *Uhlenbruck*, Die GmbH & Co KG in Krise, Konkurs und Vergleich, 2. Aufl. 1988, S. 651.
8 *Düringer/Hachenburg/Flechtheim*, § 172 Rn. 13.
9 Vgl. etwa *Staub/Schilling*, § 172 Rn. 18.
10 BGH v. 12.7.1982 – II ZR 201/81, BGHZ 84, 383, 386.
11 Kritisch MünchKommHGB/*K. Schmidt*, §§ 171, 172 Rn. 87.

c) Schutzzweckerstreckung

53 Der Schutzzweck in § 172 Abs. 5 führt dazu, dass außer im Falle des gutgläubigen Bezugs von Scheingewinnen eine Kommanditistenhaftung auch dann nicht entsteht, wenn ein (echter) Gewinnanteil entgegen den Voraussetzungen der §§ 169 Abs. 1 S. 2, 172 Abs. 4 S. 2 entnommen wird und insoweit Gutgläubigkeit bestanden hat[1].

d) Auswirkungen auf die Innenbeziehungen?

54 Zur Streitfrage, ob § 172 Abs. 5 auch Bedeutung für die **interne Pflicht zur Rückzahlung** bezogener Scheingewinne hat, vgl. § 169 Rn. 17[2].

6. Beweislastfragen

55 Die Beweislast in der Frage des Wiederauflebens der Haftung durch Einlagenrückzahlung ist umstritten. Richtigerweise wird mit MünchKommHGB/*K. Schmidt*[3] zu differenzieren sein: Die Tatsache **geschehener Zuwendungen** an den Kommanditisten muss der **Beweislast der Gläubiger**, ihre **Haftungsunschädlichkeit** der des **Kommanditisten** zugeordnet werden[4].

56 Was speziell den Fall des **§ 172 Abs. 5** betrifft, so obliegt dem Gläubiger der Nachweis, dass ein Scheingewinn bezogen worden ist, also einschließlich der Bilanzunrichtigkeit[5]. Dagegen muss der Kommanditist die Gutgläubigkeit der Beteiligten beweisen[6].

V. Rechtslage in der GmbH & Co. KG (§ 172 Abs. 6)

57 Für die GmbH & Co. KG gelten im Hinblick auf den Fall der wechselseitigen Beteiligung (§ 172 Abs. 6) und auf die für die GmbH geltenden Kapitalerhaltungsregeln (§§ 30, 31 GmbHG) einige **Besonderheiten**. Die Kapitaleinlagen müssen für KG und GmbH gesondert nach den jeweils für sie maßgebenden Normen aufgebracht werden[7]. § 172 Abs. 6 regelt dabei die Kapitalaufbringung und -erhaltung in der GmbH & Co. KG; für die GmbH sind die Grundsätze des GmbH-Rechts zu beachten. Deshalb ist für die Leistung der Stammeinlage § 19 GmbHG anzuwenden. Der GmbH-Gesellschaf-

---

1 *Staub/Schilling*, § 172 Rn. 16; MünchKommHGB/*K. Schmidt*, §§ 171, 172 Rn. 85; *Baumbach/Hopt*, § 172 Rn. 9.
2 MünchKommHGB/*K. Schmidt*, §§ 171, 172 Rn. 92 ff.
3 MünchKommHGB/*K. Schmidt*, §§ 171, 172 Rn. 74 m.w.N.
4 MünchKommHGB/*K. Schmidt*, §§ 171, 172 Rn. 95; *Ebenroth/Boujong/Joost/Strohn*, § 172 Rn. 55.
5 So wohl auch BGH v. 12.7.1982 – II ZR 201/81, BGHZ 84, 383, 385; siehe auch MünchHdbGesR II/*Neubauer*, § 27 Rn. 72.
6 *Staub/Schilling*, § 172 Rn. 18; *Baumbach/Hopt*, § 172 Rn. 12; teilw. anders *Schlegelberger/K. Schmidt*, § 172 Rn. 95: Der Kommanditist soll nur die Beweislast für seinen eigenen guten Glauben tragen.
7 BGH v. 10.12.2007 – II ZR 180/06, NZG 2008, 143, 145; OLG Koblenz v. 9.2.1989 – 6 U 1236/37, GmbHR 1989, 377 f.; *Theiselmann*, GmbHR 2008, 521, 522; MünchKommHGB/*K. Schmidt*, §§ 171, 172 Rn. 123.

ter hat also seine übernommene Stammeinlage an die GmbH zu erbringen[1]. Eine „wirtschaftliche Einheit" besteht insoweit zwischen der GmbH und der KG nicht[2]. Eine Geldleistung auf das Bankkonto der KG befreit diesen daher grundsätzlich nicht von seiner Einlageverpflichtung. Das gilt auch dann, wenn die GmbH ausschließlich die Geschäftsführungstätigkeit für die KG ausübt. Eine Erbringung der (Rest-)Einlageleistung auf das Stammkapital liegt aber dann vor, wenn durch die Leistungserbringung an die KG eine vollwertige (vgl. § 171 Rn. 44) und fällige Forderung der KG gegen die GmbH erlischt (§§ 362 Abs. 2, 185 BGB)[3]. Wird die Stammeinlage darlehensweise an die GmbH & Co. KG weiter gereicht, dann liegt hierin – im Anwendungsbereich des durch das MoMiG geänderten § 8 Abs. 2 S. 2 GmbHG – eine Erfüllung der Einlageschuld, wenn die Weiterleitung durch einen vollwertigen[4] Gegenleistungs- oder Rückgewähranspruch gedeckt ist[5].

1. Kapitalaufbringung bei wechselseitiger Beteiligung

a) Keine Einlageleistung durch Einbringung des GmbH-Anteils

Haftet in einer GmbH & Co. KG keine natürliche Person unbeschränkt, und zwar auch nicht mittelbar über eine persönliche Haftung innerhalb einer als persönlich haftende Gesellschafterin beteiligten OHG oder KG (dazu, dass die Haftung einer natürlichen Person erst auf der **dritten Stufe** einer mehrstöckigen Gesellschaft nicht ausreicht, vgl. § 161 Rn. 53), so kann eine Kommanditeinlage **nicht mit haftungsbefreiender Wirkung** (§ 171 Abs. 1 Hs. 2) in der Weise geleistet werden, dass der Kommanditist ihm an der Komplementär-GmbH zustehende Anteile in die KG einbringt (§ 172 Abs. 6); dies hat insbesondere auch für die Einheitsgesellschaft (§ 161 Rn. 42) Geltung. Andernfalls ständen den Gläubigern beider Gesellschaften nicht jeweils eigene Haftungsmassen der Gesellschaften zur Verfügung[6]. Eine Haftungsbefreiung setzt daher voraus, dass die Kommanditisten über eine Anteilseinbringung hinaus weitere Vermögenswerte in Höhe der Haftsumme einlegen. 58

§ 172 Abs. 6 schließt von seiner Rechtsfolge her nicht die Einheits-GmbH & Co. KG als solche aus. Die Kommanditisten dürfen durchaus die von ihnen gehaltenen GmbH-Anteile in die KG einbringen. Dies hat lediglich keine haftungsbeschränkende Wirkung i.S.d. § 171 Abs. 1 Hs. 2. Zur Herbeiführung dieser Wirkung muss neben der Stammeinlage kumulativ die Kommanditisteneinlage aufgebracht werden[7]. 58a

---

1 BGH v. 10.12.2007 – II ZR 180/06, NZG 2008, 143, 144; MünchKommHGB/*K. Schmidt*, §§ 171, 172 Rn. 123.
2 BGH v. 10.12.2007 – II ZR 180/06, NZG 2008, 143, 144; a.A. *K. Schmidt*, DB 1985, 1986; siehe auch *Kunkel/Lanzius*, NZG 2007, 527, 529.
3 BGH v. 25.11.1985 – II ZR 48/85, NJW 1986, 989 f.; *Ebenroth/Boujong/Joost/Strohn*, § 172 Rn. 62.
4 Zur Problematik, wann Vollwertigkeit vorliegt, siehe *Rhode*, GmbHR 2008, 205, 206.
5 Vgl. zum Ganzen *Theiselmann*, GmbHR 2008, 521, 522 ff.
6 MünchKommHGB/*K. Schmidt*, §§ 171, 172 Rn. 124.
7 *Ebenroth/Boujong/Joost/Strohn*, § 172 Rn. 58; MünchKommHGB/*K. Schmidt*, §§ 171, 172 Rn. 126.

59 Obwohl § 172 Abs. 6 erst durch das GmbHÄndG vom 4.7.1980[1] mit Wirkung ab 1.1.1981 eingeführt worden ist, beschränkt sich die Bedeutung der Regelung nicht auf erst danach erbrachte Einlageleistungen, da sie einen allgemein anerkannten Grundsatz der Kapitalaufbringung wiedergibt[2]. § 172 Abs. 6 erfasst neben der Einheits-GmbH & Co. KG auch die AG & Co. KG, die KGaA & Co. KG und die Auslandskapitalgesellschaft & Co. KG[3].

b) Erwerb von GmbH-Anteilen mit dem Kommanditkapital

60 Während § 172 Abs. 6 systematisch als eine Regelung der Einlageleistung i.S.v. § 171 aufzufassen ist, läuft es der Sache nach auf eine Rückzahlung von erbrachten Kommanditeinlagen gemäß § 172 Abs. 4 hinaus, wenn bei wechselseitiger Beteiligung die KG mit dem Kommanditkapital den Erwerb von Anteilen der GmbH durch Entgeltzahlung an die Kommanditisten finanziert[4].

c) Entsprechende Anwendung von § 33 GmbHG

61 In den Fällen wechselseitiger Beteiligung beider Gesellschaften stellt sich die Frage, ob der Erwerb nicht voll eingezahlter GmbH-Anteile durch die KG dem Sinne nach gegen **§ 33 Abs. 1 GmbHG** verstößt. Der originäre Anteilserwerb ist einer KG als Einheitsgesellschaft (§ 161 Rn. 42) schlechthin verboten, auch im Zuge einer Kapitalerhöhung bei der GmbH[5]. Was den Erwerb bereits bestehender Anteile, die **noch nicht voll eingezahlt** sind, betrifft, so ist an eine analoge Anwendung von § 33 Abs. 1 GmbHG (mit der Folge der Nichtigkeit des Erwerbsaktes[6]) zu denken[7]; nach anderer (abzulehnender) Auffassung[8] soll § 33 Abs. 1 GmbHG hier dagegen weder unmittelbar noch analog anzuwenden sein.

62 Schlägt die Zahlung des Entgelts für den Erwerb voll eingezahlter GmbH-Anteile durch die KG in der Weise auf die Vermögenslage der Komplementär-GmbH durch, dass deren Stammkapital nicht mehr gedeckt ist, würde **§ 33 Abs. 2 GmbHG** entsprechend gelten[9]. Zugleich greifen die §§ 30, 31 GmbHG ein, da die Gesellschafter über das Vermögen der KG mittelbar ihre Stammeinlage zurückerhalten[10]; vgl. dazu im Folgenden Rn. 63 ff.

---

[1] BGBl. I 836.
[2] *Schlegelberger/K. Schmidt*, § 172 Rn. 128 m.w.N.; *Ebenroth/Boujong/Joost/Strohn*, § 172 Rn. 58.
[3] MünchKommHGB/*K. Schmidt*, §§ 171, 172 Rn. 124; *Ebenroth/Boujong/Strohn*, § 172 Rn. 60.
[4] Vgl. auch *Schlegelberger/Martens*, § 161 Rn. 102 a.E.
[5] *Lutter/Hommelhoff*, § 33 GmbHG Rn. 22; LG Berlin v. 26.8.1986 – 98 T 24/86, ZIP 1986, 1564 f.
[6] Vgl. dazu BGH v. 9.12.1954 – II ZR 15/54, BGHZ 15, 391, 393.
[7] Vgl. z.B. *Baumbach/Hueck/Hueck/Fastrich*, § 33 GmbHG Rn. 20; *Ebenroth/Boujong/Joost/Strohn*, § 172 Rn. 63; differenzierend: *Scholz/H.P. Westermann*, § 33 GmbHG Rn. 14.
[8] GroßKommGmbHG/*Habersack*, § 33 GmbHG Rn. 113; *Binz/Sorg*, § 8 Rn. 36 f.
[9] Vgl. etwa *Baumbach/Hueck/Fastrich*, § 33 GmbHG Rn. 20.
[10] GroßKommGmbHG/*Habersack*, § 33 GmbHG Rn. 114.

2. Kapitalerhaltung in der GmbH & Co. KG

Neben § 172 Abs. 4, der Auskehrungen aus dem Vermögen der KG an die Kommanditisten betrifft, sind in der GmbH & Co. KG die **§§ 30, 31 GmbHG** für die Erhaltung der Kapitalgrundlage in der Komplementär-GmbH zu beachten[1]. Diese kommen nicht nur zum Zuge, wenn den Gesellschaftern der GmbH etwas aus dem GmbH-Vermögen gewährt wird, sondern können sich auch auswirken, wenn Kapitalmittel aus dem Vermögen der KG an die Kommanditisten ausgezahlt werden. Ein solcher Tatbestand ist insbesondere bei der Einheitsgesellschaft gegeben, wenn die KG die GmbH-Anteile von den Gesellschaftern mit Mitteln erwirbt, welche die über kein wesentliches Vermögen verfügende GmbH als Einlage in die KG eingebracht hat[2].

63

a) Stammkapitalbeeinträchtigung bei der GmbH

Ansatzpunkt für das Eingreifen der §§ 30, 31 GmbHG ist dabei jeweils, dass Auszahlungen aus dem Vermögen der KG zugleich die **Deckung des Stammkapitals** der GmbH beeinträchtigen können[3]. Dazu kann es auf zweierlei Weise kommen[4]:

64

Einmal kann eine **Beteiligung** der GmbH **an der KG** durch den Mittelabfluss bei dieser so **entwertet** werden, dass bei der GmbH eine Unterbilanz oder gar eine Überschuldung entsteht.

65

Und zum anderen kann es auch ohne eine solche Beteiligung zu einer Unterbilanz (oder Überschuldung) kommen, wenn die KG durch die Auszahlungen in eine Vermögensüberschuldung gerät und dies wegen der **Komplementärhaftung** der GmbH auf diese durchschlägt[5].

66

b) Erstattungspflicht der Kommanditisten

Sind die Kommanditisten, denen die Zuwendungen aus dem KG-Vermögen zufließen, zugleich Gesellschafter der GmbH, so haften sie unmittelbar aus **§ 31 GmbHG** auf **Erstattung** der erhaltenen Leistungen[6]. Die Erstattungspflicht ist nicht auf den Betrag des Stammkapitals beschränkt, sondern bezieht die gesamten erhaltenen Beträge bis zu der Höhe ein, die zur Wiederherstellung des Stammkapitals erforderlich ist (anders bzgl. der Ausfallhaf-

67

---

1 BGH v. 29.3.1973 – II ZR 25/70, BGHZ 60, 324, 328; BGH v. 10.12.2007 – II ZR 180/06, NZG 2008, 143, 145; MünchKommHGB/*K. Schmidt*, §§ 171, 172 Rn. 127.
2 Vgl. GroßKommGmbHG/*Habersack*, § 30 GmbHG Rn. 102 ff.; Schlegelberger/*Martens*, § 161 Rn. 102; auch *Uhlenbruck*, Die GmbH & Co. KG in Krise, Konkurs und Vergleich, 2. Aufl. 1988, S. 678 f.; OLG Celle v. 18.6.2003 – 9 U 2/03, NJW-RR 2004, 1040.
3 BGH v. 29.3.1973 – II ZR 25/70, NJW 1973, 1036, 1038; BGH v. 10.12.2007 – II ZR 180/06, NZG 2008, 143, 145.
4 Vgl. dazu BGH v. 24.3.1980 – II ZR 213/77, BGHZ 76, 326, 336.
5 OLG Celle v. 18.6.2003 – 9 U 2/03, NJW-RR 2004, 1040, 1041; GroßKommGmbHG/*Habersack*, § 30 GmbHG Rn. 102.
6 BGH v. 19.2.1990 – II ZR 268/88, NJW 1990, 1725, 1727 f.

tung der Mitgesellschafter, vgl. Rn. 70)[1]. Der Rückzahlungsanspruch steht der KG (nicht der GmbH) zu[2].

68 Die früher sehr umstritten gewesene Frage, ob die **Haftung nach den §§ 30, 31 GmbHG** auch einen **Kommanditisten** trifft, der **nicht zugleich der GmbH angehört**, ist heute im bejahenden Sinne geklärt[3]. Insofern steht ein Kommanditist ebenso in der Finanzierungsverantwortung für die GmbH wie andere an der Gesellschaft vermögensmäßig beteiligte Personen, die eine gesellschafterähnliche Position innehaben. Für eine Ausfallhaftung nach § 31 Abs. 3 GmbHG wird allerdings auf eine förmliche Mitgliedschaft in der GmbH nicht verzichtet werden können[4].

c) Haftung Dritter

69 Neben den Kommanditisten trifft die **Ersatzpflicht ausnahmsweise** auch einen **Dritten** als Empfänger der Zuwendung, nämlich evtl. bei nahen Angehörigen eines Kommanditisten oder bei gegebener gesellschaftsrechtlicher Verbindung, so wenn eine Auszahlung an ein Unternehmen geschieht, an dem ein Gesellschafter der auszahlenden Gesellschaft maßgeblich beteiligt ist (Gesichtspunkt der wirtschaftlichen Einheit)[5].

d) Haftung der Mitgesellschafter

70 Eine Erstattungshaftung trifft **subsidiär** auch die **übrigen GmbH-Gesellschafter** (§ 31 Abs. 3 GmbHG), und zwar auch bei Auszahlungen, die eine Überschuldung begründen oder vertiefen[6]. Doch ist die Haftung der Mitgesellschafter auf den Betrag des Stammkapitals beschränkt[7]. Nicht zu folgen ist der Ansicht von *Grunewald*[8], die Kleingesellschafter i.S.v. § 32a

---

1 BGH v. 7.11.1988 – II ZR 46/88, BGHZ 106, 7, 12.
2 BGH v. 29.3.1973 – II ZR 25/70, NJW 1973, 1036, 1038; BGH v. 10.12.2007 – II ZR 180/06, NZG 2008, 143, 145; MünchKommHGB/*K. Schmidt*, §§ 171, 172 Rn. 128; *Ebenroth/Boujong/Joost/Strohn*, § 172 Rn. 67.
3 BGH v. 19.2.1990 – II ZR 268/88, BGHZ 110, 342, 355 f.; auch BGH v. 29.10.1990 – II ZR 238/89, ZIP 1990, 1593, 1595; OLG Celle v. 18.6.2003 – 9 U 2/03, NJW-RR 2004, 1040 f.; *Ebenroth/Boujong/Joost/Strohn*, § 172 Rn. 68; MünchKommHGB/*K. Schmidt*, §§ 171, 172 Rn. 128.
4 *Staub/Schilling*, § 172a Rn. 19; GroßKommGmbHG/*Habersack*, § 31 GmbHG Rn. 47 ff.; *Lutter/Hommelhoff*, § 31 GmbHG Rn. 20; *Schlegelberger/K. Schmidt*, § 172 Rn. 132 und § 172a Rn. 51; offen gelassen bei MünchKommHGB/*K. Schmidt*, §§ 171, 172 Rn. 128.
5 Vgl. näher BGH v. 21.9.1981 – II ZR 104/80, BGHZ 81, 311, 315 ff. sowie BGH v. 28.9.1981 – II ZR 223/80, BGHZ 81, 365, 368; BGH v. 14.10.1985 – II ZR 276/84, ZIP 1986, 456, 458; BGH v. 20.3.1986 – II ZR 114/85, WM 1986, 789; BGH v. 22.10.1990 – II ZR 238/89, ZIP 1990, 1593, 1595; BGH v. 16.12.1991 – II ZR 294/90, ZIP 1992, 242, 244; BGH v. 13.11.1995 – II ZR 113/94, ZIP 1996, 68 f.
6 BGH v. 5.2.1990 – II ZR 114/89, ZIP 1990, 451, 452 f.
7 BGH v. 25.2.2002 – II ZR 196/00, NJW 2002, 1803, 1804; *Ebenroth/Boujong/Joost/Strohn*, § 172 Rn. 66; enger dagegen MünchKommHGB/*K. Schmidt*, §§ 171, 172 Rn. 128: Haftung nur auf den Betrag der Stammeinlage des Auszahlungsempfängers.
8 *Grunewald*, FS Lutter, 2000, S. 413, 422.

e) Kein Wegfall der Erstattungspflicht bei Stammkapitalwiederherstellung

Unter Aufgabe seiner früheren Rechtsprechung[1] hat der BGH im Jahre 2000 entschieden[2], dass ein Erstattungsanspruch aus § 31 GmbHG nicht (automatisch) entfällt, wenn das Stammkapital der Gesellschaft anderweitig nachhaltig wiederhergestellt wird. Entsprechend § 19 Abs. 2 S. 2 GmbHG kann auch gegen den Erstattungsanspruch nicht aufgerechnet werden[3].

§ 172a

(aufgehoben)

Die Vorschrift ist durch Art. 3 Nr. 13 MoMiG aufgehoben und in die InsO überführt worden. Letztere definiert den Kreis der in das „Kapitalersatzrecht" einbezogenen Gesellschaften in § 39 Abs. 4 S. 1 und § 39 Abs. 5 InsO. Nach § 39 Abs. 4 S. 1 InsO sind alle Gesellschaften erfasst, bei denen „kein persönlich haftender Gesellschafter eine natürliche Person ist und zu deren persönlich haftenden Gesellschaftern auch keine Gesellschaft gehört, bei der ein persönlich haftender Gesellschafter eine natürliche Person ist". Die neue Bestimmung lehnt sich an § 172a an und will von vornherein solche Gesellschaften aus dem Anwendungsbereich des Kapitalersatzrechts ausnehmen, bei denen auf der „ersten" oder der „zweiten" Ebene eine natürliche Person als Gesellschafter vorhanden ist, die für die Schulden der Gesellschaft unbeschränkt[4] haftet. Ist dagegen in der mehrstöckigen Gesellschaft erst auf der dritten oder gar höheren Ebene eine natürliche Person als unbeschränkt Haftender vorhanden, so findet das „Kapitalersatzrecht" dem Wortlaut des § 39 Abs. 4 S. 1 InsO zufolge auf die Gesellschaft Anwendung[5]. § 39 Abs. 4 S. 1 InsO sondert damit aus dem Anwendungsbereich des „Kapitalersatzrechts" – wie das bisherige Recht bereits – die gesetzestypische KG aus. Das ist wenig konsequent und daher abzulehnen[6].

---

1 BGH v. 11.5.1987 – II ZR 226/86, ZIP 1987, 1113, 1114 f.; krit. dazu die h.L.: vgl. etwa *Scholz/H.P. Westermann*, § 31 GmbHG Rn. 6 f.; *Ulmer*, FS 100 Jahre GmbHG, 1992, S. 363, 383 ff.
2 BGH v. 29.5.2000 – II ZR 118/98, BGHZ 144, 336, 341 f.
3 BGH v. 27.11.2000 – II ZR 83/00, ZIP 2001, 157, 158.
4 Das Merkmal „unbeschränkt" findet im Wortlaut des § 39 Abs. 4 S. 1 InsO keinen Niederschlag, siehe *Mülbert* WM 2006, 1977, 1981. Das gilt aber auch für die bisherigen §§ 129a, 172a. Bei diesen Vorschriften wurde der Begriff „persönlich haftender Gesellschafter" aber seit jeher in diesem Sinne ausgelegt, siehe *Gottwald/Haas*, InsoHdb, § 94 Rn. 67 f.
5 Im Anwendungsbereich der §§ 129a, 172a ist dies – trotz identischen Wortlauts – mitunter umstritten, siehe hierzu *Gottwald/Haas*, InsoHdb, § 94 Rn. 68.
6 Siehe hierzu *Haas*, ZInsO 2007, 617, 628 f.

§ 173
Haftung des eintretenden Kommanditisten

(1) Wer in eine bestehende Handelsgesellschaft als Kommanditist eintritt, haftet nach Maßgabe der §§ 171 und 172 für die vor seinem Eintritte begründeten Verbindlichkeiten der Gesellschaft, ohne Unterschied, ob die Firma eine Änderung erleidet oder nicht.

(2) Eine entgegenstehende Vereinbarung ist Dritten gegenüber unwirksam.

Übersicht

	Rn.
I. Eintritt durch Neuaufnahme und Haftungsfolgen	
1. Eintritt in eine bestehende Handelsgesellschaft	1
a) Aufnahmevertrag	2
b) Gesellschafterwechsel	4
c) Registeranmeldung	5
2. Haftungsfolgen	
a) Altverbindlichkeiten	6
b) Haftungsverdoppelung bei Gesellschafterwechsel	7
3. Abweichende Vereinbarung (§ 173 Abs. 2)	7a
II. Rechtsnachfolge im Gesellschaftsanteil	8
1. Anteilsübertragung	
a) Zulässigkeit	9
b) Rechtsnachfolgevermerk im Handelsregister	10
aa) Eintragungswirkungen	11
bb) Fehlen eines Rechtsnachfolgevermerks	17
c) Fehlende Eintragungen zum Ausscheiden oder Eintritt	19
2. Andere Tatbestände der Rechtsnachfolge	22
a) Erbnachfolge	23
b) Gesellschaftsrechtliche Haftungsfolgen	27
c) Umwandlung einer Vollhafterbeteiligung	28
d) Erbrechtliche Haftung	29
III. Änderungen im Gesellschafterbestand und in der Beteiligung	32
1. Anteilsübergang unter Gesellschaftern	
a) Erwerb eines weiteren Kommanditanteils	33
b) Erwerb eines Kommanditanteils durch einen Komplementär	34
c) Erwerb eines Komplementäranteils durch einen Kommanditisten	35
d) Erwerb aller Anteile	38
2. Umwandlung von Beteiligungen	
a) Umwandlung einer Komplementärbeteiligung	39
b) Umwandlung einer Kommanditbeteiligung	43
3. Sonstige Fallgruppen	
a) Zusätzlicher Komplementär	44
b) Kommanditbeteiligung am Einzelkaufmannsgeschäft	45
c) Umgestaltung einer Gesellschaft bürgerlichen Rechts	46
d) Erhöhung des Kommanditkapitals durch Rücklagenauflösung	47

Schrifttum: Vgl. die Angaben zu den §§ 131 und 162, ferner: *Buchner*, Die Kommanditistenhaftung bei Rechtsnachfolge in Gesellschaftsanteile, DNotZ 1988, 467; *Friedl*, Haftungswirkungen des Kommanditistenwechsels unter Lebenden, DStR 2008, 510; *Huber*, Eintragungsfehler bei der Abtretung von KG-Anteilen, ZGR 1984, 146; *Lieb*, Haftungsprobleme beim Übergang des Gesellschaftsvermögens auf einen Kommanditisten, ZGR 1991, 572; *v. Olshausen*, Haftungsprobleme beim Kommanditistenwechsel unter Lebenden – eine wechselvolle unendliche Geschichte, in: Gedächtnisschrift Knobbe-Keuk, 1997, S. 247; *K. Schmidt*, Zur kombinierten Nachfolge- und Umwandlungsklausel bei OHG- und Komplementäranteilen, BB 1989, 1702; *K. Schmidt*, Kommanditisteneinlage und Haftsumme des Gesellschaftererben, ZGR 1989, 445.

I. Eintritt durch Neuaufnahme und Haftungsfolgen

Nach dem Gesetz soll ein in eine Gesellschaft eintretender Kommanditist wie alle anderen Gesellschafter auch für die Altverbindlichkeiten der KG nach Maßgabe der Haftungsbeschränkung der §§ 171, 172 haften. Daher ordnet es – und zwar mit zwingender Wirkung im Außenverhältnis (Abs. 2) – auch eine Haftung für die beim Eintritt bereits bestehenden Verbindlichkeiten an (Rn. 7a). Keine Regelung im Gesetz hat hingegen der Aufnahmevertrag selbst gefunden (Rn. 2). Letzterer wird grundsätzlich als Gesellschaftsvertrag mit sämtlichen schon vorhandenen Gesellschaften geschlossen.

1. Eintritt in eine bestehende Handelsgesellschaft

Das Gesetz hat in § 173 in erster Linie den Eintritt in eine bestehende OHG oder KG durch Aufnahme als Kommanditist unter Begründung eines neuen Kommanditanteils (Rn. 2 ff.) im Auge (originärer Erwerb). Allerdings ist das Tatbestandsmerkmal „Eintritt" weit zu fassen[1]. Nach Sinn und Zweck ist die Vorschrift daher auch auf die Fälle der Gesellschafternachfolge aufgrund Anteilserwerbs durch Rechtsgeschäft (Rn. 8 ff.) oder Gesamtrechtsnachfolge (Rn. 22 ff.) (derivativer Erwerb) sowie auf einige Tatbestände von Änderungen der Gesellschafterbeteiligung (Rn. 32 ff.) anzuwenden[2].

a) Aufnahmevertrag

Der Eintritt als Kommanditist durch Neuaufnahme geschieht durch einen **Vertrag mit den vorhandenen Gesellschaftern**[3]. Eine Bevollmächtigung des Komplementärs oder eines anderen Organs der KG im Gesellschaftsvertrag zum Abschluss des Aufnahmevertrags ist zulässig[4]. Der Beitritt wird im Zweifel mit dem Abschluss des Aufnahmevertrages wirksam[5]; spätestens ist dies aber mit der Eintragung des Beitretenden ins Handelsregister der Fall[6]. Bei einer **Publikumsgesellschaft** kann der persönlich haftende Gesellschafter oder ein Gesellschaftsorgan (ggf. sogar ein Dritter) ermächtigt werden, den Aufnahmevertrag im eigenen Namen mit dem Beitretenden abzuschließen (§ 161 Rn. 107)[7].

Dazu, dass für einen Beitritt zur Gesellschaft die **Grundsätze der fehlerhaften Gesellschaft** gelten, vgl. § 105 Rn. 48; § 130 Rn. 6.

---

1 MünchKommHGB/*K. Schmidt*, § 173 Rn. 15.
2 MünchKommHGB/*K. Schmidt*, § 173 Rn. 3; *Ebenroth/Boujong/Joost/Strohn*, § 173 Rn. 5.
3 Vgl. z.B. BGH v. 17.11.1975 – II ZR 120/74, DB 1976, 142; MünchKommHGB/*K. Schmidt*, § 173 Rn. 19.
4 BGH v. 17.11.1975 – II ZR 120/74, BB 1976, 154; MünchKommHGB/*K. Schmidt*, § 173 Rn. 19; *Ebenroth/Boujong/Joost/Strohn*, § 173 Rn. 6.
5 BGH v. 18.6.1979 – II ZR 194/77, WM 1979, 1057.
6 MünchKommHGB/*K. Schmidt*, § 173 Rn. 19; *Ebenroth/Boujong/Joost/Strohn*, § 173 Rn. 6.
7 BGH v. 14.11.1977 – II ZR 95/76, WM 1978, 136, 137; *Baumbach/Hopt*, Anh § 177a Rn. 57.

b) Gesellschafterwechsel

4 Ein (originärer) **Erwerb** einer neuen **Kommanditbeteiligung** wird nicht dadurch berührt, dass im Zusammenhang mit dem Eintritt ein **anderer Kommanditist ausscheidet**, es insoweit also zu einer Auswechslung der Gesellschafter kommt[1]. Rechtlich handelt es sich um – auch haftungsrechtlich (Rn. 6 f.) – getrennte Vorgänge, solange der Gesellschafterwechsel sich hierbei nicht im Wege einer Anteilsübertragung abspielt; der Neu-Kommanditist wird nicht Rechtsnachfolger des Ausscheidenden in der Gesellschafterstellung. Die Haftung des Neugesellschafters richtet sich nach §§ 173, 171 Abs. 1, 172 (Rn. 7).

c) Registeranmeldung

5 Der Eintritt eines neuen Kommanditisten ist **zum Handelsregister anzumelden** (§ 162 Abs. 3, vgl. § 162 Rn. 12). Die Eintragung ist bedeutsam für die Beendigung der unbeschränkten Haftung nach § 176 Abs. 2.

2. Haftungsfolgen

a) Altverbindlichkeiten

6 Der neu eintretende Kommanditist haftet ab Beitrittswirksamkeit bis zur Höhe seiner Haftsumme nach den §§ 171, 172 auch für die **vor seinem Eintritt begründeten Gesellschaftsverbindlichkeiten** (Altschulden). Die Regelung ist zwingend (Rn. 7a). Insoweit gilt also das gleiche wie bei der Haftung für die Neuverbindlichkeiten. Für letztere (nur für diese) kann aber eine unbeschränkte Haftung nach § 176 Abs. 2 eintreten, soweit Verbindlichkeiten in der Zeit zwischen Wirksamwerden des Beitritts und dessen Eintragung ins Handelsregister entstanden sind. Dies macht es ggf. empfehlenswert, den Aufnahmevertrag durch entsprechende Vereinbarung erst mit der Eintragung des Beitritts aufschiebend bedingt wirksam werden zu lassen. Auch der in fehlerhafter Weise beigetretene Gesellschafter (Rn. 3) haftet hiernach für die Altschulden[2].

6a Auf die Kenntnis oder das Kennenmüssen der Altschulden durch den Kommanditisten kommt es für die Haftung nicht an[3]. Auch der gute Glaube des Kommanditisten daran, dass im Zeitpunkt seines Eintritts in die Gesellschaft keine Altverbindlichkeiten bestehen, schützt diesen nicht vor der akzessorischen Haftung. Er ist bei einer persönlichen Inanspruchnahme durch einen Gesellschaftsgläubiger für Altverbindlichkeiten auch Ansprüche gegen die Gesellschaft oder die Mitgesellschafter angewiesen[4].

---

1 MünchKommHGB/*K. Schmidt*, § 173 Rn. 20.
2 BGH v. 8.1.1965 – II ZR 267/64, BGHZ 44, 235, 237 f.; BGH v. 12.10.1987 – II ZR 251/86, ZIP 1988, 512, 513 f.; *Heymann/Horn*, § 161 Rn. 39.
3 MünchKommHGB/*K. Schmidt*, § 173 Rn. 21; *Ebenroth/Boujong/Joost/Strohn*, § 173 Rn. 7.
4 *Baumbach/Hopt*, § 173 Rn. 7.

b) Haftungsverdoppelung bei Gesellschafterwechsel

Erfolgt der Eintritt **im Zusammenhang mit dem Ausscheiden eines anderen Kommanditisten**, ohne dass dabei eine Anteilsübertragung eine Rechtsnachfolge begründet (Rn. 4), so tritt die Haftung des Eintretenden nach § 173 neben eine noch bestehende (und fortdauernde) Haftung des Ausscheidenden für die Altverbindlichkeiten (ggf. sogar mit einer Erweiterung der Haftung gemäß § 15 Abs. 1). Obwohl der neue Kommanditist wirtschaftlich an die Stelle des Ausscheidenden treten soll, kann sich daher eine **Verdoppelung der Haftung** ergeben[1]. Soweit der Alt-Kommanditist seine Einlage mit haftungsbefreiender Wirkung eingezahlt hat und diese zugunsten des Neu-Kommanditisten eingebucht wird, befreit dies den letzteren nach § 171 Abs. 1 Hs. 2 von der Haftung, wirkt sich aber zu Lasten des Alt-Kommanditisten als Einlagenrückzahlung gemäß § 172 Abs. 4 S. 1 aus[2].

3. Abweichende Vereinbarung (§ 173 Abs. 2)

Abweichende Vereinbarungen durch Gesellschaftsvertrag sind nach § 173 Abs. 2 Dritten gegenüber unwirksam, scheiden also als Einwendung des Neugesellschafters bei Inanspruchnahme durch einen Gesellschaftsgläubiger kraft Gesetzes aus (genauso § 130 Abs. 2, anders §§ 25 Abs. 2 und 28 Abs. 2). Eine gesellschafterinterne Vereinbarung hat daher nur Auswirkungen im Innenverhältnis, schlägt also nicht auf die Haftung (Außenverhältnis) durch[3]. Der Neugesellschafter erlangt bei einer Vereinbarung darüber, nicht für Altverbindlichkeiten haften zu sollen, einen Anspruch auf Freistellung gegenüber der Gesellschaft und ggf. den Mitgesellschaftern (§ 128 Rn. 11). Eine Haftungsvereinbarung unter Mitwirkung der Gesellschaftsgläubiger ist aber möglich[4].

II. Rechtsnachfolge im Gesellschaftsanteil

Besondere Fragen entstehen, wenn sich der Eintritt eines Kommanditisten in der Weise vollzieht, dass er als Rechtsnachfolger den Anteil eines bisherigen Gesellschafters erwirbt. Dies ist durch rechtsgeschäftliche Übertragung der Mitgliedschaft, durch Erbgang oder durch eine sonstige Gesamtrechtsnachfolge möglich.

---

1 BGH v. 29.6.1981 – II ZR 142/80, BGHZ 81, 82, 86 f.; OLG Köln v. 4.2.2004 – 2 Wx 36/03, RNotZ 2004, 169, 171.
2 BGH v. 29.6.1981 – II ZR 142/80, BGHZ 81, 88 f.
3 MünchKommHGB/*K. Schmidt*, § 173 Rn. 18; *Baumbach/Hopt*, § 173 Rn. 9.
4 *Baumbach/Hopt*, § 173 Rn. 10; 128 Rn. 38; MünchKommHGB/*K. Schmidt*, § 173 Rn. 18.

1. Anteilsübertragung

a) Zulässigkeit

9 Nach heute allgemeiner Auffassung ist die **rechtsgeschäftliche Übertragung** eines Kommanditanteils nach §§ 398, 413 BGB möglich[1] (vgl. auch § 162 Rn. 13). Sie ist allerdings von der Zulassung im Gesellschaftsvertrag, andernfalls von der Zustimmung aller Gesellschafter abhängig[2] (keiner solchen Zustimmung bedarf dagegen die Abtretung des Anspruchs auf das Auseinandersetzungsguthaben[3] oder soweit der Gesellschaftsvertrag diese nur für die Übertragung des Anteils an einen Dritten, der nicht bereits Gesellschafter der KG ist, vorsieht, so dass im Umkehrschluss die Übertragung an einen Mitgesellschafter zustimmungsfrei ist[4]). Die Übertragung führt im Zweifel zum Übergang aller auf dem Gesellschaftsverhältnis beruhenden Rechte und Pflichten vom bisherigen Inhaber auf den Nachfolger, z.B. auch einer auf dem Privatkonto verbuchten Darlehensforderung[5]. Technisch erfolgt die Anteilsübertragung durch Umbuchung des Kapitalanteils des Altkommanditisten auf den Neukommanditisten. Die Kaufpreiszahlung für die Anteilsübertragung stellt keine Einlagenrückgewähr dar, weil es sich insoweit nicht um eine Leistung der Gesellschaft handelt[6].

b) Rechtsnachfolgevermerk im Handelsregister

10 Da sich die Rechtswirkungen der Anteilsübertragung von denen bei einem kombinierten Ausscheiden und Eintreten unterscheiden, muss jene bei der nach § 162 Abs. 3 erforderlichen Eintragung des Kommanditistenwechsels im Handelsregister durch einen entsprechenden **Rechtsnachfolgevermerk verlautbart** werden (vgl. § 162 Rn. 14 f.). Fehlt es daran, entsteht für den Rechtsverkehr der Anschein, dass ein Austritt des Alt-Kommanditisten samt einer Neuaufnahme eines anderen Kommanditisten stattgefunden hat (Rn. 4 bis 7, auch 17 f.). Die Eintragung des Nachfolgevermerks ist allerdings davon abhängig, dass in der Anmeldung **versichert** wird, der Alt-Kommanditist habe keine Abfindung aus dem Gesellschaftsvermögen erhalten (§ 162 Rn. 15)[7].

aa) Eintragungswirkungen

11 Ist entsprechend diesen Erfordernissen ein **Rechtsnachfolgevermerk eingetragen** und **bekanntgemacht** (dazu § 162 Rn. 14 ff.), beschränkt sich die Haf-

---

[1] BGH v. 8.11.1965 – II ZR 23/64, BGHZ 44, 229, 231; BGH v. 29.6.1981 – II ZR 142/80, BGHZ 81, 82, 84; *Friedl*, DStR 2008, 510.
[2] *Ebenroth/Boujong/Joost/Strohn*, § 173 Rn. 10; *Baumbach/Hopt*, § 105 Rn. 70.
[3] BGH v. 23.2.1981 – II ZR 123/80, WM 1981, 648, 649.
[4] OLG Rostock v. 8.2.2001 – 1 U 59/99, NJW-RR 2002, 244, 245.
[5] Vgl. BGH v. 5.5.1986 – II ZR 163/85, WM 1986, 1314, 1315; BGH v. 2.11.1987 – II ZR 50/87, WM 1988, 265, 266.
[6] *Ebenroth/Boujong/Joost/Strohn*, § 173 Rn. 18.
[7] Zur Erforderlichkeit der Abfindungsversicherung: BGH v. 19.9.2005 – II ZB 11/04, NZG 2006, 15, 16 (Entscheidung aufgrund eines Vorlagebeschlusses des KG Berlin v. 8.6.2004 – 1 W 685/03, BB 2004, 1521 ff., das eine abweichende Ansicht vertrat).

tung – anders bei Rn. 7 – auf die Haftsumme, die für den übertragenen Anteil maßgeblich war[1]. Im Einzelnen bedeutet das:

War die **Einlage erbracht** und ist sie nicht zurückgewährt worden, so entfällt eine Außenhaftung, und zwar sowohl für den bisherigen wie für den neuen Kommanditisten[2] (wegen einer Haftung nach § 176 Abs. 2, vgl. § 176 Rn. 37 f.). 12

War die Einlage **noch nicht** (oder nicht in voller Höhe der Haftsumme) **erbracht** oder war sie mit der Haftungsfolge des § 172 Abs. 4 zurückgezahlt, so trifft die Außenhaftung sowohl den Neu-Kommanditisten als auch – soweit es um die Altschulden geht – den Rechtsvorgänger, und zwar insoweit beide als Gesamtschuldner[3]. Mitunter wird die Ansicht vertreten, dass in der Insolvenz der Gesellschaft der Insolvenzverwalter gehalten wäre, primär den Neu-Kommanditisten in Anspruch zu nehmen[4]. 13

Wird in diesem Falle die ausstehende **Einlage vom Neu-Kommanditisten geleistet**, so kommt die Haftungsbefreiung beiden zugute[5]. 14

Der Altkommanditist kann sich dagegen nur noch durch Zahlung an die Altgläubiger von seiner persönlichen summenmäßig begrenzten Haftung befreien. Die Haftungsbefreiung durch Leistung an die Gesellschaft ist ihm wegen des Fortfalls der Mitgliedschaft nicht mehr möglich[6], es sei denn, dass der Altkommanditist nach § 267 BGB auf die Einlageschuld des Neukommanditisten leistet[7]. 14a

Streitig sind die Wirkungen einer nach § 172 Abs. 4 haftungsbegründenden **Einlagenrückzahlung an den Neu-Kommanditisten** zeitlich nach der Anteilsübertragung, und zwar im Hinblick darauf, ob neben der entstehenden Haftung des Neu-Kommanditisten auch eine solche des Alt-Kommanditisten (den Altgläubigern gegenüber) nach § 172 Abs. 4 wiederauflebt. Die Rechtsprechung[8] und mittlerweile h.L.[9] bejaht dies unter dem Gesichtspunkt, dass sich niemand einen anderen Schuldner aufdrängen lassen müs- 15

---

1 BGH v. 29.6.1981 – II ZR 142/80, BGHZ 81, 82, 85, 87; OLG Rostock v. 8.2.2001 – 1 U 59/99, NJW-RR 2002, 244, 245; OLG Köln v. 4.2.2004 – 2 Wx 36/03, RNotZ 2004, 169, 171.
2 *Baumbach/Hopt*, § 173 Rn. 11; *Ebenroth/Boujong/Joost/Strohn*, § 173 Rn. 13.
3 BGH v. 29.6.1981 – II ZR 142/80, BGHZ 81, 82, 85, 87; *Baumbach/Hopt*, § 173 Rn. 11.
4 *v. Olshausen*, Gedächtnisschrift für Knobbe-Keuk, S. 247, 272 f., 276 f.
5 RG (GrZS), DNotZ 1944, 195, 199 = WM 1964, 1130, 1131; OLG Rostock v. 8.2.2001 – 1 U 59/99, NJW-RR 2002, 244, 245; *Ebenroth/Boujong/Joost/Strohn*, § 173 Rn. 14.
6 BGH v. 20.3.1958 – II ZR 2/57, NJW 1958, 787, 788.
7 *Ebenroth/Boujong/Joost/Strohn*, § 173 Rn. 14.
8 RG (GrZS), DNotZ 1944, 195, 199 = WM 1964, 1130, 1131; BGH v. 20.10.1975 – II ZR 214/74, WM 1976, 130, 132.
9 *Ebenroth/Boujong/Joost/Strohn*, § 173 Rn. 21; MünchKommHGB/*K. Schmidt*, § 173 Rn. 33; *K. Schmidt*, GesR, § 54 IV 3 Fn. 102 (m.w.N.); a.A. *Baumbach/Hopt*, § 173 Rn. 12 (Arg.: Übergang der Finanzierungsverantwortung).

se[1]. Die gesamtschuldnerische Haftungsverantwortlichkeit des Altkommanditisten neben dem Neukommanditisten endet erst mit Ablauf der Nachhaftungsfrist gemäß § 160.

16 Bei **Rückzahlung an den Alt-Kommanditisten** – zeitlich nach der Anteilsübertragung – haftet nicht allein der Alt-Kommanditist, sondern auch der (an der Rückgewähr an sich unbeteiligte) Neu-Kommanditist[2], der sich die an den Altkommanditisten erfolgte Leistung i.S.d. § 172 Abs. 4 als Einzelrechtsnachfolger zurechnen lassen muss[3].

bb) Fehlen eines Rechtsnachfolgevermerks

17 Fehlt der erforderliche Rechtsnachfolgevermerk, so bleibt zwar für das Innenverhältnis die Anteilsübertragung maßgeblich[4], doch ergeben sich **Folgen für die Außenhaftung**[5]. Ist noch keine Einlage geleistet, so kommt es kraft Rechtsscheins der Handelsregistereinträge zu einer Verdoppelung der Haftsummen.

18 War die **Einlage bereits geleistet**, so kommt dies dem Neu-Kommanditisten zugute, nicht aber dem Alt-Kommanditisten, da die Umbuchung der Einlage sich zugunsten einer Haftungsbefreiung des Neu-Kommanditisten gemäß § 171 Abs. 1 Hs. 2 auswirken muss[6]. Der Alt-Kommanditist haftet dagegen wieder den Altgläubigern[7], und zwar nach zutreffender Auffassung[8] unter den Voraussetzungen von § 15 Abs. 1. Nach anderer Auffassung[9] kommt nach der Änderung des § 162 durch das NaStraG mit Wirkung zum 25.1.2001 eine Anwendung des § 15 Abs. 1 nicht mehr in Betracht. Eine Haftung komme nur noch nach den engeren Voraussetzungen der allgemeinen Rechtsscheinhaftung zum Zuge. Allerdings gelangen solche Altgläubiger nicht in den Schutzbereich des § 15 Abs. 1 oder allgemeinen Grundsätze der Rechtsscheinhaftung, für die der Anschein von zwei selbständigen Haftsummen erst nach Vollendung ihres Rechtserwerbs entstanden ist[10].

---

1 Vgl. zum Meinungstand im Schrifttum: MünchKommHGB/*K. Schmidt*, § 173 Rn. 33; v. *Olshausen*, Gedächtnisschrift für Knobbe-Keuk, S. 268.
2 MünchKommHGB/*K. Schmidt*, § 173 Rn. 34; *Heymann/Horn*, § 172 Rn. 20; a.A. *Baumbach/Hopt*, § 173 Rn. 11
3 *Ebenroth/Boujong/Joost/Strohn*, § 173 Rn. 15.
4 *Ebenroth/Boujong/Joost/Strohn*, § 173 Rn. 24; MünchKommHGB/*K. Schmidt*, § 173 Rn. 36.
5 MünchKommHGB/*K. Schmidt*, § 173 Rn. 35.
6 OLG Köln v. 4.2.2004 – 2 Wx 36/03, RNotZ 2004, 169, 171.
7 BGH v. 29.6.1981 – II ZR 142/80, BGHZ 81, 82, 89; BGH v. 7.7.1986 – II ZR 167/85, WM 1986, 1280, 1281; OLG Köln v. 4.2.2004 – 2 Wx 36/03, RNotZ 2004, 169, 171.
8 v. *Olshausen*, Gedächtnisschrift für Knobbe-Keuk, S. 262 ff.; *Baumbach/Hopt*, § 173 Rn. 5; *Grunewald*, ZGR 2003, 541, 543 ff.; *Ebenroth/Boujong/Joost/Strohn*, § 173 Rn. 18 m.w.N., 24; siehe zum Meinungsstand vor und nach dem NaStraG *Friedl*, DStR 2008, 510, 512 ff.
9 MünchKommHGB/*K. Schmidt*, § 173 Rn. 36; *K. Schmidt*, ZIP 2002, 413, 417; MünchKommHGB/*Krebs*, § 15 Rn. 28 f.
10 *Baumbach/Hopt*, § 15 Rn. 10; *Heymann/Sonnenschein/Weitemeyer*, § 15 Rn. 2; *K. Schmidt*, Einlage und Haftung des Kommanditisten, S. 109.

c) Fehlende Eintragungen zum Ausscheiden oder Eintritt

Fehlt eine Eintragung über das **Ausscheiden** des Alt-Kommanditisten, so kann er sich gemäß § 15 Abs. 1 auf seine Mitgliedschaftsbeendigung nicht berufen[1]. Da eine von ihm erbrachte Einlage angesichts der Umbuchung auf den Neu-Kommanditisten für ihn nicht mehr haftungsbefreiend wirkt (Rn. 17), lebt seine Haftung wieder auf, und zwar im Rahmen des § 15 Abs. 1 dann auch gegenüber den Neugläubigern[2].

Fehlt hingegen die Eintragung des **Eintritts** des Neu-Kommanditisten, so ist streitig, ob er dann nach § 176 Abs. 2 haftet (vgl. § 176 Rn. 37) oder ob seine Haftung sich allein nach § 173 bestimmt[3]. Letzterenfalls entfällt eine Haftung aber, wenn die Einlage bereits erbracht war und ihm zugute kommt[4].

Die gleichen Regeln wie in Rn. 19 f. gelten auch, wenn **sowohl** das **Ausscheiden** als auch der **Eintritt** nicht eingetragen sind.

2. Andere Tatbestände der Rechtsnachfolge

Eine Rechtsnachfolge in der Gesellschafterstellung ist außer durch rechtsgeschäftliche Übertragung auch auf andere Weise möglich. Hier steht der **Erwerb von Todes wegen** im Vordergrund. Weitere Fälle ergeben sich aufgrund der Möglichkeiten einer **Verschmelzung**, **Spaltung** und **Vermögensübertragung** (§§ 2, 123, 174 UmwG) von als Gesellschaftern an der KG beteiligten Unternehmen[5]. Gemeinsam haben alle diese Fallvarianten, dass das Vermögen im Wege der (partiellen) Gesamtrechtsnachfolge von einem Vermögensträger auf einen anderen Vermögensträger übergeht. Hinsichtlich der Haftung in den Fällen des UmwG gelten die folgenden Ausführungen zum Erwerb von Todes wegen entsprechend. Auch die Gesamtrechtnachfolge ist „Eintritt" i.S.d. § 173.

a) Erbnachfolge

In Betracht kommt zunächst die **Erbnachfolge im Kommanditanteil**. Dessen Vererblichkeit innerhalb der werbenden Gesellschaft folgt aus § 177. Geht der Kommanditanteil auf mehrere Erben über, kommt es im Wege der **Sondernachfolge** (vgl. § 139 Rn. 7 ff., auch § 177 Rn. 6) zu seiner Aufteilung entsprechend den Erbquoten (§ 139 Rn. 8). Ebenso teilt sich dann auch die Haftsumme auf.

---

1 A.A. MünchKommHGB/*K. Schmidt*, § 173 Rn. 37 (der Gläubigerschutz folge nunmehr aus allgemeinen Vertrauensschutzgesichtspunkten).
2 BGH v. 29.6.1981 – II ZR 142/80, BGHZ 81, 82, 87. Zu den Problemen, die sich hierzu im Insolvenzverfahren der Gesellschaft ergeben können, vgl. im Einzelnen *v. Olshausen*, Gedächtnisschrift für Knobbe-Keuk, S. 284 ff.
3 MünchKommHGB/*K. Schmidt*, § 173 Rn. 38 (gegen die Anwendung des § 176 Abs. 2).
4 MünchKommHGB/*K. Schmidt*, § 173 Rn. 38.
5 MünchKommHGB/*K. Schmidt*, § 173 Rn. 40.

24 Um einen Erwerb von Todes wegen handelt es sich auch, wenn der Anteil nicht allen vorhandenen Miterben, sondern nur einem (oder einigen) von ihnen aufgrund einer **qualifizierten Nachfolgeklausel** zufallen soll, und zwar unbeschadet dessen, dass der jeweilige Anteil kraft Sondernachfolge auf den (oder die) berufenen Erben übergeht[1] (näher § 139 Rn. 9).

25 Kommt es im Zusammenhang mit dem Tod eines Gesellschafters zu einem Anteilsübergang aufgrund eines **Eintrittsrechts** des Nachfolgers, so vollzieht sich ein zweistufiger Rechtsübergang: Mit dem Tode des Gesellschafters findet keine Erbfolge hinsichtlich des Gesellschaftsanteils statt, vielmehr wächst der Kommanditanteil zunächst den übrigen Gesellschaftern an (§ 738 Abs. 1 S. 1 BGB, §§ 105 Abs. 3, 161 Abs. 2); der Eintrittsberechtigte erwirbt gegen sie einen schuldrechtlichen Anspruch auf Aufnahme, mit dessen Erfüllung er dann (kraft Rechtsgeschäfts) Anteilsinhaber wird (§ 139 Rn. 10). Der Eintrittsberechtigte haftet in diesem Fall dann nach § 173[2].

26 Ist der Erbe (oder die Mehrzahl von Erben), auf den (auf die) der Kommanditanteil im Wege der Universalsukzession übergegangen ist, kraft **Vermächtnisses** verpflichtet, den Anteil einem Vermächtnisnehmer nach §§ 398, 413 BGB zu übertragen, so stellt die Erfüllung des Vermächtnisses ebenfalls einen Fall der rechtsgeschäftlichen Übertragung (i.S.v. Rn. 9 ff.) dar[3]. Der Vermächtnisnehmer haftet nach § 173 auch für die Altverbindlichkeiten der Gesellschaft[4].

b) Gesellschaftsrechtliche Haftungsfolgen

27 Für die gesellschaftsrechtliche Haftung gelten die gleichen Regeln wie für die rechtsgeschäftliche Anteilsübertragung (Rn. 10 ff.). Auch hier ist wegen der Gefahr einer Haftsummenverdoppelung ein **Nachfolgevermerk** ins Handelsregister einzutragen[5]. Die für die Altschulden der Gesellschaft begründete Haftung nach § 173 ist dabei nicht nach erbrechtlichen Grundsätzen beschränkbar[6]. Werden mehrere Erben Nachfolger des bisherigen Anteilsinhabers, so haften sie entsprechend ihrer Beteiligung am (sich insoweit aufspaltenden, Rn. 23) Kommanditanteil und der darauf entfallenden Quote der Haftsumme.

---

1 BGH v. 10.2.1977 – II ZR 120/75, BGHZ 68, 225, 237; *Ebenroth/Boujong/Joost/Strohn*, § 173 Rn. 32.
2 MünchKommHGB/*K. Schmidt*, § 173 Rn. 42; *Ebenroth/Boujong/Joost/Strohn*, § 173 Rn. 35.
3 MünchKommHGB/*K. Schmidt*, § 173 Rn. 41, 48.
4 *Baumbach/Hopt*, § 173 Rn. 16.
5 *Ebenroth/Boujong/Joost/Strohn*, § 173 Rn. 27; *Baumbach/Hopt*, § 173 Rn. 15 f.
6 *Baumbach/Hopt*, § 173 Rn. 15; MünchKommHGB/*K. Schmidt*, § 173 Rn. 44; *Ebenroth/Boujong/Joost/Strohn*, § 173 Rn. 25; OLG Hamburg v. 5.11.1993 – 11 U 39/93, ZIP 1994, 297, 299; abw. *Heymann/Horn*, § 173 Rn. 8. – Anders ist es allerdings, wenn die Erbnachfolge in einer bereits aufgelösten Gesellschaft eintritt, vgl. BGH v. 21.9.1995 – II ZR 273/93, ZIP 1995, 1752.

c) Umwandlung einer Vollhafterbeteiligung

Erbt der Nachfolger die Beteiligung eines **OHG-Gesellschafters** oder **Komplementärs** und erlangt er gemäß einer gesellschaftsvertraglichen (u.U. automatischen) **Umwandlungsklausel** oder nach **§ 139 Abs. 1** die Stellung eines Kommanditisten, so haftet er für die Altschulden gesellschaftsvertraglich ebenfalls nach § 173[1], also insoweit ebenfalls ohne eine erbrechtliche Haftungsbeschränkung (vgl. auch § 139 Rn. 55, 58). 28

d) Erbrechtliche Haftung

Neben der gesellschaftsrechtlichen Haftung (Rn. 27) trifft den Erben zusätzlich die erbrechtliche Haftung nach **§ 1967 BGB** für die Altverbindlichkeiten in dem Umfang, in welchem der Erblasser dafür (als Vollhafter nach § 128; als Kommanditist nach den §§ 171, 172) einzustehen hatte. Diese Haftung ist nach erbrechtlichen Regeln beschränkbar[2]. 29

Bei einer **Mehrzahl von Erben**, die als Nachfolger einrücken, besteht erbrechtlich eine Gesamtschuldnerhaftung (§ 2058 BGB), während gesellschaftsrechtlich nur anteilig gehaftet wird (Rn. 27)[3]. 30

Bei der erbrechtlichen **gesamtschuldnerischen Haftung** aller Erben des bisherigen Gesellschafters bleibt es auch, wenn nur einer (oder einige) von ihnen kraft einer qualifizierten Nachfolgeklausel den Gesellschaftsanteil erwirbt (dazu Rn. 24). 31

III. Änderungen im Gesellschafterbestand und in der Beteiligung

Veränderungen im Bestand der Gesellschafter oder in ihrer Beteiligung werden teilweise von § 173 entsprechend den vorstehenden Erläuterungen erfasst; teilweise unterliegen sie anderen Rechtsregeln. 32

1. Anteilsübergang unter Gesellschaftern

a) Erwerb eines weiteren Kommanditanteils

Erwirbt ein **Kommanditist** (durch Einzel- oder Gesamtrechtsnachfolge) einen bestehenden weiteren Kommanditanteil hinzu, so gelten in gleicher Weise die Ausführungen in Rn. 8 ff., 22 ff. § 173 ist auf diese Fälle entsprechend anwendbar[4]. Auch hier bedarf es der Eintragung eines Rechtsnachfolgevermerks. Zu beachten ist, dass sich der vom Erwerber bisher innegehabte und der dazu erworbene Anteil zu einem einheitlichen Anteil mit entspre- 33

---

1 MünchKommHGB/*K. Schmidt*, § 173 Rn. 8, 44; *Baumbach/Hopt*, § 173 Rn. 15 und § 139 Rn. 47.
2 *Ebenroth/Boujong/Joost/Strohn*, § 173 Rn. 25; MünchKommHGB/*K. Schmidt*, § 173 Rn. 44.
3 *Baumbach/Hopt*, § 173 Rn. 15.
4 OLG Rostock v. 8.2.2001 – 1 U 59/99, NJW-RR 2002, 244, 245; *Ebenroth/Boujong/Joost/Strohn*, § 173 Rn. 40.

chend erhöhter Haftsumme vereinigen[1]. Das schließt nicht aus, dass sich gesonderte Rechtsfolgen ergeben, wenn z.B. einer der Anteile mit einem Nießbrauch oder einem Pfandrecht belastet ist oder – im Falle einer Anteilsvererbung – einer Testamentsvollstreckung unterliegt[2].

33a Hat ein Mitkommanditist den Anteil des Altkommanditisten im Wege der rechtsgeschäftlichen Übertragung übernommen (Rn. 9 ff.) und ist weder seine Kommanditeinlage noch die des Altkommanditisten vollständig erbracht worden, gilt § 366 Abs. 2 BGB im Falle der Leistung auf die dann offene nunmehr einheitliche (Rn. 33) Einlageforderung entsprechend[3].

b) Erwerb eines Kommanditanteils durch einen Komplementär

34 Da der Kommanditanteil, den ein persönlich haftender Gesellschafter im Wege der Einzel- oder Gesamtrechtsnachfolge übernimmt, **in der Komplementärbeteiligung aufgeht** und damit untergeht[4], ist **§ 173 hierauf nicht anzuwenden** (vgl. auch § 139 Rn. 26)[5]. Der Erwerber haftet nach § 128 ohnehin unbeschränkt für die Altschulden. Die Zahlung einer Abfindung an den ausscheidenden Kommanditisten wäre dann regelmäßig nicht haftungsschädlich i.S.v. § 172 Abs. 4 (vgl. dazu § 172 Rn. 26), so dass sich dann ein Rechtsnachfolgevermerk erübrigt[6].

c) Erwerb eines Komplementäranteils durch einen Kommanditisten

35 Auch der Erwerb einer Komplementärbeteiligung durch einen Kommanditisten liegt **außerhalb des Regelungsbereichs des § 173**. Mit Wirksamwerden des Erwerbs haftet der bisherige Kommanditist auch für die Altschulden nach § 130[7].

36 Vollzieht sich dagegen der Erwerb durch Erbgang und **sieht der Gesellschaftsvertrag vor**, dass der **Erbe** eines persönlich haftenden Gesellschafters **Kommanditist sein soll**, so verbleibt es bei der Kommanditistenstellung des Erben (vgl. auch § 139 Rn. 26)[8]. Der Kapitalanteil des Kommanditisten (nicht aber seine Haftsumme) erhöht sich um denjenigen aus der ererbten Komplementärbeteiligung[9]. Da der Erwerber bereits Kommanditist ist und daher gemäß den §§ 171, 172 für alle Verbindlichkeiten (auch die Altschulden) haftet, ist § 173 hier gegenstandslos. Für die Altschulden vor dem Erb-

---

1 BGH v. 1.6.1987 – II ZR 259/86, BGHZ 101, 123, 129.
2 Näher dazu *Wiedemann*, FS Zöllner, 1998, S. 635, 643 ff.
3 OLG Rostock v. 8.2.2001 – 1 U 59/99, NJW-RR 2002, 244, 245.
4 BGH v. 10.6.1963 – II ZR 88/61, WM 1963, 989 f.; BayObLG v. 29.1.2003 – 3Z BR 5/03, NZG 2003, 476; BayObLG v. 10.12.1982 – 3Z BR 98/82, DB 1983, 384, 385.
5 *Baumbach/Hopt*, § 173 Rn. 5; *Ebenroth/Boujong/Joost/Strohn*, § 173 Rn. 41.
6 BayObLG v. 10.12.1982 – 3Z BR 98/82, DB 1983, 384, 385; OLG Köln v. 24.6.1992 – 2 Wx 43/91, BB 1992, 1742; a.A. *Ebenroth/Boujong/Joost/Strohn*, § 173 Rn. 41; MünchKommHGB/*K. Schmidt*, § 173 Rn. 27.
7 *Ebenroth/Boujong/Joost/Strohn*, § 173 Rn. 42.
8 BGH v. 4.3.1976 – II ZR 145/75, BGHZ 66, 98, 101.
9 *Ebenroth/Boujong/Joost/Strohn*, § 173 Rn. 42.

fall muss der Kommanditist darüber hinaus nach § 128 unbeschränkt, wenngleich erbrechtlich beschränkbar einstehen, insoweit jedoch mit der Möglichkeit der späteren Enthaftung nach § 160. Ferner kommt für die Gesellschaftsschulden aus der Zeit vom Erbfall bis zur Eintragung und Bekanntmachung des Nachfolgetatbestandes eine unbeschränkte, aber erbrechtlich beschränkbare Haftung unter den Voraussetzungen von § 15 Abs. 1 in Betracht[1].

Entscheidet sich ein in eine Komplementärstellung als Erbe einrückender Kommanditist **gemäß § 139 Abs. 1** für eine **Kommanditbeteiligung**, so ist die Rechtslage insofern anders, als der erbende Gesellschafter bis zur Einräumung der gewählten Kommanditbeteiligung persönlich haftender Gesellschafter ist. In seiner Komplementärstellung geht zunächst auch seine bisherige Kommanditbeteiligung auf. Jedoch wird die unbeschränkte Haftung nach § 130 vermieden, wenn die neue Kommanditistenstellung innerhalb der Frist in § 139 Abs. 3, 4 erlangt wird. Der Gesellschafter haftet zwar auch dann für die bisher entstandenen Schulden unbeschränkt, jedoch mit der Möglichkeit einer erbrechtlichen Haftungsbeschränkung (§ 139 Abs. 4). Wegen einer Haftung nach § 15 Abs. 1 für die Schulden aus der folgenden Zeit bis zur Eintragung und Bekanntmachung der Beteiligungsumwandlung vgl. Rn. 36. Mit der Wiederbegründung der Stellung als Kommanditist gemäß § 139 gilt im Übrigen § 173 für alle bisher entstandenen Verbindlichkeiten. 37

d) Erwerb aller Anteile

Erwirbt ein Gesellschafter sämtliche anderen Anteile, so wird die **Gesellschaft beendet**. Der Übernehmer ist dann **Alleininhaber des Handelsgeschäfts** und muss grundsätzlich unbeschränkt für alle entstandenen Verbindlichkeiten einstehen. Eine Abfindung der hierbei ausscheidenden Kommanditisten führt allerdings (anders als bei einer Abfindung aus dem Vermögen eines persönlich haftenden Gesellschafters, vgl. § 172 Rn. 26) zum Wiederaufleben ihrer Haftung nach § 172 Abs. 4, da eine Trennung von Gesellschafts- und Privatvermögen des Übernehmers nicht mehr anzuerkennen ist[2]. Wird ein Kommanditist durch Erbgang Alleininhaber aller Beteiligungen, so haftet er (neben seiner beschränkbaren Haftung als Erbe) für die bisherigen Gesellschaftsschulden analog § 27[3]. 38

2. Umwandlung von Beteiligungen

a) Umwandlung einer Komplementärbeteiligung

Wird eine **Komplementärbeteiligung** außerhalb der in Rn. 35 f. behandelten Erwerbskonstellationen in eine solche **als Kommanditist** umgewandelt, so 39

---

1 BGH v. 4.3.1976 – II ZR 145/75, BGHZ 66, 98, 102 f.
2 BGH v. 18.1.1973 – II ZR 114/71, BGHZ 61, 149, 151; BGH v. 14.1.1985 – II ZR 103/84, BGHZ 93, 246, 251.
3 BGH v. 10.12.1990 – II ZR 256/89, BGHZ 113, 132, 134 ff.

handelt es sich in der Sache ebenfalls um einen Eintritt i.S.v. § 173[1]. Für die Altschulden bleibt es bei der unbeschränkten Haftung nach § 128. Die bestehende Möglichkeit einer späteren Enthaftung nach den § 160 Abs. 3 S. 1 beseitigt aber nicht die Haftung nach § 173 für die Altschulden im Rahmen der Kommanditistenhaftung bis zur Höhe seiner Haftsumme (vgl. § 160 Abs. 3 S. 3)[2]. Bis zur Eintragung und Bekanntmachung der Umwandlung ist auch hier gemäß § 15 Abs. 1 Raum für eine zunächst fortdauernde unbeschränkte Haftung.

40 Vollzieht sich die Umwandlung gemäß **§ 139 Abs. 1**, so gilt dafür das in Rn. 37 Ausgeführte.

41 Zur Möglichkeit, in den Fällen der Umwandlung in eine Kommanditbeteiligung die Kommanditeinlage durch **Umbuchung des Kapitalanteils** der bisherigen Komplementärbeteiligung zu erbringen, vgl. § 171 Rn. 42.

42 Wird ein Kommanditist persönlich haftender Gesellschafter und wird seine Mitgliedschaft **erst später wieder** in eine **Kommanditbeteiligung** umgewandelt (so wenn die Gesellschaft nunmehr derart umgestaltet wird, dass fortan eine neu eintretende GmbH alleinige persönlich haftende Gesellschafterin werden soll), so kommt es für die Frage, ob die Kommanditeinlage erbracht ist, nicht auf eine etwaige Einlageleistung während des früheren Kommanditistenstatus an, sondern allein darauf, ob die Umbuchung des Kapitalkontos aus der zwischenzeitlichen Komplementärbeteiligung die Haftsumme für die erneute Kommanditbeteiligung wertmäßig abdeckt[3].

b) Umwandlung einer Kommanditbeteiligung

43 Wechselt ein **Kommanditist in die Stellung eines persönlich haftenden Gesellschafters** über, so haftet er unbeschränkt auch für die Altschulden (§ 130)[4].

3. Sonstige Fallgruppen
a) Zusätzlicher Komplementär

44 Tritt ein **zusätzlicher persönlich haftender Gesellschafter** in die Gesellschaft ein, so ist § 173 nicht einschlägig; hier gilt für die Altschulden allein § 130.

---

1 *Baumbach/Hopt*, § 173 Rn. 4; *Ebenroth/Boujong/Joost/Strohn*, § 173 Rn. 43; MünchKommHGB/*K. Schmidt*, § 173 Rn. 49.
2 *Baumbach/Hopt*, § 173 Rn. 8; MünchKommHGB/*K. Schmidt*, § 173 Rn. 9 und 49.
3 BGH v. 1.6.1987 – II ZR 259/86, BGHZ 101, 123, 129 f.
4 *Ebenroth/Boujong/Joost/Strohn*, § 173 Rn. 43; MünchKommHGB/*K. Schmidt*, § 173 Rn. 49.

b) Kommanditbeteiligung am Einzelkaufmannsgeschäft

Auch der Eintritt als Kommanditist in ein Einzelkaufmannsunternehmen regelt sich nicht nach § 173, sondern **nach § 28**[1]. Die Haftung für die bisherigen Geschäftsschulden trifft die nunmehr entstehende KG, es sei denn, sie wird nach § 28 Abs. 2 der Vorschrift ausgeschlossen. Der Kommanditist seinerseits haftet dabei nach den §§ 171, 172 für sämtliche in dem Einzelunternehmen begründeten Verbindlichkeiten, es sei denn, die Haftung für Altverbindlichkeiten wurde erfolgreich ausgeschlossen[2].

45

c) Umgestaltung einer Gesellschaft bürgerlichen Rechts

Richtigerweise ist § 173 auch dann anzuwenden, wenn eine GbR sich im Zusammenhang mit dem **Eintritt eines neuen Gesellschafters,** der die Stellung eines Kommanditisten erhalten soll, in eine **KG umgestaltet**[3]. Wird die GbR dagegen durch Eintragung in das Handelsregister in eine KG umgewandelt (ohne Eintritt eines neuen Gesellschafters), haften die neuen Kommanditisten für die Altverbindlichkeiten entsprechend §§ 736 Abs. 2 BGB, 160 Abs. 3 zeitlich begrenzt. Die Haftungsbegrenzung nach §§ 171 Abs. 1, 172 kommt – unbeschadet des § 176 – nur für die Neuverbindlichkeiten in Betracht[4].

46

d) Erhöhung des Kommanditkapitals durch Rücklagenauflösung

In der KG kann das Kommanditkapital aufgestockt werden, indem vorhandene Rücklagen durch Umbuchung zur Abdeckung zusätzlicher Einlagen herangezogen werden. Auf diese Weise wird ungebundenes Gesellschaftsvermögen in Haftkapital umgewandelt. Die Kommanditisten haften mit der erhöhten Haftsumme (§ 172 Abs. 2) auch für die Altschulden nach § 173. Da es sich bei der Umbuchung aber um eine Sacheinlage handelt, kommt es zu einer Haftungsbefreiung für die Kommanditisten nur, wenn und soweit die Rücklagen im Vermögen der KG wertmäßig abgedeckt sind[5]; zum Erfordernis der Wertabdeckung bei Sacheinlagen vgl. i.Ü. § 171 Rn. 44 ff.

47

§ 174
Herabsetzung der Haftsumme

Eine Herabsetzung der Einlage eines Kommanditisten ist, solange sie nicht in das Handelsregister des Gerichts, in dessen Bezirke die Gesellschaft ihren Sitz hat, eingetragen ist, den Gläubigern gegenüber unwirksam; Gläubiger,

---

1 RGZ 142, 98, 101; *Ebenroth/Boujong/Joost/Strohn*, § 173 Rn. 1.
2 MünchKommHGB/*K. Schmidt*, § 173 Rn. 11.
3 *Baumbach/Hopt*, § 173 Rn. 1; *Ebenroth/Boujong/Joost/Strohn*, § 173 Rn. 2; MünchKommHGB/*K. Schmidt*, § 173 Rn. 10.
4 *Ebenroth/Boujong/Joost/Strohn*, § 173 Rn. 2; MünchKommHGB/*K. Schmidt*, § 173 Rn. 10.
5 *Scholz/Priester*, § 56 GmbHG Rn. 106 und vor § 57c GmbHG Rn. 28 f.

deren Forderungen zur Zeit der Eintragung begründet waren, brauchen die Herabsetzung nicht gegen sich gelten zu lassen.

Schrifttum: Vgl. die Angaben zu den §§ 171, 172.

I. Anwendungsbereich der Vorschrift

1 Die Vorschrift betrifft die Herabsetzung der **Haftsumme** (nicht aber der Pflichteinlage, vgl. § 171 Rn. 6)[1] und ihr Wirksamwerden gegenüber den Gläubigern der Gesellschaft. Zur Erhöhung der Haftsumme verhält sich dagegen § 172 Abs. 2. Veränderungen der Haftsumme werden oft mit einer gleichlaufenden Anpassung der Pflichteinlage verbunden sein; regelmäßig werden Veränderungen als sowohl für das Außen- als auch für das Innenverhältnis maßgeblich gewollt sein[2]. § 174 regelt die Wirksamkeit der Haftsummenherabsetzung im Außenverhältnis, § 175 regelt das dazugehörige Verfahren[3].

2 **Nicht einschlägig** ist § 174 für Haftsummenveränderungen aufgrund des Ausscheidens eines Gesellschafters oder der Anteilsübertragung, einschließlich der **Teilübertragung** eines Kommanditanteils und der sich dabei ergebenden Aufteilung der Haftsumme[4]. Die damit verbundenen Rechtsfolgen ergeben sich aus § 173.

II. Wirksamkeit und Rechtsfolgen der Haftsummenherabsetzung

1. Wirkung der Eintragung

a) Konstitutive Bedeutung

3 Die Eintragung hat nach dem Gesetz konstitutive Bedeutung[5]. Danach käme es nicht darauf an, ob ein Gläubiger eine beschlossene, aber noch nicht eingetragene Herabsetzung kannte oder ob er sie hätte kennen müssen[6]. Zu Recht wird jedoch zur Vermeidung von Wertungswidersprüchen vertreten[7], dass § 174 Abs. 1 teleologisch zu reduzieren sei. Die positive Kenntnis des Herabsetzungsbeschlusses müsse sich der Gläubiger in gleicher Weise entgegenhalten lassen, wie das bei Kenntnis einer unrichtig zu hoch eingetrage-

---

1 MünchKommHGB/*K. Schmidt*, §§ 174, 175 Rn. 2 und 14; *Ebenroth/Boujong/Joost/ Strohn*, § 174 Rn. 1.
2 BGH v. 28.3.1977 – II ZR 230/75, NJW 1977, 1820, 1821 (fehlt es an einer ausdrücklichen Regelung zur Haftsumme, dann ist anzunehmen, dass die Haftsumme gleich der Pflichteinlage sein soll).
3 *Baumbach/Hopt*, § 174 Rn. 1; MünchKommHGB/*K. Schmidt*, §§ 174, 175 Rn. 1.
4 *Ebenroth/Boujong/Joost/Strohn*, § 174 Rn. 1; MünchKommHGB/*K. Schmidt*, §§ 174, 175 Rn. 3 und 15.
5 *Baumbach/Hopt*, § 174 Rn. 1; MünchKommHGB/*K. Schmidt*, §§ 174, 175 Rn. 16.
6 Vgl. dazu MünchKommHGB/*K. Schmidt*, §§ 174, 175 Rn. 16.
7 *Staub/Schilling*, § 174 Rn. 3; MünchKommHGB/*K. Schmidt*, §§ 174, 175 Rn. 17; *Ebenroth/Boujong/Joost/Strohn*, § 174 Rn. 3; *Baumbach/Hopt*, § 174 Rn. 1.

nen Haftsumme (dazu vgl. § 162 Rn. 22, § 172 Rn. 6) oder bei Kenntnis der Kommanditistenstellung im Falle des § 176 (dazu § 176 Rn. 18 ff.) der Fall sei. In diesem Fall hafte der Kommanditist auch schon vor der Eintragung nur in Höhe der herabgesetzten Haftsumme[1]. Die Beweislast für die Kenntnis des Gläubigers liegt beim Kommanditisten.

b) Bekanntmachung

Eine Bekanntmachung der Herabsetzung der Haftsumme findet nach den §§ 175 S. 2, 162 Abs. 2 Hs. 2 (vgl. § 162 Rn. 1) nicht mehr statt. Die Anwendung des § 15 kommt danach nicht mehr in Betracht[2]. 4

Frei. 5

2. Auswirkungen auf Alt- und Neuverbindlichkeiten

a) Altverbindlichkeiten

Gegenüber Gesellschaftsgläubigern, deren **Ansprüche vor Eintragung der Herabsetzung** begründet waren, muss der Kommanditist weiterhin mit der alten Haftsumme einstehen (zur Frage einer positiven Kenntnis von der Herabsetzung vor Begründung des Anspruchs vgl. Rn. 3). Soweit der Herabsetzungsbetrag an den Kommanditisten ausgezahlt oder auf sein Darlehenskonto gebucht wird, kann dies zum Wiederaufleben der persönlichen Haftung des Kommanditisten gegenüber den Altgläubigern führen. Streitig, aber zu bejahen ist, ob wegen des die neue Haftsumme übersteigenden Betrages der bisherigen Haftsumme eine Enthaftung nach § 160 in Betracht kommt[3]. 6

b) Neuverbindlichkeiten

Für Neugläubiger ist dagegen – soweit nicht § 15 eingreift (Rn. 4) – allein die **herabgesetzte Haftsumme** maßgeblich. 7

c) Sondermasse in der Insolvenz

Die unterschiedliche Haftung hat in der Insolvenz der Gesellschaft zur Folge, dass der Insolvenzverwalter (wie im Falle des ausgeschiedenen Kommanditisten, der nur noch für die Altschulden haftet, vgl. § 171 Rn. 75) aus dem eingezogenen Differenzbetrag der Haftsummen **eine (rechnerische) Sondermasse** zu bilden hat, die nur zur Befriedigung der Altgläubiger zu verwenden ist. 8

---

1 MünchKommHGB/*K. Schmidt*, §§ 174, 175 Rn. 17; *Ebenroth/Boujong/Joost/Strohn*, § 174 Rn. 3.
2 MünchKommHGB/*K. Schmidt*, §§ 174, 175 Rn. 21 (zur alten Rechtslage vgl. ebenda Rn. 22 ff.).
3 *Ebenroth/Boujong/Joost/Strohn*, § 174 Rn. 4; *Baumbach/Hopt*, § 174 Rn. 2; MünchKommHGB/*K. Schmidt*, §§ 174, 175 Rn. 19.

3. Sonstige Haftungstatbestände

9   § 174 lässt eine Haftung des Kommanditisten aus anderen Gesichtspunkten des **Vertrauensschutzes** unberührt. Der allgemeine Rechtsscheinschutz kann insbesondere dann zur Anwendung kommen, wenn der Kommanditist in zurechenbarer Weise den Rechtsschein erweckt, dass seine Haftsumme weiterhin in voller Höhe bestände.

§ 175
Anmeldung von Änderungen der Haftsumme

Die Erhöhung sowie die Herabsetzung einer Einlage sind durch sämtliche Gesellschafter zur Eintragung in das Handelsregister anzumelden. § 162 Abs. 2 gilt entsprechend. Auf die Eintragung in das Handelsregister des Sitzes der Gesellschaft finden die Vorschriften des § 14 keine Anwendung.

Schrifttum: Vgl. die Angaben zu den §§ 162, 171 und 172.

I. Anmeldeverfahren

1. Eintragungspflicht

1   Sowohl bei der Erhöhung der Haftsumme (§ 172 Abs. 2) als auch bei ihrer Herabsetzung (§ 174) handelt es sich um eintragungspflichtige Tatsachen i.S.v. § 15 Abs. 1[1]. Damit ergänzt § 175 S. 1 den § 162 Abs. 1 und 3.

2. Keine Anmeldepflicht

a) Keine registerrechtliche Pflicht

2   Aus § 175 S. 3 folgt allerdings, dass die Gesellschafter – anders als bei § 162 – keine registerrechtliche (öffentlich-rechtliche) Pflicht zur Anmeldung trifft[2]. Letztlich sollen nämlich die Gesellschafter die Möglichkeit haben, eine beschlossene Haftsummenerhöhung oder -minderung unwirksam zu belassen. Zwangsmaßnahmen nach § 14 sind daher ausgeschlossen[3].

b) Gesellschaftsrechtliche Verpflichtung

3   Unberührt hiervon besteht jedoch eine aus dem geänderten Gesellschaftsvertrag resultierende **interne Verpflichtung** der Gesellschafter untereinander, an der Anmeldung der Haftsummenänderung mitzuwirken. Ihre Erfül-

---

1 MünchKommHGB/*K. Schmidt*, §§ 174, 175 Rn. 5.
2 BayObLG v. 29.1.2003 – 3Z BR 5/03, NZG 2003, 476, 477; MünchKommHGB/*K. Schmidt*, §§ 174, 175 Rn. 6 und 9.
3 BayObLG v. 29.1.2003 – 3Z BR 5/03, NZG 2003, 476, 477.

lung kann notfalls mit der Rechtsfolge des § 16 eingeklagt werden[1]. Bedeutung kommt dem insbesondere bei der Herabsetzung der Haftsumme zu.

3. Form der Anmeldung

Nach § 175 S. 1 muss die Anmeldung von sämtlichen Gesellschaftern (also auch von den Kommanditisten) bewirkt werden (vgl. auch §§ 108 Abs. 1, 161 Abs. 2). Insofern gilt nichts anderes als bei § 162 (siehe § 162 Rn. 5 ff.). Eine Bevollmächtigung eines Mitgesellschafters muss sich auf gerade die konkrete Anmeldung beziehen[2]. Zur Vertretung bei der Anmeldung vgl. § 162 Rn. 6.

II. Inhalt und Wirkungen von Eintragung und Bekanntmachung

1. Inhalt

Die **Eintragung** muss den Kommanditisten, dessen Haftsumme sich verändert, sowie die Veränderung bezeichnen. Auch der Tag der Eintragung ist anzugeben, da er für das Wirksamwerden der Haftsummenänderung nach außen maßgeblich ist (vgl. §§ 172 Abs. 2, 174). Die Eintragung eines in der Vergangenheit liegenden Tages ist nicht zulässig, auch dann nicht, wenn die Haftsummenerhöhung bereits zuvor kundgemacht oder anderweitig mitgeteilt wurde. Auch ein in der Zukunft liegender Zeitpunkt ist nicht eintragungsfähig[3].

Eine Bekanntmachung der Haftsummenänderung findet nicht statt, wie die Verweisung in § 175 S. 2[4] auf § 162 Abs. 2 ergibt. Mangels einer Bekanntmachung ist auch § 15 nicht anwendbar, wie § 162 Abs. 2 Hs. 2 klarstellt[5].

2. Wirkungen

Die Eintragung wirkt konstitutiv (§ 172 Rn. 11, § 174 Rn. 3). Die Wirksamkeit einer Haftsummenerhöhung kann nach § 172 Abs. 2 allerdings schon vor der Eintragung eintreten (dazu § 172 Rn. 12 ff.). Zur Bedeutung der Kenntnis eines Gläubigers von einer Herabsetzung vor ihrer Eintragung vgl. § 174 Rn. 3.

---

1 *Ebenroth/Boujong/Joost/Strohn*, § 175 Rn. 2; MünchKommHGB/*K. Schmidt*, §§ 174, 175 Rn. 9 und 13.
2 LG Berlin v. 9.10.1974 – 98 T 16/74, BB 1975, 250, 251.
3 MünchKommHGB/*K. Schmidt*, §§ 174, 175 Rn. 10.
4 I.d.F. von Art. 4 Nr. 9 des Namensaktiengesetzes (NaStraG) v. 18.1.2001, BGBl. I 123.
5 So auch MünchKommHGB/*K. Schmidt*, §§ 174, 175 Rn. 21; a.A. *Ebenroth/Boujong/Joost/Strohn*, § 175 Rn. 1.

§ 176
Haftung vor Eintragung der KG und des Kommanditisten

(1) Hat die Gesellschaft ihre Geschäfte begonnen, bevor sie in das Handelsregister des Gerichts, in dessen Bezirke sie ihren Sitz hat, eingetragen ist, so haftet jeder Kommanditist, der dem Geschäftsbeginne zugestimmt hat, für die bis zur Eintragung begründeten Verbindlichkeiten der Gesellschaft gleich einem persönlich haftenden Gesellschafter, es sei denn, dass seine Beteiligung als Kommanditist dem Gläubiger bekannt war. Diese Vorschrift kommt nicht zur Anwendung, soweit sich aus § 2 oder § 105 Abs. 2 ein anderes ergibt.

(2) Tritt ein Kommanditist in eine bestehende Handelsgesellschaft ein, so findet die Vorschrift des Absatzes 1 Satz 1 für die in der Zeit zwischen seinem Eintritt und dessen Eintragung in das Handelsregister begründeten Verbindlichkeiten der Gesellschaft entsprechende Anwendung.

Übersicht

	Rn.
I. Haftung vor Eintragung der Gesellschaft (§ 176 Abs. 1)	
1. Zweck der Vorschrift	1
2. Bestehen einer KG	
a) Betrieb eines Handelsgewerbes nach § 1 Abs. 2	2
b) Fehlen eines Handelsgewerbes nach § 1 Abs. 2	3
c) Auftreten einer Schein-KG	7
d) Nichteingetragene Firmenänderung	10
3. Nichteintragung der Gesellschaft	11
4. Geschäftsbeginn	14
5. Zustimmung des Kommanditisten	
a) Anforderungen	15
b) Nachträgliche Zustimmung	16
c) Möglichkeiten der Risikovermeidung	17
6. Unkenntnis des Gläubigers	
a) Voraussetzungen	18
b) Maßgebender Zeitpunkt	20
c) Beweislast	21
7. Rechtsfolgen	
a) Unbeschränkte Haftung	22
b) Wirkungen der Eintragung	27
c) Verhältnis zu § 15	31
II. Haftung bei Eintritt in die Gesellschaft (§ 176 Abs. 2)	
1. Bestehen einer Handelsgesellschaft	
a) Bestehende Handelsgesellschaft	33
b) Schein-Handelsgesellschaft	34
2. Tatbestand des Eintritts	35
a) Aufnahme eines Kommanditisten	36
b) Anteilsübertragung	37
c) Erbnachfolge	39
d) Eintritt aufgrund Eintrittsrechts	46
e) Eintritt aufgrund Vermächtnisses	47
f) Umwandlung einer Komplementärbeteiligung	48
3. Kein Zustimmungserfordernis	
a) Beitritt als Haftungstatbestand	49
b) Aufschiebend bedingter Eintritt	50
4. Unkenntnis des Gläubigers	51
5. Rechtsfolgen	
a) Wirksamwerden des Eintritts	52
b) Haftung für Altschulden	53
c) Haftungsfolgen im Einzelnen	54
III. Kommanditistenhaftung in der GmbH & Co. KG	
1. Anwendungsbereich des § 176	55
2. Gründungsstadium der GmbH & Co. KG	
a) Geltung des § 176	57
b) Reihenfolge der Eintragungen	58
3. Haftung in der Publikumsgesellschaft	59

Schrifttum: *Beyerle,* Der unbeschränkt haftende Kommanditist, 1976; *Binz/Sorg,* Die GmbH & Co. KG im Gesellschafts- und Steuerrecht, 10. Aufl. 2005; *Crezelius,* Zur Stellung des § 176 HGB im Handels- und Gesellschaftsrecht, BB 1983, 5; *Dauner-Lieb,* Die Kommanditistenhaftung vor der Eintragung, in: Festschrift Lutter, 2000, S. 835; *Huber,* Haftungsprobleme der GmbH & Co. KG im Gründungsstadium, in: Festschrift Hefermehl, 1976, S. 127; *Knobbe-Keuk,* Die unbeschränkte Kommanditistenhaftung nach § 176 HGB – Schein und Wirklichkeit, in: Festschrift Stimpel, 1985, S. 187; *Kornblum,* Die Haftung der Gesellschafter für Verbindlichkeiten von Personengesellschaften, 1972; *Lieb,* Der unbeschränkt haftende Kommanditist, ZHR 141 (1977), 374; *Priester,* Unbeschränkte Kommanditistenhaftung bei Firmenänderung, BB 1980, 911; *Riegger,* Zur Haftung des Kommanditisten vor der Eintragung ins Handelsregister, BB 1979, 1380; *K. Schmidt,* Neues zur Haftung bei der Schein-KG und zur Kommanditistenhaftung bei Sanierungsgründungen, JZ 1974, 219; *K. Schmidt,* Anwendungsgrenzen des § 176 Abs. 2 HGB, ZHR 144 (1980), 192; *Wiedemann,* Beschränkte und unbeschränkte Kommanditistenhaftung, in: Festschrift Bärmann, 1975, S. 1037.

I. Haftung vor Eintragung der Gesellschaft (§ 176 Abs. 1)

1. Zweck der Vorschrift

§ 176 soll das Vertrauen des Rechtsverkehrs darauf schützen, dass die Mitglieder einer Handelsgesellschaft, die ihre Geschäftstätigkeit aufgenommen hat, persönlich und unbeschränkt für die Gesellschaftsschulden einstehen, sofern nicht eine Haftungsbeschränkung als Kommanditist im Handelsregister verlautbart ist[1]. Es kommt dabei allerdings nicht auf einen konkreten Vertrauenstatbestand für einen Gläubiger in dem Sinne an, dass er sich auf eine unbeschränkte Haftung bestimmter Gesellschafter verlässt. Die unbeschränkte Haftung bestimmt sich vielmehr allein nach den Merkmalen in § 176. Insofern geht mit dem Vertrauensschutz die Druckwirkung auf die Gesellschafter auf Eintragung der tatsächlichen Verhältnisse in das Handelsregister einher[2].

1

Seit der Änderung der Rechtsprechung des BGH zur Haftungsbeschränkung der (Außen)-GbR[3] hat § 176 einen Wandel von einer haftungsverschärfenden zu einer haftungsprivilegierenden Norm erfahren. Die nicht eingetragene (kaufmännische) KG (Eintragung hat in diesem Zusammenhang nur rechtsbeschreibenden Charakter) ist gegenüber der GbR insofern privilegiert, als die Gesellschafter der GbR auch dann unbeschränkt haften, wenn die Gläubiger Kenntnis von einer beabsichtigten Haftungsbeschränkung haben.

1a

---

1 BGH v. 4.3.1976 – II ZR 145/75, BGHZ 66, 98, 101; auch BGH v. 28.10.1981 – II ZR 129/80, BGHZ 82, 209, 212 f.; MünchKommHGB/*K. Schmidt,* § 176 Rn. 1; *Baumbach/Hopt,* § 176 Rn. 1.
2 *Ebenroth/Boujong/Joost/Strohn,* § 176 Rn. 1.
3 BGH v. 27.9.1999 – II ZR 371/98, NJW 1999, 3483 ff. (Grundsatzurteil – Notwendigkeit einer Individualvereinbarung für Haftungsbegrenzung); BGH v. 29.1.2001 – II ZR 331/00, NJW 2001, 1056 ff. (Teilrechtsfähigkeit und Prozessfähigkeit der Außen-GbR); BGH v. 7.4.2003 – II ZR 56/02, NJW 2003, 1803 ff. (Haftung des eintretenden Gesellschafters für Altverbindlichkeiten); BGH v. 12.12.2005 – II ZR 283/03, NJW 2006, 765 (Weiterentwicklung des vorgenannten Urteils).

2. Bestehen einer KG

a) Betrieb eines Handelsgewerbes nach § 1 Abs. 2

2 In § 176 Abs. 1 wird das Vorhandensein einer KG vorausgesetzt. Der Gesellschaftsvertrag muss daher eine Haftungsbeschränkung für die als Kommanditisten beteiligten Gesellschafter enthalten[1]. Ferner ist erforderlich, dass die Gesellschaft schon vor der Registereintragung als **Handelsgesellschaft** zu qualifizieren ist. Das ist **nur der Fall**, wenn sie ein **Handelsgewerbe** i.S.v. § 1 Abs. 2 betreibt[2]. Fehlt es hieran, so kommt im Falle eines Gewerbes nach den §§ 2, 3 oder bei einer Vermögensverwaltung i.S.v. § 105 Abs. 2 die Entstehung einer KG erst nach der Eintragung der Gesellschaft in das Handelsregister in Frage. § 176 Abs. 1 ist dann nicht anwendbar, wie auch Satz 2 der Vorschrift klarstellt.

b) Fehlen eines Handelsgewerbes nach § 1 Abs. 2

3 Wird **kein Handelsgewerbe i.S.v. § 1 Abs. 2 betrieben**, so stellt die nicht eingetragene Gesellschaft eine **GbR** dar[3]. Die Haftung der Gesellschafter bestimmt sich dann nach den insoweit geltenden Rechtsregeln[4] mit der Folge, dass die Privilegierung des § 176 Abs. 1 (Rn. 1a) trotz Kenntnis der Gesellschaftsgläubiger von der beabsichtigten Haftungsbeschränkung unanwendbar ist. Vielmehr bedarf es zur Herbeiführung einer Haftungsbeschränkung zugunsten der künftig nur beschränkt haftenden Gesellschafter einer Individualvereinbarung mit den Gesellschaftsgläubigern[5]. Teilweise wird die Auffassung vertreten, die Haftungsprivilegierung des § 176 Abs. 1 sei bereits ab dem Zeitpunkt der Antragsstellung auf Eintragung der kein Handelsgewerbe betreibenden KG ins Handelsregister anzuwenden[6]. Hintergrund ist die Ungleichbehandlung der nicht eingetragenen Kommanditisten nach § 1 Abs. 2 und derjenigen nach §§ 2, 3 und 105 Abs. 2.

4 Ist eine nicht eingetragene KG aufgrund **Schrumpfung ihres Handelsgewerbes** zu einer GbR geworden (vgl. dazu § 105 Rn. 8a), kann ein Rechtsschein zugunsten einer unverändert fortbestehenden Verpflichtungsbefugnis der ge-

---

1 MünchKommHGB/*K. Schmidt*, § 176 Rn. 4.
2 *Baumbach/Hopt*, § 176 Rn. 5; MünchKommHGB/*K. Schmidt*, § 176 Rn. 5; *Ebenroth/Boujong/Joost/Strohn*, § 176 Rn. 2.
3 BGH v. 13.6.1977 – II ZR 232/75, NJW 1977, 1683, 1684; BGH v. 16.3.1983 – VIII ZR 346/81, NJW 1983, 1905, 1907.
4 Vgl. dazu BGH v. 8.11.1978 – VIII ZR 190/77, BGHZ 72, 267, 271; BGH v. 30.4.1979 – II ZR 137/78, BGHZ 74, 240, 242 f.; BGH v. 25.10.1984 – VII ZR 2/84, WM 1985, 56.
5 BGH v. 27.9.1999 – II ZR 371/98, NJW 1999, 3483 ff. (Grundsatzurteil – Notwendigkeit einer Individualvereinbarung für Haftungsbegrenzung); BGH v. 29.1.2001 – II ZR 331/00, NJW 2001, 1056 ff. (Teilrechtsfähigkeit und Prozessfähigkeit der Außen-GbR); BGH v. 7.4.2003 – II ZR 56/02, NJW 2003, 1803 ff. (Haftung des eintretenden Gesellschafters für Altverbindlichkeiten); BGH v. 12.12.2005 – II ZR 283/03, NJW 2006, 765 (Weiterentwicklung der vorgenannten Urteile).
6 *K. Schmidt*, GesR, § 55 I 2a, c und § 55 II 1a bb; *Wagner*, NJW 2001, 1110, 1111 f.; a.A. *Baumbach/Hopt*, § 176 Rn. 6.

schäftsführenden und vertretungsberechtigten Gesellschafter zu einer Haftung der Mitgesellschafter für neubegründete Verbindlichkeiten führen[1]. Anders ist es hingegen, wenn überhaupt kein Gewerbe mehr betrieben wird[2].

Nimmt dagegen ein **Einzelkaufmann**, der ein unter die §§ 2 oder 3 fallendes Gewerbe betreibt, welches bereits im Handelsregister eingetragen ist, unter Beibehaltung der Firma Kommanditisten als Gesellschafter in sein Unternehmen auf, so entsteht damit eine KG[3]. § 176 Abs. 1 S. 1 ist dann einschlägig.

Anders wiederum ist es, wenn eine Kapitalgesellschaft, die als Handelsgesellschaft gilt (z.B. § 13 Abs. 3 GmbHG), ihr Unternehmen, das kein Handelsgewerbe i.S.v. § 1 Abs. 2 zum Gegenstand hat, in eine als KG konzipierte Gesellschaft einbringt, die nunmehr das Unternehmen weiterführt[4].

c) Auftreten einer Schein-KG

Besteht eine KG noch nicht, tritt die vorhandene Gesellschaft aber als KG im Rechtsverkehr auf (Schein-KG), so fragt es sich, ob eine **Rechtsscheinhaftung** ihrer Gesellschafter **nach den Regeln des § 176** in Betracht kommt. Vom BGH[5] wurde dies – bereits vor dem „Wandel der Normsituation"[6] des § 176 (dazu Rn. 1a) – verneint, da der Gläubiger der Schein-KG nicht besser stehen dürfe, als wenn der Scheintatbestand der Wirklichkeit einer eingetragenen (!) KG entsprochen hätte. Nach dem heutigen Normverständnis kommt eine Rechtsscheinhaftung nach Maßgabe des § 176 nicht mehr in Betracht[7]. Dies führt im Ergebnis dazu, dass nach der veränderten Rechtsprechung zur GbR (vgl. Rn. 1a) eine Haftungsbeschränkung durch bloßes Inkenntnissetzen nicht mehr ausreichend ist, sondern es einer Individualvereinbarung mit den Gläubigern bedarf[8].

Aus vergleichbaren Erwägungen verneinte der BGH[9] auch eine Haftung entsprechend § 176 Abs. 1, wenn der Schein einer bestehenden KG begründet ist, in Wahrheit aber überhaupt **keine Gesellschaft vorhanden** ist. Zu dem gleichem Ergebnis kommt man mit dem heutigen Normverständnis (vgl. Rn. 1a und 7).

---

1 BGH v. 6.4.1987 – II ZR 101/86, WM 1987, 689, 690.
2 Vgl. BAG v. 17.2.1987 – 3 AZR 197/85, NJW 1988, 222, 223.
3 BGH v. 13.7.1972 – II ZR 111/70, BGHZ 59, 179, 183; BGH v. 11.12.1978 – II ZR 235/77, BGHZ 73, 217, 220.
4 BGH v. 13.7.1972 – II ZR 111/70, BGHZ 59, 179, 183.
5 BGH v. 25.6.1973 – II ZR 133/70, BGHZ 61, 59, 65 ff.; BGH v. 13.6.1977 – II ZR 232/75, BGHZ 69, 95, 98 f.
6 MünchKommHGB/*K. Schmidt*, § 176 Rn. 7 und 3.
7 *Baumbach/Hopt*, § 176 Rn. 6; MünchKommHGB/*K. Schmidt*, § 176 Rn. 7.
8 *K. Schmidt*, GesR, § 55 I 2a.
9 BGH v. 22.5.1978 – II ZR 160/77, WM 1978, 1151, 1152.

9 Unabhängig von § 176 Abs. 1 ist die Möglichkeit einer (beschränkten) **Haftung des (Schein-)Kommanditisten** aufgrund des erzeugten Rechtsscheins einer KG gegeben.

d) Nichteingetragene Firmenänderung

10 Das BAG[1] hat eine analoge Anwendung von § 176 Abs. 1 für den Fall vertreten, dass eine eingetragene KG ihre **Firma ändert** und nun unter der neuen, noch nicht im Handelsregister eingetragenen Bezeichnung am Rechtsverkehr teilnimmt[2]. Dies wird jedoch nur unter der Voraussetzung in Frage kommen, dass durch den Gebrauch der neuen Firma der Anschein begründet wird, es handele sich um eine mit der eingetragenen KG nicht identische (weitere) Gesellschaft[3]. Auch dann bleibt die Frage, ob der erzeugte Schein eine unbeschränkte Haftung der Kommanditisten begründen kann (siehe dazu Rn. 8).

3. Nichteintragung der Gesellschaft

11 Die als KG entstandene Gesellschaft darf noch nicht im Handelsregister eingetragen sein. Nach der vollständigen Eintragung kommt nur noch das Haftungsregime der §§ 171, 172, nicht mehr § 176 zum Zuge. Allein die Anmeldung zum Handelsregister ist noch nicht ausreichend[4].

12 Zu einer die **Haftung nach § 176 Abs. 1 beendenden Eintragung** gehört auch die Eintragung **des Kommanditisten** selbst. Ist letztere unterblieben, so ist von einer unbeschränkten Haftung des Kommanditisten in Analogie zu § 176 Abs. 2 auszugehen[5].

13 Ist der Kommanditist eingetragen, **nicht** aber seine **Haftsumme**, ist dagegen für eine unbeschränkte Haftung kein Raum mehr, da die Beteiligung als Kommanditist klargestellt ist und das Fehlen der Haftsummeneintragung keinen Vertrauensschutz begründet[6] (vgl. auch unten Rn. 19).

4. Geschäftsbeginn

14 Weiter wird vorausgesetzt, dass die Gesellschaft bereits ihre Geschäfte begonnen hat, d.h. dass für sie (in ihrem Namen) rechtsgeschäftlich gehandelt worden ist. Der Begriff des Geschäftsbeginns ist der gleiche wie in § 123 Abs. 2 (§ 123 Rn. 10).

---

1 BAG v. 24.8.1979 – 3 AZR 981/78, NJW 1980, 1071.
2 So auch *Ebenroth/Boujong/Joost/Strohn*, § 176 Rn. 7; ablehnend *Baumbach/Hopt*, § 176 Rn. 3; *K. Schmidt*, GesR, § 55 V 2; MünchKommHGB/*K. Schmidt*, § 176 Rn. 48.
3 Vgl. MünchKommHGB/*K. Schmidt*, § 176 Rn. 48 und 6.
4 MünchKommHGB/*K. Schmidt*, § 176 Rn. 8; *Ebenroth/Boujong/Joost/Strohn*, § 176 Rn. 8.
5 *Schlegelberger*/*K. Schmidt*, § 176 Rn. 9; *Ebenroth/Boujong/Joost/Strohn*, § 176 Rn. 8; MünchKommHGB/*K. Schmidt*, § 176 Rn. 10.
6 *Schlegelberger*/*K. Schmidt*, § 176 Rn. 9; *Staub/Schilling*, § 176 Rn. 3.

5. Zustimmung des Kommanditisten
a) Anforderungen

Die unbeschränkte Haftung des Kommanditisten ist sodann davon abhängig, dass er dem **Geschäftsbeginn** vor der Eintragung **zugestimmt** hat. Die Zustimmung ist eine einseitige empfangsbedürftige Willenserklärung, die den geschäftsführenden Gesellschaftern zugehen muss. Sie kann in schlüssiger Weise erteilt werden[1]. Der Widerruf der Zustimmung ist nur bis zum Geschäftsbeginn möglich. Wird z.B. ein Unternehmen in eine Gesellschaft eingebracht, so spricht der Abschluss des Gesellschaftsvertrages auch dann, wenn darin keine Bestimmung über einen Geschäftsbeginn enthalten ist, dafür, dass alsbald in Fortführung des eingebrachten Unternehmens mit der Geschäftstätigkeit begonnen werden soll[2].

b) Nachträgliche Zustimmung

Wird die Zustimmung erst nach Geschäftsbeginn gegeben, so erstreckt sich die **unbeschränkte Haftung nicht** auf Verbindlichkeiten **vor Erteilung** der Zustimmung[3]. Maßgebend für die Begründung der jeweiligen Verbindlichkeit ist dabei der Zeitpunkt der rechtsgeschäftlichen Erklärung, aus der sie sich ergibt[4]. Die Haftung für die Altverbindlichkeiten aus den §§ 171 ff. bleibt unberührt[5].

c) Möglichkeiten der Risikovermeidung

Um das Risiko der unbeschränkten Haftung zu vermeiden oder zu begrenzen, empfiehlt sich für den Kommanditisten in Zweifelsfällen ein ausdrückliches Verlangen, dass die Geschäfte erst nach Eintragung der Gesellschaft aufgenommen werden dürfen. Der wohl sicherste Schutz ist eine entsprechende Vereinbarung im Gesellschaftsvertrag selbst[6]. Allerdings wird das nicht immer den gemeinsamen Interessen entsprechen.

6. Unkenntnis des Gläubigers
a) Voraussetzungen

Eine unbeschränkte Haftung besteht nicht gegenüber den Gläubigern, die die **Kommanditisteneigenschaft kennen**. Diese Kenntnis ist jedoch nicht gegeben, wenn der Gläubiger überhaupt nicht wusste, dass der Kommanditist

---

1 RGZ 128, 172, 180; MünchKommHGB/*K. Schmidt*, § 176 Rn. 12.
2 MünchKommHGB/*K. Schmidt*, § 176 Rn. 12.
3 Schlegelberger/*K. Schmidt*, § 176 Rn. 37 f.; MünchKommHGB/*K. Schmidt*, § 176 Rn. 39.
4 BGH v. 11.12.1978 – II ZR 235/77, BGHZ 73, 217, 220; BGH v. 28.10.1981 – II ZR 129/80, BGHZ 82, 209, 215.
5 MünchKommHGB/*K. Schmidt*, § 176 Rn. 39.
6 MünchKommHGB/*K. Schmidt*, § 176 Rn. 12.

an der Gesellschaft beteiligt war[1] oder dass es sich um eine KG handelte[2]. Erforderlich für den Haftungsausschluss ist vielmehr, dass dem Gläubiger die Stellung als Kommanditist positiv bekannt war. Das ist auch gegeben, wenn der Gläubiger die Zusammensetzung der Komplementäre in einer KG kennt und sich daraus für ihn der Schluss ergibt, dass zusätzliche Gesellschafter Kommanditisten sein müssen[3]. Dagegen fehlt es an einer Kenntnis, wenn der Gläubiger lediglich darüber unterrichtet war, dass es sich um eine KG handele; denn damit ist noch keine Klarheit über den Status des einzelnen Gesellschafters geschaffen[4]. § 176 Abs. 1 greift nach dem Gesetzeswortlaut auch dann ein, wenn der Gläubiger die beabsichtigte Kommanditistenstellung hätte kennen müssen[5]. Tritt die KG unter der Firma einer GmbH & Co. KG auf, ist regelmäßig davon auszugehen, dass die Gläubiger die Stellung der Gesellschafter als Kommanditisten kannten (vgl. § 161 Rn. 51a).

19 Andererseits kommt es nach dem Gesetz nicht darauf an, ob dem Gläubiger bei Kenntnis der Kommanditistenstellung auch die **Höhe der Haftsumme** bekannt ist[6] Der Kommanditist haftet dann beschränkt gemäß der für ihn vorgesehenen Haftsumme[7].

b) Maßgebender Zeitpunkt

20 Entscheidender Zeitpunkt für die Frage einer Kenntnis ist die Begründung der Gesellschaftsschuld (siehe auch Rn. 16)[8].

c) Beweislast

21 Die Beweislast für die Kenntnis des Gläubigers von der Kommanditisteneigenschaft trifft den **Kommanditisten**[9].

7. Rechtsfolgen

a) Unbeschränkte Haftung

22 Soweit ein Kommanditist unbeschränkt haftet, gelten für ihn **§§ 128, 129** und gerade nicht das Haftungsregime der §§ 171, 172. § 130 ist indes nicht anwendbar[10].

---

1 BGH v. 28.10.1981 – II ZR 129/80, BGHZ 82, 209, 212; *Ebenroth/Boujong/Joost/ Strohn*, § 176 Rn. 11.
2 MünchKommHGB/*K. Schmidt*, § 176 Rn. 13.
3 BGH v. 7.7.1986 – II ZR 167/85, WM 1986, 1280.
4 MünchKommHGB/*K. Schmidt*, § 176 Rn. 13.
5 OLG Nürnberg v. 10.11.1960 – 3 V 31/60, WM 1961, 124, 126.
6 BGH v. 18.6.1979 – II ZR 194/77, NJW 1980, 54, 55.
7 BGH v. 28.3.1977 – II ZR 230/75, NJW 1977, 1820, 1821.
8 *Ebenroth/Boujong/Joost/Strohn*, § 176 Rn. 12; MünchKommHGB/*K. Schmidt*, § 176 Rn. 14.
9 BGH v. 28.10.1981 – II ZR 129/80, BGHZ 82, 209, 212 f.; OLG Nürnberg v. 10.11.1960 – 3 V 31/60, WM 1961, 124, 126; *Ebenroth/Boujong/Joost/Strohn*, § 176 Rn. 11.
10 MünchKommHGB/*K. Schmidt*, § 176 Rn. 34.

Im **Insolvenzverfahren** der Gesellschaft ist die Geltendmachung der Haftung gemäß § 93 InsO dem Insolvenzverwalter vorbehalten[1] (anders nach dem vor Inkrafttreten der InsO geltenden Recht)[2]. Das ist allerdings nicht ganz unproblematisch; denn § 93 InsO ist nicht auf eine Rechtsscheinhaftung zugeschnitten, die nach der Art der (Gesellschafts-)Verbindlichkeit (siehe unten Rn. 24) und danach unterscheidet, ob dem Gesellschaftsgläubiger die im Gesellschaftsvertrag vereinbarte Beschränkung der Haftung auf die Hafteinlage bekannt war (§ 176 Abs. 1 S. 2)[3]. Folgt man aber der h.M., dann hat der Insolvenzverwalter eine Sondermasse zu bilden, denn von § 176 Abs. 1 profitieren nicht alle Gläubiger. Das Recht des Insolvenzverwalters aus § 171 Abs. 2, den Kommanditisten in Höhe der Haftsumme in Anspruch zu nehmen und auch die Pflichteinlage einzuziehen, bleibt aber unberührt. Zwar ist dem Kommanditisten auf Haftsumme und Pflichteinlage anzurechnen, was er aufgrund der unbeschränkten Haftung bereits an die Gläubiger geleistet hat[4]. Das wird aber nur in dem Umfang in Betracht kommen, um den dadurch die Insolvenzmasse entlastet ist (also in Höhe der hypothetischen Insolvenzquote der befriedigten Gläubiger).

22a

Im Übrigen folgen aus dem Normzweck des § 176 einige Besonderheiten für die unbeschränkte Kommanditistenhaftung:

23

Da das Gesetz das Vertrauen Dritter, die mit der KG in Geschäftsbeziehungen treten, schützen will (vgl. Rn. 1), kommt eine unbeschränkte Haftung nur für Verbindlichkeiten aus **Rechtsgeschäften** oder **rechtsgeschäftsähnlichen Tatbeständen** in Betracht. Ansprüche gegen die KG aus Delikt scheiden aus[5]. Auch für Steuerforderungen kann nichts anderes gelten[6]. Von daher ist es fragwürdig, wenn das BSG[7] eine unbeschränkte Haftung für öffentlich-rechtliche Gebühren- oder Beitragsansprüche bejahen will. Anders wäre es lediglich bei einer nachträglichen rechtsgeschäftlichen Schuldumschaffung[8].

24

Dazu, dass ein Kommanditist unbeschränkt nur für die **zeitlich ab Erteilung seiner Zustimmung zum Geschäftsbeginn** haftet, vgl. Rn. 16.

25

Die unbeschränkte Haftung kommt nur **außenstehenden Gläubigern** zugute. Mitgesellschaftern mit Drittgläubigerforderungen wird nicht nur die Kennt-

26

---

1 MünchKommHGB/*K. Schmidt*, § 176 Rn. 34.
2 BGH v. 28.10.1981 – II ZR 129/80, BGHZ 82, 209, 214.
3 Siehe zu der Problematik *Gottwald/Haas*, InsoHdb, § 94 Rn. 100.
4 Staub/*Schilling*, § 176 Rn. 9.
5 BGH v. 28.10.1981 – II ZR 129/80, BGHZ 82, 209, 215 f.; Ebenroth/Boujong/Joost/Strohn, § 176 Rn. 14; MünchKommHGB/*K. Schmidt*, § 176 Rn. 37; Baumbach/Hopt, § 176 Rn. 1.
6 Schlegelberger/*K. Schmidt*, § 176 Rn. 36; Ebenroth/Boujong/Joost/Strohn, § 176 Rn. 14; MünchKommHGB/*K. Schmidt*, § 176 Rn. 37.
7 BSG v. 26.6.1975 – 3/12 RK 1/74, MDR 1976, 259 f.; BGH v. 26.5.1976 – 12/3/12 RK 7/74, MDR 1976, 962.
8 Schlegelberger/*K. Schmidt*, § 176 Rn. 36; strenger: MünchKommHGB/*K. Schmidt*, § 176 Rn. 37.

nis der Beteiligungen entgegengehalten werden können. Sondern darüber hinaus dürfte die gesellschafterliche Treuepflicht einem Vorgehen aus § 176 Grenzen setzen, so auch beim Erwerb einer Forderung eines Dritten durch einen Mitgesellschafter[1]. Auch ein **stiller Gesellschafter** wird nicht als Gesellschaftsgläubiger einzuordnen sein[2]; nach *K. Schmidt*[3] soll dies jedoch nur für eine atypische stille Beteiligung mit Einfluss auf die Führung des Unternehmens gelten. Allerdings wird auch ein typischer stiller Gesellschafter die Kommanditisteneigenschaft regelmäßig kennen. **Arbeitnehmer der KG** sind grundsätzlich in den Schutz des § 176 einbezogen[4].

b) Wirkungen der Eintragung

27 Kommt es zur Eintragung der KG, so **entfällt** für die **zukünftig begründeten Verbindlichkeiten** die unbeschränkte Haftung; für die Altschulden bleibt sie bestehen[5].

28 Jedoch unterfällt die unbeschränkte Haftung in entsprechender Anwendung der **Enthaftungsregelung nach § 160 Abs. 3**[6]. Maßgeblicher Zeitpunkt ist die Eintragung der KG. Die daneben bestehende beschränkte Kommanditistenhaftung nach den §§ 171 ff. bleibt natürlich unberührt (entsprechend § 160 Abs. 3 S. 3)[7].

29 Zu **keiner Enthaftung** führt es aber (eine nach § 160 Abs. 1 rechtzeitige Klageerhebung gegen den Kommanditisten vorausgesetzt), wenn der Gläubiger sich zur Begründung lediglich auf die beschränkte Kommanditistenhaftung nach den §§ 171 ff. berufen hat. Denn es handelt sich um den nämlichen Streitgegenstand[8].

30 **Scheidet** der Kommanditist **vor der Eintragung** der KG wieder **aus**, so läuft die Enthaftung nach § 160 erst an, wenn die erforderlichen Eintragungen (außer der der KG auch die des Ausscheidens) nachgeholt worden sind[9].

c) Verhältnis zu § 15

31 Für in der Zeit **zwischen Eintragung und Bekanntmachung** begründete Verbindlichkeiten ist streitig, ob über **§ 15 Abs. 1** eine unbeschränkte Haftung

---

1 MünchKommHGB/*K. Schmidt*, § 176 Rn. 14, 36.
2 KG v. 18.11.1955 – 2 U 1751/54, WM 1956, 544.
3 MünchKommHGB/*K. Schmidt*, § 176 Rn. 36.
4 BGH v. 28.10.1981 – II ZR 129/80, BGHZ 82, 209, 213 f.; BAG v. 24.8.1979 – 3 AZR 981/78, NJW 1980, 1071; MünchKommHGB/*K. Schmidt*, § 176 Rn. 36.
5 MünchKommHGB/*K. Schmidt*, § 176 Rn. 42.
6 BGH v. 4.7.1983 – II ZR 235/82, WM 1983, 1039, 1040 zu § 159 a.F.; MünchKommHGB/*K. Schmidt*, § 176 Rn. 43.
7 MünchKommHGB/*K. Schmidt*, § 176 Rn. 43.
8 BGH v. 4.7.1983 – II ZR 235/82, WM 1983, 1039, 1039 f.
9 BGH v. 21.3.1983 – II ZR 113/82, WM 1983, 651, 652.

in Frage kommt. Mit der heute h.M.[1] ist das zu verneinen, da § 176 eine abschließende Regelung trifft.

Streitig ist auch, ob **§ 15 Abs. 2** neben § 176 anzuwenden ist. Geht man aber davon aus, dass nach der Eintragung der KG für einen Vertrauensschutz nach § 15 Abs. 1 kein Raum mehr ist (Rn. 31), so kann auch § 15 Abs. 2 nicht mehr zum Zuge kommen[2]. Die Anwendung des **§ 15 Abs. 3** wird dagegen von § 176 nicht berührt. Zur Anwendung des § 15 kann es etwa dann kommen, wenn ein Kommanditist unrichtigerweise als Komplementär eingetragen und bekannt gemacht wird[3]. 32

II. Haftung bei Eintritt in die Gesellschaft (§ 176 Abs. 2)

1. Bestehen einer Handelsgesellschaft

a) Bestehende Handelsgesellschaft

§ 176 Abs. 2 behandelt die unbeschränkte Haftung des in eine bestehende Handelsgesellschaft (OHG oder KG) eintretenden Kommanditisten[4]. Die Gesellschaft muss, wenn sie ein Handelsgewerbe i.S.v. § 1 Abs. 2 betreibt, nicht im Handelsregister eingetragen sein, wohl aber in den Fällen der §§ 2, 3 und 105 Abs. 2 (vgl. Rn. 3). 33

b) Schein-Handelsgesellschaft

Handelt es sich um eine Schein-Handelsgesellschaft, so gilt das in Rn. 7 f. Ausgeführte; nach der Rechtsprechung soll dann für eine Rechtsscheinhaftung gemäß § 176 Abs. 2 kein Raum sein[5]. 34

2. Tatbestand des Eintritts

Der Begriff des Eintritts deckt sich nicht schlechthin mit dem in § 173 (§ 173 Rn. 1a), da es hier um die Erstreckung des Vertrauensschutzes auf den Fall der Veränderung in der personellen Zusammensetzung der Gesellschaft geht[6]. Die Abgrenzung ist zum Teil streitig: 35

---

1 Nachweise bei MünchKommHGB/*K. Schmidt*, § 176 Rn. 45; *Baumbach/Hopt*, § 176 Rn. 4.
2 Dazu, wann im Übrigen eine Rechtsscheinhaftung nach allgemeinen Grundsätzen in Betracht kommt, vgl. MünchKommHGB/*K. Schmidt*, § 176 Rn. 46.
3 MünchKommHGB/*K. Schmidt*, § 176 Rn. 47.
4 MünchKommHGB/*K. Schmidt*, § 176 Rn. 17; *Baumbach/Hopt*, § 176 Rn. 9.
5 A.A. *Ebenroth/Boujong/Joost/Strohn*, § 176 Rn. 24.
6 MünchKommHGB/*K. Schmidt*, § 176 Rn. 19

a) Aufnahme eines Kommanditisten

36 Klarheit herrscht darüber, dass die Aufnahme eines Kommanditisten unter Schaffung einer zusätzlichen Beteiligung einen Eintrittsfall bildet[1]. Grundlage des Eintritts ist hier ein **Aufnahmevertrag**. Bei Wirksamkeitsmängeln kommen die Grundsätze der fehlerhaften Gesellschaft zum Zuge[2].

b) Anteilsübertragung

37 Vollzieht sich der Beitritt durch **rechtsgeschäftliche Übertragung** einer bestehenden Kommanditbeteiligung, so sieht die Rechtsprechung darin auch dann einen Eintritt i.S.v. § 176 Abs. 2, wenn der Veräußerer bereits als Kommanditist im Handelsregister eingetragen war, da auch dann die beschränkte Haftung des Erwerbers von seiner Eintragung abhängen müsse[3]. Dies trifft auf den berechtigten Widerspruch im Schrifttum, das den Schutzzweck des Gesetzes zutreffend anders bestimmt[4].

38 Fehlt es an einer **Eintragung des Rechtsnachfolgevermerks oder des Veräußerers**, so kommt es auch bei einer angenommenen Unanwendbarkeit des § 176 Abs. 2 (Rn. 37) jedenfalls über § 15 Abs. 1 zu entsprechenden Haftungskonsequenzen für den Erwerber[5]. Dessen Haftung tritt neben diejenige des Veräußerers; zur für diesen in Betracht kommenden Enthaftung nach § 160 vgl. Rn. 28 f.

c) Erbnachfolge

39 Die **Nachfolge von Todes wegen** in einen Kommanditanteil sowie die Beerbung eines unbeschränkt haftenden Gesellschafters ist nach nunmehr herrschender Meinung nicht als Eintritt i.S.d. § 176 Abs. 2 einzuordnen[6]. Somit bleibt es bei der beschränkten Haftung nach §§ 171, 172 in Höhe der Haftsumme. Eine Haftung aus § 176 Abs. 2 trifft den Erben eines Kommanditanteils nur dann, wenn (und weil) der Erblasser nicht eingetragen war und deshalb selbst nach § 176 haftet[7].

40, 41 Frei.

---

[1] BGH v. 4.3.1976 – II ZR 145/75, BGHZ 66, 98, 100; *Baumbach/Hopt*, § 176 Rn. 9; MünchKommHGB/*K. Schmidt*, § 176 Rn. 20; *Ebenroth/Boujong/Joost/Strohn*, § 176 Rn. 24.
[2] BGH v. 18.1.1988 – II ZR 140/87, WM 1988, 419; MünchKommHGB/*K. Schmidt*, § 176 Rn. 20.
[3] BGH v. 21.3.1983 – II ZR 113/82, WM 1983, 651 f.
[4] Vgl. bei *Staub/Schilling*, § 176 Rn. 15; *Baumbach/Hopt*, § 176 Rn. 11; MünchKommHGB/*K. Schmidt*, § 176 Rn. 26; *Ebenroth/Boujong/Joost/Strohn*, § 176 Rn. 27; *K. Schmidt*, GesR, § 55 II 2b dd.
[5] *v. Olshausen*, Gedächtnisschrift für Knobbe-Keuk, 1997, S. 247, 289 ff.
[6] BGH v. 3.7.1989 – II ZB 1/89, BGHZ 108, 187, 197; *Baumbach/Hopt*, § 176 Rn. 12; MünchKommHGB/*K. Schmidt*, § 176 Rn. 22; *Ebenroth/Boujong/Joost/Strohn*, § 176 Rn. 25, 27; *K.Schmidt*, GesR, § 55 II 2b; anders noch : BGH v. 4.3.1976 – II ZR 145/75, BGHZ 66, 98, 100; *Ulmer*, ZHR 140 (1982), 555, 567.
[7] BGH v. 3.7.1989 – II ZB 1/89, BGHZ 108, 187, 197.

War der Nachfolger von Todes wegen **bereits eingetragener Kommanditist**, kommt bei Beerbung eines unbeschränkt haftenden Gesellschafters unter Umwandlung seines Anteils in einen Kommanditanteil (§ 139 Abs. 1) allerdings die Möglichkeit einer fortdauernden unbeschränkten (erbrechtlich aber beschränkbaren) Haftung unter den Voraussetzungen von **§ 15 Abs. 1** bis zur Eintragung des Ausscheidens des Erblassers als Vollhafter in Betracht[1]. Während der BGH noch annahm, dass § 176 Abs. 2 deshalb keine Anwendung fände, weil kein „Neueintritt" eines Gesellschafters vorläge, lautet die heute richtige Begründung, dass § 176 bereits nicht auf den Erwerb von Todes wegen anwendbar ist[2] (Rn. 39).

42

Die Ausführungen unter Rn. 42 gelten auch dann, wenn der Nachfolger von Todes wegen **noch kein Gesellschafter** war[3]. Die noch in der Vorauflage vertretene Auffassung, dass den Nichtgesellschafter bei Beerbung eines unbeschränkt haftenden Gesellschafters die unbeschränkte gesellschaftsrechtliche Haftung nach § 176 Abs. 2 erst nach Ablauf der Schwebezeit (§ 139 Abs. 3 und 4) treffe[4], wird aufgegeben. Im Rahmen der vorherigen Auffassung wurde allerdings vertreten, dass die Haftungswirkung des § 176 Abs. 2 nicht eintrete, wenn die Umwandlung in eine Kommanditbeteiligung bei Fristablauf unverzüglich angemeldet worden sei[5].

43

Rückt der Erbe eines unbeschränkt haftenden Gesellschafters bereits kraft Regelung im Gesellschaftsvertrag **sogleich als Kommanditist in die Gesellschaft** ein, gelten ebenfalls die Ausführungen zu Rn. 42.

44

Frei.

45

d) Eintritt aufgrund Eintrittsrechts

Kommt es zum Beitritt eines Kommanditisten aufgrund eines Eintrittsrechts (§ 177 Rn. 8), so ist von einem Eintritt i.S.v. § 176 Abs. 2 auszugehen[6]. Der aufzunehmende Kommanditist sollte durch die Vereinbarung einer aufschiebenden Bedingung geschützt werden (Rn. 50).

46

---

1 BGH v. 4.3.1976 – II ZR 145/75, BGHZ 66, 98, 102.
2 MünchKommHGB/*K. Schmidt*, § 176 Rn. 24.
3 *Ebenroth/Boujong/Joost/Strohn*, § 176 Rn. 27; MünchKommHGB/*K. Schmidt*, § 176 Rn. 24.
4 So noch BGH v. 21.12.1970 – II ZR 258/67, BGHZ 55, 267, 272 f. (allerdings unter der Maßgabe, dass § 176 Abs. 2 auch den Erwerb von Todes wegen erfasst).
5 *Staub/Schilling*, § 176 Rn. 18; GroßkommHGB/*Ulmer*, § 139 Rn. 161; siehe auch BGH v. 4.3.1976 – II ZR 145/75, BGHZ 66, 98, 100 f. und BGH v. 21.3.1983 – II ZR 113/82, ZIP 1983, 822, 823.
6 *Staub/Schilling*, § 176 Rn. 19; MünchKommHGB/*K. Schmidt*, § 176 Rn. 25; *Ebenroth/Boujong/Joost/Strohn*, § 176 Rn. 30.

e) Eintritt aufgrund Vermächtnisses

47 Erlangt der Nachfolger die Kommanditbeteiligung aufgrund eines Vermächtnisses, so handelt es sich um einen Anteilserwerb aufgrund eines Rechtsgeschäftes[1]. Hierzu ist auf Rn. 36 f. und 46 zu verweisen.

f) Umwandlung einer Komplementärbeteiligung

48 **Nicht als Eintrittsfall** ist die Umwandlung einer Vollhafterbeteiligung in einen Kommanditanteil anzusehen[2]. Vielmehr liegt darin ein Fall des § 173 begründet. Bis zur Eintragung der Veränderung kommt aber eine unbeschränkte Haftung für zwischenzeitlich begründete Schulden über § 15 Abs. 1 in Betracht (vgl. § 173 Rn. 39).

3. Kein Zustimmungserfordernis

a) Beitritt als Haftungstatbestand

49 Auf eine **Zustimmung** des Kommanditisten zu einer Geschäftstätigkeit der KG kommt es trotz des Verweises auf § 176 Abs. 1 **nicht an**. Der Beitritt zu der bereits werbend tätigen Gesellschaft begründet für sich allein die unbeschränkte Haftung[3]. Der eintretende Kommanditist ist daher durch vertragsgestaltende Maßnahmen vor der unbeschränkten Haftung zu schützen.

b) Aufschiebend bedingter Eintritt

50 Der Kommanditist kann sich vor der Haftungsfolge des § 176 Abs. 2 schützen, indem er seinen Eintritt in die Gesellschaft aufschiebend bedingt bis zu seiner Eintragung ins Handelsregister vereinbart[4]. Eine solche Vereinbarung wird allerdings (namentlich bei einer Anteilsübertragung) nach den gegebenen Interessen der Beteiligten oft nicht in Betracht kommen[5]. Um eine stichtagsbezogene Beteiligung gewährleisten zu können, ist weiterhin eine atypisch stille Gesellschaft (§ 230 Rn. 66) auflösend bedingt auf den Zeitpunkt des Handelsregistereintrags zu vereinbaren[6]. Damit wäre dann die Haftungsfolge des § 176 Abs. 2 vermieden. Aus der Gestaltung können sich jedoch andere Haftungsrisiken ergeben: zum einen eine mögliche Haftung kraft veranlassten Rechtsscheins als Scheingesellschafte[7] und zum anderen eine mögliche persönliche Haftung nach § 171 Abs. 1 Hs. 1 für den Fall, dass

---

1 *Ebenroth/Boujong/Joost/Strohn*, § 176 Rn. 30.
2 BGH v. 4.3.1976 – II ZR 145/75, BGHZ 66, 98, 101 (ganz h.M.).
3 BGH v. 28.10.1981 – II ZR 129/80, BGHZ 82, 209, 211; *Baumbach/Hopt*, § 176 Rn. 9; *Ebenroth/Boujong/Joost/Strohn*, § 176 Rn. 31 und 33; MünchKommHGB/*K. Schmidt*, § 176 Rn. 28.
4 BGH v. 28.10.1981 – II ZR 129/80, BGHZ 82, 209, 212; auch BGH v. 21.3.1983 – II ZR 113/82, ZIP 1983, 822, 823 (entschieden für Anteilsübertragung).
5 Dazu *Eckert*, ZHR 147 (1983), 565, 573.
6 MünchKommHGB/*K. Schmidt*, § 176 Rn. 30; *Ebenroth/Boujong/Joost/Strohn*, § 176 Rn. 33.
7 MünchKommHGB/*K. Schmidt*, § 176 Rn. 30; § 173 Rn. 22.

der Gesellschafter seine Einlage schon vor der Eintragung in das Gesellschaftsvermögen leistet, die Beteiligung aber im Zeitpunkt der Umwandlung der stillen Beteiligung zur Kommanditbeteiligung nicht mehr werthaltig (§ 171 Rn. 44) ist[1].

Wegen der noch nicht aufgegebenen höchstrichterlichen Rechtsprechung zur Anwendbarkeit des § 176 Abs. 2 auch im Falle der rechtsgeschäftlichen Anteilsübertragung (Rn. 37) ist im Übertragungsvertrag die Anteilsübertragung auf den Neukommanditisten ebenfalls aufschiebend bedingt auf den Zeitpunkt der Handelsregistereintragung zu vereinbaren. Zusätzlich kann auflösend bedingt eine Vereinbarungstreuhand[2] vereinbart werden, aufgrund derer der Altkommanditist den Gesellschaftsanteil als Treuhänder hält bis zur Handelsregistereintragung hält und somit die Übertragungsfolgen im Innenverhältnis bereits vor der dinglichen Übertragung des Anteils vorweggenommen sind[3]. 50a

4. Unkenntnis des Gläubigers

Wie bei § 176 Abs. 1 kommt es dann zur unbeschränkten Haftung, wenn dem Gläubiger die **Beteiligung als Kommanditist nicht bekannt** war[4]. Darin ist auch der Fall eingeschlossen, dass dem Gläubiger die Zugehörigkeit des Kommanditisten zur Gesellschaft überhaupt unbekannt war. Im Einzelnen gilt das in Rn. 18 ff. Ausgeführte. 51

5. Rechtsfolgen

a) Wirksamwerden des Eintritts

Die unbeschränkte Haftung setzt mit dem Wirksamwerden des Eintritts als Kommanditist ein[5] und gilt für die von diesem Zeitpunkt an begründeten Verbindlichkeiten. Sie entfällt für die ab Eintragung des Eintritts im Handelsregister entstehenden Verbindlichkeiten. 52

b) Haftung für Altschulden

Für die Gesellschaftsschulden vor dem Eintritt haftet der Kommanditist nach § 173 gemäß den §§ 171, 172. 53

---

1 *Ebenroth/Boujong/Joost/Strohn*, § 176 Rn. 33.
2 *MünchKommHGB/K. Schmidt*, vor § 230 Rn. 54.
3 *MünchKommHGB/K. Schmidt*, § 176 Rn. 31; *Ebenroth/Boujong/Joost/Strohn*, § 176 Rn. 34.
4 BGH v. 28.10.1981 – II ZR 129/80, BGHZ 82, 209, 212 f.; *Ebenroth/Boujong/Joost/Strohn*, § 176 Rn. 32.
5 Vgl. auch BGH v. 28.10.1981 – II ZR 129/80, BGHZ 82, 209, 211 f.

c) Haftungsfolgen im Einzelnen

54 Im Einzelnen bestimmt sich die unbeschränkte Haftung nach den Erl. in Rn. 22 ff. Wegen der Besonderheiten bei einer Rechtsnachfolge von Todes wegen vgl. Rn. 39 ff.

III. Kommanditistenhaftung in der GmbH & Co. KG

1. Anwendungsbereich des § 176

55 Es steht im Grundsatz außer Frage, dass § 176 auch für die GmbH & Co. KG gilt[1]. Soweit die Gesellschaft, wie das geboten ist, eine **§ 19 Abs. 2 entsprechende Firma** führt, wäre damit **für den Rechtsverkehr klargestellt**, dass keine der als Kommanditisten beteiligten natürlichen Personen als persönlich haftender Gesellschafter in Betracht kommen kann. Dies ist wegen der haftungsausschließenden Gläubigerkenntnis nach § 176 Abs. 1 S. 1 a.E. wichtig. Für die vor 1981 geltende Fassung von § 19 hatte der BGH[2] dies verneint, da damit nicht schlechthin ausgeschlossen sei, dass eine natürliche Person als zusätzlicher persönlich haftender Gesellschafter am Unternehmen beteiligt sein könne. Die h.L.[3] hat dem (zu Recht) entgegengehalten, dass eine solche Möglichkeit ganz untypisch sei und mit ihr nach der Lebenserfahrung nicht zu rechnen sei; der Rechtsverkehr müsse aus der Firmierung vielmehr den Schluss ziehen, dass keine natürliche Person als Vollhafter beteiligt sei[4]. Der BGH[5] hat dann die Frage offen gelassen, soweit es sich um die Führung einer dem § 19 Abs. 5 S. 1 (i.d.F. vor Inkrafttreten des HRefG) entsprechenden Firma in der Zeit ab Inkrafttreten dieser Regelung (ab 1.1.1981) handele.

56 Frei.

2. Gründungsstadium der GmbH & Co. KG

a) Geltung des § 176

57 Hierzu ist zunächst auf die Darstellung bei § 161 Rn. 26 ff. hinzuweisen. Vor einer Eintragung der KG mit der Vorgründungsgesellschaft (soweit diese als OHG komplementärfähig ist, vgl. § 161 Rn. 51) (Vorgründungsstadium) als persönlich haftende Gesellschafterin gilt § 176 für die Kommanditistenhaf-

---

[1] BGH v. 18.6.1979 – II ZR 194/77, WM 1979, 1057; *Ebenroth/Boujong/Joost/Strohn*, § 176 Rn. 22.

[2] BGH v. 18.6.1979 – II ZR 194/77, WM 1979, 1057.

[3] Nachw. bei *Schlegelberger/K. Schmidt*, § 176 Rn. 49; MünchHdbGesR II/*Neubauer*, § 7 Rn. 90; *Ebenroth/Boujong/Joost/Strohn*, § 176 Rn. 22; *K.Schmidt*, GesR, § 55 V 1b; *Binz/Sorg*, § 5 Rn. 35 ff.; *Baumbach/Hopt*, Anh. § 177a Rn. 19; MünchKomm-HGB/*K. Schmidt*, § 176 Rn. 50.

[4] So jetzt auch OLG Schleswig v. 14.9.2004 – 5 U 86/04, DZWIR 2005, 163; OLG Frankfurt/M. v. 9.5.2007 – 13 U 195/06, ZIP 2007, 1809; a.A. *Clauss/Fleckner*, WM 2003, 1797.

[5] BGH v. 21.3.1983 – II ZR 113/82, ZIP 1983, 822 (allerdings weist der Leistsatz auf eine mögliche Richtungsänderung der Rechtsprechung hin).

tung uneingeschränkt. Soweit jedoch Kommanditisten zugleich Gesellschafter der späteren GmbH sein sollen und somit Gesellschafter der Vorgründungsgesellschaft sind, haften sie gleichfalls persönlich und unbeschränkt nach Maßgabe des § 128.

Die Vor-GmbH (Gründungsstadium) kann nach heute h.M. bereits Komplementärin der KG sein (§ 161 Rn. 46 ff.)[1]. Die Haftung der Kommanditisten richtet sich bei einer ein Handelsgewerbe betreibenden KG (§ 1 Abs. 2) vor ihrer Eintragung nach § 176 (insoweit gilt das zu Rn. 55 gesagte). Fällt die KG dagegen unter §§ 2, 3 oder 105 Abs. 2, kommt die Priviligierungsnorm des § 176 nicht zur Anwendung, sondern eine Haftung nach den Regeln der GbR[2]. 57a

b) Reihenfolge der Eintragungen

Die Möglichkeit, eine **Vor-GmbH als persönlich haftende Gesellschafterin einer KG** im Handelsregister einzutragen, ist heute anerkannt[3]. Daher ist eine Eintragung der KG vor derjenigen der GmbH möglich. Wird in der Zeit nach Anmeldung der Vor-GmbH & Co. KG die GmbH eingetragen, so kann bei der folgenden Eintragung der KG nur noch die GmbH (nicht aber mehr die Vor-GmbH) als persönlich haftende Gesellschafterin eingetragen werden[4]. 58

3. Haftung in der Publikumsgesellschaft

Auch in einer Publikumsgesellschaft, die die Rechtsform einer KG aufweist, gilt § 176 uneingeschränkt[5]. 59

§ 177
Tod des Kommanditisten

Beim Tod eines Kommanditisten wird die Gesellschaft mangels abweichender vertraglicher Bestimmung mit den Erben fortgesetzt.

Übersicht

	Rn.		Rn.
I. Auflösung der KG		b) Vererblichkeit des Kommanditanteils	2
1. Auflösungstatbestände			
a) Geltung der Regeln für die OHG	1	2. Abweichende Regelungen im Gesellschaftsvertrag	3

---

1 BGH v. 9.3.1981 – II ZR 54/80, BGHZ 80, 129, 132.
2 MünchKommHGB/*K. Schmidt*, § 176 Rn. 53 f.; *Ebenroth/Boujong/Joost/Strohn*, § 176 Rn. 23.
3 So z.B. BGH v. 12.11.1984 – II ZB 2/84, NJW 1985, 736, 737.
4 BGH v. 12.11.1984 – II ZB 2/84, NJW 1985, 736, 737.
5 BGH v. 28.10.1981 – II ZR 129/80, BGHZ 82, 209, 213; *Ebenroth/Boujong/Joost/Strohn*, § 176 Rn. 22; krit. MünchKommHGB/*K. Schmidt*, § 176 Rn. 49.

§ 177

a) Gestaltungsfreiheit	3
b) Regelungen für den Tod eines Kommanditisten	4

II. Nachfolge im Kommanditanteil von Todes wegen

1. Sondernachfolge
   a) Erstreckung auf den Kommanditanteil ... 6
   b) Eintrittsrecht, Vermächtnis ... 8
   c) Vor- und Nacherbfolge ... 9
   d) Geltung der Regeln zum Recht der OHG ... 10
2. Testamentsvollstreckung am Kommanditanteil ... 11
   a) OHG- und Komplementäranteil ... 12
   b) Kommanditanteil ... 13
   c) Anteilsvererbung an einen Gesellschafter ... 15
   d) Befugnisse des Testamentsvollstreckers ... 16
   e) Eintragungen im Handelsregister ... 18

f) Ersatzlösungen ... 19
3. Nachlassverwaltung, Nachlassinsolvenzverfahren ... 20
4. Haftung des Erben ... 21a

III. Auflösung und Nachfolge von Todes wegen in der GmbH & Co. KG

1. Die typische GmbH & Co. KG
   a) Auflösungstatbestände ... 22
   b) Liquidatoren der GmbH & Co. KG ... 26
   c) Vererblichkeit der GmbH-Beteiligung, Testamentsvollstreckung ... 27
2. Publikumsgesellschaft
   a) Kündigung kraft Sonderrechts ... 28
   b) Massenaustritt ... 30
   c) „Gesplittete" Einlagen in der Liquidation ... 31
   d) Liquidatoren der Publikumsgesellschaft ... 32

Schrifttum: *Brandner*, Die Testamentsvollstreckung am Kommanditanteil ist zulässig – Bemerkungen zu BGHZ 108, 187, in: Festschrift Kellermann, 1991, S. 37; *Göz*, Die Nachfolgeregelung bei der GmbH & Co. KG, NZG 2004, 345; *Ivo*, Erbteilsverfügungen bei Sondererbfolge in Anteile von Personengesellschaften, ZEV 2004, 499; *Marotzke*, Die Nachlasszugehörigkeit ererbter Personengesellschaftsanteile und der Machtbereich des Testamentsvollstreckers nach dem Urteil des Bundesgerichtshofes vom 14. Mai 1986, AcP 187 (1987), 223; *Reithmann*, Testamentsvollstreckung und postmortale Vollmacht als Instrumente der Kautelarjurisprudenz, BB 1984, 1394; *Rowedder*, Die Zulässigkeit der Testamentsvollstreckung bei Kommanditbeteiligungen, in: Festschrift Goerdeler, 1987, S. 445; *Schmitz*, Testamentsvollstreckung an Personengesellschaftsanteilen, ZGR 1988, 140; *Ulmer*, Testamentsvollstreckung am Kommanditanteil – Voraussetzungen und Rechtsfolgen, NJW 1990, 73. Vgl. auch die Angaben zu § 139.

I. Auflösung der KG

1. Auflösungstatbestände

a) Geltung der Regeln für die OHG

1 Nach § 161 Abs. 2 gelten für die KG grundsätzlich die gleichen Auflösungsgründe wie für die OHG (§ 131 Abs. 1, 2) und die damit verbundenen Regelungen der §§ 133, 134. Ebenso sind die Vorschriften über das Ausscheiden eines Gesellschafters (§§ 131 Abs. 3, 132, 135 sowie 139 f.), die Fortsetzung der Gesellschaft nach Auflösung (§ 144) und die Abwicklung der aufgelösten Gesellschaft (§§ 145 ff.) anzuwenden; vgl. hierzu jeweils die Erörterungen zu diesen Vorschriften. Aber abweichend von § 131 Abs. 3 S. 1 Nr. 1 sieht § 177 vor, dass der Tod eines Kommanditisten im Regelfall nicht zu seinem Ausscheiden führt, sondern mit seinen Erben fortgesetzt wird. Zur Auflösung

führt es insbesondere, wenn der einzige vorhandene Komplementär wegfällt, soweit nicht eine Nachfolgeklausel (§ 139 Rn. 3 ff.) im Gesellschaftsvertrag vorhanden ist. Führen die vorhandenen Kommanditisten die Gesellschaft weiter, ohne dass eine neue Mitgliedschaft eines persönlich haftenden Gesellschafters geschaffen wird, wird diese kraft Rechtsformzwangs zur OHG[1] (vgl. § 131 Rn. 6, § 139 Rn. 28). Die Auflösung einer GmbH bei der GmbH & Co. KG ist mit dem Tod des Komplementärs nicht gleichzusetzen, vgl. Rn. 22 ff., § 131 Rn. 25 und bezüglich Vollbeendigung § 131 Rn. 26. Zu beachten ist, dass bei der Abwicklung grundsätzlich auch die Kommanditisten Liquidatoren[2] (§ 146 Abs. 1 S. 1, § 146 Rn. 3) und als solche geschäftsführungs- (§ 149 Rn. 2) und vertretungsberechtigt (§149 Rn. 2; § 170 Rn. 7) sind[3].

b) Vererblichkeit des Kommanditanteils

Wie sich aus § 177 ergibt, gilt die **Ausscheidensregel** des § 131 Abs. 3 S. 1 Nr. 1 nur beim Tod eines persönlich haftenden Gesellschafters (vgl. dazu Ausführungen zu § 139), nicht aber bei dem eines Kommanditisten. Im letzteren Fall treten die Erben in die bestehende Gesellschaft ein. Hieraus folgt zugleich die **Vererblichkeit des Kommanditanteils** in der **werbenden Gesellschaft**[4]. Eine Fortsetzungs- oder Nachfolgeklausel ist danach nicht erforderlich, um ein Ausscheiden des Kommanditisten bzw. seines Erben abzuwenden[5].

2. Abweichende Regelungen im Gesellschaftsvertrag

a) Gestaltungsfreiheit

Der Gesellschaftsvertrag kann **abweichende Bestimmungen für eine Auflösung** der Gesellschaft oder ein **Ausscheiden** von Gesellschaftern treffen. Das kann einschränkend oder durch Hinzufügung weiterer vertraglicher Auflösungs- oder Ausscheidensgründe geschehen. Häufig wird die Nachfolge eines persönlich haftenden Gesellschafters in der Weise geregelt, dass sein Anteil als in der werbenden Gesellschaft vererblich gestellt wird und ein Ausscheiden des Gesellschafters unterbleibt (siehe dazu auch § 139 Rn. 3 ff.).

b) Regelungen für den Tod eines Kommanditisten

Da **§ 177 dispositiv** ist[6], kann auch der Tod eines Kommanditisten als zusätzlicher Auflösungsgrund im Gesellschaftsvertrag vereinbart werden.

---

1 *Ebenroth/Boujong/Joost/Strohn*, § 177 Rn. 5; *Baumbach/Hopt*, § 177 Rn. 1.
2 BGH v. 24.9.1982 – V ZR 188/79, WM 1982, 1170; OLG Hamm v. 5.3.2003 – 8 U 130/02, NZG 2003, 627; OLG München v. 30.3.2001 – 23 U 5757/00, NZG 2001, 959, 960.
3 *Ebenroth/Boujong/Joost/Strohn*, § 177 Rn. 1.
4 BGH v. 10.2.1977 – II ZR 129/75, BGHZ 68, 225, 230.
5 *Ebenroth/Boujong/Joost/Strohn*, § 177 Rn. 6; *Baumbach/Hopt*, § 177 Rn. 3.
6 *Baumbach/Hopt*, § 177 Rn. 7; *MünchKommHGB/K. Schmidt*, § 177 Rn. 5.

Ebenso wäre es möglich, den Tod eines Kommanditisten als Kündigungsgrund auszugestalten.

5 Unabhängig davon kann die **Vererblichkeit** des Kommanditanteils innerhalb der werbenden Gesellschaft ausgeschlossen oder eingeschränkt werden. So kann bestimmt werden, dass die Gesellschaft allein unter den verbliebenen Gesellschaftern fortgesetzt werden soll **(Ausschließungsklausel)**[1]. Eine solche Klausel ist grundsätzlich nicht sittenwidrig (§ 140 Rn. 24) (Besonderheiten gelten für die Publikumsgesellschaft[2]). Hier würde dann wieder die Regel in § 131 Abs. 3 S. 1 Nr. 1 gelten: Vererbt wird dann nur der Anspruch auf das **Abfindungsguthaben**[3] (vgl. auch § 738 Abs. 1 S. 2 BGB). Der Abfindungsanspruch (§ 131 Rn. 41 ff.) kann durch gesellschaftsvertragliche Vereinbarung ausgeschlossen oder beschränkt werden (§ 131 Rn. 67 f.). Ein Ausschluss der Anteilsvererbung kann sodann durch eine rechtsgeschäftliche Nachfolgeklausel im Gesellschaftsvertrag bestimmt sein[4].

5a Die einfache Nachfolgeklausel (§ 139 Rn. 3 ff.) ist wegen der gesetzlichen Bestimmung des § 177 entbehrlich (Rn. 6). Allerdings können Beschränkungen der Vererblichkeit (etwa nur zugunsten von Familienangehörigen) gesellschaftsvertraglich vorgesehen werden. Sie ergeben sich im Übrigen aus **qualifizierten Nachfolgeklauseln**, die zu von der bürgerlichrechtlichen Erbfolge abweichenden Nachfolgeregelungen führen (vgl. § 139 Rn. 7). Wird der im Gesellschaftsvertrag vorgesehene Benannte nicht Erbe, kann ein Eintrittsrecht aufgrund ergänzender Vertragsauslegung in Betracht kommen[5] (so auch Rn. 8).

II. Nachfolge im Kommanditanteil von Todes wegen

1. Sondernachfolge

a) Erstreckung auf den Kommanditanteil

6 Für die **vererbte Mitgliedschaft** in der Personengesellschaft greift eine erbrechtliche Sondernachfolge ein (st. Rspr., vgl. näher § 139 Rn. 4 ff.). Sie gilt auch für den Kommanditanteil[6]. Somit gelten für die Nachfolge in den Kommanditanteil die Regeln der Vererbung des Anteils eines persönlich haftenden Gesellschafters im Falle der gesellschaftsvertraglich statuierten Nachfolgeklausel[7]. Bei einer **Mehrheit von Erben** wirkt sich das dahin aus, dass die Erben den Kommanditanteil nicht gemeinschaftlich zur gesamten Hand

---

[1] MünchKommHGB/*K. Schmidt*, § 177 Rn. 6; *K. Schmidt*, GesR, § 45 V 3.
[2] BGH v. 21.3.1988 – II ZR 135/87; NJW 1988, 1903; MünchKommHGB/*K. Schmidt*, § 177 Rn. 6 (für Fortsetzung ohne Erben bestände keinerlei Rechtfertigung).
[3] *Ebenroth/Boujong/Joost/Strohn*, § 177 Rn. 10.
[4] BGH v. 10.2.1977 – II ZR 129/75, BGHZ 68, 225, 234; auch BGH v. 12.2.1979 – II ZR 108/78, WM 1979, 535, 536.
[5] BGH v. 29.9.1977 – II ZR 214/75, NJW 1978, 264 f., *Göz*, NZG 2004, 345, 353.
[6] BGH v. 4.5.1983 – IVa ZR 229/81, WM 1983, 672, 673; OLG Hamm v. 6.11.2001 – 27 U 64/01, NJW-RR 2002, 729.
[7] MünchKommHGB/*K. Schmidt*, § 177 Rn. 5.

erwerben (Erbengemeinschaft kann nicht Gesellschafterin werden), sondern jeder Erbe Gesellschafter mit einem seiner Erbquote entsprechenden Anteil wird[1].

Für die aufgrund Sondernachfolge eintretenden Erben kann der Gesellschaftsvertrag zwecks einheitlicher Wahrnehmung der Mitgliedschaftsrechte eine **Gruppenvertretung** anordnen (dazu § 161 Rn. 21 ff.).

b) Eintrittsrecht, Vermächtnis

Nicht um Fälle einer Sondernachfolge handelt es sich bei einem im Gesellschaftsvertrag vorgesehenen oder sich daraus durch Auslegung[2] (Rn. 5 a.E.) ergebenden **Eintrittsrecht** zugunsten eines nicht aufgrund Erbrechts berufenen Nachfolgers in die Gesellschafterstellung. Dieser erwirbt die Mitgliedschaft nur mit der Ausübung seines Rechts (§ 139 Rn. 8).

Auch der **Vermächtnisnehmer** wird Gesellschafter erst nach Durchsetzung seines schuldrechtlichen Anspruchs aus dem Vermächtnis gegen den Erben, der zunächst die Beteiligung erwirbt[3] (§ 139 Rn. 10 f.).

c) Vor- und Nacherbfolge

Keine Besonderheiten ergeben sich im Fall einer Vor- und Nacherbfolge, bei der sich der Anteilsübergang ebenfalls nach den **Regeln der Sondererbfolge** vollzieht (§ 139 Rn. 13 ff.). Obwohl der Nacherbe erbrechtlich Rechtsnachfolger des Erblassers ist (§§ 2100, 2139 BGB), ist er gesellschaftsrechtlich für den Bereich des § 173 als Nachfolger des Vorerben zu behandeln[4].

d) Geltung der Regeln zum Recht der OHG

Wegen der Einzelheiten der Gesellschafternachfolge von Todes wegen wird auf die Erläuterungen zum Recht der OHG verwiesen werden (vgl. dazu bei § 139).

2. Testamentsvollstreckung am Kommanditanteil

Die lange Zeit umstritten gewesene Frage, ob der erebte Kommanditanteil der Testamentsvollstreckung unterliegen kann, ist heute im bejahenden Sinne geklärt.

---

1 *Ebenroth/Boujong/Joost/Strohn*, § 177 Rn. 8; *Baumbach/Hopt*, § 177 Rn. 3, § 139 Rn. 14; dazu auch *Ivo*, ZEV 2004, 499 ff.
2 Vgl. z.B. BGH v. 25.5.1987 – II ZR 195/86, WM 1987, 981 f.
3 *Baumbach/Hopt*, § 177 Rn. 3.
4 *Staub/Schilling*, § 177 Rn. 9.

a) OHG- und Komplementäranteil

12 Demgegenüber war eine Testamentsvollstreckung am **Anteil eines persönlich haftenden Gesellschafters** in einer **werbenden Gesellschaft** nach bisheriger h.M. für unzulässig gehalten worden. Doch ist auch insoweit nunmehr von der Zulässigkeit einer Testamentsvollstreckung auszugehen, die sich aber auf die vermögensrechtlichen Ansprüche aus der Mitgliedschaft beschränkt (vgl. § 139 Rn. 16).

b) Kommanditanteil

13 Rechtsprechung[1] und heutige h.L.[2] gehen nunmehr einhellig von der **Möglichkeit einer Testamentsvollstreckung** (i.S. einer Verwaltungsvollstreckung) **am Kommanditanteil** aus. Die Nachlasszugehörigkeit des Kommanditanteils ist dabei anerkannt (vgl. § 139 Rn. 4). Die frühere Rechtsprechung hatte diese Möglichkeit noch durchweg verneint[3]. Dann hatte sich jedoch der für Fragen des Erbrechts zuständig gewesene IVa-Zivilsenat des BGH, der schon zuvor[4] den Kommanditanteil ungeachtet der eintretenden Sondernachfolge als Bestandteil des Nachlasses eingeordnet hatte, die Zulässigkeit der Testamentsvollstreckung am Kommanditanteil hinsichtlich seiner „Außenseite" (d.h. ohne die mitgliedschaftlichen Verwaltungs- und Kontrollrechte) bejaht[5]. Mit teilweise anderem Ansatz und ohne Übernahme der Differenzierungen des IVa-Senats hat sich sodann auch der für das Gesellschaftsrecht zuständige II. Zivilsenat des BGH für die Möglichkeit der Testamentsvollstreckung ausgesprochen[6].

14 Ungeachtet der grundsätzlichen Möglichkeit einer Testamentsvollstreckung am Kommanditanteil setzt diese allerdings eine **Zulassung im Gesellschaftsvertrag** oder eine sonstige Zustimmung der Gesellschafter voraus[7] (eingehend dazu § 139 Rn. 16).

c) Anteilsvererbung an einen Gesellschafter

15 Kommt es zur Anteilsvererbung an einen bereits der Gesellschaft angehörenden Gesellschafter und damit zu einer **Vereinigung der beiden Anteile**, so steht der Grundsatz der Einheitlichkeit der entstehenden Beteiligung einer

---

1 BGH v. 4.5.1983 – IVa ZR 229/81, WM 1983, 672, 673; BGH v. 3.7.1989 – II ZB 1/89, BGHZ 108, 187, 195; OLG Hamm v. 6.11.2001 – 27 U 64/01, NJW-RR 2002, 729.
2 *Ebenroth/Boujong/Joost/Strohn*, § 177 Rn. 17; MünchKommHGB/*K. Schmidt*, § 177 Rn. 24; *Baumbach/Hopt*, § 177 Rn. 5 und § 139 Rn. 24 ff.
3 RGZ 172, 199, 203; BGH v. 8.10.1953 – IV ZR 248/52, LM § 105 HGB Nr. 6; allgemein für den Personengesellschaftsanteil: BGH v. 24.11.1980 – II ZR 194/79, WM 1981, 140, 141.
4 BGH v. 4.5.1983 – IVa ZR 229/81, NJW 1983, 2376, 2377.
5 BGH v. 14.5.1986 – IVa ZR 155/84, BGHZ 98, 48, 57.
6 BGH v. 3.7.1989 – II ZB 1/89, BGHZ 108, 187, 195.
7 BGH v. 10.2.1977 – II ZR 120/75, BGHZ 68, 225, 239 ff.; BGH v. 25.2.1985 – II ZR 130/84, NJW 1985, 1953, 1954; BGH v. 3.7.1989 – II ZB 1/89, BGHZ 108, 187, 191; *Ebenroth/Boujong/Joost/Strohn/Lorz*, § 139 Rn. 69 und § 177 Rn. 18; MünchKommHGB/*K. Schmidt*, § 139 Rn. 48.

Testamentsvollstreckung am ererbten Anteil nicht unbedingt entgegen[1]; vielmehr lässt die Rechtsprechung insoweit eine Ausnahme von diesem Grundsatz zu und erkennt – trotz der Vereinigung der Anteile in einer Hand – in Bezug auf die Testamentsvollstreckung ein selbständiges Fortbestehen dieser Anteile an (siehe auch § 105 Rn. 5)[2]. Ohne eine solche Rechtskonstruktion wäre die Testamentsvollstreckung in dem Fall, dass der Erbe bereits vor dem Erbfall Gesellschafter war, nicht möglich, denn die Testamentsvollstreckung würde wegen der gesellschaftsrechtlichen Vereinigung der Anteile mehr als den Nachlass (nämlich auch den bereits zuvor bestehenden Gesellschaftsanteil) erfasse[3].

d) Befugnisse des Testamentsvollstreckers

Der Testamentsvollstrecker ist in seinen Befugnissen auf die **vermögensrechtlichen Ansprüche** aus dem seiner Verwaltung unterliegenden Anteil beschränkt (§ 139 Rn. 16). Die sonstigen Gesellschafterrechte, die der mitgliedschaftlichen Sphäre des Gesellschafter-Erben zuzuordnen sind, unterliegen nicht seinen Verwaltungsbefugnissen. Insoweit hat er nicht das Recht, an der Regelung der inneren Angelegenheiten der Gesellschaft mitzuwirken[4]. 16

Frei. 17

g) Eintragungen im Handelsregister

Für das Handelsregister ist die **Testamentsvollstreckung** eine eintragungsfähige Tatsache; sie wird auch als **eintragungspflichtig** anzusehen sein[5]. Der Testamentsvollstrecker ist dafür zuständig, den durch Erbgang eingetretenen Gesellschafterwechsel anzumelden[6]. Auch für **Eintragungen anderer Art** hat der Testamentsvollstrecker entsprechend der Reichweite seiner **Kompetenzen** (Rn. 16) grundsätzlich anstelle des Kommanditisten bei der Anmeldung mitzuwirken[7]. Streitig ist dagegen, ob auch der Erbe anmeldeberechtigt ist[8]. 18

---

1 BGH v. 10.1.1996 – IV ZB 21/94, ZIP 1996, 327, 330; anders noch BGH v. 11.4.1957 – II ZR 182/55, BGHZ 24, 106, 113; BGH v.10.2.1977 – II ZR 120/75, BGHZ 68, 225, 239; vgl. hierzu auch *Wiedemann*, FS Zöllner, 1998, S. 605, 646 ff.
2 BGH v. 14.5.1986 – IVa ZR 155/84, BGHZ 98, 48 (Vereinigung von OHG-Anteilen in einer Hand); ausdrücklich offen gelassen durch BGH v. 3.7.1989 – II ZR 1/89, NJW 1989, 3152, 3155.
3 *Ebenroth/Boujong/Joost/Strohn*, § 177 Rn. 21.
4 BGH v. 12.1.1998 – II ZR 23/97, ZIP 1998, 383, 384; siehe auch BGH v. 10.1.1996 – IV ZB 21/94, ZIP 1996, 327, 329.
5 Dafür MünchKommHGB/*K. Schmidt*, § 177 Rn. 37, auch § 139 Rn. 51b; *Ulmer*, NJW 1990, 73, 82; offengeblieben in BGH v. 3.7.1989 – II ZB 1/89, BGHZ 108, 187, 190; verneinend KG v. 4.7.1995 – 1 W 5374/92, WM 1995, 1890, 1891.
6 BGH v. 3.7.1989 – II ZB 1/89, BGHZ 108, 187, 190; auch KG v. 3.7.1991 – 1 W 3124/88, NJW-RR 1991, 835 ff.
7 BGH v. 3.7.1989 – II ZB 1/89, BGHZ 108, 187, 190.
8 Dafür *Staub/Schilling*, § 177 Rn. 20; dagegen *Ulmer*, NJW 1990, 73, 82; ausdrücklich offen gelassen von BGH v. 3.7.1989 – II ZR 1/89, NJW 1989, 3152, 3153.

g) Ersatzlösungen

19 Ist eine Testamentsvollstreckung gesellschaftsvertraglich nicht zugelassen oder soll der Testamentsvollstrecker über seine gesetzlichen Befugnisse hinaus weitere Rechte wahrnehmen, kann praktischen Bedürfnissen u.U. durch Ersatzlösungen Rechnung getragen werden. Hier gilt das zu § 139 Rn. 17 ff. Ausgeführte.

3. Nachlassverwaltung, Nachlassinsolvenzverfahren

20 Nachlassverwaltung (§§ 1975 ff. BGB) und Nachlassinsolvenzverfahren (§§ 315 ff. InsO) erfassen nur die aus der Kommanditbeteiligung herzuleitenden Vermögensrechte, so die Ansprüche auf das künftige Auseinandersetzungs- oder Abfindungsguthaben sowie auf Gewinn[1], erstrecken sich aber nicht auf den Anteil als solchen sowie auf die persönliche Rechtsstellung des Gesellschafters[2].

21 Nach dem BGH[3] soll ein Nachlassinsolvenzverfahren nicht die gleichen Folgen wie ein allgemeines Insolvenzverfahren über das Vermögen eines Gesellschafters (vgl. insoweit § 131 Abs. 3 S. 1 Nr. 3) nach sich ziehen. Hier spricht aber mehr für die gegenteilige Auffassung (vgl. § 131 Rn. 32)[4].

4. Haftung des Erben

21a Der Erbe tritt kraft Gesetzes in die Rechtsstellung des Erblassers als Kommanditist ein. Der Erbe des verstorbenen Kommanditisten haftet gesellschaftsrechtlich nach § 173 (§§ 171, 172) (dazu § 173 Rn. 23 ff.) und erbrechtlich nach Maßgabe der §§ 1967, 2058 ff. BGB (§ 173 Rn. 29).

III. Auflösung und Nachfolge von Todes wegen in der GmbH & Co. KG

1. Die typische GmbH & Co. KG

a) Auflösungstatbestände

22 Die Frage, ob bereits die Auflösung der Komplementär-GmbH (und nicht erst ihre Vollbeendigung) auch zur Auflösung der GmbH & Co. KG führt, hat der BGH[5] im verneinenden Sinne entschieden. Dem ist das OLG Hamburg[6] auch für den Fall der Auflösung der GmbH nach Art. 12 § 1 Abs. 1 GmbHÄndG 1980 mangels der gebotenen Anhebung des Stammkapitals auf 50000 DM beigetreten. Zur Auflösung der Komplementär-GmbH nach § 60

---

1 BGH v. 30.3.1967 – II ZR 101/65, BGHZ 47, 293, 296; BGH v. 30.4.1984 – II ZR 293/83, BGHZ 91, 132, 136 f.
2 *Ebenroth/Boujong/Joost/Strohn*, § 177 Rn. 14.
3 BGH v. 30.4.1984 – II ZR 293/83, BGHZ 91, 132, 135.
4 MünchKommHGB/*K. Schmidt*, § 131 Rn. 73; *Baumbach/Hopt*, § 131 Rn. 22; a.A. *Ebenroth/Boujong/Joost/Strohn/Lorz*, § 131 Rn. 47; *Ebenroth/Boujong/Joost/Strohn*, § 177 Rn. 14.
5 BGH v. 8.10.1979 – II ZR 257/78, BGHZ 75, 178, 181 f.
6 OLG Hamburg v. 13.3.1987 – 11 U 184/86, WM 1987, 720, 721.

Abs. 1 Nr. 5 GmbHG wegen Nichteröffnung des Insolvenzverfahrens mangels Masse vgl. § 131 Rn. 25.

Anders ist es bei einer Löschung nach § 141a FGG (künftig § 394 Abs. 4 FamFG) wegen **Vermögenslosigkeit der GmbH**, da mit ihr die Rechtsfähigkeit der persönlich haftenden Gesellschafterin betroffen ist[1]. Es tritt dann eine Auflösung wegen Wegfalls der alleinigen Komplementärin ein. Gehört in einem solchen Fall nur ein Kommanditist der KG an, so erlischt diese aufgrund eintretender Vollbeendigung[2]. 23

Die **Ablehnung einer Eröffnung des Insolvenzverfahrens bei der KG** mangels Masse löst die Gesellschaft auf (§ 131 Abs. 2 S. 1 Nr. 1). Darüber hinaus kommt es zur Auflösung der Gesellschaft, wenn die **Gesellschaft** nach § 141a FGG (§ 394 FamFG) **als vermögenslos** im Handelsregister **gelöscht** wird (§ 131 Abs. 2 S. 1 Nr. 2). 24

Zu der Frage, welchen Einfluss die sich auf die Komplementär-GmbH beziehenden **Umwandlungstatbestände** der Verschmelzung und der Spaltung (§§ 2, 123 UmwG) hätten, vgl. § 131 Rn. 19 f. Eine die GmbH betreffende Aufspaltung würde auch hier eine Aufteilung der Komplementärbeteiligung zur Folge haben. 25

b) Liquidatoren der GmbH & Co. KG

Für die Liquidation der GmbH & Co. KG ist durch Gesellschaftsvertrag abweichend von § 146 Abs. 1 vielfach allein die **Komplementär-GmbH** vorgesehen. Im Übrigen gelten keine Besonderheiten für die Abwicklung. 26

c) Vererblichkeit der GmbH-Beteiligung, Testamentsvollstreckung

Hinsichtlich der Gesellschafternachfolge von Todes wegen ergibt sich die Vererblichkeit des GmbH-Anteils aus § 15 Abs. 1 GmbHG. Es besteht Übereinstimmung darüber, dass der Anteil in den Nachlass fällt und an ihm eine Testamentsvollstreckung zulässig ist[3]. 27

2. Publikumsgesellschaft

a) Kündigung kraft Sonderrechts

Das Sonderrecht der Publikumsgesellschaft führt zu einer Zurückdrängung des Rechts auf Auflösung der Gesellschaft im Klagewege (vgl. insoweit §§ 131 Abs. 1 Nr. 4, 133). Der Gesellschafter hat bei einem wichtigen 28

---

1 *Lutter/Hommelhoff/Kleindiek*, § 60 GmbHG Rn. 17; *Baumbach/Hueck/Schulze-Osterloh/Zöllner*, Anh. § 77 GmbHG Rn. 16.
2 BGH v. 29.9.1981 – VI ZR 21/80, NJW 1982, 238.
3 *Priester*, GmbHR 1981, 206.

Grund, der ihm das Verbleiben in der Gesellschaft unzumutbar macht, regelmäßig nur das Recht zur **fristlosen Kündigung der Mitgliedschaft** (vgl. dazu § 161 Rn. 111, 120).

29 Betrifft der wichtige Grund indes alle Gesellschafter gleichermaßen (z.B. die Unerreichbarkeit des verfolgten Zweckes), so ist die Gewährung eines individuellen Austrittsrechts sachwidrig. Hier ist jeder der Gesellschafter wieder auf die Auflösungsklage verwiesen (§ 161 Rn. 114).

b) Massenaustritt

30 Nach dem OLG Stuttgart[1] kann die Auflösung einer Publikumsgesellschaft auch bei einem Massenaustritt fast aller Gesellschafter eintreten.

c) „Gesplittete" Einlagen in der Liquidation

31 Ist der Anleger ohne einen Kommanditanteil (oder neben einem solchen) mit einer **stillen Einlage**, die Teil der Kapitalgrundlage der Gesellschaft ist, beteiligt, so werden noch nicht geleistete stille Einlagen auch in der Liquidation wie ausstehende Pflichteinlagen behandelt und müssen erforderlichenfalls noch erbracht werden (vgl. § 161 Rn. 141, 143).

d) Liquidatoren der Publikumsgesellschaft

32 Für die Liquidation der Publikumsgesellschaft kommt auch ohne ausdrückliche Regelung im Gesellschaftsvertrag in Betracht, abweichend von den §§ 146 Abs. 1, 161 Abs. 2 nicht sämtliche Gesellschafter, sondern nur die **Komplementär-GmbH** als zur Liquidatorin berufen anzusehen[2].

§ 177a
Geschäftsbriefe; Zahlungsunfähigkeit und Überschuldung

Die §§ 125a und 130a gelten auch für die Gesellschaft, bei der ein Kommanditist eine natürliche Person ist, § 130a jedoch mit der Maßgabe, dass anstelle des Absatzes 1 Satz 4 der § 172 Abs. 6 Satz 2 anzuwenden ist. Der in § 125a Abs. 1 Satz 2 für die Gesellschafter vorgeschriebenen Angaben bedarf es nur für die persönlich haftenden Gesellschafter der Gesellschaft.

Schrifttum: Vgl. die Angaben zu den §§ 125a und 130a.

---

[1] OLG Stuttgart v. 24.5.1982 – 5 U 187/81, BB 1983, 12, 13 f.
[2] *Scholz/K. Schmidt*, § 66 GmbHG Rn. 54.

1. Gegenstand der Vorschrift

§ 177a ist 1976 durch das Erste Gesetz zur Bekämpfung der Wirtschaftskriminalität eingeführt worden und hat seine gegenwärtige Fassung durch das HRefG erhalten. Der Gesetzeswortlaut ist durch das **MoMiG** an die Änderungen des § 130a und den Wegfall des § 130b angepasst worden.

Sind an der KG keine natürlichen Personen beteiligt, ist § 177a für die Anwendung der §§ 125a und 130a nicht erforderlich. Vielmehr greifen in diesen Fällen die §§ 125a und 130a bereits über die Verweisungsnorm des § 161 Abs. 2 ein[1]. § 177a S. 1 stellt zunächst klar, dass die §§ 125a und 130a auch für die Fälle gelten, wenn der KG natürliche Personen als Kommanditisten angehören. Gemeint sind damit vor allem die typischen Erscheinungsformen der **GmbH & Co. KG**.

Im Rahmen des Rechts der Kommanditgesellschaften soll nach § 177a S. 1 der § 130a jedoch nur mit der Maßgabe anwendbar sein, dass an die Stelle des § 130a Abs. 1 S. 4 die Vorschrift des **§ 172 Abs. 6 S. 2** tritt. Mit dieser Verweisung stellt der Gesetzgeber klar, dass es für den Anwendungsbereich des § 130a stets darauf ankommt, dass keine natürliche Person als (unbeschränkt) Komplementärin – auch nicht mittelbar über eine andere Personengesellschaft – an der KG beteiligt ist. Ob auf Seite der Kommanditisten natürliche Personen – ggf. mittelbar über eine Personengesellschaft – vorhanden sind, ist demgegenüber unerheblich.

Inhaltlich regelt die Vorschrift einerseits das Erfordernis bestimmter Angaben auf Geschäftsbriefen (§ 125a), andererseits Verhaltenspflichten in der Insolvenz (§ 130a Rn. 15, 17 ff.) der Gesellschaft (§ 130a).

2. Angaben auf Geschäftsbriefen

Für die gesetzestypische KG ist die Angabeverpflichtung auf Geschäftsbriefen und Bestellscheinen bereits über §§ 161 Abs. 2, 125a Abs. 1 S. 1 verbindlich. Dies gilt auch für die GmbH & Co. KG. § 177a S. 1 hat insoweit ausschließlich klarstellende Funktion. Erst aus § 177a S. 2 lässt sich herleiten, dass auf den Geschäftsbriefen der KG auch die Angaben zur Komplementär-GmbH oder AG nach Maßgabe des § 125a Abs. 1 S. 1 und 2 enthalten sein müssen. Im Umkehrschluss brauchen keine Angaben zur Kapitalgesellschaft gemacht werden, soweit diese als Kommanditistin an der KG beteiligt sind[2]. Der Gesetzgeber hat in § 177a darauf verzichtet, den § 125a Abs. 1 S. 3 – anders im Rahmen des § 130a, vgl. Rn. 2a – auszuschließen. In Teilen der Literatur[3] wird vertreten, § 125a Abs. 1 S. 3 gleichwohl durch § 172 Abs. 6 S. 2 zu ersetzen, denn es bestehe kein sachlicher Grund für eine unterschiedliche Behandlung.

---

1 MünchKommHGB/*K. Schmidt*, § 177a Rn. 3.
2 MünchKommHGB/*K. Schmidt*, § 177a Rn. 6; *Baumbach/Hopt*, § 177 Rn. 1.
3 *Ebenroth/Boujong/Joost/Strohn*, § 177a Rn. 2; a.A. MünchKommHGB/*K. Schmidt*, § 177a Rn. 7.

Es sind danach anzugeben: Rechtsform (KG), Sitz, zuständiges Registergericht, Eintragungsnummer sowie die Firmen der Komplementäre. Die Bezeichnung der Kommanditisten wird nicht verlangt. Vgl. im Übrigen die Erl. zu § 125a.

5 Die Neufassung von § 177a S. 2 durch das HRefG beruht auf der Einfügung von Abs. 1 S. 1 in § 125a.

3. Rechtspflichten in der Insolvenz

6 Die Insolvenzantragspflicht für den Normadressaten des § 177a (Rn. 2 und § 130a Rn. 4 ff.) ist durch das MoMiG – für Personenhandelsgesellschaften, in denen keine natürliche Person eine unbeschränkte Haftung trifft – nunmehr in § 15a InsO geregelt (dazu § 130a Rn. 8).

7 Inhaltlich erfasst § 177a in der Fassung durch das MoMiG nunmehr noch die Masseerhaltungspflicht nach § 130a Abs. 1 S. 1 (§ 130a Rn. 15), das Existenzvernichtungsverbot nach § 130a Abs. 1 S. 3 (dort Rn. 17 ff.) und die Schadensersatzhaftung nach § 130a Abs. 2 S. 1 (§ 130a Rn. 23).

8 Zu den Einzelheiten des § 130a vgl. die dortigen Erläuterungen. Im Falle einer gleichzeitigen Insolvenz der GmbH & Co. KG und ihrer Komplementär-GmbH wird für die letztere zugleich § 64 GmbHG einschlägig (vgl. § 130a Rn. 2).

§§ 178–229

(aufgehoben)

Dritter Abschnitt | Stille Gesellschaft

§ 230
Begriff der stillen Gesellschaft

(1) Wer sich als stiller Gesellschafter an dem Handelsgewerbe, das ein anderer betreibt, mit einer Vermögenseinlage beteiligt, hat die Einlage so zu leisten, dass sie in das Vermögen des Inhabers des Handelsgeschäfts übergeht.

(2) Der Inhaber wird aus den im Betriebe geschlossenen Geschäften allein berechtigt und verpflichtet.

Übersicht

	Rn.
A. Stille Gesellschaft	
I. Rechtsnatur und Wesen	
1. Rechtsbegriff der stillen Gesellschaft	
a) Gesetzliche Regelung	1
b) Wesensmerkmale	2
c) Gesellschaft	4
2. Gesellschaftsvertrag	
a) Abschluss, Form	8
b) Schenkung der Beteiligung	10
c) Geltung der allgemeinen Vertragsregeln	12
d) Fehlerhafte Gesellschaft	14
e) Vertretung beteiligter Verbände	15
f) Sonstige Vertretungsfragen	18
3. Gesellschafter	
a) Geschäftsinhaber	22
b) Stiller Gesellschafter	28
4. Einlage	
a) Beteiligung mit einer Einlage	30
b) Gegenstand der Einlage	32
c) Verbuchung der Einlage	37
d) Vermögensrechtliche Einordnung der Beteiligung	40
e) Übertragbarkeit der Beteiligung	46
5. Gewinnbeteiligung	48
6. Abgrenzung zu anderen Rechtsverhältnissen	
a) Innengesellschaften anderer Art	50
b) Treuhandverhältnisse	53
c) Partiarische Rechtsverhältnisse	56
aa) Dienstverhältnisse	57
bb) Gebrauchsüberlassungen	58
cc) Darlehen	59
7. Erscheinungsformen	
a) Möglichkeit zu unterschiedlicher Zweckverfolgung	64
b) Atypische stille Gesellschaft	66
c) Mehrgliedrige stille Gesellschaft	70
aa) Innenbeziehungen der Gesellschafter	71
bb) Neuaufnahme von Gesellschaftern	72
cc) Treuhändereinschaltung	73
dd) Anlegerschutz	73a
d) Verbindung mit einer Kommanditbeteiligung	74
e) Kapitalgesellschaft & Still	74a
II. Rechte und Pflichten der Gesellschafter	
1. Anzuwendende Rechtsvorschriften	
a) Subsidiäre Geltung der §§ 705 ff. BGB	75
b) Vorschriften des allgemeinen Schuldrechts	76
c) Konzernrecht	77a
2. Rechtsstellung des Geschäftsinhabers	
a) Geschäftsführungsbefugnis	78
b) Haftungsmaßstab	79
c) Wettbewerbsverbot	80
d) Aufwendungsersatz	81
e) Informationspflicht, Rechenschaft	82
3. Rechtsstellung des stillen Gesellschafters	
a) Einlageleistung	83
b) Wettbewerbsverbot	85
c) Sonstiges	86
III. Rechtsbeziehungen zu Dritten	
1. Keine Außenbeziehungen der stillen Gesellschaft	
a) Keine Handlungsfähigkeit	87
b) Verfahrensrecht	88

	Rn.
2. Haftung des stillen Gesellschafters	
a) Keine Außenhaftung	89
b) Besondere Haftungstatbestände	90
c) Pfändung des Einlagenanspruchs	91
IV. Grenzüberschreitende stille Gesellschaften	91a
B. Unterbeteiligung	
I. Voraussetzungen und Wesensmerkmale	
1. Begriff der Unterbeteiligung, Abgrenzungen	
a) Beteiligung an einem Gesellschaftsanteil	92
b) Gegenstand der Unterbeteiligung	95
c) Zweck der Unterbeteiligung	96
d) Beteiligung mit einer Einlage	97
e) Gewinnbeteiligung	98
f) Abgrenzung zu anderen Rechtsverhältnissen	99
2. Erscheinungsformen	
a) Möglichkeiten zur unterschiedlichen Zweckverfolgung	104
b) Atypische Unterbeteiligung	105
c) Mehrheit von Unterbeteiligten	106

	Rn.
d) Mehrheit von Hauptbeteiligten	107
II. Rechtsverhältnisse bei der Unterbeteiligung	
1. Der Unterbeteiligungsvertrag	
a) Vertragspartner	108
b) Mängel der Geschäftsfähigkeit	109
c) Fehlerhafte Gesellschaft	110
2. Rechtsstellung der Gesellschafter	111
a) Rechtsbeziehungen zur Hauptgesellschaft	112
b) Rechtsbeziehungen im Unterbeteiligungsverhältnis	116
aa) Geschäftsführung	117
bb) Wettbewerbsverbot	118
cc) Treuebindungen des Hauptbeteiligten	119
dd) Informationsrecht, Gewinnbeteiligung	120
ee) Haftung im Innenverhältnis	121
ff) Außenhaftung des Hauptbeteiligten	122
gg) Übertragbarkeit, Pfändbarkeit	123
c) Bilanzierung	123a
III. Grenzüberschreitende Unterbeteiligungen	124

Schrifttum: *Armbrüster/Joos,* Zur Abwicklung fehlerhafter stiller Beteiligungen, ZIP 2004, 189; *Bachmann/Veil,* Grenzen atypischer stiller Beteiligung an einer Aktiengesellschaft, ZIP 1999, 348; *Bayer/Riedel,* Kapitalbeteiligungen an Personengesellschaften und Anlegerschutz, NJW 2003, 2567; *Berninger,* Errichtung einer stillen Gesellschaft an einer Tochter-AG bei bestehendem Beherrschungs- und Gewinnabführungsvertrag zwischen Mutter- und Tochter-AG, DB 2004, 297; *Beuthien,* Die atypische stille Gesellschaft. Ein Weg zu mehr Eigenkapital für eingetragene Genossenschaften?, NZG 2003, 849; *Blaurock,* Handbuch der Stillen Gesellschaft, 6. Aufl. 2003; *Blaurock,* Die Limited & Still, in: Festschrift Westermann, 2008, S. 821; *Böttcher/Zartmann/Faut,* Stille Gesellschaft und Unterbeteiligung, 3. Aufl. 1978; *Brandes,* Die Rechtsprechung des BGH zur Gesellschaft bürgerlichen Rechts und zur stillen Gesellschaft, WM 1989, 1357; *Drygala,* Anwendbarkeit des AGB-Gesetzes auch auf Gesellschaftsverträge – eine Nebenwirkung der Richtlinie über missbräuchliche Klauseln in Verbraucherverträgen?, ZIP 1997, 968; *Rob. Fischer,* Fragen aus dem Recht der stillen Gesellschaft, JR 1962, 201; *Florstedt,* Der „stille Verband", 2007; *Gehrlein,* Anlegerschutz bei Verlust der Einlage aus fehlerhafter Gesellschaft – Abschied vom der fehlerhaften Gesellschaft, WM 2005, 1489; *Groh,* Der atypische stille Gesellschafter ist der typische stille Gesellschafter!, in: Festschrift Kruse, 2001, S. 377; *P. Hartmann,* Die stille Gesellschaft, 2. Aufl. 1974; *Hengeler,* Sogenannte Schenkung stiller Beteiligungen (Erwiderung), ZHR 147 (1983), 329; *Herrmann,* Sogenannte Schenkung stiller Beteiligungen, ZHR 147 (1983), 313; *Höötmann,* Die stille Gesellschaft als Finanzierungsalternative bei grenzüberschreitender Unternehmenstätigkeit, 2001; *Huber,* Vermögensanteil, Kapitalanteil und Gesellschaftsanteil an Personengesellschaften des Handelsrechts, 1970; *Jebens,* Die stille Beteiligung an einer Kapitalgesellschaft, BB 1996, 701; *Kessler/Eicke,* Die Limited – Fluch oder Segen für die Steuerberatung?, DStR 2005, 2101; *Kiethe,* Anlegerschutz in der fehlerhaften stillen Gesellschaft, DStR 2005, 924; *Klauss/Mittelbach,* Die stille Gesellschaft, 2. Aufl. 1980; *Koenigs,* Die stille Gesellschaft, 1961;

Kollhosser, Kredite als Eigenkapitalersatz bei stillen Kapitalbeteiligungen?, WM 1985, 929; *Mock*, Stille im MoMiG zur stillen Gesellschaft?, DStR 2008, 1645; *Mock*, Die grenzüberschreitende stille Gesellschaft, erscheint demnächst; *Post/Hoffmann*, Die stille Beteiligung am Unternehmen der Kapitalgesellschaft, 3. Aufl. 2004; *Priester*, Zusammentreffen von Gewinnabführungsvertrag und stiller Gesellschaft – Dissonanz oder Konkordanz?, in: Festschrift Raupach, 2006, S. 391; *Rasner*, Die atypische stille Gesellschaft, 1961; *Rohlfing*, Widerruf einer atypisch stillen Beteiligung und die so genannte fehlerhafte Gesellschaft, NZG 2005, 854; *Schäfer*, Der täuschungsbedingte Beitritt zur (Personen-)Gesellschaft und die Lehre vom fehlerhaften Verband – Vorrang von Schadenersatzansprüchen?, ZHR 170 (2006), 373; *K. Schmidt*, Die Vertragsparteien bei der stillen Beteiligung, DB 1976, 1705; *K. Schmidt*, Die Kreditfunktion der stillen Einlage, ZHR 140 (1976), 475; *K. Schmidt*, Das Vollstreckungs- und Insolvenzrecht der stillen Gesellschaft, KTS 1977, 1, 77; *K. Schmidt*, Konzernrechtliche Wirksamkeitsvoraussetzungen für typische stille Beteiligungen an Kapitalgesellschaften?, ZGR 1984, 295; *K. Schmidt*, Sozialansprüche und actio pro socio bei der „GmbH & Still", in: Festschrift Bezzenberger, 2000, S. 401; *Schneider/Reusch*, Die Vertretung und die Mitwirkung der Gesellschaft bei der Gründung einer GmbH & Still, DB 1989, 743; *Schön*, Die stille Beteiligung am Handelsgewerbe einer Kommanditgesellschaft, ZGR 1990, 220; *Schubert*, Die Lehre von der fehlerhaften Gesellschaft und das Haustürwiderrufsrecht, WM 2006, 1328; *Schulte/Wächter*, Atypische stille Beteiligungen und § 294 AktG – neue Fassung, alte Probleme?, GmbHR 2002, 189; *Schulze-Osterloh*, Das Recht der Unternehmensverträge und die stille Beteiligung an einer Aktiengesellschaft, ZGR 1974, 427; *Schulze zur Wiesche*, Die GmbH & Still, 4. Aufl. 2003; *Singhof/Seiler/Schlitt*, Mittelbare Gesellschaftsbeteiligungen, 2004; *H. Sudhoff/M. Sudhoff*, Stille Beteiligung an einer GmbH und die Umwandlung dieser Beteiligung, GmbHR 1984, 77; *Tettinger*, Die fehlerhafte stille Gesellschaft – Zivilrechtlicher Anlegerschutz durch bankrechtliche Erlaubnisvorbehalte?, DStR 2006, 849, 903; *Wahl*, Die Vermögenseinlage des atypischen stillen Gesellschafters in der Handelsbilanz und im Überschuldungsstatus der GmbH, GmbHR 1975, 169; *Wälzholz*, Die fehlerhafte stille Gesellschaft und deren Rückabwicklung, DStR 2003, 1533; *Weigl*, Anwendungs- und Problemfelder der stillen Gesellschaft, DStR 1999, 1568; *Weigl*, Zur Eintragungspflicht einer GmbH & Still im Handelsregister. GmbHR 2002, 778; *R. Weimar*, Die GmbH & Still im Fortschritt des Gesellschaftsrechts, ZIP 1993, 1509.

Für Vertragsmuster vgl. *Volhard*, in Hopt, Vertrags- und Formularbuch zum Handels-, Gesellschafts- und Bankrecht, 3. Aufl. 2007, II.F. Nr. 3–7.

Zur Unterbeteiligung: *Bilsdorfer*, Gesellschafts- und steuerrechtliche Probleme der Unterbeteiligung von Familienangehörigen, NJW 1980, 2785; *Blaurock*, Unterbeteiligung und Treuhand an Gesellschaftsanteilen, 1981; *Durchlaub*, Überlegungen zur Unterbeteiligung an Unternehmen, DB 1978, 873; *Esch*, Die Unterbeteiligung an Handelsgesellschaften, NJW 1964, 902; *Fichtelmann*, Gewinnauswirkungen bei Einräumung, Übertragung und Auflösung einer Unterbeteiligung, DB 1969, 629; *Friehe*, Die Unterbeteiligung bei Personengesellschaften, 1974; *W. Obermüller/M. Obermüller*, Die Unterbeteiligung im Bankgeschäft, in: Festschrift Werner, 1984, S. 607; *Paulick*, Die Unterbeteiligung in gesellschaftsrechtlicher und steuerrechtlicher Sicht, ZGR 1974, 253; *Roth/Thöni*, Treuhand und Unterbeteiligung, in: Festschrift 100 Jahre GmbHG, 1992, S. 245; *Schulze zur Wiesche*, Die Unterbeteiligung als Mitunternehmerschaft, DB 1974, 2225; *Thomsen*, Die Unterbeteiligung an einem Personengesellschaftsanteil, 1978; *Ulbrich*, Die Unterbeteiligungsgesellschaft an Personengesellschaftsanteilen, 1982; *U. Wagner*, Die Unterbeteiligung an einem OHG-Anteil, ZHR 141 (1977), 81.

A. Stille Gesellschaft

I. Rechtsnatur und Wesen

1. Rechtsbegriff der stillen Gesellschaft

a) Gesetzliche Regelung

1 Die Vorschriften für die stille Gesellschaft, die zuvor in den §§ 335 ff. enthalten waren, sind durch das BiRiLiG mit Wirkung ab 1.1.1986 als §§ 230 bis 237 nach vorn versetzt worden.

b) Wesensmerkmale

2 § 230 gibt zwar keine eigentliche Begriffsbestimmung der stillen Gesellschaft[1]; doch lassen sich anhand der gesetzlichen Regelung die **Merkmale** der stillen Gesellschaft bestimmen.

3 Danach handelt es sich um eine **gesellschaftsvertragliche** (d.h. auf die Förderung eines gemeinsamen Zweckes gerichtete) Verbindung zwischen dem **Inhaber eines Handelsgewerbes** und einem **stillen Gesellschafter**. Der stille Gesellschafter muss mit einer **Einlage** am Handelsgeschäft beteiligt sein, jedoch ohne Bildung eines gemeinschaftlichen Gesellschaftsvermögens; er muss ferner am **Unternehmensgewinn beteiligt** sein[2]. Zu den Erscheinungsformen siehe Rn. 104 ff.

c) Gesellschaft

4 Die stille Gesellschaft ist eine **Gesellschaft i.S.v. § 705 BGB**[3]. Die Beteiligten müssen sich daher zur Verfolgung eines gemeinsamen Zweckes zusammengeschlossen haben; anderenfalls handelt es sich nicht um eine stille Gesellschaft[4].

5 Ihrer Natur nach ist die stille Gesellschaft eine **Innengesellschaft**, da ein gesamthänderisches Gesellschaftsvermögen nicht gebildet wird[5]. Die Einlage des stillen Gesellschafters geht vielmehr in das Vermögen des Geschäftsinhabers über und dient dem Betrieb des Handelsgewerbes durch den Inhaber. Die Gesellschafter stehen daher lediglich in schuldrechtlichen Beziehungen zueinander. Das Bestehen einer stillen Gesellschaft schließt jedoch nicht aus, dass die Gesellschafter zur Erreichung des Gesellschaftszweckes an bestimmten Gegenständen ein gemeinsames Vermögen bilden können[6]. Dieses stellt dann aber nicht das Gesellschaftsvermögen dar. Die stille Ge-

---

1 Vgl. dazu MünchKommHGB/*K. Schmidt*, § 230 Rn. 1 f.; *Blaurock*, Handbuch der Stillen Gesellschaft, Rn. 4.1.
2 Siehe auch BGH v. 8.7.1976 – II ZR 34/75, WM 1976, 1030, 1031.
3 BGH v. 29.10.1952 – II ZR 16/52, BGHZ 7, 378, 382.
4 BFH v. 10.2.1978 – III R 115/76, WM 1978, 994.
5 Zur teilweise unterschiedlichen Betrachtung im Steuerrecht vgl. *Groh*, FS Kruse, 2001, S. 417 ff.
6 BGH v. 29.11.1952 – II ZR 15/52, BGHZ 8, 157, 160 f.

sellschaft ist schließlich auch nicht rechtsfähig und kann daher selbst keine Rechte und Pflichten begründen. Zur fehlenden Insolvenzfähigkeit siehe § 236 Rn. 1.

Die stille Gesellschaft ist **keine Handelsgesellschaft** i.S. des HGB. Sie kann daher auch nicht Träger eines Handelsunternehmens sein. Demgemäß treffen die Rechtswirkungen aus dem Betrieb des Handelsgewerbes, an dem sich der stille Gesellschafter beteiligt, allein den Geschäftsinhaber (§ 230 Abs. 2). Auch für eine Eintragung der stillen Gesellschaft in das Handelsregister ist kein Raum[1]. Soweit eine stille Beteiligung an einer AG nach den §§ 292, 294 AktG eine Eintragung in das Handelsregister erfordert (siehe Rn. 15), bedeutet auch das keine Eintragung der stillen Gesellschaft als solcher.

Dass die stille Gesellschaft keine Handelsgesellschaft ist, bedeutet nicht, dass der Abschluss des Gesellschaftsvertrages nicht für die Gesellschafter ein **Handelsgeschäft** i.S.d. **§§ 343 ff.** sein kann. Für den beteiligten Inhaber eines kaufmännischen Handelsgewerbes ist das nach § 343 immer der Fall; für den stillen Gesellschafter liegt es ebenso, wenn er Kaufmann ist und die stille Beteiligung zum Betrieb seines Handelsgewerbes gehört (vgl. § 344 Abs. 1).

2. Gesellschaftsvertrag

a) Abschluss, Form

Der Vertrag über die stille Beteiligung ist ein Gesellschaftsvertrag i.S.v. § 705 BGB. Er ist grundsätzlich formfrei und kann auch durch schlüssiges Verhalten abgeschlossen werden.

Formerfordernisse bestehen dann, wenn etwa die Leistung der Einlage an den Geschäftsinhaber Formvorschriften unterliegt (z.B. §§ 311b Abs, 1 BGB, 15 Abs. 4 GmbHG). Dies gilt ebenso, wenn sich der Geschäftsinhaber durch den Gesellschaftsvertrag verpflichtet, derartige Gegenstände bei der Auseinandersetzung der stillen Gesellschaft zu überlassen[2]. Der Formmangel hat im Zweifel die Nichtigkeit des gesamten Vertrages zur Folge, soweit nicht die jeweiligen Heilungstatbestände eingreifen[3].

b) Schenkung der Beteiligung

Wird dem stillen Gesellschafter die Beteiligung schenkweise zugewendet, sei es durch Abtretung einer bereits bestehenden Beteiligung durch den Rechtsvorgänger oder im Wege der Einbuchung durch den Geschäftsinhaber, so bedarf das Schenkungsversprechen nach **§ 518 Abs. 1 S. 1 BGB** der **Beur-**

---

1 Grundlegend zu den Folgen einer fehlenden Handelsregistereintragung *Westermann*, FS Ulmer, 2003, S. 657 ff.
2 Vgl. nur *Ebenroth/Boujong/Joost/Strohn/Gehrlein*, § 230 Rn. 22.
3 *Blaurock*, Handbuch der Stillen Gesellschaft, Rn. 9.24, 9.27.

kundung[1]. Dies gilt allerdings nicht für den Fall einer unentgeltlichen Zuwendung einer stillen Beteiligung als Ausstattung (§ 1624 BGB), die bei minderjährigen Kindern aber in der Regel ausscheidet[2].

11 Fehlt es an einer Beurkundung, so liegt bei der Abtretung einer bereits bestehenden Beteiligung der **Schenkungsvollzug** (§ 518 Abs. 2 BGB) in der Umbuchung der Beteiligung auf den neuen Berechtigten. Für eine Zuwendung durch Neubegründung einer stillen Beteiligung seitens des Geschäftsinhabers verneint die Rechtsprechung dagegen einen Schenkungsvollzug durch bloße Einbuchung[3]. Das überwiegende Schrifttum[4] hält die Einbuchung dagegen für einen wirksamen Vollzug der Schenkung.

c) Geltung der allgemeinen Vertragsregeln

12 Für den Inhalt des Gesellschaftsvertrages gelten die **allgemeinen rechtsgeschäftlichen Regeln**. So tritt die Nichtigkeit des Vertrages bei einem Verstoß gegen ein **gesetzliches Verbot** (§ 134 BGB) ein. Dies ist insbesondere bei einer stillen Beteiligung an einer Apotheke (§§ 8 S. 2, 12 ApothG)[5], bei einem Inkassounternehmen (§ 1 RBerG)[6], bei einer Prozessfinanzierung (§ 203 Abs. 1 Nr. 3 StGB)[7], bei einer Steuerberatungsgesellschaft oder einer Wirtschaftsprüfergesellschaft aber nur unter Umständen[8] der Fall. Wird einer der Gesellschafter im Vertrag auf **sittenwidrige Weise** übervorteilt, so ist nicht ohne Weiteres der gesamte Vertrag nach § 138 BGB nichtig, sondern vorbehaltlich des § 139 BGB nur die entsprechende Vertragsbestimmung[9]. Eine solche Übervorteilung ist aber nicht schon bei einer Unterbewertung der Sacheinlage eines stillen Gesellschafters zu sehen[10]. Schließlich sind auch insofern die kartellrechtlichen Grenzen zu beachten[11].

---

1 BGH v. 29.10.1952 – II ZR 16/52, BGHZ 7, 378, 379 f.; BGH v. 6.3.1967 – II ZR 189/65, WM 1967, 685; BFH v. 8.8.1979 – I R 82/76, BFHE 128, 457 = DB 1979, 2160.
2 BGH v. 6.3.1967 – II ZR 180/65, DB 1967, 1258; *Blaurock*, Handbuch der Stillen Gesellschaft, Rn. 9.30.
3 BGH v. 24.9.1952 – II ZR 136/51, BGHZ 7, 174, 177 sowie BGH v. 29.10.1952 – II ZR 16/52, BGHZ 7, 378, 380; unentschieden BFH v. 28.11.1973 – I R 101/72, BFHE 111, 85 = DB 1974, 365; offen lassend in BGH v. 2.7.1990 – II ZR 243/89, BGHZ 112, 40, 46.
4 Vgl. z.B. *Blaurock*, Handbuch der Stillen Gesellschaft, Rn. 6.24; weitere Nachweise bei MünchKommHGB/*K. Schmidt*, § 230 Rn. 99, dort aber in Rn. 100 ff. mit Recht differenzierend.
5 BGH v. 24.9.1979 – II ZR 95/78, BGHZ 75, 214, 217 f.; BGH v. 3.11.1982 – IVa ZR 47/81, WM 1982, 1439, 1440.
6 BGH v. 25.3.1974 – II ZR 63/72, BGHZ 62, 234, 240.
7 OLG Köln v. 29.11.2007 – 18 U 179/06, NJW 2008, 589, 591.
8 Vgl. zu den berufsrechtlichen Beteiligungsverboten MünchHdbGesR II/*Bezzenberger/Keul*, § 77 Rn. 6 ff.
9 BGH v. 8.4.1976 – II ZR 203/74, WM 1976, 1027, 1028.
10 BGH v. 12.2.1973 – II ZR 69/70, WM 1973, 900, 901.
11 MünchHdbGesR II/*Hoffmann/Doehner*, § 78 Rn. 1 ff.; *Singhof*, in Singhof/Seiler/Schlitt, Mittelbare Gesellschaftsbeteiligungen, 2004, Rn. 58.

Eine **Inhaltskontrolle** des Vertrages nach den §§ 305 ff. BGB findet aufgrund der Bereichsausnahme des § 310 Abs. 4 BGB **nicht** statt[1]. Dies gilt auch – unter Berücksichtigung der europarechtlichen Vorgaben in Form der Klauselrichtlinie (93/13/EWG) – dann, wenn es sich bei der stillen Beteiligung lediglich um eine Vermögensanlage ohne unternehmerische Befugnisse für den stillen Gesellschafter handelt[2]. Bei einer Vielzahl von Kapitalanlegern, die sich als stille Gesellschafter beteiligen (vgl. Rn. 70), unterliegen die abgeschlossenen Verträge jedoch den für Publikumsgesellschaften geltenden Regeln zur Auslegung und Inhaltskontrolle, die weitgehend einer Kontrolle nach den §§ 305 ff. BGB entspricht[3].

13

Schließlich kann der Abschluss des Gesellschaftsvertrages auch ein **Haustürgeschäft** nach § 312 Abs. 1 BGB sein. Ein dafür erforderliches entgeltliches Geschäft liegt aber nur dann vor, wenn bei der stillen Beteiligung nicht die Mitgliedschaft in der Innengesellschaft, sondern eine Kapitalanlage im Vordergrund steht[4]. Zudem kann es sich beim Abschluss des Gesellschaftsvertrags um ein **Fernabsatzgeschäft** handeln (§ 312b Abs. 1 S. 1 BGB), wenn die stille Beteiligung als Finanzdienstleistung vermittelt wurde. Trotz der Anwendung der Verbraucherschutzvorschriften und deren europarechtlichen Vorgaben[5] erfolgt eine Abwicklung des Beteiligungsverhältnisses nach der bisherigen Rechtsprechung[6] nur nach den Grundsätzen über die fehlerhafte Gesellschaft (siehe Rn. 14 ff.).

13a

d) Fehlerhafte Gesellschaft

Ist der Gesellschaftsvertrag aus förmlichen oder sachlichen Gründen unwirksam, so gelten nach ständiger Rechtsprechung die Grundsätze der fehlerhaften Gesellschaft, und zwar unabhängig davon, ob es sich um eine typische oder eine atypische stille Gesellschaft handelt[7]. So ist es auch bei der

14

---

1 BGH v. 10.10.1994 – II ZR 32/94, BGHZ 127, 176, 183 ff.; *Ebenroth/Boujong/Joost/Strohn/Gehrlein*, § 230 Rn. 41; abweichend für die typisch stille Gesellschaft MünchKommHGB/*K. Schmidt*, § 230 Rn. 124.
2 *Drygala*, ZIP 1997, 968, 971; *Singhof*, in Singhof/Seiler/Schlitt, Mittelbare Gesellschaftsbeteiligungen, 2004, Rn. 56; a.A. aber OLG Oldenburg v. 20.5.1999 – 1 U 24/99, NZG 1999, 896, 897; KG v. 17.9.1997 – Kart U 1885/97, WM 1999, 731, 733.
3 BGH v. 27.11.2000 – II ZR 218/00, ZIP 2001, 243, 244; MünchKommHGB/*K. Schmidt*, § 230 Rn. 125.
4 BGH v. 29.11.2004 – II ZR 6/03, ZIP 2005, 254, 255; grundlegend BGH v. 18.10.2004 – II ZR 352/02, NZG 2005, 35 ff. (jeweils für einen Beitritt zu einem geschlossenen Immobilienfonds); vgl. auch MünchKommHGB/*K. Schmidt*, § 230 Rn. 126.
5 Zur Vereinbarkeit dieser Beschränkung mit den europarechtlichen Vorgaben des Haustürwiderrufsrechts vgl. *Schubert*, WM 2006, 1328, 1329 f.
6 Vgl. aber BGH, Vorlagebeschluss im Rahmen eines Vorabentscheidungsverfahrens an den EuGH v. 5.5.2008 – II ZR 292/06, NZG 2008, 460; für einen Vorrang des Verbraucherschutz OLG München v. 23.11.2006 – 8 U 3479/06, NZG 2007, 255 als Vorinstanz.
7 BGH v. 29.11.1952 – II ZR 15/52, BGHZ 8, 157, 167 f.; BGH v. 29.6.1970 – II ZR 158/69, BGHZ 55, 5, 7 ff.; BGH v. 26.9.1992 – II ZR 284/91, ZIP 1992, 1552, 1554; BGH v. 19.7.2004 – II ZR 354/02, DStR 2004, 1799; BGH v. 29.11.2004 – II ZR 6/03,

Nichtigkeit einzelner Vertragsregelungen, soweit sie zur Gesamtnichtigkeit des Vertrages führen[1]. Anders ist es hingegen, wenn im Falle einer Nichtigkeit nach § 134 BGB das öffentliche Interesse einer Anerkennung des Gesellschaftsverhältnisses entgegensteht; dann müssen die jeweils erbrachten Leistungen nach Bereicherungsrecht abgerechnet werden[2]. Für die Anwendung der Grundsätze der fehlerhaften Gesellschaften bedarf es eines fehlerhaften Vertragsschlusses und einer Invollzugsetzung der stillen Gesellschaft. Letzteres ist schon dann anzunehmen, wenn der stille Gesellschafter seine Einlage leistet[3]. Ebenso ist in diesem Zusammenhang unbeachtlich, dass die Begründung einer stillen Gesellschaft an einer Aktiengesellschaft einen Teilgewinnabführungsvertrag nach § 292 AktG darstellt (Rn. 17), der erst mit Zustimmung der Hauptversammlung und Handelsregistereintragung wirksam wird, da diese keine Voraussetzungen für den Vollzug im Sinne der Grundsätze der fehlerhaften Gesellschaft sind[4]. Insofern reicht die Erbringung der Einlage. Schließlich dürfen keine **höherrangigen Interessen Einzelner oder der Allgemeinheit** entgegenstehen, was jedenfalls bei nicht voll geschäftsfähigen Personen[5], nicht aber bei Gesetzes- oder Sittenverstößen[6] – sofern sich diese nicht auf den Gesellschaftszweck beziehen (Rn. 12) –, einer Täuschung[7] oder Verbraucherschutzvorschriften (Rn. 13a) der Fall ist.

14a Die stille Gesellschaft ist als Folge nur noch mit einer *ex-nunc*-Wirkung kündbar, so dass es zu einer **Auseinandersetzung** kommt, die sich nach der gesellschaftsrechtlichen Liquidationsvorschrift des § 235 und nicht nach Bereicherungsrecht richtet (§ 235 Rn. 4 ff.). Die stille Gesellschaft ist daher für die Vergangenheit voll wirksam, so dass der stille Gesellschafter die versprochene Beiträge noch zu entrichten hat und bis zum Zeitpunkt seines Ausscheidens an den Gewinnen und Verlusten der Gesellschaft teilnimmt[8]. Die

---

ZIP 2005, 254, 255; BGH v. 21.3.2005 – II ZR 149/03, ZIP 2005, 753, 755; BGH v. 21.3.2005 – II ZR 310/03, ZIP 2005, 759, 760; BGH v. 26.9.2005 – II ZR 314/03, ZIP 2005, 2060, 2062; zustimmend *Ebenroth/Boujong/Joost/Strohn/Gehrlein*, § 230 Rn. 31; *Baumbach/Hopt*, § 230 Rn. 11; jedenfalls für die atypische Gesellschaft MünchKommHGB/*K. Schmidt*, § 230 Rn. 128 ff.; hingegen nur auf eine verbandsinterne Binnenstruktur abstellend *Florstedt*, Der stille Verband, S. 137 f.
1 BGH v. 12.2.1973 – II ZR 69/70, WM 1973, 900, 901 f.
2 BGH v. 29.11.1952 – II ZR 15/52, BGHZ 8, 157, 167; BGH v. 25.3.1974 – II ZR 63/72, BGHZ 62, 234, 242; BGH v. 24.9.1979 – II ZR 95/78, BGHZ 75, 214, 217 f.
3 BGH v. 26.9.1992 – II ZR 284/91, ZIP 1992, 1552, 1554; BGH v. 29.11.2004 – II ZR 6/03, ZIP 2005, 254, 255; BGH v. 21.3.2005 – II ZR 310/03, ZIP 2005, 759, 760; BGH v. 21.3.2005 – II ZR 149/03, ZIP 2005, 753, 755; zustimmend *Ebenroth/Boujong/Joost/Strohn/Gehrlein*, § 230 Rn. 33.
4 BGH v. 14.12.1987 – II ZR 170/87, BGHZ 103, 1, 4 f.; BGH v. 11.11.1991 – II ZR 287/90, BGHZ 116, 37, 39 f.; BGH v. 5.11.2001 – II ZR 119/00, NJW 2002, 822; BGH v. 29.11.2004 – II ZR 6/03, ZIP 2005, 254, 255 f.
5 *Ebenroth/Boujong/Joost/Strohn/Gehrlein*, § 230 Rn. 35.
6 BGH v. 16.11.1981 – II ZR 213/80, NJW 1982, 877, 879; *Ebenroth/Boujong/Joost/Strohn/Gehrlein*, § 230 Rn. 36.
7 BGH v. 2.7.2001 – II ZR 304/00, BGHZ 148, 201, 207; BGH v. 19.12.1974 – II ZR 27/73, BGHZ 63, 338, 346.
8 BGH v. 6.2.1958 – II ZR 210/56, BGHZ 26, 330, 335; BGH v. 16.12.2002 – II ZR 109/01, BGHZ 153, 214, 221; BGH v. 21.7.2003 – II ZR 387/02, BGHZ 156, 46, 52 f.;

Organisation und die Willensbildung der Gesellschaft richten sich nach dem fehlerhaften Vertrag.

Allerdings schließt die Anwendung der Grundsätze der fehlerhaften Gesellschaft in der zweigliedrigen stillen Gesellschaft nicht einen nicht auf den Abfindungsanspruch begrenzten **Schadenersatzanspruch** des stillen Gesellschafters gegen den Geschäftsinhaber aus, wenn sich dieser aufgrund eines Prospektmangels, einer Verletzung der Aufklärungspflicht oder aus sonstigen Gründen schadensersatzpflichtig gemacht hat[1]. Dies gilt auch bei Fehlen einer ggf. notwendigen bankrechtlichen Genehmigung nach § 32 KWG[2]. Der Geschäftsinhaber muss sich ein Handeln seiner Organe nach § 31 BGB bzw. § 278 BGB zurechnen lassen[3]. Dem stehen auch nicht Erwägungen des Gläubigerschutzes entgegen, da es bei der stillen Gesellschaft an einem durch das Kapitalschutzsystem geschützten Gesellschaftsvermögen fehlt. Die Erfüllung des Schadenersatzanspruches des stillen Gesellschafters durch den Geschäftsinhaber erfüllt auch nicht den Anfechtungstatbestand des § 136 InsO, da dem Schadenersatzanspruch des stillen Gesellschafters keine Vereinbarung zur Aufhebung der Einlage zugrunde liegt[4]. Die Grundsätze der fehlerhaften Gesellschaften sperren allerdings anderweitige Ansprüche des stillen Gesellschafters auf Rückgewähr der Einlage. Soweit sich der geschädigte Anleger auf einen entsprechenden Schadenersatzanspruch beruft, kann er nicht mehr sein Auseinandersetzungsguthaben beanspruchen, da er sich nicht einerseits auf eine fehlende Wirksamkeit des Vertrags und andererseits auf dessen Wirksamkeit berufen kann[5]. Diese Grundsätze gelten allerdings nicht für die mehrgliedrige Gesellschaft[6].

14b

e) Vertretung beteiligter Verbände

Der **Vertragsschluss** vollzieht sich, wenn die stille **Beteiligung an einer Gesamthandsgesellschaft oder einer GmbH** begründet werden soll, seitens der Gesellschaft über die zu ihrer Vertretung berufenen Gesellschafter oder Or-

15

BGH v. 14.10.1991 – II ZR 212/90, WM 1992, 490, 491; vgl. auch *Ebenroth/Boujong/Joost/Strohn/Gehrlein*, § 230 Rn. 39; *Gehrlein*, WM 2005, 1489, 1491 ff.

1 BGH v. 19.7.2004 – II ZR 354/02, ZIP 2004, 1706, 1707; BGH v. 29.11.2004 – II ZR 6/03, ZIP 2005, 254, 255; BGH v. 21.3.2005 – II ZR 310/03, ZIP 2005, 759, 760; BGH v. 26.9.2005 – II ZR 314/03, ZIP 2005, 2060, 2062 f.; vgl. dazu *Bayer/Riedel*, NJW 2003, 2567, 2571 f.; *Kiethe*, DStR 2005, 924, 928 f.; *Rohlfing*, NZG 2003, 854, 857 ff.; a.A. aber *Armbrüster/Joos*, ZIP 2004, 189, 198; *Schäfer*, ZHR 170 (2006), 373, 386 f., der allerdings die Grundsätze der fehlerhaften Gesellschaft schon nicht auf die stille Gesellschaft anwenden will.
2 OLG Schleswig v. 11.7.2002 – 5 U 182/00, VuR 2002, 445; offen lassend BGH v. 21.3.2005 – II ZR 140/03, ZIP 2005, 753, 755; vgl. dazu ausführlich *Tettinger*, DStR 2006, 903, 906 ff.
3 BGH v. 19.7.2004 – II ZR 354/02, ZIP 2004, 1706, 1707 f.; BGH v. 21.3.2005 – II ZR 310/03, ZIP 2005, 759, 760 f.; BGH v. 26.9.2005 – II ZR 314/03, ZIP 2005, 2060, 2063; kritisch hierzu vor allem *Schäfer*, ZHR 170 (2006), 373, 383 ff.
4 Ebenso *Wälzholz*, DStR 2003, 1533, 1536 f.
5 BGH v. 21.3.2005 – II ZR 149/03, ZIP 2005, 753, 756 f.
6 Offen lassend BGH v. 29.11.2004 – II ZR 6/03, ZIP 2005, 254, 255; ebenso *Ebenroth/Boujong/Joost/Strohn/Gehrlein*, § 230 Rn. 39.

gane. Deren Vertretungsmacht deckt den Abschluss des Vertrages grundsätzlich ab[1]. In der Personenhandelsgesellschaft wird allerdings ein ungewöhnliches Geschäft i.S.d. §§ 116 Abs. 2, 164 vorliegen, so dass im Innenverhältnis ein Beschluss sämtlicher Gesellschafter erforderlich ist bzw. ein Widerspruchsrecht der Kommanditisten besteht. Bei der GmbH ist eine **Zustimmung der Gesellschafterversammlung** nach § 293 Abs. 1 AktG analog nicht notwendig, da die organschaftliche Vertretungsmacht nach § 35 GmbHG ausreichend ist[2]. Dies gilt auch dann, wenn der gesamte Gewinn der GmbH an den stillen Gesellschafter abgeführt wird oder auch nur im Vergleich mit der Einlage unangemessen hoch ist[3]. Etwas anderes gilt aber im Fall des Missbrauchs der Vertretungsmacht[4]. Eine Eintragung ins Handelsregister nach § 294 Abs. 2 AktG ist daher ebenfalls kein Wirksamkeitserfordernis[5]. Bei der Begründung einer stillen Gesellschaft handelt es sich auch nicht um ein außergewöhnliches Geschäft, so dass auch unter diesem Gesichtspunkt eine Zustimmung der Gesellschafter nicht notwendig ist[6]. Durch die bloße Beschlussfassung der Gesellschafterversammlung kann andererseits eine stille Gesellschaft noch nicht begründet werden[7].

16 Handelt es sich hingegen um eine **atypische Beteiligung** (dazu Rn. 66 ff.), so wird überwiegend zu Recht angenommen, dass der Vertragsschluss sowohl in der Personenhandelsgesellschaft als auch in der GmbH der Zustimmung aller Gesellschafter bedarf[8]. Dies ist nicht nur erst dann anzunehmen, wenn die stille Gesellschaft einem Beherrschungsvertrag gleichkommt[9].

17 Für eine stille **Beteiligung an einer AG** ist der Abschluss eines Unternehmensvertrages mit Zustimmung der Hauptversammlung i.S.d. §§ 292, 293 AktG und die Eintragung im Handelsregister (§ 294 Abs. 2 AktG) erforderlich[10]. Da es sich bei der Begründung einer stillen Beteiligung an einer Ak-

---

1 BGH v. 14.2.1957 – II ZR 190/55, WM 1957, 543, 544; BGH v. 18.10.1962 – II ZR 12/61, WM 1962, 1353, 1354.
2 MünchKommAktG/*Altmeppen*, § 292 Rn. 8, *Priester*, FS Raupach, 2006, S. 391, 400 f.; *K.Schmidt*, ZGR 1984, 295, 307 ff.; MünchKommHGB/*K. Schmidt*, § 230 Rn. 114; *U.H. Schneider/Reusch*, DB 1989, 713, 715 f.; *Westermann*, FS Ulmer, 2003, S. 657, 659; wohl auch LG Darmstadt v. 24.8.2004 – 8 O 96/04, ZIP 2005, 402, 404 f.; im Ergebnis ebenso OLG Frankfurt/Main v. 26.10.2000 – 1 U 65/99, NZG 2001, 270, 271; a.A. aber *Hachenburg/Ulmer*, Anh. zu. § 77 GmbHG Rn. 203 f.; *Schulte/Wächter*, GmbHR 2002, 189, 190; *Weigl*, GmbHR 2002, 778, 783 f.
3 **A.A.** aber *Jebens*, BB 1996, 701, 703.
4 MünchHdbGesR II/*Bezzenberger/Keul*, § 76 Rn. 76; *K.Schmidt*, ZGR 1984, 295, 307 ff.
5 BayObLG v. 18.2.2003 – 3Z BR 233/02, NJW-RR 2003, 908, 909.
6 **A.A.** aber *Priester*, FS Raupach, 2006, S. 391, 401.
7 OLG Frankfurt/Main v. 26.10.2000 – 1 U 65/99, NZG 2001, 270, 271.
8 *Blaurock*, Handbuch der Stillen Gesellschaft, Rn. 9.61; Ebenroth/Boujong/Joost/Strohn/*Gehrlein*, § 230 Rn. 28; *Heymann/Horn*, § 230 Rn. 26; *Priester*, FS Raupach, 2006, S. 391, 401; MünchKommHGB/*K. Schmidt*, § 230 Rn. 115.
9 So aber LG Darmstadt v. 24.8.2004 – 8 O 96/04, ZIP 2005, 402, 404.
10 BGH v. 21.7.2003 – II ZR 109/02, BGHZ 156, 38, 43; BGH v. 29.11.2004 – II ZR 6/03, ZIP 2005, 254, 255 f.; OLG Düsseldorf v. 12.7.1996 – 17 U 201/95, AG 1996, 473; OLG Celle v. 15.5.1996 – 9 U 41/95, AG 1996, 370 (für die atypische stille Beteiligung); *Staub/Zutt*, § 230 Rn. 58; *Blaurock*, FS Großfeld, 1999, S. 83 85 ff.;

tiengesellschaft um einen Teilgewinnabführungsvertrag und nicht um ein Genussrecht handelt, kommt den Aktionären der betroffenen Aktiengesellschaft auch kein Bezugsrecht nach §§ 221 Abs. 4 S. 2, 186 Abs. 3 S. 1, Abs. 4 AktG zu[1]. Im Unterschied zur stillen Gesellschaft zeichnet sich ein Genussrecht dadurch aus, dass es nur einen geldwerten Anspruch darstellt und gerade keine durch einen gemeinsamen Zweck charakterisierte gesellschaftsrechtliche Verbindung begründet[2].

Das Bestehen einer stillen Gesellschaft schließt den Abschluss eines **Gewinnabführungsvertrages** zwischen dem Geschäftsinhaber und einem Dritten nicht aus, da eine stille Beteiligung als Teilgewinnabführungsvertrag einzustufen ist und es sich insofern nur um einen schuldrechtlichen Austauschvertrag handelt[3]. Dies gilt ebenso für die typische wie für die atypische stille Gesellschaft[4]. Ebenso kann eine stille Gesellschaft auch beim Bestehen eines Gewinnabführungsvertrages zwischen dem Geschäftsinhaber und einem Dritten begründet werden, da die auf Grundlage der stillen Beteiligung geleisteten Zahlungen als Aufwendung bei Errechnung des aufgrund des Gewinnabführungsvertrages zu zahlenden Gewinnes in Abzug gebracht werden[5]. Der Gewinnabführungsvertrag bedarf in diesem Fall auch nicht einer Änderung oder Anpassung[6]. Etwas anderes wird nur dann anzunehmen sein, wenn durch die stille Beteiligung eine Gewinnbeteiligung in einem Umfang eingeräumt wird, dass der Gewinnabführungsvertrag trotz des Anspruchs auf den „ganzen" Gewinn faktisch ins Leere geht. Diese Situation kann auch nicht mit einer Verschlechterung der wirtschaftlichen Situation der abhängigen Gesellschaft verglichen werden, da die Eingehung einer stillen Gesellschaft insbesondere im Hinblick auf den Umfang der Gewinnbeteiligung durch die Beteiligten beeinflusst werden kann[7]. Die Regelung des § 307 AktG findet schließlich keine Anwendung[8].

17a

Die **Begründung einer stillen Gesellschaft an einem anderen Handelsgewerbe** ist von der organschaftlichen Vertretungsmacht umfasst, so dass es weder bei der GmbH noch bei der Aktiengesellschaft der Zustimmung der Gesellschafter- bzw. der Hauptversammlung bedarf.

17b

Bachmann/Veil, ZIP 1999, 348 ff.; *Ebenroth/Boujong/Joost/Strohn/Gehrlein*, § 230 Rn. 29; *K.Schmidt*, ZGR 1984, 295, 298 ff.; *Westermann*, FS Ulmer, 2003, S. 657, 662.
1 BGH v. 21.7.2003 – II ZR 109/02, BGHZ 156, 38, 42 f.; so auch schon *Hüffer*, § 221 AktG Rn. 27; KölnKommAktG/*Lutter*, § 221 AktG Rn. 232; a.A. *Habersack*, ZHR 155 (1991), 378, 394; MünchHdbGesR IV/*Krieger*, § 72 Rn. 18.
2 Vgl. ausführlich dazu KölnKommAktG/*Lutter*, § 221 AktG Rn. 232 m.w.Nachw.
3 *Priester*, FS Raupach, 2006, S. 391, 395 ff.
4 MünchKommAktG/*Altmeppen*, § 292 Rn. 66 f.; a.A. aber *Schulze-Osterloh*, ZGR 1974, 427, 450 ff.
5 *Priester*, FS Raupach, 2006, S. 391, 397 f.; a.A. aber *Berninger*, DB 2004, 297, 299.
6 *Priester*, FS Raupach, 2006, S. 391, 398 ff.; a.A. aber *Berninger*, DB 2004, 297, 299.
7 A.A. aber wohl *Priester*, FS Raupach, 2006, S. 391, 399 f.
8 OLG Düsseldorf v. 12.7.1996 – 17 U 201/95, AG 1996, 473.

f) Sonstige Vertretungsfragen

18 Hinsichtlich sonstiger Vertretungsfragen bei Abschluss des Gesellschaftsvertrages ist zu beachten:

19 Ist einer der Vertragsschließenden **nicht voll geschäftsfähig**, so ist regelmäßig die Einschaltung des gesetzlichen Vertreters nach den §§ 107, 108 BGB erforderlich. Hier gelten im Übrigen die Schranken des § 181 BGB[1]. Ein minderjähriger Geschäftsinhaber kann unter den Voraussetzungen des § 112 BGB einen stillen Gesellschafter ohne Zustimmung des gesetzlichen Vertreters wohl nur dann aufnehmen, wenn es sich um eine typische stille Beteiligung handelt[2]. Wenn dem Minderjährigen die Einlage vom Geschäftsinhaber schenkweise durch Einbuchung zur Verfügung gestellt wird und eine Verlustbeteiligung ausgeschlossen ist, handelt es sich um ein neutrales Geschäft; dieses bedarf daher nicht der Einwilligung der gesetzlichen Vertreter[3]. Soweit der gesetzliche Vertreter als Geschäftsinhaber bei einem Vertragsschluss über eine entgeltliche stille Beteiligung mitwirkt, ist dem Minderjährigen ein Ergänzungspfleger zu bestellen (§§ 1629 Abs. 2, 1795 BGB)[4]. Der gesetzliche Vertreter eines nicht voll geschäftsfähigen Geschäftsinhaber kann im Übrigen einem Vertragspartner eine stille Beteiligung nicht schenkweise zuwenden (§§ 1641, 1804 BGB).

20 Bei der Begründung stiller Gesellschaften durch einen minderjährigen Geschäftsinhaber bedarf es keiner **vormundschaftlichen Genehmigung**, da der Begründung einer stillen Gesellschaft kein Vertrag i.S.v. § 1822 Nr. 3 BGB zugrunde liegt[5]. Eine vormundschaftliche Genehmigung ist nur erforderlich, wenn die stille Einlage in der Einbringung eines in § 1821 Abs. 1 Nr. 5 BGB aufgeführten Gegenstandes besteht. Anders ist dies allerdings bei einer atypischen stillen Gesellschaft (Rn. 66 ff.) zu beurteilen[6]. Soweit der Minderjährige lediglich Gesellschafter des Geschäftsinhabers ist, bedarf die Begründung einer stillen Gesellschaft mit diesem Geschäftsinhaber durch Dritte keiner vormundschaftlichen Genehmigung, da der Vertrag von der Gesellschaft eingegangen wird[7].

21 Die Begründung einer stillen Gesellschaft durch einen Minderjährigen als stiller Gesellschafter bedarf jedenfalls dann einer vormundschaftlichen Ge-

---

1 Vgl. auch BGH v. 27.9.1972 – IV ZR 225/69, BGHZ 59, 236, 239 f.
2 MünchKommHGB/*K. Schmidt*, § 230 Rn. 108.
3 BGH v. 28.1.1957 – III ZR 155/55, JZ 1957, 382; Ebenroth/Boujong/Joost/Strohn/ Gehrlein, § 230 Rn. 26; MünchKommHGB/*K. Schmidt*, § 230 Rn. 108; BFH v. 9.7.1987 – IV R 95/85, NJW 1988, 1343, 1344: rechtlicher Nachteil bei unentgeltlicher Einbuchung nur bei Verlustbeteiligung; anders aber noch BFH v. 28.11.1973 – I R 101/72, BFHE 111, 85 = DB 1974, 365; vgl. auch insgesamt MünchHdbGesR II/ *Bezzenberger/Keul*, § 76 Rn. 51 ff.
4 BFH v. 9.7.1987 – IV R 95/85, NJW 1988, 1343, 1344.
5 *Rob. Fischer*, JR 1962, 201, 202; Ebenroth/Boujong/Joost/Strohn/Gehrlein, § 230 Rn. 27; *Baumbach/Hopt*, § 230 Rn. 8.
6 MünchKommHGB/*K. Schmidt*, § 230 Rn. 106; *Blaurock*, Handbuch der Stillen Gesellschaft, Rn. 9.46.
7 BGH v. 29.6.1970 – II ZR 158/69, DB 1971, 189.

nehmigung, wenn für den stillen Gesellschafter die Verlustbeteiligung nicht ausgeschlossen ist[1]. Die **Eingehung einer atypisch stillen Gesellschaft** muss dann konsequenterweise ebenso unter das Genehmigungserfordernis fallen[2].

3. Gesellschafter

a) Geschäftsinhaber

Der Geschäftsinhaber muss ein **Handelsgewerbe** betreiben und **Kaufmann** i.S.d. §§ 1 bis 6 – also einschließlich der Fälle des Scheinkaufmanns und des Formkaufmanns – sein[3]. Am Unternehmen eines Kleingewerbetreibenden ist eine stille Beteiligung möglich, wenn er gemäß § 2 im Handelsregister eingetragen ist[4]. Betreibt ein Kaufmann nach § 5 kein Handelsgewerbe, ist dies für die Anwendung der §§ 230 ff. unbeachtlich[5]. Fehlt es an diesen Voraussetzungen, so liegt keine stille Gesellschaft, sondern eine BGB-Innengesellschaft vor, für die allerdings die §§ 230 ff. als dem Willen der Vertragsschließenden konforme Regelungen analog herangezogen werden können[6]. Für stille Beteiligungen an ausländischen Rechtsformen und supranationalen Gesellschaftsformen vgl. Rn. 91a ff.

Als Geschäftsinhaber kommt auch eine **Genossenschaft** in Betracht. Dies gilt sowohl für die typische stille Gesellschaft als auch für die atypische stille Gesellschaft. Bei letzterer handelt es sich insbesondere nicht um eine unzulässige Gewinnauskehrung an Dritte oder eine Verletzung des genossenschaftlichen Förderzwecks (§ 1 GenG)[7].

Eine stille Gesellschaft ist auch möglich, wenn der Geschäftsinhaber eine **Vorgesellschaft** ist, die ein Handelsgewerbe betreibt und damit die Kaufmannseigenschaft nach § 1 hat[8].

---

1 BGH v. 28.1.1957 – III ZR 155/55, JZ 1957, 382; BFH v. 28.11.1973 – I R 101/72, BFHE 111, 85 = DB 1974, 365; OLG Hamm v. 22.1.1974 – 15 W 36/73, DB 1974, 424 f.; LG Bielefeld v. 25.10.1968 – 3a T 193/68, NJW 1969, 753, 754; ebenso *Blaurock*, Handbuch der Stillen Gesellschaft, Rn. 9.46; MünchKommHGB/*K. Schmidt*, § 230 Rn. 106; generell gegen ein Genehmigungserfordernis aber *Rob. Fischer*, JR 1962, 201, 202; *Ebenroth/Boujong/Joost/Strohn/Gehrlein*, § 230 Rn. 27; generell für ein Genehmigungserfordernis aber LG München II v. 6.11.1998 – 1 O 4221/98, NJW-RR 1999, 1018, 1019; *Baumbach/Hopt*, § 230 Rn. 8; *Staub/Zutt*, § 230 Rn. 65.
2 Vgl. nur MünchHdbGesR II/*Bezzenberger/Keul*, § 75 Rn. 10; MünchKommHGB/*K. Schmidt*, § 230 Rn. 106.
3 *Blaurock*, Handbuch der Stillen Gesellschaft, Rn. 5.2 ff.; ebenso MünchKommHGB/*K. Schmidt*, § 230 Rn. 19 unter Aufgabe der bisherigen Ansicht, das eine stille Beteiligung an einem Unternehmen schon für die Anwendung der §§ 230 ff. ausreichend sei.
4 *Blaurock*, Handbuch der Stillen Gesellschaft, Rn. 5.15.
5 MünchHdbGesR II/*Bezzenberger/Keul*, § 75 Rn. 6; MünchKommHGB/*K. Schmidt*, § 230 Rn. 21.
6 RG v. 3.2.1925 – II 17/24, Recht 1925 Nr. 467.
7 Ausführlich *Beuthien*, NZG 2003, 849 ff.; a.A. aber wohl *Schulte*, in Lang/Weidmüller, GenG, 35. Aufl. 2006, § 1 Rn. 101.
8 MünchHdbGesR II/*Bezzenberger/Keul*, § 75 Rn. 10; MünchKommHGB/*K. Schmidt*, § 230 Rn. 27.

24 Da eine **Erbengemeinschaft** das Handelsgewerbe des Erblassers weiter betreiben kann[1], kann sie auch Partner eines stillen Gesellschaftsvertrages sein[2].

25 Außer Frage steht, dass eine im Handelsregister **eingetragene Gesellschaft von Kleingewerbetreibenden** oder eine **Vermögensverwaltungsgesellschaft** (vgl. §§ 2, 105 Abs. 2) einen stillen Gesellschafter aufnehmen kann.

26 Befindet sich eine Handelsgesellschaft in der **Liquidation**, so bleibt eine zuvor begründete stille Beteiligung bestehen. Die Handelsgesellschaft in Liquidation kann zudem neue stille Gesellschaftsverhältnisse eingehen, was allerdings eine entsprechende Vertretungsmacht der Liquidatoren voraussetzt[3]. Dem steht auch nicht der dann bestehende Liquidationszweck der Handelsgesellschaft entgegen, da die Fortführung in diesem Stadium meist von der Zuführung neuen Kapitals abhängig ist und die werbende Tätigkeit insofern erst nach einer erfolgreichen Sanierungsfinanzierung erfolgen kann.

27 **Nicht** möglich ist eine stille Beteiligung **an einer stillen Gesellschaft**, da diese als Innengesellschaft kein Handelsgewerbe betreibt und keine Kaufmannseigenschaft hat. Zur Frage einer Unterbeteiligung an einer stillen Beteiligung vgl. Rn. 95.

b) Stiller Gesellschafter

28 Als stille Gesellschafter kommen nicht nur natürliche oder juristische Personen in Betracht, sondern auch Gesamthandsgemeinschaften, auch eine GbR[4] oder eine Erbengemeinschaft (siehe oben Rn. 24). Die stille Beteiligung gehört dann zum gesamthänderisch gebundenen Vermögen (zu den Gestaltungsmöglichkeiten bei der stillen Beteiligung einer Mehrheit von Personen vgl. im Einzelnen unten Rn. 70 ff.). Auch eine Gesellschaft in Liquidation kann stiller Gesellschafter sein[5].

29 **Nicht möglich** ist, dass sich der **Geschäftsinhaber selbst** still an seinem Unternehmen beteiligt. Jedoch steht nichts im Wege, dass ein Gesellschafter (sowohl einer Personengesellschaft als auch einer Kapitalgesellschaft) sich zusätzlich still an der Gesellschaft beteiligt[6]. Dies gilt auch für den Miterben aus einer das Handelsgeschäft fortführenden Erbengemeinschaft (dazu Rn. 24) und für den Alleingesellschafter einer GmbH. Sofern es sich aber um einen Gesellschafter oder einen atypisch stillen Gesellschafter einer Gesellschaft ohne eine natürliche Person als persönlich haftenden Gesellschafter

---

1 BGH v. 8.10.1984 – II ZR 223/83, BGHZ 92, 259, 262.
2 Vgl. RG v. 20.12.1929 – II 66/29, RGZ 126, 386, 392.
3 Ebenso MünchKommHGB/*K. Schmidt*, § 230 Rn. 29; a.A. aber *Blaurock*, Handbuch der Stillen Gesellschaft, Rn. 5.27; *Ebenroth/Boujong/Joost/Strohn/Gehrlein*, § 230 Rn. 5; *Staub/Zutt*, § 230 Rn. 38.
4 RG v. 8.4.1930 – II 201/29, LZ 1930, 1451; BGH v. 13.3.1989 – II ZR 193/88, NJW-RR 1989, 993; OLG Frankfurt/Main v. 15.3.2001 – 12 U 214/99, NZG 2001, 696.
5 Vgl. z.B. MünchKommHGB/*K. Schmidt*, § 230 Rn. 34.
6 Siehe auch BFH v. 21.6.1983 – VIII R 237/80, BFHE 138, 458 = DB 1983, 1743.

handelt, unterliegt die stille Beteiligung den Regeln über Gesellschafterdarlehen (siehe § 236 Rn. 15 f.).

4. Einlage

a) Beteiligung mit einer Einlage

Die Fassung von § 230 Abs. 1 hat Anlass zu der Frage gegeben, ob der Tatbestand einer stillen Gesellschaft die Leistung einer Einlage erfordert, die in das Vermögen des Geschäftsinhabers übergeht. Das ist in der Vergangenheit so verstanden worden[1]. Nach heute ganz h.M.[2] setzt die stille Gesellschaft aber nur die **Beteiligung mit einer zu verbuchenden Einlage** voraus, nicht aber, dass diese auf einer Leistung des stillen Gesellschafters beruhen muss; ist allerdings eine Gesellschafterleistung vorgesehen, so muss der Leistungsgegenstand in das Vermögen des Geschäftsinhabers überführt werden. 30

Ohne weiteres möglich ist es, dass nachträglich ein **Gegenwert** für bereits erbrachte Leistungen festgesetzt und auf die Einlage **angerechnet** wird[3]. Auch kann die Einlage durch Verrechnung einer Schenkungsforderung mit der Einlagepflicht erbracht werden[4]; zum Schenkungsvollzug vgl. Rn. 10 f. 31

b) Gegenstand der Einlage

Als Einlagegegenstand kommt **jede geldwerte Leistung** in Betracht. Als Einlage können daher auch Dienstleistungen[5], die Bekanntgabe einer Bezugsquelle[6], Gebrauchsüberlassungen, ein Know-how[7], Kreditvereinbarungen[8] oder ein vermögenswertes Unterlassungsverhalten in Form einer Wettbewerbsenthaltung[9] erbracht werden. Auf eine Bilanzierungsfähigkeit kommt es dabei insofern nicht an[10]. Voraussetzung für die Einlagefähigkeit ist aber, dass der Vermögensgegenstand überhaupt übertragbar ist, der Geschäftsinhaber also eine rechtliche Verfügungsmöglichkeit erhält[11], was nicht mit der Bilanzierungsfähigkeit gleichzusetzen ist. Soweit diese Voraussetzungen nicht erfüllt sind, handelt es sich um eine sonstige Beitragsschuld außerhalb der Einlageschuld. Letztlich ist die Frage der Einlagefähigkeit aber von un- 32

---

1 BGH v. 24.9.1952 – II ZR 136/51, BGHZ 7, 174, 177.
2 *Ebenroth/Boujong/Joost/Strohn/Gehrlein*, § 230 Rn. 14 f.; MünchKommHGB/*K. Schmidt*, § 230 Rn. 37; *Staub/Zutt*, § 230 Rn. 14, 82; *Blaurock*, Handbuch der Stillen Gesellschaft, Rn. 6.19 f.
3 BGH v. 24.9.1952 – II ZR 136/51, BGHZ 7, 174, 181; *Staub/Zutt*, § 230 Rn. 75.
4 *Hengeler*, ZHR 147 (1983), 329, 332.
5 BGH v. 24.9.1952 – II ZR 136/51, BGHZ 7, 174, 181; BGH v. 22.11.1965 – II ZR 189/63, WM 1966, 63, 64.
6 RG v. 14.3.1919 – II 393/18, RGZ 95, 147, 150.
7 BFH v. 27.2.1975 – I R 11/72, WM 1975, 1267.
8 OLG Saarlouis v. 1.9.1998 – 4 U 635/97, NZG 1999, 155.
9 Vgl. im Überblick MünchKommHGB/*K. Schmidt*, § 230 Rn. 147 ff.
10 BFH v. 23.2.2000 – VIII R 40/98, NJW-RR 2001, 817, 817 f.; a.A. aber *Blaurock*, Handbuch der Stillen Gesellschaft, Rn. 6.7.
11 *Blaurock*, Handbuch der Stillen Gesellschaft, Rn. 6.7; MünchKommHGB/*K. Schmidt*, § 230 Rn. 149.

tergeordneter Bedeutung, da die stille Gesellschaft nur das Halten einer Einlage und nicht deren Leistung voraussetzt[1].

33 Im Einzelnen kann die Einlage in einer **Geld-** oder in einer **Sachleistung** bestehen. Eine Geldeinlage kann auch durch Aufrechnung oder Verrechnung mit einer Gegenforderung des stillen Gesellschafters erbracht werden[2]. Auf eine Geldeinlage können ferner Sachwerte mit dem vereinbarten Gegenwert übernommen werden[3].

34 Bereits **in der Vergangenheit erbrachte Leistungen** können nicht nachträglich in Einlagen umqualifiziert werden[4]. Doch steht nichts im Wege, zur Abgeltung solcher Leistungen eine stille Beteiligung zu gewähren[5]. Auch künftig zu erbringende Leistungen können als Einlageleistungen vereinbart werden. Dies schließt auch eine Verrechnung der Einlageverpflichtung mit künftigen nicht abgezogenen Gewinnen nicht aus[6].

35 In der **Bewertung** der Einlage sind die Gesellschafter frei. Sie können eine Sacheinlage über- oder unterbewerten[7]. Dies ist auch bei einer Geldeinlage möglich[8]. Eine Überbewertung kann dabei eine gemischte Schenkung sein und dadurch Fragen der Beurkundung des Schenkungsversprechens und seines Vollzuges aufwerfen (dazu Rn. 10 f.).

36 Bei der **Fehlbewertung aufgrund eines Irrtums** muss zwischen der Willensbildung bei Abschluss des Gesellschaftsvertrages und einer ggf. zusätzlich bestehenden Bewertungsabrede unterschieden werden. Eine Irrtumsanfechtung des Gesellschaftsvertrags scheidet aufgrund der Grundsätze der fehlerhaften Gesellschaft (Rn. 14 ff.) jedenfalls nach Invollzugsetzung der stillen Gesellschaft aus, gestattet aber ggf. ein außerordentliches Kündigungsrecht. Sofern der Irrtum aber lediglich bei einer zusätzlichen Bewertungsabrede aufgetreten ist, kann diese ohne weiteres angefochten werden, da sie den Bestand der stillen Gesellschaft nicht berührt. Bei Mängeln einer Sacheinlage kommt eine entsprechende – vor allem unter Ausschluss der Beendigungstatbestände – modifizierte Anwendung der §§ 434 ff. BGB in Betracht[9] (siehe auch Rn. 84).

---

1 Vgl. dazu ausführlich MünchKommHGB/*K. Schmidt*, § 230 Rn. 149.
2 BGH v. 24.9.1952 – II ZR 136/51, BGHZ 7, 174, 177.
3 *Huber*, Vermögensanteil, S. 194.
4 RG v. 30.10.1907 – I 16/07, LZ 1908, 158; MünchKommHGB/*K. Schmidt*, § 230 Rn. 151.
5 BGH v. 24.9.1952 – II ZR 136/51, BGHZ 7, 174, 181; MünchKommHGB/*K. Schmidt*, § 230 Rn. 151.
6 Ausführlich dazu MünchKommHGB/*K. Schmidt*, § 230 Rn. 152; a.A. aber *Blaurock*, Handbuch der Stillen Gesellschaft, Rn. 6.14; *Staub/Zutt*, § 230 Rn. 77.
7 BGH v. 24.9.1952 – II ZR 136/51, BGHZ 7, 174, 178 f.
8 *Blaurock*, Handbuch der Stillen Gesellschaft, Rn. 6.62 f.
9 RG v. 20.6.1933 – II 41/33, RGZ 141, 204, 208; *Blaurock*, Handbuch der Stillen Gesellschaft, Rn. 6.57 ff.

c) Verbuchung der Einlage

Begriffsnotwendig für die stille Gesellschaft ist, dass zugunsten des stillen Gesellschafters eine Einlage verbucht wird (Rn. 30). **37**

Die **Höhe** der auf dem Einlagenkonto zu verbuchenden stillen Beteiligung richtet sich nach der Bewertung der auf die Einlage anzurechnenden Leistungen bzw. nach den sonst dazu getroffenen Abreden. Wird die stille Gesellschaft vor der Bewertung der einzubringenden Leistungen in Vollzug gesetzt, berührt dies nicht die Wirksamkeit des Gesellschaftsvertrages oder den Bestand des Gesellschaftsverhältnisses[1]. **38**

Statt in Form einer als Festbetrag verbuchten Einlage kann der stille Gesellschafter auch rechnerisch **am Unternehmensvermögen** mit einem quotalen (prozentualen) **Anteil** beteiligt sein[2]. Mangels einer näheren Bestimmung der Quote wäre dabei vom Verhältnis des Wertes der Einlage zum Unternehmenswert zur Zeit des Vertragsbeginns auszugehen. Eine Beteiligung dieser Art stellt einen Fall der atypischen stillen Gesellschaft dar (dazu näher Rn. 66 ff.). Auch hierbei handelt es sich aber nur um eine schuldrechtliche Beteiligung des stillen Gesellschafters; ein eigenes Vermögen der stillen Gesellschaft wird nicht geschaffen[3]. **39**

d) Vermögensrechtliche Einordnung der Beteiligung

Das Einlageverhältnis zwischen dem Geschäftsinhaber und der stillen Gesellschaft ist vom Gesetzgeber als ein reines schuldrechtliches Kreditverhältnis ausgestaltet worden, das aber durch die gemeinsame Zweckverfolgung überlagert wird. Darüber hinaus kann sich die stille Gesellschaft aber auch als Organisationsverhältnis darstellen, auch wenn das Bestehen eines organschaftlichen Organisationsverhältnisses nicht zwingend erforderlich ist[4]. **40**

Trotz ihres schuldrechtlichen Charakters kann die Einlage aber in verschiedenen Konstellationen haftendem Eigenkapital gleichzustellen sein. Das ist zunächst der Fall, wenn – wie häufig in der Publikums-KG – **neben der Kommanditeinlage eine stille Einlage** zu leisten ist, die für die Erreichung des Gesellschaftszweckes bestimmt und erforderlich ist und damit der Eigenkapitalausstattung der Gesellschaft dient[5] (näher dazu § 161 Rn. 141 ff.). **41**

Aber auch ohne Kommanditbeteiligung liegt es ebenso, wenn der stille Gesellschafter atypisch in der Weise beteiligt ist, dass er **schuldrechtlich wie bei einer Kommanditbeteiligung gestellt** wird[6] (siehe auch § 161 Rn. 143). **42**

---

1 BGH v. 23.11.1959 – II ZR 187/58, BB 1960, 15.
2 BGH v. 24.9.1952 – II ZR 136/51, BGHZ 7, 174, 177 ff.; BGH v. 1.4.1953 – II ZR 235/52, BGHZ 8, 157, 160.
3 BGH v. 24.9.1952 – II ZR 136/51, BGHZ 7, 174, 178.
4 Zum Ganzen ausführlich MünchKommHGB/*K. Schmidt*, § 230 Rn. 17 f.
5 BGH v. 21.3.1988 – II ZR 238/87, BGHZ 104, 33, 38 ff.; BGH v. 9.2.1981 – II ZR 38/80, WM 1981, 761.
6 BGH v. 17.12.1984 – II ZR 36/84, WM 1985, 284.

43 Vereinbart der stille Gesellschafter mit dem Geschäftsinhaber einen **Rangrücktritt**, so kann er seine Einlage nur nach den nachrangigen Gläubigern zurückfordern (§ 39 Abs. 2 InsO).

44 Schließlich wird eine von einem Gesellschafter einer GmbH oder GmbH & Co. KG in die Gesellschaft eingebrachte stille Einlage einem Gesellschafterdarlehen gleichgestellt (§ 39 Abs. 1 Nr. 5 InsO) und unterliegt daher bei einer Rückzahlung im Zeitraum von einem Jahr vor Insolvenzantragstellung der Insolvenzanfechtung nach § 135 InsO. Auf den Eigenkapitalersatzcharakter kommt es seit dem MoMiG nicht mehr an (siehe § 236 Rn. 15).

45 Daneben unterliegen **zusätzliche Fremdmittel**, die ein an einer GmbH oder GmbH & Co. KG **atypisch beteiligter stiller Gesellschafter** neben seiner stillen Einlage in die Gesellschaft einbringt, den Regeln über Gesellschafterdarlehen (siehe § 236 Rn. 15).

e) Übertragbarkeit der Beteiligung

46 Die stille Beteiligung ist aufgrund von § 717 BGB grundsätzlich nicht übertragbar. Lediglich die Einzelansprüche auf Gewinnauszahlung und Auszahlung der stillen Einlage bei der Auseinandersetzung sind übertragbar (§ 717 S. 2 BGB)[1]. Bei der Abtretung des Anspruchs auf das Auseinandersetzungsguthaben durch den Erblasser erwirbt der Abtretungsempfänger den Anspruch erst, wenn die Voraussetzungen für das Entstehen des Anspruchs in der Person des Erben erfüllt sind[2]. Im Einvernehmen der Gesellschafter kann die stille Beteiligung aber auch übertragen werden. Bei einer typisch stillen Beteiligung erfolgt die Übertragung in Form der **Vertragsübernahme**, bei der sowohl der neue als auch der alte stille Gesellschafter und der Geschäftsinhaber mitwirken müssen[3]. Grundsätzlich ist auch bei der atypisch stillen Gesellschaft eine Vertragsübernahme notwendig. Soweit es sich aber um eine mehrgliedrige Gesellschaft handelt (Rn. 70 ff.), bedarf es zu dieser auch der Zustimmung der übrigen stillen Gesellschafter bzw. hat diese nach Maßgabe der jeweiligen Vertragsregelung zu erfolgen[4]. Soweit eine entsprechende Regelung nicht getroffen wird, sind die nicht vermögensrechtlichen Verwaltungsrechte nicht übertragbar[5]. Die Übertragung von Anteilen an dem stillen Gesellschafter stellt schließlich keine Übertragung der stillen Gesellschaft dar[6].

46a Der Geschäftsinhaber kann den **Anspruch auf Leistung der rückständigen Einlage** grundsätzlich abtreten. Soweit darin eine bestimmungswidrige Verwendung der Einlage zu sehen ist, kann dem stillen Gesellschafter ein au-

---

1 BGH v. 12.1.1998 – II ZR 98/96, NZG 1998, 342, 343.
2 BGH v. 13.11.2000 – II ZR 52/99, NJW-RR 2001, 463, 464.
3 MünchHdbGesR II/*Bezzenberger/Keul*, § 88 Rn. 6; allgemein zur Vertragsübernahme vgl. BGH v. 20.6.1985 – IX ZR 173/84, BGHZ 95, 88, 94.
4 *Staub/Zutt*, § 230 Rn. 97.
5 BGH v. 3.11.1975 – II ZR 98/74, BB 1976, 11; *Ebenroth/Boujong/Joost/Strohn/Gehrlein*, § 230 Rn. 68.
6 MünchKommHGB/*K. Schmidt*, § 230 Rn. 175.

ßerordentliches Kündigungsrecht zukommen[1]. Wenn es sich um ein beiderseitiges Handelsgeschäft handelt, ist ein Abtretungsverbot aufgrund von § 354a unbeachtlich.

Ein **Nießbrauch** an einer stillen Beteiligung in ihrer Gesamtheit setzt die Zustimmung des Geschäftsinhabers und ggf. der weiteren stillen Teilhaber voraus. Der Nießbrauch beschränkt sich dann aber auf die Nutzungen in Form der entnahmefähigen Erträge als Früchte der Mitgliedschaft und schließt daher die Verwaltungsrechte nicht ein. Auch am Auseinandersetzungsguthaben stehen dem Nießbraucher keine Rechte zu[2]. 46b

Zur **Vererblichkeit der stillen Beteiligung** siehe § 234 Rn. 12 ff. 46c

Ob über die in § 717 S. 2 BGB erwähnten Ansprüche hinaus gemäß § 859 ZPO auch der „Anteil" am Gesellschaftsvermögen **gepfändet** werden kann, wenn es sich – wie bei der stillen Gesellschaft – um eine Innengesellschaft handelt, ist anzunehmen, wenn man darin eine Pfändung aller aus dem Gesellschaftsverhältnis folgenden Vermögensansprüche versteht[3]. 47

5. Gewinnbeteiligung

Eine Gewinnbeteiligung des stillen Gesellschafters gehört zu den **begriffsnotwendigen Merkmalen** der stillen Gesellschaft[4]. Die Gewinnbeteiligung setzt voraus, dass der Gewinnanteil **vom Unternehmensgewinn abhängig** ist; eine feste Verzinsung der Einlage genügt dem nicht[5]. Auch eine Umsatzbeteiligung stellt keine Gewinnbeteiligung dar[6]. Jedoch ist es möglich, dass dem stillen Gesellschafter eine (Mindest-)Gewinngarantie zugestanden wird[7]; näher zu den hier in Betracht kommenden Gestaltungen § 231 Rn. 6 ff. 48

Ist vorgesehen, dass der **gesamte Unternehmensgewinn** dem stillen Gesellschafter zustehen soll, so kann gleichwohl eine stille Gesellschaft vorliegen[8]. Hier wird aber zumeist der stille Gesellschafter der eigentliche Unternehmensträger sein, während der Geschäftsinhaber die Stellung eines Treuhänders hat. In manchen Fällen kann es sich aber auch um eine wirt- 49

---

1 Vgl. *Ebenroth/Boujong/Joost/Strohn/Gehrlein*, § 230 Rn. 69.
2 BFH v. 1.3.1994 – VIII R 35/92, NJW 1995, 1918; MünchKommHGB/*K. Schmidt*, vor § 230 Rn. 19.
3 BGH v. 21.4.1986 – II ZR 198/85, BGHZ 97, 392, 394; BGH v. 5.12.1991 – IX ZR 270/90, BGHZ 116, 222, 229; MünchHdbGesR II/*Bezzenberger/Keul*, § 88 Rn. 26; MünchKommBGB/*Ulmer*, § 725 BGB Rn. 9.
4 BGH v. 22.12.1953 – IV ZR 87/53, BB 1954, 172; *Ebenroth/Boujong/Joost/Strohn/ Gehrlein*, § 230 Rn. 19; MünchKommHGB/*K. Schmidt*, § 230 Rn. 38.
5 BGH v. 9.2.1967 – III ZR 226/64, WM 1967, 321, 322; RG v. 6.12.1928 – IV 93/28, RGZ 122, 387, 390; RG v. 16.9.1930 – III 381/29, RGZ 130, 1, 4.
6 *Blaurock*, Handbuch der Stillen Gesellschaft, Rn. 7.5.
7 BGH v. 10.10.1994 – II ZR 32/94, BGHZ 127, 176, 181; *Blaurock*, Handbuch der Stillen Gesellschaft, Rn. 7.6.
8 MünchKommHGB/*K. Schmidt*, § 230 Rn. 40.

schaftliche Knebelung des Geschäftsinhabers oder eine verabredete Gläubigerbenachteiligung handeln[1].

Zum Verhältnis der Gewinnbeteiligung zu **Unternehmensverträgen** siehe Rn. 77a f.

6. Abgrenzung zu anderen Rechtsverhältnissen

a) Innengesellschaften anderer Art

50 Von anderen Innengesellschaften unterscheidet sich die stille Gesellschaft durch ihre **besonderen Begriffsmerkmale**. Soweit Meinungsverschiedenheiten über diese bestehen (siehe Rn. 22, 30), bedingt dies u.U. unterschiedliche Abgrenzungen, die jedoch eine entsprechende Anwendung der §§ 230 ff. auf die jedenfalls vorhandene Innengesellschaft möglich bleiben lassen.

51 Nicht um eine stille Gesellschaft handelt es sich beim **Metageschäft**[2] oder bei einer sonstigen internen Beteiligung an einzelnen Geschäften im Rahmen von Gelegenheitsgesellschaften. Auch ein Verkauf für gemeinsame Rechnung führt noch nicht zu einer stillen Gesellschaft[3].

52 Die **Unterbeteiligung** führt zwar ebenfalls zu einer Innengesellschaft, die sich aber nicht auf ein handelsgewerbliches Unternehmen bezieht, sondern eine stille Beteiligung an einem Gesellschaftsanteil zum Gegenstand hat. Um eine stille Gesellschaft im eigentlichen Sinne handelt es sich daher nicht. Gleichwohl sind neben den §§ 705 ff. BGB auch die §§ 230 ff. entsprechend anwendbar (siehe Rn. 92 ff.).

b) Treuhandverhältnisse

53 Vom Treuhandverhältnis unterscheidet sich die stille Gesellschaft dadurch, dass ersterem **keine Gesellschaft**, sondern ein Auftrag oder ein Geschäftsbesorgungsvertrag zugrunde liegt. Auch verfolgt der Geschäftsinhaber bei der Führung des Unternehmens eigene Interessen, während der Treuhänder die Interessen des Treugebers wahrzunehmen hat.

54 Indessen kann es Rechtsverhältnisse geben, bei denen eine stille Gesellschaft mit einer Treuhandbeziehung zusammentrifft (siehe auch Rn. 49).

55 Wegen der möglichen Verknüpfungen von Elementen der Unterbeteiligung mit solchen eines Treuhandverhältnisses, insbesondere bei der Gestaltung mancher Publikumsgesellschaften, vgl. Rn. 101 ff., 106, auch § 161 Rn. 90.

---

1 *Blaurock*, Handbuch der Stillen Gesellschaft, Rn. 7.15; MünchKommHGB/*K. Schmidt*, § 230 Rn. 39.
2 Zum Begriff vgl. BGH v. 27.11.1963 – VIII ZR 142/62, DB 1964, 67; BGH v. 11.10.1982 – II ZR 125/81, WM 1982, 1403; BGH v. 26.6.1989 – II ZR 128/88, NJW 1990, 573, 574.
3 Vgl. auch BFH v. 29.10.1969 – I R 80/67, BFHE 97, 354, 358 = DB 1970, 329, 330.

c) Partiarische Rechtsverhältnisse

Gegenüber partiarischen Rechtsverhältnissen kommt es für die Abgrenzung auf das Kriterium des gemeinsamen Zwecks an, der in der stillen Gesellschaft verfolgt wird[1]. 56

aa) Dienstverhältnisse

Für das **partiarische Dienstverhältnis** (Dienste gegen Gewinnbeteiligung) kann von Bedeutung sein, ob es sich um eine partnerschaftliche Zusammenarbeit handelt[2], Informationsrechte zugestanden sind, keine Festvergütung gezahlt wird (jeweils Indizien für eine stille Gesellschaft) oder ob Weisungsrechte gegeben sind und die Vergütung teilweise in einem Festbetrag besteht (dann Dienstverhältnis). Auch die Tantieme für einen Geschäftsführer oder leitenden Angestellten könnte eine stille Gesellschaft nur begründen, wenn für das Unternehmen außerhalb des Dienstverhältnisses weitere wesentliche Leistungen zu erbringen sind[3]. Zu Recht wird darauf hingewiesen, dass eine stille Beteiligung ein entsprechendes Guthaben auf einem Einlagenkonto voraussetzt[4]. 57

bb) Gebrauchsüberlassungen

Auch für **partiarische Gebrauchsüberlassungs- und Nutzungsverhältnisse** (Miet-, Pacht-, Lizenzverträge, auch Franchising) wird die Abgrenzung sich zumeist daran orientieren können, ob ein Einlagenkonto geführt wird[5]. Darüber hinaus sind auch die für die partiarischen Dienstverhältnisse maßgeblichen Kriterien (Rn. 59 ff.) auch in diesem Zusammenhang heranzuziehen. 58

cc) Darlehen

Erhebliche Schwierigkeiten macht die Abgrenzung zum partiarischen Darlehen. Hier ist entscheidend, ob die Vertragspartner einen gemeinschaftlichen Zweck i.S.v. § 705 BGB verfolgen[6]. Die Unterscheidung kann Bedeutung erlangen für die Kündigung des Rechtsverhältnisses (§§ 234, 132 ff. gegenüber §§ 489 f. BGB), für die Rechtsfolgen in der Insolvenz eines Beteiligten (§§ 728 Abs. 1 BGB, 234, 236) und ggf. für die Übertragbarkeit der Beteiligungsrechte. 59

Zunächst wird es auf den **Wortlaut** der Abmachungen[7] und die gewählten Bezeichnungen ankommen, wobei aber von Bedeutung ist, ob den Beteiligten der Unterschied zwischen einer stillen Gesellschaft und einem partiari- 60

---

1 BGH v. 9.2.1967 – III ZR 226/64, WM 1967, 321, 322; BGH v. 26.6.1989 – II ZR 128/88, WM 1989, 1850, 1851.
2 BFH v. 8.3.1984 – I R 31/80, BFHE 141, 158 = DB 1984, 1709, 1710.
3 BFH v. 22.10.1987 – IV R 17/84, NJW 1988, 3231, 3233.
4 MünchKommHGB/*K. Schmidt*, § 230 Rn. 46; teilw. anders *Staub/Zutt*, § 230 Rn. 75.
5 MünchKommHGB/*K. Schmidt*, § 230 Rn. 46; MünchHdbGesR II/*Bezzenberger/Keul* § 73 Rn. 16 ff.
6 BGH v. 10.10.1994 – II ZR 32/94, BGHZ 127, 176, 177 f.
7 BGH v. 9.2.1967 – III ZR 226/64, WM 1967, 321, 322.

schen Darlehen bewusst war[1]. Andernfalls muss das von den Parteien **wirtschaftlich Gewollte** anhand aller Umstände des Einzelfalles rechtlich bewertet werden[2]. Insgesamt kann der Wortlaut dabei aber nur ein erster Anhaltspunkt sein[3].

61 Eindeutig um eine (atypische) stille Gesellschaft handelt es sich, wenn eine **quotale Beteiligung am Unternehmensvermögen** vereinbart ist (dazu Rn. 39, 67). Gleiches gilt für den Fall einer **Verlustbeteiligung**, da sie der Einordnung als partiarisches Darlehen entgegenstehen würde[4]. Die Einräumung von Mitwirkungsrechten bei der Geschäftsführung spricht ebenfalls für eine (atypische) stille Gesellschaft[5].

62 Im Übrigen kommen (allerdings mit im Einzelfall unterschiedlichem Gewicht) als **Indizien für eine stille Gesellschaft** in Frage: die Einräumung von Kontroll- und Überwachungsbefugnissen[6], insbesondere ein Mitspracherecht bei strukturellen Unternehmensveränderungen oder einer Änderung des Unternehmenszwecks[7], die Unübertragbarkeit der Beteiligung[8], die Option auf Aufnahme als Gesellschafter[9], auch andere Umwandlungsregelungen[10] sowie das Fehlen von Sicherheiten[11]. Der Umstand, dass sich das Angebot zum Abschluss des Vertrages an einen unbestimmten Personenkreis richtet, kann hingegen weder für das Vorliegen einer stillen Gesellschaft noch eines paritarischen Darlehens herangezogen werden, da dieses Merkmal beiden Arten von Rechtsverhältnissen nicht immanent ist[12].

63 Hingegen können **für ein Darlehensverhältnis** sprechen: eine Festverzinsung neben einem Gewinnanteil (eine alleinige Festverzinsung schließt eine stille Gesellschaft zwingend aus[13]), das Fehlen von Vereinbarungen über Kontrollrechte oder nur unterhalb von § 233 zugestandene Kontrollbefugnisse[14], Re-

---

1 OLG Frankfurt v. 1.12.1981 – 5 U 114/81, WM 1982, 198, 199.
2 Beispiele in BGH v. 19.9.1951 – II ZR 20/51, BB 1951, 849 f.; BGH v. 26.9.1957 – II ZR 42/56, WM 1957, 1335, 1336; BGH v. 30.4.1959 – II ZR 198/57, WM 1959, 944, 945 f.; BGH v. 19.6.1965 – III ZR 239/63, WM 1965, 1052, 1053; BFH v. 10.2.1978 – III R 115/77, WM 1978, 994 f.
3 OLG Schleswig v. 18.2.2000 – 1 U 97/99, NZG 2000, 1176, 1176 f.
4 BGH v. 26.9.1957 – II ZR 42/56, WM 1957, 1335, 1336; BGH v. 19.6.1965 – III ZR 239/63, WM 1965, 1052, 1053; OLG Schleswig v. 18.2.2000 – 1 U 97/99, NZG 2000, 1176, 1177.
5 BGH v. 29.6.1992 – II ZR 284/91, ZIP 1992, 1552, 1553.
6 BGH v. 19.9.1951 – II ZR 20/51, BB 1951, 849, 850.
7 BGH v. 10.10.1994 – II ZR 32/94, BGHZ 127, 176, 179 f.
8 RG v. 30.3.1917 – II 635/16, LZ 1917, 974, 975.
9 RG v. 3.6.1927 – II 441/26, SeuffArch 81 Nr. 207.
10 *Semler*, FS Werner, 1984, S. 855, 857 ff.
11 BFH v. 10.2.1978 – III R 115/76, WM 1978, 994.
12 So aber OLG Schleswig v. 18.2.2000 – 1 U 97/99, NZG 2000, 1176, 1177.
13 BGH v. 9.2.1967 – III ZR 226/64, WM 1967, 321, 322.
14 Dazu BGH v. 17.10.1956 – VII ZR 407/56, WM 1958, 293, 294; BFH v. 10.2.1978 – III R 115/76, WM 1978, 994, 995.

gelungen zugunsten einer Übertragbarkeit der Rechtsstellung[1], die ausdrückliche Möglichkeit der Änderung des Unternehmensgegenstandes ohne Zustimmung des stillen Gesellschafters[2], eine Kurzfristigkeit der überlassenen Mittel[3] sowie ihre Absicherung[4]. Der Umstand, dass der Geldgeber zugleich Gesellschafter ist, kann hingegen nicht für ein Darlehen herangezogen werden[5].

7. Erscheinungsformen

a) Möglichkeit zu unterschiedlicher Zweckverfolgung

Durch ein stilles Gesellschaftsverhältnis lässt sich eine **Vielzahl unterschiedlicher Zwecke** verfolgen. Neben der Möglichkeit einer Vermögensanlage ohne die Risiken eines Eintritts als Gesellschafter in das Unternehmen kommen Gestaltungen in Frage, durch die ein von einer Familie betriebenes Unternehmen den Angehörigen erhalten wird. Dabei lassen sich auch vorweggenommene Erbfolgen verwirklichen und Erbansprüche abgelten. Im Einzelfall eignet sich eine stille Gesellschaft auch für eine Arbeitnehmerbeteiligung. Auch steuerrechtliche Zwecke spielen eine Rolle[6]. 64

Diesen Zielen kommt jeweils die für eine stille Beteiligung gegebene **Freiheit der Vertragsgestaltung**[7] entgegen, die nur durch wenige Normen mit zwingendem Charakter begrenzt wird (so durch die §§ 231 Abs. 2 Hs. 2, 233 Abs. 3, 234 Abs. 1, 236 Abs. 2). Das hat in der Praxis zu einer Vielfalt von Typen und Erscheinungsformen geführt, in denen je nach Zielsetzung und Interessenlage die unterschiedlichsten Lösungen gewählt worden sind. 65

b) Atypische stille Gesellschaft

Bedeutung haben die atypischen stillen Gesellschaften erlangt. Hierbei werden im Allgemeinen zwei Tatbestände unterschieden: 66

Einmal kann der stille Gesellschafter – wenn auch nur mit schuldrechtlicher Wirkung – **am Unternehmensvermögen beteiligt** werden[8]. Er nimmt dann an der Entwicklung des Unternehmenswertes teil und hat sowohl bei der Gewinnverteilung als auch bei der Auseinandersetzung Ansprüche wie bei einer gesamthänderischen Beteiligung. Im Innenverhältnis ist seine Rechtsstellung mit der eines Kommanditisten vergleichbar; teilweise wird 67

---

1 OLG Hamburg v. 22.8.1949 – 1 U 218/49, MDR 1950, 229.
2 OLG Schleswig v. 18.2.2000 – 1 U 97/99, NZG 2000, 1176, 1177.
3 RG v. 17.3.1916 – II 445/15, WarnR 1916 Nr. 98.
4 RG v. 17.1.1913 – II 362/12, WarnR 1913 Nr. 211; vgl. aber auch RG v. 26.6.1931 – II 522/30, DJZ 1932, 95.
5 OLG Frankfurt v. 1.12.1981 – 5 U 114/81, WM 1982, 198, 199.
6 Vgl. dazu *Blaurock*, Handbuch der Stillen Gesellschaft, Rn. 2.12 ff.; MünchHdb-GesR II/*Bezzenberger/Keul*, § 72 Rn. 27 ff.
7 BGH v. 23.3.1961 – II ZR 256/59, WM 1961, 574, 575.
8 RG v. 20.12.1929 – II 66/29, RGZ 126, 386, 390; BGH v. 24.9.1952 – II ZR 136/51, BGHZ 7, 174, 177 ff.; BGH v. 29.11.1952 – II ZR 15/52, BGHZ 8, 157, 160.

dem stillen Gesellschafter dabei auch ein Widerspruchsrecht gegen ungewöhnliche Geschäfte wie in § 164 zuerkannt[1]. Da er jedoch über keine dingliche Mitberechtigung am Gesellschaftsvermögen verfügt, kommt es im Verhältnis zum Geschäftsinhaber zu einer gesteigerten Treuebeziehung[2]. Die lediglich schuldrechtliche Beteiligung führt bei Auflösung der stillen Gesellschaft aber nicht notwendig zu einer Liquidation des Unternehmens; hierauf hat der stille Gesellschafter auch keinen Anspruch[3].

68 Zum anderen liegt eine atypische Beteiligung vor, wenn dem stillen Gesellschafter ein **maßgeblicher Einfluss auf die Geschäftsführung** des Unternehmens eingeräumt ist[4]. Der stille Gesellschafter hat dann auch steuerrechtlich die Stellung eines Mitunternehmers[5]. Gesellschaftsrechtlich ist hier eine volle interne Gleichstellung der Gesellschafter möglich[6], und zwar sogar bis hin zu einer Alleingeschäftsführung des stillen Gesellschafters.

69 Mit der Geschäftsführung kann auch eine **Vertretungsbefugnis** des stillen Gesellschafters für das Unternehmen verbunden werden[7]. Diese kann in der Personengesellschaft aber keine organschaftliche sein; wohl aber kann der stille Gesellschafter in der GmbH zum Geschäftsführer bestellt werden. Zu beachten ist, dass eine Vertretungsbefugnis allein (ohne einen maßgeblichen Einfluss auch auf die Geschäftsführung) noch nicht zu einem atypischen stillen Gesellschaftsverhältnis führt.

c) Mehrgliedrige stille Gesellschaft

70 Die Phänomenologie der stillen Gesellschaft hat ferner – namentlich als eine der Alternativen einer Publikumsgesellschaft (vgl. auch § 161 Rn. 87 ff.) – die mehrgliedrige stille Gesellschaft hervorgebracht[8]. Das Gesetz geht von einem zweigliedrigen Gesellschaftsverhältnis aus; beteiligen sich mehrere Personen still an einem Unternehmen, so führt dies in der Regel zu einer entsprechenden Mehrzahl jeweils eigener stiller Beteiligungsverhältnisse[9]. Dabei besteht für die Beteiligten grundsätzlich **Gestaltungsfreiheit**[10].

---

1 MünchHdbGesR II/*Bezzenberger/Keul*, § 73 Rn. 34; Heymann/*Horn* § 230 Rn. 54; a.A. aber MünchKommHGB/*K. Schmidt*, § 230 Rn. 80.
2 Siehe z.B. *Blaurock*, Handbuch der Stillen Gesellschaft, Rn. 4.31.
3 RG v. 20.2.1941 – II 99/40, RGZ 166, 160, 164 f.
4 Vgl. dazu BGH v. 29.11.1952 – II ZR 15/52, BGHZ 8, 157, 160; BGH v. 18.10.1965 – II ZR 232/63, WM 1966, 29, 30.
5 BFH v. 28.1.1982 – IV R 197/79, WM 1982, 773 f.
6 BGH v. 6.11.1963 – IV ZR 32/63, WM 1964, 296; BGH v. 18.10.1965 – II ZR 232/63, WM 1966, 29, 30.
7 BGH v. 23.3.1961 – II ZR 256/59, WM 1961, 574, 575.
8 BGH v. 7.2.1994 – II ZR 191/92, BGHZ 125, 74, 76 f. = ZIP 1994, 455, 456; BGH v. 14.11.1994 – II ZR 160/93, ZIP 1995, 738, 740 ff.; vgl. MünchHdbGesR II/*Polzer*, § 74 Rn. 1 ff.; MünchKommHGB/*K. Schmidt*, § 230 Rn. 83 ff.
9 BGH v. 10.7.1958 – II ZR 320/56, WM 1958, 1336, 1337; BGH v. 21.4.1980 – II ZR 144/79, WM 1980, 868.
10 BGH v. 10.10.1994 – II ZR 32/94, BGHZ 127, 176, 179; BGH v. 7.2.1994 – II ZR 191/92, BGHZ 125, 74, 76 f.; MünchKommHGB/*K. Schmidt*, § 230 Rn. 83.

Die stillen Gesellschafter können sich dabei zunächst zum **Zwecke einer** 70a
konformen Willensbildung miteinander verbinden und insofern eine Innengesellschaft als Poolvertrag oder Konsortium bilden[1]. Dabei ist eine Zustimmung des jeweiligen Geschäftsinhabers nicht notwendig. Dieser wird an dem entsprechenden Vertrag auch nicht beteiligt. Eine derartige vertragliche Bindung lässt die Rechtsbeziehungen der einzelnen stillen Gesellschafter zu dem Geschäftsinhaber unberührt, doch werden die sonstigen Rechtsbeziehungen zum Geschäftsinhaber ggf. durch ein Gesellschaftsverhältnis unter den stillen Gesellschaftern überlagert[2]. Die Koordinierung der Willensbildung kann dabei auch soweit gehen, dass die stillen Gesellschafter für die Ausübung ihrer Rechte Beiräte oder Gremien einsetzen und ihre Mitspracherechte auch auf diese übertragen.

Darüber hinaus können sich die einzelnen stillen Gesellschafter auch zu einer einzigen **mehrgliedrigen Gesellschaft** zusammenschließen, wovon insbesondere bei als Publikumsgesellschaften betriebenen Anlagemodellen Gebrauch gemacht wird (für die dabei auftretenden Probleme des Anlegerschutzes siehe Rn. 73a). Im Unterschied zum bloßen Zusammenschluss zum Zwecke der konformen Willensbildung umfasst die gesellschaftsrechtliche Bindung dabei sowohl den Geschäftsinhaber als auch die stillen Gesellschafter und bildet insofern ein gemeinsames Rechtsverhältnis mit Verbandscharakter[3]. 70b

aa) Innenbeziehungen der Gesellschafter

Die etwa vorhandene gesellschaftliche **Koordination unter den stillen Ge-** 71
sellschaftern hat den Charakter einer **Innengesellschaft**. Diese kann ihre Organisation statutarisch regeln und eigene Organe einsetzen, auch eine Gruppenvertretung vorsehen. Geschäftsführender Gesellschafter kann der Geschäftsinhaber sein, doch muss das nicht der Fall sein. Die Innengesellschaft kann auch körperschaftlich organisiert sein[4]. Die Rechtsprechung hat es zugelassen, dass ein Mitglied einer solchen Innengesellschaft nicht nur wegen eigener Ansprüche gegen den Geschäftsinhaber vorgehen kann, sondern aufgrund einer gewillkürten Prozessstandschaft auch die Ansprüche der Mitgesellschafter geltend machen kann[5].

bb) Neuaufnahme von Gesellschaftern

Während der Geschäftsinhaber an sich frei ist, neben einem bereits beste- 72
henden stillen Gesellschaftsverhältnis weitere Verträge mit stillen Gesell-

---

1 So etwa bei BGH v. 13.2.2006 – II ZR 62/04, NZG 2006, 341; BGH v. 14.11.1994 – II ZR 160/93, NJW 1995, 1353; BGH v. 29.6.1987 – II ZR 173/86, NJW 1988, 413; vgl. dazu *Ebenroth/Boujong/Joost/Strohn/Gehrlein*, § 230 Rn. 83; MünchHdbGesR II/ *Polzer*, § 74 Rn. 5 f.
2 So z.B. im Falle von BGH v. 29.6.1987 – II ZR 173/86, WM 1987, 1193.
3 MünchKommHGB/*K. Schmidt* § 230 Rn. 84; *Staub/Zutt*, § 230 Rn. 48.
4 *Blaurock*, Handbuch der Stillen Gesellschaft, Rn. 4.27.
5 BGH v. 14.11.1994 – II ZR 160/93, ZIP 1995, 738, 743.

schaftern abzuschließen[1], bedarf in der mehrgliedrigen stillen Gesellschaft die Aufnahme neuer Gesellschafter grundsätzlich der **Zustimmung der vorhandenen Gesellschafter** entsprechend den allgemeinen Regeln des Personengesellschaftsrechts. In der Massengesellschaft kann indes (vgl. § 161 Rn. 107) der Geschäftsführer (oder auch andere Stellen) zur Aufnahme neuer Mitglieder bevollmächtigt oder ermächtigt werden[2]. Hier müssen auch sonst die Regeln gelten, die von der Rechtsprechung als Sonderrecht für die Publikumsgesellschaften entwickelt worden sind (§ 161 Rn. 91).

cc) Treuhändereinschaltung

73 Eine **mehrgliedrige stille Gesellschaft** in diesem Sinne liegt **nicht** vor, wenn bei der stillen Beteiligung an einem Unternehmen ein Treuhänder eingeschaltet ist, der dann allein die Stellung eines stillen Gesellschafters einnimmt. Dieser steht dann zu den Anlegern jeweils in einem Treuhandverhältnis[3] (im Einzelfall kommt ein der Treuhand angenähertes Unterbeteiligungsverhältnis in Betracht[4]). Für das Innenverhältnis im Unternehmen ist den Anlegern jedoch vielfach schuldrechtlich die Stellung von Gesellschaftern (Kommanditisten) eingeräumt[5]. Das lässt im Übrigen unberührt, dass die Anleger ihrerseits untereinander in einem weiteren Gesellschaftsverhältnis verbunden sind; nur handelt es sich dabei nicht um eine (mehrgliedrige) stille Gesellschaft.

dd) Anlegerschutz[6]

73a Bei mehrgliedrigen stillen Gesellschaften, die in Form einer Publikumsgesellschaft betrieben werden, sind zudem Aspekte des Anlegerschutzes zu beachten. Die unzureichende Aufklärung über die Risiken bei der Eingehung einer stillen Gesellschaft – insbesondere bei der Vermittlung des Eindrucks des Vorliegens eines festverzinslichen Wertpapiers – kann zu einem Schadensersatzanspruch aus §§ 311 Abs. 2, 280 Abs. 1 BGB führen[7]. Darüber hinaus kommen Ansprüche aus § 826 BGB, § 823 Abs. 2 BGB i.V.m. § 264a StGB, nicht aber nach § 823 Abs. 2 BGB i.V.m. § 399 Abs. 1 Nr. 1 AktG oder nach § 823 Abs. 2 BGB i.V.m. § 37 Abs. 1 S. 4 AktG und insgesamt nach den Grundsätzen der Prospekthaftung[8] in Betracht[9]. Soweit sich diese Ansprüche gegen den Geschäftsinhaber richten, stehen der Geltendmachung dabei

---

1 *Sudhof/Sudhof*, GmbHR 1981, 235; *Staub/Zutt*, § 230 Rn. 49; a.A. *Baumbach/Hopt*, § 230 Rn. 15.
2 BGH v. 14.11.1977 – II ZR 95/76, WM 1978, 136, 137.
3 Siehe z.B. BGH v. 9.11.1987 – II ZR 100/87, BGHZ 102, 172.
4 Vgl. *Blaurock*, Handbuch der Stillen Gesellschaft, Rn. 30.10.
5 Vgl. z.B. BGH v. 30.3.1987 – II ZR 163/86, WM 1987, 811, 812.
6 Vgl. insbesondere *Blaurock*, Handbuch der Stillen Gesellschaft, Rn. 19.1 ff.
7 BGH v. 19.7.2004 – II ZR 354/02, ZIP 2004, 1706, 1707; BGH v. 29.11.2004 – II ZR 6/03, ZIP 2005, 254, 255; BGH v. 21.3.2005 – II ZR 310/03, ZIP 2005, 759, 760; BGH v. 26.9.2005 – II ZR 314/03, ZIP 2005, 2060, 2062 f.; OLG Frankfurt/Main v. 8.5.2003 – 27 U 23/02, NZG 2004, 323.
8 Vgl. dazu ausführlich *Singhof*, in Singhof/Seiler/Schlitt, Mittelbare Gesellschaftsbeteiligungen, 2004, Rn. 144 ff.
9 OLG München v. 19.12.2003 – 21 U 5489/02, ZIP 2004.

auch nicht die Grundsätze der fehlerhaften Gesellschaft entgegen (Rn. 14 ff.). Bei dem Abschluss des Gesellschaftsvertrags sind die Vorschriften über **Haustürgeschäfte** (§ 312 BGB) und den **Fernabsatz** (§ 312d BGB) mit der Einschränkung anwendbar, dass die Rückabwicklung nur nach den Grundsätzen der fehlerhaften Gesellschaft erfolgen kann (Rn. 14a). Soweit sich die Anleger an einer Bank als stille Gesellschafter beteiligen, zählen diese nicht zu den durch die **staatliche Bankenaufsicht** geschützten Einlagegläubigern, so dass dann auch entsprechende Ansprüche aus § 839 BGB ausscheiden[1]. Schließlich kann der Vertrieb stiller Beteiligungen bei der Publikumsgesellschaft auch ein Einlagengeschäft i.S.d. § 1 Abs. 1 S. 2 Nr. 1 KWG darstellen und einer entsprechenden bankaufsichtsrechtlichen Genehmigung bedürfen[2].

d) Verbindung mit einer Kommanditbeteiligung

Nicht selten sind in als KG organisierten Publikumsgesellschaften die Beteiligungen der **Kommanditisten** mit der Verpflichtung zu **zusätzlichen stillen Einlagen** verbunden, mitunter in Höhe eines Mehrfachen der Pflichteinlage[3]. Entsprechende Vertragsgestaltungen finden sich aber auch in anderen Kommanditgesellschaften[4]. Da hier jeweils die stille Beteiligung mit der Kommanditistenstellung verknüpft ist, ergibt sich auch für die erstere eine Koordinierung i.S. eines mehrgliedrigen stillen Gesellschaftsverhältnisses (Rn. 70 f.). Der Zusammenhang zwischen Kommanditeinlage und stiller Einlage führt weiter dazu, dass die stille Beteiligung nicht ohne gleichzeitige Beendigung der Kommanditistenposition aufgekündigt werden kann[5] und dass die stille Einlage wie die Kommanditeinlage als Haftkapital der Gesellschaft behandelt wird[6] (vgl. auch Rn. 41 sowie § 161 Rn. 141 f.)

74

e) Kapitalgesellschaft & Still

Eine besondere Form stellt schließlich die Kapitalgesellschaft & Still dar, die sich weitgehend an der Kapitalgesellschaft & Co. KG orientiert, bei der im Unterschied zu dieser aber die stillen Gesellschafter die Stellung der Kommanditisten einnehmen[7]. Alleiniger Unternehmensträger im Außenverhältnis und alleiniger Träger des Gesellschaftsvermögens ist dabei die Kapitalgesellschaft. Nach der Rechtsprechung sind dabei nur die stillen Gesell-

74a

---

1 BGH v. 15.3.1984 – III ZR 15/83, BGHZ 90, 310; vgl. dazu ausführlich *Bornemann*, ZHR 166 (2002), 211.
2 Dazu ausführlich *Singhof*, in Singhof/Seiler/Schlitt, Mittelbare Gesellschaftsbeteiligungen, 2004, Rn. 344 ff.
3 Siehe etwa BGH v. 5.11.1979 – II ZR 145/78, WM 1980, 332; BGH v. 9.2.1981 – II ZR 38/80, WM 1981, 761.
4 BGH v. 21.3.1988 – II ZR 238/87, BGHZ 104, 33, 39 f.
5 BGH v. 12.5.1977 – II ZR 89/75, BGHZ 69, 160, 170.
6 BGH v. 5.11.1979 – II ZR 145/78, WM 1980, 332; BGH v. 9.2.1981 – II ZR 38/80, WM 1981, 761.
7 Zur Zulässigkeit dieser Gestaltungspraxis vgl. BGH v. 29.6.1987 – II ZR 173/86, NJW 1988, 413; BGH v. 5.2.1990 – II ZR 94/89, NJW 1990, 2684; BGH v. 7.2.1994 – II ZR 191/92, BGHZ 125, 74; BGH v. 30.3.1998 – II ZR 20/97, NJW 1998, 1946.

schafter miteinander in Form einer Gesellschaft bürgerlichen Rechts ohne eine Beteiligung der jeweiligen Kapitalgesellschaft verbunden[1]. Insofern können die stillen Gesellschafter auch nicht Ansprüche wie ein Kommanditist im Rahmen einer *actio pro socio* geltend machen[2]. Für die Beteiligung an ausländischen und supranationalen Kapitalgesellschaften siehe Rn. 91a ff.. Für die Besonderheiten bei der Begründung der stillen Gesellschaft siehe Rn. 13a

II. Rechte und Pflichten der Gesellschafter

1. Anzuwendende Rechtsvorschriften

a) Subsidiäre Geltung der §§ 705 ff. BGB

75 Soweit nicht der Gesellschaftsvertrag im Rahmen der gegebenen Vertragsfreiheit Regelungen vorsieht, kommen neben den §§ 230 ff. subsidiär die §§ 705 ff. BGB zum Zuge, sofern diese auf das stille Gesellschaftsverhältnis angewendet werden können (dies ist z.B. nicht für § 706 Abs. 1 BGB der Fall, da die Gesellschafter unterschiedliche Beiträge zu leisten haben). Beide Gesellschafter trifft danach die klagbare Verpflichtung, sich für die Verwirklichung des gemeinsamen Zweckes einzusetzen.

b) Vorschriften des allgemeinen Schuldrechts

76 **Ergänzend** können die **Regeln des allgemeinen Schuldrechts** herangezogen werden, soweit sie passen. Für die §§ 320 bis 322 BGB wäre allerdings nur in einem zweigliedrigen Gesellschaftsverhältnis evtl. Raum[3]. Weiter werden die §§ 323 f. BGB durch das Recht zur Kündigung der Gesellschaft aus wichtigem Grund[4] und die allgemeinen Möglichkeiten für Schadensersatzansprüche wegen Verletzung des Gesellschaftsvertrages verdrängt.

77 Hat eine Vertragsverletzung durch den Geschäftsinhaber zu einer **Schädigung des Unternehmens** geführt, die sich auch als wirtschaftliche Entwertung der stillen Beteiligung auswirkt (**Doppelschaden**), so ist ein Schadensersatzanspruch gegen den Geschäftsinhaber in aller Regel auf Schadenswiedergutmachung innerhalb des Unternehmens gerichtet[5]. Das kann aber in einer als mehrgliedrige stille Gesellschaft organisierten Publikumsgesellschaft anders sein, wenn die vom Geschäftsinhaber geschuldete Wiedergutmachung in einem solchen Falle auf eine Zahlung an sich selbst

---

1 BGH v. 7.2.1994 – II ZR 191/92, BGHZ 125, 74; BGH v. 7.2.1994 – II ZR 191/92, NJW 1994, 1156; BGH v. 14.11.1994 – II ZR 160/93, NJW 1995, 1353, 1355; a.A. aber MünchKommHGB/*K. Schmidt*, § 230 Rn. 87, der eine unter allen Beteiligten bestehende „Innen-KG" annimmt.
2 A.A. aber *K.Schmidt*, FS Bezzenberger, 2000, S. 401, 411 f.
3 MünchKommBGB/*Ulmer*, § 705 BGB Rn. 163.
4 RG v. 21.2.1912 – I 134/11, RGZ 78, 303, 305 f.; RG v. 20.10.1934 – I 264/33, RGZ 145, 274, 283.
5 BGH v. 29.6.1987 – II ZR 173/86, WM 1987, 1193, 1195.

hinausläuft und der Geschäftsinhaber (wie bei einer GmbH) kein Privatvermögen hat, aus dem er Mittel in sein Unternehmen überführen kann[1].

c) Konzernrecht

Bei einer stillen Gesellschaft handelt es sich – jedenfalls bei der Aktiengesellschaft als Geschäftsinhaber – um einen **Teilgewinnabführungsvertrag**[2] nach § 292 Abs. 1 Nr. 2 AktG, so dass die Vorschriften des Aktienkonzernrechts insofern anwendbar sind. Daher sind bei der Abführung des Gewinns die Beschränkungen des § 301 AktG zu beachten, so dass die Vereinbarung einer Mindestgewinnabführung der Gefahr eines Verstoßes gegen § 301 AktG ausgesetzt ist, die aber ggf. nur zu einer Schadensersatzpflicht der Geschäftsleiter des Geschäftsinhabers und nicht zur Unwirksamkeit der Vereinbarung führt[3]. Eine stille Gesellschaft stellt allerdings keine Gewinngemeinschaft nach § 292 Abs. 1 Nr. 1 AktG dar, da es sich nicht um die Beteiligung eines Dritten am Unternehmensgewinn handelt[4].

77a

Trotz der teilweise entsprechenden Anwendung der §§ 291 ff. AktG auf die GmbH infolge des *Supermarkt*-Beschlusses des BGH[5], gilt dies nicht für die Begründung einer stillen Gesellschaft mit einer GmbH als Geschäftsinhaber[6]. Zu den daraus folgenden Vertretungs- und Wirksamkeitsfragen bei einer Begründung einer stillen Gesellschaft vgl. Rn. 15 ff.

77b

2. Rechtsstellung des Geschäftsinhabers

a) Geschäftsführungsbefugnis

Dem Geschäftsinhaber steht aus der **Natur der Sache** abweichend von § 709 BGB allein die **Geschäftsführung** zu. Sie ist auch sein gesellschaftlicher Beitrag i.S.v. § 705 BGB. Die Geschäftsführung kann ihm nicht wie in § 712

78

---

1 BGH v. 14.11.1994 – II ZR 160/93, ZIP 1995, 738, 744.
2 BGH v. 21.7.2003 – II ZR 109/02, BGHZ 156, 38, 43; BGH v. 29.11.2004 – II ZR 6/03, ZIP 2005, 254, 255 f.; BGH v. 21.3.2005 – II ZR 140/03, ZIP 2005, 753, 755; BGH v. 29.11.2004 – II ZR 6/03, ZIP 2005, 254, 255; BGH v. 8.5.2006 – II ZR 123/05, BB 2006, 1405, 1407; OLG Stuttgart v. 16.6.1999 – 20 U 5/99, NZG 2000, 93; OLG Celle v. 22.9.1999 – 9 U 1/99, NZG 2000, 85, 86; OLG Celle v. 15.5.1996 – 9 U 41/95, AG 1996, 370; OLG München v. 19.12.2003 – 21 U 5489/02, NZG 2004, 230, 232; OLG Celle v. 22.9.1999 – 9 U 1/99, NZG 2000, 85; MünchKommHGB/*K. Schmidt*, § 230 Rn. 116 m.w.N.
3 *Blaurock*, Handbuch der Stillen Gesellschaft, Rn. 7.30 f.; *Singhof*, in Singhof/Seiler/Schlitt, Mittelbare Gesellschaftsbeteiligungen, 2004, Rn. 169.
4 MünchKommHGB/*K. Schmidt*, § 230 Rn. 40.
5 BGH v. 24.10.1988 – II ZB 7/88, BGHZ 105, 324.
6 BayObLG v. 18.2.2003 – 3Z BR 233/02, NJW-RR 2003, 908; LG Darmstadt v. 24.8.2004 – 8 O 96/04, ZIP 2005, 402, 404 f.; MünchKommAktG/*Altmeppen*, § 292 Rn. 8, *Blaurock*, Handbuch der Stillen Gesellschaft, Rn. 7.34; *Priester*, FS Raupach, 2006, S. 391, 400 f.; *K.Schmidt*, ZGR 1984, 295, 307 ff.; MünchKommHGB/*Schmidt*, § 230 Rn. 114; *U.H. Schneider/Reusch*, DB 1989, 713, 715 f.; im Ergebnis ebenso OLG Frankfurt/Main v. 26.10.2000 – 1 U 65/99, NZG 2001, 270, 271; a.A. aber *Hachenburg/Ulmer*, Anh. zu. § 77 GmbHG Rn. 203 f.; *Schulte/Wächter*, GmbHR 2002, 189, 190; *Weigl*, GmbHR 2002, 778, 783.

BGB entzogen werden[1]. Auch bei **außergewöhnlichen Geschäften** ist er weder an eine Zustimmung des stillen Gesellschafters gebunden, noch hat dieser ein Widerspruchsrecht. Allerdings können dem stillen Gesellschafter Geschäftsführungsbefugnisse eingeräumt werden[2]. Ist er intern wie ein Kommanditist gestellt, so steht ihm ein Widerspruchsrecht wie in § 164 zu. Änderungen der **gesellschaftlichen Grundlagen** oder sonstige die Interessen des stillen Gesellschafters berührende wesentliche Veränderungen des Unternehmens einschließlich seiner Einstellung oder Veräußerung bedürfen dagegen auch in der typischen stillen Gesellschaft der Zustimmung des stillen Gesellschafters[3]. Die Einlage des stillen Gesellschafters darf der Geschäftsinhaber nicht bestimmungswidrig verwenden, wie er auch sonst dem Unternehmen nicht bestimmungswidrig Vermögen entziehen darf[4]. Außerhalb des Unternehmensgegenstandes liegende Geschäfte braucht der stille Gesellschafter nicht gegen sich gelten zu lassen[5], doch muss er sich dazu alsbald erklären[6]. Zum Abschluss von Unternehmensverträgen bei Bestehen einer stillen Beteiligung siehe Rn. 17a.

b) Haftungsmaßstab

79 Der Haftungsmaßstab folgt (für beide Teile) aus **§ 708 BGB**. In der Publikumsgesellschaft hat der Geschäftsinhaber nach dem dort geltenden Sonderrecht für jedes Verschulden einzustehen (dazu § 161 Rn. 97); ist Geschäftsinhaber eine GmbH, haftet sie gegenüber den (in Form einer mehrgliedrigen stillen Gesellschaft beteiligten) Anlegern mithin gemäß § 43 GmbHG[7]. Hier erstreckt sich ferner der Schutzbereich der Pflichten des GmbH-Geschäftsführers auch auf die Belange der stillen Anleger und kann eine Haftung nach der Regel des § 43 GmbHG begründen[8].

c) Wettbewerbsverbot

80 Ein allgemeines Wettbewerbsverbot besteht **in der stillen Gesellschaft nicht**. Jedoch können die vertragliche Bindung und die auch hier bestehende **Treuepflicht**[9] Verhaltenspflichten auslösen, die Interessen des anderen Partners nicht durch eine Konkurrenztätigkeit zu beeinträchtigen. Der Geschäftsinhaber unterliegt aber regelmäßig keinen Pflichten wie in den §§ 112, 113.

---

1 *Blaurock*, Handbuch der Stillen Gesellschaft, Rn. 12.8.
2 MünchKommHGB/*K. Schmidt*, § 230 Rn. 178 f.; MünchHdbGesR II/*Kühn*, § 80 Rn. 4.
3 Vgl. etwa RG v. 8.3.1918 – II 409/17, RGZ 92, 292, 294; BGH v. 25.9.1963 – V ZR 133/61, WM 1963, 1209, 1210.
4 BGH v. 29.6.1987 – II ZR 173/86, WM 1987, 1193, 1194; BGH v. 14.11.1994 – II ZR 160/93, ZIP 1995, 738, 741 f.
5 BGH v. 29.6.1987 – II ZR 173/86, WM 1987, 1193, 1194.
6 *Staub/Zutt*, § 230 Rn. 92.
7 BGH v. 14.11.1994 – II ZR 160/93, ZIP 1995, 738, 741.
8 BGH v. 29.6.1987 – II ZR 173/86, WM 1987, 1193, 1195; BGH v. 14.11.1994 – II ZR 160/93, ZIP 1995, 738, 745 f.
9 BGH v. 11.7.1951 – II ZR 45/50, BGHZ 3, 75, 81; BGH v. 29.6.1987 – II ZR 173/86, WM 1987, 1193, 1194.

Dies kommt nur in Frage, wenn der stille Gesellschafter intern wie ein Kommanditist am Unternehmensvermögen beteiligt ist (Rn. 42, 73)[1] oder wenn gar der Geschäftsinhaber das Unternehmen treuhänderisch für Rechnung des stillen Gesellschafters führt[2]. Auch außerhalb dieser Konstellationen trifft den Geschäftsinhaber aber die Pflicht, die Gewinnbeteiligung des stillen Gesellschafters nicht durch eine Betätigung als Wettbewerber zu beeinträchtigen[3].

d) Aufwendungsersatz

Der Geschäftsinhaber kann Aufwendungen aus Anlass der Geschäftsführung nach den §§ 713, 670 BGB erstattet verlangen[4]. Doch kann das nur in dem Sinne gelten, dass die Aufwendungen auf gemeinsame Rechnung gehen und sich dann auf das Unternehmensergebnis auswirken[5].

81

e) Informationspflicht, Rechenschaft

Den Geschäftsinhaber trifft gegenüber dem stillen Gesellschafter eine **Informationspflicht** (§ 233). Er schuldet auch **Rechenschaft**[6]. Hierzu und wegen der **Buchführung** und **Bilanzierung** im Rahmen des Unternehmens sowie der Rechte auf **Gewinn** und **Entnahmen** (vgl. § 231 und § 232).

82

3. Rechtsstellung des stillen Gesellschafters

a) Einlageleistung

Der stille Gesellschafter hat die **bedungene Einlage zu leisten**, die in das Vermögen des Geschäftsinhabers übergehen muss. Wegen der Streitfrage, ob eine stille Gesellschaft ohne eine Einlageleistungspflicht möglich ist, vgl. Rn. 30; dazu, was Gegenstand der Einlage sein kann, vgl. Rn. 32 ff. Neben einer Pflicht zur Leistung einer Vermögenseinlage kann der stille Gesellschafter aber auch **sonstige Beitragspflichten** übernehmen. Bei einer anfänglichen oder nachträglichen Unmöglichkeit gelten grundsätzlich die Vorschriften der §§ 275, 311a BGB unter Ausschluss von § 326 BGB, so dass der stille Gesellschafter insofern auf Schadensersatz haften kann[7]. Eine (Teil-)Nichtigkeit des Gesellschaftsvertrags wie nach altem Recht tritt bei einer anfänglichen Unmöglichkeit nicht ein.

83

---

1 *Blaurock*, Handbuch der Stillen Gesellschaft, Rn. 12.63.
2 Dazu MünchKommHGB/*K. Schmidt*, § 230 Rn. 141.
3 *Blaurock*, Handbuch der Stillen Gesellschaft, Rn. 12.54; MünchKommHGB/*K. Schmidt*, § 230 Rn. 141; *Staub/Zutt*, § 230 Rn. 72.
4 *Staub/Zutt*, § 230 Rn. 81; *Baumbach/Hopt*, § 230 Rn. 18.
5 MünchKommHGB/*K. Schmidt*, § 230 Rn. 180.
6 BGH v. 11.8.1968 – II ZR 179/66, BGHZ 50, 316, 323.
7 Vgl. MünchKommBGB/*Ulmer*, § 706 Rn. 25 für die Innengesellschaft.

84 Hat eine Leistung **Mängel**, so kommt bei zu übereignenden Sachen eine sinngemäße (u.U. modifizierte) Heranziehung der §§ 434 ff. BGB in Frage[1]. Bei Gebrauchsüberlassungen ist an eine Haftung nach den §§ 535 ff. BGB zu denken[2].

b) Wettbewerbsverbot

85 Ein Wettbewerbsverbot als solches besteht auch für den stillen Gesellschafter **nicht**, doch darf er den Geschäftsinhaber in einer Wettbewerbslage **nicht treuwidrig schädigen**[3]. Weiter gehende Pflichten treffen ihn jedoch bei atypischer Beteiligung, so bei Einräumung einer internen Position wie ein Kommanditist (vgl. § 165) oder bei der Übertragung von Geschäftsführungsbefugnissen (dazu Rn. 68, 78). Ist der stille Gesellschafter alleiniger Geschäftsführer, so gelten für ihn die Grundsätze des § 112[4]. Wettbewerblichen Beschränkungen ist der stille Gesellschafter darüber hinaus auch im Falle von ihm zugestandenen Informationsrechten, die sich auf wettbewerbsrelevante Umstände des Unternehmens erstrecken, unterworfen[5].

c) Sonstiges

86 Vgl. des Weiteren zur Rechtsstellung des stillen Gesellschafters Rn. 79, 81 f. und die Erl. zu den §§ 231 ff. Wegen der Erweiterung der Gesellschafterrechte bei atypischer Beteiligung vgl. Rn. 66 ff. Sind dem stillen Gesellschafter Geschäftsführungsaufgaben übertragen, so unterliegt er im Falle eines als Personenhandelsgesellschaft betriebenen Unternehmens seinerseits einer Informationspflicht gegenüber den nichtgeschäftsführenden Gesellschaftern[6].

III. Rechtsbeziehungen zu Dritten

1. Keine Außenbeziehungen der stillen Gesellschaft

a) Keine Handlungsfähigkeit

87 Als Innengesellschaft kann die stille Gesellschaft **Rechtsbeziehungen im Außenverhältnis nicht eingehen**. Ihr fehlt insoweit die Handlungsfähigkeit; sie führt keine Firma und vermag keine Organe zu bilden. Alle rechtlichen Vorgänge aus dem Geschäftsbetrieb verpflichten allein den Geschäftsinhaber (§ 230 Abs. 2).

---

1 RG v. 20.6.1933 – II 41/33, RGZ 141, 204, 208; *Koenigs*, Die stille Gesellschaft, S. 134 f.; *Blaurock*, Handbuch der Stillen Gesellschaft, Rn. 6.57; *Staub/Zutt*, § 230 Rn. 81.
2 *Blaurock*, Handbuch der Stillen Gesellschaft, Rn. 6.58.
3 *Koenigs*, Die stille Gesellschaft, S. 227 f.
4 BGH v. 5.12.1983 – II ZR 242/82, WM 1984, 227, 228.
5 MünchHdbGesR II/*Doehner/Hoffmann*, § 82 Rn. 2; *Koenigs*, Die stille Gesellschaft, S. 227.
6 RG v. 24.3.1933 – II 366/32, HRR 1933 Nr. 1447.

b) Verfahrensrecht

Auch im Verfahrensrecht hat die stille Gesellschaft **keine selbständige Stellung**. Sie ist nicht parteifähig und kann nicht Schuldner in der Zwangsvollstreckung sein. Auch insolvenzfähig ist sie nicht. Streitigkeiten aus Anlass der Unternehmensbetätigung sind mit dem Geschäftsinhaber auszutragen. Privatgläubiger müssen sich an den jeweiligen Gesellschafter halten. Hierbei haben Geschäfts- und Privatgläubiger allerdings die Möglichkeit, auf Ansprüche der Gesellschafter untereinander durch Pfändung zuzugreifen (zur Pfändbarkeit der Rechte aus einer stillen Beteiligung vgl. Rn. 47, 91).

88

Aufgrund der fehlenden selbständigen Stellung besteht für bei der stillen Gesellschaft bei Streitigkeiten zwischen dem Geschäftsinhaber und dem stillen Gesellschafter auch **kein besonderer Gerichtsstand der Mitgliedschaft** nach § 22 ZPO[1]. Für die örtliche Zuständigkeit muss daher zwingend nach dem jeweiligen Anspruch unterschieden werden. Neben dem allgemeinen Gerichtsstand am Wohnsitz (§§ 12, 13 ZPO) bzw. am (Gesellschafts-)Sitz (§§ 12, 17 ZPO) des stillen Gesellschafters bzw. des Geschäftsinhabers kommt vor allem der besondere Gerichtsstand des Erfüllungsortes nach § 29 ZPO in Betracht. Hinsichtlich der Einlageverpflichtung des stillen Gesellschafters besteht der Erfüllungsgerichtsstand daher an seinem Wohnsitz (§§ 269 Abs. 1, 270 Abs. 4 BGB). Dies gilt entsprechend für den Gewinnanspruch des stillen Gesellschafters am Sitz des Geschäftsinhabers. Die funktionelle Zuständigkeit besteht unabhängig von der Kaufmannseigenschaft des stillen Gesellschafters bei der Kammer für Handelssachen (§ 95 Abs. 1 Nr. 4 lit.a GVG). Zur internationalen Zuständigkeit siehe Rn. 91d.

88a

2. Haftung des stillen Gesellschafters

a) Keine Außenhaftung

Angesichts der Natur der stillen Gesellschaft als Innengesellschaft und des Umstandes, dass der stille Gesellschafter bei den Geschäften des Unternehmens nicht in Erscheinung tritt, gibt es für ihn keine Außenhaftung für die Unternehmensschulden. Dies ist auch bei der atypischen stillen Gesellschaft nicht anders[2].

89

b) Besondere Haftungstatbestände

Eine Außenhaftung tritt allerdings ein, wenn ein **besonderer Verpflichtungsgrund** geschaffen wird, der stille Gesellschafter sich etwa für das Unternehmen aufgrund Bürgschaft, Garantievertrages, Schuldbeitritts oder Kreditauftrages engagiert. Eine **Rechtsscheinhaftung** kann sich ergeben, wenn er nach außen wie ein Geschäftsinhaber oder ein persönlich haftender Gesellschaf-

90

---

1 *Musielak/Heinrich*, § 22 ZPO Rn. 2; *Stein/Jonas/Roth*, § 22 ZPO Rn. 9.
2 BGH v. 6.11.1963 – IV ZR 32/63, WM 1964, 296, 297; BGH v. 19.10.1966 – VIII ZR 152/64, WM 1966, 1219, 1221.

ter auftritt[1]. Für eine Haftung nach § 826 BGB wegen **Missbrauchs des Instituts der stillen Gesellschaft** dadurch, dass der stille Gesellschafter als wirtschaftlicher Inhaber des Unternehmens einen vermögenslosen Geschäftsinhaber vorgeschoben hat, wird nur unter besonderen Umständen Raum sein[2] (siehe auch § 164 Rn. 14). Schließlich können sich insbesondere bei dem atypisch stillen Gesellschafter noch weitergehende Ansprüche ergeben, wenn der Geschäftsinhaber eine Gesellschaft ohne persönlich haftenden Gesellschafter ist.

c) Pfändung des Einlagenanspruchs

91 Ein Gläubiger des Geschäftsinhabers kann in dessen **Anspruch auf die stille Einlage durch Pfändung vollstrecken**. In der typischen stillen Gesellschaft wird dies dem stillen Gesellschafter entsprechend § 490 Abs. 1 BGB das Recht zur Kündigung des Gesellschaftsverhältnisses aus wichtigem Grunde geben (§ 723 BGB). Damit würde die Einlagepflicht entfallen. Anders ist es, wenn die bedungene Einlage wie haftendes Kapital einzuordnen ist (Rn. 41 ff.).

IV. Grenzüberschreitende stille Gesellschaften

91a Die stille Gesellschaft unterliegt als reine Innengesellschaft ohne verselbständigte Vermögensmasse dem **internationalen Vertragsrecht** und nicht dem internationalen Gesellschaftsrecht und wird insofern auch nicht von Art. 1 Abs. 2 lit. f. Rom-I-VO[3], Art. 37 S. 1 Nr. 2 EGBGB erfasst[4]. Soweit daher eine stille Beteiligung an dem Handelsgewerbe eines ausländischen Rechtsträgers[5] begründet wird, unterliegt diese den Art. 27 ff. EGBGB bzw. der Rom-I-VO. Soweit eine Rechtswahl nach Art. 3 Abs. 1 Rom-I-VO, Art. 27 EGBGB dabei nicht vorgenommen wurde, bestimmt sich das anwendbare Recht nach Art. 4 Abs. 2 Rom-I-VO bzw. der Vermutungsregel des Art. 28 Abs. 2 EGBGB und somit nach der charakteristischen Hauptleistung. Bei der (typisch) stillen Beteiligung ist diese die Hingabe der Einlage, so dass das Recht des Staates Anwendung findet, in dem der stille Gesellschafter seinen gewöhnlichen Aufenthalt oder seine Hauptverwaltung hat. Bei der

---

1 BGH v. 6.11.1963 – IV ZR 32/63, WM 1964, 296, 297; BAG v. 16.3.1955 – 2 AZR 28/54, JZ 1955, 582.
2 Zur Verneinung der Haftung eines geschäftsführenden Kommanditisten bei Vermögenslosigkeit des persönlich haftenden Gesellschafters vgl. BGH v. 17.3.1966 – II ZR 282/63, BGHZ 45, 204, 206.
3 Verordnung (EG) Nr. 593/2008 des Europäischen Parlaments und des Rates vom 17.6.2008 über das auf vertragliche Schuldverhältnisse anzuwendende Recht (Rom I), ABl. EG 2008 Nr. L 177, 6.
4 BGH v. 13.9.2005 – II ZR 276/02, NJW 2004, 3706, 3708; *Blaurock*, FS Westermann, 2008, S. 821, 829 ff.; *Erman/Hohloch*, Art. 37 EGBGB Rn. 5; *Soergel/v. Hoffmann*, Art. 37 EGBGB Rn. 48 f.; *Hausmann*, FS Jayme, 2004, S. 305, 319; *MünchKommBGB/Martiny*, Art. 37 EGBGB Rn. 45; *Mock*, erscheint demnächst; *Bamberger/Roth/Spickhoff*, Art. 37 EGBGB Rn. 4.
5 Zur Kaufmannseigenschaft ausländischer Rechtsträger vgl. *Leible*, in Hirte/Bücker, Grenzüberschreitende Gesellschaften, 2. Aufl. 2006, § 11 Rn. 52 f.

atypisch stillen Beteiligung finden die Art. 4 Abs. 2 Rom-I-VO, Art. 28 Abs. 2 EGBGB allerdings keine Anwendung, da es neben der Gewährung der Einlage durch den stillen Gesellschafters aufgrund der dabei bestehenden umfangreichen Einräumung von Mitwirkungsrechten durch den Geschäftsinhaber an einer charakteristischen Hauptleistung fehlt. Die dann nach Art. 4 Abs. 4 Rom-I-VO, Art. 28 Abs. 1 EGBGB maßgebliche engste Verbindung ist aber dort anzunehmen, wo der gemeinsame Zweck verfolgt wird. Dies ist der Ort, an dem das Handelsgeschäft betrieben wird[1].

Soweit das auf das jeweilige Handelsgewerbe anwendbare Recht keine stille Gesellschaft – wie etwa das englische Recht[2] – kennt, ist bei einer entsprechenden Vereinbarung einer stillen Gesellschaft ein Typenvergleich mit ähnlichen Rechtsinstituten in dem jeweils anwendbaren Recht vorzunehmen, so dass jedenfalls keine stille Gesellschaft vorliegt[3]. Wenn es sich dabei um englisches Recht handelt, ist bei einer typisch stillen Gesellschaft von einem partiarischen Darlehen und bei einer atypisch stillen Gesellschaft sogar von einer Beteiligung an der *partnership* als *sleeping partner* auszugehen[4]. Bei der **Anwendung deutschen Sachrechts** ist für die Begründung einer stillen Gesellschaft die Kaufmannseigenschaft des jeweiligen ausländischen Rechtsträgers erforderlich, die jedenfalls dann gegeben ist, wenn es sich um eine den deutschen Handelsgesellschaften vergleichbare Rechtsform handelt[5]. Bei der Anwendung deutschen Sachrechts in Form der §§ 230 ff. kann bei der Gewinnermittlung aber auch ausländisches Recht maßgeblich sein (§ 232 Rn. 10). 91b

Eine stille Beteiligung kann grundsätzlich auch an einer **Europäische Aktiengesellschaft** (*Societas Europaea*) begründet werden. Deren Kaufmannseigenschaft ergibt sich bei einem Sitz in Deutschland aus § 3 AktG i.V.m. Art. 9 SE-VO, ansonsten jedenfalls dann, wenn sie ein Handelsgewerbe (§ 1) betreibt[6]. Dies gilt ebenso für die **Europäische Genossenschaft** (*Societas Cooperativa Europaea*). Das auf die stille Gesellschaft anwendbare Recht ergibt sich dann aus dem internationalen Vertragsrecht (Rn. 91a), da weder die SE-VO noch die SCE-VO insofern abschließend sind. Die **Europäische Wirtschaftliche Interessenvereinigung** ist zwar Formkaufmann (§ 1 EWIV-AG), allerdings hat sie nicht den Zweck, Gewinn für sich selbst zu erzielen (Art. 3 91c

---

1 Vgl. zum Ganzen *Blaurock*, FS Westermann, 2008, S. 821, 832 ff.; *Mock*, erscheint demnächst.
2 Für einen rechtsvergleichenden Überblick vgl. *Blaurock*, Handbuch der Stillen Gesellschaft, Rn. 3.8 ff. und insbesondere 3.78.
3 Ebenso für das englische Recht *Blaurock*, FS Westermann, 2008, S. 821, 827; *Heinz*, Die englische Limited, 2. Aufl. 2006, § 20 Rn. 10 f.; a.A. aber wohl aber *Kessler/Eicke*, DStR 2005, 2101, 2106 f.
4 *Blaurock*, FS Westermann, 2008, S. 821, 827; vgl. insgesamt zur Umqualifizierungsproblematik *Höötmann*, Die stille Gesellschaft als Finanzierungsalternative bei grenzüberschreitender Unternehmenstätigkeit, 2001.
5 Vgl. dazu ausführlich *Leible*, in Hirte/Bücker, Grenzüberschreitende Gesellschaften, 2. Aufl. 2006, § 11 Rn. 52 f.
6 *Lutter* in Lutter/Hommelhoff, SE-Kommentar, 2008, Art. 1 SE-VO Rn. 5.

§ 230

Abs. 1 EWIV-VO), so dass insofern auch eine stille Beteiligung an ihr nicht begründet werden kann[1].

91d Ebenso wie im deutschen Recht (Rn. 88a) besteht für die grenzüberschreitende stille Gesellschaft im **europäischen Zivilprozessrecht** kein besonderer Gesellschaftsgerichtsstand. Die Geltendmachung der Rechte des stillen Gesellschafters und des Geschäftsinhabers unterliegen daher den allgemeinen Regeln des EuGVVO. Dabei ist bei der Bestimmung des Gerichtsstands bei Streitigkeiten in Bezug auf die Einlageleistung des stillen Gesellschafters zwischen der Art der Einlageleistung zu unterscheiden. Soweit es sich um Dienstleistungen (Rn. 32) handelt, besteht ein besonderer Gerichtsstand an dem Ort, an dem diese Dienstleistungen zu erbringen sind (Art. 5 Nr. 1 lit. b Spiegelstrich 2 EuGVVO). Bei Bareinlagen und sonstigen Sacheinlagen (Rn. 32) ist nach Art. 5 Nr. 1 lit. a EuGVVO auf das jeweils anzuwendende Sachrecht (*lex causae*) abzustellen[2]. Der besondere Gerichtsstand liegt bei Sacheinlagen daher bei Anwendung deutschen Rechts beim stillen Gesellschafter als Schuldner, da es sich um eine Holschuld handelt (§ 269 BGB). Auch bei Geldschulden liegt der besondere Gerichtsstand beim stillen Gesellschafter, da der Erfüllungsort bei Geldschulden der Wohnsitz des Schuldners ist (§ 270 BGB), zumal bei der stillen Gesellschaft aus der Rechtsnatur des Schuldverhältnisses nichts Gegenteiliges entnommen werden kann[3].

B. Unterbeteiligung

I. Voraussetzungen und Wesensmerkmale

1. Begriff der Unterbeteiligung, Abgrenzungen

a) Beteiligung an einem Gesellschaftsanteil

92 Die Unterbeteiligung ist die **interne vertragliche (schuldrechtliche) Beteiligung an einem Gesellschaftsanteil**. Sie ist eine Innengesellschaft des bürgerlichen Rechts[4]. Der Sache nach entspricht sie einer stillen Gesellschaft, unterscheidet sich aber von dieser dadurch, dass die Beteiligung nicht an einem Handelsgeschäft als ganzem, sondern nur an einem Gesellschaftsanteil besteht. Sie ist der stillen Gesellschaft aber darin vergleichbar, dass der Unterbeteiligte mit dem Hauptbeteiligten vertraglich zu einem gemeinsamen Zweck verbunden und dazu schuldrechtlich an dem vom Hauptbeteiligten gehaltenen Gesellschaftsanteil mit einer Einlage beteiligt ist und an dem auf diesen Anteil entfallenden Gewinn teilnimmt. Ein eigenes Vermögen bildet die Unterbeteiligungsgesellschaft ebenso wenig wie die stille Gesellschaft.

---

1 MünchHdbGesR II/*Bezzenberger/Keul*, § 75 Rn. 14; MünchKommHGB/*K. Schmidt*, § 230 Rn. 32.
2 Vgl. dazu nur *Leible*, in Hirte/Bücker, Grenzüberschreitende Gesellschaften, 2. Aufl. 2006, § 12 Rn. 14 ff. m.w.N.
3 Vgl. zum Ganzen *Mock*, erscheint demnächst.
4 BGH v. 11.8.1968 – II ZR 179/66, BGHZ 50, 316, 320; BGH v. 16.2.1959 – II ZR 194/57, WM 1959, 595, 596.

Gelegentlich wird die Unterbeteiligung selbst als stille Gesellschaft angesehen, wobei vorausgesetzt wird, dass dann der Hauptbeteiligte Kaufmann sein müsse[1]. Indes ist auch ein unbeschränkt haftendes Mitglied einer Personenhandelsgesellschaft als Hauptbeteiligter selbst noch nicht „Inhaber eines Handelsgewerbes" i.S.v. § 230.

Von praktischer Bedeutung ist die Frage, ob die **§§ 230 ff.** neben den §§ 705 ff. BGB **entsprechend anzuwenden** sind. Das wird vorbehaltlich abweichender Vereinbarungen im Allgemeinen bejaht[2] und dürfte sich richtigerweise auch auf die zwingenden Vorschriften betreffend die stille Gesellschaft, namentlich soweit sie dem Gläubigerschutz dienen, erstrecken[3].

b) Gegenstand der Unterbeteiligung

Eine Unterbeteiligung ist sowohl an Anteilen einer körperschaftlich verfassten **Kapitalgesellschaft** als auch an denen einer **Personenhandelsgesellschaft**[4], darüber hinaus aber auch am Anteil einer **GbR**[5] und sogar an einer **stillen Beteiligung**[6] möglich. Auch eine Unterbeteiligung an einer **Unterbeteiligung** wird zuzulassen sein[7]. An Rechten, die keine Gesellschaftsanteile darstellen, ist dagegen eine Unterbeteiligung nicht möglich[8].

c) Zweck der Unterbeteiligung

Die Unterbeteiligungsgesellschaft ist auf den Zweck der gemeinsamen Innehabung und Nutzung des Anteils gerichtet.

d) Beteiligung mit einer Einlage

Unabhängig von weiteren Beitragspflichten i.S.v. § 706 BGB wird der Unterbeteiligte im Allgemeinen zur Leistung einer Einlage verpflichtet sein; ob dies eine Voraussetzung für den Tatbestand der Unterbeteiligung bildet, ist (wie bei der stillen Gesellschaft, dazu Rn. 30 f.[9]) streitig. Ebenso wie in der stillen Gesellschaft kann ein Einlageverhältnis aber auch durch Vollzug einer Schenkung begründet werden. Auch hier sieht die Rechtsprechung allein in der Einbuchung der Unterbeteiligung noch keinen Schenkungsvollzug[10]. Eine Einlage muss zugunsten des Vermögens des Hauptbeteiligten erbracht werden. Das ist auch gegeben, wenn der Unterbeteiligte für Rechnung des Hauptbeteiligten an einen Dritten (etwa an die Hauptgesellschaft) leistet.

---

1 Vgl. z.B. *Esch*, NJW 1964, 902, 903 f.
2 Vgl. die zuvor angeführten Rechtsprechungsnachweise.
3 MünchKommHGB/*K. Schmidt*, § 230 Rn. 204; zurückhaltend aber *Blaurock*, Handbuch der Stillen Gesellschaft, Rn. 30.23.
4 BGH v. 11.8.1968 – II ZR 179/66, BGHZ 50, 316, 319.
5 *Ulbrich*, Unterbeteiligungsgesellschaft, S. 7.
6 BFH v. 8.8.1979 – I R 82/76, BFHE 128, 457 = DB 1979, 2160.
7 MünchKommHGB/*K. Schmidt*, § 230 Rn. 195, 214.
8 *Bilsdorfer*, NJW 1980, 2785.
9 Vgl. auch MünchKommHGB/*K. Schmidt*, § 230 Rn. 197.
10 BGH v. 6.3.1967 – II ZR 180/65, WM 1967, 685.

Nicht erforderlich ist, dass der Leistungsgegenstand in das Eigentum des Hauptbeteiligten übergeht[1]. Wegen der Frage, was Gegenstand der Einlage sein kann, vgl. Rn. 32 ff.

e) Gewinnbeteiligung

98 Ähnlich wie bei der stillen Gesellschaft (§ 231 Abs. 2) setzt auch eine Unterbeteiligung eine **Teilnahme am Gewinn** voraus, der auf den Gesellschaftsanteil entfällt. Fehlt es daran, kann u.U. eine Innengesellschaft sonstiger Art, aber kein Unterbeteiligungsverhältnis vorliegen. Dagegen gehört eine Verlustbeteiligung nicht zum Begriff der Unterbeteiligung[2].

f) Abgrenzung zu anderen Rechtsverhältnissen

99 Zu Rechtsverhältnissen anderer Art bestimmt sich die Abgrenzung nach ähnlichen Gesichtspunkten wie für die stille Gesellschaft (Rn. 50 ff.). Wegen der Unterschiede zu dieser selbst vgl. Rn. 52, 92.

100 Was die Unterscheidung gegenüber **partiarischen Rechtsverhältnissen** betrifft, so kommen vergleichbare Kriterien wie in Rn. 56 ff. erörtert zum Zuge.

101 Im Verhältnis zur **Treuhandschaft** ist für die Abgrenzung davon auszugehen, dass der Hauptbeteiligte den Anteil im eigenen Interesse hält, während der Treuhänder im Interesse und für Rechnung des Treugebers handelt[3]. Daher liegt ein Treuhandverhältnis und keine Unterbeteiligung vor, wenn der Anteil ausschließlich für einen anderen gehalten wird[4].

102 Hingegen wird von einer Unterbeteiligung auszugehen sein, wenn nur ein **Teil des Anteils** für einen anderen gehalten wird. Hier kann aber gleichwohl das Unterbeteiligungsverhältnis mit einer Treuhandschaft verbunden sein, da sich beides nicht notwendig ausschließt[5].

103 Bei manchen Gesellschaften (insbes. Publikumsgesellschaften) sind die Anleger nicht selbst an der Hauptgesellschaft beteiligt, sondern die Beteiligung wird durch einen **Treuhandgesellschafter** vermittelt, der den Gesellschaftsanteil (typischerweise einen Kommanditanteil) für eine Mehrzahl von Anlegern hält[6]; dazu auch § 161 Rn. 90. Hier kann im Einzelfall zweifelhaft sein, ob die bestehenden Rechtsbeziehungen zum Treuhandgesellschafter allein als Treuhandverhältnisse oder als Unterbeteiligungen mit Treuhandcharakter einzuordnen sind. Im Normalfall der Publikumsgesellschaft wird vom alleinigen Vorliegen einer Treuhandschaft ausgegangen[7]; nach anderer (richti-

---

1 *Paulick*, ZGR 1974, 253, 263.
2 MünchKommHGB/*K. Schmidt*, § 230 Rn. 198.
3 *Blaurock*, Handbuch der Stillen Gesellschaft, Rn. 30.9.
4 BGH v. 13.6.1994 – II ZR 259/92, ZIP 1994, 1180, 1181.
5 BGH v. 13.6.1994 – II ZR 259/92, ZIP 1994, 1180, 1181.
6 Vgl. z.B. BGH v. 22.1.1979 – II ZR 178/77, BGHZ 73, 294, 297.
7 So *Blaurock*, Handbuch der Stillen Gesellschaft, Rn. 30.12.

ger erscheinenden) Auffassung[1] können hier auch Treuhandverhältnisse und Unterbeteiligungen miteinander verknüpft sein.

2. Erscheinungsformen

a) Möglichkeiten zur unterschiedlichen Zweckverfolgung

Ebenso wie die stille Gesellschaft (Rn. 64) kann auch eine Unterbeteiligung für unterschiedliche Zwecke gebildet werden, z.B. für die Finanzierung eines Anteilserwerbes oder auch des Unternehmens selbst, für die wirtschaftliche Aufteilung eines Anteils, namentlich bei Familiengesellschaften, u.a.m.[2] 104

b) Atypische Unterbeteiligung

Vergleichbar wie bei der stillen Gesellschaft wird auch hier zwischen **typischen** und **atypischen Unterbeteiligungen** unterschieden, wobei für die letzteren die Alternativen einer (schuldrechtlichen) Beteiligung am Gesellschaftsanteil selbst sowie die Überlassung eines maßgeblichen Einflusses auf die Verwaltung des Anteils samt Gebrauchs der daraus folgenden Rechte zugunsten des Unterbeteiligten in Betracht kommen. Die Einordnung als atypisch ist allerdings insofern mehr als bei der stillen Gesellschaft problematisch, als eine interne Beteiligung am Wert des Anteils anstelle einer Beteiligung nur in Höhe einer festen Summe für die Unterbeteiligung praktisch eher die Regel bildet[3]; danach sind die meisten Unterbeteiligungen atypischer Art. 105

c) Mehrheit von Unterbeteiligten

Parallel zur stillen Gesellschaft (Rn. 70 ff.) bestehen auch bei der Unterbeteiligung Möglichkeiten für eine Mehrheit von Unterbeteiligten. Diese können in jeweils **selbständigen Unterbeteiligungsverhältnissen** zum Hauptbeteiligten stehen; es ist aber auch eine Koordination der Unterbeteiligungen zu einer **mehrgliedrigen Organisation** möglich[4]. Auch wenn dabei das Einlageverhältnis für jeden der Unterbeteiligten selbständig bleibt (vgl. auch Rn. 70), stehen dann die Unterbeteiligten untereinander in einem sie verbindenden Gesellschaftsverhältnis. Geht man im Falle einer Publikumsgesellschaft von einer durch einen Treuhänder vermittelten Beteiligung der Anleger von vorhandenen Unterbeteiligungen aus (dazu Rn. 103), so hätte man es dabei mit einer mehrgliedrigen Unterbeteiligungsgesellschaft zu tun. 106

---

1 BGH v. 13.6.1994 – II ZR 259/92, NJW 1994, 2886; MünchKommHGB/*K. Schmidt*, § 230 Rn. 210; *Heymann/Horn*, § 230 Rn. 75; *Hüffer*, JuS 1979, 457, 460; siehe auch *Staub/Ulmer*, § 105 Rn. 110.
2 Überblick bei *Blaurock*, Handbuch der Stillen Gesellschaft, Rn. 30.15 ff.; MünchKommHGB/*K. Schmidt*, § 230 Rn. 206.
3 Dazu *Blaurock*, Handbuch der Stillen Gesellschaft, Rn. 30.17.
4 *Blaurock*, Handbuch der Stillen Gesellschaft, Rn. 30.20; *Paulick*, ZGR 1974, 253, 262.

d) Mehrheit von Hauptbeteiligten

107 Beteiligt sich ein Unterbeteiligter an den Anteilen mehrerer Hauptbeteiligter, so liegen in der Regel jeweils rechtlich **selbständige Unterbeteiligungsverhältnisse** vor. Anders kann es aber sein, wenn sämtliche Gesellschafter eines Unternehmens einem Unterbeteiligten jeweils gleichartige Beteiligungen einräumen. Geschieht dies in allseitiger Abstimmung, so kommt in Frage, die Unterbeteiligungen als **einheitliche stille Beteiligung am Unternehmen** selbst aufzufassen[1].

II. Rechtsverhältnisse bei der Unterbeteiligung

1. Der Unterbeteiligungsvertrag

a) Vertragspartner

108 Der Vertrag setzt als **Beteiligte** auf der einen Seite den Inhaber der Hauptbeteiligung voraus; im Übrigen kann jede Person, aber auch eine Gesamthand, die Träger von Rechten und Pflichten sein kann, Vertragspartner werden. Der Vertragsschluss ist nicht von einer Zustimmung der Hauptgesellschaft oder ihrer Gesellschafter abhängig[2]. Anders ist es bei Begründung eines Treuhandverhältnisses durch einen Gesellschafter zugunsten eines Dritten, jedenfalls sofern die Vollrechtsübertragung einer Zustimmung bedürfte[3]. Zwar kann der Vertrag der Hauptgesellschaft die Begründung von Unterbeteiligungen untersagen; doch führt auch dann ein Verstoß hiergegen nicht zur Unwirksamkeit des Unterbeteiligungsvertrages[4].

b) Mängel der Geschäftsfähigkeit

109 Ist einer der Vertragspartner **nicht voll geschäftsfähig**, gelten vergleichbare Regeln wie für den Vertrag über eine stille Gesellschaft (Rn. 19 ff.), und zwar einschließlich der Frage, wann eine familien- oder vormundschaftsgerichtliche Genehmigung für den Vertragsabschluss nach den §§ 1822 Nr. 3, 1643 BGB erforderlich ist[5]. Für eine Unterbeteiligung an einem GmbH-Anteil dürfte im Grundsatz eine solche Genehmigung ebenso wenig notwendig sein wie für eine Übertragung des Anteils[6].

---

[1] MünchKommHGB/*K. Schmidt*, § 230 Rn. 212.
[2] BGH v. 11.8.1968 – II ZR 179/66, BGHZ 50, 316, 325.
[3] Vgl. dazu RG v. 23.12.1938 – II 102/38, RGZ 159, 272, 280 f.; näher MünchKommHGB/*K. Schmidt*, § 230 Rn. 221.
[4] *Blaurock*, Handbuch der Stillen Gesellschaft, Rn. 30.27; *Ebenroth/Boujong/Joost/Strohn/Gehrlein*, § 230 Rn. 93; MünchKommHGB/*K. Schmidt*, § 230 Rn. 221.
[5] Vgl. hierzu OLG Hamm v. 22.1.1974 – 15 W 36/73, DB 1974, 424 f.; *Blaurock*, Handbuch der Stillen Gesellschaft, Rn. 30.32 f.; MünchKommHGB/*K. Schmidt*, § 230 Rn. 228; *Ulbrich*, Unterbeteiligungsgesellschaft, S. 106 f.; Staub/Zutt, § 230 Rn. 111.
[6] Dazu vgl. BGH v. 20.2.1989 – II ZR 148/88, BGHZ 107, 23, 26 ff.

c) Fehlerhafte Gesellschaft

Da die Grundsätze der fehlerhaften Gesellschaft auch auf die stille Gesellschaft anzuwenden sind, muss dies konsequenterweise auch für die Unterbeteiligung gelten[1]. 110

2. Rechtsstellung der Gesellschafter

Bei den durch eine Unterbeteiligung entstehenden Rechtsbeziehungen sind diejenigen, die sich auf die Hauptgesellschaft erstrecken, vom Innenverhältnis der Unterbeteiligung zu unterscheiden. 111

a) Rechtsbeziehungen zur Hauptgesellschaft

Die **Rechte und Pflichten aus dem Gesellschaftsanteil**, der Gegenstand der Unterbeteiligung ist, stehen allein dem **Hauptbeteiligten** zu, während Rechtsbeziehungen des Unterbeteiligten zur Hauptgesellschaft und ihren Gesellschaftern regelmäßig fehlen[2]. 112

Der Hauptbeteiligte hat allein das **Stimmrecht** in der Hauptgesellschaft, das grundsätzlich für einen einheitlichen Anteil **nicht gespalten ausgeübt** werden kann[3]. Lediglich für den Fall eines für mehrere Treugeber gehaltenen Anteils an einer Personengesellschaft (namentlich bei einer Publikumsgesellschaft) lässt sich eine Ausnahme unter der Voraussetzung diskutieren, dass der Gesellschaftsvertrag eine gespaltene Stimmabgabe zulässt. In der Ausübung des Stimmrechts kann der Hauptbeteiligte jedoch intern vertraglich gegenüber dem Unterbeteiligten gebunden sein[4]. 113

Allerdings sind die **Rechtsverhältnisse in der Hauptgesellschaft Grundlage** für die hieran anknüpfende **Unterbeteiligung**. Das wirkt auch auf die Pflichtenstellung des Unterbeteiligten, insbesondere auf seine Treuepflicht ein, die u.U. zugunsten der Hauptgesellschaft drittschützende Bedeutung erlangen kann. 114

Ob eine **Erhöhung** (oder sonstige Veränderung) **der Hauptbeteiligung** die Rechtsbeziehungen innerhalb des Unterbeteiligungsverhältnisses beeinflusst (etwa i.S. eines Anspruchs des Unterbeteiligten auf entsprechende Anpassung seiner internen Beteiligung), muss von einer Bewertung der im Einzelfall maßgeblichen Umstände abhängen. 115

---

1 *Blaurock*, Handbuch der Stillen Gesellschaft, Rn. 30.35.; *Ebenroth/Boujong/Joost/Strohn/Gehrlein*, § 230 Rn. 93; *Schlitt/Seiler*, in Singhof/Seiler/Schlitt, Mittelbare Gesellschaftsbeteiligungen, 2004, Rn. 377; a.A. aber MünchKommBGB/*Ulmer*, § 705 BGB Rn. 358 f.
2 BGH v. 16.2.1959 – II ZR 194/57, WM 1959, 595, 596.
3 BGH v. 11.4.1957 – II ZR 182/55, BGHZ 24, 106, 115; BGH v. 17.9.1964 – II ZR 136/62, BB 1964, 1272 (zum GmbH-Anteil).
4 Zur Zulässigkeit einer Stimmbindung vgl. BGH v. 29.5.1967 – II ZR 105/66, BGHZ 48, 163, 166 ff.

b) Rechtsbeziehungen im Unterbeteiligungsverhältnis

116 Für die Rechtsbeziehungen im Unterbeteiligungsverhältnis gelten im Wesentlichen vergleichbare Grundsätze wie für die stille Gesellschaft (dazu Rn. 75 ff.).

aa) Geschäftsführung

117 Wie dort steht die Geschäftsführung in der Unterbeteiligungsgesellschaft dem **Hauptbeteiligten** zu. Soweit der Hauptbeteiligte Mitwirkungsrechte in der Hauptgesellschaft wahrnimmt und sich dies als Änderung der Grundlagen des Unterbeteiligungsverhältnisses auswirkt, unterliegt er internen Bindungen jedenfalls aus der Treuepflicht gegenüber dem Unterbeteiligten. Ob diesem weitergehende Befugnisse bei der Geschäftsführung oder gar Weisungsrechte eingeräumt sind, richtet sich nach der konkreten Vertragsgestaltung; doch beziehen sich derartige Bindungen des Hauptbeteiligten allein auf die Rechtsbeziehungen im Unterbeteiligungsverhältnis und schränken seine Rechtsstellung innerhalb der Hauptgesellschaft grundsätzlich nicht ein[1].

bb) Wettbewerbsverbot

118 Ein Wettbewerbsverbot zwischen den Beteiligten **im allgemeinen Sinne** gibt es **nicht**, doch kann die beiderseitige **Treuepflicht** zu Verhaltenspflichten führen. Ein für die Gesellschafter der Hauptgesellschaft geltendes Wettbewerbsverbot erfasst nach der Gesetzeslage den Unterbeteiligten nicht[2]. Doch kann im Einzelfall etwas anderes geboten sein, so wenn der Unterbeteiligte aufgrund seiner Informationsbefugnisse imstande ist, wettbewerbsrelevante Umstände der Hauptgesellschaft für sich auszunutzen[3].

cc) Treuebindungen des Hauptbeteiligten

119 Da der Hauptbeteiligte einer **zweifachen Treuepflicht** (in der Hauptgesellschaft sowie im Unterbeteiligungsverhältnis) unterworfen ist, kann es für ihn zu Konflikten kommen. Im Allgemeinen wird die Treuepflicht in der Hauptgesellschaft (deren Verhältnisse ja denen in der Unterbeteiligungsgesellschaft vorgegeben sind) auch für die Abgrenzung der Pflichtenstellung gegenüber dem Unterbeteiligten maßgeblich sein[4].

---

1 *Blaurock*, Handbuch der Stillen Gesellschaft, Rn. 30.40 f.
2 BGH v. 11.8.1968 – II ZR 179/66, BGHZ 50, 316, 324.
3 *Ulbrich*, Unterbeteiligungsgesellschaft, S. 131; *Blaurock*, Handbuch der Stillen Gesellschaft, Rn. 30, 46.
4 Vgl. auch *Ulbrich*, Unterbeteiligungsgesellschaft, S. 113; *Paulick*, ZGR 1974, 253, 277.

dd) Informationsrecht, Gewinnbeteiligung

Zu den **Informationsbefugnissen des Unterbeteiligten** vgl. § 233 Rn. 11 ff. Er hat gegenüber dem Hauptbeteiligten auch Anspruch auf Rechnungslegung[1]. Wegen der Beteiligung am **Gewinn** vgl. § 231 Rn. 15, § 232 Rn. 22.

ee) Haftung im Innenverhältnis

Die Gesellschafter der Unterbeteiligung haften einander nach **allgemeinen Grundsätzen**, in der Regel nach § 708 BGB. Anders kann es für den treuhänderischen Hauptbeteiligten in der Publikumsgesellschaft aussehen (siehe auch § 161 Rn. 97, 140). Ist der Hauptbeteiligte für eine Schädigung der Hauptgesellschaft verantwortlich und führt dies zu einer Entwertung der Unterbeteiligung, so wird der Schaden (entsprechend den Grundsätzen für einen „Doppelschaden"[2]) in der Hauptgesellschaft wiedergutzumachen sein. Hat die Verletzung des Gesellschaftsvertrages durch einen Mitgesellschafter der Hauptgesellschaft zu einem Schaden des Unterbeteiligten geführt, so kommt eine Drittschadensliquidation durch den Hauptbeteiligten in Betracht.

ff) Außenhaftung des Hauptbeteiligten

Ob die Verwirklichung einer Außenhaftung des Hauptbeteiligten gegenüber den Gesellschaftsgläubigern innerhalb des Unterbeteiligungsverhältnisses zu berücksichtigen ist, muss von den getroffenen Vereinbarungen abhängen. Anders liegt es wiederum beim treuhänderisch gehaltenen Gesellschaftsanteil; so kann der Treuhandkommanditist in der Publikumsgesellschaft bei einer Rückgewähr der Einlage an die nur mittelbar beteiligten Anleger die Erstattung der Beträge verlangen, auf die er gemäß § 172 Abs. 4 in Anspruch genommen worden ist (§ 161 Rn. 115).

gg) Übertragbarkeit, Pfändbarkeit

Zur Übertragbarkeit der Unterbeteiligung und zur Pfändbarkeit der mit ihr verbundenen Rechte sowie des Anspruchs auf Einlageleistung gilt Entsprechendes wie bei der stillen Gesellschaft (Rn. 30 ff.).

c) Bilanzierung

Zur Bilanzierung bei der Unterbeteiligungsgesellschaft siehe § 232 Rn. 22 f.

III. Grenzüberschreitende Unterbeteiligungen

Das auf die Unterbeteiligung anwendbare Recht richtet sich ebenso wie bei der stillen Gesellschaft nach dem **internationalen Vertragsrecht** (Art. 27 ff. EGBGB, Rom-I-VO) und nicht nach dem internationalen Gesellschaftsrecht (Rn. 91a). Daher ist auch bei der Unterbeteiligung eine Rechtswahl möglich.

---

1 BGH v. 11.8.1968 – II ZR 179/66, BGHZ 50, 316, 323.
2 BGH v. 29.6.1987 – II 173/86, WM 1987, 1193, 1195.

Sofern eine solche nicht getroffen wurde, gilt Art. 4 Abs. 2 Rom-I-VO bzw. die Vermutung nach Art. 28 Abs. 2 EGBGB mit der Folge, dass das Recht des Staates des gewöhnlichen Aufenthalts bzw. der Hauptverwaltung des Unterbeteiligten zur Anwendung kommt.

§ 231
Gewinn- und Verlustbeteiligung

(1) Ist der Anteil des stillen Gesellschafters am Gewinn und Verluste nicht bestimmt, so gilt ein den Umständen nach angemessener Anteil als bedungen.

(2) Im Gesellschaftsvertrage kann bestimmt werden, dass der stille Gesellschafter nicht am Verluste beteiligt sein soll; seine Beteiligung am Gewinne kann nicht ausgeschlossen werden.

Übersicht

	Rn.		Rn.
I. Gewinn- und Verlustverteilung	1	II. Ausschluss der Gewinn- und Verlustbeteiligung	
1. Gesetzliche Verteilungsregelung	2	1. Kein Ausschluss vom Gewinn	11
a) Angemessener Anteil	3	2. Ausschluss von der Verlustbeteiligung	13
b) Zur Geltung von § 722 Abs. 1 und 2 BGB	4	3. Ausschlussregelungen für den Geschäftsinhaber	14
2. Vertragliche Verteilungsbestimmungen		III. Gewinn- und Verlustbeteiligung bei der Unterbeteiligung	15
a) Regelungsfreiheit	6		
b) Steuerrechtliche Angemessenheitskontrolle	9		

Schrifttum: Vgl. die Angaben zu § 230.

I. Gewinn- und Verlustverteilung

1 § 231 befasst sich lediglich mit der Verteilung des festgestellten Geschäftsgewinns oder -verlustes unter den Gesellschaftern. Wegen der Gewinnermittlung vgl. bei § 232.

1. Gesetzliche Verteilungsregelung

2 Nach § 231 Abs. 1 kommt den **vertraglichen Vereinbarungen** über die Gewinn- und Verlustverteilung der **Vorrang** zu (dazu Rn. 6 ff.).

a) Angemessener Anteil

3 Fehlt es an vertraglichen Abmachungen, so soll der stille Gesellschafter am Gewinn und Verlust mit einem angemessenen Anteil teilnehmen. Dies hat

Ähnlichkeit mit der Gewinn- und Verlustbeteiligung für den Kommanditisten (§ 168 Abs. 2), doch entfällt der dort vorgesehene Vorausgewinnanteil (§ 168 Abs. 1). Ist der stille Gesellschafter atypisch am Wert des Unternehmens beteiligt (§ 230 Rn. 39, 67), werden auf seine Ergebnisbeteiligung vergleichbare Angemessenheitsgesichtspunkte wie für einen Kommanditisten (vgl. § 168 Rn. 6 ff.) gelten. Bei typischer Beteiligung ist das aber nicht ohne weiteres möglich, da diese sich nicht wie bei einem Kapitalanteil darstellen lässt. Hier muss eine dem Einzelfall angepasste billige Verteilung gesucht werden[1].

b) Zur Geltung von § 722 Abs. 1 und 2 BGB

Nicht heranzuziehen ist dagegen die Regel in **§ 722 Abs. 1 BGB**, nach der jeder Gesellschafter in gleicher Weise am Gewinn und am Verlust beteiligt sein soll. Die Vorschrift passt nicht auf die ungleiche Rolle der Partner einer stillen Gesellschaft[2]. Hier stellt § 231 Abs. 1 eine Sonderregel auf. 4

Anwendbar ist andererseits **§ 722 Abs. 2 BGB**. Regelt der Gesellschaftsvertrag nur die Beteiligung am Gewinn, so gilt der Verteilungsschlüssel im Zweifel auch für den Verlust (sofern eine Beteiligung hieran nicht ausgeschlossen ist) und umgekehrt[3]. 5

2. Vertragliche Verteilungsbestimmungen

a) Regelungsfreiheit

In ihren Vereinbarungen über die Ergebnisverteilung sind die Gesellschafter frei. Sie können einen **eigenen Verteilungsmaßstab** festlegen[4]. Möglich ist, dass dem stillen Gesellschafter ein Recht auf einen Vorzugsgewinn, eine feste Verzinsung seiner Einlage neben einem Gewinnanteil oder ein Mindestgewinnanteil zugestanden wird[5]. Auch sind beschränkende Regelungen der verschiedensten Art denkbar[6]. Ebenso kann die Verlustbeteiligung (auch abweichend von der Gewinnteilnahme) frei gestaltet werden. Die Regulierungsfreiheit findet hierbei aber insofern eine Beschränkung, als es sich ggf. um ein partiarisches Darlehens handelt (§ 230 Rn. 59 ff.). 6

Grundsätzlich unterliegt die Vereinbarung einer Gewinnbeteiligung den Grenzen der §§ 134, 138 BGB[7]. Dies kann etwa der Fall sein, wenn der stille 7

---

1 MünchKommHGB/*K. Schmidt*, § 231 Rn. 7.
2 MünchKommHGB/*K. Schmidt*, § 231 Rn. 7; anders *Baumbach/Hopt*, § 231 Rn. 1.
3 BGH v. 30.11.1959 – II ZR 204/57, WM 1960, 13; BFH v. 23.7.2002 – VIII R 36/01, NJW-RR 2003, 31, 32; OLG Brandenburg v. 8.2.1995 – 7 U 101/94, NJW-RR 1996, 156, 157.
4 RG v. 12.5.1914 – III 93/14, RGZ 85, 41, 44.
5 BGH v. 10.10.1994 – II ZR 32/94, BGHZ 127, 176, 181.
6 Vgl. z.B. RG v. 14.12.1938 –II 109/38, JW 1939, 489, 490: keine Beteiligung an zur Zeit des Vertragsschlusses schwebenden Geschäften.
7 RG v. 1.2.1890 – I 304/89, RGZ 25, 41, 44; BGH v. 16.3.1967 – II ZR 59/66, NJW 1967, 1322 für den Fall eines Verstoßes gegen § 22 Abs. 2 S. 2 GüKG.

Gesellschafter in einer Treuhandbeziehung der eigentliche Unternehmensträger ist und eine Verlustbeteiligung ausgeschlossen ist[1]. Eine **Inhaltskontrolle** nach den §§ 305 ff. BGB findet allerdings nicht statt (siehe § 230 Rn. 13).

8 Die vertragliche Regelung kann sich auch **konkludent** aus den Umständen der Beteiligung ergeben, ggf. auch aus einer bestehenden Übung[2]. Eine atypische Beteiligung am Unternehmensvermögen dürfte auf eine gewollte Ergebnisbeteiligung im gleichen Verhältnis hindeuten. Wird eine Gesellschafterstellung in eine stille Beteiligung umgewandelt, kann eine unveränderte Ergebnisbeteiligung beabsichtigt sein, u.U. aber unter Wegfall eines Vorausgewinns nach den §§ 121 Abs. 1, 168 Abs. 1[3].

b) Steuerrechtliche Angemessenheitskontrolle

9 Vertragliche Gewinnverteilungsabreden, mit denen mitunter die steuerliche Progressionsbelastung von Unternehmensgewinnen verringert werden soll, indem für still beteiligte **Familienangehörige** hohe Gewinnbeteiligungsansprüche begründet werden, unterliegen (wie in der KG, vgl. dazu § 168 Rn. 15) einer **steuerlichen Angemessenheitskontrolle**[4]. Eine Überprüfung dieser Art findet ferner bei Ausschüttungen auf stille Beteiligungen statt, die von Gesellschaftern einer GmbH an der Gesellschaft gehalten werden und die deren körperschaftsteuerlichen Gewinn vermindern, und zwar unter dem Aspekt der Erfassung **verdeckter Gewinnausschüttungen**[5]. Diese Angemessenheitsprüfung darf nicht mit der Regel des „angemessenen Anteils" in § 231 Abs. 1 verwechselt werden. Denn während diese die interessengerechte Gewinnverteilung zwischen den bezugsberechtigten Beteiligten betrifft, handelt es sich bei der steuerrechtlichen Bewertung um die Ermittlung und Abgrenzung der einschlägigen Besteuerungstatbestände[6].

10 Die steuerrechtliche Nichtanerkennung der beabsichtigten Gewinnbeteiligung wirft die Frage nach **Ausgleichsansprüchen** des Geschäftsinhabers auf, die namentlich dann in Betracht kommen, wenn mit der vereinbarten Höhe der Gewinnbeteiligung für ihn eine steuerliche Progressionsentlastung bezweckt war. Diese Ansprüche ließen sich aus einer ergänzenden Auslegung des stillen Gesellschaftsvertrages, in zweiter Linie aus einer Anpassung an eine veränderte Geschäftsgrundlage herleiten. Schließlich kommen auch Ansprüche aus ungerechtfertigter Bereicherung (§§ 812 ff. BGB) in Betracht.

---

1 *Staub/Zutt*, § 231 Rn. 10.
2 *Staub/Zutt*, § 231 Rn. 7.
3 *Blaurock*, Handbuch der Stillen Gesellschaft, Rn. 14.7.
4 BFH v. 29.5.1972 – GrS 4/71, BFHE 106, 504 = DB 1972, 2092; BFH v. 29.3.1973 – IV R 56/70, BFHE 109, 328 = DB 1973, 1430; auch für Gewinnverteilungen im Unterbeteiligungsverhältnis BFH v. 24.7.1986 – IV R 103/83, BFHE 147, 495 = DB 1987, 26; vgl. dazu ausführlich MünchKommHGB/*K. Schmidt*, § 231 Rn. 12 ff.
5 BFH v. 6.2.1980 – I R 50/76, BFHE 130, 268 = DB 1980, 1623.
6 Vgl. dazu ausführlich *Blaurock*, Handbuch der Stillen Gesellschaft, Rn. 21.1 ff.

II. Ausschluss der Gewinn- und Verlustbeteiligung

1. Kein Ausschluss vom Gewinn

§ 231 Abs. 2 Hs. 2 darf **nicht** als ein **gesetzliches Verbot** eines Gewinnausschlusses verstanden werden, sondern bedeutet nur, dass es sich bei einem vereinbarten Gewinnausschluss dann nicht um eine stille Gesellschaft, sondern um ein **andersartiges Rechtsverhältnis** handelt. Nur soweit sich aus den Umständen ergibt, dass die Beteiligen tatsächlich eine stille Gesellschaft errichten wollten, ist die Klausel unwirksam und ein angemessener Gewinnanteil nach § 231 Abs. 1 bestimmt[1]. 11

Ein **Ausschluss von der Gewinnbeteiligung** in diesem Sinn ist bei einer festen Verzinsung gegeben[2], aber auch bei einer bloßen Umsatzbeteiligung. Eine zugesagte Mindestverzinsung oder eine Mindestgarantie, neben der Raum für eine weitere Gewinnbeteiligung bleibt, bedeutet keinen Gewinnausschluss[3]. Auch steht es einer stillen Gesellschaft nicht entgegen, wenn der stille Gesellschafter erst dann am Gewinn teilhaben soll, wenn dieser eine Mindestgrenze übertrifft[4]. Möglich ist auch, dass die Gewinnbeteiligung des stillen Gesellschafters begrenzt wird[5], sie darf lediglich nicht völlig ausgeschlossen sein. Eine solche Begrenzung liegt etwa vor, wenn sich der Gewinn nur aus bestimmten Geschäften, Geschäftssparten oder Niederlassungen ergeben soll[6]. Auch eine Kombination einer festen Vergütung mit einer Gewinnbeteiligung ist zulässig[7]. 12

2. Ausschluss von der Verlustbeteiligung

Wie § 231 Abs. 2 Hs. 2 klarstellt, kann für den stillen Gesellschafter eine Verlustbeteiligung ausgeschlossen werden. Ein solcher Ausschluss kann sich auch **aus den Umständen** ergeben[8], so regelmäßig bei einer Mindestgewinngarantie[9]. Er ist jedoch noch nicht darin zu sehen, dass der Vertrag nur die Gewinnbeteiligung regelt, aber nichts zu einer Verlustbeteiligung sagt (dann gilt § 722 Abs. 2 BGB, vgl. Rn. 5). Ebenso liegt es, wenn der stille Gesellschafter nur Dienstleistungen oder eine Sachnutzung einzubringen hat[10]. Ist bestimmt, dass der stille Gesellschafter bei Auflösung der Gesellschaft seine Einlage in voller Höhe zurückerhalten soll, so besagt das im 13

---

1 *Ebenroth/Boujong/Joost/Strohn/Gehrlein*, § 230 Rn. 9.
2 BGH v. 17.6.1952 – IV ZR 87/53, LM § 139 BGB Nr. 8; BGH v. 9.2.1967 – III ZR 226/64, WM 1967, 321, 322.
3 RG v. 21.10.1913 – II 249/13, Recht 1914 Nr. 114.
4 MünchKommHGB/*K. Schmidt*, § 231 Rn. 24; anders aber RG v. 8.2.1927 – II 218/26, Recht 1927 Nr. 599.
5 RG v. 6.12.1935 – II 86/35, JW 1936, 921.
6 RG v. 6.12.1928 – IV 93/28, RGZ 122, 387, 390; *Ebenroth/Boujong/Joost/Strohn/ Gehrlein*, § 231 Rn. 10.
7 RG v. 8.9.1918 – II 409/17, RGZ 92, 292 f.; *Heymann/Horn*, § 231 Rn. 5.
8 RG v. 8.2.1927 – II 218/26, Recht 1927 Nr. 599.
9 *Blaurock*, Handbuch der Stillen Gesellschaft, Rn. 7.35.
10 MünchKommHGB/*K. Schmidt*, § 231 Rn. 21; *Staub/Zutt*, § 231 Rn. 13; a.A. *Koenigs*, Die stille Gesellschaft, 1961, S. 178 f.

Zweifel nur, dass der Rückzahlungsanspruch auch bei einem negativ gewordenen Einlagenkonto bestehen soll, nicht aber, dass der stille Gesellschafter keine Verluste mittragen soll; für deren Ausgleich wären dann gemäß § 232 Abs. 2 S. 2 Hs. 2 die in den anderen Jahren erzielten Gewinne zu verwenden[1].

3. Ausschlussregelungen für den Geschäftsinhaber

14 Möglich ist, dass der Geschäftsinhaber von der Gewinn- oder der Verlustbeteiligung oder auch ganz vom Geschäftsergebnis ausgeschlossen werden kann[2]. Derartiges kommt in Betracht, wenn die stille Beteiligung treuhänderischen Charakter hat (dazu § 230 Rn. 49).

III. Gewinn- und Verlustbeteiligung bei der Unterbeteiligung

15 Für die Unterbeteiligung am Gesellschaftsanteil (dazu allgemein § 230 Rn. 92 ff.) gelten entsprechende Grundsätze zur Verteilung von Gewinn und Verlust wie für die stille Gesellschaft[3].

§ 232
Gewinn- und Verlustberechnung

(1) Am Schlusse jedes Geschäftsjahrs wird der Gewinn und Verlust berechnet und der auf den stillen Gesellschafter fallende Gewinn ihm ausbezahlt.

(2) Der stille Gesellschafter nimmt an dem Verluste nur bis zum Betrage seiner eingezahlten oder rückständigen Einlage teil. Er ist nicht verpflichtet, den bezogenen Gewinn wegen späterer Verluste zurückzuzahlen; jedoch wird, solange seine Einlage durch Verlust vermindert ist, der jährliche Gewinn zur Deckung des Verlustes verwendet.

(3) Der Gewinn, welcher von dem stillen Gesellschafter nicht erhoben wird, vermehrt dessen Einlage nicht, sofern nicht ein anderes vereinbart ist.

Übersicht

	Rn.		Rn.
I. Berechnung des Jahresergebnisses		2. Rechnungslegung	
1. Ermittlung von Gewinn und Verlust in der stillen Gesellschaft		a) Bilanzaufstellung	6
a) Besonderheiten bei typischer Beteiligung	1	b) Verpflichtung des Geschäftsinhabers und Mitteilung gegenüber dem stillen Gesellschafter	8
b) Ergebnis der Betriebstätigkeit	2	c) Bedeutung der Handelsbilanz	9

---

1 *Blaurock*, Handbuch der Stillen Gesellschaft, Rn. 7.36.
2 *Ebenroth/Boujong/Joost/Strohn/Gehrlein*, § 231 Rn. 11 f.; MünchKommHGB/*K. Schmidt*, § 231 Rn. 25; *Staub/Zutt*, § 231 Rn. 10, 14.
3 BGH v. 9.10.2001 – VIII R 77/98, NJW-RR 2002, 319; *Ulbrich*, Die Unterbeteiligungsgesellschaft an Personengesellschaftsanteilen, 1982, S. 137 f.

	Rn.		Rn.
II. Abwicklung des Gewinnbeteiligungsanspruchs		b) Negatives Einlagenkonto?	18
1. Gewinnauszahlung		2. Keine Gewinnrückzahlung bei späteren Verlusten	19
a) Auszahlungsanspruch	11	3. Verlustausgleich durch Gewinnverrechnung	21
b) Kein Entnahmerecht	14		
2. Nicht abgehobener Gewinn	15	IV. Verhältnisse bei der Unterbeteiligung	22
III. Behandlung der Verlustbeteiligung			
1. Begrenzung der Verlustteilnahme			
a) Höhe der Einlage	16		

Schrifttum: *Groh*, Die Bilanz der Unterbeteiligungsgesellschaft, in: Festschrift Priester, 2007, S. 107; *Haarmann*, Zur Bindungswirkung der Bilanzmitteilung durch Geschäftsherrn für den stillen Gesellschafter, in: Festschrift W. Müller, 2001, S. 425; *H. Sudhoff*, Gewinnanteil und Auseinandersetzungsquote des stillen Gesellschafters, NJW 1960, 2121; *W. Weimar*, Der nicht abgerufene Gewinn des Kommanditisten und des stillen Gesellschafters, DB 1978, 285. Vgl. i.Ü. die Angaben zu § 230.

I. Berechnung des Jahresergebnisses

1. Ermittlung von Gewinn und Verlust in der stillen Gesellschaft

a) Besonderheiten bei typischer Beteiligung

Während sich die Ergebnisbeteiligung beim atypischen stillen Gesellschafter, der rechnerisch am Gesellschaftsvermögen beteiligt ist (§ 230 Rn. 39, 67), auf alle ergebnisrelevanten Vorgänge einschließlich von Wertveränderungen des Anlagevermögens erstreckt, müssen für den typischen stillen Gesellschafter Besonderheiten beachtet werden, soweit nicht der Gesellschaftsvertrag hierzu Näheres bestimmt. 1

b) Ergebnis der Betriebstätigkeit

Diese Besonderheiten ergeben sich daraus, dass der typische stille Gesellschafter **nicht an der Substanz des Unternehmens** teilhat und sich daher seine Gewinnbeteiligung nur nach dem **Ergebnis der Betriebstätigkeit** richten kann[1]. 2

Dies führt zur Einbeziehung aller Erträge und Verluste, die aus **Umsatzgeschäften** herrühren oder beim **Umlaufvermögen** eintreten, und zwar einschließlich der sich hier vollziehenden Wertveränderungen[2]. Nicht hierzu gehört der Wegfall einer Verbindlichkeit aufgrund eines Erlasses durch ein Familienmitglied des Geschäftsinhabers, wohl aber Vorteile aufgrund der Verjährung einer Schuld oder solche, die dem Unternehmen bei einer Sanie- 3

---

1 RG v. 20.12.1929 – II 26/29, RGZ 126, 386, 390 f.; RG v. 14.12.1938 –II 109/38, JW 1939, 489, 490; BGH v. 30.11.1959 – II ZR 204/57, WM 1960, 13.
2 RG v. 17.4.1928 – II 342/27, RGZ 120, 410, 411 f.

rung durch eine Entschuldung zugute kommen[1]. Ebenso wären die Folgen eingetretener Geldentwertungen zu berücksichtigen[2].

4 Was das **Anlagevermögen** angeht, so ist der stille Gesellschafter an seiner Entwicklung dann beteiligt, wenn diese auf der Unternehmenstätigkeit beruht[3]. Abschreibungen durch Abnutzung gehören dazu; doch kommt es hier nicht auf ihre (ggf. erweiterte) steuerliche Zulässigkeit, sondern auf ihre betriebswirtschaftliche Angemessenheit an[4]. Einzubeziehen sind ferner Werterhöhungen, die auf den Einsatz von Geschäftsmitteln beruhen. Wertveränderungen des Anlagevermögens anderer Art (z.B. bei Grundstücken) sowie Gewinne und Verluste aus der Veräußerung von Anlagegegenständen sind hingegen nicht zu berücksichtigen[5]. Insofern ist auch nicht der Veräußerungserlös bei der Ermittlung des Betriebsergebnisses einzubeziehen.

5 Das Ergebnis von Geschäften, zu denen der **Geschäftsinhaber** gegenüber dem stillen Gesellschafter **nicht berechtigt** war, braucht dieser nicht gegen sich gelten zu lassen[6]. **Rückstellungen** muss der stille Gesellschafter gegen sich gelten lassen, solange diese rechtmäßig (§ 249) gebildet wurden. Soweit Rückstellungen aufgelöst werden, fließen diese in das Betriebsergebnis ein, unabhängig davon, wann sie ursprünglich einmal gebildet wurden[7]. Die durch den Geschäftsbetrieb hervorgerufene Steuerlast ist als gewinnmindernder Faktor zu berücksichtigen.

2. Rechnungslegung

a) Bilanzaufstellung

6 Die Berechnung von Gewinn und Verlust geschieht durch eine Bilanz. Dabei handelt es sich nicht um den Jahresabschluss für das Unternehmen i.S.d. §§ 242 ff. Ihr Zweck ist ein anderer, nämlich die im Verhältnis von Geschäftsinhaber und stillem Gesellschafter für die Gewinn- und Verlustverteilung erforderliche Darstellung des Ergebnisses der Betriebstätigkeit (Rn. 2 ff.). Eine eigentliche Handelsbilanz kann es für die stille Gesellschaft nicht geben, da sie als solche nicht Kaufmann ist und kein Handelsgewerbe betreibt. Allerdings ist es den Beteiligten unbenommen, vertraglich die Aufstellung eines besonderen eigenen Jahresabschlusses für die stille Gesellschaft zu vereinbaren[8].

7 Frei.

---

1 RG v. 14.12.1938 – II 109/38, JW 1939, 489, 490.
2 RG v. 17.4.1928 – II 342/27, RGZ 120, 410, 411 f.
3 RG v. 17.4.1928 – II 342/27, RGZ 120, 410, 411 f.
4 BGH v. 30.11.1959 – II ZR 204/57, WM 1960, 13, 14.
5 KG v. 15.11.1900, DJZ 1901, 50; OLG Frankfurt v. 15.3.2001 – 12 U 214/99, NZG 2001, 696; MünchKommHGB/*K. Schmidt*, § 232 Rn. 9; *Blaurock*, Handbuch der Stillen Gesellschaft, Rn. 14.44; abw. *H. Sudhoff*, NJW 1960, 2121, 2123 f.
6 BGH v. 29.6.1987 – II ZR 173/86, WM 1987, 1193, 1194.
7 Ebenroth/Boujong/Joost/Strohn/Gehrlein, § 232 Rn. 14.
8 *Haarmann*, FS Müller, S. 425, 431.

b) Verpflichtung des Geschäftsinhabers und Mitteilung gegenüber dem stillen Gesellschafter

Die Pflicht zur Aufstellung der Bilanz trifft den Geschäftsinhaber. Eine **Beteiligung des stillen Gesellschafters** sieht das Gesetz **nicht** vor, auch keine Bilanzfeststellung durch die Vertragspartner. Damit bleibt der stille Gesellschafter hinter den Rechten des Kommanditisten deutlich zurück[1]. Doch kann der Gesellschaftsvertrag etwas anderes bestimmen. Das wird vor allem bei mehrgliedrigen stillen Gesellschaften (dazu § 230 Rn. 70 ff.) der Fall sein. Der Geschäftsinhaber kann vom stillen Gesellschafter eine (rechtsgeschäftliche) Anerkennung der Bilanz verlangen, soweit sie vertragsgemäß aufgestellt ist[2].

8

Bei der Rechtsnatur der Mitteilung des Jahresergebnisses an den stillen Gesellschafter muss unterschieden werden, ob für den stillen Gesellschafter vertragliche Kontroll- und Mitwirkungsrechte bestehen, die über das bloße Einsichtsrecht des § 233 hinausgehen. Soweit ihm solche Rechte zustehen, stellt die Erfüllung des Gewinnanspruchs durch den Geschäftsinhaber ein Angebot auf Annahme eines Feststellungsvertrages dar, das durch den stillen Gesellschafter bei der Geltendmachung des Gewinnanteils angenommen wird. Bei der bloßen Entgegennahme des Rechenwerks und der Auszahlung des Gewinnanteils an den stillen Gesellschafter kommt ein solcher Feststellungsvertrag allerdings nicht zustande, so dass der stille Gesellschafter sich jederzeit auf die Unrichtigkeit der Bilanz berufen kann[3]. Dies ist bei einem fehlenden vertraglich vorgesehenen Zustimmungsverfahren regelmäßig der Fall. Aufgrund dieser Unsicherheiten sollte ein entsprechendes Zustimmungsverfahren ausdrücklich vereinbart werden.

8a

Soweit der stille Gesellschafter aber die Unrichtigkeit der Gewinnmitteilung kennt, muss er dies dem Geschäftsinhaber aufgrund seiner Treuepflicht umgehend mitteilen und unterliegt anderenfalls hinsichtlich seines Anspruchs der Verwirkung[4]. Legt der Geschäftsinhaber dem stillen Gesellschafter unrichtige oder unvollständige Unterlagen vor, kann der stille Gesellschafter seine Willenserklärung im Zusammenhang mit der Feststellung anfechten[5]. Dabei kommt eine Anfechtung wegen arglistiger Täuschung (§ 123 BGB) in Betracht. Schließlich kann die Geltendmachung der Unrichtigkeit der Gewinnabrechnung nach den Grundsätzen der Verwirkung ausgeschlossen sein, wenn der stille Gesellschafter die Unrichtigkeit über einen

8b

---

1 Vgl. zur Feststellung des Jahresabschlusses durch den Kommanditisten § 167 Rn. 3.
2 MünchKommHGB/*K. Schmidt*, § 232 Rn. 20; *Staub/Zutt*, § 232 Rn. 21.
3 Ebenso *Haarmann*, FS Müller, S. 425, 441 f.; MünchKommHGB/*Martens*, § 120 Rn. 7; *Staub/Ulmer*, § 120 Rn. 17; a.A. aber *Blaurock*, Handbuch der Stillen Gesellschaft, Rn. 14.13; MünchKommBGB/*Hüffer*, § 781 BGB Rn. 25, die schon in der bloßen Mitteilung ein Angebot für einen Vertragsabschluss sehen. Von einem Vertrag *sui generis* ausgehend *Staudinger/Marburger*, § 781 BGB Rn. 30.
4 *Haarmann*, FS Müller, S. 425, 444.
5 MünchKommHGB/*Martens*, § 120 Rn. 7; *Staub/Ulmer*, § 120 Rn. 17.

langen Zeitraum nicht geltend gemacht und damit den Eindruck vermittelt hat, dies auch zukünftig nicht zu tun[1].

c) Bedeutung der Handelsbilanz

9 Die **Ansätze der Handelsbilanz** des Geschäftsinhabers sind für die Bilanz der stillen Gesellschaft **nicht ohne weiteres maßgebend**. Für die atypische stille Beteiligung am Unternehmenswert wird allerdings die Handelsbilanz zugrunde zu legen sein. In anderen Fällen wird zwar von der Wertansätzen der Handelsbilanz auszugehen sein, doch ergeben sich Abweichungen für die Gewinn- und Verlustermittlung aus dem in Rn. 2 ff. Gesagten. Der Geschäftsinhaber darf offene Rücklagen nur bilden, wenn dies gesellschaftsvertraglich zugelassen ist[2]. Auch stille Rücklagen sind grundsätzlich nicht zulässig[3].

10 Durch **Vereinbarung** kann auch außerhalb einer atypischen Beteiligung am Unternehmenswert die **Handelsbilanz** des Unternehmens als **maßgeblich** vereinbart werden[4]. Die Vereinbarung kann sich darauf beschränken, dass der stille Gesellschafter handelsbilanzrechtlich zulässige Rücklagen und Rückstellungen für die Gewinnermittlung gegen sich gelten lassen muss. Sie kann aber auch die Maßgeblichkeit des ausgewiesenen Jahresergebnisses für das Verhältnis unter den Gesellschaftern zum Gegenstand haben. Die insoweit möglichen Abreden können sich auf den bar auszuzahlenden Gewinnanteil (der eine Beteiligung des stillen Gesellschafters an den im Unternehmen gebildeten Reserven unberührt ließe) oder auf die endgültige Bemessung der Gewinnbeteiligung beziehen[5]. Wird im Gesellschaftsvertrag lediglich festgehalten, dass der Jahresabschluss des Geschäftsinhabers für die Gewinn- und Verlustrechnung maßgeblich sein soll, ist grundsätzlich von einer Bezugnahme auf die Wertansätze und nicht schon von einer Ermittlung des zu verteilenden Jahresgewinns auszugehen[6].

10a Bei der Begründung einer stillen Gesellschaft mit einem ausländischen oder supranationalen Rechtsträger wird die **Gewinnbeteiligung** des stillen Gesellschafters auf Grundlage der jeweiligen Handelsbilanz des ausländischen Rechtsträgers berechnet, die sich in der Regel dann auch nach dem jeweiligen Bilanzrecht des ausländischen Rechtsträgers richtet[7]. Da sich dabei weit reichende Unterschiede ergeben können, sollte eine entsprechende ausdrückliche vertragliche Regelung getroffen werden[8]. Auch wenn der ausländische Geschäftsinhaber somit seine Handelsbilanz nach dem jeweiligen

---

1 *Haarmann*, FS Müller, S. 425, 445 f.
2 *Rob. Fischer*, JR 1962, 201, 204.
3 Dazu MünchKommHGB/*K. Schmidt*, § 232 Rn. 15.
4 *Blaurock*, Handbuch der Stillen Gesellschaft, Rn. 14.21; kritisch dazu *Haarmann*, FS Müller, S. 425, 429.
5 Vgl. MünchKommHGB/*K. Schmidt*, § 232 Rn. 16 ff.
6 OLG Frankfurt/Main v. 15.3.2001 – 12 U 214/99, NZG 2001, 696, 696 f.
7 Zur Bestimmung des anwendbaren Handelsbilanzrechts vgl. *Westhoff*, in Hirte/Bücker, Grenzüberschreitende Gesellschaften, 2. Aufl. 2006, § 18 Rn. 24 ff.
8 Vgl. *Blaurock*, FS Westermann, 2008, S. 821, 841 f.; *Mock*, erscheint demnächst.

ausländischen Bilanzrecht aufstellen muss, ist diese anschließend – soweit deutsches (Gesellschafts-)Recht anwendbar ist (§ 230 Rn. 91a) – nach den Grundsätzen der Verlust- und Gewinnermittlung für die stille Gesellschaft anzupassen.

II. Abwicklung des Gewinnbeteiligungsanspruchs

1. Gewinnauszahlung

a) Auszahlungsanspruch

Der stille Gesellschafter hat Anspruch auf Auszahlung des errechneten Gewinnanteils, solange und soweit nicht § 232 Abs. 2 S. 2 Hs. 2 zum Zuge kommt. Dem Anspruch steht der in § 122 Abs. 1 enthaltene Einwendungstatbestand nicht entgegen, doch können sich Einschränkungen des Anspruchs aus der Treuepflicht ergeben[1]. Soweit der stille Gesellschafter seine Einlage noch nicht erbracht hat, kann der Geschäftsinhaber gegen den Gewinnanspruch aufrechnen und bei einer noch zu erbringenden Sacheinlage ein Zurückbehaltungsrecht nach § 273 Abs. 1 BGB geltend machen.

11

Der Auszahlungsanspruch wird **fällig**, sobald der Gewinn berechnet ist. Wird die Berechnung vom Geschäftsinhaber verzögert, so tritt die Fälligkeit zu dem Zeitpunkt ein, zu dem die Berechnung bei geordnetem Geschäftsgang möglich gewesen wäre[2]. Der Gewinnanspruch unterliegt der regelmäßigen Verjährung (§§ 195, 199 BGB).

12

Der Anspruch ist uneingeschränkt **abtretbar** und **pfändbar**. Wenn dem stillen Gesellschafter auf Grundlage einer **fehlerhaften Abrechnung** ein überhöhter Gewinn ausgezahlt wird, kann der Geschäftsinhaber diesen nach den §§ 812 ff. BGB erstattet verlangen. Die Vorschrift des § 172 Abs. 5 findet insofern keine Anwendung, so dass sich der stille Gesellschafter lediglich auf eine Entreicherung (§ 818 Abs. 3 BGB) berufen kann[3]. Soweit der Geschäftsinhaber aber von der fehlerhaften Abrechnung Kenntnis hatte, scheidet eine Rückforderung ohnehin aus (§ 814 BGB).

13

b) Kein Entnahmerecht

Der stille Gesellschafter hat kein gewinnunabhängiges Entnahmerecht. Dagegen kann der Geschäftsinhaber für sich Mittel entnehmen; er darf dabei jedoch nicht seiner Pflicht, das Handelsgeschäft im gemeinsamen Interesse zu führen (§ 230 Rn. 4, 75, 78), zuwiderhandeln.

14

---

1 *Blaurock*, Handbuch der Stillen Gesellschaft, Rn. 14.56; MünchKommHGB/*K. Schmidt*, § 232 Rn. 22.
2 *Blaurock*, Handbuch der Stillen Gesellschaft, Rn. 14.54; MünchKommHGB/*K. Schmidt*, § 232 Rn. 24.
3 *Ebenroth/Boujong/Joost/Strohn/Gehrlein*, § 232 Rn. 20; a.A. aber MünchKommHGB/*K. Schmidt*, § 232 Rn. 35, der eine Analogie von § 172 Abs. 5 favorisiert.

2. Nicht abgehobener Gewinn

15 Wird ein fälliger Gewinnanteil nicht abgehoben und wird er auch nicht gemäß § 232 Abs. 2 S. 2 Hs. 2 zur Abdeckung früher entstandener Verluste verrechnet, so **erhöht** er mangels einer etwa dahin gehenden Vereinbarung **nicht die Einlage** des stillen Gesellschafters. Er ist daher auch nicht dem Einlagenkonto, sondern einem Privatkonto (z.B. Darlehenskonto) des stillen Gesellschafters gutzuschreiben (§ 232 Abs. 3) und begründet eine selbständige Gläubigerposition des stillen Gesellschafters. Der so gutgebrachte Betrag kann auch nicht zur Verrechnung mit in den Folgejahren entstehenden Verlusten herangezogen werden; diese sind allein vom Einlagenkonto abzubuchen. Der stehen gelassene Gewinnanteil stellt dann aber – bei Bestehen einer Gesellschafterstellung oder einer schon bestehenden atypisch stillen Beteiligung an einem Geschäftsinhaber ohne eine natürliche Person als persönlich haftenden Gesellschafter – ein Gesellschafterdarlehen dar, das in der Insolvenz einem Nachrang unterliegt (§ 39 Abs. 1 Nr. 5 InsO) und bei einer unterjährigen Auszahlung vor Insolvenzantragstellung vom Insolvenzverwalter angefochten werden kann (§ 135 InsO)[1].

III. Behandlung der Verlustbeteiligung

1. Begrenzung der Verlustteilnahme

a) Höhe der Einlage

16 Vergleichbar der für die Kommanditbeteiligung geltenden Regel in § 167 Abs. 3 nimmt der stille Gesellschafter, sofern nicht ohnehin seine Verlustbeteiligung nach § 231 Abs. 2 ausgeschlossen ist, nach § 232 Abs. 2 S. 1 am Verlust **nur bis zur Höhe** seiner bedungenen **Einlage** teil. Wird sein Einlagenkonto durch Verlustzuschreibungen passiv, so braucht er es nur in dem Umfang auszugleichen, wie seine Einlage noch rückständig ist.

17 Die Verlustbegrenzung kann gesellschaftsvertraglich **abbedungen** werden. Das ist vielfach der Fall bei der atypischen Beteiligung am Unternehmenswert. Auch dann bedarf es aber einer eindeutigen Vereinbarung[2].

b) Negatives Einlagenkonto?

18 Bei Vorliegen eines negativen Eigenkapitalkontos kann der Geschäftsinhaber dieses in seiner Bilanz nicht als Forderung ausweisen, da für den stillen Gesellschafter regelmäßig keine Nachschusspflicht und damit keine Pflicht zum Ausgleich des negativen Eigenkapitalkontos besteht. Es handelt sich insofern nicht um einen aktivierungsfähigen Vermögensgegenstand[3].

---

1 Zum Ganzen *Mock*, erscheint demnächst; siehe auch § 236 Rn. 15.
2 OLG Karlsruhe v. 19.2.1986 – 6 U 111/85, ZIP 1986, 916, 918 f.
3 *Staub/Zutt*, § 232 Rn. 30.

2. Keine Gewinnrückzahlung bei späteren Verlusten

Nach § 232 Abs. 2 S. 2 Hs. 1 braucht **bezogener Gewinn** wegen späterer Verluste **nicht zurückgezahlt** zu werden (wie in § 169 Abs. 2). „Bezogen" ist nicht nur ein ausgezahlter, sondern auch ein dem Privatkonto des stillen Gesellschafters gutgeschriebener Gewinn[1]. Dies gilt allerdings nicht, wenn der stille Gesellschafter zugleich Gesellschafter oder schon atypisch stiller Gesellschafter an einem Geschäftsinhaber ohne eine natürliche Person als persönlich haftenden Gesellschafter ist, da es sich dann um ein Gesellschafterdarlehen handelt[2].

19

Vorausgesetzt ist dabei, dass der stille Gesellschafter **Anspruch** auf die **Gewinnauszahlung** gehabt hat. Daran fehlt es auch, wenn der Gewinn nach § 232 Abs. 2 S. 2 Hs. 2 für den Ausgleich entstandener Verluste zu verwenden war. Bestand ein Auszahlungsanspruch nicht, haftet der stille Gesellschafter auch bei gutgläubigem Bezug auf Rückzahlung aus ungerechtfertigter Bereicherung[3].

20

3. Verlustausgleich durch Gewinnverrechnung

Ist das Einlagenkonto durch Verluste unter den Betrag der vom stillen Gesellschafter bereits erbrachten Einlageleistungen herabgemindert, müssen in der Folgezeit anfallende Gewinne vorbehaltlich anderweitiger Abreden zunächst zur **Wiederauffüllung des entstandenen Fehlbetrages** verwendet werden (§ 232 Abs. 2 S. 2 Hs. 2). Erst danach kann wieder eine Gewinnauszahlung beansprucht werden. Die Regelung gilt auch, wenn das Einlagenkonto durch Verluste negativ geworden ist (Rn. 16). Sie entspricht derjenigen für die KG (§ 169 Rn. 4 ff.).

21

IV. Verhältnisse bei der Unterbeteiligung

Bei der Unterbeteiligungsgesellschaft richtet sich die Gewinn- und Verlustbeteiligung regelmäßig nach der **Handelsbilanz** des Rechtsträgers, an dem die Beteiligung besteht, soweit die Beteiligten nicht die Steuerbilanz oder ein anderes Rechenwerk für die Gewinn- und Verlustbeteiligung für verbindlich erklärt haben. Daraus folgt, dass die Unterbeteiligung nicht nur das Betriebsergebnis, sondern den gesamten Ertrag aus dem Anteil des Hauptbeteiligten erfasst und somit regelmäßig der dem Hauptbeteiligten zugewiesene Bilanzgewinn maßgeblich ist. Allerdings kann der Hauptbeteiligte die zur Ausübung seiner Gesellschafterrechte notwendigen Auslagen gewinnmindernd in Abzug bringen[4].

22

Die Beteiligten können allerdings auch die **Aufstellung einer Bilanz** insbesondere für die atypische Unterbeteiligungsgesellschaft vereinbaren, bei

23

---

1 RG v. 20.3.1901 – I 477/00, RGZ 48, 77, 82.
2 Zum Ganzen *Mock*, DStR 2008, 1645, 1647 f., siehe auch § 236 Rn. 15.
3 *Blaurock*, Handbuch der Stillen Gesellschaft, Rn. 14.63.
4 *Ebenroth/Boujong/Joost/Strohn/Gehrlein*, § 232 Rn. 28; *Staub/Zutt*, § 232 Rn. 37.

der dann entsprechende Kapitalkonten geführt werden[1]. Für das Verfahren der Bilanzauf- und Feststellung gelten die Ausführungen zur stillen Gesellschaft entsprechend (Rn. 6 ff.).

§ 233
Informationsrechte des stillen Gesellschafters

(1) Der stille Gesellschafter ist berechtigt, die abschriftliche Mitteilung des Jahresabschlusses zu verlangen und dessen Richtigkeit unter Einsicht der Bücher und Papiere zu prüfen.

(2) Die in § 716 des Bürgerlichen Gesetzbuchs dem von der Geschäftsführung ausgeschlossenen Gesellschafter eingeräumten weiteren Rechte stehen dem stillen Gesellschafter nicht zu.

(3) Auf Antrag des stillen Gesellschafters kann das Gericht, wenn wichtige Gründe vorliegen, die Mitteilung einer Bilanz und eines Jahresabschlusses oder sonstiger Aufklärungen sowie die Vorlegung der Bücher und Papiere jederzeit anordnen.

Übersicht

	Rn.		Rn.
I. Informationsrechte des stillen Gesellschafters		3. Abweichende vertragliche Bestimmungen	8
1. Allgemeines	1	4. Verfahrensrecht	9
2. Besonderheiten in der stillen Gesellschaft		II. Informationsrecht nach Auflösung der stillen Gesellschaft	10
a) Informationsrecht nach § 233 Abs. 1	3	III. Informationsrechte im Unterbeteiligungsverhältnis	
b) Eingeschränkte Informationsansprüche des stillen Gesellschafters als Gesellschafter einer Innengesellschaft nach § 233 Abs. 2	6	1. Entsprechende Geltung von § 233	11
		2. Besonderheiten	12
		a) Jahresabschluss der Hauptgesellschaft	13
c) Außerordentliches Informationsrecht nach § 233 Abs. 3	7	b) Informationsrechte nach Auflösung der Unterbeteiligung	14

Schrifttum: *Schlitt*, Die Informationsrechte des stillen Gesellschafters in der typischen stillen Gesellschaft und in der stillen Publikumspersonengesellschaft, 1996; *K. Schmidt*, Informationsrechte in Gesellschaften und Verbänden, 1984.

---

1 Vgl. die Vertragsmuster bei *Volhardt*, in Hopt, Vertrags- und Formularbuch zum Handels-, Gesellschafts- und Bankrecht, F 6; *von der Heydt*, in Heidenhain/Meister, Münchener Vertragshandbuch, 6. Aufl. 2005, IX 8 f.; vgl. dazu auch insgesamt Groh, FS Priester, S. 107, 112 ff.

I. Informationsrechte des stillen Gesellschafters

1. Allgemeines

§ 233 regelt das Informationsrecht des stillen Gesellschafters in vergleichbarer Weise **wie das des Kommanditisten**. Insoweit kann auf die Erläuterungen zu § 166 verwiesen werden. Doch ergeben sich für die Verhältnisse in der stillen Gesellschaft einige Besonderheiten.

Die Informations- und Überwachungsrechte stehen dem stillen Gesellschafter in seiner mitgliedschaftlichen Stellung zu und sind **nicht** selbständig **übertragbar**. Tritt der stille Gesellschafter den Anspruch auf Gewinnauszahlung ab (was nach § 717 S. 2 BGB möglich ist), so ist er verpflichtet, dem Abtretungsempfänger seinerseits über die Höhe des Gewinnanteils Auskunft zu geben[1].

2. Besonderheiten in der stillen Gesellschaft

a) Informationsrecht nach § 233 Abs. 1

§ 233 Abs. 1 gewährt dem stillen Gesellschafter einen Anspruch auf eine **abschriftliche Mitteilung des Jahresabschlusses** zum Zwecke der Prüfung der Richtigkeit unter Einsicht der Bücher und Papiere des Geschäftsinhabers. Dieses Informationsrecht tritt neben die Mitteilungspflicht des Geschäftsinhabers hinsichtlich des Betriebsergebnisses, das als Ausgangspunkt für die Bestimmung des Gewinnanspruchs des stillen Gesellschafters dient (§ 230 Rn. 2 ff.). Er besteht daher unabhängig davon, in welcher Weise der Gewinnanspruch des stillen Gesellschafters nach dem Gesellschaftsvertrag berechnet werden soll. Das Informationsrecht beschränkt sich auf den Jahresabschluss und umfasst daher die Bilanz und die Gewinn- und Verlustrechnung des Geschäftsinhabers (§ 242 Abs. 3) sowie den Anhang – nicht aber den Lagebericht –, soweit es sich um eine Kapitalgesellschaft handelt (§ 264 Abs. 1). Das Einsichtsrecht besteht aber nur zum Zwecke der Prüfung des Jahresabschlusses und gewährt daher kein allgemeines Einsichtsverlangen für den stillen Gesellschafter. Der stille Gesellschafter hat zudem kein Recht auf Herausgabe des Jahresabschlusses oder dessen Versendung[2]. Andere Bilanzen – wie etwa die Steuerbilanz – kann der stille Gesellschafter nicht einfordern, da es sich dabei nicht um den Jahresabschluss handelt, auch wenn sich diese aufgrund des Maßgeblichkeitsgrundsatzes meist entsprechen[3]. Ein Einsichts- bzw. Informationsrecht kommt dem stillen Gesellschafter insofern nur dann zu, wenn diese Bilanzen die Grundlage für die Berechnung seines Gewinnanspruchs darstellen.

Bei dem Anspruch aus § 233 Abs. 1 handelt es sich aber nur um einen Anspruch auf Überlassung des Jahresabschlusses und nicht auf **Erstellung**[4].

---

1 BGH v. 3.11.1975 – II ZR 98/74, WM 1975, 1299.
2 BGH v. 16.1.1984 – II ZR 36/83, NJW 1984, 2470.
3 A.A. aber *Ebenroth/Boujong/Joost/Strohn/Gehrlein*, § 233 Rn. 7.
4 OLG Hamburg v. 4.3.2004 – 11 U 200/03, ZIP 2004, 1099, 1100.

Der Jahresabschluss soll dem stillen Gesellschafter nur die Möglichkeit der Überprüfung des Geschäftsinhabers geben und ist für die Entstehung oder Ausübung seines Gewinnanspruchs gegenüber dem Geschäftsinhaber grundsätzlich nicht notwendig, auch wenn das dem Gewinnanspruch zugrundeliegende Betriebsergebnis meist auf der Handelsbilanz aufbaut (§ 232 Rn. 9). Kommt der Geschäftsinhaber seiner Pflicht zur Aufstellung des Jahresabschlusses und der Ermittlung des Betriebsergebnisses nicht nach, berührt dies den Gewinnanspruch des stillen Gesellschafters nicht. Eine Pflicht zur Aufstellung des Jahresabschlusses besteht für den Geschäftsinhaber gegenüber dem stillen Gesellschafter nur dann, wenn dies vertraglich gesondert vereinbart wurde, was im Fall der Maßgeblichkeit der Handelsbilanz für den Gewinnanspruch des stillen Gesellschafters der Fall ist.

5 Wegen des **Einsichtsrechts** gelten keine Besonderheiten gegenüber § 166. Auch der stille Gesellschafter kann sich hier bei Bedarf der Hilfe eines zur Verschwiegenheit verpflichteten Sachverständigen bedienen[1].

5a Ist der Geschäftsinhaber **mit anderen Unternehmen verbunden**, so hat er auch in die Unterlagen über die Beziehungen zu diesen Unternehmen Einsicht zu gewähren, regelmäßig aber nicht über die eigenen Angelegenheiten der anderen (selbständigen) Unternehmen[2]. **Anspruchsgegner** des Informationsrechts bleibt jeweils der Geschäftsinhaber.

b) Eingeschränkte Informationsansprüche des stillen Gesellschafters als Gesellschafter einer Innengesellschaft nach § 233 Abs. 2

6 Nach § 233 Abs. 2 ist der stille Gesellschafter nicht zu einer fortlaufenden Einsicht in die Bücher und Papiere berechtigt. Dies schließt aber nicht die Berichtspflicht des Geschäftsinhabers nach §§ 666, 713 BGB aus, da Einsichts- und Berichtspflicht gerade nicht deckungsgleich sind. Durch § 233 Abs. 2 soll lediglich dem Umstand der für die stille Gesellschaft typischen Passivität des stillen Gesellschafters Rechnung getragen werden, indem der stille Gesellschafter nur die Möglichkeit der Überprüfung der jeweiligen Rechnungsperiode erhalten soll. Die Berichtspflicht des Geschäftsinhabers ist davon unabhängig und besteht daher[3].

6a Dem stillen Gesellschafter kommen auch über diese gesetzlich geregelten Informationsrechte weiter gehende Auskunftsrechte zu, soweit diese zur ordnungsgemäßen Ausübung seiner Mitgliedschaftsrechte notwendig sind[4]. Dies bezieht sich vor allem auf Maßnahmen, die nur unter Mitwirkung oder

---

1 BGH v. 8.7.1957 – II ZR 54/56, BGHZ 25, 115, 123; OLG München v. 1.4.1954 – 6 U 1895/53, BB 1954, 669.
2 BGH v. 16.1.1984 – II ZR 36/83, WM 1984, 807 f.
3 Im Ergebnis ebenso *Baumbach/Hopt*, § 233 Rn. 7; *Staub/Zutt*, § 233 Rn. 9; dies nur für die mehrgliedrige Gesellschaft annehmend MünchKommHGB/*K. Schmidt*, § 233 Rn. 20; eher ablehnend *Ebenroth/Boujong/Joost/Strohn/Gehrlein*, § 233 Rn. 13.
4 *Ebenroth/Boujong/Joost/Strohn/Gehrlein*, § 233 Rn. 12.

ohne Widerspruch des stillen Gesellschafters vorgenommen werden dürfen. Bei der atypischen stillen Gesellschaft ergeben sich weiter gehende Informationsrechte meist schon aus dem Gesellschaftsvertrag. Bei der mehrgliedrigen stillen Gesellschaft kann auch ein kollektives Informationsrecht (dazu § 166 Rn. 33 f.) gegeben sein (so z.B. zugunsten eines von den stillen Gesellschaftern gewählten Beirats[1]).

c) Außerordentliches Informationsrecht nach § 233 Abs. 3

Der stille Gesellschafter hat schließlich ein außerordentliches Informationsrecht nach § 233 Abs. 3. Bei dieser Regelung handelt es sich um einen **materiellrechtlichen Anspruch** und nicht nur um eine Verfahrensvorschrift[2]. Anderenfalls würde die Erwähnung der sonstigen Aufklärungen in § 233 Abs. 3 keine Bedeutung haben. Das Informationsrecht nach § 233 Abs. 3 geht somit über das Informationsrecht nach § 233 Abs. 1 hinaus und umfasst gerade auch sonstige Aufklärungen. Es ist dabei aber durch das Erfordernis eines wichtigen Grundes dahingehend beschränkt, dass ein Informationsbedürfnis des stillen Gesellschafters in seiner Position als stiller Gesellschafter begründet sein muss. Ein **wichtiger Grund** ist nicht schon dann gegeben, wenn der Geschäftsinhaber die Gewährung der Rechte aus § 233 Abs. 1 verweigert, da dem stillen Gesellschafter zur Durchsetzung dieser Rechte auch der einstweilige Rechtschutz offen steht (Rn. 9). Ein solcher ist vielmehr erst dann gegeben, wenn der stille Gesellschafter durch das Informationsrecht nach § 233 Abs. 1 oder durch eine vertragliche Regelung nicht hinreichend geschützt ist und sich dadurch im konkreten Einzelfall die Gefahr einer Schädigung ergibt[3].

7

3. Abweichende vertragliche Bestimmungen

§ 233 ist ebenso wie § 166 abdingbar. Der Gesellschaftsvertrag kann die Informationsrechte des stillen Gesellschafters **erweitern**[4]. Auch eine **Beschränkung** ist möglich. Jedoch können die besonderen Befugnisse aus § 233 Abs. 3 nicht entzogen werden[5]. Bei der mehrgliedrigen stillen Gesellschaft kann im Übrigen für die Wahrnehmung der (ordentlichen) Informationsrechte ein gemeinsamer Vertreter oder ein anderes Organ (Beirat) vorgesehen werden (vgl. für die KG § 161 Rn. 21, 71, § 166 Rn. 37).

8

---

1 OLG Düsseldorf v. 13.3.1985 – 15 U 173/84, WM 1985, 872, 873.
2 *Blaurock*, Handbuch der Stillen Gesellschaft, Rn. 12.73 ff.; *Heymann/Horn*, § 233 Rn. 9; *Schlitt*, Die Informationsrechte des stillen Gesellschafters in der typischen stillen Gesellschaft und in der stillen Publikumspersonengesellschaft, S. 101 ff.; wohl auch *Ebenroth/Boujong/Joost/Strohn/Gehrlein*, § 233 Rn. 14; a.A. aber *Baumbach/Hopt*, § 233 Rn. 6; MünchKommHGB/*K. Schmidt*, § 233 Rn. 14.
3 BGH v. 16.1.1984 – II ZR 36/83, NJW 1984, 2470; vgl. auch *Ebenroth/Boujong/Joost/Strohn/Gehrlein*, § 233 Rn. 15.
4 Ausführlich dazu MünchHdbGesR II/*Kühn*, § 81 Rn. 15 ff.
5 BGH v. 16.1.1984 – II ZR 36/83, NJW 1984, 2470, 2472; *Blaurock*, Handbuch der Stillen Gesellschaft, Rn. 12.73; MünchKommHGB/*K. Schmidt*, § 233 Rn. 25.

4. Verfahrensrecht

9 Der Anspruch nach § 233 Abs. 1 ist im Wege der Leistungsklage vor den ordentlichen Gerichten durchzusetzen. Seine Vollstreckung erfolgt nach §§ 883 ff. ZPO[1]. Dies gilt auch für den vorläufigen Rechtsschutz (§§ 935 ff., 940 ZPO). Die Maßnahmen nach § 233 Abs. 3 sind dabei nur eine weitere Option für den stillen Gesellschafter[2]. Ebenso werden auch die außerordentlichen Informationsrechte nach § 233 Abs. 3 durchgesetzt. Für den vorläufigen Rechtsschutz sieht § 233 Abs. 3 aber ein spezielles Verfahren mit der Zuständigkeit des Registergerichts vor, so dass dahingehend eine Sperrwirkung für Verfahren auf Erlass einer einstweiligen Verfügung anzunehmen ist[3].

II. Informationsrecht nach Auflösung der stillen Gesellschaft

10 Kommt es zur Auflösung der stillen Gesellschaft, so **entfallen** für den stillen Gesellschafter **die Rechte aus § 233**, und zwar auch für die noch erforderliche Auseinandersetzung zwischen den Beteiligten[4]. Der stille Gesellschafter ist dann auf die Auskunftsmöglichkeiten nach den §§ 810, 242 BGB beschränkt[5]. Wegen der noch schwebenden Geschäfte gilt zusätzlich § 235 Abs. 3 (vgl. dort Rn. 35 f.).

III. Informationsrechte im Unterbeteiligungsverhältnis

1. Entsprechende Geltung von § 233

11 Für die Unterbeteiligung gilt § 233 entsprechend[6]. Damit entfällt eine Anwendung von § 716 BGB.

2. Besonderheiten

12 Jedoch ist gegenüber den Rechtsverhältnissen in der stillen Gesellschaft auf zwei Besonderheiten hinzuweisen:

a) Jahresabschluss der Hauptgesellschaft

13 In der stillen Gesellschaft lässt sich der Anspruch auf Mitteilung des Jahresabschlusses auf die Notwendigkeit der Gewinnabrechnung im Verhältnis der Beteiligten (§ 232) beziehen. Dagegen hat der Unterbeteiligte, der ja der

---

1 BGH v. 16.1.1984 – II ZR 36/83, NJW 1984, 2470, 2472.
2 *Ebenroth/Boujong/Joost/Strohn/Gehrlein*, § 233 Rn. 19; a.A. *Heymann/Horn*, § 233 Rn. 10.
3 *Ebenroth/Boujong/Joost/Strohn/Gehrlein*, § 233 Rn. 21; MünchKommHGB/*K. Schmidt*, § 233 Rn. 29.
4 BGH v. 11.8.1968 – II ZR 179/66, BGHZ 50, 316, 324.
5 BGH v. 8.4.1976 – II ZR 203/74, DB 1976, 2106, 2107; OLG Hamburg v. 4.3.2004 – 11 U 200/03, ZIP 2004, 1099, 1100; abw. *Heymann/Horn*, § 233 Rn. 4.
6 BGH v. 11.8.1968 – II ZR 179/66, BGHZ 50, 316, 323; *Ebenroth/Boujong/Joost/Strohn/Gehrlein*, § 233 Rn. 22.

Hauptgesellschaft nicht angehört, **keinen Anspruch** auf deren **Jahresabschluss**, es sei denn, die Hauptgesellschaft hat dem Hauptbeteiligten die Weitergabe an den Unterbeteiligten gestattet[1]. Eine solche Gestattung folgt aber nicht schon aus der allgemeinen gesellschaftsvertraglichen Zulassung einer Unterbeteiligung. Der BGH[2] verlangt daher weiter, dass der Unterbeteiligungsvertrag dem Unterbeteiligten auch einen Anspruch auf den Jahresabschluss der Hauptgesellschaft einräumt[3].

b) Informationsrechte nach Auflösung der Unterbeteiligung

Anders als bei der stillen Gesellschaft (Rn. 10) sollen die Informationsrechte aus § 233 nach dem BGH[4] nicht mit der Auflösung der Unterbeteiligungsgesellschaft enden. Dieser Differenzierung ist aber nicht zu folgen[5]. 14

§ 234
Auflösung der stillen Gesellschaft

(1) Auf die Kündigung der Gesellschaft durch einen der Gesellschafter oder durch einen Gläubiger des stillen Gesellschafters finden die Vorschriften der §§ 132, 134 und 135 entsprechende Anwendung. Die Vorschriften des § 723 des Bürgerlichen Gesetzbuchs über das Recht, die Gesellschaft aus wichtigen Gründen ohne Einhaltung einer Frist zu kündigen, bleiben unberührt.

(2) Durch den Tod des stillen Gesellschafters wird die Gesellschaft nicht aufgelöst.

Übersicht

	Rn.		Rn.
I. Auflösung der stillen Gesellschaft		b) Erreichen oder Unmöglichwerden des Zweckes	11
1. Wirkungen der Auflösung	1	c) Tod des Geschäftsinhabers	12
2. Fortsetzung der Gesellschaft	2	d) Insolvenzverfahren eines Gesellschafters	15
II. Auflösungsgründe		3. Keine Auflösungsgründe	
1. Kündigung	3	a) Tod des stillen Gesellschafters	17
a) Ordentliche Kündigung	4	b) Auflösung einer beteiligten Gesellschaft	20
b) Außerordentliche Kündigung	6	c) Nachlassinsolvenzverfahren und Nachlassverwaltung, Verlust der Geschäftsfähigkeit	23
c) Kündigung durch Gläubiger	8		
2. Weitere Auflösungsgründe			
a) Zeitablauf, Bedingung, Vereinbarung	10		

---

1 BGH v. 11.8.1968 – II ZR 179/66, BGHZ 50, 316, 323, 325.
2 BGH v. 11.8.1968 – II ZR 179/66, BGHZ 50, 316, 323, 325.
3 A.A. aber MünchKommHGB/*K. Schmidt*, § 233 Rn. 34.
4 BGH v. 11.8.1968 – II ZR 179/66, BGHZ 50, 316, 324.
5 Vgl. bereits MünchKommHGB/*K. Schmidt*, § 233 Rn. 37.

	Rn.		Rn.
III. Grundlagenveränderungen		**IV. Auflösung der Unterbeteiligungsgesellschaft**	
1. Wegfall der Kaufmannseigenschaft	24		
a) Einstellung des Geschäftsbetriebes	25	1. Auflösungswirkungen	37
b) Rückgang des Geschäftsbetriebes	26	2. Auflösungsgründe	
		a) Kündigung	38
2. Geschäftsveräußerung, Geschäftsübernahme, Konfusion		b) Sonstige Auflösungsgründe	39
		c) Keine Auflösungsgründe	43
a) Veräußerung des Geschäftsbetriebes	27	3. Grundlagenveränderungen	
b) Geschäftsübernahmerecht	28	a) Veräußerung der Hauptbeteiligung	44
c) Konfusion	29	b) Erwerb aller Anteile der Hauptgesellschaft	45
3. Umwandlungstatbestände		c) Umwandlung der Hauptbeteiligung	46
a) Verschmelzung und Spaltung	30		
b) Formwechsel	33	d) Umwandlung der Hauptgesellschaft	47
c) Umwandlung der stillen Beteiligung	34		

Schrifttum: *K. Schmidt,* Das Vollstreckungs- und Insolvenzrecht der stillen Gesellschaft, KTS 1977, 1, 65; *H. Sudhoff/M. Sudhoff,* Stille Beteiligung an einer GmbH und die Umwandlung dieser Beteiligung, GmbHR 1984, 77; *Theil,* Das rechtliche Schicksal der stillen Beteiligung und Unterbeteiligung bei der Umwandlung des Unternehmens, 1982; *Wolany,* Zum Inhaberwechsel bei einer stillen Gesellschaft, JZ 1962, 248. Vgl. i.Ü. die Angaben zu § 230.

I. Auflösung der stillen Gesellschaft

1. Wirkungen der Auflösung

1 Kommt es zur Auflösung der stillen Gesellschaft, so tritt – da es sich um eine Innengesellschaft handelt – **zugleich** auch die **Vollbeendigung** des Gesellschaftsverhältnisses ein[1]. Denn mangels eines zu liquidierenden Gesellschaftsvermögens ist für ein Abwicklungsstadium kein Raum. Es ist lediglich der (schuldrechtliche) Anspruch des stillen Gesellschafters auf das Auseinandersetzungsguthabens zu ermitteln und zu erfüllen (§ 235 Rn. 1). Mit Auflösung der stillen Gesellschaft erlöschen auch die Informationsrechte des stillen Gesellschafters nach § 233 (Rn. 10) und er nimmt auch nicht mehr an den künftigen Gewinnen oder Verlusten teil.

2. Fortsetzung der Gesellschaft

2 Aus der eingetretenen Vollbeendigung folgt, dass eine **Fortsetzung** der aufgelösten Gesellschaft **nicht möglich** ist[2]. Eine Fortsetzungsvereinbarung ist danach rechtlich die Neubegründung einer stillen Gesellschaft, ggf. mit dem

---

[1] BGH v. 22.6.1981 – II ZR 94/80, NJW 1982, 99, 100; BGH v. 26.6.1989 – II ZR 128/88, WM 1989, 1850, 1851; OLG Hamburg v. 4.3.2004 – 11 U 200/03, ZIP 2004, 1099, 1100; anders aber MünchKommHGB/*K. Schmidt,* § 234 Rn. 1.
[2] Siehe z.B. *Staub/Zutt,* § 234 Rn. 36.

Inhalt, dass die Gesellschafter sich so zu stellen haben, als habe die frühere Gesellschaft fortbestanden[1].

II. Auflösungsgründe

1. Kündigung

Die stille Gesellschaft kann durch ordentliche oder außerordentliche Kündigung eines der beiden Gesellschafter aufgelöst werden. Ferner kommt eine Kündigung durch den Gläubiger des stillen Gesellschafters in Betracht. Kündigt der Geschäftsinhaber, so muss dies, sofern es sich bei ihm um einen Personenverband handelt, durch seinen gesetzlichen Vertreter geschehen, da es sich um ein Außengeschäft handelt[2]. Anders dürfte es in einer atypischen mehrgliedrigen Gesellschaft, insbesondere bei einer Verbindung einer Kommanditbeteiligung mit einer stillen Einlage (vgl. § 161 Rn. 141) sein, da es dann um die Beendigung mitgliedschaftlicher Beziehungen geht[3]. Hier kann die – sonst das Gesellschaftsverhältnis auflösende – Kündigung auch die Wirkungen eines sich auf den betroffenen Beteiligten beschränkenden Austritts oder seiner Ausschließung haben. Doch verbietet sich auch hier die Hinauskündigung eines Gesellschafters nach freiem Ermessen[4].

a) Ordentliche Kündigung

Die ordentliche Kündigung durch einen Gesellschafter regelt sich bei einem auf unbestimmte Zeit eingegangenen Gesellschaftsverhältnis nicht nach § 723 Abs. 1 S. 1 BGB, sondern ist nur **zum Jahresende mit einer Frist von sechs Monaten** möglich (§§ 234 Abs. 1 S. 1, 132). Dies gilt (über § 134) auch, wenn eine zunächst auf Lebenszeit eines Gesellschafters oder auf eine bestimmte Zeitdauer geschlossene Gesellschaft dann in stillschweigendem Einvernehmen fortgesetzt wird. Das hiernach gegebene Kündigungsrecht kann nach dem auch insoweit eingreifenden § 723 Abs. 3 BGB nicht ausgeschlossen werden[5].

Eine **Beschränkung des Kündigungsrechts** ist zwar möglich, aber nur in dem Maße, wie das für § 132 zugelassen ist (also z.B. nur eine zeitweiliger Ausschluss oder eine Erschwerung der Kündigungsmöglichkeit, auch längere Kündigungsfristen).

---

1 *Ebenroth/Boujong/Joost/Strohn/Gehrlein*, § 234 Rn. 3; im Ergebnis wohl ebenso MünchKommHGB/*K. Schmidt*, § 234 Rn. 3 f.; a.A. aber *Blaurock*, Handbuch der Stillen Gesellschaft, Rn. 15.3; *Heymann/Horn*, § 234 Rn. 20.
2 BGH v. 26.10.1978 – II ZR 119/77, WM 1979, 71, 72.
3 MünchKommHGB/*K. Schmidt*, § 234 Rn. 19, 21.
4 BGH v. 7.2.1994 – II ZR 191/92, BGHZ 125, 74, 80; auf die Publikumsgesellschaft einschränkend *Ebenroth/Boujong/Joost/Strohn/Gehrlein*, § 234 Rn. 26.
5 BGH v. 20.12.1956 – II ZR 166/55, BGHZ 23, 10, 15; BGH v. 11.8.1968 – II ZR 179/66, BGHZ 50, 316, 321.

b) Außerordentliche Kündigung

6 Eine außerordentliche Kündigung aus wichtigem Grund ist nach den §§ 723 Abs. 3 BGB, 234 Abs. 1 S. 2 möglich und **kann** ebenfalls **nicht ausgeschlossen werden**. Dies führt auch zur Nichtigkeit von Abreden, die für den Fall einer solchen Kündigung Nachteile vorsehen, z.B. bei der Abfindung. Die außerordentliche Kündigung stellt nur das äußerste Mittel dar und besteht deshalb nicht, wenn die Möglichkeit einer Vertragsänderung durch Nachverhandeln gegeben ist. Bei Unzumutbarkeit der Fortsetzung des Gesellschaftsverhältnisses kann die Kündigung auch zur Unzeit erfolgen (§ 723 Abs. 2 BGB)[1]. Liegt diese Voraussetzung nicht vor, ist die Kündigung gleichwohl wirksam, verpflichtet den Kündigenden aber zum Ersatz des daraus dem anderen entstehenden Schaden[2].

7 Ein **wichtiger Grund** für eine Kündigung wird vielfach unter den gleichen Voraussetzungen wie in § 133 (§ 133 Rn. 4 ff.) anzunehmen sein. Liegt eine Erschütterung des Vertrauensverhältnisses vor, so kommt es dazu auf die konkrete Gestaltung der Beziehungen zwischen den Beteiligten an[3]; sie sind u.U. weniger eng als unter Mitgliedern einer Handelsgesellschaft[4]. Werden vertragsmäßige Leistungen nicht erbracht, kann dies eine Kündigung rechtfertigen (vgl. auch § 230 Rn. 76), ebenso die Einstellung des Geschäftsbetriebes (sofern sie aber wegen Unmöglichkeit der Zweckerreichung geschieht, führt dies ohne weiteres zur Auflösung, Rn. 11) oder seine dauernde Unrentabilität[5], die Beeinträchtigung der Mitwirkungsbefugnisse eines atypischen stillen Gesellschafters[6], die zweckwidrige Verwendung der Einlage[7], die dauerhafte Vorenthaltung des Gewinnanteils[8], ferner ein Vermögensverfall beim Geschäftsinhaber sowie eine in der Zwangsvollstreckung gegen ihn ausgebrachte Pfändung seines Anspruchs gegen den stillen Gesellschafter auf Leistung der Einlage[9]. Ein wichtiger Grund wegen drohender Umqualifizierung der stillen Beteiligung eines Gesellschafters eines Unternehmensträgers ohne natürliche Person als persönlich haftender Gesellschafter besteht aufgrund der „Vereinfachung" des Eigenkapitalersatzrechts durch das MoMiG nicht mehr, da die entsprechende stille Beteiligung nach neuem Recht in diesen Fällen immer Gesellschafterdarlehen und damit nachrangig ist[10]. Für den stillen Gesellschafter werden sich ferner Kündigungsrechte bei einer Geschäftsveräußerung und ggf. bei einer Verschmelzung oder Spaltung

---

1 MünchKommHGB/*K. Schmidt*, § 234 Rn. 49; *Singhof*, in Singhof/Seiler/Schlitt, Mittelbare Gesellschaftsbeteiligungen, 2004, Rn. 218.
2 BGH v. 8.7.1976 – II ZR 34/75, DB 1977, 87, 89; *Ebenroth/Boujong/Joost/Strohn/Gehrlein*, § 234 Rn. 30.
3 BGH v. 18.10.1965 – II ZR 232/63, WM 1966, 29, 31; BGH v. 8.7.1976 – II ZR 34/75, WM 1976, 1030, 1031.
4 BGH v. 12.7.1982 – II ZR 157/81, BGHZ 84, 379, 382.
5 RG v. 18.1.1927 – II 25/26, JW 1927, 1350.
6 BGH v. 8.7.1976 – II ZR 34/75, WM 1976, 1030, 1031.
7 MünchHdbGesR II/*Polzer* § 91 Rn. 12.
8 MünchHdbGesR II/*Polzer* § 91 Rn. 12.
9 Vgl. *K. Schmidt*, KTS 1977, 1, 5.
10 Vgl. dazu *Mock*, DStR 2008, 1645, 1647 f.

des Unternehmens ergeben (Rn. 27, 30 ff.). Zum Kündigungsrecht eines **minderjährigen Gesellschafters** nach Eintritt der Volljährigkeit vgl. § 723 Abs. 1 S. 3 Nr. 2, Abs. 2 BGB.

c) Kündigung durch Gläubiger

Nach § 234 Abs. 1 S. 2 kann auch ein **Gläubiger des stillen Gesellschafters** 8 das Gesellschaftsverhältnis unter den Voraussetzungen des § 135 kündigen[1]. Nach Wirksamwerden der Kündigung kann der Gläubiger den gepfändeten und nach § 235 zu ermittelnden Anspruch auf das Auseinandersetzungsguthaben verwerten.

Ein **Gläubiger des Geschäftsinhabers** hat dagegen **kein Kündigungsrecht**. Er 9 kann ohnehin Zugriff auf das gesamte Vermögen des Handelsgeschäfts einschließlich eines noch bestehenden Anspruchs auf Leistung der stillen Einlage nehmen.

2. Weitere Auflösungsgründe

a) Zeitablauf, Bedingung, Vereinbarung

Eine Auflösung der stillen Gesellschaft tritt nach Ablauf der Zeit ein, für die 10 sie eingegangen ist (zur Frage der nachträglichen Fortsetzungsvereinbarung siehe Rn. 2), sodann mit dem Eintritt einer auflösenden Bedingung oder durch eine Aufhebungsvereinbarung. Doch ist eine solche noch nicht ohne weiteres in der Rückgewähr einer geleisteten Einlage zu sehen[2]. Wird jedoch trotz einer unwirksamen Kündigung das Gesellschaftsverhältnis im allseitigen Einvernehmen abgewickelt, kommt es zur Auflösung der Gesellschaft[3].

b) Erreichen oder Unmöglichwerden des Zweckes

Wird der Zweck der stillen Gesellschaft erreicht oder wird seine Erreichung 11 unmöglich, so führt dies nach § 726 BGB ebenfalls zur Auflösung. Die Unmöglichkeit, die rechtlicher oder tatsächlicher Art sein kann, muss von Dauer sein[4]. Die Nichteröffnung des Insolvenzverfahrens beim Geschäftsinhaber mangels Masse wird noch nicht als ein Fall der Unmöglichkeit einzuordnen sein[5]. Auch Verluste, selbst solche nachhaltiger Art, oder eine Unrentabilität des Unternehmens berechtigen nur zu einer Kündigung (Rn. 7).

c) Tod des Geschäftsinhabers

Der Tod des Geschäftsinhabers löst nach § 727 BGB die stille Gesellschaft 12 auf. Diese Folge beschränkt sich aber auf den Fall, dass der Geschäftsinhaber

---

1 Näher dazu *K. Schmidt*, KTS 1977, 1, 6.
2 RG v. 24.2.1941 – II 91/40, HRR 1941 Nr. 637.
3 Vgl. BGH v. 13.11.2000 – II ZR 52/99, ZIP 2001, 69.
4 BGH v. 12.7.1982 – II ZR 157/81, BGHZ 84, 379, 381.
5 MünchKommBGB/*Ulmer*, § 728 BGB Rn. 6.

eine natürliche Person ist. Handelt es sich bei dem Geschäftsinhaber um eine Personenhandelsgesellschaft oder eine Kapitalgesellschaft, so führt ihre Auflösung noch nicht zur Auflösung des stillen Gesellschaftsverhältnisses; das ist erst mit ihrer Vollbeendigung der Fall (vgl. Rn. 20, 25).

13 Die **Erben** des verstorbenen Geschäftsinhabers müssen dessen **Tod** unverzüglich dem **stillen Gesellschafter mitteilen** (§ 727 Abs. 2 S. 1 BGB). Ob die Erben nach dieser Vorschrift zur einstweiligen Weiterführung des Unternehmens verpflichtet sind, ist zumindest für die typische stille Gesellschaft zweifelhaft, da das Interesse des stillen Gesellschafters sich hier auf die Abwicklung der schwebenden Geschäfte (§ 235 Abs. 2) beschränkt[1].

14 Der Gesellschaftsvertrag kann eine **Fortsetzung** der stillen Gesellschaft mit den Erben des Geschäftsinhabers vorsehen oder den Beteiligten eine Option hierauf einräumen. Beabsichtigen die Erben die Übertragung des Unternehmens auf einen von ihnen oder die Einbringung in eine von ihnen gegründete Kapitalgesellschaft, so bedarf dies grundsätzlich der Zustimmung des stillen Gesellschafters; doch kann die Treuepflicht die Erteilung der Zustimmung erfordern[2]. Zur Übertragung des Unternehmens auf einen anderen Rechtsträger und zum Übergang des stillen Gesellschaftsverhältnisses auf den neuen Geschäftsinhaber vgl. im Übrigen Rn. 27, 30 ff.

d) Insolvenzverfahren eines Gesellschafters

15 Auflösungsgrund ist sodann nach § 728 Abs. 2 BGB die Eröffnung des Insolvenzverfahrens über das Vermögen eines Gesellschafters, und zwar auch des Nachlassinsolvenzverfahrens für den Fall, dass nicht schon der Tod des Geschäftsinhabers die Gesellschaft aufgelöst hat[3]. Die Auflösung kann nicht gemäß § 736 BGB abgewendet werden, da die Vorschrift für die zweigliedrige Gesellschaft nicht gelten kann. Beim Insolvenzverfahren des Mitglieds einer mehrgliedrigen Gesellschaft ist dagegen eine Fortsetzungsregelung möglich; hier endet dann allein das Beteiligungsverhältnis des insolventen Gesellschafters[4].

16 Zu den übrigen Rechtsfolgen eines Insolvenzverfahrens über das Vermögen des Geschäftsinhabers siehe § 236 Rn. 1 ff.

3. Keine Auflösungsgründe

a) Tod des stillen Gesellschafters

17 Nicht zur Auflösung führt nach § 234 Abs. 2 der Tod des stillen Gesellschafters. Die Vorschrift ist **dispositiv**. Eine anderweitige (auch konkludente) ver-

---

1 Vgl. MünchKommHGB/*K. Schmidt*, § 234 Rn. 8.
2 MünchKommHGB/*K. Schmidt*, § 234 Rn. 10.
3 MünchKommHGB/*K. Schmidt*, § 234 Rn. 11; *Staub/Zutt*, § 234 Rn. 8; *Heymann/Horn*, § 234 Rn. 21; anders allerdings BGH v. 30.4.1984 – II ZR 293/83, BGHZ 91, 132, 135.
4 MünchKommHGB/*K. Schmidt*, § 234 Rn. 19.

tragliche Gestaltung ist jedoch nicht schon dann gegeben, wenn der stille Gesellschafter höchstpersönliche Dienstleistungen zu erbringen hat. Eher kommt dies bei Geschäftsführungs- und Mitverwaltungsbefugnissen eines stillen Gesellschafters in Frage; doch liegt es auch dann wohl näher, dem Geschäftsinhaber nur ein Recht zur Kündigung aus wichtigem Grund zuzubilligen[1].

Die **stille Beteiligung fällt in den Nachlass**. Bei mehreren Erben geht die Berechtigung auf die Erbengemeinschaft über[2]. Eine Sondernachfolge tritt im Regelfalle nicht ein[3]. Abweichend wird es aber bei einer atypischen Beteiligung sein, jedenfalls bei einer solchen am Vermögenswert der Gesellschaft und insbesondere in gesellschaftsvertraglicher Koordinierung mit einer Kommanditbeteiligung (§ 161 Rn. 141, § 230 Rn. 41). Bei einer (isolierten) typischen Beteiligung bedarf deren Aufteilung unter den Erben oder die Übertragung auf einen von ihnen einer Änderung des stillen Gesellschaftsvertrages unter Mitwirkung des Geschäftsinhabers. Doch kann bereits der ursprüngliche Gesellschaftsvertrag eine Regelung für den Todesfall des stillen Gesellschafters vorsehen. Eine Klausel, nach der einem vom Erblasser benannten Miterben das Recht zum Eintritt in das Gesellschaftsverhältnis eingeräumt wird, hat als Vertrag zugunsten Dritter[4] hier gesellschaftsrechtlichen (nicht erbrechtlichen) Charakter[5].   18

Die stille Beteiligung unterliegt der **Testamentsvollstreckung**[6].   19

b) Auflösung einer beteiligten Gesellschaft

Die **Auflösung einer Handelsgesellschaft als Geschäftsinhaberin** führt nicht zugleich auch zur Auflösung der stillen Gesellschaft[7]. Deren Auflösung tritt auch nicht dadurch ein, dass es in der Abwicklung der Handelsgesellschaft zur Einstellung des Geschäftsbetriebes kommt[8], es sei denn, es liegt ein Fall einer zur Auflösung führenden Unmöglichkeit der Zweckerreichung (Rn. 11) vor. Jedoch wird die Auflösung der Geschäftsinhaberin für den stillen Gesellschafter wohl meist einen wichtigen Kündigungsgrund ergeben[9] (siehe dazu Rn. 7). Kommt es zur Vollbeendigung der aufgelösten Geschäftsinhaberin, so entfällt notwendigerweise das stille Gesellschaftsverhältnis (vgl. auch Rn. 25).   20

Auch die **Auflösung einer Gesellschaft**, die **als stille Gesellschafterin** beteiligt ist, führt noch nicht zur Auflösung des stillen Gesellschaftsverhältnisses. Auch hier kann aber ein Kündigungsrecht entstehen.   21

---

1 MünchKommHGB/*K. Schmidt*, § 234 Rn. 58.
2 MünchKommHGB/*K. Schmidt*, § 234 Rn. 56.
3 Unklar BGH v. 28.6.1962 – II ZR 61/61, WM 1962, 1084, 1085.
4 *Blaurock*, Handbuch der Stillen Gesellschaft, Rn. 15.56.
5 BGH v. 28.6.1962 – II ZR 61/61, WM 1962, 1084, 1085.
6 BGH v. 28.6.1962 – II ZR 61/61, WM 1962, 1084, 1085.
7 BGH v. 12.7.1982 – II ZR 157/81, BGHZ 84, 379, 380 f.
8 *Staub/Zutt*, § 234 Rn. 14.
9 BGH v. 12.7.1982 – II ZR 157/81, BGHZ 84, 379, 382.

22 Frei.

c) Nachlassinsolvenzverfahren und Nachlassverwaltung, Verlust der Geschäftsfähigkeit

23 Zur Frage, ob ein Nachlassinsolvenzverfahren bei einem Gesellschafter zur Auflösung führt, vgl. Rn. 15. Keinen Auflösungsgrund stellen die Anordnung der Nachlassverwaltung oder der Verlust der Geschäftsfähigkeit bei einem Beteiligten dar. Hier kommen jeweils nur Kündigungsmöglichkeiten in Frage[1].

III. Grundlagenveränderungen

1. Wegfall der Kaufmannseigenschaft

24 Für das Wegfallen der Kaufmannseigenschaft beim Geschäftsinhaber ist zu unterscheiden:

a) Einstellung des Geschäftsbetriebes

25 Führt die Einstellung des Geschäftsbetriebes zum Verlust der Kaufmannseigenschaft, so entfällt die Voraussetzung für ein Weiterbestehen der stillen Gesellschaft (vgl. § 230 Rn. 22). Die **verbleibende Rechtsbeziehung** wäre danach als eine **Innengesellschaft anderer Art** einzuordnen, auf die allerdings die §§ 230 ff. entsprechend angewendet werden können. Dazu, ob sich die Gesellschaft aufgrund der Einstellung der Geschäfte wegen Unmöglichkeit der Zweckerreichung auflöst oder gekündigt werden kann, vgl. Rn. 11, 20. Kommt es zur Vollbeendigung auf der Seite des Geschäftsinhabers, kann ein Gesellschaftsverhältnis nicht mehr bestehen.

b) Rückgang des Geschäftsbetriebes

26 Entfällt die Kaufmannseigenschaft infolge eines Rückganges der in den §§ 1 Abs. 2, 2 und 3 vorausgesetzten Geschäftsbetriebes und einer insoweit fakultativen Löschung im Handelsregister (§ 105 Abs. 2 S. 2), so gilt für die Einordnung als stille Gesellschaft oder als sonstige Innengesellschaft das Gleiche wie in Rn. 25. Eine Auflösung der Gesellschaft selbst ist mit dieser Entwicklung aber nicht verbunden.

2. Geschäftsveräußerung, Geschäftsübernahme, Konfusion

a) Veräußerung des Geschäftsbetriebes

27 Veräußert der Geschäftsinhaber das Unternehmen, so geht das stille Gesellschaftsverhältnis nicht auf den Erwerber über. Dafür wäre eine vertragliche Vereinbarung unter Mitwirkung des bisherigen Geschäftsinhabers, des Erwerbers und des stillen Gesellschafters erforderlich. Da der Geschäftsinha-

---

[1] *Ebenroth/Boujong/Joost/Strohn/Gehrlein*, § 234 Rn. 15.

ber im Verhältnis zum stillen Gesellschafter nicht ohne dessen Zustimmung zu einer Veräußerung berechtigt ist (§ 230 Rn. 78), kann der stille Gesellschafter aber regelmäßig nicht als verpflichtet betrachtet werden, einer solchen Vereinbarung zuzustimmen.

b) Geschäftsübernahmerecht

Ein Recht auf Geschäftsübernahme hat der stille Gesellschafter nicht[1]; doch kann es ihm eingeräumt werden[2]. Möglicherweise ergibt sich ein Übertragungsanspruch aus einem mit einer atypischen stillen Beteiligung koordinierten Treuhandverhältnis[3]. Jedoch folgt ein Übernahmerecht nicht allein schon daraus, dass der stille Gesellschafter das gesamte Geschäftskapital für das Unternehmen als Einlage eingebracht hatte[4].

28

c) Konfusion

Erwirbt der stille Gesellschafter (durch Einzel- oder Gesamtrechtsnachfolge, auch bei einer Geschäftsübernahme, vgl. Rn. 28) das **Handelsgeschäft** oder gehen alle Rechte aus der stillen Beteiligung auf den Geschäftsinhaber über, so erlischt das Gesellschaftsverhältnis durch Konfusion (Ausnahmen im Erbrecht bei den §§ 1976, 1991, 2143 und 2377 BGB). Keine Konfusion tritt ein, wenn sich die stille Beteiligung nur mit einem Anteil an einer Handelsgesellschaft als Geschäftsinhaberin vereinigt.

29

3. Umwandlungstatbestände

a) Verschmelzung und Spaltung

Im Falle der Verschmelzung oder Spaltung des Handelsgeschäftes (§§ 2, 123 UmwG) ergeben sich für den Fortbestand der stillen Beteiligung folgende Möglichkeiten:

30

Sowohl eine **Verschmelzung** durch **Aufnahme** als auch eine solche durch **Neugründung** führen zu einer Gesamtrechtsnachfolge beim aufnehmenden bzw. dem neuen Unternehmen. Hier wird ungeachtet der damit verbundenen Vollbeendigung des Unternehmens, an welchem die stille Beteiligung bestand, aus § 20 UmwG hergeleitet, dass auch das stille Gesellschaftsverhältnis sich mit dem Nachfolgeunternehmen als Geschäftsinhaber fortsetzt[5]. Hatte der stille Gesellschafter der Verschmelzung nicht zugestimmt, ist ihm ein Kündigungsrecht zuzugestehen. Bei Fortsetzung der stillen Gesellschaft ist oft eine Anpassung an die entstandenen Beteiligungsverhältnisse nötig.

31

---

1 RG v. 27.11.1940 – II 67/40, RGZ 165, 265 f.
2 RG v. 4.2.1941 – II 72/40, SeuffArch 95 Nr. 33; siehe auch BGH v. 25.3.1974 – II ZR 63/72, BGHZ 62, 234, 237.
3 Vgl. dazu *Ebenroth/Boujong/Joost/Strohn/Gehrlein*, § 234 Rn. 20.
4 RG v. 5.12.1934 – RAG 142/34, HRR 1935 Nr. 492.
5 *Blaurock*, Handbuch der Stillen Gesellschaft, Rn. 18.12 f.; siehe auch *Staub/Zutt*, § 234 Rn. 16; MünchKommHGB/*K. Schmidt*, § 234 Rn. 35 f.

32 Im Falle eines das Unternehmen des Geschäftsinhabers betreffenden **Spaltungstatbestandes** (§ 123 UmwG) setzt sich bei einer **Abspaltung** oder **Ausgliederung** das stille Gesellschaftsverhältnis beim Ursprungsunternehmen fort. Doch kann mit Zustimmung des stillen Gesellschafters eine Übertragung auf den übernehmenden oder neugegründeten Rechtsträger vorgesehen werden[1]. Bei einer **Aufspaltung** bedarf die Frage, in welcher Weise sich die stille Beteiligung an den Nachfolgeunternehmen fortsetzen soll und wie die maßgeblichen Rechtsbeziehungen an die entstehende Situation anzupassen sind, einer näheren Regelung. Andernfalls führt die Aufspaltung zur Beendigung der stillen Gesellschaft[2]. Auch kommt für den stillen Gesellschafter, wenn er der Spaltung nicht zugestimmt hat[3], ein Sonderkündigungsrecht in Betracht.

b) Formwechsel

33 Kommt es lediglich zu einem Formwechsel (§ 190 UmwG), so bleibt die Identität des Vertragspartners des stillen Gesellschafters unberührt. Das stille Gesellschaftsverhältnis bleibt bestehen. Ob für den stillen Gesellschafter ein **Kündigungsrecht** erwächst, muss eine Frage des Einzelfalls bleiben[4].

c) Umwandlung der stillen Beteiligung

34 Vielfach sehen stille Gesellschaftsverträge ein Recht des stillen Gesellschafters vor, seine Beteiligung in eine als persönlich haftender Gesellschafter oder Kommanditist umzuwandeln.

35 Tritt der stille Gesellschafter hiernach als Gesellschafter in das Unternehmen ein, so **haftet** er für die bisherigen Geschäftsverbindlichkeiten nach den §§ 130 oder 173. Zur Frage einer Enthaftung als Kommanditist gemäß § 171 Abs. 1 Hs. 2 durch Einbuchung des Guthabens als stiller Gesellschafter oder durch Aufrechnung mit dem Auszahlungsanspruch vgl. § 171 Rn. 37, 40 f.

36 Dem stillen Gesellschafter kann auch das Recht zugestanden sein, die stille Gesellschaft in eine **Kapitalgesellschaft** (insbes. in eine GmbH) umzuwandeln[5]. Die Wirksamkeit einer solchen Vereinbarung erfordert, dass sie den Formvorschriften für die Errichtung der Kapitalgesellschaft genügt und inhaltlich so bestimmt ist, dass sich im Streitfall der Inhalt des Gründungsvertrages feststellen lässt[6]. Dagegen wäre eine Vereinbarung formfrei, die nicht zur Gründung einer Kapitalgesellschaft verpflichtet, sondern dem stillen Ge-

---

1 *Blaurock*, Handbuch der Stillen Gesellschaft, Rn. 18.39 ff.
2 *Blaurock*, Handbuch der Stillen Gesellschaft, Rn. 18.43.
3 Vgl. dazu *Jung*, ZIP 1996, 1734, 1738.
4 MünchKommHGB/*K. Schmidt*, § 234 Rn. 31.
5 Vgl. z.B. RG v. 22.10.1937 – II 58/37, RGZ 156, 129, 138.
6 RG v. 22.10.1937 – II 58/37, RGZ 156, 129, 138; auch BGH v. 19.12.1968 – II ZR 126/67, WM 1969, 291, 292.

sellschafter lediglich für den Fall einer Gründung eine mitgliedschaftliche Beteiligung zusagt[1].

IV. Auflösung der Unterbeteiligungsgesellschaft

1. Auflösungswirkungen

Für die Wirkungen der Auflösung geht die h.M. wie bei der stillen Gesellschaft (Rn. 1) davon aus, dass zugleich eine **Vollbeendigung** eintritt[2]. 37

2. Auflösungsgründe

a) Kündigung

Für die Kündigung der Unterbeteiligung gilt § 234 entsprechend[3]. Hier bestehen auch für die außerordentliche Kündigung keine Besonderheiten; sie kommt generell in Frage, wenn die Fortsetzung der Gesellschaft für einen der Beteiligten nicht mehr zumutbar ist. Zur Kündigung durch einen Gläubiger des Unterbeteiligten ist ebenfalls von einer Analogie zu den §§ 234, 135 auszugehen[4]. 38

b) Sonstige Auflösungsgründe

Hinsichtlich sonstiger Auflösungsgründe ist zu bemerken: 39

Die **Auflösung der Hauptgesellschaft** stellt noch kein Unmöglichwerden der Zweckerreichung dar, da der Unterbeteiligte mittelbar am Liquidationsergebnis der Hauptgesellschaft teilnimmt. Erst deren Vollbeendigung löst auch die Unterbeteiligung auf[5]. Im Übrigen wird eine Zweckerreichung beim Untergang der Hauptbeteiligung (z.B. beim Ausscheiden des Hauptbeteiligten) unmöglich[6]. 40

Auch der **Tod des Hauptbeteiligten** löst das Unterbeteiligungsverhältnis auf[7]. 41

---

1 BGH v. 19.12.1968 – II ZR 126/67, WM 1969, 291, 292, ferner BGH v. 23.11.1972 – II ZR 126/70, WM 1973, 67, 68.
2 Vgl. *Ulbrich*, Die Unterbeteiligungsgesellschaft an Personengesellschaftsanteilen, 1982, S. 162; zur Gegenmeinung vgl. MünchKommHGB/*K. Schmidt*, § 234 Rn. 63; *Blaurock*, Handbuch der Stillen Gesellschaft, Rn. 30.61.
3 BGH v. 11.8.1968 – II ZR 179/66, BGHZ 50, 316, 321.
4 Vgl. MünchKommHGB/*K. Schmidt*, § 234 Rn. 70.
5 *Ulbrich*, Die Unterbeteiligungsgesellschaft an Personengesellschaftsanteilen, 1982, S. 158 f.
6 *Ulbrich*, Die Unterbeteiligungsgesellschaft an Personengesellschaftsanteilen, 1982, S. 157 ff.
7 MünchKommHGB/*K. Schmidt*, § 234 Rn. 65; *Paulick*, ZGR 1974, 253, 273; *Ulbrich*, Die Unterbeteiligungsgesellschaft an Personengesellschaftsanteilen, 1982, S. 151.

42 Ebenso führt die Eröffnung des Insolvenzverfahrens über das Vermögen eines der Beteiligten zur Auflösung[1]. Zur Situation in einem mehrgliedrigen Unterbeteiligungsverhältnis vgl. Rn. 15 betreffend die stille Gesellschaft.

c) Keine Auflösungsgründe

43 Nicht zur Auflösung führen (wie in der stillen Gesellschaft) der Tod des Unterbeteiligten[2], die Auflösung einer Gesellschaft, die am Unterbeteiligungsverhältnis beteiligt ist, sowie die Anordnung der Nachlassverwaltung.

3. Grundlagenveränderungen
a) Veräußerung der Hauptbeteiligung

44 Eine Veräußerung der Hauptbeteiligung führt **nur dann** zur **Auflösung**, wenn sich die Unterbeteiligung nicht gegenüber dem Erwerber fortsetzt[3]. Ist das nicht der Fall, tritt eine Unmöglichkeit der Zweckerreichung ein[4].

b) Erwerb aller Anteile der Hauptgesellschaft

45 Erwirbt der Hauptbeteiligte in einer Personengesellschaft als Hauptgesellschaft sämtliche Anteile und wird er dadurch zum **Einzelkaufmann**, so kann die Hauptbeteiligung nicht fortbestehen. Aus der Unterbeteiligung wird dann der Sache nach eine stille Gesellschaft am Handelsgeschäft[5].

c) Umwandlung der Hauptbeteiligung

46 Eine Umwandlung der Hauptbeteiligung (z.B. eines OHG-Anteils in eine Kommanditbeteiligung) bedarf intern der Zustimmung des Unterbeteiligten, soweit sie seine Interessen berührt, und begründet für ihn ggf. ein Kündigungsrecht[6].

d) Umwandlung der Hauptgesellschaft

47 Für Umwandlungstatbestände bei der Hauptgesellschaft (i.S.d. §§ 2, 123, 190 UmwG) gilt Folgendes: Ein Formwechsel der Hauptgesellschaft berührt nicht ohne weiteres die Belange des Unterbeteiligten und gibt ihm nur im Einzelfall ein Recht zur Kündigung. Ein solches kommt auch bei einer Verschmelzung durch Aufnahme eines anderen Unternehmens, ebenso bei einer Abspaltung oder Ausgliederung von Vermögensteilen der Hauptgesellschaft in Betracht. Dagegen bleibt bei einem der sonstigen Tatbestände der

---

1 MünchKommHGB/*K. Schmidt*, § 234 Rn. 68.
2 *Blaurock*, Handbuch der Stillen Gesellschaft, Rn. 30.57.
3 MünchKommHGB/*K. Schmidt*, § 234 Rn. 73; *Paulick*, ZGR 1974, 253, 278.
4 OLG Hamm v. 6.12.1993 – 8 U 5/93, NJW-RR 1994, 999, 1000.
5 *Ulbrich*, Die Unterbeteiligungsgesellschaft an Personengesellschaftsanteilen, 1982, S. 159 f.; MünchKommHGB/*K. Schmidt*, § 234 Rn. 74.
6 *Ulbrich*, Die Unterbeteiligungsgesellschaft an Personengesellschaftsanteilen, 1982, S. 159.

Verschmelzung, die zum Wegfall der Hauptgesellschaft führt, oder bei einer Aufspaltung die bisherige Hauptbeteiligung nicht bestehen. Der Unterbeteiligte wird aber ggf. einen Anspruch auf erneute Herstellung eines Unterbeteiligungsverhältnisses an einem Nachfolgeunternehmen erlangen[1].

§ 235
Auseinandersetzung

(1) Nach der Auflösung der Gesellschaft hat sich der Inhaber des Handelsgeschäfts mit dem stillen Gesellschafter auseinanderzusetzen und dessen Guthaben in Geld zu berichtigen.

(2) Die zur Zeit der Auflösung schwebenden Geschäfte werden von dem Inhaber des Handelsgeschäfts abgewickelt. Der stille Gesellschafter nimmt teil an dem Gewinn und Verluste, der sich aus diesen Geschäften ergibt.

(3) Er kann am Schlusse jedes Geschäftsjahres Rechenschaft über die inzwischen beendigten Geschäfte, Auszahlung des ihm gebührenden Betrags und Auskunft über den Stand der noch schwebenden Geschäfte verlangen.

Übersicht

	Rn.		Rn.
I. Auseinandersetzung in der stillen Gesellschaft		c) Rückgabe von Gegenständen	19
1. Gegenstand der Auseinandersetzung		4. Besonderheiten der atypischen Beteiligung	
a) Guthabenermittlung	1	a) Abfindung gemäß § 738 BGB	20
b) Anwendung der §§ 732 ff. BGB?	2	b) Mitwirkung bei Bilanzaufstellung und Liquidation, Übernahmerecht	24
c) Abweichende vertragliche Regelungen	3	5. Verfahrensrechtliche Fragen	
2. Ermittlung des Auseinandersetzungsguthabens		a) Klagemöglichkeiten	26
a) Gesamtabrechnung	4	b) Beweislast	27
b) Bilanzaufstellung durch den Geschäftsinhaber	5	II. Schwebende Geschäfte	28
c) Gewinnermittlungsbilanz	6	1. Abgrenzungen	
aa) Offene Rücklagen	7	a) Rechtliche Bindung, Nichterfüllung	29
bb) Stille Reserven	8	b) Rechtsgeschäftliche Erwerbsgeschäfte	30
cc) Rückstellungen	9	c) Dauerrechtsverhältnisse, Rahmenverträge	31
dd) Bewertung des Anlagevermögens	10	2. Abwicklung	
ee) Geschäftswert	11	a) Aufgabe des Geschäftsinhabers	32
ff) Dienstleistungen, Gebrauchsüberlassungen	12	b) Gesonderte Abrechnung	33
d) Abfindungsklauseln	13	c) Abweichende Vertragsbestimmungen	34
3. Auszahlungsanspruch und sonstige Rechtsfolgen		3. Informationsrechte des stillen Gesellschafters	35
a) Geldforderung	14		
b) Passives Einlagenkonto	17		

---

1 MünchKommHGB/*K. Schmidt*, § 234 Rn. 75.

	Rn.		Rn.
III. Auseinandersetzung im Unterbeteiligungsverhältnis		b) Auseinandersetzungsbilanz....	38
		2. Schwebende Geschäfte.........	39
1. Auseinandersetzungsregeln			
a) Entsprechende Geltung von § 235 Abs. 1	37		

Schrifttum: H. *Sudhoff*, Gewinnanteil und Auseinandersetzungsquote des stillen Gesellschafters, NJW 1960, 2121. Vgl. i.Ü. die Angaben zu den §§ 138 und 230.

I. Auseinandersetzung in der stillen Gesellschaft

1. Gegenstand der Auseinandersetzung

a) Guthabenermittlung

1 Bei der stillen Gesellschaft als einer Innengesellschaft ist für eine Liquidierung eines Gesellschaftsvermögens kein Raum. Die Auseinandersetzung nach eingetretener Auflösung besteht allein in der **rechnerischen Ermittlung des Auseinandersetzungsguthabens** des stillen Gesellschafters. Der stille Gesellschafter erlangt lediglich einen schuldrechtlichen, auf einen Geldbetrag lautenden Anspruch. Die Auseinandersetzung ist damit nichts anderes als eine Forderungsberechnung[1].

b) Anwendung der §§ 732 ff. BGB?

2 Die Vorschriften über die **Auseinandersetzung in einer GbR** (§§ 732 ff. BGB) sind zumindest insoweit nicht anzuwenden, als sie eine Gesamthandsgemeinschaft betreffen[2].

c) Abweichende vertragliche Regelungen

3 § 235 ist **dispositiv**. Daher können die Gesellschafter eine abweichende Regelung vereinbaren. Sie können eine tatsächliche Liquidierung des Unternehmens vorsehen (dann gilt bei Vorhandensein von Grundstücken im Geschäftsvermögen der Formzwang des § 311b BGB[3]). Dies kommt namentlich bei einer mehrgliedrigen stillen Gesellschaft in Frage. Auch Mitwirkungsrechte des stillen Gesellschafters können vereinbart werden. Möglich ist weiter, dass dem stillen Gesellschafter ein Übernahmerecht eingeräumt wird (vgl. auch § 234 Rn. 28). Eine abweichende Abrechnung des Auseinan-

---

[1] BGH v. 30.11.1967 – II ZR 14/65, BB 1968, 268; auch BGH v. 26.6.1989 – II ZR 128/88, WM 1989, 1850, 1851.
[2] Siehe etwa BGH v. 2.5.1983 – II ZR 148/82, WM 1983, 840, 841; für eine eingeschränkte Analogie zu den §§ 738 bis 740 BGB jedoch MünchKommHGB/*K. Schmidt*, § 235 Rn. 3; anders die h.M., z.B. *Staub/Zutt*, § 235 Rn. 2; *Blaurock*, Handbuch der Stillen Gesellschaft, Rn. 16.1; bejahend hinsichtlich § 738 BGB bei einer Innengesellschaft indes BGH v. 14.7.1960 – II ZR 188/58, WM 1960, 1121, 1122.
[3] BGH v. 2.5.1983 – II ZR 148/82, WM 1983, 840, 841.

dersetzungsguthabens ergibt sich zudem bei atypischen stillen Vermögensbeteiligungen (dazu Rn. 20 ff.). Wegen möglicher Abfindungsklauseln vgl. Rn. 13, 22.

2. Ermittlung des Auseinandersetzungsguthabens
a) Gesamtabrechnung

Das Auseinandersetzungsguthaben ist durch eine Gesamtabrechnung für die stille Beteiligung zu ermitteln[1]. Das bedeutet, dass die jeweils zu berücksichtigenden **Forderungen** und **Verpflichtungen** ihre Selbständigkeit verlieren und **nur noch Rechnungsposten** darstellen[2]. Erforderlich ist eine **Auseinandersetzungsbilanz**[3] auf den Stichtag der Auflösung[4]. Entbehrlich ist sie nur, wenn das Guthaben sich ohne sie feststellen lässt[5]. Steht schon vor der Bilanzierung ein Guthaben in einer bestimmten Mindesthöhe fest, so kann dieses schon vor Bilanzaufstellung verlangt werden[6]. Dies ist namentlich bei einem nicht am Verlust beteiligten stillen Gesellschafter in Höhe der erbrachten Einlage der Fall[7]. 4

b) Bilanzaufstellung durch den Geschäftsinhaber

Die Aufstellung der Auseinandersetzungsbilanz obliegt dem Geschäftsinhaber. Er muss dieser Pflicht unverzüglich nachkommen. Anders als bei der jährlichen Gewinnabrechnung (§ 232 Rn. 8) kann der Geschäftsinhaber vom stillen Gesellschafter nicht die Anerkennung der aufgestellten Bilanz verlangen, da wegen der mit der Auflösung zugleich eingetretenen Vollbeendigung der stillen Gesellschaft (§ 234 Rn. 1) für einen innergesellschaftlichen Anspruch auf Zustimmung zur Abrechnung kein Raum mehr ist[8]. Soweit eine Billigung der Auseinandersetzungsbilanz durch den stillen Gesellschafter und den Geschäftsinhaber erfolgt ist, ist vom Abschluss eines Feststellungsvertrages auszugehen, der bei einer unrichtigen oder unvollständigen Mitteilung durch den Geschäftsinhaber aber der Anfechtung wegen Willensmängeln unterliegen kann (s. dazu auch § 232 Rn. 8 f.)[9]. 5

---

1 BGH v. 12.6.1972 – II ZR 109/71, WM 1972, 1056; BGH v. 8.7.1976 – II ZR 34/75, WM 1976, 1030, 1031.
2 BGH v. 26.6.1989 – II ZR 128/88, WM 1989, 1850, 1851.
3 BGH v. 8.7.1976 – II ZR 34/75, WM 1976, 1030, 1031.
4 RG v. 30.10.1928 – II 28/28, JW 1929, 320, 321.
5 BGH v. 12.5.1977 – III ZR 91/75, WM 1977, 973, 974.
6 BGH v. 3.5.1976 – II ZR 92/75, WM 1976, 789, 790; BGH v. 12.5.1977 – III ZR 91/75, WM 1977, 973, 974; BGH v. 29.6.1992 – II ZR 284/91, WM 1992, 1576, 1578.
7 BGH v. 29.6.1992 – II ZR 284/91, WM 1992, 1576, 1578.
8 BGH v. 23.3.1986 – II ZR 130/85, WM 1986, 1143, 1144.
9 Ebenroth/Boujong/Joost/Strohn/Gehrlein, § 235 Rn. 10; *Heymann/Horn*, § 233 Rn. 10.

c) Gewinnermittlungsbilanz

6 Gegenstand der Bilanz ist die **Abrechnung des Einlagenkontos** unter Berücksichtigung der **noch nicht** darauf **verbuchten Gewinn- und Verlustanteile**. Insofern handelt es sich um eine Gewinnermittlungsbilanz[1]. Die Berücksichtigung zusätzlicher Gewinn- oder Verlustzuschreibungen kann sich einmal aus nachträglichen ergebnisrelevanten Vorgängen seit der letzten Gewinnabrechnung ergeben. Sie kann aber auch daraus folgen, dass das Unternehmen in der Vergangenheit Gewinne oder Verluste gehabt hat, die sich in den Abrechnungen während des Bestehens der stillen Gesellschaft und damit auch beim Einlagenkonto des stillen Gesellschafters nicht niedergeschlagen haben. Hierzu gilt im Einzelnen Folgendes:

aa) Offene Rücklagen

7 Offene Rücklagen, die noch nicht in den jährlichen Gewinnabrechnungen berücksichtigt worden sind, **müssen nunmehr rechnerisch** für die Gewinnermittlung **aufgelöst werden**[2].

bb) Stille Reserven

8 Ob stille Reserven einzubeziehen sind, hängt zunächst davon ab, was die **Gesellschafter gewollt haben**. Wenn unter ihnen auch für die Auseinandersetzung die Gewinnabrechnung im Jahresabschluss des Unternehmens maßgeblich sein sollte (§ 232 Rn. 10), so kann dies für eine Nichtberücksichtigung stiller Reserven sprechen, sofern ihre Bildung den maßgeblichen Bilanzierungsgrundsätzen entsprach[3]. Doch wird eine Nichteinbeziehung stiller Reserven bei den Jahresgewinnberechnungen für sich allein noch nicht darauf hindeuten, dass sie auch bei der Auseinandersetzung außer Betracht bleiben sollen. Daher sind **mangels anderweitiger Abreden** stille Reserven dann **aufzulösen**, wenn sie aus **Betriebsgewinnen**, an denen der stille Gesellschafter partizipiert (hierzu § 232 Rn. 2 f.), stammen[4]. Im Zusammenhang damit sind auch überhöhte Abschreibungen richtig zu stellen[5], ebenso auch unterlassene Abschreibungen nachzuholen[6]. In die Abrechnung einzubeziehen sind ferner wertsteigernde Investitionen, die aus unverteilt gebliebenen Betriebsgewinnen finanziert worden sind[7].

cc) Rückstellungen

9 Rückstellungen für ungewisse Verbindlichkeiten sind dagegen **nicht aufzulösen**, sondern in der Auseinandersetzungsbilanz **zu passivieren**.

---

1 RG v. 14.12.1938 – II 109/38, JW 1939, 489, 490; BGH v. 13.4.1995 – II ZR 132/94, NJW-RR 1995, 1061.
2 MünchKommHGB/*K. Schmidt*, § 235 Rn. 23; *Rob. Fischer*, JR 1962, 201, 204.
3 Vgl. auch BGH v. 29.5.1978 – II ZR 52/77, BB 1978, 1333 für die Abfindung eines Kommanditisten.
4 *Staub/Zutt*, § 235 Rn. 12; MünchKommHGB/*K. Schmidt*, § 235 Rn. 24.
5 BGH v. 30.11.1959 – II ZR 204/57, WM 1960, 13, 14.
6 *Blaurock*, Handbuch der Stillen Gesellschaft, Rn. 14.44.
7 BGH v. 30.11.1959 – II ZR 204/57, WM 1960, 13, 14.

dd) Bewertung des Anlagevermögens

Da der typische stille Gesellschafter nur am Betriebsgewinn beteiligt wird, nicht aber an den **Wertveränderungen des Anlagevermögens** (§ 232 Rn. 4), bleiben diese bei der Auseinandersetzungsrechnung außer Ansatz[1].

ee) Geschäftswert

Auch am **Geschäfts- oder Firmenwert** des Unternehmens ist der typische stille Gesellschafter **nicht beteiligt**[2], und zwar auch dann nicht, wenn es bei der Auflösung der stillen Gesellschaft zu einer Geschäftsveräußerung und damit zu einer Realisierung des Firmenwertes kommt[3].

ff) Dienstleistungen, Gebrauchsüberlassungen

Hat der stille Gesellschafter Dienstleistungen erbracht oder der Gesellschaft Güter zur Nutzung überlassen, so ist ihr Wert nur bei dahingehenden Vereinbarungen dem Einlagenkonto gutzubringen[4]. Eine entsprechende Anwendung von § 89b scheidet in diesem Zusammenhang aus[5]. Wegen der Rückgabe von zur Nutzung überlassenen Gütern und wegen der rechtlichen Behandlung noch nicht erbrachter Dienste und Gebrauchsüberlassungen vgl. Rn. 18 f.

d) Abfindungsklauseln

Angesichts der **erheblichen praktischen Schwierigkeiten**, die mit der Aufstellung einer Auseinandersetzungsbilanz verbunden sein können, sind vertragliche **Abfindungsklauseln häufig**. Diese können eine Abfindung zu Buchwerten vorsehen oder eine Nichtbeteiligung an stillen Reserven; ferner kann eine Auseinandersetzung nach den für die jährliche Gewinnermittlung geltenden Grundsätzen[6] vereinbart werden. Hierbei kann zur Vermeidung einer besonderen Auseinandersetzungsbilanz ergänzend bestimmt werden, dass der stille Gesellschafter stattdessen am Ergebnis des laufenden Geschäftsjahres zeitanteilig bis zur Auflösung teilnehmen soll.

---

1 RG v. 17.4.1928 – II 342/27, RGZ 120, 410, 411; RG v. 10.7.1912 – I 341/11, DJZ 1912, 1355.
2 BGH v. 10.10.1994 – II ZR 32/94, BGHZ 127, 176, 181; BGH v. 12.5.1986 – II ZR 11/86, WM 1986, 908.
3 RG v. 5.11.1926 – II 250/26, Recht 1927 Nr. 53.
4 BGH v. 24.9.1952 – II ZR 136/51, BGHZ 7, 174, 181; auch mangels einer solchen Vereinbarung in einem besonders liegenden Fall: BGH v. 22.11.1965 – II ZR 189/63, WM 1966, 63, 64.
5 BGH v. 3.2.1978 – I ZR 116/76, BB 1978, 422; *Baumbach/Hopt*, § 235 Rn. 1.
6 BGH v. 29.5.1978 – II ZR 52/77, BB 1978, 1333.

3. Auszahlungsanspruch und sonstige Rechtsfolgen

a) Geldforderung

14 Errechnet sich ein Guthaben für den stillen Gesellschafter, so hat er Anspruch auf **Auszahlung in Geld**. Er kann dagegen ohne besondere Vereinbarung (wie z.B. im Falle eines Treuhandverhältnisses) nicht die Rückgabe einer Sacheinlage verlangen; deren Wert ist vielmehr bereits in die Auseinandersetzungsrechnung eingegangen. Der Auszahlungsanspruch begründet eine Gläubigerstellung des stillen Gesellschafters[1]. Der Anspruch in Geld kann nicht einseitig durch den Geschäftsinhaber durch die Ausgabe von Genussscheinen ersetzt werden; dafür ist vielmehr die Zustimmung der einzelnen stillen Gesellschafter notwendig[2].

15 Der Anspruch **entsteht mit der Auflösung** der Gesellschaft[3]. Er wird aber erst **fällig**, wenn er sich errechnen lässt (vgl. Rn. 4), also regelmäßig mit Fertigstellung der Auseinandersetzungsbilanz. Wird diese verzögert, ist der Zeitpunkt maßgeblich, zu dem die Fertigstellung möglich war[4]. Da der Anspruch erst mit der Auflösung entsteht, würde eine Vorausabtretung ins Leere gehen, wenn der Gesellschaftsanteil zwischenzeitlich an einen Dritten übertragen wird, bevor alle Entstehensvoraussetzungen erfüllt sind. Dies gilt jedoch nicht im Falle einer Gesamtrechtsnachfolge; bei ihr muss der Anteilserwerber die Vorausabtretung gegen sich gelten lassen[5].

16 Wegen der **Verzinsung** gelten die allgemeinen Vorschriften. Die Zinspflicht nach den §§ 352, 353 setzt voraus, dass die stille Beteiligung ein beiderseitiges Handelsgeschäft darstellte.

b) Passives Einlagenkonto

17 Ein Passivsaldo des Einlagenkontos ist vom stillen Gesellschafter **auszugleichen**, wenn er am Verlust beteiligt ist, jedoch nur in dem Umfang, in welchem noch Einlageleistungen ausstehen. Eine hierüber hinausgehende Verlustausgleichspflicht und damit eine Nachschusspflicht trifft ihn mangels einer hierüber getroffenen Abrede nicht[6].

18 Bestand die rückständige Einlage in geschuldeten **Sachleistungen**, insbesondere in Diensten oder Gebrauchsüberlassungen, so hat der stille Gesellschafter seinen Verlustanteil in Geld zu berichtigen, da es angesichts des Zweck-

---

1 RG v. 20.12.1929 – II 66/29, RGZ 126, 386, 389 ff.
2 OLG Stuttgart v. 8.11.2006 – 14 U 60/05, ZIP 2007, 771.
3 BGH v. 11.7.1988 – II ZR 261/87, ZIP 1988, 1545, 1546; BGH v. 14.7.1997 – II ZR 122/96, ZIP 1997, 1589, 1590 f.
4 *Blaurock*, Handbuch der Stillen Gesellschaft, Rn. 16.31.
5 BGH v. 14.7.1997 – II ZR 122/96, ZIP 1997, 1589, 1590 f.
6 OLG Karlsruhe v. 19.2.1986 – 6 U 112/85, ZIP 1986, 916 ff.; *Schlegelberger/K. Schmidt*, § 340 Rn. 32, 35; siehe auch BGH v. 12.5.1977 – III ZR 91/75, WM 1977, 973.

wegfalls nur noch um die Abdeckung des rechnerischen Verlustes gehen kann[1].

c) Rückgabe von Gegenständen

Unbeschadet der Frage, ob eine Gebrauchsüberlassung von Gütern nach Auflösung der stillen Gesellschaft überhaupt noch zur Abdeckung eines Passivsaldos gefordert werden kann (Rn. 18), sind dem stillen Gesellschafter **Gegenstände**, die er dem Geschäftsinhaber **zur Nutzung** zur Verfügung gestellt hat, entsprechend § 732 BGB[2] bzw. § 738 Abs. 1 S. 2 BGB[3] **zurückzugeben**. Doch hat der Geschäftsinhaber bei bestehenden Gegenansprüchen ein Zurückbehaltungsrecht[4]. Sind die Gegenstände dagegen dem Geschäftsinhaber gemäß § 230 Abs. 1 als Einlageleistung übertragen worden, so entfällt ein Rückübertragungsanspruch (vgl. Rn. 14).

19

4. Besonderheiten der atypischen Beteiligung

a) Abfindung gemäß § 738 BGB

Ist der stille Gesellschafter rechnerisch mit einem Anteil am Gesellschaftsvermögen beteiligt (§ 230 Rn. 67), so ist er auch im Auflösungsfall **wie ein ausscheidender Gesamthandsgesellschafter** entsprechend § 738 BGB **abzufinden**[5]. Hier gilt das zu § 131 Rn. 31 ff. Ausgeführte. Eine Liquidation des Unternehmens kann aber auch hier ohne dahingehende Abrede nicht verlangt werden[6].

20

Die Auseinandersetzungsbilanz hat hier nicht die Funktion einer abschließenden Gewinnermittlungsrechnung (Rn. 6), sondern ist eine **Vermögensbilanz**, mit der der rechnerische Anteil des stillen Gesellschafters am gesamten Unternehmensvermögen und damit seine Abfindungsquote bestimmt werden soll. Der still Beteiligte nimmt demgemäß regelmäßig auch an den stillen Reserven und auch am Geschäfts- und Firmenwert teil[7].

21

Die schuldrechtliche Gleichstellung mit einem Gesamthandsgesellschafter führt dazu, dass **Abfindungsklauseln** den gleichen **Schranken** unterliegen wie im Recht der Personenhandelsgesellschaften[8] (vgl. insoweit die Erl. zu § 131 Rn. 51 ff.).

22

---

1 MünchKommHGB/*K. Schmidt*, § 235 Rn. 34; *Staub/Zutt*, § 235 Rn. 21; a.A. aber *Blaurock*, Handbuch der Stillen Gesellschaft, Rn. 16.28; *Baumbach/Hopt*, § 236 Rn. 4.
2 So *Blaurock*, Handbuch der Stillen Gesellschaft, Rn. 16.22.
3 Dafür MünchKommHGB/*K. Schmidt*, § 235 Rn. 12.
4 Dazu BGH v. 29.6.1981 – II ZR 165/80, WM 1981, 1126.
5 BGH v. 9.7.2001 – II ZR 205/99, ZIP 2001, 1414.
6 BGH v. 14.7.1960 – II ZR 188/58, WM 1960, 1121, 1122; BGH v. 2.5.1983 – II ZR 148/82, WM 1983, 840, 841.
7 RG v. 11.11.1930 – II 102/30, HRR 1931 Nr. 527.
8 Siehe auch OLG München v. 8.7.1992 – 7 U 1562/91, WM 1993, 2126, 2128.

23 Auch bei interner Verlustfreistellung muss der atypische stille Gesellschafter **rückständige Einlagen** dann, wenn sie die Funktion von Haftkapital haben, noch leisten, sofern sie zur Deckung von Unternehmensverbindlichkeiten benötigt werden[1]. Dagegen besteht eine Nachschusspflicht nur bei entsprechender Abrede[2].

b) Mitwirkung bei Bilanzaufstellung und Liquidation, Übernahmerecht

24 Möglich sind im Übrigen Gestaltungen, bei denen der stille Gesellschafter zur Mitwirkung bei der Aufstellung der Auseinandersetzungsbilanz oder, wenn eine Liquidation des Unternehmens stattfindet, an dieser berechtigt ist.

25 Ferner kann ein Übernahmerecht des stillen Gesellschafters vorgesehen werden (§ 234 Rn. 28).

5. Verfahrensrechtliche Fragen
a) Klagemöglichkeiten

26 Eine Klage des stillen Gesellschafters auf **Guthabenauszahlung** oder auf einen Mindestbetrag hiervon ist möglich, sobald der Auszahlungsanspruch fällig geworden ist (dazu Rn. 4, 15). Bedarf es noch der Berechnung des Guthabens durch eine Auseinandersetzungsbilanz, kann deren **Aufstellung** verlangt werden[3], und zwar auch im Wege der Stufenklage nach § 254 ZPO.

b) Beweislast

27 Die Beweislast richtet sich nach den **allgemeinen Regeln.** Danach hätte der stille Gesellschafter die Höhe der verlangten Abfindung darzutun[4], namentlich wenn er eine aufgestellte Bilanz nicht anerkennen will. Steht allerdings fest, dass eine Einlage in bestimmter Höhe verbucht war, trifft den Geschäftsinhaber als Rechnungslegungspflichtigen die Beweislast dafür, dass die Einlage durch Verluste gemindert oder aufgezehrt sei[5]. Auch hätte der Geschäftsinhaber die Unrichtigkeit einer für den stillen Gesellschafter sprechenden Buchungslage zu beweisen[6].

II. Schwebende Geschäfte

28 Da die Auseinandersetzungsbilanz nur die Vorgänge bis zum Stichtag der Auflösung erfasst, nicht aber das Ergebnis noch nicht abgewickelter Ge-

---

[1] BGH v. 5.11.1979 – II ZR 145/78, WM 1980, 332; BGH v. 17.12.1984 – II ZR 36/84, WM 1985, 284 f.
[2] OLG Karlsruhe v. 19.2.1986 – 6 U 111/85, ZIP 1986, 916 ff.
[3] RG v. 17.3.1926 – II 304/25, JW 1926, 1812.
[4] RG v. 17.1.1913 – II 363/12, Recht 1913 Nr. 747.
[5] BGH v. 30.11.1959 – II ZR 204/57, WM 1960, 13, 14.
[6] RG v. 9.4.1907 – II 448/06, LZ 1907, 428.

schäfte, der stille Gesellschafter aber an diesen noch zu beteiligen ist, sieht § 235 Abs. 2 eine zusätzliche Abrechnung über die schwebenden Geschäfte vor. § 235 Abs. 3 verleiht dem stillen Gesellschafter hierzu bestimmte Kontroll- und Informationsrechte. Die Regelungen, die dispositiv sind[1], entsprechen denen in § 740 BGB. Wegen der dabei im Einzelnen maßgebenden rechtlichen Gesichtspunkte vgl. die Erl. zu § 131 Rn. 41 ff.

1. Abgrenzungen

a) Rechtliche Bindung, Nichterfüllung

Als schwebend sind diejenigen Geschäfte anzusehen, an die der Geschäftsinhaber **schon gebunden** (eine einseitige Bindung genügt) war, die aber **noch nicht erfüllt** waren (§ 131 Rn. 42).

29

b) Rechtsgeschäftliche Erwerbsgeschäfte

Es muss sich ferner um **rechtsgeschäftliche Vorgänge** handeln, und zwar um auf **Erwerb gerichtete** Rechtsgeschäfte (vgl. dazu § 131 Rn. 44). Es kommen daher auch hier nur solche Geschäfte in Frage, deren Ergebnisse den Betriebsgewinn oder -verlust betreffen, an welchem der stille Gesellschafter noch zu beteiligen ist. Hier gilt auch für eine atypische stille Beteiligung nichts Abweichendes. Denn den Belangen des atypischen stillen Gesellschafters im Hinblick auf seine Teilhabe an der Vermögenssubstanz des Unternehmens ist bereits durch die Vermögensauseinandersetzungsbilanz (Rn. 20 f.) Rechnung getragen.

30

c) Dauerrechtsverhältnisse, Rahmenverträge

Dazu, dass Dauerrechtsverhältnisse sowie Rahmenverträge **nicht zu den schwebenden Geschäften** gehören, vgl. § 131 Rn. 45 f.

31

2. Abwicklung

a) Aufgabe des Geschäftsinhabers

Die Abwicklung **obliegt dem Geschäftsinhaber**, und zwar auch dann, wenn der stille Gesellschafter zuvor Geschäftsführungsbefugnisse gehabt hat. Denn seine Beteiligung am Ergebnis der schwebenden Geschäfte bedeutet kein Fortbestehen der stillen Gesellschaft, sondern nur eine Nachwirkung des Gesellschaftsverhältnisses[2]. Insoweit haftet der Geschäftsinhaber aber nur für eine ordnungsmäßige Abwicklung; auch besteht insoweit seine Treuepflicht fort[3]. Begeht der Geschäftsinhaber dabei eine Pflichtverletzung hat der stille Gesellschafter einen Schadenersatzanspruch, bei dem allerdings § 708 BGB zu beachten ist.

32

---

1 Siehe z.B. *Blaurock*, Handbuch Der stillen Gesellschaft, Rn. 16.52.
2 *Koenigs*, Die stille Gesellschaft, 1961, S. 298.
3 *Koenigs*, Die stille Gesellschaft, 1961, S. 298.

b) Gesonderte Abrechnung

33 Über Gewinn und Verlust aus den schwebenden Geschäften ist außerhalb der Auseinandersetzungsbilanz gesondert abzurechnen. Ein Gewinnanteil ist auszuzahlen; ein Verlust, an dem der stille Gesellschafter teilnimmt, ist auszugleichen, soweit die stille Einlage noch nicht erbracht war oder zurückgezahlt worden ist. Wegen weiterer Einzelheiten vgl. § 131 Rn. 47 f.

c) Abweichende Vertragsbestimmungen

34 Die Gesellschafter können hinsichtlich der Beteiligung an schwebenden Geschäften sowohl zugunsten als auch zu Lasten des stillen Gesellschafters abweichende Regelungen treffen (§ 131 Rn. 50).

3. Informationsrechte des stillen Gesellschafters

35 Die aus § 235 Abs. 3 folgenden Informationsbefugnisse sind **Nachwirkungen des Rechts aus § 233**, das als solches dem stillen Gesellschafter nach Auflösung der Gesellschaft nicht mehr zusteht (§ 233 Rn. 10).

36 **Inhaltlich** geht der Informationsanspruch auf **Rechenschaftslegung** über die abgewickelten schwebenden Geschäfte, nicht aber darüber hinaus. Die geschuldete Rechenschaft bestimmt sich nach den Anforderungen in § 259 BGB. Einsicht in Unterlagen kann der stille Gesellschafter nur gemäß den §§ 810, 242 BGB verlangen (vgl. § 233 Rn. 10).

III. Auseinandersetzung im Unterbeteiligungsverhältnis

1. Auseinandersetzungsregeln

a) Entsprechende Geltung von § 235 Abs. 1

37 Für die Unterbeteiligungsgesellschaft gilt § 235 nach h.M. entsprechend[1]. Auch hier kommt es in der Regel nicht zu einer Liquidierung der Hauptbeteiligung. Die nach Auflösung des Unterbeteiligungsverhältnisses erforderliche Abrechnung bezweckt die rechnerische Feststellung des in Geld auszuzahlenden Guthabens bzw. eines in Betracht kommenden Verlustausgleichs. Eine tatsächliche Liquidation kann aber in Fällen der Auflösung einer mehrgliedrig organisierten Unterbeteiligungsgesellschaft möglich werden.

b) Auseinandersetzungsbilanz

38 Die Auseinandersetzungsbilanz ist bei einer Unterbeteiligung, die der typischen stillen Gesellschaft entspricht, wie dort eine **Gewinnermittlungsbilanz** (Rn. 6 ff.). Bei einer Auflösung der Unterbeteiligung wegen Auflösung

---

1 OLG Hamm v. 6.12.1993 – 8 U 5/93, NJW-RR 1994, 999, 1000; *Ulbrich*, Die Unterbeteiligungsgesellschaft an Personengesellschaftsanteilen, 1982, S. 162; MünchKommHGB/*K. Schmidt*, § 235 Rn. 68.

der Hauptgesellschaft ist der Unterbeteiligte auch an den auf den Hauptbeteiligten entfallenden Liquidationsgewinnen oder -verlusten zu beteiligen[1]. In den Fällen atypischer Unterbeteiligungen mit schuldrechtlicher Teilhabe am Wert des Gesellschaftsanteils (§ 230 Rn. 105) bedarf es dagegen einer **Vermögensauseinandersetzungsbilanz** wie in § 738 Abs. 1 S. 2 BGB (vgl. wie bei der atypischen stillen Gesellschaft: Rn. 20 f.).

2. Schwebende Geschäfte

Das Recht auf Beteiligung an schwebenden Geschäften gemäß § 235 Abs. 2 wird im Allgemeinen bejaht[2], auch wenn die hier in Betracht zu ziehenden **Angelegenheiten** nicht solche des Hauptbeteiligten, sondern **der Hauptgesellschaft** sind, der jener angehört. Die Interessenlage ist aber die gleiche. Zu beachten ist allerdings, dass der Hauptbeteiligte über die schwebenden Geschäfte nicht ohne Mitwirkung der Hauptgesellschaft abrechnen können wird. Wegen der daher möglichen Schwierigkeiten wird zu einer Abbedingung der Beteiligung an schwebenden Geschäften geraten[3]. 39

Scheidet der Hauptbeteiligte aus der Hauptgesellschaft aus und löst sich deshalb auch die Unterbeteiligung auf, so ist der Unterbeteiligte auch am Ergebnis der schwebenden Geschäfte, an denen noch der Hauptbeteiligte partizipiert, zu beteiligen[4]. 40

§ 236
Insolvenz des Geschäftsinhabers

(1) Wird über das Vermögen des Inhabers des Handelsgeschäfts das Insolvenzverfahren eröffnet, so kann der stille Gesellschafter wegen der Einlage, soweit sie den Betrag des auf ihn fallenden Anteils am Verlust übersteigt, seine Forderung als Insolvenzgläubiger geltend machen.

(2) Ist die Einlage rückständig, so hat sie der stille Gesellschafter bis zu dem Betrage, welcher zur Deckung seines Anteils am Verlust erforderlich ist, zur Insolvenzmasse einzuzahlen.

Übersicht

	Rn.		Rn.
I. Rechtsverhältnisse in der Insolvenz des Geschäftsinhabers		b) Abrechnung durch den Insolvenzverwalter	2
1. Auseinandersetzungsrechnung durch den Insolvenzverwalter		c) Stichtag	3
a) Zwingende Geltung des § 236	1	d) Schwebende Geschäfte	4

---

1 MünchKommHGB/*K. Schmidt*, § 235 Rn. 70.
2 Vgl. Ulbrich, Die Unterbeteiligungsgesellschaft an Personengesellschaftsanteilen, 1982, S. 163.
3 MünchKommHGB/*K. Schmidt*, § 235 Rn. 73.
4 MünchKommHGB/*K. Schmidt*, § 235 Rn. 73.

	Rn.		Rn.
2. Guthaben im Insolvenzverfahren		IV. **Anfechtung nach § 136 InsO**	
a) Insolvenzforderung	5	1. Sondertatbestand der Anfechtung	18
b) Aussonderung überlassener Gegenstände	7	a) Gegenstand der Anfechtung	19
		aa) Rückgewähr der Einlage	20
c) Schadensersatz wegen Verlustes der Einlage	8	bb) Erlass eines Verlustanteils	26
		cc) Gläubigerbenachteiligung	27
3. Pflicht zur Verlustabdeckung (§ 236 Abs. 2)	9	b) Besondere Vereinbarung	28
		aa) Außerhalb des Gesellschaftsvertrages	29
4. Insolvenzplan	11	bb) Jahresfrist vor Insolvenzantrag	32
II. **Stille Einlagen als Haftkapital**		c) Durchführung der Anfechtung	
1. Eigenkapitalcharakter von stillen Einlagen		aa) Maßgebende Vorschriften	33
a) Tatbestände	13	bb) Beweislastfragen	34
b) Rechtsfolgen	14	2. Ausschluss der Anfechtung	35
2. Stille Einlagen von Gesellschaftern oder atypisch stillen Gesellschaftern einer Kapitalgesellschaft	15	3. Verhältnis zu anderen Anfechtungstatbeständen	36
		4. Analoge Anwendung des § 136 InsO?	38
3. Stille Einlagen mit Rangrücktritt	16	V. **Unterbeteiligung**	39
III. **Insolvenz des stillen Gesellschafters**	17	VI. **Internationales Insolvenzrecht**	40

Schrifttum: *Gundlach/Frenzel/Schmidt*, Der Auseinandersetzungsanspruch des stillen Gesellschafters in der Insolvenz des Unternehmensträgers – zugleich ein Beitrag zu § 84 InsO, ZIP 2006, 501; *Knobbe-Keuk*, Stille Beteiligung und Verbindlichkeiten mit Rangrücktrittsvereinbarung im Überschuldungsstatus und in der Handelsbilanz des Geschäftsinhabers, ZIP 1983, 127; *Landsmann*, Die stille Gesellschaft in der Insolvenz, 2007; *Mock*, Stille im MoMiG zur stillen Gesellschaft?, DStR 2008, DStR 2008, 1645; *Mock*, Die grenzüberschreitende stille Gesellschaft, erscheint demnächst; *Renner*, Die Stellung des atypisch stillen Gesellschafters in der Insolvenz des Geschäftsinhabers, ZIP 2002, 1430; *K. Schmidt*, Die Kreditfunktion der stillen Einlage, ZHR 140 (1976), 475; *K. Schmidt*, Das Vollstreckungs- und Insolvenzrecht der stillen Gesellschaft, KTS 1977, 1, 65; *K. Schmidt*, Anmeldung von Insolvenzforderungen mit Rechnungslegungslast des Schuldners, NZI 2002, 65; *K.-R. Wagner*, Der atypische stille Gesellschafter im Konkurs der Massengesellschaft, KTS 1979, 53; *K.-R. Wagner*, Der stille Gesellschafter im Vergleichsverfahren des Geschäftsinhabers, KTS 1980, 203.

I. Rechtsverhältnisse in der Insolvenz des Geschäftsinhabers

1. Auseinandersetzungsrechnung durch den Insolvenzverwalter

a) Zwingende Geltung des § 236

1   Die stille Gesellschaft ist als reine Innengesellschaft nicht insolvenzfähig, wird aber von der Insolvenz des Geschäftsinhabers mit der Folge erfasst, dass bei Eröffnung des Insolvenzverfahrens über sein Vermögen die stille Gesellschaft aufgelöst wird (§ 234 Rn. 15). Der dafür geltende § 236 hat **zwingen-**

den Charakter derart, dass davon nicht durch Vertragsabreden zum Nachteil der Gläubiger abgewichen werden kann[1].

b) Abrechnung durch den Insolvenzverwalter

Die Auseinandersetzungsbilanz ist nunmehr Sache des Insolvenzverwalters (§ 80 InsO). Er kann sich daher nicht darauf beschränken, einen Rückzahlungsanspruch des stillen Gesellschafters einfach zu bestreiten[2]. Die **Abrechnung** geschieht **außerhalb des Insolvenzverfahrens (§ 84 InsO)**[3].

c) Stichtag

Stichtag der Abrechnung ist der der Verfahrenseröffnung[4]. Verändern sich während des Insolvenzverfahrens die der Abrechnung zugrunde liegenden Werte, so dürfte das nur zu berücksichtigen sein, soweit sich dies als Folge der Verfahrenseröffnung darstellt, nicht jedoch, wenn die Änderungen auf die Verwaltung der Masse zurückzuführen sind[5]. Danach kommt es für die Bewertung von Anlagegütern auf den Liquidationswert bei der Verfahrenseröffnung an[6], nicht auf den schließlich erzielten Liquidationserlös. Auch Gegenstände des Umlaufvermögens sind mit dem Betrag des mutmaßlichen Verwertungsergebnisses anzusetzen. Wegen der Wirkungen eines Insolvenzplans vgl. Rn. 11.

d) Schwebende Geschäfte

Die Beteiligung des stillen Gesellschafters an schwebenden Geschäften nach § 235 Abs. 2 gilt **auch im Insolvenzverfahren**[7]. Doch setzt dies voraus, dass der Insolvenzverwalter sich nach § 103 InsO für die Erfüllung des Geschäfts entscheidet[8]. Andernfalls bleibt das Geschäft für eine besondere Abrechnung nach § 235 Abs. 2 außer Betracht; es ist dann bei der Abrechnung gemäß Rn. 1 ff. zu berücksichtigen.

---

1 OLG Hamm v. 6.3.1996 – 8 U 155/95, WM 1997, 2323, 2324.
2 RG v. 8.11.1902 – II 108/00, JW 1903, 10.
3 Vgl. *Blaurock*, Handbuch der Stillen Gesellschaft, Rn. 17.55; *Ebenroth/Boujong/Joost/Strohn/Gehrlein*, § 236 Rn. 3; *Uhlenbruck/Hirte*, § 84 InsO Rn. 6; *Baumbach/Hopt*, § 236 Rn. 1; *Landsmann*, Die stille Gesellschaft in der Insolvenz, S. 158 ff.; MünchHdbGesR II/*Polzer*, § 93 Rn. 2; *Staub/Zutt*, § 236 Rn. 3; a.A. aber *Gundlach/Frenzel/Schmidt*, ZIP 2006, 501, 502; MünchKommHGB/*K. Schmidt*, § 236 Rn. 12.
4 RG v. 18.4.1901 – 53/1901, JW 1901, 404; RG v. 8.11.1902 – 108/1902, JW 1903, 10.
5 Vgl. *Blaurock*, Handbuch der Stillen Gesellschaft, Rn. 17.57; MünchKommHGB/*K. Schmidt*, § 236 Rn. 18.
6 RG v. 18.4.1901 – II 53/01, JW 1901, 404 f.
7 RG v. 18.4.1901 – II 53/01, JW 1901, 404 f.; *Blaurock*, Handbuch der Stillen Gesellschaft, Rn. 17.57 f.
8 MünchKommHGB/*K. Schmidt*, § 236 Rn. 19.

2. Guthaben im Insolvenzverfahren

a) Insolvenzforderung

5 Errechnet sich für den stillen Gesellschafter ein Guthaben, so nimmt er mit dieser Forderung **als Insolvenzgläubiger** am Verfahren teil[1]. Dies gilt auch für einen sich nach Beendigung schwebender Geschäfte ergebenden Gewinnanteil. Hat der stille Gesellschafter für seine Ansprüche (anfechtungsfreie) Sicherheiten erlangt, so hat er das Recht auf abgesonderte Befriedigung (§§ 51 ff. InsO). Dies gilt allerdings nicht, wenn die Einlage wie haftendes Eigenkapital zu behandeln ist (Rn. 13) oder ein Rangrücktritt (Rn. 16) vereinbart wurde (§ 39 Abs. 2 InsO)[2]. Wenn der stille Gesellschafter zugleich als Gesellschafter oder als atypisch stiller Gesellschafter an einem Geschäftsinhaber in Form einer Gesellschaft ohne persönlich haftenden Gesellschafter beteiligt ist (Rn. 15 f.), nimmt er mit seiner stillen Beteiligung nur als nachrangiger Insolvenzgläubiger am Insolvenzverfahren teil (§ 39 Abs. 1 Nr. 5 InsO).

6 Die Berücksichtigung seiner Ansprüche als Insolvenzforderung setzt eine **Anmeldung** (§§ 174 ff. InsO) voraus. Stellt der Insolvenzverwalter die Abrechnung nicht fertig, kann gegen ihn **Klage auf Abrechnung** erhoben werden[3]. Die Kosten für die Aufstellung der Auseinandersetzungsrechnung sind Masseverbindlichkeiten[4]. Auch kann der stille Gesellschafter sein Guthaben selbst berechnen und anmelden[5]; dies hat aber zur Folge, dass er an einen zu niedrig errechneten und angemeldeten Forderungsbetrag gebunden ist (§ 181 InsO). Daher wird sich empfehlen, statt der Anmeldung einer selbst errechneten Forderung vorab den Insolvenzverwalter auf Feststellung einer bestimmten Höhe der Forderung mit der Möglichkeit einer späteren Klageerweiterung zu verklagen[6].

b) Aussonderung überlassener Gegenstände

7 Sofern der stille Gesellschafter dem Unternehmen Gegenstände nur **zur Nutzung überlassen** hat, kann er sein Rückgaberecht (§ 235 Rn. 19) durch Aussonderung (§ 47 InsO) verwirklichen. Doch besteht kein Aussonderungsrecht an Gegenständen, die dem Geschäftsinhaber in Erfüllung einer Einlagepflicht übertragen worden sind.

c) Schadensersatz wegen Verlustes der Einlage

8 Hat der stille Gesellschafter Schadensersatzansprüche wegen des Verlustes seiner Einlage, nimmt er damit **am Insolvenzverfahren teil**; anders ist es je-

---

1 BGH v. 21.3.1983 – II ZR 139/82, NJW 1983, 1855, 1856.
2 *Baumbach/Hopt*, § 236 Rn. 1; so auch schon OLG Hamm v. 3.5.1993 – 8 U 184/92, NJW-RR 1994, 672.
3 RG v. 8.11.1902 – II 108/00, JW 1903, 10.
4 *Uhlenbruck/Hirte*, § 11 InsO Rn. 388.
5 RG v. 7.7.1884 – II 203/84, JW 1884, 270, 271.
6 Vgl. *Blaurock*, Handbuch der Stillen Gesellschaft, Rn. 17.60; a.A. aber MünchKommHGB/*K. Schmidt*, § 236 Rn. 16.

doch, wenn die Einlage wie Haftkapital zu behandeln ist[1] (vgl. dazu Rn. 13 ff.).

3. Pflicht zur Verlustabdeckung (§ 236 Abs. 2)

Ist das abgerechnete **Einlagenkonto passiv** und der stille Gesellschafter **am Verlust beteiligt**[2], muss er eine noch **rückständige Einlage** in dem Umfang **erbringen**, zu welchem sie für die Abdeckung seines Verlustanteils benötigt wird. Voraussetzung ist dabei aber auch deren Fälligkeit, die allerdings aufgrund von § 41 InsO mit Verfahrenseröffnung eintritt[3]. Ohne eine Verlustbeteiligung (§ 231 Abs. 2) braucht eine ausstehende Einlage selbst dann nicht mehr geleistet werden, wenn die Leistung bereits fällig war[4]. Dies gilt aber nicht, wenn eine Einlageverpflichtung aufgrund eines Finanzplans besteht, da § 236 Abs. 2 nur die unmittelbar ausstehende Einlage betrifft und bei einer vertraglichen Verpflichtung zur Erweiterung der stillen Gesellschaft als entsprechend abbedungen angesehen werden muss. Der stille Gesellschafter muss daher seine sämtlichen ausstehenden Finanzplaneinlagen einzahlen, ohne sich in diesem Zusammenhang auf eine Vermögensverschlechterung berufen zu können[5].

9

Die Leistungspflicht richtet sich nach dem **Gesellschaftsvertrag**. Doch ist eine Vereinbarung, dass der stille Gesellschafter im Insolvenzfall von der Pflicht zur Leistung einer rückständigen Einlage frei sein soll, dem Insolvenzverwalter gegenüber unwirksam[6]. Wegen der Umwandlung einer Sacheinlagepflicht in eine Geldschuld vgl. § 235 Rn. 18.

10

4. Insolvenzplan

Im Insolvenzplanverfahren (§§ 217 ff. InsO) nimmt der typische Stille als Gläubiger teil und gehört zu den nicht nachrangigen Insolvenzgläubigern (§ 222 Abs. 1 S. 2 Nr. 2 InsO). Sofern eine Verlustbeteiligung besteht, ist eine Unterscheidung von den sonstigen Fremdkapitalgebern gerechtfertigt (§ 226 Abs. 2 InsO). Die Forderung des stillen Gesellschafters kann im Insolvenzplan gekürzt, gestundet, gesichert oder sonst verändert werden (§ 224 InsO). Eine Beteiligung an einem etwaigen Sanierungsgewinn findet nicht statt[7], da die Gesellschaft durch die Eröffnung des Insolvenzverfahrens über das Vermögen des Geschäftsinhabers aufgelöst ist (§ 234 Rn. 2, 15). Eine Wieder-

11

---

1 BGH v. 1.3.1982 – II ZR 23/81, BGHZ 83, 341, 344.
2 Nur dann, vgl. RGZ 84, 434, 436; vgl. auch *Blaurock*, Handbuch der Stillen Gesellschaft, Rn. 17.65.
3 A.A. aber OLG Frankfurt v. 8.9.2003 – 1 U 205/02, OLGR Frankfurt 2004, 133.
4 RG v. 1.5.1914 – II 21/14, Z 84, 434, 436; OLG Brandenburg v. 9.6.2004 – 7 U 212/03, GmbHR 2004, 1390, 1391.
5 MünchKommHGB/*K. Schmidt*, § 236 Rn. 35 mit Verweis auf BGH v. 28.6.1999 – II ZR 272/98, BGHZ 142, 116.
6 Vgl. *Blaurock*, Handbuch der Stillen Gesellschaft, Rn. 17.66.
7 A.A. aber *Baumbach/Hopt*, § 236 Rn. 1; ebenso *Uhlenbruck/Hirte*, § 11 InsO Rn. 392 mit Verweis auf die noch zur Vergleichsordnung ergangene Entscheidung BGH v. 24.2.1969 – II ZR 123/67, BGHZ 51, 350, 351.

begründung – und nicht die Fortsetzung[1] – der durch die Eröffnung des Insolvenzverfahrens aufgelösten stillen Gesellschaft nach Bestätigung des Plans bedarf einer entsprechenden Vereinbarung. Diese Wiederbegründung kann auch nicht im Insolvenzplan selbst festgelegt, aber zu dessen Voraussetzung erklärt werden (§ 249 InsO)[2].

12 Soweit die Einlage ein **Gesellschafterdarlehen** darstellt (Rn. 15), wird der stille Gesellschafter mit seiner Forderung nicht am Insolvenzplanverfahren beteiligt, da seine dann nachrangige Forderung als erlassen gilt (§ 225 Abs. 1 InsO).

II. Stille Einlagen als Haftkapital

1. Eigenkapitalcharakter von stillen Einlagen

a) Tatbestände

13 In manchen Personenhandelsgesellschaften, vor allem in Publikumsgesellschaften, aber auch in sonstigen Fällen einer GmbH & Co. KG[3], sind die Gesellschafter organisationsrechtlich zugleich als Kommanditisten und als stille Gesellschafter beteiligt (vgl. § 161 Rn. 41, § 230 Rn. 41, 74). Das für den Unternehmenszweck aufzubringende Gesellschaftskapital setzt sich danach aus den Kommanditeinlagen im formellen Sinne und den stillen Einlagen zusammen. Stille Einlagen dieser Art sind dann entsprechend ihrer **Funktion als haftendes Kapital** anzusehen[4]. Darüber hinaus sind auch Einlagen eines atypisch intern wie ein Kommanditist am Unternehmenswert beteiligten stillen Gesellschafters (§ 230 Rn. 67) als Haftkapital einzuordnen[5]. Soweit hier Abreden über einen Ausschluss der Verlustbeteiligung getroffen waren, haben sie jeweils nur für die Innenbeziehungen unter den Gesellschaftern Bedeutung[6].

b) Rechtsfolgen

14 Die Einordnung als haftendes Eigenkapital führt zur **Unanwendbarkeit des § 236**[7]. Eine rückständige Einlage kann vom Insolvenzverwalter in dem Umfang eingefordert werden, wie sie zur Befriedigung der Gläubiger benötigt

---

[1] So aber *Baumbach/Hopt*, § 236 Rn. 1; *Singhof*, in Singhof/Seiler/Schlitt, Mittelbare Gesellschaftsbeteiligungen, 2004, Rn. 291.
[2] MünchKommHGB/*K. Schmidt*, § 236 Rn. 24.
[3] BGH v. 21.3.1988 – II ZR 238/87, BGHZ 104, 33, 39 f.
[4] BGH v. 21.3.1988 – II ZR 238/87, BGHZ 104, 33, 38 ff.; BGH v. 9.2.1981 – II ZR 38/80, NJW 1981, 2251, 2252; BGH v. 5.11.1979 – II ZR 145/78, WM 1980, 332; vgl. MünchHdbGesR II/*Polzer*, § 93 Rn. 16; *Renner*, ZIP 2002, 1430, 1431 f.
[5] BGH v. 7.11.1988 – II ZR 46/88, BGHZ 106, 7, 9; BGH v. 17.12.1984 – II ZR 36/84, WM 1985, 284; bestätigt durch BGH v. 13.2.2006 – II ZR 62/04, BB 2006, 792; zu weit gehend aber OLG Frankfurt v. 22.1.1980 – 22 U 190/78, WM 1981, 1371, 1372 mit Einbeziehung jeder atypischen stillen Beteiligung.
[6] BGH v. 17.12.1984 – II ZR 36/84, WM 1985, 284.
[7] BGH v. 21.3.1988 – II ZR 238/87, BGHZ 104, 33, 38 ff.; BGH v. 9.2.1981 – II ZR 38/80, WM 1981, 761 f.

wird¹. Darauf, ob intern eine Verlustbeteiligung ausgeschlossen oder begrenzt war, kommt es auch dann nicht an (vgl. Rn. 13 a.E.).

2. Stille Einlagen von Gesellschaftern oder atypisch stillen Gesellschaftern einer Kapitalgesellschaft

Das bisherige Eigenkapitalersatzrecht ist im Rahmen des MoMiG vollständig umgestaltet worden. Die stille Einlage eines Gesellschafters oder eines atypisch stillen Gesellschafters einer Gesellschaft, die weder eine natürliche Person noch eine Gesellschaft als persönlich haftender Gesellschafter hat, bei der ein persönlich haftender Gesellschafter eine natürliche Person ist, unterliegt nunmehr im Insolvenzverfahren einem generellen Nachrang (§ 39 Abs. 1 Nr. 5 InsO). Dies gilt dabei rechtsformunabhängig – und damit insbesondere auch für die Aktiengesellschaft –, solange jedenfalls keine natürliche Person als persönlich haftender Gesellschafter vorhanden ist. Soweit die Einlage im Jahr vor der Insolvenzantragstellung an den Gesellschafter zurückgewährt wurde, unterliegt diese Rückgewähr der Insolvenzanfechtung (§ 135 InsO), so dass die Einlage vom Insolvenzverwalter zurückgefordert werden kann (§ 143 InsO). Etwas anderes gilt nur dann, wenn der stille Gesellschafter nicht geschäftsführender Gesellschafter des Geschäftsinhabers ist und mit zehn Prozent oder weniger am Haftkapital des Geschäftsinhabers beteiligt ist (§ 39 Abs. 5 InsO). Die stillen Einlagen sind zudem in der Überschuldungsbilanz auszuweisen, es sei denn, der stille Gesellschafter hat einen Rangrücktritt erklärt (§ 19 Abs. 2 S. 3 InsO). Auf eine Begründung der stillen Gesellschaft oder des Stehenlassens in der Krise kommt es nach neuem Recht nicht mehr an. Eine Bereichsausnahme für die stille Gesellschaft hat der Gesetzgeber nicht geschaffen. Schließlich kann eine Rückgewähr der stillen Einlage in diesem Zusammenhang nicht (mehr) gegen § 30 Abs. 1 GmbHG verstoßen (§ 30 Abs. 1 S. 3 GmbHG)². 15

Die Neuregelung des Eigenkapitalersatzrechts ist hinsichtlich des generellen Nachrangs nach § 39 Abs. 1 Nr. 5 InsO erst in den Insolvenzverfahren anwendbar, die nach dem **Inkrafttreten des MoMiG** eröffnet worden sind (Art. 103d S. 1 EGInsO). Die Rückzahlung des Darlehens unterliegt hingegen nur dann dem neuen Recht des § 135 InsO, wenn die Rückzahlung nach dem Inkrafttreten des MoMiG vorgenommen wurde. Soweit die Rückzahlung vor dem Inkrafttreten des MoMiG erfolgte, ist das alte Eigenkapitalersatzrecht anwendbar, wenn die Rückzahlung nach altem Recht in geringerem Umfang oder überhaupt nicht der Anfechtung ausgesetzt war (Art. 103d S. 2 EGInsO). 15a

---

1 BGH v. 9.2.1981 – II ZR 38/80, WM 1981, 761 f.; BGH v. 17.12.1984 – II ZR 36/84, WM 1985, 284.
2 Vgl. zum Ganzen ausführlich *Mock*, DStR 2008, 1645, 1647 ff.

3. Stille Einlagen mit Rangrücktritt

16 Wird für eine stille Einlage ein Rangrücktritt abgesprochen, so hat dies gleichfalls zur Folge, dass § 236 nicht anzuwenden ist[1]. Die Einlage ist dann wie haftendes Kapital zu behandeln. Aufgrund der generellen Subordination der stillen Einlagen eines Gesellschafters oder eines atypisch stillen Gesellschafters einer Gesellschaft ohne eine natürliche Person als persönlich haftender Gesellschafter (§ 35 Abs. 1 Nr. 5 InsO) kommt dem Rangrücktritt eine geringe eigenständige Bedeutung zu. Er kann jedoch grundsätzlich noch von dem stillen Gesellschafter erklärt werden, der nicht zugleich Gesellschafter oder atypisch stiller Gesellschafter der jeweiligen Gesellschaft ohne eine natürliche Person als persönlich haftender Gesellschafter ist. Durch die Rangrücktrittserklärung des stillen Gesellschafters ist sein Auseinandersetzungsanspruch nicht mehr im Überschuldungsstatus zu berücksichtigen (§ 19 Abs. 2 S. 3 InsO).

III. Insolvenz des stillen Gesellschafters

17 Wird über das Vermögen des stillen Gesellschafters das Insolvenzverfahren eröffnet (ebenfalls mit der Folge der Auflösung der stillen Gesellschaft, § 234 Rn. 15), so findet die Abrechnung für die Auseinandersetzung auch hier nach § 84 InsO außerhalb des Insolvenzverfahrens statt[2]. Sie bleibt Aufgabe des Geschäftsinhabers, der sie dem Insolvenzverwalter erteilen muss.

IV. Anfechtung nach § 136 InsO

1. Sondertatbestand der Anfechtung

18 Der früher in § 237 enthaltene Anfechtungstatbestand, der bestimmte Rechtshandlungen zugunsten des stillen Gesellschafters erfassen soll, ist mit Inkrafttreten der InsO im Jahre 1999 durch § 136 InsO ersetzt worden. Die Anfechtung setzt voraus, dass innerhalb eines Jahres vor Eröffnung des Insolvenzverfahrens eine **stille Gesellschaft bestanden hat**. Es kommt nicht darauf an, ob sie noch bei Verfahrenseröffnung vorhanden ist. Da die Grundsätze der fehlerhaften Gesellschaft gelten (§ 230 Rn. 14), kann die gesetzliche Regelung auch bei Mängeln des Gesellschaftsvertrages eingreifen[3].

a) Gegenstand der Anfechtung

19 Anfechtbare Rechtshandlungen sind die gläubigerbenachteiligende Einlagenrückgewähr und der Erlass einer Verlustbeteiligung. Eine besondere Benachteiligungsabsicht ist dabei nicht erforderlich[4].

---

[1] BGH v. 1.3.1982 – II ZR 23/81, BGHZ 83, 341, 345; BGH v. 7.11.1988 – II ZR 46/88, BGHZ 106, 7, 9; BGH v. 21.7.2003 – II ZR 109/02, BGHZ 156, 38, 44; OLG Hamm v. 3.5.1993 – 8 U 184/92, NJW-RR 1994, 672.
[2] *Uhlenbruck/Hirte*, § 11 InsO Rn. 393.
[3] BGH v. 29.6.1970 – II ZR 158/69, BGHZ 55, 5, 8 f.; *Blaurock*, Handbuch der Stillen Gesellschaft, Rn. 1092.
[4] Begr. RegE InsO, BT-Drucks. 12/2443, S. 161.

aa) Rückgewähr der Einlage

Einlagenrückgewähr ist **jede Zuwendung**, mit der das **Guthaben** des stillen Gesellschafters aus dem Unternehmen **ausgekehrt** wird. Einer Rückzahlung stehen Erfüllungssurrogate, Leistungen an Erfüllung Statt und Leistungen an Dritte für Rechnung des stillen Gesellschafters gleich[1]. 20

Keine Einlagenrückgewähr ist die Auszahlung eines **Gewinnanteils**, auf den der stille Gesellschafter Anspruch hat. Voraussetzung dafür ist allerdings, dass die Rückgewähr aufgrund des Gesellschaftsvertrages erfolgt (Rn. 29 ff.). Doch liegt eine Rückgewähr vor, wenn der ausgezahlte Gewinn nach § 232 Abs. 2 zur Abdeckung entstandener Verluste zu verwenden war. 21

Die **Umwandlung** der Einlage in ein **Darlehen** stellt keine Rückgewähr dar, da auch der Darlehensrückzahlungsanspruch nur eine Insolvenzforderung begründet[2]. Wird allerdings das Darlehen im Jahr vor dem Antrag auf Eröffnung des Insolvenzverfahrens zurückgezahlt, so wäre dies als Einlagenrückgewähr einzuordnen. 22

Auch die Bestellung einer **Sicherheit** aus dem Vermögen des Geschäftsinhabers für den Rückzahlungsanspruch innerhalb des Jahres vor dem Eröffnungsantrag oder nach Antragstellung wird gleichfalls von § 136 Abs. 1 InsO erfasst[3]. 23

Um keinen Fall einer Einlagenrückzahlung handelt es sich sodann, wenn der stille Gesellschafter dem Geschäftsinhaber **zur Nutzung überlassene Gegenstände** zurücknimmt. An diesen hätte er im Insolvenzfall ohnehin ein Aussonderungsrecht (§ 236 Rn. 7). 24

Der **Erlass** einer noch offenen **Einlageschuld** steht einer Einlagenrückgewähr nach dem Gesetz nicht gleich. Wird jedoch der Erlass bei passivem Stand des Einlagenkontos gewährt, so liegt darin der Sache nach der Erlass eines Verlustanteils[4]. Unberührt bleibt jedoch, ob der Erlass einer Einlageschuld als sonstiger Anfechtungsgrund i.S.d. §§ 130 ff. InsO erfasst werden kann. 25

bb) Erlass eines Verlustanteils

Die zweite nach § 136 Abs. 1 InsO anfechtbare Rechtshandlung ist der Erlass eines Verlustanteils. Hierunter ist nicht eine Aufhebung einer sich auf die Zukunft beziehenden Verlustbeteiligung zu verstehen, sondern die **Freistellung von bereits entstandenen Verlusten**[5]. Beim Erlass einer künftigen Verlustbeteiligung kommt aber ebenfalls eine Anfechtung nach den 26

---

1 *Staub/Zutt*, § 237 Rn. 15; MünchKommHGB/*K. Schmidt*, § 236 Anh. Rn. 12; *Blaurock*, Handbuch der Stillen Gesellschaft, Rn. 17.89.
2 Vgl. *Blaurock*, Handbuch der Stillen Gesellschaft, Rn. 17.90; einschränkend aber MünchKommHGB/*K. Schmidt*, § 236 Anh. Rn. 12; a.A. *Staub/Zutt*, § 237 Rn. 16.
3 Vgl. BGH v. 29.6.1970 – II ZR 32/68, WM 1971, 183, 184.
4 *Blaurock*, Handbuch der Stillen Gesellschaft, Rn. 17.92; *Staub/Zutt*, § 237 Rn. 22; MünchKommHGB/*K. Schmidt*, § 236 Anh. Rn. 15.
5 RG v. 15.3.1893 – I 451/92, RGZ 31, 33, 37.

§§ 130 ff. InsO in Frage. Dazu, dass der Erlass einer Einlageschuld bei passivem Einlagenkonto den Erlass entstandener Verlustanteile bedeutet, vgl. Rn. 25.

cc) Gläubigerbenachteiligung

27 Wie alle insolvenzrechtlichen Anfechtungstatbestände setzt auch § 136 InsO voraus, dass die anfechtbare Rechtshandlung die Gläubiger benachteiligt, d.h. die für ihre Befriedigung vorhandene **Masse schmälert**. Bei der Erbringung einer gleichwertigen Gegenleistung durch den stillen Gesellschafter ist eine Anfechtung aufgrund fehlender Masseschmälerung ausgeschlossen[1], wobei es sich eigentlich schon um keine Einlagenrückgewähr handelt.

b) Besondere Vereinbarung

28 Die Anfechtbarkeit nach § 136 InsO setzt weiter voraus, dass die Rechtshandlungen aufgrund einer im **letzten Jahr** vor dem Antrag auf Eröffnung des Insolvenzverfahrens oder nach Antragstellung getroffenen **Vereinbarung** geschehen sind.

aa) Außerhalb des Gesellschaftsvertrages

29 Eine Vereinbarung dieser Art ist aber **nicht** der ursprüngliche **Gesellschaftsvertrag**, und zwar auch dann nicht, wenn er erst während des letzten Jahres vor dem Antrag auf Verfahrenseröffnung geschlossen worden ist[2]. Leistungen an den stillen Gesellschafter, die gemäß den Regelungen im Gesellschaftsvertrag erbracht werden, begründen daher kein Anfechtungsrecht nach § 136 InsO[3].

30 Das Anfechtungsrecht besteht auch dann nicht, wenn die Leistung an den stillen Gesellschafter **nach Kündigung des Gesellschaftsverhältnisses** im Zuge der erforderlichen Auseinandersetzung erfolgt[4]. Denn auch nach einer (berechtigten) Kündigung fließt dem stillen Gesellschafter nur das zu, was er nach dem Gesellschaftsvertrag zu beanspruchen hatte; es handelt sich nicht um eine Rückgewähr aufgrund einer (gesonderten) Vereinbarung. Dies ist auch dann nicht der Fall, wenn es nach der Kündigung zu einer Auflösungsvereinbarung kommt, die nur das konkretisiert, was der stille Gesellschafter aufgrund der Kündigung verlangen konnte[5]. Nicht anders liegt es, wenn eine Gesellschaft mit fehlerhafter Vertragsgrundlage (Rn. 2) durch außerordentliche Kündigung aufgelöst worden ist[6].

---

1 *Ebenroth/Boujong/Joost/Strohn/Gehrlein*, § 237 Rn. 16.
2 RG v. 1.5.1914 – II 21/14, RGZ 84, 434, 438.
3 *K. Schmidt*, KTS 1977, 65, 70; MünchKommHGB/*K. Schmidt*, § 236 Anh. Rn. 18.
4 BGH v. 27.11.2000 – II ZR 218/00, ZIP 2001, 243.
5 BGH v. 27.11.2000 – II ZR 218/00, ZIP 2001, 243, 245.
6 BGH v. 29.6.1970 – II ZR 158/69, BGHZ 55, 5, 10.

Ist es zu einer **einvernehmlichen Beendigung** der stillen Gesellschaft gekommen, so ist dies nur dann keine Vereinbarung i.S.v. § 136 Abs. 1 InsO, wenn die aufgrund der Beendigung an den stillen Gesellschafter erbrachte Leistung von ihm auch ohne die einvernehmliche Regelung hätte beansprucht werden können (z.B. gemäß eines ihm zustehenden Rechts zur Kündigung, vgl. Rn. 30)[1]. Demgemäß dürfte auch eine Einlagenrückzahlung nicht anfechtbar sein, wenn die Beteiligung des stillen Gesellschafters auf einer arglistigen Täuschung beruhte und er daher berechtigt war, das Gesellschaftsverhältnis aufzukündigen[2]. Außerhalb solcher Fälle handelt es sich aber um eine vom Gesetz erfasste Vereinbarung[3]. Praktische Abgrenzungsschwierigkeiten tun sich hier allerdings auf, wenn nicht feststeht, ob ein Anspruch auf Aufhebung des Gesellschaftsverhältnisses bestand, etwa im Falle eines Prozessvergleichs[4].

31

bb) Jahresfrist vor Insolvenzantrag

Die Vereinbarung muss innerhalb des letzten Jahres **vor dem Antrag auf Eröffnung des Insolvenzverfahrens** bzw. nach diesem Antrag getroffen worden sein. Eine zeitlich frühere Vereinbarung führt auch dann nicht zur Anfechtung, wenn die auf ihrer Grundlage vorgenommenen Rechtshandlungen in die Jahresfrist fallen. Die Jahresfrist rechnet nach der Gesetzeslage auch dann ab Insolvenzeröffnungsantrag rückwärts, wenn Sicherungsmaßnahmen nach den §§ 21 ff. InsO vorausgegangen sind.

32

c) Durchführung der Anfechtung
aa) Maßgebende Vorschriften

Das Anfechtungsrecht wird durch den Insolvenzverwalter ausgeübt (§ 129 Abs. 1 InsO), entweder durch Klage oder durch Erhebung der Anfechtungseinrede gegenüber einem vom stillen Gesellschafter geltend gemachten Anspruch. Inhaltlich geht der Anfechtungsanspruch auf Rückgewähr des Erlangten an die Insolvenzmasse (§ 143 Abs. 1 InsO)[5]. Der Anfechtungsanspruch unterliegt der regelmäßigen Verjährung (§ 146 Abs. 1 InsO); doch verbleibt dem Insolvenzverwalter auch danach noch die Anfechtungseinrede (§ 146 Abs. 2 InsO). Ein Rechtsnachfolger des stillen Gesellschafters ist unter den Voraussetzungen des § 145 InsO Anfechtungsgegner. Wird die anfechtbar erlangte Leistung an die Masse zurückgewährt, so lebt die Forderung des stillen Gesellschafters wieder auf (§ 144 Abs. 1 InsO); er kann dann seinen Anspruch gemäß § 236 Abs. 1 als Insolvenzgläubiger anmelden.

33

---

1 OLG Oldenburg v. 20.5.1999 – 1 U 24/99, NZG 1999, 896, 897; OLG München v. 23.6.1999 – 15 U 2827/99, NZG 2000, 92, 93.
2 So aber OLG Hamm v. 2.3.1999 – 27 U 257/98, ZIP 1999, 1530, 1533; a.A. aber *Dauner-Lieb*, EWiR 1999, 655; *Baumbach/Hopt*, § 236 Rn. 6.
3 RG v. 16.6.1900 – II 132/00, JW 1900, 621.
4 Vgl. dazu MünchKommHGB/*K. Schmidt*, § 236 Anh. Rn. 18.
5 Vgl. BGH v. 29.6.1970 – II ZR 32/68, WM 1971, 183, 184.

§ 236

bb) Beweislastfragen

34 Die Beweislast für die Voraussetzungen des § 136 Abs. 1 InsO trägt grundsätzlich der Insolvenzverwalter. Jedoch ist der stille Gesellschafter – außer für den Tatbestand des § 136 Abs. 2 InsO (Rn. 35) – dafür beweispflichtig, dass eine Rückgewähr oder ein Verlusterlass nicht auf einer im Jahr vor Insolvenzeröffnung geschlossenen Vereinbarung beruht[1].

2. Ausschluss der Anfechtung

35 § 136 Abs. 2 InsO schließt das Anfechtungsrecht aus, wenn der Insolvenzgrund erst **nach der Einlagenrückgewähr** oder dem Verlusterlass **eingetreten** ist[2]. Als Eröffnungsgrund kommt dabei neben der Zahlungsunfähigkeit (§ 17 InsO) oder der Überschuldung (§ 19 InsO) auch die drohende Zahlungsunfähigkeit (§ 18 InsO) in Betracht[3]. Die **Beweislast** für diesen Ausnahmetatbestand trägt der stille Gesellschafter[4].

3. Verhältnis zu anderen Anfechtungstatbeständen

36 Eine Anfechtung von Rechtshandlungen zugunsten des stillen Gesellschafters aufgrund der in den **§§ 130 ff.** InsO enthaltenen Anfechtungstatbeständen bleibt in jedem Falle unberührt[5]. Insbesondere wenn die Einlage den Regeln über **Gesellschafterdarlehen** unterfällt (§ 236 Rn. 15), greift bei Gesellschaften ohne eine natürliche Person als persönlich haftender Gesellschafter zusätzlich der besondere Anfechtungstatbestand in § 135 InsO ein, während außerhalb eines Insolvenzverfahrens § 6 AnfG gilt.

37 Ist die stille Einlage als Eigenkapital zu behandeln (§ 236 Rn. 13), so bleibt § 136 InsO anwendbar mit der Besonderheit, dass dann der stille Gesellschafter bei Rückgewähr des anfechtbar Erlangten nicht gemäß § 144 Abs. 1 InsO – vgl. dazu in Rn. 33 – mit seinem Abfindungsanspruch am Insolvenzverfahren teilnimmt.

4. Analoge Anwendung des § 136 InsO?

38 Eine grundsätzliche analoge Anwendung des § 136 InsO auf alle langfristigen Fremdfinanzierungsformen von Unternehmen wird zwar teilweise vertreten[6], würde dessen Anwendungsbereich aber deutlich überspannen und

---

1 MünchKommHGB/*K. Schmidt*, § 236 Anh. Rn. 24 f.; *Heymann/Horn*, § 237 Rn. 14.
2 Dazu BGH v. 1.3.1982 – II ZR 23/81, BGHZ 83, 341, 346.
3 *Uhlenbruck/Hirte*, § 136 InsO Rn. 11; *Landsmann*, Die stille Gesellschaft in der Insolvenz, S. 176 f.; *Kübler/Prütting/Paulus*, § 136 InsO Rn. 8; MünchKommHGB/*K. Schmidt*, § 236 Anh. Rn. 23.
4 BGH v. 1.3.1982 – II ZR 23/81, BGHZ 83, 341, 346.
5 Begr. RegE InsO, BT-Drucks. 12/2443, S. 161.
6 Vgl. vor allem dazu MünchKommHGB/*K. Schmidt*, § 236 Anh. Rn. 30 ff. mit umfangreichen Nachweisen; zustimmend auch *Landsmann*, Die stille Gesellschaft in der Insolvenz, S. 180 ff.

scheidet daher aus[1]. Ebenso scheidet eine Analogie zu § 136 InsO (= § 237 a.F.) bei masselosen Liquidationen außerhalb eines Insolvenzverfahrens aus[2]. Auf der Grundlage des geltenden Rechts wird sich aber ein solches Anfechtungsrecht zugunsten des Liquidators eines masselosen Unternehmens schwer annehmen lassen.

V. Unterbeteiligung

Für die Eröffnung des Insolvenzverfahrens über das Vermögen eines Gesellschafters in einem Unterbeteiligungsverhältnis gelten keine Besonderheiten[3]. Insoweit ist auf die vorhergehenden Ausführungen zu verweisen. Zur Frage einer entsprechenden Anwendung des § 136 InsO auf das Unterbeteiligungsverhältnis ist zur Vorgängervorschrift des § 237 a.F. vielfach eingewendet worden[4], dass für sie kein Raum sei, da die Vorschrift allein die Masseunzulänglichkeit in der Unternehmensinsolvenz verbessern solle. Im Gegensatz hierzu wird zutreffend eine Analogie unter der Voraussetzung für gerechtfertigt gehalten, dass die anzufechtende Rechtshandlung sich zum Nachteil der Gläubiger im Insolvenzverfahren der Hauptgesellschaft auswirkt[5]. 39

VI. Internationales Insolvenzrecht

Die Insolvenzfähigkeit der stillen Gesellschaft richtet sich im internationalen europäischen Insolvenzrecht nach der **lex fori concursus**, also dem Recht des Ortes der Verfahrenseröffnung (Art. 4 Abs. 2 lit. a EuInsVO). Ein Insolvenzverfahren ist in Deutschland aufgrund der fehlenden Insolvenzfähigkeit der stillen Gesellschaft (Rn. 1) daher nicht möglich. Soweit die stille Gesellschaft aber in einem anderen Mitgliedstaat als insolvenzfähig angesehen wird, kann ein Insolvenzverfahren dort mit der Folge eröffnet werden, dass dieses auch in Deutschland anzuerkennen ist (Art. 16 Abs. 1 EuInsVO). Soweit über das Vermögen des Geschäftsinhabers oder des stillen Gesellschafters das Insolvenzverfahren eröffnet wird, unterliegt das weitere Schicksal der stillen Gesellschaft dem jeweils anwendbaren Gesellschaftsrecht (§ 230 Rn. 91a). 40

---

1 Insofern ausdrücklich ablehnend OLG Dresden v. 8.9.1999 – 19 U 101/99, DStR 2000, 649 m.Anm. *Haas*; OLG Hamm v. 4.4.2000 – 27 U 154/99, NZI 2000, 544, 545; OLG Schleswig v. 18.2.2000 – 1 U 97/99, NZG 2000, 1176, 1177.
2 MünchKommHGB/*K. Schmidt*, § 236 Anh. Rn. 30.
3 Vgl. MünchKommHGB/*K. Schmidt*, § 236 Rn. 45 f.; a.A. *Blaurock*, Handbuch der Stillen Gesellschaft, Rn. 30.62.
4 Siehe etwa *Koenigs*, Die stille Gesellschaft, 1961, S. 346; *Ulbrich*, Die Unterbeteiligungsgesellschaft an Personengesellschaftsanteilen, 1982, S. 156; *Paulick*, ZGR 1974, 253, 283 f.; *Blaurock*, Unterbeteiligung und Treuhand an Gesellschaftsanteilen, 1981, S. 279; *Heymann/Horn*, § 237 Rn. 16.
5 MünchKommHGB/*K. Schmidt*, § 236 Anh. Rn. 31; *Staub/Zutt*, § 237 Rn. 3; a.A. aber *Ebenroth/Boujong/Joost/Strohn/Gehrlein*, § 237 Rn. 29.

41 Das Recht der Insolvenzanfechtung unterliegt nach Art. 4 Abs. 2 lit. m EuInsVO grundsätzlich dem Recht des Verfahrenseröffnung, so dass eine **Insolvenzanfechtung** nach den §§ 129 ff. InsO und insbesondere nach § 135 InsO oder § 136 InsO nur dann in Betracht kommt, wenn das Insolvenzverfahren über das Vermögen des Geschäftsinhabers in Deutschland eröffnet wurde. Soweit auf die stille Gesellschaft aber das Recht eines anderen Mitgliedstaates anwendbar ist, kann eine Insolvenzanfechtung ausgeschlossen sein, wenn nach dem Recht dieses Staates eine solche Anfechtungsmöglichkeit nicht oder nicht in diesem Umfang besteht (Art. 13 EuInsVO). Ebenso kann die Rückzahlung der Einlage einer stillen Gesellschaft nach deutschem Recht nicht einer über die Rechtsfolge von §§ 129 ff. InsO bzw. § 135 InsO und § 136 InsO hinausgehenden Insolvenzanfechtung bei einer Verfahrenseröffnung in einem anderen Mitgliedstaat ausgesetzt sein[1].

§ 237

(aufgehoben)

Drittes Buch   Handelsbücher

§§ 238–342

(nicht kommentiert)

---

1 Vgl. zum Ganzen *Mock*, DStR 2008, erscheint demnächst.

# Viertes Buch Handelsgeschäfte

Erster Abschnitt Allgemeine Vorschriften

§ 343
Begriff der Handelsgeschäfte

(1) Handelsgeschäfte sind alle Geschäfte eines Kaufmanns, die zum Betriebe seines Handelsgewerbes gehören.

(2) aufgehoben

Übersicht

	Rn.		Rn.
I. Regelungsinhalt	1	b) Gesellschafter einer Personenhandelsgesellschaft	12
II. Voraussetzungen		c) Maßgeblicher Zeitpunkt	14
1. Geschäfte		3. Betriebszugehörigkeit	17
a) Begriff	2	a) Geschäft im Interesse des Handelsgewerbes	
b) Einzelfälle		aa) Objektiver Zusammenhang	18
aa) Geschäft	3	bb) Einzelfälle	19
bb) Kein Geschäft	5	b) Privatgeschäfte	21
cc) Bereicherungsansprüche	7	aa) Rein private Geschäfte	22
2. Kaufmannseigenschaft		bb) Abgrenzung	23
a) Kaufmann nach den §§ 1–6	8		

I. Regelungsinhalt

Die Vorschrift definiert den **Begriff** der Handelsgeschäfte, der Grundlage ist für die Anwendbarkeit des 4. Buches. Gleichzeitig hat sie auch Bedeutung für die Zuständigkeit der Handelskammer nach § 95 Abs. 1 Nr. 1 und 4 GVG. Handelsgeschäfte sind danach nur solche Geschäfte (Rn. 2 ff.) eines Kaufmanns (Rn. 18), die zum Betrieb seines Handelsgewerbes (Rn. 8) gehören. Gemeint ist hier also nicht, wie in §§ 22–27, das kaufmännische Unternehmen, sondern vielmehr die einzelne geschäftliche Tätigkeit des Kaufmanns[1]. 1

II. Voraussetzungen

1. Geschäfte

a) Begriff

Der Geschäftsbegriff in § 343 ist im Gegensatz zum Zivilrecht weit zu verstehen: Erfasst ist **jedes rechtserhebliche Verhalten**[2], d.h. sowohl einseitige 2

---

1 *Brox*, HR, Rn. 277.
2 *Heymann/Horn*, § 343 Rn. 7; *Schlegelberger/Hefermehl*, § 343 Rn. 11.

als auch zweiseitige Rechtsgeschäfte, Willenserklärungen, aber auch geschäftsähnliche Handlungen (Auskünfte, Mahnung, Leistung und ihre Annahme, Fristsetzung, Anfechtungserklärung, Rücktrittserklärung, Geschäftsführung ohne Auftrag), soweit ihnen ein willentliches Verhalten zugrunde liegt (vgl. auch § 344 Rn. 8).

b) Einzelfälle
aa) Geschäft

3 Unter den Begriff „Geschäft" fallen die **Verarbeitung und Vermischung** gem. §§ 946–950 BGB. Es handelt sich zwar rein zivilrechtlich um Tathandlungen und nicht um Rechtsgeschäfte, sie stehen aber in engem Bezug zum geschäftlichen Verhalten.

4 **Wettbewerbshandlungen** i.S.d. § 2 Abs. 1 Nr. 1 UWG sind Handelsgeschäfte[1]. Der Anwendungsbereich bezieht sich auf Tätigkeiten, die (irgendwie) der Förderung eines beliebigen Geschäftes dienen. Damit besteht sowohl ein geschäftlicher Bezug als auch das für ein Geschäft notwendige Willensmoment.

bb) Kein Geschäft

5 Kein Geschäft i.S.d. § 343 ist die **unerlaubte Handlung.** Für die Einordnung einer Handlung als geschäftliches Verhalten kommt es zwar nicht darauf an, ob die Handlung rechtswirksam oder unwirksam, erlaubt oder unerlaubt ist, sondern entscheidend ist der geschäftliche Bezug. Der Tatbestand der unerlaubten Handlung entbehrt jedoch ein Willensmoment, das sich auf die geschäftliche Natur des Vorgangs richtet[2]. Besteht allerdings auch nur teilweise ein geschäftlicher Erfolg, ist insgesamt ein Handelsgeschäft gegeben.

6 Das **Halten und Fahren eines Kfz** stellt bereits kein rechtserhebliches Verhalten dar. Aber auch die Haftung aus einem Verkehrsunfall unterfällt nicht dem Handelsrecht, da es am notwendigen Willensmoment fehlt[3].

cc) Bereicherungsansprüche

7 Es ist zu differenzieren, ob die Ansprüche auf geschäftlichen Vorgängen gründen und die Vermögensverschiebungen auf einer willentlichen Entscheidung beruhen; dies wird bei der Leistungskondiktion regelmäßig, bei der Eingriffskondiktion nur ausnahmsweise der Fall sein.

---

1 *Ebenroth/Boujong/Joost*, § 343 Rn. 10; a.A. *Baumbach/Hopt*, § 343 Rn. 1.
2 GroßkommHGB/*Ratz*, § 343 Anm. 7.
3 *Heymann/Horn*, § 343 Rn. 9.

2. Kaufmannseigenschaft

a) Kaufmann nach den §§ 1–6

Der Handelnde muss Kaufmann i.S.d. §§ 1–6 sein (vgl. dort). Erfasst werden damit auch der Kaufmann **kraft Eintragung** (vgl. § 5 Rn. 3) und der Kaufmann **kraft Rechtsscheins** (arg. e § 5; vgl. Anh. § 5 Rn. 2 ff.). 8

Ein **Nichtkaufmann** kann keine Handelsgeschäfte betreiben; angesichts des klaren Wortlauts der Vorschrift verbietet sich auch eine analoge Anwendung[1]. Zum Schutz des gutgläubigen Dritten finden jedoch die Vorschriften über die Handelsgeschäfte auch auf Nichtkaufleute Anwendung, wenn sie in zurechenbarer Weise den Rechtsschein, Kaufleute zu sein, durch ihr Verhalten im Rechtsverkehr gesetzt haben (vgl. Anh. § 5 Rn. 2). 9

Handelt ein **Vertreter**, so kommt es auf die Kaufmannseigenschaft des Vertretenen an[2], anders beim vollmachtlosen Vertreter, auf dessen Kaufmannseigenschaft abzustellen ist, soweit kein Fall der Rechtsscheinshaftung vorliegt (vgl. Vor § 48 Rn. 26 ff.). 10

Frei. 11

b) Gesellschafter einer Personenhandelsgesellschaft

Umstritten ist, inwieweit der **persönlich haftende Gesellschafter** einer Personenhandelsgesellschaft Kaufmannseigenschaft besitzt (vgl. dazu § 105 Rn. 7). Die Kaufmannseigenschaft des Gesellschafters folgt nicht aus § 6 Abs. 1. Der OHG-Gesellschafter betreibt (gesamthänderisch mit den Mitgesellschaftern) ein Handelsgewerbe; allein aus der Mitgliedschaft in der Gesellschaft folgt seine Kaufmannseigenschaft jedoch nicht. Abzustellen ist darauf, ob das durch den Gesellschafter abgeschlossene Geschäft zum Betrieb der OHG gehört[3]. Der Gesellschafter handelt dann als Kaufmann, wenn er die Gesellschaft führt oder vertritt; nicht aber, wenn er Geschäfte mit der OHG oder anderen Gesellschaftern abschließt[4]. Im ersten Fall ist dann nur ein einseitiges Handelsgeschäft seitens der OHG gegeben[5]. 12

Kommanditisten sind wegen ihres begrenzten unternehmerischen Risikos keine Kaufleute[6]. Auch hier wird die Kaufmannseigenschaft nicht etwa durch die Mitgliedschaft in einer Personenhandelsgesellschaft begründet. 13

c) Maßgeblicher Zeitpunkt

Die Kaufmannseigenschaft muss im Zeitpunkt der **Geschäftsvornahme** vorhanden sein. Maßgeblich ist hier der Zeitpunkt, in dem das Rechtsgeschäft 14

---

1 *Baumbach/Hopt*, § 343 Rn. 2; a.A. *K. Schmidt*, HR, § 18 I 1b.
2 *Heymann/Horn*, § 343 Rn. 4.
3 GroßkommHGB/*Ratz*, § 343 Anm. 5 m.N.
4 *Schlegelberger/Hefermehl*, § 343 Rn. 8.
5 GroßkommHGB/*Ratz*, § 343 Anm. 5.
6 *Schlegelberger/Hefermehl*, § 343 Rn. 8 m.N.

rechtswirksam wird. Dies ist in der Regel mit Zugang der Willenserklärung der Fall. Analog § 130 Abs. 2 BGB genügt dafür auch die Abgabe der Willenserklärung.

15 Bei einem **Gewerbebetrieb**, der unter § 1 fällt, ist bereits das erste Geschäft, auch wenn es nur Vorbereitungsgeschäft ist, das eines Kaufmanns[1]. Anderes gilt für Gewerbebetriebe, die nur kraft Eintragung in das Handelsregister Handelsgewerbe sind (§§ 2, 3 Abs. 2). Die Kaufmannseigenschaft des Unternehmers wird hier erst durch die Registereintragung begründet. Geschäfte, die vor diesem Zeitpunkt abgeschlossen werden, sind keine Handelsgeschäfte. Eine spätere Eintragung wirkt auch nicht auf solche Geschäfte zurück[2].

16 Ist das Handelsgeschäft abgeschlossen, wird sein Charakter als Handelsgeschäft nach § 343 nicht (rückwirkend) abgeändert, wenn der Unternehmer seine Kaufmannseigenschaft später verliert[3].

3. Betriebszugehörigkeit

17 Nicht jedes Geschäft, das der Kaufmann abschließt, ist ein Handelsgeschäft. Entscheidend ist die Betriebszugehörigkeit.

a) Geschäft im Interesse des Handelsgewerbes
aa) Objektiver Zusammenhang

18 Das Geschäft steht im Zusammenhang mit dem Betrieb des Handelsgewerbes, wenn es nach objektiven Kriterien dem Interesse des Handelsgewerbes, der Erhaltung seiner Substanz sowie der Erzielung von Gewinn dienen soll[4]. Betriebszugehörig sind dabei nicht nur die üblichen, typischen Geschäfte, sondern **alle Geschäfte, die sich mittelbar auf das Handelsgewerbe beziehen**, d.h. mit ihm noch in einem entfernten lockeren Zusammenhang stehen[5]. Demzufolge fallen auch Hilfs- und Nebengeschäfte darunter, sofern sie das Unternehmen direkt oder indirekt fördern; ebenso freigiebige Rechtsakte[6] und ungewöhnliche Geschäfte.

bb) Einzelfälle

19 Erfasst werden auch **vorbereitende Geschäfte**, etwa die Anmietung eines Ladens, die Aufnahme von Krediten, aber auch der Erwerb des Unternehmens selbst[7]. Allerdings muss zu diesem Zeitpunkt die Kaufmannseigenschaft schon bestehen (vgl. Rn. 15). Der Abschluss des Gesellschaftsvertrages

---

1 GroßkommHGB/*Ratz*, § 343 Anm. 6.
2 GroßkommHGB/*Ratz*, § 343 Anm. 6.
3 GroßkommHGB/*Ratz*, § 343 Anm. 6.
4 *Heymann/Horn*, § 343 Rn. 10; *Woeste*, NJW 1960, 130 m.N.
5 BGH v. 10.6.1974 – VII ZR 44/73, BGHZ 63, 35.
6 BGH v. 8.1.1976 – III ZR 148/73, WM 1976, 424.
7 Vgl. *Heymann/Horn*, § 343 Rn. 11 m.N.

selbst ist kein Handelsgeschäft, auch wenn die Gesellschafter bereits Kaufleute sind[1].

Abwicklungsgeschäfte sind ebenfalls Handelsgeschäfte. Darunter fällt nicht nur die Abwicklung schwebender Geschäfte, sondern auch die Veräußerung des Unternehmens oder von Geschäftsanteilen[2] und die Abfindung von Gesellschaftern[3]. Insoweit ist allerdings zu beachten, dass Kaufleute kraft Eintragung mit Löschung im Handelsregister die Kaufmannseigenschaft verlieren. 20

b) Privatgeschäfte

Bei Privatgeschäften fehlt der betriebliche Zusammenhang. 21

aa) Rein private Geschäfte

Der verfolgte Zweck muss rein privat sein, wie z.B. der Abschluss einer Lebensversicherung für Angehörige oder der Erwerb eines Wohnhauses für nichtgeschäftliche Zwecke. Es kommt stets auf die **Umstände des Einzelfalls** an; ein Gefälligkeitscharakter schließt aber grundsätzlich einen geschäftlichen Zusammenhang nicht aus[4]. Auch Spenden für wohltätige Zwecke können im Zusammenhang mit dem Handelsgewerbe erfolgen. In Zweifelsfällen sind die beiden gesetzlichen Vermutungen des § 344 heranzuziehen. Zur Anwendbarkeit von § 344 im Rahmen von § 310 Abs. 1 BGB vgl. allerdings § 344 Rn. 7. 22

bb) Abgrenzung

Die Frage der Abgrenzung zu Privatgeschäften stellt sich nur bei **natürlichen Personen**; Handelsgesellschaften schließen stets nur Handelsgeschäfte ab. Unstreitig gilt dieser Grundsatz auch für Kapitalgesellschaften[5], da Privatgeschäfte der juristischen Person bereits begrifflich ausgeschlossen sind. 23

Umstritten ist hingegen, ob dies auch bei den **Personengesellschaften** gilt. Nach einer Ansicht ist hier, ebenso wie bei den natürlichen Personen, die Vermutung des § 344 auszuräumen, weil es auch bei Personengesellschaften rechtlich möglich ist, Geschäfte zu schließen, die aus der kaufmännischen Geschäftstätigkeit herausfallen (beispielsweise die Förderung gemeinnütziger Zwecke durch Mitgliedschaften oder Spenden)[6]. Dem ist mit der h.M.[7] entgegenzuhalten, dass eine Handelsgesellschaft nur aufgrund ihrer Zweck- 24

---

1 *Staub/Ulmer*, § 105 Rn. 144; *Baumbach/Hopt*, § 105 Rn. 49; vgl. auch § 105 Rn. 15 ff.
2 RG, LZ 1909, 466.
3 RGZ 102, 245; 154, 336.
4 BGH v. 8.1.1976 – III ZR 148/73, WM 1976, 424.
5 *Heymann/Horn*, § 343 Rn. 10.
6 *Heymann/Horn*, § 343 Rn. 16.
7 *Schlegelberger/Hefermehl*, § 343 Rn. 20.

setzung, ein bestimmtes Handelsgewerbe zu betreiben, existiert und im Gegensatz zu natürlichen Personen demzufolge keine Privatsphäre besitzt.

§ 344
Vermutung für ein Handelsgeschäft

(1) Die von einem Kaufmanne vorgenommenen Rechtsgeschäfte gelten im Zweifel als zum Betriebe seines Handelsgewerbes gehörig.

(2) Die von einem Kaufmanne gezeichneten Schuldscheine gelten als im Betriebe seines Handelsgewerbes gezeichnet, sofern nicht aus der Urkunde sich das Gegenteil ergibt.

Übersicht

	Rn.		Rn.
I. Regelungsinhalt	1	2. Rechtsfolgen/Widerlegung der Vermutung	9
II. Geltungsbereich		IV. Vermutung für die Zeichnung von Schuldscheinen (§ 344 Abs. 2)	11
1. § 1431 BGB	4	1. Schuldschein	12
2. §§ 25–28	5	2. Zeichnung durch einen Kaufmann	13
3. Unanwendbarkeit	6	3. Rechtsfolgen/Widerlegung der Vermutung	14
III. Allgemeine Vermutung (§ 344 Abs. 1)		a) Hinweis auf ein Privatgeschäft	15
1. Geschäfte eines Kaufmanns	8	b) Kenntnis des Dritten	17

I. Regelungsinhalt

1 Die Vorschrift konkretisiert das Tatbestandsmerkmal der Betriebszugehörigkeit in § 343, indem sie **zwei Vermutungen** für das Vorliegen eines Handelsgeschäfts aufstellt; zum einen bezogen auf Rechtsgeschäfte im Allgemeinen (§ 344 Abs. 1), zum anderen auf die Zeichnung von Schuldscheinen (§ 344 Abs. 2).

II. Geltungsbereich

Die Vermutungen des § 344 haben über den Bereich des 4. Buches hinaus auch für andere Vorschriften Bedeutung:

2, 3 Frei.

1. § 1431 BGB

4 Gemäß § 1431 BGB ist die Zustimmung des **verwaltenden Ehegatten einer Gütergemeinschaft** für Rechtsgeschäfte des selbständigen Erwerbsgeschäftes, die der Geschäftsbetrieb mit sich bringt, nicht erforderlich. Auch hier

gilt wieder die Vermutung des § 344. Sie umfasst alle gewöhnlichen und außergewöhnlichen Geschäfte des Betriebes, nicht aber die Geschäftsaufgabe sowie die Auflösung einer offenen Handelsgesellschaft[1].

2. §§ 25–28

Gemäß § 25 Abs. 1 S. 1 haftet der **neue Inhaber** eines Handelsgeschäftes bzw. der eintretende Gesellschafter in das Geschäft eines Einzelkaufmanns (§ 28 Abs. 1 S. 1) für alle im Betrieb des Geschäftes begründeten Verbindlichkeiten des früheren Inhabers (vgl. Anm. dort). In beiden Fällen greift die Vermutung des § 344 ein. Dies gilt aber nur im Verhältnis zwischen dem Gläubiger des bisherigen Inhabers zum neuen Erwerber (Außenverhältnis), da § 25 bzw. § 28 nur die Rechtswirkungen Dritten gegenüber regeln[2]. 5

3. Unanwendbarkeit

Nicht anwendbar ist § 344 für die **Haftung gem. §§ 130, 172**[3]. Im Gegensatz zu §§ 25 ff. bestand bereits vor Eintritt des Gesellschafters bzw. des Kommanditisten die Handelsgesellschaft, so dass mangels Privatsphäre einer Handelsgesellschaft die Schulden stets Geschäftsschulden sind und damit die Vermutung des § 344 nicht erforderlich ist (vgl. auch § 343 Rn. 17 f.). 6

Auch im Rahmen des **§ 310 Abs. 1 BGB** ist die Vermutung des § 344 nicht anwendbar[4]. Die Vermutung für ein unternehmensbezogenes Geschäft lässt sich im Hinblick auf Art. 2 lit. b EG-Richtlinie mit einer EG-rechtskonformen Auslegung nicht vereinbaren, zumal durch die im Zuge des HRefG erfolgte Änderung des § 24 AGBG (jetzt § 310 Abs. 1 BGB) – Unternehmer statt Kaufleute – der erfasste Personenkreis ausgeweitet wurde[5]. 7

III. Allgemeine Vermutung (§ 344 Abs. 1)

1. Geschäfte eines Kaufmanns

Über den zu engen Wortlaut („Rechtsgeschäfte") hinaus erfasst die Vorschrift aufgrund ihres systematischen Zusammenhangs **alle Geschäfte i.S.d. § 343** (vgl. § 343 Rn. 2 f.)[6]. Es ist nämlich kein Grund ersichtlich, Realakte, Willensäußerungen etc., die ebenfalls das kaufmännische Gewerbe kennzeichnen, auszunehmen. Der weite Geschäftsbegriff des § 343 vermeidet ergebnislose Abgrenzungsprobleme und dient einer möglichst gleichmäßigen 8

---

1 *Palandt/Brudermüller*, § 1431 BGB Rn. 3; RGZ 127, 110, 115.
2 *Schlegelberger/Hefermehl*, § 344 Rn. 20 m.N.
3 *Schlegelberger/Hefermehl*, § 344 Rn. 20 m.N.
4 *Baumbach/Hopt*, § 344 Rn. 1.
5 Im Einzelnen *Pfeiffer*, Vom kaufmännischen Verkehr zum Unternehmensverkehr, NJW 1999, 169, 173 – dort auch die Darstellung des Meinungsstands zum früheren § 24 AGBG.
6 *Heymann/Horn*, § 344 Rn. 5.

Anwendung des Handelsrechts auf den Kaufmann. Für den Kaufmannsbegriff gelten die Ausführungen zu § 343 Rn. 8 ff.

2. Rechtsfolgen/Widerlegung der Vermutung

9 Für die vorgenommenen Geschäfte gilt „im Zweifel", d.h. ohne dass es eines weiteren Nachweises bedarf, die allgemeine **Vermutung der Betriebszugehörigkeit.**

10 Diese Vermutung ist erst widerlegt, wenn **bewiesen** wird, dass das von dem Kaufmann eingegangene Geschäft nicht dem Betrieb seines Handelsgewerbes dienen sollte. Dabei ist der Abschluss unter bürgerlichem Namen kein Indiz für den privaten Charakter des Geschäftes[1]. Einer Widerlegung bedarf es jedoch dann nicht, wenn die Sachlage – für jedermann offensichtlich – erkennen lässt, dass eine Beziehung zum Handelsgewerbe nicht besteht[2].

IV. Vermutung für die Zeichnung von Schuldscheinen (§ 344 Abs. 2)

11 § 344 Abs. 2 stellt eine besondere Vermutung zu Lasten des Kaufmanns auf. Danach gelten die von einem Kaufmann gezeichneten Schuldscheine als im Betrieb seines Handelsgewerbes gezeichnet, sofern nicht aus der Urkunde sich das Gegenteil ergibt.

1. Schuldschein

12 Eine Definition des Begriffes „Schuldschein" findet sich weder im BGB noch im HGB. Es ist daher auf die speziell im Zusammenhang mit §§ 371, 607, 952 Abs. 1 BGB ergangene **Rechtsprechung** zurückzugreifen. Danach ist ein Schuldschein eine die Schuldverpflichtung begründende oder bestätigende, **vom Schuldner zum Zweck der Beweissicherung für das Bestehen der Schuld ausgestellte Urkunde,** die den wesentlichen Inhalt der Schuldverpflichtung wiedergibt[3]. Schuldscheine sind der Wechsel[4], kaufmännische Orderpapiere i.S.d. § 363, Darlehensscheine, Bürgschaftsurkunden[5], Schuldbekenntnis verbunden mit einem Hypothekenbrief, Lagerscheine, Schlussscheine, und andere schriftliche Vertragsbestätigungen, sofern die Übernahme einer Verpflichtung begründet wird; nicht aber bloße Quittungen[6]. Auch eine Mehrheit von Urkunden kann ein Schuldschein i.S.d. § 344 Abs. 2 sein, sofern die Urkunden inhaltlich zusammengehören und aufeinander Bezug nehmen[7].

---

1 *Schlegelberger/Hefermehl*, § 344 Rn. 20 m.N.
2 *Schlegelberger/Hefermehl*, § 344 Rn. 20.
3 RGZ 120, 86, 89; BGH v. 20.3.1997 – IX ZR 83/96, NJW 1997, 1779 mit Anm. *Medicus*, EWiR 1997, 757.
4 RGZ 56, 198.
5 RG, JW 1906, 87; BGH v. 20.3.1997 – IX ZR 83/96, NJW 1997, 1779 mit Anm. *Medicus*, EWiR 1997, 757.
6 *Schlegelberger/Hefermehl*, § 344 Rn. 14 m.N.
7 RGZ 117, 50; 120, 89.

2. Zeichnung durch einen Kaufmann

Die Kaufmannseigenschaft muss im Zeitpunkt der Zeichnung der Urkunde vorliegen, da die Wirksamkeit des Schuldscheins weder von seiner Errichtung noch von seiner Aushändigung abhängt[1]; es gilt die gesetzliche **Schriftform** des § 126 BGB. Das Erfordernis der Zeichnung ist grundsätzlich wörtlich zu nehmen. Nur wenn ausnahmsweise das Gesetz eine mechanische Vervielfältigung ausdrücklich für ausreichend erklärt, z.B. bei Inhaberschuldverschreibungen (§ 793 Abs. 2 BGB), Aktien (§ 13 AktG) sowie im Fall des § 3 Abs. 1 VVG, gilt dies auch für § 344 Abs. 2[2]. Im Fall einer vereinbarten Schriftform, § 127 BGB, stellen auch Telegramme und Fernschreiben eine Zeichnung i.S.d. § 344 Abs. 2 dar.

13

3. Rechtsfolgen/Widerlegung der Vermutung

Die besondere Vermutung des § 344 Abs. 2 greift ein, sofern sich nicht aus der Urkunde das Gegenteil ergibt. Zum Teil wird hierin eine verstärkte Vermutung gesehen[3], zum Teil aber auch eine Fiktion[4]. Dieser Streit ist jedoch nur theoretischer Natur. Jedenfalls kann der **Gegenbeweis** nur aus dem Inhalt der Urkunde, insbesondere aus den Angaben über den genannten Schuldgrund, geführt werden.

14

a) Hinweis auf ein Privatgeschäft

Grundsätzlich ist die Vermutung widerlegt, wenn im Schuldgrund ein Hinweis auf ein Privatgeschäft liegt. Dabei ist strittig, ob auch die **Unterzeichnung mit dem bürgerlichen Namen** die Vermutung des § 344 Abs. 2 allein entkräften kann. Nach einer Ansicht[5] ist dies der Fall, da der Kaufmann die Zugehörigkeit des Geschäfts zum Gewerbebetrieb gerade mit der Zeichnung unter der Firma kenntlich macht. Die h.M. verneint dies zutreffend. Denn allein aus der Unterzeichnung des Schuldscheins mit dem bürgerlichen Namen ergibt sich noch nicht, dass dem Aussteller der Wille gefehlt hat, die zugrundeliegende Verbindlichkeit auf sein Handelsgeschäft zu übernehmen[6].

15

Etwas anderes gilt jedoch dann, wenn **weitere Anhaltspunkte** für den privaten Charakter sprechen[7]. Der Hinweis im Schuldgrund auf ein ungewöhnliches Geschäft genügt auch hier, wie für die allgemeine Vermutung in § 344 Abs. 1, nicht zur Widerlegung der Vermutung.

16

---

1 *Schlegelberger/Hefermehl*, § 344 Rn. 15.
2 *Schlegelberger/Hefermehl*, § 344 Rn. 14.
3 *Schlegelberger/Hefermehl*, § 344 Rn. 16 m.N.
4 *M. Wolf*, ZHR 110 (1947), 252.
5 *M. Wolf*, ZHR 110 (1947), 247, 249, 250.
6 OLG Nürnberg v. 27.1.1961 – 4 U 177/60, BB 1961, 1179.
7 *Schlegelberger/Hefermehl*, § 344 Rn. 17.

b) Kenntnis des Dritten

17 Kannte ein Dritter (Kennenmüssen genügt nicht[1]) bei Erwerb des Schuldscheins die private Natur des Geschäfts und des Schuldscheins, so kann er sich auf die Vermutung des § 344 Abs. 2 nicht berufen[2]. Die bisher überwiegende Meinung hat in einem solchen Fall eine unzulässige Rechtsausübung angenommen[3]. Eines Rückgriffs auf § 242 BGB bedarf es aber nicht, weil entsprechend dem Zweck der Vorschrift bei Kenntnis des Vertragspartners die Norm mangels Vorliegens eines Vertrauenstatbestandes nicht greift[4].

§ 345
Einseitige Handelsgeschäfte

Auf ein Rechtsgeschäft, das für einen der beiden Teile ein Handelsgeschäft ist, kommen die Vorschriften über Handelsgeschäfte für beide Teile gleichmäßig zur Anwendung, soweit nicht aus diesen Vorschriften sich ein anderes ergibt.

1. Begriff

1 Das HGB unterscheidet **zwei Arten von Handelsgeschäften:** zum einen die einseitigen Handelsgeschäfte, für die § 345 eine selbständige Regelung enthält, und zum anderen die beiderseitigen Handelsgeschäfte.

a) Beiderseitiges Handelsgeschäft

2 Es liegt nur dann vor, wenn **beide Vertragsparteien Kaufleute** sind und das betreffende Geschäft für beide zu ihrem Handelsgewerbe gehört. Diese Beidseitigkeit ist jedoch nur ausnahmsweise für die Anwendbarkeit der Vorschriften über Handelsgeschäfte erforderlich, z.B. §§ 346, 352 Abs. 1, 353, 354, 369–372, 377, 379, 391.

b) Einseitiges Handelsgeschäft

3 Es liegt zum einen vor, wenn **nur ein Vertragspartner Kaufmann** ist und dieses Geschäft zu einem Handelsgewerbe gehört, zum anderen, wenn beide Vertragsparteien zwar Kaufleute sind, aber **für den einen kein Handelsgeschäft** vorliegt.

---

1 *Baumbach/Hopt*, § 344 Rn. 4.
2 BGH v. 20.3.1997 – IX ZR 83/96, NJW 1997, 1779.
3 RGZ 56, 196, 198; *Schlegelberger/Hefermehl*, § 344 Rn. 18.
4 So richtig BGH v. 20.3.1997 – IX ZR 83/96, NJW 1997, 1779, 1780.

2. Allgemeiner Grundsatz

Die Vorschrift formuliert den allgemeinen Grundsatz, dass die Vorschriften 4
über Handelsgeschäfte **für beide Vertragspartner** gleichmäßig zur Anwendung kommen, selbst wenn nur auf einer Seite ein Kaufmann beteiligt ist. Dies gilt insbesondere für die Zinshöhe, § 352 Abs. 2, für das Kontokorrent, §§ 355–357, für Zeit und Art der Leistung, §§ 358, 359, für die Indossierung gewisser Papiere, §§ 363–365, für den Gutglaubensschutz, §§ 366, 367, sowie für die Vorschriften über den Handelskauf (ohne §§ 377, 379), die Kommission, die Spedition, das Lagergeschäft, das Frachtgeschäft sowie die Beförderung von Gütern und Personen auf Eisenbahnen.

Eine Besonderheit weisen die §§ 346–350 auf: Bei ihnen muss die im Gesetz 5
bezeichnete Person die Kaufmannseigenschaft besitzen.

§ 346
Handelsbräuche

Unter Kaufleuten ist in Ansehung der Bedeutung und Wirkung von Handlungen und Unterlassungen auf die im Handelsverkehre geltenden Gewohnheiten und Gebräuche Rücksicht zu nehmen.

Übersicht

	Rn.		Rn.
I. Handelsbrauch		bb) Bestimmung des maßgeblichen Geltungsbereichs	20
1. Definition des Handelsbrauchs	1	b) Ausländische Handelsbräuche	23
2. Sachlicher Geltungsbereich		c) Internationaler Handelsbrauch	24
a) Willenserklärungen des Kaufmanns	4	8. Abgrenzung zu verwandten Rechtsinstituten	
b) Weitere Anwendungsbereiche	5	a) Handelsübung	25
3. Persönlicher Geltungsbereich		b) Allgemeine Geschäftsbedingungen	26
a) Kaufleute	6	c) (Handels-)Gewohnheitsrecht	27
b) Nichtkaufleute	8	9. Prozessuales	28
4. Voraussetzungen für das Entstehen eines Handelsbrauchs	10	**II. Kaufmännisches Bestätigungsschreiben**	
a) Tatsächliche Übung	11		
b) Dauer und Beständigkeit	12	1. Begriff/Funktion	30
c) Zustimmung	13	2. Persönlicher Anwendungsbereich	32
5. Ausschluss des Handelsbrauchs/Anfechtung		3. Sachliche Voraussetzungen	34
a) Ausschluss der Vereinbarung	14	a) Vertragsverhandlungen	35
b) Anfechtung	15	b) Nachfolgendes Bestätigungsschreiben	37
6. Rangverhältnis gegenüber Gesetzesrecht	16	c) Zugang in engem zeitlichen Zusammenhang	38
7. Räumlicher Anwendungsbereich		d) Unverzüglicher Widerspruch	40
a) Regionaler Handelsbrauch	18	4. Rechtsfolgen des Schweigens	
aa) Handelsbräuche am Erfüllungsort	19	a) Bindungswirkung	44

	Rn.		Rn.
b) Anfechtung	44a	IV. **Handelsklauseln**	
c) Keine Bindungswirkung	45	1. Allgemeines	52
d) Verweis auf Allgemeine Geschäftsbedingungen	46	2. Verhältnis zur Individualabrede	53
5. Prozessuales	47	3. Internationale Handelsklauseln	53a
III. **Schweigen im Handelsverkehr**	49	4. Einzelne Handelsklauseln	54

Schrifttum: *Basedow*, Handelsbräuche und AGB-Gesetze, ZHR 150 (1986), 469; *Canaris*, Vertrauenshaftung im deutschen Privatrecht, 1971; *Deckert*, Das kaufmännische und berufliche Bestätigungsschreiben, JuS 1998, 121; *Ebenroth*, Das kaufmännische Bestätigungsschreiben im internationalen Handelsverkehr, ZVglRW 1978, 161; *Liesecke*, Die typischen Klauseln des internationalen Handelsverkehrs in der neueren Praxis, WM 1978, Beil. 3; *Wagner*, Zur Feststellung eines Handelsbrauchs, NJW 1969, 1282.

I. Handelsbrauch

1. Definition des Handelsbrauchs

1   Die Vorschrift bestimmt, dass für die Rechtsbeziehungen unter Kaufleuten die geltenden Handelsbräuche anzuwenden sind. Der Begriff des Handelsbrauchs ist im HGB nicht definiert, sondern ergibt sich aus dem geschichtlichen Hintergrund und der Rechtsprechung. Danach sind Handelsbräuche die **Verkehrssitten des Handels**, die seit alters her unter Kaufleuten gelten[1].

2   Unter Verkehrssitte versteht man die im Verkehr der beteiligten Kreise herrschende tatsächliche Übung[2]. Sie ist eine besondere Art der bereits aus dem BGB bekannten Verkehrssitte nach den §§ 157, 242 BGB. Der Handelsbrauch kann durch die Anwendung außerhalb des Handelsverkehrs zu einer allgemeinen Verkehrssitte erstarken; etwa die im Holzgeschäft als Handelsbrauch geltenden **„Tegernseer Gebräuche"**[3].

3   Demzufolge sind die Handelsbräuche **weder Rechtsnormen noch Gewohnheitsrecht**[4]. Sie entspringen zwar der Befugnis der Kaufleute zur autonomen Rechtsetzung, die ihren Ursprung in der geschichtlichen Vorzugsstellung der Handelsleute seit jeher hat, es fehlt aber der allgemeine Rechtsgeltungswille.

---

1 *Baumbach/Hopt*, § 346 Rn. 1; *Heymann/Horn*, § 346 Rn. 1.
2 RGZ 49, 167; *Staudinger/Roth*, § 157 BGB Rn. 35.
3 Vgl. dazu BGH v. 23.4.1986 – IVa ZR 209/84, BB 1986, 1395 m.N.; zur Verkehrssitte dieser Gebräuche OLG Koblenz v. 10.3.1988 – 6 U 1286/85, NJW-RR 1988, 1306 – Tegernseer Gebräuche.
4 *Schlegelberger/Hefermehl*, § 346 Rn. 1 m.N.

2. Sachlicher Geltungsbereich

a) Willenserklärungen des Kaufmanns

Die Vorschrift gilt zum einen zur Auslegung von Willenserklärungen eines Kaufmanns und ergänzt insoweit die §§ 133, 157, 242 BGB. Danach sind Willenserklärungen so auszulegen, wie Treu und Glauben mit Rücksicht auf die Verkehrsitte – im Handelsrecht gem. § 346 auf den Handelsbrauch – es erfordern. Es kommt also nicht allein auf den Wortlaut der Erklärung an, sondern vielmehr darauf, wie die Erklärung nach der allgemeinen kaufmännischen Verkehrssitte vom **Empfängerhorizont** zu verstehen ist. Im Wege der ergänzenden Auslegung können Rechtslücken geschlossen werden; dies gilt insbesondere bei der Auslegung von Verträgen[1]. Grundsätzlich besteht aber eine Vorrangigkeit des Handelsbrauchs vor der ergänzenden Vertragsauslegung[2].

b) Weitere Anwendungsbereiche

Die Vorschrift betrifft auch Wirkungen, die **Handlungen und Unterlassungen**, ohne Willenserklärung zu sein, haben können[3]. Dies bezieht sich auf die Bedeutung, die ein bestimmtes Verhalten einer Vertragspartei hat (z.B. Schweigen auf ein kaufmännisches Bestätigungsschreiben), aber auch auf die Fälle, in denen abweichend von den zivilrechtlichen Regelungen eine Ausnahme über den Weg des kaufmännischen Handelsbrauchs eröffnet wird (z.B. Rücktritt des Verkäufers vom Vertrag bei Vertragsverletzung des Käufers entgegen § 323 BGB ohne Nachfristsetzung[4]).

3. Persönlicher Geltungsbereich

a) Kaufleute

Handelsbräuche betreffen nach der gesetzlichen Vorgabe nur die Rechtsbeziehungen unter Kaufleuten, setzen also begrifflich ein **beiderseitiges Handelsgeschäft** voraus (zum Begriff vgl. § 345 Rn. 1).

Sie gelten **kraft Gesetzes**; folglich bedarf es weder einer besonderen Vereinbarung noch der konkreten Kenntnis mit Unterwerfungswillen durch den einzelnen Kaufmann. Keine Geltung[5] allerdings erlangt ein Handelsbrauch, der gegen die guten Sitten (§§ 138, 826 BGB) oder gegen Treu und Glauben (§§ 157, 242 BGB) verstößt[6].

---

1 BGH v. 22.9.2003 – II ZR 172/03, NJW-RR 2004, 555.
2 BGH v. 21.6.1972 – VIII ZR 96/71, BB 1972, 1117.
3 BGH v. 1.6.1965 – VIII ZR 271/63, NJW 1966, 502; *Geßler/Hefermehl*, § 346 AktG Nr. 22.
4 RGZ 89, 419 für einen Fall der Hamburger Usancen.
5 *Schlegelberger/Hefermehl*, § 346 Rn. 12, 39.
6 BGH v. 27.10.1951 – II ZR 102/50, NJW 1952, 257.

b) Nichtkaufleute

8 Für und gegen einen Nichtkaufmann gelten die Handelsbräuche nur in engen **Ausnahmefällen**. Dies ist zum einen der Fall, wenn ein Nichtkaufmann ein Geschäft (in einem Handelszweig) mit einem Kaufmann tätigt und dieses in der Weise abschließt, wie es in den Branchenkreisen üblich ist[1]. Wer ähnlich einem Kaufmann am Geschäftsleben teilnimmt, kann (und muss) erwarten, dass ihm gegenüber nach kaufmännischer Sitte verfahren wird[2].

9 Im Übrigen kann der Handelsbrauch auch dann gegenüber Nichtkaufleuten Anwendung finden, wenn er zu einer **allgemeinen Verkehrssitte** geworden ist. Voraussetzung ist, dass nach der im Verkehr tatsächlich herrschenden Übung in einer größeren Zahl gleichartiger Fälle branchenüblich so verfahren wird; dies gilt selbst dann, wenn diese tatsächliche Übung dem Nichtkaufmann nicht bekannt ist[3].

4. Voraussetzungen für das Entstehen eines Handelsbrauchs

10 Nach ständiger **Rechtsprechung**[4] bedarf es für die Entstehung eines Handelsbrauchs einer tatsächlichen Übung sowie der Zustimmung der beteiligten Verkehrskreise über einen längeren Zeitraum.

a) Tatsächliche Übung

11 Sie ist gegeben, wenn ein bestimmtes **Verhalten** in bestimmten Geschäftskreisen (beispielsweise in bestimmten Gewerbezweigen) für vergleichbare Geschäftsvorfälle **gleichmäßig und einheitlich praktiziert** wird. Beschränkt sich die Praktizierung auf bestimmte Geschäftskreise, so müssen diese aus Gründen der Rechtssicherheit hinreichend genau gegenüber den anderen Kaufleuten abgrenzbar sein[5].

b) Dauer und Beständigkeit

12 Die Ausübung muss über eine **angemessene Dauer mit gewisser Beständigkeit** erfolgen[6]. Dabei gelten keine festen Maßstäbe; in Krisenzeiten z.B. können auch kürzere Zeiten ausreichen, wenn ungewöhnlich viele Geschäfte dieser Art in dem Zeitraum abgeschlossen werden[7]. Erforderlich ist jeden-

---

1 BGH v. 27.10.1951 – II ZR 102/50, NJW 1952, 257; BGH v. 2.7.1980 – VIII ZR 20/80, WM 1980, 1123.
2 BGH v. 26.6.1963 – VIII ZR 61/62, BGHZ 440, 42, 44 m.N.: Schweigen auf ein kaufmännisches Bestätigungsschreiben.
3 OLG Koblenz v. 10.3.1988 – 6 U 1286/85, NJW-RR 1988, 1306 – Tegernseer Gebräuche.
4 RGZ 110, 48; BGH v. 27.10.1951 – II ZR 102/50, NJW 1952, 257; BGH v. 4.4.1973 – VIII ZR 191/72, WM 1973, 677, 678.
5 *Canaris*, HR, § 24 Rn. 6.
6 BGH v. 27.10.1951 – II ZR 102/50, NJW 1952, 257; GroßkommHGB/*Ratz*, § 346 Anm. 33.
7 *Schlegelberger/Hefermehl*, § 346 Rn. 9 m.N.

falls eine gewisse Kontinuität. Im Umkehrschluss folgt daraus gleichzeitig, dass ein Handelsbrauch erlischt, wenn er in den Geschäftskreisen tatsächlich nicht mehr praktiziert wird.

c) Zustimmung

Die beteiligten Personen müssen sich **freiwillig**, ohne jegliche Zwangsausübung des wirtschaftlich mächtigeren Vertragspartners diesem Handelsbrauch unterwerfen wollen[1]. Ausreichend ist, wenn dieses Bewusstsein bei der Mehrheit des beteiligten Verkehrskreises herrscht[2]. Demzufolge scheiden einseitig praktizierte Regeln aus[3].

5. Ausschluss des Handelsbrauchs/Anfechtung
a) Ausschluss durch Vereinbarung

Der in den betreffenden Verkehrskreisen geltende Handelsbrauch kann durch Parteivereinbarung ausgeschlossen werden. Nach der ratio der Vorschrift greift § 346 nur ein, wenn Vereinbarungen unklar oder lückenhaft sind. Liegt aber eine **eindeutige** Parteivereinbarung vor, so geht diese dem Handelsbrauch vor bzw. schließt ihn aus[4]. Allerdings muss eine solche Vereinbarung **ausdrücklich** erfolgen, und zwar auch dann, wenn eine Partei meint, dass es keinen derartigen Handelsbrauch gibt[5]. Ein bloßes Bestreiten des Handelsbrauchs genügt nicht[6].

b) Anfechtung

Umstritten ist, ob ein Handelsbrauch überhaupt Gegenstand einer Anfechtung sein kann[7]. Richtigerweise ist die Anfechtung der eigenen Erklärung wegen eines **Erklärungsirrtums**, § 119 Abs. 1 BGB, nur dann möglich, wenn es im Hinblick auf die Geltung des Handelsbrauches auf ein Willensmoment ankommt[8]. Die bloße Fehlvorstellung über den Inhalt eines Handelsbrauches oder die Nichtkenntnis über das Bestehen stellt daher einen unbeachtlichen Rechtsirrtum dar[9].

---

1 *Canaris*, HR, § 24 Rn. 8; BGH v. 27.10.1951 – II ZR 102/50, NJW 1952, 257; a.A. OLG Hamburg v. 3.7.1963 – 5 U 81/62, MDR 1963, 849.
2 *Heymann/Horn*, § 346 Rn. 22.
3 *Schlegelberger/Hefermehl*, § 346 Rn. 10.
4 RGZ 95, 243.
5 BGH v. 2.5.1984 – VIII ZR 38/83, WM 1984, 1002.
6 BGH v. 1.12.1965 – VIII ZR 271/63, NJW 1966, 502, 503.
7 Verneinend *Baumbach/Hopt*, § 346 Rn. 9, bejahend RG JW 1926, 1325; RG JW 1927, 764.
8 *Heymann/Horn*, § 346 Rn. 5.
9 A.A. für Fehlvorstellung *Ebenroth/Boujong/Joost*, § 346 Rn. 27.

6. Rangverhältnis gegenüber Gesetzesrecht

16 Während **zwingendes Gesetzesrecht** (ius cogens) wegen der fehlenden Rechtsnormqualität des Handelsbrauchs stets Vorrang hat[1], kann ein Handelsbrauch grundsätzlich entgegenstehendes **dispositives Recht** außer Kraft setzen[2].

17 In seiner Funktion als **Auslegungshilfe** und Rechtsfolgenbestimmung steht er der individuellen Vertragsgestaltung näher als die allgemeinen dispositiven Normen. Eine Ausnahme (mit der Folge des Einwands des Rechtsmissbrauchs, § 242 BGB) besteht bei Normen, die dem Schutz einer Partei dienen oder die zu einem gerechten Interessenausgleich führen sollen[3].

7. Räumlicher Anwendungsbereich

a) Regionaler Handelsbrauch

18 Ist ein Handelsbrauch auf einen bestimmten **örtlichen Geltungsbereich** beschränkt (regionaler Handelsbrauch), findet er nur dann uneingeschränkt Anwendung, wenn sich beide Kaufleute in seinem Einzugsbereich befinden. Einen allgemeinen Grundsatz, dass sich der auswärtige Kaufmann dem örtlichen Handelsbrauch zu unterwerfen hat, gibt es nicht.

aa) Handelsbräuche am Erfüllungsort

19 Nach der ständigen Rechtsprechung des BGH sind allerdings für **Erfüllungsleistungen** die Handelsbräuche am Erfüllungsort maßgeblich[4]. Damit wird jedoch nur Klarheit für den Fall geschaffen, dass verschiedene Handelsbräuche für mehrere im Zusammenhang mit einem Vertrag maßgebliche Orte existieren. Gleichzeitig gilt dies nur innerhalb des deutschen Rechtsgebietes, weil nur insoweit von dem grundsätzlichen Einverständnis der beteiligten Handelskreise auszugehen ist[5].

bb) Bestimmung des maßgeblichen Geltungsbereichs

20 Die Bestimmung des maßgeblichen Geltungsbereichs ist im Übrigen **umstritten.** Teilweise wird bei den nicht allgemein geltenden Handelsbräuchen ein Unterwerfungswille (wenn auch ohne besondere Kenntnis) für erforderlich gehalten[6]; teilweise soll nur die Art der objektiven Beteiligung am Geschäft entscheiden[7].

---

1 BGH v. 21.12.1973 – IV ZR 158/72, BGHZ 62, 82.
2 RGZ 112, 151; *Geßler/Hefermehl/Eckardt/Kropff*, § 346 AktG Nr. 36.
3 *Schlegelberger/Hefermehl*, § 346 Rn. 39.
4 BGH v. 7.3.1973 – VII ZR 214/71, WM 1973, 382; BGH v. 2.7.1980 – VIII ZR 20/80, WM 1980, 1122; BGH v. 2.5.1984 – III ZR 38/83, WM 1984, 1003.
5 BGH v. 2.5.1984 – III ZR 38/83, WM 1984, 1003.
6 *Schlegelberger/Hefermehl*, § 346 Rn. 33–35.
7 GroßkommHGB/*Ratz*, § 346 Anm. 56.

Grundsätzlich ist davon auszugehen, dass es entsprechend dem Wortlaut 21
von § 346 auf den Ort ankommt, an dem die maßgeblichen Handlungen zu
erbringen sind, für Erfüllungsleistungen also der Erfüllungsort. Es obliegt
dem Kaufmann, der überregional geschäftsmäßig verhandelt, sich über die
geltenden Gebräuche zu vergewissern. Für Handlungen, die sich nach den
konkreten Umständen nicht getrennt beurteilen lassen, kommt es auf den
Schwerpunkt des Vertrages an, dessen Handelsbrauch dann anzuwenden
ist[1]. Besonderes Gewicht ist auf den Ort zu legen, an dem die maßgeblichen
Handlungen zu erbringen sind; er ist aber allein nicht ausschlaggebend. Von
geringerer Bedeutung ist der Abschlussort; eine Besonderheit gilt allerdings
bei Abschlüssen auf Messen und Märkten; hier kommen gewöhnlich die geltenden Handelsbräuche zur Anwendung[2].

Der **gemeinsame örtliche Handelsbrauch** geht dem überörtlichen im Zweifel 22
vor[3]; bei verschiedenen lokalen Bräuchen gilt der überörtliche[4].

b) Ausländische Handelsbräuche

Bei ausländischen Handelsbräuchen ist um so weniger von einer ausnahms- 23
losen Unterwerfung durch einen inländischen Kaufmann auszugehen. Hier
ist entweder eine deutliche **Willensbekundung** in Richtung Anerkennung
erforderlich oder der Kaufmann muss den **Verkehrskreisen zugehörig** sein,
die den betreffenden Handelsbrauch gewöhnlich akzeptieren[5]. Vgl. zu Internationalen Handelsklauseln Rn. 53a ff.

c) Internationaler Handelsbrauch

Er ist dadurch charakterisiert, dass er in mehr als einem nationalen Rechts- 24
gebiet Geltung beansprucht und hat grundsätzlich **Vorrang vor den nationalen Gebräuchen**[6]. Die Bedeutung internationaler Handelsbräuche wird im
Rahmen der zunehmenden internationalen Verflechtung und der Öffnung
der Binnengrenzen zunehmen.

8. Abgrenzung zu verwandten Rechtsinstituten

a) Handelsübung

Die Handelsübung beinhaltet im Gegensatz zum Handelsbrauch **keine bin-** 25
dende Verpflichtung für den Kaufmann; ihr fehlt der allgemeine Geltungs-
wille. Aus dem Grundsatz von Treu und Glauben kann eine Verpflichtung

---

1 BGH v. 7.3.1973 – VII ZR 214/71, WM 1973, 383; *Heymann/Horn*, § 346 Rn. 11 m.N.
2 *Schlegelberger/Hefermehl*, § 346 Rn. 33; GroßkommHGB/*Ratz*, § 346 Anm. 56.
3 BGH v. 1.7.1978 – VIII ZR 70/77, WM 1978, 491.
4 BGH v. 23.10.1958 – II ZR 4/57, BGHZ 28, 259, 264.
5 BGH v. 2.5.1984 – VIII ZR 38/83, WM 1984, 1003; *Heymann/Horn*, § 346 Rn. 13; vgl. auch Rn. 18.
6 *Schlegelberger/Hefermehl*, § 346 Rn. 56.

jedoch unter Würdigung des Einzelfalls mit Richterspruch erwachsen[1]. In Auslegung der Vorschriften der § 25 Abs. 3 HGB, § 1 Abs. 2 lit. d Zugabe-VO[2], § 9 Nr. 1 RabattG[3] und § 9 AußenwirtschaftsG hat sich die Begriffsbestimmung durchgesetzt, wonach handelsüblich dasjenige ist, was sich nach der allgemeinen Auffassung der beteiligten Rechtskreise im Rahmen vernünftiger kaufmännischer Gepflogenheiten hält[4].

b) Allgemeine Geschäftsbedingungen

26 Im Gegensatz zum Handelsbrauch gelten AGB nur kraft **Einbeziehung** in den betreffenden Vertrag. Zwar gilt § 305 Abs. 2 BGB gegenüber Unternehmen nicht (§ 310 Abs. 1 S. 1 BGB), gleichwohl ist auch insoweit eine zumindest stillschweigend erklärte Willensübereinstimmung zwischen den Parteien notwendig (und auch ausreichend)[5].

c) (Handels-)Gewohnheitsrecht

27 Es wird gebildet durch die ungeschriebenen **Verhaltensnormen**, die von den betreffenden Verkehrskreisen in der Überzeugung ihrer Rechtsgeltung allgemein seit längerem befolgt werden. Dagegen steht beim Handelsbrauch nur eine „Billigung als üblich" im Vordergrund; das Handelsgewohnheitsrecht besitzt auch keine zwingende Wirkung[6].

9. Prozessuales

28 **Darlegungs- und beweispflichtig** für das Bestehen und den Inhalt eines Handelsbrauches ist derjenige, der sich auf diesen beruft[7]. Als Beweismittel kommen vorrangig Sachverständigengutachten in Betracht; insoweit ist auch die Auskunft der örtlichen IHK oder eines Berufsverbandes ausreichend[8]. Die Kammer für Handelssachen kann nach § 114 GVG Handelsbräuche aufgrund eigener Sachkunde ohne Einholung eines Gutachtens feststellen.

29 Bei fehlender Sachkunde[9] oder bei Handelsbräuchen eines anderen regionalen Gebietes[10] ist jedoch **Sachverständigenbeweis** zu erheben. Bestehen, In-

---

1 GroßkommHGB/*Ratz*, § 346 Anm. 19.
2 Inzwischen aufgehoben durch G. v. 23.7.2001, BGBl. I 1661.
3 Inzwischen aufgehoben durch G. v. 23.7.2001, BGBl. I 1663.
4 BGH v. 27.2.1964 – II ZR 179/62, NJW 1964, 1224; *Schlegelberger/Hefermehl*, § 346 Rn. 5.
5 *Palandt/Grüneberg*, § 310 BGB Rn. 4, § 305 BGB Rn. 22–24.
6 *Heymann/Horn*, § 346 Rn. 15.
7 BGH v. 14.12.1961 – II ZR 127/61, DB 1962, 197.
8 BGH v. 14.12.1961 – II ZR 127/61, DB 1962, 197.
9 BGH v. 12.12.1990 – VIII ZR 332/89, NJW 1991, 1292; BGH v. 2.10.1963 – VIII ZR 64/62, MDR 1964, 48.
10 BGH v. 1.12.1965 – VIII ZR 271/63, NJW 1966, 503.

II. Kaufmännisches Bestätigungsschreiben

1. Begriff/Funktion

Das kaufmännische Bestätigungsschreiben stellt eine Beweisurkunde dar, die bei widerspruchsloser Hinnahme durch den Empfänger eine **unwiderlegbare Vermutung für das bestätigte Ergebnis vorangegangener Vertragsverhandlungen** liefert. Bei einer echten Bestätigung (vgl. Rn. 34) muss der Empfänger unverzüglich widersprechen, wenn er nicht den Inhalt gegen sich gelten lassen will; sein Schweigen bindet ihn ausnahmsweise an die bestätigte Vereinbarung.

30

Entwickelt haben sich die Grundsätze aus dem Handelsbrauch, zuvor geführte mündliche Verhandlungen schriftlich zu bestätigen. Diese Übung basiert auf der Eigenart des kaufmännischen Geschäftsverkehrs, wichtige Entscheidungen rasch und ohne formalen Aufwand zu treffen, korrespondierend mit dem Bedürfnis, diese ebenso rasch und sicher zu bestätigen. Heute sind diese Grundsätze, die *Flume*[2] treffend als „Sollenssätze" formuliert, zum **Handelsgewohnheitsrecht** geworden[3].

31

2. Persönlicher Anwendungsbereich

Während die Grundsätze über das kaufmännische Bestätigungsschreiben ursprünglich nur unter Kaufleuten galten, sind sie heute auch auf andere **nichtkaufmännische Teilnehmer** am geschäftlichen Verkehr anzuwenden[4]. Allerdings ist insoweit Voraussetzung, dass der Vertragspartner einen kaufmännischen Betrieb führt oder jedenfalls in größerem Umfang am Wirtschaftsleben ähnlich wie ein Kaufmann teilnimmt[5]. Nur in diesen Fällen kann erwartet werden, dass der Beteiligte die strengen Rechtswirkungen eines unwidersprochenen Bestätigungsschreibens kennt und demzufolge nach kaufmännischer Verkehrssitte verfährt. In diesem Sinne gelten die Grundsätze auch in Fällen der §§ 383 Abs. 2, 407 Abs. 3 S. 2, 453 Abs. 3 S. 2 und 467 Abs. 3 S. 2.

32

---

1 BGH v. 1.12.1965 – VIII ZR 271/63, NJW 1966, 503; BGH v. 31.1.1973 – VIII ZR 232/71, WM 1973, 364; BGH v. 22.4.1982 – VII ZR 191/81, BGHZ 83, 385.
2 *Flume*, Rechtsgeschäfte, § 36, 6.
3 *Schlegelberger/Hefermehl*, § 346 Rn. 80; zur Anwendbarkeit der Grundsätze bei Auslandsverträgen *Thamm/Detzer*, Das Schweigen auf ein kaufmännisches Bestätigungsschreiben, DB 1997, 213, 214.
4 Dieser Grundsatz gilt auch nach Einführung des Handelsrechtsreformgesetzes, *Deckert*, JuS 1994, 122; a.A. *Krebs*, DB 1996, 2015.
5 BGH v. 25.2.1987 – VIII ZR 341/86, NJW 1987, 1940 m.N.

33 Die Kriterien gelten nach der zutreffenden h.M. sowohl für den **Empfänger**[1] als auch für den Absender[2]. Die Auffassung, dass Absender eines Bestätigungsschreibens auch ein reiner Privatmann sein kann[3], ist abzulehnen, weil der Empfänger im nichtgeschäftlichen Bereich nicht mit den Wirkungen eines Bestätigungsschreibens rechnen muss.

3. Sachliche Voraussetzungen

34 Bei dem fixierten Verhandlungsergebnis muss es sich um eine **echte Bestätigung** handeln. Dies kann auch bei einer Bitte um Gegenbestätigung der Fall sein[4]. Das Bestätigungsschreiben ist von der Anlage her nicht konstitutiv; es setzt seinem Zweck nach getroffene Vereinbarungen voraus, die lediglich festgehalten werden sollen. In diesem Sinne ist erforderlich, dass dem Schreiben in engem zeitlichem Zusammenhang Vertragsverhandlungen vorausgingen, nach denen der Absender für den Empfänger erkennbar von einem bereits abgeschlossenen Vertrag ausgehen konnte[5].

a) Vertragsverhandlungen

35 Für das kaufmännische Bestätigungsschreiben ist es begriffswesentlich, dass es das wirkliche oder vermeintliche **Ergebnis vorangegangener Vertragsverhandlungen** wiedergibt[6]. Dabei ist objektiv nicht erforderlich, dass bereits ein wirksamer mündlicher Vertragsabschluss vorliegt; maßgebend ist nur, dass der Absender von einem solchen ausgeht (echtes Bestätigungsschreiben). Deshalb reicht es aus, wenn für den Empfänger ein vollmachtloser Vertreter abgeschlossen hat[7].

36 Das Bestätigungsschreiben ist abzugrenzen von der **modifizierten Auftragsbestätigung.** Diese dient erst dem Vertragsschluss. Der bestätigende Vertragsteil weiß, dass der Vertrag noch nicht zustande gekommen ist, sondern erst durch die Auftragsbestätigung als schriftliche Annahme des Vertragsangebotes zustande kommen soll. Es gelten die allgemeinen Regeln des BGB, d.h. das Schweigen auf eine modifizierte Auftragsbestätigung, die ein neues Angebot i.S.d. § 150 Abs. 2 BGB darstellt, bedeutet keine Zustimmung[8].

---

1 BGH v. 25.2.1987 – VIII ZR 341/86, NJW 1987, 1940 m.N.
2 OLG Hamm v. 15.1.1992 – 26 U 65/91, MDR 1993, 227.
3 *Baumbach/Hopt*, § 346 Rn. 19.
4 BGH v. 24.10.2006 – X ZR 124/03, NJW-RR 2007, 325.
5 *Brox*, HR, Rn. 290.
6 BGH v. 20.3.1974 – VIII ZR 234/72, NJW 1974, 992.
7 BGH v. 10.1.2007 – VIII ZR 380/04, NJW 2007, 987.
8 BGH v. 29.9.1955 – II ZR 210/54, BGHZ 18, 215; BGH v. 5.5.1977 – III ZR 177/74, DB 1977, 1311.

b) Nachfolgendes Bestätigungsschreiben

Das Bestätigungsschreiben muss die **vorausgehenden Verhandlungen klarstellen**, d.h. den erfolgten Abschluss und Inhalt des Vertrages verbindlich festlegen wollen[1]. Demnach muss es sich erkennbar auf eine mündliche, fernmündliche oder telegrafisch getroffene Vereinbarung beziehen; nicht erforderlich ist jedoch, dass diese Verhandlungen ausdrücklich erwähnt werden[2]. Übermittlung durch Telefax genügt[3]. Unschädlich ist es, wenn das Schreiben eine falsche Bezeichnung trägt[4]; Unklarheiten gehen allerdings zu Lasten des Absenders[5].

37

c) Zugang in engem zeitlichen Zusammenhang

Das Bestätigungsschreiben muss dem Empfänger im **unmittelbaren zeitlichen Zusammenhang** mit den Vertragsverhandlungen zugegangen sein. Die Beurteilung richtet sich nach den Umständen des Einzelfalls. Das Verstreichenlassen von fünf Tagen kann noch unschädlich sein[6]. Für den Zugang gilt § 130 BGB.

38

Das Bestätigungsschreiben muss in verkehrsüblicher Art und Weise in den **Machtbereich des Empfängers** gelangt sein, so dass diesem die tatsächliche Verfügungsgewalt und damit die Möglichkeit der Kenntnisnahme offen steht. Die tatsächliche Kenntnisnahme von dem Schreiben ist nicht erforderlich. Der Absender muss dabei nicht nur beweisen, dass das Schreiben dem Empfänger zugegangen ist, sondern auch, wann dies geschehen ist[7].

39

d) Unverzüglicher Widerspruch

Will der Empfänger die Bestätigungswirkung vermeiden, muss er dem Bestätigungsschreiben unverzüglich, d.h. **ohne schuldhaftes Zögern**, § 121 Abs. 1 S. 1 BGB, widersprechen. Rechtserheblich ist entsprechend § 147 Abs. 2 BGB der Zeitpunkt, zu dem der Absender des Bestätigungsschreibens mit dem Eingang des Widerspruchs unter regelmäßigen Umständen rechnen kann[8]. Insoweit muss der Absender die Zeit des Zugangs seines Bestätigungsschreibens, die Überlegungsfrist beim Empfänger und die Zeit für die Rückantwort in Betracht ziehen. In diesem Sinne bezieht sich das Merkmal der Unverzüglichkeit auf der Empfängerseite zum einen auf die Überlegungsfrist, zum anderen aber auch darauf, dass für die Antwort ein den Umständen angepasster zeitsparender Weg gewählt wird.

40

---

1 BGH v. 5.12.1960 – VII ZR 256/59, BB 1961, 271.
2 BGH v. 9.7.1970 – VII ZR 70/68, BGHZ 54, 240, 242; BGH v. 27.9.1989 – VIII ZR 245/88, NJW 1990, 386.
3 OLG Hamm v. 22.3.1994 – 7 U 133/93, DB 1994, 1081.
4 BGH v. 20.3.1974 – VIII ZR 234/72, NJW 1974, 991, 992.
5 BGH v. 1.3.1972 – VIII ZR 190/70, NJW 1972, 820.
6 BGH v. 19.2.1964 – Ib ZR 203/62, NJW 1964, 1223; BGH v. 13.1.1975 – VII ZR 139/73, WM 1975, 324, 325.
7 BGH v. 18.1.1978 – IV ZR 204/75, BGHZ 70, 232.
8 OLG Köln v. 15.7.1970 – 2 U 122/69, BB 1971, 286.

41 Dabei ist nicht in jedem Fall zwingend erforderlich, dass die Antwort sofort erfolgt, etwa wenn noch Fragen zu klären sind. In jedem Fall jedoch ist aus Gründen der Sicherheit im kaufmännischen Verkehr der Widerspruch innerhalb einer dem Verkehrsbedürfnis angemessenen, kurzen Frist abzugeben. Die Rechtsprechung geht insoweit von einer **Zeitspanne von zwei bis vier Tagen** aus[1].

42 Für den **Inhalt des Widerspruchs** reicht es aus, wenn eine Diskrepanz in der Sache aufgezeigt wird. Der Absender kann daher nicht einwenden, der Widerspruch sei ihm gegenüber nicht klar genug geäußert worden[2].

43 Bei **sich kreuzenden Bestätigungsschreiben**, die sich inhaltlich widersprechen, ist ein Widerspruch nicht erforderlich[3]. Etwas anderes gilt jedoch bei Abweichungen, die sich inhaltlich miteinander vereinbaren lassen und die auch jeweils für die andere Seite keine Überraschung darstellen (vgl. dazu Rn. 45).

4. Rechtsfolgen des Schweigens

a) Bindungswirkung

44 Erfolgt gegenüber dem echten Bestätigungsschreiben kein rechtzeitiger Widerspruch, so **kommt der Vertrag mit dem bestätigten Inhalt zustande.** Dabei ist zweifelhaft, worauf sich die rechtlichen Folgen des Schweigens dogmatisch gründen. Zum Teil wird vertreten, dass es sich um eine zustimmende Willenserklärung handelt, die auch einer Anfechtung zugänglich ist[4]. Die h.L. und die Rechtsprechung[5] gehen jedoch zu Recht davon aus, dass das Schweigen keine Willenserklärung darstellt, sondern die rechtlichen Folgen in der Institution des kaufmännischen Handelsbrauchs wurzeln. Die Rechtswirkung ergibt sich ohne Rücksicht auf eine Willensäußerung der betroffenen Partei.

b) Anfechtung

44a Im Ergebnis kann der Empfänger sein „Schweigen" nicht wegen Irrtums anfechten, insbesondere nicht mit der Begründung, er habe sich über die „Bedeutung" des Schweigens geirrt[6]. Auch die irrtümliche Annahme, dass das Bestätigungsschreiben die Verhandlungen zutreffend widerspiegelt, führt

---

1 Für einfache Geschäfte im Warengroßhandel ein bis zwei Tage: RGZ 105, 390; BGH v. 20.11.1961 – VIII ZR 126/60, NJW 1962, 246; sonst zwei bis vier Tage: BGH v. 20.11.1961 – VIII ZR 126/60, NJW 1962, 246; BGH v. 7.7.1969 – VII ZR 104/67, BB 1969, 933.
2 OLG Düsseldorf v. 31.10.1984 – 8 U 2/84, MDR 1985, 940.
3 BGH v. 21.3.1966 – VIII ZR 51/64, BB 1966, 425.
4 *Canaris*, HR, § 25 Rn. 6, 33 ff.; *Fischer*, ZHR 125 (1963), 208.
5 RGZ 54, 179, 180; BGH v. 27.10.1953 – I ZR 111/52, BGHZ 11, 1, 5; BGH v. 6.5.1975 – VI ZR 120/74, WM 1975, 831.
6 BGH v. 27.10.1953 – I ZR 111/52, BGHZ 11, 1, 5.

nicht zur Anfechtung[1]. Entsprechend dem Zweck des Bestätigungsschreibens, den Inhalt des Vertrags endgültig festzulegen, dürfte auch ein Irrtum über den Inhalt der Willenserklärung selbst, der in den Vertragsverhandlungen wurzelt, nicht zur Anfechtung führen[2]. Ein Ausschluss der Anfechtung rechtfertigt sich letztlich aus der Verpflichtung des Kaufmanns, das Bestätigungsschreiben sorgfältig zu lesen und den Inhalt zu überprüfen[3].

c) Keine Bindungswirkung

Die Bindungswirkung entsteht nicht, wenn sich der Inhalt des Bestätigungsschreibens so weit vom Vereinbarten entfernt, dass der Absender mit dem Einverständnis nicht mehr rechnen kann und muss[4]. Abzustellen ist allein auf objektive Kriterien. Dies ist z.B. der Fall, wenn der Absender **unzumutbare oder branchenunübliche Bedingungen** aufnimmt. Das Gleiche gilt, wenn der Absender **arglistig** handelt, d.h. bewusst ein falsches oder entstellendes Schreiben zur Bestätigung inhaltlich nicht so verlaufener Vertragsverhandlungen abschickt[5]. Werden Vereinbarungen, die ein Vertreter getroffen hat, von dem Vertretenen bestätigt, so ist für die Frage, ob wegen Abweichung des Inhalts von dem Verhandelten nicht mit einem Einverständnis des Empfängers gerechnet werden kann, die Kenntnis des Vertreters zuzurechnen[6].

45

d) Verweis auf Allgemeine Geschäftsbedingungen

Die Bindungswirkung erfasst auch die im Bestätigungsschreiben ausdrücklich in Bezug genommenen Geschäftsbedingungen, selbst wenn diese dem Schreiben nicht beigefügt und dem Empfänger auch sonst **nicht bekannt** waren[7]. Dies gilt auch dann, wenn **einzelne** Klauseln überraschend (etwa bei Branchenunüblichkeit) sind. Die (einzelnen) Klauseln sind dann aber – entsprechend § 306 BGB – nach § 305c Abs. 1 BGB unwirksam[8]. Im Übrigen unterliegen die Klauseln der Inhaltskontrolle nach § 307 BGB[9].

46

5. Prozessuales

Dem Absender obliegt die **Beweislast** für die Voraussetzungen des kaufmännischen Bestätigungsschreibens; er hat sowohl den Zugang als auch den

47

---

1 BGH v. 7.7.1969 – VII ZR 104/67, NJW 1969, 1711.
2 So aber *Huber*, Wandlungen im Recht des Handelskaufes, ZHR 161 (1997), 164.
3 Vgl. BGH v. 7.10.1971 – VII ZR 177/69, NJW 1972, 45.
4 BGH v. 31.1.1994 – II ZR 83/93, NJW 1994, 1288.
5 BGH v. 25.5.1970 – VII ZR 157/68, DB 1970, 1777.
6 BGH v. 26.6.1963 – VIII ZR 61/62, BGHZ 40, 42, 45 f.
7 BGH v. 14.10.1969 – VI ZR 208, 209/68, DB 1969, 2172.
8 Für eine Anwendung des § 4 AGBG (jetzt § 305b BGB) *Batsch*, NJW 1980, 1731.
9 *Huber*, ZHR 161 (1997), 163 f.

Zeitpunkt desselben darzutun und zu beweisen[1]. Der Empfänger dagegen muss beweisen, dass er unverzüglich widersprochen hat[2].

48 Im Fall des **nachträglichen Verweises auf die AGB** schließt die widerspruchslose Annahme eines Bestätigungsschreibens für dessen Absender den Nachweis nicht aus, dass weitere Absprachen getroffen waren, die im Schreiben selbst zwar nicht enthalten sind, ihm aber nicht entgegenstehen[3].

III. Schweigen im Handelsverkehr

49 Es gibt auch im Handelsverkehr keinen generellen Grundsatz, wonach dem Schweigen eine Erklärungsfiktion zukommt. Nur in dem gesetzlich geregelten Fall des Schweigens auf ein Angebot zur Geschäftsbesorgung, § 362 (vgl. Anm. dort), und nach den Grundsätzen des kaufmännischen Bestätigungsschreibens (vgl. Rn. 30 ff.) entwickelt das Schweigen rechtliche Bedeutung.

50 In diesem Sinne hat das **Schweigen auf ein Vertragsangebot** auch im kaufmännischen Verkehr grundsätzlich keine rechtliche Wirkung[4]. Nur ausnahmsweise und in Einzelfallentscheidungen hat die Rechtsprechung dem Schweigen rechtliche Bedeutung als Zustimmung beigemessen, so bei vorausgehenden, erschöpfenden Vertragsverhandlungen[5], bei ständiger Geschäftsverbindung[6], bei Schreiben, die lediglich der Klarstellung der Rechtslage dienten[7], und bei Auftreten einer GmbH und ihrer Schwestergesellschaft unter ähnlicher Firma mit ungeklärter Offenlegung[8]. Der Empfänger einer **Rechnung** ist nicht verpflichtet, einseitigen, außerhalb des Rechnungszwecks liegenden Vermerken nachzugehen und ihnen bei fehlendem Einverständnis zu widersprechen[9]. Zum Schweigen auf eine Auftragsbestätigung vgl. Rn. 36.

51 Ansonsten gilt, dass derjenige, der von einem Vertragsangebot im Rahmen von Vertragsverhandlungen **abweichen** will, dies in der Annahmeerklärung klar und unzweideutig zum Ausdruck bringen muss. Unklarheiten gehen zu Lasten des Annehmenden. Die bloße Beifügung eines abweichenden Formulars allein genügt nicht[10].

---

1 BGH v. 18.1.1978 – IV ZR 204/75, BGHZ 70, 232; BGH v. 27.9.1989 – VIII ZR 245/88, NJW 1990, 386.
2 BGH v. 11.10.1961 – VIII ZR 109/60, NJW 1962, 104; BGH v. 20.3.1974 – VIII ZR 234/72, NJW 1974, 991, 992.
3 BGH v. 8.12.1976 – VIII ZR 108/75, BGHZ 67, 381.
4 BGH v. 24.9.1980 – VIII ZR 299/79, NJW 1981, 43, 44; BGH v. 29.9.1955 – II ZR 210/54, BGHZ 18, 216.
5 OLG Düsseldorf v. 11.11.1955 – 2 U 102/55, BB 1955, 1069; BGH v. 14.2.1995 – XI ZR 64/94, NJW 1995, 1281.
6 OLG Düsseldorf v. 24.11.1981 – 23 U 109/81, DB 1982, 592.
7 OLG Düsseldorf v. 24.11.1981 – 23 U 109/81, DB 1982, 592.
8 BGH v. 15.1.1986 – VIII ZR 6/85, WM 1986, 527, 528.
9 BGH v. 5.2.1997 – VIII ZR 41/96, NJW 1997, 1578.
10 BGH v. 24.9.1980 – VIII ZR 299/79, NJW 1981, 43, 44.

IV. Handelsklauseln

1. Allgemeines

Handelsklauseln sind (schriftliche oder mündliche) **Abkürzungen**, mit denen der Handelsvertreter eine bestimmte Bedeutung und Rechtsfolge verbindet und die den Vertragsinhalt näher kennzeichnen[1]. Die Sicherheit des Handelsverkehrs verlangt, dass für bestimmte, immer wiederkehrende Klauseln ohne Rücksicht auf die Abwicklung des Geschäftes im Einzelfall feste Regeln aufgestellt werden. Jedermann und nicht nur der Vertragspartner muss sich auf eine klar abgegrenzte und bestimmte Bedeutung verlassen[2]. Aus diesem Grund verbietet sich auch eine ergänzende Vertragsauslegung solcher Klauseln[3].

52

2. Verhältnis zur Individualabrede

Anerkannt ist allerdings, dass die Parteien durch Vereinbarung die Bedeutung der einzelnen verwandten Klauseln modifizieren können[4]. Sind sich dann beide Parteien über eine bestimmte, vom Handelsbrauch abweichende Bedeutung der Klausel einig, ist die **Individualabrede maßgebend**[5]. Dies gilt dann nicht, wenn durch die so gewollte Bedeutung der Klausel Interessen Dritter betroffen werden; im Verhältnis zu diesen hat die allgemeine Bedeutung den Vorrang.

53

3. Internationale Handelsklauseln

Für den internationalen Handel können die von der Internationalen Handelskammer (ICC) veröffentlichten **Incoterms** und **Trade Terms** bedeutsam werden.

53a

Die **Incoterms** (international commercial Terms)[6] stellen eine Aufzeichnung von 13 international gebräuchlichen Handelsklauseln dar, die mit Auslegungsregeln versehen sind. Angelegt auf den internationalen Verkehr können sie auch bei nationalen Kaufverträgen zur Anwendung kommen. Voraussetzung ist jeweils eine Bezugnahme in den jeweiligen Verträgen, die allerdings auch im Wege der Auslegung nach den Umständen erschlossen werden kann.

53b

---

1 *Heymann/Horn*, § 346 Rn. 67.
2 BGH v. 15.6.1954 – I ZR 6/53, BGHZ 14, 61, 62.
3 BGH v. 22.1.1957 – VIII ZR 72/56, BGHZ 23, 131, 135.
4 *Heymann/Horn*, § 346 Rn. 68.
5 *Schlegelberger/Hefermehl*, § 346 Rn. 57; dagegen *Canaris*, Vertrauenshaftung, S. 227 für den grundsätzlichen Vorrang der allgemeinen Bedeutung der Handelsklausel gegenüber der Individualabrede.
6 Incoterms-Text (ICC.Publ. Nr. 560), zu beziehen über ICC Deutschland, Wilhelmstr. 43 G, 10117 Berlin; *Bredow/Seiffert*, Incoterms 2000, 2000; *Bredow/Seiffert*, Incoterms 1990, 2. Aufl. 1994; zur Neufassung der Incoterms: *Bredow*, Incoterms 2000, Beilage zu Transportrecht 4/1999, 45 ff.

53c Die Klauseln selbst sind in vier Gruppen gegliedert, nämlich Gruppe E – Abholklausel (EXW), Gruppe F – Haupttransport vom Verkäufer nicht bezahlt (FCA, FAS, FOB), Gruppe C – Haupttransport vom Verkäufer bezahlt (CFR, CIF, CPT, CIP) und Gruppe D – Ankunftsklausel (DAF, DES, DEQ, DDU, DDP). Zu den Begriffen im Einzelnen vgl. Rn. 54 ff.

53d Die **Trade Terms** sind eine Zusammenstellung einiger international verbreiteter Handelsklauseln mit der Aufzeichnung der jeweiligen landesüblichen Auslegungen. Sie können im Rahmen der Auslegung für das hier verzeichnete nationale Verkehrsverständnis Bedeutung entwickeln, wenn nicht schon die Aufzeichnung selbst einen bestehenden Handelsbrauch wiedergibt[1].

4. Einzelne Handelsklauseln

54 **Ab Abruf:** Der Käufer hat das Recht, den Zeitpunkt der Lieferung innerhalb einer **angemessenen Frist** zu bestimmen. Eine unangemessene Verzögerung führt zum Verlust des Bestimmungsrechts. Der Verkäufer kann in diesem Fall Zahlung Zug um Zug gegen Lieferung verlangen oder nach Mahnung die Rechte aus § 280 Abs. 1 und 2, 286, 325 BGB, oder nach Fristsetzung die Rechte aus § 323 Abs. 1 oder §§ 280 Abs. 1 und 3, 281 BGB geltend machen[2].

55 **Ab Kai; ab Schiff** (vgl. Incoterms Nr. 10 „DES"): Der Verkäufer hat die Ware an dem in der Klausel bezeichneten **Bestimmungshafen** zur Verfügung zu stellen (ab Kai = verzollt).

56 **Ab Lager:** Der Käufer trägt die Kosten für die Verpackung der Ware. Abweichungen können sich nach Handelsbrauch ergeben.

57 **Ab Werk; netto ab Werk** (vgl. Incoterms Nr. 1 „EXW"): „Ab Werk" ist die **typische Abholklausel.** Der Verkäufer hat die Ware dem Käufer am vereinbarten Ort zur Verfügung zu stellen. Es besteht keine Versendungspflicht des Verkäufers. Gleichwohl kann sich die Versendungspflicht aus anderen vertraglichen Vereinbarungen ergeben, z.B. bei dem zusätzlichen Vermerk „Anlieferung unfrei" auf der Auftragsbestätigung[3]. Ein Selbstabholungsrecht des Käufers muss bei rechtzeitiger Ankündigung bejaht werden[4].

58 Bei „netto ab Werk" trägt der Käufer die Versendungskosten. Der Verkäufer berechnet die Frachtkosten ab dem Werk, in dem die Kaufsache hergestellt wird. Dies gilt im Zweifel auch dann, wenn der Käufer an ein näher gelegenes Werk dachte[5], jedoch nicht für überraschend hohe Versandkosten von weit entfernten (ausländischen) Drittlieferanten. Erhebliche Abweichungen vom Sitz/Werk des Verkäufers müssen entsprechend den Auslegungsgrund-

---

1 Vgl. im Einzelnen GroßkommHGB/*Koller*, vor § 373 Rn. 12.
2 *Heymann/Horn*, § 346 Rn. 79.
3 OLG Köln v. 14.3.1973 – 2 U 155/72, MDR 1973, 590.
4 *Heymann/Horn*, § 346 Rn. 73; a.A. *Baumbach/Hopt*, § 346 Rn. 40; OLG Köln v. 14.3.1973 – 2 U 155/72, MDR 1973, 590.
5 *Baumbach/Hopt*, § 346 Rn. 40.

sätzen der §§ 133, 157 BGB für den Käufer jedenfalls nach den Umständen erkennbar sein.

Abholklausel: s. „ab Werk"

Akkreditiv (auch: Zahlung gegen Akkreditiv; Kassa gegen Akkreditiv): Der Käufer muss durch Akkreditiv zahlen, d.h. er hat die **Vorleistungspflicht**, ein Akkreditiv zu stellen. Der Anspruch auf Lieferung der Ware ist durch die vertragsgemäße Stellung des Akkreditivs aufschiebend bedingt[1]. 59

Ankunftsklausel: Alle „D-Klauseln" der Incoterms (DAF, DDU, DDP, DES, DEQ; s. dort) sind Ankunftsklauseln. 60

Arbitrage: Die Klausel bedeutete ursprünglich die Vereinbarung eines **Schiedsgutachters** für Streitigkeiten über das Vorliegen von Qualitätsmängeln der Ware oder sonstige Fragen tatsächlicher Art. 61

Im deutschen Warenhandel ist die Verwendung der Klausel „**Hamburger (freundschaftliche) Arbitrage**" mit oder ohne den Zusatz „und Schiedsgericht" zur Schlichtungs- oder Schiedsvereinbarung üblich. Sie verweist auf § 20 der Platzusancen für den hamburgischen Warenhandel (1927). Auch ohne den Zusatz „und Schiedsgericht" enthält die Klausel einen Schiedsvertrag, der sich nicht auf die Prüfung von Qualitäts- oder anderen tatsächlichen Fragen beschränkt. Die Klausel ist eine **Schiedsgerichtsvereinbarung**, gültig für alle Streitigkeiten, auch über Rechtsfragen[2]. Die Klausel gilt unabhängig von der Wirksamkeit des übrigen Vertrags. Das Schiedsgericht entscheidet bindend über seine eigene Zuständigkeit und die Gültigkeit des Schiedsvertrags[3]. Fragen über die Qualitätsarbitrage werden i.d.R. zuerst abgesondert durch einen Schiedsgutachter entschieden. Bei dessen Nichtbefolgung schließt sich das Schiedsgerichtsverfahren an. Die Benennung der Schiedsgutachter und Schiedsrichter wird gem. § 20 Abs. 2 der Platzusancen für den hamburgischen Warenhandel vorgenommen[4]. Die Aufforderung zur Benennung des Schiedsrichters genügt nicht den bei einem Schiedsgerichtsverfahren zu stellenden Anforderungen (§ 1029 ZPO), auch wenn sie sich nur auf den Schiedsgutachter für Qualitätsarbitrage bezieht[5]. Die Entscheidung über die Ablehnung von Schiedsrichtern kann nach § 20 Abs. 3 S. 2 der Platzusancen für den hamburgischen Warenhandel den Handelskammern zugewiesen werden[6]. Eine Übersicht über die in Hamburg und Bremen gebräuchlichen Klauseln und das entsprechende Verfahren findet sich in BB 1951, 709. 62

---

1 *Heymann/Horn*, § 346 Rn. 76 m.w.N.
2 BGH v. 28.4.1960 – VII ZR 99/59, NJW 1960, 1296.
3 BGH v. 3.3.1955 – II ZR 323/53, BB 1955, 552; BGH v. 14.5.1952 – II ZR 276/51, MDR 1952, 487.
4 Ausführlich hierzu BGH v. 28.4.1960 – VII ZR 99/59, NJW 1960, 1296.
5 BGH v. 28.4.1960 – VII ZR 99/59, NJW 1960, 1296.
6 OLG Hamburg v. 14.7.1950 – 4 W 153/50, MDR 1950, 560.

63 **Baisse-Klausel:** Der Käufer ist zum **Rücktritt** berechtigt, wenn er von anderer Seite billiger als zum vereinbarten Preis beziehen kann. Er muss das ernsthafte andere Angebot darlegen.

64 **Baldmöglichst** (auch: so schnell wie möglich, prompt): Die Klausel bedeutet, dass der Verkäufer im Hinblick auf die Lieferung alle Anstrengungen zur Einhaltung einer **angemessenen kurzen Lieferfrist** unternehmen muss oder dass die Lieferung in das billige Ermessen des Verkäufers gestellt ist, § 315 BGB.

65 **Bar** (auch: Zahlung bar; Kasse): Die Klausel bedeutet nicht unbedingt die Verpflichtung zur Zahlung mit Bargeld. Gemeint ist die Verschaffung auch bargeldloser Zahlungsmittel, über die der Empfänger **sofort verfügen** kann, so auch bei Überweisung oder Scheck[1]. Die Aufrechnung mit der Bar-Klausel ist ausgeschlossen.

66 **Besichtigung** (auch: wie besichtigt; wie besehen): Es handelt sich um einen **Gewährleistungsausschluss** für bekannte oder erkennbare Mängel, soweit sie nicht arglistig verschwiegen sind oder eine Garantie übernommen wurde. Ausgeschlossen werden Gewährleistungsrechte (§§ 434 ff. BGB) und die Haftung (§§ 275 ff. BGB) wegen Mängeln, die bei der Besichtigung **erkannt** wurden (es gilt hierfür schon § 442 Abs. 1 S. 2 BGB) oder bei entsprechender Sorgfalt, leichte Fahrlässigkeit genügt[2], **hätten erkannt werden können**. Die Haftung für arglistig verschwiegene Mängel (§ 444 BGB) und für Mängel, deren Fehlen zugesichert war, wird durch die Klausel nicht ausgeschlossen. Für Mängel, die der Verkäufer nicht kannte und die bei der Besichtigung auch nicht erkennbar waren, ist ein HaftungsAusschluss nur anzunehmen, wenn sich die Bereitschaft des Käufers zur Risikotragung für solche Mängel aus dem Vertrag entnehmen lässt[3]. Der Verkäufer trägt im Zweifel die Beweislast für die Kenntnis des Käufers vom Mangel oder dessen Fahrlässigkeit bei der Besichtigung[4].

67 **Besserung** (auch: Stundung auf Besserung; Besserungsschein): Es handelt sich um eine Stundungsabrede bis zur Zahlungsmöglichkeit ohne Gefährdung der wirtschaftlichen Existenz des Schuldners. Der **Gläubiger** hat die Besserung zu **beweisen**, d.h. den Umstand, dass der Schuldner die Forderung ohne Gefährdung seiner wirtschaftlichen Existenz begleichen kann. Die erneute Verschlechterung der wirtschaftlichen Lage des Schuldners lässt eine zwischenzeitlich entstandene Fälligkeit unberührt, die Stundung „auf Besserung" lebt nicht wieder auf[5]. Bei Betriebseinstellung des Schuldners erlischt die Stundung „auf Besserung".

---

1 *Heymann/Horn*, § 346 Rn. 82.
2 *Heymann/Horn*, § 346 Rn. 83 m.w.N.
3 *Heymann/Horn*, § 346 Rn. 83.
4 OLG Frankfurt v. 9.10.1979 – 5 U 18/79, DB 1980, 779.
5 *Heymann/Horn*, § 346 Rn. 84 m.w.N.; RGZ 42, 152; OLG Hamburg, HRR 1932 Nr. 2.

Brutto für netto: Das Bruttogewicht der Ware ohne Abzug der Verpackung (Tara) ist für die Berechnung des Kaufpreises maßgeblich. 68

CAD; c.a.d.: „cash against documents" s. Kasse gegen Dokumente, Rn. 94 ff.

C & F; CFR (vgl. Incoterms Nr. 5): „cost and freight" – Der Verkäufer hat die Kosten und die Fracht zu tragen bis zum benannten Bestimmungshafen. Ausgenommen sind erhöhte Kosten, die auf Ereignisse nach Lieferung an Bord zurückzuführen sind; zu diesem Zeitpunkt geht auch die Gefahr für Verlust und Beschädigung auf den Käufer über. CFR bedeutet (zusätzlich), dass der Verkäufer die Ware zur Ausfuhr freizumachen hat. 69

CIF (vgl. Incoterms Nr. 6): „cost, insurance, freight" – Zunächst wie CFR (vgl. Rn. 69); zusätzlich hat der Verkäufer die Seetransportversicherung gegen die vom Käufer getragene Sachgefahr abzuschließen. 70

CIP (vgl. Incoterms Nr. 8): „carriage and insurance paid" – Der Käufer trägt die Frachtkosten und die Gefahr ab Übergabe der Ware an den benannten Frachtführer; der Verkäufer hat auf seine Kosten eine Transportversicherung abzuschließen. 71

Circa: Toleranz, Abweichen von einer bestimmten Mengenangabe ist möglich. Die Klausel in Verbindung mit einer Mengenangabe gibt dem Verkäufer das Recht zur Lieferung einer bestimmten Menge, die um eine nach Handelsbrauch oder billigem Ermessen bestimmten Spanne **abweichen** darf. Wird in Verbindung mit „circa" eine bestimmte Spanne angegeben (z.B. „ca. 20–24 to"), so ist nur eine relativ geringe Über- oder Unterschreitung der angegebenen Menge zulässig[1]. Sonst wird in der Regel eine Abweichung von 5 %, bei Akkreditiv von 10 % (s. ERA Art. 39a) nach oben oder unten als zulässig angesehen[2]. Das Toleranzrecht kann bei groben Abweichungen ganz verwirkt werden[3]. Bei Nichterfüllung haftet der Verkäufer mit der niedrigsten Menge[4]. 72

COD: „cash on delivery" s. „Nachnahme", Rn. 102.

Container: s. FCL, Rn. 84.

CPT (vgl. Incoterms Nr. 7): „carriage paid to" – „frachtfrei". Wie CIP (vgl. Rn. 71), aber ohne Versicherungspflicht des Verkäufers. 73

D/A – Dokumente gegen Akzept: „documents against acceptance" = „Dokumente gegen Akzept". Verkäufer erhält bei finanziertem Verkaufspreis Wechsel gegen Verladedokumente. Der Käufer verpflichtet sich zur Hingabe eines Wechselakzepts gegen die Verladedokumente der abgesandten Ware. 74

---

1 BGH v. 7.10.1952 – I ZR 11/52, LM § 157 (GE) BGB Nr. 2.
2 *Heymann/Horn*, § 346 Rn. 90 m.w.N.
3 *Baumbach/Hopt*, § 346 Rn. 40.
4 *Heymann/Horn*, § 346 Rn. 90 m.w.N.

Wagner | 1965

§ 346

75 **DAF** (vgl. Incoterms Nr. 9): „delivered at frontier" = „Geliefert Grenze". Der Verkäufer stellt die Ware auf seine Kosten und Gefahr unentladen zur Ausfuhr (nicht zur Einfuhr) frei gemacht an der Grenze zu Verfügung.

D/C: „documents against cash"; s. Kasse gegen Dokumente, Rn. 94 ff.

76 **DDP** (vgl. Incoterms Nr. 13): „delivered duty paid" = „Geliefert verzollt". Der Verkäufer liefert die Ware auf seine Kosten und Gefahr zur Einfuhr freigemacht unentladen auf dem ankommenden Beförderungsmittel an den benannten Bestimmungsort.

77 **DDU** (vgl. Incoterms Nr. 12): „delivered duty unpaid" = „Geliefert unverzollt". Wie DDP (Rn. 76), aber nicht zur Einfuhr freigemacht.

default Klausel: s. „Verfallsklausel", Rn. 113.

78 **DEQ** (vgl. Incoterms Nr. 11): „delivered ex quai" = „Geliefert ab Kai", Rn. 55. Wie DES (Rn. 79), Verkäufer trägt die Gefahr und Kosten (einschließlich Entladungskosten) bis Kai.

79 **DES** (vgl. Incoterms Nr. 10): „delivered ex ship" = „Geliefert ab Schiff", Rn. 55. Der Verkäufer stellt die Ware auf seine Kosten und Gefahr, aber nicht zur Einfuhr freigemacht (anders noch die früheren Fassungen der Incoterms) an Bord des Schiffes im benannten Bestimmungshafen zur Verfügung.

79a **Dokumente gegen Akzept:** Vereinbarung einer Wechselfinanzierung im Außenhandel (Wechselrembours).

80 **Dokumente gegen unwiderruflichen Zahlungsauftrag:** Ähnlich wie Dokumente gegen Akzept. Allerdings kein Anspruch des Verkäufers gegen die Bank außer bei Vertrag zugunsten Dritter[1].

D/P: „documents against payment" s. „Kasse gegen Dokumente", Rn. 94 ff.

81 **eta-Meldung; etb-Meldung:** „Expected (oder) estimated time of arrival" und „expected time of berthing" sind Erwartungsklauseln. In Verbindung mit einem Datum wird über die voraussichtliche Ladebereitschaft informiert. Die Anzeige der Ladebereitschaft nach § 567 wird hierdurch nicht ersetzt[2]. Es handelt sich in der Regel nicht um ein Fixgeschäft[3].

ex ship: s. DES, Rn. 79.

EXW (vgl. Incoterms Nr. 1): ab Werk, s. Rn. 57 f.

82 **FAS** (vgl. Incoterms Nr. 3): „free alongside ship" = „Frei Längsseite Schiff". Der Verkäufer stellt die Ware längsseits des Schiffes im benannten Verschiffungshafen zur Verfügung; ab diesem Zeitpunkt trägt der Käufer die Kosten

---

1 Vgl. *Baumbach/Hopt*, § 346 Rn. 40.
2 *Heymann/Horn*, § 346 Rn. 94 m.w.N.
3 OLG Celle v. 21.12.1972 – 7 U 90/72, MDR 1973, 412.

und die Gefahr. Entgegen früherer Incoterms-Fassungen hat der Verkäufer ferner die Ware zur Ausfuhr freizumachen.

FCA (vgl. Incoterms Nr. 2): „free carrier" = „Frei Frachtführer". Der Verkäufer stellt die Ware auf seine Kosten und Gefahr zur Ausfuhr freigemacht dem vom Käufer benannten Frachtführer zur Verfügung. Frachtführer ist dabei jede Person, die sich durch Beförderungsvertrag verpflichtet, die Beförderung – gleich welcher Transportart – durchführen zu lassen. 83

FCL, LCL: „full container load", „less than container load". **FCL/FCL** bedeutet die Verpflichtung zur Sendung im versiegelten Container von der Tür des Abladers bis zur Tür des Empfängers (ein Ablader, ein Empfänger). Untersuchungspflicht erst ab Eintreffen des Containers am Lager zur Verfügung des Käufers[1]. 84

LCL/LCL bedeutet Anlieferung bei Containerfrachtstation, Seetransport im Container und Auslieferung in Containerfrachtstation des Bestimmungshafens an die Empfänger (mehrere Ablader, mehrere Empfänger). 85

FCL/LCL: ein Ablader und mehrere Empfänger; LCL/FCL: mehrere Ablader und ein Empfänger. 86

FOB (vgl. Incoterms Nr. 4): „free on board" = „frei an Bord". Der Verkäufer stellt die zur Ausfuhr freigemachte Ware an Bord des Schiffes im benannten Bestimmungshafen zur Verfügung, ab Überschreitung der Schiffsreling trägt der Käufer die Kosten und die Gefahr der Beschädigung oder des Untergangs der Ware. 87

FOB Flughafen: „free on board" = „frei an Bord" (benannter Flughafen), früher Incoterms Nr. 11; ab der Fassung Incoterms 2000 (vgl. Rn. 53b) ersetzt durch die (allgemeinere) Klausel FCA Incoterms Nr. 2 (vgl. Rn. 83). 88

FOR/FOT: „free on rail"/„free on truck" = „frei Waggon", früher Incoterms Nr. 2, ersetzt durch FCA (vgl. Rn. 83). 89

Force-majeure: Im internationalen Verkehr auch „hardship", „acts of God"; diese Klauseln sind **„höhere Gewalt-Klauseln."** Wird eine vertragliche Leistung durch unvorhersehbare äußere Umstände so erheblich erschwert oder entwertet, dass das Festhalten am Vertrag für eine Partei unzumutbar wird, so erfolgt eine Vertragsanpassung, selten der Wegfall der Leistungspflicht. Die Klausel entspricht also weitgehend dem Wegfall der Geschäftsgrundlage[2]. Höhere Gewalt liegt vor, wenn die Störung auf Ereignissen beruht, die auch durch äußerste, nach Lage der Sache billigerweise zu erwartende Sorgfalt nicht verhindert werden konnten[3]. 90

Frachtfrei: s. CPT, Rn. 73.

Frachtfrei versichert: s. CIP, Rn. 71.

---
1 *Baumbach/Hopt*, § 346 Rn. 40 m.w.N.
2 *Heymann/Horn*, § 346 Rn. 111.
3 *Baumbach/Hopt*, § 346 Rn. 40.

91 **Frei** (auch: frachtfrei, franko, frei Haus): Diese Klauseln sind **Kostentragungsklauseln:** Der Verkäufer trägt bis zum Bestimmungsort die Kosten. Der Erfüllungsort wird jedoch nicht an den Bestimmungsort verlagert[1]. Darüber hinaus haben die Klauseln im Handelsverkehr keinen eindeutigen Inhalt. Möglich ist, dass die Klausel in Verbindung mit dem Bestimmungsort als Gefahrtragungsregel auszulegen ist, wenn die Umstände dafür sprechen[2].

Frei an Bord: s. FOB, Rn. 87.

92 **Freibleibend** (sine obligo): Die Klausel kann die Bindung an ein Angebot oder an einen Vertrag ausschließen.

Keine Bindung an das Angebot: Im Regelfall ist das freibleibende Angebot kein Antrag i.S.d. § 145 BGB, sondern eine **„invitatio ad offerendum"** – eine Aufforderung zum Angebot des Gegners; dieses gilt jedoch als angenommen, wenn der Antragende nicht unverzüglich ablehnt. Schweigen bedeutet (wenigstens bei ständigen Geschäftsbeziehungen) Annahme (vgl. Rn. 50). Das freibleibende Angebot kann aber auch ein echtes Angebot sein, bei dem nur die Bindungswirkung des § 145 BGB ausgeschlossen ist. Der Anbietende kann dann bis zur Annahme frei widerrufen[3].

93 **Keine Bindung an den Vertrag:** Vorab ist zu klären, welcher Teil der Leistungspflichten ausgeschlossen sein soll. Fehlen konkrete Bezugspunkte, kann nach den Umständen allgemein ein Rücktrittsrecht vorbehalten sein[4]. Bei Freizeichnung bezüglich der **Lieferpflicht**, soweit sie nicht bereits wegen Unmöglichkeit oder Unzumutbarkeit ausgeschlossen ist, kann Befreiung für den Fall gemeint sein, dass die Verpflichtung entfällt, wenn Dritte dem Verpflichteten nicht liefern oder dieser alles getan hat, was billigerweise erwartet werden durfte[5], oder dass bei unvorhersehbaren Verzögerungen keine Rechte aus der Verspätung herzuleiten sind. Bezieht sich die Freizeichnung auf die Lieferzeit, muss der Verkäufer sie nach billigem Ermessen bestimmen (§ 315 BGB). Gleiches gilt für die Freizeichnung des **Lieferpreises** (hierzu Rn. 107), die dem Verkäufer ein Preisänderungsrecht (§ 315 BGB) einräumt[6].

Frei Frachtführer = FCA, s. dort, Rn. 83.

Frei Längsseite Schiff = FAS, s. dort, Rn. 82.

Geliefert ab Kai = DEQ, s. dort, Rn. 78.

Geliefert ab Schiff = DES, s. dort, Rn. 79.

Geliefert Grenze = DAF, s. dort, Rn. 75.

Geliefert unverzollt = DDU, s. dort, Rn. 77.

Geliefert verzollt = DDP, s. dort, Rn. 76.

---

1 OLG München v. 19.12.1957 – 6 U 1548/57, NJW 1958, 426.
2 BGH v. 19.9.1983 – VIII ZR 195/81, NJW 1984, 567.
3 BGH v. 8.3.1984 – VII ZR 177/82, NJW 1984, 1885.
4 *Heymann/Horn*, § 346 Rn. 105 m.N.
5 *Baumbach/Hopt*, § 346 Rn. 40.
6 *Heymann/Horn*, § 346 Rn. 105 m.N.

Härteklausel: s. „force-majeure", Rn. 90.
Kasse: s. Bar, Rn. 65.
Kasse gegen Akkreditiv: s. Akkreditiv, Rn. 59.

Kasse gegen Dokumente: Die Klausel enthält zum einen die **Vorleistungspflicht** des Verkäufers bezüglich der Dokumentenvorlage, zum anderen eine **Barzahlungsabrede.** Den Käufer trifft insofern eine Vorleistungspflicht, als dass er gegen Dokumentenvorlage zahlen muss, ohne berechtigt zu sein, die Ware zuvor zu untersuchen[1]. 94

Insbesondere mit einer **Fälligkeitsangabe** (sofort, innerhalb von 14 Tagen) und **Zug-um-Zug-Papier-Übergabe** begründet die Klausel eine echte Vorleistungspflicht des Verkäufers zur Vorlage der bezeichneten Dokumente. Die Barzahlungsabrede schließt sonst zulässige Zurückbehaltungsrechte oder die Aufrechnung aus. Dies gilt bis zur Grenze des Rechtsmissbrauchs (der Verdacht von Mängeln genügt hier nicht), auch für den Fall der vertragswidrigen Beschaffenheit der Ware[2]. 95

Wenn nicht ausdrücklich anders vereinbart, hat der **Käufer** ohne Untersuchung der Ware zu bezahlen. Andernfalls gerät er in Schuldnerverzug[3]. Er hat aber gegenüber Schadensersatzansprüchen des Verkäufers aus §§ 280 Abs. 1 und 3, 281 BGB die Einwendung aus Rücktrittsrecht[4] (§§ 437 Nr. 2, 323, 440 BGB). Zur raschen Abwicklung des Inkassos werden regelmäßig Banken eingeschaltet. Zu den Richtlinien der IntHK für Dokumenteninkasso vgl. *Heymann/Horn,* Anh. zu § 372 BankGesch IV Rn. 5. 96

Kasse gegen Rechnung (Faktura): Die Klausel (ggf. i.V.m. „und Dokumente") hat denselben rechtlichen Inhalt wie „Kasse gegen Dokumente"[5]. Der **Käufer** ist schon bei bloßer Zusendung der Rechnung verpflichtet zu bezahlen, also **vorleistungspflichtig.** Ob der Käufer die Ware untersuchen darf, hängt vom vertraglichen Fälligkeitszeitpunkt ab[6]. Der Käufer, der bei Rechnungsempfang zahlen muss, darf die Ankunft der Ware nicht abwarten. Trifft die Ware vor Rechnung ein, kann der Käufer untersuchen[7]. 97

LCL: s. FCL, Rn. 84.

Lieferung vorbehalten (auch: Lieferung freibleibend): Die Klausel schützt den Verkäufer vor der Haftung wegen **unverschuldeter Unmöglichkeit** bei Gattungsware (§ 279 BGB), aber auch bei anfänglicher unverschuldeter Unmöglichkeit bei einer Stückschuld als Beschaffungsschuld[8]. Die Klausel 98

---
1 BGH v. 20.4.1988 – VIII ZR 1/87, NJW 1988, 2609.
2 BGH v. 21.1.1987 – VIII ZR 26/86, NJW 1987, 2435.
3 BGH v. 21.1.1987 – VIII ZR 26/86, NJW 1987, 2435.
4 BGH v. 21.1.1987 – VIII ZR 26/86, NJW 1987, 2435; mit Zweifeln auch *Heymann/Horn,* § 346 Rn. 116.
5 BGH v. 18.12.1975 – II ZR 103/73, NJW 1976, 853.
6 Str., zum Meinungsstand *Heymann/Horn,* § 346 Rn. 117 und Fn. 164 m.N.
7 *Heymann/Horn,* § 346 Rn. 117.
8 *Heymann/Horn,* § 346 Rn. 118 m.N.

"**Selbstbelieferung vorbehalten**" bezieht dieses Risiko auf die Beschaffung der Ware (vgl. dazu Rn. 109). Die Klausel gibt dem Verkäufer ggf. ein Rücktrittsrecht; sie ist aber kein Freibrief, jederzeit aus dem Vertrag auszusteigen[1], da der Verkäufer zu allen zumutbaren Anstrengungen zur Beschaffung der (auch verteuerten) Ware und zur Lieferung verpflichtet bleibt[2]. Das Rücktrittsrecht des Verkäufers beschränkt sich aber nicht auf Fälle von höherer Gewalt. Unter Kaufleuten ist eher eine „sachliche" Rechtfertigung für den Rücktritt anzunehmen (handelsübliche Lieferung)[3]. Soweit sich bei Lieferschwierigkeiten Risiken realisieren, die der Verkäufer schon bei Vertragsschluss kannte, dem Käufer aber verschwieg, ist eine Haftung aus c.i.c. denkbar[4]. Reicht der Warenbestand nicht für alle aus, so sind Käufer, die ohne den Vorbehalt abgeschlossen haben, zuerst zu bedienen, die anderen Kunden nach Reihenfolge der Bestellungen[5]; denkbar ist aber auch eine branchenübliche anteilige Bedienung mehrerer Kunden (Bsp. „Missernte vorbehalten" im Obsthandel)[6].

99 **Lieferzeit:** Lieferzeit Ende Mai/Anfang Juni bedeutet, dass eine Lieferung bis zum dritten Werktag im Juni fristgerecht ist. Der Zusatz „ungefähr" verlängert die Frist um zwei Tage[7].

100 **Lieferzeit vorbehalten:** Die Klausel soll die Haftung des Verkäufers für Verzögerungsschäden ausschließen. Er bleibt jedoch verpflichtet, alles Zumutbare zur pünktlichen Erfüllung zu veranlassen. Eine **Haftungsbefreiung** gilt demnach nur für den Fall unverschuldeter und unvorhersehbarer Verzögerungen[8]. Die Zulässigkeit weiterer Freizeichnung bestimmt sich nach §§ 307, 310 BGB.

101 **Meistbegünstigungsklausel:** Als „most favoured clause" im internationalen Handelsverkehr üblich. Der Verkäufer (Werkunternehmer, Lieferant) verspricht dem Kunden, ihm die gleichen Bedingungen einzuräumen wie einem anderen Abnehmer, der die günstigste Bedingung erhält.

102 **Nachnahme** (auch: Zusendung per Nachnahme; COD; POD, s. Rn. 106): Diese Klauseln begründen eine Barzahlungspflicht (s. Rn. 65) und Vorleistungspflicht ohne Untersuchungs- und Einwendemöglichkeit. Die Aufrechnung ist ausgeschlossen[9].

---

1 *Baumbach/Hopt*, § 346 Rn. 40.
2 BGH v. 12.2.1968 – VIII ZR 84/66, BB 1968, 398; BGH v. 12.1.1994 – VIII ZR 165/92, BGHZ 124, 351, 358.
3 *Baumbach/Hopt*, § 346 Rn. 40.
4 *Heymann/Horn*, § 346 Rn. 118.
5 *Heymann/Horn*, § 346 Rn. 118 m.N.; OLG München v. 12.10.1983 – 7 U 1805/83, WM 1985, 361.
6 *Heymann/Horn*, § 346 Rn. 118.
7 Schiedsgericht der HK Hamburg, *Straatmann/Ulmer*, Rechtsprechung kaufmännischer Schiedsgerichte, 1998, II F Nr. 3.
8 *Heymann/Horn*, § 346 Rn. 120 m.N.; RGZ 104, 114; 132, 310.
9 BGH v. 19.4.1984 – VIII ZR 195/85, NJW 1985, 550 = WM 1984, 1572; BGH v. 8.7.1998 – VIII ZR 1/98, BGHZ 139, 190, 191; dort auch nur Zulässigkeit von Nachnahmeklauseln im nichtkaufmännischen Verkehr.

Negativklausel: Die im internationalen Handelsverkehr übliche Klausel „negative pledge" verpflichtet den Darlehensnehmer oder Schuldner von Schuldnerverschreibungen, keine **Sicherheiten** für andere Verbindlichkeiten aufzunehmen, ohne zugleich für die Verbindlichkeit, der die Klausel beigefügt ist, eine gleiche und gleichrangige Sicherheit zu bestellen[1]. 103

Netto Kasse (auch: rein netto): Die Klausel verpflichtet den Käufer zur Barzahlung (s. Rn. 65) ohne Abzug von Skonto. 104

Ohne obligo: vgl. Rn. 92, 93.

Pari-passu-Klausel: Im internationalen Kapitalverkehr übliche Klausel, die den Darlehensnehmer oder Emittent einer Anleihe verpflichtet, keine andere vorrangige Schuld einzugehen[2]. 105

POD: „pay on delivery" s. Nachnahme, Rn. 102. 106

Preis freibleibend: s. hierzu auch „Freibleibend", Rn. 92 f. Die Klausel, wenn für den gesamten Vertrag bindend (nicht nur für das freibleibende Angebot, vgl. Rn. 92), berechtigt den Verkäufer, den zunächst nur unverbindlich genannten **Preis (Richtpreis) abzuändern** (§ 315 BGB). Im Zweifel bestimmt sich der Kaufpreis nach dem Marktpreis[3], der jedoch nur eine untere Grenze festlegt. Demnach muss ein vereinbarter Richtpreis bei sinkenden Marktpreisen nicht nach unten angepasst werden[4]. Nur ausnahmsweise gibt die Klausel dem Verkäufer das Recht, bei Erhöhung der Marktpreise vom Vertrag Abstand zu nehmen und ein neues Angebot zu machen[5], welches der Käufer annehmen oder ablehnen kann. Nach Ausübung des Preisänderungsrechts und Nennung eines neuen Verkaufspreises kann der Verkäufer bei kurzfristigen weiteren Marktpreiserhöhungen nicht nochmals vom Preisänderungsrecht Gebrauch machen[6]; richtiger[7] ist es, in solchen Fällen darauf abzustellen, aus welchen Gründen sich die Lieferung nach der Preiserhöhung verzögert hat[8]. 107

Qualitätszertifikat: Mit Verkauf „final gemäß Qualitätszertifikat" vereinbaren die Parteien, das Qualitätszertifikat als verbindliches Schiedsgutachten anzuerkennen, außer bei offensichtlicher Unrichtigkeit[9]. 108

---

1 *Heymann/Horn*, § 346 Rn. 123 m.N.; *Horn*, Recht der internationalen Anleihen, 1972, S. 305.
2 *Heymann/Horn*, § 346 Rn. 125 m.N.; *Horn*, Recht der internationalen Anleihen, 1972, S. 305.
3 *Baumbach/Hopt*, § 346 Rn. 40.
4 *Baumbach/Hopt*, § 346 Rn. 40.
5 *Baumbach/Hopt*, § 346 Rn. 40.
6 RGZ 104, 171; OGHZ 4, 174: „Erschöpfung des Rechtes zur Preiserhöhung".
7 So auch *Baumbach/Hopt*, § 346 Rn. 40.
8 Zur Vereinbarkeit der Klausel mit dem AGB-Recht s. *Baumbach/Hopt*, § 346 Rn. 40 mit weiteren Beispielen.
9 *Straatmann/Ulmer*, Rechtsprechung kaufmännischer Schiedsgerichte, 1998, I E 6b Nr. 11.

109 **Selbstbelieferung:** Typisch „richtige und rechtzeitige Lieferung vorbehalten" u.Ä. Zur Klausel „Lieferung vorbehalten/freibleibend" vgl. Rn. 98. Die Lieferpflicht des Verkäufers ist auflösend bedingt durch den Umstand, dass sein eigener, vertraglich bereits gebundener Lieferant ihn nicht beliefert[1]. Die **Nichtbelieferung des Verkäufers** muss nicht auf höherer Gewalt beruhen[2]. Die Befreiung des Verkäufers gilt auch beim Gattungskauf (§ 279 BGB). Voraussetzung für die Befreiung ist der Abschluss eines kongruenten **Deckungsgeschäfts** im Zeitpunkt des Kaufabschlusses und dass der Verkäufer von dem Lieferanten im Stich gelassen wird. Die Kongruenz von Kaufvertrag und Deckungsgeschäft mit Drittlieferant ist objektiv zu bestimmen[3]. Hinzu kommen muss, dass der Verkäufer sich die Ware trotz zumutbarer Anstrengung nicht zu besorgen vermag[4]. Zum Fall der **teilweisen** Nichtbelieferung vgl. Rn. 98 a.E.

110 Bei leichtfertiger **Auswahl des Drittlieferanten** ist die Berufung auf die Selbstbelieferungsklausel unzulässig (§ 242 BGB); d.h. der Verkäufer hat die Pflicht, seinen Lieferanten sorgfältig auszuwählen. Der Verkäufer kann sich durch Abtretung der Ansprüche gegen seinen Lieferanten von der eingeschränkten Leistungspflicht befreien[5]. Wird die Klausel unter dem Stichwort „Lieferzeit" benutzt, so wird der Verkäufer nach BGH[6] nur von seiner Verzugshaftung befreit.

111 **Skonto:** Skonto unter Angabe eines Prozentsatzes berechtigt den Käufer zum entsprechenden Abzug vom Kaufpreis bei pünktlicher Zahlung[7]. Die Klausel kann mit der Option eines Zahlungsziels verbunden werden, bei dessen Wahrnehmung das Skontorecht entfällt (Nettozahlung)[8].

112 **tel quel; telle quelle; t.q.:** Es handelt sich um eine Einschränkung der Gewährleistungsrechte des Käufers. Der Verkäufer kann auch noch mit der geringwertigsten **Qualität** der Gattungsware erfüllen (anders § 360). Die Haftung dafür, dass die Ware überhaupt Handelsware und nicht Ausschuss ist, bleibt jedoch bestehen[9], ebenso die Haftung wegen zugesicherter Eigenschaften. Bei der Verwendung der Klausel „laut Muster t.q." bestimmt sich die Gattung der Waren nach dem Muster.

Unfrei: s. ab Werk, Rn. 57.

113 **Verfallsklausel:** Die Klausel wird als „default"-Klausel im internationalen Finanzverkehr häufig verwendet. Der Gläubiger einer Leistung – in der Regel eine Geldforderung aus Kreditgewährung – behält sich für bestimmte

---

1 BGH v. 14.11.1984 – VIII ZR 283/83, BGHZ 92, 396, 399.
2 BGH v. 6.3.1968 – VIII ZR 221/65, BGHZ 49, 391.
3 BGH v. 27.11.1991 – VIII ZR 225/90, WM 1992, 356.
4 So wohl auch BGH v. 17.1.1994 – VIII ZR 165/92, BGHZ 124, 351, 359.
5 BGH v. 31.3.1973 – VIII ZR 232/71, DB 1973, 911.
6 BGH v. 19.3.1957 – VIII ZR 74/56, BGHZ 24, 42.
7 Zur Wahrung der Skontofrist genügt die rechtzeitige Absendung des Schecks, BGH v. 11.2.1998 – VIII ZR 287/97, NJW 1998, 1302.
8 Übersicht: *Berater*, AcP 191 (1991), 346.
9 *Heymann/Horn*, § 346 Rn. 130.

Tatbestände der Nichterfüllung der anderen Partei – in der Regel Bedienung des Kredits – ein **Kündigungs- oder Rücktrittsrecht** vor. Teilweise wird die Auffassung vertreten, dass die Klausel eine Vertragsstrafenregelung beinhaltet und sich nach § 309 Nr. 6 BGB, bei Unternehmern nach §§ 307, 310 BGB beurteilt[1]. Auch im unternehmerischen Verkehr soll sich die Klausel an §§ 307 und 826 BGB messen lassen und, soweit sie nur den Zahlungsverzug voraussetzt, unwirksam sein[2]. Ob dies auch im internationalen Kapital- und Geldverkehr gelten kann, ist zumindest zweifelhaft[3].

Vorrat (auch: „Solange der Vorrat reicht"): Bei Erschöpfung des Vorrats wird der Verkäufer von seiner Leistungspflicht frei. Weitere Einzelheiten entsprechend der Klausel „Lieferung vorbehalten", s. dort Rn. 98. 114

Zahlung: Zu „Zahlung bar" s. „Bar"-Klausel, Rn. 65. Die Klauseln „Zahlung nach Belieben" oder „Zahlung nach Bequemlichkeit" u.Ä. gewähren eine Stundung des Kaufpreises. 115

Zoll- und steuerfrei: „Auf Zollerlaubnisschein" (im Heizöliefervertrag): keine Grundlage für späteren Preisaufschlag zur Deckung später eingeführter Mineralölsteuer[4]. 116

Zu (ge)treuen Händen: Der Empfänger darf von den Dokumenten (ggf. von einem Wechsel) nur innerhalb der eng umrissenen vertraglichen Vereinbarung Gebrauch machen. I.d.R. werden Dokumente nur zur Überprüfung „zu treuen Händen" überlassen. Ein Zurückbehaltungsrecht ist ausgeschlossen[5]. 117

Zwischenverkauf vorbehalten: Das Angebot des Verkäufers ist **auflösend bedingt** für den Fall anderweitigen Verkaufs[6]. Im Übrigen ist es bindend (§ 145 BGB). Der Verkäufer ist verpflichtet, den Zwischenverkauf umgehend mitzuteilen, wenn eine Annahmeerklärung zugegangen ist. Dies gilt auch für nicht bindende Angebote oder invitatio ad offerendum; vgl. hierzu Klausel „freibleibend" Rn. 92 ff.[7]. 118

§ 347
Sorgfaltspflicht der Kaufleute

(1) Wer aus einem Geschäfte, das auf seiner Seite ein Handelsgeschäft ist, einem anderen zur Sorgfalt verpflichtet ist, hat für die Sorgfalt eines ordentlichen Kaufmanns einzustehen.

---

1 Vertragsrecht und AGB-Klauselwerke/*Graf v. Westphalen*, Bd. 1, Nr. 39 Rn. 4 f.
2 Vgl. KG v. 23.5.1989 – 6 U 4736/88, NJW-RR 1989, 1075, 1077.
3 *Heymann/Horn*, § 346 Rn. 131.
4 *Baumbach/Hopt*, § 346 Rn. 40 m.N.; BGH v. 19.5.1967 – V ZR 24/66, MDR 1967, 826 = LM § 346 (Ed) Nr. 6.
5 OLG Hamburg v. 22.9.1982 – 5 U 141/81, ZIP 1983, 153; *Nielsen*, ZIP 1983, 535.
6 OLG Hamburg v. 3.3.1960 – VIII ZR 40/59, BB 1960, 383.
7 *Heymann/Horn*, § 346 Rn. 135.

(2) Unberührt bleiben die Vorschriften des Bürgerlichen Gesetzbuchs, nach welchen der Schuldner in bestimmten Fällen nur grobe Fahrlässigkeit zu vertreten oder nur für diejenige Sorgfalt einzustehen hat, welche er in eigenen Angelegenheiten anzuwenden pflegt.

Übersicht

	Rn.		Rn.
I. Regelungsinhalt	1	VI. Beweislast	17
II. Anwendungsbereich (§ 347 Abs. 1)		VII. Rat- und Auskunftshaftung	18
1. Adressat	2	1. Haftung aus vertraglicher Vereinbarung	19
2. Geschäfte	5	a) Selbständiger Auskunftsvertrag	19a
III. Kaufmännischer Sorgfaltsmaßstab		b) Nebenpflicht	20
1. Objektiver Maßstab	7	c) Stillschweigender Auskunftsvertrag	21
a) Ermittlung der Fahrlässigkeit	8	d) Haftung im vorvertraglichen Bereich	22
b) Haftungsverschärfung	9	e) Prospekthaftung	24
2. Standardpflichten eines ordentlichen Kaufmanns	10	2. Deliktische Haftung	25
IV. Haftungserleichterungen (§ 347 Abs. 2)	11	3. Rechtsfolge	
1. Grobe Fahrlässigkeit	12	a) Ersatz des Vertrauensschadens	26
2. Sorgfalt in eigenen Angelegenheiten (§ 277 BGB)	13	b) Kausalität	27
		c) Mitverschulden	28
V. Vertragliche Freizeichnung	14	d) Beweislast	29

I. Regelungsinhalt

1 Die Vorschrift ergänzt die zivilrechtlichen Regelungen über den Verschuldensmaßstab (§§ 276, 278 BGB). Sie statuiert die Sorgfaltspflicht für den Kaufmann, der bei Durchführung seiner Geschäfte einen besonderen Sorgfaltsmaßstab, nämlich den eines **ordentlichen Kaufmanns**, anzuwenden hat. Welche Charakteristika einen ordentlichen Kaufmann auszeichnen, wird nicht definiert. Am sinnfälligsten ist er mit dem Idealtyp eines Kaufmanns zu umschreiben. Die Vorschrift selbst stellt keine eigene Anspruchsgrundlage dar, sondern entwickelt nur Bedeutung als Sorgfaltsmaßstab im Bereich der verschiedenen vertraglichen und gesetzlichen Ansprüche.

II. Anwendungsbereich (§ 347 Abs. 1)

1. Adressat

2 Normadressat ist derjenige, für den das Geschäft Handelsgeschäft i.S.d. § 343 ist, also **jeder Kaufmann i.S. von §§ 1–6**; auch der Scheinkaufmann (vgl. § 343 Rn. 8). Bei juristischen Personen sind dies die Organe (§ 31 BGB). Die besondere Sorgfaltspflicht greift auch für die Haftung des Kaufmanns für seine gesetzlichen Vertreter (§ 278 S. 1 1. Alt. BGB), seine Erfüllungsgehilfen (§ 278 S. 1 2. Alt. BGB) und die Verrichtungsgehilfen (§ 831 BGB). Für deren

Verantwortlichkeit kommt es nämlich nicht darauf an, welche Sorgfalt die Hilfsperson anzuwenden hätte; vielmehr haftet der Geschäftsherr für seine Hilfsperson im Rahmen der Sorgfalt eines ordentlichen Kaufmanns[1].

Eine Sorgfaltsverschärfung des Maßstabs statuiert § 8 Abs. 2 UWG für die Haftung des Kaufmanns für seine Hilfspersonen im Wettbewerbsrecht. Hier trifft ihn die Pflicht, sich ständig über Berufstüchtigkeit und Zuverlässigkeit zu unterrichten. Der Betriebsinhaber haftet dabei schlechthin für wettbewerbswidriges Verhalten seiner „Erfüllungsgehilfen"[2]. 3

Ebenso manifestieren die §§ 93, 116 AktG für Vorstands- und Aufsichtsratsmitglieder über § 347 hinausgehende Sorgfaltspflichten, die sich aus der besonderen Rechtsstellung dieser Personen im Rahmen der AG rechtfertigen. Eine ähnliche Regelung enthält § 43 Abs. 1 GmbHG für den Geschäftsführer. Diese Normen sind aber als Ausnahmevorschriften nicht analogiefähig und haben deshalb keine Geltung für Personenhandelsgesellschaften[3]. 4

2. Geschäfte

Die besondere Sorgfaltspflicht bezieht sich auf (auch einseitige) **Handelsgeschäfte.** Wie in §§ 343, 344 ist der Begriff des Geschäfts weit zu verstehen (vgl. im Einzelnen Anm. dort). Er umfasst insbesondere auch Handlungen bei der Anbahnung von Verträgen, § 311 Abs. 2 BGB (c.i.c.), auch die Geschäftsführung ohne Auftrag und deliktische Handlungen, soweit sie in Bezug zu seiner Geschäftstätigkeit stehen (vgl. auch § 343 Rn. 17). 5

Praktisch bedeutsam ist vor allem der Bereich der **Leistungsstörungen,** d.h. Unmöglichkeit (§§ 275, 326 BGB), Verzug (§§ 280 Abs. 2, 286 BGB), Mängelrechte (§§ 434 ff., 537 ff., 633 ff. BGB) sowie die positive Vertragsverletzung[4] (§§ 241 Abs. 2, 280 BGB), aber auch die Ausübung von **Gestaltungsrechten.** So ist im Rahmen der Anfechtung für die Fristwahrung des § 121 BGB ein schuldhaftes Zögern zu bejahen, wenn ein ordentlicher Kaufmann vorher angefochten hätte[5]. Die Sorgfaltsanforderungen eines ordentlichen Kaufmanns gelten auch im Rahmen des Mitverschuldens nach § 254 BGB[6]. 6

III. Kaufmännischer Sorgfaltsmaßstab

1. Objektiver Maßstab

Der Sorgfaltsmaßstab des ordentlichen Kaufmanns entspricht einer Haftung wegen (leichter) **Fahrlässigkeit.** Insoweit kann zunächst auf die Fahrlässig- 7

---
1 GroßkommHGB/*Ratz,* § 347 Anm. 16; *Heymann/Horn,* § 347 Rn. 8.
2 *Hefermehl/Köhler/Bornkamm,* Wettbewerbsrecht, 25. Aufl. 2007, § 8 UWG Rn. 2.33.
3 A.A. *Baumbach/Hopt,* § 347 Rn. 4.
4 BGH v. 13.11.1953 – ZR 140/52, BGHZ 11, 80, 83; BGH v. 14.12.1954 – I ZR 65/53, BGHZ 16, 4, 11.
5 GroßkommHGB/*Ratz,* § 347 Anm. 32; *Schlegelberger/Hefermehl,* § 347 Rn. 9.
6 *Schlegelberger/Hefermehl,* § 347 Rn. 9.

keitsdefinition des § 276 Abs. 2 BGB zurückgegriffen werden. Danach handelt fahrlässig, wer die im Verkehr erforderliche Sorgfalt außer Acht lässt[1].

a) Ermittlung der Fahrlässigkeit

8   Bei der Ermittlung der Fahrlässigkeit ist zunächst zu prüfen, ob die eingetretene Folge bei objektiver Betrachtung voraussehbar war, und weiter, ob sie bei pflichtgemäßem Handeln vermeidbar gewesen wäre. Es gilt im HGB wie auch im BGB ein objektiver Maßstab[2]; die Kriterien sind normativ und abstrakt zu ermitteln. Sie sind weitgehend abhängig von der Verkehrserwartung[3]. Nicht entscheidend ist, welche Sorgfalt nach den persönlichen Kenntnissen und Fähigkeiten möglich ist, sondern wie sich ein ordentlicher und gewissenhafter Durchschnittskaufmann verhalten hätte. Wer sich am Geschäftsverkehr beteiligt, hat die nach der Verkehrsanschauung erforderlichen Kenntnisse und Fähigkeiten mitzubringen und einzusetzen.

b) Haftungsverschärfung

9   Bestimmte Geschäfte des Kaufmanns können zu einer Haftungsverschärfung führen. Dies ist z.B. gesetzlich angeordnet beim Frachtführer gem. § 425 oder im Frachtgeschäft zur Beförderung von Gütern gem. § 606. Sowohl durch die Besonderheiten des Berufes als auch durch erworbene Spezialkenntnisse wird diesen Kaufleuten ein erhöhtes Vertrauen entgegengebracht. Gleiches gilt für Bankiers, Industrielle, Verleger und Baufirmen. Andererseits gelten keine unterschiedlichen Sorgfaltsanforderungen bei Kaufleuten desselben Geschäftszweiges, jedoch von unterschiedlicher betrieblicher Größe[4]. Im Rahmen von Verträgen richtet sich die erforderliche Sorgfalt nach der Vereinbarung und dem Vertragstyp.

2. Standardpflichten eines ordentlichen Kaufmanns

10 Im Rahmen der kaufmännischen Sorgfalt gibt es einen bestimmten **Standardkodex**, welcher stets einzuhalten ist. Es besteht z.B. die Pflicht zur sorgfältigen Behandlung aller Brief-/Telefax-/Telegrammein- und -ausgänge[5], zur kaufmännischen Buchführung (§§ 238 ff. i.V.m. §§ 264 ff.), zur Verhinderung missbräuchlicher Benutzung von Firmenbriefköpfen[6], zur ausreichenden Versicherung wichtiger Sendungen[7], zur Überprüfung der Echtheit von Schecks[8] und zur Personenidentitätsprüfung, wenn im Rahmen des verbun-

---

1 Vgl. im Einzelnen MünchKommBGB/*Emmerich*, § 276 BGB Rn. 75 f.
2 GroßkommHGB/*Ratz*, § 347 Rn. 4.
3 BGH v. 31.1.1991 – VII ZR 291/88, BGHZ 113, 315.
4 *Baumbach/Hopt*, § 347 Rn. 1.
5 *Heymann/Horn*, § 347 Rn. 27; RGZ 105, 389.
6 RG JW 27, 262.
7 RGZ 50, 177.
8 BGH v. 9.12.1985 – II ZR 185/85, WM 1986, 123.

denen Geschäfts gem. § 358 BGB Darlehensanträge der Bank für die Finanzierung des Kunden durch den Kaufmann entgegengenommen werden[1].

IV. Haftungserleichterungen (§ 347 Abs. 2)

Nach § 347 Abs. 2 gelten die im **BGB** geregelten Beschränkungen des Haftungsmaßstabs auch für Handelsgeschäfte, insbesondere die Reduzierung des Haftungsmaßstabs in bestimmten Fällen und grobe Fahrlässigkeit oder Sorgfalt in eigenen Angelegenheiten (§ 277 BGB).

1. Grobe Fahrlässigkeit

Sie liegt vor, wenn die **Sorgfalt eines ordentlichen Kaufmanns in außergewöhnlichem Maß verletzt** oder vernachlässigt worden ist und dasjenige unbeachtet geblieben ist, was im gegebenen Fall jedem hätte einleuchten müssen[2]. Es handelt sich um eine schlechthin unentschuldbare Pflichtverletzung, die das gewöhnliche Maß der Fahrlässigkeit i.S.d. § 276 BGB erheblich übersteigt[3]. Beschränkung auf grobe Fahrlässigkeit besteht z.B. nach § 300 Abs. 1 BGB (Gläubigerverzug), bei §§ 521, 523 BGB (Schenkung), § 599 BGB (Leihe), § 680 BGB (GoA), § 723 BGB (Kündigung der BGB-Gesellschaft aus wichtigem Grund) sowie bei § 912 BGB (Überbau); der Begriff ist auch maßgebend beim gutgläubigen Erwerb vom Nichtberechtigten (§ 932 Abs. 2 BGB).

2. Sorgfalt in eigenen Angelegenheiten (§ 277 BGB)

Sie orientiert sich als **subjektiver Maßstab** am gewohnheitsmäßigen Verhalten des betreffenden Kaufmanns im Geschäftsverkehr. Die Haftung für grobe Fahrlässigkeit bleibt bestehen. Dabei kann auch rücksichtsloses Handeln das Mindestmaß an Sorgfalt erfüllen, das grobe Fahrlässigkeit ausschließt. Beispiele: § 690 BGB (unentgeltliche Verwahrung), § 708 BGB (Pflichten der BGB-Gesellschafter).

V. Vertragliche Freizeichnung

Neben den beiden gesetzlich normierten Haftungserleichterungen besteht die Möglichkeit der vertraglichen Freizeichnung, jedoch nur von der Fahrlässigkeitshaftung[4]. Geschieht dies im Rahmen von **Allgemeinen Geschäftsbedingungen**, sind § 309 Nr. 7, 8 BGB zu beachten. Nach allgemeiner Meinung im Schrifttum[5] gelten diese Freizeichnungsverbote der Allgemeinen

---

1 OLG Düsseldorf v. 17.4.1972 – 6 U 165/71, WM 1972, 816.
2 *Schlegelberger/Hefermehl*, § 347 Rn. 32 m.N.
3 BGH v. 8.10.1991 – XI ZR 238/90, NJW 1992, 317 m.N.
4 *Baumbach/Hopt*, § 347 Rn. 6.
5 *Palandt/Grüneberg*, § 309 BGB Rn. 48, 60, 64, 70, 77; *Schlegelberger/Hefermehl*, § 347 Rn. 41; für indizielle Wirkung *Baumbach/Hopt*, § 347 Rn. 7.

Geschäftsbedingungen über die §§ 307, 310 Abs. 1 S. 1 BGB auch im kaufmännischen (unternehmerischen) Verkehr.

15 Der BGH misst den Freizeichnungsverboten (jedenfalls) indizielle Bedeutung zu[1]. Insoweit übereinstimmend mit der Literatur hat er entschieden[2], dass sich der Verwender **nicht vom eigenen groben Verschulden**, demjenigen seiner Organe, seiner leitenden Angestellten sowie seiner einfachen Erfüllungsgehilfen freizeichnen kann (§ 309 Nr. 7 BGB). Zulässig ist die Freizeichnung für leichte Fahrlässigkeit, soweit es sich nicht um die Verletzung von vertragswesentlichen Pflichten seitens des Verwenders oder seiner leitenden Angestellten handelt[3].

16 Eine vertragliche Regelung hinsichtlich der **Haftungsbegrenzung** der Höhe nach ist zulässig, wenn die Höchstsumme die vertragstypischen, vorhersehbaren Schäden abdeckt. Wird jedoch der Vertragszweck ausgehöhlt, so liegt Unwirksamkeit vor[4]. Zu Individualvereinbarungen bezüglich der Beweislast vgl. Rn. 17.

VI. Beweislast

17 Im Rahmen der vertraglichen Haftung hat grundsätzlich der Kaufmann, dem eine objektive Pflichtverletzung zur Last liegt, zu beweisen, dass ihn kein Verschulden trifft. Die in § 280 Abs. 1 S. 2 BGB zum Ausdruck kommende **Beweislastverteilung nach Gefahren- und Verantwortungsbereichen**[5]. In diesen Fällen hat der Geschädigte das Vorliegen einer objektiven Pflichtverletzung zu beweisen. Eine Vereinbarung über die Modifizierung der Beweislast ist zulässig.

VII. Rat- und Auskunftshaftung

18 Die Haftung für Rat und Auskunft, die zivilrechtlich in § 676 BGB Niederschlag gefunden hat, gilt im Zusammenhang mit § 347 auch im kaufmännischen Verkehr. Grundsätzlich haftet der Kaufmann weder für Rat noch für Empfehlung oder Auskunft. In der Regel erfolgen solche Äußerungen unverbindlich im Rahmen einer Gefälligkeit. Dieser Grundsatz wird jedoch bei **Vorliegen eines besonderen Haftungstatbestandes** durchbrochen.

---

[1] BGH v. 3.3.1988 – X ZR 54/86, BGHZ 103, 316, 328 f.; offen gelassen noch in BGH v. 19.1.1984 – VII ZR 220/82, BGHZ 89, 367.
[2] BGH v. 20.6.1984 – VIII ZR 137/83, NJW 1985, 915; BGH v. 11.11.1992 – VIII ZR 238/91, NJW 1993, 335.
[3] *Heymann/Horn*, § 347 Rn. 43; OLG Köln v. 29.6.1993 – 22 U 38/93, BB 1993, 2044; BGH v. 11.11.1992 – VIII ZR 238/91, NJW 1993, 335.
[4] *Heymann/Horn*, § 347 Rn. 41; BGH v. 19.1.1984 – VII ZR 220/82, BGHZ 89, 363; BGH v. 11.11.1992 – VIII ZR 238/91, NJW 1993, 335.
[5] Vgl. *Palandt/Heinrichs*, § 280 BGB Rn. 37 m.N.

1. Haftung aus vertraglicher Vereinbarung

Ein Haftungstatbestand kann sich zunächst aus vertraglicher Vereinbarung ergeben. 19

a) Selbständiger Auskunftsvertrag

Dabei können Auskunft oder Rat **Hauptpflicht** des betreffenden Vertrages sein (selbständiger Auskunftsvertrag). Dieser ist seiner Rechtsnatur nach bei Unentgeltlichkeit Auftrag, sonst Dienstvertrag (mit Geschäftsbesorgungscharakter) oder Werkvertrag[1]. Eine solche selbständige Verpflichtung kann auch im Rahmen einer anderen Vertragsbeziehung bestehen, etwa bei einem Kaufvertrag[2]. Die Abgrenzung zu einer bloßen Nebenpflicht ergibt sich durch Auslegung anhand der Umstände im konkreten Fall[3]. Dies gilt auch für die Frage, ob Dritte in den Schutzbereich des Vertrags miteinbezogen sind[4]. Sichert der Auskunftgeber die Richtigkeit ohne Rücksicht auf Verschulden zu, liegt ein Garantievertrag vor. 19a

b) Nebenpflicht

Die Pflicht zur Auskunftserteilung kann aber auch **Nebenpflicht eines anderen Vertrages** sein. Beispiel: Anlagenberatung von Kunden durch Bank[5] oder den Steuerberater[6]; Rat der Bank im Rahmen eines Inkassoauftrages[7]; Beratung durch den Verkäufer über die Verwendbarkeit einer Ware[8]. Insoweit kann der Umfang der Beratungspflicht vertraglich fixiert sein; ansonsten ist dieser unter Berücksichtigung von § 242 BGB im Rahmen der ergänzenden Vertragsauslegung zu ermitteln[9]. 20

c) Stillschweigender Auskunftsvertrag

Ein stillschweigender Auskunftsvertrag wird angenommen, wenn die Auskunft für den Empfänger erkennbar von erheblicher Bedeutung ist und er sie zur Grundlage wesentlicher Vermögensverfügungen machen will[10]. Ausgangspunkt ist die Überlegung, ob aus der Sicht des Empfängers der Auskunft bei objektiver Betrachtung und Heranziehung aller Umstände ein **Rechtsbindungswille des Auskunftsgebers** erkennbar ist. Der Hinweis auf 21

---

1 Vgl. *Palandt/Sprau*, § 675 BGB Rn. 29.
2 BGH v. 23.7.1997 – VIII ZR 238/96, NJW 1997, 3227.
3 Für den Fall der Übergabe einer Bankbescheinigung BGH v. 7.7.1998 – XI ZR 375/97, NJW-RR 1998, 1343 = LM § 676 BGB Nr. 53 mit Anm. *Singer*.
4 Zur Einbeziehung des Kreditgebers in einen Vertrag über Grundstücksbewertung BGH v. 13.11.1997 – X ZR 144/94, NJW 1998, 1059.
5 BGH v. 18.1.1973 – II ZR 82/71, NJW 1973, 456.
6 BGH v. 21.4.1982 – IVa ZR 291/80, BGHZ 83, 333.
7 BGH v. 28.4.1954 – II ZR 279/53, BGHZ 13, 198, 200 ff.
8 BGH v. 16.11.1970 – VIII ZR 227/68, BB 1971, 62; BGH v. 10.11.1982 – VIII ZR 156/81, NJW 1983, 392; BGH v. 23.6.1999 – VIII ZR 84/98, NJW 1999, 3192.
9 *Schlegelberger/Hefermehl*, § 347 Rn. 35.
10 St. Rspr., BGH v. 16.10.1990 – XI ZR 165/88, NJW 1991, 352 m.N.

die „Unverbindlichkeit" der Erklärung steht der Annahme eines konkludenten Auskunftsvertrages nicht zwingend entgegen. Bei Bankauskünften bedeutet dieser Zusatz im Allgemeinen nur, eine Haftung für Verschulden solle – soweit zulässig – ausgeschlossen werden[1]. Vgl. allerdings für den Fall der Übergabe einer Bankbescheinigung Rn. 20.

d) Haftung im vorvertraglichen Bereich

22 Im vorvertraglichen Bereich kommt bei Verletzung von Beratungs- und Aufklärungspflichten unter dem Gesichtspunkt **Verschulden bei Vertragsverhandlungen** nach ständiger Rechtsprechung ein Anspruch aus §§ 311 Abs. 2, 241 Abs. 2, 280 BGB (c.i.c.) in Betracht[2].

23 In diesem Zusammenhang gewinnt insbesondere die **Eigenhaftung des Vertreters**, der unter Inanspruchnahme eigenen Vertrauens und mit wirtschaftlichem Interesse die Vertragsverhandlungen führt, an Bedeutung[3].

e) Prospekthaftung

24 Ein auf die Besonderheiten des Kapitalmarktes zugeschnittener **Haftungstatbestand der c.i.c.** ist die Prospekthaftung. Der Herausgeber des Prospekts und die Initiatoren des Anlagegeschäfts, auch die Fachleute für ihre Stellungnahmen im Prospekt, haften für die Richtigkeit, Klarheit und Vollständigkeit von Werbeschriften und Verkaufsangeboten für (außerbörsliche) Kapitalanlagen[4] (§ 13 VerkaufsprospektG).

2. Deliktische Haftung

25 Daneben kommen auch Deliktansprüche in Betracht, insbesondere § 823 Abs. 2 BGB i.V.m. § 264a StGB[5]; § 823 Abs. 2 BGB i.V.m. § 263 StGB (unrichtige Auskunft durch Aktionär); § 826 BGB[6].

3. Rechtsfolge

a) Ersatz des Vertrauensschadens

26 Der Auskunftsempfänger ist so zu stellen, als wäre er richtig informiert und in seiner Entscheidung nicht von der unrichtigen Auskunft beeinflusst wor-

---

1 *Baumbach/Hopt*, § 347 Rn. 13.
2 BGH v. 22.3.1979 – VII ZR 259/77, BGHZ 74, 103, 108 (Vermittlung von Kapitalanlagen); BGH v. 16.2.1981 – II ZR 179/80, BGHZ 80, 82 (Warentermingeschäfte).
3 BGH v. 23.2.1983 – VIII ZR 325/81, BGHZ 87, 27: Ausfall von Warenforderungen wegen Konkurs; vgl. auch Vor § 48 Rn. 40 f.
4 Einzelheiten *Palandt/Heinrichs*, § 280 BGB Rn. 54 ff. m.N.
5 BGH v. 21.10.1991 – II ZR 204/90, BGHZ 116, 7: fehlerhafte Prospektangaben.
6 BGH v. 27.11.1990 – XI ZR 115/89, NJW 1991, 1107: Aktienoptionen; BGH v. 24.9.1991 – VI ZR 293/90, NJW 1991, 3282: fehlerhaftes Gutachten.

den[1]. Die mit der Auskunft oder dem Prospekt in Aussicht gestellten Versprechungen („goldener Berg") sind nicht ersatzfähig[2]. Etwas anderes (z.B. § 443 BGB) gilt bei der Haftung aufgrund Garantieübernahme.

b) Kausalität

Die Schadenshaftung tritt ein, wenn sich der Geschädigte bei seiner Entscheidung auf die Auskunft oder den Rat des Anspruchsgegners verlassen hat. Die Auskunft muss für die Entscheidung ursächlich gewesen sein. 27

c) Mitverschulden

Mitverschulden muss sich der Auskunftsempfänger **nach § 254 BGB anrechnen** lassen. Der Empfänger kann sich zwar auf die Auskunft und den Rat verlassen; er darf aber nicht blindlings darauf vertrauen; dies gilt insbesondere, wenn der Auskunftsempfänger noch andere Erkenntnisquellen hatte[3]. Der Kapitalanleger darf dem Anlagevermittler auch nicht unbegrenzt vertrauen; er muss wissen, dass er auch ein eigenes Anlagerisiko unternimmt[4]. 28

d) Beweislast

Es gelten grundsätzlich die allgemeinen Regeln der Beweislastverteilung, d.h., derjenige, der einen Anspruch geltend macht, trägt die Darlegungs- und Beweislast für das Vorliegen der Anspruchsvoraussetzungen. Dementsprechend ist sowohl für das Bestehen eines Beratungsvertrages als auch für dessen Inhalt der Beratene darlegungs- und beweisverpflichtet. Der Berater hingegen muss beweisen, dass er seine Pflichten erfüllt hat, er also richtig beraten hat und auch, dass ihn und seine Erfüllungsgehilfen kein Verschulden trifft (§ 280 Abs. 1 S. 2 BGB). Insoweit bedarf es keines Rückgriffs auf die Grundsätze der Beweislastverteilung nach Organisations- bzw. Gefahrenbereichen[5]. Bei der **deliktischen Haftung** verbleibt es zwar bei der grundsätzlichen Beweislast des Anspruchstellers für die Anspruchsvoraussetzungen – etwa von § 826 BGB –, den Beratenden trifft jedoch eine strenge Substantiierungslast, insbesondere hinsichtlich der Schulung der für ihn handelnden Personen oder Anweisungen zur Aufklärung[6]. 29

---

1 BGH v. 16.11.1978 – II ZR 94/77, BGHZ 72, 382; BGH v. 6.10.1980 – II ZR 60/80, BGHZ 79, 337, 346. Zur Geltendmachung von Schäden Dritter BGH v. 21.5.1996 – XI ZR 199/95, BGHZ 133, 36 und BGH v. 2.4.1998 – III ZR 245/96, BGHZ 138, 257.
2 *Heymann/Horn*, § 347 Rn. 70.
3 OLG Frankfurt v. 5.6.1984 – 5 U 188/83, WM 1985, 253.
4 BGH v. 25.2.1982 – VII ZR 268/81, NJW 1982, 1096 f.
5 So aber BGH v. 11.11.1986 – VIII ZR 28/85, BGHZ 99, 101, 108; auch *Baumbach/ Hopt*, § 347 Rn. 37; grundsätzlich mit einer umfassenden Darstellung des Meinungsstandes *Lang*, Die Beweislastverteilung im Falle der Verletzung von Aufklärungs- und Beratungspflichten bei Wertpapierdienstleistungen, WM 2000, 450, insbesondere 458 ff.
6 BGH v. 13.12.1984 – III ZR 20/83, NJW 1985, 1774, 1775; BGH v. 11.7.1988 – II ZR 355/87, BGHZ 105, 108, 115.

Im Rahmen der Haftungsausfüllung gilt die Vermutung **aufklärungsrichtigen Verhaltens**, d.h., derjenige, der vertragliche oder vorvertragliche Aufklärungspflichten verletzt, ist dafür beweispflichtig, dass der Schaden auch eingetreten wäre, wenn er sich pflichtgemäß verhalten hätte, der Geschädigte also den Rat oder Hinweis nicht befolgt hätte[1]. Die Vermutung gilt grundsätzlich auch hinsichtlich von Folgegeschäften, die nach gehöriger Aufklärung geschlossen worden wären[2]. Hinsichtlich des Kausalzusammenhangs im Übrigen verbleibt es allerdings bei der Beweislast des Beratenen[3].

§ 348
Vertragsstrafe

Eine Vertragsstrafe, die von einem Kaufmann im Betriebe seines Handelsgewerbes versprochen ist, kann nicht auf Grund der Vorschriften des § 343 des Bürgerlichen Gesetzbuchs herabgesetzt werden.

Übersicht

	Rn.		Rn.
I. Regelungsinhalt	1	V. Vertragsstrafeversprechen in Allgemeinen Geschäftsbedingungen	
II. Voraussetzung für den Ausschluss der Strafherabsetzung		1. Wirksamkeit von Vertragsstrafen in AGB	9
1. Kaufmann	3	2. Anwendbarkeit der Vorschrift auf vorformulierte Vertragsstrafeversprechen	
2. Versprechen im Betrieb eines Handelsgewerbes	5	a) Inhaltskontrolle	10
III. Rechtsfolge	6	b) Einzelfälle	15
IV. Unwirksamkeit aus anderen Gründen	7		

Schrifttum: *Beuthin*, Die richterliche Kontrolle von Vereinsstrafen und Vertragsstrafen, BB 1968, Beil. 12, 1; *Fischer*, Vertragsstrafe und vertragliche Schadenspauschalierung, 1981; *Lindacher*, Zulässigkeit und Schranken des Ausbedingens und Forderns von Vertragsstrafen etc., ZIP 1986, 817.

I. Regelungsinhalt

1 Die Vorschrift bestimmt in Ausnahme zu § 343 BGB, dass für Kaufleute auch unverhältnismäßig hohe **Vertragsstrafen nicht herabgesetzt** werden können. Die in § 343 BGB vorgesehene Herabsetzung der Vertragsstrafe durch Urteil beruht auf Schuldnerschutzerwägungen, die im kaufmän-

---

1 BGH v. 16.11.1993 – IX ZR 214/92, BGHZ 124, 151, 159; abweichend – für Anscheinsbeweis – BGH v. 30.9.1993 – IX ZR 73/93, BGHZ 123, 311; in diese Richtung auch *Lang*, WM 2000, 450, 467.
2 BGH v. 22.6.1993 – IX ZR 215/92, NJW 1993, 2434.
3 BGH v. 1.10.1987 – IX ZR 117/86, NJW 1988, 200, 203.

nischen Verkehr entfallen. Hier wird vielmehr auf Seiten des Schuldners seine kaufmännische Kenntnis und Gewandtheit zu seinen Lasten dahingehend berücksichtigt, dass der Gläubiger ein Recht zur Vertragsstrafenvereinbarung als Druckmittel gegen den nicht erfüllenden Schuldner hat[1].

Die Vorschrift bezieht sich – ebenso wie die §§ 339 BGB ff. – auf das sog. unselbständige Strafversprechen, gilt aber entsprechend auch für selbständige Vereinbarungen[2]. 2

II. Voraussetzungen für den Ausschluss der Strafherabsetzung

1. Kaufmann

Der **versprechende Schuldner** (nicht der Gläubiger) muss Kaufmann gem. §§ 1, 2, 3 Abs. 2 und 3 oder § 6 sein, und zwar im Zeitpunkt der Abgabe des Vertragsstrafeversprechens[3]. Die Vorschrift findet auch Anwendung auf den Kaufmann kraft Eintragung (§ 5) und den Rechtsscheinkaufmann[4]. 3

Die Rechtsscheinsgrundsätze orientieren sich am **Schutz des gutgläubigen Dritten**; wer nach außen die Rechte und das Ansehen eines Kaufmanns in Anspruch nimmt, muss auch seine Pflichten tragen[5]. 4

2. Versprechen im Betrieb eines Handelsgewerbes

Das im Betrieb eines Handelsgewerbes abgegebene Versprechen ist Handelsgeschäft i.S.d. § 343; insbesondere gilt die Vermutung des § 344 (vgl. die Kommentierung dort). 5

III. Rechtsfolge

§ 343 BGB ist ausgeschlossen, d.h., auch eine unverhältnismäßig hohe Vertragsstrafe kann nicht durch den Richter herabgesetzt werden. § 348 ist allerdings **abdingbar**. Die Parteien können sowohl die Anwendung von § 343 BGB vereinbaren als auch sonstige (außergerichtliche) Möglichkeiten einer Herabsetzung. 6

IV. Unwirksamkeit aus anderen Gründen

§ 348 lässt außerhalb von § 343 BGB bestehende Nichtigkeitsgründe unberührt. Neben Verstößen gegen zwingende Rechtsnormen (§ 134 BGB) kommt insbesondere Nichtigkeit wegen **Verstoßes gegen die guten Sitten**, 7

---

1 *Schlegelberger/Hefermehl*, § 348 Rn. 23.
2 Vgl. im Einzelnen *Palandt/Grüneberg*, § 339 BGB Rn. 1, 3; GroßkommHGB/*Ratz*, § 348 Anm. 10.
3 BGH v. 5.10.1951 – I ZR 74/50, BGHZ 3, 193.
4 *Baumbach/Hopt*, § 348 Rn. 6; GroßkommHGB/*Ratz*, § 348 Anm. 21; offen gelassen in BGH v. 13.2.1952 – II ZR 91/51, BGHZ 5, 135.
5 *Baumbach/Hopt*, § 348 Rn. 6.

§ 138 Abs. 1 BGB, sowie **Wucher**, § 138 Abs. 2 BGB, in Betracht. Hinsichtlich § 138 Abs. 1 BGB ist insoweit zu beachten, dass zur Unverhältnismäßigkeit der Strafhöhe noch weitere Umstände hinzutreten müssen, weil nach § 348 die Höhe gerade keinen Grund zur Herabsetzung bildet. In Betracht kommt auch die Unwirksamkeit wegen **Formmangels** (§ 126 BGB), etwa, wenn das Versprechen im Zusammenhang mit einem Grundstücksgeschäft (§ 313 BGB) steht.

8 § 348 lässt im Übrigen auch eine Vertragsanpassung bei einem **Wegfall der Geschäftsgrundlage**, § 313 BGB, unberührt[1]. Im Hinblick auf § 242 BGB kann u.U. die Geltendmachung des Strafversprechens rechtsmissbräuchlich sein, etwa, wenn im Einzelfall Interessen des Gläubigers nicht tatsächlich berührt wurden oder der Verstoß nur geringfügig ist.

V. Vertragsstrafeversprechen in Allgemeinen Geschäftsbedingungen

1. Wirksamkeit von Vertragsstrafen in AGB

9 Im kaufmännischen (unternehmerischen) Verkehr können Vertragsstrafeversprechen auch durch AGB-Klauseln begründet werden. § 309 Nr. 6 BGB, wonach dahingehende AGB unwirksam sind, findet auf Handelsgeschäfte keine Anwendung, § 310 Abs. 1 S. 1 BGB. Auch die über § 307 BGB vorzunehmende Inhaltskontrolle steht nach gefestigter Rechtsprechung der grundsätzlichen **Zulässigkeit der Vereinbarungen von Vertragsstrafen in AGB oder Formularverträgen** im Rechtsverkehr unter Kaufleuten nicht entgegen[2].

2. Anwendbarkeit der Vorschrift auf vorformulierte Vertragsstrafeversprechen

a) Inhaltskontrolle

10 § 348 ist auf vorformulierte Vertragsstrafeversprechen **nicht anwendbar**; wie § 343 BGB[3] ist die Vorschrift ebenfalls nur für individuell ausgehandelte Strafeversprechen bestimmt[4].

11 Vorformulierte Vertragsstrafeklauseln unterliegen im Hinblick auf ihre typischerweise einseitige Gestaltung durch den Verwender der an Treu und Glauben (§ 242 BGB) orientierten **richterlichen Inhaltskontrolle**, die nicht erst an die verwirkte, sondern bereits an die vereinbarte Strafe anknüpft und von Amts wegen vorzunehmen ist. Diese Grundsätze gelten auch im

---

1 BGH v. 24.3.1954 – II ZR 20/54, NJW 1954, 998.
2 BGH v. 30.6.1976 – VIII ZR 267/75, NJW 1976, 1886, 1887 m.N. Für den Fall eines „Summierungseffekts" bei mehrfach verwirkten Strafversprechen BGH v. 3.4.1998 – V ZR 6/97, NJW 1998, 2600; ferner BGH v. 26.5.1999 – VIII ZR 102/98, NJW 1999, 2662.
3 Vgl. insoweit BGH v. 12.3.1981 – VII ZR 293/79, NJW 1981, 1509, 1510.
4 BGH v. 18.11.1982 – VII ZR 305/81, BGHZ 85, 305, 315; Schlegelberger/Hefermehl, § 348 Rn. 30.

Rechtsverkehr für Kaufleute, da diese ebenfalls durch § 242 BGB gegen unbillige Geschäftsbedingungen geschützt werden[1].

Unangemessen hohe Vertragsstrafen sind gemäß § 307 BGB unwirksam. 12

Im Übrigen gilt das **Verbot der Kumulation von Schadensersatz und Vertragsstrafe** auch im kaufmännischen Verkehr[2]. Eine **verschuldensunabhängige Vertragsstrafe** kann nur vereinbart werden, wenn gewichtige Umstände vorliegen, die diese sachlich rechtfertigen[3]. 13

Eine **Vertragsstrafe in Prozentsatz der Auftragssumme** muss eine Obergrenze enthalten[4]. Auch unter Kaufleuten ist eine Vertragsstrafenklausel unwirksam, die zu ungerechtfertigter Bereicherung des Verwenders führen kann[5]. 14

b) Einzelfälle

Vorfälligkeitsklausel bei unverschuldetem Zahlungsrückstand[6]; Zulässigkeit des Vorbehalts der Strafe, § 341 Abs. 3 BGB[7]; Unzulässigkeit von Strafgeldern für die Beteiligung an wettbewerbsbeschränkenden Preisabsprachen[8]. 15

§ 349
Ausschluss der Einrede der Vorausklage

Dem Bürgen steht, wenn die Bürgschaft für ihn ein Handelsgeschäft ist, die Einrede der Vorausklage nicht zu. Das Gleiche gilt unter der bezeichneten Voraussetzung für denjenigen, welcher aus einem Kreditauftrag als Bürge haftet.

---

1 BGH v. 18.11.1982 – VII ZR 305/81, BGHZ 85, 305, 315.
2 BGH v. 11.7.1984 – VIII ZR 35/83, NJW 1985, 56; *Ulmer/Brandner/Hensen*, § 309 Nr. 5 BGB Rn. 29.
3 BGH v. 28.9.1978 – II ZR 10/77, BGHZ 72, 174, 178, 179; insoweit auch BGH v. 11.7.1984 – VIII ZR 35/83, NJW 1985, 57, 58 für den Fall einer einvernehmlichen Vertragsaufhebung.
4 BGH v. 19.1.1989 – VIII ZR 348/87, WM 1989, 449.
5 *Baumbach/Hopt*, § 348 Rn. 5.
6 BGH v. 30.9.1985 – VIII ZR 251/84, BGHZ 96, 182.
7 BGH v. 29.9.1986 – VIII ZR 276/84, NJW 1987, 380.
8 BGH v. 23.6.1988 – VII ZR 117/87, BGHZ 105, 24.

Übersicht

	Rn.		Rn.
I. Regelungsinhalt	1	7. Nachbürgschaft	22
II. Voraussetzungen für den Ausschluss der Einrede der Vorausklage		IV. Rechtsfolgen	23
		V. Abgrenzung von ähnlichen Rechtsinsituten	
1. Übernahme einer Bürgschaft, § 765 BGB/Erteilung eines Kreditauftrags, § 778 BGB	3	1. Garantievertrag a) Inhalt	24
		b) Wirksamkeit	26
2. Kaufmann	5	2. Schuldbeitritt	
III. Arten der Bürgschaft		a) Inhalt	27
1. Globalbürgschaft/Kreditbürgschaft	7	b) Abgrenzung von der Bürgschaft	29
2. Kontokorrentbürgschaft	13	3. Schuldanerkenntnis/Schuldversprechen	30
3. Zeitbürgschaft	14		
4. Bürgschaft auf erstes Anfordern	17	4. Schuldübernahme	31
5. Ausfallbürgschaft	20	5. Patronatserklärung	32
6. Rückbürgschaft	21	6. Delkredere-Vertrag	34

Rechtsprechungsübersichten Bürgschaft: *Berger*, BauRB 2004, 377; *P. Bydlinski*, WM 1992, 1301; *Fischer*, WM 1998, 1705, 1749; *Merz*, WM 1977, 1270; WM 1980, 230; WM 1982, 174; WM 1984, 1141; WM 1988, 291; *Pape*, NJW 1995, 1006; NJW 1996, 887; NJW 1997, 980; *Kreft*, WM 1997, Beil. 5; *Tiedtke*, NJW 2001, 1015; NJW 2003, 1359; NJW 2005, 2498; DB 2006, 2162.

I. Regelungsinhalt

1   Die Vorschrift lässt für die Bürgschaft, § 765 BGB, und den Kreditauftrag, § 778 BGB, die Einrede der Vorausklage entfallen, soweit sich ein Kaufmann verpflichtet hat. Nach den Regelungen des BGB haftet der Bürge gemäß § 771 BGB nur subsidiär. Er kann den Gläubiger darauf verweisen, zunächst die Zwangsvollstreckung gegen den Hauptschuldner zu versuchen (Einrede der Vorausklage/Vorausvollstreckung). Diese Einrede entfällt nur in den Fällen des § 773 BGB, z.B. wenn der Bürge nach § 773 Abs. 1 Nr. 1 BGB darauf verzichtet hat (selbstschuldnerische Bürgschaft). § 349 ordnet an, dass die Bürgschaft des Kaufmanns immer eine **selbstschuldnerische** ist. Der Gesetzgeber sieht den Kaufmann wegen seiner größeren geschäftlichen Erfahrung als weniger schutzwürdig an. Die Vorschrift ist allerdings dispositiv; der Vorbehalt der Vorausklage kann vertraglich vereinbart werden. Ob dies der Fall ist, ist durch Auslegung, §§ 133, 157 BGB, zu ermitteln.

2   Im Übrigen gelten die Vorschriften der **§§ 765 ff. BGB** auch für die selbstschuldnerische Handelsbürgschaft, so dass dem Handelsbürgen alle Einwendungen und Einreden sowohl bezüglich seiner eigenen Person als auch der Person des Hauptschuldners (§§ 767, 768 BGB) erhalten bleiben[1].

---

[1] Zur Anwendbarkeit der Grundsätze der Sittenwidrigkeit von Bürgschaften auf Handelsgesellschaften vgl. BGH v. 18.12.1997 – IX ZR 271/96, BGHZ 137, 329; BGH v. 18.9.2001 – IX ZR 183/00, NJW 2002, 1337.

II. Voraussetzungen für den Ausschluss der Einrede der Vorausklage

1. Übernahme einer Bürgschaft, § 765 BGB/Erteilung eines Kreditauftrags, § 778 BGB

Die **Bürgschaft** ist die vertragliche Verpflichtung einer Person, des Bürgen, gegenüber dem Gläubiger eines Dritten, des Hauptschuldners, für die Erfüllung der Verbindlichkeit dieses Dritten einzustehen. Sie ist charakterisiert durch die Akzessorität mit der Hauptverbindlichkeit sowohl in Bestand und Umfang (§§ 767, 768 BGB) und der Gläubigeridentität hinsichtlich Bürgschafts- und Hauptforderung[1]. 3

Der **Kreditauftrag** ist ein Auftrag i.S.d. § 662 BGB, in dem sich der Beauftragte verpflichtet, im eigenen Namen und auf eigene Rechnung einem Dritten Kredit zu gewähren[2]. Der Auftraggeber ist, in der Regel aus Eigeninteresse, Veranlasser der Kreditbegründung. Gemäß § 778 BGB haftet er wie ein Bürge gegenüber dem Beauftragten für den Kredit des Dritten. 4

2. Kaufmann

Die Bürgschaftserklärung bzw. die Kreditbeauftragung muss ein **Handelsgeschäft**, §§ 343, 344 (vgl. Anm. dort), **eines Kaufmanns**, §§ 1–3, 6, auch eines Scheinkaufmanns kraft Eintragung, § 5, sein. Erfasst wird auch der Rechtsscheinkaufmann kraft Auftretens[3], weil sich der Verkehr nach dem äußeren Erscheinungsbild richten kann. 5

Maßgebend für die Kaufmannseigenschaft ist der **Zeitpunkt des Abschlusses** des Bürgschaftsvertrages; ein späterer Wegfall ist unerheblich[4]. Zum Handelsgeschäft vgl. §§ 343, 344. 6

III. Arten der Bürgschaft

1. Globalbürgschaft/Kreditbürgschaft

Gerade im Handelsverkehr wird eine Bürgschaft häufig nicht für eine einzelne Forderung, sondern für mehrere – unter Umständen alle – Forderungen eines bestimmten Gläubigers aus der Geschäftsverbindung mit dem Hauptschuldner begeben. Gemäß § 765 Abs. 2 BGB kann die Bürgschaft nämlich auch für künftige Forderungen bestellt werden. Der praktisch bedeutsamste Fall ist die Absicherung von Kreditverbindlichkeiten gerade im Rahmen einer Bankverbindung (Kreditbürgschaft). 7

---

1 BGH v. 3.3.1976 – VIII ZR 209/74, DB 1976, 766; *Palandt/Sprau*, vor § 765 BGB Rn. 1; MünchKommBGB/*Pecher*, § 767 BGB Rn. 1.
2 MünchKommBGB/*Habersack*, § 778 BGB Rn. 3 m.N.
3 *Schlegelberger/Hefermehl*, § 349 Rn. 39; a.A. *Roth*, in Koller/Roth/Morck, § 349 Rn. 3.
4 *Schlegelberger/Hefermehl*, § 349 Rn. 41.

8 Diesbezüglich stellt sich in der Praxis das Problem der Bestimmtheit der gesicherten Forderung und des Umfangs der Bürgenhaftung bei Hinzutreten neuer Umstände. Auch die Frage der **Sittenwidrigkeit** einer Bürgschaft wegen finanzieller Überforderung greift hier in besonderem Maße[1].

9 Hinsichtlich der **Bestimmtheit** genügt es, dass die Forderung nach Auslegung gemäß §§ 133, 157 BGB bestimmbar ist[2]. In diesem Sinne ist etwa die Bürgschaft für die künftigen Forderungen einer Bank aus ihrer Geschäftsverbindung mit dem Hauptschuldner als hinreichend bestimmt anzusehen[3].

10 Hinsichtlich des Haftungsumfangs kollidiert die umfassende Verbürgung im Rahmen einer Globalbürgschaft mit § 767 Abs. 1 S. 3 BGB. Nach dieser Vorschrift ist es dem Hauptschuldner (und auch dem Gläubiger) verwehrt, durch neue Rechtsgeschäfte den Verpflichtungsumfang der Bürgschaft auszuweiten. Deshalb wird gerade in der Literatur vielfach gefordert, die Bürgenschuld im Falle der globalen Übernahme entweder durch eine betragsmäßige Begrenzung der Hauptschuld oder die Bürgschaftsschuld selbst zu limitieren[4].

11 Nach der Rechtsprechung des BGH hingegen ist eine Globalbürgschaft auch ohne Höchstbetrag grundsätzlich wirksam[5]. Im Rahmen der gebotenen Auslegung ist allerdings zu prüfen, ob die Bürgschaft nur für bestimmte Kreditverträge und damit nicht für alle Geschäftsverbindlichkeiten gewährt worden ist[6]. In diesem Sinne sichert die Globalbürgschaft auch nicht Kredite, die nach Kündigung der Geschäftsverbindung begründet worden sind[7].

12 Eine Einschränkung ergibt sich jedoch bei einer **formularmäßigen Ausdehnung der Bürgenhaftung.** Nach der neueren Rechtsprechung des BGH nämlich verstößt die formularmäßige Ausdehnung der Bürgenhaftung auf alle bestehenden und künftigen Forderungen des Gläubigers aus der Geschäftsverbindung mit dem Hauptschuldner nach dem Grundgedanken des § 767 Abs. 1 S. 3 BGB gegen § 307 BGB, sofern der Bürge die Entstehung neuer Schulden nicht beeinflussen kann. In solchen Fällen beschränkt sich die Haftung auf Kredite, die den Anlass für den Bürgschaftsvertrag bildeten – bei einem limitierten Kontokorrentkredit etwa bis zur Höhe der bei der Übernahme der Bürgschaft eingeräumten Kreditlinie[8]. In dieselbe Richtung – nämlich Schutz des Bürgen bei formularmäßiger Ausdehnung der Bürgenhaftung oder Beschränkung seiner Rechte – geht im Übrigen auch die neuere

---

1 Vgl. zu dieser Problematik BGH v. 18.9.1997 – IX ZR 283/96, WM 1997, 2117; BGH v. 8.10.1998 – IX ZR 257/97, WM 1998, 2327; BGH v. 27.1.2000 – IX ZR 198/98, WM 2000, 410; instruktiv zum Meinungsstand Vorlagebeschluss des XI. Zivilsenats v. 29.6.1999 – XI ZR 10/98, WM 1999, 1556 und die Stellungnahme des IX. Zivilsenats v. 15.2.2000, WM 2000, 470.
2 BGH v. 30.3.1995 – IX ZR 98/94, NJW 1995, 1986.
3 BGH v. 18.5.1995 – IX ZR 108/94, BGHZ 130, 19, 21 m.N.
4 Etwa *Heymann/Horn*, § 349 Rn. 39.
5 BGH v. 18.5.1995 – IX ZR 108/94, BGHZ 130, 19, 21.
6 BGH v. 22.9.1987 – IX ZR 220/86, WM 1987, 1430, 1431.
7 BGH v. 14.7.1988 – IX ZR 115/87, WM 1988, 1301, 1303.
8 BGH v. 18.5.1995 – IX ZR 108/94, BGHZ 130, 19 mit umfangreichen Nachweisen.

Rechtsprechung des BGH, wonach ein formularmäßiger genereller Verzicht auf die Rechte des Bürgen aus § 767 BGB nach § 307 BGB unwirksam ist[1]. Der Bürge allerdings, der als Geschäftsführer, Allein- oder Mehrheitsgesellschafter der Hauptschuldnerin Art und Höhe ihrer Verbindlichkeiten bestimmen kann, bedarf des Schutzes des § 767 Abs. 1 S. 3 BGB nicht[2]. In diesem Sinne hat der BGH die formularmäßige Globalbürgschaft eines Handlungsbevollmächtigten, der anstelle eines Geschäftsführers eine GmbH leitet und für diese die verbürgten Kredite aufnimmt, als wirksam angesehen[3].

2. Kontokorrentbürgschaft

Bei der Kontokorrentbürgschaft als einem Unterfall der Kreditbürgschaft beschränkt sich die Besicherung auf den künftigen Kontokorrentsaldo. Die zulässige Besicherung einer künftigen Forderung ergibt sich aus § 765 Abs. 2 BGB. Die in das Kontokorrent aufgenommenen Forderungen sind durch die zugrundeliegende Kontokorrentabrede hinreichend bestimmt. Auf ein Anerkenntnis des Abschlusssaldos kann sich der Gläubiger berufen[4]. 13

3. Zeitbürgschaft

Die Zeitbürgschaft ist geprägt durch eine zeitliche Begrenzung. Eine solche ist zum einen in der Weise denkbar, dass der Bürge unbefristet für Forderungen haftet, die in einem bestimmten Zeitraum entstehen oder fällig werden, zum anderen, dass der Bürge nur innerhalb eines bestimmten Zeitraums in Anspruch genommen werden kann. Der Inhalt ist im Einzelfall durch Auslegung des Bürgschaftsvertrags zu ermitteln[5]. 14

Der erstgenannte Fall ist insbesondere gegeben, wenn für künftige oder in der Entwicklung begriffene Verbindlichkeiten gebürgt werden soll[6]. Der zweite Fall ist insbesondere dann anzunehmen, wenn die verbürgte Verbindlichkeit im Zeitpunkt der Bürgschaftsübernahme schon entstanden ist[7]. Das Gleiche gilt, wenn sich aus der Erklärung ergibt, dass die Bürgschaft zu einem bestimmten Termin erlöschen soll. 15

Die Vorschrift des § 777 BGB bezieht sich allein auf die im Sinne des zweiten Falles genannte Zeitbürgschaft. Treten die Voraussetzungen der Inan- 16

---

1 BGH v. 2.3.2000 – IX ZR 328/98, NJW 2000, 1566.
2 BGH v. 18.5.1995 – IX ZR 108/94, WM 1995, 1397, 1400; vgl. auch BGH v. 15.7.1999 – IX ZR 243/98, WM 1999, 1761 für den Fall eines Gesellschafterbürgen.
3 BGH v. 16.12.1999 – IX ZR 36/98, WM 2000, 514, dort auch zur Frage der Sittenwidrigkeit wegen ungewöhnlich starker Belastung.
4 BGH v. 18.12.2001 – XI ZR 360/00, NJW-RR 2002, 986.
5 BGH v. 30.1.1997 – IX ZR 133/96, WM 1997, 625, 628.
6 BGH v. 17.12.1987 – IX ZR 93/86, NJW 1988, 908.
7 BGH v. 6.5.1997 – IX ZR 136/96, NJW 1997, 2233, 2234.

spruchnahme – unter Beachtung von § 777 Abs. 1 BGB – nicht innerhalb der Zeitbestimmung ein, so erlischt die Haftung des Bürgen[1].

4. Bürgschaft auf erstes Anfordern

17 Bei der Bürgschaft auf erstes Anfordern ist es dem Bürgen verwehrt, Einwendungen und Einreden aus dem Hauptschuldverhältnis dem Zahlungsverlangen entgegenzusetzen. Diese sind allein im Wege der Rückforderung der zunächst geleisteten Zahlung nach § 812 BGB geltend zu machen[2]. Der Gläubiger braucht nur die Bürgenleistung vertragsgerecht anzufordern; die Schlüssigkeit der Hauptforderung muss er nicht darlegen[3]. Ihm obliegt allerdings der Beweis, dass die Bürgschaft den geltend gemachten Anspruch betrifft[4]. Auch kann der Bürge einwenden, dass der Gläubiger nach dem Inhalt des Vertrages mit dem Hauptschuldner keinen Anspruch auf eine solche Sicherheit (sondern nur auf eine „einfache" Bürgschaft) habe, sofern sich dies aus dem unstreitigen Sachverhalt oder dem Inhalt der Vertragsurkunde ohne weiteres ergibt. Dies gilt jedoch nicht, wenn der Bürge in bewusster Abweichung von der Vereinbarung des Gläubigers mit dem Hauptschuldner eine Bürgschaft auf erstes Anfordern erteilt[5].

18 Der Gläubiger darf den Bürgschaftsvertrag nur dann anfordern, wenn die gesicherte Hauptverbindlichkeit besteht und der Sicherungsfall eingetreten ist[6]. Im Übrigen steht bei offensichtlichem Fehlen der materiellen Berechtigung des Gläubigers dem Bürgen der Einwand des **Rechtsmissbrauchs** zu. Das Fehlen der Anspruchsberechtigung muss sich aber hinreichend deutlich durch Auslegung der Bürgschaftsurkunde und unter ergänzender Heranziehung sonstiger unstreitiger oder durch Urkunden belegter Umstände ergeben[7]. Auch wenn sich der Gläubiger in masseloser Insolvenz befindet, oder der Insolvenzverwalter Masseunzulänglichkeit angezeigt hat, entfällt das Recht, Zahlung auf erstes Anfordern zu verlangen[8].

19 Obwohl die Bürgschaft auf erstes Anfordern sehr risikobehaftet ist, sieht der BGH unter Kaufleuten, insbesondere im Baugewerbe, keine besondere Aufklärungspflicht[9]. In diesem Sinne ist auch die **formularmäßige Vereinbarung** einer solchen Bürgschaft grundsätzlich im kaufmännischen Verkehr wirk-

---

[1] BGH v. 24.9.1998 – IX ZR 371/97, NJW 1999, 55, 56; BGH v. 29.6.2000 – IX ZR 299/98, WM 2000, 1796.
[2] BGH v. 23.1.1997 – IX ZR 297/95, NJW 1997, 1435, 1457.
[3] BGH v. 23.1.1997 – IX ZR 297/95, NJW 1997, 1435, 1457.
[4] BGH v. 25.7.1999 – IX ZR 24/98, NJW 1999, 2361 – dort auch nur Umdeutung in eine „einfache" Bürgschaft.
[5] BGH v. 10.2.2000 – IX ZR 397/98, WM 2000, 715, 717 – dort auch zur Belehrungspflicht der Bank gegenüber dem Hauptschuldner.
[6] Zuletzt BGH v. 28.9.2000 – VII ZR 460/97, WM 2000, 2103 m.N.
[7] BGH v. 14.12.1995 – IX ZR 57/95, NJW 1996, 717, 718; bei Zweifeln zur Höhe des Anspruchs BGH v. 17.10.1996 – IX ZR 325/95, NJW 1997, 255.
[8] BGH v. 4.7.2002 – IX ZR 97/99, BGHZ 151, 236.
[9] BGH v. 2.4.1998 – IX ZR 79/97, NJW 1998, 2280, 2281 mit Anm. *Klötzel*, BB 1998, 1440.

sam[1]. Unwirksam hingegen ist der generelle formularmäßige Ausschluss der Einreden aus § 768 BGB[2].

5. Ausfallbürgschaft

Die Ausfallbürgschaft ist das Gegenstück der **Selbstschuldbürgschaft**, die für den Kaufmann die Regelform darstellt. Der Ausfallbürge kann vom Gläubiger nur bei dessen endgültigem Ausfall mit der Hauptforderung in Anspruch genommen werden, wenn der Gläubiger also weder vom Hauptschuldner noch durch Verwertung anderer Sicherheiten eine Befriedigung für seine Forderung erlangen kann[3]. Hat der Gläubiger den Ausfall selbst verschuldet, z.B. durch nicht rechtzeitige Zwangsversteigerung oder unzureichende Verwertung von Sicherheiten, haftet der Ausfallbürge nicht[4]. Der Gläubiger muss sowohl den Ausfall als auch die Einhaltung der bei der Verfolgung des verbürgten Anspruchs gebotenen Sorgfalt darlegen und beweisen[5], wenn nicht die Parteien etwas anderes geregelt haben[6].

6. Rückbürgschaft

Die Rückbürgschaft ist eine Bürgschaft, die gegenüber einem Bürgen als künftigem Gläubiger der Rückgriffsforderung gegen den Hauptschuldner übernommen wird. Dementsprechend setzt die Haftung des Rückbürgen voraus, dass der Hauptbürge den Gläubiger befriedigt hat, also die Forderung des Gläubigers für den Hauptschuldner nach § 774 Abs. 1 S. 1 BGB auf ihn übergegangen ist.

7. Nachbürgschaft

Bei der Nachbürgschaft steht der Bürge für die Bürgschaftsverpflichtung eines anderen Bürgen ein[7]. Gesichert wird die Hauptbürgschaft und damit auch die Hauptschuld. Dementsprechend wird – im Unterschied zur Rückbürgschaft – regelmäßig der Vertrag über die Nachbürgschaft zwischen dem Gläubiger der Hauptschuld und dem Nachbürgen geschlossen; ist der Gläubiger selbst nicht beteiligt, liegt ein echter Vertrag zugunsten Dritter vor, § 328 BGB.

---

1 Einschränkend GK/*Schmidt*, § 349 Rn. 17b mit allerdings nicht nachvollziehbarer Begründung; ersichtlich trägt auch die dort zitierte Rechtsprechung nicht zur Lösung der Problematik bei, dass die Bürgschaft auf erstes Anfordern kein sachgerechtes Mittel ist, einen unwirksam vereinbarten Selbstbehalt abzulösen; s. BGH v. 5.6.1997 – VII ZR 374/95, NJW 1997, 2598, 2599.
2 BGH v. 8.3.2001 – IX ZR 236/00, NJW 2001, 1857, 1858.
3 BGH v. 25.6.1992 – IX ZR 24/92, NJW 1992, 2629, 2630.
4 BGH v. 10.12.1998 – IX ZR 156/98, WM 1999, 173, 177; BGH v. 19.3.1998 – IX ZR 120/97, NJW 1998, 2138, 2141.
5 BGH v. 10.12.1998 – IX ZR 156/98, WM 1999, 173, 177.
6 BGH v. 19.3.1998 – IX ZR 120/97, NJW 1998, 2138, 2141.
7 BGH v. 13.12.1978 – VIII ZR 266/77, BGHZ 73, 94, 96.

IV. Rechtsfolgen

23 Sind die Voraussetzungen von § 349 erfüllt, haftet der Bürge bzw. Kreditauftraggeber wie ein **selbstschuldnerischer Bürge**, § 773 Abs. 1 Nr. 1 BGB. §§ 771, 772 BGB gelten nicht, und ihm steht nicht die Einrede der Vorausklage zu. Er kann deshalb sofort in die Bürgenhaftung genommen werden, ohne dass ein Vollstreckungsversuch beim Hauptschuldner aufgrund eines Titels unternommen werden müsste.

V. Abgrenzung von ähnlichen Rechtsinstituten

1. Garantievertrag

a) Inhalt

24 Bei der Garantie übernimmt der Garant eine **vertragliche Verpflichtung zur Schadloshaltung**, falls der garantierte Erfolg, der auch im Ausbleiben eines Schadens bestehen kann, nicht eintritt[1]. Sie bezieht sich grundsätzlich auf ein künftiges Ereignis, kann aber auch einen Schaden betreffen, der bereits eingetreten, aber dem Versprechensempfänger noch nicht bekannt ist[2]. Der Garantieanspruch ist regelmäßig nicht subsidiär. Der Garantievertrag ist auch im Gegensatz zur Bürgschaft dem Grundsatz nach nicht akzessorisch; eine Abhängigkeit von der Hauptschuld kann sich aber gleichwohl je nach Ausformulierung der Garantie ergeben. Bezieht sich die Garantie auf eine andere Forderung, können sich Abgrenzungsschwierigkeiten zur Bürgschaft ergeben. Hauptkriterium ist der Wille zur selbständigen, nicht akzessorischen Verpflichtung[3].

25 Bei der **Auslegung** führt zwar die Verwendung der Begriffe „Garantie", „Garantien" nicht zwingend zur Annahme eines Garantievertrages, bildet aber starke Anhaltspunkte für eine solche Verpflichtung[4]. Bei nicht behebbaren Zweifeln ist eine Bürgschaft als die weniger weitreichende Verpflichtungsform anzunehmen[5].

b) Wirksamkeit

26 Die Wirksamkeit des Garantievertrages bestimmt sich nach §§ 241, 311 BGB. Vertragsgegenstand ist eine selbständige Einstandspflicht des Garanten für den Fall, dass der garantierte Erfolg nicht eintritt[6]. Die vom Schuldgrund unabhängige Schadloshaltung umfasst dabei auch alle atypischen Zufallsschäden, nicht jedoch die Erfüllung. Indizien für das Vorliegen eines Garan-

---

1 BGH v. 11.7.1985 – IX ZR 11/85, NJW 1985, 2941.
2 BGH v. 26.6.1988 – VII ZR 117/87, ZIP 1988, 1126, 1128.
3 *Heymann/Horn*, § 349 Rn. 79.
4 BGH v. 15.11.1963 – Ib ZR 206/62, WM 1964, 61 ff. Zur Auslegung auch BGH v. 10.2.1999 – VIII ZR 70/98, NJW 1999, 1542, 1543.
5 BGH v. 19.12.1974 – II ZR 27/73, WM 1975, 348 ff.; *Heymann/Horn*, § 349 Rn. 79.
6 BGH v. 18.2.1982 – I ZR 20/80, WM 1982, 632; MünchKommBGB/*Habersack*, Vor § 765 BGB Rn. 13.

tievertrages sind das Eigeninteresse des Garanten am Erfolg sowie die fehlende Akzessorität zum Kausalgeschäft[1].

2. Schuldbeitritt

a) Inhalt

Beim Schuldbeitritt tritt der Neuschuldner in das bereits bestehende Schuldverhältnis zwischen dem Gläubiger und dem bisherigen (Allein-)Schuldner mit ein. Im Gegensatz zum Bürgen, der für eine fremde Schuld haftet, begründet der Beitretende eine **eigene Schuld** und haftet selbständig neben dem bisherigen Alleinschuldner dem Gläubiger gegenüber als Gesamtschuldner. Der Schuldbeitritt setzt zwar bei seiner Entstehung den Bestand der Forderung voraus, der beigetreten wird, ist aber im weiteren Fortbestand und Umfang davon unabhängig[2].

27

Eine gewisse **Akzessorität** kann sich jedoch durch die vertragliche Vereinbarung zwischen dem Beitretenden und dem Gläubiger ergeben; im Übrigen besteht nur die Abhängigkeit zwischen der Verpflichtung des Beitretenden und der Hauptschuld nach Maßgabe der Gesamtschuldregeln der §§ 422 ff. BGB.

28

b) Abgrenzung von der Bürgschaft

Bei der Abgrenzung von der Bürgschaft ist maßgebend, inwieweit sich ein Wille des Verpflichteten ermitteln lässt, eine selbständige eigene Schuld zu begründen oder – wie der Bürge – akzessorisch für eine fremde Verbindlichkeit zu haften. Im Zweifel kann der Vertragspartner eine solche selbständige Verpflichtung nur dann annehmen, wenn aus seiner Sicht ein **starkes eigenes wirtschaftliches Interesse des Beitretenden** besteht, das sich nicht unbedingt auf die Gegenleistung des Gläubigers beziehen muss[3]. Ein bloßes ideelles Interesse, etwa bei Familienangehörigen, genügt in der Regel nicht[4].

29

3. Schuldanerkenntnis/Schuldversprechen

Im Gegensatz zur Bürgschaft wird bei dem Schuldversprechen und dem Schuldanerkenntnis i.S.d. §§ 780, 781 BGB (zur Definition vgl. § 350 Rn. 5) eine **selbständige Verpflichtung** des Versprechenden begründet, die zudem noch abstrakt ist von einem bestehenden Schuldgrund. Bei der Auslegung muss sich deutlich ein Wille des Versprechenden zur selbständigen und abstrakten Verpflichtung abzeichnen; in diesem Sinne ergeben sich im Hinblick auf die Abgrenzung zur Bürgschaft als einer akzessorischen Haftung für eine fremde Verbindlichkeit kaum Schwierigkeiten.

30

---

1 BGH v. 25.9.1985 – VIII ZR 175/84, WM 1985, 1418.
2 RGZ 64, 318, 320; BGH v. 3.6.1952 – IV ZR 108/51, BGHZ 6, 385, 397.
3 BGH v. 25.9.1968 – VIII ZR 164/66, NJW 1968, 2332.
4 Vgl. auch *Heymann/Horn*, § 349 Rn. 87.

4. Schuldübernahme

31 Eine Schuldübernahme i.S.d. §§ 414, 415 BGB ist gegeben, wenn der Übernehmer an die Stelle des bisherigen Schuldners tritt und dieser von seiner Verpflichtung aus dem Schuldverhältnis frei wird. Sie erfolgt entweder durch formlosen Vertrag zwischen Übernehmer und Gläubiger, § 414 BGB, oder durch Vertrag zwischen Schuldner und Übernehmer unter der Bedingung der Genehmigung durch den Gläubiger, § 415 BGB. Der Unterschied zum Schuldbeitritt liegt in der **Befreiung des alten Schuldners**, der Unterschied zur Bürgschaft darin, dass eine **eigenständige Schuld** übernommen und nicht nur für eine fremde Verbindlichkeit gehaftet wird.

5. Patronatserklärung

32 Der Begriff der Patronatserklärung entstammt dem Konzernrecht und bedeutet ein **Versprechen der Muttergesellschaft gegenüber dem Gläubiger einer Tochtergesellschaft**, für deren Verbindlichkeiten einzustehen. Unterschieden werden die „harte" und die „weiche" Patronatserklärung. Letztere erfolgt ohne Rechtsbindungswillen; aus ihr lassen sich keine Erfüllungs- oder Schadensersatzansprüche herleiten[1]. Bei der „harten" Patronatserklärung hingegen haftet die Muttergesellschaft neben der Tochtergesellschaft als Gesamtschuldnerin[2].

33 Eine als Patronatserklärung bezeichnete Vereinbarung, in der die gesetzliche Haftung für die Schulden eines anderen übernommen wird, ist im Zweifel als Bürgschaft auszulegen[3].

6. Delkredere-Vertrag

34 Der Delkredere-Vertrag beinhaltet die Verpflichtung des Schuldners, für die Erfüllung eines Vertrages, den er namens oder im Interesse des Gläubigers zustande gebracht hat, einzutreten. Hauptanwendungsfälle sind die Delkredere-Verpflichtungen des **Handelsvertreters**, der gemäß § 86b gegenüber dem Unternehmer für die Bonität des Kunden einsteht, und die des **Kommissionärs** gemäß § 394 (vgl. Anm. dort).

§ 350
Formfreiheit

Auf eine Bürgschaft, ein Schuldversprechen oder ein Schuldanerkenntnis finden, sofern die Bürgschaft auf der Seite des Bürgen, das Versprechen oder das Anerkenntnis auf der Seite des Schuldners ein Handelsgeschäft ist, die

---

[1] *Michalski*, WM 1994, 1230.
[2] BGH v. 30.1.1992 – IX ZR 112/91, BGHZ 117, 127.
[3] OLG Köln v. 29.1.1986 – 2 U 129/85, EWiR 1986, 567; *Heymann/Horn*, § 349 Rn. 91.

Formvorschriften des § 766 Satz 1 und 2, des § 780 und des § 781 Satz 1 und 2 des Bürgerlichen Gesetzbuchs keine Anwendung.

I. Regelungsinhalt

Die Vorschrift lässt für Bürgschaften (§ 765 BGB), Schuldversprechen (§ 780 BGB) und Schuldanerkenntnisse (§ 781 BGB) (zu den Begriffen im Einzelnen § 349 Rn. 8 ff.), die Anwendbarkeit entsprechender **Formvorschriften entfallen**, wenn der Schuldner Kaufmann ist und das betreffende Rechtsgeschäft zu seinem Handelsgewerbe gehört. 1

Sinn der Vorschrift ist, durch Freistellung von hinderlichen Formvorschriften den kaufmännischen Handelsverkehr zu erleichtern und dessen besonderem Bedürfnis nach **einfacher und schneller Abwicklung** Rechnung zu tragen[1]. § 350 betrifft allein die Form des Vertrags. Insbesondere folgt daraus nicht eine erleichterte Einbeziehung formularmäßiger Bürgschaftsklauseln[2]. 2

Die Formfreiheit bezieht sich aber nur auf die Vorschriften der §§ 766 S. 1 und 2, 780, 781 S. 1 und 2 BGB. Etwaige Formzwänge aus anderen Rechtsgründen – etwa aus § 311b BGB wegen Verbindung mit einem Grundstücksgeschäft – bleiben bestehen. Die Vorschrift ist dispositiv (s. unten Rn. 4). Zur Einschränkung der Anforderungen an § 766 S. 1 BGB bei vereinbarter Schriftform einer Bürgschaft Rn. 4.

II. Formerfordernisse nach dem BGB

1. Bürgschaft

Nach § 766 S. 1 BGB ist zur Gültigkeit des Bürgschaftsvertrages die **schriftliche Erteilung der Bürgschaftserklärung** (§ 126 Abs. 1 BGB) durch den Bürgen erforderlich. Nach dem durch das Gesetz zur Anpassung der Formvorschriften des Privatrechts und anderer Vorschriften an den modernen Rechtsverkehr vom 13.7.2001[3] eingefügten § 766 S. 2 BGB kann die Schriftform nicht durch die elektronische Form ersetzt werden. Das Formerfordernis bezieht sich auf alle Punkte, auf die sich die Bürgschaftsverpflichtung erstrecken soll. Es ist nur eingehalten, wenn die Urkunde außer dem Willen, für eine fremde Schuld einzustehen, auch die Bezeichnung des Gläubigers, des Hauptschuldners und der verbürgten Hauptschuld enthält[4]. Bei der Auslegung können jedoch auch außerhalb der Urkunde liegende Umstände herangezogen werden, wenn sich aus dem Urkundeninhalt selbst hinreichende Anhaltspunkte ergeben[5]. 3

---

1 BGH v. 8.12.1992 – XI ZR 96/92, NJW 1993, 584, 585 m.N.
2 BGH v. 24.9.1998 – IX ZR 425/97, NJW 1998, 3708 für den Fall einer vorformulierten Ausdehnung der Bürgenhaftung im kaufmännischen Geschäftsverkehr.
3 BGBl. I 1542.
4 BGH v. 22.3.1979 – VII ZR 259/77, NJW 1980, 1449; BGH v. 3.12.1992 – IX ZR 29/92, NJW 1993, 725 m.N.
5 BGH v. 3.12.1992 – IX ZR 29/92, NJW 1993, 725 m.N.

4 Zweck von § 766 S. 1 BGB ist es, den Bürgen vor der mit seiner Erklärung verbundenen risikoreichen, streng einseitigen Haftung zu warnen. Diese **Warnfunktion** entfällt beim Kaufmann. Vereinbart demnach ein Kaufmann für eine Bürgschaft die Schriftform, gelten hierfür grundsätzlich nicht die Anforderungen, die die Rechtsprechung im Rahmen des § 766 BGB im Hinblick auf die Warnfunktion zum Schutz des Bürgen aufgestellt hat. Die Schriftform dient hier vielmehr regelmäßig dazu, den Umfang der Verpflichtung klarzustellen und die Forderung im Streitfall **zu beweisen**[1]. Die schriftliche Bürgschaftserklärung eines Kaufmanns ist daher auch dann wirksam, wenn der Inhalt der Hauptschuld sich ausschließlich aus Umständen ergibt, die außerhalb der Bürgschaftsurkunde liegen[2]. Im Übrigen richten sich die an die Wahrung der Form zu stellenden Voraussetzungen nach der zugrundeliegenden Vereinbarung, die nach §§ 133, 157 BGB auszulegen ist[3].

2. Schuldversprechen/Schuldanerkenntnis

5 Nach §§ 780, 781 BGB ist nur für die Gültigkeit eines Vertrages, durch den ein Versprechen eine Verpflichtung selbständig begründen (Schuldversprechen) oder das Bestehen eines Schuldverhältnisses (abstrakt) anerkannt werden soll (Schuldanerkenntnis)[4], die **schriftliche Erteilung** (§ 126 Abs. 1 BGB) des Versprechens oder der Anerkennungserklärung erforderlich; auch hier ist die elektronische Form nicht zulässig, §§ 780 S. 2, 781 S. 2 BGB. Nach § 781 S. 3 BGB bleiben strengere Formerfordernisse (z.B. §§ 311, 313, 518 Abs. 1 S. 2 BGB) unberührt.

6 Der **Formzwang entfällt**, wenn das Schuldversprechen oder das Schuldanerkenntnis aufgrund einer Abrechnung oder im Wege des Vergleiches erteilt wird (§ 782 BGB). Aus dieser Regelung lässt sich auch ableiten, dass die Formvorschrift nicht dem Schutz des Schuldners vor Übereilung, sondern der Rechtssicherheit durch Schaffung klarer Beweisverhältnisse dient[5]. Der Formzwang erstreckt sich nicht auf einen Schuldbeitritt zu einem Schuldanerkenntnis[6].

III. Voraussetzungen der Formfreiheit
1. Handelsgeschäft auf Seiten des Schuldners

7 Die Übernahme der Bürgschaft, das Schuldversprechen oder das Schuldanerkenntnis müssen auf Seiten des Schuldners ein Handelsgeschäft i.S.d. § 343 sein, insbesondere gilt auch die **Vermutung der Betriebszugehörigkeit** nach

---

1 BGH v. 3.12.1992 – IX ZR 29/92, NJW 1993, 724, 725.
2 BGH v. 25.1.1967 – VIII ZR 173/64, NJW 1967, 823.
3 OLG Celle v. 24.2.1999 – 14a (6) M 224/97, BauR 2000, 1351.
4 Zu den Voraussetzungen eines abstrakten Anerkenntnisses BGH v. 14.10.1998 – XII ZR 66/97, NJW 1999, 574, 575.
5 H.M., BGH v. 8.12.1992 – XI ZR 26/92, NJW 1993, 584 m.N.; *Palandt/Sprau*, § 781 BGB Rn. 6; a.A. *Heymann/Horn*, § 350 Rn. 3.
6 BGH v. 8.12.1992 – XI ZR 26/92, NJW 1993, 584.

§ 344¹. Bei Bürgschaften ist es unerheblich, ob die Hauptschuld selbst aus dem Handelsgeschäft stammt². § 350 gilt auch für Bürgschaften, die zum Zwecke der Abwendung der Zwangsvollstreckung nach § 712 Abs. 2 ZPO abgegeben werden; unberührt bleiben aber die Voraussetzungen, die nach den Vorschriften der Zwangsvollstreckung (z.B. § 775 Nr. 3 ZPO) zu erfüllen sind³.

2. Persönlicher Anwendungsbereich
a) Kaufmannseigenschaft

§ 350 gilt für Kaufleute i.S.d. §§ 1–6, auch für den **Kaufmann kraft Rechtsscheins** (vgl. § 349 Rn. 5). Eine Differenzierung nach dem Schutzzweck der Formvorschrift[4] verbietet sich im Hinblick auf die Rechtssicherheit und den Schutz des gutgläubigen Verkehrs.

b) Persönlich haftender Gesellschafter einer Personengesellschaft

Zweifelhaft ist, ob § 350 auf persönlich haftende Gesellschafter einer Personengesellschaft (zur Kaufmannseigenschaft vgl. § 343 Rn. 12) anwendbar ist, wenn sie sich im eigenen Namen für Verbindlichkeiten der Gesellschaft verbürgen bzw. Schuldversprechen oder Schuldanerkenntnisse im eigenen Namen in diesem Zusammenhang abgeben. Teilweise wird dies mit der Begründung abgelehnt, insoweit handle es sich nicht um ein Handelsgeschäft[5]. Eine solche Betrachtung widerspricht aber Sinn und Zweck von § 350. Der persönlich haftende Gesellschafter einer Personenhandelsgesellschaft betreibt in dieser Eigenschaft ein **Handelsgewerbe.** Wenn er im Zusammenhang mit diesem Handelsgewerbe Erklärungen abgibt, betreffen sie ebenfalls das Betreiben seines Gewerbes und sind bei zweckorientierter Auslegung als Handelsgeschäfte anzusehen[6].

c) Nicht persönlich haftende Gesellschafter

Etwas anderes gilt beim Kommanditisten und beim – auch geschäftsführenden – GmbH-Gesellschafter, und zwar auch im Hinblick auf Verbindlichkeiten der Gesellschaft. Diese sind bereits (es sei denn aus anderen Gründen) **kein Kaufmann** (zur Problematik s. auch § 343 Rn. 12); § 350 findet auf sie

---

1 Vgl. Anm. dort; zur Vermutung eines Handelsgeschäftes bei Eingehen einer Bürgschaft durch eine Kauffrau für ihren Ehemann BGH v. 8.1.1976 – III ZR 148/73, WM 1976, 424.
2 *Baumbach/Hopt*, § 350 Rn. 7.
3 BGH v. 25.1.1967 – VIII ZR 173/64, NJW 1967, 823.
4 So *Roth*, in Koller/Roth/Morck, § 350 Rn. 3.
5 *Heymann/Horn*, § 350 Rn. 5; *Roth*, in Koller/Roth/Morck, § 350 Rn. 5 unter Berufung auf BGH v. 5.5.1960 – II ZR 128/58, NJW 1960, 1853, wobei allerdings ein anderer Fall zugrunde liegt.
6 So auch *K. Schmidt*, HR, § 18 I 1c aa.

schon dem Wortlaut nach keine Anwendung[1]. Insbesondere finden auch die Vorschriften über Verbraucherdarlehen (§§ 358, 491 ff., 499 ff. BGB; vgl. § 13 BGB) keine entsprechende Anwendung. Die Gegenansicht stellt auf das Merkmal der Geschäftserfahrenheit ab[2] und steht ungeachtet des klaren Wortlauts auch im Widerspruch zur Systematik der sonstigen Regelungen, die sich auf den Kaufmannsbegriff beziehen.

§ 351
(aufgehoben)

§ 351 wurde durch das HRefG vom 22.6.1998 aufgehoben. Die Vorschrift nahm den früheren Minderkaufmann (§ 4 a.F.) von der Anwendung der Sondervorschriften des HGB über Vertragsstrafen, Bürgschaft, Schuldversprechen und Schuldanerkenntnis (§§ 348–350) aus und unterstellte ihn damit insoweit uneingeschränkt dem BGB. Für den Kommissionär (§ 383 Abs. 2), den Frachtführer (§ 407 Abs. 3 S. 2), den Spediteur (§ 453 Abs. 3) und den Lagerverwalter (§ 467 Abs. 3) sind aber durch das HRefG funktionsgleiche Regelungen geschaffen worden.

§ 352
Gesetzlicher Zinssatz

(1) Die Höhe der gesetzlichen Zinsen, mit Ausnahme der Verzugszinsen, ist bei beiderseitigen Handelsgeschäften fünf vom Hundert für das Jahr. Das Gleiche gilt, wenn für eine Schuld aus einem solchen Handelsgeschäfte Zinsen ohne Bestimmung des Zinsfußes versprochen sind.

(2) Ist in diesem Gesetzesbuche die Verpflichtung zur Zahlung von Zinsen ohne Bestimmung der Höhe ausgesprochen, so sind darunter Zinsen zu fünf vom Hundert für das Jahr zu verstehen.

Schrifttum: *Kindler*, Gesetzliche Zinsansprüche im Zivil- und Handelsrecht, 1996.

I. Regelungsinhalt

1 Nach § 352 Abs. 1 S. 1 erhöht sich bei **beiderseitigen** Handelsgeschäften der gesetzliche Zinssatz, der nach § 246 BGB 4 % beträgt, auf 5 %. Die Vorschrift ist durch das Gesetz zur Beschleunigung fälliger Zahlungen vom 30.3.2000[3] im Zuge der Neuregelung der Höhe der Verzugszinsen in § 288 BGB geändert

---

1 BGH v. 12.5.1986 – II ZR 225/85, ZIP 1986, 1457; BGH v. 28.1.1993 – IX ZR 259/91, NJW 1993, 1126; BGH v. 8.11.2005 – XI ZR 34/05, NJW 2006, 431; *Heymann/Horn*, § 350 Rn. 5.
2 *K. Schmidt*, HR, § 18 I 1c aa.
3 BGBl. I 330.

worden. Nach § 288 BGB ist eine Geldschuld während des Verzugs mangels anderer Rechtsgrundlage mit 5 % über Basiszinssatz zu verzinsen (vgl. dazu Rn. 7). Folgerichtig nimmt die Vorschrift entgegen der alten Fassung die Verzugszinsen aus der Regelung heraus.

Der erhöhte Zinssatz gilt nach § 352 Abs. 1 S. 2 auch dann, wenn im Rahmen eines beiderseitigen Handelsgeschäftes eine Schuld vereinbarungsgemäß zu verzinsen ist, ohne dass die Parteien einen Zinssatz festgelegt haben; ebenso, wenn im HGB für (auch einseitige) Handelsgeschäfte eine Verzinsungspflicht (§§ 110 Abs. 2, 111, 354, 355) vorgesehen ist, § 352 Abs. 2. **Fälligkeitszinsen** nach § 353 (vgl. Anm. dort) fallen sowohl unter § 352 Abs. 1 S. 1 als auch § 352 Abs. 2.

II. Wesen des Zinses

Zinsen sind die **nach der Laufzeit bemessene, gewinn- und umsatzunabhängige Vergütung für den Gebrauch eines auf Zeit überlassenen Kapitals**[1]. Dabei ist die fortlaufende Entrichtung der Zinsen zwar typisch, aber nicht begriffswesentlich[2].

Maßgebendes Kriterium ist die Bemessung nach der Zeitdauer der Kapitalüberlassung; laufzeitunabhängige Leistungen fallen daher grundsätzlich nicht unter den Zinsbegriff[3]. So hängt es bei dem sog. **Disagio/Agio** (Abschlag vom/Aufschlag auf den Nennbetrag bei Auszahlung des Darlehens) davon ab, ob es der Abgeltung von Kosten dient oder ein laufzeitabhängiges Entgelt darstellt[4]. **Kreditgebühren** sind jedenfalls dann Zinsen im Rechtssinn, wenn sie nach der Zeitdauer der Kapitalüberlassung bemessen werden[5]. Für den Anwendungsbereich von § 253 hat die Abgrenzung jeweils keine Bedeutung, da sowohl das Disagio als auch die Kreditgebühren eine geregelte Vergütung darstellen.

III. Handelsgeschäftlicher Zinsfuß (§ 352 Abs. 1)

1. Kaufmannseigenschaft der Parteien

Beide Vertragsparteien müssen zum **Zeitpunkt des Abschlusses des Geschäftes** Kaufleute sein (vgl. § 343 Rn. 8). Hinsichtlich Nichtkaufleuten, die lediglich wegen ihres Auftretens als Kaufmann als solche behandelt werden (Rechtsscheinkaufmann, Anh. zu § 5), greift § 352 Abs. 1 entsprechend den Grundsätzen der Rechtsscheinshaftung nur zu Lasten, nicht zugunsten des Auftretenden.

---

1 BGH v. 19.10.1978 – II ZR 96/77, NJW 1979, 542; *Palandt/Heinrichs*, § 246 BGB Rn. 2 m.N.
2 *Canaris*, NJW 1978, 1891; *Palandt/Heinrichs*, § 246 BGB Rn. 2.
3 BGH v. 9.11.1978 – III ZR 21/77, NJW 1979, 806, 808.
4 BGH v. 2.7.1981 – III ZR 8/80, NJW 1981, 2180, 2181.
5 BGH v. 19.10.1978 – II ZR 96/77, NJW 1979, 541; BGH v. 25.10.1979 – III ZR 182/77, NJW 1980, 446.

2. Beiderseitiges Handelsgeschäft

5   Erforderlich ist weiter ein beiderseitiges Handelsgeschäft i.S.d. §§ 343, 344 (vgl. dazu § 343 Rn. 2 ff.).

IV. Gesetzliche Zinsen

6   Die gesetzliche Zinsschuld kann z.B. beruhen auf §§ 256 BGB, 110 Abs. 2 HGB (Aufwendungsersatz), 641 Abs. 4 BGB (Werklohn); zu Zinseszinsen vgl. § 353 Rn. 9 f. Im Wechsel- und Scheckrecht gelten Sonderregeln: Art. 48 Abs. 1 Nr. 2, 49 Nr. 2 WG; Art. 45 Nr. 2, 46 Nr. 2 ScheckG.

V. Verzugszinsen

1. Zinsen nach § 288 Abs. 1 S. 1 BGB

7   Nach § 288 Abs. 1 S. 1 BGB i.d.F. des Gesetzes vom 30.3.2000 (s. Rn. 1) ist eine Geldschuld während des Verzugs mangels anderer Rechtsgrundlage mit 5 % über dem Basiszinssatz zu verzinsen; nach der alten Fassung erfolgte die Regelverzinsung nach dem gesetzlichen Zinssatz von 4 % (§ 246 BGB).

2. Zinsen als Verzugsschaden

8   Nach § 288 Abs. 4 BGB ist die Geltendmachung eines weiteren Schadens nicht ausgeschlossen; insbesondere kann der Gläubiger nach §§ 280 Abs. 1 und 2, 286 Abs. 1 BGB seinen durch Verzug entstandenen Schaden ersetzt verlangen. Dieser Schaden kann insbesondere in dem **Verlust von Anlagezinsen** oder – was in der Praxis wesentlich häufiger ist – in der **Aufwendung von Kreditzinsen** bestehen.

9   Die **Höhe des Schadens** hat der Gläubiger darzulegen und zu beweisen. Wird allerdings der Ersatz von Kreditzinsen verlangt, genügt zunächst die allgemeine Behauptung des Gläubigers, er habe einen Bankkredit mit dem geltend gemachten Zinssatz zu mindestens der Höhe der in Verzug geratenen Forderung aufgenommen; erst wenn der Schuldner dies bestreitet, ist eine konkrete Darlegung erforderlich[1]. Für den Nachweis genügt dann regelmäßig eine Bankbestätigung, die im Wege des Urkundenbeweises verwertet werden kann. Jedenfalls bei einem Kaufmann ist es nicht notwendig, dass dieser den behaupteten Kredit gerade wegen der Klageforderung aufgenommen hat[2]; für ihn besteht auch eine tatsächliche Vermutung, dass er eingehende Zahlungen zur Rückführung des Krediten verwendet hätte[3]. In diesem Fall muss der Schuldner darlegen und beweisen, dass die Rückzahlung gerade nicht zur Kredittilgung verwendet worden wäre[4].

---

1 BGH v. 27.2.1991 – XII ZR 39/90, NJW-RR 1991, 1406.
2 BGH v. 26.10.1983 – IVa ZR 21/82, NJW 1984, 371.
3 BGH v. 12.12.1990 – VIII ZR 35/90, NJW-RR 1991, 793.
4 A.A. *Baumbach/Hopt*, § 352 Rn. 5 m.N.

VI. Vertragliche Zinsen – Grenzen

Sie werden von § 352 Abs. 1 S. 2 nur dann erfasst, wenn der Zinssatz nicht durch Vereinbarung geregelt wurde. Grenzen für solche Vereinbarungen, die auch in den AGB möglich und üblich sind, ergeben sich aus § 138 Abs. 1 BGB (Verstoß gegen gute Sitten), § 138 Abs. 2 BGB (Wucher) und aus § 242 BGB.

10

Dabei ist in der Praxis eine **Sittenwidrigkeit nach § 138 Abs. 1 BGB** von vordringlicher Bedeutung, weil hinsichtlich des Wuchertatbestandes nach § 138 Abs. 2 BGB in der Regel das subjektive Tatbestandsmerkmal der Ausbeutung einer Zwangslage nicht erfüllt sein wird. Im Hinblick auf Ratenkreditverträge hat die Rechtsprechung den Rechtsgrundsatz entwickelt, dass Sittenwidrigkeit vorliegt, wenn zwischen Leistung und Gegenleistung ein auffälliges Missverhältnis besteht und der Kreditgeber die schwächere Lage des anderen Teils bewusst zu seinem Vorteil ausnutzt oder sich leichtfertig der Erkenntnis verschließt, dass der Kreditnehmer sich darauf nur wegen seiner wirtschaftlichen Schwäche und mangelnden Geschäftsgewandtheit einlässt[1].

11

Diese Grundsätze können auch auf **gewerbliche Kredite** angewandt werden[2], allerdings folgt insoweit nicht ohne weiteres aus dem Vorliegen eines objektiven auffälligen Missverhältnisses auch das Vorliegen des subjektiven Tatbestandes[3].

12

§ 353

Fälligkeitszinsen

Kaufleute untereinander sind berechtigt, für ihre Forderungen aus beiderseitigen Handelsgeschäften vom Tage der Fälligkeit an Zinsen zu fordern. Zinsen von Zinsen können auf Grund dieser Vorschrift nicht gefordert werden.

I. Regelungsinhalt

§ 353 S. 1 sieht abweichend von § 288 Abs. 1 BGB (erst mit Verzug) bzw. § 291 BGB (ab Rechtshängigkeit) unter Kaufleuten[4] eine **Verzinsung** bereits **vom Tage der Fälligkeit** an vor. § 353 S. 2 wiederholt das Zinseszinsverbot von § 289 S. 1 BGB.

1

---

1 St. Rspr., BGH v. 19.2.1991 – XI ZR 319/89, NJW 1991, 1811; *Palandt/Heinrichs*, § 138 BGB Rn. 25 ff.
2 BGH v. 19.2.1991 – XI ZR 319/89, NJW 1991, 1811.
3 Vgl. i.E. *Palandt/Heinrichs*, § 138 Rn. 32, 30; dort auch umfangreiche Nachweise zur Rechtsprechung über die maßgeblichen Überschreitungen der marktüblichen Zinsen; eingehend auch *Heymann/Horn*, § 353 Rn. 20 ff.
4 Im nichtkaufmännischen Verkehr können Fälligkeitszinsen nicht durch AGB vereinbart werden, BGH v. 11.12.1997 – IX ZR 46/97, WM 1998, 295.

II. Voraussetzungen der Fälligkeitszinsen (§ 353 S. 1)

1. Beiderseitiges Handelsgeschäft

2   Es gelten die §§ 343, 344, vgl. Anm. dort. Erfasst werden alle **Kaufleute** i.S.d. §§ 1–6. Bei einem Kaufmann kraft Rechtsscheins aber ist die Vorschrift nur zu Lasten, nicht zugunsten anwendbar (vgl. § 352 Rn. 4). Maßgebend für den Zeitpunkt der Kaufmannseigenschaft ist das Entstehen der Forderung; späterer Erwerb oder Verlust sind unerheblich.

2. Geldforderung

3   Die Vorschrift setzt eine Geldforderung voraus, wobei unerheblich ist, ob ihr ein **primärer oder sekundärer Anspruch** (etwa Schadensersatz wegen Nichterfüllung aufgrund von Leistungsstörungen) zugrundeliegt. Erfasst werden auch Forderungen in ausländischer Währung.

3. Fälligkeit der Forderung

a) Begriff

4   Unter **Fälligkeit** versteht man den Zeitpunkt, von dem ab der Gläubiger – entweder aufgrund vertraglicher Vereinbarung oder kraft Gesetzes – die Leistung verlangen kann. Bei einer **Wahlschuld** ist nach Konzentration auf die gewollte Leistung der geschuldete Geldbetrag rückwirkend zu verzinsen[1]. **Stundung** bedeutet das Hinausschieben der Fälligkeit[2]. Sie ist zu unterscheiden von der Abrede, die Forderung zeitweilig nicht geltend zu machen (**pactum de non petendo**); insoweit bleibt die Fälligkeit bis zur Erhebung der Einrede bestehen. Das Versprechen des Gläubigers, aus einem Titel zeitweilig nicht zu vollstrecken, lässt die Fälligkeit unberührt.

5   Die Fälligkeit entfällt, wenn dem Schuldner die **Einrede des nichterfüllten Vertrags** nach § 320 Abs. 1 BGB zusteht, es sei denn, der Gläubiger bietet die Gegenleistung in Annahmeverzug begründender Weise an. Das bloße objektive Bestehen genügt; einer Geltendmachung der Einrede bedarf es nicht.

b) Zurückbehaltungsrecht

6   Ein Zurückbehaltungsrecht nach § 273 Abs. 1 BGB beseitigt nicht die Fälligkeit des Gegenanspruchs und lässt daher grundsätzlich die **Zinspflicht des Schuldners unberührt.** Insoweit ergibt sich eine Abweichung zur Regelung für Verzugs- und Prozesszinsen; diese werden nämlich durch die Geltendmachung der Einrede nach § 273 BGB ausgeschlossen[3]. Eine Gleichstellung ist nicht geboten, weil bei einem Angebot der Leistung durch den Schuldner in einer Weise, die den Annahmeverzug begründet (§§ 293 ff. BGB), die Rechts-

---

1 OLG München v. 2.7.1997 – 7 U 3100/97, NJW-RR 1998, 1189.
2 MünchKommBGB/*Krüger*, § 271 BGB Rn. 21.
3 *Palandt/Heinrichs*, § 273 BGB Rn. 20.

folge von § 301 BGB greift. Nach dieser Vorschrift entfällt im Fall des Gläubigerverzuges die Verzinsungspflicht.

4. Rechtsfolge

Die Forderung ist **ab Fälligkeit zu verzinsen.** Die Höhe bestimmt sich nach der vertraglichen Abrede, ansonsten nach § 352. Die Zinspflicht entfällt, wenn der Gläubiger in Annahmeverzug kommt, § 301 BGB (vgl. Rn. 6). Bei Holschulden ist der Gläubiger dann im Annahmeverzug, wenn er das Geld nicht bei Fälligkeit abholt. 7

§ 353 S. 1 ist **dispositiv;** die Parteien können abweichende Vereinbarungen treffen. So enthält § 16 Nr. 5 Abs. 3 VOB/B eine Sonderregelung für die Verzinsung von Bauforderungen, die nicht nur Verzugs-, sondern auch Fälligkeitszinsen ausschließt[1]. 8

III. Verbot von Zinseszinsen (§ 353 S. 2)

§ 353 S. 2 belässt es auch für den Bereich des Handelsrechts bei der Regelung von **§ 289 S. 1 BGB**, wonach Zinsen auf Verzugszinsen nicht zu entrichten sind. Auch Kaufleuten ist es nach § 248 Abs. 1 BGB untersagt, im Voraus hiervon abweichende Vereinbarungen zu treffen; eine **Ausnahme** gilt gemäß § 248 Abs. 2 BGB für Banken. Eine weitere Ausnahme ergibt sich ferner nach § 355 Abs. 1, wenn der festgestellte Saldo Zinsen enthält (vgl. Anm. dort). Gemäß § 289 S. 2 BGB bleibt der Anspruch auf Ersatz des nachweislich entstandenen weiteren Verzugsschadens unberührt. 9

Der Gläubiger kann als **Schadensersatz** nach §§ 280 Abs. 1 und 2, 286 Abs. 1, 289 S. 2 BGB insoweit Zinsen von Verzugszinsen verlangen, wenn er den Schuldner wegen rückständiger Verzugszinsbeträge wirksam in Verzug gesetzt hat und – wovon bei Kreditinstituten auszugehen ist – auch die Verzugszinsen als vorenthaltene Geldbeträge anderweitig angelegt hätte[2]. 10

§ 354
Provision; Lagergeld; Zinsen

(1) Wer in Ausübung seines Handelsgewerbes einem anderen Geschäfte besorgt oder Dienste leistet, kann dafür auch ohne Verabredung Provision und, wenn es sich um Aufbewahrung handelt, Lagergeld nach den an dem Orte üblichen Sätzen fordern.

(2) Für Darlehen, Vorschüsse, Auslagen und andere Verwendungen kann er vom Tage der Leistung an Zinsen berechnen.

---

1 BGH v. 19.2.1964 – Ib ZR 203/62, NJW 1964, 1223; BGH v. 8.12.1983 – VII ZR 139/82, NJW 1984, 1460.
2 BGH v. 9.2.1993 – XI ZR 88/92, WM 1993, 586; zum Bestehenbleiben der vierjährigen Verjährungsfrist vgl. BGH v. 9.2.1993 – XI ZR 84/92, DB 1993, 1563.

Übersicht

	Rn.		Rn.
I. Regelungsinhalt	1	2. Geschäftsbesorgung	8
II. Erweiterung zivilrechtlicher Regelungen	2	3. Tätigkeit im Interesse des Anderen	10
		4. Berechtigung zur Leistung	11
1. Vereinbarungsfiktion	3	5. Keine vorrangige Vergütungsvereinbarung	12
2. Vorrang vertraglicher Vereinbarungen	5	6. Rechtsfolge	15
III. Voraussetzungen des Vergütungsanspruchs (§ 354 Abs. 1)		IV. Verzinsungspflicht (§ 354 Abs. 2)	
		1. Regelungsinhalt	16
1. Kaufmannseigenschaft	7	2. Anspruchsvoraussetzungen	17

I. Regelungsinhalt

1 Die Vorschrift trägt dem Umstand Rechnung, dass ein Kaufmann nach allgemeiner Anschauung im Handelsverkehr **nicht unentgeltlich** im Dienst anderer tätig wird und dass dieser Umstand seinem Geschäftspartner bekannt ist oder er jedenfalls damit rechnen muss[1]. In diesem Sinn liegt bei Streit unter Kaufleuten die Beweislast für die Unentgeltlichkeit einer Zuwendung bei demjenigen, der sich auf die Unentgeltlichkeit beruft[2].

II. Erweiterung zivilrechtlicher Regelungen

2 Bereits im allgemeinen Zivilrecht gilt nach §§ 612 Abs. 1, 632 Abs. 1, 653 Abs. 1, 689 BGB im Dienst-, Werk-, Makler- und Verwahrungsvertrag eine **Vergütung als stillschweigend vereinbart**, wenn die Leistung den Umständen nach nur gegen eine Vergütung zu erwarten ist. Für einen Kaufmann gilt dies erst recht. In Fortführung dieses Rechtsgedankens erweitert § 354 diese Regelung zugunsten der Kaufleute in zweierlei Hinsicht: Zum einen erstreckt sich die Fiktion der Vereinbarung einer Vergütung auf jede Geschäftsbesorgung oder Dienstleistung für andere in ihrem Gewerbe, zum anderen wird klargestellt, dass die Tätigkeit des Kaufmanns für den Kunden grundsätzlich nur gegen Vergütung zu erwarten ist.

1. Vereinbarungsfiktion

3 Während der Zweck der genannten zivilrechtlichen Regelungen darin liegt, durch die Fiktion einer (subsidiären) Vergütungsregelung zu verhindern, dass der entgeltliche Vertrag wegen Nichteinigung über einen wesentlichen Punkt ungültig wird, betrifft die Fiktionswirkung von § 354 bereits die **vorvertragliche Ebene**, d.h. die Frage, ob überhaupt ein Vertrag zustande gekommen ist. Eine Vergütungspflicht nach den genannten zivilrechtlichen Vorschriften setzt eine Einigung über einen entgeltlichen Vertrag voraus. Eine

---

[1] RGZ 122, 229, 232; BGH v. 28.1.1993 – I ZR 292/90, NJW-RR 1993, 802.
[2] OLG Rostock v. 22.3.1999 – 3 U 84/98, ZMR 1999, 552 für den Fall einer Gebrauchsüberlassung.

solche Einigung wird auch im Bereich von § 354 regelmäßig vorliegen, weil derjenige, der die Leistung eines Kaufmanns annimmt, als objektiver Empfänger damit rechnen muss, dass er diese nur gegen Entgelt bekommt und damit die Hinnahme der betreffenden Leistung jedenfalls als stillschweigende Annahme eines Vertragsangebotes zu sehen ist.

Im Gegensatz zu den zivilrechtlichen Vorschriften gibt aber § 354 auch dann einen Anspruch, wenn eine solche vertragliche Vereinbarung gerade nicht zustande gekommen ist. Insoweit bildet § 354 Abs. 1 eine **eigene Anspruchsgrundlage**[1]. 4

2. Vorrang vertraglicher Vereinbarungen

Der Anwendungsbereich der Vorschrift wird dadurch begrenzt, dass vertragliche (Vergütungs-)Vereinbarungen vorgehen[2]. Eine solche Vereinbarung kann sich einmal auf die **Regelung der Vergütung** beziehen (Unentgeltlichkeit); maßgebend kann aber auch sein, dass zwischen den Parteien ausdrücklich geführte **Vertragsverhandlungen gescheitert** sind und der leistende Kaufmann aus dem Verhalten des Kunden keine konkludente Vertragsannahme ableiten kann. 5

Die Vorschrift verschafft auch **keinen Vergütungsanspruch**, wenn die Tätigkeit gegen das Gesetz oder die guten Sitten verstößt (§§ 134, 138 BGB) oder wenn das Gesetz die Vergütung für die Tätigkeit anderweitig ausgeschlossen hat, z.B. nach §§ 656, 764 BGB[3]. Vorrang hat auch ein abweichender Handelsbrauch. 6

III. Voraussetzungen des Vergütungsanspruchs (§ 354 Abs. 1)

1. Kaufmannseigenschaft

Der **Leistende** muss Kaufmann sein i.S.d. §§ 1–6, erfasst wird aber nicht der (nicht eingetragene) Kaufmann kraft Rechtsschein[4]. Maßgebend für die Kaufmannseigenschaft ist die Zeit der Tätigkeit[5]. Erforderlich ist weiter ein (auch einseitiges) **Handelsgeschäft** i.S.d. §§ 343, 344 (vgl. Anm. dort). Allgemein zu den Voraussetzungen des Provisionsanspruchs BGH vom 28.1.1993[6]. 7

---

1 RGZ 122, 232; BGH v. 28.1.1993 – I ZR 292/90, NJW-RR 1993, 802; *Heymann/Horn*, § 354 Rn. 6.
2 BGH v. 31.3.1982 – IVa 4/81, NJW 1982, 1523 m.N.; BGH v. 7.7.2005 – III ZR 397/04, BGHZ 163, 332; *Heymann/Horn*, § 354 Rn. 2; *Schlegelberger/Hefermehl*, § 354 Rn. 12.
3 BGH v. 29.3.2000 – VIII ZR 81/99, WM 2000, 1406, 1413; *Schlegelberger/Hefermehl*, § 354 Rn. 12.
4 *Heymann/Horn*, § 354 Rn. 3 m.N.
5 *Heymann/Horn*, § 354 Rn. 3; a.A. *Roth*, in Koller/Roth/Morck, § 354 Rn. 2.
6 BGH v. 28.1.1993 – I ZR 292/90, NJW-RR 1993, 802 m.w.N.

2. Geschäftsbesorgung

8 Der Kaufmann muss für den anderen Geschäfte besorgen oder Dienste leisten. Die Begriffe sind **weit auszulegen:** die Abgrenzung zwischen Geschäftsbesorgung und Dienstleistung ist daneben bedeutungslos[1].

9 **Beispiele:** Vermittlung von Flugpassagen[2]; Beschaffung von Kapital[3]; Kreditgewährung; Übersendung von Waren zum Gebrauch; Übernahme einer Bürgschaft; Aufbewahrung von Gegenständen (auch für die Aufbewahrung der Kaufsache durch den Verkäufer bei Annahmeverzug des Käufers, § 373 Abs. 1[4]).

3. Tätigkeit im Interesse des Anderen

10 Nimmt der Kaufmann sein **eigenes Interesse** wahr, ist die Vorschrift selbst dann nicht anwendbar, wenn seine Bemühungen im Ergebnis auch dem Anderen zugute kommen[5]. Allerdings ist unschädlich, wenn der Kaufmann neben dem Fremden zugleich auch noch sein eigenes Interesse verfolgt[6]; nicht ausreichend ist allerdings, wenn bei Verfolgung der eigenen Interessen Rücksicht genommen wird[7].

4. Berechtigung zur Leistung

11 Der Leistende muss gegenüber dem anderen zur Leistung berechtigt sein. Diese Berechtigung wird sich **regelmäßig aus dem Vertrag** ergeben (vgl. Rn. 1), fehlt ein Vertrag, ist es ausreichend, dass der Kaufmann befugtermaßen gegenüber dem anderen tätig geworden ist[8]. Insoweit ist die willentliche Entgegennahme der Dienste ausreichend. Nicht unter die Vorschrift fällt etwa die eigenmächtige Einlagerung von Sachen.

5. Keine vorrangige Vergütungsvereinbarung

12 Die Vorschrift greift nicht, wenn eine vorrangige Vergütungsregelung besteht (vgl. auch Rn. 5). Insoweit ist insbesondere zu prüfen, ob der Kaufmann die Tätigkeit als **Nebenleistung** in einen bestehenden Vertrag zu erbringen hat bzw. diese im Entgelt für die Hauptleistung mit abgegolten ist, etwa die Zusendung der Kaufsache durch den Verkäufer oder die Verwahrung durch

---

1 *Schlegelberger/Hefermehl*, § 354 Rn. 3.
2 BGH v. 21.12.1973 – IV ZR 158/72, BGHZ 62, 71, 79.
3 BGH v. 11.6.1964 – VII ZR 191/62, BB 1964, 906.
4 BGH v. 14.2.1996 – VIII ZR 185/94, NJW 1996, 1464, 1465; *Schlegelberger/Hefermehl*, § 354 Rn. 6, § 374 Rn. 4.
5 BGH v. 21.11.1983 – VIII ZR 173/82, NJW 1984, 436 m.N.: Verwertung von Eigentumsvorbehaltsware durch den Verkäufer.
6 GroßkommHGB/*Canaris*, § 354 Anm. 6.
7 BGH v. 21.11.1983 – VIII ZR 173/82, NJW 1984, 435.
8 BGH v. 7.11.1994 – II ZR 108/93, NJW 1995, 398; BGH v. 28.1.1993 – I ZR 292/90, NJW-RR 1993, 802; BGH v. 7.7.2005 – III ZR 397/04, BGHZ 163, 332; GroßkommHGB/*Canaris*, § 354 Anm. 5; a.A. *Roth*, in Koller/Roth/Morck, § 354 Rn. 5.

den Kommissionär; etwas anderes kann gelten bei außergewöhnlicher Belastung[1].

Die Vorschrift gilt auch dann nicht, wenn nach Handelsbrauch oder Verkehrssitte die **Leistung unentgeltlich zu erbringen ist**, z.B. erfolglose Vermittlungsversuche; Kostenvoranschlag; einfache vorbereitende Arbeiten (anders, wenn der Handelsbrauch auf einer rechtswidrigen Übung beruht[2]). 13

Insbesondere die Kosten der Vertragsvorbereitung im Rahmen von **Vertragsverhandlungen** muss jede Vertragspartei grundsätzlich selbst tragen, weil das eigene Interesse am Vertragsschluss im Vordergrund steht[3]. 14

6. Rechtsfolge

§ 354 Abs. 1 gewährt einen **Anspruch auf Vergütung** für die Geschäftsbesorgung oder Dienstleistung. Die Umschreibung mit „Provision" ist nicht deckungsgleich mit den sonstigen HGB-Regelungen, etwa §§ 86b–87c. Die **Höhe** der Vergütung bestimmt sich nach dem Ortsgebrauch bzw. Handelsbrauch; fehlt ein solcher, nach billigem Ermessen des Kaufmanns (§§ 315, 316 BGB). 15

IV. Verzinsungspflicht (§ 354 Abs. 2)

1. Regelungsinhalt

§ 354 Abs. 2 regelt für bestimmte Ansprüche des Kaufmanns das **Bestehen und den Beginn** (insoweit in Erweiterung von § 353 S. 1) **der Verzinsungspflicht**. Es handelt sich um eine selbständige Norm, die nicht auf § 354 Abs. 1 bezogen ist. Auf eine Vergütung i.S. von § 354 Abs. 1 ist Abs. 2 daher nicht anzuwenden, es sei denn, dass seine besonderen Tatbestandsvoraussetzungen vorliegen[4]. 16

2. Anspruchsvoraussetzungen

Voraussetzung ist der Bestand eines **Verwendungsersatzanspruchs**, der vertraglich oder vertragsähnlich, unter Einschluss der GoA, begründet ist. Der Vergütungsanspruch für die Geschäftsbesorgung selbst wird nicht erfasst; die Begriffe „Darlehen" und „Vorschüsse" sind eng zu verstehen[5]. Wie bei § 354 Abs. 1 hat auch bei § 354 Abs. 2 eine Vereinbarung zwischen den Parteien Vorrang. 17

Rechtsfolge ist der Beginn der Verzinsung zum Zeitpunkt der Aufwendung; der Zinssatz beträgt 5 % gemäß § 352 Abs. 2. 18

---

1 Vgl. BGH v. 3.10.1962 – VIII ZR 231/61, BB 1962, 1345.
2 Vgl. BGH v. 21.12.1973 – IV ZR 158/72, BGHZ 62, 71, 82.
3 *Heymann/Horn*, § 354 Rn. 9.
4 *Schlegelberger/Hefermehl*, § 354 Rn. 17, 20.
5 *Schlegelberger/Hefermehl*, § 354 Rn. 17.

§ 354a
Abtretung einer Geldforderung

(1) Ist die Abtretung einer Geldforderung durch Vereinbarung mit dem Schuldner gemäß § 399 des Bürgerlichen Gesetzbuchs ausgeschlossen und ist das Rechtsgeschäft, das diese Forderung begründet hat, für beide Teile ein Handelsgeschäft, oder ist der Schuldner eine juristische Person des öffentlichen Rechts oder ein öffentlich-rechtliches Sondervermögen, so ist die Abtretung gleichwohl wirksam. Der Schuldner kann jedoch mit befreiender Wirkung an den bisherigen Gläubiger leisten. Abweichende Vereinbarungen sind unwirksam.

(2) Absatz 1 ist nicht auf eine Forderung aus einem Darlehensvertrag anzuwenden, deren Gläubiger ein Kreditinstitut im Sinne des Kreditwesengesetzes ist.

Schrifttum: *Bruns*, Die Dogmatik rechtsgeschäftlicher Abtretungsverbote im Lichte des § 354a HGB und der UNIDROIT Factoringkonvention, WM 2000, 505; *Wagner*, Materiell-rechtliche und prozessuale Probleme des § 354a HGB, WM 1996, Beil. 1.

I. Regelungsinhalt/Zweck der Vorschrift

1   Die Vorschrift, eingefügt durch Gesetz vom 25.7.1994 (DMBilGÄndG)[1], bestimmt in **Ausnahme von § 399 Fall 2 BGB**, dass bei beiderseitigen Handelsgeschäften ein zwischen dem Gläubiger und dem Schuldner vereinbartes Abtretungsverbot für Geldforderungen keine Wirkung hat (§ 354a Abs. 1 S. 1). § 354a Abs. 2, eingefügt durch Gesetz vom 12.8.2008[2], macht hiervon eine Ausnahme für Darlehen von Kreditinstituten.

2   Sie bezweckt damit eine **erleichterte Finanzierung** für Unternehmen, die ihre offenen Forderungen als Kreditsicherheit bei Banken oder Factoring-Unternehmen einsetzen können. Die Regelung entwickelt insoweit große praktische Bedeutung, da vor allem Großunternehmen mit ihren Lieferanten (Zulieferern) in ihren Einkaufsbedingungen ein solches Verbot vereinbart haben. Das in § 399 BGB vorgesehene Abtretungsverbot, das wirksam auch in AGB vereinbart werden kann[3], hat nach ständiger Rechtsprechung zur Folge, dass vertragswidrige Abtretungen absolut unwirksam sind[4]. Mit der Ausnahme für Darlehen von Kreditinstituten wird es für Kaufleute wieder möglich, beim Abschluss von Kreditverträgen wirksam ein Abtretungsverbot zu vereinbaren.

3   Andererseits bezweckt die Regelung in § 354a Abs. 1 S. 2, dass sich der Schuldner nicht auf wechselnde Gläubiger einstellen muss.

---

1 BGBl. I 1682.
2 Risikobegrenzungsgesetz vom 12.8.2008, BGBl. I 1666.
3 BGH v. 18.6.1980 – VIII ZR 119/79, BGHZ 77, 275.
4 BGH v. 21.10.1990 – IV ZR 24/90, BGHZ 112, 387, 389 f.

Die Vorschrift ist **zwingendes Recht** (§ 354a Abs. 1 S. 3). Damit ist sichergestellt, dass der vorgesehene Schutz des Schuldners weder einer individualvertraglichen noch einer formularmäßigen Beschränkung durch AGB zugänglich ist[1]. Dies gilt auch für Abreden mit den neuen Gläubigern[2].

II. Tatbestand und Anwendungsbereich

1. Sachlicher Anwendungsbereich

Erfasst werden sämtliche Ausschluss- und Beschränkungsabreden hinsichtlich der Abtretung von **Geldforderungen** aus einem **Rechtsgeschäft**. Die Vorschrift erstreckt sich damit auch auf Zustimmungserfordernisse[3], nicht hingegen auf Kontokorrentbindungen[4].

Keine Anwendung – auch nicht analog – findet die Vorschrift auf gesetzliche Abtretungsverbote oder gesetzliche Forderungsübergänge (cessio legis)[5].

Nicht erfasst werden Sachleistungsforderungen oder Ansprüche auf Begründung oder die Übertragung von Rechten.

2. Persönlicher Geltungsbereich

Es muss sich entweder um eine Forderung handeln, die auf einem Rechtsgeschäft beruht, das für beide Seiten ein **Handelsgeschäft** i.S.d. §§ 343, 344 ist (vgl. Anm. dort). Keine Anwendung findet § 354a zugunsten von Rechtsscheinkaufleuten; er gilt auch nicht entsprechend für kaufmannsähnliche Personen, die am Geschäftsverkehr teilnehmen[6]. Zwar wird in der Literatur wegen der damit verbundenen Benachteiligung von Nichtkaufleuten (berechtigt) Kritik erhoben[7] und im Hinblick auf Art. 3 Abs. 1 GG eine analoge Anwendung auf Kleingewerbetreibende und Freiberufler angenommen[8]. Einer analogen Anwendung aber steht bereits der klare Gesetzeswortlaut entgegen. Dies gilt aus Gründen der Rechtssicherheit und der Rechtsklarheit umso mehr im Hinblick auf den verfügungsrechtlichen Charakter der Vorschrift; immerhin betrifft sie die Inhaberschaft von Forderungen. Bei einer ausdehnenden Auslegung stellt sich dann auch weiter die Frage, wo die Grenzen des Anwendungsbereiches liegen sollen, etwa, ob auch Forderungen von bestimmten Privatpersonen einzubeziehen sind. In diesem sensi-

---

1 Ebenso *Baumbach/Hopt*, § 354a Rn. 3.
2 Einschränkend wohl *Wagner*, WM 1996, Beil. 1, 4.
3 OLG Köln v. 21.5.1997 – 27 U 124/96, WM 1998, 859, 860; OLG Celle v. 1.12.1998 – 16 U 13/98, NJW-RR 1999, 618; *Roth*, in Koller/Roth/Morck, § 354a Rn. 3.
4 Ebenso GK/*Schmidt*, § 354a Rn. 7.
5 GK/*Schmidt*, § 354a Rn. 6.
6 BGH v. 13.7.2006 – VII ZR 51/05, BB 2006, 2379.
7 *Wagner*, WM 1996, Beil. 1, 7 m.N.
8 *Canaris*, HR, § 28 Rn. 20; Koller/Roth/Morck, § 354a Rn. 2; vorsichtiger *Baukelmann*, Der Ausschluss der Abtretbarkeit von Geldforderungen in AGB-Fragen zu § 355a HGB, FS Brandner, 1996, S. 185, 201, der die Wertung des § 354a innerhalb der Inhaltskontrolle des AGB-Rechts berücksichtigen will.

blen Bereich ist es Sache des Gesetzgebers, den Umfang einer Regelung zu definieren.

9 Die Vorschrift erfasst weiter Forderungen aus Rechtsgeschäften, bei denen der Schuldner eine **juristische Person** des **öffentlichen Rechts** oder ein **öffentlich-rechtliches Sondervermögen** ist. Über den Wortlaut des Gesetzes hinaus ist auch hier erforderlich, dass das Rechtsgeschäft auf Seiten des Gläubigers ein Handelsgeschäft darstellt[1].

3. Zeitlicher Anwendungsbereich

10 § 354a Abs. 1 gilt seit dem 30.7.1994[2]. Er enthält zwar keine Übergangsregelung, gleichwohl ist er auch auf Verträge, die vor dem 30.7.1994 geschlossen worden sind, anzuwenden (anders noch 1. Aufl. Rn. 9), wenn die abgetretene Geldforderung erst am 30.7.1994 oder später entstanden ist[3]. Nur auf diese Weise kann die Vorschrift ihren Zweck erreichen, nachdem entsprechende Abtretungsvereinbarungen häufig langfristig getroffen werden und getroffen worden sind. § 354a Abs. 2 gilt seit dem 19.8.2008 und nur für Verträge, die nach der Verkündung der Vorschrift geschlossen wurden (vgl. Art. 64 EGHBG).

III. Rechtsfolgen

1. Wirksamkeit der Abtretung

11 Die Abtretung ist trotz Vereinbarung eines Abtretungsverbotes voll wirksam; der Zessionar wird Inhaber der Forderung. Im Insolvenzfall kann er aussondern (§ 47 InsO) oder absondern (§§ 50, 51 InsO)[4]. Nur der Zessionar kann – wenn kein Fall einer Einziehungsermächtigung vorliegt – die Forderung klageweise geltend machen. Im Hinblick auf § 354a Abs. 1 S. 2 muss sich der Antrag auf Zahlung entweder an den Zessionar oder an den Zedenten richten.

12 Der Wortlaut der Vorschrift lässt an sich die Wirksamkeit der Vereinbarung eines Abtretungsverbotes unberührt[5]. Praktisch ist dies jedoch ohne Bedeutung, weil entsprechend der Schutzrichtung der Schuldner nicht gegen den Gläubiger wegen Verletzung des Verbots vorgehen kann. Insoweit ergibt sich eine andere Rechtslage als bei § 137 BGB. Dort bleibt trotz Unwirksamkeit des Verfügungsverbotes (§ 354a Abs. 1 S. 1) die schuldrechtliche Verpflichtung voll bestehen (§ 354a Abs. 1 S. 2) mit der Folge, dass der Vertragspartner bei Verstoß Ansprüche wegen Nichterfüllung geltend machen kann.

---

1 BT-Drucks. 12/7912; ebenso GK/*Schmidt*, § 354a Rn. 8; a.A. *Wagner*, WM 1996, Beil. 1, 9.
2 Dazu *Wagner*, WM 1996, Beil. 1, 4.
3 OLG Braunschweig v. 20.3.1997 – 2 U 141/96, WM 1997, 1240; OLG Köln v. 21.5.1997 – 27 U 124/96, DB 1997, 2169 f.; GK/*Schmidt*, Rn. 9; *Wagner*, WM 1996, Beil. 1, 4 ff.; im Ergebnis auch BGH v. 23.1.2001 – X ZR 247/98, ZIP 2001, 611, 613.
4 Zu den insolvenzrechtlichen Fragen v. *Olshausen*, Konkursrechtliche Probleme um den neuen § 354a HGB, ZIP 1995, 1950; *Wagner*, WM 1996, Beil. 1, 23 f.; BGH v. 15.10.2003 – VIII ZR 358/02, DB 2003, 2646.
5 So auch *Roth*, in Koller/Roth/Morck, § 354a Rn. 3.

2. Befreiende Leistung an den Zedenten

Nach § 354a Abs. 1 S. 2 kann der Schuldner, über § 407 Abs. 1 BGB hinaus, nach wie vor an den Zedenten befreiend leisten, und zwar unabhängig davon, ob er Kenntnis von der Abtretung hat oder nicht. § 406 BGB findet keine Anwendung[1]. Die Vorschrift verschafft dem alten Gläubiger lediglich eine Empfangszuständigkeit für Leistungen des Abtretungsverbotsverwenders, legitimiert ihn jedoch nicht auch im Verhältnis zum neuen Gläubiger. Dem Zessionar stehen also gegenüber dem Zedenten im Hinblick auf die empfangene Leistung entweder Ansprüche aus dem zugrundeliegenden Kausalverhältnis oder aus § 816 Abs. 2 BGB zu. 13

Leistungen i.S.v. § 354a Abs. 1 S. 2 sind alle Erfüllungshandlungen, die die Schuld zum Erlöschen bringen. Damit gilt die Vorschrift entsprechend für die Aufrechnung, den Erlass und den Vergleich[2]; ebenso für alle leistungsbestimmenden Vereinbarungen, etwa eine Stundungsabrede[3]. 14

Die Rechtsstellung des Schuldners gegenüber dem Zessionar soll dadurch allerdings – über die verbleibende Empfangszuständigkeit hinaus – nicht verbessert werden. Scheitert eine Aufrechnung aus anderen Gründen (§ 95 Abs. 1 S. 3 InsO), wird sie durch § 354a Abs. 1 S. 2 nicht begründet[4]. 15

§ 355
Laufende Rechnungen; Kontokorrent

(1) Steht jemand mit einem Kaufmanne derart in Geschäftsverbindung, dass die aus der Verbindung entspringenden beiderseitigen Ansprüche und Leistungen nebst Zinsen in Rechnung gestellt und in regelmäßigen Zeitabschnitten durch Verrechnung und Feststellung des für den einen oder anderen Teil sich ergebenden Überschusses ausgeglichen werden (laufende Rechnung, Kontokorrent), so kann derjenige, welchem bei dem Rechnungsabschluss ein Überschuss gebührt, von dem Tage des Abschlusses an Zinsen von dem Überschusse verlangen, auch soweit in der Rechnung Zinsen enthalten sind.

(2) Der Rechnungsabschluss geschieht jährlich einmal, sofern nicht ein anderes bestimmt ist.

(3) Die laufende Rechnung kann im Zweifel auch während der Dauer einer Rechnungsperiode jederzeit mit der Wirkung gekündigt werden, dass derjenige, welchem nach der Rechnung ein Überschuss gebührt, dessen Zahlung beanspruchen kann.

---

1 BGH v. 26.1.2005 – VIII ZR 275/03, BB 2005, 404.
2 BGH v. 26.1.2005 – VIII ZR 275/03, BB 2005, 404.
3 Ebenso *Wagner*, WM 1996, Beil. 1, 15; anders GK/*Schmidt*, § 354a Rn. 10, der den entsprechenden Schuldnerschutz über § 407 BGB gewähren will.
4 BGH v. 15.3.2003 – VIII ZR 358/02, DB 2003, 2646.

Übersicht

	Rn.
I. Regelungsinhalt	1
II. Kontokorrent	
1. Begriff	2
2. Funktion	
a) Vereinfachung des Zahlungsverkehrs	4
b) Sicherungsfunktion	5
c) Kreditierung	6
III. Voraussetzungen des Kontokorrents	
1. Parteien	7
2. Geschäftsverbindung	9
3. Kontokorrentabrede	11
4. Periodizität	13
IV. Umfang des Kontokorrents	
1. Grundsatz	15
2. Kontokorrentfähigkeit	
a) Verrechenbare Leistungen und Ansprüche	16
b) Buchungsfähigkeit	18
c) Nicht kontokorrentfähige Ansprüche und Leistungen	
aa) Nicht aufrechenbare Forderungen	19
bb) Aufschiebend bedingte Ansprüche	22
cc) Unklagbare Ansprüche	23
3. Kontokorrentpflichtigkeit	
a) Parteiwille	25
b) Wechsel- und Scheckansprüche	27
V. Wirkungen des Kontokorrents	
1. Kontokorrentbindung	
a) „Lähmung" der Leistungen und Ansprüche	28
b) Verhältnis zu Dritten	30
2. Verrechnung	32
3. Saldoanerkenntnis	
a) Wirkungen des Anerkenntnisses	
aa) Novation	34
bb) Kausaler Saldo	35
b) Anerkenntnisvertrag	37
aa) Vertragsantrag	38
bb) Annahme des Angebots	39
cc) Annahme unter Änderungen	40
c) Unrichtigkeit des Saldos i.S.d. § 781 BGB	
aa) Kondiktionsanspruch bei fehlerhafter Saldierung	41
bb) Kondiktion einrede- oder einwendungsbehafteter Forderungen	44
cc) Unklagbare Forderungen	45
d) Unwirksames Anerkenntnis	
aa) Theorie der verhältnismäßigen Gesamtaufrechnung	46
bb) Gesicherte und unklagbare Forderungen	48
4. Verzinsung	49
VI. Beendigung des Kontokorrents	
1. Beendigungsgründe	
a) Parteivereinbarung	51
b) Beendigung der Geschäftsverbindung	52
c) Insolvenz	53
2. Folgen der Beendigung	54

Schrifttum: *Baßlperger*, Das Girokonto in der Zwangsvollstreckung, Rpfleger 1985, 177; *Blaurock*, Das Anerkenntnis beim Kontokorrent, NJW 1971, 2206; *Canaris*, Die Verrechnung beim Kontokorrent, DB 1972, 421, 469; *Lang/Erdmann-Fietz*, Die Zukunft des befristeten Kontokorrentkredits, ZBB 2004, 137; *Stapper/Jacobi*, Die Insolvenzanfechtung der Verrechnung im Kontokorrent BB 2007, 2017; *Wessels*, Die Saldoklage, WM 1997, 1509.

I. Regelungsinhalt

1 § 355 Abs. 1 enthält eine unvollkommene Definition des **Kontokorrents** und bestimmt im Übrigen, dass ein Überschuss ab Rechnungsabschluss zu verzinsen ist, und zwar auch insoweit, als in der Rechnung **Zinsen** enthalten

sind. Damit stellt die Regelung neben § 248 Abs. 2 BGB eine weitere Ausnahme vom Zinseszinsverbot des § 248 Abs. 1 BGB dar. § 355 Abs. 2 regelt vorbehaltlich einer anderweitigen vertraglichen Vereinbarung die Periode der Rechnungslegung; § 355 Abs. 3 gewährt ein jederzeitiges Kündigungsrecht des Kontokorrents. Ergänzend dazu treffen §§ 356, 357 Bestimmungen über die Sicherheiten der einzelnen Forderungen sowie über die Pfändung des Saldos.

II. Kontokorrent

1. Begriff

Das Kontokorrent reduziert eine Mehrzahl wechselseitiger Ansprüche auf eine einzige Schuld oder Forderung der einen Seite an die andere[1]. Es ist eine **vertraglich vereinbarte besondere Form der Leistungsabwicklung** aus der Geschäftsverbindung mit einem Kaufmann (Kontokorrentabrede). Diese Abrede setzt sich aus drei Elementen zusammen: Die beiderseitigen Ansprüche und Leistungen werden in eine laufende Rechnung als unselbständige Posten eingestellt, sie werden gegeneinander verrechnet unter Feststellung des Überschusses, und der sich daraus ergebende Saldo wird anerkannt.

Das Kontokorrent entstammt einer **kaufmännischen Übung**, die gesetzliche Regelung stellt dabei nur auf den vermuteten Parteiwillen ab. Praktisch bedeutsam ist es vor allem im Bankrecht als Girokonto und im Warenverkehr zwischen Groß- und Einzelhändlern.

2. Funktion

a) Vereinfachung des Zahlungsverkehrs

Das Kontokorrent dient vor allem der Vereinfachung des Zahlungsverkehrs und damit der Erleichterung des Handelsverkehrs. Dies geschieht vor allem durch die Zusammenfassung mehrerer Geschäftsvorgänge zu einem **einheitlichen Rechnungsabschluss** und durch die Vereinheitlichung der verschiedenen Ansprüche und Forderungen mit unterschiedlichen Verjährungsfristen, Gerichtsständen und Erfüllungsorten zu einer **einzigen Saldoforderung.**

b) Sicherungsfunktion

Ähnlich wie bei einer Aufrechnungsmöglichkeit gewährt das Kontokorrent dem Gläubiger insoweit eine gewisse Sicherheit, als mit dem Einstellen in die Rechnung die einzelnen Forderungen dem **Zugriff der Drittgläubiger entzogen** werden (vgl. dazu Rn. 30). Dadurch wird das Risiko der Nichterfüllung einzelner Forderungen auf den Saldo begrenzt.

---

1 BGH v. 13.12.1990 – IX ZR 33/90, WM 1991, 495.

c) Kreditierung

6 Von der Anlage her hat das Kontokorrent **keinen Kreditierungscharakter;** vorbehaltlich einer anderweitigen Regelung hat jede der Parteien einen Anspruch auf Ausgleich des Debets, auch vor Periodenschluss und ohne Kontokorrentkündigung[1]. Gleichwohl wären sofortige Ausgleichszahlungen dem vorherrschenden Zweck der Vereinbarung abträglich. Durch einen dahingehend praktizierten Verzicht entsteht (faktisch) eine **begrenzte Kreditfunktion.**

III. Voraussetzungen des Kontokorrents

1. Parteien

7 Zumindest eine Partei muss **Kaufmann** i.S.d. §§ 1–6 sein. Die Frage, ob auch kaufmannsähnliche Personen[2] und (nicht eingetragene) Rechtsscheinskaufleute vom Anwendungsbereich erfasst werden, reduziert sich auf das Problem, inwieweit für diese die Ausnahme vom Zinseszinsverbot des § 248 Abs. 1 BGB gilt. Grundsätzlich können nämlich im Rahmen der Privatautonomie auch Privatleute untereinander ein Kontokorrent vereinbaren. Da aber das Zinseszinsverbot zwingender Natur ist, ergibt sich eine Ausnahme nur unter den in § 355 Abs. 1 normierten Voraussetzungen, also bei Kaufmannseigenschaft einer der Parteien. Zinseszins kann also aufgrund einer solchen Vereinbarung nicht verlangt werden.

8 Dies gilt auch beim **Scheinkaufmann;** allerdings kann sich insoweit die Berufung auf § 248 Abs. 1 BGB als ein Fall der unzulässigen Rechtsausübung darstellen[3].

2. Geschäftsverbindung

9 Eine Geschäftsverbindung ist die **tatsächliche Beziehung** zwischen zwei Teilnehmern am Geschäftsverkehr, die auf **gewisse Dauer** miteinander Geschäfte machen wollen[4]. Sie ist zwar kein Rechtsverhältnis im eigentlichen Sinne, ähnlich den Regeln der c.i.c. (vgl. § 311 Abs. 2 Nr. 3 BGB) können sich aus ihr aber Rechtswirkungen ergeben[5].

10 Die Geschäftsverbindung kann als ein Rahmenvertrag oder als Dauerschuldverhältnis ausgestaltet sein oder aus ständig neuen Geschäftsabschlüssen bestehen. Ausreichend ist es, dass **nur für eine Partei Ansprüche entstehen**

---

1 BGH v. 19.12.1969 – I ZR 33/68, NJW 1970, 560; BGH v. 9.12.1971 – III ZR 58/69, WM 1972, 287.
2 So *K. Schmidt,* HR, § 20 II 2b: Unternehmer.
3 GroßkommHGB/*Canaris,* § 355 Anm. 17; *Schlegelberger/Hefermehl,* § 355 Rn. 9.
4 *Philipowski,* Die Geschäftsverbindung, 1963, insbes. S. 15–27 ff.
5 GroßkommHGB/*Canaris,* § 355 Anm. 19; für ein gesetzliches Schuldverhältnis ohne primäre Leistungspflicht *Baumbach/Hopt,* vor § 343 Rn. 3.

oder **nur von einer Seite Leistungen erbracht** werden[1]. Auch in diesen Fällen kann ein Bedürfnis gegeben sein, nicht jeden einzelnen Geschäftsvorgang getrennt zu bearbeiten, ungeachtet der Möglichkeit, dass die Gegenseite jedenfalls Sekundäransprüche (Mängelrechte, c.i.c., pVV) haben kann.

3. Kontokorrentabrede

Auch eine noch so intensive und lang andauernde Geschäftsverbindung begründet noch kein Kontokorrentverhältnis; die Parteien müssen vielmehr eine Kontokorrentabrede **getroffen** haben, die die wesentlichen Wirkungen des Kontokorrents enthält, also die Einstellung der Einzelforderungen in die laufende Rechnung, die gegenseitige Verrechnung und Saldierung sowie den künftigen Abschluss von Saldoanerkenntnissen. 11

Bei **Dauerschuldverhältnissen** kann die Kontokorrentabrede Nebenabrede zu dem betreffenden Vertrag sein. Konkludentes Handeln kann genügen, wenn dieses nach Art der Geschäftsverbindung oder aufgrund eines Handelsbrauchs die entsprechende Bedeutung gewinnt[2]. So kann insbesondere aus der Übung der Parteien, einzelne Leistungen nur als Rechnungsposten zu behandeln oder regelmäßig Periodenabschlüsse zu übersenden, auf einen entsprechenden Parteiwillen geschlossen werden[3]. 12

4. Periodizität

Das Gesetz geht vom Periodenkontokorrent aus, bei dem die **Verrechnung** „in regelmäßigen Zeitabschnitten" erfolgt. Die h.M. sieht in dieser Periodizität ein Wesensmerkmal des Kontokorrents i.S.d. § 355[4]. Es bestehen aber keine durchgreifenden Bedenken, bei Abrechnung in anderer Weise, etwa nach einer bestimmten Anzahl von Geschäftsvorfällen bzw. am Ende einer Geschäftsbeziehung §§ 355 ff. jedenfalls analog anzuwenden, nachdem auch insoweit die Hauptfunktionen des Kontokorrents erhalten bleiben[5]. 13

Beim **Staffelkontokorrent** folgt die Verrechnung und Ermittlung des Saldos sofort nach jedem Geschäftsvorgang. Im Kontokorrent stehen somit keine Einzelforderungen, sondern immer nur ein Saldoanspruch, der jeweils fortgeschrieben wird. Nach dieser Methode wird in der Regel im Bankgeschäft die Verzinsung von Spar- und Girokonten durchgeführt, die nach ganz h.M. gleichwohl ein Periodenkontokorrent darstellen[6]. 14

---

1 H.M., RGZ 115, 396; *K. Schmidt*, HR, § 21 II 2c; GroßkommHGB/*Canaris*, § 355 Anm. 20; a.A. *Greifner*, NJW 1992, 337, 340.
2 BGH v. 20.4.1956 – I ZR 203/54, WM 1956, 1125 ff.; Schlegelberger/*Hefermehl*, § 355 Rn. 14.
3 RGZ 123, 384, 386; BGH v. 26.6.1956 – II ZR 270/54, BB 1956, 770.
4 RGZ 123, 384, 386; BGH v. 19.12.1969 – I ZR 33/68, NJW 1970, 185; Baumbach/*Hopt*, § 355 Rn. 6; *K. Schmidt*, HR, § 20 II 2e.
5 GroßkommHGB/*Canaris*, § 355 Anm. 121.
6 BGH v. 22.10.1984 – II ZR 262/83, BGHZ 92, 317, 325; Heymann/*Horn*, § 355 Rn. 3.

IV. Umfang des Kontokorrents

1. Grundsatz

15 Über die Kontokorrentzugehörigkeit von Forderungen aus einer Geschäftsverbindung entscheidet im Grundsatz der **Wille der Parteien;** maßgebend ist also der Inhalt der Kontokorrentabrede. Dieser Grundsatz gilt uneingeschränkt jedoch nur für die Frage der Kontokorrentpflichtigkeit (Rn. 25 ff.); im Hinblick auf die Kontokorrentfähigkeit (Rn. 16) ergeben sich Grenzen aus dem zwingenden Recht.

2. Kontokorrentfähigkeit

a) Verrechenbare Leistungen und Ansprüche

16 Kontokorrentfähig sind nur solche Leistungen und Ansprüche, die auch tatsächlich miteinander verrechnet werden können, also in einer **einheitlichen Verrechnungseinheit** ausgedrückt werden. Dies können sowohl Geld- als auch Sachforderungen sein, letztere müssen allerdings wegen der Erforderlichkeit des einheitlichen Maßstabes regelmäßig auf vertretbare Sachen bezogen sein.

17 Sind Forderungen in **verschiedenen Währungen** ausgedrückt, so muss eine einheitliche Verrechnungswährung vereinbart sein oder sonst feststehen. Eine Verzinslichkeit ist nicht erforderlich, da die Ablehnung der Zinsen in § 355 Abs. 1 nur die Ausnahme zu § 248 BGB verdeutlichen soll.

b) Buchungsfähigkeit

18 Streitig ist, ob in das Kontokorrent nur buchungsfähige Vorgänge eingestellt werden können[1]. Richtigerweise ist insoweit zu unterscheiden zwischen der tatsächlichen Einstellung in das Kontokorrent und der Kontokorrentbindung (vgl. dazu Rn. 28). Dem Umstand, dass ein Vorgang buchungsfähig nicht nur nicht erfasst werden kann, steht nicht entgegen, dass die Parteien nach dem Inhalt der Kontokorrentabrede auch die Bindungswirkung vereinbart haben[2].

c) Nicht kontokorrentfähige Ansprüche und Leistungen

aa) Nicht aufrechenbare Forderungen

19 Bei der Kontokorrentabrede handelt es sich um eine Verrechnung, deren Wirkung sich im Ergebnis wie eine Aufrechnung darstellt[3]. Damit sind Ansprüche und Leistungen, die sich einer Verrechnung entziehen, insbesondere also Forderungen, mit denen nicht aufgerechnet werden kann, nicht kon-

---

1 So *Baumbach/Hopt*, § 355 Rn. 13; a.A. *Schlegelberger/Hefermehl*, § 355 Rn. 18.
2 Ähnlich *Heymann/Horn*, § 355 Rn. 11; auch GroßkommHGB/*Canaris*, § 355 Anm. 37.
3 GroßkommHGB/*Canaris*, § 355 Anm. 39, spricht von einem „Aufrechnungsvortrag".

tokorrentfähig. Dies gilt im Hinblick auf § 394 BGB auch für unpfändbare Forderungen.

Hinsichtlich der Aufrechnungsverbote ist allerdings zu unterscheiden, ob sie auf einer zwingenden gesetzlichen Grundlage beruhen oder auf dispositivem Recht bzw. auf einer Vereinbarung der Parteien, etwa AGB-Bestimmungen[1]. Wenn zwingende gesetzliche Vorschriften nicht entgegenstehen, hängt es vom **Inhalt der Kontokorrentabrede** ab, inwieweit diese Ansprüche in die laufende Rechnung eingestellt werden können.

So sind **gesellschaftsrechtliche Einlageforderungen** grundsätzlich nicht kontokorrentfähig, weil sie in bar und nicht durch Aufrechnung zu erfüllen sind (§§ 54, 65, 219 AktG; § 19 GmbHG). Ansprüche i.S.d. § 354a sind dagegen kontokorrentfähig[2].

bb) Aufschiebend bedingte Ansprüche

Aufschiebend bedingte Ansprüche oder Ansprüche, die den Umständen nach bar zu erfüllen sind[3], oder Ansprüche, die durch die Einstellung in das Kontokorrent entwertet werden oder die sofort erfüllt werden sollen[4], gehören grundsätzlich nicht in das Kontokorrent. Aber auch insoweit ist es eine **Frage des Einzelfalles**, ob die Parteien durch eine entsprechende Vereinbarung gleichwohl eine Kontokorrentbindung gewollt haben. Eine Kontokorrentfähigkeit besteht auch dann nicht, wenn die Kontokorrentabrede missbraucht wird, etwa bei Ansprüchen, die nur zum Zweck der Einstellung in das Kontokorrent erworben worden sind[5].

cc) Unklagbare Ansprüche

Umstritten ist, ob unklagbare Ansprüche (§§ 762 Abs. 1 S. 1 BGB) in ein Kontokorrent eingestellt und dadurch ihre Erfüllung herbeigeführt werden können. Teilweise wird angenommen, dass die nicht klagbaren Ansprüche unter der **auflösenden Bedingung** der Erfüllungsverweigerung in das Kontokorrent eingestellt werden und die Parteien eine bevorzugte Verrechnung vereinbaren können[6]. Demgegenüber ist nach Ansicht des BGH sowohl das Anerkenntnis eines Kontokorrentsaldos als auch die dem Anerkenntnis zugrundeliegende Verrechnung **unverbindlich**, wenn in die Kontokorrentabrechnung (auch einzelne) klaglose Posten einbezogen worden sind[7].

Dieser Rechtsprechung ist zu folgen, weil es nicht zur Disposition der Parteien steht, allein durch die Vereinbarung einer Verrechnung im Kontokorrent

---

1 Zu letzterem BGH v. 7.3.1991 – I ZR 157/89, NJW-RR 1991, 996.
2 *Henseler*, BB 1994, 7.
3 Vgl. BGH v. 21.12.1970 – II ZR 52/68, WM 1971, 179; BGH v. 18.3.1974 – II ZR 68/72, BB 1974, 670.
4 BGH v. 24.4.1985 – I ZR 176/83, NJW 1985, 3011.
5 BGH v. 28.4.1987 – VI ZR 43/86, NJW 1987, 2998.
6 *Schlegelberger/Hefermehl*, § 355 Rn. 88; *Baumbach/Hopt*, § 355 Rn. 13.
7 BGH v. 24.1.1985 – I ZR 201/82, BGHZ 93, 307, 311, 313, jeweils für den Fall von Börsentermingeschäften.

die Wirkungen der jeweiligen Schutzvorschriften zu umgehen. Eine Ausnahme kann bei erfüllbaren Forderungen allenfalls dann gelten, wenn die Einstellung in die laufende Rechnung nach den tatsächlichen Umständen **mit einer Barzahlung wirtschaftlich vergleichbar** ist. Bei einer Verrechnung auf einem debitorischen Kontokorrent ist dies regelmäßig zu verneinen.

3. Kontokorrentpflichtigkeit

a) Parteiwille

25 Sind Ansprüche oder Leistungen kontokorrentfähig, obliegt es allein dem Parteiwillen, ob sie in das Kontokorrent eingebracht werden sollen[1]. Bei der Auslegung der Kontokorrentabrede sind gemäß § 157 BGB objektive Wertungen heranzuziehen[2]. Ohne ausdrückliche Abrede ist im Hinblick auf die größtmögliche Vereinfachung davon auszugehen, dass **alle Ansprüche aus der gewöhnlichen Geschäftsverbindung** dem Kontokorrent zugehörig sind[3], solange sich aus dem Anspruch selbst (z.B. Zug-um-Zug-Leistung, Barzahlungspflicht) nichts anderes ergibt[4]. Erfasst werden insbesondere auch Ansprüche, die antizipiert abgetreten sind[5].

26 Entscheidend ist, ob die Forderungen **bestimmt und geeignet** sind, jeweils nach Ablauf einer Rechnungsperiode in die Abrechnung eingestellt zu werden und in dem Ergebnis, dem Saldo aufzugehen[6]. Für bedingte, befristete oder erst nach der Saldierung fällige Forderungen ist dies grundsätzlich abzulehnen, wenn nicht die Parteien eine anderweitige ausdrückliche Verrechnungsabrede getroffen haben (vgl. auch Rn. 11). Im Übrigen steht es den Parteien frei, auch einzelne kontokorrentfähige Forderungen von der Kontokorrentbindung auszunehmen[7].

b) Wechsel- und Scheckansprüche

27 Einen Sonderfall stellen die Zahlungsansprüche aus Wechsel und Scheck dar. Zwar wären auch sie wie jeder andere Geldanspruch grundsätzlich kontokorrentzugehörig, doch sprechen Zweck und Funktion dieser Art Papiere, nämlich ihre Umlauffähigkeit und sofortige Geltendmachung bei Fälligkeit, gegen eine Einbindung in das Kontokorrent. Sie sind daher regelmäßig **nicht kontokorrentpflichtig**[8]. Keiner Besonderheit wiederum unterliegen die Ansprüche gegen die Bank nach erfolgtem Scheck- oder Wechselinkasso[9].

---

1 BGH v. 23.10.1958 – II ZR 127/57, WM 1959, 81, 83; BGH v. 7.3.1991 – I ZR 157/89, NJW-RR 1991, 996.
2 GroßkommHGB/*Canaris*, § 355 Anm. 48 für die Beachtlichkeit von Aufrechnungsverboten.
3 BGH v. 27.1.1982 – VIII ZR 28/81, NJW 1982, 1151.
4 *Schlegelberger/Hefermehl*, § 355 Rn. 22; GroßkommHGB/*Canaris*, § 355 Anm. 44.
5 BGH v. 7.2.1979 – VIII ZR 279/77, BGHZ 73, 259, 263.
6 RG JW 1927, 1690.
7 RGZ 56, 23; BGH v. 9.12.1971 – III ZR 58/69, WM 1972, 287.
8 GroßkommHGB/*Canaris*, § 355 Anm. 47.
9 GroßkommHGB/*Canaris*, § 355 Anm. 47.

V. Wirkungen des Kontokorrents

1. Kontokorrentbindung

a) „Lähmung" der Leistungen und Ansprüche

Aus der Kontokorrentabrede entwickelt sich hinsichtlich der erfassten Ansprüche und Leistungen eine besondere Kontokorrentbindung, die häufig als „Lähmung" umschrieben wird. Die Einzelforderungen können **nicht mehr selbständig geltend gemacht** werden[1]; sie sind nicht mehr aufrechenbar, abtretbar oder verpfändbar. Sie sind auch nicht gesondert einklagbar; der Beklagte kann (und muss) die Kontokorrentbindung durch Einrede geltend machen[2]; eine Feststellungsklage allerdings bleibt möglich[3]. Nach § 205 BGB analog ist die Verjährung der kontokorrentpflichtigen Einzelforderungen gehemmt bis zum Ende der laufenden Rechnungsperiode[4]. Fällige Forderungen verlieren zwar nicht ihre Fälligkeit, der Verzug ist jedoch nicht mehr möglich. Die Verzinslichkeit bleibt unberührt; Einwendungen und Einreden gegen die Einzelforderungen können bis zur Verrechnung vorgebracht werden[5]. 28

Die genannten Wirkungen ergeben sich **unmittelbar aus der Kontokorrentabrede**; unerheblich ist, ob die Forderungen bereits eingebucht sind. In diesem Sinne entwickelt sich auch hinsichtlich eingebuchter Forderungen, die nicht kontokorrentpflichtig sind, keine Kontokorrentbindung. 29

b) Verhältnis zu Dritten

Die Einzelforderung ist **nicht mehr pfändbar.** Dies ergibt sich allerdings nicht aus der Nichtabtretbarkeit, die, weil sie vertraglich vereinbart ist, keine Auswirkung auf die Pfändung hätte, §§ 1274 Abs. 2 BGB, 851 Abs. 2 ZPO, sondern aus § 357, der nur noch die Pfändung des Saldos zulässt[6]. Die **Vorauszession** – etwa im Rahmen eines verlängerten Eigentumsvorbehalts – ist unwirksam, da die kontokorrentpflichtige Forderung bereits mit der Belastung der Bindungswirkung entsteht[7]. 30

---

[1] BGH v. 8.3.1972 – VIII ZR 40/71, BGHZ 58, 260; BGH v. 7.2.1979 – VIII ZR 279/77, BGHZ 73, 263.
[2] BGH v. 19.12.1969 – I ZR 33/68, NJW 1970, 560.
[3] RGZ 125, 416; *Canaris*, HR, § 27 Rn. 8; zum Umfang der Darlegungslast klageweiser Einforderung eines Kontokorrentsaldos *Wessels*, Die Saldoklage, WM 1997, 1509. Zur Zulässigkeit einer Klage auf einen Teilbetrag des kontokorrentrechtlichen Überschusses nach § 355 Abs. 3 OLG Karlsruhe v. 4.12.1997 – 12 U 102/97, WM 1998, 1178.
[4] BGH v. 17.2.1969 – II ZR 30/65, BGHZ 51, 347.
[5] BGH v. 2.11.1967 – II ZR 46/65, BGHZ 49, 27.
[6] BGH v. 27.1.1982 – VIII ZR 28/81, NJW 1982, 1150; GroßkommHGB/*Canaris*, § 355 Anm. 62.
[7] BGH v. 11.6.1959 – VII ZR 53/58, BGHZ 30, 179; GroßkommHGB/*Canaris*, § 355 Anm. 61.

31 Eine **Ersatzaussonderung** nach § 48 InsO ist nicht möglich. Der BGH hat zu Recht entschieden, dass das Kontokorrent kaufmännisch rationell und vernünftig ist, somit eine Veräußerung unter einem Kontokorrent einem ordentlichen Geschäftsgang entspricht und daher von der Veräußerungsermächtigung (§ 185 Abs. 1 BGB) gedeckt ist[1]. Dem Vorbehaltskäufer verbleibt als Sicherungsmittel nur die Vorausabtretung des Saldos[2]. Damit ist er bei Insolvenz des Schuldners nur zur Absonderung berechtigt (§§ 50, 51 Nr. 1 InsO).

2. Verrechnung

32 Die Einbuchung der Einzelforderungen in das Kontokorrent und ihre Verrechnung hat keine selbständige Bedeutung. Die Kontokorrentbindung selbst entwickelt sich aus der **Kontokorrentabrede;** die Erlöschenswirkung im eigentlichen Sinne erst aus dem **Saldoanerkenntnis** (vgl. dazu Rn. 34). Der BGH sieht die Verrechnung und die Saldoanerkennung als Teile ein- und desselben Rechtsaktes an; die Verrechnung ist dabei das Mittel zur Feststellung des Abrechnungsergebnisses[3]. Die Verbuchung der Soll- und Habenposten führt also nicht zur Erfüllung der auf der anderen Seite in das Kontokorrent eingesetzten Forderungen und Verbindlichkeiten. Diese Einordnung entspricht auch der tatsächlich gehandhabten Praxis. Die Vertragspartner der Kontokorrentabrede können die gegenseitigen Buchungsvorgänge überprüfen bzw. mit den eigenen Unterlagen vergleichen und werden auch regelmäßig eine solche Prüfung zur Grundlage eines Saldoanerkenntnisses machen. Nachdem die eingestellten Forderungen bereits aus der Kontokorrentabrede den Kontokorrentwirkungen unterliegen, besteht auch praktisch keine Notwendigkeit – etwa im Hinblick auf ein Bedürfnis der Sicherheit –, eine (vorweggenommene) Tilgungswirkung anzunehmen[4].

33 Die Annahme einer **antizipierten Aufrechnungserklärung**[5] mag zwar eine dogmatische Erklärung darstellen, erscheint aber angesichts der definierten Wirkungen der Kontokorrentabrede nicht erforderlich.

3. Saldoanerkenntnis

a) Wirkungen des Anerkenntnisses

aa) Novation

34 Nach der **Rechtsprechung** führt das Saldoanerkenntnis zur Novation, d.h., es entsteht eine neue, vom Schuldgrund losgelöste Forderung auf den errech-

---

1 BGH v. 11.6.1980 – VIII ZR 164/79, BGHZ 77, 261.
2 *K. Schmidt*, HR, § 21 III 2.
3 BGH v. 24.1.1985 – I ZR 201/82, BGHZ 93, 307, 313, 314.
4 Für eine Tilgungswirkung aber GroßkommHGB/*Canaris*, § 355 Anm. 63 ff.; *Heymann/Horn*, § 355 Rn. 21; a.A. *Schlegelberger/Hefermehl*, § 355 Rn. 60.
5 So BGH v. 24.1.1985 – I ZR 201/82, BGHZ 95, 315, 323.

neten Überschuss[1]. Unabhängig vom Saldoanerkenntnis findet außerdem mit Ablauf der Rechnungsperiode eine sog. „Gesamtaufrechnung" statt, bei der alle Einzelforderungen oder -verbindlichkeiten, die in den Haben- oder den Soll-Saldo eingegangen sind, in dem Verhältnis getilgt werden, in dem die Summe der Haben-Buchungen zur Summe der Sollposten steht. Anstelle der kontokorrentpflichtigen Einzelforderungen tritt eine einzige abstrakte Forderung i.S.d. § 781 BGB, die in 3 Jahren verjährt, § 195 BGB, und einen einheitlichen, von den Einzelforderungen unabhängigen Gerichtsstand und Erfüllungsort aufweist, §§ 269 BGB, 12 ZPO. Nur wenn das Saldoanerkenntnis unwirksam ist (vgl. Rn. 46), ist auf die einzelnen Posten zurückzugehen, zu denen auch der bei Beginn des letzten Rechnungsabschnitts vorgetragene Saldo gehört.

Trotz dieses Grundsatzes hat allerdings der BGH in einem Fall der Veräußerung massefremder Gegenstände trotz zwischenzeitlicher Saldoanerkennung die Ersatzaussonderung hinsichtlich des Erlöses (beschränkt auf den niedrigsten Tagessaldo) bejaht. Danach soll der Rückgriff auf Einzelforderungen zulässig bleiben, wenn ein wirtschaftliches Interesse an deren gesonderter Geltendmachung besteht[2].

bb) Kausaler Saldo

Demgegenüber wird in der **Literatur** vertreten, dass die durch das Saldoanerkenntnis neu begründete abstrakte Forderung diejenige Forderung unberührt lässt, die sich als Saldo aus der tatsächlichen Verrechnung der in das Kontokorrent eingestellten gegenseitigen Forderungen ergibt (kausaler Saldo)[3]. Im Gegensatz zu der hier vertretenen Ansicht (Rn. 32) ist die Verrechnung kein bloßer tatsächlicher Akt, sondern führt bereits zur Tilgungswirkung, soweit sich die Forderungen decken. Der dadurch errechnete Saldo, der sich sozusagen aus den restlichen Einzelforderungen zusammensetzt, bleibt als Rest-Einzelforderung des Inhabers des Aktivsaldos kausal. Der Gläubiger kann danach, wie es auch § 364 Abs. 2 BGB entspricht, primär aus § 781 BGB vorgehen, den Schuldner aber auch hilfsweise aus dieser kausalen Saldoforderung in Anspruch nehmen[4].

35

Der Rechtsprechung ist zu folgen. Die mit der Kontokorrentabrede verfolgte weitergehende Vereinfachung des Zahlungsverkehrs wird nur erreicht, wenn bei Bestehen eines wirksamen Saldoanerkenntnisses die Parteien sich **nur auf die neu begründete abstrakte Forderung berufen** können. Nach dem Wesen der Kontokorrentabrede soll gerade verhindert werden, dass nach Abgabe des Anerkenntnisses wieder in einem Streit um die oft umfangreichen Ein-

36

---

1 BGH v. 2.11.1967 – II ZR 46/65, BGHZ 49, 26; BGH v. 24.1.1985 – I ZR 201/82, BGHZ 93, 313.
2 BGH v. 11.3.1999 – IX ZR 164/98, ZIP 1999, 626, 627 (in Abweichung von BGH v. 8.3.1972 – VIII ZR 40/71, BGHZ 58, 257) mit Anm. *Canaris*, EWiR 1999, 707; vgl. auch *Gundlach*, Die Unterscheidbarkeit im Aussonderungsrecht, DZWIR 1998, 12, 17 f.
3 Vgl. i.E. GroßkommHGB/*Canaris*, § 355 Anm. 90 ff.
4 GroßkommHGB/*Canaris*, § 355 Anm. 90, 99.

zelposten eingetreten wird. Eine andere Betrachtung ist auch nicht im Hinblick auf die Einzelfallgerechtigkeit geboten. Wie unten noch näher dargelegt wird, kann das Anerkenntnis nach § 812 Abs. 2 BGB kondiziert werden, wenn Forderungen zu Unrecht in das Kontokorrent eingestellt waren (vgl. Rn. 41). Zwar gehen Einreden und Einwendungen gegen die Einzelforderungen grundsätzlich unter; dies ist aber gerade der Sinn des verfolgten Vereinfachungszwecks. Gegen die Ansicht spricht nicht zuletzt die Regelung von § 356 Abs. 1 über die Sicherheiten.

b) Anerkenntnisvertrag

37 Das Anerkenntnis selbst ist ein Vertrag, der **formfrei** und auch stillschweigend möglich ist[1]. Dabei sind die Verrechnung und die Saldoanerkennung Teile ein- und desselben Rechtsaktes[2]. Vgl. dazu auch Rn. 32.

aa) Vertragsantrag

38 Die Verrechnung ist lediglich das Mittel zur Feststellung des Abrechnungsergebnisses; die **Mitteilung des Ergebnisses** an den Vertragspartner ist dann der Antrag auf Abschluss eines Anerkenntnisvertrages, durch den zum einen eine vertragsmäßige Verrechnung erfolgt, zum anderen die bisherigen Einzelforderungen durch Novation erlöschen (vgl. Rn. 34).

bb) Annahme des Angebots

39 Die Annahme des Angebots zum Anerkenntnisvertrag ist **formlos** möglich (§ 782 BGB) und kann auch **stillschweigend** erfolgen[3]. Sie kann nach den konkreten Umständen auch im Schweigen auf die Zusendung eines periodischen Rechnungsabschlusses liegen, wenn der Empfänger im Fall der Nichtanerkennung dem Vertrag nach oder nach Treu und Glauben zum Widerspruch verpflichtet war (vgl. auch § 362 Rn. 14).

cc) Annahme unter Änderungen

40 Das Anerkenntnis kann nur **insgesamt angenommen** werden. Bei Annahme unter Änderungen gibt der Empfänger seinerseits ein neues Angebot ab, § 150 Abs. 2 BGB, das wiederum der Annahme durch den (ursprünglichen) Absender bedarf. Eine teilweise Anerkenntnis ist nicht zulässig; ebenso kann das Anerkenntnis nicht unter Vorbehalt erklärt werden[4]. Auf den Abschluss des Anerkenntnisvertrages selbst besteht ein klagbarer Anspruch[5]; die Klage auf Saldoanerkenntnis und die Zahlungsklage aus § 781 BGB können jedoch miteinander verbunden werden.

---

1 BGH v. 2.11.1967 – II ZR 46/65, BGHZ 49, 30.
2 BGH v. 24.1.1985 – I ZR 201/82, BGHZ 93, 313.
3 BGH v. 20.4.1956 – I ZR 203/54, WM 1956, 1126; BGH v. 27.1.1958 – II ZR 295/56, WM 1958, 621.
4 BGH v. 17.10.1960 – VII ZR 216/59, BB 1960, 1221.
5 BGH v. 30.6.1955 – I ZR 186/53, WM 1955, 1315 ff.; BGH v. 19.12.1969 – I ZR 33/68, NJW 1970, 184, 187.

c) Unrichtigkeit des Saldos i.S.d. § 781 BGB
aa) Kondiktionsanspruch bei fehlerhafter Saldierung

Die Mitteilung des Saldoergebnisses auf der einen Seite sowie die Anerkennung des Saldos auf der anderen Seite enthält zugleich die Anerkennung der Habenposten der jeweils anderen Partei[1]. Falls sich im Nachhinein herausstellt, dass Forderungen zu Unrecht in das Kontokorrent eingestellt bzw. nicht berücksichtigt wurden, kann die jeweils benachteiligte Partei unter den Voraussetzungen der §§ 812 ff. BGB das Anerkenntnis kondizieren[2]. Die Beweislast hat dann derjenige, der sich auf die Abweichung beruft[3]. Der Anspruch ist allerdings nach § 814 BGB ausgeschlossen, wenn dem Erklärenden die Unrichtigkeit der Angaben bekannt war.

41

Dem Bereicherungsschuldner kann die **Einrede der Entreicherung** nach § 818 Abs. 3 BGB zustehen, etwa, wenn er im Vertrauen auf das Anerkenntnis vollstreckungssichernde Schritte unterlassen hat. Etwas anderes kann dann gelten, wenn er mit unrichtigen Angaben zu dem Fehler beigetragen hat.

42

Der Anspruch auf Saldoberichtigung **verjährt** grundsätzlich in 3 Jahren (§ 195 BGB). Beruht allerdings die Unrichtigkeit darauf, dass Posten nicht gebucht worden sind, so ist die Verjährungsfrist dieser Einzelposten maßgebend. Fristbeginn ist dann das Ende der Hemmung gemäß § 205 BGB (vgl. Rn. 13), also das Ende des Periodenabschlusses[4].

43

bb) Kondiktion einrede- oder einwendungsbehafteter Forderungen

Das Anerkenntnis kann auch dann kondiziert werden, wenn der in das Kontokorrent eingestellten Forderung **dauernde Einreden oder Einwendungen** entgegenstanden (§ 813 Abs. 1 BGB). Einreden, die auch bei einer Erfüllung nicht mehr vorgebracht werden können, sind ausgeschlossen (§ 813 Abs. 1 S. 2, Abs. 2 BGB). Darunter fällt auch das dauernde Leistungsverweigerungsrecht des § 478 BGB. Auch wenn der Käufer die Mängelanzeige rechtzeitig vor Eintritt der Verjährung des Gewährleistungsanspruchs geltend gemacht hat, bedarf es einer ausdrücklichen Geltendmachung im Rahmen der Anerkennung des Saldos, wenn er das Recht nicht verlieren will.

44

cc) Unklagbare Forderungen

Eine Besonderheit gilt bei unklagbaren Forderungen (§ 762 BGB). Nach den Regelungen des BGB können Leistungen zur Erfüllung dieser unvollkommenen Verbindlichkeiten nicht mit der Begründung zurückgefordert werden, die Verbindlichkeit habe nicht bestanden (§ 762 Abs. 1 S. 2 BGB). Nach

45

---

1 BGH v. 21.9.1967 – II ZR 202/64, WM 1967, 1163.
2 BGH v. 21.9.1967 – II ZR 202/64, WM 1967, 1163; BGH v. 17.2.1969 – II ZR 30/65, BGHZ 51, 348.
3 BGH v. 21.1.1991 – II ZR 49/90, NJW-RR 1991, 1212; BGH v. 18.10.1994 – XI ZR 194/93, ZIP 1994, 1931.
4 BGH v. 17.2.1969 – II ZR 30/65, BGHZ 51, 348 ff.

der Rechtsprechung des BGH stellt sich jedoch schon die Frage einer Kondiktion nicht, weil bereits das **Anerkenntnis unwirksam** ist und auch die zugrundeliegende **Verrechnung keine Wirkung** hat[1]. Die Verrechnung ist unter Ausklammerung der unklagbaren Forderungen erneut vorzunehmen.

d) Unwirksames Anerkenntnis
aa) Theorie der verhältnismäßigen Gesamtaufrechnung

46 Ist das Anerkenntnis unwirksam oder kondiziert, besteht grundsätzlich der **Anspruch auf Abschluss des Anerkenntnisvertrages** fort. Der Gläubiger der Aktivforderung kann eine darauf gerichtete Klage unmittelbar mit der Zahlungsklage verbinden. Kommt kein wirksames Anerkenntnis zustande oder ist dieses unwirksam, stellt sich die Frage, auf welche Weise die gegenseitigen Forderungen getilgt worden sind (zur Frage, ob das Einstellen in die laufende Rechnung noch keine Tilgungswirkung hat, Rn. 32).

47 Grundsätzlich können die Parteien bestimmen, wie sie die Einzelforderungen verrechnen wollen. Ist keine solche ausdrückliche Regelung getroffen, verrechnet die Rechtsprechung nach der **Theorie der verhältnismäßigen Gesamtaufrechnung** die Gesamtheit der Aktiva gegen die Gesamtheit der Passiva[2]. Die Einzelposten der größeren Seite werden verhältnismäßig durch die kleinere Seite getilgt. Als (insoweit kausale) Saldoforderung bleiben somit Bruchteile aller Forderungen bestehen. Im Sinne der Vereinfachung werden alle Posten als gleichwertig behandelt.

bb) Gesicherte und unklagbare Forderungen

48 Diese Theorie hat insbesondere im Hinblick auf gesicherte und unklagbare Forderungen die Kritik erfahren, dass sie zu ungerechten Ergebnissen führe. Von dieser Seite wird die **bürgerlich-rechtliche Verrechnung nach §§ 366 ff. BGB** vorgeschlagen[3]. Im Hinblick auf eine schnelle und reibungslose Durchführung des Kontokorrentverkehrs, wie sie auch dem Sinn der Kontokorrentabrede entspricht, ist der Rechtsprechung zu folgen. Mit der Kontokorrentvereinbarung haben die Parteien gerade dokumentiert, dass sie nicht die differenzierten Tilgungsregelungen der BGB-Vorschriften anwenden wollen.

4. Verzinsung

49 **Bis zum Saldoanerkenntnis** sind die im Kontokorrent eingestellten Einzelforderungen zu verzinsen, wie sie auch außerhalb der laufenden Rechnungen zu verzinsen gewesen wären; allerdings kann die Berechnungsart auch in der Kontokorrentabrede gesondert geregelt sein. **Nach dem Saldoanerkenntnis** bestimmt sich die Verzinsung des abstrakten Saldos primär nach der Parteivereinbarung, im Übrigen nach §§ 355 Abs. 1, 352. Dabei gestattet

---

1 BGH v. 24.1.1985 – I ZR 201/82, BGHZ 93, 313; vgl. näher Rn. 32 f.
2 RGZ 164, 215; BGH v. 2.11.1967 – II ZR 46/65, BGHZ 49, 30.
3 GroßkommHGB/*Canaris*, § 355 Anm. 75; abgelehnt u.a. in BGH v. 11.6.1980 – VIII ZR 164/79, BGHZ 77, 261.

§ 355 Abs. 1 eine Verzinsung des Saldos auch insoweit, als darin bereits Zinsen enthalten sind.

Zu beachten ist, dass gerade bei **sehr kurzen Abrechnungsperioden** durch die Anhäufung der Zinseszinsen ein Realzins entstehen kann, der in Konflikt mit § 138 BGB steht[1]. Wird der Saldo nicht anerkannt und verlangt der Saldogläubiger den rechnerischen Saldo, so kann er neben den fortlaufenden Zinsen der Einzelforderungen die Verzinsung von Zinsrückständen allenfalls unter dem Gesichtspunkt des Verzugs verlangen[2].

VI. Beendigung des Kontokorrents

1. Beendigungsgründe

a) Parteivereinbarung

Die Beendigung des Kontokorrents ist zunächst eine Frage der zwischen den Parteien bestehenden Vereinbarungen; das Kontokorrentverhältnis kann auch jederzeit **einvernehmlich aufgehoben** werden. So kann denn auch die Kontokorrentbindung einer (einzelnen) Forderung durch einvernehmliche Umbuchung auf ein Unterkonto aufgehoben werden[3]. Lässt sich eine vertragliche Vereinbarung nicht feststellen, kann nach § 355 Abs. 3 jederzeit, auch vor vollständiger Abwicklung der Geschäftsbeziehungen, **gekündigt** werden[4]. Die Kündigung aus wichtigem Grund kann nicht abbedungen werden.

b) Beendigung der Geschäftsverbindung

Das Kontokorrentverhältnis endet **automatisch** mit Beendigung der Geschäftsverbindung[5], nicht aber bei einem bloßen Ruhen der Verbindung[6], dem Eintritt der Fälligkeit eines Kontokorrentkredits oder dem Ablauf der für den Kontokorrentkredit vereinbarten Frist. Maßgebend ist, was die Parteien insoweit ausdrücklich oder stillschweigend vereinbart haben[7].

c) Insolvenz

Ebenso beendet die **Eröffnung des Insolvenzverfahrens**[8] das Kontokorrentverhältnis, da der Zweck des jeweiligen Verfahrens, nämlich eine gemein-

---

1 BGH v. 4.12.1990 – XI ZR 340/89, NJW 1991, 833.
2 BGH v. 13.11.1990 – XI ZR 217/89, NJW 1991, 1286, 1288.
3 BGH v. 23.10.1997 – IX ZR 198/96, NJW-RR 1998, 484, 485 m.N.
4 BGH v. 21.5.1987 – III ZR 56/86, WM 1987, 897, für den Fall der Kündigung eines Bankkontokorrentverhältnisses vor vollständiger Rückzahlung des Kontokorrentkredits; *Schlegelberger/Hefermehl*, § 355 Rn. 96.
5 BGH v. 21.10.1955 – I ZR 187/53, NJW 1956, 17.
6 BGH v. 19.1.1984 – I ZR 209/81, BB 1984, 566.
7 BGH v. 20.5.2003 – XI ZR 235/02, BB 2003, 1642 für Befristung.
8 HK-InsO/*Marotzke*, § 116 InsO Rn. 5; vgl. auch für den Fall des Konkurses BGH v. 4.5.1979 – I ZR 127/77, BGHZ 74, 254.

schaftliche Befriedigung der Insolvenzgläubiger[1] bzw. eine gleichmäßige Verteilung der Vermögensmasse unter die Gläubiger[2] durch den Fortbestand eines Kontokorrents vereitelt werden würde. Führt der Insolvenzverwalter das Kontokorrent gleichwohl fort, entsteht ein neues Kontokorrentverhältnis[3]. Unwirksam sind Verrechnungen, wenn die Verrechnungslage durch eine nach § 96 Abs. 1 Nr. 3 InsO anfechtbare Rechtshandlung hergestellt wurde[4].

II. Folgen der Beendigung

54 Mit Beendigung des Kontokorrentverhältnisses wird der **Anspruch auf einen etwaigen Überschuss sofort und ohne Anerkenntnis fällig**[5]. Die eingestellten Forderungen sind nun einzeln abzuwickeln, der Saldo setzt sich dabei aus den zu verrechnenden Einzelforderungen zusammen. Die Aktivposten hat jeweils der Gläubiger, die Passivposten der Schuldner zu überweisen[6]. Der für die Zeit der Eröffnung des Insolvenzverfahrens errechnete Passivsaldo des Insolvenzschuldners ist Insolvenzforderung; eine Verrechnung von später eingehenden Beträgen aufgrund einer vor der Eröffnung des Verfahrens vereinbarten Kontokorrentabrede ist unzulässig[7]. Der Passivsaldo ist Insolvenzforderung[8].

55 Mit Beendigung des Kontokorrents entfallen auch dessen Wirkungen (vgl. dazu Rn. 28 f.); insbesondere aber gleichwohl nicht die einzelnen Forderungen, sondern nur der rechnerisch ermittelte saldomäßige Überschuss (kausaler Saldo, vgl. dazu Rn. 35). Dieser ist allerdings unbeschränkt abtretbar und pfändbar[9]. Er kann auch im Voraus abgetreten werden[10].

§ 356
Sicherheiten

(1) Wird eine Forderung, die durch Pfand, Bürgschaft oder in anderer Weise gesichert ist, in die laufende Rechnung aufgenommen, so wird der Gläubiger durch die Anerkennung des Rechnungsabschlusses nicht gehindert, aus der Sicherheit insoweit Befriedigung zu suchen, als sein Guthaben aus der laufenden Rechnung und die Forderung sich decken.

---

1 BGH v. 4.5.1979 – I ZR 127/77, BGHZ 74, 255.
2 BGH v. 25.2.1977 – I ZR 167/75, NJW 1977, 1346.
3 BGH v. 13.11.1990 – XI ZR 217/89, NJW 1991, 1287.
4 OLG Dresden v. 1.9.2005 – 13 U 1139/05, ZInsO 2007, 45.
5 BGH v. 7.12.1977 – VIII ZR 164/76, BGHZ 70, 93.
6 BGH v. 11.10.1988 – XI ZR 67/88, WM 1988, 1718.
7 BGH v. 25.2.1977 – I ZR 167/75, NJW 1977, 1346 für Vergleichsverfahren.
8 OLG Düsseldorf v. 25.3.1977 – 16 U 142/76, DB 1977, 1549.
9 *Schlegelberger/Hefermehl*, § 355 Rn. 101 m.N.
10 BGH v. 7.12.1977 – VIII ZR 164/76, BGHZ 70, 93; GroßkommHGB/*Canaris*, § 355 Anm. 118.

(2) Haftet ein Dritter für eine in die laufende Rechnung aufgenommene Forderung als Gesamtschuldner, so findet auf die Geltendmachung der Forderung gegen ihn die Vorschrift des Absatzes 1 entsprechende Anwendung.

I. Inhalt und Zweck der Vorschrift

Nach § 356 Abs. 1 ist ein Gläubiger, der eine **durch Pfand, Bürgschaft oder in ähnlicher Weise gesicherte Forderung** in die Kontokorrentabrechnung aufgenommen hat, nicht gehindert, aus der Sicherheit insoweit Befriedigung zu suchen, als sein Guthaben und die Forderung sich decken. Die Regelung stellt klar, dass durch das mit der Novationstheorie (vgl. § 355 Rn. 34) verbundene Erlöschen der Einzelforderungen nicht auch die dafür bestellten Sicherheiten erlöschen. In diesem Sinne widerspricht die Vorschrift nicht der Novation, sondern stellt letztlich nur klar, dass der Novationsgedanke ein Hilfsmittel ist, um gewisse rechtliche Eigentümlichkeiten des Kontokorrents begrifflich zurechtzulegen, dass diese Konstruktion den Verkehrsbedürfnissen aber nicht Gewalt antun darf[1]. In Bezug auf die Sicherheiten besteht die Einzelforderung in gewisser Hinsicht fort und kann weiterhin als Grundlage für diese Sicherheiten dienen[2]. 1

§ 356 Abs. 2 erweitert diese Regelung auf die **Mithaftung von Gesamtschuldnern** (z.B. nach §§ 2058 BGB, 46 AktG, 128 HGB). 2

II. Fortbestand der Sicherheiten

1. Art der Sicherheiten

Es ist allgemein anerkannt, dass der Begriff „in anderer Weise gesichert" sehr **weit auszulegen** ist. Neben den vertraglichen und gesetzlichen Pfandrechten und der Bürgschaft werden auch die Hypothek und besondere Pfandrechte wie das Früchtepfandrecht nach § 1 FPG[3] erfasst[4]. 3

Unter den Anwendungsbereich fallen aber auch **nicht-akzessorische Sicherheiten** wie die Sicherungsgrundschuld[5], das Sicherungseigentum und die Sicherungszession. Diese gehen zwar mit dem Erlöschen der Forderung nicht unter, sind aber, wenn sie nicht überhaupt bedingt vereinbart sind, jedenfalls mit einem schuldrechtlichen Rückübertragungsanspruch belastet. Ebenso findet die Vorschrift auf **Zurückbehaltungsrechte**[6], auf den **Eigentumsvor-** 4

---

1 RGZ 87, 437.
2 BGH v. 12.2.1959 – II ZR 232/58, BGHZ 29, 283; a.A. Canaris, HR, § 27 Rn. 37, der in § 356 eine Absage an die Novationstheorie sieht.
3 Gesetz zur Sicherung der Düngemittel- und Saatgutversorgung v. 19.1.1949 (WiGBl. 1949, 81).
4 BGH v. 12.2.1959 – II ZR 232/58, BGHZ 29, 283.
5 BGH v. 13.9.1990 – XI ZR 217/89, NJW 1991, 1287.
6 RGZ 82, 405.

behalt (unter bestimmten Bedingungen) und auf die **Aufrechnungsmöglichkeit**[1] Anwendung.

2. Verhältnis zu den Sicherungsgebern

5 Die Sicherheiten können **sowohl vor als auch nach Abschluss der Kontokorrentvereinbarung** bestellt worden sein. Wurde allerdings die Sicherung vor Eintritt der Kontokorrentbindung bestellt und wird der Sicherungsgeber durch die Einstellung der gesicherten Forderung in das Kontokorrent schlechtergestellt, kann er nach §§ 767 Abs. 1 S. 3, 1210 Abs. 1 S. 2 BGB vorgehen[2].

6 Die Rechtsprechung hat entschieden[3], dass es Sache des Sicherungsgebers ist, sich über eine Kontokorrentpflicht der von ihm gesicherten Forderung zu informieren und er auch bei **Unkenntnis über die Art der Geschäftsverbindung** nicht berechtigt ist, der Aufnahme der Forderung in das Kontokorrent zu widersprechen. Eine solche grundsätzliche Aussage dürfte jedoch nur in solchen Fällen möglich sein, in denen die Geschäftsverbindung typischerweise als Kontokorrent ausgestaltet ist, etwa bei Banken. In anderen Fallgestaltungen ist nach den allgemeinen Regeln über die Auslegung von Willenserklärungen zu entscheiden[4]. Soweit ein Gläubiger mit der Einstellung der Forderung in das Kontokorrent gegen die Sicherungsvereinbarung mit dem Sicherungsgeber verstößt, kann er sich nicht auf die Wirkung des § 356 berufen[5].

III. Umfang der Haftung

1. Gesicherte Forderungen

7 Die Sicherheiten bleiben für die **kontokorrentpflichtigen Einzelforderungen** bis zur Anerkennung des Saldos bestehen. Der Zugriff auf die Sicherheit ist jedoch dem Saldogläubiger wegen der Kontokorrentbindung erst bei Beendigung des Kontokorrents möglich. Der Sicherungsgeber kann die Kontokorrentbindung als Einrede geltend machen nach §§ 767, 768, 1137, 1210, 1211 BGB[6].

8 Nach dem Anerkenntnis **haften** die Sicherheiten für die Saldoforderung. Wird allerdings der Saldo in die nächste Rechnungsperiode vorgetragen, unterliegt er ebenfalls der Kontokorrentbindung, womit ein Zugriff auf die Sicherheiten wiederum erst bei Beendigung des Kontokorrents möglich ist.

---

1 BGH v. 29.6.1970 – II ZR 158/69, BGHZ 55, 15 wegen der Ähnlichkeit zur pfandmäßigen Verstrickung; *Canaris*, HR, § 25 Rn. 46.
2 GroßkommHGB/*Canaris*, § 356 Anm. 15.
3 RGZ 136, 180.
4 Ebenso GroßkommHGB/*Canaris*, § 356 Anm. 27.
5 BGH v. 24.2.1960 – VII ZR 165/59, BB 1961, 117.
6 GroßkommHGB/*Canaris*, § 356 Anm. 22.

Für jede Forderung kann auch die anerkannte Saldoforderung durch Vertrag oder durch Gesetz (z.B. § 397) gesichert werden.

2. Dauer und Höhe der Haftung

Für den Schlusssaldo haftet die Sicherheit insoweit, als sich **Guthaben und gesicherte Forderung decken.** Die Haftung wird sowohl begrenzt durch den niedrigsten Periodenschlusssaldo als auch durch die ursprüngliche Höhe der gesicherten Forderung[1]. Über die Grenze des niedrigsten Saldos hinaus sind die Einzelforderungen ersatzlos erloschen und damit auch die Sicherheiten. In diesem Sinne erlöschen die Sicherheiten vollständig, sobald sich bei Rechnungsabschluss auf Seiten des Sicherungsnehmers kein Guthaben mehr ergibt. Andererseits stellt der niedrigste Saldo auch die Mindesthaftung dar. 9

Die **einzelnen Forderungen** (und damit auch nicht die Sicherheiten) erlöschen nicht vor der am Periodenschluss erfolgten Verrechnung und Saldoanerkennung, so dass eine (rechnerische) Verminderung des Saldos in der Zeit zwischen zwei Rechnungsabschlüssen unerheblich ist[2]. 10

Eine Ausnahme gilt für die **Haftung ausgeschiedener Gesellschafter** nach § 128, die nach ständiger Rechtsprechung maximal in Höhe des Tagessaldos bei Ausscheiden bzw. eines später niedrigeren Periodensaldos haften[3]. Sind **mehrere Sicherheiten** für die in das Kontokorrent eingestellten Forderungen vorhanden, haften alle Sicherheiten für den Schlusssaldo nebeneinander, nur begrenzt durch die Höhe der jeweiligen Einzelforderung bzw. – wenn diese niedriger ist – durch die Höhe der Saldoforderung. Der Gläubiger hat ein **Wahlrecht**, welchen Sicherungsnehmer er in Anspruch nehmen will[4]. 11

IV. Einwendungen des Sicherungsgebers

Der Sicherungsgeber kann die Einwendungen und Einreden erheben, die sich aus dem **Inhalt der Sicherheiten** ergeben oder die ihm **gegen die gesicherten Einzelforderungen** zustehen würden[5]. Diese Einwendungen gehen insbesondere auch nicht durch das Saldoanerkenntnis verloren. 12

Die **Beweislast** trägt grundsätzlich der Sicherungsgeber[6]. Dies gilt auch dann, wenn ein Saldoanerkenntnis noch nicht nachgewiesen ist[7]. 13

---

1 RGZ 76, 334; 136, 181; BGH v. 28.11.1957 – VII ZR 42/57, BGHZ 26, 150.
2 BGH v. 28.6.1968 – I ZR 156/66, BGHZ 50, 283.
3 BGH v. 30.5.1968 – VII ZR 2/66, BGHZ 50, 227, 283; *Heymann/Horn*, § 356 Rn. 12 m.N.
4 *Schlegelberger/Hefermehl*, § 356 Rn. 19; *Heymann/Horn*, § 356 Rn. 15; a.A. GroßkommHGB/*Canaris*, § 356 Anm. 21, der nach § 366 BGB feststellen will, welche Forderungen und damit auch welche Sicherheiten erloschen sind.
5 GroßkommHGB/*Canaris*, § 356 Anm. 28; *Schlegelberger/Hefermehl*, § 356 Rn. 24.
6 BGH v. 10.12.1987 – IX ZR 269/86, NJW 1988, 906 für den Fall einer Bürgschaft.
7 BGH v. 7.12.1995 – IX ZR 110/95, NJW 1996, 719; anders noch BGH v. 10.12.1987 – IX ZR 269/86, NJW 1988, 906.

V. Leistung auf gesicherte Forderung

1. Leistung durch den Schuldner

14 Der Schuldner kann auf die gesicherte Forderung leisten und sie damit dem Kontokorrent entziehen. Mit dieser Leistung **erlischt die Sicherheit** auch bezüglich des (späteren) Anerkenntnisssaldos[1].

2. Leistung durch den Sicherungsgeber

15 Leistet ein Sicherungsgeber, der nicht zugleich Saldoschuldner ist, geht nach §§ 426 Abs. 2, 774 Abs. 1, 1143 Abs. 1, 1225 BGB die Saldoforderung auf ihn über. Demgegenüber ist ein **Übergang der gesicherten Einzelforderung** abzulehnen[2]. Die Argumentation, dem Schutzzweck des kontokorrentrechtlichen Ablehnungsverbots widerspreche es nicht, wenn bei Leistung des Sicherungsgebers die gesicherte Forderung auf diesen übergehe, weil in diesem Augenblick die von Dritten ungestörte Abwicklung des Kontokorrents nicht mehr erreicht werden kann[3], übersieht – ungeachtet dessen, dass sie sich mit der Novationstheorie nicht vereinbaren lässt –, dass dem Schuldner die Wirkungen der Kontokorrentbindung genommen werden und bei Forderungsübergängen der Erwerber nach den Regelungen der §§ 412, 413, 404 BGB grundsätzlich nicht mehr Rechte beanspruchen kann als der ursprüngliche Gläubiger.

VI. Sicherung des Kontokorrentsaldos

16 Die Parteien können zur Sicherung des abstrakten Anerkenntnissaldos unabhängig von § 356 eine **eigene Sicherung** vereinbaren, dies auch in antizipierter Form für den künftigen Saldo (s. z.B. Nr. 14 Abs. 2 AGB-Banken). Für die danach bestellten Sicherheiten ist § 356 nicht anwendbar. Ist allerdings die Einbringung des Saldos in die neue laufende Rechnung vereinbart, unterfällt er ebenfalls der Kontokorrentbindung.

§ 357
Pfändung des Saldos

Hat der Gläubiger eines Beteiligten die Pfändung und Überweisung des Anspruchs auf dasjenige erwirkt, was seinem Schuldner als Überschuss aus der laufenden Rechnung zukommt, so können dem Gläubiger gegenüber Schuldposten, die nach der Pfändung durch neue Geschäfte entstehen, nicht in Rechnung gestellt werden. Geschäfte, die auf Grund eines schon vor der Pfändung bestehenden Rechtes oder einer schon vor diesem Zeitpunkte be-

---

1 *Schlegelberger/Hefermehl*, § 356 Rn. 17.
2 So aber GroßkommHGB/*Canaris*, § 356 Anm. 29 ff.
3 GroßkommHGB/*Canaris*, § 356 Anm. 37.

stehenden Verpflichtung des Drittschuldners vorgenommen werden, gelten nicht als neue Geschäfte im Sinne dieser Vorschrift.

Übersicht

	Rn.		Rn.
I. Regelungsinhalt/Zweck	1	b) Pfändung von Kontokorrentkrediten	6
II. Pfändbare Forderungen		**III. Wirkung der Pfändung**	
1. Überschuss aus laufender Rechnung		1. Grundsätzliches	7
a) Periodensaldo	2	2. Sperrwirkung	8
b) Pfändung künftiger Schlusssalden	3	3. Keine Beendigung des Kontokorrents	9
2. Pfändung des „Tagesguthabens"	4	4. Stellung des Pfändungsgläubigers	10
3. Debitorische Konten und Kreditlinien			
a) Pfändung des Debetsaldos	5		

I. Regelungsinhalt/Zweck

Die Vorschrift beruht auf der Voraussetzung, dass der anerkannte Periodensaldo nach Maßgabe der §§ 829 ff. ZPO gepfändet werden kann und bestimmt als Folge der Pfändung, dass dem pfändenden Gläubiger solche Schuldposten, die nach der Pfändung durch neue Geschäfte entstehen, **nicht in Rechnung gestellt** werden können. Die Regelung soll den Gläubiger davor schützen, dass seine Vollstreckung durch kontokorrentrechtliche Vorgänge ausgehöhlt wird. Dem Schuldner soll die Möglichkeit genommen werden, durch beliebige Schaffung neuer Schuldposten dem Gläubiger das Guthaben zu entziehen[1].

1

II. Pfändbare Forderungen

1. Überschuss aus laufender Rechnung

a) Periodensaldo

Gegenstand der Pfändung, die nach Maßgabe der §§ 829 ff. ZPO zu bewirken ist, sind lediglich die **Saldoforderungen**, nicht aber auch die dem Kontokorrent zugehörigen Einzelforderungen[2]. Pfändbar ist nur ein positiver Saldo (vgl. dazu Rn. 5). Auszugehen ist von dem Saldo, der im Zeitpunkt des Wirksamwerdens der Pfändung besteht (sog. Zustellungssaldo)[3]. Dies ist der Zeitpunkt, an dem das vorläufige Zahlungsverbot (vgl. §§ 829 Abs. 3, 845, 930 ZPO) zugestellt wird. Dies gilt auch dann, wenn nach dem Inhalt der Kon-

2

---

1 BGH v. 13.3.1981 – I ZR 5/79, BGHZ 80, 172, 177.
2 BGH v. 13.3.1981 – I ZR 5/79, BGHZ 80, 175; GroßkommHGB/*Canaris*, § 357 Anm. 2.
3 BGH v. 13.3.1981 – I ZR 5/79, BGHZ 80, 176 m.N.; *Schlegelberger/Hefermehl*, § 357 Rn. 11.

tokorrentabrede eine Saldierung erst später fällig wird. Damit bewirkt § 357 eine Ausnahme vom Grundsatz der periodischen Verrechnung. Deshalb werden auch Habenposten nicht berücksichtigt, die dem Schuldner nach der Pfändung gutgeschrieben werden. Diese sind im Wege einer Doppelpfändung entweder als künftiger Schlusssaldo oder als künftige Tagesguthaben[1] zu pfänden. Die Anwendung von § 357 setzt im Übrigen voraus, dass das Kontokorrent noch besteht[2].

b) Pfändung künftiger Schlusssalden

3   Neben der Pfändung des gegenwärtigen Saldos ist auch die Pfändung künftiger Schlusssalden möglich. Diese unterliegt allerdings nicht § 357, sondern bestimmt sich allein nach den allgemeinen Vorschriften über die Pfändung und Überweisung einer Geldforderung[3]. Nach §§ 829 ff. ZPO sind künftige Forderungen dann pfändbar, wenn sie **bestimmt genug bezeichnet oder hinreichend bestimmbar** sind, d.h. es muss jedenfalls schon eine Rechtsbeziehung zwischen dem Schuldner und dem Drittschuldner bestehen, aus der die künftige Forderung nach ihrem Inhalt und nach der Person des Drittschuldners bestimmt werden kann[4]. Hinsichtlich des künftigen Kontokorrentsaldos wird diesen Bestimmtheitsanforderungen genügt, wenn ein bestehendes Kontokorrentverhältnis hinreichend bezeichnet wird[5]. Ist dies der Fall, so ist jedenfalls beim Bankkontokorrent die erforderliche Bestimmtheit nicht nur für den nächsten Aktivsaldo, sondern auch für alle weiteren künftigen Aktivsalden gegeben[6]. Bei den künftigen Periodensalden besteht dann nämlich keine größere Unsicherheit als bei der Bestimmung des ersten Saldos[7].

2. Pfändung des „Tagesguthabens"

4   Einzelforderungen sind auch im Rahmen von § 357 nicht pfändbar, da sie der Kontokorrentbindung unterliegen (vgl. § 355 Rn. 30). Die Kontokorrentabrede steht aber der **Pfändung des Anspruches des Bankkunden auf Auszahlung des sich zwischen den Rechnungsabschlüssen ergebenden Tagesguthabens** nicht entgegen[8]. Der Anspruch ergibt sich nicht aus der Kontokorrentbindung, sondern aus dem Girovertrag, wonach grundsätzlich der Guthabenüberschuss dem Kunden sofort und nicht erst beim nächsten periodischen Rechnungsabschluss oder bei Beendigung des Kontokorrentver-

---

1 Vgl. für das Girokonto BGH v. 8.7.1982 – I ZR 148/80, BGHZ 84, 377.
2 OLG Stuttgart v. 30.12.1993 – 2 U 78/93, ZIP 1994, 222, 224.
3 BGH v. 13.3.1981 – I ZR 5/79, BGHZ 80, 177, 178; *Baumbach/Hopt*, § 357 Rn. 5.
4 BGH v. 24.3.1959 – VIII ZR 177/58, LM § 857 ZPO Nr. 4; BGH v. 29.10.1969 – VIII ZR 202/67, BGHZ 53, 29, 32.
5 BGH v. 13.3.1981 – I ZR 5/79, BGHZ 80, 181.
6 BGH v. 13.3.1981 – I ZR 5/79, BGHZ 80, 181; *Baumbach/Hopt*, § 357 Rn. 6.
7 OLG Oldenburg v. 29.11.1978 – 5 U 19/78, WM 1979, 593.
8 *Lwowski/Bitter*, WM 1994, Beil. 4, 57, 62.

hältnisses auszuzahlen ist[1]. Entsprechend ihrem Wesen bezieht sich die Kontokorrentabrede auf diese Ansprüche gerade nicht, es sei denn, die Parteien haben ausdrücklich etwas anderes vereinbart. In diesem Sinne unterliegt auch das in dem Anspruch auf Auszahlung des Tagesguthabens eingeschlossene Recht, über dieses Guthaben durch Überweisungsaufträge zu verfügen, der Pfändung[2]. Eine dahingehende Pfändung ist für den Gläubiger schon deshalb ratsam, um zu verhindern, dass der Pfändungsschuldner im Rahmen des fortbestehenden Kontokorrents Debetposten schafft[3]. Eine (Hilfs-)Pfändung des Anspruchs auf Gutschrift hilft zu vermeiden, dass eingehende Überweisungen auf andere Konten umgeleitet werden (vgl. auch Rn. 8).

3. Debitorische Konten und Kreditlinien

a) Pfändung des Debetsaldos

Nach den allgemeinen Regeln der §§ 829 ff. ZPO geht die Pfändung eines Debetsaldos ins Leere und ist damit **unwirksam**[4]. Die Pfändung wird danach auch nicht wirksam, wenn das Konto wieder ein Aktivsaldo aufweist. Der Pfändung unterliegt allerdings der Anspruch des Schuldners auf Gutschrift der eingehenden Beträge (vgl. insoweit auch Rn. 4). Damit ist aber kein Anspruch des Pfändungsgläubigers auf Auszahlung der eingegangenen Beträge verbunden[5].

5

b) Pfändung von Kontokorrentkrediten

Die Pfändbarkeit von Kreditlinien ist **stark umstritten**[6]. Hinsichtlich der zweckgebundenen Kredite ergibt sich der Ausschluss der Abdingbarkeit und damit der Pfändbarkeit (§ 851 ZPO) bereits aus § 399 BGB, weil darin eine Änderung der Leistung liegt[7]. Bei frei verfügbaren Krediten (Dispositionskredite) scheidet eine Pfändbarkeit jedenfalls dann aus, wenn noch **kein Kreditabruf** vorliegt; die Entscheidung über die Kreditaufnahme ist angesichts der damit verbundenen Rückzahlungspflicht des Schuldners höchstpersönlich[8]. Richtigerweise sind aber auch **abgerufene Kredite** nicht pfändbar. Der BGH hat diese Frage bisher offen gelassen[9] und festgestellt, dass eine reine Duldung der Kontoüberziehung jedenfalls mangels Anspruch keine pfändbare

6

---

1 BGH v. 8.7.1982 – I ZR 148/80, BGHZ 84, 377; GroßkommHGB/*Canaris*, § 357 Anm. 72.
2 BGH v. 30.6.1982 – VIII ZR 129/81, BGHZ 84, 329; a.A. *Heymann/Horn*, § 357 Rn. 18.
3 BGH v. 8.7.1982 – I ZR 148/80, NJW 1982, 2195.
4 *Thomas/Putzo*, § 829 ZPO Rn. 27.
5 BGH v. 24.1.1985 – IX ZR 65/84, BGHZ 93, 315, 322.
6 Zur Übersicht *Lwowski/Bitter*, WM 1994, Beil. 4, 57, 69 ff.
7 Vgl. auch BGH v. 30.3.1978 – VII ZR 331/75, WM 1978, 553.
8 OLG Schleswig v. 18.6.1991 – 16 W 7/91, NJW 1992, 579; *Baumbach/Hopt*, § 357 Rn. 10; a.A. OLG Köln v. 25.3.1983 – 20 U 257/82, WM 1983, 1050.
9 BGH v. 1.12.1982 – VIII ZR 279/81, BGHZ 86, 30; BGH v. 24.1.1985 – IX ZR 65/84, BGHZ 93, 325.

Forderung darstellt[1]. Es entspricht dem Wesen der Zwangsvollstreckung, dass nur Gegenstände gepfändet werden, die im Vermögen des Schuldners stehen und Dritte durch die Pfändung nicht belastet werden. Eine Pfändung von Kreditzusagen erfolgt aber in vollstreckungsrechtlicher Hinsicht zu Lasten des Kreditgebers. Letztlich kann ein Gegenstand auch nur so gepfändet werden, wie er sich im Vermögen des Schuldners befindet. Bezogen auf den Kredit bedeutet dies, dass der Gläubiger den Anspruch belastet mit den Darlehensmodalitäten erwirbt und dem Kreditgeber (neben dem Schuldner) für die Rückzahlung sowie die Zahlung der Zinsen haftet.

III. Wirkung der Pfändung

1. Grundsätzliches

7 Mit Zustellung des Pfändungs- und Überweisungsbeschlusses darf der Saldoschuldner **nicht mehr an den Pfändungsschuldner (Saldogläubiger) leisten** und muss den Zustellungssaldobetrag am Ende der laufenden Rechnungsperiode an den Pfändungsgläubiger auszahlen. Dies gilt auch dann, wenn der Saldo nach der Kontokorrentvereinbarung auf die neue Periode vorzutragen wäre.

2. Sperrwirkung

8 § 357 S. 1 bewirkt zusätzlich, dass die **nach der Zustellung des Pfändungs- und Überweisungsbeschlusses entstandenen Sollposten** nicht gegen den Pfändungsgläubiger wirken. Diese Sperrwirkung wird begrenzt durch § 357 S. 2, der bestimmte Schuldposten ausnimmt. Diese Beschränkung dient dem Schutz des Drittschuldners, dessen Rechtsposition durch die Veränderung der Gläubigerstellung keine Verschlechterung erfahren soll, wie es auch in §§ 404 ff. BGB zum Ausdruck kommt[2]. In diesem Sinne kommt es ähnlich wie bei § 404 BGB darauf an, ob der rechtliche Grund für das Geschäft bereits vor der Zustellung des Pfändungs- und Überweisungsbeschlusses gelegt worden ist[3]. Der BGH hat dies bejaht für die Ausgabe einer ec-Karte mit den dazugehörigen Scheckformularen vor Pfändung[4] und verneint für die Rückgängigmachung einer Habenbuchung durch die Bank nach Pfändung[5].

3. Keine Beendigung des Kontokorrents

9 Die Pfändung in das laufende Kontokorrentkonto bewirkt, dass das Kontokorrent lediglich buchungstechnisch und auch nur im Verhältnis zwischen Kontokorrentschuldner (= Drittschuldner) und Pfändungsgläubiger

---

1 BGH v. 24.1.1985 – IX ZR 65/84, BGHZ 93, 325.
2 BGH v. 24.1.1985 – IX ZR 44/84, BGHZ 93, 78.
3 GroßkommHGB/*Canaris*, § 357 Anm. 11; *Heymann/Horn*, § 357 Rn. 12.
4 BGH v. 29.11.1984 – IX ZR 44/84, BGHZ 93, 71, 79.
5 BGH v. 13.5.1997 – IX ZR 129/96, WM 1997, 1324, 1326.

vorläufig abgeschlossen wird[1]. **Zwischen den Parteien** läuft das Kontokorrent vereinbarungsgemäß weiter, wie sich auch aus § 357 S. 2 ergibt[2]. Dem Pfändungsgläubiger steht auch weder ein Kündigungsrecht nach § 355 Abs. 3 noch nach § 735 BGB, § 135 analog zu, da die Beendigung des gesamten Kontokorrents über das Bedürfnis zur Befriedigung hinausginge[3].

4. Stellung des Pfändungsgläubigers

Nach den allgemeinen Regeln erlangt der Pfändungsgläubiger keine bessere Stellung als der Gläubiger der gepfändeten Forderung, weshalb er erst **mit Ablauf der Rechnungsperiode** Auszahlungen verlangen kann (vgl. auch Rn. 7). Die Vereinbarung allerdings, dass der Saldo in die nächste Rechnungsperiode vorzutragen ist, wirkt nicht gegen den Pfändungsgläubiger, da dies als Verfügung über den gepfändeten Gegenstand gerade ausgeschlossen ist[4].

§ 358
Zeit der Leistung

Bei Handelsgeschäften kann die Leistung nur während der gewöhnlichen Geschäftszeit bewirkt und gefordert werden.

1. Regelungsinhalt

Die Vorschrift ergänzt die Regelungen im BGB (allgemein § 271 BGB) und HGB (§§ 120, 121, 167, 169) über die Leistungszeit dahingehend, **wann innerhalb eines Leistungstages** die Leistung bewirkt oder verlangt werden kann. Bereits aus § 242 BGB folgt, dass hinsichtlich der Leistungsmodalitäten nach Treu und Glauben auf die berechtigten Interessen des anderen Teils Rücksicht zu nehmen ist und der Schuldner nur zur üblichen Zeit leisten darf. Entscheidend ist die Verkehrssitte im betreffenden Handelszweig und am Leistungsort, nicht die Übung des individuellen Unternehmens. Insoweit kann auch die Nacht gewöhnliche Geschäftszeit sein, ebenso ein Sonn- oder Feiertag.

2. Leistungszeit

Die Bestimmung der Leistungszeit ist im BGB in allgemeiner Form in **§ 271 BGB** geregelt. Danach kann im Grundsatz der Gläubiger die Leistung sofort verlangen, der Schuldner sie sofort bewirken, wenn etwas anderes weder bestimmt noch aus den Umständen zu entnehmen ist (§ 271 Abs. 1 BGB).

---

1 RGZ 140, 222; BGH v. 13.3.1981 – I ZR 5/79, BGHZ 80, 176; a.A. *Gröger*, BB 1984, 28 mit Darstellung der verschiedenen Ansichten.
2 *Schlegelberger/Hefermehl*, § 358 Rn. 7; GroßkommHGB/*Canaris*, § 358 Anm. 16.
3 GroßkommHGB/*Canaris*, § 358 Anm. 18, 19.
4 GroßkommHGB/*Canaris*, § 358 Anm. 19.

Wenn eine Leistungszeit bestimmt ist, kann der Gläubiger im Zweifel die Leistung nicht vor diesem Zeitpunkt verlangen, der Schuldner sie aber vorher bewirken (§ 271 Abs. 2 BGB). Daneben sehen Vorschriften des besonderen Schuldrechts (§§ 604, 608, 609, 641, 721 BGB) sowie des HGB (§§ 120, 121, 167, 169) weitere Bestimmungen über die Leistungszeit vor.

3 Maßgeblich ist zunächst die vertragliche Vereinbarung. Fehlt eine ausdrückliche Regelung, ist der **Parteiwille** durch Auslegung, §§ 133, 157 BGB, zu ermitteln. Insoweit sind die gesamten Umstände heranzuziehen, insbesondere die Interessen der Parteien. Die Leistungszeit kann sich ferner aus Handelsbrauch (§ 346) ergeben. Zur Anwendung von Klauseln wie „prompt", „freibleibend", „so schnell als möglich" vgl. § 346 Rn. 92 f.

3. Anwendungsbereich

4 Die Vorschrift gilt für **zweiseitige Handelsgeschäfte** i.S.d. §§ 343, 344; für einseitige dann, wenn auf Seiten des Empfängers ein Handelsgeschäft vorliegt. Die Art der Leistung bleibt gleich. Willenserklärungen werden nicht erfasst, für diese gilt § 130 BGB.

4. Rechtsfolge

5 Der Gläubiger gerät nicht in **Annahmeverzug** i.S.d. §§ 293 ff. BGB, wenn er ein Leistungsangebot des Schuldners außerhalb der gewöhnlichen Geschäftszeit ablehnt. Etwas anderes kann gelten, wenn die Zurückweisung gegen Treu und Glauben verstößt[1]. Bei Annahme der Leistung wird jedoch ungeachtet einer bestehenden Fälligkeit Erfüllung eintreten. Bei Zahlung vor Fälligkeit, auch einer unverzinslichen Geldschuld, darf der Schuldner im Zweifel keinen Abzug machen (Argument § 272 BGB).

§ 359
Vereinbarte Zeit; „acht Tage"

(1) Ist als Zeit der Leistung das Frühjahr oder der Herbst oder ein in ähnlicher Weise bestimmter Zeitpunkt vereinbart, so entscheidet im Zweifel der Handelsgebrauch des Ortes der Leistung.

(2) Ist eine Frist von acht Tagen vereinbart, so sind hierunter im Zweifel volle acht Tage zu verstehen.

1. Regelungsinhalt

1 Die Vorschrift enthält **Auslegungsregeln** für den Fall, dass die Parteien eine bestimmte Leistungszeit vereinbart haben.

---

1 RGZ 92, 211.

2. Unbestimmte Zeitangaben (§ 359 Abs. 1)

Die ausdrückliche oder konkludente **Parteivereinbarung hat Vorrang**; diese ist zunächst durch Auslegung unter Heranziehung aller Umstände zu ermitteln. Bleiben Zweifel, richtet sich die Bestimmung der genauen Leistungszeit nach dem Handelsbrauch des Leistungsortes i.S.d. § 269 BGB.

3. Achttagesfrist (§ 359 Abs. 2)

Im allgemeinen Sprachgebrauch bedeutet eine Frist von acht Tagen in der Regel eine Woche; gem. § 187 Abs. 2 S. 1 BGB wird nämlich der Anfangstag mitgerechnet. § 359 Abs. 2 stellt nun klar, dass dieser Ausdruck im Zweifel wirklich acht Tage und **nicht eine Woche** bedeuten soll.

Bei einer **Fristberechnung nach § 187 Abs. 1 BGB**, wenn also für den Anfang einer Frist ein Ereignis oder ein in den Lauf eines Tages fallender Zeitpunkt maßgebend ist, wird der erste Tag nicht mitgerechnet. Fällt das Ereignis, das für den Fristbeginn maßgebend ist, auf einen Donnerstag, endet damit die Frist erst am nächsten Freitag. Bei der Auslegung, die vor Anwendung der Zweifelsregelung vorzunehmen ist, ist dann auch zu prüfen, ob die Parteien wirklich einen derartigen – für die Praxis eher unüblichen – Fristenlauf gewollt haben.

§ 360
Gattungsschuld

Wird eine nur der Gattung nach bestimmte Ware geschuldet, so ist Handelsgut mittlerer Art und Güte zu leisten.

1. Regelungsinhalt

Die Vorschrift modifiziert die Regelung von § 243 Abs. 1 BGB dahingehend, dass bei Gattungsschulden **Handelsgut mittlerer Art und Güte** zu leisten ist. Handelsgut ist umsatzfähige Ware[1], d.h. Ware, die allgemein im Handelsverkehr, wenn auch nur in einem (engen) Branchenbereich verwertbar ist. Insbesondere muss sie den zwingenden gesetzlichen Vorschriften entsprechen. Maßgebend für die Handelsfähigkeit ist die Verkehrsanschauung des betreffenden Handelsbereichs.

2. Handelsgut mittlerer Art und Güte

Handelsgut mittlerer Art und Güte bezeichnet die Ware, wie sie im Handelsverkehr **am Erfüllungsort üblich** ist. Auch insoweit ist die objektive Verkehrsanschauung maßgebend. Vorab ist zu prüfen, welche Gattungsmerkmale die Parteien vertraglich bestimmt haben. Bei der Frage nämlich, ob

---

1 *Schlegelberger/Hefermehl*, § 360 Rn. 8.

eine der Gattung nach bestimmte Ware mangelhaft ist, oder ob es sich um eine andere als die bedungene Sache handelt, ist nämlich in erster Linie auf den ausdrücklich vereinbarten oder dem Verkäufer wenigstens bekannten Vertragszweck und die danach erforderlichen Merkmale der zu liefernden Ware abzustellen, wobei auf die Verkehrsauffassung Bezug zu nehmen ist[1].

3 Eine **abweichende Vereinbarung** kann sich insbesondere aus Klauseln wie „tel quel", „Ware, wie sie steht und liegt" ergeben (vgl. insoweit § 346 Rn. 112). Im Übrigen bedeutet „mittlere Art und Güte" Durchschnittsware[2]. Die Qualität kann je nach Parteivereinbarung und dem im Handelsverkehr Üblichen von dem im Privatverkehr Erforderlichen in positiver wie in negativer Richtung abweichen[3].

3. Begriff der Gattungsschuld

4 Bei der Gattungsschuld ist der Leistungsgegenstand nicht individuell festgelegt, sondern nach generellen Merkmalen (Typ, Sorte) bestimmt.

Eine **Gattung** bilden alle Gegenstände, die durch gemeinschaftliche Merkmale gekennzeichnet sind und sich dadurch von Gegenständen anderer Art abheben. Die Gattungsschuld ist dadurch geprägt, dass den Schuldner generell eine Beschaffungspflicht trifft, solange Sachen der betreffenden Art am Markt noch erhältlich sind (§ 279 BGB).

5 Einen Sonderfall bildet die sog. **beschränkte Gattungsschuld** (Vorratsschuld), bei der der Schuldner nach dem Inhalt des abgeschlossenen Vertrages nur aus einem bestimmten Vorrat zu leisten hat.

6 Bei der **Spesenschuld** beschränkt sich die Verpflichtung des Schuldners auf die Lieferung der konkreten Sache. Bei Untergang dieser Sache tritt Unmöglichkeit ein (§ 275 BGB). Nach § 243 Abs. 2 BGB beschränkt sich auch bei Gattungsschulden die Verpflichtung des Schuldners auf eine bestimmte Sache, wenn er das seinerseits Erforderliche getan hat (Konkretisierung).

7 Eine solche **Konkretisierung** tritt ein, wenn der Schuldner die zu liefernde Ware dem Gläubiger in einer Weise angeboten hat, die den Annahmeverzug i.S.d. §§ 293 ff. BGB begründet; ausnahmsweise aber auch bereits dann, wenn der Gläubiger wegen § 299 BGB nicht in Annahmeverzug kommt[4].

8 In welcher Weise der Schuldner dem Gläubiger die Leistung anbieten muss, um einen **Annahmeverzug** zu begründen, hängt von der Qualität der Schuld ab, ob es sich nämlich um eine Bringschuld, Schickschuld oder Holschuld handelt[5]. Mit der Konkretisierung wird die Gattungsschuld zur Stückschuld; die Leistungsgefahr geht auf den Gläubiger über (§ 275 BGB).

---

1 BGH v. 18.9.1985 – VIII ZR 175/84, NJW 1986, 660; BGH v. 11.3.1987 – VIII ZR 203/86, NJW 1987, 1886.
2 *Baumbach/Hopt*, § 360 Rn. 3.
3 GroßkommHGB/*Canaris*, § 360 Anm. 1.
4 MünchKommBGB/*Emmerich*, § 243 BGB Rn. 37.
5 Vgl. i.E. *Palandt/Heinrichs*, § 243 BGB Rn. 5.

4. Anwendungsbereich

Über den Wortlaut hinaus bezieht sich die Vorschrift auch auf **andere Leistungsgegenstände**[1]. Der Gattungsschuld muss ein zumindest einseitiges Handelsgeschäft zugrundeliegen (§ 345). Dies gilt auch dann, wenn der Schuldner nicht Kaufmann ist, weil er sich, wenn er die Waren entsprechend anbietet, auch den Anforderungen des Handelsverkehrs stellen muss[2]. Insoweit ist jedoch verstärkt darauf zu achten, ob sich nicht bezüglich des Handelsgutes Besonderheiten aus der vertraglichen Vereinbarung ergeben.

5. Rechtsfolgen

Entspricht die gelieferte Ware nicht den Anforderungen, tritt **keine Konkretisierung** i.S.v. § 243 Abs. 2 BGB ein. Der Gläubiger hat die Wahl, ob er Neulieferung verlangen will oder statt dessen die gelieferte Ware als Erfüllung annehmen und Mängelrechte nach §§ 437 ff., wobei er auch hier Neulieferung im Wege der Nacherfüllung (§ 439 Abs. 1 BGB) beanspruchen kann, geltend machen wird. Die Rügeobliegenheit des § 377 (vgl. Anm. dort) ist zu beachten.

6. Ausschluss der Mängelhaftung

Klauseln wie „wie besehen" oder „wie beschaffen" schließen die Haftung des Verkäufers für Mängel aus, die bei ordnungsgemäßer Besichtigung hätten erkannt werden können. **Beweispflichtig** für das Vorliegen der üblichen Qualitätsmerkmale ist bis zur Abnahme der Verkäufer, nach Abnahme der Käufer.

§ 361
Maß, Gewicht, Währung, Zeit und Entfernungen

Maß, Gewicht, Währung, Zeitrechnung und Entfernungen, die an dem Orte gelten, wo der Vertrag erfüllt werden soll, sind im Zweifel als die vertragsmäßigen zu betrachten.

1. Regelungsinhalt/Bedeutung der Vorschrift

Die Vorschrift enthält eine **Auslegungsregel** für den Fall, dass im räumlichen Bezugsgebiet eines Vertrages unterschiedliche Maßeinheiten, Zeitrechnungen oder Währungen gelten. Mangels einer bestehenden Parteivereinbarung, die in jedem Fall Vorrang hat, ist bei Zweifeln jeweils die Bedeutung des Begriffes am Erfüllungsort (§ 269 BGB) maßgebend.

---

1 H.M., *Schlegelberger/Hefermehl*, § 360 Rn. 7; *Heymann/Horn*, § 360 Rn. 12.
2 *Heymann/Horn*, § 360 Rn. 16; a.A. *Baumbach/Hopt*, § 360 Rn. 3: Von einem Nichtkaufmann könne vernünftigerweise kein „Handelsgut" gefordert werden.

2   Nachdem Maße und Gewichte in Deutschland gesetzlich vereinheitlicht und für den innerdeutschen Handel vorgeschrieben sind[1], hat die Norm insoweit überwiegend Bedeutung bei **Geschäften mit Auslandsberührung**. Sie ist zwar keine selbständige Kollisionsnorm[2], entwickelt aber eine kollisionsrechtsähnliche Funktion. Die unmittelbare Anwendung setzt voraus, dass der Vertrag deutschem Recht unterliegt (Art. 27, 28 EGBGB). Ansonsten ist eine analoge Anwendung möglich, wenn das fremde Vertragsstatut nicht ein anderes Ergebnis vorschreibt[3].

2. Anwendungsbereich

3   Die Vorschrift findet Anwendung auf **vertragliche Ansprüche** aus (auch einseitigen) Handelsgeschäften, § 345. Erfasst werden auch **Schadensersatzansprüche**, die auf Leistungsstörungen zurückgehen sowie **Bereicherungsansprüche** aus der Rückabwicklung von Handelsgeschäften (vgl. insoweit § 343 Rn. 7).

3. Erfüllungsort

4   Der Erfüllungsort bestimmt sich nach **§ 269 BGB**. Danach ist zunächst maßgebend, welche Vereinbarung die Parteien getroffen haben; ansonsten ist darauf abzustellen, ob sich eine Bestimmung aus den Umständen des konkreten Falles, insbesondere aus der Natur des Schuldverhältnisses ergibt. Lässt sich daraus kein Erfüllungsort ermitteln, ist dies der Wohnsitz des Schuldners (§ 361 Abs. 1) bzw. der Ort des Gewerbebetriebes (§ 361 Abs. 2). Für Geldschulden gelten nach § 270 BGB zwar besondere Leistungsmodalitäten, der Leistungsort aber bleibt davon unberührt (§ 270 Abs. 4 BGB).

5   Der maßgebliche Erfüllungsort ist **für jede einzelne (gegenseitige) Leistungsverpflichtung gesondert festzustellen.** Es kommt immer nur auf die konkrete Leistung und nicht auf die Gegenleistung an[4]; so kann ein einheitlicher Vertrag mehrere unterschiedliche Leistungsorte haben. Bei Ansprüchen auf Schadensersatz aus Leistungsstörung kommt es auf den Erfüllungsort der (primären) Leistungsverpflichtung an.

4. Währung

6   Die Vorschrift kommt zum einen zur Anwendung, wenn die Währung einer Geldforderung **zweifelhaft bestimmt** ist (etwa bei Währungen mit mehrdeutiger Bezeichnung: „Pfund"; „Dollar"; „Franc"), zum anderen aber auch dann, wenn sie **überhaupt nicht bestimmt ist**[5]. Wegen des Vorrangs der Parteiabrede sind zunächst alle Auslegungsmittel auszuschöpfen.

---

1   Gesetz über die Einheit im Messwesen i.d.F. v. 22.2.1985, BGBl. I 408; auch Eichgesetz, BGBl. I 1969, 759, zuletzt geändert durch Gesetz v. 2.2.2007, BGBl. I 58.
2   *Schlegelberger/Hefermehl*, § 361 Rn. 1.
3   *Heymann/Horn*, § 361 Rn. 2.
4   RGZ 106, 100.
5   RGZ 120, 81; *Schlegelberger/Hefermehl*, § 361 Rn. 5.

Die Auslegungsregel bezieht sich aber auch dann nur auf die **Zahlungswäh- 7 rung** und nicht auf die Höhe der tatsächlichen Verpflichtung, die sich aus verschiedenen Umrechnungskursen ergeben kann[1].

Für **Fremdwährungsschulden**, d.h. Geldschulden, bei der die geschuldete 8 Leistung nach dem Inhalt des Vertrages in ausländischer Währung bezeichnet ist[2], gilt ergänzend § 244 BGB. Danach kann, wenn die Parteien nichts Abweichendes vereinbart haben, der Schuldner bei inländischem Zahlungsort in deutscher Währung bezahlen (facultas alternativa des Schuldners). Kurswert ist der Börsendevisenkurs (Briefkurs), zu dem die Devisen zum Zeitpunkt der Zahlung tatsächlich erhältlich sind.

Die Vereinbarung neuer Fremdwährungsschulden – ebenso wie die anderer Wertsicherungsklauseln – bedarf nicht mehr der Genehmigung der Deutschen Bundesbank[3], vgl. Art. 9 des Gesetzes zur Einführung des Euro vom 9.6.1998 (Euro-Einführungsgesetz – EuroEG)[4], § 2 Preisangaben- und Preisklauselgesetz (PaPkG) und die dazu erlassene Preisklauselverordnung (PrKV) vom 23.9.1998[5].

§ 362
Schweigen des Kaufmanns auf Anträge

(1) Geht einem Kaufmanne, dessen Gewerbebetrieb die Besorgung von Geschäften für andere mit sich bringt, ein Antrag über die Besorgung solcher Geschäfte von jemand zu, mit dem er in Geschäftsverbindung steht, so ist er verpflichtet, unverzüglich zu antworten; sein Schweigen gilt als Annahme des Antrags. Das Gleiche gilt, wenn einem Kaufmann ein Antrag über die Besorgung von Geschäften von jemand zugeht, dem gegenüber er sich zur Besorgung solcher Geschäfte erboten hat.

(2) Auch wenn der Kaufmann den Antrag ablehnt, hat er die mitgesendeten Waren auf Kosten des Antragstellers, soweit er für diese Kosten gedeckt ist und soweit es ohne Nachteil für ihn geschehen kann, einstweilen vor Schaden zu bewahren.

---

1 *Heymann/Horn*, § 361 Rn. 5, 15.
2 RGZ 168, 245.
3 Vgl. *Schmidt-Räntsch*, Wertsicherungsklauseln nach dem Euro-Einführungsgesetz, NJW 1998, 3166.
4 BGBl. I 1242.
5 BGBl. I 3043; dazu *Vogler*, Indexierungsverbot nach § 2 Preisangaben- und Preisklauselgesetz, NJW 1999, 1236.

Übersicht

I. Allgemeines
1. Regelungsinhalt .... Rn. 1
2. Normzweck .... Rn. 3
3. Abgrenzung zur konkludenten Annahme .... Rn. 4

II. Vertragsschluss durch Schweigen – Voraussetzungen
1. Kaufmannseigenschaft .... Rn. 6
2. Geschäftsbesorgung für andere ... Rn. 7
3. Geschäftsverbindung (§ 362 Abs. 1 S. 1) .... Rn. 8
4. Anbieten einer Geschäftsbesorgung (§ 362 Abs. 1 S. 2) .... Rn. 10
5. Antrag .... Rn. 11
6. Keine unverzügliche Antwort .... Rn. 12
7. Rechtsfolgen
   a) Schweigen als Annahme ...... Rn. 14
   b) Kein Vertragsschluss bei Antwort .... Rn. 15
   c) Keine Antwortpflicht .... Rn. 16
8. Anwendung der Regeln über Willenserklärungen
   a) Uneingeschränkte Anwendbarkeit .... Rn. 17
   b) Anfechtung .... Rn. 19

III. Pflichten bei Ablehnung (§ 362 Abs. 2)
1. Aufbewahrungspflicht .... Rn. 20
2. Pflichtverletzung .... Rn. 22

I. Allgemeines

1. Regelungsinhalt

1 § 362 Abs. 1 verpflichtet den Kaufmann innerhalb einer bestehenden Geschäftsverbindung (§ 362 Abs. 1 S. 1) oder wenn er sich zu einer Geschäftsbesorgung erboten hat (§ 362 Abs. 1 S. 2) zu einer schnellen Antwort; sein Schweigen wird nämlich als **Annahme des zugehenden Angebots** gewertet. Die Vorschrift stellt eine Ausnahme zu den zivilrechtlichen Regelungen der §§ 145 ff. BGB dar.

2 Danach kommt ein Vertrag unter Abwesenden durch Angebot und Annahme, d.h. jeweils mit Rechtsbindungswillen abgegebene Erklärungen, zustande. Insoweit verzichtet auch § 151 BGB nicht auf die Annahme eines Angebots, sondern nur darauf, dass die Annahmeerklärung dem Antragenden **zugeht**[1]. Gegenüber § 663 BGB besteht insoweit eine Abweichung, als dort nur bei schuldhaftem Schweigen auf Schadensersatz, hier aber auf Vertragserfüllung gehaftet wird.

2. Normzweck

3 Die Vorschrift dient der **Leichtigkeit, Sicherheit und Schnelligkeit des Handels- und Geschäftsverkehrs.** Zweifelhaft ist die dogmatische Einordnung der Norm. Im Gegensatz zu § 663 BGB stellt sie mehr dar als eine bloße Regelung einer Pflicht- und Obliegenheitsverletzung. Dem Ansatz nach handelt es sich bei dem Schweigen um eine Willenserklärung durch schlüssiges Verhalten; der Verkehr aus der Sicht eines objektiven Empfängers kann die Nichtantwort als Annahme werten. Für den Fall, dass dem Schweigenden

---

[1] MünchKommBGB/*Kramer*, § 151 BGB Rn. 1.

auch das Handlungsbewusstsein fehlt, bildet die Vorschrift einen gesetzlich geregelten Tatbestand der Rechtsscheinshaftung[1].

3. Abgrenzung zur konkludenten Annahme

Das **Stillschweigen** auf ein Vertragsangebot ist sowohl im bürgerlichen Recht als auch im Handelsverkehr in der Regel ohne rechtliche Bedeutung. Etwas anderes kann ausnahmsweise dann gelten, wenn besondere Umstände vorliegen, aus denen der Antragende aus der Sicht eines objektiven vernünftigen Empfängers ableiten kann, dass der Angebotsempfänger mit seinem Schweigen eine rechtsverbindliche Annahme ausdrücken will. 4

Darüber hinaus kann das Schweigen auch dann als **Zustimmung** gesehen werden, wenn nach Treu und Glauben ein Widerspruch des Angebotsempfängers erforderlich gewesen wäre. Insbesondere in dem Schweigen auf ein endgültiges Angebot, das aufgrund einverständlicher und alle wichtigen Punkte betreffender Vorverhandlungen ergeht, ist in der Regel eine stillschweigende Annahme zu sehen, sofern nicht nach den Umständen des Einzelfalles eine solche ausgeschlossen sein sollte[2]. 5

II. Vertragsschluss durch Schweigen – Voraussetzungen

1. Kaufmannseigenschaft

Der Antragsempfänger muss zum Zeitpunkt des Zugangs des Angebots **Kaufmann nach §§ 1–6** sein; die Vorschrift wirkt auch zu Lasten (nicht zugunsten) des **Rechtsscheinkaufmanns**[3]. Wie bei den Grundsätzen zum kaufmännischen Bestätigungsschreiben (vgl. § 346 Rn. 32) werden auch **Nichtkaufleute** erfasst, die ähnlich einem Kaufmann am Geschäftsverkehr teilnehmen. Auch von diesen kann erwartet werden, dass sie sich der Bedeutung eines Schweigens auf zugehende Angebote bewusst sind[4]. 6

2. Geschäftsbesorgung für andere

Der Begriff umfasst jede **selbständige Tätigkeit wirtschaftlicher Art für einen anderen** und in dessen Interesse; d.h. Geschäfte für einen anderen besorgt, wer außerhalb eines dauernden Dienstverhältnisses eine an sich dem anderen zukommende Tätigkeit diesem abnimmt, mag diese Tätigkeit rechtsgeschäftlicher oder rein tatsächlicher Art sein[5]. Darunter fällt regel- 7

---

1 GroßkommHGB/*Canaris*, Anm. 3; für eine fingierte Willenserklärung *Flume*, Allgemeiner Teil des Bürgerlichen Rechts, Bd. 2, § 10 Anm. 2.
2 BGH v. 14.2.1995 – XI ZR 65/94, NJW 1995, 1281 m.N.; MünchKommBGB/*Kramer*, § 151 BGB Rn. 4a.
3 *Schlegelberger/Hefermehl*, § 362 Rn. 8.
4 GroßkommHGB/*Canaris*, § 362 Anm. 5; a.A. *Schlegelberger/Hefermehl*, § 362 Rn. 8 mit dem Hinweis darauf, dass es sich bei § 362 um eine Ausnahmevorschrift handelt.
5 BGH v. 11.6.1966 – II ZR 153/63, BGHZ 46, 47.

mäßig die Tätigkeit des Kommissionärs[1], des Spediteurs[2], des Lagerhalters, des Frachtführers oder des Treuhänders[3]. Auch die meisten Bankgeschäfte sind als Geschäftsbesorgung zu qualifizieren[4]. Der Begriff ist abzugrenzen von reinen Verkaufs-, Kauf- oder Kreditangeboten.

3. Geschäftsverbindung (§ 362 Abs. 1 S. 1)

8 Geschäftsverbindung ist eine zwischen zwei Teilnehmern am geschäftlichen Verkehr **auf eine gewisse Dauer angelegte Beziehung, die einen wiederholten Abschluss von Geschäften erwarten lässt.** Sie stellt kein Rechtsverhältnis im eigenen Sinne dar, beschränkt sich aber auch nicht auf eine bloße tatsächliche Beziehung; vielmehr bildet sie ein gesetzliches Schuldverhältnis ohne primäre Leistungspflicht[5].

9 Der Gewerbebetrieb des Kaufmanns muss das angetragene Geschäft mit sich bringen. Erforderlich ist ein **Zusammenhang zwischen der Geschäftsbesorgung und dem Gewerbebetrieb** (s. § 54 Rn. 27 f.). Dabei ist ausreichend, aber auch erforderlich, dass nach der Verkehrsauffassung das angetragene Geschäft für das jeweilige Gewerbe des Kaufmanns so typisch ist, dass mit der Durchführung derartiger Geschäfte gerechnet werden kann. Eine Spezialisierung innerhalb der Branche (z.B. als Möbelspediteur) ist grundsätzlich unbeachtlich, solange der Verkehr mit der Durchführung von Aufträgen auch außerhalb dieses Bereiches rechnen darf.

4. Anbieten einer Geschäftsbesorgung (§ 362 Abs. 1 S. 2)

10 § 362 Abs. 1 S. 2 fordert, dass sich der Kaufmann dem Antragenden gegenüber zur Geschäftsbesorgung erboten hat. Im Gegensatz zu § 663 BGB genügt insoweit nicht, dass dieses Erbieten in allgemeiner Art erfolgt ist. Vielmehr muss der Kreis, dem dieses Erbieten zugeht, durch den Erbietenden bestimmt werden. Mit dem Erbieten bestimmt der Kaufmann auch selbst die Sparte der Geschäfte, die er übernehmen will, und zwar unabhängig von seinem sonstigen Tätigkeitsbereich. Dogmatisch ist dieses Erbieten als **invitatio ad offerendum** einzuordnen[6].

5. Antrag

11 Der Antrag muss – wie bei jedem Vertrag – **hinreichend bestimmt** und auf eine Geschäftsbesorgung gerichtet sein, die das Gewerbe des Kaufmanns mit sich bringt (§ 362 Abs. 1 S. 1) oder für die er sich erboten hat (§ 362 Abs. 1 S. 2).

---

1 RGZ 78, 94.
2 BGH v. 11.6.1966 – II ZR 153/63, BGHZ 46, 47.
3 RGZ 91, 16.
4 GroßkommHGB/*Canaris*, § 362 Anm. 6.
5 *Baumbach/Hopt*, vor § 343 Rn. 3.
6 So auch GroßkommHGB/*Canaris*, § 362 Anm. 10.

6. Keine unverzügliche Antwort

§ 362 Abs. 1 verpflichtet den Kaufmann, auf einen zugehenden Antrag unverzüglich (d.h. ohne schuldhaftes Zögern, vgl. § 121 Abs. 1 S. 1 BGB) zu antworten. Der Kaufmann hat eine **Überlegungsfrist**, die sich an den konkreten Umständen des Geschäftes, aber auch an der Branchenüblichkeit orientiert (vgl. auch § 346 Rn. 41). Nachdem der Begriff der Unverzüglichkeit Verschulden voraussetzt, muss der Kaufmann das Angebot kennen oder wenigstens kennen müssen.

Er hat allerdings für **Organisationsmängel** in seinem Betrieb und insbesondere auch für das Verschulden seiner Hilfspersonen einzustehen[1]. Das Gebot der zügigen Behandlung erstreckt sich auch darauf, dass der Kaufmann für die Rückantwort einen nach den Umständen gebotenen schnellen Weg (u.U. durch Fax) wählen muss. Maßgebend ist das Absenden und nicht der Zugang der Antwort (vgl. insoweit auch § 377 Abs. 4).

7. Rechtsfolgen

a) Schweigen als Annahme

Antwortet der Kaufmann nicht unverzüglich, wird sein Schweigen als Annahme gewertet, d.h. der **Vertrag kommt zustande**, wie es dem Antrag entspricht. Wie bei jedem Vertrag tritt damit die Wirkung auch zugunsten des Schweigenden ein, insbesondere hat der Antragende kein Wahlrecht zwischen Vertragserfüllung oder einem – § 663 BGB entsprechenden – Anspruch auf Schadensersatz.

b) Kein Vertragsschluss bei Antwort

Allerdings **schadet nur Schweigen**[2]. Antwortet der Kaufmann weder eindeutig ablehnend noch zustimmend, so kommt dennoch kein Vertrag zustande, da kein Vertrauensschutz entsteht. Er kann sich jedoch nach den Grundsätzen der c.i.c. schadensersatzpflichtig machen, wenn er den Antragenden durch seine Antwort von einer anderweitigen Erledigung des Geschäftes abhält[3].

c) Keine Antwortpflicht

Die Antwortpflicht entfällt, wenn der Verkehr **nicht mit einer Annahme des Angebots rechnen durfte**, also insbesondere bei Angeboten außerhalb des branchentypischen Tätigkeitsbereiches, bei Kenntnis von einer Spezialisierung oder bei einem wiederholten Angebot, das sich von einem früheren abgelehnten Angebot nur unwesentlich unterscheidet.

---

1 *Schlegelberger/Hefermehl*, § 362 Rn. 20.
2 Vgl. BGH v. 17.10.1983 – II ZR 146/82, NJW 1984, 866.
3 BGH v. 17.10.1983 – II ZR 146/82, NJW 1984, 866.

8. Anwendung der Regeln über Willenserklärungen

a) Uneingeschränkte Anwendbarkeit

17 Gleich ob die Annahme als schlüssige Willenserklärung oder als eine nach Rechtsscheinsgesichtspunkten unterlegte fingierte Willenserklärung angesehen wird, unterliegt sie grundsätzlich (jedenfalls entsprechend) den Regeln über Willenserklärungen. Eine einschränkende Anwendung dieser Regeln ist nur dann geboten, wenn die Ziel- und Zweckrichtung der Vorschrift entgegensteht. In diesem Sinne finden uneingeschränkt die Regeln über die Folgen einer **fehlenden Geschäftsfähigkeit** oder einer **fehlenden Vertretungsbefugnis** Anwendung. Es besteht kein Bedürfnis, den Verkehr in den Fällen einer fingierten Zustimmung mehr zu schützen als bei einer ausdrücklichen Zustimmung. Allerdings besteht die Besonderheit, dass im Gegensatz zu einer erklärten Zustimmung keine Zuordnung zu einer bestimmten Person stattfindet.

18 Der **nicht voll geschäftsfähige Kaufmann** wird auch dann gebunden, wenn der betreffende Antrag in dem Geschäftsbetrieb zugegangen ist, aber der Geschäftsvertreter nichts davon erfahren hat. Insoweit kann sich in der Praxis auch kaum das Problem einer fehlenden Vertretungsmacht stellen.

b) Anfechtung

19 Auch eine Anfechtung der Annahmeerklärung ist entsprechend §§ 119 ff. BGB **grundsätzlich möglich**, so nach § 119 Abs. 1 BGB, wenn der Angebotsempfänger den Antrag nicht richtig gelesen oder inhaltlich missverstanden und aus diesem Grund geschwiegen hat[1], ebenso, wenn er sich über die Person des Vertragspartners irrt. Entsprechend der Zielrichtung von § 362 Abs. 1 ist jedoch eine Anfechtung nicht möglich, wenn sich der Empfänger über die Bedeutung des Schweigens irrt[2]. Das Gesetz knüpft an das Schweigen eine bestimmte rechtliche Bedeutung. Die Rechtsfolgen beruhen auf der Grundlage, dass ein Kaufmann, der am Handelsverkehr teilnimmt, diese Bedeutung kennt. Insoweit ist die Nichtkenntnis über die Bedeutung des Schweigens vergleichbar mit einem Rechtsirrtum, der grundsätzlich unerheblich ist[3].

III. Pflichten bei Ablehnung (§ 362 Abs. 2)

1. Aufbewahrungspflicht

20 § 362 Abs. 2 legt dem Kaufmann die Pflicht auf, bei Ablehnung eines Antrags nach § 362 Abs. 1 die vom Antragenden mitgesandten Waren im Sinne einer **Schadensabwendungspflicht** aufzubewahren. Die Pflicht umfasst die

---

1 MünchKommBGB/*Kramer*, § 119 BGB Rn. 55.
2 BGH v. 27.10.1953 – I ZR 111/52, BGHZ 11, 5; MünchKommBGB/*Kramer*, § 119 BGB Rn. 62.
3 Vgl. auch GroßkommHGB/*Canaris*, § 362 Anm. 13; *Schlegelberger/Hefermehl*, § 362 Rn. 21.

notwendigen Vorsorgemaßnahmen, insbesondere die Einlagerung (auch bei einem Dritten) und die Versicherung. Bei verderblicher Ware ist der Kaufmann berechtigt, einen Notverkauf durchzuführen (vgl. §§ 677, 683 BGB).

Die Aufbewahrungspflicht **entfällt**, wenn keine Deckung für die entstehenden Kosten besteht oder dem Kaufmann sonstige, **nicht unerhebliche Nachteile** entstehen. Die Kostendeckung ist bereits gegeben, wenn sich der Kaufmann durch ein Zurückbehaltungsrecht (§§ 273 BGB, 369) absichern kann. Übernimmt der Kaufmann die Einlagerung selbst, kann er Lagergeld und/ oder Provision verlangen (§ 354 Abs. 1). 21

2. Pflichtverletzung

Verletzt der Kaufmann seine Pflicht zur Vornahme geeigneter Schutzvorkehrungen schuldhaft, hat der Antragende einen Anspruch aus § 280 BGB **(pVV)** oder aus **§ 823 Abs. 1 BGB** (wenn es zu einer Verletzung des Eigentums kommt) auf Ersatz des ihm entstandenen Schadens. Eine solche Pflichtverletzung kann insbesondere auch darin liegen, dass der Antragende nicht rechtzeitig über den Verbleib einer Ware informiert wird, damit er seinerseits Schutzvorkehrungen treffen kann. 22

§ 363
Kaufmännische Orderpapiere

(1) Anweisungen, die auf einen Kaufmann über die Leistung von Geld, Wertpapieren oder anderen vertretbaren Sachen ausgestellt sind, ohne dass darin die Leistung von einer Gegenleistung abhängig gemacht ist, können durch Indossament übertragen werden, wenn sie an Order lauten. Dasselbe gilt von Verpflichtungsscheinen, die von einem Kaufmann über Gegenstände der bezeichneten Art an Order ausgestellt sind, ohne dass darin die Leistung von einer Gegenleistung abhängig gemacht ist.

(2) Ferner können Konnossemente der Verfrachter, Ladescheine der Frachtführer, Lagerscheine sowie Transportversicherungspolicen durch Indossament übertragen werden, wenn sie an Order lauten.

I. Überblick, Begriffe

1. Regelungsinhalt der §§ 363–365

Die §§ 363–365 regeln auf der Grundlage des zivilrechtlichen Wertpapierrechts das **Recht der kaufmännischen Orderpapiere**. § 363 ermächtigt die Aussteller bestimmter Papiere, diese durch Hinzufügung einer Orderklausel zu Orderpapieren zu machen. § 364 betrifft die Übertragung der kaufmännischen Orderpapiere (§ 363 Abs. 1), den Ausschluss bestimmter Einwendungen des Schuldners gegenüber dem Besitzer der Urkunde (§ 363 Abs. 2) und das Recht des Schuldners, nur gegen Aushändigung der Urkunde zu leis- 1 ten (§ 363 Abs. 3). § 365 formuliert die Anwendung des Wechselrechts hinsichtlich des Indossaments, der Legitimation des Besitzers und der Herausgabepflicht (§ 363 Abs. 1) und das Aufgebotsverfahren bei Verlust der Urkunde (§ 363 Abs. 2).

2. Begriff des Wertpapiers

2   Wertpapiere sind nach dem weit gefassten Begriff der herrschenden Meinung Urkunden, in denen ein privates Recht dergestalt verbrieft ist, dass zur Geltendmachung des Rechts die Vorlegung der Urkunde erforderlich ist[1]. Insoweit lassen sich grob zwei Gruppen unterscheiden: Die Wertpapiere im engeren Sinne oder auch Wertpapiere öffentlichen Glaubens und die Wertpapiere im weiteren Sinne.

a) Wertpapiere im engeren Sinne

3   Wertpapiere im engeren Sinne sind **Inhaberpapiere und Orderpapiere.** Sie sind dadurch geprägt, dass dem Grundsatz nach das Recht aus dem Papier dem Recht am Papier folgt. Der Besitzer des Papiers, der die Inhaberschaft berechtigt erworben hat, ist hinsichtlich des verbrieften Rechts aus dem Papier berechtigt. Wird über das verbriefte Recht verfügt, geschieht dies entweder durch die Übertragung des Papiers selbst oder, wenn über das verbriefte Recht nach §§ 398, 413 BGB verfügt wird, durch Übergabe der Urkunde bzw. eines Übergabesurrogats, die nach h.M. zur Wirksamkeit der Verfügung erforderlich ist[2].

b) Wertpapiere im weiteren Sinne

4   Bei den Wertpapieren im weiteren Sinne folgt dem Grundsatz nach und abgeleitet aus § 952 Abs. 2 BGB das Recht am Papier dem Recht aus dem Papier. Das verbriefte Recht wird durch Abtretung übertragen; der Inhaber des Rechts wird auch sachenrechtlicher Eigentümer des Papiers. Diese Gruppe betrifft die **Namenspapiere (Rektapapiere).**

II. Die Begriffe im Einzelnen

1. Inhaberpapiere

5   Der Aussteller verspricht die Leistung dem jeweiligen Inhaber des Papiers. Die Durchsetzbarkeit ist an den **Besitz des Papiers** geknüpft; die Inhaberschaft begründet die Vermutung der materiellen Berechtigung[3]. Die Übertragung findet grundsätzlich nach §§ 929 ff. BGB statt; wird das verbriefte Recht nach §§ 398, 413 BGB abgetreten, ist zur Wirksamkeit der Übergang

---

1 *K. Schmidt*, HR, § 24 I 2a m.N.
2 RGZ 88, 290, 292; BGH v. 12.12.1957 – II ZR 43/57, NJW 1958, 302; BGH v. 25.6.1975 – VIII ZR 71/74, WM 1975, 947.
3 *Hueck/Canaris*, Recht der Wertpapiere, 12. Aufl. 1986, § 2 III 3.

des Papiers bzw. ein Übergabesurrogat nach sachenrechtlichen Grundsätzen erforderlich.

Nur der in den Papieren namentlich benannte Berechtigte oder sein Rechtsnachfolger sind zur Geltendmachung des Anspruchs befugt. Die Übertragung geschieht durch **Abtretung des Anspruchs** nach § 398 BGB; mit der Übertragung des Rechts geht auch das Eigentum am Papier über, § 952 Abs. 2 BGB. Es gilt § 404 BGB, d.h. der Schuldner kann alle Einwendungen erheben, die gegen einen Rechtsvorgänger des gegenwärtigen Gläubigers entstanden sind.

2. Orderpapiere

Sie nehmen eine Zwischenstellung zwischen Namens- und Inhaberpapieren ein. Der Leistungsberechtigte ist in der Urkunde namentlich benannt. Die Übertragung des Rechts ist möglich und geschieht durch **Indossament**, d.h. durch eine einseitige schriftliche Erklärung, zu der in der Regel eine Einigung über den Rechtsübergang (Begebungsvertrag) hinzukommen muss. Einwendungen gegenüber dem Zweiterwerber sind regelmäßig nur beschränkt möglich (vgl. § 364 Rn. 6 ff.; Art. 17 WG). „Geborene" Orderpapiere, die bereits von Gesetzes wegen mittels Indossament übertragbar sind, sind der Wechsel (Art. 11 Abs. 1 WG), der Scheck (Art. 14 Abs. 1 ScheckG) und die Namensaktie (§ 68 AktG); im Gegensatz dazu stehen die *„gekorenen" Orderpapiere*, die erst durch positive Orderklausel des Ausstellers durch Indossament übertragbar werden, wie etwa die handelsrechtlichen Orderpapiere i.S.d. § 363.

3. Legitimationspapiere

Sie sind von den Wertpapieren abzugrenzen. Insoweit handelt es sich um Urkunden, durch deren Vorlage sich der Schuldner durch Leistung an den Inhaber befreien kann, aber **nicht zur Leistung verpflichtet** ist. Allerdings überschneiden sich insoweit die Begriffe. Eine Zwischenstellung nehmen die qualifizierten Legitimations- oder hinkenden Inhaberpapiere i.S.d. § 808 BGB ein (z.B. Sparbuch)[1].

III. Orderklausel

§ 363 ermächtigt den Aussteller bestimmter Papiere, diese durch Hinzufügen einer Orderklausel zu Orderpapieren und damit zu Wertpapieren im engeren Sinne zu machen. Das betreffende Papier wird zu einem **Wertpapier des öffentlichen Glaubens** mit den damit verbundenen Rechtsfolgen, nämlich der Möglichkeit eines gutgläubigen Erwerbs des verbrieften Rechts, der befreienden Leistung an den Nichtberechtigten und der Beschränkung von Einwendungen gegen das verbriefte Recht; die Verkehrsfähigkeit wird dadurch erhöht (vgl. i.E. Anm. zu §§ 364, 365).

---

1 Vgl. insoweit *Palandt/Sprau*, § 808 BGB Rn. 1 ff.

IV. Numerus clausus der handelsrechtlichen Orderpapiere

10 § 363 nennt in Abs. 1 die Anweisung und den Verpflichtungsschein, in Abs. 2 das Konossement, den Ladeschein, den Lagerschein und die Transportversicherungspolice als Papiere, denen der Aussteller die Indossabilität verleihen kann.

11 Damit ist der Kreis der gekorenen (handelsrechtlichen) Orderpapiere im Sinne eines numerus clausus **abschließend gesetzlich bestimmt**[1]. Wird auf einer anderen Urkunde eine **Orderklausel** angebracht, so wird das Papier dadurch noch nicht zum Orderpapier[2]. Das betreffende Papier kann dann Namenspapier, Legitimationspapier i.S.v. § 808 BGB oder bloße Beweisurkunde sein[3]. Im Einzelnen ist es in diesen Fällen eine Frage der Auslegung, welche Wirkungen die angebrachte Orderklausel haben soll, etwa, dass die verbriefte Leistung nur gegen Rückgabe der Urkunde Befreiungswirkung haben soll[4].

V. Inhalt der Orderklausel

12 Üblich ist die Klausel „oder an Ihre Order", ebenso der Eintrag „ ... an eigene Order"[5]. Die Klausel muss von dem die Schuldverschreibung ausstellenden Schuldner herrühren; erforderlich ist auch, dass in dem Übertragungsvermerk der Name des neuen Gläubigers angegeben wird[6]. Einer Auslegung ist die Klausel im Sinne der Verkehrssicherheit nur insoweit zugänglich, als sich Zweifel ergeben, ob nach ihrer Fassung überhaupt ein Orderpapier geschaffen wird oder ob lediglich das verbriefte Recht als übertragbar bezeichnet werden soll[7].

13 Zulässig ist auch eine sog. negative Klausel **„nicht an Order"**, mit der geborenen Orderpapieren die Indossabilität genommen wird (vgl. Art. 5 ScheckG, 11 Abs. 2 WG).

VI. Anweisung und Verpflichtungsschein (§ 363 Abs. 1)

1. Begriff

14 **Anweisung** i.S.d. § 363 Abs. 1 ist eine Urkunde, in der der Aussteller einen Kaufmann auffordert und ermächtigt, Geld, Wertpapiere oder andere vertret-

---

1 RGZ 101, 299; *Schlegelberger/Hefermehl*, § 363 Rn. 1.
2 Vgl. BGH v. 15.12.1976 – VIII ZR 295/74, BGHZ 68, 18 betreffend Spediteur-Empfängerbescheinigung; forwarder's receipt.
3 *Schlegelberger/Hefermehl*, § 363 Rn. 60.
4 Vgl. i.E. *Schlegelberger/Hefermehl*, § 363 Rn. 61.
5 RG JW 1930, 1376.
6 RGZ 117, 146.
7 Vgl. RGZ 119, 124.

bare Sachen für Rechnung des Anweisenden an einen Dritten zu leisten[1]. Dementsprechend ist der **Verpflichtungsschein** eine schriftliche Verpflichtung des Kaufmanns zur Leistung der genannten Gegenstände an einen Dritten. Die Leistungen dürfen jeweils nicht unter dem Vorbehalt einer in der Urkunde genannten Gegenleistung stehen. Wegen der Möglichkeit des Einwandes des nichterfüllten Vertrages würde sonst den Papieren die vom Gesetzgeber intendierte hohe Verkehrsfähigkeit wieder genommen.

2. Kaufmannseigenschaft

Der Angewiesene oder der Verpflichtete muss Kaufmann sein i.S.d. §§ 1–6; Rechtsscheinkaufleute werden im Hinblick auf die mit der hohen Umlauffähigkeit indossierbarer Papiere verbundenen Gefahren nicht erfasst[2]. Die Kaufmannseigenschaft muss zum Zeitpunkt des Anbringens der Orderklausel bestehen.

VII. Besondere Papiere (§ 363 Abs. 2)

Konnossement, Ladeschein und Lagerschein verbriefen den Herausgabeanspruch gegen den Verfrachter, Frachtführer und Lagerhalter; die Transportversicherungspolice den Anspruch aus der Versicherung beförderter Güter; zum abschließenden Charakter dieser Aufzählung vgl. Rn. 11.

§ 364
Wirkung des Indossaments

(1) Durch das Indossament gehen alle Rechte aus dem indossierten Papier auf den Indossatar über.

(2) Dem legitimierten Besitzer der Urkunde kann der Schuldner nur solche Einwendungen entgegensetzen, welche die Gültigkeit seiner Erklärung in der Urkunde betreffen oder sich aus dem Inhalte der Urkunde ergeben oder ihm unmittelbar gegen den Besitzer zustehen.

(3) Der Schuldner ist nur gegen Aushändigung der quittierten Urkunde zur Leistung verpflichtet.

---

1 Vgl. auch zu dem allgemeinen Begriff der Anweisung *Palandt/Sprau*, § 783 BGB Rn. 1 m.N.
2 GroßkommHGB/*Canaris*, § 363 Anm. 5 m.N.

Übersicht

	Rn.		Rn.
I. Übertragung der kaufmännischen Orderpapiere		1. Einwendung gegen die Gültigkeit der Erklärung	
1. Übertragung durch Indossament (§ 364 Abs. 1)	1	a) Gültigkeitseinwendungen	7
		b) Inhaltseinwendungen	10
2. Beschränkung des Indossaments	4	c) Unmittelbare Einwendungen	11
3. Übertragung durch Abtretung	5	2. Einwendungen gegen den Bestand der verbrieften Forderung	13
II. Einwendungsausschluss (§ 364 Abs. 2)	6	**III. Leistungen gegen Quittung (§ 364 Abs. 3)**	14

I. Übertragung der kaufmännischen Orderpapiere

1. Übertragung durch Indossament (§ 364 Abs. 1)

1 § 364 Abs. 1 bestimmt, dass die Rechte aus der Urkunde durch Indossament auf den Indossatar übergehen. Die Form des Indossaments selbst ist in § 365 geregelt. Das Indossament ist Ausdruck des zwischen dem Indossanten und dem Indossatar bestehenden **Begebungsvertrages** des Inhalts, dass sich die Parteien über den Übergang des durch das Papier verbrieften Rechts auf den Indossatar einig sind[1]. Es ersetzt den Begebungsvertrag nicht, kann aber bei Dritterwerbern zum gutgläubigen Erwerb führen.

2 Parallel zur Indossierung erfolgt die Übertragung des Papiers nach **sachenrechtlichen Grundsätzen**, also nach §§ 929 ff. BGB. Das Papier muss übergeben werden (§ 929 BGB), wobei die Übergabe auch durch ein Besitzkonstitut (§§ 930, 868 BGB) ersetzt werden kann. Im letzteren Falle allerdings kann der Erwerber im Hinblick auf die nicht mögliche Vorlage der Urkunde die Rechte nicht geltend machen.

3 Mit der Übertragung nach § 364 Abs. 1 gehen **alle Rechte aus dem indossierten Papier** auf den Indossatar über, d.h. alle Rechte gegenüber dem Aussteller einschließlich der akzessorischen Sicherheiten i.S.d. §§ 401, 413 BGB[2]. Dazu können je nach Art und Inhalt des verbrieften Rechts auch Schadensersatzansprüche gehören[3]. Anders als beim Wechsel (Art. 15 Abs. 1 WG) hat das Indossament bei den kaufmännischen Orderpapieren keine Garantiefunktion.

2. Beschränkungen des Indossaments

4 Die Rechtswirkungen des Indossaments können durch entsprechende Zusätze beschränkt werden. So ist z.B. ein **Ermächtigungsindossament** möglich, das nur eine Legitimation des Empfängers, aber keinen Rechtsübergang

---

[1] H.L., GroßkommHGB/*Canaris*, § 364 Anm. 1 m.N.
[2] RGZ 41, 172.
[3] Vgl. BGH v. 26.9.1957 – II ZR 267/56, BGHZ 25, 250, 257 für den Fall eines Konnossements bei Ansprüchen gegen den Verfrachter.

bewirkt; ein **Vollmachtsindossament** berechtigt den Indossatar zur Geltendmachung der Rechte nur im Namen des Indossanten. Das Indossament kann sich statt auf den Rechtsübergang auch auf eine Verpfändung beziehen (**Pfandindossament**); bei einem **Inkassoindossament** ist der Empfänger – vergleichbar mit einer Einziehungsermächtigung – lediglich zur Einziehung der Forderung befugt. Bei inhaltlich beschränkten Indossamenten ist grundsätzlich der Indossatar nur zu entsprechend beschränkter Geltendmachung oder Weitergabe des Papiers mit derselben Beschränkung berechtigt[1].

3. Übertragung durch Abtretung

Statt Indossament ist auch eine Übertragung durch Abtretung möglich. Diese unterliegt dann in der Rechtswirkung lediglich den Regeln der §§ 398 ff. BGB, d.h. entgegen § 364 Abs. 2 sind nach § 404 BGB **Einwendungen des Schuldners gegen den Erwerber möglich.** Aus Gründen der Rechtsklarheit muss auch bei der Abtretung nach § 398 BGB die Urkunde übergeben werden[2]; allerdings genügt auch insoweit ein Übergabeersatz nach §§ 868, 930 BGB. Liegen sowohl eine Indossierung als auch eine Abtretung (etwa im Rahmen einer Globalzession) vor, so besteht dennoch der Einwendungsausschluss aus § 364 Abs. 2, da regelmäßig die zusätzliche Abtretung der Rechte die Stellung des Indossanten nicht schwächen soll[3].

II. Einwendungsausschluss (§ 364 Abs. 2)

Nach § 364 Abs. 2 kann der Schuldner dem legitimierten Inhaber im Interesse der **Verkehrsfähigkeit** (vgl. § 365 Rn. 1) nur in beschränktem Umfang Einwendungen entgegenhalten. Die Vorschrift entspricht § 796 BGB (vgl. auch Art. 17 WG, 22 ScheckG) und schließt insbesondere Einwendungen des Schuldners aus, die ihm nach § 404 BGB zustehen würden. Statt dessen stehen dem Schuldner nur Einwendungen zu, die sich gegen die Gültigkeit der Erklärung richten (Rn. 7), oder die sich aus dem Inhalt der Urkunde selbst ergeben (Rn. 10) oder sich unmittelbar gegen den Inhaber richten (Rn. 11). Nicht eigens erwähnt sind Einwendungen gegen den Bestand der verbrieften Forderung (Rn. 12), die ebenfalls zugelassen sind.

1. Einwendungen gegen die Gültigkeit der Erklärung

a) Gültigkeitseinwendungen

Einwendungen gegen die Gültigkeit der Erklärung sind solche, die sich **gegen die Entstehung der verbrieften Forderung** richten und **außerhalb der Urkunde** liegen. Entgegen dem missglückten Wortlaut und in entsprechender Anwendung der Grundsätze, wie sie bei der Behandlung von Einwendungen bei Wechseln gelten, ist zu differenzieren zwischen solchen, die absolute Wirkungen haben, also jedermann – auch dem gutgläubigen Besitzer – ent-

---

[1] *Baumbach/Hopt*, § 364 Rn. 1.
[2] BGH v. 12.12.1957 – II ZR 43/57, NJW 1958, 302.
[3] BGH v. 29.10.1952 – II ZR 139/52, NJW 1953, 219.

gegengehalten werden können und solchen, die nur einem bösgläubigen Inhaber gegenüber angewandt werden können[1]:

8 In die erste Gruppe fallen Einwendungen, die sich auf die **Zurechenbarkeit der in der Urkunde verbrieften Erklärung** beziehen. Mit anderen Worten: Der Schuldner haftet nur, wenn er durch die Ausstellung des Papiers in zurechenbarer Weise den Schein einer fehlerhaften Verpflichtung geschaffen hat[2]. Der Rechtsschein der Urkunde schützt nicht vor Unwirksamkeitsfolgen, die sich aus den allgemeinen zivilrechtlichen Vorschriften ergeben. Im Wesentlichen handelt es sich hier um die fehlende Geschäftsfähigkeit des Ausstellers, die fehlende Vertretungsmacht bei Ausstellung durch einen Vertreter sowie Fälschungen und Verfälschungen[3], die ohne zurechenbares Zutun des Ausstellers vorgenommen worden sind. Darunter fallen auch absoluter Zwang sowohl bei Ausstellung als auch Begebung (anders, wenn sich der Zwang nur auf einen der beiden Akte bezogen hat[4]) und inhaltliche Gesetz- oder Sittenwidrigkeiten i.S.d. §§ 134, 138 BGB. In diesem Sinne kann sich der Schuldner auch auf in der Urkunde enthaltene unzulässige Bedingungen oder Befristungen berufen. In allen Fällen aber ist zu beachten, dass die sich aus den allgemeinen zivilrechtlichen Vorschriften ergebenden Unwirksamkeiten überlagert werden können, wenn der Aussteller in (rechtlich) zurechenbarer Weise einen Rechtsschein gesetzt hat. Demgemäß dürfte die fehlende Kaufmannseigenschaft im Fall von § 364 Abs. 1 keine Einwendung begründen[5]. Bei der Frage der Zurechenbarkeit des Rechtsscheins ist aber jeweils die Schutzrichtung der Vorschriften zu berücksichtigen, auf die sich die jeweilige Unwirksamkeit gründet. So ergibt sich z.B. bei einem nicht vollgeschäftsfähigen Aussteller eine Zurechenbarkeit nur aus Handlungen, die nach Eintritt seiner Geschäftsfähigkeit vorgenommen worden sind (vgl. § 108 Abs. 3 BGB) oder die sich rechtlich seinem gesetzlichen Vertreter zuordnen lassen.

9 **Andere Mängel der Ausstellung** können nur gutgläubigen Inhabern entgegengehalten werden. Dazu gehört insbesondere die Anfechtbarkeit wegen Drohung, Täuschung oder Irrtum der Ausstellung oder des Begebungsvertrages; Sittenwidrigkeit oder Gesetzwidrigkeit nur der Ausstellung oder nur der Begebung, Scheingeschäfte, fehlende Kaufmannseigenschaft, oder auch Fälschungen und Verfälschungen, die auf einen zurechenbaren Rechtsschein des Schuldners zurückzuführen sind.

b) Inhaltseinwendungen

10 Einwendungen, die sich aus dem Inhalt der Urkunde selbst ergeben, kann der Schuldner jedem Inhaber entgegensetzen. Darunter fallen insbesondere

---

1 Vgl. *Hueck/Canaris*, Recht der Wertpapiere, 12. Aufl. 1986, § 22 II 1a.
2 GroßkommHGB/*Canaris*, § 364 Anm. 20.
3 Zur Fälschung und Verfälschung von Wertpapieren vgl. allgemein *Koller*, WM 1981, 210.
4 RG 87, 367.
5 A.A. ersichtlich *Baumbach/Hopt*, § 364 Rn. 4.

Bedingungen, Befristungen, Zeitbestimmungen und Leistungsmodalitäten, aber auch **Verjährung**, soweit die maßgebenden Daten aus der Urkunde ersichtlich sind. Insoweit ist auch die Berücksichtigung außerhalb der Urkunde liegender Umstände möglich, wenn diese in der Urkunde selbst hinreichend Andeutung gefunden haben, z.B. durch Bezugnahme auf den der Ausstellung zugrundeliegenden Vertrag[1].

c) Unmittelbare Einwendungen

Einwendungen unmittelbar gegen den Inhaber der Urkunde sind solche, die in einem **Rechtsverhältnis zwischen dem Schuldner und diesem Inhaber** begründet sind (Beispiel: Stundung, Erlass, Aufrechnung).

11

Unter dem Gesichtspunkt der **Arglist** können dem jetzigen Inhaber auch Einwendungen, die sich gegen den früheren Inhaber richten, entgegengehalten werden, insbesondere, wenn die Übertragung nur deshalb geschah, um diese Rechte abzuschneiden, oder wenn die Übertragung kein Verkehrsgeschäft darstellte.

12

2. Einwendungen gegen den Bestand der verbrieften Forderung

Sie sind in § 364 Abs. 2 nicht eigens erwähnt. Gleichwohl kann der Schuldner z.B. die schuldbefreiende Zahlung, § 365 Abs. 1, Art. 40 Abs. 3 S. 1 WG (vgl. § 365 Rn. 8) und die Kraftloserklärung, § 365 Abs. 2 (vgl. § 365 Rn. 9 f.) jedem Inhaber entgegensetzen.

13

III. Leistung gegen Quittung (§ 364 Abs. 3)

Der Schuldner kann bei Leistung eine Quittung auf der Urkunde selbst und deren Aushändigung verlangen; im Fall der Teilleistung beschränkt sich das Recht auf die Teilquittierung auf der Urkunde; das Recht auf Erteilung einer Quittung nach § 368 BGB bleibt unberührt. Allerdings braucht der Gläubiger im Gegensatz zu dem nicht anwendbaren Art. 39 Abs. 2 WG eine Teilleistung nicht anzunehmen. Der Anspruch auf Aushändigung und Quittierung ist klagbar und begründet gegenüber dem Zahlungsverlangen ein **Zurückbehaltungsrecht**; bei Zahlungsklage des Gläubigers erfolgt Zug-um-Zug-Verurteilung. Ein Zahlungsurteil, das uneingeschränkt ergangen ist, ist grundsätzlich dahingehend auszulegen, dass der Schuldner gleichwohl ein entsprechendes Zurückbehaltungsrecht geltend machen kann, wenn sich nicht aus den Entscheidungsgründen etwas Gegenteiliges ergibt. Hinsichtlich der Verpflichtung zur Aushändigung der Quittierung liegt grundsätzlich eine Holschuld vor, § 269 Abs. 1 BGB, wenn die Parteien nichts anderes vereinbart haben.

14

---

1 BGH v. 18.12.1958 – II ZR 351/56, BGHZ 29, 120, für den Fall einer Bezugnahme in einem Konnossement auf eine Schiedsklausel des Chartervertrages.

§ 365
Anwendung des Wechselrechts; Aufgebotsverfahren

(1) In Betreff der Form des Indossaments, in Betreff der Legitimation des Besitzers und der Prüfung der Legitimation sowie in Betreff der Verpflichtung des Besitzers zur Herausgabe, finden die Vorschriften der *Artikel 11 bis 13, 36, 74 der Wechselordnung*[1] entsprechende Anwendung.

(2) Ist die Urkunde vernichtet oder abhanden gekommen, so unterliegt sie der Kraftloserklärung im Wege des Aufgebotsverfahrens. Ist das Aufgebotsverfahren eingeleitet, so kann der Berechtigte, wenn er bis zur Kraftloserklärung Sicherheit bestellt, Leistung nach Maßgabe der Urkunde von dem Schuldner verlangen.

I. Regelungsinhalt, Anwendung des Wechselrechts

1 § 365 Abs. 1 verweist hinsichtlich der Form des Indossaments, der Prüfung der Legitimation des Inhabers und der verschiedenen Wirkungen der Legitimation, insbesondere im Hinblick auf einen gutgläubigen Erwerb und die befreiende Leistung an den Nichtberechtigten auf – einzelne bewusst ausgewählte – **Tatbestände des Wechselgesetzes.** So zeigt der fehlende Bezug auf Art. 15 WG, dass dem Indossament bei den kaufmännischen Orderpapieren keine Garantiefunktion zukommen soll. Gleichwohl steht die selektive Bezugnahme der analogen Anwendung der Grundsätze des Wechselrechts nicht entgegen.

2 Im Einzelnen sind folgende Normen des WG anwendbar: Art. 13 WG; Art. 14 Abs. 2 WG; Art. 16 WG; Art. 40 Abs. 3 WG.

II. Form und Inhalt des Indossaments (Art. 13, 14 Abs. 2 WG)

3 Das **Vollindossament** (Art. 13 Abs. 1 WG) enthält neben der Unterschrift eine eigene Orderklausel, etwa „für mich an", „für mich an die Order des". Nur die Unterschrift selbst muss eigenhändig handschriftlich erfolgen, § 126 Abs. 1 BGB. Ausreichend ist aber bereits die bloße eigenhändige Unterschrift des Indossanten, wenn sie auf die Rückseite des Wechsels oder den Anhang gesetzt ist (**Blankoindossament**, Art. 13 Abs. 2 WG). Ein solches Blankoindossament liegt auch dann vor, wenn kein Indossatar eingesetzt oder dieser wieder gestrichen wurde, letzteres entweder vor Vollzug der Unterschrift oder nach Vollzug der Unterschrift durch den oder mit Zustimmung des Indossanten[2]. Als Blankoindossament gilt auch das Indossament an den Inhaber. Zu beachten ist, dass eine Blankounterschrift auf der Vorderseite der Urkunde als Annahme gewertet wird, Art. 25 Abs. 1 S. 3 WG.

---

[1] Jetzt Art. 13, 14 Abs. 2, Art. 16 und 40 Abs. 3 WG.
[2] RGZ 41, 412.

Das Indossament ist **bedingungsfeindlich**, gleichwohl enthaltene Bedingungen gelten als nicht geschrieben; ein Teilindossament ist nichtig. 4

III. Wirkungen des Indossaments (Art. 16 WG)

1. Legitimation (Art. 16 Abs. 1 WG)

Art. 16 Abs. 1 WG bestimmt die Legitimation des Inhabers auf rein formale Weise. Entscheidend ist allein, ob eine **ununterbrochene Reihe von Indossamenten** vorliegt. Diese müssen äußerlich in Ordnung sein, ausgestrichene Indossamente gelten als nicht geschrieben. Jeder Inhaber kann seine förmliche Berechtigung durch Streichen störender Indossamente selbst herstellen. Berechtigt dazu ist allerdings der Gläubiger nur dann, wenn er durch die Streichung seine Rechtsstellung nicht verändert, z.B. sich nicht Einwendungen entzieht, die gegen ihn selbst in der Person der **Vormänner sachlich** begründet sind[1]. 5

2. Gutgläubiger Erwerb (Art. 16 Abs. 2 WG)

Zur Erhöhung der Umlauffähigkeit des **Orderpapiers** bestimmt Art. 16 Abs. 2 WG entsprechend § 935 Abs. 2 BGB, dass ein gutgläubiger Erwerb auch dann möglich ist, wenn das Papier dem früheren Inhaber „irgendwie" abhanden gekommen ist. Dieses **Abhandenkommen** ist abweichend von dem bürgerlich-rechtlichen Begriff in § 935 BGB nicht nur dann gegeben, wenn das Papier unfreiwillig aus dem Besitz des Berechtigten gelangt ist (gestohlene, verlorene Papiere), sondern bereits dann, wenn sie **ohne rechtswirksamen Begebungsvertrag** in fremde Hände gelangt sind[2]. 6

Der Erwerb vom Nichtberechtigten wird ausgeschlossen bei **Bösgläubigkeit**, d.h. Kenntnis des Mangels des Begebungsvertrages, wobei bedingter Vorsatz genügt, oder bei **grober Fahrlässigkeit**, d.h. Nichtbeachtung der einfachsten im Verkehr nötigen Sorgfalt oder Übersehen des Mangels des Erwerbs aus Gleichgültigkeit[3]. Art. 16 Abs. 2 WG hindert auch die Pflicht zur Herausgabe nach §§ 812 ff. BGB, es sei denn, es ist ein Fall des unentgeltlichen Erwerbs nach § 816 Abs. 1 S. 2 BGB gegeben. 7

IV. Befreiende Leistung an den Nichtberechtigten (§ 365 Abs. 1, Art. 40 Abs. 3 WG)

Grundsätzlich wird der Schuldner nur befreit, wenn er an den tatsächlichen Gläubiger leistet. Bei Leistung an einen nichtberechtigten Inhaber tritt dennoch Erfüllungswirkung ein, wenn dieser durch die **ordnungsgemäße Reihe der Indossamente** hinreichend legitimiert ist. Den Schuldner trifft insoweit 8

---

1 Vgl. i.E. *Baumbach/Hefermehl*, Art. 16 WG Rn. 5.
2 BGH v. 7.2.1951 – II ZR 11/50, NJW 1951, 402; *Baumbach/Hefermehl*, Art. 16 WG Rn. 9; *Schlegelberger/Hefermehl*, § 365 Rn. 21.
3 Vgl. i.E. *Baumbach/Hefermehl*, Art. 16 WG Rn. 10.

eine Prüfungspflicht, die sich aber nur auf die ununterbrochene Reihe der Indossamente und nicht auf die Unterschriften selbst bezieht. Es kommt nur auf den äußeren Zusammenhang der Indossamente an. Der erste Indossatar muss durch Indossament des im Papier bezeichneten Berechtigten ausgewiesen sein; der Vorzeigende gilt im Zweifel als letzter Indossatar.

V. Aufgebotsverfahren (§ 365 Abs. 2)

9 § 365 Abs. 2 enthält eine **Sonderregelung** für das Aufgebot der kaufmännischen Orderpapiere (vgl. für Wechsel Art. 90 WG, für Schecks Art. 59 ScheckG, für Namensaktien § 72 AktG). Ist ein Orderpapier vernichtet worden oder abhanden gekommen, kann es im Aufgebotsverfahren für kraftlos erklärt werden.

1. Verfahren

10 Für das Verfahren gelten §§ 946 ff., 1003 ff. ZPO; antragsberechtigt ist der bisherige Inhaber des abhanden gekommenen oder vernichteten Orderpapiers (§ 1004 Abs. 1 ZPO). Nach § 365 Abs. 2 S. 2 kann der Antragsteller während der Aufgebotsfrist die verbriefte Leistung nur verlangen, wenn er Sicherheit leistet (§§ 232 ff. BGB).

2. Wirkungen

11 In dem Ausschlussurteil wird die Urkunde für kraftlos erklärt, § 1017 ZPO, mit der Wirkung, dass die **Legitimationswirkung** des abhanden gekommenen Papiers **zugunsten des Antragstellers wiederhergestellt** wird[1]. Die h.M. nimmt darüber hinaus die volle Feststellung der materiellen Rechtsinhaberschaft an[2]. Dies ist abzulehnen, weil dies über den Zweck des Aufgebotsverfahrens hinausgeht[3].

§ 366
Gutgläubiger Erwerb von beweglichen Sachen

(1) Veräußert oder verpfändet ein Kaufmann im Betriebe seines Handelsgewerbes eine ihm nicht gehörige bewegliche Sache, so finden die Vorschriften des Bürgerlichen Gesetzbuchs zugunsten derjenigen, welche Rechte von einem Nichtberechtigten herleiten, auch dann Anwendung, wenn der gute Glaube des Erwerbers die Befugnis des Veräußerers oder Verpfänders, über die Sache für den Eigentümer zu verfügen, betrifft.

(2) Ist die Sache mit dem Rechte eines Dritten belastet, so finden die Vorschriften des Bürgerlichen Gesetzbuchs zugunsten derjenigen, welche Rech-

---

[1] RGZ 168; GroßkommHGB/*Canaris*, § 365 Anm. 30.
[2] *Schlegelberger/Hefermehl*, § 365 Rn. 32.
[3] GroßkommHGB/*Canaris*, § 365 Anm. 30; *Heymann/Horn*, § 365 Rn. 24.

te von einem Nichtberechtigten herleiten, auch dann Anwendung, wenn der gute Glaube die Befugnis des Veräußerers oder Verpfänders, ohne Vorbehalt des Rechtes über die Sache zu verfügen, betrifft.

(3) Das gesetzliche Pfandrecht des Kommissionärs, des Frachtführers, des Spediteurs und des Lagerhalters steht hinsichtlich des Schutzes des guten Glaubens einem gemäß Absatz 1 durch Vertrag erworbenen Pfandrecht gleich, das gesetzliche Pfandrecht des Frachtführers, des Spediteurs und des Lagerhalters an Gut, das nicht Gegenstand des Vertrages ist, aus dem die durch das Pfandrecht zu sichernde Forderung herrührt, jedoch nur insoweit, als der gute Glaube des Erwerbers das Eigentum des Vertragspartners betrifft.

Übersicht

	Rn.		Rn.
I. Regelungsinhalt	1	b) Guter Glaube an die Vertretungsmacht	12
II. Gutglaubensschutz bei Veräußerung und Verpfändung (§ 366 Abs. 1, 2)		c) Gutglaubensmaßstab aa) Maßstab des § 932 Abs. 2 BGB	17
1. Voraussetzungen in der Person des Veräußerers (Verpfänders)		bb) Guter Glaube an die Verfügungsbefugnis	19
a) Kaufmannseigenschaft	3	6. Kein Schutz bei sonstigen Mängeln	21
b) Stellvertretung	6	7. Prozessuales	24
c) Zeitpunkt	7	III. Gutgläubiger Erwerb von gesetzlichen Pfandrechten (§ 366 Abs. 3)	
2. Handelsgeschäft	8	1. Anwendungsbereich	25
3. Bewegliche Sache	9	2. Entstehungsvoraussetzungen	28
4. Kein Abhandenkommen	10	3. Guter Glaube	29
5. Guter Glaube a) Guter Glaube an die Verfügungsbefugnis	11		

I. Regelungsinhalt

Die Norm **erweitert** den Erwerberschutz nach den Gutglaubensvorschriften des BGB beim Erwerb vom Nichtberechtigten um den **guten Glauben an die Verfügungsbefugnis** des Verkäufers. Nach den Regelungen des BGB wird geschützt, wer gutgläubig eine bewegliche Sache von demjenigen, den er für den Eigentümer hält, zu Eigentum erwirbt (§§ 932–934 BGB) oder als Pfand nimmt (§ 1207 BGB), wenn der Veräußerer nicht der Eigentümer war, es sei denn, die Sache war abhanden gekommen (§ 935 BGB). Ebenso wird der gutgläubige Erwerber oder Pfandnehmer gegen **unbekannte Rechte Dritter an der Sache** geschützt (§§ 936, 1208 BGB). 1

Das BGB schützt denjenigen nicht, der weiß, dass der Veräußerer oder Verpfänder nicht Eigentümer ist und ihn lediglich für **berechtigt** hält, über die Sache zu verfügen. Ebenso wenig genießt derjenige Schutz, der in Kenntnis des Rechtes eines Dritten an der Sache eine **Befugnis** des Veräußerers oder Verpfänders annimmt, über die Sache zu verfügen, ohne dem Dritten das 2

Recht vorzubehalten. Diesen Schutz des guten Glaubens an die **Verfügungsmacht** des Verfügenden gewährt § 366. § 366 Abs. 1 betrifft die Vorschriften über den gutgläubigen Erwerb vom Nichtberechtigten nach §§ 932–934 BGB; § 366 Abs. 2 den gutgläubigen lastenfreien Erwerb nach § 936 BGB.

II. Gutglaubensschutz bei Veräußerung und Verpfändung (§ 366 Abs. 1, 2)

1. Voraussetzungen in der Person des Veräußerers (Verpfänders)

a) Kaufmannseigenschaft

3   Der Veräußerer (Verpfänder) muss Kaufmann sein i.S.d. §§ 1–6. Auf den nicht eingetragenen **Rechtsscheinkaufmann**, der als Kaufmann auftritt, ist die Vorschrift nicht anzuwenden[1]. Der von ihm gesetzte Rechtsschein würde sich im Ergebnis nicht gegen ihn, sondern gegen den wahren Berechtigten kehren; diese Auswirkung auf einen Dritten widerspricht aber den Grundsätzen der Rechtsscheinshaftung. Wer allerdings nach Verlust der Kaufmannseigenschaft noch als Kaufmann im Handelsregister eingetragen ist, kann im Hinblick auf den von § 15 intendierten Schutz des Rechtsverkehrs einen Gutglaubenserwerb nach § 366 vermitteln[2]. Allerdings ist hinsichtlich des guten Glaubens des Erwerbers § 15 Abs. 3 sinngemäß anzuwenden.

3a Die Vorschrift erfasst auch die **kleingewerblichen Kommissionäre** (§ 383 Abs. 2). Dies ergibt sich zwar noch nicht zwingend aus der gesetzlichen Systematik, weil die Verweisung in § 383 Abs. 2 auf das 4. Buch des HGB ausdrücklich „in Ansehung des Kommissionsgeschäfts" erfolgt, worunter üblicherweise das Rechtsgeschäft zwischen dem Kommissionär und dem Kommittenten, nicht aber das „Ausführungsgeschäft" zwischen dem Kommissionär und dem Dritten verstanden wird[3]. Dieses „Ausführungsgeschäft" betrifft aber gerade das spezifische rechtsgeschäftliche Verhalten des (auch kleingewerblichen) Kommissionärs im Rechtsverkehr. Art und Umfang aber des Betriebs des Unternehmens sind im Hinblick auf die im Sachenrecht gebotene Rechtsklarheit und Rechtssicherheit kein geeignetes Kriterium im Rahmen der Abgrenzung, ob ein gutgläubiger Erwerb wirksam ist[4].

3b In diesem Sinne findet § 366 Abs. 1 **keine Anwendung** auf den **kleingewerblichen Frachtführer** (§ 407 Abs. 3), **Spediteur** (§ 453 Abs. 3) und den **Lagerhal-**

---

1 *Schlegelberger/Hefermehl*, § 366 Rn. 26; *Baumbach/Hopt*, § 366 Rn. 4; OLG Düsseldorf v. 18.11.1998 – 11 U 36/98, NJW-RR 1999, 615 mit umfassender Darstellung des Meinungsstandes; a.A. mit beachtenswerten Argumenten GroßkommHGB/*Canaris*, § 366 Anm. 6. Offen gelassen in BGH v. 9.11.1998 – II ZR 144/97, NJW 1999, 425, 426.
2 *Heymann/Horn*, § 366 Rn. 4; GroßkommHGB/*Canaris*, § 366 Anm. 7; a.A. *Schlegelberger/Hefermehl*, § 366 Rn. 26.
3 GroßkommHGB/*Koller*, § 383 Rn. 3, 5; *Heymann/Herrmann*, § 383 Rn. 6, 12.
4 Im Ergebnis auch *Baumbach/Hopt*, § 383 Rn. 5; wohl auch v. *Olshausen*, Fragwürdige Redeweisen im Handelsrechtsreformgesetz, JZ 1998, 717, 720, 721.

ter (§ 467 Abs. 3). Die Veräußerung oder Verpfändung von Waren ist in diesen Fällen gerade kein berufstypisches Geschäft. Aus § 366 Abs. 3 ergibt sich ebenfalls nichts anderes, nachdem hier der umgekehrte Fall geregelt ist.

Ebenfalls abzulehnen ist die Anwendung auf **kaufmannsähnliche Personen**[1]. § 366 stellt eine Ausnahmevorschrift zu den Gutglaubensregelungen des BGB dar; eine Einbeziehung auch von Nichtkaufleuten in diese Sonderregelung lässt sich nicht begründen[2].

Nicht geschützt ist die **irrige** Annahme der Kaufmannseigenschaft.

b) Stellvertretung

Bei einem Erwerb vom Stellvertreter kommt es auf die **Kaufmannseigenschaft des Vertretenen** und nicht auf die des Vertreters an[3]. Der Vertretene ist der Verfügende und nur auf dessen Verfügungsmacht ist abzustellen.

c) Zeitpunkt

Maßgebender Zeitpunkt für das Vorliegen der Kaufmannseigenschaft ist **der letzte Erwerbstatbestand, der zur Vollendung des Erwerbs führt.** Für den gutgläubigen Erwerb einer aufschiebend bedingt übereigneten Sache ist es erforderlich und ausreichend, dass der Erwerber zur Zeit der Einigung und Übergabe im guten Glauben ist[4].

2. Handelsgeschäft

Die Veräußerung oder Verpfändung muss **im Betrieb des Handelsgewerbes** erfolgen, also ein Handelsgeschäft i.S.d. §§ 343, 344 darstellen (vgl. Anm. dort). Die irrige Annahme, dass das Geschäft nicht zum Handelsgewerbe gehört, wird nicht geschützt.

3. Bewegliche Sache

Gegenstand des Rechtsgeschäfts sind *nur* bewegliche Sachen, nicht aber Rechte oder Grundstücke; auch nicht Schiffe, die im Schiffsregister eingetragen sind, weil insoweit für die Übertragung die Grundsätze des Grundstückserwerbs gelten[5].

---

1 So aber *K. Schmidt*, HR, § 23 Abs. 2 1: „Unternehmer".
2 Ähnlich *Heymann/Horn*, § 366 Rn. 4.
3 GroßkommHGB/*Canaris*, § 366 Anm. 8; a.A. *Schlegelberger/Hefermehl*, § 366 Rn. 27.
4 BGH v. 21.5.1953 – IV ZR 192/52, BGHZ 10, 69.
5 BGH v. 25.6.1990 – II ZR 178/89, NJW 1990, 3209.

4. Kein Abhandenkommen

10 Die Sache darf dem Eigentümer nicht abhanden gekommen sein, § 935 Abs. 1 BGB; Ausnahmen bilden § 935 Abs. 2 BGB, § 367.

5. Guter Glaube

a) Guter Glaube an die Verfügungsbefugnis

11 Der gute Glaube muss sich auf die Verfügungsbefugnis (bzw. Vertretungsmacht, vgl. Rn. 12) des Veräußerers beziehen. Grundlage der vermeintlichen Verfügungsmacht kann dabei sowohl die **rechtsgeschäftliche Ermächtigung** (§ 185 BGB) als auch ein **Verfügungsrecht kraft Gesetzes**, z.B. Notverkauf nach §§ 373, 389, 437 sein[1]. Eine Unterscheidung in rechtsgeschäftliche und gesetzliche Verfügungsbefugnisse ist weder nach dem Wortlaut noch nach Sinn und Zweck der Regelung geboten.

b) Guter Glaube an die Vertretungsmacht

12 Nach dem Wortlaut schützt die Vorschrift nur den guten Glauben des Erwerbers an die Verfügungsbefugnis (§ 185 BGB), nicht aber an die Vertretungsmacht (§§ 164 ff. BGB). Die Verfügungsbefugnis ist dadurch gekennzeichnet, dass der Verfügende **im eigenen Namen** auftritt; er ist der Vertragspartner des dinglichen Vertrages, für die Wirksamkeit der Verfügung kommt es auf seine Berechtigung an. Beim Auftreten unter fremdem Namen gibt zwar der Handelnde eine eigene Willenserklärung ab; Verfüger ist jedoch der Vertretene, und dessen Berechtigung ist auch maßgebend. Zusätzlich bedarf es des Vorliegens einer Vertretungsmacht für den Vertreter.

13 Die Vorschrift des **§ 185 BGB** über die Wirksamkeit oder die Heilung der Verfügung eines Nichtberechtigten findet nur Anwendung, wenn der Verfügende im eigenen Namen auftritt[2].

14 Trotz dieser signifikanten Unterschiede stellt die h.L. den guten Glauben an die Vertretungsmacht dem guten Glauben an die Verfügungsmacht gleich[3].

15 Die **Gegenmeinung** wendet zu Recht ein, dass bei einem Handeln in fremdem Namen nicht dieselbe Wahrscheinlichkeit für das Bestehen der Vertretungsmacht gegeben ist wie bei einem Handeln im eigenen Namen für das Bestehen der Verfügungsmacht[4]. Tritt jemand in fremdem Namen auf, genießt der Verkehr von vornherein einen geringeren Vertrauensschutz. Eingewandt wird ferner, dass die Erweiterung des Anwendungsbereiches dem Erwerber nicht zugute komme, weil dieser regelmäßig einem Konditions-

---

[1] *Schlegelberger/Hefermehl*, § 366 Rn. 31 a.E.; *K. Schmidt*, HR, § 23 II 1 f.; a.A. GroßkommHGB/*Canaris*, § 366 Anm. 18, 23: nur rechtsgeschäftliche Ermächtigungen.
[2] *Palandt/Heinrichs*, § 185 BGB Rn. 1.
[3] *Schlegelberger/Hefermehl*, § 366 Rn. 32; *Baumbach/Hopt*, § 366 Rn. 5; *K. Schmidt*, HR, § 22 III 1; *Heymann/Horn*, § 366 Rn. 16; ablehnend GroßkommHGB/*Canaris*, § 366 Anm. 27; einschränkend *Reinicke*, AcP 189 (1989), 102.
[4] GroßkommHGB/*Canaris*, § 366 Anm. 27.

anspruch des Berechtigten ausgesetzt sei; statt dessen würden nur dessen Gläubiger und spätere Erwerber geschützt[1].

Trotz der beachtenswerten Gegenargumente **ist der h.L. zu folgen.** Im Handelsverkehr wird häufig zwischen dem Handeln im eigenen Namen (Verfügungsmacht) und im fremden Namen (Vertretungsmacht) nicht unterschieden; beides ist im Rahmen von Vertriebssystemen funktionell austauschbar[2]. So wird vielfach nicht deutlich, ob nun der Handelnde im eigenen Namen oder im Namen des Berechtigten auftritt. Auch besteht ein Interesse an einer klaren Bestimmung der dinglichen Rechtslage. In diesem Sinne spricht denn auch der Umstand, dass der wahre Berechtigte u.U. einen Kondiktionsanspruch gegen den Erwerber hat, eher für die Ausweitung des Anwendungsbereiches. Diese Rückabwicklung vollzieht sich auf rein schuldrechtlicher Ebene und lässt die dingliche Rechtslage, auf die die Gutglaubensvorschriften abzielen, unberührt. Wenn der Erwerber einen schuldrechtlichen Vertrag abgeschlossen hat, der wegen fehlender Vertretungsmacht unwirksam ist, ist er der Leistungskondiktion des Berechtigten nach § 812 Abs. 1 S. 1 BGB ausgesetzt. Dies ist keine Besonderheit; insbesondere bestünde ein Kondiktionsanspruch – auf den Besitz – auch dann, wenn der Erwerber kein Eigentum erworben hat. Der Erwerber genießt insoweit Schutz, als sich der Leistungsbegriff nach dem Empfängerhorizont richtet, er also einer Kondiktion nur ausgesetzt ist, wenn aus seiner Sicht eine Leistung des Berechtigten anzunehmen ist[3]. Dies wird regelmäßig der Fall sein, wenn der Handelnde im fremden Namen auftritt. Insoweit realisiert sich aber nur das allgemeine, nach den Vorschriften des BGB bestehende Risiko: Wer mit einem Vertreter ohne Vertretungsmacht abschließt, kann sich im Ergebnis nicht an den Vertretenen, sondern nur an den Vertreter halten.

c) Gutglaubensmaßstab

aa) Maßstab des § 932 Abs. 2 BGB

Für das Vorliegen des guten Glaubens gilt als Maßstab § 932 Abs. 2 BGB. Danach ist der Erwerber nicht gutgläubig, wenn ihm **bekannt oder infolge grober Fahrlässigkeit unbekannt** ist, dass die Sache dem Veräußerer nicht gehört.

Grobe Fahrlässigkeit ist gegeben, wenn der Erwerber bei dem betreffenden Erwerbsvorgang die erforderliche Sorgfalt nach den gesamten Umständen in ungewöhnlichem Maße verletzt und unbeachtet gelassen hat, was im gegebenen Fall jedem hätte einleuchten müssen[4]. Eine allgemeine Aussage verbietet sich; maßgebend sind die Umstände des Einzelfalles. Dabei sind auch subjektive, in der Individualität des Handelnden begründete Umstände zu berücksichtigen; es handelt sich um eine (nicht revisible) Tatfrage[5].

---

1 GroßkommHGB/*Canaris*, § 366 Anm. 27.
2 *Heymann/Horn*, § 366 Rn. 16.
3 Vgl. i.E. *Palandt/Sprau*, § 812 BGB Rn. 42.
4 RGZ 141, 131; 166, 101; BGH v. 13.4.1994 – II ZR 196/93, NJW 1994, 2023.
5 Vgl. BGH v. 11.5.1953 – IV ZR 170/52, BGHZ 10, 17.

bb) Guter Glaube an die Verfügungsbefugnis

19 Die Anforderungen an den guten Glauben an die Verfügungsmacht sind nicht notwendig gleich denen an das Eigentum; insbesondere ergeben sich auch andere Ansätze. So wird z.B. bei der **Veräußerung von Kraftfahrzeugen** im Rahmen von § 932 BGB ein gutgläubiger Erwerb des Eigentums nicht möglich sein, wenn der Veräußerer nicht den Kfz-Brief vorlegt, der ihn als Berechtigten ausweist. In diesem Sinne muss sich der Kfz-Käufer regelmäßig die Fahrzeugpapiere vorzeigen lassen, um die Berechtigung des Veräußerers überprüfen zu können[1].

20 Wer hingegen bei einem **Händler** im Rahmen von dessen Geschäftsbetrieb eine Ware kauft, geht im Zweifel davon aus[2], dass dieser (mindestens) die Verfügungsbefugnis hat. Eine Nachforschungspflicht ergibt sich nur dann, wenn das Geschäft nach den besonderen Umständen ungewöhnlich erscheint oder besondere Gründe in der Person des Veräußerers vorliegen, die einen sorgfältigen Kaufmann zur Vorsicht oder zu weiteren Nachforschungen veranlassen würden[3]. Veräußert ein Kaufmann Waren außerhalb seines – nicht auf Veräußerung angelegten – Geschäftsbetriebes, sind erhöhte Anforderungen an den guten Glauben zu stellen[4]. Muss der Erwerber mit einem verlängerten Eigentumsvorbehalt rechnen und zieht insoweit keine Erkundigungen ein, nimmt er bei Vereinbarung des Verbots der Abtretung der Kaufpreisforderung eine Vereitelung des etwa bestehenden Rechts billigend in Kauf[5]. Insbesondere kann eine Erkundigungspflicht bestehen im Kfz-Geschäft, wenn in der Sparte ein Eigentumsvorbehalt üblich ist oder der Erwerber selbst einen Kredit einräumt[6]. Auch beim Kauf von **Gebrauchtwagen** von einem Händler stellt die Übergabe und Prüfung des Kfz-Briefs eine Mindestanforderung für den gutgläubigen Erwerb dar[7].

6. Kein Schutz bei sonstigen Mängeln

21 Der Schutz des guten Glaubens bezieht sich **allein** auf das Vorliegen der Verfügungsbefugnis (bzw. der Vertretungsmacht, Rn. 12), nicht aber auf sonstige Mängel des Geschäfts, etwa auf die **fehlende Geschäftsfähigkeit** des Verfügenden oder – bei Veräußerung der Sache als Pfand – auf die **Wahrung der Mindestanforderungen** eines ordnungsgemäßen Pfandverkaufs (§ 1244 BGB).

22 Der Schutz des Vertrauens in die Verfügungsbefugnis greift auch nicht bei **gesetzlichen oder behördlichen Veräußerungsverboten** i.S.d. §§ 135, 136

---

1 BGH v. 11.3.1991 – II ZR 88/90, NJW 1991, 1415; BGH v. 13.9.2006 – VIII ZR 184/05, NJW 2006, 3488.
2 BGH v. 5.2.1975 – VIII ZR 151/73, NJW 1975, 735.
3 BGH v. 10.5.1994 – XI ZR 212/93, NJW 1994, 2093, 2095.
4 BGH v. 9.11.1998 – II ZR 144/97, NJW 1999, 425 mit Anm. *Medicus*, EWiR 1999, 215.
5 BGH v. 9.11.1998 – II ZR 144/97, NJW 1999, 425.
6 BGH v. 20.10.1988 – VII ZR 219/87, NJW 1989, 894.
7 BGH v. 14.5.1996 – X ZR 75/94, NJW 1996, 2228 bei der Veräußerung von Leasingfahrzeugen.

BGB; § 135 Abs. 2 BGB bezieht sich nur auf die Gutglaubensvorschriften des BGB. Keine Anwendung findet die Vorschrift auch bei den **absoluten Verfügungsverboten** wie §§ 80, 81 InsO oder §§ 1365 ff. BGB.

Die Vorschriften der §§ 932 ff. BGB und § 366 schließen sich nicht gegenseitig aus; sie sind vielmehr nebeneinander anwendbar[1]. 23

7. Prozessuales

Die **Beweislast** für das Vorliegen einer Bösgläubigkeit des Erwerbers trifft denjenigen, der den gutgläubigen Eigentumserwerb bestreitet[2]. Wie in § 932 BGB wird auch bei § 366 der gute Glaube des Erwerbers vermutet[3]. Wenn der Tatrichter die Bösgläubigkeit bezüglich der Verfügungsbefugnis nicht für bewiesen hält, kann er Bösgläubigkeit bezüglich der Eigentümerstellung unterstellen[4]. 24

III. Gutgläubiger Erwerb von gesetzlichen Pfandrechten (§ 366 Abs. 3)

1. Anwendungsbereich

§ 366 Abs. 3 unterstellt die gesetzlichen Pfandrechte des HGB hinsichtlich des gutgläubigen Erwerbs vom Nichtberechtigten den für die vertraglichen Pfandrechte geltenden Gutglaubensvorschriften. 25

Nach § 1207 BGB kann ein **vertragliches Pfandrecht von einem Nichtberechtigten gutgläubig erworben** werden. Die Vorschrift findet auf gesetzliche Pfandrechte, auch wenn es sich um Besitzpfandrechte handelt, keine Anwendung. Die entsprechende Verweisungsvorschrift des § 1257 BGB bezieht sich nur auf bereits entstandene Pfandrechte, setzt also einen wirksamen Entstehungstatbestand voraus[5]. In Ausnahme von diesem Grundsatz lässt nun § 366 Abs. 3 beim Pfandrecht des Kommissionärs (§ 397), des Spediteurs (§ 464), des Lagerhalters (§ 475b), des Frachtführers (§ 441), des Seefrachters (§ 623 Abs. 3) und des Schiffseigners (§ 77 Abs. 2 BinnSchG) einen gutgläubigen Erwerb vom Nichtberechtigten zu. Unerheblich ist es, ob diese Personen ein Handelsgewerbe betreiben oder ob der jeweilige Vertragspartner Kaufmann ist. 26

Nachdem es sich um eine Ausnahmevorschrift handelt, findet sie mangels Bestehen einer bewussten Rechtslücke **keine analoge Anwendung auf ge-** 27

---

1 BGH v. 10.3.1959 – VIII ZR 56/58, NJW 1959, 1080.
2 *Palandt/Bassenge*, § 932 BGB Rn. 15.
3 BGH v. 8.7.1954 – IV ZR 31/54, LM § 366 HGB Nr. 4; *Schlegelberger/Hefermehl*, § 366 Rn. 36.
4 BGH v. 5.2.1975 – VIII ZR 151/73, NJW 1975, 736.
5 BGH v. 21.12.1960 – VII ZR 146/59, BGHZ 34, 153, 155 im Hinblick auf das Pfändungspfandrecht; *Palandt/Bassenge*, § 1257 BGB Rn. 2.

setzliche **Pfandrechte** des BGB, auch wenn es sich um Besitzpfandrechte handelt[1].

2. Entstehungsvoraussetzungen

28 Das Pfandrecht entsteht kraft Gesetzes, wenn der zugrundeliegende **Vertrag geschlossen** und in dessen Ausführung das Gut **übergeben** worden ist. Die Übergabe kann durch den Eigentümer/Verfügungsberechtigten selbst oder mit deren Zustimmung durch einen Dritten (Geheißperson) stattfinden. Unfreiwilliger Besitzverlust (Abhandenkommen) schließt den gutgläubigen Erwerb aus; Ausnahmen: § 935 Abs. 2 BGB, § 367 (vgl. Anm. dort). Voraussetzung ist ferner das Bestehen einer Forderung aus dem zugrundeliegenden Vertragsverhältnis. Neben der primären Forderung auf Entgelt/Vergütung werden auch Sekundärforderungen (Schadensersatz, Bereicherungsrecht) erfasst.

3. Guter Glaube

29 Der gute Glaube (vgl. dazu Rn. 11 ff.) des Kommissionärs, Spediteurs, Lagerhalters oder Frachtführers muss sich entweder auf das **Eigentum** des Vertragspartners an der Sache oder jedenfalls auf dessen **Befugnis**, einen Vertrag abzuschließen, aus dem eines der genannten Rechte entstehen kann, beziehen. Eine Einschränkung hat die Vorschrift durch das Handelsrechtsreformgesetz erfahren. Im Hinblick auf die Sicherung von Forderungen, die nicht unmittelbar aus dem Vertrag stammen, der der Übergabe des Gutes zugrunde liegt, ist der gute Glaube an das Eigentum des Vertragspartners erforderlich.

§ 367
Gutgläubiger Erwerb gewisser Wertpapiere

(1) Wird ein Inhaberpapier, das dem Eigentümer gestohlen worden, verloren gegangen oder sonst abhanden gekommen ist, an einen Kaufmann, der Bankier- oder Geldwechslergeschäfte betreibt, veräußert oder verpfändet, so gilt dessen guter Glaube als ausgeschlossen, wenn zur Zeit der Veräußerung oder Verpfändung der Verlust des Papiers im elektronischen Bundesanzeiger bekanntgemacht und seit dem Ablauf des Jahres, in dem die Veröffentlichung erfolgt ist, nicht mehr als ein Jahr verstrichen war. Für Veröffentlichungen vor dem 1. Januar 2007 tritt an die Stelle des elektronischen Bundesanzeigers der Bundesanzeiger in Papierform. Inhaberpapieren stehen an Order lautende Anleiheschuldverschreibungen sowie Namensaktien und Zwischenscheine gleich, falls sie mit einem Blankoindossament versehen sind.

---

1 BGH v. 21.12.1960 – VIII ZR 146/59, BGHZ 34, 153, 156.

(2) Der gute Glaube des Erwerbers wird durch die Veröffentlichung nach Absatz 1 nicht ausgeschlossen, wenn der Erwerber die Veröffentlichung infolge besonderer Umstände nicht kannte und seine Unkenntnis nicht auf grober Fahrlässigkeit beruht.

(3) Auf Zins-, Renten- und Gewinnanteilscheine, die nicht später als in dem nächsten auf die Veräußerung oder Verpfändung folgenden Einlösungstermin fällig werden, auf unverzinsliche Inhaberpapiere, die auf Sicht zahlbar sind, und auf Banknoten sind diese Vorschriften nicht anzuwenden.

I. Anwendungs- und Schutzbereich

Die Vorschrift konkretisiert die **Sorgfaltsanforderungen** der §§ 932 ff. BGB, § 366 für Kaufleute, die Bankier- oder Geldwechselgeschäfte betreiben, im Hinblick auf den Erwerb bestimmter Wertpapiere. 1

Erfolgt bei Verlust eines Papiers eine **Veröffentlichung im elektronischen Bundesanzeiger**, wird (für einen beschränkten Zeitraum) die Bösgläubigkeit des Erwerbers – vorbehaltlich § 367 Abs. 2 – fingiert. Damit wird die Möglichkeit des gutgläubigen Erwerbs, die § 935 Abs. 2 BGB auch für abhanden gekommene Inhaberpapiere zulässt, eingeschränkt. Von einem Kaufmann, der Bankiersgeschäfte betreibt, wird erwartet, dass er Veröffentlichungen über den Verlust von Wertpapieren im Bundesanzeiger laufend überwacht und berücksichtigt. Von der Vermutung der Bösgläubigkeit kann sich der Kaufmann nur entlasten, wenn er die Veröffentlichung infolge besonderer Umstände nicht kannte und seine Unkenntnis nicht auf grobe Fahrlässigkeit zurückzuführen ist (§ 367 Abs. 2). § 367 Abs. 3 nimmt Zins- und Gewinnanteilsscheine mit bestimmten Fälligkeitsterminen, unverzinsliche Inhaberpapiere, die auf Sicht zahlbar sind, und Banknoten vom Anwendungsbereich der Vorschrift aus. 2

II. Voraussetzungen

1. Die erfassten Wertpapiere

Erfasst werden zunächst **Inhaberpapiere**, das sind Papiere, an denen ein Recht in einer Weise verbrieft ist, dass der jeweilige Inhaber der Berechtigte sein soll und die Übertragung des verbrieften Rechts durch Übertragung des Papiers erfolgt (vgl. § 363 Rn. 5). Im Wesentlichen handelt es sich um die Inhaberschuldverschreibung, §§ 793 ff. BGB, den Inhaberscheck, Art. 5 ScheckG, die Inhaberaktie, § 10 Abs. 1 AktG, den Inhabergrundschuldbrief, § 1195 BGB, das Investmentzertifikat auf den Inhaber, § 18 Abs. 1 KAGG und vergleichbare ausländische Inhaberpapiere mit den in § 367 Abs. 3 geregelten Ausnahmen. 3

Nach § 367 Abs. 1 S. 3 werden den Inhaberpapieren gleichgestellt **blanko indossierte Orderpapiere**, nämlich Anleiheschuldverschreibungen – insbesondere Orderschuldverschreibungen i.S.d. § 363 Abs. 1 S. 2 –, ferner Namensaktien, §§ 10 Abs. 1, 68 Abs. 1 AktG, Zwischenscheine, §§ 10 Abs. 3, 68 4

Abs. 5 AktG und (statt Reichsbank-Anteilsscheinen) Bundesbankgenussscheine, ebenfalls unter Berücksichtigung nach § 367 Abs. 3.

5 **Ausgenommen** nach § 367 Abs. 3 sind wegen ihrer Massenhaftigkeit und kurzen Umlaufzeit Coupons, Zins-, Renten- und Gewinnanteilsscheine, sofern sie nicht später als zum nächsten Einlösetermin fällig werden. Auch auf Legitimationspapiere mit Inhaberklausel i.S.d. § 808 BGB findet die Vorschrift weder unmittelbare noch analoge Anwendung[1].

2. Abhanden kommen

6 Das Wertpapier muss dem Eigentümer abhanden gekommen sein. Dieser Begriff ist nicht derselbe wie in § 935 BGB. Die ratio legis ist nämlich bei § 935 BGB im Veranlassungsgedanken, bei § 367 in der gesetzlichen Konkretisierung der Prüfungsobliegenheit eines Bankiers[2] zu sehen. Die Vorschrift gilt deshalb auch dann, wenn der Berechtigte das Papier einem anderen anvertraut, und dieser es **unterschlagen oder veruntreut** hat[3]. In Übereinstimmung mit § 935 Abs. 1 S. 2 BGB genügt es, wenn das Papier bei einem unmittelbaren Besitzer abhanden kommt, der nicht selbst Berechtigter ist.

3. Veröffentlichung im Bundesanzeiger

7 Der Verlust des Papiers ist im elektronischen Bundesanzeiger bekannt zu machen. **Antragsberechtigt** ist neben öffentlichen Behörden (Polizeibehörden, Staatsanwaltschaften, Gerichte) der wahre Berechtigte, da seine Interessen durch § 367 geschützt werden sollen[4].

8 Eine **anderweitige Veröffentlichung** hat nicht die Wirkung von § 367; allerdings wird dadurch nicht die Prüfung der Gut- bzw. Bösgläubigkeit anhand der Vorschriften der §§ 932, 935 Abs. 2 BGB gehindert. So sind etwa bei einer Verlustanzeige in der „Oppositionsliste" der „Wertpapier-Mitteilungen" die Banken – nach AGB-WPGeschäfte 16 – verpflichtet, diese Liste bei Hereinnahme eines Stückes zu beachten[5].

4. Jahresfrist

9 Der Verlust des Papiers muss zur Zeit der Veräußerung oder Verpfändung bekannt gemacht sein, jedoch darf seit dem Ablauf des Jahres, in dem die Veröffentlichung erfolgt ist, nicht mehr als ein Jahr verstrichen sein.

---

1 *Schlegelberger/Hefermehl*, § 367 Rn. 3.
2 GroßkommHGB/*Canaris*, § 367 Anm. 7.
3 *Schlegelberger/Hefermehl*, § 367 Rn. 4; *Heymann/Horn*, § 367 Rn. 5.
4 *Schlegelberger/Hefermehl*, § 367 Rn. 6.
5 *Schlegelberger/Hefermehl*, § 367 Rn. 7; auch LG Wiesbaden v. 19.4.1990 – 2 O 42/90, NJW 1991, 45, 46; *Baumbach/Hopt*, AGB-WPGeschäfte 16.

III. Rechtsfolgen

Liegen die Voraussetzungen des § 367 Abs. 1 vor, so wird der böse Glaube des Erwerbers vermutet. Eine **Entlastung** ist nur möglich, wenn der Erwerber die Veröffentlichung infolge besonderer Umstände nicht gekannt hat und diese Unkenntnis auch nicht auf grober Fahrlässigkeit beruht (§ 367 Abs. 2). Andere Einwände sind nicht zulässig. Gelingt der Entlastungsbeweis, entfällt lediglich die Vermutung des bösen Glaubens; der gute Glaube steht noch nicht fest[1]. Der gute Glaube wird dann zwar vermutet (vgl. § 366 Rn. 19 f.), die Vermutung kann aber vom Berechtigten widerlegt werden.

10

§ 368
Pfandverkauf

(1) Bei dem Verkauf eines Pfandes tritt, wenn die Verpfändung auf der Seite des Pfandgläubigers und des Verpfänders ein Handelsgeschäft ist, an die Stelle der in § 1234 des Bürgerlichen Gesetzbuchs bestimmten Frist von einem Monat eine solche von einer Woche.

(2) Diese Vorschrift findet auf das gesetzliche Pfandrecht des Kommissionärs, des Spediteurs, des Lagerhalters und des Frachtführers entsprechende Anwendung, auf das Pfandrecht des Spediteurs und des Frachtführers auch dann, wenn nur auf ihrer Seite der Speditions- oder Frachtvertrag ein Handelsgeschäft ist.

1. Wochenfrist bei Pfandverkauf (§ 368 Abs. 1)

Nach § 368 Abs. 1 tritt bei einem Pfandverkauf, bei dem die Verpfändung sowohl auf Seiten des Pfandgläubigers als auch des Verpfänders ein **Handelsgeschäft** ist (§§ 343, 344, vgl. dort), anstelle der in § 1234 BGB bestimmten Frist von einem Monat eine solche von einer Woche. Grund für diese Verkürzung ist das Bedürfnis des Handelsverkehrs nach einer raschen Abwicklung.

1

2. Gesetzliches Pfandrecht (§ 368 Abs. 2)

Nach § 368 Abs. 2 findet § 368 Abs. 1 **entsprechende Anwendung** auf das gesetzliche Pfandrecht des Kommissionärs, des Spediteurs, des Lagerhalters und des Frachtführers. Beim Pfandrecht des Spediteurs und des Frachtführers genügt es, wenn nur auf ihrer Seite der Speditions- oder Frachtvertrag ein Handelsgeschäft darstellt. Aufgrund der Natur des Betriebes der Transportunternehmen und der Art, wie sie vom Publikum benutzt werden, besteht kein Anlass, die Geltendmachung des Pfandrechts danach zu differenzieren, ob der Absender oder Versender Kaufmann ist oder nicht[2].

2

---

[1] *Schlegelberger/Hefermehl*, § 367 Rn. 10.
[2] GroßkommHGB/*Canaris*, § 368 Anm. 2.

3. Androhung des Pfandverkaufs

3 Die Anordnung muss **an den Eigentümer** erfolgen; der Frachtführer muss sie an den Empfänger richten. Ist der Pfandinhaber gutgläubig, gilt der Verpfänder als Eigentümer (§§ 1234, 1238, 1257 BGB).

§ 369
Kaufmännisches Zurückbehaltungsrecht

(1) Ein Kaufmann hat wegen der fälligen Forderungen, welche ihm gegen einen anderen Kaufmann aus den zwischen ihnen geschlossenen beiderseitigen Handelsgeschäften zustehen, ein Zurückbehaltungsrecht an den beweglichen Sachen und Wertpapieren des Schuldners, welche mit dessen Willen auf Grund von Handelsgeschäften in seinen Besitz gelangt sind, sofern er sie noch im Besitze hat, insbesondere mittels Konnossements, Ladescheins oder Lagerscheins darüber verfügen kann. Das Zurückbehaltungsrecht ist auch dann begründet, wenn das Eigentum an dem Gegenstande von dem Schuldner auf den Gläubiger übergegangen oder von einem Dritten für den Schuldner auf den Gläubiger übertragen, aber auf den Schuldner zurückzuübertragen ist.

(2) Einem Dritten gegenüber besteht das Zurückbehaltungsrecht insoweit, als dem Dritten die Einwendungen gegen den Anspruch des Schuldners auf Herausgabe des Gegenstandes entgegengesetzt werden können.

(3) Das Zurückbehaltungsrecht ist ausgeschlossen, wenn die Zurückbehaltung des Gegenstandes der von dem Schuldner vor oder bei der Übergabe erteilten Anweisung oder der von dem Gläubiger übernommenen Verpflichtung, in einer bestimmten Weise mit dem Gegenstande zu verfahren, widerstreitet.

(4) Der Schuldner kann die Ausübung des Zurückbehaltungsrechts durch Sicherheitsleistung abwenden. Die Sicherheitsleistung durch Bürgen ist ausgeschlossen.

Übersicht

	Rn.		Rn.
I. Übersicht über §§ 369–372	1	3. Gegenstand des Zurückbehaltungsrechts	
II. Voraussetzungen des Zurückbehaltungsrechts (§ 369 Abs. 1)		a) Bewegliche Sachen und Wertpapiere	11
1. Kaufmannseigenschaft	3	b) Vom Zurückbehaltungsrecht nicht erfasste Wertpapiere	12
2. Gesicherte Forderung		c) Wechselakzepte	13
a) Forderung aus beiderseitigem Handelsgeschäft	6	4. Besitz des Gläubigers/Eigentums des Schuldners	14
b) Forderung auf eine Geldleistung	7		
c) Keine Konnexität erforderlich	8		

	Rn.		Rn.
III. Wirkungen des Zurückbehaltungsrechts		IV. Ausschluss des Zurückbehaltungsrechts (§ 369 Abs. 3)	28
1. Wirkungen gegenüber dem Schuldner	21	V. Abwendung des Zurückbehaltungsrechts (§ 369 Abs. 4)	31
2. Wirkungen gegenüber Dritten (§ 369 Abs. 2)		VI. Übertragung des Zurückbehaltungsrechts	32
a) Keine Drittwirkung	23	VII. Erlöschen des Zurückbehaltungsrechts	33
b) Gesetzliche Pfandrechte Dritter	25		
3. Wirkungen in der Insolvenz/Zwangsvollstreckung	26		

I. Übersicht über §§ 369–372

Die Vorschriften §§ 369–372 begründen ein **insolvenzfestes pfandähnliches kaufmännisches Zurückbehaltungsrecht (ZbR)** und regeln dessen Durchsetzung. Gegenüber dem allgemeinen ZbR nach § 273 BGB, das – wie auch die Einrede des nichterfüllten Vertrages nach § 320 BGB – auch im kaufmännischen Verkehr gilt, ergibt sich sowohl im Hinblick auf die Voraussetzungen als auch auf die Rechtsfolgen eine Besonderheit. Hinsichtlich der Entstehung wird auf die bei § 273 BGB erforderliche Konnexität verzichtet, hinsichtlich der Durchsetzung gewährt das kaufmännische ZbR – ähnlich wie das Pfandrecht – ein Befriedigungsrecht und ergänzt damit die gesetzlichen Pfandrechte der §§ 397, 441, 464, 475b, 623 HGB; § 77 Abs. 2 BinnSchG. 1

§ 369 Abs. 1 regelt die **Entstehung** des kaufmännischen ZbR; § 369 Abs. 2 die **Wirkungen** gegen Dritte, § 369 Abs. 3 den **Ausschluss** des ZbR in bestimmten Fällen und § 369 Abs. 4 eine **Abwendungsbefugnis** des Schuldners. Die Begründung geht zurück auf einen gesetzlichen Entstehungstatbestand und ist damit vergleichbar mit einem gesetzlichen Pfandrecht. Eine vertragliche Abbedingung oder Erweiterung ist möglich; wie die Zurückbehaltungsrechte des BGB ist es nur auf Einrede zu beachten und führt zur Zug-um-Zug-Verurteilung (§ 274 Abs. 1 BGB). 2

II. Voraussetzungen des Zurückbehaltungsrechts (§ 369 Abs. 1)

1. Kaufmannseigenschaft

Gläubiger und Schuldner der zu sichernden Forderung müssen **Kaufleute** i.S.d. §§ 1–6 sein; erfasst werden also auch Kaufleute kraft Eintragung, § 5. Bei der Frage, ob § 369 auch auf Rechtsscheinkaufleute kraft Auftretens Anwendung findet, ist zu differenzieren: Ist der Gläubiger Rechtsscheinkaufmann, findet § 369 keine Anwendung, da sich niemand durch eine bloße Behauptung eine Rechtsstellung verschaffen kann. Ist jedoch der Schuldner als Kaufmann aufgetreten, muss er sich an dem von ihm geschaffenen Rechtsschein festhalten lassen[1]. 3

---

[1] GroßkommHGB/*Canaris*, § 369 Anm. 5; *Schlegelberger/Hefermehl*, § 369 Rn. 13.

4 **Maßgeblicher Zeitpunkt** für das Vorliegen der Kaufmannseigenschaft ist der, in dem das ZbR entsteht. Die Kaufmannseigenschaft beider Parteien muss also sowohl bei Entstehung der Forderung als auch bei der Begründung des Gegenrechts vorliegen. Der nachträgliche Wegfall der Kaufmannseigenschaft lässt das einmal entstandene ZbR unberührt.

5 Bei **Fehlen der Kaufmannseigenschaft** kommt eine **rechtsgeschäftliche Begründung** des kaufmännischen ZbR in Betracht; eine dahingehende Vereinbarung kann auch durch Nichtkaufleute erfolgen[1]. Insbesondere bestehen unter dem Gesichtspunkt der Schutzfunktion keine Bedenken gegen die Bestellung durch einen Nichtkaufmann, weil dieser durch die Bestellung eines Pfandrechts noch weitergehende Rechte begründen kann.

2. Gesicherte Forderung

a) Forderung aus beiderseitigem Handelsgeschäft

6 Die gesicherte Forderung muss aus einem beiderseitigen Handelsgeschäft, §§ 343, 344 (vgl. Anm. dort), stammen. Sie muss nicht notwendigerweise vertraglicher Natur sein; in Betracht kommt auch eine Forderung nach §§ 812 ff. BGB; ein dinglicher Herausgabeanspruch nach § 985 BGB; ein Anspruch aus c.i.c. und auch – jedenfalls entsprechend – aus Geschäftsführung ohne Auftrag[2].

b) Forderung auf eine Geldleistung

7 Die gesicherte Forderung muss auf eine Geldleistung gerichtet sein oder in eine solche übergehen können[3]. Die Forderung muss zur Zeit der Geltendmachung des ZbR sowohl **fällig**[4] als auch **klagbar** und darf noch **nicht verjährt** sein. Für den Zeitpunkt der Besitzerlangung an den zurückbehaltenen Gegenständen genügt es, dass die gesicherte Forderung hinreichend bestimmt ist. Bei nachträglichem Eintritt der Verjährung bleibt das ZbR gemäß dem Rechtsgedanken von § 216 BGB unberührt[5].

c) Keine Konnexität erforderlich

8 Im Gegensatz zum ZbR aus § 273 BGB muss die Forderung nicht notwendig im wirtschaftlichen Zusammenhang mit dem Herausgabeanspruch stehen. Erforderlich ist aber, dass sie **im unmittelbaren Verhältnis zwischen Gläubiger und Schuldner** besteht[6]. Insoweit ist es unschädlich, wenn der Schuldner

---

1 GroßkommHGB/*Canaris*, § 369 Rn. 7; im Ergebnis ebenso *Schlegelberger/Hefermehl*, § 369 Rn. 13 und 41.
2 Vgl. GroßkommHGB/*Canaris*, § 369 Anm. 29.
3 *Schlegelberger/Hefermehl*, § 369 Rn. 20; nach *Baumbach/Hopt*, § 369 Rn. 4 können auch andere vermögensrechtliche Forderungen sicherungsfähig sein.
4 Vgl. aber für den Fall der Insolvenz § 41 InsO.
5 *Schlegelberger/Hefermehl*, § 369 Rn. 22; *Baumbach/Hopt*, § 369 Rn. 5.
6 *Heymann/Horn*, § 369 Rn. 11.

die Schuld erst später übernommen hat. Unproblematisch ist es bei der Gesamtrechtsnachfolge (Erbfall, § 1967 BGB, Verschmelzung) oder der Geschäftsübernahme, § 25; aber auch eine Schuldübernahme i.S.d. §§ 414 ff. BGB oder ein Schuldbeitritt stehen einer Ausübung nicht entgegen[1], es sei denn, es liegt ein Fall des Rechtsmissbrauchs vor.

Im Fall des **Gläubigerwechsels** ist die Unmittelbarkeit jedenfalls dann gegeben, wenn dieser im Weg der Gesamtrechtsfolge stattgefunden hat oder es sich um Forderungen handelt, die in Inhaber- oder Orderpapieren verbrieft sind[2]. Beim Gläubigerwechsel durch Abtretung entsteht nur dann ein ZbR an Sachen, die der neue Gläubiger schon besaß, wenn der Schuldner mit der Zession einverstanden war oder wenn es sich um Sachen handelt, die nach der Zession und in Kenntnis davon vom Schuldner dem Gläubiger vorbehaltlos überlassen wurden (Argument: § 407 Abs. 1 BGB)[3]. 9

Beim **gesetzlichen (Einzel-)Forderungsübergang** (z.B. §§ 426 Abs. 2, 774 BGB) ist wegen der bestehenden Gefahr des Missbrauchs das Unmittelbarkeitsprinzip insoweit anzuwenden, als ein ZbR nur an Sachen entsteht, die erst nach Begründung des Rechtsverhältnisses, auf dem der Forderungsübergang beruht, in den Besitz des Gläubigers gelangt sind[4]. Gleiches gilt für den Fall einer Firmenfortführung nach § 25 Abs. 1 S. 2[5]. Zur Übertragung eines bereits entstandenen ZbR vgl. Rn. 32. 10

3. Gegenstand des Zurückbehaltungsrechts

a) Bewegliche Sachen und Wertpapiere

Im Gegensatz zu § 273 BGB können Gegenstand des ZbR nur bewegliche Sachen und Wertpapiere sein, nicht jedoch Liegenschaftsrechte, Forderungen oder andere nicht in einem Wertpapier verbriefte Rechte oder Leistungen. Die weitgehende Verdinglichung verlangt im Hinblick auf das Publizitätsprinzip eine **Anknüpfung an einen Besitztatbestand.** Als Wertpapier sind nur solche im engeren Sinne, also Inhaber- und Orderpapiere (vgl. dazu § 363 Rn. 3), zu verstehen. 11

b) Vom Zurückbehaltungsrecht nicht erfasste Wertpapiere

Nicht erfasst werden **Rektapapiere**, da für diese die Regeln über unverkörperte Rechte gelten[6]. Dies ist aber mit dem besitzrechtlichen Charakter des ZbR nicht vereinbar. In diesem Sinne fallen **Grundpfandbriefe**[7] mit Ausnahme von Inhabergrundschuldbriefen, die gemäß § 1195 S. 2 BGB den Inhaber- 12

---

1 *Schlegelberger/Hefermehl*, § 369 Rn. 19; GroßkommHGB/*Canaris*, § 369 Anm. 31.
2 *Schlegelberger/Hefermehl*, § 369 Rn. 18; GroßkommHGB/*Canaris*, § 369 Anm. 32.
3 GroßkommHGB/*Canaris*, § 369 Anm. 32; *Schlegelberger/Hefermehl*, § 369 Rn. 18.
4 *Heymann/Horn*, § 369 Rn. 13; GroßkommHGB/*Canaris*, § 369 Anm. 32.
5 *Canaris*, HR, § 30 Rn. 18.
6 GroßkommHGB/*Canaris*, § 369 Anm. 10; *Schlegelberger/Hefermehl*, § 369 Rn. 26.
7 BGH v. 26.1.1973 – V ZR 47/71, BGHZ 60, 174, 175.

schuldverschreibungen gleichstehen, nicht unter § 369; ebenso wenig **Beweis- und Legitimationsurkunden** (z.B. Sparbücher[1], Schuldscheine und Depotscheine[2] und Kraftfahrzeugbriefe[3]). An solchen Urkunden ist aber die Begründung eines ZbR nach § 273 BGB oder aufgrund vertraglicher Vereinbarung möglich.

c) Wechselakzepte

13 Erfasst werden dagegen Wechselakzepte (anders bei Vorlage zur Diskontierung an den Gläubiger, vgl. Rn. 14), weil sie den besitzrechtlichen Regeln unterliegen und nach §§ 1295, 1221, 1273 Abs. 2, 1246 BGB durch Verkauf verwertet werden können.

4. Besitz des Gläubigers/Eigentum des Schuldners

14 Nach § 369 Abs. 1 ist erforderlich, dass die Sachen mit Willen des Schuldners aufgrund von Handelsgeschäften in den **Besitz des Gläubigers** der gesicherten Forderung gelangt sind. Nach h.L. genügt grundsätzlich mittelbarer Besitz[4]. Etwas anderes gilt allerdings dann, wenn der unmittelbare Besitz beim Schuldner selbst liegt. Mit der besitzrechtlichen Grundlage des ZbR ist es nicht vereinbar, wenn der Schuldner die rechtliche oder auch nur tatsächliche Möglichkeit behält, über die Sache zu verfügen[5].

15 Der Besitz muss **mit Willen des Schuldners** erlangt sein. Nach dem Rechtsgedanken von § 230 Abs. 2 und 4 BGB entsteht bei eigenmächtiger Inbesitznahme auch dann kein ZbR, wenn der Gläubiger ein Recht auf den Besitz hatte und dieses eigenmächtig verwirklichen durfte[6]. Bei Handeln eines Dritten ist § 164 BGB analog anzuwenden; die Besitzerlangung durch einen Dritten mit Einverständnis des Schuldners ist ausreichend. Nicht erforderlich ist es, dass das Einverständnis des Schuldners bis zur Fälligkeit des ZbR fortbesteht[7].

16 Die Besitzerlangung muss **aufgrund von Handelsgeschäften** erfolgt sein; ausreichend ist ein einseitiges Handelsgeschäft auf Seiten des Gläubigers[8]. Die Erlangung der Verfügungsmöglichkeit mittels eines Wertpapiers steht der Erlangung und Innehabung des Besitzes gleich.

---

1 Vgl. RGZ 68, 262.
2 RGZ 118, 38.
3 OLG Frankfurt v. 9.5.1969 – 3 U 9/69, NJW 1969, 1719.
4 *Schlegelberger/Hefermehl*, § 369 Rn. 35; *Baumbach/Hopt*, § 369 Rn. 9; a.A. GroßkommHGB/*Canaris*, § 369 Anm. 14, wonach der mittelbare Besitz nur für die Fortdauer, nicht aber für die Begründung des ZbR genügend sein soll.
5 BGH v. 1.4.1963 – VIII ZR 41/62, WM 1963, 560, 561.
6 *Schlegelberger/Hefermehl*, § 369 Rn. 37.
7 *Schlegelberger/Hefermehl*, § 369 Rn. 38; a.A. GroßkommHGB/*Canaris*, § 369 Anm. 16.
8 *Schlegelberger/Hefermehl*, § 369 Rn. 40.

Das ZbR entsteht grundsätzlich nur an Sachen und Wertpapieren, die im **Eigentum des Schuldners** stehen. Miteigentum ist ausreichend; das ZbR entsteht aber dann nur am Anteil des Miteigentümers[1]. Bei Gesamthandseigentum müssen bei allen Mitgliedern der Gesamthandsgemeinschaft die willensmäßigen Voraussetzungen für die Entstehung des ZbR vorliegen. Maßgeblicher Zeitpunkt für das Vorliegen des Eigentums ist der Augenblick, in dem das ZbR entsteht. 17

An **Sachen eines Dritten** entsteht kein ZbR. Ein gutgläubiger Erwerb analog §§ 932 ff., 1204 ff. BGB, 366 ist nicht möglich[2]. Im Hinblick auf die Gutglaubensvorschrift des BGB fehlt es bereits an einem rechtsgeschäftlichen Erwerbstatbestand; § 366 ist als Ausnahmevorschrift nicht analogiefähig (vgl. auch § 366 Rn. 10). Allerdings kann bei (auch konkludenter) Zustimmung des Berechtigten in analoger Anwendung von § 185 BGB das ZbR entstehen; u.U. kann auch die Berufung auf die wahre Eigentumslage einen Verstoß gegen Treu und Glauben darstellen[3]. 18

Ist der Schuldner Inhaber eines **Anwartschaftsrechts**, entsteht das ZbR in Beziehung auf dieses und kann, solange das Anwartschaftsrecht besteht, auch gegenüber dem Eigentümer geltend gemacht werden. 19

Nach § 369 Abs. 1 S. 2 entsteht das ZbR auch an **Sachen des Gläubigers**, wenn dieser das Eigentum vom Schuldner erworben hat oder wenn es ihm von einem Dritten übertragen worden ist, mit der Maßgabe, es auf den Schuldner zu übertragen. Im ersten Fall handelt es sich vor allem um die Rückgängigmachung von Verträgen (Rücktritt, Wandelung, ungerechtfertigte Bereicherung); im zweiten Fall um Leistungen Dritter im eigenen Namen für Rechnung des Schuldners oder auf Anweisung des Schuldners, bei dem es zur Rückgängigmachung des Vertrages zwischen Gläubiger und Schuldner kommt. 20

III. Wirkungen des Zurückbehaltungsrechts

1. Wirkungen gegenüber dem Schuldner

Liegen die Voraussetzungen des ZbR vor, erwirbt der Gläubiger der gesicherten Forderung (und Schuldner des Herausgabeanspruchs) eine **Einrede gegen die Herausgabeansprüche** des Schuldners, nach Geltendmachung dieser Einrede ein **Recht zum Besitz**. Erst aufgrund der Geltendmachung kommt der Gläubiger nicht in Verzug; ist er aber bereits in Verzug geraten, muss er nunmehr zusammen mit der Einrede die eigene Leistung anbieten[4]. Mit der Geltendmachung wird der Verzug nur für die Zukunft beseitigt[5]. 21

---

1 *Schlegelberger/Hefermehl*, § 369 Rn. 29.
2 H.M., RGZ 69, 13, 17; *Schlegelberger/Hefermehl*, § 369 Rn. 29.
3 GroßkommHGB/*Canaris*, § 369 Anm. 24.
4 BGH v. 25.11.1970 – VIII ZR 101/69, NJW 1971, 421.
5 BGH v. 17.2.1969 – II ZR 102/67, NJW 1969, 1110.

22 Die Einrede beseitigt aber nicht die **Fälligkeit des Anspruchs** und hemmt auch nicht dessen Verjährung. In entsprechender Anwendung von § 216 Abs. 1 BGB hindert aber die Verjährung der gesicherten Forderung nicht die Geltendmachung des ZbR, soweit der Anspruch bei Entstehung des ZbR noch nicht verjährt war[1].

2. Wirkungen gegenüber Dritten (§ 369 Abs. 2)

a) Keine Drittwirkung

23 Das ZbR besteht nur an Sachen bzw. Wertpapieren des Schuldners und hat deshalb grundsätzlich keine Wirkungen gegen einen Dritten (vgl. Rn. 21). Nach § 369 Abs. 2 besteht jedoch das ZbR auch gegenüber Dritten, die nach § 931 BGB durch Abtretung des Anspruchs auf Herausgabe den **Gegenstand nachträglich erworben** haben und deshalb nach § 986 Abs. 2 BGB dem neuen Eigentümer die Einwendungen entgegensetzen können, welche ihnen gegen den abgetretenen Anspruch zustehen. Dies gilt entsprechend gegenüber Dritten, die nachträglich ein Nießbrauch- oder Pfandrecht erworben haben (§§ 1032, 1205 Abs. 2, 1206 BGB). Ferner findet § 986 Abs. 2 BGB (und damit auch § 369 Abs. 2) auf einen Erwerb nach § 930 BGB entsprechende Anwendung[2].

24 Für das **Entstehen des ZbR** ist es ausreichend, wenn zur Zeit der Abtretung des Herausgabeanspruchs der Grund für die gesicherte Forderung bereits gelegt war[3]. Nachdem aber neben § 404 BGB auch § 407 BGB analog anwendbar ist[4], entsteht das ZbR auch dann, wenn zwar der Grund für die gesicherte Forderung erst nach Abtretung gelegt wurde, der Gläubiger aber bei Begründung keine Kenntnis von der Abtretung des Herausgabeanspruchs hatte[5]. Zwar führt die Anwendung von § 407 BGB dazu, dass für die Begründung des ZbR nur Kenntnis schadet, wohingegen bei den Gutglaubensvorschriften der §§ 932 Abs. 2, 1207 BGB bereits grobe Fahrlässigkeit einem Erwerb entgegensteht. Insoweit entsteht aber kein Wertungswiderspruch[6], weil die Regelungen der §§ 404 ff. BGB über die sachenrechtlichen Grundsätze hinaus dem besonderen Umstand Rechnung tragen, dass der Schuldner durch die Abtretung der Forderung nicht benachteiligt werden soll und auch der Erwerber einer Forderung grundsätzlich durch Gutglaubensregelungen nicht geschützt ist.

---

1 *Palandt/Heinrichs*, § 215 BGB Rn. 2.
2 BGH v. 27.10.1953 – I ZR 111/52, BGHZ 11, 3; *Palandt/Bassenge*, § 986 BGB Rn. 9.
3 GroßkommHGB/*Canaris*, § 369 Anm. 48; *Schlegelberger/Hefermehl*, § 369 Rn. 53.
4 BGH v. 17.3.1975 – VIII ZR 245/73, BGHZ 64, 122; *Palandt/Bassenge*, § 986 BGB Rn. 9.
5 A.A. GroßkommHGB/*Canaris*, § 369 Anm. 48; *Schlegelberger/Hefermehl*, § 369 Rn. 54.
6 So aber GroßkommHGB/*Canaris*, § 369 Anm. 48.

b) Gesetzliche Pfandrechte Dritter

Für das Verhältnis des ZbR zu gesetzlichen Pfandrechten Dritter gelten die **allgemeinen sachenrechtlichen Grundsätze**. Ist das gesetzliche Pfandrecht früher entstanden, so geht es entsprechend dem Prioritätsprinzip dem ZbR vor, im Übrigen gilt der Rechtsgedanke des § 443[1]. 25

3. Wirkungen in der Insolvenz/Zwangsvollstreckung

In der **Insolvenz des Schuldners** hat der Gläubiger gemäß §§ 50, 51 Nr. 3 InsO ein Absonderungsrecht, welches insoweit über das ZbR des § 273 BGB hinausgeht. Das ZbR muss jedoch bei Insolvenzeröffnung bereits entstanden sein; die Fälligkeit der gesicherten Forderung ist gemäß §§ 41 Abs. 1 InsO, 370 Nr. 1 nicht erforderlich. Nach Insolvenzeröffnung kann ein ZbR nicht mehr entstehen, § 91 Abs. 1 InsO. 26

In der **Zwangsvollstreckung** hat das ZbR Vorrang vor einem später entstandenen Pfändungspfandrecht (arg. e. contrario § 804 Abs. 2 Hs. 2 ZPO i.V.m. §§ 50, 51 Nr. 3 InsO). Ist der Gläubiger unmittelbarer Besitzer der gepfändeten Sache, gilt § 809 ZPO. 27

VI. Ausschluss des Zurückbehaltungsrechts (§ 369 Abs. 3)

Nach § 369 Abs. 3 ist das ZbR ausgeschlossen, wenn der Gläubiger in bestimmter Weise mit dem Gegenstand zu verfahren hat. Insoweit konkretisiert die Vorschrift den Grundsatz von Treu und Glauben, § 242 BGB. Die **Verhaltenspflicht des Gläubigers** kann sich entweder aus einer vor oder bei Übergabe erteilten Weisung des Schuldners oder aus einer sonst von ihm übernommenen Verpflichtung ergeben. 28

Eine Weisung des Schuldners kann auch **konkludent** erteilt worden sein und sich insbesondere aus dem Zweck des betreffenden Geschäfts ergeben[2]. Dasselbe gilt für die Übernahme von Verpflichtungen. So kann ein Spediteur oder Frachtführer die zum Zwecke des Transports an Dritte übernommenen Gegenstände nicht wegen Forderungen an den Absender zurückbehalten[3]. Im Übrigen ist eine Weisung des Schuldners nur maßgebend, wenn sie ihrerseits den Grundsätzen von Treu und Glauben entspricht und nicht lediglich zur Aushöhlung des ZbR dient. 29

Nachdem § 369 Abs. 3 nur einen Teilbereich von **§ 242 BGB** konkretisiert, ist im Übrigen der Rückgriff auf diese Generalklausel nicht ausgeschlossen[4]. So kann ein ZbR nicht geltend gemacht werden, wenn es außer Verhältnis 30

---

[1] GroßkommHGB/*Canaris*, § 369 Anm. 51.
[2] BGH v. 18.10.1962 – II ZR 213/60, WM 1962, 1350; BGH v. 3.11.1965 – I b ZR 206/62, WM 1966, 115.
[3] *Baumbach/Hopt*, § 369 Rn. 13 m.N.
[4] GroßkommHGB/*Canaris*, § 369 Anm. 38.

zur gesicherten Forderung steht[1], die Sache ohne Verkehrswert ist[2] oder der Schuldner in anderer Weise ausreichend gesichert ist.

V. Abwendung des Zurückbehaltungsrechts (§ 369 Abs. 4)

31 Nach § 369 Abs. 4 kann der Schuldner die Ausübung des ZbR durch **Sicherheitsleistung gemäß §§ 232 ff. BGB** abwenden; die Sicherheitsleistung durch Bürgschaft ist ausgeschlossen. Die Sicherheit ist in Höhe der gesicherten Forderung zu stellen, es sei denn, der Wert der zurückbehaltenen Sachen ist geringer[3]. Gemäß § 233 BGB erwirbt der Gläubiger ein Pfandrecht an der hinterlegten Sicherheit.

VI. Übertragung des Zurückbehaltungsrechts

32 Das ZbR ist grundsätzlich übertragbar, wegen seines akzessorischen Charakters aber nicht isoliert, sondern **nur zusammen mit der Übertragung der Forderung.** Dabei ist neben der abgetretenen Forderung auch die Verschaffung des Besitzes an den dem ZbR unterliegenden Gegenständen erforderlich[4].

VII. Erlöschen des Zurückbehaltungsrechts

33 Das ZbR erlischt, wenn der Gläubiger den Besitz an der Sache verliert. Ist ihm der Besitz gegen seinen Willen entzogen worden, lebt es bei Besitzerlangung wieder auf[5]. Analog § 1252 BGB erlischt es ferner bei Erlöschen der Forderung. Zweifelhaft ist, ob dies auch für den Fall der bloßen Stundung gilt[6]. Insoweit ist zunächst auf den Inhalt der Stundungsabrede abzustellen. Nur wenn sich daraus nichts entnehmen lässt, ist im Zweifel davon auszugehen, dass durch die Stundung der gesicherten Forderung der Herausgabeanspruch wieder ohne Einschränkung geltend gemacht werden kann.

§ 370
(aufgehoben)

---

1 BGH v. 3.11.1965 – I b ZR 206/62, WM 1966, 115.
2 OLG Karlsruhe v. 9.5.1972 – 8 U 193/72, DB 1972, 1914.
3 *Heymann/Horn*, § 369 Rn. 43 m.N.
4 *Schlegelberger/Hefermehl*, Rn. 67.
5 *Schlegelberger/Hefermehl*, Rn. 66.
6 So *Heymann/Horn*, § 369 Rn. 45; a.A. Großkomm HGB/*Canaris*, § 369 Anm. 70.

§ 371
Befriedigungsrecht

(1) Der Gläubiger ist kraft des Zurückbehaltungsrechts befugt, sich aus dem zurückbehaltenen Gegenstande für seine Forderung zu befriedigen. Steht einem Dritten ein Recht an dem Gegenstande zu, gegen welches das Zurückbehaltungsrecht nach § 369 Abs. 2 geltend gemacht werden kann, so hat der Gläubiger in Ansehung der Befriedigung aus dem Gegenstande den Vorrang.

(2) Die Befriedigung erfolgt nach den für das Pfandrecht geltenden Vorschriften des Bürgerlichen Gesetzbuchs. An die Stelle der in § 1234 des Bürgerlichen Gesetzbuchs bestimmten Frist von einem Monat tritt eine solche von einer Woche.

(3) Sofern die Befriedigung nicht im Wege der Zwangsvollstreckung stattfindet, ist sie erst zulässig, nachdem der Gläubiger einen vollstreckbaren Titel für sein Recht auf Befriedigung gegen den Eigentümer oder, wenn der Gegenstand ihm selbst gehört, gegen den Schuldner erlangt hat; in dem letzteren Falle finden die den Eigentümer betreffenden Vorschriften des Bürgerlichen Gesetzbuchs über die Befriedigung auf den Schuldner entsprechende Anwendung. In Ermangelung des vollstreckbaren Titels ist der Verkauf des Gegenstandes nicht rechtmäßig.

(4) Die Klage auf Gestattung der Befriedigung kann bei dem Gericht, in dessen Bezirk der Gläubiger seinen allgemeinen Gerichtsstand oder den Gerichtsstand der Niederlassung hat, erhoben werden.

1. Regelungsinhalt/Zweck

Die Vorschrift gewährt dem Gläubiger zusätzlich zum Zurückbehaltungsrecht ein **Befriedigungsrecht** (§ 371 Abs. 1) und rückt damit das Zurückbehaltungsrecht in die Nähe des Pfandrechtes. 1

Das Gesetz sieht insoweit ausdrücklich die Befriedigung im Wege der sog. **Verkaufsbefriedigung** vor, die, mit Abweichungen, nach den für das Pfandrecht geltenden Vorschriften des BGB durchzuführen ist (§ 371 Abs. 2). Im Übrigen geht aber das Gesetz als selbstverständlich davon aus (§ 371 Abs. 3 S. 1 Hs. 1), dass dem Gläubiger der Weg der **Vollstreckungsbefriedigung** offen steht, d.h., er kann aufgrund eines vollstreckbaren Titels die zurückbehaltene Sache nach § 808 ZPO pfänden und nach §§ 814 ff. ZPO verwerten lassen. 2

2. Verkaufsbefriedigung

Nach § 371 Abs. 3 ist eine Verkaufsbefriedigung nur dann zulässig, wenn der Gläubiger für sein Recht der Befriedigung einen **vollstreckbaren Titel** gegen den Eigentümer der zurückbehaltenen Sache bzw., wenn die Sache ihm selbst gehört, gegen den Schuldner erwirkt hat (§ 371 Abs. 3 S. 1). Je nachdem richtet sich die Klage entweder gegen den Eigentümer oder den Schuldner mit dem Antrag, die Befriedigung des Klägers aus dem zurückbehaltenen 3

Gegenstand wegen der gesicherten Forderung zu gestatten. Nach h.M. handelt es sich um eine Gestaltungsklage, da das Recht zur Verwertung durch den Titel erst geschaffen werden soll[1].

4 Nach § 371 Abs. 4 kann die Klage bei dem Gericht, in dessen Bezirk der Gläubiger seinen allgemeinen **Gerichtsstand** oder den Gerichtsstand der Niederlassung hat, erhoben werden. Insoweit handelt es sich nicht um einen ausschließlichen Gerichtsstand, so dass daneben die Regelzuständigkeiten bestehen bleiben.

§ 372
Eigentumsfiktion und Rechtskraftwirkung bei Befriedigungsrecht

(1) In Ansehung der Befriedigung aus dem zurückbehaltenen Gegenstande gilt zugunsten des Gläubigers der Schuldner, sofern er bei dem Besitzerwerbe des Gläubigers der Eigentümer des Gegenstandes war, auch weiter als Eigentümer, sofern nicht der Gläubiger weiß, dass der Schuldner nicht mehr Eigentümer ist.

(2) Erwirbt ein Dritter nach dem Besitzerwerbe des Gläubigers von dem Schuldner das Eigentum, so muss er ein rechtskräftiges Urteil, das in einem zwischen dem Gläubiger und dem Schuldner wegen Gestattung der Befriedigung geführten Rechtsstreit ergangen ist, gegen sich gelten lassen, sofern nicht der Gläubiger bei dem Eintritte der Rechtshängigkeit gewusst hat, dass der Schuldner nicht mehr Eigentümer war.

1. Gutglaubensschutz

1 § 372 Abs. 1 schützt den **guten Glauben des Gläubigers an die Fortdauer des Eigentums** des Schuldners in den Fällen, in denen das Eigentum an den Sachen vom Schuldner auf einen Dritten übergeht, nachdem der Gläubiger bereits Besitz erlangt hat. Wenn der Gläubiger von dem Eigentumsübergang nichts weiß, muss der neue Eigentümer Rechtshandlungen, die mit der Befriedigung an dem zurückbehaltenen Gegenstand zusammenhängen, also insbesondere die Benachrichtigungen nach §§ 1234, 1241 BGB, aber auch die Befriedigung aus dem Erlös, § 1247 BGB, gegen sich gelten lassen (vgl. auch §§ 1248, 407 Abs. 1 BGB).

2 **Fahrlässigkeit** (auch grobe) schadet nicht. Zu beachten ist aber, dass die Regelung nur hinsichtlich der Befriedigung, nicht aber der Entstehung des Zurückbehaltungsrechts gilt (vgl. dazu § 369).

---

[1] *Schlegelberger/Hefermehl*, § 371 Rn. 9; *Baumbach/Hopt*, § 371 Rn. 4; a.A. GroßkommHGB/*Canaris*, § 371 Anm. 46, der insoweit eine Klage auf Duldung der Zwangsvollstreckung und damit eine Leistungsklage annimmt.

2. Rechtskrafterstreckung

§ 372 Abs. 2 erweitert die Rechtskrafterstreckung des § 325 ZPO insoweit, als für die Wirkungen eines rechtskräftigen Urteils gegen den Rechtsnachfolger nicht Rechtsnachfolge nach Rechtshängigkeit erforderlich ist, sondern **Rechtsnachfolge nach Besitzerlangung** genügt. Der Zeitpunkt der Rechtshängigkeit ist nur hinsichtlich des guten Glaubens des Gläubigers maßgeblich.

Die **Wirkung der Rechtshängigkeit** schließt im Übrigen auch mit ein, dass der Gläubiger analog § 727 ZPO die Erteilung einer vollstreckbaren Ausfertigung gegen den neuen Eigentümer verlangen bzw. Klage auf Erteilung der Vollstreckungsklausel nach § 721 ZPO erheben kann[1]. Hintergrund der neuen Klage könnte nur die Erlangung eines Vollstreckungstitels sein; dieser liegt aber bereits vor. Ergebnis wäre daher nur eine unnötige Verzögerung, die aus dem Schutzzweck von § 371 Abs. 3 heraus nicht gerechtfertigt ist.

---

1 GroßkommHGB/*Canaris*, § 372 Anm. 58 a.E.; a.A. *Schlegelberger/Hefermehl*, § 372 Rn. 3.

Zweiter Abschnitt Handelskauf

Vorbemerkung vor §§ 373–382

1 Die Bestimmungen der §§ 373–382 behandeln den Handelskauf als speziellen Fall eines (beiderseitigen) Handelsgeschäfts i.S.d. § 343. Das Gesetz selbst definiert den Begriff des Handelskaufes nicht. Gemeint sind Kaufverträge über Waren, die ein Handelsgeschäft darstellen. Erfasst werden auch Werklieferungsverträge nach § 651 BGB und § 381 Abs. 2 (vgl. Anmerkung dort) sowie der Viehkauf nach § 382; außerdem Tauschverträge (§ 480 BGB) und kaufähnliche Verträge (§ 453 BGB).

2 Die praktische Bedeutung der Vorschriften über den Handelskauf ist mit Ausnahme der Vorschrift des § 377 nur gering. Im internationalen Warenverkehr erfolgt eine Verdrängung durch das 1991 in Kraft getretene UN-Kaufrecht, das in vieler Hinsicht abweichende Regelungen (etwa die Rügepflicht nach § 377) enthält[1].

§ 373

Annahmeverzug des Käufers

(1) Ist der Käufer mit der Annahme der Ware im Verzuge, so kann der Verkäufer die Ware auf Gefahr und Kosten des Käufers in einem öffentlichen Lagerhaus oder sonst in sicherer Weise hinterlegen.

(2) Er ist ferner befugt, nach vorgängiger Androhung die Ware öffentlich versteigern zu lassen; er kann, wenn die Ware einen Börsen- oder Marktpreis hat, nach vorgängiger Androhung den Verkauf auch aus freier Hand durch einen zu solchen Verkäufen öffentlich ermächtigten Handelsmakler oder durch eine zur öffentlichen Versteigerung befugten Person zum laufenden Preise bewirken. Ist die Ware dem Verderb ausgesetzt und Gefahr im Verzuge, so bedarf es der vorgängigen Androhung nicht; dasselbe gilt, wenn die Androhung aus anderen Gründen untunlich ist.

(3) Der Selbsthilfeverkauf erfolgt für Rechnung des säumigen Käufers.

(4) Der Verkäufer und der Käufer können bei der öffentlichen Versteigerung mitbieten.

(5) Im Falle der öffentlichen Versteigerung hat der Verkäufer den Käufer von der Zeit und dem Orte der Versteigerung vorher zu benachrichtigen; von dem vollzogenen Verkaufe hat er bei jeder Art des Verkaufs dem Käufer unverzüglich Nachricht zu geben. Im Falle der Unterlassung ist er zum Schadensersatze verpflichtet. Die Benachrichtigungen dürfen unterbleiben, wenn sie untunlich sind.

---

1 Im Einzelnen vgl. *Staudinger/Magnus*, Wiener UN-Kaufrecht (CISG), S. 360 ff.

§ 374
Vorschriften des BGB über Annahmeverzug

Durch die Vorschriften des § 373 werden die Befugnisse nicht berührt, welche dem Verkäufer nach dem Bürgerlichen Gesetzbuche zustehen, wenn der Käufer im Verzug der Annahme ist.

Übersicht

	Rn.
I. Allgemeines	
1. Regelungsinhalte	1
2. Regelungen des BGB	3
II. Voraussetzungen des § 373 Abs. 1	
1. Handelskauf	5
2. Annahmeverzug	6
III. Rechte des Verkäufers	
1. Hinterlegungsrecht (§ 373 Abs. 1)	8
a) Hinterlegung	9
b) Gefahrtragung	11
c) Wirkung der Hinterlegung	12
d) Anzeige	13
2. Selbsthilfeverkauf (§ 373 Abs. 2)	14
a) Androhung	
aa) Zweck	15
bb) Inhalt/Form	16
cc) Entbehrlichkeit	17
b) Durchführung des Selbsthilfeverkaufs	18
c) Öffentliche Versteigerung	19
d) Freihändiger Verkauf	20
e) Wirkungen des Selbsthilfeverkaufs	
aa) Ordnungsgemäß durchgeführter Verkauf	22
bb) Verstoß gegen § 373 Abs. 1, Abs. 2	23
cc) Nicht ordnungsgemäßer Selbsthilfeverkauf	24
f) Selbsthilfeverkauf nach § 280 Abs. 1 BGB	25

I. Allgemeines

1. Regelungsinhalte

§ 373 erweitert die Regelungen des BGB über die Rechte des Verkäufers bei einem Annahmeverzug des Käufers um ein – über §§ 372 ff., 383 ff. BGB hinausgehendes – **Recht zur Hinterlegung und zum Selbsthilfeverkauf**. Dem Verkäufer soll im Interesse der Schnelligkeit und Leichtigkeit des Handelsverkehrs die Sorge um die Ware abgenommen werden. § 374 stellt klar, dass die Regelungen des BGB über die Rechtsfolgen des **Annahmeverzuges** unberührt bleiben. Vgl. dazu näher Rn. 8. 1

Beide Vorschriften beziehen sich auf den **Gläubigerverzug** nach §§ 293 ff. BGB. In diesem Sinne bleiben erst recht die Rechte des Verkäufers unberührt, wenn der Käufer in den Fällen, in denen die Abnahme eine Hauptpflicht darstellt, in **Schuldnerverzug** kommt (§§ 280 Abs. 2, 286 BGB). Im internationalen Recht ist die Überlagerung insbesondere durch das UN-Kaufrecht (CISG) zu beachten. 2

2. Regelungen des BGB

3   Im bürgerlichen Recht bestimmen sich die Voraussetzungen und die Rechtsfolgen bei einem Verzug des Gläubigers (Annahmeverzug) nach §§ 293 ff. BGB. Der Annahmeverzug ist die Verzögerung der Erfüllung einer noch möglichen Leistung, die darauf beruht, dass der Gläubiger eine seinerseits erforderliche Mitwirkung, insbesondere die Annahme der Leistung unterlässt. Dabei gehen die §§ 293 ff. BGB davon aus, dass der Gläubiger zur Annahme der Leistung nur berechtigt, nicht aber verpflichtet ist. Es handelt sich lediglich um einen **Verstoß gegen eine Obliegenheit**[1]. Im Gegensatz zum Schuldnerverzug (§§ 280, 286 BGB) setzt der Annahmeverzug auch kein Verschulden des Gläubigers voraus[2] und begründet auch keine Schadensersatzpflicht. Die Rechtsfolgen bestehen vielmehr vornehmlich in einer Haftungsminderung und einem Anspruch auf Ersatz von Mehraufwendungen (vgl. §§ 300 ff. BGB).

4   Nach § 433 Abs. 2 BGB ist die **Pflicht zur Abnahme** eine echte Schuldnerpflicht des Käufers. Sie ist in der Regel Nebenpflicht, kann aber unter besonderen Umständen auch eine Hauptpflicht darstellen[3]. In jedem Fall führt die Nichterfüllung der Annahmepflicht unter den Voraussetzungen des § 286 BGB zum Schuldnerverzug und damit zur Schadensersatzpflicht nach § 280 Abs. 2 BGB. Ist die Abnahmepflicht die Hauptpflicht, stehen dem Verkäufer die Rechte aus §§ 280 Abs. 3, 281 BGB zu.

II. Voraussetzungen des § 373 Abs. 1

1. Handelskauf

5   Es muss ein Handelskauf vorliegen; dabei genügt ein **einseitiges Handelsgeschäft**, § 345. Nachdem die Vorschrift abdingbar ist, darf auch keine abweichende Vereinbarung der Parteien gegeben sein.

2. Annahmeverzug

6   Die Voraussetzungen des Annahmeverzuges ergeben sich aus §§ 293 ff. BGB. Der Verkäufer muss die **Ware so anbieten, wie sie geschuldet ist**, also am rechten Ort und zur rechten Zeit (§§ 269–271 BGB), in der richtigen Beschaffenheit und in rechter Art und Weise. Grundsätzlich ist ein tatsächliches Angebot, § 294 BGB, erforderlich; u.U. genügt ein wörtliches Angebot, § 295 BGB, oder ist ein Angebot entbehrlich (§ 296 BGB).

7   Weiter ist erforderlich, dass der Käufer die Ware trotz ordnungsgemäßem Angebot **nicht annimmt**, sei es, dass er die Annahme verweigert, sei es durch Unterlassen einer erforderlichen Mitwirkungshandlung.

---

1 *Larenz*, Schuldrecht I, § 25 I.
2 BGH v. 11.4.1957 – VII ZR 280/56, BGHZ 24, 96.
3 Vgl. MünchKommBGB/*Westermann*, § 433 BGB Rn. 77 m.N.

III. Rechte des Verkäufers

1. Hinterlegungsrecht (§ 373 Abs. 1)

§ 373 Abs. 1 erweitert die Regelungen des BGB sowohl hinsichtlich des Kreises der hinterlegungsfähigen Gegenstände als auch der Art und Weise der Hinterlegung. Nach dem Wortlaut der Vorschrift ist der Verkäufer lediglich zur Fremdeinlagerung ermächtigt. Wegen § 374 stehen ihm jedoch ergänzend auch die Befugnisse nach §§ 302–304 BGB (Gläubigerverzug) zu. Er kann danach die Ware **selbst hinterlegen** und nach § 304 BGB den objektiven Mehraufwand verlangen. Als Kaufmann wiederum kann er gemäß § 354 Ersatz der üblichen Lagerkosten verlangen[1]. 8

a) Hinterlegung

Nach § 372 S. 1 BGB ist eine Hinterlegung nur möglich bei Geld, Wertpapieren, sonstigen Urkunden und Kostbarkeiten; sie kann nur erfolgen beim Amtsgericht als Hinterlegungsstelle, § 1 Abs. 2 S. 2 HintO; § 374 Abs. 1 BGB. Nach § 373 Abs. 1 sind dagegen jede Art von **Waren** hinterlegungsfähig, über § 381 Abs. 1 auch **Wertpapiere.** Die Hinterlegung kann neben der Hinterlegungsstelle auch in einem öffentlich betriebenen Lagerhaus oder in sonstiger vergleichbarer Weise erfolgen. Die Auswahl der Hinterlegungsart liegt im Ermessen des Verkäufers; er ist jedoch verpflichtet, eine sichere Hinterlegungsstelle auszusuchen. Verletzt der Verkäufer diese Pflicht schuldhaft (§§ 276 Abs. 1 S. 1 BGB, 347), hat der Käufer einen Anspruch aus § 280 Abs. 1 BGB. 9

Die **Haftungsprivilegierung** nach § 300 Abs. 1 BGB kommt dem Verkäufer insoweit nicht zugute, da diese sich nur auf die Sorge für einen in den Händen des Schuldners befindlichen Leistungsgegenstand bezieht, nicht aber auf die vom Schuldner in Erfüllung seiner fortdauernden Verpflichtung vorzunehmenden sonstigen Handlungen[2]. 10

b) Gefahrtragung

Die Gefahr des Untergangs und der Verschlechterung der Ware während der Hinterlegung liegt beim **Käufer** (vgl. auch § 300 BGB); dieser trägt auch die Kosten der Hinterlegung. I.d.R. dürfte allerdings der Verkäufer (als Nebenpflicht des Kaufvertrages) verpflichtet sein, die Ware auf Kosten des Käufers zu versichern. 11

---

[1] BGH v. 14.2.1996 – VIII ZR 185/94, NJW 1996, 1464, 1465 m.N.; vgl. auch § 354 Rn. 1 ff.
[2] RG JW 1921, 394; *Schlegelberger/Hefermehl*, § 374 Rn. 17; a.A. *Staub/Koller*, § 374 Rn. 30.

c) Wirkung der Hinterlegung

12 Die Hinterlegung nach § 373 Abs. 1 hat im Gegensatz zu § 378 BGB **keine Erfüllungswirkung**. Nach § 379 BGB kann aber der Verkäufer bei Hinterlegung der Ware zugunsten des Käufers diesen darauf verweisen, dass er die Ware dort abholen muss.

d) Anzeige

13 Zweifelhaft ist, ob der Verkäufer verpflichtet ist, die Hinterlegung anzuzeigen. Ausdrücklich ergibt sich dies nach § 374 Abs. 2 BGB nur für die Hinterlegung bei der amtlichen Hinterlegungsstelle; im Hinblick auf die allgemeinen Sorgfaltspflichten des Verkäufers ist sie aber auch für die Hinterlegungsarten des § 373 Abs. 1 zu **bejahen**[1].

2. Selbsthilfeverkauf (§ 373 Abs. 2)

14 Nach § 373 Abs. 2 kann der Verkäufer **statt der Hinterlegung** sich der Ware (einschließlich Wertpapieren) nach vorheriger Androhung auch im Wege des Selbsthilfeverkaufs entledigen. Dieser kann entweder im Wege öffentlicher Versteigerung oder durch freihändigen Verkauf durchgeführt werden.

a) Androhung

aa) Zweck

15 Durch die Androhung soll dem Käufer die Möglichkeit gegeben werden, den **Verkauf** entweder **zu verhindern** oder zumindest für einen **günstigeren Erlös** zu sorgen, indem er sich um weitere Kaufinteressenten kümmert. In diesem Sinne muss die Androhung so rechtzeitig erfolgen, dass der Käufer die entsprechenden Maßnahmen treffen kann. Sie kann bereits mit dem Angebot der Leistung verbunden werden.

bb) Inhalt/Form

16 Die Androhung ist zwar keine Willenserklärung, aber eine rechtsgeschäftsähnliche Handlung und als solche **empfangsbedürftig**. Aus ihr muss sich ergeben, dass ein Selbsthilfeverkauf geplant ist. Eine Ankündigung der Art der Durchführung ist für ihre Wirkung nicht erforderlich. Bei fehlender Angabe ist sie aber als Ankündigung einer öffentlichen Versteigerung auszulegen[2]. Im Hinblick auf die schadensverhütenden Maßnahmen des Käufers ist es nämlich erforderlich, dass dieser auch über die Art des Selbsthilfeverkaufs Bescheid weiß. In diesem Sinne ist der Verkäufer auch an die angedrohte Art des Verkaufes gebunden; eine Änderung ist nur nach erneuter Androhung möglich. Die Androhung ist **formfrei** möglich.

---

1 *Staub/Koller*, § 374 Rn. 32.
2 RGZ 109, 136.

cc) Entbehrlichkeit

Nach § 373 Abs. 2 S. 2 bedarf es einer Androhung nicht, wenn die **Gefahr eines Verderbs der Ware** besteht; Verderb ist dabei die Zerstörung der objektiven Brauchbarkeit[1]. Weiter ist die Androhung entbehrlich, wenn sie aus anderen Gründen untunlich ist, d.h. wenn sie nicht durchführbar ist (z.B. die Käuferadresse nicht ermittelbar ist) oder dem Zweck der Androhung entgegenläuft (Saisonware, bevorstehender Preissturz).

b) Durchführung des Selbsthilfeverkaufs

Der Selbsthilfeverkauf erfolgt für Rechnung des Käufers, § 373 Abs. 3. Der Verkäufer hat die **Stellung eines Beauftragten** mit den sich daraus ergebenden Rechten und Pflichten (§§ 666, 667, 670 BGB). Der Verkauf ist so durchzuführen, dass der größtmögliche Gewinn erwirtschaftet wird. Auf die Interessen des Käufers ist Rücksicht zu nehmen, dabei ist insbesondere vom Inhalt des Kaufvertrages auszugehen. Allerdings sind Abweichungen möglich, wenn sie sich aus der Besonderheit des Selbsthilfeverkaufs ergeben. Der Verkäufer muss sich sorgfältig verhalten, § 347; das Haftungsprivileg aus § 300 Abs. 1 BGB gilt insoweit nicht. Nach der Durchführung ist (unabhängig von der Verkaufsart) der Käufer zu benachrichtigen (§ 373 Abs. 5 S. 1 2. Hs.).

c) Öffentliche Versteigerung

Die Bestimmung des Begriffes der öffentlichen Versteigerung und die Durchführung ist in **§ 383 Abs. 3 BGB** geregelt. Ergänzend bestimmt § 373 Abs. 4, dass Verkäufer und Käufer bei der Versteigerung mitbieten können; dementsprechend ist der Käufer nach § 373 Abs. 5 S. 1 zu benachrichtigen. Bei Unterlassung dieser **Benachrichtigung** macht sich der Verkäufer schadensersatzpflichtig, § 373 Abs. 5 S. 2, es sei denn, diese durfte wegen Untunlichkeit unterbleiben (§ 373 Abs. 5 S. 3).

d) Freihändiger Verkauf

Der freihändige Verkauf ist zulässig, wenn die Ware einen **Börsen- oder Marktpreis** hat und der Verkauf zu dem laufenden Preis bewirkt wird (§ 373 Abs. 2 S. 1 2. Hs.; vgl. auch § 385 BGB). Ein Marktpreis ist gegeben, wenn für Sachen der geschuldeten Art am Verkaufsort aus einer größeren Zahl von Verkäufen ein Durchschnittspreis ermittelt werden kann[2].

Unter dem **laufenden Preis** ist dann die Erzielung dieses Durchschnittspreises zu verstehen. Der Börsenpreis ist ein Sonderfall des Marktpreises und setzt voraus, dass er durch eine besondere Stelle als solcher festgesetzt wird[3]. Die Durchführung muss durch einen zu derartigen Verkäufen er-

---

1 *Staub/Koller*, § 374 Rn. 36.
2 *Palandt/Grüneberg*, § 385 BGB Rn. 1.
3 Vgl. vor allem § 24 BörsG v. 21.6.2002, BGBl. I 2010.

mächtigten Handelsmakler oder durch eine zur öffentlichen Versteigerung befugte Person erfolgen; dazu gehört auch ein Kursmakler, § 34b Abs. 10 Nr. 1 GewO.

e) Wirkungen des Selbsthilfeverkaufs
aa) Ordnungsgemäß durchgeführter Verkauf

22 Der ordnungsgemäß durchgeführte Verkauf erfolgt **für Rechnung des Käufers** (vgl. auch Rn. 10). Die Lieferschuld des Verkäufers erlischt[1]. Der Kaufpreisanspruch hingegen bleibt bestehen. Der Käufer hat nach § 667 BGB einen Anspruch auf den Erlös abzüglich der Kosten, für die der Verkäufer nach § 670 BGB Aufwendungsersatz verlangen kann, und kann mit diesem Anspruch gegen den Kaufpreisanspruch aufrechnen. Ein entsprechender Mehrerlös gebührt dem Käufer; dementsprechend kann der Verkäufer bei einem Mindererlös in Höhe der Differenz den ursprünglichen Erfüllungsanspruch geltend machen.

bb) Verstoß gegen § 373 Abs. 1, Abs. 2

23 Wenn der Selbsthilfeverkauf gegen § 373 Abs. 1, Abs. 2 verstößt, ist er **unwirksam.** Der Käufer kann immer noch Erfüllung aus dem Kaufvertrag verlangen bzw. bei zu vertretender Unmöglichkeit des Verkäufers (ein Vertretenmüssen wird bei Nichtbeachtung der Vorschriften des Selbsthilfeverkaufs regelmäßig vorliegen) die Rechte aus §§ 275, 280 BGB, ansonsten aus §§ 275, 326 BGB geltend machen.

cc) Nicht ordnungsgemäßer Selbsthilfeverkauf

24 Ein nicht ordnungsgemäßer Selbsthilfeverkauf wird wirksam, wenn ihn entweder der Käufer nachträglich **genehmigt** oder wenn die Voraussetzungen einer **berechtigten Geschäftsführung ohne Auftrag** (§§ 677 ff. BGB) vorliegen[2].

f) Selbsthilfeverkauf nach § 280 Abs. 1 BGB

25 Wenn die **Abnahmeverpflichtung** des Käufers (ausnahmsweise) eine **Hauptpflicht** des Kaufvertrages darstellt, kann der Verkäufer auch nach §§ 280 Abs. 3, 281 BGB vorgehen und nach Fristsetzung einen Deckungsverkauf durchführen. Dieser unterliegt nicht § 373; insbesondere darf der Verkäufer einen Mehrerlös behalten. Bei einem Mindererlös verbleibt ihm der Anspruch in Höhe der Differenz zum Kaufpreis bzw. seinem Anspruch auf Schadensersatz wegen Nichterfüllung. Das Gleiche gilt, wenn der Käufer neben dem Annahmeverzug gleichzeitig in Zahlungsverzug ist.

---

1 *Baumbach/Hopt*, § 374 Rn. 13; *Staub/Koller*, § 374 Rn. 55.
2 Vgl. RGZ 66, 197.

§ 375
Bestimmungskauf

(1) Ist bei dem Kaufe einer beweglichen Sache dem Käufer die nähere Bestimmung über Form, Maß oder ähnliche Verhältnisse vorbehalten, so ist der Käufer verpflichtet, die vorbehaltene Bestimmung zu treffen.

(2) Ist der Käufer mit der Erfüllung dieser Verpflichtungen im Verzuge, so kann der Verkäufer die Bestimmung statt des Käufers vornehmen oder gemäß den §§ 280, 281 des Bürgerlichen Gesetzbuchs Schadensersatz statt der Leistung verlangen oder gemäß § 323 des Bürgerlichen Gesetzbuchs vom Vertrage zurücktreten. Im ersteren Falle hat der Verkäufer die von ihm getroffene Bestimmung dem Käufer mitzuteilen und ihm zugleich eine angemessene Frist zur Vornahme einer anderweitigen Bestimmung zu setzen. Wird eine solche innerhalb der Frist von dem Käufer nicht vorgenommen, so ist die von dem Verkäufer getroffene Bestimmung maßgebend.

I. Regelungsinhalt/Anwendungsbereich

Die Vorschrift betrifft eine besondere Ausprägung des in §§ 315 ff. BGB geregelten Rechts der **Bestimmung der Leistung durch eine Vertragspartei** für den Fall eines Handelskaufes, bei dem dem Käufer die nähere Bestimmung über Form, Maß oder ähnliche Verhältnisse vorbehalten ist. § 375 Abs. 1 bestimmt das Recht zur Spezifikation; § 375 Abs. 2 regelt die Rechtsfolgen, wenn der Käufer mit dieser Pflicht in Verzug gerät. 1

Nicht erfasst von § 375 werden Vorbehalte, die sich nicht auf Eigenschaften des Kaufgegenstandes selbst beziehen[1], sondern die nähere Ausgestaltung des Kaufvertrages als solchen und seine Abwicklung betreffen, wie etwa die Bestimmung der Leistungszeit. In diesem Sinne ist der Bestimmungskauf ein Gattungskauf nach §§ 243 BGB, 360 HGB, bei dem die Gattung noch nicht endgültig abgegrenzt ist[2]. 2

II. Abgrenzung vom Kauf mit Wahlschuld

Der Bestimmungskauf ist abzugrenzen von dem Kauf mit Wahlrecht (Wahlschuld, § 262 BGB), auf den § 375 nicht anzuwenden ist. Eine Wahlschuld liegt vor, wenn mehrere verschiedene, aber bereits vollständig bestimmte oder zumindest bestimmbare Leistungen in der Weise geschuldet werden, dass nach späterer Wahl nur eine von ihnen zu erbringen ist[3]. Die Grenzziehung ist fließend; maßgeblich ist gerade im Hinblick auf den Begriff „ähnliche Verhältnisse" die Verkehrsanschauung der betreffenden Handelskreise. Zur Abgrenzung hilft die Frage: Ist die **Warengattung nach der Verkehrsanschauung noch offen** (Wahlschuld) oder steht die Warengattung fest und 3

---

1 Vgl. BGH v. 30.9.1971 – VII ZR 20/70, BB 1971, 1387.
2 *K. Schmidt*, HR, § 29 II 3.
3 *Palandt/Heinrichs*, § 262 BGB Rn. 1.

nur die genaue Ausstattung der Ware ist noch offen[1]? Danach liegt ein Spezifikationskauf z.B. dann vor, wenn die Wahl besteht zwischen verschiedenen Sorten, Stärken und Qualitäten einer Ware oder zwischen verschiedenen Ausführungen desselben Typs einer Maschine; eine Wahlschuld ist ferner gegeben, wenn der Käufer zwischen ganz verschiedenen Maschinentypen oder zwischen verschiedenen Warengattungen wählen kann.

4 § 375 findet (auch) auf ein **einseitiges Handelsgeschäft** Anwendung, § 345. Das Wahl- oder Bestimmungsrecht muss gerade dem Käufer zustehen. Ist ein Dritter bestimmungsberechtigt, finden die §§ 315 ff., insbesondere § 317 BGB Anwendung[2].

III. Rechtsfolgen

1. Pflicht des Käufers

5 Der Käufer ist verpflichtet, die vorbehaltenen Bestimmungen zu treffen. Insoweit handelt es sich um eine Hauptpflicht des Vertrages[3]. Die **Bestimmung** erfolgt durch empfangsbedürftige Erklärung gegenüber dem Verkäufer, §§ 315 Abs. 2, 130 Abs. 1 BGB; sie ist nach billigem Ermessen zu treffen, § 315 Abs. 1 BGB. Als solche stellt sie eine mitwirkende Gläubigerhandlung dar; ihre Unterlassung kann daher zum Annahmeverzug i.S.d. §§ 293 ff. BGB führen[4].

2. Rechte des Verkäufers

a) Eigene Bestimmung

6 Bei **Verzug des Käufers**, §§ 280 Abs. 2, 286 BGB, ist der Verkäufer zunächst befugt, diese Bestimmung selbst zu treffen. Er hat diese dann dem Käufer mitzuteilen und ihm eine Frist zur Vornahme einer anderweitigen Bestimmung zu setzen, § 375 Abs. 2 S. 2. Eine solche Fristsetzung ist nur entbehrlich, wenn der Käufer definitiv erklärt, er werde keine Bestimmung treffen; auch eine nachhaltige Verweigerung genügt allein noch nicht[5]. Ist die Frist zu kurz, wird eine angemessene in Gang gesetzt[6]. Trifft der Käufer weiterhin keine eigene Spezifikation, sind die Parteien an die Festlegung des Verkäufers gebunden, § 375 Abs. 2 S. 3. Einer Klage des Verkäufers auf Erfüllung der Bestimmung durch den Käufer wird deshalb i.d.R. das Rechtsschutzbedürfnis fehlen.

---

1 *K. Schmidt*, HR, § 29 II 3.
2 *Schlegelberger/Hefermehl*, § 375 Rn. 8.
3 *Canaris*, HR, § 31 Rn. 19.
4 *Palandt/Heinrichs*, § 295 BGB Rn. 5.
5 *Schlegelberger/Hefermehl*, § 375 Rn. 18.
6 *Heymann/Emmerich*, § 375 Rn. 10.

b) Vorgehen nach §§ 280, 281 BGB

Statt der Selbstbestimmung der Spezifikation kann der Verkäufer entsprechend der (Rechtsgrund-)Verweisung[1] von § 375 Abs. 2 S. 1 auch nach **§§ 280, 281 BGB** vorgehen, dem Käufer also eine mit Ablehnungsandrohung verbundene angemessene Frist auf Vornahme der Bestimmung setzen und nach Fristablauf Schadensersatz wegen Nichterfüllung oder Rücktritt (§ 323, 235 BGB) geltend machen oder sich auf § 326 BGB berufen. Der Verkäufer ist an die Wahl seiner Vorgehensweise gebunden; das Wahlrecht wird allerdings noch nicht dadurch ausgeübt, dass der Verkäufer ohne Fristsetzung die Vornahme der Bestimmung androht[2]. 7

c) Sonstige Verzugsfolgen

Zusätzlich zu den Rechten aus § 375 Abs. 2 kann der Verkäufer auch den durch den Verzug beim Treffen der Bestimmung entstehenden **Verzögerungsschaden** geltend machen, §§ 286 Abs. 1, 280 Abs. 2 BGB. Dies gilt allerdings nur bis zu dem Zeitpunkt, an dem er die Bestimmung selbst trifft, bzw. bei einem Vorgehen nach § 280, 281 BGB mit Ablauf der dort gesetzten Frist. Gleichzeitig neben den Regeln des Schuldnerverzuges greifen auch die Bestimmungen des **Annahmeverzuges**, d.h. der Verkäufer kann sich auf die Rechtsfolgen der §§ 300 ff. BGB berufen. 8

§ 376
Fixhandelskauf

(1) Ist bedungen, dass die Leistung des einen Teiles genau zu einer festbestimmten Zeit oder innerhalb einer festbestimmten Frist bewirkt werden soll, so kann der andere Teil, wenn die Leistung nicht zu der bestimmten Zeit oder nicht innerhalb der bestimmten Frist erfolgt, von dem Vertrage zurücktreten oder, falls der Schuldner im Verzug ist, statt der Erfüllung Schadensersatz wegen Nichterfüllung verlangen. Erfüllung kann er nur beanspruchen, wenn er sofort nach dem Ablaufe der Zeit oder der Frist dem Gegner anzeigt, dass er auf Erfüllung bestehe.

(2) Wird Schadensersatz wegen Nichterfüllung verlangt und hat die Ware einen Börsen- oder Marktpreis, so kann der Unterschied des Kaufpreises und des Börsen- oder Marktpreises zur Zeit und am Orte der geschuldeten Leistung gefordert werden.

(3) Das Ergebnis eines anderweit vorgenommenen Verkaufs oder Kaufes kann, falls die Ware einen Börsen- oder Marktpreis hat, dem Ersatzanspruch nur zugrunde gelegt werden, wenn der Verkauf oder Kauf sofort nach dem Ablaufe der bedungenen Leistungszeit oder Leistungsfrist bewirkt ist. Der Verkauf oder Kauf muss, wenn er nicht in öffentlicher Versteigerung ge-

---
1 BGH v. 10.12.1975 – VIII ZR 201/74, WM 1976, 125.
2 Wegen der Rechte beim Sukzessivlieferungsvertrag vgl. *Palandt/Grüneberg*, vor § 311 BGB Rn. 27 ff.

schieht, durch einen zu solchen Verkäufen oder Käufen öffentlich ermächtigten Handelsmakler oder eine zur öffentlichen Versteigerung befugte Person zum laufenden Preise erfolgen.

(4) Auf den Verkauf mittels öffentlicher Versteigerung findet die Vorschrift des § 373 Abs. 4 Anwendung. Von dem Verkauf oder Kaufe hat der Gläubiger den Schuldner unverzüglich zu benachrichtigen; im Falle der Unterlassung ist er zum Schadensersatze verpflichtet.

Schrifttum: *Leßmann*, Der Fixhandelskauf, JA 1990, 143 ff.

I. Regelungsinhalt

1   § 376 regelt als Sondervorschrift zu § 323 Abs. 2 Nr. 2 BGB das sog. **relative (eigentliche) Fixgeschäft** bei einem Handelskauf. Während allerdings § 361 BGB nur eine Auslegungsregel im Hinblick auf ein Rücktrittsrecht des Gläubigers enthält, hat nach § 376 Abs. 1 S. 1 der Gläubiger bei Ausbleiben der Leistung des Schuldners zum vereinbarten Zeitpunkt definitiv ein Rücktrittsrecht; bei Verzug des Schuldners kann er ohne Nachfristsetzung Schadensersatz wegen Nichterfüllung verlangen. Auf Erfüllung kann der Gläubiger nur bestehen, wenn er dies dem Schuldner sofort nach Ablauf des vereinbarten Zeitpunktes mitteilt (§ 376 Abs. 1 S. 2). Ergänzend dazu erleichtert § 376 Abs. 2 die Berechnung des Schadensersatzanspruches; die Abs. 3–4 enthalten im Übrigen Regelungen zur Schadensberechnung im Zusammenhang mit einem Deckungsgeschäft.

II. Fixgeschäft

2   Ein Fixgeschäft im Sinne der Vorschrift (deckungsgleich mit § 323 Abs. 2 Nr. 2 BGB) ist gegeben, wenn vereinbarungsgemäß die Leistung genau zu einem bestimmten Zeitpunkt oder innerhalb eines fest bestimmten Zeitraums bewirkt werden soll, wobei die festgelegte Erfüllungszeit ein so wesentlicher Bestandteil des Geschäftes sein soll, dass mit ihrer Einhaltung **das Geschäft stehen oder fallen**, eine nachträgliche Erfüllung also nicht mehr als Vertragserfüllung angesehen werden soll[1]. Für die Leistung des Schuldners muss ein kalendermäßig fest bestimmter Termin bestehen; das Datum muss allerdings nicht genannt sein.

3   Maßgebend ist, dass der Schuldner **in zeitlicher Hinsicht keinen Spielraum** hat. Insoweit ist es auch unerheblich, wenn der Gläubiger die Leistung vorher verlangen kann. Ob ein Fixhandelskauf vorliegt, bestimmt sich nach dem Vertrag. Fehlt eine ausdrückliche eindeutige Vereinbarung, ist durch Auslegung unter Berücksichtigung aller Umstände zu ermitteln, ob die Par-

---

1 RGZ 51, 348; BGH v. 17.1.1990 – VIII ZR 292/88, BGHZ 110, 96.

teien der vereinbarten Lieferzeit eine so weitgehende Bedeutung beimessen wollten[1].

Bei Verwendung allgemeiner Formulierungen wie „schleunigst", „prompt", „umgehend", „sofort" fehlt es bereits an der notwendigen **Bestimmtheit**. Aber auch dann, wenn die Parteien einen genauen Lieferzeitpunkt bestimmt haben, liegt darin grundsätzlich noch nicht die Vereinbarung eines Fixgeschäftes. Es müssen vielmehr weitere (vertragsbegleitende) Umstände hinzutreten, die auf einen entsprechenden Vertragswillen der Parteien schließen lassen.

III. Fixklausel

In der Praxis werden häufig so genannte Fixklauseln verwendet, das sind Formulierungen wie „fix", „exakt", „genau", „spätestens". Aus der Verwendung dieser Klauseln folgt zwar noch nicht zwingend, dass tatsächlich ein Fixgeschäft vorliegt. Den Klauseln kommt aber im Zusammenhang mit der Vertragsauslegung **erhebliche Indizwirkung** zu[2]. Gerade wenn der Begriff „fix" verwendet wird, müssen sich die Zweifel, die zur Ablehnung eines Fixgeschäfts führen, auf Umstände gründen, die schlüssig und überzeugend dafür sprechen, die Bezeichnungen entgegen ihrem objektiven Erklärungswert nicht als Festlegung eines Fixgeschäfts anzusehen[3].

Die **Indizwirkung** von Formulierungen, die auf ein Fixgeschäft hindeuten, kann durch andere Umstände **verstärkt** werden, etwa die Lieferung einer Ware, die starken Preisschwankungen unterliegt[4].

IV. Absolutes Fixgeschäft

Das relative Fixgeschäft ist vom absoluten (uneigentlichen) Fixgeschäft abzugrenzen. Bei diesem ist eine **Erfüllung der Leistung außerhalb der bestimmten Zeit nicht mehr möglich**, wie etwa bei einer Hotelreservierung, der Mitwirkung an bestimmten Veranstaltungen, unter Umständen auch bei einem Beförderungsvertrag[5]. § 376 findet hierauf keine Anwendung; es greifen die Regeln über die Unmöglichkeit nach §§ 275 ff., 283, 326 ff. BGB.

V. Rechtsfolgen

1. Erlöschen des Erfüllungsanspruchs

Mit Ablauf der vereinbarten Leistungszeit erlischt der Anspruch des Gläubigers auf Erfüllung (§ 376 Abs. 1 S. 2), sofern er nicht durch sofortige **Anzeige**

---

1 BGH v. 18.4.1989 – X ZR 85/88, WM 1989, 1181.
2 *Staub/Koller*, § 376 Rn. 6; BGH v. 27.10.1982 – VIII ZR 190/81, WM 1982, 1385.
3 BGH v. 27.10.1982 – VIII ZR 190/81, WM 1982, 1385.
4 BGH v. 22.1.1959 – II ZR 321/56, NJW 1959, 933.
5 Vgl. BGH v. 20.1.1983 – VII ZR 105/81, BGHZ 86, 293 m.N.

an den **Schuldner** auf der Erfüllung besteht. Die Anzeige ist eine empfangsbedürftige formlose Willenserklärung; aus ihr muss sich deutlich ergeben, dass die Erfüllung nach wie vor verlangt wird. Dies kann sich insbesondere aus dem sofortigen Setzen einer Nachfrist ergeben[1]. An das Merkmal „sofort" sind entsprechend der Bedeutung der Erklärung strenge Anforderungen zu stellen; der Begriff geht über den der Unverzüglichkeit i.S.v. § 121 Abs. 1 BGB hinaus, insbesondere ist die Erklärung auch nicht nachholbar[2].

9   Mit **Zugang der Anzeige** wandelt sich das Fixgeschäft in einen normalen Kaufvertrag. Zur Umwandlung in ein Fixgeschäft bedarf es einer weiteren Vereinbarung; sie liegt nicht schon darin, dass ein neuer Liefertermin verbindlich festgelegt wird[3]. Hat der Schuldner die Verzögerung verschuldet, kann der Gläubiger den Verzögerungsschaden geltend machen (§§ 286 Abs. 1, 280 Abs. 2 BGB).

2. Rücktritt/Schadensersatz

a) Wahlrecht des Gläubigers

10 Unterlässt der Gläubiger die Anzeige, hat er automatisch mit Ablauf der vereinbarten Leistungszeit ein **Rücktrittsrecht** oder er kann **Schadensersatz wegen Nichterfüllung** geltend machen. Dieses Wahlrecht ist grundsätzlich unbefristet[4]. Einer zeitlichen Begrenzung bedarf es schon deshalb nicht, weil der Schuldner entsprechend § 350 BGB dem Gläubiger eine Frist zur Ausübung des Rücktrittsrechts setzen kann. Unter Umständen kann allerdings der Gläubiger nach Treu und Glauben zur unverzüglichen Ausübung verpflichtet sein[5].

b) Ausübung des Rücktrittsrechts

11 Die Ausübung des Rücktrittsrechts erfolgt durch **einseitige empfangsbedürftige Willenserklärung.** Wegen deren rechtsgestaltender Wirkung ist der Gläubiger an diese Erklärung gebunden; er ist allerdings nicht gehindert, Schadensersatz zu verlangen. Bei Wahl des Schadensersatzes kann er auf das Rücktrittsrecht umsteigen[6]. Für die Abwicklung des Rücktritts gelten die §§ 346 ff. BGB.

c) Schadensersatz

12 Ist der Schuldner gleichzeitig mit der Leistung **in Verzug,** hat er also die Verzögerung zu vertreten, kann der Gläubiger auch Schadensersatz wegen Nichterfüllung verlangen. Die Schadensberechnung richtet sich nach den

---

1 BGH v. 10.3.1998 – X ZR 7/96, NJW-RR 1998, 1489.
2 BGH v. 27.10.1982 – VIII ZR 190/81, WM 1982, 1386.
3 BGH v. 18.4.1989 – X ZR 85/88, WM 1989, 1181.
4 *Staub/Koller,* § 376 Rn. 21; *Heymann/Emmerich,* § 376 Rn. 14; offengelassen in BGH v. 12.12.1990 – VIII ZR 332/89, NJW 1991, 1294.
5 RGZ 30, 62.
6 Vgl. *Palandt/Grüneberg,* § 325 BGB Rn. 1.

bürgerlich-rechtlichen Grundsätzen; der Gläubiger kann seinen Schaden konkret oder abstrakt berechnen[1].

3. Sondervorschriften (§ 376 Abs. 2–4)

Für **Waren mit Börsen- oder Marktpreis** enthält § 376 in den Abs. 2–4 Sondervorschriften. Danach kann der Gläubiger den Schaden abstrakt als Differenz des vereinbarten Preises und des Marktpreises zur Zeit und am Ort der geschuldeten Leistung berechnen (§ 376 Abs. 2).

13

Konkret darf bei derartigen Waren der Schaden nur berechnet werden, wenn der **Verkauf oder Kauf sofort nach dem Ablauf der vereinbarten Leistungszeit oder Leistungsfrist** erfolgt (§ 376 Abs. 3 S. 1). „Sofort" bedeutet dabei so schnell, wie es nach Handelsbrauch und Umständen möglich ist; außerdem sind die in § 376 Abs. 2 S. 2, Abs. 4 vorgeschriebenen Formen einzuhalten. Der Deckungsverkauf muss in öffentlicher Versteigerung oder freihändig zum laufenden Preis durch einen zu solchen Verkäufen ermächtigten Handelsmakler oder eine zur öffentlichen Versteigerung befugte Person erfolgen (§ 376 Abs. 3 S. 2); der Deckungskauf naturgemäß durch freihändigen Kauf durch die genannten Personen.

14

Bei der **öffentlichen Versteigerung** können Käufer und Verkäufer mitbieten (§ 376 Abs. 4 S. 1, § 373 Abs. 4). Daraus folgt aber gleichzeitig auch, dass der Gläubiger über den Wortlaut der Vorschrift hinaus den Käufer von der Versteigerung im Vorhinein benachrichtigen muss (vgl. § 373 Rn. 15). Für den Fall des Verkaufes oder Kaufes ist in § 376 Abs. 4 S. 2 eine Benachrichtigungspflicht des Gläubigers bestimmt, andernfalls er sich unter Umständen schadensersatzpflichtig macht. Dies betrifft jedoch nur die Benachrichtigung nach Durchführung des Deckungsgeschäfts.

15

Ein **Verstoß** gegen die in § 376 Abs. 3 und 4 vorgeschriebenen Formen hat zur Folge, dass der Schuldner das Deckungsgeschäft nicht gegen sich gelten zu lassen braucht. Die Möglichkeit allerdings, dass der Gläubiger seinen Schaden abstrakt nach § 376 Abs. 2 berechnet, bleibt unberührt.

16

§ 377
Untersuchungs- und Rügepflicht

(1) Ist der Kauf für beide Teile ein Handelsgeschäft, so hat der Käufer die Ware unverzüglich nach der Ablieferung durch den Verkäufer, soweit dies nach ordnungsmäßigem Geschäftsgange tunlich ist, zu untersuchen und, wenn sich ein Mangel zeigt, dem Verkäufer unverzüglich Anzeige zu machen.

(2) Unterlässt der Käufer die Anzeige, so gilt die Ware als genehmigt, es sei denn, dass es sich um einen Mangel handelt, der bei der Untersuchung nicht erkennbar war.

---

1 Vgl. i.E. *Palandt/Heinrichs*, vor § 249 BGB Rn. 50 f.

(3) Zeigt sich später ein solcher Mangel, so muss die Anzeige unverzüglich nach der Entdeckung gemacht werden; anderenfalls gilt die Ware auch in Ansehung dieses Mangels als genehmigt.

(4) Zur Erhaltung der Rechte des Käufers genügt die rechtzeitige Absendung der Anzeige.

(5) Hat der Verkäufer den Mangel arglistig verschwiegen, so kann er sich auf diese Vorschriften nicht berufen.

Übersicht

	Rn.		Rn.
I. Allgemeines		3. Rügepflichtiger	29
1. Überblick	1	4. Adressat der Rüge	31
2. Zweck	3	5. Rechtzeitigkeit der Mängelanzeige	
II. Voraussetzungen der Rügeobliegenheit		a) Offene und verborgene Mängel	32
		b) Ordnungsgemäße Untersuchung	34
1. Handelskauf	5	6. Rügefrist	
2. Beiderseitiges Handelsgeschäft	8	a) Offen zutage tretende Mängel	39
3. Mangel	10	b) Offene, nicht erkennbare Mängel	40
4. Ablieferung	12	c) Verborgene Mängel	42
a) Begriff	13	7. Fristwahrung durch Absenden der Rüge	43
b) Im Wesentlichen vollständige Leistung	15	**IV. Rechtsfolgen**	
c) Teillieferungen	17	1. Genehmigungsfiktion	46
d) Streckengeschäft/Versendungskauf	19	2. Deliktische Ansprüche	49
e) Annahmeverweigerung	21	**V. Abweichende Vereinbarung/Verzicht**	
5. Arglist des Verkäufers	22	1. Abweichende Vereinbarung	53
III. Ordnungsgemäße Mängelrüge		2. Verzicht	57
1. Rechtsnatur	25	**VI. Prozessuales**	59
2. Form und Inhalt			
a) Form	26		
b) Inhalt	27		

I. Allgemeines

1. Überblick

1 § 377 beschränkt beim beiderseitigen Handelskauf die Rechte des Käufers bei schlechter oder unvollständiger Lieferung dadurch, dass er ihm nach Ablieferung der Ware besondere **Prüfungslasten** auferlegt, deren Nichteinhaltung zum Verlust seiner Rechte führt[1]. Bei Lieferung einer mangelhaften Sache büßt er seine Rechte ein, wenn er den Mangel nicht **unverzüglich rügt**, § 377. Dies gilt auch dann, wenn ein Aliud oder eine andere als die bedungene Menge geliefert wird.

---

1 BGH v. 31.1.1966 – VII ZR 43/64, LM Nr. 10 zu § 377 HGB.

Im Übrigen lassen die Vorschriften die **Rechte des Käufers bei Sachmängeln, Falschlieferung oder Quantitätsmängeln** unberührt. Die Vorschrift ist dispositiv. Handelsbräuche und Parteivereinbarungen können Abweichendes vorsehen. Grenzen ergeben sich allerdings bei AGB des Verkäufers (vgl. dazu Rn. 54).

2. Zweck

Im bürgerlichen Recht ist die Geltendmachung der Gewährleistungsrechte in zeitlicher Hinsicht lediglich durch die Vorschriften der Verjährung begrenzt. Die Verjährung beträgt bei Sachmängeln grundsätzlich zwei Jahre, § 438 Abs. 1 Nr. 3 BGB. Eine Rügeobliegenheit innerhalb dieser Fristen sieht das Gesetz nicht vor. Im Interesse der **Schnelligkeit und Leichtigkeit des Handelsverkehrs** besteht aber ein Bedürfnis an einer unverzüglichen Anzeige von Leistungsstörungen, um Streitigkeiten und Beweisschwierigkeiten vorzubeugen.

In diesem Sinne dient die § 377 dazu, die Abwicklung der Handelskäufe zu **beschleunigen** und dem Verkäufer baldmöglichst **Klarheit** über etwaige Mängelrügen hinsichtlich der Kaufsache zu verschaffen[1]. Die Vorschrift bezweckt zugleich eine **sachgerechte Risikoverteilung** zwischen Käufer und Verkäufer[2].

II. Voraussetzungen der Rügeobliegenheit

1. Handelskauf

§ 377 gilt für den Bereich des Handelskaufs, also des **Kaufs (§ 433 BGB) von Waren oder Wertpapieren** (§ 381 Abs. 1) sowie des Werklieferungsvertrages (§ 651 Abs. 1 BGB, § 381 Abs. 2); ebenso erfasst er den Tauschvertrag (§ 515 BGB). Über § 453 BGB ist § 377 auch auf **kaufähnliche Verträge** anwendbar, wenn die Verträge in dem typischen Spannungsverhältnis des Ausgleichs gegenläufiger Interessen stehen[3]. Eine solche Interessenlage ist z.B. nicht gegeben bei der Einbringung von Sachen in eine Gesellschaft durch einen Gesellschafter[4].

Am Charakter eines Handelskaufes ändert sich auch nichts dadurch, dass der Käufer die Kaufsache zum Gegenstand eines **Leasingvertrages** macht und bei der Abnahme einen nichtkaufmännischen Leasingnehmer einschaltet[5].

---

1 BGH v. 30.1.1985 – VIII ZR 238/83, BGHZ 93, 346; BGH v. 24.1.1990 – VIII ZR 22/89, NJW 1990, 1292.
2 BGH v. 28.4.1976 – VIII ZR 244/74, BGHZ 66, 213.
3 *Staub/Brüggemann*, § 377 Rn. 12.
4 *Staub/Brüggemann*, § 377 Rn. 12 m.N.
5 BGH v. 24.1.1990 – VIII ZR 22/89, NJW 1990, 1292; zur Person des Verpflichteten vgl. insoweit Rn. 29 f.

7 Auf einen **Unternehmenskauf** finden die Vorschriften keine Anwendung; sie sind ihrem Wortlaut und Sinn nach auf Warenumsatzgeschäfte zugeschnitten[1].

2. Beiderseitiges Handelsgeschäft

8 Käufer und Verkäufer müssen **beide Kaufleute i.S.d. §§ 1–6** sein. Eine analoge Anwendung erfolgt zu Lasten des Scheinkaufmanns (vgl. § 343 Rn. 8, 10). Er kann sich zwar als Verkäufer nicht auf die fehlende Rüge berufen, ist aber als Käufer an die Rügeobliegenheit gebunden. Im Übrigen sind die Vorschriften auf nichtkaufmännische Personen auch nicht analog anzuwenden[2].

9 Maßgeblich für das Vorliegen der Kaufmannseigenschaft beider Parteien ist der **Zeitpunkt des Vertragsschlusses;** ein späterer Verlust ist unerheblich[3]. Bei Veräußerung des Handelsgeschäfts oder bei Tod des Käufers trifft die Rügepflicht die Rechtsnachfolger, auch wenn diese keine Kaufleute sind. Das Gleiche gilt bei Insolvenz über das Vermögen des Käufers in Bezug auf den Insolvenzverwalter.

3. Mangel

10 Die Rügeobliegenheit nach § 377 setzt voraus, dass die gelieferte Ware einen **Sachmangel** aufweist. Ob ein solcher Mangel gegeben ist, bestimmt sich nach § 434 BGB. Demnach ist zentraler Begriff für den Sachmangel die Beschaffenheit. **Beschaffenheit** ist der tatsächliche Zustand der Sache, alle ihr anhaftenden Eigenschaften und diejenigen tatsächlichen, wirtschaftlichen und rechtlichen Bezüge, die ihren Grund im tatsächlichen Zustand der Sache haben und ihr auf eine gewisse Dauer anhaften[4]. Ein Mangel liegt dann vor, wenn die Kaufsache nicht die vereinbarte Beschaffenheit hat (§ 434 Abs. 1 S. 1 BGB), oder – mangels einer Vereinbarung – sich nicht für die nach dem Vertrag vorausgesetzte Verwendung eignet (§ 434 Abs. 1 S. 2 Nr. 1 BGB), oder – mangels vorausgesetzter Verwendung – sich nicht für die gewöhnliche Verwendung eignet oder nicht die übliche Beschaffenheit aufweist (§ 434 Abs. 1 S. 2 Nr. 2 BGB), wobei die übliche Beschaffenheit auch durch öffentliche Äußerungen bestimmt werden kann (§ 434 Abs. 1 S. 3 BGB). Dem Sachmangel gleichgestellt ist die Lieferung einer anderen Sache oder einer zu geringen Menge (§ 434 Abs. 3 BGB).

11 Für das Vorliegen eines Mangels bestehen keine handelsrechtlichen Besonderheiten, weshalb für Einzelheiten auf die einschlägigen BGB-Kommentie-

---

1 *Schlegelberger/Hefermehl*, § 377 Rn. 6.
2 *Staub/Brüggemann*, § 377 Rn. 21; a.A. *K. Schmidt*, HR, § 29 III 2b: Bei Beteiligung eines nichtkaufmännischen „Unternehmers" auf der Käuferseite; insoweit auch *Canaris*, HR § 39 Rn. 28; für die Einbeziehung von selbständig beruflich am Markt auftretenden Personen *Hopt*, AcP 183 (1983), 689 ff.
3 *Schlegelberger/Hefermehl*, § 377 Rn. 11.
4 Vgl. *Erman/Grunewald*, § 434 BGB Rn. 2 ff.; *Palandt/Weidenkaff*, § 434 BGB Rn. 10 ff.

rungen verwiesen werden kann[1]. **Vereinbart ist die Beschaffenheit** i.S.d. § 434 Abs. 1 S. 1 BGB, wenn sie nach dem Inhalt des Kaufvertrages festgelegt ist[2]. **Vorausgesetzt ist die Verwendung** i.S.d. § 434 Abs. 1 S. 2 Nr. 1 BGB, wenn bei Abschluss des Vertrages für den Verkäufer erkennbar war, dass der Käufer diese Sache für eine bestimmte Verwendung erwerben will[3]. **Gewöhnlich ist die Verwendung** i.S.d. § 434 Abs. 1 S. 2 Nr. 2 BGB, wenn die Sache nach objektiven Kriterien gemäß ihrer Art und den Anschauungen der Verkehrskreise, denen der Käufer angehört, üblicherweise derart genutzt wird[4]. Eine **Lieferung einer anderen Sache (aliud)** i.S.d. §434 Abs. 3 1. Alt. BGB liegt dann vor, wenn es sich nicht um die nach dem Vertragszweck und den danach erforderlichen Merkmalen geschuldete Sache handelt[5]. Diese Lieferung eines aliud muss auch dann gerügt werden, wenn es sich offensichtlich um eine völlig andere Ware handelt. Die frühere Unterscheidung in genehmigungsfähige und nicht genehmigungsfähige Falschlieferungen (§ 378 HGB a.F.) ist aufgehoben. Die **Mehrlieferung** muss – im Gegensatz zur Minderlieferung und zu § 378 HGB a.F. – nicht gerügt werden. Sie ist kein Fall des Sachmangels, da § 434 Abs. 3 2. Alt. BGB lediglich die Lieferung einer zu geringen Menge dem Sachmangel gleichstellt. Die Mehrlieferung kann der Verkäufer nach § 812 Abs. 1 S. 1 1. Alt. BGB zurückfordern[6].

Die Rügepflicht umfasst sowohl Mängel, die im Zeitpunkt des Gefahrübergangs bereits vorhanden sind, als auch solche, die erst ab diesem Zeitpunkt, etwa auf dem Transport zum Käufer, wofür zwar keine Ansprüche aus §§ 434 ff. BGB, jedoch möglicherweise aus § 280 BGB bestehen, entstanden sind[7]. 11a

4. Ablieferung

Die Rügeobliegenheit beginnt erst mit der **Ablieferung des Kaufgegenstandes beim Käufer**[8]. Vor diesem Zeitpunkt läuft selbst dann keine Rügefrist, wenn der Käufer den Mangel bereits zuvor erkannt hatte. Er kann, muss ihn aber in einem solchen Fall nicht noch vor der Ablieferung rügen[9]. 12

---

1 Vgl. *Soergel/Huber*, vor § 434 BGB Rn. 76 ff.; 434 BGB Rn. 120 ff.; *Palandt/Weidenkaff*, § 434 BGB Rn. 1; *Erman/Grunewald*, § 434 BGB Rn. 2 ff.
2 Vgl. *Erman/Grunewald*, § 434 BGB Rn. 12; *Palandt/Weidenkaff*, § 434 BGB Rn. 15.
3 Vgl. *Erman/Grunewald*, § 434 BGB Rn. 17; *Palandt/Weidenkaff*, § 434 BGB Rn. 21.
4 Vgl. *Erman/Grunewald*, § 434 BGB Rn. 19; *Palandt/Weidenkaff*, § 434 BGB Rn. 27.
5 BGH v. 12.3.1997 – VIII ZR 15/96, NJW 1997, 1914.
6 Vgl. *Erman/Grunewald*, § 434 BGB Rn. 64; *Palandt/Weidenkaff*, § 434 BGB Rn. 53a m.N.
7 RGZ 106, 310.
8 BGH v. 30.1.1985 – VIII ZR 238/83, NJW 1985, 1333; zur Übersicht *Saenger*, Zum Beginn der Verjährungsfrist bei kaufrechtlichen Gewährleistungsansprüchen, NJW 1997, 1945.
9 BGH v. 4.11.1992 – VIII ZR 165/91, NJW 1993, 462; *Staub/Brüggemann*, § 377 Rn. 24.

a) Begriff

13 Unter Ablieferung ist der Vorgang zu verstehen, durch den der Käufer in Erfüllung des Kaufvertrages in eine solche tatsächliche räumliche Beziehung zur Kaufsache kommt, dass ihm nunmehr anstelle des Verkäufers die Verfügungsmöglichkeit über die Kaufsache zusteht und es ihm möglich ist, diese auf Fehler zu untersuchen[1]. Dies ist grundsätzlich nur dann gegeben, wenn die **Ware vollständig in den Machtbereich des Käufers gelangt** ist. Verbleibt hingegen die Ware im Machtbereich des Verkäufers, kann der das Wesen der Ablieferung ausmachende Wechsel in der Verfügungsmöglichkeit über die Kaufsache regelmäßig nur durch eine hinreichend deutliche Parteivereinbarung bewirkt werden, die den durch das Verbleiben der Kaufsache beim Verkäufer gesetzten äußeren Anschein entkräftet[2].

13a Auch beim Kauf von Standard-Software ist die Kaufsache (bereits) dann „abgeliefert", wenn sie derart in den Machtbereich des Käufers gelangt ist, dass dieser sie auf Mängel untersuchen kann[3]. Teilweise wird befürwortet, die Ablieferung erst nach Durchführung eines im Wesentlichen ungestörten Probelaufes anzusetzen[4] oder gar, dass die Software im Betrieb des Käufers in einer ausführlichen Erprobungsphase letztlich fehlerfrei gelaufen sei[5]. Beide Auffassungen lassen sich mit dem Zweck des § 377 (vgl. dazu Rn. 4) nicht vereinbaren. Den Interessen des Käufers kann hinreichend durch großzügige Bemessung der Untersuchungsfrist des § 377 Abs. 1 Rechnung getragen werden, die sich an dem Umfang und der Differenziertheit der gelieferten Anlage orientiert[6].

14 In diesem Sinne reichen **Übergabesurrogate**, wie die Vereinbarung eines Besitzkonstituts oder die Abtretung des Herausgabeanspruchs (§§ 930, 931 BGB), für die Ablieferung nicht aus. Auch ist der Gefahrübergang nicht notwendigerweise mit der Ablieferung verbunden[7]. Ausschlaggebend ist vielmehr die tatsächliche Möglichkeit des Käufers, die Ware umfassend auf mögliche Fehler zu überprüfen.

---

1 St. Rspr.; BGH v. 30.1.1985 – VIII ZR 238/83, BGHZ 93, 345 ff.; BGH v. 4.11.1992 – VIII ZR 165/91, NJW 1993, 462; BGH v. 24.11.1995 – V ZR 234/94, NJW 1996, 587; MünchKommBGB/*Westermann*, § 477 BGB Rn. 10.
2 BGH v. 30.1.1985 – VIII ZR 238/83, BGHZ 93, 346, für den Fall eines Silos, das auf dem Grundstück des Verkäufers verblieben ist.
3 BGH v. 22.12.1999 – VIII ZR 299/98, WM 2000, 485 (vgl. zur Lieferung von Software auch Rn. 15). Zum Überblick: *Fritzsche*, Rechtsfragen der Herstellung und Überlassung von Software, 1995, 497 und *Gaul*, Mangelhafte Standard-Software-Untersuchungs- und Rügepflichten bei Lieferung, MDR 2000, 549.
4 OLG Köln v. 6.5.1998 – 4 U 34/97, NJW-RR 1999, 1287; *Staudinger/Honsell*, § 477 BGB Rn. 40; *Graf v. Westphalen*, WuB IV A. § 477 BGB I., 1989).
5 OLG Düsseldorf v. 7.12.1988 – 17 U 27/87, WM 1989, 459; MünchKommBGB/*H.P. Westermann*, § 477 BGB Rn. 9.
6 BGH v. 22.12.1999 – VII ZR 299/98, WM 2000, 485, 487, 488.
7 *Schlegelberger/Hefermehl*, § 377 Rn. 12.

b) Im Wesentlichen vollständige Leistung

Die Ablieferung muss **am rechten Ort und zur rechten Zeit** erfolgen[1]. Insbesondere aber muss die Leistung im Wesentlichen **vollständig** sein. Bei einem Werklieferungsvertrag ist regelmäßig erforderlich, dass das Werk bei Übergabe an den Besteller vollendet ist[2]. Die Übergabe von Bedienungsanleitungen, Dokumentationen und Programmen gehört jedenfalls dann dazu, wenn die Unterlagen zur sachgerechten Untersuchung oder zur Inbetriebsetzung einer gelieferten Anlage erforderlich sind. So ist nach dem BGH eine Werkleistung, die die **Herstellung von Software** zum Gegenstand hat, nicht vollendet und damit nicht vollständig erbracht, solange die Aushändigung des dazu gehörenden Handbuches an den Besteller noch aussteht[3]. Die Rügeobliegenheit beginnt dann erst in dem Zeitpunkt, in dem durch die Nachlieferung der fehlenden Teile das Werk vollendet wird[4]. Zur Lieferung von Software vgl. oben Rn. 13a. 15

Auch wenn der Verkäufer alle zu liefernden Teile dem Käufer übergeben hat, kann es unter Umständen an einer Ablieferung fehlen, wenn nämlich noch **Leistungshandlungen des Verkäufers** ausstehen. Schuldet z.B. der Verkäufer die Montage einer Maschine[5] oder die Installation von Software, so ist die Ablieferung erst mit Beendigung der Arbeiten gegeben; anders, wenn der Käufer die einzelnen Teile selbst zusammenzubauen hat[6]. 16

Haben die Parteien **Nachbesserung** vereinbart, so hat der Käufer nach Beendigung der Nachbesserungsarbeiten zur Erhaltung seiner Rechte die Kaufsache unverzüglich erneut zu untersuchen und etwa verbliebene oder auch neue Mängel wiederum unverzüglich zu rügen[7]. 16a

c) Teillieferungen

Bei Teillieferungen kann der Käufer grundsätzlich die **Lieferung der gesamten Menge abwarten**, es sei denn, es sind Teillieferungen vereinbart worden. Im letzteren Fall beziehen sich dann Untersuchung und Mängelrüge jeweils auf die einzelnen Teillieferungen[8]. 17

Unter Umständen kann aber bei unterlassener Rüge die Berufung auf einen Fehler **rechtsmissbräuchlich** sein. Zwar kann der Käufer mit der Untersuchung grundsätzlich zuwarten, bis die Ware im vereinbarten Umfang eingetroffen ist. Sind aber bereits vorher Fehler erkennbar, die mit dem Umstand der Teillieferung in keinem Zusammenhang stehen (etwa verdorbene 18

---

1 BGH v. 21.12.1960 – VIII ZR 9/60, NJW 1961, 731.
2 BGH v. 14.7.1993 – VIII ZR 147/92, NJW 1993, 2436, 2438.
3 BGH v. 4.11.1992 – VIII ZR 165/91, NJW 1993, 461; BGH v. 14.7.1993 – VIII ZR 147/92, NJW 1993, 2436; vgl. auch BGH v. 1.3.1993 – II ZR 292/91, WM 1993, 1853 wegen Fehlens einer Dokumentation.
4 BGH v. 14.7.1993 – VIII ZR 147/92, NJW 1993, 2438.
5 Vgl. dazu BGH v. 21.12.1960 – VIII ZR 9/60, NJW 1961, 730.
6 *Schlegelberger/Hefermehl*, § 377 Rn. 12.
7 BGH v. 22.12.1999 – VIII ZR 289/98, WM 2000, 485, 488 m.N.
8 BGH v. 10.7.1959 – VI ZR 149/58, BB 1959, 281.

Ware), gebieten bereits die dem Vertrag immanenten gegenseitigen Obhuts- und Sorgfaltspflichten eine sofortige Anzeige.

d) Streckengeschäft/Versendungskauf

19 Beim **Streckengeschäft** liegt die Ablieferung vor, wenn der Zweitkäufer am Bestimmungsort die Ware übernimmt. Etwas anderes gilt, wenn der Erstkäufer bereits vorher die Verfügungsgewalt über die Ware erhält, die ihn in die Lage versetzt, diese zu untersuchen. Dies ist z.B. dann der Fall, wenn der Verkäufer die Ware einem Spediteur oder Frachtführer übergibt, mit dem der Erstkäufer selbst einen Frachtvertrag abgeschlossen hat[1].

20 Gleiches gilt beim **Versendungskauf.** Die Ablieferung liegt in der Auslieferung am Bestimmungsort, es sei denn, es erfolgt die Aushändigung an eine Person (Frachtführer, Spediteur), die nur mit dem Käufer in vertraglicher Beziehung steht[2].

e) Annahmeverweigerung

21 Eine **Ablieferung liegt nicht vor**, wenn der Käufer die Annahme verweigert. Grundsätzlich ist es insoweit unerheblich, ob die Verweigerung zu Recht erfolgte; dies hat lediglich Auswirkungen im Hinblick auf einen Gläubiger- oder Schuldnerverzug (§§ 300, 294 ff. BGB). Nimmt der Käufer die Ware an, obwohl er zur Verweigerung der Annahme berechtigt gewesen wäre, ist eine Ablieferung jedoch erfolgt. Unter Umständen kann sich aber im Hinblick auf das Merkmal der Unverzüglichkeit (vgl. Rn. 32) eine längere Rügefrist ergeben.

5. Arglist des Verkäufers

22 Die **Rügeobliegenheit entfällt**, wenn der Verkäufer den Mangel arglistig verschwiegen hat. Erst recht gilt dies bei arglistiger Täuschung durch Vorspiegeln einer Eigenschaft. Für den Fall der Verletzung einer Hinweispflicht durch den Verkäufer vgl. Rn. 33.

23 **Arglist** setzt voraus, dass der Verkäufer den Mangel oder das Fehlen der zugesicherten Eigenschaft **kennt** oder doch mit dieser Möglichkeit rechnet und ihm darüber hinaus bewusst ist, dass dem Käufer der Mangel unbekannt ist und er bei Kenntnis der Sachlage die angebotene Ware nicht als Vertragserfüllung annehmen werde[3].

24 In diesem Sinne genügt es noch nicht, wenn der Verkäufer den Vertrag wissentlich mit fehlerhafter Ware erfüllt hat[4]. Dies ergibt sich schon aus dem Wortlaut von § 377 Abs. 5, der nicht lediglich auf eine Kenntnis abgestellt

---

1 *Schlegelberger/Hefermehl*, § 377 Rn. 13.
2 BGH v. 25.9.1985 – VIII ZR 175/84, WM 1985, 1418.
3 RGZ 62, 302; BGH v. 25.9.1985 – VIII ZR 244/84, NJW 1986, 317.
4 *Staub/Brüggemann*, § 377 Rn. 179.

ist. Hinzu kommen muss vielmehr ein Element der **Übervorteilung**[1] oder auch ein Kalkulieren mit einem Rügeversäumnis durch den Käufer[2]. Nicht notwendig ist allerdings, dass das arglistige Verschweigen für den Vertragsabschluss an sich **kausal** war[3]. Ebenso ist nicht erforderlich, dass zwischen dem arglistigen Verschweigen und dem Unterlassen/Verspäten der Mängelanzeige ein Zusammenhang besteht[4].

III. Ordnungsgemäße Mängelrüge

1. Rechtsnatur

Eine Mängelanzeige ist keine Willenserklärung, sondern als reine Vorstellungsmitteilung (die Wirkungen ergeben sich unmittelbar aus dem Gesetz) eine **geschäftsähnliche Handlung**[5]. Als solche ist sie empfangsbedürftig[6]. Die Regeln über Willenserklärungen sind nur bedingt entsprechend anwendbar[7]. So ist Stellvertretung möglich, nicht aber Anfechtung. Geschäftsunfähigkeit des anzeigenden Käufers schadet nicht, da ungeachtet der mittelbaren rechtlichen Wirkung die tatsächliche Mitteilung, die auch als Information des Verkäufers ihren Zweck erfüllt, im Vordergrund steht[8].

25

2. Form und Inhalt

a) Form

Die Anzeige selbst ist **formlos** möglich und kann insbesondere auch mündlich erfolgen, was im Hinblick auf die Unverzüglichkeit geboten sein kann. Ist trotz der Eilbedürftigkeit der Verkäufer fernmündlich nicht erreichbar, entspricht es regelmäßig kaufmännischer Sorgfalt, die Mängelrüge nunmehr unverzüglich schriftlich zu erheben[9]. Eine konkludente Rüge scheidet angesichts des Zwecks der Anzeige aus[10]. Schriftformvereinbarungen, auch durch AGB, sind zulässig.

26

b) Inhalt

Die Anzeige muss die gerügten **Mängel ihrer Art und ihrem Umfang nach deutlich bezeichnen.** Allerdings ist nicht erforderlich, dass der Käufer den jeweiligen Mangel in allen Einzelheiten schildert und die genauen und fach-

27

---

1 Vgl. dazu näher *Staub/Brüggemann*, § 377 Rn. 180.
2 BGH v. 25.9.1985 – VIII ZR 244/84, NJW 1986, 316, 318.
3 So wohl aber *Staub/Brüggemann*, § 77 Rn. 180.
4 RGZ 55, 217.
5 *Schlegelberger/Hefermehl*, § 377 Rn. 53.
6 BGH v. 13.5.1987 – VIII ZR 137/86, BGHZ 101, 52; *Schlegelberger/Hefermehl*, § 377 Rn. 76.
7 Wie hier *Staub/Brüggemann*, § 377 Rn. 129; weitergehend *Schlegelberger/Hefermehl*, § 377 Rn. 53.
8 A.A. *Roth*, in Koller/Roth/Morck, § 377 Rn. 11; *Staub/Brüggemann*, § 377 Rn. 129.
9 BGH v. 8.11.1979 – III ZR 115/78, NJW 1980, 782.
10 So aber *Schlegelberger/Hefermehl*, § 377 Rn. 55.

lich richtigen Bezeichnungen verwendet. Es genügt vielmehr, dass der Verkäufer erkennen kann, in welchem Punkt der Käufer mit der gelieferten Ware nicht einverstanden ist. Er soll in die Lage versetzt werden, möglichst bald den Beanstandungen durch den Käufer nachzugehen und zu prüfen, ob er dem erkannten Beseitigungsbedürfnis nachkommen will. Gleichzeitig soll er gegen ein Nachschieben anderer Beanstandungen durch den Käufer geschützt werden[1]. Bei mehreren Mängeln muss grundsätzlich jeder Mangel gesondert gerügt werden[2]. Ebenso müssen nach einer Nachbesserung Mängel erneut angezeigt werden[3].

28 Es ist auch nicht Sache des Käufers, die Ursachen aufzudecken, sondern er muss die Mängel lediglich beschreiben[4]. Bei Beanstandungen, die eine Abweichung der gelieferten Ware von einer Norm zum Inhalt haben, muss auch das ungefähre Ausmaß der Abweichung angegeben werden[5]. Letztlich ist aber das geforderte **Mindestmaß an inhaltlicher Bestimmtheit** eine Frage des Einzelfalles. Grundsätzlich lässt sich sagen: Je exakter eine Kaufsache im Kaufvertrag beschrieben ist, etwa hinsichtlich der Festlegung bestimmter Eigenschaften, desto exakter muss auch die Mängelrüge die Abweichung bezeichnen. Auf der anderen Seite kann auch eine in allgemeiner Form gehaltene Mängelrüge ausreichen, wenn der Verkäufer zusammen mit anderen Umständen die gerügten Fehler erkennen kann. Dabei kommt es immer auf die **Sicht des Verkäufers** und nicht etwa auf die eines außenstehenden Dritten an. Konnte der Verkäufer als objektiver Empfänger die gerügten Mängel hinreichend erkennen, kann er sich nicht darauf berufen, dass er die Rüge (subjektiv) anders verstanden hat. Ebenso muss der Käufer nicht mitteilen, welche **Rechte** er wegen des Mangels geltend machen will[6].

3. Rügepflichtiger

29 Die Rügepflicht trifft den **Käufer**, § 377 Abs. 1. Der weiterverkaufende **Zwischenhändler** kann zwar die Untersuchung des Kaufobjekts seinem Abnehmer überlassen, hat aber dann dafür zu sorgen, dass entweder ihn der Abnehmer sobald wie möglich von den Mängeln unterrichtet[7] oder dieser die Anzeige unmittelbar dem Verkäufer zuleitet.

30 Auch bei der **Durchlieferung an einen nichtkaufmännischen Abnehmer** bleibt es Sache des kaufmännischen Zwischenhändlers, für eine unverzügliche Untersuchung und Mängelanzeige durch den nichtkaufmännischen Ab-

---

1 BGH v. 18.6.1986 – VIII ZR 195/85, NJW 1986, 3137; vgl. auch *Michalski*, Die Bestimmtheit der Rüge bei § 377 HGB, DB 1997, 81.
2 BGH v. 17.12.1997, – VIII ZR 231/96, NJW-RR 1998, 680, 681.
3 BGH v. 17.12.1997 – VIII ZR 231/96, NJW-RR 1998, 680, 682.
4 BGH v. 18.6.1986 – VIII ZR 195/85, NJW 1986, 3137.
5 BGH v. 21.6.1978 – VIII ZR 91/77, WM 1978, 1052; *Schlegelberger/Hefermehl*, § 377 Rn. 57.
6 BGH v. 14.5.1996 – X ZR 75/96, NJW 1996, 2228.
7 BGH v. 24.1.1990 – VII ZR 22/89, NJW 1990, 1292 m.N.

nehmer zu sorgen[1]. Insoweit übernimmt der Leasingnehmer die Funktion eines Erfüllungsgehilfen i.S.d. § 278 BGB[2]. Bei Abtretung trifft die Rügepflicht den Zessionar.

4. Adressat der Rüge

Adressat der Mängelrüge ist der **Verkäufer.** Hinsichtlich der Entgegennahme gelten die allgemeinen Vertretungsregeln (vgl. § 164 Abs. 3 BGB); als spezielle Ermächtigung zur Entgegennahme von Mängelanzeigen sind §§ 55 Abs. 4, 91 Abs. 2 sowie § 75g zu beachten. 31

5. Rechtzeitigkeit der Mängelanzeige

a) Offene und verborgene Mängel

Der Käufer muss vorhandene Mängel **unverzüglich nach Ablieferung** rügen, wenn er nicht der Mängelrechte verlustig gehen will. Mit der Statuierung der Untersuchungsobliegenheit stellt der Gesetzgeber klar, dass der Käufer nicht warten darf, bis sich die Mängel von allein zeigen. In diesem Sinne ist eine Unterscheidung in Mängel, die offen zutage getreten sind und solche, die erst durch eine sachgerechte Untersuchung erkennbar sind, nur insoweit bedeutsam, als sich die Notwendigkeit einer Untersuchung und die dafür erforderliche Zeitdauer auf das Merkmal der Unverzüglichkeit auswirken kann. Es ist vielmehr zu unterscheiden zwischen offenen Mängeln, für die die Rügefrist mit der **Ablieferung** zu laufen beginnt, und verborgenen Mängeln, die erst nach ihrer **Entdeckung** gerügt zu werden brauchen (§ 377 Abs. 3). 32

Ein **offener Mangel** liegt vor, wenn der Fehler entweder offen zutage tritt oder in einer sachgemäß durchgeführten Untersuchung hätte festgestellt werden können[3], ferner dann, wenn der Käufer bei oder unmittelbar nach der Ablieferung von dem Mangel Kenntnis erlangt. Mängel einer Maschine, die sich erst bei einer mit dieser vorgenommenen Serienproduktion herausstellen, sind in der Regel **verborgene Mängel**[4]. Liefert der Verkäufer längere Zeit regelmäßig gleichartige Ware, kann der Käufer darauf vertrauen, dass er auf eine Änderung der Beschaffenheit hingewiesen wird. Das Unterlassen eines solchen Hinweises kann zu einem Anspruch aus positiver Vertragsverletzung führen, wenn die Ware durch die Änderung einen Mangel aufweist. Für diesen Anspruch gilt § 377 Abs. 3 entsprechend[5]. 33

---

1 Vgl. für den Fall des Leasingvertrages BGH v. 24.1.1990 – VIII ZR 22/89, NJW 1990, 1290; dort auch zur Frage, ob ohne besondere Abrede den Leasingnehmer gegenüber dem Leasinggeber die Rügeobliegenheit nach § 377 trifft.
2 Streitig; Überblick *Knopp*, Rügepflicht beim Handelskauf mit Leasingvertrag, JuS 1994, 108 m.N.
3 *Heymann/Emmerich*, § 377 Rn. 17 m.N.
4 BGH v. 16.3.1977 – VIII ZR 194/75, NJW 1977, 1151.
5 BGH v. 13.3.1996 – VIII ZR 333/94, BGHZ 132, 75 mit Anm. *v. Olshausen*; vgl. auch *Müller*, Die Rügeobliegenheit des Kaufmanns, ZIP 1997, 661.

b) Ordnungsgemäße Untersuchung

34 Zweck der Untersuchung ist es, vorhandene Mängel festzustellen; je gründlicher sie erfolgt, um so besser wird dieser Zweck erreicht. Nach § 377 Abs. 1 ist aber die Untersuchung nur so weit auszudehnen, wie dies nach ordnungsgemäßem Geschäftsgang tunlich ist. Welche Untersuchungshandlungen dem Käufer danach zuzumuten sind, bestimmt sich auf der Grundlage der besonderen Umstände des Einzelfalles ausschließlich nach **objektiven Gesichtspunkten;** auf die besonderen Verhältnisse und Fähigkeiten des Käufers, insbesondere auf die von ihm gehandhabte Übung, kommt es nicht an. Ordnungsgemäß ist die für die betreffende Warenart nach Art und Umfang handelsübliche, dem Käufer unter Berücksichtigung der schutzwürdigen Interessen des Verkäufers zumutbare Untersuchungshandlung[1].

35 Maßstab ist die **Sorgfalt eines ordentlichen Kaufmanns** in der Situation des Käufers (§ 347). Von Bedeutung sind insbesondere Art und Menge der Ware, Handelsbräuche (§ 346), Kosten und Zeitaufwand für eine Untersuchung und die Höhe des möglichen Schadens[2]. Eine verstärkte Prüfung kann angezeigt sein, wenn das Verpackungsmaterial erheblich beschädigt ist. Nicht erforderlich ist eine Untersuchung bezüglich der Mangelursache[3].

36 Die Untersuchungspflicht erstreckt sich auch auf **seltene und schwierig zu entdeckende Mängel**[4]. Wenn dem Käufer die erforderlichen Fachkenntnisse fehlen, kann unter Umständen die Hinzuziehung eines Sachverständigen zumutbar sein[5].

37 Bei größeren Lieferungen, insbesondere Massenlieferungen gleichartiger Güte, kann die Entnahme von **Stichproben** ausreichen, welche allerdings repräsentativ sein müssen[6]. Die Tatsache, dass durch die Untersuchung die Ware oder ihre Originalverpackung zerstört wird, befreit den Käufer noch nicht von seiner Untersuchungspflicht[7]. Aber auch insoweit wird regelmäßig die Entnahme von repräsentativen Stichproben genügen. Erweisen sich diese als positiv, kann der Käufer daraus auf die Mangelhaftigkeit des gesamten Bestandes schließen.

---

1 *Schlegelberger/Hefermehl*, § 377 Rn. 67; BGH v. 14.10.1970 – VIII ZR 156/68, LM Nr. 13 zu § 377 HGB.
2 BGH v. 14.10.1970 – VIII ZR 156/68, LM Nr. 13 zu § 377 HGB; BGH v. 16.3.1977 – VIII ZR 194/75, LM Nr. 18 und BGH v. 20.4.1977 – VIII ZR 141/75, LM Nr. 19 zu § 377 HGB.
3 RGZ 106, 361.
4 RGZ 68, 368.
5 Vgl. i.E. *Staub/Brüggemann*, § 377 Rn. 87; *Schlegelberger/Hefermehl*, § 377 Rn. 68.
6 *Schlegelberger/Hefermehl*, § 377 Rn. 69.
7 RGZ 57, 9 ff.; RGZ 59, 125. U.U. kann sogar eine teilweise Umgestaltung oder ein Verbrauch der Ware geboten sein, OLG Oldenburg v. 5.9.1997 – 6 U 113/97, NJW 1998, 388.

6. Rügefrist

Nach § 377 Abs. 1 hat die Mängelanzeige (wie auch die Durchführung der Untersuchung) **unverzüglich, d.h. ohne schuldhaftes Zögern**, § 121 Abs. 1 S. 1 BGB zu erfolgen. Der Begriff ist streng auszulegen[1]. Es gilt der objektive Sorgfaltsmaßstab von § 347 Abs. 1; es schadet schon eine geringe, bei objektiv ordnungsgemäßem Geschäftsgang vermeidbare Nachlässigkeit[2]. Insbesondere trifft den Käufer auch die Pflicht, seinen Betrieb entsprechend zu organisieren, so daß eine alsbaldige Anzeige möglich ist. Allerdings kann sich der Zeitraum erweitern, wenn der Verkäufer Dokumentationspflichten verletzt[3].

a) Offen zutage tretende Mängel

Bei offen zutage tretenden Mängeln muss der Käufer **alsbald nach der Ablieferung** die Anzeige erstatten. Ihm steht auch keine (hypothetische) Frist für eine Untersuchung zu, etwa um weitere Mängel festzustellen. Wie schnell nun diese Anzeige zu erfolgen hat, hängt von den Umständen des Einzelfalles ab. Eine telefonische Rüge (auch Telefax) kann geboten sein, etwa bei leicht verderblicher Ware. So hat eine Mängelanzeige hier auch den Zweck, Zweifel auszuschließen, ob der Verderb erst nach Gefahrübergang eingetreten ist. Im Streckengeschäft oder bei Auslieferung an einen Leasingnehmer auf Weisung des Käufers als Leasinggeber (vgl. dazu Rn. 6) verlängert sich die Frist um die für die Meldung des Zweitabnehmers an den Käufer und die (unverzügliche) Weiterleitung an den Verkäufer erforderliche Zeitdauer. Hat der Käufer seine Abnehmer zur unmittelbaren Rüge an den Verkäufer ermächtigt, so trägt er, auch wenn diese keine Kaufleute sind, das Risiko einer rechtzeitigen und ordnungsgemäßen Rüge[4].

b) Offene, nicht erkennbare Mängel

Bei den offenen Mängeln, die ohne Untersuchung nicht erkennbar sind, **verlängert sich die Rügefrist um die für die Untersuchung erforderliche Zeitdauer**. Ob im Einzelfall eine Untersuchung tatsächlich stattfindet, ist unerheblich[5]. Für die Untersuchung darf nur die für die Feststellung, ob und welcher Mangel vorhanden ist, und nicht die für die Ursachenforschung notwendige Zeit verstreichen[6].

Der Käufer muss die Untersuchung **ohne jede vermeidbare Verzögerung** durchführen; es gilt der objektive Sorgfaltsmaßstab nach § 347. Die Verhältnisse des Käufers (z.B. Kleinbetrieb) finden nur insoweit Berücksichtigung,

---

1 RGZ 106, 360; BGH v. 30.1.1985 – VIII ZR 238/83, BGHZ 93, 348.
2 RGZ 106, 360.
3 BGH v. 18.3.2003 – X ZR 209/00, BGHReport 2003, 908.
4 BGH v. 24.1.1990 – VIII ZR 22/89, NJW 1990, 1292.
5 RGZ 106, 360; RGZ 138, 336.
6 RGZ 106, 361; BGH v. 16.3.1977 – VIII ZR 194/75, WM 1977, 556.

als sie nach der allgemeinen Verkehrsauffassung und der bestehenden Handelsübung von Bedeutung sind.

c) Verborgene Mängel

42 Verborgene Mängel sind nach der Entdeckung unverzüglich zu rügen; die oben dargestellten Grundsätze gelten dann ab dem Zeitpunkt der **Erkennbarkeit**. Der Käufer kann allerdings nicht ohne weiteres zuwarten, bis ein Mangel zutage tritt. Vielmehr muss er, wenn sich im späteren Verlauf Anhaltspunkte für einen Mangel zeigen, die Ware nochmals untersuchen[1].

7. Fristwahrung durch Absenden der Rüge

43 Nach § 377 Abs. 4 genügt zur Erhaltung der Rechte des Käufers die rechtzeitige Abwendung der Rüge. Voraussetzung ist, dass der Käufer die Rüge ordnungsgemäß, insbesondere richtig adressiert und frankiert, abgesendet hat. Die Mängelanzeige ist gleichwohl **empfangsbedürftig**. Dem Käufer wird lediglich das Verzögerungsrisiko abgenommen; nicht aber die Verlustgefahr[2].

44 Der Verkäufer kann sich jedoch nach Treu und Glauben auf eine **nicht ordnungsgemäße Absendung** dann nicht berufen, wenn er unter seiner Adresse nicht mehr erreichbar ist[3]. Der Käufer wird von der Gefahr der Verzögerung des Zugangs nicht freigestellt, wenn er weiß, dass die schriftliche Anzeige den Adressaten nicht kurzfristig erreichen kann. Bei **Abwesenheit des Empfangsvertreters** (etwa Urlaub) gebietet es die Sorgfalt eines ordentlichen Kaufmanns, § 347 Abs. 1, die Mängelrüge unmittelbar dem Verkäufer zuzusenden[4]. § 377 Abs. 4 betrifft nur schriftliche Anzeigen.

45 Auf eine Übermittlung der Rüge durch **Boten** ist sie nicht entsprechend anwendbar[5]. Die Beweislast für den Zugang der Mängelrüge beim Verkäufer trägt der Käufer[6].

IV. Rechtsfolgen

1. Genehmigungsfiktion

46 Erfüllt der Käufer seine Rügeobliegenheit nicht oder verspätet, gilt die mangelhafte Ware als genehmigt, § 377 Abs. 2, Abs. 3 2. Hs. Darin liegt eine **gesetzliche Fiktion** des Inhalts, dass die Ware als vertragsgerecht anzusehen ist[7].

---

1 *Schlegelberger/Hefermehl*, § 377 Rn. 66.
2 Grundlegend BGH v. 13.5.1987 – VIII ZR 137/86, NJW 1987, 2235 mit Anm. *Hager*, JR 1988, 287.
3 *Heymann/Emmerich*, § 377 Rn. 59.
4 BGH v. 30.1.1985 – VIII ZR 238/83, BGHZ 93, 349.
5 *Schlegelberger/Hefermehl*, § 377 Rn. 79; a.A. *Baumbach/Hopt*, § 377 Rn. 29.
6 BGH v. 13.5.1987 – VIII ZR 137/86, NJW 1987, 2235.
7 BGH v. 16.9.1987 – VIII ZR 334/86, BGHZ 101, 347, 348; für eine unwiderlegbare Vermutung *K. Schmidt*, HR, § 29 III 5a.

Der Käufer verliert seine sämtlichen **Ansprüche**, die sich aufgrund der **vertraglichen Beziehungen** wegen des (konkreten) Mangels ergeben. Dies bedeutet zum einen, dass der Rechtsverlust nicht nur die eigentlichen Gewährleistungsansprüche der §§ 434 ff. BGB, sondern alle Leistungsstörungsansprüche (§§ 280 ff., 320–326 BGB) erfasst; soweit sie auf einem Mangel der Sache oder auf einer Falschlieferung beruhen. Erfasst werden Rückgriffsansprüche des Verkäufers gegen den Lieferanten nach § 478 BGB (so ausdrücklich § 478 Abs. 6 BGB). Dies gilt auch für Ansprüche aus Vertragsstrafe und Gestaltungsrechte (Rücktrittsrecht, Anfechtung), wenn sie auf einen Mangel zurückgehen. 47

Die Ausschlusswirkung greift jedoch nicht, wenn der **Verkäufer** eine nicht mit einem Sachmangel zusammenhängende **Nebenpflicht** verletzt[1], da der Käufer diese Ansprüche auch dann hätte, wenn mangelfrei geliefert worden wäre. Dasselbe gilt für Ansprüche aus c.i.c. wegen Verletzung von Aufklärungs- und Beratungspflichten über Eigenschaften der Sache, die keinen Mangel darstellen[2]. Zur Verletzung der Aufklärungspflicht bei Änderung der Beschaffenheit der Sache vgl. Rn. 33. 48

2. Deliktische Ansprüche

Deliktische Ansprüche des Käufers werden, auch wenn sie auf einem Mangel beruhen, **nicht ausgeschlossen**[3]. Die Genehmigungsfiktion soll die vertragsgemäße Beschaffenheit außer Streit stellen; der Schutz vor einer deliktischen Verantwortlichkeit wird nicht bezweckt[4]. Insbesondere ist es auch nicht Sinn der Rügeobliegenheit, den Käufer aufgrund seiner vertraglichen Beziehung in deliktsrechtlicher Hinsicht schlechter zu stellen als einen Dritten in vergleichbarer Position[5]. 49

Der **Rechtsprechung des BGH** kann jedoch nicht uneingeschränkt gefolgt werden. Um eine nicht sachgerechte Ungleichbehandlung zu vermeiden, sind solche Schäden ausgeschlossen, die sich als Verwirklichung des (nicht gerügten) Mangels darstellen. Ein Beispiel mag dies verdeutlichen: Fehlt einer gekauften Ware eine zugesicherte Eigenschaft und verkauft der Käufer diese Ware weiter, so hat er bei Verletzung der Rügeobliegenheit gegenüber dem Verkäufer keine Schadensersatzansprüche aus §§ 434, 437 BGB und ist auf der anderen Seite den Ansprüchen seines Zweitabnehmers ausgesetzt. Verarbeitet der Käufer die Sache aber selbst, so kann er die durch den Produktionsvorgang entstandenen Schäden (etwa wenn andere Materialien verdorben wurden) ersetzt verlangen. 50

---

1 BGH v. 28.4.1976 – VIII ZR 244/74, NJW 1976, 1353; BGH v. 6.11.1991 – VIII ZR 294/90, NJW 1992, 914. Kritisch *Müller*, Zur Rügeobliegenheit des Kaufmanns, ZIP 1997, 661, 666 f.
2 BGH v. 31.5.1989 – VIII ZR 140/88, NJW 1989, 2534.
3 Grundlegend BGH v. 16.9.1987 – VIII ZR 334/86, BGHZ 101, 337, 341 ff.; BGH v. 24.10.1988 – II ZB 7/88, BGHZ 105, 337; *Staub/Brüggemann*, § 377 Anm. 168; *Heymann/Emmerich*, § 377 Rn. 62; a.A. *Schlegelberger/Hefermehl*, § 377 Rn. 82.
4 BGH v. 16.9.1987 – VIII ZR 334/86, BGHZ 101, 337, 343, 345.
5 BGH v. 16.9.1987 – VIII ZR 334/86, BGHZ 101, 337, 341 ff.

51 Derartige Unebenheiten lassen sich nur bedingt durch § 254 BGB korrigieren. Es stellt nämlich ein **Mitverschulden** dar, wenn eine Ware ohne Überprüfung weiterverarbeitet wird und es dadurch zu einem Schaden kommt. Je nach Verschuldensgrad wird dies jedoch regelmäßig zu einer Quotierung führen, währenddessen beim Weiterverkauf bei Verletzung der Rügeobliegenheit die gesamten Ansprüche entfallen. Ob nun eine Ware bestimmungsgemäß weiterverkauft oder verarbeitet wird, stellt aber wirtschaftlich gesehen einen vergleichbaren Vorgang dar; in beiden Fällen verwertet der Käufer entsprechend dem mit dem Kaufvertrag verfolgten Zweck die Ware in ihrer wirtschaftlichen Substanz. Es ist nicht einzusehen, warum diese vergleichbaren Vorgänge differenziert behandelt werden sollen.

52 In diesem Sinne könnten auch die Grundsätze zu den so genannten **Weiterfresserschäden** herangezogen werden, wo zwar dem Käufer einer Sache auch dann deliktische Schadensersatzansprüche aus Eigentumsverletzung zustehen, wenn diese Sache nach ihrem Erwerb infolge eines fehlerhaft konstruierten oder mit Herstellungsfehlern versehenen Einzelteils beschädigt wird, ein Anspruch aber dann ausscheidet, wenn sich der geltend gemachte Schaden mit dem Unwert deckt, welcher der Sache wegen ihrer Mangelhaftigkeit von Anfang an anhaftete[1].

V. Abweichende Vereinbarung/Verzicht

1. Abweichende Vereinbarung

53 § 377 ist **dispositiv**; die Parteien können sowohl die Rügepflicht verschärfen als auch diese abmildern; insbesondere kann die Untersuchungs- und Rügeobliegenheit zu einer Hauptleistungspflicht mit den Folgen von §§ 280, 281 BGB erhoben werden[2].

54 Hinsichtlich **AGB-Regelungen** sind die Schranken von § 307 BGB zu beachten (vgl. § 310 Abs. 1 BGB). Es ist jeweils zu prüfen, ob von den wesentlichen Grundgedanken sowohl des § 377 im Speziellen als der Gewährleistungsvorschriften im Allgemeinen abgewichen wird. Im Grundsatz gilt, dass AGB-Bestimmungen, die die Mängelgewährleistungsrechte des Käufers praktisch aushebeln, unwirksam sind. So ist bei versteckten Mängeln eine kurze Fristbestimmung nur insoweit zulässig, als davon ausgegangen werden kann, dass sich derartige Mängel in dieser Zeitspanne auch zeigen[3].

55 Bei **offenen Mängeln** ist eine Konkretisierung der Unverzüglichkeit durch bestimmte Rügefristen unschädlich[4]; dies gilt auch, wenn die Mängel erst

---

1 BGH v. 24.11.1976 – VIII ZR 137/75, BGHZ 67, 369; BGH v. 18.1.1983 – VI ZR 380/79, BGHZ 86, 256.
2 RGZ 92, 270.
3 Vgl. BGH v. 16.3.1977 – VIII ZR 194/75, NJW 1977, 1150, zu einer Serienproduktion; *Baumbach/Hopt*, § 377 Rn. 81.
4 BGH v. 27.10.1976 – VII ZR 78/75, BB 1977, 14.

durch eine Untersuchung erkennbar werden, aber die Frist dem für die Untersuchung notwendigen Zeitraum Rechnung trägt. Unbedenklich sind auch Fristen, die die Rechtslage des Käufers nach der Entdeckung gegenüber der gesetzlichen Regelung verbessern; z.B. kann der Verkäufer überhaupt auf eine Rügefrist verzichten[1]. Einkaufsbedingungen hingegen, in denen der Verkäufer auf eine rechtzeitige Mängelrüge auch bei offenen Mängeln verzichtet, sind mit § 307 Abs. 2 Nr. 1 BGB nicht vereinbar[2].

Zu **Qualitätssicherungsvereinbarungen** vgl. unten *Graf v. Westphalen/Laschet*, Qualitätssicherungsvereinbarungen Rn. 80 ff. 56

2. Verzicht

Der Verkäufer kann auf die Rechtsfolgen des § 377 Abs. 2 und 3 entsprechend ihrer dispositiven Natur jederzeit und auch noch nachträglich verzichten[3]. Ein solcher Verzicht ist auch durch **konkludentes Verhalten** möglich, die Umstände des Einzelfalles müssen jedoch eindeutig auf einen Verzicht schließen lassen. Ein solcher kann u.U. dann angenommen werden, wenn der Verkäufer die beanstandeten Waren vorbehaltlos zurückgenommen oder vorbehaltlos Nachbesserung versprochen oder den Einwand der verspäteten Mängelanzeige nicht erhoben hat[4]. 57

In diesem Sinne ist **kein Verzicht** gegeben, wenn der Verkäufer zwar Nachbesserung anbietet, aber auf der sofortigen Kaufpreiszahlung besteht[5]. Ein Verzicht liegt auch nicht vor, wenn der Verkäufer zunächst den Streit über die Mängel mit dem Käufer gütlich beizulegen sucht oder wenn er den Verspätungseinwand erst im zweiten Rechtszug erhoben hat[6]. 58

VI. Prozessuales

Das Gericht hat **von Amts wegen** zu prüfen, ob eine ordnungsgemäße Mängelrüge vorliegt[7]. Die **Beweislast** für die Ablieferung und ihren Zeitpunkt trägt grundsätzlich der Verkäufer, der aus einer unterlassenen oder verspäteten Rüge Rechte ableiten will[8]. Die Beweislast kann sich allerdings umkeh- 59

---

1 BGH v. 29.10.1980 – VIII ZR 148/79, NJW 1981, 222.
2 BGH v. 19.6.1991 – VIII ZR 149/90, NJW 1991, 2634.
3 BGH v. 19.6.1991 – VIII ZR 149/90, NJW 1991, 2635.
4 BGH v. 29.3.1978 – VIII ZR 245/76, NJW 1978, 2394; BGH v. 19.6.1991 – VII ZR 149/90, NJW 1991, 2634; *Staub/Brüggemann*, § 377 Rn. 172 jeweils m.w.N.
5 BGH v. 29.3.1978 – VII ZR 245/76, NJW 1978, 2394; *Schlegelberger/Hefermehl*, § 377 Rn. 86.
6 BGH v. 18.3.1952 – I ZR 77/51, LM Nr. 1 zu § 377 HGB; BGH v. 26.2.1964 – VIII ZR 176/62, LM Nr. 9 zu § 377 HGB.
7 BGH v. 8.11.1979 – III ZR 115/78, LM Nr. 22 zu § 377 HGB; *Schlegelberger/Hefermehl*, § 377 Rn. 85; a.A. *Fabricius*, JZ 1965, 271 ff., der eine rechtshemmende Einrede annimmt.
8 BGH v. 30.1.1985 – VIII ZR 238/83, BGHZ 83, 338, 347.

ren, wenn der Empfänger der Kaufsache deren Abnahme schriftlich und ohne Einschränkung dem Verkäufer gegenüber bestätigt[1].

60 Dahingegen muss der **Käufer** beweisen, dass er die Kaufsache rechtzeitig untersucht und etwaige Mängel rechtzeitig gerügt hat[2]. Insbesondere muss er auch den Zugang des Rügeschreibens beweisen[3]. Für das Vorliegen der Kaufmannseigenschaft ist der Verkäufer beweispflichtig.

§ 378
(aufgehoben)

1 § 378 a.F. erweiterte die Rügeobliegenheit des Käufers für die Fälle der Lieferung einer anderen Ware und der Lieferung einer anderen Warenmenge als der bedungenen. Er trug den Abgrenzungsschwierigkeiten Rechnung, die sich daraus ergaben, dass diese beiden Fälle nicht von dem Mangelbegriff des § 459 BGB a.F. erfasst wurden, verlagerte allerdings die Unterscheidung auf die Frage, ob die Falschlieferung genehmigungsfähig war. Die Sonderbehandlung dieser Fälle ist seit dem Schuldrechtsmodernisierungsgesetz durch § 434 Abs. 3 BGB überholt. Nach dieser Vorschrift wird die Falschlieferung oder Zuweniglieferung dem Sachmangel gleichgestellt. Ein Bedürfnis dafür, die Mehrlieferung[4] von der Rügepflicht zu erfassen, besteht nicht. Konsequent wurde deshalb § 378 aufgehoben.

§ 379
Einstweilige Aufbewahrung; Notverkauf

(1) Ist der Kauf für beide Teile ein Handelsgeschäft, so ist der Käufer, wenn er die ihm von einem anderen Ort übersendete Ware beanstandet, verpflichtet, für ihre einstweilige Aufbewahrung zu sorgen.

(2) Er kann die Ware, wenn sie dem Verderb ausgesetzt und Gefahr im Verzug ist, unter Beachtung der Vorschriften des § 373 verkaufen lassen.

I. Regelungsinhalt

1 Im **BGB-Kaufrecht** kann der Käufer Waren, die er in irgendeiner Beziehung beanstandet, jederzeit dem Verkäufer zur Verfügung stellen und an ihn **zurücksenden.** Hat er die Ware noch nicht angenommen, kann er bereits die Annahme verweigern, wenn die Leistung nicht vertragsgemäß ist.

---

1 BGH v. 5.7.1989 – VIII ZR 334/88, NJW 1989, 3222; zur Besonderheit der Übernahmebestätigung gegenüber dem Leasinggeber vgl. BGH v. 4.11.1992 – VIII ZR 165/91, NJW 1993, 463.
2 BGH v. 30.1.1985 – VIII ZR 238/83, BGHZ 93, 338, 347.
3 BGH v. 13.5.1987 – VIII ZR 137/86, NJW 1987, 2235; vgl. dazu auch Rn. 44 f.
4 Zu den Rechtsfolgen vgl. § 377 Rn. 10.

§ 379 statuiert nun beim **beiderseitigen Handelskauf** die Pflicht des Käufers, für die einstweilige **Aufbewahrung** der von ihm beanstandeten Ware zu sorgen, sofern diese ihm von einem anderen Ort in Erfüllung des Kaufvertrages übersandt worden ist. Dadurch sollen unnötige Transportkosten vermieden werden; der Käufer kann die Ware an Ort und Stelle weiterverkaufen. Allerdings lässt die Vorschrift die Möglichkeit des Käufers, die Ware von vornherein nicht anzunehmen, unberührt (vgl. Rn. 8). Besteht die Gefahr des Verderbs der Ware, kann sich der Käufer nach den Vorschriften des Notverkaufs von der Ware befreien (§ 379 Abs. 2).

II. Voraussetzungen

Die Ware muss im Rahmen eines Handelskaufs, der für beide Teile ein Handelsgeschäft darstellt, §§ 343, 344, übersandt worden sein. Dies ist regelmäßig beim **Versendungskauf** (§ 447 BGB) der Fall, ist aber auch gegeben, wenn der Verkäufer die Ware durch eigene Personen selbst überbringen lässt.

1. Versendung „von einem anderen Orte"

§ 379 Abs. 1 verlangt die Versendung „von einem anderen Orte". In der Regel sind dies **verschiedene politische Gemeinden.** Haben sich allerdings zwischen verschiedenen politischen Bezirken so enge Handelsbeziehungen und integrierte Verkehrsverhältnisse herausgebildet, wie sie sonst an ein und demselben Orte bestehen, so gelten solche zusammenhängenden Ortschaften als ein Handelsplatz; die Geschäfte werden nicht als Distanzkäufe, sondern als – von der Vorschrift nicht erfasste – Platzkäufe behandelt[1].

2. In Erfüllung des Kaufvertrages

Die Übersendung muss in Erfüllung des Kaufvertrages erfolgt sein und liegt insbesondere nicht in der Zusendung unbestellter Waren. Ferner setzt die Aufbewahrungspflicht voraus, dass der Käufer die **Ware bereits in Besitz** genommen hat[2]. Verweigert der Käufer von vornherein die Annahme, greift die Vorschrift nicht; das Schicksal der Ware bestimmt sich dann nach § 437. Bei unberechtigter Zurückweisung kommt der Käufer allerdings in Gläubiger- (und möglicherweise auch Schuldner-)Verzug mit den sich daraus ergebenden Folgen (vgl. näher § 373 Rn. 6). Im Rahmen der Ermittlung des entstehenden Schadens muss sich dann der Käufer so behandeln lassen, als wenn er die Ware ordnungsgemäß abgenommen und aufbewahrt hätte.

3. Beanstandung der Ware

Der Käufer muss die Ware „beanstandet" haben. Der Begriff ist teilweise weiter, teilweise enger als die Mängelrüge. Aus der Beanstandung muss fol-

---

1 *Staub/Brüggemann*, § 379 Rn. 11.
2 BGH v. 20.12.1978 – VIII ZR 236/77, NJW 1979, 812.

gen, dass er die **Ware nicht behalten** will; bei Vorliegen von Mängeln indiziert dies die Geltendmachung einer Wandlung oder das Verlangen einer Neulieferung. Macht der Käufer im Rahmen von §§ 437, 281 BGB Schadensersatz auf der Grundlage geltend, dass er die Ware behalten will (kleiner Schadensersatz)[1], ist für eine Aufbewahrungspflicht gegenüber dem Verkäufer kein Raum, weil der Käufer im eigenen Interesse für die Ware zu sorgen hat. Im Hinblick auf die Aufbewahrungspflicht an sich ist deshalb auch von untergeordneter Bedeutung, ob die Beanstandung begründet ist, weil im anderen Fall den Käufer erst recht die Sorge für die Ware trifft.

III. Inhalt

1. Einstweilige Aufbewahrung

7 Der Käufer muss für die einstweilige Aufbewahrung sorgen. Er kann die Ware entweder **selbst aufbewahren**, damit aber auch fremde Stellen, insbesondere **Lagerhäuser**, betrauen[2]. Im ersteren Fall haftet er mit der Sorgfalt eines ordentlichen Kaufmanns, § 347 Abs. 1, für seine Hilfspersonen nach § 278 BGB. Bei Pflichtverletzungen hat der Verkäufer einen Schadensersatzanspruch (§ 280 BGB).

2. Dauer

8 Die Dauer der Aufbewahrungspflicht richtet sich danach, in welchem Zeitraum vom Verkäufer die Disposition über die Ware verlangt werden kann. Maßgebend ist zum einen der **regelmäßige Geschäftsverkehr**, zum anderen sind es aber auch die **Gepflogenheiten der betreffenden Handelsbranche**. Nach Ablauf der Frist ist der Käufer verpflichtet, die Waren in Besitz zu nehmen. Der Käufer kann die Ware zurücksenden; bei Nichtannahme gerät der Verkäufer in Annahmeverzug, §§ 293 ff. BGB. Bewahrt allerdings der Käufer die Ware weiter auf, bestehen die Sorgfaltspflichten bei der Aufbewahrung als Nebenpflichten des Kaufvertrages fort.

3. Kosten

9 Die Kosten der Aufbewahrung einschließlich der erforderlichen Versicherung kann der Käufer vom **Verkäufer** verlangen, § 354 Abs. 1. Die Gefahr des Untergangs liegt grundsätzlich beim Käufer; bei Annahmeverzug des Verkäufers gilt allerdings § 300 BGB.

---

1 Vgl. *Palandt/Heinrichs*, § 281 BGB Rn. 20.
2 RGZ 98, 70.

IV. Notverkauf

1. Verkauf gemäß § 373

Sind die Voraussetzungen für die einstweilige Aufbewahrungspflicht gegeben (und nur dann), kann der Käufer die Ware nach den für den Selbsthilfeverkauf geltenden Vorschriften des § 373 verkaufen lassen, wenn Gefahr für den **Verderb der Ware** in Verzug ist. Das Recht kann sich auch auf einen Teil der Ware beschränken; eine Pflicht zum Verkauf besteht nicht. Gegen den Widerspruch des Verkäufers darf der Verkauf nicht erfolgen, weil § 379 die Interessen des Verkäufers schützt[1]; die Wahl des Zeitpunkts liegt dagegen im pflichtgemäßen Ermessen des Käufers.

10

2. Durchführung des Notverkaufs

Die Duchführung des Notverkaufs hat unter Beobachtung der Formen des § 373 stattzufinden (vgl. Anm. dort). Einer Androhung gegenüber dem Verkäufer bedarf es nicht, § 373 Abs. 2 S. 2. Der Käufer ist Bevollmächtigter des Verkäufers, handelt also nicht nur auf dessen Rechnung, § 373 Abs. 3, sondern auch in dessen Namen[2]. Nachdem der Verkauf im Interesse des Verkäufers geschieht und diesem auch der Erlös gebührt, erscheint es nicht sachgerecht, den Käufer dem Ersteigerer gegenüber haften zu lassen. Die Rechtsbeziehungen entstehen vielmehr allein zwischen Ersteigerer und Verkäufer.

11

V. Rechtsfolgen

Mit Durchführung des Verkaufs tritt der **Erlös** an die Stelle der Ware. Dieser gebührt zwar dem Verkäufer, § 373 Abs. 3, der Käufer kann ihn aber in entsprechender Anwendung von § 285 BGB in Anspruch nehmen. Im Übrigen stehen dem Käufer die normalen vertraglichen Rechte wegen Leistungsstörungen oder Mängelgewährleistung zu; Minderung ist allerdings ausgeschlossen.

12

Liegen die Voraussetzungen von § 379 Abs. 2 nicht vor, so kann der **Notverkauf aus anderen Gründen** rechtmäßig sein. So kann der Verkauf eine berechtigte Geschäftsführung ohne Auftrag sein, wenn der Verkäufer keinen Widerspruch erhebt oder den vorgenommenen Verkauf genehmigt; zu denken ist auch an die Voraussetzungen eines Befriedigungsrechts nach § 371 Abs. 2 sowie an einen Selbsthilfeverkauf nach bürgerlichem Recht (§ 383 BGB). Ist der Notverkauf auch danach nicht gerechtfertigt, hat der Käufer dem Verkäufer den entstandenen Schaden zu ersetzen. Die Rechte auf Nachlieferung, Rücktritt und Ersatz vergeblicher Aufwendungen sind dann im Hinblick auf § 346 Abs. 3 S. 1 Nr. 2 BGB ausgeschlossen. Dem Käufer bleibt

13

---

[1] *Staub/Brüggemann*, § 379 Rn. 29.
[2] *Staub/Brüggemann*, § 379 Rn. 33; a.A. *Schlegelberger/Hefermehl*, § 379 Rn. 12; *Heymann/Emmerich*, § 379 Rn. 15.

aber das Recht auf Minderung und die Geltendmachung des „kleinen Schadensersatzes".

§ 380
Taragewicht

(1) Ist der Kaufpreis nach dem Gewichte der Ware zu berechnen, so kommt das Gewicht der Verpackung (Taragewicht) in Abzug, wenn nicht aus dem Vertrag oder dem Handelsgebrauche des Ortes, an welchem der Verkäufer zu erfüllen hat, sich ein anderes ergibt.

(2) Ob und in welcher Höhe das Taragewicht nach einem bestimmten Ansatz oder Verhältnisse statt nach genauer Ausmittelung abzuziehen ist, sowie, ob und wieviel als Gutgewicht zugunsten des Käufers zu berechnen ist oder als Vergütung für schadhafte oder unbrauchbare Teile (Refaktie) gefordert werden kann, bestimmt sich nach dem Vertrag oder dem Handelsgebrauche des Ortes, an welchem der Verkäufer zu erfüllen hat.

1. Regelungsinhalt

1 Die Vorschrift regelt nur einen untergeordneten Teilbereich der Rechtsfragen, die sich auf die Verpackung beziehen. Die **Kosten der Verpackung** sind für den Versendungskauf in § 448 Abs. 1 BGB geregelt; die Vorschrift gilt uneingeschränkt auch für den Handelskauf. § 380 hingegen befasst sich mit der – davon unabhängigen – Frage der Preisberechnung im Hinblick auf das Gewicht der Verpackung (§ 380 Abs. 1) bzw. verweist hinsichtlich (denkbarer) Berechnungs- und Vergütungsfaktoren auf eine vertragliche Bestimmung oder die Handelsbräuche (§ 380 Abs. 2). Die weiter interessierenden Rechtsfragen im Zusammenhang mit der **Gestellung von Verpackungsmaterial**, insbesondere die Eigentumsverhältnisse und etwaige Pflichten des Käufers zur Rückgabe, sind weder im BGB noch im HGB geregelt. Sie bestimmen sich nach der vertraglichen Vereinbarung, die sehr häufig auch konkludent getroffen wird. An rechtlichen Gestaltungsmöglichkeiten hinsichtlich des überlassenen Materials (Säcke, Gebinde, Flaschen etc.) bieten sich Miete, Leihe, Darlehen oder auch bedingter Kauf an[1]. Lässt sich keine vertragliche Vereinbarung ermitteln und besteht auch kein dahingehender Handelsbrauch, ist im Grundsatz davon auszugehen, dass der Käufer die Verpackung zurückzugeben hat, es sei denn, sie wurde ihm eigens in Rechnung gestellt oder ist sonst in die Preisberechnung eingegangen.

2. Auslegungsregel nach § 380 Abs. 1

2 Die Vorschrift enthält eine Auslegungsregel, wonach sich bei einem Kauf nach Gewicht der Preis im Zweifel nach dem **Nettogewicht** bestimmt, also

---
1 Vgl. im Überblick *Staub/Brüggemann*, § 380 Rn. 6–8.

vom **Bruttogewicht** die Verpackung (**Tara** genannt) abzuziehen ist. Vereinbarungen der Parteien und Handelsbräuche gehen vor. Die Klausel „brutto für netto" bedeutet, dass das Gewicht der Verpackung mitberechnet wird, die dann im Zweifel als mitverkauft gilt[1].

3. Regelung des § 380 Abs. 2

Die Vorschrift verweist lediglich für Einzelfragen, nämlich hinsichtlich der Ermittlung des Taragewichts, der Berechnung eines sog. Gutgewichts sowie des Anspruchs auf Refaktie auf die am Leistungsort maßgeblichen Handelsbräuche, wenn nicht die Parteien andere Vereinbarungen getroffen haben. Das sog. **Gutgewicht** ist eine dem Käufer vom Verkäufer kostenlos gewährte Zugabe für einen erfahrungsgemäß (vornehmlich auf dem Transport) eintretenden Gewichtsschwund. Die **Refaktie** ist umgekehrt ein Abzug vom Nettogewicht wegen der bei gewissen Waren (z.B. Kaffee, Indigo) vorkommenden spezifischen Unreinlichkeiten. Liegt eine dahingehende Abrede oder ein Handelsbrauch vor, braucht der Käufer auf der einen Seite die Unreinlichkeit nicht zu rügen und kann andererseits den Vertragspreis entsprechend dem Verhältnis zwischen dem Tagespreis für die vertraglich geänderte und angediente mangelhafte Ware herabsetzen.

3

§ 381
Kauf von Wertpapieren; Werklieferungsvertrag

(1) Die in diesem Abschnitte für den Kauf von Waren getroffenen Vorschriften gelten auch für den Kauf von Wertpapieren.

(2) Sie finden auch auf einen Vertrag Anwendung, der die Lieferung herzustellender oder zu erzeugender beweglicher Sachen zum Gegenstand hat.

I. Wertpapierkauf (§ 381 Abs. 1)

1. Anwendungsbereich

§ 381 Abs. 1 erklärt die Vorschriften der §§ 373 ff. auch für den Kauf von Wertpapieren für anwendbar, soweit ein Handelskauf vorliegt (vgl. § 373 Rn. 5). Erfasst werden nicht nur Wertpapiere öffentlichen Glaubens (vgl. § 363 Rn. 2 f.), sondern sämtliche Papiere, die selbständig Gegenstand des Handelsverkehrs sein können (also **Wertpapiere im weiteren Sinne**, vgl. § 363 Rn. 4). Nicht unter § 381 Abs. 1 fällt hingegen der Kauf von Rechten, die nicht in Wertpapieren verbrieft sind, insbesondere Hypothekenforderungen (auch bei Briefhypotheken) und GmbH-Anteile.

1

---

1 *Staub/Brüggemann*, § 380 Rn. 4 ff.; vgl. auch Rn. 1.

2. Rechtsfolgen

a) Allgemein

2 Die Anwendung der §§ 373 ff. erfolgt nur insoweit, als die Vorschriften für den Kauf von Wertpapieren passen. Dies trifft unmittelbar auf §§ 373, 376 und 377 zu; § 379 ist jedenfalls entsprechend anzuwenden (vgl. Rn. 5). Von besonderer Bedeutung ist § 376 in Bezug auf den Börsenterminhandel.

b) § 377

3 Hinsichtlich der Untersuchungs- und Rügepflichten ist zu beachten, dass diese nur für Sach- und nicht für Rechtsmängel gelten. Wertpapiere haben eine Doppelnatur. Sie sind sowohl bewegliche Sachen als auch Träger des verbrieften Rechts[1]. § 377 greift damit nur, soweit ihre Eigenschaft **als körperliche Sache betroffen** ist. Sachmängel sind dabei am Papier selbst wahrnehmbare äußere Mängel, die die Umlauffähigkeit beeinträchtigen. Darunter fallen neben der Verstümmelung von maßgeblichen Angaben auch die Unvollständigkeiten der Urkunde selbst oder von Anlagen (etwa Anhängen, Erneuerungsscheinen, Zinsbogen, Dividendenschein)[2].

4 **Rechtsmängel** sind z.B. das Fehlen des Aktienbezugsrechts, die Zahlungssperre[3] und das Aufgebot. Bei gefälschten Wertpapieren nimmt die h.L. grundsätzlich Sachmangel an[4]. Zwar mag dagegen eingewandt werden, dass das verbriefte Recht nicht besteht, eine jedenfalls entsprechende Anwendung des § 377 erscheint jedoch im Hinblick auf den Ausschluss der Mängelrechte bei Nichtrügen von erkennbaren Mängeln sachgerecht.

c) § 379

5 § 379 gilt jedenfalls entsprechend. Der drohende Kursverfall eines Papiers ist in sachgerechter Anwendung dem „Verderb" gleichzusetzen[5].

II. Werklieferungsvertrag (§ 381 Abs. 2)

1. Anwendungsbereich

6 § 381 Abs. 2 erstreckt die Anwendung der §§ 373 ff. auf einen Werklieferungsvertrag über herzustellende oder zu erzeugende bewegliche Sachen (§ 651 S. 1 BGB). Durch diese Gleichstellung hat im Handelsrecht die Unterscheidung in vertretbare (Legaldefinition in § 91 BGB) und unvertretbare Sachen keine Bedeutung. Abgrenzungsprobleme ergeben sich nur insoweit, ob

---

1 *Heymann/Emmerich*, § 381 Rn. 3.
2 *Baumbach/Hopt*, § 381 Rn. 1; *Staub/Brüggemann*, § 381 Rn. 6.
3 RGZ 109, 290.
4 *Staub/Brüggemann*, § 381 Rn. 7; *Heymann/Emmerich*, § 381 Rn. 5; a.A. *Baumbach/Hopt*, § 381 Rn. 1.
5 *Baumbach/Hopt*, § 381 Rn. 1; *Staub/Brüggemann*, § 381 Rn. 9; a.A. *Schlegelberger/Hefermehl*, § 381 Rn. 4.

überhaupt eine bewegliche Sache vorliegt[1]. §§ 373 ff. gelten dagegen nicht für reine Werkverträge; eine analoge Anwendung kommt nur unter ganz besonderen Voraussetzungen in Betracht.

Beispiele unvertretbarer Sachen: Herstellung und Lieferung eines Werbefilms[2]; Herstellung und Lieferung von Werbedrucksachen[3]. 7

2. Rechtsfolgen

§ 381 Abs. 2 lässt § 651 BGB unberührt, d.h. im Bereich des bürgerlichen 8 Rechts bleibt es bei der geteilten **Verweisung auf Kauf- und Werkvertragsvorschriften**, soweit es sich um nicht vertretbare Sachen handelt (§ 651 S. 3 BGB). Die §§ 373 ff. treten nur an die Stelle der ohnhin auf solche Verträge nach § 651 BGB anwendbaren kaufrechtlichen Vorschriften des BGB[4]. Allerdings verdrängt bei einem Fixgeschäft § 376 nicht nur § 361 BGB, sondern auch die werkvertragliche Verzugsregelung des § 636 BGB[5]. Hinsichtlich § 640 BGB ist zu beachten, dass die „Abnahme" des Werkes nicht auch bereits die Billigung i.S.d. § 377 Abs. 2 darstellt; die Voraussetzungen der Verletzung der Pflicht zur unverzüglichen Rüge sind gesondert zu prüfen.

§ 382

(aufgehoben)

---

1 Bejaht für Standardsoftware von BGH v. 14.7.1993 – VIII ZR 147/92, NJW 1993, 2437; zur Problematik bei der Herstellung von Sachen, die Grundstücksbestandteile werden, *Staub/Brüggemann*, § 381 Rn. 14.
2 BGH v. 31.1.1966 – VII ZR 43/64, LM Nr. 10 zu § 377 HGB.
3 OLG Hamburg v. 20.3.1964 – 1 U 168/63, DB 1965, 29; BGH v. 4.2.1992 – X ZR 105/90, NJW-RR 1992, 626.
4 Allg. Meinung, vgl. die Nachweise bei *Heymann/Emmerich*, § 381 Rn. 7 Fn. 14.
5 *Heymann/Emmerich*, § 381 Rn. 7 Fn. 14; *Staub/Brüggemann*, § 381 Rn. 12.

Dritter Abschnitt Kommissionsgeschäft

§ 383
Kommissionär; Kommissionsvertrag

(1) Kommissionär ist, wer es gewerbsmäßig übernimmt, Waren oder Wertpapiere für Rechnung eines anderen (des Kommittenten) in eigenem Namen zu kaufen oder zu verkaufen.

(2) Die Vorschriften dieses Abschnittes finden auch Anwendung, wenn das Unternehmen des Kommissionärs nach Art oder Umfang einen in kaufmännischer Weise eingerichteten Geschäftsbetrieb nicht erfordert und die Firma des Unternehmens nicht nach § 2 in das Handelsregister eingetragen ist. In diesem Fall finden in Ansehung des Kommissionsgeschäfts auch die Vorschriften des Ersten Abschnittes des Vierten Buches mit Ausnahme der §§ 348 bis 350 Anwendung.

Übersicht

	Rn.		Rn.
I. Die Bedeutung des Kommissionshandels	1	2. Handelsvertreter	23
		3. Handelsmakler	24
II. Kommissionsgeschäft		4. Kommissionsagent	25
1. Kommissionär	4	5. Vertragshändler	26
2. Kommissionsvertrag	5	IV. Ausführungsgeschäft	27
a) Rechtsnatur	6	1. Vertragsabschluss	28
b) Vertragsabschluss/Form	7	2. Willensmängel beim Ausführungsgeschäft	29
c) Nichtigkeitsgründe – Spiel- und Differenzeinwand	9	3. Leistungsstörungen	30
d) Erfüllungsort und Gerichtsstand	11	4. Drittschadensliquidation	31
e) Anzuwendendes Recht	12	5. Eigentumsverhältnisse am Kommissionsgut	32
f) Pflichten aus dem Kommissionsvertrag	13	a) Dingliche Rechtslage bei der Verkaufskommission	33
g) Beendigung des Kommissionsvertrages	14	b) Dingliche Rechtslage bei der Einkaufskommission	36
aa) Zeitablauf, Tod, Kündigung, Widerruf	15	V. Muster für Kommissionsverträge	43
bb) Insolvenz		VI. Spezielle Geschäfte	44
(1) Insolvenz des Kommittenten	20	VII. Strafbestimmungen	45
(2) Insolvenz des Kommissionärs	21		
III. Abgrenzung des Kommissionsgeschäfts gegenüber anderen Vertragstypen bzw. Hilfspersonen des Handelsvertreters			
1. Kaufvertrag	22		

Schrifttum: *Altmeppen*, Zur Rechtsnatur der handelsrechtlichen Pfandrechte, ZHR 157 (1993), 541; *Braun*, Die Freizeichnung des kommissarischen Kunstauktionators von der Haftung für Sachmängel, WM 1992, 893; *v. Dalwigk zu Lichtenfels*, Das Effektenkommissionsgeschäft, 1975; *Duve/Keller*, MiFID: Die neue Welt des Wertpapiergeschäfts, BB 2006, 2477; *Ebenroth*, Kollisionsrechtliche Anknüpfung der Vertragsverhältnisse von Handelsvertretern, Kommissionsagenten, RIW 1984, 165; *Ebenroth/Obermann*, Zweitvertretungsanspruch in Absatzvermittlungsverhältnissen aus § 26 Abs. 2 GWB, DB 1981, 829; *Hadding/Wagner*, Börsentermingeschäfte an ausländischen Börsen und in ausländischen Wertpapieren, WM 1976, 310; *Hager*, Die Prinzipien der mittelbaren Stellvertretung, AcP 180 (1980), 239; *Hillek/Neubert*, Quo vadis Leistungskommission?, DStR 2002, 1648; *Hopt*, Die Verantwortlichkeit der Banken bei Emissionen, 1991; *Keßler*, Der Agenturvertrieb im Lichte des Verbotes vertikaler Preisbindung – zu den wettbewerbsrechtlichen Grenzen handelsrechtlicher Organisationsprinzipien, WRP 1984, 124; *Kevekordes*, Nichtanwendbarkeit des Preisbindungsverbots auf Kommissionärs- und Kommissionsagentenverträge, DB 1988, 1885; *Knütel*, Weisungen bei Geschäftsbesorgungsverhältnissen, insbesondere bei Kommission und Spedition, ZHR 137 (1973), 285; *Koller*, Interessenkonflikte im Kommissionsverhältnis, BB 1978, 1733; *Koller*, Das Provisions- und Aufwendungsrisiko bei der Kommission, BB 1979, 1725; *Kroppen/Hüffmeier*, Der Kommissionär als Betriebsstätte nach dem OECD-Musterabkommen, IWB 21 (1995), 999; *Kümpel*, Die begrenzte Haftung der Bank bei weitergeleiteten Kundenaufträgen, WM 1996, 1893; *Lang*, Die neuere Rechtsprechung des BGH zu Auftrag, Geschäftsbesorgung und GoA, WM 1998, Sonderbeilage 9/1998; *Leser*, Zum Entwurf eines einheitlichen Kommissionsgesetzes für den internationalen Handelsverkehr, ZHR 126 (1964), 118; *Lübtow*, Das Geschäft „für den es angeht" und so genannte „antizipierte" Besitzkonstitut, ZHR 112 (1949), 262; *Modest*, Über den Selbsteintritt des Bankkommissionärs, NJW 1950, 53; *Pickart*, Maklervertrag und Kommissionsgeschäft in der neueren höchstrichterlichen Rechtsprechung, WM 1956, 110; *Riesenkampff*, Die „derivaten" Wettbewerbsverbote und Wettbewerbsbeschränkungen unter besonderer Berücksichtigung des Kommissions- und des Agenturvertrages, BB 1984, 2026; *Schmidt-Rimpler*, Das Kommissionsgeschäft, in Ehrenbergs Handbuch des gesamten Handelsrechts, 1928; *Schriefers*, Lagerrücknahme bei Vertragsbeendigung des Händlervertrages, BB 1992, 2158; *Schwark*, Rechtsprobleme bei der mittelbaren Stellvertretung, JuS 1980, 777; *Schwarz*, § 392 Abs. 2 HGB als Aufrechnungshindernis, NJW 1969, 1942; *Steck*, Das HGB nach der Schuldrechtsreform, NJW 2002, 3201; *Stoll*, Kollisonrechtliche Fragen beim Kommissionsgeschäft, RabelsZ 24 (1959), 601; *Vollmer*, Die wettbewerbsrechtliche Zulässigkeit von Preisbindungen bei Absatzmittlungsverhältnissen, DB 1984, 226; *Wolf*, Der mittelbare Stellvertreter als nichtberechtigt Verfügender, JZ 1968, 414.

I. Bedeutung des Kommissionshandels

Der Kommissionshandel wurde seit Mitte des 19. Jahrhunderts durch den Eigenhandel und die offene Vertretung weitgehend zurückgedrängt. Lediglich beim Kunst-, Antiquitäten- und Briefmarkenhandel sowie im Versteigerungsgewerbe ist die Warenkommission heute noch anzutreffen[1], und zur Vermeidung der Mehrwertsteuer findet sich die Kommission nicht selten im Gebrauchtwagenhandel[2]. Häufig richten Hersteller Warenlager direkt beim Händler ein. Die Vertragspflichten sind entweder Teil des Vertriebsver-

---

1 *Baumbach/Hopt*, § 383 Rn. 4; für das Versteigerungsgewerbe vgl. OLG Zweibrücken v. 7.5.1997 – 6 U 8/96, NJW 1998, 1409, 1410.
2 BGH v. 28.5.1980 – VIII ZR 147/79, WM 1980, 1010; *K. Schmidt*, HR, § 31 II 1.

trages oder in einem selbständigen Konsignationslagervertrag geregelt. Konsignationskommission liegt daher regelmäßig nicht vor[1].

2 Die Bedeutung des Kommissionsgeschäfts liegt im heutigen Wirtschaftsleben im **Effektenhandel**[2]. Wer Aktien oder Obligationen kaufen oder verkaufen will, schließt regelmäßig einen Kommissionsvertrag mit Selbsteintrittsrecht der Bank (vgl. Nr. 1 der Sonderbedingungen für Wertpapiere der Banken; §§ 18 ff. DepotG zur Erfüllung des Effektengeschäfts) – zur atypischen Kommission vgl. § 406: Inkassokommission; Kommissionsverlag, als Mischform die Kommissionsagentur[3].

3 In der Planung steckt noch immer die **internationale Vereinheitlichung des Kommissionsrechts.** Vorarbeiten finden sich in dem Entwurf eines einheitlichen Kommissionsgesetzes[4]. Für das Wertpapiergeschäft gelten die §§ 31 ff. des Gesetzes über den Wertpapierhandel in der Fassung der Bekanntmachung vom 9.9.1998[5].

II. Kommissionsgeschäft

1. Kommissionär

4 Nach § 383 ist Kommissionär, wer es gewerbsmäßig übernimmt, Waren oder Wertpapiere auf Rechnung eines anderen (Kommittenten) in eigenem Namen zu kaufen oder zu verkaufen. Nach altem Recht war der Kommissionär, der das Kommissionsgeschäft gewerbsmäßig betrieb, Kaufmann kraft Betätigung i.S.v. § 1 Abs. 2 Nr. 6 a.F. Als kleingewerblicher Kommissionär galt er als Minderkaufmann i.S.v. § 4 Abs. 1 a.F. Nach dem Gesetz zur Neuregelung des Kaufmanns- und Firmenrechts und zur Änderung anderer handels- und gesellschaftsrechtlicher Vorschriften (Handelsrechtsreformgesetz – HRefG) hängt die Kaufmannseigenschaft des Kommissionärs ausschließlich davon ab, ob sein Unternehmen nach Art und Umfang den Voraussetzungen von § 1 Abs. 2 entspricht oder eine Handelsregistereintragung vorliegt. Abs. 2 des § 383 stellt nunmehr klar, dass die Vorschriften über das Kommissionsgeschäft sowie die Regeln der §§ 343–347, 352–375 auch dann Anwendung finden, wenn der Kommissionär nach Art und Umfang einen in kaufmännischer Weise eingerichteten Geschäftsbetrieb nicht erfordert, also kein Kaufmann ist, indes die Voraussetzungen des § 383 Abs. 1 gegeben sind. Da der Kommissionär für fremde Rechnung im eigenen Namen handelt, steht er in einem doppelten Rechtsverhältnis, nämlich zu seinem Auftraggeber, dem Kommittenten, und in einem weiteren gegenüber dem Dritten (Ankauf oder Verkauf von Waren oder Wertpapieren im eigenen Namen

---

1 *Baumbach/Hopt*, Überblick vor § 373 Rn. 41; zur Rücknahme des Lagerbestandes *Schriefers*, BB 1992, 2158.
2 *Staub/Koller*, § 383 Rn. 1; *K. Schmidt*, HR, § 31 II 1.
3 *Staub/Koller*, § 383 Rn. 1 und Rn. 33.
4 Unidroit, Rom; dazu *Leser*, ZHR 126 (1964), 118; Textabdruck bei *Schlegelberger/ Hefermehl*, § 383 Rn. 101 ff.
5 BGBl. I 2.708.

für fremde Rechnung). **Beispiel:** Vertrieb eines literarischen Werks im Namen des Verlegers für Rechnung des Autors[1]; **nicht:** das persönliche Geschäft des Gesellschafters einer OHG in eigenem Namen für fremde Rechnung der Gesellschaft[2]. Die Charakterisierung als Kommissionär hängt entscheidend davon ab, dass das so genannte Ausführungsgeschäft (dazu unten Rn. 27 ff.) auf Kauf bzw. Verkauf gerichtet ist, wobei dem Kauf der Tausch i.S.v. § 515 BGB gleichsteht.

2. Kommissionsvertrag

Der Kommissionsvertrag ist der Vertrag, bei dem der Kommissionär es übernimmt, Waren oder Wertpapiere in **eigenem Namen für Rechnung des Kommittenten** zu kaufen oder zu verkaufen. 5

a) Rechtsnatur

Der Kommissionsvertrag ist ein entgeltlicher **Geschäftsbesorgungsvertrag i.S.d. § 675 BGB.** Umstritten ist, ob der Kommissionsvertrag dem Dienst- oder Werkvertrag, der eine Geschäftsbesorgung zum Gegenstand hat, zuzuordnen ist. Für die Annahme eines **Werkvertrages**[3] spricht, dass ein Vergütungsanspruch dem Kommissionär nur bei Erfolg seiner Tätigkeit zusteht und das jederzeitige Kündigungsrecht (§§ 621 Nr. 5, 627 BGB) in diesem Bereich nicht sachgerecht erscheint. Für die Ausgestaltung als **Dienstvertrag** wird vorgebracht[4]: Ob der Erfolg herbeigeführt werden könne, sei maßgeblich von der jeweiligen Marktsituation, auf die der Kommissionär keinen Einfluss habe, abhängig, so dass der Kommissionär sich lediglich verpflichten könne, die Tätigkeit (§ 611 BGB) zu erbringen. Der Meinungsstreit ist bedeutsam bei der **Kündigung** (§§ 621 Nr. 5, 627, 649 BGB). Die Frage, welchem der beiden Vertragstypen der Kommissionsvertrag zuzuordnen ist, hängt von den Umständen des Einzelfalles ab[5]. Die Tatsache, dass der Erfolg nicht allein durch Willen und Wissen des Kommissionärs bedingt ist, und die Unselbständigkeit der Arbeit legen aber die Annahme eines Dienstvertrages nahe[6]. 6

b) Vertragsabschluss/Form

Es gelten die allgemeinen Regeln der §§ 145 ff. BGB. Der Kommissionsvertrag muss **hinreichend bestimmt** sein; allerdings genügt Bestimmbarkeit durch Auslegung der Vereinbarung[7]. Ein Angebot auf Abschluss eines Kommissionsvertrages kann konkludent angenommen werden, und bei Vorlie- 7

---

1 RG v. 14.2.1912 – I 354/11, RGZ 78, 300.
2 BGH v. 5.5.1960 – II ZR 128/58, BB 1960, 797.
3 RG v. 17.4.1909 – I 209/08, RGZ 71, 76, 78; *Knütel*, ZHR 137 (1973), 286 f.
4 RG v. 24.1.1925 – I 728/23, RGZ 110, 119, 123.
5 OLG Koblenz v. 14.7.2005 – 2 U 974/04, BeckRS 2005, 30359840; *Baumbach/Hopt*, § 383 Rn. 6; *K. Schmidt*, HR, § 31 III 3a.
6 Vgl. zu Einzelheiten *Staub/Koller*, § 383 Rn. 59.
7 *Staub/Koller*, § 383 Rn. 51.

gen der Voraussetzungen des § 151 Abs. 1 BGB ist der Zugang der Annahme entbehrlich. So ist beispielsweise das Anliegen eines Kunden an die Bank, bestimmte durch eine AG neu ausgegebene Aktien erwerben zu wollen, als Angebot auf Abschluss eines Kommissionsvertrages zu sehen[1]. Steht der Kommissionär mit dem Kommittenten in ständiger Geschäftsbeziehung, kann ein Kommissionsvertrag selbst bei **Schweigen des Kommissionärs** zustande kommen (§ 362 Abs. 1 S. 1). Zeigt der Kommissionär **öffentlich** an, dass er zur Übernahme von Kommissionen bereit ist, muss er dem Auftraggeber gegenüber unverzüglich eine etwaige Ablehnung der Kommission anzeigen. Ansonsten entsteht eine Schadensersatzverpflichtung nach §§ 675 Abs. 1, 663 S. 1 BGB[2].

8 Grundsätzlich ist der Kommissionsvertrag **formfrei;** dies gilt auch im Bankverkehr. Ähnlich der Vollmacht (§ 167 Abs. 2 BGB) ist der Kommissionsvertrag auch dann formlos gültig, wenn das vom Kommissionär abzuschließende Ausführungsgeschäft selbst der Form bedarf, wie etwa der Handel mit Grundstücken oder GmbH-Anteilen (§ 313 BGB, § 15 Abs. 3 GmbHG). Formbedürftig aber ist bei der Verkaufskommission die unwiderrufliche Kommission zur Veräußerung des Grundstücks[3]. Bei Ausführung der Kommission bezüglich formbedürftiger Ausführungsgeschäfte aufgrund besonderer Vereinbarung im Wege des **Selbsteintritts** ist streitig, ob der Kommissionsvertrag selbst formbedürftig ist[4].

c) Nichtigkeitsgründe – Spiel- und Differenzeinwand

9 Neben dem Einwand des Formmangels (§ 125 BGB) und der Anfechtbarkeit, etwa bei der Effektenkommission, sowie dem Spiel- und Differenzeinwand nach §§ 762, 764 BGB[5], sind bei der Kommission in der Praxis besonders bedeutsam die **kartellrechtlichen Schranken** (insbesondere §§ 19, 20 GWB, Art. 81, 82 EG). Zur Unwirksamkeit bzw. Nichtigkeit von Kommissionsverträgen nach §§ 306 f., 138 Abs. 1 BGB siehe BGH v. 20.3.2003 – I ZR 225/00, WM 2004, 132, 137 f.

d) Erfüllungsort und Gerichtsstand

10 Entscheidend ist die **Parteivereinbarung;** soweit diese keine Anhaltspunkte bietet, ist aus den sonstigen Umständen zu ermitteln, wo der Erfüllungsort

---

1 BGH v. 28.1.2003 – XI ZR 156/02, NJW 2003, 1447; OLG Brandenburg v. 20.3.2002 – 7 U 192/01, BKR 2003, 340, 341.
2 Vgl. § 26 Abs. 2 GWB a.F. *Ebenroth/Obermann*, DB 1981, 829 ff. Für eine analoge Anwendung des § 28a Abs. 3 GWB a.F. *Vollmer*, BB 1984, 226, 229; a.A. *Riesenkampff*, BB 1984, 2026, 2029.
3 BGH v. 11.7.1952 – VZR 80/52, NJW 1952, 1210; RG v. 20.3.1925 – VI 440/24, RGZ 110, 319 ff.; auch BGH v. 5.11.1982 – VZR 228/80, BGHZ 85, 245, 247; vgl. zur Begründung auch *Staub/Koller*, § 383 Rn. 54a.
4 Für generelle Formbedürftigkeit: *Schlegelberger/Hefermehl*, § 383 Rn. 39; für Formfreiheit: RG v. 27.9.1912 – II 149/12, RGZ 80, 99, 102 ff.
5 BGH v. 4.7.1974 – III ZR 66/72, NJW 1974, 1821; vgl. auch RG v. 6.11.1897 – I 229/97, RGZ 40, 259.

liegen soll; ansonsten ist auf § 269 BGB zurückzugreifen. Dies gilt jedenfalls für die Verpflichtungen des Kommissionärs, etwa für seine Rechenschafts- und Herausgabepflichten[1], d.h. Erfüllungsort ist in diesem Fall regelmäßig der Ort seiner gewerblichen Niederlassung oder seines Wohnortes. Im Zweifel gilt auch für die Verpflichtungen des Kommittenten (etwa Zahlung von Provisionen, Vorschüssen, Aufwendungsersatz) als Erfüllungsort sein Wohnsitz bzw. die Gewerbeniederlassung[2]. Zur „charakteristischen Leistung" weitergehend *Palandt/Heinrichs*[3].

Der Erfüllungsort bestimmt auch den **Gerichtsstand** (§ 29 Abs. 1 ZPO). Die beschränkende Wirkung des § 29 Abs. 2 ZPO ist bei Vereinbarungen über den Erfüllungsort zu beachten. Zur Problematik des Kommissionärs als Betriebsstätte vgl. *Kroppen/Hüffmeier*[4]. 11

e) Anzuwendendes Recht

Bei Auslandsbezug des Kommissionsgeschäfts gilt grundsätzlich die von den Parteien ausdrücklich oder stillschweigend vereinbarte Rechtsordnung. Mangelt es an einer Rechtswahl, ist das Recht des Staates anzuwenden, in dem der Schwerpunkt des Kommissionsgeschäfts liegt[5]. Dies ist regelmäßig nach Art. 27 f. EGBGB das für die gewerbliche Niederlassung des Kommissionärs maßgebliche Recht, da er es ist, der die für den Vertrag charkateristischen Leistungen zu erbringen hat[6]. 12

f) Pflichten aus dem Kommissionsvertrag

Pflichten ergeben sich für den Kommissionär insbesondere aus § 384 und für den Kommittenten andererseits aus § 396. Vgl. zu Einzelheiten die Kommentierungen dort. 13

g) Beendigung des Kommissionsvertrages

Beendigungsgründe für den Kommissionsvertrag sind vor allem Zeitablauf, Tod, Unmöglichkeit, Kündigung und Insolvenz. 14

aa) Zeitablauf, Tod, Kündigung, Widerruf

Der Vertrag endet mit Ablauf der Zeit, für den er eingegangen ist (bei Effektenkommission häufig: Befristung). 15

Nach der gesetzlichen Lage der §§ 675, 673 BGB, die beim Kommissionsvertrag Anwendung finden, müsste der Vertrag im Zweifel durch den **Tod des** 16

---

1 BGH v. 30.4.2003, NJW-RR 2003, 1582, 1583; OLG Düsseldorf v. 18.6.1974 – 23 U 170/73, NJW 1974, 2185.
2 BGH v. 28.3.1996 – III ZR 95/95, WiB 1996, 874 ff. mit Anm. *Kaum*.
3 *Palandt/Heinrichs*, § 269 BGB Rn. 12 f.
4 *Kroppen/Hüffmeier*, IWB 21 (1995), 999 ff.
5 Einzelheiten bei *Ebenroth*, RIW 1984, 165, 168.
6 BGH v. 30.4.2003 – III ZR 237/02, NJW-RR 2003, 1582, 1583.

Kommissionärs beendet sein. Häufig wird es sachgerecht sein, § 673 BGB nicht anzuwenden, insbesondere dann, wenn die Kommission der Firma als solche erteilt wird und bei Auftragserteilung die Person des Kommissionärs selbst nicht ausschlaggebend war[1]. Beim **Tod des Kommittenten** erlischt der Vertrag im Zweifel nicht, vgl. § 672 BGB.

17 **Unmöglichkeit der Leistung:** Wird etwa die Ausführung der Kommission durch den Untergang der verkauften Ware unmöglich, endet der Kommissionsvertrag. Es gelten die allgemeinen Regelungen der §§ 275, 323 ff. BGB.

Nach einem Urteil des OLG Zweibrücken kann die Kommission auch durch **Rücktritt** des Kommissionärs enden, wenn die Parteien im Rahmen der Verkaufskommission die Anwendbarkeit der kaufrechtlichen Gewährleistungsvorschriften (§§ 437, 440, 346 ff. BGB) vereinbart haben[2].

18 Sofern das Kommissionsverhältnis als **Werkvertrag** zu qualifizieren ist, kann eine **Kündigung** nach § 649 BGB durch den Kommittenten jederzeit bis zur Ausführung der Kommission erfolgen; d.h., die Kündigungserklärung muss dem Kommissionär vor der Ausführung zugegangen sein. So auch ausdrücklich noch § 405 Abs. 3 für den Widerruf der Kommission durch den Kommittenten.

19 Liegt dagegen ein Dienstvertrag vor, so kann die Kündigung sowohl vom Kommittenten als auch vom Kommissionär nach den §§ 627, 621 Nr. 5, 626, 675 Abs. 1 BGB erfolgen. Selbst die Kündigung zur Unzeit ist wirksam, begründet aber eventuell – soweit kein wichtiger Grund vorliegt – Schadensersatzansprüche, §§ 627 Abs. 2, 671 Abs. 2 BGB[3].

bb) Insolvenz

(1) Insolvenz des Kommittenten

20 Ein vom Kommittenten erteilter **Kommissionsauftrag erlischt** durch die Eröffnung des Verfahrens (§§ 115, 116 InsO), sofern die Kommission zur Zeit der Eröffnung des Insolvenzverfahrens noch nicht ausgeführt war. Die Vorschriften des § 672 S. 2 und § 674 BGB finden entsprechende Anwendung (§§ 115, 116 InsO). Der Kommissionsauftrag gilt danach ausnahmsweise als fortbestehend, bis der Kommissionär von der Eröffnung des Insolvenzverfahrens Kenntnis erhält oder erhalten musste (§ 674 BGB; § 115 Abs. 3 InsO). Der Kommissionär ist verpflichtet, die Besorgung des Kommissionsauftrages fortzusetzen, sofern mit dem Aufschub ansonsten Gefahr verbunden wäre (§ 672 BGB; § 115 Abs. 2 InsO). Nach Ausführung der Kommission ist § 116 InsO unanwendbar.

---

[1] *Baumbach/Hopt*, § 383 Rn. 13.
[2] OLG Zweibrücken v. 7.5.1997 – 6 U 8/96, NJW 1998, 1409, 1410.
[3] *Koller/Roth/Morck*, § 383 Rn. 8.

(2) Insolvenz des Kommissionärs

Die Insolvenz des Kommissionärs beendet den Kommissionsvertrag nicht[1]; vielmehr hat der **Insolvenzverwalter** bei noch nicht ausgeführter Kommission ein **Wahlrecht** zwischen Eintritt oder Ablehnung und Ersatzpflicht (§ 103 InsO). Wählt er Erfüllung, erwachsen dem Kommittenten Ansprüche gegen die Insolvenzmasse nach § 55 Abs. 1 Nr. 2 InsO; lehnt der Insolvenzverwalter ab, sind Vorschussrückforderungen oder Ersatzansprüche einfache Insolvenzforderungen. War der Kommissionsauftrag bei Eröffnung des Insolvenzverfahrens bereits ausgeführt, kann Verkaufskommissionsgut, soweit es noch nicht an den Dritten übereignet ist, nach § 47 InsO ausgesondert werden. Der Kommittent kann zudem kündigen (§§ 627, 649 BGB).

21

III. Abgrenzung des Kommissionsgeschäfts gegenüber anderen Vertragstypen bzw. Hilfspersonen des Handelsvertreters

1. Kaufvertrag

Schwierig kann die Abgrenzung zwischen Kaufvertrag und Kommissionsgeschäft sein. Entscheidend ist die **Auslegung (§§ 133, 157 BGB)**. Für das Vorliegen eines Kaufvertrages spricht die Vereinbarung eines Festpreises[2], aber auch der Ausschluss des Rückgaberechts[3]. Nimmt bei der Veräußerung eines neuen Kraftwagens der Kraftfahrzeughändler aufgrund einer von vornherein festen Vereinbarung einen Gebrauchtwagen des Erwerbers für einen Teil des Preises in Zahlung, liegt im Regelfall ein einheitlicher Kaufvertrag vor[4]. Anders aber, wenn die Beteiligten nebeneinander einen Neuwagenkauf und einen den Gebrauchtwagen betreffenden Vermittlungsvertrag oder Kommissionsvertrag geschlossen haben[5]. Vermittlung des Verkaufs eines Gebrauchtwagens ist kein Kauf[6]. Wenn ein Privatmann einem Bankier **Wertpapiere zum Ankauf** anbietet, ist in der Regel, insbesondere wenn kein fester Kaufpreis vereinbart ist, anzunehmen, dass die Parteien ein Kommissionsgeschäft (ggf. mit Selbsteintritt des Bankiers), nicht ein Eigengeschäft des Bankiers gewollt haben[7]. Die Annahme eines Kommissionsverhältnisses kommt auch dann in Betracht, wenn einer Vertragspartei bestimmte Weisungsbefugnisse zur Geschäftsdurchführung, so etwa zur Preisbestimmung, zustehen sollen[8].

22

---

1 Str.; vgl. RG v. 13.12.1911 – I 602/10, RGZ 78, 91, 92.
2 BGH v. 19.2.1975 – VIII ZR 175/73, BB 1975, 393, 394; RG v. 24.1.1925 – I 728/23, RGZ 110, 119, 121.
3 OLG Frankfurt v. 1.12.1981 – 5 U 107/81, BB 1982, 208.
4 Mit Ersetzungsbefugnis, s. BGH v. 30.11.1983 – VIII ZR 190/82, NJW 1984, 429 m.w.N.
5 BGH v. 5.4.1978 – VIII ZR 83/77, NJW 1978, 1482; BGH v. 31.3.1982 – VIII ZR 65/81, NJW 1982, 1699.
6 BGH v. 24.11.1980 – VIII ZR 339/79, BB 1981, 1670.
7 BGH v. 16.12.1952 – I ZR 29/52, BGHZ 8, 222 ff.
8 BGH v. 20.3.2003 – I ZR 225/00, NJW-RR 2003, 1056, 1058.

2. Handelsvertreter

23 Nach § 84 Abs. 1 ist Handelsvertreter, wer als selbständiger Gewerbetreibender ständig damit betraut ist, für einen anderen Unternehmer Geschäfte zu vermitteln oder in dessen Namen abzuschließen. Der Handelsvertreter handelt also **nicht im eigenen Namen** für andere.

3. Handelsmakler

24 Handelsmakler bzw. Makler (§§ 652 ff. BGB, §§ 93 ff. HGB)[1] ist, wer gewerbsmäßig **in fremdem Namen** Geschäfte abschließt, ohne aufgrund eines Vertragsverhältnisses ständig damit betraut zu sein.

4. Kommissionsagent

25 Kommissionsagent ist, wer **vertraglich ständig damit betraut** ist, Waren oder Wertpapiere für Rechnung eines anderen in eigenem Namen zu kaufen oder zu verkaufen[2]. Der Kommissionsagenturvertrag ist damit zwischen dem Kommissions- und dem Handelsvertretervertrag einzuordnen. Handelsvertreter ist der Kommissionsagent nicht, da er im eigenen Namen handelt, und vom Kommissionär unterscheidet er sich dadurch, dass er sich verpflichtet, für den Kommittenten ständig tätig zu werden sowie regelmäßig ein Kommissionslager zu unterhalten und den Vertrieb für ein bestimmtes Gebiet zu übernehmen[3]. Auf den Kommissionsagenten ist unter Umständen – jedenfalls im Innenverhältnis – **Handelsvertreterrecht** entsprechend anzuwenden, etwa §§ 87 Abs. 2, 89–89b, der den Ausgleichsanspruch regelt[4].

5. Vertragshändler

26 Der Vertragshändler kauft unter Dauervertrag Waren und verkauft sie **im eigenen Namen und auf eigene Rechnung** weiter (auch **Eigenhändler**).

IV. Ausführungsgeschäft

27 Das Ausführungsgeschäft – das vom Kommissionsgeschäft zu unterscheiden ist – schließt der Kommissionär mit dem Dritten im eigenen Namen für fremde, nämlich des Kommittenten, Rechnung (§ 383). Der Kommissionär wird aus diesem Geschäft heraus unmittelbar berechtigt und verpflichtet. Für den Kommittenten entstehen grundsätzlich weder Rechte (vgl. § 392 Abs. 1) noch Pflichten gegenüber dem Dritten, obwohl der Kommittent wirtschaftlich gesehen der Begünstigte des Ausführungsgeschäftes ist, wird das Geschäft doch zu seinen Gunsten geschlossen.

---

1 Vgl. dazu auch *Dehmer*, NJW 1991, 3254 und NJW 1993, 3236.
2 BGH v. 1.6.1964 – VII ZR 235/62, BB 1964, 823.
3 *Wüstendörfer*, ZHR 58 (1906), 118, 133.
4 BGH v. 20.3.2003 – I ZR 225/00, NJW-RR 2003, 1056, 1058; vgl. zahlreiche Nachweise bei *Baumbach/Hopt*, § 84 Rn. 19; zum Kommissionsagenten auch *Ebenroth*, RIW 1984, 168.

1. Vertragsschluss

Die Frage, ob ein Geschäft des Kommissionärs **Geschäft zur Ausführung** der Kommission ist oder **Eigengeschäft** (Geschäft auf eigene Rechnung) des Kommissionärs, hängt entscheidend vom Willen des Kommissionärs ab, der nicht notwendig nach außen erkennbar sein muss[1]; eine Ausführungsanzeige i.S.d. § 384 Abs. 2 bewirkt aber eine Klarstellung. Ist der Vertrag mit dem Dritten bereits **vor Übernahme der Kommission** geschlossen worden, liegt kein Ausführungsgeschäft vor, sondern unter Umständen ein Kaufvertrag[2]. In den Fällen, in denen der Kommissionär im Widerspruch zur Kommission im Namen des Kommittenten als dessen Vertreter ohne Vertretungsmacht handelt, bleibt es bei den allgemeinen Regeln der § 164 Abs. 1 und Abs. 2 sowie § 179 BGB. Handelt der Kommissionär **in fremdem Namen**, obwohl er im eigenen Namen auftreten wollte, greift entweder § 164 Abs. 1 BGB bei Vorliegen einer Vollmacht oder §§ 177 ff. BGB, wenn er nicht bevollmächtigt war[3].

28

2. Willensmängel beim Ausführungsgeschäft

Verwechselt der Kommittent die Ware, die er dem Kommissionär zum Weiterverkauf übergeben hat, hat sein Willensmangel grundsätzlich keinen Einfluss auf das Ausführungsgeschäft[4]. Ggf. kann er das Vertragsverhältnis zum Kommissionär anfechten und die Nichtigkeit der Ermächtigung zur Veräußerung der Kommissionsware geltend machen[5]. Es gelangen dann regelmäßig die **Grundsätze über die Geschäftsführung ohne Auftrag** zur Anwendung[6]. Liegen Willensmängel in der Person des Kommissionärs vor, so gelten die allgemeinen Regeln, da er im eigenen Namen handelt. Zur Drittschadensliquidation vgl. unten Rn. 31.

29

3. Leistungsstörungen

Der Kommittent ist regelmäßig **nicht Erfüllungsgehilfe** hinsichtlich des Ausführungsgeschäftes[7]. Ihn können jedoch ausnahmsweise Mitwirkungspflichten – wie die Herausgabepflicht – treffen[8]. Der Dritte ist nicht schutzwürdiger, weil sein Vertragspartner Kommissionär und nicht etwa Eigenhändler ist[9]. Den Kommittenten kann der Dritte daher grundsätzlich nur über **Deliktsrecht** in Anspruch nehmen; bei arglistigem oder sittenwidrigem

30

---

1 RG v. 18.9.1886 – I 206/86, RGZ 18, 20, 21; RG v. 25.5.1935 – I 310/34, RGZ 148, 190, 192; ebenso *Koller/Roth/Morck*, § 383 Rn. 12; a.A. *Staub/Koller*, § 383 Rn. 68 m.w.N.; *Baumbach/Hopt*, § 383 Rn. 16.
2 RG v. 4.3.1921 – III 390/20, RGZ 101, 380.
3 BGH v. 5.10.1961 – VII ZR 207/60, BGHZ 36, 30, 33.
4 *Hager*, AcP 180 (1980), 239, 240.
5 *Staub/Koller*, § 383 Rn. 69.
6 BGH v. 1.1.1963 – VII ZR 284/61, NJW 1962, 951.
7 *Hager*, AcP 180 (1980), 239, 245, 247; Ausnahme aber BGH v. 25.11.1971 – VII ZR 37/70, NJW 1972, 289; vgl. *Staub/Koller*, § 383 Rn. 72 und 73.
8 *Baumbach/Hopt*, § 383 Rn. 21.
9 *Staub/Koller*, § 383 Rn. 72.

Handeln des Kommittenten greift § 826 BGB ein[1]. Als „sonstiges Recht" i.S.d. § 823 BGB kommt die Verletzung des Forderungsrechts des Dritten gegen den Kommissionär durch den Kommittenten in Betracht. Weitergehender Drittschutz ist mit der Interessenlage nicht vereinbar. Bei Vertragsverletzungen des Dritten hat nur der Kommissionär einen Anspruch (§§ 323 ff., 280 ff. BGB; pVV). Vgl. aber zum regelmäßig fehlenden Schaden die Ausführungen zur Drittschadensliquidation in Rn. 31.

4. Drittschadensliquidation

31 Nach § 383 handelt der Kommissionär im eigenen Namen für fremde Rechnung. Daher tritt ein **Schaden** regelmäßig nicht in seiner Person (Aufwendungen sind ihm zu ersetzen, § 396 Abs. 2, § 670 BGB), sondern in der des Kommittenten ein. Da Einverständnis darüber besteht, dass der Schädiger aus der Schadensverlagerung keinen Vorteil ziehen darf, entwickelten Rechtsprechung und Lehre – ohne besondere Rechtsgrundlage – ausgehend von der Kommission als der typischen Form des Handelns im eigenen Namen für fremde Rechnung die Möglichkeit, im Falle der **mittelbaren Stellvertretung** eine Schadensliquidation im Drittinteresse durchführen zu können[2]. Mit anderen Worten kann der Kommissionär einen Schaden des Kommittenten **im eigenen Namen** gegenüber dem Dritten geltend machen[3]. § 254 Abs. 2 BGB ist zu beachten[4]. Die Geltendmachung des Drittschadens durch den Kommissionär ist aber grundsätzlich ausgeschlossen, wenn der Kommittent den Kommissionär nicht in Anspruch nimmt und auch künftig nicht in Anspruch nehmen will, da die Drittschadensliquidation weder zu einer Bereicherung des Kommissionärs noch dazu führen darf, dass der Dritte mehrfach in Anspruch genommen wird[5]. Ein Anspruch aus unerlaubter Handlung des Kommittenten gegen den Dritten schließt Liquidation des Drittschadens durch den Kommissionär nicht aus[6].

5. Eigentumsverhältnisse am Kommissionsgut

32 Wegen fehlender spezialgesetzlicher Regelungen für die Eigentumsverhältnisse am Kommissionsgut – mit Ausnahme der §§ 18 ff. DepotG bei der Effektenkommission – bleibt es bei den allgemeinen Vorschriften des BGB.

---

1 Vgl. dazu BGH v. 8.10.1964 – II ZR 132/64, NJW 1965, 249, 259; Kritik bei *Staub/Koller*, § 383 Rn. 72 und 73.
2 RG v. 16.5.1917 – V 30/17, RGZ 90, 240, 246; BGH v. 23.11.1954 – I ZR 78/53, BGHZ 15, 224, 228; BGH v. 26.9.1957 – II ZR 267/56, BGHZ 25, 250, 258; BGH v. 26.11.1968 – VI ZR 212/66, BGHZ 51, 91, 93.
3 BGH v. 10.7.1963 – VIII ZR 204/61, BGHZ 40, 91, 99.
4 *Koller/Roth/Morck*, § 383 Rn. 16; *K. Schmidt*, HR, § 31 V 1a aa.
5 *Schlegelberger/Hefermehl*, § 383 Rn. 34.
6 BGH v. 10.5.1984 – I ZR 52/82, NJW 1985, 2411, 2412.

a) **Dingliche Rechtslage bei der Verkaufskommission**

Der Verkaufskommissionär ist grundsätzlich nicht Eigentümer der Kommissionsware (anderweitige Absprache möglich). Er ist aber (konkludent) ermächtigt, das **Eigentum** des Kommittenten an der Ware auf den Dritten zu übertragen (§ 185 BGB). Entsprechend liegt im Zweifel nur ein Legitimations- und Ermächtigungsindossament vor, wenn Wertpapiere an den Kommissionär indossiert werden[1]. 33

Bei Kommission mit **Selbsteintritt** (siehe Erl. zu § 400) ist der Eigentumserwerb des Kommissionärs umstritten[2]. Eigentumserwerb kann nur dann angenommen werden, wenn von vornherein feststeht, dass der Kommissionär durch Selbsteintritt ausführt; anderenfalls spricht die Interessenlage des Kommittenten gegen die Annahme einer bedingten Einigung. Auch bei der Kommission mit Selbsteintritt (und beim Eigengeschäft) ist deshalb regelmäßig davon auszugehen, dass der Verkaufskommissionär mit Erklärungen gegenüber dem Kommittenten Käufer der Ware wird, die Übereignung an den Dritten aber im Rahmen von § 185 BGB – also ohne Zwischenerwerb des Verkaufskommissionärs – geschieht[3]. Die Verfügungsermächtigung i.S.d. § 185 Abs. 1 BGB des Kommissionärs ist auf die Übertragung des Kommissionsguts an den Dritten begrenzt[4]. Der Kommissionär darf aber auch **Sicherungseigentum** übertragen, beispielsweise an jemanden, der ein Darlehen zur Finanzierung des Kaufgeschäfts gibt[5]. 34

Verfügt der Kommissionär als Nichtberechtigter (etwa ohne eine entsprechende Ermächtigung oder unter Missachtung von Weisungen), kann der Dritte gutgläubig Eigentum erwerben (§§ 932 ff. BGB), z.B. bei einer Verfügung über das Kommissionsgut nach Beendigung des Kommissionsverhältnisses. Da § 366 nach dem Wortlaut des § 383 Abs. 1 und 2 auch unabhängig von der Kaufmannseigenschaft des Kommissionärs Anwendung findet, ist auch der gute Glaube des Dritten bezüglich der fehlenden **Verfügungsbefugnis** des Kommissionärs geschützt (§ 366). Der alte Eigentümer erlangt einen Anspruch nach § 816 Abs. 1 BGB gegen den Kommissionär[6]. Hat allerdings ein Verkaufskommissionär eine nicht dem Kommittenten gehörende Sache rechtswirksam veräußert, kann der frühere Eigentümer den Erlös dann nicht vom Kommissionär herausverlangen, wenn dieser ihn bereits an den Kommittenten weitergeleitet hat[7]. Im Falle der Rückabwicklung des Ausführungsgeschäfts wird der Kommittent wieder Eigentümer[8]. 35

---

1 *Schmidt-Rimpler* in Ehrenbergs Hdb. des gesamten HR, S. 923; *K. Schmidt*, HR, § 31 V 2a.
2 Bejahend: *Schlegelberger/Hefermehl*, § 383 Rn. 56.
3 Ebenso *Baumbach/Hopt*, § 383 Rn. 22.
4 Vgl. RG v. 8.11.1918 – VII 188/18, RGZ 94, 111; *Staub/Koller*, § 383 Rn. 86.
5 Vgl. RG v. 6.3.1931 – VII 270/30, RGZ 132, 196, 198.
6 A.A. *Hager*, AcP 180 (1980), 239, 294.
7 Wegen § 818 Abs. 3 BGB; BGH v. 1.3.1967 – VIII ZR 247/64, BGHZ 47, 128, 131; OLG Hamburg v. 12.3.1954 – 1 U 177/53, MDR 1954, 356; *Plambeck*, JuS 1987, 794.
8 Ebenso *Schlegelberger/Hefermehl*, § 383 Rn. 59 m.w.N.

b) Dingliche Rechtslage bei der Einkaufskommission

36 Der **Einkaufskommissionär** wird Eigentümer an den Waren, Inhaberpapieren (bzw. sonstigen Wertpapieren) und Forderungen (§§ 929 ff., 398 BGB, § 364 HGB; Art. 11 WG, §§ 18 ff. DepotG). Dies folgt direkt aus § 383, weil danach der Kommissionär dem Dritten gegenüber im eigenen Namen auftritt. Der Kommissionär ist nach § 384 Abs. 2 dann verpflichtet, dem Kommittenten das, was er aus der Geschäftsbesorgung erlangt hat, herauszugeben. Die Übertragung an den Kommittenten kann auf **verschiedenen Wegen** erfolgen:

37 – durch **Übereignung nach den §§ 929 ff. BGB** durch Einigung und Übergabe vom Kommissionär bzw. durch Zession oder Indossament;

38 – durch **Übereignung nach §§ 930, 868 BGB (Besitzkonstitut)**;

39 – durch **Abtretung des Herausgabeanspruchs** (§ 931 BGB).

40 – Der Kommittent kann aber auch sogleich Eigentum erwerben durch sog. **antizipiertes, vorweggenommenes Besitzkonstitut** (§ 930 BGB). In diesem Fall einigen die Parteien sich darüber, dass der Kommittent Eigentümer werden soll, bevor der Kommissionär Eigentum erworben hat. Zugleich wird mit dieser Einigung eine Vereinbarung über ein Besitzmittlungsverhältnis getroffen, der zufolge der Kommissionär das zu erlangende Kommissionsgut für den Kommittenten besitzen soll. Folge: Der Kommittent wird in dem Augenblick Eigentümer, in dem der Kommissionär Besitzer wird. Regelmäßig geht in diesem Fall das Eigentum „durch den Kommissionär hindurch", sog. **Durchgangserwerb**[1]. Es wird vermutet, dass der Kommissionär seiner Herausgabepflicht nachkommen will, sofern nichts anderes erkennbar wird[2]. Allerdings kann der Bestimmtheitsgrundsatz ggf. Ausführungshandlungen erforderlich machen (z.B. Inventarisierung, Einbringung in ein bestimmtes Lager). Die Einigung kann auch durch **Insichgeschäft** erfolgen. Der Kommissionär gilt sodann als bevollmächtigt, als Vertreter des Kommittenten das Angebot auf dingliche Einigung abzugeben und selbst anzunehmen; § 181 BGB greift nicht ein, weil der Kommissionär in Erfüllung seiner Herausgabepflicht handelt (§ 384 Abs. 2)[3].

41 – Erfolgt die Eigentumsübertragung vom Dritten nach den Grundsätzen über das **„Geschäft für den, den es angeht"**[4], wird der Kommittent direkt Eigentümer – ohne Durchgangserwerb.

42 – Eigentumserwerb an Effekten vollzieht sich nach § 18 Abs. 3 DepotG durch **Absendung des Stückeverzeichnisses** und durch Übertragung des

---

[1] Str., bejahend RG v. 4.4.1933 – VII 21/33, RGZ 140, 223, 231; *Baumbach/Hopt*, § 383 Rn. 26.
[2] *Staub/Koller*, § 383 Rn. 88.
[3] *Staub/Koller*, § 383 Rn. 89.
[4] Vgl. zur Rechtsfigur des Bargeschäfts des täglichen Lebens RG v. 2.11.1920 – VII 190/20, RGZ 100, 190; *Palandt/Bassenge*, § 929 BGB Rn. 25.

Miteigentums am Sammelbestand (§ 24 DepotG). Daneben ist ein Rechtsübergang nach allgemeinen Regeln möglich[1].

V. Muster für Kommissionsverträge

Muster für Kommissionsverträge finden sich bei *Hopt/Graf v. Westphalen*, Vertrags- und Formularbuch zum Handels-, Gesellschafts- und Bankrecht, 3. Aufl. 2007, Form IV. D. 1; *Wurm/Wagner/Zartmann/Benthin*, Das Rechtsformularbuch, 15. Aufl. 2006, Kap. 101a. Zum **Kommissionsvertrag** (Verlag als „Beauftragter" des Verfassers, auf dessen Kosten das Werk erscheint) vgl. *Delp*, Der Verlagsvertrag – Kommissionsverlagsvertrag, S. 148, 149.

43

VI. Spezielle Geschäfte

Das **Emissions- und Konsortialgeschäft** ist kein Bankgeschäft i.S.d. § 1 Abs. 1 S. 2 KWG (vgl. aber für Finanzinstitute § 1 Abs. 3 S. 1 Nr. 8 KWG). Konsortien sind zeitweilige Vereinigungen von selbständig bleibenden Banken, die Einzelgeschäfte auf gemeinsame Rechnung durchführen, mit dem Ziel, Risiko und Kapitalinanspruchnahme für den einzelnen Konsorten zu vermindern[2]. Gegenstand des Konsortiengeschäfts sind u.a. die Kreditgewährung und auch die Kurspflege (Kauf und Verkauf von Wertpapieren zur Regulierung ihres Kurses, nicht selten anschließend Emission und Börseneinführung). Die Emission von Wertpapieren durch Konsortien erfolgt entweder durch bloße Übernahme, also durch den Wertpapierkauf vom Emittenten ohne Sofort-Weitergabe oder in Form der Begebung: Verkauf für Rechnung des Emittenten im eigenen Namen (dann Kommission i.S.d. §§ 383 ff.) oder im Namen des Emittenten[3].

44

VII. Strafbestimmungen

Im Bereich der Effektenkommission ist § 61 BörsG (Verleitung zur Börsenspekulation) nebst den Ordnungswidrigkeitstatbeständen (§ 62 BörsG) zu beachten. Daneben kommt die Strafbarkeit des Kommissionärs nach allgemeinem Strafrecht, z.B. wegen Untreue nach § 266 StGB, in Betracht[4].

45

---

1 *Koller/Roth/Morck*, § 383 Rn. 21; *K. Schmidt*, HR, § 31 V 3b.
2 *Baumbach/Hopt*, BankGesch (7) Rn. Y 2.
3 Zu Einzelheiten *Hopt*, Die Verantwortlichkeit der Banken bei Emissionen, 1991; *De Meo*, Bankenkonsortien, 1994.
4 BGH v. 4.12.1962 – VI ZR 28/62, BB 1963, 107 f.; OLG Köln v. 12.11.1963 – Ss 292/63, BB 1965, 107; vgl. auch *Staub/Koller*, § 383 Rn. 95.

§ 384
Pflichten des Kommissionärs

(1) Der Kommissionär ist verpflichtet, das übernommene Geschäft mit der Sorgfalt eines ordentlichen Kaufmanns auszuführen; er hat hierbei das Interesse des Kommittenten wahrzunehmen und dessen Weisungen zu befolgen.

(2) Er hat dem Kommittenten die erforderlichen Nachrichten zu geben, insbesondere von der Ausführung der Kommission unverzüglich Anzeige zu machen; er ist verpflichtet, dem Kommittenten über das Geschäft Rechenschaft abzulegen und ihm dasjenige herauszugeben, was er aus der Geschäftsbesorgung erlangt hat.

(3) Der Kommissionär haftet dem Kommittenten für die Erfüllung des Geschäfts, wenn er ihm nicht zugleich mit der Anzeige von der Ausführung der Kommission den Dritten namhaft macht, mit dem er das Geschäft abgeschlossen hat.

Übersicht

	Rn.		Rn.
I. Sorgfaltspflichten eines ordentlichen Kaufmanns	1	b) Herausgabe des im Zusammenhang mit der Geschäftsbesorgung Erlangten	12
1. Vorvertragliche Pflichten	3	2. Art und Weise der Herausgabe	13
2. Interessenwahrung	4	**VI. Pflicht zur Nennung des Dritten**	15
3. Befolgung von Weisungen	5	1. Voraussetzungen der Selbsthaftung	16
II. Nachrichtspflicht	6	a) Ausführungsanzeige	17
III. Ausführungsanzeige	7	b) Zeitpunkt	18
IV. Rechenschaftslegung	8	c) Namhaftmachung	19
V. Herausgabepflicht		d) Kein Verschulden	20
1. Umfang der Herausgabepflicht	10	2. Rechtsfolgen	21
a) Das unmittelbar aus dem Ausführungsgeschäft Erlangte	11	a) Ausgeführte Kommission	22
		b) Nicht-ausgeführte Kommission	23
		3. Ausschluss der Selbsthaftung	24

I. Sorgfaltspflichten eines ordentlichen Kaufmanns

1 Nach § 384 Abs. 1 1. Hs. ist der Kommissionär verpflichtet, das übernommene „Geschäft" mit der Sorgfalt eines ordentlichen Kaufmanns auszuführen, wohingegen § 384 Abs. 2 1. Hs. von der „Ausführung der Kommission" spricht (vgl. auch §§ 400 Abs. 2, 3, 404, 405). Daraus folgt, dass zwischen der „Ausführung der Kommission" und dem „übertragenen Geschäft" ein Unterschied besteht, wobei der Begriff „Ausführung des Geschäfts" (vgl. §§ 386, 396 Abs. 1) mehrdeutig eingesetzt wird. „Ausführung der Kommission" meint dahingegen lediglich den Abschluss des Ausführungsgeschäftes[1].

---

1 Zur Terminologie *Staub/Koller*, § 384 Rn. 2.

§ 384 Abs. 1 1. Hs. verpflichtet den Kommissionär, das übernommene Geschäft mit der Sorgfalt eines ordentlichen Kaufmanns auszuführen. Damit verweist § 384 auf die Regelung des § 347, die ihrerseits die im Verkehr erforderliche Sorgfalt i.S.d. § 276 Abs. 1 S. 2 BGB ergänzt und lediglich den **Sorgfaltsmaßstab** regelt, nicht aber Voraussetzungen und Inhalt der Verantwortlichkeit des Kaufmanns. Maßgebend für die angemessene Sorgfaltsanforderung ist die **Art des Geschäfts**[1].

1. Vorvertragliche Pflichten

Der Kommissionär hat die Interessen des Kommittenten bei Ausführung des übernommenen Geschäfts wahrzunehmen. Eigene Ziele darf der Kommissionär nur beim Aushandeln der Konditionen des Kommissionsvertrages (Provisionshöhe) verfolgen[2]. Schon bei den Vertragsverhandlungen hat der Kommissionär den Kommittenten zu beraten und auf Risiken des Ausführungsgeschäfts hinzuweisen. Die Pflicht kann sich als **Warnpflicht** gestalten, wenn der Kommissionär ein Risiko kennt, nicht aber der Kommittent, etwa, wenn er einen Verkaufsauftrag entgegen nimmt, obwohl er damit rechnen muss, dass es sich um „unreelle Stücke" handelt[3]. Derartiges Verhalten löst bei Verschulden des Kommissionärs einen Schadensersatzanspruch aus. **Aufklärungs- und Beratungspflichten** treffen den Kommissionär vor Abschluss des Kommissionsvertrages nur in geringem Umfang. Der Pflichtenkreis des Kommissionärs wächst, wenn er mit dem Kommittenten in dauernden Geschäftsverbindungen steht. Wird eine derartige Verpflichtung des Kommissionärs bejaht, haftet er unter Umständen für schuldhaftes Unterlassen der erforderlichen Aufklärung bzw. für die falsche Beratung aus (stillschweigend) geschlossenem **Auskunftsvertrag**, § 280 BGB, oder aus **c.i.c.**[4]. Berät der Kommissionär den Kommittenten freiwillig bei der Vertragsanbahnung, müssen die Empfehlungen richtig und vollständig sein, andernfalls begibt er sich wiederum in die Gefahr der Haftung nach c.i.c. Da es um Vermögensschäden geht, greifen deliktische Ansprüche nur untergeordnet ein (etwa § 826 oder § 823 Abs. 2 BGB); aber etwa die Haftung des Brokers aus §§ 826, 830 BGB bei Provisionsschinderei des Anlageberaters/-vermittlers (sog. churning)[5]. Auskünfte müssen richtig, klar und vollständig übermittelt werden, so dass kein täuschendes Bild entsteht, auch nicht durch Wertungen des Kommissionärs[6]. Bei sich ändernden Umständen ist der Kommissionär verpflichtet, Berichtigungen unverzüglich vorzunehmen[7].

---

1 RG v. 3.11.1906 – I 125/06, RGZ 64, 257.
2 *Staub/Koller*, § 384 Rn. 3.
3 BGH v. 16.12.1952 – I ZR 29/52, BGHZ 8, 223, 235.
4 Vgl. dazu BGH v. 23.1.1985 – IVa ZR 66/83, WM 1985, 450, 451; BGH v. 4.3.1987 – IVa ZR 122/85, BGHZ 100, 117.
5 BGH v. 13.7.2004 – VI ZR 136/03, NJW 2004, 3423.
6 BGH v. 12.7.1982 – II ZR 175/81, WM 1982, 862; *Kübler*, ZHR 145 (1981), 204, 208.
7 BGH v. 24.4.1978 – II ZR 172/76, BGHZ 71, 285, 291; BGH v. 16.11.1978 – II ZR 94/77, BGHZ 72, 382, 387; BGH v. 23.1.1985 – IVa ZR 66/83, WM 1985, 450, 452.

2. Interessenwahrung

4 Der **Inhalt der geschuldeten Leistungen** bestimmt sich nach dem konkreten Kommissionsvertrag (Dienst- bzw. Werkvertrag; vgl. § 383 Rn. 6) oder der Weisung (vgl. dazu Rn. 15). Bei dienstvertraglicher Qualifizierung schuldet der Kommissionär zumutbaren Arbeits- und Organisationsaufwand; beim Werkvertrag den Erfolg des „Ausführungsgeschäftes"[1]. Jedenfalls gehört zur Interessenwahrungspflicht ein sachgerechter und vorteilhafter Abschluss des Ausführungsgeschäfts mit dem Dritten[2]. Nach pflichtgemäßem Ermessen hat der Kommissionär darüber zu befinden, welches Ausführungsgeschäft den vertraglich festgelegten oder erkennbaren **Interessen des Kommittenten** entspricht[3], z.B. das Ausführungsgeschäft mit den günstigsten Konditionen. Bei Zweifeln besteht die Pflicht, den Kommittenten zu befragen. Fehlen Anhaltspunkte, hat der Kommissionär nach pflichtgemäßem Ermessen die Vor- und Nachteile abzuwägen.

Der Kommissionär hat den Kommittenten auf etwaige Bedenken und Gefahren gegen das beabsichtigte Ausführungsgeschäft hinzuweisen[4]. Die Interessenwahrungspflicht ist insbesondere auch dann gegeben, wenn der mit einem Wissensvorsprung ausgestattete Kommissionär nicht von einer hinreichenden Kenntnis des Kommittenten ausgehen kann und sich deshalb aufgrund des in dem auszuführenden Geschäft liegenden Risikos eine besondere Schutzbedürftigkeit zeigt[5]. Regelmäßig hat der Kommissionär die Kommission **in eigener Person** auszuführen (insbesondere bei dienstvertraglicher Charakterisierung des Kommissionsgeschäfts, vgl. § 613 und § 664 Abs. 1 S. 1 BGB), wenn nicht die Substitutionsbefugnis vereinbart ist oder diese sich aus den Umständen ergibt (z.B. durch Zustimmung des Kommittenten). Dies gilt auch für den Zwischenkommissionär[6]. Hilfspersonen kann er aber heranziehen (§ 278 BGB). Die Übernahme entgegengesetzter **Aufträge verschiedener Kommittenten** ist regelmäßig zulässig, wenn sich die Bedingungen anhand von objektiven Faktoren (z.B. Börsenpreisen) ergeben[7]; ansonsten gilt das Prioritätsprinzip[8]. Bei **kollidierenden Interessen** des Kommittenten mit denen des Kommissionärs gehen die Interessen des Kommittenten vor; ansonsten besteht ein Treuepflichtverstoß[9]; vgl. für das

---

1 *Staub/Koller*, § 384 Rn. 18.
2 BGH v. 25.6.2002 – XI ZR 239/01, NJW-RR 2002, 1344, 1345, zur Stornierung und Rückabwicklung eines getätigten Geschäfts wegen des Vorliegens eines sog. „Mistrades"-Geschäftsabschlusses zu einem nicht marktgerechten Preis; vgl. auch *Fleckner/Vollmuth*, WM 2004, 1263, 1264 ff.
3 BGH v. 25.6.2002 – XI ZR 239/01, NJW-RR 2002, 1344; *Koller*, BB 1979, 1725, 1727 ff.
4 BGH v. 16.12.1952 – I ZR 29/52, BGHZ 8, 222, 235.
5 OLG Köln v. 18.2.1994 – 19 U 195/93, WM 1995, 381, 385.
6 Zur Haftung bei Substitution *Staub/Koller*, § 384 Rn. 19.
7 *Staub/Koller*, § 384 Rn. 20.
8 Näher *Koller*, BB 1978, 1735 f.; *K. Schmidt*, HR, § 31 IV 1a. Für Gleichbehandlung *Schlegelberger/Hefermehl*, § 401 Rn. 11; differenzierend *Koller/Roth/Morck*, § 384 Rn. 11.
9 BGH v. 20.3.2003 – I ZR 225/00, NJW-RR 2003, 1056, 1059; BGH v. 24.2.1982 – IVa ZR 306/80, NJW 1982, 1752.

Wertpapiergeschäft insbesondere § 31 Abs. 1 Nr. 2 WpHG. Aus diesem kommissionsrechtlichen Treueverhältnis wird bisweilen ein begrenztes Wettbewerbsverbot abgeleitet[1].

3. Befolgung von Weisungen

Nach § 384 Abs. 1 2. Hs. hat der Kommissionär nicht nur das Interesse des Kommittenten wahrzunehmen, sondern insbesondere dessen Weisungen zu befolgen. Der Begriff „Weisung" ist insoweit umstritten, als bisher ungeklärt ist, ob es sich lediglich um nachträgliche oder auch um bei Abschluss getroffene oder sogar um solche Anordnungen handelt, die bereits zum Vertragsschluss gehören. Wollte man den Begriff weit fassen und auch die Pflichten, die zum Vertragsschluss gehören, als umfasst betrachten, wäre die in § 384 Abs. 1 erwähnte Pflicht zur Ausführung des Geschäfts bei gleichzeitiger Interessenwahrnehmung überflüssig, weshalb der Auffassung von *Staub/Koller*[2] zu folgen ist und als Weisung i.S.d. § 384 Abs. 1 2. Hs. lediglich die **nachträgliche Anordnung** des Kommittenten zu interpretieren ist. Soweit die Weisungen des Kommittenten von einem **rechtsgeschäftlichen Geltungswillen** getragen sind (auch konkludent), binden sie den Kommissionär. In der Praxis beziehen sich die Weisungen vornehmlich auf den Preis (Höchstpreis für den Ankauf bzw. Mindestpreis für den Verkauf). Bei Zweifeln hinsichtlich des Inhalts der Weisung besteht eine Rückfrageverpflichtung.

II. Nachrichtspflicht

Nach § 384 Abs. 2 1. Hs. hat der Kommissionär dem Kommittenten die **erforderlichen Nachrichten** zu geben. Diese Pflicht obliegt dem Kommissionär bereits nach den §§ 675, 666, 667 BGB. Grundgedanke der Vorschrift ist es, dem Kommittenten die ihm regelmäßig fehlenden Informationen zu verschaffen, die er braucht, um seine Rechtsstellung beurteilen und Folgerungen daraus ziehen zu können. Der Kommissionär hat den Kommittenten **unaufgefordert** über die Umstände zu unterrichten, die für Entschließungen des Kommittenten von Bedeutung sein können[3]. Welche konkreten Nachrichten erforderlich sind, entscheidet sich im Einzelfall nach der Art der Kommission und der Person des Kommittenten. Je enger der Kommissionär an Weisungen des Kommittenten gebunden ist, desto stärker dürfte dessen Nachrichtsverpflichtung sein[4]. Der Kommissionär muss den Kommittenten etwa über den Zustand von Waren informieren, über Ansprüche Dritter oder über wesentliche Veränderungen beabsichtigter Kreditsicherungen, insbesondere hat er bei der Geschäftsbesorgungskommission mitzuteilen, mit wem, wann, zu welchem Preis und zu welchen sonstigen Bedingungen er

---

1 Zu Einzelheiten *Koller*, BB 1978, 1736 f.
2 *Staub/Koller*, § 384 Rn. 22 ff.
3 BGH v. 25.6.2002 – XI ZR 239/01, NJW-RR 2002, 1344, 1345.
4 Vgl. etwa zur Berichtspflicht des Handelsvertreters OLG Köln v. 3.3.1971 – 2 U 63/70, MDR 1971, 667.

das Geschäft getätigt hat[1]. Über die Nennung des Dritten, mit dem das Ausführungsgeschäft geschlossen wurde, vgl. Rn. 15 ff.; zur Erklärung des Selbsteintritts § 400 Rn. 1 ff. Die Benachrichtigung muss **ausführlich** und **verständlich** sein sowie **unverzüglich**, d.h. ohne schuldhaftes Zögern (§ 121 BGB), erfolgen[2]. Vgl. zu der Pflicht zur Übersendung des Stückeverzeichnisses bei der Einkaufskommission in Effekten §§ 18 ff. DepotG. Unterlässt der Kommissionär die Übermittlung der erforderlichen Nachrichten oder übermittelt er sie dem Kommittenten schuldhaft unrichtig oder verspätet, macht er sich dem Kommittenten gegenüber dadurch schadenersatzpflichtig[3]. Das abgeschlossene Geschäft kann der Kommittent dagegen nicht zurückweisen; die Geschäfte bleiben wirksam.

III. Ausführungsanzeige

7   Die Ausführungsanzeige ist die **Vollzugsmeldung** des Kommissionärs[4]. Die bloße Ankündigung eines noch zu schließenden Ausführungsgeschäfts ist noch keine Ausführungsanzeige. „Ausgeführt" ist die Kommission, wenn der Kommissionär den **Vertrag** mit dem Dritten **tatsächlich geschlossen** hat. Der Regelung des § 405 Abs. 1 ist zu entnehmen, dass als Ausführungsanzeige die Mitteilung von der erfolgten Ausführung der Kommission ohne Angabe der Einzelheiten genügt[5]. Bei erlaubtem Selbsteintritt des Kommissionärs enthält regelmäßig die Selbsteintrittsanzeige die Ausführungsanzeige (vgl. § 405 Rn. 2).

IV. Rechenschaftslegung

8   § 384 Abs. 2 2. Hs. wiederholt die sich für den Kommissionär bereits aus den §§ 675, 666 BGB ergebende Pflicht, über das Geschäft Rechenschaft abzulegen. Gemeint ist das gesamte Geschäft. Die Pflicht betrifft demzufolge nicht nur das Ausführungsgeschäft, sondern die **ganze Tätigkeit**, die sich aus dem Kommissionsvertrag für den Kommissionär ergibt. Die Rechnungslegung, d.h. die Pflicht, über die mit Einnahmen oder Ausgaben verbundene Verwaltung Rechenschaft abzulegen (vgl. § 259 BGB), stellt einen wichtigen Teil der in § 384 normierten Rechenschaftsablegungsverpflichtung dar. Der Kommissionär muss eine **nachprüfbare schriftliche Abrechnung** erteilen[6]. Anzugeben sind etwa der Kaufpreis, die dem Kommissionär entstandenen Kosten (z.B. für Lagerung bzw. Beförderung) und etwaige Einnahmen. Soweit nach Verkehrssitte oder Handelsbrauch Belege erteilt werden, sind auch diese vom Kommissionär vorzulegen[7], insbesondere wenn der Kommittent da-

---

[1] *Schlegelberger/Hefermehl*, § 384 Rn. 25.
[2] RGRK-BGB/*Steffen*, § 666 BGB Rn. 4.
[3] *Schmidt-Rimpler* in Ehrenbergs Hdb. des gesamten HR, S. 729.
[4] *Schlegelberger/Hefermehl*, § 384 Rn. 25; *Staub/Koller*, § 384 Rn. 30.
[5] A.A. *Staub/Koller*, § 384 Rn. 30.
[6] *Schlegelberger/Hefermehl*, § 384 Rn. 30.
[7] Vgl. aber BGH v. 31.3.1971 – VIII ZR 251/69, LM zu § 810 BGB Nr. 5.

rauf angewiesen ist[1]. Die Vorlage genügt, zur Aushändigung der Belege ist er nicht verpflichtet[2]. Besteht Grund zu der Annahme, dass die in der Rechnung enthaltenen Angaben nicht mit der erforderlichen Sorgfalt gemacht worden sind, hat der Kommissionär auf Verlangen des Kommittenten die Offenbarungsversicherung i.S.d. § 259 Abs. 2 BGB abzugeben (vgl. aber § 259 Abs. 3 BGB). Zur Vorlegung seiner Handelsbücher ist der Kommissionär nur unter den Voraussetzungen des § 810 BGB verpflichtet[3]. Gewöhnlich dürfte es allerdings an dem rechtlichen Interesse des Kommittenten fehlen, da die Rechnungsauszüge den Inhalt der Buchungseintragungen bereits enthalten. Neben der schriftlichen Abrechnung muss der Kommissionär im Einzelnen darlegen, wie er die Kommission ausgeführt hat, z.B. muss er den erzielten Preis begründen. Ggf. kann der Kommittent Stufenklage (§ 254 ZPO) erheben.

Überwiegend wird angenommen, dass der Kommissionär hinsichtlich der Pflicht zur Rechenschaftslegung **vorleistungspflichtig** ist, so dass der Kommittent Zahlung der Provision bzw. die Erstattung der Aufwendungen verweigern kann, bis der Kommissionär vollständig Rechenschaft abgelegt hat (§ 273 BGB)[4]. Die Verpflichtung, Rechenschaft abzulegen, erwächst dem Kommissionär, wenn er seine Tätigkeit beendet hat. Selbst bei vorzeitigem Ende des Kommissionsverhältnisses ist der Kommissionär unaufgefordert zu vorzeitiger Rechenschaft verpflichtet. Allerdings ist ihm eine **angemessene Frist** zuzubilligen. Einwendungen gegen die Rechnungslegung sind vom Kommittenten innerhalb einer angemessenen Frist geltend zu machen; andernfalls gilt die Rechnungslegung als anerkannt[5]. Die Fiktion der Anerkennung bzw. die ausdrückliche Anerkennung steht einer **Entlastung des Kommissionärs** gleich, so dass der Kommittent Ansprüche wegen nicht ordnungsgemäßer Ausführung des Geschäfts nicht mehr geltend machen kann. Die Anerkennung der Rechnung kann ein **abstraktes Schuldanerkenntnis** i.S.d. § 781 BGB enthalten[6]; allerdings nicht bei Abrechnung gegenüber dem falschen Kommittenten[7].

V. Herausgabepflicht

1. Umfang der Herausgabepflicht

Nach § 384 Abs. 2 2. Hs. hat der Kommissionär dasjenige herauszugeben, was er aus der Geschäftsbesorgung erlangt hat (vgl. auch §§ 675, 667 BGB).

---

1 BGH v. 8.7.1985 – II ZR 150/84, NJW 1986, 127.
2 *Schlegelberger/Hefermehl*, § 384 Rn. 30; a.A. *Staub/Koller*, § 384 Rn. 49.
3 A.A. *Baumbach/Hopt*, § 384 Rn. 8; § 810 BGB greift nicht Platz.
4 *Baumbach/Hopt*, § 384 Rn. 8.
5 So auch *Schlegelberger/Hefermehl*, § 384 Rn. 33; a.A. aber *Staub/Koller*, § 384 Rn. 55.
6 *Koller/Roth/Morck*, § 384 Rn. 16.
7 OLG Frankfurt v. 2.5.1972 – 5 U 166/70, WM 1972, 1474, 1475.

a) Das unmittelbar aus dem Ausführungsgeschäft Erlangte

11 Unmittelbar aus dem Ausführungsgeschäft erlangt sind Forderungen, so etwa aus Leistungsansprüchen, auf Schadensersatz, auf Zahlung einer Vertragsstrafe und aus Vergleich, sowie Gestaltungsrechte, soweit sie übertragbar sind, und die für die Durchsetzung der Rechte notwendigen Begleit- und Beweisurkunden. Ebenfalls aus dem Ausführungsgeschäft erlangt sind das Kommissionsgut sowie grundsätzlich nicht verbrauchte Vorschüsse und eventuelle Nutzungen des Kommissionsgutes (§ 100 BGB). Erlangt sind regelmäßig auch Bereicherungsansprüche[1]. Anfechtungsrechte hat der Kommissionär – da nicht abtretbar – selbst auszuüben. Der Kommissionär hat das Erlangte in dem Zustand herauszugeben, wie er es erlangt hat; nichts anderes gilt für die Eigentumsübertragung bei Waren: Er kann Eigentum übertragen oder auch nur die Anwartschaft auf Eigentum (z.B. bei Erwerb unter Eigentumsvorbehalt, vgl. §§ 449, 929 ff. BGB), Besitz oder auch lediglich den Anspruch auf Herausgabe von Sachen.

b) Herausgabe des im Zusammenhang mit der Geschäftsbesorgung Erlangten

12 Die Rechtsprechung[2] und die überwiegende Meinung in der Literatur[3] legen die Regelung des § 384 Abs. 2 2. Hs. entsprechend den Regelungen der §§ 667, 675 BGB stets dahingehend aus, dass der Kommissionär auch das herausgeben muss, was mit der Geschäftsbesorgung **in innerem Zusammenhang** steht, da dem Kommissionär kein Vorteil daraus erwachsen soll, dass ihm etwas im Zusammenhang mit der Geschäftsbesorgung zugewandt worden ist. Die Reichweite der Herausgabepflicht wird mit überzeugender Begründung schärfer umrissen und eingeengt bei *Schmidt-Rimpler*[4] und *Staub/Koller*[5], die bei Pflichtverstößen dem Kommittenten einen Herausgabeanspruch in Analogie zu den Regelungen des Wettbewerbsverbotes in §§ 61 Abs. 1 Alt. 2, 113 Abs. 1 Alt. 2 HGB, 88 Abs. 2 S. 2 AktG gewähren. Bei weiter Auslegung der Herausgabepflicht besteht auch eine Verpflichtung zur Herausgabe der Versicherungsentschädigung nach Verlust der Kommissionsware[6] sowie von **Schmiergeldern**[7] und **„Geschenken"**[8]; herauszugeben ist auch der **Mengen-Bonus**, der für die Abnahme einer größeren Menge gewährt wird (auch bei Bündelung von Aufträgen). § 413 findet insoweit auch keine entsprechende Anwendung[9]. Ebenfalls herauszugeben: **Großhandels-**

---

1 Zu Einzelheiten vgl. *Schmidt-Rimpler* in Ehrenbergs Hdb. des gesamten HR, S. 684; GK/*Achilles*, § 384 Rn. 14.
2 BGH v. 29.10.1962 – II ZR 194/60, BGHZ 38, 171, 175; OLG Koblenz v. 27.1.1967 – 2 U 774/65, MDR 1967, 770.
3 *Koller/Roth/Morck*, § 384 Rn. 17 m.w.N.
4 *Schmidt-Rimpler* in Ehrenbergs Hdb. des gesamten HR, S. 685 ff.
5 *Staub/Koller*, § 384 Rn. 39.
6 OLG Koblenz v. 27.1.1967 – 2 U 774/65, MDR 1967, 770.
7 Vgl. dazu auch BGH v. 7.11.1963 – VII ZR 149/61, BGHZ 39, 1 ff.
8 So *Baumbach/Hopt*, § 384 Rn. 9.
9 *Staub/Koller*, § 384 Rn. 40.

Boni und **Gesamtumsatz-Boni**. Nichts anderes gilt für **Bonifikationen** von Emmittenten für den Vertrieb von Wertpapieren[1].

2. Art und Weise der Herausgabe

Der Kommissionär hat das Erlangte in dem Zustand herauszugeben, wie er es erhalten hat[2], d.h. eine eigenständige Sach- und Rechtsmängelhaftung gilt insoweit nicht[3]. Sofern der Kommissionär bereits mangelhafte Ware angenommen hat, beurteilen sich etwaige Pflichtverletzungen nach §§ 384 Abs. 1, 388 Abs. 1 bzw. § 390. Im Rahmen einer Verkaufskommission können diese Bestimmungen aber auch durch eine Vereinbarung der Anwendbarkeit kaufrechtlicher Gewährleistungsregeln überlagert sein[4]. Beim Gattungskauf ist die **gekaufte Ware** ausgesondert herauszugeben[5]. Da er kein Austauschrecht besitzt[6], darf er nicht gekaufte Papiere auch nicht für sich veräußern und dem Kommittenten später gleichartige liefern, ein sog. Depotfixen löst eine Schadensersatzverpflichtung aus[7]. Allerdings entspricht es der Praxis, für den Fall, dass **Buch- oder Bargeld** herauszugeben ist, lediglich zu verlangen, dass ein entsprechender Geldbetrag überwiesen wird[8]. Werden Waren oder Effekten im Ausland verkauft und Erlöse in ausländischer Währung erzielt, sind diese im Zweifel in Fremdwährung herauszugeben. Zur Erfüllung der Herausgabepflicht bei der **Effektenkommission** vgl. §§ 18 ff. DepotG. 13

Mangels anderweitiger Absprache hat die Herausgabe **unverzüglich** (§ 121 BGB) zu erfolgen. Allerdings braucht der Kommissionär nur Zug um Zug gegen Befriedigung seiner Ansprüche (gegen Erstattung der Aufwendungen; Zahlung der Provision) zu leisten (§§ 273, 320 BGB), wobei zu berücksichtigen ist, dass die Herausgabe des Kaufpreises durch den Kommissionär nicht im Gegenseitigkeitsverhältnis zur Warenhingabe durch den Kommittenten steht[9]. Am Kommissionsgut und dem Anspruch aus dem Ausführungsgeschäft hat der Kommissionär ein Pfand- und Befriedigungsrecht (§§ 397 bis 399). Der Kommittent kann Klage auf Rechnungslegung mit einer Leistungsklage regelmäßig verbinden (Stufenklage, § 254 ZPO). **Erfüllungsort** ist für den Herausgabeanspruch im Zweifel der Geschäftssitz des Kommissionärs (vgl. § 269 BGB). Der Einkaufskommissionär muss die Ware bis zur Herausgabe verwahren[10]. Das Transportrisiko trägt der Kommittent (§ 447 14

---

1 Vgl. *Koller*, BB 1978, 1739; *Staub/Koller*, § 384 Rn. 40.
2 *Staub/Koller*, § 384 Rn. 41.
3 OLG Frankfurt v. 21.3.1985 – 1 U 44/84, MDR 1985, 849; GK/*Achilles*, § 384 Rn. 14.
4 OLG Zweibrücken v. 7.5.1997 – 6 U 8/96, NJW 1998, 1409, 1410.
5 RG v. 28.1.1903 – I ZR 296/02, RGZ 53, 365, 370.
6 RG v. 28.1.1903 – I ZR 296/02, RGZ 53, 363, 369 f.
7 *Staub/Koller*, § 384 Rn. 41.
8 Vgl. BGH v. 4.12.1962 – VI ZR 28/62, NJW 1963, 486.
9 Dazu BGH v. 26.9.1980 – I ZR 119/78, BGHZ 79, 93; *Koller/Roth/Morck*, § 384 Rn. 18.
10 RG v. 28.1.1903 – I ZR 296/02, RGZ 53, 365, 369.

BGB)[1]. **Schuldhafte Verletzungen** der Herausgabepflicht lösen Ansprüche auf Schadensersatz gegen den Kommissionär aus; er verliert den Anspruch auf Provision und muss das vom Kommittenten Empfangene zurückzahlen, §§ 280 ff., 323 ff. BGB[2]. In der Praxis relevant ist der Rücktritt des Kommissionärs vom Ausführungsgeschäft ohne Weisung bzw. ohne Nachfristsetzung i.S.v. § 323 BGB[3]. Zur Haftung des Kommittenten analog § 822 BGB s. *Staub/Koller*[4]. **Verjährung:** Ansprüche des Kommittenten gegen den Kommissionär verjähren nach § 195 BGB in drei Jahren[5].

VI. Pflicht zur Nennung des Dritten

15 Nach § 384 Abs. 3 ist der Kommissionär zur Nennung des Dritten unter den dort angeführten Voraussetzungen verpflichtet.

1. Voraussetzungen der Selbsthaftung

16 Unterlässt es der Kommissionär, zugleich mit der Anzeige von der Ausführung der Kommission den Dritten namhaft zu machen, haftet er für die **Erfüllung** des Geschäfts (sog. **Selbsthaftung;** vgl. auch Delkrederehaftung, § 394 Abs. 1, aber Abs. 2). Voraussetzungen:

a) Ausführungsanzeige

17 Dem Kommittenten muss zunächst die Ausführung der Kommission angezeigt worden sein. Fehlt eine Ausführungsanzeige, kommt es im Falle des Verschuldens nur zu einer Schadensersatzpflicht wegen Verletzung der Anzeigepflicht.

b) Zeitpunkt

18 Zudem muss es der Kommissionär unterlassen haben, dem Kommittenten **zugleich** mit der Nachricht von der Ausführung den Dritten benannt zu haben, mit dem er das Ausführungsgeschäft geschlossen hat. Früher zugehende Nennung genügt; später zugehende Nennung beseitigt die Haftung nicht[6]. Für den Zeitpunkt der Namhaftmachung ist auf den **Zugang** (nicht auf die Absendung) **der Ausführungsanzeige** abzustellen[7].

---

1 Dazu *Staub/Koller*, § 384 Rn. 42.
2 RG v. 28.1.1903 – I ZR 296/02, RGZ 53, 365, 371.
3 *Staub/Koller*, § 384 Rn. 44.
4 *Staub/Koller*, § 384 Rn. 46 m.w.N.
5 Durch das Schuldrechtsmodernisierungsgesetz wurde die regelmäßige Verjährungsfrist von 30 auf 3 Jahre verkürzt. Für den Verjährungsbeginn gilt § 199 BGB.
6 *Baumbach/Hopt*, § 384 Rn. 13.
7 Str.; a.A. *Koller/Roth/Morck*, § 384 Rn. 22.

c) Namhaftmachung

Die erforderliche Namhaftmachung des Dritten liegt nur vor, wenn dem Kommittenten aufgrund der erhaltenen Angaben die Identifizierung des Dritten ohne größere Schwierigkeiten möglich ist[1]. Aus diesem Grunde wird die Mitteilung der **Adresse** des Dritten gefordert. Nur wenn aus den Gesamtumständen heraus verständlich ist, wer Vertragspartner ist, kann (selten) sogar eine Ausführungsanzeige ohne jegliche Namensnennung genügen[2]. Irrige Benennung des Dritten berechtigt den Kommissionär zur Anfechtung (§§ 119, 122 BGB analog, nicht § 384 Abs. 3)[3].

19

d) Kein Verschulden

Die Selbsthaftung setzt ein Verschulden des Kommissionärs nicht voraus.

20

2. Rechtsfolgen

Da sich § 384 Abs. 3 vom Wortlaut ausgehend in erster Linie auf das Geschäft bezieht, das der Kommissionär in Ausführung der Kommission mit einem von ihm nicht genannten Dritten abgeschlossen hat, die Regelung aber auch greift, wenn der Kommissionär (noch) kein Ausführungsgeschäft getätigt hat, die Ausführung jedoch dennoch angezeigt hat, ist zu unterscheiden:

21

a) Ausgeführte Kommission

Dem Kommittenten bleibt die Wahl: Er kann die Nennung des Dritten nach § 384 Abs. 2 und die **Übertragung der Rechte aus dem Ausführungsgeschäft** verlangen. Erfüllt der Kommissionär dieses Verlangen nicht, kann der Kommittent das Geschäft nach Fristsetzung zurückweisen oder Schadensersatz verlangen (§ 385). Andererseits kann er den Kommissionär nach § 383 Abs. 3 auf **Erfüllung des angezeigten Ausführungsgeschäfts** in Anspruch nehmen, und zwar zu den Konditionen des tatsächlich abgeschlossenen Geschäfts. Hat der Kommissionär in seiner Anzeige günstigere Konditionen mitgeteilt, als er tatsächlich erzielt hatte, haftet der Kommissionär richtiger Ansicht nach auf die Erfüllung der mitgeteilten Konditionen[4]. Der Kommissionär haftet unmittelbar und persönlich.

22

b) Nicht-ausgeführte Kommission

Nach § 384 Abs. 3 kann der Kommittent vom Kommissionär verlangen, dass dieser das als abgeschlossen angezeigte Geschäft **erfüllt**[5]. Bei fehlender oder unzureichender Mitteilung der Bedingungen des angeblichen Ausführungs-

23

---
1 RG v. 11.3.1921 – II ZR 482/20, RGZ 101, 413, 415.
2 Str.; a.A. *Baumbach/Hopt*, § 384 Rn. 13.
3 Ebenso *Baumbach/Hopt*, § 384 Rn. 13.
4 *Staub/Koller*, § 384 Rn. 80 m.w.N.
5 *Staub/Koller*, § 384 Rn. 82.

geschäfts sind die Lücken hypothetisch zu schließen[1]. Der Kommittent kann aber auch die Ausführung verlangen oder unter Umständen den Vertrag **kündigen**[2]. Daneben kann er **Schadensersatz** wegen Verzögerung der Ausführung geltend machen (§§ 280 ff., 323 ff. BGB).

3. Ausschluss der Selbsthaftung

24 Die Nennungsverpflichtung i.S.d. § 384 Abs. 3 ist **abdingbar.** Die Haftung des Kommissionärs kann **kraft Vereinbarung,** aber auch **kraft Handelsbrauch**[3] aufgehoben werden. Der Verzicht auf die Benennung des Dritten beinhaltet keinen konkludenten Ausschluss der Haftung.

§ 385
Weisungen des Kommittenten

(1) Handelt der Kommissionär nicht gemäß den Weisungen des Kommittenten, so ist er diesem zum Ersatze des Schadens verpflichtet; der Kommittent braucht das Geschäft nicht für seine Rechnung gelten zu lassen.

(2) Die Vorschriften des § 665 des Bürgerlichen Gesetzbuchs bleiben unberührt.

Schrifttum: *Knütel*, Weisungen bei Geschäftsbesorgungsverhältnissen, insbesondere bei Kommission und Spedition, ZHR 137 (1973), 285.

1. Weisungen des Kommittenten

1 Der Begriff der Weisung ist umstritten. Einigkeit besteht dahingehend, dass eine **Anordnung** vorliegen muss, die von dem Willen getragen ist, den Geschäftsbesorger zu binden (anders die Empfehlung oder bloße Anregung). Typische Form der Weisung ist die Limitierung, also Festsetzung von Mindest- und Höchstbedingungen, damit insbesondere Mindest- oder Höchstgrenzen[4]. Fraglich aber ist, ob Weisungen nur einseitige Anordnungen sind, die der Kommittent bei oder nach Vertragsabschluss erteilt[5], oder ob auch die **Vertragsabreden** zu den Weisungen gehören[6]. Der Begriff der Weisung ist richtiger Auffassung nach weit zu fassen[7]. Neben den konkreten Tätigkeitsanweisungen (Handlungen/Unterlassungen) umfasst er auch die zum Vertragsschluss selbst gehörenden Erklärungen. Ebenfalls umstritten ist, ob § 385 auch eingreift, wenn das Ausführungsgeschäft bereits abgeschlossen

---

1 Vgl. auch *Schmidt-Rimpler* in Ehrenbergs Hdb. des gesamten HR, S. 963.
2 *Baumbach/Hopt*, § 384 Rn. 12.
3 RG v. 2.12.1925 – I ZR 123/25, RGZ 112, 151 für den Wertpapierhandel.
4 BGH v. 20.3.2003 – I ZR 225/00, NJW-RR 2003, 1056, 1059.
5 So noch RG, Warn. 40 Nr. 20.
6 Dazu ausführlich *Knütel*, ZHR 137 (1973), 285, 287 f.
7 Ebenso *Staub/Koller*, § 385 Rn. 4; a.A. *Koller/Roth/Morck*, § 385 Rn. 2.

ist. Nach zutreffender Ansicht ist dies zu bejahen[1]. Ein Beispiel aus der Praxis ist die Kundenweisung an eine Bank. Der Annahme eines nicht ausdrücklich vereinbarten Weisungsrechtes des Kommittenten gegenüber dem Kommissionär steht nicht entgegen, dass der Kommissionär ein Akkreditiv in Höhe von 75 % des Marktpreises der übernommenen Ware zu stellen hat[2]. Weisungen entbinden den Kommissionär nicht von den übrigen ihm obliegenden Pflichten (vgl. § 384). Bedenken bezüglich erteilter Weisungen hat der Kommissionär geltend zu machen (ansonsten ggf. Haftung aus § 280 BGB)[3].

2. Weisungswidriges Verhalten

Grundsätzlich hat der Kommissionär, der von einer Weisung abweichen will, dem Kommittenten eine **Mitteilung** zu geben und diesem die Entscheidung zu überlassen, selbst wenn dies zu Nachteilen für den Kommittenten führen kann[4]. Ggf. berechtigt und (in Ausnahmefällen) sogar verpflichtet, von den Weisungen des Kommittenten (ohne vorherige Mitteilung) abzuweichen, ist der Kommissionär aber etwa, wenn ein Zuwarten mit erheblichen Risiken verbunden ist (Gefahr im Verzug). Fehlt die Möglichkeit, rechtzeitig „neue" Weisungen einzuholen, kann sich das Recht, von der Weisung abzuweichen, zu einer **Pflicht zur Abweichung** verdichten, wenn der Kommissionär nur auf diese Weise die Interessen des Kommittenten optimal verfolgen kann[5]. Nach noch weitergehender Ansicht[6] besteht eine Verpflichtung zur Abweichung bereits dann, wenn eine Weisung des Kommittenten klar seinem Interesse widerspricht und dem Kommissionär nicht erkennbar wird, dass der Kommittent sie bewusst trotzdem aufrechterhält.

Im Übrigen werden die Rechtsfolgen des § 385 bei folgenden Konstellationen **nicht** ausgelöst: Bei ausdrücklicher oder konkludenter Genehmigung der Abweichung durch den Kommittenten[7]; bei einer hinreichenden Ausgleichserbietung[8]; bei Nebenpflichtverletzungen, wenn der wirtschaftliche Erfolg des Geschäfts den Interessen des Kommittenten entspricht[9]. Die **Beweislast** für die Berechtigung zur Abweichung liegt beim Kommissionär[10].

---

1 Ebenso *Schlegelberger/Hefermehl*, § 385 Rn. 5; *Knütel*, ZHR 137 (1973), 285, 309 ff.; *Staub/Koller*, § 385 Rn. 4.
2 OLG München v. 26.5.1955 – 6 U 1482/54, BB 1955, 682.
3 Ebenso *Koller/Roth/Morck*, § 385 Rn. 2.
4 Vgl. auch §§ 675, 665 BGB und BGH v. 30.10.1984 – IX ZR 6/84, VersR 1985, 83, 84; *K. Schmidt*, HR, § 31 IV 1a.
5 Ebenso *Staub/Koller*, § 385 Rn. 14; zurückhaltender *Schlegelberger/Hefermehl*, § 385 Rn. 14.
6 *Baumbach/Hopt*, § 385 Rn. 2.
7 *Knütel*, ZHR 137 (1973), 285, 332 f.
8 OLG Frankfurt v. 2.3.1989 – 16 U 46/88, NJW-RR 1989, 997: Bloßes weisungswidriges Beschaffen von Optionsscheinen verletzt nicht die Interessen des Auftraggebers in einer zum Schadensersatz verpflichtenden Weise.
9 So auch *Koller/Roth/Morck*, § 385 Rn. 3.
10 *Palandt/Sprau*, § 665 BGB Rn. 7.

3. Verschulden

4 Nach Sinn und Zweck der Regelung des § 385 Abs. 1 – insbesondere auch aus den allgemeinen schadensersatzrechtlichen Grundsätzen heraus – ist ein **schuldhafter Weisungsverstoß** erforderlich. Der Kommissionär muss beweisen, dass ihn kein Verschulden trifft, § 280 Abs. 1 S. 2 BGB[1].

4. Rechtsfolgen bei Weisungsverstoß

5 Bei schuldhaft weisungswidrigem Verhalten ist der Kommissionär dem Kommittenten – mit Ausnahme der oben in Rn. 3 angeführten Fallkonstellationen – zum **Ersatz des Schadens** verpflichtet, oder der Kommittent kann die aus dem weisungswidrigen Ausführungsgeschäft stammenden Verpflichtungen **zurückweisen.** Im Einzelnen:

a) Schadensersatz

6 Zu ersetzen ist grds. das **positive Interesse**[2], die §§ 249 ff. BGB finden Anwendung. Lediglich Ausgleich des negativen Interesses kann verlangt werden, werden, wenn das getätigte Ausführungsgeschäft weisungsgemäß zu abweichenden Bedingungen hätte geschlossen werden müssen und wenn der Kommittent in seinem Vertrauen auf Gültigkeit und Bestand dieses Ausführungsgeschäfts enttäuscht wird und dadurch einen Schaden erleidet[3]. Bei Zurückweisung des Geschäfts kann der Kommittent den Schaden ersetzt verlangen, der ihm durch die nicht ordnungsgemäße Ausführung entstanden ist[4]. Mitverschulden i.S.d. § 254 BGB (etwa bei Schweigen auf längeres Ausbleiben der Effektenverkaufsnachricht durch den Bankkunden)[5] ist zu berücksichtigen. Die **Beweislast** zur Höhe obliegt nach allgemeinen Regeln dem Kommittenten.

b) Zurückweisung

7 Nach § 385 Abs. 1 2. Hs. braucht der Kommittent das Geschäft nicht für seine Rechnung gelten zu lassen. Selbst bei unverschuldeten Weisungsverstößen[6] kann der Kommittent die aus dem Ausführungsgeschäft stammenden Verpflichtungen zurückweisen. Lehnt der Kommittent das weisungswidrige Geschäft ab, entsteht kein Provisionsanspruch[7]. Die Zurückweisung muss nicht notwendig unverzüglich erfolgen (anders bei § 386 Abs. 1). Selbst das Schweigen auf die Anzeige, aus der der Kommittent die weisungswidrige Ausführung ersieht, bedeutet (noch) nicht ohne weiteres die Genehmigung

---

1 Ebenso *Koller/Roth/Morck*, § 390 Rn. 2; *Baumbach/Hopt*, § 385 Rn. 3.
2 BGH v. 28.5.2002 – XI ZR 336/01, NJW-RR 2002, 1272.
3 BGH v. 25.6.2002 – XI ZR 239/01, NJW-RR 2002, 1344, 1345.
4 *Staub/Koller*, § 385 Rn. 12.
5 BGH v. 11.5.1981 – II ZR 32/80, WM 1981, 712, 714.
6 H.L.; a.A. *Koller*, BB 1979, 1730.
7 *Staub/Koller*, § 385 Rn. 11.

der Abweichung[1]. Ein weisungswidrig abgeschlossenes Geschäft bedeutet keine Erfüllung. Im Falle der Zurückweisung muss der Kommissionär die Kommission von neuem ausführen, da die Kommission fortdauert, wenn sie nicht aus anderen Gründen erlischt[2], z.B. infolge Rücktritts wegen ernsthafter Erfüllungsverweigerung nach § 323 BGB oder aufgrund der Kündigung des Kommissionsvertrages. Selbst dann besteht noch die Verpflichtung des Kommissionärs, das aus der Geschäftsbesorgung Erlangte herauszugeben.

§ 386
Preisgrenzen

(1) Hat der Kommissionär unter dem ihm gesetzten Preise verkauft oder hat er den ihm für den Einkauf gesetzten Preis überschritten, so muss der Kommittent, falls er das Geschäft als nicht für seine Rechnung abgeschlossen zurückweisen will, dies unverzüglich auf die Anzeige von der Ausführung des Geschäfts erklären; andernfalls gilt die Abweichung von der Preisbestimmung als genehmigt.

(2) Erbietet sich der Kommissionär zugleich mit der Anzeige von der Ausführung des Geschäfts zur Deckung des Preisunterschieds, so ist der Kommittent zur Zurückweisung nicht berechtigt. Der Anspruch des Kommittenten auf den Ersatz eines den Preisunterschied übersteigenden Schadens bleibt unberührt.

1. Zweck der Regelung

§ 386 betrifft **Verstöße gegen Preissetzungen**, nicht Verstöße gegen Weisungen anderer Art (vgl. dazu § 385). Die Vorschrift soll es im Interesse des Kommissionärs unmöglich machen, dass sein Auftraggeber mit der Zurückweisung zuwartet, um abzuwarten, ob und wie sich die Marktverhältnisse ändern[3]. 1

2. Abweichungen von Preissetzungen

Ob eine **bindende Preissetzung** gegeben ist, ist im Zweifel durch Auslegung zu ermitteln. Dies ist zu bejahen, wenn dem Verkaufskommissionär ein bestimmter Mindestpreis vorgegeben wird mit dem Hinweis, er könne den höheren Verkaufspreis einbehalten[4]. Bei Wertpapieren ist die Kursangabe als Limit anzusehen[5]. Preise in einer Vertragsurkunde sind nicht notwendig als Mindestpreise anzusehen. Weder eine Verkehrssitte noch ein Handelsbrauch bestehen dahingehend, dass die in einem Versteigerungsauftrag genannten 2

---

1 *Baumbach/Hopt*, § 385 Rn. 4.
2 *Baumbach/Hopt*, § 385 Rn. 4.
3 *Staub/Koller*, § 386 Rn. 1.
4 Vgl. RG v. 24.1.1919 – II 324/18, RGZ 94, 288; RG v. 24.1.1925 – I 728/23, RGZ 110, 119, 121.
5 RG v. 19.5.1926 – I 309/25, RGZ 114, 11.

Preise als Mindestpreise anzusehen sind und der Versteigerer vor der Unterschreitung der Schätzpreise beim Auftraggeber Rückfrage halten muss. Insoweit besteht lediglich die Pflicht des Versteigerers, darauf zu achten, dass das Versteigerungsgut nicht verschleudert wird[1].

3 Der Kommissionär hat die Pflicht, den ihm gesetzten Mindestverkaufspreis oder Höchsteinkaufspreis einzuhalten. In der Regel kann er sich nicht darauf stützen, dass der vorgegebene Preis nicht zu erzielen war. In Fällen dieser Art darf er das Geschäft nicht tätigen, sofern nicht die Voraussetzungen des § 665 BGB gegeben sind. Zwar fehlt im Rahmen des § 386 eine dem § 385 Abs. 2 entsprechende Regelung, doch folgt nach hier vertretener Auffassung bereits aus § 675 BGB die Anwendbarkeit des § 665 BGB. Sofern die Preisfestsetzung nicht in dem Sinne zu verstehen ist, dass dem Kommissionär selbst ein für den Kommittenten günstigeres Abweichen nicht gestattet ist (sog. **verschärftes Limit**)[2], verstößt der Kommissionär nicht gegen die Preisfestsetzung, wenn er einen noch höheren Verkaufspreis oder niedrigeren Einkaufspreis erzielt als vorgeschrieben, vgl. § 387 Abs. 1 und 2. Ein vorteilhafterer, aber weisungswidriger Vertragsabschluss zieht nicht die Konsequenzen des § 386 nach sich; vielmehr verbleibt es bei § 385.

3. Anzeige der Ausführung

4 Die Abweichung vom Preislimit muss aus der Ausführungsanzeige für den Kommittenten erkennbar sein.

4. Unverzügliche Zurückweisung

5 Der Kommittent muss, wenn ihm die Abweichung ordnungsgemäß angezeigt worden ist, das Geschäft unverzüglich (§ 121 BGB) zurückweisen. Dem Kommittenten ist eine **angemessene Überlegungsfrist** zuzubilligen[3]. Für die „Zurückweisung" ist es ausreichend, dass der Kommissionär erkennen kann, dass das geschlossene Geschäft nicht auf Rechnung des Kommittenten gelten soll. In Anlehnung an § 377 Abs. 4 soll der Kommissionär die Gefahr des Zugangs der Erklärung über die Zurückweisung tragen[4]. Dies ist nicht in allen Fällen sachgerecht. Grundsätzlich hat es bei § 130 BGB zu bleiben.

5. Rechtsfolge

6 Bei rechtzeitiger Zurückweisung gilt das Geschäft als **nicht für Rechnung des Kommittenten** abgeschlossen (vgl. § 386 Abs. 1 1. Hs.). Der Kommittent ist demzufolge nicht verpflichtet, die Provision zu zahlen. Bei schuldhaftem

---

1 KG v. 22.9.1983 – 2 U 2803/83, MDR 1984, 143, 144.
2 *Schlegelberger/Hefermehl*, § 386 Rn. 7.
3 Ebenso *Staub/Koller*, § 386 Rn. 7.
4 Str., *Staub/Koller*, § 386 Rn. 9; a.A. *Baumbach/Hopt*, § 386 Rn. 1; GK/*Achilles*, § 386 Rn. 4.

Verhalten entsteht eine Schadensersatzverpflichtung des Kommissionärs[1]. Nach § 386 Abs. 1 2. Hs. gilt bei unterlassener bzw. verspäteter Zurückweisung das Geschäft mit den angezeigten Preisbestimmungen als **genehmigt**. Die auf Gesetz beruhende Genehmigung macht nur Sinn, wenn dem Kommittenten auch Schadensersatzansprüche wegen Missachtung des Limits genommen werden[2]. Daneben hat der Kommittent Ansprüche gegen den Kommissionär nach § 385, wenn nicht nur von den Preislimits, sondern auch von anderen Weisungen abgewichen wird.

6. Deckungszusage des Kommissionärs

Soweit der Kommissionär zugleich mit der Anzeige von der Ausführung des Geschäfts sein Anerbieten zur Deckung des Preisunterschieds zum Ausdruck bringt, ist der Kommittent zur Zurückweisung nicht berechtigt (§ 386 Abs. 2 S. 1). Voraussetzung ist, dass das Anerbieten **zugleich** mit der Ausführungsanzeige erfolgt. Entscheidend ist nicht die Absendung der Ausführungsanzeige, sondern deren Zugang, was sich aus § 130 Abs. 1 S. 2 BGB ergibt. Das Anerbieten muss die gesamte Preisdifferenz ausgleichen und darf nicht bedingt sein[3]. § 386 Abs. 2 findet keine Anwendung, wenn der Kommissionär offenbar **zahlungsunfähig** ist[4]. In diesen Fällen ist der Kommittent berechtigt, die Deckung zurückzuweisen. Bei wirksamem Anerbieten haftet der Kommissionär auf den vollen Betrag.

7

§ 387
Vorteilhafter Abschluss

(1) Schließt der Kommissionär zu vorteilhafteren Bedingungen ab, als sie ihm von dem Kommittenten gesetzt worden sind, so kommt dies dem Kommittenten zustatten.

(2) Dies gilt insbesondere, wenn der Preis, für welchen der Kommissionär verkauft, den von dem Kommittenten bestimmten niedrigsten Preis übersteigt oder wenn der Preis, für welchen er einkauft, den von dem Kommittenten bestimmten höchsten Preis nicht erreicht.

1. Zweck der Regelung

§ 387 stellt klar, was sich ohnehin aus der **Interessenwahrungspflicht** i.S.d. § 384 Abs. 1 2. Hs. ergibt. Zu einem vorteilhaften Abweichen ist der Kommissionär ohnehin – soweit möglich – verpflichtet. Als Entgelt erhält der Kommissionär Provision und Aufwendungsersatz (§ 396); an dem Ausführungsgeschäft wird er nicht beteiligt. Aus dem als Auslegungsregel zu ver-

1

---

1 Str., s. *Staub/Koller*, § 386 Rn. 11.
2 Str.; wie hier *K. Schmidt*, HR, § 31 IV 1b; *Staub/Koller*, § 386 Rn. 12; a.A. aber *Schmidt-Rimpler* in Ehrenbergs Hdb. des gesamten HR, S. 879.
3 *Staub/Koller*, § 386 Rn. 14.
4 *Staub/Koller*, § 386 Rn. 14 m.w.N.

stehenden § 387 ergibt sich, dass Abweichungen zugunsten des Kommittenten trotz gesetzter Bedingungen zulässig sind. Die Regelung ist abdingbar[1]. Vgl. zu den Besonderheiten bei Selbsteintritt die Anmerkungen zu § 401.

2. Vorteilhaftere Bedingungen

2 Die gesetzlichen Merkmale sind **weit auszulegen.** Nicht nur der **Preis**, sondern alles, was aus der Sicht des Kommittenten im Zusammenhang mit dem Ausführungsgeschäft günstig ist, wird erfasst, z.B. Ratenzahlungsabreden; (nachträgliche) Stundungen; Barzahlungs- und Mengennachlässe; Rabatte, Zugaben, Boni; Kulanzleistungen[2]. **Nicht** zu den vorteilhaften Bedingungen zählen die, die lediglich **aus Anlass** oder **bei Gelegenheit** des Ausführungsgeschäfts gewährt wurden, wie z.B. das Kai-Geld[3]; ebenso wenig **Emissionsbonifikationen**[4]. § 387 ist auch dann anwendbar, wenn die vorteilhaften Bedingungen nicht bei Abschluss des Ausführungsgeschäfts vereinbart, sondern erst im Nachhinein gewährt worden sind.

3. Rechtsfolge

3 Nach § 387 Abs. 1 kommt der vorteilhaftere Abschluss **dem Kommittenten zustatten.** Bei der Verkaufskommission ist der Kommissionär verpflichtet, den gesamten Erlös herauszugeben (§ 384 Abs. 2); bei der Einkaufskommission kann er auch nur den niedrigeren Preis, zu dem er eingekauft hat, vom Kommittenten verlangen (§§ 675, 670 BGB). Bereits geleistete höhere Vorschüsse kann der Kommittent nach §§ 675, 667 BGB bzw. nach den §§ 812 ff. BGB zurückfordern. Der Kommittent muss **beweisen**, dass der Kommissionär die Kommission zu günstigeren Bedingungen ausgeführt hat.

§ 388
Beschädigtes oder mangelhaftes Kommissionsgut

(1) Befindet sich das Gut, welches dem Kommissionär zugesendet ist, bei der Ablieferung in einem beschädigten oder mangelhaften Zustande, der äußerlich erkennbar ist, so hat der Kommissionär die Rechte gegen den Frachtführer oder Schiffer zu wahren, für den Beweis des Zustandes zu sorgen und dem Kommittenten unverzüglich Nachricht zu geben; im Falle der Unterlassung ist er zum Schadensersatz verpflichtet.

(2) Ist das Gut dem Verderb ausgesetzt oder treten später Veränderungen an dem Gute ein, die dessen Entwertung befürchten lassen, und ist keine Zeit vorhanden, die Verfügung des Kommittenten einzuholen, oder ist der Kommittent in der Erteilung der Verfügung säumig, so kann der Kommissionär den Verkauf des Gutes nach Maßgabe der Vorschriften des § 373 bewirken.

---

1 Zu Einzelheiten *Staub/Koller*, § 387 Rn. 8.
2 Dazu *Lenz*, Die Kulanzleistung des Versicherers, 1993.
3 *Schlegelberger/Hefermehl*, § 387 Rn. 5.
4 *Baumbach/Hopt*, § 387 Rn. 1.

1. Zweck der Regelung

Die Regelung des § 388 stellt eine Ergänzung zu den sich bereits aus § 384 Abs. 1 und 2 ergebenden Pflichten des Kommissionärs dar[1] und ist – da nicht abschließend – analog anwendbar[2].

2. Zugesandtes Gut

Unter den Begriff „Gut" i.S.d. § 388 fallen **Waren oder Wertpapiere**, die dem Kommissionär im Zusammenhang mit dem Ausführungseschäft zugesandt werden[3]. Ebenfalls unter § 388 fallen die als Vorschuss gelieferten Waren, z.B. Werbematerial; str. bei zur Sicherheit zugesandten Sachen[4]. Für die **Zusendung** gilt Folgendes: Dem Wortlaut nach besteht ein Unterschied zum Zugang i.S.d. § 130 BGB und zu der Versendung (vgl. § 447 BGB). Dennoch wird allgemein die **Übergabe** des Gutes bzw. die **Aushändigung** verlangt[5]. Gleichgültig ist, ob dem Kommissionär auf Veranlassung des Dritten oder des Kommittenten her zugesandt wird. Entscheidend ist, dass das Gut durch eine **Zwischenperson** (z.B. Frachtführer) übergeben wird[6]. Zu beachten ist allerdings die Rügepflicht i.S.d. § 377, die der Kommissionär dem Dritten gegenüber beim Handelskauf zu erfüllen hat[7].

3. Ablieferung

Mit der Übergabe bzw. Aushändigung der Ware hat der Kommissionär das Gut auf äußerlich erkennbare Mängel zu prüfen und nach § 388 zu verfahren. § 388 gilt aber nicht nur, wenn sich das Gut „bei der Ablieferung" in einem beschädigten Zustand befindet. Zeigen sich dem Kommissionär die Mängel später, muss der Kommissionär ebenfalls nach § 388 Abs. 1 vorgehen[8].

4. Beschädigter oder mangelhafter Zustand

Es ist umstritten, ob § 388 ausschließlich **Qualitätsmängel** oder außerdem auch **Quantitätsmängel** erfasst[9]. Da sich eine einschränkende Auslegung mit dem weiten Wortlaut kaum vereinbaren lässt, ist letzterer Auffassung zu folgen[10].

---

1 Vgl. OLG Düsseldorf v. 14.12.1972 – 18 U 99/72, DB 1973, 1943.
2 *Staub/Koller*, § 388 Rn. 1.
3 *Staub/Koller*, § 388 Rn. 2.
4 Bejahend: *Staub/Koller*, § 388 Rn. 2; a.A. *Schlegelberger/Hefermehl*, § 388 Rn. 5.
5 *Staub/Koller*, § 388 Rn. 3 m.w.N.
6 Str.; a.A. *Heymann/Kötter*, § 388 Rn. 1.
7 Vgl. OLG München v. 24.11.1959 – 6 U 958/59, BB 1960, 642.
8 *Baumbach/Hopt*, § 388 Rn. 1.
9 So *Schlegelberger/Hefermehl*, § 388 Rn. 6; *Heymann/Kötter*, § 388 Rn. 1.
10 Im Erg. ebenso *Staub/Koller*, § 388 Rn. 4, der sich für die analoge Anwendung ausspricht.

5. Äußerliche Erkennbarkeit der Mängel

5 Die unter Rn. 4 angeführten Mängel müssen äußerlich erkennbar sein. Davon ist auszugehen, wenn der Kommissionär sie bei zumutbarer Prüfung und Untersuchung – ohne Beschädigung der Verpackung[1] – wahrnehmen kann (optisch, visuell, durch Gerüche oder Geräusche etc.). Dem Kommissionär obliegt lediglich eine **beschränkte Untersuchungspflicht.** Hegt der Kommissionär den dringenden Verdacht, dass das Kommissionsgut beschädigt ist, ohne dass äußerliche Anhaltspunkte dies bestätigen würden, stellt sich die Frage, wie er zu handeln hat: *Staub/Koller*[2] wenden § 388 analog an und verpflichten den Kommissionär, das Gut mit zumutbaren Mitteln auf verdeckte Schäden hin zu untersuchen.

6. Rechtsfolge des § 388 Abs. 1

a) Wahrung der Rechte

6 Rechte i.S.d. § 388 sind solche, die dem Kommissionär als Empfänger im eigenen Namen zustehen, wie z.B. §§ 421, 425[3]. So darf der Kommissionär, bevor die Beschädigung bzw. die Mangelhaftigkeit des Kommissionsgutes nicht durch **amtliche Sachverständige** festgestellt worden ist, Zahlungen nicht vornehmen. Bei der Einkaufskommisson muss der Kommissionär dem Kommittenten gegenüber die Rechte durch Untersuchung und Rüge nach § 377 wahren. Über das „Wie" der Rechtswahrung schweigt das Gesetz. In einigen Fällen genügt ein **bloßer Vorbehalt** (vgl. Art. 30 CMR). In Einzelfällen trifft den Kommissionär die Verpflichtung, einen **Arrest** oder eine **einstweilige Verfügung** zu erwirken[4].

b) Rechtswahrung gegenüber Frachtführern und Schiffern

7 Vom Wortlaut des § 388 ausgehend hat der Kommissionär die Rechte nur gegen Frachtführer oder Schiffer zu wahren. § 388 ist aber analog auch bei **Spediteuren, Verfrachtern oder Lagerhaltern** anzuwenden, weil in diesen Fällen eine gleichartige Situation besteht[5].

c) Beweissicherung

8 Nach § 388 hat der Kommissionär für den Beweis des Zustandes zu sorgen, ohne dass geregelt wäre, auf welche Weise dies geschehen muss. Der Kommissionär unterliegt pflichtgemäßer Sorgfalt. Im Übrigen dürfte der Kommissionär verpflichtet sein, ein **selbständiges Beweisverfahren** nach den §§ 485 ff. ZPO herbeizuführen. Bei Streit mit dem Kommittenten hat der

---

1 *Staub/Koller*, § 388 Rn. 5.
2 *Staub/Koller*, § 388 Rn. 5.
3 *Staub/Koller*, § 388 Rn. 6 zu §§ 429 ff., 435 ff., 454 ff., 511 ff., 600 ff. HGB a.F.
4 RG v. 1.12.1900 – I 272/00, RGZ 47, 121.
5 Ebenso *Staub/Koller*, § 388 Rn. 3 und 1.

Kommissionär unter Umständen für den Zustand der Ware bei Empfang die Beweislast[1].

d) Benachrichtigung des Kommittenten

Nach § 388 Abs. 1 1. Hs. i.V.m. § 384 Abs. 2 hat der Kommissionär dem Kommittenten **unverzüglich Nachricht zu geben;** unverzüglich bedeutet ohne schuldhaftes Zögern (§ 121 BGB). Im Übrigen hat er die Weisungen des Kommittenten abzuwarten, soweit keine unverhältnismäßigen Risiken damit verbunden sind (§ 388 Abs. 2)[2].

9

e) Schadensersatz

Soweit der Kommissionär den unter Rn. 6 genannten Pflichten nicht nachgekommen ist, ist er nach § 388 Abs. 1 2. Hs. verpflichtet, dem Kommittenten den entstandenen Schaden zu ersetzen. Dies gilt nur bei **schuldhafter Unterlassung**[3]. Unterlässt es der Verkaufskommissionär, die ihm mittels Zwischenperson vom Kommittenten überlassene Ware zu untersuchen bzw. den Kommittenten von den Mängeln zu benachrichtigen, hat er den **Mindererlös** infolge Nichtbehebung des Mangels als Schaden zu ersetzen[4].

10

7. Notverkaufsrecht des Kommissionärs

a) Veränderungen

Vgl. zum Merkmal „dem Verderb ausgesetzt sein" die Ausführungen zu §§ 373, 374 Rn. 17 und § 379 Rn. 10. Veränderungen i.S.d. § 388 sind die, die einen Mangel i.S.d. Gewährleistungsrechts darstellen, wobei die h.M. mit Recht **ausschließlich stoffliche Veränderungen** anerkennt[5]; jedenfalls unterfallen bloße Marktschwankungen bzw. Modeänderungen nicht § 388 Abs. 2[6]. Das Notverkaufsrecht entsteht, wenn es den Interessen des Kommittenten entspricht, das Gut so schnell wie möglich los zu werden[7], was bei unmittelbar drohendem (großem) Schaden anzunehmen ist, insbesondere dann, wenn der Kommittent – als sorgfältiger Kaufmann – die Aussichten des Notverkaufes für interessengerechter halten müsste als die normale Ausführung.

11

---

1 OLG München v. 28.3.1957 – 6 U 2017/56, MDR 1957, 678.
2 *Staub/Koller*, § 388 Rn. 8.
3 Vgl. weitergehend: OLG München v. 28.3.1957 – 6 U 2017/56, MDR 1957, 678 f.
4 *Baumbach/Hopt*, § 388 Rn. 3.
5 Vgl. *Schlegelberger/Hefermehl*, § 388 Rn. 15; a.A. GK/*Achilles*, § 388 Rn. 5, unter Berufung auf *Heymann/Herrmann*, § 388 Rn. 5.
6 *Staub/Koller*, § 388 Rn. 11.
7 *Schmidt-Rimpler* in Ehrenbergs Hdb. des gesamten HR, S. 759.

b) Restzeit

12 Darüber hinaus ist für die Anwendbarkeit des § 388 Abs. 2 erforderlich, dass **keine Zeit** verbleibt, die **Weisung des Kommittenten** einzuholen, oder dass der Kommittent nicht reagiert hat. Das Zuwarten mit dem Selbsthilfeverkauf muss, vom Standpunkt eines ordentlichen Kaufmanns aus betrachtet, die Besorgnis des Eintritts eines unverhältnismäßigen Verlustes hervorrufen[1]. Muss der Kommissionär eine Entscheidung fällen (kann er also nicht weiter zuwarten, ohne dass der Verlust eintritt), ist der Kommittent säumig, soweit dem Kommissionär zwischenzeitlich keine Weisung zugegangen ist (§ 130 BGB; str.).

c) Folgen

13 Der Kommissionär darf, wenn die Voraussetzungen des § 388 Abs. 2 vorliegen, nicht uneingeschränkt vom Recht des Selbsthilfeverkaufs Gebrauch machen, insbesondere dann nicht, wenn er dadurch erkennbar die Interessen des Kommittenten verletzt[2]. Andererseits ist er auch nicht immer unter den Voraussetzungen des § 388 Abs. 2 zum Selbsthilfeverkauf verpflichtet. Unter Umständen kann er das Gut auch freihändig verwerten[3]. Der Selbsthilfeverkauf hat **nach den Regeln des § 373** zu erfolgen (vgl. Kommentierung dort). Bei rechtswidrigem Selbsthilfeverkauf erwächst dem Kommittenten nach § 385 das Recht, das Ausführungsgeschäft zurückzuweisen, bzw. bei der Verkaufskommission das Recht, das Geschäft nicht für seine Rechnung gelten zu lassen. Diese Rechte werden allerdings nicht ausgelöst, wenn der Kommissionär den Selbsthilfeverkauf nicht, wie nach § 388 Abs. 2 vorgesehen, nach Maßgabe der Vorschriften des § 373 bewirkt. Verkauft der Kommissionär nicht nach den Regeln des § 373, ist er im Fall des Verschuldens ggf. schadensersatzpflichtig[4]. Die Beweislast darüber, dass der Verkauf i.S.d. § 373 nicht erfolgreicher gewesen wäre, obliegt dem Kommissionär[5].

§ 389
Hinterlegung; Selbsthilfeverkauf

Unterlässt der Kommittent, über das Gut zu verfügen, obwohl er dazu nach Lage der Sache verpflichtet ist, so hat der Kommissionär die nach § 373 dem Verkäufer zustehenden Rechte.

---

1 *Staub/Koller*, § 388 Rn. 12 unter Berufung auf § 665 BGB.
2 Ebenso *Schmidt-Rimpler* in Ehrenbergs Hdb. des gesamten HR, S. 760; *Staub/Koller*, § 388 Rn. 13.
3 *Staub/Koller*, § 388 Rn. 14.
4 *Baumbach/Hopt*, § 388 Rn. 4.
5 OLG München v. 28.3.1957 – 6 U 2017/56, MDR 1957, 678, 679.

1. Zweck der Regelung

Die Vorschrift bezweckt, den Kommissionär von der ihm obliegenden Aufbewahrungspflicht schnellstmöglich zu entbinden. Der Kommissionär erhält wie ein Verkäufer bei Annahmeverzug des Käufers i.S.d. § 373 das Recht zum Selbsthilfeverkauf und zur Hinterlegung[1]. 1

2. Verfügungsverpflichtung

Die Rechtsfolge des § 389 wird ausgelöst, wenn der Kommittent trotz der ihm obliegenden Verpflichtungen **nicht handelt.** Verpflichtungen sind die Handlungen des Kommittenten, die er regelmäßig vorzunehmen hat (vgl. § 296 BGB). Die ihm obliegenden Handlungen sind entweder ausdrücklich Vertragsbestandteil (Abruf der eingekauften Güter innerhalb einer gewissen Frist; Weisung, mit welcher Käufergruppe der Kommissionär in Verhandlungen einzutreten hat[2]) oder ergeben sich durch ergänzende Vertragsauslegung. Beispiel: Nichteinhaltung eines Übergabetermins[3]. 2

3. Unterlassung der Verfügung

Aus welchem Grund der Kommittent die Verfügung unterlässt, ist unerheblich[4]. 3

4. Rechtsfolgen

Der Kommissionär darf, wenn ihm die weitere Verwahrung nicht zuzumuten ist (vgl. § 390), das Gut hinterlegen bzw. verkaufen (§ 373). Die Voraussetzungen des § 373 hat der Kommissionär zu erfüllen, ansonsten ist er bei Verschulden zum Schadensersatz verpflichtet. Regelmäßig finden ergänzend auch die §§ 293 ff., 323, 383 ff. BGB Anwendung. 4

§ 390
Haftung des Kommissionärs für das Gut

(1) Der Kommissionär ist für den Verlust und die Beschädigung des in seiner Verwahrung befindlichen Gutes verantwortlich, es sei denn, dass der Verlust oder die Beschädigung auf Umständen beruht, die durch die Sorgfalt eines ordentlichen Kaufmanns nicht abgewendet werden konnten.

(2) Der Kommissionär ist wegen der Unterlassung der Versicherung des Gutes nur verantwortlich, wenn er von dem Kommittenten angewiesen war, die Versicherung zu bewirken.

---

1 *Staub/Koller*, § 389 Rn. 1.
2 *Staub/Koller*, § 389 Rn. 2.
3 BGH v. 14.11.1990 – VIII ZR 13/90, NJW-RR 1991, 268.
4 *Staub/Koller*, § 389 Rn. 2.

1. Zweck der Regelung

1 Die Schadensersatzverpflichtung des Kommissionärs folgt bereits aus der Regelung des § 280 BGB, der den ungeschriebenen Tatbestand der positiven Vertragsverletzung ersetzt hat[1]. Die praktische Bedeutung der Regelung des § 390 Abs. 1 liegt daher bei der Verteilung der **Beweislast:** Aus der Formulierung „es sei denn, dass ..." folgt, dass sich der Kommissionär entlasten muss. § 390 Abs. 2 begrenzt die Interessenwahrungspflicht.

2. Verwahrung des Gutes

2 Die Heranziehung des § 390 setzt voraus, dass ein Kommissionsvertrag vorliegt, der noch nicht vollständig durchgeführt worden ist. Aufgrund dieses Kommissionsvertrages muss der Kommissionär das Gut in Verwahrung haben (§§ 688 ff. BGB). Jederzeitige Einwirkungsmöglichkeit auf das Gut ist erforderlich, d.h. i.d.R. unmittelbarer Besitz[2]. Zum Begriff „Gut" vgl. § 388 Rn. 2 und § 389.

3. Verlust/Beschädigung

3 Der Verlust wird nicht legal definiert. Der Wortlaut geht über bloßes Verlorengehen hinaus. Verloren sind Sachen, die besitzlos, aber nicht herrenlos sind[3]. Ein Verlust ist jedenfalls anzunehmen, wenn der Kommissionär das verwahrte Gut dem Kommittenten nicht mehr übergeben und somit den **Besitz nicht verschaffen** kann[4]. Zweifelhaft ist hingegen die Ansicht, dass kein Verlust des Gutes vorliegt, wenn es lediglich seinen Wert völlig verloren hat[5]. Beschädigt ist das Gut, wenn in die **Sachsubstanz** eingegriffen worden ist[6]. Eine Verunstaltung genügt.

4. Verschulden

4 Der Kommissionär kann die aus § 390 Abs. 1 folgende Vermutung widerlegen, wenn er nachweist, dass der Verlust oder die Beschädigung auf Umständen beruht, die er durch die **Sorgfalt eines ordentlichen Kaufmanns** nicht abwenden konnte[7]. Zu den Entlastungsmöglichkeiten des Kommissionärs vgl. § 347. Es genügt nicht der Nachweis eines Diebstahls, vielmehr muss der Kommissionär die einzelnen Umstände darlegen, auf denen der Schaden beruht[8]. Beruht das Schadensereignis auf einer Einwirkung Dritter, muss der Kommissionär nachweisen, dass diese Drittschädigung auch bei Anwendung der Sorgfalt eines ordentlichen Kaufmanns nicht zu verhindern war[9].

---

1 OLG Frankfurt v. 3.11.2003 – 16 U 31/03, NJW-RR 2004, 836 ff.
2 *Staub/Koller*, § 390 Rn. 4.
3 Vgl. *Palandt/Bassenge*, vor § 965 BGB Rn. 1.
4 Ebenso *Staub/Koller*, § 390 Rn. 5.
5 Bejahend aber *Staub/Koller*, § 390 Rn. 5.
6 Ebenso *Staub/Koller*, § 390 Rn. 5.
7 *Staub/Koller*, § 390 Rn. 6.
8 *Baumbach/Hopt*, § 390 Rn. 1.
9 OLG Brandenburg v. 5.1.1995 – 2 U 85/94, NJW-RR 1996, 358.

Der Kommittent hingegen hat darzulegen und zu beweisen, dass die Beeinträchtigungen während der Verwahrung beim Kommissionär eingetreten sind[1]. Der Kommissionär ist für den Verlust und die Beschädigung unter den Voraussetzungen des § 390 „verantwortlich" und damit grundsätzlich zum Ersatz des Schadens verpflichtet. Nach OLG Stuttgart[2] haftet der beauftragte Versteigerer, wenn das dem Auktionator zur Versteigerung unter bestimmten Bedingungen übergebene Bild vor der Versteigerung gestohlen wird, dem Auftraggeber für den vollen Verkehrswert des Bildes.

5. Abweichende Vereinbarungen

Die Regelung des § 390 Abs. 1 ist **dispositives Recht**. Allgemeine Geschäftsbedingungen, die den Kommissionär von der Haftung bei Verletzung von **Kardinalpflichten freistellen** oder dessen Haftung weitgehend einschränken, verstoßen gegen § 307 BGB[3]. 5

6. Versicherung (§ 390 Abs. 2)

Der Regelung des § 390 Abs. 2 ist zu entnehmen, dass der Kommissionär – ohne Weisung – nicht verpflichtet ist, eine (Sach-)Versicherung abzuschließen. Die Verpflichtung zum Abschluss einer Versicherung kann ausdrücklich oder konkludent bei Vertragsabschluss oder auch später erfolgen oder sich aus Treu und Glauben (§ 242 BGB) ergeben. Auch Handelsbräuche können eine Versicherungspflicht begründen. Im Zweifel ist der Kommissionär gehalten, einen Makler einzuschalten[4]. Es ist gleich, ob der Kommissionär die Versicherung auf Rechnung des Kommittenten (vgl. §§ 74 VVG) abschließt oder sich selbst versichert. 6

Schließt der Kommissionär – pflichtwidrig – keine Versicherung ab, ist er dem Kommittenten zum **Schadensersatz** verpflichtet, § 280 BGB.

§ 391
Untersuchungs- und Rügepflicht; Aufbewahrung; Notverkauf

Ist eine Einkaufskommission erteilt, die für beide Teile ein Handelsgeschäft ist, so finden in Bezug auf die Verpflichtung des Kommittenten, das Gut zu untersuchen und dem Kommissionär von den entdeckten Mängeln Anzeige zu machen, sowie in Bezug auf die Sorge für die Aufbewahrung des beanstandeten Gutes und auf den Verkauf bei drohendem Verderbe die für den Käufer geltenden Vorschriften der §§ 377 bis 379 entsprechende Anwendung. Der Anspruch des Kommittenten auf Abtretung der Rechte, die dem

---
1 BGH v. 17.2.1964 – II ZR 98/62, BGHZ 41, 153; RG v. 30.10.1929 – I 123/29, RGZ 126, 70.
2 OLG Stuttgart v. 5.2.1982 – 2 U 175/81, VersR 1983, 644.
3 OLG Hamburg v. 6.5.1982 – 6 U 148/81, VersR 1982, 1104, 1105 zum früheren § 9 AGBG.
4 *Staub/Koller*, § 390 Rn. 9.

Kommissionär gegen den Dritten zustehen, von welchem er das Gut für Rechnung des Kommittenten gekauft hat, wird durch eine verspätete Anzeige des Mangels nicht berührt.

1. Zweck der Regelung

1 Zweck der Regelung ist es, dem Kommissionär sobald wie möglich **Klarheit** zu verschaffen, ob der Kommittent die ihm gelieferte Ware anerkennt oder beanstandet und damit den Kommissionär mit Gegenansprüchen belastet[1]. Der Hintergrund: Dem Einkaufskommissionär obliegen die Untersuchungs- und Rügeverpflichtungen der §§ 377 ff. Unterlässt der Kommissionär die Mängelanzeige, so gilt die Ware als genehmigt, und der Einkaufskommissionär verliert – als Käufer – die Gewährleistungsrechte. Der Kommittent muss das ggf. weisungswidrig geschlossene Ausführungsgeschäft zudem nicht für seine Rechnung gelten lassen (§ 385 Abs. 1 2. Hs.). Gleiches gilt bei Verletzung des § 442 BGB. In dieser Konstellation erscheint es dem Kommittenten stets zumutbar, dem Kommissionär die nach § 391 erforderliche Gewissheit zu verschaffen[2].

2. Voraussetzungen für die Anwendbarkeit der §§ 377 ff.

a) Einkaufskommission

2 § 391 findet ausschließlich bei der Einkaufskommission Anwendung. Bereits aus dem eindeutigen Wortlaut folgt, dass die §§ 377 ff. nur zur Anwendung kommen, wenn ein **Kaufvertrag** geschlossen wurde. Für eine **analoge Anwendung** des § 391 auf die **Verkaufskommission** besteht keine Veranlassung[3], auch nicht bei Kommissionsverträgen mit Mindestpreisgarantien.

3 § 391 ist nur im Falle der Kommission über den **Wareneinkauf** anwendbar, nicht für Wertpapiere oder sonstige Geschäfte[4]. Dies folgt aus dem Wortlaut sowie aus § 377.

b) Beiderseitiges Handelsgeschäft

4 Nach § 391 müssen bei der Einkaufskommission **beide** Vertragspartner **Kaufleute** sein, also der Kommissionär und der Kommittent. Entscheidend ist, dass das Kommissionsgeschäft **zum Betrieb** des Handelsgewerbes des Kommittenten gehört (§ 343), wofür allerdings die Vermutung des § 344 spricht.

---

1 *Staub/Koller*, § 391 Rn. 1.
2 Ebenso *Staub/Koller*, § 391 Rn. 1.
3 Vgl. aber *Staub/Koller*, § 391 Rn. 2.
4 Ebenso *Staub/Koller*, § 391 Rn. 1 m.w.N.; *Koller/Roth/Morck*, § 391 Rn. 2.

c) Ablieferung des Gutes

Die Untersuchungs- und Rügeobliegenheit setzt die Ablieferung voraus. Das Gut muss demzufolge derart in die **Verfügungsgewalt des Kommittenten** gelangt sein, dass seine Beschaffenheit überprüft werden kann. Von wem der Kommittent das Gut erhält, ist unerheblich.

3. Rechtsfolgen

Ist eine Einkaufskommission erteilt, die für beide Teile ein Handelsgeschäft ist, und finden die §§ 377 und 379 Anwendung, gilt: Der Kommittent hat die Ware **unverzüglich** (§ 121 BGB: ohne schuldhaftes Zögern) nach Ablieferung zu **untersuchen**. Die derart festgestellten Mängel hat der Kommittent dem Kommissionär unverzüglich **anzuzeigen**. § 391 erfasst **Mängel** im Sinne des Kommissionsgeschäfts[1], d.h. nicht nur Fehler (§ 434 BGB) des Gutes, sondern auch Mengenabweichungen (§ 378 HGB, § 434 Abs. 3 BGB); es genügt, dass die eingekaufte Ware dem Inhalt des Kommissionsvertrages bzw. den gegebenen Weisungen widerspricht, selbst wenn sie im Übrigen mangelfrei ist[2].

a) Rechtzeitige Rüge

Hat der Kommittent die Ware untersucht und ordnungsgemäß und rechtzeitig gerügt (vgl. § 377 Abs. 1), kann er die ihm aufgrund der Mangelhaftigkeit des Gutes zustehenden Rechte gegenüber dem Kommissionär geltend machen (Zurückweisung, § 385). Er kann **Schadensersatz** beanspruchen, wenn der Kommissionär den Verlust der Gewährleistungsrechte verschuldet hat oder das in seiner Verwahrung befindliche Gut durch sein Verschulden beschädigt wurde. Dennoch bleibt der Kommittent zur Aufbewahrung der gerügten Ware verpflichtet (§ 379 Abs. 1).

b) Verspätete Untersuchung bzw. Rüge

Unterlässt der Kommittent die nach § 377 Abs. 1 erforderliche Anzeige, so gilt die abgelieferte Ware **als genehmigt.** Der Kommittent hat gegen den Kommissionär keinerlei Ansprüche, es sei denn, der Kommissionär hat den Mangel arglistig verschwiegen (§ 377 Abs. 5). Die Genehmigungswirkung greift nur insoweit ein, als es sich um die **Mangelhaftigkeit des Gutes** handelt[3]; im Übrigen werden Schadensersatzansprüche nicht berührt. Dass die Genehmigungswirkung allein das Verhältnis zwischen Kommittenten und Kommissionär, nicht aber das Verhältnis zum Dritten betrifft, stellt § 391 S. 2 klar: Denn durch eine verspätete Anzeige des Mangels wird der Anspruch des Kommittenten auf Abtretung der Rechte, die dem Kommissionär gegen den Dritten zustehen, von dem er das Gut für Rechnung des Kommittenten gekauft hat, nicht berührt.

---

1 *Schmidt-Rimpler* in Ehrenbergs Hdb. des gesamten HR, Fn. 14.
2 *Schlegelberger/Hefermehl*, § 391 Rn. 8.
3 *Schlegelberger/Hefermehl*, § 391 Rn. 12.

§ 392
Forderungen aus dem Kommissionsgeschäft

(1) Forderungen aus einem Geschäfte, das der Kommissionär abgeschlossen hat, kann der Kommittent dem Schuldner gegenüber erst nach der Abtretung geltend machen.

(2) Jedoch gelten solche Forderungen, auch wenn sie nicht abgetreten sind, im Verhältnis zwischen dem Kommittenten und dem Kommissionär oder dessen Gläubigern als Forderungen des Kommittenten.

Schrifttum: *Avancini*, Ist § 392 II HGB auf die vom Kommissionär in Durchführung eines Kommissionsgeschäftes erworbenen Sachenrechte „analog" anzuwenden?, in: Festschrift Kastner, 1972, S. 1; *Böhm*, Auslegung und systematische Einordnung des § 392 II HGB, 1971; *Böhm*, Anm. zu OLG Nürnberg v. 23.6.1972 – 6 U 105/71, NJW 1973, 196, 197; *Canaris*, Die Verdinglichung obligatorischer Rechte, in: Festschrift Flume I, 1978, S. 370; *Capelle*, Das Außenverhältnis der Vertretung fremder Interessen nach skandinavischem Recht, in: Festschrift Raape, 1948, S. 332; *Dressler*, Die entsprechende Anwendung handelsrechtlicher Normen auf Nichtkaufleute am Beispiel des § 392 II HGB, Diss. Kiel 1968; *Dressler*, Die Landmaschinenkommission, JuS 1969, 170; *Hager*, Die Prinzipien der mittelbaren Stellvertretung, AcP 180 (1980), 239; *Schwarz*, § 392 II HGB als Aufrechnungshindernis, NJW 1969, 1942; *Steck*, Das HGB nach der Schuldrechtsreform, NJW 2002, 3201.

1. Zweck der Regelung

1 § 392 Abs. 1 stellt klar, dass zwischen dem Dritten und dem Kommittenten keine unmittelbaren Rechtsbeziehungen bestehen und dass letzterer Forderungen aus dem Ausführungsgeschäft gegen den Dritten grundsätzlich erst nach Abtretung an ihn geltend machen kann. Das dem Kommissionär jedenfalls bis zur Abtretung zustehende Verfügungsrecht wird durch § 392 Abs. 2 beschränkt, der eine gewisse Verdinglichung der Rechtsstellung bewirkt und zugunsten des Kommittenten im Verhältnis zwischen diesem und dem Kommissionär oder dessen Gläubigern eine **Vorausabtretung fingiert.** Die primäre Bedeutung des § 392 Abs. 2 dürfte im Zwangsvollstreckungsrecht liegen. Je nach Auslegung enthebt § 392 Abs. 2 den Kommittenten jeden Streits darüber, ob er tatsächlich bereits Eigentümer ist.

2. Anwendungsbereich des § 392 Abs. 1

2 Der Kommissionär schließt den Vertrag im eigenen Namen (als mittelbarer Stellvertreter), so dass er – vor der Abtretung – einen Leistungsanspruch erwirbt. Nach § 384 Abs. 2 2. Hs. ist er verpflichtet, das aus der Geschäftsbesorgung Erlangte an den Kommittenten herauszugeben. **Vor der Abtretung** kann nur der Kommissionär seine Forderung gegen den Dritten, seinen Geschäftspartner, geltend machen, andererseits der Dritte nur an den Kommissionär befreiend leisten, selbst wenn er das Kommissionsverhältnis kennt. Verfügungen des Kommissionärs sind innerhalb der Grenzen der §§ 138, 242

BGB nicht unwirksam, selbst dann nicht, wenn sie pflicht- bzw. weisungswidrig (vgl. § 384 Abs. 2) erfolgen. Allerdings ziehen weisungswidrige Verfügungen bei schuldhaftem Handeln regelmäßig Schadensersatzpflichten nach sich; bei Vorsatz greifen ggf. § 266 StGB und § 826 BGB. Diese Grundsätze werden durch § 392 Abs. 2 durchbrochen. Auch wenn der Kommissionär das vom Dritten in Erfüllung Geleistete entgegennehmen kann (vgl. § 362 BGB), folgt daraus nicht zwingend, dass der Kommissionär immer berechtigt wäre, gegen (konnexe und nichtkonnexe) Forderungen des Dritten aufzurechnen[1]. Jederzeit, auch im Voraus, ist die Abtretung an den Kommittenten zulässig. **Nach der Abtretung** ist der Kommittent Inhaber der Forderung (vgl. §§ 398 ff. BGB), allerdings wird der Dritte, der nach der Abtretung noch an den Kommissionär leistet, gem. § 407 BGB bei einer Inanspruchnahme durch den Kommittenten geschützt[2]. Im Einzelnen:

a) Forderungen

Die von § 392 Abs. 1 erfassten Forderungen sind in erster Linie der Zahlungsanspruch bei der Verkaufskommission bzw. der Lieferungsanspruch bei der Einkaufskommission, also die Forderungen aus dem sog. **Ausführungsgeschäft**. Dazu zählen aber auch Ansprüche aus **Hilfs- und Nebengeschäften**[3], auch Ansprüche auf Gewährung einer Sicherheit (z.B. Inanspruchnahme des Bürgen, §§ 765 ff. BGB); daneben auch Gewährleistungs-, Schadensersatz-, Rückgewähr- und Bereicherungsansprüche; auch Ansprüche aus Deliktsrecht[4].

3

b) Das abgeschlossene Geschäft

Geschäfte, die der Kommissionär geschlossen hat, sind diejenigen, die er im eigenen Namen auf Rechnung des Kommittenten getätigt hat, nicht aber Hilfsgeschäfte, die der Kommittent selbst vereinbart[5].

4

3. Kommittentenschutz (§ 392 Abs. 2)

Zum Schutz des Kommittenten **fingiert** § 392 Abs. 2, dass die Forderungen aus dem Geschäft, das der Kommissionär abgeschlossen hat, Forderungen des Kommittenten sind, im Verhältnis zwischen dem Kommittenten und dem Kommissionär oder dessen Gläubigern. Im Einzelnen:

5

---

1 Unklar insoweit BGH v. 19.11.1968 – VI ZR 215/66, NJW 1969, 276, 277; so aber *Koller/Roth/Morck*, § 392 Rn. 3 und *Schlegelberger/Hefermehl*, § 392 Rn. 25 m.w.N.; a.A. aber mit Recht *K. Schmidt*, HR, § 31 V 4b; *Staub/Koller*, § 392 Rn. 12.
2 BGH v. 19.11.1968 – VI ZR 215/66, NJW 1969, 276, 277.
3 Speditions-, Lager- und Frachtverträge sowie Versicherungsverträge, vgl. OLG Hamburg v. 20.11.1986 – 6 U 167/86, VersR 1988, 288, 289: Ein Hilfsgeschäft in diesem Sinne ist nicht die Veranlassung des Scheckeinzugs.
4 Vgl. *Staub/Koller*, § 392 Rn. 6, der die unmittelbare Anwendung ablehnt, aber durch Analogie zu entsprechenden Ergebnissen kommt wie die h.M.
5 *Staub/Koller*, § 392 Rn. 3.

a) Forderungen und Surrogate von Forderungen

6   Grundsätzlich entspricht der Begriff der „Forderungen" i.S.d. § 392 Abs. 2 dem des Abs. 1. Nach h.M. erfasst § 392 Abs. 2 lediglich die **noch bestehenden Forderungen** aus dem Ausführungsgeschäft, so dass § 392 Abs. 2 dann keine Anwendung finden soll, wenn der Kommissionär seine Forderung schon eingezogen, das Geschuldete folglich bereits erhalten hat[1]. So fallen nach BGH Bankguthaben, die durch Überweisung oder Einzahlung des Dritten zum Zwecke der Erfüllung der Forderung entstanden sind, ebenso wenig in den Anwendungsbereich des § 392 Abs. 2 wie das Kommissionsgut oder der bar an den Kommissionär gezahlte Preis[2]. Im Falle der Verkaufskommission könnte dann aber jeder Gläubiger des Kommissionärs auf den Kaufpreis zugreifen, wenn der Vertragspartner gezahlt hat und der Anspruch des Kommissionärs nach § 362 Abs. 1 BGB erloschen ist. Bei der Einkaufskommission wäre – in dem Fall, dass der Vertragspartner die Sache an den Kommissionär veräußert hat – der Kommittent nicht dagegen geschützt, dass ein Gläubiger des Kommissionärs die Sache pfändet[3]. Die von der h.M. vertretene Auffassung ist deshalb abzulehnen. Der Schutzzweck ist **auf Surrogate der Forderung** auszudehnen[4]. Gründe: Einmal der zu eng geratene Wortlaut des § 392 Abs. 2[5], der lediglich den Beginn des Kommittentenschutzes regelt, nicht hingegen dessen Beendigung; entscheidend aber ist, dass bei a.A. der Schutz bedingt durch die gesetzliche Konstruktion lückenhaft wäre, so dass es zwingend geboten ist, den Kommittentenschutz über § 392 Abs. 2 zu gewähren, jedenfalls solange das Surrogat unterscheidbar im Vermögen des Kommissionärs vorhanden ist. Durch das HRefG 1998 wurde für das Fracht- und Speditionsgeschäft im Rahmen der §§ 422 Abs. 2, 457 S. 2 das Surrogat ausdrücklich einbezogen, woraus *Canaris*[6] eine analoge Anwendung für die Kommission folgert. Problematisch ist die sich sodann zwingend stellende Frage, ob als Voraussetzung der Analogie die gegenständliche Unterscheidbarkeit vorliegen muss oder ob eine nur mengenmäßige Unterscheidbarkeit ausreichend ist. Insoweit ist – wie *K. Schmidt* ausführlich darstellt[7] – die Diskussion in vollem Gange. Das Problem zeigt sich insbesondere im Rahmen der Verkaufskommission, da hier als Surrogat vor allem der Kaufpreis, also i.d.R. Bargeld in Betracht kommt, welches in der Praxis nur selten von dem Eigenvermögen des Kommissionärs äußerlich getrennt gehalten wird. Vielmehr verschwindet es oft in den Beständen des Kommissionärs und Überweisungen auf seinen Girokonten. Vor diesem Hintergrund erscheint

---

1 BGH v. 26.11.1973 – II ZR 117/72, NJW 1974, 456; *Koller/Roth/Morck*, § 392 Rn. 5; HK/*Ruß*, § 392 Rn. 2.
2 BGH v. 26.9.1980 – I ZR 119/78, BGHZ 79, 89, 94; OLG Hamm v. 7.10.2003 – 27 U 81/03, WM 2004, 1252; GK/*Achilles*, § 392 Rn. 3.
3 Dazu *K. Schmidt*, HR, § 31 V 4.c; *Canaris*, HR, § 32 Rn. 35 ff.
4 Ebenso *K. Schmidt*, HR, § 31 V 4.c.
5 So *K. Schmidt*, HR, § 31 V 4.c.
6 *Canaris*, HR, § 32 Rn. 40; a.A. aber OLG Hamm v. 7.10.2003 – 27 U 81/03, WM 2004, 1252 mit dem Argument, für das Kommissionsgeschäft habe man keine Änderung vorgesehen.
7 *K. Schmidt*, HR, § 31 V 4.c.

das Abstellen auf eine nur mengenmäßige Unterscheidbarkeit zu sach- und interessengerechteren Ergebnissen zu führen[1].

b) Rechtsfolge

aa) Verhältnis zwischen dem Kommittenten und dem Kommissionär

In diesem Verhältnis bietet die Regelung des § 392 Abs. 2 dem Kommittenten nur einen geringen **Verfügungs- und Sukzessionsschutz**, da selbst weisungswidrige bzw. pflichtwidrige Verfügungen regelmäßig nicht unwirksam sind[2]. 7

bb) Verhältnis Kommittent zu Gläubigern des Kommissionärs

§ 392 wirkt hier **verdinglichend:** Wird bei dem Verkaufskommissionär der Anspruch auf Kaufpreiszahlung durch einen Gläubiger gepfändet (§ 829 ZPO), kann der Kommittent die Drittwiderspruchsklage nach § 771 ZPO erheben[3]. In der Insolvenz des Kommissionärs kann der Kommittent Aussonderung nach § 47 InsO verlangen[4]. Aus § 392 Abs. 2 folgt aber auch, dass der Kommittent die **Abtretung** der Forderung an einen Gläubiger des Kommissionärs zu dessen Deckung oder Sicherung nicht gegen sich gelten lassen muss[5]; die Abtretung ist **relativ unwirksam**, ebenso eine dem Gläubiger erteilte Einziehungsermächtigung[6]. 8

Umstritten ist die Anwendung des § 392 Abs. 2 im Fall der **Aufrechnung seitens des Vertragspartners.** Beispiel: Der Verkaufskommissionär verkauft einen LKW an einen Kunden, der gegenüber dem Kaufpreisanspruch die Aufrechnung mit einem (**konnexen**) Schadensersatzanspruch wegen verspäteter Lieferung bzw. mit einer inkonnexen – also mit dem Kommissionsgeschäft nicht in Zusammenhang stehenden – Forderung erklärt. Der Wortlaut des § 392 Abs. 2 scheint auf die Unzulässigkeit der Aufrechnung hinzudeuten. Da der Dritte aber nicht wie irgendein Gläubiger, sondern als Vertragspartner des Ausführungsgeschäfts aufrechnet, kann dem Vertragspartner die Aufrechnung nicht durch § 392 Abs. 2 verwehrt werden[7]. Der BGH[8] stellt zur Aufrechnung des Käufers klar, dass bei richtigem Verständnis § 392 Abs. 2 auf einen Gläubiger des Kommissionärs, der zugleich dessen Schuldner ist, nicht heranzuziehen sei, und zwar selbst dann nicht, wenn die Forderung, mit der der Drittkontrahent gegenüber dem Kommissionär aufrechnet, nicht aus dem Kommissionsgeschäft herrührt, sondern anderweitig 9

---
1 *K. Schmidt*, HR, § 31 V 4.c.
2 *Staub/Koller*, § 392 Rn. 15.
3 RG v. 25.5.1935 – I 310/34, RGZ 148, 190, 191.
4 BGH v. 30.3.1988 – VIII ZR 79/87, BGHZ 104, 123, 127.
5 BGH v. 30.3.1988 – VIII ZR 79/87, BGHZ 104, 123, 127; BGH v. 9.6.1959 – VIII ZR 175/58, WM 1959, 1004.
6 BGH v. 9.6.1959 – VIII ZR 175/58, WM 1959, 1004, 1007; OLG Nürnberg v. 23.6.1972 – 6 U 105/71, NJW 1973, 196, 197 mit Anm. *Böhm*.
7 Ebenso *K. Schmidt*, HR, § 31 V 4.b, soweit es um Forderungen geht; *Baumbach/Hopt*, § 392 Rn. 12.
8 BGH v. 19.11.1968 – VI ZR 215/66, NJW 1969, 276, 277.

erworben ist (**inkonnexe Forderung**). *K. Schmidt*[1] und *Schlegelberger/Hefermehl*[2] wenden § 392 Abs. 2 bei sog. inkonnexen Forderungen stets an[3]. Der Schuldner des Ausführungsgeschäfts kann selbst dann aufrechnen, wenn er wusste, dass die von ihm gekaufte Ware Kommissionsgut war[4]; allerdings kann die Aufrechnung ausgeschlossen sein, etwa weil er sich die Gegenforderung arglistig verschafft hat[5]. Auch kann es Treu und Glauben widersprechen und die Berufung auf die Aufrechnung gegenüber dem Kommittenten missbräuchlich sein (§ 242 BGB), insbesondere dann, wenn der Drittkontrahent dem Kommissionär zu verstehen gegeben hat, er werde bar bezahlen und nicht aufrechnen[6]. Nach BGH[7] kann der Vertragspartner des Kommissionärs gegenüber dem Kommittenten, an den die Forderung aus dem Ausführungsgeschäft bestimmungsgemäß abgetreten worden ist, aber **nicht einwenden**, dass der Kommissionär dieselbe Forderung zuvor bereits an einen seiner Gläubiger abgetreten habe (Globalzession an seine Bank). Das Prioritätsprinzip tritt folglich hinter dem Schutzzweck des § 392 Abs. 2 zurück[8].

4. Abdingbarkeit

10 Lediglich § 392 Abs. 1 enthält zwingendes Recht[9]. Die Regelung des § 392 Abs. 2 ist hingegen dispositives Recht[10], so dass der Kommittent gegenüber dem Kommissionär auf die ihm gewährten Rechte aus § 392 Abs. 2 verzichten kann.

§ 393

Vorschuss; Kredit

(1) Wird von dem Kommissionär ohne Zustimmung des Kommittenten einem Dritten ein Vorschuss geleistet oder Kredit gewährt, so handelt der Kommissionär auf eigene Gefahr.

(2) Insoweit jedoch der Handelsgebrauch am Ort des Geschäfts die Stundung des Kaufpreises mit sich bringt, ist in Ermangelung einer anderen Bestimmung des Kommittenten auch der Kommissionär dazu berechtigt.

(3) Verkauft der Kommissionär unbefugt auf Kredit, so ist er verpflichtet, dem Kommittenten sofort als Schuldner des Kaufpreises die Zahlung zu leisten. Wäre beim Verkauf gegen bar der Preis geringer gewesen, so hat der

---

1 *K. Schmidt*, HR, § 31 V 4.b.
2 *Schlegelberger/Hefermehl*, § 392 Rn. 24.
3 Vgl. auch *Dressler*, NJW 1969, 655; *Schwarz*, NJW 1969, 1942.
4 BGH v. 19.11.1968 – VI ZR 215/66, NJW 1969, 276.
5 Vgl. RG v. 9.11.1894 – VI 168/93, RGZ 32, 39, 43.
6 BGH v. 19.11.1968 – VI ZR 215/66, NJW 1969, 276, 277.
7 BGH v. 30.3.1988 – VIII ZR 79/87, NJW 1988, 3203, 3204.
8 Ebenso HK/*Ruß*, § 392 Rn. 5.
9 Ebenso *Staub/Koller*, § 393 Rn. 22.
10 Ebenso *Schmidt-Rimpler* in Ehrenbergs Hdb. des gesamten HR, S. 917.

Kommissionär nur den geringeren Preis und, wenn dieser niedriger ist als der ihm gesetzte Preis, auch den Unterschied nach § 386 zu vergüten.

1. Zweck der Regelung

Nach den allgemeinen Regeln zur **Interessenwahrungspflicht** (§ 384) dürfte der Kommissionär Dritten Kredit nur dann gewähren, wenn dies auch den Interessen des Kommittenten entspricht. Wegen des mit der Beurteilung der Zahlungs(un)fähigkeit verbundenen Risikos soll nach § 393 die Entscheidung weitgehend dem Kommittenten vorbehalten sein. § 393 regelt lediglich die Folgen für eigenmächtiges Handeln des Kommissionärs.

2. Kredit- und Vorschussgewährung

Die in § 393 Abs. 1 verwendeten Begriffe „Vorschuss" und „Kredit" lassen sich nicht scharf voneinander abgrenzen. Nach Sinn und Zweck der Regelung umfasst der **Kredit** jede Form der Vorleistung durch Zurverfügungstellung finanzieller oder sonstiger Mittel ohne gleichzeitige, äquivalente Gegenleistung[1]. Bei der Verkaufskommission darf der Kommissionär nach § 393 ohne Zustimmung des Kommittenten nicht den Kaufpreis kreditieren (**stunden**), bei der Einkaufskommission nicht **Anzahlungen** in darlehensähnlicher Weise auf die gekauften Waren oder Wertpapiere leisten. Über diese beiden Hauptanwendungsfälle des § 393 Abs. 1 hinaus erfasst die Regelung auch sonstige **Warenkredite** (§ 778 BGB) und die Stellung eines Akkreditivs[2].

3. Dritte

Neben den Partnern des Ausführungsgeschäfts sind Dritte aber auch die **Partner von Hilfsgeschäften**, deren Zweck die Förderung der Ausführung ist: z.B. der Frachtführer, der das Kommissionsgut befördert, oder der Lagerer des Kommissionsguts[3].

4. Zustimmung des Kommittenten

Die Zustimmung kann sowohl vor Vertragsschluss (**Einwilligung**, § 183 S. 1 BGB) als auch nachträglich (**Genehmigung**, § 184 Abs. 1 BGB) nach den allgemeinen Regeln (formfrei, auch konkludent) erfolgen. Auch in der Vereinbarung des Delkredere kann eine Zustimmung zur Kreditgewährung gesehen werden[4]. Die erfolgte Zustimmung hat der Kommissionär nachzuweisen. Nach § 393 Abs. 2 wird bei handelsüblicher Stundung des Kaufpreises eine Ausnahme von dem in § 393 Abs. 1 angeführten Grundsatz zugelassen. Danach ist der Verkaufskommissionär auch ohne Zustimmung des Kom-

---

1 *Staub/Koller*, § 393 Rn. 3.
2 *Koller/Roth/Morck*, § 393 Rn. 2.
3 *Baumbach/Hopt*, § 393 Rn. 1.
4 *Staub/Koller*, § 393 Rn. 4.

mittenten zur Stundung des Kaufpreises berechtigt, wenn der Handelsbrauch am Orte des Geschäfts dies erfordert. Aus dem Wortlaut des § 393 Abs. 2 folgt, dass mit „Geschäft" das **Ausführungsgeschäft** gemeint ist. „Ort des Ausführungsgeschäfts" sind sowohl **Abschlussort** als auch **Erfüllungsort**[1], nach *Baumbach/Hopt* ist Ort des Geschäfts in der Regel der **Sitz des Käufers** (vgl. § 269 Abs. 1 BGB, § 361). Die Beweislast für einen bestehenden Handelsbrauch trägt der Kommissionär.

5. Rechtsfolgen unberechtigter Kreditgewährung

5   Die unerlaubte Kreditgewährung des Kommissionärs berechtigt den Kommittenten – wenn kein Ausnahmefall des § 393 Abs. 2 vorliegt –, das Ausführungsgeschäft **zurückzuweisen** (§ 385 Rn. 7). Regelmäßig verletzt der Kommissionär zugleich seine Sorgfaltspflichten (§ 384 Abs. 1), so dass der Kommittent daneben berechtigt ist, **Schadenersatz** zu verlangen (z.B. Zinsverluste). Der Kommittent ist so zu stellen, als ob kein Kredit gewährt worden wäre[2]. Aus der Formulierung „handelt auf eigene Gefahr" folgt, dass der Kommissionär auch **ohne Verschulden** in Anspruch genommen werden kann[3]. Bei unbefugtem Verkauf auf Kredit ist der Kommissionär nach § 393 Abs. 3 S. 1 (verschuldensunabhängig) verpflichtet, dem Kommittenten den Kaufpreis **sofort zu zahlen**. Genügt der Kommissionär dieser sofortigen Zahlungspflicht nicht, haftet er dem Kommittenten nach § 286 BGB. Aus der Formulierung in § 393 Abs. 3 „ist er verpflichtet, dem Kommittenten sofort **als Schuldner des Kaufpreises** die Zahlung zu leisten" folgt, dass dem Kommissionär alle Einwendungen und Einreden zustehen, die auch der Dritte geltend machen kann, mit Ausnahme der Stundung. Im Falle des § 393 Abs. 3 S. 2 hat der Kommissionär im Zweifel zu **beweisen**, dass bei einem Verkauf gegen bar der Preis geringer gewesen wäre; soweit ihm dies gelingt, kann er den Unterschiedsbetrag abziehen, jedoch nur bis zu einem ihm ggf. gesetzten Limit.

§ 394
Delkredere

(1) Der Kommissionär hat für die Erfüllung der Verbindlichkeit des Dritten, mit dem er das Geschäft für Rechnung des Kommittenten abschließt, einzustehen, wenn dies von ihm übernommen oder am Orte seiner Niederlassung Handelsgebrauch ist.

(2) Der Kommissionär, der für den Dritten einzustehen hat, ist dem Kommittenten für die Erfüllung im Zeitpunkte des Verfalls unmittelbar insoweit verhaftet, als die Erfüllung aus dem Vertragsverhältnisse gefordert werden

---

1 *Schlegelberger/Hefermehl*, § 393 Rn. 6.
2 *Schlegelberger/Hefermehl*, § 393 Rn. 9.
3 OLG Hamburg v. 24.2.1965 – 5 U 95/64, MDR 1965, 580; *Baumbach/Hopt*, § 393 Rn. 2 (h.M.); bei abweichender Ansicht: Voraussetzung für Schadensersatz nach § 385 ist Verschulden.

kann. Er kann eine besondere Vergütung (Delkredereprovision) beanspruchen.

1. Zweck der Regelung

Grundsätzlich haftet der Kommissionär nicht persönlich für die Erfüllung der Verbindlichkeiten des Dritten. Ausnahmen: **Selbsthaftung** i.S.v. § 384 Abs. 3 sowie nach § 393 Abs. 3 bei unbefugtem Verkauf auf Kredit. Eine weitere Ausnahme bildet die Delkrederehaftung i.S.v. § 394. Praktische Bedeutung kommt der Delkrederehaftung heute in erster Linie bei der auf Waren bezogenen Verkaufskommission zu; sie ist aber auch bei der Einkaufskommission denkbar – namentlich bei Gattungswaren[1]. Bei der **Effektenkommission** ist die Bedeutung des Delkredere deshalb gering, weil diese grundsätzlich – falls nicht schon ein Eigengeschäft vorliegt – im Wege des Selbsteintritts (§§ 400 ff.) ausgeführt wird. Die Regelung des § 394 ist abdingbar.

2. Rechtsnatur der Delkrederehaftung

Die Rechtsnatur der Delkrederehaftung ist umstritten. Einerseits wird **Garantiehaftung** mit dem Argument angenommen, der Kommissionär sei bis zur Forderungsabtretung an den Kommittenten selbst Gläubiger des Dritten[2]. Diese Meinung steht im Widerspruch zu § 392 Abs. 2, nach dem im Verhältnis Kommissionär/Kommittent die Forderung als solche des Kommittenten gilt. Aus diesem Grunde sei die Delkrederehaftung – so wird in der Literatur angeführt – als ein **bürgschaftsähnliches Verhältnis** anzusehen[3], zumal die Delkrederehaftung – anders als die typische Garantie – das Bestehen der Verbindlichkeit des Dritten voraussetzt. Nach a.A. wird im Regelfall eine **(selbstschuldnerische) Bürgschaft** angenommen[4]. Tatsächlich handelt es sich um eine **eigenständige Haftungform des Handelsrechts**[5]. Mit dieser Einstufung aber wird die problematische Frage, ob die Regelung des § 394 mit Hilfe der Regelungen aus dem Bereich des Bürgschaftsvertrages und/oder mit der zum Garantievertrag ergangenen Rechtsprechung ergänzt werden kann, nicht beantwortet. Gegen die Anlehnung an den Garantievertrag wird zu Recht angeführt, dass der Kommissionär an der Erfüllung kein Eigeninteresse hat[6] und die Delkrederehaftung von dem Bestand der Verpflichtung des Dritten abhängt, während die Schuld des Garanten von der

---

1 *Schlegelberger/Hefermehl*, § 394 Rn. 2.
2 *Düringer/Hachenburg/Lehmann*, § 394 Rn. 2; *Heymann/Kötter*, § 394 Rn. 2.
3 *Schmidt-Rimpler* in Ehrenbergs Hdb. des gesamten HR, S. 781; *K. Schmidt*, HR, § 31 IV 2.b; *Canaris*, HR, § 32 Rn. 12; *Schlegelberger/Hefermehl*, § 394 Rn. 3.
4 *v. Gierke/Sandrock*, § 26 V 3; § 27 IV 7.
5 *Staub/Koller*, § 394 Rn. 2; *Baumbach/Hopt*, § 394 Rn. 2.
6 BGH v. 5.3.1975 – VIII ZR 202/73, WM 1975, 348; BGH v. 30.3.1982 – III ZR 144/81, WM 1982, 632.

gesicherten Schuld losgelöst ist[1]. Aus diesem Grunde scheint die Einzelanalogie zu den §§ 765 ff. BGB zutreffend zu sein[2].

3. Voraussetzungen der Delkrederehaftung

3 Die Regelung des § 394 stellt als Voraussetzungen die **Übernahme** oder den **Handelsbrauch am Orte der Niederlassung** des Kommissionärs auf (§ 394 Abs. 1 Alt. 1 und 2).

a) Übernahme

4 Die Übernahme des Delkredere setzt eine – ausdrücklich oder konkludent getroffene – **Vereinbarung** voraus[3]. Regelmäßig handelt es sich nicht um einen selbständigen Vertrag, sondern um einen Teil des Kommissionsvertrages[4]. Ob eine Übernahme der Delkrederehaftung gewollt ist, ist eine Frage der Auslegung (§§ 133, 157 BGB). Zweifelhaft ist dies bei der Aussage des Kommissionärs: „Ich reguliere"[5]. Die Vereinbarung einer **sehr hohen Provision** allein rechtfertigt nicht die Annahme einer Delkrederehaftung[6]. Die Übernahme ist **nicht formbedürftig**, § 766 BGB ist auch nicht analog anwendbar[7].

b) Delkredere kraft Handelsbrauchs

5 Der Sinn der zweiten Alternative des § 394 Abs. 1 ist darin zu sehen, dass der Kommittent – über § 346 hinausgehend – auch dann geschützt wird, wenn er kein Kaufmann ist. Das **Bestehen** eines Handelsbrauchs ist allein maßgebend, nicht die entsprechende **Kenntnis** der Parteien. Abzustellen ist auf den Ort der Niederlassung des Kommissionärs; ein entsprechender Handelsbrauch am Erfüllungsort genügt nicht[8].

4. Haftungsumfang (§ 394 Abs. 2 S. 1)

a) Einstandspflicht für die Erfüllung

6 Nach § 394 Abs. 1 hat der Kommissionär für die Erfüllung der Verbindlichkeiten des Dritten, mit dem er das Geschäft für Rechnung des Kommittenten abschließt, einzustehen. Der Kommissionär haftet **unmittelbar**, also ohne vorherige Inanspruchnahme des Dritten (anders § 771 BGB) und aus dem Delkredere auch **persönlich**, d.h. mit seinem gesamten Vermögen[9]. Hat der

---

1 BGH v. 8.3.1967 – VIII ZR 285/64, NJW 1967, 1020; *Staub/Koller*, § 394 Rn. 2.
2 So jetzt auch *Koller/Roth/Morck*, § 394 Rn. 2.
3 BGH v. 25.6.2002 – XI ZR 239/01, NJW-RR 2002, 1344.
4 *Schlegelberger/Hefermehl*, § 394 Rn. 5.
5 So aber *Baumbach/Hopt*, § 394 Rn. 1.
6 *Staub/Koller*, § 394 Rn. 3; a.A. *Schmidt-Rimpler* in Ehrenbergs Hdb. des gesamten HR, S. 778; *Schlegelberger/Hefermehl*, § 394 Rn. 6.
7 A.A. *Schmidt-Rimpler* in Ehrenbergs Hdb. des gesamten HR, S. 781.
8 *Schlegelberger/Hefermehl*, § 394 Rn. 8.
9 *Staub/Koller*, § 394 Rn. 5; *Baumbach/Hopt*, § 394 Rn. 3.

Kommissionär die Forderungen noch nicht an den Kommittenten abgetreten, kann Letzterer vom Kommissionär die Herausgabe der Forderungen gegen den Dritten und Erfüllung oder – nach freier Wahl – eines von beiden verlangen.

b) Verbindlichkeiten des Dritten

Nach § 394 Abs. 1 hat der Kommissionär für die Erfüllung der Verbindlichkeiten des Dritten einzustehen, haftet demzufolge jedenfalls insoweit, als die Erfüllung **aus dem Vertragsverhältnis** mit dem Dritten gefordert werden kann (Verbindlichkeiten aus dem Ausführungsgeschäft mit dem Dritten einschließlich § 677 BGB[1]). Die Delkrederehaftung erfasst aufgrund des klaren Wortlauts **nicht** Ansprüche **aus Gesetz**, z.B. §§ 812 ff., §§ 823 ff., §§ 987 ff. BGB, da diese Ansprüche nicht Ausfluss aus dem Vertragsverhältnis sind; Ansprüche aus **Hilfs- und Nebengeschäften gegen sonstige Personen** – falls nicht anders vereinbart – werden von der Delkrederehaftung nach h.M. ebenfalls nicht erfasst[2]. Da kein Grund ersichtlich ist, warum der Begriff des „Dritten" in § 394 enger als in § 393 zu interpretieren sein sollte, ist dieser Auffassung nicht zu folgen[3]. Vermag der Kommissionär die primäre Leistungspflicht nicht selbst zu erfüllen – etwa wenn der Dritte zur Unterlassung einer Handlung verpflichtet ist –, haftet der Kommissionär lediglich für die aus der Vereinbarung fließenden Schadensersatzansprüche[4].

7

c) Umfang der Verbindlichkeit

Aus dem Wortlaut des § 394 Abs. 2 S. 1 und der bürgschaftsähnlichen Ausformung der Delkrederehaftung folgt die **akzessorische Haftung** des Kommissionärs. Demzufolge hat er alle **Einwendungen** und **Einreden**, die dem Dritten aufgrund des Ausführungsgeschäfts gegenüber dem Kommissionär oder – nach der Abtretung der Forderung – gegenüber dem Kommittenten zustehen (§§ 767, 768 BGB analog), z.B.: Nichtigkeit des mit dem Dritten geschlossenen Vertrages; Erfüllung; Aufrechenbarkeit oder Untergang der Forderung durch Unmöglichkeit; er kann ein Zurückbehaltungsrecht oder auch Stundung geltend machen und die Leistung verweigern, wenn der Dritte wandeln, mindern oder anfechten kann (§ 770 BGB analog). Entstehen die Einwendungen oder Einreden aufgrund schuldhaften Verhaltens, kann er sich gegenüber dem Kommittenten nicht auf sie berufen (Arglisteinwand, §§ 242, 826 BGB). Der Kommissionär hat aufgrund des bürgschaftsähnlichen Charakters der Delkrederehaftung auch einzustehen, wenn sich der Inhalt der Verbindlichkeit ändert und z.B. Gewährleistungs-, Schadensersatz- oder Vertragsstrafenansprüche entstehen[5]. § 776 BGB gilt entsprechend, wenn

8

---

1 *Baumbach/Hopt*, § 394 Rn. 4.
2 *Baumbach/Hopt*, § 394 Rn. 4; str.
3 Wie hier *Staub/Koller*, § 394 Rn. 6.
4 *Staub/Koller*, § 394 Rn. 6; a.A. *Schmidt-Rimpler* in Ehrenbergs Hdb. des gesamten HR, S. 783.
5 *Staub/Koller*, § 394 Rn. 7.

der Kommittent zu Lasten des Kommissionärs Sicherheiten aufgibt[1]. Sofern der Kommissionär das Delkredere für einen Zwischenkommissionär übernommen hat, erlischt seine Haftung, sobald der Dritte an den Zwischenkommissionär zahlt[2]. Für den Fall, dass der Kommissionär die Leistung ausführt, geht der Anspruch des Dritten auf ihn über[3]; seine Haftung für eigenes Verschulden bleibt unberührt. Die Leistungsverpflichtung des Kommissionärs kann erst entstehen, wenn die Verbindlichkeit des Dritten **fällig** ist. Die Delkrederehaftung erlischt mit der **Erfüllung** der Verbindlichkeit des Dritten[4]. Erfolgte die Übernahme des Delkredere seitens des Kommissionärs im Auftrag des Geschäftsgegners, so steht dem Kommissionär gegen diesen ein Befreiungsanspruch zu.

5. Delkredereprovision (§ 394 Abs. 2 S. 2)

9 Die Delkredereprovision ist das Entgelt für die Übernahme der Gefahr nach § 394 Abs. 1 und Abs. 2 S. 1. Der Provisionsanspruch setzt lediglich voraus, dass der Kommissionär der Delkrederehaftung i.S.d. § 394 Abs. 1 unterliegt und das Geschäft zur Ausführung gekommen ist (vgl. § 396 Abs. 1 S. 1, **Fälligkeit**). Es kann (auch stillschweigend) vereinbart werden, dass der Kommissionär trotz der Delkrederehaftung keine besondere Delkredereprovision erhält[5]. Die **Höhe der Delkredereprovision** bestimmt sich – wenn nichts anderes vereinbart ist – nach dem entsprechenden Handelsbrauch am Niederlassungsort des Kommissionärs (vgl. § 354 Abs. 1), hilfsweise ist eine **angemessene Provision** zu zahlen (vgl. §§ 315 ff. BGB).

§ 395
Wechselindossament

Ein Kommissionär, der den Ankauf eines Wechsels übernimmt, ist verpflichtet, den Wechsel, wenn er ihn indossiert, in üblicher Weise und ohne Vorbehalt zu indossieren.

1. Zweck der Regelung

1 Die praktische Bedeutung des § 395 ist gering. Die Regelung bezweckt den **Schutz des Kommittenten** im Hinblick auf Wechsel, die durch ihre Übertragungsart Nachteile mit sich bringen[6]. Der Kommissionär, der in Ausführung einer Einkaufs- oder Verkaufskommission einen Wechsel für Rechnung des Kommittenten erwirbt, wird – soweit möglich – regelmäßig bestrebt sein, kein eigenes Indossament auf den Wechsel zu setzen, um nicht als Rück-

---

1 *Baumbach/Hopt*, § 394 Rn. 5.
2 RG v. 2.3.1912 – I 147/11, RGZ 78, 314.
3 *Baumbach/Hopt*, § 394 Rn. 5.
4 Weitergehend *Staub/Koller*, § 394 Rn. 10.
5 RG v. 8.2.1888 – I 333/87, RGZ 20, 112.
6 *Staub/Koller*, § 395 Rn. 1.

griffsschuldner einspringen zu müssen. § 395 regelt die Art und Weise des Indossaments, beantwortet aber nicht die Frage, ob der Kommissionär zur Indossierung verpflichtet ist. Diese Pflicht richtet sich nach der Vereinbarung der Parteien oder folgt aus der allgemeinen Pflicht des Kommissionärs zur Wahrung der Interessen des Kommittenten (§ 384) oder aus Handelsbrauch. § 395 gilt entsprechend für Schecks und sonstige Orderpapiere[1].

2. Einzelheiten

Der Kommissionär, der den **Ankauf eines Wechsels** übernimmt – nach h.M. ist die Anwendung des § 395 nicht auf die Übernahme eines Wechselankaufs beschränkt, sondern analog anzuwenden, wenn der Kommissionär in Ausführung einer Verkaufskommission einen Wechsel zahlungshalber erwirbt[2] – und nach § 384 Abs. 2 mit Indossament an den Kommittenten weitergibt, muss in üblicher Weise und ohne Vorbehalt indossieren, darf also dem Wechsel durch einschränkende Vermerke weder die Transport- und Garantiefunktion nehmen noch sonst wie dessen Umlauffähigkeit einengen[3]. Beispielsweise ist es unstatthaft, wenn der Kommissionär durch die Klausel „ohne Obligo" die Haftung für die Annahme und Zahlung ausschließt. Indossiert der Kommissionär den Wechsel ordnungsgemäß, haftet er für die Annahme und Zahlung dem Kommittenten und den späteren Indossataren wechselmäßig (vgl. Art. 15 WG), so dass der Kommittent den Wechsel folglich leichter verwerten kann[4]. Allerdings kann der Kommittent den Kommissionär aufgrund der Indossierung regelmäßig nicht in Anspruch nehmen, da der Kommissionär berechtigt ist, dem Kommittenten entgegenzuhalten, dass er den Wechsel aufgrund des Kommissionsvertrages nur für Rechnung des Kommittenten indossiert habe[5]. Demgegenüber führt der Verstoß gegen die Pflicht aus § 395 zu einem Anspruch des Kommittenten auf **Schadensersatz**.

2

§ 396
Provision; Aufwendungsersatz

(1) Der Kommissionär kann die Provision fordern, wenn das Geschäft zur Ausführung gekommen ist. Ist das Geschäft nicht zur Ausführung gekommen, so hat er gleichwohl den Anspruch auf die Auslieferungsprovision, sofern eine solche ortsgebräuchlich ist; auch kann er die Provision verlangen, wenn die Ausführung des von ihm abgeschlossenen Geschäfts nur aus einem in der Person des Kommittenten liegenden Grunde unterblieben ist.

---

1 *Staub/Koller*, § 395 Rn. 1.
2 RG v. 8.2.1888 – I 333/87, RGZ 20, 112; *Schmidt-Rimpler* in Ehrenbergs Hdb. des gesamten HR, S. 750.
3 *Schlegelberger/Hefermehl*, § 395 Rn. 5.
4 *Baumbach/Hopt*, § 395 Rn. 1.
5 So auch *Schlegelberger/Hefermehl*, § 395 Rn. 6: „venire contra factum proprium".

(2) Zu dem von dem Kommittenten für Aufwendungen des Kommissionärs nach den §§ 670 und 675 des Bürgerlichen Gesetzbuchs zu leistenden Ersatze gehört auch die Vergütung für die Benutzung der Lagerräume und der Beförderungsmittel des Kommissionärs.

Übersicht

	Rn.		Rn.
1. Zweck der Regelung	1	3. Auslieferungsprovision (§ 396 Abs. 1 S. 2 1. Hs.)	8
2. Provision		4. Ersatz für Aufwendungen (§ 396 Abs. 2)	
a) Voraussetzungen des Anspruchs nach § 396 Abs. 1 S. 1		a) Voraussetzungen des Aufwendungsersatzanspruches	
aa) Kommissionsvertrag	2	aa) Kommissionsvertrag	9
bb) Ausführung des Geschäfts	3	bb) Ersatzfähige Aufwendungen	10
b) Voraussetzungen des Anspruchs nach § 396 Abs. 1 S. 2 2. Hs.	5	cc) Schäden	11
c) Höhe	6	b) Inhalt des Aufwendungsersatzanspruchs	12
d) Sonstiges	7		

1. Zweck der Regelung

1   Regelmäßig vereinbaren Kommittenten und Kommissionäre im Kommissionsvertrag die Grundlagen für einen Provisionsanspruch. Bei fehlender Vereinbarung und fehlendem einschlägigen Handelsbrauch greift ergänzend § 354 Abs. 1 ein. § 396 Abs. 1 konkretisiert für den Fall, dass der Kommissionär aufgrund eines Vertrages oder aufgrund der Regelung des § 354 Provision verlangen kann, die Voraussetzungen des Provisionsanspruchs in Form einer **Gefahrtragungsregel**[1]. Ergänzend neben § 396 Abs. 1 findet § 323 BGB Anwendung. § 396 Abs. 1 ist abdingbar. § 396 Abs. 2 ergänzt den Anspruch des Kommissionärs auf Ersatz der Aufwendungen, der sich aus den §§ 675, 670 BGB ableitet, indem er **zusätzliche Vergütungspflichten** vorsieht.

2. Provision

a) Voraussetzungen des Anspruchs nach § 396 Abs. 1 S. 1

aa) Kommissionsvertrag

2   Nach § 396 Abs. 1 kann der Kommissionär die Provision fordern, wenn das Geschäft zur Ausführung gekommen ist. Der Anspruch selbst folgt aus dem wirksam zustande gekommenen Kommissionsvertrag. Aus Spiel und Wette (§ 762 BGB) erwächst kein Provisionsanspruch[2]. Die **Kündigung** des Kommissionsvertrages vor Abschluss des Ausführungsgeschäfts schließt die Entstehung des Anspruchs aus, u.U. kann der Kommittent aber nach § 826 BGB dem Kommissionär zum Schadensersatz verpflichtet sein. Bei nichtigem Kommissionsvertrag kann dem Kommissionär Provision nach § 354 – nicht

---

1 *Staub/Koller*, § 396 Rn. 1.
2 RG v. 20.10.1894 – I 213/94, RGZ 34, 266.

aber nach § 396 – zustehen (str.)[1]. Vgl. zum Verlust des Anspruchs auch §§ 26, 27 DepotG.

bb) Ausführung des Geschäfts

§ 396 Abs. 1 S. 1 setzt weiterhin die Ausführung des Geschäfts voraus. Nach h.M. entsteht der Provisionsanspruch bereits mit dem bloßen **Abschluss**, ist seinerseits jedoch **aufschiebend bedingt** durch die gem. § 396 Abs. 1 S. 1 erforderliche „Ausführung des Geschäfts"[2]. Bei wirksamer Anfechtung der Einigungserklärung zum Ausführungsgeschäft entfällt der Provisionsanspruch ex tunc (§ 142 BGB), ebenso bei Rücktritt gem. §§ 437, 440 BGB im Anschluss an Einkaufskommission[3] und bei Ausübung des vertraglich vorbehaltenen Rücktritts. 3

Der in § 396 Abs. 1 S. 1 verwendete Begriff der „Ausführung des Geschäfts" (vgl. auch § 87a für den Provisionsanspruch des Handelsvertreters) ist mehrdeutig: Einigkeit besteht, dass mit „Ausführung des Geschäfts" nicht der Abschluss des Ausführungsgeschäftes gemeint ist. Andererseits erfordert das Merkmal „Ausführung" auch nicht die beiderseitige Erfüllung des Ausführungsgeschäfts[4]. Regelmäßig ist das Geschäft i.S.d. § 396 ausgeführt, wenn sein **wirtschaftlicher Erfolg im Wesentlichen hergestellt ist**[5] – etwa durch die vertragsmäßige Erfüllung des Geschäftes durch den Dritten[6]. Bei teilweiser Erfüllung durch den Dritten entsteht im Zweifel auch nur ein Anspruch auf anteilige Provision. Ist Ratenzahlung vereinbart, entsteht der Anspruch auf die volle Provision erst mit Zahlung der letzten Rate. Bei mangelhafter Leistung des Dritten und daraufhin erfolgtem Rücktritt entsteht der Provisionsanspruch nicht bzw. entfällt er; bereits geleistete Provisionen sind zurückzuzahlen[7]. Für analoge Anwendung des § 87a auf Kommissionsagenten: LG Wuppertal v. 31.3.1966[8]. 4

b) Voraussetzungen des Anspruchs nach § 396 Abs. 1 S. 2 2. Hs.

Nach § 396 Abs. 1 S. 2 2. Hs. kann der Kommissionär auch Provision verlangen, wenn die Ausführung des von ihm abgeschlossenen Geschäfts aus einem Grund, der (allein) in der Person des Kommittenten liegt, unterblieben ist (vgl. die ähnlich erscheinende Regelung des § 87a Abs. 3, die auf den Kommissionsvertrag nicht entsprechend anwendbar ist). Schon aus der Formulierung „nur" ist zu folgern, dass es **nicht** auf ein **Verschulden** des Kommittenten ankommt. Beispiele: Provisionsanspruch ist gegeben, wenn die Ausführung unterbleibt, weil dem Zulieferer des Kommittenten ein Liefe- 5

---

1 Vgl. zum Meinungsstand bei GK/*Achilles*, § 396 Rn. 1.
2 Ebenso *Schlegelberger/Hefermehl*, § 396 Rn. 6, 8 ff.; *Knütel*, ZHR 137 (1973), 314; zu weitgehend *Staub/Koller*, § 396 Rn. 8.
3 *Staub/Koller*, § 396 Rn. 7.
4 *Schlegelberger/Hefermehl*, § 396 Rn. 9.
5 *Baumbach/Hopt*, § 396 Rn. 2.
6 *Staub/Koller*, § 396 Rn. 9.
7 § 812 BGB; *Staub/Koller*, § 396 Rn. 10.
8 LG Wuppertal v. 31.3.1966 – 7 S 192/65, NJW 1966, 1129.

rungsverbot auferlegt worden ist[1]; ebenso bei Beschlagnahme des Kommissionsgutes beim Kommittenten. Unterbleibt allerdings infolge eines Embargos die Ausführung des Geschäfts, kann der Provisionsanspruch entfallen[2]. Bei Rückabwicklung des Vertrages durch Vereinbarung zwischen Kommittent und Drittem liegt regelmäßig **Kollusion** zu Lasten des Kommissionärs vor, so dass der Anspruch auf Provision nicht entfällt (§ 826 BGB). Zur Provisionsrisikotragung auch *Koller*, BB 1979, 1725.

c) Höhe

6   Die Höhe der Provision wird grundsätzlich durch die **Parteivereinbarung** bestimmt; ansonsten sind die ortsüblichen Sätze am Niederlassungsort des Kommissionärs maßgeblich (§ 354 Abs. 1; vgl. auch § 394 Rn. 9).

d) Sonstiges

7   Der Provisionsanspruch **verjährt** nach drei Jahren (§§ 195, 199 BGB)[3]. Nach allgemeinen Grundsätzen der **Beweislast** hat der Kommissionär grundsätzlich alle Tatsachen vorzutragen und zu beweisen, auf die er seinen Anspruch stützt. Unterbleibt allerdings die Leistung des Dritten wegen fehlender Leistung des Kommittenten, so ist nach den **Grundsätzen des Anscheinsbeweises** anzunehmen, dass die Ursache hierfür i.S.d. § 396 Abs. 1 S. 2 2. Hs. in der Person des Kommittenten lag[4].

3. Auslieferungsprovision (§ 396 Abs. 1 S. 2 1. Hs.).

8   Nach § 396 Abs. 1 S. 2 1. Hs. hat der Kommissionär, auch wenn das Geschäft nicht zur Ausführung gekommen ist, gleichwohl den Anspruch auf die **Auslieferungsprovision**, sofern eine solche **ortsgebräuchlich** ist. Die regelmäßig gegenüber der vollen Provision niedrigere Auslieferungsprovision kommt bei der Verkaufskommission nach Übergabe der Ware an den Kommissionär in Betracht – nicht erforderlich ist die Übergabe an den Dritten oder Kommittenten[5]. Maßgeblich ist der Ortsgebrauch am Niederlassungsort des Kommissionärs[6]. **Fällig** ist der Anspruch auf Auslieferungsprovision im Zweifel, wenn die Nichtausführung des Geschäfts feststeht[7].

---

1 *Staub/Koller*, § 396 Rn. 11; a.A. *Schlegelberger/Hefermehl*, § 396 Rn. 16.
2 Vgl. *Staub/Koller*, § 396 Rn. 12; str.
3 *Baumbach/Hopt*, § 396 Rn. 1.
4 So auch *Staub/Koller*, § 396 Rn. 23.
5 *Staub/Koller*, § 396 Rn. 17; ebenso *Schlegelberger/Hefermehl*, § 396 Rn. 18.
6 RG v. 29.10.1886 – II 167/86, RGZ 17, 31; *Staub/Koller*, § 396 Rn. 17 m.w.N.
7 *Schmidt-Rimpler* in Ehrenbergs Hdb. des gesamten HR, S. 805.

4. Ersatz für Aufwendungen (§ 396 Abs. 2)
a) Voraussetzungen des Aufwendungsersatzanspruches
aa) Kommissionsvertrag

Voraussetzung ist zunächst das Vorliegen eines wirksamen Kommissionsvertrages, dem **keine Einwendungen** entgegenstehen. Bei **Kündigung/Widerruf** des Kommissionsvertrages gilt: Nach Zugang des Widerrufes erfolgte Aufwendungen kann der Kommissionär nicht mehr verlangen (argumentum e contrario §§ 675, 674 BGB).

9

bb) Ersatzfähige Aufwendungen

Aufwendungen sind Vermögensopfer, die zum Zwecke der Ausführung der Kommission freiwillig erbracht werden[1], also z.B. Reisekosten, Porti, Telefon- und Faxauslagen, Versicherungsprämien sowie Zollauslagen. Verpflichtungen, die der Kommissionär im Rahmen des Ausführungsgeschäftes eingeht, sind ebenfalls Aufwendungen, ebenso etwa aus einer Nicht- bzw. Schlechterfüllung des Ausführungsgeschäfts entstehende Schadensersatzverpflichtungen[2]. Zu den freiwilligen Vermögensopfern gehören auch die Kosten eines Selbsthilfeverkaufs und Kosten der Inanspruchnahme fremder Arbeitskräfte[3], nicht aber der Ersatz der eigenen Arbeitskraft. Ebenso wenig darf der Kommissionär die Fixkosten anteilig auf den Kommittenten umlegen[4]. Die Erhebung einer Zeichnungsgebühr für die Inanspruchnahme des Geschäftsbetriebs und insbesondere den Arbeitseinsatz der Mitarbeiter des Kommissionärs bei Aktienneuemission gilt nicht als Aufwendung i.S.d. § 396 Abs. 2[5], da diese Kosten bereits mit der Provision beglichen werden. Streitig ist die Behandlung von **Schmiergeldern**: Nach *Staub/Koller*[6] handelt es sich um Aufwendungen i.S.d. § 396, die jedoch nicht nach § 670 BGB erforderlich sind[7]. **Allgemeine Kosten** (z.B. Gewerberaummiete, Gehälter etc.) hat der Kommissionär ebenfalls selbst zu tragen (§ 670 BGB i.V.m. § 396 Abs. 2). Gem. § 396 Abs. 2 kann der Kommissionär allerdings Vergütung für die Benutzung von Lagerräumen und Beförderungsmitteln selbst dann fordern, wenn er die Provision mangels Ausführung ansonsten nicht verdient[8]. Allerdings kann sich aus der Höhe der vereinbarten Provision oder durch Handelsbrauch ergeben, dass die Vergütung für die Benutzung von Lagerräumen durch die Provision abgegolten ist[9]. Vgl. zur Risikoverteilung bei **nutzlosen Aufwendungen**: *Koller*, BB 1979, 1725, 1727 f. Als Korrektiv wirkt

10

---

1 RG v. 1.7.1918 – VI 151/18, RGZ 95, 51.
2 Dazu *Staub/Koller*, § 396 Rn. 27 m.w.N.
3 *Palandt/Sprau*, § 670 BGB Rn. 3.
4 *Staub/Koller*, § 396 Rn. 29.
5 BGH v. 28.1.2003 – XI ZR 156/02, BGHZ 153, 344 ff.
6 *Staub/Koller*, § 396 Rn. 29.
7 Vgl. im Ergebnis auch BGH v. 9.11.1964 – VII ZR 103/63, NJW 1965, 293; *Schlegelberger/Hefermehl*, § 396 Rn. 34.
8 *Baumbach/Hopt*, § 396 Rn. 6.
9 Vgl. OLG Stuttgart v. 26.10.1961 – 2 U 114/61, BB 1962, 689: Möbel im Ausstellungslager des Kommissionärs; str., weitergehend *Staub/Koller*, § 396 Rn. 30.

§ 670 BGB, nach dem nur solche Aufwendungen erstattungsfähig sind, die der Kommissionär den Umständen nach für **erforderlich** halten durfte[1]. Sowohl die Erbringung der Aufwendungen als auch die Erforderlichkeit hat der Kommissionär zu beweisen.

cc) Schäden

11 Da Schäden keine freiwilligen Vermögensopfer sind, kann der Erstattungsanspruch richtiger Auffassung nach nicht auf § 396 Abs. 2 i.V.m. §§ 675, 670 BGB gestützt werden. Dennoch ist inzwischen anerkannt, dass der Kommissionär auch Schäden auf den Kommittenten abwälzen kann[2]. Anspruchsgrundlage ist § 670 BGB i.V.m. § 110. Vorzugswürdiger Ansicht nach entspringt der Anspruch für die Geltendmachung von Schäden dem sog. **Veranlassungsprinzip**[3]. Danach setzt die Erstattungspflicht von Schäden voraus, dass der Kommissionär die Schäden bei Anwendung pflichtgemäßer Sorgfalt nicht hat verhindern können und dass der Schaden nicht aus den allgemeinen Lebensrisiken des Kommissionärs resultiert[4].

b) Inhalt des Aufwendungsersatzanspruchs

12 Der Inhalt des Erstattungsanspruches richtet sich in erster Linie nach § 670 BGB (da kein Schadensersatzanspruch vorliegt, nicht nach §§ 249 ff. BGB, vgl. auch § 256 BGB). Regelmäßig erwächst dem Kommissionär ein Anspruch auf **Geldleistung.** Besteht die Aufwendung des Kommissionärs aber in der Eingehung einer Verbindlichkeit, kann der Kommissionär Befreiung von dieser verlangen, § 257 BGB. Dies kann in der Weise geschehen, dass der Kommittent die Schuld mit Zustimmung des Gläubigers übernimmt (vgl. § 415 BGB) oder die Leistung direkt an den Gläubiger erbringt (§ 267 BGB). Soweit die Verbindlichkeit des Kommissionärs nicht fällig ist, ist der Kommittent berechtigt, dem Kommissionär **Sicherheit** (§§ 232 ff. BGB) nach § 257 S. 2 BGB zu leisten, statt ihn zu befreien. Als **höchstpersönlicher Anspruch** ist der Befreiungsanspruch nicht nach § 399 BGB abtretbar[5]. Durch das Insolvenzverfahren wird er umgewandelt[6]. **Fällig** ist der Anspruch des Kommissionärs auf Ersatz der Aufwendungen nicht mit Erbringung der Aufwendungen, sondern erst durch ordnungsgemäße Rechenschaftslegung. Abweichende Vereinbarungen sind zulässig. Bei Zurückweisung des Kommissionsgeschäftes wegen Weisungsverstoßes nach § 385 kann der Anspruch

---

1 Nicht Schmiergeld; vgl. BGH v. 9.11.1964 – VII ZR 103/63, NJW 1965, 293.
2 BAG v. 11.8.1988 – 8 AZR 721/85, BB 1989, 148 (Strafverfolgung); BGH v. 27.11.1962 – IV ZR 217/61, BGHZ 38, 277; BGH v. 5.12.1983 – II ZR 252/82, BGHZ 89, 157.
3 Dazu *Koller*, Die Risikozurechnung bei Vertragsstörungen in Austauschverträgen, 1979, S. 95 ff., 402 ff.
4 Vgl. *Koller*, Die Risikozurechnung bei Vertragsstörungen in Austauschverträgen, 1979, S. 95 ff., 402 ff.; dazu auch *K. Schmidt*, HR, § 30 IV 3b.
5 RG v. 8.10.1912 – II 302/12, RGZ 80, 183; vgl. zu Ausnahmen: BGH v. 22.1.1954 – I ZR 34/53, BGHZ 12, 136; BGH v. 14.1.1975 – VI ZR 139/73, DB 1975, 445.
6 BGH v. 22.9.1971 – VIII ZR 38/70, BGHZ 57, 81; BGH v. 22.1.1954 – I ZR 34/53, BGHZ 12, 136, 141.

auf Ersatz von Aufwendungen **untergehen**[1]. Zur **Verjährung** vgl. Rn. 7; sie entspricht derjenigen beim Provisionsanspruch. Nach §§ 675, 669 BGB kann der Kommissionär **Vorschuss** verlangen und bis zur Leistung die Ausführung verweigern[2]; Kosten der Rechtsverfolgung gegen Dritte braucht der Kommissionär nicht vorzuschießen[3].

§ 397
Gesetzliches Pfandrecht

Der Kommissionär hat an dem Kommissionsgute, sofern er es im Besitze hat, insbesondere mittels Konnossements, Ladescheins oder Lagerscheins darüber verfügen kann, ein Pfandrecht wegen der auf das Gut verwendeten Kosten, der Provision, der auf das Gut gegebenen Vorschüsse und Darlehen, der mit Rücksicht auf das Gut gezeichneten Wechsel oder in anderer Weise eingegangenen Verbindlichkeiten sowie wegen aller Forderungen aus laufender Rechnung in Kommissionsgeschäften.

Schrifttum: *Altmeppen,* Zur Rechtsnatur der handelsrechtlichen Pfandrechte, ZHR 157 (1993), 541.

1. Zweck der Regelung

§ 397 dient dem **Schutz** des Kommissionärs. Wegen bestimmter Forderungen wird ihm ein **gesetzliches Pfandrecht** (vgl. dazu § 1257 BGB) an dem in seinem Besitz befindlichen Kommissionsgut gewährt. Praktische Bedeutung hat es in erster Linie bei der Warenkommission, dort naturgemäß größere Bedeutung für die Einkaufs- als für die Verkaufskommission[4]. Das Pfandrecht i.S.d. § 397 tritt neben das dem Kommissionär ggf. zustehende **Zurückbehaltungsrecht** (§ 369 HGB, § 273 BGB). Zur Befriedigung des Kommissionärs vgl. §§ 398, 399. Die in den §§ 397 bis 399 genannten Sicherungsrechte gelten auch zugunsten eines Kaufmannes, der nicht Kommissionär ist, jedoch im Betrieb seines Handelsgewerbes ein Geschäft im eigenen Namen für fremde Rechnung schließt (vgl. § 406 Abs. 1). Für die Effektenkommission vgl. Nr. 14 Abs. 1 AGB-Banken. § 397 ist abdingbar, auch durch AGB in den Grenzen der §§ 305 ff. BGB. 1

2. Erwerb des Kommissionsgutes

Schon dem Begriff des **Kommissionsgutes** i.S.d. § 397 lässt sich entnehmen, dass notwendige Voraussetzung für die Anwendung des § 397 (ebenso für §§ 398, 399) der **Abschluss eines Kommissionsvertrages** ist, da vor Ab- 2

---
1 *Staub/Koller,* § 396 Rn. 37.
2 § 273 BGB; RG v. 17.6.1913 – II 584/12, RGZ 82, 403.
3 RG v. 22.2.1929 – II 357/28, RGZ 124, 119; *Baumbach/Hopt,* § 396 Rn. 6.
4 Weiterführend *Schlegelberger/Hefermehl,* § 397 Rn. 2.

schluss eines Kommissionsvertrages von „Kommissionsgut" nicht die Rede sein kann (h.M.). Kommissionsgut ist das Gut, das Gegenstand des vom Kommissionär für Rechnung des Kommittenten geschlossenen Ausführungsgeschäftes ist, alle **Sachen und Wertpapiere**, nicht aber alles, was dem Kommissionär aus Anlass der Kommission übergeben wird[1]: Verpackungen und Beförderungsmittel sind nur Kommissionsgut, wenn sie mitverkauft sind; **nicht** zum Kommissionsgut zählen Versicherungspolicen, die lediglich der Versicherung des Kommissionsgutes dienen[2]. Aus der einschränkenden Formulierung des § 397, „sofern er sie im Besitz hat", folgt, dass nichtverkörperte Rechte ebenso wie Beweis- oder Geschäftsurkunden sowie Papiere i.S.d. § 952 BGB nicht zum Kommissionsgut gehören (vgl. aber § 399). Grundsätzlich setzt der Erwerb des Pfandrechts voraus, dass der Kommittent **Eigentümer** des Kommissionsgutes ist. Ist der Kommittent nicht Eigentümer des Kommissionsgutes, kann der Kommissionär das gesetzliche Pfandrecht dennoch gutgläubig unter der Voraussetzung erwerben, dass er den Kommittenten ohne Vorliegen grober Fahrlässigkeit für den Eigentümer oder den Verfügungsberechtigten gehalten hat (§ 366 Abs. 1 und 3, §§ 932 ff., 935 Abs. 1 BGB).

3. Besitz am Kommissionsgut

3   Nach § 397 hat der Kommissionär nur dann ein Pfandrecht am Kommissionsgut, wenn er es im Besitz hat oder durch Innehaben eines Traditionspapieres über das Gut verfügen kann, was den Besitz dieser Papiere voraussetzt (§ 448). Neben dem **unmittelbaren** genügt auch **mittelbarer Besitz.** Erwirbt der Kommissionär den Besitz erst nach Beendigung des Kommissionsverhältnisses, verliert das Gut seine Eigenschaft als Kommissionsgut und das Pfandrecht kann nicht entstehen[3]. Bei Insolvenz des Kommittenten kann der Kommissionär an Gut, an dem er nach Eröffnung des Insolvenzverfahrens Besitz erlangt, kein Pfandrecht erwerben[4]. Vgl. zum Besitzerwerb vor Eröffnung des Insolvenzverfahrens § 91 InsO.

4   Nach Entstehung des Pfandrechts ist Voraussetzung für dessen Fortbestand nach dem Gesetzeswortlaut des § 397, dass der Pfandgläubiger den Besitz auch **behält.** Unstreitig führt die **freiwillige Aufgabe** des Besitzes zum Untergang des Pfandrechts. Umstritten ist, ob das Pfandrecht untergeht, wenn der Kommissionär den Besitz am Kommissionsgut **unfreiwillig** verliert. Nach h.M. geht das Pfandrecht auch bei unfreiwilligem Besitzverlust unter, wobei im Einzelnen differenziert wird: Nach früher herrschender Lehre[5] beendet der **dauernde** (nicht bloß vorübergehende) unfreiwillige Besitzverlust das Pfandrecht. Diese Auffassung ist schon deshalb abzulehnen, weil die angegebene Zeitspanne sich dem Gesetz nicht entnehmen lässt und in keiner Wei-

---

1 Dazu *Baumbach/Hopt*, § 397 Rn. 4.
2 *Staub/Koller*, § 397 Rn. 3.
3 H.M., *Staub/Koller*, § 397 Rn. 5 m.w.N.
4 RG v. 17.4.1909 – I 209/08, RGZ 71, 76 f.
5 Vgl. *Baumbach/Hopt*, § 397 Rn. 8.

se zu präzisieren ist. Nach *Schlegelberger/Hefermehl*[1] erlischt, abweichend von § 1253 BGB, das gesetzliche Pfandrecht des Kommissionärs auch mit unfreiwilligem Besitzverlust und lebt grundsätzlich nicht wieder auf; hat jedoch der Kommissionär lediglich **vorübergehend unfreiwillig** den Besitz am Kommissionsgut verloren, rechtfertige sich aber eine entsprechende Anwendung des § 940 Abs. 2 BGB, wenn der Kommissionär den Besitz innerhalb eines Jahres oder mittels einer innerhalb dieser Frist erhobenen Klage wiedererlange. *Ratz*[2] lehnt dies ab und führt aus, das Pfandrecht könne allenfalls dann „als wiederhergestellt gelten", wenn **unverzügliches Betreiben** den Besitz zurückschaffe, weil die Jahresfrist des § 940 Abs. 2 für das Handelsrecht – wo alles auf Beschleunigung dränge – schwerlich geeignet sei. Konkretisieren ließe sich die Frist nicht, da es an einer gesetzlichen Regelung fehle. Ähnlich *Heymann/Herrmann/Honsell*[3]: Der Anspruch auf Herausgabe des Pfandes nach §§ 1227, 985 BGB müsse **unverzüglich** geltend gemacht werden, um „unter Wahrung des Ranges Rechte erhaltend" zu wirken. A.A. – mit Recht – *Staub/Koller*[4]: Nach der Parallelbestimmung in § 1253 BGB erlischt das Pfandrecht erst und nur dann, wenn der Pfandgläubiger das Pfand dem Verpfänder oder dem Eigentümer zurückgibt, da in der Rückgabe eine unwiderlegbar vermutete Verzichtserklärung des Pfandgläubigers zu sehen ist. Da es beim unfreiwilligen Besitzverlust eine Basis für die Vermutung eines Verzichtswillens des Pfandgläubigers nicht gibt, bleibt nach bürgerlichem Recht das Pfandrecht im Falle des unfreiwilligen Verlustes unzweifelhaft bestehen[5]. Davon ausgehend stellt *Koller*[6] fest, dass sowohl das vertragliche Pfandrecht gem. §§ 1204 ff. BGB als auch das Kommissionspfandrecht als Besitzpfandrecht ausgeformt sind, um der dinglichen Rechtslage Publizität zu verleihen. In Anbetracht der Eigenheiten des Handelsverkehrs geht er nicht soweit, dass das Kommissionspfandrecht – wie § 1253 BGB dies vorsieht – erst erlischt, wenn der Kommissionär das Kommissionsgut an den Kommittenten zurückgibt. Wenn aber das Kommissionsgut dem Kommissionär **abhanden** komme, dürfe der Kommissionär nicht schlechter gestellt werden als der Vertragspfandgläubiger, da für die Ungleichbehandlung kein Grund vorhanden sei. Im Falle des Abhandenkommens **erlischt** das Pfandrecht nach dieser – vorzugswürdigen – Lösung folglich **nicht** beim **unfreiwilligen Besitzverlust**. Entgegen der Auffassungen der (noch) herrschenden Lehre stellte auch *Altmeppen*[7] fest, dass das **Abhandenkommen keinen Erlöschensgrund** darstellt[8]. Dieses Ergebnis begründet er damit, dass der Gesetzgeber bei der Schaffung des HGB die im ADHGB noch rudimentär vorhandene Lösung als Zurückbehaltungsrecht aufgegeben und das gesetzliche Pfandrecht des Kaufmanns als **wahres Pfandrecht**, also als ein echtes beschränkt dingliches Recht, ausgeformt habe.

---

1 *Schlegelberger/Hefermehl*, § 397 Rn. 27.
2 RGRK-HGB/*Ratz*, § 397 Rn. 4.
3 *Heymann/Herrmann/Honsell*, § 397 i.V.m. § 410 Rn. 16.
4 *Staub/Koller*, § 397 Rn. 16.
5 *Palandt/Bassenge*, § 1253 BGB Rn. 4.
6 *Staub/Koller*, § 397 Rn. 16.
7 *Altmeppen*, ZHR 157 (1993), 541 ff., 548 ff.
8 *Altmeppen*, ZHR 157 (1993), 541 ff., 558.

5   Sofern das Pfandrecht durch freiwilligen Besitzverlust erloschen ist, **lebt** es auch durch spätere Besitzerlangung **nicht wieder auf**[1].

6   Bei Anfechtung sowie Kündigung des Kommissionsvertrages: Untergang des Pfandrechts, bei der Anfechtung ex tunc (§§ 119 f., 142 Abs. 1 BGB)[2].

4. Gesicherte Forderungen

7   Das gesetzliche Pfandrecht sichert die in § 397 genannten **Forderungen** (weitergehend u.U. das dem Kommissionär zustehende Zurückbehaltungsrecht, vgl. Rn. 1). Im Einzelnen sichert das Pfandrecht nach § 397 die **Aufwendungen** i.S.d. § 396, z.B. **Kosten** für die Erhaltung oder Verbesserung des Gutes; nicht erforderlich ist, dass es sich um Verwendungen i.S.d. §§ 994 ff. BGB handelt. Gesichert sind aber auch Ansprüche auf **Provision**: Gemeint sind alle Erscheinungsformen der im Rahmen des Kommissionsgeschäfts bekannten Entgelte (vgl. § 396 Abs. 1, § 394 Abs. 2); ferner die auf das Gut gegebenen **Vorschüsse** und **Darlehen** (§§ 675, 670 BGB, § 393), aber auch Darlehen, die der Kommissionär dem Kommittenten gewährt hat; auch Forderungen wegen der mit Rücksicht auf das Gut gezeichneten **Wechsel**: § 397 erfasst auch die mit Rücksicht auf das Gut eingegangenen **Verbindlichkeiten**[3]. Erfasst werden alle sonstigen Aufwendungen, aber auch Schadensersatzverpflichtungen; **Forderungen aus laufender Rechnung**: Forderungen, die im Rahmen eines Kontokorrentverhältnisses (§§ 355, 356) verrechnet werden sollten, auch in Fällen, in denen eine Kontokorrentabrede fehlt[4]; Ausnahme: §§ 30, 4 DepotG.

5. Inhalt und Wirkung des Pfandrechts

8   Die Verwertung des Pfandrechts erfolgt nach **§§ 1220 ff. (1257) BGB**. Das Pfandrecht gibt ein „die Veräußerung hinderndes Recht" i.S.d. § 771 ZPO sowie – bei nur mittelbarem Besitz – die Klage auf vorzugsweise Befriedigung aus dem Erlös. In der Insolvenz des Kommittenten: Absonderungsrecht i.S.d. § 50 Abs. 1 InsO. Zur Befriedigung am eigenen Kommissionsgut vgl. Kommentierung zu § 398; zum Rang des Pfandrechts vgl. §§ 1257, 1209 BGB.

§ 398
Befriedigung aus eigenem Kommissionsgut

Der Kommissionär kann sich, auch wenn er Eigentümer des Kommissionsguts ist, für die in § 397 bezeichneten Ansprüche nach Maßgabe der für das Pfandrecht geltenden Vorschriften aus dem Gute befriedigen.

---

1 RG v. 28.10.1899 – I 256/99, RGZ 44, 116 ff., 120; allerdings entschieden erst für den Spediteur.
2 *Staub/Koller*, § 397 Rn. 5.
3 „Auffangtatbestand", *Staub/Koller*, § 397 Rn. 11.
4 RG v. 10.3.1883 – I 108/83, RGZ 9, 424, 430.

Schrifttum: *Altmeppen*, Zur Rechtsnatur der handelsrechtlichen Pfandrechte, ZHR 157 (1993), 541.

1. Zweck der Regelung

Regelmäßig erlischt das Pfandrecht, wenn es mit dem Eigentum in derselben Person zusammentrifft (§§ 1256 Abs. 1 S. 1, 1257 BGB). Die in § 1256 Abs. 1 S. 2 BGB und insbesondere in § 1256 Abs. 2 BGB enthaltenen Ausnahmen haben – zu Lasten des Kommissionärs – kaum praktische Relevanz. Der Gesetzgeber schützt mit § 398 daher vor allem den **Einkaufskommissionär**, der von dem Dritten das Eigentum am Kommissionsgut – unter Umständen mit erheblichem Aufwand – erwirbt und es nach § 384 Abs. 2 dem Kommittenten herausgeben und übereignen muss. Daneben tritt ein in der Praxis nicht zu unterschätzender Vorteil: Durch die Regelung des § 398 entfällt das Erfordernis der Prüfung, ob das Eigentum schon auf den Kommittenten übergegangen ist, wenn der Kommissionär den Pfandverkauf betreiben will[1]. § 397 wird durch § 398 ergänzt.

2. Einzelheiten

Zum Begriff des Kommissionärs vgl. § 383 Rn. 4; zum Kommissionsgut vgl. § 397 Rn. 2. § 398 greift nur ein, wenn das Kommissionsgut im **Eigentum** des Kommissionärs steht; ansonsten findet § 397 unmittelbar Anwendung. Am Kommissionsgut muss der Kommissionär darüber hinaus entweder **unmittelbaren** oder **mittelbaren Besitz** in der Weise erlangt haben, dass jedenfalls nicht der Kommittent Besitzmittler ist[2]. Das **Befriedigungsrecht** sichert den Kreis der aus § 397 bekannten Forderungen. Will sich der Kommissionär aus dem Gut befriedigen, hat er die Erfordernisse der Pfandverwertung (§§ 1220 ff. BGB) zu beachten. Wie sich aus der Formulierung in § 398 „kann sich" ergibt, besteht keine **Pflicht zur Befriedigung**[3]. Es ist umstritten, ob ein Kommissionär bei nicht fristgerechter Erfüllung seiner Ansprüche (z.B. Aufwendungsersatz) nach § 323 BGB vom Kommissionsvertrag zurücktreten und das gekaufte Kommissionsgut behalten kann. Die h.M. lehnt das Rücktrittsrecht vor allem deshalb ab, weil die Ausübung dem Inhalt der Kommission widerspreche[4], unter anderem aber auch damit, dass nur die Provisions- und Vorschusspflicht einerseits und die Pflicht zur Ausübung der Kommission synallagmatisch verknüpft seien. Zutreffend verweisen aber *Schmidt-Rimpler*[5] und *Staub/Koller*[6] darauf, dass die §§ 383 ff. das allgemeine Recht aus § 323 BGB nicht ausdrücklich einschränken. Die ratio des § 323 BGB trifft auf den Kommissionär in gleicher Weise zu wie auf jeden anderen Gläubiger, der vertragsbrüchige Vertragspartner benachteiligt.

---

1 *Staub/Koller*, § 398 Rn. 1.
2 Vgl. *Staub/Koller*, § 398 Rn. 3 m.w.N.
3 Str.; a.A. *Düringer/Lehmann*, § 398 Anm. 6.
4 Vgl. RG v. 21.6.1922 – I 668/21, RGZ 105, 127; *Baumbach/Hopt*, § 397 Rn. 1.
5 *Schmidt-Rimpler* in Ehrenbergs Hdb. des gesamten HR, S. 855.
6 *Staub/Koller*, § 398 Rn. 5.

§ 399
Befriedigung aus Forderungen

Aus den Forderungen, welche durch das für Rechnung des Kommittenten geschlossene Geschäft begründet sind, kann sich der Kommissionär für die in § 397 bezeichneten Ansprüche vor dem Kommittenten und dessen Gläubigern befriedigen.

1. Zweck der Regelung

1 Die Forderung aus dem Ausführungsgeschäft steht dem Kommissionär im Außenverhältnis selbst zu (vgl. dazu § 392 Abs. 2). Als Inhaber der Forderung hat er aber kein Pfandrecht an seiner eigenen Forderung. Daher gewährt § 399 in Ergänzung zu §§ 397 und 398 dem Kommissionär – § 392 Abs. 2 einschränkend – ein begrenztes Befriedigungsrecht bis zur Abtretung an den Kommittenten.

2. Forderungen aus dem Ausführungsgeschäft

2 § 399 erfasst in erster Linie die **Forderungen aus dem Ausführungsgeschäft** (zum Begriff Ausführungsgeschäft s. § 383 Rn. 27 ff.), aber auch solche aus **Hilfs- oder Nebengeschäften**[1]. Gesichert sind die gleichen Forderungen wie nach § 397, also nicht: Ersatzanspruch gegen den Frachtführer[2].

3. Befriedigungsrecht

3 Das in § 399 geregelte Recht bezieht sich auf Forderungen, die durch das **für Rechnung des Kommittenten** geschlossene Geschäft begründet sind. Statt die Forderung abzutreten, hat der Kommissionär die Möglichkeit, diese zur Deckung der eigenen Forderung zu verwenden, ohne die Regelungen über die Verwertung des Pfandrechtes an Forderungen beachten zu müssen. Im Einzelnen: Er hat ein **Leistungsverweigerungsrecht**, das er dem Herausgabeverlangen des Kommittenten entgegenhalten kann. Bei Gelderlösen kann er gegen den Anspruch aus § 384 Abs. 2 **aufrechnen.** Daneben steht ihm das **Einzugsrecht** zu, und zwar **ganz** (nicht nur in Höhe des für seine Ansprüche notwendigen Teils; § 1282 Abs. 1 S. 2 BGB ist nicht analog anwendbar, str.). Eingezogene Waren sind durch Pfandverkauf zu verwerten (§ 397: Kein unmittelbarer Verkauf). Die Rechte aus § 399 erlöschen, wenn die gesicherte Forderung entfällt oder auch durch Abtretung der zu sichernden Forderung an den Kommittenten.

---

1 Zur analogen Anwendung vgl. *Staub/Koller*, § 399 Rn. 2.
2 RG v. 21.6.1922 – I 668/21, RGZ 105, 127.

§ 400
Selbsteintritt des Kommissionärs

(1) Die Kommission zum Einkauf oder zum Verkaufe von Waren, die einen Börsen- oder Marktpreis haben, sowie von Wertpapieren, bei denen ein Börsen- oder Marktpreis amtlich festgestellt wird, kann, wenn der Kommittent nicht ein anderes bestimmt hat, von dem Kommissionär dadurch ausgeführt werden, dass er das Gut, welches er einkaufen soll, selbst als Verkäufer liefert oder das Gut, welches er verkaufen soll, selbst als Käufer übernimmt.

(2) Im Falle einer solchen Ausführung der Kommission beschränkt sich die Pflicht des Kommissionärs, Rechenschaft über die Abschließung des Kaufes oder Verkaufs abzulegen, auf den Nachweis, dass bei dem berechneten Preise der zur Zeit der Ausführung der Kommission bestehende Börsen- oder Marktpreis eingehalten ist. Als Zeit der Ausführung gilt der Zeitpunkt, in welchem der Kommissionär die Anzeige von der Ausführung zur Absendung an den Kommittenten abgegeben hat.

(3) Ist bei einer Kommission, die während der Börsen- oder Marktzeit auszuführen war, die Ausführungsanzeige erst nach dem Schlusse der Börse oder des Marktes zur Absendung abgegeben, so darf der berechnete Preis für den Kommittenten nicht ungünstiger sein als der Preis, der am Schlusse der Börse oder des Marktes bestand.

(4) Bei einer Kommission, die zu einem bestimmten Kurse (erster Kurs, Mittelkurs, letzter Kurs) ausgeführt werden soll, ist der Kommissionär ohne Rücksicht auf den Zeitpunkt der Absendung der Ausführungsanzeige berechtigt und verpflichtet, diesen Kurs dem Kommittenten in Rechnung zu stellen.

(5) Bei Wertpapieren und Waren, für welche der Börsen- oder Marktpreis amtlich festgestellt wird, kann der Kommissionär im Falle der Ausführung der Kommission durch Selbsteintritt dem Kommittenten keinen ungünstigeren Preis als den amtlich festgestellten in Rechnung stellen.

Schrifttum: *Koller,* Interessenkonflikte im Kommissionsverhältnis, BB 1978, 1733.

1. Zweck der Regelung

Die §§ 400 ff. regeln das Recht zum **Selbsteintritt** als besondere Form der Ausführung. Für den **Kommissionär** bringt dies den Vorteil einer raschen Abwicklung, etwa wenn er das Kommissionsgut auf Lager hat oder vom eigenen Lager selbst abgeben will. Dann ist der Selbsteintritt der einfachste und unkomplizierteste Weg der Kommissionsausführung. Noch interessanter ist für ihn die Möglichkeit, durch Ausübung des Selbsteintrittsrechts die ihm obliegende Pflicht zur Rechenschaftslegung zu beschränken (vgl. § 400 Abs. 2), da der Kommittent dann von den Geschäftsbeziehungen des Kommissionärs kaum etwas erfährt. Der Selbsteintritt erweitert zudem aber auch den Kreis der Lieferanten bzw. Abnehmer des **Kommittenten.** Für den

1

Kommittenten kann der Selbsteintritt interessant sein wegen einer schnelleren Abwicklung, birgt allerdings auch Gefahren: Er verliert die Möglichkeit, im Falle des Selbsteintritts genauestens überprüfen zu können, ob der Kommissionär der ihm obliegenden Interessenwahrungspflicht genügt und die Vorteile des günstigen Deckungsgeschäfts an den Kommittenten weitergegeben hat. Der Selbsteintritt erhöht die Gefahr von Kursmanipulationen. Der Kommissionär erwirbt die Möglichkeit des sog. „Kursschnitts"[1] (vgl. § 401 Abs. 2).

2. Voraussetzungen des Selbsteintritts (§ 400 Abs. 1)

2   Kraft Gesetzes besteht das Recht zum Selbsteintritt nur bei der Kommission über Waren, die einen Börsen- bzw. Marktpreis haben, oder bei Wertpapieren, bei denen der Börsen- oder Marktpreis amtlich festgestellt wird (§ 400 Abs. 1; zu abweichenden Vereinbarungen vgl. Rn. 6). Im Einzelnen:

a) Einkauf/Verkauf

3   Zum Einkauf/Verkauf von Waren oder Wertpapieren vgl. § 383 Rn. 1 ff., 32 ff.

b) Markt- oder Börsenpreis

4   **Markt** i.S.d. § 400 ist der Ort, an dem Waren oder Wertpapiere einer bestimmten Gattung und Güte in größerem Umfang gehandelt werden. Kunstwerke stellen keine Waren dar, die einen Börsen- oder Marktpreis haben[2]. **Börsen** meint regelmäßig stattfindende – gegenüber dem Markt stärker verfestigte – Veranstaltungen[3]. Der **Preis** selbst muss auf dem Markt oder an der Börse tatsächlich erzielt worden sein. Die Frage, ob der Markt oder die Börse an dem Ort bestehen muss, an dem die Kommission nach Vertrag auszuführen ist, ist strittig[4].

c) Amtliche Feststellung

5   Der Selbsteintritt ist bei Wertpapieren nach § 400 Abs. 1 (vgl. auch § 400 Abs. 2) nur zulässig, wenn der Markt- oder Börsenpreis auch amtlich festgestellt wird. Die amtliche Preisfeststellung (Notierung) erfolgt jedoch nur bei **Börsenpreisen** und erfolgt nach den §§ 24 ff. BörsG. Streitig ist, ob Banken sich auf Nr. 1 AGB-WPGeschäfte berufen können[5].

---

1 Im Einzelnen: *Staub/Koller*, § 400 Rn. 5 bis 10.
2 OLG Frankfurt v. 3.11.2003 – 16 U 31/03, NJW-RR 2004, 835, 836.
3 *Staub/Koller*, § 400 Rn. 12.
4 Vgl. zum Meinungsstand: *Staub/Koller*, § 400 Rn. 13 m.w.N.
5 Befürwortend *Schwark*, Kapitalmarktrechts-Kommentar, 3. Aufl. 2004, § 29 BörsG a.F. Rn. 22; a.A. *Staub/Koller*, § 400 Rn. 15.

d) Keine anderweitige Bestimmung

Der Kommissionär hat das Recht zum Selbsteintritt nach § 400 Abs. 1, **6**
"wenn der Kommittent nicht ein anderes bestimmt hat". Dieser kann den
Selbsteintritt ausdrücklich **verbieten**, allerdings begrenzt durch § 405 Abs. 3.
Erkennbarkeit des Willens des Kommittenten genügt[1].

e) Interessenwahrungspflicht

Ungeschriebene Voraussetzung ist die Pflicht des Kommissionärs, der ihm **7**
obliegenden Interessenwahrungspflicht zu genügen (§ 384). Bei Verstoß gegen diese Verpflichtung darf er **nicht selbst eintreten**, etwa bei der Verkaufskommission auf Kredit, wenn der Kommissionär selbst nicht über hinreichende Bonität verfügt[2].

3. Ausführung durch Selbsteintritt

Der Selbsteintritt erfolgt entweder durch **ausdrückliche Erklärung**[3] oder **8**
durch (anderweitige) Vereinbarung[4], da § 405 Abs. 1 nicht zwingend ist[5].
Schweigen genügt nicht. Die Eintrittserklärung ist **nicht formbedürftig** (vgl.
zu Einzelheiten Kommentierung zu § 405). Der Selbsteintritt wird wirksam
– damit ist die Kommission zugleich ausgeführt – in dem Zeitpunkt, in dem
die Erklärung des Selbsteintritts dem Kommittenten zugeht (§ 130 BGB;
§ 151 BGB analog anwendbar, str.).

4. Wirkung des Selbsteintritts

Durch die Erklärung des Selbsteintritts wandelt sich das Kommissionsverhältnis nicht gänzlich in ein Kaufverhältnis um. Zwar werden Kommittent **9**
und Kommissionär zu **Käufer/Verkäufer** (oder umgekehrt) und Kaufvertragsrecht findet grundsätzlich Anwendung. Der Kommittent erwirbt einen Anspruch auf den Kaufpreis statt auf Herausgabe des Erlangten i.S.d. § 384
Abs. 2[6]. Der Kommissionär aber bleibt trotz des Selbsteintritts **Geschäftsbesorger**, er erhält eine sog. **Doppelfunktion**[7]: Er ist „Dritter und Kommissionär". Das Kaufvertragsrecht findet nur insoweit Anwendung, als kein
Widerspruch zu kommissionsrechtlichen Regelungen entsteht[8]; insbesondere werden die Kaufvertragsregelungen von der **Interessenwahrungspflicht**
(§ 384 Abs. 1) überlagert. Nach *Baumbach/Hopt*[9] ist der Kommissionär zum
Selbsthilfekauf wegen Annahmeverzugs des Kommittenten/Käufers (vgl.

---

1 Vgl. auch *Kümpel*, WM 1988, 1628.
2 *Baumbach/Hopt*, § 400 Rn. 4.
3 RG v. 16.3.1921 – I 367/20, RGZ 102, 16; vgl. § 405.
4 BGH v. 28.5.1980 – VIII ZR 147/79, WM 1980, 1010, 1012.
5 Dazu *Staub/Koller*, § 400 Rn. 19; auch RG v. 7.5.1919 – I 36/19, RGZ 96, 4.
6 Vgl. weitergehend BGH v. 30.11.1983 – VIII ZR 190/82, BGHZ 89, 126, 135; BGH v. 1.2.1988 – II ZR 152/87, WM 1988, 402, 404.
7 Dazu *K. Schmidt*, HR, § 31 VI 1c.
8 *Staub/Koller*, § 400 Rn. 20.
9 *Baumbach/Hopt*, § 400 Rn. 5.

§ 373) nicht nur berechtigt, sondern sogar verpflichtet. Kaufvertragsrecht gelangt in dem Zeitpunkt zur Anwendung, in dem der Selbsteintritt wirksam wird (Rn. 8). Dahingegen bemisst sich die Preisberechnung nach der **Absendung der Ausführungsanzeige** (vgl. § 400 Abs. 2 und Abs. 3 sowie § 405 Abs. 3)[1]. Zu Lieferzeit/Erfüllungsort vgl. §§ 269, 271 BGB. Im Rahmen der Einkaufskommission trifft den Kommissionär die **Leistungsgefahr** wie jeden Gattungsschuldner. Er kann sich daher nicht damit verteidigen, er habe sich rechtzeitig eingedeckt, aber seinem Lieferanten sei die Leistung unmöglich geworden[2]. Gleiches gilt, wenn dem Partner des Deckungsgeschäftes die Leistung infolge höherer Gewalt unmöglich wurde[3]. Zur **Preisgefahr** vgl. §§ 446 f. BGB. Eine Pflicht zum Abschluss eines Deckungsgeschäfts besteht nur aufgrund besonderer Vereinbarung (trotz § 401 Abs. 2). Kein Ersatzanspruch besteht für Aufwendungen für ein Deckungsgeschäft, da der Kommissionär dieses im eigenen Interesse und auf eigene Rechnung abschließt[4]. Mit wirksamem Selbsteintritt finden auch die **allgemeinen Gewährleistungsvorschriften** Anwendung (§§ 434, 437 ff. BGB, §§ 377 ff. HGB sowie §§ 323 ff. BGB)[5].

5. Preisberechnung bei Selbsteintritt

10 Weder nach freiem noch nach billigem Ermessen kann der Kommissionär den Preis im Falle des Selbsteintritts festsetzen (§§ 400 Abs. 2 bis Abs. 5, 401 und 402). Der Preis orientiert sich vorrangig an den Preisen, zu denen der Kommissionär ein Deckungsgeschäft auf eigene Rechnung abgeschlossen hätte (vgl. § 401 Abs. 2) oder bei Vorteilen für den Kommittenten an den Preisen, zu denen der Kommissionär bei pflichtgemäßen Anstrengungen ein Ausführungsgeschäft hätte abschließen können, sofern er nicht selbst eingetreten wäre[6]. Das **Mindestverlangen** des Kommittenten richtet sich nach § 400 Abs. 2 bis 5. Im Einzelnen: Der Kommissionär muss den zur Zeit der Ausführung der Kommission bestehenden **Markt- oder Börsenpreis** erhalten. Zwar erfolgt die Ausführung durch den Selbsteintritt (Zugang der Eintrittserklärung); abweichend davon aber bestimmt § 400 Abs. 2 S. 2 für die Preisberechnung als Zeit der Ausführung den Zeitpunkt, in welchem der Kommissionär die Anzeige von der Ausführung zur Absendung abgegeben hat. Die Einhaltung der Regelung des § 400 Abs. 2 bis 5 hat der Kommissionär nachzuweisen (vgl. § 400 Abs. 2 S. 1). Mit der Regelung des § 400 **Abs. 3** versucht der Gesetzgeber das Scheitern des Selbsteintritts für den Fall zu verhindern, dass zu dem Zeitpunkt, in dem die Anzeige erfolgt (vgl. § 400 Abs. 2), kein Kurs vorhanden ist, der als Maßstab herangezogen werden könnte. Dahinter verbirgt sich für den Kommissionär ein erhebliches Kurs-

---

1 Dazu auch *Staub/Koller*, § 400 Rn. 20; a.A. RG v. 16.3.1921 – I 367/20, RGZ 102, 16.
2 *Staub/Koller*, § 400 Rn. 36.
3 OLG Kassel v. 20.10.1948 – 2 U 124/48, NJW 1949, 587 f.
4 *Staub/Koller*, § 400 Rn. 36 f.
5 Zur Verjährung vgl. BGH v. 26.9.1980 – I ZR 119/78, NJW 1981, 918, 919.
6 Ebenso *Staub/Koller*, § 400 Rn. 21.

risiko[1]. Bei der Preisberechnung nach § 400 **Abs. 4** muss der Kommissionär zumindest den vom Kommittenten vorgegebenen Kurs abrechnen. Da nicht entscheidend ist, ob die Ausführungsanzeige abgesandt wurde, bevor der Kurs festgesetzt war, durchbricht § 400 Abs. 4 die Regelung des § 400 Abs. 2 und 3. § 400 Abs. 4 verdrängt § 400 Abs. 1 nicht ganz[2]. Sollte die Kommission zu einem bestimmten Kurs, im Rahmen des § 400 Abs. 5 dem amtlich festgestellten, ausgeführt werden, so gilt dieser selbst dann, wenn ein anderer Kurs, z.B. der bei Abgabe der Ausführungsanzeige, günstiger wäre[3].

§ 401
Deckungsgeschäft

(1) Auch im Falle der Ausführung der Kommission durch Selbsteintritt hat der Kommissionär, wenn er bei Anwendung pflichtmäßiger Sorgfalt die Kommission zu einem günstigeren als dem nach § 400 sich ergebenden Preis ausführen konnte, dem Kommittenten den günstigeren Preis zu berechnen.

(2) Hat der Kommissionär vor der Absendung der Ausführungsanzeige aus Anlass der erteilten Kommission an der Börse oder am Markte ein Geschäft mit einem Dritten abgeschlossen, so darf er dem Kommittenten keinen ungünstigeren als den hierbei vereinbarten Preis berechnen.

1. Zweck der Regelung

Gegenüber § 400 Abs. 2 bis Abs. 5 enthält § 401 zugunsten des Kommittenten eine **Meistbegünstigungsklausel**. § 401 ermöglicht es dem Kommittenten anzugeben, dass er bei pflichtgemäßer Ausführung durch ein Ausführungsgeschäft besser gestellt wäre. In der Praxis spielt § 401 allerdings keine große Rolle, da die Regelung nur auf die Preisberechnung bzw. die Bestimmung des Inhalts der sonstigen Konditionen Anwendung findet, **nicht** jedoch auf die **Rechenschaftslegung**. Der dem Kommittenten obliegende Nachweis, dass der Kommissionär, der auf der Grundlage des § 400 abgerechnet hat, günstigere Konditionen hätte erzielen können, dürfte dem Kommittenten kaum gelingen[4]. So trägt etwa der Bankkunde die Darlegungs- und Beweislast für die Behauptung, sein limitierter Verkaufsauftrag sei ausführbar gewesen, wenn die Bank den Auftrag schnellstmöglich weitergeleitet hätte; gelingt ihm dieser Beweis nicht, hat er keinen Anspruch nach §§ 401, 402[5]. Unterbleibt allerdings das Deckungsgeschäft pflichtwidrig, kann ein Schadensersatzanspruch nach § 385 oder aus § 280 BGB bestehen[6].

1

---

1 Vgl. *Staub/Koller*, § 400 Rn. 27.
2 Str., *Staub/Koller*, § 400 Rn. 31.
3 *Schlegelberger/Hefermehl*, § 401 Rn. 70.
4 So mit Recht *Staub/Koller*, § 401 Rn. 2.
5 OLG Oldenburg v. 22.5.1992 – 11 U 12/92, WM 1993, 1879 ff.
6 OLG Oldenburg v. 22.5.1992 – 11 U 12/92, WM 1993, 1879 ff.

2. Einzelheiten

2 Zu günstigen Preisen und sonstigen Konditionen vgl. die Ausführungen zu § 400 Rn. 10. Abzustellen ist in erster Linie auf den **Preis**: Sind also die nach §§ 400, 401 Abs. 1 betrachteten Preise mit denen des § 400 Abs. 2 nahezu identisch, ist dasjenige Geschäft das günstigste, das die besseren **sonstigen Bedingungen** aus der Sicht des Kommittenten gewährt. Die Regelung des § 401 stellt – da der Kommissionär nicht verpflichtet ist, ein solches Geschäft abzuschließen – nicht auf das Deckungsgeschäft, sondern vielmehr auf die **Ausführung** selbst ab. Vor Abschluss dieses Deckungsgeschäftes besteht demzufolge kein Anspruch aus §§ 400, 401 auf Abrechnung des Deckungsgeschäfts zu dem Preis, der bei Anwendung pflichtgemäßer Sorgfalt erzielbar gewesen wäre[1].

3 Die **pflichtgemäße Sorgfalt**, die der Kommissionär hätte anwenden müssen, um zu einem günstigeren als dem nach § 400 sich ergebenden Preis ausführen zu können, richtet sich nach den erkennbaren Interessen des Kommittenten und dessen Weisungen[2]. Nach § 401 Abs. 2 hat der Kommissionär, der **vor der Absendung der Ausführungsanzeige** aus Anlass der erteilten Kommission ein Deckungsgeschäft auf dem Markt oder an der Börse abgeschlossen hatte, dem Kommittenten den diesem günstigeren Preis zugute kommen zu lassen. Das **nach der Absendung** der Ausführungsanzeige getätigte Deckungsgeschäft kann hingegen dem Kommissionär Vorteile bringen.

§ 402
Unabdingbarkeit

Die Vorschriften des § 400 Abs. 2 bis 5 und des § 401 können nicht durch Vertrag zum Nachteile des Kommittenten abgeändert werden.

1 Die Regelung normiert die Bestimmungen des Preises bei Selbsteintritt (§ 400 Abs. 2 bis 5) sowie die Interessenwahrungs- und Abrechnungspflicht des § 401 als **unabdingbar**. *Baumbach/Hopt*[3] folgert, dass die Unabdingbarkeit gelesen werden sollte als im Voraus nicht abdingbar. Ein **nachträglicher Verzicht** wird für wirksam gehalten, wenn die Geschäftsverbindung zwischen Kommissionär und Kommittenten beendet ist. Grund: Der Kommittent könnte ansonsten unter Druck gesetzt werden, vgl. dazu *Staub/Koller*, § 402 Rn. 2 m.w.N.

---

1 OLG Oldenburg v. 22.5.1992 – 11 U 12/92, WM 1993, 1879, 1880.
2 *Staub/Koller*, § 401 Rn. 4.
3 *Baumbach/Hopt*, § 402 Rn. 1.

§ 403
Provision bei Selbsteintritt

Der Kommissionär, der das Gut selbst als Verkäufer liefert oder als Käufer übernimmt, ist zu der gewöhnlichen Provision berechtigt und kann die bei Kommissionsgeschäften sonst regelmäßig vorkommenden Kosten berechnen.

1. Zweck der Regelung

Die Ansprüche des Kommissionärs orientieren sich an den Bedingungen der „Deckungs"-Märkte[1], so dass der Kommissionär, der nach §§ 400 ff. selbst eintritt – bei stabilen Preisen –, sogar Verluste hinnehmen müsste. Diese mit dem Selbsteintritt verbundenen „Gefahren" – so wird in der Literatur vertreten – soll der Anspruch auf Provision und Kosten nach § 403 ausgleichen[2]. § 403 soll jedenfalls auch bezwecken, dass der Kommittent im Falle des Selbsteintritts nicht besser steht, als wenn der Kommissionär mit einem Dritten das Geschäft geschlossen hat[3]. 1

2. Gewöhnliche Provisionen bei Selbsteintritt

Nach § 403 kann der Kommissionär, wenn er das Gut als Verkäufer liefert oder als Käufer übernimmt, die **gewöhnliche Provision** verlangen. Gemeint ist die Provision, die der Kommissionär hätte fordern können, wenn er das Geschäft mit einem Dritten durchgeführt hätte (§ 396 Abs. 1). Unter den Voraussetzungen des § 394 kann der Kommissionär auch im Falle des Selbsteintritts die **Delkredereprovision** verlangen[4]. 2

3. Kosten bei Selbsteintritt

Der Kommissionär kann die **regelmäßig vorkommenden Kosten** in Ansatz bringen. Dazu zählen die **Aufwendungen** des Kommissionärs nach den §§ 670 und 675 BGB (§ 396 Abs. 2). Der Kommissionär kann auch Ersatz der **außergewöhnlichen Kosten** (die z.B. für den Abschluss anfallen) fordern[5]. 3

§ 404
Gesetzliches Pfandrecht

Die Vorschriften der §§ 397 und 398 finden auch im Falle der Ausführung der Kommission durch Selbsteintritt Anwendung.

---

1 *Staub/Koller*, § 403 Rn. 1.
2 *Staub/Koller*, § 403 Rn. 1.
3 RG v. 11.7.1923 – I 467/22, RG 108, 191, 193.
4 A.A. *Staub/Koller*, § 403 Rn. 4.
5 Str., aber h.M.; a.A. *Staub/Koller*, § 403 Rn. 6.

1 § 404 regelt explizit die Anwendbarkeit der §§ 397 und 398 für den Fall der Ausführung der Kommission durch Selbsteintritt. Da bei Abschluss eines Ausführungsgeschäfts mit einem Dritten der Anspruch auf Befreiung von der Kaufpreisschuld gesichert wäre, wird im Falle des Selbsteintritts der **Anspruch** auf Zahlung des Kaufpreises gesichert[1].

§ 405
Ausführungsanzeige und Selbsteintritt; Widerruf der Kommission

(1) Zeigt der Kommissionär die Ausführung der Kommission an, ohne ausdrücklich zu bemerken, dass er selbst eintreten wolle, so gilt dies als Erklärung, dass die Ausführung durch Abschluss des Geschäfts mit einem Dritten für Rechnung des Kommittenten erfolgt sei.

(2) Eine Vereinbarung zwischen dem Kommittenten und dem Kommissionär, dass die Erklärung darüber, ob die Kommission durch Selbsteintritt oder durch Abschluss mit einem Dritten ausgeführt sei, später als am Tage der Ausführungsanzeige abgegeben werden dürfte, ist nichtig.

(3) Widerruft der Kommittent die Kommission und geht der Widerruf dem Kommissionär zu, bevor die Ausführungsanzeige zur Absendung abgegeben ist, so steht dem Kommissionär das Recht des Selbsteintritts nicht mehr zu.

1. Zweck der Regelung

1 § 405 regelt **Art und Weise der Durchführung** des Selbsteintritts. § 405 Abs. 1 nimmt dem Kommittenten die Unsicherheit, ob die Kommission durch Abschluss eines Geschäfts mit einem Dritten oder durch Selbsteintritt erfolgt. § 405 Abs. 3 beschränkt zum einen das Widerrufsrecht des Kommittenten, begrenzt zum anderen das Recht zum Selbsteintritt[2].

2. Fiktion i.S.d. § 405 Abs. 1
a) Ausführungsanzeige

2 Nach § 384 Abs. 2 ist der Kommissionär verpflichtet, unverzüglich Anzeige von der Ausführung der Kommission zu machen. Nicht immer erhält die **Erklärung des Selbsteintritts** zugleich eine hinreichende Ausführungsanzeige i.S.d. § 384 Abs. 2[3]. Über § 384 Abs. 2 hinaus bewirkt § 405 Abs. 1, dass der Kommittent erfährt, ob die Kommission durch Selbsteintritt oder durch Ausführungsgeschäft ausgeführt worden ist (vgl. Rn. 1).

---

1 Staub/Koller, § 404 Rn. 1.
2 Staub/Koller, § 405 Rn. 14.
3 Str.; Schlegelberger/Hefermehl, § 405 Rn. 7 f.

b) Ausdrückliche Selbsteintrittserklärung

Mit der Formulierung „ausdrücklich" meint das Gesetz, dass der Kommittent **unzweideutig** den Worten des Kommissionärs den Selbsteintritt entnehmen kann[1]. Zwar muss nicht die Formulierung Selbsteintritt verwendet werden (vgl. §§ 133, 157 BGB). Vielmehr genügt die Formulierung: „Ich übernehme als Käufer" bzw. „Ich liefere das Kommissionsgut als Verkäufer"[2]. **Ungenügend** aber ist die Anzeige „es sei dem Kommittenten verkauft"[3] und auch die bloße Übersendung eines vom Kommissionär – wie von einem Verkäufer – unterschriebenen Schlussscheins[4].

Liegt eine ausdrückliche Selbsteintrittserklärung vor, **ohne** dass eine **Ausführungsanzeige** erfolgt, findet § 405 Abs. 1 keine Anwendung. Die Kommission ist durch Selbsteintritt ausgeführt[5]. Tritt neben die ausdrückliche Selbsteintrittserklärung eine gesonderte Ausführungsanzeige und gehen beide Erklärungen dem Kommittenten gleichzeitig zu oder die Ausführungsanzeige erst nach Zugang der Selbsteintrittserklärung, ist die Kommission ebenfalls durch Selbsteintritt ausgeführt. Zeigt dagegen der Kommissionär die Ausführung der Kommission an, ohne ausdrücklich zu bemerken, dass er selbst eintreten will, gilt die Kommission nach § 405 durch Abschluss des Geschäfts mit dem Dritten als **ausgeführt**. § 405 Abs. 1 verbietet ab dem Zeitpunkt seines Eingreifens den Übergang zum Selbsteintritt[6]. Allerdings kann **kraft vertraglicher Vereinbarung** die Fiktionswirkung des § 405 Abs. 1 durchbrochen werden[7].

3. Vereinbarungen i.S.d. § 405 Abs. 2

Durch wirksame Vereinbarung kann § 405 Abs. 1 **eingeschränkt** werden: Abbedungen werden kann neben dem Erfordernis der Ausdrücklichkeit der Selbsteintrittserklärung auch die Voraussetzung des gleichzeitig mit der Ausführungsanzeige erfolgten Zugangs[8]. Dementsprechend können die Parteien wirksam vereinbaren, dass der Kommissionär auch nach Absendung (oder Zugang) einer Ausführungsanzeige noch den Selbsteintritt erklären kann[9]. Unwirksam sind nur die in § 405 Abs. 2 angeführten Fälle. Eine nach § 405 Abs. 2 nichtige Vereinbarung kann in eine sich noch im Rahmen des § 405 Abs. 2 haltende **umgedeutet** werden (vgl. § 140 BGB; str.).

---

1 *Baumbach/Hopt*, § 405 Rn. 2.
2 RG v. 24.10.1925 – I 106/25, RGZ 112, 29; *Staub/Koller*, § 405 Rn. 3.
3 RG v. 28.1.1903 – I 296/02, RGZ 53, 368; *Baumbach/Hopt*, § 405 Rn. 2.
4 RG v. 6.3.1906 – II 343/05, RGZ 63, 30.
5 *Staub/Koller*, § 405 Rn. 6.
6 *Staub/Koller*, § 405 Rn. 8.
7 *Staub/Koller*, § 405 Rn. 9.
8 *Staub/Koller*, § 405 Rn. 10.
9 *Staub/Koller*, § 405 Rn. 10.

4. Widerruf i.S.d. § 405 Abs. 3

6 Indem § 405 Abs. 3 normiert, dass die Widerrufserklärung dem Kommissionär zugehen muss, bevor er die Anzeige der Ausführung (durch Selbsteintritt) zur Absendung gibt, schränkt diese Regelung das dem Kommittenten zustehende Widerrufsrecht ein. Nicht selten hat der Kommissionär die **Lasten von Deckungsgeschäften** zu tragen. Von bestimmten dabei dem Kommissionär obliegenden Risiken wird er durch § 405 Abs. 3 entlastet, indem diese Regelung dem Kommittenten **mit der Absendung der Ausführungsanzeige** das Widerrufsrecht abschneidet[1]. Vgl. § 130 BGB für den Zugang des Widerrufs. Zur Absendung abgegeben ist die Ausführungsanzeige, wenn sie der Kommissionär, der sie auf den Weg gebracht hat, nicht mehr abfangen kann[2].

§ 406
Anwendung auf ähnliche Geschäfte

(1) Die Vorschriften dieses Abschnitts kommen auch zur Anwendung, wenn ein Kommissionär im Betriebe seines Handelsgewerbes ein Geschäft anderer als der in § 383 bezeichneten Art für Rechnung eines anderen in eigenem Namen zu schließen übernimmt. Das Gleiche gilt, wenn ein Kaufmann, der nicht Kommissionär ist, im Betriebe seines Handelsgewerbes ein Geschäft in der bezeichneten Weise zu schließen übernimmt.

(2) Als Einkaufs- und Verkaufskommission im Sinne dieses Abschnittes gilt auch eine Kommission, welche die Lieferung einer nicht vertretbaren beweglichen Sache, die aus einem von dem Unternehmer zu beschaffenden Stoffe herzustellen ist, zum Gegenstand hat.

1 Die Regelung ist als Ergänzung zu § 383 zu verstehen. Die §§ 383 ff. finden nach § 406 Abs. 1 **auch Anwendung**, wenn ein Kommissionär im Betriebe seines Handelsgewerbes es übernimmt, **ein Geschäft anderer als der in § 383 bezeichneten Art** zu schließen. Die unter die Regelung fallenden „Geschäfte" werden durch § 406 Abs. 1 S. 1 und S. 2 konkretisiert.

2 Der Begriff der „Geschäfte" im Sinne der Regelung ist weit zu fassen. Darunter fallen alle Verträge, nicht nur Austauschverträge[3], z.B. auch die Vermittlung von Krediten[4]. Durch den Verweis auf die §§ 384 ff. sind die kommissionsrechtlichen Regelungen, die sich auf Kaufverträge über Waren oder Wertpapiere beziehen, auf andere Arten von Verträgen anwendbar. Im Einzelfall ist demzufolge jedenfalls der Rechtsgedanke der Vorschrift zugrunde zu legen[5].

---

1 Vgl. weitergehend *Staub/Koller*, § 405 Rn. 14.
2 *Staub/Koller*, § 405 Rn. 16.
3 *Kümpel*, WM 1996, 1893, 1990.
4 OLG Celle v. 11.6.1974 – 11 U 219/73, WM 1974, 735, 736.
5 *Staub/Koller*, § 406 Rn. 3.

Nach § 406 Abs. 2 gilt auch die Beschaffung einer erst herzustellenden nicht vertretbaren beweglichen Sache als Einkaufs- und Verkaufskommission[1]. Dass im Übrigen die Beschaffung einer erst noch herzustellenden vertretbaren beweglichen Sache unter die Kaufvertragsregelungen und damit auch die Kommissionsvorschriften fällt, folgte auch vor der Schuldrechtsreform aus § 651 Abs. 1 S. 1 2. Hs. BGB a.F. Da sich die Rechtslage insofern nicht ändern sollte, ist der neue § 651 BGB ergänzend zu § 406 Abs. 2 heranzuziehen, so dass nach wie vor ein Kommissionsgeschäft bei allen noch herzustellenden beweglichen Sachen vorliegen kann[2].

3

Vierter bis Siebenter Abschnitt

§§ 407–475h

(nicht kommentiert)

Fünftes Buch   Seehandel

§§ 476–905

(nicht kommentiert)

---

[1] *Baumbach/Hopt*, § 406 Rn. 3; vgl. zu Filmverleihverträgen *Brox/Henssler*, HR, Rn. 403.
[2] *Steck*, NJW 2002, 3201, 3203.

Besondere Handelsverträge

Factoring

Übersicht

	Rn.
I. Wirtschaftlicher Hintergrund	1
II. Betriebswirtschaftliche Aspekte	
1. Umsatzkongruente Finanzierung – Dienstleistung	2
2. Gebühren – Zinsen	5
III. Rechtliche Qualifikation	
1. Rahmenvertrag	8
2. Echtes Factoring	10
3. Unechtes Factoring	13
4. Offenes – stilles Factoring	14
5. Limiteinräumung – Überschreitung des Limits	16
a) „Siloprinzip"	18
b) Ankaufspflicht innerhalb des jeweiligen Limits	19
6. Vertragsabschluss	22
7. Inhalt und Umfang der Delkredere-Haftung beim echten Factoring	23
8. Verschiedene Konten	26
IV. Forderungsabtretung	27
1. Beim echten Factoring	28
2. Beim unechten Factoring	30
3. Kollision von zeitlich vorrangiger Globalzession und echtem Factoring	
a) Grundsatz	31
b) Lösungsansatz beim echten Factoring	33
c) Inhaltsgrenzen der Globalzession	35
aa) Festlegung einer Deckungsgrenze	36
bb) Struktur der Freigabeklausel	38
cc) Beschluss des Großen Zivilsenats	39
dd) Unterschiede zur Factoring-Globalzession	40
4. Zeitlich nachrangige Globalzession	42
5. Erforderliche Schutzvorkehrungen des Factors	43

	Rn.
6. Kollision von Globalzession und unechtem Factoring	46
7. Kollison von Factoring-Globalzession und kreditgewährender Globalzession	
a) Echtes Factoring	47
b) Unechtes Factoring	49
V. Abtretungsverbote; Aufrechnung	
1. § 354a HGB	50
2. AGB des Vorbehaltsverkäufers	52
3. Aufrechnung	53
a) Aufrechnung vor Factoring-Abtretung	54
b) Aufrechnung nach Factoring-Abtretung	55
4. Kontokorrent gemäß § 355 HGB	56
VI. Bereicherungsrechtliche Rückabwicklung	59
1. Mangel des Valutaverhältnisses	60
2. Mangel des Deckungsverhältnisses	62
VII. Insolvenz des Anschlusskunden	
1. Überblick	63
a) Beim echten Factoring	64
b) Beim unechten Factoring	66
c) Rechtsfolgen des § 115 Abs. 1 InsO	67
d) Schadensersatzansprüche des Factors	69
2. Auswirkungen der Insolvenz auf die einzelnen Factoring-Geschäfte	70
3. Absonderungsrecht – Aussonderungsrecht	72
4. Angediente, aber noch nicht gutgebrachte Forderungen	74
5. Ankauf der Forderung nach Eröffnung des Insolvenzverfahrens	
a) Beim echten Factoring	75
b) Beim unechten Factoring	77
VIII. Insolvenz des Factoring-Instituts	78
1. Schicksal des Factoring-Rahmenvertrages	79

	Rn.		Rn.
2. Auswirkungen auf die Factoring-Geschäfte		2. Factoring als Einlagengeschäft	89
		3. Kreditnehmer	90
a) Beim echten Factoring	81	4. Offenlegung der wirtschaftlichen Verhältnisse	91
b) Beim unechten Factoring	85		
c) Behandlung der Guthaben auf den diversen Konten	86		
IX. Factoring und Kreditwesengesetz (KWG)			
1. Factoring als Kreditgeschäft	88		

Schrifttum: *Behr,* Factoring-Zession gefährdet verlängerten Eigentumsvorbehalt, DB 1981, 1759; *Behr,* Verlängerter Eigentumsvorbehalt und Factoring-Globalzession, NJW 1979, 1281; *Behr,* Zur Lage der Factoring-Zession, DB 1982, 163; *Bette,* Factoring und neues Insolvenzrecht, FLF 1997, 133; *Bette/Marwede,* Die Ermächtigung zur deckungsgleichen Verfügung – Lösungsprinzip der Kollisionsproblematik bei Mehrfachabtretungen, BB 1979, 121; *Bette/Marwede,* Neuere Entwicklung der Kollisionsproblematik bei Mehrfachabtretungen, BB 1980, 23; *Blaurock,* Die Factoring-Zession, ZHR 142 (1978), 325; *Blaurock,* Erwiderung zu Serick, ZHR 143 (1979), 68; *Brink,* Rechtsprobleme des Faktors in der Insolvenz seines Kunden, ZIP 1987, 817; *Canaris,* Bankvertragsrecht, 3. Bearb. 1988, Rn. 1652 ff.; *Canaris,* Verlängerter Eigentumsvorbehalt und Forderungseinzug durch Banken, NJW 1981, 249; *Hagenmüller/Sommer,* Factoring-Handbuch, 2. Aufl. 1987; *Hagenmüller/Sommer/Brink,* Factoring-Handbuch, 3. Aufl. 1997; *Kümpel,* Bank- und Kapitalmarktrecht, 3. Aufl. 2004; *Kunth,* Zur (echten) Globalzession im unechten Factoring, BB 1981, 334; *Martinek,* Moderne Vertragstypen, Bd. I, Leasing und Factoring, 1991; *Martinek,* in Schimansky/Bunte/Lwowski, Bankrechts-Handbuch, 2. Aufl. 2001, § 102; *Matthies,* Abtretungsverbot und verlängerter Eigentumsvorbehalt, WM 1981, 1042; *Mummenhoff,* Vertragliches Abtretungsverbot und Sicherungszession im Deutschen/Österreichischen und US-Amerikanischen Recht, JZ 1979, 425; *Rödl,* Rechtsfragen des Factoring-Vertrages, BB 1967, 1301; *Serick,* Eigentumsvorbehalt und Sicherungsübertragung, Bd. I, 1963; Bd. II, 1965, Bd. III, 1970; Bd. IV, 1976; Bd. V, 1982; Bd. VI, 1986; *Serick,* Die Globalzession der Vorbehaltslieferanten. Ende oder Anfang?, BB 1974, 845; *Serick,* Rechtsprobleme des Factoring-Geschäftes, BB 1976, 425; *Serick,* Neuere Entwicklungen beim Factoring-Geschäft, BB 1979, 845; *Serick,* „Befremdliches" zur Behandlung der Bar-Vorschuss-Theorie beim Factoring-Geschäft?, NJW 1981, 794; *Sinz,* Factoring in der Insolvenz, 1997.

I. Wirtschaftlicher Hintergrund

1 Der Deutsche Factoring-Verband hat festgestellt, dass im Jahr 2003 ein Factoring-Umsatz von rd. 35,5 Mrd. Euro erwirtschaftet wurde[1]. Die Zuwachsraten sind nach wie vor beachtlich: Das Jahr 2003 weist gegenüber dem Jahr 2002 eine Zuwachsrate in Höhe von 16,3 % auf[2]. Im Jahr 2004 betrug der Gesamtumsatz 42 Mrd. Euro, was einer Steigerungsrate von 30,7 % entspricht[3]. Schließlich ist anzumerken, dass im Jahr 2005 der Gesamtumsatz bei ca. 51,0 Mrd. Euro lag[4], woraus sich eine Steigerungsrate von 22,4 % errechnet. Gleichwohl wird – durchaus mit gewissem Bedauern –

---

[1] *Wassermann,* FLF 2006, 154.
[2] *Wassermann,* FLF 2006, 154.
[3] *Wassermann,* FLF 2006, 154.
[4] *Wassermann,* FLF 2006, 154.

festgestellt, dass sich die Dresdner Bank AG schon vor Jahren aus dem Factoring-Geschäft verabschiedet hat; die Deutsche Bank AG hat ihre Tochtergesellschaft an die GEFA Société Générale veräußert, so dass sich lediglich die Commerzbank AG zur Verbesserung ihres Leistungsangebots für den deutschen Mittelstand auf dem Factoring-Markt engagiert hat[1]. Marktführer im Factoring mit einem Anteil von mehr als 20 % ist die Hellerbank AG Mainz, die aber inzwischen zum amerikanischen Konzern General Electric gehört[2].

II. Betriebswirtschaftliche Aspekte

1. Umsatzkongruente Finanzierung – Dienstleistung

Unabhängig davon, ob im Einzelfall das echte oder unechte Factoring (zur Unterscheidung Rn. 10 ff.) gewählt wird, ist festzuhalten: Der Finanzierungsaspekt steht bei der Mehrzahl der Unternehmen, welche Factoring praktizieren, eindeutig im Vordergrund. Dass darüber hinaus der Factor eine weitreichende **Dienstleistungsfunktion** – Übernahme der gesamten Buchhaltung, einschließlich des Mahnwesens – erbringt (Rn. 9), fällt demgegenüber nicht so stark ins Gewicht[3]. Der entscheidende Vorteil ist mithin die Liquidierung der Außenstände des **Anschlusskunden** durch umsatzkongruente Finanzierung.

Im Rahmen des Factoring-Vertrages ist der Anschlusskunde verpflichtet, dem Factor sämtliche Forderungen an seine Debitoren zum Kauf anzubieten; nur in Ausnahmefällen wird nach Produktgruppen, Verkaufsgebieten oder Kundenkreisen selektiv differenziert[4]. Der Gegenwert der Forderungen – i.d.R. zwischen 80 und 90 % – wird zum mittleren Verfalldatum der jeweiligen Forderungen an den Anschlusskunden ausgezahlt; ein Sicherheitseinbehalt in Höhe von 10 bis 20 % dient dem Zweck, dem Factor die Möglichkeit zu geben, auf diese Weise Mängelrügen, Retouren etc. gegenüber dem Debitor zu begleichen.

Der Anschlusskunde wird mithin zum **Barzahler.** Er vereinnahmt Skonto und verschafft sich somit einen erheblichen Liquiditätsvorteil. Gleichzeitig erhält der Anschlusskunde regelmäßig bei seinen Lieferanten bessere Einkaufskonditionen[5]. Dies ist jedoch beim sog. **Maturity-Factoring** anders: Hier zahlt der Factor nicht vorschüssig, sondern erst bei Eintritt der jeweiligen Fälligkeit oder bei Eintritt des Delkredere-Falls[6].

---

1 *Wassermann*, FLF 2006, 154.
2 *Wassermann*, FLF 2006, 154.
3 *Seraphim* in Hagenmüller/Sommer/Brink, Factoring-Hdb., 3. Aufl., S. 117 ff.
4 *Bette*, Das Factoringgeschäft, 1973, S. 25.
5 *Mayer* in Hagenmüller/Sommer, Factoring-Hdb., 2. Aufl., S. 43, 48.
6 *Kayser*, BuB, Rn. 13/16.

2. Gebühren – Zinsen

5 Die dem Factor zufließenden **Gebühren** setzen sich aus folgenden Positionen zusammen: Vom Zeitpunkt des Forderungskaufs bis zu deren Bezahlung werden banktübliche Zinsen im Rahmen von üblichen Kontokorrentkrediten berechnet. Die Gebühren, welche der Factor für die von ihm zu erbringenden Dienstleistungen – Debitorenbuchhaltung, Inkasso und Mahnwesen – berechnet, liegen bei 0,5 bis 2,5 % vom Umsatz[1]. Hinzu kommt – jedenfalls beim **echten** Factoring – die Übernahme einer Delkredere-Provision in Höhe von 0,2 bis 0,4 % des Umsatzes[2].

6 Während der **Zessionskredit** lediglich durchschnittlich eine Finanzierung in Höhe von 50 % ermöglicht, ist Factoring eine umsatzkongruente Finanzierung, die bis zu 90 % der Forderung reicht. Darüber hinaus wird – im Unterschied zum Zessionskredit – das Delkredere-Risiko beim echten Factoring übernommen, was notwendigerweise auch eine **Bonitätsprüfung der Debitoren** einschließt.

7 **Steuerrechtlich** ist zu unterstreichen, dass Factoring kein Dauerschuldverhältnis begründet, so dass Aufwendungen für Gewerbekapital und Gewerbeertragsteuer entfallen. Demgegenüber ist beim **Zessionskredit** ein Dauerschuldverhältnis zu bejahen, sofern die Kreditlaufzeit mehr als ein Jahr beträgt.

III. Rechtliche Qualifikation

1. Rahmenvertrag

8 Der Factoring-Vertrag ist grundsätzlich ein Rahmenvertrag, der auf Dauer angelegt ist. Der Anschlusskunde ist verpflichtet, alle Forderungen dem Factor anzudienen; der Factor hat seinerseits eine Ankaufspflicht im Hinblick auf die vom Factoring-Vertrag erfassten Forderungen[3]. Die Zession ist i.d.R. eine **Globalzession**[4]. In diesem Rahmenvertrag wird zu den einzelnen Debitoren – nach sorgfältiger Bonitätsprüfung – ein **Limit** vereinbart, bis zu dem der Factor die Delkrederehaftung übernimmt[5]. Aus der Qualifizierung des Factoring-Vertrages als Rahmenvertrag folgt gleichzeitig, dass es sich hierbei um ein **Dauerschuldverhältnis** handelt[6]. Notwendigerweise ergeben sich daraus – bezogen auf den jeweiligen Einzelfall – gesteigerte Rechte und Pflichten, die letzten Endes ihre Wurzeln in § 242 BGB haben. Innerhalb des

---

[1] *Mayer* in Hagenmüller/Sommer, Factoring-Hdb., 2. Aufl., S. 43, 49.
[2] *Mayer* in Hagenmüller/Sommer, Factoring-Hdb., 2. Aufl., S. 43, 50.
[3] Vgl. auch *Baumbach/Hopt*, BankGesch (7) O/1.
[4] *Palandt/Grüneberg*, § 398 BGB Rn. 35; *Martinek/Oechsler* in Schimansky/Bunte/Lwowski, Bankrechts-Hdb., § 102 Rn. 41 ff.; *Stoppok* in Hagenmüller/Sommer, Factoring-Hdb., 2. Aufl., S. 93, 97 f.; vgl. auch *Brink* in Hagenmüller/Sommer/Brink, Factoring-Hdb., 3. Aufl., S. 178, 191.
[5] *Stoppok* in Hagenmüller/Sommer, Factoring-Hdb., 2. Aufl., S. 93, 97 f.
[6] *Stoppok* in Hagenmüller/Sommer, Factoring-Hdb., 2. Aufl., S. 93, 97 f.

Rahmenvertrages liegen dann die jeweiligen, einzelnen Ausführungsverträge, welche auch als Andienungsverträge umschrieben werden[1].

Die konkrete Bestimmung der Rechtsnatur des jeweiligen Factoring-Vertrages ergibt sich jedoch erst daraus, dass zwischen **echtem** und **unechtem** Factoring differenziert wird. Hinzunehmen ist in jedem Fall, dass der Factor – wie bereits angedeutet – **Dienstleistungsfunktionen** erbringt, weil er für den Anschlusskunden Buchhaltung, Inkasso und Mahnwesen durchführt. Daraus ergeben sich folgende Ableitungen: 9

2. Echtes Factoring

Beim echten Factoring steht die Kreditfunktion des Factoring eindeutig im Vordergrund; die Dienstleistungsfunktion tritt zurück. Dies ist dadurch zu erklären, dass der Factor beim echten Factoring die **Delkredere-Funktion** – bezogen auf die vom jeweiligen Debitor angekaufte Forderung – übernimmt. Die **Rechtsprechung** des BGH ordnet diesen Vertrag als **Forderungskauf** ein – mit der Konsequenz, dass die §§ 433, 453 BGB zum Zuge kommen[2]. Diese Auffassung wird auch in der Literatur geteilt[3]. *Canaris* vertritt demgegenüber die Meinung, beim Factoring – gleichgültig, ob es sich um ein echtes oder um ein unechtes Factoring handelt – liege ein Darlehensvertrag mit einer atypischen Rückzahlungsvereinbarung vor, auf die § 351 BGB analog Anwendung findet, so dass die Abtretung der Forderung lediglich erfüllungshalber vollzogen werde[4]. Diese Auffassung ist jedoch nicht zutreffend. 10

Entscheidend ist und bleibt nämlich, dass der Factor die Forderungen eines Anschlusskunden gegenüber dem Debitor ankauft; hierfür zahlt er – im Wege eines **Vorschusses** – den vereinbarten Kaufpreis gemäß § 433 Abs. 2 BGB – mit der Konsequenz, dass ihm die Forderung gegenüber dem Debitor uneingeschränkt zusteht, freilich mit der Pflicht, bis zum Eingang der Zahlung des Debitors die vereinbarten Sollzinsen im Rahmen einer Kontokorrentvereinbarung zu zahlen. 11

Ausgehend von der Kaufvertragstheorie ist also festzustellen, dass der Factoring-Vertrag beim echten Factoring unter Einbeziehung der vom Factor erbrachten Finanzierungs- und Dienstleistungsfunktion als **Geschäftsbesorgungsvertrag** gemäß §§ 675, 611 ff. BGB einzuordnen ist. Teilweise wird in der Literatur auch die Meinung vertreten, es handele sich bei dem dem einzelnen Andienungsvertrag zugrunde liegenden **Rahmenvertrag** um einen ty- 12

---

1 *Staudinger/Busche*, vor § 398 BGB Rn. 138.
2 BGH v. 15.4.1987 – VIII ZR 97/86, ZIP 1987, 855, 856.
3 *Palandt/Grüneberg*, § 398 BGB Rn. 36; *Baumbach/Hopt*, BankGesch (7) O/1; *Martinek/Oechsler* in Schimansky/Bunte/Lwowski, Bankrechts-Hdb., § 102 Rn. 31 f.; *Staudinger/Busche*, vor § 398 BGB Rn. 146; *Stoppok* in Hagenmüller/Sommer, Factoring-Hdb., 2. Aufl., S. 93, 94; *Serick*, BB 1976, 425, 429; *Blaurock*, ZHR 142 (1978), 325, 327 f.; *Rödl*, BB 1967, 1301 f.; *Bette*, Das Factoringgeschäft, 1973, S. 51 ff.
4 *Canaris*, Bankvertragsrecht, Rn. 1655.

penkombinierten Vertrag eigener Art[1]. Dem ist zu folgen, weil nur so die unterschiedlichen Funktionen des Factors angemessen erfasst werden.

3. Unechtes Factoring

13 Bei diesem – inzwischen selten gewordenen – Vertragstyp übernimmt der Factor keine Delkredere-Funktion. Die Forderung wird lediglich **erfüllungshalber** i.S.v. § 364 Abs. 2 BGB an den Factor abgetreten[2]. Entscheidend ist hierbei, wie die Rückgriffshaftung des Anschlusskunden bei einem Forderungsausfall des Debitors rechtlich einzuordnen ist. Zutreffenderweise wird man von einem **darlehensrechtlichen Rückgewähranspruch** gemäß § 488 BGB ausgehen müssen[3]. Demgegenüber wird in der Literatur teilweise die Meinung vertreten, es handele sich auch in diesen Fällen um einen Kaufvertrag: Zahlt der Debitor wegen Zahlungsunfähigkeit die Forderung nicht, so wird das Rückgriffsrecht des Factors von dieser Meinung als Schadensersatzhaftung gemäß §§ 437 Nr. 3, 453 BGB begriffen, nicht aber als Verpflichtung zur Rückzahlung eines Darlehens[4]. Der Unterschied zwischen beiden Meinungen ist in der Praxis vernachlässigenswert. Er hängt entscheidend davon ab, ob der Vertrag beim unechten Factoring – trotz fehlender Übernahme des Delkredere – als **endgültig** angesehen wird[5], oder ob – kraft Parteivereinbarung – generell ein rückzahlbares Darlehen gewollt ist, welches nur im Fall der Zahlungsunfähigkeit des Debitors rückzahlbar gestellt ist. Da grundsätzlich beim unechten Factoring die Delkredere-Funktion des Factors nicht gewollt ist, liegt die Annahme eines **Kreditgeschäfts** in diesen Fällen näher[6]. Es handelt sich freilich dann um einen atypischen Darlehensvertrag, weil der Rückforderungsanspruch nur für den Fall einer erfolglosen Inanspruchnahme des Debitors geschuldet wird[7].

4. Offenes – stilles Factoring

14 Beim offenen Factoring teilt der Factor – mit Einverständnis des Anschlusskunden – den einzelnen Debitoren mit, dass etwaige Zahlungen nur mit **befreiender Wirkung** an den Factor, nicht aber an den Anschlusskunden als dem eigentlichen Schuldner bewirkt werden können. Regelmäßig ist auch der Anschlusskunde verpflichtet, auf der jeweiligen Rechnung zu vermerken, dass Zahlungen nur an den Faktor erfolgen können[8]. Das – offene –

---

1 *Staudinger/Busche*, vor § 398 BGB Rn. 140; *Klaas*, NJW 1968, 1502, 1506.
2 *Canaris*, Bankvertragsrecht, Rn. 1655.
3 Im Einzelnen *Martinek/Oechsler* in Schimansky/Bunte/Lwowski, Bankrechts-Hdb., § 102 Rn. 44; *Serick*, BB 1976, 425, 430 f.; BGH v. 14.10.1981 – VIII ZR 149/80, BGHZ 82, 50, 61.
4 *Stoppok* in Hagenmüller/Sommer, Factoring-Hdb., 2. Aufl., S. 93, 95 f.; *Baumbach/Hopt*, BankGesch (7) O/1.
5 So insbesondere *Stoppok* in Hagenmüller/Sommer, Factoring-Hdb., 2. Aufl., S. 93, 95 f.
6 Vgl. auch *Palandt/Grüneberg*, § 398 BGB Rn. 37.
7 *Staudinger/Busche*, vor § 398 BGB Rn. 153 f.
8 *Kayser*, BuB, Rn. 13/17.

Factoring wird sowohl im Rahmen des echten als auch des unechten Factoring praktiziert.

Beim **stillen** Factoring ist es genau umgekehrt: Die Übertragung der Forderung durch den Anschlusskunden auf den Factor wird gegenüber dem Debitor nicht offen gelegt: Folglich zahlen die Debitoren mit befreiender Wirkung weiter an den Anschlusskunden; dieser ist seinerseits verpflichtet, **treuhänderisch** die vereinnahmten Erlöse für den Factor zu verwahren und an diesen auszukehren[1]. Soweit der Factor in diesen Fällen die dargestellten **Dienstleistungsfunktionen** übernommen hat, ist ebenfalls klar: Der Factor versendet in diesen Fällen seine Mahnungen über den Anschlusskunden, weil die Zession nicht offen gelegt ist[2]. Notwendigerweise behält sich der Factor bei einer solchen Vertragskonstruktion – Gleiches gilt für Klauseln im Bereich des verlängerten Eigentumsvorbehalts – das Recht vor, bei Zahlungsverzug des Debitors die Abtretung offen zu legen.

5. Limiteinräumung – Überschreitung des Limits

Das zwischen Factor und Anschlusskunden – bezogen auf den jeweiligen Debitor – eingeräumte Limit ist für die Laufzeit des Factoringvertrages verbindlich. Im Rahmen des so festgelegten Limits ist der Factor zum Ankauf der Forderungen des Anschlusskunden gegenüber seinen Debitoren verpflichtet. Dabei kann – abhängig von den Umständen des Einzelfalls – ein Limit auch für alle Debitoren des jeweiligen Anschlusskunden vereinbart werden[3]. Selbstverständlich ist, dass die jeweiligen Limite – gleichgültig, ob sie für den Einzelnen oder für alle Debitoren vereinbart sind – zwischen Factor und Anschlusskunden während der Laufzeit des Factoring-Vertrages geändert werden können – entsprechend der jeweiligen **Bonität** der Debitoren des Anschlusskunden.

Hintergrund für die Vereinbarung von Limiten ist die Erwägung, dass der Factor sich durch Zeichnung eines exakten Limits davor schützen möchte, nicht vertretbare Umsatzsteigerungen des Anschlusskunden mit dem jeweiligen Debitor im Wege des Factoring zu finanzieren – mit der Konsequenz, dass der Factor sich davor hüten muss, ein unübersehbares – unlimitiertes – Forderungsrisiko zu kontrahieren. Vertragstechnisch ist darauf zu achten, dass bei Vereinbarung von Limiten die Anforderungen an die **Bestimmbarkeit** der jeweils verkauften Forderung gewahrt bleibt.

a) „Siloprinzip"

Für den Fall, dass im Factor-Vertrag – dies entspricht der üblichen Praxis – ein Limit für den einzelnen Debitor vereinbart ist, die anzukaufende Forderung jedoch dieses Limit sprengt, besagt das „Siloprinzip„: Soweit der Debitor zwischenzeitlich einzelne vom Factor angekaufte Forderungen bezahlt

---

1 *Kayser*, BuB, Rn. 13/18.
2 *Kayser*, BuB, Rn. 13/18.
3 *Kayser*, BuB, Rn. 13/19.

hat, rücken weitere Forderungen insoweit nach, als das Limit – durch die Zahlung des Debitors – freigeworden ist[1]. Dogmatisch stellt sich in diesen Fällen die Frage, inwieweit eine **Teilabtretung** bis zur Ausschöpfung des jeweiligen Limits des einzelnen Debitors zulässig ist. Dies wird man grundsätzlich bejahen müssen, soweit die jeweilige **Geldforderung** teilbar ist, weil Teilforderungen selbständige Forderungen darstellen[2]. Dies trifft für Geldforderungen zu, weil sie ohne Wertminderung und ohne Beeinträchtigung des Leistungszwecks in Teilleistungen zerlegt werden können[3]. Zur Konkurrenz mit verlängerten Eigentumsvorbehaltsrechten vgl. Rn. 31 ff.

b) Ankaufspflicht innerhalb des jeweiligen Limits

19 Innerhalb des eingeräumten Limits ist der Factor verpflichtet, die ihm angedienten Forderungen anzukaufen. Soweit der Factor **keine Ankaufspflicht** hat, ist es in der Praxis üblich, dass der Anschlusskunde gleichwohl dem Factor auch diese Forderungen **andient**. Regelmäßig handelt es sich in diesen Fällen dann um ein typisches **Inkassogeschäft**, so dass ein Geschäftsbesorgungsvertrag i.S.d. §§ 675, 611 ff. BGB vorliegt.

20 In der Praxis kann dann die Trennlinie zur **Einziehungsermächtigung** schwierig sein: Sie ist – anders als die Inkassozession – lediglich Übertragung eines Forderungsausschnitts, weil die Forderung selbst beim Gläubiger verbleibt; der Ermächtigte kann die Forderung jedoch im eigenen Namen geltend machen und je nach dem Inhalt der Ermächtigung Leistung an den Gläubiger oder an sich selbst verlangen[4]. Fehlt dem Factoring-Vertrag eine eindeutige Regelung, ist im Zweifel von einer **Einziehungsermächtigung** auszugehen, weil diese Form – im Gegensatz zur Inkassozession – die mildere ist[5]. In Betracht kommt in diesen Fällen **alternativ** auch, für die das Limit überschreitenden Forderungen ein **unechtes Factoring**, nicht aber eine Einziehungsermächtigung nach § 185 BGB zu praktizieren.

21 Gleichgültig, ob Inkassozession, Einziehungsermächtigung oder unechtes Factoring im Hinblick auf die das Limit übersteigenden Forderungen vertraglich vereinbart ist, in jedem Fall ist darauf zu achten, dass das **Konkurrenzverhältnis** zu etwaigen Sicherungsrechten der Vorlieferanten des Anschlusskunden gewahrt wird: Soweit in diesen Fällen zwischen Vorlieferant und Anschlusskunde ein **verlängerter Eigentumsvorbehalt** vereinbart wird, ist unbedingt zu gewährleisten, dass die Rechte der Vorbehaltslieferanten nicht beeinträchtigt werden. Der Anschlusskunde als Vorbehaltskäufer ist nämlich nicht berechtigt, die Forderungen aus dem Weiterverkauf nochmals

---

1 *Brink* in Hagenmüller/Sommer/Brink, Factoring-Hdb., 3. Aufl., S. 195 f.; *Martinek/Oechsler* in Schimansky/Bunte/Lwowski, Bankrechts-Hdb., § 102 Rn. 20.
2 *Palandt/Grüneberg*, § 398 BGB Rn. 10.
3 *Staudinger/Selb* (1995), § 266 BGB Rn. 3; *Palandt/Heinrichs*, § 266 BGB Rn. 3.
4 *Palandt/Grüneberg*, § 398 BGB Rn. 29.
5 *Canaris*, Bankvertragsrecht, Rn. 1663.

im Rahmen eines unechten Factoring an einen Factor zu verkaufen und abzutreten[1].

6. Vertragsabschluss

Die Andienungspflicht des Anschlusskunden für den jeweiligen Andienungsvertrag ist als **Angebot** i.S.d. §§ 145 ff. BGB zu qualifizieren. Dabei macht es keinen Unterschied, ob es sich um ein echtes oder um ein unechtes Factoring handelt. Auf den Zugang der Annahmeerklärung des Factors gegenüber dem Anschlusskunden wird regelmäßig gemäß § 151 BGB verzichtet[2]. Spätestens jedoch dann, wenn der Factor die ihm abgetretene Forderung **bevorschusst**, ist die Annahmeerklärung gegenüber dem Anschlusskunden perfektioniert[3]. **Umstritten** ist die Antwort auf die Frage, ob das **Schweigen des Factors** – unabhängig von § 362 HGB oder von § 346 HGB – in diesen Fällen als **Zustimmung** zu werten ist[4]. Dies ist im Zweifel deswegen zu bejahen, weil zwischen Factor und Anschlusskunde eine auf Dauer eingerichtete Geschäftsverbindung besteht, aus der sich besondere Treue- und Rücksichtspflichten ergeben: Jedenfalls innerhalb des dem jeweiligen Debitor zugewiesenen **Limits** wird man daher davon ausgehen müssen, dass der Factor verpflichtet ist, bei Übersendung einer an den betreffenden Debitor gerichteten Rechnung unverzüglich zu widersprechen, wenn er die ihm obliegende Ankaufspflicht nicht erfüllen will. Ob insoweit im Verhältnis Factor – Anschlusskunde ein Handelsbrauch besteht und anzuerkennen ist, ist in der Sache nicht entscheidend[5], weil der zwischen Factor und Anschlusskunde bestehende Rahmenvertrag – auch ohne ausdrückliche vertragliche Vereinbarung – ausreichende Grundlage dafür ist, eine Widerspruchspflicht des Factors zu begründen. Daraus folgt gleichzeitig: **Verzögert** der Factor den Ankauf einer ihm angedienten Forderung, so macht er sich aus positiver Vertragsverletzung schadensersatzpflichtig[6]. Folglich ist der Anschlusskunde gemäß §§ 241 Abs. 2, 280 Abs. 1, 249 ff. BGB so zu stellen, wie er stünde, wenn der Factor die ihm obliegende Ankaufspflicht unverzüglich erfüllt hätte. Im Zweifel bedeutet dies, dass der Factor zur Übernahme der Delkredere-Haftung verpflichtet ist.

22

7. Inhalt und Umfang der Delkredere-Haftung beim echten Factoring

Wenn man davon ausgeht, dass das echte Factoring bezogen auf den Tatbestand der Delkredere-Haftung als **Forderungskauf** gemäß §§ 433 Abs. 1 S. 2, 437 Nr. 3, 453 BGB einzuordnen ist[7], so folgt daraus: Der Anschlusskunde haftet gegenüber dem Factor für die **Verität**, d.h. für den Bestand der

23

---

1 BGH v. 14.10.1981 – VIII ZR 149/80, BGHZ 82, 50 ff. Im Übrigen Rn. 28.
2 *Canaris*, Bankvertragsrecht, Rn. 1666.
3 *Canaris*, Bankvertragsrecht, Rn. 1667.
4 Vgl. *Canaris*, Bankvertragsrecht, Rn. 1666.
5 So aber *Canaris*, Bankvertragsrecht, Rn. 1666.
6 So auch *Canaris*, Bankvertragsrecht, Rn. 1666.
7 Hierzu auch *Staudinger/Hopt/Mülbert*, vor §§ 607 ff. BGB Rn. 724; *Kümpel*, Bank- und Kapitalmarktrecht, Rn. 5.443.

verkauften Forderung sowie für Einwendungs- und Einredefreiheit der bevorschussten Forderung[1]. Mithin haftet der Anschlusskunde, sofern der Debitor **Gewährleistungsansprüche** gemäß §§ 437 ff. BGB – insbesondere Rücktritt, Minderung oder Schadensersatz statt der Leistung – geltend macht. Die gesamten Gewährleistungsrisiken – einschließlich der Haftung für Mangelfolgeschäden – zählen nicht zu den Risiken, welche der Factor übernommen hat[2]. Auch soweit nachträgliche Einreden oder Einwendungen in Rede stehen, wie z.B. aufgrund einer Aufrechnung oder einer einvernehmlichen Vertragsaufhebung, ist dieses Risiko stets Sache des Anschlusskunden[3]. Maßgebender Zeitpunkt für die Übernahme der Veritätshaftung i.S.d. §§ 437 Nr. 3, 453 BGB ist der Abschluss des jeweiligen Kaufvertrages[4].

24 Das Risiko einer etwaigen **Zahlungsunwilligkeit** sowie einer **Zahlungsunfähigkeit** des Debitors übernimmt hingegen beim echten Factoring der Factor[5]. Freilich gilt dies nur innerhalb des jeweiligen **Limits**, welches für einen bestimmten Debitor vertraglich zwischen Factor und Anschlusskunde vereinbart ist.

25 Soweit der Factor **Wechselforderungen** ankauft, gilt der Ausschluss von Einwendungen gemäß Art. 17 WG auch dann, wenn der Factor zugleich die Grundforderung erwirbt[6].

8. Verschiedene Konten

26 Der Factor führt für den Anschlusskunden drei Konten: Im Vordergrund des Interesses steht das sog. **Abrechnungskonto.** Über dieses darf der Anschlusskunde sofort verfügen, weil der Factor den Gegenwert – abzüglich eines Sicherungseinbehalts – nach Ankauf der Forderung dem Anschlusskunden gutschreibt[7]. Der vom Factor angeschaffte Gegenwert ist – bezogen auf das Vertragsverhältnis zwischen Debitor und Anschlusskunde – eine Vorauszahlung auf eine noch nicht fällige Kaufpreisforderung, so dass der Anschlusskunde – wie bereits angedeutet – Kontokorrentzinsen zu marktüblichen Sätzen für die Zeit bis zum Eingang der Zahlung durch den Debitor beim Factor schuldet[8]. In Höhe von 10 bis 20 % der jeweils angekauften Forderung wird ein **Sicherheitseinbehalt** vereinbart. Dieser wird einem **Sperrkonto** zuge-

---

1 *Canaris*, Bankvertragsrecht, Rn. 1669; *Brink* in Hagenmüller/Sommer/Brink, Factoring-Hdb., 3. Aufl., S. 199 f.
2 Hierzu *Stoppok* in Hagenmüller/Sommer, Factoring-Hdb., 2. Aufl., S. 93, 98.
3 *Canaris*, Bankvertragsrecht, Rn. 1669.
4 *Stoppok* in Hagenmüller/Sommer, Factoring-Hdb., 2. Aufl., S. 93, 98.
5 *Canaris*, Bankvertragsrecht, Rn. 1670 f. Zur Frage der dem Forderungsverkäufer bei Uneinbringlichkeit zustehenden Umsatzsteuer BGH v. 26.2.1997 – VIII ZR 128/96, ZIP 1997, 734.
6 BGH v. 12.10.1992 – XI ZR 21/93, WM 1993, 2120, 2121; *Kümpel*, Bank- und Kapitalmarktrecht, Rn. 5.461.
7 *Schindewolf* in Hagenmüller/Sommer, Factoring-Hdb., 2. Aufl., S. 71, 73; *Sinz*, Factoring in der Insolvenz, Rn. 28.
8 *Schindewolf* in Hagenmüller/Sommer, Factoring-Hdb., 2. Aufl., S. 71, 73.

führt[1]. Soweit der Factor – außerhalb des jeweils vereinbarten Limits – Forderungen einzieht, wird die Gutschrift auf einem **Treuhandkonto** vorgenommen[2]. Zur Umsatzsteuerpflicht des Factors BGH v. 17.1.2007 – VIII ZR 171/06, NJW-RR 2007, 687.

IV. Forderungsabtretung

In diesem Zusammenhang sind mehrere Problemfelder zu differenzieren, zumal auch in diesem Zusammenhang das Problem einer Konkurrenz von Factoring-Globalzession und verlängertem Eigentumsvorbehalt zu beachten ist. 27

1. Beim echten Factoring

Regelmäßig wird in der Praxis beim echten Factoring eine Globalzession vereinbart; diese ist bereits Gegenstand des Rahmenvertrages[3]. Danach verpflichtet sich der Anschlusskunde, alle gegenwärtigen und künftigen Forderungen gegen den Debitor an den Factor im Rahmen einer **antizipierten** Globalzession abzutreten[4]. Diese Konstruktion verdient in der Praxis den Vorzug: Soweit nämlich im Factoring-Rahmenvertrag bereits ein Abtretungsvertrag gemäß § 398 BGB vereinbart ist, hat dieser **dingliche Wirkung**[5]. Demzufolge reicht für gewöhnlich die Vereinbarung einer **Mantelzession** nicht aus; denn diese beruht lediglich auf der Verpflichtung des Anschlusskunden, gegenwärtig oder künftig entstehende Forderungen auf den Factor zu übertragen[6]. 28

Die Abtretung der Forderung im Rahmen einer antizipierten Globalzession steht jeweils unter dem ausdrücklichen **Vorbehalt**, dass der Factor tatsächlich die ihm angediente Forderung auch ankauft[7]. Rechtlich handelt es sich hierbei um eine aufschiebende Bedingung i.S.v. § 158 BGB[8]. Erst dann, wenn der Factor tatsächlich die Forderung ankauft, vollzieht sich der jeweilige Kaufvertrag i.S.d. §§ 433, 437 Nr. 3, 453 BGB[9]. 29

---

1 *Sinz*, Factoring in der Insolvenz, Rn. 28.
2 *Serick*, Eigentumsvorbehalt und Sicherungsübertragung, Bd. IV, § 52 II 1b; *Schindewolf* in Hagenmüller/Sommer, Factoring-Hdb., 2. Aufl., S. 71, 74.
3 Vgl. *Kayser*, BuB, Rn. 13/55; vgl. auch *Martinek/Oechsler* in Schimansky/Bunte/Lwowski, Bankrechts-Hdb., § 102 Rn. 41 f.
4 Hierzu *Serick*, BB 1976, 426, 432; *Canaris*, Bankvertragsrecht, Rn. 1661; *Finger*, BB 1969, 766 f.; *Martinek*, Moderne Vertragstypen, Bd. 1, S. 258 f.
5 *Martinek*, Moderne Vertragstypen, Bd. I, S. 256.
6 Mit Recht kritisch *Canaris*, Bankvertragsrecht, Rn. 1661; *Martinek*, Moderne Vertragstypen, Bd. I, S. 259.
7 Vgl. Muster bei *Kayser*, BuB, Rn. 13/55.
8 Hierzu auch *Serick*, Eigentumsvorbehalt und Sicherungsübertragung, Bd. IV, § 52 II 2a; *Canaris*, Bankvertragsrecht, Rn. 1662; *Martinek*, Moderne Vertragstypen, Bd. I, S. 258; *Bähr*, DB 1981, 1759, 1761.
9 Hierzu auch *Blaurock*, ZHR 142 (1978), 325, 328.

2. Beim unechten Factoring

30 Geht man nach der hier vertretenen Auffassung (Rn. 13) davon aus, dass das unechte Factoring als **Darlehensvertrag** zu qualifizieren ist, so ist der Forderungsabtretung **Sicherungscharakter** zuzuweisen[1]. Zur Konsequenz hat dies, dass der Factor bei Zahlungsunwilligkeit, Zahlungsunfähigkeit oder sonstigen Zahlungsverweigerungstatbeständen die Forderung auf den Anschlusskunden zurücküberträgt.

3. Kollision von zeitlich vorrangiger Globalzession und echtem Factoring

a) Grundsatz

31 Bei der Kollision zwischen einer kreditsichernden Globalzession einerseits und einem verlängerten Eigentumsvorbehalt andererseits geht der BGH zutreffend zunächst formal vom **Prioritätsprinzip** aus. Dies bedeutet: Konkurrieren beide Zessionen miteinander, so setzt sich die Abtretung durch, welche die zeitliche Priorität hat[2]. Ein redlicher Kaufmann müsste daher davon Abstand nehmen, unter verlängertem Eigentumsvorbehalt gelieferte Ware einzukaufen, sofern er zuvor mit der kreditgebendenden Bank eine Globalzession vereinbart hat. Denn Globalzession und verlängerter Eigentumsvorbehalt konkurrieren um die selbe Forderung – mit der Konsequenz, dass der Vorbehaltskäufer dazu verleitet wird, gegenüber seinem Lieferanten eine Vertragsverletzung – möglicherweise sogar eine strafbare Handlung gemäß §§ 263, 266 StGB – zu begehen, sofern er nach Vereinbarung einer Globalzession Waren unter verlängertem Eigentumsvorbehalt erwirbt[3]. Demzufolge gelangt die Rechtsprechung mit Recht zu dem Ergebnis, dass die kreditgebende Bank verpflichtet ist, auf **branchenübliche Eigentumsvorbehaltsrechte** des Lieferanten Rücksicht zu nehmen, was die Vereinbarung einer **dinglich wirkenden Teilverzichtsklausel** voraussetzt[4] – ein Gesichtspunkt, den der BGH bestätigt hat[5]. Folglich ist die Bank verpflichtet, bei der Textierung der Globalzession auf die berechtigten Interessen des Schuldners und anderer Gläubiger, die aus einem branchenüblichen verlängerten Eigentumsvorbehalt Rechte herleiten, Rücksicht zu nehmen[6].

32 Soweit die kreditfinanzierende Bank keine dingliche Teilverzichtsklausel in die jeweils zu vereinbarende Globalzession integriert, ist die Globalzession insgesamt gemäß § 138 BGB **sittenwidrig**, weil sie dann den Vorbehaltskäufer/Zessionar dazu zwingt, einen Vertragsbruch gegenüber dem Vorbehalts-

---

[1] *Martinek*, Moderne Vertragstypen, Bd. I, S. 256 f.
[2] BGH v. 30.4.1959 – VII ZR 19/58, BGHZ 30, 149, 150; hierzu auch *Martinek/Oechsler* in Schimansky/Bunte/Lwowski, Bankrechts-Hdb., § 102 Rn. 52 f.
[3] BGH v. 24.4.1968 – VIII ZR 94/66, NJW 1968, 1516, 1518; BGH v. 6.11.1968 – VIII ZR 15/67, NJW 1969, 318, 319; BGH v. 13.7.1983 – VIII ZR 134/82, NJW 1983, 2502, 2504.
[4] BGH v. 7.3.1974 – VII ZR 148/73, NJW 1974, 942, 943; BGH v. 9.11.1978 – VII ZR 54/77, NJW 1979, 365.
[5] BGH v. 21.4.1999 – VIII ZR 128/98, ZIP 1999, 997.
[6] BGH v. 26.4.1990 – VII ZR 39/89, NJW-RR 1990, 1459.

lieferanten zu begehen. Unter dieser Voraussetzung setzt sich dann regelmäßig der verlängerte Eigentumsvorbehalt durch.

b) Lösungsansatz beim echten Factoring

Ausgehend von den Vorüberlegungen von *Serick*[1] gelangt der BGH bei der Kollision zwischen einer Globalzession einerseits und dem echten Factoring andererseits zu folgendem Ergebnis: Der Vorbehaltsverkäufer ist aufgrund einer verlängerten Eigentumsvorbehaltsklausel damit einverstanden, dass die Vorbehaltsware vor vollständiger Zahlung des Kaufpreises durch den Vorbehaltskäufer an einen Dritten weiterveräußert wird. Zu diesem Zweck lässt sich der Vorbehaltsverkäufer auch die aus dem **Zweitgeschäft** resultierende Forderung im Voraus im Rahmen einer stillen Zession abtreten. Im Hintergrund steht die dem Vorbehaltskäufer erteilte Weiterveräußerungsbefugnis, welche mit einer **Einziehungsermächtigung** – bezogen auf die aus dem Zweitgeschäft resultierende Forderung – gekoppelt ist. Daraus hat der BGH mit Recht abgeleitet[2], dass die **Barzahlung** durch den Factor gleichbedeutend ist mit der Barzahlung durch einen beliebigen Drittschuldner, weil der **Anschlusskunde** – aufgrund der Barzahlung des Factors – tatsächlich den Kaufpreis erlangt, so dass dem Sicherungsinteresse des Vorbehaltsverkäufers ausreichend Rechnung getragen ist[3]. 33

Gerade weil der Anschlusskunde **endgültig Barzahlung** erhält, kann er aus diesem Erlös die Forderungen des Vorbehaltsverkäufers befriedigen. Zur Konsequenz hat dies: Im Verhältnis zwischen dem Factor, der durch eine Globalzession gesichert ist, und dem Vorbehaltslieferanten, zu dessen Gunsten eine verlängerte Eigentumsvorbehaltsklausel streitet, gilt nicht die vorerwähnte Rechtsprechung des BGH zur generellen Kollision zwischen Globalzession einerseits und verlängertem Eigentumsvorbehalt andererseits[4], sondern der **zeitliche Vorrang** der Factoring-Globalzession setzt sich durch. Gegenüber dieser eindeutigen Tendenz in Judikatur und Literatur haben sich kritische Gegenstimmen nicht durchsetzen können[5]. Die Praxis orientiert sich rückhaltlos an der Rechtsprechung des BGH, so dass sich die Factoring-Globalzession gegenüber dem verlängerten Eigentumsvorbehalt beim echten Factoring grundsätzlich durchsetzt[6]; dogmatische Differenzierungen, welche 34

---

1 *Serick*, Eigentumsvorbehalt und Sicherungsübertragung, Bd. IV, S. 575 f., 602 f.; *Serick*, BB 1979, 845 ff.; *Serick*, NJW 1981, 794.
2 BGH v. 19.9.1977 – VIII ZR 169/76, NJW 1977, 2207, 2208; BGH v. 7.6.1978 – VIII ZR 80/77, NJW 1978, 1972.
3 Hierzu auch *Blaurock*, ZHR 142 (1978), 325 ff.; 337 f.; *Wolf*, WM 1979, 1374, 1377; *Martinek*, Moderne Vertragstypen, Bd. I, S. 274 ff.
4 Hierzu auch *Kümpel*, Bank- und Kapitalmarktrecht, Rn. 5.474 ff.; *Kayser*, BuB, Rn. 13/33; *Baumbach/Hopt*, BankGesch (7) O/7.
5 *Peters/Wiechmann*, ZIP 1982, 1406, 1407; *Peters/Wiechmann*, NJW 1985, 2932, 2933; *Bähr*, DB 1982, 163, 164. Zum Meinungsstreit auch *Martinek/Oechsler* in Schimansky/Bunte/Lwowski, Bankrechts-Hdb., § 102 Rn. 83 ff.
6 Hierzu *Kayser*, BuB, Rn. 13/33; *Rabstein* in Münchener Vertragshdb., Bd. 2, Form. III. 5 Anm. 16.

in der Literatur eine gewisse Rolle gespielt haben, brauchen daher nicht weiter vertieft zu werden[1].

c) Inhaltsgrenzen der Globalzession

35 Die Rechtsprechung zu den inhaltlichen Grenzen von Globalzessionen ist durch den Beschluss des Großen Zivilsenats vom 27.11.1997[2] zum faktischen Abschluss gekommen. Dies gilt auch für die Factoring-Globalzession. Die Konturen, welche zur Sittenwidrigkeit der Globalzession gemäß § 138 BGB oder zur Unwirksamkeit gemäß § 307 Abs. 1 BGB führen, liegen deshalb im Wesentlichen fest[3].

aa) Festlegung einer Deckungsgrenze

36 **Kontrovers** war die Frage, ob eine Globalzession ohne ausdrückliche Festlegung einer Deckungsgrenze gemäß § 138 Abs. 1 BGB **nichtig** ist[4] oder ob in diesen Fällen auf § 307 Abs. 1 BGB zurückzugreifen ist, weil das Fehlen einer Deckungsgrenze als unangemessene Benachteiligung des Zedenten gewertet wird[5]. Die Einzelheiten ergeben sich aus der **Anfrage** des XI. Senats des BGH vom 16.4.1996[6], insbesondere auch aus der Anrufung des Großen Senats durch den IX. Senat vom 6.3.1997[7] und den XI. Senat vom 13.5.1997[8].

37 Seit dem Beschluss des Großen Zivilsenats vom 27.11.1997[9] steht fest: Bei revolvierenden Globalsicherheiten ist es keine Wirksamkeitsvoraussetzung, dass eine zahlenmäßig bestimmte Deckungsgrenze vereinbart wird. Entscheidend ist, dass auch ohne ausdrückliche Vereinbarung stets ein **Treuhandverhältnis** besteht. Daraus folgt die Pflicht des Sicherungsnehmers, Sicherheiten – auch schon vor Beendigung des Vertrages – zurückzugewähren, wenn und soweit sie nicht mehr benötigt werden. Diese Pflicht folgt aus dem Charakter der Abrede gemäß § 157 BGB sowie aus der Interessenlage[10].

---

1 *Canaris*, NJW 1981, 249, 250; *Serick*, NJW 1981, 794, 795; *Canaris*, NJW 1981, 1348; *Serick*, NJW 1981, 1715 – jeweils zum Unterschied zwischen „Barvorschusstheorie" und „Rechtsgrundtheorie"; vgl. auch *Canaris*, Bankvertragsrecht, Rn. 1685.
2 BGH v. 27.11.1997 – GSZ 1 und 2/97, ZIP 1998, 235 ff.
3 *Canaris*, ZIP 1996, 1109 ff.; *Canaris*, ZIP 1996, 1577 ff.; *Canaris*, ZIP 1997, 813 ff.; *Nobbe*, ZIP 1996, 657 ff.; *Pfeiffer*, WM 1995, 1565 ff.; *Pfeiffer*, ZIP 1997, 49 ff.; *Serick*, NJW 1997, 1529 ff.; *Serick*, WM 1997, 435 ff., *Serick*, ZIP 1995, 789 ff.; *Serick*, BB 1995, 2013 ff.; *Serick*, FS Trinkner, 1995, S. 407 ff.
4 BGH v. 9.6.1983 – III ZR 105/82, ZIP 1983, 1053, 1054; BGH v. 29.11.1989 – VIII ZR 228/88, ZIP 1990, 25; BGH v. 26.4.1990 – VII ZR 39/89, ZIP 1990, 852; BGH v. 6.12.1990 – VII ZR 334/89, ZIP 1990, 152.
5 BGH v. 29.11.1989 – VIII ZR 228/88, ZIP 1990, 25; BGH v. 19.6.1991 – VIII ZR 244/90, ZIP 1991, 997; BGH v. 25.11.1992 – VIII ZR 176/91, ZIP 1993, 123; BGH v. 8.12.1993 – VIII ZR 199/93, ZIP 1994, 114.
6 BGH v. 16.4.1996 – XI ZR 234/95, ZIP 1996, 957 ff.
7 BGH v. 6.3.1997 – IX ZR 74/95, ZIP 1997, 632.
8 BGH v. 13.5.1997 – XI ZR 234/95, ZIP 1997, 1185.
9 BGH v. 27.11.1997 – GSZ 1 und 2/97, ZIP 1998, 235 ff.
10 BGH v. 27.11.1997 – GSZ 1 und 2/97, ZIP 1998, 235, 237.

Bei formularmäßig festgelegten Globalsicherheiten, welche entweder **keine** Deckungsgrenze oder eine unwirksame vereinbart haben, beträgt die Deckungsgrenze – bezogen auf den **realisierbaren** Wert der Gegenstände – 110 % der gesicherten Forderungen; die Grenze liegt regelmäßig bei 150 % des maßgeblichen Schätzwertes. Deren Vorliegen löst den Freigabeanspruch aus. Es reicht mithin eine abstrakt-generell festgelegte Deckungsgrenze aus, weil die Bestimmungen einer individuellen Grenze – bezogen auf die gesamte Laufzeit der revolvierenden Sicherheiten – praktisch nicht realisierbar ist[1]. Diese Erwägungen gelten auch unter der Herrschaft der **InsO**[2]. Auch wenn Forderungen – wie bei der Factoring-Zession – abgetreten werden, kommt es auf den realisierbaren Wert, *nicht* auf den Nennwert an[3].

bb) Struktur der Freigabeklausel

Umstritten war des Weiteren die Frage, ob eine formularmäßig vereinbarte Globalzession nur dann gemäß § 307 Abs. 1 BGB wirksam ist, wenn sie eine **ermessenunabhängig** ausgestaltete Freigaberegelung für etwa überschießende Sicherheiten enthält, so dass sie bei Fehlen einer solchen vertraglichen Klausel insgesamt gemäß § 306 Abs. 3 BGB unwirksam ist[4], was von der Rechtsprechung des XI. Senats nicht geteilt wird[5]. Die Begründung des XI. Senats geht im Wesentlichen davon aus, dass eine Freigabeklausel deswegen nicht erforderlich sei, weil es sich bei der Globalzession um eine nicht akzessorische fiduziarische Sicherheit handelt, die auf einem **Treuhandverhältnis** beruht, so dass sich die Freigabeverpflichtung letzten Endes aus § 242 BGB herleitet[6]. Daraus folgt, dass nach Auffassung des XI. Senats die Freigabeklausel nur deklaratorische Bedeutung besitzt, so dass auch aus diesem Grund für ein Eingreifen von § 307 Abs. 1 BGB kein Raum ist, weil § 307 Abs. 3 S. 1 BGB eine Sperre darstellt[7]. So gesehen liegt eine **vertragsimmanente** Freigabeverpflichtung des jeweiligen Sicherungsnehmers vor, sofern er ein Überschießen der Sicherheiten in Händen hält. Mehr noch: Sofern eine ermessensunabhängige Freigabeverpflichtung in der formularmäßig textierten Globalzession fehlt, ergibt sich die Rechtsfolge nicht aus § 306 Abs. 3 BGB, so dass keineswegs der gesamte Vertrag unwirksam ist[8]. Letztlich stützt der XI. Zivilsenat des BGH seine Bedenken gegen die Rechtsprechung der übrigen Senate auch darauf, dass die Nichtigkeit einer formularmäßigen Globalzession ausschließlich den **ungesicherten Gläubigern** zu-

---

1 BGH v. 27.11.1997 – GSZ 1 und 2/97, ZIP 1998, 235, 239.
2 BGH v. 27.11.1997 – GSZ 1 und 2/97, ZIP 1998, 235, 241.
3 BGH v. 27.11.1997 – GSZ 1 und 2/97, ZIP 1998, 235, 240 f.
4 BGH v. 19.6.1991 – VIII ZR 244/90, ZIP 1991, 997; BGH v. 25.11.1992 – VIII ZR 176/91, ZIP 1993, 123; BGH v. 8.12.1993 – VIII ZR 199/93, ZIP 1994, 114.
5 BGH v. 10.5.1994 – XI ZR 65/93, ZIP 1994, 1010; BGH v. 17.1.1995 – XI ZR 192/93, ZIP 1995, 367; BGH v. 29.1.1996 – XI ZR 257/94, ZIP 1996, 542 – Anfrage an den VIII. und IX. Senat; Vorlagebeschluss des IX. Senats an den Großen Senat vom 6.3.1997 – IX ZR 74/95, ZIP 1997, 632.
6 BGH v. 23.1.1996 – XI ZR 257/94, ZIP 1996, 542, 544 f. m.w.N.
7 BGH v. 23.1.1996 – XI ZR 257/94, ZIP 1996, 542, 545.
8 Im Einzelnen BGH v. 23.1.1996 – XI ZR 257/94, ZIP 1996, 542, 546.

gute kommt, was mit § 307 Abs. 1 BGB deswegen nicht zu vereinbaren sei, weil diese Norm lediglich den Schutz des Vertragspartners im Auge habe[1].

cc) Beschluss des Großen Zivilsenats

39 Aufgrund des Beschlusses des Großen Zivilsenats vom 27.11.1997[2] ist auch im Blick auf eine Freigabeklausel zunächst vom Bestehen eines **Treuhandverhältnisses** auszugehen. Sofern auf eine **ermessensabhängige** Freigabeklausel gemäß § 315 BGB abgestellt wird, ist dies nach § 307 Abs. 2 Nr. 2 BGB nicht hinzunehmen, weil dadurch der Sicherungsgeber in die Lage versetzt würde, sein Ermessen pflichtwidrig auszuüben; die Norm des § 315 Abs. 3 BGB ändert daran nichts, weil sie nur eine Nachprüfung in den Grenzen der Billigkeit gestattet. Daher ist eine Globalzession auch **ohne Freigabeklausel** wirksam[3]. Sie orientiert sich zwingend an dem Erreichen der Deckungsgrenze. Falls eine **unwirksame Freigabeklausel** vereinbart worden ist, führt dies regelmäßig gemäß § 306 Abs. 2 BGB nicht zur gesamten Nichtigkeit der Zession[4], sondern nur dazu, dass Gesetzesrecht Anwendung findet: Die Freigabeklausel ist dann unwirksam; der aus dem Treuhandverhältnis herzuleitende Freigabeanspruch setzt sich durch[5].

dd) Unterschiede zur Factoring-Globalzession

40 Auf die Besonderheiten dieser BGH-Judikatur kommt es jedoch im Rahmen einer Factoring-Globalzession nur dann entscheidend an, wenn und soweit sich die Zession auch auf solche Forderungen bezieht, welche das **Limit** übersteigen. Denn dann liegt lediglich – falls nichts anderes vertraglich vereinbart wurde – eine Einziehungsermächtigung vor.

41 Innerhalb der jeweils **vereinbarten Limits** (Rn. 16 f.) bestehen keinerlei Bedenken dagegen, eine Factoring-Globalzession auch dann für wirksam gemäß § 307 Abs. 1 BGB anzusehen, wenn sie weder eine Deckungsgrenze noch eine ermessensunabhängige Freigabeverpflichtung enthält. Entscheidend ist – von den dargestellten Ergebnissen aufgrund des Beschlusses des Großen Zivilsenats vom 27.11.1997[6] abgesehen –, dass der Factor – wie dargestellt – eine Globalzession mit dem Anschlusskunden vereinbart, die gemäß § 158 BGB aufschiebend bedingt davon abhängig ist, dass der Factor die einzelne Forderung durch Abschluss **eines Forderungskaufs erwirbt** (Rn. 28). Da also der Factor insoweit auch den **Kaufpreis** für den Erwerb der von der Globalzession erfassten Forderung zahlt – freilich: abzüglich des Sicherheiteneinbehalts –, kann eine Übersicherung gemäß § 307 Abs. 1 BGB überhaupt nicht in Betracht kommen. Denn in jedem Einzelfall erhält der Anschlusskunde beim echten Factoring den vertraglich vereinbarten Gegenwert. Es ist daher auch kaum zu erwarten, dass eine Factoring-Zession ge-

---

1 Insbesondere BGH v. 13.5.1997 – XI ZR 234/95, ZIP 1997, 1185.
2 BGH v. 27.11.1997 – GSZ 1 und 2/97, ZIP 1998, 235 ff.
3 BGH v. 27.11.1997 – GSZ 1 und 2/97, ZIP 1998, 235, 238.
4 BGH v. 5.5.1998 – XI ZR 234/95, NJW 1998, 2206.
5 BGH v. 27.11.1997 – GSZ 1 und 2/97, ZIP 1998, 235, 238.
6 BGH v. 27.11.1997 – GSZ 1 und 2/97, ZIP 1998, 235 ff.

mäß § 138 BGB wegen anfänglicher Übersicherung nichtig ist[1]. Doch dies ist dann zu bejahen, wenn eine gegen die guten Sitten verstoßende Kumulierung von Sicherheiten zugunsten des Factors – außerhalb der Zession selbst und zusätzlich – vereinbart sein sollte[2].

4. Zeitlich nachrangige Globalzession

Auch wenn eine Factoring-Globalzession zeitlich der Vereinbarung eines verlängerten Eigentumsvorbehalts nachfolgt, ergeben sich gegenüber dem zuvor dargestellten Ergebnis keine Unterschiede. Sowohl Rechtsprechung[3] als auch Schrifttum[4] gelangen zu dem Ergebnis, dass die dem Vorbehaltskäufer vom Vorbehaltsverkäufer erteilte Ermächtigung zum Einzug des Kaufpreises für die unter verlängertem Eigentumsvorbehalt gelieferte und weiterveräußerte Ware regelmäßig gemäß §§ 133, 157 BGB dahin auszulegen ist, dass die Forderungen aus den Zweitverkäufen auch im Rahmen eines echten Factoring an einen Factor verkauft und an ihn abgetreten werden dürfen[5]. Insbesondere fällt ins Gewicht, dass auch in diesen Fällen die **Interessen des Vorbehaltsverkäufers** gewahrt werden: Denn es macht keinen Unterschied, ob der Vorbehaltskäufer/Debitor die von seinem Abkäufer erhaltenen Gelder dazu verwendet, die Forderungen des Vorbehaltsverkäufers zu begleichen oder ob er einen Factor „zwischenschaltet"[6].

42

5. Erforderliche Schutzvorkehrungen des Factors

Abhängig von den Umständen des Einzelfalls sind die zuvor dargestellten Grundsätze der Kollision zwischen einer Factoring-Globalzession und einem verlängerten Eigentumsvorbehalt zu relativieren. **Ausgangspunkt** aller Erwägungen ist die bis zum Beweis des Gegenteils begründete Vermutung, dass der Anschlusskunde mit den vom Factor erhaltenen Geldern seine Lieferanten bezahlen und den Factoring-Erlös folglich sachgerecht nach den Regeln wirtschaftlicher Vernunft – also: ordnungsgemäß – verwenden wird[7]. Hat der Factor Anlass zu der Vermutung, der Anschlusskunde werde – gleichgültig, aus welchen Gründen – seine Verbindlichkeiten gegenüber dem Vorbehaltsverkäufer nicht ordnungsgemäß erfüllen, dann ist der Factor verpflichtet, erforderliche und ihm zumutbare **Schutzmaßnahmen** zu treffen[8]. Entscheidend ist in diesem Zusammenhang stets, ob sich der Factor ge-

43

---

1 Hierzu BGH v. 28.4.1994 – IX ZR 248/93, ZIP 1994, 939; BGH v. 27.11.1997 – GSZ 1 und 2/97, ZIP 1998, 235, 239.
2 Vgl. BGH v. 28.4.1994 – IX ZR 248/93, ZIP 1994, 939 – im Ergebnis betreffend Zession und Bürgschaft aber abgelehnt.
3 BGH v. 7.6.1978 – VIII ZR 80/77, BGHZ 72, 15, 21; BGH v. 14.10.1981 – VIII ZR 149/80, BGHZ 82, 50; BGH v. 11.11.1981 – VIII ZR 269/80, BGHZ 82, 283.
4 *Serick*, Eigentumsvorbehalt und Sicherungsübertragung, Bd. IV, S. 575, 589, 605; *Canaris*, Bankvertragsrecht, Rn. 1689; *Blaurock*, ZHR 142 (1978), 338 f.; *Martinek*, Moderne Vertragstypen, Bd. I, S. 283 ff.
5 *Canaris*, Bankvertragsrecht, Rn. 1689.
6 Vgl. auch *Martinek*, Moderne Vertragstypen, Bd. I, S. 284.
7 BGH v. 19.9.1977 – VIII ZR 169/76, WM 1977, 1198, 1200.
8 BGH v. 19.9.1977 – VIII ZR 169/76, WM 1977, 1198, 1200.

mäß § 242 BGB **treuwidrig** verhält, weil er sich lediglich auf die formale Position beruft, wonach der Factoring-Globalzession der Vorrang gegenüber einer verlängerten Eigentumsvorbehaltsklausel gebührt[1].

44 Welche **Maßnahmen** insoweit im Einzelnen geschuldet werden, lässt sich nicht generell sagen. Regelmäßig dürfte daran zu denken sein, dass der Factor den Anschlusskunden aus gegebenem Anlass ausdrücklich und schriftlich **anweist**, den erhaltenen Factoring-Erlös zur Begleichung der Verbindlichkeiten gegenüber dem Vorbehaltsverkäufer zu verwenden, welcher durch seine Lieferung/Leistung dazu beigetragen hat, dass der Anschlusskunde die bestimmte Ware herstellen oder weiterveräußern konnte. Weitergehende Schutzmaßnahmen sind schwer vorstellbar, zumal die unmittelbaren Einflussmöglichkeiten des Factors gegenüber seinem Anschlusskunden ohnehin begrenzt sind. Im Extremfall wird man aber auch soweit gehen müssen, vom Factor zu verlangen, dass er den Factoring-Vertrag **fristlos kündigt**, wenn nur durch eine solche Maßnahme sichergestellt werden kann, dass sich der Factor nicht weiter treuwidrig verhält und seine formale Rechtsposition – den Vorrang der Factoring-Globalzession – schamlos ausnutzt.

45 **Sittenwidrig** gemäß § 138 BGB kann die Factoring-Zession dann sein, wenn die Delkredere-Haftung des Factors im Ergebnis weitestgehend **ausgehöhlt** ist, weil zu besorgen ist, dass der Factor die Interessen des Vorbehaltsverkäufers nicht in ausreichender Weise schützt[2]. Das sind jedoch untypische Konstellationen.

6. Kollision von Globalzession und unechtem Factoring

46 Die zuvor dargestellte BGH-Judikatur zur Kollision zwischen einer Globalzession einerseits und einem verlängerten Eigentumsvorbehalt andererseits (Rn. 31 ff.) findet uneingeschränkt Anwendung auf die Factoring-Globalzession, soweit das unechte Factoring zugrunde liegt[3]. Auch die Literatur stützt im Wesentlichen den von *Serick* begründeten[4] Lösungsansatz[5]. Es finden sich allerdings auch gegenteilige Stimmen[6]. Sie machen im Wesentlichen geltend, dass der Kunde auch beim unechten Factoring sogleich bei Eingang der Gutschrift über diesen Betrag frei verfügen kann, zumal der Factor auch in diesen Fällen die Forderung gegenüber dem Debitor nur gegen Gutschrift

---

1 BGH v. 19.9.1977 – VIII ZR 169/76, WM 1977, 1198, 1200; *Kümpel*, Bank- und Kapitalmarktrecht, Rn. 5.447.
2 OLG Koblenz v. 10.11.1987 – 3 U 1386/86, WM 1988, 45, 46.
3 BGH v. 14.10.1981 – VIII ZR 149/80, BGHZ 82, 50, 60 f.
4 *Serick*, Eigentumsvorbehalt und Sicherungsübertragung, Bd. IV, S. 581 ff.; *Serick*, BB 1979, 845, 850; *Serick*, NJW 1981, 794 ff.; *Serick*, NJW 1981, 1715 ff.; *Serick*, ZHR 143 (1979), 68 ff.
5 *Staudinger/Hopt/Mülbert*, vor §§ 607 ff. BGB Rn. 740; *Kümpel*, Bank- und Kapitalmarktrecht, Rn. 5.480 f.; *Martinek*, Moderne Vertragstypen, Bd. 1, S. 289 ff.
6 *Canaris*, NJW 1981, 250 ff.; *Canaris*, Bankvertragsrecht, Rn. 1686; *Blaurock*, ZHR 142 (1978), 325, 340.

des Gegenwertes erwirbt[1]. Indessen hat der BGH – ungeachtet der im Schrifttum erhobenen Gegeneinwendungen – an seiner Theorie festgehalten: Beim unechten Factoring tritt der Factor wie ein **Geldkreditgeber** auf, so dass eine Differenzierung gegenüber dem echten Factoring angezeigt ist[2]. Aus praktischen Gründen kann daher darauf verzichtet werden, sich im Einzelnen mit den gegenteiligen Auffassungen der Literatur auseinander zu setzen, zumal das unechte Factoring in der Praxis nur noch ein **Schattendasein** führt. Dies mag damit zusammenhängen, dass sich die Factoring-Institute an der Rechtsprechung des BGH zugunsten des echten Factoring orientiert haben; es wäre aber ohne weiteres möglich gewesen, dass sie sich – ähnlich wie der Geldkreditgeber – aufgrund einer **dinglichen Teilverzichtsklausel** gegenüber einem branchenüblichen verlängerten Eigentumsvorbehalt schützen, um auf diese Weise sicherzustellen, dass nicht der Eigentumsvorbehaltsverkäufer das gesamte Vermögen des Gemeinschuldners abschöpft[3].

7. Kollision von Factoring-Globalzession und kreditgewährender Globalzession

a) Echtes Factoring

Beim Zusammentreffen von Factoring-Globalzession einerseits und kreditgewährender Globalzession andererseits stellt sich die Frage, ob die zugunsten des Darlehensnehmers im Rahmen der Globalzession eingeräumte **Einziehungsermächtigung** auch das Recht verleiht, nochmals über die abgetretene Forderung – im Rahmen eines echten Factoring – zu verfügen. Der BGH hat dies im Ergebnis deswegen verneint, weil die Bank als Kreditgeberin anders als der Warenlieferant auf die gesamte Sicherungsforderung zurückgreifen müsse, so dass sie nicht mit dem sich durch den Abzug der Handelsspanne ergebenden Teilbetrag zufrieden gestellt werden könne[4]. Soweit allerdings das Sicherungsinteresse der Bank – als Folge der Factoring-Gebühren (Rn. 5) – nicht beeinträchtigt wird, lässt der BGH[5] eine nochmalige Abtretung an einen Factor zu, weil diese Zession durch die Einziehungsermächtigung der kreditgebenden Bank gedeckt sei. Gegen diese Auffassung sind in der Literatur Bedenken erhoben worden[6].

47

Auch wenn zuzugestehen ist, dass die Auslegung der dem Darlehensnehmer erteilten Einziehungsermächtigung Zurückhaltung erfordert[7], so wird man im Zweifel gemäß §§ 133, 157 BGB doch zu dem Ergebnis gelangen können, dass die Bank im Rahmen einer Globalzession grundsätzlich deswegen nicht den Willen hat, echtes Factoring – mithin: eine weitere Zession betreffend

48

---

1 *Staudinger/Busche*, vor § 398 BGB Rn. 174; *Staudinger/Matusche-Beckmann*, § 449 BGB Rn. 154.
2 BGH v. 15.4.1987 – VIII ZR 97/86, BGHZ 100, 353, 358.
3 Hierzu auch *Martinek*, Moderne Vertragstypen, Bd. I, S. 292.
4 BGH v. 19.12.1979 – VIII ZR 71/79, BGHZ 75, 391.
5 BGH v. 11.11.1981 – VIII ZR 269/80, BGHZ 82, 283.
6 *Canaris*, Bankvertragsrecht, Rn. 1692; *Canaris*, NJW 1981, 249, 253 bei Fn. 42; *Martinek*, Moderne Vertragstypen, Bd. I, S. 295 f.
7 *Kayser*, BuB 13/37.

die gleiche Forderung – zu untersagen, weil der Anschlusskunde in diesen Fällen genauso den Factoring-Erlös vereinnahmt, wie dies bei der Kollision zwischen der Factor-Globalzession und dem verlängerten Eigentumsvorbehalt bejaht wurde[1]. Es ist daher nicht sehr überzeugend, darauf abzustellen, inwieweit das Sicherungsvolumen der kreditgewährenden Bank als Folge eines echten Factoring durch die Factoring-Gebühren (Rn. 5) geschmälert wird, weil es – wie mit Recht bemerkt wurde – jedem Vorbehaltskäufer freisteht, Waren unter Einstandspreis zu veräußern[2], zumal keine Bank Einfluss auf die Preispolitik ihres Darlehensnehmers hat oder haben kann[3]. Im Ergebnis ist also der Streit zwischen einer kreditgewährenden Globalzession einerseits und einer Factoring-Globalzession andererseits stets **zugunsten der Factoring-Zession** zu lösen, und zwar gleichgültig, ob es sich um eine zeitlich vorrangige oder zeitlich nachrangige Factoring-Zession handelt.

b) Unechtes Factoring

49 **Anders** ist freilich zu entscheiden, wenn eine kreditgewährende Globalzession mit einer Factoring-Globalzession im Rahmen eines **unechten Factoring** kollidiert. Hier handelt es sich um das klassische **Prioritätsproblem**, welches immer die Kollision von mehrfach abgetretenen Forderungen beherrscht[4].

V. Abtretungsverbote; Aufrechnung

1. § 354a HGB

50 Der Gesetzgeber hat eine Neufassung von § 399 BGB unterlassen und stattdessen für den kaufmännischen Bereich § 354a HGB dekretiert. Danach ist ein Abtretungsverbot – bezogen auf eine Geldforderung – **unwirksam**, soweit das Rechtsgeschäft, das eine Forderung begründet hat, ein Handelsgeschäft oder der Schuldner eine juristische Person des öffentlichen Rechts oder ein öffentlich-rechtliches Sondervermögen ist. Stets muss es sich um eine Vereinbarung **mit dem Schuldner** handeln. Doch kann der Schuldner mit befreiender Wirkung an den Altgläubiger leisten. Abweichende Vereinbarungen sind – gleichgültig, ob sie formularmäßig oder individualvertraglich begründet werden – unwirksam[5]. Die wesentliche Bedeutung von § 354a HGB besteht darin, die früher durchaus üblichen Abtretungsverbote nunmehr – kraft zwingender Sanktion von § 354a HGB – als unwirksam zu behandeln. Damit wird – gerade im Bereich des Factoring – für kleinere und mittlere Unternehmen eine Ausnahme vom Abtretungsverbot des § 399 BGB begrün-

---

1 So im Ergebnis auch *Martinek*, Moderne Vertragstypen, Bd. I, S. 295 f.
2 *Bülow*, Recht der Kreditsicherheiten, Rn. 1380 bei Fn. 54.
3 *Martinek*, Moderne Vertragstypen, Bd. I, S. 296.
4 A.M. *Canaris*, Bankvertragsrecht, Rn. 1692, der auch diesen Fall als von der Einziehungsermächtigung der kreditgewährenden Bank gedeckt ansieht.
5 Hierzu im Einzelnen *Brink* in Hagenmüller/Sommer/Brink, Factoring-Hdb., 3. Aufl., S. 175, 182 ff.; *Brink*, FLF 1994, 212 ff.; rechtsvergleichend *Bette*, WM 1994, 1909 ff.; *Henseler*, BB 1995, 5 ff.

det[1]. In der Insolvenz hat also der neue Gläubiger ein **Aussonderungsrecht** nach § 47 InsO[2].

Für die **Factoring-Praxis** ergeben sich aus der zwingenden Bestimmung von § 354a HGB weitreichende Folgen, die aber in der Praxis keine besonderen Probleme aufwerfen. Insbesondere sind etwaige Abtretungsverbote, welche die Lieferanten gegenüber dem Anschlusskunden in ihren **Einkaufs-AGB** vorgesehen haben, mit der Folge unwirksam, dass der Anschlusskunde nicht gehindert ist, mit befreiender Wirkung an den Factor zu zahlen.

2. AGB des Vorbehaltsverkäufers

Nur der Vollständigkeit halber soll auch die Frage angesprochen werden, wie ein Abtretungsverbot in den Verkaufs-AGB des Vorbehaltsverkäufers zu bewerten ist. Diese Fallkonstellation wird nicht unmittelbar vom Verbotstatbestand des § 354a HGB erfasst, handelt es sich doch um eine Vereinbarung mit dem Vorbehaltskäufer, dem **Schuldner** dessen Veräußerungsermächtigung einzuschränken, so dass auf diesem Weg – abhängig von der Klauselgestaltung – auch die Einziehungsermächtigung im Rahmen einer Factoring-Zession umfasst wird[3]. Der BGH hat freilich in seiner Entscheidung vom 18.6.1980[4] an seiner bisherigen Judikatur festgehalten, wonach Abtretungsverbote grundsätzlich wirksam sind[5]. Im Ergebnis gelangt die BGH-Rechtsprechung zu dem Resultat, dass derartige Abtretungsverbote **restriktiv** zu interpretieren sind – mit der Konsequenz, dass die Einziehungsermächtigung des Vorbehaltskäufers/Anschlusskunden auch dessen Befugnis erfasst, die aus dem Weiterverkauf der Vorbehaltsware resultierende Forderung im Rahmen eines echten Factoring abzutreten[6]. Eine solche Konstruktion ist jedoch – aus dogmatischen Gründen betrachtet – keineswegs sehr befriedigend: Wenn nämlich die Grundaussage zutreffend ist, dass echtes Factoring wie ein **Barkauf** zu behandeln ist, so ist kein legitimes Interesse des Vorbehaltslieferanten i.S.v. § 307 Abs. 1 BGB zu erkennen, seinem Vorbehaltskäufer/Anschlusskunden ein Abtretungsverbot aufzuerlegen[7]. Daher verstoßen diese Formen eines Abtretungsverbots gegen §§ 307 Abs. 1 S. 1 BGB[8].

---

1 Im Einzelnen auch *Baumbach/Hopt*, § 354a HGB Rn. 1.
2 *Baumbach/Hopt*, § 354a Rn. 1.
3 Hierzu *Martinek/Oechsler* in Schimansky/Bunte/Lwowski, Bankrechts-Hdb., § 102 Rn. 104 f.
4 BGH v. 18.6.1980 – VIII ZR 119/79, WM 1980, 933, 934.
5 BGH v. 30.10.1990 – IX ZR 239/89, NJW-RR 1991, 763.
6 BGH v. 30.10.1990 – IX ZR 239/89, NJW-RR 1991, 763, 764.
7 Hierzu auch *Blaurock* in Hagenmüller/Sommer, Factoring-Hdb., 2. Aufl., S. 117, 119; *Martinek*, Moderne Vertragstypen, Bd. I, S. 298 ff.; *Serick*, Eigentumsvorbehalt und Sicherungsübertragung, Bd. IV, S. 575 ff.; *Canaris*, NJW 1981, 249, 254.
8 Vgl. auch *Brink* in Hagenmüller/Sommer/Brink, Factoring-Hdb., 3. Aufl., S. 175, 186 f. – Anwendung von § 138 BGB, dogmatisch unzutreffend, da AGB-Problem.

3. Aufrechnung

53 Factoring-Zession und Aufrechnung – bezogen auf das Vertragsverhältnis zwischen Debitor und Anschlusskunden – können in verschiedener Konstellation auftreten, so dass eine Differenzierung angezeigt ist:

a) Aufrechnung vor Factoring-Abtretung

54 Soweit dem Debitor gegenüber dem Anschlusskunden eine fällige, gleichartige Gegenforderung zusteht, führt die Aufrechnungserklärung gemäß §§ 387 ff. BGB rückwirkend zum Erlöschen von Haupt- und Gegenforderungen in der Höhe, in der sie sich aufrechenbar gegenüberstanden. Die Factoring-Zession geht mithin ins Leere[1].

b) Aufrechnung nach Factoring-Abtretung

55 § 354a HGB ist lex specialis gegenüber den allgemeinen Regeln der §§ 406, 407 BGB; abweichende Vereinbarungen sind unwirksam[2]. Allerdings kann der Schuldner mit befreiender Wirkung an den bisherigen Gläubiger leisten, und zwar auch dann, wenn er die Aufrechnung kennt. Zur Konsequenz hat dies, dass insoweit auch eine **Aufrechnung** in Betracht kommt, weil § 354a HGB nicht von „Zahlung", sondern generell von „**Leistung**" spricht[3]. In der Praxis ist dieses Problem jedoch deswegen vernachlässigenswert, weil der Factor üblicherweise beim **offenen** Factoring den Anschlusskunden verpflichtet, den Debitor – schon im Rahmen der Vertragsbegründung – darauf ausdrücklich hinzuweisen, dass er nur mit befreiender Wirkung an den Factor Zahlung leisten kann.

4. Kontokorrent gemäß § 355 HGB

56 Ähnliche Probleme wie beim Abtretungsverbot (Rn. 50 ff.) ergeben sich in den Fällen, in denen zwischen Anschlusskunden und Debitor ein Kontokorrentverhältnis gemäß § 355 HGB besteht[4]. Anerkanntermaßen verlieren die Einzelforderungen ihre rechtliche Selbständigkeit, soweit sie – entsprechend der Parteiabrede – in ein laufendes Kontokorrent gemäß § 355 HGB eingestellt werden; sie sind dann nicht mehr als Einzelforderungen abtretbar[5]. Sicher ist es möglich, dem Factor in diesen Fällen zu raten, den jeweils bei Abschluss der Kontokorrentperiode entstehenden **Saldo** im Rahmen der Factoring-Globalzession zu erfassen[6]. Mit § 354a HGB hat diese Konstellation freilich deswegen nichts zu tun, weil § 355 HGB die Abtretbarkeit der Einzelforderungen deswegen beseitigt, weil beide Parteien eine Kontokor-

---

1 *Martinek*, Moderne Vertragstypen, Bd. I, S. 311.
2 *Sinz*, Factoring in der Insolvenz, Rn. 32.
3 *Brink*, FLF 1994, 212, 214.
4 Hierzu *Brink* in Hagenmüller/Sommer/Brink, Factoring-Hdb., 3. Aufl., S. 175, 178 f.; *Martinek*, Moderne Vertragstypen, Bd. I, S. 311.
5 Statt aller *Baumbach/Hopt*, § 355 HGB Rn. 7.
6 So *Blaurock*, S. 117, 123 f.

rentvereinbarung getroffen haben, während § 354a HGB darauf basiert, dass ein **Abtretungsverbot** einseitig gegenüber einer Geldforderung geltend gemacht wird.

In diesen Fällen ist dem Factor auch nicht im Rahmen von § 307 Abs. 1 BGB zu helfen. Denn die jeweils gegenüber dem Anschlusskunden/Debitor vorzunehmende **Bonitätsprüfung** kann sich ohne weiteres auch darauf erstrecken, ob zwischen beiden Parteien ein Kontokorrentverhältnis gemäß § 355 HGB vereinbart ist. Soweit dies zutrifft, kann der Factor entweder auf den Anschlusskunden hinwirken, damit die Kontokorrentabrede gegenüber dem Debitor beseitigt wird, oder der Anschlusskunde muss – wohl oder übel – darauf verzichten, dass die in ein Kontokorrent mit dem Debitor eingestellten Forderungen im Wege des Factoring refinanziert werden. 57

In jedem Fall aber ist zu unterstreichen, dass die Kontokorrentabrede der Factoring-Globalzession vorgeht[1]. Etwaige Erwägungen, in diesen Fällen auf § 138 BGB zugunsten der Factoring-Globalzession zurückzugreifen, sind nicht überzeugend, zumal der Factor – wie bereits angedeutet – insoweit nicht schutzbedürftig ist, weil er sich dadurch ausreichend schützen kann, dass er die Saldoforderung in die Globalzession einstellt. 58

VI. Bereicherungsrechtliche Rückabwicklung

Mit Recht ist darauf hingewiesen worden, dass das Factoring – entgegen dem Leasing – kaum wesentliche Gerichtsentscheidungen außerhalb von § 138 BGB hervorgebracht hat, insbesondere noch nicht zu dem bereicherungsrechtlichen Ausgleich im „Dreiecksverhältnis" zwischen Factor – Anschlusskunde – Debitor[2]. Dies hängt sicherlich – nicht zuletzt – auch damit zusammen, dass zwischen Factor und Anschlusskunde ein **Dauerschuldverhältnis** besteht, welches erfahrungsgemäß rechtliche Streitigkeiten, insbesondere auch gerichtliche Auseinandersetzungen, leichter „verkraften" lässt als ein einmaliges Leistungsaustauschverhältnis, wie es beim Leasing vorliegt. 59

1. Mangel des Valutaverhältnisses

Wenn das Vertragverhältnis zwischen Factor und Anschlusskunde i.S.v. § 812 BGB **rechtsgrundlos**, d.h. mangelhaft ist, so ist die bereicherungsrechtliche Rückabwicklung gemäß §§ 812 ff. BGB simpel: Soweit beim echten Factoring der Anschlusskunde dem Factor die Forderung – gestützt durch eine Veritätshaftung (Rn. 23) – verkauft hat, steht dem Anschlusskunden die **Leistungskondiktion** gemäß § 812 Abs. 1 S. 1 BGB zu. Er kann also Rückübertragung der Forderung verlangen[3]. Soweit der Debitor bereits an den Factor – ohne Kenntnis des fehlenden Rechtsgrundes im Valutaverhältnis 60

---

1 So auch *Canaris*, Bankvertragsrecht, Rn. 1707.
2 *Martinek*, Moderne Vertragstypen, Bd. I, S. 313.
3 *Martinek*, Moderne Vertragstypen, Bd. I, S. 314.

zwischen Factor und Anschlusskunde – Zahlung geleistet hat, kann der Anschlusskunde den gezahlten Geldbetrag gemäß § 818 Abs. 1 BGB gegenüber dem Factor reklamieren. Der Factor seinerseits hat dann einen – um den Sicherheitseinbehalt gekürzten (Rn. 26) – Bereicherungsanspruch gegenüber dem Debitor[1].

61 Beim **unechten** Factoring gelten die gleichen Grundsätze. Der Unterschied besteht lediglich darin, dass das unechte Factoring – wie gezeigt (Rn. 13) – als Darlehensvertrag einzuordnen ist[2].

2. Mangel des Deckungsverhältnisses

62 Soweit das Vertragsverhältnis zwischen Anschlusskunde und Debitor i.S.v. § 812 BGB **rechtsgrundlos**, d.h. mangelhaft ist, fehlt der Factoring-Zession der Rechtsgrund; der zugrunde liegende Kauf-/Werklieferungs- oder Dienstvertrag ist, obwohl Grundlage der Zession, nichtig. Mithin besteht kein Entgeltanspruch des Anschlusskunden. Hat der Debitor gleichwohl – in Unkenntnis des fehlenden Rechtsgrundes – Zahlung geleistet, stellt sich die Frage, ob für diesen Fall nicht eine **Direktkondiktion** in Betracht kommt[3]. Dies ist zu bejahen, weil der Debitor – trotz Nichtbestehens einer Verbindlichkeit – die vermeintliche Schuld gegenüber dem Factor als vermeintlichem Gläubiger zahlt, zumal zwischen Anschlusskunden und Debitor – wegen des fehlenden Rechtsgrundes – kein Leistungsaustausch stattgefunden hat[4]. Soweit man anders entscheidet, muss man bedenken, dass man dem Debitor dann einen unmittelbaren Anspruch nur gegenüber dem Anschlusskunden verleiht – mit der Konsequenz, dass die Rückabwicklung im Deckungsverhältnis stattfindet[5]. Zwar ist einzuräumen, dass der Bereicherungsausgleich im Deckungsverhältnis durch das Verbot der Schlechterstellung des Schuldners infolge der Zession gemäß §§ 404 ff. BGB veranlasst ist, doch schlagen diese Erwägungen – jedenfalls beim Factoring – nicht durch. Denn die Bonität des Factors ist – unter Berücksichtigung der in der Bundesrepublik Deutschland tätigen Factoring-Gesellschaften – regelmäßig wesentlich höher anzusiedeln als die Bonität des Anschlusskunden[6]. Soweit also das Deckungsverhältnis i.S.v. § 812 BGB notleidend ist, ist der Direktkondiktion gemäß §§ 812 ff. BGB im Verhältnis zwischen Debitor und Anschlusskunde der Vorzug einzuräumen.

---

1 *Martinek*, Moderne Vertragstypen, Bd. I, S. 314.
2 Vgl. auch *Martinek*, Moderne Vertragstypen, Bd. I, S. 314.
3 Hierzu im Einzelnen *Martinek*, Moderne Vertragstypen, Bd. I, S. 315.
4 So im Ergebnis *Martinek*, Moderne Vertragstypen, Bd. I, S. 316.
5 *Canaris*, FS Larenz, 1974, S. 799, 834 f.
6 Vgl. *Wassermann*, FLF 1996, 32 ff. unter Hinweis auf die im Deutschen Factoring-Verband tätigen Factoring-Institute, was allerdings nicht auf die „sonstigen Factoring-Institute in Deutschland", S. 237 ff. zwangsläufig in gleicher Prägnanz zutrifft.

VII. Insolvenz des Anschlusskunden

1. Überblick

Mit Recht ist darauf aufmerksam gemacht worden, dass die Bestimmungen der InsO im Blick auf das Factoring keine entscheidenden Unterschiede gegenüber der unter der KO geltenden Rechtslage verursacht haben[1]. Es ist eine strikte insolvenzrechtliche Trennung zwischen dem das Factoring bestimmenden Rahmenvertrag und dem einzelnen Vertragsabschluss vorzunehmen. Darzustellen ist deshalb zunächst, welche Auswirkungen sich auf den Rahmenvertrag ergeben, wenn der Anschlusskunde insolvent wird.

a) Beim echten Factoring

Streitig ist zunächst, ob die Insolvenz des Anschlusskunden – bezogen auf den Factoring-Vertrag – nach §§ 115, 116 InsO zu behandeln ist oder ob das Wahlrecht des Insolvenzverwalters gemäß § 103 InsO zum Zuge kommt. Dies hängt entscheidend davon ab, ob der Factoring-Vertrag – in seiner Funktion als Rahmenvertrag mit Dauerschuldcharakter (Rn. 8) – in seine verschiedenen Bestandteile aufzuspalten ist oder ob er wegen seiner dominanten geschäftsbesorgungsrechtlichen Elemente als Ganzes den §§ 115, 116 InsO zu unterstellen ist[2]. Geht man – wie hier geschehen (Rn. 12) – davon aus, dass der Factoring-Rahmenvertrag im Wesentlichen geschäftsbesorgungsrechtliche Elemente aufweist, so liegt es nahe, § 115 Abs. 1 InsO anzuwenden[3]. Entscheidend ist hier die Erwägung, dass § 103 InsO nur dann zur Anwendung zu berufen wäre, wenn man den Factoring-Rahmenvertrag – ungeachtet seiner Einheitlichkeit – in seine verschiedenen „Sparten" aufteilt, weil § 103 InsO nur auf die kaufvertraglichen Elemente des echten Factoring angewandt werden kann – mit der weiteren Konsequenz, dass der Insolvenzverwalter berechtigt ist zu wählen, ob er den Factoring-Vertrag weiterführt oder beendet[4]. Letztlich aber entscheiden die einheitlichen geschäftsbesorgungsrechtlichen Elemente für die Anwendbarkeit der §§ 115, 116 InsO[5].

In der **Praxis** hat diese Streitfrage freilich nur eine völlig marginale Bedeutung. Denn es entspricht der üblichen Texterung von Factoring-Verträgen, dass dem Factor im Fall des Insolvenzantrags des Anschlusskunden ein **außerordentliches Kündigungsrecht** zusteht[6].

63

64

65

---

1 So *Sinz*, Factoring in der Insolvenz, Rn. 559 ff.; *Bette*, FLF 1997, 133 ff.
2 Hierzu *Sinz*, Factoring in der Insolvenz, Rn. 160 ff. m.w.N.
3 *Kübler/Prütting/Tintelnot*, §§ 115, 116 InsO Rn. 28; *Sinz*, Factoring in der Insolvenz, Rn. 162; *Bette*, FLF 1997, 133, 134; *Martinek/Oechsler*, in Schimansky/Bunte/Lwowski, Bankrechts-Hdb., § 102 Rn. 137.
4 Vgl. auch *Brink*, ZIP 1987, 817 ff.
5 Vgl. auch *Kübler/Prütting/Tintelnot*, §§ 115, 116 InsO Rn. 28.
6 *Kayser*, BuB, Rn. 13/55; vgl. auch MünchKommInsO/*Huber*, 2002, § 119 InsO Rn. 22 – Lösungsklausel.

b) Beim unechten Factoring

66 Der Unterschied zwischen echtem und unechtem Factoring (Rn. 10) besteht darin, dass die Delkredere-Haftung Gegenstand des echten Factoring, nicht aber des unechten Factoring ist. Daraus folgt: Auch beim unechten Factoring ist der Factoring-Rahmenvertrag bei Insolvenz des Anschlusskunden nach §§ 115, 116 InsO zu behandeln[1]. Dies wird auch von der instanzgerichtlichen Judikatur als richtig bezeichnet[2].

c) Rechtsfolgen des § 115 Abs. 1 InsO

67 Gemäß § 115 Abs. 1 InsO **erlischt** der Factoring-Rahmenvertrag, ohne dass es einer wie auch immer gearteten zusätzlichen Willenserklärung bedarf[3]. Mit der Eröffnung des Insolvenzverfahrens über das Vermögen des Anschlusskunden erlischt daher auch die Pflicht des Anschlusskunden, weitere Forderungen dem Factor im Rahmen der gemäß § 158 BGB bedingten (Rn. 29) Globalzession anzudienen[4]. Notwendigerweise entfällt daher auch die Verpflichtung des Factors, weitere – im Zeitpunkt der Eröffnung des Insolvenzverfahrens noch nicht gutgeschriebene – Forderungen anzukaufen und im Wege des Factoring zu refinanzieren[5]. Soweit der Insolvenzverwalter – dies ist in der Praxis häufig – den Factoring-Rahmenvertrag trotz der Insolvenz des Anschlusskunden fortsetzt, müssen sich beide Parteien über einen **Neuabschluss** verständigen[6].

68 Gleichzeitig endet mit Eröffnung des Insolvenzverfahrens über das Vermögen des Anschlusskunden die Verpflichtung des Factors, die buchhalterischen Aufgaben für den Anschlusskunden weiterzuführen, wie insbesondere das Rechnungs-, Mahn- und Inkassowesen[7].

d) Schadensersatzansprüche des Factors

69 Ob dem Factor wegen vorzeitiger Beendigung des Factoring-Rahmenvertrages Schadensersatzansprüche zustehen, war im Rahmen von § 23 KO **umstritten.** Darauf kommt es jetzt nicht mehr an. Denn im Anwendungsbereich von § 115 Abs. 1 InsO ist die Rechtslage klar: Es besteht als Folge des Erlöschens des Factoring-Rahmenvertrages kein Schadensersatz-

---

[1] *Kübler/Prütting/Tintelnot,* §§ 115, 116 InsO Rn. 28; *Sinz,* Factoring in der Insolvenz, Rn. 163.
[2] OLG Koblenz v. 26.7.1988 – 3 U 1352/87, WM 1988, 1355, 1357.
[3] *Sinz,* Factoring in der Insolvenz, Rn. 167; *Kübler/Prütting/Tintelnot,* §§ 115, 116 InsO Rn. 28.
[4] *Brink,* ZIP 1987, 817, 819.
[5] *Sinz,* Factoring in der Insolvenz, Rn. 168; *Kübler/Prütting/Tintelnot,* §§ 115, 116 InsO Rn. 9.
[6] *Sinz,* Factoring in der Insolvenz, Rn. 168; *Martinek,* Moderne Vertragstypen, Bd. I, S. 318; *Brink,* ZIP 1987, 817, 819.
[7] *Sinz,* Factoring in der Insolvenz, Rn. 171.

anspruch des Factors, weil die Sanktionsfolge des Erlöschens insolvenzrechtlich vorgegeben und nicht als Leistungsstörung zu behandeln ist[1].

2. Auswirkungen der Insolvenz auf die einzelnen Factoring-Geschäfte

Bei Behandlung der einzelnen Factoring-Geschäfte kommt es entscheidend darauf an, inwieweit der Factor – vor Eröffnung des Insolvenzverfahrens über das Vermögen des Anschlusskunden – seine nach dem Factoring-Rahmenvertrag geschuldeten Leistungen bereits erfüllt hat: Soweit dies der Fall ist, stellen sich keinerlei Probleme. Denn der Anschlusskunde hat – jedenfalls beim echten Factoring – **Barverkäufe** getätigt[2].

Soweit es sich um den Fall eines **unechten Factoring** handelt, stellt sich die Frage, welche Rechtsfolge eintritt, wenn der Anschlusskunde aus der bestehenden **Rückgriffshaftung** noch in Anspruch genommen werden kann[3]. Es geht dann darum, ob der Factor – ungeachtet einer möglichen Rückgriffshaftung – bereits vollständig erfüllt hat[4]. Richtig erscheint es, in diesem Fall wie folgt zu argumentieren: Aufgrund des Kausalgeschäfts schuldet der Factor auch beim unechten Factoring die Vorfinanzierung der im Wege eines Darlehensvertrages erworbenen Forderung. Diese Leistung aber ist bereits dann vollständig erbracht, wenn der Gegenwert – abzüglich eines etwa vereinbarten Sicherheitseinbehalts – dem Konto des Abschlusskunden gutgeschrieben worden ist, und zwar zum einen auf dem Abrechnungskonto, zum anderen auf dem Sperrkonto[5]. Unter diesen Voraussetzungen findet § 103 InsO keine Anwendung, was selbstverständlich in der Sache voraussetzt, dass der Anschlusskunde seinerseits die Forderung an den Factor abgetreten hat[6].

3. Absonderungsrecht – Aussonderungsrecht

Die dem Factor zedierte und voll erfüllte Forderung des Anschlusskunden fällt beim echten Factoring nicht in die Masse. Vielmehr hat der Factor in der Insolvenz des Anschlusskunden ein **Aussonderungsrecht** gemäß § 47 InsO[7].

Demgegenüber steht dem Factor beim **unechten** Factoring nach der h.M. in der Insolvenz des Anschlusskunden lediglich ein Recht auf **abgesonderte Be-**

---

1 *Kübler/Prütting/Tintelnot*, §§ 115, 116 InsO Rn. 11.
2 *Sinz*, Factoring in der Insolvenz, Rn. 182; *Martinek*, Moderne Vertragstypen, Bd. I, S. 319; *Canaris*, Bankvertragsrecht, Rn. 1676.
3 Umfassend *Sinz*, Factoring in der Insolvenz, Rn. 185 ff.; *Canaris*, Bankvertragsrecht, Rn. 1677.
4 Verneinend *Canaris*, Bankvertragsrecht, Rn. 1676.
5 *Sinz*, Factoring in der Insolvenz, Rn. 189.
6 MünchKommInsO/*Ott*, 2002, § 116 InsO Rn. 15; MünchKommInsO/*Huber*, 2004, § 103 InsO Rn. 71; *Canaris*, Bankvertragsrecht, Rn. 1677, der die Anwendbarkeit des Wahlrechts des Konkursverwalters gemäß § 17 KO ablehnt.
7 MünchKommInsO/*Ganter*, 2. Aufl. 2007, § 47 InsO Rn. 265; *Sinz*, Factoring in der Insolvenz, Rn. 190; *Canaris*, Bankvertragsrecht, Rn. 1676 – jeweils in § 48 KO.

friedigung gemäß § 47 InsO analog zu[1]. Dies ist jedoch deswegen unzutreffend, weil die Factoring-Zession – auch beim unechten Factoring – ein Finanzierungsinstrument darstellt und keine Kreditsicherungsmaßnahme verkörpert[2]. Diese Auffassung hat die Konsequenz, dass der Factor in diesen Fällen – genauso wie beim echten Factoring – ein Aussonderungsrecht gemäß § 47 InsO geltend machen kann.

4. Angediente, aber noch nicht gutgebrachte Forderungen

74 Die gleichen Erwägungen gelten auch in den Fällen, in denen der Anschlusskunde dem Factor die Forderungen andient, so dass – abhängig davon, ob es sich um echtes oder unechtes Factoring handelt – ein Kauf- bzw. Darlehensvertrag zustande kommt, der Factor aber bislang noch nicht die Forderungen vom Debitor eingezogen hat[3]. Auch in diesen Fällen steht dem Factor, bezogen auf die jeweilige Forderung des Anschlusskunden gegenüber seinem Debitor, ein **Aussonderungsrecht** gemäß § 47 InsO zu. Der Factor hat deshalb auch dann, wenn die Valutierung der Forderung erst nach Eröffnung des Insolvenzverfahrens vorgenommen wird, eine insolvenzfeste Position erlangt, weil der Zahlungsanspruch durch den Ankauf der jeweiligen Forderung bereits auf den Factor übergegangen ist[4].

5. Ankauf der Forderung nach Eröffnung des Insolvenzverfahrens

a) Beim echten Factoring

75 Zeitlich gesehen kommt es entscheidend darauf an, zu welchem Zeitpunkt sich der jeweilige **Ankauf** der Forderung im Verhältnis zwischen Factor und Anschlusskunde vollzieht (Rn. 22). Nach der hier vertretenen Auffassung (Rn. 29) ist die Factoring-Globalzession i.S.v. § 158 BGB aufschiebend durch die Ausübung des Ankaufsrechts des Factors bedingt[5]. Dass eine Factoring-Globalzession zwischen Factor und Anschlusskunde akkordiert ist, ändert an diesem Tatbestand nichts, weil mit Recht geltend gemacht worden ist, dass § 161 Abs. 1 S. 2 BGB hier keine Anwendung findet[6]. § 161 Abs. 1 S. 2 BGB würde nämlich dann auf eine „Bedingung" – die Annahme des Kauf-

---

1 MünchKommInsO/*Ganter*, 2. Aufl. 2007, § 47 InsO Rn. 266; *Canaris*, Bankvertragsrecht, Rn. 1677.
2 *Serick*, Eigentumsvorbehalt und Sicherungsübertragung, Bd. IV, R 52 II 2e; *Sinz*, Factoring in der Insolvenz, Rn. 194; MünchKommInsO/Ganter, 2. Aufl. 2007, § 47 InsO Rn. 265; vgl. auch *Serick*, Eigentumsvorbehalt und Sicherungsübertragung, Bd. V, § 70 VIII 2.
3 *Martinek*, Moderne Vertragstypen, Bd. I, S. 319; *Canaris*, Bankvertragsrecht, Rn. 1678.
4 MünchKommInsO/*Ganter*, 2. Aufl. 2007, § 47 InsO Rn. 265; *Canaris*, Bankvertragsrecht, Rn. 1678.
5 Hierzu im Einzelnen auch *Sinz*, Factoring in der Insolvenz, Rn. 240 ff.; *Canaris*, Bankvertragsrecht, Rn. 1679; *Martinek*, Moderne Vertragstypen, Bd. I, S. 320.
6 *Canaris*, Bankvertragsrecht, Rn. 1679; *Sinz*, Factoring in der Insolvenz, Rn. 241; *Martinek*, Moderne Vertragstypen, Bd. I, S. 320.

antrags des Anschlusskunden – Anwendung finden, welche ihrerseits erst die Vornahme des Kaufvertrages zum Gegenstand hat[1].

Es führt daher kein Weg an der Erkenntnis vorbei, dass die **Annahmeerklärung** erst **nach Eröffnung des Insolvenzverfahrens** durch den Factor erklärt wird[2]. Notwendigerweise muss sie aber dann gegenüber dem Verwalter, nicht gegenüber dem Anschlusskunden erklärt werden, weil dieser gemäß § 81 Abs. 1 InsO seine Verwaltungs- und Verfügungsmacht eingebüßt hat. Daher wird man zwangsläufig auch dem Insolvenzverwalter ein Wahlrecht gemäß § 103 InsO einräumen müssen[3].

b) Beim unechten Factoring

Beim unechten Factoring ist in gleicher Weise zu entscheiden; es bestehen insoweit keine Unterschiede zu der zuvor dargelegten Lösung.

VIII. Insolvenz des Factoring-Instituts

Mit Recht ist festgestellt worden, dass Insolvenzen von Factoring-Instituten selten sind[4], zumal die wesentlichen Factoring-Institute **bankenabhängig** sind[5].

1. Schicksal des Factoring-Rahmenvertrages

Anerkanntermaßen führt die Insolvenz des Factoring-Instituts **nicht** zur Beendigung des Factoring-Rahmenvertrages, weil §§ 115, 116 InsO nur das Erlöschen der dort normierten Verträge mit Eröffnung des Insolvenzverfahrens anordnen, soweit es sich um die Insolvenz des Berechtigten – also: des Anschlusskunden – handelt[6]. Das führt unmittelbar zu der Erkenntnis, dass bei Insolvenz des Factoring-Instituts der Verwalter das **Wahlrecht** gemäß § 103 InsO innehat, weil der Factoring-Rahmenvertrag ein zweiseitiger Vertrag ist, der deswegen noch nicht vollständig erfüllt ist, weil es sich um einen Rahmenvertrag mit **Dauerschuldcharakter** handelt[7]. Zur Konsequenz hat dies, dass der Factoring-Rahmenvertrag durch Ablehnung der Erfüllung gem. § 103 InsO erlischt; es besteht weder eine Andienungspflicht des Anschluss-

---

1 So mit Recht *Canaris*, Bankvertragsrecht, Rn. 1679; *Martinek*, Moderne Vertragstypen, Bd. I, S. 320.
2 *Sinz*, Factoring in der Insolvenz, Rn. 241.
3 Vgl. auch *Kübler/Prütting/Tintelnot*, §§ 115, 116 InsO Rn. 29; *Martinek*, Moderne Vertragstypen, Bd. I, S. 320; *Martinek/Oechsler*, in Schimansky/Bunte/Lwowski, Bankrechts-Hdb., § 102 Rn. 140.
4 *Sinz*, Factoring in der Insolvenz, Rn. 462.
5 *Wassermann*, FLF 1996, 232, 236 f.
6 *Sinz*, Factoring in der Insolvenz, Rn. 463; *Canaris*, Bankvertragsrecht, Rn. 1680; *Martinek*, Moderne Vertragstypen, Bd. I, S. 321.
7 *Martinek/Oechsler*, in Schimansky/Bunte/Lwowski, Bankrechts-Hdb., § 102 Rn. 144; *Kübler/Prütting/Tintelnot*, §§ 115, 116 InsO Rn. 28; *Canaris*, Bankvertragsrecht, Rn. 1680; *Sinz*, Factoring in der Insolvenz, Rn. 462; *Martinek*, Moderne Vertragstypen, Bd. I, S. 321.

kunden noch eine Ankaufspflicht des Factors; ebenso wenig ist dieser verpflichtet, weiterhin die diversen Dienstleistungen zu erbringen, welche für das Factoring-Geschäft typisch sind[1]. Dies entspricht auch der Auffassung des BGH zum früheren § 17 KO[2].

80 Die Erfüllungsablehnung hat lediglich deklaratorische Funktion; sie ist nicht Ausübung eines Gestaltungsrechts[3]. Folglich steht dem Anschlusskunden für den Fall, dass der Verwalter über das Vermögen des Factoring-Instituts die Erfüllung ablehnt, ein „**Schadensersatzanspruch**" wegen Nichterfüllung zu[4]. Dieser Schadensersatzanspruch ist zur Tabelle **als einfache Insolvenzforderung anzumelden**[5]. Soweit der Verwalter – selten genug – **Erfüllung** des Factoring-Rahmenvertrages gemäß § 103 InsO verlangt, wird man dem Anschlusskunden – entsprechend der nach § 314 BGB für Dauerschuldverhältnisse geltenden Rechtsregel ein **fristloses Kündigungsrecht** einräumen müssen, so dass dann die Schadensersatzforderung des Anschlusskunden wiederum einfache Quotenforderung ist[6].

2. Auswirkungen auf die Factoring-Geschäfte

a) Beim echten Factoring

81 Anerkanntermaßen kann der Anschlusskunde weder ein Aus- noch ein Absonderungsrecht geltend machen, soweit der Factor die Forderungen angekauft hat[7]. Soweit also der Factor die Forderung angekauft hat, bleibt die **Delkredere-Haftung** auch dann bestehen, wenn der Debitor – nach Eröffnung des Insolvenzverfahrens – seine Zahlungen einstellt[8]. Wesentliche Begründung ist hierfür: Die Delkredere-Haftung ist untrennbarer Teil des Forderungskaufs gemäß §§ 433, 437 Nr. 3, 453 BGB. Soweit in einem Factoring-**Formularvertrag** vorgesehen ist, dass die Delkredere-Haftung zugunsten eines Anschlusskunden im Fall der Eröffnung eines Insolvenzverfahrens über das Vermögen des Factors erlischt, verstößt diese Klausel gegen § 307 Abs. 2 Nr. 1 BGB und ist daher **unwirksam**[9]. Denn die Delkredere-Haftung ist untrennbarer Teil des echten Factoring. Es widerstreitet daher den Grundprinzipien dieses Vertragstyps i.S.v. § 307 Abs. 2 Nr. 1 BGB, wenn der Factor als AGB-Verwender vorsieht, dass im Fall seiner Insolvenz aus dem echten Factoring ein unechtes wird.

---

1 Mit Recht *Sinz*, Factoring in der Insolvenz, Rn. 464.
2 BGH v. 20.12.1988 – IX ZR 50/88, ZIP 1989, 171.
3 *Sinz*, Factoring in der Insolvenz, Rn. 464.
4 *Kübler/Prütting/Tintelnot*, § 103 InsO Rn. 97 ff.; *Martinek*, Moderne Vertragstypen, Bd. I, S. 321; *Sinz*, Factoring in der Insolvenz, Rn. 464.
5 *Kübler/Prütting/Tintelnot*, § 103 InsO Rn. 101.
6 Hierzu auch *Canaris*, Bankvertragsrecht, Rn. 1680; *Martinek*, Moderne Vertragstypen, Bd. I, S. 321; *Sinz*, Factoring in der Insolvenz, Rn. 466.
7 *Canaris*, Bankvertragsrecht, Rn. 1681; *Martinek*, Moderne Vertragstypen, Bd. I, S. 322.
8 *Sinz*, Factoring in der Insolvenz, Rn. 470.
9 So auch mit Recht *Sinz*, Factoring in der Insolvenz, Rn. 471.

Der Verwalter über das Vermögen des Factors ist daher berechtigt, die vom Factor angekauften Forderungen zur Masse einzuziehen. Freilich bleibt er dann verpflichtet, das erforderliche Entgelt zu zahlen.

Regelmäßig ist die Vertragsgestaltung auch so gewählt, dass der Ankauf der Forderungen sich dadurch realisiert, dass der Factor den geschuldeten Gegenwert dem Anschlusskunden gutbringt, weil gemäß § 151 BGB auf den Zugang der Annahmeerklärung verzichtet wird (Rn. 22).

Hat der Factor aber die ihm angediente Forderung – vor Eröffnung des Insolvenzverfahrens – noch nicht angekauft und den Gegenwert dem Vermögen des Anschlusskunden noch nicht gutgebracht, so ist – bezogen auf die Factoring-Globalzession – die aufschiebende Bedingung i.S.v. § 158 BGB noch nicht eingetreten (Rn. 29). Nimmt der Verwalter dann das Ankaufsangebot des Anschlusskunden an, so ist der Anspruch des Anschlusskunden auf Gutschrift des Gegenwertes eine **Masseschuld**[1]. Regelmäßig wird jedoch der Verwalter in der **Praxis** die Erfüllung einer dem Factor – vor Verfahrenseröffnung – angedienten Forderung ablehnen[2]. Zur Konsequenz hat dies, dass die dem Factor angediente Forderung dann nicht in die Insolvenzmasse fällt, so dass der Anschlusskunde ein Aussonderungsrecht gemäß § 47 InsO hat[3]. Hat in diesen Fällen der **Debitor** Zahlung an die Masse geleistet, so hat der Anschlusskunde gemäß § 48 InsO ein Ersatzaussonderungsrecht[4].

b) Beim unechten Factoring

Bei Insolvenz des Factoring-Instituts hat der Anschlusskunde einen **Aussonderungsanspruch** gemäß § 47 InsO bzgl. der dem Factor – im Wege eines Darlehensvertrages (Rn. 13) – abgetretenen Forderungen der Debitoren[5]. Der Erlös unterliegt dann der **Ersatzaussonderung** nach § 48 InsO[6], sofern der Verwalter über das Vermögen des Factoring-Instituts die Forderung nach Eröffnung des Verfahrens vom Debitor eingezogen hat[7].

c) Behandlung der Guthaben auf den diversen Konten

Anerkanntermaßen ist davon auszugehen, dass der Anschlusskunde **gewöhnlicher Insolvenzgläubiger** für die Guthaben/Forderungen ist[8]. Dies gilt für alle drei Konten, welche für das Factoring typisch sind (Rn. 26), insbeson-

---

1 *Sinz*, Factoring in der Insolvenz, Rn. 476; *Kübler/Prütting/Tintelnot*, § 103 InsO Rn. 4.
2 Mit Recht *Martinek*, Moderne Vertragstypen, Bd. I, S. 322.
3 *Martinek*, Moderne Vertragstypen, Bd. I, S. 322; *Sinz*, Factoring in der Insolvenz, Rn. 476.
4 *Sinz*, Factoring in der Insolvenz, Rn. 476.
5 *Martinek*, Moderne Vertragstypen, Bd. I, S. 323; *Canaris*, Bankvertragsrecht, Rn. 1682.
6 *Canaris*, Bankvertragsrecht, Rn. 1683.
7 *Martinek*, Moderne Vertragstypen, Bd. I, S. 322.
8 MünchKommInsO/*Ganter*, 2. Aufl. 2007, § 47 InsO Rn. 281; *Canaris*, Bankvertragsrecht, Rn. 1683; *Martinek*, Moderne Vertragstypen, Bd. I, S. 322.

dere also auch für das Konto, auf welchem das Factoring-Institut den jeweils vereinbarten **Sicherheitseinbehalt** bucht. Insoweit besteht kein Aus- oder Absonderungsrecht zugunsten des Anschlusskunden.

87 Etwas anderes gilt nur in den Fällen, in denen der Factor – außerhalb des echten bzw. unechten Factoring – von einer ihm erteilten **Einziehungsermächtigung** (Rn. 20) Gebrauch macht. Hier liegt eine einfache Inkassoabrede vor, so dass der Anschlusskunde aussonderungsberechtigt gemäß § 47 InsO ist, weil diese Forderung nicht zum Vermögen des Factoring-Instituts gehört[1]. Folglich steht in diesen Fällen dem Anschlusskunden auch ein **Ersatzaussonderungsrecht** gemäß § 48 InsO zu, sofern der Debitor – nach Eröffnung des Insolvenzverfahrens – Zahlung an die Masse auf die Forderung leistet, welche dem Factor zur Einziehung an die Hand gegeben ist[2].

IX. Factoring und Kreditwesengesetz (KWG)

1. Factoring als Kreditgeschäft

88 Im Katalog der Bankgeschäfte gemäß § 1 KWG ist das Factoring nicht aufgeführt. Das **echte** Factoring ist nicht als Kreditgeschäft i.S.v. § 1 Abs. 1 S. 2 Nr. 2 KWG – Gelddarlehen – zu qualifizieren[3]. Der Ankauf von Forderungen gehört jedoch nur dann zum Bankgeschäft – in Form des **Diskontgeschäfts** –, wenn die Forderungen in einem **Wechsel** oder **Scheck** wertpapiermäßig verbrieft sind, wie sich aus § 1 Abs. 1 S. 2 Nr. 3 KWG ergibt[4]. Zwischen dem echten und dem unechten Factoring bestehen insoweit keine Unterschiede, weil auch das unechte Factoring kein Kreditgeschäft i.S.v. § 1 KWG ist[5].

2. Factoring als Einlagengeschäft

89 Auch ein Einlagengeschäft i.S.v. § 1 Abs. 1 S. 2 Nr. 1 KWG ist beim echten oder unechten Factoring nicht anzunehmen[6]. Entscheidend kommt es darauf an, dass der Factor die angekauften Forderungen vor oder bei Fälligkeit an den Anschlusskunden abführt. Nur unter dieser Voraussetzung handelt es sich nicht um eine Einlage[7]. Umgekehrt: Schreibt der Factor fällige Kaufpreisentgelte oder Kaufpreisteile, einschließlich etwaiger Inkassoerlöse einem Konto des Anschlusskunden gut, ohne diese unverzüglich an den Anschlusskunden abzuführen, so handelt es sich um ein **Einlagengeschäft** i.S.v. § 1 Abs. 1 S. 2 Nr. 1 KWG[8].

---

1 *Martinek*, Moderne Vertragstypen, Bd. I, S. 322.
2 Vgl. auch *Sinz*, Factoring in der Insolvenz, Rn. 486.
3 *Kayser*, BuB, Rn. 13/44 m.w.N.; *Kümpel*, Bank- und Kapitalmarktrecht, Rn. 5.452; a.M. *Martinek/Oechsler*, in Schimansky/Bunte/Lwowski, Bankrechts-Hdb., § 102 Rn. 86.
4 *Kümpel*, Bank- und Kapitalmarktrecht, Rn. 5.451 ff.
5 *Kayser*, BuB, Rn. 13/44; *Martinek/Oechsler*, in Schimansky/Bunte/Lwowski, Bankrechts-Hdb., § 102 Rn. 84 ff.
6 *Kayser*, BuB, Rn. 13/45.
7 So in der Sache auch *Kümpel*, Bank- und Kapitalmarktrecht, Rn. 5.451.
8 *Kayser*, BuB, Rn. 13/45; *Kümpel*, Bank- und Kapitalmarktrecht, Rn. 5.451.

3. Kreditnehmer

Wenn es sich um **echtes Factoring** handelt, so ergibt sich aus § 19 Abs. 5 KWG, dass der **Debitor** als Kreditnehmer im Rahmen der §§ 13–18 KWG einzuordnen ist[1]. Da der Factor in diesem Teil die Delkredere-Haftung für einen etwaigen Ausfall des Debitors übernimmt, ist dieser Kreditnehmer im Hinblick auf die angekaufte Forderung[2]. Hingegen ist der **Anschlusskunde** Kreditnehmer i.S.d. §§ 13–18 KWG, sofern es sich um den Fall eines **unechten** Factoring handelt[3].

90

4. Offenlegung der wirtschaftlichen Verhältnisse

Der Debitor müsste gemäß § 19 Abs. 5 KWG i.V.m. § 18 S. 1 KWG dem Factor die wirtschaftlichen Verhältnisse offen legen, sofern der Gesamtbetrag der gegen ihn angekauften Forderungen mehr als 750 000 Euro[4] beträgt.

91

---

1 *Kümpel*, Bank- und Kapitalmarktrecht, Rn. 5.413.
2 *Kümpel*, Bank- und Kapitalmarktrecht, Rn. 5.452; *Kayser*, BuB, Rn. 13/46.
3 *Kümpel*, Bank- und Kapitalmarktrecht, Rn. 5.454; *Kayser*, BuB, Rn. 13/46.
4 Gesetz v. 22.5.2005, BGBl. I 1373.

Forschungs- und Entwicklungsverträge

Übersicht

	Rn.		Rn.
I. **Begriffe**	1	bb) Gesellschaft	56
II. **Vorvertragliche Vereinbarung**	2	b) Gemeinsames Entwicklungsunternehmen	65
1. Geheimhaltungsabkommen	3	c) Kartellrechtliche Bestimmungen	67
2. Letter of Intent	4	aa) Deutsches Kartellrecht	68
III. **Auftragsverhältnis**		bb) Europäisches Kartellrecht	69
1. Rahmenverträge	8	V. **Leistungsergebnis**	
2. Dienst- und Werkverträge		1. Materielles Ergebnis	
a) Dienstvertrag	9	a) Im abhängigen Dienstverhältnis	92
b) Werkvertrag	13	b) Im freien Auftragsverhältnis	93
c) Typenwahl	22	c) Im Zusammenarbeitsverhältnis	96
aa) Typenwahl durch die Parteien	23	2. Immaterielles Leistungsergebnis	97
bb) Ohne Typenwahl durch die Parteien	24	a) Im abhängigen Dienstverhältnis	
3. Entwicklungsrisiko	32	aa) Know-how	98
a) Das Entwicklungsrisiko ohne nähere Regelung durch die Parteien		bb) Erfindungen	99
aa) Zeitrisiko	33	cc) Urheberrechtliche Leistungen	115
bb) Kostenrisiko	41	b) Im freien Auftragsverhältnis	
cc) Mangelrisiko	45	aa) Abreden	117
b) Regelung des Entwicklungsrisikos durch die Parteien	49	bb) Ohne Abreden	121
IV. **Zusammenarbeitsverhältnis**	53	c) Im Zusammenarbeitsverhältnis	124
1. Grundregelungen		VI. **Forschungsförderung**	
a) Gemeinschaft, Gesellschaft		1. National	127
aa) Gemeinschaft	54	2. EU	133

Schrifttum: a) F&E-Verträge: *Brandi-Dohrn,* Das Risiko im Entwicklungsvertrag, CR 1998, 645; *Corsten/Gösinger/Schneider,* Grundlagen des Innovationsmanagements, 2006; *Nicklisch,* Forschungs- und Entwicklungsverträge in Wissenschaft und Technik, 2004; *Rosenberger,* Verträge über Forschung und Entwicklung, 2006; *Schmeißer*/Zirkel, Forschungs- und Entwicklungsverträge, rechtliche Einordnung und vertragliche Gestaltung, MDR 2003, 849; *Schneider/Graf v. Westphalen,* Software-Erstellungsverträge, 2006; *Ullrich,* Privatrechtsfragen der Forschungsförderung in der Bundesrepublik Deutschland, 1984; *Graf v. Westphalen,* Der Software-Entwicklungsvertrag – Vertragstyp – Risikobegrenzung, CR 2000, 73; *Winzer,* Forschungs- und Entwicklungsverträge, 2006. **b) Projektverträge:** *Heinrich,* Schwachstellen und Risiken bei Informationspflichten, CR 1988, 623; *Müller-Hengstenberg,* Risikoteilung in DV-Projekten, CR 1995, 198; *J. Schneider,* Projektsteuerung – Projektrisiken bei Software, CR 2000, 27; *Widmer,* Risikoverteilung bei Informationsprojekten, Diss. Zürich 1990. **c) Kommentierte Vertragsmuster:** *Groß,* Forschungs- und Entwicklungsvertrag, Heidelberger Musterverträge 79, 1993; *Henn,* Patent- und Know-how-Lizenzvertrag, 5. Aufl. 2003, Muster, Anlagen 13, 14; *Möffert,* Der Forschungs- und Entwicklungsvertrag, München 2. Aufl. 2001; *Pagenberg,* in Münchner Vertragshandbuch, Bd 2/I, VIII, 5. Aufl. 2004; *Pagenberg/Geissler,* Lizenzverträge, 5. Aufl. 2003, Muster 9; ferner bei *Rosenberger* a.a.O. und bei *Winzer* a.a.O. Vgl. außerdem die Nachweise vor Rn. 3, 4, 32, 53, 67 und 127.

I. Begriffe

Die nachfolgend gebrauchten Begriffe werden umschrieben, nicht abschließend definiert.

Background: Vorbestehende Schutzrechte und vorbestehendes Know-how für Zwecke der Nutzungsregelung in EU-geförderten Forschungs- und Entwicklungsprojekten.

Foreground: Im Rahmen eines EU-geförderten Forschungsprojektes erarbeitete oder entstandene Schutzrechte.

Forschung und Entwicklung (= F&E = R&D = RTD = Research and Technical Development = FTE: „Forschung und technologische Entwicklung"): Der Erwerb von Know-how und die Durchführung theoretischer Analysen, systematischer Studien oder Versuche einschließlich der (versuchsweisen) Herstellung und der technischen Prüfung von Produkten oder Verfahren *mit einem Neuartigkeitsrisiko*, die Errichtung der dazu erforderlichen Anlagen und die Erlangung von Rechten an geistigem Eigentum an den Ergebnissen. Dieser Begriff lehnt sich an die Begriffsbestimmung in Art. 2 Nr. 4 der Forschungs- und EntwicklungsfreistellungsVO[1] an. Das hier in Klammern gesetzte Wort „versuchsweise" findet sich dort, um in gewissen Fällen das Stadium der Forschungs- und Entwicklungskooperation von der Verwertungskooperation abzugrenzen. Der kursiv gesetzte Zusatz „mit einem Neuartigkeitsrisiko" soll die Forschungs- und Entwicklungsverträge abheben von den gewöhnlichen Werkverträgen, die auch auf die Herstellung von Erzeugnissen oder Entwicklung von Verfahren gerichtet sind, wie z.B. die EDV-Erstellung, die den Besonderheiten des Entwicklungsvertrages unterfallen kann aber nicht muss.

Forschung: Der Erwerb von Know-how, die Durchführung theoretischer Analysen, von Beobachtungen und Versuchen. Die Forschung zielt auf die Gewinnung neuer Erkenntnisse ab, also auf das, was im ersten Teil der Begriffsbestimmung in Art. 2 Nr. 4 F&E-GVO aufgeführt ist.

Entwicklung: Die (versuchsweise) Herstellung und die technische Prüfung von Produkten oder Verfahren *mit einem Neuartigkeitsrisiko*, die Errichtung der dazu erforderlichen Anlagen sowie die Erlangung von Rechten an geistigem Eigentum an den Ergebnissen. Die Entwicklung zielt auf die Schaffung neuer Erzeugnisse und neuer Anwendungen ab, enthält also vorzugsweise die Tätigkeiten, die im zweiten Teil der obigen F&E-Begriffsumschreibung genannt sind.

---

[1] Verordnung (EG) Nr. 2659/2000 der Kommission v. 29.11.2000 über die Anwendung von Art. 81 Abs. 3 des Vertrages auf Gruppen von Vereinbarungen über Forschung und Entwicklung v. 19.12.1984, ABl. EG Nr. L 304/2000, 7, abgedruckt im Anhang S. 2706 ff.; im Folgenden: F&E-GVO.

KMU = Kleine und mittlere Unternehmen: Unternehmen, die weniger als 250 Personen beschäftigen und entweder einen Jahresumsatz von höchstens 50 Mio. Euro oder eine Bilanzsumme von höchstens 43 Mio. Euro haben. Ein kleines Unternehmen hat nicht mehr als 50 Beschäftigte und einen Jahresumsatz von höchstens 10 Mio. Euro[1].

Know-how: sind Informationen, die

- in dem Sinne geheim sind, dass sie entweder in ihrer Gesamtheit oder in der genauen Anordnung und Zusammenstellung ihrer Bestandteile Personen in den Kreisen, die üblicherweise mit den fraglichen Informationen zu tun haben, nicht allgemein bekannt oder leicht zugänglich sind,
- wirtschaftlichen Wert haben, weil sie geheim sind, und
- Gegenstand von den Umständen nach angemessenen Geheimhaltungsmaßnahmen seitens der Person waren, unter deren Kontrolle sie rechtmäßig stehen.

Diese Begriffsbestimmung entspricht der Begriffsbestimmung in Art. 39 Abs. 2 TRIPS-Abkommen[2]. Die Begriffsbestimmung entspricht sehr weitgehend der deutschen Rechtsprechung zum Know-how-Schutz. Die TRIPS-Begriffsbestimmung wird hier angesetzt, weil das nationale Recht in jedem Fall völkerrechtskonform, also im Sinne der TRIPS-Begriffsbestimmung auszulegen ist. Die weiteren Anforderungen, dass das Know-how „wesentlich" und „identifiziert" sein muss, sind kartellrechtliche Kontrollanforderungen in Art. 2 Nr. 10 der F&E-GVO. Sie gehören nicht zum Grundbegriff.

Projektvertrag: Komplexe Werkerstellung (häufig im Anlagengeschäft, im Bau- und EDV-Recht), bei der mehrere Leistungen und meist mehrere Unternehmen koordiniert zusammenwirken. Häufig konkretisiert oder ändert sich das Ziel im Lauf des Projekts.

Sideground: Projektunabhängige Parallelentwicklungen; der Begriff spielt bei den Zugangsrechten von EU-geförderten Projekten eine Rolle.

II. Vorvertragliche Vereinbarung

2   Die angestrebte Hauptvereinbarung kann ein **vertikales Auftragsverhältnis** zwischen finanzierendem Auftraggeber und entwickelndem Auftragnehmer (nachfolgend Auftragsverhältnis, Rn. 8 ff.) sein. Es kann sich aber auch um eine **horizontale Kooperation** handeln: zwei oder mehr Firmen tun sich für ein Forschungs- und Entwicklungsprojekt zusammen, um die Ergebnisse gemeinsam oder aufgeteilt zu verwerten (nachfolgend Zusammenarbeitsver-

---

[1] Art. 2 der Empfehlung der Kommission v. 6.5.2003 betreffend die Definition der Kleinstunternehmen sowie der kleinen und mittleren Unternehmen, ABl. EG Nr. L 124/2003, 36.

[2] Übereinkommen über handelsbezogene Aspekte der Rechte des geistigen Eigentums v. 15.4.1994 (TRIPS = Trade Related Aspects of Intellectual Property) abgedruckt u.a. Beck'sche Textausgabe, Gewerblicher Rechtsschutz, Wettbewerbsrecht und Urheberrecht Nr. 501.

hältnis, Rn. 53 ff.). In beiden Fällen können flankierende Vereinbarungen vor den eigentlichen Verträgen nützlich sein.

1. Geheimhaltungsabkommen

Vertragsmuster: *Bartenbach*, Patentlizenz- und Know-how-Vertrag, 6. Aufl. 2007, Rz. 3492; *Chrocziel* in Münchener Vertragshandbuch, 6. Aufl. 2006, Bd. III/2, I.2 „Non-Disclosure Agreement" (Englisch und Deutsch); *Henn*, Patent- und Know-how-Lizenzvertrag, 5. Aufl. 2003, Anlagen 26, 27 (deutsch/englisch), *Lindstaedt/Pilger/Rosenberger*, Heidelberger Musterverträge 50 „Muster für Patentlizenzverträge", 7. Aufl. 2002, Anhang I; *Pagenberg/Geissler*, Lizenzverträge, 5 Aufl. 2003, Muster 2 (deutsch/englisch); *Rosenberger*, Verträge über Forschung und Entwicklung, 2006, Kap. 17, 18, 19.

Zur Abschätzung, ob ein Vorhaben machbar erscheint, braucht der Vertragspartner Startinformationen. Es besteht die denkbare Gefahr, dass er diese für eigene Zwecke missbraucht, wenn das eigentliche Vorhaben nicht zustande kommt. Das Vorhaben selbst muss als Teil des vorstoßenden Geheimwettbewerbs im Allgemeinen gegenüber den Konkurrenten geheim bleiben. Vorvertragliche Geheimhaltungsabkommen sollten folgende Hauptpunkte enthalten: 3

Alle Informationen des einen oder anderen Partners, auch über das Vorhaben selbst, sind geheim zu halten, wenn nicht der Ausnahmefall vorliegt. **Geheimhaltung** bedeutet:

– Geheimhaltung gegenüber Dritten
– Weitergabe an eigene Angestellte und Erfüllungsgehilfen nur, soweit sie die Information vertragsgemäß brauchen, und unter Weitergabe der Geheimhaltungspflicht;
– keine eigen- und drittnützige Verwendung außer zu den vertraglichen Zwecken.

Ausnahmefälle, die von dem, der sich darauf beruft, nachzuweisen sind, sind:

– Vorbekanntheit der Information
– öffentliches Bekanntwerden ohne Zutun des Verpflichteten
– vollständige Rückgabepflicht bei Scheitern des Projekts.

Ein solches vorvertragliches Geheimhaltungsabkommen steht nicht vor und außerhalb vertraglicher Bindung. Es handelt sich vielmehr um eine verbindliche **Interimsvereinbarung** in der Abschlussphase.

2. Letter of Intent

Schrifttum: *Lutter*, Der Letter of Intent, 3. Aufl. 1998; *Kurz*, Der Letter of Intent in der Praxis, Mitt. 1997, 201.

Muster: *Thümmel* in Münchener Vertragshandbuch, Bd. 4 Wirtschaftsrecht I/1, 6. Aufl. 2006.

4   Oft konkretisiert sich das Entwicklungsziel im Sinne eines Pflichtenheftes erst beim Arbeitsfortschritt. Häufig verstehen sich die Techniker auch schneller, wenngleich ungefährer, als die Rechts- und Einkaufsabteilungen. Daher ist es vielfach anzutreffen, dass die Entwicklungsarbeiten im Vorgriff auf den eigentlichen Vertrag einverständlich beginnen. Im Hinblick auf Vorinvestitionen möchte der Auftragnehmer „etwas Schriftliches" in der Hand haben. Der Auftraggeber möchte so etwas auch zur Verfügung stellen, sich selbst aber noch nicht binden. In dieser Situation wird ein „Letter of Intent" gegeben. Der Letter of Intent kann vieles sein, je nach Formulierung und gelebtem Geschäftsinhalt.

5   Der Letter of Intent kann eine nichtverpflichtende **Absichtserklärung** sein. Dann entspringt daraus weder eine Pflicht zum Abschluss des Hauptvertrags noch ein Erfüllungsanspruch. Wird der Hauptvertrag aber treuwidrig verweigert, so können Aufwendungsersatzansprüche aus culpa in contrahendo ausgelöst werden, §§ 311 Abs. 2, 241 Abs. 2, 280, 284 BGB. Der geschäftlich moralische Wert dieser Absichtserklärung ist höher als ihr rechtlicher Wert.

6   Der Letter of Intent kann aber auch ein **Interimsvertrag**[1] sein mit einem Erfüllungsanspruch so weit, wie die Entwicklung einverständlich getrieben wird, verbunden mit einem jederzeitigen freien Kündigungsrecht des Auftraggebers, wenn er sich nicht zum Hauptvertrag entschließt[2]. Ein bewusst formulierter Interimsvertrag, unterteilt in einstweilen geltende Verpflichtungen und unverbindliche Absichtserklärung, kann in fairer Weise zum Ausdruck bringen, was die Parteien eigentlich mit dem Letter of Intent wollen.

– **Einstweilen geltende Verpflichtungen**: Geheimhaltung, Beginn der Entwicklung, Abrechnung und Zahlung nach monatlichem Aufwand, freies Beendigungsrecht

– **Unverbindliche Absichtserklärung**: Hauptvertrag, Gesamtvergütung mit Anrechnung des Voraufwands, Verwertung usw.

7   Der Letter of Intent kann auch nach Formulierung oder gelebtem Geschäftsinhalt eine Verpflichtung zum Abschluss eines Hauptvertrages enthalten, dessen Details noch zu ergänzen sind. Dann liegt als Ausnahme zum offenen Dissens nach § 154 Abs. 1 BGB ein **Vorvertrag mit Erfüllungsanspruch** vor. Beim Vorvertrag besteht im Gegensatz zum Einigungsmangel nach § 154 Abs. 1 BGB ein beiderseitiger Bindungswille der Parteien. Darüber hinaus muss der wesentliche Inhalt des Hauptvertrages (vor allem Gegenstand und Preisbemessung) bestimmt oder unter Berücksichtigung allgemeiner

---

[1] Das hebt *Kurz*, Mitt. 1997, 201, 204 treffend hervor.
[2] OLG Nürnberg v. 18.2.1993 – 12 U 1663/92, DB 1993, 1566 – Vorvertragliche EDV-Entwicklungsarbeiten unter einem Letter of Intent mit einer „festen Absichtserklärung – vorbehaltlich des erfolgreichen Abschlusses der laufenden Vertragsverhandlungen". Die Vertragsverhandlungen scheiterten schließlich. Der Entwickler erhielt den abgerechneten Aufwand bis zur Ankündigung des Scheiterns vergütet, weil nach der tatsächlichen Handhabung Vergütungspflicht der Vorarbeiten gewollt und praktiziert wurde.

Auslegungsregeln sowie des dispositiven Rechtes bestimmbar sein[1]. Bei Erfüllungsverweigerung ist also Schadensersatz wegen Nichterfüllung einschließlich Ersatz des entgangenen Gewinns die Folge.

III. Auftragsverhältnis

1. Rahmenverträge

Der Rahmenvertrag leitet zum Hauptvertrag über. Der Rahmenvertrag eröffnet eine auf Dauer angelegte Geschäftsbeziehung und legt dabei bestimmte Einzelheiten künftig abzuschließender Verträge fest[2].

8

Rahmenverträge zu Forschungsverträgen begegnen insbesondere bei Laborverträgen, wenn beispielsweise in der Biologie Kulturen sukzessive auf ihre spezifische Wirksamkeit getestet werden müssen. Der Rahmenvertrag kann ein Dienst- oder Werkrahmenvertrag sein. Er wird jeweils ausgefüllt durch die einzelnen Projektvereinbarungen. Diese sind dann die jeweils verpflichtenden Verträge mit den im Rahmen festgelegten Bestimmungen, z.B. über Haftung, Gewährleistung, Gerichtsstand, anwendbares Recht. Rahmenverträge mit AGB-Charakter sind im Softwarebereich die BVB – zunehmend ersetzt durch EVB-IT – der öffentlichen Hand, z.B. die BVB-Planung, BVB-Erstellung sowie EVB-IT-Dienstleistung und EVB-IT-Systemvertrag[3]. Der konkrete, verpflichtende Einzelvertrag kommt durch Unterzeichnung des Planungsscheins bzw. Erstellungsscheins mit seinen Einzelregelungen zustande. Aus dem Rahmenvertrag heraus ist kein Einzelvertrag als solcher klagbar, aber die generelle Verweigerung des Abschlusses von Einzelverträgen kann ausnahmsweise positive Vertragsverletzung sein[4]. Als Dauerverhältnis über eine längere Zusammenarbeit ohne bestimmte Einzelverpflichtung kann der Rahmenvertrag aus wichtigem Grund nach § 314 BGB für die Zukunft gekündigt werden[5].

2. Dienst- und Werkverträge

a) Dienstvertrag

Beim Dienstvertrag wird nicht ein bestimmtes Ergebnis geschuldet, sondern die Tätigkeit als solche, wenn auch auf das Ergebnis hin. Der **Forschungsver-**

9

---

[1] BGH v. 18.11.1993 – IX ZR 256/92, NJW-RR 1994, 317 – Vorvertrag zur Aufteilung eines Grundstücks; BGH v. 20.9.1989 – VIII ZR 143/88, NJW 1990, 1234 – Vorvertrag zum Unternehmenskauf.
[2] BGH v. 30.4.1992 – VII ZR 159/91, NJW-RR 1992, 977/978 – Architekten-Rahmenvertrag; OLG Köln v. 22.4.1994 – 19 U 253/93, CR 1994, 737: falsa demonstratio einer mit „Rahmenvertrag" überschriebenen festen Lieferabrede.
[3] Abrufbar unter www.kbst.bund.de; solange keine neueren EVB-IT freigegeben sind gelten die älteren BVB, also z.B. die BVB Erstellung, die jetzt teilweise durch die EVB-IT-Systemvertrag verdrängt werden, vgl. *Lehnsdorf*, CR 2008, 1.
[4] BGH v. 30.4.1999 – VII ZR 159/91, NJW-RR 1992, 977/978 – Architekten-Rahmenvertrag.
[5] Schiedsgericht IHK Hamburg v. 21.3.1996, NJW 1996, 3229 – Rahmenvertrag und Sukzessiv-Lieferungsvertrag.

trag, gerichtet auf neue Erkenntnis, deren Erreichung naturgemäß nicht zu gewährleisten ist, wird durchweg als Dienstvertrag angesehen[1].

10 Die **Vergütung** wird sowohl als Zeitvergütung wie auch als Pauschalvergütung in einer Summe oder mehreren Teilbeträgen, fällig nach Fortschrittsberichten, vereinbart.

11 Bei den Forschungsverträgen handelt es sich regelmäßig um Dienstleistungen höherer Art, also um Dienstverträge, die nach § 627 BGB jederzeit **kündbar** sind, seitens des dienstverpflichteten Forschungsinstituts jedoch nicht zur Unzeit. Alsdann ist für geleistete Dienste zeitanteilig bis zur Kündigung zu zahlen.

12 Eine Haftung für richtige und brauchbare Ergebnisse besteht nicht. Es wird lediglich tätigkeitsbezogen für **bestes Bemühen gehaftet**. Unsorgfältige Arbeit führt grundsätzlich nicht zur Minderung des Honoraranspruchs, kann aber Gegenansprüche wegen Pflichtverletzung auslösen, wenn der Auftraggeber konkreten Schaden nachweist[2]. Bei mangelhafter Dienstleistung höherer Art kann aber ein Zurückbehaltungsrecht hinsichtlich der Vergütung nach § 320 BGB bestehen, wenn die Dienste quantitativ unzureichend erbracht werden, etwa bei einer Forschungstätigkeit mit unzureichender Ergebnisausrichtung oder mit einem nicht hinreichend aussagekräftigen Forschungsbericht. In den Allgemeinen Geschäftsbedingungen der öffentlichen Hand EVB-IT Dienstleistung 7.1[3] ist neben einem Kündigungsrecht nach Nachfristsetzung zur Nachbesserung vorgesehen, dass die Vergütung für solche nicht vertragsgemäßen oder fehlerhaften Leistungen entfällt, für die der Auftraggeber innerhalb von vier Wochen nach Kündigung nachweist, dass sie für ihn nicht nutzbar und ohne Interesse sind. Vereinzelt wird auch befürwortet, dass der Auftraggeber mit der schuldhaften nutzlosen Vergütungslast als Schaden aufrechnen, also im Ergebnis mindern könne[4].

b) Werkvertrag

13 Werkvertragsrecht ist anwendbar, wenn der Entwickler durch seine vertraglichen Leistungen einen **Erfolg** i.S.d. § 631 Abs. 2 BGB schuldet[5]. Der auf

---

1 *Möffert*, Der Forschungs- und Entwicklungsvertrag, 2. Aufl. 2001, S. 37 sowie Vertragsmuster Forschungsvertrag, § 1 Vertragsgegenstand und § 5 Haftung; *Pagenberg/Geissler*, Lizenzverträge, Muster 10: „Forschungsauftrag", § 2 Durchführung der Forschungsarbeiten; die Erfolgswahrscheinlichkeit ist für den BGH ein wichtiges Kriterium für die Einordnung als Dienst- oder Werkvertrag, BGH v. 16.7.2002 – X ZR 27/01, NJW 2002, 3323 – PBC-Immuno.
2 BGH v. 19.10.1987 – II ZR 97/87, NJW-RR 1988, 352 – Verstoß des Geschäftsführers gegen sein dienstvertragliches Wettbewerbsverbot.
3 EVB-IT (= Ergänzende Vertragsbedingungen für IT-Leistungen) abrufbar unter http://www.kbst.bund.de/evb-it.
4 OLG Köln v. 22.10.1987 – 1 U 41/84, CR 1988, 734.
5 BGH v. 10.6.1999 – VII ZR 215/98, NJW 1999, 3118 – Projektsteuervertrag – Anwendbarkeit von Werkvertragsrecht.

konkrete neue Anwendungen gerichtete und damit ergebnisorientierte Entwicklungsvertrag liegt mithin in der Richtung Werkvertrag.

Besteht der Erfolg in einer herzustellenden beweglichen **Sache**, so gilt nach § 651 BGB Kaufrecht; beim individuellen Entwicklungsvertrag, der sich regelmäßig auf nicht vertretbare, individuelle Sachen richtet, sind gemäß § 651 S. 3 BGB die werkvertraglichen Teilregeln der §§ 642, 643, 645, 650 BGB anzuwenden. Ob nur Werkvertragsrecht gilt, ist im Hinblick auf das dortige Vorschussrecht, § 632a BGB, und für die Verjährung (§ 634a BGB oder § 438 Abs. 1 Nr. 3, Abs. 2 BGB) von praktischer Bedeutung. 14

Ist der Erfolg nicht als solcher handgreiflich nutzbar, ausprobierbar und funktionsfähig in Betrieb zu setzen, wie etwa bei einem Gutachten, einem Plan, einer Bewertung, der Laborleistung, eine Substanz zu testen, so liegt eine **unkörperliche Werkleistung** vor, für die reines Werkvertragsrecht anzuwenden ist; es gilt eine dreijährige Gewährleistungspflicht ab Ende des Jahres der Mangelkenntnis, aber maximal zehn Jahre ab Abnahme nach §§ 634a Abs. 1 Nr. 3, 195, 199 BGB[1]. 15

Streitig ist, insbesondere bei **EDV-Entwicklungsverträgen**, die Einordnung derjenigen Entwicklungsverträge, bei denen das unkörperliche geistige Ergebnis zwar das eigentlich Wichtige ist, es sich aber in einer funktionsfähigen Sache – Prototyp, Datenträger mit Programm – zu verkörpern hat. Es stellt sich die Frage, ob wegen der Verkörperung über § 651 BGB Kaufrecht oder wegen des immateriellen geistigen Ergebnisses reines Werkvertragsrecht anzuwenden ist. Beginn und Dauer der Gewährleistungspflicht sind je nach der Einordnung ganz verschieden. 16

Ein Teil der Autoren[2] wendet auf **körperlich manifestierte Entwicklungsergebnisse** § 651 BGB mit dem Weg ins Kaufrecht, §§ 437, 438 BGB, an. Die Gewährleistungsfrist beträgt zwei Jahre ab Übergabe; § 438 BGB; es besteht ein Wahlrecht zwischen Nachbesserung und Ersatzlieferung beim Abnehmer, § 439 BGB.

Ein anderer Teil[3] entscheidet danach, wo fallweise der wirtschaftliche Schwerpunkt liegt. Ist die körperliche Sache wesentlich, so gilt Kaufrecht über §§ 651, 437, 438 BGB; bei Schwerpunkt auf der unkörperlichen Lehre gilt gemäß §§ 634a Abs. 1 Nr. 3, 199 BGB eine Gewährleistungsfrist von drei Jahren ab Schluss des Jahres, in dem der Mangel bekannt sein musste. Manifestiert er sich später, dann beträgt die Verjährungsfrist bis zu zehn Jahre nach § 199 Abs. 3, 4 BGB.

---

1 Reg.Begr., BT-Drucks. 338/01 zu § 634a SchuldRModEntw, zu Nr. 2, der dann im späteren Gesetzgebungsverfahren zu § 634a Abs. 1 Nr. 3 BGB wurde.
2 *Mankowski*, MDR 2003, 854; anscheinend auch *Schneider*, CR 2003, 317, 322 und in Schneider/Graf v. Westphalen, Software-Erstellungsverträge, B Rn. 73, 158 ff.; *Schweinoch/Roas* CR 2004, 327; *Wild* in Schneider/Graf v. Westphalen, Software-Erstellungsverträge, F Rn. 88.
3 *Heussen*, CR 2004, 1, 7 ff.; *Palandt/Sprau*, vor § 631 BGB Rn. 22 und § 651 BGB Rn. 5; *Spindler/Klöhn*, CR 2003, 81; *Schmeißer/Zirkel*, MDR 2003, 849.

Redeker[1] unterscheidet danach, ob ausschließliche Nutzungsrechte, dann anscheinend § 634a Abs. 1 Nr. 1 BGB: werkvertragliche Verjährung, oder ob einfache Nutzungsrechte eingeräumt werden, dann Kaufrecht nach §§ 651, 437, 438 BGB.

Wieder anderer Autoren[2] wenden mit unterschiedlichen Begründungen (Software nur ein „sonstiger Gegenstand" nach § 453 BGB, teleologisch interessengerechte Gesetzesauslegung) §§ 634, 634a Abs. 1 Nr. 1 BGB an, also werkvertragliche Verjährung von zwei Jahren ab Abnahme. Dann liegt das Wahlrecht zwischen Nachbesserung und Neulieferung beim Werkunternehmer nach § 635 BGB.

17 Bei im Auftrag **entwickelter Individualsoftware mit anschließender Pflege** ist die Einordnung von aktuell finanzieller Bedeutung. Die entgeltliche Pflege umfasst Unterstützung, Anpassung an veränderte Umstände (Updates) und Fehlerbehebung. Fehlerbehebung ist aber während der Gewährleistungszeit kostenlos geschuldet. Während der Gewährleistungszeit wird daher vertreten, dass die Pflegevergütung um 25 bis 50 % zu ermäßigen ist oder zeitlich verzögert einsetzt.

Hier wird die Anwendung von Kaufrecht über § 651 BGB befürwortet, weil § 651 BGB im Lichte der umgesetzten EG-Verbrauchsgüterkauf-Richtlinie auszulegen ist. Nach deren Art. 1 Abs. 4 gelten als Kaufverträge i.S.d. Richtlinie auch Verträge über die Lieferung herzustellender oder zu erzeugender Verbrauchsgüter. Verbrauchsgüter sind nach Art. 1 Abs. 2 lit. b „bewegliche Sachen" mit Ausnahme von Wasser, Gas und Strom

Die Richtlinie strebt eine möglichst große Harmonisierung an, vereinheitlicht aber nur das Kaufrecht. Bei der Harmonisierung spielt auch der Gleichklang mit dem Begriff „Ware"/„goods" in Art. 3 CISG eine Rolle. Dort wird aber die Software überwiegend als „Ware"[3] angesehen und demzufolge nach den Vorschriften des UN-Kaufrechts behandelt[4]. Sowohl der Zweck der Harmonisierung wie auch die leichtere Erkennbarkeit eines Mangels an einer körperlichen Sache, und sei es auch nur an einem Prototyp oder erstellten Software, spricht für eine breite Anwendung des Kaufrechts mit seiner früh einsetzenden Gewährleistungsfrist.

18 Die **Vergütung** wird sowohl als Zeit- wie auch als Pauschalvergütung, in einer Summe oder – häufiger – in fortschrittsabhängigen Teilbeträgen vereinbart. Sie wird, teils offen, teils verdeckt, kalkuliert als

– Vollkostenerstattung mit Gewinnaufschlag für die Entwicklung selbst oder

---

[1] *Redeker*, CR 2004, 88 und in Schneider/Graf v. Westphalen, Software-Erstellungsverträge, D Rn. 81 ff.
[2] *Bartsch*, CR 2001, 649; *Thewald*, CR 2002, 1; *Dietrich*, CR 2002, 473; *Müller-Hengstenberg*, CR 2004, 161, 165; *Bräutigam/Rücker*, CR 2006, 361.
[3] US Court of Appeals 3rd Circ. v. 14.2.1991, CR 1993, 80; OLG Koblenz v. 17.9.1993 – 2 U 1230/91, RIW 1993, 934 – Lieferung eines Logos.
[4] *Brandi-Dohrn* in Schneider/Graf v. Westphalen, Software-Erstellungsverträge, B Rn. 171–174.

– als Teilkostenerstattung für die Entwicklung mit einem Amortisationsaufschlag bei späterer Lieferung, die teils fest vereinbart wird, teils als Chance in Aussicht steht.

Nach Werkvertragsrecht gilt bei **Leistungsstörungen vor der Abnahme** (§ 640 BGB): 19

– bei Verzug (§ 281 BGB) nach Fristsetzung voller Schadensersatz auf das positive Interesse;
– bei drohender, wenn auch schuldloser Verzögerung, es sei denn, der Besteller wäre allein oder überwiegend dafür verantwortlich: Rücktritt des Bestellers nach § 323 BGB, also Rückabwicklung der bisherigen Vergütung[1];
– Verjährung dieser Rechte: drei Jahre ab Ende des Jahres der Kenntniserlangung, §§ 195, 199 BGB.

Bei Leistungsstörungen **nach der Abnahme/Ablieferung** gilt: 20

– im Kauf- wie im Werkvertragsrecht primär Erfüllung durch Nachbesserung, §§ 323 Abs. 1, 437 634 BGB.
– subsidiär, nach Nachfristsetzung Rücktritt oder Minderung gemäß §§ 437 Nr. 2, 634 Nr. 2 BGB. Rücktritt bedeutet grundsätzlich Rückzahlung der bisher geleisteten Entwicklungsvergütung.
– bei schuldhafter Verfehlung des Ergebnisses Schadensersatz nach §§ 437 Nr. 3, 634 Nr. 4, 280, 281 BGB
– Die Verjährung beträgt
  – bei unkörperlichen Werken: drei Jahre ab Ende der Mangelkenntnis, §§ 634a Abs. 1 Nr. 3, Abs. 2, 195, 199 BGB;
  – bei verkörperten Werken: zwei Jahre nach Ablieferung, §§ 651, 438 Abs. 1 Nr. 3, Abs. 2 BGB.

Der Besteller hat sowohl bei der Erstellung eines unkörperlichen als auch bei einem verkörperten Werk im Werksvertragrecht nach § 649 BGB ein freies **Kündigungsrecht**. Anders als im Dienstvertragsrecht nach § 627 BGB zahlt er dann aber nicht nur für die erbrachten Teilleistungen, sondern er schuldet die vereinbarte Gesamtvergütung abzüglich dessen, was der Entwickler erspart. 21

c) Typenwahl

Forschungs- und Entwicklungsverträge können in einer Bandbreite vom erfolgsorientierten Werkvertrag bis zum zeitorientierten Dienstvertrag einzuordnen sein; die Einordnung hat erhebliche Konsequenzen hinsichtlich der Haftung für die Erreichung des Entwicklungsziels. 22

---

1 Früher § 636 BGB, BGH v. 5.5.1992 – X ZR 115/90, CR 1993, 85 – Unix-kompatible CPU-Karte.

aa) Typenwahl durch die Parteien

23 Nach der Gestaltungsfreiheit im Schuldrecht können die Parteien den Vertragstypus wählen. Sie müssen ihre Wahl aber in der inhaltlichen Gestaltung des Vertrages umsetzen, nicht lediglich in einer Deklaration. Ein erfolgsorientierter Vertrag über die Erstellung eines EDV-Systems ist seinem Inhalt nach auch dann nach § 651 BGB als Kaufvertrag über eine nichtvertretbare Sache einzuordnen, wenn die Parteien ihn als Dienstvertrag deklariert haben[1].

bb) Ohne Typenwahl durch die Parteien

24 Dafür, ob ein F&E-Vertrag ein nicht haftungsgeneigter Dienstvertrag oder ein haftungsträchtiger Werk-/Kaufvertrag ist, gibt es keine einfach anwendbaren Einordnungsregeln. Die Vieles offen lassende Grundregel ist, dass der Dienstvertrag tätigkeitsorientiert, der Werkvertrag hingegen erfolgsorientiert ist. Ob das eine oder das andere der Fall ist, ist nach den Gesamtumständen zu entscheiden. Ohne ausdrückliche Vereinbarungen kann eine Vergütung nach Zeit oder mit festem Betrag zusammen mit anderen Indizien eine Rolle spielen. Einzeln sind diese Kriterien nicht maßgeblich, weil beide Vergütungsarten bei beiden Vertragstypen vorkommen. Normal ist bei beiden Vertragstypen auch die Beschreibung eines Entwicklungsziels. Als besonders wichtiges Indiz sieht der BGH[2] es an, mit welcher Erfolgswahrscheinlichkeit verständige Vertragspartner bei dem Vorhaben rechnen konnten. Ein ungewisser Erfolg spricht entscheidend für einen bloßen Dienstvertrag.

25 Auch wenn der BGH[3] betont, dass die Bezeichnung als Forschungs- oder als Entwicklungsvertrag über die Einordnung noch nichts besagt, so wird doch der **Forschungsvertrag**, gerichtet auf neue Erkenntnisse oder ungewisse Ergebnisse, überwiegend als Dienstvertrag eingeordnet (vgl. oben Rn. 9 m.N.).

26 Der **Beratungsvertrag**, der eine Forschung oder Entwicklung begleitet, ist regelmäßig ebenfalls Dienstvertrag. Beratungsverträge werden häufig von forschenden und entwickelnden Industrieunternehmen mit renommierten Wissenschaftlern abgeschlossen, damit diese die industrielle Forschung und Entwicklung ausrichten, Ergebnisse evaluieren und bei der Forschung und Entwicklung beraten. Diese meist wissenschaftlichen Beratungsverträge unterscheiden sich von der Organisationsberatung und der Projektsteuerung bei EDV- und anderen Projekten dadurch, dass der Projektsteurer der vom Projektlaien eingesetzte fachliche Planer und Koordinator eines komplexen

---

1 Vgl. zum früheren Recht: OLG Düsseldorf v. 18.7.1997 – 22 U 3/97, CR 1997, 732 – EDV-Warenwirtschaftssystem: Der Vertrag über die Erstellung eines EDV-Warenwirtschaftssystems war ungeachtet des Umstands, dass in den AGB des Auftragnehmers von Dienstvertrag und Dienstleistung die Rede war, Werkvertrag.
2 BGH v. 16.7.2002 – X ZR 27/01, NJW 2002, 3323 – PCB-Immunoassay; so auch Schmeißer/Zirkel, MDR 2003, 849.
3 BGH v. 16.7.2002 – X ZR 27/01, NJW 2002, 3323 – PCB-Immunoassay.

Projektes ist. Sein Vertragsverhältnis ist regelmäßig werkvertraglicher Art, ähnlich dem des Architekten.

Der **Gutachtenvertrag** wird als Werkvertrag angesehen, wenn er auf die Ermittlung konkreter Daten und beherrschbarer Schlussfolgerungen gerichtet ist[1]. Der Gutachtenvertrag ist Dienstvertrag, wenn er auf offene wissenschaftliche Untersuchungen und deren Darstellung gerichtet ist[2]. 27

Der **Entwicklungsvertrag**, der auf ein anwendbares Ergebnis ausgerichtet ist, wurde in herrschender Rechtsprechung[3] und in Vertragsmustern[4] als Werkvertrag eingeordnet. Da sich das Ergebnis regelmäßig in einem prüffähigen Prototyp oder, bei der Softwareentwicklung, einem ablauffähigen und prüffähigen Programm verkörpert, ist es als Herstellung einer nicht vertretbaren beweglichen Sache nach § 651 BGB dem Kaufrecht zuzuweisen. Auch die allgemeinen Rahmenvertragsbedingungen der öffentlichen Hand für die Erstellung von EDV-Programmen, die BVB-Planung und die BVB-Erstellung stellen sich als Werkverträge dar, gerichtet auf den Werkerfolg, nämlich funktionsfähig laufende Programme bzw. dazu führende Planung mit Erfolgsgewährleistung[5]. Der Entwicklungsvertrag kann aber sehr wohl auch ein Dienstvertrag sein. Das ist vor allem dann der Fall, wenn der Entwickler betrieblich eingegliedert ist[6]. 28

Die Vereinbarung einer zeitabhängigen Vergütung ist ein, aber kein allein entscheidender Faktor für die Einordnung[7]. 29

---

1 BGH v. 8.12.1966 – VII ZR 114/64, NJW 1967, 719; OLG Köln v. 26.8.1994 – 19 U 282/93, NJW-RR 1995, 245 – wissenschaftliche Transportstudie.
2 OLG Köln v. 26.8.1994 – 19 U 282/93, NJW-RR 1995, 245 – wissenschaftliche Transportstudie.
3 BGH v. 5.5.1992 – X ZR 115/90, CR 1993, 85 – Entwicklung einer Unix-kompatiblen CPU-Karte; OLG-Düsseldorf v. 18.7.1997 – 22 U 3/97, CR 1997, 732 – Erstellung eines EDV-Warenwirtschaftssystems; OLG Köln v. 26.10.1996 – 19 U 107/95, ECR OLG 223 – Schadensersatz bei konstruktiven Mängeln einer elektronischen Maschinensteuerung.
4 *Pagenberg/Geissler*, Lizenzverträge, Muster 9 „Entwicklungsvertrag"; *Henn*, Patent- und Know-how-Lizenzverträge, Vertragsmuster Anlagen 13 und 14; *Groß*, Heidelberger Musterverträge, Forschungs- und Entwicklungsvertrag; *Möffert*, Forschungs- und Entwicklungsvertrag, B II S. 95.
5 § 12 BVB-Erstellung, § 10, § 14 BVB-Planung, abrufbar unter www.kbst.bund.de.
6 OLG Karlsruhe v. 6.10.1986 – 6 U 160/86, CR 1987, 19 – Informatikstudent programmiert gegen Stundenlohnvergütung betriebliches Organisationsprogramm in einem Unternehmen; LG München I v. 21.7.1994 – 7 O 9748/92, CR 1995, 33 – Aufwandsprojekt mit Stundenvergütung mit einem Selbständigen war Dienstvertrag; LG München I v. 28.9.1995 – 7 O 534/95, BB 1996, Beil. 9, 11 – Programmierung als Dienstvertrag bei unterstützender Programmierarbeit, deren Erfolg maßgeblich von den Leistungen anderer mitbestimmt wurde, bestätigt durch OLG München v. 23.4.1996 – 5 U 5708/95, ECR OLG 231.
7 LG München I v. 4.9.1997 – 7 O 23817/96, BB 1998, Beil. 4, 10 – Programmierleistung gegen Aufwandsvergütung als dienstvertragliche Arbeitnehmerüberlassung einerseits; andererseits OLG Düsseldorf v. 18.7.1997 – 22 U 3/97, CR 1997, 732 – EDV-Warenwirtschaftssystem: trotz Stundenvergütung Werkvertrag.

30 Je größer, für beide Teile ersichtlich, das unbeherrschbare **Neuartigkeitsrisiko** ist, je weniger somit eine Erfolgsgewähr in Betracht kommen kann, umso eher ist auch der Entwicklungsvertrag als Dienstvertrag einzuordnen. Ein gewisser Erfolg mag gewünscht sein, wird er aber auch als nicht erreichbar ins Auge gefasst, ist der Erfolg also ein beiderseits akzeptiertes Risiko, so liegt ein Dienstvertrag vor[1].

31 Bei **Labor- und Messverträgen** wird man nach Sachlage zu unterscheiden haben: Sind allgemein verlässlich feststellbare Eigenschaften zu ermitteln (z.B. Gewicht, Rissfreiheit, Blutbestandteile, Sequenzierung eines Moleküls), so handelt es sich um Werkverträge. Sind neuartige Eigenschaften zu ermitteln, die von wissenschaftlichen Ansätzen und Erfahrungen abhängen, etwa in der Biologie die Wirksamkeit bestimmter Antikörper, transgene Umwandlung bestimmter Pflanzen nach allgemeinen Ansätzen, so wird es sich im Hinblick auf die Unsicherheit des Erfolgs um Dienstverträge handeln.

3. Entwicklungsrisiko

Schrifttum: *Brandi-Dohrn*, Das Risiko im Entwicklungsvertrag, CR 1998, 645; *Müller-Hengstenberg*, Risikoteilung in DV-Projekten, CR 1995, 198; *Nicklisch*, Empfiehlt sich eine Neukonzeption des Werkvertragsrechts – unter besonderer Berücksichtigung komplexer Langzeitverträge, JZ 1984, 757; *J. Schneider*, Projektsteuerung – Projektrisiken bei Software, CR 2000, 27; *Ullrich*, Zum Werkerfolgsrisiko beim Forschungs- und Entwicklungsvertrag, in: Festschrift Fikentscher, 1998, 299; *Ullrich*, Privatrechtsfragen der Forschungsförderung in der Bundesrepublik Deutschland, 1984; *Graf v. Westphalen*, Der Software-Entwicklungsvertrag – Vertragstyp – Risikobegrenzung, CR 2000, 73.

32 Der werkvertragliche Entwicklungsvertrag ähnelt dem Projektvertrag. Er hebt sich fallweise von diesem ab durch das besondere Neuartigkeitsrisiko. Wie beim Projektvertrag entwickelt sich auch beim Entwicklungsvertrag regelmäßig das konkrete Ziel erst während der Durchführung, so dass ein wechselseitiger Austausch zwischen den Parteien nötig ist. Beide Verträge sind im Allgemeinen Langzeitverträge. Diese **komplexen Langzeitverträge** bringen ein besonderes Zeitrisiko, Kostenrisiko und Mangelrisiko mit sich, denen die klassischen Werkvertragsregeln nur teilweise gerecht werden[2].

---

1 BGH v. 26.1.1995 – VIII ZR 49/94, NJW-RR 1995, 855 für den ansonsten als Werkvertrag eingeordneten Projektsteuervertrag bei reinem Erfolgshonorar falls Kosteneinsparungen erreicht werden; BGH v. 16.7.2002 – X ZR 27/01, NJW 2002, 3323 = CR 2003, 244 – PCB-Immunoassay.

2 Dazu *Nicklisch*, JZ 1984, 757; *Nicklisch*, NJW 1985, 2361 als Schöpfer des Begriffs „Komplexer Langzeitvertrag"; für die Projektverträge im EDV-Recht folgen dem: *Schneider*, Praxis des EDV-Rechts, 3. Aufl. 2003, D 47, D 61–86; *Zahrnt*, CR 1992, 84.

a) Das Entwicklungsrisiko ohne nähere Regelung durch die Parteien

aa) Zeitrisiko

Ist der Vertrag als **Dienstvertrag** einzuordnen, so führt die Überdehnung der Forschungs- bzw. Entwicklungszeit ohne die Lieferung von Ergebnissen zur Kündigung ex nunc nach § 627 BGB, und damit hat es bis auf Ausnahmefälle der positiven Vertragsverletzung nach § 280 BGB sein Bewenden. 33

Ist der Entwicklungsvertrag Werk-/Kaufvertrag über eine individuelle Sache, so wird das Zeitrisiko durch die **Mitwirkungspflichten** des Bestellers eingeschränkt. Stellt der Besteller notwendige Informationen oder Daten nicht zur Verfügung, so 34

– gerät der Entwickler nicht in Verzug[1],
– kann der Entwickler seinerseits kündigen und Teilvergütung verlangen nach §§ 642, 643, 645 Abs. 1 S. 2 BGB, die über § 651 BGB auch beim Kaufrecht anwendbar sind.

Führt aber nicht fehlende Mitwirkung aus der Bestellersphäre zum Verzug, sondern **verzögert sich die Entwicklung unverschuldet**, weil sie sich als schwieriger und hindernisreicher herausstellt, als vorhersehbar war, so drängt es sich auf, fallweise zwischen Entwicklungsverträgen auf beherrschtem Gebiet (Mechanik, die meisten Elektronik- und EDV-Entwicklungen) und **Langzeit-Entwicklungen mit hohem Neuartigkeitsrisiko** (anzutreffen insbesondere in der Chemie, Biologie und Pharmazie) zu unterscheiden: ist für erstere die scharfe werkvertragliche Erfolgshaftung unstreitig, so ist sie für letztere strittig. Die Rechtsprechung hat sich zu solchen Risiko-Entwicklungsverträgen bei der Einordnung dann geäußert, wenn die Parteien selbst keine Einordnung vereinbart haben. Dann spricht gerade das Neuartigkeitsrisiko für einen bloßen Dienstvertrag, in dem nur sorgfältiges Bemühen geschuldet wird[2]. Ansonsten legt die Rechtsprechung unabgemilderte Werkvertragshaftung zugrunde, wenn der Vertrag erfolgsorientiert ist[3]. Für den gegenüber dem Werk- und Entwicklungsvertrag auf generell be- 35

---

[1] BGH v. 13.7.1988 – VII ZR 292/87, CR 1989, 102 – Mitwirkungspflicht – Registrierkassenprogrammierung; BGH v. 23.1.1996 – X ZR 105/93, NJW 1996, 1745.
[2] BGH v. 16.7.2002 – X ZR 27/01, NJW 2002, 3323 – PCB-Immunoassay; *Schmeißer/Zirkel*, MDR 2003, 849 plädieren dafür, das Risiko immer, auch bei anderweitigen AGB-Bestimmungen, über die dienstvertragliche Einordnung abzumildern, wenn tatsächlich eine Erfolgsungewissheit besteht.
[3] BGH v. 15.5.1990 – X ZR 128/88, NJW 1990, 3008 – Zahlungsverweigerung wegen nicht erfüllter Zusatzwünsche: Änderungen und Ergänzungen von Programmen gehen nach Werkvertragsrecht. Erbringt der Unternehmer seine Leistungen oder Nachbesserungen wegen unberechtigter Zahlungsverweigerung des Bestellers nicht, so kann der Besteller daraus keine Rückabwicklung nach §§ 326, 634 BGB herleiten; BGH v. 5.5.1992 – X ZR 115/90, CR 1993, 85 – Entwicklung einer Unix-kompatiblen CPU-Karte; BGH v. 27.6.1996 – VII ZR 59/95, NJW 1997, 61 – werkvertragliche Risikoverlagerung auf den Unternehmer bei funktionaler Leistungsbeschreibung; OLG Köln v. 26.10.1996 – 19 U 107/95, ECR OLG 223 – fehlerhaft entwickelte Steuerung für eine Teiglegemaschine; OLG Düsseldorf 18.7.1997 – 22 U 3/97, CR 1997, 732 – teilentwickeltes Warenwirtschaftssystem mit überlangen Response-

herrschtem Gebiet atypischen **Risikovertrag**, der auch erfolgsorientiert ist, werden die harschen Rückabwicklungsfolgen nach § 323 BGB vielfach als unbefriedigend empfunden.

36 Eine Meinung geht dahin, den Risikovertrag als Vertrag sui generis mit dienst- und werkvertraglichen Elementen eigener Art abgemilderten Haftungsregeln zu unterwerfen[1]. Eine andere Meinung sucht die Lösung über die Mitwirkungspflichten des Bestellers[2], wieder eine andere über unverschuldete Leistungsstörungen – § 326 BGB[3] – und eine weitere schlägt vor[4], dass fallweise in ergänzender Vertragsauslegung an die Stelle des Rücktritts mit Rückabwicklung die Kündigung ex nunc mit Teilvergütung für geleistete Entwicklungsarbeit tritt. Das entspricht dem Kündigungsrecht bei in Vollzug gesetzten Dauerschuldverhältnissen nach § 314 BGB[5]. Ist die abgebrochene Entwicklung für den Auftraggeber wertlos, so führt die Risikoverteilung in ergänzender Vertragsauslegung zu weiterer Minderung, im Zweifel auf 50:50[6] als Ausdruck des fairerweise zu teilenden Neuartigkeitsrisikos.

37 Den Entwickler trifft jedoch eine **Warn- und Hinweispflicht**, wenn sich die Entwicklung als langwieriger abzeichnet als vorausgesehen. Die Vergütung für die Zeit, die nach dem geschuldeten aber nicht gemachten Hinweis liegt, ist regelmäßig verwirkt[7].

38 Das BGB behandelt auch in seiner Neufassung nach der Schuldrechtsreform 2002 Entwicklungsverträge nicht. Ob die Grenzen der Leistungspflicht in § 275 BGB das Entwicklungsrisiko künftig für den Leistenden erträglicher machen, erscheint unwahrscheinlich. Nach § 275 BGB kann der Schuldner die Leistung zwar verweigern, soweit diese einen Aufwand erfordert, der unter Beachtung des Inhalts des Schuldverhältnisses und der Gebote von Treu und Glauben in einem groben Missverhältnis zu dem Leistungsinteresse des Gläubigers steht. Dabei ist auch zu berücksichtigen, ob der Ersteller das Leistungshindernis zu vertreten hat. Aber auch wenn die Grenzen der Primärleistungspflicht erreicht sind, so kann der Besteller nach § 323 BGB **zurücktreten**, es denn, er wäre selbst für das Leistungshindernis allein oder weit überwiegend verantwortlich, § 323 Abs. 6 BGB, und kann dann nach § 346 BGB die bisher geleistete Entwicklungsvergütung zurückfordern. Ob

---

zeiten; ebenso *Graf v. Westphalen*, CR 2000, 73, wenn das vereinbarte Pflichtenprogramm werkvertraglicher Art ist.

1 LG München v. 28.12.1995 – 3 HKO 8585/92, n.v. – Ossometriegerät.
2 *Heinrich*, CR 1988, 584; *Köhler*, CR 1988, 623; *Müller-Hengstenberg*, CR 1995, 198.
3 *Ullrich*, FS Fikenscher, 1998, S. 299 ff.; *Ullrich*, Privatrechtsfragen der Forschungsförderung, S. 82 ff.
4 *Brandi-Dohrn*, CR 1998, 645; dagegen *Graf v. Westphalen*, CR 2000, 73: das akkordierte Pflichtenprogramm entscheidet über die Einordnung als Dienst- oder Werkvertrag, und die entsprechenden BGB-Regeln gelten dann, so nichts anderes auf der Rechtsfolgenseite vereinbart ist.
5 So auch § 15 der Allgemeinen Bestimmungen des Bundes zu Forschungs- und Entwicklungsverträgen, BEBF-ZE 98.
6 Näher begründet bei *Brandi-Dohrn*, CR 1998, 645, 649.
7 OLG Köln v. 16.10.1998 – 19 U 98/97, CR 1998, 600 – falsche Kostenschätzung.

die Kündigung bei Dauerschuldverhältnissen nach § 314 BGB das allgemeine Rücktrittrecht verdrängt, bleibt abzuwarten.

Auch wenn die Primärleistungspflicht nach § 275 BGB entfällt, bleibt die sekundäre Haftung für den **Verzögerungsschaden** nach § 280 BGB und für den **Nichterfüllungsschaden** nach § 283 BGB, wenn der Ersteller sich nicht dahingehend entlasten kann, dass er das Leistungshindernis nicht zu vertreten hat, § 280 Abs. 1 S. 2 BGB. Für das Vertretenmüssen beim Schadensersatz eröffnet § 276 Abs. 1 BGB je nach den Umständen eine mildere Haftung, wenn sie bestimmt ist oder „aus dem sonstigen Inhalt des Schuldverhältnisses" zu entnehmen ist. Eine mildere Haftung kann bei dem Risiko- und Wagnischarakter eines Entwicklungsvertrages mit Neuartigkeitsrisiko anzunehmen sein. Das kann von Fall zu Fall ebenso anzunehmen sein, wie es bisher schon für die Haftungserleichterung des Lizenzgebers im Know-how-Vertrag angenommen wurde[1]. Die in § 276 BGB eröffnete Haftungsmilderung wirkt aber nur bei der verschuldensabhängigen Schadensersatzpflicht, nicht beim Rücktritt und der damit verbundenen drückenden Rückzahlungsbürde. 39

Eine Kündigung ex nunc und die Risikoverteilung in ergänzender Vertragsauslegung könnte daher auch nach dem Schuldrechtsmodernisierungsgesetz die taugliche Lösung bleiben 40

bb) Kostenrisiko

Ist ein Festpreis vereinbart, so lastet das Kostenrisiko auf dem Entwickler, bei Zeitvergütung auf dem Auftraggeber. 41

Ausufernden **Zeitvergütungskosten** kann der Auftraggeber im Dienstvertrag durch Kündigung nach § 627 BGB begegnen, im Werk- und Kaufvertrag weitgehend durch Rücktritt nach §§ 323, 326 BGB mit Rückzahlung der bisher geleisteten Vergütung oder Kündigung aus wichtigem Grund mit ex nunc Wirkung nach § 649 BGB. Das Kostenrisiko stellt sich bei Zeitvergütung als eine Folge des Zeitrisikos dar. Bei Entwicklungsverträgen mit einem schwer kalkulierbaren Neuartigkeitsrisiko muss daher wie beim Zeitrisiko (str., vgl. oben Rn. 36) und unter den gleichen Voraussetzungen bei unverschuldeter Zeit- und Kostenmehrung in ergänzender Vertragsauslegung das Rücktrittsrecht außerhalb des klaren Werkvertrages durch ein Kündigungsrecht ersetzt werden. 42

Bei einer Entwicklung zum **Festpreis** hat der Entwickler das Kostenrisiko übernommen. Ohne dahingehende Vereinbarung kommt eine Anpassung nach oben wegen Änderung der Geschäftsgrundlage (§§ 242, 313 BGB) nur ausnahmsweise in Betracht, wenn durch Umstände außerhalb des Einflussbereichs des Entwicklers ein unzumutbar krasses Missverhältnis von Leistung und Gegenleistung entstanden ist. Auch dabei muss aber dem Neuartigkeitsrisiko Rechnung getragen werden. Bei Entwicklungsaufträgen der öffentlichen Hand ergibt sich aus § 2 Nr. 3 VOL/B ein Anpassungsrecht, wo- 43

---

1 BGH v. 28.6.1979 – X ZR 13/78, GRUR 1979, 768 – Mineralwolle.

bei es jedoch keine Regelgrenze für die Erschwernis und Kostenmehrung gibt, ab der eine Anpassung verlangt werden kann[1].

44 Resultieren Kostensteigerungen aus **geänderten oder zusätzlichen Anforderungen** des Auftraggebers, so kann sich ein Anspruch auf Zusatzvergütung aus § 632 Abs. 1 BGB ergeben, weil die zusätzlichen Leistungen den Umständen nach nur gegen eine besondere Vergütung zu erwarten sind. Regelmäßig muss der Entwickler aber auf die Mehrkosten hinweisen[2] und eine Vertragsanpassung verlangen. Das sehen z.B. die Bedingungswerke der öffentlichen Hand bei EDV-Entwicklungen vor: § 3 Abs. 1 S. 3, 4, 5 BVB-Planung, § 5 BVB-Erstellung. Lässt sich der Entwickler ohne Vertragsanpassung auf die verlangten Änderungen ein, so hat er sie grundsätzlich als vom alten Vertrag umfasst ohne Mehrvergütung auszuführen.

cc) Mangelrisiko

45 Im Werkvertrag und im Kaufvertrag trifft den Werkunternehmer das Mangelrisiko nach §§ 434, 437, 633, 634 BGB: In erster Linie Nachbesserung, in zweiter Linie nach Fristsetzung mit Ablehnungsandrohung oder bei Unbehebbarkeit: Rücktritt, Minderung oder Schadensersatz.

46 **Nachbesserungsrecht und -pflicht** ist der Hauptrechtsbehelf auch im Entwicklungsvertrag. Dem Neuartigkeitsrisiko entsprechend muss dazu eine längere Frist als in Werkverträgen auf beherrschten Gebieten eingeräumt werden.

47 Ergeben sich Mängel aus Anweisungen des Bestellers, so trägt der Besteller entsprechend § 642 BGB die Verantwortung. Das gilt über § 651 BGB auch, wenn der Vertrag als Kaufvertrag über eine zu erstellende individuelle Sache einzuordnen ist. Den Entwickler trifft aber die allgemeine werkvertragliche Prüf- und Hinweispflicht[3]. Scheitert die Mangelbehebung ohne Verschulden des Entwicklers, weil sich ein erhebliches Neuartigkeitsrisiko als nicht oder nicht vollständig oder nicht zeitgerecht beherrschbar herausstellt, so ist streitig, ob der Rücktritt mit Rückzahlung der Entwicklungskosten durch

---

1 BGH v. 2.11.1995 – VIII ZR 29/95, NJW-RR 1996, 401 – Pauschalpreisanpassung nach VOB – hat zu dem entsprechenden § 2 Nr. 7 I. 2 VOB/B offen gelassen, ob 20 % Mehr- oder Minderleistung eine Regelgrenze bilden.
2 OLG Celle v. 20.2.1991 – 6 U 15/90, CR 1991, 610 – unzureichende Angaben im Lastenheft, Warnpflicht bei Mehrkosten; OLG München v. 22.12.1988 – 1 U 5606/87, CR 1989, 803 – Softwareerstellung zum Festpreis: zusätzliche Vergütung allenfalls wenn vorangekündigt.
3 BGH v. 23.10.1986 – VII ZR 48/85, NJW 1987, 643 Prüfungspflicht des Nachunternehmers; BGH v. 14.9.1999 – X ZR 89/97, NJW 2000, 280 – Prüfungspflicht des Werkunternehmers hinsichtlich angelieferter Sachen; LG Osnabrück v. 1.10.1984 – 3 O 42/83, CR 1985, 32 – falsch geregelte Tapetenandruckwalzen wegen übernommener Bestellerweisung; OLG Köln v. 11.12.1992 – 19 U 244/91, CR 1993, 278 – Haftung des EDV-Anbieters bei übernommenen Zusatzleistungen, Hinweispflicht, wenn er die EDV-Hardware für ungeeignet hält; OLG Köln v. 22.9.1995 – 19 U 65/94, NJW 1996, 1067: Hält der Programmierer Bestellerangaben für unzureichend, so entlastet es ihn nicht, wenn er nicht nachfragt.

eine **Kündigung ex nunc** nach § 314 BGB zu ersetzen ist. Ist das mangelhafte Werk für den Auftraggeber unbrauchbar, so sollte das Vergütungsrisiko nach den Umständen, im Zweifel 50 : 50, geteilt werden. Im Ergebnis würde also das Wandelungsrecht durch ein modifiziertes Minderungsrecht ersetzt[1]. Das nach § 309 Nr. 8 lit. b bb BGB in AGB unentziehbare Wandelungsrecht steht als Grundentscheidung jedenfalls im unternehmerischen Verkehr nicht entgegen, weil der Entwicklungsvertrag mit Neuartigkeitsrisiko kein typischer Werkvertrag ist. Für den Entwicklungsvertrag sind vielmehr angepasste Rechtsfolgen nach § 309 BGB angemessen[2].

Der Entwickler ist bei einem gescheiterten Projekt verpflichtet, seine Leistung so weit als möglich zu erbringen, also die Entwicklung auf der erreichbaren Entwicklungsstufe zu übergeben[3].

b) Regelung des Entwicklungsrisikos durch die Parteien

Eine Risikoteilung im Wege der ergänzenden Vertragsauslegung stößt auf Schwierigkeiten, wenn AGB oder Formularverträge der Bestellerseite dem Entwickler das volle Werkvertragsrisiko auferlegen. Nach § 307 Abs. 2 Nr. 1 BGB ist eine Kontrolle nicht eröffnet, wenn die AGB gerade mit dem BGB-Werkvertragsrecht übereinstimmen, und die Rechtsfolgen einer Unwirksamkeit wären nach § 306 Abs. 2 BGB eben gerade die BGB-Regeln, also Werk- oder Kaufvertragshaftung[4]. Bei ergänzender Vertragsauslegung gehört aber eine faire Risikoteilung „zu den wesentlichen Rechten oder Pflichten, die sich aus der Natur des Vertrages ergeben", so dass eine Abweichung kontrollfähig nach § 307 Abs. 2 Nr. 2 BGB ist. Und zu den gesetzlichen Vorschriften, die alsdann nach § 306 Abs. 2 BGB anzuwenden sind, gehören eben auch Grundsätze wie die der ergänzenden Vertragsauslegung.

Wenn der Entwicklungsvertrag **individuell** als Werkvertrag über eine zu erstellende Sache ohne Milderung ausgehandelt ist, dann greift die ergänzende Vertragsauslegung nur Platz, wenn sie nicht gegen die getroffenen individuellen Regelungen verstößt.

Bei einer fairen Regelung sollten die Parteien aber das Entwicklungsrisiko abmildern. In Musterverträgen wird teilweise nur „bestes Bemühen" verlangt[5]. Bei Verzögerung wird teilweise die aus § 323 BGB entspringende Rückzahlungspflicht begrenzt[6]. Teilweise wird die Gewährleistung nach Nachbesserung auf Minderung beschränkt. In der inhaltlichen Gestaltung können und sollten die Parteien das Erfolgsrisiko herunterbrechen durch **Meilensteinregelungen**: Nach Zeitabschnitten mit Fortschrittsberichten

---
1 Ähnlich *Nicklisch*, JZ 1994, 757, 768: begründet aus § 645 BGB entsprechend.
2 *Brandi-Dohrn*, CR 1998, 645, 650 fallweise in ergänzender Vertragsauslegung; dagegen *Graf v. Westphalen*, CR 2000, 73.
3 OLG München v. 3.2.1999 – 7 U 1792/98, DB 1999, 1057.
4 Vgl. die dogmatisch gut begründete Kritik von *Graf v. Westphalen*, CR 2000, 73.
5 *Henn*, Patent- und Know-how-Lizenzvertrag, Vertragsmuster 14.
6 *Pagenberg/Geissler*, Lizenzverträge, Muster 9, § 5, allerdings nur begrenzt auf zu hohe 90 %.

und/oder nach bestimmten Fortschrittspunkten, z.B. nach Vorstellung eines Labormusters, eines Prototyps, eines Seriengerätes, nach Ablieferung der Dokumentation erfolgt jeweils eine Teilabnahme und eine fortschrittsabhängige Zahlung. Bei einem Werkvertrag über eine nicht körperliche Leistung ergibt sich das Recht auf Abschlagszahlung aus § 632a BGB. Bei einem Vertrag über die Herstellung eines körperlichen Gegenstandes nimmt § 651 BGB nicht auf § 632a BGB Bezug. Abschlagszahlungen müssen also besonders vereinbart werden[1]. Eine Meilensteinzahlung kann als **Abschlagszahlung** oder als **Teilzahlung** vereinbart sein. War nur Abschlagszahlung vereinbart, so können ausstehende Abschlagszahlungen als solche im Werkvertrag nach Kündigung nicht mehr geltend gemacht werden. Vielmehr ist die endgültig geschuldete Vergütung abzurechnen[2]. War die Kündigung des Bestellers berechtigter Rücktritt nach Fristsetzung, so würde er im Werk- oder Kaufvertrag nichts schulden und könnte die Abschlagszahlungen samt und sonders zurückfordern, wenn die Teilentwicklung für ihn nicht brauchbar ist. Vereinbart können aber auch Teilzahlungen sein, und das ist die sinnvollere Regelung im Entwicklungsvertrag mit erheblichem Neuartigkeitsrisiko. Wird der Forschungs- und Entwicklungsvertrag wegen Nichterreichung eines Meilensteins beendet, so verbleiben Teilzahlungen für vorangegangene Meilensteine ganz oder teilweise, je nach Vereinbarung, dem Entwickler. Im Dienstvertrag sind Abschnittszahlungen im Zweifel Teilzahlungen.

52 Die Parteien sollten auch **Ansprechpartner** oder ein Gremium vereinbaren, das eine regelmäßige Fortschrittskontrolle ausführt und Vertragsanpassungen oder -änderungen entsprechend geänderten Leistungsverhältnissen (Mehranforderungen, unvorhergesehene Entwicklungserschwernisse) zumindest bespricht und vorbereitet.

IV. Zusammenarbeitsverhältnis

Schrifttum: *Ullrich*, Auslegung und Ergänzung der Schutzrechtsregeln gemeinsamer Forschung und Entwicklung, GRUR 1993, 338; *Winzer*, Forschungs- und Entwicklungsverträge, 2006, Teil 1, Die horizontale Kooperation.

Musterverträge: *Henn*, Patent- und Know-how-Lizenzvertrag, 5. Aufl. 2003, Anlage 11 (Gemeinschaftsunternehmen); *Lutz/Broderick*, Forschungs- und Entwicklungsvertrag nach EG-Kartellrecht – Formularvertrag, RIW 1986, 5; *Pagenberg/Geissler*, Lizenzverträge, 5. Aufl. 2003, Muster 8; *Rosenberger*, Verträge über Forschung und Entwicklung, 2006, Kap. 11: Internationaler F&E-Vertrag zwischen Unternehmen gleicher Marktstufe; *Winzer*, Forschungs- und Entwicklungsverträge, 2006, Teil 1 B.

53 Die **Grundformen der Zusammenarbeit** sind
- die gemeinsame Forschung und Entwicklung als BGB-Gelegenheitsgesellschaft,

---

1 Vgl. *Thewald*, CR 2002, 1/5.
2 BGH v. 26.2.1987 – VII ZR 217/85, NJW-RR 1987, 724 – Abschlagszahlungsforderung bei Kündigung eines VOB-Vertrags; BGH v. 9.10.1986 – VII ZR 249/85, NJW 1987, 382 – Fälligkeit bei vorzeitiger Beendigung eines VOB-Bauvertrags.

– die gemeinsame Finanzierung und Beauftragung von Drittinstituten, für die kooperierenden Auftraggeber zu entwickeln,
– die Spezialisierung eines jeden Partners in Forschung, Entwicklung oder Produktion, verbunden mit Ergebnisaustausch,
– das Gemeinschaftsunternehmen (GU), das im Auftrag der kooperierenden Mütter für diese forscht und entwickelt.

Diese Grundformen zählt die frühere F&E-Freistellungs-VO (EG) Nr. 418/85[1] in Art. 1 Abs. 3 auf und nennen die Leitlinien über horizontale Zusammenarbeit in Tz. 39[2].

1. Grundregelungen

a) Gemeinschaft, Gesellschaft

aa) Gemeinschaft

Aus einem Auftragsverhältnis kann eine Gemeinschaft nach §§ 741 ff. BGB entstehen, wenn **überschießende Vermögensrechte**, z.B. Schutzrechte, entstehen. Der Auftraggeber kann über seine Arbeitnehmer Mitrechte daran haben, wenn sich seine Mitwirkung über eine allgemeine Aufgabenstellung hinaus zu einer Mitwirkung am Lösungsweg verdichtet hat (s. dazu unten Rn. 124). Das Auftragsverhältnis wird gleichwohl vom Austauschzweck und nicht von einem gemeinsamen Zweck beherrscht, daher findet Gesellschaftsrecht noch keine Anwendung. 54

Im Gemeinschaftsverhältnis können die Teilhaber nach deutschem Recht, anders teilweise nach EU-Förderrecht (vgl. unten Rn. 137), über das gemeinsame Schutzrecht zwar nur **gemeinsam verfügen**, sei es durch (auch einfache) Lizenz oder Veräußerung. Jeder kann aber seinen Anteil an der Gemeinschaft selbst veräußern – § 747 BGB. Falls nichts anderes ausdrücklich oder implizit vereinbart ist, kann jeder das Schutzrecht nutzen, § 743 Abs. 2 BGB[3], und zwar grundsätzlich ohne Ausgleichszahlung an den nicht nutzenden Gemeinschafter[4]. 55

---

[1] Verordnung (EG) Nr. 418/85 der Kommission über die Anwendung von Art. 85 Abs. 3 des Vertrages auf Gruppen von Vereinbarungen über Forschung und Entwicklung – ABl. EG Nr. L 53/1985, 5 mit den Änderungen durch VO v. 29.1.1993, ABl. EG Nr. L 21/1993, 8. Dieser Katalog der Zusammenarbeitsformen ist in der neuen F&E-FreistellungsVO Nr. 2659/2000 v. 29.11.2000 ABl. EG Nr. L 304/2000, 7 nicht mehr aufgeführt.
[2] Bekanntmachung der Kommission, Leitlinien zur Anwendbarkeit von Art. 81 EG-Vertrag auf Vereinbarungen über horizontale Vereinbarungen ABl. EG Nr. C 3/2001, 2 (Horizontale Leitlinien).
[3] *Fischer*, Verwertungsrechte bei Patentgemeinschaften, GRUR 1977, 313; *Storch*, Die Rechte des Miterfinders in der Gemeinschaft, FS Preu, 1988, S. 39 ff., 44.
[4] BGH v. 22.3.2005 – X ZR 152/03, BGHZ 162, 342 – Gummielastische Masse II.

bb) Gesellschaft

56 Sowohl die gemeinsame Forschung und Entwicklung wie auch die gemeinsame Beauftragung Dritter und die gemeinsame Finanzierung solcher Drittforschung stellt in ihrer planmäßigen Gemeinsamkeit eine BGB-Gelegenheitsgesellschaft nach §§ 705 ff. BGB dar, wobei nur der **gemeinsame Zweck** im einen und im anderen Fall unterschiedlich ist. Bei der gemeinsamen Finanzierung und Beauftragung von Drittforschung ist das gesellschaftsrechtlich horizontale Verhältnis zwischen den Auftraggebern untereinander zu unterscheiden vom vertikalen Auftragsverhältnis gegenüber dem dritten Forschungsunternehmen. Das vertikale Auftragsverhältnis kann ein Dienst- oder Werkvertrag gemäß oben Rn. 9 ff. sein.

57 Bei **geplanter Entwicklungskooperation** ist eben diese Entwicklung – mit oder ohne anschließende gemeinsamer Verwertung – der gemeinsame Zweck, der nach § 705 BGB zur BGB-Gesellschaft führt. Anders als früher kann die Gesellschaft auch eine OHG sein. Das wird aber bei der Entwicklungskooperation als zeitweiliger Gelegenheitsgesellschaft die Ausnahme sein, weil eine gemeinsame kaufmännische Einrichtung und damit ein Gewerbebetrieb der Gesellschaft nach §§ 1 Abs. 2, 105 Abs. 1 HGB meist fehlt.

58 Die **Beiträge** der Gesellschafter können nach § 706 Abs. 3 BGB in der Entwicklungstätigkeit bestehen und/oder in finanziellen Beiträgen.

59 Der werkvertragliche **Haftungsmaßstab** ist bei der gesellschaftlichen Entwicklungskooperation abgemildert: Jeder Gesellschafter haftet für den Tätigkeitserfolg nur mit der Sorgfalt wie in eigenen Angelegenheiten, § 708 BGB.

60 Entstehen **Schutzrechte**, so können diese gemeinsames Gesellschaftsvermögen nach § 718 BGB werden, also voll eingebracht werden (quoad sortem) oder nur zur Nutzung (quoad usum) überlassen werden. Soweit die Gesellschafter keine ausdrückliche Regelung getroffen haben, ist ersteres bei untrennbaren Entwicklungsbeiträgen aller Kooperationspartner anzunehmen, letzteres bei individuellen Schutzrechtsentwicklungen einzelner Kooperationspartner (vgl. unten Rn. 126). Denn nach allgemeinen Auslegungsgrundsätzen vergibt niemand mehr Rechte, als er ausdrücklich sagt oder als sich aus der Erfüllung des Geschäftszwecks ergibt[1]. Gemeinschaftliche Schutzrechte der BGB-Gesellschaft darf jeder Gesellschafter nutzen, und solche Nutzungen sind grundsätzlich bei der Auseinandersetzung nicht zu vergüten, § 733 Abs. 2 BGB.

61 Mehrheitlich werden die Nutzungsrechte in Vereinbarungen unter den Kooperationspartnern geregelt und dann dahingehend, dass jeder Inhaber der bei ihm entstandenen Schutzrechte bleibt und bestimmte oder generelle Nutzungsrechte, meist nicht ausschließlich, seinen Partnern einräumt. Das sind also individuelle, auch sternförmige und wechselseitige Lizenzen außerhalb des Gesellschaftsvermögens[2]. Untrennbare Gemeinschaftsentwick-

---

[1] BGH v. 11.4.2000 – X ZR 185/97, GRUR 2000, 788 – Gleichstromsteuerschaltung.
[2] So auch *Ullrich*, GRUR 1993, 388.

lungen werden als **Gesamthandsvermögen** gemeinsam als Patent angemeldet, und die Kosten tragen die Gesellschafter im Verhältnis ihrer Anteile, §§ 709, 718, 722 BGB. Bei nur zur Nutzung eingebrachten schutzfähigen Entwicklungen meldet der betreffende Gesellschafter an und trägt im Zweifel die Schutzrechtskosten.

Betreiben die Beteiligten nicht nur Forschung und Entwicklung, sondern auch die **Verwertung gemeinschaftlich**, so setzen sie die BGB-Gesellschaft mit einem gemeinsamen Zweck fort[1]. Werden nach der gemeinsamen F&E-Phase die gemeinsamen Schutzrechte nur noch individuell genutzt, so fragt es sich, ob die F&E-Gesellschaft nach § 705 BGB fortbesteht (kein freier Partnerwechsel), oder ob sie auf die tiefere Stufe der Gemeinschaft nach §§ 741 ff. BGB zurücksinkt (freier Partnerwechsel). Da das Gesamthandsvermögen der Gesellschaft sich nicht ohne einen rechtsgeschäftlichen Akt in Bruchteilseigentum der Gemeinschaft wandeln kann, besteht auch nach Erreichen des ursprünglichen Hauptzwecks die Gesellschaft fort, wenn nicht liquidiert wird. Die Fortsetzung der Partnerbindung entspricht der früheren aktiven Zusammenarbeit besser. Vorsorgliche Regelungen des Rechts zur Anteilsübertragung sind empfehlenswert. Ist die Anteilsübertragung frei, so sollte vereinbart werden, dass der bisherige Partner die Vorhand (first right of refusal) zur Übernahme des Anteils erhält. 62

Im Allgemeinen sind trotz der Kooperation **konkurrierende, eigenständige Parallelentwicklungen** erlaubt[2]. Ein explizites Konkurrenzverbot wie bei der OHG nach § 112 HGB gibt es bei der BGB-Gesellschaft nicht. Ein Konkurrenzverbot kann aber vereinbart werden. Art. 1 Abs. 2 der F&E-GVO 2659/2000 nennt als Beispiel für das, was erlaubt ist, die Verpflichtung, im Bereich des Kooperationsprogramms oder einem diesem eng verwandten Bereich keine selbständige Forschung und Entwicklung zu betreiben. 63

Als ungeschriebene Einschränkung ergibt sich ein Konkurrenzverbot aus der gesellschaftsrechtlichen Treuepflicht nur ausnahmsweise[3]. Der gesellschaftsrechtlichen Treuepflicht wird eine Parallelentwicklung nur dann widersprechen, wenn einer sehr aufwendigen Gemeinschaftsentwicklung vor deren Amortisation eine Parallelentwicklung technisch und wirtschaftlich so dicht Konkurrenz macht, dass die Gemeinschaftsentwicklung vorzeitig unverwertbar wird. Eine identische oder fast identische Übernahme kann auch wettbewerbswidrig nach §§ 3, 4 Nr. 9 UWG sein[4], wobei die gesellschaftliche Nähe ein wettbewerbswidriger Umstand ist. 64

---

1 RG v. 30.1.1911 – Rep. I 508/10, MuW 1910/11, 243 – Tantalinstrumente; RG v. 11.11.1914 – 179/14, MuW 1914/15, 328 – Gemeinsame Erlangung und Ausnutzung von Patenten über eine bühnentechnische Erfindung.
2 LG Bielefeld v. 13.10.1992 – 92 O 49/90, ECR LG 1929 – Kooperationspartner entwickelt Konkurrenzprodukt.
3 OLG Stuttgart v. 19.7.1996 – 2 U 72/96, WuW 1997, 348 – Tierarztpraxis.
4 BGH v. 7.11.2002 – I ZR 64/00, GRUR 2003, 356, 357 – Präzisionsmessgerät.

b) Gemeinsames Entwicklungsunternehmen

65 Die Kooperationspartner können auch in einer gemeinsamen Entwicklungstochter zusammenarbeiten, vorzugsweise dann, wenn eine langfristige gemeinsame Entwicklung mit einem personellen und sachlichen Apparat beabsichtigt ist. Die Tochtergesellschaft kann eine **OHG** oder **KG** sein oder eine **GmbH**. Letzteres wird wegen der leichteren Organisation und wegen der Fremdgeschäftsführung durch eine Fachkapazität häufiger der Fall sein. Regelmäßig wird eine solche Entwicklungs-GmbH mit einem fachkundig besetzten Beirat ausgestattet, der die Weisungsrechte der Muttergesellschaften abstimmt und gegenüber der Geschäftsführung ausübt.

66 Das Vertragswerk bei der Kooperation über ein Gemeinschaftsunternehmen wird regelmäßig umfassen:

– einen Grund- oder Joint Venture-Vertrag zwischen den Muttergesellschaften über
  – Gründung des Gemeinschaftsunternehmens,
  – dessen zu respektierendes Aufgabengebiet,
  – Lizenzierungs- und Know-how-Verpflichtungen an das Gemeinschaftsunternehmen über Background der Mütter,
  – aufgeteilte Verwertung bei den Müttern, z.B. nach Vertriebsgebieten;
– die Satzung des Gemeinschaftsunternehmens,
– Lizenz-, Know-how-Verträge über Foreground oder Dienstleistungsverträge zwischen dem Gemeinschaftsunternehmen und den Müttern.

c) Kartellrechtliche Bestimmungen

Schrifttum: *Bahr/Lost*, Die Beurteilung von Vereinbarungen über Forschung und Entwicklung nach europäischem Kartellrecht, EWS 2004, 263; *Bechtold/Bosch/Brinker/Hirsbrunner*, EG-Kartellrecht, 2005; *Fuchs*, in Immenga/Mestmäcker, EG-Wettbewerbsrecht, 4. Aufl. 2007, EG/Teil 1 III E, FuE-VO; *Loewenheim/Meessen/Riesenkampff*, Kommentar Kartellrecht, Bd.1 Europäisches Recht, Bd. 2 GWB, 2005/2006; *Rosenberger*, Verträge über Forschung und Entwicklung, 2006, Kap. 5; *Ullrich*, Kooperative Forschung und Kartellrecht, 1988, S. 130; *Ullrich*, in Immenga/Mestmäcker, EG-Wettbewerbsrecht, 4. Aufl. 2007, EG/Teil 2 IV, Immaterialgüterrechte; *Winzer*, Die Freistellungsverordnung der Kommission über Forschung und Entwicklung vom 1.1.2001, GRUR Int. 2001, 413; *Winzer*, Forschungs- und Entwicklungsverträge, 2006, Abschnitte 1E, 2D, 3G.

67 Die gemeinsame Forschung und Entwicklung (F&E) kann in lizenzweise Verwertung für jedermann einmünden – dann treten abgesehen vom seltenen Fall des Missbrauchs durch Diskriminierung keine kartellrechtlichen Probleme auf. Die gemeinsame Entwicklung kann aber auch in eine exklusive Verwertung nur durch die Entwicklungspartner münden oder in eine Semi-Exklusivität: A nutzt, und B darf nur an Kunden liefern, die keine Konkurrenten von A sind, oder: A und B nutzen in je gesonderten Vertriebsgebieten. Dann liegen kartellrechtlich relevante Wettbewerbsbeschränkun-

gen vor. Solche Wettbewerbsverbote können sowohl bei der gemeinsamen Entwicklung wie auch bei der vertikalen Auftragsentwicklung vereinbart sein.

aa) Deutsches Kartellrecht

Das deutsche Kartellrecht ist seit dem 1.7.2005 durch eine Neufassung des GWB dem europäischen Kartellrecht angeglichen worden, indem § 1 GWB im Wortlaut dem Art. 81 EG – ohne die Zwischenstaatlichkeitsklausel und die Regelbeispiele – entspricht und § 2 GWB die rechtfertigenden Legalausnahmen des Art. 81 Abs. 3 EG aufführt mit einer dynamischen Verweisung auf die europäischen Gruppenfreistellungsverordnungen in ihrer jeweiligen Fassung. Zu diesen Änderungen sei verwiesen auf die Erläuterungen in Rn. 10 f. unten im Kapitel „Lizenzverträge". Eigenständig bleibt das deutsche Kartellrecht in der Zusammenschlusskontrolle, soweit nicht die EG-Fusionskontrollverordnung greift, §§ 35, 43 GWB. Die Gründung eines Gemeinschaftsunternehmens ist im Prinzip eine Fusion; sie kann bei großen Müttern, § 35 GWB, in seltenen Fällen deren marktbeherrschende Stellung begründen oder verstärken, wobei aber meist das F&E-Vorhaben rechtfertigende Vorteile nach § 36 GWB bringen wird. Eigenständig bleibt das deutsche Kartellrecht auch in der Erlaubnis von Mittelstandskartellen zur Rationalisierungskooperation zwischen kleinen und mittleren Unternehmen (KMU) in § 3 GWB, denn nach den Zwischenstaatlichkeits-Leitlinien der Kommission[1] beeinträchtigt die Kooperation zwischen KMU i.d.R. nicht den zwischenstaatlichen Handel, unterfällt also vermutungsweise nicht dem Vorrang des EG-Rechts. Die Vermutung, dass der zwischenstaatliche Handel durch solche Kooperationen nicht beeinträchtigt wird, ist allerdings widerlegbar. Nach der Empfehlung der EG-Kommission liegen KMU vor bei bis 50 Mio. Euro Jahresumsatz oder 43 Mio. Euro Bilanzsumme[2]; der BGH bestimmt KMU eher nach der relativen Marktmacht im Einzelfall[3].

bb) Europäisches Kartellrecht

Zum Wandel im EG-Kartellrecht von der konstitutiven Freistellung zur selbst einzuschätzenden Legalausnahme nach Art. 81 Abs. 3 EG sei verwiesen auf das Kap. „Lizenzverträge" Rn. 13 ff., dort auch mit dem Text von Art. 81 EG i.d. Fn.

Die zwischenbetriebliche F&E-Kooperation wie auch die F&E in einem Gemeinschaftsunternehmen (GU) können Wettbewerbsbeschränkungen nach **Art. 81 Abs. 1 EG** (früher: Art. 85 Abs. 1 EGV) sein, müssen es aber nicht sein. Nicht spürbare Wettbewerbsbeschränkungen i.S.d. de-minimis-Be-

---

1 Bekanntmachung der Kommission, Leitlinien über den Begriff der Beeinträchtigung des zwischenstaatlichen Handels in den Art. 81, 82 EG, Tz. 50, ABl. EU 2004 Nr. C 101/82, abgedruckt z.B. bei *Bechtold et al.*, EG-Kartellrecht, Anhang C.
2 Empfehlung der Kommission 2003/361/EG, ABl. EG Nr. L 2003, 124/36; vgl. auch oben bei Rn. 1 „Begriffe".
3 BGH v. 24.9.2002 – KVR 8/01, NJW 2003, 205, 207– Konditionenanpassung – zu KMU bei § 20 GWB.

kanntmachung der Kommission[1] bleiben außer Betracht. Nicht spürbare Kleinfälle sollen nach dieser Bekanntmachung Vereinbarungen unter Wettbewerbern sein, die gemeinsam nicht mehr als 10 % Marktanteil haben, und unter Nichtwettbewerbern, die individuell nicht mehr als 15 % Marktanteil besitzen, es sei denn bestimmte Kernbeschränkungen wie Preisfestsetzungen, Markt- oder Kundenaufteilungen seien bezweckt.

71 Gemeinsame Forschung und Entwicklung zwischen **Nichtwettbewerbern** mit freier Verwertung durch jeden Partner ist keine Wettbewerbsbeschränkung[2]. Das Gleiche gilt auch für den einfachen vertikalen Forschungs- oder Entwicklungsauftrag mit Ergebniszuweisung an den Auftraggeber gegen Zahlung, denn auch wenn das Ergebnis ein Monopolrecht ist, so wird es doch nur zugeordnet und nicht multipliziert. Anders mag es sein, wenn Wettbewerbsklauseln zu Lasten des Auftragnehmers hinzutreten.

72 Gemeinsame Forschung und Entwicklung unter **potentiellen oder aktuellen Wettbewerbern**, die den Effekt hat, dass auf dem Gebiet der Kooperation oder des F&E-Gemeinschaftsunternehmens die sonst mögliche eigenständige Forschung und Entwicklung eingestellt wird, kann hingegen eine Wettbewerbsbeschränkung nach Art. 81 Abs. 1 EG darstellen[3]. Erst recht liegen Wettbewerbsbeschränkungen vor, wenn die Partner oder die Gründerunternehmen Wettbewerber sind und die Ergebnisse der Forschung und Entwicklung nur gemeinsam verwertet werden, z.B. durch Vertrieb nur über das Gemeinschaftsunternehmen oder durch Zuweisung wechselseitiger Alleinvertriebsgebiete[4]. Bei eigenständigem Vertrieb durch ein Gemeinschafts-

---

1 Sog. Bagatellbekanntmachung, ABl. EG 2001 Nr. C 368/07, abgedr. in Beck'sche Textausgabe Gewerblicher Rechtsschutz Nr. 660.
2 Bekanntmachung der Kommission, Leitlinien zur Anwendbarkeit von Art. 81 EG-Vertrag auf Vereinbarungen über horizontale Zusammenarbeit (Horizontale Leitlinien), ABl. EG Nr. C 3/2001, 2, abgedr. in Beck'sche Textausgabe Gewerblicher Rechtsschutz Nr. 655, Tz. 24, 56.
3 EG-Kommission, Horizontale Leitlinien, ABl. EG Nr. C 3/2001, 2, 9 Tz. 58, 64; EG-Kommission v. 11.10.1988, GRUR Int. 1989, 144 – Kontinental/Michelin: Zwischenbetriebliche Kooperation zur Entwicklung des pannensicheren RHT-Reifens implizierte Verzicht auf Eigenentwicklung; EG-Kommission v. 18.5.1994, ABl. EG Nr. L 144/1994, 20 – Exxon/Shell – GU für gemeinsame Produktion von Polyethylen niedriger Dichte implizierte Verzicht auf individuelle Ausweitung des Polyethylengeschäfts der Gründerunternehmen; EG-Kommission v. 16.12.1994, ABl. EG Nr. L 354/1994, 87 – Ashi/Saint Gobain – Gemeinschaftsunternehmen für die Entwicklung von Glaskunststoffverbundfenstern für Kfz.
4 EG-Kommission, Horizontale Leitlinien, ABl. EG Nr. C 3/2001, 2, 9, 10 Tz. 64, 65; EG-Kommission v. 11.10.1988, BBC/NGK – Natriumschwefelbatterie – wechselseitige Zuweisung von Alleinvertriebsgebieten; EG-Kommission v. 11.10.1988, Kontinental/Michelin – RHT-Reifen – Verzicht auf autonome Verwertungszuständigkeit bei Patenten zugunsten einer nur konzertierten Lizenzvergabe als Wettbewerbsbeschränkung; EG-Kommission v. 6.10.1994, ABl. EG Nr. L 309/1994, 1 – Pasteur Mérieux/Merck – Entwicklung von polyvalentem Impfstoff mit Alleinvertriebsaufteilung in bestimmten Gebieten und Wettbewerbsverbot zugunsten des GU; EG-Kommission v. 12.12.1994, ABl. EG Nr. L 341/1994, 66 – Fujitsu/AMD – GU für die Produktion von Wavern für nichtflüchtige Speicher (NVM) – Wettbewerbsverbot zugunsten des GU wurde als notwendige Nebenabrede toleriert.

unternehmen wird dieses zu einem vollfunktionsfähigen i.S.v. Art. 3 Abs. 4 FKVO[1] und ein voll funktionsfähiges Gemeinschaftsunternehmen kann für die Mütter ein kontrollfähiger Zusammenschluss werden. Unter Art. 81 Abs. 1 EG können sowohl wettbewerbsbeschränkende Effekte zwischen den Kooperationspartnern fallen, vorausgesetzt, sie sind aktuelle oder potentielle Wettbewerber[2], wie auch Dritte betreffende Beschränkungen, z.B. Gebietsvorbehalte. Bei den Wettbewerbsbeschränkungen zwischen den Parteien zählen auch **indirekte Auswirkungen** (sog. „Spill-over-Effekte") auf die eigenständige Vertriebstätigkeit. Insbesondere bei einer teueren gemeinschaftlichen Produktion und hohem Marktanteil der Kooperationspartner auf dem Endproduktmarkt der Gemeinschaftserzeugnisse liegen Preisangleichungen als indirekte, automatische Effekte nahe[3].

Nach **Art. 81 Abs. 3 EG** können F&E-Kooperationen trotz Wettbewerbsbeschränkung **von Gesetzes wegen freigestellt** sein, wenn 73
- sie zum technischen oder wirtschaftlichen Fortschritt beitragen,
- der Verbraucher am Gewinn angemessen beteiligt ist,
- die Beschränkungen unerlässlich sind und
- wesentlicher Wettbewerb bestehen bleibt.

Die ersten beiden Voraussetzungen sind bei der Entwicklung neuer Produkte regelmäßig gegeben. Bleibt wesentlicher Wettbewerb bestehen, so war die EG-Kommission mit Freistellungen von F&E-Kooperationen ziemlich großzügig. Das ist die kehrseitige Konsequenz aus der EU-Forschungsförderung, die vorzugsweise Kooperationen zugute kommt (vgl. unten Rn. 133 ff.). Die Kommission schränkte aber oft die zeitliche Dauer von Beschränkungen, z.B. von Wettbewerbsverboten, Zuweisung ausschließlicher Vertriebsgebiete bei der Verwertung usw. ein. 74

Während die F&E-Kooperation marktstarker Partner (**mehr als 25 % Marktanteil**) der Selbsteinschätzung hinsichtlich Wettbewerbsbeschränkung nach Art. 81 Abs. 1 EG und Rechtfertigung nach Art. 81 Abs. 3 EG bedarf, gibt es für Fälle geringerer Bedeutung ein Geflecht von **Gruppenfreistellungsverordnungen**, die jedenfalls für näher umschriebene Vereinbarungen die Erlaubnis nach Art. 81 Abs. 3 EG gewähren. Dieses Netz von Gruppenfreistellungsverordnungen setzt sich zusammen aus 75
- der Technologietransferverordnung (GVTT)[4] vom 27.4.2004,

---

[1] EG-Fusionskontrollverordnung (VO Nr. 139/2004, FKVO) v. 20.1.2004, ABl. EU Nr. L 24/2004, 1 = Beck Texte im dtv 5009 WettbR Nr. 12.
[2] Die Begriffe sind definiert in Fn. 8 und 9 der Horizontalen Leitlinien, ABl. EG Nr. C 3/2001, 2, 29.
[3] EG-Kommission, 14. Wettbewerbsbericht 1994, S. 114 ff.
[4] Verordnung (EG) Nr. 772/2004 der Kommission v. 27.4.2004 zur Anwendung von Art. 81 Abs. 3 des Vertrags auf Gruppen von Technologietransfervereinbarungen, ABl. EG Nr. L 123/2004/11, abgedruckt in Anhang, S. 2715 ff.; im Folgenden: GVTT.

- der F&E-GVO 2659/2000 vom 29.11.2000[1], die seit dem 1.1.2001 gilt und die frühere F&E-GVO 418/85[2] abgelöst hat,
- der Spezialisierungs-GVO 2658/2000, die ebenfalls seit dem 1.1.2001 gilt[3], und an die Stelle der Spezialisierungs-GVO 417/85[4] getreten ist.

76 Die alte F&E-GVO und die alte Spezialisierungs-GVO waren noch Gruppenfreistellungsverordnungen alten Typs mit einem unfangreichen Katalog „weißer Klauseln". Die neuen F&E- und Spezialisierungs-GVO sind Freistellungsverordnungen des neuen Typs. Es gibt keinen Katalog weißer Klauseln mehr. Im Prinzip soll jede Vertragsgestaltung zwischen nicht marktmächtigen Unternehmen freigestellt sein, wenn sie keine „schwarz" gelisteten Kernbeschränkungen enthält[5]. Der Wortlaut der F&E-GVO gewährt in Art. 1 Abs. 2 die Freistellung allerdings nur für solche Klauseln „die ... mit ... der Durchführung unmittelbar verbunden und für diese notwendig sind ...". Die Horizontalen Leitlinien sollen als Ergänzung der neuen GVO dienen[6] (siehe auch Lizenzverträge Rn. 22).

77 Für Auftragsforschung, gegenseitige Lizenzen (Cross-Lizenzen), Patentpools, Kooperation durch Spezialisierung und F&E-Kooperation, sei es eine zwischenbetriebliche oder in einem Gemeinschaftsunternehmen, führt das zu folgendem Regelwerk:

78 **Auftragsforschung/-entwicklung:** Sie kann in verschiedenen Formen in Erscheinung treten und ist durch ein **vertikales Verhältnis** auf unterschiedlichen Wirtschaftsstufen zwischen Auftraggeber und Auftragnehmer gekennzeichnet, regelmäßig mit ausdrücklicher Zuordnung der materiellen und immateriellen Ergebnisse an den Auftraggeber. Diese vertikalen Auftragsverhältnisse können von kartellrechtlich relevanten Wettbewerbsverboten oder Kundenbeschränkungen begleitet sein, nicht für Dritte oder nicht für bestimmte Dritte oder allgemein auf dem Auftragsgebiet nicht zu arbeiten. Eine einheitliche, systematische kartellrechtliche Behandlung wie für die horizontale F&E-Kooperation oder die Technologietransferverträge fehlt; die

---

1 Verordnung der Kommission (EG) Nr. 2659/2000 über die Anwendung von Art. 81 Abs. 3 des EG-Vertrags auf Gruppen von Vereinbarungen über Forschung und Entwicklung, ABl. EG Nr. L 304/2000, 7, abgedruckt in Anhang, S. 2706 ff.
2 Verordnung (EWG) Nr. 418/85 der Kommission v. 19.12.1984 über die Anwendung von Art. 85 Abs. 3 des Vertrags (jetzt: Art. 81 Abs. 3 EG) auf Gruppen von Vereinbarungen über Forschung und Entwicklung, ABl. EG Nr. L 53/1985, 5, geändert durch die VO (EG) Nr. 151/93 v. 23.12.1992, ABl. EG Nr. L 21/1993, 8, und die VO (EG) Nr. 2236/97 v. 10.11.1997, ABl. EG Nr. L 306/1997, 12.
3 Verordnung der Kommission (EG) Nr. 2658/2000 über die Anwendung von Art. 81 Abs. 3 EG-Vertrag auf Gruppen von Spezialisierungs-Vereinbarungen, ABl. EG Nr. L 304/2000, 3.
4 Verordnung (EWG) Nr. 417/85 der Kommission v. 19.12.1984 über die Anwendung von Art. 85 Abs. 3 des Vertrags (jetzt: Art. 81 Abs. 3 EG) auf Gruppen von Spezialisierungsvereinbarungen ABl. EG Nr. L 53/1985, 1, zuletzt geändert durch die VO (EG) Nr. 2236/97 v. 10.11.1997, ABl. EG Nr. L 306/1997, 12; abgedruckt u.a. in Beck, Texte Europarecht Nr. 632.
5 Horizontale Leitlinien Tz. 68, ABl. EG Nr. C 3/2001, 2, 10.
6 Horizontale Leitlinien Tz. 37, ABl. EG Nr. C 3/2001, 2, 6.

Meinungen darüber, welche GruppenfreistellungsVO anwendbar sei, gehen auseinander[1]. Hier wird das „Günstigkeitsprinzip" vertreten: Ist die Vereinbarung durch irgendeine GruppenfreistellungsVO freigestellt, deren Tatbestandmerkmale sie auch erfüllt, so ist sie eben freigestellt. Das führt dann allerdings dazu, dass das eine oder andere kartellrechtliche Regelwerk die Auftragsforschung mehr zufällig ergreift.

Beauftragt ein Produzent einen anderen mit der Entwicklung einer auf sein neues Produkt abgestimmten Komponente, so mag das in seiner Arbeitsteiligkeit eine „gemeinsame" Entwicklung sein. Hat der Andere keine Verwertungskapazität und wird vereinbart, dass er die Ergebnisse für weitere Forschungsarbeiten verwenden darf, so fällt ein solcher Entwicklungsauftrag unter die F&E-GVO, weil er „gemeinsam" ist und mit ausreichend Zugang zum Ergebnis nach Art. 3 Abs. 2 S. 2 F&E-GVO. Hat der Entwickler aber eigene Verwertungskapazität, soll das Ergebnis allerdings, wie üblich, allein dem Auftraggeber zustehen, so fehlt es für die F&E-GVO am allseitigen Zugang zum Ergebnis. Auftragsentwicklung mit Ergebniszuweisung ist aber für sich keine Wettbewerbsbeschränkung nach Art. 81 Abs. 1 EG. 79

Werden dem Entwickler **Wettbewerbsverbote** oder **Kundenbeschränkungen** für Konkurrenzentwicklungen auferlegt, so liegt zwar eine Wettbewerbsbeschränkung vor, Kundenbeschränkungen an Nichtwettbewerber des Auftraggebers sind aber i.d.R. nach Art. 81 Abs. 3 EG gerechtfertigt, weil der zahlende Auftraggeber sich einen Vorlauf sichern darf[2]. Entwickelt und liefert der Zulieferant an seinen Auftraggeber, dem auch ein etwaiges Schutzrecht, abgegolten durch das Entwicklungshonorar, zustehen soll, so gilt für diese Vereinbarung zwischen verschiedenen Marktstufen die Vertikal-GVO[3] nach ihrem Art. 2 Abs. 1 und 3. Kundenbeschränkungen wären dann nach Art. 5 Vertikal-GVO als Wettbewerbsverbote nicht freigestellt, wenn sie auf unbestimmte Dauer oder mehr als fünf Jahre vereinbart wären, könnten aber gerade bei Auftragsentwicklung nach Art. 81 Abs. 3 EG gerechtfertigt sein[4]. 80

---

1 *Fuchs* in Immenga/Mestmäcker, EG-Wettbewerbsrecht, EG/Teil 1 III, 4. Aufl. 2007, Rn. 16 Einl. zur FuE-VO meint, dass die F&E-GVO sowohl für horizontale wie für vertikale Verträge gelte; *Winzer*, Forschungs- und Entwicklungsverträge, 2D, meint, plausibel gestützt auf ein Beispiel in Tz. 213 der Vertikal-Leitlinien, dass vertikale Entwicklungsverträge der Vertikal-GVO unterfallen, ebenso wohl *Rosenberger*, Verträge über Forschung und Entwicklung Tz 74.
2 In etwa vergleichbar mit dem seinerzeit freigestellten Fall Kommission v. 17.7.1968 – 68/319/EWG, GRUR Int. 1969, 64 – ACEC – Berliet, Entwicklung eines elektrischen Antriebs von ACEC für die Berliet-Busse mit Kundenbeschränkungen für ACEC; vgl. auch *Rosenberg*, Verträge über Forschung und Entwicklung, Kap. 5 Rn. 514, 541.
3 VO (EG) Nr. 2790/1999 der Kommission über die Anwendung von Art. 81 Abs. 3 des Vertrages auf Gruppen von vertikalen Vereinbarungen und aufeinander abgestimmten Verhaltensweisen v. 22.12.1999, ABl. EG 1999 Nr. L 336, 21 mit den Vertikal-Leitlinien ABl. EG Nr. C 291/2000, 1, die in Tz. 213 einen ähnlichen Fall mit Alleinbelieferung für fünf Jahre, aber über den Marktanteilsschwellen liegend, behandeln und wegen des Investitionsschutzes für freigestellt erachten.
4 So der Fall Kommission v. 17.7.1968 – 68/319/EWG, GRUR Int. 1969, 64 – ACEC – Berliet.

81 Erhält der Entwickler für die Übertragung einer schutzfähigen Erfindung eine laufende **Erlösbeteiligung**, so kann es sich um einen der TTGV unterfallenden Lizenzvertrag handeln, denn die GVTT gilt auch für Schutzrechtsübertragungen nicht gegen Einmalentgelt sondern gegen laufende Gebühr, „Technologietransfer-Vereinbarung" nach der Definition in Art. 1 Abs. 1 lit. b GVTT.

82 **Crosslizenzen:** Bei einer arbeitsteiligen Entwicklungskooperation ist es oft so, dass die Partner Inhaber der jeweils entwickelten Schutzrechte bleiben, einander aber **wechselseitige Lizenzen** erteilen. Solche Crosslizenzen unter Wettbewerbern werden in der GVTT kritisch gesehen hinsichtlich Beschränkungen für die Parteien, andrerseits sind sie aber natürliche Verwertungskonsequenz bei einer arbeitsteilig gemeinsamen Entwicklung. „Gemeinsam" ist eine F&E nach Art. 2 Nr. 11 F&E-GVO, wenn sie durch eine gemeinsame Arbeitsgruppe, Organisation oder Unternehmen oder durch einen gemeinsam bestimmten Dritten oder aufgabenteilig durchgeführt wird, und das gilt auch für die Gemeinsamkeit der Verwertung. Gemeinsame Verwertung ist aber in Art. 4 F&E-GVO für sieben Jahre und länger freigestellt. Wechselseitige Lizenzen als Form der gemeinsamen Verwertung fallen dann bei F&E nicht unter die GVTT, sondern unter die dafür speziellere F&E-GVO[1].

83 Vereinbarungen zwischen Mitgliedern einer **F&E-Kooperation** oder einer **Patentgemeinschaft** sind keine Wettbewerbsbeschränkungen nach Art. 81 Abs. 1 EG, wenn sie lediglich jedem Gemeinschafter die Nutzung der gemeinsamen Technologie ohne Gebietsbeschränkungen erlauben. Ansonsten fallen Poolvereinbarungen als Vereinbarungen zwischen mehr als zwei Unternehmen aus der GVTT heraus und unter die Spezialregelungen der F&E-GVO 2659/2000 oder die Spezialisierungs-GVO 2658/2000. Danach ist die F&E-Zusammenarbeit, auch in der Verwertung, zwischen Nichtwettbewerbern zeitlich unbegrenzt freigestellt und gilt solange, als die beteiligten Unternehmen keinen gemeinsamen Anteil von über 25 % am relevanten Markt der Vertragserzeugnisse erreichen, Art. 4 Abs. 1 und 3 der F&E-GVO 2659/2000. Gehören zu den Vertragspartnern Wettbewerber, die nicht sonderlich stark sind – zusammen nicht mehr als 25 % Marktanteil auf dem F&E-Gebiet haben –, so gilt die Freistellung für die Dauer der Forschung und Entwicklung plus sieben Jahre – Art. 3, Abs. 1, 2 F&E-GVO 2659/2000.

84 Handelt es sich wenigstens bei einigen der F&E-Partner um **marktstarke F&E-Partner** – über 25 % Marktanteil auf dem F&E-Gebiet –, so fällt die Kooperation aus der F&E-Gruppenfreistellung heraus und die Parteien müssen anhand der Horizontalen Richtlinien selbst einschätzen, ob eine Wettbewerbsbeschränkung nach Art. 81 Abs. 1 EG trotz Größe zu verneinen ist oder ob sie nach Art. 81 Abs. 3 EG gerechtfertigt ist. Dabei gelten „schwarze Klauseln" als Indiz für nicht gerechtfertigte Wettbewerbsbeschränkungen.

---

[1] TT-Leitlinien der Kommission ABl. EU 2004 Nr. C 101, 2, Tz. 59, 60.

Eine **Spezialisierung**, z.B. zugunsten eines Produktions-Gemeinschaftsunternehmens, ist nach der Spezialisierungs-GVO 2658/2000 freigestellt, wenn die Summe der Marktanteile der beteiligten Unternehmen nicht mehr als 20 % beträgt, Art. 4 Spezialisierungs-GVO, während die Gesamtumsatzgrenze der Beteiligten (früher eine Milliarde Euro im Geschäftsjahr) entfallen ist.

Bei einem **Gemeinschaftsunternehmen** fallen Lizenzen von den Müttern an das Gemeinschaftsunternehmen unter die F&E-GVO[1], und ebenso sind Lizenzen vom Gemeinschaftsunternehmen an die Mütter zur individuellen Verwertung der F&E-Ergebnisse nach Art. 1 Abs. 1, Art. 2 Nr. 11 F&E-GVO 2659/2000 freigestellt für die oben genannten Zeiträume nach Art. 4 F&E-GVO. Lizenzen des Gemeinschaftsunternehmens an Dritte sind hingegen nach der GVTT zu beurteilen.

Bei den Marktanteilen gilt allgemein eine Toleranzgrenze von fünf Prozentpunkten, also 25 %–30 %, respektive 20 %–25 % für zwei Jahre[2].

Bei **F&E-Kooperationen und Spezialisierungen** waren ausdrücklich gestattet (weiße Klauseln – nachfolgend kursiv –, die in der alten F&E-GVO 418/85 ausdrücklich freigestellt waren, aber nicht mehr in der neuen F&E-GVO 2659/2000 genannt sind):

– Verbot der **Konkurrenzforschung** während des gemeinsamen F&E-Programms bzw. Teilnahme an einer Konkurrenzspezialisierung, Art. 4 Abs. 1 lit. a, b F&E-GVO 418/85, Art. 2 Abs. 1 lit. a Spezialisierungs-GVO 417/85; ist als vernünftige Nebenbestimmung mit freigestellt in Art. 1 Abs. 2 F&E-GVO 2659/2000.

– *Bezugsverpflichtungen* für Vertragserzeugnisse, Art. 4 Abs. 1 lit. c F&E-GVO 418/85, Art. 2 Abs. 1 lit. b Spezialisierungs-GVO 417/85.

– *Produktionsverbote im Gebiet* von anderen Vertragspartnern, Art. 4 Abs. 1 lit. d F&E-GVO 418/85

– *Field of use*-Beschränkungen unter Nichtwettbewerbern, Art. 4 Abs. 1 lit. e F&E-GVO 418/85

– *für fünf Jahre ab erstem Inverkehrbringen* **keine aktive Vertriebspolitik** *im Gebiet anderer Vertragspartner*. Da in Art. 5 Abs. 1 lit. g F&E-GVO 2659/2000 ein Verbot aktiver Verkaufspolitik in fremdem Gebiet erst nach sieben Jahren verboten ist, darf man rückschließen, dass das Verbot bis zu sieben Jahren freigestellt ist. Der passive Vertrieb, also die Bedienung von Anfragen aus anderen Gebieten, muss aber erlaubt sein, Art. 5 Abs. 1 lit. f F&E-GVO 2659/2000.

– Für fünf Jahre ab erstem Inverkehrbringen **Alleinvertrieb** über einen Partner oder das GU oder einen Dritten, wenn sie nicht zugleich auch Wettbewerbsprodukte führen, Art. 4 Abs. 1 lit. fa-fc F&E-GVO 418/85; Art. 2 Abs. 1 lit. c, d, e Spezialisierungs-GVO 417/85. Nach der F&E-GVO

---

1 TT-Leitlinien Tz. 60.
2 Art. 6 Abs. 2 F&E-GVO Nr. 2659/2000; Art. 6 Abs. 2 Spezialisierungs-GVO Nr. 2658/2000.

2659/2000 ist der Vertrieb über einen Partner als eine Form der „gemeinsamen" Verwertung, Art. 2 Nr. 11, in der Dauer der Grundfreistellung mit enthalten.

- *Erfahrungsaustausch und einfache Rücklizenzen auf Verbesserungen, Art. 4 Abs. 1 lit. g F&E-GVO 418/85.*

- **Belieferungspflichten,** *Art. 2 Abs. 3 lit. a Spezialisierungs-GVO 417/85, Art. 5 Abs. 1 lit. h F&E-GVO 418/85, sowie Lagerhaltungs- und Kundendienstpflichten, Art. 2 Abs. 3 lit. b, c Spezialisierungs-GVO 417/85.*

- *Bei F&E-Kooperationen waren ferner die notwendigen Bestimmungen zur Erlangung und Erhaltung von Schutzrechten, insbesondere* **Geheimhaltung** *des Know-how sowie Verteidigung von Schutzrechten freigestellt, Art. 5 Abs. 1 lit. a-e F&E-GVO 418/85.* Geheimhaltungsbestimmungen sind aber sicherlich als unmittelbar verbunden und notwendig nach Art. 1 Abs. 2 F&E-GVO 2659/2000 mit freigestellt.

- *Freigestellt waren auch Vereinbarungen über* **Ausgleichszahlungen** *bei ungleichen Beiträgen, Art. 5 Abs. 1 lit. f F&E-GVO 418/85.* In solchen nicht mehr erwähnten Ausgleichszahlungen liegt keine erkennbare Wettbewerbsbeschränkung nach Art. 81 Abs. 1 EG.

89 Die vorstehend kursiv gedruckten Freistellungen, die in der alten F&E-GVO 418/85 ausdrücklich enthalten waren, sind in der F&E-GVO vom 29.11.2000 nicht gesichert. Diese enthält keine Liste „weißer Klauseln" oder „grauer Klauseln", sondern lässt nur in Art. 1 Abs. 2 an der Freistellung auch solche Klauseln teilnehmen, die zwar nicht den eigentlichen Gegenstand der F&E-Vereinbarung bilden, mit der F&E-Durchführung aber „unmittelbar verbunden und für diese notwendig" sind. Viele der früher weiß gelisteten Klauseln wird man als für eine sinnvolle gemeinsame Entwicklung und/oder Verwertung unmittelbar verbunden und notwendig erachten, wie etwa Erfahrungsaustausch, Rücklizenzen und fallweise auch Bezugsverpflichtungen, so dass sie an der Grundfreistellung teilnehmen[1]. Nach den Horizontalen Leitlinien Tz. 70 sollen die „schwarzen Klauseln" in Art. 5 einen guten Hinweis darauf darstellen, was nicht notwendig sei. Im Gegenschluss heißt das, was nicht schwarz in Art. 5 gelistet ist, darf prima facie als freigestellt angesehen werden, wenn die Marktanteilsgrenze nicht überschritten ist.

90 **Schwarze Klauseln**, die einer Gruppenfreistellung entgegenstehen und Selbsteinschätzung erforderlich machen, sind nach Art. 5 F&E GVO 2659/2000:

- Verbot von Forschung in nicht verwandten Gebieten oder nach Auslaufen des gemeinsamen F&E-Projekts,

- nachvertragliche Nichtangriffsklauseln,

- Mengenbeschränkungen, in der F&E-GVO 2659/2000 allgemein Beschränkungen der Produktion oder des Absatzes,

- Preisbindungen,

---

[1] *Rosenberger*, Verträge über Forschung und Entwicklung, Kap. 5 Rn. 343 ff.

– Kundenbeschränkungen nach Ablauf von sieben Jahren nach erstem Inverkehrbringen,
– Gebietsbeschränkungen nach Ablauf von sieben Jahren nach erstem Inverkehrbringen,
– Lizenzierungsverbote ohne eigene Verwertung durch die Kooperationspartner,
– Verbot passiver Verkäufe an Gebietsfremde und Verhinderung von Parallelimporten zweiter Hand.

Erlaubt sind aber nach Art. 5 Abs. 2 F&E-GVO bei gemeinsamer Produktion die Aufstellung von Produktionszielen und bei gemeinsamem Vertrieb die Aufstellung von Vertriebszielen und die Festsetzung von Preisen gegenüber den Direktabnehmern.

V. Leistungsergebnis

1. Materielles Ergebnis

a) Im abhängigen Dienstverhältnis

Das **Sacheigentum** an den Forschungs- und Entwicklungsergebnissen, die der Arbeitnehmer im Dienst seines Arbeitgebers erarbeitet, steht im Allgemeinen von vornherein dem Arbeitgeber zu, weil er nach der Verkehrsanschauung als Hersteller i.S.d. § 950 BGB gilt[1]. Eine Ausnahme gilt bei der zweckfreien Forschung für den Hochschulprofessor: ihm steht das Sacheigentum an seinen erarbeiteten Forschungsmaterialien selbständig zu, er kann aber aus der Treupflicht heraus eine Anbietungspflicht gegenüber seiner Universität haben[2]. Eigenes Eigentum gilt aber nur für den Fall der zweckfreien Forschung, nicht für Beiträge im Rahmen eines wirtschaftlichen Forschungs- und Entwicklungsprojektes.

b) Im freien Auftragsverhältnis

Handelt es sich um **Bearbeitungen von Produkten**, die der Auftraggeber zugeliefert hat, so wird er als Hersteller nach § 950 BGB angesehen[3]. Erstellt der Entwickler z.B. den Prototyp, so wird er vorerst Eigentümer, ist aber nach §§ 651, 433 BGB verpflichtet, die hergestellte Sache, z.B. den Prototyp, dem Besteller zu übereignen.

Bei der Softwareentwicklung wird die Pflicht, den **Quellcode** mitzuliefern, unterschiedlich beurteilt, wenn Vereinbarungen dazu nicht getroffen sind. Nach eine älteren BGH-Entscheidung verpflichtet die Entwicklung eines In-

---

1 BGH v. 26.10.1951 – I ZR 93/51, NJW 1952, 661– Krankenhauskartei des angestellten Chefarztes; BGH v. 27.9.1990 – I ZR 244/88, BGHZ 112, 243 – Grabungsmaterialien.
2 BGH v. 27.9.1990 – I ZR 244/88, BGHZ 112, 243 – Grabungsmaterialien.
3 BGH v. 28.6.1954 – IV ZR 40/54, BGHZ 14, 114 – Vertragsmälzung.

dividualprogramms nicht eo ipso auch zur Lieferung des Quellcodes[1], während einige Instanzgerichte die Verpflichtung zur Überlassung des Quellcodes bei Individualprogrammen bejahten[2], jedenfalls dann, wenn der Ersteller keine Wartungsverpflichtung eingegangen ist. Nach neuerer Rechtsprechung kommt es auf die Umstände des Falls an, insbesondere darauf, ob das Programm zur Vermarktung durch den Besteller erstellt worden ist[3]. Ist die Softwareentwicklung außerhalb einer speziellen Anlage allgemein einsetzbar und war die Entwicklungsvergütung einverständlich nur als Teilamortisation der Kosten kalkuliert, so wird man unter diesen Umständen eine Verpflichtung zur Überlassung des Quellcodes verneinen müssen: Der Entwickler braucht den Quellcode für den Vertriebsschutz, der darin liegt, dass nur er über den Quellcode verfügt; mit diesem Vertriebsschutz schützt er seine Amortisation. Spezialgeräte, die für einen Kunden entwickelt werden, müssen diesem aber voll, einschließlich des zu Wartungs- und Änderungszwecken benötigten Quellcodes zur Verfügung stehen[4], ebenso wenn der Quellcode für eine vollwertige Vermarktung gebraucht wird.

95 Wenn der Entwicklungsauftrag auf die **Herstellung einer neuen Sache**, was Software einschließt, gerichtet ist und von einem kaufmännisch eingerichteten Gewerbebetrieb für einen kaufmännisch eingerichteten Gewerbebetrieb ausgeführt wird, so dass er für beide Teile ein Handelsgeschäft ist, so trifft den Auftraggeber die kaufmännische Pflicht zur unverzüglichen **Untersuchung und Rüge** nach §§ 377, 381 Abs. 2 HGB[5]. Unverzügliche Untersuchungs- und Rügepflicht gilt auch für etwaige Nachbesserungsarbeiten zur Mangelbeseitigung[6]. Das Rügeerfordernis gilt aber nicht beim reinen Werkvertrag, also für ein unkörperliches Ergebnis oder die Bearbeitung einer fremden Software[7].

c) Im Zusammenarbeitsverhältnis

96 So wie Patente und anderes geistiges **Eigentum** im Regelfall nicht Gesellschaftsvermögen nach § 709 BGB werden, sondern von jedem Partner den anderen individuell zur Nutzung überlassen werden, so werden auch bei ei-

---

1 BGH v. 30.1.1986 – I ZR 242/83, NJW 1987, 1259.
2 LG Aschaffenburg v. 16.12.1997 – I O 354/93, CR 1998, 208 – Herausgabe des Quellcodes; OLG Karlsruhe v. 14.5.1998 – 11 U 39/96, CR 1999, 11: Der Hersteller einer Steuerungsanlage schuldet den Quellcode als Bestandteil der Dokumentation; LG München I v. 18.11.1988 – 21 O 11130/88, CR 1989, 990 – Quellcode bei Individualsoftware; LG Köln v. 3.5.2000 – 20 S 21/99, CR 2000, 505 – Herausgabe des Quellcodes und der dll.
3 BGH v. 16.12.2003 – X ZR 129/01, CR 2004, 490; ebenso *Redeker*, in Schneider/Graf v. Westphalen, Software-Erstellungsverträge, Kap. D Rn. 136; *Hoeren* CR 2004, 721.
4 OLG Karlsruhe v. 14.5.1998 – 11 U 39/96, CR 1999, 11.
5 BGH v. 14.7.1993 – VIII ZR 147/92, NJW 1993, 2436 – fehlende Dokumentation II für Software im Wege des Werklieferungsvertrags; OLG München v. 11.3.1998 – 7 U 2964/97, NJW-RR 1999, 331 – versäumte Rügepflicht beim Vorseriemuster in der Entwicklung eines mobilen Datenerfassungssystems.
6 BGH v. 22.12.1999 – VIII ZR 299/98, NJW 2000, 1414 = BGHZ 143, 307.
7 BGH v. 9.10.2001 – X ZR 58/00, CR 2002, 93 – Werkvertrag über Softwareportierung.

nem Partner sachlich entstehende Entwicklungsergebnisse, Prototypen, chemische Stoffe, biologische Kulturen, nicht Gesamthandseigentum, sondern bleiben Eigentum des einzelnen Partners, werden den anderen aber zur Nutzung, z.B. zum Nachbau oder zur Replikation bei biologischen Kulturen im Rahmen der getroffenen Einzelabsprachen zur Verfügung gestellt.

2. Immaterielles Leistungsergebnis

Hier handelt es sich einerseits um Know-how, andererseits um Patente, Gebrauchsmuster sowie um urheberrechtliche Nutzungsrechte an entwickelter Software.

97

a) Im abhängigen Dienstverhältnis

aa) Know-how

Das erarbeitete **Know-how** muss der Arbeitnehmer dem Arbeitgeber aufgrund seines Dienstverhältnisses zugänglich machen und zur Verfügung stellen. Das, was der Arbeitnehmer an Know-how im Kopf hat, trägt er im Allgemeinen frei mit sich und kann er nachvertraglich frei verwerten[1] bis auf vergütete Wettbewerbsverbote nach §§ 74 ff. HGB und punktuelle Geheimhaltungspflichten[2]. Es verstößt aber gegen § 17 UWG, wenn der Arbeitnehmer verkörperte Know-how-Unterlagen zur nachvertraglichen Verwertung mitnimmt oder solche, die er z.B. auf seinem Rechner früher legal gespeichert und noch in Besitz hat, mitnimmt und dann verwertet[3].

98

bb) Erfindungen

Schutzfähige Entwicklungen müssen der/die Arbeitnehmer unverzüglich ihrem Arbeitgeber **melden**, § 5 ArbnErfG. Der Arbeitgeber kann die Entwicklung beschränkt oder (im Allgemeinen) unbeschränkt binnen einer Frist von vier Monaten ab Meldung **in Anspruch nehmen**, §§ 6, 7 ArbnErfG, und anmelden oder an den Entwicklungsauftraggeber weiterübertragen. Jedes Unternehmen, das im Auftragsverhältnis oder in Kooperation mit anderen Partnern entwickelt, ist sowohl für die Überleitung von Erfindungen seiner Arbeitnehmer auf sich zur Weitergabe an Auftraggeber oder Kooperationspartner verantwortlich wie auch für etwaige Erfindervergütungen nach § 9 ArbnErfG an seine Arbeitnehmer. Vorbehaltlich des AÜG bleibt auch der entsandte Arbeitnehmer eigener Arbeitnehmer des Entsenderunternehmens[4].

99

---

1 BAG v. 15.6.1993 – 9 AZR 558/91, ZIP 1994, 642; BAG v. 16.3.1982 – 3 AZR 83/79, AP Nr. 1 zu § 611 Betriebsgeheimnis; BGH v. 21.12.1962 – I ZR 47/61, GRUR 1963, 357 – Industrieböden; BGH v. 3.5.2001 – I ZR 153/93, GRUR 2002, 91 – Spritzgießwerkzeuge.
2 BAG v. 15.12.1987 – 3 AZR 474/86, ZIP 1988, 733 – Weindirektvertrieb.
3 BGH v. 18.2.1977 – I ZR 112/75, NJW 1977, 1062 – Prozessrechner; BGH v. 7.11.2002 – I ZR 64/00, GRUR 2003, 356 – Präzisionsmessgeräte; BGH v. 27.4.2006 – I ZR 126/03, NJW 2006, 3424 – Kundendatenprogramm.
4 Schiedsstelle v. 19.6.1991 – ArbErf 070/90, ArbnErfG-CD-ROM – Entsendung zur spanischen Tochtergesellschaft.

100 Der Arbeiternehmer hat einen Anspruch auf **angemessene Vergütung** nach § 9 ArbnErfG, dessen Berechnung näher detailliert ist in den Vergütungsrichtlinien (RL)[1]. Für die angemessene Vergütung wird zuerst einmal der **Erfindungswert** (E) ermittelt. Bei durch Außenumsatz genutzten Erfindungen geschieht das regelmäßig nach der Lizenzanalogie, RL 6–11. Diese Methode der **Lizenzanalogie** hat meist drei Aspekte:

- den der betriebsüblichen oder ansonsten üblichen Lizenz für solche Fälle[2],

- den des Umsatzes; beim Umsatz ist nicht selten streitig, ob die in RL 11 vorgeschlagene Abstaffelung bei hohen Umsätzen anzuwenden ist[3],

- und den der Bezugsgrundlage: Bei komplexen Vorrichtungen, z.B. einer Maschine mit einer besonderen Steuerung, kann es nämlich sein, dass nur ein Teil durch das erfindungsgemäße Patent geschützt ist.

101 Die übliche Lizenz hätte ungeschmälert ein freier Erfinder als hypothetischer Lizenzgeber vereinbart. Bei einem Angestellten wird dieser Erfindungswert jedoch durch einen **Anteilsfaktor** (A%) gemindert, der dem Umstand Rechnung trägt, dass der Arbeitnehmer weder das Verwertungsrisiko noch die Schutzrechtskosten trägt und von vornherein gegen Vergütung für den Arbeitgeber tätig ist. Der Anteilsfaktor ergibt sich aus gewissen Wertzahlen: a) für Stellung der Aufgabe (RL 31), b) für Lösung der Aufgabe (RL 32) und c) für Stellung im Betrieb (RL 33–36): Eigeninitiative bei der Aufgabe zählt mehr, als wenn der Arbeitgeber sie vorgibt, und die Putzfrau bekommt wegen niedrigerer Stellung im Betrieb mehr als der Forschungsleiter, an den man höhere Erfindungserwartungen stellen kann. Für die addierten Wertzahlen wird aus einer Tabelle in RL 37 der Anteilsfaktor (A)[4] abgelesen. bzw. interpoliert.

a+b+c =	3	4	5	6	7	8	9	10	11	12	13	14	15	16	17	18	19	(20)
A =	2	4	7	10	13	15	18	21	25	32	39	47	55	63	72	81	90	(100) %

Die jährliche, zusätzliche **Erfindervergütung** (V) ist dann: $V = E \times A\%$. Der Erfindungswert E ist dabei $U \times L$ (Umsatz × hypothetischer Lizenzsatz)

102 Vergütungspflichtig für Erfindungen wird grundsätzlich nicht der Kooperationspartner, bei dem entwickelt wird, sondern der entsendende Kooperationspartner. Beim **vertikalen Entwicklungsvertrag** ist der **Erfindungswert** problematisch. Das entwickelnde Unternehmen bekommt keine laufende

---

[1] Richtlinien für die Vergütung von Arbeitnehmererfindungen im privaten Dienst v. 20.7.1959 (RL), abgedruckt z.B. in Beck Texte im dtv, Patent- und Musterrecht Nr. 16; Beck'sche Textsammlung, Gewerblicher Rechtsschutz Nr. 63.
[2] Gesammelte Erfahrungssätze bieten *Bartenbach/Volz*, KommRL 10 Nr. 91–143; *Groß*, BB 1995, 885, fortgeführt in BB 1998, 1321; *Hellebrand/Kaube/v. Falkenstein*, Lizenzsätze für technische Erfindung, 2. Aufl. 2007; *Groß/Rohrer*, Lizenzgebühren, 2003.
[3] Die Schiedsstelle staffelt regelmäßig ab, die Gerichte sind da zurückhaltender.
[4] Der Anteilsfaktor A liegt relativ am häufigsten bei 11–23 %. Der Durchschnittswert ist 19 %, *Dänner*, Studie BDI/BDA zum ArbEG; Industrieposition, Kritik am Ist-Stand, VPP-Rundbrief 1999, 31.

Lizenzgebühr, sondern eine Auftragsvergütung und wird im Allgemeinen vertraglich verpflichtet, das Ergebnis einschließlich etwaiger Erfindungen auf den Auftraggeber zu übertragen. Nach RL 14 ist Erfindungswert die Gegenleistung, die der Arbeitgeber für die Entwicklung vom Auftraggeber erhält. Dabei sind öffentliche Fördermittel nicht zu berücksichtigen. Fördermittel repräsentieren keinen Verwertungsnutzen und gehören daher grundsätzlich auch nicht zur Vergütungsbasis[1]. Wenn die Vergütung neben Selbstkostenerstattung einen kalkulatorischen Gewinnanteil ausweist, was bei Entwicklungsaufträgen der öffentlichen Hand oft der Fall ist, dann ist dieser die Vergütungsbasis[2]. Bei einem einheitlichen Vergütungsbetrag steht diese Gegenleistung nur zu einem Bruchteil für anfallende Immaterialgüterrechte zur Verfügung. Hier setzt die Schiedsstelle im Allgemeinen 1% – 5% der Gesamtauftragssumme als Erfindungswert für sämtliche im Rahmen des Auftrags entwickelte Erfindungen an[3]. Bei mehreren zu übertragenden Erfindungen teilt sich der Betrag folglich auf die Erfindungen und die daran jeweils beteiligten Erfinder auf.

Baut der Arbeitgeber die Entwicklung anschließend in Serie und liefert die Serienprodukte an den Entwicklungsauftraggeber, so ist der Lieferumsatz $L \times A$ die Vergütungsbasis[4]. Sind Arbeitnehmer des Auftraggebers an der erfinderischen Entwicklung beteiligt, so teilen sich die Arbeitnehmer im Verhältnis ihrer Beteiligung den Erfindungswert $U \times L$[5]. 103

Basis für die Vergütung ist der geldwerte Nutzen, den derjenige Kooperationspartner zieht, dessen Arbeitnehmer Vergütung beansprucht[6]. Verwerten beide durch Herstellung und Lieferung an Dritte, so ist Bezugsgrundlage der jeweilige Umsatz. Machen z.B. die Kooperationspartner A und B durch ihre Arbeitnehmer A' (50%) und B' (50%) eine patentfähige Entwicklung, und liefert A an C für 1 Mio. und B an D für 500000 Euro, so berechnet sich die Vergütung, wenn man annimmt, der Anteilsfaktor[7] bei A' sei 25%, der von B' 20% und der angemessene Lizenzsatz 2%, nach der Vergütungsformel $V = E \times A$ wie folgt[8]: 104

A' (50%): 1 Mio. × 25% × 2% = 5000 Vergütungsanspruch gegen A.
B' (50%): 500 000 × 20% × 2% = 2000 gegenüber B.

---

1 Schiedsstelle v. 13.8.1978 – ArbErf 30/75, PMZ 1977, 53 – Zuwendung kein fiktiver Umsatz.
2 LG Hamburg 7.2.1990 – 15 O 282/89, EGR ArbNErfG § 5 Nr. 34; OLG München v. 8.2.2001 – 6 U 5950/99, GRUR 2003, 792 – Verankerungsmittel.
3 *Bartenbach/Volz*, Rn. 197 zu § 9 ArbEG; Schiedsstelle v. 4.4.1995 – ArbErf 053/93, ArbEG-CD-Rom; Schiedsstelle v. 12.8.1997 – ArbErf 084/95, ArbEG-CD-Rom.
4 *Bartenbach/Volz*, Arbeitnehmererfindungen, 4. Aufl. 2006, Rn. 198.1.
5 OLG Frankfurt v. 30.4.1992 – 6 U 98/89, GRUR 1992, 852, 854 – Simulation für Radioaktivität.
6 Schiedsstelle v. 9.9.1993 – ArbErf 155/92 – Vergütung bei Auftragsentwicklung – referiert bei *Bartenbach*, Gewerblicher Rechtsschutz, 1994, S. 143; *Bartenbach/Volz*, Arbeitnehmererfindungen, 4. Aufl. 2002, § 9 ArbnErfG Rn. 192 ff.
7 Vgl. dazu RL Nr. 30–37.
8 Vergütungsformel nach RL 39.

105 Erzielt ein Partner Umsatz und zahlt an den anderen eine Ausgleichslizenz, so ist diese die Vergütungsbasis. Würde z.B. A 1000 Stück an C zum Vorzugspreis von 1000 − 50 für abgegoltene Schutzrechtsnutzung liefern, also einen Ausgleich von 50, entsprechend L = 5 % an B leisten, so ändert sich das Berechnungsbeispiel wie folgt:

$$\frac{A' \,(50\,\%)\text{: } 950\,000 \times 25\,\% \times 2\,\% = 4\,750}{B' \,(50\,\%)\text{: } 50\,000 \text{ (Bruttolizenz), entspricht etwa. } 20\,000 \text{ Nettolizenz}^{1} \times 20\,\% = 4000}$$

106 Erzielt nur ein Partner Verwertungsumsatz an Dritte und der andere nichts, so ist zu prüfen, ob der nicht verwertende Partner wirklich keinerlei Nutzen hat oder ob nicht ein mittelbarer Nutzen zu schätzen ist. Sind nutzender und leer ausgehender Kooperationspartner gesellschaftlich verbunden, so kann eine fiktive Lizenz zugunsten des nicht nutzenden Kooperationspartners in Betracht kommen.

107 Liefert der eine Kooperationspartner an den anderen zu dessen Eigenverwendung, im Beispielsfall also A für 1 Mio. an B, so wird der Verwertungsumsatz als gemeinsamer Nutzen bei beiden für die Vergütung zugrunde gelegt[2]. Also:

$$\frac{A' \,(50\,\%)\text{: } 1 \text{ Mio. } \times 50\,\% \times 25\,\% \times 2\,\% = 2500}{B' \,(50\,\%)\text{: } 1 \text{ Mio. } \times 50\,\% \times 20\,\% \times 2\,\% = 2000}$$

Dieses Ergebnis ist angemessen, denn aus 1 Mio. wäre auch dann sowohl an A′ als auch an B′ Vergütung zu zahlen gewesen, wenn beide bei A angestellt gewesen wären. Der Umsatz wird also letztlich nicht doppelt belastet.

108 Besondere Bedingungen herrschen, wenn der Kooperationspartner eine **Universität** ist. Nach dem alten § 42 ArbNErfG waren die Erfindungen von Professoren und wissenschaftlichen Assistenten deren freies geistiges Eigentum. Auftraggeber mussten also (auch) mit den Professoren abschließen, um Rechte auf sich überzuleiten.

109 Nach dem **neuen § 42 ArbNErfG**, das für Erfindungen nach dem 7.2.2002 gilt, müssen die an den Hochschulen Beschäftigten, also auch Professoren und wissenschaftliche Mitarbeiter, ihre Diensterfindungen zur Inanspruchnahme durch die Universität melden. Wollen sie publizieren, so müssen sie ihre Erfindung melden und die Publikationsabsicht zwei Monate zuvor der Universität anzeigen (§ 42 Nr. 1 ArbNErfG), damit die Universität Gelegenheit hat, vor der neuheitsschädlichen Publikation eine Patentanmeldung zu hinterlegen (positive Publikationsfreiheit). Wollen sie aus Gründen ihrer Lehr- und Forschungsfreiheit nicht veröffentlichen, so müssen sie nicht melden (negative Publikationsfreiheit, § 42 Nr. 2 ArbNErfG). Die Professoren und wissenschaftlichen Mitarbeiter erhalten für ihre gemeldeten Erfindungen ei-

---

1 Da A als fiktiver Lizenzgeber Gemeinkosten, Lizenz- und Schutzrechtserhaltungskosten hat und Gewinn erzielen soll, sind die Bruttolizenzeinnahmen auf eine Nettolizenz herunterzuschleusen, RL 14. Im Allgemeinen ist auch noch ein Know-How-Lizenzanteil abzuschätzen und abzuziehen, RL 14 Abs. 2.
2 OLG Frankfurt v. 30.4.1992 – 6 U 98/89, GRUR 1992, 852 – Simulation von Radioaktivität.

ne hohe Vergütung, nach § 42 Nr. 4 ArbNErfG 30 % der erzielten Einnahmen, also der Bruttoeinnahmen.

Auch nach dem neuen § 42 ArbNErfG bleibt es ratsam, im Hinblick auf eine mögliche Abbedingung der negativen Publikationsfreiheit und ggf. anderweitigen Regelung der Warnfrist, dass das auftraggebende Unternehmen, das seine Drittmittel zur Verfügung stellt, auch mit dem Professor und, ggf. über ihn als Vertreter, mit seinen wissenschaftlichen Mitarbeitern abschließt[1]. 110

Bei **Gemeinschaftsunternehmen** wird das Forschungs- und Entwicklungspersonal von der Entwicklungs-Tochtergesellschaft angestellt und vergütet. Arbeitnehmererfindervergütungsansprüche richten sich demzufolge gegen die Tochtergesellschaft. Da diese regelmäßig keinen Produktionsumsatz hat, die Erfindungen vielmehr im Allgemeinen kostenlos zur Nutzung den Muttergesellschaften überlässt, ist die Bezugsgrundlage für die Vergütung problematisch. Der BGH hat es der tatrichterlichen Bewertung der Umstände überlassen, ob der **Konzern** bei wirtschaftlicher Betrachtung ausnahmsweise als Einheit mit der Folge der Vergütung nach Konzernaußenumsatz anzusehen sei, oder ob eine fiktive Unterlizenz der nutzenden Konzerngesellschaften anzunehmen sei[2]. Bei der Ausgründung der Entwicklungsabteilung in eine GmbH ohne Umsatz mit dem Ziel, auf diese Weise die Vergütungsansprüche zu unterlaufen, liegt wirtschaftliche Konzerneinheit mit Zurechnung anderweitiger Umsätze nahe[3]. 111

Bei der oft anzutreffenden kostenlosen Übertragung auf die Konzernmutter kalkuliert die Schiedsstelle im Allgemeinen einen fiktiven Verkaufspreis als Vergütungsbasis, nämlich 1 % – 2 % aus dem Zehnjahresumsatz mit der an die Muttergesellschaft übertragenen Erfindung, wovon alsdann noch 70 % für kalkulatorische Kosten, Unternehmerlohn und Gemeinkosten abgezogen werden[4]. 112

Oft wird auch vereinbart, dass die angestellten Erfinder der Entwicklungs-GmbH so behandelt werden, wie wenn sie unmittelbar Angestellte der Muttergesellschaft wären[5]. 113

Erfindungen der **Organe und aktiven Gesellschafter** unterliegen nicht dem ArbnErfG. Erfindungen, die mit Mitteln des Betriebs zustande gekommen 114

---

1 *Bartenbach/Volz*, Arbeitnehmererfindungen, 4. Aufl. 2002, § 42 ArbNErfG Rn. 193.
2 BGH 16.4.2002 – X ZR 127/99, GRUR 2002, 801 – Abgestuftes Getriebe – aus Anlass einer Auskunftsklage des Arbeitnehmererfinders über den Konzernaußenumsatz.
3 Angedeutet in OLG München v. 8.2.2001 – 6 U 5950/99, GRUR 2003, 792 – Verankerungsmittel; Schiedsstelle 31.1.2002 ArbErf 090/99, berichtet in *Bartenbach*, Gew. Rechtsschutz 2002, 583.
4 Schiedsstelle 10.12.1998, ArbErf 073/96 und 115/96, berichtet in *Bartenbach*, Gew. Rechtsschutz 1999, 223; Schiedsstelle 22.2.2001 ArbErf 069/98, *Bartenbach*, Gew. Rechtsschutz 2001, 632 – Kaufpreisschätzungsmethode.
5 Schiedsstelle v. 9.9.1993 – ArbErf. 155/92, referiert in *Bartenbach*, Aktuelle Probleme des Gewerblichen Rechtsschutzes, 1994, S. 143 – Erfindervergütung beim Arbeitnehmer einer Tochtergesellschaft.

sind, sind aber im Allgemeinen aufgrund der dienstvertraglichen Treuepflicht nach § 611 BGB dem Unternehmen stillschweigend übertragen[1]. Der Geschäftsführer kann eine Sondervergütung nach § 612 Abs. 2 BGB verlangen, wenn eine solche unter den konkreten Verhältnissen üblich ist[2] oder hilfsweise nach billigem Ermessen, § 315 BGB, wenn er eine überobligationsmäßige Sonderleistung erbracht hat[3]. Eine solche Sonderleistung erbringt der kaufmännische oder Finanzvorstand eher als der Entwicklungsvorstand. Kann der Gesellschafter oder Geschäftsführer eine Sondervergütung verlangen, so berechnet sich diese zwar nicht nach dem ArbnErfG analog, aber die Wertungen des ArbnErfG sind bei der Begrenzung von Vergütungen für Dienstpflichtige zu berücksichtigen[4].

cc) Urheberrechtliche Leistungen

115 Softwareentwicklungen sind nach den seit 1993 reduzierten Schutzanforderungen in § 69a UrhG regelmäßig schutzfähig. Bei **Auftragswerken im Dienstverhältnis** stehen die Nutzungsrechte grundsätzlich ausschließlich dem Arbeitgeber zu, § 69b UrhG, und zwar grundsätzlich ohne zusätzliche Vergütung. Wo die Nutzungsrechte dienstvertraglich dem Arbeitgeber zustehen oder ohne Vergütungsvorbehalt eingeräumt worden sind, auch konkludent durch Einführung des Programms[5], ist im Allgemeinen auch keine Sondervergütung geschuldet[6], auch nicht, das ist allerdings strittig, nach § 32 UrhG[7]. Jedoch kann eine besondere Vergütung nach § 32a (früher 36) UrhG

---

[1] BGH v. 16.11.1954 – I ZR 40/53, GRUR 1955, 286 – Schnellkopierer – Vorausverfügung über Erfindungen zugunsten der Gesellschaft nach Inhalt und Zweck des Gesellschaftsvertrages; BGH v. 22.10.1964 – Ia ZR 8/64, GRUR 1965, 302 – Schellenreibungskupplung – stillschweigende Übertragung aus dienstvertraglicher Treuepflicht für einen kaufmännischen Geschäftsführer; OLG Düsseldorf v. 10.6.1999 – 2 U 11/98, GRUR 2000, 49 – Geschäftsführererfindung – mangels ausdrücklicher Vereinbarung Anbietungs- und Übertragungspflicht oder Lizenzierungspflicht nach hypothetischem Parteiwillen nach den Gesamtumständen.

[2] So im Fall BGH v. 22.10.1964 – Ia ZR 8/64, GRUR 1965, 302 – Schellenreibungskupplung, wo die Vergütung nach ArbnErfG auch beim Geschäftsführer bisher gehandhabt wurde.

[3] BGH v. 24.10.1989 – X ZR 58/88, GRUR 1990, 193 – Auto-Kindersitz; OLG Düsseldorf v. 10.6.1999 – 2 U 11/98, GRUR 2000, 49 – Geschäftsführer-Erfindung: Erfindung sei Sonderleistung gegenüber allgemeiner Leitungsfunktion, es sei denn die Produktentwicklung gehöre konkret zu den dienstvertraglichen Aufgaben.

[4] BGH v. 24.10.1989 – X ZR 58/88, GRUR 1990, 193 – Auto-Kindersitz.

[5] BAG v. 13.9.1983 – 3 AZR 371/81, GRUR 1984, 429 – Statikprogramme; BAG v. 21.8.1996 – 5 AZR 1011/94, NJW 1997, 1025 – Klage eines ehemaligen Arbeitnehmers auf Herausgabe eines von ihm eingeführten Computerprogramms.

[6] BAG v. 13.9.1983 – 3 AZR 371/81, GRUR 1984, 429 – Statikprogramme; BAG v. 12.3.1997 – 5 AZR 669/95, DB 1997, 1571 – Schaufensterdekoration; BGH v. 24.10.2000 – X ZR 72/98, GRUR 2001, 155 – Wetterführungspläne I; BGH v. 23.10.2001 – X ZR 72/98, CR 2002, 249 mit Anm. A. Brandi-Dohrn – Wetterführungspläne II: Sondervergütung nach dem Bestseller-Paragraphen § 36 UrhG, jetzt § 32a UrhG, bleibe aber theoretisch denkbar.

[7] Für die Anwendbarkeit von § 32 UrhG zusätzlich zu § 43 UrhG im Dienstverhältnis: *Karger* in Schneider/Graf v.Westphalen, Software-Erstellungsverträge, E 118;

geschuldet sein, wenn das normale Gehalt in auffälligem Missverhältnis zu den Erträgen und Vorteilen aus der Nutzung der Software steht[1].

Strittig sind die **Gelegenheits- und Erfahrungswerke**, also die, die mit Eigeninitiative des Arbeitnehmers aus seinem Arbeitsumfeld erwachsen, aber nicht speziell beauftragt oder angewiesen waren. Das LG München I[2] sieht hier eine von § 69b UrhG nicht abgedeckte Gesetzeslücke, die durch analoge Anwendung des ArbnErfG mit Inanspruchnahmerecht einerseits und Sondervergütungspflicht andererseits seitens des Arbeitgebers zu schließen sei. Das Kammergericht[3] sieht die Entwicklung von Computerprogrammen noch als im Rahmen der arbeitsvertraglich geschuldeten Tätigkeit liegend an, wenn der Arbeitgeber dem Arbeitnehmer Spielraum für solche Entwicklungen lässt und der Arbeitnehmer mit Billigung und auf Kosten des Arbeitgebers das Programm erstellt. Die Nutzungsrechte stehen alsdann dem Arbeitgeber nach § 69b UrhG ohne weitere Vergütung zu. Mit *Buchner*[4] ist aber für Leistungen, die einen Toleranzrahmen normaler Eigeninitiative deutlich überschreiten, als Sondervergütung nach § 612 Abs. 2 BGB der Unterschied zu der entsprechend höheren Gehaltsgruppe zu zahlen, wenn die Softwareentwicklung nicht zur Leistungsbeschreibung der unteren, sondern der oberen Gehaltsgruppe gehörte. Die Gehaltsdifferenz ist während der Dauer der Problemlösung und ihrer Implementierung seitens des Arbeitnehmers vom Arbeitgeber zu zahlen. Eine am Nutzen und Erfolg orientierte Zusatzvergütung kommt nur in Betracht, wenn die Entwicklung völlig außerhalb des Aufgabenbereichs und Arbeitsfeldes des Arbeitnehmers liegt.

116

b) Im freien Auftragsverhältnis

aa) Abreden

Bei Verträgen über vom Auftraggeber bezahlte Entwicklungen ist es überwiegend so, dass der Auftraggeber sich die Übertragung von technischen Erfindungen und von **ausschließlichen Nutzungsrechten** an Urheberrechten, die aus der Entwicklung resultieren, ausbedingt mit dem Recht der Weiterübertragung und Unterlizenzierung[5]. Die Ipal als Patentverwertungsstelle

117

Wandtke/Bullinger, Praxiskommentar zum UrhG, 2. Aufl. 2006, § 43 UrhG Rn. 146; dagegen *Wimmers/Rode* CR 2003, 399.
1 BGH v. 23.10.2001 – X ZR 72/98, GRUR 2002, 149 – Wetterführungspläne II.
2 LG München I v. 16.10.1997 – 7 O 15354/91, CR 1997, 351 – Softwareentwicklung im Dienstverhältnis; kritisch dazu *Bartenbach*, Gewerblicher Rechtsschutz, 1997, Bd. 2, S. 163 ff.
3 KG v. 28.10.1997 – 5 W 6232/96, CR 1997, 612 – Nutzungsrechte bei Werkerstellung im Dienstverhältnis – Computerprogramm.
4 *Buchner*, Die Vergütung für Sonderleistungen des Arbeitnehmers; ein Problem der Äquivalenz der im Arbeitsverhältnis zu erbringenden Leistungen, GRUR 1985, 1.
5 *Groß*, Heidelberger Musterverträge, Forschungs- und Entwicklungsvertrag 7.; *Henn*, Patent- und Know-how-Lizenzverträge, Anlage 13 Entwicklungsauftrag § 8, Anlage 14 Entwicklungsvertrag 5.2; *Pagenberg/Geissler*, Lizenzverträge, Muster 9, Entwicklungsvertrag § 8; BMBF, Allgemeine Bestimmungen für Forschungs- und Entwicklungsverträge der Zuwendungsempfänger (BEBF-ZE 98), § 11 Rechte des AG am Arbeitsergebnis; BGH v. 9.5.1985 – I ZR 52/83, BGHZ 94, 279 – Inkassopro-

der Berliner Universitäten hat in Zusammenarbeit mit der Industrie Musterverträge (sog. **Berliner Verträge**[1]) entwickelt, in denen die Zuordnung, selbst bei untrennbaren Beiträgen, nach dem Grad des Beitrags in Ziff. 3.2 vorgenommen wird:

- Beitrag der Universität $\leq 50\,\%$: Schutzrechte gehören dem Industriepartner, die Universität hat aber ein einfaches Nutzungsrecht für Forschung und Lehre. Nach Ziff. 10 erhält die Hochschule bei Schutzrechtsanmeldung und bei Aufnahme der kommerziellen Nutzung jeweils einen Pauschbetrag von 2500 Euro.

- Beitrag der Universität $> 50\,\%$: Schutzrechte gehören der Universität, aber der Industriepartner hat eine Option auf eine nach Ziff. 10.2, angemessen anteilig vergütungspflichtige, ausschließliche Lizenz vorbehaltlich eines einfachen Nutzungsrechts für die Universität für Forschung und Lehre.

118 Ein alternativer Vorschlag mit Ergebniszuordnung in jedem Fall zu dem Industriepartner ist der sog. **Hamburger Vertrag**[2], ein Dreiecksvertrag zwischen Professor (Projektleiter), Hochschule und Industriepartner, in dem die Hochschule von vornherein freigibt, der Professor (Projektleiter) Immaterialgüterrechte voraus überträgt, wohingegen die Vergütung des Industriepartners aufgeteilt wird in zwei Anteile Hochschule für Sachmittel und Räume sowie für den Verzicht und einen Anteil Vergütung Projektleiter und sein Team.

119 Bei Forschungsverträgen, besonders im Hochschulbereich, tritt oft die Klausel hinzu, dass **Veröffentlichungen** nur mit Zustimmung des Auftraggebers, die dieser aber nicht ohne triftigen Grund verweigern darf, erfolgen dürfen. Bei nur innerbetrieblich nutzbarer Technologie, bei der deshalb der Verletzungsfall schwer nachzuweisen ist, kann der Auftraggeber ein berechtigtes Interesse an der Wahrung als geheimes Know-how haben. Bei möglichen Patent- oder Gebrauchsmusteranmeldungen muss er sich nach § 3 PatG, Art. 54 EPÜ, § 3 GebrMG vor neuheitsschädlichen Vorveröffentlichungen schützen. Auf der anderen Seite ist das Interesse des Wissenschaftlers am Aufbau seines wissenschaftlichen Rufes durch Fachveröffentlichungen zu berücksichtigen.

120 Im Rahmen **zwischenbetrieblicher F&E-Kooperationen** unterscheiden die Partner regelmäßig zwischen Background und Foreground. Background-Schutzrechte sind vorbestehende Altschutzrechte. Sie werden gewöhnlich allen Partnern kostenfrei für die Zwecke der Entwicklung lizenziert. Neu aus der Entwicklung entstehende Schutzrechte (Foreground) werden unter den Partnern auch in der kommerziellen Verwertung frei oder zu Präferenz-

---

gramm – vertragliche Enthaltungspflicht des Programmentwicklers aus Äußerungen bei Vertragsschluss, das Programm gehöre ausschließlich dem Auftraggeber.

1 Erhältlich auf der Webseite der Ipal GmbH: www.ipal.de/de/downloads_wissenswertes/downloads/ abgedruckt und erläutert auch bei *Winzer*, Forschungs- und Entwicklungsverträge, bei 4B.
2 *Klawitter/Zintler*, Mitt. 2006, 116.

bedingungen lizenziert gegenüber außenstehenden Dritten als Lizenznehmern, die Nutzungsrechte zu Marktbedingungen erhalten. Werden vorbestehende Rechte zur kommerziellen Nutzung benötigt, so werden sie meist entgeltlich lizenziert. Bei der EU-Förderung gilt, dass vorbestehende Rechte auch dann unentgeltlich genutzt werden dürfen, wenn sie nicht bei Vertragsschluss ausgenommen worden sind. So kann es vorkommen, dass bei Entwicklungsbeiträgen auf der Vor- oder Zwischenproduktstufe der beitragende Kooperationspartner zwar das benötigte Ergebnis (Messung, Analyse, Evaluierung) liefert, aber keine Mitbenutzungslizenzen an seinen Forschungs- und Entwicklungswerkzeugen einräumt, Außerhalb der EU-Förderung richtet sich die Rechtseinräumung, wenn nichts besonderes vereinbart ist, nach dem Zweckübertragungsgrundsatz in § 31 Abs. 5 UrhG, nämlich nach dem Zweck der Konsortialzusammenarbeit. Auch dabei sind aber die üblichen Nutzungsrechtseinräumungen aus den EG-Beteiligungsregeln eine Hilfestellung.

bb) Ohne Abreden

Ausgangspunkt ist der Grundsatz, dass im Zweifel die Erfinder- und Urheberrechte beim Erfinder verbleiben und er nicht mehr überträgt, als er ausdrücklich vergibt oder als dem Geschäftszweck entspricht, § 31 Abs. 5 UrhG, sog. **Zweckübertragungstheorie**[1]. Eine ursprünglich im Entwurf der EG-Softwareschutzrichtlinie[2] enthaltene Bestimmung Art. 2 Abs. 2, dass die Nutzungsrechte im freien Entwicklungsauftrag im Zweifel dem Auftraggeber zustehen, ist fallen gelassen worden[3].

121

Ob eine Übertragung oder exklusive Nutzungsrechtseinräumung stattgefunden hat, ist eine Auslegungsfrage, die unter Berücksichtigung aller Umstände zu klären ist, insbesondere

122

– Eigenfertigungsmöglichkeit des Entwicklers[4];
– Vergütungshöhe[5], insbesondere ob die Entwicklungskosten voll gezahlt sind oder ob es sich um ein Pilotprojekt handelt, das sich durch weiteren Vertrieb amortisieren muss;
– nach dem Aufgaben- und Pflichtenkreis des Herstellers[6], dabei auch, ob mit erfinderischen Entwicklungen zu rechnen war[7], was angesichts heute gesunkener Erfindungsanforderungen leichter als früher zu bejahen ist;

---

1 *Melullis* in Benkard, PatG, GebrMG, 10. Aufl. 2006, § 6 PatG Rn. 27 ff.; BGH v. 11.4.2000 – X ZR 185/97, GRUR 2000, 788 – Gleichstromsteuerschaltung.
2 Entwurf EG-Softwareschutzrichtlinie v. 5.1.1989 und 18.10.1990, MCR I. 11.111.
3 Dem pauschalen Satz, dass bei Auftragssoftware die Verwertungsrechte vertragsimmanent exklusiv dem Auftraggeber zustehen – OLG Frankfurt v. 24.6.1994 – 6 W 77/94, CR 1995, 81 – Schriftformerfordernis bei Softwareerstellungsverträgen – kann nicht gefolgt werden.
4 BGH v. 9.5.1985 – I ZR 52/83, GRUR 1985, 1041, 1043 – Inkassoprogramm.
5 BGH v. 24.6.1952 – I ZR 131/51, GRUR 1953, 29 – Plattenspieler.
6 BGH v. 24.6.1952 – I ZR 131/51, GRUR 1953, 29 – Plattenspieler.
7 BGH v. 21.3.1961 – I ZR 153/59, GRUR 1961, 432, 435 – Klebemittel.

- Nutzung seitens des Auftraggebers im Außenumsatz, der gegenüber Durchkreuzung mit Konkurrenzerzeugnissen besonders schutzbedürftig ist[1], oder nur innerbetriebliche Nutzung;
- bisherige vertragliche Vereinbarungen und Handhabungen[2].

Auf jeden Fall wird dem Auftraggeber nach dem Geschäftszweck ein einfaches Nutzungsrecht eingeräumt, weil er sonst ein patent- oder urheberrechtsgeschütztes Entwicklungsergebnis gar nicht nutzen könnte[3].

123 In ergänzender Vertragsauslegung kommen fallweise **nachvertragliche Enthaltungspflichten** nach § 242 BGB für eine begrenzte Zeitdauer in Betracht. Solche Pflichten sind insbesondere statt Einräumung exklusiver Rechte an leicht entstehenden Schutzrechten mit langer Schutzfrist anzunehmen, also bei urheberrechtlichem Softwareschutz mit einer Schutzfrist von 70 Jahren nach dem Tod des Autors. Da der Schutz auch gegen Eigenplagiate wirkt, wenn der Autor, inhaltsorientiert, ein strukturgleiches oder stark strukturähnliches Programm schafft, Bearbeitung nach § 23 UrhG, würde er bei exklusiver Einräumung urheberrechtlicher Nutzungsrechte seine Schaffensfreiheit auf seinem EDV-Fachgebiet asymptotisch gegen Null reduzieren. Stattdessen ist die Einräumung einfacher Nutzungsrechte, verbunden mit einer begrenzten nachvertraglichen Enthaltungspflicht, als sachgerecht anzunehmen. In den meisten Fällen wird diese Enthaltungspflicht, entsprechend den relativ kurzen Softwarezyklen, bei drei bis vier Jahren liegen.

c) Im Zusammenarbeitsverhältnis

124 Schon im vertikalen Auftragsverhältnis kann der Auftraggeber **Mitrechte** erwerben, wenn er über eine bloße Aufgabenstellung hinaus[4] einen Beitrag zum einheitlichen Schöpfungsprozess der Werkvollendung geleistet hat. Dazu genügt jeder bedeutsame, eigenständige **Lösungsbeitrag**[5]. Auch stufenweise geleistete Beiträge können zu einem Mitrecht führen, z.B. Beiträge in der Planungsphase und in der anschließenden Implementierungsphase. In Abgrenzung zur späteren unfreien Bearbeitung nach § 23 UrhG ist es dann für die Mitberechtigung erforderlich, dass schon der frühere Beitrag ein ergänzungsbedürftiger war[6], beide also an einem Gesamtwerk mitwirken wollten.

---

1 LG Karlsruhe v. 7.12.1989 – 1 O 102/88, CR 1990, 592 – mitgenommene Programme und Wettbewerb: was der freie Mitarbeiter für seinen Auftraggeber entgeltlich geschaffen hat, darf er nicht gegen ihn vermarkten.
2 LG Aschaffenburg v. 16.12.1997 – 1 O 354/93, CR 1998, 203 – Herausgabe des Quellcodes.
3 BGH v. 24.6.1952 – I ZR 131/51, GRUR 1953, 29 – Plattenspieler.
4 BGH v. 19.10.1994 – I ZR 156/92, GRUR 1995, 47 – Rosaroter Elefant.
5 Für das Patentrecht: so genannte qualifizierte Beiträge: BGH v. 5.5.1966 – Ia ZR 110/64, GRUR 1966, 558 – Spanplatten; BGH v. 17.1.1995 – X ZR 130/93, DB 1995, 1661 – gummielastische Masse; BGH v. 14.7.1993 – I ZR 47/91, NJW 1993, 3137– Buchhaltungsprogramm.
6 BGH v. 3.3.2005 – I ZR 111/02, GRUR 2005, 860, 863 – Flash 2000.

Auftraggeber und Entwickler bilden dann hinsichtlich des Schutzrechts eine **Gemeinschaft** nach § 741 BGB. Nach § 743 Abs. 2 BGB darf jeder Teilhaber nutzen, soweit nicht der Mitgebrauch des anderen beeinträchtigt wird. Bei ungleicher Nutzung ohne Beeinträchtigung findet ein finanzieller Ausgleich nicht statt[1]. Lizenzen an Dritte können nach § 747 S. 2 BGB nur gemeinschaftlich vergeben werden. Bei urheberrechtsgeschützter Software dürfen nur beide gemeinsam verwerten, § 8 Abs. 2 UrhG, aber ein Urheber darf seine Zustimmung zur Verwertung nicht wider Treu und Glauben verweigern, § 8 Abs. 2 S. 2 UrhG. Das kann, soweit die vertragliche Enthaltungspflicht nicht eingreift, den Auftraggeber-Miturheber verpflichten, dem Entwickler die Lieferung an Dritte zu gestatten, je nachdem wie nahe das Produkt und wie nahe der Dritte als Wettbewerber steht.

125

Im **horizontalen Zusammenarbeitsverhältnis** steht geistiges Eigentum, das ein jeder Kooperationspartner allein in seinem Bereich entwickelt, ihm zu, und den anderen Partnern werden Nutzungsrechte vergeben (vgl. oben Rn. 60). Bei einer unternehmensübergreifenden gemeinsamen Entwicklung sind die jeweiligen Unternehmen Rechtsnachfolger ihrer Arbeitnehmer aufgrund Inanspruchnahme für die Miterfinderanteile, die den Arbeitnehmern im Verhältnis zueinander zustanden. Die gemeinsame Erfindung ist entweder Gesamthandsgesellschaftsvermögen (vgl. oben Rn. 60) oder die an der betreffenden Erfindung beteiligten Kooperationspartner bilden eine Sondergemeinschaft. Für die Bemessung des Anteils ist maßgeblich, welche Leistung der einzelne zu der Erfindung beigesteuert hat. Ausschlaggebend, sowohl für die Zuerkennung einer Mitberechtigung als auch für die Größe des Anteils, ist das Gewicht, das den Einzelbeiträgen der an der Erfindung Beteiligten zueinander und im Verhältnis zu der erfinderischen Gesamtleistung zukommt[2]. „Im Verhältnis zueinander" bedeutet, dass bei vielen Kleinbeiträgen alle Miterfinder sind. Steht ein kleiner Beitrag einem Großbeitrag gegenüber, so kann jedoch der Großbeitrag Alleinerfinderschaft begründen[3].

126

VI. Forschungsförderung

Schrifttum: CORDIS (Community Research & Development Information Service) http://www.cordis.europa.eu/de/home.html; *Kaiser* in Schneider/Graf v.Westphalen, Software-Erstellungsverträge, 2006, Kap. K; *Rosenberger*, Verträge über Forschung und Entwicklung, 2006, Kap. 4; *Godt* in Dauses, Handbuch des EU-Wirtschaftsrechts, Loseblatt, Abschnitt N „Forschungs- Wissenschafts- und Technologiepolitik".

1. National

Forschungsförderung gehört nach Art. 163 EG zu den Zielen der EU, die einerseits nach dem Subsidiaritätsprinzip und nach Art. 164 EG dabei den Mitgliedstaaten den Vortritt zu lassen hat; andererseits ist aber die nationale

127

---

1 BGH v. 22.3.2005 – X ZR 152/03, GRUR 2005, 663 – Gummielastische Masse II.
2 BGH v. 20.2.1979 – X ZR 73/77, GRUR 1979, 540 – Biedermeiermanschette.
3 OLG Düsseldorf v. 30.10.1970 – 2 U 68/69, GRUR 1971, 215 – Einsackwaage.

F&E-Förderung an Wirtschaftsunternehmen naturgemäß eine **Beihilfe** nach Art. 87 EG. Nach Art. 87 Abs. 1 EG sind jedwede staatliche Beihilfen, die durch die Begünstigung bestimmter Unternehmen den Wettbewerb verfälschen oder zu verfälschen drohen, mit dem gemeinsamen Markt unvereinbar, soweit sie den Handel zwischen Mitgliedstaaten beeinträchtigen. Nach Art. 87 Abs. 2 EG sind gewisse Beihilfen, z.B. Katastrophenhilfen, erlaubt und andere, z.B. zu wichtigen Vorhaben von gemeinsamem europäischen Interesse wie F&E, können nach Art. 87 Abs. 3 EG erlaubt werden. Dazu müssen Beihilfen über gewissen Größenordnungen der EG-Kommission gemeldet werden. Die Größenordnungen, unterhalb derer keine meldepflichtige Kontrolle besteht, sind nach Art. 2 Abs. 2 der EG-BagatellVO[1] 200 000 Euro in drei Steuerjahren. Wird die Größenordnung überschritten, gilt die BagatellVO gar nicht, auch nicht bis zu 200 000 Euro. Wird eine darüber liegende Beihilfe ausgereicht und nicht gemeldet und hält die Kommission sie nach Art. 87 Abs. 1 und 3 EG für materiell unstatthaft[2], so entscheidet sie verbindlich und verpflichtend für den Mitgliedstaat – vorbehaltlich einer Nichtigkeitsklage beim Gericht erster Instanz (EuG) nach Art. 230 EG –, dass die Beihilfe rechtswidrig und zurückzufordern ist. Der Zuwendungsempfänger muss dann zurückzahlen und genießt zwar theoretisch, aber praktisch keinen Vertrauensschutz, weil von einem sorgfältigen Wirtschaftsteilnehmer erwartet werden konnte, dass er sich über die ordnungsgemäße Notifizierung an die EG-Kommission vergewisserte[3].

128 Diese harschen Rückforderungsgrundsätze wirken sich aber bei nationalen F&E-Zuschüssen kaum je aus, denn ihre Beurteilung der materiellen Statthaftigkeit nach Art. 81 Abs. 3 EG hat die EG-Kommission in „**Gemeinschaftsrahmen** für staatliche Forschungs- und Entwicklungsbeihilfen"[4] konkretisiert. Kap. 5 des Gemeinschaftsrahmens 2007 befasst sich mit den F&E-Beihilfen. Grundlagenforschung darf zu 100 % gefördert werden, industrielle Forschung zu 50 % (der förderbaren Kosten, näher bestimmt in 5.1.4) und experimentelle Forschung (nach den Begriffsbestimmungen in 2.2. über routinemäßige Maßnahmen hinausgehender Erwerb oder Anpassung vorhandener Kenntnisse für neue oder verbesserte Produkte oder experimentelle Erprobung) zu 25 %. Erhöhend sind noch gewisse Aufschläge nach 5.1.3 erlaubt für KMU und für Kooperations-F&E, so dass sich nach der Tabelle in

---

1 VO (EG) Nr. 1998/2006 der Kommission v. 15.12.2006 über die Anwendung der Art. 87, 88 EG-Vertrag auf „De-minimis"-Beihilfen, ABl. EG Nr. L 379/2006, 5.
2 Dass die Beihilfe nicht notifiziert war, reicht allein noch nicht, sie muss auch materiell EG-rechtswidrig gewesen sein: EuGH v. 14.2.1990 – Rs. C 301/87, Slg. 1990 I 307– Frankreich ./. Kommission.
3 EUGH v. 15.12.2005 – Rs. C 148/04, Slg. 2005 I 11137 = EuZW 2006, 214, Rn. 109 – Unicredito ./. Agenzie delle Entrate; EuGH v. 23.2.2006 – Rs. C 346/03 und C 529/03, Slg. 2006 I 1875, Rn. 64, 65 – Atzeni et al. ./. Sardinien – Sardinische Bauern genießen keinen Vertrauensschutz darauf, dass die Behörden Beihilfemaßnahmen ordnungsgemäß notifiziert haben.
4 Gemeinschaftsrahmen 1996: ABl. EG Nr. C 45/1996, 5; Gemeinschaftsrahmen 2007, gültig seit 1.1.2007: ABl. EU Nr. C 2006/323, 1 ff., abrufbar unter z.B: http://eur-lex.europa.eu/LexUriServ/LexUriServ.do?uri=OJ:C:2006:323:0001:0026:DE:PDF.

5.1.3 des Gemeinschaftsrahmens 2007 folgendes Intensitätsraster für erlaubte nationale F&E-Beihilfen ergibt:

	Große Unternehmen	Mittlere Unternehmen	Kleine Unternehmen[1]
Grundlagenforschung	100 %	100 %	100 %
Industrielle Forschung	50 %	60 %	70 %
mit: Kooperation mit wenigstens einem KMU oder: Kooperation Unternehmen mit Forschungseinrichtung oder: Publikation	65 %	75 %	80 %
Experimentelle Entwicklung	25 %	35 %	45 %
mit Kooperation mit mindestens einem KMU oder mit einer Forschungseinrichtung	40 %	50 %	60 %

Die **nationale Forschungsförderung** in Deutschland beschränkte sich gegenüber Wirtschaftsunternehmen bisher auf die im alten Gemeinschaftsrahmen zugelassenen 50 %; künftig sollen KMU mit bis zu 75 % gefördert werden[2]. Die Förderung erfolgt i.d.R. durch nicht rückzahlbare Zuschüsse zu den Projektkosten. Bei der universitären Forschung ist die Übernahme von 100 % der Kosten eines geförderten Projektes die Regel. Soweit der Bund fördert, werden die Mittel durch das Forschungsministerium[3] oder durch das Wirtschaftsministerium[4] bereitgestellt und im Rahmen der einzelnen Förderprogramme bei dem jeweiligen Projektträger für das Programm beantragt[5]. Gefördert werden vorzugsweise Kooperationen als „Verbundprojekte", bei denen mehrere Unternehmen der gewerblichen Wirtschaft und/oder wissenschaftlicher Einrichtungen in der Entwicklung und im Wissens- und Technologietransfer arbeitsteilig zusammenarbeiten. Die Vorhaben müssen grundsätzlich in Deutschland durchgeführt werden oder eine Wertschöpfung für Deutschland ergeben.

Die Fördermittel werden durch begünstigende, mitwirkungsbedürftige Verwaltungsakte, verbunden mit Auflagen nach § 36 VwVfG, gewährt. Die **Auflagen** sind in allgemeiner Art in den **NKBF 98**[6] enthalten. Gegenüber früherer Forschungsförderung, die auf möglichst große freie Nutzung der

---

1 Zu kleinen und mittleren Unternehmen (KMU) vgl. oben Rn. 1 „Begriffe".
2 Rede der Bundesministerin Schavan v. 18.1.2007 vor dem Bundestag, abrufbar auf der Internetseite des BMBF: www.bmbf.de/.
3 Bundesministerium für Bildung und Forschung – BMBF.
4 Bundesministerium für Wirtschaft und Technologie – BMWi.
5 Aktualisierte Informationen und Einzelinformationen unter http://db.bmwi.de sowie http://www.bmbf.de, dort auch erreichbar das elektronische Antrags-Angebotssystem (easy) des BMBF: http://www.kp.dlr.de/profi/easy/.
6 Nebenbestimmungen für Zuwendungen auf Kostenbasis des Bundesministeriums für Bildung und Forschung an Unternehmen der gewerblichen Wirtschaft für For-

Ergebnisse für alle gerichtet war, steht seit 1998 die Verwertung, auch die ausschließliche, durch das geförderte Unternehmen im Vordergrund. Nach 12 NKBF 98 hat der Zuwendungsempfänger (ZE) das Recht auf ausschließliche Nutzung der Ergebnisse. Er hat aber auch nach 9.2 NKBF 98 eine Nutzungspflicht. Andernfalls verliert er sein ausschließliches Recht. Der Antragssteller muss nach 6 NKBF 98 einen Verwertungsplan vorlegen und fortschreiben. Das/die geförderten Unternehmen haben nach 10 NKBF 98 Schutzrechte zu sichern. Die notwendigen Schutzrechtskosten werden bei Klein- und Mittelunternehmen (KMU) als zuwendungsfähig anerkannt.

131 Forschung und Lehre haben ein Recht auf Freilizenz; ansonsten kann der Zuwendungsempfänger ausschließlich verwerten oder durch Lizenzvergabe verwerten. Die Verwertungserlöse verbleiben ihm und sind nicht an den Staat zurückzuführen.

132 Neben der Förderung durch den Bund gibt es eine ausgedehnte Förderung durch die **Bundesländer**.

2. EU

133 Die Forschungsförderung seitens der EU ist in einem **mehrstufigen** Gesetzes- und Mustervertragswerk geregelt.

Auf der obersten, ersten Stufe beruht die EU-Forschungsförderung auf **Art. 163 ff. EG**. Nach Art. 166 EG werden Rahmenprogramme beschlossen, die bestimmte Forschungsgebiete mit Zuwendungsrahmen nennen.

134 Für die Jahre 1998 bis 2002 galt das 5. **Rahmenprogramm**[1] mit einem Volumen von 14,9 Mrd. Euro. Ihm folgte für den Zeitraum 2002–2006 das 6. Rahmenprogramm mit einem Fördervolumen von 17,5 Mrd. Euro[2]. Seit dem 1.1.2007 gilt für 2007–2013 das 7. Rahmenprogramm (RP7) mit einem Volumen von 53,2 Mrd. Euro[3]. Das 7. Rahmenprogramm besteht aus den Unterprogrammen „Zusammenarbeit" – zwischen Industrieunternehmen und mit Hochschulen in bestimmten Themenbereichen, „Ideen" fördert Pionierforschungsprojekte von Forschern und wird betreut von dem neu gegründeten Europäischen Forschungsrat, der auch Wissenschaftlerstipendien ausreicht, weiterhin „Menschen" mit der Förderung von Ausbildung und Laufbahn von Forschern, sodann „Kapazitäten" zur Optimierung von euro-

---

schungs- und Entwicklungsvorhaben (NKBF 98): http://www.kp.dlr.de/profi/easybmbf/pdf/0348a.pdf.
1 Beschluss Nr. 182/1999/EG des Europäischen Parlaments und des Rates v. 22.12.1998 über das 5. Rahmenprogramm der EG im Bereich der Forschung und technologischen Entwicklung und Demonstration (1998–2002), ABl. EG Nr. L 261/1999.
2 Beschluss Nr. 1513/2002/EG des Europäischen Parlaments und des Rates v. 27.6.2002, ABl. EG Nr. L 232/2002, 1, abrufbar auf der Seite von Cordis: http://cordis.europa.eu/home.html.
3 Beschluss Nr. 1982/2006/EG des Europäischen Parlaments und des Rates v. 18.12.2006, ABl. EG Nr. L 412/2006, 1, abrufbar auf der Seite von Cordis: http://cordis.europa.eu/home.html oder des BMBF.

päischen Forschungsinfrastrukturen, Kompetenzzentren und zur Förderung von KMU. Der Rahmenprogrammbeschluss für RP7 regelt in drei Anhängen die spezifischen Programme und die Auswahl von Forschungsthemen und (Anhang I) Mittelzuweisungen zu den Programmen und Förderregeln durch die Gemeinschaft.

Auf der zweiten Stufe regelt in Ausführung des Beschlusses über das 7. Rahmenprogramm die **Teilnahmeverordnung** vom 18.12.2006 die Teilnahmebedingungen, das Zuschussverfahren, Förderfähigkeit und Förderformen sowie die Nutzungs- und Zugangsrechte zu geistigem Eigentum[1]. Nach Art. 4–11 der TeilnahmeVO sollen i.d.R. mindestens drei voneinander unabhängige Rechtspersonen, die in zwei verschiedenen Mitgliedstaaten oder in einem Mitgliedstaat und einem assoziierten Staat niedergelassen sind, teilnehmen. Unternehmen aus Drittstaaten können ebenfalls, teilnehmen, aber das Projekt muss dann von Nutzen für die wissenschaftlichen und technologischen Grundlagen der EU sein. Anders als früher können Unternehmen aus Drittstaaten auch finanziell gefördert werden, Art. 29 TeilnahmeVO. Nach Art. 24, 25 TeilnahmeVO schließen die Teilnehmer einen Konsortialvertrag ab und ernennen einen Koordinator, der die Teilnehmer vertritt und das Projekt überwacht. Mit ihm schließt die Kommission einen Fördervertrag ab, für den ein Mustervertrag vorgesehen ist[2]. Unter dem Fördervertrag müssen die Vertragspartner einen Technologieumsetzungsplan (Technology Implementation Plan = TIP) vorlegen und durchführen, Art. 20 TeilnahmeVO. 135

Art. 33 TeilnahmeVO sieht als **Höchstgrenzen der Förderung** für den Regelfall 50 % der erstattungsfähigen Kosten vor, für KMU und sicherheitsbezogene Forschung jedoch bis 75 % und bis 100 % für Pionierforschung und für Wissenschaftlerstipendien. Der Zuschuss wird über den Koordinator ausbezahlt. Neu ist im RP7 eine beschränkte Rückzahlungshaftung: Zwar stehen alle Teilnehmer gesamtschuldnerisch für die Projektdurchführung ein mit der Folge, dass der Anteil eines ausfallenden Teilnehmers von den Übrigen übernommen werden muss, Art. 18 Abs. 1 TeilnahmeVO, Rückzahlungsverpflichtungen beim Scheitern treffen jedoch nur jeden Teilnehmer hinsichtlich seines Anteils, und Ausfälle der EG werden durch einen Garantiefonds abgedeckt, Art. 38 TeilnahmeVO. 136

Die Art. 39–51 der TeilnahmeVO regeln die **Rechte am geistigen Eigentum**. Kenntnisse aus indirekten Aktionen, also solchen, die die EG subventioniert hat, bleiben, soweit trennbar, Eigentum des jeweiligen Vertragspartners, er hat Schutzrechte anzumelden und diese müssen genutzt werden, Art. 39, 44, 46 TeilnahmeVO. Untrennbare Beiträge führen zu Miteigentum und jeder Miteigentümer kann, anders als nach deutschem Recht, selbständig 137

---

[1] VO (EG) Nr. 1906/2006 des Europäischen Parlamens und des Rates v. 18.12.2006 zur Festlegung der Regeln für die Beteiligung von Unternehmen, Forschungszentren und Hochschulen an Maßnahmen des RP7 sowie für die Verbreitung von Forschungsergebnissen, ABl. EG Nr. L 391/2006, 1.
[2] Vorgesehen in Art. 19 TeilnahmeVO und abrufbar bei Cordis: http://cordis.europa.eu/fp7/calls-grant-agreement_en.html#standard_ga.

nicht ausschließliche Lizenzen an Dritte gegen angemessene Entschädigung des Miteigentümers vergeben, Art. 40 TeilnahmeVO. Bei „Maßnahmen zugunsten spezieller Gruppen", also geförderter Auftragsforschung, gehören die immateriellen Ergebnisse nach Art. 41 TeilnahmeVO dem/den Auftraggeber(n). Jeder Teilnehmer kann nach Art. 42 TeilnahmeVO seine Schutzrechte auf Dritte übertragen oder an Dritte exklusiv lizenzieren vorbehaltlich der Zugangsrechte seiner Partner, Art. 48 Abs. 3, 4 TeilnahmeVO. Seine Partner muss er grundsätzlich vor der Übertragung unterrichten; jeder Partner hat ein Widerspruchsrecht, wenn er glaubhaft macht, dass sich die Übertragung nachteilig auf seine Zugangsrechte auswirkt. Art. 47–51 TeilnahmeVO regeln die Zugangsrechte, die dann in dem Musterfördervertrag wiederholt oder abweichend geregelt werden. Nach Schutzrechtsanmeldung und nach Unterrichtung der anderen soll jeder Teilnehmer seine Ergebnisse veröffentlichen, Art. 46 TeilnahmeVO.

138 In der dritten, der vertraglichen Implementierungsstufe steht alsdann der **Musterfördervertrag (MV)**[1]. Die EU fördert nicht durch begünstigende Verwaltungsakte, sondern durch Finanzhilfe- oder Förderverträge und hat dazu einen Musterfördervertrag veröffentlicht. Der Mustervertrag gliedert sich in

– einen rahmenartigen kurzen Hauptvertrag mit

– Anhang I: Arbeitsbeschreibung (Pflichtenheft)

– Anhang II: Allgemeine Bedingungen

– Anhang III: Besondere Bedingungen.

und weiteren Anhängen.

139 Anhang II ist für die konkreten vertraglichen Regelungen, insbesondere hinsichtlich der Nutzungsrechte am geistigen Eigentum von besonderer Bedeutung. Aus der TeilnahmeVO und dem Musterfördervertrag ergibt sich, ohne alle Details damit vollständig zu erfassen, als Regel[2]:

Zugangsrechte (= Information und einfache Nutzungsrechte) für Kooperationspartner

(TV = TeilnahmeVO; MV = Musterfördervertrag, Annex II)

---

[1] Mustervertrag Kostenerstattung bei Forschungs- und technologischen Entwicklungsprojekten (Model Contract Cost Reimbursement for Research and Technological Development Projects) – http://cordis.europa.eu/fp7/calls-grant-agreement_en.html #standard_ga.
[2] Nach der Zugangsrechte-Tabelle im Annex III des Guide to Intellectual Property Rules for FP7 projects der EG Kommission, ftp://ftp.cordis.europa.eu/pub/fp7/docs/ipr-eu.pdf.

	Entwicklungsvorhaben	Zugangsrechte zu Background	Zugangsrechte zu Foreground
Zugangsrechte für die Durchführung des Vorhabens	Allgemein	Zugang für Partner, wenn nötig – 49 1–2 TV, 33 1–2 MV	Zugang für Partner, wenn nötig – 49 1–2 TV, 33 1–2 MV
		Lizenzfrei, wenn nicht vor Beginn anders vereinbart – 49.2 TV, 33.2 MV	Lizenzfrei – 49.1 TV, 33.1 MV
	Pionierforschung	Lizenzfreie Nutzungsrechte – 51.1 TV	
Zugangsrechte für Verwertungszwecke (kommerzielle Nutzung u. weitere Forschung)	Allgemein	Zugang für Partner, wenn nötig zur Nutzung des eigenen Foregrounds – 50.2 TV, 34.1–2 MV	Zugang für Partner, wenn nötig zur Nutzung des eigenen Foregrounds – 50.1 TV, 34.1–2 MV
		Frei oder zu zu vereinbarenden angemessenen Bedingungen – 50.1–2 TV, 34.1–2 MV	
	Pionierforschung	Frei für weitere Forschung Zur Nutzung frei oder zu Bedingungen, die in der Fördervereinbarung niedergelegt werden – 51.1 TV	

Für die Durchführung der zugeteilten Projektarbeiten räumen sich die Partner grundsätzlich ein: 140

- Freilizenzen an neuen Kenntnissen und Schutzrechten (Foreground) nach Art. 49 Abs. 1 TeilnahmeVO,
- Freie Lizenzen oder entgeltlich, sofern bei Beginn der Kooperation vereinbart, an vorbestehenden Kenntnissen und Schutzrechten (Background) – Art. 49 Abs. 2 TeilnahmeVO II.33.2 MV, Annex II.

Für die **kommerzielle Nutzung** (und für weitere Forschung) gilt: 141

- Nutzungsrechte zu Forschungszwecken oder zur Nutzung des eigenen vom Partner erarbeiteten Foregrounds räumen sich die Partner vorzugsweise nicht ausschließlich ein – Art. 50 Abs. 1 TeilnahmeVO, II.34 MV Annex II.
- Ausnahmsweise können **Schutzrechte übertragen** oder **ausschließliche Lizenzen** vergeben werden, vorbehaltlich der Zugangsrechte für die anderen Partner und nach Vorankündigung mit Vetorecht eines benachteiligten Partners, es sei denn die Übertragung wäre zu Beginn vereinbart worden, Art. 42, 48 Abs. 3, 4 TeilnahmeVO.
- Jeder Partner muss an die anderen Partner Nutzungsrechte nur insoweit gewähren, als sie zur Durchführung des Projekts oder zur Nutzung der eigenen Ergebnisse **benötigt** werden. Also: ein Screening-Werkzeug muss nicht lizenziert werden, wenn das Screening Ergebnis reicht, ein Source Code muss nicht zugänglich gemacht werden, wenn das lauffähige Ob-

ject-Code-Programm reicht. Das ist eine wichtige Möglichkeit für beteiligte Unternehmen mit besonderer Technologie, die durch ein Vorprodukt zum eigentlichen Entwicklungsziel beitragen. Sie können sich die exklusive Herstellung und Zulieferung des Vorprodukts vorbehalten. Selbst replizierbare Zelllinien als gentechnische Entwicklungsergebnisse können durch solche Exklusivitäten wirksamer geschützt werden. Zugangsrechte müssen aber gewährt werden, wenn das für die Nutzung der Kenntnisse erforderlich ist, die andere Projektpartner sich erarbeitet haben.

- Die kommerziellen Nutzungsrechte an Foreground sind zu fairen und **angemessenen Bedingung** oder frei einzuräumen, Art. 50 Abs. 1 TeilnahmeVO. An Sideground, also Parallelentwicklungen außerhalb des geförderten Projekts, müssen Nutzungsrechte überhaupt nicht eingeräumt werden.

- Sind **vorbestehendes Know-how oder Schutzrechte** (Background) zur Nutzung erforderlich, so haben die Partner ein Recht auf Zugang, soweit möglich und nötig zur Nutzung ihrer eigenen Ergebnisse. Nutzungsrechte sind dann zu fairen und angemessenen Bedingungen oder frei einzuräumen, Art. 50 Abs. 2 TeilnahmeVO.

142 Die Zugangsrechte bestehen nicht von selbst, sondern müssen schriftlich beantragt werden, Art. 48 Abs. 1 TeilnahmeVO, und zwar kommerzielle Nutzungsrechte fristgebunden bis ein Jahr nach Projektende, Art. 50 Abs. 4 TeilnahmeVO.

143 Art. 9 des Muster-Fördertrages bestimmt als **anwendbares Recht** dasjenige der autorisierenden Stelle der Kommission, also entweder belgisches oder luxemburgisches Recht. Das so vorgeschriebene Recht gilt aber nur für den vertikalen Vertrag zwischen Kommission und Konsortium. Der Konsortialvertrag der Partner untereinander untersteht dem von ihnen gewählten Recht. Art. 9 Abs. 2 des Muster-Fördervertrags sieht vor, dass das EuG erster Instanz für Streitfälle zwischen der EU und den Vertragspartnern aus oder um den Vertrag zuständig sein soll.

144 Die vertragliche Umsetzung eines EU-geförderten Entwicklungsvorhabens erfordert vertragliche Regelungen auf zwei Ebenen.

Auf der Ebene **unter den Partnern**

- einen horizontalen Kooperationsvertrag oder Konsortialvertrag, z.B. Gesellschaftsvertrag, zwischen den Kooperationspartnern,
- und Nutzungsverträge für vorbestehendes und neu geschaffenes geistiges Eigentum von Partner zu Partner,
- ggf. Subauftragsverträge an Dritte;

sodann auf der Ebene **mit der EG-Kommission**

- Abschluss des Fördervertrages mit dem Konsortium, vertreten durch den Koordinator. Dabei haben die Bestimmungen des Fördervertrages mit der EU-Kommission im Konfliktfall Vorrang vor den Konsortialbestimmungen unter den Parteien.

Franchising

Übersicht

	Rn.
I. Definitionen und Erscheinungsformen	
1. Definitionen	1
2. Typologisierung von Franchise	
a) Differenzierung nach dem Gegenstand des Franchise	4
b) Differenzierung nach Marktstufen und nach innerem Aufbau	8
c) Differenzierung nach dem finanziellen und persönlichen Einsatz und dem Umfang des Franchise	10
3. Subordinations- und Partnerschaftsfranchising?	11
4. Abgrenzung zu anderen Absatzmittlungsverhältnissen	
a) Allgemeines	16
b) Abgrenzung zum Handelsvertreter	19
c) Abgrenzung vom Kommissionsagenten	21
d) Abgrenzung vom Vertragshändler	22
II. Vertragstypologische Einordnung	
1. Rechtsnatur des Franchisevertrages	
a) Allgemeines	25
b) Misch- und Typenkombinationsvertragstheorie	26
c) Geschäftsbesorgungsvertragstheorie	29
d) Lizenzvertragstheorie	30
e) Gesellschaftsrechtliche Theorie	31
2. Schuldvertragstypenzuordnung	32
3. Ermittlung des Synallagma	37
III. Die Selbständigkeit des Franchisenehmers	
1. Allgemeines	40
2. Formelles Arbeitsrecht	42
3. Materielles Arbeitsrecht	48
IV. Grundsätzliche Anwendbarkeit des AGB-Rechts	
1. Der Franchisevertrag als Formularvertrag (§ 305 BGB)	51
2. Unternehmereigenschaft und Kontrollumfang (§ 310 Abs. 1 BGB)	53
V. Vorvertragliches Schuldverhältnis	
1. Allgemeines	55
2. Differenzierung zwischen aktiver Falschinformation und unterlassener Aufklärung	57
3. Haftung für aktive Falschinformation	58
4. Haftung für unterlassene Aufklärung	60
5. Zeitpunkt der Entstehung des vorvertraglichen Schuldverhältnisses	67
6. Bedeutung der geschäftlichen Erfahrung des Franchisenehmer-Anwärters	68
7. Prognosehaftung?	69
8. Schadensberechnung	72
VI. AGB-rechtliche Wirksamkeit einzelner Vertragsbestimmungen	
1. Verhaltensrichtlinien, Kontroll- und Weisungsrechte	75
2. Bezugsbindung, Belieferungsregelungen	88
3. Mindestabnahme-, Mindestabsatz- und Mindestumsatzpflichten	93
4. Vertragsgebiet und Gebietsschutz	100
5. Vertragslaufzeit	108
VII. Anspruch auf Ersatz von Investitionen	110
VIII. Rücknahmepflichten	112
IX. Analoge Anwendbarkeit des Handelsvertreterrechts	114
X. Nachvertragliches Wettbewerbsverbot	118
XI. Ausgleichsanspruch	122
XII. Außenhaftungsrisiken beim Franchising	124
XIII. Europäisches Kartellrecht	
1. Einleitung	129
2. Anwendbarkeit von Art. 81, 82 EG	
a) Beeinträchtigung des Handels zwischen den Mitgliedstaaten	136
b) Bagatellbekanntmachung	138

	Rn.		Rn.
c) Nicht unter Art. 81 Abs. 1 EG fallende Klauseln............	141	**XIV. Deutsches Kartellrecht** 1. Allgemeines...................	148
d) Typischerweise unter Art. 81 Abs. 1 EG fallende Klauseln....	144	2. Verhältnis zwischen deutschem und europäischem Kartellrecht...	152

Schrifttum: *Adams/Witte,* Rechtsprobleme bei der Vertragsbeendigung von Franchise-Verträgen, StR 998, 251; *Assmann/Schütze* (Hrsg.), Handbuch des Kapitalanlagerechts, 3. Aufl. 2007; *Bauder,* Der Franchise-Vertrag – Eine systematische Darstellung von Rechtstatsachen, Dissertation, Stuttgart 1988; *Bauder,* Zur Selbständigkeit des Franchise-Nehmers, NJW 1989, 78; *Bauer/Diller/Lorenzen,* Das neue Gesetz zur „Scheinselbständigkeit", NZA 1999, 169; *Baumgarten,* Das Franchising als Gesellschaftsverhältnis, Eine Studie zur spezifischen zivilrechtlichen Qualität des Rechtsverhältnisses zwischen Franchisegeber und Franchisenehmer, Dissertation, Göttingen 1993; *Beckmann/Zwecker,* Bekämpfung der Scheinselbständigkeit – zur Anwendung von § 7 IV SGB IV auf Franchisevereinbarungen, NJW 1999, 1614; *Behr,* Der Franchisevertrag – Eine Untersuchung zum Recht der USA mit vergleichenden Hinweisen zum deutschen Recht, Dissertation, Frankfurt 1976; *Bergmann,* Salvatorische Klauseln Abdingbarkeit des § 139 BGB bei kartellrechtswidrigen Bestimmungen eines Franchisevertrages – Pronuptia II, WiB 1994, 697; *Beuthien,* Das Franchising im Gruppenwettbewerb des Handels, BB 1993, 77; *Bodewick,* Der Ausgleichsanspruch des Franchisenehmers nach Beendigung des Vertragsverhältnisses, BB 1997, 637; *Boemke,* Zivilrechtsweg bei Klagen aus Franchiseverträgen – Anmerkung zu OLG Düsseldorf, Urt. v. 30.1.1998 – 16 U 182/96, JuS 1999, 14; *Böhner,* Werbekostenzuschüsse und sonstige Einkaufsvorteile in Franchisesystemen, NJW 1998, 109; *Böhner,* Verbot von Preisempfehlungen im Sixt-Autovermiet-Franchisesystem nach § 38 Abs. 1 Nr. 11 GWB, BB 1997, 1427; *Böhner,* Schadensersatzpflicht des Franchisegebers aus Verschulden bei Vertragsschluss, NJW 1994, 635; *Böhner,* Schriftform und Widerrufsrecht bei Franchiseverträgen nach dem Verbraucherkreditgesetz, NJW 1992, 3135; *Böhner,* Recht zur außerordentlichen Kündigung des McDonald's-Franchisevertrags, NJW 1985, 2811; *Böhner,* Verbot von Preisempfehlungen im Sixt-Autovermiet-Franchisesystem nach § 38 Abs. 1 Nr. 11 GWB, BB 1997, 1427; *Böhner,* Vom Franchisevertragszum Franchisenetzwerkrecht, BB 2004, 119; *Braun,* Aufklärungspflichten des Franchisegebers bei den Vertragsverhandlungen, NJW 1995, 504; *Bräutigam,* Außervertragliche Schadensersatzhaftung der Mitglieder von Franchise-Systemen, WM 1994, 1189; *Bräutigam,* Zur Selbständigkeit des Franchise-Nehmers, NJW 1989, 78; *Bräutigam,* Franchise-Verträge im deutschen internationalen Privatrecht, WiB 1997, 897; *Bräutigam,* Mögliche Entwicklungen im EG-Kartellrecht für das Franchising, RIW 1997, 470; *Bumiller,* Der Franchisenehmer zwischen Zivil- und Arbeitsgerichtsbarkeit, NJW 1998, 2953; *Dombrowski,* Die Auswirkungen des Gesetzes zur Modernisierung des Schuldrechts vom 26. November 2001 (SMG) auf Franchiseverträge, 2005; *Ebenroth,* Absatzmittlungsverträge im Spannungsverhältnis von Kartell- und Zivilrecht, in: Monographien zum Deutschen und internationalen Wirtschafts- und Steuerrecht, Band 1, 1980; *Eckert,* Die analoge Anwendung des Ausgleichsanspruches nach § 89b HGB auf Vertragshändler und Franchisenehmer, WM 1991, 1237; *Ekkenga,* Die Inhaltskontrolle von Franchise-Verträgen: eine Studie zu den zivilrechtlichen Grenzen der Vertragsgestaltung im Bereich des Franchising unter Einschluss des Vertragshändlerrechts, Dissertation, Heidelberg 1990; *Emmerich,* Franchising, JuS 1995, 761; *Enghusen,* Rechtliche Probleme der Franchiseverträge in den Vereinigten Staaten von Amerika und in Europa unter besonderer Berücksichtigung des Kartellrechts, Dissertation, Berlin 1977; *Epp,* Franchising und Kartellrecht, Dissertation, Köln, Berlin, Bonn, München 1994; *Erdmann,* Die Laufzeit von Franchise-Verträgen im Lichte des AGB-Gesetzes, BB 1992, 795; *Eßer,* Franchising, Der Franchise-Vertrag im Lichte der Rechtsprechung mit Franchise-Atlas, 2. Aufl. 1995; *Feuerriegel,* Die vorvertragliche Phase im

Franchising, Eine rechtsvergleichende Untersuchung des deutschen und spanischen Rechts, 2004; *Flohr*, Selbständigkeit des Franchise-Nehmers – Überlegungen zur Sicherstellung der Selbständigkeit des Franchise-Nehmers und Gestaltung des Franchise-Vertrages, DStR 1999, 546; *Flohr*, Franchisenehmer: Arbeitnehmer oder selbständiger Absatzmittler – Bestandsaufnahme, Kriterien der Scheinselbständigkeit, Vertragsgestaltung, DStR 2003, 1595; *Flohr*, Der Franchisevertrag – Überlegungen vor dem Hintergrund der Apollo-Optik Entscheidungen des BGH, DStR 2004, 93; *Flohr*, Aktuelle Tendenzen im Franchiserecht, BB 2006, 389; *Flohr*, Franchiserecht, 2002; *Flohr*, Franchise-Vertrag, 3. Aufl. 2006; *Flohr*, Die Anwendbarkeit des § 89b HGB auf den Ausgleichsanspruch des Franchise-Nehmers bei Beendigung des Franchisevertrages, DStR 1998, 572; *Flohr*, Sicherstellung der Selbständigkeit des Franchisenehmers, WiB 1997, 281; *Forkel*, Der Franchise-Vertrag als Lizenz am Immaterialgut Unternehmen, ZHR 153 (1989), 511; *Giesler*, Der Franchisenehmer als „Handelsvertreter" im Sinne von § 7 Abs. 4 SGB IV, NZS 1999, 483; *Giesler*, Die Prospekthaftung des Franchisegebers, ZIP 1999, 2131; *Giesler*, Franchiseverträge, 2. Aufl. 2002; *Giesler* (Hrsg.), Praxishandbuch Vertriebsrecht, 2006; *Giesler*, Franchisevertrag, in: Kronke/Melis/Schnyder (Hrsg.), Handbuch Internationales Wirtschaftsrecht, 2005; *Giesler*, Franchisevertrag, in: AnwaltKommentar BGB, 2005; *Giesler*, Franchising, in: C.H.Beck'sches Rechtsanwalts-Handbuch, 8. Aufl. 2005; *Giesler*, Das Minderungsrecht des Franchisenehmers, ZIP 2000, 2098; *Giesler*, Der Franchisegeber aus Vermieter des Franchisenehmers, NZM 2001, 658; *Giesler*, Die Rückabwicklung gescheiterter Franchiseverhältnisse, WM 2001, 1441; *Giesler*, Die Auswirkungen der Schuldrechtsreform auf Franchiseverhältnisse, ZIP 2002, 420; *Giesler*, Wie viel Know-how braucht Franchising?, ZIP 2003, 1025; *Giesler*, Die Bedeutung der Apollo-Rechtsprechung für Franchiseverträge, ZIP 2004, 744; *Giesler/Güntzel*, Franchising: Aufklärungspflichten und kein Ende?, NJW 2007, 3099; *Giesler/Nauschütt*, Franchiserecht, 2. Aufl. 2007; *Giesler/Nauschütt*, Das vorvertragliche Haftungssystem beim Franchising, BB 2003, 435; *Gittermann*, Arbeitnehmerstatus und Betriebsverfassung in Franchise-Systemen: zugleich ein Beitrag zur Begriffsbestimmung im Arbeitsrecht, Dissertation, Kiel 1994; *Haager*, Die Entwicklung des Franchiserechts in den Jahren 1997 und 1998, NJW 1999, 2081; *Haager*, Die Entwicklung des Franchiserechts 1999, 2000 und 2001, NJW 2002, 1463; *Haager*, Die Entwicklung des Franchiserechts seit dem Jahre 2002, NJW 2005, 3394; *Haager*, Neuere Entwicklungen im Franchise-Recht, WiB 1996, 376; *Haager*, Pflicht zur Weitergabe von Einkaufsvorteilen an Systempartner, NJW 2004, 1220; *Haager*, Preisempfehlungen in Franchise- und anderen Vertriebssystemen, DStR 1999, 1153; *Hänlein*, Franchise-Existenzgründungen zwischen Kartell-, Arbeits- und Sozialversicherungsrecht – eine neue Vertriebsform im Aufwind?, DB 2000, 374; *Herrfeld*, Die Abhängigkeit des Franchisenehmers: Rechtliche und ökonomische Aspekte, 1998; *Hiestand*, Die international-privatrechtliche Beurteilung von Franchiseverträgen ohne Rechtswahl-Klausel, RIW 1993, 173; *Höpfner*, Kündigungsschutz und Ausgleichsansprüche des Franchisenehmers bei der Beendigung von Franchiseverträgen, Dissertation, Münster 1997; *Jakob-Siebert*, Franchisevereinbarungen und EG-Kartellrecht, CR 1990, 241; *Joerges*, Status und Kontrakt im Franchise-Recht, AG 1991, 325; *Jurgeleit*, Moderne Partnerschaften im Know-how- und Lizenzgeschäft. Manche nennen es auch Franchising, 1974; *Kaub*, Franchise-Systeme in der Gastronomie, Dissertation, Saarbrücken 1980; *Köhler*, Ausgleichsanspruch des Franchisenehmers: Bestehen, Bemessung, Abwälzung, NJW 1990, 1689; *Kroll*, Informationspflichten im Franchising, 2001; *Kübler*, Franchise-Verträge in der deutschen Rechtspraxis, Dissertation, Stuttgart 1989; *Küstner*, Handbuch des gesamten Außendienstrechts, Band 3: Vertriebsrecht, 2. Aufl. 1998; *Lachmann*, Zur Differenzierung zwischen Franchise- und Lizenzvereinbarungen im EG-Wettbewerbsrecht, EWS 1998, 240; *Langenbucher*, Der praktische Fall – Bürgerliches Recht: Vertragsrechtliche Probleme des Franchising, JuS 2003, 241; *Liesegang*, Die Bedeutung des AGB-Gesetzes für Franchiseverträge, BB 1991, 2381; *Liesegang*, Der Franchise-Vertrag, 6. Aufl. 2003; *Liesegang*, Die Konkurrenzschutzpflicht des Franchisegebers, BB 1999, 857; *Mack*, Neuere Vertragssysteme in der Bundesrepublik Deutschland – Eine Studie zum Franchising, in: Industriegesellschaft und Recht, Band 5, 1975; *Martinek*, Moderne Vertragstypen, Band 2: Franchising, Know-how-, Marketing- und Consultingverträge, 1992; *Martinek*, Franchising im Handelsrecht. Zur analogen Anwendbarkeit handelsvertreterrechtlicher Vorschriften auf Franchiseverträge, ZIP 1988, 1362; *Martinek*, Franchising, Grundlagen der zivil- und wettbewerbsrechtlichen Behandlung der vertikalen Gruppenkooperation beim Absatz von Waren und Dienstleistungen, 1987; *Martinek/Semler/ Habermeier* (Hrsg.), Handbuch des Vertriebsrechts, 2. Aufl. 2003; *Matthießen*, Arbeits- und handelsvertreterrechtliche Ansätze eines Franchisenehmerschutzes, ZIP 1988, 1089; *Metzlaff*, Franchiseverträge und EG-Kartellrecht: Die GruppenfreistellungsVO Nr. 4087/88 für Franchiseverträge, Dissertation, Münster 1993; *Metzlaff*, Franchisesysteme und EG-Kartellrecht – neueste Entwicklungen, BB 2000, 1201; *Niederleithinger/Ritter*, Die kartellrechtliche Entscheidungspraxis zu Liefer-, Vertriebs- und Franchiseverträgen, 2. Aufl. 1988; *Nolting*, Die individualarbeitsrechtliche und betriebsverfassungsrechtliche Beurteilung von Franchisesystemen, 1994; *Pasderski*, Die Außenhaftung des Franchisegebers, Dissertation, Aachen 1998; *Pauli*, Franchising, 2. Aufl. 1992; *Pfeifer*, Die Inhaltskontrolle von Franchiseverträgen, Eine Untersuchung konkreter Vertragsklauseln nach den §§ 305 ff. BGB, 2005; *Poeche*, Franchising – ein Vertriebssystem mit Zukunft, MA 1972, 291; *Rauser/Bräutigam*, Franchising: Grundlagen und einige aktuelle Rechtsprobleme, DStR 1996, 587; *Reif*, Internationale Franchiseverträge, 2002; *Schenk/Wölk*, Vertriebssysteme zwischen Industrie und Handel, 1971; *Schlechtriem/Schmidt-Kessel*, Auswirkungen der kartellrechtlichen Nichtigkeit von Vertriebsabreden im Franchisevertrag auf die grenzüberschreitenden Einzelkaufverträge, EWiR Art. 4 CSIG 1/97, 985; *Schmitz*, Der nicht selbst herstellende Franchisegeber als Preisempfehler für Markenwaren, WRP 1998, 28; *Schulthess*, Der Franchise-Vertrag nach schweizerischem Recht, Dissertation, Zürich 1975; *Skaupy*, Franchise-System und Betriebsräte, BB 1990, 134; *Skaupy*, Das „Franchising" als zeitgerechte Vertriebskonzeption, DB 1982, 2446; *Skaupy*, Der Pronuptia-Prozess 1974–1995, BB 1996, 1899; *Skaupy*, Franchising, Handbuch für die Betriebs- und Rechtspraxis, 2. Aufl. 1995; *Skaupy*, Zu den Begriffen „Franchise", „Franchisevereinbarungen" und „Franchising", NJW 1992, 1785; *Skaupy*, Das „Franchising" als zeitgerechte Vertriebskonzeption, DB 1982, 2446; *Skaupy*, Der Franchise-Vertrag – ein neuer Vertragstyp, Wirtschaftliche und rechtliche Grundzüge des Franchise-Vertriebssystems, BB 1969, 113; *Stein-Wigger*, Die Beendigung des Franchisevertrages, Eine rechtsvergleichende Studie unter besonderer Berücksichtigung des schweizerischen, deutschen und amerikanischen Rechts, 1999; *Teubner*, „Verbund", „Verband" oder „Verkehr"? Zur Außenhaftung von Franchising-Systemen, ZHR 154 (1990), 295; *Teubner*, Profit sharing als Verbundpflicht?, ZHR 168 (2004), 78; *Tietz*, Handbuch Franchising: Zukunftsstrategien für die Marktbearbeitung, 2. Aufl. 1991; *Ullmann*, Die Verwendung von Marke, Geschäftsbezeichnung und Firma im geschäftlichen Verkehr, insbesondere im Franchising, NJW 1994, 1255; *Vogt*, Franchising von Produktivgütern. Voraussetzungen, Beurteilungskriterien und Einsatzmöglichkeiten, 1976; *vom Dorp*, Haftung des Franchisegebers aus c.i.c. – Tendenzwende zur Rentabilitätsgarantie, WiB 1995, 285; *Weber*, „Franchising" – ein neuer Vertragstyp im Handelsrecht, JA 1983, 347; *Weltrich*, Anpassung von Franchiseverträgen an die neue EG-Gruppenfreistellungsverordnung, DB 1988, 1481; *Weltrich*, Zur Abgrenzung von Franchise- und Arbeitsvertrag, DB 1988, 806; *Weltrich*, Die EG-Gruppenfreistellungsverordnung für Franchisevereinbarungen, RIW 1989, 9; *Wolf/Ungeheuer*, Vertragsrechtliche Probleme des Franchising, BB 1994, 1027; *Zeisberg*, Der Einfluss des GWB auf vertragliche Betriebsformen von Markenwaren, unter besonderer Berücksichtigung des Franchisevertrages, 1991.

I. Definitionen und Erscheinungsformen

1. Definitionen

Eine normative **Definition des Begriffs Franchising**, aus der sich bezogen auf einen Sachverhalt eine Rechtsfolge ableiten ließe, existiert bislang nicht. Die verschiedenen Definitionen, die aus ganz unterschiedlichen Gründen entwickelt wurden, beschreiben lediglich die in der Praxis vorgefundenen Bestandteile eines Franchiseverhältnisses[1].

Eine mögliche Definition lautet wie folgt[2]:

„Unter einem **Franchise** wird die Gesamtheit der Rechte verstanden, welche die erste Partei („**Franchisegeber**") der zweiten Partei („**Franchisenehmer**") gewährt,

– und welche den Franchisenehmer berechtigen und verpflichten, gegen unmittelbare oder mittelbare finanzielle Vergütung das Geschäft des Vertriebs von Waren und/oder Dienstleistungen und/oder Technologien im Rahmen eines von dem Franchisegeber bestimmten Systems („**Franchisesystem**") zu übernehmen,

– welches ein geheimes Know-how und die Erbringung von Unterstützungsleistungen vorsieht,

– in welchem im Wesentlichen die Art und Weise des Betriebs des Franchisenehmers („**Franchisebetrieb**") vorgeschrieben ist,

– in dem eine fortlaufende Betriebskontrolle durch den Franchisegeber erfolgt und

– in dem der Franchisenehmer im Zusammenhang mit seinem Franchisebetrieb zur Nutzung der vom Franchisegeber vorgesehenen geistigen und gewerblichen Schutzrechte berechtigt und verpflichtet ist."

Der „**Franchisevertrag**" ist demnach die Vereinbarung, in welcher sich Franchisegeber und Franchisenehmer zur Vergabe und Inanspruchnahme des Franchise verpflichten. Als „**Franchising**" ist demnach die Methode zu verstehen, sich der Bindung von Franchisenehmern durch Franchiseverträge zu bedienen, um den Vertrieb von Waren, Dienstleistungen und Technologien zu organisieren und ein Geschäft aufzubauen.

Die **European Franchise Federation** (EFF) definiert Franchising in ihrem Ethikkodex wie folgt, wobei diese Definition auch von dem **Deutschen Franchise-Verband** (DFV) verwendet wird:

„Franchising ist ein Vertriebssystem, durch das Waren und/oder Dienstleistungen und/oder Technologien vermarktet werden. Es gründet sich auf eine enge und fortlaufende Zusammenarbeit rechtlich und finanziell selbständiger und unabhängiger Unternehmen, den Franchisegeber und seine Franchisenehmer. Der Franchisegeber gewährt seinen Franchisenehmern das Recht und legt ihnen gleichzeitig die Verpflichtung auf, ein Geschäft entsprechend seinem Konzept zu betreiben. Dieses Recht berechtigt und verpflichtet den Franchisenehmer, gegen ein direktes oder indirektes Entgelt im Rahmen und für die Dauer eines schriftlichen, zu diesem Zweck zwischen den Parteien abgeschlossenen Franchisevertrags bei laufender technischer und betriebswirtschaftlicher Unterstützung durch den Franchisegeber, den Systemnamen und/oder das Warenzeichen und/oder die Dienstleistungsmarke und/oder andere gewerbliche Schutz- oder Urheberrechte sowie das Know-how, die wirtschaftlichen und technischen Methoden und das Geschäftssystem des Franchisegebers zu nutzen.

---

1 Kritisch dazu *Böhner*, NJW 1985, 2811, 2811 f.; *Giesler*, Franchiseverträge, Rn. 4.
2 Vgl. erstmals *Giesler/Nauschütt*, 1. Aufl. 2002, § 1 Rn. 28.

Know-how bedeutet ein Paket von nicht-patentierten praktischen Kenntnissen, die auf Erfahrungen des Franchisegebers und Erprobungen durch diesen beruhen und die geheim, wesentlich und identifiziert sind.

Geheim bedeutet, dass das Know-how in seiner Substanz, seiner Struktur oder der genauen Zusammensetzung seiner Teile nicht allgemein bekannt oder nicht leicht zugänglich ist; der Begriff ist nicht in dem engen Sinne zu verstehen, dass jeder einzelne Teil des Know-hows außerhalb des Geschäfts des Franchisegebers völlig unbekannt oder unerhältlich sein müsste.

Wesentlich bedeutet, dass das Know-how Kenntnisse umfasst, die für den Franchise-Nehmer zum Zwecke der Verwendung des Verkaufs- oder des Weiterverkaufs der Vertragswaren oder -dienstleistungen unerlässlich sind. Das Know-how muss für den Franchisenehmer unerlässlich sein; dies trifft zu, wenn es bei Abschluss der Vereinbarung geeignet ist, die Wettbewerbsstellung des Franchisenehmers insbesondere dadurch zu verbessern, dass es dessen Leistungsfähigkeit steigert und ihm das Eindringen in einen neuen Markt erleichtert.

Identifiziert bedeutet, dass das Know-how ausführlich genug beschrieben sein muss, um prüfen zu können, ob es die Merkmale des Geheimnisses und der Wesentlichkeit erfüllt; die Beschreibung des Know-hows kann entweder in der Franchise-Vereinbarung oder in einem besonderen Schriftstück niedergelegt oder in jeder anderen geeigneten Form vorgenommen werden."

2. Typologisierung von Franchise

a) Differenzierung nach dem Gegenstand des Franchise

4   Verbreitet ist die Differenzierung nach dem Gegenstand des Franchise[1]. Unterschieden werden Warenfranchising (Vertriebsfranchising), Dienstleistungsfranchising und Produktionsfranchising (industrielles Franchising). In der Praxis sind Mischformen zwischen Waren- und Dienstleistungsfranchising verbreitet. Vor allem beim Dienstleistungsfranchising werden häufig Waren mit abgesetzt oder müssen jedenfalls zur Erbringung der Dienstleistung eingesetzt werden[2].

5   Beim **Warenfranchising** ist Gegenstand des Franchise der Vertrieb eines Erzeugnisses[3]. Die Ware wird bei dieser Form des Franchising nicht von dem Franchisenehmer hergestellt. Die Leistung des Franchisenehmers besteht lediglich im Verkauf der Waren unter den Kennzeichen des Franchisegebers[4]. Der Franchisegeber ist im Regelfall ein Hersteller oder Importeur, gelegentlich auch nur ein Zwischenhändler. Warenfranchisesysteme werden oft ausschließlich mit der Motivation aufgebaut, einen besseren oder einen zusätzlichen **Absatzkanal** für Waren zu schaffen. Manche Warenfranchisegeber betrachten das Franchisesystem demnach nicht als Primärnutzen, sondern

---

[1] EuGH v. 28.1.1986 – Rs. 161/84, ZIP 1986, 329 ff. – Pronuptia; *Martinek*, Franchising, S. 154 ff.; *Skaupy*, Franchising, S. 31 ff.; *Mack*, S. 32 ff.
[2] *Skaupy*, Franchising, S. 33; *Epp*, S. 10; *Giesler*, Franchiseverträge, S. 11; *Wolf/Ungeheuer*, BB 1994, 1027, 1028; *Metzlaff*, S. 23; *Kevekordes*, BB 1987, 74, 75; *Höpfner*, S. 37 f.
[3] *Skaupy*, Franchising, S. 31 f.; *Höpfner*, S. 34.
[4] *Bräutigam*, WM 1994, 1189 f.

nur als notwendige Hilfskonstruktion – gelegentlich als notwendiges Übel – für den Absatz ihrer Waren. Die Richtliniendichte für den Betriebstypus „Verkaufsstützpunkt" mit dem dazu gehörigen Betriebsführungs-Know-how ist deshalb in manchen Warenfranchisesystemen nicht ausreichend entwickelt.

Beim **Dienstleistungsfranchising** erbringt der Franchisenehmer eine bestimmte Systemdienstleistung entsprechend den Systemvorgaben und Richtlinien des Franchisegebers, wobei dies unter dessen Geschäftsbezeichnung, Handelsnamen oder Marke geschieht[1]. Die Systemdienstleistung, bei der Waren allenfalls im unbeachtlichen Umfang mit vertrieben werden, ist beim Dienstleistungsfranchising vom Franchisegeber erdacht oder geprägt worden[2], während sich die Leistung des Franchisenehmers auf die Umsetzung des vom Franchisegeber entwickelten und standardisierten Konzepts konzentriert[3]. Dienstleistungsfranchising ist wegen der hohen Anforderungen an das Geschäftskonzept und den Know-how-Transfer auch als die reinste Form des Franchising bezeichnet worden[4]. *Skaupy* hat die Ansicht vertreten, insbesondere beim Dienstleistungsfranchising sei der geschäftliche Erfolg des Franchisenehmers mehr als irgendwo sonst die unmittelbare Folge des dem Franchisenehmer übermittelten Know-how[5]. Diese Einschätzung erweist sich gelegentlich als Idealvorstellung, ist im Kern allerdings zutreffend.

Ziel des **Produktionsfranchising** ist die Verbindung von Produktion und Vertrieb in der Person des Franchisenehmers. Die Produktion braucht dabei nicht auf die Urproduktion beschränkt zu sein. Aufgabe des Franchisenehmers ist die Herstellung, Bearbeitung, Verarbeitung oder Veredelung eines Produktes aufgrund des ihm von Franchisegeber vermittelten Know-how sowie der anschließende Vertrieb dieses Produktes[6]. Dieser Vertrieb erfolgt unter Verwendung der Marke des Franchisegebers[7]. Gelegentlich ist diese Form der Zusammenarbeit von Unternehmen nicht als Franchising, sondern als Produktionslizenz angesehen worden[8].

b) Differenzierung nach Marktstufen und nach innerem Aufbau

Der zweite Typologisierungsansatz differenziert nach den an dem Franchisesystem beteiligten Unternehmen und den von ihnen repräsentierten **Marktstufen** bzw. Vertriebsstufen. In diesem Sinne werden folgende Be-

---

1 *Höpfner*, S. 35 f.; *Bräutigam*, WM 1994, 1189, 1190.
2 *Bauder*, S. 87.
3 *Martinek*, ZIP 1988, 1362, 1369; *Höpfner*, S. 36.
4 *Epp*, S. 9.
5 *Skaupy*, Franchising, S. 32; ähnlich *Epp*, S. 9; *Höpfner*, S. 36.
6 *Skaupy*, Franchising, S. 32 f.; *Höpfner*, S. 37; *Tietz*, S. 31.
7 EuGH v. 28.1.1986 – Rs. 161/84, ZIP 1986, 329 ff. – Pronuptia; *Metzlaff*, S. 22.; *Kevekordes*, BB 1987, 74.
8 Vgl. dazu die Ausführungen bei *Skaupy*, S. 33; *Weltrich*, DB 1988, 1481, 1482.

zeichnungen für Franchise verwendet: Hersteller/Hersteller, Hersteller/Großhändler, Hersteller/Einzelhändler bzw. Handwerker, Großhändler/Einzelhändler bzw. Handwerker sowie Service-Franchisegeber/Service-Franchisenehmer. Über diese Differenzierung besteht in der Literatur weitgehende Einigkeit[1].

9   Eine weitere Differenzierung ist nach dem inneren Aufbau des Franchisesystems möglich, namentlich danach, ob es sich um ein zweistufiges oder mehrstufiges System handelt. Der überwiegende Teil der Franchisesysteme verfügt lediglich über zwei Stufen: Der Franchisevertrag wird zwischen einem Franchisegeber und dem Franchisenehmer abgeschlossen[2]. Jedoch können in einem Franchisesystem zwei, drei oder mehr vertikal übereinander angeordnete Franchisegeber vorhanden sein, die der jeweils darunter befindlichen Stufe ein Unterfranchise (Subfranchise) vergeben[3]. In einem **mehrstufigen Franchisesystem** vergibt der Franchisegeber dem ersten Franchisenehmer, der zugleich Unter-Franchisegeber der nachgeordneten Franchisenehmer ist, das Recht, das Franchise an eine darunter liegende Stufe zu vergeben. Bestimmte Methoden zum Aufbau mehrstufiger Systeme werden als **Master-Franchising** bezeichnet. Dabei ist die sprachliche Unterscheidung zwischen echtem und unechtem Master-Franchising ratsam, weil die Begriffe in der Praxis für unterschiedliche Sachverhalte verwendet werden[4]. Beim echten Master-Franchising erhält der Master-Franchisenehmer (Master) das Recht, ein bestimmtes Gebiet, das sich häufig auf einen ganzen Staat erstreckt, durch Vergabe von Unterfranchise zu erschließen. Während teilweise die Ansicht[5] vertreten wird, das Master-Franchise zeichne sich begrifflich notwendig dadurch aus, dass der Master-Franchisenehmer das Konzept den wirtschaftlichen, sozialen, kulturellen und geographischen Verhältnissen seines Gebietes anpassen müsse, um so eine optimale Marktdurchdringung erreichen zu können, wird der Begriff in der Praxis tatsächlich häufig als Synonym für Sachverhalte verwendet, in denen mehrstufige Systeme bestehen.

c) Differenzierung nach dem finanziellen und persönlichen Einsatz und dem Umfang des Franchise

10 Eine weitere Differenzierung von Franchise wird von Teilen der Literatur nach dem Umfang von Kapital- und Zeiteinsatz des Franchisenehmers und nach dem „Umfang" des Franchise vorgenommen[6]. Man kann auch von ei-

---

1 *Skaupy*, Franchising, S. 31; *Skaupy*, DB 1982, 2446, 2447; *Tietz*, S. 31; *Enghusen*, S. 6; *Epp*, S. 6; *Metzlaff*, S. 26 ff.; *Martinek*, ZIP 1988, 1362, 1368; *Höpfner*, S. 28 f.; *Giesler*, Franchiseverträge, Rn. 11.
2 *Gitter*, S. 474; *Höpfner*, S. 39.
3 *Höpfner*, S. 39; *Metzlaff*, S. 26 ff.; *Gitter*, S. 474.
4 *Schulthess*, S. 42 f.; vgl. *Skaupy*, DB 1982, 2446, 2450.
5 *Metzlaff*, S. 28; *Höpfner*, S. 39.
6 *Höpfner*, S. 33; *Epp*, S. 7; *Giesler*, Franchiseverträge, Rn. 11; *Metzlaff*, S. 24 ff.; *Skaupy*, DB 1982, 2446, 2448; *Baumgarten*, S. 17; *Weber*, JA 1983, 347, 348. Kritisch zu dieser Differenzierung *Martinek*, Franchising, S. 157.

ner unterschiedlichen Kooperationsintensität sprechen[1]. In diesem Sinne ist von **Vollfranchise** und **Teilfranchise** sowie von **Abteilungsfranchise** und **Minifranchise** die Rede. Von einem Teilfranchise kann man sprechen, wenn ein bestehendes Unternehmen in einer besonderen Abteilung einen neuen Geschäftszweig als Franchisebetrieb führt[2].

3. Subordinations- und Partnerschaftsfranchising?

Die Differenzierung nach Macht- und Interessenkonstellationen ist im Jahre 1985 von *Martinek* entwickelt und seitdem vielfach fortgeführt worden[3]. Es handelt sich um den Versuch, Franchise allgemeingültig zu typisieren und aus dieser Typisierung unterschiedliche Rechtsfolgen herzuleiten. Diese Idee ist sicherlich auch vor dem Hintergrund entstanden, dass sich Rechtsprechung und Literatur lange über die Rechtsnatur des Franchisevertrages uneinig waren und offenkundig Schwierigkeiten bestanden, die unterschiedlichen Erscheinungsformen von Franchiseverträgen vertrags- und kartellrechtlich zu bewältigen. 11

Der Theorie von *Martinek* zufolge wird **Subordinationsfranchising** durch ein Über-/Unterordnungsverhältnis zwischen Franchisegeber und Franchisenehmer gekennzeichnet. Ein dem „Subordinationsfranchising" zuzuordnendes System ist praktisch fast vollständig vertikal organisiert. Horizontale Zusammenarbeit findet in nur geringem Umfang statt, etwa in einem Franchisenehmerbeirat, der dann nur eine beratende oder unterstützende Funktion hat. Die Franchiseverhältnisse mit den einzelnen Absatzmittlern stehen rechtlich isoliert nebeneinander, weshalb das System auch als ein Fächer beschrieben werden kann. 12

Den begrifflichen Gegensatz zum „Subordinationsfranchising" bildet *Martinek* zufolge das **Partnerschaftsfranchising**. Innerhalb des Partnerschaftsfranchising unterteilt Martinek wiederum in Koordinationsfranchising, Koalitionsfranchising und Konföderationsfranchising. Diesen Kooperationsformen soll ein partnerschaftlich gleichberechtigtes Zusammenwirken von Franchisegebern und Franchisenehmern ohne ausgespielte Übermacht der Systemzentrale bei der Verfolgung und Weiterentwicklung der Marketingkonzeption und bei der Systemsteuerung gemeinsam sein[4]. An die Stelle einseitiger Weisungen tritt die Verständigung, die Abstimmung und die Mitbestimmung. Das „**Koordinationsfranchising**" ist nach *Martinek* gekennzeichnet durch gleichförmige Austauschverträge zwischen dem Franchisegeber und den einzelnen, als gleichberechtigte Marketingpartner anerkannten Franchisenehmern. Die entscheidende Abgrenzung soll darin bestehen, dass 13

---

1 *Epp*, S. 7; *Höpfner*, S. 33.
2 *Weber*, JA 1983, 347, 348.
3 *Martinek*, Franchising, S. 147 ff.; *Martinek*, ZIP 1988, 1362 ff.; *Martinek*, Moderne Vertragstypen, S. 35 ff.
4 *Martinek*, Franchising, S. 147 ff.

sich die Franchisenehmer nicht dem Franchisegeber unterordnen und sich nicht zur fremden Interessenwahrung und Interessenförderung verpflichten. Beim „**Koalitionsfranchising**" soll sich nach *Martinek* die Absatzkooperation nur äußerlich und nur scheinbar auf gebündelte gleichförmige Austauschverträge beschränken, jedoch in Wirklichkeit in gesellschaftsrechtliche Sphären vordringen, wenn auch nur in dem jeweiligen Zweierverhältnis zwischen dem Franchisegeber und dem einzelnen Franchisenehmer. Jedes Franchiseverhältnis soll danach eine Innengesellschaft (BGB-Gesellschaft) zwischen Franchisegeber und Franchisenehmer darstellen, weil die Leistungsbeziehungen nicht nur von einem gemeinsamen Interesse, sondern auch von einem gemeinsamen Zweck beherrscht werden. Als dritte und seltenste Unterform des Partnerschaftsfranchising beschreibt *Martinek* das „**Konföderationsfranchising**". „Konföderationsfranchising" soll dadurch gekennzeichnet sein, dass neben den vertikalen Einzelverhältnissen ein diese überlagernder und verbindender Vertrag zwischen allen Systembeteiligten besteht (multilateraler Systemvertrag)[1]. Der **multilaterale Systemvertrag** komme meist stillschweigend zustande, weshalb das Franchisesystem angesichts der einzelnen, schriftlichen und bilateralen Franchiseverträge auf den ersten Blick auch nur als ein Bündel von Einzelverträgen erscheine.

14   Die Ansatzpunkte der Kritik an der Theorie von *Martinek* sind unterschiedlich. Ein Teil der Literatur glaubt festzustellen, dass es sich bei den Systemformen, die von *Martinek* als „Partnerschaftsfranchising" bezeichnet werden, in Ermangelung einer vertikalen Gruppenkooperation nicht um Franchising handelt[2]. Dieses Argument überzeugt allerdings nicht, weil es selbst in einer starren und darüber hinaus willkürlichen Definition des Franchising verharrt. Ein weiterer Teil der Kritik[3] bezieht sich eher auf die Ansicht von *Martinek*, im Rahmen des „Koalitionsfranchising" und des „Konföderationsfranchising" komme zwischen dem Franchisegeber und dem einzelnen Franchisenehmer bzw. zwischen sämtlichen Systembeteiligten eine BGB-Gesellschaft zustande[4]. Der überwiegende Teil der Kritik, vor allem die Praktiker unter den Autoren, stellt fest, dass die von *Martinek* konstruierten Modelle des „Partnerschaftsfranchising" in Wirklichkeit nicht anzutreffen sind[5].

15   Dieser Hinweis der Kritik ist sicherlich nicht vollkommen unberechtigt. Nach allen vorliegenden Erkenntnissen existiert „Partnerschaftsfranchising" in der Praxis nicht, obwohl beim modernen Franchising durchaus kooperative Elemente (z.B. Franchisenehmer-Beiräte, Werbe-Kooperationen oder Kapitalbeteiligungen der Franchisenehmer an der Franchisegeber-Ge-

---

1 *Martinek*, Franchising, S. 252, 410 ff., 583 ff.; *Martinek*, in Martinek/Semler/Habermeier, § 4 Rn. 73.
2 *Liesegang*, NJW 1990, 1525, 1525 f.
3 *Mack*, S. 100; *Gitter*, S. 493.
4 Vgl. *Martinek*, in Martinek/Semler/Habermeier, § 4 Rn. 68 und Rn. 74.
5 *Bräutigam*, WM 1994, 1189, 1191; *Höpfner*, S. 43; *Giesler*, Franchiseverträge, Rn. 12.

sellschaft) vorhanden sind. Es mag auch sein, dass kooperative Elemente beim Franchising allmählich zunehmen, wie gelegentlich behauptet wird[1]. Dennoch ist der Hinweis, dass die Theorie vom „Partnerschaftsfranchising" nicht praxisrelevant ist, eine Kritik ohne Substanz. Denn selbstverständlich kann auch niemand ausschließen, dass es irgendwann in Zukunft ein System geben wird, das Merkmale des „Partnerschaftsfranchising" aufweisen wird. Der Theorie von *Martinek* mangelt es allerdings an einer klaren Abgrenzung zwischen den von ihr beschriebenen Erscheinungsformen. „Koalitionsfranchising" wird vor allem über den Rechtscharakter des Franchiseverhältnisses als einer Innengesellschaft bürgerlichen Rechts definiert, welcher seinerseits eine Folge der Klassifizierung als „Koalitionsfranchising" sein soll[2]. Das überzeugt nicht. Es handelt sich um einen Zirkelschluss. Die Rechtsnatur des Vertragsverhältnisses, die das Ergebnis der Klassifizierung sein soll, ist zugleich deren Voraussetzung. Eine ähnliche Kritik betrifft die Typisierung als „Konföderationsfranchising". Diese Form des Franchising soll vorliegen, wenn ein stillschweigend abgeschlossener Systemvertrag zwischen den beteiligten Unternehmen besteht. Eine solche Abgrenzung ist für die Praxis ungeeignet. Wie soll der stillschweigend zustande gekommene Systemvertrag zuverlässig identifiziert werden? Wohin das Bemühen führen kann, Rechtsfolgen an verschwommene Voraussetzungen zu knüpften, zeigt sich daran, dass Theoretiker, welche die Differenzierung nach Macht- und Interessenkonstellationen aufgreifen, mit den Typen von Franchise unterschiedliche Rechtsfolgen verbinden, ohne sich über die Differenzierung Klarheit verschafft zu haben[3]. Dabei wird übersehen, dass die Theorie von *Martinek* diese Funktion nicht erfüllen kann; viel eher kann die Theorie – darin erschöpft sie sich – zu der allgemeinen Erkenntnis dienen, dass auch andere Kooperationsformen, die möglicherweise in Zukunft erst entstehen, ebenfalls „Franchising" sein können. Damit erfüllt die Theorie eine wichtige Funktion.

4. Abgrenzung zu anderen Absatzmittlungsverhältnissen

a) Allgemeines

In dem Maße, wie sich moderne Vertriebsnetzwerke in unserem Wirtschaftsleben ausgebreitet haben, haben sich Unternehmer bzw. Hersteller bemüht, freie Absatzmittler „in ihr Lager zu ziehen" und sie damit zu langfristig gebundenen Interessenwahrnehmern zu machen[4]. Diese **vertikale Vorwärtsintegration** ist bei den modernen Vertriebsformen wie dem Franchising bereits mehr oder weniger weit fortgeschritten; nicht umsonst spricht man vor allem bei den weitgehend absatzintegrierten Franchisenehmern davon, dass sie in die Absatzorganisation „eingegliedert" sind. Die Selbständigkeit der Absatzmittler wird von den Herstellern als ein Nachteil gegenüber einer unselbständigen Vertriebsstruktur begriffen. Selbständige Unternehmen unter-

16

---

1 Vgl. *Höpfner*, S. 43, *Flohr*, BB 2006, 389, 399.
2 Vgl. *Martinek*, in Martinek/Semler/Habermeier, § 4 Rn. 68.
3 Vgl. nur *Buschbeck-Bülow*, BB 1989, 352 ff.; *Nolting*, S. 241 ff.
4 *Martinek*, in Martinek/Semler/Habermeier, § 2 Rn. 72.

liegen grundsätzlich nicht der Weisungsabhängigkeit; Weisungsabhängigkeit kann schuldrechtlich zunächst auch nur in beschränktem Maß hergestellt werden. Dieser Nachteil geht zwar mit dem entscheidenden Vorteil einher, dass das Vertriebsnetzwerk mit fremdem Kapital und auf fremdes Risiko aufgebaut wird[1]; außerdem kann den Absatzmittlern auch die Lagerfunktion übertragen werden. Dennoch gilt es aus Sicht der Hersteller, den Nachteil der fehlenden „vollständigen" Weisungsabhängigkeit zurückzudrängen; selbstverständlich ohne dabei den Vorteil einbüßen zu wollen. Dieser Wunsch muss notwendigerweise auf rechtliche Grenzen stoßen: Weisungsabhängigkeit und Selbständigkeit sind ein Gegensatzpaar.

17 Die Abgrenzung der Vertragstypen ist mitunter schwierig. Dies hängt auch mit der bewussten **Verwendung unrichtiger Bezeichnungen** in der Praxis zusammen. Die Vielfalt der Bezeichnungen ist fast unüberschaubar, wobei sich hinter manchen Bezeichnungen schlicht die bekannten Vertragstypen des Vertriebsrechts verbergen. Andere Bezeichnungen, die auf Vertriebsverträge hindeuten, sind irreführend: in Wahrheit liegen keine Vertriebsverträge vor, sondern Vertragstypen aus anderen Rechtsgebieten. Gewissermaßen in Unkenntnis des Grundsatzes „falsa demonstratio non nocet" versuchen Unternehmer die Vertragsbezeichnungen auszutauschen, um bestimmten Rechtsfolgen zu entgehen. Beispielsweise werden vor allem Franchiseverträge gerne als „**Lizenzvertrag**" oder als „**Kooperationsvertrag**" bezeichnet, um einen geringen Grad der Absatzintegration vorzutäuschen, ohne dass dies an der rechtlichen Einordnung des Vertragsverhältnisses etwas ändern würde[2]. Insbesondere die Verwendung des Begriffes „Lizenzvertrag" ist irreführend; der Lizenzvertrag gehört nicht zu der Gruppe der Vertriebsverträge.

18 Außerdem ergeben sich Abgrenzungsschwierigkeiten, wenn eine **Typenvermischung** statt findet. Ein Beispiel aus der jüngsten Zeit sind die sehr verbreiteten Mobilfunkshop-Franchisesysteme. Im Vordergrund der Tätigkeit des Franchisenehmers steht der Abschluss von Mobilfunkverträgen. Da der Franchisenehmer nicht als Mobilfunkbetreiber auftritt, wird selbstverständlich die Telefongesellschaft (also der Franchisegeber) der Vertragspartner des Kunden. Der Franchisenehmer vermittelt lediglich den Abschluss von Mobilfunkverträgen; für den Juristen ist er offenkundig ein Handelsvertreter. Dass Betreiber von Mobilfunkshops dennoch als Franchisenehmer angesehen werden, verblüfft. Dies gilt insbesondere, wenn man weiß, dass im Gegensatz dazu der **Tankstellenvertrieb** nicht dem Franchising zugeordnet wird, sondern (soweit es um den Absatz im Namen und für Rechnung des Herstellers geht) dem Agenturvertrieb, also dem Handelsvertreterrecht. Dieser Widerspruch in der Einordnung zwischen Mobilfunk-Franchising und Agentursystem ist überwiegend historisch bedingt; Franchising war zu der Zeit des Entstehens der Vertragstankstellen in Deutschland weitgehend unbekannt.

---

1 *Giesler*, Franchiseverträge, Vorwort.
2 Vgl. *Giesler*, FranchiseErfolge 3/2005, 18 f.

b) Abgrenzung zum Handelsvertreter

Die Abgrenzung des Franchising zum Vertrieb mittels **Handelsvertretern** ist einfach. Der Handelsvertreter hat als selbständiger Gewerbetreibender für einen „anderen Unternehmer" Geschäfte zu vermitteln oder in dessen Namen abzuschließen. Er ist also mit der Vermittlung (Vermittlungsvertreter; dazu gehört der Versicherungsvertreter) oder mit dem Abschluss von Geschäften (Abschlussvertreter) betraut. Vom Handelsvertreter unterscheidet sich der Franchisenehmer dadurch, dass er nicht im fremden, sondern im eigenen Namen und auf eigene Rechnung tätig ist. Er ist zur Vertretung des Franchisegebers nicht berechtigt. Der Franchisenehmer wird der Vertragspartner der Kunden. Der Handelsvertreter steht in keiner vertraglichen Beziehung zu den Kunden. Siehe zur Abgrenzung auch *Thume*, § 84 Rn. 44 ff. 19

Der Franchisenehmer trägt ein wesentlich höheres Risiko als der Handelsvertreter. Beim Warenfranchising trägt er vor allem das Waren- und Absatzrisiko. Das ist darauf zurück zu führen, dass der Franchisenehmer eine eigene Handelsstufe bildet – also ein „Händler" ist –, während der Handelsvertreter auf der gleichen Handelsstufe steht wie der Unternehmer. Als eigene Handelsstufe übernimmt der Franchisenehmer im Regelfall wesentliche Handelsfunktionen wie z.B. Kreditierung, Vorausdisposition, Lagerhaltung, Transport, Garantie und Kundendienst[1]. Im Bereich des Dienstleistungsfranchising kann zwar formal nicht von „Handelsstufen" gesprochen werden. Allerdings ist die Abgrenzung hier anhand der Zuordnung des Vertragsabschlusses mit den Kunden einfach möglich: Als eigene „Dienstleistungsstufe" ist der Franchisenehmer der Vertragspartner seiner Kunden. 20

c) Abgrenzung vom Kommissionsagenten

Auf der Skala der Bindungsintensität steht der **Kommissionsagent** eine Stufe über dem Vertragshändler. Der Kommissionsagent verkauft im eigenen Namen und für fremde Rechnung. Die Abgrenzung ist letztlich einfach: Ein Franchisenehmer ist auf eigene Rechnung tätig und trägt folglich das volle Waren- und Absatzrisiko. 21

d) Abgrenzung vom Vertragshändler

Die Unterscheidung des Franchising vom Vertrieb mittels **Vertragshändler** ist schwierig, insbesondere in Bezug auf das Warenfranchising[2]. Die beiden Vertriebsformen stehen sich besonders nahe[3]. Auch der Vertragshändler ist im eigenen Namen und auf eigene Rechnung tätig. In der Literatur wird des- 22

---

1 *Ebenroth/Parche*, BB 1988, Beilage 10, 1, 7; *Höpfner*, S. 81; *Giesler*, NZS 1999, 483, 485.
2 Vgl. dazu ausführlich *Canaris*, S. 382.
3 *Weber*, JA 1983, 347, 352; *Skaupy*, DB 1982, 2446, 2447; *Ebenroth/Parche*, BB 1988, Beilage 10, 1, 6; *Giesler*, Franchiseverträge, Rn. 10.

halb teilweise vereinfachend angenommen, Franchising sei „... ein besonderes System von Vertragshändlerverträgen."[1].

23 Ein wesentlicher Unterschied liegt zunächst natürlich darin, dass Franchising für den Vertrieb von Dienstleistungen geeignet ist. Dienstleistungsfranchising ist dabei auch als die reinste Form des Franchising bezeichnet worden[2]. Jedenfalls zeigen sich beim **Dienstleistungsvertrieb** die besonderen Stärken des Franchising, während der Vertragshandel (wie der Wortbestandteil „Handel" bereits andeutet) ausschließlich für den Vertrieb von Waren geeignet ist. Ein Problem stellt die Unterscheidung also nur im Bereich des Warenfranchising dar. Die Abgrenzung kann hier zunächst anhand der **unterschiedlichen Bindungsintensität** wahrgenommen werden. Beim Franchising ist die Eingliederung in die Absatzorganisation noch weiter fortgeschritten. Aufgrund von Systemvorgaben mit umfangreichen Handlungsanweisungen nimmt der Franchisegeber einen sehr weitgehenden Einfluss auf die gesamte Betriebsführung des Franchisenehmers. Der Franchisenehmer hat sein Unternehmen vollkommen auf das Franchisesystem ausgerichtet. Organisations- und Kontrollstrukturen, Unterstützungs- und Betreuungsleistungen sowie wechselseitige Verpflichtungen stellen beim Franchising eine intensivere Verzahnung zwischen den Unternehmen des Franchisegebers und des Franchisenehmers dar[3]. Der Vertragshändler ist außerdem typischerweise nicht in ein so striktes System von **Ausschließlichkeitsbindungen** eingebunden wie der Franchisenehmer. Vertragshändler können, auch wenn dies teilweise (im Bereich des Kfz-Handels) nur kartellrechtliche Hintergründe haben mag, zu verschiedenen Herstellern Vertragshändlerbeziehungen unterhalten. Sie können als Mehrfachfirmenhändler auftreten. Dies ist beim Franchising jedenfalls unüblich. Wenn es vereinzelt Mehrfach-Franchisenehmer gibt, führen diese für jedes Franchisesystem einen vollständig getrennten Betrieb. Hinzu kommt ein weiterer wichtiger Unterschied beim Auftreten am Markt. Während der Vertragshändler seine Firma neben die Marke des Herstellers stellt und selbst hinter dessen Markenauftritt nie vollständig zurück tritt, erscheint der Betrieb des Franchisenehmers als eine „Filiale" des Franchisegebers[4]. Man spricht von **Quasifilialität**. Der Vertragshändler hat also die Möglichkeit, die präsentationstechnische Kombination einer berühmten Marke mit einer regional eingeführten Firma zu nutzen, um Goodwill-Synergien zu erreichen[5].

24 In der Praxis besteht ein wichtiger Unterschied auch bei den vertraglich geschuldeten **Entgelten**. Eine mit der Franchisegebühr vergleichbare Vergütung zugunsten des Herstellers gibt es beim Vertragshandel nicht[6]. Der Hersteller verdient beim Vertragshandel an der Handelsspanne, während beim Franchising typischerweise (auch) eine umsatzabhängige Gebühr ent-

---

1 In diesem Sinne unter anderem *Führich*, S. 276.
2 *Epp*, S. 9.
3 *Skaupy*, S. 13; *Liesegang*, S. 3; *Höpfner*, S. 83 f.; *Gitter*, in Gernhuber, S. 479.
4 *Mack*, S. 108 m.w.N.
5 *Martinek*, in Martinek/Semler/Habermeier, § 3 Rn. 10.
6 *Giesler*, Franchiseverträge, Rn. 10.

richtet wird. Allerdings ist dieser Unterschied als scharfes Abgrenzungskriterium nicht geeignet. Schließlich ist dem Franchising eine **pachtrechtliche Komponente** eigen, die beim Vertragshändler fehlt[1]. Gegenstand des Franchising ist die entgeltliche **Nutzung eines Geschäftskonzepts**, d.h. eines von dem Franchisegeber erdachten, konzipierten und erprobten Betriebstyps. Zur Erreichung dieses Ziels muss der Franchisenehmer befähigt werden, dieses Geschäftskonzept selbständig in seinem Unternehmen zur Anwendung zu bringen; sein Unternehmen wird durch die entgeltliche Nutzung des fremden Geschäftskonzepts beinahe vollständig integriert. Damit dies möglich ist, muss sich die Übertragung von Know-how auf den Franchisenehmer lückenlos auf den Aufbau und die Führung eines Systembetriebs erstrecken. **Betriebsführungs-Know-how** tritt neben ein etwaiges Produkt-Know-how. Dies ist der Grund, weshalb Know-how für das Franchising besonders bedeutsam ist[2]. Diese Merkmale sind bei dem Unternehmen eines Vertragshändlers nicht anzutreffen, auch wenn dort natürlich Produkt-Know-how eine Rolle spielt. Betriebsführungs-Know-how mit seiner Betriebstypenbindung, das für Franchising typisch ist, fehlt dem Vertragshandel.

II. Vertragstypologische Einordnung

1. Rechtsnatur des Franchisevertrages

a) Allgemeines

Die Frage nach der Rechtsnatur des Franchiseverhältnisses war lange umstritten, darf jedoch angesichts des Meinungsstandes als weitgehend geklärt angesehen werden, obwohl der BGH[3] und das OLG Hamm[4] sie im Jahr 2000 noch ausdrücklich offen gelassen haben. 25

b) Misch- und Typenkombinationsvertragstheorie

Nach ganz herrschender Ansicht ist der Franchisevertrag ein **Mischvertrag**[5]. Er besteht aus Einzelelementen verschiedener Vertragstypen des Besonderen 26

---

1 *Canaris*, Handelsrecht, S. 385, 395 f.; *Kroll*, S. 109 ff.
2 Vgl. *Giesler*, ZIP 2003, 1025 ff.
3 BGH v. 13.1.2000 – III ZR 342/98, NJW-RR 2000, 1159 ff.
4 OLG Hamm v. 13.3.2000 – 8 U 113/99, NZG 1169 ff., allerdings mit dem Hinweis, es handele sich bei einem Franchisevertrag um einen Mischvertrag.
5 Vgl. unten den vielen Stellungnahmen beispielsweise BGH v. 3.10.1984 – VIII ZR 118/83, NJW 1985, 1894, 1895 – Mc Donald's; BGH v. 26.10.1977 – IV ZR 177/76, WM 1978, 245 ff.; KG v. 10.7.1973 – 17/4 U 1111/73, MDR 1974, 144 f.; OLG Frankfurt v. 27.9.1994 – 11 U (Kart.) 30/94, WiB 1996, 640, 641 – Pronuptia III; OLG Hamm v. 13.3.2000 – 8 U 113/99, NZG 2000, 1169 ff.; OLG München v. 26.6.2002 – 7 U 5730/01, BB 2002, 2521 ff. – Fair Money; LG Karlsruhe v. 16.9.1988 – 4 O 214/88, NJW-RR 1989, 822; *Mack*, S. 106; *Giesler*, Franchiseverträge, Rn. 49; *Herrfeld*, S. 183; *Gitter*, S. 496; *Vortmann*, S. 11; *Weber*, JA 1985, 347, 351; *Canaris*, Handelsrecht, § 18 Rn. 19; *Ulmer/Brandner/Hensen*, Anh. § 310 BGB Rn. 348; *Graf v. Westphalen*, Vertragsrecht und AGB-Klauselwerke, Kapitel „Franchising", Rn. 7 ff.; *Staudinger/Martinek*, § 675 BGB Rn. D 31; *Erman/Jendrek*, Vor § 581 BGB Rn. 14 f.; *Prasse*, ZGS 2005, 379; *Jacobsen*, GS Skaupy, 2003, S. 159, 167.

Schuldrechts. Hierzu gehören Mietvertrag (§§ 535 ff. BGB) und Pachtvertrag (§§ 581 ff. BGB), Geschäftsbesorgungsvertrag (§ 675 BGB) und Dienstvertrag (§§ 611 ff. BGB) sowie gelegentlich auch der Kaufvertrag (§§ 433 ff. BGB) und womöglich der Werkvertrag (§§ 631 ff. BGB), gegebenenfalls jeweils wiederum kombiniert mit dem Geschäftsbesorgungsvertrag. Darüber hinaus enthält der Franchisevertrag in fast allen Fällen Elemente des ebenfalls nicht spezialgesetzlich geregelten Lizenzvertrages, was ihm in Teilen wiederum eine pachtrechtliche Komponente verleiht. Beachtung verdient des Weiteren der partiarische Einschlag des Franchisevertrages; dieser Einschlag kann angenommen werden, wenn sich die Franchisegebühren nach den Umsätzen des Systembetriebs richten[1]. Nicht zuletzt spielt in der Typenmischung auch der Handelsvertretervertrag als spezialgesetzlich geregelter Absatzmittlungsvertrag[2] eine Rolle.

27 Die Charakterisierung des Franchisevertrages als Mischvertrag ist zutreffend, weil die einzelnen Regelungselemente zum gleichen Zeitpunkt abgeschlossen werden, aufeinander bezogen und ineinander verflochten sind, sich in Abhängigkeit voneinander befinden und zu einer insgesamt einheitlichen Regelung integriert werden[3]. Franchiseverträge verfügen häufig über ein **komplexes Synallagma**, bei dem ganzen Bündeln von Leistungspflichten aus unterschiedlichen Typen von Schuldverträgen mehrere Gegenleistungen gegenüberstehen, die Beziehungen zu mehr als einem Leistungsbündel unterhalten. Die **Gewichtung der verschiedenen Elemente** ist allerdings bei jedem Franchisevertrag unterschiedlich[4]. Daher sind Anmerkungen darüber, welche Elemente im Allgemeinen überwiegen, kaum möglich, auch wenn dies selbst von Vertretern der herrschenden Meinung gelegentlich versucht wurde[5]. Allenfalls lässt sich sagen, dass **im Vordergrund häufig Dienstleistungselemente und Geschäftsbesorgungselemente** sowie Pachtvertragselemente mit fallweise wechselnden Elementen der anderen Vertragstypen stehen[6]. Diese Herangehensweise vermag den in der Praxis verwendeten Franchiseverträgen, die häufig erheblich voneinander abweichen, am besten Rechnung zu tragen.

28 Innerhalb der Gruppe der Mischverträge handelt es sich bei dem Franchisevertrag in seiner üblichen Erscheinungsform um einen **Typenkombinationsvertrag**[7], weil eine Verschmelzung von gleichrangigen Leistungselemen-

---

1 *Canaris*, Handelsrecht, § 18, Rn. 19.
2 Vgl. *Giesler*, in Giesler, Praxishandbuch Vertriebsrecht, § 1 Rn. 14 ff.
3 Vgl. zu den Merkmalen des Typenkombinationsvertrages *Staudinger/Mayer-Maly*, Einleitung Rn. 22.
4 Vgl. OLG Dresden v. 27.9.2001 – 19 U 881/01, BeckRS 2001 30037367.
5 Vgl. OLG Frankfurt/Main v. 22.1.1980 – 22 U 140/77, MDR 1980, 576 f.; *Ekkenga*, S. 68, 72 ff.
6 *Canaris*, Handelsrecht § 18 Rn. 19; *Martinek*, S. 69; *Karsten Schmidt*, Handelsrecht, § 28 II 3c.
7 OLG Frankfurt v. 27.9.1994 – 11 U (Kart.) 30/94, WiB 1996, 640, 641 – Pronuptia III; OLG München v. 26.6.2002 – 7 U 5730/01, BB 2002, 2521 ff. – Fair Money; *Mack*, S. 106; *Giesler*, Franchiseverträge, Rn. 49; *Herrfeld*, S. 183; *Gitter*, S. 496; *Enghusen*, S. 169; *Vortmann*, S. 11; *Weber*, JA 1985, 347, 351; *Skaupy*, Franchising, S. 11 f.; *Ca-*

ten aus verschiedenen Typen von schuldrechtlichen Verträgen festzustellen ist[1].

c) Geschäftsbesorgungsvertragstheorie

Einige Autoren haben versucht, dem Franchisevertrag den Charakter des Misch- und Typenkombinationsvertrages generell abzuerkennen. Eine Mindermeinung spricht von einem **Interessenwahrungsvertrag** und möchte den Franchisevertrag damit insgesamt vollständig dem Typus des **Geschäftsbesorgungsvertrages** zuordnen[2]. Eine Spielart der geschäftsbesorgungsvertraglichen Franchisetheorie beschränkt diese Einordnung auf das Warenfranchising. Diese Sichtweise setzt voraus, dass man den Geschäftsbesorgungsvertrag überhaupt als einen eigenen Schuldvertragstyp begreift, was allerdings die herrschende Trennungstheorie[3] zutreffend annimmt. Aus der Trennungstheorie folgt indes für die Einordnung des Franchisevertrages nicht, dass er insgesamt als ein Geschäftsbesorgungsvertrag verstanden werden darf. Das für den Geschäftsbesorgungsvertrag notwendige Merkmal der Interessenwahrnehmung (d.h. Förderung und Wahrung des Geschäftsherreninteresses, sog. subjektive Fremdnützigkeit) lässt einige Leistungen, die in Franchiseverhältnissen erbracht werden, aus der Geschäftsbesorgung herausfallen.

d) Lizenzvertragstheorie

Immer wieder haben einzelne Autoren versucht, den Franchisevertrag als **reinen Lizenzvertrag** zu beschreiben, wobei sich die Lizenz beim Franchising auf eine Geschäftsidee, ein Geschäftsformat, eine Vertriebsidee oder auf das Know-how erstrecken soll[4]. Die Lizenzvertragstheorie ist immer eine Min-

---

naris, Handelsrecht, § 18 Rn. 19; *Ulmer/Brandner/Hensen*, Anh. § 310 BGB Rn. 348; *Graf v. Westphalen*, Vertragsrecht und AGB-Klauselwerke, Kapitel „Franchising", Rn. 7 ff.; *Staudinger/Martinek*, § 675 BGB Rn. D 27; *Prasse*, ZGS 2005, 379.

1 Vgl. zu der Lehre der Mischverträge *Enneccerus-Lehmann*, Lehrbuch des Bürgerlichen Rechts, Band II, Recht der Schuldverhältnisse, 15. Aufl. 1958, S. 396 ff.
2 *Ebenroth*, S 68 ff.; *Ahlert*, Vertragliche Vertriebssysteme, S. 84 f.; *Köhler*, ZHR 146 (1982), 580 ff.; andeutungsweise scheinbar auch OLG Frankfurt/Main v. 22.1.1980 – 22 U 140/77, MDR 1980, 576 f.; missverständlich und nur für das „Subordinationsfranchising" *Staudinger/Martinek*, § 675 BGB Rn. D 27 im Gegensatz zu Rn. 31. Vgl. zur berechtigten Kritik an der lizenzvertraglichen Franchisetheorie *Ekkenga*, S. 73; *Kroll*, S. 29 ff.
3 BGH v. 25.4.1966 – VII ZR 120/65, BGHZ 45, 223, 228; BGH v. 25.10.1988 – XI ZR 3/88, NJW 1989, 1216, 1217; BGH v. 17.10.1991 – III ZR 352/89, NJW-RR 1992, 560; MünchKommBGB/*Heermann*, § 675 BGB Rn. 2; *Soergel/Häuser/Welter*, § 675 BGB Rn. 2; *Larenz*, Lehrbuch des Schuldrechts, Band II/1, 13. Aufl. 1986, § 56 V (S. 422); *Staudinger/Martinek*, § 675 BGB Rn. A 16 ff. und A 23 ff. Dagegen sieht die Einheitstheorie die Geschäftsbesorgung nicht als eigenständigen Schuldvertragstyp, sondern als reine Klarstellung, dass die Regeln des Auftragsrechts auf alle Dienst- und Werkverträge anzuwenden sind.
4 *Skaupy*, NJW 1992, 1785, 1789; *Lenzen*, RIW 1984, 586 ff.; *Finger*, GRUR 1970, 3 ff. (mit einem Schwerpunkt auf dem Know-how Vertrag); *Forkel*, ZHR 153 (1989),

dermeinung geblieben; sie wird allerdings in jüngerer Zeit wieder häufiger vertreten[1], so dass man fast den Eindruck gewinnen könnte, dass wir vor einer Renaissance der Lizenzvertragstheorie stehen. Festzustellen ist übrigens auch, dass Teile der Rechtsprechung im Zusammenhang mit Franchiseverträgen von einer „Lizenz" sprechen, wobei damit aber offensichtlich keine Stellungnahme zu einem Meinungsstreit über die Rechtsnatur des Franchisevertrages abgegeben werden sollte[2]. Unrichtig wäre es auch, bereits in der Formulierung „Einräumung eines Franchise", die ebenfalls in einigen Urteilen[3] zu finden ist, eine Andeutung der Lizenzvertragstheorie zu erblicken[4]. Da ein Franchise auch nach herrschender Meinung in nennenswertem Umfang lizenzvertragliche Elemente enthält, hat sich der Ausdruck „Einräumung" oder „Gewährung" in den Sprachgebrauch eingebürgert. Möglicherweise klingt hier auch lediglich der angloamerikanische Sprachgebrauch an („to grant a franchise"). Wenn man der Lizenzvertragstheorie folgen wollte, müsste man auf den Franchisevertrag praktisch ausschließlich die Vorschriften des Miet- und Pachtvertrages anwenden. Die entgeltliche Gebrauchsüberlassung wäre dann der Hauptzweck des Franchisevertrages. Der Lizenzvertragstheorie ist nicht zu folgen. Der Gegenstand eines Franchisekonzepts ist in weiten Teilen nicht lizenzfähig, da es (von den lizenzvertraglichen Elementen abgesehen, namentlich von der Marke und den Urheberrechten) an einem dinglichen Recht fehlt[5]. Eine „Geschäftsidee" oder ein „Geschäftskonzept" ist kein lizenzfähiges Gut. Gegen die Lizenzvertragstheorie spricht auch, dass es durchaus Franchiseverträge geben kann, die kein lizenzvertragliches Element enthalten. Lizenzvertragliche Elemente sind nämlich kein zwingender Bestandteil von Franchiseverträgen; ihre Verzichtbarkeit wäre beim Warenfranchising durchaus vorstellbar[6]. Mit dem Bild des Lizenzvertrages ist auch der Umstand kaum vereinbar, dass der Franchisenehmer die Lizenz nicht nur nutzen darf, sondern dass er sie – so ist es jedenfalls in den meisten Franchiseverträgen[7] in Hinblick auf Betriebsführungspflicht und Erreichung der Quasifilialität vorgesehen – nutzen muss. *Martinek* hat dies

---

511 ff.; *Emmerich*, JuS 1995, 763; *Staudinger/Emmerich/Veit*, Vorbem. zu § 581 BGB Rn. 48 (Bearbeitung 2005); *Nebel-Tatzel*, S. 30; *Ullmann*, CR 1991, 193, 194 lässt offen, auf was sich die Lizenz im Einzelnen erstrecken soll und spricht von einem „geistigen Gut"; *Loewenheim*, S. 99 ff.; *Enghusen*, S. 170 f.; mit dem Gedanken spielt auch *Joerges*, AG 1991, 325, 335.

1 Vgl. jüngst *Staudinger/Emmerich/Veit*, Vorbem. zu § 581 BGB Rn. 48 (Bearbeitung 2005).
2 Vgl. OLG München v. 11.7.1996 – 24 U 63/95, NJW-RR 1997, 812, 814; OLG Hamm v. 13.3.2000 – 8 U 113/99, NZG 2000, 1169 ff. m.w.N.; vgl. dazu *Kroll*, S. 21 f.; vgl. dazu auch den synonymen Gebrauch der Begriffe „Franchisevertrag" und „Lizenzvertrag" bei BGH v. 14.12.1994 – VIII ZR 46/94, ZIP 1995, 105, 107 f. – Ceiling Doctor.
3 BGH v. 16.4.1986 – VIII ZR 79/85, BGHZ 97, 351, 360 – Yves Rocher; BGH v. 12.11.1986 – I ZR 209/84, NJW-RR 1987, 612, 613; OLG Düsseldorf v. 15.1.1987 – 6 U 149/86, WM 1987, 599, 600.
4 So allerdings *Staudinger/Martinek*, § 675 BGB Rn. D 23.
5 *Martinek*, Moderne Vertragstypen, S. 46 f.
6 *Staudinger/Martinek*, § 675 BGB Rn. D 24 (keine „conditio sine qua non").
7 Vgl. *Giesler*, Franchiseverträge, Rn. 287.

plastisch mit den Worten auf den Punkt gebracht, dass die Lizenzvertragstheorie den „tendenziell Ausgenutzten zum Nutznießer" umdeklariere[1].

e) Gesellschaftsrechtliche Theorie

Vereinzelt ist versucht worden, das Franchiseverhältnis dem Gesellschaftsrecht zuzuordnen und als **BGB-Gesellschaft** zu verstehen[2]. Dies hat sich allerdings nicht durchgesetzt. Nach richtiger Ansicht sind **Franchising und Gesellschaftsrecht wesensverschieden**. Das Ziel, Umsatz und Gewinn zu machen, verfolgt jeder Vertragspartner für sich selbst und ausschließlich im eigenen Interesse, weshalb nicht von der Erreichung eines „gemeinsamen Zwecks" (§ 705 BGB) gesprochen werden kann. Vor allem gilt, dass Franchisegeber und Franchisenehmer dieses Ziel auf unterschiedliche Art und Weise zu erreichen suchen. Der Franchisenehmer erzielt Umsatz und Gewinn durch Waren- oder Dienstleistungsabsatz an Endkunden, während der Franchisegeber seine Einnahmen und Erträge durch die Erhebung von Gebühren erwirtschaftet, die von dem Franchisenehmer zu bezahlen sind. Der Franchisegeber lässt sich also seine Leistungen vergüten[3]. 31

2. Schuldvertragstypenzuordnung

Die Schuldvertragstypenzuordnung der **Haupt- und Nebenleistungspflichten des Franchisegebers** stellt eine besondere Herausforderung für den Rechtsanwender dar. Auch diese Zuordnung kann nicht mit einem Geltungsanspruch für sämtliche Franchiseverträge erfolgen, weil sie letztlich von der individuellen Gestaltung der Klauseln abhängig ist, wobei die typischen Leistungspflichten beim Franchising durchaus eine typische – und teilweise relativ eindeutige – Standardzuordnung zulassen. Grundsätzlich kommen für die Typenkombination folgende Schuldvertragstypen in Betracht: 32

Die Vorschriften über die **entgeltliche Gebrauchsüberlassung**, also vor allem die Bestimmungen des Pachtvertragsrechts (§§ 581 Abs. 2, 535 ff. BGB) sind anwendbar auf die Nutzungsüberlassung der Immaterialgüterrechte und auf alle Pflichten, die unmittelbar mit der Nutzung der Immaterialgüterrechte („Nutzung des Franchise") zu tun haben. Dazu gehört beispielsweise Gebietsschutz. Der entgeltlichen Gebrauchsüberlassung können allerdings auch miet- oder pachtrechtliche Elemente im engeren Sinne unterfallen, also beispielsweise die Verpachtung einer systemtypischen Betriebsausstattung, deren Eigentumsübergang auf den Franchisenehmer nicht gewünscht ist oder die Untervermietung der Geschäftsräume seitens des Franchisegebers. 33

Die Bestimmungen des **Dienstvertragsrechts** (§§ 611 ff. BGB) kommen für Dienstleistungspflichten ohne geschäftsbesorgungsvertraglichen Einschlag in Betracht. Nach der Vorstellung des Gesetzgebers ist nicht jede dienstver- 34

---

1 *Staudinger/Martinek*, § 675 BGB Rn. D 25.
2 *Baumgarten*, S. 136; *Zwecker*, JA 1999, 159 ff.
3 A.A. *Ekkenga*, S. 81 f.

tragliche Tätigkeit zwingend auch eine Geschäftsbesorgung. Voraussetzung für die Anwendbarkeit des § 675 BGB ist nach herrschender Meinung, die den Geschäftsbesorgungsvertrag als eigenständigen Schuldvertragtyp anerkennt (Trennungstheorie[1]), eine Tätigkeit wirtschaftlicher Art in einer fremden Vermögenssphäre zur Wahrnehmung schwerpunktmäßig[2] fremder Vermögensinteressen. Vor allem das notwendige Merkmal der Interessenwahrnehmung (Interessenwahrung, Förderung und Wahrung des Geschäftsherreninteresses, man spricht auch von subjektiver Fremdnützigkeit) lässt einige Dienstleistungen in Franchiseverhältnissen aus dem Bereich der Geschäftsbesorgung herausfallen. Daher sind auch beim Franchising Leistungspflichten denkbar, die unter die „reinen" § 611 ff. BGB fallen, etwa auf Seiten des Franchisegebers die Entwicklung neuer Dienstleistungen, die Weiterentwicklung des Franchisekonzepts oder die Abwehr von Wettbewerbsangriffen auf die Marke. Auch hinsichtlich der Durchführung von Schulungs- und Trainingsmaßnahmen wird von einer dienstvertraglichen Einordnung ausgegangen[3].

35 Der **Geschäftsbesorgungsvertrag** mit Dienstvertragsvorschriften (§§ 675, 611 ff. BGB) kommt für Leistungspflichten in Betracht, die in Beratung und Unterstützung, Betreuung, Verhandlungsführung mit Systemlieferanten, Mittelverwaltung und Mittelbeschaffung für den anderen Vertragspartner bestehen. Dies sind grundsätzlich vor allem die Leistungspflichten des Franchisegebers, die den Franchisenehmer bei dessen Betriebsführung unterstützen sollen (wohl streitig[4]). Die Absatzförderungspflicht des Franchisenehmers gehört unstreitig zu den geschäftsbesorgungsvertraglichen Typenelementen mit dienstvertraglichem Einschlag[5]. Geschäftsbesorgungsvertrag mit Werkvertragsvorschriften (§§ 675, 631 ff. BGB) ist auf Leistungspflichten anwendbar, die in der Erstellung eines Werkes für den anderen Vertragspartner in dessen Vermögensinteresse bestehen, z.B. die Erstellung eines Businessplans für den Franchisenehmer.

36 Die Schuldvertragstypenzuordnung der **Pflichten des Franchisenehmers** macht offenkundig noch mehr Schwierigkeiten, was sich daran ablesen lässt, dass sich die Stellungnahmen überwiegend mit den Pflichten des Franchisegebers befassen. Zutreffend ist die folgende Differenzierung: Die Absatzförderungspflicht des Franchisenehmers gehört zu den geschäftsbesor-

---

1 BGH v. 24.4.1966 – VII ZR 120/65, BGHZ 45, 223, 228; BGH v. 25.10.1988 – XI ZR 3/88, NJW 1989, 1216, 1217; MünchKommBGB/*Heermann*, § 675 BGB Rn. 2; *Soergel/Häuser/Welter*, § 675 BGB Rn. 2; *Larenz*, Lehrbuch des Schuldrechts, Band II/1, 13. Aufl. 1994, § 56 V (S. 422); *Staudinger/Martinek*, § 675 BGB Rn. A 16 ff. und A 23 ff. Dagegen sieht die Einheitstheorie die Geschäftsbesorgung nicht als eigenständigen Schuldvertragstyp, sondern als reine Klarstellung, dass die Regeln des Auftragsrechts auf alle Dienst- und Werkverträge anzuwenden sind.
2 *Staudinger/Martinek*, § 675 BGB Rn. A 33.
3 *Giesler*, Franchiseverträge, Rn. 80; *Giesler/Kroll*, in Giesler, Praxishandbuch Vertriebsrecht, § 4 Rn. 194; *Staudinger/Martinek*, § 675 BGB Rn. D 29.
4 Für eine Einordnung in das „reine" Dienstvertragsrecht wohl *Staudinger/Martinek*, § 675 BGB Rn. D 29.
5 Ähnlich *Staudinger/Martinek*, § 675 BGB Rn. D 30.

gungsvertraglichen Typenelementen mit dienstvertraglichem Einschlag[1]. Dies gilt im Regelfall auch für die von der Absatzförderungspflicht lediglich abgeleiteten Betriebsführungs- und Lagerhaltungspflichten sowie die Pflichten zur Durchführung von regionalen Werbemaßnahmen. Die Teilnahme an einem Werbe- und Marketingpool lässt sich als Treuhandverhältnis begreifen, das seinerseits wiederum dem Typus des Geschäftsbesorgungsvertrages unterfällt[2], wobei beim Werbe- und Marketingpool vor allem die Pflichten des Franchisegebers von Interesse sind. Berichts- und Informationspflichten des Franchisenehmers, die nur Nebenpflichten sind, soweit sie die Leistungserbringung seitens des Franchisegebers unterstützen sollen, sind § 241 Abs. 2 BGB zuzuordnen. Gleiches gilt für Duldungspflichten. Es handelt sich dabei um nur leistungssichernde[3] Nebenpflichten, die das Integritätsinteresse des Franchisegebers schützen[4]. Soweit es bei Berichts- und Informationspflichten des Franchisenehmers allerdings um echte Nebenleistungspflichten geht (das kann z.B. bei der Pflicht zur Beobachtung und Meldung von Wettbewerbsaktivitäten im Vertragsgebiet der Fall sein), wird das Dienstvertragsrecht anwendbar sein. Die Gebührenzahlungspflichten des Franchisenehmers stellen die Gegenleistungen zu den jeweils zuordenbaren Hauptleistungspflichten des Franchisegebers dar, so dass sie im Rahmen der Schuldvertragstypenzuordnung „unselbständig" sind. Darüber dürfte Einigkeit bestehen. Umstritten ist hingegen in anderem Zusammenhang, ob der Franchisenehmer ein „auch fremdes Geschäft" erfüllt, wenn er seine Investition in den Franchisebetrieb erbringt[5]. Davon ist auszugehen, so dass in dem vorliegenden Kontext im Hinblick auf die subjektive Fremdnützigkeit viel für die Zuordnung dieser Hauptleistungspflicht zum Geschäftsbesorgungsvertrag spricht.

3. Ermittlung des Synallagma

Der Franchisevertrag ist ein gegenseitiger Vertrag, bei dem die Hauptleistungspflichten der Systempartner in einem Synallagma stehen[6]. Ein Synallagma setzt voraus, dass jede Seite ihre Leistung nur versprochen hat, um damit die Gegenleistung der anderen Seite zu erlangen[7]. Eine rein kausale oder konditionale Verknüpfung von Leistungspflichten genügt nicht, um sie in den Status von Hauptleistungspflichten im Synallagma zu erheben. Die Ausgestaltung des Synallagma bestimmt sich ausschließlich nach dem Willen der Vertragspartner[8] und kann deshalb theoretisch (und in gewissem

37

---

1 Ähnlich *Staudinger/Martinek*, § 675 BGB Rn. D 30.
2 Vgl. *Staudinger/Martinek*, § 675 BGB Rn. A 52 ff.
3 Vgl. dazu allgemein MünchKommBGB/*Roth*, § 241 BGB Rn. 38.
4 Vgl. dazu allgemein AnwKomm/*Dauner-Lieb*, § 282 BGB Rn. 5.
5 So erstmals Höpfner, S. 182; zustimmend *Giesler*, WM 2001, 1441 ff.; ablehnend Flohr, ZAP Nr. 23 v. 6.12.2000, Fach 6, S. 362; Rafsendjani, S. 112; Stein-Wigger, S. 166 ff.
6 *Skaupy*, Franchising, S. 7; *Martinek*, Vertragstypen, S. 66 ff.; *Gitter*, S. 493; *Mack*, S. 82; *Bauder*, S. 23; *Weber*, JA 1983, 347, 351; *Rauser/Bräutigam*, DStR 1996, 587; *Kroll*, S. 13; *Stein-Wigger*, S. 40; *Giesler*, Franchiseverträge, Rn. 48.
7 BGH v. 21.10.1954 – IV ZR 128/54, BGHZ 15, 102, 105.
8 *Erman/Westermann*, vor § 320 BGB Rn. 13; AnwKomm/*Tettinger*, § 320 BGB Rn. 3.

Umfang natürlich auch praktisch) bei jedem Franchisevertrag anders ausfallen[1]. In der vertraglichen Praxis des Franchising in Deutschland und Österreich gibt es allerdings typische Muster der Ausgestaltung des Synallagma.

38 Bei der Ermittlung des Synallagma geht es zunächst um die Vorfrage, welche der zahlreichen Leistungspflichten, die in einem Franchisevertrag vereinbart werden, als Hauptleistungspflichten anzusehen sind und welche Pflichten lediglich als Nebenleistungspflichten vereinbart worden sind. Die Nebenleistungspflichten fallen von vornherein aus der Betrachtung heraus. Die Beantwortung dieser Frage kann sehr schwierig sein. Denn bei den meisten Franchiseverträgen stehen lange Listen von Leistungspflichten, die teilweise zu Gruppen zusammengefasst sind, einer ganzen Reihe von Gegenleistungspflichten gegenüber. Vor allem bei älteren Franchiseverträgen oder in den Fällen, in denen sich Franchisegeber nicht durch Spezialisten beraten lassen, fehlt es an der notwendigen Klarheit.

39 Ratsam ist es, die folgenden **Ermittlungsmethoden** zu beachten: Es ist primär auf den Wortlaut des Vertrages abzustellen. Häufig findet sich die Regelung des Synallagma bei den Gegenleistungen. Dort heißt es dann beispielsweise, dass der Franchisenehmer die Eintrittsgebühr „für die Einführungsschulung und für die Übergabe des Handbuchs" oder „für die ihm eingeräumten Rechte"[2] oder „für die Aufbauleistungen"[3] zu bezahlen hat. Dies ist eine klare Regelung des Synallagma. Vergleichbares gilt für die laufende Vergütung, die auch an bestimmte Leistungskataloge oder Leistungsgruppen des Franchisegebers angeknüpft ist. Wenn dies nicht weiterhilft, muss eine Auslegung des Franchisevertrages vorgenommen werden[4]. Dabei gilt, dass die Vertragspartner wesentliche Vertragsleistungen, welche die ordnungsgemäße Durchführung des Vertragsverhältnisses überhaupt erst möglich machen, im Zweifel auf die Ebene der Hauptleistungspflichten heben wollten. Zu den Leistungen, die eine Durchführung des Vertragsverhältnisses überhaupt erst möglich machen, gehören sämtliche Pflichten des Franchisegebers, die auf den Aufbau des Systembetriebes, die Systemeingliederung[5], die anfängliche Übertragung des Know-how und die Überlassung der Immaterialgüterrechte gerichtet sind. Es ist natürlich nicht ausgeschlossen, dass einzelne dieser Leistungspflichten ausnahmsweise nur als Nebenleistungspflichten vorgesehen sind. Als weiterer Grundsatz gilt, dass die

---

1 Vgl. BGH v. 13.1.2000 – III ZR 342/98, MDR 2000, 510 f.; vgl. dazu *Becker*, DStR 2000, 1618; OLG Dresden v. 27.9.2001 – 19 U 881/01, BeckRS 2001 30037367.
2 *Flohr*, Franchise-Vertrag, S. 168. Diese Regelung ist allerdings aus anderen Gründen bedenklich. Es droht dann nämlich eine zeitanteilige Rückgewähr der Eintrittsgebühr, vgl. OLG Frankfurt/M. v. 2.11.1994 – 13 U 168/93, NJW-RR 1995, 1395 ff.; OLG Hamburg v. 30.12.2002 – 5 U 220/01, n.v. Der Versuch des zitierten Vertragsmusters, die Rückzahlungsverpflichtung trotz der Anknüpfung an die „eingeräumten Rechte" auszuschließen, kann formularunwirksam sein.
3 *Giesler*, Franchiseverträge, Rn. 328.
4 Vgl. zur Auslegung von Franchiseverträgen BGH v. 13.1.2000 – III ZR 342/98, NJW-RR 2000, 1159 ff.; BGH v. 20.5.2003 – KZR 19/02, ZIP 2003, 2030 – Apollo I zur „kundenfreundlichsten Auslegung".
5 *Martinek*, Franchising, S. 290 ff.

Betriebsförderungspflichten mit den Gebührenzahlungs- und Absatzförderungspflichten im Regelfall in einem Synallagma stehen[1]. Als Grundsatz zur genauen Zuordnung von Leistung und Gegenleistung im Rahmen der Auslegung kann gelten, dass, wenn der Wortlaut des Vertrages hier keine eindeutige Bestimmung zulässt, die Leistungen des Franchisegebers bis zur Eröffnung des Systembetriebes (Systemeingliederung) mit der Eintrittsgebühr und die Leistungen im laufenden Vertragsverhältnis (Betriebsförderung) mit der laufenden Franchisegebühr verknüpft sind. Einen Sonderfall stellen Absatzförderungs- und Betriebsführungspflicht des Franchisenehmers dar. In vielen Franchiseverträgen, die in der Praxis verwendet werden, sind diese Pflichten nicht ausdrücklich in das Synallagma einbezogen und können sich, je nach Vertragsgestaltung, auch als Nebenleistungspflichten darstellen. Gelegentlich sind diese Pflichten nicht einmal besonders deutlich in dem Vertrag geregelt, obwohl es sich dabei um ganz wesentliche Leistungspflichten des Franchisenehmers handelt. Bei einer Vertragsauslegung ist im Hinblick auf die Bedeutung dieser Pflichten im Zweifel anzunehmen, dass es sich dabei um eine im Synallagma stehende Gegenleistung des Franchisenehmers für die Betriebsförderungspflicht des Franchisegebers handelt.

III. Die Selbständigkeit des Franchisenehmers

1. Allgemeines

Bis zum Ende der 1980er Jahre fand eine Diskussion über die Anwendbarkeit arbeitsrechtlicher Bestimmungen auf das Franchiseverhältnis und über die Abgrenzung zwischen Franchising und Arbeitsrecht praktisch nicht statt[2]. Selbst in den 1990er Jahren problematisierten einige Autoren[3] die Frage der möglichen Arbeitnehmereigenschaft des Franchisenehmers nicht, sondern verwiesen stattdessen auf eine der gängigen Definitionen des Begriffs „Franchising", der zufolge die Partner des Franchisevertrages selbständige Unternehmer sind. Gelegentlich findet sich sogar der Hinweis, dass aus dem „Wesen des Franchising" folge, dass der Franchisenehmer kein Arbeitnehmer sei[4]. Spätestens seit dem Beschluss des BAG[5] vom 16.7.1997 ist es als gesicherte Erkenntnis anzusehen, dass formale Aspekte oder die Begriffswahl für die Abgrenzung zwischen Arbeitsverhältnis und Franchiseverhältnis ohne jede Bedeutung sind[6]. Zwischenzeitlich haben sich die obersten Bundesgerichte mehrfach mit der Anwendbarkeit des formellen Arbeitsrechts auf

40

---

1 *Martinek*, Franchising, S. 290 ff.
2 *Herrfeld*, S. 505.
3 Vgl. *Tiemann*, S. 92; *Skaupy*, BB 1990, 134 ff.; *Selzner*, S. 37 ff.; *Richardi*, in Münchener Handbuch zum Arbeitsrecht, 2. Aufl. 2000, § 24 Rn. 118 (ihm zufolge soll partielle Anwendung des Arbeitsrechts in Betracht kommen); *Ekkenga*, S. 39 f.; *Bauder*, NJW 1989, 78. *Bräutigam*, WiB 1997, 897, 899 betont dies für „durch ein starkes Über-/Unterordnungsverhältnis geprägte Franchiseverhältnisse".
4 Vgl. den Hinweis bei BAG v. 16.7.1997 – 5 AZB 29/96, ZIP 1997, 1714 ff. – Eismann I.
5 BAG v. 16.7.1997 – 5 AZB 29/96, ZIP 1997, 1714 ff. – Eismann I.
6 *Herrfeld*, S. 533.

Franchiseverhältnisse befasst[1]. Auch die Anwendbarkeit des materiellen Arbeitsrechts auf Franchiseverträge ist gelegentlich Gegenstand von Gerichtsentscheidungen geworden, die teilweise kontrovers diskutiert worden sind.

41 Bei der Diskussion um die „Selbständigkeit des Franchisenehmers" werden häufig **unterschiedliche Begriffe vermischt**[2]. Zunächst ist festzustellen, dass der Begriff der „Scheinselbständigkeit" ein überkommenes Kriterium des Sozialversicherungsrechts ist. Im Sozialversicherungsrecht geht es um die Frage, ob ein vermeintlicher „Franchisenehmer" als Beschäftigter anzusehen ist. Die Beantwortung dieser Frage folgt anderen Regeln und darf keinesfalls mit dem Begriffen des Arbeitsrechts vermischt werden.

2. Formelles Arbeitsrecht

42 Bei der Anwendbarkeit des formellen Arbeitsrechts geht es ausschließlich um die Frage, ob für einen Rechtsstreit zwischen Franchisegeber und Franchisenehmer die **Arbeitsgerichte oder die Zivilgerichte zuständig** sind. Diese Frage richtet sich nach § 5 Abs. 1 ArbGG und §§ 13, 17a Abs. 3 GVG. Nach § 5 Abs. 1 S. 2 ArbGG sind die Arbeitsgerichte zuständig, wenn es sich bei dem Franchisenehmer um eine arbeitnehmerähnliche Person handelt. Die Arbeitsgerichte sind natürlich auch – gewissermaßen „erst recht" – zuständig, wenn der Franchisenehmer als Arbeitnehmer anzusehen ist. Bei den beiden Tatbestandsalternativen des § 5 Abs. 1 ArbGG handelt es sich um eine Wahlfeststellung. Für die Frage des Rechtswegs ist die Arbeitnehmereigenschaft daher nicht in jedem Fall zu klären, wenn es sich bei dem Franchisenehmer jedenfalls um eine arbeitnehmerähnliche Person handelt[3], insbesondere wenn die materielle Entscheidung des Rechtsstreit nicht von der Frage der Anwendbarkeit des materiellen Arbeitsrechts abhängig ist.

43 Ein Franchisenehmer ist als arbeitnehmerähnlich i.S.v. § 5 Abs. 1 S. 2 ArbGG anzusehen, wenn er **wirtschaftlich abhängig und sozial schutzbedürftig** ist[4]. Wirtschaftliche Abhängigkeit stellt dabei einen geringeren Grad der Abhängigkeit dar, als die persönliche Abhängigkeit eines Arbeitnehmers[5]. Die arbeitnehmerähnliche Person i.S.v. § 5 Abs. 1 S. 2 ArbGG ist ein Selbständiger[6], für den allerdings die Arbeitsgerichte zuständig sein sollen. Ist der Franchisenehmer hingegen „sogar" persönlich abhängig, wird er

---

1 BAG v. 16.7.1997 – 5 AZB 29/96, ZIP 1997, 1714 ff. – Eismann I; BGH v. 4.11.1998 – VIII ZB 12/98, BGHZ 140, 11 ff. – Eismann II; BAG v. 19.11.1997 – 5 AZR 653/96, NZA 1998, 364 f.; BAG v. 21.2.1990 – 5 AZR 162/89, AP Nr. 57 zu § 611 BGB Abhängigkeit – Jacques' Weindepot II; BGH v. 27.1.2000 – III ZB 67/99, EzA Nr. 50 zu § 2 ArbGG 1979 – Marktleiterin.
2 Vgl. beispielhaft die Verwendung des Begriffes der „Scheinselbständigkeit" im Zusammenhang mit Rechtswegfragen im Franchising bei *Braun*, AuA 1998, 403 f.
3 BGH v. 4.11.1998 – VIII ZB 12/98, BGHZ 140, 11, 19 – Eismann II.
4 Vgl. BAG v. 11.4.1997 – 5 AZB 33/96, NJW 1997, 1724; BAG v. 25.7.1996 – 5 AZB 5/96, AP Nr. 28 zu § 5 ArbGG m.w.N.; BAG v. 16.7.1997 – 5 AZB 29/96, ZIP 1997, 1714 ff. – Eismann I; *Reinecke*, ZIP 1998, 581, 581 f. m.w.N.
5 BAG v. 16.7.1997 – 5 AZB 29/96, ZIP 1997, 1714 ff. – Eismann I.
6 BAG v. 16.7.1997 – 5 AZB 29/96, ZIP 1997, 1714 ff. – Eismann I.

als Arbeitnehmer angesehen, mit der Folge, dass außerdem materielles Arbeitsrecht Anwendung findet. Der Rechtsweg zu den Arbeitsgerichten ist in diesem Fall gewissermaßen „erst recht" gegeben (§ 5 Abs. 1 S. 1 ArbGG). Die wirtschaftliche Abhängigkeit und die soziale Schutzbedürftigkeit sind anhand von Indizien festzustellen. Dies macht die Abgrenzung in vielen Fällen sehr schwierig, wie sich auch aus den unterschiedlichen und widersprüchlichen Gerichtsentscheidungen[1] entnehmen lässt. Die Schwierigkeit besteht außerdem darin, dass keines der Indizien zwingend vorliegen muss, ebenso wenig wie alle Indizien zugleich vorliegen müssen[2]. Im Ergebnis führt dies dazu, dass die Grenzen fließend verlaufen und in dem Grenzbereich eine gewisse Rechtsunsicherheit nicht auszuräumen ist. Bei der Anwendung der Indizien müssen Besonderheiten des Franchising eine Berücksichtigung finden (vertragstypologische Abgrenzung zum Arbeitsrecht)[3]. Daraus folgt, dass die typischen vertraglichen Abhängigkeiten des Franchisenehmers nicht voreilig als Merkmale der wirtschaftlichen Abhängigkeit gedeutet werden dürfen.

Das zusätzliche **Merkmal der sozialen Schutzbedürftigkeit** wird ebenfalls von der Rechtsprechung verlangt[4]. Der wirtschaftlich Abhängige muss seiner gesamten Stellung nach einem Arbeitnehmer vergleichbar sozial schutzbedürftig sein. Soziale Schutzbedürftigkeit ist gegeben, wenn das Maß der Abhängigkeit nach der Verkehrsanschauung einen solchen Grad erreicht, wie er im Allgemeinen nur in einem Arbeitsverhältnis vorkommt. Die soziale Schutzbedürftigkeit kann ebenfalls anhand von Indizien festgestellt werden, wobei dafür auch auf die Merkmale abgestellt werden kann, die für die wirtschaftliche oder persönliche Abhängigkeit sprechen, weil sich aus dieser Abhängigkeit die soziale Schutzbedürftigkeit ergeben kann[5]. 44

Im Jahre 1997 hatte sich das BAG mit der Frage des Rechtswegs für die Klage eines Franchisenehmers im **„Eismann"-Franchisesystem** zu befassen[6]. Die Parteien stritten materiell um die Rückzahlung eines Kostenbeitrags, um eine Kompensation für die Aufbauleistungen des Franchisenehmers sowie um eine Entschädigung für ein nachvertragliches Wettbewerbsverbot. Das BAG sah die Arbeitsgerichte als zuständig an und stellte fest, dass es sich bei dem Franchisenehmer um eine arbeitnehmerähnliche Person i.S.v. § 5 Abs. 1 S. 2 45

---

1 Vgl. OLG Schleswig v. 27.8.1986, NJW-RR 1987, 220 ff.; BAG v. 24.4.1980 – 3 ARZ 911/77, ZIP 1980, 777 f. – Manpower; LAG Düsseldorf v. 20.10.1987 – 16 TaBV 83/87, NJW 1988, 725 ff. – Jacques' Weindepot I; BGH v. 4.11.1998 – VIII ZB 12/98, BGHZ 140, 11 ff. – Eismann II; BGH v. 27.1.2000 – III ZB 67/99, EzA Nr. 50 zu § 2 ArbGG 1979 – Marktleiterin; BAG v. 17.1.2001 – 5 AZB 18/00, NJW 2001, 1374 f.
2 *Herrfeld*, S. 532.
3 *Horn/Henssler*, ZIP 1998, 589, 594 ff.
4 BGH v. 27.1.2000 – III ZB 67/99, EzA Nr. 50 zu § 2 ArbGG 1979 – Marktleiterin; BGH v. 4.11.1998 – VIII ZB 12/98, BGHZ 140, 11, 20 – Eismann II; BAG v. 17.10.1990 – 5 AZR 639/89, BAGE 66, 113, 116; BAG v. 6.7.1995 – 5 AZB 9/93, BAGE 80, 256, 264; BAG v. 25.7.1996 – 5 AZB 5/96, ZIP 1996, 1714; BAG v. 11.4.1997 – 5 AZB 33/96, NJW 1997, 2404.
5 Vgl. BGH v. 4.11.1998 – VIII ZB 12/98, BGHZ 140, 11, 23 f. – Eismann II.
6 BAG v. 16.7.1997 – 5 AZB 29/96, ZIP 1997, 1714 ff. – Eismann I; vgl. dazu *Horn/Henssler*, ZIP 1998, 589 ff.; *Hänlein*, DB 2000, 374 ff.; *Bumiller*, NJW 1998, 2953 ff.

ArbGG handelte. Die Frage, ob der Franchisenehmer sogar als Arbeitnehmer i.S.v. § 5 Abs. 1 S. 1 ArbGG anzusehen sei, was auch die Anwendbarkeit des materiellen Arbeitsrechts nach sich gezogen hätte, konnte das BAG aufgrund der in § 5 Abs. 1 ArbGG vorgesehenen Wahlfeststellung offen lassen. Für die soziale Schutzbedürftigkeit ausschlaggebend war unter anderem der Umstand, dass sich der Franchisenehmer zur persönlichen Arbeitsleistung als Verkaufsfahrer verpflichtet hatte und dass er keine nennenswerte Unternehmens- oder Betriebsorganisation unterhielt. In den Augen des BAG war der Franchisenehmer insgesamt „wie ein angestellter Verkaufsfahrer" tätig.

46 Kurz nach der Veröffentlichung des Beschlusses des BAG stand auch bei dem BGH[1] eine Auseinandersetzung über den Rechtsweg für einen Rechtsstreit im „Eismann"-Franchisesystem zur Entscheidung an. In dem zugrunde liegenden Sachverhalt war der Franchisevertrag wegen einer Erkrankung des Franchisenehmers einvernehmlich aufgelöst worden. Aus der Abwicklung des beendeten Vertragsverhältnisses kam dem Franchisegeber nach seiner Ansicht ein Zahlungsanspruch gegen den Franchisenehmer zu. Der BGH hat den Franchisenehmer als arbeitnehmerähnliche Person i.S.v. § 5 Abs. 1 S. 2 ArbGG angesehen und den Rechtsweg zu den Arbeitsgerichten bejaht. Maßgeblich für die wirtschaftliche Abhängigkeit war nach Ansicht des BGH der Umstand, dass der Franchisenehmer über keine anderweitigen Einkünfte verfügte und seine Einnahmen aus dem Franchisebetrieb seine einzige Existenzgrundlage darstellten. Eine anderweitige Erwerbstätigkeit war zwar vertraglich nicht völlig ausgeschlossen (der „Partnervertrag" sah hierfür einen Genehmigungsvorbehalt vor), aufgrund der Ausgestaltung des Vertragsverhältnisses war es dem Franchisenehmer aber praktisch nicht möglich, in nennenswertem Umfang andere Einkünfte zu erwirtschaften. Hinzu kamen darauf basierende Umsatzvorgaben, deren Nichterreichung zu einem Wegfall das Gebietsschutzes führen sollte. Ausschlaggebend für die soziale Schutzbedürftigkeit war, dass die Arbeit des Franchisenehmers der eines angestellten Verkaufsfahrers entsprach und dass ihm die Beschäftigung von Angestellten praktisch nicht möglich war.

47 Im Jahre 2002 hat der BGH den Rechtsweg zu den Arbeitsgerichten für die Klage einer Franchisenehmerin abgelehnt[2]. Bemerkenswerterweise hat der VIII. Zivilsenat dabei betont, dass **verbindliche Systemvorgaben**, die auf die Erreichung eines einheitlichen Erscheinungsbildes der Systembetriebe abzielen, keine Indizien für die Beurteilung der Rechtswegfrage seien. Der Beschluss hat deshalb weit reichende Bedeutung für das Franchising. Außer Betracht zu bleiben hatte aus diesen Gründen, dass die Franchisenehmerin durch den Franchisevertrag hinsichtlich der Ausstattung der Räumlichkeiten und des Außenbereichs an die Weisungen des Franchisegebers gebunden war. Auch die Verpflichtung des Franchisenehmers, ein bestimmtes Warensortiment vom Franchisegeber zu beziehen (Bezugsbindung), begründete kei-

---

1 BGH v. 4.11.1998 – VIII ZB 12/98, BGHZ 140, 11, 23 – Eismann II; vgl. dazu *Hänlein*, DB 2000, 374 ff.; *Wank*, RdA 1999, 271 ff.
2 BGH v. 16.10.2002 – VIII ZB 27/02, BGHZ 152, 213 – Vom Fass; vgl. dazu auch *Haager*, NJW 2005, 3394 f.

ne persönliche Abhängigkeit im Sinne eines Arbeitsverhältnisses. Darüber hinaus war die Franchisenehmerin in dem zu entscheidenden Fall ohnehin berechtigt, Waren von Dritten zu beziehen, die über das von dem Franchisegeber angebotene Programm hinausgingen (Non-Food-Artikel). Der BGH hat weiter ausgeführt, dass sich ein Genehmigungsvorbehalt für Fremdwaren daraus rechtfertige, dass ein Franchisekonzept darauf beruhen müsse, überall möglichst einheitliche Angebote präsentieren zu können. Nichts anderes gelte auch für die Tatsache, dass die Franchisenehmerin verpflichtet war, ausschließlich das von dem Franchisegeber zur Verfügung gestellte Werbematerial zu verwenden.

3. Materielles Arbeitsrecht

Von der Entscheidung zur Zuständigkeit der Arbeitsgerichte ist die Frage zu unterscheiden, ob auf das Franchiseverhältnis **materielles Arbeitsrecht** anwendbar ist[1]. Die Partner des Franchisevertrages wären dann als Arbeitgeber und Arbeitnehmer zu qualifizieren. Dies hätte in den Ausnahmefällen, die hierfür überhaupt nur in Betracht kommen, für den „Franchisenehmer" fast ausschließlich Vorteile. Er käme beispielsweise in den Genuss des sozialen Kündigungsschutzes[2], der Entgeltfortzahlung im Krankheitsfall, der Bestimmungen des Bundesurlaubsgesetzes, des Mutterschutzes, des Arbeitszeitgesetzes und der Bestimmungen aus Tarifverträgen, die für seine Branche etwa aufgrund einer Allgemeinverbindlichkeitserklärung Anwendung finden. Da es aus Sicht des Arbeitsrechts unzulässig ist, das wirtschaftliche Risiko auf den Arbeitnehmer abzuwälzen, ergäbe sich für den „Franchisenehmer", der in Wahrheit ein Arbeitnehmer ist, eine Art von „Mindestgehaltsgarantie"[3]. Ein Franchisesystem, das in dieser Weise von der Anwendbarkeit des materiellen Arbeitsrechts betroffen ist, würde mit hoher Wahrscheinlichkeit scheitern, wenn sich mehr als ein „Franchisenehmer" darauf beruft, als Arbeitnehmer behandelt zu werden. Bislang kaum diskutiert ist der Umstand, dass die von den vermeintlichen „Franchisenehmern" eingestellten Arbeitnehmer der Systembetriebe richtigerweise den Franchisegeber als ihren Arbeitgeber ansehen müssten[4]. Dies hätte dann wohl auch Auswirkungen auf die Möglichkeit, einen Gesamt- oder Konzernbetriebsrat auf der Ebene des Franchisegebers zu bilden. Das Risiko, dass auf ein Franchisesystem materielles Arbeitsrecht zur Anwendung kommt, ist minimal. Dieses Risiko hat sich bislang allenfalls für Vertriebssysteme verwirklicht, welche die Idee des Franchising missbraucht haben, um aus Arbeitnehmern vermeintliche „Selbständige" machen (Boten- und Kurierfahrersysteme, die franchiseähnliche Konstruktionen verwendet haben).

---

1 Vgl. *Hänlein*, DB 2000, 374, 377; *Wank*, S. 235 ff.; *Reinecke*, NZA 1999, 729 ff.; *Giesler*, Franchiseverträge, Rn. 173.
2 Vgl. LAG Frankfurt/Main v. 25.8.1998 – 9 Sa 1162/97, n.v.
3 Arbeitsgericht Düsseldorf v. 20.5.1988 – 4 Ca 5858/87, AiB 1989, 128 ff.; LAG Frankfurt/Main v. 25.8.1998 – 9 Sa 1162/97, n.v.; *Giesler*, Franchiseverträge, Rn. 173; vgl. auch *Reinecke*, NZA 1999, 729 ff.
4 Vgl. dazu LAG Düsseldorf v. 20.10.1987 – 16 TaBV 83/87, NJW 1988, 725 ff. – Jacques' Weindepot I.

49 Das Arbeitsverhältnis unterscheidet sich von dem Franchiseverhältnis durch den **Grad der Abhängigkeit** (vgl. § 84 Abs. 1 S. 2 HGB)[1]. Arbeitnehmer ist, wer weisungsgebunden die vertraglich geschuldete Leistung im Rahmen einer von seinem Vertragspartner bestimmten Arbeitsorganisation erbringt. Selbständig ist, wer im Wesentlichen frei seine Tätigkeit gestalten und seine Arbeitszeit bestimmen kann. Unselbständig und deshalb persönlich abhängig ist derjenige, dem diese Freiheit nicht zukommt, weil er entweder hinsichtlich Inhalt, Durchführung, Zeit, Dauer und Ort der Ausführung der geschuldeten Dienste einem umfassenden Weisungsrecht unterliegt oder weil der Freiraum für die Erbringung der geschuldeten Leistung durch die Vertragsgestaltung oder durch die tatsächliche Vertragsdurchführung stark eingeschränkt ist. Der für ein Arbeitsverhältnis maßgebliche Grad persönlicher Abhängigkeit zeigt sich nicht nur daran, dass der Absatzmittler einem Direktionsrecht seines Vertragspartners unterliegt, welches Inhalt, Durchführung, Zeit, Dauer, Ort oder sonstige Modalitäten der zu erbringenden Tätigkeit betreffen kann, sondern kann sich auch aus einer sehr detaillierten und den Freiraum für die Erbringung der geschuldeten Leistung stark einschränkenden rechtlichen Vertragsgestaltung oder tatsächlichen Vertragsdurchführung ergeben[2].

50 Voraussetzung für die Anwendbarkeit des materiellen Arbeitsrechts ist das Vorliegen **persönlicher Abhängigkeit** und sozialer Schutzbedürftigkeit. Bei dem Merkmal der persönlichen Abhängigkeit handelt es sich gegenüber der nur wirtschaftlichen Abhängigkeit um eine Steigerung. Der Begriff der persönlichen Abhängigkeit geht zurück auf die Überlegungen von *Hueck*[3] und wird im Arbeitsrecht heute von der ganz herrschenden Meinung zur Qualifizierung von Arbeitnehmern verwendet[4]. Die Differenzierung nach dem Grad der Abhängigkeit für die Unterscheidung von Arbeitnehmern und arbeitnehmerähnlichen Personen wird von dem BAG in ständiger Rechtsprechung angenommen und ist vor dem Hintergrund von § 12a Abs. 1 TVG entwickelt worden[5]. Von persönlicher Abhängigkeit kann man sprechen, wenn der Franchisenehmer gleich einem Arbeitnehmer in eine fremde Arbeitsorganisation eingebunden ist und seine Arbeit nicht im Wesentlichen frei bestimmen kann[6]. Merkmal dieser Eingliederung[7] ist eine zeitliche, örtliche und oftmals

---

1 BGH v. 27.1.2000 – III ZB 67/99, EzA Nr. 50 zu § 2 ArbGG 1979 – Marktleiterin; LAG Frankfurt/Main v. 25.8.1998 – 9 Sa 1162/97, n.v.; vgl. dazu *Horn/Henssler*, ZIP 1998, 589, 592; *Reinecke*, ZIP 1998, 581, 581 f.
2 LAG Frankfurt/Main v. 25.8.1998 – 9 Sa 1162/97, n.v.
3 *Hueck/Nipperdey*, Lehrbuch des Arbeitsrechts, 7. Aufl. 1963, § 9 III 3, 5.41.
4 BAG v. 16.3.1994 – 5 AZR 447/92, NZA 1994, 1132 ff.; BAG v. 30.11.1994 – 5 AZR 704/93, NZA 1995, 622; *Schaub*, Arbeitsrechts-Handbuch, 12. Aufl. 2007, § 8 I (S. 52 ff.); *Horn/Henssler*, ZIP 1998, 589, 592.
5 Vgl. auch LAG Frankfurt/Main v. 25.8.1998 – 9 Sa 1162/97, n.v., sowie die Ausführungen bei BGH v. 4.11.1998 – VIII ZB 12/98, BGHZ 140, 11, 19 – Eismann II.
6 LAG Hamburg v. 6.2.1990 – 3 Sa 50/88, n.v.; LAG Düsseldorf v. 20.10.1987 – 16 TaBV 83/87, NJW 1988, 725 ff. – Jacques' Weindepot I.
7 Die „Eingliederung in den Betrieb" als eigenständiges Merkmal der Arbeitnehmereigenschaft ist ursprünglich von *Nikisch*, Arbeitsrecht, 3. Aufl. 1961, § 611 Rn. 128 ff. eingeführt worden. Heute wird dieses Merkmal neben der „persönlichen

auch fachliche Weisungsgebundenheit[1]. Maßgeblich hierfür können Regelungen im Franchisevertrag und im Franchise- und Betriebshandbuch sowie die tatsächliche Durchführung des Franchiseverhältnisses sein. Dabei sind allerdings unbedingt die Besonderheiten des Franchising zu berücksichtigen.

Unter den Indizien, die sowohl für die persönliche als auch für die wirtschaftliche Abhängigkeit maßgeblich sind, ist vor allem das **Fehlen unternehmerischer Marktchancen** zu nennen[2]. Das ähnliche bzw. teilweise unrichtige sogar als Synonym[3] verwendete Merkmal der **„Übernahme eines Unternehmerrisikos"** ist hingegen sehr problematisch, weil jeder Franchisenehmer (also auch der echte, selbständige Franchisenehmer) ein Unternehmerrisiko übernimmt – das ist ein Wesensmerkmal des Franchising[4].

IV. Grundsätzliche Anwendbarkeit des AGB-Rechts

1. Der Franchisevertrag als Formularvertrag (§ 305 BGB)

Franchiseverträge sind i.d.R. **Formularverträge**[5]. Es handelt sich um für eine Vielzahl von Fällen vorformulierte Vertragsbedingungen i.S.v. § 305 Abs. 1 S. 1 BGB. Der Umstand, dass ein Franchisevertrag grundsätzlich für eine bestimmte oder unbestimmte Vielzahl von Fällen vorformuliert wurde, ergibt sich aus der einheitlichen Ausgestaltung von Franchisesystemen, die aus einer großen Zahl von einzelnen[6] (möglichst gleichartigen) Schuldverhältnissen zwischen einem Franchisegeber und mehreren Franchisenehmern bestehen sowie aus dem im Franchising herrschenden Gleichbehandlungsgebot für diese einzelnen Franchiseverhältnisse. Es ist daher anzunehmen, dass der Franchisegeber das Vertragsmuster mehrfach verwenden will. In diesem Zusammenhang kommt es nicht darauf an, ob der Franchisevertrag tatsächlich die Grundlage für eine Vielzahl von Vertragsabschlüssen geworden ist oder nicht. Entscheidend ist der mit der Vorformulierung verfolgte Zweck[7].

51

Abhängigkeit" nur noch ergänzend herangezogen, vgl. *Horn/Henssler*, ZIP 1998, 589, 592.

1 LAG Hamburg v. 6.2.1990 – 3 Sa 50/88, n.v.; LAG Frankfurt/Main v. 25.8.1998 – 9 Sa 1162/97, n.v.
2 Vgl. dazu LAG Nürnberg v. 25.2.1998 – 4 Sa 670/97, ZIP 1998, 617 f. (für den Fall eines Handelsvertreters); LAG Saarland v. 14.5.1996 – 3 (1) Sa 257/95, n.v.; OLG Düsseldorf v. 4.7.1997 – 16 W 18/97, n.v.; LAG Düsseldorf v. 4.9.1996 – 12 (6) (5) Sa 909/96, BB 1997, 891, 893; *Horn/Henssler*, ZIP 1998, 589, 592; *Hopt*, DB 1998, 863, 865.
3 Vgl. *Hopt*, DB 1998, 863, 865.
4 Vgl. zu einer anders ansetzenden Kritik an diesem Merkmal im Zusammenhang mit der Anwendbarkeit des formellen Arbeitsrechts *Hänlein*, DB 2000, 374, 377.
5 Ebenso *Liesegang*, BB 1991, 2381; *Flohr*, Franchise-Vertrag, S. 41; *Pfeifer*, S. 94.
6 Es entspricht der ganz h.M., dass die Franchiseverhältnisse voneinander getrennt zu betrachten sind und nicht ein gemeinsames, einheitliches Rechtsverhältnis begründen. Vgl. allerdings die Auffassung von *Martinek* (Franchising, S. 252, S. 410 ff., 583 ff.), der zu Folge bei dem von *Martinek* so genannten „Konföderationsfranchising" ein „multilateraler Systemvertrag" zwischen allen Systembeteiligten angenommen werden soll, der dem Recht der BGB-Gesellschaft unterfallen soll.
7 AnwKomm/*Kollmann*, § 305 BGB Rn. 9; vgl. auch *Ulmer*, in Ulmer/Brandner/Hensen, § 305 BGB Rn. 23.

52 Problematisch kann es sein, wenn der Franchisevertrag von vornherein nur für die Verwendung bei einer **bestimmten Vielzahl** von Fällen vorgesehen ist. Eine solche zahlenmäßige Begrenzung kann sich aus der Aufteilung in Vertragsgebiete ergeben, wobei das Problem im Grunde nur bei **Masterfranchisen** wirklich relevant wird. Anerkannt ist zunächst, dass es für die Anwendbarkeit der §§ 305 ff. BGB ausreicht, wenn die Zahl der Verwendungsfälle von vornherein begrenzt ist. Das für die Anwendbarkeit des Rechts der allgemeinen Geschäftsbedingungen maßgebliche Kriterium verändert sich nicht dadurch, dass der Kreis der in Betracht kommenden Vertragspartner von vornherein feststeht[1]. Die Begrenzung des Kreises potentieller Vertragspartner liegt bei geschlossenen Vertriebssystemen in der Natur der Sache. Fraglich ist nur, wie viele potentielle Verwendungsfälle, für die der Formularvertrag vorgesehen ist, ausreichen, um den Vertrag der Inhaltskontrolle des AGB-Rechts zu unterstellen. Ein Teil der Lehre nimmt an, dass die zweifache Verwendung ausreicht, weil sich in der zweifachen Verwendung des gleichen Vertragsmusters die mangelnde Bereitschaft zum Aushandeln und die einseitige Inanspruchnahme von Gestaltungsmacht manifestiert[2]. Andere Autoren, aber auch die Instanzgerichte und verschiedene Senate des BGH, wollen eine Verwendung in mindestens drei Fällen[3], in drei bis vier Fällen[4], von drei bis fünf Fällen[5] oder von jedenfalls fünf Fällen[6] ausreichen lassen. Damit unterliegen selbst die meisten Master-Franchiseverträge einer Inhaltskontrolle.

2. Unternehmereigenschaft und Kontrollumfang (§ 310 Abs. 1 BGB)

53 Gemäß § 310 Abs. 1 BGB finden die §§ 305 Abs. 2 und 3, 308 und 309 BGB keine Anwendung, wenn der Franchisenehmer bereits **Unternehmer** ist, d.h. wenn er bei Abschluss des Vertrags in Ausübung seiner gewerblichen oder selbständigen beruflichen Tätigkeit handelt (§ 14 BGB). Eine Inhaltskontrolle ist in diesem Fall ausschließlich gemäß § 307 BGB vorzunehmen.

54 Fraglich ist also, ob **Unternehmerhandeln oder Verbraucherhandeln** vorliegt, wenn eine Person einen Franchisevertrag unterzeichnet, die bis zu diesem Zeitpunkt noch als „Verbraucher" i.S.v. § 13 BGB anzusehen gewe-

---

1 BGH v. 29.6.1987 – VII ZR 259/80, NJW 1981, 2344, 2345 (begrenzte Zahl von Eigentumswohnungen); BGH v. 8.6.1979 – V ZR 191/76, NJW 1979, 2387 (begrenzte Zahl von Erbbaurechten); Erman/Roloff, § 305 BGB Rn. 11; Ulmer, Der Vertragshändler, 1969, S. 359 ff.; Ulmer, in Ulmer/Brandner/Hensen, § 305 BGB Rn. 25 mit einem Hinweis auf Vertragshändlerverträge und Lizenzverträge.
2 Vgl. noch Wolf, in Wolf/Horn/Lindacher, § 1 AGBG Rn. 14.
3 BGH v. 15.4.1998 – VIII ZR 377/96, NJW 1998, 2286, 2287 (nicht unter drei Fällen); LG Konstanz v. 19.12.1980 – 3 O 170/80, BB 1981, 1420; MünchKommBGB/Basedow, § 305 BGB Rn. 18; Graf v. Westphalen, BB 1976, 1289; Willemsen, NJW 1982, 1122; AnwKomm/Kollmann, § 305 BGB Rn. 9.
4 BGH v. 11.10.1984 – VIII ZR 248/83, WM 1984, 1610, 1611.
5 Ulmer, in Ulmer/Brandner/Hensen, § 305 BGB Rn. 25; Palandt/Heinrichs, § 305 BGB Rn. 9; Kühne, JR 1977, 133.
6 BGH v. 29.6.1981 – VII ZR 259/80, NJW 1981, 2343, 2344 (jedenfalls fünf Fälle); Braun, BB 1979, 692 (vier oder weniger Fälle nicht ausreichend).

sen ist. Diese Frage ist seit langem umstritten. Auch die Rechtsprechung ist gespalten. Die h.M.[1] nimmt an, dass die Unternehmereigenschaft in dem Moment begründet wird, in dem ein Existenzgründer den Franchisevertrag unterzeichnet. Danach reicht es für die Annahme der Unternehmereigenschaft aus, wenn der Franchisevertrag erst dazu diente, die unternehmerische Tätigkeit aufzunehmen. Die Gegenauffassung, die immerhin von dem OLG Koblenz und dem OLG Düsseldorf vertreten wird, will den Franchisevertrag in diesem Fall der erweiterten Inhaltskontrolle gemäß §§ 308 und 309 BGB unterwerfen[2]. In seinem **Beschluss vom 24.2.2005** hat der BGH[3] festgestellt, das Unternehmerhandeln (nicht Verbraucherhandeln) vorliegt, wenn ein Geschäft im Zuge der Aufnahme einer gewerblichen oder selbständigen beruflichen Tätigkeit abgeschlossen wird. Colorandi causa erwähnt der BGH sogar, dass zu Geschäften, die typischerweise mit einem Unternehmerhandeln verbunden seien, der Abschluss eines Franchisevertrages gehöre. Damit scheint die Frage der Unternehmereigenschaft des Franchisenehmers bei Vertragsabschluss jedenfalls für das BGB entschieden zu sein. Für das AGB-Recht ist der herrschenden Auffassung zu folgen. Das Handeln des Franchisenehmers ist beim Abschluss des Franchisevertrages bereits unternehmerisch geprägt.

V. Vorvertragliches Schuldverhältnis

1. Allgemeines

Beim Franchising unterliegt das vorvertragliche Schuldverhältnis besonderen Regeln, die von Rechtsprechung und Literatur entwickelt worden sind. Diese Besonderheit ist auf das typischerweise bestehende **Informationsgefälle** zwischen Franchisegeber und Franchisenehmer zurück zu führen. Jedenfalls wenn der Franchisenehmer kein erfahrener Unternehmer der gleichen Branche ist, hat der Franchisegeber einen erheblichen Informationsvorsprung. Er kann die Chancen und Risiken, die sich aus seinem Geschäftskonzept ergeben, sehr viel besser beurteilen als ein Außenstehender. Dem Franchisegeber stehen regelmäßig Informationen über den Investitionsbedarf, über Umsätze, Kosten und Erträge der vorhandenen Systembetriebe zur Verfügung. Aus diesen Informationen kann er zumindest einige Rückschlüsse auf die Entwicklung neuer Systembetriebe ziehen und dabei Prognosen für zukünftige Entwicklungen abgeben. Der Franchisenehmer und seine Berater sind dazu ohne Hilfe des Franchisegebers nicht in der Lage. Vor

---

1 BGH v. 24.2.2005 – III ZB 36/04, NJW 2005, 1273 ff.; OLG Oldenburg v. 27.4.1989 – 1 U 256/88, NJW-RR 1989, 1081 f.; OLG Oldenburg v. 12.11.2001 – 9 SchH 12/01, BB 2001, 2499 f.; *Erman/Roloff*, § 310 BGB Rn. 5; *Erdmann*, BB 1992, 795, 796; *Liesegang*, BB 1991, 2381, 2381 f.; *Ekkenga*, S. 43 f.; *Giesler*, Franchiseverträge, Rn. 96; *Flohr*, Franchise-Vertrag, S. 252; unschlüssig ist sich *Herrfeld*, S. 203; vgl. auch noch *Schmidt*, in Ulmer/Brandner/Hensen, Anh. § 310 BGB Rn. 353.
2 OLG Koblenz v. 24.7.1986 – 6 U 677/85, NJW 1987, 74 f.; OLG Düsseldorf v. 23.11.1995 – 10 U 29/95, MDR 1996, 465 (Vertragsstrafe); *Martinek*, Franchising, S. 306; ebenso unter der Geltung des AGBG noch *Wolf/Horn/Lindacher*, § 24 AGBG Rn. 7.
3 BGH v. 24.2.2005 – III ZB 36/04, NJW 2005, 1273 ff.

diesem Hintergrund wird angenommen, dass den Franchisegeber vor Vertragsabschluss Aufklärungspflichten treffen. In einer freien Marktwirtschaft gilt der **Grundsatz der Eigenverantwortlichkeit** der Marktteilnehmer. Deshalb dürfen Aufklärungspflichten vor Vertragabschluss als Sonderform der vorvertraglichen Rücksichtsnahme- und Treuepflichten nur in wenigen Ausnahmefällen angenommen werden.

56 Es ist inzwischen allgemein anerkannt, dass Franchisegeber vor Unterzeichnung des Franchisevertrages umfangreiche Rücksichtsnahme- und Treuepflichten zu beachten haben, wobei dazu vor allem auch **Aufklärungspflichten** gehören[1]. Das Bestehen von Aufklärungspflichten spielt bei der Haftung für ein Unterlassen von gebotenem Handeln vor Vertragsabschluss eine besondere Rolle. Die Pflichten des Franchisegebers sind mittlerweile mit denen eines Unternehmensverkäufers durchaus vergleichbar[2]. Dabei ist *Canaris* beizupflichten, wonach sich aus dieser vorvertraglichen Sonderverbindung mittlerweile das wichtigste **Schutzinstrument für den Franchisenehmer** ergibt[3]. Die Rechtsprechung[4] hatte seit der ersten Entscheidung im Jahre 1987 regelmäßig die Gelegenheit, zu Sachverhalten Stellung zu nehmen, in denen Franchisegeber vorvertragliche Pflichten fahrlässig oder vorsätzlich missachtet haben, wobei es sich vielfach um Fälle von aktivem Tun gehandelt hat. Dadurch hat sich mittlerweile durchaus eine Art „ständige Rechtsprechung" gebildet und trägt zu einer gewissen Rechtssicherheit bei. Das Problem wird über die **Haftungstatbestände des BGB** gelöst, also entweder über das Institut der vorvertraglichen Nebenpflichtverletzung („**culpa in contrahendo**", §§ 280 Abs. 1, 241 Abs. 2, 311 Abs. 2 BGB) oder über das Deliktsrecht (§§ 826, 823 Abs. 2 BGB, 263 StGB) sowie von der Lehre mittels des Instituts der zivilrechtlichen Prospekthaftung.

---

1 Beispiele aus der umfangreichen Literatur: *Martinek*, Franchising, S. 314 f.; *Braun*, NJW 1995, 504 ff.; *Haager*, WiB 1996, 376, 377; *Eßer*, Franchising, S. 112; *vom Dorp*, WiB 1995, 285 f.; *Flohr*, WiB 1996, 1137 ff.; *Stein-Wigger*, S. 128 ff.; *Giesler*, Franchiseverträge, Rn. 200 ff.; *Giesler/Nauschütt*, BB 2003, 435 ff.; *Kunkel*, Franchising und asymmetrische Informationen, 1994, S. 1 ff.; *Erman/Kindl*, § 311 BGB Rn. 39; *Canaris*, Handelsrecht, § 18 Rn. 59 ff.; *Emmerich*, JuS 1995, 763; *Rohe*, S. 424 f.; *Teutsch*, in Küstner/Thume, Rn. 1638 ff.; *Staudinger/Emmerich/Veit*, Vorbem. § 581 BGB Rn. 152; *Erdmann*, in Franchising im Wandel, GS Skaupy, 2003, S. 47 ff.
2 *Erman/Kindl*, § 311 BGB Rn. 39; *Giesler/Nauschütt*, BB 2003, 435 ff.
3 *Canaris*, Handelsrecht, § 18 Rn. 62.
4 OLG München v. 13.11.1987 – 8 U 2207/87, BB 1988, 865 ff.; LG München I v. 1.7.1992 – 25 O 15066/89, n.v.; OLG München v. 16.9.1993 – 6 U 5495/92, NJW 1994, 667 ff.; OLG Hamm v. 22.6.1993 – 19 U 35/93, NJW-RR 1994, 243, 244 f.; LG Hamburg v. 2.5.1995 – 312 O 519/94, n.v.; OLG Rostock v. 29.6.1995 – 1 U 293/94, DB 1995, 2006; LG Hannover v. 12.12.1995 – 14 O 267/94, n.v.; OLG Hamburg v. 17.4.1996 – 5 U 137/95, n.v.; OLG München v. 24.4.2001 – 5 U 2180/00, BB 2001, 1759 ff. – Aufina; OLG Stuttgart v. 13.7.2001 – 2 U 223/00, n.v.; LG München I v. 31.7.2001 – 4 O 21319, n.v.; OLG Köln v. 7.9.2001 – 19 U 83/01, n.v.; OLG Hamburg v. 30.12.2002 – 5 U 220/01, DB 2003, 1054 – Isar 2000; OLG München v. 1.8.2002 – 8 U 5085/01, BB 2003, 443 – Personal Total; BGH v. 12.11.2003 – VIII ZR 268/02, MDR 2004, 448 f.; LG Kaiserslautern v. 26.4.2004 – 4 O 607/00, n.v.; OLG Schleswig-Holstein v. 3.6.2004 – 16 U 80/02, n.v.; OLG Düsseldorf v. 30.6.2004 – VI U Kart 40/02, n.v.; OLG Brandenburg v. 28.9.2005 – 4 U 37/05, NJW-RR 2006, 51 f.; vgl. auch BGH v. 13.12.2005 – KZR 12/04, NJW-RR 2006, 993 ff.

2. Differenzierung zwischen aktiver Falschinformation und unterlassener Aufklärung

Ein Missverständnis im Zusammenhang mit vorvertraglichen Pflichtverletzungen des Franchisegebers hat seinen Ursprung in einer unzulässigen Vermengung von Fallgruppen. Es sind **zwei Fallgruppen** zu unterscheiden: Erstens die Haftung für eine aktive Falschinformation. Zweitens die Haftung des Franchisegebers für die Verletzung von vorvertraglichen Aufklärungspflichten durch Unterlassen. Dies ist die im Bereich des Franchising eigentlich interessante Rechtsfrage. Die beiden Fallgruppen werden selten klar abgegrenzt[1]. Ihre unpräzise Vermischung ist Ursache für oft verschwommene Urteilsbegründungen. Es ist allerdings auch eine Wechselwirkung zwischen den beiden Fallgruppen festzustellen. In Bereichen, in denen eine Aufklärungspflicht besteht, wird angenommen, dass die Täuschung für den Vertragsabschluss ursächlich war, weil es sich bei den Sachverhalten, auf die sich Aufklärungspflichten beziehen, regelmäßig um Umstände handelt, die von hoher wirtschaftlicher Bedeutung für den Franchisenehmer sind. Klar ist andererseits auch, dass ein Franchisegeber, der vor Abschluss des Franchisevertrages mit dem Ziel täuscht, den Franchisenehmer zum Vertragsabschluss zu bewegen, zugleich seine Aufklärungspflichten verletzt, wenn er den aufgetretenen Irrtum des Franchisenehmers nicht korrigiert.

57

3. Haftung für aktive Falschinformation

Es stellt unzweifelhaft eine Verletzung von vorvertraglichen Treue- und Rücksichtnahmepflichten dar, wenn ein Verhandlungspartner durch **aktive Falschinformation** über vertragswesentliche Umstände dazu gebracht wird, den angestrebten Vertrag zu unterzeichnen[2]. Das Recht zur Lüge gibt es – angeblich – nur in der Liebe, nicht hingegen im Privatrechtsverkehr[3]. Die gelegentlich gemachten Einschränkungen, dass es sich um „vertragswesentliche Umstände gehandelt" bzw. dass oder Tatsachen betroffen sein müssen, „die für die Willensentscheidung über den Vertragsabschluss objektiv von ausschlaggebender Bedeutung" waren[4], stellen streng genommen keine Eingrenzung des Tatbestandsmerkmals der Pflichtverletzung dar, sondern deuten an, dass es natürlich auch auf die Kausalität zwischen der Pflichtverletzung und der anschließenden Willensbildung des getäuschten Verhandlungspartners ankommt. Täuschungen über Umstände, die für den Vertragsabschluss unbedeutsam waren, können sich nicht kausal für den Schaden auswirken.

58

Im Bereich der aktiven Täuschung oder aktiven Falschinformation kann man auch von „**unechten Aufklärungspflichten**" sprechen. Denn wer in sei-

59

---

1 Die zutreffende Differenzierung findet sich beispielsweise bei *Kroll*, S. 134.
2 Vgl. beispielhaft *Erman/Kindl*, § 311 BGB Rn. 29; MünchKommBGB/*Emmerich*, § 311 BGB Rn. 103; *Giesler*, Franchiseverträge, 201.
3 MünchKommBGB/*Emmerich*, § 311 BGB Rn. 103.
4 *Palandt/Heinrichs*, § 276 BGB Rn. 65; *Soergel/Wiedemann*, Vor § 275 BGB Rn. 114 ff.; *Kroll*, S. 134.

nem Verhandlungspartner, wenn auch unabsichtlich, einen Irrtum erregt und erkennt oder erkennen muss, dass dieser unter dem Einfluss des Irrtums zum Vertragsabschluss schreitet, ist verpflichtet, den anderen über den Irrtum aufzuklären[1]. Das vorangegangene aktive Tun löst also wegen seiner Pflichtwidrigkeit eine nach gelagerte Aufklärungspflicht aus, die ergänzend auch aus § 241 Abs. 2 BGB entnommen werden kann. Diese differenzierte (etwas umständliche, dem Nichtjuristen schwer vermittelbare) Sichtweise beruht darauf, dass eine Mindermeinung[2] versucht hat, aus der Bestimmung des § 123 Abs. 1 BGB herzuleiten, dass bei aktivem Tun ausschließlich dann eine Haftung eintreten solle, wenn vorsätzlich gehandelt wird („Vorsatzdogma"). Es ist deshalb auch in Zweifel gezogen worden, dass es eine **fahrlässige Täuschung** geben kann. Die herrschende Meinung, die überdies weiter im Vordringen ist, lehnt das Vorsatzdogma zwar ab[3]. Mit der Konstruktion einer „nacheilenden Wahrheitspflicht" wird jedoch versucht, diese Diskussion von vornherein zu vermeiden. Ob man nun, wie hier, davon ausgeht, dass bereits die aktive Erteilung unrichtiger Informationen eine Pflichtverletzung darstellt oder erst das spätere Unterlassen der Richtigstellung, ist für das Ergebnis in der Praxis ohne Belang. Die Unterscheidung zwischen aktiver Falschinformation und unterlassener Aufklärung ist **keine Frage des Verschuldensmaßstabs**. Diese Fehleinschätzung liegt nahe, weil der gelegentlich verwendete Begriff der „Täuschung" das Vorliegen von Vorsatz vermuten lässt (man sollte deshalb eher von „aktiver Falschinformation" sprechen, wenn es um fahrlässige Pflichtverletzungen geht). Unter die Fallgruppe der aktiven Falschinformation fallen auch Sachverhalte[4], in denen nur fahrlässig unrichtige Informationen vermittelt werden.

4. Haftung für unterlassene Aufklärung

60 Es entspricht inzwischen allgemeiner Meinung, dass ein Franchisegeber bei der Aufnahme von Franchisevertragsverhandlungen **echte Aufklärungspflichten** zu beachten hat[5]. Ein Franchisegeber kann also für eine unterlasse-

---

1 BGH v. 12.6.1997 – III ZR 278/95, NJW 1998, 448; BGH v. 28.9.2000 – III ZR 43/99, NJW 2000, 3642.
2 Vgl. die Nachweise und Darstellung bei MünchKommBGB/*Emmerich*, § 311 BGB Rn. 119.
3 Vgl. aus neuerer Zeit *Canaris*, AcP 200 (2000), 273, 305 ff.; *Fleischer*, AcP 200 (2000), 91, 99, 111 ff.; *Grigoleit*, NJW 1999, 900.
4 Eine fahrlässige, aktive Falschinformation liegt z.B. vor, wenn sich in eine Systemdarstellung, die dem Franchisenehmer vor Vertragabschluss ausgehändigt wird, versehentlich ein Fehler eingeschlichen hat.
5 OLG München v. 13.11.1987 – 8 U 2207/87, BB 1988, 865 ff.; OLG München v. 16.9.1993 – 6 U 5495/92, NJW 1994, 667 ff.; OLG Hamm v. 22.6.1993 – 19 U 35/93, NJW-RR 1994, 243, 244 f.; OLG Rostock v. 29.6.1995 – 1 U 293/94, DB 1995, 2006; LG Hannover v. 12.12.1995 – 14 O 267/94, n.v.; OLG Hamburg v. 17.4.1996 – 5 U 137/95, n.v.; OLG München v. 24.4.2001 – 5 U 2180/00, BB 2001, 1759 ff. – Aufina; OLG Stuttgart v. 13.7.2001 – 2 U 223/00, n.v.; OLG Köln v. 7.9.2001 – 19 U 83/01, n.v.; OLG Hamburg v. 30.12.2002 – 5 U 220/01, DB 2003, 1054 – Isar 2000; LG Kaiserslautern v. 26.4.2004 – 4 O 607/00, n.v.; *Martinek*, Franchising, S. 314 f.; *Canaris*, Handelsrecht, § 18 Rn. 59; *Emmerich*, JuS 1995, 763; *Rohe*, S. 424 f.; *Teutsch*, in

ne Aufklärung haften, selbst wenn er keine Falschinformationen verbreitet hat[1]. Der Franchisegeber ist verpflichtet, vollständig, unmissverständlich und richtig über alle Umstände zu informieren, die für die Investitionsentscheidung des Franchisenehmers erkennbar von wesentlicher Bedeutung sind[2].

Es ist schwierig, einen Katalog von allgemeinen echten Aufklärungspflichten zu erstellen, weil **Bestand und Ausmaß der Aufklärungspflichten** im Einzelfall von den Besonderheiten des Vertragsabschlusses und natürlich von den Eigenschaften des Franchisekonzepts abhängen[3]. Das ist ein wesentlicher Unterschied zu den starren „Disclosure Rules" in denjenigen Staaten, die eine gesetzliche Regelung geschaffen haben[4]. Im Falle der Vertragsanbahnung für ein Baumarkt-Franchisekonzept wird z.B. anders aufgeklärt werden müssen als im Fall eines Pizzalieferservice-Systems. Trotz dieser Schwierigkeit gibt es Informationen, über die ein Franchisegeber typischerweise aufklären muss, weil sie mit der Existenzgründung, der Selbständigkeit und dem unternehmerischen Risiko des Franchisenehmers zusammenhängen. Daraus ergibt sich ein Katalog von Aufklärungsgegenständen[5]. Regelmäßig besteht eine Aufklärungspflicht für die folgenden Informationen und Sachverhalte:

61

– Gegenstand[6], Leistungen und Vorteile des Franchisesystems,

– Informationen zur Entwicklung und Verbreitung des Franchisesystems,

– Gewerbliche Schutzrechte des Franchisegebers,

– Anzahl der bestehenden Systembetriebe und Franchisenehmer[7],

– Informationen zu gescheiterten Franchisenehmern und zur Fluktuationsrate,

– Höhe der Eintritts- und Franchisegebühren,

– Angaben über vergleichbare Franchise- und Pilotbetriebe[8],

– Angaben über Umsatz-, Kosten- und Ertragserwartungen bei Systembetrieben und Informationen zu den Berechnungsgrundlagen. Ratsam ist es, die echten Zahlen von tatsächlich vorhandenen Systembetrieben offen zu legen.

Küstner/Thume, Rn. 1638 ff.; *Staudinger/Emmerich/Veit*, Vorbem. zu § 581 BGB Rn. 152.
1 *Canaris*, Handelsrecht, § 18 Rn. 59.
2 Allgemeine Meinung, vgl. z.B. OLG Brandenburg v. 28.9.2005 – 4 U 37/05, NJW-RR 2006, 51 f.; *Erdmann*, in Franchising im Wandel, GS Skaupy, 2003, S. 49, 52.
3 OLG Brandenburg v. 28.9.2005 – 4 U 37/05, NJW-RR 2006, 51 f.
4 Ebenso *Flohr*, Franchise-Vertrag, S. 29.
5 Vgl. die ähnlichen oder identischen Auflistungen bei *Giesler*, Franchiseverträge, Rn. 208; *Flohr*, Franchise-Vertrag, S. 28; *Stein-Wigger*, S. 130; *Dombrowski*, S. 61.
6 OLG München v. 24.4.2001 – 5 U 2180/00, BB 2001, 1759 ff. – Aufina.
7 OLG München v. 13.11.1987 – 8 U 2207/87, BB 1988, 865 ff.
8 OLG Stuttgart v. 13.7.2001 – 2 U 223/00, n.v.; *Gitter*, S. 498; *Lenzen*, RIW 1984, 586, 588; *Stein-Wigger*, S. 131.

- Angaben über die zu erwartenden Investitionskosten bei Systembetrieben[1],
- Informationen über die Anforderungen an den Franchisenehmer, namentlich das typischerweise notwendige Eigenkapital,
- Informationen über den zu erwartenden Finanzbedarf unter Berücksichtigung aller Betriebsaufwendungen (also auch der zu erwartenden Betriebskosten in der „Durststrecke" bis zur Erreichung der Gewinnzone)[2],
- Angaben zur Behandlung von Einkaufsvorteilen,
- Angaben zur Belieferung der Systembetriebe durch exklusive Hersteller und zugleich Informationen über andere Vertriebswege der Vertragsprodukte.

62 In der unverbindlichen[3] **DFV-Richtlinie „vorvertragliche Aufklärungspflichten"** werden zusätzliche Informationen genannt, hinsichtlich derer aufgeklärt werden sollte. Unter diesen Informationen sind Folgende hervorzuheben:

- Informationen über das Unternehmen des Franchisegebers (Gründungsdatum, Handelsregisterauszug, Zahl der eigenen Filial-Systembetriebe, Zeitpunkt des Beginns des Franchising),
- Die Namen, Geschäftstelefonnummern und Geschäftsadressen von vorhandenen Franchisenehmern,
- Information darüber, ob in dem geplanten Gebiet in den letzten fünf Jahren ein anderer Franchisenehmer ausgeschieden ist,
- Information über die mit Entscheidungsbefugnis ausgestatteten Personen in der Systemzentrale,
- Einzelheiten über das Pilotprojekt,
- Bankreferenzen (gemeint ist die Nennung der Bankverbindungen).

63 Von der Literatur werden weitere Bereiche genannt, hinsichtlich derer eine Aufklärungspflicht bestehen soll:

- Angaben zum Erfolg bzw. zur Durchsetzung der Marke[4] und allgemein zur Markt- und Wettbewerbssituation[5]. Dieser Literaturansicht ist nicht zu folgen. Derartige Informationen können nicht verlangt werden. Diese Aufklärungsverpflichtung liefe letztlich auf die Pflicht des Franchisege-

---

[1] Vgl. Hamburg v. 2.5.1995 – 312 O 519/94, n.v.; LG Hannover v. 12.12.1995 – 14 O 267/94, n.v.; *Stein-Wigger*, S. 130 f. und S. 238; *Lenzen*, RIW 1984, 586, 588; *Martinek*, Franchising, S. 315.
[2] OLG Stuttgart v. 13.7.2001 – 2 U 223/00, n.v.; *Flohr*, ZAP, Fach 6, S. 352 v. 6.12.2000; *Lenzen*, RIW 1984, 586, 588; *Martinek*, Franchising, S. 315; *Martinek/Habermeier*, in Martinek/Semler/Habermeier, § 23 Rn. 2; *vom Dorp*, WiB 1995, 377 f.; *Gross/Skaupy*, Franchising in der Praxis, S. 173.
[3] Vgl. *Erdmann*, in Franchising im Wandel, GS Skaupy, S. 49, 61.
[4] *Flohr*, Franchise-Vertrag, S. 28.
[5] *Flohr*, Franchise-Vertrag, S. 28; ebenso noch *Giesler*, Franchiseverträge, Rn. 208 (an dieser Meinung wird nicht mehr festgehalten).

bers hinaus, dem Franchisenehmer eine Standort- oder Marktanalyse auszuhändigen, was von der mittlerweile wohl herrschenden Meinung[1] richtigerweise nicht verlangt wird.

- Angaben über die Erfolgsaussichten[2] der Marketingkonzeption. Auch dieser Informationsbereich gehört nicht zu den allgemeinen Aufklärungspflichten. Es ist bereits fraglich, welche Informationen der Franchisegeber hierzu, neben den ohnehin von den Aufklärungspflichten umfassten Angaben, machen sollte.

- Aktuelle Zahlen der besten drei Franchisenehmer[3]. Dieser Auffassung ist nicht zu folgen. Wenn bereits typische, durchschnittliche oder repräsentative Umsatz-, Kosten- und Ertragserwartungen von Systembetrieben anhand reeller Zahlenwerke offen gelegt worden sind, besteht kein Bedarf, zusätzlich noch die erfolgreichsten Betriebe darzustellen.

Diskutiert wird auch die Frage, ob der Franchisegeber aufgrund seiner Pflichten im vorvertraglichen Schuldverhältnis verpflichtet sein soll, dem Franchisenehmer eine **Standortanalyse** auszuhändigen[4]. Teilweise wird auch von „Marktanalyse" gesprochen. Die mittlerweile wohl h.M. geht davon aus, dass dies nicht der Fall ist[5]. Die Gegenauffassung spricht sich für eine solche Verpflichtung aus, allerdings meist ohne dies näher zu begründen[6]. Nach richtiger Auffassung besteht keine Verpflichtung des Franchisegebers zur Erstellung und Aushändigung einer Standortanalyse im vorvertraglichen Schuldverhältnis. Gleiches gilt für Markt- und Wettbewerbsanalysen. Die tatsächliche Natur des Problems liegt in dem Wort „Aushändigung" verborgen. Wenn einem Franchisegeber eine Standortanalyse für den zur Verhandlung stehenden Standort bereits vorliegt, wird man gewiss eine Offenlegung im Zuge der Verhandlungen erwarten dürfen. Die relevante Frage ist hingegen, ob der Franchisegeber verpflichtet sein soll, eine Standortanalyse im Hinblick auf die Vertragsverhandlungen auf eigene Kosten einzuholen oder zu erstellen, damit er sie anschließend dem Verhandlungspartner aushändigen kann. Das ist offenkundig nicht der Fall. Es ist allgemein anerkannt, dass Aufklärungspflichten Ausnahmen von dem Prinzip der Eigenverant-

64

---

1 OLG Düsseldorf v. 30.6.2004 – VI U Kart 40/02, n.v.; OLG Brandenburg v. 28.9.2005 – 4 U 37/05, NJW-RR 2006, 51 f.
2 *Flohr*, Franchise-Vertrag, S. 28.
3 *Flohr*, Franchise-Vertrag, S. 28.
4 Vgl. grundlegend zur Standortanalyse beim Franchising *Martinek*, in Franchising im Wandel, GS Skaupy, 2003, S. 241, 255 ff.
5 OLG Düsseldorf v. 30.6.2004 – VI U Kart 40/02, n.v.; OLG Brandenburg v. 28.9.2005 – 4 U 37/05, NJW-RR 2006, 51 f.; *Giesler/Kroll*, in Giesler, Praxishandbuch Vertriebsrecht, § 4 Rn. 106; wohl auch *Flohr*, Franchiserecht, Rn. 120 ff. und *Erdmann*, in Franchising im Wandel, GS Skaupy, 2003, S. 49 ff., die eine Standortanalyse unter den geschuldeten vorvertraglichen Informationen nicht erwähnen; *Giesler*, in Giesler/Nauschütt, Kap. 5 Rn. 32.
6 OLG Köln v. 16.5.1994 (zitiert nach *Flohr*, WiB 1996, 1137, 1140); LG Essen v. 9.5.2005 – 18 O 238/04 (n.v.; nicht rechtkräftig nach Vergleich vor dem OLG Hamm, wobei das OLG Hamm eine Standortanalyse für „offenkundig nicht geschuldet" hielt); *Stein-Wigger*, S. 131; *Braun*, NJW 1985, 504, 505; sowie *Graf v. Westphalen* in der Vorauf., Franchise-Vertrag, Rn. 37.

wortlichkeit sind, die nur angenommen werden, wenn sie dem Aufklärungsverpflichteten zumutbar sind[1]. Bei der vermeintlichen Pflicht, nicht lediglich vorhandene Informationen offen zu legen, sondern selbst erst oft kostspielige Untersuchungen in Auftrag zu geben und dabei diese Informationen mühsam zu gewinnen, um dann anschließend pflichtgemäß aufklären zu können, endet die Grenze jeder denkbaren Zumutbarkeit. Die Verpflichtung zur Einholung einer Standortanalyse wäre nämlich auch keine Aufklärungspflicht, sondern eine Nachforschungs- und Informationsbeschaffungspflicht. Nachforschungs- und Informationsbeschaffungspflichten werden von unserer Rechtsordnung nur in äußerst engen Grenzen und in Ausnahmefällen anerkannt[2]. Die Voraussetzungen für eine solche Ausnahme liegen hier nicht vor. Anerkannt ist nämlich auch, dass der Franchisegeber nur über das informieren muss, was ihm selbst bekannt ist[3]. Darüber hinaus ist zu bedenken, dass es nicht bei allen Geschäftskonzepten auf einen genauen „Standort" ankommt, obwohl natürlich bei jedem Vorhaben der Ort der Leistungserstellung festgelegt werden muss[4]. Der „Standort" spielt oft nur eine sehr untergeordnete Rolle, wenn sich das Geschäftskonzept nicht an Laufkundschaft richtet. Schließlich kann sich der Franchisenehmer, selbst wenn es auf Laufkundschaft ankommt, ohne weiteres selbst über die Beschaffenheit des Standortes informieren bzw. entsprechende Recherchen in Auftrag geben[5]. Dies sind offen liegende Informationen, die nicht allein dem Franchisegeber zugänglich sind.

65 Der Verfasser hat bereits Anfang 2002 darauf hingewiesen, dass unrichtige vorvertragliche Informationen betreffend die Gewinnung oder die Verwendung von **Einkaufsvorteilen** (Rückvergütungen, Provisionen, Bonuszahlungen, Kick-backs, Werbekostenzuschüsse) eine Haftung auslösen können, unabhängig davon, wem diese Einkaufsvorteile vertraglich oder gesetzlich zustehen[6]. Unter dem Stichwort „**Geheimes Rückvergütungssystem**" hat sich dem auch das OLG München angeschlossen[7]. Auch *Flohr* vertritt mittlerweile diese Auffassung[8].

66 Die vorvertraglichen Aufklärungspflichten eines Franchisegebers sind im Umfang zu begrenzen. Sie könnten sich, wenn sie einen Franchisegeber treffen, zu einer Art „**Erfolgsgarantie**" oder „**Rentabilitätsgarantie**" für Franchise-

---

1 AnwKomm/*Krebs*, § 311 BGB Rn. 72 m.w.N.
2 *Fleischer*, Informationsasymmetrie, S. 450 ff.; MünchKommBGB/*Emmerich*, § 311 Rn. 103; *Gehrlein*, in Beck'scher Onlinekommentar, § 311 BGB Rn. 73.
3 *Flohr*, BB 2006, 389, 392; *Martinek*, in Franchising im Wandel, GS Skaupy, 2003, S. 241, 249 ff.
4 *Martinek*, in Franchising im Wandel, GS Skaupy, 2003, S. 241, 259.
5 Dies belegt auch der Sachverhalt der Entscheidung BGH v. 12.11.2003 – VIII ZR 268/02, MDR 2004, 448 f.; in diesem Fall hatte der Franchisenehmer die Standortinformationen selbst mitgeteilt und dabei nicht die gebotene Sorgfalt walten lassen. Anders noch *Giesler*, in Giesler/Nauschütt, 1. Aufl., § 5 Rn. 28 (daran wird nicht mehr festgehalten).
6 Vgl. *Giesler*, in Giesler/Nauschütt, 1. Aufl., § 5 Rn. 158.
7 OLG München v. 27.7.2006 – 23 U 5590/05, BB 2007, 14 ff.
8 *Flohr*, BB 2005, 389, 393.

nehmer verdichten, die dem Franchisinggedanken vollkommen zuwider liefe[1]. Denn das unternehmerische Risiko trägt ausschließlich der Franchisenehmer als selbständiger Unternehmer. Aufklärung vor Vertragsabschluss hat deshalb allein die Funktion, dieses Risiko besser überschaubar und eingrenzbar zu machen. Der Franchisegeber ist dementsprechend nicht verpflichtet, über jeden einzelnen denkbaren Punkt aufzuklären oder von sich aus weitere Informationen anzusprechen, die von dem Franchisenehmer nicht abgefragt worden sind. Wichtig ist auch, dass der Franchisegeber nur über das informieren muss, was ihm selbst bekannt ist. Eine Verpflichtung zur kostspieligen Ermittlung und anschließenden Weitergabe von Informationen, die dem Franchisegeber bis dahin selbst nicht geläufig waren, besteht nicht. Aufklärungspflichten müssen auf die Umstände beschränkt sein, die bei objektiver ex-ante-Betrachtung zur Vereitelung des Vertragszwecks geeignet und für die Entscheidung des Franchisenehmers, den Franchisevertrag zu unterzeichnen, von wesentlicher Bedeutung sind.

5. Zeitpunkt der Entstehung des vorvertraglichen Schuldverhältnisses

Die Begriffe „Aufnahme von Vertragsverhandlungen" (§ 311 Abs. 2 Nr. 1 BGB) und „Anbahnung eines Vertrages" (§ 311 Abs. 2 Nr. 2 BGB) sind **weit auszulegen**[2]. Selbst unverbindliche Gespräche über einen zukünftigen Vertragsabschluss stellen die Aufnahme von Vertragsverhandlungen dar. Die einseitige Übersendung eines Angebots fällt ebenfalls unter die Bestimmung[3].

6. Bedeutung der geschäftlichen Erfahrung des Franchisenehmer-Anwärters

Der legitime Informationsbedarf eines Verhandlungspartners ist umso größer, je ausgeprägter das **intellektuelle oder wirtschaftliche Übergewicht** des anderen Partners und damit dessen Zugang zu Informationsquellen ist[4]. Deshalb ist der Umfang der Aufklärungspflichten nicht starr, sondern richtet sich insbesondere auch nach den **Vorkenntnissen des Verhandlungspartners**. Für das Franchising ist deshalb anerkannt, dass die Aufklärungspflichten besonders weit reichend sind, wenn ein Franchisenehmer-Anwärter bei der Anbahnung und bei dem Abschluss des Franchisevertrages **geschäftlich unerfahren** ist[5]. Unter diese Gruppe fallen die typischen Existenzgründer, die zuvor niemals oder nur in geringem Umfang Erfahrungen mit eigener Selbständigkeit hatten. Die Anforderungen an die Aufklärungspflichten sind dementsprechend geringer, wenn es sich bei dem Franchisenehmer um eine Person handelt, die bereits nennenswerte unternehmerische Erfahrungen be-

---

1 Vgl. *vom Dorp*, WiB 1995, 285; *Erdmann*, in Franchising im Wandel, GS Skaupy, 2003, S. 47, 65.
2 AnwKomm/*Krebs*, § 311 BGB Rn. 40 ff.; Erman/*Kindl*, § 311 BGB Rn. 21.
3 Streitig, wie hier AnwKomm/*Krebs*, § 311 BGB Rn. 43.
4 MünchKommBGB/*Emmerich*, § 311 BGB Rn. 102.
5 Vgl. beispielhaft Hamburg v. 2.5.1995 – 312 O 519/94, n.v.; *Stein-Wigger*, S. 130 m.w.N.

sitzt[1]. Noch geringer sind die Aufklärungspflichten, wenn der Verhandlungspartner ein routinierter Unternehmer ist. Wenn es sich um einen routinierten Unternehmer aus der selben Branche handelt, tendieren die allgemeinen Aufklärungspflichten gegen Null. Gleiches gilt gegenüber Personen, die das Franchisesystem „von innen" kennen, beispielsweise ehemalige leitende Mitarbeiter der Systemzentrale.

7. Prognosehaftung?

69 Sowohl die aktive Täuschung/Falschinformation als auch eine Verletzung von Aufklärungspflichten durch Unterlassen können sich einerseits auf Tatsachen und andererseits auf Prognosen beziehen. Dies ist die **zweite Differenzierung**, die vorgenommen werden muss. Das eigentliche Problem besteht im Bereich der **Prognosen**. Hier scheint auf den ersten Blick ein Streit zu herrschen, ob Franchisegeber überhaupt für Prognosen haften können[2]. Tatsächlich liegt kein Streit vor, sondern lediglich eine unscharfe Abgrenzung zwischen verschiedenen Fallkonstellationen.

70 Prognosen sind Vorhersagen über **zukünftige, noch ungewisse Ereignisse** und Entwicklungen. Die Basis einer Prognose bilden Fakten, die oft mit formalisierten Methoden (Messungen zeitlich gegliederter Messreihen oder Simulationen) oder anhand der bisherigen Erfahrungen zur Erstellung von Datenmaterial erhoben werden. **Planzahlen bzw. Planzahlenwerke** sind Prognosen hinsichtlich zukünftiger Entwicklungen von Unternehmen, wie man sie z.B. in Unternehmensplänen einsetzt. Hier deutet das Wort „Plan" an, dass es sich um eine zukunftsbezogene Darstellung handelt. Auch der Begriff der **Vorschau** (z.B. Ertragsvorschau) ist gebräuchlich. Franchisegeber geben vor dem Abschluss eines Franchisevertrages regelmäßig Prognosen und Planzahlen heraus, in denen die voraussichtliche **Rentabilität von zukünftigen Systembetrieben** dargestellt wird. Die Planzahlenwerke umfassen dabei im Regelfall Umsatz-, Kosten- und Ertragsvorschauen sowie Prognosen hinsichtlich der zukünftigen Investitionskosten. Die Herausgabe von Planzahlen geschieht häufig in allgemeinen Informationsunterlagen über das Franchisesystem oder in individuellen Umsatz- und Rentabilitätsplanungen, die für den einzelnen Franchisenehmer angefertigt werden.

71 Es wird einerseits häufig verkannt[3], dass eine Haftung eines Franchisegebers für Prognosen nicht allein deshalb eintritt, weil sich die prognostizierten Zahlen in dem konkreten Einzelfall des Franchisenehmers nicht verwirklicht haben. Dies ist nämlich das Prognoserisiko, das sich als ein Spiegelbild des unternehmerischen Risikos des Franchisenehmers darstellt und aus-

---

1 OLG Stuttgart v. 13.7.2001 – 2 U 223/00, n.v.; *Martinek*, Moderne Vertragstypen, S. 87; zustimmend *Flohr*, ZAP, Fach 6, S. 352 v. 6.12.2000; kritisch *Haibt/Siemens*, RIW 2000, 597, 598.
2 Vgl. *Braun*, NJW 1995, 504 ff.
3 Vgl. die von diesem Missverständnis geprägten Ausführungen bei *Braun*, NJW 1995, 504 ff.

schließlich von dem Franchisenehmer zu tragen ist[1]. Andererseits wird unter Hinweis auf das „allgemeine unternehmerische Risiko des Franchisenehmers" gelegentlich übersehen, dass ein Franchisegeber im Zusammenhang mit Prognosen durchaus einigen Haftungsrisiken ausgesetzt sein kann. Dieses Missverständnis wird durch eine Mindermeinung genährt, die das „Aufina"-Urteil des OLG München[2] dahingehend interpretiert, dass den Umsatz- und Rentabilitätsplanungen des Franchisegebers generell und von vornherein keine haftungsbegründende Funktion zukommen könne. Diese Interpretation ist ersichtlich unrichtig. Wäre sie richtig, stünde das „Aufina"-Urteil in einem Widerspruch zu der Rechtsprechung des BGH[3] hinsichtlich der sachlichen Anforderungen an Prognosen, zu dem „Personal Total"-Urteil des selben OLG[4] und zu den Urteilen anderer Gerichte zur Prognosehaftung[5]. Das ist selbstverständlich nicht der Fall. Die tatsächlich bestehenden **Franchisegeber-Haftungsrisiken** im Zusammenhang mit Prognosen und Planzahlen beschränken sich auf folgende Fälle:

– Der Franchisegeber haftet für Prognosen und Planzahlen, wenn diese auf keiner **nachvollziehbaren, realistischen Grundlage** basieren[6]. Es ist also geboten, Prognosen und Planzahlen eng an den reellen Zahlen echter Systembetriebe zu orientieren, wenn die Haftung sicher vermieden werden soll. Prognosen und Planzahlen können eine Haftung auslösen, wenn die Prognose auf falschen Tatsachen beruht, **gegen Erfahrungsgrundsätze verstößt** oder die bei Prognosen gebotene Zurückhaltung fehlt[7]. Die Haftung für Prognosen kann auch eintreten, wenn die Plan-Zahlenwerke gegen tatsächliche Erkenntnisse des Franchisegebers verstoßen[8].

– Wenn Prognosen und Planzahlen von reellen Zahlen (z.B. von dem Pilotbetrieb oder von anderen Systembetrieben) abgeleitet werden, muss deren Widergabe natürlich wahrheitsgemäß sein[9].

– Der Franchisegeber haftet auch, wenn die Prognosen und Planzahlen zwar von echten Betrieben abgeleitet wurden, der Franchisegeber jedoch weiß und wissen müsste, dass diese Zahlen mit hoher Wahrscheinlichkeit unerreichbar bleiben werden. Dies ist der Fall, wenn es sich um Zahlen handelt, die seit sehr langer Zeit von keinem einzigen Systembetrieb erreicht

---

1 *Giesler/Nauschütt*, BB 2003, 435 ff.
2 OLG München v. 24.4.2001 – 5 U 2180/00, BB 2001, 1759, 1761 – Aufina.
3 BGH v. 7.10.1987 – IV a ZR 67/86, WM 1987, 1557, 1558 (Prognose eines Steuerberaters).
4 OLG München v. 1.8.2002 – 8 U 5085/01, BB 2003, 443.
5 OLG München v. 16.9.1993 – 6 U 5495/92, NJW 1994, 667 ff.; LG Kaiserslautern v. 26.4.2004 – 4 O 607/00, n.v.; OLG Hamburg v. 17.4.1996 – 5 U 137/95, n.v. Diese letztgenannte Entscheidung betraf einen Fall von Umsatz- und Ertragsprognosen, die auf keiner realistischen Grundlage basierten.
6 BGH v. 7.10.1987 – IV a ZR 67/86, WM 1987, 1557, 1558; LG Hamburg v. 2.5.1995 – 312 O 519/94, n.v.; OLG Hamburg v. 17.4.1996 – 5 U 137/95, n.v.; OLG München v. 5.8.2002 – 8 U 5085/01, BB 2003, 443 – Personal Total.
7 Vgl. *Martinek*, in Franchising im Wandel, GS Skaupy, 2003, S. 421, 250.
8 Vgl. OLG Bremen v. 21.12.1982 – 1 U 66/82, ZIP 1983, 423, 425; *Giesler*, ZIP 1999, 2131, 2135 (abgeleitet aus der zivilrechtlichen Prospekthaftung).
9 So bereits *Giesler*, Franchiseverträge, Rn 209.

worden sind (d.h. um veraltete Zahlen, die unrealistisch geworden sind)[1] oder um die Zahlen eines herausgehobenen Ausnahmebetriebes, die bislang noch von keinem anderen Systembetrieb erreicht worden sind[2].

– Eine Haftung tritt auch ein, wenn Prognosezahlen genannt werden, die in Wirklichkeit von Franchisenehmern nur in **wenigen Ausnahmefällen** erreicht worden sind (Spitzenwerte), wenn dabei zugleich der unrichtige Eindruck erweckt wird, diese Zahlen seien „im Normalfall" oder „bei typischem Verlauf" oder für den „durchschnittlichen Franchisenehmer" erreichbar oder repräsentativ oder jedenfalls einigermaßen realistisch[3].

– Haftungsrisiken bestehen, wenn von „Durchschnittszahlen" die Rede ist, obwohl es sich tatsächlich nicht um den Durchschnitt, sondern um besonders gute Zahlen aus dem „oberen Drittel" der erfolgreichen Betriebe handelt[4]. Dies ist im Grunde ein Fall der Tatsachenhaftung, weil die Frage, ob es sich um einen Durchschnitt handelt, eine Tatsache ist.

– Darüber hinaus können natürlich Berechnungs- und Wiedergabefehler eine Haftung auslösen. Dazu gehören Sachverhalte, in denen bei Planzahlen auf der Kostenseite die Systemkosten (z.B. Franchise- oder Werbegebühr) vergessen worden sind[5]. Das kommt immer wieder vor, wenn die Planzahlen von dem Pilotbetrieb abgeleitet wurden, der eine Filiale des Franchisegebers ist und deshalb keine Gebühren bezahlen musste.

8. Schadensberechnung

72 Die Rechtsfolgen eines Verstoßes gegen vorvertragliche Pflichten ergeben sich in erster Linie aus § 280 Abs. 1 BGB. Der Geschädigte kann den Ersatz des ihm durch die Pflichtverletzung entstandenen Schadens begehren. Die Folge ist, dass der Ersatzanspruch des Geschädigten meist, allerdings nicht notwendigerweise immer auf das **negative Interesse**, d.h. auf den **Ersatz des Vertrauensschadens** gerichtet ist, wenn es nämlich bei pflichtgemäßem Verhalten des Verhandlungspartners nicht zu dem Vertragsabschluss gekommen wäre[6]. Dies ist natürlich auch für das Franchising anerkannt[7]. Der geschädigte Franchisenehmer kann also gemäß § 249 BGB verlangen, so gestellt zu werden, wie er ohne das schädigende Verhalten des Franchisege-

---

1 LG Kaiserslautern v. 26.4.2004 – 4 O 607/00, n.v.
2 Vgl. *Martinek*, in Franchising im Wandel, GS Skaupy, 2003, S. 421, 250.
3 *Giesler/Nauschütt*, BB 2003, 435 ff.; ähnlich auch *Martinek*, in Franchising im Wandel, GS Skaupy, 2003, S. 421, 250 f.
4 Vgl. *Martinek*, in Franchising im Wandel, GS Skaupy, 2003, S. 421, 250; Giesler, ZIP 1999, 2131, 2135; *Braun*, NJW 1995, 504 f.
5 *Giesler*, ZIP 1999, 2131, 2326; zustimmend *Flohr*, Franchise-Vertrag, S. 23.
6 MünchKommBGB/*Emmerich*, § 311 BGB Rn. 234.
7 Vgl. OLG München v. 13.11.1987 – 8 U 2207/87, BB 1988, 865 ff.; OLG München v. 16.9.1993 – 6 U 5495/92, NJW 1994, 667 ff.; OLG München v. 24.4.2001 – 5 U 2180/00, BB 2001, 1759, 1761 – Aufina; OLG Brandenburg v. 28.9.2005 – 4 U 37/05, NJW-RR 2006, 51 f.; *Giesler*, ZIP 1999, 2131, 2137 m.w.N.; *Flohr*, Franchise-Vertrag, S. 31; wie hier zur Schadenberechnung *Stein-Wigger*, S. 242 f.

bers gestanden hätte[1]. Dementsprechend ist der Schadensersatzanspruch darauf gerichtet, die für den Franchisenehmer nachteiligen Folgen des Franchisevertragsabschlusses zu beseitigen. Diese nachteiligen Folgen bestehen in den **Betriebsverlusten**, die durch die Gründung und Führung des Systembetriebs entstanden sind. Es müssen also die **Betriebskosten mit den Betriebseinnahmen saldiert** werden. Die Saldierung mit den Betriebseinnahmen ist im Sinne der Lehre von der **Vorteilsausgleichung**[2] unproblematisch möglich, weil die Vorteile, die durch die Pflichtverletzung adäquat kausal verursacht wurden, ihrer Art nach den Schadensposten entsprechen, die mit dem Zweck des Ersatzanspruchs übereinstimmen, weil die Saldierung für den Geschädigten zumutbar ist und weil sie den Schädiger nicht unangemessen entlastet. Auch nach dem **Schutzzweck der Norm** ist diese Vorteilsausgleichung legitim.

Von dem Grundsatz, das lediglich der Vertrauensschaden ersetzt wird, gibt es wenige Ausnahmen. Denkbar sind Fälle, in denen der Franchisenehmer sich aufgrund der vorvertraglichen Pflichtverletzung zur **Aufgabe einer gesicherten Einkommensposition** (z.B. einer abhängigen Beschäftigung in einem unbefristeten Arbeitsverhältnis) entschlossen hat, um anschließend den Systembetrieb zu gründen. Der Franchisegeber kann dann gemäß § 252 BGB ausnahmsweise für den entgangenen Gewinn haften[3]. Es ist in diesen Fällen allerdings ein besonderer Augenmerk auf die Kausalität zu richten.

73

Statt des Ersatzes des Vertrauensschadens kann ein Franchisenehmer, der durch vorvertragliche Pflichtverletzungen geschädigt wurde, auch die **Aufhebung und Rückgängigmachung** des Franchisevertrages verlangen[4]. Es handelt sich um eine mögliche Form der Naturalrestitution gemäß § 249 Abs. 1 BGB. Dem Anspruchsberechtigten steht insoweit ein Wahlrecht zu: Er kann an dem Vertrag festhalten und den Ersatz des Vertrauensschadens begehren oder er kann die Rückgängigmachung verlangen[5]. Diese Form des Schadensersatzes wird von der herrschenden Meinung für Dauerschuldverhältnisse angenommen, die durch eine pflichtwidrige Einwirkung auf die Willensbildung eines der Vertragspartner zustande gekommen sind[6]. Teilweise wird

74

---

1 Vgl. BGH v. 26.3.1981 – VII ZR 185/80, NJW 1981, 1673; OLG Brandenburg v. 28.9.2005 – 4 U 37/05, NJW-RR 2006, 51 f.
2 BGH v. 17.5.1984 – VII ZR 169/82, NJW 1984, 2457; BGH v. 6.6.1997 – V ZR 115/96, NJW 1997, 2378; vgl. dazu ausführlich AnwKomm/*Magnus*, Vor §§ 249–255 BGB Rn. 116 ff.; MünchKommBGB/*Oetker*, § 249 BGB Rn. 222 ff., wobei *Oetker* (a.a.O., Rn. 230) dafür eintritt, das Problem allein im Hinblick auf den Schutzzweck der Norm zu lösen; vgl. für das Franchising auch OLG Brandenburg v. 28.9.2005 – 4 U 37/05, NJW-RR 2006, 51 f.
3 So bereits *Giesler*, ZIP 1999, 2131, 2137.
4 *Giesler*, in Beck'sches Rechtsanwalts-Handbuch, C 25 Rn. 64; *Canaris*, Handelsrecht, § 18 Rn. 61.
5 Erman/*Kindl*, § 311 BGB Rn. 43.
6 BGH v. 31.1.1962 – VIII ZR 120/60, NJW 1962, 1196 (Kaufvertrag); BGH v. 24.5.1993 – II ZR 136/92, NJW 1993, 2107 f. m.w.N. (Kapitalanlagevertrag); BGH v. 26.9.1997 – V ZR 26/96, NJW 1998, 302 ff. (Grundstückskaufvertrag); BGH v. 28.3.1990 – VIII ZR 169/89, NJW 1990, 1659, 1661; BGH v. 25.5.1977 – VIII ZR 186/75, NJW 1977, 1536 (Unternehmenskauf); BGH v. 11.5.1979 – V ZR 75/78, NJW 1979, 1983, 1984

auch davon gesprochen, dass es sich um ein Recht zur **Verweigerung der Vertragserfüllung** handelt[1]. Die Aufhebung und Rückgängigmachung des Franchisevertrages kann auch zu höheren Zahlungsforderungen des Geschädigten führen, wenn er mit seinem Franchisebetrieb nur geringe Verluste gemacht hat. Eine Lehrmeinung[2] will den Geschädigten bei Dauerschuldverhältnissen hingegen auf das Kündigungsrecht gemäß § 314 BGB verweisen.

VI. AGB-rechtliche Wirksamkeit einzelner Vertragsbestimmungen

1. Verhaltensrichtlinien, Kontroll- und Weisungsrechte

75 Von besonderem Interesse bei einer Inhaltskontrolle von Franchiseverträgen sind abstrakte **Verhaltensrichtlinien** für den Franchisenehmer und die Kontroll- und Weisungsrechte des Franchisegebers. Grundsätzlich nicht zu beanstanden sind Verhaltensrichtlinien betreffend die Einhaltung bestimmter Qualitäts-, Herstellungs-, Präsentations- und Absatzstandards sowie Regeln für die Betriebsführung (Systemvorgaben), soweit sie im Interesse einer einheitlichen Außenwirkung, einer Aufrechterhaltung des gutes Rufes des Franchisesystems, eines Schutzes der Marke oder eines erfolgreichen Vertriebs von Waren und Dienstleistungen liegen[3]. Meist wird es sich bei Verhaltensrichtlinien und Systemvorgaben ohnehin um kontrollfreie Leistungsbeschreibungen handeln[4]. Selbst wenn solche Regelungen ausnahmsweise einer Inhaltskontrolle unterliegen, sind sie in fast allen Fällen angemessen, weil die mit der Schaffung von Richtlinien verfolgten Ziele auch dem Franchisenehmer dienen. Dennoch ist Vorsicht geboten: Verhaltensrichtlinien dürfen nicht einseitig die Interessen des Franchisegebers verfolgen, sondern müssen auch die unternehmerische Freiheit des Franchisenehmers berücksichtigen[5]. Eine Formularpflicht zur Einhaltung der Verhaltensrichtlinien ist also nur mit § 307 Abs. 1 BGB vereinbar, wenn sie nicht zu einer sachlich nicht gerechtfertigen Knebelung des Franchisenehmers führt[6]. Zu den zulässigen Verhaltensrichtlinien gehören beispielsweise Regelungen in Franchise- und Betriebshandbüchern betreffend die Herstellung von Produkten, die Zubereitung von Speisen, die Einrichtung des Geschäftsbetriebs sowie Vor-

---

(für den Fall einer Drohung); BGH v. 5.10.1988 – VIII ZR 222/87, NJW 1989, 306, 307 (Praxiskauf); BGH v. 11.2.1999 – IX ZR 352/97, NJW 1999, 2032, 2034 (Darlehensvertrag); *Erman/Kindl*, § 311 BGB Rn. 43; *Palandt/Heinrichs*, § 123 BGB Rn. 27; *Giesler*, in Beck'sches Rechtsanwalts-Handbuch, C 25 Rn. 64; *Canaris*, Handelsrecht, § 18 Rn. 61; *Grigoleit*, Vorvertragliche Informationshaftung, S. 137 ff.; *St. Lorenz*, Schutz vor dem unerwünschten Vertrag, 1997, S. 392 ff.

1 So für den Fall einer Haftung wegen vorvertraglicher Drohung BGH v. 11.5.1979 – V ZR 75/78, NJW 1979, 1983, 1984; BGH v. 18.9.2001 – X ZR 107/00, NJW-RR 2002, 308, 309.
2 MünchKommBGB/*Emmerich*, § 311 BGB Rn. 249, allerdings Widerspruch zu Rn. 120.
3 BGH v. 3.10.1984 – VIII ZR 118/83, NJW 1985, 1894, 1895; *Liesegang*, BB 1991, 2382; *Erman/Roloff*, § 307 BGB Rn. 114.
4 Vgl. *Ekkenga*, S. 117 ff., 134 ff.
5 Ebenso *Böhner*, NJW 1985, 2811; *Liesegang*, BB 1991, 2381, 2382; vgl. noch *Wolf*, in Wolf/Horn/Lindacher, § 9 AGBG Rn. F 112.
6 Vgl. noch *Wolf*, in Wolf/Horn/Lindacher, § 9 AGBG Rn. F 112.

gaben für Marketing- und Werbemaßnahmen. Zustimmungs- und Genehmigungsvorbehalte für regionale Werbemaßnahmen des Franchisenehmers können nur dann wirksam vereinbart werden, wenn ein Anspruch auf die Zustimmung bzw. Genehmigung begründet wird[1]. Unbedenklich ist die Verpflichtung, Marken und Geschäftsbezeichnungen des Franchisesystems zu verwenden, die Pflicht zur Teilnahme an Schulungen, Trainingsmaßnahmen und sonstigen Systemveranstaltungen, die Pflicht zur Teilnahme an Werbeaktionen und die Pflicht zur Einrichtung und Unterhaltung eines Warenlagers. Hinsichtlich der Teilnahme an Werbeaktionen und der Verpflichtung zur Lagerhaltung kann für das Warenfranchising bedingt auf die Rechtsprechung zum Vertragshändlerrecht abgestellt werden, die sehr ähnliche Grundsätze entwickelt hat[2].

Unproblematisch sind grundsätzlich auch **Kontrollrechte** des Franchisegebers, welche die Einhaltung angemessener Verhaltensrichtlinien sicherstellen sollen und die sich ihrerseits in einem sachlich gerechtfertigten Umfang halten[3]. Sachliche Gründe für die Vereinbarung eines Kontrollrechts sind auch die Berechnung der Franchisegebühren sowie der Schutz des Franchisekonzeptes, der Marke und des Know-how[4]. Der EuGH hat für das Kartellrecht in dem „Pronuptia"-Urteil festgestellt, dass Weisungs- und Kontrollrechte, die zum Schutze des Franchisekonzeptes, der gewerblichen Schutzrechte und des Know-how erforderlich sind, nicht kartellrechtswidrig sind[5]. Allerdings unterliegen das Kartellrecht und das AGB-Recht unterschiedlichen Regeln; eine Bestimmung, die nicht kartellrechtswidrig ist, kann dennoch eine unangemessene Benachteiligung darstellen. Keine unangemessene Benachteiligung stellen Vertragsbestimmungen dar, die dem Franchisegeber zu den üblichen Geschäftszeiten eine Überprüfung der Geschäftsräume, der Waren und Dienstleistungen (**Betriebsbesichtigung**) gestatten. Das gilt jedenfalls dann, wenn in den Geschäftsräumen ein Kundenverkehr statt findet; bei Franchisekonzepten, die keinen Kundenverkehr in den Geschäftsräumen vorsehen, ist meist ein sachlicher Grund für die Inaugenscheinnahme von Geschäftsräumen nicht ersichtlich. Hier muss sich das Prüfungsrecht dann auf die **Geschäftsunterlagen** und z.B. auf **Kundendienstfahrzeuge** beschränken. Vergleichbares gilt für Berichtspflichten des Franchisenehmers, beispielsweise bezogen auf seine Geschäftsentwicklung oder den Lagerbestand; auch solche Vertragsbestimmungen stellen regelmäßig keine unangemessene Benachteiligung dar[6]. Die Möglichkeit zur formularvertraglichen Vereinbarung eines Einsichtnahmerechts in sämtliche Geschäftsunterlagen ist allerdings nicht unumstritten. Eine Mindermeinung[7] lehnt die letztgenannten Kontrollrechte ab, weil solche Kontrol-

76

---

1 Vgl. noch *Wolf*, in Wolf/Horn/Lindacher, § 9 AGBG Rn. F 112 unter Hinweis auf das europäische Kartellrecht.
2 Vgl. noch *Ulmer*, in Ulmer/Brandner/Hensen, Anh. § 310 BGB Rn. 964 m.w.N.
3 *Liesegang*, BB 1991, 2383; *Ekkenga*, S. 120 ff.; *Giesler*, Franchiseverträge, Rn. 516.
4 *Giesler*, Franchiseverträge, Rn. 91.
5 EuGH v. 28.1.1986 – Rs. 161/84, NJW 1986, 1415 – Pronuptia.
6 Vgl. *Schmidt*, in Ulmer/Brandner/Hensen, Anh. § 310 BGB Rn. 353.
7 *Ekkenga*, S. 157.

len in unserer Rechtsordnung nur Gesellschaftern zugebilligt werden. Das überzeugt nicht. Der Umkehrschluss zum Gesellschaftsrecht ist kein zwingendes Argument, weil das deutsche Schuldrecht keinen Numerus Clausus von Vertragstypen kennt. Vielmehr gibt es auch beim Franchising für die Einsichtnahme in die Geschäftsunterlagen sachliche Gründe (z.B. Kontrolle der gezahlten umsatzabhängigen Gebühren bei Verdacht auf „Schwarzumsätze", Informationsgewinnung zwecks Erkennung von Fehlentwicklungen und Beratung des Franchisenehmers). Diese sachlichen Gründe lassen derartige Klauseln nicht unangemessen erscheinen. Darüber hinaus darf nicht übersehen werden, dass Franchiseverträge mitunter einen gewissen partiarischen Einschlag aufweisen[1].

77 Keine AGB-rechtlichen Bedenken bestehen hinsichtlich solcher Kontrollklauseln, welche die Besichtigung der Geschäftsräume mit **Überraschungsbesuchen** ermöglichen oder dem Franchisegeber die Entsendung von **Testkunden** gestatten sollen[2]. Zu beachten ist allerdings, dass diese Kontrollrechte durch die sachliche Notwendigkeit gedeckt sein müssen, ein einheitliches Erscheinungsbild der Systembetriebe (Kontrolle der Einhaltung der Systemvorgaben) und eine einheitliche Dienstleistungsqualität zu erreichen. Die Kontrolle der Einhaltung der Systemvorgaben kann dabei auch im Interesse des Franchisenehmers liegen, der in die Lage versetzt wird, Umsetzungsmängel in seinem Systembetrieb zu erkennen und Verbesserungen vorzunehmen[3]. Dennoch hat der Franchisegeber bei der Gestaltung die unternehmerische Selbständigkeit des Franchisenehmers so weit wie möglich zu respektieren[4]. In Fällen, in denen das gleiche Ziel erreicht werden kann, wenn Besuche und Testkunden angekündigt werden, muss auf den Überraschungseffekt verzichtet werden.

78 Es wird allgemein als nicht unangemessen angesehen, wenn dem Franchisenehmer die **Kosten der Kontrolle** oder Einsichtnahme auferlegt werden, falls die Überprüfung Fehler zutage fördert, die sich zu Lasten des Franchisegebers ausgewirkt haben (z.B. Meldung zu geringer Umsätze)[5]. Der Franchisenehmer wäre nämlich gemäß §§ 280, 282 BGB ohnehin zum Schadensersatz verpflichtet. Zu diesem Schaden, der auch formularmäßig abgewälzt werden kann, würden auch die Kosten eines Sachverständigengutachtens gehören.

79 Probleme kann es bei formularvertraglichen **Weisungsrechten** geben. Hier ist zu differenzieren. Formularklauseln, die **Einzelanweisungen** des Franchisegebers hinsichtlich Sortimentspolitik oder Absatzfunktion des Franchisenehmers oder eine Umstellung oder Erweiterung des Franchisebetriebes ermöglichen sollen, stellen regelmäßig eine unangemessene Benachteiligung dar[6]. Die unternehmerische Freiheit des Franchisenehmers darf nicht

---

1 *Canaris*, Handelsrecht, § 20 Rn. 37 (S. 392); *Mack*, S. 9; *Bodewig*, BB 1997, 637, 643 f.; ebenso *Pfeifer*, S. 150.
2 Ebenso *Pfeifer*, S. 155.
3 *Liesegang*, BB 1991, 2381, 2383.
4 *Metzlaff*, in Metzlaff, § 8 Rn. 248.
5 *Pfeifer*, S. 150 f.; *Flohr*, Franchise-Vertrag, S. 180.
6 Vgl. *Schmidt*, in Ulmer/Brandner/Hensen, Anh. § 310 BGB Rn. 356 m.w.N.

so weitgehend eingeschränkt werden, dass der Franchisenehmer, vergleichbar mit einem Arbeitnehmer, Einzelanweisungen befolgen muss und zu einem „Angestellten im eigenen Unternehmen" gemacht wird. Etwas anderes gilt für Formularklauseln, die lediglich die **Einhaltung von Systemvorgaben, Richtlinien und Grundsätzen** sicherstellen sollen. Die Nichtbefolgung von abstrakt-generellen Regelwerken, die eine einheitliche Außenwirkung oder eine bestimmte Qualität bewirken und damit dem Schutz der Marke dienen sollen, kann mit Einzelsanktionen verknüpft werden. Im Rahmen dieser Einzelsanktionen ist auch die Regelung eines Verfahrens möglich, dass Einzelanweisungen betreffend die Einhaltung von Systemvorgaben, Richtlinien und Grundsätzen umfasst.

Einen Sonderfall der Richtlinie stellt eine Formularklausel dar, die Einfluss auf **Buchhaltung und Steuerberatung** nimmt. Wirklich problematisch ist dabei nur der Einfluss auf die Person des Steuerberaters. Nach wohl herrschender Meinung ist eine Klausel unangemessen, der zufolge der Franchisenehmer einen von dem Franchisegeber benannten Steuerberater mit umfassender Beratung beauftragen muss. Jedenfalls soweit es um Steuerberatung oder gar um betriebswirtschaftliche Beratung geht, muss der Franchisenehmer in der Wahl seines Steuerberaters frei sein[1]. Diese Frage ist weiterhin umstritten, wobei von den Vertretern der verschiedenen Auffassungen nicht hinreichend differenziert wird. Der Franchisegeber kann zulässigerweise vorschreiben, wo der Franchisenehmer seine Buchhaltung durchführen lassen muss. Hier überwiegt das Interesse des Franchisegebers an einer Einheitlichkeit der Buchhaltung. Diese Einheitlichkeit kann gewiss auch durch Systemvorgaben in dem Franchisehandbuch erreicht werden, wo der Franchisegeber beispielsweise einen einheitlichen Kontenrahmen vorschreibt. Statt dessen (oder zusätzlich) kann der Franchisenehmer auch verpflichtet werden, die Buchhaltung einem bestimmten Buchhaltungsbüro bzw. Buchhaltung und Jahresabschluss einem bestimmten Steuerberater oder gar dem Franchisegeber selbst zu übertragen. Dabei bietet sich bei der Vertragsgestaltung der Rückgriff auf **Steuerberater- oder Buchhaltungsbüro-Franchisesysteme** an, die ihrerseits viele Standorte „vor Ort" haben und so eine Betreuung von Franchisenehmern anderer Systeme gewährleisten können. Derartige Vertragsklauseln sind wirksam. Demgegenüber muss der Franchisenehmer in der Beauftragung der Leistungen der Steuerberatung und – mehr noch – in der Beauftragung der Leistungen der betriebswirtschaftlichen Beratung frei bleiben. Vor allem im Bereich der betriebswirtschaftlichen Beratung muss der Steuerberater jederzeit bereit und in der Lage sein, den Franchisenehmer gegebenenfalls auch gegen die Interessen des Franchisegebers zu beraten, ohne in einen Interessenkonflikt zu geraten. Zu einem Interessenkonflikt könnte es kommen, wenn der Steuerberater – zumindest „moralisch" – auch dem Franchisegeber verpflichtet ist, weil ihm dieser eine größere Zahl von Franchisenehmern als Mandanten vermittelt hat[2].

80

---
1 Vgl. den Sachverhalt BGH v. 26.11.1984 – VIII ZR 214/83, BGHZ 93, 29 ff. – Opel.
2 Dies verkennen *Horn/Henssler*, ZIP 1998, 589, 597 bei ihrem Hinweis, eine solche Vertragsklausel sei gerade deshalb zulässig, weil der Steuerberater den Franchisenehmer im Interesse des Franchisegebers kontrollieren solle.

81 Franchiseverträge sehen im Regelfall eine Vielzahl von wechselseitigen Informationspflichten vor, weil eine Zusammenarbeit zwischen den Systempartnern nur mit einem regelmäßigen Informationsfluss möglich ist. Soweit den Franchisegeber Informationspflichten treffen, stehen diese überwiegend im Zusammenhang mit der Übertragung des Know-how; dies gilt auch im laufenden Franchiseverhältnis, weil der Franchisegeber fortlaufend neue Erkenntnisse gewinnt und das erweiterte oder verbesserte Know-how auf seine Franchisenehmer überträgt. Informationspflichten des Franchisegebers unterliegen ohnehin keiner AGB-Kontrolle, weil der Franchisegeber der Verwender des Formularvertrages ist. Aber auch die Informations-, Berichts- und Rechenschaftspflichten des Franchisenehmers sind grundsätzlich nicht zu beanstanden, wenn es dafür einen sachlichen Grund gibt.

82 Berichtspflichten hinsichtlich der **Umsatzentwicklung** des Systembetriebes sind unproblematisch wirksam, wenn der Franchisegeber diese Information benötigt, um die umsatzabhängigen Gebühren zu berechnen und zu kontrollieren[1]. Verbreitet sind dabei Klauseln, die monatliche oder tägliche Umsatzmeldungen vorsehen. Dies kann auch unbedenklich dadurch erreicht werden, dass sich der Franchisegeber über die Umsätze des Systembetriebes auf elektronischem Weg informieren kann, z.B. über ein **elektronisches Kassensystem**. Aber selbst wenn die Informationen nicht zur Berechnung der umsatzabhängigen Gebühren benötigt werden, sind umsatzbezogene Berichtspflichten nicht zu beanstanden, wenn es dafür einen sachlichen Grund gibt.

83 Fraglich ist, ob dies ohne Einschränkungen auch für Berichtspflichten hinsichtlich der **allgemeinen Betriebsentwicklung** gilt. Diese Frage ist mit der herrschenden Meinung[2] zu bejahen, weil sich ein solcher Anspruch des Franchisegebers auch aus den §§ 675 Abs. 1, 666 BGB ergibt, wenn man den Franchisevertrag richtigerweise als Typenkombinationsvertrag mit geschäftsbesorgungsrechtlichen Elementen begreift[3]. Vor allem ergibt sich ein sachlicher Grund für solche Berichtspflichten aus der Notwendigkeit, dass der Franchisegeber den Franchisenehmer bei betrieblichen Fehlentwicklungen beraten und unterstützen können muss. Fehlentwicklungen in den Systembetrieben dürfen dem Franchisegeber nicht verborgen bleiben. Aus dem gleichen Grund darf ein Franchisegeber auch Informationen zu **Lagerbestand** und **Kundenfrequenz** mittels einer Formularklausel abfragen. Die Mindermeinung[4] will Berichtspflichten (gleiches gilt für entsprechende Auskunftsrechte des Franchisegebers) auf Buchungs- und Abrechnungsbelege beschränken.

---

1 *Mack*, S. 97; *Liesegang*, BB 1991, 2381; *Köhler*, NJW 1990, 1689, 1691; *Pfeifer*, S. 149.
2 *Martinek*, Moderne Vertragstypen, S. 104; *Flohr*, Franchise-Vertrag, S. 179; *Erdmann*, in Metzlaff, § 17 Rn. 62.
3 *Pfeifer*, S. 149 weist darauf hin, dass selbst die Anhänger der Lizenzvertragstheorie zur analogen Anwendbarkeit der §§ 675 Abs. 1, 666 BGB gelangen müssten.
4 *Ekkenga*, S. 157.

Ein Teil der Lehre[1] sieht Formularklauseln als unwirksam an, in denen der Franchisenehmer die Pflicht übernimmt, seine **Umsatzsteuervoranmeldungen** und **Einkommensteuererklärungen** in Kopie vorzulegen. Zur Begründung wird ausgeführt, es sei keine Rechtfertigung ersichtlich, weshalb ein Eingriff in den Schriftverkehr mit dem Steuerfiskus – und damit in den Kernbereich der Unternehmertätigkeit – erfolgen müsse. Der Franchisegeber könne das gleiche Ziel durch die Einsichtnahme in diese Unterlagen im Rahmen einer Überprüfung des Systembetriebs erreichen. Diese Auffassung ist abzulehnen[2]. Jedenfalls eine Pflicht zur Übersendung von Kopien der Umsatzsteuervoranmeldungen ist AGB-rechtlich unbedenklich. Diese Rechenschaftspflicht dient einer zusätzlichen Kontrolle der gemeldeten Umsätze, weil die Hemmschwelle des Franchisenehmers, auch gegenüber der Finanzverwaltung zu niedrige Umsätze zu melden, im Regelfall höher sein dürfte. Es liegt auch kein „Eingriff" in die Unternehmertätigkeit vor, weil der Franchisegeber keinerlei Einfluss auf den Umgang des Franchisenehmers mit der Finanzverwaltung nimmt; es werden lediglich im Nachhinein Kopien übermittelt. Die Gegenauffassung verkennt außerdem, dass eine Überprüfung des Systembetriebes, die eine Alternative darstellen soll, für den Franchisenehmer eine weiter reichende Beeinträchtigung mit sich bringt. Eine solche Überprüfung stört möglicherweise sogar die Betriebsabläufe; die Pflicht zur Übersendung von Umsatzsteuervoranmeldungen erspart dem Franchisenehmer also Belastungen. Ob auch die Übersendung von Einkommensteuererklärungen sachlich gerechtfertigt ist, ist eine Frage des Einzelfalls. Die Schwelle ist dabei wesentlich höher, weil in einer Einkommensteuererklärung auch Informationen aus der Privatsphäre des Franchisenehmers enthalten sein können, die mit dem Systembetrieb in keinem Zusammenhang stehen.

84

Die Verpflichtung zur Übersendung von **Jahresabschlüssen** ist unter den gleichen Erwägungen nicht zu beanstanden[3]. Fraglich ist, ob von diesen Grundsätzen eine Ausnahme gemacht werden muss, wenn des Franchisenehmer noch einen anderen Betrieb oder Betriebsteil führt, der von dem Franchise nicht erfasst ist (z.B. beim **Abteilungsfranchising**)[4]. Dies ist im Ergebnis nicht der Fall[5]. Allerdings wird es bei solchen Sachverhalten notwendig sein, dem Franchisenehmer individualvertraglich zu gestatten, die Buchhaltung für den anderen Betrieb oder Betriebsteil getrennt zu führen (für steuerliche Zwecke erfolgt dann eine Zusammenführung) und die Geschäftsunterlagen des anderen Betriebes getrennt aufzubewahren. Kontrollrechte und Berichtspflichten beziehen sich ohnehin nur auf den Systembetrieb (ein Umstand, der erforderlichenfalls im Wege der Auslegung zu ermitteln ist), so dass diesbezügliche Formularklauseln nicht unwirksam sind. Dort, wo eine Trennung nicht möglich ist (Umsatzsteuervoranmeldungen und Jahresabschlüsse), überwiegt das sachliche Interesse des Franchisegebers an der In-

85

---

1 *Ekkenga*, S. 157; *Pfeifer*, S. 150.
2 Wie hier *Zwecker*, Inhaltskontrolle, 2000, S. 169.
3 Ebenso *Pfeifer*, S. 150.
4 So *Metzlaff*, in Metzlaff, § 8 Rn. 245.
5 Vgl. *Pfeifer*, S. 150.

formationserlangung. Die entsprechenden Klauseln sind deshalb nicht unwirksam.

86 Nicht zu beanstanden sind formularvertragliche Verpflichtungen des Franchisenehmers zur Gewinnung und regelmäßigen Mitteilung von Informationen über **Marktentwicklung**, **Kundenverhalten**, Kundenfrequenz, Kundenwünsche und das Verhalten von Wettbewerbern. Dabei kann dahinstehen, ob man sich bei der Beurteilung derartiger Informationspflichten an § 86 Abs. 2 HGB orientieren darf[1] oder ob die §§ 675 Abs. 1, 666 BGB der Beurteilungsmaßstab sein sollen. Jedenfalls ist das Informationsbedürfnis des Unternehmers, der Handelsvertreter einsetzt, ein anderes, als das weit reichende Informationsbedürfnis eines Franchisegebers. Beim Vertrieb mittels Handelsvertretern wird der Unternehmer der Vertragspartner seiner Kunden und kann die Informationen (jedenfalls teilweise) „aus erster Hand" selbst gewinnen. Der Franchisegeber ist hingegen mehr auf „**Marktforschung**" seitens des Franchisenehmers angewiesen[2]. Dabei ist auch zu berücksichtigen, dass den Franchisegeber die Pflicht zur Anpassung des Franchisekonzepts an Marktveränderungen treffen kann und dass er zur Erfüllung dieser Pflicht Informationen von seinen Franchisenehmern benötigt. Das Informationsrecht des Franchisegebers kommt mittelbar also auch den Franchisenehmern zugute, so dass entsprechende Formularklauseln keine unangemessene Benachteiligung darstellen.

87 Eine Verpflichtung zur **Mitteilung von Fremdlieferanteninformationen** (z.B. Identität von Fremdlieferanten und Konditionen) wird von einer Mindermeinung als unwirksam angesehen[3]. Dabei wird verkannt, dass solche Formularklauseln von dem sachlichen Interesse des Franchisegeber getragen sind, die Qualität und damit das Image des Franchisesystems zu schützen. Eine unangemessene Benachteiligung stellt hingegen eine Formularklausel dar, die den Franchisenehmer zur **Offenlegung seiner Kalkulation** im Zusammenhang mit den Fremdlieferanten verpflichten soll[4].

2. Bezugsbindung, Belieferungsregelungen

88 Verpflichtungen des Franchisenehmers zum Warenbezug beim Franchisegeber oder bei Systemlieferanten (**Bezugsbindungen**) sind ein notwendiger Bestandteil der meisten Franchiseverträge. Eine Selbstverständlichkeit sind solche Klauseln dort, wo ein Hersteller oder Importeur seinen Warenvertrieb mittels Franchising organisiert. Aber auch bei Systemgastronomie und Dienstleistungsfranchising liegt es im berechtigten Interesse des Franchisegebers, die Beschaffung von Grund- und Hilfsstoffen zu vereinheitlichen[5].

---

1 Vgl. *Ekkenga*, S. 154; *Martinek/Habermeier*, in Martinek/Semler/Habermeier, § 23 Rn. 63.
2 *Kroll*, S. 122.
3 *Pfeifer*, S. 154; vgl. auch *Herrfeld*, S. 224 bezüglich der Lieferantenkonditionen.
4 Ebenso *Metzlaff*, in Metzlaff, § 8 Rn. 248; *Pfeifer*, S. 152 f. m.w.N.
5 Ähnlich *Erdmann*, in Metzlaff, § 17 Rn. 54; *Schaub*, WuW 1987, 607, 619; *Kapp*, S. 33.

Eine Bezugsbindung ist gemäß § 307 Abs. 1 BGB nicht zu beanstanden, 89
wenn und soweit sie zur Erreichung des einheitlichen Erscheinungsbildes,
zum Schutz der Marke, des Image oder zur Erreichung der dem Franchisekonzept zugrunde liegenden Qualitätsanforderungen notwendig ist[1]. Das ist
ein sehr weiter Zulässigkeitsbereich, der selbst **Ausschließlichkeitsbindungen** zulässt[2], wenn diese gruppenfreistellungsfähig sind. Dementsprechend
kann zugleich der Bezug von Fremdprodukten formularvertraglich ausgeschlossen werden. Von diesem Grundsatz kann es in bestimmten Fällen
Ausnahmen geben. Eine Bezugsbindung kann ausnahmsweise unangemessen
sen sein, wenn selbst unter der Berücksichtigung der Interessen des Franchisegebers zentrale Leistungserwartungen des einzelnen Franchisenehmers
in besonderem Maße verletzt werden[3]. Das formularvertragliche Verbot,
Fremdwaren zu beziehen und abzusetzen, stellt eine unangemessene Benachteiligung dar, wenn die Fremdwaren in keiner Konkurrenz zu den Vertragsprodukten stehen, eine identische oder vergleichbare Qualität haben,
das Ziel des einheitlichen Auftritts nicht beeinträchtigen und zugleich das
Marken- und Systemimage nicht gefährden können[4]. Diese Ausnahme ist in
ihrem Anwendungsbereich allerdings wiederum zu begrenzen, weil nicht
übersehen werden darf, dass der Franchisegeber ein berechtigtes Interesse
daran haben muss, ein einheitliches Erscheinungsbild der Systembetriebe
mit einem einheitlichen Qualitätserlebnis zu erreichen[5]. Deshalb genügt bereits die theoretische Gefahr einer Verwässerung der Systemmerkmale oder
der Beeinträchtigung des einheitlichen Erscheinungsbildes, um eine formularmäßige Bezugsbindung wirksam erscheinen zu lassen. Auch das Interesse
des Franchisegebers, den Warenbezug zu bündeln, um für alle Systembeteiligten einen möglichst günstigen Einkauf zu organisieren, kann bei der Beurteilung der Wirksamkeit eine Rolle spielen. Angesichts dieser möglichen
sachlichen Begründungen muss das Individualinteresse des Franchisenehmers häufig hinter dem „Systeminteresse" zurücktreten.

Bezugsbindungen unterliegen nicht nur der Inhaltskontrolle nach AGB- 90
Recht, sondern müssen, um gruppenfreistellungsfähig zu sein, auch den
kartellrechtlichen Anforderungen der Vertikal-GVO (abgedruckt im Anhang, S. 2697 ff.) entsprechen. Die Vertikal-GVO einerseits und das AGB-
Recht andererseits haben ein unterschiedliches Regelungsziel, so dass eine
Klausel, die eine unangemessene Benachteiligung mit sich bringt, nicht kartellrechtswidrig sein muss. Wohl aber gilt umgekehrt: wegen der vom BGH[6]
anerkannten Ordnungs- und **Leitbildfunktion der Vertikal-GVO** sind For-

---

1 *Herrfeld*, S. 220 f.; *Giesler*, Franchiseverträge, Rn. 540; *Liesegang*, BB 1991, 2381, 2382 f.; *Erman/Roloff*, § 307 BGB Rn. 94; vgl. auch BGH v. 27.2.1985 – VIII ZR 85/84, NJW 1985, 2683 (Bezugsbindung bei Bierlieferungsvertrag); vgl. noch *Wolf*, in Wolf/Horn/Lindacher, § 9 AGBG Rn. F 114.
2 Vgl. *Herrfeld*, S. 220 f.
3 *Pfeifer*, S. 180.
4 Vgl. noch zum AGBG *Wolf*, in Wolf/Horn/Lindacher, § 9 AGBG Rn. F 114.
5 Ebenso *Tietz/Mathieu*, Franchising, S. 213; *Ekkenga*, S. 806; *Pfeifer*, S. 181; ähnlich *Martinek/Habermeier*, in Martinek/Semler/Habermeier, § 22 Rn. 19.
6 Vgl. zum Vertragshändlerrecht: BGH v. 13.7.2004 – KZR 10/03, WRP 2004, 1378 – Citroën.

mularklauseln unwirksam, die nicht freistellungsfähig sind. Ob das auch dazu führt, dass seit Inkrafttreten der Vertikal-GVO Ausschließlichkeitsbindungen (100 %ige Bezugsbindungen) häufig eine unangemessene Benachteiligung darstellen, ist ungewiss. Zu bedenken ist dabei, dass eine Verschärfung der Freistellungsvoraussetzungen für Ausschließlichkeitsbindungen im Bereich des Franchising nicht beabsichtigt war. Andernfalls würde sich die Vertikal-GVO in Widerspruch zum *Pronuptia*-Urteil setzen. Die Kommission wollte bei der Schaffung der Vertikal-GVO Bezugsbindungen, die nach dem kartellrechtlichen Verständnis als Wettbewerbsverbote anzusehen sind, nicht von der Gruppenfreistellungsmöglichkeit ausnehmen, wenn diese Verpflichtungen notwendig sind, um die Identität und den Ruf des Franchisesystems zu erhalten oder wenn sie dem Schutz von systemimmanentem Know-how dienen[1]. In diesen Fällen wird man also aus der Vertikal-GVO nicht auf die AGB-rechtliche Unzulässigkeit schließen dürfen.

91 Mit der Vereinbarung einer Bezugsbindung geht schuldrechtlich die Verpflichtung des Franchisegebers einher, den Franchisenehmer zu beliefern und verschiedene Einzelpflichten zu erfüllen, die seine Lieferfähigkeit gewährleisten. Dementsprechend stellt es eine unangemessene Benachteiligung dar, wenn mittels eine Formularklausel die **Belieferungspflicht abbedungen** werden soll[2]. Bei der Belieferungspflicht handelt es sich, jedenfalls wenn eine weit reichende Bezugsbindung für Vertragswaren vereinbart worden ist, um eine Pflicht, durch deren Einschränkung die Erreichung des Vertragszwecks gefährdet werden kann (§ 307 Abs. 2 Nr. 2 BGB). Nicht zu beanstanden ist nach der Rechtsprechung des BGH zum Vertragshändlerrecht allerdings eine Klausel, welche die Belieferung unter den Vorbehalt der „Liefermöglichkeiten" stellt[3]. Einem Lieferanten muss es in Lieferverträgen zwischen Unternehmen möglich sein, durch **Lieferfähigkeitsvorbehalte** seiner eigenen angemessenen Risikoabsicherung Rechnung zu tragen[4]. Gleiches muss auch für Franchiseverträge gelten. Lieferfähigkeitsvorbehalte sind so auszulegen, dass sie dem Franchisegeber keinen „Freibrief" verschaffen, sondern ihn nur vor einer Haftung für unverschuldete Lieferhindernisse schützen sollen[5].

92 Im Bereich des Warenfranchising spielt – vergleichbar mit dem Vertragshandel – die Verpflichtung des Franchisenehmers, bei der Durchführung von Reparaturen nur **Originalersatzteile** zu verwenden, eine gewisse Rolle. Anders als beim Vertrieb von Kraftfahrzeugen durch Vertragshändler, wo solche Er-

---

1 Vgl. *Metzlaff*, BB 2000, 1201, 1206; *Liebscher/Petsche*, EuZW 2000, 400, 402; *Pfeifer*, S. 182.
2 Vgl. zum Vertragshändlerrecht: *Thume*, in Künstner/Thume III, S. 338, Rn. 1288 und 1291; *Ulmer-Eilfort*, in Stumpf/Jaletzke/Schultze, Vertragshändlervertrag, 3. Aufl. 1997, S. 121, Rn. 346. Ähnlich zum Franchising auch *Pfeifer*, S. 185.
3 Vgl. zum Vertragshändlerrecht: BGH v. 12.1.1994 – VIII ZR 165/92, BGHZ 124, 351, 355 – Daihatsu.
4 Vgl. auch BGH v. 12.1.1994 – VIII ZR 165/92, BGHZ 124, 351, 359 und 361; BGH v. 14.11.1984 -VIII ZR 283/83, NJW 1985, 738; OLG München v. 12.10.1983 – 7 U 1805/83, WM 1985, 362, 363.
5 *Graf v. Westphalen*, AGB-Klauselwerke, Franchising, Rn. 21.

satzteilklauseln nur unter engen Voraussetzungen freistellungsfähig sind (Art. 4 Nr. 1k der Verordnung Nr. 1400/2002 vom 31.7.2002), gibt es beim Franchising (jedenfalls wenn keine Kraftfahrzeuge vertrieben werden) keine kartellrechtlichen Bedenken, wenn die Bestimmungen der Vertikal-GVO eingehalten werden. Das Interesse eines Herstellers von technischen Geräten, der seine Produkte mittels Franchising vertreibt, das Ansehen seiner Marke zu schützen und Haftungsrisiken zu vermeiden, ist stets anerkennenswert. Allerdings muss eine Formularklausel auch die Interessen der Franchisenehmer angemessen antizipieren, so dass die Verwendung von Ersatzteilen mit identischer oder vergleichbarer Qualität zugelassen werden sollte, um nicht die Unwirksamkeit der Klausel zu riskieren. Dabei muss allerdings beachtet werden, dass ein Verfahren vorgesehen wird, wie die Vertragspartner die Qualität der Fremdersatzteile vernünftig bewerten sollen; die Beweislast dafür darf keinesfalls dem Franchisenehmer aufgebürdet werden, weil ein solcher Beweis faktisch kaum geführt werden kann und die Regelung in der Praxis leer liefe[1]. Jedenfalls für Identteile (Ersatzteile die aus derselben Fertigung stammen wie die Komponenten der Vertragsware)[2] bedarf es nicht eines Beweises durch den Franchisenehmer, um die Interessen des Franchisegebers zu wahren.

3. Mindestabnahme-, Mindestabsatz- und Mindestumsatzpflichten

In einem wirtschaftlichen und rechtlichen Zusammenhang mit Bezugsbindungen stehen **Mindestabnahme- und Mindestabsatzpflichten**. Die Vereinbarung von Mindestabnahme- oder Mindestabsatzmengen ist Ausdruck der Absatzförderungspflicht des Franchisenehmers und daher grundsätzlich nicht zu beanstanden. Dies setzt allerdings voraus, dass es sich, wenn eine Pflicht zur Abnahme besteht, um eine angemessene Menge handelt. Die vereinbarte Menge ist keine kontrollfreie Leistungsbeschreibung, sondern die kontrollunterworfene Ausgestaltung einer im HGB für den Handelsvertreter geregelten Hauptpflicht. Diesbezüglich kann auf die Rechtsprechung zum Vertragshändlerrecht abgestellt werden, die ebenfalls im bestimmten Rahmen Mindestabnahmepflichten zulässt[3]. Durch die Vereinbarung von Mindestabnahmeverpflichtungen versucht der Unternehmer, den Absatzmittler zu einem **bestmöglichen Absatzverhalten** anzuhalten. Da die Interessenlage beider Vertragspartner einer Mindestabnahmevereinbarung nicht vollkommen entgegenstehen, kann darin grundsätzlich auch keine Knebelung nach § 138 BGB gesehen werden[4]. Etwas anderes kann im Einzelfall gelten, wenn der Franchisegeber versucht, eine Mindestabnahmemenge in den Vertrag einzuführen, die nicht auf sachlichen Gründen beruht oder die den Fran-

93

---

1 Vgl. zum Vertragshandel: BGH v. 20.7.2005 – VIII ZR 121/04, NJW-RR 2005, 1496, 1499 – Honda.
2 Vgl. zu dem Begriff BGH v. 22.9.1981 – KVR 8/80, BGHZ 81, 322, 325.
3 Vgl. *Vogels/Köhnen*, in Giesler, Praxishandbuch Vertriebsrecht, § 3 Rn. 220 ff.
4 BGH v. 11.12.1958 – II ZR 73/57, NJW 1959, 144 (Eigenhändler).

chisenehmer zugleich in rechtswidriger Weise benachteiligt, z.B. durch die Behinderung zulässigen Querbezugs[1].

94 Im Rahmen der Wirksamkeitsprüfung ist zwischen **verschiedenen Klauseltypen** zu unterscheiden. Das Ziel einer Mindestabnahme oder einer Mindestabsatzmenge kann erstens erreicht werden, indem der Franchisevertrag eine bestimmte Menge zahlenmäßig oder formelmäßig regelt. Regelungen dieser Art können wirksam sein, wobei die vorstehenden Grundsätze zu beachten sind. Zweitens sind Verfahrensregelungen zur turnusmäßigen, einvernehmlichen Festlegung durch die Vertragspartner denkbar. Da die Verfahrensbeteiligung des Franchisenehmers an der Festlegung eine Angemessenheit der Menge bewirken wird, sind auch solche Klauseln grundsätzlich nicht zu beanstanden. Dabei sind allerdings die nachstehenden Grundsätze zu beachten. Drittens gibt es Formularklauseln, die zugunsten des Franchisegebers **einseitige Bestimmungsrechte für Mindestabsatzmengen** vorsehen. Einseitige Bestimmungsrechte in Bezug auf Bestell- oder Absatzmengen sind stets eine unangemessene Benachteiligung[2], weil sie das Interesse des Franchisenehmers, das Absatzrisiko durch Steuerung der Bestellmenge zu begrenzen, nicht berücksichtigen.

95 Das grundsätzlich zulässige formularvertragliche **Verfahren zur turnusmäßigen, einvernehmlichen Festlegung** von Mindestabnahme- oder Mindestabsatzmengen kann unterschiedlich gestaltet werden. In Betracht kommt eine zahlenmäßige Festlegung der Abnahmemenge in einem Jahreszeitraum oder aber eine Vereinbarung, die prozentual an den vom Franchisenehmer im Vorjahr erwirtschafteten Umsatz und die für das nächste Vertragsjahr erwartete Umsatzsteigerung anknüpft. Verbreitet ist schließlich auch die Formularklausel, dass dem Franchisenehmer Abnahmepflichten auf der Grundlage eines zwischen den Parteien gesondert (und einvernehmlich) zu vereinbarenden **Verkaufs-, Absatz- oder Jahresplans** obliegen sollen. Dabei findet sich dieser Jahresplan nicht im Franchisevertrag, sondern ist das Resultat des Verfahrens, mit dem er turnusmäßig unter Berücksichtigung des Marktanteils im Marktverantwortungsgebiet und der Zielvorstellungen des Franchisegebers neu festgelegt wird.

96 Unabhängig von der Gestaltung dieser Mindestabnahmeklausel ist immer zu prüfen, ob es sich bei der Vereinbarung um eine rechtsverbindlich gewollte Verpflichtung des Franchisenehmers zum Abschluss von Einzelkaufverträgen im vereinbarten Umfang oder um **unverbindliche Zielvorstellungen der Vertragsparteien** handelt, die keine Verpflichtung des Franchisenehmers beinhalten. Ersteres wäre eine tatsächliche Mindestabnahmeverpflichtung, Letzteres hingegen nur eine Konkretisierung der allgemeinen Absatzförderungspflicht. Die Abgrenzung muss im Einzelfall gemäß §§ 133, 157 BGB

---

1 In dem geschilderten Fall wäre außerdem ein Verstoß gegen das Leitbild der Vertikal-GVO zu prüfen, die das Verbot von Querlieferungen als nicht freistellungsfähig ansieht (vgl. zur Leitbildfunktion von Gruppenfreistellungsverordnungen BGH v. 13.7.2004 – KZR 10/03, WRP 2004, 1378).
2 Ebenso *Flohr*, BB 2006, 389, 395.

unter sorgfältiger Berücksichtigung aller Umstände erfolgen, die jeweils für oder gegen eine rechtsverbindliche Verpflichtung sprechen. Dabei sollte man wissen, dass der Jahresplan häufig nur – aber keineswegs immer nur – aufgestellt wird, um den Systempartnern eine bessere Absatzplanung zu ermöglichen. In keinem denkbaren Fall kann es sich hingegen um eine bloße Abrufverpflichtung des Franchisenehmers handeln[1], weil der Klauselgegenstand (die Einzelkaufverträge) aufgrund der Vielzahl zukünftiger Sachverhalte nicht hinreichend im Franchisevertrag bestimmt werden kann[2].

Von dem Grundsatz, dass Mindestabnahmepflichten wirksam vereinbart werden können, gibt es Ausnahmen. Grundsätzlich folgt aus den gegenseitigen Treuepflichten, dass der Franchisegeber im Rahmen der Mindestabnahmeverpflichtung auf die berechtigten Belange des Franchisenehmers angemessen Rücksicht zu nehmen hat[3]. Dies wiederum bewirkt, dass Mindestabnahmeklauseln, bei denen der **Umfang der abzunehmenden Vertragsware** vollkommen außer Relation zur Größe und Wirtschaftskraft des Franchisenehmers steht, diesen unangemessen benachteiligen und daher unwirksam sind. Eine unangemessene Benachteiligung kann sich deshalb auch ergeben, wenn die vereinbarten Mindestabnahmemengen geeignet sind, dem durchschnittlichen Franchisenehmer erhebliche Absatzprobleme zu bereiten. Wenn die Mindestabnahmepflichten auf Prognosen des Franchisegebers beruhen und für den durchschnittlichen Franchisenehmer nicht zu erreichen sind, liegt eine unangemessene Benachteiligung vor. Derartige Klauseln berücksichtigen das Waren- und Absatzrisiko des Franchisenehmers nicht ausreichend. Eine geltungserhaltende Reduktion auf eine realistische Mindestabnahmemenge verbietet sich bereits mit Blick auf § 306 Abs. 1 BGB. Darüber hinaus stellen **überzogene Sanktionsfolgen** bei Verletzung einer Mindestabnahmepflicht eine unangemessene Benachteiligung dar und sind daher ebenfalls unwirksam[4]. Solche überzogenen Sanktionsfolgen können darin bestehen, dass der Franchisegeber (ohne vertragliche Zwischenschaltung einer längerfristigen und realistischen „**Aufholmöglichkeit**" für den Franchisenehmer) zur Kündigung des Vertragsverhältnisses oder zu einer Verkleinerung des Vertragsgebietes berechtigt sein soll. Dementsprechend ist eine Formularklausel, die ein fristloses Kündigungsrecht des Franchisegebers bei der „Nichterreichung von Absatzzielen" vorsieht, unwirksam. Auch der Wegfall der Gebietsexklusivität wegen Unterschreitung von Mindestabnahmemengen ohne vorherige „Aufholmöglichkeit" ist unwirksam[5]. Jede Sanktionsfolge muss außerdem stets an das Verschulden des Franchisenehmers geknüpft werden; wenn auch die vom Franchisenehmer unverschuldet verursachte Unterschreitung zu Sanktionen führen soll, stellt

97

---

1 *Stumpf/Jaletzke/Schultze*, Vertragshändlervertrag, 3. Aufl. 1997, Rn. 247; *Westphal*, Vertriebsrecht Bd. 2, 2002, Rn. 462.
2 Vgl. *Vogels/Köhnen*, in Giesler Praxishandbuch Vertriebsrecht, § 3 Rn. 220 ff.
3 Vgl. für das Vertragshändlerrecht *Vogels/Köhnen*, in Giesler, Praxishandbuch Vertriebsrecht, § 3 Rn. 220 ff.
4 BGH v. 12.1.1994 – VIII ZR 165/92, NJW 1994, 1060, 1064 – Daihatsu.
5 Ebenso *Flohr*, BB 2006, 389, 395; vgl. auch BGH v. 18.2.1982 – I ZR 20/80, WM 1982, 632.

dies – für sich genommen – eine unangemessene Benachteiligung dar. Eine Verpflichtung zur Mindestabnahme kann schließlich auch deshalb unangemessen sein, weil sie mit einer sachlich nicht gerechtfertigten (für sich betrachtet allerdings möglicherweise noch zulässigen) **Ausschließlichkeitsbindung** einher geht.

98 **Mindestumsatzklauseln** sind mit den Mindestabnahmevereinbarungen vergleichbar. An Mindestumsätze als Bezugsgröße wird regelmäßig dann angeknüpft, wenn keine unmittelbare Belieferung seitens des Franchisegebers vorgesehen ist, also vor allem im Bereich des Dienstleistungsfranchising oder wenn die Waren nur von Systemlieferanten bezogen werden. Für Mindestumsatzklauseln gelten die vorstehenden Ausführungen entsprechend.

99 Unproblematisch ist eine Formularklausel, die dem Franchisenehmer die Pflicht auferlegt, ein bestimmtes **Mindestsortiment** in einer vertraglich genau definierten Zusammensetzung vorrätig zu halten[1]. Auch als Weisungsrecht ist eine solche Regelung von dem berechtigten Interesse des Franchisegebers an der Erreichung eines einheitlichen Erscheinungsbildes und einer einheitlichen Qualität getragen, mit dem Ziel, Kundenerwartungen an die Vorrätigkeit von Produkten entsprechen zu können. Allerdings können **Mindestlagerklauseln**, die den Lagerhaltungsumfang regeln, mittelbar die Wirkung von Mindestabnahmeklauseln haben; in diesem Fall gelten die vorstehend dargestellten Grundsätze.

4. Vertragsgebiet und Gebietsschutz

100 Im Zusammenhang mit der **Festlegung eines Vertragsgebiets** gibt es zahlreiche AGB-rechtliche Fragestellungen. Dabei ist zunächst festzustellen, dass es keinen ungeschriebenen Rechtssatz gibt, wonach einem Franchisenehmer ein exklusives Vertragsgebiet zugewiesen werden muss[2]. Dementsprechend ist die Klarstellung in einer Formularklausel, dass **kein Gebietsschutz** eingeräumt wird, auch nicht zu beanstanden[3]. Durch diese Regelung wird wiederholt, was ohnehin gelten würde, wenn der Franchisevertrag gar keine Regelung zu einem Vertragsgebiet enthielte: Dann nämlich gäbe es keinen Gebietsschutz. Klar ist natürlich auch, dass die Festlegung eines Vertragsgebietes und die Einräumung von Gebietsschutz für beide Vertragspartner – je nach der Gestaltung der Klausel – durchaus Vorteile haben kann. Der Franchisegeber kann die Festlegung eines Vertragsgebietes als Anreiz für den Franchisenehmer verstehen, das Marktpotential auszuschöpfen. Die Gefahr des „Free Riding" Phänomens[4] wird dadurch sicherlich verringert, weil der Franchisenehmer nicht (jedenfalls nicht notwendigerweise) von Marketingmaßnahmen unmittelbar benachbarter Systembetriebe profitiert[5]. Der An-

---

1 *Herrfeld*, S. 247 f.
2 A.A. scheinbar *Skaupy*, DB 1982, 2446, 2447.
3 Vgl. *Erdmann*, in Metzlaff, § 17 Rn. 73; *Fritzemeyer*, BB 2000, 472, 475; vgl. zum Vertragshändlerrecht auch BGH v. 26.11.1984 – VIII ZR 214/83, BGHZ 93, 29 ff.
4 Vgl. dazu *Giesler*, in Giesler, Praxishandbuch Vertriebsrecht, § 1 Rn. 68.
5 *Martinek/Habermeier*, in Martinek/Semler/Habermeier, § 24 Rn. 4.

reiz für den Franchisenehmer, sich in dem Gebiet zu engagieren, ist größer. Dass der Franchisenehmer durch die Einräumung von Gebietsschutz Vorteile haben kann, liegt auf der Hand, wobei auch für ihn durchaus Nachteile eintreten können[1]. Ob man so weit gehen kann, Gebietsschutz als „Funktionsbedingung" für Franchising in manchen Branchen zu bezeichnen[2], ist hingegen eher fraglich. Viele aus Nordamerika stammende Franchisesysteme kennen von vornherein keinen Gebietsschutz. Dies kann zwar die gefürchteten Kannibalisierungseffekte mit sich bringen, die auch in Deutschland bei den großen Gastronomie-Systemen bereits aufgetreten sind. An dem vorzüglichen Funktionieren dieser Systeme ändert das jedoch nichts, so dass nicht von einer „Funktionsbedingung" die Rede sein kann. Unzweifelhaft ist Gebietsschutz beim Franchising in Deutschland sehr verbreitet und sicherlich auch üblich[3].

Die **Bemessung des Vertragsgebietes** unterliegt als Leistungsbeschreibung nicht einer Kontrolle nach dem AGB-Recht. 101

Einer AGB-Kontrolle zu unterziehen sind hingegen Formularklauseln, die den Gebietsschutz näher ausgestalten. Dazu gehören Vertragsbestimmungen, die den eingeräumten Gebietsschutz unter bestimmten Voraussetzungen von Anfang an einschränken. Dabei kann es sich erstens um einen **Selbstbelieferungsvorbehalt** handeln, also um eine Regelung, die dem Franchisegeber den **Direktvertrieb in das Vertragsgebiet** ermöglichen soll. Derartige Klauseln sind nicht zu beanstanden[4]. Die Exklusivität ist dem Franchisenehmer dann von vornherein nicht bzw. nur eingeschränkt gewährt worden. Zu beachten ist allerdings, dass in diesem Fall dem Franchisenehmer nicht zugleich ein Alleinvertriebsrecht (Gebietsexklusivität) eingeräumt werden darf; Direktlieferungsvorbehalte bei einem gleichzeitigem Alleinvertriebsrecht können den Vertragszweck gefährden und deshalb eine unangemessene Benachteiligung darstellen[5]. Bei der Gestaltung eines Direktlieferungsvorbehalts kann dieser auch auf **bestimmte Kundengruppen** oder Kundenarten (z.B. Key Accounts, Großkunden) beschränkt werden. Dies stellt graduell eine für den Franchisenehmer günstigere Regelung dar als ein vollständiger Selbstlieferungsvorbehalt, so dass bei der Beachtung der vorstehenden Grundsätze nicht von einer unangemessenen Benachteiligung gesprochen werden kann. Zweitens scheint der **Direktvertrieb mittels Internet** noch einen Sonderfall darzustellen. Die Behandlung als Sonderfall ist dabei eher erstaunlich. Denn abgesehen davon, dass es sehr problematisch ist, den Franchisenehmer bei seinem Internetvertrieb zu beschränken, wäre eine von den vorstehenden Grundsätzen abweichende Behandlung des Franchisegeber-Direktvertriebs mittels Internet (als Form des Selbstbelieferungsvor- 102

---

1 *Giesler*, FranchiseErfolge 2/2004, S. 10 f.
2 *Martinek/Habermeier*, in Martinek/Semler/Habermeier, § 24 Rn. 4; vgl. auch *Pfeifer*, S. 158.
3 *Mack*, S. 55.
4 *Pfeifer*, S. 172; für den Handelsvertreter *Hopt*, ZIP 1996, 1533, 1536.
5 Vgl. zum Vertragshändlerrecht BGH v. 21.6.1972 – VIII ZR 96/71, WM 1972, 1092, 1094; BGH v. 12.1.1994 – VIII ZR 165/92, BGHZ 124, 351, 355 – Daihatsu.

behalts) sachlich nicht zu rechtfertigen. Wenn sich der Franchisegeber einen Direktvertrieb vorbehalten kann, soweit er nicht ein zugleich gewährtes Alleinvertriebsrecht konterkariert, kann die Wahl der Direktvertriebsmethode (Katalog, Telefonmarketing oder Internet) keinen rechtlichen Unterschied bedeuten. Unverständlich ist vor diesem Hintergrund vor allem ein Urteil des LG Berlin, wonach der Internethandel eine Verletzung der Konkurrenzschutzpflicht darstellen kann, selbst wenn sich der Franchisegeber zur Auskehrung der Gewinne aus dem Internethandel verpflichtet[1]. Es sollte keinem Zweifel unterliegen, dass der Franchisegeber Direktvertrieb mittels Internet betreiben kann, wenn er sich dies vertraglich vorbehalten hat. Dabei ist auch zu berücksichtigen, dass der Direktvertrieb mittelfristig die Bekanntheit der Marke und der Produkte fördern kann und damit reflexartig auch den Franchisenehmern von Nutzen ist.

103 Eine andere Frage ist, ob dem Franchisenehmer das **Verbot des Internetvertriebs** auferlegt werden kann. Das ist äußerst zweifelhaft[2]. Denn gemäß Art. 4 lit. b der Vertikal-GVO ist eine Klausel, die den Franchisenehmer in der Wahl seines Kundenkreises beschränken soll, als schwerwiegende Wettbewerbsbeschränkung nicht freistellungsfähig. Aus Ziffer 51 der Leitlinien zur Vertikal-GVO ergibt sich, dass eine Einschränkung des Internetvertriebs eine Beschränkung des Kundenkreises darstellt und damit als Wettbewerbsbeschränkung anzusehen ist. Die fehlende Freistellungsfähigkeit ist zwar von der AGB-rechtlichen Beurteilung zu unterscheiden. Angesichts der vom BGH[3] im „Citroën"-Urteil festgestellten Leitbildfunktion von Gruppenfreistellungsverordnungen muss man jedoch davon ausgehen, dass das Verbot des Internetvertriebs eine unangemessene Benachteiligung darstellt. Diskutiert wird in diesem Zusammenhang allerdings noch, ob die Leitlinien als unverbindliche Auslegungsgrundsätze für die Beurteilung dieser Frage maßgeblich herangezogen werden können[4]. Von dem Verbot des Internethandels ist die weitergehende Frage zu trennen, ob dem Franchisenehmer gewisse **Beschränkungen des Internethandels** auferlegt werden können. Im Hinblick auf die kartellrechtlich nicht zu beanstandende Möglichkeit, den aktiven Verkauf zu verbieten, können jedenfalls bestimmte Verhaltensweisen im Zusammenhang mit einem Internetauftritt untersagt werden, z.B. die Versendung werbender E-Mails. Auch der Einfluss des Franchisegebers auf die **Wahl der Domain** und die **Gestaltung des Internetangebots** sind unter diesem Gesichtspunkt möglich, weil der Franchisenehmer dabei Namens-, Marken- und Urheberrechte des Franchisegebers nutzt und deshalb an die Systemvorgaben gebunden werden kann. Diesbezügliche Zustimmungsvorbehalte sind zulässig. Der bloße Betrieb der Website ist allerdings als passi-

---

1 LG Berlin v. 21.6.2001 – 14 O 177/01, n.v.; vgl. dazu auch *Liesegang*, BB 1999, 857, 859.
2 Ebenso *Rinne*, in Metzlaff, § 21 Rn. 30; *Fritzemeyer*, BB 2002, 1658, 1662; *Pfeifer*, S. 178; vgl. zum selektiven Vertrieb im Internet auch BGH v. 4.11.2003 – KZR 2/02, NJW RR 2004, 689 f. (Depotkosmetik im Internet).
3 Vgl. zum Vertragshändlerrecht: BGH v. 13.7.2004 – KZR 10/03, WRP 2004, 1378 – Citroën.
4 *Pfeifer*, S. 178; vgl. auch *Rinne*, in Metzlaff, § 29 Rn. 53.

ver Verkauf zu verstehen, selbst wenn seitens des Franchisenehmers versucht wird, durch Verlinkung und Bannerwerbung einen möglichst hohen „Traffic" auf der Seite zu erzeugen[1]. Formularklauseln, die diese Freiheit einschränken sollen, sind demnach unwirksam.

Von besonderer Bedeutung im Rahmen einer Inhaltskontrolle von Franchiseverträgen sind Formularklauseln, die sich auf **Anpassung, Einschränkung oder Wegfall eines vorher gewährten Gebietsschutzes** beziehen. Der Umstand, dass die Einschränkung von Gebietsschutz einer Inhaltskontrolle unterliegt und viele nahe liegende Vertragsgestaltungen unwirksam sind, ist in der Beratung von Franchisegebern oft schwer zu vermitteln. Durch einen Formularvertrag sollen dem Vertragspartner keine wesentlichen Rechtspositionen weggenommen werden, die ihm der Vertrag nach seinem bisherigen Inhalt zu gewähren hat[2]. Dies ist auch der Grund, warum solche Klauseln anders behandelt werden als anfängliche Selbstbelieferungsvorbehalte. Die Inhaltskontrolle kann sich beim Franchisevertrag nach einem vertragsimmanenten, aus dem Inhalt des Vertrags abgeleiteten Maßstab richten[3]. Der anfangs freiwillig eingeräumte Gebietsschutz stellt eine wesentliche Rechtsposition dar. Einmal gewährt, kann die Einschränkung eine Aushöhlung darstellen, wenn die Klausel keine angemessene Berücksichtigung der Interessen des Franchisenehmers vorsieht.

104

Selbstverständlich muss die Möglichkeit zur **Anpassung des Vertragsgebiets** und das Recht zu einem Entzug des Gebietsschutzes im Interesse des Franchisegebers möglich sein. Franchisenehmer, die das Marktpotential nicht ausschöpfen, beeinträchtigen sein Absatzinteresse. Dabei sind verschiedene Aspekte zu berücksichtigen. Ähnlich wie bei der Frage, ob die Nichterreichung von Mindestabnahmemengen oder Mindestumsätzen formularmäßig an ein Kündigungsrecht zugunsten des Franchisegebers geknüpft werden kann, spielt auch hier die Verschuldensfrage eine Rolle. Wenn die Nichtausschöpfung des Potentials also von dem Franchisegeber verschuldet oder verursacht – Verursachung ist sicherlich ausreichend – worden ist, weil er das Gebiet von Anfang an zu groß bemessen hat, als dass es von einem Systembetrieb erschöpfend bearbeitet werden könnte, überwiegen bei der Inhaltskontrolle die Interessen des Franchisenehmers. Das bedeutet freilich nicht, dass eine Verkleinerung damit vollkommen ausgeschlossen wäre. Allerdings muss die Formularklausel, um Wirksamkeit beanspruchen zu können, den Interessen des Franchisenehmers in besonderem Maße Rechnung tragen. Bei alledem muss auch berücksichtigt werden, dass eine Einschränkung des Gebietsschutzes gegenüber einer Vertragsbeendigung ein milderes Mittel darstellen kann.

105

Formularklauseln, die dem Franchisegeber die vorbehaltlose Verkleinerung des Vertragsgebietes ermöglichen, stellen in allen Fällen eine unangemesse-

106

---

[1] Ebenso *Pfeifer*, S. 179.
[2] BGH v. 20.6.1984 – VIII ZR 137/83, NJW 1985, 914, 916 – Tankschecksystem.
[3] Vgl. noch *Brandner*, in Ulmer/Brandner/Hensen, 9. Aufl. 2001, § 9 AGBG Rn. 142.

ne Benachteiligung dar[1]. Mindestvoraussetzung für die Wirksamkeit einer Formularklausel ist, dass das Recht zur Verkleinerung des Vertragsgebietes an objektive Umstände geknüpft ist. Dabei kommt als Auslöser für die Verkleinerung in der Praxis vor allem die Nichterreichung von Mindestabnahme- und Mindestumsatzzielen in Betracht. Allerdings kann man nur dann von einer Wirksamkeit der Klausel ausgehen, wenn die Interessen des Franchisenehmers durch ergänzende Regelungen geschützt werden, namentlich durch eine angemessene „Aufholmöglichkeit". Dabei ist es sinnvoll, einen Verfahrensablauf zu regeln, wie bei Zielverfehlung zu verfahren ist. Erst am Ende dieses Verfahrensablaufs, der dem Franchisenehmer realistisch die Abwendung der für ihn nachteiligen Folgen ermöglichen soll, kann die Verkleinerung des Vertragsgebietes stehen. Wenn diese Grundsätze nicht beachtet werden, wird eine Formularklausel im Regelfall unwirksam sein; dies gilt beispielsweise[2] für eine Klausel, welche die Verringerung von Gebietsschutz bei Nichterreichung von Umsatzvorgaben vorsieht. Dabei kann auch der Aspekt eine Rolle spielen, dass gerade am Anfang des Vertragsverhältnisses die Erreichung von Umsatzzielen schwierig ist, so dass der Gebietsschutz typischerweise gleich zu Beginn wieder eingeschränkt wird.

107 Die gleichen Grundsätze gelten auch für Vertragsklauseln, die den **vollständigen Verlust des Gebietsschutzes** vorsehen („Verkleinerung des Vertragsgebietes auf Null"). Der vollständige Verlust des Gebietsschutzes ist mit dem **Wegfall der Gebietsexklusivität** identisch und wird oft daran geknüpft, das der Franchisenehmer bestimmte Anforderungen nicht erfüllt, insbesondere dass er innerhalb bestimmter Fristen in dem Vertragsgebiet keine weiteren Systembetriebe eröffnet oder bestimmte Zusatzinvestitionen nicht vornimmt[3]. Wenn dies der Anknüpfungspunkt ist, sind die Interessen des Franchisenehmers in der Formularklausel in besonderem Maße zu berücksichtigen. Denn die Durchführung weiterer Investitionen, die mit der Eröffnung zusätzlicher Systembetriebe einher geht, kann für den Franchisenehmer mit Nachteilen verbunden sein, wenn sein erster Systembetrieb nicht wirtschaftlich ist. Da im Rahmen der Inhaltskontrolle eine generalisierende und typisierende Betrachtungsweise geboten ist[4], muss eine solche Formularklausel diesen typischen Interessen von Franchisenehmern angemessen Rechnung tragen. Das kann durch eine besonders großzügige „Nachholmöglichkeit" oder „Terminverschiebungsmöglichkeit" erreicht werden. Anders ist die Gewichtung der Interessenlage bei **Gebietsentwicklungsverträgen**, die von ihrem Gesamtzweck darauf gerichtet sind, dass der Gebiets-

---

1 Vgl. BGH v. 21.12.1983 – VIII ZR 195/82, NJW 1984, 1182 ff. (zum Vertragshändler); BGH v. 25.5.1988 – VIII ZR 360/86, NJW-RR 1988, 1077; OLG München v. 26.6.2002 – 7 U 5730/01, BB 2002, 2521; ein Beispiel für eine bedenkliche Klausel fand sich noch bei *Flohr*, Franchise-Vertrag, 2. Aufl. 2001, S. 91.
2 Vgl. OLG München v. 26.6.2002 – 7 U 5730/01, BB 2002, 2521.
3 *Giesler*, Franchiseverträge, Rn. 88.
4 Vgl. BGH v. 8.10.1986 – VIII ZR 342/85, BGHZ 98, 303 (Eigentumsvorbehalt); BGH v. 9.2.1990 – V ZR 200/88, BGHZ 110, 241; BGH v. 23.6.1993 – IV ZR 135/92, NJW 1993, 2369, 2371 (Krankenversicherung); BGH v. 4.7.1997 – V ZR 405/96, NJW 1997, 3022 (Laufzeitklausel) LG Köln v. 6.12.2000 – 26 O 29/00, ZIP 2000, 65 (Zinsanpassung); *Raiser*, NJW 1956, 305; *Palandt/Heinrichs*, § 307 BGB Rn. 4.

entwicklungs-Franchisenehmer (Area Developer) eine größere Zahl von Systembetrieben errichtet. Hier sind an eine Formularklausel, die den Verlust von Gebietsexklusivität regelt, geringere Voraussetzungen zu stellen.

5. Vertragslaufzeit

Vorformulierte Vertragslaufzeiten müssen sowohl einer Unterbeschränkung als auch einer Oberbeschränkung unterliegen. Allgemein wird angenommen, dass die AGB-Kontrolle von Vertragslaufzeiten bedeutsamer wird[1]. Ist von einer **Unterbeschränkung** die Rede, geht es um die Frage, ob die Vertragslaufzeit in einem angemessenen Verhältnis zu der Eintrittsgebühr und zu den sonstigen Anfangsinvestitionen des Franchisenehmers steht. Die Vertragslaufzeiten müssen mindestens einen Zeitraum abdecken, innerhalb dessen eine Amortisation der Investition regelmäßig zu erwarten ist[2]. Zu einer Unterbeschränkung können schwerlich allgemein gültige Angaben gemacht werden. Welcher Zeitraum als Vertragslaufzeit angemessen ist, ist letztlich von dem Franchisekonzept und seinen Eigenschaften (Höhe der Investition, Dauer bis zur Erreichung der Gewinnzone, Dauer bis zur Amortisation) abhängig. Für das Vertragshändlerrecht werden dennoch zwei Jahre als absolute Untergrenze genannt[3]. Das ist sicherlich auch für das Franchising ein Zeitraum, der im Regelfall die Unterbeschränkung bildet. In der Praxis sind in Franchiseverträgen meist Vertragslaufzeiten zwischen drei und zehn Jahren üblich[4].

108

Demgegenüber kann im Bereich der **Oberbeschränkung** eine zu lange Mindestlaufzeit eine unangemessene Benachteiligung darstellen. Auch hier verlaufen die Grenzen fließend, denn § 309 Nr. 9 BGB findet auf den Franchisenehmer gemäß § 310 Abs. 1 BGB keine Anwendung, weil dieser bei Vertragsabschluss bereits als Unternehmer handelt[5]. Sicherlich stellen jedenfalls vertragliche Bindungen von **zehn Jahren** keine unangemessene Benachteiligung dar. Ob Vertragslaufzeiten von **mehr als zehn Jahren** allgemein kritisch zu beurteilen sind, hat der BGH im Jahre 2000 ausdrücklich offen gelassen[6]. Oberhalb dieser Grenze sprechen Teile der Literatur und

109

---

1 *Stoffels*, DB 2004, 1871 ff.
2 *Martinek/Habermeier*, in Martinek/Semler/Habermeier, § 23 Rn. 34; *Giesler*, Franchiseverträge, Rn. 97 und Rn. 591; vgl. noch *Schmidt*, in Ulmer/Brandner/Hensen, Anh. § 310 BGB Rn. 354.
3 *Pfeffer*, NJW 1996, 681, 685; vgl. noch *Ulmer*, in Ulmer/Brandner/Hensen, Anh. § 310 BGB Rn. 967 m.w.N.
4 Vgl. *Giesler*, Franchiseverträge, Rn. 591.
5 *Martinek/Habermeier*, in Martinek/Semler/Habermeier, § 23 Rn. 23; allerdings ist *Wolf*, in Wolf/Horn/Lindacher, § 9 AGBG Rn. F 120 zu widersprechen, der meinte, ein Franchisevertrag gehöre von vornherein nicht zu den von § 11 Nr. 12 AGBG (jetzt: § 309 Nr. 9 BGB) erfassten Vertragstypen, weil er als Typenkombinationsvertrag auch Elemente enthalte, die das Gesetz nicht nenne. Die Lieferung von Waren und die Erbringung von Dienstleistungen seien im Regelfall so wesentliche Elemente des Franchisevertrages, dass § 309 Nr. 9 BGB zur Anwendung käme, wenn der Franchisenehmer kein Unternehmer wäre.
6 BGH v. 3.11.1999 – VIII ZR 269/98, WM 2000, 629, 633 (Tankstellen-Vertrag).

auch Gerichte in Einzelfallentscheidungen[1] von einer unangemessenen Benachteiligung, während sich die wohl herrschende Lehre eher in Zurückhaltung übt[2]. Richtigerweise werden Vertragslaufzeiten von **bis zu zwanzig Jahren** noch als unbedenklich möglich angesehen[3], wenn dafür ein sachlicher Grund vorliegt. Dieser sachliche Grund kann beispielsweise in einer besonders hohen Anfangsinvestition bestehen (z.B. über 400 000 Euro), die dazu beiträgt, dass lange Vertragslaufzeiten in dem wohlverstandenen Interesse der Franchisenehmer (als dem Vertragspartner des AGB-Verwenders) liegen[4]. Vor allem konzeptbedingt hohe Investitionen in Betriebs- und Geschäftsausstattung gehören zu dieser Fallgruppe. Gerade in der System- und Markengastronomie und in der Baumarktbranche mit ihren überdurchschnittlich hohen Investitionen müssen derart lange Bindungen eingegangen werden, um das Vertragsziel zu erreichen. Als gesicherte Erkenntnis kann hingegen angesehen werden, dass Vertragslaufzeiten von **mehr als zwanzig Jahren** unbedingt eine unangemessene Benachteiligung darstellen; teilweise werden sie bei Dauerschuldverhältnissen sogar bereits als sittenwidrig angesehen[5]. Bei zwanzig Jahren verläuft also die absolute Obergrenze.

VII. Anspruch auf Ersatz von Investitionen

110 **Investitionsschutz** spielt beim Franchising eine weithin unerkannt große Rolle. Weil der Franchisenehmer überwiegend fremdbestimmt investiert und sich mit seinem Kapital einem fremden Geschäftskonzept anvertraut, verdient seine Investition einen besonderen Schutz. Dennoch ist die Frage, wie ein wirksamer **Schutz der Investitionen des Franchisenehmers bei vorzeitiger Beendigung des Franchisevertrages** erreicht werden kann, weiterhin ungeklärt. In der Praxis wird ein solcher Schutz gelegentlich auf dem „Umweg" der Zubilligung von Schadensersatzansprüchen wegen Verletzung vorvertraglicher Aufklärungspflichten erreicht, wenn ein dafür geeigneter Sachverhalt vorliegt[6]. Nur so ist es zu erklären, dass die Rechtsprechung zum

---

1 BGH v. 17.7.2002 – VIII ZR 347/00, n.v.; OLG Dresden v. 7.9.1995 – 10 U 747/95 zur Frage der Sittenwidrigkeit, n.v. Beide Entscheidungen sind an Einzelfällen orientiert und sehen Schwierigkeiten nur im Zusammenwirken mit anderen weit reichenden Einschränkungen der unternehmerischen Freiheit.
2 Vertragslaufzeiten von bis zu zehn Jahren werden von *Ekkenga*, S. 165 f.; *Erdmann*, BB 1992, 796 f. und noch von *Schmidt*, in Ulmer/Brandner/Hensen, Anh. § 310 BGB Rn. 354 für angemessen angesehen. Demgegenüber haben *Adams/Witte*, DStR 1998, 251 Zweifel.
3 LG Waldshut-Tiengen v. 16.7.1998 – 1 O 63/98, n.v.; LG München I v. 20.10.1998, n.v.; *Flohr*, BB 2006, 389, 395.
4 Ebenso *Flohr*, BB 2006, 389, 395.
5 BGH v. 27.2.1985 – VIII ZR 85/84, DB 1985, 1684 ff. (Bierlieferungsvertrag); OLG Stuttgart v. 13.7.2001 – 2 U 223/00, n.v.; OLG Rostock v. 29.6.1995 – 1 U 293/94, DB 1995, 2006; *Giesler*, Franchiseverträge, Rn. 591; *Martinek/Habermeier*, in Martinek/Semler/Habermeier, § 23 Rn. 33; *Erdmann*, BB 1992, 795, 796; *Adams/Witte*, DStR 1998, 251, 252.
6 OLG München v. 13.11.1987 – 8 U 2207/87, BB 1988, 865 ff.; OLG München v. 16.9.1993 – 6 U 5495/92, NJW 1994, 667 ff.; OLG Rostock v. 29.6.1995 – 1 U 293/94, DB 1995, 2006; LG Hamburg v. 2.5.1995 – 312 O 519/94, n.v.; OLG Hamburg v.

Beendigungsschutz von Franchiseverträgen noch nicht Stellung genommen hat. Die Zubilligung von Schadensersatzansprüchen ist allerdings keineswegs mit der Gewährung eines Beendigungsschutzes gleichzusetzen. Vielmehr kommen die im Folgenden dargestellten Rechtsinstitute unabhängig von dem Bestehen der Schadensersatzansprüche zur Anwendung.

Der Gedanke des Beendigungsschutzes wird von der Literatur unter den Begriffen **Investitionsschutz**, **Auslaufschutz** und **Kündigungsschutz** diskutiert. Die Notwendigkeit der Gewährung eines **Beendigungsschutzes** zu Gunsten des Franchisenehmers wird dabei in der Literatur überwiegend bejaht[1]. Neben den Systemeingliederungsinvestitionen[2] betrifft der Gedanke des Anlauf- und Investitionsschutzes auch die während des laufenden Franchiseverhältnisses auf Veranlassung des Franchisegebers vorgenommenen zusätzlichen Investitionen des Franchisenehmers. Das Weisungsrecht des Franchisegebers beinhaltet häufig auch die Befugnis, den Franchisenehmer während des laufenden Vertragsverhältnisses zu weiteren Investitionen zu verpflichten. Beispielhaft sind Kosten für Neubau- oder Umbaumaßnahmen (z.B. die Errichtung eines aufwändigen Verkaufsraumes mit Schaufensterfront zur Straßenseite) zu nennen, von denen sich der Franchisegeber eine Förderung des Exklusivimages des Systemprodukts verspricht[3].

VIII. Rücknahmepflichten

Eine Pflicht des Franchisegebers zur **Rücknahme von Waren und Lagervorräten bei Beendigung des Franchisevertrages** wird von der Rechtsprechung[4] und von der Literatur[5] für das Franchising auch dann angenommen, wenn es an einer vertraglichen Regelung fehlt. Diese Verpflichtung ist Teil der anerkannten nachvertraglichen Treuepflicht bei Dauerschuldverhältnissen, die den Hersteller zur Mitwirkung bei der Abwicklung verpflichtet[6]. Insoweit kann auf die Ausführungen zum Vertragshändlerrecht verwiesen werden (Vertragshändlervertrag, Rn. 66 ff.). Auch bei vom Franchisenehmer nicht auf Grund einer Bezugsverpflichtung, sondern infolge eigener Dispositionen erworbenen Vertragswaren ist es interessengerecht, den Franchisegeber zur Rücknahme gegen Zahlung des Einkaufspreises der Waren zu verpflichten, wenn die Vertragswaren ursprünglich von dem Franchisegeber oder von ei-

---

17.4.1996 – 5 U 137/95, n.v.; OLG Stuttgart v. 13.7.2001 – 2 U 223/00, n.v.; LG Hannover v. 12.12.1995 – 14 O 267/94, n.v.; LG München I v. 1.7.1992 – 25 O 15066/89, n.v.; LG München I v. 31.7.2001 – 4 O 21319, n.v.
1 Vgl. *Martinek*, in Martinek/Semler/Habermeier, § 21 Rn. 31 ff.; *Höpfner*, S. 174 ff.; *Giesler*, Franchiseverträge, Rn. 233 ff.; *Ebenroth*, S. 172 ff.
2 Vgl. *Martinek*, Franchising, S. 334.
3 Beispiel nach *Martinek*, in Martinek/Semler/Habermeier, § 21 Rn. 32.
4 BGH v. 21.10.1970 – VIII ZR 255/68, BGHZ 54, 338, 345.
5 *Ulmer*, Vertragshändler, S. 468 ff.; *Finger*, DB 1970, 147; *Baumbach/Hopt*, Überblick vor § 373 HGB Rn. 15 f.
6 *Ulmer*, Vertragshändler, S. 471.

nem Systemlieferanten geliefert wurden[1]. Vertragswaren kann der Franchisegeber anderweitig verwerten.

113 Die Rücknahmeverpflichtung beschränkt sich beim Franchising auf die Warenbestände, deren Abnahme durch den Franchisenehmer im Interesse ordnungsgemäßer Vertragserfüllung geboten war. Das heißt, der Franchisenehmer trägt das Risiko fehldisponierter oder nach Ausspruch der Kündigung bezogener Ware selbst. Zudem entfällt die Rücknahmeverpflichtung, wenn der Franchisenehmer die vorzeitige Beendigung des Vertragsverhältnisses verschuldet hat[2].

IX. Analoge Anwendbarkeit des Handelsvertreterrechts

114 Die weit überwiegende Literatur steht der Annahme einer vergleichbaren Interessenlage recht offen und positiv gegenüber und wendet bestimmte Vorschriften des Handelsvertreterrechts auf das Franchising analog an. Insoweit kann auf die Ausführungen zum Vertragshändlerrecht verwiesen werden (Vertragshändlervertrag, Rn. 2).

115 Die am weitesten reichende Auffassung vertritt *Martinek*. Er befürwortet eine Art Generalanalogie der §§ 84 ff. HGB und geht damit sogar über die Grenzen einer einfachen Gesetzesanalogie hinaus. Nach seiner Ansicht ist der Franchisenehmer im Rahmen des (von ihm so genannten) „Subordinationsfranchising" in wesentlichen Punkten mit einem Handelsvertreter vergleichbar. In diesem Falle soll daher das Handelsvertreterrecht entsprechend Anwendung finden, soweit sich aus der Verschiedenheit der Stellung beider Absatzmittlertypen nicht etwas anderes ergebe[3]. Das „Subordinationsfranchising" sei lediglich eine Weiterentwicklung des Handelsvertreterrechts[4]. Diese Auffassung ist abzulehnen. Auch *Martinek* räumt ein, dass sich die Anwendung der Vorschriften verbiete, die auf dem Handeln im fremden Namen und für fremde Rechnung sowie „auf Provisionsbasis" beruhen[5]. Neben *Martinek* betonen andere Autoren die große Ähnlichkeit des Franchisenehmers zum Handelsvertreter und begründen die weitgehende Analogiefähigkeit damit, dass dasjenige, was für den Vertragshändler bereits gelte[6],

---

1 Ebenso *Skaupy*, Franchising, S. 139; *Giesler*, Franchiseverträge, Rn. 232; *Giesler*, WM 2001, 1441, 1444; vgl. BGH v. 17.11.1999 – VIII ZR 326/97, ZIP 2000, 413 ff. – Ferrari.
2 *Ulmer*, Vertragshändler, S. 472.
3 *Martinek*, Franchising 1987, S. 299; *Martinek*, ZIP 1988, 1362, 1376; *Martinek/Habermeier*, in Martinek/Semler/Habermeier, § 23 Rn. 60.
4 *Martinek/Habermeier*, in Martinek/Semler/Habermeier, § 23 Rn. 60.
5 *Martinek/Habermeier*, in Martinek/Semler/Habermeier, § 23 Rn. 60.
6 Die Anwendung handelsvertreterrechtlicher Vorschriften auf ein Vertragshändlerverhältnis hat eine sehr lange Tradition, wobei der BGH die Begriffe „Eigenhändler" und „Vertragshändler" synonym verwendet, siehe BGH v. 29.4.1958 – VIII ZR 189/57, NJW 1958, 1138; BGH v. 11.12.1958 – II ZR 73/57, BGHZ 29, 83 ff.; BGH v. 5.4.1962 – VII ZR 202/60, NJW 1962, 1107; BGH v. 27.1.1982 – VIII ZR 295/80, NJW 1982, 2432; BGH v. 7.7.1983 – I ZR 115/81, NJW 1984, 2101; BGH v. 9.2.1984 – I ZR 226/81, NJW 1984, 2411; BGH v. 17.4.2002 – VIII ZR 139/01, BB 2002, 1507.

erst recht für den Franchisenehmer gelten müsse, weil dieser intensiver fremdbestimmt und eingegliedert sei[1].

Der BGH hat die Analogiefähigkeit des Handelsvertreterrechts für das Franchising in dem **„Aquella"-Urteil** im Grundsatz bestätigt[2]. In dem zugrunde liegenden Fall beanspruchte der Franchisenehmer eine Karenzentschädigung für ein nachvertragliches Wettbewerbsverbot, obgleich dies vertraglich nicht vereinbart war. Der BGH hielt den Anspruch unter entsprechender Anwendung des § 90a Abs. 1 S. 3 HGB für begründet, so dass es auf die fehlende vertragliche Regelung nicht ankam. In den Entscheidungsgründen wies der BGH zugleich aber auch darauf hin, dass eine generelle Analogie zu den handelsvertreterrechtlichen Vorschriften nicht in Betracht komme. Es sei vielmehr jeweils zu prüfen, ob der hinter den Einzelbestimmungen des Handelsvertreterrechts bestehende gesetzgeberische Grundgedanke auf den konkreten Fall des Franchisenehmers entsprechend Anwendung finden könne. Hierbei komme es vor allem auf die Gleichheit der Interessenlage an[3]. Dem ist zuzustimmen. Die **herrschende Meinung** hat sich dieser Auffassung angeschlossen. Die Analogiefähigkeit hängt von den Umständen des konkreten Einzelfalls ab und ist anhand der konkreten Norm des Handelsvertreterrechts zu prüfen[4].

116

Das Leitbild des Handelsvertreters ist wesentlich davon geprägt, dass er die wirtschaftlichen Risiken des Geschäfts nicht trägt[5]. Das Geschäftsrisiko verbleibt beim Unternehmer[6]. Der Handelsvertreter darf (formularmäßig) noch nicht einmal mit der Vorfinanzierung von Kundenentgelten belastet werden[7]. Sein Risiko beschränkt sich darauf, seine Arbeitskraft für die Vermittlungsbemühungen eingesetzt zu haben, die verdiente Provision jedoch wegen nicht ausgeführter Aufträge bzw. Scheiterns des Geschäfts mit dem Unternehmer nicht zu erhalten[8]. Dies ist beim Franchisenehmer anders. Derjenige, der selber rechtsgeschäftlicher Vertragspartner seiner Kunden wird, trägt ein anderes unternehmerisches Risiko. Der Charakter seiner Tätigkeit unterscheidet sich wegen dieses Risikos erheblich von dem des Geschäftsvermittlers, selbst wenn man berücksichtigt, dass auch der Handelsvertreter wegen der Erfolgsbezogenheit seiner Vergütung ein maßgebliches Interesse an dem Zustandekommen des Kundengeschäfts hat. Der Franchisenehmer trägt als Eigenhändler das volle wirtschaftliche Risiko des Wa-

117

---

1 *Ebenroth/Boujong/Joost/Löwisch*, § 84 HGB Rn. 82; MünchKommHGB/v. *Hoyningen-Huene*, Vor § 84 HGB Rn. 21 i.V.m. 16; *Matthießen*, ZIP 1988, 1089, 1095; *Emmerich*, JuS 1995, 761, 763; *Weber*, JA 1983, 347, 353.
2 BGH v. 12.11.1986 – I ZR 209/84, DB 1987, 1039, 1040.
3 BGH v. 12.11.1986 – I ZR 209/84, DB 1987, 1039, 1040.
4 *Giesler*, Franchiseverträge, Rn. 143; *Heil/Wagner*, in Münchener Vertragshandbuch, Band 2, Wirtschaftsrecht I, II 2 Anm. 4 (4) e) hh); *Liesegang*, NJW 1990, 1525, 1526.
5 *Erman/Roloff*, § 307 BGB Rn. 120.
6 *Martinek*, in Martinek/Semler/Habermeier, § 3 Rn. 13.
7 Siehe BGH v. 8.11.2005 – KZR 18/04, BB 2006, 180.
8 *Staub/Brüggemann*, Vor § 84 HGB Rn. 9; *Martinek*, in Martinek/Semler/Habermeier, § 3 Rn. 13.

renabsatzes (bspw. das Kalkulations-, Lagerhaltungs-, Absatz- und Bonitätsrisiko)[1].

X. Nachvertragliches Wettbewerbsverbot

118 Die analoge **Anwendung des § 90a HGB** auf den Franchisenehmer wird allgemein bejaht. Die Interessenlage ist im Falle der Beendigung eines Franchisevertrages im Wesentlichen gleich[2]. Der Franchisenehmer verliert im Falle eines nachvertraglichen Wettbewerbsverbots seine Erwerbsmöglichkeit und ist daher schutzbedürftig. Auch ihm muss daher für die Dauer des Wettbewerbsverbots eine Karenzentschädigung nach § 90a Abs. 1 S. 3 HGB analog zustehen[3].

119 Zweifelhaft ist, ob vertragliche Klauseln, die dem Franchisenehmer untersagen, nach Vertragsbeendigung die Vertragsprodukte zu vertreiben oder die Methoden des Franchisekonzepts weiterhin zu nutzen, ebenfalls als Wettbewerbsabreden i.S.d. § 90a HGB zu qualifizieren sind[4]. Von Teilen der Literatur wird dies unter Hinweis auf das „Aquella"-Urteil des BGH angenommen[5]. Gegen diese Ansicht wird neuerdings geäußert, es gehöre zum Wesen des Franchisevertrages, dass der Franchisenehmer das ihm zur Verfügung gestellte Geschäftskonzept und das Know-how nur für die Dauer des Vertrages nutzen darf. Nach Beendigung des Vertrages entfalle die Gebührenzahlungspflicht des Franchisenehmers und damit der sachliche Grund für die Nutzungsüberlassung.

120 Fraglich ist des Weiteren, welche Rechtsfolgen sich ergeben, wenn die Wettbewerbsabrede **für einen längeren Zeitraum** vereinbart wird, als gesetzlich zugelassen. Im Handelsvertreterrecht wird angenommen, dass die Wettbewerbsabrede von über zwei Jahren nicht insgesamt nichtig sei, sondern sich nach dem gesetzlichen Schutzumfang der Verbotsnorm auf das zulässige Maß beschränke[6]. Für den Fall des Franchisenehmers wird diskutiert, ob das Prinzip der geltungserhaltenden Reduktion zum Schutz des Franchisenehmers keine Anwendung finden könne. Der Franchisegeber sei aufgrund seiner wirtschaftlich überlegenen Machtposition in der Lage, den Franchisenehmer zum Abschluss von Wettbewerbsabreden zu bewegen, die das zulässige Maß überschreiten, und könne hierdurch die wirtschaftliche Freiheit des Franchisenehmers zu stark einschränken. Um derartigen Bestrebungen

---

1 *Mack*, S. 79; *Höpfner*, Kündigungsschutz und Ausgleichsansprüche, 1977, S. 22; *Flohr*, in Martinek/Semler/Habermeier, § 12 Rn. 15.
2 *Baumbach/Hopt*, § 84 HGB Rn. 11; *Ebenroth/Boujong/Joost/Löwisch*, § 90a HGB Rn. 40; MünchKommHGB/*v. Hoyningen-Huene*, § 90a HGB Rn. 6; *Giesler*, Franchiseverträge, Rn. 149 ff.; *Höpfner*, in Giesler/Nauschütt, 1. Aufl., § 7 Rn. 52.
3 BGH v. 12.11.1986 – I ZR 209/84, DB 1987, 1039 – Aquella.
4 So genannte mittelbare Wettbewerbsverbote, siehe hierzu *Höpfner*, in Giesler/Nauschütt, 1. Aufl., § 7 Rn. 55.
5 *Giesler*, Franchiseverträge, Rn. 78; *Höpfner*, in Giesler/Nauschütt, 1. Aufl., § 7 Rn. 57.
6 *Baumbach/Hopt*, § 90a HGB Rn. 31; MünchKommHGB/*v. Hoyningen-Huene*, § 90a HGB Rn. 69.

des Franchisegebers vorzubeugen, ist es tatsächlich angezeigt, von der Gesamtunwirksamkeit zu weit gehender Wettbewerbsabreden auszugehen[1].

121 Zweifelhaft ist, ob das **Fehlen einer ausdrücklichen Entschädigungszusage** zur Unwirksamkeit der Wettbewerbsabrede führt. Nach dem Handelsvertreterrecht ist dies unschädlich, da die Entschädigung kraft Gesetzes geschuldet wird[2]. Unter Hinweis auf eine Entscheidung des Kammergerichts[3] wird allerdings vertreten, dass eine Wettbewerbsabrede gegenüber dem Franchisenehmer unwirksam sei, wenn keine Karenzentschädigung vertraglich vorgesehen ist[4]. Dem ist nicht zuzustimmen. Dem Schutz des Franchisenehmers dürfte es eher dienen, wenn das Fehlen einer vertraglichen Karenzregelung nicht weiter schädlich wäre, d.h. wenn der Franchisegeber zur Zahlung der Entschädigung unabhängig von der vertraglichen Vereinbarung kraft Gesetzes verpflichtet wäre. Dies dürfte auch am ehesten dem Sinn und Zweck der gesetzlichen Regelung entsprechen[5].

XI. Ausgleichsanspruch

122 Zunächst ist auch in diesem Zusammenhang auf die entsprechenden Ausführungen zum Vertragshändlerrecht zu verweisen (Vertragshändlervertrag Rn. 78 ff.). Es kann kein Zweifel bestehen, dass der Franchisenehmer – wesentlich enger als der Vertragshändler – in das Franchise-System eingebunden ist; seine Rechtsposition entspricht sehr viel stärker der des Handelsvertreters als dies für den klassischen Vertragshändler zutrifft (Vertragshändlervertrag Rn. 79). Damit ist die erste Voraussetzung für die analoge Anwendung von § 89b HGB auf den Ausgleichsanspruch des Franchisenehmers stets und fraglos erfüllt[6]. Offen ist lediglich noch die Antwort auf die Frage, ob auch die zweite Voraussetzung für eine analoge Anwendung von § 89b HGB auf den Franchisenehmer zutrifft, was nach der Rechtsprechung des BGH (Vertragshändlerrecht Rn. 80) immer dann zu bejahen ist, wenn der Vertragshändler verpflichtet ist, während oder bei Beendigung des Vertragshändlervertrages die Anschriften der von ihm neu geworbenen Kunden dem Prinzipal/Hersteller zur Verfügung zu stellen, so dass dieser die Möglichkeit hat, diese entsprechend zu nutzen. Im Hinblick auf dieses Tatbestandselement lässt sich eine doppelte Argumentation vertreten: Entweder gelangt man zu dem Resultat, dass es auf dieses Merkmal – anders als beim Vertragshändlervertrag – deswegen nicht ankommt, weil der Franchisenehmer ohnehin wie ein Handelsvertreter in das Franchisesystem des

---

[1] *Giesler*, Franchiseverträge Rn. 73; *Höpfner*, in Giesler/Nauschütt, 1. Aufl., § 7 Rn. 60.
[2] *Baumbach/Hopt*, § 90a HGB Rn. 18; *Ebenroth/Boujong/Joost/Löwisch*, § 90a HGB Rn. 20; MünchKommHGB/*v. Hoyningen-Huene*, § 90a HGB Rn. 39.
[3] KG v. 10.7.1973 – 17/4 U 1111/73, MDR 1974, 144 ff.
[4] *Höpfner*, in Giesler/Nauschütt, 1. Aufl., § 7 Rn. 64; *Herrfeld*, S. 281.
[5] So schließlich auch BGH v. 12.11.1986 – I ZR 209/84, DB 1987, 1039 – Aquella.
[6] Hierzu *Matthießen*, ZIP 1988, 1089 ff.; *Eckhardt*, WM 1991, 1237 ff.; 1245 f.; *Martinek*, Moderne Vertragstypen, Bd. II, S. 155 ff.; *Martinek*, in Martinek/Semler/Habermeier, § 21 Rn. 75 ff.

Franchisegebers eingebunden ist. Oder es lässt sich argumentieren: Da der Franchisegeber das Recht hat, die Bücher des Franchisenehmers während der Laufzeit des Vertrages zu kontrollieren, ist er aufgrund vertraglicher Regelungen in der Lage, sich den vom Franchisenehmer geworbenen Kundenstamm sich nutzbar zu machen, so dass er ihn auch nach Ende des Franchisevertrages nutzen kann. Doch dieses Argument wiegt weniger schwer, als das erstgenannte; die Analogievoraussetzungen zu § 89b HGB sind beim Franchisevertrag **unmittelbar**, weil handelsvertreterrechtlich, und es bedarf daher nicht des Umwegs, eine Analogie gemäß § 89b HGB noch zusätzlich durch die Pflicht zur Überbringung des Kundenstammes zu begründen. Nach der hier vertretenen Auffassung ist diese Frage auf die Fälle beschränkt, in denen es sich um einen Vertragshändlervertrag, nicht aber um einen Franchisevertrag handelt.

123 Im Unterschied zum Vertragshändler fehlt es an einer gefestigten Rechtsprechung zu dieser Frage. Bekannt geworden sind bislang lediglich einige wenige Urteile zu diesem Thema[1]. Der BGH hat die Frage in dem „Benetton I"-Urteil ausdrücklich offen gelassen[2]. Im konkreten Fall waren nach seinen Feststellungen jedenfalls die im Vertragshändlerrecht entwickelten Analogievoraussetzungen nicht erfüllt. Der Großteil der Literatur verweist auf die Rechtsprechung zum Vertragshändlerrecht und meint, dass dem Franchisenehmer erst recht ein Ausgleichsanspruch zustehen müsse, da die vom BGH aufgestellten Voraussetzungen der Analogie übererfüllt seien und demnach jedenfalls eine vergleichbare Interessenlage festzustellen sei[3]. Die kritischen Stimmen sind angesichts der starken Übermacht der Vertragshändlerrechtsprechung vereinzelt geblieben. Vor allem *Höpfner* plädiert für ein Aufbrechen der durch das Vertragshändlerrecht vorgeprägten Sichtweise. Er meint, dass der Franchisenehmer bei zutreffender Betrachtung keine werbende Tätigkeit beim Aufbau des Kundenstamms erbringe und dem Franchisegeber daher bei Beendigung des Franchisevertrages kein Vorteil zufließe, den er nicht bereits durch seine eigene Leistung verdient habe. Der Einfluss des Franchisenehmers sei auf ein Minimum reduziert und könne daher nicht als kausal für die Bildung des Kundenstamms angesehen werden. Die maßgebliche Ursache für die Bildung des Kundenstamms setze der Franchisegeber durch seine Entwicklungsleistung[4]. Die werbende Tätigkeit werde durch dessen Konzeptentwicklung, die vom ihm geleistete Markenetablierung und seine Vorgaben hinsichtlich der Art und Weise der Leistungserbringung gegenüber dem Kunden erfüllt. Der Franchisenehmer nehme daher bei der Werbung von Kunden eine eher passive Rolle ein. Er werde typischerweise in seinem Geschäftsbetrieb vom Kunden aufgesucht. Darin läge ein wesentlicher Unterschied zu einem Handelsvertreter, der aktiv auf

---

1 Siehe OLG Frankfurt a. M. v. 10.12.1999 – 3/8 O 28/99, n.v.; LG Hanau v. 28.5.2002 – 6 O 106/01, n.v.; LG Berlin v. 8.9.2004 – 101 O 23/04, n.v.
2 BGH v. 23.7.1997 – VIII ZR 130/96, NJW 1997, 3304, 3308 f.
3 *Martinek/Habermeier*, in Martinek/Semler/Habermeier, § 25 Rn. 78; *Bodewig*, BB 1997, 637, 638 f.; *Köhler*, NJW 1990, 1689, 1691 f.; *Ullmann*, CR 1991, 193, 199; *Matthießen*, ZIP 1988, 1089, 1095 f.
4 *Höpfner*, in *Giesler*/Nauschütt, 1. Aufl., § 7 Rn. 47.

den Kunden zugehen müsse[1]. Gegen eine vergleichbare Interessenlage spreche des Weiteren, dass der Kunde typischerweise eine Entscheidung für die Marke treffe. Aus diesem Grund sei der Kunde dem Franchisegeber bzw. dem gesamten Franchisesystem zuzuordnen und nicht dem einzelnen Franchisenehmer. Dies sei die Konsequenz der überragenden Bedeutung der Marke im Franchising[2].

XII. Außenhaftungsrisiken beim Franchising

Weil der Franchisenehmer der Vertragspartner der Kunden ist und gegenüber den Endkunden auftritt, trifft den Franchisegeber grundsätzlich kein Haftungsrisiko im Verhältnis zu den Endkunden. 124

Eine Außenhaftung des Franchisegebers könnte sich allerdings aus dem **Konzernrecht** ergeben. Nach herrschender Meinung[3] ist dafür jedoch eine Kapitalbeteiligung des Franchisegebers an der Franchisenehmergesellschaft notwendig. In Fällen, in denen eine gesellschaftsrechtliche Beteiligung besteht, ist das Risiko allerdings nicht zu übersehen. *Pasderski* hat nachgewiesen, dass sich aus den franchisetypischen Abhängigkeiten eine einheitliche Leitungsmacht des Franchisegebers in Vertragskonzern (bei Minderheitsbeteiligung) ergeben könnte. Das Vorliegen von „Leitungsmacht" ist nach allgemeiner Meinung wirtschaftswissenschaftlich zu beurteilen. Die Leitungsmacht kann sich im Franchisesystem hinsichtlich Planung, Organisation und Kontrolle von Finanzierung, Kosten, Gewinnverwendung (Investitionsvorgaben), Einkauf, Distributions- und Kommunikationspolitik sowie Marketing ergeben[4]. Wie groß das Risiko ist, vermag im Moment niemand abzuschätzen. Zur Beruhigung trägt bei, dass der BGH für den GmbH-Konzern von der analogen Anwendbarkeit der § 291 ff. AktG wieder abgerückt ist. Eine Haftung des herrschenden Unternehmens soll nur noch gemäß § 31 GmbHG bestehen[5]. 125

Daneben besteht nach herrschender Meinung die Gefahr der **Rechtsscheinhaftung** aus § 56 HGB oder aus den Instituten der Anscheins- und Duldungsvollmacht[6]. Bedeutsam ist, dass die Quasifilialität der Systembetriebe sogar darauf abzielt, bei den Kunden den Eindruck zu erwecken, es mit einem Filialunternehmen zu tun zu haben. Wer aus Sicht des Durchschnittskunden Vertragspartner wird, kann nicht allgemein gesagt werden. Jedenfalls handeln die Kunden meist nicht in der Vorstellung, mit einem Franchisenehmer 126

---

1 *Höpfner*, in *Giesler*/Nauschütt, 1. Aufl., § 7 Rn. 49.
2 *Höpfner*, in *Giesler*/Nauschütt, 1. Aufl., § 7 Rn. 50.
3 BGH v. 23.9.1991 – II ZR 135/90, ZIP 1991, 1354, 1356 – Video; BAG v. 6.10.1992 – 3 AZR 241/91, ZIP 1993, 388 ff. – AG-Union; weitere Nachweise bei *Pasderski*, in Giesler/Nauschütt, § 8 Rn. 47. A.A. etwa *Eschenbruch*, Konzernhaftung, 1996, Rn. 2004.
4 Vgl. ausführlich *Pasderski*, in Giesler/Nauschütt, § 8 Rn. 57 ff.
5 BGH v. 17.9.2001 – II ZR 178/99, NZG 2002, 38, 39 – Bremer Vulkan.
6 *Pasderski*, in Giesler/Nauschütt, § 8 Rn. 27 ff.; *Wolf/Ungeheuer*, BB 1994, 1027 ff.; *Ullmann*, NJW 1994, 1255 ff.; a.A. *Martinek*, in Martinek/Semler/Habermeier, § 19 Rn. 69 ff.

zu kontrahieren[1]. Dies gilt erst recht bei Mischsystemen. Dies kann zur Folge haben, dass ein Vertrag mit dem Franchisegeber zustande kommt, obwohl der Franchisenehmer zur Vertretung nicht berechtigt war. Dem Verbraucher stehen dann gegen den Franchisegeber vertragliche Gewährleistungs- und Schadensersatzansprüche zu. Dem kann begegnet werden, indem der Franchisenehmer verpflichtet wird, in geeigneter Form darauf hinzuweisen, dass er zur Vertretung des Franchisegebers nicht berechtigt ist. Dies kann durch Inhaberzusätze auf Briefbögen oder am Eingang der Betriebsstätte erreicht werden[2].

127 Des Weiteren besteht das Risiko der **Produkthaftung** nach dem Produkthaftungsgesetz[3], wenn der Franchisegeber der Hersteller eines Endproduktes, Teilproduktes oder Grundstoffes ist. Gemäß § 4 ProdHaftG ist als Hersteller anzusehen, wer sich durch das Anbringen seines Namens, seiner Marke oder eines anderen unterscheidungskräftigen Kennzeichens als Hersteller ausgibt[4]. Daneben kommt eine kumulative Haftung des Franchisenehmers in Betracht, etwa beim Produktionsfranchising. Daher kann der Abschluss einer Produkthaftpflichtversicherung geboten sein, wobei die Franchisenehmer hierzu vertraglich verpflichtet werden können. Bei Produktions- und Dienstleistungsfranchising (wenn Produkte i.S.d. Produkthaftungsgesetzes vertrieben werden) kann außerdem die Einführung eines „Total Quality Management" zu einer Begrenzung des Risikos beitragen.

128 Zu beachten ist außerdem die **Produzentenhaftung** nach dem Deliktsrecht[5]. *Pasderski* unterscheidet im Bereich der Organisationshaftung aufbauorganisatorische und ablauforganisatorische **Verkehrssicherungspflichten**. Der Franchisegeber muss sicherstellen, dass die Franchisenehmer Produkt und Dienstleistungen gefahrlos erbringen können, vor allem durch die richtige Auswahl und Schulung der Personen. Auch Planungsfehler im Franchisekonzept und den zugrunde liegenden Verfahren gehören in diesen Bereich. In der Ablauforganisation gilt: Stellt der Franchisegeber Waren her, treffen ihn Pflichten hinsichtlich Konstruktion, Fabrikation, Instruktion (Gefahrenhinweise) und Produktbeobachtung. Dies ist keine Besonderheit des Franchising. Beim Dienstleistungsfranchising bestehen ebenfalls Beobachtungspflichten. Der Franchisegeber muss die Einhaltung der Systemvorgaben kontrollieren. Darüber hinaus muss er das Franchisekonzept beobachten, um eine Schadengeneigtheit der Dienstleistung erkennen zu können (Systembeobachtungspflicht)[6].

---

1 *Pasderski*, in Giesler/Nauschütt, § 8 Rn. 7 ff.
2 *Pasderski*, in Giesler/Nauschütt, § 8 Rn. 7 ff. weist darauf hin, dass der Kunde den Hinweis allerdings auch tatsächlich wahrnehmen muss.
3 Gesetz über die Haftung für fehlerhafte Produkte (Produkthaftungsgesetz – ProdHaftG) v. 15.12.1989, BGBl. I 2198.
4 Dies kann auch beim Produktionsfranchising zu einer Produkthaftung führen, vgl. *Pasderski*, Die Außenhaftung des Franchisegebers, 1998, S. 162.
5 *Kröner*, NJW 1985, 3047, 3052; einschränkend *Bräutigam*, WM 1994, 1189, 1194.
6 *Bräutigam*, WM 1994, 1189, 1192 f.; *Pasderski*, in Giesler/Nauschütt, § 8 Rn. 55 ff.

XIII. Europäisches Kartellrecht

1. Einleitung

Gemäß **Art. 81 EG** sind mit dem gemeinsamen Markt unvereinbar und verboten alle Vereinbarungen zwischen Unternehmen, Beschlüsse von Unternehmensvereinigungen und aufeinander abgestimmte Verhaltensweisen, welche den Handel zwischen Mitgliedstaaten zu beeinträchtigen geeignet sind und eine Verhinderung, Einschränkung oder Verfälschung des Wettbewerbs innerhalb des gemeinsamen Marktes bezwecken oder bewirken (Art. 81 Abs. 1 EG). Die nach den vorgenannten Kriterien verbotenen Vereinbarungen oder Beschlüsse sind nichtig (Art. 81 Abs. 2 EG). Dies gilt nur dann nicht, wenn die Bestimmungen des Art. 81 Abs. 1 EG aufgrund einer Einzel- oder Gruppenfreistellung für nicht anwendbar erklärt werden (Art. 81 Abs. 3 EG).

129

Neben Art. 81 EG kann bei der Beurteilung eines Franchisevertrages nach europäischem Kartellrecht **Art. 82 EG** von Bedeutung sein. Nach dieser Vorschrift ist mit dem gemeinsamen Markt unvereinbar und verboten die missbräuchliche Ausnutzung einer beherrschenden Stellung auf dem Gemeinsamen Markt oder auf einem wesentlichen Teil desselben durch ein oder mehrere Unternehmen, soweit dies dazu führen kann, den Handel zwischen Mitgliedstaaten zu beeinträchtigen (Art. 82 S. 1 EG). Der Missbrauch kann insbesondere in der Erzwingung unangemessener Preise, der Einschränkung des Absatzes zum Schaden der Verbraucher und der Anwendung unterschiedlicher Bedingungen bei gleichwertigen Leistungen bestehen.

130

2. Anwendbarkeit von Art. 81, 82 EG

Soll festgestellt werden, ob ein Franchisevertrag mit den Regeln des europäischen Kartellrechts kollidiert, ist in einem ersten Schritt der **Anwendungsbereich** der Vorschriften abzugrenzen. Denn eine Vereinbarung, die über die Grenzen eines Mitgliedstaates hinweg geschlossen wird, führt nicht automatisch zur Anwendung des europäischen Kartellrechts. Umgekehrt können Art. 81, 82 EG selbst dann anwendbar sein, wenn sich die Wirkungen einer Vereinbarung auf das Gebiet eines Mitgliedstaates beschränken.

131

Unabhängig von diesen generellen Abgrenzungskriterien hat der EuGH in dem „**Pronuptia**"-**Urteil**[1] deutlich gemacht, dass bestimmte Beschränkungen des Warenbezugs oder andere Beschränkungen nicht unter das Verbot des Art. 81 Abs. 1 EG fallen, wenn sie zum Schutz des Know-how, der Identität und des Namens der Vertriebsorganisation unerlässlich sind. Wenn die Vereinbarungen bestimmte materielle Kriterien erfüllen, muss die Frage nach einer eventuellen Freistellungsmöglichkeit nach Art. 81 Abs. 3 EG gar nicht mehr gestellt werden.

132

---

[1] EuGH v. 28.1.1986 – Rs. 161/840, NJW 1986, 1415 – Pronuptia.

133 Bis zum Erlass der Gruppenfreistellungsverordnung für vertikale Vereinbarungen und aufeinander abgestimmte Verhaltensweisen (im Folgenden: **Vertikal-GVO**)[1] konnte sich die Prüfung, ob eine Franchisevereinbarung nach Art. 81 EG zulässig ist oder nicht, weitgehend an der Franchise-GVO[2] orientieren. Die Franchise-GVO enthielt Kataloge von schwarzen, grauen und weißen Klauseln[3]. In diesen Klauseln spiegelte sich das vor Inkrafttreten der Franchise-GVO ergangene „Pronuptia"-Urteil wieder. Für die Praxis konnte man sich daher vereinfachend an den Vorgaben der Franchise-GVO orientieren. Wenn eine Franchisevereinbarung, vereinfachend gesagt, keine schwarzen Klauseln enthielt, die Bedingungen der grauen Klauseln einhielt und im Übrigen nur weiße Klauseln umfasste, dann war grundsätzlich kein Verstoß gegen Art. 81 EG zu befürchten. Dies wurde als **„Zwangsjacken-Effekt"** bezeichnet[4].

134 Die **Vertikal-GVO** verfolgt ein anderes Konzept. Sie stellt grundsätzlich alle vertikalen Vereinbarungen vom Verbot des Art. 81 Abs. 1 EG frei. Im Übrigen regelt die Vertikal-GVO nur noch die Bestimmungen, die nicht unter die Gruppenfreistellung fallen. Dem Grundsatz nach folgt daher die Vertikal-GVO dem Ansatz, den betroffenen Unternehmen nur vorzugeben, welche Klauseln unzulässig sind und somit einen **größeren Gestaltungsspielraum** als unter der Franchise-GVO einzuräumen. Damit rückt die Prüfung, ob eine Vereinbarung überhaupt unter Art. 81 EG fällt, stärker in den Vordergrund.

135 Die Kommission hat nach Erlass der Vertikal-GVO so genannte Leitlinien für vertikale Beschränkungen bekannt gemacht (im Folgenden: **Vertikal-Leitlinien**)[5]. Die Vertikal-Leitlinien sind umfangreich und sollen die Anwendung der Vertikal-GVO erleichtern. Unmittelbare Rechtswirkungen haben sie allerdings nicht. Sie können, wie ihr Name schon sagt, in einfach gelagerten Fällen der Prüfung dienen, ob eine Vertragsbestimmung oder ein Klauselwerk unter die Vertikal-GVO fällt oder nicht.

a) Beeinträchtigung des Handels zwischen den Mitgliedstaaten

136 Mit der Einschränkung, dass die in Rede stehenden Vereinbarungen oder Beschlüsse den Handel zwischen Mitgliedstaaten zu beeinträchtigen geeignet

---

[1] Verordnung (EG) Nr. 2790/1999 der Kommission v. 22.12.1999 über die Anwendung von Art. 81 Abs. 3 des Vertrages auf Gruppen von vertikalen Vereinbarungen und aufeinander abgestimmte Verhaltensweisen, ABl. EG 1999 Nr. L 336/21, abgedruckt im Anhang S. 2697 ff.

[2] Verordnung (EWG) Nr. 4087/88 der Kommission v. 30.11.1988 über die Anwendung von Art. 85 Abs. 3 des Vertrages auf Gruppen von Franchisevereinbarungen, ABl. EG 1988 Nr. L 359/46.

[3] Vgl. *Bechtold*, EWS 2001, 49; auch *Bräutigam*, RIW 1997, 470, 472 f.

[4] Grünbuch zur EG-Wettbewerbspolitik gegenüber vertikalen Wettbewerbsbeschränkungen, KOM (96) 721, Tz. 37; dazu auch *Bechtold*, EWS 2001, 49, 50; *Metzlaff*, BB 2000, 1201, 1202.

[5] Mitteilung der Kommission – Leitlinien für vertikale Beschränkungen, ABl. EG 2000 Nr. C 291/1.

sein müssen, greift Art. 81 Abs. 1 EG lediglich die dem primären Gemeinschaftsrecht ohnehin zugrunde liegende Beschränkung auf, wonach das Gemeinschaftsrecht nicht für rein nationale Sachverhalte gilt. Diesen Grundsatz konkretisiert die sog. **Zwischenstaatlichkeitsklausel** in Art. 81 Abs. 1 EG[1]. Nach der ständigen Rechtsprechung des EuGH sind die Voraussetzungen der Zwischenstaatlichkeitsklausel erfüllt, wenn eine Maßnahme unmittelbar oder mittelbar, tatsächlich oder der Möglichkeit nach geeignet ist, die Freiheit des Handels zwischen Mitgliedstaaten in einer Weise zu gefährden, die der Verwirklichung der Ziele eines einheitlichen zwischenstaatlichen Marktes nachteilig sein kann[2]. Diese Prüfung lässt sich in der Praxis besser durchführen, wenn man in zwei Schritten vorgeht.

Der **erste Schritt** besteht in der Feststellung, ob überhaupt der Handel zwischen Mitgliedstaaten betroffen ist. Dies ist immer dann der Fall, wenn die in Rede stehende Vereinbarung eine „**Außenwirkung**" auf den zwischenstaatlichen Handel entfalten kann[3]. Der **zweite Schritt** bei Prüfung der Zwischenstaatlichkeitsklausel liegt in der Feststellung, dass die **Eignung zur Beeinträchtigung** des Handels zwischen Mitgliedstaaten ausreicht. Notwendig und hinreichend für die Eignung ist, dass eine **konkrete Gefahr** der Beeinträchtigung des Handels zwischen den Mitgliedstaaten festgestellt wird. Eine Gefahr besteht, wenn die Beeinträchtigung des Handels mit hinreichender Wahrscheinlichkeit zu erwarten ist[4].

b) Bagatellbekanntmachung

Eine Hilfestellung bei der Eingrenzung des Anwendungsbereiches von Art. 81 Abs. 1 EG ist die sog. Bagatellbekanntmachung (*de minimis*) der Europäischen Kommission[5]. Die Bagatellbekanntmachung ist erarbeitet worden, um das Kriterium der „**Spürbarkeit**" auszufüllen und zu konkretisieren, das der EuGH in seiner Rechtsprechung[6] als ungeschriebenes Tatbestandsmerkmal zur Begrenzung des Anwendungsbereiches von Art. 81 EG entwickelt hat (vgl. Ziffer I. 2, 3 Bagatellbekanntmachung).

---

1 Vgl. dazu *Bunte* in Langen/Bunte, Kartellrecht, 10. Aufl. 2006, Art. 81 EG Rn. 117.
2 EuGH v. 13.7.1966 – Rs. 56/64 und 58/64, Slg. 1966, 322, 389 – Consten und Grundig; EuGH v. 17.7.1997 – Rs. C-219/95 P, Slg. I-1997, 4411, 4412 – Ferrière Nord; zum Ganzen *Bunte* in Langen/Bunte, Kartellrecht, 10. Aufl. 2006, Art. 81 EG Rn. 120.
3 Vgl. dazu *Gleiss/Hirsch*, EWG-Kartellrecht, 4. Aufl. 1993, Art. 85 Rn. 90; *Epp*, Franchising und Kartellrecht, 1994, S. 217.
4 Zurückhaltender EuGH v. 21.1.1999 – verb. Rs. C-215/9 und C-216/96, Slg. 1999 I-135, 161, 175 – Carlo Bagnasco.
5 Bekanntmachung der Kommission über Vereinbarungen von geringer Bedeutung, die den Wettbewerb gemäß Art. 81 Abs. 1 des Vertrages zur Gründung der Europäischen Gemeinschaft nicht spürbar beschränken (de minimis), ABl. EG 2001 Nr. C 368/13.
6 Vgl. beispielsweise EuGH v. 12.9.2000 – Verb. Rs. C-180–184/98, Slg. 2000 I-6451, Rz. 73–77 – Pavlov u.a.; EuGH v. 9.11.1983 – Rs. 322/81, Slg. 1983, 3461, 3501 ff. Rz. 103 – Michelin.

139 Die grundsätzlich quantitativen Kriterien der Bagatellbekanntmachung werden in Ziffer II. 11 Bagatellbekanntmachung ihrerseits in **qualitativer Hinsicht** wieder eingeschränkt. Nach dieser Ziffer lässt sich die Anwendbarkeit von Art. 81 Abs. 1 EG nämlich selbst bei Nichterreichen der soeben genannten Marktanteilsschwellen nicht ausschließen, wenn bestimmte, **besonders schwerwiegende Wettbewerbsbeschränkungen** vereinbart werden. Bei vertikalen Vereinbarungen liegt eine besonders schwere Wettbewerbsbeeinträchtigung vor, wenn eine Vereinbarung bezweckt, die **Wiederverkaufspreise** festzusetzen oder beteiligten oder dritten Unternehmen **Gebietsschutz** zu gewähren. Das Vorliegen einer dieser schwerwiegenden Wettbewerbsbeeinträchtigungen bedeutet jedoch nicht automatisch, dass das Spürbarkeitskriterium erfüllt ist. Es kann dann lediglich nicht anhand der quantitativen Kriterien aus der Bagatellbekanntmachung verneint werden[1].

140 Zur **Berechnung der Marktanteile** ist der relevante Markt zu bestimmen. Hierzu hat die Kommission in der **Marktabgrenzungs-Bekanntmachung**[2] bestimmte Prinzipien aufgestellt. Zu unterscheiden ist der sachlich und der geografisch relevante Markt. Der sachlich relevante Markt wird vom Grundsatz her danach abgegrenzt, welche Waren oder Leistungen aus Sicht des Verbrauchers als austauschbar angesehen werden[3]. Der geografisch relevante Markt bestimmt sich danach, wo die beteiligten Unternehmen die gegeneinander austauschbaren Leistungen oder Waren anbieten und auf im Großen und Ganzen dieselben objektiven Wettbewerbsbedingungen stoßen[4]. Hinzuweisen ist auf die ebenfalls in der Rechtsprechung des EuGH entwickelte **Bündeltheorie**[5]. Die Bündeltheorie besagt, dass eine für sich genommene nicht spürbare Beeinträchtigung, die von einer Einzelvereinbarung ausgeht, gleichwohl dem Verbot des Art. 81 Abs. 1 EG unterfällt, wenn sie Teil eines aus einer Vielzahl vergleichbarer Einzelvereinbarungen bestehenden Vertragswerkes ist.

c) Nicht unter Art. 81 Abs. 1 EG fallende Klauseln

141 Ein Konflikt der Klauseln in einem Franchisevertrag mit Art. 81 Abs. 1 EG liegt in bestimmten Fällen nicht vor, obwohl die entsprechenden Klauseln dem ersten Anschein nach unter die Beispielstatbestände in Art. 81 Abs. 1 EG fallen. Der EuGH hat in dem „**Pronuptia**"**-Urteil**[6] zum Verhältnis zwischen Franchiseverträgen und Art. 81 EG ausführlich Stellung genommen.

---

1 *Giesler*, Franchiseverträge, Rz. 20; *Gerstner*, in Giesler/Nauschütt, § 2 Rz. 22.
2 Bekanntmachung der Kommission zur Definition des relevanten Marktes im Wettbewerbsrecht (97/C 372/03), ABl. EG 1997 Nr. C 372/5.
3 So schon EuGH v. 13.2.1979 – Rs. 85/76, Slg. 1979, 461, 515 ff. – Hoffmann-La Roche, st. Praxis und Rechtsprechung.
4 So schon EuGH v. 14.2.1978 – Rs. 27/76, Slg. 1978, 207, 284 – United Brands, st. Praxis und Rechtsprechung.
5 Grundlegend EuGH v. 12.12.1967 – Rs. 23/67, Slg. 1967, 525 – Brasserie de Haecht; vgl. auch EuGH v. 28.2.1991 – Rs. C-234/89, Slg. 1991 I – 935 – Delimitis.
6 EuGH v. 28.1.1986 – Rs. 161/84, NJW 1986, 1415 – Pronuptia; dazu *Bunte*, NJW 1986, 1406; ausführlich *Epp*, S. 224 ff.

Das Urteil ist noch vor Erlass der Franchise-GVO[1] ergangen. Deswegen sind die dort aufgestellten Grundsätze auch nach Erlass der Vertikal-GVO weiter gültig[2]. Das „Pronuptia"-Urteil betrifft formal nur Fälle des Warenfranchising[3]. Die Regeln dürften allerdings auch auf das Dienstleistungsfranchising übertragbar sein[4].

Nach dem „Pronuptia"-Urteil kann ein Franchisevertrag nicht abstrakt, sondern nur aufgrund der einzelnen Vertragsbestimmungen auf seine Vereinbarkeit mit Art. 81 Abs. 1 EG beurteilt werden[5]. Der EuGH stellt klar, dass ein Franchisevertrag, der auf die wirtschaftliche Verwertung eines Wissensschatzes ohne Einsatz von eigenem Kapital gerichtet ist, zwei Gruppen von Klauseln enthalten kann, die von vornherein keine Wettbewerbsbeschränkung i.S.d. Art. 81 Abs. 1 EG darstellen[6]: Die erste Gruppe stellen Bestimmungen dar, die unerlässlich sind, um der Gefahr zu begegnen, dass das **Know-how** des Franchisegebers und die für die Anwendung seiner Methoden erforderliche Unterstützung unmittelbar oder mittelbar Konkurrenten zugute kommen. Die zweite Gruppe besteht aus allen Bestimmungen, die unerlässlich sind, um zu kontrollieren, dass **Identität und Namen** der durch die Geschäftsbezeichnung symbolisierten Vertriebsorganisation geschützt werden. 142

Die Kommission hat in den **Vertikal-Leitlinien** die Kriterien des „Pronuptia"-Urteils aufgenommen und insgesamt sieben Klauseln näher umschrieben, die sie für mit Art. 81 Abs. 1 EG vereinbar hält[7]. Im Einzelnen handelt es sich um die folgenden Klauseln: 143

– die Verpflichtung des Franchisenehmers, weder unmittelbar noch mittelbar in einem **ähnlichen Geschäft** tätig zu werden;

– die Verpflichtung des Franchisenehmers, keine **Anteile** am Kapital eines **konkurrierenden Unternehmens** zu erwerben, sofern dies dem Franchisenehmer ermöglichen würde, das geschäftliche Verhalten des Unternehmens zu beeinflussen;

– die Verpflichtung des Franchisenehmers, das vom Franchisegeber mitgeteilte **Know-how** nicht an Dritte weiterzugeben, solange dieses Know-how kein Gemeingut ist;

– die Verpflichtung des Franchisenehmers, dem Franchisegeber alle bei der Nutzung des Franchise gewonnenen **Erfahrungen mitzuteilen** und ihm sowie anderen Franchisenehmern die nichtausschließliche Nutzung des auf diesen Erfahrungen beruhenden Know-hows zu gestatten;

---

1 Verordnung (EWG) Nr. 4087/88 der Kommission über die Anwendung von Art. 85 Abs. 2 des Vertrages auf Gruppen von Franchisevereinbarungen, ABl. EG 1988 Nr. L 359/46.
2 *Gerstner*, in Giesler/Nauschütt, Kap. 2 Rn. 30.
3 EuGH v. 28.1.1986 – Rs. 161/84, NJW 1986, 1415 – Pronuptia.
4 *Gerstner*, in Giesler/Nauschütt, Kap. 2 Rn. 31.
5 EuGH v. 28.1.1986 – Rs. 161/84, Slg. 1986, 381 Rn. 14.
6 EuGH v. 28.1.1986 – Rs. 161/84, Slg. 1986, 380 f. Rn. 16 f.
7 Vgl. Tz. 44 Vertikal-Leitlinien.

- die Verpflichtung des Franchisenehmers, dem Franchisegeber Verletzungen seiner Rechte am **geistigem Eigentum** mitzuteilen, für die er Lizenzen gewährt hat, gegen Rechtsverletzung **selbst Klage zu erheben** oder den Franchisegeber in einem Rechtsstreit gegen Verletzer zu **unterstützen**;
- die Verpflichtung des Franchisenehmers, das vom Franchisegeber mitgeteilte Know-how **nicht für andere Zwecke** als die Nutzung des Franchise zu verwenden;
- die Verpflichtung des Franchisenehmers, Rechte und Pflichten aus der Franchisevereinabarung **nur mit Erlaubnis** des Franchisegebers auf Dritte zu **übertragen**.

d) Typischerweise unter Art. 81 Abs. 1 EG fallende Klauseln

144 Franchiseverträge enthalten regelmäßig eine Reihe von Klauseln, die wettbewerbsbeschränkenden Charakter haben und deswegen unter das Verbot des Art. 81 Abs. 1 EG fallen. Dieses Verbot entfaltet seine Wirkung allerdings nur, soweit die Bestimmungen nicht aufgrund von Art. 81 Abs. 3 EG entweder im Wege einer Gruppenfreistellung oder einer Einzelfreistellung freigestellt sind. Typischerweise verbunden mit einem Franchisevertrag sind **Wettbewerbsverbote** für den Franchisenehmer. Nach der Definition in Art. 1 lit. b Vertikal-GVO sind unter einem Wettbewerbsverbot (im weiteren Sinn) folgende Regelungen zu verstehen:

- Alle unmittelbaren oder mittelbaren Verpflichtungen, die den Käufer veranlassen, keine Waren oder Dienstleistungen herzustellen, zu beziehen, zu verkaufen oder weiterzuverkaufen, die mit den Vertragswaren oder Vertragsdienstleistungen im Wettbewerb stehen.

- Alle unmittelbaren oder mittelbaren Verpflichtungen des Käufers, mehr als 80 % seiner auf der Grundlage des Einkaufswertes des vorherigen Kalenderjahres berechneten gesamten Einkäufe von Vertragswaren oder Vertragsdienstleistungen auf dem relevanten Markt vom Lieferanten oder einem anderen vom Lieferanten bezeichneten Unternehmen zu beziehen (**Bezugsverpflichtungen**).

145 In Franchiseverträgen häufig anzutreffen sind **nachvertragliche Wettbewerbsverbote**[1]. Sie dienen dazu, nach Beendigung des Vertragsverhältnisses sicherzustellen, dass der Franchisenehmer das von ihm während der Laufzeit des Franchisevertrages erworbene Know-how nicht dazu nutzt, den während der Laufzeit des Franchisevertrages angeworbenen Kundenstamm nach Beendigung des Vertragsverhältnisses mit dem Franchisegeber für eigene Zwecke oder für ein anderes konkurrierendes Franchisesystem zu bedienen.

146 Zu den typischerweise in Franchiseverträgen anzutreffenden Klauseln, die unter Art. 81 Abs. 1 EG fallen können, gehören **Gebietsschutzvereinbarungen**. Diese Klauseln lassen sich wie folgt klassifizieren:

---

[1] Vgl. dazu *Giesler*, Franchiseverträge, Rn. 149 ff.

- Den **Franchisenehmern** wird es untersagt, außerhalb des Vertragsgebietes tätig zu werden;
- dem **Franchisegeber** wird es untersagt, innerhalb des einem bestimmten Franchisenehmer zugewiesenen Gebietes entweder selbst tätig zu werden oder einen weiteren Franchisenehmer zu ernennen. In der erstgenannten Form entspricht eine Gebietsschutzvereinbarung einem Wettbewerbsverbot im engeren Sinn, allerdings für den Franchisegeber. Auf die Einordnung einer solchen Klausel in die eine oder andere Kategorie kommt es jedoch nicht an, da sie nach den in der Vertikal-GVO geltenden allgemeinen Grundsätzen behandelt werden (Art. 2 Abs. 1 Vertikal-GVO).

Zuletzt sind **Preisvereinbarungen** zu erwähnen. Diese lassen sich wie folgt klassifizieren: Die für den Franchisenehmer strikteste Form einer Preisvereinbarung besteht in der Vereinbarung eines festen Wiederverkaufspreises (Festpreisvereinbarung). Dem Franchisenehmer kann aber auch ein Preis vorgeschrieben sein, den er beim Wiederverkauf nicht überschreiten darf (Höchstpreisvereinbarung). Gewissermaßen das Gegenstück zu einer Höchstpreisvereinbarung ist eine Vereinbarung, mit der dem Franchisenehmer das Unterschreiten eines bestimmten Preises beim Wiederverkauf untersagt wird (Mindestpreisvereinbarung). Die mildeste Form einer Preisvereinbarung stellt schließlich eine Klausel dar, mit der dem Franchisenehmer kein bestimmter Preis vorgeschrieben, sondern lediglich empfohlen wird (Preisempfehlung). Sämtliche hier angesprochenen Preisvereinbarungen bezwecken oder bewirken im Sinne von Art. 81 Abs. 1 lit. a EG zumindest eine mittelbare Festsetzung der Verkaufspreise, fallen also unter diese Vorschrift. 147

XIV. Deutsches Kartellrecht

1. Allgemeines

Wie im europäischen Kartellrecht hat die Bewertung von Franchiseverträgen und Franchisesystemen nach deutschem Kartellrecht anhand des **Verbots wettbewerbsbeschränkender Vereinbarungen** und des **Missbrauchs einer marktbeherrschenden bzw. marktstarken Stellung** zu erfolgen. Die zentralen Normen sind die §§ 1 und 2 sowie §§ 19 und 20 GWB. Gegenüber der Rechtslage bis Juni 2005 haben sich auf Grund der 7. GWB-Novelle grundlegende Änderungen ergeben. 148

Die 7. GWB-Novelle, die am 1. Juli 2005 nach langer und zum Teil streitiger Diskussion in Kraft getreten ist, hat zu einer weitgehenden Anpassung des deutschen Kartellrechts an das europäische Wettbewerbsrecht geführt[1]. Anlass war die VO Nr. 1/2003[2], die zu einer grundlegenden Reform des europäi- 149

---

[1] Vgl. Geleitwort zur 7. GWB-Novelle des Bundesministers für Wirtschaft und Arbeit, WuW-Sonderheft 2005, S. 3.
[2] Verordnung (EG) Nr. 1/2003 des Rates v. 16.12.2002 zur Durchführung der in den Artikeln 81 und 82 des Vertrages niedergelegten Wettbewerbsregeln, ABl. EG 2003 Nr. L 1/1.

schen Wettbewerbsrechts geführt hat[1]. Durch die Reform ist der **Vorrang des europäischen Rechts** hinsichtlich der Zulässigkeit wettbewerbsbeschränkender Vereinbarungen, Beschlüsse von Unternehmensvereinigungen und abgestimmter Verhaltensweisen i.S.d. Art. 81 Abs. 1 EG erweitert worden (Art. 3 VO Nr. 1/2003). Der bislang bestehende Administrativvorbehalt für wettbewerbsbeschränkende Vereinbarungen ist in ein **System der Legalausnahme** der Kartellbehörde umgewandelt worden. Wettbewerbsbeschränkende Vereinbarungen sind danach ohne eine entsprechende **Einzelfallentscheidung der Kartellbehörde** freigestellt, wenn sie die Freistellungsvoraussetzungen des Art. 81 Abs. 3 EG erfüllen. Die Prüfung dieser Voraussetzungen obliegt den betroffenen Unternehmen. Die **Pflicht zur Selbsteinschätzung** und die damit verbundenen Risiken sind somit gestiegen.

150 Die Neuregelung des europäischen Wettbewerbsrechts hat umfassende Änderungen des deutschen Kartellrechts in materieller und verfahrensrechtlicher Hinsicht nach sich gezogen[2]. Dies betrifft auch die für die Beurteilung von Franchiseverträgen relevante Unterscheidung zwischen horizontalen und vertikalen Wettbewerbsbeschränkungen. Wie im europäischen Recht **unterfallen horizontale und vertikale Wettbewerbsbeschränkungen nunmehr einheitlich der Generalklausel des § 1 GWB**. Die bisherige deutsche Systematik, wonach Inhaltsbindungen für Preise und Konditionen grundsätzlich verboten waren und alle anderen Vertriebsbindungen lediglich einer Missbrauchsaufsicht unterlagen, ist aufgegeben worden.

151 Das Verbot wettbewerbsbeschränkender Vereinbarungen nach § 1 GWB wird entsprechend Art. 81 Abs. 1 EG **auf vertikale Wettbewerbsbeschränkungen erweitert**; der frühere Abschnitt zu Vertikalvereinbarungen (§§ 14 ff. GWB a.F.) ist ersatzlos gestrichen worden. In § 2 GWB ist entsprechend Art. 81 Abs. 3 EG eine **Generalklausel für die Freistellung** von wettbewerbsbeschränkenden Vereinbarungen eingefügt worden; die Freistellungstatbestände in den §§ 2 ff. GWB a.F. sind entfallen; es bleibt lediglich eine Sonderregel für die Freistellung von Mittelstandskartellen (§ 3 GWB). Wie im europäischen Recht ist das System der Administrativfreistellung durch ein **System der Legalausnahme** ersetzt worden; es besteht für Unternehmen daher eine erhöhte Pflicht zur Selbsteinschätzung.

2. Verhältnis zwischen deutschem und europäischem Kartellrecht

152 Das europäische Kartellrecht genießt grundsätzlich Vorrang vor den nationalen Vorschriften des GWB[3]. Kommt es bei gleichzeitiger Anwendung deut-

---

[1] Vgl. *Langen/Bunte*, Kartellrecht, 10. Aufl. 2006, Bd. 2, VO Nr. 1/2003 Art. 1 Rn. 1 ff. *Bechtold/Bosch/Brinker/Hirsbrunner*, EG-Kartellrecht, 2005, Einführung VO 1/2003 Rn. 1 ff.; *Montag/Rosenfeld*, ZWeR, 2003, 107.
[2] Vgl. Begr. RegE v. 26.5.2004, BT-Drucks. 15, 3640 = WUW-Sonderheft 2005, S. 106 ff.; *Bunte*, in Langen/Bunte, Kartellrecht, 10. Aufl. 2006, Bd. 1, Einführung zum GWB Rn. 25a ff.
[3] *Giesler*, Franchiseverträge, Rn. 36.

schen und europäischen Kartellrechts zu Konflikten, ist das europäische **Kartellrecht vorrangig** anzuwenden. Dieser allgemeine Vorrang des Europarechts gegenüber dem deutschen Recht ist durch die Reform des europäischen Kartellrechts allerdings erweitert worden, was bei der Novellierung des deutschen Kartellrechts mit ins GWB aufgenommen worden ist[1]. § 22 GWB sieht in Übereinstimmung mit Art. 3 VO Nr. 1/2003 vor, dass in allen Fällen mit Zwischenstaatlichkeitsbezug zwingend Art. 81 EG anzuwenden ist. Daneben ist auch eine Anwendung von § 1 GWB möglich. Diese **parallele Anwendung** darf aber nicht zu divergierenden Ergebnissen führen. Wenn in diesen Fällen nach europäischem Wettbewerbsrecht keine spürbare Wettbewerbsbeschränkung vorliegt oder die Voraussetzungen für eine Freistellung gegeben sind, darf die Vereinbarung nach dem GWB nicht verboten werden (§ 22 Abs. 2 S. 1 GWB). Der Vorrang des Art. 81 Abs. 1 EG gilt somit auch im **Nichtanwendungsfall**; das Unterschreiten der Spürbarkeitsgrenze führt nicht zur (ausschließlichen) Anwendung des deutschen Kartellrechts. Führt umgekehrt die Anwendung des europäischen Rechts zu einem strengeren Ergebnis, so kann an dem Verstoß gegen Art. 81 EG das mildere deutsche Recht aufgrund des allgemeinen Vorrangs des Gemeinschaftsrechts nichts ändern (§ 22 Abs. 2 S. 3 GWB). Im **Bereich oberhalb der Zwischenstaatlichkeitsklausel** ist daher allein europäisches Wettbewerbsrecht maßgeblich.

Eine **eigenständige Bedeutung** behält das deutsche Kartellrecht zur Bewertung wettbewerbsbeschränkender Vereinbarungen künftig somit nur noch in den Fällen, die **keine zwischenstaatlichen Auswirkungen** aufweisen. Auch für diese Fälle gelten jedoch nach § 2 Abs. 2 S. 2 GWB die Verordnungen des Rates oder der Kommission der Europäischen Gemeinschaft über die Anwendung von Art. 81 Abs. 3 EG auf bestimmte Gruppen von Vereinbarungen, Beschlüssen von Unternehmensvereinigungen und aufeinander abgestimmten Verhaltensweisen (**Gruppenfreistellungsverordnungen – GVO**) entsprechend[2]. Dadurch soll vermieden werden, dass Fälle ohne Zwischenstaatlichkeitsbezug anders behandelt werden als Fälle mit Zwischenstaatlichkeitsklausel, was insbesondere zu einer Schlechterstellung von kleineren und mittleren Unternehmen hätte führen können[3]. 153

Aufgrund der dynamischen Verweisung in § 2 Abs. 2 GWB wird der Regelungsgehalt der GVOen in das deutsche Recht übertragen. Die GVOen gelten zwar nicht unmittelbar, sind aber bei der Auslegung von § 2 Abs. 1 GWB zu berücksichtigen. In diesem Rahmen finden auch die **Leitlinien und Bekanntmachungen der Kommission** zur Anwendung von Art. 81 Abs. 3 EG 154

---

1 Vgl. Begr. RegE v. 26.5.2004, BT-Drucks. 15, 3640 = WUW-Sonderheft 2005, S. 125; *Bunte*, in Langen/Bunte, Kartellrecht, 10. Aufl. 2006, Bd. 1, § 1 Rn. 269.
2 In der GWB-Novelle war in § 23 zunächst eine Pflicht zur „europafreundlichen Anwendung" vorgesehen, wonach die Grundsätze des europäischen Wettbewerbsrechts bei der Anwendung der §§ 1 bis 4 und 19 „maßgeblich zugrunde zu legen" gewesen wären, soweit hierzu nicht im GWB besondere Regelungen enthalten sind. § 23 ist aber auf Beschlussempfehlung des Vermittlungsausschusses aufgehoben worden; vgl. RegE v. 26.5.2004, WuW-Sonderheft 2005, S. 79.
3 Begr. RegE v. 26.5.2004, BT-Drucks. 15, 3640 = WUW-Sonderheft 2005, S. 109.

bei der Auslegung von § 1 GWB Anwendung[1]. Für die Praxis bedeutet dies, dass für die Prüfung der Freistellungsfähigkeit einer Vereinbarung die GVOen einschließlich der einschlägigen Leitlinien und Bekanntmachungen unabhängig davon heranzuziehen sind, ob eine Prüfung anhand von § 2 GWB oder Art. 81 Abs. 3 EG erfolgt. Sachverhalte mit und ohne Zwischenstaatlichkeitsbezug sind nach nationalem Recht freigestellt, wenn die Voraussetzungen einer GVO vorliegen[2]. Eine abweichende Bewertung von den Vorgaben der GVOen kommt nur dann in Betracht, wenn sie an Besonderheiten anknüpfen, die auf rein nationale Märkte nicht übertragbar sind[3]. Seit Inkrafttreten der 7. GWB-Novelle am 1. Juli 2005 hat sich jedoch noch keine Entscheidungspraxis zu diesen eher seltenen Ausnahmefällen herausgebildet.

155 Eine **souveräne Bedeutung** behält das deutsche Kartellrecht dagegen im Bereich der **Missbrauchsaufsicht** über einseitiges wettbewerbsbeschränkendes Verhalten nach den §§ 19 ff. GWB. Für diesen Bereich ist der Vorrang des europäischen Wettbewerbsrecht ausdrücklich nicht erweitert worden (§ 22 Abs. 2 S. 2 GWB). Den Mitgliedstaaten ist es nach Art. 3 Abs. 2 S. 2 VO Nr. 1/2003 nicht verwehrt, strengere innerstaatliche Vorschriften anzuwenden[4]. Oberhalb der Zwischenstaatlichkeitsstufe besteht zwar ebenfalls eine Pflicht zur parallelen Anwendung von Art. 82 EG und den einschlägigen Vorschriften des deutschen Kartellrechts. Eine weitergehende Missbrauchsaufsicht nach deutschem Recht innerhalb des Geltungsbereichs des GWB ist aber möglich. Dies gilt insbesondere für das Verbot des Verkaufs unter Einstandspreis nach § 20 Abs. 4 GWB, das in Art. 82 EG keine Entsprechung hat. Gleiches gilt für den Boykott und die sonstigen von § 21 GWB erfassten Verhaltensweisen[5].

---

1 Vgl. *Bunte*, in Langen/Bunte, Kartellrecht, 10. Aufl. 2006, Bd. 1, § 2 Rn. 14 ff., 79.
2 Vgl. *Bunte*, in Langen/Bunte, Kartellrecht, 10. Aufl. 2006, Bd. 1, § 2 Rn. 55, 73.
3 Vgl. zu den seltenen Ausnahmefällen *Braun*, in Langen/Bunte, Kartellrecht, 10. Aufl. 2006, Bd. 1, nach § 2 GWB Rn. 17.
4 Vgl. BKartA v. 9.5.2006, WuW/E DE-V 1235, 1249 – Praktiker Baumärkte.
5 Begr. RegE v. 26.5.2004, BT-Drucks. 15, 3640 = WUW-Sonderheft 2005, S. 126.

Leasing

Übersicht

	Rn.
I. Steuerrechtliche Vorgaben	1
1. Vollamortisations-Erlass	2
2. Teilamortisations-Erlass	7
3. Einkommen- und körperschaftsteuerrechtliche Beurteilung	12
4. Gewerbesteuer	14
II. Unterscheidungen zu verwandten Formen	
1. Operating-Leasing	15
2. Mietkauf	16
III. Rechtliche Qualifikation des Leasing	
1. Finanzierungsleasing	17
a) Auffassung des BGH	
aa) Hauptpflicht des Leasinggebers	18
bb) Amortisationspflicht als Hauptpflicht des Leasingnehmers	20
b) Schrifttum – eigene Stellungnahme	24
c) Konsequenzen	
aa) Transparente Absicherung der Vollamortisationspflicht des Leasingnehmers als Garantiepflicht	27
bb) § 307 Abs. 2 Nr. 1 BGB als Kontrollnorm	31
2. Hersteller- und Händlerleasing	32
a) Direktes Hersteller- oder Händlerleasing	33
b) Indirektes Hersteller- oder Händlerleasing	34
c) Kilometer-Abrechnungsvertrag	35
3. Sale-and-lease-back-Vertrag	36
IV. Vertragsabschluss	37
1. Eintritt des Leasinggebers in den Kaufvertrag	38
2. Abschluss des Leasingvertrages	40
3. Lieferant als Stellvertreter des Leasinggebers – § 166 BGB	42
4. Lieferant als Verhandlungsgehilfe des Leasinggebers	44
5. Haftung für die Verletzung von Aufklärungspflichten	46
6. § 123 Abs. 2 BGB	49

	Rn.
7. Mithaftung Dritter	
a) Anwendungsbereich von § 309 Nr. 11 BGB	50
b) Mithaftung als überraschende Vertragsgestaltung	51
c) Übernahme einer Bürgschaft	52
d) Mithaftung und Widerrufsrecht	53
8. Haftungsfreizeichnung zugunsten des Leasinggebers	54
V. Lieferung – Abnahme des Leasingguts	
1. Auslieferung	57
2. Ausstellung der Abnahme- oder Übernahmebestätigung	
a) Abnahme- oder Übernahmebestätigung als Quittung	59
b) Kein Ausschluss von Einwendungen	60
c) Konsequenzen einer falschen Bestätigung	61
3. Teilerfüllung – Leistungsverweigerungsrecht gemäß § 320 BGB	
a) Grundsatz	62
b) Abtretung der Ansprüche aus Nichterfüllung	64
4. Ausbleiben der Lieferung	65
5. Lieferverzug – Rechtsfolgen	68
a) Eigenhaftung des Leasinggebers	69
b) Parallele zur leasingtypischen „Abtretungskonstruktion"	70
c) Ermächtigung des Leasingnehmers	73
d) Fall der Unmöglichkeit	75
6. Annahmepflicht – Rügeobliegenheit gemäß § 377 HGB	76
VI. Geschuldetes Entgelt	
1. Zahlung der Leasingraten	
a) Fälligkeit gemäß § 286 Abs. 2 BGB	77
b) Pauschalierung des Verzugsschadens	78
2. Preisanpassungsklausel	80
3. Sittenwidrigkeit gemäß § 138 BGB	
a) Objektive Kriterien	82
b) Subjektive Kriterien	85
c) Sittenwidrigkeit des Kaufvertrags	86

Graf von Westphalen | 2359

VII. Mängelhaftung

1. Auswirkungen der Schuldrechtsmodernisierung 88
   a) Zwingendes Verbraucherschutzrecht 89
   b) Abtretungs- oder Ermächtigungskonstruktion
      aa) Bisherige Ergebnisse der Judikatur 90
      bb) Rücktritts- und Minderungsrecht als Gestaltungsrecht .. 91
2. Inhalt der vom Leasingnehmer wahrzunehmenden Mängelansprüche
   a) Mangelbeseitigungsanspruch ... 92
   b) Anspruch auf Ersatzlieferung .. 94
      aa) Konsequenzen der Ersatzlieferung 95
      bb) Ersatzlieferung – Auswirkungen auf den Leasingvertrag 98
   c) Ausübung des Rücktrittsrechts – § 437 Nr. 2 BGB 99
      aa) Geltendmachung der Einrede des nicht erfüllten Vertrages gemäß § 320 BGB.... 100
      bb) Rücktrittserklärung – Anspruch gemäß § 313 Abs. 1 BGB 103
      cc) Kündigung anstelle des Fortfalls der Geschäftsgrundlage? 106
   d) Minderungsrecht gemäß § 437 Nr. 2 BGB 108
   e) Schadensersatzansprüche
      aa) Abtretungs- oder Ermächtigungskonstruktion 109
      bb) Wirksamkeitsgrenzen der Freizeichnung in den Lieferanten-AGB 113
         (1) Vorsatz und grobe Fahrlässigkeit 114
         (2) Haftung für Körper- und Personenschäden 115
         (3) Schuldhafte Verletzung einer wesentlichen Vertragspflicht 116
         (4) Haftungsbegrenzungen .. 118
      cc) Zusicherungen – Garantien. 119
      dd) Rechtsfolgen eines Schadensersatzanspruchs statt der Leistung. 120

VIII. Überwälzung der Sach- und Preisgefahr

1. Typische Vertragsgestaltung
   a) Käuferähnliche Stellung des Leasingnehmers............... 121
   b) Grenzen der Risikoüberwälzung 123
   c) Reparatur – Wiederbeschaffung 124
2. Besonderheiten beim Kfz-Leasing. 125
3. Versicherungspflicht. 128
4. Schädigungen durch Dritte 130
   a) Zweckbindung der Versicherungsleistung 131
   b) Totalschaden. 133
5. Instandhaltung – Instandsetzung . 135

IX. Ordentliche Vertragsbeendigung

1. Unwirksame Vertragsgestaltungen 136
2. Leasingtypischer Vollamortisationsanspruch 139
   a) Teilamortisationsvertrag mit Andienungsrecht des Leasinggebers........................ 140
   b) Vertragsmodell mit Mehrerlösbeteiligung. 142
3. Sonderprobleme beim kündbaren Teilamortisationsvertrag 143
   a) Erfordernis einer transparenten Vertragsgestaltung 144
   b) Garantiepflicht des Leasingnehmers 145
4. Voraussetzung und Inhalt einer konkreten Berechnung des Vollamortisationsanspruchs......... 146
   a) Transparente Vertragsgestaltung 147
   b) Konkrete Berechnungsmodalitäten 148
      aa) Verwertung des Leasingguts – Restwert............... 149
      bb) Händler-Einkaufspreis..... 150
      cc) Abrechnung auf Gutachtenbasis. 151
      dd) Grundsatz der Schadensminderungspflicht 152
      ee) Abzinsung. 154
      ff) Kein weiterer Gewinnanspruch des Leasinggebers 158
      gg) Ersparung laufzeitabhängiger Aufwendungen........ 159
      hh) Vorfälligkeitsentschädigung 162
      ii) Umsatzsteuer. 163
5. Vollamortisationsvertrag mit Aufteilung des Mehrerlöses 164
6. Kilometer-Abrechnungsvertrag... 166
7. Rückgabe – Weiterbenutzung
   a) Rückgabepflicht. 168
   b) Beschädigung des Leasingguts . 169
   c) Weiterbenutzung des Leasingguts....................... 171

	Rn.
X. Fristloses Kündigungsrecht	
1. Gemäß § 543 Abs. 2 Nr. 1 BGB	173
2. Kündigungsrecht des Leasinggebers	
a) Tatbestandsvoraussetzungen des Zahlungsverzugs	174
b) Eingreifen von § 498 BGB	175
c) Vermögensgefährdung	176
d) Vertragswidriger Gebrauch	178
e) Verbot der Untervermietung	179
f) Verjährung	180
3. Schadensersatzanspruch statt der Leistung	
a) Generelle Gesichtspunkte	181
b) Anrechnung des Verwertungserlöses	186
c) Vorfälligkeitsentschädigung – ersparte Aufwendungen	188
d) Entstehen des Schadensersatzanspruchs	190
4. Verfallklauseln	191
5. Sicherstellung des Leasingguts	192
XI. Verjährungsfragen	193

	Rn.
XII. Zwangsvollstreckungsmaßnahmen von Gläubigern des Leasingnehmers	
1. Drittwiderspruchsklage	194
2. Pfändung des Nutzungsrechts des Leasingnehmers	195
3. Zwangsvollstreckung in den „Restwert" des Leasingguts	196
4. Pfändung des Optionsrechts des Leasingnehmers	197
XIII. Zwangsvollstreckungsmaßnahmen von Gläubigern des Leasinggebers	198
XIV. Leasing und Insolvenzordnung (InsO)	201
1. Insolvenz des Leasingnehmers	
a) Während des Antragsverfahrens	202
b) Nach eröffnetem Insolvenzverfahren	206
2. Insolvenz des Leasinggebers	
a) Verfahrenseröffnung vor Überlassung des Leasingguts	211
b) Verfahrenseröffnung nach Überlassung des Leasingguts	212
c) Der Tatbestand von § 103 InsO	213

Schrifttum: *Beckmann*, Finanzierungsleasing, 3. Aufl. 2006; *Bordewin/Tonner*, Leasing im Steuerrecht, 4. Aufl. 2003; *Büschgen*, Praxishandbuch Leasing, 1998; *Canaris*, Finanzierungsleasing und Wandelung, NJW 1982, 305; *Canaris*, Interessenlage, Grundprinzipien und Rechtsnatur des Finanzierungsleasing, AcP 190 (1990), 410; *Canaris*, Grundprobleme des Finanzierungsleasing im Lichte des Verbraucherkreditgesetzes, ZIP 1993, 401; *Ebenroth*, Der Finanzierungs-Leasingvertrag als Rechtsgeschäft zwischen Miete und Kauf, JuS 1978, 588; *Eckert*, Leasingraten – Masseschulden oder Konkursforderungen?, ZIP 1997, 2077; *Eckstein*, Zur Anwendbarkeit des AGB-Gesetzes auf kündbare Leasingverträge, BB 1986, 2214; *Engel*, Handbuch Kraftfahrzeug-Leasing, 2. Aufl. 2004; *Flume*, Das Rechtsverhältnis des Leasing in zivilrechtlicher und steuerrechtlicher Sicht, DB 1972, 1, 53, 105, 152; *Klamroth*, Inhaltskontrolle von Finanzierungs-Leasingverträgen über bewegliche Gegenstände nach dem „Leitbild des Leasing-Vertrages", BB 1982, 1949; *Kranemann*, Vereinfachte Abzinsberechnung bei vorzeitiger Beendigung von Leasingverträgen, ZIP 1997, 1404; *Lieb*, Das Leitbild des Finanzierungsleasing im Spannungsfeld von Vertragsfreiheit und Inhaltskontrolle, DB 1988, 946; *Lieb*, Zur Risikoverteilung bei Finanzierungsleasingverträgen, insbesondere bei Kaufleuten, WM Beilage Nr. 6/1992; *Martinek*, Moderne Vertragstypen, Bd. I: Leasing und Factoring, 1991; *Martinek/Stoffels/Wimmer-Leonhardt*, Handbuch des Leasingrechts, 2. Aufl. 2008; *Reinking/Kessler/Sprenger*, Autoleasing und Autofinanzierung, 4. Aufl. 2007; *Roth*, Zur gerichtlichen Inhaltskontrolle von Finanzierungs-Leasingverträgen, AcP 190 (1990), 292; *Ulmer/Schmidt*, Zur AGB-Inhaltskontrolle von Kfz-Leasingverträgen, DB 1983, 2558, 2615; *Graf v. Westphalen* (Hrsg.), Der Leasingvertrag, 6. Aufl. 2008; *Wolf/Eckert/Ball*, Handbuch des gewerblichen Miet-, Pacht- und Leasingrechts, 9. Aufl. 2004; *Zahn*, Leasingnehmer und refinanzierende Bank in der Insolvenz des Leasinggebers nach der Insolvenzordnung, DB 1995, 1597 (Teil I),

1649 (Teil II); *Zahn*, Die Leistung des Leasinggebers nach Übergabe – wertlos?, DB 1998, 1701 ff.; *Zahn/Bahmann*, Kfz-Leasingvertrag, 1999.

I. Steuerrechtliche Vorgaben

1 Kardinaler Ausgangspunkt für die rechtliche Qualifizierung von Leasingverträgen ist und bleibt die strikte Kongruenz in Bezug auf die ertragsteuerliche Klassifizierung, die sowohl im Bereich von Vollamortisations- als auch im Bereich von Teilamortisationsverträgen angestrebt werden muss. Es ist daher zum einen auf die ertragsteuerlichen Voraussetzungen des Vollamortisations-Erlasses vom 19.4.1971[1], zum anderen auf die Prämissen des Teilamortisations-Erlasses vom 22.12.1975[2] Rücksicht zu nehmen. Der Leasinggeber, nicht aber der Leasingnehmer ist rechtlicher und wirtschaftlicher Eigentümer des Leasingguts i.S.v. § 39 Abs. 2 Nr. 1 AO mit der Folge, dass der Leasinggeber das Leasinggut in seinem Anlagevermögen aktiviert und der Leasingnehmer die entrichteten Leasingraten als sofort abzugsfähige Betriebsausgaben behandeln kann.

1. Vollamortisations-Erlass

2 Nach dem eindeutigen Inhalt dieses Erlasses liegt ein Fall des Finanzierungsleasing vor, wenn eine feste **Grundmietzeit** vereinbart ist, die mindestens 40 %, höchstens 90 % der betriebsgewöhnlichen Nutzungsdauer des Leasingguts beträgt, und wenn der Leasingnehmer innerhalb dieser Grundmietzeit durch die zu zahlenden Raten mindestens die Anschaffungs- oder Herstellungskosten sowie alle Nebenkosten einschließlich der Finanzierungskosten und des Gewinns des Leasinggebers deckt. Dabei sind drei Modelle zu unterscheiden:

3 – Der Leasingvertrag ist nach Ablauf der Grundmietzeit unkündbar; es besteht weder eine Kauf- noch eine Verlängerungsoption.

4 – Der Leasinggeber räumt dem Leasingnehmer nach Ablauf der Grundmietzeit eine **Kaufoption** ein. Geschieht dies, darf der für den Fall der Ausübung des Optionsrechts vorgesehene Kaufpreis nicht niedriger sein als der unter Anwendung der linearen AfA nach der amtlichen AfA-Tabelle ermittelte Buchwert oder der niedrigere gemeine Wert im Zeitpunkt der Veräußerung.

5 – Der Leasinggeber räumt dem Leasingnehmer nach Ablauf der Grundmietzeit eine **Mietverlängerungsoption** ein. In diesem Fall muss die Anschlussmiete so bemessen sein, dass sie den Wertverzehr für das Leasinggut deckt, der sich auf Basis des unter Berücksichtigung der linearen AfA

---

1 BMF, Schr. v. 19.4.1971 – IV B/2 – S 2170 – 30/71, BB 1971, 506.
2 BMF, Schr. v. 22.12.1975 – IV B/2 – S 2170 – 161/75, vgl. *Heyd* in Graf v. Westphalen, Der Leasingvertrag, Kap. A Rn. 28.

nach der amtlichen AfA-Tabelle ermittelte Buchwert oder des niedrigeren gemeinen Wertes sowie der Restnutzungsdauer laut AfA-Tabelle ergibt.

Wesentlich bei all diesen Modellen ist, dass der Leasingnehmer während der Grundmietzeit durch Zahlung der Leasingraten die **Vollamortisation** des Leasinggebers bewirkt. Der Leasinggeber hat wegen der auf 90 % der betriebsgewöhnlichen Nutzungsdauer begrenzten Grundmietzeit stets die **Chance** des Restwerts, der mindestens 10 % des Buchwerts des Leasingguts beiträgt. Darin dokumentiert sich u.a. das wirtschaftliche Eigentum des Leasinggebers – mit der Konsequenz, dass der ihm zustehende bürgerlich-rechtliche Herausgabeanspruch gemäß § 985 BGB wirtschaftlich wertbeständig ist.

2. Teilamortisations-Erlass

Unter Berücksichtigung des Teilamortisations-Erlasses gibt es wiederum **drei Vertragsmodelle**. Gemeinsames Merkmal aller Modelle ist indessen, dass auch hier die unkündbare Grundmietzeit mindestens 40 %, höchstens 90 % der betriebsgewöhnlichen Nutzungsdauer des Leasingguts beträgt. Entscheidend ist jedoch, dass der Leasinggeber – während dieser Grundmietzeit – lediglich durch Zahlung der Leasingraten eine **Teilamortisation** aller Anschaffungs- oder Herstellungskosten sowie aller Nebenkosten, einschließlich der Finanzierungskosten sowie des Gewinns des Leasinggebers bewirkt. Folgende Modelle sind zu unterscheiden:

– Beim Vertragsmodell mit **Andienungsrecht** des Leasinggebers wird eine feste Grundmietzeit vereinbart sowie ein bestimmter „**Restwert**". Der Leasinggeber hat das Recht, den Leasingnehmer durch Ausübung des Andienungsrechts zu zwingen, das Leasinggut zum jeweils vereinbarten „Restwert" käuflich zu erwerben. Dies wird der Leasinggeber jedoch nur dann tun – und auch steuerlich-rechtlich nur dann tun dürfen –, wenn der Zeitwert/Verkehrswert des Leasingguts nach Ablauf der Grundmietzeit niedriger ist als der vertraglich vereinbarte „Restwert". Wesentlich ist bei diesem Modell, dass dem Leasingnehmer *kein* Options- oder Erwerbsrecht eingeräumt ist.

– Beim Vertragsmodell mit **Aufteilung des Mehrerlöses** ist wiederum eine feste Grundmietzeit vereinbart; nach Ablauf dieser Zeit ist der Leasinggeber verpflichtet, das Leasinggut zu **veräußern**. Ist der Veräußerungserlös niedriger als die Differenz zwischen den Gesamtkosten des Leasinggebers und den in der Grundmietzeit entrichteten Leasingraten, so ist der Leasingnehmer – kraft steuerlich-rechtlicher Vorgabe – **verpflichtet**, in Höhe der jeweiligen Differenz eine **Abschlusszahlung** zu leisten. Übersteigt jedoch die Summe von Teilamortisations- und Veräußerungserlös den Vollamortisationsanspruch des Leasinggebers, so wird der Mehrerlös im Verhältnis von 25 % (Leasinggeber) zu 75 % (Leasingnehmer) geteilt.

– Der **kündbare Teilamortisationsvertrag** mit Anrechnung des Veräußerungserlöses auf die vom Leasingnehmer zu leistende Schlusszahlung ist dadurch charakterisiert, dass der Leasingnehmer berechtigt ist, frühestens nach Ablauf von 40 % der betriebsgewöhnlichen Nutzungsdauer den Leasingvertrag im Wege der ordentlichen Kündigung zu beenden. Der Leasinggeber ist sodann verpflichtet, das Leasinggut zu veräußern; 90 % des Verwertungserlöses werden auf den dem Leasinggeber zustehenden Vollamortisationsanspruch angerechnet. Soweit der anzurechnende Teil des Veräußerungserlöses zuzüglich der vom Leasingnehmer bis zur Veräußerung entrichteten Leasingraten niedriger ist als die **Gesamtkosten** (einschließlich des Gewinns) des Leasinggebers, ist der Leasingnehmer verpflichtet, in Höhe der **Differenz** eine Abschlusszahlung zu leisten. Soweit jedoch der Veräußerungserlös höher ist als die Differenz zwischen den Gesamtkosten des Leasinggebers und den bis zur Veräußerung entrichteten Leasingraten, so behält der Leasinggeber diesen Differenzbetrag in vollem Umfang.

11 In all diesen Modellen dokumentiert sich, dass der Leasinggeber die **Chance** der Wertsteigerung hat; hingegen ist das **Risiko** des Wertverlustes auf den Leasingnehmer überwälzt. Damit ist steuerlich sichergestellt, dass der Leasinggeber wirtschaftlicher Eigentümer des Leasingguts ist; zivilrechtlich ergeben sich aus dieser Vertragsgestaltung unmittelbare Konsequenzen (Rn. 139 ff.).

3. Einkommen- und körperschaftsteuerrechtliche Beurteilung

12 Unter der Voraussetzung, dass das Leasinggut dem Leasinggeber als rechtlichem und wirtschaftlichem Eigentümer zugerechnet wird, ist der Leasinggeber verpflichtet, das Leasinggut in seinem **Anlagevermögen** zu aktivieren; gemäß § 7 EStG, § 8 Abs. 1 KStG ist er des Weiteren verpflichtet, die Anschaffungs- und Herstellungskosten im Laufe der betriebsgewöhnlichen Nutzungsdauer des Leasingguts abzuschreiben[1].

13 Die vom Leasingnehmer an den Leasinggeber zu zahlenden Leasingraten werden als Betriebseinnahmen beim Leasinggeber verbucht. Beim Leasingnehmer sind sie jedoch in dem jeweiligen Geschäftsjahr, in welchem sie anfallen, sofort abzugsfähige **Betriebsausgaben**[2]. Für den Leasingnehmer ist der Leasingvertrag ein „schwebendes Geschäft", welches in der Bilanz keinen Niederschlag findet[3].

4. Gewerbesteuer

14 Die Leasingraten werden beim Leasinggeber der **Gewerbeertragsbesteuerung** gemäß § 8 Nr. 7 S. 2 GewStG unterworfen; es erfolgt keine Zurechnung der Leasingraten beim Leasingnehmer, so dass beim Leasingnehmer Gewer-

---

1 Näher *Meincke*, AcP 190 (1990), 371 ff.; *Runge*, DB 1990, 959 ff.; *Ullrich* in Hagenmüller/Eckstein, Leasing-Hdb., 6. Aufl. 1992, S. 77 ff.; *Bordewin/Tonner*, Leasing im Steuerrecht, S. 47, 68 ff.; *Heyd* in Graf v. Westphalen, Der Leasingvertrag, Kap. A Rn. 21.
2 Vgl. auch MünchKommBGB/*Koch*, Leasing Rn. 17.
3 *Bordewin/Tonner*, Leasing im Steuerrecht, S. 87.

besteuer nicht anfällt[1]. Leasingraten können also gewerbesteuerlich in vollem Umfang vom Leasingnehmer als Betriebsausgaben geltend gemacht werden[2]. Zur Vermeidung der Hinzurechnung von Dauerschulden und Dauerschuldzinsen sind Leasinggeber, welche nicht Organgesellschaft eines Kreditinstituts sind, dazu übergegangen – und dies entspricht ständiger Praxis – die künftigen Forderungen aus dem Leasingvertrag an Kreditinstitute regresslos zu verkaufen, d.h. zu **forfaitieren**.

II. Unterscheidungen zu verwandten Formen

1. Operating-Leasing

Einen Gegensatz zum Finanzierungsleasing bildet das Operating-Leasing[3]. Darunter ist regelmäßig ein **kurzfristiger Miet- oder Leasingvertrag** zu verstehen: Im Unterschied zum Finanzierungsleasing tritt hier die **Nutzungsfunktion** zugunsten des Leasingnehmers in den Vordergrund; sie verdrängt die Finanzierungsfunktion des Leasinggebers, weil der Operating-Leasingvertrag nicht auf Vollamortisation des Leasinggebers zielt[4]. Daher liegen auch die Voraussetzungen des Vollamortisations- oder des Teilamortisations-Erlasses beim Operating-Leasing nicht vor. Zur Konsequenz hat dies, dass der Leasinggeber allerdings auch hier rechtlicher und wirtschaftlicher Eigentümer des Leasingguts i.S.v. § 39 Abs. 2 Nr. 1 AO ist; denn wegen der Kurzfristigkeit des Vertrages hat der Leasinggeber regelmäßig einen nach § 985 BGB zu beurteilenden Herausgabeanspruch, der – wirtschaftlich gewertet – nicht nur auf dem Papier steht.

15

2. Mietkauf

Der Mietkauf[5] ist eine Kombination von miet- und kaufvertraglichen Elementen: Der Mieter erhält das unwiderrufliche Recht, unter voller Anrechnung der gezahlten Mietraten das jeweilige Wirtschaftsgut käuflich zu erwerben[6]. Hier ist der käufliche Erwerb des Wirtschaftsguts von Anfang an gewollt; er ist Ziel des Geschäfts. Rechtlich ist der Mietkaufvertrag daher primär Mietvertrag mit anschließender Kaufoption – mit der Konsequenz, dass Miet- oder Kaufrecht entsprechend den jeweiligen Leistungen Anwendung finden[7]. Der **Unterschied zum Leasingvertrag** ist evident: Dem Mietkauf fehlen alle steuerlichen Vergünstigungen, die dem – Erlasskonformen – Leasing deswegen zuzuweisen sind, weil hier der Leasinggeber rechtlicher und wirtschaftlicher Eigentümer des Leasingguts ist[8]. Beim Mietkauf hingegen ist der **Mieter/Käufer** wirtschaftlicher Eigentümer, weil – wie gezeigt

16

---

1 *Runge/Bremser/Zöller*, Leasing, 1978, S. 320 f.
2 Vgl. auch *Meincke*, AcP 190 (1990), 361, 369 f.
3 *Flume*, DB 1972, 1, 2; *Staudinger/Emmerich*, vor §§ 535, 536 BGB Rn. 47.
4 *Heyd* in Graf v. Westphalen, Der Leasingvertrag, Kap. A Rn. 9.
5 *Staudinger/Emmerich*, vor §§ 535, 536 BGB Rn. 37 ff.
6 *Palandt/Weidenkaff*, vor § 535 BGB Rn. 30.
7 *Palandt/Weidenkaff*, vor § 535 BGB Rn. 30.
8 *Heyd* in Graf v. Westphalen, Der Leasingvertrag, Kap. B Rn. 78 ff.

– der Zweck des Geschäfts auf käuflichen Erwerb des Wirtschaftsguts zielt. Der **Unterschied** zum Vollamortisationsvertrag mit **Kaufoption** des Leasingnehmers besteht darin, dass hier – kraft steuerlicher Vorgabe – die Höhe der Kaufoption von Anfang an auf den Restwert von 10 % des Buch- oder Zeitwertes des Wirtschaftsguts begrenzt ist. Insbesondere besteht kein wie auch immer gearteter Kaufzwang, weil der Leasingnehmer die Kaufoption unter Bedingungen ausübt, die wirtschaftlich sachgerecht sind und ihm keine – durch die Zahlung der Mietraten bedingten – Vorteile gewähren[1].

III. Rechtliche Qualifikation des Leasing

1. Finanzierungsleasing

17   Da Leasing – insbesondere in Form des Finanzierungsleasing – vom Operating-Leasing Rn. 15) abzugrenzen ist, muss Folgendes im Auge behalten werden: Finanzierungsleasing ist dadurch charakterisiert, dass diese Konstruktion – wie bereits der Name sagt – ein **Finanzierungsproblem** des Leasingnehmers lösen soll; es gehört also zum Potential der Unternehmensfinanzierung[2]. Leasing ist eine Finanzierungsalternative zu Kauf, Darlehen oder Mietkauf. Typologisch ist es darüber hinaus von einem **Dreiecksverhältnis** zwischen Leasinggeber – Lieferant – Leasingnehmer beherrscht. Gesellschafts- und konzernrechtlich sind – jedenfalls beim Finanzierungsleasing – alle drei Gesellschaften strikt voneinander getrennt. Soweit dies nicht zutrifft, liegt der Fall eines **Hersteller- oder Händler-Leasing** vor (Rn. 32). Auch die **Sonderform** des **Sale-and Lease-Back** gehört in den Bereich des Finanzierungsleasing (hierzu Rn. 36).

a) Auffassung des BGH

aa) Hauptpflicht des Leasinggebers

18   Entsprechend der inzwischen **fest gefügten Judikatur** des BGH sind Finanzierungsleasingverträge als Verträge einzuordnen, auf die „in erster Linie" die Bestimmungen des Mietrechts gemäß §§ 536 f. BGB Anwendung finden[3]. Diese mietvertragliche Klassifizierung ist auf der Ebene der Sach- und Preisgefahrtragung[4] durch eine vertragliche Gestaltung modifiziert, die kaufrechtlichem Vorbild entspricht[5]. Denn der Leasinggeber überwälzt dem Leasingnehmer die Tragung der Sach- und Preisgefahr und behandelt ihn so – entsprechend dem Vorbild des § 446 BGB – wie einen Käufer. Das Interesse

---

1 *Graf v. Westphalen* in Graf v. Westphalen, Der Leasingvertrag, Kap. B Rn. 78 ff.
2 *Flume*, DB 1972, 1; kritisch *Martinek* in Martinek/Stoffels/Wimmer-Leonhardt, Handbuch des Leasingrechts, § 4 Rn. 17 ff.
3 BGH v. 9.10.1985 – VIII ZR 217/84, BB 1986, 19, 20 m.w.N.; BGH v. 20.9.1989 – VIII ZR 239/88, NJW 1990, 247, 248; BGH v. 11.1.1995 – VIII ZR 89/94, ZIP 1995, 383, 386; BGH v. 10.7.1996 – VIII ZR 282/95, NJW 1996, 2860, 2861.
4 BGH v. 15.10.1986 – VIII ZR 319/85, NJW 1987, 77; BGH v. 30.9.1987 – VIII ZR 226/86, NJW 1988, 198.
5 BGH v. 27.3.1985 – VIII ZR 328/83, NJW 1985, 1535, 1537.

an der Benutzung des Leasingguts liegt nämlich ganz überwiegend beim Leasingnehmer, so dass es gerechtfertigt ist, insoweit vom gesetzlichen Mietrecht abzuweichen, zumal der Leasingnehmer hierdurch nicht unangemessen benachteiligt wird, ist er doch regelmäßig in der Lage, dieses Risiko zu versichern[1]. Darüber hinaus ist typischerweise die mietrechtliche Haftung des Leasinggebers gemäß §§ 536 f. BGB in der Weise ausgestaltet, dass der Leasinggeber dem Leasingnehmer die kauf- oder werkvertraglichen Gewährleistungsansprüche abtritt, die ihm, dem Leasinggeber, gegenüber dem Lieferanten des Leasingguts zustehen[2]. Dies schließt ein und setzt voraus, dass der Leasinggeber dem Leasingnehmer auch das Recht einräumt, sich beim „Fehlschlagen" der Mangelbeseitigung vom Leasingvertrag zu lösen.

Bezogen auf die mietvertragliche Qualifizierung des Finanzierungsleasing resultiert daraus: Es ist eine **„Hauptpflicht"** des Leasinggebers, dem Leasingnehmer ein gebrauchstaugliches/funktionstüchtiges Leasinggut für die Dauer des Leasingvertrages zu überlassen[3]. Hierbei handelt es sich – bezogen auf die ertragsteuerlichen Prämissen – um eine zeitlich begrenzte Gebrauchsüberlassung, die mindestens 40 % der betriebsgewöhnlichen Nutzungsdauer betragen muss, aber auf 90 % der betriebsgewöhnlichen Nutzungsdauer begrenzt ist. Diese Verpflichtung ist keineswegs endgültig mit der Besitzübergabe an den Leasingnehmer erfüllt[4]. Vielmehr gilt – wie ganz allgemein im Mietrecht – die Verpflichtung des Leasinggebers fort, dem Leasingnehmer das Leasinggut zu überlassen, insbesondere ihn nicht ohne rechtfertigenden Grund an der Nutzung zu hindern[5]. 19

bb) Amortisationspflicht als Hauptpflicht des Leasingnehmers

Dass der Leasingnehmer im Rahmen eines dem Vollamortisations-Erlass unterliegenden Vertragsmodells verpflichtet ist, die Leasingraten während der Dauer der Grundmietzeit zu zahlen und auf diese Weise die **Vollamortisation** des Leasinggebers zu bewirken, steht außer Streit. Diese Pflicht ist bereits steuerrechtlich vorgegeben; sie entspricht der Typizität des Vertragsmodells, das während der Grundmietzeit **unkündbar** ist. Gleiches gilt in der Rechtsprechung des BGH dann, wenn es sich um ein Vertragsmodell im Bereich des **Teilamortisations-Erlasses** handelt: Ungeachtet der Tatsache, dass der Leasingnehmer in diesen Fällen lediglich verpflichtet ist, während der Dauer der Grundmietzeit Leasingraten zu zahlen und auf diese Weise lediglich eine **Teilamortisation** des Leasinggebers zu bewirken, steht fest: Auch bei diesen Vertragsmodellen hat der Leasinggeber – im Unterschied zum reinen Mietverhältnis – die Verpflichtung, nicht nur das Entgelt für die Gebrauchsüberlassung zu zahlen, sondern auch die Verpflichtung zu übernehmen, den Kapitaleinsatz des Leasinggebers einschließlich des kalkulierten Gewinns zu tilgen, weil es zum Wesen jeglicher Finanzierung gehört, dass 20

---

1 BGH v. 30.9.1987 – VIII ZR 226/86, NJW 1988, 198, 200.
2 BGH v. 16.9.1981 – VIII ZR 265/80, BB 1982, 105.
3 BGH v. 30.9.1987 – VIII ZR 226/86, NJW 1988, 198, 199.
4 BGH v. 30.9.1987 – VIII ZR 226/86, NJW 1988, 198, 199.
5 BGH v. 30.9.1987 – VIII ZR 226/86, NJW 1988, 198, 199.

die eingesetzten Mittel an den Leasinggeber als Finanzier zurückfließen[1]. Entscheidendes Merkmal des Leasingvertrags ist es danach, dass der Leasinggeber zunächst den Investitionsbedarf des Leasingnehmers befriedigt und diesem zum Gebrauch ein Leasinggut beschafft und vorfinanziert, so dass dann der Leasingnehmer auch verpflichtet ist, die gesamten Herstellungs- oder Anschaffungskosten einschließlich aller Neben- und Finanzierungskosten sowie eines angemessenen Gewinns zu amortisieren[2]. Dies hängt unmittelbar damit zusammen, dass die vom Leasingnehmer geschuldete Geldleistung sich nicht in der Zahlung der Leasingraten erschöpft, welche während der unkündbaren Grundmietzeit anfallen. Vielmehr bezieht sich die **Entgeltpflicht** des Leasingnehmers auch – abhängig von der jeweiligen Ausgestaltung des Vertrags – auf die dem Leasinggeber **garantiemäßig** geschuldete Vollamortisation[3]. Es handelt sich also um eine garantiemäßige Absicherung des Vollamortisationsanspruchs des Leasinggebers, der an § 311 Abs. 1 BGB orientiert ist[4].

21 Diese Vollamortisationspflicht des Leasingnehmers gilt insbesondere nach Auffassung des BGH auch bei zwei Vertragstypen, die in der Praxis weitreichende Bedeutung besitzen:

22 Der **kündbare Teilamortisationsvertrag:** Die Besonderheit dieses Vertragstyps besteht darin, dass der Leasingnehmer berechtigt ist, nach Ablauf der unkündbaren Grundmietzeit das Vertragsverhältnis im Wege der ordentlichen Kündigung zu beenden (Rn. 10). Gleichwohl schuldet der Leasingnehmer auch in diesem Fall die Vollamortisation gegenüber dem Leasinggeber (Herstellungs- und Anschaffungskosten, Finanzierungskosten, sonstige Nebenkosten und Gewinn). In der Praxis wird immer noch der im Fall der Kündigung fällig werdende **Restamortisationsanspruch** des Leasinggebers als prozentualer Betrag der gesamten Herstellungs- und Anschaffungskosten (Gesamtamortisationskosten) aufgeführt. Der BGH hat in mehreren Entscheidungen jedoch festgestellt, dass diese Vertragsgestaltung mit § 307 Abs. 1 BGB nicht vereinbar, sondern nach § 307 Abs. 1 S. 2 BGB **intransparent** ist; hilfsweise hat der BGH auf den Verbotstatbestand von § 308 Nr. 7 lit. a BGB zurückgegriffen[5]. Entscheidend für diese Argumentation des BGH ist der Befund, dass der Leasingnehmer aufgrund der Klauselgestaltung nicht in der Lage ist zu erkennen, mit welchen Zahlungen er im Fall der Kündigung – unter Berücksichtigung von Abzinsung, ersparten Aufwendungen,

---

[1] BGH v. 11.1.1995 – VIII ZR 82/94, ZIP 1995, 383, 386.
[2] BGH v. 28.3.1990 – VIII ZR 17/89, ZIP 1990, 646, 649; BGH v. 24.4.1996 – VIII ZR 150/95, ZIP 1996, 1170.
[3] *Graf v. Westphalen* in Graf v. Westphalen, Der Leasingvertrag, Kap. B Rn. 26.
[4] *Graf v. Westphalen* in Graf v. Westphalen, Der Leasingvertrag, Kap. B Rn. 27; *Martinek*, Moderne Vertragstypen, Bd. I, S. 88 ff.
[5] BGH v. 28.10.1981 – VIII ZR 302/80, BB 1982, 698; BGH v. 28.10.1981 – VIII ZR 175/80, WM 1982, 7; BGH v. 31.3.1982 – VIII ZR 125/81, WM 1982, 666; BGH v. 12.6.1985 – VIII ZR 148/84, NJW 1985, 2253; BGH v. 19.3.1986 – VIII ZR 81/85, BB 1986, 1112; BGH v. 26.11.1986 – VIII ZR 354/85, NJW 1987, 842; BGH v. 20.9.1989 – VIII ZR 239/88, NJW 1990, 247; BGH v. 8.11.1989 – VIII ZR 1/89, BB 1990, 234.

Verwertungserlös – zu rechnen hat[1]. Die aus § 306 Abs. 2 BGB abzuleitende Sanktionswirkung hat der BGH freilich in diesen Fällen nicht eingreifen lassen. Vielmehr bleibt der Leasingnehmer zur Vollamortisation verpflichtet, die aber **konkret** vom Leasinggeber zu berechnen und auch nachzuweisen ist (Rn. 148 ff.).

Der **Kilometer-Abrechnungsvertrag**[2] ist dadurch charakterisiert, dass der Leasingnehmer vertraglich verpflichtet ist, lediglich die jeweils gefahrene Gesamt-Kilometer-Leistung zu bezahlen (Mehr- und Minderkilometer). Darüber hinaus ist der Leasingnehmer verpflichtet, bei Beendigung des Leasingvertrags – was üblicher Vertragsgestaltung auch in anderen Fällen entspricht – das Kfz in einem ordnungsgemäßen Zustand zurückzugeben. Der BGH ist der Ansicht, dass auch diese Form des Leasing **Finanzierungsleasing** ist[3], obwohl in diesen Fällen der **Leasinggeber** das Rest-Amortisationsrisiko insoweit trägt, als die weitere Vermietbarkeit/Wiederverkäuflichkeit des Kfz in Rede steht[4].

23

b) Schrifttum – eigene Stellungnahme

Die h.M. folgt der Auffassung des BGH[5]. Es finden sich freilich auch abweichende Auffassungen: Teilweise wird eine kaufvertragliche Qualifikation für richtig gehalten[6]. Bedeutsamer ist indessen die Meinung, dass der Leasingvertrag ein **atypischer Vertrag** sei[7]. Hervorzuheben ist in diesem Zusammenhang insbesondere die Auffassung von *Canaris*[8]. *Canaris* geht von einer geschäftsbesorgungs- und darlehensrechtlichen Konstruktion des Finanzierungs-Leasingvertrages aus; er sieht in diesem Vertragstyp einen gemischttypischen Vertrag: Die Anschaffung des Leasingguts ist primär ein vom Lea-

24

---

1 *Wolf/Eckert/Ball*, Hdb. des gewerblichen Miet-, Pacht- und Leasingrechts, Rn. 2035 ff.
2 Hierzu BGH v. 11.3.1998 – VIII ZR 205/97, ZIP 1998, 700; BGH v. 25.3.1998 – VIII ZR 244/97, ZIP 1998, 1003; *Michalski/Schmitt*, Der Kfz-Leasingvertrag, 1995, S. 3 ff.; *Zahn* in Graf v. Westphalen, Der Leasingvertrag, Kap. M Rn. 3 ff.
3 BGH v. 24.4.1996 – VIII ZR 150/95, ZIP 1996, 1170; BGH v. 25.3.1998 – VIII ZR 244/97, ZIP 1998, 1003, 1004.
4 Vgl. BGH v. 11.3.1998 – VIII ZR 205/97, ZIP 1998, 698, 700.
5 *Wolf/Eckert/Ball*, Hdb. des gewerblichen Miet-, Pacht- und Leasingrechts, Rn. 1672 ff.; *Emmerich*, JuS 1990, 1, 4; *Flume*, DB 1991, 265 ff.; *Palandt/Weidenkaff*, vor § 535 BGB Rn. 37; *Graf v. Westphalen* in Graf v. Westphalen, Der Leasingvertrag, Kap. B Rn. 9; *Zahn/Bahmann*, Kfz-Leasingvertrag, Rn. 1 f.; kritisch *Martinek* in Martinek/Stoffels/Wimmer-Leonhardt, Handbuch des Leasingrechts, § 4 Rn. 23: „Fehlentwicklung".
6 *Ebenroth*, JuS 1978, 588, 592 f.; *Ebenroth*, DB 1978, 2109, 2110; *Plathe*, BB 1970, 501, 604 ff.
7 *Bernstein*, Der Tatbestand des Mobilien-Finanzierungs-Leasingvertrags und seine rechtliche Einordnung als Vertrag „sui generis", 1983, S. 133 ff., S. 159 f.; *Klamroth*, BB 1982, 1949, 1951 ff.; *Papapostolou*, Die Risikoverteilung beim Finanzierungs-Leasing-Vertrag über bewegliche Sachen, 1987, S. 52 ff.; *Martinek*, Moderne Vertragstypen, Bd. I, S. 86 ff.
8 *Canaris*, NJW 1982, 305 ff.; *Canaris*, AcP 190 (1990), 410 ff.; vgl. auch *Staudinger/Stoffels*, Leasing Rn. 65 ff.

singgeber im eigenen Namen und somit als mittelbarer Stellvertreter durchgeführtes Geschäft des Leasingnehmers, so dass dem Leasinggeber – bezogen auf einen Amortisationsanspruch – ein Aufwendungsersatzanspruch gemäß §§ 675, 670 BGB erwächst. Ähnlich argumentiert *Lieb*[1]. Nach ihm sind sich Leasinggeber und Leasingnehmer darüber einig, dass der Leasinggeber für die Gebrauchsfähigkeit nicht einzustehen hat; für das Misslingen der Investitionsentscheidung des Leasingnehmers trägt der Leasinggeber – so *Lieb* – keinerlei Verantwortung[2]. Dies ergibt sich nach *Lieb* insbesondere aus dem leasingtypischen Beschaffungsvorgang[3]. Er ist dem Leasingvertrag als selbständiger Beschaffungsvertrag vorgeschaltet. Der Leasinggeber erwirbt das Leasinggut deswegen käuflich, weil dies dem Wunsch des Leasingnehmers entspricht, zumal der Leasingnehmer sowohl das Leasinggut als auch den Lieferanten selbständig aussucht.

25 Der Auffassung des BGH ist im Grundsatz zu folgen[4]. Von entscheidender Bedeutung ist, dass die geschäftsbesorgungs- und darlehensrechtliche Qualifizierung des Finanzierungsleasing mit dem steuerrechtlichen Grundtatbestand nicht im Einklang steht, wonach der Leasinggeber ein **Eigengeschäft** besorgt, weil er rechtlicher und wirtschaftlicher Eigentümer des Leasingguts ist und bleiben will[5]. Der Leasinggeber ist eben nicht nur treuhänderischer Eigentümer, was gemäß § 39 Abs. 2 Nr. 1 AO zwangsläufig dazu führen würde, dass nicht er, sondern der **Leasingnehmer** wirtschaftlicher Eigentümer würde. Soweit *Lieb* den leasingtypischen Beschaffungsvorgang vom eigentlichen Leasingvertrag separiert[6], findet diese Konstruktion in der Praxis keine Entsprechung[7]; im Übrigen gelten gegenüber der Auffassung von *Lieb* die gleichen kategorischen Bedenken, die der Ansicht von *Canaris* entgegenzusetzen sind[8].

26 Auch die Tatsache, dass der Gesetzgeber in § 500 BGB (vormals § 3 Abs. 2 Nr. 1 VerbrKrG) den **Sondertatbestand** des „Finanzierungsleasing" geschaffen hat, der als „sonstige Finanzierungshilfe" gemäß § 499 Abs. 1 BGB einzuordnen ist, kann nicht als Argument dafür herangezogen werden, dass die vom BGH vorgenommene Qualifizierung des Finanzierungsleasing nicht sachgerecht oder gar überholt ist[9]. Denn der Begriff des **Kredits**, wie er in § 491 BGB (vormals § 1 Abs. 2 VerbrKrG) verwendet wird, ist keineswegs darlehensrechtlich i.S.d. §§ 488 ff. BGB zu verstehen, sondern bedingt lediglich,

---

1 *Lieb*, JZ 1982, 561 ff.; *Lieb*, DB 1986, 2167 ff.; *Lieb*, DB 1988, 946 ff. und 2495 ff.; *Lieb*, WM 1992, Beil. 6, 7 ff.; vgl. auch MünchkommBGB/*Koch*, Leasing Rn. 29 ff.
2 *Lieb*, DB 1988, 946, 948 ff.; so auch *Martinek* in Martinek/Stoffels/Wimmer-Leonhardt, Handbuch des Leasingrechts, § 4 Rn. 19 – „Ermöglichung des Gebrauchs".
3 *Lieb*, WM 1992, Beil. 6.
4 Im Einzelnen *Graf v. Westphalen* in Graf v. Westphalen, Der Leasingvertrag, Kap. B Rn. 21 ff.
5 *Graf v. Westphalen* in Graf v. Westphalen, Der Leasingvertrag, Kap. B Rn. 10 ff.
6 *Lieb*, WM 1992, Beil. 6.
7 *Graf v. Westphalen*, DB 1993, 921 ff.
8 *Graf v. Westphalen*, BB 1988, 1829, 1831 f.; vgl. auch *Meincke*, AcP 190 (1990), 358, 359.
9 So aber *Canaris*, ZIP 1993, 401 ff.

die **kreditorischen Elemente** des Finanzierungsleasing – ähnlich wie bei einem Darlehen – zu berücksichtigen[1]. Im Ergebnis ist also zu unterstreichen, dass die Normierung des Begriffs „Finanzierungsleasing" in § 500 BGB **keine Ausstrahlungswirkung** auf die rechtliche Qualifikation des Finanzierungsleasing als eines atypischen Mietvertrags entfaltet, auf den die §§ 535 ff. BGB primär anzuwenden sind.

c) Konsequenzen

aa) Tansparente Absicherung der Vollamortisationspflicht des Leasingnehmers als Garantiepflicht

Wie bereits angedeutet (Rn. 20 a.E.), ist im **Gegensatz** zur BGH-Judikatur davon auszugehen, dass die Vollamortisationspflicht des Leasingnehmers bei Teilamortisationsverträgen, insbesondere beim kündbaren Teilamortisationsvertrag (Rn. 10) als **Garantiepflicht** ausgestaltet ist[2]. Allein diese Sicht entspricht auch der steuerrechtlichen Vorgabe, wonach beim Teilamortisationsvertrag – entsprechend dem Erlass vom 22.12.1975 (Rn. 7 ff.) – der Leasingnehmer das **Risiko** der Wertminderung trägt, während der Leasinggeber die Chance der Wertsteigerung inne hat. In Übereinstimmung mit Teilen der instanzgerichtlichen Judikatur[3] ist daher die Forderung aufzustellen, dass die Vollamortisationspflicht des Leasingnehmers bei Teilamortisationsverträgen – verstanden als garantiemäßige Absicherungspflicht des Leasingnehmers – überhaupt nur dann wirksam vereinbart ist, wenn sie aufgrund **eindeutiger Vertragsgestaltung** dem jeweiligen Teilamortisationsvertrag das Gepräge gegeben hat[4]. Notwendigerweise setzt dies voraus, dass der Leasinggeber als AGB-Verwender seinen Vollamortisationsanspruch in so transparenter Weise vertraglich abgesichert hat, dass der Leasingnehmer exakt darüber unterrichtet ist: Neben der Zahlung der von ihm geschuldeten Leasingraten ist er verpflichtet, für eine Amortisation aller Herstellungs- und Anschaffungskosten des Leasinggebers einschließlich aller Neben- und Finanzierungskosten sowie eines Gewinns Sorge zu tragen[5]. Deshalb ist zu verlangen, dass die Vollamortisationspflicht des Leasingnehmers auf der **Vorderseite** des Leasingvertrages eindeutig und klar herausgestellt werden muss. Insbesondere ist der jeweils vereinbarte „**Restwert**" nicht als kalkulatorischer Rechnungsposten aufzuführen, sondern als Gegenstand der garantiemäßigen Vollamortisationspflicht des Leasingnehmers.

27

---

1 BGH v. 11.11.1995 – VIII ZR 82/94, ZIP 1995, 383, 386; vgl. auch *Graf v. Westphalen*, ZIP 1991, 639 ff.
2 Im Einzelnen *Graf v. Westphalen* in Graf v. Westphalen, Der Leasingvertrag, Kap. B Rn. 27 ff.
3 OLG Oldenburg v. 18.12.1987 – 3 U 211/86, NJW-RR 1987, 1003; LG Frankfurt v. 6.5.1985 – 24 S 319/84, NJW-RR 1986, 148; OLG Karlsruhe v. 23.4.1986 – 6 U 139/84, NJW-RR 1986, 1112.
4 Vgl. OLG Karlsruhe v. 27.3.1987 – 10 U 247/86, NJW-RR 1987, 1006.
5 Im Einzelnen *Graf v. Westphalen* in Graf v. Westphalen, Der Leasingvertrag, Kap. B Rn. 55 ff.

28 Diese Forderung, die Vollamortisationspflicht des Leasingnehmers als Garantie i.S.v. § 311 Abs. 1 BGB **transparent** auszugestalten, findet auch in Art. 5 der EG-Richtlinie (Nr. 91/13/EWG) über missbräuchliche Klauseln in **Verbraucherverträgen** ihre Rechtfertigung, bedingt also, dass auch gemäß § 310 Abs. 3 Nr. 3 BGB und § 307 BGB die jeweiligen **besonderen Umstände** des Vertragsabschlusses zu Kriterien der richterlichen Inhaltskontrolle von AGB-Klauseln erhoben werden[1]. Soweit der Leasingnehmer hingegen Unternehmer ist, wird man nicht in gleicher Weise fordern müssen, dass die Vollamortisationspflicht des Leasingnehmers in transparenter Weise garantiemäßig abgesichert ist. Denn Finanzierungsleasing – gerade auch im Bereich der Teilamortisationsverträge – ist inzwischen in der kaufmännischen Praxis ein etabliertes Finanzierungsinstrument. Jeder Kaufmann weiß mittlerweile, dass er bei Teilamortisationsverträgen nicht nur verpflichtet ist, die Leasingraten zu zahlen, sondern auch darüber hinaus die Vollamortisation des Leasinggebers – modellabhängig – schuldet.

29 Deshalb ist es im Gegensatz zur BGH-Judikatur **unzutreffend**, auch im Endverbrauchergeschäft die Vollamortisationspflicht des Leasingnehmers als „leasingtypisch und vertragsimmanent" zu bezeichnen[2]. Mangels transparenter Vertragsgestaltung steht vielmehr gemäß § 310 Abs. 3 Nr. 3 BGB fest, dass dann der Leasinggeber das **Verwenderrisiko** trägt – mit der Konsequenz, dass die Vollamortisationspflicht insoweit nicht wirksam vertragsrechtlich begründet worden ist, als diese Zahlungsverpflichtung des Leasingnehmers vorsieht, welche neben den für die Nutzung des Leasingguts gezahlten Leasingraten besteht (Restamortisation). Dieses Ergebnis ist durch § 306 Abs. 2 BGB vorgezeichnet. Mangels transparenter Vertragsgestaltung ist es unzulässig, im Rahmen von § 306 Abs. 2 BGB auf das Instrumentarium der ergänzenden Vertragsauslegung gemäß §§ 133, 157 BGB zurückzugreifen, um auf diesem „Umweg" gleichwohl die Vollamortisationspflicht des Leasingnehmers zu begründen, was allerdings der BGH-Judikatur entspricht[3]. Mangels transparenter Vertragsgestaltung der Vollamortisationspflicht beschränkt sich also die Entgeltpflicht des Leasingnehmers auf die Gegenleistung, die gemäß § 535 BGB geschuldet wird[4].

30 Daraus folgt, dass damit auch der dem Leasinggeber im Fall der ordentlichen oder der außerordentlichen Kündigung zustehende **Schadensersatzanspruch/Restamortisationsanspruch** unmittelbar betroffen ist. Wenn nämlich auf der Erfüllungsebene die garantiemäßige Absicherung des Vollamortisationsanspruchs des Leasinggebers nicht in hinreichender Transparenz vereinbart ist, dann hat dies auch Auswirkungen für die dem Leasinggeber zustehenden Sekundäransprüche. Denn der Nichterfüllungsanspruch ist – wie stets –

---

1 *Heinrichs*, NJW 1996, 2190, 2193 f.; *Eckert*, ZIP 1996, 1238, 1240; *Schmidt-Salzer*, FS Trinkner, 1995, S. 361, 371 ff.
2 BGH v. 12.6.1985 – VIII ZR 148/84, NJW 1985, 2253, 2256.
3 BGH v. 12.6.1985 – VIII ZR 148/84, NJW 1985, 2253, 2256; BGH v. 20.9.1989 – VIII ZR 239/88, NJW 1990, 247, 249.
4 So im Ergebnis auch OLG Karlsruhe v. 23.4.1986 – 6 U 139/84, NJW-RR 1986, 1112; OLG Oldenburg v. 18.12.1987 – 3 U 211/86, NJW-RR 1987, 1103; LG Frankfurt v. 6.5.1986 – 2 24 S. 319/84, NJW-RR 1986, 148.

bb) § 307 Abs. 2 Nr. 1 BGB als Kontrollnorm

Da im Vorstehenden die Auffassung entwickelt wurde, der vom BGH vertretenen Meinung im Prinzip zu folgen, der Finanzierungsleasingvertrag mithin als atypischer Mietvertrag einzuordnen ist, sind die Konsequenzen **AGB-rechtlich** vorgegeben: Als Kontrollnorm ist an § 307 Abs. 2 Nr. 1 BGB anzuknüpfen[1]. Demgegenüber vertritt die Literatur die Ansicht, § 307 Abs. 2 Nr. 2 BGB – abstellend auf die „Natur" des Leasingvertrages – sei die zutreffende Kontrollnorm[2]. Der Unterschied ist dogmatisch und praktisch durchaus bedeutsam. Denn die Einordnung des Leasingvertrages als einen eigenständigen Vertragstyp führt in ein Dilemma: Im Rahmen von § 307 Abs. 2 Nr. 2 BGB ist die „Natur" des Leasingvertrages in erster Linie zu berücksichtigen. Diese aber ist durch AGB-Klauseln geprägt, welche den Interessen des Leasinggebers als AGB-Verwender entsprechen. Es bleibt also dann dunkel, nach welchen Kriterien eine richterliche Inhaltskontrolle durchzuführen ist[3]. Wie bei allen modernen Vertragstypen ist es daher sach- und interessengerecht, soweit irgend vertretbar auf die Normen des dispositiven Rechts abzuheben und diese – im Rahmen von § 307 Abs. 2 Nr. 1 BGB – als **zwingende Normen** zu bemühen. Nur dieses Verfahren führt auch dazu, bei Unwirksamkeit etwaiger AGB-Klauseln an § 306 Abs. 2 BGB anknüpfen zu können, ohne unmittelbar auf das Instrumentarium der ergänzenden Vertragsauslegung gemäß §§ 133, 157 BGB verwiesen zu werden. Denn letzteres führt tendenziell zu einer Bevorzugung der Interessen des AGB-Verwenders, der regelmäßig ohnehin die stärkere Marktpartei ist.

31

2. Hersteller- und Händlerleasing

Typologisch ist von entscheidender Bedeutung, ob der Leasinggeber – im Verhältnis zum Hersteller des Leasingguts – ein **unabhängiger Dritter** ist – dann liegt „reines" Finanzierungsleasing vor –, oder ob zwischen Leasinggeber und Hersteller des Leasingguts eine kapital- und/oder konzernmäßige Verflechtung besteht – mit der Konsequenz, dass Leasing als Instrument der Absatzförderung eingesetzt wird[4].

32

---

1 BGH v. 13.3.1991 – VIII ZR 34/90, NJW 1991, 1746; hiergegen *Stoffels* in Martinek/Stoffels/Wimmer-Leonhardt, Handbuch des Leasingrechts, § 8 Rn. 40 f.
2 MünchKommBGB/*Habersack*, Leasing Rn. 25; *Lieb*, DB 1988, 952 f.; *Lieb*, WM 1992, Beil. 6, 5.
3 So mit Recht *Wolf/Eckert/Ball*, Hdb. des gewerblichen Miet-, Pacht- und Leasingrechts, Rn. 1716 ff.
4 *Flume*, DB 1972, 1, 2; im Einzelnen *Berger*, Typus und Rechtsnatur des Herstellerleasing, 1988, S. 26 ff.; *Graf v. Westphalen* in Graf v. Westphalen, Der Leasingvertrag, Kap. B Rn. 66 ff.; MünchKommBGB/*Koch*, Leasing Rn. 7 ff.

a) Direktes Hersteller- oder Händlerleasing

33 Mit der h.M. ist davon auszugehen, dass beim Herstellerleasing – es fehlt dann das leasingtypische Dreiecksverhältnis – ein reiner Mietvertrag gemäß §§ 535 ff. BGB vorliegt[1]. Es fehlt dann die leasingtypische Abtretungskonstruktion (Rn. 90). Dies führt unmittelbar dazu, dass der Leasinggeber gemäß §§ 536 f. BGB für etwaige Mängel des Leasingguts während der Dauer des Leasingvertrages – wie ein Vermieter – haftet. Darüber hinaus wird man beim Herstellerleasing nicht soweit gehen können, die Überwälzung der Sach- und Preisgefahr auf den Leasingnehmer – entsprechend dem kaufvertraglichen Vorbild des § 446 BGB – als mit § 307 Abs. 2 Nr. 1 BGB vereinbar ansehen zu können (hierzu Rn. 121 ff.).

b) Indirektes Hersteller- oder Händlerleasing

34 Anders ist zu entscheiden, wenn es sich um indirektes Hersteller- oder um Händlerleasing handelt, wenn z.B., wie insbesondere beim Kfz-Leasing, eine herstellereigene Leasinggesellschaft tätig wird[2]. In diesen Fällen steht es mit § 307 Abs. 2 Nr. 1 BGB im Einklang, wenn der Leasinggeber eine leasingtypische Vertragsgestaltung wählt, d.h., dass die gewährleistungsspezifische Abtretungskonstruktion (Rn. 90) genauso akzeptiert wird wie die Überwälzung der Sach- und Preisgefahr auf den Leasingnehmer[3]. Daraus folgt: Es gibt kein Sonderrecht, welches – in Abweichung von leasingtypischen Erscheinungsformen – das absatzfördernde Leasing charakterisiert[4].

c) Kilometer-Abrechnungsvertrag

35 Wiederum anders ist zu entscheiden wenn – wie etwa beim Kilometer-Abrechnungsvertrag – der Leasinggeber das Restamortisationsrisiko trägt[5]. Hierfür ist entscheidend, dass unter diesen Voraussetzungen der Leasingnehmer lediglich für die **Nutzung** des Leasingguts – entsprechend den jeweils gefahrenen Kfz-Kilometern – Zahlung leistet, so dass in diesen Fällen – im Gegensatz zur BGH-Judikatur[6] – Mietrecht gemäß §§ 535 ff. BGB Anwendung findet[7].

---

1 Vgl. auch *Graf v. Westphalen* in Graf v. Westphalen, Der Leasingvertrag, Kap. B Rn. 68; *Emmerich*, JuS 1990, 1, 3; *Palandt/Weidenkaff*, vor § 535 BGB Rn. 42.
2 Im Einzelnen *Michalski/Schmitt*, Der Kfz-Leasingvertrag, 1995, S. 3 ff.
3 *Graf v. Westphalen* in Graf v. Westphalen, Der Leasingvertrag, Kap. I Rn. 1 ff.
4 MünchKommBGB/*Koch*, Leasing Rn. 9; a.M. *Canaris*, Bankvertragsrecht, Rn. 1713, 1730, 1752; *Papapostolou*, Die Risikoverteilung beim Finanzierungs-Leasing-Vertrag über bewegliche Sachen, 1987, S. 21 ff., 57 ff.; *Berger*, Typus und Rechtsnatur des Herstellerleasing, 1988, S. 48 ff.; *Gitter*, Gebrauchsüberlassungsverträge, 1988, S. 351 ff.
5 So BGH v. 24.4.1996 – VIII ZR 150/95, ZIP 1996, 1170; BGH v. 11.3.1998 – VIII ZR 205/97, NJW 1998, 1637; im Einzelnen *Engel*, Hdb. Kraftfahrzeug-Leasing, § 4 Rn. 15; *Zahn/Bahmann*, Kfz-Leasingvertrag, Rn. 109 ff.; auch *Martinek/Oechsler*, ZIP 1993, 81 ff.; *Reinking/Kessler/Sprenger*, Autoleasing, § 2 Rn. 68 ff.
6 BGH v. 24.4.1996 – VIII ZR 150/95, ZIP 1996, 1170.
7 *Zahn* in Graf v. Westphalen, Der Leasingvertrag, Kap. M Rn. 1 ff.

3. Sale-and-lease-back-Vertrag

Typologisch und von den Interessen der Beteiligten her geht es beim Sale-and-lease-back-Vertrag im Wesentlichen darum, dass der Leasingnehmer ein ihm gehörendes Wirtschaftsgut im Rahmen des „Leasing" an einen Leasinggeber veräußert, so dass sich die Bilanzrelationen des Leasingnehmers erheblich verbessern: Der auf der Aktivseite der Bilanz geführte Vermögensposten fällt weg, auf der Passivseite verringert sich die entsprechende Verbindlichkeit, und gebundenes Kapital wird frei[1]. Freilich fehlt es in diesen Fällen an dem leasingtypischen Dreiecksverhältnis. Vielmehr ist der **Leasingnehmer Eigentümer** und Besitzer des Leasingguts, welches dann im Rahmen des Sale-and-lease-back-Verfahrens an den Leasinggeber veräußert wird – mit der gleichzeitigen Maßgabe, dass der Leasingnehmer Besitz und Nutzung des Leasingguts behält[2]. Nichts spricht dagegen, auch den Sale-and-lease-back-Vertrag als einen atypischen Mietvertrag einzuordnen, so dass eine klare Parallele zu den Fällen des Finanzierungsleasing besteht[3].

36

IV. Vertragsabschluss

Im leasingtypischen Dreiecksverhältnis vollzieht sich der Vertragsabschluss regelmäßig in zwei unterschiedlichen Erscheinungsformen: **Gemeinsam** ist allen Gestaltungen, dass der Leasingnehmer zunächst die technischen und kommerziellen Details des abzuschließenden Geschäfts mit dem Lieferanten des Leasingguts abklärt. Ist dies geschehen, ergibt sich folgende Differenzierung: Leasingtypisch ist es, dass der Leasingnehmer mit dem Lieferanten eine **Bestellung** vereinbart, welche dann – im Rahmen einer Leasing-Finanzierung von dem Leasinggeber übernommen wird (**„Einsteigemodell"**). Leasingtypisch ist aber ebenfalls, dass der Lieferant des Leasingguts – ohne dass der Leasingnehmer eine Bestellung getätigt hätte – den vom Leasingnehmer bereits ausgefüllten Leasingantrag an den Leasinggeber weiterleitet, damit dieser darüber entscheidet, ob er bereit ist, den Leasingvertrag mit dem Leasingnehmer abzuschließen. Leasingtypisch ist es des Weiteren, dass der Leasingnehmer von sich aus – nach Abklärung aller technischen und kommerziellen Details des abzuschließenden Vertrages – einen geeigneten Leasinggeber sucht, der dann den Leasingvertrag kontrahiert. Leasingtypisch ist es schließlich, dass zwischen Leasinggeber und Lieferant des Leasingguts ein **Kauf-** oder **Werklieferungsvertrag** gemäß §§ 433 ff. BGB zustande kommt. Der Bestand dieses Vertrages ist **Geschäftsgrundlage** gemäß § 313 BGB für den jeweiligen Leasingvertrag (Rn. 106). Da der Leasinggeber ein originäres Interesse daran hat, das jeweilige Leasinggut zu **Eigentum** zu erwerben, hat dieser Beschaffungsvorgang – nach der hier vertretenen Auffas-

37

---

1 *Hansen* in Graf v. Westphalen, Der Leasingvertrag, Kap. N Rn. 7; vgl. BGH v. 8.4.1998 – VIII ZR 228/96, NJW-RR 1998, 948 – Mitverschulden des Käufers, der bei einem solchen Vertrag den Angaben des Verkäufers vertraut, obwohl er in der Lage war, deren Unrichtigkeit aufgrund der Bilanzen zu erkennen.
2 Vgl. auch BGH v. 29.11.1989 – VIII ZR 323/88, BB 1990, 232.
3 MünchKommBGB/*Koch*, Leasing Rn. 12.

sung – keine auftrags- oder geschäftsbesorgungsrechtlichen Elemente (vgl. Rn. 22).

1. Eintritt des Leasinggebers in den Kaufvertrag

38 Entschließt sich der Leasinggeber, in die „Bestellung" des Leasingnehmers „einzusteigen", so liegt darin eine typische **Vertragsübernahme**[1]. Es handelt sich hierbei um ein einheitliches Geschäft, das davon abhängig ist, dass alle drei Personen – Leasinggeber/Lieferant/Leasingnehmer – an diesem Vertragsabschluss mitwirken[2]. Dies kann entweder in der Weise geschehen, dass ein **dreiseitiger Vertrag** zwischen Leasinggeber-Leasingnehmer-Lieferant abgeschlossen wird, oder in der Weise, dass sich Leasinggeber und Leasingnehmer über den Abschluss des Leasingvertrages einigen, so dass dann der Leasinggeber in die vom Leasingnehmer getätigte Bestellung „einsteigt"[3]. Dabei werden hier nicht die Fragestellungen erörtert, die sich aus der Berücksichtigung der zwingenden Regeln der §§ 474 ff. BGB ergeben, weil der Leasingnehmer **Verbraucher** ist[4].

39 **Scheitert** diese Vertragsübernahme, weil sich der Leasinggeber weigert, in die vom Leasingnehmer getätigte Bestellung „einzusteigen", so ist der Leasingnehmer – davon ist als **Regelfall** auszugehen – an die kaufvertragliche Bestellung nicht gebunden[5]. Voraussetzung hierfür ist freilich, dass ein Konsens aller Beteiligten besteht, dass der Bestand des Kaufvertrages durch das Nichtzustandekommen des Leasingvertrages i.S.v. § 158 Abs. 2 BGB **auflösend** bedingt ist[6]. Gemäß § 160 Abs. 2 BGB kann sich der Käufer allerdings nicht auf den Eintritt der Bedingung berufen, wenn er den Abschluss des Leasingvertrages **willkürlich** verweigert[7].

2. Abschluss des Leasingvertrages

40 Soweit der Leasingnehmer Unternehmer gemäß § 14 BGB ist, richtet sich die **Einbeziehung der Lieferanten-AGB** – im Rahmen der leasingtypischen Abtretungskonstruktion (Rn. 90) – nach den §§ 145 ff. BGB. Denn § 305 Abs. 2 BGB findet gemäß § 310 Abs. 1 BGB insoweit keine Anwendung. Notwendig ist daher, dass der Leasinggeber klar und eindeutig auf die Lieferanten-AGB verweist, soweit seine Eigenhaftung ausgeschlossen und etwaige

---

1 BGH v. 27.11.1985 – VIII ZR 316/84, WM 1986, 163, 164; a.M. *Martinek*, Moderne Vertragstypen, Bd. I, S. 119; vgl. auch *Beckmann* in Martinek/Stoffels/Wimmer-Leonhardt, Handbuch des Leasingrechts, § 5 Rn. 24 ff.
2 BGH v. 27.11.1985 – VIII ZR 316/84, WM 1986, 163, 164; RGRK-BGB/*Weber*, § 398 BGB Rn. 10.
3 BGH v. 27.11.1985 – VIII ZR 316/84, WM 1986, 163, 164; BGH v. 9.5.1990 – VIII ZR 222/89, NJW-RR 1990, 1009; *Wolf/Eckert/Ball*, Hdb. des gewerblichen Miet-, Pacht- und Leasingrechts, Rn. 1682 ff., 1744 f., 1877.
4 BGH v. 21.12.2005 – VIII ZR 85/05, NJW 2006, 1066; *Beckmann*, Finanzierungsleasing, § 1 Rn. 168 ff.; *Graf v. Westphalen*, ZIP 2006, 1653 ff.
5 BGH v. 9.5.1990 – VIII ZR 222/89, NJW-RR 1990, 1009, 1011.
6 MünchKommBGB/*Koch*, Leasing Rn. 40.
7 BGH v. 9.5.1990 – VIII ZR 222/89, NJW-RR 1990, 1009, 1011.

Ansprüche des Leasingnehmers gegenüber dem Lieferanten geltend gemacht werden müssen. Hierzu ist es ausreichend, aber auch erforderlich, wenn der Leasinggeber – etwa im Rahmen der Gewährleistungshaftung – auf die Lieferanten-AGB verweist.

Soweit die **Einbeziehungsvoraussetzungen nicht eingehalten** worden sind, richtet sich die Rechtsfolge nach § 306 Abs. 1 BGB: Der Leasingvertrag ist dann als atypischer Mietvertrag abgeschlossen; der Verweis auf die Lieferanten-AGB ist – mangels wirksamer Einbeziehung – misslungen. Zur Konsequenz hat dies, dass dann die jeweils gewählte Abtretungskonstruktion im Rahmen der Mängelhaftung (Rn. 90) nicht wirksam vereinbart ist. Daher haftet der Leasinggeber nach den gesetzlichen Bestimmungen der §§ 535 ff. BGB, soweit er in seinen Leasing-AGB auf die Lieferanten-AGB verwiesen und seine Eigenhaftung abbedungen hat. Letzteres ist dann nach § 307 Abs. 2 Nr. 1 BGB unwirksam; denn mangels Einbeziehung der Lieferanten-AGB würde sonst der Leasingnehmer rechtlos gestellt: Die mietvertragliche Eigenhaftung des Leasinggebers ist abbedungen und die Lieferanten-AGB sind nicht wirksam einbezogen. Diese Konstellation kann nur zu Lasten des Leasinggebers aufgelöst werden: Er haftet dann nach den gesetzlichen Bestimmungen der §§ 535 ff. BGB, und zwar uneingeschränkt für die Dauer des gesamten Leasingvertrages. 41

3. Lieferant als Stellvertreter des Leasinggebers – § 166 BGB

Dass der Lieferant des Leasingguts als Stellvertreter des Leasinggebers gemäß §§ 164 ff. BGB auftritt, ist in der Praxis selten. Allerdings hat der BGH – freilich im Rahmen des früheren § 6 AbzG – entschieden, eine Zusage des Lieferanten gegenüber dem Leasingnehmer, das Leasinggut nach Beendigung des Vertrages von ihm selbst erwerben zu können, sei dem Leasinggeber deswegen **zuzurechnen**, weil hier der Lieferant und Leasinggeber – aus der subjektiven Sicht des Leasingnehmers – als Vertragspartner in Erscheinung traten, so dass es – nach Auffassung des BGH – nicht darauf ankommt, ob die Voraussetzungen der §§ 164 ff. BGB tatsächlich vorliegen[1]. Daraus ist in der Literatur die Frage aufgeworfen worden[2], ob im Verhältnis zwischen Lieferant und Leasinggeber – also im Rahmen der kaufrechtlichen Beziehungen – aus § 166 Abs. 1 BGB gefolgert werden kann, dass sich der Leasinggeber die Erklärungen des Lieferanten zurechnen lassen muss, wenn dieser mit Billigung des Leasinggebers die Verhandlungen über den Abschluss des Leasingvertrages führt. Ob eine solch weitreichende Zurechnung gemäß § 166 Abs. 1 BGB tatsächlich in Betracht zu ziehen ist, erscheint zweifelhaft, ist aber im Ergebnis sicherlich abhängig von den jeweiligen Umständen des Einzelfalls. 42

Deshalb kann es auch durchaus sein, dass im Verhältnis zwischen Lieferant und Leasinggeber die Voraussetzungen einer **Anscheins- oder Duldungsvoll-** 43

---
1 BGH v. 15.6.1988 – VIII ZR 316/84, ZIP 1988, 971, 973 f.
2 Vgl. *Wolf/Eckert/Ball*, Hdb. des gewerblichen Miet-, Pacht- und Leasingrechts, Rn. 1685.

macht gegeben sind[1]. Hierbei ist zu unterscheiden, dass die Auslegungsregel des § 164 Abs. 1 S. 2 BGB auch dann eingreift, wenn ungewiss ist, in welchem Namen der Vertreter – hier: der Lieferant – einen Vertrag abgeschlossen hat[2].

4. Lieferant als Verhandlungsgehilfe des Leasinggebers

44 In der Praxis ist die Konstruktion allerdings häufiger, dass der Lieferant als Erfüllungsgehilfe des Leasinggebers tätig wird, so dass der Leasinggeber für etwaiges Fehlverhalten des Lieferanten gemäß § 278 BGB einstehen muss. Dies ist immer dann zu bejahen, wenn der Lieferant mir Wissen und Wollen des Leasinggebers bei Abschluss des Leasingvertrages oder bei dessen Vorbereitung tätig geworden ist[3]. Praktisch wird dies vor allem, wenn der Leasinggeber dem Lieferanten **Vertragsformulare** überlassen hat, so dass der Lieferant in der Lage ist, den Abschluss des Leasingvertrages vorzubereiten[4]. Gleiches gilt dann, wenn der Leasinggeber dem Lieferanten die jeweils kalkulierten **Leasingraten** mitgeteilt hat[5]. Doch nicht jede Erklärung des Lieferanten ist dem Leasinggeber auch zuzurechnen[6].

45 Die Rechtsstellung des Lieferanten als Erfüllungsgehilfen des Leasinggebers endet im Hinblick auf die **vorvertraglichen Auskunfts- und Sorgfaltspflichten**[7] regelmäßig mit dem Abschluss des Leasingvertrages[8]. Von diesem Zeitpunkt an kommt nämlich die Sachverschaffungspflicht des Leasinggebers ins Spiel; er ist verpflichtet, dem Leasingnehmer ein gebrauchstaugliches/funktionstüchtiges Leasinggut zu verschaffen: Hierzu bedient er sich ebenfalls der Hilfe des Lieferanten, so dass dieser dann – bezogen auf die Sachverschaffungs- und Lieferpflicht – wiederum Erfüllungsgehilfe des Leasinggebers ist[9].

---

1 BGH v. 4.11.1987 – VIII ZR 313/86, NJW-RR 1988, 241, 242; BGH v. 15.6.1988 – VIII ZR 316/87, ZIP 1988, 971, 973.
2 BGH v. 18.3.1974 – II ZR 167/72, NJW 1974, 1191; BGH v. 3.2.1975 – II ZR 128/73, NJW 1975, 1166; BGH v. 12.12.1983 – II ZR 238/82, NJW 1984, 1347, 1348; BGH v. 17.12.1987 – VII ZR 199/86, NJW-RR 1988, 465, 466.
3 BGH v. 3.7.1984 – VIII ZR 102/84, NJW 1985, 2258; BGH v. 4.11.1987 – VIII ZR 313/86, NJW-RR 1988, 241, 242; BGH v. 30.1.1995 – VIII ZR 316/93, NJW 1995, 1146, 1147; im Einzelnen auch *Beckmann* in Martinek/Stoffels/Wimmer-Leonhardt, Handbuch des Leasingrechts, § 6 Rn. 3 ff.
4 BGH v. 3.7.1984 – VIII ZR 102/84, NJW 1985, 2258.
5 BGH v. 3.7.1984 – VIII ZR 102/84, NJW 1985, 2258.
6 BGH v. 1.6.2005 – VIII ZR 234/04, NJW-RR 2005, 1421.
7 BGH v. 3.7.1984 – VIII ZR 102/84, NJW 1985, 2258.
8 BGH v. 31.5.1989 – VIII ZR 97/88, WM 1989, 1142.
9 BGH v. 30.9.1987 – VIII ZR 226/86, NJW 1988, 198, 199; BGH v. 27.4.1988 – VIII ZR 84/87, WM 1988, 979, 983; hierzu auch *Graf v. Westphalen* in Graf v. Westphalen, Der Leasingvertrag, Kap. C Rn. 98.

5. Haftung für die Verletzung von Aufklärungspflichten

Soweit der Lieferant die Vorverhandlungen zum Abschluss des Leasingvertrages mit Wissen und Wollen des Leasinggebers führt, besteht nicht der mindeste Zweifel: Der Lieferant haftet auch dann für die Verletzung etwaiger Aufklärungspflichten gegenüber dem Leasingnehmer gemäß § 278 BGB – unabhängig davon, ob der Leasingvertrag abgeschlossen oder nicht abgeschlossen wird[1]. Insoweit ist freilich die Abgrenzung zur **Mängelhaftung** gemäß §§ 434 ff. BGB von kardinaler Bedeutung[2]. 46

Erteilt z.B. der Lieferant dem Leasingnehmer **einen fehlerhaften Rat**, so begründet dies eine aus § 278 BGB abzuleitende Eigenhaftung des Leasinggebers, sofern dieser den Lieferanten damit beauftragt hat, die Vorverhandlungen zum Abschluss des Leasingvertrages zu führen[3]. Soweit allerdings der Leasinggeber den Lieferanten nicht damit betraut hat, für ihn die Verhandlungen zum Abschluss des Leasingvertrages zu führen, kommt eine Eigenhaftung des Leasinggebers nicht in Betracht. Vielmehr bleibt es in diesen Fällen bei der Eigenhaftung des **Lieferanten**[4]. Regelmäßig ist ja davon auszugehen, dass der Lieferant des Leasingguts am Zustandekommen des Leasingvertrages ein **Eigeninteresse** hat, so dass die Haftung wegen Verschuldens bei Vertragsabschluss auf diesen Umstand gestützt wird. Es handelt sich hier um einen Unterfall der allgemeinen „Sachwalterhaftung"[5]. 47

Bei all diesen Fällen ist darauf zu achten, dass die Rechtsprechung des BGH vom Prinzip des **deckungsgleichen Verhandlungsergebnisses** ausgeht[6]. Dies bedeutet: Es ist Sache des Lieferanten sicherzustellen, dass alle technischen und kommerziellen Details, die während der Vertragsanbahnung zwischen ihm und dem Leasingnehmer vereinbart worden sind, auch Gegenstand des zwischen dem Lieferanten und dem Leasinggeber abzuschließenden Kauf- oder Werklieferungsvertrages werden. Insoweit haftet der Leasinggeber für dieses deckungsgleiche Ergebnis, weil und soweit der Lieferant des Leasingguts **Erfüllungsgehilfe** des Leasinggebers ist[7]. Dogmatisch ist der Weg über § 278 BGB zutreffender als der Versuch, das gleiche Ergebnis unter Zuhilfenahme der Zurechnungsnorm des § 166 Abs. 1 BGB zu begründen[8]. Im einen wie im anderen Fall aber ist das Ergebnis vorgezeichnet: Beschaffungsvertrag 48

---

1 Grundlegend BGH v. 6.6.1984 – VIII ZR 83/83, NJW 1984, 2938; *Canaris*, Bankvertragsrecht, Rn. 1798.
2 Hierzu *Wolf/Eckert/Ball*, Hdb. des gewerblichen Miet-, Pacht- und Leasingrechts, Rn. 1725 f., 1736, 1810, 1840.
3 BGH v. 13.7.1983 – VIII ZR 112/82, NJW 1983, 2757; BGH v. 6.6.1984 – VIII ZR 83/83, NJW 1984, 2938; vgl. aber auch BGH v. 30.1.1995 – VIII ZR 316/93, NJW 1995, 1146, 1147 – fehlender Tatsachenvortrag.
4 *Graf v. Westphalen* in Graf v. Westphalen, Der Leasingvertrag, Kap. C Rn. 104.
5 Statt aller *Palandt/Grüneberg*, § 311 Rn 63.
6 BGH v. 3.7.1985 – VIII ZR 102/84, NJW 1985, 2258; hierzu im Einzelnen auch *Wolf/Eckert/Ball*, Hdb. des gewerblichen Miet-, Pacht- und Leasingrechts, Rn. 1805 ff.
7 BGH v. 30.9.1987 – VIII ZR 226/86, NJW 1988, 198.
8 *Wolf/Eckert/Ball*, Hdb. des gewerblichen Miet-, Pacht- und Leasingrechts, Rn. 1690, 1740 f., 1747.

und Leasingvertrag müssen inhaltlich deckungsgleich sein. Soweit der Leasinggeber in die Bestellung des Leasingnehmers „einsteigt", versteht sich dies von selbst; praktisch relevant sind also lediglich die Fälle, in denen der Leasingnehmer aus eigenem Antrieb den Leasinggeber aussucht und mit ihm den Leasingvertrag kontrahiert.

6. § 123 Abs. 2 BGB

49 Soweit der Lieferant mit Wissen und Wollen des Leasinggebers den Leasingvertrag in Vorverhandlungen vorbereitet und dabei den Leasingnehmer über den Vertragsinhalt und das Leasinggut **arglistig** täuscht, ist der Lieferant nicht **Dritter** i.S.v. § 123 Abs. 2 BGB[1]. Denn als „Dritter" gilt nur derjenige, der bei Abgabe der täuschenden Erklärung mit Wissen und Willen des Leasinggebers entweder als dessen Vertrauensperson oder als dessen Repräsentant auftritt, wobei jeweils die Umstände des Einzelfalls zu würdigen sind[2]. Daraus folgt: Soweit der Lieferant des Leasingguts Erfüllungsgehilfe des Leasinggebers – bezogen auf die im Verhandlungsstadium **entstehenden Sorgfalts- und Aufklärungspflichten** – ist, ist er gleichzeitig nicht „Dritter" i.S.v. § 123 Abs. 2 BGB[3]. Folglich ist das arglistige Verhalten des Lieferanten des Leasingguts dem **Leasinggeber** unmittelbar zuzurechnen.

7. Mithaftung Dritter

a) Anwendungsbereich von § 309 Nr. 11 BGB

50 In der Leasingbranche – wie in allen anderen Wirtschaftszweigen auch – ist es durchaus üblich, dass neben dem Leasingnehmer als Vertragspartner ein Dritter als „Mitbesteller", „Mitkäufer" oder „Mitverpflichteter" oder gar „Mitmieter" den jeweiligen Vertrag im **eigenen Namen** unterzeichnet und damit die Mithaftung aufgrund des Vertrages gegenüber dem jeweiligen Vertragspartner übernimmt. Der BGH hat für die Leasingbranche – allerdings ist das Urteil nicht hierauf beschränkt – **klargestellt**, dass diese Fälle nicht vom Anwendungsbereich des § 309 Nr. 11 lit. a BGB erfasst werden[4]. Die gegenteilige Auffassung in der Literatur hat er ausdrücklich zurückgewiesen[5]. Übernimmt also ein Dritter die Rechtsposition des Leasingnehmers, so ist die Schutzvorschrift von § 309 Nr. 11 lit. a BGB obsolet, sofern nicht nur Pflichten, sondern auch Rechte übernommen werden, was bei einer **Mithaftung** des Dritten – neben dem Leasingnehmer – rundweg zu bejahen ist[6].

---

1 BGH v. 28.9.1988 – VIII ZR 160/87, NJW 1989, 287; *Beckmann* in Martinek/Stoffels/Wimmer-Leonhardt, Handbuch des Leasingrechts, § 6 Rn. 84 ff.
2 BGH v. 20.2.1967 – VIII ZR 40/66, NJW 1967, 1026; BGH v. 26.9.1962 – VIII ZR 113/62, NJW 1962, 2195; BGH v. 8.2.1979 – VIII ZR 2/77, NJW 1979, 1593; BGH v. 28.9.1988 – VIII ZR 160/86, NJW 1989, 287, 288.
3 BGH v. 28.9.1988 – VIII ZR 160/87, NJW 1989, 287, 288.
4 BGH v. 23.3.1988 – VIII ZR 175/87, NJW 1988, 1908.
5 *Löwe/Graf v. Westphalen/Trinkner*, Großkommentar, § 11 Nr. 14 AGBG Rn. 17 f.
6 *Graf v. Westphalen* in Graf v. Westphalen, Der Leasingvertrag, Kap. C Rn. 47.

b) Mithaftung als überraschende Vertragsgestaltung

Die **formularmäßige** Übernahme einer Mithaftung kann – unter Berücksichtigung der jeweiligen Umstände des Einzelfalls – überraschend i.S.v. § 305c Abs. 1 BGB, aber auch unangemessen gemäß § 307 Abs. 1 BGB sein[1]. Der mithaftende Dritte muss – bedingt durch die Umstände des Vertragsabschlusses – **übertölpelt und überfahren** worden sein. Es ist jedoch grundsätzlich weder überraschend gemäß § 305c Abs. 1 BGB noch unangemessen gemäß § 307 Abs. 1 BGB, wenn der Leasinggeber den Abschluss des Leasingvertrages mit dem Leasingnehmer davon abhängig macht, dass ein Dritter – regelmäßig wegen des ansonsten bestehenden Bonitätsrisikos – die Mithaftung für die Erfüllung der sich aus dem Leasingvertrag ergebenden Rechte und Pflichten übernimmt. Dies gilt jedenfalls dann uneingeschränkt, wenn und soweit sich die geforderte Mithaftung des Dritten auf die Verbindlichkeiten bezieht, welche Gegenstand des individuell-konkreten Leasingvertrages sind. Doch sind hier die §§ 495, 500 BGB stets zu beachten, wenn Ehegatten, Geschäftsführer oder Gesellschafter eine Mithaftung übernehmen (Rn. 53). Denn diese sind Verbraucher i.S.v. § 13 BGB und auch nach § 495 BGB zum Widerruf berechtigt.

51

c) Übernahme einer Bürgschaft

Diese Erwägung gilt im Grundsatz auch dann, wenn der Dritte nicht die Mithaftung, sondern eine Bürgschaftsverpflichtung gemäß §§ 765 ff. BGB übernimmt. Dabei sind freilich die **durch § 305c Abs. 1 BGB bezeichneten Grenzen** exakt zu beachten: Eine Formularklausel, welche die Bürgenhaftung über die Forderung hinaus, welche – bezogen auf den konkret-individuellen Leasingvertrag – Anlass zur Verbürgung gab, auf alle künftigen Ansprüche aus der Geschäftsverbindung des Gläubigers mit dem Hauptschuldner ausdehnt, ist auch gemäß § 307 Abs. 2 Nr. 1 BGB **unwirksam**, weil sie mit dem Leitbild des § 767 Abs. 1 S. 3 BGB nicht vereinbar ist[2]. Bestehen also zwischen Leasinggeber und Leasingnehmer mehrere Leasingverträge, so muss stets exakt – individuell – abgegrenzt werden, auf welche Verbindlichkeiten sich die übernommene Bürgschaft bezieht. Denn eine Erstreckung auf andere, weitere Leasingverträge verstößt gegen § 305c Abs. 1 BGB sowie gegen § 307 Abs. 2 Nr. 1 BGB, sofern es sich nicht um einen Bürgen handelt, der – wie etwa ein Geschäftsführer oder Allein- oder Mehrheitsgesellschafter[3] – Einfluss auf den Umfang der Kreditaufnahme hat. Denn dann entfällt sowohl das Überraschungselement gemäß § 305c Abs. 1 BGB als auch die unangemessene Benachteiligung des Bürgen, der sich formularmäßig zu einer globalen Verbürgung verpflichtet hat.

52

---

1 Vgl. auch MünchKommBGB/*Koch*, Leasing Rn. 52.
2 BGH vom 18.1.1996 – IX ZR 69/95, ZIP 1996, 456; BGH v. 7.3.1996 – IX ZR 43/95, ZIP 1996, 702; BGH v. 13.5.1997 – IX ZR 234/95, ZIP 1997, 1185.
3 BGH v. 24.9.1996 – IX ZR 316/95, ZIP 1997, 449; BGH v. 10.11.1998 – XI ZR 347/96, ZIP 1998, 2149; BGH v. 15.7.1999 – IX ZR 243/98, ZIP 1999, 1480.

d) Mithaftung und Widerrufsrecht

53 Von besonderer praktischer Bedeutung ist die Rechtsfigur der Mithaftung immer dann, wenn auf den Mithaftenden die **persönlichen Voraussetzungen** von § 13 BGB zutreffen, während sie für den Leasingnehmer nicht vorliegen – etwa dann, wenn der Leasingnehmer eine GmbH, der Mithaftende deren Geschäftsführer ist. Unter dieser Voraussetzung finden die Vorschriften der §§ 500, 495, 355 BGB uneingeschränkt auf den Mithaftenden entsprechende Anwendung[1]. In der Person des Mithaftenden liegt dann die Begründung einer sonstigen Finanzierungshilfe gemäß § 499 BGB vor[2]. Es kommt also ausschließlich darauf an, ob der jeweilige Mithaftende als **Verbraucher** qualifiziert werden kann. Trifft dies zu, sind auch die Schutzvorschriften des Verbraucherkreditrechts – insbesondere das **Widerrufsrecht** gemäß § 495 BGB – zu beachten[3]. Die Entscheidung des BGH bezieht sich auf den Fall eines Schuldbeitritts[4]. Für den Fall einer gesamtschuldnerischen Mithaftung eines Dritten gilt nichts anderes.

8. Haftungsfreizeichnung zugunsten des Leasinggebers

54 In Leasing-AGB ist es üblich, dass sich der Leasinggeber insoweit von etwaigen Haftungen freizeichnet, welche der Lieferant des Leasingguts gemäß § 278 BGB zu seinen Lasten begründet. Diese Freizeichnungsklauseln scheitern im Rahmen von Vorsatz und grober Fahrlässigkeit am Verbotstatbestand von § 309 Nr. 7 lit. a und b BGB. Aber auch im Bereich **einfacher Fahrlässigkeit** verstoßen sie gegen § 307 Abs. 2 Nr. 1 BGB und sind deswegen unwirksam, weil das Verhalten des Lieferanten der Sphäre des Leasinggebers zuzurechnen ist[5]. Entscheidend ist in diesem Zusammenhang die Erwägung, dass eine Haftungsfreizeichnungsklausel auch an § 307 Abs. 2 Nr. 2 BGB scheitert, wenn und soweit sie sich auf den Tatbestand des **Verschuldens bei Vertragsabschluss** gemäß § 311 Abs. 2 BGB bezieht; denn diese Haftungsfigur beruht auf der Inanspruchnahme fremden Vertrauens, so dass eine schadensersatzrechtliche Kompensation erforderlich ist, sofern dieses Vertrauen frustriert wird[6]. Dieses Ergebnis gilt, unabhängig davon, ob der Leasingnehmer Unternehmer oder Verbraucher ist, weil sich die Sanktionsfolge aus § 307 Abs. 2 Nr. 2 BGB ableitet.

55 Gegen das Risiko eines etwaigen **Fehlverhaltens** des Lieferanten des Leasingguts kann sich der Leasinggeber ohne weiteres dadurch absichern, dass er

---

1 BGH v. 5.6.1996 – VIII ZR 151/95, ZIP 1996, 1209.
2 BGH v. 5.6.1996 – VIII ZR 151/95, ZIP 1996, 1209, 1210; a.M. *Zahn*, DB 1992, 1029, 1031; MünchKommBGB/*Ulmer*, 4. Aufl., § 1 VerbrKrG Rn. 34; im Einzelnen *Graf v. Westphalen*, DB 1993, Beil. 8, 19 f.; *Groß*, FLF 1993, 132, 134.
3 *Graf v. Westphalen*, DB 1993, Beil. 8, 19, 20; BGH v. 5.6.1996 – VIII ZR 151/95, ZIP 1996, 1209, 1211.
4 BGH v. 5.6.1996 – VIII ZR 151/95, ZIP 1996, 1209, 1211.
5 BGH v. 3.7.1984 – VIII ZR 102/84, NJW 1985, 2258; *Graf v. Westphalen* in Graf v. Westphalen, Der Leasingvertrag, Kap. C Rn. 111 ff.
6 Im Einzelnen AGB-Klauselwerke/*Graf v. Westphalen*, Haftungsfreizeichnungsklausel bei leichter Fahrlässigkeit Rn. 75 ff. m.w.N.

mit dem Lieferanten des Leasingguts eine vertragliche Vereinbarung abschließt, welche eine **Freistellungsverpflichtung** enthält[1]. Solche Vereinbarungen sind freilich in der Praxis bislang nicht weit verbreitet; sie sind gleichwohl in hohem Maße empfehlenswert, weil der Leasinggeber auch das **Bonitätsrisiko** des Lieferanten trägt – mit der Konsequenz, dass die vom Leasinggeber durchzuführende Risikovorsorge sowohl die Person des Leasingnehmers als auch die des Lieferanten des Leasingguts erfasst.

Soweit anstelle einer Haftungsfreizeichnungsklausel eine **Schriftformklausel** in den Leasing-AGB verankert ist, kann sich der Leasinggeber regelmäßig nicht mit Erfolg hierauf berufen, sofern das haftungsauslösende Ereignis in einer **mündlichen** Erklärung des Lieferanten begründet liegt. Denn Schriftformklauseln scheitern regelmäßig an § 307 Abs. 1 BGB, zumal dann, wenn sie den Zweck verfolgen, einseitig in Anspruch genommenes Vertrauen zu frustrieren[2]. Doch ist nach der Rechtsprechung des BGH die Klausel „mündliche Abreden bestehen nicht" mit § 307 BGB vereinbar[3]. Denn diese Klausel lässt den Gegenbeweis offen, dass der Lieferant haftungsbegründende Zusagen abgegeben hat[4].

V. Lieferung – Abnahme des Leasingguts

1. Auslieferung

Der Leasinggeber erfüllt gegenüber dem Leasingnehmer seine **Nutzungsverschaffungspflicht**, indem der Lieferant als **Erfüllungsgehilfe** des Leasinggebers das Leasinggut an den Leasingnehmer ausliefert[5]. Gleichzeitig steht fest, dass der **Leasingnehmer** insoweit als **Erfüllungsgehilfe** des Leasinggebers auftritt, als er das ihm angelieferte Leasinggut – für den Leasinggeber – entgegennimmt, so dass der Leasinggeber für ein etwaiges Verschulden des Leasingnehmers gemäß § 278 BGB einstehen muss[6]. Doch endet diese Rechtsstellung mit der vollständigen Übergabe des Leasingguts[7]. Zur Konsequenz hat dies – unter Berücksichtigung des leasingvertragstypischen Dreiecksverhältnisses –, dass der Leasinggeber verpflichtet ist, nach Ablieferung des Leasingguts an den Leasingnehmer den jeweiligen **Kaufpreis** an den Lieferanten des Leasingguts zu zahlen.

In der **Literatur** wird freilich die Auffassung vertreten, die Einstandspflicht des Leasinggebers beziehe sich lediglich auf solche Beschaffungsrisiken, die eine **Gattungssache** gemäß § 276 Abs. 1 BGB zum Gegenstand haben, nicht

---

1 Im Einzelnen *Graf v. Westphalen*, DB 1993, 921 ff.
2 Im Einzelnen AGB-Klauselwerke/*Graf v. Westphalen*, Schriftformklausel Rn. 9 ff. m.w.N.
3 BGH v. 14.10.1999 – VIII ZR 203/98, ZIP 1999, 1887.
4 BGH v. 14.10.1999 – VIII ZR 203/98, ZIP 1999, 1887, 1888.
5 BGH v. 30.9.1987 – VIII ZR 226/86, NJW 1988, 198, 199.
6 BGH v. 14.3.1984 – VIII ZR 284/82, NJW 1984, 2034; hierzu auch *Graf v. Westphalen* in Graf v. Westphalen, Der Leasingvertrag, Kap. E Rn. 1, 5.
7 BGH v. 30.9.1987 – VIII ZR 226/86, NJW 1988, 198; OLG Düsseldorf v. 17.6.2004 – 10 U 185/03, NJW-RR 2005, 700.

aber auf etwaige Stückschulden[1]. Begründet wird diese Meinung mit dem Hinweis, dass gemäß § 278 BGB nur derjenige Erfüllungsgehilfe ist, der zur Leistungshandlung als solcher verpflichtet ist, nicht aber lediglich dazu, die Leistungsvoraussetzungen zu schaffen. Diese Auffassung ist aus zwei Gründen abzulehnen: Zum einen versagt beim Finanzierungsleasing die Parallele zum Kaufrecht; denn nur insoweit ist allgemein anerkannt, dass der Vorlieferant des Verkäufers nicht dessen Erfüllungsgehilfe ist[2]. Indessen schuldet beim Finanzierungsleasing der Leasinggeber – in einer vermieterähnlichen Stellung – unmittelbar dem Leasingnehmer, während der Dauer des Leasingvertrages ein gebrauchstaugliches/funktionstüchtiges Leasinggut nutzen zu können. Diese Pflicht des Leasinggebers zielt unmittelbar auf die mitvertraglich geschuldete **Leistungshandlung**, nicht jedoch lediglich auf deren Voraussetzungen[3]. Darüber hinaus: In allen Fällen des Mobilienleasing muss es sich – im Unterschied zum Spezial-Leasing – um eine der Gattung nach bestimmte Sache handeln, weil nur unter diesen Voraussetzungen die steuerrechtlichen Prämissen des Vollamortisations- bzw. Teilamortisations-Erlasses erfüllt sind. Deshalb ist von einer **unbedingten Einstandspflicht** des Leasinggebers auszugehen; keinesfalls ist es so, dass die Beschaffungsrisiken des Leasinggebers auf die konkrete Person des Lieferanten des Leasingguts bezogen und beschränkt sind[4]. Dies hat unmittelbare Konsequenzen für die **Haftung** des Leasinggebers (Rn. 89 ff.).

2. Ausstellung der Abnahme- oder Übernahmebestätigung

a) Abnahme- oder Übernahmebestätigung als Quittung

59 Es entspricht leasingtypischer Vertragsgestaltung, dass der Leasinggeber den Leasingnehmer verpflichtet, nach Erhalt des Leasingguts eine Abnahme- oder Übernahmebestätigung auszustellen. Geschieht dies, wird **grundsätzlich** der Anspruch des Leasinggebers auf Zahlung von **Leasingraten** durch den Leasingnehmer fällig[5]. Dies hängt unmittelbar damit zusammen, dass bei einem auf bestimmte Zeit abgeschlossenen Leasingvertrag der Anspruch auf Zahlung sämtlicher Leasingraten – bereits mit Vertragsabschluss – als **betagte**, nicht jedoch befristete Forderung entsteht[6]. Nach der Auffassung des BGH hat der Leasinggeber keinen Anspruch darauf, dass die Abnahme- oder Übernahmebestätigung mit dem vom Leasinggeber vorformulierten Text vom Leasingnehmer unterzeichnet wird[7]. Dies beruht darauf, dass die Ausstellung einer Abnahme- oder Übernahmebestätigung – rechtlich gewertet – lediglich eine **Quittung** i.S.v. § 368 BGB darstellt, welche die Ausliefe-

---

[1] MünchKommBGB/*Habersack*, 4. Aufl., Leasing Rn. 58 f.; der zuvor dargestellten Meinung des BGH folgend MünchKommBGB/*Koch*, Leasing Rn. 65.
[2] *Palandt/Heinrichs*, § 278 BGB Rn. 7 m.w.N.
[3] MünchKommBGB/*Habersack*, 4. Aufl., Leasing Rn. 58.
[4] So aber MünchKommBGB/*Habersack*, 4. Aufl., Leasing Rn. 57.
[5] BGH v. 17.2.1993 – VIII ZR 37/92, ZIP 1993, 436, 438; *Wimmer-Leonhardt* in Martinek/Stoffels/Wimmer-Leonhardt, Handbuch des Leasingrechts, § 13 Rn. 8 ff.
[6] BGH v. 28.3.1990 – VIII ZR 17/89, ZIP 1990, 646, 649.
[7] BGH v. 17.2.1993 – VIII ZR 37/92, ZIP 1993, 436, 439.

rung des Leasingguts an den Leasingnehmer bestätigt[1]. Daraus folgt: Soweit die Abnahme- oder Übernahmebestätigung **unzutreffend** ist, findet eine **Umkehr der Beweislast** statt, was unmittelbar aus § 363 BGB folgt[2]. Dies gilt unabhängig davon, ob das Leasinggut **mangelhaft** ist oder **nur teilweise** erfüllt wurde[3].

b) Kein Ausschluss von Einwendungen

Es verstößt daher gegen § 307 Abs. 2 Nr. 1 BGB, wenn einer Abnahme- oder Übernahmebestätigung eine weitergehende Bedeutung formularmäßig zugemessen wird, als in § 368 BGB verankert ist. Es ist ausgeschlossen, in einer – wie auch immer formulierten – Abnahme- oder Übernahmebestätigung den Verzicht des Leasingnehmers auf etwaige Einwendungen zu sehen, dass das Leasinggut mangelhaft oder unvollständig geliefert worden ist[4]. Es ist daher Sache des Leasingnehmers, den Nachweis zu führen, dass das angelieferte Leasinggut mangelhaft oder nur teilweise geliefert wurde[5]. Deshalb hat auch der Leasinggeber – ungeachtet einer vom Leasingnehmer herrührenden uneingeschränkten Abnahme- oder Übernahmebestätigung – keinen Anspruch auf Zahlung der Leasingraten[6]. Sollte eine formularmäßig vorgesehene Leasing-AGB etwas Gegenteiliges vorsehen, so verstößt sie gegen § 307 Abs. 2 Nr. 1 BGB und ist unwirksam[7]. Darüber hinaus ist zu unterstreichen, dass die vom Leasingnehmer herrührende Abnahme- oder Übernahmebestätigung nicht zugleich eine Erklärung des Leasinggebers im kaufrechtlichen Verhältnis gegenüber dem Lieferanten des Leasingguts darstellt[8]. Auch wenn – wie dargestellt – der Leasingnehmer für die Abnahme des Leasingguts Erfüllungsgehilfe des Leasinggebers in dessen Verhältnis zum Lieferanten des Leasingguts ist, so ist er gleichwohl im Zusammenhang mit der Erstellung einer Abnahme- oder Übernahmebestätigung nicht zugleich Vertreter des Leasinggebers als Käufer in dessen Vertragsbeziehung zum Lieferanten – ein Umstand, der auch für den Lieferanten erkennbar ist[9].

60

c) Konsequenzen einer falschen Bestätigung

Fest steht, dass die schuldhaft **unzutreffende** Abnahme- oder Übernahmebestätigung eine positive Vertragsverletzung darstellt, welche dem **Leasing-**

61

---

1 BGH v. 1.7.1987 – VIII ZR 117/86 – NJW 1988, 204; BGH v. 17.2.1993 – VIII ZR 37/92, ZIP 1993, 436, 439.
2 BGH v. 5.7.1989 – VIII ZR 334/88, NJW 1989, 3222.
3 *Wolf/Eckert/Ball*, Hdb. des gewerblichen Miet-, Pacht- und Leasingrechts, Rn. 1771, 1774.
4 BGH v. 1.7.1987 – VIII ZR 117/86, NJW 1988, 204, 206 f.
5 MünchKommBGB/*Koch*, Leasing Rn. 67.
6 BGH v. 1.7.1987 – VIII ZR 117/86, NJW 1988, 204, 206; *Wolf/Horn/Lindacher*, § 9 AGBG Rn. L 34; MünchKommBGB/*Koch*, Leasing Rn. 67.
7 Insbesondere BGH v. 10.10.1994 – VIII ZR 295/93, NJW 1995, 187, 188.
8 BGH v. 15.3.1990 – VII ZR 61/89, DB 1990, 2016, 2017.
9 BGH v. 15.3.1990 – VII ZR 61/89, DB 1990, 2016, 2017.

nehmer zuzurechnen ist[1]. Daraus folgt für die Praxis eine wesentliche Erkenntnis: Grundsätzlich ist der Leasingnehmer zum Schadensersatz gegenüber dem Leasinggeber verpflichtet, wenn dieser – nach Erhalt einer unzutreffenden Abnahme- oder Übernahmebestätigung – den Kaufpreis an den Lieferanten zahlt – vorausgesetzt, der Leasinggeber erleidet wegen der **Insolvenz** des Lieferanten einen Ausfall[2]. Dies bedeutet konkret: Wenn der Leasingnehmer aus Gründen, die er zu vertreten hat, die gegenüber dem Leasinggeber geschuldete Abnahme- oder Übernahmebestätigung verspätet erteilt, haftet er gemäß §§ 286, 280 Abs. 2 BGB[3]. Zahlt der Leasinggeber aufgrund einer unzutreffenden Abnahme- oder Übernahmebestätigung den Kaufpreis an den Lieferanten des Leasingguts, so kann dem Leasinggeber der Anspruch auf Zahlung der Leasingraten regelmäßig nicht verweigert werden[4]. Dabei fällt ins Gewicht, dass sowohl die verspätete als auch die unzutreffende Ausstellung einer Abnahme- oder Übernahmebescheinigung gleichzeitig auf ein **Mitverschulden** des Lieferanten des Leasingguts schließen lässt, weil dieser bei der Lieferung des Leasingguts Erfüllungsgehilfe des Leasinggebers gemäß § 278 BGB ist. Folglich weiß der Lieferant des Leasingguts regelmäßig, wenn eine geschuldete Abnahme- oder Übernahmebestätigung verspätet oder sachlich falsch ausgestellt wird[5]. Es ist deshalb verfehlt, insoweit dem Lieferanten des Leasingguts die **Alleinschuld** gemäß § 254 Abs. 2 BGB aufzuerlegen[6]. Denn sowohl der Leasingnehmer als auch der Lieferant des Leasingguts sind **gleichrangig** dafür verantwortlich, wenn die geschuldete Abnahme- oder Übernahmebestätigung entweder verspätet oder unzutreffend ausgestellt wird. Dieser Zusammenhang muss in den Leasing-AGB reflektiert werden; geschieht dies nicht, weist insbesondere eine Klausel in den Leasing-AGB die Alleinverantwortlichkeit dem Leasingnehmer insoweit zu, so verstößt sie gegen § 307 Abs. 2 Nr. 1 BGB[7].

3. Teilerfüllung – Leistungsverweigerungsrecht gemäß § 320 BGB

a) Grundsatz

62 Hat der Lieferant – handelnd als Erfüllungsgehilfe des Leasinggebers – die Verpflichtung zur Gebrauchsüberlassung eines funktionstüchtigen/gebrauchstauglichen Leasingguts nicht vollständig erfüllt, so steht dem Leasingnehmer gegenüber dem Leasinggeber die Einrede des **nicht erfüllten**

---

1 *Wolf/Eckert/Ball*, Hdb. des gewerblichen Miet-, Pacht- und Leasingrechts, Rn. 1771 ff.
2 Hierzu *Graf v. Westphalen* in Graf v. Westphalen, Der Leasingvertrag, Kap. E Rn. 27; *Wimmer-Leonhardt* in Martinek/Stoffels/Wimmer-Leonhardt, Handbuch des Leasingrechts, § 6 Rn. 10 ff.
3 MünchKommBGB/*Koch*, Leasing Rn. 69.
4 *Wolf/Eckert/Ball*, Hdb. des gewerblichen Miet-, Pacht- und Leasingrechts, Rn. 1771 ff.
5 Hierzu BGH v. 1.7.1987 – VIII ZR 117/86, NJW 1988, 204, 206 f.
6 So aber *Eckert*, ZIP 1987, 1510, 1511.
7 MünchKommBGB/*Koch*, Leasing Rn. 70.

Vertrags gemäß § 320 BGB zur Seite[1]. Eine Vorleistungspflicht des Leasingnehmers besteht nicht[2]. Ist z.B. das Betriebshandbuch bei einem EDV-Leasingvertrag nicht mitgeliefert, so bedeutet dies: Wertet man diesen Sachverhalt als Überlassung eines mangelhaften Leasingguts, so werden Gewährleistungsansprüche gemäß §§ 434 ff. BGB gegenüber dem Lieferanten des Leasingguts ausgelöst; gleichwohl entsteht die Verpflichtung des Leasingnehmers, seine Leasingraten an den Leasinggeber zu entrichten. Allerdings steht dem Leasingnehmer die Einrede des nicht erfüllten Vertrages gemäß § 320 BGB zu, die neben den Gewährleistungsrechten – mietrechtlich bedingt – erhoben werden kann[3]. Dabei ist freilich zu berücksichtigen, dass die Einrede des § 320 BGB dem Leasingnehmer lediglich das Recht verleiht, die Erfüllung der Leistung des Leasinggebers – der Lieferant des Leasingguts tritt als Erfüllungsgehilfe des Leasinggebers auf – zu erzwingen[4]. Ist hingegen – um im Beispiel zu bleiben – das Fehlen des Betriebshandbuchs – zusammen mit der zu liefernden Hardware – als **Einheit** einzuordnen, so beeinträchtigt das Fehlen des Handbuchs unmittelbar die Gebrauchsfähigkeit/Gebrauchstauglichkeit des Leasingguts mit der Konsequenz, dass diese Konstellation dann als Sachmangel gemäß §§ 434 ff. BGB zu begreifen ist[5]. Falls allerdings die Lieferung des Benutzerhandbuchs **endgültig** verweigert oder **unmöglich** ist, so greifen unmittelbar die §§ 536 f. BGB ein[6].

Der BGH steht bei dieser Problematik mit Recht auf dem Standpunkt, dass bei Nichtlieferung eines Betriebshandbuchs ein Fall der **Nichterfüllung** der Hauptleistungspflicht des Leasinggebers vorliegt[7]. Zur Konsequenz hat dies, dass der Leasingnehmer nicht berechtigt ist, im Rahmen der leasingtypischen Abtretungskonstruktion **Gewährleistungsansprüche** gegenüber dem Lieferanten des Leasingguts gemäß §§ 434 ff. BGB geltend zu machen. Vielmehr sind seine Rechte **unmittelbar** gegenüber dem **Leasinggeber** gemäß § 323 BGB – Rücktritt – oder gemäß § 543 Abs. 2 BGB – Kündigung – geltend zu machen. So gesehen ist entscheidend, dass der kaufvertragliche **Erfüllungsanspruch** dem Leasingnehmer in seinem Vertragsverhältnis zum Leasinggeber zusteht[8]. Richtet der Leasingnehmer allerdings seine Rücktritts- oder Kündigungserklärung – beides ist äquivalent, weil und soweit das Leasinggut noch nicht ausgeliefert, der Leasingvertrag noch nicht in Vollzug gesetzt worden ist – an den Lieferanten des Leasingguts, so ist dieser der falsche Adressat – mit der Konsequenz, dass eine solche rechtsgestaltende Erklärung dem Leasinggeber nur dann gemäß § 130 BGB überhaupt zuge-

---

1 BGH v. 5.7.1989 – VIII ZR 334/88, WM 1989, 1574, 1577; BGH v. 10.10.1994 – VIII ZR 295/94, NJW 1995, 187, 188.
2 *Wolf/Eckert/Ball*, Hdb. des gewerblichen Miet-, Pacht- und Leasingrechts, Rn. 1804.
3 BGH v. 7.10.1992 – VIII ZR 182/91, BB 1992, 2246, 2247.
4 BGH v. 25.1.1982 – VIII ZR 310/80, NJW 1982, 874; BGH v. 5.7.1989 – VIII ZR 334/88, WM 1989, 1574, 1577.
5 BGH v. 5.7.1989 – VIII ZR 334/88, WM 1989, 1574, 1578; BGH v. 4.11.1992 – VIII ZR 165/91, WM 1993, 111, 113.
6 BGH v. 5.7.1989 – VIII ZR 334/88, WM 1989, 1574.
7 BGH v. 4.11.1992 – VIII ZR 165/91, WM 1993, 111.
8 *Wolf/Eckert/Ball*, Hdb. des gewerblichen Miet-, Pacht- und Leasingrechts, Rn. 1797.

gangen ist, wenn feststeht, dass der Lieferant des Leasingguts insoweit als **Empfangsbote** des Leasinggebers fungieren sollte. Dies ist in der Praxis regelmäßig zu verneinen. Indessen liegt es in der Risikosphäre des Leasingnehmers, ob das angelieferte und von ihm abgenommene Leasinggut lediglich mangelhaft oder nur teilweise erfüllt ist.

b) Abtretung der Ansprüche aus Nichterfüllung

64 Das darin liegende Risiko des Leasingnehmers ist freilich dadurch **abgemildert**, dass in den Leasing-AGB – eine solche Konstruktion findet sich freilich nicht sehr oft – nicht nur die Gewährleistungsansprüche gemäß §§ 434 ff. BGB an den Leasingnehmer abgetreten sind, sondern dass darüber hinaus auch die aus der Nichterfüllung resultierenden Rechte aus dem Vertragsverhältnis zwischen Leasinggeber und Lieferant des Leasingguts an den Leasingnehmer **zediert** sind[1]. Ob eine solche Zession – bezogen auf die Rechte gemäß §§ 280, 286, 323 BGB – rechtlich zulässig ist, ohne dass die Erwerberstellung auf den Leasingnehmer übertragen wird, ist zweifelhaft[2], im Ergebnis aber deswegen zu bejahen, weil jedenfalls die Sperre des § 399 BGB nicht eingreift und weil nicht zu sehen ist, aus welchen Gründen **Sekundäransprüche** – außerhalb des dem Leasingnehmer verbleibenden Erfüllungsanspruchs – nicht vom Leasinggeber an den Leasingnehmer abgetreten werden sollen. Soweit erwogen wird, den Leasingnehmer zu **ermächtigen**, diese Rechte gemäß § 185 BGB auf eigene Rechnung und eigenes Risiko gegenüber dem Lieferanten des Leasingguts geltend zu machen, bestehen – wie noch zu zeigen sein wird (Rn. 73 f.) – durchgreifende Bedenken gemäß § 307 Abs. 2 Nr. 1 BGB[3].

4. Ausbleiben der Lieferung

65 Wenn der Lieferant des Leasingguts – handelnd als Erfüllungsgehilfe des Leasinggebers – nicht in der Lage ist, das Leasinggut vertragsgemäß an den Leasingnehmer auszuliefern, so fehlt dem Leasingvertrag – ähnlich nach erfolgreich durchgeführter Wandelung des Kaufvertrages wegen eines Sachmangels – die **Geschäftsgrundlage** gemäß § 313 BGB[4]. Da der Wegfall der Geschäftsgrundlage gemäß § 313 BGB **rückwirkend** eintritt (Rn. 106), erspart dieser dogmatische Ansatz dem Leasingnehmer die Verpflichtung, in diesen Fällen den Leasingvertrag gemäß § 543 Abs. 2 Nr. 1 BGB mit Wirkung ex nunc fristlos zu kündigen. Besteht allerdings Streit darüber, ob der Leasingvertrag durch Lieferung eines funktionstüchtigen/gebrauchstauglichen Leasingguts tatsächlich in Vollzug gesetzt worden ist, so bleibt dem Leasingnehmer keine andere Wahl: Er ist verpflichtet, seinen **Erfüllungsanspruch**

---

1 Hierzu auch *Wolf/Eckert/Ball*, Hdb. des gewerblichen Miet-, Pacht- und Leasingrechts, Rn. 1797 f.
2 Vgl. *Wolf/Eckert/Ball*, Hdb. des gewerblichen Miet-, Pacht- und Leasingrechts, Rn. 1676, 1716 – sehr zweifelnd, in der Sache wohl ablehnend; a.M. *Beckmann*, Finanzierungsleasing, § 2 Rn. 253 ff. – umfassend wirksam.
3 *Wolf/Eckert/Ball*, Hdb. des gewerblichen Miet-, Pacht- und Leasingrechts, Rn. 1676, 1716.
4 BGH v. 9.10.1985 – VIII ZR 217/84, NJW 1986, 179.

gegenüber dem Leasinggeber unmittelbar geltend zu machen. Wird er gleichwohl auf Zahlung der Leasingraten in Anspruch genommen, bleibt ihm die Einrede des nicht erfüllten Vertrages gemäß § 320 BGB (Rn. 62 ff.). Diese Erwägungen gelten auch dann, wenn Leasingnehmer und Lieferant einvernehmlich den **Umtausch** des Leasingguts vereinbaren, der Lieferant aber diese Abrede nicht erfüllt[1]. Also hat auch der Leasingnehmer die Einrede des nicht erfüllten Vertrages gemäß § 320 BGB; außerdem ist die Geschäftsgrundlage gemäß § 242 BGB fortgefallen, soweit die Umtauschvereinbarung aus Gründen nicht vollzogen wird, die der Leasingnehmer nicht zu vertreten hat[2].

Soweit der Leasinggeber aus Gründen, die er zu vertreten hat – der Lieferant des Leasingguts ist sein Erfüllungsgehilfe, so dass § 278 BGB gilt – nicht in der Lage ist, den Leasingvertrag ordnungsgemäß zu erfüllen, steht ihm **kein Aufwendungserstattungsanspruch** zu: Die vom Leasingnehmer in diesen Fällen ausgelösten Sanktionen beruhen auf einer dem Leasinggeber zurechenbaren Vertragsverletzung[3]. Das Risiko, dass das Leasinggeschäft in diesen Fällen **scheitert**, ist also Sache des Leasinggebers – mit der weiteren Konsequenz, dass eine AGB-Klausel gemäß § 307 Abs. 2 Nr. 1 BGB unwirksam ist, sofern sie irgendwelche Kosten oder Aufwendungen des Leasinggebers auf den Leasingnehmer abwälzt[4]. Entscheidend ist, dass das im Leasingvertrag typische **Äquivalenzverhältnis** gestört wird, wenn der Leasinggeber – trotz einer von ihm zu vertretenden Nichterfüllung der ihm obliegenden Leistungspflicht – Aufwendungs- oder Kostenersatz oder gar Schadensersatz formularmäßig vom Leasingnehmer fordert. 66

In diesen Fällen ist der Leasingnehmer in gleicher Weise berechtigt, seine Rechte **unmittelbar** gegenüber dem Leasinggeber geltend zu machen, wie dies zuvor dargestellt wurde (Rn. 62 ff.). 67

5. Lieferverzug – Rechtsfolgen

Nach der hier vertretenen Auffassung (Rn. 57) ist davon auszugehen, dass der Lieferant des Leasingguts stets **Erfüllungsgehilfe** des Leasinggebers ist, so dass der Leasinggeber für etwaige Lieferverzögerungen gemäß § 278 BGB einzustehen verpflichtet ist, soweit diese auf einem Verschulden des Lieferanten des Leasingguts beruhen. 68

a) Eigenhaftung des Leasinggebers

Im unternehmerischen Bereich ist es dem Leasinggeber in den Leasing-AGB verwehrt, seine Haftung gemäß §§ 280 Abs. 2, 281, 286 BGB und insbesondere gemäß § 323 BGB freizuzeichnen, soweit der Verbotstatbestand von 69

---

1 BGH v. 30.7.1997 – VIII ZR 157/96, NJW-RR 1998, 123.
2 BGH v. 30.7.1997 – VIII ZR 157/96, NJW-RR 1998, 123, 124.
3 BGH v. 9.10.1985 – VIII ZR 217/84, NJW 1986, 179; *Wolf/Eckert/Ball*, Hdb. des gewerblichen Miet-, Pacht- und Leasingrechts, Rn. 1791 ff.
4 BGH v. 9.10.1985 – VIII ZR 217/84, NJW 1986, 179.

§ 309 Nr. 8 lit. a BGB i.V.m. § 307 Abs. 2 Nr. 1 BGB in Rede steht[1]. Soweit dem Lieferanten des Leasingguts lediglich **einfache Fahrlässigkeit** zur Last fällt, scheitert aber auch im unternehmerischen Verkehr eine Freizeichnung des Leasinggebers am Verbotstatbestand von § 307 Abs. 2 Nr. 2 BGB, weil die dem Leasinggeber obliegende Sachverschaffungspflicht eine wesentliche Vertragspflicht darstellt[2]. Im Ergebnis schuldet also der Leasinggeber zum einen Ersatz des Verspätungsschadens gemäß § 280 Abs. 2 BGB, zum anderen Schadensersatz statt der Leistung gemäß § 281 BGB. Das dem Leasingnehmer zustehende **Rücktrittsrecht** wird nicht durch das **außerordentliche Kündigungsrecht** des § 543 Abs. 2 Nr. 1 BGB ersetzt, weil und soweit der Leasingvertrag, auf den in erster Linie die mietrechtlichen Bestimmungen der §§ 535 ff. BGB Anwendung finden, noch nicht in Vollzug gesetzt worden ist[3]. Das ist erst dann mit der Maßgabe zu bejahen, dass die §§ 536 f. BGB anwendbar sind, falls die Mietsache/das Leasinggut übergeben worden ist[4]. Der Leasinggeber trägt also das gesamte **Nichterfüllungsrisiko**, welches aus der von ihm veranlassten Einschaltung des Lieferanten des Leasingguts resultiert. Dies gilt unabhängig davon, ob der Leasinggeber – entsprechend der leasingtypischen Vertragspraxis – in die jeweilige Bestellung des Leasingnehmers gegenüber dem Lieferanten des Leasingguts „einsteigt" (Rn. 38) oder ob der Leasinggeber erst dann mit dem Lieferanten des Leasingguts kontrahiert, nachdem der Leasingvertrag zustande gekommen ist.

b) Parallele zur leasingtypischen „Abtretungskonstruktion"

70 In Leasing-AGB ist es üblich, dass der Leasinggeber die mietvertragliche Eigenhaftung gem. §§ 536 f. BGB gegenüber dem Leasingnehmer abbedingt, um diesen – statt dessen – auf die Mängelansprüche zu verweisen, die ihm, dem Leasinggeber, gegenüber dem Lieferanten des Leasingguts zustehen. In der **Literatur** ist es umstritten, ob dem Leasinggeber in den Leasing-AGB auch das Recht zusteht, in gleicher Weise den Leasingnehmer gemäß §§ 280 Abs. 2, 286, 323 BGB an den Lieferanten des Leasingguts im Rahmen einer Abtretungskonstruktion zu verweisen[5]. Die Rechtsprechung des BGH hat sich in diesem Punkt noch nicht festgelegt. Es spricht jedoch nichts dagegen[6], durch eine **eindeutige** Regelung in den Leasing-AGB sicherzustellen, dass dem Leasingnehmer die sich aus den §§ 280 Abs. 2, 286, 323 BGB ergebenden **Sekundäransprüche** abgetreten werden[7]. Denn unter dieser Voraus-

---

[1] Statt aller *Palandt/Heinrichs*, § 305 BGB Rn 50 ff.; *Wolf/Horn/Lindacher*, § 11 Nr. 8 AGBG Rn. 22; *Wolf/Horn/Lindacher*, § 11 Nr. 9 AGBG Rn. 15.
[2] BGH v. 12.1.1994 – VIII ZR 165/92, ZIP 1994, 461, 465 – Daihatsu.
[3] *Palandt/Weidenkaff*, vor § 535 BGB Rn. 58; *Wolf/Eckert/Ball*, Hdb. des gewerblichen Miet-, Pacht- und Leasingrechts, Rn. 1797.
[4] BGH v. 18.6.1997 – XII ZR 192/95, NJW 1997, 2813.
[5] Verneinend *Martinek*, Moderne Vertragstypen, Bd. I, S. 136 f.; *Papapostolou*, Die Risikoverteilung beim Finanzierungs-Leasing-Vertrag über bewegliche Sachen, 1987, S. 107 ff.; bejahend *Beckmann*, Finanzierungsleasing, § 2 Rn. 253 ff.
[6] Vgl. auch OLG Düsseldorf v. 17.1.1992 – 22 U 119/91, NJW-RR 1992, 821; *Graf v. Westphalen*, ZIP 1985, 1436, 1439; *Seifert*, DB 1983, Beil. 1, 6.
[7] Zur umfassenden Gestaltung der „Abtretungskonstruktion" *Beckmann* in Martinek/Stoffels/Wimmer-Leonhardt, Handbuch des Leasingrechts, § 26 Rn. 20 ff.

setzung entspricht es allgemeiner Auffassung, dass der Leasingnehmer als **Zessionar** berechtigt ist, seinen **Eigenschaden** zu reklamieren[1]. Dadurch wird keineswegs die leasingtypische **Risikoverteilung** gestört. Vielmehr gilt: Der dem **Leasinggeber** entstehende Eigenschaden bleibt – mangels eines vorhandenen Anspruchs – nicht reklamationsfähiger Eigenschaden; insoweit realisiert sich also das Geschäftsrisiko des Leasinggebers. Demgegenüber ist der Leasingnehmer berechtigt, den ihm entstehenden **Gesamtschaden** gegenüber dem Lieferanten des Leasingguts geltend zu machen.

Es ist **selbstverständlich**, dass auch in diesem Zusammenhang die gleichen Erwägungen gelten, wie sie bei der gewährleistungstypischen Abtretungskonstruktion entwickelt worden sind, so dass auch hier der Leasinggeber das Insolvenzrisiko des Lieferanten des Leasingguts trägt, was nach der Rechtsprechung feststeht[2]. Des Weiteren ist klar: Entschließt sich der Leasingnehmer, von seinem Rücktrittsrecht gemäß § 323 BGB Gebrauch zu machen, so fehlt dem Leasingvertrag die **Geschäftsgrundlage** gemäß § 213 BGB (Rn. 106). Das Gleiche gilt im Übrigen insoweit, als man zu dem Ergebnis gelangt, dem Leasingnehmer steht in diesem Fall – anstelle des Rücktrittsanspruchs gemäß § 323 BGB – ein fristloses Kündigungsrecht gemäß § 543 Abs. 2 Nr. 1 BGB zur Seite. Allerdings kann dann von einem rückwirkenden Wegfall der Geschäftsgrundlage – bezogen auf den Zeitpunkt des Abschlusses des Leasingvertrages – keine Rede sein, weil die Rechtswirkung der nach § 543 Abs. 2 Nr. 1 BGB zu beurteilenden außerordentlichen Kündigung sich lediglich mit Wirkung ex nunc vollzieht. Soweit der Leasingnehmer Schadensersatzansprüche statt der Leistung gemäß § 281 BGB gegenüber dem Lieferanten des Leasingguts durchsetzt, wird man auch von einem rückwirkenden Wegfall der Geschäftsgrundlage gemäß § 313 BGB ausgehen müssen (Rn. 106). 71

Dass es sachlich gerechtfertigt ist, dem Leasinggeber das Recht zu nehmen, seinen **Eigenschaden** in diesen Fällen gegenüber dem Lieferanten des Leasingguts geltend zu machen, wird durch eine Kontrollüberlegung bestärkt: Hätte der Leasinggeber seine mietvertragliche Eigenhaftung nicht abbedungen, so hätte er unmittelbar gegenüber dem Leasingnehmer gemäß §§ 280 Abs. 2, 323 BGB gehaftet. Er hätte dann ohne weiteres diesen Eigenschaden gegenüber dem Lieferanten des Leasingguts im Regresswege geltend machen können. Dann hätte der Lieferant des Leasingguts sowohl den Eigenschaden des Leasingnehmers als auch den des Leasinggebers ausgeglichen. Durch die Wahl einer leasingtypischen „Abtretungskonstruktion" hat jedoch der Leasinggeber sich diese Möglichkeit selbst aus der Hand genommen; die Tatsache, dass der Eigenschaden bei ihm verbleibt, ist mithin die zwingende Konsequenz der in den Leasing-AGB niedergelegten Freizeichnung gegenüber dem Haftungsrisiko gemäß §§ 280 Abs. 2, 281, 323 BGB. 72

---

1 BGH v. 28.6.1978 – VIII ZR 139/77, NJW 1978, 2148, 2149; *Staudinger/Medicus*, § 249 BGB Rn. 184.
2 BGH v. 25.10.1989 – VIII ZR 105/88, NJW 1990, 314; *Beckmann*, Finanzierungsleasing, § 13 Rn. 12.

c) Ermächtigung des Leasingnehmers

73 In zahlreichen Leasing-AGB wird der Leasingnehmer gemäß § 185 BGB ermächtigt, etwaige Ansprüche gemäß §§ 280 Abs. 2, 281 BGB unmittelbar auf eigene Kosten gegenüber dem Lieferanten des Leasingguts geltend zu machen. Es handelt sich hierbei jedoch um Ansprüche, die in der Person des **Leasinggebers** entstanden sind, weil dies das Charakteristikum der Ermächtigung gemäß § 185 BGB ist.

74 Bezogen auf die **Sanktionsfolgen** des Lieferverzugs ist jedoch eine solche Ermächtigung mit § 307 Abs. 2 Nr. 1 BGB **unvereinbar.** Denn in diesen Fällen ist der Leasingnehmer lediglich ermächtigt, den Eigenschaden des Leasinggebers gegenüber dem Lieferanten des Leasingguts geltend zu machen; der ihm aufgrund des Lieferverzugs entstehende **Eigenschaden** bleibt jedoch – mangels eines verfügbaren Anspruchs – sanktionslos. Dadurch aber wird der Leasingnehmer entgegen den Wertungen des dispositiven Rechts **rechtlos** gestellt, so dass ihm keine Möglichkeit an die Hand gegeben ist, den Verspätungsschaden gemäß § 280 Abs. 2 BGB mit Erfolg durchzusetzen. Die gleichen Erwägungen gelten im Hinblick auf den aus § 281 BGB resultierenden Schadensersatzanspruch statt der Leistung. Lediglich das aus dieser Norm resultierende **Rücktrittsrecht** kann Gegenstand einer Ermächtigung an die Adresse des Leasingnehmers sein, weil dann – wie bereits angedeutet – dem Leasingvertrag mit rückwirkender Kraft gemäß § 242 BGB die **Geschäftsgrundlage** fehlt, sofern der Leasingnehmer den Kaufvertrag zwischen Leasinggeber und Lieferant des Leasingguts durch Rücktritt gemäß § 323 BGB beendet.

d) Fall der Unmöglichkeit

75 Soweit dem Leasingnehmer wegen Unmöglichkeit der Lieferung des Leasingguts gemäß § 280 BGB bzw. gemäß § 323 BGB weitergehende Rechte zustehen, gelten die gleichen Erwägungen, die zuvor im Hinblick auf die Ansprüche gemäß §§ 280, 281 BGB erläutert worden sind.

6. Abnahmepflicht – Rügeobliegenheit gemäß § 377 HGB

76 Gemäß § 433 Abs. 2 BGB ist der Käufer verpflichtet, die gekaufte Sache abzunehmen. Abnahme ist der tatsächliche Akt der Fortnahme[1]: Der Verkäufer gibt den Besitz an der gekauften Sache auf und überträgt diesen auf den Käufer. Daran knüpft unmittelbar die handelsrechtliche Untersuchungs- und Rügeobliegenheit gemäß § 377 HGB an[2]. Dies bedeutet: Soweit der Vertrag zwischen Leasinggeber und Lieferant des Leasingguts ein **Handelsgeschäft** gemäß § 343 ist, trifft den Käufer – Leasingnehmer – die Rügeobliegenheit gemäß § 377 HGB. Vgl. im Einzelnen die Erl. oben zu § 377 HGB.

---

1 *Palandt/Weidenkaff*, § 433 BGB Rn. 43.
2 BGH v. 24.1.1990 – VIII ZR 22/89, NJW 1990, 1290; *Graf v. Westphalen*, BB 1990, 1, 4 ff.

VI. Geschuldetes Entgelt

1. Zahlung der Leasingraten

a) Fälligkeit gemäß § 286 Abs. 2 BGB

Es entspricht üblicher Vertragsgestaltung in Leasingverträgen, dass der Leasingnehmer verpflichtet wird, die geschuldeten Leasingraten **zu kalendermäßig fixierten Fälligkeitsdaten** zu zahlen[1]. Damit ist regelmäßig der Tatbestand des § 286 Abs. 2 BGB erfüllt. Freilich gilt dies nicht für die **erste Leasingrate**, denn diese wird regelmäßig erst dann fällig, wenn der Leasingnehmer die Abnahme- und Übernahmebestätigung ausgestellt, d.h. das Leasinggut als vertragsgemäß geliefert entgegengenommen hat. Dieser Zeitpunkt aber steht i.S.v. § 286 Abs. 2 BGB – bezogen auf den Zeitpunkt des Vertragsabschlusses – keineswegs von vornherein fest. Zur Konsequenz hat dies, dass insoweit lediglich der Tatbestand des § 286 Abs. 1 BGB erfüllt ist: Voraussetzung dafür, dass der Leasingnehmer in Zahlungsverzug gerät, ist also, dass der Leasinggeber – nach Eintritt der Fälligkeit – den Leasingnehmer **mahnt.**

77

b) Pauschalierung des Verzugsschadens

Es bestehen grundsätzlich keine Bedenken dagegen, dass der Leasinggeber in den Leasing-AGB einen ihm zustehenden Verzugsschaden klauselmäßig pauschaliert. Voraussetzung ist freilich, dass die Schadenshöhe sich an dem Durchschnittsschaden gemäß § 307 Abs. 2 Nr. 1 BGB i.V.m. § 309 Nr. 5 BGB orientiert. Nicht zu beanstanden ist es, wenn der Leasinggeber – entsprechend der Regel von § 497 BGB – 5 % über dem jeweiligen Basiszinssatz p.a. berechnet[2]. In gleicher Weise ist darauf zu achten, dass der Verbotstatbestand gemäß § 307 Abs. 2 Nr. 1 BGB von § 309 Nr. 5 lit. b BGB eingehalten wird[3]. Danach gilt, dass der **Gegenteilsbeweis**, dass gar kein oder ein niedrigerer Verzugsschaden als in der Pauschale ausgedrückt, entstanden ist, ausdrücklich zu eröffnen ist[4].

78

Nach Auffassung des BGH sind Formulierungen **unbedenklich**, in denen es heißt: „Wird ... belastet"[5]. Auch die Klausel „wird belastet" ist insoweit unbedenklich[6].

79

---

1 *Graf v. Westphalen* in Graf v. Westphalen, Der Leasingvertrag, Kap. F Rn. 2.
2 BGH v. 4.6.1997 – VIII ZR 312/95, ZIP 1997, 1457, 1449; vgl. auch *Graf v. Westphalen* in Graf v. Westphalen, Der Leasingvertrag, Kap. F Rn. 4; AGB-Klauselwerke/ *Graf v. Westphalen*, Verzugszinsklauseln, Rn. 8 ff. m.w.N.
3 Hierzu *Palandt/Grüneberg*, § 309 Rn. 30 f.
4 BGH v. 12.1.1994 – VIII ZR 165/92, ZIP 1994, 461, 473.
5 BGH v. 31.10.1984 – VIII ZR 226/83, ZIP 1984, 1485; BGH v. 16.10.1986 – III ZR 92/85, WM 1986, 1466, 1467.
6 BGH v. 12.11.1994 – VIII ZR 165/92, ZIP 1994, 461, 473 f.

2. Preisanpassungsklausel

80 Es entspricht üblicher Praxis in Leasing-AGB, dass der Leasinggeber sich das Recht vorbehält, eine Erhöhung des Leasingentgelts für den Fall vorzusehen, dass sich zwischen dem Zeitpunkt des Abschlusses des Leasingvertrages und der Lieferung des Leasingguts die **Refinanzierungszinssätze** verändern oder dass in diesem Zeitraum der vom Lieferanten des Leasingguts geforderte Preis sich aufgrund einer entsprechenden Preisanpassungsklausel des Lieferanten erhöht. Hat jedoch der Leasingnehmer die Abnahme- und Übernahmebestätigung ausgestellt, das Leasinggut also vertragsgemäß geliefert in Besitz genommen, so scheiden üblicherweise Preisanpassungsklauseln – bezogen auf die während der Grundmietzeit zu zahlenden Leasingraten – aus. Der Vorteil einer Leasingfinanzierung besteht anerkanntermaßen darin, dass der Leasingnehmer während der Grundmietzeit ein feststehendes Entgelt entrichten muss, also über eine verlässliche kalkulatorische Grundlage verfügt.

81 Preisanpassungsklauseln in Leasing-AGB können zunächst am **Vorrangprinzip** des Individualvertrages gemäß § 305b BGB scheitern. Dies ist immer dann zu bejahen, wenn sich aufgrund einer **Auslegung** ergibt, dass beide Parteien davon ausgegangen sind, dass die monatliche Leasingrate – sie ist üblicherweise im Leasingantrag als solche wiedergegeben – fest und unveränderlich während der Dauer des Leasingvertrages bestehen bleibt[1]. Im Übrigen sind bei Preisanpassungsklauseln – sowohl gegenüber dem Endverbraucher als auch im unternehmerischen Verkehr – zwei Gesichtspunkte zu berücksichtigen: Zum einen muss die Klausel sicherstellen, dass sie in ihren Voraussetzungen erkennbar die Interessen des Leasingnehmers angemessen berücksichtigt[2]. Darüber hinaus muss sie i.S.v. § 307 Abs. 1 S. 2 BGB **transparent** sein[3]. Notwendigerweise bedeutet dies, dass eine Preisanpassungsklausel auf die Abwälzung der konkreten Kostensteigerungen begrenzt sein muss; sie muss verhindern, dass der Leasinggeber aufgrund dieser Klausel in der Lage ist, einen zusätzlichen Gewinn zu erwirtschaften[4]. Deshalb wird man hier durchaus differenzieren müssen: Grundsätzlich ist es Sache des Leasinggebers, sich rechtzeitig zu refinanzieren[5]. Daraus folgt: Der Leasinggeber hat grundsätzlich kein legitimes Interesse daran, dass er die im Leasingantrag bereits bezeichnete Leasingrate deswegen erhöht, weil sich die Refinanzierungszinssätze bis zur Auslieferung des Leasingguts erhöht/verändert haben. Dadurch verstößt der Leasinggeber grundsätzlich gegen das Gebot, die Interessen des Leasingnehmers angemessen zu wahren[6]. Dies ist – freilich in den Grenzen, in denen Preisanpassungsklauseln gemäß § 307 Abs. 1 BGB wirksam sind – bei einer etwaigen Preiserhöhung des Lieferan-

---

1 Vgl. auch *Hansen* in Graf v. Westphalen, Der Leasingvertrag, Kap. N Rn. 57 ff.
2 Hierzu BGH v. 21.9.2005 – VIII ZR 38/05, NJW-RR 2005, 1717; BGH v. 12.1.1994 – VIII ZR 165/92, ZIP 1994, 461, 466.
3 Im Einzelnen AGB-Klauselwerke/*Graf v. Westphalen*, Preisanpassungsklauseln Rn. 19 ff., 23 ff. m.w.N.
4 BGH v. 12.7.1989 – VIII ZR 297/88, ZIP 1989, 1196, 1197 m.w.N.
5 *Canaris*, Bankvertragsrecht, Rn. 1770.
6 BGH v. 12.1.1994 – VIII ZR 165/92, ZIP 1994, 461, 466.

3. Sittenwidrigkeit gemäß § 138 BGB
a) Objektive Kriterien

Nach der Rechtsprechung des BGH, der im Ausgangspunkt zuzustimmen ist[1], können auch Leasingverträge als **wucherähnliche Rechtsgeschäfte** nach § 138 Abs. 1 BGB sittenwidrig und nichtig sein. Voraussetzung ist, dass ein objektiv auffälliges Missverhältnis zwischen Leistung und Gegenleistung besteht; hinzutreten muss eine verwerfliche Gesinnung des Leasinggebers[2]. Nach dieser **Grundsatzentscheidung** des BGH[3] ist nunmehr von folgendem Lösungsansatz auszugehen: Zunächst ist der **objektive Verkehrswert** des Leasingguts der vom Leasingnehmer während der Laufzeit des Leasingvertrages zu erbringenden Leistung gegenüberzustellen, um auf diese Weise ein gemäß § 138 Abs. 1 BGB erforderliches objektiv auffälliges Missverhältnis zwischen Leistung und Gegenleistung zu begründen[4]. Es ist also ein Vergleich der konkret vereinbarten Leasingrate mit den üblichen Leasingraten für ein vergleichbares Leasinggut anzustellen[5]. Wenn danach die entsprechenden „Vergleichsmieten" ermittelt sind, kommt es – im Rahmen von § 138 Abs. 1 BGB – entscheidend darauf an, ob das vertraglich vereinbarte Leasingentgelt und die jeweils ermittelte „Vergleichsmiete" das „Doppelte" ausmacht[6]. Welche konkreten Anforderungen an die entsprechende **Beweisführung** zu stellen sind, lässt sich nicht generell sagen. Immerhin ist es auffallend, dass dieses Verfahren als durchaus „zeitaufwendig" bezeichnet worden ist[7]. Des Weiteren ist darauf hingewiesen worden, dass die Einschaltung eines Sachverständigen die Führung des Prozesses verteuert[8]. Um den nach § 138 Abs. 1 BGB erforderlichen Schutz des Leasingnehmers nicht durch zu hohe Anforderungen an die Beweisführungslast i.S.v. § 138 Abs. 1 BGB zu gefährden oder zu beeinträchtigen, ist daher in der Praxis auf den Maßstab der **„Vergleichsmiete"** nur dann und nur insoweit zurückzugreifen, als diese

82

---

1 *Graf v. Westphalen* in Graf v. Westphalen, Der Leasingvertrag, Kap. F Rn. 39; *Schmidt/Schumm*, DB 1989, 2109 ff.; *Wolf/Eckert/Ball*, Hdb. des gewerblichen Miet-, Pacht- und Leasingrechts, Rn. 1748, 1769.
2 Grundlegend BGH v. 11.1.1995 – VIII ZR 82/94, ZIP 1995, 383.
3 BGH v. 11.1.1995 – VIII ZR 82/94, ZIP 1995, 383. Hierzu auch *Stoffels* in Martinek/Stoffels/Wimmer-Leonhardt, Handbuch des Leasingrechts, § 16 Rn. 2 ff.
4 BGH v. 11.3.1978 – VIII ZR 183/76, WM 1978, 406, 407; BGH v. 11.1.1995 – VIII ZR 82/94, ZIP 1995, 383, 384 f.
5 BGH v. 11.1.1995 – VIII ZR 82/94, ZIP 1995, 383, 385; im Einzelnen *Graf v. Westphalen* in Graf v. Westphalen, Der Leasingvertrag, Kap. F Rn. 61 ff.; kritisch insoweit zutreffend OLG Dresden v. 8.12.1998 – 8 U 462/98, NJW-RR 2000, 1305, 1306.
6 BGH v. 11.1.1995 – VIII ZR 82/94, ZIP 1995, 383, 385; *Wolf/Eckert/Ball*, Hdb. des gewerblichen Miet-, Pacht- und Leasingrechts, Rn. 1751.
7 *Wolf/Eckert/Ball*, Hdb. des gewerblichen Miet-, Pacht- und Leasingrechts, Rn. 1751.
8 *Wolf/Eckert/Ball*, Hdb. des gewerblichen Miet-, Pacht- und Leasingrechts, Rn. 1751.

für den Leasingnehmer ohne weiteres erreichbar und verifizierbar ist. Dies wird in der Praxis nur **selten** der Fall sein.

83 Aus diesem Grund ist die Frage der Sittenwidrigkeit eines Leasingvertrages gemäß § 138 Abs. 1 BGB **regelmäßig** auf Basis der Rechtsprechung des BGH zum **Ratenkredit** zu prüfen[1]. Hierbei fällt entscheidend ins Gewicht, dass die leasingtypischen Merkmale – insbesondere die **Vollamortisationspflicht** des Leasingnehmers – geeignet ist, strukturell eine Parallelität zum drittfinanzierten Kauf herzustellen[2]. Denn der Leasinggeber übernimmt eine dem Darlehensgeber vergleichbare Finanzierungsfunktion, was auch durch § 500 BGB i.V.m. § 499 BGB bestätigt ist[3]. Dass der Leasinggeber rechtlich und wirtschaftlich Volleigentümer des Leasingguts ist, während der Darlehensgeber beim finanzierten Kauf lediglich Sicherungseigentum erwirbt, ist zwar evident, begründet aber keine eigenständige, entgeltpflichtige Leistung des Leasinggebers[4]. Die **rechnerische Ausgestaltung** der Vergleichsberechnung – Ratenkredit/Leasingvertrag – ist vom BGH fallspezifisch aufgebaut[5], sie findet in der Literatur Zustimmung[6]. Soweit der Leasinggeber in der Lage ist, den Nachweis zu führen, dass höhere Refinanzierungs- oder Verwaltungskosten oder gar die Belastung mit Gewerbesteuerpflichten eine Parallelschaltung zum Ratenkredit ausschließen, kann diesem Argument – nach der zutreffenden Auffassung des BGH – in der Weise begegnet werden, dass der marktübliche durchschnittliche Bearbeitungskostensatz von 2,5 % auf 3 % oder maximal 3,5 % erhöht wird[7].

84 Im praktischen Ergebnis kommt es also entscheidend darauf an, den jeweiligen **effektiven Jahreszins** zu berechnen. Das Eingreifen von § 138 Abs. 1 BGB ist daher dann geboten, wenn entweder der effektive Vertragszins den effektiven Vergleichszins relativ um 100 % oder absolut um 12 % übersteigt[8]. Dabei macht es **keinen Unterschied**, ob es sich um einen reinen Privatkredit handelt oder um einen **gewerblichen Kredit**[9].

---

1 BGH v. 11.1.1995 – VIII ZR 82/94, ZIP 1995, 383, 385 f.; BGH v. 30.1.1995 – VIII ZR 316/93, ZIP 1995, 380, 382 – Ferrari; OLG Köln v. 31.5.1996 – 19 U 80/94, NJW-RR 1997, 1549 – Leasing von Hard- und Software; OLG Dresden v. 8.12.1999 – 8 U 462/98, NJW-RR 2000, 1305.
2 BGH v. 11.1.1995 – VIII ZR 82/94, ZIP 1995, 383, 386 f.
3 Vgl. auch im Einzelnen *Schmidt/Schumm*, DB 1989, 2109 ff.; *Wolf/Eckert/Ball*, Hdb. des gewerblichen Miet-, Pacht- und Leasingrechts, Rn. 1754.
4 So auch BGH v. 11.1.1995 – VIII ZR 82/94, ZIP 1995, 383, 386.
5 BGH v. 11.1.1995 – VIII ZR 82/94, ZIP 1995, 383, 386.
6 *Wolf/Eckert/Ball*, Hdb. des gewerblichen Miet-, Pacht- und Leasingrechts, Rn. 1756 ff.; *Schmidt/Schumm*, DB 1989, 2109 ff.
7 BGH v. 11.1.1995 – VIII ZR 82/94, ZIP 1995, 383, 388.
8 BGH v. 13.3.1990 – XI ZR 252/89, ZIP 1990, 499, 500 m.w.N.; BGH v. 11.1.1995 – VIII ZR 82/94, ZIP 1995, 383, 387.
9 BGH v. 19.2.1991 – XI ZR 319/89, NJW 1991, 1810.

b) Subjektive Kriterien

Im Hinblick auf den nach § 138 Abs. 1 BGB erforderlichen **subjektiven Tatbestand** ist eine **Differenzierung** vorzunehmen: Ausgangspunkt ist die grundsätzliche Feststellung, dass eine verwerfliche Gesinnung des Leasinggebers immer dann vorliegt, wenn dieser die wirtschaftlich schwächere Lage des Leasingnehmers, insbesondere seine Unterlegenheit bei der Festlegung der Vertragsbedingungen, bewusst zu seinem Vorteil ausgenutzt oder sich zumindest **leichtfertig** der Erkenntnis verschlossen hat, dass sich der Leasingnehmer nur aufgrund seiner schwächeren Lage auf die ihn beschwerenden Bedingungen eingelassen hat[1]. Ist der Leasingnehmer Kaufmann/Unternehmer, so wird **widerleglich** vermutet, dass die subjektiven Voraussetzungen der Sittenwidrigkeit gemäß § 138 Abs. 1 BGB in der Person des Leasinggebers nicht vorliegen[2]. Nach Ansicht des BGH[3] ist beim Abschluss eines Leasingvertrages mit einem Unternehmer mit nur geringem Geschäftsvolumen (vgl. **Minderkaufmann**) auf die allgemeinen Beweisregeln zurückzugreifen: Wenn sich der Leasingnehmer auf die Nichtigkeit des Leasingvertrages beruft, muss er auch die subjektiven Voraussetzungen des § 138 Abs. 1 BGB darlegen und notfalls beweisen. Das wird man dahin verstehen dürfen, dass im Rahmen von § 14 BGB diese Aussage auch dann gilt, wenn der betreffende Unternehmer kein Gewerbe betreibt. Denn dann entsteht regelmäßig eine stärkere Schutzpflicht als beim eingetragenen Kaufmann.

85

c) Sittenwidrigkeit des Kaufvertrags

Verteidigt sich der Leasinggeber gegenüber dem Vorwurf der Sittenwidrigkeit gemäß § 138 Abs. 1 BGB mit dem Hinweis, der zwischen ihm und dem Lieferanten des Leasingguts abgeschlossene **Kaufvertrag** sei seinerseits sittenwidrig – mit der Konsequenz, dass ihm selbst kein subjektiv verwerfliches Handeln anzulasten ist, so stellt sich die Frage, mit welcher Konstruktion dem Leasingnehmer hier geholfen werden kann. Denn es ist evident, dass es nicht angeht, den Leasingnehmer am Leasingvertrag festzuhalten und ihm Ansprüche gegenüber dem Lieferanten des Leasingguts nur deswegen abzuschneiden, weil er selbst nicht dessen Vertragspartner ist. *Wolf/Eckert/Ball*[4] haben vorgeschlagen, dass in diesem Fall die Wirksamkeit des Kaufvertrages nicht ohne Weiteres die Grundlage des Leasingvertrages ist. Doch ist ggf. daran zu denken, dem Leasingnehmer zu gestatten, den zwischen Leasinggeber und Lieferanten des Leasingguts abgeschlossenen **Kaufvertrag** und auch den Leasingvertrag wegen eines gemeinsamen Irrtums anzufechten, mit der Konsequenz, dass dann dem Leasingvertrag die **Geschäftsgrundlage** gemäß § 313 BGB fehlen könnte[5]. Das ist jedoch regel-

86

---

1 BGH v. 1.1.1995 – VIII ZR 82/94, ZIP 1995, 383, 384.
2 BGH v. 1.1.1995 – VIII ZR 82/94, ZIP 1995, 383, 388.
3 BGH v. 1.1.1995 – VIII ZR 82/94, ZIP 1995, 383, 388.
4 *Wolf/Eckert/Ball*, Hdb. des gewerblichen Miet-, Pacht- und Leasingrechts, Rn. 1769.
5 A.M. *Zahn/Bahmann*, Kfz-Leasingvertrag, Rn. 313.

mäßig nicht sehr befriedigend, so dass die Sittenwidrigkeit gemäß § 139 BGB für beide Verträge zu begründen ist.

87 Ob diesem dogmatischen Ansatz zu folgen ist, erscheint zweifelhaft. **Zutreffender** dürfte es sein, unter diesen Voraussetzungen dem Leasingnehmer einen unmittelbaren – aus der **Treuepflicht** des Leasingvertrages – folgenden Anspruch gegenüber dem Lieferanten des Leasingguts zu gewähren, den Tatbestand der objektiven Sittenwidrigkeit gemäß § 138 Abs. 1 BGB gegenüber dem Lieferanten des Leasingguts geltend zu machen. Denn nur so kann der – nicht zu vernachlässigende – Tatbestand berücksichtigt werden, dass die BGH-Judikatur – wie gezeigt (Rn. 85 f.) – in subjektiver Hinsicht danach differenziert, ob der Leasingnehmer Endverbraucher, Minderkaufmann (a.F.) oder Kaufmann ist. Gewährt man dem Leasingnehmer hingegen einen unmittelbaren Anspruch aus § 138 Abs. 1 BGB gegenüber dem Lieferanten des Leasingguts, so würde dieser – bezogen auf das Merkmal der subjektiven Verwerflichkeit – mit einer Beweiserleichterung konfrontiert, obwohl sein Vertragspartner, der Leasinggeber, regelmäßig Kaufmann ist. In der Sache ist aber dieser konstruktiv unterschiedliche Lösungsansatz bedeutungslos, weil in jedem Fall der Bestand des Kaufvertrages Geschäftsgrundlage des Leasingvertrages gemäß § 242 BGB ist.

VII. Mängelhaftung

88 Ausgangspunkt ist nach wie vor, dass der Leasinggeber berechtigt ist, seine mietvertragliche Eigenhaftung gemäß §§ 535 ff. BGB gegenüber dem Leasingnehmer auszuschließen, um stattdessen den Leasingnehmer auf kauf- bzw. werkvertragliche Mängelansprüche zu verweisen, die ihm, dem Leasinggeber, gegenüber dem Lieferanten des Leasingguts zustehen[1].

1. Auswirkungen der Schuldrechtsmodernisierung

a) Zwingendes Verbraucherschutzrecht

89 Wenn und soweit dem Leasingnehmer die Rechtsstellung eines Käufers kraft der leasingtypischen Abtretungskonstruktion eingeräumt wird, sind naturgemäß die zwingenden Bestimmungen der §§ 476 ff. BGB zu beachten[2]. Auf die hiermit zusammenhängenden Einzelheiten kann in diesem Zusammenhang nicht weiter eingegangen werden. Denn im Ergebnis handelt es sich um eine Fallgestaltung des **Verbraucherleasing**, weil der Leasingnehmer Verbraucher gemäß § 13 BGB ist.

---

1 BGH v. 23.2.1977 – VIII ZR 125/75, NJW 1977, 858; BGH v. 16.9.1981 – VIII ZR 265/80, NJW 1982, 105; BGH v. 4.4.1984 – VIII ZR 313/82, NJW 1984, 2687; BGH v. 20.6.1984 – VIII ZR 131/83, NJW 1985, 129 – Ständige Rechtsprechung.

2 BGH v. 21.12.2005 – VIII ZR 85/05, NJW 2006, 1066 – Grundlegend: Leasing kein Umgehungsgeschäft i.S.d. § 475 Abs. 1 S. 2 BGB.

b) Abtretungs- oder Ermächtigungskonstruktion

aa) Bisherige Ergebnisse der Judikatur

Die Rechtsprechung ging bisher davon aus, dass der Leasinggeber verpflichtet ist, dem Leasingnehmer die nach kauf- bzw. werkvertraglichen zuvor ausgestalteten Mängelansprüche gegenüber dem Lieferanten des Leasingguts uneingeschränkt, unbedingt und vorbehaltlos abzutreten[1]. Daher ist es gemäß § 307 Abs. 2 Nr. 1 BGB unwirksam, wenn in den Leasing-AGB bestimmt wird, dass der Mieter „nach Wahl des Vermieters" verpflichtet ist, Gewährleistungsansprüche gegenüber dem Lieferanten „entweder im eigenen Namen oder im Namen des Vermieters" geltend zu machen[2]. Gleiches gilt dann, wenn der Leasinggeber zusätzlich berechtigt sein soll, „die in dieser Wahl liegende Ermächtigung jederzeit" zu widerrufen, „um die Ansprüche selbst zu verfolgen"[3] Weder die Abtretung noch die Ermächtigung darf also in irgendeiner Weise eingeschränkt werden[4]. Nichts anderes gilt dann, wenn neben der leasingtypischen Abtretungskonstruktion bestimmt wird, dass der Leasinggeber berechtigt bleiben soll, die „eigene Rechtsverfolgung" gegenüber dem Lieferanten des Leasingguts durchzuführen[5]. Entscheidend ist letzten Endes, dass dem Leasingnehmer die dem Leasinggeber zustehenden Ansprüche auch unbedingt an die Hand gegeben werden[6]. Insbesondere ist es gemäß § 307 Abs. 2 Nr. 1 BGB **unwirksam**, wenn in den Leasing-AGB bestimmt wird, dass der Leasingnehmer ein Wandlungsrecht nur dann geltend machen kann, wenn er Zug um Zug alle noch ausstehenden Leasingraten – freilich unter Berücksichtigung des Restwerts des Leasingguts und einer etwaigen Abzinsung – zuvor an den Leasinggeber bezahlt hat[7]. Unwirksam ist des Weiteren eine Klausel, in der sich der Leasinggeber das Recht zur eigenen Rechtsverfolgung – auf Kosten des Leasingnehmers – vorbehält[8].

90

bb) Rücktritts- und Minderungsrecht als Gestaltungsrecht

An die Stelle des früheren Wandelungs- und Minderungsrechts gemäß §§ 459, 462, 465, 467 BGB a.F. ist gemäß § 437 Nr. 2 BGB das Rücktritts- und Minderungsrecht in seiner Form als Gestaltungsrecht getreten. **Keinerlei Bedenken** gemäß § 307 Abs. 2 Nr. 1 BGB bestehen insoweit, als der **Nacherfüllungsanspruch** nach § 437 Nr. 1 BGB in Rede steht – gleichgültig ob in seiner Form als Mangelbeseitigungs- oder Ersatzlieferungsanspruch. Gleiches gilt für den **Schadensersatzanspruch** gemäß § 437 Nr. 3 BGB. Denn in diesen Punkten hat sich aufgrund der Schuldrechtsmodernisierung nichts

91

---

1 BGH v. 17.12.1986 – VIII ZR 279/85, ZIP 1987, 240; BGH v. 27.4.1988 – VIII ZR 84/87, WM 1988, 979, 982.
2 BGH v. 17.12.1986 – VIII ZR 279/85, ZIP 1987, 240.
3 BGH v. 17.12.1986 – VIII ZR 279/85, ZIP 1987, 240.
4 BGH v. 17.12.1986 – VIII ZR 279/85, ZIP 1987, 240, 242; BGH v. 25.10.1989 – VIII ZR 105/88, ZIP 1990, 175.
5 BGH v. 27.4.1988 – VIII ZR 84/87, WM 1988, 979, 982.
6 BGH v. 25.10.1989 – VIII ZR 105/88, ZIP 1990, 175, 177.
7 BGH v. 19.2.1986 – VIII ZR 91/85, NJW 1986, 1744.
8 BGH v. 9.7.2002 – X ZR 70/00, NJW-RR 2003, 51.

geändert. Offen ist allerdings die Antwort auf die Frage, ob im Rahmen der leasingtypischen Abtretungskonstruktion auch das Minderungs- und Rücktrittsrecht des § 437 Nr. 3 BGB in wirksamer Weise abgetreten werden kann. Dies wird in der Literatur mehrheitlich bejaht[1]. Soweit dies in der Literatur verneint wird[2], wird man berücksichtigen müssen, dass insoweit, als Minderungs- oder Rücktrittsrechte gemäß § 437 Nr. 2 BGB in Rede stehen, allemal eine **Ermächtigungskonstruktion** zum Zuge gelangen kann – mit der Konsequenz, dass eine für unwirksam angesehene Abtretungskonstruktion dann in eine – wirksame – Ermächtigungskonstruktion umzudeuten ist. Trotz dogmatischer Bedenken wird man also auch unter Geltung der Schuldrechtsmodernisierung an der früheren Abtretungskonstruktion festhalten dürfen[3].

2. Inhalt der vom Leasingnehmer wahrzunehmenden Mängelansprüche

a) Mangelbeseitigungsanspruch

92 Entsprechend der Grundnorm von § 439 Abs. 1 BGB ist gemäß § 307 Abs. 2 Nr. 1 BGB davon auszugehen, dass im praktischen Ergebnis alle zum Zweck der Mangelbeseitigung erforderlichen **Aufwendungen** vom Lieferanten des Leasingguts zu tragen sind[4]. Abweichende AGB-Klauseln sind gemäß § 307 Abs. 2 Nr. 1 BGB unwirksam.

93 Es ist seit langem anerkannt, dass der Verbotstatbestand von § 309 Nr. 8 lit. b bb BGB in gleicher Weise gemäß § 307 Abs. 2 Nr. 1 BGB gilt, sofern das zwischen Leasinggeber und Lieferant des Leasingguts bestehende Vertragsverhältnis dem unternehmerischen Verkehr angehört, dass auch die Fälle des „Fehlschlagens" der Mangelbeseitigung/Nacherfüllung im Rahmen der leasingtypischen Abtretungskonstruktion zu beachten sind. Nach der Rechtsprechung des BGH[5] bedeutet dies: In Lieferanten-AGB müssen entweder alle Fälle aufgeführt sein, in denen die Rechtsprechung des BGH von einem „Fehlschlagen" der Nacherfüllung ausgeht. Oder es ist zumindest sicherzustellen, dass – pauschal – der Begriff des „Fehlschlagens" verwendet wird[6]. Geschieht dies nicht, dann ist die Klausel deswegen intransparent i.S.v. § 307 Abs. 1 S. 2 BGB, weil sie den Leasingnehmer darüber im Unklaren lässt, unter welchen Voraussetzungen er – als Folge des „Fehlschlagens" der Nacherfüllung – berechtigt ist, weitergehende Rechte, nämlich: das Rücktritts- oder Minderungsrecht gemäß § 437 Nr. 2 BGB auszuüben[7].

---

1 *Beckmann*, Finanzierungsleasing, § 2 Rn. 146; *Erman/Jendrek*, Anhang zu § 535 BGB Rn. 28 ff.; *Zahn*, DB 2002, 985; *Reinking*, ZGS 2002, 229, 232; MünchKommBGB/*Koch*, Leasing Rn. 92; *Wolf/Eckert/Ball*, Hdb. des gewerblichen Miet-, Pacht- und Leasingrechts, Rn. 1810 ff.
2 *Graf v. Westphalen*, ZIP 2001, 2258, 2260; *Graf v. Westphalen*, ZGS 2002, 64 ff.
3 A.M. noch AGB-Klauselwerke/*Graf v. Westphalen*, Leasing Rn. 114 ff.
4 Im Einzelnen: AGB-Klauselwerke/*Graf v. Westphalen*, Mangelbeseitigung Rn. 4 ff.
5 BGH v. 2.2.1994 – VIII ZR 262/92, NJW 1994, 1004, 1005.
6 BGH v. 2.2.1994 – VIII ZR 262/92, NJW 1994, 1004, 1005.
7 BGH v. 2.2.1994 – VIII ZR 262/92, NJW 1994, 1004, 1005.

b) Anspruch auf Ersatzlieferung

In der Literatur ist vorgeschlagen worden, den Anspruch auf Ersatzlieferung gemäß § 439 Abs. 1 BGB im unternehmerischen Verkehr abzubedingen[1]. Ob eine solche Fallgestaltung mit § 307 Abs. 2 Nr. 1 BGB im Einklang steht, erscheint zweifelhaft[2]. Der Lieferant wird von sich aus kaum jemals ein Interesse daran haben, den Anspruch auf Ersatzlieferung abzubedingen; jedenfalls ist eine solche Fallgestaltung im unternehmerischen Verkehr deswegen schwer vorstellbar, weil dann das Rücktrittsrecht gemäß § 437 Nr. 2 BGB ungekürzt zum Zuge gelangt, sofern die Nacherfüllung in Form der Mangelbeseitigung für den Kunden kein unmittelbares Interesse im Vergleich zu einer Ersatzlieferung hat. Die Erwägung dürfte dann gelten, wenn eine solche Fallkonstellation – Ausschluss des Anspruchs auf Ersatzlieferung – in den **Einkaufs-AGB** des Leasinggebers vorgesehen wird, weil darin eine unangemessene Benachteiligung des Lieferanten i.S.v. § 307 Abs. 2 Nr. 1 BGB liegt. Demzufolge wird in der Literatur auch mit Recht geltend gemacht, dass der Leasinggeber nicht berechtigt ist, in den **Leasing-AGB** einen Anspruch auf Ersatzlieferung abzubedingen, weil dies der Grundentscheidung der leasingtypischen Abtretungskonstruktion widerstreitet, dass nämlich kaufrechtliche Mängelansprüche dem Leasingnehmer unbedingt, vollständig und vorbehaltlos übertragen werden müssen[3]. Sicherlich fällt auch hier ins Gewicht, dass die leasingtypische Abtretungskonstruktion davon geprägt ist, dem Leasingnehmer die Rechte eines **Käufers** einzuräumen[4]. Dass der Leasingnehmer in seiner Funktion als Mieter einen Anspruch auf Ersatzlieferung nicht hat, sei unbestritten. Doch dies ändert nichts daran, dass die leasingtypische Abtretungskonstruktion die kaufrechtliche Komponente des Finanzierungsleasing im Blick hat, was auch gemäß § 307 Abs. 2 Nr. 1 BGB im unternehmerischen Verkehr sichergestellt werden muss.

94

aa) Konsequenzen der Ersatzlieferung

Unter Berücksichtigung der Regelung von Art. 3 Abs. 2 der Verbrauchsgüterkauf-Richtlinie hat der BGH[5] die Entscheidung dem EuGH vorgelegt, ob nicht eine richtlinienkonforme Auslegung von § 439 Abs. 4 BGB angezeigt ist, so dass der Käufer im Rahmen einer Ersatzlieferung nicht mit den Kosten einer **Nutzungsentschädigung** belastet werden darf[6]. Wie immer diese Entscheidung im Ergebnis ausfallen mag, man wird unterstreichen müssen, dass die auf die Auslegung von Art. 3 Abs. 2 der Verbrauchsgüterkauf-Richt-

95

---

1 *Zahn*, DB 2002, 85; *Godefroid*, BB-Beilage Nr. 5/2002, S. 2, 6; *Beckmann*, Finanzierungsleasing, § 2 Rn. 320; *Löbbe*, BB-Beilage Nr. 6/2003, S. 7, 10.
2 A.M. *Palandt/Grüneberg*, § 309 BGB Rn. 48.
3 So mit Recht: *Wolf/Eckert/Ball*, Rn. 1813, 1863; *Beckmann*, Finanzierungsleasing, § 2 Rn. 321; *Graf v. Westphalen*, ZIP 2001, 2258.
4 A.M. *Habersack*, BB-Beil. Nr. 6/2003, 2, 6; *Löbbe*, BB-Beil. Nr. 6/2003, 7, 10; *Zahn*, DB 2002, 985, 990 ff.
5 BGH v. 18.6.2006 – VIII ZR 200/05, NJW 2006, 3200; im Einzelnen *Witt*, NJW 2006, 3322.
6 So auch *Rott*, BB 2004, 2478 ff.; *Gsell*, NJW 2003, 1969, 1973; *Beckmann*, Finanzierungsleasing, § 2 Rn. 337 ff.

linie abhebende Auslegung[1] nicht geeignet ist, eine adäquate Antwort auf die Frage zu geben, ob nicht die Regel von § 439 Abs. 4 BGB entsprechend dem **eindeutigen Wortlaut** auf den unternehmerischen Verkehr zu beziehen ist, um den es hier alleine geht. Demzufolge spricht vieles dafür, hier die Grundsätze der sog. gespaltenen Auslegung zur Anwendung zu berufen[2]. Sie besagt: es geht bei der Berücksichtigung der Interessen des unternehmerischen Verkehrs nicht darum, die Rechtsregel des Art. 3 Abs. 2 der Verbrauchsgüterkauf-Richtlinie in zutreffender Weise ins deutsche Recht umzusetzen, sondern es kommt entscheidend darauf an, die Rechtsregel des § 439 Abs. 4 BGB zur Anwendung zu berufen. Danach aber ist der Leasingnehmer – wie ein Käufer – verpflichtet, dem Lieferanten im Fall der Ersatzlieferung eine Nutzungsentschädigung für den zeitweisen Gebrauch des mangelhaften Leasingguts zu entrichten. Wie an anderer Stelle im Einzelnen dargelegt[3], wird man hier – mangels gegenteiliger Indizien – davon ausgehen müssen, dass die Nutzungsentschädigung im Rahmen von § 439 Abs. 4 BGB dem jeweiligen monatlichen **Leasingentgelt** entspricht.

96 Dass eine Ersatzlieferung den **Vollamortisationsanspruch** des Leasinggebers zu beeinträchtigen geeignet ist, ist hinzunehmen. Wegen des Scheiterns der „ersten Andienung" ist der Leasinggeber verpflichtet, mit Hilfe des Lieferanten des Leasingguts (§ 278 BGB) ein neues Leasinggut zu liefern, das der Leasingnehmer während der Restdauer des Leasingvertrages uneingeschränkt zu nutzen berechtigt ist. Soweit dem gegenüber in der Praxis vorgeschlagen wird, abweichende AGB-Klauseln vorzusehen, scheitern diese grundsätzlich an § 307 Abs. 2 Nr. 1 BGB. Zuzugeben ist sicherlich, dass ein neu geliefertes Leasinggut **höherwertig** ist als das ursprünglich (mangelhaft) gelieferte Leasinggut. Doch es geht nicht an, dass diese Höherwertigkeit in der Weise am Ende des Leasingvertrages berücksichtigt wird, dass der erzielte Mehrerlös um die Nutzungsvergütung gekürzt wird, welche der Lieferant für die Nutzung des mangelhaften Leasingguts erhalten hatte[4]. Denn eine solche AGB-Klausel stände in einem krassen Widerspruch zu § 346 Abs. 2 BGB, was nach § 307 Abs. 2 Nr. 1 BGB nicht hinzunehmen ist. Sicherlich, der Leasinggeber erleidet – bezogen auf seinen Vollamortisationsanspruch – einen kommerziellen Nachteil. Doch dieser ist die zwingende Konsequenz der vom Leasinggeber aus freien Stücken gewählten Abtretungskonstruktion: Würde der Leasinggeber bei den mietrechtlichen Bestimmungen der §§ 536 f. BGB stehen bleiben, dann hätte der Leasingnehmer keinen Anspruch auf Ersatzlieferung. Doch wäre zu berücksichtigen, dass dem Leasingnehmer im Fall der Mangelhaftigkeit gemäß § 536 Abs. 1 BGB allemal dann ein **Minderungsrecht** – entsprechend dem jeweiligen Mangel des Leasingguts – zusteht.

---

1 Vgl. auch BT-Drucks. 14/6040, 232 f.
2 Statt aller: *Palandt/Heinrichs*, Einl. Rn. 44.
3 *Beckmann*, Finanzierungsleasing, § 2 Rn. 332 ff.
4 So aber *Reinking*, ZGS 2002, 231, 232; *Reinking*, DAR 2002, 496 f.; vgl. auch *Godefroid*, BB-Beil. Nr. 5/2002, 2, 6 f.; vgl. auch *Zahn*, DB 2002, 985, 987; in der Sache auch *Habersack* in Neues Schuldrecht und Bankgeschäfte, 2002, S. 3, 45 f.

Unter Berücksichtigung von § 346 Abs. 2 BGB hat also der Lieferant die ihm im Rahmen von § 439 Abs. 4 BGB zufließende Nutzungsentschädigung behalten. Hinzuzusetzen ist, dass der Vollamortisationsanspruch des Leasinggebers ohnehin nur in den Fällen tendenziell beeinträchtigt wird, in denen zwischen Leasinggeber und Leasingnehmer ein Teilamortisationsvertrag mit **Mehrerlösbeteiligung** abgeschlossen worden ist. Denn nur in diesen Fällen kommt der (erhöhte) Mehrerlös dem Leasingnehmer zu 75 % zugute, ist also tendenziell höher anzusetzen als in den Fällen, in denen der Leasingnehmer ein von vorneherein gebrauchstaugliches Leasinggut erhalten hatte. Doch in allen anderen Fällen hat die Ersatzlieferung keine Auswirkung auf den Vollamortisationsanspruch des Leasinggebers. Bei einem Teilamortisationsvertrag mit Andienungsrecht wird der Leasinggeber – gerade wegen der Höherwertigkeit des ersatzweise gelieferten Leasingguts – alles daran setzen, das Leasinggut anderweitig auf dem Markt zu veräußern; er hat i.d.R. gar keinen Anlass, von seinem Andienungsrecht gegenüber dem Leasinggeber – bezogen auf den von vorneherein zwischen den Parteien vereinbarten „Restwert" – Gebrauch zu machen. Bei einem kündbaren Teilamortisationsvertrag wird – kraft steuerrechtlicher Vorgabe – ohnehin nur 90 % des Verwertungserlöses auf den Vollamortisationsanspruch umgerechnet. Bei allen sonstigen Verträgen des Vollamortisationserlasses aber kommt der Leasinggeber uneingeschränkt in den Genuss des (erhöhten) ersatzweise gelieferten Leasingguts. 97

bb) Ersatzlieferung – Auswirkungen auf den Leasingvertrag

In der Literatur wird vorgeschlagen, die Ersatzlieferung eines Leasingguts genauso zu behandeln, wie es vom BGH[1] für den Fall eines **Umtauschs** des Leasingguts entschieden worden ist. Danach ist der Umtausch des Leasingguts nicht mit der Wandelung des Kaufvertrages vergleichbar[2]. Wenn aber – so der BGH – der Umtausch eines (mangelhaften) Leasingguts nicht dazu führt, dass dem Leasingvertrag die Geschäftsgrundlage gemäß § 313 BGB fehlt, dann soll dies – so die in der Literatur vertretene Auffassung – auch dann gelten, wenn eine Ersatzlieferung gemäß § 439 Abs. 4 BGB vorgenommen wird[3]. Dem ist – im Gegensatz zu einer anderenorts vertretenen Auffassung[4] – zu folgen. Selbst wenn man davon ausgeht, dass die Ersatzlieferung zwangsläufig dazu führt, dass der Leasinggeber verpflichtet ist, in seinem Anlagevermögen nach § 247 Abs. 2 HGB das neue, ersatzweise gelieferte Leasinggut als individuelles Wirtschaftsgut nach § 252 Abs. 1 Nr. 3 HGB zu bewerten und auch zu aktivieren hat, so folgt daraus jedoch nicht, dass auf diese Weise ein Fortfall der Geschäftsgrundlage gemäß § 313 BGB eintritt. Entscheidend ist nämlich der Befund, dass § 313 Abs. 1 BGB zum einen einen **Anspruch** wegen Fortfalls der Geschäftsgrundlage gewährt, dass aber zum anderen dieser Anspruch dann nicht einzuräumen ist, wenn es sich um einen Umstand handelt, der dem Risikobereich derjenigen Partei zuzuwei- 98

---

1 BGH v. 30.7.1997 – VIII ZR 157/96, ZIP 1997, 1703.
2 BGH v. 30.7.1997 – VIII ZR 157/96, ZIP 1997, 1703, 1704; *Tiedtke/Möllmann*, DB 2004, 583, 587; *Jaggy*, BB-Beil. Nr. 5/2002, 14, 18.
3 *Beckmann*, Finanzierungsleasing, § 2 Rn. 330.
4 AGB-Klauselwerke/*Graf v. Westphalen*, Leasing Rn. 307.

sen ist, die sich auf den Fortfall der Geschäftsgrundlage beruft[1]. Genau dieser Tatbestand liegt hier vor. Denn dass der Leasinggeber verpflichtet ist, eine Ersatzlieferung vorzunehmen, ist seinem Risikobereich zuzuweisen, weil er sich des Lieferanten des Leasingguts gemäß § 278 BGB als Erfüllungsgehilfen bedient. Folglich kann sich der Leasinggeber in diesen Fällen nicht mit Erfolg auf den Fortfall der Geschäftsgrundlage gemäß § 313 Abs. 1 BGB berufen. Dass sich der Leasingnehmer seinerseits nicht auf diese Norm beruft, beruht unmittelbar darin, dass die Ersatzlieferung für ihn vorteilhaft ist, weil er ein neues Leasinggut erhält und dieses während der Restdauer des Leasingvertrages nutzen kann.

c) Ausübung des Rücktrittsrechts – § 437 Nr. 2 BGB

99 In der Praxis ist es regelmäßig so, dass der Leasingnehmer deswegen von seinem Rücktrittsrecht gegenüber dem Lieferanten des Leasingguts Gebrauch macht, weil die Nacherfüllung gemäß § 439 Abs. 1 BGB **fehlgeschlagen** ist. Die wesentlichen Erscheinungsformen sind: die objektive oder subjektive Unmöglichkeit, die ungerechtfertigte Verweigerung, die ungebührliche Verzögerung sowie der misslungene Versuch der Nacherfüllung[2]. Wenn nunmehr der Leasingnehmer gemäß § 437 Nr. 2 BGB von seinem Rücktrittsrecht als **Gestaltungsrecht** Gebrauch macht, dann stellen sich zwei Fragen, die unter dem Regime der Schuldrechtsmodernisierung **kontrovers** beantwortet werden:

aa) Geltendmachung der Einrede des nicht erfüllten Vertrages gemäß § 320 BGB

100 Aus der leasingtypischen Abtretungskonstruktion folgt, dass der Leasingnehmer nicht berechtigt ist, unter Berufung auf das allgemeine Leistungsverweigerungsrecht des § 320 BGB gegenüber dem Leasinggeber die Zahlung der Leasingraten deswegen zu verweigern, weil das Leasinggut mangelhaft war[3]. Demzufolge ging die Judikatur des BGH davon aus, dass ein solches Leistungsverweigerungsrecht dem Leasingnehmer erst dann zuzuweisen ist, wenn er **Wandelungsklage** – gerichtet auf Rückzahlung des Kaufpreises – erhoben hatte[4]. Gleiches galt natürlich dann, wenn der Leasingnehmer und Lieferant des Leasingguts sich auf eine Rückabwicklung des Kaufvertrages geeinigt hatten. Die Erhebung der Wandelungsklage hatte darüber hinaus die Konsequenz, dass die Zahlungsklage des Leasinggebers gegenüber dem Leasingnehmer gemäß § 148 ZPO **auszusetzen** war[5]. Daraus folgt: Dem Leasinggeber ist es untersagt, nach Erhebung der Wandlungsklage in irgendeiner Weise Zahlung – selbst nur vorläufig – zu verlangen. Es ist nämlich der Sinn

---

1 *Palandt/Grüneberg*, § 313 BGB Rn. 26.
2 BGH v. 2.2.1994 – VIII ZR 262/92, WM 1994, 703, 705.
3 BGH v. 19.2.1986 – VIII ZR 91/85, NJW 1986, 1744; für eine entsprechende Klauselgestaltung MünchKommBGB/*Koch*, Leasing Rn. 105.
4 BGH v. 19.2.1986 – VIII ZR 91/85, NJW 1986, 1744; *Wolf/Eckert/Ball*, Hdb. des gewerblichen Miet-, Pacht- und Leasingrechts, Rn. 1828, 1854, 1858; vgl. MünchKommBGB/*Koch*, Leasing Rn. 105.
5 BGH v. 19.2.1986 – VIII ZR 91/85, NJW 1986, 1744.

der leasingtypischen Abtretungskonstruktion, dass der Streit über Mängel des Leasingguts nicht in das Leasing-Rechtsverhältnis einbezogen werden darf, sondern dass dieser Streit zwischen Lieferant des Leasingguts und Leasingnehmers abschließend auszutragen ist[1]. Dadurch wird der Leasinggeber keineswegs unangemessen i.S.v. § 307 Abs. 1 BGB belastet; ohnehin trägt er ja von Anfang an, d.h. schon bei Abschluss des Leasingvertrages, das Insolvenzrisiko des Lieferanten des Leasingguts.

Schon in der Vorauflage wurde Kritik an dieser Rechtsprechung – bezogen auf den Zeitpunkt vor Erhebung der Wandelungsklage – erhoben. Das wurde damit begründet, dass dem Leasingnehmer deswegen die Einrede des nicht erfüllten Vertrages gemäß § 320 BGB im Fall der Mangelhaftigkeit des Leasingguts zusteht, weil die mietvertragliche Erfüllungspflicht durch Lieferung eines mangelhaften Leasingguts nicht erfüllt war. Doch ergab sich aufgrund der leasingtypischen Abtretungskonstruktion, dass dem Leasingnehmer die Rechtsstellung eines **Käufers** zugewiesen war und dass die §§ 459 ff. BGB a.F. **Sonderregeln** gegenüber dem allgemeinen Leistungsstörungsrecht der §§ 320 ff. BGB a.F. darstellten, so dass ein Rückgriff auf § 309 Nr. 2 lit. a BGB bzw. auf § 307 Abs. 2 Nr. 1 BGB nicht ohne weiteres statthaft war[2]. 101

Unter dem Regime der **Schuldrechtsmodernisierung** stellt sich jedoch die Frage, ob sich an dieser Rechtslage etwas Grundlegendes geändert hat. Ausgangspunkt für die hier noch anzustellende Erwägung ist die Feststellung, dass die **mangelfreie Erfüllung** gemäß § 433 Abs. 1 S. 2 BGB zu den originären Erfüllungspflichten des Verkäufers zählt. Zur Konsequenz hat dies, dass dem Käufer im Fall der Mangelhaftigkeit der Lieferung ein Leistungsverweigerungsrecht gemäß § 320 BGB zur Seite steht[3]. Dies führt zur Frage, ob dem Leasingnehmer diese Einrede deswegen zusteht, weil und soweit sie Teil der leasingtypischen Abtretungskonstruktion ist, demzufolge der Leasingnehmer die Stellung eines Käufers erhalten hat. Überwiegend wird diese Auffassung in der Literatur verneint[4]. Teilweise wird darauf abgestellt[5], dass die Einrede des nicht erfüllten Vertrages gemäß § 320 BGB nur dem Leasinggeber gegenüber dem Lieferanten, nicht aber dem Leasingnehmer gegenüber dem Lieferanten des mangelhaften Leasingguts zusteht[6]. Dieses Argument ist – ungeachtet des Hinweises auf die Relativität der Schuldverhältnisse – deswegen nicht überzeugend, weil die leasingtypische Abtretungskonstruktion darauf abzielt, dass dem Leasingnehmer die Rechtstellung eines Käufers einzuräumen: Wenn also dem Leasingnehmer die kaufrechtlichen **Erfüllungsansprüche** gemäß § 437 BGB zediert sind, dann schließt diese Rechts- 102

---

1 BGH v. 19.12.1984 – VIII ZR 277/83, BB 1985, 354; BGH v. 7.10.1992 – VIII ZR 182/91, BB 1992, 2246, 2247.
2 Vgl. BGH v. 10.10.1994 – VIII ZR 395/94, NJW 1995, 187, 188.
3 Hierzu *Palandt/Weidenkaff*, § 434 BGB Rn. 40 ff.; *Wolf/Eckert/Ball*, Hdb. des gewerblichen Miet-, Pacht- und Leasingrechts, Rn. 1804.
4 *Wolf/Eckert/Ball*, Hdb. des gewerblichen Miet-, Pacht- und Leasingrechts, Rn. 1810 ff.; *Tiedtke/Möllmann*, DB 2004, 583, 584; *Godefroid*, BB-Beil. Nr. 5/2002, 7; MünchKommBGB/*Koch*, Leasing Rn. 104.
5 *Tiedtke/Möllmann*, DB 2004, 583.
6 A.M. *Graf v. Westphalen*, DB 2001, 1291, 1292; *Graf v. Westphalen*, ZIP 2001, 2258.

stellung automatisch auch ein, dem Leasingnehmer gegenüber dem Lieferanten des mangelhaften Leasingguts die Einrede des nicht erfüllten Vertrages gemäß § 320 BGB zuzuweisen. Denn diese Einrede dient ausschließlich dem Zweck, den Lieferanten als Erfüllungsgehilfen des Leasinggebers zu zwingen, ein mangelfreies Leasinggut dem Leasingnehmer zur Gebrauchsnutzung zu überlassen. So gesehen hat sich die Rechtslage grundlegend gegenüber der früheren Gewährleistungshaftung gemäß §§ 459 ff. BGB a.F. gewandelt. Dem ist Rechnung zu tragen. Demzufolge hat der BGH auch anerkannt[1], dass dem Leasingnehmer jedenfalls dann die Einrede des nicht erfüllten Vertrages gemäß § 320 BGB zur Seite steht, wenn er zum Zweck der Nacherfüllung das Leasinggut an den Lieferanten zurückgegeben hat[2]. Es kann insoweit keinen Unterschied machen, ob der Lieferant die Mangelbeseitigung gemäß § 439 Abs. 1 BGB beim Leasingnehmer selbst vornimmt, oder ob der Leasingnehmer das Leasinggut wegen der Mangelhaftigkeit an den Lieferanten zurückgewährt. Denn in beiden Fällen ist der Leasingnehmer – und allein dies ist entscheidend – nicht in der Lage, das Leasinggut wegen seiner Mangelhaftigkeit zu nutzen. Dies rechtfertigt folglich die Einrede des nicht erfüllten Vertrages gemäß § 320 BGB[3].

bb) Rücktrittserklärung – Anspruch gemäß § 313 Abs. 1 BGB

103 Nach der Rechtsprechung des BGH, die vor Erlass der Schuldrechtsmodernisierung ergangen war, war der Leasingnehmer berechtigt, die Zahlung der Leasingraten zu verweigern, sobald er Wandelungsklage wegen eines Mangels des Leasingguts erhoben hatte[4]. Dies ist nunmehr anders. Erklärt nämlich der Leasingnehmer im Rahmen der leasingtypischen Abtretungskonstruktion den **Rücktritt** gemäß § 437 Nr. 2 BGB und geht diese Erklärung dem Lieferanten zu, dann entsteht ein **Rückabwicklungsschuldverhältnis**[5]. Zur Konsequenz hat dies, dass die beiderseitigen Erfüllungsansprüche erlöschen[6]. Im Gegensatz zur Wandelungserklärung gemäß §§ 459, 462, 465, 467 BGB a.F. tritt die Rechtswirkung der Rücktrittserklärung unabhängig davon ein, ob der Erklärungsempfänger mit dieser Erklärung einverstanden ist[7]. Daraus ist in der Literatur abgeleitet worden, dass jedenfalls in dem Zeitpunkt, in welchem der Leasingnehmer gegenüber dem Lieferanten des Leasingguts den Rücktritt gemäß § 437 Nr. 2 BGB erklärt, der Leasingneh-

---

1 BGH v. 29.5.1991 – VIII ZR 125/90, NJW 1991, 2135; vgl. auch BGH v. 5.7.1989 – VIII ZR 334/88, WM 1989, 1574.
2 Hierzu auch *Tiedtke/Möllmann*, DB 2004, 583, 584 f.
3 A.M. *Wolf/Eckert/Ball*, Hdb. des gewerblichen Miet-, Pacht- und Leasingrechts, Rn. 1810 ff.
4 BGH v. 19.2.1986 – VIII ZR 91/85, WM 1986, 591; im Einzelnen *Graf v. Westphalen* in Graf v. Westphalen, Der Leasingvertrag, Kap. H Rn. 145 ff.
5 BAG v. 15.3.2001 – 2 AZR 705/99, NJW 2001, 3355 – betreffend Kündigung.
6 *Palandt/Grüneberg*, § 346 BGB Rn. 4; *Beckmann*, Finanzierungsleasing, § 2 Rn. 209.
7 *Graf v. Westphalen*, ZIP 2001, 2258, 2261; *Reinking*, ZGS 2002, 229, 233; *Beckmann*, Finanzierungsleasing, § 2 Rn. 212.

mer berechtigt ist, die Einrede des nicht erfüllten Vertrages gemäß § 320 BGB zu erheben und die weitere Zahlung der Leasingraten zu verweigern[1].

Es besteht aber auch kein Zweifel, dass der Leasingnehmer berechtigt ist, gleichzeitig einen Anspruch gemäß § 313 Abs. 1 BGB wegen **Fortfalls der Geschäftsgrundlage** geltend zu machen. Daran kann niemand ihn hindern. Insbesondere ist darauf aufmerksam zu machen, dass auch hier eine weitere **Änderung der Rechtslage** eingetreten ist: Während früher der Fortfall der Geschäftsgrundlage nach ständiger Rechtsprechung des BGH[2] erst dann eintrat, wenn die Wandelung des Kaufvertrages vollzogen war – die Rechtswirkungen traten dann ex tunc ein –, ist es nunmehr so, dass der Gläubiger – hier: der Leasingnehmer – einen Anspruch wegen Fortfalls der Geschäftsgrundlage gemäß § 313 Abs. 1 BGB hat[3].

104

Freilich bedeutet dies nicht, dass der auf § 313 Abs. 1 BGB gestützte Anspruch des Leasingnehmers auch begründet ist. Dies entscheidet sich vielmehr erst dann, wenn fest steht, dass die Voraussetzungen des Rücktrittsrechts gemäß § 437 Nr. 2 BGB tatsächlich erfüllt sind[4]. Solange also nicht feststeht, dass der Rücktritt des Leasingnehmers wegen der Mangelhaftigkeit des Leasingguts tatsächlich begründet ist, steht ihm auch ein gesetzliches Rücktrittsrecht gemäß § 437 Nr. 2 BGB i.V.m. § 346 Abs. 1 BGB nicht zu, weil insoweit die tatbestandlichen Voraussetzungen eines – wirksamen – Rücktritts fehlen[5]. Bestreitet also der Lieferant die Begründetheit der Rücktrittserklärung des Leasingnehmers i.S.v. § 437 Nr. 2 BGB, dann bleibt dem Leasingnehmer im Rahmen der leasingtypischen Abtretungskonstruktion keine andere Wahl, als **Klage** darauf zu erheben, dass sein Rücktrittsrecht gemäß § 346 Abs. 1 BGB begründet ist. Hat indessen der Leasingnehmer gegenüber dem Lieferanten noch keine Klage auf Durchführung des Rücktritts erhoben, dann kann der Leasinggeber seinerseits Klage auf Zahlung der Leasingraten erheben, soweit der Leasingnehmer – unter Berufung auf die (angebliche) Mangelhaftigkeit des Leasingguts – die Einrede des nicht erfüllten Vertrages gemäß § 320 BGB gegenüber dem Zahlungsanspruch des Leasinggebers erhoben hat. Doch ist dieses Verfahren gemäß § 148 ZPO jedenfalls dann auszusetzen, wenn der Leasingnehmer Klage auf Durchführung des Rücktritts gemäß § 346 Abs. 1 BGB gegenüber dem Lieferanten des Leasingguts erhoben hat. Insoweit ändert sich die Rechtslage nicht[6]. Die danach vorzunehmende **Risikozuweisung** liegt auf der Hand: Es ist immer der Leasingnehmer, der das Risiko trägt, ob der von ihm wegen der Mangelhaf-

105

---

1 Im Einzelnen: *Graf v. Westphalen*, ZIP 2006, 1653 ff.
2 BGH v. 13.7.1991 – VIII ZR 34/90, NJW 1991, 1746; BGH v. 19.10.1985 – VIII ZR 217/84, NJW 1986, 179; MünchKommBGB/*Koch*, Leasing Rn. 100 ff.; *Erman/Jendrek*, § 536 BGB Rn. 31; *Palandt/Weidenkaff*, vor § 535 BGB Rn. 58.
3 Statt aller *Palandt/Grüneberg*, § 313 BGB Rn. 25 m.w.N.
4 Hierzu *Beckmann*, Finanzierungsleasing § 2 Rn. 215 ff.
5 So auch *Staudinger/Stoffels*, Leasing Rn. 237; *Beckmann*, Finanzierungsleasing § 2 Rn. 218 ff.; AGB-Klauselwerke/*Graf v. Westphalen*, Leasing Rn. 137.
6 BGH v. 12.2.1986 – VIII ZR 91/85, NJW 1986, 1744; MünchKommBGB/*Koch*, Leasing Rn. 103.

tigkeit des Leasingguts erklärte Rücktritt gemäß § 437 Nr. 2 BGB begründet ist. Gleiches gilt insoweit, als er gegenüber dem Leasinggeber unter Hinweis auf die Mangelhaftigkeit des Leasingguts von der Einrede des nicht erfüllten Vertrages gemäß § 320 BGB Gebrauch macht und die weitere Zahlung der Leasingraten gegenüber dem Leasinggeber verweigert[1]. Zwar entsteht – formal betrachtet – durch die Rücktrittserklärung des Leasingnehmers gegenüber dem Lieferanten ein Rückabwicklungsverhältnis; doch die Frage, ob daraus gemäß § 346 Abs. 1 BGB abzuleitende Rücktrittsfolgen begründet sind, steht auf einem anderen Blatt. Darüber kann erst dann entschieden werden, wenn feststeht, ob die Rücktrittserklärung des Leasingnehmers gegenüber dem Lieferanten tatsächlich begründet ist, wann und soweit das Leasinggut in der Tat mangelhaft ist und den Leasingnehmer zum Rücktritt vom Kaufvertrag im Rahmen der leasingtypischen Abtretungskonstruktion berechtigt ist. Erweist sich hingegen die Rücktrittserklärung des Leasingnehmers als **unbegründet**, dann ist auch die Einrede des nicht erfüllten Vertrages gemäß § 320 BGB gegenüber dem Zahlungsanspruch des Leasinggebers unbegründet; gleichzeitig steht damit aber auch fest, dass der Leasingnehmer in **Zahlungsverzug** gemäß § 286 BGB geraten ist, so dass der Leasinggeber berechtigt ist, unter den Voraussetzungen von § 543 Abs. 2 Nr. 3 BGB den Leasingvertrag wegen Zahlungsverzug des Leasingnehmers **fristlos zu kündigen**.

cc) Kündigung anstelle des Fortfalls der Geschäftsgrundlage?

106 In der Literatur herrscht ein weitreichender Meinungsstreit darüber, ob der Fortfall der Geschäftsgrundlage gemäß § 313 Abs. 1 BGB nicht durch die in § 313 Abs. 3 S. 2 BGB verankerte **Kündigungsregelung** zu ersetzen ist. Der Gesetzgeber ist bei Schaffung von § 313 BGB – wie selbstverständlich – davon ausgegangen, dass mit Ersetzung des Rücktritts durch das Kündigungsrecht keine Änderung der Gesetzeslage eingetreten sei[2]. Demzufolge wird auch wohl überwiegend in der Literatur die Auffassung vertreten, dass – nach wie vor – beim Finanzierungsleasing der Fortfall der Geschäftsgrundlage mit Wirkung ex tunc eintritt[3]. Einzuräumen ist zunächst, dass der Leasingvertrag eindeutig ein **Dauerschuldverhältnis** verkörpert, so dass nach § 313 Abs. 3 S. 2 BGB ein fristloses Kündigungsrecht eingreift, wenn die Geschäftsgrundlage des Dauerschuldverhältnisses gestört und eine Vertragsanpassung nicht möglich ist. Bedenkt man, dass der Gesetzgeber zwar den Bereich des Finanzierungsleasing nicht bei der Erörterung des § 313 BGB ausdrücklich erwähnt hat, dass er aber in der Sache keine Änderung der bisherigen Rechtslage herbeiführen wollte[4], dann sind damit die Würfel gefal-

---

1 A.M. *Beckmann*, Finanzierungsleasing, Rn. 233 ff.
2 BT-Drucks. 14/6040, 176.
3 *Wolf/Eckert/Ball*, Hdb. des gewerblichen Miet-, Pacht- und Leasingrechts, Rn. 1770, 1791, 1801, 1844; *Palandt/Weidenkaff*, vor § 535 BGB Rn. 58; *Reinking*, ZGS 2002, 229, 233; *Zahn*, DB 2002, 985, 987; a.M. *Löbbe*, BB-Beil. Nr. 6/2003, 7, 13 f.; MünchKommBGB/*Habersack*, Leasing Rn. 98 ff.; *Möller/Wendehorst* in Bamberger/Roth, § 500 BGB Rn. 40 f.; vgl. auch *Tiedtke/Möllmann*, DB 2004, 583, 588.
4 BT-Drucks. 14/6040, 176.

len: Jedenfalls § 313 Abs. 3 S. 2 BGB findet auf den Finanzierungsleasingvertrag keine Anwendung; es verbleibt vielmehr bei dem rückwirkenden Fortfall der Geschäftsgrundlage i.S.v. § 313 Abs. 1 BGB. Zwar ist einzuräumen, dass dem Leasingnehmer – handelnd durch den Lieferanten als seinen Erfüllungsgehilfen – die Pflicht zur Überlassung eines gebrauchstauglichen/funktionstüchtigen Leasingguts **unmöglich** geworden ist, wenn und soweit der Leasingnehmer gegenüber dem Lieferanten den Rücktritt wegen der Mangelhaftigkeit des Leasingguts gemäß § 437 Nr. 2 BGB (in begründeter Weise) erklärt hat[1]. Doch es ist nicht sachgerecht, im Rahmen der leasingtypischen Abtretungskonstruktion einen Rücktritt wegen Mangelhaftigkeit des Leasingguts gemäß §§ 437 Nr. 2, 346 ff. BGB durchgreifen zu lassen, ohne in gleicher Weise die Auswirkung auf den Leasingvertrag – mit rückwirkender Kraft – zu berücksichtigen. Denn die mit Wirkung ex nunc gemäß § 313 Abs. 3 S. 2 BGB eingreifende Kündigung erweist sich als nicht interessengerecht[2]. Denn dass der Leasingnehmer – auch als Folge der Unmöglichkeit – von der Pflicht zur weiteren Zahlung künftiger Leasingraten gemäß § 326 Abs. 1 BGB entlastet wird[3], beantwortet noch nicht die allein entscheidende Frage nach dem Schicksal der vom Leasingnehmer bereits zuvor gezahlten Leasingraten.

Erweist sich nämlich das Leasinggut als in der Tat gebrauchsuntauglich/funktionsuntüchtig, so dass der Rücktritt gemäß §§ 437 Nr. 2, 346 ff. BGB begründet ist, dann ist es ganz und gar ungerechtfertigt, die auf den Kaufvertrag zwischen Leasinggeber und Lieferant des Leasingguts bezogene Rechtsfolge allein in diesem Rechtsverhältnis zu belassen. Denn dies führt dann zwangsläufig dazu, dass der Leasinggeber bevorteilt wird, weil er berechtigt bleibt, die Leasingraten bis zum Zeitpunkt der Kündigung des Leasingvertrages gemäß § 313 Abs. 3 S. 2 BGB zu behalten. Demzufolge muss auch die auf § 313 Abs. 3 S. 2 BGB reflektierende Literaturmeinung anerkennen, dass eine Rückabwicklung des Kaufvertrages auf den Leasingvertrag „durchschlägt"[4], was in entsprechender Anwendung von § 326 Abs. 4 BGB geschehen soll. Indessen ist diese Rechtsfolge nicht minder gekünstelt als diejenige, die entsprechend der h.M. über § 313 Abs. 1 BGB – in Fortführung der bisherigen Rechtsprechung – beibehalten wird. Denn die „Rückabwicklung" des Leasingvertrages vollzieht sich dann nach den bereicherungsrechtlichen Regeln der §§ 812 ff. BGB[5]. Letztlich hängt auch die damit vorgegebene Risikoverteilung damit zusammen, dass der Leasinggeber das Risiko der **Insolvenz** des Lieferanten trägt und dass entgegenstehende Klauseln an § 307 Abs. 2 Nr. 1 BGB scheitern[6]. 107

---

1 MünchKommBGB/*Habersack*, 4. Auf., Leasing Rn. 99; auf § 313 BGB zurückgreifend MünchKommBGB/*Koch*, 5. Aufl., Leasing Rn. 100 ff.
2 So mit Recht auch *Tiedtke/Möllmann*, DB 2004, 583, 588.; vgl. auch *Reinking*, ZGS 2002, 229, 233.
3 MünchKommBGB/*Habersack*, 4. Auf., Leasing Rn. 99.
4 MünchKommBGB/*Habersack*, 4. Auf., Leasing Rn. 100.
5 BGH v. 25.10.1989 – VIII ZR 105/88, ZIP 1990, 175, 176.
6 BGH v. 25.10.1989 – VIII ZR 105/88, ZIP 1990, 175; vgl. auch *Beckmann*, Finanzierungsleasing, § 13 Rn. 12 m.w.N.

d) Minderungsrecht gemäß § 437 Nr. 2 BGB

108 Hier gelten in der Sache die gleichen Erwägungen, die zuvor im Hinblick auf das Rücktrittsrecht des Leasingnehmers im Rahmen der leasingtypischen Abtretungskonstruktion gemäß § 437 Nr. 2 BGB erörtert worden sind. Allerdings ist bei begründeter Minderung lediglich gemäß § 313 Abs. 1 BGB ein Anspruch auf eine teilweise Reduzierung der Leasingraten – im gleichen Verhältnis wie bei der Minderung gemäß § 441 BGB – anzuerkennen.

e) Schadensersatzansprüche

aa) Abtretungs- oder Ermächtigungskonstruktion

109 Es bestehen i.S.v. § 307 Abs. 2 Nr. 1 BGB keinerlei Bedenken dagegen, dass auch Schadensersatzansprüche – gleichgültig, ob es sich um Schadensersatzansprüche gemäß § 280 BGB oder um den Schadensersatzanspruch statt der Leistung handelt – von einer Abtretungskonstruktion erfasst werden. Voraussetzung ist selbstverständlich, dass die jeweiligen AGB-Klauseln klar und eindeutig, insbesondere transparent gemäß § 307 Abs. 1 S. 2 BGB abgefasst sind. Daraus folgt: Bezieht sich die Abtretungskonstruktion lediglich auf Mängelansprüche gemäß § 437 BGB, dann ist evident, dass diese AGB-Klausel nicht geeignet ist, auch solche Schadensersatzansprüche zu erfassen, die aus **sonstigen Pflichtverletzungen** resultieren, wie insbesondere aus der Rechtsmängelhaftung[1] oder aus dem Gesichtspunkt des Verzugs oder gar der Produzentenhaftung gemäß § 823 Abs. 1 BGB. Festzuhalten ist insoweit, dass der BGH in seinem Urteil vom 24.4.1996[2] ausdrücklich die Wirksamkeit der Abtretung von Schadensersatzansprüchen des Leasinggebers gegenüber dem Lieferanten aus positiver Vertragsverletzung wegen „Verletzung einer kaufvertraglichen Nebenleistungspflicht" bejaht hat[3]. Daraus folgt: Der Leasinggeber ist berechtigt, in den Leasing-AGB die leasingtypische Abtretungskonstruktion auch auf alle sonstigen Tatbestände einer Pflichtverletzung zu beziehen, die sich aus dem Vertragsverhältnis zwischen Leasinggeber und Lieferant des Leasingguts ergeben.

110 Gleichzeitig ist freilich zu bedenken, dass die leasingtypische Abtretungskonstruktion dann zwangsläufig dazu führt, dass der Leasingnehmer berechtigt ist, den erlittenen **Eigenschaden** geltend zu machen, weil insoweit immer der Schaden des **Zessionars** in Rede steht, nicht aber der Schaden des Zedenten, d.h., des Leasinggebers[4]. Folglich bleibt der Schaden des Leasinggebers sanktionslos, was die zwingende Konsequenz der Tatsache ist, dass die leasingtypische Abtretungskonstruktion den Zweck erfüllt, die mietvertragliche Eigenhaftung gemäß §§ 536 f. BGB zu kompensieren. Würde nämlich diese Konstruktion nicht eingreifen, dann hätte der Leasingnehmer einen mietvertraglichen Regressanspruch gegenüber dem Leasinggeber; dieser würde dann seinerseits einen kaufvertraglichen Regressanspruch gegenüber

---

[1] Hierzu *Beckmann*, Finanzierungsleasing, § 2 Rn. 151 ff.
[2] BGH v. 24.4.1996 – VIII ZR 114/95, NJW 1996, 2025.
[3] So auch *Beckmann*, Finanzierungsleasing, Rn. 162.
[4] *Palandt/Grüneberg*, § 398 BGB Rn. 16 ff.

dem Lieferanten des Leasingguts geltend machen. Indessen führt die leasingtypische Abtretungskonstruktion dazu, dass diese Regresskette – zum Nachteil des Leasinggebers – unterbrochen wird.

Anders verhält es sich, wenn der Leasinggeber in den Leasing-AGB von der Möglichkeit der **Ermächtigungskonstruktion** Gebrauch macht. Vertritt man die Auffassung, dass die leasingtypische Abtretungskonstruktion im Rahmen von § 437 Nr. 2 BGB Bedenken deswegen auslöst, weil die Abtretung von **Gestaltungsrechten** – Rücktritts- oder Minderungsrecht – isoliert nicht wirksam ist[1], dann ist die Abtretungskonstruktion durch die Ermächtigungskonstruktion zu ersetzen[2]. Doch hat die Ermächtigungskonstruktion auf der Ebene des **Schadensersatzanspruchs** ihre nicht zu überwindenden Schwächen: Gemäß § 185 BGB wird danach nämlich der Leasingnehmer ermächtigt, etwaige Ansprüche aus einer Pflichtverletzung des Lieferanten – insbesondere aber auch Schadensersatzansprüche gemäß § 437 Nr. 3 BGB, aber auch sonstige Schadensersatzansprüche – ihm gegenüber auf eigene Kosten geltend zu machen. Immer aber handelt es sich im Rahmen von § 185 BGB darum, dass der Leasingnehmer nicht einen Eigenschaden, sondern den Schaden des Leasinggebers auf eigene Kosten und eigenes Risiko geltend macht[3]. Das aber bedeutet, dass der Leasingnehmer den erlittenen **Eigenschaden** nicht im Rahmen der Ermächtigungskonstruktion kompensieren kann. Dies hat dann zwingend zur Konsequenz, dass die Ermächtigungskonstruktion insoweit an § 307 Abs. 2 Nr. 1 BGB scheitert und als **unwirksam** zu qualifizieren ist.

111

Hinzuweisen bleibt freilich darauf, dass nach der Rechtsprechung des BGH[4] eine unwirksame Abtretung vertraglicher Mängelansprüche gemäß § 140 BGB in eine rechtswirksame Ermächtigung des Leasingnehmers zur Geltendmachung der Gewährleistungsrechte umgedeutet werden kann. Folglich ist – so der BGH – der Leasingnehmer nicht rechtlos gestellt, weil er in diesen Fällen in der Lage ist, die Gewährleistungsansprüche gegenüber dem Lieferanten geltend zu machen[5]. Ob man dieser Judikatur so ohne weiteres folgen kann, erscheint unter Berücksichtigung der allgemeinen Kriterien der Auslegung/richterlichen Inhaltskontrolle gemäß § 305c Abs. 2 BGB bzw. § 307 Abs. 1 S. 2 BGB **zweifelhaft**. Denn im Zweifel bietet eine leasingtypische Abtretungskonstruktion keine hinreichenden Indizien dafür, auf die Ermächtigungskonstruktion zurückzugreifen, weil nämlich ein fundamentaler Unterschied darin besteht, ob Ansprüche/Rechte des Leasinggebers gemäß § 185 BGB geltend gemacht werden oder ob der Leasingnehmer im Rahmen der leasingtypischen Abtretungskonstruktion gehalten ist, die ihm zedierten Ansprüche/Rechte als **eigene Ansprüche/Rechte** geltend zu machen. Im Zweifel scheitert daher eine derartige Umdeutung gemäß § 140 BGB an der

112

---

1 Hierzu AGB-Klauselwerke/*Graf v. Westphalen*, Leasing Rn. 114 ff.
2 Vgl. *Beckmann*, Finanzierungsleasing, § 2 Rn. 95 f.
3 AGB-Klauselwerke/*Graf v. Westphalen*, Leasing Rn. 69; *Godefroid*, BB-Beil. Nr. 5/2004, 1, 4; *Beckmann*, Finanzierungsleasing, § 2 Rn. 96.
4 BGH v. 9.7.2002 – X ZR 79/00, NJW-RR 2003, 51, 52.
5 *Tiedtke/Möllmann*, DB 2004, 583.

Hürde der fehlenden Transparenz i.S.v. § 307 Abs. 1 S. 2 BGB, sofern man überhaupt zu dem Ergebnis gelangen würde, hier einen hinreichenden Ansatzpunkt für eine Auslegung gemäß § 305c Abs. 2 BGB zu bejahen.

bb) Wirksamkeitsgrenzen der Freizeichnung in den Lieferanten-AGB

113 Gerade weil die leasingtypische Abtretungskonstruktion dazu führt, dass der Leasingnehmer eigene Ansprüche/Rechte gegenüber dem Lieferanten geltend macht und weil der Leasinggeber seinerseits die mietvertragliche Eigenhaftung gemäß §§ 536 f. BGB abbedingt, um – stattdessen – den Leasingnehmer auf die Ansprüche/Rechte gegenüber dem Lieferanten zu verweisen, ist davon auszugehen, dass der „Leasinggeber" insoweit als AGB-Verwender gemäß § 305 Abs. 1 S. 1 BGB zu qualifizieren ist[1]. Entscheidend ist insoweit der Befund, dass sich der Leasinggeber der Ansprüche/Rechte bedient, die der Lieferant in den Lieferanten-AGB vorgesehen hat, um auf diese Weise die abbedungene mietvertragliche Eigenhaftung gemäß §§ 536 f. BGB zu kompensieren. Folglich trägt auch der Leasinggeber das Risiko der **Unwirksamkeit** der Lieferanten-AGB gemäß § 306 Abs. 2 BGB mit der Konsequenz, dass insoweit die mietvertragliche Eigenhaftung wieder auflebt.

(1) Vorsatz und grobe Fahrlässigkeit

114 Liegen die Tatbestandsvoraussetzungen von § 309 Nr. 7 lit. b BGB vor, dann gilt dieser absolute Verbotstatbestand; im unternehmerischen Verkehr ist gemäß § 307 Abs. 1 BGB die selbe Rechtsfolge angezeigt[2].

(2) Haftung für Körper- und Personenschäden

115 Unabhängig davon, ob im Einzelfall die Voraussetzungen einer Haftung nach § 1 ProdhaftG gegeben sind und die Freizeichnung dann nach § 14 ProdhaftG scheitert, ist immer – sowohl gegenüber einem Verbraucher als auch im unternehmerischen Verkehr – zu bedenken, dass der Tatbestand von § 309 Nr. 7 lit. a BGB zu beachten ist: Dieser Tatbestand ist folglich in jedem Fall in den Lieferanten-AGB zu berücksichtigen[3].

(3) Schuldhafte Verletzung einer wesentlichen Vertragspflicht

116 In der Rechtsprechung des BGH ist es allgemein anerkannt[4], dass eine Haftungsfreizeichnung immer dann an § 307 Abs. 2 Nr. 1 BGB oder an § 307 Abs. 2 Nr. 2 BGB scheitert, wenn sie sich auf die Freizeichnung von einer wesentlichen Vertragspflicht bezieht, so dass die betreffende Freizeichnung im Ergebnis bewirkt, die Erreichung des Vertragszwecks zu gefährden[5]. Dabei macht es keinen entscheidenden Unterschied, ob sich die Freizeichnung

---

1 *Graf v. Westphalen*, ZGS 2002, 64; a.M. *Löbbe*, BB-Beil. Nr. 6/2003, 7, 10; *Beckmann*, Finanzierungsleasing, § 3 Rn. 8.
2 Statt aller *Palandt/Grüneberg*, § 309 BGB Rn. 48.
3 Statt aller *Graf v. Westphalen*, in Henssler/Graf v. Westphalen, Praxis der Schuldrechtsreform, 2. Aufl. 2003, § 309 Rn. 18.
4 BGH v. 20.7.2005 – VIII ZR 141/04, ZIP 2005, 1785, 1793.
5 Statt aller AGB-Klauselwerke/*Graf v. Westphalen*, Freizeichnungsklausel Rn. 28 ff.

auf eine schuldhaft verletzte Haupt- oder eine Nebenpflicht bezieht[1]. Entscheidend ist in jedem Fall, dass es sich um eine solche Pflicht handelt, auf deren ordnungsgemäße Erfüllung der Leasingnehmer unter Berücksichtigung des zwischen Lieferant und Leasinggeber abgeschlossenen Kaufvertrages vertrauen konnte und auch vertrauen durfte[2]. Offen ist allerdings die Antwort auf die Frage, ob immer dann, wenn der Leasingnehmer berechtigt ist, wegen einer dem Lieferanten zuzurechnenden Pflichtverletzung nach § 281 Abs. 1 S. 3 BGB **Schadensersatz statt der Leistung** zu verlangen, gleichzeitig die schuldhafte Verletzung einer wesentlichen Vertragspflicht i.S.v. § 307 Abs. 2 Nr. 1 BGB oder gemäß § 307 Abs. 2 Nr. 2 BGB bejaht werden kann[3]; hierfür spricht vieles. Entscheidend ist nämlich insbesondere, dass § 325 BGB zugunsten des Leasingnehmers **kumulativ** das Rücktrittsrecht sowie den Anspruch auf Schadensersatz statt der Leistung vorsieht. Daher reicht es nicht aus, wenn unter Hinweis auf § 309 Nr. 8 lit. b bb BGB dem Leasingnehmer in diesen Fällen abschließend ein Rücktrittsrecht eingeräumt wird[4].

Soweit ein **Sachschaden** entstanden ist, wird zu prüfen sein, ob eine etwaige Haftungsfreizeichnungsklausel des Lieferanten nicht an § 307 Abs. 1 BGB deswegen scheitert, weil der Lieferant in der Lage ist, diesen Schaden im Rahmen seiner **Haftpflichtversicherung** bzw. Produkthaftpflichtversicherung abzudecken[5]. Entscheidend ist insoweit, dass es i.S.v. § 307 Abs. 1 BGB allemal angemessener ist, den Lieferanten auf seinen Entschädigungsanspruch gegenüber dem Haftpflichtversicherer zu verweisen als den Lieferanten mit seinem Sachschaden allein zu lassen. Bei Vorliegen eines primären **Vermögensschadens** gelten zunächst die nachfolgenden Erwägungen; im Übrigen ist auf die Spezialkommentierung zu verweisen[6]. 117

(4) Haftungsbegrenzungen

Soweit in den Lieferanten-AGB eine Haftungsbegrenzungsklausel vorgesehen ist, entspricht es ständiger Rechtsprechung des BGH, dass diese nur dann mit § 307 Abs. 2 Nr. 1 BGB vereinbar sind, wenn der jeweilige Schadensbetrag der Haftungsbegrenzungsklausel derart ist, dass er den vorsehbaren, typischerweise eintretenden Schaden erfasst[7]. 118

cc) Zusicherungen – Garantien

Garantien i.S.v. § 443 BGB, insbesondere auch Garantien gemäß § 444 BGB sind von der Sachmängelhaftung des § 437 BGB **unabhängig**. Dies hat im 119

---

1 AGB-Klauselwerke/*Graf v. Westphalen*, Freizeichnungsklausel Rn. 36.
2 BGH v. 20.7.2005 – VIII ZR 141/04, ZIP 2005, 1785, 1793.
3 Im Einzelnen: *Graf v. Westphalen* BB 2002, 209 ff.; a.M. *Erman/Roloff*, § 309 BGB Rn. 78.
4 Vgl. auch AGB-Klauselwerke/*Graf v. Westphalen*, Freizeichnungsklausel Rn. 51 ff.
5 BGH v. 24.10.2004 – VIII ZR 1/01, NJW 2002, 673.
6 *Christensen* in Ulmer/Brandner/Hensen, § 309 Nr. 7 BGB Rn. 37 f.; AGB-Klauselwerke/*Graf v. Westphalen*, Freizeichnungsklausel Rn. 51 ff; a.M. teilweise *Fuchs* in Ulmer/Brandner/Hensen § 307 BGB Rn. 289 f.
7 BGH v. 11.11.1992 – VIII ZR 238/91, NJW, 1993, 335.

Rahmen der leasingtypischen Abtretungskonstruktion zwingend zur Konsequenz, dass der Leasinggeber gut daran tut, in seinen AGB sicherzustellen, dass die Abtretungskonstruktion auch etwaige **Schadensersatzansprüche** wegen Garantiebruchs erfasst[1]. Geschieht dies, dann stellt sich insbesondere gemäß § 444 BGB die Frage, inwieweit der Lieferant in der Lage ist, in transparenter Weise seine Schadensersatzhaftung aus Garantiebruch wirksam zu begrenzen. In diesem Zusammenhang macht es keinen Unterschied, ob es sich um eine AGB-Klausel oder um eine individualvertragliche Haftungsbegrenzung handelt, weil § 444 BGB beide Formen der Haftungsbegrenzung erfasst[2]. Dabei ist insbesondere zu bedenken, dass die Übernahme einer Garantie gemäß § 276 Abs. 1 BGB als Begründen der verschuldensunabhängigen Einstandspflicht zu begreifen ist[3]. Zur Konsequenz hat dies, dass stets im Sinn der bisherigen BGH-Judikatur[4] die Frage zu stellen ist, in welchem Umfang der Lieferant im Rahmen einer Garantieerklärung eine verschuldensunabhängige Verantwortlichkeit/Einstandspflicht übernommen hat. Dies ist jeweils durch Auslegung gemäß §§ 133, 157 BGB zu ermitteln. Innerhalb der so ermittelten Reichweite des Garantieversprechens des Lieferanten steht fest, dass eine Haftungsbegrenzung oder eine Haftungsfreizeichnung an § 444 BGB scheitert[5].

dd) Rechtsfolgen eines Schadensersatzanspruchs statt der Leistung

120 Nichts spricht hier dafür, die gleiche Konstruktion zum Einsatz zu bringen, wie in den Fällen, in denen der Leasingnehmer im Rahmen der leasingtypischen Abtretungskonstruktion von seinem **Rücktrittsrecht** Gebrauch macht, so dass nach der hier vertretenen Auffassung (Rn. 106 ff.) dem Leasingnehmer ein Anspruch wegen Fortfalls der Geschäftsgrundlage gemäß § 313 Abs. 1 BGB zur Seite steht[6]. Selbstverständlich ist dabei – ähnlich wie bei den Fragen, die im Zusammenhang mit der Ausübung des Rücktrittsrechts behandelt worden sind –, dass eine solche Rechtsfolge nur dann eingreifen kann, wenn der Schadensersatzanspruch des Leasingnehmers gegenüber dem Lieferanten des Leasingguts **begründet** ist. Diese Rechtsfolge ist sogar bei der Geltendmachung eines Schadensersatzanspruchs statt der Leistung gemäß § 281 Abs. 1 BGB noch eindeutiger als in den Fällen, in denen der Leasingnehmer im Rahmen der leasingtypischen Abtretungskonstruktion sein Rücktrittsrecht als **Gestaltungsrecht** ausübt. Denn das Verlangen nach Schadensersatz statt der Leistung ist erst dann begründet, wenn der Leasingnehmer den ihm entstandenen Schaden auch tatsächlich nachgewiesen und den Beweis geführt hat, dass dieser auf einer dem Lieferanten des Leasingguts zuzurechnenden Pflichtverletzung beruht[7]. Trifft dies aber zu,

---

1 So auch *Beckmann*, Finanzierungsleasing, § 2 Rn. 261 ff.; *Graf v. Westphalen*, ZIP 2001, 2258, 2263.
2 *Palandt/Weidenkaff*, § 444 BGB Rn. 2.
3 *Palandt/Weidenkaff*, § 444 BGB Rn. 12.
4 BGH v. 29.5.1968 – VIII ZR 77/66, BGHZ 50, 200 ff. – Kleber.
5 *Palandt/Weidenkaff*, § 444 BGB Rn. 12.
6 A.M. *Beckmann*, Finanzierungsleasing, § 2 Rn. 291.
7 So auch *Beckmann*, Finanzierungsleasing, § 2 Rn. 291.

bestehen keine Bedenken, wenn auch in diesen Fällen nicht auf das Kündigungsrecht des § 313 Abs. 3 S. 2 BGB zurückgegriffen wird, sondern wenn auch hier der Fortfall des Erfüllungsanspruchs des Leasingnehmers mit Wirkung ex tunc durch Rückgriff auf § 313 Abs. 1 BGB gewährt wird. Dies ist insbesondere dann evident, wenn der Leasingnehmer von der in diesen Fällen gegebenen Möglichkeit Gebrauch macht, einen „großen" Schadensersatzanspruch zu reklamieren, weil er dann das Leasinggut zurückgibt und den ihm aus der Nichterfüllung des Leasingvertrages resultierenden Schaden reklamiert. Denn dann gleicht sich diese Rechtsfolge sehr stark derjenigen an, die im Rahmen eines Rücktritts gemäß § 437 Nr. 2 BGB in Form einer Rückabwicklung gemäß § 346 BGB eintritt[1].

VIII. Überwälzung der Sach- und Preisgefahr

1. Typische Vertragsgestaltung

a) Käuferähnliche Stellung des Leasingnehmers

Es entspricht typischer Vertragsgestaltung bei Leasingverträgen, dass der Leasinggeber die Sach- und Preisgefahr auf den **Leasingnehmer** abwälzt[2]. Eine solche Klauselgestaltung steht mit § 307 Abs. 2 Nr. 1 BGB im Einklang. Denn sie ist dadurch charakterisiert, dass das Interesse an der Sache und an ihrer Benutzung überwiegend beim Leasingnehmer liegt, so dass insoweit eine Abweichung vom gesetzlichen Mietrecht der §§ 535 ff. BGB nicht zu beanstanden ist[3]. Dadurch wird eine Vertragsgestaltung erreicht, die **käuferähnlich** den Leasingnehmer i.S.v. § 446 BGB mit der Tragung der Sach- und Preisgefahr belastet. Dabei fällt auch ins Gewicht, dass der Leasingnehmer durchaus in der Lage ist, die sich aus dieser Risikoverteilung ergebende Belastung – regelmäßig: Durch Abschluss einer **Sachversicherung** – abzudecken, so dass die Ersatzleistung des Versicherers dem Leasingnehmer zugute kommt[4]. Aus diesem Grund steht auch die **Literatur** auf dem Standpunkt, dass – unter Berücksichtigung all dieser Erwägungen – eine käuferähnliche Vertragsgestaltung den Leasingnehmer nicht unangemessen i.S.v. § 307 Abs. 2 Nr. 1 BGB beeinträchtigt[5]. 121

Im Fall des zufälligen Untergangs oder der zufälligen Verschlechterung des Leasingguts stehen also dem Leasingnehmer nicht die Rechte der §§ 320, 323 BGB zur Seite; auch ist das fristlose Kündigungsrecht des § 543 Abs. 2 122

---

1 Vgl. auch AGB-Klauselwerke/*Graf v. Westphalen*, Leasing Rn. 140 f.
2 BGH v. 27.9.2006 – VIII ZR 217/05, BB 2006, 2663; BGH v. 12.2.1985 – X ZR 31/84, NJW 1985, 1537; BGH v. 15.10.1986 – VIII ZR 319/85, NJW 1987, 377; BGH v. 30.9.1987 – VIII ZR 226/86, NJW 1988, 198.
3 BGH v. 30.9.1987 – VIII ZR 226/86, NJW 1988, 198, 200.
4 BGH v. 12.2.1985 – X ZR 31/84, NJW 1985, 1537.
5 Palandt/*Weidenkaff*, vor § 535 BGB Rn. 45 ff.; *Flume*, DB 1972, 53, 57; *Ebenroth*, DB 1978, 2109, 2111; *Wolf/Eckert/Ball*, Hdb. des gewerblichen Miet-, Pacht- und Leasingrechts, Rn. 1712 f.; MünchKommBGB/*Koch*, Leasing Rn. 80 f.

Nr. 1 BGB ausgeschlossen. Doch ist diese Vertragsgestaltung – unter Berücksichtigung der steuerrechtlichen und betriebswirtschaftlichen Prämissen des erlasskonformen Leasing – mit § 307 Abs. 2 Nr. 1 BGB vereinbar[1]. Deshalb erhält der Leasingnehmer – nimmt man die käuferrechtlichen Aspekte zusammen: leasingtypische Abtretungskonstruktion und Überwälzung der Sach- und Preisgefahr – die Stellung eines Käufers, sobald das Leasinggut an ihn **übergeben** worden ist. Mit diesem Akt hat dann der Leasinggeber seine mietvertragliche Gebrauchsverschaffungspflicht erfüllt. Ihn trifft dann lediglich noch die weitergehende Verpflichtung, den Leasingnehmer nicht im Gebrauch des Leasingguts zu stören und ihn bei Störungen Dritter zu unterstützen[2].

b) Grenzen der Risikoüberwälzung

123 Soweit der Leasinggeber dem Leasingnehmer auch die Risiken überwälzt, die im Zusammenhang mit der **Anlieferung/Montage** stehen, verstößt eine solche Klausel gegen § 307 Abs. 2 Nr. 1 BGB[3]. Dies ist darauf zurückzuführen, dass der Leasinggeber – wie gezeigt – erst dann seine mietvertragliche Gebrauchsverschaffungspflicht erfüllt hat, wenn der Leasingnehmer das Leasinggut – nach Ablieferung – auch abgenommen hat. In gleicher Weise kann sich der Leasinggeber nicht auf die Überwälzung der Sach- und Preisgefahr auf den Leasingnehmer mit Erfolg berufen, wenn sich das Leasinggut entsprechend den vertraglichen Bestimmungen zum Zwecke der **Mangelbeseitigung** beim Lieferanten befindet, wo es beschädigt oder zerstört wird[4]. Daraus kann der **Grundsatz** abgeleitet werden: Die Überwälzung der Sach- und Preisgefahr ist nur in den Fällen mit § 307 Abs. 2 Nr. 1 BGB vereinbar, in denen sich eine Gefahr realisiert, welche im **Einfluss- und Verantwortungsbereich** des Leasingnehmers liegt.

c) Reparatur – Wiederbeschaffung

124 In diesem Rahmen ist der Leasingnehmer auch nur dann zur Zahlung der noch ausstehenden Leasingraten – im Falle eines zufälligen Untergangs oder einer zufälligen Verschlechterung des Leasingguts – verpflichtet, wenn das Leasinggut entweder repariert oder ein gleichwertiges Leasinggut beschafft wird[5]. Ist dies nicht möglich, so müssen die noch ausstehenden Leasingraten angemessen abgezinst werden; außerdem ist der Gewinnanteil aus den noch ausstehenden Leasingraten herauszurechnen und die ersparten Auf-

---

1 *Wolf/Eckert/Ball*, Hdb. des gewerblichen Miet-, Pacht- und Leasingrechts, Rn. 1783, 1999.
2 BGH v. 30.9.1987 – VIII ZR 226/86, NJW 1988, 198, 199.
3 *Graf v. Westphalen* in Graf v. Westphalen, Der Leasingvertrag, Kap. H Rn. 21; MünchKommBGB/*Koch*, Leasing Rn. 81.
4 BGH v. 27.2.1985 – VIII ZR 328/83, NJW 1985, 1535; *Wolf/Eckert/Ball*, Hdb. des gewerblichen Miet-, Pacht- und Leasingrechts, Rn. 1712; MünchKommBGB/*Koch*, Leasing Rn. 81.
5 BGH v. 30.9.1987 – VIII ZR 226/86, NJW 1988, 198, 200.

wendungen sind in Abzug zu bringen[1]. Unter Berücksichtigung des Grundsatzes des § 255 BGB ist es allerdings nach Ansicht des BGH **nicht erforderlich**, dass der Leasinggeber in den Leasing-AGB bestimmt, dass dem Leasingnehmer – als Ausgleich für die von ihm übernommene Preisgefahr – etwaige Ersatzansprüche zustehen, die dem Leasinggeber gegenüber Dritten (entweder aus § 823 BGB oder aufgrund einer Sachversicherung) zustehen[2].

2. Besonderheiten beim Kfz-Leasing

Sofern beim Kfz-Leasing die Sach- und Preisgefahr auf den Leasingnehmer übergewälzt ist, erkennt der BGH eine solche Vertragsgestaltung nur dann als mit § 307 Abs. 2 Nr. 1 BGB vereinbar an, wenn dem Leasingnehmer jedenfalls für den Fall ein **fristloses Kündigungsrecht** in den Leasing-AGB zugewiesen wird, wenn es zu einem vollständigen Verlust oder einer nicht unerheblichen Beschädigung des Leasingguts kommt[3]. Nach der Rechtsprechung des BGH[4] kann das hier eingreifende Kündigungsrecht auch durch eine Klausel in äquivalenter Weise ersetzt werden, dass nämlich dem Leasingnehmer das Recht zusteht, die noch ausstehenden, abgezinsten Raten zu zahlen. Zu beachten ist, dass die Unwirksamkeit einer solchen Klausel betreffend das Kündigungsrecht des Leasingnehmers nach § 306 Abs. 2 BGB zur gleichen Rechtsfolge gemäß §§ 133, 157 BGB führt. Dabei ist – wie stets – zu berücksichtigen, ob die Klausel nicht nur teilweise unwirksam ist, weil etwa ein einzelnes Wort als unwirksam gestrichen werden kann, so dass der unbedenkliche Teil noch aus sich heraus verständlich und wirksam bleibt[5].

125

Wo hier im Einzelnen die **Wertgrenzen** anzusetzen sind, von deren Erreichen an ein fristloses Kündigungsrecht dem Leasingnehmer gemäß § 543 Abs. 2 Nr. 1 BGB – ausweislich der Leasing-AGB – zustehen muss, lässt sich nicht generell sagen: Für eine Grenze bei 60 % tritt *Engel*[6] ein, für mehr als 50 %: *Zahn/Bahmann*[7]. Unter Berücksichtigung des nach § 307 Abs. 1 BGB zu beachtenden **Transparenzgebots** spricht einiges dafür, dass in den Leasing-AGB die pauschale Umschreibung des Begriffs „Verlust/erhebliche Beschädigung" als unwirksam gemäß § 307 Abs. 1 BGB einzustufen ist. Auch ist unter Berücksichtigung von § 307 Abs. 2 Nr. 1 BGB darauf zu achten, dass das frist-

126

---

[1] BGH v. 29.1.1986 – VIII ZR 49/85, NJW-RR 1986, 594; BGH v. 30.9.1987 – VIII ZR 226/86, NJW 1988, 198, 200.
[2] BGH v. 8.10.2003 – VIII ZR 55/03, NJW 2004, 1041; a.M. mit überzeugenden Gründen MünchKommBGB/*Koch*, Leasing Rn. 81; *Wolf/Horn/Lindacher*, § 9 AGBG Rn. L 40; *Graf v. Westphalen*, BB 2004, 2025, 2028.
[3] BGH v. 15.10.1986 – VIII ZR 319/85, NJW 1987, 377; im Ergebnis auch BGH v. 11.12.1991 – VIII ZR 31/91, ZIP 1992, 179, 181; BGH v. 6.3.1996 – VIII ZR 98/95, ZIP 1996, 1172, 1174; BGH v. 10.7.1996 – VIII ZR 282/95, NJW 1996, 2860; BGH v. 25.3.1998 – VIII ZR 244/97, NJW 1998, 2284, 2285; BGH v. 15.7.1998 – VIII ZR 348/97, NJW 1998, 3270; OLG Köln v. 2.12.1992 – 13 U 144/92, BB 1993, 93; *Reinking/Kessler/Sprenger*, Autoleasing, § 3 Rn. 11 ff.
[4] BGH v. 15.7.1998 – VIII ZR 348/97, NJW 1998, 3270, 3271.
[5] BGH v. 15.4.1998 – VIII ZR 377/96, NJW 1998, 2286.
[6] *Engel*, Hdb. Kraftfahrzeug-Leasing, § 7 Rn. 8.
[7] *Zahn/Bahmann*, Kfz-Leasingvertrag, Rn. 19.

lose **Kündigungsrecht** dem Leasingnehmer uneingeschränkt zusteht[1]. Doch ist es allemal geboten, sich in den AGB bindend auf einen Betrag/Prozentsatz festzulegen; jedenfalls beim Kfz-Leasing sollte er 60 % keinesfalls überschreiten[2].

127 Ob man dieser Rechtsprechung des BGH – bezogen und beschränkt auf Fälle des Pkw-Leasing – in der Tat folgen kann, erscheint **fraglich**[3]. Vieles spricht dafür, sie auch auf andere Fälle des Leasing auszudehnen und sowohl Leasingnehmer als auch Leasinggeber ein Kündigungsrecht einzuräumen[4]. Dann gelten etwas höhere Wertansätze bis maximal ⅔. Doch wird man unter Berücksichtigung praktischer Erwägungen an diesen Kfz-spezifischen Ergebnissen der Judikatur zunächst festhalten können. Indessen ist der Unterschied betreffend ein Kündigungsrecht bei allen Leasingverträgen im Fall von Verlust/Beschädigung gering: Kommt der Leasingnehmer – aufgrund einer ihm wirksam überwälzten Sach- und Preisgefahr – seiner diesbezüglichen Reparaturpflicht ordnungsgemäß nach, so wird der Leasingvertrag – regelmäßig unter Anrechnung der entsprechenden Ersatzleistung der Versicherung – **fortgesetzt**. Genügt der Leasingnehmer diesen Anforderungen jedoch nicht, so hat der **Leasinggeber** allemal das Recht, nach Fristsetzung und Abmahnung den Leasingvertrag fristlos zu kündigen – mit der Konsequenz, dass dann in gleicher Weise dem Leasinggeber ein Vollamortisationsanspruch zuwächst (zur Berechnung Rn. 181 ff.).

3. Versicherungspflicht

128 Es entspricht üblicher Vertragsgestaltung, dass der Leasinggeber den Leasingnehmer verpflichtet, zur Abdeckung der übernommenen Sach- und Preisgefahr eine **Sachversicherung** abzuschließen. Dies ist nach § 307 Abs. 2 Nr. 1 BGB nicht zu beanstanden[5]. Es ist auch vom BGH anerkannt[6]. Regelmäßig wird daher in den Leasing-AGB festgelegt, dass der Leasingnehmer verpflichtet ist, eine Sachversicherung im eigenen Namen, aber zugunsten des **Leasinggebers** abzuschließen. Damit wird regelmäßig das Interesse des Leasinggebers als **Eigentümer** des Leasingguts versichert[7]. Unter dieser Voraussetzung wird der Leasinggeber regelmäßig verpflichtet, etwa erhaltene Versicherungsleistungen für die Reparatur oder für die Wiederbeschaffung des Leasingguts zu verwenden oder bei Beendigung und Abwicklung des Leasingvertrages die erhaltene Ersatzleistung auf etwaige Schadensersatz- oder sonstige Ausgleichsforderungen, die er gegenüber dem Leasingnehmer

---

1 Hierzu insbesondere BGH v. 6.3.1996 – VIII ZR 98/95, ZIP 1996, 1172, 1174; BGH v. 23.10.1990 – VI ZR 310/89, BB 1990, 2441.
2 *Engel*, Hdb. Kraftfahrzeug-Leasing, § 7 Rn. 8.
3 MünchKommBGB/*Koch*, Leasing Rn. 82.
4 *Graf v. Westphalen* in Graf v. Westphalen, Der Leasingvertrag, Kap. I Rn. 39 f.
5 *Graf v. Westphalen* in Graf v. Westphalen, Der Leasingvertrag, Kap. I Rn. 10.
6 BGH v. 11.12.1991 – VIII ZR 31/91, ZIP 1992, 179.
7 BGH v. 6.7.1988 – VIa ZR 241/87, VersR 1988, 949; BGH v. 11.12.1991 – VIII ZR 31/91, ZIP 1992, 179, 181; OLG Düsseldorf v. 14.1.2003 – 24 U 13/02, NJW-RR 2003, 775.

hat, zur Anrechnung zu bringen[1]. Allerdings ist – nach Auffassung des BGH – zu unterstreichen, dass eben dieses Risiko durch die Sachversicherung in Form einer **Vollkaskoversicherung** nicht (mit-)abgesichert wird[2]. Vielmehr ist insoweit festzuhalten, dass nach Ansicht des BGH eine Vollkaskoversicherung lediglich dem Zweck dient, Ansprüche des Leasinggebers aus **Beschädigung** oder **Verlust** des Leasingguts abzudecken[3].

Festzuhalten ist des Weiteren, dass die Ersatzleistung aus der Vollkaskoversicherung sich stets nach den Aufwendungen des **Leasinggebers** für eine etwaige Neuanschaffung richtet, einschließlich von Rabatten und Mehrwertsteuererstattung, und zwar auch dann, wenn dem Leasingnehmer ein uneingeschränktes Erwerbsrecht zugesichert worden war[4]. Doch wird dem Leasinggeber als Eigentümer weder die Betriebsgefahr noch das Mitverschulden des Leasingnehmers zugerechnet, sofern der Leasinggeber – wie fast immer – nicht der Halter ist[5].

4. Schädigungen durch Dritte

Welche Auswirkungen die Überwälzung der Sach- und Preisgefahr auf den Leasinggeber – entsprechend dem kaufrechtlichen Vorbild des § 446 BGB – entfaltet, kann am deutlichsten in den Fällen dargestellt werden, in denen das Leasinggut von einem Dritten zerstört oder beschädigt wird.

a) Zweckbindung der Versicherungsleistung

Entsprechend dem Parteiwillen ist die Versicherungsleistung **zweckgebunden**: Mangels einer entgegenstehenden Parteivereinbarung ist daher der Leasinggeber verpflichtet, die im Schadensfall ihm zustehende Entschädigungsleistung des Versicherers für die Wiederherstellung des zerstörten/beschädigten Fahrzeugs zu verwenden[6]. Auch dann, wenn der **Leasingnehmer** den Auftrag zur Durchführung der Reparatur erteilt hat, bleibt es bei der grundlegenden Konstellation: Die Ersatzleistung des Versicherers steht auch in diesem Fall dem Leasingnehmer zu – mit der Konsequenz, dass die Versicherungsleistung zur Begleichung der Reparaturkosten zu verwenden ist[7]. Daraus folgt des Weiteren: Es ist dem Leasinggeber verwehrt, gegenüber dem Anspruch des Leasingnehmers auf Auszahlung der Versicherungsleistungen mit etwa rückständigen Leasingraten aufzurechnen[8]. Wie in anderen

---

1 Hierzu BGH v. 11.12.1991 – VIII ZR 31/91, ZIP 1992, 179, 181.
2 BGH v. 11.12.1991 – VIII ZR 31/91, ZIP 1992, 179, 181.
3 BGH v. 11.12.1991 – VIII ZR 31/91, ZIP 1992, 179, 181; zur Frage, ob die Kaskoentschädigung auch vom Leasingnehmer geltend gemacht werden kann, OLG Hamm v. 28.9.2001 – 20 U 48/01, NJW-RR 2002, 534.
4 BGH v. 5.7.1989 – VIa ZR 189/88, NJW 1989, 302.
5 BGH v. 10.7.2007 – VI ZR 199/06, NJW-Special 2007, 441.
6 *Wolf/Eckert/Ball*, Hdb. des gewerblichen Miet-, Pacht- und Leasingrechts, Rn. 2007.
7 BGH v. 12.2.1985 – X ZR 31/84, NJW 1985, 1537; *Wolf/Eckert/Ball*, Hdb. des gewerblichen Miet-, Pacht- und Leasingrechts, Rn. 2002.
8 *Wolf/Eckert/Ball*, Hdb. des gewerblichen Miet-, Pacht- und Leasingrechts, Rn. 2007 ff.

Fällen auch, erweist sich hier die Zweck- und Treubindung der Versicherungsleistung; dem Leasinggeber ist es daher untersagt, andere ihm gegenüber dem Leasingnehmer zustehenden Ansprüche auf diese Weise zu befriedigen.

132 Soweit also – entsprechend üblicher Praxis in Leasingverträgen – der Leasingnehmer schon im Zeitpunkt des Abschlusses des Vertrages etwa ihm zustehende Ersatzansprüche gegenüber dem Versicherer an den Leasinggeber im Voraus abtritt, geschieht dies gemäß § 364 BGB **erfüllungshalber**[1]. Daher ist der Leasinggeber verpflichtet, sich primär aus der Ersatzleistung des Versicherers zu befriedigen, so dass die Überwälzung der Sach- und Preisgefahr für den Leasingnehmer schon aus diesem Grund erträglicher wird.

b) Totalschaden

133 Tritt bei einem Leasinggut ein Totalschaden ein, so hat der **Leasinggeber** weder aufgrund eigenen Rechts noch aufgrund abgetretenen Rechts des Leasingnehmers gegenüber dem schädigenden Dritten einen Anspruch auf Ersatz der Leasingraten, die ihm bei vertragsgemäßer Beendigung des Leasingvertrages zugestanden hätten[2]. Hat nämlich der Leasinggeber die Sach- und Preisgefahr in wirksamer Weise auf den Leasingnehmer abgewälzt, so folgt daraus unmittelbar: Der Vollamortisationsanspruch des Leasinggebers beruht auf eben dieser Vertragsgestaltung, nicht aber kausal auf dem Unfall bzw. auf der **Eigentumsbeschädigung** des Leasingguts. Unter dieser Voraussetzung entsteht dem Leasinggeber – als Folge der Beschädigung seines Eigentums am Leasinggut – kein Schaden, so dass dem Leasinggeber auch gegenüber dem Leasingnehmer kein Ersatz auf entgangenen Gewinn zusteht[3]. Mit anderen Worten: Der schädigende **Dritte** kann mit Recht den Leasinggeber darauf verweisen, dass diesem wegen des weiterhin bestehenden Vollamortisationsanspruchs gegenüber dem Leasingnehmer kein Schaden entstanden ist, der gemäß § 823 Abs. 1 BGB ersatzpflichtig wäre[4].

134 Der **Leasingnehmer** hat seinerseits jedoch gegenüber dem Dritten als Schädiger keinen Anspruch auf Ersatz der Leasingraten. Denn sein Unfallschaden besteht grundsätzlich nicht in der Belastung mit den Leasingraten, sondern nur in dem Entzug der Sachnutzung[5]. Zwar ist der Leasingnehmer – wegen des Entzugs der Sachnutzung – geschädigt. Allein, ihm steht gegenüber dem Schädiger kein eigener Schadensersatzanspruch deswegen zu, weil der Schaden zur Anspruchsgrundlage des Leasinggebers gemäß § 823 Abs. 1 BGB gezogen wird[6]. Deshalb entspricht es auch der gesicherten Rechtsprechung des

---

1 *Wolf/Eckert/Ball*, Hdb. des gewerblichen Miet-, Pacht- und Leasingrechts, Rn. 2007 ff.
2 BGH v. 23.10.1990 – VI ZR 310/89, WM 1991, 74.
3 BGH v. 23.10.1990 – VI ZR 310/89, WM 1991, 74, 76.
4 So auch *Michalski/Schmitt*, Der Kfz-Leasingvertrag, 1995, Rn. 193.
5 BGH v. 13.7.1976 – VI ZR 78/75, WM 1976, 1133; BGH v. 23.11.1976 – VI ZR 191/74, VersR 1977, 227, 228; BGH v. 23.10.1990 – VI ZR 310/89, WM 1991, 74, 76.
6 *Michalski/Schmitt*, Der Kfz-Leasingvertrag, 1995, Rn. 193; *Wolf/Eckert/Ball*, Hdb. des gewerblichen Miet-, Pacht- und Leasingrechts, Rn. 2098 ff.

BGH, dass der Wert der dem Leasingnehmer – als Folge des Totalschadens am Leasinggut – entzogenen Nutzung darin besteht, dass der Wert dieser Sachnutzung dem **Wiederbeschaffungswert** des Leasingguts im Zeitpunkt des schädigenden Ereignisses entspricht[1]. Denn der Leasingnehmer wäre in der Lage, mit Hilfe eines gleichwertigen Leasingguts die Sachnutzung in gleicher Weise – wie vor dem Unfallzeitpunkt – fortzusetzen[2]. Deshalb fehlt es auch am Erfordernis eines **Fremdschadens**, wenn der bei einem Unfall entstandene Schaden nur an dem Fahrzeug selbst festzustellen ist, für dessen Ersatz der Leasingnehmer haftet. Ein Entfernen von der Unfallstelle i.S.d. § 142 StGB ist daher irrelevant[3].

5. Instandhaltung – Instandsetzung

Es ist gemäß § 307 Abs. 2 Nr. 1 BGB nicht zu beanstanden, wenn der Leasinggeber die Verpflichtung übernimmt, das Leasinggut instand zu setzen und instand zu halten[4]. Die Übernahme der **Instandhaltungspflicht** entspricht mietvertraglichem Vorbild gemäß §§ 535, 536 BGB[5]. Darüber hinaus folgt aus der Verpflichtung, die **Sachgefahr** zu tragen, dass der Leasingnehmer auch verpflichtet ist, ein gleichwertiges Leasinggut als **Ersatz** zu beschaffen[6]. 135

IX. Ordentliche Vertragsbeendigung

1. Unwirksame Vertragsgestaltungen

Eine ordentliche Beendigung des Leasingvertrages kommt – außerhalb der unkündbaren Grundmietzeit – nur dann in Betracht, wenn es sich um den Typus eines kündbaren Teilamortisationsvertrages mit Abschlusszahlung des Leasingnehmers handelt. Soweit in der Praxis die dann jeweils fällige Abschlusszahlung als **Restamortisation** formularmäßig ausgewiesen wird – regelmäßig: als bestimmter Prozentsatz der Herstellungs- und Anschaffungskosten des Leasinggebers –, ist der BGH der Auffassung, dass es sich hierbei um eine gemäß § 307 Abs. 1 BGB unwirksame Vertragsgestaltung handelt[7]. Die Begründung des BGH ist darin zu sehen, dass der Leasinggeber – gerade beim kündbaren Teilamortisationsvertrag – den Anspruch auf **volle** 136

---

1 *Wolf/Eckert/Ball*, Hdb. des gewerblichen Miet-, Pacht- und Leasingrechts, Rn. 2012 f.; *Michalski/Schmitt*, Der Kfz-Leasingvertrag, 1995, Rn. 194.
2 BGH v. 5.11.1991 – VI ZR 145/91, WM 1992, 103, 105.
3 OLG Hamm v. 14.5.1997 – 20 U 10/97, NJW-RR 1998, 29.
4 MünchKommBGB/*Koch*, Leasing Rn. 86.
5 BGH v. 15.10.1986 – VIII ZR 319/85, NJW 1987, 377.
6 MünchKommBGB/*Koch*, Leasing Rn. 86.
7 BGH v. 28.10.1981 – VIII ZR 302/80, NJW 1982, 870; BGH v. 28.10.1981 – VIII ZR 175/80, WM 1982, 207; BGH v. 31.3.1982 – VIII ZR 145/81, NJW 1982, 1747; BGH v. 12.6.1985 – VIII ZR 148/84, NJW 1985, 2253; BGH v. 19.3.1986 – VIII ZR 81/85, NJW 1986, 1746; BGH b. 26.11.1986 – VIII ZR 354/85, WM 1987, 288, 290; BGH v. 20.9.1989 – VIII ZR 239/88, NJW 1990, 247, 249; BGH v. 8.11.1989 – VIII ZR 1/89, BB 1990, 234, 235.

Amortisation seiner gesamten Herstellungs- und Anschaffungskosten einschließlich aller Nebenkosten sowie des angemessenen Gewinns behält. Allerdings zieht der BGH aus der Unwirksamkeit der vertraglichen Vereinbarung i.S.v. § 307 Abs. 1 BGB keinerlei Konsequenzen; vielmehr knüpft er an das Instrument der ergänzenden Vertragsauslegung gemäß §§ 133, 157 BGB mit der Konsequenz an, dass dem Leasinggeber der Vollamortisationsanspruch verbleibt, der freilich durch die Höhe des Erfüllungsanspruchs begrenzt ist[1].

137 In **dogmatischer Sicht** überzeugt diese Argumentation des BGH nicht[2]. Es ist nämlich zu erwägen, in diesen Fällen unmittelbar an § 306 Abs. 2 BGB anzuknüpfen. Zur Konsequenz hätte dies, dass dann der Leasinggeber nur insoweit einen Amortisationsanspruch besäße, als dieser bis zum Zeitpunkt der ordentlichen Kündigung tatsächlich – durch Zahlung der Leasingraten – entstanden ist[3]. Unabhängig davon überzeugt die in der **Literatur** vertretene Auffassung ebenfalls nicht, wonach der Vollamortisationsanspruch des Leasinggebers – nach Ausspruch der ordentlichen Kündigung – durch § 307 Abs. 3 S. 1 BGB gesperrt sein soll[4]. Denn i.S.v. § 307 Abs. 1 BGB ist allein entscheidend, ob der Leasinggeber – im Fall der ordentlichen Kündigung – dem Leasingnehmer ein höheres Gesamtentgelt berechnet, als er bei ordnungsgemäßer Erfüllung des Vertrages zu beanspruchen berechtigt gewesen wäre[5].

138 Zu unterstreichen bleibt in diesem Zusammenhang freilich, dass **Instanzgerichte** dem Erfordernis einer transparenten Vertragsgestaltung gemäß § 307 Abs. 1 BGB – allerdings begrenzt auf den Bereich des nicht-kaufmännischen Verkehrs – Rechnung getragen haben und eine – intransparente – Vertragsgestaltung als überraschend gemäß § 305c BGB bzw. unangemessen gemäß § 307 Abs. 1 BGB eingestuft haben[6]. Diese Gerichte haben im Wesentlichen dann § 306 Abs. 2 BGB – als Folge der intransparenten Vertragsgestaltung im Rahmen des Vollamortisationsanspruchs – bejaht und den Anspruch des Leasinggebers auf die während der Grundmietzeit zu zahlenden Leasingraten **beschränkt**[7].

---

1 BGH v. 12.6.1985 – VIII ZR 148/84, NJW 1985, 2253, 2256; BGH v. 8.11.1989 – VIII ZR 1/89, BB 1990, 234, 235; BGH v. 16.5.1990 – VIII ZR 108/89, WM 1990, 1244, 1246.
2 Im Einzelnen *Graf v. Westphalen* in Graf v. Westphalen, Der Leasingvertrag, Kap. J Rn. 50 ff.
3 Vgl. auch MünchKommBGB/*Koch*, Leasing Rn. 120 f.
4 *Lieb*, DB 1986, 2167, 2168 ff.; *Lieb*, DB 1988, 946, 953; *Roth*, AcP 190 (1990), 292, 314 f.
5 Zu den Berechnungsmodalitäten MünchKommBGB/*Koch*, Leasing Rn. 122 ff.
6 LG Frankfurt v. 6.5.1985 – 2 24 S 319/85, NJW-RR 1986, 148; OLG Frankfurt v. 23.4.1986 – 6 U 139/84, NJW-RR 1986, 1112; OLG Oldenburg v. 18.12.1987 – 3 U 211/86, NJW-RR 1987, 1003; OLG Karlsruhe v. 27.3.1987 – 10 U 247/86, NJW-RR 1987, 1006.
7 OLG Oldenburg v. 18.12.1987 – 3 U 211/86, NJW-RR 1987, 1003; OLG Karlsruhe v. 27.3.1987 – 10 U 247/86, NJW-RR 1987, 1006.

2. Leasingtypischer Vollamortisationsanspruch

Die Rechtsprechung des BGH ist stabilisiert, so dass der Leasingnehmer verpflichtet ist, die Vollamortisation des Leasinggebers zu gewährleisten[1]. Es gehört mithin zum Wesen jeder Finanzierung, dass der Leasingnehmer die eingesetzten Mittel des Leasinggebers an diesen zurückgewährt[2]. Von dieser Grundlage aus beurteilt sich auch der jeweilige Vollamortisationsanspruch, der dem Leasinggeber im Rahmen von **Teilamortisationsverträgen** zusteht. Freilich ist insoweit eine **modellspezifische** Differenzierung erforderlich:

a) Teilamortisationsvertrag mit Andienungsrecht des Leasinggebers

Dieses Modell beruht darauf, dass zwischen den Parteien eine feste Grundmietzeit vereinbart ist. Nach deren Ablauf steht regelmäßig dem Leasingnehmer das Recht zu, eine **Mietverlängerung** zu verlangen. Wesentlich ist jedoch, dass dem Leasinggeber – mangels einer vereinbarten Mietverlängerung – ein **Andienungsrecht** zusteht, so dass der Leasingnehmer verpflichtet ist, das Leasinggut käuflich zu dem Preis zu erwerben, der schon bei Beginn des Leasingvertrages zwischen den Parteien als „Restwert" festgesetzt worden ist. Steuerlich kommt in diesen Fällen dem Leasinggeber die **Chance der Wertsteigerung** zu, während der Leasingnehmer **das Risiko der Wertminderung** trägt. Die während der Grundmietzeit zu zahlenden Leasingraten sowie der im Andienungspreis verkörperte „Restwert" konkretisieren den Vollamortisationsanspruch des Leasinggebers.

Geht man – entsprechend der hier vertretenen Auffassung (Rn. 24) – davon aus, dass der Leasinggeber verpflichtet ist, eine transparente Vertragsgestaltung zu wählen, so dass der ihm zustehende Vollamortisationsanspruch aus der **Garantiepflicht** des Leasingnehmers resultiert, so bestehen gegen das Modell des Teilamortisationsvertrages mit Andienungsrecht des Leasinggebers keine durchgreifenden Bedenken. Bei Ausübung des Andienungsrechts des Leasinggebers kommt der schon bei Abschluss des Leasingvertrages konkretisierte Garantievertrag zustande; die Bereitschaft des Leasingnehmers, das Leasinggut zum „Restwert" zu erwerben, sofern der Leasinggeber von seinem Andienungsrecht Gebrauch macht, ist ein Garantieversprechen im Sinne von § 311 Abs. 1 BGB[3]. Dieser Garantievertrag kommt im Gewand eines Kaufvertrages gemäß §§ 433 ff. BGB zum Tragen[4]. Demgegenüber findet sich auch die Meinung, dass – entsprechend der BGH-Judikatur – in diesen Fällen eine leasingtypische Ausgleichszahlung vor-

---

1 BGH v. 15.10.1986 – VIII ZR 319/85, NJW 1987, 377; BGH v. 20.9.1989 – VIII ZR 239/88, NJW 1990, 247, 249; BGH v. 8.11.1989 – VIII ZR 1/89, BB 1990, 234, 235; BGH v. 16.5.1990 – VIII ZR 108/89, WM 1990, 1244, 1246; BGH v. 11.1.1995 – VIII ZR 82/94, NJW 1995, 1019, 1021.
2 BGH v. 11.1.1995 – VIII ZR 82/94, NJW 1995, 1019, 1021.
3 *Graf v. Westphalen* in Graf v. Westphalen, Der Leasingvertrag, Kap. B Rn. 41.
4 Vgl. auch *Martinek*, Moderne Vertragstypen, Bd. I, S. 88 ff.; *Gitter*, Gebrauchsüberlassungsverträge, 1988, S. 307 f.

liegt[1]. Im einen wie im anderen Fall steht jedoch fest, dass der Verbotstatbestand von § 307 Abs. 2 Nr. 1 BGB i.V.m. § 308 Nr. 1 BGB keine Anwendung findet[2]. Denn sowohl die Garantiepflicht des Leasingnehmers als auch der von ihm geschuldete Ausgleichsanspruch sind **leasingtypisch** – mit der Konsequenz, dass es allemal an der erforderlichen unangemessenen Benachteiligung des Leasingnehmers i.S.v. § 308 Nr. 1 BGB oder von § 307 Abs. 2 Nr. 1 BGB fehlt.

b) Vertragsmodell mit Mehrerlösbeteiligung

142 Dieses Modell beruht auf folgenden Elementen: Hier wird eine feste Grundmietzeit vereinbart. Nach ihrem Ende wird das Leasinggut vom Leasinggeber veräußert. Sofern die während der Grundmietzeit gezahlten Leasingraten – einschließlich des erzielten Verwertungserlöses – den Vollamortisationsanspruch des Leasinggebers kompensieren, erhält der Leasingnehmer 75 % des Mehrerlöses, während der Leasinggeber 25 % hiervon als rechtlicher und wirtschaftlicher Eigentümer des Leasingguts bekommt[3]. Sofern jedoch die Leasingraten und der Verwertungserlös – zusammengerechnet – nicht ausreichen, den Vollamortisationsanspruch des Leasinggebers zu erfüllen, so ist der Leasingnehmer in Höhe der **Differenz** verpflichtet, eine **Abschlusszahlung** zu leisten. Vorbehaltlich einer transparenten Vertragsgestaltung i.S.v. § 307 Abs. 1 BGB bestehen gegen dieses Modell keine durchgreifenden Bedenken. Es gelten hier die gleichen Erwägungen, die zuvor dargestellt worden sind (Rn. 140 f.): Auch hier muss die Vertragsgestaltung klarstellen, dass der Leasinggeber Anspruch auf volle Amortisation besitzt – mit der Konsequenz, dass die vom Leasingnehmer entrichteten Leasingraten nur eine Teilamortisation bewirken, weil auch hier der Leasinggeber das Risiko der Wertminderung auf den Leasingnehmer abwälzt. Zur Verwertungspflicht Rn. 148 ff.

3. Sonderprobleme beim kündbaren Teilamortisationsvertrag

143 Ausgangspunkt der hier anzustellenden Erwägungen ist zunächst der Befund: Bei einem kündbaren Teilamortisationsvertrag ist der Leasingnehmer berechtigt, nach Ablauf einer fest vereinbarten Grundmietzeit – regelmäßig: mindestens 40 % der betriebsgewöhnlichen Nutzungsdauer des Leasingguts – mit fest vereinbarten Kündigungszeitpunkten den Vertrag im Wege der ordentlichen Kündigung zu beenden. Macht der Leasingnehmer von diesem Recht Gebrauch, so wird das Leasinggut veräußert. Lediglich 90 % des Verwertungserlöses werden dem Leasingnehmer auf die von ihm geschuldete Vollamortisationspflicht angerechnet. Daher ist der Leasingnehmer regelmäßig in diesen Fällen verpflichtet, in Höhe einer Differenz – bezogen auf den Vollamortisationsanspruch des Leasinggebers – eine **Abschlusszahlung zu entrichten.**

---

1 Ohne Betonung des Gedankens eines Garantievertrages MünchKommBGB/*Koch*, Leasing Rn. 117.
2 So aber *Kurstedt*, DB 1981, 2555, 2559 f.
3 *Graf v. Westphalen* in Graf v. Westphalen, Der Leasingvertrag, Kap. B Rn. 48 ff.

a) Erfordernis einer transparenten Vertragsgestaltung

Soweit der Leasinggeber in den Leasing-AGB den **Restamortisations-** 144
anspruch nach Wirksamwerden der ordentlichen Kündigung in der Weise berechnet, dass er die Höhe dieses Anspruchs an bestimmte Prozentsätze der Herstellungs- und Anschaffungskosten einschließlich aller Neben- und Finanzierungskosten sowie des Gewinns des Leasinggebers ausrichtet, verstößt diese Vertragsgestaltung nach ständiger Rechtsprechung des BGH gegen § 307 Abs. 1 BGB und ist daher **unwirksam**[1]. Die sich aus § 307 Abs. 1 BGB in diesen Fällen ergebende Sanktionsfolge besteht lediglich darin, dass der Leasinggeber dann verpflichtet ist, seinen Vollamortisationsanspruch **konkret** zu berechnen[2]. Messlatte für die Berechnung des Vollamortisationsanspruchs ist hier stets das **Erfüllungsinteresse** des Leasinggebers: Durch die Beendigung des Leasingvertrages aufgrund einer ordentlichen Kündigung des Leasingnehmers darf der Leasinggeber im Hinblick auf den ihm zustehenden Vollamortisationsanspruch nicht bessergestellt werden als er stände, wenn der Vertrag ordnungsgemäß erfüllt worden wäre. Es gilt also hier – wie immer – das **Bereicherungsverbot**[3].

b) Garantiepflicht des Leasingnehmers

Zu diesem Ergebnis gelangt man jedoch nur dann, wenn man – wie die 145
Rechtsprechung des BGH – den Vollamortisationsanspruch des Leasinggebers als **leasingtypisch** bzw. als **vertragsimmanent** qualifiziert[4]. Denn nur unter dieser Voraussetzung führt die Sanktionsfolge von § 307 Abs. 1 BGB nicht zur ergänzenden Vertragsauslegung gemäß §§ 133, 157 BGB, sondern unmittelbar zur konkreten Berechnung des Vollamortisationsanspruchs des Leasinggebers. Vertritt man hingegen die Auffassung, dass der Vollamortisationsanspruch des Leasinggebers das Ergebnis einer vertraglich vereinbarten **Garantiepflicht** des Leasingnehmers ist, welche sich an der steuerrechtlichen Prämisse ausrichtet, dass der Leasingnehmer das Risiko der Wertminderung des Leasingguts zu tragen verpflichtet ist, dann ist Raum für die ergänzende Vertragsauslegung gemäß §§ 133, 157 BGB. Zur Konsequenz hat dies, dass nur dann ein Vollamortisationsanspruch des Leasinggebers bei einem kündbaren Teilamortisationsvertrag als vereinbart anzusehen ist, wenn die Vollamortisationspflicht/Garantiepflicht des Leasingnehmers dem Leasingvertrag das **Gepräge** kraft individualvertraglicher Abrede gibt. Fehlt diese Voraussetzung, so scheitert der Vollamortisationsanspruch des Leasing-

---

[1] BGH v. 15.10.1986 – VIII ZR 319/85, WM 1987, 38; BGH v. 26.11.1986 – VIII ZR 354/85, WM 1987, 288, 290; BGH v. 20.9.1989 – VIII ZR 239/88, NJW 1990, 247, 249; BGH v. 8.11.1989 – VIII ZR 1/89, BB 1990, 234, 235; BGH v. 28.3.1990 – VIII ZR 17/89, NJW 1990, 1785; BGH v. 16.5.1990 – VIII ZR 108/89, WM 1990, 1244, 1246.
[2] BGH v. 22.1.1986 – VIII ZR 318/84, WM 1986, 458 ff.; BGH v. 10.10.1990 – VIII ZR 196/89, WM 1990, 2043.
[3] Vgl. auch MünchKommBGB/*Koch*, Leasing Rn. 120; *Wolf/Eckert/Ball*, Hdb. des gewerblichen Miet-, Pacht- und Leasingrechts, Rn. 1850.
[4] Vgl. auch *Wolf/Eckert/Ball*, Hdb. des gewerblichen Miet-, Pacht- und Leasingrechts, Rn. 1727.

gebers; er erhält dann lediglich die während der Grundmietzeit gezahlten Leasingraten sowie den Verwertungserlös, der in Höhe von 90 % anrechnungspflichtig ist.

4. Voraussetzung und Inhalt einer konkreten Berechnung des Vollamortisationsanspruchs

146 Sowohl beim kündbaren Teilamortisationsvertrag als auch beim Teilamortisationsvertrag mit Mehrerlösbeteiligung ist der Leasinggeber grundsätzlich verpflichtet, seinen Restamortisationsanspruch nach Beendigung des Leasingvertrages sowie nach Veräußerung des Leasingguts **konkret** zu berechnen.

a) Transparente Vertragsgestaltung

147 Uneingeschränkt ist zunächst davon auszugehen, dass die konkrete Berechnung des Restamortisationsanspruchs nicht an § 307 Abs. 3 BGB scheitert[1]. Sicherlich, dieser Ausgleichsanspruch tritt – im Abwicklungsverhältnis – an die Stelle des Erfüllungsanspruchs und hat genauso wie dieser **Entgeltcharakter**[2]. Doch geht es – wie bereits angedeutet – darum, dass die richterliche Inhaltskontrolle gemäß § 307 Abs. 1 BGB dem Zweck dient sicherzustellen, dass der dem Leasinggeber zufließende Anspruch auf Restamortisation im Fall der ordentlichen Kündigung des Vertragsverhältnisses nicht höher ausfällt als der ihm aufgrund des Leasingvertrages zustehende Erfüllungsanspruch. Soweit der Leasinggeber in den AGB Regelungen getroffen hat, die die Bestandteile des Restamortisationsanspruchs im Einzelnen spezifizieren, so muss sichergestellt werden, dass es sich um eine **transparente** Vertragsgestaltung handelt[3]. So ist z.B. die Verwendung des Begriffs der „vorschüssigen Rentenbarwertformel" nach § 307 Abs. 1 BGB zu beanstanden[4]. Abzustellen ist dabei im Verkehr mit dem Endverbraucher auf den rechtlich nicht vorgebildeten Durchschnittskunden; im unternehmerischen Verkehr ist demgegenüber prototypisch der Leasingnehmer als Kunde zu begreifen, der **branchenfremd** ist[5]. Folglich gehört es nicht zum kaufmännischen Allgemeinwissen, klare Vorstellungen darüber zu haben, was alles unter der „vorschüssigen Rentenbarwertformel" zu verstehen ist[6]. Ob diesem Ansatz in allen Punkten zu folgen ist, erscheint **zweifelhaft**: Im Rahmen von § 310 Abs. 3 Nr. 3 BGB steht jedenfalls fest, dass auch die besonderen Umstände des Vertragsabschlusses – also: auch die **konkreten** Kenntnisse und Fähigkeiten des nicht-kaufmännischen Leasingnehmers – zu berücksichtigen sind.

---

1 *Graf v. Westphalen* in Graf v. Westphalen, Der Leasingvertrag, Kap. J Rn. 57 f.; MünchKommBGB/*Koch*, Leasing Rn. 136; a.M. *Lieb*, DB 1986, 2168 ff.; *Roth* AcP 190 (1990), 292, 314 f.
2 *Wolf/Eckert/Ball*, Hdb. des gewerblichen Miet-, Pacht- und Leasingrechts, Rn. 1918 ff.
3 Grundlegend BGH v. 22.11.1995 – VIII ZR 57/95, ZIP 1996, 235, 237.
4 BGH v. 22.11.1995 – VIII ZR 57/95, ZIP 1996, 235, 237.
5 BGH v. 22.11.1995 – VIII ZR 57/95, ZIP 1996, 235, 237.
6 BGH v. 22.11.1995 – VIII ZR 57/95, ZIP 1996, 235, 237.

Zur Konsequenz hat dies, dass es zweckmäßig erscheint, auch im kaufmännischen Verkehr auf die Kenntnisse eines **durchschnittlichen Leasingnehmers** abzuheben, nicht aber auf die Kenntnisse eines Branchenfremden, weil ja auch von einem typischen Leasingnehmer nicht erwartet werden kann, die finanzmathematischen Besonderheiten einer „vorschüssigen Rentenbarwertformel" – in ihrem Unterschied zur „nachschüssigen Rentenbarwertformel" – zu verstehen (Rn. 154 f.). Anzugeben sind daher dem Grunde nach alle Positionen, die bei der konkreten Berechnung des Vollamortisationsanspruchs zu beachten sind[1]. Nicht erforderlich ist es, die Kalkulation offen zu legen[2].

b) Konkrete Berechnungsmodalitäten

Es ist unschwer zu erkennen, dass der Leasinggeber aus nahe liegenden praktischen Gründen nicht in der Lage ist, seinen Restamortisationsanspruch **abstrakt** im Vorhinein zu berechnen, denn dem Leasinggeber ist keineswegs im Vorhinein bekannt, wie sich die Marktverhältnisse im Hinblick auf die **Verwertung** des Leasingguts entwickeln; auch ist nicht im Vorhinein klar, inwieweit der Leasinggeber – als Folge der ordentlichen Kündigung – **Aufwendungen** erspart. Deswegen ergeben sich im Rahmen einer konkreten Berechnung folgende Gesichtspunkte, welche in ihrer Gesamtheit dem **Erfüllungsanspruch** des Leasinggebers gegenüberzustellen sind, weil nur so das Bereicherungsverbot beachtet werden kann[3].

148

aa) Verwertung des Leasingguts – Restwert

Der Leasinggeber ist verpflichtet, im Hinblick auf Art, Ort und Zeitpunkt der Verwertung des Leasingguts die Interessen des Leasingnehmers optimal zu wahren. Dies schließt ein, dass der Leasinggeber seinerseits verpflichtet ist, die **organisatorischen Voraussetzungen** dafür zu schaffen, dass eine den Umständen nach optimale Verwertung des Leasingguts durchgeführt wird[4]. Folglich kommt es entscheidend darauf an, welchen **Zeitwert** das Leasinggut – im Fall der ordentlichen Kündigung des Leasingvertrages durch den Leasingnehmer – aufweist[5]. Rechtlich gewertet handelt es sich hierbei um eine besondere Ausprägung der **Schadensminderungspflicht**[6]. Folglich ist der Leasinggeber verpflichtet, den Nachweis zu führen, dass der konkret erzielte **Verwertungserlös** dem maximal erzielbaren Betrag entspricht und somit

149

---

1 Im Einzelnen *Graf v. Westphalen* in Graf v. Westphalen, Der Leasingvertrag, Kap. J Rn. 57 ff.
2 Mit Recht BGH v. 4.6.1997 – VIII ZR 312/96, NJW 1997, 3166.
3 Im Einzelnen auch *Berninghaus* in Martinek/Stoffels/Wimmer-Leonhardt, Handbuch des Leasingrechts, § 37 Rn. 13 ff.
4 BGH v. 12.6.1985 – VIII ZR 148/84, WM 1985, 860, 863; OLG Koblenz v. 10.3.1994 – 5 U 1257/93, NJW 1995, 1227; OLG Brandenburg v. 10.12.1997 – 7 U 87/97, NJW-RR 1998, 1671 – Händlerverkaufswert.
5 BGH v. 8.3.1995 – VIII ZR 313/93, NJW 1995, 1541, 1543; BGH v. 23.11.1995 – VIII ZR 57/95, ZIP 1996, 235, 238.
6 BGH v. 8.3.1995 – VIII ZR 313/93, NJW 1995, 1541, 1543.

identisch ist mit dem Verkehrswert des Leasingguts im Zeitpunkt der Beendigung des Leasingvertrages[1].

bb) Händler-Einkaufspreis

150 Diese Pflicht erfüllt der Leasinggeber keineswegs immer dadurch, dass er das Leasinggut an den Händler „zu dessen Einkaufspreis" veräußert[2]. Diese Fragestellung hat insbesondere dann praktische Bedeutung, wenn ein **Leasingfahrzeug** – gleichgültig, ob im Rahmen einer ordentlichen oder einer fristlosen Kündigung – verwertet wird[3]. Soweit eine **herstellerabhängige** Leasinggeberin die Verwertung eines Leasingfahrzeugs vornimmt, wird man grundsätzlich keine Einwendungen dagegen erheben dürfen, dass der Händlerverkaufspreis als Restwert zugrunde gelegt wird[4]. Gleichwohl bleibt auch in diesen Fällen der Leasinggeber verpflichtet, den Leasingnehmer aufzufordern, er möge ihm Kaufinteressenten benennen, damit – soweit nach den Umständen des Einzelfalls möglich – ein höherer Verwertungserlös erzielt wird[5]. Dazu muss dem Leasingnehmer eine ausreichende Zeit zur Verfügung stehen[6]. Eine Frist von **drei Wochen** erscheint angemessen[7]. Des Weiteren ist der Leasinggeber in diesen Fällen grundsätzlich verpflichtet, das Leasinggut dem Leasingnehmer zuerst zum Händlereinkaufspreis anzubieten[8]. **Herstellerunabhängige** Leasinggeber sind gehalten, die organisatorischen Voraussetzungen für eine optimale Verwertung zu schaffen. Ein dahin zielender Einwand des Leasinggebers ist unbeachtlich[9]. Sie können am Markt – anders als ein Privater – auftreten und sind daher regelmäßig in der Lage, einen tendenziell höheren Preis zu erzielen als er dem üblichen Händlereinkaufspreis entspricht[10]. Daraus folgt:

cc) Abrechnung auf Gutachten-Basis

151 AGB-Klauseln, welche stets eine Veräußerung an den Händler vorsehen, verstoßen gegen § 307 Abs. 1 BGB und sind daher **unwirksam**, weil sie die konkreten Interessen des einzelnen Leasingnehmers außer Acht lassen[11]. Legt

---

1 BGH v. 22.11.1995 – VIII ZR 57/95, ZIP 1996, 235, 238.
2 BGH v. 10.10.1990 – VIII ZR 196/89, WM 1990, 2043, 2046; BGH v. 4.6.1997 – VIII ZR 312/96, ZIP 1997, 1457, 1459; OLG Celle v. 18.12.1996 – 2 U 2/96, NJW-RR 1997, 1008.
3 OLG Koblenz v. 10.3.1994 – 5 U 1257/93, NJW 1995, 1227; schärfer OLG Frankfurt v. 14.7.1995 – 24 U 5/94, NJW 1995, 3259; OLG Brandenburg v. 10.12.1997 – 7 U 87/97, NJW-RR 1998, 1671.
4 OLG Koblenz v. 10.3.1994 – 5 U 1257/93, NJW 1995, 1227 – „leicht angehobener" Händlereinkaufspreis.
5 BGH v. 10.10.1990 – VIII ZR 196/89, WM 1990, 2043, 2046.
6 OLG Celle v. 18.12.1996 – 2 U 2/96, NJW-RR 1997, 1008, 1010.
7 Vgl. OLG Dresden v. 11.11.1998 – 8 U 3066/97, NJW-RR 1999, 703 – zwei Wochen: zu kurz, weil keine echte Chance zur Verwertung; ebenso OLG Düsseldorf v. 24.5.2005 – I – 24 U 235/04, BB 2005, 1594.
8 BGH v. 4.6.1997 – VIII ZR 312/96, ZIP 1997, 1457, 1459.
9 OLG Celle v. 18.12.1996 – 2 U 2/96, NJW-RR 1997, 1008, 1010.
10 OLG Frankfurt v. 14.7.1995 – 24 U 5/94, NJW 1995, 3259.
11 BGH v. 22.11.1995 – VIII ZR 57/93, NJW 1996, 455.

allerdings der Leasinggeber zur Berechnung des Verwertungserlöses ein **Sachverständigengutachten** vor, so ist zusätzlich zum tatsächlich erzielbaren und zu berücksichtigenden Preis[1] Folgendes zu beachten: Die Beauftragung des Sachverständigen ist ein **Eigengeschäft** des Leasinggebers; er ist daher nicht berechtigt, insoweit Ersatzansprüche an den Leasingnehmer zu richten[2]. Entgegenstehende AGB-Klauseln verstoßen daher gegen § 307 Abs. 2 Nr. 1 BGB und sind unwirksam. Darüber hinaus ist sicherzustellen, dass der eingeschaltete Sachverständige über die erforderliche **Unabhängigkeit** und **Neutralität** verfügt[3]. Inhaltlich muss das Sachverständigengutachten konkrete Angaben über den zu erzielenden Verkehrswert/Zeitwert enthalten; die für die Wertbildung herangezogenen Faktoren sind in nachvollziehbarer Weise darzustellen.

dd) Grundsatz der Schadensminderungspflicht

Ob man soweit gehen kann, eine **Differenz** von 10 % zwischen tatsächlich erzieltem Veräußerungserlös und Verkehrswert/Zeitwert zu akzeptieren, erscheint in dieser allgemeinen Form zumindest zweifelhaft[4]. Generelle Aussagen, welche auf eine solche Marge abheben, sind mit dem Schadensminderungsgebot unvereinbar. Entscheidend ist immer und in jedem Einzelfall der tatsächlich zu erzielende Verkehrswert/Zeitwert des Leasingguts unter besonderer Berücksichtigung der jeweiligen Marktverhältnisse, zumal dem Leasingnehmer ein **Drittbenennungsrecht** einzuräumen ist (Rn. 150). Das ist also im Prozess jeweils sehr konkret darzulegen. Der Leasinggeber tut daher gut daran, das Leasinggut zum Händlereinkaufspreis dem Leasingnehmer selbst[5] oder einem von ihm benannten Dritten anzubieten. Besteht zwischen Leasinggeber und Händler eine **Rückkaufvereinbarung**, die den **Restwert** absichert auf Basis der kalkulierten Leasingraten, dann ist der Leasinggeber grundsätzlich verpflichtet, diese in Anspruch zu nehmen, und er muss sich diesen Betrag fiktiv anrechnen lassen. Das gilt freilich auch dann, wenn es sich bei diesen Vereinbarungen nur um ein **Andienungsrecht** des Leasinggebers handelt[6].

152

Sofern der Leasinggeber seine Schadensminderungspflicht gemäß § 254 BGB **verletzt**, steht dem Leasingnehmer ein Schadensersatzanspruch aus positiver Vertragsverletzung zu. Dabei gelten die allgemeinen Grundsätze der Beweislast, wie sie zu § 254 BGB entwickelt worden sind. Dies bedeutet konkret: Die Darlegungs- und Beweislast für ein mitwirkendes Verschulden des

153

---

1 OLG Düsseldorf v. 16.1.1997 – 10 U 11/96, NJW-RR 1998, 701: Anstelle des Händlerverkaufswertes kann auch der niedrigere Händlereinkaufspreis in Betracht kommen, auch Problem der aktuellen Sonderausstattung des Pkw; OLG Dresden v. 7.8.2000 – 8 W 2306/99, NJW-RR 2003, 194, 195 – hypothetischer Verwertungserlös ist stets in Abzug zu bringen.
2 *Graf v. Westphalen* in Graf v. Westphalen, Der Leasingvertrag, Kap. J Rn. 95.
3 AGB-Klauselwerke/*Graf v. Westphalen*, Schiedsgutachten Rn. 1 ff.
4 Vgl. BGH v. 10.10.1990 – VIII ZR 196/89, WM 1990, 2043, 2046; BGH v. 22.11.1995 – VIII ZR 57/93, NJW 1996, 455.
5 BGH v. 4.6.1996 – VIII ZR 312/96, ZIP 1997, 1457, 1459.
6 A.M. wohl nicht erwähnend *Engel*, Hdb. Kraftfahrzeug-Leasing, § 9 Rn. 64 ff.

Leasinggebers sowie für die Ursächlichkeit des dadurch eingetretenen Mindererlöses trägt der **Leasingnehmer**[1]. Allerdings ist der Leasinggeber gehalten, im Einzelnen nachzuweisen, welche Anstrengungen er unternommen hat, seiner Schadensminderungspflicht im Hinblick auf eine optimale Verwertung nachzukommen.

ee) Abzinsung

154 Die vom Leasinggeber vorzunehmende Abzinsung des ihm zustehenden Restamortisationsanspruchs dient dem Zweck, den durch den vorzeitigen Rückfluss des Kapitals entstandenen Vorteil auszugleichen[2]. Für die Berechnung der Abzinsung gibt es keine allgemein gültige Formel. Jede Berechnung eines Abzinsungsbetrages führt nur zu einem Annäherungswert, so dass im Ergebnis auf das Recht der richterlichen Schadensschätzung gemäß § 287 ZPO zurückgegriffen werden kann[3]. Dabei lautet die **vorschüssige Rentenbarwertformel** für die ausstehenden Raten, sofern die Raten zu Beginn des monatlichen Zeitraums fällig werden:

$$\text{Barwert} = \text{Rate} \times q \times \frac{1}{q^n} \times \frac{q^{n-1}}{q-1}$$

Sofern der Restwert – wie beim Tailamortisationsvertrag mit Andienungsrecht des Leasinggebers – Teil des Vollamortisationsanspruchs des Leasinggebers ist und daher ebenfalls abzuzinsen ist, lautet die Formel:

$$\text{Barwert} = \frac{\text{Restwert}}{q^n}$$

Dabei sind: q = Abzinsungsfaktor = $1 + \frac{p}{1200}$; p = Refinanzierungssatz; n = Zahl der Laufzeitmonate[4].

155 Soweit der Leasinggeber die erforderliche Abzinsung aufgrund einer **vorformulierten Klausel** vornimmt, bestehen hiergegen grundsätzliche Bedenken gemäß § 307 Abs. 2 Nr. 1 BGB[5]. Entscheidend ist und bleibt: Der Leasinggeber ist verpflichtet, den Abzinsungssatz – konkret – zur Anwendung zu bringen, den er aufwenden muss, um die konkrete Refinanzierung des jeweiligen Leasingvertrages durchzuführen[6]. Jede pauschalierte, vorformulierte Klausel missachtet die konkreten Refinanzierungskonditionen, wie sie dem jeweiligen Vertragsabschluss und der tatsächlichen Refinanzierung zugrunde lagen[7]. Der Leasinggeber ist also verpflichtet, den in den einzelnen Lea-

---

[1] *Palandt/Heinrichs*, § 254 BGB Rn. 36 ff.
[2] BGH v. 29.1.1986 – VIII ZR 49/85, WM 1986, 480, 483; im Einzelnen mit Tabelle *Kranemann*, ZIP 1997, 1404.
[3] BGH v. 10.10.1990 – VIII ZR 196/89, WM 1990, 2043, 2045.
[4] Vgl. OLG Celle v. 5.1.1994 – 2 U 177/91, NJW-RR 1994, 743, 744; *Zahn/Bahmann*, Kfz-Leasingvertrag, Rn. 339 mit weiteren Formeln.
[5] Vgl. BGH v. 22.11.1995 – VIII ZR 57/95, ZIP 1996, 235, 237 – Abzinsungssatz: 2 % über dem Diskontsatz.
[6] BGH v. 16.5.1990 – VIII ZR 108/89, WM 1990, 1244, 1246; grundlegend BGH v. 22.11.1995 – VIII ZR 57/95, ZIP 1996, 235, 237.
[7] BGH v. 22.11.1995 – VIII ZR 57/93, NJW 1996, 455.

singraten enthaltenen **Zinsanteil**, der sich auf die Refinanzierung bezieht, durch Abzinsung herauszurechnen[1]. Auch das eingesetzte **Eigenkapital** ist in gleicher Weise abzuzinsen[2]. Erfasst werden auch die gesamten Kreditkosten des Leasinggebers[3].

Ausreichend, aber auch erforderlich im Sinn des **Transparenzgebots** gemäß § 307 Abs. 1 BGB ist es, wenn der Leasinggeber in den Leasing-AGB erklärt, er werde im Fall der ordentlichen Kündigung des Leasingvertrages die gesamten Kreditkosten mit dem Zinssatz abzinsen, der dem jeweiligen, auf den einzelnen Leasingvertrag bezogenen Refinanzierungszinssatz entsprach[4]. Da der Leasinggeber seinen Restamortisationsanspruch gegenüber dem Leasingnehmer zu begründen verpflichtet ist, ist er auch gehalten, die ihm insoweit obliegende Darlegungs- und Beweislast durch konkrete Angaben zu erfüllen[5]. Denn es gilt den Grundsatz im Auge zu behalten: Aufgrund einer vorzeitigen Beendigung des Leasingvertrages darf der Leasinggeber keine Vorteile ziehen, die er bei ordnungsgemäßer, vollständiger Erfüllung des Leasingvertrages nicht gehabt hätte[6].

156

Welche **finanzmathematische Formel** der Leasinggeber insoweit einzusetzen verpflichtet ist, lässt sich nicht generell sagen. Es kommt stets auf die besonderen Umstände des Einzelfalls an. Es kann angezeigt sein, auf die vorschüssige Barwertformel bei noch länger laufendem Rest-Leasing zurückzugreifen[7]. Auch die Barwertformel für nachschüssige Renten oder die mathematischen Annuitätenmethoden können zur Anwendung berufen sein[8]. Im Zweifel ist das jeweilige Resultat nach beiden Formeln zu rechnen; das für den Leasingnehmer günstigste Ergebnis ist anzuwenden.

157

ff) Kein weiterer Gewinnanspruch des Leasinggebers

Da durch die ordentliche Kündigung des Leasingvertrages ein **Abwicklungsverhältnis** entsteht[9], kann der Leasinggeber lediglich den Gewinn beanspruchen, der in den vor Kündigung bereits fällig gewordenen Leasingraten enthalten ist. Für die Zeit danach steht dem Leasinggeber kein Anspruch auf Geschäftsgewinn zu[10]. Demzufolge verstößt er gegen das **Transparenzgebot** des § 307 Abs. 1 BGB, wenn der Leasinggeber in den Leasing-AGB nicht eindeutig klarstellt, dass ihm lediglich der Gewinn zusteht, der bis zur nächsten ordentlichen Kündigung des Leasingvertrages jeweils realisiert ist, nicht aber für die Zeit danach.

158

---

1 BGH v. 10.10.1990 – VIII ZR 196/89, WM 1990, 2043, 2045.
2 BGH v. 10.10.1990 – VIII ZR 196/89, WM 1990, 2043, 2045.
3 BGH v. 10.10.1990 – VIII ZR 196/89, WM 1990, 2043, 2045.
4 BGH v. 22.11.1995 – VIII ZR 57/93, NJW 1996, 455.
5 Grundlegend: BGH v. 22.11.1995 – VIII ZR 57/95, ZIP 1996, 235.
6 BGH v. 29.1.1986 – VIII ZR 49/85, WM 1986, 480, 483.
7 OLG Celle v. 3.11.1993 – 2 U 212/92, NJW-RR 1994, 1334; BGH v. 22.11.1995 – VIII ZR 57/95, ZIP 1996, 235, 237 – intransparent.
8 Vgl. BGH v. 10.10.1990 – VIII ZR 196/89, WM 1990, 2043, 2045.
9 BGH v. 12.6.1986 – VIII ZR 148/84, WM 1985, 860, 863.
10 BGH v. 10.10.1990 – VIII ZR 196/89, WM 1990, 2043, 2046.

gg) Ersparung laufzeitabhängiger Aufwendungen

159 Grundsätzlich ist davon auszugehen, dass der Leasinggeber aufgrund der vorzeitigen Vertragsbeendigung laufzeitabhängige Aufwendungen erspart[1]. Erfasst werden hiervon insbesondere **Verwaltungskosten**[2]. Allerdings wird man dem Leasinggeber das Recht einräumen müssen, den Nachweis zu führen, dass als Folge der ordentlichen Beendigung des konkreten Leasingvertrages – insbesondere unter Berücksichtigung der Kosten für elektronische Datenverarbeitung laufender Verträge – keine Aufwendungen erspart sind. Dazu bedarf es jedoch konkreter – nachvollziehbarer – Darlegungen; notfalls ist auf das Recht der richterlichen Schätzung gemäß § 287 ZPO zurückzugreifen. Die gleiche Erwägung gilt im Hinblick auf etwaige **Versicherungskosten**, welche objektbezogen sind sowie die vom Leasinggeber übernommenen **Steuern**, soweit diese unmittelbar das Leasinggut betreffen[3].

160 Nicht zu berücksichtigen sind allerdings Vorhaltekosten für Untervermietung und die Verwertung des Leasingguts, weil es sich hierbei um Gemeinkosten handelt[4].

161 Alle Kosten, die ursächlich mit dem Abschluss des Leasingvertrages zusammenhängen, können vom Leasinggeber im Rahmen der Berechnung seines Vollamortisationsanspruchs zu Lasten des Leasingnehmers berücksichtigt werden, wie z.B. Vertriebskosten, Kosten der Bonitäts- und Vertragsprüfung, einschließlich der Prüfung des typischen Risikos des eingeschalteten Lieferanten des Leasinggebers[5]. Ferner zählen hierzu die Anschaffungskosten[6] sowie etwa angefallene Vorfinanzierungskosten[7]. Zu differenzieren ist daher zwischen den laufzeitabhängigen und den laufzeitunabhängigen Kosten des Leasingvertrages[8] sowie den ersparten Aufwendungen. Deshalb sind nach der Beendigung des Leasingvertrages etwa anfallende laufzeitabhängige Kosten nicht mehr zu berücksichtigen.

hh) Vorfälligkeitsentschädigung

162 Sofern eine wirksame Vereinbarung zwischen Leasinggeber und seiner Refinanzierungsbank besteht, kann der Leasinggeber die von der Refinanzierungsbank geltend gemachte Vorfälligkeitsentschädigung im Falle der ordentlichen Kündigung des Leasingvertrages als Teil seines Vollamortisati-

---

1 BGH v. 22.11.1995 – VIII ZR 57/95, ZIP 1996, 235, 238.
2 BGH v. 22.11.1995 – VIII ZR 57/95, ZIP 1996, 235, 238; *Wolf/Eckert/Ball*, Hdb. des gewerblichen Miet-, Pacht- und Leasingrechts, Rn. 1985.
3 BGH v. 19.3.1986 – VIII ZR 81/85, WM 1986, 673, 675.
4 *Graf v. Westphalen* in Graf v. Westphalen, Der Leasingvertrag, Kap. J Rn. 80; im Einzelnen auch *Eckstein*, BB 1986, 2144, 2147 – kritisch zum Problem ersparter Aufwendungen/Gemeinkosten.
5 *Graf v. Westphalen* in Graf v. Westphalen, Der Leasingvertrag, Kap. J Rn. 74 ff.
6 BGH v. 19.3.1986 – VIII ZR 81/85, WM 1986, 673, 675.
7 BGH v. 19.3.1986 – VIII ZR 81/85, WM 1986, 673, 675.
8 Im Einzelnen *Graf v. Westphalen* in Graf v. Westphalen, Der Leasingvertrag, Kap. J Rn. 74 ff.

onsanspruchs geltend machen[1]. Dies setzt freilich voraus, dass der Leasinggeber den Nachweis erbringt, dass er gegenüber seiner Refinanzierungsbank verpflichtet war, die jeweiligen Vorfälligkeitsentschädigungen zu zahlen, weil und soweit der Leasingnehmer den Leasingvertrag im Wege der ordentlichen Kündigung beendet hat. Es handelt sich hierbei nicht um einen Bestandteil der Abzinsung, sondern um einen **besonderen Rechnungsposten**, der bei der Ermittlung des Vollamortisationsanspruchs separat festzustellen ist[2]. Durch eine hierauf abzielende AGB-Klausel wird der Leasingnehmer nicht unangemessen i.S.v. § 307 Abs. 2 Nr. 1 BGB benachteiligt, weil allgemein bekannt ist, dass Leasinggesellschaften ihre Verträge bei Banken – regelmäßig in Form einer Forfaitierung – refinanzieren[3]. Außerdem besteht zwischen den anfänglich kalkulierten Kreditkosten und der Vorfälligkeitsentschädigung ein enger wirtschaftlicher Zusammenhang[4].

ii) Umsatzsteuer

Der dem Leasinggeber zustehende Restamortisationsanspruch hat Entgeltcharakter mit der Konsequenz, dass der Leasinggeber berechtigt ist, die insoweit anfallende Mehrwertsteuer nicht hinzuzurechnen[5]. Das gilt bei Schadensersatzansprüchen, die bei einer fristlosen Kündigung entstehen, aber auch für den (gewöhnlichen) Amortisationsanspruch, weil der Leistung des Leasingnehmers bei Rückgabe, Verlust oder Untergang des Leasingguts kein steuerbarer Umsatz des Leasinggebers mehr gegenübersteht.

163

5. Vollamortisationsvertrag mit Aufteilung des Mehrerlöses

Dieses Modell ist dadurch charakterisiert, dass der Leasinggeber – nach Ablauf der unkündbaren Grundmietzeit – das Leasinggut optimal verwertet. Es gelten insoweit die gleichen Grundsätze, die zuvor dargestellt worden sind (Rn. 148 ff.). Soweit die Summe von gezahlten Leasingraten und Verwertungserlös den **Vollamortisationsanspruch** des Leasinggebers **übersteigt**, wird der Mehrerlös im Verhältnis von 75 % zugunsten des Leasingnehmers und von 25 % zugunsten des Leasinggebers aufgeteilt. Besteht jedoch eine Differenz, weil die Summe von Leasingraten und Verwertungserlös den Vollamortisationsanspruch nicht erreicht, so ist der Leasingnehmer verpflichtet, in Höhe dieser Differenz eine **Ausgleichszahlung** zu leisten. Bei dieser Berechnungsmethode findet eine Abzinsung nicht statt; denn der Vollamortisationsanspruch entsteht zugunsten des Leasinggebers im Zeitpunkt der ordentlichen Beendigung des Leasingvertrages.

164

Zu unterstreichen ist insbesondere, dass der Leasinggeber bei diesem Modell verpflichtet ist, den **gesamten Verwertungserlös** zugunsten der Vollamortisationspflichten des Leasingnehmers in Anrechnung zu bringen. Es ist kei-

165

---

1 BGH v. 16.5.1990 – VIII ZR 108/89, WM 1990, 1244.
2 BGH v. 16.5.1990 – VIII ZR 108/89, WM 1990, 1244, 1247.
3 *Graf v. Westphalen* in Graf v. Westphalen, Der Leasingvertrag, Kap. J Rn. 83.
4 *Wolf/Eckert/Ball*, Hdb. des gewerblichen Miet-, Pacht- und Leasingrechts, Rn. 1927.
5 Grundlegend BGH v. 14.3.2007 – VIII ZR 68/06, BB 2007, 1022.

neswegs so, dass der Leasinggeber auch bei diesem Modell berechtigt wäre, nur 90 % des Verwertungserlöses dem Leasingnehmer gutzubringen[1]. Denn die Anrechnung von 90 % des Verwertungserlöses ist **modellspezifisch** auf den kündbaren Teilamortisationsvertrag mit Abschlusszahlung des Leasingnehmers beschränkt. Daher geht es auch nicht an, geltend zu machen, dass 10 % des Verwertungserlöses die Aufwendungen des Leasinggebers repräsentieren, die im Rahmen einer erforderlichen Verwertung des Leasingguts notwendigerweise anfallen. Denn bei der Verwertung des Leasingguts verfolgt der Leasinggeber – dies gilt für jedes Modell des Teilamortisationsvertrages – ein **eigenes Geschäft**, weil er rechtlicher und wirtschaftlicher Eigentümer des Leasingguts ist, also insoweit die Chance der Wertsteigerung realisiert.

6. Kilometer-Abrechnungsvertrag

166 Bei diesem Modell trägt der **Leasinggeber** das Risiko der Vollamortisation[2]. Die §§ 488 ff. BGB sind auf diesen Vertrag nach der Auffassung des BGH[3] nicht anwendbar[4], was für die Mitverpflichtung Dritter relevant ist (Rn. 53). Zur Konsequenz hat dies, dass der Leasinggeber – auch im Fall einer ordentlichen Beendigung dieses Vertrages – nur berechtigt ist, die jeweils gefahrenen Mehr- oder Minderkilometer in Anrechnung zu bringen, weil sein Restamortisationsanspruch hierauf beschränkt ist[5]. Daher verstößt es nach zutreffender Auffassung des BGH[6] gegen § 307 Abs. 2 Nr. 1 BGB, wenn der Leasinggeber den Versuch unternimmt, bei Beendigung des Leasingvertrages durch eine AGB-Klausel sicherzustellen, dass das Restamortisationsrisiko – entgegen der ursprünglichen Vertragskonzeption – auf den Leasingnehmer abgewälzt wird.

167 Da bei diesem Modell der Leasingnehmer nicht mit dem Restwertrisiko belastet ist, entfallen auch alle Erwägungen, eine Verwertung des Leasingguts vorzunehmen, einschließlich einer Abzinsung oder sonstiger ersparter Aufwendungen[7]. Gleiches gilt selbstverständlich, wenn – selten genug – ein Kilometer-Abrechnungsvertrag mit einem Andienungsrecht des Leasinggebers verknüpft wird. Denn unter dieser Voraussetzung ist der Vollamortisationsanspruch des Leasinggebers auf die Summe von Leasingraten und Restwert beschränkt. Sofern der Leasingnehmer weniger Kilometer gefahren ist, als ursprünglich kalkuliert, kann der Leasinggeber diese selbstverständlich verlangen[8]. Dies muss allerdings im Vertrag eindeutig zum Ausdruck gebracht

---

1 A.M. *Wolf/Eckert/Ball*, Hdb. des gewerblichen Miet-, Pacht- und Leasingrechts, Rn. 1665 f., 1929 f.; in der Sache nicht zutreffend, da hier 90 % keine Rolle spielen.
2 Im Einzelnen *Zahn/Bahmann*, Kfz-Leasingvertrag, Rn. 109 ff.
3 BGH v. 11.3.1998 – VIII ZR 205/97, NJW 1998, 1637.
4 Kritisch *Zahn* in Graf v. Westphalen, Der Leasingvertrag, Kap. M Rn. 33 ff.; dem BGH folgend *Zahn/Bahmann*, Kfz-Leasingvertrag, Rn. 124.
5 *Zahn* in Graf v. Westphalen, Der Leasingvertrag, Kap. M Rn. 33 ff.; *Martinek/Oechsler*, ZIP 1993, 81, 91 f.; *Michalski/Schmitt*, Der Kfz-Leasingvertrag, 1995, Rn. 247 ff.
6 BGH v. 15.10.1986 – VIII ZR 319/85, NJW 1987, 377.
7 A.M. *Michalski/Schmitt*, Der Kfz-Leasingvertrag, 1995, Rn. 248.
8 A.M. OLG Düsseldorf v. 14.4.1994 – 10 U 161/93, NJW-RR 1994, 1337.

werden, weil nur so das Transparenzgebot von § 307 Abs. 1 BGB berücksichtigt wird. Soweit – wie bei diesem Vertragstyp üblich – ein **unterschiedlicher Preis** für Mehr- oder Minderkilometer berechnet wird, ist dies mit § 309 Nr. 5 lit. a und b BGB unvereinbar[1]. Denn es ist unter dem Gesichtspunkt des Aufwandes und der Kosten nicht einzusehen, dass der Leasinggeber das wesentlich höhere Entgelt für Mehrkilometer verlangt als er bereit ist, für Minderkilometer dem Leasingnehmer zu erstatten. Betriebswirtschaftliche Gründe hierfür gibt es nicht. Man mag auch anstelle von § 309 Nr. 5 BGB § 308 Nr. 7 BGB als Kontrollnorm heranziehen oder in Bezug auf die zu erstattenden Minderkilometer an § 307 Abs. 1 BGB anknüpfen. Die Konsequenz ist stets die gleiche: Es gilt § 306 Abs. 2 BGB; der Leasinggeber muss für die korrekte Berechnung der Mehr- oder Minderkilometer seine Kalkulation offen legen. Selbstverständlich ist schließlich auch: Soweit der Leasinggeber von seinem Andienungsrecht Gebrauch gemacht hat, so dass der **Kaufvertrag** vollzogen ist, ist das Geschäft beendet, so dass dann kein Anspruch auf Amortisation der nicht gefahrenen Kilometer entsteht[2].

7. Rückgabe – Weiterbenutzung

a) Rückgabepflicht

Mit Beendigung des Leasingvertrages ist der Leasingnehmer entsprechend § 546 BGB verpflichtet, das Leasinggut dem Leasinggeber zurückzugewähren. Es handelt sich hierbei um eine **Bringschuld**[3]. Mit § 307 Abs. 2 Nr. 1 BGB sind jedoch solche Rückgabeklauseln zu beanstanden, welche den Leasingnehmer verpflichten, auf eigene Kosten und eigene Gefahr das Leasinggut – nach Ablauf des Leasingvertrages – an einen Ort zu verbringen, den der Leasinggeber autonom zu bestimmen berechtigt ist. Dadurch wird der Leasingnehmer unangemessen benachteiligt, weil ihm durch eine solche Klausel größere Lasten auferlegt werden, als in der Bringschuld gemäß § 269 BGB verankert sind. Erfüllungsort ist also – und dies ist formularmäßig sicherzustellen – der Geschäftssitz des Leasinggebers.

168

b) Beschädigung des Leasingguts

Bestimmen die Leasing-AGB, dass der Leasingnehmer verpflichtet ist, Ersatz für eine **übermäßige Abnutzung** des Leasingguts zu zahlen, so ist dies unter Berücksichtigung von § 538 BGB grundsätzlich nicht zu beanstanden, sofern in der Klausel sichergestellt ist, dass damit nur eine solche übermäßige Abnutzung des Leasingguts gemeint ist, welche weiter reicht als der Abnutzungsgrad, der durch die ordnungsgemäße/vertragsgemäße Nutzung des Lea-

169

---

1 *Zahn* in Graf v. Westphalen, Der Leasingvertrag, Kap. M Rn. 51; so auch *Zahn/Bahmann*, Kfz-Leasingvertrag, Rn. 457.
2 Nur insoweit zutreffend OLG Düsseldorf v. 14.4.1994 – 10 U 161/93, NJW-RR 1994, 1337.
3 MünchKommBGB/*Koch*, Leasing Rn. 115; BGH v. 5.4.1978 – VIII ZR 49/77, NJW 1978, 1432; BGH v. 31.3.1982 – VIII ZR 125/81, NJW 1982, 1747.

singguts entstanden ist[1]. Nach den allgemeinen Regeln trägt insoweit der Leasinggeber die Darlegungs- und Beweislast[2].

170 Daraus folgt gleichzeitig: Soweit das Leasinggut – nach Ablauf der Mietzeit – **beschädigt** ist, steht dem Leasinggeber ein Anspruch aus positiver Vertragsverletzung oder gemäß § 823 Abs. 1 BGB zur Seite. Dieser Anspruch ist jedoch auf die Vertragstypen beschränkt, die dem **Vollamortisations-Erlass** folgen[3]. Handelt es sich hingegen um einen Teilamortisationsvertrag mit **Andienungsrecht** des Leasinggebers, so wird der Leasinggeber im Fall einer Beschädigung des Leasingguts mit Nachdruck bestrebt sein, sein Andienungsrecht zu verwirklichen, weil auf diese Weise sichergestellt ist, dass der Leasingnehmer das Risiko der Wertminderung des Leasingguts trägt. Beim Teilamortisationsvertrag mit Mehrerlösbeteiligung sowie beim kündbaren Teilamortisationsvertrag wird jedoch die jeweilige Beschädigung des Leasingguts im Rahmen des dem Leasinggeber zustehenden **Restamortisationsanspruch** berücksichtigt, weil dann der zu erzielende **Verwertungserlös** entsprechend niedriger ausfällt[4].

c) Weiterbenutzung des Leasingguts

171 Im Fall verspäteter Rückgabe schuldet der Leasingnehmer gemäß § 546a Abs. 1 BGB die vereinbarten Leasingraten für den Zeitraum, in welchem er das Leasinggut weiterbenutzt[5]. Um diesen Anspruch auszulösen, bedarf es keiner rechtsgestaltenden Erklärung des Leasinggebers, weil dieser bei verspäteter Rückgabe des Leasingguts einen Anspruch auf Nutzungsentschädigung erwirbt[6], welche aber nur dann ein Vorenthalten gegenüber dem Leasinggeber ist, wenn die unterlassene Rückgabe dem Willen des Leasinggebers widerspricht[7]. Insoweit realisiert sich der Grundgedanke des Leasing, dass der Leasinggeber rechtlicher und wirtschaftlicher Eigentümer des Leasingguts ist, obwohl die Leasingdauer lediglich maximal 90 % der betriebsgewöhnlichen Nutzungsdauer des Leasingguts beträgt. Folglich ist der Anspruch des Leasinggebers nicht auf die Leasingraten beschränkt, welche seinen Vollamortisationsanspruch absichern; denn der verbleibende **Restwert** ist dem Vermögen des Leasinggebers zuzurechnen.

172 Bei einem formularmäßig auf **unbestimmte Zeit** abgeschlossenen – kündbaren – Teilamortisationsvertrag gilt in der Sache nichts anderes, und zwar

---

1 LG Frankfurt v. 16.9.1997 – 2/8 S 79/97, NJW-RR 1998, 349, 350.
2 Vgl. auch RGRK-BGB/*Gelhaar*, § 548 BGB Rn. 12.
3 Mit Recht MünchKommBGB/*Habersack*, 4. Aufl., Leasing Rn. 109.
4 Vgl. BGH v. 8.3.1995 – VIII ZR 313/93, NJW 1995, 1541 – Anrechnung eines fiktiven höheren Wertes: umgedrehter Fall.
5 BGH v. 22.3.1989 – VIII ZR 155/88, ZIP 1989, 647, 649; vgl. aber auch OLG Köln v. 16.9.1992 – 19 W 33/92, BB 1992, 2386 – monatliche Rate übersteigt den Restwert um mehr als das Doppelte – nicht anerkannt.
6 BGH v. 14.7.1999 – XII ZR 215/97, ZIP 1999, 1395.
7 BGH v. 7.1.2004 – VIII ZR 103/03, NJW-RR 2004, 558, 559; doch wird der Anspruch nicht bis zum Ende der Vertragszeit, sondern nur bis zur tatsächlichen Rückgabe geschuldet, OLG Rostock v. 18.3.2002 – 3 U 234/00, NJW-RR 2002, 1712.

auch dann, wenn die Vollamortisationsgrenze erreicht ist[1], das Leasinggut aber weiter benutzt wird. Es ist dem Leasingnehmer zuzumuten, von seinem ordentlichen Kündigungsrecht Gebrauch zu machen, auch wenn die Vollamortisationsgrenze bereits erreicht ist. Tut er dies nicht, ist er zur Weiterzahlung der Leasingraten verpflichtet, die darauf abzielende Vertragsgestaltung steht mit § 307 Abs. 2 Nr. 1 BGB im Einklang[2]. Dies gilt für den gesamten Zeitraum der Weiterbenutzung[3]. Soweit in der Literatur eine abweichende Auffassung vertreten wird[4], ist dem nicht zu folgen[5]. Denn es ist nicht zu sehen, dass die formularmäßige Verpflichtung des Leasingnehmers, den Leasingvertrag bei Erreichen der Vollamortisationsgrenze im Wege der ordentlichen Kündigung zu beenden, diesen unangemessen i.S.v. § 307 Abs. 2 Nr. 1 BGB benachteiligt[6]. Doch ist der Leasinggeber nicht berechtigt, ein Nutzungsentgelt nach § 546a BGB zu verlangen, wenn er aufgrund seiner AGB verpflichtet ist, bei fruchtloser Kündigung das Leasinggut sofort nach Herausgabe zu verwerten, um auf diese Weise den Restamortisationsanspruch zu realisieren[7].

X. Fristloses Kündigungsrecht

1. Gemäß § 543 Abs. 2 Nr. 1 BGB

Es ist in der Rechtsprechung anerkannt, dass § 543 Abs. 2 Nr. 1 BGB auch auf Leasingverträge Anwendung findet[8]. Voraussetzung hierfür ist, dass der Leasinggeber dem Leasingnehmer den vertragsgemäßen Gebrauch des Leasingguts vorenthält, indem er den vertragsgemäßen Gebrauch des Leasingguts nicht rechtzeitig gewährt – und dies trotz gesetzter Nachfrist, es sei denn, dass es der Bestimmung einer solchen Frist wegen Fortfalls des Erfüllungsinteresses nicht bedarf. Dabei ist anerkannt, dass die Vorenthaltung des vertragsgemäßen Gebrauchs auch in der **Mangelhaftigkeit** des Leasingguts liegen kann[9]. In der Praxis ist freilich darauf zu achten, dass in diesen Fällen regelmäßig eine nur sehr schwer aufzulösende **Konkurrenz** zwischen der leasingtypischen Abtretungskonstruktion einerseits und dem gegen den

173

---

1 BGH v. 20.9.1989 – VIII ZR 239/88, NJW 1990, 247; BGH v. 8.11.1989 – VIII ZR 1/89, BB 1990, 234; OLG Hamm v. 13.1.1999 – 13 U 132/98, NJW-RR 1999, 1729.
2 BGH v. 20.9.1989 – VIII ZR 289/88, NJW 1990, 274.
3 BGH v. 8.11.1989 – VIII ZR 1/89, BB 1989, 234.
4 *Canaris*, AcP 190 (1990), 410, 441 ff.; *Tiedtke*, ZIP 1989, 1437 ff. und WM 1990, 337 ff.
5 Im Einzelnen *Graf v. Westphalen* in Graf v. Westphalen, Der Leasingvertrag, Kap. J Rn. 50; vgl. auch *Flume*, DB 1991, 265, 268.
6 *Graf v. Westphalen* in Graf v. Westphalen, Der Leasingvertrag, Kap. J Rn. 50; *Berninghaus* in Martinek/Stoffels/Wimmer-Leonhardt, Handbuch des Leasingrechts, § 38 Rn. 3 ff.
7 OLG Karlsruhe v. 4.12.1996 – XIII U 159/95, NJW-RR 1997, 1004.
8 BGH v. 7.10.1992 – VIII ZR 182/91, NJW 1993, 122, 123.
9 BGH v. 1.7.1987 – VIII ZR 117/86, NJW 1988, 204, 205 f.; BGH v. 11.10.1992 – VIII ZR 182/91, NJW 1993, 122, 123.

Leasinggeber gerichteten Erfüllungsanspruch gemäß §§ 536 f. BGB andererseits vorliegt (Rn. 92). Ist nämlich das Leasinggut – nach Auslieferung – **mangelhaft** i.S.d. §§ 434 ff., 633 ff. BGB, so kann der Leasingnehmer lediglich im Rahmen der leasingtypischen Abtretungskonstruktion gegen den **Lieferanten** des Leasingguts vorgehen, nicht aber unmittelbar gemäß § 543 Abs. 2 Nr. 1 BGB gegenüber dem Leasinggeber. Denn die mietvertraglichen Erfüllungsansprüche gemäß §§ 536 f. BGB sind regelmäßig durch die leasingtypische Abtretungskonstruktion abbedungen, so dass der Leasingnehmer – anders ist es im Fall der **Teilerfüllung** – auf Ansprüche gegenüber dem Lieferanten des Leasingguts beschränkt ist. Durch AGB-Klauseln kann diese Konstellation nicht einseitig zum Nachteil des Leasingnehmers verändert werden, ohne dass eine solche Gestaltung gegen § 307 Abs. 2 Nr. 1 BGB verstößt. Folglich entscheidet es sich auf der Ebene der Einzelfallumstände, welche Ansprüche hier der Leasingnehmer gegenüber dem Leasinggeber bzw. gegenüber dem Lieferanten des Leasingguts geltend machen kann, einschließlich seines Rechts, gemäß § 320 BGB die Erfüllung des Leasingvertrages gegenüber dem Leasinggeber zu erzwingen.

2. Kündigungsrecht des Leasinggebers

a) Tatbestandsvoraussetzungen des Zahlungsverzugs

174 Kommt der Leasingnehmer mit der Zahlung von zwei aufeinander folgenden Leasingraten gemäß § 543 Abs. 2 Nr. 3 BGB in Verzug, so ist der Leasinggeber berechtigt, den Leasingvertrag im Wege der fristlosen Kündigung zu beenden[1]. Im **unternehmerischen Verkehr** ist es dem Leasinggeber daher verwehrt, Kündigungsvoraussetzungen zu schaffen, welche sich nicht an der Grundnorm von § 543 Abs. 2 Nr. 3 BGB orientieren. Daher ist es mit § 307 Abs. 2 Nr. 1 BGB unvereinbar, wenn das fristlose Kündigungsrecht lediglich davon abhängt, dass der Leasingnehmer mit einer Monatsrate in Verzug geraten ist. Gleiches gilt dann, wenn nicht auf das Datum des **Zahlungsverzuges**, sondern auf das des „Zahlungsrückstandes" abgestellt wird, weil damit die Voraussetzungen von § 280 Abs. 1 BGB ignoriert werden[2].

b) Eingreifen von § 498 BGB

175 Immer dann, wenn ein Leasingnehmer[3] oder ein Mithaftender in den Anwendungsbereich des § 499 BGB fällt, ist bei der fristlosen Kündigung zu beachten, dass § 498 BGB **besondere** Kündigungsvoraussetzungen aufstellt. Die Kündigung ist dann nur i.S.v. § 498 BGB wirksam, wenn sie gegenüber allen Leasingnehmern, aber auch gegenüber einem Mithaftenden wirksam

---

1 BGH v. 4.4.1984 – VIII ZR 313/82, NJW 1984, 2684; BGH v. 24.4.1985 – VIII ZR 95/84, NJW 1985, 1539; BGH v. 29.10.1986 – VIII ZR 144/85, WM 1987, 219; BGH v. 8.3.1995 – VIII ZR 313/93, NJW 1995, 1541, 1542; OLG Köln v. 15.3.1993 – 12 U 56/92, NJW-RR 1993, 1016.
2 Vgl. OLG Hamm v. 20.12.1991 – 30 U 93/91, NJW-RR 1992, 502.
3 OLG Celle v. 29.1.1997 – 2 U 38/96, NJW-RR 1997, 1144.

ist[1]. Die ist bedeutsam, sofern der Leasingvertrag mit der GmbH abgeschlossen ist, der Geschäftsführer/Gesellschafter aber als Mithaftender einstehen muss, weil letzterem gegenüber § 498 BGB zu beachten ist[2].

c) Vermögensgefährdung

Der Leasinggeber ist – entsprechend den mietvertraglichen Regelungen der §§ 536 f. BGB – **vorleistungspflichtig.** Der Leasingvertrag wird nämlich erst dann in Vollzug gesetzt, wenn der Leasinggeber ein gebrauchstaugliches/funktionstüchtiges Leasinggut dem Leasingnehmer zur Nutzung überlassen hat. Unter dieser Voraussetzung ist regelmäßig kein Raum, die Grundnorm des § 321 Abs. 2 BGB zu berücksichtigen und – im Fall der Vermögensverschlechterung des Leasingnehmers – ein fristloses Kündigungsrecht des Leasinggebers vorzusehen[3]. Dabei ist von entscheidender Bedeutung, dass die nach Überlassung des Leasingguts vom Leasinggeber geschuldete Gebrauchsüberlassung keine Vorleistung mehr darstellt, sondern mit der Pflicht des Leasingnehmers, die Leasingraten monatlich zu zahlen, in einem Gegenseitigkeitsverhältnis gemäß § 320 BGB steht[4]. Daher verstößt eine an den Tatbestand der Vermögensverschlechterung i.S.v. § 321 BGB isoliert anknüpfende Kündigungsklausel gegen § 307 Abs. 2 Nr. 1 BGB und ist daher unwirksam[5]. Nicht zu beanstanden i.S.v. § 307 Abs. 2 Nr. 1 BGB sind jedoch solche Kündigungsgründe, welche an das Datum der **Zwangsvollstreckung** oder der Eröffnung eines Insolvenzverfahrens anknüpfen (Rn. 202). Voraussetzung ist allerdings, dass Umstände vorliegen, welche es dem Leasinggeber unmöglich machen, den Leasingvertrag – als Dauerschuldverhältnis verstanden – bis zur nächsten ordentlichen Kündigung fortzusetzen[6]. Entscheidend ist auch in diesem Zusammenhang, dass dem Leasinggeber – er ist rechtlicher und wirtschaftlicher Eigentümer des Leasingguts – die **Drittwiderspruchsklage** gemäß § 771 ZPO verbleibt, so dass auf diese Weise seine Interessen – außerhalb einer fristlosen Kündigung – angemessen im Rahmen der jeweils zu berücksichtigenden Umstände des Einzelfalls gewahrt sein können[7].

176

Wird das Recht der fristlosen Kündigung des Leasinggebers an den Tatbestand geknüpft, dass **ein Wechsel- oder Scheckprotest** zum Nachteil des Leasingnehmers vorgenommen wird, so ist es in hohem Maße **zweifelhaft**, ob an dieses Datum ein fristloses Kündigungsrecht geknüpft werden kann, ohne dass § 307 Abs. 2 Nr. 1 BGB eingreift. Entscheidend ist in diesem Zusammenhang: Der Leasingvertrag ist ein Dauerschuldverhältnis, so dass ge-

177

---

1 OLG Celle v. 29.1.1997 – 2 U 38/96, NJW-RR 1997, 1144.
2 Hierzu *Woitkewitsch* in Graf v. Westphalen, Der Leasingvertrag, Kap. L Rn. 414 ff.
3 BGH v. 8.10.1990 – VIII ZR 347/89, WM 1990, 1967, 1971; MünchKommBGB/*Koch*, Leasing Rn. 129.
4 BGH v. 8.10.1990 – VIII ZR 347/89, WM 1990, 1967, 1071.
5 BGH v. 8.10.1990 – VIII ZR 347/89, WM 1990, 1967, 1071; *Graf v. Westphalen* in Graf v. Westphalen, Der Leasingvertrag, Kap. K Rn. 18 ff.
6 BGH v. 6.6.1984 – VIII ZR 65/83, WM 1984, 1217, 1219.
7 *R. Koch* in Graf v. Westphalen, Der Leasingvertrag, Kap. O Rn. 12 f.

wichtige Gründe vorliegen müssen, welche die weitere Fortsetzung des Leasingvertrages dem Leasinggeber **unzumutbar** machen. Dies wird jedenfalls bei – einmaligen – Wechsel- oder Scheckprotesten wohl kaum der Fall sein.

d) Vertragswidriger Gebrauch

178 Eine AGB-Klausel, welche an den vertragswidrigen Gebrauch des Leasingguts ein fristloses Kündigungsrecht des Leasinggebers knüpft, muss die Tatbestandselemente von § 543 Abs. 2 Nr. 2 BGB berücksichtigen: Erforderlich ist also, dass der Leasinggeber zuvor den vertragswidrigen Gebrauch des Leasingguts gegenüber dem Leasingnehmer **abgemahnt** hat. Darüber hinaus ist es erforderlich, dass der vertragswidrige Gebrauch des Leasingguts die Rechte in erheblichem Maße verletzt. Schon deshalb erscheint es sachgerecht zu fordern, dass eine AGB-Klausel nur dann mit § 307 Abs. 2 Nr. 1 BGB im Einklang steht, wenn sie die Tatbestandsvoraussetzungen von § 543 Abs. 2 Nr. 2 BGB respektiert. Dies gilt ohne Unterschied, ob der Leasingnehmer Endverbraucher oder Unternehmer ist.

e) Verbot der Untervermietung

179 Das fristlose Kündigungsrecht des Leasingnehmers ist im Fall der Nichtgestattung einer Untervermietung i.S.v. § 540 BGB auf Finanzierungs-Leasingverträge nicht anwendbar[1]. In Leasing-AGB ist es daher gemäß § 307 Abs. 2 Nr. 1 BGB **wirksam**, das Verbot der Untervermietung vorzusehen und gleichzeitig zu bestimmen, dass der Leasinggeber nicht verpflichtet ist, seine Zustimmung im Einzelfall zu einer etwaigen Untervermietung zu erteilen[2]. Wegen der Besonderheiten der Finanzierungsfunktion des Leasing ist insoweit ein Unterschied zu der Rechtsregel des § 540 BGB auszumachen.

f) Verjährung

180 Der Anspruch auf Vollamortisation ist ein Erfüllungsanspruch. Auch bei einer vertragsgemäßen Beendigung des Leasingvertrages unterliegt dieser Anspruch nicht der kurzen Verjährung des § 548 BGB[3]. Es macht hier keinen Unterschied, ob das Leasinggut in beschädigtem Zustand oder in einem aus sonstigen Gründen verschlechterten Zustand zurückgegeben wird[4]. Dies ist zwingend gemäß § 307 Abs. 2 Nr. 1 BGB zu beachten. Es gilt die Frist der §§ 195, 199 BGB[5]. Sie gilt aber nicht für den Anspruch des Leasinggebers auf Ausgleich des Minderwertes bei Rückgabe eines Fahrzeugs in einem nicht vertragsgemäßen Zustand[6].

---

1 BGH v. 4.7.1990 – VIII ZR 288/89, ZIP 1990, 1133.
2 BGH v. 4.7.1990 – VIII ZR 288/89, ZIP 1990, 1133.
3 BGH v. 10.7.1996 – VIII ZR 282/95, NJW 1996, 2680; OLG Hamm v. 6.10.1995 – 30 U 39/95, NJW-RR 1996, 502, 504.
4 BGH v. 10.7.1996 – VIII ZR 282/95, NJW 1996, 2680.
5 Vgl. BGH v. 10.7.1996 – VIII ZR 282/95, NJW 1996, 2680; OLG Hamm v. 6.10.1995 – 30 U 39/95, NJW-RR 1996, 502, 504.
6 BGH v. 1.3.2000 – VIII ZR 177/98, NJW-RR 2000, 1303.

3. Schadensersatzanspruch statt der Leistung

a) Generelle Gesichtspunkte

Kündigt der Leasinggeber wegen Zahlungsverzugs oder aus einem anderen berechtigten Grund den Leasingvertrag fristlos, so steht ihm nach ständiger Rechtsprechung des BGH ein Anspruch auf Ersatz des durch die Kündigung verursachten Schadens zu[1]. Ähnlich wie bei der Berechnung des Restamortisationsanspruchs als Folge einer ordentlichen Kündigung ist der Leasinggeber auch im Fall der fristlosen Kündigung grundsätzlich angewiesen, den ihm entstandenen Nichterfüllungsschaden **konkret** zu berechnen. Dies hängt auch unmittelbar damit zusammen dass alle abstrakt formulierten Schadensberechnungsklauseln an § 309 Nr. 5 lit. a BGB scheitern, weil der Leasinggeber im Zeitpunkt des Vertragsabschlusses noch überhaupt nicht in der Lage ist, den für den Nichterfüllungsschaden maßgebenden Verwertungserlös des Leasingguts in Rechnung zu stellen[2]. Demzufolge gelten auch für die Berechnung dieses Nichterfüllungsschadens im Wesentlichen die gleichen Grundsätze, welche zuvor im Zusammenhang mit der Erörterung des Vollamortisationsanspruchs des Leasinggebers aus Anlass einer ordentlichen Kündigung eines Teilamortisationsvertrages dargestellt worden sind (Rn. 148 ff.). Dabei berechnet sich der konkret zu ermittelnde Nichterfüllungsschaden aus der Summe der noch ausstehenden Leasingraten, die bis zum Zeitpunkt der nächstmöglichen ordentlichen Kündigung fällig werden[3]. Auch hier gilt der allgemeine Grundsatz: Das Erfüllungsinteresse des Leasinggebers ist eine notwendige Begrenzung des ihm zustehenden Nichterfüllungsschadens[4].

181

Selbstverständlich ist auch hier eine **Abzinsung** vorzunehmen; es gelten die gleichen Grundsätze, die zuvor dargestellt wurden (Rn. 154 ff.). Abzuzinsen ist daher auch der in den jeweiligen Leasingraten enthaltene **Gewinnanteil**; er ist allerdings auf den nächstmöglichen Zeitpunkt einer ordentlichen Kündigung begrenzt, was allerdings nur im Rahmen eines kündbaren Teilamortisationsvertrages praktisch wird, denn in allen anderen Fällen ist eine unkündbare Grundmietzeit Wesensmerkmal des Leasingvertrages[5].

182

Soweit der Vollamortisationsanspruch des Leasinggebers sich – dies wird bei Teilamortisationsverträgen praktisch – sowohl aus den Leasingraten als auch aus dem **Restwert** zusammensetzt, ist auch dieser Restwert Gegenstand des Nichterfüllungsschadens; doch ist er auch abzuzinsen[6].

183

---

1 BGH v. 15.1.1968 – VIII ZR 207/65, NJW 1968, 692; BGH v. 24.4.1985 – VIII ZR 95/84, NJW 1985, 1539; BGH v. 8.3.1995 – VIII ZR 313/93, NJW 1995, 1541, 1543; OLG Köln v. 15.3.1993 – 12 U 56/92, NJW-RR 1993, 1016.
2 MünchKommBGB/*Koch*, Leasing Rn. 131; *Gerth/Panner*, BB 1984, 813 ff.; *Kranemann*, ZIP 1997, 1404 ff. – finanztechnisch.
3 *Wolf/Eckert/Ball*, Hdb. des gewerblichen Miet-, Pacht- und Leasingrechts, Rn. 1913.
4 BGH v. 4.4.1984 – VIII ZR 313/82, ZIP 1984, 1107.
5 Vgl. BGH v. 10.10.1990 – VIII ZR 296/89, WM 1990, 2043.
6 BGH v. 8.3.1995 – VIII ZR 313/93, NJW 1995, 1541, 1543.

184 Soweit der Leasingnehmer – dies ist vor allem beim Kfz-Leasing praktisch – eine **Sonderzahlung** bei Abschluss des Leasingvertrages bewirkt hat, ist diese in vollem Umfang Teil des Amortisationsanspruchs des Leasinggebers, also bei der konkreten Schadensberechnung uneingeschränkt zu berücksichtigen[1].

185 Auch im Rahmen der fristlosen Kündigung des Leasingvertrages ist der Leasinggeber verpflichtet, das Leasinggut **optimal zu verwerten** (Rn. 148 ff.). Regelmäßig ist dabei in Rechnung zu stellen, dass das Leasinggut – wegen der vorzeitigen Rückgabe aufgrund der fristlosen Kündigung des Leasingvertrages – einen höheren Wert besitzt als nach vertragsgemäßem Ablauf der Leasingzeit[2]. Demzufolge handelt es sich hierbei um einen Vorteil, den der Leasinggeber verpflichtet ist auszugleichen[3].

b) Anrechnung des Verwertungserlöses

186 Der **Verwertungserlös** ist grundsätzlich **in voller Höhe** dem Leasingnehmer gutzubringen. Eine Anrechnung in Höhe von 90 % ist **ausschließlich** auf den Teilamortisationsvertrag mit Kündigungsrecht des Leasingnehmers begrenzt[4]. Soweit daher in den Leasing-AGB bestimmt wird, dass der Verwertungserlös im Fall einer fristlosen Kündigung auch bei nicht kündbaren Voll- oder Teilamortisationsverträgen mit weniger als 100 % zur Anrechnung gelangt, verstößt dies gegen § 307 Abs. 2 Nr. 1 BGB. Entscheidend ist: Es handelt sich deswegen nicht um eine Entgeltabrede gemäß § 307 Abs. 3 BGB, weil die Gestaltung von Leasingverträgen **steuerrechtlich** aufgrund des Vollamortisations- bzw. Teilamortisationserlasses vorgegeben ist (Rn. 2 ff.). Die dort niedergelegten Parameter bestimmen daher den Vollamortisationsanspruch des Leasinggebers; sie sind daher auch für die Berechnung des Nichterfüllungsanspruchs des Leasinggebers im Fall der fristlosen Kündigung des Leasingvertrages heranzuziehen. Dem kann nicht entgegengehalten werden, dass der Leasinggeber in der Lage ist, **pauschal** die entstehenden **Verwertungskosten** mit 10 % des Verwertungserlöses in Ansatz zu bringen. Dies verstößt zum einen gegen § 309 Nr. 5 lit. a BGB, weil die Verwertungskosten keineswegs linear abhängig sind von dem Wert des Leasingguts. Vielmehr wird die Höhe der Verwertungskosten von den konkreten Umständen des Einzelfalls, insbesondere den jeweiligen Marktverhältnissen bestimmt. Diese aber entziehen sich einer Pauschalierungsabrede. Hält man dieses Argument nicht für zutreffend, so wird man jedenfalls einräumen müssen, dass der Verbotstatbestand von § 309 Nr. 5 lit. b BGB zum Zuge gelangt – mit der Konsequenz, dass eine pauschale Berechnung der Verwertungskosten i.H.v. 10 % dem Leasingnehmer den Nachweis abschneidet, dass geringere oder gar keine Verwertungskosten angefallen sind. Dieser Gesichtspunkt gilt auch uneingeschränkt im unternehmerischen Bereich, weil § 309

---

1 BGH v. 11.1.1995 – VIII ZR 61/94, NJW 1995, 954, 955.
2 BGH v. 8.3.1995 – VIII ZR 313/93, NJW 1995, 1541.
3 BGH v. 8.3.1995 – VIII ZR 313/93, NJW 1995, 1541, 1543.
4 BGH v. 26.6.2002 – VIII ZR 147/01, BB 2002, 1634. Die Anrechnung von 90 % des Verwertungserlöses ist nur für den kündbaren Teilamortisationsvertrag zutreffend.

Nr. 5 lit. b BGB gemäß § 307 Abs. 2 Nr. 1 BGB zu berücksichtigen ist[1]. Daraus folgt: Der Leasinggeber ist berechtigt, die kündigungsbedingten **Mehraufwendungen** nachzuweisen und dem Leasingnehmer als Teil des Schadensersatzanspruchs in Rechnung zu stellen.

Soweit das Leasinggut im **beschädigten Zustand** zurückgegeben wird, sind die erforderlichen Reparaturaufwendungen des Leasinggebers in der Weise zu berechnen, dass sie den Verwertungserlös mindern[2]. Freilich kommt es in diesem Zusammenhang stets auf die konkreten Umstände des Einzelfalls an. Denn der Leasinggeber ist gemäß § 254 BGB verpflichtet, seiner **Schadensminderungspflicht** nachzukommen: Kann er das Leasinggut im reparierten Zustand zu einem höheren Preis verwerten, so ist er gegenüber dem Leasingnehmer verpflichtet, die Reparatur durchführen zu lassen[3]. 187

c) Vorfälligkeitsentschädigung – ersparte Aufwendungen

Soweit der Leasinggeber als Folge der fristlosen Kündigung des Leasingvertrages verpflichtet ist, die **Refinanzierung** abzulösen, wird er regelmäßig in der Lage sein, die von der refinanzierenden Bank ihm in Rechnung gestellte **Vorfälligkeitsentschädigung** als Teil des Schadensersatzanspruchs dem Leasingnehmer in Rechnung zu stellen[4]. 188

Soweit der Leasinggeber als Folge der fristlosen Kündigung des Leasingvertrages **Aufwendungen erspart** hat, gelten die gleichen Grundsätze, die im Zusammenhang mit der ordentlichen Kündigung erörtert worden sind (Rn. 159 ff.). Allerdings ist zu unterstreichen, dass der Nichterfüllungsanspruch des Leasinggebers ein **Schadensersatzanspruch** ist, so dass keine Umsatzsteuer anfällt[5]. 189

d) Entstehen des Schadensersatzanspruchs

Der Schadensersatzanspruch wegen Nichterfüllung entsteht im Zeitpunkt der **Kündigung** des Leasingvertrages[6]. Es kommt hier auf den Zeitpunkt an, in welchem die Kündigungserklärung dem Leasingnehmer **zugeht**. Es bedarf daher weder einer Nachfristsetzung noch einer Ablehnungsandrohung, weil der Anspruch darauf gerichtet ist, den durch die Kündigung verursachten Schaden zu ersetzen[7]. Zwangsläufig ist es so, dass der **Leasinggeber** die Darlegungs- und Beweislast dafür trägt, dass der konkret berechnete Schadens- 190

---

1 BGH v. 12.1.1994 – VIII ZR 165/92, ZIP 1994, 461, 473 – Daihatsu.
2 Vgl. *Wolf/Eckert/Ball*, Hdb. des gewerblichen Miet-, Pacht- und Leasingrechts, Rn. 1974, 1990.
3 Vgl. BGH v. 27.1.1991 – VIII ZR 39/91, WM 1992, 231.
4 Im Einzelnen *Wolf/Eckert/Ball*, Hdb. des gewerblichen Miet-, Pacht- und Leasingrechts, Rn. 1927.
5 *Bernstein*, DB 1987, 1236, 1240; MünchKommBGB/*Koch*, Leasing Rn. 132.
6 BGH v. 3.6.1992 – VIII ZR 138/91, ZIP 1992, 930.
7 BGH v. 4.4.1984 – VIII ZR 313/82, WM 1984, 933, 934; BGH v. 3.6.1992 – VIII ZR 138/91, ZIP 1992, 930, 934.

ersatzanspruch wegen Nichterfüllung der eigenen Kalkulation entspricht. Notfalls ist er daher verpflichtet, die Kalkulation offen zu legen, sofern der Leasingnehmer die einzelnen Positionen der Schadensersatzberechnung substantiiert bestreitet.

4. Verfallklauseln

191 Verfallklauseln kommen heute in Leasing-AGB praktisch nicht mehr vor. Soweit dies noch der Fall sein sollte, ist anzumerken, dass diese Klauseln darauf abzielen, im Fall des Zahlungsverzuges bzw. des qualifizierten Zahlungsverzuges den Verlust des Besitzrechts mit der Verpflichtung zur Herausgabe des Leasingguts zu kombinieren, einschließlich der sofortigen Fälligstellung aller noch ausstehenden Leasingraten. Dies verstößt in eklatanter Weise gegen § 307 Abs. 2 Nr. 1 BGB und ist daher unwirksam[1]. Mit § 307 Abs. 2 Nr. 1 BGB ist es allerdings vereinbar, wenn der Leasinggeber das Recht erhält, bei Zahlungsverzug des Leasingnehmers formularmäßig zu vereinbaren, dass der Leasingnehmer solange nicht zur Nutzung des Leasingguts berechtigt ist, wie er den Zahlungsrückstand nicht ausgeglichen hat, ohne dass dadurch der Leasingnehmer von der Pflicht zur weiteren Zahlung der Leasingraten befreit wird[2]. Ob dieser Entscheidung noch zu folgen ist, erscheint zweifelhaft. Entscheidend ist, dass der Leasinggeber durch das an § 543 Abs. 2 Nr. 3 BGB anknüpfende Kündigungsrecht ausreichend geschützt ist; es ist nicht erforderlich, dem Leasinggeber zur Sicherung seiner Ansprüche ein weitergehendes Recht einzuräumen – mit der Konsequenz, dass alle Verfallklauseln, die nicht an das Datum des qualifizierten Zahlungsverzuges gemäß § 543 Abs. 2 Nr. 3 BGB anknüpfen, an § 307 Abs. 2 Nr. 1 BGB scheitern. Dies gilt insbesondere für solche Verfallklauseln, welche schon dann eingreifen, wenn der Leasingnehmer lediglich mit einer Rate in Verzug geraten ist. Daran ändert auch die Tatsache nichts, dass der Leasinggeber in den AGB bestimmt, dass eine angemessene Abzinsung der fällig zu stellenden Leasingraten vorzunehmen ist.

5. Sicherstellung des Leasingguts

192 In Leasing-AGB sind auch solche Klauseln inzwischen selten, die im Fall des Zahlungsverzugs dem Leasinggeber das Recht einräumen, das Leasinggut herauszuverlangen – mit der Konsequenz, dass der Leasingnehmer zur weiteren Zahlung der Leasingraten verpflichtet ist, während der Leasinggeber dann wiederum zur Nutzungsüberlassung seinerseits verpflichtet ist, sofern der Leasingnehmer die rückständigen Leasingraten ausgeglichen hat[3]. Dabei ist im Auge zu behalten, dass es dem Leasinggeber nicht gestattet ist, sich – ohne Einverständnis des Leasingnehmers – in den Besitz des Leasing-

---

1 BGH v. 5.4.1978 – VIII ZR 49/77, WM 1978, 570; BGH v. 28.10.1981 – VIII ZR 302/80, WM 1981, 1378; BGH v. 31.3.1982 – VIII ZR 125/81, WM 1982, 666; MünchKommBGB/*Koch*, Leasing Rn. 134; vgl. auch *Quittnat*, BB 1979, 1530 ff.
2 BGH v. 1.3.1978 – VIII ZR 183/76, WM 1978, 406.
3 Vgl. BGH v. 11.3.1978 – VIII ZR 183/76, WM 1978, 406, 408; MünchKommBGB/ *Koch*, Leasing Rn. 133.

guts zu bringen, um den Leasingnehmer an der Weiterbenutzung des Leasingguts zu hindern, weil und soweit der Leasingnehmer in Zahlungsverzug ist. Eine solche Klausel ist mit § 307 Abs. 2 Nr. 1 BGB unvereinbar, weil sie das **Besitzrecht** des Leasingnehmers ignoriert und auf eine nach § 858 BGB verbotene Eigenmacht des Leasinggebers hinausläuft.

XI. Verjährungsfragen

Nach der zutreffenden Rechtsprechung des BGH steht fest, dass **Schadensersatz- und Ausgleichsansprüche** des Leasinggebers nicht in der kurzen Frist des § 548 BGB, sondern in der Frist der §§ 195, 199 BGB in drei Jahren verjähren, beginnend mit dem Schluss des Kalenderjahres, in welchem der Leasinggeber Kenntnis von dem Entstehen des Anspruchs erlangt hat[1]. Unerheblich ist, ob es sich um einen Anspruch des Leasinggebers wegen vorzeitiger Beendigung[2] oder nach ordentlichem Ablauf des Vertrages handelt[3]. Beruht jedoch der Anspruch des Leasinggebers darauf, dass das Leasinggut nicht in einem vertragsgemäßen Zustand zurückgegeben worden ist, so dass eine **Verschlechterung** vorliegt, dann richtet sich die Verjährung nach § 548 BGB[4].

193

XII. Zwangsvollstreckungsmaßnahmen von Gläubigern des Leasingnehmers

1. Drittwiderspruchsklage

Pfändet ein Gerichtsvollzieher im Auftrag eines Gläubigers des Leasingnehmers das Leasinggut, steht dem Leasinggeber die Drittwiderspruchsklage gemäß § 771 ZPO zu[5]. Entscheidend ist in diesem Zusammenhang, dass der Leasinggeber rechtlicher und wirtschaftlicher **Eigentümer** des Leasingguts ist. Daher ist es auch mit § 307 Abs. 2 Nr. 1 BGB vereinbar, wenn in Leasing-AGB bestimmt wird, dass der Leasingnehmer verpflichtet ist, durch Anbringung eines Hinweisschildes etc. dafür Sorge zu tragen, dass auf das Eigentum des Leasinggebers in erkennbarer Weise hingewiesen wird. Die Verpflichtung, eine Drittwiderspruchsklage gemäß § 771 ZPO zu erheben, trifft aber den Leasingnehmer auch dann, wenn eine entsprechende AGB-Klausel nicht formuliert ist. Unterlässt nämlich der Leasingnehmer die rechtzeitige Klageerhebung, so liegt darin eine positive Vertragsverletzung, sofern dem Leasinggeber deswegen ein Schaden entsteht, weil er das Eigentum am Leasinggut einbüßt[6]. Unabhängig davon steht dem Leasinggeber ein Anspruch aus § 812 Abs. 1 BGB auf Herausgabe des Versteigerungserlöses

194

---

1 Vgl. BGH v. 10.7.1996 – VIII ZR 282/95, NJW 1996, 2860.
2 BGH v. 22.1.1986 – VIII ZR 317/84, ZIP 1986, 439.
3 BGH v. 10.7.1996 – VIII ZR 282/95, NJW 1996, 2860.
4 Vgl. BGH v. 1.3.2000 – VIII ZR 177/99, NJW-RR 2000, 1303.
5 R. Koch in Graf v. Westphalen, Der Leasingvertrag, Kap. O Rn. 12 ff.; MünchKommBGB/*Koch*, Leasing Rn. 137.
6 R. Koch in Graf v. Westphalen, Der Leasingvertrag, Kap. O Rn. 22.

abzüglich der Vollstreckungskosten zu, sofern das Leasinggut verwertet wird[1].

2. Pfändung des Nutzungsrechts des Leasingnehmers

195 Einvernehmen besteht darüber, dass das Nutzungsrecht des Leasingnehmers dem zwangsvollstreckungsrechtlichen Zugriff der Gläubiger des Leasingnehmers dann unterliegt, wenn und soweit die Nutzung des Leasingguts einem Dritten überlassen werden kann[2]. Allerdings ist in Leasing-AGB eine Regelung üblich, wonach es dem Leasingnehmer nicht gestattet ist, das Nutzungsrecht am Leasinggut auf einen Dritten ohne Zustimmung des Leasinggebers zu übertragen – mit der Konsequenz, dass eine **Untervermietung** des Leasingguts generell ausgeschlossen ist[3]. Folglich läuft die Pfändung des Nutzungsrechts am Leasinggut leer[4]. Eine AGB-Klausel, welche die Untervermietung dem Leasingnehmer verwehrt, verstößt daher auch nicht gegen § 307 Abs. 2 Nr. 1 BGB[5]. Die gleiche Rechtsfolge gilt aber auch dann, wenn in den Leasing-AGB keine entsprechende Bestimmung enthalten ist, weil dann das Verbot der Untervermietung gemäß § 540 Abs. 1 S. 1 BGB eingreift, zumal die Einräumung eines Untermietrechts dem Finanzierungszweck des Leasingvertrages – gleichgültig, ob es sich um Voll- oder Teilamortisationsverträge handelt – widerstreitet[6].

3. Zwangsvollstreckung in den „Restwert" des Leasingguts

196 Es ist ohne weiteres möglich, gemäß §§ 829, 835 ZPO in den „Restwert" – verstanden als Zeitwert/Verkehrswert des Leasingguts – zu vollstrecken, wenn und soweit nach dem zugrunde liegenden Vertragskonzept ein entsprechender Anspruch des Leasingnehmers gegenüber dem Leasinggeber begründet ist. Da aber der „Restwert" des Leasingguts – wie dargelegt – bei **Vollamortisationsverträgen** dem Leasinggeber als rechtlicher und wirtschaftlicher Eigentümer des Leasingguts uneingeschränkt zusteht, kann ein Gläubiger des Leasingnehmers in diesen „Restwert" nicht vollstrecken. Das Gleiche gilt, soweit es sich um einen Teilamortisationsvertrag mit Andienungsrecht des Leasinggebers handelt. Lediglich der Teilamortisationsvertrag mit **Mehrerlösbeteiligung** des Leasingnehmers bietet sich insoweit an, eine Vollstreckung zugunsten der Gläubiger des Leasingnehmers gemäß §§ 829, 835 ZPO zu betreiben[7].

---

1 *Hein* in Martinek/Stoffels/Wimmer-Leonhardt, Handbuch des Leasingrechts, § 48 Rn. 12 ff.; MünchKommBGB/*Koch*, Leasing Rn. 136.
2 *Canaris*, Bankvertragsrecht, Rn. 1776; *R. Koch* in Graf v. Westphalen, Der Leasingvertrag, Kap. O Rn. 38 f.
3 *R. Koch* in Graf v. Westphalen, Der Leasingvertrag, Kap. O Rn. 39, 42.
4 *R. Koch* in Graf v. Westphalen, Der Leasingvertrag, Kap. O Rn. 42.
5 BGH v. 4.7.1990 – VIII ZR 288/89, WM 1990, 1620, 1622.
6 BGH v. 4.7.1990 – VIII ZR 288/89, WM 1990, 1620, 1622.
7 *R. Koch* in Graf v. Westphalen, Der Leasingvertrag, Kap. O Rn. 46.

4. Pfändung des Optionsrechts des Leasingnehmers

Man könnte daran denken, dass ein Gläubiger des Leasingnehmers den Anspruch des Leasingnehmers auf Übereignung des Leasingguts – vorausgesetzt, der Leasingnehmer macht von seinem Optionsrecht auf Erwerb des Leasingguts Gebrauch – gemäß §§ 846 ff. ZPO pfändet. Voraussetzung ist allerdings hierfür, dass das dem Leasingnehmer zustehende Optionsrecht ein eigenes Vermögensrecht darstellt und daher selbständig verwertbar ist[1]. Dies ist jedoch abzulehnen, weil das dem Leasingnehmer eingeräumte Optionsrecht nur eine künftige Erwerbschance darstellt, von der der Leasingnehmer – unter Berücksichtigung einer Erlasskonformen Vertragsgestaltung – keinen Gebrauch machen muss. Es ist deshalb nicht zum Vermögen des Leasingnehmers zu zählen[2].

197

XIII. Zwangsvollstreckungsmaßnahmen von Gläubigern des Leasinggebers

Hat ein Gläubiger des Leasinggebers einen Titel gegen diesen erstritten, kann das Leasinggut beim Leasingnehmer nur gepfändet werden, wenn der Leasingnehmer seinerseits gemäß § 809 ZPO zur Herausgabe des Leasingguts bereit ist[3]. Da jedoch der Leasinggeber eine Investitionsentscheidung des Leasingnehmers ermöglicht, ist in der Praxis regelmäßig davon auszugehen, dass der Leasingnehmer nicht bereit ist, der Pfändung oder der Verwertung des Leasingguts zuzustimmen[4]. Folglich ist auch der Leasingnehmer nicht zur Herausgabe des Leasingguts bereit, so dass eine Pfändung zu unterbleiben hat. Ein Verstoß kann daher durch eine Erinnerung gemäß § 766 ZPO angegriffen werden[5].

198

Solange der Leasingnehmer berechtigt ist, das Leasinggut zu nutzen, kann er einer etwaigen Pfändung des **Rückgabeanspruchs** das Recht zum Besitz gemäß §§ 535, 986, 412, 404 BGB sowie gemäß § 857 ZPO entgegenhalten. Übt der Leasingnehmer – nach Ablauf der Grundmietzeit – ein ihm zustehendes **Optionsrecht** aus, so geht die Pfändung ins Leere, ohne dass es auf den Zeitpunkt der Zustellung des Pfändungsbeschlusses gemäß §§ 846, 829 Abs. 3 ZPO ankommt. Auch ist der Leasingnehmer berechtigt, ein im Leasingvertrag vereinbartes Optionsrecht auf Kauf- oder **Mietverlängerung** dem Pfändungsgläubiger entgegenzuhalten[6]. Ist jedoch der Leasingvertrag beendet und der Leasingnehmer zur Herausgabe/Rückgabe des Leasingguts ver-

199

---

1 *Canaris*, Bankvertragsrecht, Rn. 1778.
2 *R. Koch* in Graf v. Westphalen, Der Leasingvertrag, Kap. O Rn. 48 ff.; MünchKommBGB/*Koch*, Leasing Rn. 136.
3 *Mohrbutter*, ZAP, Fach 14, 23, 24; *R. Koch* in Graf v. Westphalen, Der Leasingvertrag, Kap. O Rn. 65; MünchKommBGB/*Habersack*, Leasing Rn. 132.
4 *R. Koch* in Graf v. Westphalen, Der Leasingvertrag, Kap. O Rn. 48 ff.
5 MünchKommBGB/*Koch*, Leasing Rn. 137.
6 *Mohrbutter*, ZAP, Fach 14, 23, 25; *R. Koch* in Graf v. Westphalen, Der Leasingvertrag, Kap. O Rn. 48 ff.

pflichtet, können diese Ansprüche der Gläubiger des Leasinggebers gemäß §§ 846 ff. ZPO gepfändet werden.

200 Die Gläubiger des Leasinggebers sind berechtigt, gemäß §§ 829, 835 ZPO den Anspruch des Leasinggebers auf Zahlung der **Leasingraten** zu pfänden und sich zur Einziehung überweisen zu lassen[1]. In der Praxis ist allerdings stets davon auszugehen, dass der Leasinggeber die ihm zustehenden Leasingraten im Wege der **Forfaitierung** an die refinanzierende Bank veräußert hat; folglich geht die Pfändung ins Leere[2].

XIV. Leasing und Insolvenzordnung (InsO)

201 Seit dem 1.1.1999 ist die Insolvenzordnung in Kraft[3]. Sie gilt für alle Insolvenzverfahren, welche nach dem 31. Dezember 1998 beantragt werden[4]. Im Gegensatz zur früheren Konkursordnung strebt die InsO an, das Unternehmen des Schuldners zu sanieren und fortzuführen. Dies hat unmittelbare Auswirkungen auf alle Leasingverträge – gleichgültig, ob es sich um ein Mobilien- oder um ein Immobilien-Leasing handelt.

1. Insolvenz des Leasingnehmers

a) Während des Antragsverfahrens

202 Nach § 112 Nr. 1 InsO ist dem Leasinggeber die Kündigung wegen Zahlungsverzugs **untersagt**, wenn der Leasingnehmer bereits vor Beantragung des Insolvenzverfahrens mit der Entrichtung der jeweils fälligen Leasingrate in Verzug geraten war. Auch die Kündigung wegen wesentlicher Verschlechterung der Vermögensverhältnisse des Leasingnehmers ist in diesen Fällen gemäß § 112 Nr. 2 InsO ausgeschlossen[5]. Etwas anderes gilt selbstverständlich dann, wenn der Leasingnehmer im Zeitpunkt der Beantragung der Insolvenz nicht nur in Zahlungsverzug war, sondern wenn der Leasinggeber in diesem Zeitpunkt bereits eine wirksame Kündigung – insoweit ist auf das Zugangserfordernis gemäß § 130 BGB abzustellen – abgegeben hatte. Denn unter dieser Voraussetzung bleibt die Kündigung wirksam[6].

203 Wenn jedoch der Leasingnehmer – und darauf ist in der Praxis zu achten – **nach Stellung des Insolvenzantrags** mit der Zahlung von Leasingraten in Verzug gerät, so unterliegt das Recht des Leasinggebers, den Leasingvertrag gemäß § 543 Abs. 2 Nr. 3 BGB oder gemäß § 498 BGB fristlos zu kündigen,

---

1 MünchKommBGB/*Koch*, Leasing Rn. 137.
2 *Zahn* in Graf v. Westphalen, Der Leasingvertrag, Kap. Q Rn. 6 ff.
3 BGBl. I 1994, 2866.
4 Im Einzelnen *Obermüller/Livonius*, DB 1995, 27 ff.; *Eckert*, ZIP 1996, 897 ff.
5 Hierzu auch *Klinck* in Martinek/Stoffels/Wimmer-Leonhardt, Handbuch des Leasingrechts, § 49 Rn. 9.
6 *Obermüller/Livonius*, DB 1995, 27; *Eckert*, ZIP 1996, 897, 898; *Beckmann*, Finanzierungsleasing, § 13 Rn. 18.

keiner Beschränkung[1]. Die Kündigung ist in diesen Fällen an den vorläufigen Insolvenzverwalter zu richten – vorausgesetzt, ihm ist die Verwaltungs- und Verfügungsbefugnis über das Vermögen des Leasingnehmers gemäß § 22 Abs. 1 InsO übertragen worden. Notwendige Voraussetzung für die rechtmäßige Ausübung des Kündigungsrechts des Leasinggebers ist jedoch, dass die jeweilige Kündigungsklausel mit § 307 BGB im Einklang steht[2]. Auch soweit eine AGB-Klausel auf den Tatbestand der **Vermögensverschlechterung** des Leasingnehmers abstellt und in den aufgezeigten Grenzen gemäß § 307 BGB wirksam ist (Rn. 176), kommt alles entscheidend darauf an, ob die insoweit maßgebenden Tatsachen – Zwangsvollstreckungsmaßnahmen oder Wechsel- und Scheckproteste – vor Beantragung des Insolvenzverfahrens entstanden sind – dann ist die Kündigung gemäß § 112 Nr. 2 InsO unzulässig –, oder ob der Vermögensverschlechterungstatbestand erst danach entstanden ist.

§ 112 InsO stellt nicht darauf ab, ob dem Leasingnehmer das Leasinggut zum Zeitpunkt der Antragstellung bereits überlassen war. Denn die gesetzliche Bestimmung untersagt die Kündigung eines Miet- oder Pachtverhältnisses – gleiches gilt für Leasingverträge –, das der Schuldner „eingegangen" war. Daraus ist abgeleitet worden[3], dass die Kündigungssperre von § 112 InsO **auch nicht vollzogene Leasingverträge** erfasst. Dem ist zuzustimmen – verbunden freilich mit dem Hinweis, dass diese Konstellation für die Praxis des Leasinggeschäfts keine wesentlichen Auswirkungen zeitigt. Denn der Leasingvertrag wird für gewöhnlich erst dann in Vollzug gesetzt, wenn der Leasingnehmer die ihm überlassene Übernahme- und Abnahmebestätigung (Rn. 57 ff.) dem Leasinggeber aushändigt, so dass dieser dann den Kaufpreis für das Leasinggut an den Lieferanten auszahlt. Zur Konsequenz hat dies in der Praxis, dass dann der vorläufige **Insolvenzverwalter** – wegen der zum Nachteil des Leasinggebers sich auswirkenden Kündigungssperre – an den Leasingvertrag gebunden und deshalb verpflichtet ist, dem Leasinggeber entsprechend dem Sanierungs- und Fortführungsziel der InsO die jeweils fälligen Leasingraten zu zahlen.

204

Ob und inwieweit der vorläufige Insolvenzverwalter vor Verfahrenseröffnung auf bestehende Leasingverträge einwirken kann, wird nicht in der InsO im Einzelnen geregelt. Insbesondere besteht kein Sonderkündigungs- oder Rücktrittsrecht[4]. Deshalb kommt es entscheidend darauf an, ob schon der **vorläufige Insolvenzverwalter** – im Hinblick auf das jeweilige Leasinggut – zu der Entscheidung gelangt, ob dieses für die Sanierung und Fortführung

205

---

1 BGH v. 21.12.2006 – IX ZR 66/05, NJW 2007, 1591, 1592; BGH v. 9.3.2005 – VIII ZR 394/03, NJW 2005, 2552, 2554; *R. Koch* in Graf v. Westphalen, Der Leasingvertrag, Kap. P Rn. 11 ff.; *Obermüller/Livonius*, DB 1995, 27; *Eckert*, ZIP 1996, 897, 898; *Beckmann*, Finanzierungsleasing, § 13 Rn. 18.
2 Mit Recht *Eckert*, ZIP 1996, 897, 898.
3 *Eckert*, ZIP 1996, 897, 899.
4 *Eckert*, ZIP 1996, 897, 899; zu den „Lösungsklauseln" *Klinck* in Martinek/Stoffels/Wimmer-Leonhardt, Handbuch des Leasingrechts, § 49 Rn. 11 ff. – mit Recht ablehnend; *R. Koch* in Graf v. Westphalen, Der Leasingvertrag, Kap. P Rn. 21 f.

des Unternehmens des Leasingnehmers benötigt wird oder nicht. Es erscheint sachgerecht, dem vorläufigen Insolvenzverwalter das Recht zuzubilligen, sich mit dem Leasinggeber darüber zu verständigen, in welcher Weise ein Leasingvertrag – bezogen auf ein nicht benötigtes Leasinggut – im gegenseitigen Einvernehmen aufgehoben werden kann, weil nur so die Möglichkeit besteht, das Entstehen überflüssiger Masseverbindlichkeiten nach Eröffnung des Insolvenzverfahrens zu verhindern[1]. Wenn man diesen Weg nicht wählen will, so kann man erwägen, dem vorläufigen Insolvenzverwalter auch die Rechte schon jetzt zuzugestehen, welche ihm nach Eröffnung des Insolvenzverfahrens gemäß § 103 InsO zugestanden werden.

b) Nach eröffnetem Insolvenzverfahren

206 Leasingverträge unterliegen – Gleiches gilt für Mietverträge für bewegliche Sachen – allgemein dem Wahlrecht des Insolvenzverwalters gemäß § 103 InsO, sobald das Verfahren eröffnet ist.

207 Danach hat der Insolvenzverwalter nach Eröffnung des Verfahrens die Wahl, ob er den Leasingvertrag erfüllen oder die weitere Erfüllung ablehnen will. Es ist daher Sache des Leasinggebers, den Insolvenzverwalter zur Ausübung seines Wahlrechts aufzufordern. Geschieht dies, so hat der Insolvenzverwalter sich darüber zu erklären, ob er die Erfüllung verlangen will, wie sich im Einzelnen aus § 103 Abs. 2 S. 2 InsO ergibt. Unterlässt er dies, so kann er gemäß § 103 Abs. 2 S. 3 InsO nicht auf Erfüllung bestehen. Entscheidet sich also der Insolvenzverwalter dazu, den Leasingvertrag weiterhin zu erfüllen, so hat er die gleichen Rechte und Pflichte wie der Leasingnehmer – mit der Konsequenz, dass die nach Eröffnung der Insolvenz fälligen Leasingforderungen **Masseforderungen** gemäß § 55 Abs. 1 Nr. 2 InsO sind[2]. Also kann der Leasinggeber vom Insolvenzverwalter die Zahlung der vollen Leasingraten verlangen.

208 Lehnt hingegen der Insolvenzverwalter die Erfüllung des Leasingvertrages ab, so ist der Leasinggeber gemäß § 103 Abs. 2 InsO auf eine Schadensersatzforderung als typische **Insolvenzforderung** beschränkt[3]. Die Höhe der anzumeldenden Schadensersatzforderungen entspricht den Einzelheiten, welche gemäß § 307 BGB für Schadensersatzansprüche wegen fristloser Kündigung des Leasinggebers im Einzelnen dargestellt worden sind (Rn. 181 ff.). Gibt der Insolvenzverwalter das Leasinggut nach Eröffnung des Verfahrens nicht zurück, nutzt es aber gleichwohl, dann ist die Forderung des Leasinggebers nach § 546a BGB auf Nutzungsentschädigung eine Masseforderung[4].

---

1 So mit Recht *Eckert*, ZIP 1996, 897, 899 f.
2 *Zahn*, DB 1998, 1706; *Beckmann*, Finanzierungsleasing, § 9 Rn. 33 ff.; *R. Koch* in Graf v. Westphalen, Der Leasingvertrag, Kap. P Rn. 56 f.; die abweichende Ansicht (*Graf v. Westphalen*, Der Leasingvertrag, 5. Aufl. 1998, Rn. 1545 ff.) wird aufgegeben.
3 *Eckert*, ZIP 1996, 897, 904; *Obermüller/Livonius*, DB 1995, 27, 28.
4 BGH v. 1.3.2007 – IX ZR 81/05, DB 2007, 967.

Problematisch ist die Antwort auf die Frage, wie dann zu entscheiden ist, wenn der Insolvenzverwalter die Entscheidung darüber, ob er Erfüllung oder Beendigung des Leasingvertrages gemäß § 103 InsO wählt, **verzögert**[1]. Maßgebend ist in diesem Zusammenhang, dass der dem Leasinggeber zustehende Schadensersatzanspruch erst von dem Zeitpunkt an zu rechnen ist, in welchem der Insolvenzverwalter die Erfüllung des Leasingvertrages gemäß § 103 InsO **ablehnt**. Nicht erfasst werden aber die Ansprüche des Leasinggebers, welche aus der weiteren Benutzung des Leasingguts durch den Insolvenzverwalter – bis zur Ausübung des endgültigen Wahlrechts – resultieren. Für diese Fälle fehlt eine ausdrückliche gesetzliche Regelung. Daher erscheint es sachgerecht, dem Leasinggeber eine Nutzungsentschädigung nach den Vorschriften über die rechtsgrundlose Bereicherung wegen Nutzung des Leasingguts gemäß § 55 Abs. 1 Nr. 3 InsO zuzugestehen[2]. Denn für diesen Zeitraum gilt deswegen § 55 Abs. 1 Nr. 2 InsO nicht, weil insoweit eine Vertragserfüllung nicht geschuldet wird. Regelmäßig wird in diesen Fällen die dem Leasinggeber zufließende Nutzungsentschädigung in gleicher Höhe zu veranschlagen sein wie die jeweils vereinbarten Leasingraten, weil dies auch den Ergebnissen der BGH-Judikatur im Zusammenhang mit dem **Wegfall der Geschäftsgrundlage** gemäß § 313 BGB für den Fall entspricht, dass der Leasingnehmer gegenüber dem Lieferanten des Leasingguts den Rücktritt des Kaufvertrages vollzieht (Rn. 108).

209

Wegen der Sperrwirkung von § 119 InsO wird man ein **Sonderkündigungsrecht** des Leasinggebers für den Fall der Insolvenz oder des Insolvenzantrags über das Vermögen des Leasingnehmers nicht anerkennen dürfen[3], weil die Bejahung eines solchen Rechts geeignet ist, mittelbar das Wahlrecht des Insolvenzverwalters auszuhöhlen[4]. Umgekehrt ist es natürlich auch nicht zulässig, das Wahlrecht des Insolvenzverwalters nach § 103 InsO abzubedingen.

210

2. Insolvenz des Leasinggebers

a) Verfahrenseröffnung vor Überlassung des Leasingguts

Soweit der Leasingvertrag vor Eröffnung des Insolvenzverfahrens noch nicht in Vollzug gesetzt worden ist, kann der Insolvenzverwalter über das Vermögen des Leasinggebers zwischen Erfüllung und Ablehnung gemäß § 103 InsO wählen; dem Leasingnehmer steht weder das Recht zu, vom Vertrag zurückzutreten noch diesen zu kündigen.

211

---

1 Hierzu *Obermüller/Livonius*, DB 1995, 27, 28; vgl. auch *Eckert*, ZIP 1996, 897, 904 f.
2 *Obermüller/Livonius*, DB 1995, 27, 28; *Eckert*, ZIP 1996, 897, 904 f.
3 *Eckert*, ZIP 1996, 897, 903; *Beckmann*, Finanzierungsleasing, § 9 Rn. 18.
4 *Eckert*, ZIP 1996, 897, 902 f.; *Tintelnot*, ZIP 1995, 616, 622 f.; *R. Koch* in Graf v. Westphalen, Der Leasingvertrag, Kap. P Rn. 58 ff.

b) Verfahrenseröffnung nach Überlassung des Leasingguts

212 Für diese Fälle ist strikt danach zu differenzieren, ob der Leasinggeber, was freilich üblicher Vertragsgestaltung entspricht, sich bei einer Bank **refinanziert** und das Leasinggut der refinanzierenden Bank zur **Sicherheit** übereignet hat, oder ob eine Fallkonstellation vorliegt, in der der Leasinggeber als typischer Vermieter auftritt, ohne die aus dem Leasingvertrag resultierenden Forderungen im Rahmen eines **Forfait** an die refinanzierende Bank verkauft zu haben.

c) Der Tatbestand von § 103 InsO

213 Im Fall der Insolvenz des Leasinggebers hat der Insolvenzverwalter beim Mobilien-Leasing gemäß § 103 InsO das Wahlrecht, ob er an dem Vertrag festhalten oder die Erfüllung ablehnen will. Entscheidet er sich für die Auflösung des Leasingvertrages, so entfällt die Pflicht des Leasingnehmers, künftige Leasingraten zu zahlen. Sofern sich jedoch der Insolvenzverwalter dazu entscheidet, am Leasingvertrag festzuhalten, kann er die künftig fällig werdenden Leasingraten selbst vereinnahmen, weil der Leasingnehmer verpflichtet bleibt, an den Insolvenzverwalter die geschuldeten Leasingraten zu zahlen[1]. Dies ist mit Blick auf die geänderte Fassung von § 108 Abs. 2 InsO nicht mehr zweifelhaft[2]. Denn nunmehr steht fest, dass der Leasingvertrag fortbesteht, soweit dem Leasingnehmer das Leasinggut zur Nutzung verbleibt[3]. Daraus ergibt sich auch ein Verwertungsrecht des Insolvenzverwalters nach § 166 Abs. 1 InsO, wenn die der Bank – wie üblich – zur Sicherheit übereigneten Leasinggüter sich im Besitz des Leasingnehmers befinden[4]. Doch bleibt es dabei, dass § 108 Abs. 2 InsO auch auf die Zeit anwendbar ist, die sich auf die während des Eröffnungsverfahrens begründeten Masseverbindlichkeiten bezieht[5].

214 Wird die Erfüllung des Leasingvertrages abgelehnt, ist der Leasingnehmer berechtigt, Schadensersatz zu fordern; er hat dann die Stellung eines einfachen **Insolvenzgläubigers**.

---

1 Hierzu *R. Koch* in Graf v. Westphalen, Der Leasingvertrag, Kap. P Rn. 60 ff.
2 BGH v. 16.2.2006 – IX ZR 26/05, ZIP 2006, 814; so auch schon *Beckmann*, Finanzierungsleasing, § 9 Rn. 34 ff.; *Zahn*, DB 1998, 1701 ff.; dagegen *Eckert*, ZIP 1997, 2077 ff.
3 *Zahn*, DB 1996, 1393 ff.; die gegenteilige Ansicht in Graf v. Westphalen, Der Leasingvertrag, 5. Aufl. 1998, Rn. 1558, wird aufgegeben.
4 BGH v. 16.2.2006 – IX ZR 26/05, ZIP 2006, 814; dagegen mit beachtlichen Gründen *Zahn*, ZIP 2007, 365 ff.
5 BGH v. 18.7.2002 – IX ZR 195/01, NJW 2002, 3326, 3327.

Lizenzverträge

Übersicht

	Rn.
I. Begriff der Lizenz und rechtliche Regelungen allgemein	
1. Begriff der Lizenz	1
2. Rechtliche Vorschriften	3
a) Patent- und Gebrauchsmusterlizenzen	4
b) Know-how-Lizenzen	5
c) Urheberrechtliche Lizenzen	6
d) Marken-Lizenzen	7
e) Nachbauverträge	8
3. Rechtliche Grundlagen	
a) Die zivilrechtliche Einordnung des Lizenzvertrages	9
b) Kartellrecht für Lizenzverträge	
aa) Altes und neues deutsches Kartellrecht	10
bb) EG-Kartellrecht	13
cc) Art. 81 EG und Gruppenfreistellungsverordnungen	29
(1) Vertikal-GVO Nr. 2790/1999	32
(2) Technologietransfer-GVO (GVTT)	33
(3) Forschung und Entwicklung	40
dd) Missbrauch einer marktbeherrschenden Stellung	47
ee) Folgen eines Kartellverstoßes	56
II. Gegenstand von Lizenzverträgen	
1. Urheberrechtliche Lizenzen	
a) Gegenstand	71
b) Nutzungsrechte und Zweckübertragung	72
c) Werkveräußerung und Erschöpfung	77
d) Ausübungszwang	78
e) Grundzüge des Verlagsvertrags	81
2. Die Lizenz an Kennzeichen	85
a) Deutsche Marken	86
b) Das IR-Marken-System	88
c) EG-Gemeinschaftsmarke	95
d) Markenlizenzen	96
e) Duldungsvereinbarungen	108
3. Merchandising	111
4. Patentlizenzverträge	121
a) Negativlizenz	125
b) Einfache Lizenz	126
c) Ausschließliche Lizenz	129
d) Lizenz auf Ausführungsformen	130

	Rn.
5. Sortenschutz-Lizenzen	
a) Gegenstand	133
b) Lizenzen auf dem Pflanzenschutzgebiet	137
6. Know-how-Lizenzen	
a) Know-how	141
b) Formen der Know-how-Lizenz	146
c) Kartellrechtliche Lizenzierungsanforderungen	151
7. Nachbauverträge	
a) Gegenstand	154
b) Rechtsfolgen	155
III. Beschränkende Vertragsklauseln	159
1. Ausschließliche Lizenzen	
a) Arten der Ausschließlichkeit	161
b) Kartellrecht und Gruppenfreistellung	
aa) Entwicklung	167
bb) Ausschließliche Lizenzen in der GVTT 2004	171
c) Rechtsfolgen	
aa) Klagerecht	183
bb) Unterlizenzen	191
2. Art, Anwendungsbereich, Menge und Kunden	193
3. Zeit	
a) Kürzere Lizenzzeit als Laufdauer	204
b) Lizenzen auf die Laufzeit	205
c) Über die Laufzeit hinausgehende Lizenzzeit	207
4. Ausübungspflicht	216
5. Zahlungs-, Auskunfts- und Buchführungspflicht	
a) Lizenzgebühren	222
aa) Laufende Lizenzgebühren	223
bb) Einstandsgebühren	229
cc) Mindestlizenzgebühren	230
dd) Verjährung	231
b) Auskunftspflichten	233
c) Buchführungspflichten	236
6. Bezugsverpflichtungen, Qualitätsvorschriften	239
7. Preisbindung	246
8. Erfahrungsaustausch, Rücklizenzen, Crosslizenzen	248
a) Erfahrungsaustausch und Rücklizenzen	249
b) Crosslizenzen, Patentgemeinschaften	254

	Rn.		Rn.
9. Nichtangriffsverpflichtung	266	VIII. **Übertragung, Zwangsvollstreckung, Insolvenz**	
10. Kennzeichnungspflichten	269	1. Übertragung der Lizenz	

IV. Lizenzgeberpflichten und -beschränkungen

1. Aufrechterhaltung ... 273
2. Assistenzpflichten ... 277
3. Vergabe von Drittlizenzen ... 280
4. Meistbegünstigungsklauseln ... 282

V. Vertragsschluss und Form

1. Form ... 286
2. Vertragsschluss
   a) Erprobungsphase ... 289
      aa) Befristete Benutzungserlaubnis ... 290
      bb) Vorvertrag ... 291
      cc) Optionsvertrag ... 292
   b) Offenbarungspflichten ... 293

VI. Haftung des Lizenzgebers für Mängel ... 300

1. Rechtsmängel
   a) Existenz und Berechtigung
      aa) Abgelaufenes Schutzrecht, offenbares Know-how ... 302
      bb) Mangelnde Berechtigung des Lizenzgebers ... 306
   b) Abhängigkeit ... 308
   c) Vorbenutzung ... 313
   d) Rechtsbeständigkeit und Beschränkung
      aa) Nichtigkeit und drohende Nichtigkeit ... 317
      bb) Beschränkung ... 321
      cc) Schutzumfang ... 323
2. Gebrauchstauglichkeit
   a) Zusicherungshaftung ... 328
   b) Wirtschaftliche Brauchbarkeit ... 329
   c) Technische Brauchbarkeit ... 333

VII. Vertragsbeendigung

1. Ablauf des Schutzrechtes ... 340
2. Vertragsbeendigung vor Ablauf des Schutzrechtes ... 341
   a) Kündigung aus wichtigem Grund ... 343
   b) Kündigungsfolgen ... 346

VIII. Übertragung, Zwangsvollstreckung, Insolvenz

1. Übertragung der Lizenz
   a) Einfache Lizenz ... 351
   b) Ausschließliche Lizenz ... 352
2. Pfändbarkeit ... 355
3. Insolvenz ... 356
   a) Insolvenz des Lizenzgebers ... 357
   b) Insolvenz des Lizenznehmers ... 362

IX. Internationales Recht und Streitregelung

1. Der internationale Lizenzvertrag
   a) Rechtswahl ... 366
   b) Anwendbares Recht ohne Rechtswahl ... 367
2. Streitregelung
   a) Ordentliche Gerichte
      aa) Nationale Zuständigkeit ... 369
      bb) Internationale Zuständigkeit ... 370
   b) Schiedsgerichte ... 373

X. Besteuerung von Lizenzen ... 378

1. Deutscher Lizenzgeber – deutscher Lizenznehmer
   a) Einkommen-/Körperschaftsteuer ... 379
   b) Umsatzsteuer ... 382
2. Deutscher Lizenznehmer – ausländischer Lizenzgeber
   a) Einkommensteuer
      aa) Ohne Doppelbesteuerungsabkommen ... 383
      bb) Mit Doppelbesteuerungsabkommen ... 385
   c) Umsatzsteuer ... 386
3. Ausländischer Lizenznehmer – deutscher Lizenzgeber
   a) Einkommen-/Körperschaftsteuer ... 387
      aa) Lizenzverträge im Konzern ... 388
      bb) Zwischengesellschaften ... 389
   b) Umsatzsteuer ... 390
4. Übersicht zur Lizenzbesteuerung
   a) Deutsch – Deutsch ... 391
   b) Deutscher Lizenznehmer – ausländischer Lizenzgeber ... 392
   c) Ausländischer Lizenznehmer – deutscher Lizenzgeber ... 393

Schrifttum: *Ann*, Die Produzentenhaftung des Lizenzgebers, 1991; *Ann/Barona*, Schuldrechtsmodernisierung und gewerblicher Rechtsschutz, 2002; *Kurt Bartenbach*, Patentlizenz- und Know-how-Vertrag, 6. Aufl. 2007; *Kurt Bartenbach/Söder*, Lizenzvertragsrecht nach neuem GWB: Lizenzgebührenpflicht über den Inhalt des Schutzrechts hinaus und nach Schutzrechtsende, Mitt. 2007, 353; *Britta Bartenbach*, Die Patentlizenz als negative Lizenz, 2002; *M. und A. Brandi-Dohrn*, in Kronke/Melis/Schnyder, Handbuch des Internationalen Wirtschaftsrechts, Teil F, Handel mit geistigem Eigentum, 2005; *M. Brandi-Dohrn*, in v. Schultz, Markenrecht, § 30 Lizenzen, 2. Aufl. 2007; *Fezer*, Markenrecht, 3. Aufl. 2001; *Groß/Rohrer*, Lizenzgebühren, 2003; *Hellebrand/Kaube/v. Falckenstein*, Lizenzsätze für technische Erfindungen, 3. Aufl. 2007; *Henn*, Patent- und Know-how-Lizenzvertrag, 5. Aufl. 2003; *Keukenschijver*, in Busse, Kommentar zum PatentG, 6. Aufl. 2003, Rn. 48 ff. zu § 15 PatG; *Körner*, Die Produzentenhaftung des Lizenzgebers bei der Lizenz über gewerbliche Schutzrechte und Know-how, NJW 1985, 3047; *Kraßer*, Patentrecht, 5. Aufl. 2004, dort §§ 40, 41; *Lubitz*, in Münchener Anwaltshandbuch, Gewerblicher Rechtsschutz, 2. Aufl. 2005, S. 2013 ff.; *Lüdecke/Fischer*, Lizenzverträge, 1957; *Pagenberg/Geissler*, Lizenzverträge – Licence Agreements, 5. Aufl.2003; *Pedrazzini*, Patent- und Lizenzvertragsrecht, 1983; *Pfaff/Osterrieth*, Lizenzverträge, Formularkommentar, 2. Aufl. 2004; *Ströbele/Hacker*, Markengesetz, 8. Aufl. 2006; *Stumpf/Groß*, Der Lizenzvertrag, 8. Aufl. 2005; *Ullmann* in Benkard, Patentgesetz, 10. Aufl. 2006, § 15 PatG.

Vgl. auch die Nachweise vor Rn. 10, 71, 85, 141, 300, 366, 369, 378.

I. Begriff der Lizenz und rechtliche Regelungen allgemein

1. Begriff der Lizenz

Lizenz ist die vertragliche Erlaubnis oder Befähigung, Monopolrechte und/oder Wissen und/oder Produktionsmittel eines anderen zu nutzen. Lizenzen sind **Unterfälle des Technologietransfers.** Der Technologietransfer vollzieht sich einerseits durch Vollüberlassung des Rechts, z.B. Patentkauf, und andererseits durch Nutzungsüberlassung auf Zeit, Lizenz. Die Dauerüberlassung von Software gegen ein Einmal-Entgelt wird vielfach als Lizenz bezeichnet[1]; die Rechtsprechung behandelt sie aber als Kauf[2]. 1

Der Begriff der Lizenz ist hingegen nicht auf die **Nutzung** fremder Monopolrechte (Patentrechte, Urheberrechte, Markenrechte) beschränkt. Mit der Know-how-Lizenz wird fremdes Wissen genutzt. Im oft auch „Lizenz" genannten Nachbauvertrag werden fremde Werkzeuge, z.B. Formwerkzeuge für Profilsysteme, genutzt. 2

2. Rechtliche Vorschriften

Explizite Vorschriften über die Lizenz fehlen im BGB. Bei den lizenzierbaren Rechten finden sich einzelne Regelungen. Detaillierte Regelungen finden sich teilweise im Kartellrecht. 3

---

[1] Z.B. *Moritz*, CR 1989, 1049; *Moritz*, CR 1994, 257; *Müller-Hengstenberg*, CR 1986, 441.
[2] BGH v. 4.11.1987 – VIII ZR 314/86, BGHZ 102, 135; BGH v. 7.3.1990 – VIII ZR 56/89, NJW 1990, 3011; BGH v. 18.10.1989 – VIII ZR 325/88, NJW 1990, 320; BGH v. 14.7.1993 – VIII ZR 147/92, NJW 1993, 2436.

a) Patent- und Gebrauchsmusterlizenzen

4 Für die Patentlizenz findet sich im PatG (1981) nur die Vorschrift des § 15 PatG[1] und entsprechend § 22 GebrMG für die Gebrauchsmusterlizenz. Daneben gibt es die Lizenzbereitschaftserklärung nach § 23 PatG und die seltene Zwangslizenz nach § 24 PatG. **Kartellrechtlich** ist die Lizenz an den technischen Schutzrechten geregelt in der Gruppenfreistellungsverordnung Technologietransfer (GVTT)[2] vom 27.4.2004, welche seit dem 1.5.2004 gilt.

b) Know-how-Lizenzen

5 Die Know-how-Lizenz ist kartellrechtlich in der Technologietransfer-Verordnung (GVTT) mitgeregelt.

c) Urheberrechtliche Lizenzen

6 Urheberrechtliche Lizenzen sind in **§§ 31 ff. UrhG**[3] und im **Verlagsgesetz**[4] behandelt. Kartellrechtlich haben sie keine Detailregelung erfahren, bis auf die Softwarelizenz: als Produktionslizenz fällt sie unter die GVTT, als Distributionsgeschäft, Überlassung gegen Entgelt, kann sie unter die Vertikal-VO[5] fallen.

---

1 § 15 PatG – Übertragbarkeit des Rechts; Lizenzen:
„(1) Das Recht auf das Patent, der Anspruch auf Erteilung des Patents und das Recht aus dem Patent gehen auf die Erben über. Sie können beschränkt oder unbeschränkt auf andere übertragen werden.
(2) Die Rechte nach Absatz 1 können ganz oder teilweise Gegenstand von ausschließlichen oder nicht ausschließlichen Lizenzen für den Geltungsbereich dieses Gesetzes oder einen Teil desselben sein. Soweit ein Lizenznehmer gegen eine Beschränkung seiner Lizenz nach Satz 1 verstößt, kann das Recht aus dem Patent gegen ihn geltend gemacht werden.
(3) Ein Rechtsübergang oder die Erteilung einer Lizenz berührt nicht Lizenzen, die Dritten vorher erteilt worden sind."
2 Verordnung (EG) Nr. 772/2004 der Kommission v. 27.4.2004 über die Anwendung von Art. 81 Abs. 3 EG-Vertrag auf Gruppen von Technologietransfervereinbarungen, ABl. EG Nr. L 123/2004, 11, abgedr. im Anhang auf S. 2715 ff.
3 Schönfelder Nr. 65; Beck'sche Textausgabe, Gewerblicher Rechtsschutz, Nr. 700.
4 Schönfelder Nr. 66; Beck'sche Textausgabe, Gewerblicher Rechtsschutz, Nr. 800.
5 Verordnung (EG) Nr. 2790/1999 der Kommission v. 22.12.1999 über die Anwendung von Art. 81 Abs 3 des Vertrages auf Gruppen von vertikalen Vereinbarungen und aufeinander abgestimmten Verhaltensweisen, ABl. EG Nr. L 336/1999, 21, abgedr. im Anhang auf S. 2697 ff. In den dazu ergangenen Leitlinien – ABl. EG Nr. C 291/2000, 1 – wird in Tz. 40 auch Softwareüberlassung genannt.

d) Marken-Lizenzen

Die Markenlizenz findet sich in **§§ 30, 31 MarkenG**[1] sowie, für EG-Gemeinschaftsmarken, in **Art. 22–24 der GemeinschaftsmarkenVO**[2] **(GMVO)**. Art. 22 GMVO ist vorgezeichnet durch die Lizenzbestimmung in Art. 8 der EG-Markenrichtlinie[3]. Kartellrechtlich ist sie nicht besonders geregelt. Als Nebenabrede fällt sie unter die bestehenden Gruppenfreistellungsverordnungen.

e) Nachbauverträge

Nachbauverträge, also Verträge zur Nutzung von nicht geheimem technischen Wissen, sind nirgendwo besonders geregelt.

---

1 Das Markengesetz v. 25.10.1994, in Kraft seit 1.1.1995, BGBl. I 1994, 3081, u.a. in Schönfelder Nr. 72 und Beck'sche Textausgabe, Gewerblicher Rechtsschutz, Nr. 80, hat das frühere WarenzeichenG ersetzt, das in § 8 WZG nur eine Vorschrift für die Übertragung, nicht aber für die Lizenz enthielt.

2 Verordnung EG Nr. 40/94 des Rates über die Gemeinschaftsmarke v. 20.12.1993, ABl. EG Nr. L 11/1994, 1, abgedruckt u.a. in Beck'sche Textausgabe, Gewerblicher Rechtsschutz, Nr. 680.
Art. 22 – Lizenz:
„(1) Die Gemeinschaftsmarke kann für alle oder einen Teil der Waren oder Dienstleistungen, für die sie eingetragen ist, und für das gesamte Gebiet oder einen Teil der Gemeinschaft Gegenstand von Lizenzen sein. Eine Lizenz kann ausschließlich oder nicht ausschließlich sein.
(2) Gegen einen Lizenznehmer, der hinsichtlich der Dauer der Lizenz, der von der Eintragung erfassten Form, in der die Marke verwendet werden darf, der Art der Waren und Dienstleistungen, für die die Lizenz erteilt wurde, des Gebiets, in dem die Marke angebracht werden darf, oder der Qualität der vom Lizenznehmer hergestellten Waren oder erbrachten Dienstleistungen gegen eine Bestimmung des Lizenzvertrages verstößt, kann der Inhaber einer Gemeinschaftsmarke die Rechte aus der Gemeinschaftsmarke geltend machen.
(3) Unbeschadet der Bestimmungen des Lizenzvertrages kann der Lizenznehmer ein Verfahren wegen Verletzung einer Gemeinschaftsmarke nur mit Zustimmung ihres Inhabers anhängig machen. Jedoch kann der Inhaber einer ausschließlichen Lizenz ein solches Verfahren anhängig machen, wenn der Inhaber der Gemeinschaftsmarke nach Aufforderung nicht selber innerhalb einer angemessenen Frist die Verletzungsklage erhoben hat.
(4) Jeder Lizenznehmer kann einer vom Inhaber der Gemeinschaftsmarke erhobenen Verletzungsklage beitreten, um den Ersatz seines eigenen Schadens geltend zu machen.
(5) Die Erteilung oder der Übergang einer Lizenz an einer Gemeinschaftsmarke wird auf Antrag eines Beteiligten in das Register eingetragen und veröffentlicht."
Art. 23 – Wirkung gegenüber Dritten
… (Ab Eintragung oder Kenntnis) …
Art. 24 – Die Anmeldung der Gemeinschaftsmarke als Gegenstand des Vermögens:
„Die Artikel 16 bis 23 gelten entsprechend für die Anmeldungen von Gemeinschaftsmarken."

3 Erste Richtlinie 1989/104/EG zur Angleichung der Rechtsvorschriften der Mitgliedstaaten über die Marken v. 21.12.1988, ABl. EG Nr. L 40/1988, 1, abgedruckt u.a. in Beck'sche Textausgabe, Gewerblicher Rechtsschutz, Nr. 675.

3. Rechtliche Grundlagen

a) Die zivilrechtliche Einordnung des Lizenzvertrages

9 Die Frage der Einordnung ist vor allem für die **Gewährleistung** bedeutsam. Vertreten worden ist die Einordnung als kaufrechtsähnlicher Vertrag[1], als Rechtspacht mit entsprechender Anwendung der Mietvorschriften nach §§ 581, 537 ff. BGB[2] sowie ferner als Vertrag eigener Art, auf den vorwiegend die Vorschriften über die Rechtspacht Anwendung finden[3]. Die Rechtsprechung sieht den Lizenzvertrag als einen ungeregelten Vertrag eigener Art an, auf den bei Leistungsstörungen demzufolge die allgemeinen BGB-Vorschriften der §§ 275 ff., 320 ff. BGB ergänzend zu den besonderen in der Rechtsprechung entwickelten Regeln anzuwenden sind[4]. Da die Rechtsprechung gerade auf dem Haftungsgebiet sehr detaillierte Regelungen entwickelt hat, macht die Zuordnung zu einem anderen benannten Vertragstyp wie Pacht oder Kauf wenig Sinn. Auch für eine ergänzende Anwendung pachtrechtlicher Vorschriften bleibt nur sehr geringer Raum, etwa im Insolvenzfall. In diesen schmalen Bereichen kann eine bedachte ergänzende Anwendung von Pacht-/Mietrecht Platz greifen. Rechtsanalogie zu Kauf- und Pacht-/Mietrecht stützt viele haftungsrechtliche Folgen, die die Rechtsprechung entwickelt hat.

b) Kartellrecht für Lizenzverträge

Schrifttum: *Bechtold/Bosch/Brinker/Hirsbrunner*, EG-Kartellrecht, 2005; *M. Brandi-Dohrn*, Die Ausschließlichkeit von Lizenzen, in: FS Bartenbach, 2005, S. 439; *Fuchs*, Die 7. GWB-Novelle, Grundkonzeption und praktische Konsequenzen, WRP 2005, 1384; *Gleiss/Hirsch*, Kommentar zum EWG-Kartellrecht, 5. Aufl. 2000; *Grabitz/Hilf*, Das Recht der Europäischen Union, Loseblatt, 1993/2003; *v.d. Groeben/Schwarze*, Vertrag über die EU und die EG, 6. Aufl. 2003, darin *Sucker/Guttuso/Gaster*, zu Art. 81 EG, IV Immaterialgüterrechte; *Hartog/Noack*, Die 7. GWB-Novelle, WRP 2005, 1396; *Immenga/Mestmäcker*, GWB und EG-Kommentar, 4. Aufl. 2007; *Langfinger*, Die neue Gruppenfreistellungsverordnung Technologietransfer (VO 772/04), in: FS Bartenbach, 2005, S. 427; *Liebscher/Flohr/Petsche*, Handbuch der EU-Gruppenfreistellungen, 2003; *Lübbig*, ...et dona ferentes, Anmerkungen zur neuen EG-GruppenfreistellungsVO Technologietransfer, GRUR 2004, 483; *Lubitz*, Die neue Technologie-Gruppenfreistellungsverordnung, EuZW 2004, 652; *Mestmäcker/Schweizer* Europäisches Wettbewerbsrecht, 2. Aufl. 2004; *Müller-Henneberg/Schwartz/Hootz*,

---

1 RG v. 3.7.1937 – I 21/37, GRUR 1938, 33, 34 – Kilometerzählung; *Nirk*, GRUR 1970, 329, 333; *Malzer*, GRUR 1971, 96, 99; *Kraßer/Schmid*, GRUR Int. 1982, 324, 336 – Haftung nach kaufrechtlichen Maßstäben.

2 *Pfaff*, BB 1974, 565 für den Know-how-Vertrag; *Stumpf/Groß*, Der Lizenzvertrag, A Rn. 23, 24, E Rn. 301.

3 *Ullmann* in Benkard, PatG, GebrMG, § 15 PatG Rn. 81; *Henn*, Patent- und Know-how-Lizenzvertrag, Rn. 90, 97.

4 RG v. 1.3.1911 – Rep. I 366/10, RGZ 75, 400, 405 – Entschirrungsapparat; RG v. 12.4.1913 – I 19/13, RGZ 82, 155, 159; RG v. 11.11.1933 – I 130/33, RGZ 142, 212, 213 = GRUR 1934, 37 – Konit-Kunstfußboden; RG v. 11.7.1939 – I 4/39, RGZ 163, 1 – Frutapect; BGH v. 1.12.1964 – Ia ZR 212/63, NJW 1965, 759 – Reaktionsmessgerät; BGH v. 28.6.1979 – X ZR 13/78, BB 1979, 1316 – Mineralwolle; BGH v. 12.12.2003 – IXa ZB 165/03, NJW-RR 2004, 644 – Pfändungsschutz für vom Umsatz abhängige Lizenzgebühren; ferner *Lüdecke/Fischer*, Lizenzverträge, Vorbem. 5 (S. 32).

Gemeinschaftskommentar, GWB und Europäisches Kartellrecht, 5. Aufl. 1999 ff., darin *Schütz*, EG-Kartellverfahrensrecht VO 1/2003, 9. Lfg. 2004; *Loewenheim/Meessen/Riesenkampff*, Kartellrecht Bd. 1 EG, Bd. 2 GWB, 2005; *Schultze/Pautke/Wagener*, GruppenfreistellungsVO Technologietransfer, 2005 und WRP 2004, 175; *Schumacher/Schmid*, Die neue Gruppenfreistellungsverordnung für Technologietransfer, GRUR 2006, 1; *Zöttl*, Das neue EG-Recht für Technologietransferverträge, WRP 2005, 33.

aa) Altes und neues deutsches Kartellrecht

Bis 2005 gab es im deutschen „Gesetz gegen Wettbewerbsbeschränkungen" (GWB) Verbote für wettbewerbsbeschränkende horizontale Vereinbarungen zu einem gemeinsamen Zweck zwischen Wettbewerbern (§ 1 GWB) und Einschränkungen für grundsätzlich erlaubte vertikale Austauschverträge, z.B. für **Lizenzverträge**. Für sie galt eine besondere Regelung in §§ 17, 18 GWB a.F. (noch früher: §§ 20, 21 GWB) nach dem Schutzinhalts-Prinzip: Was innerhalb des Schutzumfangs des Patents oder Gebrauchsmusters verboten werden konnte, konnte auch lizenzweise gegen Gebühren erlaubt oder auch nur beschränkt erlaubt werden – § 17 Abs. 1 GWB a.F.[1] Darüber hinaus waren noch bestimmte weitere Beschränkungen erlaubt, die nicht schon durch den Schutzumfang vorgegeben waren, z.B. Qualitäts- und Bezugsbindungen, früher sogar Preisbindungen, § 17 Abs. 2 GWB a.F. Was darüber hinausging, war verboten und nichtig, es sei denn, es sei dafür eine Einzelerlaubnis eingeholt worden, § 17 Abs. 3 GWB a.F.

10

Die neue Europäische Kartellverordnung (EG-KartellVO) vom 16.12.2002[2] schreibt einen absoluten **Vorrang für das Europäische Kartellrecht** vor. Als EG-Verordnung ist sie in Deutschland unmittelbares, vorrangig geltendes Recht. Damit gibt es für kartellvertragliche nationale Sonderregelungen keinen Platz mehr. Es gilt für Lizenzverträge, aber auch für alle anderen Verträge, Vereinbarungen und abgestimmte Verhaltensweisen nur noch das EG-Kartellrecht, jedoch ohne die dortige Bezugnahme auf den zwischenstaatlichen Handel. Das GWB wurde entsprechend umgestaltet und ist in seiner neuen Form am 1.7.2005 in Kraft getreten.

11

Wegen des Vorrangs des EG-Kartellrechts entspricht § 1 GWB bis auf die (unten zur Verdeutlichung in Klammern mit aufgenommene) Eignung zur Beeinträchtigung des zwischenstaatlichen Handels voll dem Art. 81 Abs. 1 EG. § 1 GWB (neu) lautet:

„Vereinbarungen zwischen Unternehmen, Beschlüsse von Unternehmensvereinigungen und aufeinander abgestimmte Verhaltensweisen, (welche den Handel zwischen Mitgliedstaaten zu beeinträchtigen geeignet sind und) die eine Verhinderung, Einschränkung oder Verfälschung des Wettbewerbs bezwecken oder bewirken, sind verboten."

Beide, sowohl Art. 81 EG wie auch § 1 GWB 2005, erfassen, anders als das frühere deutsche GWB, gleichermaßen sowohl horizontale wie vertikale

---

1 So am Beispiel für nicht schutzrechtsgedeckte Lizenzgebühren für das alte GWB, BGH v. 5.7.2005 – X ZR 14/03, GRUR 2005, 845 – Abgasreinigungsvorrichtung.
2 ABl. EG Nr. L 1/2003, 1, abgedruckt auch in Beck-Texte im dtv 5009, WettbR.

Verträge, also sowohl Verträge zwischen Unternehmen auf der gleichen Marktstufe wie auch auf unterschiedlichen Marktstufen.

§ 2 Abs. 1 GWB 2005 regelt die Voraussetzungen für Legalausnahmen entsprechend dem nachfolgend erörterten Art. 81 Abs. 3 EG, und § 2 Abs. 2 GWB 2005 enthält folgende **dynamische Verweisung** auf das EG-Recht:

„Bei der Anwendung von Abs. 1 gelten die Verordnungen des Rates oder der Kommission der europäischen Gemeinschaft über die Anwendung von Art. 81 Abs. 3 des Vertrages zur Gründung der Europäischen Gemeinschaft auf bestimmte Gruppen von Vereinbarungen, Beschlüsse von Unternehmensvereinigungen und aufeinander abgestimmte Verhaltensweisen (Gruppenfreistellungsverordnungen) entsprechend. Dies gilt auch, soweit die dort genannten Vereinbarungen, Beschlüsse und Verhaltensweisen nicht geeignet sind, den Handel zwischen den Mitgliedstaaten der Europäischen Gemeinschaft zu beeinträchtigen."

„Dynamisch" heißt die Verweisung, weil sie auch künftige Gruppenfreistellungsverordnungen oder deren künftige Änderungen einbezieht.

12 Frei.

bb) EG-Kartellrecht

13 Im EG-Recht wird primäres und sekundäres EG-Recht unterschieden. Primäres EG-Recht ist der EG-Vertrag. Sekundäres EG-Recht sind die von den Organen der EG, dem Rat und dem Parlament oder der Kommission erlassenen Verordnungen, Richtlinien und Entscheidungen. Sie alle beanspruchen Vorrang vor jeglichem nationalen Recht einschließlich den nationalen Verfassungen, also z.B. vor unserem Grundgesetz.

Die kartellrechtliche Kernvorschrift im EG Primärrecht ist **Art. 81 EG**[1].

---

1 Art. 81 EG: „(1) Mit dem Gemeinsamen Markt unvereinbar und verboten sind alle Vereinbarungen zwischen Unternehmen, Beschlüsse von Unternehmensvereinigungen und aufeinander abgestimmte Verhaltensweisen, welche den Handel zwischen Mitgliedstaaten zu beeinträchtigen geeignet sind und eine Verhinderung, Einschränkung oder Verfälschung des Wettbewerbs innerhalb des Gemeinsamen Marktes bezwecken oder bewirken, insbesondere
a) die unmittelbare oder mittelbare Festsetzung der An- oder Verkaufspreise oder sonstiger Geschäftsbedingungen;
b) die Einschränkung oder Kontrolle der Erzeugung, des Absatzes, der technischen Entwicklung oder der Investitionen;
c) die Aufteilung der Märkte oder Versorgungsquellen;
d) Die Anwendung unterschiedlicher Bedingungen bei gleichwertigen Leistungen gegenüber Handelspartnern, wodurch diese im Wettbewerb benachteiligt werden;
e) die an den Abschluss von Verträgen geknüpfte Bedingung, dass die Vertragspartner zusätzliche Leistungen annehmen, die weder sachlich noch nach Handelsbrauch in Beziehung zum Vertragsgegenstand stehen.
(2) Die nach diesem Artikel verbotenen Vereinbarungen oder Beschlüsse sind nichtig.
(3) Die Bestimmungen des Absatzes 1 können für nicht anwendbar erklärt werden auf
– Vereinbarungen oder Gruppen von Vereinbarungen zwischen Unternehmen,
– Beschlüsse oder Gruppen von Beschlüssen von Unternehmensvereinigungen,
– Aufeinander abgestimmte Verhaltensweisen oder Gruppen von solchen,
die unter angemessener Beteiligung der Verbraucher an dem entstehenden Gewinn

Nach Art. 81 Abs. 1 EG sind **verboten**: 14
Wettbewerbsbeschränkende Vereinbarungen zwischen **Unternehmen**, gleich ob es sich um horizontale oder vertikale Vereinbarungen handelt. Vereinbarungen zwischen Privatpersonen werden nicht erfasst, kommen bei Lizenzverträgen aber auch kaum vor. Es muss sich um Unternehmen als getrennte, selbständige Rechtspersönlichkeiten handeln.

Konzerngesellschaften, die miteinander eine wirtschaftliche Einheit bilden, 15 sind in ihren Rechtsbeziehungen untereinander im Regelfall keine Unternehmen, weder nach Art. 81 EG noch im Hinblick auf irgendwelche Beschränkungen bei den Gruppenfreistellungsverordnungen (GVO)[1]. Konzerngesellschaften werden in Art. 1 Abs. 2 der Gruppenfreistellungsverordnung Technologietransfer – VO (EG) Nr. 772/2004 (GVTT)[2] – als „verbundene Unternehmen" definiert. Das sind Mutter-, Tochter- und Schwester-Unternehmen, bei denen die Mutter mehr als 50 % des Kapitals, der Stimmen oder des Leitungsorgans besitzt bzw. stellt oder das Recht hat, die Geschäfte der Tochter zu führen[3]. Der Nachteil der Verbundklausel ist, dass die Marktanteile der verbundenen Unternehmen für das Eingreifen oder Nichteingreifen der Gruppenfreistellung zusammengerechnet werden.

Art. 81 EG ist unmittelbar und mit **Vorrang** vor nationalem Recht anwend- 16 bar, wenn der Vertrag geeignet ist, den **zwischenstaatlichen Handel** zu beeinflussen. Das wird nach einer weiten Formel bei solchen Vereinbarungen bejaht, bei denen sich anhand einer Gesamtheit objektiver, rechtlicher oder tatsächlicher Umstände mit hinreichender Wahrscheinlichkeit voraussehen lässt, dass sie unmittelbar oder mittelbar, tatsächlich oder potentiell den Warenverkehr zwischen den Mitgliedstaaten in einem der Erreichung der Ziele eines einheitlichen zwischenstaatlichen Marktes nachteiligen Sinne – spürbar – beeinflussen können[4]. Nach der Zwischenstaatlichkeitsklausel sind daher **EG-relevant**:

> zur Verbesserung der Warenerzeugung oder -verteilung oder zur Förderung des technischen oder wirtschaftlichen Fortschritts beitragen, ohne dass den beteiligten Unternehmen
> a) Beschränkungen auferlegt werden, die für die Verwirklichung dieser Ziele nicht unerlässlich sind, oder
> b) Möglichkeiten eröffnet werden, für einen wesentlichen Teil der betreffenden Waren den Wettbewerb auszuschalten."

---

1 EuGH v. 12.7.1984 – Rs. 170/83, Slg. 1984, 2999, 3016 – Hydrotherm/Compact: Mehrere Konzerngesellschaften auf einer Vertragsseite zählen nur als eine Vertragspartei; EuGH v. 4.5.1988 – Rs. 30/87, Slg. 1988, 2479 – Bodson/Pompes funèbres, Tz. 19 und Ls. 4.
2 Verordnung (EG) Nr. 772/2004 der Kommission über die Anwendung von Art. 81 Abs. 3 EG-Vertrag auf Gruppen von Technologietransfer-Vereinbarungen v. 27.4.2004, ABl. EG 2004 Nr. L 123/11, abgedr. im Anhang auf S. 2715 ff.
3 GVTT Art. 1 Abs. 2: a – Tochter, b – Mutter, c – Schwester.
4 Vgl. Nr. 23 der Leitlinien der Kommission zum zwischenstaatlichen Handel, ABl. EG Nr. C 101/2004, 82. Ferner aus der Rspr.: EuGH v. 19.4.1988 – Rs. 27/87, NJW 1989, 3084 – La Hesbignonne für einen ausschließlichen Sortenschutzlizenzvertrag für Belgien mit Exportverbot und Mindestpreisfestsetzungen; EuG v. 14.7.1994 – Rs. T-77/92, Slg. 1994 II 549– Parker Pen (Tz. 39); EuGH v. 6.4.1995 – Rs. C-241/91 P,

- Lizenzverträge an **mehreren EG-Parallelpatenten** oder nationalen Anteilen von europäischen Patenten in mehreren EG-Mitgliedstaaten, wenn sie über die bloße Lizenzzahlung hinaus begrenzende Klauseln oder Verpflichtungen enthalten, z.B. Ausschließlichkeit, Gebietsbeschränkungen, insbesondere Preisstellungen;
- der **ausschließliche Einzellizenzvertrag** eines Herstellerunternehmens über die Grenze hinweg, z.B. deutscher Produzent nutzt sein Patent in Deutschland und lizenziert England; regelmäßig jedoch nicht die Lizenz des Privaterfinders, der in Österreich lebt, an z.B. seinem deutschen Patent an ein deutsches Unternehmen;
- Wenn ein Unternehmer für eine **Technologie mit einem eigenen Markt in ganz Deutschland ausschließlich lizenziert** wird (z.B. ein Produzent lizenziert eine Erfindung mit einem eigenen Markt an *einen* anderen in Deutschland), dann kann das einen großen Markt in der EU für Andere sperren. Sind in einem solchen Fall weitergehende Ein- oder Ausfuhrbeschränkungen nicht vorhanden, so wendet die Kommission eine Nichtspürbarkeitsvermutung an, wenn der gemeinsame Marktanteil der Vertragsparteien 5 % und das Lizenzproduktvolumen von Lizenzgeber und Lizenznehmer nicht 40 Mio. Euro überschreitet[1].

Da das deutsche Recht aber dem EG-Recht folgt, ist die spürbare Beeinträchtigung des zwischenstaatlichen Handels nurmehr eine Frage der Entscheidungskompetenz und der formalen Rechtsanwendung ohne materielle Bedeutung.

17 Maßstab für eine Wettbewerbsbeschränkung ist einmal, ob die Vereinbarung den tatsächlichen oder potentiellen Wettbewerb auf dem Markt austauschbarer Güter beschränkt, der ohne die Vereinbarung bestanden hätte, und sodann, ob die enthaltenen Beschränkungen den ohne sie möglichen Wettbewerb beschränken ohne objektiv notwendig, nämlich als Hilfsklauseln vernünftig zu sein[2]. Es wird also für Nebenbestimmungen, ancillary clauses, eine „rule of reason" angewandt.

18 In allen diesen Fällen muss für die Anwendung des EG-Kartellrechts die **Beeinträchtigung des Wettbewerbs spürbar** sein[3]. Die Spürbarkeit hat die EG-

---

C-242/91 P, Slg. 1995 I 747– Magill: Es genügt die Eignung auch ohne aktuelle Beeinträchtigung des zwischenstaatlichen Handels. Im Magill-Fall betraf der Missbrauch durch Lizenzverweigerung nur Irland und Nordirland. Eignung zur Beeinträchtigung des zwischenstaatlichen Handels wurde bejaht.

1 Leitlinien der Kommission zum zwischenstaatlichen Handel, ABl. EG Nr. C 101/2004, Tz. 52.
2 Bekanntmachung der Kommission, Leitlinien zu Art. 81 Abs. 3 EG, ABl. EG Nr. C 101/2004, 97, abgedruckt auch bei *Bechtold*, EG-Kartellrecht, Anhang D, Tz 18; Bekanntmachung der Kommission, Leitlinien zur Anwendung von Art. 81 EG auf Technologietransfer-Vereinbarungen ABl. EG Nr. C 101/2004, Tz. 11.
3 EuGH v. 19.4.1988 – Rs. 27/87, NJW 1989, 3084 – La Hesbignonne zu einem Lizenzvertrag; EuGH v. 25.11.1971 – Rs. 22/71, Slg. 1971, 949 – Beguelin zu einem Alleinvertriebsvertrag.

Kommission in ihrer de-minimis-Bekanntmachung[1] quantifiziert. Nicht spürbar sind:

- Vereinbarungen zwischen aktuellen oder potenziellen Wettbewerbern unter gemeinsam 10 % Marktanteil,
- unter 15 % Marktanteil der beteiligten Unternehmen, wenn sie nicht aktuelle oder potenzielle Wettbewerber sind,
- und wenn bestimmte Kernbeschränkungen analog den nachfolgend kommentierten Kernbeschränkungen in Lizenzverträge, strenger unter Wettbewerbern, liberaler unter Nichtwettbewerben, nicht auferlegt sind[2].

Art. 81 Abs. 2 EG bestimmt nur, dass die nach Art. 81 EG verbotenen Beschlüsse und Verträge nichtig sind. Um einer effektiven Rechtsverwirklichung willen ist der EuGH[3] jedoch weit darüber hinausgegangen und hat geurteilt, dass nichtige Beschlüsse und Verträge auch schadensersatzpflichtig machen, und dass der nationale Richter wegen der unmittelbaren Geltung des so ausgelegten Art. 81 EG jedem – Vertragspartner wie Dritten –, der kausal durch einen nach Art. 81 EG nichtigen Vertrag, z.B. ein Kartell, geschädigt ist, Schadensersatz zusprechen muss nach innerstaatlichem Maß für vergleichbare Fälle (Grundsatz der Äquivalenz), aber hinsichtlich Verjährung, Maß und Rechtsdurchsetzung auch nach dem Grundsatz der Effektivität, also der effektiven Rechtsverwirklichung des EG-Rechts. Damit ist einem nachvollziehbaren Bestreben zögernder nationaler Richter[4], einer Ausuferung des Kreises möglicher Antragsteller vorzubeugen, indem nur die klageberechtigt sein sollten, die zielgerichtet durch das Kartell geschädigt sind, eine Absage erteilt: Es genügt jede **kausale Betroffenheit**. Was „kausal" ist, bestimmt das nationale Recht nach dem Grundsatz von Äquivalenz und Effektivität, ebenso das Schadensmaß, z.B. ein etwaiger Strafschadensersatz. Letzteren kennt das deutsche Recht nicht. Es kennt aber in § 33 Abs. 3 GWB den Ausschluss der passing off defence, also den Ausschluss des Einwandes, der Belieferte habe die überhöhten Kartellpreise ja weitergegeben:

„§ 33 Abs. 3 S. 2 GWB: „Wird eine Ware oder Dienstleistung zu einem überteuerten Preis bezogen, so ist der Schaden nicht deshalb ausgeschlossen, weil die Ware oder Dienstleistung weiterveräußert wurde[5]."

Strikt angewandt führt das zu einer Multiplizierung von Schadensersatzpflichten, einmal an den Vertragspartner und sodann an die Kunden. Nach

---

1 De-minimis-Bekanntmachung oder Bagatellbekanntmachung der Kommission v. 22.12.2001, ABl. EG Nr. C 368/2001, 13.
2 Bagatellbekanntmachung Tz. 11.
3 EuGH v. 20.9.1954 – C-453/99, Slg. 2001, 6297 – Courage: Schadensersatz für den Vertragspartner, wenn er die Nichtigkeit nicht veranlasst hatte; EuGH v. 13.7.2006 – Rs. C 295 – 298/04, EuZW 2006, 592 – Manfredi: Schadensersatz für kartellgeschädigte Versicherungskunden.
4 LG Mainz v. 15.1.2004 – 12 HKO 52/02, NJW-RR 2004, 478 – kein Schadensersatz wegen Zahlung überhöhter Preise bei behauptetem Preiskartell auf dem Vitaminsektor – und LG Mannheim v. 11.7.2003 – 7 O 326/02, GRUR 2004, 182 – Vitaminkartell – mit abl. Bespr. von *Köhler*, GRUR 2004, 99.
5 Zum privaten Schadensersatzprozess, dem sog. private enforcement, nach § 33 GWB in Deutschland *Lübig/le Bell*, WRP 2006, 1209; *Kessler*, WRP 2006, 1061.

dem EuGH-Urteil Manfredi[1] ist es Aufgabe des nationalen Rechts, beim Schadensmaß einer ungerechtfertigten Bereicherung entgegenzuwirken. Zur Lösung dieses Konfliktes wird man einem Vertragspartner den Schadensersatz nur mit der Auflage zusprechen, daraus seine Kunden, denen er die überhöhten Preise weitergegeben hatte, zu entschädigen.

20 Art. 81 Abs. 3 EG sieht eine **Freistellung** vom Kartellverbot für **nützliche Vereinbarungen** vor, wenn sie zwar Wettbewerbsbeschränkungen enthalten, diese aber

– der Verbesserung der Warenerzeugung oder –verteilung oder zur Förderung des technischen oder wirtschaftlichen Fortschritts beitragen (nützliche Zwecke) und

– die Verbraucher am entstehenden Gewinn angemessen beteiligt werden und,

– wenn keine Beschränkungen auferlegt werden, die für die nützlichen Zwecke nicht unerlässlich sind,

– und, wenn die Vereinbarungen nicht die Möglichkeit eröffnen, für einen wesentlichen Teil der betreffenden Waren den Wettbewerb auszuschließen.

Kernbeschränkungen sind nicht nützlich und prinzipiell nicht unerlässlich. Vereinbarungen mit Kernbeschränkungen sind daher prinzipiell nicht freistellungsfähig.

21 Zu Art. 81 Abs. 3 EG gab es bisher die konstitutiven **Einzel- bzw. Pauschalfreistellungen** in Gruppenfreistellungsverordnungen (GVO). Es war das Vorrecht der Kommission, konstitutiv die Freistellung individuell oder gruppenweise zu erteilen, und sie genoss dabei einen weiten Beurteilungsspielraum[2]. In der Praxis wurde aber die Masse der Freistellungsanträge seit Jahren nur noch mit sog. „Comfort Letters" beschieden, nämlich statt förmlichen Erlaubnissen lediglich Mitteilungen, dass die Kommission derzeit keinen Anlass zum Einschreiten sehe. Diese Comfort Letters banden die Gerichte nicht, schützten aber vor Bußgeld, weil es an einem Verschulden fehlte, wenn die Gerichte gleichwohl einen Kartellverstoß feststellten. Zivilrechtlich günstige Folgen hat ein Comfort Letter jedoch nicht, außer dass er als Argument dafür verwendbar war, dass wohl kein Wettbewerbsverstoß mit Nichtigkeitsfolgen für den Vertrag vorliege.

22 Beginnend 2000 und formal in Kraft getreten am 1.5.2004 mit der neuen EG-KartellVO[3] wurden die konstitutiven Einzelfreistellungen durch ein System der **Legalausnahmen** ersetzt. Art. 83 Abs. 3 EG wirkt von Gesetzes wegen, wenn die dort genannten Voraussetzungen der Nützlichkeit (oder „Effi-

---

[1] EuGH v. 13.7.2006 – Rs. C 295 – 298/04, EuZW 2006, 529, Rn. 94.
[2] EuG v. 28.2.2002 – T 86/95 – Slg. 2002, II 1011/1076 Rn. 339 – Compagnie Générale Maritime ./. Kommission.
[3] ABl. EG 2003 Nr. L 1/1, abgedruckt auch in Beck-Texte im dtv 5009, WettbR; kommentiert auch bei *Bechtold*, EG-Kartellrecht.

zienz"), Verbraucherbeteiligung und Erforderlichkeit erfüllt sind, ohne dass wesentlicher Wettbewerb ausgeschlossen wird. Die betroffenen Unternehmen müssen selbst einschätzen, ob das der Fall ist, was sie also dürfen oder nicht dürfen. Dabei helfen Leitlinien der Kommission[1]. Diese Leitlinien sind keine förmlichen Rechtsvorschriften. Sie sind für die Gerichte also nicht verbindlich. Sie haben aber als Rechtsauslegung der Kommission die Autorität der Sachkunde und sie bewirken eine Selbstbindung der Kartellbehörden bis auf weiteres, weil die Behörden sich in der Einzelfallbeurteilung an ihre eigenen publizierten Bekanntmachungen halten müssen[2]. Streitig ist, ob, ähnlich wie früher der Kommission bei der konstitutiven Freistellung, nun auch den Unternehmen bei ihrer Selbsteinschätzung ein gewisser Beurteilungsspielraum zusteht[3]. Aber nicht nur die nun auch im Bereich von Art. 81 Abs. 3 EG vorgesehene richterliche Entscheidungskompetenz, sondern auch der Neutralitätsunterschied zwischen Kommission und selbsteinschätzendem Unternehmen verbieten einen solchen Beurteilungsspielraum für das dem Recht unterworfene Individuum. In den Wertungsräumen des Art. 81 EG sind aber auch angesiedelt und zu beachten allgemeine Rechtsgrundsätze wie „pacta sund servanda", denn die in der EU und ihren Mitgliedstaaten geltenden allgemeinen Rechtsgrundsätze sind bei der Auslegung und Anwendung des EG-Rechts zu beachten[4]. Zu den allgemeinen Rechtsgrundsätzen gehört auch der aus dem römischen Recht überkommene Grundsatz „pacta sund servanda"[5].

Der Wandel von der konstitutiven Freistellungserklärung zur Legalausnahme vom Kartellverbot ist formell durch die neue **EG-Kartellverordnung 1/2003** vom 16.12.2002, eingeführt worden[6]. Sie ersetzt die frühere EG-Kartellverordnung Nr. 17, die das Verfahren der konstitutiven Freistellung im Einzelnen geregelt hatte. Die Hauptpunkte der neuen EG-KartellVO sind: 23

---

1 Bekanntmachung der Kommission, Leitlinien zur Anwendung von Art. 81 Abs. 3 EG, ABl. EG Nr. C 2004, 101/08 und C 2004 101/07; dazu *Müller*, Neue Leitlinien zu Anwendung des Art. 81 III EG im Legalausnahmensystem der Kartellverordnung 1/2003, WRP 2004, 1472.
2 *Müller*, WRP 2004, 1472/1477.
3 Dafür *Bechtold*, WuW 2003, 343; *Bechtold* in Bechtold et al., EG-Kartellrecht Kommentar, Art. 1 VO 1/2003 Rn. 36; *Dreher/Thomas*, WuW 2004, 8, 14 ff.; dagegen: *Meessen* in Loewenheim/Meessen/Riesenkampff, Bd. 1, Art. 81 Abs. 3 EG Rn. 5; *Schütz* in Gemeinschaftskommentar (9. Lfg. 2005), VO 1/2003 Rn. 18, weil sonst die richterliche Entscheidungskompetenz beschnitten würde. Im Ergebnis wohl auch *Röhling*, GRUR 2003, 1019, 1020.
4 So zu den Grundrechten als allgemeinen Rechtsgrundsätzen: EuGH v. 17.12.1970 – Rs. 11/70, Slg. 1970, 1125, Tz. 3 – Internationale Handelsgesellschaft; EuGH v. 14.5.1974 – Rs. 4/73, Slg. 1974, 491, Tz. 13 – Nold.
5 EGMR v. 30.6.2005 – 45036/98, NJW 2006, 197, Tz. 150 – Bosphorus ./. Irland.
6 Verordnung (EG) Nr. 1/2003 des Rates v. 16.12.2002 zur Durchführung der in den Art. 81 und 82 des Vertrags niedergelegten Wettbewerbsregeln, ABl. EG Nr. L, 1/2003, 1, abgedruckt auch in Beck'sche Textausgabe Gewerblicher Rechtsschutz Nr. 626; Beck-Texte im dtv 5009, Wettbewerbsrecht, Nr. 11.

- Art. 1 Abs. 2 EGKartellVO: Die Freistellung nach Art. 81 (3) EG wirkt von selbst, ohne vorherige Entscheidung, als **Legalausnahm**e vom Kartellverbot.
- Art. 3 Abs. 1, 5, 6 EGKartellVO: Die nationalen Kartellbehörden (BKA in Bonn) und Gerichte wenden Art. 81 Abs. 1 EG = Verbot und – das ist neu – Art. 81 Abs. 3 EG = Legalausnahme unmittelbar an, wenn eine Vereinbarung den zwischenstaatlichen Handel beeinträchtigen kann. Ist der zwischenstaatliche Handel nicht beeinträchtigt, so verfahren die deutschen Kartellbehörden ebenso, nur auf der Basis des § 2 GWB.
- Art. 3 Abs. 2 EGKartellVO bestimmt den **Vorrang** in der Anwendung des EG-Kartellrechts im Bereich des zwischenstaatlichen Handels: was dort EG-rechtlich erlaubt ist, darf national nicht verboten werden. Früher gab es eine Zwei-Schranken-Lehre: was EG-rechtlich verboten war, durfte zwar national nicht erlaubt werden, was aber EG-rechtlich erlaubt war, konnte gleichwohl national verboten sein. Um den Vorrang auch behördlich sicher zu stellen, informieren die nationalen Kartellbehörden bei ihrer Anwendung des EG-Kartellrechts die Kommission und diese kann ein Verfahren an sich ziehen und damit die nationale Behörde unzuständig machen, Art. 11 Abs. 6 KartellVO.
- Art. 2 EGKartellVO – **Beweislast**: Für das Verbot nach Art. 81 Abs. 1 EG ist die Behörde beweispflichtig, für die Legalausnahme des Art. 81 Abs. 3 EG das betroffene Unternehmen.
- Art. 10 EGKartellVO: Freistellungsentscheidungen auf Einzelantrag gibt es nicht mehr, allenfalls Freistellungen im öffentlichen Interesse.
- Art. 5 Abs. 2 EGKartellVO: Es gibt nur noch **Comfort Letters**, also Entscheidungen der nationalen Kartellbehörde, dass für sie kein Anlass zum Einschreiten bestehe.

Im Hinblick auf den Vorrang des EG-Kartellrechts musste, wie oben schon ausgeführt, das nationale GWB auf eigenständige Regelungen verzichten und verweist nunmehr dynamisch auf das EG-Kartellrecht und die darin erlassenen Gruppenfreistellungsverordnungen (GVO).

24–28 Frei.

cc) Art. 81 EG und Gruppenfreistellungsverordnungen

29 Im EG-Vertrag ermächtigt Art. 83 EG den Rat zum Erlass von Ausführungsverordnungen zu Art. 81 EG. Der Rat hat die Kommission in der Rats-Verordnung 19/65 ermächtigt, Gruppenfreistellungsverordnungen für Vertikal- und Lizenzverträge zu erlassen, und in der Rats-VO Nr. 2821/71 solche für Horizontalverträge Auf der Grundlage dieser Ermächtigungen rühren aus der Zeit der von der Kommission verfügten (konstitutiven) Freistellungen nach Art. 81 Abs. 3 EG zur Verwaltungsvereinfachung gruppenweise Freistellungen her, also konstitutive Freistellungen von Vertragsgruppen, die absehbar gerechtfertigt sind.

Im neuen Prinzip der Legalausnahmen, also des von Gesetzes wegen nicht 30
mehr eingreifenden Kartellverbots aus Art. 81 Abs. 1 EG sind Gruppenfreistellungen eigentlich systemwidrig. Sie werden aber als historisch überkommen fortgeführt und tragen zur Rechtssicherheit bei[1]. Die Systemänderung spiegelt sich bei den GVO darin wider, dass die früheren GVO „alten Typs" einen Katalog von weißen, also freigestellten Klauseln neben einem Katalog von schwarzen, also nicht gruppenweise freigestellten Klauseln enthielten. Demgegenüber enthalten die GVO „neuen Typs" eine Grundfreistellung bestimmter horizontaler oder vertikaler Vertragstypen, wenn die Vertragsbeteiligten bestimmte Marktanteilswerte nicht überschreiten, verbunden mit einem Katalog schwarzer, also nicht freigestellter und in der Regel auch nicht freistellungsfähiger Klauseln. Listen weißer Klauseln fehlen. Unterhalb der Marktanteilsschwellen ist alles freigestellt, wenn die Vereinbarung keine schwarze Klausel enthält. Überschreiten die Vertragsbeteiligten die Marktanteilsgrenzen, mit den dazu formulierten Toleranzmargen, so heißt das nicht, dass ihre Vereinbarung kartellrechtswidrig und verboten wäre. Es heißt nur, dass sie noch nicht gruppenfreigestellt ist, sondern dass die Unternehmen **selbst einschätzen** müssen, ob ihre Vereinbarung

– überhaupt wettbewerbsbeschränkend nach Art. 81 Abs. 1, 2 EG ist,
– und ob sie alsdann nach der Legalausnahme; des Art. 81 Abs. 3 EG als „nützliche Vereinbarung" gleichwohl von Gesetzes wegen erlaubt ist.

Die Marktanteilsschwellen sind unterschiedlich hoch, je nachdem ob die 31
Vertragsparteien Wettbewerber sind oder nicht. In der GVO für Technologietransferverträge beträgt sie 20 % gemeinsam bei Wettbewerben und 30 % je einzeln bei Nichtwettbewerbern. Dazu kommt, dass die schwarzen Klauseln zwischen Wettbewerben schärfer gefasst sind als zwischen Nichtwettbewerbern. Anfängliche Nichtwettbewerber können im Laufe des Vertragslebens zu Wettbewerbern werden; dann gelten die einmal vereinbarten Klauseln unter der großzügigeren Freistellung für Nichtwettbewerber weiter, es sei denn der Vertrag würde wesentlich geändert. Auch können die Marktanteile der Vertragspartner später die Gruppenfreistellungswerte überschreiten. Dann behalten sie die Gruppenfreistellung noch für eine gewisse Zeit, zwei Jahre bei Technologietransferverträgen. Die Marktanteile zutreffend abzuschätzen, von denen es abhängt, ob man unter dem Dach einer sichernden GVO ist oder in der Unsicherheit der „Selbstveranlagung" nach Art. 81 Abs. 3 EG, ist sehr schwierig, denn man muss den relevanten Markt erfassen und dann braucht man eine Menge Informationen über die Relation der Wettbewerber; zueinander. Der sachlich relevante Produktmarkt, an dem der Anteil zu ermitteln ist, wird durch die Produkte gebildet, die einander

---

[1] *Bechtold/Bosch/Brinker/Hirsbrunner* bezeichnen in ihrem EG-Kartellrechts-Kommentar, Art. 29 VO 1/2003 Rn. 2, die Gruppenfreistellungsverordnungen als unwiderlegliche Vermutungen für die Voraussetzungen des Art. 81 Abs. 3 EG.

derart substituieren können, dass Abnehmer bei einer dauerhaften kleinen Preissenkung von 5–10 % auf das andere Produkt übergehen würden[1].

An Gruppenfreistellungsverordnungen (GVO) der Kommission gibt es im Wesentlichen, jedenfalls für den Bereich des gewerblichen Rechtsschutzes relevante, vier:

(1) Vertikal-GVO Nr. 2790/1999[2]

32 Sie regelt die **vertikalen Austauschverträge**, insbesondere die selektiven Vertriebssysteme, Alleinvertriebs- und Alleinbezugsvereinbarungen und Franchisesysteme. Dazu sind vertikale Leitlinien[3] ergangen. Die Grundfreistellung gilt nach Art. 2 Vertikal-GVO für Vereinbarungen oder aufeinander abgestimmte Verhaltensweisen zwischen zwei oder mehr Unternehmen, von denen jedes zwecks Durchführung der Vereinbarung auf einer unterschiedlichen Produktions- oder Vertriebsstufe tätig ist, und welche die Bedingungen betreffen, zu denen die Parteien bestimmte Waren oder Dienstleistungen beziehen, verkaufen oder weiterverkaufen können, in der Vertikal GVO „vertikale Vereinbarungen" genannt.

Auch Vereinbarungen über **gewerbliche Schutzrechte** werden nach Art. 2 Abs. 3 Vertikal-GVO miterfasst, allerdings nur dann, wenn es sich um Nebenvereinbarungen zu den Lieferverträgen handelt.

Sofern die Vereinbarungen keine „schwarzen Klauseln" enthalten, insbesondere keine Preisbindung für den Käufer und keinen absoluten Gebietsschutz, sind Alleinvertriebsvereinbarungen freigestellt, wenn der Lieferant nicht mehr als 30 % Marktanteil besitzt, und bei Alleinbelieferungsverpflichtungen, wenn der Abnehmer nicht mehr als 30 % Marktanteil besitzt. Bei höheren Marktanteilen ist weder pauschal freigestellt noch verboten. Die Beteiligten müssen ihren Vertrag hinsichtlich der kartellrechtlichen Erlaubtheit selbst einschätzen.

(2) Technologietransfer-GVO (GVTT)[4]

33 Die GVTT gilt für die Lizenzierung von vorbestehendem gewerblichen Eigentum des Lizenzgebers, mit Ausnahme von Markenrechten, das Hauptgegenstand des Vertrages ist. Das besagt in Art. 1 Abs. 1 lit. b GVTT die Definition der Technologietransfer-Vereinbarung. Danach ist:

---

1 Bekanntmachung der Kommission über die Definition des relevanten Marktes im Sinne des Wettbewerbsrechts der Gemeinschaft (dort insbesondere Tz. 17), ABl. EG Nr. C 372/1997, 1, abgedruckt auch als Anhang A bei *Bechtold*, EG-Kartellrecht.
2 VO (EG) Nr. 2790/1999 der Kommission über die Anwendung von Art. 81 Abs. 3 des Vertrags auf Gruppen von vertikalen Vereinbarungen und aufeinander abgestimmten Verhaltensweisen v. 22.12.1999, ABl. EG Nr. L 336/1999, 21, abgedr. im Anhang auf S. 2697 ff.
3 ABl. EG Nr. C 291/2000, 1, abgedruckt bei *Bechtold*, EG-Kartellrecht, Anhang F.
4 GruppenfreistellungsVO für Technologietransfer-Vereinbarungen (GVTT) Nr. 772/2004 v. 27.4.2004, ABl. EG Nr. L 123/2004, 11, abgedr. im Anhang auf S. 2715; kommentiert bei *Bechtold*, EG-Kartellrecht, mit Leitlinien dazu gemäß Bekanntmachung der Kommission über Leitlinien zur Anwendung von Art. 81 EG-Vertrag auf Technologie-Transfervereinbarungen in ABl. EG Nr. C 101/2004, 2.

„**Technologietransfer-Vereinbarung**": eine Patentlizenzvereinbarung, eine Know-how-Vereinbarung, eine Softwarelizenz-Vereinbarung oder gemischte Patentlizenz-, Know-how- oder Softwarelizenz-Vereinbarung einschließlich Vereinbarungen mit Bestimmungen, die sich auf den Erwerb oder Verkauf von Produkten beziehen oder die sich auf die Lizenzierung oder die Übertragung von Rechten an geistigem Eigentum beziehen, sofern diese Bestimmungen nicht den eigentlichen Gegenstand der Vereinbarung bilden und unmittelbar mit der Produktion der Vertragsprodukte verbunden sind; als Technologietransfer-Vereinbarung gilt auch die Übertragung von Patent-, Know-how- oder Software-Rechten sowie einer Kombination dieser Rechte, wenn das mit der Verwertung der Technologie verbundene Risiko zum Teil beim Veräußerer verbleibt, insbesondere, wenn der als Gegenleistung für die Übertragung zu zahlende Betrag vom Umsatz abhängt, den der Erwerber mit Produkten erzielt, die mit Hilfe der übertragenen Technologie produziert worden sind, oder von der Menge dieser Produkte oder der Anzahl der unter Einsatz der Technologie durchgeführten Arbeitsvorgänge.

Patente umfassen nach der Definition Art. 1 Abs. 1 lit. h GVTT auch Gebrauchsmuster, Geschmacksmuster und Sortenschutzrechte. Softwarelizenzen werden dann erfasst, wenn es sich nicht nur um Softwareüberlassung zur Benutzung handelt – dann fallen sie unter die Vertikal-GVO – sondern um Produktions- oder Vervielfältigungslizenzen, etwa zur OEM-Ausstattung von Computern[1].

In Art. 2 GVTT werden Technologietransfer-Vereinbarungen zwischen zwei Unternehmen **freigestellt**, falls sie Wettbewerbsbeschränkungen nach Art. 81 Abs. 1 EG enthalten, solange die lizenzierten Patente bestehen oder der Know-how geheim bleibt, wenn (Art. 3 GVTT): bei konkurrierenden Vertragsteilnehmern beide zusammen auf dem relevanten Produktmarkt keinen höheren Anteil als 20 % besitzen und bei nicht konkurrierenden Vertragsteilnehmern keiner allein einen Marktanteil von mehr als 30 % besitzt. Ein Konkurrenzverhältnis zwischen den Parteien kann bestehen oder entstehen auf dem Produktmarkt oder auf dem Technologiemarkt. Konkurrenten auf dem Produktmarkt sind sie, wenn sie austauschbare Güter produzieren, ohne dabei Patente des Lizenzgebers zu verletzen, oder wenn sie das ohne unverhältnismäßige Investitionen tun könnten (potenzielle Wettbewerber), Art. 1 Abs. 1 lit. i ii GVTT. Konkurrenz auf dem relevanten Technologiemarkt besteht oder entsteht, wenn auch der Lizenznehmer Lizenzen an konkurrierenden Technologien vergibt, ohne dabei die Patente des Lizenzgebers zu verletzen. Hier zählt nur aktueller, nicht potenzieller Wettbewerb, Art. 1 Abs. 1 lit. j i GVTT. Wird eine Lizenz erteilt für ein Produkt, das alsbald einen ganz neuen Markt eröffnet, z.B. ein wirksames HIV-Mittel, so sind die Parteien anfangs Nichtwettbewerber, aber der Lizenznehmer wird bald 100 % Anteil auf dem neuen Markt haben. Dann gilt die Freistellung nach Art. 8 Abs. 2 GVTT noch für zwei Kalenderjahre nach dem Jahr, in dem die Grundschwelle von 30 % erstmals überschritten wurde.

34

---

[1] Letzteres ist nicht unstreitig. Dafür *Zöttl*, WRP 2005, 33/35; dagegen *Schultze/ Pautke/Wagener*, WRP 2004, 175, 180.

35 Außerdem darf die Technologietransfer-Vereinbarung **keine Kernbeschränkungen** (schwarze Klauseln) enthalten, die nach Art. 4 Abs. 1 GVTT für Wettbewerber; strenger sind als in Art. 4 Abs. 2 GVTT für Nichtwettbewerber. Werden die Parteien erst nachträglich zu Wettbewerbern, so bleibt es zwischen ihnen bei den schwarzen Klauseln für Nichtwettbewerber, es sei denn sie würden den Vertrag wesentlich ändern, Art. 4 Abs. 3 GVTT. Enthält der Vertrag eine einzige schwarze Klausel, so ist er insgesamt nicht gruppenfreigestellt, sondern fällt unter die Selbsteinschätzung.

36 **Schwarze Klauseln** zwischen aktuellen und potentiellen **Wettbewerbern** auf dem Produktmarkt sind nach Art. 4 Abs. 1 GVTT:
- Bindung der Abgabepreise des Partners,
- Beschränkung der Produktion oder des Absatzes und Mengenbeschränkungen in wechselseitigen Lizenzen,
- Marktzuweisungen oder Abnehmerbeschränkungen, ausgenommen
  - Field-of-use-Beschränkungen, also Beschränkungen auf technische Anwendungsgebiete
  - **Gebiets-Exklusivlizenzen**, wenn nicht (Rückausnahmen zum Verbot hin)
- In wechselseitigen Vereinbarungen die Beschränkung aktiver oder passiver Verkäufe, also nicht aufgesuchter Bestellungen aus fremdem Gebiet,
- ansonsten sind Verbote aktiver oder passiver Verkäufe in fremde Gebiete geduldet,
- es sei denn, einem Konkurrenten des Lizenzgebers als nunmehrigen Lizenznehmer würden Querlieferung in andere Lizenznehmergebiete verboten.
  - Ausgenommen ist weiterhin die Beschränkung, dass der Lizenznehmer nur für den eigenen Bedarf herstellen darf,
  - Ausgenommen sind Second-source-Beschränkungen.
- Unzulässig sind Verbote oder Beschränkungen, eigene Technologie anzuwenden oder Forschung und Entwicklung zu betreiben,
  - es sei denn letztere Beschränkung wäre zur Geheimhaltung von lizenziertem Know-how nötig.

„Wechselseitige" Beschränkungen sind nicht schon Beschränkungen in gegenseitigen Verträgen, sondern in gegenseitigen Lizenzen, im gleichen oder in getrennten Verträgen für konkurrierende Technologien oder Produkte, Art. 1 Abs. 1 lit. c GVTT.

37 Zwischen **Nicht-Wettbewerbe**rn sind die schwarzen Klauseln in Art. 4 Abs. 2 GVTT abgemildert:
- Zwar keine Bindung von Abgabepreisen,
  - erlaubt ist aber Festsetzung von Maximalpreisen und Preisempfehlungen ohne Druck;

Marktzuteilungen
- sind insofern erlaubt, als aktive Verkäufe in reservierte **Exklusivgebiete** anderer Lizenznehmer oder des Lizenzgebers, untersagt werden dürfen. In das Gebiet des Lizenzgebers dürfen auch passive Verkäufe untersagt werden, passive Verkäufe in Gebiete anderer Lizenznehmer dürfen jedoch nur für die Dauer von zwei Jahren untersagt werden;
- erlaubt sind Beschränkungen zur Fertigung nur für den eigenen Bedarf;
- erlaubt sind auch Marktzuteilungen derart, dass der Lizenznehmer nur an Endabnehmer liefern darf und nicht an Händler – eine Einschränkung, die weniger bei Patentlizenzverträgen, wohl aber bei Softwarelizenzen relevant werden kann;

Je **einzeln nicht freigestellt** sind folgende Einzelklauseln nach Art. 5 GVTT: 38
- **Ausschließliche Rücklizenzen oder Rückübertragungen** eigener abtrennbarer Verbesserungserfindungen des Lizenznehmers;
- **Nichtangriffsklauseln**, wobei aber erlaubt ist die Kündigungsklausel im Fall eines Lizenznehmerangriffs auf das Schutzrecht.
- **Mengenbeschränkungen** des Lizenznehmers unter Wettbewerbern in nicht wechselseitigen Lizenzen.

Art. 5 GVTT stellt diese einzelnen Klauseln nicht frei, ohne aber deshalb den Gesamtvertrag unter dem Verbot des Art. 81 Abs. 1 EG zu halten.

Werden die Marktanteilsschwellen für die Gruppenfeistellung überschritten, 39
so heißt das nur, dass die Technologietransfervereinbarung noch nicht gruppenweise freigestellt ist. Die Beteiligten müssen selbst einschätzen, ob sie von der Legalausnahme des Art. 81 Abs. 3 EG profitieren können. Da aber die Marktanteilsschwellen schwer zu bestimmen sind, wird folgendes **Prüfungsschema** empfohlen[1]:
- Haben die Klauseln überhaupt wettbewerbsbeschränkenden Charakter nach Art. 81 Abs. 1 EG? Das verneinen die Leitlinien z.B. für Vertraulichkeitsabreden, Unterlizenzbeschränkungen, nachvertragliche Unterlassungsvereinbarungen, Mindestlizenzen und Zeichenführungspflichten[2] sowie fast alle Lizenzgebührenklauseln, selbst solche über die Schutzfrist hinaus[3].
- Liegen hingegen „schwarze Klauseln" vor, so sollten sie gemieden werden, weil sie im Zweifel spürbar wettbewerbsbeschränkend und nicht freistellungsfähig sind.
- Alsdann: sind die möglichen Wettbewerbsbeschränkungen nach der de-minimis-Bekanntmachung überhaupt spürbar, haben die Vertragsteilneh-

---

1 *Zöttl*, WRP 2005, 33, 44.
2 GVTT-Leitlinien, Tz. 155.
3 GVTT-Leitlinien, Tz. 156–160.

mer als Wettbewerber mehr als 10 % oder als Nicht-Wettbewerber mehr als 15 % Marktanteil[1]?

- „4 plus-Daumenregel": Die Kommission steht auf dem Standpunkt, „dass eine Verletzung des Art. 81 EG außerhalb der sog. Kernbeschränkungen unwahrscheinlich ist, wenn es neben den von den Vertragsparteien kontrollierten Technologien vier oder mehr von Dritten kontrollierte Technologien gibt, die zu für den Nutzer vergleichbaren Kosten anstelle der lizenzierten Technologie eingesetzt werden könnten"[2].

(3) Forschung und Entwicklung

40 Für die horizontale **FuE-Zusammenarbeit** und für die Aufteilung in der Produktion gelten die Gruppenfreistellungsverordnungen:

- FuE-GVO Nr. 2659/2000 vom 29.11.2000[3] sowie die
- Spezialisierungs-GVO Nr. 2658/2000 vom 29.11.2000[4],
- mit den horizontalen Leitlinien dazu[5].

Die FuE-GVO gilt für die „gemeinsame" Forschung und Entwicklung mit oder ohne gemeinsame Verwertung der Entwicklungsergebnisse. Sie wird bei den FuE-Verträgen behandelt.

41–46 Frei.

dd) Missbrauch einer marktbeherrschenden Stellung

47 Art. 82 EG (früher Art. 86 EGV) bestimmt, dass die **missbräuchliche Ausnutzung einer beherrschenden Stellung** auf dem gemeinsamen Markt oder einem wesentlichen Teil desselben durch ein oder mehrere Unternehmen verboten ist, soweit diese dazu führen kann, den Handel zwischen den Mitgliedstaaten zu beeinträchtigen. Dann folgen Missbrauchsbeispiele wie Erzwingung unangemessener Preise, unnötiger Einschränkungen, Diskriminierung oder Koppelung. Auch eine gruppenfreigestellte Vereinbarung kann wegen Missbrauchs einer marktbeherrschenden Stellung untersagt werden[6], und der Vorteil einer Gruppenfreistellung kann nach Art. 29 KartellVO

---

1 De-minimis-Bekanntmachung der Kommission v. 22.12.2001, ABl. EG Nr. C 368/2001, 07 und 13, s.o. Rn. 18.
2 GVTT-Leitlinien, Tz. 131.
3 Verordnung (EG) Nr. 2659/2000 der Kommission v. 29.11.2000 über die Anwendung des Art. 81 Abs. 3 des Vertrages auf Gruppen von Vereinbarungen über Forschung und Entwicklung, ABl. EG 2000 Nr. L 304/7, abgedr. im Anhang auf S. 2706 ff.
4 Verordnung (EG) Nr. 2658/2000 der Kommission v. 29.11.2000 über die Anwendung von Art. 81 Abs. 3 des Vertrages auf Gruppen von Spezialisierungsvereinbarungen, ABl. EG 2000 Nr. L 304/3 = Beck'sche Textausgabe Gewerblicher Rechtsschutz Nr. 632.
5 ABl. EG 2001 Nr. C 3/2, abgedruckt in *Bechtold*, EG-Kartellrecht, Anhang E.
6 EuG v. 10.7.1990 – T-51/89, Slg. 1990 II 309 – Tetra Pak: In dem Verfahren über eine ausschließliche Lizenz für einen mächtigen Lizenznehmer wurde dessen Marktbeherrschung unstreitig gestellt. Es ging nur noch darum, ob (damals) Art. 86 EGV trotz Freistellung anwendbar war. Das wurde bejaht.

2003[1] entzogen werden, wenn eine Vereinbarung Wirkungen hat, die mit Art. 81 Abs. 3 EG unvereinbar sind.

Es liegt in der Natur der durch gewerbliche Schutzrechte, Urheberrechte, Marken oder Patente verliehenen Ausschlussrechte, dass sie gerade bei besonders nützlichen und daher markterobernden Neuerungen zur Beherrschung eben dieser neuen Märkte führen. Alsdann erhebt sich die Frage, ob die **Geltendmachung gewerblicher Schutzrechte und die Verweigerung von Lizenzen** an interessierte Mitbewerber eine missbräuchliche Ausnutzung einer marktbeherrschenden Stellung ist. Nach der bisherigen Rechtsprechung des EuGH stellt die Geltendmachung der Ausschließlichkeit, indem Dritten Lizenzen verweigert werden, nur in Extremfällen einen Missbrauch einer marktbeherrschenden Stellung dar[2], nämlich wenn 48

– die Lizenz für die Bedienung eines anderen Marktes unerlässlich ist,
– und wenn der Dritte auf dem abgeleiteten Marktes andere, neue Erzeugnisse oder Dienstleistungen anbieten will, die der Inhaber der Ausschließlichkeit nicht anbietet, für die aber ein Bedarf besteht,
– und wenn die Nicht-Vergabe einer weiteren Lizenz sachlich nicht gerechtfertigt ist.

Die Verhinderung weiterer Lizenzen muss mithin geeignet sein, den Schutzrechtsinhaber und evtl. seinen Lizenznehmer auf einem abgeleiteten Markt ungerechtfertigt vor jeglichem Wettbewerb auf einem abgeleiteten Markt zu schützen. Die Ausübung des gesetzlichen Verbotsrechts oder die Verweigerung von Lizenzen auf dem Primärmarkt wurde bisher vom EuGH nicht als Missbrauch angesehen[3], denn diese Rechte gehören zum Recht, über das erste In-Verkehr-Bringen zu bestimmen, was zum respektierten Bestand von gewerblichen Schutzrechten gehört.

Die neueren Fälle **Microsoft und Omeprazol** stellen insbesondere die Einschränkung „abgeleiteter Markt" in Frage. Die Kommission hat Microsoft aufgegeben, nicht nur Anderen Schnittstelleninformation für Software auf anderen Märkten zu geben, sondern auch aus dem Betriebssystem Windows die Produktbereicherung des Media Players als missbräuchliche Koppelung 49

---

1 VO (EG) Nr. 1/2003 der in den Art. 81, 82 EG niedergelegten Wettbewerbsregeln (KartellverfahrensVO) v. 16.12.2002, ABl. EG Nr. L 2003/1, 1; Beck Texte dtv 5009, Nr. 11.
2 EuGH v. 5.10.1988 – Rs. 53/87, NJW 1990, 627 – Maxicar./.Renault und EuGH v. 5.10.1988 – Rs. 238/87, Slg. 1988, 6211– Volvo/Veng, zulässiger Einsatz von Geschmacksmuster gegen Nachbau von Karosserieteil; EuGH v. 6.4.1995 – Rs. C-241 und 242/91, GRUR Int. 1995, 490– Magill; EuGH v. 26.11.1998 – Rs. C 7/97, Slg. 1998 I 7791– Bronner; EuGH v. 29.4.2004 – Rs. C 418/01, Slg. 2004 I-5039– IMS/Health; ebenso EG-Kommission in ihrem Diskussionspapier vom Dezember 2005 über die Anwendung von Art. 82 EG, Tz. 237-240, erhältlich unter http://ec.europa.eu/comm/competition/antitrust/art.82/disscpaper2005.pdf.
3 EuGH v. 23.5.1978 – Rs. 102/77, Slg. 1978, 1139– Hoffmann La Roche ./. Centrapharm: Ls. 3 hinsichtlich des Warenzeichens Valium; EuGH v. 12.6.1997 – T-504/93 Slg. 1997 II 927 – Ladbroke für die Verweigerung von Rennbildern in Belgien; EuGH v. 5.10.1988 – Rs. 238/87, Slg. 1988, 6211, Tz. 8 – Volvo/Veng.

heraus zu nehmen und gesondert anzubieten[1]. Nun mag es zwar sein, dass die Produktbereicherung einen zusätzlichen Markt nicht nur abdeckt, sondern auch okkupiert, weil Windows das herrschende Betriebssystem ist, aber es bleibt die Frage, ob deshalb eine Produktbereicherung sachlich nicht gerechtfertigt ist. Der Fall Omeprazol (Astra Zeneca) betrifft ein wider besseren Wissen mit nachdatierten Daten erlangtes ergänzendes Schutzzertifikat, um die Patentausschließlichkeit für ein marktbeherrschendes Arzneimittel zu verlängern, also im Kern ein durch Fehlinformation der Erteilungsbehörde erschlichenes Schutzrecht[2], um den lukrativen Markt gegen Generikahersteller zu verteidigen. Welche Fehlinformation von Erteilungsbehörden, im Fall Omeprazol Vermarktungsdaten, vielleicht aber auch Verschweigen einer eigenen offenkundigen Vorbenutzung oder eines anderen Standes der Technik, der bei der Amtsrecherche nicht aufgetaucht ist, macht die Ausübung eines so erlangten Patents missbräuchlich?

50 Die Verweigerung einer Lizenz, die der Schutzrechtsinhaber anderen Unternehmen erteilt, kann auch gegen das **Diskriminierungsverbot nach § 20 Abs. 1 GWB** für ein durch das Patent marktbeherrschendes Unternehmen verstoßen. Das setzt einmal Marktbeherrschung mit dem Patent voraus. Die patentgemäße Lösung darf also nicht durch im Wesentlichen gleichwertige Lösungen substituierbar sein. Und die Lizenzverweigerung muss, gemessen am freien Leistungswettbewerb, sachlich ungerechtfertigt sein. Das ist sie grundsätzlich nicht, wenn die Marktbeherrschung nur auf der erfinderischen Leistung beruht, kann sie aber in Interessenabwägung eher sein, wenn sie auch auf anderen Zwängen, z.B. Normstandards beruht[3].

51 Die Verweigerung einer Lizenz kann aber auch durch eine **Zwangslizenz** gebrochen werden, und dieses Institut in § 24 PatG ist im Zuge der Umsetzung der EG-Biotechnologie-Richtlinie reformiert worden, indem die früher sehr strengen Voraussetzungen gelockert worden sind. Zwangslizenzen können gerichtlich erteilt werden, einmal wenn – wie früher – das öffentliche Interesse die Erteilung dies gebietet, und sodann – neu –, wenn ein abhängiges jüngeres Patent sonst nicht verwertet werden kann, dieses aber verglichen mit dem hindernden älteren Patent einen wichtigen technischen Fortschritt von erheblicher wirtschaftlicher Bedeutung aufweist. In beiden Fällen muss der Lizenzsucher zuvor um eine Lizenz zu angemessenen finanziellen Bedingungen nachgesucht haben.

---

1 EG-Kommission v. 24.3.2004, Comp/C-3/37.792 Microsoft, http://ec.europa.eu/comm/competition/antitrust/cases/decisions/37792/en.pdf. Die Entscheidung der Kommission ist vom EuG v. 17.9.2007 – T-201/04 – ABl. EG 2007 Nr. C 269/45 (Tenor) im Wesentlichen bestätigt worden; vgl. auch *Heinemann*, Kartellrecht und Informationstechnologie, CR 2005, 715.
2 EG-Kommission v. 15.6.2005 – COMP/A.37.507/F3 – Astra Zeneca, http://ec.europa.eu/comm/competition/antitrust/cases/decisions/37507/en/pdf; der Fall ist beim EuG unter dem Aktenzeichen T-321/05 anhängig.
3 BGH v. 13.7.2004 – KZR 40/04, NJW-RR 2005, 269 – Standard-Spundfass.

Die Kommission strebt eine Reform der Anwendung des Art. 82 EG durch einen mehr wirtschaftlichen Ansatz, sog. „**more economic approach**", an[1]. Marktbeherrschung und Missbrauch sollen, gestützt auf die bisherige Rechtsprechung, konkreter umschrieben werden und es soll eine Verteidigung der objektiven Notwendigkeit und Nützlichkeit – „Objective Justifications and Efficiencies" – ähnlich dem Art. 81 Abs. 3 EG eingeführt werden. Wie dort liegt die Beweislast für die Rechtfertigung bei dem marktbeherrschenden Unternehmen. Bei der Nützlichkeit wird ähnlich wie bei Art. 81 Abs. 3 EG danach gefragt, ob das marktbeherrschende Verhalten nützliche Folgen hat, ob das marktbeherrschende Verhalten dafür unerlässlich ist, ob die Verbraucher davon profitieren, und ob Wettbewerb nicht im Wesentlichen ausgeschlossen wird[2]. Stand bisher bei Art. 82 EG der Wettbewerberschutz im Vordergrund, so soll es nunmehr der Verbrauchernutzen sein[3].

52

Frei.

53–55

ee) Folgen eines Kartellverstoßes

Bei den GVO gilt teilweise das „**Alles-oder-Nichts**"-**Prinzip**. Ist eine „schwarze Klausel" enthalten, so gilt die Gruppenfreistellung nicht für die übrigen unbedenklichen, sondern die ganze Vereinbarung ist nicht freigestellt[4]. Neben den schwarzen Klauseln gibt es in den GVO sog. „graue Klauseln", z.B. in Art. 5 GVTT. Die sind je einzeln nicht frei gestellt, führen aber nicht zum Verlust der Freistellung insgesamt.

56

Ist die Vereinbarung nach dem „Alles-oder-Nichts"-Prinzip insgesamt nicht freigestellt, so sind alle, auch freistellungsfähige Klauseln, die gegen Art. 81 Abs. 1 EG verstoßen, **nichtig nach Art. 81 Abs. 2 EG**, wenn der Vertrag nicht als „nützliche Vereinbarung" von Gesetzes wegen nach Art. 81 Abs. 3 EG feigestellt ist. Allerdings spricht für die Kommission eine Vermutung gegen die Legalausnahme, wenn Kernbeschränkungen vorhanden sind, wie sie in den schwarzen Listen der GVO enthalten sind[5]. Gemeinschaftsrechtlich führt das nur dann zur Gesamtnichtigkeit, wenn die Klauseln nicht trennbar sind[6].

57

---

1 Dargelegt in EG-Kommission Diskussionspapier vom Dezember 2005 über die Anwendung von Art. 82 EG, Tz. 237–240, erhältlich unter http://ec.europa.eu/comm/competition/antitrust/art.82/disscpaper2005.pdf; ferner *Albers*, Der „more economic approach" bei Verdrängungsmissbräuchen: zum Stand der Überlegungen der Europäischen Kommission, Vortrag auf dem Hamburger Kartellrechtssymposium 2006, wiedergeben in http://ec.europa.eu/competition/antitrust/art.82/albers.pdf.
2 Diskussionspapier Tz. 84 ff.
3 Kritisch dazu *Immenga*, EuZW 2006, 481; GRUR 2006, 481.
4 Horizontale Leitlinien Tz. 17, ABl. EG Nr. C 3/2001, 2; Vertikale Leitlinien Tz. 46, ABl. EG Nr. C 291/2000, 1; EuGH v. 25.11.1971 – Rs. 22/71, Slg. 1971, 949, 961 – Béguelin Ls. 5.
5 Z.B. Tz. 46 der Leitlinien zur Anwendung von Art. 81 Abs. 3 EG, ABl. EG Nr. C 101/2004, 8.
6 EuGH v. 30.6.1966 – Rs. 56/65, Slg. 1966, 281 – Maschinenbau Ulm.

58 Tritt gemeinschaftsrechtlich noch keine Gesamtnichtigkeit ein, so bemisst sich alsdann **Teilnichtigkeit** nach § 139 BGB. Dabei kann es von Bedeutung sein, ob der Lizenzvertrag eine salvatorische Klausel enthält oder nicht.

59 Ohne salvatorische Klausel kommt es darauf an, ob die Parteien nach **Bedeutung** der nichtigen Klauseln für das vertragliche Gleichgewicht den Vertrag auch ohne sie geschlossen hätten, § 139 BGB. Die Beweislast dafür trifft die Partei, die trotz nichtiger Klauseln den Vertrag aufrecht erhalten will. Es herrscht dabei aber im Lizenzrecht die Tendenz, den Vertrag möglichst aufrecht zu erhalten[1].

60 Enthält der Vertrag eine **salvatorische Klausel**, so begründet sie eine Vermutung dafür, dass die Parteien den Gesamtvertrag aufrecht erhalten wollen; diese Vermutung muss derjenige entkräften, der die Nichtigkeit geltend macht[2].

61 Tritt jedoch Nichtigkeit der Gesamtvereinbarung oder einzelner Klauseln ein, so gibt es dagegen grundsätzlich keine Berufung auf **Treu und Glauben**, da die Nichtigkeit eine Folge von Vorschriften im öffentlichen Interesse ist[3].

62 Zusätzlich tritt nach der neueren EuGH-Rechtsprechung[4] bei einem Verstoß gegen Art. 81 oder Art. 82 EG eine **Schadensersatzpflicht** gegenüber jedem kausal Betroffenen ein. Das ist bei Lizenzverträgen anders als bei Kartellen, aber eher unwahrscheinlich. Ein Abnehmer eines Lizenznehmer kann kaum geltend machen, er habe Schaden durch ein um eine nichtige Lizenzgebühr überteuertes Produkt erlitten, denn ohne die Lizenz hätte er wegen des Verbotsrechts das Produkt gar nicht beziehen können. Der vertragsreuige Lizenznehmer kann Schaden geltend machen, wenn er nicht mehr nutzt, aber noch Mindestlizenzen zahlen muss. Mindestlizenzen als solche sind keine Wettbewerbsbeschränkung, im Verein mit einem erschlichenen, nichtigen Patent könnten sie es werden. Aber auch dann setzt Schadensersatz Verschulden, also Kennenmüssen des Nichtigkeitsgrunds voraus, und es gilt der Mitverschuldenseinwand nach § 254 BGB. Immerhin mag es Nichtigkeitsgründe geben, etwa offenkundige Vorbenutzung des Lizenzgebers, die nur einer Partei bekannt waren.

63 Auch missbräuchliche Patentausnutzung macht **schadensersatzpflichtig** gegenüber dem behinderten Außenseiter, schon weil Art. 82 EG Schutzgesetz nach § 823 Abs. 2 BGB ist. Nach den letzten EuGH-Urteilen dürfte die Scha-

---

1 BGH v. 20.5.1966 – KZR 10/64, BB 1966, 754 – Zimcofot; BGH v. 18.3.1955 – I ZR 144/53, BGHZ 17, 41 – Kokillenguss; BGH v. 21.2.1989 – KZR 18/84, NJW-RR 1989, 998 – Schaumstoffplatten/Süllhöfer; LG Düsseldorf v. 10.1.1999 – 4 O 114/98, GRUR Int. 1999, 772 – Virusinaktiviertes Blutplasma: nicht freistellungsfähige Längstlaufklausel lässt den Lizenzvertrag ansonsten unberührt.
2 BGH v. 24.9.2002 – KZR 10/01, NJW 2003, 347 – Tennishallenpacht.
3 BGH v. 21.2.1989 – KZR 18/84, NJW-RR 1989, 998 – Schaumstoffplatten/Süllhöfer.
4 EuGH v. 20.9.2001 – Rs. C-453/99, Slg. 2001, I-6297 – Courage; EuGH v. 13.7.2006 – Rs. C-295 bis 298/04, EuZW 2006, 529 – Manfredi und oben Rn. 19.

densersatzpflicht auch unmittelbar aus Art. 82 EG folgen[1]. Dabei fällt ins Gewicht, dass das deutsche Gericht nach § 33 Abs. 4 GWB an die rechtskräftigen Verstoßfeststellungen der Kommission oder anderer europäischer Kartellbehörden gebunden ist. Damit ist der Schutzrechtsinhaber gehalten, bei einer Missbrauchsentscheidung den Instanzenzug auszuschöpfen, denn sonst liefert er sich weitgehend präjudizierten Schadensersatzprozessen aus.

Frei. 64–70

II. Gegenstand von Lizenzverträgen

1. Urheberrechtliche Lizenzen

Schrifttum: *Dreier/Schulze*, Kommentar zum Urheberrechtsgesetz, UrheberrechtswahrnehmungsG, KunsturheberG, 2. Aufl. 2006; *Fromm/Nordemann*, Urheberrecht, Kommentar 9. Aufl. 1998; *Loewenheim*, Handbuch des Urheberrechts, 2003; *Schricker*, Urheberrecht, Kommentar, 3. Aufl. 2006; *Schricker*, Verlagsrecht, Kommentar, 3. Aufl. 2001; *Delp*, Der Verlagsvertrag 6. Aufl., 1994; *Ulmer*, Urheber- und Verlagsrecht, 3. Aufl. 1980.

a) Gegenstand

Gegenstand der in §§ 31 ff. UrhG geregelten Nutzungsrechte sind **urheberrechtlich geschützte Werke** der in § 2 UrhG aufgeführten sieben Gattungen: Sprachwerke (einschließlich Computerprogramme), Musikwerke, choreographische Werke, Werke der bildenden Kunst und der Baukunst, Lichtbildwerke, Filmwerke, Darstellungen wissenschaftlicher und technischer Art. Für den Urheberrechtsschutz müssen sie Werkcharakter haben, also die Anforderung einer persönlichen geistigen Schöpfung nach § 2 Abs. 2 UrhG erfüllen. Das, was ohne Zustimmung des Urhebers verboten und daher umgekehrt Gegenstand vertraglicher Lizenzen sein kann, sind nach § 15 UrhG die Verwertungsrechte, also vornehmlich die Vervielfältigung und die Verbreitung, bei Filmen das Vorführungsrecht. In der Lizenzierung an Nutzungsberechtigte spricht das Gesetz dann in § 31 UrhG von Nutzungsrechten. Da das Urheberrecht – anders als die technischen Schutzrechte – die Form und nicht den Inhalt schützt, ist nur die Vervielfältigung und die Verbreitung der Formgestaltung des Inhalts geschützt, und dies auch nicht absolut, sondern nur subjektiv gegen Nachbildung. Bei der Realisierung eines urheberrechtlich geschützten Planes ist zu unterscheiden: Handelt es sich um einen Architektenplan, also um ein Werk der Baukunst, so ist die ungenehmigte Realisierung ausnahmsweise eine Verletzung, bedarf also umgekehrt der lizenzvertraglichen Erlaubnis[2]. Handelt es sich um einen anderen technischen Plan, also um ein Werk wissenschaftlicher oder technischer Art, so 71

---

[1] EuGH v. 20.9.2001 – Rs. C-453/99, Slg. 2001, I-6297– Courage; EuGH v. 13.7.2006 – Rs. C-295 bis 298/04, EuZW 2006, 529 – Manfredi.
[2] BGH v. 29.3.1957 – I ZR 236/55, BGHZ 24, 55 – Ledigenheim; BGH v. 1.3.1984 – I ZR 217/81, NJW 1984, 2818 – Vorentwurf; BGH v. 8.2.1980 – I ZR 32/78, NJW 1980, 2522 – Architektenwechsel.

ist nicht dessen Realisierung, sondern nur die Vervielfältigung des Plans als solchen, unverändert oder bearbeitet, verboten[1].

b) Nutzungsrechte und Zweckübertragung

72 Das, was urheberrechtlich von Haus aus verboten ist, kann durch Einräumung einfacher oder ausschließlicher Nutzungsrechte nach § 31 UrhG gestattet werden. Die Nutzungsrechte können in räumlich, zeitlich oder gegenständlich **beschränkten Nutzungsarten** eingeräumt werden, sofern sich die Nutzungsart als wirtschaftlich-technische Einheit sinnvoll fassen lässt[2]. Überschreitet der Nutzungsberechtigte die ihm eingeräumte Nutzungsart, so verletzt er nicht nur den Vertrag, sondern auch das Urheberrecht. Nicht alle Beschränkungen wirken derart „dinglich". Die im Hinblick auf Verbotsrechte gegen Unternutzer wichtige Grenzziehung ist schwierig und streitig: Sitzanforderungen für Unterlizenznehmer nur schuldrechtlich[3], nur schuldrechtlich auch Preisgestaltungsvorschriften[4] sowie Vertriebsbeschränkungen für Software nur mit Hardware[5]. Die Rechtssicherheit für Drittnutzer verbiete eine zu weitgehende Ausdehnung der „dinglich" wirkenden Beschränkungen.

73 Die Einräumung von Nutzungsrechten – zu unterscheiden von den Beschränkungen – ist nicht nur ein schuldrechtliches Geschäft, sondern gleichzeitig eine **Verfügung** über das Urheberrecht. **Miturheber** können daher, auch nach § 8 Abs. 2 UrhG, Nutzungsrechte nur gemeinsam vergeben. Für einzelne Nutzungsarten vergebene Nutzungsrechte können, solange sie vergeben sind, weder nochmals vergeben noch gutgläubig erworben werden, denn ein gutgläubiger Erwerb von Rechten ist nicht möglich.

74 Der Umfang der Nutzungseinräumung bemisst sich nach der **Zweckübertragungstheorie**, denn nach § 31 Abs. 5 UrhG bestimmt sich der Umfang der Nutzungsrechte nach dem mit seiner Einräumung verfolgten Zweck. Das gilt nicht nur „im Zweifel", wenn die Parteien nichts näheres bestimmt haben, sondern auch gegenüber einer ausdrücklich umfassenden Nutzungsrechtseinräumung[6].

75 Die **Weiterübertragung** von Nutzungsrechten und die Vergabe von **Unternutzungsrechten** bedarf der Zustimmung des Urhebers. Der Urheber darf die Zustimmung aber nicht wider Treu und Glauben verweigern, §§ 34, 35 UrhG. Solche Unternutzungsrechte an einzelnen Nutzungsarten werden im

---

[1] BGH v. 10.5.1984 – I ZR 85/82, NJW 1986, 1045 – Elektrodenfabrik; BGH v. 15.12.1978 – I ZR 26/77, GRUR 1979, 464 – Flughafenpläne; BGH v. 19.1.1989 – I ZR 6/87, NJW 1989, 618 – Bauaußenkante.
[2] BGH v. 12.12.1991 – I ZR 165/89, NJW 1992, 1320 – Taschenbuchausgabe; *Schricker*, Urheberrecht, vor §§ 28 ff. UrhG Rn. 52 ff. und §§ 31, 32 UrhG Rn. 38.
[3] OLG München v. 8.2.1996 – 29 U 3903/95, GRUR 1996, 972 – Accatone.
[4] BGH v. 6.7.2000 – I ZR 165/89, GRUR 1992, 310 – Taschenbuchausgabe.
[5] BGH v. 6.7.2000 – I ZR 244/97 – NJW 2000, 3571 – OEM-Version.
[6] BGH v. 27.9.1995 – I ZR 215/93, NJW 1995, 3252 – Umfang der Einräumung urheberrechtlicher Nutzungsrechte.

Urheber- und Verlagsrecht spezifisch als „Lizenzen" bezeichnet, z.B. „Taschenbuchlizenz", „Schmalfilmlizenz" usw[1].

Verträge über künftige Werke, einschließlich Optionsverträge auf künftige 76
Werke, bedürfen nach § 40 UrhG dann der Schriftform, wenn es sich um unbestimmte künftige Werke und nicht um bestimmte Auftragsarbeiten handelt. Derartige Verträge über unbestimmte künftige Werke können außerdem nach fünf Jahren gekündigt werden. Die pauschale Einräumung von Nutzungsrechten auch für künftige, noch nicht bekannte Nutzungsarten sowie die Verpflichtung dazu sind nach § 31 Abs. 4 UrhG unwirksam.

c) Werkveräußerung und Erschöpfung

Die Weiterverbreitung eines veräußerten Werkexemplares ist frei, weil das 77
urheberrechtliche Verbreitungsrecht an dem Exemplar nach § 17 Abs. 2 UrhG erschöpft ist. Das gilt auch dann, wenn das veräußerte Exemplar von einem Lizenznehmer in Verkehr gebracht worden war, und auch dann, wenn es sich um einen Lizenznehmer in einem anderen Land gehandelt hat, sofern dieses ein EU- oder EWR-Land war. Die räumliche Aufspaltung von Nutzungsrechten findet somit an der **EU-weiten Erschöpfung** nach der Rechtsprechung des EuGH ihre Grenzen[2]. Es erschöpft sich aber nur das Verbreitungsrecht, und dies auch nur mit Ausnahme des Vermietungsrechts[3], nicht aber das der Neuherstellung entsprechende Vervielfältigungsrecht.

d) Ausübungszwang

Bei **Nichtausübung** eines eingeräumten ausschließlichen Nutzungsrechts 78
hat der Urheber nach zwei Jahren und nach Nachfristsetzung unter Rückrufandrohung ein im Voraus nicht ausschließbares Rückrufrecht gemäß § 41 UrhG.

Frei. 79–80

e) Grundzüge des Verlagsvertrags

Eine **spezielle Form der Nutzungseinräumung**, gerichtet auf Vervielfältigung 81
und Verbreitung, ist der Verlagsvertrag. Unter dem Verlagsvertrag werden für die Dauer des Vertragsverhältnisses die Vervielfältigungs- und Verbreitungsrechte dem Verleger ausschließlich eingeräumt – § 2 Abs. 1, § 8 VerlG, vorbehaltlich, sofern nicht anders vereinbart, gewisser Bearbeitungsrechte

---

[1] *Schricker*, Urheberrecht, vor §§ 28 ff. UrhG Rn. 21.
[2] EuGH v. 9.2.1982 – Rs. 270/80, Slg. 1982, 329 – Polydor/Harlequin; EuGH v. 20.1.1981 – Rs. 55 u. 57/80, Slg 1981, 147 – Gebührendifferenz II; BGH v. 27.2.1981 – I ZR 186/78, BGHZ 80, 101 – Schallplattenimport I.
[3] § 17 Abs. 2 UrhG; EuGH v. 28.4.1998 – Rs. C-200/96, CR 1998, 684 – Verbot der CD-Vermietung; BGH v. 4.6.2001 – I ZR 21/99, GRUR 2001, 1036 – Kauf auf Probe steht der Vermietung gleich.

wie z.B. das Übersetzungsrecht. Solche Nebenrechte lässt sich der Verleger aber häufig ebenfalls einräumen. Der Verfasser darf während der Dauer des Verlagsvertrags das gleiche Werk nicht anderweit erscheinen lassen, § 2 Abs. 1 VerlG. Ein neues Werk darf er anderweit veröffentlichen. Jedoch trifft ihn dann ein Wettbewerbsverbot, wenn das neue Werk nach gleichem Gegenstand und Abnehmerkreis den Absatz des alten Werkes ernsthaft beeinträchtigen würde[1]. Auch das ausschließliche Verlagsrecht wird durch die Zweckübertragungstheorie begrenzt.

82 Üblicherweise wird das Verlagsrecht nicht für eine **Auflage** – so § 5 Abs. 1 VerlG –, sondern für alle Auflagen eingeräumt. Für die neuen Auflagen gelten dann im Zweifel die gleichen Abreden wie für die vorherigen.

83 Den Verleger trifft eine **Ausübungspflicht.** Er ist nach § 14 VerlG verpflichtet, das Werk in der zweckentsprechenden und üblichen Weise zu vervielfältigen und zu verbreiten. **Neuauflagen** muss er allerdings nach § 17 VerlG nicht auflegen. Nach Fristsetzung kann der Verfasser jedoch vom Verlagsvertrag zurücktreten, d.h. ihn kündigen, wenn der Verleger keine Neuauflage veranstaltet.

84 Der **Verlagsvertrag endet** nach § 29 VerlG, wenn im Vertrag über eine Auflage die Auflage vergriffen ist, beim Vertrag über mehrere Auflagen kann der Verfasser, wie dargelegt, nach § 17 VerlG kündigen.

2. Die Lizenz an Kennzeichen

Schrifttum: *Brandi-Dohrn*, in v. Schultz, Markenrecht Kommentar, 2. Aufl. 2006, § 15 – Lizenzen; *Bühling*, Die Markenlizenz im Rechtsverkehr, GRUR 1998, 196; *Eisenführ/Schennen*, GemeinschaftsmarkenVO, 2. Aufl. 2007; *Fezer*, Lizenzrechte in der Insolvenz des Lizenzgebers, WRP 2004, 193; *Jonas*, Rechtsprobleme der Vermarktung, GRUR Int. 1995, 232; *Loewenheim*, Markenlizenz und Franchising, GRUR Int. 1994, 156; *Groß*, Markenlizenzvertrag, Heidelberger Musterverträge, H. 84, 3. Aufl. 2004; *Ingerl*, Die Gemeinschaftsmarke, 1996; *Ingerl/Rohnke*, Markengesetz, 2. Aufl. 2003; *Mees*, Warenzeichenlizenz und Lizenzgeberhaftung, GRUR 1981, 74; *Niebel*, Das Kartellrecht der Markenlizenz unter besonderer Berücksichtigung des Europäischen Gemeinschaftsrechts, WRP 2003, 482; *Plaß*, Die Rechtsstellung des Markenlizenznehmers nach § 30 Abs. 3 und Abs. 4 MarkenG, GRUR 2002, 1029; *Schricker*, Lizenzverträge über löschbare Warenzeichen, GRUR 1980, 650; *Ströbele/Hacker*, Markengesetz, 8. Aufl. 2006.

85 Die **Kennzeichenrechte**, Marken, Firmen und Ausstattungen können, wie andere Ausschließlichkeitsrechte, Gegenstand von Lizenzen sein[2]. Lizenzierbar sind nationale Marken, international registrierte Marken (IR-Marken) und EG-Gemeinschaftsmarken.

---

1 BGH v. 23.2.1973 – I ZR 70/71, NJW 1973, 802 – Medizin-Duden.
2 BGH v. 12.1.1966 – Ib ZR 5/64, BGHZ 44, 372 – Meßmertee II – im Rahmen der Begründung für die Schadensberechnung nach der Lizenzanalogie auch bei Warenzeichenverletzungen.

a) Deutsche Marken

Nationale deutsche Marken werden durch Anmeldung und Eintragung beim Deutschen Patentamt nach dem MarkenG erworben. Drei Monate nach Veröffentlichung der Eintragung können die Inhaber älterer Marken – nicht: älterer Firmen oder Ausstattungen – **Widerspruch** nach § 42 MarkenG erheben, gestützt darauf, dass älteres und jüngeres Zeichen gemäß § 9 Abs. 1 Nr. 1 oder 2 MarkenG nach Bild, Klang oder Sinngehalt verwechslungsfähig und die Waren ähnlich – früher: „gleichartig" – seien. Außerdem können ältere Marken wie auch ältere Firmen- und Ausstattungsrechte im Wege der Vorrangklage vor dem ordentlichen Gericht durchgesetzt werden. 86

Eine Marke verfällt nach § 49 MarkenG, das heißt sie wird löschungsreif und im Widerspruchsverfahren undurchsetzbar (§ 43 MarkenG), wenn sie fünf Jahre lang nicht benutzt wird, sog. **Benutzungszwang**. 87

b) Das IR-Marken-System

Das System der international registrierten Marken (IR-Marken) ruht auf zwei internationalen Verträgen, einmal dem **Madrider Markenabkommen (MMA)**, das seinen Ursprung in 1891 hat, nachfolgend aber mehrfach revidiert wurde[1], und zum anderen auf dem **Protokoll zum Madrider Markenabkommen (PMMA)** von 1989[2]. Auf Grund einer Heimateintragung (MMA) oder einer Heimatanmeldung (PMMA) wird bei der World Intellectual Property Organization (WIPO) in Genf eine internationale Markenregistrierung vorgenommen und veröffentlicht für alle in dem IR-Gesuch benannten verbandsangehörigen Staaten, für die eine Zusatzgebühr zu entrichten ist, niedriger im MMA, höher im PMMA. Diese internationale Registrierung bildet alsdann ein Bündel nationaler Marken, die dem jeweiligen nationalen Recht unterliegen. Dieses IR-Marken-System steht nur verbandsangehörigen Anmeldern offen im Unterschied zum nationalen Markenrecht oder dem EU-Markenrecht, das nach dem Universalitätsprinzip allen Anmeldern offen steht. Dieser Unterschied verliert aber zunehmend an Bedeutung, denn dem MMA-System (MMA und/oder PMMA) gehören inzwischen weltweit 81 Staaten[3] an, alle EU-Staaten, USA (PMMA seit 2003), Norwegen, Russland, Japan (PMMA seit 2000), China, Australien und seit 2004 auch die EU (PMMA) mit ihrem Markenamt in Alicante[4]. Abseits stehen derzeit noch die meisten lateinamerikanischen Staaten und Indien. Die meisten Staaten, 88

---

1 Für Deutschland gilt die Stockholmer Fassung v. 14.7.1967 des Madrider Abkommens über die internationale Registrierung von Marken v. 14.4.1891, BGBl. II 1970, 293, 418, abgedruckt u.a. in Beck Texte im dtv 5009 WettbR Nr. 18, Beck'sche Textausgabe Gewerblicher Rechtsschutz Nr. 555.
2 Protokoll zum Madrider Abkommen über die internationale Registrierung von Marken v. 27.6.1989, BGBl. II 1995, 1016, Beck'sche Textausgabe Gewerblicher Rechtsschutz Nr. 557, in Kraft für Deutschland seit dem 20.3.1996.
3 Liste der Vertragsstaaten auf der WIPO-Homepage unter http://www.wipo.int/treaties/en/documents/pdf/madrid_marks.pdf.
4 Harmonisierungsamt für den Binnenmarkt (Marken, Muster, Modelle), HABM, französisch OHIM.

Ausnahmen u.a die vorstehend mit (PMMA) gekennzeichneten, zu denen auch Großbritannien und die skandinavischen Staaten gehören, sind sowohl Mitglieder des MMA wie auch des PMMA. Zwischen ihnen gilt das fristenstraffere, aber gebührengünstigere MMA.

89 Auf Grund einer Heimateintragung im MMA, für die in Deutschland ein Schnellverfahren zur Verfügung steht, oder einer Heimatanmeldung im PMMA kann die internationale Registrierung (IR) beantragt werden, die WIPO nach einer Formalprüfung, insbesondere im Hinblick auf richtige Klassifizierung der Waren gegen eine zusätzliche Gebühr vornimmt. Dabei ist pro beantragtem Schutzland eine Zusatzgebühr zu entrichten und pro Warenklasse über drei hinaus. Das ist aber immer noch erheblich billiger als nationale Parallelanmeldungen in den benannten Staaten. Geht das Gesuch um internationale Registrierung binnen sechs Monaten nach der Heimateintragung bzw. Heimatanmeldung (PMMA) bei WIPO ein, so erhält die internationale Markenregistrierung die Heimatpriorität. Wenn das Registrierungsgesuch einen PMMA-Staat enthält, was die Regel ist, so kann es auf Englisch, Französisch oder Spanisch eingereicht werden. Im alten MMA galt nur Französisch. Die Laufzeit der IR-Marke beträgt zehn Jahre im PMMA und zweimal zehn Jahre im MMA. WIPO veröffentlicht die international registrierte Marke.

90 Über die endgültige Schutzgewährung entscheiden die benannten Vertragsstaaten, denen WIPO die Anmeldung übermittelt. Dabei kommen drei **Schutzhindernisse** in Betracht:

– Absolute Schutzunfähigkeit, weil die Marke jeglicher Unterscheidungskraft entbehrt oder beschreibend ist,
– relative ältere Rechte, nämlich verwechslungsfähige ältere nationale Marken für ähnliche Waren, aus denen Dritte, fristgebunden ab Veröffentlichung durch WIPO, Widerspruch erheben,
– und schließlich spätere Löschungsklage aus absoluten oder relativen Gründen, wie sie nach §§ 49 ff. MarkenG auch gegen nationale Marken möglich sind.

Die ersten beiden Schutzbeanstandungen muss das nationale Amt fristgebunden durch einen vorläufigen Schutzentziehungsbescheid über WIPO dem Anmelder kund tun, um sie dann mit ihm und dem Widersprechenden zu erörtern. Die Schutzentziehungsgründe sind die im nationalen Recht vorgesehenen, jedoch eingegrenzt durch die in Art. 6 ^{quinquies} B PVÜ international zugelassenen Schutzversagungsgründe[1]. Die Frist beträgt im MMA 12 Monate und im PMMA durchweg 18 Monate[2]. Ergeht keine Schutzversagung oder wird sie im nachfolgenden Verfahren nicht aufrecht erhalten, so

---

1 Während es früher zwischen Art. 6 ^{quinquies} B PVÜ und dem deutschen WarenzeichenG Unterschiede gab, bestehen solche nicht mehr zwischen der PVÜ und § 8 MarkenG, der dem Art. 3 der EG-MarkenRL folgt, die sich ihrerseits an der PVÜ orientiert.
2 Die eigentliche Frist ist auch im PMMA 12 Monate, aber fast alle PMMA-Staaten haben die ihnen eröffnete Option für 18 Monate genutzt.

beginnt mit der endgültigen Schutzgewährung die Karenzfrist (im Allgemeinen fünf Jahre), in der die Marke in dem jeweiligen Staat benutzt werden muss, um nicht wegen Nichtbenutzung zu verfallen, also löschungsreif und undurchsetzbar zu werden. Die dritte Schutzbeanstandung, das spätere Löschungsverfahren, richtet sich nach dem nationalen Recht, dem der entsprechende IR-Bündelteil unterworfen ist. Richtet sich die später nationale Löschungsklage innerhalb von fünf Jahren gegen die Heimateintragung und hat sie anschließend Erfolg, wird also die Heimatmarke gelöscht, so vernichtet dieser **Zentralangriff** das ganze Bündel, im PMMA allerdings mit der Möglichkeit der Umwandlung in nationale Marken, die von dem Löschungsgrund territorial ja nicht unbedingt betroffen sein müssen. Verletzungen durch jüngere Drittbezeichnungen richten sich nach dem jeweiligen nationalen Recht.

Der Vorteil dieses MMA-Systems ist, dass sich ein Anmelder verhältnismäßig preisgünstig einen maßgeschneiderten internationalen Schutz mit leichter zu verwaltenden einheitlichen Laufzeiten verschaffen kann. Dabei kann dieser Schutz bei Bedarf breit durch eine EU-Marken-Anmeldung beim HABM für alle EU-Staaten mit anschließender PMMA-Registrierung über WIPO für wichtige Exportstaaten wie USA und Japan erlangt werden[1]. Andrerseits haben auch US-Muttergesellschaften direkt über das PMMA oder via EU-Marke + PMMA Zugang zu breitem internationalen Schutz gewonnen. Tauchen dabei nationale Schutzhindernisse auf, so sind Lizenz- oder Abgrenzungsvereinbarungen von besonderer Bedeutung. 91

Frei. 92–94

c) EG-Gemeinschaftsmarke

Die **GemeinschaftsmarkenVO (GMVO)** ist am 15.3.1994 in Kraft getreten. Das Gemeinschaftsmarkenamt, das „Harmonisierungsamt für den Binnenmarkt Marken, Muster und Modelle" (HABM) in Alicante ist zentrales Amt für Anmeldung, Widerspruch und Eintragung. Im Unterschied zum MMA ist die GMVO eine **autonome Markenrechtsordnung** mit einem zentralen, eigenen Eintragungs- und Widerspruchsverfahren sowie einem eigenständigen Verletzungsverfahren über Gemeinschaftsmarkengerichte in den EU-Vertragsstaaten. Die EG-Gemeinschaftsmarke ist prinzipiell einheitlich. Sie wird für die ganze EU eingetragen oder versagt und kann auch nur für die ganze EU übertragen werden. Anders als im MMA herrscht Zugang nach dem Universalitätsprinzip: die Anmeldeberechtigung ist nicht an die EU-Angehörigkeit geknüpft, sondern steht beispielsweise auch US-Firmen offen. Anders als in Deutschland tritt neben den Parteiwiderspruch ein System der Amtsrecherche. Das HABM ermittelt möglicherweise entgegenstehende Gemeinschaftsmarken; die nationalen Ämter, die wie Spanien recher- 95

---

[1] Vgl. dazu *Mühlendahl*, Die Bedeutung der EU-Erweiterung und er Ausweitung des Madrider Markensystems für die Gemeinschaftsmarke und die Arbeit des HABM, GRUR 2005, 113; *Jaeger-Lenz/Freiwals*, Die Bedeutung der Erweiterung des Madrider Markensystems für die markenrechtliche Praxis, GRUR 2005, 118.

chieren, nationale ältere Rechte, seit dem 10.3.2008 aber nur noch auf gebührenpflichtigen Antrag hin. Die Inhaber älterer EG-Marken werden nach einer Karenzfrist von einem Monat vom EG-Markenamt benachrichtigt, nicht aber die Inhaber älterer nationaler Marken. Widerspruch kann eingelegt werden aus älteren EG-Marken, älteren nationalen Marken und – anders als in Deutschland – auch aus älteren Firmen oder Ausstattungsrechten.

d) Markenlizenzen

96   Die Markenlizenz zur Benutzung in identischer Form ist selten, weil die Benutzung durch Mehrere die **Herkunftsfunktion** der Marke, nämlich als Hinweis auf einen bestimmten Betrieb zu dienen, beeinträchtigt oder beeinträchtigen kann[1]. Selten ist auch die Firmenlizenz. Gegenstand einer solchen Lizenz, die ein Dritten entgegenhaltbares, lizenzweises Benutzungsrecht verleiht, ist nur die Marke in ihrer identischen eingetragenen Form, nicht eine im Schutzumfang liegende Abwandlung[2].

97   Die Markenlizenz zur identischen Benutzung kommt vor bei **Kollektivmarken** (früher: Verbandszeichen). Kollektivmarken nach §§ 97 ff. MarkenG können rechtsfähige Vereine, Zeichenverbände, eintragen lassen. Die Benutzungsberechtigung wird nach § 102 MarkenG in einer Markensatzung festgelegt. Die Benutzungsberechtigten nutzen alsdann die Kollektivmarke als Lizenznehmer des Vereins. Beispiele solcher Kollektivmarken sind etwa *Golden Toast* oder *Dresdener Stollen*. Die Zuweisung zeichenrechtlicher Exklusivgebiete an die einzelnen Mitglieder in der Zeichensatzung oder durch Verbandsbeschluss ist dabei als Kartellbeschluss nach § 1 GWB nichtig[3].

98   Zum anderen begegnet die **Markenlizenz im Konzern** und ermächtigt dort nicht selten auch zur Anmeldung des gleichen Zeichens. Die ausländische Muttergesellschaft lizenziert beispielsweise der Tochtergesellschaft ihre, der Mutter, Marken. Solche Lizenzen dürfen in den Lizenzgebühren nicht überhöht sein, um nicht verdeckte Gewinnausschüttungen darzustellen.

99   Schließlich begegnet die Markenlizenz bei so genannten **„begleitenden Marken"**. Der Produzent eines prägenden Vormaterials trägt das Zeichen nicht nur für das Rohmaterial, sondern auch für die daraus hergestellten Endprodukte ein. Beispiele sind etwas *ALCANTARA* oder *GORE-TEX*. Die Veräußerung der gekennzeichneten Waren selbst erschöpft das Kennzeichenrecht für diese Waren, § 24 MarkenG, Art. 13 GMVO. Der Weitervertrieb und das Ankündigungsrecht des Handels unter der Marke[4] sind frei, sie be-

---

1 BGH v. 12.1.1966 – Ib ZR 5/64, BGHZ 44, 372/377 – Meßmertee II: Wenn unabhängige Unternehmen ohne Lizenz oder anderen Hinweis auf die Verbindung das gleiche Zeichen nutzen, wird es leicht zum Freizeichen.
2 BGH v. 13.4.2000 – I ZR 220/97, GRUR 2001, 54 – SUBWAY/Subwear; OLG Hamburg v. 19.12.2003 – 5 U 43/03, GRUR-RR 2004, 175 – Löwenkopf.
3 BGH v. 12.3.1991 – KVR 1/90, GRUR 1991, 782 – Golden Toast.
4 EuGH v. 4.11.1997 – Rs. C-337/95, Slg. 1997 I 6013 – Dior; EuGH v. 23.2.1999 – Rs. C-63/97, Slg 1999 I 905 – BMW; BGH v. 30.4.1987 – I ZR 39/85, GRUR 1987, 707 –

dürfen keiner Lizenz mehr. Anders, wenn eine andere Ware, z.B. Fertigware, mit der auch für die Fertigware eingetragenen Marke (begleitenden Marke) versehen wird[1]. Das Neuversehen wäre ohne Lizenz eine Markenverletzung.

Häufig wird bei solchen Lizenzen ein **Lizenzvermerk** vereinbart, der auf den Lizenzgeber hinweist. Ein solcher Lizenzvermerk dient zur Erhaltung des Goodwills und der Herkunftshinweiskraft, die andernfalls verloren gehen könnte. Ebenso werden häufig **Qualitätsanforderungen** und Qualitätskontrollen vereinbart, um die Gütefunktion der Marke zu erhalten. 100

Kartellrechtlich unzulässig ist aber die **Preisbindung** bei der Markenlizenz, denn sie gehört zu den strikt verbotenen Kernbeschränkungen in Art. 81 Abs. 1 EG. 101

Gewisse **Überschreitungen der Lizenzbefugnisse** setzen den Lizenznehmer – und dann auch dessen Abnehmer – zeichenrechtlichen Ansprüchen aus, und zwar sind das nach § 30 MarkenG, Art. 22 GMVO: Verletzungen der vertraglichen Benutzungsform, Überschreitung der lizenzierten Waren- oder Dienstleistungen, des Gebiets oder Nichteinhaltung der Qualitätsvorschriften. Andere Vertragsverletzungen, etwa Nichtanbringung des Lizenzvermerks, Nichteinhaltung von Buchführungspflichten, Nichtzahlung von Lizenzgebühren usw. sind lediglich Vertragsverletzungen zwischen Lizenzgeber und Lizenznehmer und schlagen nicht auf weitere Handelsstufen durch. 102

Für den **Benutzungszwang** zählt die Benutzung durch den Lizenznehmer als Markenbenutzung zugunsten des Markeninhabers, verhindert also den Verfall der Marke. Der unter der Marke erworbene **Goodwill** und die gesteigerte Bekanntheit der Marke fallen grundsätzlich dem Markeninhaber zu. Der Lizenznehmer kann sich ebenso wenig wie ein Händler auf zuerworbenen Goodwill und Bekanntheit berufen, um daraus ein Weiterbenutzungsrecht nach Vertragsende abzuleiten[2]. Der Händler kann als Ersatz statt dessen unter gewissen weiteren Bedingungen einen Ausgleich für neuen Kundenstamm fordern, ähnlich wie ein Handelsvertreter nach § 89b HGB (vgl. oben § 89b Rn. 31 ff.). 103

In seltenen Ausnahmefällen kann die Markenlizenz zur **Täuschung** der Allgemeinheit führen, nämlich dann, wenn das Zeichen bekanntermaßen ansonsten besondere Qualität oder Warenbeschaffenheit verbürgt, die der Ver- 104

Ankündigungsrecht I; BGH v. 30.4.1987 – I ZR 237/85, GRUR 1987, 823 – Ankündigungsrecht II.
1 BGH v. 14.5.1969 – I ZB 7/68 GRUR 1970, 80 – Dolan; OLG Hamm v. 27.10.1981 – 4 U 212/81 GRUR 1982, 172 – alcantara.
2 BGH v. 28.10.1958 – I ZR 114/57, BB 1958, 1223 – Fischl; BGH v. 27.2.1963 – Ib ZR 180/61, BB 1963, 532 – Mickey-Mouse-Orangen; BGH v. 26.10.1966 – Ib ZR 140/64, NJW 1967, 499 – Myoplastic; OLG Düsseldorf v. 31.5.1983 – 20 U 152/82 – GRUR 1984, 447 – Multibeton.

kehr nur mit einem Hersteller in Verbindung bringt[1]. In derartigen Extremfällen kann dann auch die Markenlizenz nach § 134 BGB wegen Verstoßes gegen das gesetzliche Irreführungsverbot in § 5 UWG nichtig sein[2].

105 Die **IR-Marken-Lizenz** ist, gebündelt oder einzeln, je nachdem, in welchem Umfang die Lizenz erteilt worden ist, letztlich eine Lizenz an den nationalen IR-Anteilen und folgt insoweit etwaigen zwingenden nationalen Vorschriften über die Markenlizenz. Für Deutschland gilt also das zuvor ausgeführte.

106 Eine Besonderheit gilt für die Lizenz an einer **EG-Gemeinschaftsmarke**. Während die EG-Gemeinschaftsmarke nach Art. 16, 17 GMVO nur für das gesamte EU-Territorium, nicht aber länderweise aufgesplittet übertragen werden kann, kann sie nach Art. 22 GMVO länderweise ausschließlich oder nicht ausschließlich lizenziert werden. Der Verstoß gegen Gebietsüberschreitungen ist alsdann Zeichenverletzung mit der Folge, dass das Zeichen in dem fremden Gebiet auch gegen weitere Handelsstufen eingesetzt werden kann. Die GMVO als sekundäres Gemeinschaftsrecht ist jedoch dem Art. 81 EG als primärem Gemeinschaftsrecht untergeordnet. Das bedeutet, dass die Befugnis zu ausschließlichen Länderlizenzen nicht zu willkürlichen Marktabschottungen benutzt werden darf[3]. Einem unzulässigen absoluten Gebietsschutz beugen im Allgemeinen die EU-weiten Erschöpfungsvorschriften der Art. 13 GMVO, § 24 MarkenG vor: Was unter der EG-Gemeinschaftsmarke – oder einem nationalen Zeichen – in einem EU-Vertragsstaat berechtigt in den Verkehr gekommen ist, darf EU-weit zirkulieren. Damit hat sich eine alte EuGH-Rechtsprechung[4] unter Abkehr von der früheren deutschen, weltweiten markenrechtlichen Erschöpfung[5] durchgesetzt[6].

107 Die Lizenz an Kennzeichen war nach deutscher Rechtsprechung zum WZG nur eine **Negativlizenz**, nämlich schuldrechtlicher Verzicht auf das ältere Verbietungsrecht, es sei denn, die Lizenz ginge mit der Übertragung oder

---

[1] Die Lizenz für „Meißner Porzellan" und einen Dritten, der sein Porzellan ähnlich bemalte, war wegen Täuschung unwirksam – RG v. 6.7.1920 – II 30/20, RGZ 100, 22; ähnlich: RG v. 12.3.1935 – II 326/34, GRUR 1935, 753, 757 – NSU.
[2] Obiter bestätigt in BGH v. 12.1.1966, Ib ZR 5/64 – BGHZ 44, 372, 377 – Meßmertee II.
[3] EuGH v. 13.7.1966 – Rs. 56 u. 58/64, Slg. 1966, 321 – Grundig/Consten: Kartellverstoß durch eine Warenzeichenlizenz zur Eintragung eines Kontrollzeichens seitens des französischen Herstellers, wobei der deutsche Produzent die nur für den deutschen Markt bestimmten Geräte mit dem Zeichen versah, damit auf diese Weise unautorisierte Parallelimporte nach Frankreich zeichenrechtlich unterbunden werden konnten.
[4] EuGH v. 31.10.1974 – Rs. 16/74, Slg. 1974, 1183 – Centrafarm/Winthrop.
[5] BGH v. 22.1.1964 – Ib ZR 92/62, BGHZ 41, 84 – Maja; BGH v. 2.2.1973 – I ZR 85/71, BGHZ 60, 185 – Cinzano.
[6] EuGH v. 16.7.1998 – Rs C-355/96, Slg. 1998 I 4799 – Silhouette; BGH v. 14.12.1995 – I ZR 210/93, NJW 1996, 994 – gefärbte Jeans – nur noch EG-weite Erschöpfung des Markenrechts gegen EFTA-Gerichtshof v. 3.12.1997 – E – 2/97, GRUR Int. 1998, 309 – Maglite, der weltweite Erschöpfung auch unter Art. 7 EG-Markenrichtlinie zulassen wollte.

Verpachtung des Geschäftsbetriebs einher[1]. Das bedeutet, dass in einer Situation 1. Lizenzzeichen – 2. Drittkennzeichen – 3. Lizenznehmerzeichen der jüngere Lizenznehmer gegenüber den relativ älteren Zeichenrechten (2) nicht die Priorität des noch älteren Lizenzkennzeichens (1) erhält. Das OLG Düsseldorf versagt einer nur zur Verteidigung genommenen Lizenz auch heute noch die Anerkennung[2]. Aber so, wie der Störer dem Eigentümer gegenüber nach §§ 1004, 986 Abs. 1 BGB einwenden kann, der Eigentümer sei einem Dritten gegenüber zur Duldung verpflichtet und dieser Dritte habe ihn, den Störer, zur Beeinträchtigung ermächtigt, so kann analog der Lizenznehmer (Störer) dem Zwischenberechtigten (Eigentümer) die Lizenzgestattung des Zeicheninhabers mit besserer Zeichenpriorität entgegenhalten[3]. Das soll aber nur für die eingetragene Zeichenform gelten, nicht für Abwandlungen[4]. Das hat der BGH entschieden, als gegen den jüngeren Benutzer von *Subwear* ein älterer Inhaber Rechte aus der älteren, verwechselbaren Marke *Subway* erhob und der jüngere daraufhin eine Lizenz an der noch älteren Marke *Subway* für die Abwandlung *Subwear* nahm. Ein älteres Lizenzrecht wurde nicht anerkannt. Die Entscheidung begegnet Bedenken, weil gemeinhin auch bei der Patentlizenz Ausführungsformen im Schutzbereich lizenziert werden können. Die ganz h.M.[5] folgert heute aus dem Klagerecht in § 30 Abs. 3 MarkenG, wiewohl nur mit Zustimmung des Lizenzgebers, dem Sukzessionsschutz in § 30 Abs. 5 MarkenG und aus der Pfänd- und Verpfändbarkeit in § 29 MarkenG, dass nunmehr im Normalfall auch die Markenlizenz **dinglich** sei.

e) Duldungsvereinbarungen

Das oben berührte Verfahren des Parteiwiderspruchs führt in vielen Fällen zu Vergleichen durch **Abgrenzungs- oder Vorrechtsvereinbarungen.** Art. 43 Abs. 4 GMVO sieht sogar vor, dass das Amt die Beteiligten eines Widerspruchsverfahrens ersuchen kann, sich zu einigen. Solche Einigungen erfolgen im Wege der Warenabgrenzung (Abgrenzungsvereinbarungen), indem der jüngere Anmelder auf bestimmte Waren verzichtet, und/oder indem er anerkennt, das Vorrecht der älteren Widerspruchsmarke auch bei Neuanmeldungen für gleiche oder ähnliche Waren zu achten (sog. Vorrechtsvereinbarung). Die in diesem Rahmen nahe liegende Nicht-Angriffs-Verpflichtung, z.B. Verzicht auf eine Löschungsklage wegen fünfjähriger Nichtbenutzung,

108

---

1 BGH v. 17.9.1969 – I ZR 131/67, GRUR 1970, 528, 531 – Migrol; BGH v. 21.3.1985 – I ZR 190/82, GRUR 1985, 567 – Hydair; BGH v. 16.5.1991 – I ZR 1/90, GRUR 1991, 780 – Transatlantische.
2 OLG Düsseldorf v. 14.3.2000 – 20 U 61/99, GRUR – RR 2001, 49 – Combit.
3 BGH v. 13.7.1956 – I ZR 75/54, GRUR 1957, 34 – Hadef; BGH v. 18.3.1993 – I ZR 178/91, GRUR 1993, 574 – Decker.
4 BGH v. 13.4.2000 – I ZR 220/97, GRUR 2001, 54 – SUBWAY/Subwear; OLG Hamburg v. 19.12.2003 – 5 U 43/03, GRUR-RR 2004, 175 – Löwenkopf.
5 *Fezer*, Markenrecht, § 30 MarkenG Rn. 6–8; *Hacker/Ströbele*, § 30 MarkenG, Rn. 21–25 „in gewisser Hinsicht verdinglichte schuldrechtliche Nutzungsrechtseinräumungen"; *Bühling*, GRUR 1998, 196; *Starck*, WRP 1994, 698; OLG München v. 8.8.1996 – 6 U 1938/96, NJW-RR 1997, 1266 – Fan-Artikel.

ist EG-kartellrechtlich als unzulässig entschieden worden[1]. Nichtangriffsverpflichtungen werden auch heute noch in der GVO als graue, als individuell nicht frei gestellte Klauseln aufgeführt.

109–110 Frei.

3. Merchandising

111 Merchandising ist die lizenzweise Vermarktung der Bekanntheit und Exklusivität des Originals für Sekundärwaren, die so geartet sind, dass sie bei der Vermarktung von der Bekanntheit des Originals profitieren können. Merchandising ist die kommerzielle Ausnutzung des **Imagetransfers**. Dazu muss das Original bekannt sein und einen guten Ruf oder Prestige genießen. Der Transfer selbst muss identisch oder fast identisch sein; und die Zweitmarke muss ihrer Art nach von dem Prestige profitieren können. Bei der Marke *Dimple* für Whisky wurde das bejaht für den Imagetransfer auf die Zweitware Herrenkosmetik, jedoch verneint für Putz,- Polier- und Schleifmittel[2]. Vielfältige Schutzrechte werden als Lizenzgrundlage benutzt.

112 Beim so genannten **Character-Merchandising** wird Urheberrecht lizenziert. Nach §§ 15, 31 UrhG wird die Vervielfältigung von Figuren gegen Lizenzgebühr gestattet, z.B. der Mickey-Mouse-Figur, Bambi, Asterix und Obelix, der Hero Turtles[3].

113 **Bekannte Marken** werden kommerziell genutzt und lizenziert für die Waren, die nicht mehr denen ähnlich sind, für die die Marke eingetragen oder genutzt ist, z.B. *Dunhill* bekannt geworden für Pfeifen, Krawatten, Herrenkosmetik usw., *Rolls-Royce* für Whisky[4] oder *Dimple* für Herrenkosmetik[5].

Die Schutzerstreckung auf **nicht mehr warenähnliche Sekundärwaren** nahm die Rechtsprechung früher mit einem ergänzenden Zeichenschutz aus § 1 UWG vor[6]. Dieser ergänzende Wettbewerbsschutz ist jetzt in §§ 14 Abs. 2 Nr. 3, 15 Abs. 3 MarkenG eingegangen. Danach ist die Marke bzw. der Titel geschützt, wenn er bekannt ist und die Benutzung die Wertschätzung der bekannten Marke/Geschäftsbezeichnung ohne rechtfertigenden Grund in unlauterer Weise ausnutzt oder beeinträchtigt[7]. Imagetransfer ist ein typischer Fall der Ausnutzung der Wertschätzung und setzt, wie schon unter früherem

---

1 EG-Kommission v. 16.12.1982, ABl. EG Nr. L 379/1982, 19 und EuGH v. 30.1.1985 – Rs. 35/83, Slg. 1985, 363 – Toltecs/DORCET.
2 BGH v. 29.11.1984 – I ZR 158/82, NJW 1986, 379 – Dimple.
3 LG München v. 6.10.1993 – 7 HKO 12087/92, NJW RR 1994, 680 – Teenage Mutant Heroe Turtles – dort wurde die Gebietslizenz aber kartellrechtlich für unzulässig gehalten.
4 BGH v. 9.12.1982 – I ZR 133/80, NJW 1983, 1431 – Rolls-Royce – Verletzungsfall.
5 BGH v. 29.11.1984 – I ZR 158/82, NJW 1986, 379 – Dimple – Verletzungsfall.
6 So BGH v. 29.11.1984 – I ZR 158/82, NJW 1986, 379 – Dimple und BGH v. 9.12.1982 – I ZR 133/80, NJW 1983, 1431 – Rolls-Royce.
7 BGH v. 30.4.1998 – I ZR 268/95, NJW 1998, 3781 – Big Mac – Mac Dog; OLG Hamburg v. 20.5.2005 – 5 U 38/04, GRUR-RR 2005, 258 – Ahoj-Brause lizenziert für T-shirts.

Recht ausgesprochen, eine Imageausstrahlung vom Original zur Sekundärware voraus. Ein Imagetransfer hängt von der Nähe der Parameter ab: geringer oder weiter Warenabstand, Eigenart der Bezeichnung und Identität der Übernahme.

Das **Merchandising** bekannter Marken bietet für den Markeninhaber Chancen und Gefahren. Die Chance ist die Ausdehnung der Bekanntheit und die Erstreckung auf einen erweiterten Warenähnlichkeitsbereich für zusätzlich angemeldete Waren, die der Lizenzgeber selbst nicht führt. In diesem Zweitwarenbereich würde sein Zeichen mangels Benutzung löschungsreif nach § 26 Abs. 1, 49 MarkenG. Rechtserhaltende Lizenzbenutzung ist aber nach § 26 Abs. 2 MarkenG auch die Benutzung durch einen Lizenznehmer. Der Lizenznehmer muss das Zeichen aber herkunftshinweisend benutzen und nicht nur, wie es beim Merchandising oft der Fall ist, ornamental[1].

114

Merchandising-geeignete Schutzrechte nach §§ 5, 15 MarkenG sind auch **Titel**, z.B. der Zeitschriftentitel *Vogue*[2] oder Bühnentitel wie *Cats*[3] oder *Starlight*[4]. Ein noch lizenzierbares Verbotsrecht besteht aber nur dort, wo der **Werk**titel hinreichend eigenartig und bekannt ist, die Zweit**ware** hinreichend nahe steht und die Übernahme identisch oder nahezu identisch ist. Das wurde beispielsweise verneint für den Fernsehtitel *Das Erbe der Guldenburgs* und *Guldenburg* für Wein[5], für den Titel *Max* eines Lifestylemagazins gegenüber der Marke *Marc Max* für Schuh- und Lederwaren[6]. Auch **Namensrechte** nach § 12 BGB werden gegen Gebühr lizenziert[7]. Ein Lizenzinteresse besteht naturgemäß nur an Namen von bekannten Sportlern oder Künstlern.

115

Besonders begehrt und kritisch ist die Vermarktung von **Events**, indem deren Bezeichnung – etwa Euro 2000, WM 2006, Formel 1 – für bestimmte Warensegmente zur werbewirksamen Verwendung lizensiert werden. Lizenzgebühren kann man damit nur einnehmen, wenn die Benutzung nicht frei ist. Dem Schutz als Marke steht aber vielfach die fehlende Unterscheidungs-

116

---

1 OLG München v. 6.7.1995 – 29 U 4543/94, NJW-RR 1996, 1260 – Beatles – als Marke mangels markenmäßiger Benutzung gelöscht; im Fall des Clubnamens und Clubemblems auf Fan-Schals war es streitig, ob das eine markenmäßige verletzende Benutzung war, EuHG v. 12.11.2002 – C-206/01, GRUR 2003, 55 und dazu High Court v. 12.12.2002 und Court of Appeal v. 21.5.2003, MarkenR, 2003, 123/326 – Arsenal.
2 BGH v. 19.10.1989 – I ZR 22/88, GRUR 1990, 68 – Vogue ./. Damenski „K-Vogue"; der BGH hat aber nicht in der Sache, sondern nur über prozessuale Fragen der Rückverweisung entschieden; BGH v. 27.1.1982 – I ZR 61/80, NJW 1982, 2255 – Point.
3 OLG Hamburg v. 17.12.1987 – 3 U 164/87, GRUR 1988, 549 – Cats – im konkreten Fall aber ein Schutz aus § 1 UWG verneint.
4 OLG Hamburg v. 14.4.1988 – 3 U 157/87, GRUR 1988, 927 – Starlight.
5 BGH v. 19.11.1992 – I ZR 254/90, NJW 1993, 852 – Guldenburg; Verfassungsbeschwerde zurückgewiesen BVerfG v. 28.10.1998 – I BvR 341/93, NJW 1999, 709.
6 BGH v. 12.11.1998 – I ZR 84/96, GRUR 1999, 581.
7 BGH v. 14.10.1986 – VI ZR 10/86, GRUR 1987, 128 – Nena; BGH v. 23.9.1992 – I ZR 251/90, NJW 1993, 918 – Universitätsemblem.

kraft entgegen, weil die Eventbezeichnung nicht als unterscheidend für die Warenherkunft, sondern als bloße Angabe des Events aufgefasst wird[1].

117 Die regelmäßige Ausgestaltung ist eine umfassende Hauptlizenz seitens des Rechtsträgers an eine **Merchandizingagentur**, die ihrerseits einen Fächer von Unterlizenzen erteilt. Die Unterlizenzen werden nach Einsatzgebieten (field of use) getrennt. Werden sie nach örtlichen Gebieten getrennt, so entsteht das Problem der kartellrechtlich, möglicherweise unzulässigen Marktaufteilung[2]. Chance und Risiko für die Parteien ist es, ob sich das Recht am Original wirklich bis zur Zweitware erstreckt. Geht der Zweitnutzer die Lizenz ein und erweist ein späterer Prozess mit einem eigenmächtigen Zweitnutzer, dass das Recht nicht so weit reicht, so bleibt der Erste gleichwohl lizenzzahlungspflichtig, denn Chance und Risiko war seine Geschäftsgrundlage.

118–120 Frei.

4. Patentlizenzverträge

121 Bei den technischen Schutzrechten können **Lizenzen an Patenten oder Gebrauchsmustern** erteilt werden[3]. Für die Lizenz spielt das nur insofern eine Rolle, als bei Gebrauchsmustern der Schutz und damit die Lizenzdauer kürzer ist, Gebrauchsmuster ungeprüfte Rechte sind und Gebrauchsmuster nicht für Verfahren geschützt werden. Für den Lizenzgegenstand macht es auch keinen Unterschied, ob sich ansonsten die Verbotsrechte aus einem nationalen oder Europäischen Patent ergeben. **Europäische Patente** werden in einem einheitlichen Verfahren nach dem europäischen Patentübereinkommen (EPÜ) erteilt und bilden nach Erteilung ein Bündel nationaler Patente in den benannten Mitgliedstaaten[4] nach Art. 2 Abs. 2 EPÜ, mit der Besonderheit jedoch, dass ein einheitliches europäisches Einspruchsverfahren nachgeschaltet ist. Nichtigkeits- und Verletzungsverfahren sind hingegen national, allerdings in einem vom EPÜ vorgegebenen Rahmen. Das EPÜ mit seinen Artikeln und Regeln (R.) ist im EPÜ 2000, das am 13.12.2007 in Kraft getreten ist, ergänzt und neu gefasst worden. Rechtsgeschäftliche Übertragungen oder Lizenzierungen richten sich ebenfalls nach nationalem Recht für den jeweiligen Vertragsstaat. Lizenzierbar ist nicht nur das erteilte Voll-

---

[1] BGH v. 25.3.2004 – I ZR 130/01, GRUR 2004, 775 – Euro 2000; BGH v. 27.4.2006 – I ZR 95/05 und 97/05 – Mitt. 2006, 442 – Fußball WM 2006 bzw. WM 2006.
[2] LG München I v. 6.10.1993 – 7 HKO 12087/92, NJW-RR 1994, 680 – Teenage Mutant Heroe Turtles.
[3] Nach dem Halbleiterschutzgesetz geschützte Topographien spielen eine untergeordnete Rolle.
[4] Belgien, Bulgarien, Dänemark, Deutschland, England, Estland, Finnland, Frankreich, Griechenland, Irland, Island, Italien, Lettland, Liechtenstein, Litauen, Luxemburg, Monaco, Niederlande, Österreich, Polen, Portugal, Rumänien, Schweden, Schweiz, Slowakei, Slowenien, Spanien, Tschechien, Türkei, Ungarn, Zypern mit Erstreckungsabkommen für Albanien, Bosnien-Herzegowina, Kroatien, Mazedonien.

recht, sondern auch schon die Anmeldung oder die Offenlegung[1]. Art. 15 Abs. 1 und 2 PatG spricht das für Deutschland aus durch die Wendung, dass „das Recht auf das Patent" Gegenstand von Lizenzen sein könne. Art. 73 EPÜ sieht die Lizenzierung für europäische Patentanmeldungen ausdrücklich vor. Darüber hinaus können auch Erfindungen lizenziert werden, die noch gar nicht angemeldet sind[2].

Den technischen Schutzrechten ist gemeinsam, dass der **Schutz strikt absolut** ist: Anders als das Urheberrecht schützen sie nicht nur vor Nachbildungen. Es entscheidet allein der ältere Zeitrang. Einer Lizenzgestattung bedarf das nicht mehr, was durch **Erschöpfung des Patentrechts** frei geworden ist. Bei einem Vorrichtungs-, Sach- oder Stoffpatent erschöpft das erste Inverkehrbringen der Vorrichtung, der Sache oder des Stoffes das Patent objektiv derart, dass diese individuelle Sache, Vorrichtung oder Stoff frei weiterveräußert und benutzt werden darf[3]. Nicht erschöpft wird hingegen das Herstellungsrecht, und das fordert schwierige Abgrenzungen zwischen Neuherstellung und der zur freien Benutzung gehörenden Reparatur[4]. Lizenzrechtlich bedeutet Erschöpfung durch Lieferung, dass ein ergänzender Lizenzvertrag, der etwa Gebühren für die Benutzung der Vorrichtung vorsieht, nichtig war nach § 17 GWB, weil er über den Inhalt des Schutzrechts hinausging[5]. Das galt aber nur für Sachpatente, nicht für Verfahrenspatente. Die Lieferung einer Vorrichtung für das geschützte Verfahren erschöpft nicht objektiv, sondern impliziert lediglich eine vertragliche Lizenz. Entsprechendes gilt für die Lieferung seitens des Berechtigten für die Benutzung des Patents. Fehlen anderslautende Abreden, so liegt darin eine implizite Erlaubnis zur Patentbenutzung[6]. Die Erlaubnis kann daher auch explizit erteilt, versagt oder gegen Gebühren erteilt werden[7]. Bei Vorrichtungs- und Verfahrensansprüchen auf die bestimmungsgemäße Benutzung der Vorrichtung tritt durch Liefe-

122

---

1 *Poth*, Mitt. 1990, 62.
2 BGH v. 14.11.1968 – KZR 1/68, BGHZ 51, 263 – Silobehälter; BGH v. 26.6.1969 – X ZR 52/66, BB 1969, 1014 – Rüben-Verladeeinrichtung; BGH v. 17.3.1961 – I ZR 94/59, GRUR 1961, 466 – Gewinderollkopf – Veräußerung einer ungeschützten Konstruktion, die später angemeldet werden sollte.
3 RG v. 16.6.1915 – Rep. I 57/15, RGZ 86, 436, 440 – Autogenes Schneidverfahren; RG v. 5.11.1930 – I 123/30, RGZ 130, 242, 244 – Drehschalter; BGH v. 12.6.1951 – I ZR 75/50, BGHZ 2, 261 – Tauchpumpe I; BGH v. 21.11.1958 – I ZR 129/57, BB 1959, 321 – Förderrinne; BGH v. 10.10.1974 – KZR 1/74, BB 1975, 1550 – Kunststoffschaumbahnen; BGH 26.9.1996 – XZR 72/94, GRUR 1997, 116 – Prospekthalter.
4 BGH v. 21.11.1958 – I ZR 159/57, GRUR 1959, 232 – Förderrinne; BGH v. 4.5.2004 – X ZR 48/03, GRUR 2004, 758 – Flügelradzähler: Reparatur oder Neuherstellung verlangen eine abwägende Interessenbewertung; LG Düsseldorf v. 10.6.1987 – 4 O 129/86, GRUR 1988, 116 – Ausflussschieberverschluss.
5 BGH v. 10.10.1974 – KZR 1/74, GRUR 1975, 206 – Kunststoffschaumbahnen; BGH v. 5.7.2005 – X ZR 14/03, GRUR 2005, 845 – Abgasreinigungsvorrichtung.
6 BGH v. 27.2.2007 – X ZR 113/04, GRUR 2007, 773.
7 BGH v. 24.6.1979 – KZR 14/78, GRUR 1980, 38 – Fullplastverfahren; vgl. auch *Rosenberger*, GRUR 1980, 150; *Brandi-Dohrn*, GRUR 1980, 757.

rung der Vorrichtung die gleiche ojektive Erschöpfung ein wie bei einem „Nur-Sach-Patent"[1].

123 Mit Inkrafttreten der GVTT am 1.5.2004 und dem Anschluss des deutschen GWB 2005 an das EG-Kartellrecht haben sich zwar nicht die Erschöpfungsgrundsätze geändert, wohl aber die lizenzkartellrechtlichen Folgen: Lizenzgebühren auf eine durch Lieferung gemeinfrei gewordene Vorrichtung sind im Rahmen der Marktanteilsschwellen von bis zu 20 % unter Wettbewerbern und bis zu 30 % unter Nichtwettbewerbern, § 3 GVTT, freigestellt, denn eine solche Lizenzgebührenpflicht ist nicht schwarz in § 4 GVTT gelistet. Über die dynamische Verweisung in § 2 Abs. 2 GWB 2005 gilt sie dann auch in Deutschland. Was oberhalb der Marktanteilsschwellen gilt, ist zweifelhaft. *Bartenbach/Söder*[2] halten Lizenzgebühren auf „erschöpfte" Vorrichtungen grundsätzlich für weiterhin kartellrechtswidrig. Hier wird die Auffassung vertreten, dass sie im Rahmen der Legalausnahmen gerechtfertigt sein können, wenn der Wert der Vorrichtung in ihrem Verfahrensnutzen liegt, wie es etwa bei der Vorrichtung zur Herstellung von Kunststoffschaumbahnen[3] der Fall war.

124 Die unterschiedliche **Erschöpfung bei Sach- und Verfahrenspatenten** war nie universal wie bei den Marken, sondern immer nur **territorial**. Territorial ist sie durch den EuGH **EU-weit** ausgedehnt worden. Was mit oder ohne Patentschutz mit Zustimmung des Patentinhabers in einem EU-Land in Verkehr gebracht worden ist, darf frei in der ganzen EU weiter zirkulieren[4]. Das gilt jedoch nicht für Produkte, die in einem nicht patentgeschützten EU-Land ohne Zustimmung des Patentinhabers in Verkehr gebracht worden sind. Deren Import in ein patentgeschütztes anderes EU-Land kann verboten oder umgekehrt lizenziert werden. Die Erschöpfung gilt ebenfalls nicht für Produkte, die in patentgeschützten Nicht-EU-Ländern, z.B. USA in Verkehr gebracht worden sind, auch wenn sie dort mit Zustimmung des Patentinhabers in Verkehr gebracht wurden. Der Import solcher Produkte, z.B. nach Deutschland, kann unter dem deutschen Parallelpatent untersagt werden[5]. Das nicht erschöpfte Patent kann lizenziert werden und der **Lizenzgegenstand** kann in unterschiedlicher Weise vereinbart werden, nach Schutzrecht, nach Ausführungsform oder nach beidem.

---

[1] BGH v. 16.9.1997 – X ZR 21/94, GRUR 1998, 130 – Handhabungsgerät; LG Düsseldorf v. 3.11.1998–4 O 175/98, Mitt. 1999, 179 – Levitationsmaschine.
[2] *Bartenbach/Söder*, Mitt. 2007, 353, 358.
[3] BGH v. 10.10.1974 – KZR 1/74, GRUR 1975, 206 – Kunststoffschaumbahnen.
[4] EuGH v. 29.2.1968 – Rs. 24/67, Slg. 1968, 85 – Parke Davis; EuGH v. 18.2.1971 – Rs. 40/70, NJW 1971, 1007 – Sirena; EuGH v. 31.10.1974 – Rs. 15/74, NJW 1975, 516 – Centrafarm I; EuGH v. 31.10.1974 – Rs. 16/74, Slg. 1974, 1183 – Centrafarm II; die Schweiz als nicht EU-Land ist im Patentrecht bei der nur nationalen Erschöpfung geblieben: Schweizer BG v. 7.12.1999, GRUR Int. 2000, 639 – Kodak II.
[5] BGH v. 3.6.1976 – X ZR 57/73, GRUR 1976, 579 – Thylosin; EuGH v. 16.7.1998 – Rs. C 355/96, Slg. 1998 4799 – Silhouette – für Markenware, die im EG-Ausland in Verkehr gebracht wurde.

a) Negativlizenz

Die Negativlizenz[1] ist wie die markenrechtliche Duldungsvereinbarung nur ein negativer **Verzicht auf die Geltendmachung patentrechtlicher Verbotsrechte**[2]. Anders als die sog. positive Benutzungslizenz impliziert sie keinerlei Gewährleistung, sofern die Parteien nichts anderes vereinbart haben. Typische Beispiele für Negativlizenzen sind Vergleiche in Patentstreitigkeiten, bei denen bestimmte angegriffene Ausführungsformen – gegen oder ohne Gegenleistung – von erhobenen patentrechtlichen Ansprüchen freigestellt werden.

b) Einfache Lizenz

Die einfache Lizenz an einem Schutzrecht ist **eine nicht ausschließliche Benutzungsbefugnis**, die mit oder ohne weitere Beschränkungen erteilt sein kann. Der Schutzrechtsinhaber selbst darf daneben benutzen, und er kann auch an Dritte Lizenzen erteilen. Einfache Lizenzen werden erteilt unter einer gegenüber dem DPMA abgegebenen Lizenzbereitschaftserklärung oder bei der Auferlegung von Zwangslizenzen.

Der einfache Lizenznehmer hat von Haus aus **kein Klagerecht** gegenüber Verletzern. Ein solches kann ihm aber durch eine so genannte Prozessstandschaftserklärung eingeräumt werden.

Mit der einfachen Lizenz ist ein so genanntes **positives Benutzungsrecht** verbunden[3]. Dieses ist einerseits Grundlage für gewisse Gewährleistungsverpflichtungen (siehe unten Rn. 300 ff.), und verleiht andererseits in allerdings sehr seltenen Fallkonstellationen ein Benutzungsrecht gegenüber einem jüngeren Schutzrecht eines Dritten[4]. Dieses positive Benutzungsrecht deckt aber nicht abgewandelte Benutzungen im Bereich eines abhängigen Patentes, also einer erfinderischen Weiterbildung des herrschenden Patentes. Der Abhängige kann sein abhängiges Patent zwar nicht ohne Zustimmung des Beherrschenden benutzen, er muss aber auch nicht die Benutzung seiner erfinderischen Weiterentwicklung dulden.

Im Markenrecht gilt das sehr ausgesprochen: Gegenstand der Lizenz ist nur die eingetragene Marke, nicht eine verwechslungsfähige Benutzungsform des Lizenznehmers[5]. Die Lizenz für eine Abwandlung taugt daher nicht für

---

1 Dazu: *B. Barbenbach*, Die Patentlizenz als Negativlizenz, 2002.
2 Nach ursprünglicher, überholter Auffassung erschöpfte sich darin das Wesen der Lizenz: RG v. 17.12.1886 – Rep. II 251/86, RGZ 17, 53; RG v. 17.2.1894 – Rep. I 413/93, RGZ 33, 105.
3 RG v. 16.1.1904 – Rep. I. 373/03, RGZ 57, 38 – Bernardos'sches Schweißverfahren, damals vorerst für die ausschließliche Lizenz.
4 OLG Karlsruhe v. 25.2.1987 – 6 U 32/86, GRUR Int. 1987, 788 – Offenendspinnmaschinen.
5 BGH v. 13.4.2006 – I ZR 220/97 GRUR 2001, 54 – Subwear/Subway; OLG Hamburg v. 19.12.2003 – 5 U 43/03, GRUR RR 2004, 175 – Löwenkopf.

die Abwehr gegen ein näher kommendes Zwischenrecht. Nach OLG Düsseldorf[1] sind bloße Abwehrlizenzen prinzipiell unwirksam.

c) Ausschließliche Lizenz

129 Ausschließliche Lizenzen können **voll ausschließlich** sein, also den Schutzrechtsinhaber selbst auch ausschließen. Sie können aber auch **beschränkt ausschließlich** sein. Nur der Lizenznehmer und der Schutzrechtsinhaber dürfen benutzen (sog. „Alleinlizenz"): Mangels ausdrücklicher Bestimmung muss durch Auslegung ermittelt werden, was gemeint ist. Im Zweifel bedeutet „ausschließliche Lizenz" volle Ausschließlichkeit (zur ausschließlichen Lizenz siehe unten Rn. 161 ff.).

d) Lizenz auf Ausführungsformen

130 Gegenstand der Lizenz muss nicht das Schutzrecht mit seinem ganzen Schutzbereich sein. Gegenstand kann auch lediglich eine bestimmte Ausführungsform sein, die der Lizenznehmer entwickelt hat oder entwickeln möchte. Hinsichtlich der Ausführungsform sind dann alle drei Lizenzierungsarten denkbar: bloße Freistellung durch eine Negativlizenz, einfache oder ausschließliche positive Lizenz. Die **Kombination** von freigestellter Ausführungsform und lizenziertem Schutzrecht begegnet nicht selten bei Vergleichen in Patent-(Gebrauchsmuster-)Verletzungsstreiten: Die Ausführungsform des Beklagten wird für die Vergangenheit, etwa gegen Zahlung eines Pauschalbetrages, von jedweden patentrechtlichen Ansprüchen des Klägers freigestellt; für die Zukunft wird dem Beklagten eine einfache Lizenz an dem oder den Klägerpatent(en) X erteilt, etwa gegen eine Lizenzgebühr von Y%. Sinn eines solchen Lizenzvergleiches ist es, die schon bekannten Ausführungsformen für die Vergangenheit von Ansprüchen, gleich aus welchem Rechtsgrund, zu befreien, für die Zukunft aber weder eine weite Lizenz an allen möglichen Patenten zu erteilen noch den Beklagten auf die Ausführungsform aus der Vergangenheit festzulegen und ihm Modifikationen in der Produktion abzuschneiden. Daher werden spezifische Schutzrechte für die Zukunft lizenziert, regelmäßig als einfache Lizenzen, mit oder ohne weitere Beschränkungen.

131–132 Frei.

5. Sortenschutz-Lizenzen

a) Gegenstand

133 Vermehrungsgut (Samen, Stecklinge, Knollen) für Pflanzen unterliegt einem koordinierten internationalen Schutzsystem nach dem **Internationalen Übereinkommen zum Schutz von Pflanzenzüchtungen (UPOV-Abkom-**

---

1 OLG Düsseldorf v. 14.3.2000 – 20 U 61/99 GRUR-RR 2001, 49 – Combit/ComiT.

men)[1] von 1961, revidiert 1978 und 1991. Das UPOV-Abkommen schreibt Inländerbehandlung in Art. 4 und gewisse Mindeststandards in Art. 6 für die Schutzvoraussetzungen und in Art. 14 für den Inhalt des Schutzrechts vor. Diese sind umgesetzt worden national in § 10 SortSchG[2] und europäisch in Art. 13 EG-SortenschutzVO[3]. Beide Sortenschutzsysteme bestehen nebeneinander, dürfen im Einzelfall aber nicht kumuliert werden. Geschützt ist danach das Vermehrungsmaterial, also das Saatgut, nicht die zum Verzehr bestimmte Pflanze. Geschützt ist also z.B. die Saatkartoffel, nicht aber die Speisekartoffel[4]. Beschränkt ist der Schutz durch das Landwirteprivileg und durch das Züchterprivileg. Das **Landwirteprivileg** in Art. 14 EG-SortenschutzVO, § 10a SortschG erlaubt es dem Bauern, Vermehrungsmaterial aus der vorjährigen Ernte zurückzubehalten für die neue Aussaat. Er darf also **Vermehrungsmaterial erzeugen.**

Er darf es nach § 10 Nr. 1 SortSchG jedoch nicht vermarkten oder für eine Vermarktung erzeugen. Der Landwirt, außer Kleinlandwirte, muss dafür dem Sortenschutzinhaber eine angemessene Entschädigung zahlen, die deutlich niedriger sein soll als eine normale Sortenlizenz, Art. 14 Abs. 3 vierter Aufzählungsstrich EG-SortenschutzVO. Diese Nachbauvergütung kann durch Einzelvereinbarung festgelegt werden oder durch eine Vereinbarung von Bauernverband und Sortenschutzvereinigung – in Deutschland die Saatgut- und Treuhandverwaltungs GmbH (STV) – bestimmt werden. In Ermangelung solcher Vereinbarungen hat der EuGH[5] als Richtwert für „deutlich niedriger" nach einer AusführungsVO[6] 50 % genannt. In der Rahmenvereinbarung 2003 zwischen Bauernverband und STV wird der Nachbausatz auf 30 %–40 % gesenkt. 134

Das **Züchterprivileg** in § 10a Abs. 1 lit. 3 SortSchG bedeutet, dass die Züchtung einer unterscheidbaren neuen Sorte, anders als eine abhängige Erfindung im Patentrecht, keine Verletzung sondern erlaubt ist. 135

Da das UPOV-Abkommen 1978 nur alternativ Schutz durch **Sortenschutz oder Patent** erlaubt, versagt Art. 53 lit. b EPÜ Pflanzensorten generell und § 2a PatG insoweit den Patentschutz, als es sich um Sorten nach der EG-SortenschutzVO handelt. Dieser Ausschluss des Patentschutzes gilt jedoch 136

---

1 UPOV = Union pour la Protection des Obtentions végetales, Beck'sche Textausgabe Gewerblicher Rechtsschutz Nr. 545.
2 Sortenschutzgesetz vom 11.12.1985, Beck'sche Textsammlung gewerblicher Rechtsschutz Nr. 95 = Beck dtv 5563 Nr. 30; zum Schutz ausführlich EG-Kommission v. 14.12.1998 – IV/35.280, ABl. EG Nr. L 4/1999, 27 – Sicasov, Beurteilung und Freistellung eines Vermehrungslizenzsystems mit Ausfuhrverboten.
3 Verordnung (EG) Nr. 2100/94 des Rates über den gemeinschaftlichen Sortenschutz v. 27.7.1994, ABl. EG Nr. L 227/1994, 1 und ABl. EG Nr. L 258/1995, 3 = Beck dtv 5563 PatR Nr. 35.
4 BGH v. 15.12.1987 – X ZR 55/86, NJW 1988, 2110 – Achat: als Saatgut geeignete Speisekartoffeln durften nicht an Landwirte vertrieben werden.
5 EuGH v. 8.6.2006 – C 7/05 u. C 9/05, GRUR Int. 2006, 742 – Deppe; und dem folgend BGH v. 27.6.2007 – X ZR 156/03, GRUR 2007, 865, 867, 868 – Nachbauentschädigung II–IV.
6 VOEG 1768/95, Beck'sche Textausgabe Gewerblicher Rechtsschutz Nr. 693.

nach § 2a Abs. 2 PatG, R 23c EPU nicht für chemisch behandelte Pflanzen generell[1] und auch nicht für genetische Ausgangsmaterialien wie etwa genetisch veränderte Zellen, die alsdann bei der Pflanzenzüchtung eingesetzt werden können. Die genetisch veränderte Pflanze selbst war strittig. Eine Beschwerdekammer des EPA sah sie als eine unterscheidbare, stabile Sorte, so dass sie aus dem Patentschutz heraus und in den Sortenschutz falle[2]. Art. 4 Abs. 2 der Biotechnologierichtlinie[3] bestimmt jedoch, dass Erfindungen, deren Gegenstand Pflanzen sind, patentiert werden können, wenn die Ausführung der Erfindung technisch nicht auf eine bestimmte Pflanzensorte beschränkt ist. Dem haben sich das EPA in R 23c lit. b der EPÜ-Ausführungsordnung 1999 (R 27 b) EPÜ 2000) angeschlossen sowie die große Beschwerdekammer in der Novartis-Entscheidung[4] und der nationale Gesetzgeber in § 2a Abs. 2 PatG. Damit sind die Möglichkeiten des Pflanzenschutzes durch Patente bedeutend erweitert. Demzufolge sieht § 9c PatG auch für die Vermehrung von patentgeschützten Pflanzen ein Landwirtschaftsprivileg vor, für das die Vergütung nach Art. 14 EG-SortenschutzVO gilt. Zur Vermeidung einer gegenseitigen Blockade in der Schutzrechtsnutzung ermöglichen § 24 Abs. 3 und 2 PatG und § 12a SortenschG sowie Art. 29 Abs. 5a EG-SortenschutzVO Zwangslizenzen zu Gunsten des jüngeren, abhängigen Schutzrechts.

b) Lizenzen auf dem Pflanzenschutzgebiet

137 Dem Schutzgegenstand des SortSchG entsprechend können **Vermehrungsbetriebe** lizenziert werden, Saatgut zur Vermarktung zu erzeugen. Soweit genetisches Ausgangsmaterial patentgeschützt ist, kann dessen Verwendung zur Herstellung von Saatgut lizenziert werden, dabei gilt aber wiederum das Landwirteprivileg – Art. 11 EG-Biotechnologierichtlinie, umgesetzt in § 9c PatG.

138 Solche Lizenzen haben durchweg den Charakter **positiver Benutzungslizenzen** verbunden mit der Lieferung des Basissaatguts oder des besonderen genetischen Zellmaterials. Die Lizenzen können nicht ausschließliche oder ausschließliche sein, insbesondere räumlich ausschließlich für bestimmte

---

1 EPA v. 26.7.1983 – T-49/83, ABl. EPA 1984, 112 = GRUR Int. 1984, 301 – chemisch behandeltes Vermehrungsgut/CIBA GEIGY.
2 EPA v. 21.2.1995 – T-356/93, ABl. EPA 1995, 545 = GRUR Int. 1995, 978 – Pflanzenzellen/PLANT GENETICS: die gentechnische Erfindung einer Herbizidresistenz wurde patentrechtlich hinsichtlich der genetisch veränderten Zelle geschützt, nicht aber für die daraus resultierende Pflanze. Dagegen beziehen Art. 4 Abs. 2 und 10 der EG-Richtlinie über den rechtlichen Schutz biotechnologischer Erfindungen die Pflanze in den Patentschutz mit ein.
3 Richtlinie 98/44/EG des Europäischen Parlaments und des Rates v. 6.7.1998 über den rechtlichen Schutz biotechnologischer Erfindungen, ABl. EG Nr. L 213/1998, 13 = GRUR Int. 1998, 675, in Deutschland umgesetzt in §§ 1a, 2a, 9a, 9b, 9c, 24 PatG in der Änderung v. 21.1.2005.
4 EPA v. 20.12.1999 – G 1/98, ABl. EPA 2000, 111 – transgene Pflanzensorte/NOVARTIS.

Länder, und können zum Schutz des Basissaatguts gegen Vermehrung zu weiterem Saatgut mit Weitergabe- und Exportverboten ausgestattet sein[1].

Im EU-Recht fallen Sortenschutzlizenzen unter die **Gruppenfreistellung** nach Art. 1 Abs. 1 lit. h und lit. b GVTT sog. nicht offene ausschließliche Lizenzen, nämlich solche, die den Parallelimport auf der Abnehmerstufe unterbinden[2] oder Lizenzen mit Preisbindungen zu Lasten des Lizenznehmers[3] fallen jedenfalls unter Art. 81 Abs. 1 EG und sind grundsätzlich nicht nach Art. 81 Abs 3 EG freigestellt. Preisbindungen fallen unter die freistellungshindernden Kornbeschränkungen in Art. 4 GVTT. Beanstandet wurden auch ausschließliche Rücklizenzklauseln an abgeleiteten Sorten als Verstoß gegen das Züchterprivileg[4].

139

Frei.

140

6. Know-how-Lizenzen

Schrifttum: *Ann*, Know-how – Stiefkind des geistigen Eigentums, GRUR 2007, 39; *Finger*, Die Offenkundigkeit des mitgeteilten Fachwissens bei Know-how-Verträgen, GRUR 1970, 3; *Fischer*, Zahlungsverpflichtungen für Lizenzgebühren in Know-how-Verträgen, wenn der Vertragsgegenstand offenkundig geworden ist, GRUR 1985, 638; *Harte-Bavendamm*, in Harte/Henning, §§ 17–19 UWG; *Köhler*, in Hefermehl/Köhler/Bornkamm, 25. Aufl. 2007, §§ 17–19 UWG; *Kraßer*, Grundlagen des zivilrechtlichen Schutzes von Geschäftsgeheimnissen und Betriebsgeheimnissen sowie von Know-how, GRUR 1977, 177; *Kraßer*, Der Schutz des Know-how nach deutschem Recht, GRUR 1970, 587; *Martinek*, Moderne Vertragstypen Bd. II, Franchising, Know-how-Verträge, Management- und Consultingverträge, 1992; *Pfaff*, Der Know-how-Vertrag in bürgerlichem Recht, BB 1974, 565; *Stumpf/Groß*, Der Lizenzvertrag, 8. Aufl. 2005.

a) Know-how

Als Know-how bezeichnet man nicht patentgeschützte, geheim gehaltene technische Kenntnisse von wirtschaftlichem Wert. Eine Begriffsbestimmung enthält Art. 39 Abs. 2 des auch von Deutschland ratifizierten TRIPS-Abkommens[5]. Ähnlich, fast identisch, definiert der BGH ein Geschäfts- oder Betriebsgeheimnis als eine im Zusammenhang mit einem Betrieb stehende Tatsache, die nicht offenkundig, sondern nur einem eng begrenzten Personenkreis bekannt ist und nach dem bekundeten Willen des Geschäftsinha-

141

---

[1] So der Fall EuGH v. 8.6.1982 – Rs. 258/78, Slg. 1982, 2015 – Maissaatgut; EuGH v. 19.4.1988 – Rs 27/87, Slg. 1988, 1919 – La Hesbignonne (dort Rn. 9, 10); EG-Kommission v. 14.12.1998 – IV/35.280, ABl. EG 1999, L 4/27 – Sicasov (dort Rn. 49, 52–54) für Weitergabe- und Exportverbote von Basissaatgut; in Rn. 55 wird sogar ein entsprechendes Importverbot als schutzrechtsimmanent, kartellfrei eingestuft.
[2] EuGH v. 8.6.1982 – Rs. 258/78, Slg. 1982, 2015 – Maissaatgut.
[3] EuGH v. 19.4.1988 – Rs. 27/87, Slg. 1988, 1919 – La Hesbignonne.
[4] EG-Kommission v. 13.12.1985 – 85/561/EWG, ABl. EG Nr. L 369/1985, 9 = GRUR Int. 1986, 253, Pitica/Kyria.
[5] Übereinkommen über handelsbezogene Aspekte der Rechte des geistigen Eigentums v. 15.4.1994, abgedruckt z.B. Beck'sche Textausgabe gewerblicher Rechtsschutz Nr. 500.1.

bers, der auf einem ausreichenden wirtschaftlichen Interesse beruht, geheim gehalten werden soll[1]. Da es sich um einen **tatsächlichen Wissensvorsprung** handelt, gibt Know-how, anders als das Patent, kein absolutes Ausschlussrecht gegen jüngere Benutzer. Die tatsächliche Position des Know-hows ist rechtlich geschützt durch Vorschriften des HGB und des UWG. Während des Beschäftigungsverhältnisses ist das Know-how einmal durch das Wettbewerbsverbot nach § 60 HGB (siehe dazu die Kommentierung bei § 60 HGB) geschützt sowie durch die Geheimhaltungspflicht nach § 17 Abs. 1 UWG. Nicht allgemein offenkundige, nicht erfinderische Kenntnisse, die ein Angestellter im Rahmen seines Arbeitsverhältnisses erarbeitet, stehen i.S.d. § 17 UWG ohne weiteres dem Arbeitgeber zu[2]. Erfinderische Weiterentwicklungen muss der Arbeitnehmer nach § 5 ArbnErfG melden; diese kann der Arbeitgeber gegen Vergütung unbeschränkt oder beschränkt in Anspruch nehmen nach §§ 6, 7 ArbnErfG.

142 **Nachvertraglich** ist der Angestellte prinzipiell frei, redlich erworbenes Wissen anderweit für sich oder Dritte zu nutzen[3]. Es kann ihm aber ein entschädigungspflichtiges Wettbewerbsverbot nach §§ 74 ff. HGB (vgl. dazu die Kommentierung zu §§ 74 ff. HGB) auferlegt werden. Entschädigungslos darf die nachvertragliche Verwertung punktuell einzelner Betriebsgeheimnisse durch Vereinbarung ausgeschlossen werden[4]. Auch ohne Geheimhaltungsvereinbarung ist das betriebliche Know-how geschützt gegen künstliches Transferieren aus dem Unternehmen, z.B. durch Kopien und Disketten, aber auch durch gezieltes Auswendiglernen. Denn unredlich und unbefugt nach § 17 Abs. 2 UWG ist nach der Rechtsprechung eine Kenntnisverschaffung dann, wenn sie durch eine nicht im Rahmen der dienstvertraglichen Tätigkeit liegende nähere Beschäftigung mit den betrieblichen Unterlagen, sei es durch Zuhilfenahme technischer Mittel, sei es durch Anfertigung von Zeichnungen oder bloßes sich Einprägen derart gefestigt wird, dass der Beschäftigte im Stande ist, nach seinem Ausscheiden aus dem Betrieb davon Gebrauch zu machen. Dabei dürfen die Anforderungen an den Nachweis des unredlichen Erwerbs nicht überspannt werden[5]. Unbefugt verschafft sich auch, wer unbefugt behält, z.B. Daten, Kundenlisten des alten Arbeitgebers

---

1 BGH v. 1.7.1960 – I ZR 72/59, GRUR 1961, 40 – Wurftaubenpresse; BGH v. 7.11.2002 – I ZR 64/00, GRUR 2003, 356/358 – Präzisionsmessgeräte.
2 BGH v. 16.11.1954 – I ZR 180/53, NJW 1955, 463 – Anreißgerät; BGH v. 18.2.1977 – I ZR 112/75, NJW 1977, 1062 – Prozessrechner.
3 BGH v. 21.12.1962 – I ZR 47/61, BGHZ 38, 391 – Industrieböden; BGH v. 3.5.2001 – I ZR 153/99, GRUR 2002, 91 – Spritzgießwerkzeuge unter Ablehnung der vom BAG befürworteten, auch ungeschriebener nachvertraglicher Geheimhaltung aus arbeitsvertraglicher Treuepflicht.
4 BAG v. 16.3.1982 – 3 AZR 83/79, NJW 1983, 134 – Rezeptur einer Reagenz; BAG v. 25.4.1989 – 3 AZR 35/88, NJW 1989, 3237 zur vertraglichen und nachvertraglichen punktuellen Geheimhaltungsverpflichtung; OLG Frankfurt v. 21.4.1988 – 6 U 113/82, CR 1990, 589 – Zwei-Komponenten-Dichtstoff.
5 RG v. 17.3.1936 – II 223/35, GRUR 1936, 573 – Albertus Stehfix; BGH v. 19.11.1982 – I ZR 99/80, NJW 1984, 239 – Stapelautomat.

auf dem eigenen PC[1]. Außerdem kann die nachvertragliche Verwertung oder Mitteilung spezifischer Betriebsgeheimnisse dann, wenn der Arbeitnehmer das geheime Wissen nicht mitbegründet hat, fallweise auch aus § 3 UWG (früher § 1 UWG) verboten sein. Das ist z.B. erörtert worden für den Fall einer wichtigen betriebsgeheimen Rezeptur, die ein leitender, hochbesoldeter Angestellter aufgrund seiner Position erfuhr, um kurz darauf das Unternehmen zu verlassen und eine eigene Produktion aufzubauen[2]. Allgemein gibt es aber kein Verschwiegenheitsgebot und Verwertungsverbot zu Lasten des ausgeschiedenen Arbeitnehmers aus nachvertraglicher Treuepflicht[3].

Gegenüber freien Auftragnehmern ist mitgeteiltes Know-how durch den Schutz gegen **„Vorlagenfreibeuterei"** nach § 18 UWG gegen Weitergabe und eigennützige Verwendung für sich oder andere Auftraggeber geschützt. Auch hier müssen die Vorlagen Betriebsgeheimnisse sein, denn andernfalls könnten sie nicht anvertraut werden[4]. 143

Betriebsgeheimnis i.S.d. §§ 17, 18 UWG ist jede Kenntnis, die im Zusammenhang mit einem bestimmten Betrieb steht, nur einem begrenzten Kreis bekannt und in ihrer konkreten Ausformung nicht ohne weiteres Dritten zugänglich ist, und an welcher der betreffende Betriebsinhaber aufgrund eines berechtigten wirtschaftlichen Interesses ein Geheimhaltungsinteresse hat[5]. Die Erfahrbarkeit durch Analyse des in Verkehr gebrachten Produktes mag patentrechtliche Neuheit beseitigen[6], hebt aber den Charakter als Betriebsgeheimnis für den wettbewerblichen Know-how-Schutz nicht auf, denn dafür genügt es, dass das Produkt in seiner konkreten Zusammensetzung oder Gestaltung beliebigen Dritten nicht ohne weiteres erkennbar ist. Der Schutz der konkreten Ausprägung des Betriebsgeheimnisses und der 144

---

1 BGH v. 19.12.2002 – I ZR 119/00, GRUR 2003, 453 – Verwertung von Kundenlisten; BGH v. 27.4.2006 – I ZR 126/03, GRUR 2006, 1044 – Kundendatenprogramm.
2 BGH v. 21.12.1962 – I ZR 47/61, BGHZ 38, 391 – Industrieböden – zur nachvertraglichen Verwertung eines Kunststeinbodenrezeptes durch einen leitenden Angestellten, der nach kurzfristiger Tätigkeit im Unternehmen wieder ausgeschieden ist; BGH v. 19.11.1982 – I ZR 99/80, NJW 1984, 239 – Stapelautomat – zum Verstoß gegen § 1 UWG, weil der nachvertraglich vertriebene Stapelautomat während der Beschäftigungsdauer unerlaubt gebaut worden war; andererseits BGH v. 3.5.2001 – I ZR 153/99, GRUR 2002, 91 – Spritzgießwerkzeug: kein nachvertragliches Verwertungsverbot jenseits von § 1 UWG (§ 3 UWG).
3 BAG v. 19.5.1998 – 9 AZR 394/97, DB 1999, 289; BGH v. 3.5.2001 – I ZR 153/99, GRUR 2002, 91 – Spritzgießwerkzeug.
4 BGH v. 10.7.1963 – Ib ZR 21/62, NJW 1963, 2120 – Petromax II.
5 RG v. 17.3.1936 – II 223/35, GRUR 1936, 573, 576 – Albertus Stehfix; RG v. 22.11.1935 – II 128/35, RGZ 149, 329 – Stiefeleisenpresse; BGH v. 15.3.1955 – I ZR 111/53, DB 1955, 453 – Möbelpaste; BGH v. 7.1.1958 – I ZR 73/57, NJW 1958, 671 – Petromax I; BGH v. 7.11.2002 – I ZR 64/00, GRUR 2003, 356, 358 – Präzisionsmessgeräte; LG Stuttgart v. 2.7.1990 – 3 Qs 57/90, NJW 1991, 441 sowie BayObLG v. 28.8.1990 – RReg 4 St 250/89, NJW 1991, 438 für Steuerprogramme von Geldspielautomaten als Betriebsgeheimnisse.
6 EPA, Große Beschwerdekammer, v. 18.12.1992 – G 1/92, ABl. EPA 1993, 277 = GRUR Int. 1993, 698 – neuheitsschädlich ist die analysierbare chemische Zusammensetzung eines auf dem Markt befindlichen Erzeugnisses; BPatG v. 21.7.1983 – 3 Ni 48/82, BPatGE 28, 73 – Thrombosol.

durch konkrete Vorkehrungen betätigte Geheimhaltungswillen wird durch Art. 39 TRIPS in Anknüpfung an angelsächsische Know-how-Schutzprinzipien gefordert. Art. 39 TRIPS ist für die Auslegung und Anwendung des innerstaatlichen Rechtes ein internationaler Maßstab[1].

145 Wird ein bisher geheimes technisches Wissen durch die Benutzung im Produkt ohne weiteres für jedermann **offenkundig**, so endet allerdings das Betriebsgeheimnis und damit der Know-how-Schutz[2]. Nachfolgende notwendige Bekanntgabe im Rahmen einer Patentanmeldung schließt jedoch Lizenzvereinbarungen über die Anmeldung nicht aus[3].

b) Formen der Know-how-Lizenz

146 Aus dem nicht absoluten, sondern nur wettbewerblichen Schutz gegen unlautere Aneignung ergibt sich notwendigerweise, dass die nur duldende **Negativ-Lizenz** bei Know-how nicht auftreten kann, denn die selbstentwickelte Ausführungsform eines Dritten ist von Haus aus frei von Know-how-rechtlichen Verbietungsansprüchen.

147 Die Know-how-Lizenz ist vielmehr **immer eine positive Benutzungslizenz**, mit der der Lizenznehmer in Stand gesetzt werden soll, eine konkrete Ent-

---

[1] TRIPS = Trade Related Aspects of Intellectual Property Rights Including Trade in Counterfeit Goods (TRIPS) v. 15.4.1994 als Bestandteil der WTO, veröffentlicht in GRUR Int. 1994, 128 Beck'sche Textsammlung gewerblicher Rechtsschutz Nr. 500.1.
Art. 39 TRIPS:
„(1) Bei der Sicherung eines wirksamen Schutzes gegen unlauteren Wettbewerb, wie er in Art. 10 bis der Pariser Verbandsübereinkunft (1967) vorgesehen ist, schützen die Mitglieder nicht offenbarte Informationen nach Maßgabe des Abs. 2 und Regierungen oder Regierungsstellen vorgelegte Daten nach Maßgabe des Abs. 3.
(2) Natürliche und juristische Personen haben die Möglichkeit, zu verhindern, dass Informationen, die rechtmäßig unter ihrer Kontrolle stehen, ohne ihre Zustimmung auf eine Weise, die den anständigen Gepflogenheiten in Gewerbe und Handel zuwiderläuft, Dritten offenbart, von diesen erworben oder benutzt werden, solange diese Informationen
a) in dem Sinne geheim sind, dass sie entweder in ihrer Gesamtheit oder in der genauen Anordnung und Zusammenstellung ihrer Bestandteile Personen in den Kreisen, die üblicherweise mit den fraglichen Informationen zu tun haben, nicht allgemein bekannt oder leicht zugänglich sind,
b) wirtschaftlichen Wert haben, weil sie geheim sind und
c) Gegenstand von den Umständen nach angemessenen Geheimhaltungsmaßnahmen seitens der Personen waren, unter deren Kontrolle sie rechtmäßig stehen.
(3) Mitglieder, in denen die Vorlage nicht offenbarter Test- oder sonstiger Daten, deren Erstellung beträchtlichen Aufwand verursacht, Voraussetzung für die Marktzulassung pharmazeutischer oder agrochemischer Erzeugnisse ist, in denen neue chemische Stoffe verwendet werden, schützen diese Daten vor unlauterem, gewerblichem Gebrauch. Darüber hinaus schützten die Mitglieder solche Daten vor Offenbarung, es sei denn, dass diese zum Schutz der Öffentlichkeit notwendig ist, oder dass Maßnahmen ergriffen werden um sicherzustellen, dass die Daten vor unlauterem gewerblichen Gebrauch geschützt werden.".
[2] BGH v. 18.3.1955 – I ZR 144/53, BGHZ 17, 41 – Kokillenguss.
[3] BGH v. 8.7.1975 – X ZR 74/72, GRUR 1976, 140 – Polyurethan.

wicklung des Lizenzgebers auch seinerseits zu nutzen. Das wirksame Benutzungsrecht zu verschaffen, bringt für den Lizenzgeber die Pflicht mit sich, den Know-how aktiv zu vermitteln, also Entwurfs- und Fertigungspläne, Rezepturen, Versuchsprotokolle und EDV-Programme, im Zweifel ohne Zusatzkosten, zur Verfügung zu stellen. Soweit nichts anderes vertraglich geregelt ist, wird man den Lizenzgeber auch zur Beratung, Einweisung und Einarbeitung für verpflichtet halten, solange dies ohne unzumutbare Eigenbelastung wie übermäßige Fehlzeiten im eigenen Betrieb oder längere Auswärtsaufenthalte machbar ist. Längere auswärtige Assistenz muss hingegen vereinbart werden und begegnet häufig in der Form, dass für eine begrenzte Dauer der Lizenzgeber die Lohnkosten entsandten Personals trägt und der Lizenznehmer Reise- und Aufenthaltskosten. Ein schriftliches Inventar über das vermittelte Wissen, also Zeichnungen, Rezepturen usw. kann kartellrechtlich zur Identifizierung des Know-hows nach Art. 1 Abs. 1 lit. i GVTT sowie steuerlich bei Know-how-Verträgen im Konzern nötig sein, um Angemessenheit von Leistung und Gegenleistung auszuweisen.

Die Know-how-Lizenz kann **einfach, ausschließlich oder beschränkt ausschließlich** sein. Die einfache Know-how-Lizenz ist jedoch verhältnismäßig selten, weil eine vielfache Lizenzvergabe an einfache Lizenznehmer den Geheimnischarakter des Know-hows in Gefahr bringt. 148

Die wesentlich häufigere ausschließliche oder beschränkt ausschließliche Know-how-Lizenz tritt auf als reine Know-how-Lizenz oder als **gemischte Know-how-/Patent-Lizenzvereinbarung**. Positive Patentlizenzvereinbarungen sind vielfach mit gleichzeitigen Know-how-Lizenzierungen gemischt. 149

Die **ausschließliche Know-how-Lizenz** kann wegen des Charakters des Know-hows nicht absolut ausschließlich sein in dem Sinn, dass der Lizenznehmer auch vor Drittfertigungen absolut geschützt wäre. Infolgedessen impliziert die ausschließliche Lizenz am Know-how auch kein Klagerecht gegen Dritte. 150

c) Kartellrechtliche Lizenzierungsanforderungen

Vom freien, unbeschränkten Wettbewerb aus erscheinen beschränkende Nutzungsvereinbarungen aus Anlass einer unbestimmten Know-how-Mitteilung suspekt. Anders als das geschriebene Patent ist Know-how schwer fassbar und könnte auch ein bloßes Etikett für eine **Marktaufteilung** abgeben. Für Zwecke der kartellrechtlichen GruppenfreistellungsVO wird Know-how in Art. 1 Abs. 1i GVTT definiert als eine Gesamtheit nicht patentierter, praktischer Kenntnisse, die geheim, wesentlich und schriftlich identifiziert sind. 151

Für reine und gemischte Know-how-Lizenzverträge gilt die GVTT Nr. 772/2004[1]. Für die Zwecke der Gruppenfreistellung gilt eine etwas **enge-** 152

---

[1] GVTT v. 27.4.2004, ABl. EU Nr. L 123, 11; abgedruckt im Anhang, S. 2715 ff.

re **Know-how-Definition.** Es muss sich nach den Definitionen in Art. 1 Abs. 1 lit. i) GVTT handeln um Know-how, das qualifiziert ist als

- **geheim**, nämlich derart, dass das Know-how nicht allgemein bekannt und leicht zugänglich ist[1].

- **wesentlich**, nämlich für die Produktion der Vertragsprodukte von Bedeutung und nützlich. Das soll bedeuten, dass das Know-how die Produktion der Vertragsprodukte wesentlich erleichtert, und dass Verfahrens-Know-how für das Verfahren notwendig sei[2].

- **identifiziert**, nämlich „dass überprüft werden kann, ob das lizenzierte Know-how die Merkmale, „geheim" und „wesentlich" erfüllt. Dazu soll das Know-how schriftlich beschrieben werden. Besteht es aber nur in praktischen, durch Schulung weitergebbaren Kenntnissen, so reicht auch eine allgemeine Beschreibung mit Nennung der Schulungspersonen aus[3].

153 Durch diese Qualifizierungen soll überprüfbar verhindert werden, dass unter dem Vorwand der Know-how-Übertragungen keine **Wettbewerbsbeschränkungen** und insbesondere **Marktaufteilungen** vereinbart werden. Maßgeblich ist die wirtschaftliche Werthaltigkeit. Das kommt in der besonderen Nützlichkeit des Wettbewerbsvorsprungs beim Qualifikationsmerkmal „wesentlich" zum Ausdruck.

7. Nachbauverträge

a) Gegenstand

154 Bei den Nachbauverträgen geht es um die Nutzung von allgemein verfügbarem Wissen einerseits und um die Verkürzung des Umsetzungsprozesses andererseits. Diese Verträge kommen als **Anlernverträge** bei der Weitergabe einer eingefahrenen Technologie in andere Regionen vor. Sie begegnen aber auch als lizenzweise Nutzung eingerichteter Produktionswerkzeuge. So richten Fassaden- und Profilhersteller für ihre Profilsysteme Werkzeuge meist bei anderen Herstellern, z.B. Aluminiumwerken, ein und gestatten anderen Fassadenbauern, gegen Lizenzzahlung aus den gleichen Werkzeugen die in den Feintoleranzen aufeinander abgestimmten Fenster- und Fassadenprofile zu beziehen. Die Profile und ihre Toleranzen sind an sich offen zugänglich. Die Gesamtheit eines Profilsystems mag freilich nach Art. 1 (1) i) GVTT geheim sein in dem Sinne, dass das System insgesamt in seiner Zusammensetzung und seinen Bestandteilen nicht leicht zugänglich ist; es wird aber auch Produkte geben, die auch diese Geheimnisschwelle unterschreiten.

---

[1] Leitlinien-TT. Tz. 47, ABl. EG Nr. C 101/2004, 2, ebenso wie schon früher Art. 10 Nr. 2 der TTVO v. 1.1.1996; ähnlich die Know-how-Definition in Art. 2 Nr. 10 der F&E-GVO, abgedr. im Anhang, S. 2706 ff.
[2] Leitlinien-TT Tz. 47.
[3] Leitlinien-TT Tz. 47.

b) Rechtsfolgen

Solche Nachbauverträge ohne deckendes geheimes Know-how waren schon im alten deutschen Kartellrecht gestattet, obwohl es grundsätzlich nur erlaubte, was schutzrechtsgedeckt war[1].

EG-rechtlich fallen Nachbauverträge, bei denen der zum Nachbau lizenzierte Gegenstand unterhalb der Geheimnisschwelle des Art. 1 Abs. 1 lit. i GVTT bleibt, aus der Gruppenfreistellung heraus, enthalten aber, wenn sie nicht mehr als eine Zahlungspflicht vorsehen, auch keine Wettbewerbsbeschränkung nach Art. 81 Abs. 1 EG. Regeln sie den Bezug aus vom Lizenzgeber eingerichteten Werkzeugen, so stellen sie eine Vereinbarung über gemeinsame Produktion dar, und sind nach Art. 1.4 Spezialisierungs-GVO gruppenfreigestellt[2], wenn der Marktanteil der beteiligten Unternehmer 20 % nicht übersteigt. Bei höheren Marktanteilen ist es nach Tz. 96 ff. der horizontalen Leitlinien[3] eine Frage des Einzelfalls, je nach Konzentrationsgrad des betreffenden Marktes, Marktstärke der Beteiligten über 20 % hinaus, Kostenanteil des gemeinsamen Vorprodukts und Auswirkung auf Endproduktmärkte, ob ein Verstoß gegen Art. 81 Abs. 1 EG vorliegt. Wird der Nachbauvertrag mit Gebiets- oder Abnehmerbschränkung verbunden, so bedarf er der Einzelfreistellung.

155

Frei.

156–158

III. Beschränkende Vertragsklauseln

Im alten **deutschen Recht** betraf § 17 Abs. 1 GWB a.F. bei technischen Schutzrechten **Lizenznehmerbeschränkungen** im Geschäftsverkehr, die über den Inhalt des Schutzrechts, also über seinen Verbotsbereich hinausgehen. § 17 Abs. 1 S. 2 GWB a.F. sagte, dass Beschränkungen hinsichtlich Art, Umfang, Menge, Gebiet oder Zeit der Ausübung nicht über den Inhalt des Schutzrechts hinausgehen. § 17 Abs. 2 GWB a.F. betraf Lizenznehmerbeschränkungen, die als solche zwar nicht zum Inhalt des Schutzrechts gehören, aber kartellrechtlich zusätzlich erlaubt waren.

159

Im **europäischen Recht** gibt es eine Untergliederung nach Klauseln inner- oder außerhalb des Schutzinhaltes nicht. Aber das, was bei Geltendmachung von Schutzrechten zum erlaubten Bestand des Schutzrechtes gehört, insbesondere das Recht des ersten Inverkehrbringens, kann auch lizenziert werden, während die Ausübung, insbesondere zur Verhinderung von Parallelimporten, auch lizenzrechtlichen Schranken unterworfen ist.

160

---

1 BGH v. 29.3.1984 – KZR 28/83, GRUR 1984, 753 – Stadler Kessel.
2 Spezialisierungs-GVO Nr. 2658/2000 v. 29.11.2000, ABl. EG Nr. L 304/2000, 3; Beck'sche Textausgabe Gewerblicher Rechtsschutz, Nr. 632.
3 Horizontale Leitlinien der Kommission, ABl. EG Nr. C 3/2001, 2.

1. Ausschließliche Lizenzen
a) Arten der Ausschließlichkeit

161 Folgende Arten der Ausschließlichkeit (Exklusivität) kann man unterscheiden: einmal die **Alleinlizenz** oder **sole license**. Bei ihr gibt es ausschließlich einen Lizenznehmer, aber daneben kann der Lizenzgeber selbst auch noch nutzen. Sodann gibt es die **voll ausschließliche Lizenz**, bei der auch der Lizenzgeber im Lizenzgebiet nicht mehr nutzen darf. Die Ausschließlichkeit kann sich beziehen auf ein zugewiesenes Gebiet oder auf zugewiesene bzw. ausgeschlossene Kunden.

162 Beide, voll ausschließliche Lizenz oder Alleinlizenz, können als **Gebietslizenzen** auf einzelne unter mehreren Schutzrechtsländern beschränkt sein oder für alle Schutzrechtsländer oder auch europaweit oder weltweit gelten. Bei mehreren Gebietslizenzen stellt sich dann das weitere Problem, wie die Gebiete von Alleinlizenznehmern oder voll exklusiven Lizenznehmern untereinander und gegenüber einem Vorbehaltsgebiet des Lizenzgebers zu respektieren sind.

163 Bei der ausschließlichen Gebietslizenz ist es möglich, dass jeder Lizenznehmer zwar nur in seinem Gebiet produzieren, aber **frei in andere Gebiete exportieren** darf. So definiert die GVTT in Art. 1 Abs. 1 lit. l „Exklusivgebiet"[1]. Das ist die Regel bei Lizenzen an Einbauprodukten, z.B. in der Automobilindustrie. Da mag z.B. Lizenznehmer A alleiniger oder voll exklusiven Lizenznehmer in Deutschland und B in Frankreich sein, gleichwohl werden sie ihre Autos frei auch in das andere Lizenzgebiet exportieren dürfen. Bei ausschließlichen Gebietslizenzen an Einbauprodukten wird es, wenn nichts ausdrücklich über den Export gesagt ist, im Wege der Auslegung nach §§ 133, 157 BGB i.d.R. nach den Umständen einer interessengerechten Auslegung entsprechen, dass der Export des Endprodukts frei ist. Ins Gewicht fällt der Umstand, dass die Endprodukte in ihrer Differenziertheit im Allgemeinen wiederum ihren eigenen Markt haben.

164 Bei Lizenzen für handelbare Endprodukte impliziert die ausschließliche Gebietslizenz hingegen ein **Exportverbot „erster Hand"**, nämlich des Lizenznehmers. Er darf nicht in fremde Gebiete exportieren. Im Sprachgebrauch der EG-Kommission sind das „Verkaufsbeschränkungen"[2]. Dabei unterscheidet das Kartellrecht zwischen fremdem Lizenzgebergebiet und fremden Lizenznehmergebieten. Ohne ein Exportverbot hätte kein anderer Gebietslizenznehmer sein Gebiet, wie versprochen, ausschließlich, denn das Endprodukt ist regelmäßig gleich oder ähnlich geprägt und so ein unmittelbares Konkurrenzprodukt. Die Ausschließlichkeit wäre also ausgehöhlt.

165 Bei den Exportverboten „erster Hand" ist wiederum zu unterscheiden zwischen einem Verbot **aktiver Verkäufe** in fremdem Gebiet, also dem Verbot,

---

1 GruppenfreistellungsVO für Technologietransfer-Vereinbarungen (GVTT) Nr. 772/2004, ABl. EU Nr. L 123, 11, abgedr. im Anhang, S. 2715 ff.
2 TT-Leitlinien Tz. 161 und Tz. 168 ff., ABl. EU Nr. C 101, 2.

dort Kunden anzusprechen, zu werben und Verkaufsniederlassungen zu unterhalten. Das ist bei Endprodukten regelmäßig ausgeschlossen und darf auch in weitem Umfang kartellrechtlich ausgeschlossen werden. Und dann sind zu unterscheiden die **passiven Verkäufe**, also die Bedienung unaufgeforderter Anfragen aus dem fremdem Gebiet. Passive Verkäufe sollen kartellrechtlich nicht oder nur zeitlich begrenzt verboten werden dürfen.

Schließlich mag die Abgrenzung der exklusiven Gebiete so weit gehen, dass **Parallelexporte** beziehungsweise **Parallelimporte** unterbunden werden, also Querlieferungen von in einem Exklusivgebiet gekauften Produkten durch den Käufer in ein anderes Exklusivgebiet. Solche Parallelimporte, ebenso wie Parallelexporte, müssen, das ist eine kartellrechtliche Anforderung, möglich bleiben. 166

b) Kartellrecht und Gruppenfreistellung

aa) Entwicklung

Am Anfang der kartellrechtlichen Beurteilung stand die sog. Weihnachtsbekanntmachung der Kommission vom 24.12.1962[1]. Sie folgte, ebenso wie das deutsche Kartellgesetz, dem aus dem US-Antitrust-Recht übernommenen Prinzip, dass vertragliche Beschränkungen, die dem Inhalt des Schutzrechts entsprechen, keine zusätzlich relevanten Wettbewerbsbeschränkungen darstellen. Die Verlagerung der Ausschließlichkeit auf einen Lizenznehmer war danach keine Wettbewerbsbeschränkung nach Art. 85 Abs. 1 EWGV (heute Art. 81 Abs. 1 EG)[2]. Ab 1972 kehrte die Kommission sich in ihrer **Entscheidungspraxis** von dieser liberalen Haltung ab. Sie betrachtete die Alleinlizenz wie auch die voll ausschließliche Lizenz dem Grunde nach als Wettbewerbsbeschränkungen nach Art. 85 Abs. 1 EGV/ Art. 81 Abs. 1 EG, die aber entweder nicht spürbar waren oder nach 85 Abs. 3 EGV = 81 Abs. 3 EG freigestellt werden konnten. Die Kommission argumentierte, dass voll ausschließliche und Alleinlizenzen dem Grunde nach deshalb Wettbewerbsbeschränkungen seien, weil sie andere Lizenznehmer und/oder den Lizenzgeber selbst als weitere Wettbewerber ausschlössen. In der Freistellung verfuhr die Kommission großzügig[3]. 167

---

1 Kommission, ABl. 1962, 2922 = GRUR Int. 1963, 26, Exklusivgebietslizenz.
2 A 4. b) und E der Weihnachtsbekanntmachung.
3 Kommission v. 22.12.1971, GRUR Int. 1972, 172 – Burrough/Geha; Kommission v. 9.7.1972, GRUR Int. 1972, 374 – Raymond/Nagoya – Alleinlizenz jedoch ohne spürbare Inner-EG-Auswirkungen; Kommission v. 9.6.1972, ABl. EG Nr. L 1972, 143, 31 – Davidson Rubber – Netz von Gebiets-Produktionslizenzen ohne Exportbeschränkungen: Art. 85 Abs. 1 EWGV aber freigestellt; Kommission v. 18.7.1975, GRUR Int. 1975, 449 – Kabelmetall/Luchaire: Alleinproduktionslizenz für ein Gebiet ohne Exportbeschränkung – freigestellte Wettbewerbsbeschränkung; Kommission v. 18.7.1975, GRUR Int. 1975, 449 – AOIP/Beyrard: Gebietsexklusivlizenz, Wettbewerbsbeschränkung aber an sich freistellungsfähig; Kommission v. 15.12.1986, GRUR Int. 1987, 587 – Boussois/Interpane: exklusive Know-how Gebietslizenz: Wettbewerbsbeschränkung aber freigestellt; Kommission v. 22.12.1987, ABl. 1988 L 69/21 – Rich Products/Jus rol: exklusive Know-how-Gebietslizenz: Spezialfleckentfernungsmittel: exklusive Know-how-Gebietslizenz, Wettbewerbsbeschränkung

Vor einer GruppenfreistellungsVO beschloss die Kommission dann, die Entscheidung des EuGH im damals anhängigen Maissaatgutfall abzuwarten.

168 Im **Maissaatgutfall** hatte die französische Saatzuchtanstalt INRA mit dem Deutschen Eisele und seiner Firma Nungesser einen exklusiven Sortenschutz-Lizenzvertrag geschlossen, den dann ein französischer Vermarkter, also Wettbewerber, übernahm und fortführte. Nach Art. 1 des Vertrags erhielt der Lizenznehmer das ausschließliche Vertriebsrecht für die INRA-Sorten in Deutschland. Nach Art. 5 sollte INRA dafür sorgen, dass sonstige Ausfuhren der INRA-Maissorten nach Deutschland verhindert werden. Ein französischer Parallelexporteur wurde durch Drohungen am Export von in Frankreich legal gekauftem Mais gehindert. Ein deutscher Parallelimporteur verpflichtete sich in einem gerichtlichen Vergleich, weitere Parallelimporte aus Frankreich zu unterlassen. Nungesser hatte anfangs 50 % später über 25 % Marktanteil in Deutschland.

Der französische Parallelexporteur erhob Beschwerde bei der Kommission. Diese hielt eine voll ausschließliche Gebietslizenz für eine Wettbewerbsbeschränkungen unter Art. 85 Abs. 1 EWG, stellte aber die offene Gebietslizenz (Art. 1 des Lizenzvertrags) nach Art. 85 Abs. 3 EWGV frei[1]. Dagegen klagten die Lizenznehmer für Deutschland.

Der EuGH[2] hob die Kommission auf hinsichtlich der Verpflichtung von INRA oder ihrem Rechtsnachfolger, die lizenzierten Sorten weder selbst noch durch andere Lizenznehmer in Deutschland erzeugen oder verkaufen zu lassen. Zur Ausschließlichkeit urteilte er, dass eine offene Lizenz ohne Parallelexportverbote für Dritte oder Exportverbote für Lizenznehmer keine Wettbewerbsbeschränkung sei, hingegen eine Lizenz mit Parallelexportverbot eine nicht freistellungsfähige Wettbewerbsbeschränkung darstelle[3]. Eine voll ausschließliche Gebietsvertriebslizenz erster Hand ist auch unter Wettbewerbern kein Verstoß gegen Art. 85 Abs. 1 EWGV, wohl aber ein Aus-

---

aber freigestellt; Kommission v. 14.12.1998, ABl. EG 1999 Nr. L 4, 27 – Sicasov Musterverträge: Saatgutlizenz mit Exportverbot: Wettbewerbsbeschränkung aber freigestellt, wenn Parallelexporte von Kunden nicht behindert werden. Wettbewerbsbeschränkung aber freigestellt; Kommission v. 13.10.1988, GRUR Int. 1989, 220 – Delta Chemie/DDD.

1 Kommission v. 21.9.1978, GRUR Int. 1979, 109.
2 Maissaatgut v. 8.6.1982 – Rs. 258/78, Slg. 1982, 2015 = GRUR Int. 1982, 530 mit Anm. *Axster*, GRUR Int. 1982, 646, der die Unsicherheit über Exportverbote für die Lizenznehmer beleuchtet.
3 EuGH, Maissaatgut, Tz. 58: „In Anbetracht der Besonderheiten der fraglichen Erzeugnisse gelangt der Gerichtshof zu der Auffassung, dass in einem Fall wie dem vorliegenden die Vergabe einer offenen ausschließlichen Lizenz, also einer Lizenz, welche die Stellung Dritter, wie der Parallelimporteure und Lizenznehmer für andere Gebiete, nicht betrifft, als solche nicht unvereinbar mit Art. 85 (1) EWG (= Art. 81 (1) EG) ist." Tz. 60: ...„Führt der einem Lizenznehmer gewährte absolute Gebietsschutz, der die Überwachung und Verhinderung von Paralleleinfuhren ermöglichen soll, zur künstlichen Aufrechterhaltung getrennter nationaler Märkte, so ist das mit dem EWG-Vertrag unvereinbar" – und auch nicht freistellungsfähig, weil ein absoluter Gebietsschutz für den technischen Fortschritt nicht unerlässlich ist."

schluss von Parallelimporten oder -exporten auf der zweiten Stufe der Abnehmer. Unklar blieben die Exportverbote für Lizenznehmer: in Tz. 53 und Tz. 58 finden sich Formulierungen, dass die Verhinderung des Exports seitens anderer Lizenznehmer zum verbotenen absoluten Gebietsschutz führe, der Tenor und Tz. 57 sprachen hingegen dafür, dass das Verbot von Lizenznehmerexporten in fremde Gebiete legitimer Bestandteil einer offenen, ausschließlichen Lizenz ist.

Daraufhin erließ die Kommission am 23.7.1984 die erste **Patentlizenz-GruppenfreistellungsVO 1984**[1] mit einer Grundfreistellung in Art. 1. Der folgt dann in Art. 2 eine Liste „weißer" Klauseln und in Art. 3 eine solche „schwarzer", freistellungsschädlicher Klauseln, darunter in Art. 3 Nr. 11 das Verbot, Parallelimporte bzw. -exporte von Abnehmern zu behindern. 169

Am 30.11.1988 folgte dann die, bis auf Nuancen, parallele Freistellungsregelung für Know-how-Vereinbarungen[2]. Beide Freistellungsverordnungen ermöglichten eine auskömmliche Praktizierung von Lizenzvereinbarungen. Das Massenproblem der Anmeldungen und Freistellungsanträge nahm drastisch ab.

In der 1996 folgenden Patentlizenz- und Know-how **GruppenfreistellungsVO 1996**, GVO Nr. 240/96[3], sah die Kommission eine ähnlich umfassende Freistellung der Ausschließlichkeit vor wie in der früheren GVO 1984 und ohne diese Freistellung von – von den interessierten Kreisen heftig bekämpften – Marktanteilsgrenzen abhängig zumachen. Nach Art. 1 Nr. 1–4 waren die Alleinlizenz wie auch die volle ausschließliche Lizenz freigestellt. In Art. 1 Nr. 5 wurde das Exportverbot mit aktiver Verkaufspolitik freigestellt. In Art. 1 Nr. 6 wurde das passive Verkaufsverbot für einen Zeitraum von fünf Jahren ab erstem In-Verkehr-Bringen in der EU freigestellt. 170

bb) Ausschließliche Lizenzen in der GVTT 2004

Die Erteilung ausschließlicher Lizenzen ist in der GVTT 2004 und den zugehörigen Leitlinien wesentlich liberalisiert worden. Das Argument, dass die Exklusivlizenz schon deshalb eine Wettbewerbsbeschränkung nach Art. 81 Abs. 1 EG sei, weil der Lizenzgeber sich selbst als Mitbewerber und weitere Interessenten ausschließe, tritt nicht mehr explizit auf, schwingt nur noch bei der Behandlung wechselseitiger Ausschließlichkeiten unter Wettbewer- 171

---

1 Verordnung (EWG) Nr. 2349/84 der Kommission v. 23.7.1984 über die Anwendung des Art. 85 Abs. 3 des Vertrages auf Gruppen von Patentlizenzvereinbarungen, ABl. EG 1984 Nr. L 219, 15 = GRUR Int. 1984, 606 mit Erläuterungen, auch über den Werdegang von *Albrechtskirchinger* GRUR 1984, 565 und *Axster*, GRUR 1985, 581; *Bohlig*, GRUR Int. 1986, 97.
2 Verordnung (EWG) Nr. 556/89 der Kommission v. 30.11.1988 zur Anwendung von Art. 85 Abs. 3 des Vertrages auf Gruppen von Know-how-Vereinbarungen, ABl. EG 1989 Nr. L 61, 1.
3 Verordnung (EG) Nr. 240/96 der Kommission v. 31.1.1996 zur Anwendung von Art. 85 Abs. 3 des Vertrages auf Gruppen von Technologietransfer-Vereinbarungen, ABl. EG 1996 Nr. L 31, 2 = GRUR Int. 1996, 642, abgedruckt in der Voraufl. als Anhang 4.

bern mit. Der grundsätzliche **Beurteilungsansatz**, der vor allem bei der Selbstveranlagung wichtig wird, wenn die Gruppenfreistellung nicht greift, ist die doppelte Fragestellung: (1) Schränkt die Lizenzvereinbarung den tatsächlichen oder potenziellen Wettbewerb ein, der ohne die fragliche Vereinbarung bestanden hätte? Und/oder (2): Beschränken Klauseln den tatsächlichen oder potenziellen Wettbewerb, der ohne die vertraglich festgelegten Beschränkungen bestanden hätte, ohne dass diese Klauseln vernünftigerweise objektiv notwendig waren[1]? Nach dieser Rule of reason werden Gebietsbeschränkungen zwischen Nicht-Wettbewerbern als für eine gewisse Zeit erforderlich toleriert, damit sich der Lizenznehmer den neuen Markt erschließen kann. Investitionsschutz des Lizenznehmers wird hingegen erst bei Art. 81 Abs. 3 EG einbezogen. Bei den Beschränkungsfragen für Art. 81 Abs. 1 EG wird, besonders unter Wettbewerbern, die Marktstärke der Beteiligten mitbewertet[2]. Naturgemäß können Gebietsbeschränkungen nur freigestellt sein, solange das Gebiet schutzrechtsgedeckt ist oder geheimes Know-how besteht; das steht schon in der Grundfreistellung in Art. 2 Abs. 2 GVTT.

172 In der Anwendung dieser Grundsätze kommt die Kommission zu einer gestaffelten Bewertung der Ausschließlichkeit:

(1) Am liberalsten ist sie für **Lizenzverträge unter Nicht-Wettbewerben**: dann sind nur passive Verkäufe in andere Lizenznehmergebiete über zwei Jahre hinaus nach Art. 4 Abs. 2 lit. b GVTT nicht freigestellt. Die zwei Jahre rechnen ab Lizenzerteilung für das andere Gebiet. Oberhalb der 30 % Marktanteilsschwelle wird bei Nicht-Wettbewerbern die Einschränkung aktiver Verkäufe in andere Lizenzgebiete aus Gründen des Investitionsschutzes im Allgemeinen für berechtigt nach Art. 81 Abs. 3 EG angesehen, nicht aber eine zeitlich längere Dehnung der Beschränkung für passive Verkäufe[3]. Wichtig ist, dass auch Unternehmen, die ansich Konkurrenten sind, dann als Nicht-Wettbewerber gelten, wenn sie einander mit ihren Schutzrechten sperren können, denn nach der Wettbewerber-Definition in Art. 1 Abs. 1 lit. j GVTT sind Wettbewerber nur die, die ohne Verletzung ihr Konkurrenzprodukt vermarkten können. Bei abhängigen Erfindungen, typischerweise erfinderische Weiterentwicklungen, die oft erst die Voraussetzungen für den Marktzugang schaffen, ist das nicht der Fall, es sei denn, der Andere könnte schon mit einem Altprodukt konkurrieren.

173 (2) Bei **einseitigen Beschränkungen unter Wettbewerbern** ist die Freistellung schon eingeschränkter: die Ausschließlichkeit ist dem Grunde nach eine schwarze „Zuweisung von Märkten" nach Art. 4 Abs. 1 lit. c GVTT mit einer Reihe von Rückausnahmen für die Zulässigkeit in Art. 4 Abs. 1 lit. c

---

1 Leitlinien der Kommission zur Anwendung von Art. 81 EG auf Technologietransfer-Vereinbarungen (TT-Leitlinien), ABl. EG Nr. C 2004/101, 2, Tz. 12 entsprechend zu den Leitlinien der Kommission zur Anwendung von Art. 81 Abs. 3 EG, ABl. EG Nr. C 2004/101, 8 und ABl. EG Nr. C, 2004/101, 97, Tz. 18, abgedruckt als Anhang D in *Bechtold et al*, EG-Kartellrecht.
2 TT-Leitlinien Tz. 161–164.
3 TT-Leitlinien Tz. 172, 173, 174.

i–vii GVTT, zu denen es dann wieder Gegenausnahmen gibt. Danach sind Alleinlizenzen, exklusive Gebietsproduktionslizenzen ohne Vertriebsexklusivität und voll exklusive Vertriebslizenzen zulässig mit zwei Ausnahmen: passive Verkäufe dürfen nur in das Gebiet des Lizenzgebers untersagt werden, müssen ansonsten aber frei sein. Und: aktive Verkäufe in andere Lizenznehmergebiete müssen dann frei sein, wenn der andere Lizenznehmer zuvor Wettbewerber des Lizenzgebers war – Art. 4 Abs. 1 lit. c v GVTT. Aktive Verkäufe in das Lizenzgebergebiet dürfen hingen untersagt werden.

(3) Am engsten ist die Exklusivität eingeschränkt unter **Wettbewerben für wechselseitige Lizenzen**, Cross-Lizenzen, für konkurrierende Produkte[1]. Erlaubt sind zwar Alleinlizenzen – Ausnahme Art. 4 Abs. 1 lit. c iii zum Verbot der Marktzuweisung in Art. 4 Abs. 1 lit. c GVTT, aber alle anderen Rückausnahmen hin zur Zulässigkeit haben eine Gegenausnahme zu Lasten der wechselseitigen Lizenz, wenn sie für Konkurrenzprodukte eingeräumt wird. Schon wechselseitig exklusive Produktionsgebiete sind nicht freigestellt, erst recht nicht Beschränkungen der aktiven oder passiven Verkäufe in andere Gebiete. Die Kommission nimmt an, dass dann, wenn sich zwei in verschiedenen Mitgliedstaaten niedergelassene Unternehmen gegenseitig Lizenzen für konkurrierende Technologien erteilen und sich verpflichten, die Produkte nicht auf dem Heimatmarkt des Vertragspartners anzubieten, sie den vor der Vereinbarung bestehenden (potenziellen) Wettbewerb einschränken[2].

174

Nicht vorgekommen, nicht einmal bei den liberalen Exklusivitäten unter Nicht-Wettbewerbern, sind bisher **Beschränkungen des Parallelexports**, also die Auflage, Kunden den Export aus dem Lizenzgebiet in andere Gebiete zu untersagen, obwohl gerade das in dem Maissatgut-Urteil[3] des EuGH eine klar verbotene Beschränkung war. Unter Wettbewerbern ist das eine dem Grunde nach verbotene „Zuweisung von Märkten" ohne Rückausnahme in Art. 4 Abs. 1 lit. c GVTT, und für die Nicht-Wettbewerber brauchte der Punkt nicht geregelt zu werden, weil er die vertikalen Produktlieferbeziehungen zwischen Lizenznehmer und dessen Kunden betraf[4], und weil die Kundenparallellieferungen nach Art. 4 lit. b erster Spiegelstrich, Vertikal-GVO[5] frei bleiben müssen, denn Gebietsbeschränkungen für aktive Verkäufe sind danach nur zulässig, „sofern dadurch Verkäufe seitens der Kunden des Käufers nicht begrenzt werden."

175

Dem Beurteilungsansatz in den TT-Leitlinien, es bestände mehr Wettbewerb ohne die Exklusivlizenz[6], wird man als richtig folgen müssen, die

176

---

1 Zu „wechselseitigen Vereinbarungen" siehe die Definition in Art. 1 Abs. 1 lit. c resp. d GVTT.
2 TT-Leitlinien Tz. 12a), 163.
3 EuGH v. 8.6.1982 – Rs. 258/78, Slg. 1982, 2015 – Maissatgut – mit Anm. *Axster*, GRUR Int. 1982, 646.
4 TT-Leitlinien Tz. 62.
5 Vertikal-GVO Nr. 2790/1999 v. 22.12.1999, ABl. EG 1999 Nr. L 336, 21, abgedr. im Anhang, S. 2697 ff.
6 TT-Leitlinien Tz. 12 und oben Rn. 171.

Anwendung begegnet hingegen **Kritik**. In dem Beispiel der wechselseitigen Gebiets-Lizenz nimmt die Kommission an, dass andernfalls jeder der Konkurrenten seine konkurrierende Technologie in das Gebiet des Anderen hätte exportieren können. Das Gleiche müsste dann für jede Gebietsexklusivlizenz seitens eines Produzenten gelten, also auch für einseitige an Wettbewerber oder Nichtwettbewerber, denn der Lizenzgeber beraubt sich in aller Regel eines sonst potenziell möglichen Wettbewerbs im vergebenen Gebiet. In Wirklichkeit ist es aber nicht die Vereinbarung, die die Wettbewerbsbeschränkung bezweckt oder bewirkt, wie es Art. 81 Abs. 1 EG verlangt, sondern die Existenz des Monopolrechts, dessen geschützter Bestand es dem Inhaber vorbehält, wie und ob er dessen Gegenstand erstmals in Verkehr bringt[1], solange er die durch die Technologie etwa begründete marktbeherrschende Stellung nicht missbraucht[2] und den Weitervertrieb, für den das Schutzrecht erschöpft ist, nicht reglementiert[3]. Das Verbot, den Parallelexport zu beschränken, ist daher gerechtfertigt; alle anderen Beschränkungen der Exklusivität, zwischen Wettbewerben, gegenseitig oder einseitig, wie zwischen Nichtwettbewerbern, müssen sich in Wirklichkeit am Missbrauchsverbot des Art. 82 EG messen lassen, da sie auf dem Schutzrechtsmonopol beruhen, es sei denn Beschränkungen ergäben sich ohne rechtfertigende Rule of reason gerade aus der Vereinbarung. Die Rule of reason für manche Einschränkungen der Exklusivität sind besonders schwer nachzuvollziehen, z.B. die Nichtfreistellung des aktiven Verkaufs in fremde Lizenznehmergebiete, wenn der fremde Lizenznehmer zuvor Wettbewerber des Lizenzgebers war Art. 4 Abs. 1 lit. c v GVTT.

177–182 Frei.

c) Rechtsfolgen

aa) Klagerecht

183 Anders als der einfache Lizenznehmer hat der ausschließliche ein Klagerecht gegen Verletzer[4]. Der Lizenzgeber bleibt daneben klageberechtigt, wenn er, z.B. im Hinblick auf laufende Lizenzgebühren, ein eigenes schutzwürdiges wirtschaftliches Interesse gegenüber dem Verletzer besitzt[5]. Ihn trifft aber keine Klagepflicht. Das gilt auch gegenüber einfachen Lizenznehmern ohne eigenes Klagerecht, es sei denn zu deren Gunsten wäre eine

---

1 EuGH v. 31.10.1974 – Rs. 15/74, Slg. 1974, 1147 – Centrafarm ./. Sterling Drug; EuGH v. 5.10.1988 – Rs. 238/87, Slg. 1988, 6211 Tz. 8 – Volvo ./.Veng.
2 Also Folgemärkte, auf denen der Lizenzgeber nicht selbst oder durch andere Lizenznehmer tätig ist, ohne gerechtfertigten Grund beschränkt, vgl. oben Rn. 48.
3 EuGH v. 8.6.1982 – Rs. 258/78, Slg. 1982, 2015 – Maissaatgut.
4 RG v. 16.1.1904 – Rep. I. 373/03, RGZ 57, 38 – Bernardos'sches Schweißverfahren; RG v. 17.9.1913 – Rep. I 66/13, RGZ 82, 93 – Laufflecke für Absätze; RG v. 5.5.1911 – Rep. VII 433/10, RGZ 76, 235 – Klagerecht auch bei beschränkt ausschließlicher Lizenz; BGH v. 20.12.1994 – X ZR 56/93, GRUR 1995, 338 – Kleiderbügel.
5 BGH v. 23.3.1982 – KZR 5/81, BGHZ 83, 251 – Verankerungsteil; BGH v. 17.6.1992 – I ZR 182/90, NJW 1992, 2824 – Alf für Urheberrecht und Merchandising; BGH v. 20.12.1994 – X ZR 56/93, NJW 1995, 1905 – Kleiderbügel.

Meistbegünstigungsklausel vereinbart, die es verbietet, Dritten faktisch eine Freilizenz zu gewähren[1].

Der ausschließliche **Markenlizenznehmer** hat ein Klagerecht nur, wenn es ihm im Lizenzvertrag besonders eingeräumt ist oder der Lizenzgeber der Klage zustimmt, § 30 Abs. 4 MarkenG, Art. 22 Abs. 3 GMVO. Nach Art. 22 Abs. 3 GMVO kann der ausschließliche Lizenznehmer selbständig klagen, wenn er den Zeicheninhaber zuvor erfolglos mit angemessener Frist aufgefordert hat, Verletzungsklage zu erheben. 184

Jeder Lizenznehmer kann der Verletzungsklage des Markeninhabers **beitreten**, um seinen eigenen Schaden geltend zu machen, § 30 Abs. 4 MarkenG, Art. 22 Abs. 4 GMVO. Er ist nicht Nebenintervenient, auch nicht immer noch abhängiger, streitgenössischer Nebenintervenient, sondern normaler **Streitgenosse** nach § 60 ZPO[2]. Obwohl § 30 Abs. 4 MarkenG, Art. 22 Abs. 4 GMVO das Beitrittsrecht dem Lizenznehmer geben, „um den Ersatz seines Schadens geltend zu machen", versagt ihm der BGH eigene Schadensersatzansprüche und erlaubt nur Drittschadensliquidation durch den Lizenzgeber als Markeninhaber[3], weil § 14 Abs. 6 MarkenG nur dem Markeninhaber die Schadensersatzansprüche zuspreche. Aber dieser überwörtlichen Interpretation ist nicht zu folgen, weil sie einmal das eigene Klagerecht gem. § 30 Abs. 4 MarkenG, Art. 22 Abs. 3 GMVO entwertet, und zum anderen dem Anspruchsrecht des geschädigten Lizenznehmers widerspricht, das Art. 4 b) DurchsetzungsRL[4] dem Lizenznehmer ausdrücklich verleiht. Im Patentrecht, wo § 139 Abs. 2 PatG nur vom „Verletzten" spricht, sind eigene Schadensersatzansprüche des auch verletzten ausschließlichen Lizenznehmers unstreitig. 185

In der Praxis wird das Klagerecht des Lizenznehmers im Allgemeinen durch eine **Prozessstandschaftserklärung** ausgewiesen. Darin wird der Lizenznehmer zur Geltendmachung der Unterlassungsanprüche im eigenen Namen ermächtigt. Das ist möglich, wenn der Ermächtigte ein eigenes schutzwürdiges rechtliches oder wirtschaftliches Interesse hat wie z.B. der einfache oder ausschließliche Lizenznehmer[5]. Es ist üblich, dem ermächtigten Lizenznehmer zugleich alle Schadensersatzansprüche für Vergangenheit und Zukunft abzutreten, denn ohne eine solche Zusatzabtretung würde das Klagerecht des einfachen Lizenznehmers keine volle Aktivlegitimation für Schadensersatzansprüche, z.B. nach der Lizenzanalogie, umfassen. 186

---

1 BGH v. 29.4.1965 – Ia ZR 260/63, NJW 1965, 1861 – Wellplatten.
2 BGH v. 19.7.2007 – I ZR 93/04, GRUR 2007, 877 – Windsor Estate – Tz. 31.
3 BGH v. 19.7.2007 – I ZR 93/04, GRUR 2007, 877, Tz. 32 – Windsor Estate.
4 Richtlinie 2004/48/EG v. 29.4.2004 zur Durchsetzung der Rechte des geistigen Eigentums, ABl. EG 2004 Nr. L 195/16.
5 BGH v. 13.10.1994 – I ZR 99/92, DB 1994, 2440 – Nicoline – bejaht für die Konzernmutter; vgl. ferner *Zöller/Vollkommer*, vor § 50 ZPO Rn. 42 ff.

187 Der Lizenznehmer kann auch zum **Vorgehen gegen Verletzer** verpflichtet werden. In den TT-Leitlinien wird die Unterstützungspflicht als kartellrechtlich unbedenklich und nicht unter Art. 81 Abs. 1 EG fallend genannt[1]. Sinn macht sie nur in ausschließlichen Lizenzverträgen, denn bei der einfachen Lizenz würde eine Klagepflicht mit dem Lizenzierungsrecht des Lizenzgebers auch an den Verletzer kollidieren.

188 Schwierig ist die **Abgrenzung der Ansprüche**, wenn beide, lizenzgebender Schutzrechtsinhaber und ausschließlicher Lizenznehmer, ihre Ansprüche geltend machen. Sicher muss der Verletzer nur einmal voll, auch vollen Schadensersatz leisten. Einleuchtend ist die Meinung[2], dass Schutzrechtsinhaber und ausschließlicher Lizenznehmer für den Unterlassungsanspruch Gesamtgläubiger nach § 432 BGB und für die jeweiligen Schadensersatzansprüche Teilgläubiger sind. So kann der Schutzrechtsinhaber seinen Schaden an geminderten Lizenzeinnahmen geltend machen[3] und der Lizenznehmer seinen an Umsatzeinbußen. Dabei kann jeder Teilgläubiger die ihm passende Berechnungsart wählen. Dabei können sich die pauschalierenden Berechnungsarten „Lizenzanalogie" und „Herausgabe des Verletzergewinns" wieder überschneiden, also kumulieren. Deshalb muss sich der Lizenznehmer bei diesen Berechnungsarten anrechnen lassen, was der Verletzer schon an den Lizenzgeber geleistet hat[4].

189 Auch bei ausschließlichen Lizenzen ist für die Verteilung von **Schadensersatzeinnahmen** eine Regelung zweckmäßig. Häufig ist ihre Verwendung zuerst zur Deckung nicht erstatteter Kosten von Lizenznehmer und Lizenzgeber und alsdann ihre Aufteilung unter Lizenznehmer und Lizenzgeber. Die Vorabdeckung von Kosten des Lizenzgebers spielt deshalb eine Rolle, weil sich der Verletzer mit einem Angriff (Einspruch, Nichtigkeitsklage oder – bei Gebrauchsmustern – Löschungsantrag) auf das Schutzrecht wehren kann. Dessen Aufrechterhaltung und Verteidigung ist, wenn nicht anders vereinbart, Sache des Lizenzgebers. Im Gebrauchsmusterlöschungs- und Patentnichtigkeitsverfahren gibt es zwar eine weitgehende Kostenerstattung, im Allgemeinen jedoch nicht im nationalen oder europäischen Einspruchsverfahren.

190 Die Verletzungsklage des ausschließlichen Lizenznehmers kann zu Lasten des Lizenzgebers eine Nichtigkeitsklage auslösen. Wenn im Nichtigkeitsstreit eine Niederlage droht, muss der Lizenzgeber vorgesorgt haben, dass er vergleichsfähig bleibt trotz der eingeräumten Ausschließlichkeit. Er muss sich also als Ausnahme die vergleichsweise Einräumung einer weiteren Lizenz an einen Nichtigkeitskläger vorbehalten, wird dann aber dem ersten Lizenznehmer Meistbegünstigung einräumen müssen.

---

1 TT-Leitlinien Tz. 155, ebenso die TTVO 1996 in Art. 2 Abs. 1 Nr. 6 lit. b.
2 *Pahlow*, Anspruchskonkurrenz bei Verletzung lizenzierter Schutzrechte unter Berücksichtigung der Richtlinie 2004/48/EG, GRUR 2007, 1001.
3 BGH v. 5.7.2005 – X ZR 167/03, GRUR 2005, 935, 936 – Vergleichsempfehlung II.
4 *Benkard/Rogge/Grabinski*, § 139 PatG Rn. 58.

bb) Unterlizenzen

Während ein selbständiges Recht zur Vergabe von Unterlizenzen mit der einfachen Lizenz nicht verbunden ist, ist es eine **Auslegungsregel**, dass es im Zweifel **mit der ausschließlichen Lizenz einhergeht**[1]. Diese Regel ist aber nicht zwingend. Eine regional oder gegenständlich eingeschränkte ausschließliche Lizenz berechtigt nicht zur Vergabe von Unterlizenzen[2], weil sonst die Grenzen der Beschränkung schwerer kontrollierbar würden. Die Unterlizenzvergabe würde zu einem Vertrag zu Lasten des nicht beteiligten Schutzrechtsinhabers werden. Das Gleiche wird im Regelfall für die beschränkt ausschließliche Lizenz oder Alleinlizenz (Lizenzgeber plus ein Lizenznehmer) gelten, jedenfalls bei einer mengenmäßig zusätzlich beschränkten Lizenz (Quotenlizenz). 191

Es empfiehlt sich, die **Unterlizenzvergabe** ausdrücklich zu erlauben, eingeschränkt zu erlauben oder auszuschließen. Das Verbot der Unterlizenzvergabe wird in den TT-Leitlinien ausdrücklich nicht als Wettbewerbsbeschränkung behandelt[3]. Ist die Unterlizenzvergabe bei der voll ausschließlichen Generallizenz implizit oder ansonsten explizit erlaubt, so kann sie **keine weitergehenden Rechte als die Hauptlizenz** verleihen. Sie ist im Zweifel in Konkordanz mit der Hauptlizenz auszulegen. Sie erlischt regelmäßig mit der Hauptlizenz[4] ohne eine Produktionsauslauffrist für den von der Hauptlizenz abhängigen Unterlizenznehmer. Auslauffristen müssen gegebenenfalls vertraglich mit dem Hauptlizenzgeber vereinbart werden. 192

2. Art, Anwendungsbereich, Menge und Kunden

Eine Lizenz kann beschränkt sein nach der Handlungsart, z.B. nur Herstellung, Herstellung nur an einem bestimmten Ort (Standort- oder Betriebslizenz), Herstellung und Vertrieb nur einer abgewandelten Ausführungsform. Eine Lizenz kann auch im Anwendungsbereich beschränkt sein, z.B. auf bestimmte Produktklassen, sog. Field of use Beschränkungen. Schließlich gibt es unterschiedliche Mengenbeschränkungen, z.B. nur für den Eigenbedarf, nur für die eigenen Enderzeugnisse. Alle diese Beschränkungen werden in der GVTT und den Leitlinien[5] dazu als **Output-Beschränkungen** behandelt. Sodann gibt es **Kundenbeschränkungen**, etwa an einem anderen Lizenznehmer zugewiesene oder dem Lizenzgeber vorbehaltene Kunden nicht zu liefern. Kundenbeschränkungen behandelt die GVTT wie Exklusivlizenzen in Art. 4 Abs. 1 lit. c GVTT, hier als persönliche und nicht räumli- 193

---

1 RG v. 1.11.1933 – I 119/33, RGZ 142, 168 – Loseblätterbuch; BGH v. 7.11.1952 – I ZR 43/52, BGHZ 8, 16 – Reinigungsverfahren: für einen vollumfänglichen Exklusivvertrag mit Nutzung durch eine Beteiligungsgesellschaft des ausschließlichen Hauptlizenznehmers.
2 BGH v. 10.7.1986 – I ZR 102/84, GRUR 1987, 37 – Videolizenz: Eine auf Videoverwertung beschränkte Lizenz enthält kein Recht zur Unterlizenzvergabe.
3 TT-Leitlinien Tz. 155; früher weiße Klausel in Art. 2 Abs. 1 Nr. 2 TTVO 1996.
4 RG v. 1.11.1933 – I 119/33, RGZ 142, 168 – Loseblätterbuch.
5 Art. 4 Abs. 1, b GruppenfreistellungsVO Technologietransfer VO Nr. 772/2004, TT-Leitlinien Tz. 82, 83 und Tz. 175 ff.

che Exklusivität. Unterhalb der Marktanteilsschwellen von zusammen 20 % bei Wettbewerbern und je 30 % bei Nichtwettbewerbern[1], sind Outputbeschränkungen weitgehend freigestellt, bei Nichtwettbewerbern völlig und bei Wettbewerbern nach Art. 4 Abs. 1 lit. b GVTT, wenn sie nur für den oder die Lizenznehmer gelten und nicht für den Lizenzgeber. Selbst bei wechselseitigen Lizenzen über konkurrierende Technologien oder Produkte[2] sind Output-Beschränkungen freigestellt, wenn sie Vertragsprodukte betreffen[3] und nur zu Lasten des einen Vertragspartners als Lizenznehmer[4] gehen, denn freigestellt sind Outputbeschränkungen die dem Lizenznehmer in einer nicht wechselseitigen Vereinbarung oder einem Lizenznehmer in einer wechselseitigen Vereinbarung in Bezug auf die Vertragsprodukte auferlegt werden. Sind die Marktanteilsschwellen überschritten, so werden die verschiedenen Beschränkungen in den Leitlinien differenziert behandelt: Field of use Beschränkungen sind auch zu Lasten eines konkurrierenden Lizenznehmers durchweg erlaubt, Abnehmer- und Mengenbeschränkungen werden bei Wettbewerbern und abhängig von der Marktmacht kritischer gesehen als bei Nichtwettbewerbern[5]. Gelten solche Beschränkungen bei Exklusivlizenzen, so treten die dafür geltenden Beurteilungsmaßstäbe hinzu. Im Einzelnen begegnen beispielsweise folgende **Klauseln**:

194 Die Beschränkung, die Vertragsprodukte nur in **eigenen Enderzeugnissen**, nicht aber selbständig als Vorprodukte oder als Teile zu vertreiben, war früher in Art. 1 Abs. 1 Nr. 8 TTVO 1996 freigestellt. Die Beschränkung auf den Eigenbedarf ist heute unterhalb der Schwellenwerte gruppenfreigestellt, darüber sieht die Kommission sie im allgemeine als gerechtfertigt nach Art. 81 Abs. 3 EG an, wenn der Lizenzgeber selbst Zulieferer ist, weil er sich andernfalls selbst auf dem Zuliefermarkt Konkurrenten schaffen würde. Dem Lizenznehmer muss es aber erlaubt sein, die Vertragsprodukte als Ersatzteile für seine eigenen Erzeugnisse anzubieten[6].

195 Die Output-Beschränkung, die Vertragsgegenstände nur für den **eigenen Betrieb** des Lizenznehmers, also als Produktionsmittel nur bei der innerbetrieblichen Herstellung herzustellen und zu gebrauchen, war früher freigestellt nach Art. 2 Abs. 1 Nr. 12 TTVO 1996. Unterhalb der Marktanteilsschwellen ist sie auch heute freigestellt, Art. 4 Abs. 1 lit. c vi GVTT.

---

1 Art. 3 GVTT.
2 „Wechselseitige Vereinbarungen" sind nach den Definitionen Art. 1 Abs. 1 lit. c, d GVTT nur Cross-Lizenzen für konkurrierende Technologien oder Produkte.
3 „Vertragsprodukte" sind nach der Definition in Art. 1 Abs. 1 lit. e nur die Produkte, die mit der lizenzierten Technologie hergestellt werden. Darüber hinausgehende Outputbeschränkungen, die einem Wettbewerber-Lizenznehmer hinsichtlich seiner sonstigen Produktion auferlegt werden, sind nicht freigestellt. Vgl. auch TT-Leitlinien Tz. 82.
4 Vgl. auch *Bechtold et al*, EG-Kartellrecht, Art. 4 VO 772/2004 Rn. 11.
5 TT-Leitlinien Abschnitt 2.3 „Outputbeschränkungen" Tz. 175–178, 2.4 „Nutzungsbeschränkungen" Tz. 179–185, 2.5 „Beschränkung auf den Eigenbedarf" Tz. 186–190.
6 TT-Leitlinien Tz. 186 ff. insbesondere Tz. 188 und Art. 4 Abs. 1 lit. c vi GVTT.

Darüber sind sie einmal i.d.R. tolerierbare Eigenbedarfsbeschränkungen[1] wie auch meist gerechtfertigte Standortlizenzen[2].

Die Beschränkungen, die Lizenz nur in bestimmten Produktgrößen oder nur in einer bestimmten **Produktgestaltung**, z.B. als abgewandelte äquivalente Ausführungsform im Rahmen eines Lizenzvergleiches zu nutzen, waren früher als **Field of use**-Klauseln durch § 2 Abs. 1 Nr. 8 TTVO 1996 freigestellt und sind es heute unterhalb der Schwellenwerte durch Art. 4 Abs. 1 lit. c i und ii GVTT – erlaubte Beschränkung auf Anwendungsgebiete oder auf Produktmärkte unter Wettbewerbern. Sie sind völlig frei unter Nicht-Wettbewerbern. Die Lizenz für eine bestimmte, z.B. zuvor als Verletzung angegriffene äquivalente Ausführungsform fällt, unter Wettbewerbern, unter die Schwarze-Klausel-Ausnahme Art. 4 Abs. 1 lit. c ii GVTT – Beschränkung auf einen oder mehrere Produktmärkte. Über den Schwellenwerten sind einseitige Nutzungsbeschränkungen für den Lizenznehmer nach hier vertretener Ansicht schon keine kausal durch die Vereinbarung bewirkte Wettbewerbsbeschränkung, nach der Kommission sind sie i.d.R. gerechtfertigt nach Art. 81 Abs. 3 EG[3]. Auch wechselseitige Nutzungsbeschränkungen bei Cross-Lizenzen werden nicht als Verstoß gegen Art. 81 Abs. 1 EG angesehen, es sei denn infolge der Umrüstung auf eine beschränkt erlaubte Produktion würden andere Produktionen aufgegeben werden müssen[4]. 196

Die Beschränkung in der Handlungsart nur auf die **Herstellung**, nicht aber den Vertrieb, kommt insbesondere als Beschränkung auf Lohnherstellung für den Lizenzgeber vor. Dann handelt es sich seinem Wesen nach um einen Alleinbelieferungsvertrag, der, wenn der Lizenzgegenstand für den Besteller patentgeschützt ist, notwendigerweise eine Herstellungslizenz impliziert. Die Alleinbelieferungsverpflichtung an den Lizenzgeber fällt überhaupt nicht unter die GVTT, sondern ist freigestellt nach Art. 2 der Vertikal-GVO 2790/99[5]. 197

Die Beschränkung des Lizenznehmers nur auf ein bestimmtes **technologisches Gebiet**, z.B. bei einem elektronischen Bauteil nur auf den Einsatz bei Schwachstrom oder bei einer pharmazeutischen Substanz nur auf die Herrichtung als veterinärmedizinisches Produkt oder die Benutzung eines diagnostischen Mittels nur zu Forschungszwecken, nicht aber für gewerbliche diagnostische Dienstleistungen, wird als Nutzungsbeschränkung in den TT-Leitlinien behandelt[6]. EG-rechtlich sind solche Beschränkungen für den Lizenznehmer als Field-of-use-Klauseln nach Art. 2 Abs. 1 Nr. 8 TTVO 1996 198

---

1 TT-Leitlinien Tz. 186–190.
2 TT-Leitlinien Tz. 175.
3 TT-Leitlinien Tz. 182, 184.
4 TT-Leitlinien Tz. 183.
5 Verordnung EG Nr. 2790/99 der Kommission vom 22.12.1999 über die Anwendung von Art. 81 Abs. 3 des Vertrages auf Gruppen von vertikalen Vereinbarungen und aufeinander abgestimmten Verhaltensweisen, ABl. EG 1999 Nr. L 336, 21, abgedr. im Anhang, S. 2697 ff.
6 TT-Leitlinien Tz. 179–185, Anhang 5.

und bis zu den Schwellenwerden in Art. 4 Abs. 1 lit. c i, ii GVTT 2004 freigestellt. Oberhalb der Schwellenwerte werden Field-of-use-Beschränkungen an Nicht-Wettbewerber-Lizenznehmer in den Leitlinien als erlaubt behandelt[1], gegenüber einem Wettbewerbslizenznehmer als Schutz für das eigene technologische Betätigungsfeld in der Regel für gerechtfertigt angesehen[2], während gegen wechselseitige asymmetrische, also jeweils unterschiedliche Technologiefelder betreffende Field-of-use-Klauseln Bedenken erhoben werden[3], wohl weil eine solche Gestaltung einer Marktaufteilung in technischer Hinsicht nahe kommt. Wenn die Schutzrechte einer jeden Partei das jeweilige Gebiet für die andere Partei aber ansonsten sperren würden, so sind es die Schutzrechte und nicht die Vereinbarung, die den Wettbewerb auf das erlaubte Field of use wechselseitig beschränken. Daher stellt die Kommission auch darauf ab, ob die Field-of-use-Beschränkung wegen Produktionsumrüstung zu einer weitergehenden Einschränkung führt[4].

199 Die Beschränkung für den Lizenznehmer, die Lizenz nur in bestimmten **Leistungs- oder Produktklassen** zu nutzen, wird ebenfalls als Nutzungsbeschränkung gleich behandelt wie technologische Beschränkungen in der vorstehenden Ziffer.

200 **Mengenbeschränkungen** begegnete die EG-Kommission mit einem inzwischen rückgebauten Misstrauen aus der Sorge heraus, die Lizenznehmer könnten gerade auf die Mengen beschränkt werden, die ihr nationaler Markt aufnimmt, so dass auf diese Weise eine territoriale Marktaufteilung zementiert wird. Mit einer Reihe von Unterausnahmen waren daher Mengenbeschränkungen in Art. 3 Nr. 5 TTVO 1996 schwarz gelistet, sind heute aber unterhalb der Schwellenwerte selbst für einen Wettbewerber-Lizenznehmer nach Art. 4 Abs. 1 lit. b GVTT 2004 frei. Dort sind zwar Output-Beschränkungen dem Grundsatz nach schwarz gelistet, aber die Ausnahme dazu ist so umfassend, dass deren Einschränkung – nicht zu Lasten des Lizenzgebers und in wechselseitigen Vereinbarungen nicht für andere als schutzrechtsgedeckte Vertragsprodukte – kaum eine praktische Bedeutung hat. Auch oberhalb der Schwellenwerte anerkennt die EG-Kommission, dass gerade dann, wenn der Lizenzgeber auch Hersteller ist, er ein legitimes Interesse daran hat, seinen Lizenznehmer, wenn er ihm schon seine Technologie erlaubt, durch Mengenbeschränkungen von einer ungebremsten Konkurrenztätigkeit abzuhalten[5]. Kritisch, nämlich als Marktaufteilungen, sieht die EG-Kommission Kombinationen von Mengenbeschränkungen mit Exklusivgebieten oder Exklusivkunden[6].

---

1 TT-Leitlinien Tz. 184, 185.
2 TT-Leitlinien Tz. 182.
3 TT-Leitlinien Tz. 183.
4 TT-Leitlinien Tz. 183.
5 TT-Leitlinien Tz. 175, 178.
6 TT-Leitlinien Tz. 177.

Abnehmerbeschränkungen, nämlich die Verpflichtung, dass der Lizenznehmer die Vertragserzeugnisse nicht an bestimmte Abnehmer liefern darf – sei es weil der Lizenzgeber diese selbst ungestört beliefern will, sei es weil sie seine ungeliebten Konkurrenten sind – werden in Art. 4 Abs. 1 lit. c GVTT für Wettbewerber und in Art. 4 Abs. 2 lit. b GVTT (vgl. auch oben Rn. 36, 171) für Nichtwettbewerber gleich behandelt wie Gebietsexklusivitäten: also frei für Nichtwettbewerber, wenn passive Käufe von anderen Lizenznehmern zugewiesenen Kunden nach zwei Jahren erlaubt sind. Bei Wettbewerbern darf dem Lizenznehmer der aktive oder passive Verkauf an Kunden untersagt werden, die der Lizenzgeber sich vorbehalten hat, Art. 4 Abs. 1 lit. c iv GVTT, sowie der aktive Verkauf an Vorbehaltskunden anderer Lizenznehmer, es sei denn diese wären Wettbewerber des Lizenzgebers, Art. 4 Abs. 1 lit. c v GVTT. Warum aber in letzterem Fall die eingeschränkte Lizenzerteilung eine Wettbewerbsbeschränkung sein soll, ist nicht ganz einsichtig, wie es überhaupt nicht ganz einsichtig ist, wieso eine eingeschränkte Befreiung vom Patentverbot eine durch die Vereinbarung bewirkte Wettbewerbsbeschränkung nach Art. 81 Abs. 1 EG darstellen soll (vgl. oben bei „ausschließliche Lizenzen", Rn. 176). Nimmt man die Regelung der GVTT hin, so wird man den Lieferausschluss an ungeliebte Konkurrenten des Lizenzgebers wohl als zulässigen Ausschluss von Vorbehaltskunden des Lizenzgeber ansehen dürfen, denn ob und wie viel und aus welchen Motiven der Lizenzgeber ihnen liefert oder nicht liefert, ist seine Sache. Erlaubt sind ferner Abnehmerbeschränkungen, insbesondere die Beschränkung auf einen bestimmten Kunden im Rahmen einer Second-source-Lizenzregelung nach Art. 4 Abs. 1 lit. c vii und Abs. 2 lit. b iv GVTT. Schwarz gelistet sind lediglich für Wettbewerber wechselseitige Zuweisungen eines Kunden für den Bezug aus einer Second source. Auch hier ist nicht einsichtig, wieso eine solche Erlaubnis eine Wettbewerbsbeschränkung begründen soll. 201

Frei. 202–203

3. Zeit

a) Kürzere Lizenzzeit als Laufdauer

Innerhalb der Schutzrechtslaufdauer kann die Lizenz für kürzere Zeit abgeschlossen werden. Bei reinen Know-how-Verträgen gilt die Freistellung in Art. 2 GVTT 2004 für die Dauer der Geheimhaltung und darüber hinaus für die Dauer der Vereinbarung, wenn es der Lizenznehmer war, der die Geheimhaltung gebrochen hat. Innerhalb der Laufdauer unterliegt die **Zahlungshöhe** keiner kartellrechtlichen Kontrolle[1]. In Betracht kommen allenfalls, jedoch praktisch äußerst selten, zivilrechtliche Korrekturen nach § 138 BGB oder ein Missbrauchsverfahren nach Art. 82 EG. 204

---

1 EG-Kommission in TT-Leitlinien Tz. 156.

b) Lizenzen auf die Laufzeit

205 Zahlungspflichtige Vertragsdauer auf die Laufzeit des Schutzrechts ist eine häufige und zulässige Vereinbarung. Bei der Lizenzierung eines Schutzrechtspakets sind auch **Längstlaufklauseln** nach dem Anfangsbestand zulässig, also etwa die Klausel: „Der Vertrag läuft auf die Dauer des längstlaufenden Schutzrechts."[1] Ist die Laufdauer länderweise verschieden, so werden Verkäufe in schutzrechtsfreien Ländern unterschiedlich lizenzfrei, dies aber nur dann, wenn auch die Herstellung an der Quelle schutzrechtsfrei geworden ist, denn Herstellen ist die primäre Schutzrechtsbenutzung.

206 Streckt die Einbeziehung von **Verbesserungserfindungen** das Lizenzpaket, so musste nach Art. 8 Abs. 3 TTVO 1996 ein Sonderkündigungsrecht nach Ablauf der ursprünglichen Laufzeit und danach mindestens alle drei Jahre vorgesehen werden. Diese Einschränkung der Freistellung ist in der GVTT 2004 ersatzlos entfallen. Oberhalb der Schwellenwerte kann ein solches Kündigungsrecht den Vertrag sicherer machen[2], erforderlich erscheint das im Hinblick auf Art. 81 Abs. 3 EG aber kaum, weil das Kündigungsrecht den Vertragspartner schützt, nicht aber Verbraucher oder Drittwettbewerber.

Zivilrechtlich kann eine unangemessene **Verlängerung einer Mindestlizenzpflicht** durch im Voraus vereinbarten Einbezug von Verbesserungserfindungen, die alsdann aber wirtschaftlich bedeutungslos sind, zu einem Kündigungsrecht aus wichtigem Grund nach § 314 BGB im Hinblick auf eine nachträgliche erhebliche Störung des Äquivalenzverhältnisses führen, oder auch zu einer Minderung oder Fortfall wegen Entfallens der Geschäftsgrundlage nach § 313 BGB[3].

c) Über die Laufzeit hinausgehende Lizenzzeit

207 Lizenzverträge über die Schutzrechtslaufzeit hinaus sind EG-rechtlich nach Art. 2 Abs. 2 GVTT 2004 nicht mehr freigestellt, wenn der Lizenznehmer irgendwelchen Wettbewerbsbeschränkungen unterliegt. Jedoch ist dabei zu unterscheiden zwischen Beschränkungen am Markt und in der Vertriebsfreiheit einerseits und hinsichtlich der Zahlungspflicht andererseits. Zahlungspflichten werden toleranter behandelt als Marktbeschränkungen. Die Verpflichtung zur Wahrung der Ausschließlichkeit über die Laufdauer des Schutzrechts hinaus oder für offenkundig gewordenen Know-how ist nach Art. 2 Abs. 2 GVTT nicht freigestellt.

---

1 BGH v. 18.3.1955 – I ZR 144/53, BGHZ 17, 41, 55 – Kokillenguss; BGH v. 14.11.2000 – X ZR 137/99, GRUR 2001, 223, 225 – Bodenwaschanlage.
2 *Bartenbach*, Patentlizenz- und Know-how-Vertrag, Tz. 1266.
3 BGH v. 14.11.2000 – X ZR 137/99, GRUR 2001, 223, 225 – Bodenwaschanlage.

Die deutsche Rechtsprechung hat **Zahlungspflichten** über die Laufdauer des Schutzrechts hinaus immer als unzulässige Beschränkung im Geschäftsverkehr nach § 17 Abs. 1 GWB a.F. angesehen[1] gegen den Widerspruch von Teilen des Schrifttums[2]. 208

Über den Inhalt des Schutzrechts hinaus gingen auch Zahlungen für **erschöpfte Schutzrechte**, also z.B. für die Produktion auf einer patentgeschützten Anlage, die der Lizenzgeber geliefert hat[3] (vgl. oben Rn. 57 f.), es sei denn, geheimes Produktions-Know-how rechtfertige die Lizenzzahlung. War aber nicht die Anlage durch Sachpatente geschützt, sondern das Produktionsverfahren durch ein Verfahrenspatent, so liegt in der Lieferung der Anlage zur Ausübung des Verfahrens nur eine stillschweigende Lizenz am Verfahrenspatent, die auch ausdrücklich erteilt und ausdrücklich von Lizenzgebühren abhängig gemacht werden durfte[4]. Ebenso ist es bei der Lieferung wesentlicher Mittel (im gegebenen Fall eines Datenträgers mit benötigten Daten) zur Ausübung eines geschützten Verfahrens, also bei der mittelbaren Patentverletzung. Lieferung durch den Berechtigten enthält i.d.R. eine implizite Lizenz zur Ausübung des geschützten Verfahrens[5]. Diese implizite Lizenz kann der Lieferant aber auch explizit beschränken, z.B. dahin, dass alle Teile von ihm bezogen werden. Bei einem Sach- und Verfahrensschutz wirkt Lieferung der geschützten Sache objektiv erschöpfend[6]. 209

Reine **Zahlungsmodalitäten**, also die Streckung vorher festgelegter Beträge über einen Zeitraum, der die Laufdauer überschreitet, waren immer zugelassen[7]. 210

EG-rechtlich und damit nunmehr auch national war die Verknüpfung von Schutzrecht und Zahlung schon auf Grund der EuGH-Rechtsprechung[8] gelo- 211

---

1 BGH v. 18.3.1955 – I ZR 144/53, BGHZ 17, 41 – Kokillenguss; BGH v. 16.10.1962 – KZR 11/61, GRUR 1963, 207 – Kieselsäure; BGH v. 12.2.1980 – KZR 7/79, GRUR 1980, 750 – Pankreaplex II für offenkundig gewordenes Know-how, Offenkundigkeit in dem Fall aber verneint; BGH v. 14.11.2000 – X ZR 137/99, GRUR 2001, 223, 224 – Bodenwaschanlage, falls dort für ein erschöpftes Schutzrecht Lizenzgebühren zu zahlen gewesen wären; BGH v. 3.6.2003 – X ZR 215/01, GRUR 2003, 896 – Chirurgische Instrumente; BGH v. 5.7.2005 – X ZR 14/03, GRUR 2005, 845 – Abgasreinigungsvorrichtung, beide: Lizenzgebühren sind Beschränkungen im Geschäftsverkehr nach § 17 Abs. 1 GWB a.F.; BGH v. 13.9.2005 – X ZR 62/03, GRUR 2006, 223/224 – Laufzeit eines Lizenzvertrags.
2 Insbesondere *Axster* in GK-GWB, §§ 20, 21 GWB Rn. 102 ff.: Lizenzgebühren sind keine Beschränkungen im Geschäftsverkehr.
3 Vgl. BGH v. 16.9.1997 – X ZB 21/94, GRUR 1998, 130 – Handhabungsgerät; BGH v. 10.10.1974 – KZR 1/74, BB 1975, 1550 – Kunststoffschaumbahnen; für eine Unterlassungsvereinbarung: BGH v. 5.10.1951 – I ZR 74/50, BGHZ 3, 193 – Tauchpumpe.
4 BGH v. 24.9.1979 – KZR 14/78, GRUR 1980, 38 – Fullplastverfahren; BGH v. 14.11.2000 – X ZR 137/99, GRUR 2001, 223/224 – Bodenwaschanlage.
5 BGH v. 27.2.2007 – X ZR 113/04, GRUR 2007, 773 – Rohrschweißverfahren.
6 BGH v. 16.9.1997 – X ZB 21/94, GRUR 1998, 130 – Handhabungsgerät.
7 BGH v. 16.10.1962 – KZR 11/61, GRUR 1963, 207 – Kieselsäure.
8 EuGH v. 12.5.1989 – Rs. 320/87, Slg. 1989, 1177 – Ottung/Klee & Weilbach: Zahlung über die Laufdauer hinaus erlaubt, wenn ein wirksam befreiendes Kündigungsrecht vorgesehen ist.

ckert worden. Nach Art. 2 Abs. 2 Nr. 7 TTVO 1996 war die Zahlungspflicht über die Laufdauer hinaus EG-rechtlich unbedenklich bei **Zahlungsmodalitäten**[1]. Wesentlich weiter geht die EG-Kommission nun in den TT-Leitlinien 2004[2]: Die Gruppenfreistellung gelte zwar nur so lange, wie das technologische Schutzrecht gültig und rechtswirksam ist, doch können die Vertragsparteien in der Regel ohne Verstoß gegen Art. 81 Abs. 1 EG vereinbaren, die Lizenzgebührenpflicht über die Schutzfrist der lizenzierten Schutzrechte hinaus auszudehnen. Der tatsächliche oder potenzielle Wettbewerb ungebundener und daher gebührenbilligerer Drittwettbewerber reiche für einen unbeeinträchtigten Wettbewerb. Ein solcher Drittwettbewerb könnte aber für den über die Laufzeit Gebundenen dann zivilrechtlich ein Anpassungsgrund wegen Veränderung der Geschäftsgrundlage, § 313 BGB, bilden, wenn es sich um eine schwerwiegende Veränderung handelt[3].

212 Damit erscheinen auch die in den letzten Jahren insbesondere im Bereich der Biologie und Pharmazie diskutierten[4] **Reach-through-Lizenzen** in einem neuen Licht. Reach-through-Lizenzen sind Lizenzgebühren für die Nutzung eines patentgeschützten Forschungswerkzeugs nach dem Umsatz des damit gefundenen wirksamen aber patentfreien[5] Mittels. Nach § 17 GWB a.F. musste eine Lizenzgebührenpflicht auf solche freie Folgeprodukte als unzulässige Beschränkung im Geschäftsverkehr angesehen werden. Anders dürfte es sein nach der Rechtslage ab 2004. Lizenzen an Forschungswerkzeugen mit erstreckten Lizenzgebühren sind zwar keine Produktionslizenzen und fallen damit auch nicht unter die GVTT 2004[6], aber eine spürbare Wettbewerbsbeschränkung nach Art. 81 Abs. 1 EG unter Folgeproduzenten liegt nur vor, wenn unbelastete Konkurrenten auf der Folgestufe gleichwertige Ersatzprodukte so viel billiger herstellen könnten, dass der Reach-through-Lizenznehmer ausscheiden müsste. Das wird schon deshalb selten der Fall sein, weil das gefundene Folgeprodukt regelmäßig seinerseits patentgeschützt und damit mehr oder minder gut gegen Ersatzprodukte geschützt wird. Der Einsatz eines komplexen und wertvollen Forschungswerkzeugs oder Screening-Verfahrens ermöglicht in vielen Fällen auch erst den technischen Fortschritt mit dem Folgeprodukt zum Nutzen des Verbrauchers und wird deshalb meist nach

---

1 Z.B. EG-Kommission v. 15.12.1986 – IV/31.302, ABl. EG 1987 Nr. L 50, 30 = GRUR Int. 1987, 587 – Boussois/Interpane: Ratenzahlung einer Know-how-Pauschalgebühr. Unzulässig hingegen Weiterzahlung der vollen Normalgebühr: EG-Kommission v. 1.12.1975 – IV/26.949, ABl. EG 1976 Nr. L 6, 8 – AOIP/Beyrard.
2 TT-Leitlinien Tz. 159; dazu auch *Bartenbach/Söder*, Mitt. 2007, 353, 361.
3 BGH v. 14.11.2000 – X ZR 137/99, GRUR 2001, 223, 225 – Bodenwaschanlage.
4 *Wolfram*, Mitt. 2003, 57; *Meibohm/Feld*, FS Bartenbach, 2004, S. 385; *M. Brandi-Dohrn*, FS 50 Jahre VPP, 2005, S. 465 ff.; *Holzapfel*, Die patentrechtliche Zulässigkeit der Benutzung von Forschungswerkzeugen, GRUR 2006, 10; *Bartenbach/Söder*, Mitt. 2007, 353, 358.
5 Auch der Schutz für ein Verfahren, z.B. ein Screening-Verfahren, würde das damit gefundene Produkt nicht ergreifen, da es nicht unmittelbar hergestelltes Erzeugnis des Verfahrens nach § 9 Nr. 3 PatG, Art. 64 Abs. 2 EPÜ ist. Resultat des Evaluierungsverfahrens ist Erkenntnis und nicht das daraus entspringende Mittel.
6 Definition „Technologietransfer-Vereinbarung" in Art. 1 Abs. 1 lit. b GVTT und Tz. 45 TT-Leitlinien.

Art. 81 Abs. 3 EG gerechtfertigt sein, sofern überhaupt eine spürbare Wettbewerbsbeeinträchtigung vorlag. Die hier vertretene Beurteilung ist aber nicht gesichert. Im Windsurfing-Fall[1] war die Belastung freier Windsurfbretter beanstandet worden, weil nur das Rigg patentgeschützt war. Dort handelte es sich aber nicht um eine Lizenz für ein Folgeprodukt, sondern um eine Lizenz unter Wettbewerbern für ein an sich freies Wettbewerbsprodukt.

Frei. 213–215

4. Ausübungspflicht

Dem Lizenznehmer kann die Verpflichtung auferlegt werden, die Lizenz bestmöglich auszuüben, sog: **Best-endeavour-Klausel**. Bei der ausschließlichen Lizenz gegen laufende Gebühren ist eine solche Ausübungspflicht im Zweifel implizit mitenthalten[2], weil bei einer Stücklizenz und Ausschließlichkeit die Interessen des Erfinders in die Hand des Lizenznehmers gegeben sind und jede Partei eine angemessene Vertragserfüllung schuldet. Art und Umfang der Ausübungspflicht, ob sie z.B. auch eine Weiterentwicklungspflicht enthält, ist ohne Bindung an eine Regel fallweise zu bestimmen. Die Vereinbarung einer Ausübungspflicht auch bei einfacher Lizenz ist unbedenklich[3], aber für den Lizenznehmer nur unter gesicherten Absatzverhältnissen empfehlenswert. EG-rechtlich sind **Mindestausübungsklauseln** im Prinzip keine Wettbewerbsbeschränkungen[4] und waren unter Art. 2 Abs. 1 Nr. 9, Nr. 17, Art. 3 Nr. 2 TTVO 1996 ausdrücklich freigestellt. Zivilrechtlich wird ein Lizenzvertrag mit Ausübungspflicht aus wichtigem Grund kündbar, wenn die Ausübungspflicht nach § 242 BGB unzumutbar wird, insbesondere wenn der Lizenzgegenstand aus technischen oder wirtschaftlichen Gründen nicht mehr vermarktbar ist[5]. Der Lizenznehmer muss nicht sehenden Auges unverkäuflichen Schrott produzieren. Die Zumutbarkeit im Einzelfall bestimmt Inhalt und Grenzen der Ausübungspflicht[6].

Als **Sanktion** für unzureichende Ausübung kommen unterschiedliche Gestaltungen in Betracht:

216

217

---

[1] EuGH v. 25.2.1986 – Rs. 193/83, Slg. 1986, 611– Windsurfing International.
[2] RG v. 26.10.1931 – VIII 117/31, RGZ 134, 91, obiter 98 – Drahtgewebeziegel; BGH v. 17.3.1961 – I ZR 70/59, DB 1961, 739 – Mitarbeiterurkunde; BGH v. 20.7.1999 – X ZR 121/96, GRUR 2000, 138 – Knopflochnähmaschine; BGH v. 10.10.2002 – I ZR 193/00, NJW 2003, 664 – Filmauswertungspflicht; *Ullmann* in Benkard, PatG, GebrMG, § 15 PatG Rn. 134–140; *Lüdecke/Fischer*, Lizenzverträge, E 9; *Bartenbach*, Patentlizenz- und Know-how-Vertrag, Rn. 1895 ff.
[3] Für die ausschließliche Lizenz: BGH v. 17.4.1969 – KZR 15/68, BGHZ 52, 55, 58 – Frischhaltegefäß; für die einfache Lizenz: BGH v. 24.9.1979 – KZR 14/78, GRUR 1980, 38, Ls. 3 – Fullplastverfahren.
[4] TT-Leitlinien 2004 Tz. 155e.
[5] Nach *Bartenbach*, Patentlizenz- und Know-how-Vertrag, Rn. 1913 entfällt die Lizenzpflicht von selbst wegen Wegfalls der Geschäftsgrundlage.
[6] BGH v. 11.10.1977 – X ZR 24/76, NJW 1978, 320 – Banddüngerstreuer; BGH v. 20.7.1999 – X ZR 121/96, GRUR 2000, 138 – Knopflochnähmaschine.

Es begegnet die Vereinbarung, dass sich die Ausschließlichkeit bei unzureichender Ausnützung in eine **einfache Lizenz** wandelt; es begegnet auch die **Kündigung** aus wichtigem Grund. In letzterem Fall ist aber zu erwägen, ob statt des von Haus unteilbaren Gesamtkündigungsrechts[1] nicht zweckmäßiger eine Teilkündigung oder im Wege der Teilkündigung eine Beschränkung auf eine einfache Lizenz vertraglich vorzusehen ist[2]. Das kommt insbesondere für die Fälle in Betracht, dass die Lizenz größere Gebiete oder mehrere Länder abdeckt, die der Lizenznehmer nicht alle voll bedienen kann.

218 Die Ausübung kann auch mittelbar erzwungen werden durch **Mindestlizenzgebühren.** Sie sind erlaubt und möglich, denn sie stellen keinen Verstoß gegen Art. 81 Abs. 1 EG dar[3]. Die Vereinbarung einer Mindestlizenz kann gegen eine Ausübungspflicht sprechen[4], muss es aber nicht[5], je nachdem wieweit sie das Ausnutzungspotential abdeckt.

219 Die Ausübung durch Lizenzpflicht auch für **schutzrechtsfreie Teile** zu fördern, ist hingegen nur in Grenzen möglich. Selbständige Wirtschaftsgüter, die als solche konkurrieren könnten, lizenzpflichtig zu machen, ist unter Wettbewerbern eine verbotene Beschränkung in der Verwertung der eigenen Technologie des Lizenznehmers nach Art. 4 Abs. 1 lit. d GVTT, denn sie bewirkt, dass auf diese Weise eine schutzrechtsfreie Alternativproduktion durch Gebührenbelastung unattraktiv gemacht wird[6].

220 **Wettbewerbsverbote** waren früher in Art. 3 Nr. 2 TTVO 1996 schwarz gelistet und sind unter der GVTT 2004 bis zu den Marktanteilsschwellen freigestellt. Darüber können sie bei starker Marktstellung des Lizenzgebers oder kumulativer Wirkung von Vereinbarungen zu ungerechtfertigten Abschottungseffekten führen[7]. In Know-how-Verträgen sind **Wettbewerbsverbote** in der Vergangenheit einzeln freigestellt worden, um eine unkontrolliert zweckwidrige Verwendung des Know-how auszuschließen[8]. Auch heute ist das Verbot, einen Wettbewerbslizenznehmer in der Verwertung seiner eigenen Technologie zu beschränken, eingeschränkt, wenn das Verbot für den Know-how-Schutz notwendig ist, Art. 4 Abs. 1it.d GVTT 2004.

221 Frei.

---

1 BGH v. 5.11.1992 – IX ZR 200/91, NJW 1993, 1320 – Ersatzanspruch gegen Rechtsanwalt wegen unwirksamer Teilkündigung.
2 Kündigung nur der Ausschließlichkeit war z.B. die dem Fall BGH v. 20.7.1999 – X ZR 121/96, GRUR 2000, 138 – Knopflochnähmaschine – zugrundliegende Vertragsgestaltung. Der Lizenznehmer war aber nicht verpflichtet, diese zu wählen.
3 TT-Leitlinien 2004, Tz. 155e, früher ausdrücklich freigestellt in Art. 2 Abs. 1 Nr. 9 TTVO 1996.
4 *Bartenbach*, Patentlizenz- und Know-how-Vertrag, Rn. 1900.
5 LG München I v. 12.12.2002 – 70 24615/00, InstGE 3, 97.
6 EuGH v. 25.2.1986 – Rs. 193/83, Slg. 1986, 611 (dort Ls. 3) – Windsurfing International: Lizenzgebühren auf schutzrechtsfreie Teile sind unzulässig, wenn sie zu höheren Gebühren führen; vgl. auch TT-Leitlinien Tz. 158.
7 TT-Leitlinien Tz. 96–103.
8 EG-Kommission v. 13.10.1988 – IV/31.498, Tz. 34, ABl. EG 1988 Nr. L 309, 34 = GRUR Int. 1989, 220 – Delta/DDD.

5. Zahlungs-, Auskunfts- und Buchführungspflicht

a) Lizenzgebühren

Möglich sind Einmalzahlungen, laufende Zahlungen und Kombinationen von Einmalzahlungen und laufenden Zahlungen. Die Kombination besteht oft in einer anrechenbaren Einstandszahlung (upfront payment). 222

aa) Laufende Lizenzgebühren

Die laufenden Zahlungen können feste Beträge pro Stück sein – **Stücklizenz** – oder, häufiger, eine Lizenzrate als prozentualer Betrag vom Verkaufspreis, sog. **Umsatzlizenz**. Üblich ist es, die Verkaufspreisbasis ohne Umsatzsteuer zu vereinbaren. Im Allgemeinen werden auch gesondert ausgewiesene Verpackungs-, Frachtkosten und Rabatte, ausgenommen Barzahlungsrabatte, aus der Basis herausgenommen. Ohne etablierte Vermutungen oder Rechtsprechungsregeln ist fallweise nach der Vertragsgestaltung zu entscheiden, ob Retouren und Forderungsausfälle seitens der Abnehmer die Lizenzbasis schmälern oder unberührt lassen. Da der Lizenznehmer das wirtschaftliche Risiko übernimmt, sprechen oft die besseren Gründe dafür, dass er auch das Bonitätsrisiko der von ihm ausgewählten Abnehmer trägt, Forderungsausfälle die Lizenzbasis also nicht berühren[1]. Retouren wegen Mängeln können anders zu behandeln sein, weil das patentbenutzende Verkehrsgeschäft – § 9 PatG – rückgängig gemacht wird[2]. 223

Berechnungsbasis muss nicht notwendigerweise exakt das geschützte Teil sein. So ist es möglich, als Basis für die Lizenzgebühr den Umsatz mit der **Gesamtvorrichtung**, in die das geschützte, lizenzierte Teil eingeht, dann zu wählen, wenn dadurch die Lizenzhöhe nicht spürbar verändert wird oder wenn andere Bemessungsgrundlagen unpraktikabel sind oder das geschützte Teil der Gesamtvorrichtung ihr Gepräge und ihren Wert gibt[3]. 224

Möglich ist es auch, die Lizenzpflicht auf ein **Zulieferteil** an Dritte, die unmittelbaren Patentbenutzer zu legen, wenn das Zulieferteil sich auf ein wesentliches Element der Erfindung bezieht und zur Benutzung der Erfindung geeignet und bestimmt ist. Denn dann wäre die Lieferung ohne Lizenz nach § 10 PatG mittelbare Patentverletzung, kann umgekehrt also auch lizenzpflichtig gemacht werden[4]. 225

---

[1] BGH v. 1.12.1997 – X ZR 13/96, GRUR 1998, 561 – Umsatzlizenz.
[2] Kundenseitige Rückgabe ist kein verletzendes Inverkehrbringen: OLG Karlsruhe v. 30.1.1997 – 6 W 112/97, Mitt. 1998, 302 – Inverkehrbringen durch Zurückgabe.
[3] BGH v. 13.3.1962 – I ZR 18/61, GRUR 1962, 401 – Kreuzbodenventilsäcke III; BGH v. 26.6.1969, X ZR 52/66, GRUR 1969, 677 – Rübenverladeeinrichtung; BGH v. 30.5.1995 – X ZR 54/93, BB 1995, 1817 – Steuereinrichtung II; für Europa: EuGH v. 25.2.1986 – Rs. 193/83, Slg. 1986, 611 – Windsurfing bei Tz. 60–67: Unter Wettbewerbern nur, wenn andere Bemessungsgrundlagen unpraktikabel sind und keine höhere Gebühr resultiert; nach den TT-Leitlinien Tz. 156, 160 liberal erlaubt.
[4] OLG Karlsruhe v. 12.7.1995 – 6 U 230/94, Mitt. 1996, 251 – Berechnung der Lizenzgebühr aus Kopierern und Fluid, die zur Ausführung des geschützten T-Shirt-Bedruckverfahrens bezogen werden.

226 Die **Höhe der laufenden Lizenzgebühren** wird beeinflusst von einem für jeden Fall individuellen Geflecht von Faktoren aus Angewiesenheit, Markttreife, Marktstellung, Art des Schutzrechts und geschäftlicher Situation. Übliche Lizenzsätze werden, zumal im Arbeitnehmererfinderrecht und im Schadensersatzrecht, immer gesucht, es gibt sie aber nicht. Veröffentlichte Lizenzsätze stellen allenfalls einen Orientierungsrahmen dar. Die in den Arbeitnehmererfinder-Vergütungsrichtlinien RL 10[1] genannten Lizenzsätze für verschiedene Branchen gelten jedenfalls als überholt, weil zu hoch[2]. Bei jüngeren Zusammenstellungen muss man die Herkunft der genannten Sätze mit berücksichtigen, einmal aus „feindlichen" Schadensersatzbestimmungen nach der Lizenzanalogie, dann auch aus Betriebsprüfungen über die Angemessenheit „freundlicher" Lizenzgebühren im Konzern oder aus Schiedssprüchen über angemessene Arbeitnehmererfindervergütung.

227 Aus verschiedenen Quellen[3] werden folgende %-Lizenzsätze genannt, die hier zum Teil vergröbernd zusammengefasst sind. Als schwerpunktmäßig häufig genannte Lizenzsätze sind unterstrichen.

	B	H/K/F	G/R	Sonstige
Kfz-Industrie	0,2 -<u>1</u> -2	<u>0,5</u> -1,5 -2	0,5 -5	
Maschinen- und Werkzeugbau	<u>2</u>- 4	0,25 -1,<u>5</u>-3 - 4 0,25 - <u>2,5</u> - 4 - 5	1 - 5 - 7	
Optik, Kamera	0,5 - 2,5 - 4	1 - 5	10	
Chemie	0,1 - <u>0,6</u> - 2,5	0,5 - <u>2,5</u> - 3,<u>5</u> - 4	1 - 2	
Bekleidung	<u>0,5</u> - 3 - 5	-	5 (DOB)	
Schuhe	1 - 4	0,9	-	
Verpackung	1 - 2	1	0,4	
Elektro, weiß	0,5 - 2	<u>0,25</u> - 3 - 4	1 - 5	
Elektro braun	1 - 2,5	0,4 - 1 - 2	0,5 - 3,5	
Elektr.Bauelemente	0,5 - 3	0,45	0,5 - 3,5	

---

1 Richtlinie für die Vergütung von Arbeitnehmererfindungen im privaten Dienst v. 20.7.1959, neugefasst 1.9.1983, Beck'sche Textsammlung Gewerblicher Rechtsschutz Nr. 63.
2 Erstmals dargelegt von *Fischer*, Mitt. 1987, 104 ff., jetzt auch BGH v. 30.5.1995 – X ZR 54/93, BB 1995, 1817 – Steuereinrichtung II.
3 *Bartenbach/Volz*, Arbeitnehmererfindervergütung, KommRL, 2. Aufl. 1999, RL 10 Rn. 91 ff. und *Bartenbach*, Patentlizenz- und Know-how-Vertrag, 6. Aufl. 2007, Rn. 1785 ff. – beide in der Übersicht „B"; *Hellebrand/Kaube/Falkenstein*, Lizenzsätze für technische Erfindungen, 3. Aufl. 2007 – in der Übersicht „H/K/F". Die dort genannten Lizenzsätze sind regelmäßig bei hohen Umsätzen nach RL 10 Vergütungsrichtlinien abgestaffelt. *Groß*, Aktuelle Lizenzgebühren in Patentlizenz-, Know-how- und Computerprogrammlizenzverträgen, BB 1995, 885 sowie BB 1998, 1321; *Groß/Rohrer*, Lizenzgebühren, 2003 – in der Übersicht „G/R".

	B	H/K/F	G/R	Sonstige
Pharmazie	0,75 – 2,5 – 6	3 – 5	5 – 10 – 15 Phase I 3 -8 Phase II 5 -12	Urteile[1] 8 Medius[2]: je nach Marktnähe/klinischer Phase 5 – >20
Agrochemie	3–5		3–5	

Die laufenden Gebühren werden bisweilen zeitlich gestaffelt: niedrige Anlaufgebühren oder auch spätere **Abstaffelung** bei hohen Umsätzen. Beispiel für eine Gesamtumsatzstaffel bieten die Arbeitnehmererfinder-Vergütungsrichtlinien RL 11. Die Gesamtumsatzstaffel führt zu einer beträchtlichen Reduktion der Lizenzgebühren. Es kommen auch Jahresstaffeln, also jährlich neubeginnende Abstaffelungen vor, die zu einer geringeren Reduktion der Lizenzgebühren führen. In der Chemie, Pharmabranche und der Kfz-Industrie werden Abstaffelungen jedenfalls als relativ häufig vorkommend berichtet[3]. 228

bb) Einstandsgebühren

Einstandszahlungen (**Lump sum, Down payment**) im Hinblick auf die Entwicklungsvorkosten des Lizenzgebers begegnen häufig und werden zumeist anrechenbar vereinbart. Dabei begegnen auch vertragliche Wahlrechte für den Lizenznehmer zwischen höherer Einstandsgebühr und geringerer laufender Gebühr oder niedrigerer Einstandsgebühr und höherer laufender Gebühr. 229

cc) Mindestlizenzgebühren

Werden Mindestlizenzgebühren vereinbart, so fallen sie unabhängig von der Benutzung an, werden aber **auf die laufenden Benutzungsgebühren angerechnet.** Nicht selten wird dem Lizenznehmer ein Wahlrecht zwischen den Alternativen: niedrige Mindestlizenz – höhere Stücklizenz oder höhere Mindestlizenz – niedrigere Stücklizenz angeboten. In ausschließlichen Lizenzverträgen sind Mindestlizenzgebühren häufiger als in einfachen, weil bei der einfachen die Ausübungschancen durch weitere Lizenznehmer verdorben werden können. Die Kommission sieht Mindestlizenzgebühren kartellrechtlich nicht als Wettbewerbsbeschränkungen nach Art. 81 Abs. 1 EG an[4]. 230

---

1 BPatG v. 7.6.1991 – 3 Li 1/90, GRUR 1994, 98/103 – Human-Immuninterferon: 8 % für eine Zwangslizenz; BGH v. 6.3.1980 – X ZR 49/78, GRUR 1980, 841 – Tolbutamid – 8 % Schadensersatz nach der Lizenzanalogie.
2 www.medius-associatecom/royalty.html „Royalty rates: current trends".
3 *Bartenbach/Volz*, Komm RL, RL 10 Rn. 114, 118 für Chemie und Pharma; BGH v. 4.10.1988 – X ZR 71/86, GRUR 1990, 271 – Vinylchlorid: Jahresstaffel in der Chemie.
4 TT-Leitlinien Tz. 155.

dd) Verjährung

231 Anders als früher verjähren Lizenzgebühren nicht mehr in vier Jahren, sondern regelmäßig in drei Jahren ab Ultimo des Fälligkeitsjahres – §§ 195, 199 BGB (2002) –, denn die an sich zur Verjährung nötige Kenntnis oder das Kennenmüssen hat der Lizenzgeber regelmäßig, selbst wenn er noch keine genaue Abrechnung über die Höhe hat[1]. Klageerhebung unterbricht nicht mehr, sondern ist nach § 204 Nr. 11 BGB nur noch ein Hemmungsgrund: Während der Dauer des Verfahrens und danach noch für sechs Monate steht die Verjährung still. Ebenso hemmt nach § 204 Nr. 11 BGB auch der Beginn eines schiedsrichterlichen Verfahrens. Auch ein vertraglich vorgesehenes Schlichtungsverfahren, das nicht auf einen Schiedsspruch, sondern auf einen Vergleichsvorschlag abzielt, hemmt wohl analog § 204 Nr. 4 BGB (Güteverfahren)[2]. Auch Verhandlungen über die Lizenzzahlungspflicht hemmen mit einer Auslauffrist von drei Monaten ab Ende der Verhandlungen, § 203 BGB. Verjährungsvereinbarungen sind nach § 202 BGB in weitem Umfang möglich.

232 Der Einwand der **Verwirkung** lizenzvertraglicher Ansprüche durch treuwidrig verspätete Geltendmachung setzt nicht nur langen Zeitablauf voraus, sondern zusätzlich einen Vertrauenstatbestand und spätere Zahlungserschwernis, weil sich der Schuldner mit anderweiter Mittelverwendung darauf eingerichtet hat, dass er keinen Ansprüchen mehr ausgesetzt sei. Verwirkung ist daher ein eher theoretischer Einwand[3].

b) Auskunftspflichten

233 Auch ohne vertragliche Vereinbarung steht dem Lizenzgeber ein Auskunftsanspruch gesetzlich aus § 242 BGB zu, nicht anders als bei Arbeitnehmererfindervergütungsansprüchen[4]. Bei Schutzrechtsverletzungen gibt § 140b PatG einen sog. selbständigen Auskunftsanspruch, der sich auch auf die Namen der gewerblichen Abnehmer erstreckt[5]. Der Anspruch richtet sich – wenn nichts zusätzlich vereinbart ist – **nur auf Auskunft**, und zwar im Umfang des Rechenschaftslegungsanspruchs nach § 259 Abs. 1 BGB, nicht jedoch auf allgemeine Wirtschaftsprüfung der Auskunft[6] und auch nicht auf Bucheinsicht oder (str.) Vorlage der Abnehmerrechnungen[7]. Der Lizenzgeber

---

1 *Bartenbach*, Patentlizenz- und Know-how-Vertrag, Rn. 1850 nimmt den subjektiven Verjährungsbeginn erst nach Erhalt der Abrechnung an.
2 Str.; dafür *Friedrich*, NJW 2003, 1781; *Palandt/Heinrichs*, § 204 BGB Rn. 19; allemal sind geleitete Verhandlungen auch hemmende Verhandlungen nach § 203 BGB.
3 BGH v. 17.3.1994 – X ZR 16/93, NJW 1995, 463 – Zerlegvorrichtung für Baumstämme: dreijähriges Schweigen nach einer ergebnislosen Korrespondenz über Lizenzgebühren reichte nach vertretbarer tatrichterlicher Beurteilung nicht.
4 Für Erfindervergütungsansprüche: BGH v. 17.5.1994 – X ZR 82/92, NJW 1995, 386 – Copolyester – zu schutzrechtsbezogenen Auskunftsansprüchen allgemein. Für den Lizenzgeber: RG v. 12.2.1930 – I 171/29, RGZ 127, 243.
5 BGH v. 20.12.1994 – X ZR 56/93, NJW 1995, 1905 – Kleiderbügel.
6 BGH v. 3.7.1984 – X ZR 34/83, BGHZ 92, 62 – Dampffrisierstab II.
7 OLG Köln v. 17.3.1995 – 6 U 228/94, GRUR 1995, 676 – Vorlage von Geschäftsunterlagen – zwar für einen Verletzungsfall, aber mit darüber hinausgehender Be-

kann, wenn nicht mehr vereinbart ist, nur Auskunft und bei begründetem Verdacht der Unrichtigkeit eidesstattliche Versicherung nach § 259 Abs. 2 BGB verlangen.

Häufig wird jedoch in Lizenzverträgen ein weitergehendes Recht auf **Bucheinsicht**, seltener durch den Lizenzgeber selbst, öfters durch einen Wirtschaftsprüfer vereinbart. Dabei ist es eine gebräuchliche Kostenregelung, dass der Lizenzgeber die Kosten trägt, es sei denn, die Buchprüfung enthülle eine Minderzahlung von x% (häufig: 5%) und/oder von mehr als y Euro (zB 250 Euro). Besteht ein vertraglicher Anspruch auf Bucheinsicht, so fehlt im Allgemeinen das Rechtsschutzbedürfnis, die eidesstattliche Versicherung zu verlangen[1]. 234

Der **Umfang der Auskunft** bemisst sich – wiederum, falls nichts anderes vereinbart ist – nach § 242 BGB mit Rücksicht auf die Umstände des Einzelfalls. Dabei geht die Rechtsprechung von einem weiten Umfang der Auskunftspflicht aus[2]. Auskunftspflichtig sind nicht nur der **zugrundeliegende Umsatz**, sondern im Allgemeinen auch die **Abnehmernamen** zwecks Überprüfung von Richtigkeit und Vollständigkeit. Hat der Lizenznehmer im Hinblick auf Wettbewerb seitens des Lizenzgebers oder weiterer Lizenznehmer ein berechtigtes Geheimhaltungsinteresse an diesen Geschäftsverbindungen, so darf er sich vorbehalten, die Abnehmerauskunft nur einem zur Verschwiegenheit verpflichteten Buch- oder Wirtschaftsprüfer zu geben, der lediglich auf bestimmte Einzelanfrage hin zu ermächtigen ist, dem Lizenzgeber darüber Auskunft zu geben, ob der angefragte Abnehmername in der Auskunftsliste des Lizenznehmers enthalten ist[3]. Bei einem Wirtschaftsprüfervorbehalt muss der Lizenznehmer die Kosten des Wirtschaftsprüfers tragen. Der Wirtschaftsprüfervorbehalt des Lizenznehmers ist nicht zu verwechseln mit der ausgeschlossenen Auskunftsüberprüfung durch Wirtschaftsprüfer seitens des Lizenzgebers. Die Auskunftspflicht im Vertrag ist auch zu unterscheiden von der Auskunftspflicht des Verletzers: erstere ergibt und begrenzt sich mit Wirtschaftsprüfervorbehalt aus § 242 BGB, letztere aus § 140b Abs. 1 PatG grundsätzlich ohne Wirtschaftsprüfervorbehalt[4]. Trotz der Möglichkeit eines Wirtschaftsprüfervorbehalts ist eine Abnehmerauskunft seitens des Lizenznehmers dann nicht geschuldet, wenn es sich bei dem Lizenzgegenstand um einen Breitenartikel mit einer Vielzahl von 235

---

gründung; gegen Belegvorlage OLG Düsseldorf v. 16.12.2004 – I-2 U 71/03, InstGE 5, 89 – Münzschloss; für Belegvorlage auch bei Auskunft nach § 242 BGB: OLG Düsseldorf v. 28.4.2005 – I-2 U 110/03, InstGE 5, 249 – Faltenbalg.
1 BGH v. 18.2.1998 – VIII ZR 376/96, NJW 1998, 1636.
2 BGH v. 17.5.1994 – X ZR 82/92, NJW 1995, 386 – Copolyester; BGH v. 13.11.1997 – X ZR 132/95, NJW 1998, 3492 – Copolyester II; BGH v. 13.11.1997 – X ZR 6/96, GRUR 1998, 684 – Spulkopf (zum Auskunftsanspruch des Arbeinehmererfinders).
3 BGH v. 17.5.1994 – X ZR 82/92, NJW 1995, 386 – Copolyester für Abnehmerauskunft mit Wirtschaftsprüfervorbehalt; anders: RG v. 12.2.1930 – I 171/29, RGZ 127, 243 – Grubenstempel: keine Auskunft über Abnehmernamen bei einer Zwangslizenz.
4 BGH v. 20.12.1994 – X ZR 56/93, NJW 1995, 1905 – Kleiderbügel.

Kleinabnehmern handelt, denn dann wird die Auskunft nach Treu und Glauben unzumutbar wegen unverhältnismäßigen Aufwands.

c) Buchführungspflichten

236 In Verbindung mit vereinbarten Buchprüfungsrechten wird häufig die Pflicht zur **Führung besonderer Lizenzbücher** vereinbart mit Aufzeichnung der Typen, Größen, Rechnungsdaten und Abnehmern.

237–238 Frei.

6. Bezugsverpflichtungen, Qualitätsvorschriften

239 Bezugsverpflichtungen und Qualitätsvorschriften waren in Deutschland nach § 17 Abs. 2 Nr. 1 GWB a.F. zulässig, wenn sie durch ein Interesse des Lizenzgebers an einer technisch einwandfreien Ausnutzung des Schutzrechts gerechtfertigt waren. Unter dem EG-Kartellrecht, auf das §§ 1, 2 GWB 2005 Bezug nehmen, ist die Regelung viel komplexer.

240 Art. 81 Abs. 1 lit. e EG nennt **Bezugsbindungen** für Leistungen, die weder sachlich noch nach Handelsbrauch in Beziehung zum Vertragsgegenstand stehen, als Beispiele für Wettbewerbsbeschränkungen. Bezugsbindungen werden im EG-Kartellrecht Koppelungen genannt. Unterhalb der jeweiligen Marktanteilsschwellen fallen sie entweder unter die GVTT oder unter die Vertikal-GVO, und zwar je nachdem, ob sie mit der Produktion der **Lizenzprodukte unmittelbar verbunden** sind oder nicht[1]. Denn Art. 2 GVTT stellt „Technologietransfer-Vereinbarungen" frei, und die werden in Art. 1 Abs. 1 lit. b GVTT definiert als Lizenzvereinbarungen „einschließlich Vereinbarungen mit Bestimmungen, die sich auf den Erwerb ... von Produkten beziehen ..., sofern diese Bestimmungen nicht den eigentlichen Gegenstand der Vereinbarung bilden und unmittelbar mit der Produktion der Vertragsprodukte verbunden sind." Sind die Bezugsbindungen nicht unmittelbar mit der Herstellung der Vertragsprodukte verbunden, so fallen sie unter die Vertikal-GVO als Schirmverordnung. Die TT-Leitlinien erläutern dazu, dass unmittelbar verbunden im Allgemeinen solche gekoppelten Produkte sind, bei denen es sich um Maschinen- oder Prozess-Inputs handelt, die speziell darauf zugeschnitten sind, die lizenzierte Technologie effektiv zu nutzen, nicht aber solche Produkte, die keinen Bezug zum Vertragsgegenstand enthalten, beispielsweise wenn das gekoppelte Erzeugnis nicht gemeinsam mit dem Lizenzprodukt verwendet werden soll. Zwischen diesen Extremen gibt es naturgemäß Übergänge mit Zuordnungswertungen. Sind die gekoppelten Produkte mit den Vertragsprodukten der Lizenz unmittelbar verbunden, so sind die Bezugsbindungen nach Art. 2 GVTT freigestellt, wenn unter Wettbewerbern Lizenzgeber und Lizenznehmer zusammen nicht mehr als 20 % Marktanteil und unter Nichtwettbewerbern je einzeln nicht mehr als 30 % Marktanteil überschreiten, Art. 3 GVTT.

---

[1] Vgl. *Bartenbach*, Patentlizenz- und Know-how-Vertrag, Rn. 1958–1973.

Sind die gekoppelten Produkte **nicht unmittelbar mit dem Lizenzgegenstand verbunden**, so fällt deren Bezugsverpflichtung unter die Vertikal-GVO[1], wenn der Marktanteil des Lieferanten 30 % nicht übersteigt, Art. 3 Abs. 1 Vertikal-GVO. Im Rahmen der Vertikal-GVO stellen Bezugsverpflichtungen „Wettbewerbsverbote" nach der Definition in Art. 1 lit. b 2. Halbs. Vertikal-GVO dar, wenn mehr als 80 % der gesamten Vertragswaren aus einer Quelle zu beziehen sind. Eine Bezugsverpflichtung wird zumeist zu 100 % auferlegt. Alsdann ist sie als „Wettbewerbsverbot" nach Art. 5 lit. a Vertikal-GVO nur gruppenfreigestellt, wenn sie auf 5 Jahre begrenzt ist. Längerfristige oder zeitlich unbestimmte Über-80 %-Bezugsverpflichtungen sind als Einzelklauseln nicht freigestellt. 241

Greifen die Gruppenfreistellungsverordnungen nicht, sei es dass die sachlichen Anforderungen – unmittelbar/80 % – nicht erfüllt sind, sei es dass die Marktanteilsschwellen – 20 %/30 % – überschritten sind, so kommt es darauf an, ob die Bezugsverpflichtungen unter der Legalausnahme des Art. 81 Abs. 3 EG gerechtfertigt sind oder nicht. Dabei spielt alsdann der aus dem alten deutschen GWB bekannte Gesichtspunkt eine erhebliche Rolle, ob die Bezugsbindungen durch ein Interesse des Lizenzgebers an einer technisch einwandfreien Ausnutzung des Schutzrechts gerechtfertigt sind. Dabei spielt es auch eine Rolle, ob die Bezugsbindung notwendig ist, um den Qualitätsstandard des Lizenzgebers oder anderer Lizenznehmer einzuhalten, insbesondere wenn das Markenzeichen des Lizenzgebers verwendet wird[2]. 242

Qualitätsvorschriften und Qualtitätskontrollen dürfen sich in jedem Fall nur auf den Lizenzgegenstand beziehen und nicht darüber hinaus das ganze Unternehmen erfassen. Unter dieser Voraussetzung sind notwendige und im Vorhinein nach **objektiven Maßstäben** festgelegte Qualitätsanforderungen keine Wettbewerbsbeschränkung nach Art. 81 Abs. 1 EG[3]. Fertigt der Lizenzgeber auch, insbesondere unter dem gleichen Zeichen, und sei es auch für räumlich verschiedene Märkte, so stellt die Sicherstellung gleicher Qualität keinen Verstoß gegen Art. 81 Abs. 1 EG dar[4]. 243

Bezugsbindungen für Teile, deren Lieferung ansonsten **mittelbare Patentverletzung** wäre, sind keine Wettbewerbsbeschränkungen, sondern Modalitäten in der Wahrnehmung des Rechts des ersten Inverkehrbringens, das als spezifischer Gegenstand des Patents keine Wettbewerbsbeschränkung nach Art. 81 Abs. 1 EG darstellt. **Bezugsbindungen** zur Vermeidung mittelbarer Patentverletzung sind die Fälle, in denen der Anwender des Verfahrens eine Freilizenz am Verfahrenspatent erhält unter der Bedingung, dass er die wesentlichen Stoffe oder Apparaturen vom Lizenzgeber bezieht. Nach § 10 244

---

1 VO (EG) Nr. 2790/1999 über die Anwendung von Art. 81 Abs. 3 des Vertrags auf Gruppen von vertikalen Vereinbarungen v. 22.12.1999, ABl. EG 1999 Nr. L 336, 21, abgedr. im Anhang, S. 2697 ff.
2 TT-Leitlinien Tz. 194.
3 EuGH v. 25.2.1986 – Rs. 193/83, Slg. 1986, 611 – Windsurfing International, Tz. 47 ff.
4 EG-Kommission v. 13.10.1988 – IV/31.498, Tz. 30, ABl. EG 1988 Nr. L 309, 34 = GRUR Int. 1989, 220 – Delta/DDD; TT-Leitlinien Tz. 194.

PatG müssen diese Mittel sich auf ein wesentliches Element der Erfindung beziehen und zur Benutzung der Erfindung geeignet und bestimmt sein. Allgemein im Handel erhältliche Erzeugnisse wie Schrauben, Nägel usw. – sog. Staple goods – reichen nach § 10 Abs. 2 PatG nicht. Handelt es sich aber um Mittel, die geeignet sind, mit einem oder mehreren Merkmalen des Patents zur Verwirklichung der Erfindung zusammen zu wirken, so beziehen sie sich jedenfalls auf ein wesentliches Element der Erfindung[1] und sind sie für die Benutzung der Erfindung geeignet und bestimmt, so fällt die Bezugsbindung in den Inhalt des Schutzrechts[2].

245 **Wettbewerbsverbote** haben zum Inhalt, dass der Lizenznehmer keine fremde Technologie verwenden darf. Wettbewerbsverbote sind bis zur Marktanteilsschwelle von 20 % unter Wettbewerbern und je 30 % unter nicht Wettbewerbern durch Art. 2 GVTT freigestellt. Darüber hinaus stellen die TT-Leitlinien[3] darauf ab, ob eine erhebliche Abschottung konkurrierender Technologie durch das oder die kumulierten Wettbewerbsverbote eintritt. Dabei ist es auch von Belang, wie leicht der Marktzutritt für konkurrierende Technologieanbieter ist. Beherrschen die durch Wettbewerbsverbote gebundenen Lizenznehmer große Vertriebsapparate durch ihrerseits an die Lizenznehmer gebundene Vertriebshändler, so ist der Abschottungseffekt eines Wettbewerbsverbots gegen die fremde Technologie höher. Ebenso, wenn der Lizenzgeber über eine starke Marktstellung verfügt. Erlaubt nach Art. 81 Abs. 3 EG können aber Wettbewerbsverbote gerade im Zusammenhang mit dem Schutz von Know-how sein[4], oder zum Schutz von Lizenzgeberinvestitionen in Kundenschulung und kundenspezifische Produktanpassungen[5].

7. Preisbindung

246 Nach Art. 4 Abs. 1 lit. a GVTT ist es eine Kernbeschränkung, wenn unter Wettbewerbern die Möglichkeit einer Partei beschränkt wird, ihren Abgabepreis selbst festzusetzen. Unter Nichtwettbewerbern ist es aber erlaubt, Höchstpreise festzusetzen oder unverbindliche Preisempfehlungen ohne Druck oder Anreize auszusprechen – Art. 4 Abs. 2 lit. a GVTT. Das entspricht der Rechtsprechung des EuGH, der in einem Sortenschutzlizenzvertrag die Festsetzung von Mindestpreisen für das vermehrte Saatgut als Verstoß gegen Art. 81 Abs. 1 EG gewertet hat, wenn die Preisfestsetzung den Handel zwischen den Mitgliedstaaten spürbar beeinträchtigt[6].

247 Frei.

---

[1] BGH v. 4.5.2004 – X ZR 48/03, GRUR 2004, 758 – Flügelradzähler.
[2] So auch andeutungsweise BGH v. 27.2.2007 – X ZR 113/04, Mitt. 2007, 317 – Rohrschweißverfahren –, denn die Lieferung der wesentlichen Mittel, hier Daten, impliziert nur in der Regel eine Lizenz am Verfahren.
[3] Tz 198 ff. TT-Leitlinien.
[4] EG-Kommission v. 13.10.1988, GRUR Int.1989, 220 – Delta/DDD; TT-Leitlinien Tz. 201.
[5] TT-Leitlinien Tz. 203.
[6] EuGH v. 19.4.1988 – Rs. 27/87, Slg. 1988, 1919 – La Hesbignonne.

8. Erfahrungsaustausch, Rücklizenzen, Crosslizenzen

Crosslizenzen – Überkreuzlizenzen – sind Lizenzen in von Anfang an gegenseitigem Lizenzaustausch, in der GVTT „wechselseitige Vereinbarungen" genannt[1]; Rücklizenzen sind nachträgliche Lizenzen seitens des Lizenznehmers an den Lizenzgeber, und Erfahrungsaustausch ist die geringere Variante dazu. Crosslizenzen und Rücklizenzen sind kartellrechtlich unterschiedlich geregelt.

a) Erfahrungsaustausch und Rücklizenzen

Erfahrungsaustausch fällt als Nebenklausel in Technologietransferverträgen unter deren Grundfreistellung in Art. 2 GVTT. Nach der Definition der Technologietransferverträge und der Nebenklauseln in Art. 1 Abs. 1 lit. b GVTT gilt das aber nur für solche „Bestimmungen, die sich auf den Erwerb oder Verkauf von Produkten beziehen oder die sich auf die Lizenzierung oder auf die Übertragung von Rechten an geistigem Eigentum beziehen, sofern diese Bestimmungen nicht den eigentlichen Gegenstand der Vereinbarung bilden und unmittelbar mit der Produktion der Vertragsprodukte verbunden sind." Mit der Produktion der Vertragsprodukte verbunden ist der technische Erfahrungsaustausch, nicht aber der allgemein wirtschaftlicher oder kaufmännischer Erfahrungen, es sei denn Markterfahrungen über die Produktausgestaltung oder Produktverbesserungen müssten in die Produktion eingehen.

Nach altem deutschem Recht, § 17 Abs. 2 Nr. 2 GWB a.F., waren Rücklizenzen erlaubt, wenn dem gleichartige Bindungen des Patentinhabers gegenüberstanden. Das EG-Recht unterschied und unterscheidet zwischen einfachen und ausschließlichen Rücklizenzen und bei letzteren zwischen abtrennbaren und nicht abtrennbaren Erfindungen. **Einfache Rücklizenzen** an Verbesserungserfindungen sind, gleich ob sie abtrennbare oder nicht abtrennbare Verbesserungen betreffen, von der Freistellung in Art. 2 GVTT bis zu den Marktanteilsschwellen von 20%/30% umfasst[2].

Als Einzelklauseln sind hingegen nach Art. 5 Abs. 1 lit. a und b GVTT **ausschließliche Rücklizenzen oder Rückübertragungen** nicht freigestellt, wenn es sich um **abtrennbare** Verbesserungen handelt. In dem Definitionenkatalog in Art. 1 Abs. 1 lit. n GVTT werden „abtrennbare Verbesserungen" als solche definiert, die ohne Verletzung der lizenzierten Technologie verwertet werden können. Das aber wird selten der Fall sein, denn Verbesserungs- und Anwendungserfindungen sind regelmäßig solche, die trotz Variationen oder Hinzufügungen noch im Schutzumfang des Lizenzschutzrechtes liegen, also abhängige Erfindungen. Das sind einmal die Fälle, die Merkmale zufügen, z.B. Hauptpatent: a + b + c, Verbesserung: a + b + c + d (abhängige Erfindung),

---

1 Art. 1 Definitionen, Abs. 1 lit. c und d GVTT.
2 Z.B. früher schon gestattet in EG-Kommission v. 22.12.1987 – IV/31.206, ABl. EG 1988 Nr. L 69, 21, Tz. 36 – Rich Products/Jus-rol; EG-Kommission v. 15.12.1986 – IV/31.302, ABl. EG 1987 Nr. L 50, 30, GRUR Int. 1987, 587, Tz. 22 – Boussois/Interpane.

sodann die Fälle, die ein Merkmal in nahe liegender Weise variieren: z.B. Hauptpatent: a + b + c, Verbesserung: a + b' + c' (äquivalente Benutzung). Was äquivalent ist oder nicht, ist eine Frage der patentrechtlichen Schutzumfangsbestimmung nach Art. 69 EPÜ und § 14 PatG. Das Zusatzpatent, das nach § 16 Abs. 1 S. 2 PatG die Verbesserung oder weitere Ausbildung der Erfindung bezweckt, ist nur ein deutlicher Unterfall eines solchen abhängigen Patentes im deutschen Recht. Abhängige Verbesserungserfindungen sind also der Hauptfall der nicht abtrennbaren Verbesserungserfindungen. Da sie ohne Benutzung des herrschenden Lizenzschutzrechts sowieso nicht genutzt und damit auch nicht auslizenziert werden können, gestattet Art. 5 GVTT die exklusive Rücklizenz[1], wobei diese sinnvoll als „Alleinlizenz" wie in Art. 4 Abs. 1 c iii GVTT zu verstehen ist, also als ein Alleinlizenz, die das Benutzungsrecht des verbessernden Lizenznehmers unberührt lässt. Im Fall Delta/DDD hatte die Kommission für diesen Fall bei Ende des Hauptlizenzvertrags auch ein Ende des Benutzungsrechts des Lizenzgebers verlangt[2].

252 **Rückübertragungen** sind nach Art. 5 Abs. 1 lit. b GVTT nicht nur dann verboten, wenn sie abtrennbare Verbesserungen sind, sondern auch dann, wenn sie eigene neue Anwendungen der Technologie darstellen. Ist das Hauptpatent ein Stoff- oder Vorrichtungspatent, so fällt auch eine Anwendung zu einem anderen technischen Zweck unter den absoluten Stoffschutz, auch wenn der Lizenznehmer dafür ein Verwendungspatent erhalten hat (zweite Indikation). Die Rückübertragungsverpflichtung für solche Verwendungspatente ist also nicht freigestellt, wohl aber eine ausschließliche Rücklizenz, weil das Verwendungspatent nicht unabhängig = nicht abtrennbar ist. Rückübertragungen werden also etwas schärfer behandelt; das ist auch nachvollziehbar, denn mit dem Übertragungsverbot soll sichergestellt werden, dass der Lizenznehmer seine eigenen Verbesserungen nutzen kann und nicht nach Erlöschen der Hauptlizenz hinsichtlich seiner eigenen Verbesserungen weiterhin vom Lizenzgeber abhängig ist[3]. Parallelpatente, die nicht mehr im Schutzbereich des Hauptpatents liegen, mögen sie auch das gleiche Bedürfnis befriedigen, sind hingegen abtrennbare Erfindungen und fallen nicht mehr unter die erlaubten Rücklizenzklauseln.

253 **Oberhalb der Marktanteilsschwellen** gelten für die Legalausnahme nach Art. 81 Abs. 3 EG im Wesentlichen die gleichen Kriterien. Dabei kann es aber einen Unterschied machen, ob der Lizenzgeber für die Rücklizenz etwas zahlt oder nicht, denn bei Rücklizenzen gegen Entgelt ist es weniger wahrscheinlich, dass die Verpflichtung den Innovationsanreiz für den Lizenznehmer verringert[4]. Auch die Marktstärke des Lizenzgebers und die etwaige Existenz paralleler Lizenznetze auf einem technischen Gebiet mit

---

1 TT-Leitlinien Tz. 109.
2 EG-Kommission v. 13.10.1988, GRUR Int. 1989, 220, Tz. 33 – Delta/DDD.
3 Gegen die Rückübertragung schon EG-Kommission v. 13.12.1985, GRUR Int. 1986, 253 – Pitica/Kyria; im deutschen Recht: BGH v. 18.3.1955 – I ZR 144/53, BGHZ 17, 41 unter II. 5 – Kokillenguss.
4 TT-Leitlinien Tz 110.

ausschließlichen Rücklizenzverpflichtungen können zu nicht gerechtfertigten Wettbewerbsbeschränkungen auf einen oder wenige Technologiehalter führen[1]. Bei der Übertragung von Verbesserungserfindungen auf den Lizenzgeber, auch von abtrennbaren, gibt es zumindest eine Konstellation, in der die Übertragung sinnvoll ist, nämlich dann, wenn der Lizenznehmer nicht anmelden will oder ein angemeldetes Schutzrecht aufgeben will, oder wenn er eine Erfindung seines Arbeitnehmers nicht in Anspruch nehmen oder freigeben will. In diesen Fällen ist es sinnvoll zu vereinbaren, dass das Recht zur Anmeldung und damit das Recht auf das Patent dem Lizenzgeber gegen Übernahme der damit verbundenen finanziellen Belastungen eingeräumt wird. Wenn das unter Vorbehalt eines Mitbenutzungsrechts für den Lizenznehmer vertraglich vorgesehen wird, so fällt eine solche Klausel zwar nicht unter die Gruppenfreistellung, sollte aber von Rechts wegen nach Art. 81 Abs. 3 EG freigestellt sein.

b) Crosslizenzen, Patentgemeinschaften

Crosslizenzen oder **Lizenzaustausch** für konkurrierende Technologien, Art. 1 Abs. 1 lit. c GVTT, fallen unter ein verschärftes Regime der nicht frei gestellten Kernbeschränkungen. Sie können aber Lösungen für ungeplante Situationen sein, wo sich zwei oder mehr Unternehmen mit parallelen Forschungsergebnissen und den daraus resultierenden Schutzrechten wechselseitig blockieren. A hält das Grundpatent mit den Merkmalen a + b, B die praktisch bedeutsame Weiterentwicklung a + b + c und C die besonders brauchbare Variante a + b'+ c. C kann nicht nutzen ohne A's und B's Patente zu verletzen, B nicht ohne A's Grundpatent mitzubenutzen, und A darf das, was praktisch zählt, nicht nutzen, nämlich B's geschützte Kombination a + b + c oder C's besonders brauchbare Variante a + b'+ c. Ein wechselseitiger Lizenzaustausch, ohne oder mit einer Zuzahlung zum Wertausgleich, deblockiert alle drei. Dem trägt die GVTT Rechnung, indem sie in Art. 1 Abs. 1 lit. j i und ii GVTT solche Unternehmen, die andernfalls Verletzer wären, als Nicht-Wettbewerber definiert. Bei Crosslizenzen konkurrierender, also regelmäßig verwandter Technologien, ohne die Rechtfertigung der Deblockierung einer sonst bestehenden Verletzungssituation würden aber wechselseitige Rücklizenzverpflichtungen in besonderem Maß den Anreiz für technologische Wettbewerbsvorstöße wegnehmen. Bis zu 20 % gilt die Freistellung in den Schranken des Art. 5 GVTT, darüber sieht die Kommission solche Rücklizenzen sehr kritisch[2].

254

Die Auflösung einer Verletzungssituation lässt sich auch durch eine **Patentgemeinschaft** erreichen. A, B und C bilden vertraglich einen Patentpool, z.B. mit der Verpflichtung, weitere Schutzrechte aus ihrer Forschung über die fragliche Technologie in den Pool einzubringen. Jedes Unternehmen darf die gemeinsamen Schutzrechte nutzen. Geht der gemeinsame Zweck nicht weiter als die Schutzrechte gemeinsam zu halten und sie individuell zu nutzen,

255

---

1 TT-Leitlinien Tz. 110.
2 TT-Leitlinien Tz. 208.

so besteht nur ein Gemeinschaftsverhältnis nach §§ 741 ff. BGB. Nach § 743 Abs. 2 BGB darf jeder – vorbehaltlich anderer Vereinbarung – die gemeinschaftlichen Patente nutzen, soweit nicht der Mitgebrauch der übrigen Teilhaber beeinträchtigt wird.

256 Nehmen an einer Patentgemeinschaft mehrere Schutzrechtsinhaber teil, so spricht man von einem **Patentpool.** Als Vereinbarung zwischen mehr als zwei Unternehmen fällt die Poolvereinbarung nicht mehr unter die Gruppenfreistellung, wird aber in den TT-Leitlinien[1] behandelt. Danach gelten als Technologiepools Vereinbarungen, bei denen zwei oder mehr Parteien ein Technologiepaket zusammenstellen, das nicht nur an die Mitglieder des Pools sondern auch an Dritte lizenziert wird. Die Lizenzen vom Pool aus an Mitglieder und Dritte sind dann wieder Technologietransferverträge, die unter die GVTT fallen.

257 In den TT-Leitlinien unterscheidet die Kommission[2] bei den gepoolten Technologien zwischen sich **ergänzenden und substituierenden**. Ergänzende sind solche, die zusammen zur Produktion oder Anwendung des Verfahrens notwendig sind. Substituierende Technologien sind hingegen Alternativtechnologien, die je gesondert die Herstellung oder Verfahrensanwendung erlauben. Weiterhin unterscheidet die Kommission zwischen **wesentlichen und nicht wesentlichen** Technologien. Wesentlich ist eine Technologie, für die es kein Substitut gibt und die notwendig und geschützt ist. Wesentliche Technologien sind daher zwangsläufig zugleich einander ergänzende Technologien und nicht Substitute. Diese Beurteilung kann sich mit der Zeit ändern[3], und sie ist meist kein klares Entweder/Oder sondern ein Mehr oder Weniger.

258 Die **Poolung substituierbarer Technologien**, also von Alternativtechnologien bewertet die Kommission kritisch, weil sie den Technologiewettbewerb einschränkt, leicht zu kollektiven Preisfestsetzungen zwischen Wettbewerben führt und zu Koppelungen[4].

259 Die **Poolung wesentlicher**, sich mithin ergänzender und zur Produktion notwendiger Technologien, fällt hingegen als Poolvereinbarung nicht unter Art. 81 Abs. 1 EG, wobei das Mehr oder Weniger der einander ergänzenden oder substituierenden Technologien insgesamt gewertet werden muss[5].

260 Gerade für die Mischsituationen und die Lizenzierung nennt die die Kommission für die Behandlung von Pools und deren Lizenzierung verschiedene negative (-) und positive (+) **Beurteilungsgesichtspunkte**[6]:

– (-) Starke Marktstellung des Pools,

---

1 TT-Leitlinien Tz. 210–235.
2 TT-Leitlinien Tz 216.
3 TT-Leitlinien Tz. 222.
4 TT-Leitlinien Tz 119.
5 TT-Leitlinien Tz 220, 221.
6 TT-Leitlinien Tz 222–229.

- (+/-) Inwieweit ist die Einbeziehung nicht wesentlicher Technologien wettbewerbsfördernd,
- (+) Lizenzierungsfreiheit der Poolmitglieder,
- (+) à la carte Lizenzmöglichkeit mit Gebührenanpassung für Lizenznehmer, die nicht die ganze Technologie brauchen;
- (+) Offenheit gegen Dritte und faire Lizenzbedingungen und Gleichbehandlung,
- (+) Keine Behinderung alternativer, also substituierender Technologien,
- (-) Preisvorschriften,
- (+) Freiheit für konkurrierende Produkte und Standards,
- (-) Wettbewerbsverbote,
- (-) exklusive oder zu weite (= nicht für die Technologie wesentliche) Rücklizenzverpflichtungen,
- (+) individuelle Kündigungsmöglichkeit angegriffener Patente mit Lizenzgebührenminderung.

Im Übrigen wird zu Patentgemeinschaften und Crosslizenzen aus gemeinsamer Entwicklung, oben auf die Forschungs- und Entwicklungsverträge Rn. 83 ff. verwiesen, denn Patentpools entstehen vorzugsweise aus gemeinsamer Forschung und Entwicklung.

Frei. 261–264

9. Nichtangriffsverpflichtung

Nichtangriffsverpflichtung ist die Verpflichtung, kein Rechtsbestandsverfahren auf formellen Widerruf des Lizenzgeberschutzrechts zu eröffnen, zu betreiben oder zu unterstützen. Der BGH[1] unterscheidet davon die negative technische Bewertung in der Beschreibungseinleitung eines jüngeren Patents. Die sieht er als zulässig nach § 34 Abs. 7 PatG i.V.m. § 5 PatAnmVO an. Dazu müssen solche Angaben aber auch der allgemeinen Wahrheitspflicht genügen, § 34 Abs. 7 PatG. 265

Auf **EU-Ebene** hat die Kommission Nichtangriffsklauseln als wettbewerbsbeschränkend, aber fallweise freistellungsfähig angesehen[2]. Dem hatte sich 266

---

1 BGH v. 24.4.2007 – X ZR 64/04, GRUR 2007, 963 – Nichtangriffspflicht.
2 EG-Kommission v. 9.6.1972 – IV/26.813, ABl. EG 1972 Nr. L 143, 93 – Raymond/Nagoya, Nr. 3 des Negativattests; EG-Kommission v. 15.12.1975 – IV/27.073, 76/172/EWG, ABl. EG 1976 Nr. L 30, 13 – Bayer/Gist-Brocades – unter 3 C in einem Kooperationsvertrag beanstandete wechselseitige Nichtangriffsverpflichtungen; EG-Kommission v. 2.12.1975 – IV/26.949, 76/29/EWG, ABl. EG 1976 Nr. L 6, 8 – AOIP ./. Beyrard, unter Nr. 4 C der Entscheidung beanstandete Nichtangriffsklausel; EG-Kommission v. 16.12.1982 – 82/897/EWG, ABl. EG 1982 Nr. L 379, 19 – Toltecs ./. Dorcet – Geldbuße von 50 000 ECU wegen einer Nichtangriffverpflichtung in einem Markenabgrenzungsvertrag; unentschieden gelassen in EuGH v. 30.1.1985 – Rs. 35/83, Slg. 1985, 363 – Toltecs/Dorcet; EG-Kommission v. 11.7.1983 – IV/29.395,

das BPatG mit knapper Begründung angeschlossen, hat später aber die Wirksamkeit einer Nichtangriffsabrede in einem Vergleich bejaht[1]. Der EuGH hat in der Süllhöfer-Entscheidung[2] eine diffuse Haltung eingenommen: Nichtangriffsklauseln verstießen dann nicht gegen Art. 85 Abs. 1 EGV (jetzt Art. 81 Abs. 1 EG), wenn sie in einer kostenlosen Lizenz oder in einer Lizenz über ein technisch überholtes Verfahren enthalten seien. In Art. 5 Abs. 1 lit. c GVTT sind Nichtangriffsklauseln als Einzelklauseln nicht frei gestellt. Zulässig ist aber nach Art. 5 Abs. 1 lit. c GVTT der Vorbehalt des Lizenzgebers, den Vertrag im Fall eines Angriffs des Lizenznehmers auf das Schutzrecht zu kündigen. In Anspruchsregelungsvereinbarungen, z.B. Lizenzvergleichen, hält auch die EG-Kommission eine Nichtangriffsklausel für zulässig, weil es Sinn der Konfliktlösung ist, weiteren Streit mithin auch Nichtigkeitsstreit zu vermeiden[3].

267 Im deutschen Recht wird auch eine **ungeschriebene Nichtangriffspflicht** aus Treu und Glauben im Wege der ergänzenden Vertragsauslegung für möglich gehalten, wenn zwischen den Parteien vertragliche Bindungen, z.B. aus Kauf-, Lizenz-, Anstellungs- oder Gesellschaftsvertrag, bestehen, die wegen ihrer individuellen Ausgestaltung, insbesondere wegen eines besonderen Vertrauensverhältnisses oder gesellschaftsähnlicher Züge nach Inhalt, Sinn und Zweck der vertraglichen Beziehungen die Erhebung einer Nichtigkeitsklage als Verstoß gegen § 242 BGB erscheinen lassen. Unter diesem Gesichtspunkt wurde bisher der Angriff der Arbeitnehmererfinder, auch nachvertraglich, auf das Schutzrecht des Arbeitgebers für unzulässig gehalten[4]. Mit Beendigung eines Lizenzvertrags endet jedenfalls auch eine etwa vorher bestehende Nichtangriffsverpflichtung[5]. Für den Lizenzvertrag wird der Vorrang des EG-Rechts stillschweigende Nichtangriffsverpflichtungen in aller Regel ausschließen, weil Nichtangriffsklauseln nicht freigestellt sind[6]. Die stillschweigende oder ausdrückliche Nichtangriffsklausel kann aber auch EG-rechtlich als notwendiger Vergleichsbestandteil wirksam sein.

ABl. EG 1983 Nr. L 229, 1 – Windsurfing International, Entscheidungspunkt Nr. 7; bestätigt durch EuGH v. 25.2.1986 – Rs. 193/83, Slg. 1986, 611 – Windsurfing International, Tz. 100 und Ls. 2; schwarze Klausel war die Nichtangriffsverpflichtung in der PatentlizenzGVO 2349/84, Art. 3 Nr. 1.
1 BPatG v. 12.4.1995 – 2 Ni 16/94, GRUR 1996, 480 – Nichtangriffsabrede und BPatG v. 26.3.1996 – 12 W (pat) 21/94, GRUR Int. 1997, 631 – Nichtangriffspflicht.
2 EuGH v. 27.9.1988 – Rs. 65/86, Slg. 1988, 5249 – Süllhöfer ./. Bayer.
3 TT-Leitlinien Tz. 109.
4 BGH v. 15.10.1957 – I ZR 99/54, GRUR 1958, 177, Aluminiumflachfolien; BGH v. 14.7.1964 – Ia ZR 195/63, NJW 1965, 491 – Vanal-Patent; BGH v. 30.11.1967 – Ia ZR 93/65, GRUR 1971, 243 – Gewindeschneidvorrichtung; BGH v. 4.10.1988 – X ZR 3/88, GRUR 1989, 39 – Flächenentlüftung.
5 BGH v. 14.7.1964 – Ia ZR 195/63, NJW 1965, 491 – Vanal-Patent; BGH v. 17.12.1974 – ZB 13/72, Mitt. 1975, 117 – Rotationseinmalentwickler.
6 Anders entschieden im Fall BGH v. 4.10.1988 – X ZR 3/88, GRUR 1989, 39 – Flächenentlüftung; BPatG v. 29.6.2000 – 2 Ni 13/99, BPatGE 43, 125 – Gatterfeldlogik: nachträgliche Nichtigkeitsklage des Patentverkäufers nach Treu und Glauben unzulässig, vgl. auch TT-Leitlinien Tz. 109.

Die **Rechtsfolge** einer gültigen Nichtangriffsklausel ist, dass eine entsprechende Nichtigkeitsklage unzulässig ist[1]. Im Einspruchsverfahren wird die Nichtangriffsabrede nicht beachtet. Der Einspruch ist zulässig und wird sachlich behandelt[2].

268

Die rechtliche **Wirksamkeit** einer Nichtangriffsklausel ist gering. Da Nichtigkeitsklage und Einspruch von jedermann, auch ohne Nachweis eines rechtlichen Interesses, erhoben werden können, kann jeder Dritte, der nicht gebunden ist, den Angriff führen. Der im deutschen Recht mögliche Strohmanneinwand für den Gebundenen ist schwer zu beweisen; im europäischen Patentrecht ist er ausgeschlossen, weil schon der Einspruch eines Patentanwalts für einen nicht genannten, z.B. lizenzgebundenen Mandanten kein zur Unzulässigkeit führender Missbrauch ist[3].

10. Kennzeichnungspflichten

Lizenzvermerke sind bei der Patentlizenz möglich und bei Markenlizenzen ratsam, damit bei mehreren Benutzern der Gefahr vorgebeugt wird, dass das Zeichen seine Herkunftsfunktion verliert und zur Gattungsbezeichnung herabsinkt.

269

Die Verpflichtung, auch oder ausschließlich die **Marke des Lizenzgebers** auf der Ware anzubringen, kann sich bei Vertragsende für den Lizenznehmer sehr belastend auswirken, weil er das vertraglich eingeräumte Zeichen nicht weiter nutzen darf, während der Goodwill und damit der Markt dem Lizenzgeber zuwächst[4].

270

Bloße Patentvermerke waren nach **deutschem Kartellrecht** unbedenklich. Die Verpflichtung, die Lizenzerzeugnisse in bestimmter Weise zu kennzeichnen, z.B. Name oder Marke des Lizenzgebers anzubringen, war nach § 17 Abs. 2 Nr. 4 GWB a.F. erlaubt, wenn die zusätzliche Kennzeichnung mit einem Herstellerhinweis nicht ausgeschlossen war.

271

Im **EG-Kartellrecht** war die Verpflichtung, auch das Zeichen des Lizenzgebers anzubringen, auf die Dauer des Patentschutzes oder bei Know-how auf Dauer des Geheimnisses nach Art. 1 Abs. 1 Nr. 7 TTVO 1996 erlaubt, sofern der Lizenznehmer nicht daran gehindert wurde, zugleich auf seine Eigenschaft als Hersteller des Lizenzerzeugnisses hinzuweisen. Diese Einschränkung der Markenführungspflicht ist in die GVTT 2004 nicht übernommen worden. Die EG-Kommission hält eine Verpflichtung des Lizenznehmers, das Warenzeichen des Lizenzgebers zu führen, ohne weitere

272

---

1 BPatG v. 13.8.1980 – 3 Ni 39/79, BPatGE 24, 171; BGH v. 4.10.1988 – X ZR 3/88, GRUR 1989, 39 – Flächenentlüftung.
2 EPA Einspruchsabteilung v. 13.5.1992, GRUR Int. 1993, 486 – Müllverbrennungsanlage Wuppertal; BPatG v. 27.5.2004 – 21 W (pat) 40/03, GRUR 2005, 182 – Feuerwehr-Tableau-Einheit.
3 EPA, Große Beschwerdekammer v. 21.1.1999 – G3/97, ABl. EPA 1999, 245.
4 BGH v. 27.2.1963 – Ib ZR 180/61, BB 1963, 532 – Mickey-Maus-Orangen; BGH v. 26.10.1966 – Ib ZR 140/64, NJW 1967, 499 – Myoplastic: nachvertragliches Zeichenbenutzungsverbot ohne Rücksicht auf die Schutzfähigkeit der Bezeichnung.

Einschränkung für zulässig[1]. Also liegt es hinfort in der Verantwortung des Lizenznehmers, sich von existenzvernichtenden Kennzeichnungsbindungen frei zu halten.

III. Lizenzgeberpflichten und -beschränkungen

1. Aufrechterhaltung

273 Bei der bloßen Negativlizenz treffen den Lizenzgeber keinerlei Pflichten, auch keine Aufrechterhaltungspflichten. Bei der **positiven, einfachen und ausschließlichen Lizenz** ist der Lizenzgeber jedoch zur Aufrechterhaltung verpflichtet, also zur Zahlung der Jahresgebühren und zur Verteidigung gegenüber Einsprüchen und Nichtigkeitsangriffen[2]. Dementsprechend darf schuldrechtlich der Lizenzgeber auch nicht einseitig auf das Patent verzichten. Als Verfügung ist der Verzicht, selbst einseitig, gleichwohl wirksam.

274 Bei der ausschließlichen Lizenz kann das Klagerecht des Lizenznehmers gegen Verletzer mit der Aufrechterhaltungspflicht des Lizenzgebers gegenüber einer Nichtigkeitsklage kollidieren, die der Verletzer zu Verteidigungszwecken anstrengt. Einen **Lizenzvergleich** darf der Patentinhaber alsdann mit dem Nichtigkeitskläger nicht ohne Zustimmung seines ausschließlichen Lizenznehmers abschließen, § 15 Abs. 3 PatG. Es empfiehlt sich, vertraglich Vorsorge für diese Situation zu treffen, z.B. dem Lizenzgeber das Recht vorzubehalten, zur Abwendung oder Beilegung von Nichtigkeitsklagen Lizenzvergleiche nach Konsultation des Lizenznehmers abzuschließen und dem Lizenznehmer für diesen Fall einen Anspruch auf angemessene Anpassung des Vertrages einzuräumen.

275 Nicht selten wird vertraglich dem Lizenznehmer auch die Pflicht zur Zahlung der **Jahresgebühren** und der sonstigen Patenterlangungskosten auferlegt.

276 Bei Gebietslizenzen ist der Lizenzgeber verpflichtet, gegen **Gebietsüberschreitungen** anderer Lizenznehmer vertraglich vorzugehen und den Schaden der verletzten Lizenznehmer im Wege der Drittschadensliquidation geltend zu machen[3]. Man wird die ausschließliche Gebietslizenz darüber hinaus im Regelfall als echten Vertrag zugunsten des ausschließlichen Lizenznehmers nach § 328 Abs. 2 BGB ansehen müssen, denn das Klagerecht

---

1 TT-Leitlinien Tz. 50; zweifelnd *Bartenbach*, Patentlizenz- und Know-how-Vertrag, Rn. 1417–1421.
2 *Ullmann* in Benkard, PatG, GebrMG, § 15 PatG Rn. 152; *Stumpf/Groß*, Der Lizenzvertrag, Rn. 271; *Kraßer/Schmid*, GRUR Int. 1982, 324, 330; *Kraßer*, Patentrecht § 41 II, 3 gegen die Meinung von z.B. *Lüdecke/Fischer*, Lizenzverträge, C 85 und *Nirk* in Klauer/Möhring, Patentrechtskomm., § 9 PatG Rn. 79, dass bei der ausschließlichen Lizenz der Lizenznehmer aufrechterhaltungspflichtig sei.
3 BGH v. 15.1.1974 – X ZR 36/71, NJW 1974, 502 – Abstandshalterstopfen.

des ausschließlichen Lizenznehmers muss auch gegen Übergriffe des Lizenznehmerkollegen aus dem anderen Gebiet gelten[1].

2. Assistenzpflichten

Einarbeitung, Einrichtung, Schulung und Beratung seitens des Lizenzgebers spielen bei Know-how und gemischten Patentlizenz-/Know-how-Verträgen eine große Rolle, denn das positive Nutzungsrecht muss real verschafft werden. 277

Regelmäßig treffen die Parteien darüber **Vereinbarungen**, die die Zeitdauer, Zusatzvergütung und Kosten auswärtiger Unterbringung regeln. Häufig begegnet die Regelung, dass der Lizenzgeber oder sein Personal für einen begrenzten Zeitraum Assistenz ohne Sondervergütung leisten, der entsendende Lizenzgeber das Gehalt seines Schulungspersonals trägt, der Lizenznehmer aber Reise- und Unterbringungskosten[2]. Gerade bei Einzellizenzgebern begegnen aber auch **entgeltliche Beratungsverträge.** Ist nichts anderes vereinbart, so hält der Lizenzgeber seine Beratungsdienste zur Verfügung, und der Lizenznehmer fordert sie bei Bedarf an. Fordert er nicht an, so muss er das vereinbarte Beratungshonorar gleichwohl entrichten. 278

Ist über die Assistenz und Know-how-Übermittlung **nichts vereinbart**, so wird die Förderungspflicht des Lizenzgebers nach § 242 BGB dahin gehen, das zu leisten, was ihn nicht mit spürbaren Zusatzkosten und erheblichem Zeitaufwand belastet. Er muss also jedenfalls Rezepturen, Versuchsberichte, Fertigungszeichnungen, Prüfzeugnisse und Genehmigungen übermitteln und darüber hinaus eine zeitlich begrenzte Beratung[3] leisten, jedoch nicht mit substantiellen eigenen Reise- oder Personalentsendekosten, es sei denn, der Lizenznehmer erbiete sich zur Kostenübernahme. 279

3. Vergabe von Drittlizenzen

Die mit der ausschließlichen Lizenz automatisch verbundene **Beschränkung**, Dritten keine Lizenz mehr einräumen zu können, ist unterhalb der Marktanteilsschwelle **kartellrechtlich unbedenklich**, Art. 4 Abs. 1 lit. c iii GVTT. Nach der früheren ständigen Praxis des BKartA waren jedoch Bindungen des Lizenzgebers an die Zustimmung seiner einfachen Lizenznehmer zur Vergabe weiterer einfacher Lizenzen oder zur Gestaltung der Lizenzkonditionen[4] Verstöße gegen § 1 GWB a.F. Auch EG-rechtlich können 280

---

[1] Offen gelassen in BGH v. 15.1.1974 – X ZR 36/71, NJW 1974, 502 – Abstandshalterstopfen.
[2] *Stumpf/Groß*, Der Lizenzvertrag, D Rn. 246.
[3] Zurückhaltend analog den Einweisungs- und Schulungspflichten dessen, der Programme und das damit verbundene Know-how verkauft: OLG Hamm v. 8.7.1991 – 31 U 291/90, CR 1992, 335; ÖOGH v. 29.10.1992 – 8 Ob 547/91, CR 1993, 736; OLG Frankfurt v. 12.3.1993 – 10 U 76/92, CR 1994, 97; *Bartenbach*, Patentlizenz- und Know-how-Vertrag, Rn. 1454, verneint Schulungspflichten, wenn sie nicht vereinbart sind.
[4] BKartA, TB 1976, 100 f.; TB 1979, 80, 117; TB 1983/84, 40.

horizontale Absprachen von Schutzrechtsinhabern, Dritten keine Lizenzen zu erteilen, verbotene Wettbewerbsbeschränkungen nach Art. 81 Abs. 1 EG sein[1]. Im Allgemeinen ist aber die Beschränkung, Dritten keine Lizenz zu erteilen, auch oberhalb der Schwellenwerte kein Verstoß gegen Art. 81 Abs. 1 EG[2], es sei denn der begünstigte Lizenznehmer wäre besonders marktstark oder es würde sich um eine wechselseitige Abrede handeln.

281 Eine einfache oder ausschließliche **frühere Lizenz** wirkt dinglich, § 15 Abs. 3 PatG, § 33 UrhG, § 30 Abs. 5 MarkenG. Eine früher erteilte einfache Lizenz bleibt gegenüber dem späteren ausschließlichen Lizenznehmer bestehen; eine spätere Lizenz verschafft gegenüber einer noch wirksamen früheren ausschließlichen Lizenz dem späteren Lizenznehmer keine Berechtigung. Anders ist dies nach Art. 23 GMVO bei europäischen Gemeinschaftsmarken. Nach Art. 23 Abs. 1 GMVO wirkt eine frühere Markenlizenz gegen Dritte nur, wenn der Dritte bösgläubig oder die Lizenz im Register für Gemeinschaftsmarken eingetragen war. Art. 23 Abs. 1 GMVO ist nicht auf den Erwerber des ganzen Betriebs anzuwenden. Das kann sinnvollerweise nur heißen, dass er die frühere Markenlizenz immer fortsetzt.

In anderen Lizenzgebieten, insbesondere im **Patent- und Urheberrecht** ist ein zweiter Lizenznehmer gegenüber einem früheren ausschließlichen Lizenznehmer ohne Rücksicht auf guten Glauben Verletzer. Das muss als Risiko in Rechnung gestellt werden bei der Bewertung eines „wichtigen Grundes", wenn eine Lizenz gekündigt wird, um den Lizenznehmer zu wechseln.

4. Meistbegünstigungsklauseln

282 Meistbegünstigungsklauseln begegnen bei einfachen Lizenzverträgen in der **weiten Art**, dass der Lizenzgeber sich verpflichtet, späteren Lizenznehmern keine günstigeren Bedingungen einzuräumen als den früheren Lizenznehmern oder, reziprok, früheren Lizenznehmern gleich günstige Bedingungen zukommen zu lassen, wie er späteren einräumt.

283 Weniger belastend für den Lizenzgeber ist die **engere Art**, lediglich hinsichtlich der Lizenzhöhe dem begünstigten Lizenznehmer gleich günstige Konditionen zukommen zu lassen, wie er anderen Lizenznehmern einräumt.

284 Die **Rechtsfolgen** der Meistbegünstigungsklausel sind einmal nach § 242 BGB eine Auskunftspflicht über die etwa eingeräumten günstigeren Drittbedingungen und zum anderen eine Klagelast gegen Drittverletzer. Ohne Meistbegünstigungsklausel trifft den Geber einfacher Lizenzen keine Pflicht, sein Klagerecht gegen Drittverletzer zu gebrauchen, sich also die kostspielige Gleichbehandlung aller Schutzrechtsbenutzer aufzuladen. Schreitet aber der Lizenzgeber, der seinen Lizenznehmern Meistbegünstigung zugesagt hat, gegen Verletzer nicht ein, dann kann sein Bestehen auf Lizenzzahlungen unter dem Gesichtspunkt der Unzumutbarkeit gegen Treu

---

1 EuG v. 12.6.1997 – T-504/93, Slg. 1997 II 927 – Ladebroke.
2 TT-Leitlinien Tz. 163–167.

und Glauben verstoßen[1]. Auch dann ist der Lizenzgeber jedoch nicht gehalten, zugleich gegen alle Drittverletzer vorzugehen und sich eine Vielzahl von Verletzungsprozessen gleichzeitig aufzuladen. Auch bei etwaigen Vergleichen mit Drittverletzern muss der Lizenzgeber seinen Meistbegünstigungspflichten Rechnung tragen.

Die **Zulässigkeit** von Meistbegünstigungsklauseln war im deutschen Recht strittig; EG-rechtlich waren Meistbegünstigungsklauseln in Art. 2 Nr. 10 TTVO 1996 freigestellt. In der GVTT 2004 werden sie nicht erwähnt, fallen also jedenfalls bis zu den Marktanteilsschwellen unter die Schirmfreistellung des Art. 2 GVTT[2]. In **Deutschland** hat die Garant-Entscheidung des BGH[3] für Diskussionen gesorgt, weil die Meistbegünstigungsklausel in Lieferverträgen als Verstoß gegen § 15 GWB 1990 (§ 14 GWB 1999) beurteilt wurde. Überwiegend hat das Schrifttum[4] und auch das BKartA[5] jedoch die Meistbegünstigungsklausel in Lizenzverträgen für zulässig gehalten. Nach dem Vorrang des **EG-Kartellrechts** sind die freigestellten Meistbegünstigungsklauseln jetzt auch im nationalen deutschen Recht zulässig. 285

V. Vertragsschluss und Form

1. Form

Die nach dem alten GWB erforderliche Schriftform war schon im GWB ab 1.1.1999 entfallen. Die Schriftform gilt nur noch weiter für Altlizenzverträge[6]. Jedoch ist formlose Bestätigung nach § 141 BGB unter dem neuen Recht möglich[7]. 286

EG-rechtlich bedürfen Lizenzverträge zwar keiner bestimmten bürgerlich-rechtlichen Schriftform, jedoch sind Ausschließlichkeitsklauseln nach Art. 1 Abs. 1 lit. i iii GVTT in Know-how-Verträgen nur freigestellt, wenn das Know-how überprüfbar identifiziert, in aller Regel also schriftlich festgehalten ist. 287

Die nach § 30 PatG mögliche Eintragung der ausschließlichen Lizenz in die **Patentrolle** hat keine Bedeutung für die Wirksamkeit der ausschließlichen Lizenz oder für ihre Drittwirkung gegenüber späteren Lizenznehmern. Eine Ausnahme gilt nach Art. 23 Abs. 1 GMVO für die Lizenz an einer Gemein- 288

---

1 BGH v. 29.4.1965 – Ia ZR 260/63, NJW 1965, 1861 – Wellplatten.
2 Vgl. *Bartenbach*, Patentlizenz- und Know-how-Vertrag, Rn. 1492; *Zöttl*, WRP 2005, 33/41.
3 BGH v. 27.1.1981 – KVR 4/80, BB 1981, 807 – Garant.
4 *Dreiss*, Die kartellrechtliche Beurteilung von Lizenzvertragssystemen, 1972, S. 167; *Klemp*, DB 1977, 1301; *Finger*, BB 1970, 1154, 1157; *Brandi-Dohrn*, BB 1982, 1083; anders *Winzer* in Pfaff, Lizenzverträge, B 708: nach § 17 Abs. 3 GWB a.F. erlaubnisfähige Wettbewerbsbeschränkungen.
5 BKartA, TB 1977, 90.
6 BGH v. 2.2.1999 – KZR 51/97, GRUR 1999, 776 – Coverdisk; BGH v. 9.3.1999 – KZR 23/97, GRUR 1999, 602 – Markant.
7 *Bunke*, BB 1999, 866, sowie obiter BGH v. 2.2.1999 – KZR 51/97, GRUR 1999, 776 – Coverdisk.

schaftsmarke: Sie bedarf zur Wirkung gegenüber Gutgläubigen der Eintragung in das Gemeinschaftsmarkenregister.

2. Vertragsschluss

a) Erprobungsphase

289 Schalten die Parteien dem eigentlichen Lizenzvertrag eine Erprobungsphase vor, so kann diese vertraglich vorzugsweise in drei Formen geregelt werden: als bloße befristete Benutzungserlaubnis, Vorvertrag oder Optionsvertrag.

aa) Befristete Benutzungserlaubnis

290 Bei der bloßen befristeten Benutzungserlaubnis bleibt der etwaige endgültige Lizenzvertrag ganz offen und **künftigen Verhandlungen vorbehalten.** Die befristete Benutzungserlaubnis über eine Patentanmeldung oder über Knowhow wird verbunden mit einer vertraglichen Verpflichtung, nach Ende der Erprobungsphase die Benutzung einzustellen. Ein solches nachvertragliches Benutzungsverbot ist auch kartellrechtlich zulässig[1]. Bei Know-how oder nicht offen gelegten Patentanmeldungen wird das nachvertragliche Benutzungsverbot im Allgemeinen mit dem Vorbehalt versehen, dass die probeweise überlassenen Kenntnisse dem Lizenznehmer nicht schon anderweit bekannt waren und – bei Know-how – dass sie nicht anderweit offenkundig sind. Die Beweislast für diese Ausnahmen wird regelmäßig dem Erprobungsnehmer auferlegt.

bb) Vorvertrag

291 Wird die befristete Erprobungsphase mit einem Vorvertrag auf den endgültigen Lizenzvertrag verbunden, so muss ein Bindungswille vorhanden sein und es müssen die **wesentlichen Punkte** wie etwa Lizenzgebühr, Ausschließlichkeit und gegebenenfalls Gebiet schon im Vorvertrag geregelt werden, damit der Hauptvertrag hinreichend bestimmt ist[2].

cc) Optionsvertrag

292 Die Erprobungsphase kann auch verbunden werden mit einem **bindenden Angebot über einen ausformulierten Lizenzvertrag.** Eine solche Option ist ein Angebot mit vertraglich eingeräumter Annahmefrist nach § 148 BGB. Läuft die Erprobung zur Zufriedenheit des Lizenznehmers, so bringt er den Lizenzvertrag durch seine Annahmeerklärung (Optionserklärung) einseitig zustande. Für solche Optionsbindungen wird nicht selten ein Bindungsentgelt vereinbart, häufig mit der Maßgabe, dass es auf die nachfolgenden Lizenzgebühren anrechenbar ist.

---

1 TT-Leitlinien Tz. 155c. EG-Kommission v. 22.12.1987 – IV/31.206, ABl. EG 1988 Nr. L 69, 21 Tz. 34 – Rich Products/Jus-Rol; EG-Kommission v. 13.10.1988, GRUR Int. 1989, 220 Tz. 35 – Delta/DDD; für Deutschland: BGH v. 18.3.1955 – I ZR 144/53, BGHZ 17, 41 – Kokillenguss.
2 BGH v. 3.6.1958 – I ZR 83/57, GRUR 1958, 564 – Baustützen.

b) Offenbarungspflichten

Der eingeschränkten Lizenzgeberhaftung im Vertrag stehen weitgehende Offenbarungspflichten des Lizenzgebers bei den Vertragsverhandlungen gegenüber. Nicht nur wissentliche oder fahrlässig wahrheitswidrige Darstellungen haben zu unterbleiben, sondern es gehört im Rahmen der nach Treu und Glauben im redlichen Verkehr zu den zu stellenden Anforderungen auch eine Offenbarungspflicht der Beteiligten über solche Tatsachen, die für die Entschließung des anderen Teils erkennbar von Bedeutung sein können[1]. Rechtsgrundlage für solche Offenbarungspflichten sind im BGB 2002 die §§ 241 Abs. 2, 311 Abs. 2 BGB. Negative Zwischenbescheide aus dem Anmeldeverfahren müssen ebenso offenbart werden[2] wie entgegengehaltener Stand der Technik ohne Rücksicht, ob er letztlich patenthindernd ist, wenn er nur patenthindernd sein kann[3]. Erst recht müssen dem Lizenzgeber bekannte, drohende Abhängigkeiten offenbart werden wie auch weitere eigene Patente, die nicht Lizenzgegenstand sind, aber einer Ausübung der Lizenz entgegenstehen können. Ein nicht ausdrücklich vorbehaltenes eigenes, weiteres Schutzrecht, das zur Nutzung der Lizenz notwendig ist, ist nach § 242 BGB mitlizenziert[4]. Erfolglose frühere Lizenzverhandlungen müssen hingegen nicht offenbart werden[5].

293

Eine Verletzung der Offenbarungspflicht ist eine **arglistige Täuschung** nach § 123 BGB, wenn sie vorsätzlich, also in Kenntnis der Relevanz oder mindestens mit dolus eventualis erfolgt. Arglist muss der Anfechtende beweisen. Manifeste Unrichtigkeit lässt aber im Allgemeinen den Rückschluss auf Arglist zu. Die relevante Unrichtigkeit (z.B. nur Anmeldung statt des behaupteten erteilten Patentes) muss noch zum Zeitpunkt der Anfechtungserklärung gegeben sein[6]. Mit Ansprüchen aus §§ 123, 812 BGB konkurrieren bei Täuschung Ansprüche aus §§ 263 StGB, 823 Abs. 2 BGB.

294

Aber auch fahrlässige Verletzung der Offenbarungspflicht stellt **culpa in contrahendo** nach § 311 Abs. 2 BGB dar, also Verschweigen von bekannten Tatsachen, weil der Lizenzgeber sie fahrlässig für nicht relevant hielt. C.i.c. verpflichtet zum Ersatz des negativen Interesses nach § 280 BGB und gibt über Naturalrestitution nach § 249 BGB dem Lizenznehmer einen schadenersatzrechtlichen Anspruch auf Vertragsbefreiung[7], der mit § 123 BGB konkurriert. Außerdem sind nach § 284 BGB frustrierte Vertragsaufwendungen zu ersetzen.

295

Frei.

296–299

---

1 RG v. 1.3.1928 – VI 258/27, RGZ 120, 249, 251.
2 RG v. 25.4.1938 – I 241/37, GRUR 1938, 846 – Anteilsveräußerung.
3 RG v. 19.11.1940 – I 12/40, GRUR 1941, 99 – Federglühofen; BGH v. 23.3.1982 – X ZR 76/80, GRUR 1982, 481, 483 – Hartmetallkopfbohrer.
4 BGH v. 11.1.2005 – X ZR 20/02, GRUR 2005, 407 – Leichtflüssigkeitsabscheider.
5 BGH v. 28.6.1957 – I ZR 229/55, GRUR 1958, 175 – Wendemanschette.
6 BGH v. 3.2.1998 – X ZR 18/96, GRUR 1998, 650 – Krankenhausmüllentsorgungsanlage.
7 RG v. 19.11.1940 – I 12/40, GRUR 1941, 99 – Federglühofen.

VI. Haftung des Lizenzgebers für Mängel

Schrifttum: *Haedicke*, Die Gewährleistungshaftung bei Patentveräußerungs- und Patentlizenzverträgen, GRUR 2004, 123; *Körner*, Der Bestand bzw. Fortbestand von Schutzrechten und Know-how als Voraussetzung der Lizenzgebühren bzw. Schadensersatzpflicht, GRUR 1982, 341; *Lindenmaier*, Die Haftung des Patentinhabers bei Veräußerung des Patents und Lizenzbestellung, GRUR 1955, 507; *Malzer*, Haftung für vertragsmäßige Brauchbarkeit und zugesicherte Eigenschaften, GRUR 1971, 96; *Nirk*, Die Einordnung der Gewährleistungsansprüche und Leistungsstörungen bei Verträgen über Patente in das Bürgerliche Gesetzbuch, GRUR 1970, 329; *Preu*, Der Einfluss der Nichtigkeit oder Nichterteilung von Patenten auf Lizenzverträge, GRUR 1974, 623.

300   Die bloße Negativlizenz begründet keine Gewährleistungshaftung, denn bei ihr wird lediglich auf die Ausübung der Verbotsrechte verzichtet[1]. Eine Gewährleistungshaftung kommt hingegen in Betracht bei allen echten Lizenzen, mit denen ein **positives Benutzungsrecht** vergeben wird.

Die Gewährleistungshaftung und die Gewährleistungsfolgen bemessen sich dann vorrangig nach den **vertraglichen Vereinbarungen.** Dabei wird häufig vereinbart, dass der Lizenzgeber für Rechts- und Sachmängel, insbesondere Unabhängigkeit, Nichtbestehen von Vorbenutzungsrechten und Rechtsbeständigkeit nicht einsteht, jedoch versichert, dass ihm entgegenstehende Rechte Dritter nicht bekannt sind.

Haben die Parteien keine Regelung getroffen, so ist zu beachten, dass der Lizenzvertrag ein Vertrag eigener Art ist (s. oben Rn. 9). Außerdem ist er ein **gewagtes Geschäft**, bei dem der Lizenznehmer von Haus aus ein Zukunftsrisiko eingeht. Je nach der Zukunftsbezogenheit des Mangels hat die Rechtsprechung die Gewährleistungshaftung des Lizenzgebers unterschiedlich bestimmt.

301   Die rechtlichen Grundlagen für die Sach- und Rechtsmängelgewährleistung waren schon unter dem alten BGB umstritten und wurden schließlich überwiegend im allgemeinen Recht der Leistungsstörung, §§ 275 ff. BGB a.F. unter Anpassung an den gewagten Charakter der Lizenz gesucht[2]. Im neuen BGB, das seit dem 1.1.2002 für Neuverträge und seit dem 1.1.2003 für Altverträge gilt, gibt es Stimmen[3], die für Schutzrechtsverkäufe und für die nahe stehenden ausschließlichen Lizenzen die kaufrechtliche Sach- und Rechtsmängelgewährleistung gelten lassen wollen, denn sie gelten nach § 453 BGB für den Rechtskauf, die unpassend kurze Verjährungsfrist von sechs Monaten des alten Rechts ist beseitigt, und sie geben ein vorrangiges Recht auf Nachbesserung und ein Recht auf Schadensersatz. Andere[4] lassen dies zwar beim Rechtskauf gelten, wenden aber auf die Lizenzgebergewährleistung über Pachtrecht die mietvertragliche Gewährleistung an, also §§ 581 Abs. 2, 536, 536a BGB. Die wohl überwiegende Meinung zieht das

---

1 *B. Bartenbach*, Die Patentlizenz als negative Lizenz, S. 167.
2 So BGH v. 28.6.1979 –X ZR 13/78, GRUR 1979, 768 – Mineralwolle für mangelnde technische Brauchbarkeit.
3 *Haedicke*, GRUR 2004, 123.
4 *Kraßer*, Patentrecht, § 41 IV, V; *Benkard/Ullmann*, § 15 PatG Rn. 169 ff.

allgemeine Leistungsstörungsrecht §§ 275, 311a, 323 BGB heran mit unterschiedlicher Betonung des Kündigungsrechts aus wichtigem Grund nach § 314 BGB[1] und der Vertragsanpassung nach § 313 BGB[2]. Diese, insbesondere die letztere Meinung hat den Vorzug, dass sie differenzierte, sachgerechte Lösungen der alten Rechtsprechung gut unterbringen kann, bei Übertragung, ausschließlicher und einfacher Lizenz keine gesonderten Rechtsgrundlagen bemühen muss und vor allem einem Mehr oder Weniger an Leistungsdefizit flexibel gerecht wird. Man denke etwa an technische Unbrauchbarkeit, die sich nicht bei kleinen, wohl aber bei vom Markt auch gefragten großen Ausführungsformen zeigt, oder an Teilvernichtungen.

1. Rechtsmängel

a) Existenz und Berechtigung

aa) Abgelaufenes Schutzrecht, offenbares Know-how

Kann das lizenzierte oder übertragene Recht seiner Art nach überhaupt nicht bestehen, so war der Übertragungs- bzw. der Lizenzvertrag **nach § 306 BGB nichtig**[3]. Nach § 306 BGB a.F. nichtig war beispielsweise die offene Einräumung von Nutzungsrechten seitens eines GmbH–Gesellschafters an Patenten der GmbH[4]. Nach neuem Recht gilt § 306 BGB a.F. nicht mehr. Die Lizenz wird zwar faktisch nicht eingeräumt, weil sie nicht möglich ist, den Versprechenden treffen aber sekundäre Schadensersatzpflichten nach § 311a BGB. Der Lizenzgeber haftet, wenn er nicht schuldlose Unkenntnis von der Nicht-Existenz des lizenzierten Rechts beweisen kann. Allerdings wird in solchen Fällen den Lizenznehmer oft ein erhebliches Mitverschulden nach § 254 BGB treffen.

302

Das Gleiche soll gelten für **Know-how**, das in einer offen gelegten Patentanmeldung vollständig **vorbeschrieben** ist[5]; man wird diesen Fall aber eher wie die nachträglich zutage tretende Vernichtbarkeit behandeln müssen, denn die vollständige Vorwegnahme des geheim gewährten Know-hows ist ein Risiko, das zum Vertrag gehört und sich zur Überraschung beider Parteien realisieren kann. Davon zu unterscheiden ist die Problematik, dass als geheim vorausgesetztes Know-how in Wirklichkeit nicht geheim ist, weil es z.B. durch eine Patentanmeldung des Lizenzgebers vollständig vorbeschrieben ist[6]. Auch hier gilt wegen Verletzung der Verschaffungspflicht § 311a BGB.

303

---

1 *Schulte/Kühnen*, § 15 PatG Rn. 50 ff.
2 *Bartenbach*, Patentlizenz- und Know-how-Vertrag, Rn. 1530 ff., 1537, 1552, 1557, 1567; wohl auch *Ann/Barona*, Schuldrechtsmodernisierung und gewerblicher Rechtsschutz, Rn. 199, 200.
3 BGH v. 12.4.1957 – I ZR 1/56, GRUR 1957, 595 – Verwandlungstisch; BGH v. 27.6.1991 – I ZR 7/90, NJW 1992, 232 – Keltisches Horoskop.
4 OLG Saarbrücken v. 11.8.1999 – 1 U 867/98, DB 1999, 2506 (Ls).
5 RG v. 11.7.1939 – I 4/39, RGZ 163, 1 – Frutapect.
6 BGH v. 10.10.1974 – KZR 1/74, WuW/E 1332 – Kunststoffschaumbahnen, vgl. oben Rn. 81, 82.

304 Ist das Schutzrecht seiner Art nach möglich, aber bei Vertragsschluss schon **vorzeitig abgelaufen**, z.B. wegen Nichtzahlung der Jahresgebühren, so haftet der Lizenzgeber wegen Verletzung der Verschaffungspflicht nach §§ 280, 281 BGB auf Schadensersatz. Diese unabgemilderte Einstandspflicht für eigenes Verhalten ist auch unstreitig, denn sie hat mit dem Wagnischarakter nichts zu tun[1].

305 Beim gemischten **Patentlizenz-/Know-how-Vertrag** liegt nur eine teilweise Nichtverschaffung vor, wenn das Patent abgelaufen, das zusätzliche Know-how aber noch geheim und werthaltig ist. Hierbei hat der Nehmer ein **Wahlrecht:** Möchte er das Know-how nutzen, so hat er ein Interesse an der Teilleistung und bleibt zu einem geminderten Teilentgelt verpflichtet; ist die teilweise Erfüllung des Vertrags für ihn ohne Interesse, so kann er entsprechend § 323 Abs. 5 BGB vom ganzen Vertrag Abstand nehmen und vollen Schadensersatz verlangen. Nach der objektiven Interessenbewertung kommt die erstere Möglichkeit der Minderung in der Regel nur in Betracht, wenn bei einer Paketlizenz ein Schutzrecht schon abgelaufen ist.

Nicht in diese Fallgruppe und die vorerörterten Rechtsfolgen gehört der Fall der **nachträglich hervortretenden Vernichtbarkeit** (dazu unten Rn. 317 ff.).

bb) Mangelnde Berechtigung des Lizenzgebers

306 Hier kommt einmal der Rechtsmangel der **widerrechtlichen Entnahme** in Betracht, dass also der Lizenzgeber das Schutzrecht kausal aus dem Erfindungsbesitz eines Dritten abgeleitet und unerlaubt angemeldet hat, §§ 21 Abs. 1 Nr. 3, 8 PatG. Das Verhältnis des Berechtigten zum Nichtberechtigten ist rechtsähnlich dem Eigentümerbesitzerverhältnis nach §§ 985, 986 ff. BGB[2] mit dem Unterschied, dass sich an den Erfindungsbesitz kein Gutglaubensschutz wie an den Sachbesitz knüpft. Vom Entnehmer vergebene Lizenzen sind daher nach deutschem Recht dem Berechtigten gegenüber unwirksam[3]. Das ist z.B. im schweizerischen Recht anders: der gutgläubige Lizenznehmer hat nach Art. 29 Abs. 3 CH-PatG einen Anspruch auf Fortsetzung einer einfachen Lizenz. Der unberechtigte Lizenzgeber haftet nach deutschem Recht wegen des verhaltensbedingten Rechtsmangels voll auf Schadensersatz gegenüber seinem Lizenznehmer nach §§ 280, 281 BGB. Nichterfüllungsschaden nach § 281 BGB kann der Lizenznehmer erst nach vergeblicher Fristsetzung, die Lizenzgenehmigung seitens des wahren Berechtigten beizubringen, verlangen.

307 Das Gleiche gilt bei ausschließlicher Lizenz und **Vorlizenzierung** an einen Dritten. Wegen der Fortwirkung der früheren Lizenz nach § 15 Abs. 3 PatG[4] ist die spätere ausschließliche Lizenz mit einem Rechtsmangel behaftet.

---

1 *Bartenbach*, Patentlizenz- und Know-how-Verträge, Rn. 1373.
2 BGH v. 6.10.1981 – X ZR 57/80, NJW 1982, 940 – Pneumatische Einrichtung.
3 *Ohl*, Die Patentvindikation im Deutschen und Europäischen Recht, 1987, S. 74; Benkard/Melullis, § 8 PatG Rn. 7.
4 Damit ist die Entscheidung BGH v. 23.3.1982 – KZR 5/81, GRUR 1982, 411 – Verankerungsteil – revidiert.

Solche Situationen treten auf bei der „vergessenen Verpflichtung" aus früheren Pauschalvereinbarungen[1] oder bei der Rechtsaufspaltung von Film- und Fernsehauswertungsrechten, wenn bei der Aufspaltung Überschneidungen auftreten[2]. Für die Vereitelung der Rechtsverschaffung durch Vorlizensierung muss der Lizenzgeber nach §§ 280, 281 BGB einstehen und Schadensersatz leisten.

b) Abhängigkeit

Kann die Lizenz an dem Schutzrecht mit den Merkmalen a + b + c nicht benutzt werden ohne Verletzung des dominierenden Schutzrechtes mit den Merkmalen a + b, so liegt an sich der Rechtsmangel der Abhängigkeit vor. Die volle Schadensersatzhaftung für diesen Rechtsmangel wurde in **ergänzender Vertragsauslegung** aufgrund der gewagten Natur des Geschäfts als stillschweigend ausgeschlossen angesehen[3]. Heute wird überwiegend eine verschuldensabhängige Schadensersatzhaftung aus § 280 BGB bejaht[4]. 308

Der Lizenznehmer hat vorrangig ein **Vertragsanpassungsrecht** nach § 313 BGB und, nach vorheriger Abhilfeaufforderung, ein **Kündigungsrecht** nach § 314 BGB[5], wenn der Inhaber des dominierenden Patents seine Verbotsrechte tatsächlich geltend macht und es dem Lizenzgeber nicht innerhalb gesetzter angemessener Frist gelingt, den Abhängigkeitsmangel zu beseitigen. Bis zur Kündigung bleibt der Lizenznehmer zur vollen Lizenzzahlung verpflichtet vorbehaltlich einer Aufrechnung mit anrechenbaren Zahlungen an den dominierenden Dritten[6]. 309

Dass **Lizenzzahlungen** an den dominierenden Dritten **anrechenbar** sind, ist herrschende Meinung; inwieweit sie anrechenbar sind, ist unklar. Das RG erlaubte nur eine Anrechnung auf die Umsatzbasis[7]; *Benkard/Bruchhausen* vertraten unter Bezugnahme auf die gleiche RG-Entscheidung Anrechnung der Drittzahlungen auf die Lizenzgebühr[8]. Betragen Lizenz- und Drittlizenzgebühr jeweils 5 %, so ist es für den Lizenznehmer keine angemessene Entlastung, wenn er 5 % weiterzahlen muss, lediglich von 95 statt von 100, also nur eine Minderung auf 4,75 % erhält. Die volle Anrechnung auf die Lizenz- 310

---

1 Dem Fall Verankerungsteil lag eine solche „vergessene Verpflichtung" aus einem früheren pauschalen Mitbenutzungsrecht an allen Schutzrechten, die bis zu einem gewissen Zeitpunkt angemeldet waren, zugrunde.
2 So der Fall BGH v. 15.11.1990 – I ZR 254/88, NJW 1991, 1109 – Lizenzmangel – in dem ein Lizenznehmer für die Videoauswertungsrechte an einen scheinbar besser Berechtigten gezahlt hat, der sich alsdann auch nicht als der wahre Berechtigte herausstellte.
3 RG v. 17.10.1934 – I 74/34, GRUR 1935, 306, 308 = MuW 1935, 24; RG v. 11.7.1939 – I 4/39, RGZ 163, 1, 8 – Frutapect.
4 *Kraßer*, § 41 V b 3; *Benkard/Ullmann*, § 15 PatG Rn. 171, 172.
5 *Ann/Barona*, Schuldrechtsmodernisierung und gewerblicher Rechtsschutz, Rn. 144, 146; *Bartenbach*, Patentlizenz- und Know-how-Vertrag, Rn. 1541.
6 *Lüdecke/Fischer*, Lizenzverträge, C 750.
7 RG v. 17.10.1934 – I 74/34, GRUR 1935, 306, 308 = MuW 1935, 24.
8 *Benkard/Bruchhausen*, § 15 PatG Rn. 98.

gebühr ist eine Minderung auf Null und ist unangemessen, weil der Lizenznehmer das abhängige Lizenzrecht weiter benutzen will. Für den Regelfall wird nach Treu und Glauben im Rahmen des § 313 BGB eine Schadensteilung derart angemessen sein, dass die halbe Drittlizenzgebühr auf die Lizenzgebühr anzurechnen ist. Die Umstände des Einzelfalls werden diese Lösung variieren.

311 Für die **Kennzeichenlizenz** ist zu berücksichtigen, dass Firmen- und Markenrechte zwar absolut wirkende, aber in ihrem Zeitrang dennoch relative Rechte sind. Tritt ein noch älteres Kennzeichen hervor, so können aus ihm Verbotsrechte auch gegenüber einem Lizenznehmer hergeleitet werden, der mit einem ihm gegenüber relativ besser berechtigten Zeichenrechtsinhaber eine Lizenz- oder Duldungsvereinbarung abgeschlossen hat. Beim Verkauf gekennzeichneter Waren führen ältere Zeichenrechte zur Rechtsmängelhaftung auf Schadensersatz nach §§ 433, 435, 437 BGB. Bei der **echten Lizenz**, z.B. der Lizenz über die Kennzeichnung mit einer begleitenden Marke, führt die Hinderung durch noch ältere Rechte zur Kündigung nach § 314 BGB, nicht aber zu Schadensersatzansprüchen, weil auch der Markenlizenzvertrag ein gewagtes Geschäft ist. Duldungsvereinbarungen enthalten hingegen nur eine Negativlizenz, einen Verzicht auf eigene Verbietungsrechte. Eine Haftung für Freiheit von älteren Rechten Dritter wird, wenn nichts anderes vereinbart ist, regelmäßig nicht übernommen und ist normalerweise auch nicht Geschäftsgrundlage. Der Lizenznehmer kann daher regelmäßig eine gezahlte Einmalabfindung nicht zurückfordern. Er kann jedoch die Vereinbarung für die Zukunft aus wichtigem Grund kündigen und wird dann von künftig laufenden Lizenzgebühren frei um den Preis, gegebenenfalls Verletzer des relativ besseren Rechts seines bisherigen Lizenzgebers zu werden[1].

312 Den Lizenzgeber trifft immer eine **Offenbarungspflicht** über ihm bekannte Abhängigkeitsrisiken, und zwar nicht nur dann, wenn die Abhängigkeit ungeregelt geblieben ist, sondern auch dann, wenn der Lizenznehmer vertraglich das volle Risiko der Abhängigkeit übernommen hat[2]. Fahrlässige Verletzung der Offenbarungspflicht verpflichtet zum Aufwendungsersatz aus culpa in contrahendo (vgl. oben Rn. 298).

c) Vorbenutzung

313 Die Wirkungen des Patents treten gegen denjenigen nicht ein, der zum Prioritätszeitpunkt den gleichen Gegenstand im Inland schon in Benutzung genommen oder die dazu erforderlichen Veranstaltungen getroffen hatte – § 12 PatG. Im deutschen Markenrecht gibt es kein bloßes Vorbenutzungsrecht[3].

---

1 Vgl. OLG Hamburg v. 9.12.1993 – 3 U 104/93, NJW-RR 1994, 679: der jüngere Markenanmelder von P hatte gegen ein Einmalentgelt von 10 000 DM mit dem älteren Namensinhaber P eine Duldungsvereinbarung geschlossen. Als ein noch älterer P Verbotsrechte geltend machte, verlangte der jüngere P die gezahlten 10 000 DM zurück, erfolglos.
2 BGH v. 11.10.1991 – V ZR 159/90, NJW-RR 1992, 91 – nicht offenbarter langfristiger Pachtvertrag über das mit einer Pacht-Übernahmeklausel verkaufte Grundstück.
3 BGH v. 24.2.1961 – I ZR 15/60, NJW 1961, 1206 – Dolex.

Ältere Benutzungsrechte werden erst als **Ausstattungen mit Verkehrsgeltung** nach § 4 Nr. 2 MarkenG wirksam[1]. Vorbenutzungsrechte sind ein Mangel gegenüber der ausschließlichen Lizenz, nicht aber gegenüber der einfachen Lizenz, weil der einfache Lizenznehmer andere Benutzer sowieso dulden muss.

Mehr noch als bei der Abhängigkeit gilt der Grundsatz, dass den ausschließlichen Lizenzgeber angesichts des beiderseits gewagten Geschäfts eine **Schadensersatzpflicht** nur bei Verschulden trifft, was bei internen Vorbenutzungen oder Veranstaltungen regelmäßig zu verneinen ist. Da die Vorbenutzung kein Verbotsrecht gewährt, ist der Lizenznehmer weit weniger beeinträchtigt. Ein Recht zur Minderung der Lizenzgebühren für die Zukunft steht ihm analog der späteren Beschränkung des Schutzrechts[2] dann zu, wenn für die Stellung am Markt der volle Umfang des Patentschutzes wesentlich ist. Die Rechtsprechung leitete die Lizenzgebührenminderung aus teilweisem Wegfall der Geschäftsgrundlage nach § 242 BGB ab[3], heute also des § 313 BGB.

314

Frei.

315–316

d) Rechtsbeständigkeit und Beschränkung

aa) Nichtigkeit und drohende Nichtigkeit

Vertragliche Regelungen haben Vorrang. Selten wird vereinbart, dass der Lizenzgeber die volle Haftung für den Rechtsbestand übernimmt. Es begegnen jedoch Zwischenlösungen etwa derart, dass der Lizenznehmer verpflichtet ist, die Lizenzgebühren bis zu einem etwaigen erstinstanzlichen Widerrufsentscheid voll an den Lizenzgeber zu zahlen; bei erstinstanzlichem Widerruf während der Rechtsmittelinstanz hat er einstweilen entweder gemindert oder voll auf ein gemeinsames Sperrkonto zu zahlen mit Nachzahlungsbzw. Freigabepflicht, wenn das Patent Bestand hat. Die Freigabe zugunsten des Lizenznehmers erfolgt, wenn der Widerruf bestätigt wird oder das Schutzrecht so beschränkt wird, dass die Ausführungsform des Lizenznehmers nicht mehr im Schutzumfang liegt.

317

Ohne anderweitige vertragliche Regelung ist der Lizenznehmer bis zur rechtskräftigen Entscheidung zur **Fortzahlung der Lizenzgebühren** verpflichtet. Das ist ständige Rechtsprechung[4] trotz rückwirkender Widerrufsentscheidung im Einspruchs- oder Nichtigkeitsverfahren. Es gilt nicht die Rechtsmängelhaftung analog §§ 435, 437 und §§ 581 Abs. 2, 536 BGB. Denn bis zur rechtskräftigen Vernichtung hat der Lizenznehmer an der Vorzugs-

318

---

1 BGH v. 27.10.1983 – I ZR 146/81, GRUR 1984, 210 – Arostar; BGH v. 10.10.1985 – I ZR 135/83, GRUR 1986, 74 – Shamrock III.
2 BGH v. 24.9.1957 – I ZR 128/56, GRUR 1958, 231 – Rundstuhlwirkware.
3 BGH v. 24.9.1957 – I ZR 128/56, GRUR 1958, 231 – Rundstuhlwirkware.
4 Ab RG v. 17.12.1886 – Rep. II 251/86, RGZ 17, 53.

stellung teil, wenn die Mitbewerber das Patent berücksichtigen[1]. Erst mit der rechtskräftigen Vernichtung des Schutzrechtes erlischt beim reinen Patentlizenzvertrag die Lizenzgebührenpflicht für die Zukunft von selbst, weil sie andernfalls eine über die Dauer des Schutzrechts hinausreichende Beschränkung darstellen würde. Bei gemischten Patent-/Know-how-Lizenzverträgen ist die Vernichtung eines tragenden Patents Änderung- bzw. Wegfall der Geschäftsgrundlage und muss vom Lizenznehmer durch Anpassungsbegehren oder Kündigungserklärung zur Geltung gebracht werden[2].

319 Auch bei **drohender Vernichtbarkeit** nimmt die Rechtsprechung nicht Rechtsmängelhaftung an, sondern Kündigung ex nunc[3] wegen Wegfalls der Geschäftsgrundlage – §§ 313, 314 BGB – unter zwei kumulativen Voraussetzungen:

– die Vernichtung muss wahrscheinlich sein,

– und die Vorzugsstellung des Lizenznehmers muss konkret dadurch beeinträchtigt sein, dass die Konkurrenz lizenzgebührenfrei fertigt[4].

320 **Drohende Nichtigkeit allein** befreit den Lizenznehmer nicht, auch nicht bei ungeprüften Schutzrechten wie Gebrauchsmuster oder Offenlegungsschrift[5]. Das gilt auch unter dem BGB 2002[6]. Der Lizenznehmer gewinnt aber ein **schadensersatzrechtliches Kündigungsrecht** aus §§ 241 Abs. 2, 311, 280 BGB, wenn der Lizenzgeber ihm den bekannten, relevanten Stand der Technik verschwiegen hat[7].

---

1 BGH v. 14.5.2002 – X ZR 144/00, GRUR 2002, 787, 789 – Abstreiferleiste; BGH v. 5.7.2005 – X ZR 167/03, GRUR 2005, 935, 937 – Vergleichsempfehlung II.
2 *Preu*, GRUR 1974, 623, 629.
3 Vgl. *Preu*, GRUR 1974, 623, 629.
4 RG v. 21.11.1914 – Rep. I 119/14, RGZ 86, 45, 56; RG v. 22.1.1921 – I 240/20, RGZ 101, 235, 238 – Nichtigkeitsklage des Lizenznehmers; BGH v. 12.4.1957 – I ZR 1/56, GRUR 1957, 595 f. – Verwandlungstisch: Kündigungsrecht wegen Wegfalls der Geschäftsgrundlage nach § 242 BGB; BGH v. 28.6.1957 – I ZR 229/55, GRUR 1958, 175, 177 – Wendemanschette; BGH v. 26.6.1969 – X ZR 52/66, GRUR 1969, 677 – Rüben-Verladeeinrichtung; BGH v. 17.10.1968 – KZR 11/66, GRUR 1969, 409 – Metallrahmen: Auch ein Lizenzvertrag über ein vernichtbares Patent ist patentrechtlich voll wirksam; BGH v. 25.1.1983 – X ZR 47/82, BGHZ 86, 330 – Brückenlegepanzer; BGH v. 14.5.2002 – X ZR 144/00, GRUR 2002, 787, 789 – Abstreiferleiste; BGH v. 5.7.2005 – X ZR 167/03, GRUR 2005, 935, 937 – Vergleichsempfehlung II; BGH v. 28.9.1976 – X ZR 22/75, GRUR 77, 107 – Werbespiegel: Löschungsreife eines ungeprüften Gebrauchsmusters entbindet ohne lizenzfrei fertigende Konkurrenten nicht von der Lizenzzahlungspflicht; BGH v. 27.6.1991 – I ZR 7/90, GRUR 1993, 40 f. – Keltisches Horoskop – zur Übertragung eines urheberrechtlichen Scheinrechts.
5 BGH v. 28.9.1976 – X ZR 22/75, GRUR 77, 107 – Werbespiegel; anders *Poth*, Mitt. 1990, 162 bei offensichtlicher Schutzunfähigkeit einer offen gelegten, noch ungeprüften Patentanmeldung.
6 *Benkard/Ullmann*, § 15 PatG Rn. 192 ff.; *Busse/Keukenschrijver*, § 15 PatG Rn. 120; *Bartenbach*, Patentlizenz- und Know-how-Vertrag, Rn. 1554 ff.
7 RG v. 19.11.1940 – I 12/40, GRUR 1941, 99 – Federglühofen; BGH v. 23.3.1982 – X ZR 76/80, GRUR 1982, 481, 483 – Hartmetallkopfbohrer; vgl. oben Rn. 293–295.

bb) Beschränkung

Die **drohende Beschränkung** berechtigt, wie bei der drohenden Vernichtung, zur Kündigung wegen Wegfalls der Geschäftsgrundlage nur, wenn die Lizenzfreiheit aufgrund der Beschränkung wahrscheinlich ist und Drittkonkurrenten lizenzfrei fertigen. Ansonsten ist der Lizenznehmer trotz drohender Beschränkung bis zur rechtskräftigen Entscheidung zur Lizenzzahlung verpflichtet.

321

Bei **rechtskräftiger Beschränkung** endet die Lizenzgebührenpflicht, wenn die Ausführungsform des Lizenznehmers aus dem beschränkten Schutzumfang des Patents herausfällt. Ist das nicht der Fall, so kann gleichwohl eine **Minderung** der Lizenzgebühren stattfinden, wenn eine umfassende Lizenz am Patent und nicht nur für eine beschränkte Nutzungsart erteilt war, die Parteien bei Vertragsschluss das Gesamtpatent als wesentlich angesehen haben und der volle Umfang der Verbotsrechte zur Fernhaltung der Konkurrenz vertragswesentlich ist[1].

322

cc) Schutzumfang

Es kann sein, dass bei einer Lizenz am Patent für eine Ausführungsform gezahlt wird, die in Wirklichkeit patentfrei ist. Es kann auch sein, dass eine Ausführungsform in der irrigen Annahme zum Lizenzgegenstand gemacht worden ist, sie falle unter das Patent. Und schließlich kann sich der Lizenznehmer, der zwar selbst nach dem Patent arbeitet, dabei einen sachlichen Verbots- und Exklusivbereich versprochen haben, der in dieser Weite nicht besteht.

323

Sind zum Schutzumfang keine Zusicherungen gemacht worden, so gehören Annahmen über die **Weite des Verbotsbereichs** grundsätzlich zum Lizenznehmerrisiko. Besondere Einschränkungen, etwa durch Beschränkungen und Verzichte im Erteilungsverfahren, muss der Lizenzgeber aber offenbaren, wenn der Lizenznehmer erkennbar gemacht hat, dass es ihm jenseits des eigenen Benutzungsrechts auf den Verbotsumfang ankommt.

324

Haben die Parteien den Lizenzvertrag wegen einer **Ausführungsform** geschlossen, um das Risiko oder die Annahme einer andernfalls gegebenen Verletzung auszuschließen, so ist Geschäftsgrundlage die Beseitigung des Risikos, und sie ändert sich nicht dadurch, dass der Lizenznehmer oder auch ein Gericht dieses Risiko später anders wertet. War die Rechtslage ernsthaft zweifelhaft, so ist ein Lizenzvergleich, mag er auch tatsächlich über den Inhalt des Schutzrechts hinausgehen, kartellrechtlich wirksam[2].

325

---

1 BGH v. 24.9.1957 – I ZR 128/56, GRUR 1958, 231 – Rundstuhlwirkware: Die Verurteilung zur vollen Weiterzahlung, weil der Lizenznehmer noch im Schutzumfang des beschränkten Rechts lag, wurde zur Prüfung eines Minderungsrechts wegen eingeschränktem Verbotsbereich zurückverwiesen.
2 BGH v. 5.10.1951 – I ZR 74/50, BGHZ 3, 193 – Tauchpumpe; BGH v. 22.5.1975 – KZR 9/74, BGHZ 65, 147, 151 – Thermalquelle.

326 Ist bei einer Lizenz an einem Patent oder an einem Patentpaket noch für eine Ausführungsform **weitergezahlt** worden, obwohl sie von Anfang an nicht geschützt war, so hat das RG Nichtigkeit und Rückzahlungspflicht angenommen[1]. Im Allgemeinen wird man aber in der Zahlung eine **konkludente Erklärung** sehen müssen, dass die Ausführungsform im Hinblick auf ein sonst bestehendes Verletzungsrisiko als lizenzpflichtig behandelt werden solle, und es gilt das über die irrig lizenzierte Ausführungsform zuvor Gesagte (Rn. 325), wenn die Sach- und Rechtslage ernsthaft zweifelhaft ist.

327 Frei.

2. Gebrauchstauglichkeit

a) Zusicherungshaftung

328 Für jegliche Art der Gebrauchstauglichkeit – **Serienreife, Rentabilität, Konkurrenzfähigkeit, technische Brauchbarkeit** – haftet der Lizenzgeber, wenn er entsprechende Zusicherungen abgibt[2]. Die Zusicherungshaftung beruht auf § 280 BGB mit verschärfter Haftung für übernommene Garantie nach § 276 Abs. 1 BGB; sie geht nach Fristsetzung auf Schadensersatz nach dem Erfüllungsinteresse einschließlich des entgangenen Gewinns nach § 281 BGB.

b) Wirtschaftliche Brauchbarkeit

329 **Ohne Zusicherungen** haftet der Lizenzgeber grundsätzlich nicht für die wirtschaftliche Brauchbarkeit. Diese ist das Risiko des Lizenznehmers.

330 Der Lizenzgeber haftet nicht dafür, dass der Lizenzgegenstand zu konkurrenzfähigen Preisen hergestellt werden kann. Der **Kalkulationsirrtum** geht zu Lasten des Lizenznehmers[3]. Der Lizenznehmer kann grundsätzlich wegen Unrentabilität auch dann nicht kündigen, wenn er sich zu einer **Mindestlizenzgebühr** verpflichtet hat. Die Mindestlizenzgebühr als Alternative zum Ausübungszwang entfällt nur in Ausnahmefällen, wenn der Lizenznehmer mehr oder weniger unverkäuflichen Schrott produzieren und sehenden Auges dem Ruin entgegenwirtschaften müsste, also unter strengeren Voraussetzungen als die Ausübungspflicht selbst[4]. Es ist aber nicht ausgeschlossen, dass die erhebliche Änderung eines Preisgefüges, das Grundlage

---

1 RG v. 18.11.1911 – Rep. I 79/11, RGZ 78, 10 – Gliederofen: Der in einem Verletzungsprozess als beschränkt erkannte Schutzumfang erfasste die Ausführungsform des Lizenznehmers nicht mehr, für die er bislang gezahlt hatte.
2 RG v. 12.4.1913 – Rep. I 19/13, RGZ 82, 155 – Konit-Kunststeinboden; BGH v. 11.6.1970 – X ZR 23/68, GRUR 1970, 547 – Kleinfilter – für die Klausel „Herr H steht dafür ein, dass die Erfindung gemäß der Gebrauchsmusteranmeldung fabrikmäßig herstellbar und kaufmännisch en gros vertrieben werden kann".
3 RG v. 11.7.1939 – I 4/39, RGZ 163, 1, 6 – Frutapect.
4 BGH v. 11.10.1977 – X ZR 24/76, GRUR 1978, 166 – Banddüngerstreuer; BGH v. 20.7.1999 – X ZR 121/96, GRUR 2000, 138 – Knopflochnähmaschine: beide zum Entfallen der Ausübungspflicht.

für Lizenzgebühr und Mindestlizenzgebühr war, zu einer Anpassung der Mindestlizenzgebühr führt[1].

Wird der Lizenzgegenstand **am Markt überholt**, so fällt auch das grundsätzlich in die Risikosphäre des Lizenznehmers. Im Falle der Ausübungspflicht kann das jedoch zu einem Vertragsanpassungs- und letztlich Kündigungsrecht wegen Wegfalls der Geschäftsgrundlage nach § 313 BGB führen, wenn die weitgesteckten Grenzen der Zumutbarkeit des Festhaltens an der Ausübungspflicht überschritten sind[2]. 331

Ohne entsprechende Zusicherungen haftet der Lizenzgeber grundsätzlich auch nicht für **Fabrikationsreife und Serienreife**[3]. Das kann anders sein beim Know-how-Vertrag oder beim gemischten Patent-/Know-how-Lizenzvertrag, wenn das lizenzierte Know-how gerade Fabrikations-Know-how sein soll[4]. Haftet der Lizenzgeber für Fabrikationsreife nicht, so bedeutet das umgekehrt nicht, dass der Lizenznehmer für immer gebunden und zahlungspflichtig bliebe. Lässt sich in angemessener Zeit keine brauchbare, fabrikationsreife Lösung erzielen, so entfällt die Geschäftsgrundlage und der Lizenznehmer kann aus wichtigem Grund kündigen. 332

c) Technische Brauchbarkeit

Technische Brauchbarkeit bedeutet, dass das Lizenzschutzrecht mit dem bezweckten Ergebnis **ausführbar** ist, insbesondere sich der Gegenstand herstellen lässt, der dem gewöhnlichen, patentgemäßen Zweck oder dem von den Parteien vertraglich vorausgesetzten Zweck entspricht. 333

Im Grundsatz gilt, dass der Lizenzgeber auch ohne Zusicherung für technische Brauchbarkeit haftet[5]. Aber die rechtliche Begründung dafür war unter dem alten Recht streitig und ist es unter dem neuen Recht. Eine Meinung befürwortet die Anwendung der kaufrechtlichen Sachmangelvorschriften der §§ 437, 440, 323, 326 BGB[6]. Das hatte der BGH zum alten Recht abgelehnt und eine Haftung auch auf Schadensersatz nach allgemeinem Leistungsstörungsrecht über die Einstandspflicht bei anfänglicher subjekti- 334

---

1 BGH v. 14.11.2000 – X ZR 137/99, GRUR 2001, 223/225 – Bodenwaschanlage.
2 BGH v. 11.10.1977 – X ZR 24/76, GRUR 1978, 166 – Banddüngerstreuer: Ausübungspflicht von mindestens 1000 Stück pro Jahr für ein unwirtschaftlich kompliziertes und schwierig zu justierendes Gerät, das deshalb nicht mehr absetzbar war, wurde unzumutbar; BGH v. 20.7.1999 – X ZR 121/96, GRUR 2000, 138 – Knopflochnähmaschine.
3 RG v. 1.3.1911 – Rep. I 366/10, RGZ 75, 400, 402; RG v. 12.6.1942 – I 151/41, GRUR 1943, 35; BGH v. 26.11.1954 – I ZR 244/52, GRUR 1955, 338, 340 – beschlagsfreie Brillengläser.
4 *Stumpf/Groß*, Der Lizenzvertrag, E Rn. 305.
5 So schon RG v. 1.3.1911 – Rep. I 366/10, RGZ 75, 400 – Entschirrungsapparat für durchgehende Pferde, der nicht zuverlässig funktionierte.
6 So früher *Nirk*, GRUR 1970, 329 und jetzt *Haedicke*, GRUR 2004, 123.

ver Unmöglichkeit angenommen[1]. Das bedeutet nach neuem Recht eine verschuldensabhängige Schadensersatzpflicht nach §§ 311a, 281 BGB und ein Kündigungsrecht aus wichtigem Grund nach § 314 BGB[2]. Eine dritte Meinung begründet die Haftung aus entsprechender Anwendung von Pacht- und Mietrecht, §§ 581 Abs. 2, 536, 536a BGB mit einer Abmilderung der Garantiehaftung auf Verschuldenshaftung[3]. Jede dieser Begründungen passt an einer Stelle nicht und benötigt Modifizierungen.

335 Hier wird der Lösung über das allgemeine verschuldensabhängige Leistungsstörungsrecht gefolgt, denn der berechtigte alte Gesichtspunkt, dass auch keine Haftung bestehen kann, wenn der Lizenznehmer wusste, dass das Verfahren noch nicht ausreichend erprobt war, sondern weitere Versuche erforderlich sein würden[4], lässt sich aus der „strengeren oder milderen Haftung" in § 276 Abs. 1 BGB, wenn sie bestimmt oder aus dem sonstigen Schuldverhältnis zu entnehmen ist, gut ableiten. War dem Lizenzvertrag eine Erprobungsphase vorgeschaltet, so ist dem Schuldverhältnis zu entnehmen, dass der Lizenzgeber nicht mehr für technische Brauchbarkeit haftet, weil der Lizenznehmer Gelegenheit hatte, sie vorab auszuprobieren. Haben sich aber Lizenzgeber und Lizenznehmer gemeinsam über die technische Brauchbarkeit geirrt, und lässt sich die technische Brauchbarkeit in angemessener Zeit nicht herstellen, so verbleibt dem Lizenznehmer ein Kündigungsrecht aus wichtigem Grund[5]. Dieses verdrängt bei in Vollzug gesetzten Dauerschuldverhältnissen den unpassenden Rücktritt mit Rückabwicklung in § 323 BGB[6]. Außerdem hat der Lizenznehmer das Recht zur Gebührenminderung[7], das hier aus § 313 BGB herzuleiten ist. Denn die Gebrauchstauglichkeit muss nicht vollständig fehlen, sie kann vielleicht erst bei bestimmten Größen- und Lastklassen auftreten, und Teilleistungshindernisse zieht auch § 281 Abs. 1 S. 2 BGB in Betracht, auf den § 311a BGB verweist.

336 Bei der Schadensersatzhaftung ist streitig, ob der Lizenznehmer nach § 311a BGB wirklich das volle Wahlrecht zwischen Aufwendungsersatz nach § 284 BGB und Erfüllungsinteresse nach § 281 BGB hat[8]. Die frühere Haftung wegen anfänglichen Unvermögens schloss das Erfüllungsinteresse ein. Es jetzt

---

1 RG v. 21.10.1908 – V 598/07, RGZ 69, 355, 357 – öffentliche Baubeschränkung auf einem verkauften Baugrundstück; BGH v. 28.6.1979 – X ZR 13/78, GRUR 1979, 768 – Mineralwolle – untaugliche Rezeptur bei einer Know-how-Lizenz.
2 *Bartenbach*, Patentlizenz- und Know-how-Vertrag, Rn. 1578, 1579.
3 *Kraßer*, Patentrecht, § 41 IV, 7; *Benkard/Ullmann*, § 15 PatG Rn. 180 ff.; *Stumpf-Groß*, Der Lizenzvertrag, E Rn. 301.
4 BGH v. 28.6.1979 – X ZR 13/78, GRUR 1979, 768, 771 – Mineralwolle.
5 BGH v. 26.11.1954 – I ZR 244/52, GRUR 1955, 338, 341 – beschlagsfreie Brillengläser.
6 Reg.Begr. zu § 314 BGB, Vorbem. a.E.: „Schließlich können § 314 und § 323 RE konkurrieren. Insoweit verdrängt § 314 RE in seinem Anwendungsbereich den § 232 RE"; *Haedicke*, GRUR 2004, 123, 126 und *Benkard/Ullmann*, § 15 PatG Rn. 185 wollen § 323 BGB auch beim Lizenzvertrag anwenden.
7 OLG Hamm v. 2.3.1993 – 7 U 39/92, NJW-RR 1993, 1270 – Computerentwicklungsvertrag mit anschließender Lizenz.
8 Auf vergebliche Aufwendungen begrenzen *Benkard/Ullmann*, § 15 PatG Rn. 182; *Bartenbach*, Patentlizenz- und Know-how-Vertrag, Rn. 1579, 1584.

gegen den Wortlaut des § 311a BGB auszuschließen, ist rechtlich nicht begründbar. Den Lizenzgeber schützt die Schadensminderungspflicht des Lizenznehmers nach § 254 BGB.

Für die technische Brauchbarkeit ist der **Vertragszweck** entscheidend, sowohl für das Fehlen wie auch für das ausreichende Bestehen der Brauchbarkeit. Ein wissenschaftliches Reaktionsmessgerät unterliegt strengeren Brauchbarkeitsanforderungen als ein Reaktionsmessgerät zu Unterhaltungszwecken in Gaststätten[1]. Auch ist dem Lizenzgeber eine angemessene Frist zur Nachbesserung und Herstellung der technischen Brauchbarkeit zu gewähren[2]. 337

Für die **Verjährung** gilt die normale Frist von **drei Jahren** ab ultimo des Jahres, in dem der Lizenznehmer von dem Rechts- oder Tauglichkeitsmangel erfahren hat oder ohne grobe Fahrlässigkeit hätte erfahren müssen, §§ 195, 199 BGB, längstens 10 Jahre ab der Pflichtwidrigkeit, § 199 Abs. 3 BGB. Da die Haftung für technische Brauchbarkeit nach hier vertretener Ansicht nicht auf §§ 434, 437 BGB beruht, sondern auf den allgemeinen Vorschriften über Unmöglichkeit, gilt nicht die kurze Verjährungszeit von zwei Jahren nach § 438 BGB. 338

Frei. 339

VII. Vertragsbeendigung

Schrifttum: *Ohl*, Wegfall der Lizenz vor Ablauf des Patents, GRUR 1992, 77.

1. Ablauf des Schutzrechtes

Wird ein als geheim vorausgesetztes **Know-how offenkundig** oder **endet die Patentlaufzeit**, so enden damit auch die Lizenzgebührenpflicht und alle sonstigen Lizenznehmerbeschränkungen[3]. Längstlaufklauseln sind erlaubt. Zahlungsstreckung in vorbestimmten Raten über die Laufdauer des Schutzrechtes hinaus ist möglich (siehe oben Rn. 210 ff.). 340

2. Vertragsbeendigung vor Ablauf des Schutzrechtes

Der Lizenzvertrag endet vorher durch ordentliche **Kündigung oder Ablauf der Zeitdauer**, wie sie ggf. im Vertrag vorgesehen ist. Ist nichts vorgesehen, so läuft der Vertrag im Zweifel auf die Laufdauer des Schutzrechtes. Bei Markenlizenzen kann das zu unbestimmt unendlichen Bindungen führen, weil Marken gegen bloße Zahlung beliebig verlängerbar sind. Markenrechtliche 341

---

1 BGH v. 1.12.1964 – Ia ZR 212/63, NJW 1965, 759 – Reaktionsmessgerät: Das Reaktionsmessgerät war trotz des Fehlers, dass die Reaktionseinsatzzeit regelmäßig und daher gewöhnbar war, für den Massenvertrieb in Gaststätten noch geeignet.
2 BGH v. 1.12.1964 – I a ZR 212/63, NJW 1965, 759 – Reaktionsmessgerät.
3 BGH v. 18.3.1955 – I ZR 144/53, BGHZ 17, 41 – Kokillenguss; BGH v. 10.10.1974 – KZR 1/74, BB 1975, 1550 – Kunststoffschaumbahnen.

Abgrenzungsvereinbarungen für ein jüngeres Zeichen gegen fortlaufende Verpflichtungen, z.B. Bezug bestimmter Rohstoffe, muss sich der Lizenznehmer daher reiflich überlegen.

342 Bei kürzeren Laufzeiten als der Laufzeit des Patents werden häufig **Verlängerungsklauseln** vereinbart. Sie gehen dahin, dass, wenn eine Partei nicht binnen bestimmter Frist vor Ende einer Vertragsperiode ihre Absicht erklärt, den Vertrag nicht fortzusetzen, sich der Vertrag alsdann um eine weitere Vertragsperiode verlängert.

a) Kündigung aus wichtigem Grund

343 Läuft der Vertrag auf unbestimmte Zeit, z.B. bei der Markenlizenz, oder ist er auf die Laufzeit des Schutzrechtes oder über mehrere Jahre geschlossen, so ist Kündigung aus wichtigem Grund wie bei allen **Dauerschuldverhältnissen**, die eine Zusammenarbeit erfordern, möglich[1]. Das, auch ohne vertragliche Vereinbarung, in Analogie zu § 723 BGB früher angenommene Kündigungsrecht aus wichtigem Grund war in der Rechtsprechung ursprünglich daran geknüpft worden, dass der Lizenzvertrag eine gesellschaftsähnliche Zusammenarbeit zwischen den Parteien erfordern müsse[2]. Davon hatte sich die Rechtsprechung noch unter dem alten Recht gelöst; ein Dauerschuldverhältnis genügt[3]. Dieses Kündigungsrecht aus wichtigem Grund ist jetzt in § 314 BGB kodifiziert.

344 Ein **wichtiger Grund** besteht dann, wenn Tatsachen vorliegen, aufgrund deren dem kündigenden Teil unter Berücksichtigung aller Umstände des Einzelfalls und unter Abwägung der Interessen beider Vertragsteile sowie unter Berücksichtigung des Grundsatzes der Vertragstreue die Fortsetzung bis zum ordentlichen Ende des Vertrags nach Treu und Glauben nicht zumutbar ist[4], § 314 Abs. 1 S. 2 BGB. Das erfordert eine Interessenabwägung unter Beachtung des Grundsatzes, dass geschlossene Verträge einzuhalten sind. Ver-

---

1 KG v. 4.6.1954 – 5 U 825/54, GRUR 1954, 459 – Stolper Jungchen – für eine Warenzeichenlizenz; BGH v. 26.11.1954 – I ZR 244/52, GRUR 1955, 338 – beschlagsfreie Brillengläser (Know-how-Lizenz); BGH v. 28.6.1957 – I ZR 229/55, GRUR 1958, 175, 177 – Wendemanschette (Patentlizenz); BGH v. 22.5.1959 – I ZR 46/58, GRUR 1959, 616 – Metallabsatz – Patentlizenz mit Vertrieb durch den Lizenzgeber, Kündigung statt Rücktritt nach §§ 325, 326 BGB; BGH v. 14.12.1989 – I ZR 56/88, GRUR 1990, 443 – Musikverleger IV (Verlagsvertrag); BGH v. 2.5.1991 – I ZR 184/89, GRUR 1992, 112 – pulp-wash (Markenlizenzvertrag); OLG Karlsruhe v. 25.4.1990 – 6 U 42/88, GRUR 1992, 162 – Schleifvorrichtung; OLG München v. 25.1.1996 – 29 U 2404/95, Mitt. 1997, 30 – aliseo, zu einem Firmenlizenzvertrag; BGH v. 29.4.1997 – X ZR 127/95, BB 1997, 1502 – Tinnitus Masker, für einen Patentlizenzvertrag.
2 RG v. 26.10.1929 – I 156/29, RGZ 126, 65; RG v. 11.11.1933 – I 130/33, RGZ 142, 212; BGH v. 22.5.1959 – I ZR 46/58, GRUR 1959, 616 – Metallabsatz.
3 BGH v. 2.5.1991 – I ZR 184/89, GRUR 1992, 112, 114 – pulp-wash; OLG Karlsruhe v. 25.4.1990 – 6 U 42/88, GRUR 1992, 162 f. – Schleifvorrichtung.
4 BGH v. 11.2.1981 – VIII ZR 312/79, NJW 1981, 1264 – Spänelieferungs- und Abnahmevertrag; BGH v. 2.5.1991 – I ZR 184/89, GRUR 1992, 112, 114 – pulp-wash; BGH v. 29.4.1997 – X ZR 127/95, BB 1997, 1502 – Tinnitus Masker.

schulden einer Partei an dem Kündigungsgrund ist nicht erforderlich[1]. Aber auf eigene überwiegende Zerrüttung des Vertragsverhältnisses kann der Kündigende sich nicht berufen[2]. Für sich genommen unzureichende Kündigungsgründe können in ihrer Kumulierung wichtig sein[3]; dabei können auch vergangene, bereinigte oder verziehene Verstöße in der Gesamtwürdigung über neuere Verstöße mitzählen[4]. Frühere Kündigungsgründe, die erst später bekannt werden, können nachgeschoben werden. Neue Kündigungsgründe können nur eine erneute Kündigung, ex nunc, ab Geltendmachung des Grundes rechtfertigen[5]. Bei behebbarem wichtigen Grund, insbesondere bei Gründen im Leistungsbereich, ist die Kündigung erst nach einer Behebungsaufforderung mit angemessener Fristsetzung und Hinweis auf die Kündigungsfolgen berechtigt. Dieses Vorwarnerfordernis hatte die Rechtsprechung in Analogie zu § 326 BGB a.F. entwickelt[6], und es steht jetzt in § 314 Abs. 2 BGB.

Die außerordentliche Kündigung ist nicht an die Zweiwochenfrist in § 626 Abs. 2 BGB gebunden[7], muss jedoch in **angemessener Frist** erklärt werden, § 314 Abs. 3 BGB. Dafür hatte die frühere Rechtsprechung einen Richtwert von grundsätzlich zwei Monaten ab Kenntnis des wichtigen Grundes[8] angenommen. Die Kündigung durch einen Vertreter sollte im Hinblick auf § 174 BGB unter **Vollmachtsvorlage** erfolgen.

345

b) Kündigungsfolgen

Als Gestaltungserklärung bringt die berechtigte Kündigung das ganze Lizenzverhältnis einseitig **ex nunc** zum Erlöschen. Kündigung von Teilbereichen, -gebieten oder bloß der Ausschließlichkeit[9] ist ohne Vereinbarung nicht möglich. Es ist daher ratsam, ein **Teilkündigungsrecht** im Vertrag im Voraus zu vereinbaren, insbesondere für Fälle mangelhafter Ausübung oder unzureichender Marktpflege hinsichtlich der betroffenen Gebiete und/oder hinsichtlich der Ausschließlichkeit.

346

---

1 RG v. 11.11.1933 – I 130/33, RGZ 142, 212: berechtigte Kündigung wegen gesellschaftsrechtlicher Umgestaltung des Lizenznehmers.
2 BGH v. 14.6.1972 – VIII ZR 153/71, DB 1972, 2054: Kündigung eines Vertriebsvertrages nach beiderseitigen Vertragsverletzungen.
3 BGH v. 14.12.1989 – I ZR 56/88, GRUR 1990, 443, 445 – Musikverleger IV.
4 BGH v. 26.11.1954 – I ZR 244/52, GRUR 1955, 338, 340 – beschlagsfreie Brillengläser.
5 BGH v. 29.4.1997 – X ZR 127/95, BB 1997, 1502 – Tinnitus Masker.
6 BGH v. 11.2.1981 – VIII ZR 312/79, NJW 1981, 1264 – Spänelieferungs- und Abnahmevertrag; BGH v. 2.5.1991 – I ZR 184/89, GRUR 1992, 112, 114 – pulp-wash; BGH v. 29.4.1997 – X ZR 127/95, BB 1997, 1502 – Tinnitus Masker.
7 BGH v. 14.12.1989 – I ZR 56/88, GRUR 1990, 443, 446 – Musikverleger IV.
8 BGH v. 15.12.1993 – VIII ZR 157/92, NJW 1994, 722 – für den Vertragshändler-Vertrag und ähnliche Verträge; OLG Karlsruhe v. 25.4.1990 – 6 U 42/88, GRUR 1992, 162, 164 – Schleifvorrichtung – für Lizenzverträge.
9 BGH v. 5.11.1992 – IX ZR 200/91, NJW 1993, 1320 – unwirksame Teilkündigung durch einen Rechtsanwalt.

347 Da die berechtigte Kündigung ex nunc wirkt, findet grundsätzlich eine **Rückforderung** früher gezahlter Lizenzgebühren nicht statt. Das gilt auch, sofern nichts anderes vereinbart ist, für eine vereinbarte Einmal-Pauschalzahlung zu Vertragsbeginn[1]. Anders verhält es sich bei vorausgezahlten, anrechenbaren Mindestlizenzgebühren; sie sind pro rata rückzuerstatten. Rückerstattung von Einmalzahlungen kann ferner dann in Betracht kommen, wenn der Kündigungsgrund vom Lizenzgeber schuldhaft gesetzt worden ist, weil dann eine **Schadensersatzpflicht** aus Pflichtverletzung nach § 280 BGB neben der Kündigung aus wichtigem Grund besteht, § 314 Abs. 4 BGB. Ähnliches gilt umgekehrt, und ist im umgekehrten Verhältnis auch relevanter, wenn der Lizenznehmer schuldhaft einen Kündigungsgrund setzt und trotz Abmahnung nicht abstellt.

348 Mit berechtigter Kündigung **erlischt das Benutzungsrecht.** Ein nachvertragliches Know-how-Benutzungsverbot kann, sofern das Know-how noch geheim ist, ausdrücklich vereinbart werden[2]; es gilt kraft ergänzender Vertragsauslegung im Allgemeinen aber auch ungeschrieben, wenn die Lizenz vor der Offenkundigkeit des Know-hows endet[3]. Ein nachvertragliches Kennzeichenbenutzungsverbot trifft auch denjenigen, dem die Führung eines fremden Kennzeichens gestattet worden war, und zwar auch dann, wenn das Kennzeichen für den anderen nicht als Marke geschützt war[4]. Bei Patentlizenzverträgen tritt das gesetzliche Benutzungsverbot nach § 9 PatG gegen den früheren Lizenznehmer in Kraft.

349 Der Lizenznehmer hat jedoch ein **Recht zum Abvertrieb**. Schon aus dem Grundsatz der Erschöpfung folgt, dass der Lizenznehmer Erzeugnisse, die er während der Lizenzzeit berechtigt hergestellt hat, auch nach Ende der Lizenz vertreiben darf[5]. Auch während der Vertragszeit aufgenommene Bestellungen darf der Lizenznehmer grundsätzlich nachvertraglich noch fertigen und ausliefern. Das ergibt sich aus nachvertraglicher Treuepflicht ähnlich wie beim Eigenhändler[6].

350 Frei.

---

1 BGH v. 5.7.1960 – I ZR 63/59, GRUR 1961, 27 – Holzbauträger.
2 TT-Leitlinien Tz. 155; EG-Kommission v. 14.11.1988, GRUR Int. 1989, 675 – Service Master; EG-Kommission v. 13.10.1988, GRUR Int. 1989, 220 Tz. 35 – Delta/DDD; EG-Kommission v. 22.12.1987 – IV/31.206, ABl. EG 1988 L 69, 21 Tz. 34 – Rich Products/Jus-rol.
3 BGH v. 18.3.1955 – I ZR 144/53, BGHZ 17, 41 – Kokillenguss.
4 BGH v. 26.10.1966 – Ib ZR 140/64, NJW 1967, 499 – Myoplastic – nachvertragliche Unterlassungspflicht bezüglich des Herstellerzeichens.
5 *Lüdecke/Fischer*, Der Lizenzvertrag, G 19, G 21; *Ohl*, GRUR 1992, 77, 81.
6 BGH v. 21.10.1970 – VIII ZR 255/68, BGHZ 54, 338, 343 ff. mit Anm. *Finger*, NJW 1971, 555 – Warenrücknahmeverpflichtung oder Verkaufsunterstützung bei Beendigung des Eigenhändlervertrags.

VIII. Übertragung, Zwangsvollstreckung, Insolvenz

1. Übertragung der Lizenz

a) Einfache Lizenz

Wenn nichts anderes vereinbart ist, ist die einfache Lizenz **nicht frei übertragbar**[1].

351

b) Ausschließliche Lizenz

Die ausschließliche Lizenz wird verschiedentlich als frei übertragbar angesehen[2]. Dem ist aber nur für den Ausnahmefall einer uneingeschränkten, ausschließlichen Generallizenz gegen Einmalgebühr zu folgen. Ansonsten sind immer das Stücklizenzinteresse, das Ausübungsinteresse oder anderweitige Gebietsinteressen des Lizenzgebers in Mitleidenschaft gezogen, so dass es seiner Zustimmung zur Übertragung mehr noch bedarf als bei der auch nur eingeschränkt gegebenen Unterlizenzfreiheit[3]. Die rechtsgeschäftliche Übertragung ist also ein **Dreiergeschäft**.

352

Die **rechtsgeschäftliche Übertragung** wird – angesichts der zwiespältigen Rechtsmeinungen – häufig ausdrücklich ausgeschlossen; das wirkt dann nach §§ 413, 399 BGB dinglich. Konkludent eingeschränkt ist die Übertragbarkeit bei einer so genannten Betriebslizenz, also einer an den Betrieb gebundenen Lizenz. Mit dem Betrieb kann sie übertragen werden, ohne den Betrieb ist eine Übertragung nach §§ 413, 399 BGB ausgeschlossen. Selbst wo die Übertragung gestattet ist, kann sie im Einzelfall gegen Treu und Glauben verstoßen, z.B. bei Übertragung an den Produzenten eines Konkurrenzerzeugnisses[4]. Gesellschafterwechsel beim Lizenznehmer ist keine zustimmungspflichtige Übertragung. Nicht selten wird aber für diesen Fall ein Kündigungsrecht stipuliert.

353

Die erforderliche Zustimmung des Lizenzgebers kann nach § 182 Abs. 2 BGB formlos, also auch mündlich oder konkludent durch Akzeptieren der Lizenzgebühren seitens des neuen Lizenznehmers erfolgen[5].

354

---

1 BGH v. 23.4.1974 – X ZR 4/71, BGHZ 62, 272 – Anlagengeschäft – im Zusammenhang mit dem entsprechenden einfachen Nutzungsrecht bei beschränkter Inanspruchnahme einer Arbeitnehmererfindung.
2 *Benkard/Ullmann*, § 15 PatG Rn. 103; *Lüdecke/Fischer*, Der Lizenzvertrag, A 36; RG v. 1.10.1913 – I 139/13, MuW 1913, 14, 143.
3 Ebenso: *Stumpf/Groß*, Der Lizenzvertrag C, Rn. 228, und für einen Fall der ausschließlichen Gebietslizenz BGH v. 15.5.1990 – X ZR 82/88, NJW-RR 1990, 1251 – Erwerb eines Handelsgeschäfts und Übertragung von Lizenzverträgen.
4 RG v. 6.6.1934 – 243/33, GRUR 1934, 657.
5 So zwar nicht explizit, aber vom Ergebnis her BGH v. 15.5.1990 – X ZR 82/88, NJW-RR 1990, 1251 – Erwerb eines Handelsgeschäftes und Übertragung von Lizenzverträgen.

2. Pfändbarkeit

355 Aus der hier vertretenen Ansicht folgt, dass weder die einfachen noch die ausschließlichen Lizenzberechtigungen pfändbar sind, denn nach § 851 ZPO sind nur übertragbare Rechte pfändbar. Nach § 857 Abs. 3 ZPO ist ein unveräußerliches Recht insoweit pfändbar, als die Ausübung einem anderen überlassen werden kann. Sein Nutzungsrecht darf der Lizenznehmer anderen nur überlassen, wenn er Unterlizenzen vergeben darf. Dann und insoweit ist sein Nutzungsrecht pfändbar[1].

3. Insolvenz

356 Die in der Insolvenz veränderten Wirtschaftsbedingungen schaffen leicht besondere **Interessengegensätze**. In der Insolvenz des Lizenzgebers kann der Insolvenzverwalter vielleicht Weiterentwicklungspflichten nicht mehr erfüllen, vielleicht möchte er aber auch einen neuen lukrativeren Lizenznehmer oder Übernehmer. Kann er dann Nichterfüllung wählen und die bisherige Lizenz zum Erlöschen bringen? Umgekehrt möchte der Lizenzgeber in der Insolvenz des Lizenznehmers nicht länger an einen insolventen Lizenznehmer gebunden sein sondern mit einem neuen, wirtschaftlich stabilen Partner abschließen.

a) Insolvenz des Lizenzgebers

357 Ab Beginn der Verwertung, z.B. durch Patentanmeldung oder Ausnutzung im eigenen Betrieb, überschreiten die Erfinderrechte die Grenze vom insolvenzfreien Persönlichkeitsrecht zum insolvenzfähigen **Vermögensrecht**, § 35 InsO[2]. Lizenzverträge werden mit dem Insolvenzverwalter fortgesetzt[3]. Dabei gehen Literatur und Rechtsprechung herrschend davon aus, dass es sich beim Lizenzvertrag um ein noch nicht erfülltes, sondern fortlaufend zu erfüllendes Dauerschuldverhältnis handelt[4]. Das lässt sich auch nach Lizenzerteilung rechtfertigen im Hinblick auf die mit der fortdauernden Gestattungspflicht verbundene Aufrechterhaltungspflicht zu steigenden Jahresgebühren und fallweise mit Know-how-Lieferung, Schulungs- und Weiter-

---

1 Vgl. *Zöller/Stöber* § 857 ZPO Rn. 22; *Hartmann* in Baumbach/Lauterbach/Albers/Hartmann, § 704 ZPO Rn. 93: ausschließliche Lizenz pfändbar, nicht ausschließliche unpfändbar, ebenso *Benkard/Ullmann*, § 15 PatG Rn. 48.
2 BGH v. 25.1.1955 – I ZR 15/53, BGHZ 16, 172 – Geheimverfahren.
3 RG v. 28.9.1928 – III 523/27, RGZ 122, 70 – Zeta-Zentrifugal-Pumpen: Lizenzgebührzahlungspflicht des Konkursverwalters; BGH v. 27.4.1995 – X ZR 60/93, NJW-RR 1995, 936, 938 – Inkasso aus internationalem Lizenzvertrag.
4 LG Mannheim v. 27.6.2003 – 7O 127/03, CR 2004, 811 – Softwarelizenz: keine Erfüllung, solange noch Nebenpflichten laufen wie z.B. Weiterentwicklung; BGH v. 17.11.2005 – IX ZR 162/04, ZIP 2006, 87– Softwarenutzungsrecht: dort hatte die später insolvent gewordene Gesellschaft ihren Gesellschaftern ein weiterzuentwickelndes Programm lizenziert; ansonsten aber zweifelnd zu den für § 103 InsO relevanten fortdauernden Erfüllungspflichten: *Grützmacher*, CR 2006, 289; *Plath/Schellenberg* in Anm. zu BGH- Softwarenutzungsrecht, CR 2006, 153; *Kellenter*, FS Tillmann, 2003, S. 807, 814 f. sieht die dauernde Lizenzgewährung als fortdauernde unerfüllte Leistung des Lizenzgebers.

entwicklungspflichten. Steht beim Know-how-Lizenzvertrag zur Zeit der Insolvenzeröffnung die Übergabe des Know-hows noch aus, so hat der Insolvenzverwalter sicherlich nach § 103 InsO das Wahlrecht, ob er den Lizenzvertrag erfüllen will oder nicht[1]. Wählt der Insolvenzverwalter Nichterfüllung, so ist die resultierende Forderung wegen Nichterfüllung, ein etwaiger geldlicher Mehrwert der Lizenzgestattung, Insolvenzforderung[2].

Streitig ist, ob die Lizenz in der Insolvenz des Lizenzgebers bei Ablehnung weiterer Erfüllung erlischt, also nicht **insolvenzfest** ist, oder ob sie insolvenzfest fortbesteht[3]. Lehnt der Insolvenzverwalter nach § 103 InsO die Erfüllung ab, so bedeutete das nach der früheren „Erlöschenstheorie", dass damit der Vertrag erlosch. Das hat der BGH aufgegeben[4]. Der Vertrag besteht fort, ist aber gegen den Insolvenzverwalter nicht mehr durchsetzbar. Zuvor eingeräumte dingliche bedingte[5], erst recht aber dingliche unbedingte Rechtsübertragungen und Rechtseinräumungen bleiben hingegen wirksam. Damit wird wegen des dinglichen Charakters der Lizenz das Nutzungsrecht des Lizenznehmers im Konkurs des Lizenzgebers insolvenzfest[6]. Auch wenn schuldrechtliches und dingliches Überlassungsgeschäft analog § 9 VerlG ohne Abstraktion miteinander verbunden wären, so würde der Schuldvertrag durch die Nichterfüllungswahl doch nicht beendet, sondern nur nicht länger durchsetzbar[7]. Die für eine insolvenzfeste Ausgestaltung vorgeschlagenen, komplizierten Konstruktionen eines Lizenznießbrauchs oder einer vorweggenommenen Sicherungsübereignung zur Sicherung eines lizenzrechtlichen Nichterfüllungsschadensersatzanspruchs[8] braucht es dann nicht mehr. 358

Benötigt der Lizenznehmer aber für die Nutzung **weitergehende Leistungen** – im Fall „Softwarenutzungsrecht" die Übergabe des weiterentwickelten 359

---

1 BGH v. 27.4.1995 – X ZR 60/93, NJW-RR 1995, 936, 938 – Inkasso aus internationalem Lizenzvertrag.
2 § 103 Abs. 2 InsO und *Nerlich/Römermann*, § 103 InsO Rn. 60 ff.; *Tintelnot* in Kübler/Prütting, § 103 InsO Rn. 97.
3 LG Mannheim v. 27.6.2003 – 7O 127/03, CR 2004, 811 – Softwarelizenz gegen Insolvenzfestigkeit, weil die dingliche Rechtseinräumung analog § 9 VerlG (kein Abstraktionsprinzip) mit Ablehnung dahinfalle; dem hatte sich *Brandi-Dohrn* in v. Schultz, Markenrecht, § 30 MarkenG Rn. 49 – Lizenzen – gegen *Fezer*, WRP 2004, 793 angeschlossen.
4 BGH v. 25.4.2002 – IX ZR 313/99, BGHZ 150, 353 – Erlöschenstheorie; BGH v. 27.5.2003 – IX ZR 51/02, BGHZ 155, 87; BGH v. 17.11.2005 – IX ZR 162/04, ZIP 2006, 87 Tz. 22 – Softwarenutzungsrecht.
5 So in BGH v. 17.11.2005 – IX ZR 162/04, ZIP 2006, 87 – Softwarenutzungsrecht, dass bei Kündigung seitens einer der beiden Seiten die Nutzungsrechte am Programm und der Quellcode in der dann bestehenden aktuellen Version gegen eine Vergütung auf die Gesellschafter übergehen sollen.
6 Einleuchtende Schlussfolgerung von *Grützmacher*, CR 2006, 289/293; ebenso zuvor schon *Kellenter*, FS Tillmann, 2003, S. 807, 818 ff. Die in § 30 MarkenG Rn. 49 in *v. Schultz*, Markenrecht vertretene Auffassung wird nicht aufrecht erhalten.
7 *Kellenter*, FS Tillmann, S. 807, 822 im Unterschied zu LG Mannheim v. 27.6.2003 – 7O 127/03, CR 2004, 811 – Softwarelizenz.
8 *Berger*, Lizenzsicherungsnießbrauch – Lizenzerhaltung in der Insolvenz des Lizenzgebers, GRUR 2004, 30; *Koehler/Ludwig*, Die insolvenzfeste Gestaltung von Lizenzverträgen, WRP 2006, 1342.

Quellcodes, so bedarf es dazu einer zumindest bedingten Vorausübertragung[1]. Wegen des Verbots in § 119 InsO, das Wahlrecht nach § 103 InsO nicht außer Kraft zu setzen, darf die Bedingung nicht gezielt auf die Insolvenzeröffnung abstellen, sondern allgemein auf eine berechtigte Kündigung. So war es in dem Fall „Softwarenutzung" zugunsten der Gesellschafter; zwischen fremden Lizenzvertragsparteien wird eine Vorausübertragung für den Fall der berechtigten Kündigung kaum vereinbart werden oder ratsam sein.

360 Inzwischen hat sich der Gesetzgeber des Problems angenommen und zur Insolvenzfestigkeit der Lizenz folgenden § 108a InsO vorgeschlagen[2]:

„Ein vom Schuldner als Lizenzgeber abgeschlossener Lizenzvertrag über ein Recht am geistigen Eigentum besteht mit Wirkung für die Insolvenzmasse fort. Dies gilt für vertragliche Nebenpflichten nur in dem Umfang, als deren Erfüllung zwingend geboten ist, um dem Lizenznehmer eine Nutzung des geschützten Rechts zu ermöglichen. Besteht zwischen der im Lizenzvertrag vereinbarten Vergütung und einer marktgerechten Vergütung ein auffälliges Missverhältnis, so kann der Insolvenzverwalter eine Anpassung der Vergütung verlangen; in diesem Fall kann der Lizenznehmer den Vertrag fristlos kündigen."

361 Der Insolvenzverwalter kann das Lizenzschutzrecht durch **Veräußerung** verwerten. Nach § 27 MarkenG, Art. 17 GMVO zieht die Übertragung des Geschäftsbetriebs im Zweifel die Marke nach sich, die Marke kann aber auch ohne den Geschäftsbetrieb übertragen werden. Eine EG-Gemeinschaftsmarke kann nicht territorial aufgespalten übertragen werden, sondern nur insgesamt, Art. 16 GMVO. Zuständig ist nach Art. 21 GMVO der Insolvenzverwalter des zuerst in einem Mitgliedstaat eröffneten Verfahrens. Auch bei Übertragungen seitens des Insolvenzverwalters wirken die Lizenzen gegenüber dem Erwerber fort, §§ 15 Abs. 3 PatG, 33 UrhG, 30 Abs. 1 MarkenG. Veräußert der Insolvenzverwalter das Unternehmen mit lizenzbelasteten Gemeinschaftsmarken, so bleiben die Lizenzen nach Art. 23 Abs. 2 GMVO bestehen.

b) Insolvenz des Lizenznehmers

362 Nach h.M. fällt die ausschließliche Lizenz in die **Insolvenzmasse**, nicht aber die einfache, denn nach § 35 InsO gehört zur Insolvenzmasse das gesamte Vermögen des Schuldners, das ihm zur Zeit der Eröffnung gehört, ausgenommen nach § 36 InsO Gegenstände, die nicht der Zwangsvollstreckung unterliegen. Die einfache Lizenz ist mangels Übertragbarkeit nicht pfändbar, wohl aber nach herrschender, hier nicht geteilter Meinung die ausschließliche. Das ist aber nur insofern relevant, als der Insolvenzverwalter die ausschließliche Lizenz weiterveräußern könnte, nicht aber die einfache, und es

---

[1] Das war die weitergehende vertraglich Konstellation in BGH v. 17.11.2005 – IX ZR 162/04, ZIP 2006, 87, Tz. 22 – Softwarenutzungsrecht.
[2] Entwurf eines Gesetzes zur Entschuldung mittelloser Personen, zur Stärkung der Gläubigerrechte sowie zur Regelung der Insolvenzfestigkeit von Lizenzen, Regierungsentwurf v. 15.12.2007, BT-Drucks. 16/7416.

wird empfohlen, sich lizenzgeberseits dagegen durch ein vertragliches Veräußerungsverbot zu sichern[1]. Immer aber kann der Insolvenzverwalter, der den Betrieb fortführt, die Lizenz, einfache wie ausschließliche, weiter nutzen.

Der Lizenzgeber ist bei Insolvenz seines Lizenznehmers aber regelmäßig an einem neunen, wirtschaftlich starken Lizenznehmer, mithin an einem raschen Wechsel interessiert. Wählt der Insolvenzverwalter nach § 103 InsO die Nichterfüllung, so erlischt damit zwar nach Aufgabe der „Erlöschenstheorie" noch nicht der Lizenzvertrag, aber der Lizenzgeber wird alsdann nach § 314 BGB außerordentlich kündigen können. Wählt der Insolvenzverwalter die Fortsetzung, so werden die Lizenzgebühren nach Eröffnung zwar Masseschulden, aber oft ist ein Wechsel des Lizenznehmers das stärkere Interesse des Lizenzgebers. Dieses Interesse konnte der Lizenzgeber früher durch eine **Sonderkündigung** nach § 19 KO durchsetzen. Wie früher wird der Lizenzvertrag entsprechend der Rechtspacht als Dauernutzungsvertrag angesehen und zwar i.S.d. §§ 108, 112 InsO[2]. Nach § 108 Abs. 1 S. 1 InsO bestehen solche Pachtverhältnisse für die Insolvenzmasse fort. Anders als früher hat der Verpächter/Lizenzgeber jedoch kein Kündigungsrecht, § 112 InsO. Nur der Insolvenzverwalter hat das Erfüllungswahlrecht nach § 103 InsO; er kann nach § 109 InsO kündigen.

363

§ 112 InsO schließt das **Kündigungsrecht des Lizenzgebers** nach Insolvenzantrag wegen Vermögensverfall oder wegen früherer Zahlungsrückstände aus. Eine Kündigung nach § 314 BGB aus diesen Gründen vor dem Eröffnungsantrag bleibt hingegen möglich, ebenso die Kündigung nach § 314 BGB (mit Abmahnung!), wenn nach der Eröffnung die Lizenzgebühren nicht mehr gezahlt werden. Häufig wird für den Fall der Insolvenzeröffnung des Lizenznehmers für den Lizenzgeber ein Recht zur fristlosen Kündigung aus wichtigem Grund stipuliert. Solche Kündigungsrechte sind nach §§ 112, 119 InsO weitgehend wirkungslos für die Zeit nach Antrag auf Eröffnung des Insolvenzverfahrens. Das Gleiche gilt für Beendigungsklauseln, nach denen der Lizenzvertrag mit Insolvenzantrag automatisch enden soll[3].

364

Diskutiert wird aber, ob die Kündigungssperre nach § 112 InsO auch dann gilt, wenn der Insolvenzverwalter die mit einer ausschließlichen Lizenz einhergehende **Ausübungspflicht** schlecht erfüllt[4], was leicht der Fall sein kann, weil das Unternehmen notleidend ist und daher von Kunden gemieden wird. Mangelhafte Ausübung ist zumeist eine Folge des Vermögensverfalls, und der soll nach § 112 InsO gerade kein Kündigungsgrund sein. Aber man sollte § 112 InsO eng auslegen, denn die Ausübungspflicht ist deshalb begründet, weil sich der Lizenzgeber ganz in die Hand und Tüchtigkeit des

365

---

1 *Schmoll/Hölder*, GRUR 2004, 743/748.
2 BGH 17.11.2005 – IX ZR 162/04, ZIP 2006, 87, Tz. 21 – Softwarenutzungsrecht.
3 BGH 17.11.2005 – IX ZR 162/04, ZIP 2006, 87 Tz. 26; *Bartenbach*, Patentlizenz- und Know-how-Vertrag Rn. 667–669.
4 Dafür: *Schmoll/Hölder*, GRUR 2004, 743, 746; *Bartenbach*, Patentlizenz- und Know-how-Vertrag, Rn. 666; dagegen: *Stumpf/Groß*, Rn. 495.

Lizenznehmers gegeben hat – anders als ein Verpächter oder Vermieter definierter Räume oder Gegenstände. Zudem erfordert die Kündigung nach § 314 BGB eine vorherige Abmahnung.

IX. Internationales Recht und Streitregelung

1. Der internationale Lizenzvertrag

Schrifttum: *Beier*, Das auf internationale Markenlizenzverträge anwendbare Recht, GRUR Int. 1981, 299; *Hiestand*, in Reithmann/Martiny, Internationales Vertragsrecht, 6. Aufl. 2004, Lizenzvertrag, Rn. 1727 ff.; *Kronke/Melis/Schnyder*, Handbuch des Internationalen Wirtschaftsrechts, 2005, F. Handel mit geistigem Eigentum; *Pfaff/Nagel*, Internationale Rechtsgrundlagen für Lizenzverträge im gewerblichen Rechtsschutz, 1993; *Pfaff*, Lizenzverträge, Formularkommentar, 2. Aufl. 2004, A 99 ff.; *Troller*, Internationale Lizenzverträge, GRUR Int. 1952, 108; *Ulmer*, Die Immaterialgüterrechte im internationalen Privatrecht, 1975.

a) Rechtswahl

366 Die Parteien können nach Art. 27 EGBGB das anwendbare Recht bestimmen, jedoch mit folgenden **Grenzen**:

Die **Gültigkeit** des Schutzrechts, die aus ihm entspringenden gesetzlichen Verbotsrechte und die Lizenzierbarkeit oder Übetragbarkeit des Rechts bemessen sich zwingend nach dem Recht des Schutzlandes (**Schutzstatut**)[1]. Bei europäischen Patenten ist das Recht des benannten Staats Schutzstatut bis auf die zentral geregelten Bereiche der Art. 69 (Schutzumfang) und 138 (Nichtigkeit) EPÜ. Hinsichtlich der Gültigkeit können die Parteien allerdings, als pactum de non petendo, unter sich vereinbaren, dass sie das Schutzrecht inter partes mit einem bestimmten, eingeschränkten Inhalt als gültig behandeln. Das kann allerdings eine EG-kartellrechtlich kritische Nichtangriffsverpflichtung sein.

In dem Land, in dem Lizenznehmer- oder -geberbeschränkungen Auswirkungen haben – **Wirkungsstatut** –, gelten zwingend die dortigen kartellrechtlichen Vorschriften, mögen auch die beiden Parteien selbst in einem anderen Staat ansässig sein, so § 130 Abs. 2 GWB wie auch Rechtsprechung und Schrifttum zu Art. 81 EG[2].

b) Anwendbares Recht ohne Rechtswahl

367 Ohne Rechtswahl bestimmt sich das Vertragsstatut nach Art. 28 EGBGB nach dem Recht, mit dem der Vertrag die engste Verbindung aufweist, Art. 28 Abs. 1 EGBGB, vermutungsweise das Land, in dem die Partei sitzt, die die charakteristische Leistung erbringt, Art. 28 Abs. 2 EGBGB. Die cha-

---

[1] OLG Karlsruhe v. 25.2.1987 – 6 U 32/86, GRUR Int. 1987, 788 – Offenendspinnmaschinen; BGH v. 2.10.1997 – I ZR 88/95, NJW 1998, 1395 – Spielbankaffaire, für urheberrechtliche Verletzungsansprüche.
[2] *Aicher/Schuhmacher* in Grabitz/Hilf, Das Recht der EU, Art. 31 EG Rn. 33.

rakteristische Leistung wird teilweise beim Lizenzgeber gesehen[1], teilweise beim ausübenden Lizenznehmer in einem Schutzland[2].

Bei einer Lizenz für **mehrere Länder** ist nach letzterer Ansicht das Recht des Landes maßgeblich, in dem der Lizenznehmer produziert, bei mehreren Produktionsstätten sein Sitzland im Lizenzgebiet[3].

Das LG Düsseldorf will das Vertragsstatut von Fall zu Fall nach den Vertragspflichten bestimmen und hatte Lizenznehmerrecht angenommen wegen Verwertung mit Unterlizenzierungsrecht in Europa und vereinbarter Weiterentwicklung beim Lizenznehmer[4]. Hier wird als Regelfall die Anknüpfung an die Ausübung als charakteristische Leistung befürwortet, also an das Recht des Lizenznehmers in dem Schutzrechtsland, in dem er produziert.

Nach diesem **Schuldstatut** richten sich die ungeschriebenen, vertragsrechtlichen Nebenpflichten und -rechte wie Ausübungspflicht, Mängelhaftung, Unterlizenzberechtigung usw. Gültigkeits- und Verbietungsrechte hinsichtlich des Schutzrechts selbst richten sich jedoch nach dem Schutzstatut. Kartellrechtliche Schranken bemessen sich, ausgeführt, nach dem Wirkungsstatut. 368

2. Streitregelung

Schrifttum: *Chrocziel*, Gewerbliche Schutzrechte als Gegenstand eines Schiedsverfahrens, in Festschrift Preu, 1988, S. 177; *Geimer/Schütze*, Der internationale Rechtsverkehr in Zivil- und Handelssachen, Loseblatt; *Henn*, Schiedsverfahrensrecht, 3. Aufl. 2000; *Kropholler*, Europäisches Zivilprozeßrecht, Kommentar zu EuGVÜ und Lugano-Übereinkommen, 8. Aufl. 2005; *Kuner*, Die neuen WIPO-Schiedsregeln, RIW 1995, 965; *Lionnet*, Handbuch der internationalen und nationalen Schiedsgerichtsbarkeit, 1996; *Lionnet*, Die Uncitral Schiedsgerichtsordnung aus der Sicht der Parteien, BB 1993, Beil. 17; *Schäfer*, Die Schlichtungs- und Schiedsgerichtsordnung der WIPO/OMPI, BB 1996, Beil. 5, 10; *Schlosser*, Das Recht der internationalen Schiedsgerichtsbarkeit, 2. Aufl. 1989; *Schütze*, Schiedsgericht und Schiedsverfahren, 4. Aufl. 2007; *Schwab/Walter*, Schiedsgerichtsbarkeit, 7. Aufl. 2005.

---

1 BG v. 22.4.1975 – BGE 101 II 293/298, GRUR Int. 1977, 208; dafür auch für das deutsche Recht *Hiestand* in Reithmann/Martiny, Internationales Vertragsrecht, Rn. 1276–1278.
2 BGH v. 29.3.1960 – I ZR 1/59, GRUR 1960, 447 – Comics, zur Verlagslizenz; OLG Düsseldorf v. 4.8.1961 – 2 U 66/61, GRUR Int. 1962, 256 – deutsches Recht für die ausschließliche Lizenz am deutschen Patent in Deutschland; BGH v. 21.10.1964 – Ib ZR 22/63, GRUR 1965, 665 – Carla – Übertragung eines französischen Warenzeichens nach französischem Recht. OLG München v. 25.1.1996 – 29 U 2404/95, Mitt. 1997, 30 – aliseo für einen Firmenlizenzvertrag.
3 ÖOGH v. 22.11.1994 – 4 Ob 118/94, GRUR Int. 1996, 259 – Virion – bei Anwendung des deutschen IPR; *Beier*, GRUR Int. 1981, 299, 307; a.A., nämlich bei mehreren Ausübungsländern das Land des Lizenzgebers: *Troller*, GRUR Int. 1952, 108, 120; *Stumpf/Groß*, Der Lizenzvertrag, Rn. 442.
4 LG Düsseldorf v. 10.1.1999 – 4 O 114/98, GRUR Int. 1999, 772 – Virusinaktiviertes Blutplasma.

a) Ordentliche Gerichte

aa) Nationale Zuständigkeit

369 Im Vordergrund steht die **Klage des Lizenzgebers auf vertragliche Lizenzgebühren**. Sie ist, wenn nichts anderes vereinbart ist (§ 38 ZPO), immer am Gerichtsort des Lizenznehmers zu erheben, sei es nach §§ 12, 13, 17 ZPO, sei es im Hinblick auf den Erfüllungsort nach § 29 ZPO, §§ 269, 270 Abs. 4 BGB. Bei einem Lizenzexzess, z.B. verbotener Lieferung außerhalb des Lizenzgebietes, kann aus dem Schutzrecht selbst am Ort der unerlaubten Handlung nach § 32 ZPO geklagt werden.

Die **sachliche Zuständigkeit** liegt regelmäßig bei den örtlichen Landgerichten, bei Patentlizenzverträgen schon nach § 143 PatG, und zwar bei den Patentstreitgerichten.

bb) Internationale Zuständigkeit

370 **Innerhalb der EU** richtet sich die internationale Zuständigkeit nach der EuGVVO[1]; hinsichtlich einer Lizenzvertragspartei in Norwegen und der Schweiz nach dem im Wesentlichen gleich lautenden Lugano-Übereinkommen[2]. Danach gilt ebenfalls: In erster Linie gilt die vereinbarte internationale Zuständigkeit nach Art. 23 EuGVVO/Lugano-Übereinkommen. In zweiter Linie gilt die Wohnsitz- oder Erfüllungsortszuständigkeit beim Lizenznehmer nach Art. 2, 5 Nr. 1 EuGVVO/Lugano-Übereinkommen.

Dabei ist der Gerichtsstand des Erfüllungsorts nicht mehr, und ggf. gespalten, nach dem nationalen Recht zu bestimmen, das nach IPR gilt, sondern nach Art. 5 Abs. 1 EuGVO für einige Rechtsgebiete autonom und einheitlich, nämlich für Kauf und Dienstleistung. Lizenz fällt weder unter das eine noch das andere. Also bleibt es beim alten Erfüllungsort. Das ist für die Lizenzgebühren der Sitz des Lizenznehmers nach §§ 269, 270 BGB.

371 Bei **anderen Staaten** sind vorrangig bilaterale Abkommen maßgeblich. Ansonsten, z.B. im Verhältnis zu den USA, folgt die internationale der nationalen Zuständigkeit. Ein über die EU hinausreichendes internationales Zuständigkeitsabkommen ist jedoch seitens der Haager Konferenz für Internationales Privatrecht in Vorbereitung.

372 Die **Anerkennung und Vollstreckung** ausländischer Urteile aus dem Bereich des EuGVVO/Lugano-Übereinkommens richtet sich nach Art. 33 ff. EUGVVO/Lugano-Übereinkommen. Andere ausländische Urteile werden nach Maßgabe des § 328 ZPO anerkannt (vgl. dazu unten Rn. 376).

---

1 VO (EG) Nr. 44/2001 v. 22.12.2000 über die gerichtliche Zuständigkeit und die Anerkennung und Vollstreckung von Entscheidungen in Zivil- und Handelssachen, ABl. EG 2001 Nr. L 12, 1, abgedruckt z.B. in *Zöller*, ZPO, Anhang I.
2 Für Deutschland im Verhältnis zu den genannten Staaten in Kraft seit 1.3.1995, vgl. *Kropholler*, Europäisches Zivilprozessrecht, Einl. Rn. 53.

b) Schiedsgerichte

Schiedsgerichte bedürfen der Vereinbarung. Schiedsklauseln sind, gerade in internationalen Lizenzverträgen, häufig. Von der **Schiedsgerichtsvereinbarung** zu unterscheiden ist die Schiedsgutachterklausel. Mit der Schiedsgerichtsvereinbarung wird die Streitentscheidung einem Schiedsgericht übertragen. Die Schiedsgutachterklausel zielt auf die Feststellung eines Tatkomplexes, etwa ob eine Ausführungsform technisch so beschaffen ist, dass sie wortsinngemäß oder äquivalent unter den Anspruch des Lizenzschutzrechts fällt. 373

Schlichtungs- oder Mediationsvereinbarungen zielen nicht auf eine verbindliche Entscheidung, sondern auf eine Vergleichsvermittlung, wie sie z.B. von verschiedenen internationalen Organisationen zur Verfügung gestellt wird. Bei Schlichtungsvereinbarungen muss für die Dauer des Verfahrens und eine gewisse Zusatzfrist ein Verzicht auf die Erhebung der Verjährungseinrede vereinbart werden. Denn während die dreijährige Lizenzgebühren-Verjährung (siehe oben Rn. 231) durch die Erhebung der Schiedsklage nach § 204 Abs. 1 Nr. 11 BGB gehemmt wird, ist es streitig, ob die Einleitung eines bloßen Schlichtungsverfahrens diese Wirkung auch hat. Wenn die Hemmung eintritt, so dauert sie bis sechs Monate nach Beendigung des Verfahrens fort, § 204 Abs 2 BGB[1]. 374

Schiedsfähig ist nach § 1030 Abs. 1 ZPO, was vergleichsfähig ist. Nicht schiedsfähig ist die Gültigkeit des dem Lizenzvertrag zugrundeliegenden Schutzrechts mit Wirkung erga omnes, wohl aber mit Wirkung inter partes[2]. Wegen der Zahlungspflicht bis zur rechtskräftigen Vernichtung sind Gültigkeitsfragen bei der Lizenzzahlungsklage aber selten relevant. 375

Ein **Verstoß gegen deutsches oder EG-Kartellrecht** steht der Anerkennung sowohl eines ausländischen Urteils wie eines ausländischen Schiedsspruches entgegen und ist Aufhebungsgrund für einen inländischen Schiedsspruch, weil die Anerkennung in allen drei Fällen zu versagen ist, wenn das ausländische Urteil oder der Schiedsspruch gegen den inländischen ordre public verstößt. Zum inländischen ordre public gehört das in Deutschland geltende Kartellrecht einschließlich des EG-Kartellrechts. Daher kann z.B. ein ausländisches Urteil oder ein Schiedsspruch nicht für vollstreckbar erklärt werden, der den Lizenznehmer zur Zahlung für nicht geschützte Konkurrenzerzeugnisse verpflichtet[3] oder wenn der Schiedsspruch auf einem Lizenzvertrag beruht, der gegen Art. 81 EG verstößt[4]. Die Anerkennung ist 376

---

1 Dafür in ausdehnender Anwendung von § 204 Abs. 1 Nr. 4 *Friedrich*, NJW 2003, 1782; dagegen BGH v. 8.12.1992 – X ZR 123/90, GRUR 1993, 469 – Mauer-Rohrdurchführung – nicht unterbrechendes hemmendes Schlichtungsverfahren der ICC.
2 RG v. 9.1.1937 – I 90/36, RGZ 153, 329, 331 – Membranschallerzeuger; BGH v. 5.7.2005 – X ZR 14/03, GRUR 2005, 845, 847 – Abgasreinigungsvorrichtung für den Vergleich bei objektiver Unsicherheit; *Benkard/Ullmann*, § 15 PatG Rn. 262; *Chrocziel*, FS Preu, S. 177, 162 ff.
3 BGH v. 25.10.1966 – KZR 7/65, BGHZ 46, 365 – Schweißbolzen – Anerkennung eines inländischen Schiedsspruchs wegen Kartellverstoßes versagt.
4 EuGH v. 1.7.1999 – C 126/97, GRUR Int. 1999, 737 – Bennetton International.

aber nur zu versagen, wenn der Schiedsspruch oder das ausländische Urteil rechtlich gegen Normen des inländischen Kartellrechts verstößt, nicht, wenn das Schiedsgericht bei einer objektiv zweifelhaften Bewertung des Inhalts des Schutzrechts eine bestimmte Wertung trifft, die das über die Vollstreckbarkeit entscheidende Gericht anders getroffen hätte. Da der Schutzumfang bei objektiven Zweifeln vergleichsfähig ist[1], ist er auch schiedsfähig.

377 Frei.

X. Besteuerung von Lizenzen

Schrifttum: *Cordewerner/Dörr*, Die ertragssteuerliche Behandlung von Lizenzgebühren an ausländische Lizenzgeber: Grundzüge des deutschen Steuersystems, GRUR Int. 2005, 674; *Cordewerner/Dörr*, Die ertragsteuerliche Behandlung von Lizenzgebühren an ausländische Lizenzgeber: Aktuelle Einflüsse des europäischen Gemeinschaftsrechts, GRUR Int. 2006, 447; *Debatin/Wassermeyer*, Doppelbesteuerung, OECD-Musterabkommen und Länderabkommen, 6 Bände, Loseblatt; *Grützmacher/Laier/May*, Der internationale Lizenzverkehr, 8. Aufl. 1997.

378 Hier sind **drei Situationen**

– Lizenzgeber und Lizenznehmer in Deutschland

– Lizenznehmer in Deutschland, Lizenzgeber im Ausland

– Lizenzgeber in Deutschland, Lizenznehmer im Ausland

für verschiedene Steuern zu betrachten: Einkommen- und Körperschaftsteuer, Gewerbesteuer, Umsatzsteuer.

1. Deutscher Lizenzgeber – deutscher Lizenznehmer

a) Einkommen-/Körperschaftsteuer

379 Der Lizenzgeber hat die Lizenzeinnahmen in jedem Fall zu versteuern: Als **Einkünfte** aus Gewerbebetrieb nach § 15 EStG, wenn der Lizenzgeber ein Gewerbebetrieb ist oder eine körperschaftsteuerpflichtige juristische Person (GmbH oder AG), als freiberufliche Einkünfte nach § 18 EStG, wenn es sich um den privaten Einzelerfinder handelt, und subsidiär als Einkünfte aus Vermietung und Verpachtung nach § 21 Abs. 1 Nr. 3 EStG.

380 Der Lizenznehmer kann entsprechend die laufenden Lizenzzahlungen als **Betriebsausgaben** gewinnmindernd geltend machen. Das gilt auch für pauschale Mindestlizenzbeträge. Einmalzahlungen als Einstandsgebühren werden hingegen als zusammengefasste Vorauszahlung auf künftige Nut-

---

1 BGH v. 5.10.1951 – I ZR 74/50, BGHZ 3, 193 – Tauchpumpe: Eine vergleichsweise Einigung über den Schutzumfang zwischen den Parteien ist erlaubt bei objektiven Zweifeln und der beiderseitigen Vorstellung, im Rahmen des Schutzumfangs zu handeln; BGH v. 22.5.1975 – KZR 9/74, BGHZ 65, 147, 151 – Thermalquelle; BGH v. 5.7.2005 – X ZR 14/03, GRUR 2005, 845, 847 – Abgasreinigungsvorrichtung.

zungsentgelte angesehen. Für solche Einmalzahlungen ist ein Rechnungsabgrenzungsposten zu bilden.

Bei Lizenzverträgen im **Konzern** ist darauf zu achten, dass Lizenzgebühren der Tochter an die Mutter oder der Gesellschaft an den beherrschenden Gesellschafter nicht unangemessen überhöht sind. Gegenüber einer Lizenz an einen Fremden (Fremdvergleich) überhöhte Lizenzgebühren können zu verdeckten Gewinnausschüttungen bzw. verdeckten Einlagen führen.

381

b) Umsatzsteuer

Der Lizenzgeber, der die Nutzung seines Rechts gegen Entgelt duldet, erbringt damit eine umsatzsteuerpflichtige **sonstige Leistung** nach § 3 Abs. 9 UStG. Die Lizenzzahlung muss daher zuzüglich Mehrwertsteuer vereinbart werden. Die Mehrwertsteuer zahlt der Lizenzgeber an sein Finanzamt. Der Mehrwertsteuersatz auf Lizenzzahlungen beträgt nach § 12 UStG grundsätzlich 19 %, bei urheberrechtlichen Lizenzen nach § 12 Abs. 2 Nr. 7 UStG 7 %. Der Rechnungsausweis erfolgt im Rahmen der Lizenzabrechnung. Die Lizenzabrechnung stellt die Gutschrift nach § 14 Abs. 2 UStG dar, die für den Ausweis der Mehrwertsteuer erforderlich ist. Der Lizenznehmer kann die von ihm mitentrichtete Mehrwertsteuer nach § 15 UStG als Vorsteuer gegenüber seinem Finanzamt anrechnen bzw. erstatten lassen.

382

2. Deutscher Lizenznehmer – ausländischer Lizenzgeber

a) Einkommensteuer

aa) Ohne Doppelbesteuerungsabkommen

Der Ausländer ist mit seinen deutschen Lizenzeinkünften grundsätzlich im Inland **beschränkt steuerpflichtig** nach §§ 1 Abs. 4, 49 EStG. Unterhält der ausländische Lizenzgeber im Inland eine Betriebsstätte, so ist er mit den inländischen Lizenzeinkünften als Einkünfte aus Gewerbebetrieb nach § 49 Abs. 1 Nr. 2 EStG steuerpflichtig. Hat er keine inländische Betriebsstätte, so sind Lizenzeinkünfte nach § 49 Abs. 1 Nr. 6 (bei Patenten) und Nr. 9 (bei Know-how) EStG steuerpflichtig. Besteht kein Doppelbesteuerungsabkommen (DBA), dann wird die Steuerpflicht des ausländischen Lizenzgebers im Inland durch eine **Abzugssteuer** von 20 % + Solidaritätszuschlag = 21,1 % seit 1.1.2003 realisiert, die der Lizenznehmer einbehalten und nach § 50a EStG an das deutsche Finanzamt abführen muss.

383

Zahlt ein deutsches Unternehmen an ein verbundenes anderes EU-Unternehmen Lizenzgebühr so entfällt die Quellensteuer nach § 50g EStG[1] nach dem gleichen Verfahren wie nachfolgend bei Doppelbesteuerungsabkommen dargelegt, es sei denn es würde sich bei den Lizenzgebühren um eine verdeckte Gewinnausschüttung handeln. „Verbunden" sind Unternehmen, wenn das eine an dem anderen mit mindestens 25 % beteiligt ist. Danach

384

---

[1] In Umsetzung der Richtlinie 2003/49/EG des Rates v. 3.6.2003, ABl. EG 2003 Nr. L 157, 49.

sind also Lizenzgebühren an so beteiligten EU-Muttergesellschaften quellensteuerfrei.

bb) Mit Doppelbesteuerungsabkommen

385 Besteht ein Doppelbesteuerungsabkommen (DBA), so ist die Lizenzbesteuerung durchweg in Art. 12 DBA geregelt. Dort ist die Lizenzbesteuerung nach dem OECD-Musterabkommen entweder ganz dem **Lizenzgeberland** zugewiesen oder es ist – nach dem UN-Musterabkommen – eine ermäßigte **Quellensteuer im Lizenznehmerland** von 5 bis 15 % vereinbart. Gleichgültig, ob die Quellensteuer in Deutschland ganz entfällt oder nur reduziert ist, der Lizenznehmer muss vorerst die volle Abzugssteuer von 25 % einbehalten und abführen. Erst wenn das Bundeszentralamt für Steuern, früher Bundesamt für Finanzen, nach § 50d Abs. 2 EStG auf Antrag einen Freistellungsbescheid erteilt hat, darf der Steuerabzug in Deutschland unterbleiben und wird die Lizenz voll überwiesen zur Besteuerung im Empfängerland. Im Lizenzvertrag empfiehlt es sich auszumachen, dass der deutsche Lizenznehmer im Namen des Lizenzgebers die Freistellung nach § 50d Abs. 3 EStG besorgt.

b) Umsatzsteuer

386 Während normalerweise nach § 3a Abs. 1 UStG der Ort der sonstigen Leistung dort ist, wo der Unternehmer, also der Lizenzgeber, sein Unternehmen betreibt, gilt nach § 3a Abs. 4 Nr. 1 (Patentlizenzen) und Nr. 5 (Know-how-Lizenzen) UStG für Lizenzen aus dem Ausland ins Inland der Sitz des Lizenznehmers als Leistungsort. Es gilt nämlich für diese Leistungen nach § 3a Abs. 3 UStG das so genannte **Empfängerortprinzip:** Die umsatzsteuerpflichtige sonstige Leistung wird dort erbracht, wo der Empfänger, also der Lizenznehmer, sein Unternehmen betreibt. Da somit die Leistung im Inland erbracht wird, ist sie auch im Inland umsatzsteuerpflichtig. Der Lizenznehmer muss die 19 % respektive 7 % MwSt nach § 13b UStG abführen. Das ist für ihn eine hier entstehende Vorsteuer, die er nach § 15 UStG wieder geltend machen kann, so dass sich die USt auf Null stellt[1]. In der Regel ist es der Lizenznehmer, also der Empfänger der „sonstigen Leistung", der abrechnet. Umsatzsteuerlich erteilt er also eine Gutschrift. Darum hat er nach § 14a Abs. 5 UStG den Netto-Lizenzbetrag ohne Mehrwertsteuer auszuweisen und auf seine Steuerschuldnerschaft hinzuweisen. Wenn er nicht Kleinunternehmer ist, kann er ohne weiteren Vorsteuerausweis für den geschuldeten USt-Betrag Vorsteuer geltend machen, zahlt also Null.

---

1 EuGH v. 1.4.2004 – C-90/02, NJW 2004, 2581 – Bockemuhl – und die Folgeentscheidung BFH v. 17.6.2004 – V R 61/00, DStRE 2004, 1776, noch zu 52 USTDV aber genereller.

3. Ausländischer Lizenznehmer – deutscher Lizenzgeber
a) Einkommen-/Körperschaftsteuer

Der deutsche Lizenzgeber ist unbeschränkt steuerpflichtig. Der deutsche Fiskus kann die Lizenzeinnahmen voll besteuern, und zwar nach den in Rn. 379 ff. schon aufgezählten Einkommensarten: Einkünfte aus Gewerbebetrieb, freiberufliche Einkünfte oder notfalls Einkünfte aus Vermietung und Verpachtung. 387

Reziprok zu der obigen Situation des inländischen Lizenznehmers behält hier der ausländische Lizenznehmer nach den ausländischen Vorschriften unter Umständen **Quellensteuer** ein und führt sie ab, oder die Lizenzzahlungen sind nach einem DBA von ausländischer Quellensteuer freigestellt. Fallen ausländische Quellensteuern an, so werden sie nach § 34c EStG bei der Einkommensbesteuerung des inländischen Lizenzgebers angerechnet.

Der deutsche Fiskus achtet darauf, dass ihm die Besteuerung dieser **Einkünfte nicht künstlich verkürzt** wird, sei es durch Vereinbarung unangemessen niedriger Lizenzen mit der ausländischen Tochter (unten Rn. 388) oder durch Umleitung der Lizenzzahlungen an eine Zwischengesellschaft in einem Steueroasenland (unten Rn. 389).

aa) Lizenzverträge im Konzern

Sowohl im Inland, ganz besonders aber gegenüber ausländischen Tochtergesellschaften gilt das Prinzip des **Deal at arm's length**. § 1 Abs. 1 Außensteuergesetz (AStG) fasst das so: 388

„Werden Einkünfte eines Steuerpflichtigen aus Geschäftsbeziehungen mit einer ihm nahe stehenden Person dadurch gemindert, dass er im Rahmen solcher Geschäftsbeziehungen zum Ausland Bedingungen vereinbart, die von denen abweichen, die voneinander unabhängige Dritte unter gleichen oder ähnlichen Verhältnissen vereinbart hätten, so sind seine Einkünfte unbeschadet anderer Vorschriften so anzusetzen, wie sie unter den zwischen unabhängigen Dritten vereinbarten Bedingungen angefallen wären."

bb) Zwischengesellschaften

Leitet der ursprüngliche, inländische Erfinder die Lizenzgebühren an eine ausländische Zwischengesellschaft in einem Niedrigsteuerland, so können ihm nach §§ 7, 8, 10 AStG die Lizenzeinkünfte dieser Zwischengesellschaft zugerechnet werden. Die Umleitung der Lizenzzahlungen über ausländische Zwischengesellschaften erfolgt häufig in der Weise, dass die Lizenzschutzrechte in die **ausländische Gesellschaft als Holding** gegen Anteilsrechte eingebracht werden. Ist der inländische „Lizenzgeber" alsdann allein oder zusammen mit ihm nahe stehenden Personen (z.B. weiteren Konzerngesellschaften) an der ausländischen Patentholding zu mehr als 50 % beteiligt, so findet die Zurechnung der Holding-Lizenzeinkünfte statt, wenn die Holding wirklich nur eine Zwischengesellschaft ist. Zwischengesellschaft ist sie nach § 8 AStG dann, wenn sie einmal in einem **Niedrigsteuerland** mit einer Ertragsteuer von nicht mehr als 30 % belastet ist, und wenn weiterhin die Zwischengesellschaft **nicht produktiv tätig** ist. Letzteres bedeutet, dass ihre 389

Lizenzeinkünfte nicht aus eigener Forschung oder Entwicklungsarbeit stammen, sondern aus der ihres Gesellschafters, § 8 Abs. 1 Nr. 6 lit. a AStG.

b) Umsatzsteuer

390 Mehrwertsteuer fällt bei der Lizenz vom Inland in das Ausland nach dem **Empfängerortprinzip** nicht an, da die Leistung nach § 3a Abs. 3 UStG am Sitz des ausländischen Lizenznehmerunternehmens erbracht wird.

4. Übersicht zur Lizenzbesteuerung
a) Deutsch – Deutsch

391

Verhältnis zum Fiskus des Lizenznehmers	Verhältnis zwischen den Parteien	Verhältnis zum Fiskus des Lizenzgebers
	LN (DE) ←—— sonstige Leistung / Duldung ——— LG (DE)	
1. Einkommensteuer gewinnmindernde Betriebsausgaben	1) Lizenzgebühr x % ——→	zu versteuern § 15 EStG Einkommen aus Gewerbebetrieb § 18 EStG freiberufliche Einkünfte § 21 Abs. 1 S. 3 EStG Einkünfte aus Vermietung und Verpachtung
2. Umsatzsteuer § 15 UStG Vorsteuerabzug ——→	2) 19 % (7 %) MwSt, x %	§ 3 Abs. 9 UStG Sonstige Leistungen Zahlung an Finanzamt ——→

b) Deutscher Lizenznehmer – ausländischer Lizenzgeber

Verhältnis zum Fiskus des Lizenznehmers	Verhältnis zwischen den Parteien	Verhältnis zum Fiskus des Lizenzgebers
	LN (DE) ←sonstige Leistung / Duldung— LG (Ausland)	
1. Einkommensteuer LN: gewinnmindernde Betriebsausgaben ←20 % Abzugsteuer an Finanzamt § 50a EStG ←Freistellungsantrag an Bundeszentralamt für Steuern § 50a Abs. 3 EStG	1) Lizenzgebühr → x %	ohne Betriebsstätte im Inland: Beschränkte Steuerpflicht § 49 Abs. 1 S. 6 und 9 EStG **ohne DBA**: § 50 EStG 20 % Abzugsteuer **Mit DBA oder EU-Mutter (25 %)**: Steuer im Ausland und Freistellung
2. Umsatzsteuer Vorsteuerabzug → Abzugsteuer an Finanzamt § 51a Nr. 1 UStDV ← Nullregelung	2) 19 % (7 %) MwSt →	USt-Pflicht in DE nach §§ 3 Abs. 9, 3a Abs. 3 und 13b UStG Empfängerortsprinzip. Nullregelung

392

c) Ausländischer Lizenznehmer – deutscher Lizenzgeber

393

Verhältnis zum Fiskus des Lizenznehmers	Verhältnis zwischen den Parteien	Verhältnis zum Fiskus des Lizenzgebers
	LN (Ausland) ← sonstige Leistung / Duldung — LG (DE)	
1. Einkommensteuer Evt. Einbehaltung und Zahlung von Quellensteuer, Freistellung oder Ermäßigung von Quellensteuer	1) Lizenzgebühr → x %	§§ 1, 7, 8, AStG Sind x % adäquat? ggf. Hinzurechnung zu versteuern wie bei I., aber: **ohne DBA:** Anrechnung von Auslandssteuer § 34 EStG **bei DBA:** zu versteuern wie bei I. mit Anrechnung etwaiger Quellensteuern.
2. Umsatzsteuer	2) 0 % MwSt →	Nach dem Empfängerortsprinzip wird die Leistung im Ausland ausgeführt.

Qualitätssicherungsvereinbarungen

Übersicht

I. Grundsätzliche Erwägungen
1. Einleitung 1
2. Die Norm-Qualität DIN EN ISO 9001: 2000 u.a. 4

II. Qualitätssicherungsvereinbarungen als Allgemeine Geschäftsbedingungen 9

III. Grundsätze der deliktsrechtlichen Produzentenhaftung 13
1. Einführung
   a) Produkthaftung als Rechtsgüterschutz Dritter 14
   b) Sicherheitserwartung 15
   c) Produzentenhaftung und Entwicklungsrisiko 18
2. Herstellerpflichten
   a) Konstruktionsverantwortung .. 23
      aa) Bestimmungsgemäßer Gebrauch und vorhersehbare Fehlanwendung........... 24
      bb) Materialauswahl – Einbauteile – Kontrollen
   b) Fabrikationsverantwortung 28
      aa) Sicherungspflichten des Herstellers 30
      bb) Produktionsanlagen 31
      cc) Kontrollpflichten 32
   c) Instruktionsverantwortung 34
      aa) Maßgeblichkeit der Verbrauchererwartung........... 35
      bb) Entfallen der Informationspflicht................. 38
      cc) Inhalt der Warnpflicht 40
      dd) Warnpflichten nach dem In-Verkehr-Bringen 44
   d) Produktbeobachtungsverantwortung 46
      aa) Passive Produktbeobachtungspflicht............. 48
      bb) Aktive Produktbeobachtungspflicht............. 49

IV. Grundsätze der Arbeitsteiligkeit in der Produzentenhaftung
1. Teilungsgrundsätze............ 51
   a) Organisationspflicht des Endherstellers 52
   b) Auswahl- und Überwachungspflichten, allgemeine Oberaufsicht..................... 53
   c) Gleiche Organisationspflichten des Teileherstellers........... 57
2. Vertikale Arbeitsteilung......... 60
   a) Teilbare Aufgabenbereiche
      aa) Übergabe der Konstruktion 61
      bb) Im Rahmen der Fabrikation 62
   b) Vorgaben bei Pflichtendelegation 66
      aa) Auswahl des Zulieferanten. 67
      bb) Informationen technischvertraglichen Inhalts 70
      cc) Kontrollpflichten 74
      dd) Liquiditätsgarantie 76
3. Arbeitsteilung auf der Grundlage des Produkthaftungsgesetzes..... 77

V. Klauseln einer Qualitätssicherungsvereinbarung
1. Abbedingung von § 377 HGB 80
   a) Struktur des § 377 HGB....... 81
   b) Untersuchungspflicht 82
   c) Rügepflicht 83
   d) Abbedingbarkeit in Qualitätssicherungsvereinbarungen..... 84
2. Fixgeschäft/Verzugsschaden 88
3. Sachmängelhaftung
   a) Konkretisierung des Vertragsgegenstandes und der Garantien 89
   b) Verlängerung der Sachmängelhaftungszeiträume 90
4. Haftungsklauseln 91
5. Dokumentationspflichten 93
6. Klauseln zum Geräte- und Produktsicherheitsgesetz........... 94

Schrifttum: *Dietborn/Müller*, Beschränkung der deliktischen Herstellerpflichten: Kein Produktrückruf und kostenloser Austausch, BB 2007, 2358; *Ensthaler*, Haftungsrechtliche Bedeutung von Qualitätssicherungsvereinbarungen, NJW 1994, 817; *Grunewald*, Just-in-time-Geschäfte – Qualitätssicherungsvereinbarung und Rügelast, NJW 1995, 1777; *Hollmann*, Zur rechtlichen und technischen Bedeutung von Qualitätssicherungsvereinbarungen, PHi 1989, 146; *Kreifels*, Qualitätssicherungsvereinbarung – Einfluss und Auswirkung auf die Gewährleistung und Produkthaftung von

Herstellern und Zulieferern, ZIP 1990, 489; *Kullmann*, ProdhaftG, Kommentar, 5. Aufl. 2006; *Kullmann/Pfister*, Produzentenhaftung, Loseblatt; *Laschet*, Auswirkungen des Geräte- und Produktsicherheitsgesetzes (GPSG) auf die Gestaltung von Qualitätssicherungsvereinbarungen, StoffR 2004, 271; *Lenz/Laschet*, Leitfaden zum Geräte- und Produktsicherheitsgesetz, 2004; *Merz*, Qualitätssicherungsvereinbarung, 1992; *Migge*, Qualitätssicherungsverträge: Versuch einer Zwischenbilanz aus der Sicht der betrieblichen Praxis, VersR 1992, 665; *Migge*, Praktische Überlegungen bei der Vorbereitung von Qualitätssicherungsvereinbarungen, PHi 1991, 186; *Popp*, Die Qualitätssicherungsvereinbarung, 1992; *Quittmat*, Qualitätssicherungsvereinbarungen und Produkthaftung, BB 1989, 571; *Schmidt*, Qualitätssicherungsvereinbarungen und ihr rechtlicher Rahmen, NJW 1991, 144; *Sina*, Qualitätssicherungsvereinbarung – Einordnung und Rechtsfolgen, MDR 1994, 332; *Steinmann*, Qualitätssicherungsvereinbarung zwischen Endproduktherstellern und Zulieferern, 1993; *Steinmann*, Abdingbarkeit der Wareneingangskontrolle in Qualitätssicherungsvereinbarungen, BB 1993, 873; *Graf v. Westphalen*, Produkthaftungshandbuch, 2. Aufl. 1997; *Graf v. Westphalen*, Einkaufs-AGB – eine kritische Analyse der BGH-Judikatur, in: Festschrift Horn, 2006, S. 159; *Graf v. Westphalen/Bauer*, Just-in-Time-Lieferungen und Qualitätssicherungsvereinbarungen, 1993; *Zirkel*, Das Verhältnis zwischen Zulieferer und Assembler – Eine Vertragsart sui generis, NJW 1990, 345.

I. Grundsätzliche Erwägungen

1. Einleitung

1   Seit den 1970er Jahren zeichnete sich in der Industrie eine zunehmende Tendenz ab, Qualitätssicherungsvereinbarungen abzuschließen[1]; sie sind heute in allen Industrieteilen wesentlicher Bestandteil rechtlicher Rahmenbedingungen im Zusammenhang mit Zulieferverträgen[2]. Neben der Fortentwicklung der produkthaftungsrechtlichen Gesetzgebung und Rechtsprechung ist es vor allem die nahezu in allen industriellen Herstellungsprozessen abnehmende Fertigungstiefe und fortschreitende Vernormung der Produkterzeugung, die der Vertragsgestaltung zwingende Regeln aufzeigen. Werden also zunehmend Forschungs- und Entwicklungsaufgaben sowie die Produktion von Einzelteilen auf Zulieferer und Systemlieferanten ausgelagert, steigt damit zwingend der Bedarf nach rechtlichen Regelungen zur Sicherstellung der Qualität. Dieses Erfordernis ergibt sich nicht zuletzt daraus, dass auf der Herstellerebene – also der Ebene, die der Rechtsverkehr z.B. nach § 4 Abs. 1 S. 1 ProdHaftG als nach außen hin Verantwortliche erscheinen lässt – eine Gleichrangigkeit besteht. Endhersteller und Zulieferer, gleich welcher Stufe, sind also innerhalb ihres originären Aufgabenbereiches gleichrangig, wenn auch der Zulieferer lediglich Verkehrspflichten für das zugelieferte, nicht aber für das gesamte später hergestellte Endprodukt hat[3].

2   Neben der Sicherstellung auch vertraglicher Haftungsgrundlagen zwischen Endhersteller (Assembler) und Zulieferer setzen die technischen Normen heute alles daran, den Herstellern **geschlossene Qualitätssicherungssysteme** abzuverlangen. Damit kann sich eine Qualitätssicherungsvereinbarung

---

1 *Migge*, VersR 1992, 665, 666; Produkthaftungshandbuch/*Merz*, § 44 Rn. 3 ff.
2 *Hollmann*, PHi 1989, 146; *Kreifels*, ZIP 1990, 489.
3 Vgl. hierzu im Einzelnen: Produkthaftungshandbuch/*Foerste*, § 25 Rn. 29 ff.

nicht alleine darauf beschränken, zwischen zwei Vertragspartnern abgeschlossen zu werden, sondern – bei weiterem Verlust der Fertigungstiefe – erfordert weiterhin eine Einbindung weiterer Hersteller, die nicht mit den Verantwortlichen für das Endprodukt in vertraglicher Verbindung stehen. In kettenartiger Funktion stehen also bei einem sorgfältig erarbeiteten und geschlossenen Qualitätssicherungssystem mehrere – abhängig von der Anzahl der Zulieferer – Qualitätssicherungsvereinbarungen gleichen Inhalts hintereinander.

Qualitätssicherungsvereinbarungen werden in der vertraglichen Praxis unterschiedlich eingesetzt, je nach unternehmerischer Struktur. Qualitätssicherungsvereinbarungen sollten allerdings lediglich Bezug zu den tatsächlich aus ihrem Kerngehalt zu entnehmenden Regelungsmaterien aufweisen, insbesondere nämlich den qualitätssichernden Fragestellungen. Vielfach ist zu beobachten, dass Qualitätssicherungsvereinbarungen „missbraucht" werden, um dort Fragen der Sachmängelhaftung oder weitergehende Haftungsregelungen zu implementieren. Zur Aufnahme dieser Klauseln stehen die Lieferverträge und/oder Einkaufs- und Verkaufsbedingungen zur Verfügung, die mithin nicht als Konkurrenzwerke, sondern lediglich als kumulativ zu verwendende Vertragsbedingungen anzusehen sind. Insoweit ist auch besonderes Augenmerk auf das Überraschungsverbot nach § 305c Abs. 1 BGB zu legen, wonach rechtliche Regelungen, die nicht in entsprechenden Vereinbarungen zu erwarten sind, möglicherweise als unwirksam zu qualifizieren sind. Es ist also zu beachten, dass bei allgemeinen Vertragsbedingungen das Generelle im Vordergrund steht, bei Qualitätssicherungsvereinbarungen das Spezielle, wenngleich auch gelegentlich eine Vermischung beider Tatbestände erfolgt[1]. 3

2. Die Norm-Qualität DIN EN ISO 9001: 2000 u.a.

Da die Qualitätssicherungsvereinbarung an der Schnittstelle zwischen dem kodifizierten und dem technischen Recht steht und ihr Ausgangspunkt der Begriff der „Qualität" ist, muss sich diesem Begriff zunächst angenähert werden. Aus den Normungssystemen ist der Begriff sowohl der Qualität als auch der Qualitätssicherung ableitbar. So wird **Qualitätssicherung** definiert als „Teil des Qualitätsmanagements, der auf das Erzeugen von Vertrauen darauf gerichtet ist, dass Qualitätsanforderungen erfüllt werden"[2]. Maßgebliche Regelung dafür, wie Qualitätssicherung herzustellen ist, gibt sodann das Regelwerk der DIN EN ISO 9001: 2000, welches die Anforderungen an den Aufbau und die Ausgestaltung eines Qualitätsmanagements- oder Qualitätssicherungssystems aufstellt. Die Sicherstellung von Qualität hat neben den rechtlichen Konsequenzen zur Fehlervermeidung auch originär wirtschaftliche Auswirkungen. Die Optimierung der Qualitätssicherung und damit die Gestaltung eines sorgfältigen Herstellungs- und Produktionsprozesses führt ökonomisch unmittelbar zur **Reduzierung von Folgekosten**, die im 4

---

1 Vgl. *Schmidt*, NJW 1991, 144; *Kreifels*, ZIP 1990, 489 f.
2 EN ISO 9000, 2005, Kapitel 3.2.11.

Wege der Mängelbeseitigung oder der Reklamationsbearbeitung anfallen. Betrachtet man die Verantwortlichkeit des Herstellers aus seinem Pflichtenkonzept, also die Konstruktions-, Fabrikations-, Instruktions- und Produktbeobachtungspflicht, so ist erkennbar, dass der weit überwiegende Teil rechtlicher Haftungslagen Ursachen in der Konstruktion bzw. Fabrikation hat, also den Bereichen, an denen Qualitätssicherungsvereinbarungen ansetzen[1]. Der wirtschaftliche Vorteil für den Hersteller liegt auf der Hand. Nach der zwischenzeitlich auch wissenschaftlich nachgewiesenen sog. „Faktor-10-Regel" ist bekannt, dass der Ausfall eines hergestellten Teils beim Kunden bis zu 10-fach Mehrkosten verursacht, als wenn die Möglichkeit des Ausfalls bereits in der Entwicklungsphase entdeckt worden wäre. Dies führt also durch die Qualitätssicherung zu einer **Risikominimierung**, je früher der Produktions- oder Fabrikationsfehler im Rahmen des Produktentstehungsprozesses entdeckt wird. Im Fokus der Norm DIN EN ISO 9001: 2000 steht die prozessorientierte Ausrichtung der gesamten Organisation hinsichtlich Entwicklung, Verwirklichung und ständiger Verbesserung des Qualitätsmanagementsystems. Die Norm betont die Bedeutung des Verstehens und der Ermittlung von Anforderungen sowie der Notwendigkeit, Prozesse aus Sicht der Wertschöpfung zu betrachten, der Erzielung von Ergebnissen bezüglich Prozessleistung und -wirksamkeit und der ständigen Verbesserung von Prozessen auf Grundlage objektiver Messungen. Die DIN EN ISO 9001: 2000 bietet damit das Gerüst, welches bei der Herstellung eines Produktes aus technisch-rechtlicher Sicht notwendig ist, losgelöst vom Unternehmensgegenstand und der Unternehmensgröße. Ziel der Norm sowie des daraus abgeleiteten Systems, welches vertraglich dann auf der Qualitätssicherungsvereinbarung aufbaut, ist die **Lenkung und Steuerung ausgelagerter Prozesse**. Zur Sicherstellung der Konformität der Produkte des Herstellers mit denen seines Zulieferers und zur Vermeidung entsprechender Fehler und weitergehender Kosten werden damit qualitätssichernde Maßnahmen vereinbart. Ferner ist der Arbeitsteilungsprozess, der im Rahmen der Qualitätssicherung maßgeblich ist, geeignet, Doppelaufwendungen zu vermeiden und merkmals- und funktionsbezogene Prüfungen in Bezug auf die Produkte zwischen den Vertragspartnern festzulegen. Von entscheidender Bedeutung sind dabei die Anforderungen, die sich in der Lenkung von Dokumenten[2], der Lenkung von Aufzeichnungen[3], der persönlichen Verantwortung des Qualitätsmanagementbeauftragten[4], der internen Kommunikation[5], der Bereitstellung von Ressourcen[6] sowie der konkreten Produktrealisierung[7] ergeben.

---

1 *Steinmann*, Qualitätssicherungsvereinbarung zwischen Endproduktherstellern und Zulieferern, S. 18.
2 DIN EN ISO 9001: 2000, Kapitel 4.2.3.
3 DIN EN ISO 9001: 2000, Kapitel 4.2.4.
4 DIN EN ISO 9001: 2000, Kapitel 5.5.1.
5 DIN EN ISO 9001: 2000, Kapitel 5.5.3.
6 DIN EN ISO 9001: 2000, Kapitel 6.1.
7 DIN EN ISO 9001: 2000, Kapitel 7.

Unmittelbare rechtliche Bedeutung haben diese qualitätssichernden Regelungen der Norm zwar nicht; aber sie dienen als strukturelle Vorgabe und können vor allem bei Bewertungsfragen nach dem Stand von Wissenschaft und Technik sowie anderen auszulegenden Rechtsbegriffen des kodifizierten Rechts Bedeutung finden.

3. Einordnung in das Vertragswesen

Die Qualitätssicherungsvereinbarung ist zweifelsohne ein **eigenes Vertragswerk**. Dies ergibt sich bereits daraus, dass in der praktischen Anwendung die formellen Anforderungen an den Abschluss eines Vertrages erfüllt werden, nämlich die Fixierung der Vertragsparteien, des Leistungsgegenstandes und – soweit diese begründet werden – der Gegenleistungsverpflichtungen. Gleichwohl findet die Qualitätssicherungsvereinbarung außer den genannten Zitationen in der technischen Norm keine Benennung im kodifizierten Recht, insbesondere nicht innerhalb des Schuldrechts. Dies allerdings ist für moderne Vertragstypen nicht neu. Teilweise wurde die Qualitätssicherungsvereinbarung allerdings als **Vertrag sui generis** angesehen[1]. Bevor indes eine Einstufung zum Vertrag sui generis erfolgt, hat sich der konkrete Vertrag an den vom BGB vorgegebenen Vertragstypen zu orientieren. In dieses vom schuldrechtlichen Gesetzgeber vorgegebene Raster kann die Qualitätssicherungsvereinbarung eingegliedert werden. Typisch ist zunächst, dass es sich bei der Qualitätssicherungsvereinbarung nicht um einen Einzelvertrag handelt, der für einen konkreten Gegenstand individuell geschlossen wird, sondern dass der Qualitätssicherungsvereinbarung immanent ist, dass sie als **Dauerschuldverhältnis** i.S.v. § 314 BGB ausgestaltet ist. Begrifflich setzt dieses voraus, dass ein andauerndes Verhalten oder eine wiederkehrende Leistung geschuldet wird und dass der Gesamtumfang der Leistung von der Dauer der Rechtsbeziehung abhängt[2]. Der Langzeitcharakter der Qualitätssicherungsvereinbarung steht tatsächlich nicht außer Frage[3].

Betrachtet man die einzelnen schuldrechtlichen Vorgaben des BGB, so ist erkennbar, dass sich die Qualitätssicherungsvereinbarung nicht nur möglicherweise schwerpunktmäßig dem einen oder anderen Vertragstyp annähert, sondern dass in der praktischen Ausgestaltung die Qualitätssicherungsvereinbarung sogar typischerweise neben diesen Regelungen im Konkreten zur Anwendung kommt. Ein Blick auf die Vertragsbeziehung zwischen Hersteller und Zulieferer zeigt, dass eine Vielzahl von Regelwerken zwischen ihnen zum Greifen kommen kann. Namentlich seien erwähnt die Einkaufs- und Verkaufsbedingungen, möglicherweise vorgeschaltet ein Forschungs- und Entwicklungsvertrag, eine Geheimhaltungsvereinbarung, ein Rahmenvertrag, ein konkreter einzelner Liefervertrag sowie letztlich dann die Qualitätssicherungsvereinbarung. Dieser Besonderheit ist Rechnung zu tragen bei der Einordnung der Qualitätssicherungsvereinbarung in das schuldrechtliche System. Die Qualitätssicherungsvereinbarung zielt auf die Einhaltung

---
1 *Lehmann*, BB 1990, 1849, 1852; vgl. hierzu auch *Zirkel*, NJW 1990, 345 ff.
2 Vgl. *Palandt/Grüneberg*, § 314 BGB Rn. 2.
3 Vgl. hierzu auch *Merz*, Qualitätssicherungsvereinbarung, S. 33 ff.

von Qualität ab. Die Pflichten zwischen Hersteller und Zulieferer werden also innerhalb der Qualitätssicherungsvereinbarung so aufgebaut, dass Maßnahmen dem Vertragspartner abgefordert werden, mit denen er die Erreichung einer bestimmten Qualität sicherstellen kann. Die Qualitätssicherungsvereinbarung ist damit im Ergebnis **erfolgsorientiert**, zumal gerade die Ausrichtung der Norm DIN EN ISO 9001: 2000 darauf gerichtet ist, eine „Null-Fehler-Strategie" zu erreichen. Der Erfolg ist damit vorbezeichnet, geht es um die Einhaltung der Qualität bzw. rechtlich der Einhaltung der Qualitätsanforderungen i.S.d. Sachmangelbegriffs nach §§ 434, 634 BGB. Zugleich ist damit – in Abgrenzung und Kombination zum Deliktsrecht – die Erfüllung der Verkehrssicherungs- und Herstellerpflichten nach § 823 Abs. 1 BGB sowie § 1 ProdHaftG und der Vorgaben nach §§ 4, 5 GPSG angezeigt. Zugleich erfordern die Regelungskriterien der Qualitätssicherungsvereinbarung vom Zulieferer allerdings, dass dieser permanente Organisations-, Überwachungs- und auch Prüfpflichten übernimmt, also dienstleistend ein Qualitätssicherungssystem aufrecht erhält, um weitestgehend Produktrisiken auszuschließen. Dies indes könnte auch dazu verleiten, das Vorliegen eines Geschäftsbesorgungsvertrages gemäß §§ 675, 611 ff. BGB anzunehmen[1]. Dies alleine kann allerdings bereits nicht tragen, weil der Zulieferer unmittelbar und selbständig dafür verantwortlich ist, dass die von ihm hergestellten und gelieferten Teile/Systeme fehlerfrei sind[2], insbesondere als Verkäufer gemäß § 433 Abs. 1 S. 2 BGB und als Hersteller gemäß §§ 823 Abs. 1 BGB, 1 ProdHaftG. Ungeachtet der Ausgestaltung der Qualitätssicherungsvereinbarung sind solche damit **Dienstverträge**, mit allerdings stark **werkvertraglichem Charakter**.

8 Ferner zeigt die Vereinbarung von **„Just-in-Time-Lieferungen"**, die zum Teil mit eigenen Verträgen abgeschlossen werden, zum Teil aber Bestandteil der Qualitätssicherungsvereinbarungen sind, dass hierfür das Gleiche gilt. Die Regelungen haben besondere Bedeutung für die Eingangskontrollen nach § 377 HGB[3], sind aber ebenso als Dauerschuldverhältnis und Rahmenvertrag anzusehen[4]. Im Wesen besteht der Unterschied zwischen Qualitätssicherungsvereinbarung und „Just-in-Time-Vertrag" darin, dass der eine zur Sicherung einer bestimmten Qualität, der andere zur Sicherung der pünktlichen Lieferung dieser Qualität vereinbart wird. Damit ist allerdings nicht das handelsrechtliches Fixgeschäft i.S.v. § 376 HGB begründet, sondern allenfalls die Vereinbarung einer kalendermäßigen Frist nach § 286 Abs. 2 Nr. 1 BGB. Gleichwohl sind diese Vertragsregelungen – wie auch die Qualitätssicherungsvereinbarungen – nicht ohne die flankierenden Kauf- bzw. Werkverträge und die daraus abzuleitenden vertraglichen Regelungen lesbar.

---

1 So *Merz*, Qualitätssicherungsvereinbarung, S. 253 ff.; *Martinek*, FS Jahr, 1993, S. 305, 312 ff.
2 So zutreffend *Steinmann*, Qualitätssicherungsvereinbarungen zwischen Endproduktherstellern und Zulieferern, S. 26 f.
3 Vgl. hierzu *Grunewald*, NJW 1995, 1777 ff.
4 *Popp*, Die Qualitätssicherungsvereinbarung, S. 88 ff.; *Graf v. Westphalen/Bauer*, Just-in-Time-Lieferungen und Qualitätssicherungsvereinbarungen, S. 4 ff.; *Steckler*, BB 1993, 1225, 1226.

II. Qualitätssicherungsvereinbarungen als Allgemeine Geschäftsbedingungen

Qualitätssicherungssystemen ist es immanent, dass die sie begründenden oder regelnden Qualitätssicherungsvereinbarungen zwischen dem Hersteller/Assembler einerseits und dem jeweiligen Zulieferer andererseits inhaltsgleich abgeschlossen werden[1]. Die Gestaltungspraxis macht Unterschiede in den Qualitätssicherungsvereinbarungen mit mehreren Zulieferern nur noch in Anlagen zum Vertrag aus, also dort, wo die betreffenden Produkte und Besonderheiten aufgenommen sind. Der Vertragstext als solcher bleibt unberührt. Daher liegt es auf der Hand, dass es sich bei Qualitätssicherungsvereinbarungen um AGB-Klauseln handelt[2]. Eine Vorformulierung i.S.v. § 305 Abs. 1 BGB ist damit gegeben, ebenso wie das Erfordernis, dass die Bedingungen von einer Seite „gestellt" wurden. Da der Hersteller/Assembler, der sich zur Verwendung von Qualitätssicherungsvereinbarungen entscheidet, diese aufsetzt, um von Beginn an seine gesamten Zulieferer einzubinden, sind Qualitätssicherungsvereinbarungen bereits bei der ersten Nutzung aufgrund der Mehrverwendungsabsicht als Allgemeine Geschäftsbedingungen zu qualifizieren. 9

Eine richterliche Inhaltskontrolle von AGB-Klauseln setzt voraus, dass die betreffende Klausel nicht nach § 305 Abs. 2 BGB i.V.m. § 305 Abs. 1 S. 3 BGB im Einzelnen ausgehandelt wurde. Für diese Klauseln liegt die Hürde der Inhaltskontrolle höher, sind Unwirksamkeitsmaßstäbe doch nur an den allgemeinen Schranken der Vertragsgestaltung festzumachen, beispielsweise an der Gesetzeswidrigkeit nach § 134 BGB oder Sittenwidrigkeit nach § 138 BGB. 10

Von einem **Aushandeln** nach § 305 Abs. 1 S. 3 BGB ist dann zu sprechen, wenn der Zulieferer in der Lage war, aufgrund seiner eigenen Interessen eine konkrete Abänderung des vorformulierten Textes zu erreichen, oder der Hersteller den in den AGB enthaltenen „gesetzesfremden Kerngehalt", also „die den wesentlichen Inhalt der gesetzlichen Regelung ändernden oder ergänzenden Bestimmungen inhaltlich ernsthaft zur Disposition gestellt hat"[3]. Sind die Qualitätssicherungsvereinbarungen damit aber praktisch lediglich für den Zulieferer im Rahmen der Anhänge gestaltbar, nicht aber im Regelungsgehalt der Qualitätssicherungsvereinbarung selbst, kann er also – was nahezu denklogisch ist – keinen Einfluss auf das geschlossene Qualitätssicherungssystem des Herstellers nehmen, unterliegen die Qualitätssicherungsvereinbarungen dem strengen Kontrollmaßstab der §§ 307 ff. BGB. 11

---

[1] *Martinek*, Moderne Vertragstypen, Bd. III, S. 308.
[2] So schon *Graf v. Westphalen*, NJW 1991, 144, 145 f.; *Schmidt*, NJW 1991, 444, 456 f.; *Steckler*, BB 1993, 1225, 1227; *Ensthaler*, NJW 1994, 817, 818; *Grunewald*, NJW 1995, 1777 ff.
[3] BGH v. 3.11.1999 – VIII ZR 269/98, NJW 2000, 1110, 1111 f.

12 Für den **kaufmännischen Bereich** hat jedoch der BGH[1] im Rahmen eines obiter dictum durchblicken lassen, dass ein „Aushandeln" gemäß § 305 Abs. 1 S. 3 BGB auch in den Fällen vorliege, in denen die einzelne Klausel tatsächlich nicht abgeändert wird, der AGB-Verwender diese aber als **„unabdingbar"** bezeichnet hat, weil er an dieser Klausel ein berechtigtes, vitales Interesse hat. Soweit der Endhersteller als AGB-Verwender bei Qualitätssicherungsvereinbarungen eine Klausel in dieser Weise als „unabdingbar" bezeichnet, möglicherweise dies sogar mit der Begründung eines geschlossenen Qualitätssicherungssystems für die gesamten Qualitätssicherungsvereinbarungen unternimmt, obwohl er damit auch eine beträchtliche Haftungsverlagerung und den Aufbau eines gesonderten Pflichtenkonzepts zum Nachteil des Zulieferers bewirkt, wird eine Individualabrede allerdings nur dann anzunehmen sein, wenn der Zulieferant den Inhalt und die Konsequenz dieser Klausel zutreffend verstanden hat, also in seine rechtsgeschäftliche Selbstbestimmung und Selbstverantwortung aufgenommen, nicht aber bloß den Wünschen des Endherstellers bzw. der typischerweise stärkeren Marktmacht nachgegeben hat. Dieser Mischform muss zumindest die „ernsthafte Disposition" signalisiert worden sein, die bei der Qualitätssicherungsvereinbarung regelmäßig zu verneinen ist, weil der Hersteller eben ein vitales Interesse an der Gleichförmigkeit aller mit seinen Zulieferern geschlossenen Qualitätssicherungsvereinbarungen hat. Ob diese dann letztlich unterzeichnet worden sind, ist unmaßgeblich.

III. Grundsätze der deliktsrechtlichen Produzentenhaftung

1. Einführung

13 Die ganz entscheidende Frage, die stets bei der richterlichen Inhaltskontrolle von Qualitätssicherungsvereinbarungen zu beantworten ist, bezieht sich darauf, ob der Endhersteller/Assembler Organisations-, Prüf- und Überwachungspflichten dem Zulieferer aufbürdet, welche weiter reichen als die sich für gewöhnlich aus § 823 BGB, dem ProdHaftG und auch weiteren produktsicherheitsrechtlichen Vorschriften, z.B. dem Geräte- und Produktsicherheitsgesetz (GPSG), als Risiken der Produzentenhaftung ergebenden. Regelmäßig wird dies der Fall sein, weil Qualitätssicherungsvereinbarungen ein tragendes Prinzip darin haben, eine Parallelität von Risikoherrschaft und Haftung herzustellen, mithin also Haftungen bei abnehmender Produktionstiefe in den Bereich der Risikoherrschaft zu verlagern[2]. Notwendigerweise ist Voraussetzung für die Beantwortung der Angemessenheit einer Qualitätssicherungsvereinbarung – gemessen an § 307 Abs. 1 BGB – die Erfassung der allgemeinen Kriterien der Produzentenhaftung, was sowohl die deliktsrechtliche Regelung des § 823 Abs. 1 BGB, die Haftungsmaßstäbe nach § 1 ProdHaftG als auch § 823 Abs. 2 BGB i.V.m. den immer weiter zunehmenden Schutzgesetzen erfasst. Die vom Gesetzgeber vorgesehene Risikoverteilung muss mithin feststehen, um beurteilen zu können, ob eine Klausel der

---

1 BGH v. 26.2.1992 – XII ZR 129/90, NJW 1992, 2283, 2285.
2 Vgl. Produkthaftungshandbuch/*Merz*, § 44 Rn. 42 ff.

Qualitätssicherungsvereinbarung als solche unwirksam nach AGB-rechtlichen Maßstäben ist.

a) Produkthaftung als Rechtsgüterschutz Dritter

Schon das Reichsgericht hat aus § 823 Abs. 1 BGB den allgemeinen Grundsatz entwickelt: Derjenige, der eine Gefahrenquelle schafft, hat die nach Lage der Verhältnisse erforderlichen und zumutbaren Sicherungsmaßnahmen zum Schutz der Rechtsgüter Dritter zu treffen. Bereits frühzeitig sind Hersteller wegen Produktmängeln nach deliktsrechtlicher Grundlage verantwortlich gewesen[1]. In der Fortentwicklung stützte das Reichsgericht die deliktische Haftung des Produzenten auf die Verletzung von so genannten **Verkehrssicherungspflichten**, welche dem § 823 Abs. 1 BGB entnommen wurden[2]. Dies besagt: Auch der Hersteller schuldet diejenigen Sorgfaltspflichten, welche jedermann zur Vermeidung von Gefahren für fremde Rechtsgüter – nämlich: den „Verkehr" – zu beachten hat. Dem Hersteller sowie allen weiteren mit dem Herstellungsprozess verbundenen Personen obliegt es daher, diejenigen Maßnahmen zu treffen, die erforderlich und zumutbar sind, um Gefahren abzuwenden, die aus einer möglichen Schadhaftigkeit des hergestellten bzw. vertriebenen Produkts im Hinblick auf die gemäß § 823 Abs. 1 BGB geschützten Rechtsgüter Dritter resultieren können. Von der Produktentwicklung über die Fabrikation bis zur Auslieferung und – sich insoweit heute im Rahmen des Verbraucherschutzrechts entwickelnd – bis zur Informationsbeschaffungsmöglichkeit für den Verbraucher richtet sich dieses Pflichtenkonzept zum Schutz der Rechtsgüter Dritter. Im Rahmen des Produkthaftungsrechts sind diese insbesondere der Schutz von Leib und Leben, Körper und Gesundheit sowie Eigentum Dritter. Welche Maßnahmen von den Verkehrssicherungspflichten des Herstellers zu erwarten sind, hing vormalig überwiegend davon ab, welche Gefährlichkeit von seinen Produkten bzw. dem Verhalten durch das In-Verkehr-Bringen ausgehen konnte[3]. Dabei ist entscheidend, ob die Gefahr und die Möglichkeit ihrer Vermeidung objektiv erkennbar waren, was sich typischerweise nach dem allgemein verfügbaren Stand von Wissenschaft und Technik ergibt[4]. Daraus ergibt sich eine einfache Konsequenz und Faustregel: Je größer die Gefahr ist, dass es zu Rechtsgutverletzungen kommen kann, desto größer ist der Aufwand, den der Hersteller im Rahmen seiner Verkehrssicherungspflicht zu betreiben hat. Gerade der Umfang des Sicherungsaufwandes steht also in einem unmittelbaren proportionalen Verhältnis zu Art und Umfang der Gefahr[5]. Der damit initiierte Grundsatz der Verhältnismäßigkeit konkretisiert sich in der Weise, dass der verkehrssicherungspflichtige Hersteller gehalten ist, einen tendenziell sehr hohen Sicherheitsaufwand zu betreiben, wenn sein Produkt Leib, Leben und Gesundheit Dritter gefährden kann; sind hin-

14

---

[1] RGZ 87, 1 ff. – Brunnensalz.
[2] RGZ 163, 21 ff. – Bremsen I; ebenso RG, DR 1940, 1293 – Bremsen II.
[3] BGH v. 12.10.1965 – VI ZR 92/64, NJW 1966, 40, 41.
[4] Produkthaftungshandbuch/*Foerste*, § 24 Rn. 28 ff.
[5] BGH v. 21.1.1965 – III ZR 217/63, NJW 1965, 815; BGH v. 21.2.1972 – III ZR 134/68, NJW 1972, 903, 904 – Propangas.

gegen lediglich Sachschäden zu besorgen, so kann der Sicherheitsaufwand vorsichtig geringer sein. Da Vermögensschäden nicht in den Schutzbereich von § 823 Abs. 1 BGB fallen, bleibt diese Kategorie insoweit außer Betracht. Etwas anderes gilt freilich dann, wenn es sich um die Verletzung eines Schutzgesetzes i.S.v. § 823 Abs. 2 BGB handelt, sofern dies auch den Schutz von reinen Vermögensinteressen bezweckt. Betrachtet man insoweit allerdings die produktsicherheitsrechtlichen Schutzgesetze, die in Betracht kommen, beispielsweise die Regelung der §§ 4, 5 GPSG und der unterhalb des GPSG angesiedelten Rechtsverordnungen für bestimmte Produktgruppen, ist der Schutzzweck dieser Regelungen allerdings auch auf die Vermeidung von Gefahren für die Benutzer, also Leib und Leben bzw. Körper und Gesundheit, gerichtet. Einen reinen Vermögensschadenschutz enthalten die Regelungen der Produzentenhaftung in der Regel nicht.

b) Sicherheitserwartung

15 Die Verantwortung des Herstellers orientiert sich sowohl nach § 3 ProdHaftG als auch § 823 Abs. 1 BGB an der Sicherheitserwartung des durchschnittlichen Produktbenutzers. Ein Produkt wird noch nicht dadurch fehlerhaft, dass Sicherheitserwartungen des Erwerbers oder Dritter enttäuscht werden, sondern erst dann, wenn es nicht die Sicherheit bietet, die **berechtigterweise erwartet** werden kann[1]. Nur in diesem Rahmen und nur soweit, als der verkehrssicherungspflichtige Hersteller damit rechnen muss, dass seine Produkte in die Hände von Personen fallen, die mit den speziellen Produktgefahren nicht vertraut sind[2], ist der Hersteller sicherungspflichtig. Dabei kommt es typischerweise auf die Einzelheiten des Falles an. Zu beachten ist aber, dass im Rahmen des Verbraucherschutzes, insbesondere durch die Einführung von § 5 GPSG und die Definition des Verbraucherproduktes in § 2 Abs. 3 GPSG, sich der Maßstab zu Lasten der Produzenten verschoben hat. **Verbraucherprodukte** sind nämlich Gebrauchsgegenstände und sonstige Produkte, die für Verbraucher bestimmt sind oder unter vernünftigerweise vorhersehbaren Bedingungen von Verbrauchern benutzt werden können, selbst wenn sie nicht für diese bestimmt sind. Damit werden von der Definition Produkte erfasst, die nicht von vornherein für Verbraucher bestimmt sind, aber gleichwohl von ihnen benutzt werden können[3]. Die hier umschriebene Produktmigration verleitet den Hersteller dazu, dass die von ihm zu kalkulierende Sicherheitserwartung einer anderen Bewertung zu unterliegen hat, als dies für den typischen Nutzerkreis seiner Produkte möglicherweise zuvor angezeigt war.

16 Das GPSG gibt zugleich einen Leitfaden dafür vor, woran sich diese Sicherheitserwartungen des Benutzerkreises orientieren können und was die Rechtsprechung dabei zu berücksichtigen haben wird. Bei der Beurteilung,

---

1 *Kullmann*, § 3 ProdHaftG Rn. 4.
2 BGH v. 9.2.1986 – VI ZR 179/84, VersR 1986, 653 – Überrollbügel; BGH v. 7.10.1986 – VI ZR 187/85, VersR 1987, 102, 103 – Verzinkungsspray; BGH v. 5.5.1992 – VI ZR 188/91, ZIP 1992, 934, 937 – Silokipper.
3 *Lenz/Laschet*, Leitfaden zum GPSG, S. 10 ff.

ob ein Produkt nämlich die Sicherheit, die erwartet wird, erfüllt, sind insbesondere nach § 4 Abs. 2 S. 2 GPSG beispielsweise die Eigenschaften des Produkts einschließlich seiner Zusammensetzung, Verpackung, der Anleitungen für seinen Zusammenbau, der Installation, der Wartung und der Gebrauchsdauer (§ 4 Abs. 2 S. 2 Nr. 1 GPSG), seine Einwirkungen auf andere Produkte, soweit seine Verwendung mit anderen Produkten zu erwarten ist (§ 4 Abs. 2 S. 2 Nr. 2 GPSG), seine Darbietung, Aufmachung im Handel, Kennzeichnung, Warnhinweise, Gebrauchs- und Bedienungsanleitung und Angaben für seine Beseitigung wie alle sonstigen produktbezogenen Angaben oder Informationen (§ 4 Abs. 2 S. 2 Nr. 3 GPSG) sowie die Gruppen von Verwendern, die bei der Verwendung des Produkts einer größeren Gefahr ausgesetzt sind als andere (§ 4 Abs. 2 S. 2 Nr. 4 GPSG), zu berücksichtigen.

Zwischen den Verkehrssicherungspflichten des Herstellers und den Sicherheitserwartungen des Produktnutzers besteht eine unmittelbare Relation, die sich in der **Produktbeobachtungspflicht** niederschlägt (vgl. Rn. 46 ff.). Dies gilt nicht nur bei sachwidriger Verwendung des Produkts[1], sondern einheitlich heute auch nach § 4 GPSG für die vorhersehbare Fehlanwendung.

17

c) Produzentenhaftung und Entwicklungsrisiko

Ungeachtet der Frage, ob die Produzentenstellung aus dem Produkthaftungsgesetz oder aus § 823 Abs. 1 BGB abgeleitet wird, ist anzunehmen, dass eine Haftung nicht begründet wird, wenn das Produkt beim In-Verkehr-Bringen den **neuesten Stand von Wissenschaft und Technik** berücksichtigt hat. Während das ProdHaftG als solches nach § 1 Abs. 1 ProdHaftG eine verschuldensunabhängige Produzentenhaftung bei Verletzung von Leben, Körper oder Gesundheit bzw. einer Sachbeschädigung begründet, ist nach § 1 Abs. 2 Nr. 5 ProdHaftG die Ersatzpflicht des Herstellers ausgeschlossen, wenn der Fehler nach dem Stand der Wissenschaft und Technik in dem Zeitpunkt, in dem der Hersteller es in den Verkehr gebracht hat, nicht erkannt werden konnte. Gleiches gilt im Rahmen des § 823 Abs. 1 BGB, indem es dann bereits an der zurechenbaren objektiven Pflichtverletzung des Herstellers fehlt[2]. Die Freizeichnung des Herstellers aufgrund des Entwicklungsrisikos kann sich damit gänzlich nur auf den Vorwurf einer **Konstruktionspflichtverletzung**, nicht aber auf den einer Fabrikationspflichtverletzung begründen. Die Nichtbeachtung des Stands von Wissenschaft und Technik ist auf die Eigenschaft des Produkts auszurichten. Das im Rahmen der Fabrikation typischerweise greifende **Ausreißerrisiko** soll dagegen durch diese Vorschrift nicht ausgeschlossen werden[3]. Diese Entwicklungsrisiken allerdings finden in Qualitätssicherungsvereinbarungen nur selten Raum, sondern gehören eher zur Regelungsmaterie von Forschungs- und Entwicklungsverträgen, bei denen Zuträgern des Herstellers entsprechende Verantwortungen aufgebürdet werden, den entsprechenden Stand von Wissenschaft und Technik zu beachten; vgl. dazu oben das Kapitel Forschungs- und Entwicklungsverträge.

18

---

1 BGH v. 11.7.1972 – VI ZR 194/70, NJW 1972, 2217 – Estil.
2 BGH v. 9.5.1995 – VI ZR 158/94, ZIP 1995, 1094, 1095 – Mineralwasserflasche II.
3 Vgl. *Kullmann*, § 1 ProdHaftG Rn. 62.

Auch hier gilt allerdings der Grundsatz, dass das Prozessrisiko und das Haftungsrisiko gleichlaufen sollen.

19 Gleichwohl ist auch für den Zulieferer eines Produktes die grundsätzliche Regel maßgeblich, weil auch ihn gegenüber dem Hersteller Verantwortung nach § 823 Abs. 1 BGB, zumeist allerdings nach § 280 Abs. 1 BGB, treffen kann. Beide Normen sind allerdings als Schadensersatznormen **verschuldensabhängig**, so dass das Entsprechen im Bezug auf Stand von Wissenschaft und Technik im Zeitpunkt des In-Verkehr-Bringens im Innenverhältnis zwischen Zulieferer und Hersteller/Assembler Bedeutung entfalten kann. Der Zeitpunkt des In-Verkehr-Bringens ist maßgeblich, weil es sich in diesem Zeitpunkt entscheidet, ob der Hersteller eine Handlung vorgenommen oder eine gebotene Handlung unterlassen hat, z.B. dadurch, dass er Sicherheitsprüfungen nicht durchgeführt, Testreihen vorzeitig abgebrochen hat o.Ä.[1]

20 Das **In-Verkehr-Bringen** wird in verschiedenen Gesetzen unterschiedlich definiert. Maßgeblich im Rahmen des Haftungsrechts der Produzenten sollte allerdings die Definition von § 2 Abs. 8 GPSG sein, nach dem In-Verkehr-Bringen jedes Überlassen eines Produktes an einen andern ist, unabhängig davon, ob das Produkt neu, gebraucht, wiederaufbereitet oder wesentlich verändert worden ist. Die Einfuhr in den europäischen Wirtschaftsraum, mithin der **Import**, steht dem In-Verkehr-Bringen eines neuen Produktes danach gleich.

21 Eine Definition des In-Verkehr-Bringens im Rahmen des ProdHaftG fehlt[2]. Der Maßstab zur Bewertung, was dem neuesten Stand von Wissenschaft und Technik entspricht, ist **objektiv** anzusetzen. Es muss erkennbar sein, dass die möglichen Gefahren und Fehler schlichtweg nicht erkennbar waren[3]. Sobald ein Mindestmaß an Publizität gewährleistet ist[4], hat der Hersteller die Möglichkeit zur Kenntnisnahme. Dabei ist zu beachten, dass gerade die Möglichkeit der Internet-Recherche erhebliche Vereinfachungen in der Beschaffung des neuesten Stands von Wissenschaft und Technik ergibt, insbesondere wenn bestimmte Produktanwendungen bereits als kritisch in Foren oder wissenschaftlichen Blogs ausgetauscht werden. Die Beachtung des jeweiligen Standes von Wissenschaft und Technik bei In-Verkehr-Bringen ist eine **kontinuierliche Verpflichtung**, die den Hersteller trifft und den dieser – bezogen auf das zugelieferte Produkt – jedenfalls teilweise auch seinem Zulieferer durch Qualitätssicherungsvereinbarungen aufbürden möchte. Die Pflicht als solche ist Dauerpflicht und mündet in die Produktbeobachtungspflicht (vgl. Rn. 46 ff.)[5].

---

[1] BGH v. 17.5.1957 – VI ZR 120/56, VersR 1957, 584 – Gelenkwellenschutz; BGH v. 8.10.1960 – VI ZR 8/60, VersR 1960, 1095 – Kühlanlage.
[2] Vgl. hierzu im Einzelnen und zur Auslegung: *Kullmann*, § 1 ProdHaftG Rn. 29; Produkthaftungshandbuch/*Graf v. Westphalen*, § 72 Rn. 35 ff.
[3] *Hollmann*, DB 1985, 2389, 2395; *Kullmann*, § 1 ProdHaftG Rn. 68.
[4] MünchKommBGB/*Wagner*, § 1 ProdHaftG Rn. 28.
[5] BGH v. 27.9.1994 – VI ZR 150/93, NJW 1994, 3349, 3350 – Atemüberwachungsgerät.

2. Herstellerpflichten

Es hat sich weitgehend eingebürgert, die verschiedenen Pflichten des § 823 Abs. 1 BGB – gleiches gilt für § 1 ProdHaftG – danach aufzuteilen, ob es sich um Entwicklungsrisiken – diese sind wie vorgeschrieben ausgeschlossen –, Konstruktionsfehler, Fabrikationsfehler, Instruktionsfehler oder Fehler der Produktbeobachtung handelt[1]. Die Instruktionspflicht und die Pflicht zur Produktbeobachtung haben zwischenzeitlich sogar im Rahmen des GPSG Kraft erlangt. Die Instruktionshaftung als solche ist nämlich aus § 4 Abs. 2 S. 2 Nr. 1, Nr. 3, § 5 Abs. 1 Nr. 1 lit. a GPSG zu entnehmen, die Produktbeobachtungspflicht aus § 4 Abs. 2 S. 2 Nr. 4, § 5 Abs. 1 Nr. 2 GPSG.

22

a) Konstruktionsverantwortung

Während Entwicklungsschäden – definitionsbedingt – aufgrund des jeweils „neuesten Standes von Wissenschaft und Technik" unvermeidbar sind, ist der **Konstruktionsfehler** dadurch charakterisiert, dass das Produkt von seiner Konzeption/Rezeptur her dem „neuesten Stand von Wissenschaft und Technik" widerspricht und deshalb die gebotene Sicherheit nicht einhält. Unbeachtlich ist, worauf der Konstruktionsfehler zurückzuführen ist, ob auf fehlerhafte Berechnung, fehlerhafte Materialauswahl, falsche Dimensionierung, fehlerhafte Bauweise etc. Typisch allerdings ist: Bei Vorliegen eines Konstruktionsfehlers ist in der Regel die gesamte hergestellte Serie mangelhaft, wenn nicht eine Einzelanfertigung in Streit steht.

23

aa) Bestimmungsgemäßer Gebrauch und vorhersehbare Fehlanwendung

Ob ein Konstruktionsfehler vorliegt, richtet sich im Allgemeinen danach, ob er beim bestimmungsgemäßen Gebrauch des Produktes auftritt[2]. Bei sachgemäßem und typischem Gebrauch darf das jeweilige Produkt nicht zu einer Gefahrenquelle für die Rechtsgüter des Nutzers (Leib, Leben, Gesundheit und Eigentum) werden. Durch § 4 Abs. 1, Abs. 2 GPSG wird allerdings – dies ist zwingend aufgrund des Grundsatzes einer einheitlichen Rechtsordnung – auch der haftungsrechtliche Maßstab dahingehend verschoben, dass nicht nur die übliche Verwendung, sondern ebenso die vorhersehbare Fehlanwendung im Rahmen der Konstruktionsverantwortung des Herstellers zu berücksichtigen ist. Insofern kommt es also nicht nur auf den „vernünftigen" Nutzer an[3], sondern auch auf den vorhersehbar unvernünftigen Nutzer. Der Hersteller schuldet – abhängig von den Umständen des Einzelfalls – auch Sicherungsmaßnahmen zum Schutz solcher Personen, die – etwa bei einer Maschine – nicht die erforderliche, fachliche Vorbildung haben oder ungeschickt sind[4]. Eine Konstruktion, welche für den Fachmann als sicher angesehen werden kann, braucht für den Nichtfachmann keineswegs sicher

24

---
1 Produkthaftungshandbuch/*Foerste*, § 24 Rn. 59 ff.; *Graf v. Westphalen*, Jura 1983, 57, 58 ff.
2 Produkthaftungshandbuch/*Foerste*, § 24 Rn. 61.
3 So noch *Kullmann*, VersR 1988, 655, 656; Produkthaftungshandbuch/*Foerste*, § 67 Rn. 62.
4 Vgl. OLG Celle v. 23.3.1983 – 9 U 195/82, VersR 1984, 276 – Raupe.

zu sein, sondern kann – ins Gegenteil verkehrt – sogar als fehlerhaft eingeordnet werden[1]. Ist vorhersehbar, dass der Erwerber seines Produkts unkundig oder unerfahren ist oder aber, dass unkundige, unerfahrene Personen mit dem Produkt in Berührung kommen, ist der Hersteller gezwungen, die Konstruktion seines Produktes um die erforderlichen Sicherheitsmaßstäbe von nicht als sach- und fachkundigen Personen zu erweitern. Maßstab ist stets die Benutzergruppe, die am gefährdetsten ist[2]. Der Hersteller hat darüber hinaus seine Produkte sogar so zu konstruieren, dass sie – werden sie beispielsweise von bestimmten Gruppen genutzt (ältere Personen, Behinderte, kleine Kinder etc.) – gesondert auf diese Personen zugeschnitten sind (vgl. § 4 Abs. 2 S. 3 Nr. 4 GPSG)[3].

25   Die Konstruktionsverantwortung des Herstellers endet erst dort, wo der **vorsätzliche Missbrauch des Produkts** zum Schadenseintritt führt, wo also ein Schaden in Rede steht, der mit dem die Herstellung bestimmenden Produktzweck überhaupt nichts mehr zu tun hat. In diesen Fällen ist die Grenze zum Instruktionsfehler variabel[4].

bb) Materialauswahl – Einbauteile – Kontrollen

26   Im Rahmen der Konstruktionsverantwortlichkeit ist der Hersteller für die Materialauswahl verantwortlich[5]. Bei der Verwendung von Zulieferteilen trifft den Hersteller eine besondere Konstruktionspflicht. Er hat dafür Sorge zu tragen und dies durch Kontrollen sicherzustellen, ob und inwieweit die benötigten Zusatz- und Hilfsstoffe bzw. ganze verwendete Produktkomponenten geeignet sind, die jeweiligen spezifischen Anforderungen des Endprodukts zu erfüllen[6]. Nichts anderes gilt für die Materialdimensionierung sowie die Materialbearbeitung[7]. Auch die Kontrollverfahren müssen dem „neuesten Stand von Wissenschaft und Technik" entsprechen. Gegebenenfalls muss der Hersteller hier Dritte einschalten, um seinen Prüf- und Kontrollpflichten zu genügen. Der Hersteller schuldet im Rahmen der Konstruktionsverantwortung alle erforderlichen und zumutbaren Maßnahmen – auch in Bezug auf die Betestung.

27   Der Qualitätssicherungsvereinbarung kommt in Bezug auf Materialauswahl, Einbauteile und Kontrolle maßgebliche Bedeutung zu. Denn an diesen Stellen ist es der Hersteller, der entweder die ihm auferlegten Pflichten nicht selbst erfüllen möchte, sondern diese per Qualitätssicherungsvereinbarung zu delegieren gedenkt, oder er hat schlicht keine Möglichkeiten zur Betestung, die aber der jeweilige Zulieferer für die zuzuliefernden Komponenten selbst hat. Dies setzt allerdings voraus, dass der Hersteller dem Zulieferer, soweit er Delegationen in Qualitätssicherungsvereinbarungen vornimmt,

---

1 BGH v. 3.5.1992 – VI ZR 188/91, ZIP 1992, 934 – Silokipper.
2 Produkthaftungshandbuch/*Foerste*, § 25 Rn. 65.
3 Vgl. hierzu *Lenz/Laschet*, Leitfaden zum GPSG, S. 21 ff.
4 Vgl. OLG Köln v. 7.9.2005 – 27 U 12/04, StoffR 2004, 142 – Lakritz.
5 Produkthaftungshandbuch/*Foerste*, § 24 Rn. 101 ff.
6 BGH v. 24.11.1976 – VIII ZR 187/75, BB 1977, 162, 163 – Schwimmschalter.
7 Produkthaftungshandbuch/*Foerste*, § 24 Rn. 105 ff.

zumindest **Zielvorgaben** zu geben hat, in welcher Form Prüfungen sicherzustellen sind und in welchem Einsatzbereich das zuzuliefernde Produkt/Einzelteil im fertig hergestellten End- bzw. Gesamtprodukt eingesetzt wird. Ohne diese Vorgabe und ohne Darstellung des Funktionszusammenhangs im späteren Gesamtprodukt kann der Zulieferer unter Umständen kaum die Pflichten erfüllen. Die Kontrollen kann der Hersteller beim Zulieferer nur dann wirksam ausüben, wenn die Qualitätssicherungsvereinbarungen ein **Auditierungs- und Besichtigungsrecht** vorsehen. Der Hersteller muss jederzeit die Möglichkeit haben, den Produktionsprozess und vor allem die Kontrollmaßnahmen des Zulieferers im Rahmen der Qualitätssicherung selbst bewerten zu können. Anderseits kann er der aus einer Delegation erwachsenden Überprüfungspflicht nicht gerecht werden.

b) Fabrikationsverantwortung

Von einem Fabrikationsfehler ist zu sprechen, wenn ein Produkt entsprechend dem jeweils „neuesten Stand von Wissenschaft und Technik" konstruiert wurde, aber infolge eines **personellen oder maschinellen Versagens** gleichwohl einen Fehler aufweist. Fabrikationsfehler beruhen also darauf, dass das Produkt infolge eines **Mangels im Herstellungsprozess**, nicht im Entwicklungsprozess, entsteht, anders gewendet: Wäre die Konstruktion ordentlich umgesetzt worden, wäre das Produkt fehlerfrei in den Verkehr gebracht worden[1]. 28

Während – wie gezeigt – der Konstruktionsfehler einer ganzen Serie anhaftet, kann der Produktionsfehler zwar ebenso der ganzen Serie anhaften, wenngleich dieser typischerweise „nur" einzelnen Produktionschargen oder aber sogar nur einzelnen produzierten Teilen anhaftet. Haftungsrechtlich kann dies insbesondere maßgeblich sein, wenn nur einzelne Teile als fehlerhafte Produkte in den Verkehr gebracht werden. Während § 1 ProdHaftG eine verschuldensunabhängige Haftung für Produktfehler und damit in jedem Fall auf eine Fabrikationspflichtverletzung zurückzuführenden Rechtsgutverletzung einen Schadensersatzanspruch begründet, kann nach § 823 Abs. 1 BGB ein **„Ausreißer"** begründet werden[2]. In den Fällen also, in denen der Endhersteller Produkte herstellt, von denen eine Gefahr für Leib und Leben ausgehen kann, kommt den Qualitätssicherungsvereinbarungen deshalb Bedeutung zu, weil der Endhersteller als solcher verschuldensunabhängig haftet, gerade mit seiner Qualitätssicherungsvereinbarung aber Teile des Fabrikationsprozesses und dessen Kontrolle auf den Zulieferer verlagern möchte und damit auch Teile seiner verschuldensunabhängigen Haftung möglicherweise auf diesen ableitet. 29

aa) Sicherungspflichten des Herstellers

Den Hersteller treffen in Bezug auf Fabrikationsfehler mehrere Pflichten, nach denen er seinen Produktionsprozess abzusichern hat. Er muss nämlich 30

---

1 Produkthaftungshandbuch/*Foerste*, § 24 Rn. 131 ff.
2 BGH v. 9.5.1995 – VI ZR 158/94, ZIP 1995, 1094, 1096 – Mineralwasserflasche II.

sowohl das menschliche als auch das technische Versagen weitestgehend auszuschließen versuchen, um – wenn eine Haftung nach § 823 Abs. 1 BGB in Rede steht – den ihm obliegenden Entlastungsbeweis gemäß § 831 Abs. 1 S. 2 BGB führen zu können. Der Hersteller ist insoweit beweisbelastet, als er zeigen muss, dass der abgesicherte Fabrikationsprozess dergestalt erfolgte, dass letztlich nach dem Prozess keine fehlerhaften Produkte in den Verkehr gelangen konnten. Ist bereits der Fabrikationsprozess als solcher nicht hinreichend abgesichert, kann dem Hersteller die Entlastung nicht gelingen.

bb) Produktionsanlagen

31 Die Sicherheit von Fabrikationsanlagen spielt im Rahmen der Fabrikationsverantwortlichkeit gemäß § 823 Abs. 1 BGB – naturgemäß – eine überragende Rolle[1]. Der Hersteller ist verpflichtet, seine Fabrikationsanlagen nach dem jeweils „neuesten Stand von Wissenschaft und Technik" einzurichten, soweit davon die Produktion eines sicheren Produktes abhängt. Dies bedeutet nicht, dass der Hersteller stets neue Anlagen zu erwerben hat; wohl aber muss er z.B. verbesserte Prüfmöglichkeiten einsetzen und ggf. additiv zu den bestehenden Anlagen hinzuerwerben. Es gilt die folgende Gleichung: Je geringer der Sicherheitsquotient des Fertigungsprozesses ist, umso höher sind die Anforderungen an die konkrete Produktkontrolle. Je geringer die Möglichkeiten sind, bei einem Produkt Fehler durch Kontrollen zu entdecken, umso wesentlicher ist es, während des Herstellungsprozesses die Fehlervermeidung sicherzustellen. Hier setzen Qualitätssicherungsvereinbarungen bei abnehmender Fertigungstiefe an. Neben der Kontrolle der Maschinen selbst gilt Gleiches auch für die Personen, die die Maschinen bedienen. Der Mensch ist ein nicht zu unterschätzendes Sicherheitsrisiko im Herstellungsprozess von Produkten. Hier hat der Hersteller ebenso darauf zu achten, dass die mit dem Produktionsprozess in Berührung kommenden Personen in den Bereichen geschult sind, hinreichende Kenntnisse des Produktionsprozesses haben und mit den Anlagen selbst hinreichend vertraut sind.

cc) Kontrollpflichten

32 Die Qualitätskontrolle gilt als **Kardinalpflicht** des Herstellers. Wird sie effektiv gehandhabt, ist es auf diese Weise möglich, dass nahezu alle Fehler, welche im Herstellungsprozess entstehen können, erfasst werden[2]. Allerdings gilt dies nur dann, wenn die Kontrolle den gesamten Produktionsprozess begleitet, also beginnend mit der Überprüfung der Materialauswahl, Prüfungen des Herstellungsprozesses und Ausgangskontrollen beim Zulieferer, Eingangskontrollen beim Hersteller sowie die Kontrolle des Fabrikationsverfahrens, einschließlich der Kontrollpunkte nach abgeschlossener Produktion des Endprozesses. Es ist also eine **„gerichtsfeste Organisation"** des Herstellerbetriebes gefordert. Auch hier gilt: Der im Verkehr erfolgten Sorgfalt ist genügt, wenn derjenige Sicherheitsgrad erreicht wird, den die in dem entsprechenden Bereich herrschende Sicherheits- und Verkehrserwartung

---

1 Produkthaftungshandbuch/*Foerste*, § 24 Rn. 142 ff.
2 Produkthaftungshandbuch/*Foerste*, § 24 Rn. 147.

als erforderlich erachtet[1]. Gleichwohl kann dies, z.B. bei Medizinprodukten oder Implantaten, darauf abgestellt sein, dass die hundertprozentige Fehlerfreiheit am Warenausgang kontrolliert und sichergestellt wird[2]. Dies kann im Einzelfall zu einer hundertprozentigen Kontrollpflicht von Einzelteilen führen[3]. Dabei wurde seitens des BGH festgestellt, dass selbst in den Fällen, in denen eine hundertprozentige maschinelle Kontrolle nicht erreicht werden kann, diese aber durch menschliche Sichtkontrollen erreicht werden kann, den Abfüller von Mineralwasser die Pflicht trifft, jede einzelne Flasche einer solchen Kontrolle zu unterziehen.

Aus diesem Grund ist es kaum möglich, generell-abstrakt Festlegungen dazu zu machen, welche Kontrollpflichten im Einzelnen erforderlich sind. **Sichtprüfungen** reichen jedenfalls nicht aus, wenn damit nicht sichergestellt wird, dass der Fehler auch erkannt werden kann. Im Übrigen aber richtet sich dies nach den jeweiligen Gegebenheiten des Produktionsprozesses. Der Maßstab der Erfüllung von Fabrikationsverpflichtungen geht im Rahmen der Kontrolle jedenfalls weit über den Bereich der Wareneingangskontrolle nach § 377 HGB hinaus. Diese Verpflichtung, die das vertragsrechtliche Verhältnis zwischen Lieferant und Hersteller betrifft, ist zwar Teil der Fabrikationspflicht, allerdings bei Beachtung und Einhaltung nicht der erschöpfende.

33

c) Instruktionsverantwortung

Die Instruktionspflicht des Herstellers ist eine **selbständige Pflicht**; sie besteht neben Konstruktions- und Fabrikationsverantwortung und kommt gerade dann zum Zuge, wenn der Hersteller aufgrund der beiden anderen, vorgenannten Pflichten nicht in der Lage ist, ein in alle Richtungen sicheres Produkt in den Verkehr zu bringen. Dies kann zum einen damit begründet sein, dass bereits konstruktiv Risiken von dem Produkt ausgehen bzw. im Rahmen des Fabrikationsprozesses die hundertprozentige Sicherheit gerade nicht gewährleistet werden kann, dies aber für den Hersteller voraussehbar ist. Beispielsweise bergen Arzneimittel stets Risiken von Nebenwirkungen, die auch zu (gefährlichen) Gesundheitsbeschädigungen führen können. Andererseits gibt es Produkte, die selbst bei bestimmungsgemäßer Verwendung gefährlich sein und Schäden verursachen können – wie z.B. scharfe oder erhitzte Gegenstände. Wieder andere Produkte sind nur für bestimmte Produktbenutzer, z.B. wegen vorhandener Allergien, schädlich.

34

aa) Maßgeblichkeit der Verbrauchererwartung

Jeder Hersteller ist grundsätzlich verpflichtet, vor den mit der Verwendung seines Produktes verbundenen Gefahren zu **warnen** und den Produktbenutzer darauf hinzuweisen, wie er solche Gefahren vermeiden kann. Auch hier gibt – genauso wie bei der Konstruktionsverantwortung – die Verbraucher-

35

---

[1] BGH v. 16.2.1972 – VI ZR 111/70, VersR 1972, 559 – Förderkorb.
[2] Vgl. OLG Düsseldorf v. 24.1.1978 – 4 U 154/77, NJW 1978, 1693 – Septummeißel.
[3] BGH v. 9.5.1995 – VI ZR 158/94, ZIP 1995, 1094, 1098 – Mineralwasserflasche II.

erwartung das Maß vor[1]. Nur insoweit, als der Hersteller damit rechnen muss, dass seine Produkte in die Hand von Personen gelangen, die mit den Produktgefahren nicht vertraut sind, besteht eine Instruktionsverantwortlichkeit[2]. Was auf dem Gebiet des allgemeinen Erfahrungswissens liegt, braucht nicht Gegenstand einer Warnung oder **Gebrauchsanleitung** zu sein. Denn derjenige, der ein Produkt – gleichgültig, um was für ein Produkt es sich handelt – erwirbt, muss sich zunächst selbst darum bemühen, wie er sicher damit umzugehen hat. Die Erwartung des Durchschnittsverbrauchers bestimmt auch Inhalt und Umfang des bestimmungsgemäßen Gebrauchs und auch des vorhersehbaren Fehlgebrauchs. Eine Instruktion in Form der Warnung kann sogar dann vom Hersteller erwartet werden, wenn das Produkt den durch Rechtsvorschriften und behördliche Anordnungen oder Empfehlungen gemachten Vorgaben hinsichtlich seiner Zusammensetzung oder sonstigen physikalischen Beschaffenheit entspricht[3].

36 Wie bereits bei der Konstruktionsverantwortlichkeit dargelegt (vgl. Rn. 23 ff.) wird der jeweilige Verwendungszweck des Produkts auch durch die **Gebrauchsanweisung, Verwendungshinweise und Warnungen** des Herstellers bestimmt. Auf solche geht das GPSG sogar in § 5 Abs. 1 Nr. 1, § 4 Abs. 2 S. 3 Nr. 3 GPSG ausdrücklich ein. Durch solche Hinweise kann zum einen der bestimmungsgemäße Gebrauch eingeschränkt und der vorhersehbare Fehlgebrauch haftungsrechtlich unbedenklich geschaltet werden, zum anderen aber auch der Anwendungskreis erweitert werden, wenn z.B. ein gesüßter Kindertee als unproblematischer „Gute-Nacht-Trunk" angepriesen wird, obwohl ganz erhebliche Kariesschäden durch das „Dauernuckeln" auftreten können[4].

37 Insgesamt ist dabei zu unterstreichen, dass der Hersteller verpflichtet ist, den Produktnutzer hinreichend darüber aufzuklären, welche Gefahrenfälle er bei bestimmungsgemäßem Gebrauch und bei der vorhersehbaren Fehlanwendung zu befürchten hat und wie sie zu vermeiden sind. Dabei gilt wiederum der Grundsatz der **Verhältnismäßigkeit**. Inhalt und Umfang der Instruktionspflicht werden entscheidend durch das jeweils gefährdete Rechtsgut und von der Wahrscheinlichkeit des Gefahreneintritts beeinflusst[5].

bb) Entfallen der Informationspflicht

38 Der Hersteller hat dann keine Pflicht zur Warnung, wenn und soweit er davon ausgehen darf, dass sein Produkt entweder nur in die Hand von Per-

---

1 OLG Düsseldorf v. 29.11.1996 – 22 U 72/96, NJW 1997, 2333 – Schnellspannvorrichtung.
2 BGH v. 5.5.1992 – VI ZR 188/91, ZIP 1992, 934, 937 – Silokipper.
3 BGH v. 24.1.1989 – VI ZR 112/88, NJW 1989, 1542; *Bischoff*, VersR 2003, 958, 960.
4 BGH v. 12.11.1991 – VI ZR 7/91, ZIP 1992, 38 – Kindertee.
5 BGH v. 17.3.1981 – VI ZR 191/79, BGHZ 80, 186, 192 – Derosal.

sonen gelangt, die mit den Produktgefahren bestens vertraut sind[1], oder aber wenn davon auszugehen ist, dass jeder Benutzter mit der Gefahr des entsprechenden Produktes vertraut ist. Insoweit ist abzustimmen auf die Maßgeblichkeit der Verbrauchererwartung. Wenn allerdings die Gefahren bei bestimmungsgemäßem Gebrauch des Produktes bestehen, ungeachtet ob der Nutzerkreis fachlich mit dem Produkt vertraut ist oder nicht, bleibt zumindest eine Rest-Instruktionspflicht bestehen. Sofern ein eklatanter Missbrauch des Produktes vorliegt, mit dem der Hersteller in keiner Weise zu rechnen braucht, scheidet eine Instruktionspflicht von Beginn an aus[2]. Da zwischen dem vom Hersteller vorgegebenen Verwendungszweck und dem Fehlgebrauch des Produkts eine enge Verknüpfung bestehen kann, verknüpft sich die Instruktionspflicht wiederum mit der Produktbeobachtungspflicht (vgl. Rn. 46 ff.). Zu beachten ist nämlich, dass das Fehlen der Instruktionspflicht beim **erstmaligen nicht vorhersehbaren Fehlgebrauch** dem Hersteller nicht vorgeworfen werden kann, aus der Produktbeobachtungspflicht heraus sich aber der zunächst nicht vorhersehbare Fehlgebrauch in einen vorhersehbaren wandelt und damit für zukünftige Fälle den Hersteller auch in die Instruktionshaftung eintreten lässt.

Auch das **Maß der Schuld des Benutzers**, die bei jedem Fehlgebrauch des Produktes vorliegt, spielt bei der Gesamtbetrachtung eine wichtige Rolle[3]. So ist es beispielsweise als bestimmungswidriger Fehlgebrauch eines Narkosemittels einzuordnen, wenn dieses – was gelegentlich vorkommt – nicht bestimmungsgemäß in die Vene, sondern in die Arterie injiziert wird, weil dann – medizinisch unausweichlich – der Verlust des betreffenden Gliedmaßes eintritt[4]. Bezogen auf das Kriterium der Schuld ist hier entscheidend, dass es recht schwierig sein kann, in der Ellenbogenbeuge Venen und Arterien exakt auseinander zu halten. Der Hersteller wird allerdings nicht dadurch dispensiert, dass etwaige Warnungen in den einschlägigen technischen Regelwerken, wie etwa in den DIN-Bestimmungen oder aber z.B. in berufsgenossenschaftlichen Benutzungsvorschriften, enthalten sind, sofern – unter Berücksichtigung der jeweiligen Gefahrenlagen – eine darüber hinausgehende Warnung erforderlich war.

cc) Inhalt der Warnpflicht

Der Hersteller muss **vor jeder Gefahr warnen, die bei bestimmungsgemäßem oder vorhersehbarem Fehlgebrauch droht**. Warnhinweise müssen dabei klar und verständlich formuliert sein[5]. Inhaltlich müssen diese Hinweise so abgefasst sein, dass darin die bestehenden Gefahren für das Verständnis des gewöhnlichen Benutzers plausibel werden. Sie müssen stets auf die am wenigsten informierte und damit gefährdetste Benutzergruppe ausgerichtet

---

1 BGH v. 3.6.1975 – VI ZR 192/73, BB 1975, 1031, 1032 – Spannkupplung; BGH v. 4.2.1986 – VI ZR 179/84, NJW 1986, 1863 – Überrollbügel; BGH v. 17.5.1957 – VI ZR 120/56, VersR 1957, 584, 585 – Gelenkwellenschutz.
2 BGH v. 7.7.1981 – VI ZR 62/80, NJW 1981, 2514, 2515 – Sniffing.
3 BGH v. 11.7.1972 – VI ZR 194/70, NJW 1972, 2212, 2221 – Estil.
4 BGH v. 11.7.1972 – VI ZR 194/70, NJW 1972, 2212, 2221 – Estil.
5 BGH v. 9.12.1986 – VI ZR 65/86, NJW 1987, 1009, 1012 – Honda.

sein. Bei **Gefahr erheblicher Gesundheits- und Körperschäden** ist der Warnhinweis besonders deutlich zu gestalten. Dabei ist es erforderlich, dass der Warnhinweis das Wichtigste hervorhebt, insbesondere die Art der Schäden, die eintreten können[1].

41 Wenn vor einer Gefahr hinreichend gewarnt wird, kann der Hersteller mit Recht erwarten, dass die Warnung dann auch beherzigt wird, wenn die betreffende Gefahrenlage eintritt.

42 Im Wesentlichen wird von der Rechtsprechung des BGH unterschieden zwischen Anwendungswarnung und Folgenwarnung[2]. Während sich die **Anwendungswarnung** darauf bezieht, die konkreten Produktgefahren exakt zu beschreiben, bezieht sich die **Folgenwarnung** darauf, den Funktionszusammenhang klar zu machen, so dass für den durchschnittlichen Verbraucher erkennbar wird, warum das Produkt gefährlich ist und welche Folgen schlimmstenfalls eintreten können.

43 Soweit nach dem zuvor Gesagten eine Warnung erforderlich ist, muss der Hersteller gewährleisten, dass sie den jeweiligen Adressaten tatsächlich erreicht. Er muss sicherstellen, dass die jeweiligen Warnhinweise so **klar und eindeutig** verfasst sind, dass sie auf die entstehenden Gefahren hinweisen und in geeigneter Weise aufklären, wie das Produkt – gerade gefahrlos – zu handhaben ist. Hier ist stets darauf zu achten, dass ein Mehr an Deutlichkeit und Klarheit der Warnung in der Regel leicht zu erreichen ist, so dass **strenge Anforderungen** an die Einhaltung der Instruktionspflicht zu stellen sind[3].

dd) Warnpflichten nach dem In-Verkehr-Bringen

44 Da die Verkehrssicherungspflichten des Herstellers nicht in dem Zeitpunkt enden, in welchem dieser das Produkt in den Verkehr bringt, liegt es auf der Hand, dass Instruktions- und Warnpflichten auch nach dem In-Verkehr-Bringen im Rahmen der Produktbeobachtungspflicht **nachträglich entstehen** können. Dies ist z.B. dann zu bejahen, wenn die Fortentwicklung des Stands von Wissenschaft und Technik dazu führt, dass eine dem Produkt von Anfang an eigene Gefahr erst nachträglich erstmals erkannt wird[4]. Gleiches gilt dann, wenn bei einem bestimmungswidrigen Gebrauch Gefahren entstehen, mit denen der Hersteller ursprünglich nicht gerechnet hat. Die Einzelheiten werden im Rahmen der Produktbeobachtungsverantwortlichkeit nochmals dargestellt (vgl. Rn. 46 ff.).

45 Die Bedeutung von Warnungen, nachdem das Produkt in den Verkehr gebracht worden ist, könnte wieder steigen. Vorsichtig zeichnet sich eine Tendenz ab, die dazu führt, dass Hersteller möglicherweise ihre Rückruf-

---

1 *Graf v. Westphalen*, BB 1994 Beil. 18.
2 Grundlegend dazu schon BGH v. 11.7.1972 – VI ZR 194/70, NJW 1972, 2217 – Estil.
3 *Kullmann*, NJW 1996, 18, 19 ff.; *Meyer*, ZIP 1995, 716, 721; *Graf v. Westphalen*, BB 1994 Beil. 18.
4 BGH v. 17.3.1981 – VI ZR 191/79, NJW 1981, 1603, 1605.

verpflichtung dadurch ersetzen können, dass sie eine **Warnung an die Verkehrskreise** aussprechen. Dies kann insbesondere dann gelten, wenn die Sachmängelhaftungsfrist abgelaufen ist. Eine erste Entscheidung hierzu hat das Landgericht Frankfurt erlassen, indem die Warnung als genügendes Mittel im Rahmen der produkthaftungsrechtlichen Verantwortung gesehen wurde und der Hersteller nicht verpflichtet ist, kostenlos „alt gegen neu" austauschen zu müssen[1]. Diese Tendenz ist in einem anderen Verfahren vom OLG Hamm[2] bestätigt worden. Mit der Warnung habe der Hersteller seinen rechtlichen Verkehrssicherungspflichten genügt. Hintergrund war, dass in Krankenhäusern sicherheitsgefährliche Krankenbetten genutzt wurden. Die Gewährleistungsansprüche des Erwerbers für diese Betten waren allerdings verjährt und der Hersteller wollte keinen kostenlosen Austausch vornehmen, sondern entgeltlich Nachrüstsätze zur Verfügung stellen.

d) Produktbeobachtungsverantwortung

Es ist allgemein anerkannt, dass die Verkehrssicherungspflichten nicht mit dem In-Verkehr-Bringen des Produkts enden. Bereits das Reichsgericht hat entschieden, dass ein Hersteller verpflichtet ist, alles Erforderliche und ihm Zumutbare zu tun, wenn er nach dem In-Verkehr-Bringen seines Produkts in Erfahrung bringt, dass dieses Gefahren erzeugen kann[3]. Aus diesem Grund ist die aus § 823 Abs. 1 BGB abzuleitende Produktbeobachtungspflicht auch keine kauf- oder werkvertragliche Nebenpflicht, sondern eine **eigenständige Verkehrssicherungspflicht** im Deliktsrecht. Der Hersteller hat also – vor allem dann, wenn Massenprodukte in den Verkehr gebracht werden – eine Pflicht zur Produktbeobachtung: Dies bedeutet, dass er die Bewährung seines Produktes in der Praxis überprüfen bzw. überprüfen lassen muss, damit er aus etwa dabei ermittelten und ihm bislang unbekannt gebliebenen Gefahren die notwendigen Konsequenzen ziehen kann, um weitere Produktschäden Dritter zu vermeiden. Eine daran angelehnte Produktbeobachtungspflicht enthält für den Bereich der **Verbraucherprodukte** auch § 5 Abs. 1 Nr. 2 GPSG, der konkretisiert, dass der Hersteller bei den in Verkehr gebrachten Verbraucherprodukten die – abhängig vom Grad der von ihnen ausgehenden Gefahr oder Möglichkeit, diese abzuwehren – gebotenen Stichproben durchzuführen, Beschwerden zu prüfen oder erforderlichenfalls ein Beschwerdebuch zu führen sowie die Händler über weitere das Verbraucherprodukt betreffende Maßnahmen zu unterrichten hat.

46

Die Produktbeobachtungspflicht bezieht sich auf sämtliche Fehlerquellen, die sich aus der **bestimmungsgemäßen Verwendung** und aus der **vorhersehbaren Fehlanwendung** ergeben. Im Rahmen der Produktbeobachtung ist vom Hersteller auch Wert auf die (bislang) nicht vorhersehbare Fehlanwendung zu legen, weil er daraus möglicherweise Schlüsse ziehen kann, was zukünftig als vorhersehbare Fehlanwendung – für die er verantwortlich ist – bewer-

47

---

[1] LG Frankfurt v. 1.8.2006 – 2-19 O 429/04, VersR 2007, 1575.
[2] OLG Hamm v. 16.5.2007 – 8 U 4/06, BB 2007, 2367; vgl. auch *Dietborn/Müller*, BB 2007, 2358 ff.
[3] RG, DR 1940, 1293 – Bremsen II.

tet werden kann. Die Produktbeobachtungspflicht bezieht sich nicht nur auf die Gefahren, die sich aus den Produkten ergeben, sofern hierzu irgendein „Anlass" besteht, sondern erstreckt sich auch auf Produkte, die der Produktbenutzer mit anderen Produkten anderer Hersteller/Händler kombiniert. Diese so genannte „**Typenkombination**" kann den Hersteller ebenso verpflichten[1]. Daher ist z.B. der Importeur verpflichtet, die im Rahmen der Produktbeobachtungspflicht erforderlichen Maßnahmen zu ergreifen, sofern er feststellt, dass die von ihm in den Verkehr gebrachten Motorräder mit Lenkradverkleidungen versehen werden, die die Produktbenutzer in Honda-Shops käuflich erwerben, sofern das Motorrad konstruktive Vorgaben enthält, die die Befestigungen eines Windabweisers ermöglichen[2]. Des Weiteren bezieht sich die Produktbeobachtungspflicht auf die Produkte, wie sie die Konkurrenz in den Verkehr bringt.

aa) Passive Produktbeobachtungspflicht

48 Zwischenzeitlich wird in der Judikatur wie in der Literatur einheitlich zwischen passiven und aktiven Produktbeobachtungspflichten unterschieden[3]. Ziel und Inhalt der passiven Produktbeobachtungspflicht ist es, alle **Informationen zu erfassen und auszuwerten**, die sich auf irgendwelche Beanstandungen des Produkts beziehen und dem Hersteller als solchem zugeleitet werden[4]. Es geht also darum, Unfallnachrichten, Kundenbeschwerden, Testberichte etc. systematisch zu erfassen, wie es § 5 Abs. 1 Nr. 2 GPSG vorsieht. Ein **Meldesystem** ist zu etablieren, welches alle Vertriebs- und Absatzkanäle des Herstellers umfasst. Die interne Organisationsstruktur muss dafür geschaffen werden. Im Rahmen dessen muss sich der Hersteller selbstverständlich wieder über den Fortschritt von Wissenschaft und Technik unterrichtet halten. Es sind Fachzeitschriften auszuwerten, Kongresse und Seminare zu besuchen. Im Rahmen der betriebsinternen Organisation muss ermöglicht werden, dass alle beteiligten Abteilungen in diesen Produktbeobachtungsprozess eingeschaltet sind. Nichts ist so schwierig, wie festzustellen, ob es sich um typische Mängel aus Sachmängelhaftung handelt, die häufiger auftreten, oder aber ein konstruktionsbedingter Serienschaden vorliegt. Im ersten Fall wäre aus der Produktbeobachtung kein Rückschluss zu ziehen, im zweiten Fall könnte möglicherweise ein Rückruf angezeigt sein. Deshalb ist es besonders erforderlich, ergebnisoffen die Produktbeobachtungspflicht wahrzunehmen.

bb) Aktive Produktbeobachtungspflicht

49 Die aktive Produktbeobachtungspflicht beginnt, wenn sich Meldungen über Schadensfälle häufen. Sobald dies zutrifft oder eintritt, ist der Hersteller verpflichtet, von sich aus die Produktbeobachtung zu intensivieren, um möglichst rasch herauszufinden, welche konkreten Maßnahmen durchzuführen

---

1 BGH v. 9.12.1986 – VI ZR 65/86, BB 1987, 717 – Honda; *Kullmann*, BB 1987, 1957.
2 BGH v. 17.10.1989 – VI ZR 258/88, ZIP 1990, 516 – Pferdebox; BGH v. 9.12.1986 – VI ZR 65/86, BB 1987, 717 – Honda.
3 BGH v. 7.12.1993 – VI ZR 74/93, ZIP 1994, 213, 216 – Gewindeschneidemittel I.
4 BGH v. 7.12.1993 – VI ZR 74/93, ZIP 1994, 213, 216 – Gewindeschneidemittel I.

sind, um etwaige Produktgefahren von vornherein abzuwehren. Gerade an dieser Stelle ist die Organisationsverantwortung des Herstellers gefordert. Dogmatisch gewertet ist sie immer eine **verhaltensbezogene Pflicht**, sie ist nicht erfolgsbezogen. Doch ist es in der Praxis schwer nachzuzeichnen, wenn es darum geht, über die Durchführung aktueller Gefahrabwendungsmaßnahmen zu entscheiden. Welche Maßnahmen durchzuführen sind, ist stets abhängig von den Umständen des Einzelfalls, richtet sich also danach, wie im Rahmen der Verhältnismäßigkeit die Gefahr für Rechtsgüter bewertet wird. Es sind statistische Wahrscheinlichkeitsberechnungen durchzuführen und das exakte Gefahrenpotential unter Berücksichtigung der jeweils eintretenden (wahrscheinlichen) Folgen ins Kalkül zu ziehen. Hierzu kann beispielsweise eine Risikoanalyse nach DIN-EN 1050 oder ähnlichen Regelungswerken helfen. Diese Risikobewertung sollte anhand der üblicherweise erreichbaren Formulare ausgeführt werden, weil auch die Produktsicherheitsbehörden zwischenzeitlich Wert darauf legen, vor Entscheidungen über etwa einzuleitende Maßnahmen eine solche schriftliche Analyse über das Gefährdungspotential des mangelhaften Produkts vom Hersteller zu erhalten.

Welche Konsequenzen sich im Rahmen der aktiven Produktbeobachtungspflicht aus der getroffenen Analyse oder Risikobeurteilung ergeben, ist **einzelfallbezogen**. Von der Umstellung der Produktion über Maßnahmen in Bezug auf die bereits ausgelieferten Produkte ist alles denkbar. Das GPSG gibt – wenn auch dies ein Gesetz ist, welches dem öffentlich-rechtlichen Bereich zuzuordnen ist – in § 8 Abs. 4 GPSG einen Katalog der Maßnahmen an, die in Bezug auf das fehlerhafte Produkt denkbar sind. Im Rahmen der Verhältnismäßigkeit ist dann abzuwägen, ob die Maßnahme mit dem geringsten Eingriff (§ 8 Abs. 4 Nr. 1 GPSG) oder aber die mit dem schwerwiegendsten Eingriff (§ 8 Abs. 4 Nr. 7, 8 GPSG – Rücknahme, Rückruf oder öffentliche Warnung) angezeigt ist.

IV. Grundsätze der Arbeitsteiligkeit in der Produzentenhaftung

1. Teilungsgrundsätze

Die Qualitätssicherungsvereinbarung ist in der haftungsrechtlichen Struktur an der Grenze **zwischen den Verantwortlichkeiten des Zulieferers und des Herstellers/Assemblers** anzusiedeln, kombiniert mit den haftungsrechtlichen Konsequenzen von Delegationen eigener Pflichten auf Dritte. Im Rahmen von § 823 Abs. 1 BGB führt dies dazu, dass bei wirksamer Delegation oder Verlagerung der Herstellerpflichten vom Endhersteller auf den Zulieferer letztgenannter haftpflichtig werden kann, während der Hersteller/Assembler als solcher haftungsbefreit ist[1]. Im Rahmen der verschuldensunabhängigen Haftung des Produkthaftungsgesetzes kann dies bisweilen anders bewertet werden. Dieser Zusammenhang ist deswegen zu unterstreichen, weil sowohl bei der Abfassung als auch bei der rechtlichen Beurtei-

---

1 *Schmidt-Salzer*, BB 1979, 1 ff.; Produkthaftungshandbuch/*Foerste*, § 25 Rn. 36 ff.

lung von Qualitätssicherungsvereinbarungen von einem Grundtatbestand auszugehen ist: Qualitätssicherungsvereinbarungen werden zwischen Vertragsparteien, i.d.R. Hersteller und Zulieferer bzw. teilweise auch noch Sub-Zulieferer, vereinbart. Die vertraglichen Regelungen müssen allerdings so gestaltet sein, dass sie letztlich haftungsrechtlich Auswirkung haben auf das Verhältnis des Herstellers gegenüber Dritten, denen der Rechtsschutz der Deliktshaftung zusteht. Der Produktbenutzer hat einen Anspruch auf die von ihm erwartete Fehlerfreiheit des Endprodukts/Gesamtprodukts, die auch das ProdHaftG ihm zubilligt. Ihm ist es gleichgültig, wie im Rahmen einer Qualitätssicherungsvereinbarung die Rechte und Pflichten zwischen Endhersteller und Zulieferant verteilt werden. Unabhängig davon, ob der Endhersteller überhaupt irgend eine Verkehrssicherungspflicht im Rahmen der Herstellung des Endprodukts/Gesamtprodukts an einen Zulieferer delegiert, muss sichergestellt sein, dass die geschuldete Produktsicherheit erreicht wird. Aufgrund dieser Erwartung ist das ProdHaftG als Sondertatbestand auch verschuldensunabhängig ausgestaltet, während bei Ansprüchen, die aus § 823 Abs. 1 BGB abgeleitet werden, die Verschiebung innerhalb der Qualitätssicherungsvereinbarungen sehr wohl auch den Verschuldensbereich betreffen und den Hersteller über § 831 entlasten kann. Ungeachtet dessen verbleiben aber – bei aller Delegation durch Qualitätssicherungsvereinbarungen – Restaufgaben, die alleine beim Hersteller verbleiben.

a) Organisationspflicht des Endherstellers

52   Den Hersteller bzw. die Organe der mit der Produktion befassten juristischen Person trifft die Pflicht, persönlich für die Grundlagen einer Organisation zu sorgen, welche das Risiko von Produktfehlern weitestmöglich minimiert[1]. Dies hat auch die Rechtsprechung ohne Zweifel unterstrichen[2], und es hat in der Unternehmenspraxis zwischenzeitlich dazu geführt, dass kaum ein renommierter Hersteller diese Organisation nicht in **Handbüchern**, die fälschlicherweise oft mit „Produktions-Compliance" oder „rechtssichere Organisation" bezeichnet werden, regelt. Zur Organisationspflicht des Herstellers gehört zum einen, hinreichend mit der Produktion vertraute Mitarbeiter einzusetzen und den Produktionsprozess anhand der gesetzlichen Vorgaben oder durch anderweitige Verordnungen aufgestellten Regeln auszuführen zu lassen. Insbesondere die Durchführung von berufsgenossenschaftsrechtlichen und aus der Normung ableitbaren sicherheitsrelevanten Produktionsvorgaben hat der Hersteller sicher zu stellen und diese auch seinen Zulieferern aufzuerlegen.

---

1 Im Einzelnen bereits: *Graf v. Westphalen*, WiR 1972, 67 ff.; *Steindorff*, AcP 170 (1970), 93 ff., 113 ff.
2 BGH v. 17.10.1967 – VI ZR 70/66, NJW 1968, 247, 248 f. – Schubstrebe; BGH v. 19.6.1973 – VI ZR 178/71, NJW 1973, 1602, 1603 – Feuerwerkskörper; OLG Karlsruhe v. 2.4.1993 – 15 U 293/91, NJW-RR 1995, 594 – Dunstabzugshaube.

b) Auswahl- und Überwachungspflichten, allgemeine Oberaufsicht

Die im Rahmen von § 831 Abs. 1 S. 2 BGB geschuldete Verpflichtung des Herstellers, die von ihm eingeschalteten Verrichtungsgehilfen ordnungsgemäß auszuwählen und ordnungsgemäß zu überwachen, zählt nicht zu den originären Organisationspflichten i.S.v. § 823 Abs. 1 BGB[1]. Haftungsrechtlich kann damit aus einer solchen Verletzung kein eigener Anspruch Dritter geltend gemacht werden. Die Auswahl- und Überwachungspflichten dienen der Entlastung, nicht der Haftungsbegründung. Indes ist zu betrachten, dass die Auswahl- und Überwachungspflichten eingegliedert sind in eine strukturelle Organisationsverantwortlichkeit des Herstellers, so dass teilweise nur schwer eine Abgrenzung erfolgen kann, beispielsweise zu dem Vorwurf eines Konstruktionsfehlers. Zu bemerken ist indes, dass die Ausübung der Auswahl- und Überwachungspflichten zwar strukturell als Entlastungsbeweis angesiedelt sind, die Verletzung der selben Pflichten häufig aber bereits ein **Indiz für die Verletzung einer allgemeinen Organisationspflicht** im Rahmen der Konstruktion und Fabrikation darstellt. Sie leitet dann über in die Pflicht, eine „allgemeine Oberaufsicht" wahrzunehmen[2].

Die Verpflichtung, eine allgemeine Oberaufsicht wahrzunehmen, bezieht sich nicht nur auf den **Einsatz des Personals**, sondern ebenso auf den **Einsatz von Maschinen und Anlagen**. Zwingend hat der Hersteller insoweit beispielsweise die betreiberrechtlichen Vorgaben des Maschinenrechts zu beachten. Die Verletzung dieser Spezialregelungen führt ebenso wenig unmittelbar für den Nutzer des mit der Maschine hergestellten Produkts zu einem Ersatzanspruch, zeigt indiziell aber wieder auf die Verletzung der Konstruktions- bzw. Fabrikationspflicht. Schutzrecht der maschinenrechtlichen Vorgaben ist die Arbeitssicherheit. Aus § 831 Abs. 1 BGB resultiert die originäre Organisationsverpflichtung des Herstellers, hinreichend viele und spezialisierte Arbeitsplätze bereit zu stellen. Je verantwortungsvoller und belastender eine Tätigkeit ist, umso mehr muss der Hersteller dafür Sorge tragen, dass ausreichende Erholungspausen eingelegt werden, dass insbesondere auch das Personal rechtzeitig abgelöst wird und dass im Urlaubs- oder Krankheitsfall ausreichend geschulte Ersatzkräfte bereitstehen. Hierzu zählt auch, dass der Hersteller das von ihm eingesetzte Personal auf denkbare Gefahrenquellen aufmerksam zu machen und es allgemein anzuhalten hat, risikobewusst und eigenverantwortlich zu handeln. Informationen an die im Arbeitsprozess beteiligten Personen sind mithin unabdingbar.

Je näher die Personalverantwortlichkeit an die Qualitätssicherung herankommt, desto höher sind die Organisationspflichten des Herstellers anzusiedeln. Qualitätssicherung ist im heutigen automatisierten Fabrikationsprozess ein Nadelöhr. Hier kommt es entscheidend darauf an, inwieweit dem Leiter der Qualitätskontrolle Weisungsrechte gegenüber dem Betrieb und dem Vertrieb zustehen, um auf diese Weise eigenverantwortlich und selbständig entscheiden zu können, welche Maßnahmen erforderlich sind, um

---

1 *Graf v. Westphalen*, WiR 1972, 67, 81 ff.
2 BGH v. 17.10.1967 – VI ZR 70/66, NJW 1968, 247, 248 – Schubstrebe.

festgestellte Qualitätsdefizite einzelner Produkte auszumerzen. Das gesamte Dokumentationswesen ist Teil der Organisationsverpflichtung und ist heute im Rahmen der Anforderungen an die „Traceability" – also die Rückverfolgbarkeit von Produkten, die auch nach § 5 Abs. 1 Nr. 1 lit. c GPSG zu fordern ist – sicherzustellen.

56 Die **Organisationsstrukturen des Herstellers** müssen so geschaffen sein, dass im Einzelfall stets die Informationen zwischen den einzelnen Abteilungen fließen können. Der heute in vielen Unternehmen eingerichtete „Feuerwehrkreis", also die Zusammensetzung von strategisch wichtigen Angestellten aus unterschiedlichen Abteilungen zur Abwicklung von produktsicherheitsrechtlichen Schwierigkeiten, scheint unabdingbare Voraussetzung einer sorgfältigen Organisation zu sein. Bei der Organisation eines laufenden Optimierungsbedarfs bedarf es einer ständigen Optimierung, in technischer Hinsicht im entsprechenden Stand von Wissenschaft und Technik, in persönlicher Hinsicht im Wege der Kontrolle von Mitarbeitern. Hat der Hersteller ein solches System interner Organisation geschaffen, kann er durch Qualitätssicherungsvereinbarungen die **Zulieferbetriebe** verpflichten, es ihm gleich zu tun und damit zwei organisatorische Einheiten nach gleicher Struktur aneinander zu ketten.

c) Gleiche Organisationspflichten des Teileherstellers

57 Während den Endhersteller allgemeine Organisationspflichten betreffen, die auch die Weiterreichung dieser Organisationspflichten an den Teilehersteller enthalten, hat der Teilehersteller selbst auch eine **eigene Organisationspflicht** zu beachten. Dies folgt bereits aus § 4 Abs. 1 ProdHaftG, wonach der Hersteller des Gesamtprodukts neben dem Teilehersteller gegenüber dem Geschädigten verantwortlich ist, sofern das von ihm hergestellte Teil fehlerhaft i.S.v. § 3 ProdHaftG war. Ein Gesamtschuldverhältnis wird nach § 426 Abs. 1 BGB begründet. Gleichwohl ist eine praktische Differenzierung vorzunehmen: Während das Endprodukt allemal für den Produktbenutzer/Endverbraucher bestimmt ist, so dass von der dort herrschenden Sicherheitserwartung auszugehen ist, gilt dies nicht für die Konstruktions- und Fabrikationsverantwortlichkeit des Zulieferanten. Diese wird durch die Sicherheitserwartung des spezifischen Abnehmerkreises, zumeist also des Herstellers/Assemblers vorgezeichnet. Zwar ist der Teilehersteller für sein Produkt in konstruktiver wie in fertigungstechnischer Hinsicht verantwortlich. Er haftet ebenso dafür, dass das von ihm gefertigte und in den Verkehr gebrachte Produkt – das In-Verkehr-Bringen geschieht bereits durch Überlassung an den Hersteller – dem Stand von Wissenschaft und Technik entspricht und durch den Hersteller entsprechend der Qualitätsvorgaben weiter verarbeitet werden kann; allerdings trifft den Teilehersteller nicht mehr die produkthaftungsrechtliche Verantwortung, dass das zugelieferte Teil in Kombination mit dem weiteren, vom Endhersteller beigefügten und zusammengesetzten Produkt sicher funktioniert. So hat der Zulieferer eines Autotanksystems zwar Tanks entsprechend dem Stand von Wissenschaft und Technik herzustellen. Soweit es allerdings bei Betankungsvorgängen zu

elektrostatischen Aufladungen kommen kann, muss der Endhersteller/Assembler dafür sorgen, dass eine Entladung stattfindet, weil diese nur im Gesamtsystem erreicht werden kann. Benötigt der Endhersteller die Erfüllung spezieller Vorgaben hinsichtlich Material oder Beschaffenheit, ist er verpflichtet, den Zulieferer insoweit zu informieren.

Gleiches gilt erst recht für den Bereich der Instruktionshaftung, weil es hier entscheidend darauf ankommt, ob der Zulieferer **Kenntnis von dem spezifischen Verwendungszweck des Teilprodukts** als integrierte Einheit eines Endprodukts hatte und ob er wusste, welche weiteren Risiken daraus gegebenenfalls resultieren können. Soweit der Endhersteller/Assembler auf besondere Information des Teileherstellers angewiesen ist, besteht ihm gegenüber eine besondere Instruktionspflicht. Diese wird regelmäßig vertragsrechtlicher Natur sein und kann in Qualitätssicherungsvereinbarungen als eigenständiger Teil des Gesamtpflichtenkonzepts eingebaut werden. Deliktsrechtlich wird sie lediglich dann bedeutsam, wenn ein Dritter bei Benutzung des Endprodukts deswegen einen Schaden erleidet, weil der Teilehersteller seiner Instruktionspflicht gegenüber dem Endhersteller/Assembler nicht oder nicht ordnungsgemäß nachgekommen ist, oder aber auch weil auf dem Zulieferteil selbst eine Instruktion hätte angebracht sein können. Auch wird man nicht umhin kommen, den Zulieferer nach § 823 Abs. 1 BGB zu verpflichten, etwaige **Warn- oder Rückrufaktionen** durchzuführen, sofern ein ihm zuzurechnender Produktfehler hierzu Veranlassung gegeben hat[1]. Zwar wird regelmäßig der Hersteller selbst, dem auch die Markenverantwortlichkeit für das Endprodukt obliegt, den Rückruf organisieren und durchführen wollen. Gleichwohl kann er – im Innenverhältnis – gegen den Zulieferer vorgehen, wenn dieser seine ihm obliegenden Pflichten verletzt hat. Entweder aus der Abwicklung des Gesamtschuldverhältnisses oder aber auch aus der Verletzung gesonderter Pflichten, die auch in Qualitätssicherungsvereinbarungen erfasst sein können, dann nach § 280 Abs. 1 BGB. Durch die Neufassung des Schuldrechts vom 1.1.2002 ist insbesondere mit der zentralen Haftungsnorm des § 280 Abs. 1 BGB im Verhältnis vom Endhersteller/Assembler zum Zulieferer die Geltendmachung von Ansprüchen deutlich erleichtert worden. Auch die Verletzung von Pflichten nach Qualitätssicherungsvereinbarungen unterliegt letztlich der Schadensersatznorm des § 280 Abs. 1 BGB.

Für die Abfassung und rechtliche Beurteilung von Qualitätssicherungsvereinbarungen folgt daraus, dass der Endhersteller sowie der Zulieferer – bezogen auf die jeweils zu gewährleistende Produktsicherheit – die gleichen Verantwortlichkeiten im Verhältnis zum jeweiligen Produktbenutzer, also Dritten, haben. Sinn und Zweck der Qualitätssicherungsvereinbarung in diesem Zusammenhang ist es daher, jeweils geschuldete Einzelpflichten des

---

1 OLG Düsseldorf v. 31.5.1996 – 2 U 13/96, NJW-RR 1997, 1344 – Kunststoffkugelpfanne; Revision vom BGH nicht angenommen, Beschl. v. 28.1.1997 – VI ZR 233/96; hierzu auch *Kullmann*, NJW 1989, 96, 98; OLG Karlsruhe v. 2.4.1993 – 15 U 293/91, NJW-RR 1995, 594 – Dunstabzugshaube; vgl. auch *Kullmann*, NJW 1996, 18, 21 f.; *Link*, BB 1985, 1424, 1426 f.; *Graf v. Westphalen*, CR 1990, 567, 573 f.

Endherstellers sowie des Zulieferers zu spezifizieren und zu konkretisieren, damit im Ergebnis „Qualität", d.h. ein fehlerfreies Produkt, erreicht wird und nicht zuletzt auch die haftungsrechtliche Teilung für einen Gesamtschuldnerinnenausgleich nach § 426 BGB vorprogrammiert wird.

2. Vertikale Arbeitsteilung

60 Die aus § 823 Abs. 1 BGB abzuleitenden Verkehrssicherungspflichten sind grundsätzlich **delegierbar**. Es ist also deliktsrechtlich unbedenklich, wenn der Endhersteller einen Teilehersteller einschaltet, damit dieser bestimmte Teilprodukte ganz oder teilweise herstellt. Nach der von *Steffen*[1] entwickelten Terminologie liegt eine vertikale Arbeitsteilung immer dann vor, wenn bei der Herstellung eines Endprodukts Werkstoffe als Halbfertigwaren oder als Einzelteile bzw. komplette Bauteile von einem Lieferanten bezogen und von dem Hersteller des Endprodukts verwendet werden. Im Rahmen der vertikalen Arbeitsteilung verbleibt es dabei, dass sowohl der Teilehersteller als auch der Endhersteller für das jeweilige Teil – bzw. Endprodukt – im Rahmen der Verkehrssicherungspflichten des § 823 Abs. 1 BGB verantwortlich sind. Damit ist der Teilehersteller in Bezug auf Konstruktions- und Fabrikationspflichten dazu angehalten, das von ihm gelieferte Produkt so zu gestalten, dass derjenige Sicherheitsgrad erreicht wird, der in dem Verwendungsbereich dieses Teilprodukts allgemein für erforderlich angesehen wird.

a) Teilbare Aufgabenbereiche

aa) Übergabe der Konstruktion

61 Der Endhersteller/Assembler hat schon bei der Konstruktion der Produkte dafür zu sorgen, dass das von ihm selbst nicht hergestellte Teilprodukt so ausgelegt und konstruiert ist, dass es alle Funktionen erfüllen kann, welche letzten Endes auch vom Endprodukt erfüllt werden müssen[2]. Folglich hat der Endhersteller/Assembler für die **richtige Spezifikation des Teilprodukts** zu sorgen. Er muss z.B. auch beachten, ob sein Endprodukt bestimmten technischen Normenwerken unterliegt, die über § 4 Abs. 1, Abs. 2 GPSG zur Sicherheitsfiktion seiner Produkte gehören. Er muss das vom Teilehersteller herzustellende Produkt so exakt beschreiben und die sicherheitstechnischen Zielvorgaben dahingehend spezifizieren, dass der Teilehersteller ohne weiteres in der Lage ist, ein sicheres Teilprodukt herzustellen[3]. Dazu gehört auch die Übermittlung der Kenntnis an den Teilehersteller, in welchem Anwendungskreis und unter welchen technisch-rechtlichen Normenwerken das Endprodukt anzusiedeln ist. Neben der Erstellung eines **Pflichtenheftes**[4] muss der Endhersteller auch **technisch-rechtliche Vorgaben** an

---

1 RGRK-BGB/*Steffen*, § 823 BGB Rn. 71.
2 *Steinmann*, Qualitätssicherungsvereinbarung zwischen Endproduktherstellern und Zulieferern, S. 68 f.
3 OLG Frankfurt v. 18.11.1988 – 10 U 90/88, VersR 1990, 981 – Industriefilter.
4 *Steinmann*, Qualitätssicherungsvereinbarung zwischen Endproduktherstellern und Zulieferern, S. 69.

den Zulieferanten machen. Umgekehrt ist der Endhersteller/Assembler verpflichtet, alle Produktinformationen des Teileherstellers, insbesondere Anwendungseinschränkungen, die sich auch aus Datenblättern entnehmen lassen können, zu beachten, insbesondere Warn- und Gebrauchs- bzw. Verwendungshinweise.

bb) Im Rahmen der Fabrikation

Soweit der Endhersteller sich darauf verlässt, dass der Teilehersteller Einzelteile für das Endprodukt liefert, trägt dieser zwar nicht die volle fabrikationstechnische Verantwortung, wohl aber eine **erhöhte Kontrollpflicht auch beim Zulieferer**. Der Endhersteller hat sich davon zu überzeugen, dass die Vorgaben, die er im Rahmen der konstruktiven Elemente an den Teilelieferanten gegeben hat, fabrikationstechnisch eingehalten und umgesetzt werden (können). Dazu gehört eine Bewertung der hergestellten Produkte dahingehend, ob die Spezifikationen als solche eingehalten sind. Des Weiteren ist auch der Produktionsablauf und die Qualitätskontrolle, die zum Teil nur beim Teilehersteller für dieses spezifische Teil gemacht werden kann, eingebunden. Es bleibt dem Endhersteller/Assembler überlassen, in welcher Form er Kontrollen durchführt. Im Gegenzug steht aber fest, dass er die gleiche Gründlichkeit bei der Kontrolle der Herstellung von Einzelteilen walten lassen muss, die er auch auf seinen eigenen Fabrikationsprozess im Rahmen der Fabrikationsverantwortung legt. Dazu gehören regelmäßige Audits ebenso wie die Überprüfung der Prozessabläufe. 62

Die Einhaltung der Vorgaben der **Wareneingangskontrolle nach § 377 HGB** wird häufig als Argument dafür ins Feld geführt, die Kontrollen deliktsrechtlicher Natur hinreichend ausgeübt zu haben. Dies allerdings lässt sich in dieser Einfachheit nicht feststellen. Die Wareneingangskontrolle nach § 377 HGB betrifft zunächst das Verhältnis zwischen Verkäufer und Käufer und regelt in der Rechtsfolge, ob Letztgenannter Ansprüche aus Sachmängelhaftung wegen Mangelhaftigkeit der Produkte gegen den Verkäufer geltend machen kann. Eine unmittelbare deliktsrechtliche Auswirkung hat § 377 HGB nicht. Die Einhaltung der Verkehrssicherungspflichten nach § 823 Abs. 1 BGB dient nämlich nicht dem Vertragsverhältnis, sondern dem Schutz des Dritten. Es sind Einzelfälle denkbar, bei denen eine entsprechende Eingangskontrolle, die nach § 377 HGB genügen würde, auch deliktsrechtlich ausreichend ist, um die Erfüllung eigener Herstellerpflichten nachzuweisen. Im Zweifel ist allerdings anzunehmen, dass die Erfüllung der Wareneingangskontrollen nach § 377 HGB einen zu geringen Maßstab in Bezug auf die geschuldeten Kontrollpflichten darstellt. Der Endhersteller/Assembler muss vielmehr seine deliktsrechtlichen Kontrollen daran orientieren, was er selbst im Herstellungsprozess an Kontroll- und Überwachungspflichten wahrnehmen würde. Die danach erforderliche Kontrolldichte gewährleistet § 377 HGB nicht. 63

64 Dies bedeutet konkret: Der Endhersteller darf keine Teile verwenden, von deren mängelfreier Beschaffenheit er selbst nicht überzeugt ist[1]. Zwar hat das OLG Köln[2] entschieden, dass der Hersteller seinen deliktsrechtlichen Verkehrssicherungspflichten genügt, wenn er entweder die Güte des Materials oder die Verlässlichkeit des Teileherstellers prüft, was insbesondere dann gelte, wenn zwischen beiden Parteien eine langjährige Geschäftsverbindung besteht. Die Entscheidung ist allerdings bis heute in ihrer Richtigkeit bezweifelt worden[3], und sie dürfte auch in der Sache nicht haltbar sein. Denn derjenige, der als Endhersteller Zulieferteile verwendet, muss zwangsläufig eine höhere Verpflichtung deliktsrechtlicher Natur haben als derjenige, der lediglich Händler – ohne Weiterverarbeitung – ist. Für Letzteren könnten die genannten Voraussetzungen als gerade ausreichend berücksichtigt werden. Einem Endhersteller/Assembler reicht dies nicht.

65 Es ist allgemein anerkannt, dass der Endhersteller/Assembler auch verpflichtet ist, vor den Gefahren zu warnen, die auf das zugelieferte Teilprodukt zurückgehen. Ausnahmen in Bezug auf die generelle Instruktionspflicht bestehen hier nicht, was sich daraus ergibt, dass die Gefahr letztlich für den Dritten von dem Endprodukt ausgeht, in dem das Zulieferteil verwendet wurde. Diese Schwierigkeit tritt zumeist im Zusammenhang mit **Produktrückrufen** auf. Zwar kann der Endhersteller/Assembler, der erkennt, dass ein Rückruf aufgrund eines fehlerhaften Einzelteils, welches zugeliefert wurde, notwendig ist, den Teilehersteller auffordern, einen solchen Rückruf durchzuführen. Kommt dieser allerdings der Verpflichtung nicht nach, was im Übrigen zwangsläufig den Regelfall darstellt, weil der reine Teilezulieferer selten den Markt als solchen kennt, verbleibt die Verpflichtung insoweit beim Endhersteller. Soweit dieser gleichwohl die Rückrufaktion durchführt, hat er gegen den Teilehersteller entweder einen Aufwendungserstattungsanspruch aus den Grundsätzen der Geschäftsführung ohne Auftrag gemäß §§ 670, 675, 683 BGB, einen Anspruch aus Gesamtschuldnerinnenausgleich gemäß §§ 823 Abs. 1, 426 BGB oder möglicherweise auch einen unmittelbaren vertragsrechtlichen Schadensersatzanspruch nach § 280 Abs. 1 BGB. Durch die Schaffung des § 280 Abs. 1 BGB und die Verlängerung der Sachmängelhaftungsfristen ist der Rückrufkostenregress heute weitestgehend über § 280 Abs. 1 BGB realisierbar. Hat der Endhersteller selbst allerdings eine Verkehrssicherungspflicht i.S.d. § 823 Abs. 1 BGB – kumulativ – missachtet, wird ihm dies als **Mitverschulden** i.S.d. § 254 BGB entgegengehalten werden. Sollte ein Ersatzanspruch über die Geschäftsführung ohne Auftrag, die allerdings kaum mehr praktikabel erscheint, abgewickelt werden, würde er möglicherweise an der Fremdbezogenheit des Rückrufs scheitern.

---

[1] BGH v. 5.7.1960 – VI ZR 130/59, VersR 1960, 855, 856 – Kondenstopf.
[2] OLG Köln v. 15.3.1989 – 13 U 70/87, NJW-RR 1990, 414 – Kohlebürsten.
[3] *Kullmann*, NJW 1991, 677, 679.

b) Vorgaben bei Pflichtendelegation

Der Hersteller/Assembler hat, wenn er durch Qualitätssicherungsvereinbarungen seine produktbezogenen Pflichten auf Zulieferer delegieren möchte, bestimmte Vorgaben zu beachten. 66

aa) Auswahl des Zulieferanten

Der Endhersteller/Assembler darf sich nur solcher Teilehersteller bedienen, die in technischer Hinsicht gewähren, dass die von ihnen hergestellten Teileprodukte nach dem neuesten Stand von Wissenschaft und Technik die erforderliche Sicherheit bieten. Dies setzt zum einen voraus, dass der Teilehersteller über das erforderliche sicherheitsrelevante **Know-how** verfügt und ordnungsgemäß – in personeller, sachlicher sowie organisatorischer Hinsicht – strukturiert ist. Der Aufbau und die Unterhaltung einer Klassifizierung kann hierfür Indiz sein. Allein auf die Benennung als **zertifiziertes Unternehmen** darf sich der Endhersteller/Assembler allerdings nicht verlassen. Da schon die Qualitätssicherungsvereinbarung Sorge dafür zu tragen hat, dass während der Vertragslaufzeit die vorhandenen Audits und die vorhandenen Wertproben durchgeführt werden, hat der Endhersteller/Assembler die Verpflichtung, bei der sorgfältigen Auswahl des Lieferanten entweder vor Beginn des Vertragsverhältnisses ein Lieferanten-Audit durchzuführen oder aber sich von Drittunternehmen, die den Zulieferer ebenfalls als Teilehersteller nutzen, Informationen über dessen Qualitätsstruktur geben zu lassen. Auch eine Information beim Zertifizierungsunternehmen kann der Erfüllung der Auswahlpflichten dienen. 67

Praktisch können aus bestimmten Umständen nur **Anhaltspunkte für die Qualitätsstruktur des Lieferanten** abgeleitet werden. Soweit die Entscheidung für einen bestimmten Teilehersteller lediglich deshalb gefallen ist, weil er das Teilprodukt besonders preisgünstig anbietet, können schon aus diesem Grund berechtigte Zweifel bestehen, ob der Endhersteller/Assembler die insoweit erforderliche Verkehrssicherungspflicht gemäß § 823 Abs. 1 BGB ordnungsgemäß erfüllt hat. Umgekehrt kann bereits aus der Tatsache, dass der Zulieferer sich bereit erklärt, das Qualitätssicherungssystem des Endherstellers/Assemblers zu akzeptieren und sich dort vertraglich einbinden zu lassen, darauf hindeuten, dass er vor einer Qualitätskontrolle und -prüfung keine Befürchtungen hat, mithin von der eigenen Qualität durchaus überzeugt ist. Die bloße Indizwirkung ist indes zu unterstreichen. So ist es durchaus denkbar, dass ein hochspeziell und inhabergeführtes Kleinunternehmen sich weigert, ein komplettes organisatorisches Qualitätssystem zu akzeptieren, weil dazu die personelle Ausstattung im Unternehmen überhaupt nicht reichen kann. Gleichwohl ist durch die Inhaberführerschaft gewährleistet, dass stets beste Qualität das Unternehmen des Zulieferanten verlässt. Ist allerdings für die Herstellung des Produktes eine industrielle Herstellung erforderlich, der Zulieferant allerdings nur handwerklich organisiert, sollten Bedenken zu Tage treten. Maßgeblich ist sicherlich, ob der Hersteller/Assembler – möglicherweise auch bei anderen Produkten – bereits 68 einschlägige Erfahrung mit dem Zulieferanten gemacht hat, welche dann die Zuverlässigkeit belegen.

69 Besondere Schwierigkeiten treten dann auf, wenn der Zulieferer nicht im europäischen Wirtschaftsraum verankert ist, in dem er durch zahlreiche produktsicherheitstechnische EU-Vorgaben teilweise ohnehin gehalten ist, bestimmte Qualitäten zu produzieren. Schwierigkeiten bestehen praktischerweise insbesondere bei osteuropäischen oder asiatischen **Billiglohnländern**, bei denen zwar Qualitätssicherungsvereinbarungen ohne Weiteres unterschrieben werden, allerdings keine zwingende Gewähr besteht, dass diese auch eingehalten werden. Hier sollte der Endhersteller/Assembler besonderen Wert auf **Lieferanten-Audits** legen oder aber die vor Ort befindlichen Zertifizierungsinstitutionen mit einer **Drittbewertung** vor Abschluss des Vertrages beauftragen. Auch hier gilt allerdings nur die Indizwirkung, nicht der „Anscheinsbeweis". Mittlerweile sind nämlich gerade in Billiglohnländern, in die zahlreiche Qualitätshersteller ihre Produktionen verlagern, neueste Fabrikationstechnologien aufgebaut, die zum Teil höhere Qualität in Massenproduktion sicherstellen können, als dies bei Altanlagen in Industrieländern der Fall ist.

bb) Informationen technisch-vertraglichen Inhalts

70 Besondere Schwierigkeiten treten auf, wenn der Endhersteller/Assembler verpflichtet ist, dem Zulieferer detaillierte Informationen über die erforderliche Sicherheit des Endprodukts zu geben und damit teilweise sogar die Einsatzfunktion und bestimmte konstruktive Elemente des Endprodukts übermitteln muss[1]. Der Hersteller befindet sich hier an einer Schnittstelle zwischen eigener Produktverantwortung und seinen besonderen Geheimhaltungsinteressen.

71 Der Endhersteller/Assembler hat auf die besonderen Kenntnisse sowie die Sachkunde seines Teileherstellers Rücksicht zu nehmen. Er ist verpflichtet, genaue Anweisungen für die Qualitätskontrolle zur Verfügung zu stellen, soweit er hierzu aufgrund seines technischen Wissens in der Lage ist. Häufig wird es sich nicht vermeiden lassen, dass dem Teilehersteller Betriebsgeheimnisse und geheimhaltungsbedürftiges Know-how des Endherstellers/Assemblers überlassen werden. Hierzu dienen in Qualitätssicherungsvereinbarungen oder aber gesonderten Regelwerken **Geheimhaltungsvereinbarungen**, deren besondere Wirksamkeit und Effektivität indes von zwei Faktoren abhängt. Zum einen ist zu unterstreichen, dass eine Geheimhaltungsvereinbarung nur dann im Regelwerk der Qualitätssicherungsvereinbarung hilfreich ist, wenn sie weder zu hohe Hürden für die **Beweiserbringung** des Endherstellers/Assemblers enthält und zum anderen auch **pönalisiert** ist. Ohne solches ist es gerade im Rahmen der Qualitätssicherungsvereinbarung und darauf bauender Erkenntnisse, die der Zulieferer erlangt hat, äußerst schwer, Verletzungen von Geheimhaltungsverpflichtungen nachzuweisen. Zu beachten ist schließlich, dass der Zulieferer immer

---

1 Umfassend dazu Produkthaftungshandbuch/*Foerste*, § 25 Rn. 50 ff.

noch Hersteller eines eigenen Produktes ist und nicht einzig in die Organisationsstruktur des Endhersteller eingeschaltetes Mitglied dessen Organisationsstruktur. Ernsthafte Schwierigkeiten treten im Rahmen der abnehmenden Fertigungstiefe dann auf, wenn der Endhersteller/Assembler bereits vorhersehen kann, dass sein Zulieferer – beispielsweise der Systemlieferant – selbst ebenso wenig wie er alle Teile selber fabriziert, sondern wiederum darauf angewiesen ist, von sich aus Zulieferanten einzuschalten. Je geringer die Fertigungstiefe ist, desto mehr Zulieferanten sind in der Kette eingebunden: In diesen Fällen ist Geheimhaltung von weitergeleiteten sicherheitstechnischen Vorgaben äußerst schwierig zu bewerkstelligen.

Im Zusammenhang mit der Vorgabe technisch-vertraglicher Hinweise, insbesondere auf besondere Einhaltungspflichten hinsichtlich des Normungswesens oder technisch-rechtlicher Richtlinien, beispielsweise nach dem Geräte- und Produktsicherheitsgesetz oder anderer fachspezifischer Gesetze (Medizinproduktegesetz, Bauproduktegesetz etc.), ist herauszustellen, dass der Endhersteller/Assembler sich nicht darauf verlassen darf, diese Informationen als **AGB-Klauseln** zu gestalten. Klauseln beispielsweise, die lediglich sicherstellen, dass der Teilehersteller des Teilprodukts „nach dem neuesten Stand von Wissenschaft und Technik" sowie in der „erforderlichen Qualität" herstellt oder aber „die rechtlichen Anforderungen an das Produkt einhalten wird", sind nicht geeignet, als ausreichende Erfüllung der Informationspflicht des Endherstellers/Assemblers zu gelten. Deshalb versteht es sich schließlich im Rahmen von § 823 Abs. 1 BGB – nichts anderes ist im Rahmen der Haftung gemäß § 1 ProdHaftG zu beachten – von selbst, wenn es bei der Erfüllung dieser Pflicht des Endherstellers/Assemblers um die Erfüllung einer einem Dritten gegenüber obliegenden Schutzpflicht geht: Soweit in diesem Zusammenhang ein Pflichtendefizit festzustellen ist, wird der Endhersteller/Assembler dem Geschädigten gegenüber zum Schadensersatz verpflichtet. Eine andere Frage ist, ob AGB-Klauseln, welche auf die fachlich-technische und produktsicherheitsrechtliche Einbindung des Teileherstellers zielen, geeignet sind, die Haftungsverteilung im Innenverhältnis zu beeinflussen. Dies wird jedenfalls dann gelten, wenn die AGB-Klauseln einer Inhaltskontrolle nach §§ 307 ff. BGB nicht standhalten. Beispielsweise sind die vorzitierten Beispiele allesamt deshalb bedenklich und kaum geeignet, die Wirksamkeitshürden des AGB-Rechts zu erfüllen, weil sie dem in § 307 Abs. 1 S. 2 BGB vorliegenden Transparenzgebot nicht genügen, insbesondere **nicht hinreichend bestimmt** sind, um den Teilehersteller erkennen zu lassen, was er genau zu erfüllen hat. Anstelle der „Einhaltung rechtlicher Vorschriften" wäre der Endhersteller/Assembler gehalten, den Zulieferer auf konkrete harmonisierte Normen oder vom Ausschuss für technische Arbeitsmittel und Verbraucherprodukte ermittelte und von der beauftragten Stelle im Bundesanzeiger bekanntgemachte Normen nach § 4 Abs. 1, Abs. 2 GPSG hinzuweisen, verbunden damit, welche produktsicherheitsrechtlichen Richtlinien der EU konkrete Anwendung finden.

Halten die AGB-Klauseln allerdings einer Wirksamkeitskontrolle Stand oder sind diese Teil einer **individuellen Vereinbarung**, liegt die Schlussfolgerung auf der Hand: In diesem Fall kann es – abhängig von den Umständen des Einzelfalls – durchaus sein, dass der Teilehersteller dem Endhersteller/Assembler gegenüber im Innenverhältnis zum Ersatz verpflichtet, möglicherweise diesem gegenüber sogar freistellungspflichtig ist. Damit ist gleichzeitig die Schlussfolgerung belegt: Auch wenn es darum geht, den Innenregress zwischen Endhersteller/Assembler einerseits und Teilehersteller andererseits zu bewältigen, kommt es maßgeblich darauf an, ob und inwieweit die technisch-vertragsrechtliche Einbindung des Teileherstellers auf Basis eines individualvertraglichen Konsenses mit dem Gesamthersteller/Assembler vollzogen wurde. Dieser Zusammenhang wird deutlich, wenn man sich vor Augen führt, dass ein Teilehersteller nicht nur verpflichtet ist, ein von ihm gefertigtes Teilprodukt – etwa eine elektronische Steuerung – funktionstüchtig herzustellen. Vielmehr ist er auch verpflichtet, dafür Sorge zu tragen, dass bei jedem in Betracht kommenden Einsatz die von ihm gelieferte Steuerung gefahrlos funktioniert: Stellt sich nämlich heraus, dass die vom Hersteller gewünschte Steuerung nicht geeignet ist, einen gefahrlosen Einsatz zu ermöglichen (etwa wegen Brandgefahr), dann muss der Teilehersteller im Interesse des Endverbrauchers die Herstellung eines solchen Einzelteils ablehnen und auf eine sichere Ausführung hinwirken[1].

cc) Kontrollpflichten

74 Der Endhersteller darf Teilprodukte, welche er von einem Teilehersteller bezogen hat, nur dann im Endprodukt verwenden, wenn er sich in umfassender Weise von der Sicherheit des Teilprodukts überzeugt hat[2]. Deliktsrechtlich hat der Endhersteller/Assembler diese Kontrolle in gleicher Weise mit der gleichen Intensität durchzuführen, die geboten wäre, wenn der Endhersteller/Assembler das Teilprodukt selbst hergestellt hätte. Anders formuliert: Die Herstell- und Kontrollpflichtendichte bleibt immer konstant, unabhängig davon, ob der Endhersteller/Assembler die fabrikationstechnische Verantwortlichkeit auf den Teilehersteller verlagert. Deliktsrechtlich ist also der Endhersteller/Assembler jedenfalls dann – auch nach Auftragserteilung – verpflichtet, sich über die Qualität des Teilprodukts zu vergewissern; er muss sicherstellen, dass der Teilehersteller die an ihn gesetzten Anforderungen erfüllt. Dies führt unmittelbar zu einer gesteigerten Kontrollpflicht, wenn der Endhersteller/Assembler Anlass hat, an der Qualität der zugelieferten Teilprodukte zu zweifeln, etwa dann, wenn ein Audit Schwachstellen offenbart, in Einzelchargen mangelhafte Teile geliefert werden oder aber sogar im Rahmen des Qualitätssicherungssystems der Endhersteller/Assembler vom Zulieferer über bestimmte Mängel informiert wird.

75 Ob es im Rahmen von Qualitätssicherungsvereinbarungen gemäß § 307 Abs. 1 BGB wirksam ist, dass der Endhersteller/Assembler die gemäß § 377 HGB geschuldete Wareneingangskontrolle und damit auch die Eigenkontrolle des Teilprodukts insgesamt auf den Teilehersteller verlagert, wird gesondert untersucht (Rn. 80 ff.). Festzuhalten ist hier bereits: Deliktsrechtlich be-

---

[1] OLG Karlsruhe v. 2.4.1993 – 15 U 293/91, NJW-RR 1995, 594 – Dunstabzugshaube.
[2] Produkthaftungshandbuch/*Foerste*, § 25 Rn. 50 ff.

stehen keine Bedenken, dass **Kontrollpflichten auf den Teilehersteller delegiert** und deshalb insoweit keine eigenen Verkehrssicherungspflichten mehr durch den Endhersteller/Assembler erfüllt werden. Die Delegation wandelt allerdings die herstellereigene Pflicht in eine **Überwachungs- und Prüfpflicht** in Bezug auf den Delegationsempfänger um[1]. Prüfpflichten in Bezug auf die Verwendung des Materials können entfallen, wenn der Zulieferer selbst diese Prüfungen vornimmt. In diesem Fall allerdings verbleibt es bei einer Kontrollpflicht des Herstellers in Bezug auf die Qualität der Angaben des Zulieferers. Hochumstritten ist, wie sich die Prüfpflicht dann auswirkt, wenn die Konstruktion des zugelieferten Einzelteils von einer zugelassenen Stelle das GS-Zeichen bzw. das CE-Kennzeichen nach §§ 6, 7 GPSG oder anderen spezialgesetzlichen Vorschriften trägt. Die **CE-Kennzeichnung** unterscheidet sich von dem GS-Zeichen dadurch, dass im Regelfall keine Drittkontrolle durch Prüfstellen stattfindet, sondern der CE-Kennzeichnung der Grundsatz der Selbstkonformitätserklärung zugrunde liegt, der Hersteller also damit zum Ausdruck bringt, dass die europarechtlich vorgegebenen und harmonisierten technischen Vorgaben für die Herstellung bestimmter Produkte eingehalten wurden. Da eine Drittkontrolle nicht stattfindet, wird die CE-Kennzeichnung häufig auch lediglich als „Reisepass für Produkte" innerhalb der Europäischen Union bezeichnet. Die Einhaltung bzw. die Konformitätserklärung in Bezug auf die Einhaltung ermöglicht dem Hersteller bzw. dem Importeur, innerhalb der EU entsprechende Waren frei zu handeln. Im Gegensatz dazu ist das **GS-Zeichen** ein rein nationales deutsches Zeichen, welches lediglich dann vergeben wird, wenn die Konstruktion des Produkts durch ein Drittunternehmen bestätigt worden ist, womit zumeist auch die Überprüfung der Produktionsbedingungen im Werk einhergehen. Nicht nur die Konstruktion an sich, sondern auch die Möglichkeit, diese Konstruktion sicher umzusetzen, ist Voraussetzung für die Erteilung eines GS-Zeichens. Gleichwohl befreien beide Zeichen den Endhersteller/Assembler nicht davon, seinen eigenen Prüfpflichten nachzukommen. Allerdings senkt die Verwendung eines GS-Zeichens beim Teilezulieferer die Anforderungen deutlich; beim CE-Kennzeichen kann es aufgrund der Selbstkonformitätserklärung durch den Teilezulieferer alleine bei der vollständigen Prüfverpflichtung verbleiben, die dargestellt wurde. Gleiches gilt für die Vorlage von **Analyse- und Prüfzertifikaten**. Handelt es sich hier um solche Zertifikate, die von unabhängigen und anerkannten Prüfunternehmen erstellt wurden, haben diese eher (wie das GS-Zeichen) eine rechtliche Auswirkung auf die Prüfpflicht. Handelt es sich dagegen um eigene, vom Teilezulieferer erstellte interne Prüfzertifikate, ist dies nichts anderes als eine Selbstkonformitätserklärung, die den Endhersteller/Assembler mithin zur Einhaltung seiner Prüfobligationen anhalten. Hat sich allerdings in einer ständigen Geschäftspraxis herausgebildet, dass sich der Endhersteller/Assembler auf die Eigenprüfungen des Teileherstellers verlassen kann, können im Laufe der Zeit die Anforderungen im Einzelfall abnehmen.

---

1 BGH v. 5.7.1960 – VI ZR 130/59, VersR 1960, 844, 856 – Kondenstopf; BGH v. 5.6.1975 – VI ZR 192/73, BB 1975, 1031, 1032 – Spannkupplung; OLG Köln v. 15.3.1989 – 13 U 70/87, NJW-RR 1990, 514 – Kohlebürste.

dd) Liquiditätsgarantie

76 Ist die Delegation von Verkehrssicherungspflichten auf den Teilehersteller unbedenklich, bedingt dies, dass der Geschädigte lediglich einen Schadensersatzanspruch gegenüber dem Teilehersteller, nicht aber gegenüber dem Endhersteller/Assembler als solchem geltend machen kann. Die Inanspruchnahmemöglichkeiten des Geschädigten verlagern sich. Daraus wird teilweise abgeleitet, dass der Endhersteller/Assembler verpflichtet ist, durch eine vertragliche Vereinbarung mit dem Teilehersteller dafür zu sorgen, dass dieser über einen ausreichenden Deckungsschutz im Rahmen seiner **Haftpflicht- bzw. Produkthaftpflicht-Versicherung** verfügt[1]. Eine Verpflichtung des Endherstellers/Assemblers anzunehmen würde gleichzeitig dazu führen, ihn auch zu einer Konkretisierung der Pflichten anzuhalten. Denn die Bezeichnung, die häufig in Qualitätssicherungsvereinbarungen zu lesen ist, dass der Teilehersteller verpflichtet ist, eine „hinreichende Haftpflicht- bzw. Produkthaftpflichtversicherung, die Personen- und Sachschäden abdeckt, abzuschließen", ist angesichts der heute freien Verhandelbarkeit von Versicherungsbedingungen deutlich unbestimmt. Hinzu kommt, dass die Reflektion der vertraglichen Obliegenheiten zum Abschluss einer Versicherung auf die Haftung des Endherstellers nach § 823 Abs. 1 BGB bereits entfernt eine Durchbrechung des im Versicherungsrecht anerkannten Trennungsprinzips zwischen Haftung und Deckung darstellt (vgl. §§ 100 ff. VVG). Wenn schon beim Endhersteller als solchem die Frage seiner Versicherung keinen Einfluss auf seine Haftung hat, kann dies auch beim Teilehersteller nicht gelten. Dies wiederum leitet zu der Annahme, dass dies erst recht gelten muss, wenn alleine das Innenverhältnis betroffen ist. Die deckungsrechtlichen Fragestellungen der Versicherbarkeit von Risiken können keinen Einfluss auf die Haftungsfragen haben. Denn auch der Geschädigte ist nicht bessergestellt, weil er sich nicht darauf verlassen kann, dass überhaupt Versicherungsschutz eingreift. Obwohl *Kullmann*, der vormals für die Produkthaftung beim Bundesgerichtshof zuständig war, die These der Liquiditätsgarantie öffentlich vertreten hat[2], hat der Bundesgerichtshof bis heute diese These nicht übernommen. Auch dies spricht dafür, dass primär nicht zu erwarten ist, dass eine entsprechende Obligation den Endhersteller/Assembler trifft. Gleichwohl kann eine Vereinbarung über die Produkthaftpflichtversicherung des Teilezulieferers im Rahmen der Qualitätssicherungsvereinbarung sinnvoll sein; denn auch der Endhersteller/Assembler hat ein Interesse daran, dass der – häufig wirtschaftlich schwächere – Zulieferant im Schadensfall gegebenenfalls über eine Produkthaftpflichtversicherung die Möglichkeit hat, einen entsprechenden Schaden zu liquidieren, der aus seinem Bilanzergebnis nicht mehr bezahlbar wäre. Damit sollte der Endhersteller/Assembler durch vertragliche Vereinbarung dafür Sorge tragen, dass der Teilehersteller durch adäquate Versicherungsdeckung kontrahiert und während der Dauer der Vertragsbeziehungen diese aufrecht erhält. Neben der Problematik der Liquiditätsgarantie, die den Endhersteller/Assemb-

---

1 *Fuchs*, JZ 1994, 533, 536; Produkthaftungshandbuch/*Foerste*, § 25 Rn. 54 f. (kritisch).
2 *Kullmann/Pfister*, Produzentenhaftung, KzA 3250 S. 14.

ler treffen könnte, ist im Rahmen des Innenverhältnisses nicht die Versicherbarkeit von Personen- und Sachschäden das maßgebliche Kriterium, sondern vor allem der Deckungsschutz unter der erweiterten Produkthaftpflichtpolice. Damit werden nämlich dann auch solche Schäden erfasst, die als reine **Vermögensschäden**, also als solche, die nicht auf einen Personen- oder Sachschaden zurückgehen, abgedeckt. Für die Regressmöglichkeiten des Endherstellers/Assemblers beim Zulieferanten wird dies von entscheidendem Vorteil sein. Wegen der einzelnen Besonderheiten der Police ist grundsätzlich zu beachten, ob die Produkte auch für den **ausländischen Markt** bestimmt sind, insbesondere für die Wirtschaftsmärkte USA, Kanada und Australien. Dort besteht zum einen ein höheres und immenses Produkthaftungsrisiko, zum anderen halten Versicherungsbedingungen – gerade aus dem Grund des unkalkulierbaren Haftungsrisiko – über Ausschlüsse in den Versicherungsbedingungen diese Märkte vom Deckungskonzept frei.

3. Arbeitsteilung auf der Grundlage des Produkthaftungsgesetzes

Die nach § 1 ProdHaftG normierte verschuldensunabhängige Einstandspflicht für etwaige Produktfehler bedeutet, dass alle Mitglieder der Herstellerkette sogleich auch verantwortlich sind für Fehler, die von vorangegangenen Gliedern dieser Kette verursacht worden sind. Die in einem späteren Stadium der Warenherstellung eingeschalteten Unternehmen, entweder als Zwischenhersteller oder aber auch Endhersteller/Assembler, werden nach dem ProdHaftG so behandelt, als hätten sie das gesamte Produkt als solches selbst hergestellt und den tatsächlich von einem vorgeschalteten Teilehersteller verursachten Fehler selbst zu verantworten. Eine Pflichtendelegation im Rahmen der verschuldensunabhängigen Haftung ist also nicht möglich. Dies ist alleine das Privileg für die Haftung nach § 823 Abs. 1 BGB. Der **Endhersteller** ist also **voll verantwortlich** für die Fehlerhaftigkeit eines von ihm in den Verkehr gebrachten Endproduktes, und zwar auch insoweit, als der Fehler nicht originär einem von ihm hergestellten Teilprodukt zuzuweisen ist. Dies gilt selbst für denjenigen, der als **Quasi-Hersteller** überhaupt keinen Herstellungsprozess vollzogen hat, sondern alleine die Produkte gelabelt hat, also nach außen hin den Eindruck erweckt, es seien von ihm hergestellte Produkte. Dies gilt für die Konstruktions- und Fabrikationshaftung ebenso wie für die mangelnde Instruktion. Alleine die aus der Rechtsprechung heraus entwickelte Produktbeobachtungspflicht, die als Verkehrssicherungspflicht nach § 823 Abs. 1 BGB in das Produkthaftungsrecht einbezogen ist, macht hier eine Ausnahme, weil insoweit eine Verantwortlichkeit nicht unmittelbar dem Regelungskreis des § 1 ProdHaftG zuzuordnen ist.

77

Der Teilehersteller haftet gemäß § 4 Abs. 1 i.V.m. § 1 ProdHaftG für alle Fehler des Teilprodukts, welche in dem Zeitpunkt bestanden, in welchem der Teilehersteller dieses Produkt in den Verkehr brachte. Zu beachten sind – im Übrigen bei jeder Haftung nach dem Produkthaftungsgesetz – die **Ausschlusstatbestände** nach § 1 Abs. 3 ProdHaftG: Die Einstandspflicht des Teileherstellers ist nämlich dann beschränkt, wenn der Fehler nicht im Teilprodukt selbst liegt, sondern in der Art und Weise der konstruktiven Ver-

78

wendung des Teilprodukts innerhalb des Folgeproduktes. In diesen Fällen scheidet eine eigene Haftung des Teileherstellers aus. Gleiches gilt, wenn der Teilehersteller auf Anleitung des Endherstellers/Assemblers das Produkt hergestellt hat. Beide Varianten setzen indes voraus, dass die Konstruktion des Teil- und des Endprodukts nicht arbeitsteilig erfolgt, so dass eine klare Abgrenzung der Aufgabenbereiche tatsächlich vorgenommen werden kann. Aber auch unter dieser Voraussetzung kann der Teilehersteller nur dann auf die Richtigkeit und Vollständigkeit der konstruktiven Vorgaben des Endherstellers vertrauen, wenn ihm die Fehlerhaftigkeit oder Unvollständigkeit im Rahmen seiner Tätigkeit – unter Berücksichtigung seines Fachwissens – nicht erkennbar war. Für all dies trifft den in Anspruch Genommenen indes die **Beweislast**.

79 Jedes Glied in der Herstellerkette unterliegt also einer Eigenverantwortung; insgesamt wird dadurch ein **Gesamtschuldverhältnis** nach §§ 4, 1 ProdHaftG zwischen den unterschiedlichen Herstellern geschaffen, wenn ein Teilprodukt jeweils ursächlich für die Mangelhaftigkeit des Folgeprodukts war. Schwierigkeiten bestehen dann in der Abgrenzung, wenn sowohl ein Teilprodukt ein Gesamtprodukt fehlerhaft i.S.d. Produkthaftungsgesetz gemacht hat, aber auch aus einem anderen Grund eine sicherheitsgefährdende Fehlerhaftigkeit vorlag. Im Innenverhältnis richtet sich die Haftung der Teilehersteller und der weiteren Glieder der Herstellerkette nach den Regeln der §§ 421 ff. BGB, wobei der jeweilige Mitverursachensanteil gemäß § 254 BGB zu berücksichtigen ist. Deswegen haben die Bestimmungen einer Qualitätssicherungsvereinbarung insoweit hohe Bedeutung: Sie legen nicht nur die Pflichten des Teileherstellers und die des Endherstellers fest, sondern bestimmen gleichzeitig, in welchem Umfang der Fehler des Teilprodukts von dem Teilehersteller oder dem Endhersteller verursacht worden ist, weil der eine oder andere die ihm obliegende Pflicht verletzt hat. Neben den §§ 421 ff. BGB im Wege des Gesamtschuldnerinnenausgleichs kommt für den unmittelbaren Vertragspartner innerhalb der Herstellerkette parallel auch § 280 Abs. 1 BGB als Schadensersatznorm in Betracht, weil davon auszugehen ist, dass ein fehlerhaftes Produkt i.S.d. Produkthaftungsgesetzes zumeist auch einen Mangel i.S.v. § 434 BGB aufweist und also die Pflicht zur mangelfreien Lieferung durch den Verkäufer nicht beachtet wurde. Seit der Neufassung des Schuldrechts am 1.1.2002 verlagert sich damit – insbesondere auch für Folgeschäden – die Regressmöglichkeit deutlich in das Vertragsrecht.

V. Klauseln einer Qualitätssicherungsvereinbarung

1. Abbedingung von § 377 HGB

80 Zum wesentlichen Bestandteil einer Qualitätssicherungsvereinbarung gehört das **Warenkontrollwesen**. Damit ist jeder Qualitätssicherungsvereinbarung immanent, insbesondere dann, wenn zusätzlich ein „Just-in-time"-Konzept realisiert wird, dass der Endhersteller/Assembler festlegt, dass der Teilehersteller bzw. Zulieferer zu einer Endkontrolle verpflichtet

ist, mithin ihm die Pflicht nach § 377 HGB abnimmt und auf entsprechende Einreden danach verzichtet.

a) Struktur des § 377 HGB

§ 377 Abs. 1 HGB bestimmt, dass bei einem beiderseitigen Handelskauf von Waren dem Verkäufer die Obliegenheit auferlegt ist, die angelieferte Ware unverzüglich, soweit dies im Geschäftsgang tunlich ist, zu untersuchen und gefundene Mängel unverzüglich dem Verkäufer anzuzeigen; vgl. dazu im Einzelnen die Kommentierung von § 377 HGB. Mängel, die im Rahmen einer solchen Kontrolle nicht bemerkt werden konnten, also **„versteckte Mängel"** sind davon nicht erfasst; diese müssen unverzüglich nach ihrer Entdeckung gemäß § 377 Abs. 3 HGB gerügt werden. Ganz entscheidende Bedeutung kommt in diesem Zusammenhang der Rechtsfolge des § 377 Abs. 2 HGB zu, indem ein **„Alles-oder-nichts"-Prinzip** begründet wird. Anders als § 254 BGB im Rahmen des Mitverschuldens also Haftungsanteile zumessen kann, riskiert der Käufer beim Handelskauf, dass er sämtliche Ansprüche aus der mangelhaften Lieferung des Verkäufers gegen diesen verliert. Die Ware gilt als „genehmigt", was konkret bedeutet, dass er die Ware als ordnungsgemäß und mithin mangelfrei akzeptiert hat. Erfasst sind davon sämtliche Ansprüche, die auf den Sachmangel zurückgehen, insbesondere die klassischen Sachmängelhaftungsansprüche aus § 437 BGB, aber ebenso die Schadensersatzansprüche nach §§ 280 ff. BGB. Zugleich ist aber zu beachten, dass sich § 377 HGB nicht auf deliktsrechtliche Ansprüche bezieht, zumindest nicht unmittelbar. Denn das gesonderte Pflichtenkonzept des § 823 Abs. 1 BGB beruht auf dem Grundsatz der Verkehrssicherungspflicht, die losgelöst ist vom Vertragsverhältnis. Insofern ist § 377 HGB – wie auch dessen strukturelle Einordnung in das Gesetz zeigt – lediglich auf den Handelskauf, also das Rechtsgeschäft zwischen den Parteien anwendbar. Ungeachtet dessen ist aber zu beachten, dass die Grundsätze von § 377 HGB im Rahmen des generellen Mitverschuldenseinwandes nach § 254 BGB gleichwohl zu berücksichtigen sein können. In den meisten Fällen führt nämlich – wie gezeigt – ein Tatbestand, der eine Verletzung der Wareneingangskontrolle enthält, zugleich auch zu einer Verletzung der Verkehrssicherungspflicht nach § 823 Abs. 1 BGB, was sodann im Innenverhältnis zwischen den Vertragspartnern, also Endhersteller/Assembler und Zulieferer, Bedeutung hat.

b) Untersuchungspflicht

Die Untersuchung muss in solchem Umfang und solcher Art vorgenommen werden, wie es erforderlich ist, um das Vorhandensein von Mängeln festzustellen. Zeitpunkt, Methode und Umfang der gebotenen Untersuchung richten sich danach, was „nach ordnungsgemäßem Geschäftsgang tunlich ist". Damit ist also nicht gemeint, dass eine komplette, bis ins tiefste technische Detail gehende Wareneingangskontrolle zu erfolgen hat, sondern es kommt zunächst darauf an, ob in der betreffenden Branche ein eindeutiger

Handelsbrauch besteht[1]. Die Anforderungen an eine solche Untersuchung dürfen nicht überspannt werden. Allerdings ist zu beachten, dass Schwierigkeiten bei der Entdeckung eines Mangels nicht unmittelbar dazu führen, dass die Wareneingangskontrolle nicht „tunlich" wäre. Zu beachten sind neben dem Handelsbrauch **einzelfallbezogene Umstände**. So spielen die Kosten, der technische und organisatorische Aufwand, der Zeitaufwand, die Frage der Beschädigungen, insbesondere die einer zerstörenden Wareneingangskontrolle, eine bedeutende Rolle. Hinzu kommen die Gefährlichkeit der Untersuchung und auch der Gesamtblick auf den Produktionsprozess. Drohen durch die Nutzung besonders hohe Mangelfolgeschäden oder aber auch Gefahr für Leib und Leben, kann eine sachgemäße Abwägung der Interessen insoweit eine besondere Prüfung bedingen[2].

c) Rügepflicht

83 **Unverzüglich** hat der Käufer die Mangelhaftigkeit der Sache zu rügen, lediglich bei versteckten Mängeln gebunden an den Zeitpunkt der Entdeckung. Sinn und Zweck dieser Regelung ist, dass der Lieferant davor geschützt werden soll, sich noch längere Zeit nach Ablieferung der Kaufsache etwaigen, dann nur noch schwer feststellbaren Gewährleistungsansprüchen ausgesetzt zu sehen[3]. Demnach soll der Zulieferer aufgrund der unverzüglich durchzuführenden Rüge des Bestellers in die Lage versetzt werden, seinerseits entsprechende Feststellungen und notwendige Dispositionen zu treffen. Insbesondere soll er die Möglichkeit erhalten, einen **weiteren Schaden zu verhindern**. Teil und Ausübung dieser Rügepflicht im Rahmen von Qualitätssicherungsvereinbarungen sind nicht zuletzt die im Rahmen der Zertifizierung üblich gewordenen so genannten „8-D-Reports". Bei sorgfältiger Erstellung eines solchen Berichts kann hiermit bereits die Rügepflicht eingehalten und erfüllt werden. Zu weiteren Einzelheiten zur Wareneingangskontrolle vgl. die Kommentierung zu § 377 HGB.

d) Abbedingbarkeit in Qualitätssicherungsvereinbarungen

84 Es scheint inzwischen in der Judikatur des BGH – wenn auch nicht mit der hinreichenden Eindeutigkeit – geklärt, dass es gegen das AGB-Recht verstößt, wenn der Hersteller in seinen **Einkaufs-AGB** die Bestimmungen des § 377 HGB uneingeschränkt abbedingt[4]. Der völlige Ausschluss dieser zentralen, dem Handelsrecht besonders bedeutsamen Regelung ist mit dem Grundgedanken des Gesetzes unvereinbar. Ein Verstoß nach § 307 Abs. 1 Nr. 2 BGB ist daher programmiert. Im Einzelnen umstritten ist, ob die Abbe-

---

1 LG Aachen v. 7.1.1952 – 6 O 60/51, BB 1952, 213; BGH v. 13.12.1975 – VIII ZR 237/74, NJW 1976, 625.
2 BGH v. 7.2.1959 – VIII ZR 47/58, NJW 1959, 1081, 1082.
3 BGH v. 19.6.1991 – VIII ZR 149/90, WM 1991, 1634, 1635; BGH v. 16.9.1987 – VIII ZR 334/86, DB 1987, 2326.
4 BGH v. 19.6.1991 – VIII ZR 149/90, BB 1991, 1732; BGH v. 13.3.1996 – VIII ZR 333/94, ZIP 1996, 756, 758.

dingung des § 377 HGB im Rahmen einer **Qualitätssicherungsvereinbarung** ebenso gegen das AGB-Recht verstößt[1].

Zwischen Anwendungen sind vielfache Abbedingungen bekannt, die zumeist allerdings bereits von einem fehlerhaften Verständnis des § 377 HGB ausgehen. Denn dort ist – wie ausgeführt (Rn. 82) – eben keine komplette Detailkontrolle erforderlich, so dass Klauseln, die darauf abstellen, dass lediglich eine „stichprobenartige Kontrolle auf erkennbare Mängel erfolgt", ohnehin ins Leere laufen, weil sie sich gerade an dem Leitbild des § 377 HGB orientieren und diesen nicht abwandeln. Gleichwohl dogmatisch komplexer wird es, wenn die Wareneingangskontrolle nach § 377 HGB in Qualitätssicherungsvereinbarungen dergestalt abgewandelt wird, dass lediglich eine **Quantitätskontrolle** sowie die Prüfung einer **Beschädigung der Verpackung** vorgenommen werden. Hier geht es entscheidend um den AGB-rechtlichen Prüfungsansatz:

Dogmatisch ist zutreffend, Qualitätssicherungsvereinbarungen, so sie wegen ihres kooperativen Langzeitcharakters als Verträge sui generis eingeordnet werden sollen, als das Forum zu betrachten, in dem eine **wirksame Abbedingung von § 377 HGB** erfolgen kann. Eine AGB-rechtliche Kontrolle hätte diesen Vertragscharakter zu berücksichtigen. Das Gleiche gilt dann, wenn Qualitätssicherungsvereinbarungen als Verträge qualifiziert werden, die deswegen einen Geschäftsbesorgungscharakter aufweisen sollen, weil die auf den Teilehersteller/Zulieferanten überwälzten Informations-, Prüfungs- und Kontrollpflichten dem Vertrag das Gepräge geben[2]. Ungeachtet der Frage, wie der Vertragscharakter im Einzelnen bewertet ist, kann nicht unbeachtet bleiben, dass Vereinbarungen, die sich auf die Wareneingangskontrolle beziehen, auch in Qualitätssicherungsvereinbarungen einen Reflex auf die vertraglichen Pflichten des § 377 HGB haben. Dies gilt – nach der hier vertretenen Auffassung – ohnehin, wenn auch im Rahmen von Qualitätssicherungsvereinbarungen der Leistungsaustausch des Kauf- bzw. Werkvertragsrechts im Vordergrund steht. Damit schlägt die AGB-Kontrolle im Rahmen von Qualitätssicherungsvereinbarungen in Bezug auf die Abbedingung von § 377 HGB voll durch. Insofern ist zu beachten, dass § 377 HGB, der gerade für den Handelskauf eine Sonderregelung ist, auch als solche einzustufen ist, die dem Gesetzgeber als Grundgedanken wesentlich erscheint. Mithin ist im Ergebnis zu unterstreichen, dass die umfassende Abbedingung und auch die maßgebliche Abbedingung auf eine Minimalkontrollpflicht des abnehmenden Endherstellers/Assemblers nicht mit dem AGB-Recht in Einklang stehen, sondern unwirksam[3] nach § 307 BGB sind. Wirksam und gestaltbar sind allerdings Klauseln, die eine maßgebliche

---

1 *Graf v. Westphalen*, CR 1990, 567; *Lenhard*, BB 1990, 1849, 1851 ff.; *Schmidt*, NJW 1991, 144, 148 ff.; *Steinmann*, BB 1993, 873 ff.; *Steinmann*, Qualitätssicherungsvereinbarung zwischen Endproduktherstellern und Zulieferern, S. 45 ff.; *Merz*, Qualitätssicherungsvereinbarung, S. 291 ff.; *Ensthaler*, NJW 1994, 1817, 1820; *Grunewald*, NJW 1995, 1777 ff.
2 *Martinek*, FS Jahr, 1993, S. 305, 316 ff.
3 Im Einzelnen: AGB-Klauselwerke/*Graf v. Westphalen*, Qualitätssicherungsvereinbarungen, Rn. 15 ff.

Überprüfungspflicht noch vorsehen, insofern aber § 377 HGB inhaltlich konkretisieren, indem bestimmte Prüfschritte deutlich genannt werden und der Zulieferer erkennen kann, welche Tätigkeiten im Einzelnen nicht mehr vom Endhersteller/Assembler übernommen werden. Durch Individualvereinbarungen – daran bestehen keine Zweifel – kann § 377 HGB als solches abgewandelt werden, weil es sich im Ergebnis immer noch um dispositives Recht handelt.

87 Verstößt die gänzliche Abbedingung von § 377 HGB danach gegen das AGB-Recht mit der Folge, dass entsprechende Klauseln in Qualitätssicherungsvereinbarungen gänzlich unwirksam sind, ist es für den Klauselverfasser maßgeblich, eine **Konkretisierung** und Wirksamkeit darüber herzustellen, dass sehr genau auf die praktischen Umstände abgestellt wird. Die **Einzelfallbetrachtung** ist maßgeblich, eine Gesamtbetrachtung erforderlich. Diese hat sich an dem Leitgedanken zu orientieren, dass § 377 HGB seinem Schutzzweck nach den Zulieferer einbezieht, nicht aber einen Dritten, durch das Produkt Geschädigten. Gegenüber diesem gelten im Außenverhältnis alleine die dargestellten Grundsätze. Die Qualitätssicherungsvereinbarung und die Abbedingung der Wareneingangskontrolle haben allerdings über § 377 HGB einen haftungsrechtlichen Reflex auf das Kauf- bzw. teilweise auch das Werkvertragsrecht, über § 254 BGB beim Gesamtschuldnerinnenausgleich mehrerer nach außen verantwortlicher Hersteller auch auf das Deliktsrecht. Insofern sind im Rahmen entsprechender Klauseln auch **Differenzierungen** vorzunehmen, die zum einen das Vertragsverhältnis Zulieferer und Endhersteller betrachten, zum anderen aber gesondert darauf eingehen, was mit den deliktsrechtlichen Kontrollpflichten erfasst sein soll, die möglicherweise den Endhersteller in Bezug auf den geschädigten Dritten entlasten können. Den Verfassern entsprechender Klauseln sollte dies aus Gründen der Transparenz bereits deutlich bewusst sein. Da Qualitätssicherungsvereinbarungen neben der Sicherstellung der Qualität vor allem das kaufmännische Risiko innerhalb der Lieferkette mit Abbedingungsklauseln zu § 377 HGB verlagern wollen, und weniger die deliktsrechtliche Verantwortlichkeit gegenüber Dritten im Fokus steht, ist diese doch einzelfallbezogen, die kaufmännische Haftung im Innenverhältnis allerdings auch auf die Folgeschäden wie Rückrufverpflichtung und ähnliches erweitert, sollte diesem Teil das Schwergewicht zufallen.

2. Fixgeschäft/Verzugsschaden

88 Soweit mit einer Qualitätssicherungsvereinbarung auch der Abschluss eines Just-in-Time-Vertrages verbunden ist – und davon ist häufig auszugehen[1] – werden für gewöhnlich Lieferzeitpunkte als „fix" beschrieben. Ungeachtet der Tatsache, dass entsprechende Lieferzeiten zumeist losgelöst von den Qualitätssicherungsvereinbarungen individuell bei Einzelbestellungen vereinbart werden, ist die generelle Bezeichnung als „fix" rechtlich zu durch-

---

[1] Im Einzelnen: *Graf v. Westphalen/Bauer*, Just-in-Time-Lieferungen und Qualitätssicherungsvereinbarungen, S. 10 ff.

leuchten. Es ist die Frage zu stellen, ob es sich um ein relatives oder um ein absolutes Fixgeschäft gemäß § 376 HGB handeln soll. **Absolute Fixgeschäfte** sind dadurch charakterisiert, dass bei Nichteinhaltung der Leistungszeit dauernde Unmöglichkeit eintritt, so dass im Rahmen des Schadensersatzes auf § 280 BGB zurückgegriffen werden kann. Demgegenüber ist von einem **relativen Fixgeschäft** zu sprechen, wenn die Leistung zwar nachgeholt werden kann, nach dem Willen der Vertragsparteien aber mit der zeitgerechten Lieferung/Leistung das Geschäft „steht oder fällt". In diesem Fall wird die genaue Einhaltung der Liefer- und Leistungszeit als unbedingte Pflicht – unabhängig von einem Verschulden – dem Teilehersteller/Zulieferanten auferlegt[1]. Dabei ist zu berücksichtigen, dass sich jeder Zweifel gegen die Annahme eines Fixgeschäftes i.S.v. § 376 HGB auswirkt (vgl. § 376 Rn. 2 ff.). Soweit in der Literatur die Auffassung vertreten wird, dass bei den Just-in-Time-Lieferungen stets ein relatives Fixgeschäft i.S.v. § 376 HGB vorliegt[2], entspricht diese Auffassung nicht der Wirklichkeit. Im Gegenteil: Zumeist ist der Endhersteller sogar darauf angewiesen, weiterhin vom Zulieferer beliefert zu werden und die Lieferung „steht und fällt" eben nicht mit der pünktlichen und zeitgerechten Leistung. Die Beschaffung eines Ersatzlieferanten ist zumeist nur unter gehobenem Aufwand möglich. Dies bedeutet, dass Klauseln, die dem Abnehmer weitergehende Rechte bei nicht zeitgerechter Lieferung einräumen und damit über die normalen Verzugsregelungen hinausgehen, nach § 307 Abs. 2 BGB **unwirksam** sind. Eine Klausel, die die Rechtsfolge des § 376 HGB bei nicht fristgerechter Leistung statuiert, sich zugleich aber nicht an den Vorgaben von § 323 Abs. 2 Nr. 2 BGB im Einzelfall orientiert, ist daher generell in Qualitätssicherungsvereinbarungen unwirksam.

3. Sachmängelhaftung

a) Konkretisierung des Vertragsgegenstandes und der Garantien

Häufig wird versucht, in Qualitätssicherungsvereinbarungen Klauseln aufzunehmen, nach denen zum Beispiel vereinbarte Beschaffenheiten als „Garantien" gewertet werden. Bei der Abgabe einer Garantieerklärung wäre der zukaufende Endhersteller insoweit besser gestellt, als damit nach § 276 Abs. 1 BGB die Haftung des Zulieferers verschärfend in das Maß der verschuldensunabhängigen Haftung verlagert wäre. Die Abgabe einer **Beschaffenheitsgarantie** setzt allerdings voraus, dass der Garantiegeber eine durch Auslegung zu ermittelnde Erklärung dergestalt abgibt, dass davon auszugehen ist, dass er eine verschuldensunabhängige Haftung begründen möchte. Dies ist im Rahmen von Einkaufs-AGB ebenso wenig möglich wie im Zusammenhang mit standardisiert formulierten Qualitätssicherungsvereinbarungen. Insofern ist AGB-rechtlich die Rechtsprechung zu der Abfrage von „zugesicherten Eigenschaften" nach § 459 Abs. 2 BGB a.F. heranzuziehen. Entsprechende Klauseln sind also in AGB unwirksam[3].

89

---

[1] BGH v. 17.1.1990 – VIII ZR 292/88, ZIP 1990, 237, 240.
[2] *Nagel*, DB 1991, 319, 321; *Merz*, Qualitätssicherungsvereinbarungen, S. 148 ff.
[3] Vgl. auch *Steckler*, BiB 1997, 1067.

b) Verlängerung der Sachmängelhaftungszeiträume

90 Unter Berücksichtigung der BGH-Judikatur[1] ist davon auszugehen, dass eine vertragliche Verlängerung der Sachmängelhaftungsfristen nach § 438 BGB auf die Dauer von zumindest 36 Monaten in Einklang mit § 307 Abs. 2 BGB steht und damit auch in Qualitätssicherungsvereinbarungen wirksam ist – soweit nicht ein **Verstoß gegen das Überraschungsverbot** nach § 305c BGB gegeben ist. Je nach Gestaltung von Qualitätssicherungsvereinbarungen wäre eine Fristverlängerung innerhalb von solchen Vereinbarungen überraschend, insbesondere dann, wenn weitere rechtliche Fragen überhaupt nicht Teil der vertraglichen Dokumentation sind, sondern sie ausschließlich auf die Abwicklung von Qualitätsfällen gerichtet ist. Soweit deliktische Ansprüche in Rede stehen, gilt die allgemeine Verjährungsregel des § 195 BGB, verbunden mit dem Verjährungsbeginn des § 199 BGB. Insofern ist nicht ersichtlich, warum hier eine Verlängerungsfrist angezeigt sein sollte, gibt diese Frist doch hinreichend Möglichkeiten, Ansprüche geltend zu machen.

4. Haftungsklauseln

91 Haftungsklauseln machen für den Endhersteller/Assembler lediglich aus **klarstellenden Gründen** in Qualitätssicherungsvereinbarungen Sinn. Durch die Neuregelung des Schuldrechts zum 1.1.2002 ist vor allem dem allgemeinen Haftpflichttatbestand des Vertragsrechts nach § 280 Abs. 1 BGB solche Bedeutung zugekommen, dass eine weitergehende Regelung, die insbesondere Rückrufkostenverpflichtungen oder Ähnliches inkludiert, nicht zwingend erforderlich erscheint. Soweit nämlich Rückrufkosten kausale Folge der Pflichtverletzung, nämlich der mangelhaften Lieferung durch den Zulieferer sind, sind entsprechende Schadensersatzansprüche durch § 280 Abs. 1 BGB gedeckt, und der Zulieferer ist durch die Beweislastumkehr des § 280 Abs. 1 S. 2 BGB derart mit einem Haftungsrisiko belastet, dass es kaum erweiterbar ist, es sei denn, man würde eine verschuldensunabhängige Haftung manifestieren wollen. Letzteres geht – wie ausgeführt – in als AGB gestalteten Qualitätssicherungsvereinbarungen nicht.

92 Eine **Freistellungsklausel** ist für den Fall aufzunehmen, dass eine gesamtschuldnerische Haftung nach außen begründet wird. Dies ist insbesondere maßgeblich, soweit Geschädigte nach dem Produkthaftungsgesetz Schadensersatzansprüche geltend machen, für die beide Hersteller, also Endhersteller/Assembler und Zulieferer, verschuldensunabhängig haften. Insofern macht eine Klausel für den Endhersteller/Assembler Sinn, nach der dieser verpflichtet wird, den Besteller von allen Produkthaftungsansprüchen insoweit freizustellen, als er im Außenverhältnis selbst haftet. Dies gilt auch für die Kostenerstattung bei einer vom Endhersteller durchgeführten Rückrufaktion. Der Einwand mitwirkenden Verschuldens bzw. einer Mitverursachung des Schadens soll dabei indes unberührt bleiben, was AGB-rechtlich Vorgabe wäre. Damit wird vor allem ein Regressanspruch umgewandelt in

---

[1] BGH v. 5.10.2005 – VIII ZR 16/05, NJW 2006, 47; hierzu auch *Graf v. Westphalen*, FS Horn, S. 159 ff.

einen Freistellungsanspruch, was prozessual bei Inanspruchnahme durch einen Dritten bedeutsam ist. Bereits dann kann nämlich der Feststellungsanspruch gegen den Zulieferer im prozessualen Sinne ebenso durch einen Freistellungsanspruch ersetzt werden. Soweit im Rahmen einer entsprechenden Klausel zusätzlich auf den Versicherungsschutz hingewiesen wird, der möglicherweise erforderlich ist, insbesondere auch auf die gesonderte Rückrufkostendeckung, die einer separaten vertraglichen Vereinbarung mit einem Versicherer bedarf, bestehen gegen die Wirksamkeit der Klausel keine durchgreifenden Bedenken. Dies gilt insbesondere deshalb, weil ein Haftungsanspruch in den meisten Fällen ohnehin nach § 280 Abs. 1 BGB geboten ist[1]. Aus diesem Grund dürfte es AGB-rechtlich sogar vertretbar sein, die Hinweispflicht entfallen zu lassen.

5. Dokumentationspflichten

Soweit in Qualitätssicherungsvereinbarungen Dokumentationspflichten begründet werden, zumeist auch gekoppelt mit besonderen Informationspflichten seitens des Zulieferers, bestehen hiergegen **keine AGB-rechtlichen Bedenken**. Die Dokumentationspflicht liegt im originären Eigeninteresse des Teileherstellers/Zulieferers, weil sie ihm – wenn überhaupt – die Möglichkeit eröffnet, im Rahmen einer Haftung nach § 280 Abs. 1 BGB oder aber nach § 823 Abs. 1 BGB den Nachweis zu erbringen, dass der Mangel bzw. der Produktfehler von ihm nicht verschuldet wurde. Hinzu kommt, dass die meisten Zertifizierungen eine entsprechende Dokumentation erfordern. Auch gegen die **Aufbewahrungsfrist von zehn Jahren** bestehen keine Bedenken, zumal diese Aufbewahrungspflichten zumeist ohnehin handelsrechtlich gefordert werden. Die Frist rechtfertigt sich unter Berücksichtigung von § 13 ProdHaftG, nach dem Schadensersatzansprüche gemäß § 1 ProdHaftG nach Ablauf von zehn Jahren erlöschen, allerdings gerechnet erst ab dem Zeitpunkt, in dem der Hersteller das Produkt, welches den Schaden verursacht, in Verkehr gebracht hat. Die Dokumentation und Information über bestimmte Produktspezifika oder Herstellerspezifika ist im Rahmen einer Qualitätssicherungsvereinbarung sogar unerlässlich. Denn gerade gesunde Qualitätssicherungssysteme bauen auf der kontinuierlichen und vertrauensvollen Information zwischen Abnehmer und Lieferant auf. Insofern liegt es allerdings auch auf der Hand, dass gerade bei Dokumentations- und Informationspflichten dem Geheimhaltungsinteresse des Zulieferers besondere Bedeutung zukommt. Ist dieser nämlich – was auch im Rahmen eines Lieferantenaudits geschehen kann – verpflichtet, Informationen weiter zu geben, müssen diese **vertraulich** behandelt werden[2]. Da allerdings die Interessenlage zunächst gleich gelagert ist, nämlich durch Information und Dokumentation einen höheren Sicherheitsstandard der Produkte zu erreichen, dürften sowohl der Endhersteller/Assembler als auch der Teilehersteller/Zulieferer mit der Vereinbarung keine Schwierigkeiten haben. Insofern ist empfehlenswert, eine **gegenseitige Geheimhaltungsvereinbarung** in Bezug auf alle Infor-

---

1 Abweichend noch zur alten Rechtslage: *Graf v. Westphalen*, CR 1990, 567, 574.
2 *Schmidt*, NJW 1991, 144, 151.

mationen zu vereinbaren, die im Rahmen der Qualitätssicherungsvereinbarung ausgetauscht werden, zumal auch der Zulieferer Informationen seitens des Herstellers im Rahmen der qualitätsmäßigen Betrachtung von Problemprodukten erhält. Diese Geheimhaltungsklauseln sollten – damit sie durchsetzbar sind – in jedem Fall mit einer spürbaren **Vertragsstrafe** als Sanktionsmittel belegt sein.

6. Klauseln zum Geräte- und Produktsicherheitsgesetz

94 Seit dem 1.5.2004 ist das Geräte- und Produktsicherheitsgesetz (GPSG) in Kraft[1]. Das GPSG erfasst nach Schätzungen über 90 % der in Deutschland hergestellten und vertriebenen Produkte und ist damit **produktsicherheitsrechtliche Zentralvorschrift**[2]. Damit ist sie als gesetzliches Regelwerk in Bezug auf produktsicherheitsrechtliche Fragestellungen zentraler Aufhänger auch für Qualitätssicherungsvereinbarungen[3].

95 Neben Informations- und Mitteilungspflichten, die insbesondere bei Produktmängeln den Hersteller betreffen, kommt nach dem GPSG die sog. **„Selbstanschwärzungspflicht"** hinzu, soweit Verbraucherprodukte betroffen sind. Der Hersteller von Verbraucherprodukten muss also nach § 5 Abs. 2 GPSG die zuständige Behörde über Sicherheitsmängel unterrichten, soweit er weiß oder anhand von vorliegenden Informationen oder seiner Erfahrung eindeutige Anhaltspunkte dafür hat, dass Sicherheitsmängel gegeben sind[4]. Hersteller haben daher sicherzustellen, dass sie zeitlich vor der zuständigen Behörde Informationen über etwaige Untersuchungen oder bevorstehende Anfragen haben. So tritt es nämlich auf, dass ein Zulieferer, der auch andere Endhersteller beliefert, von den Produktsicherheitsbehörden wegen Mängeln, die bei einem anderen Endhersteller aufgetreten sind, kontaktiert wird und durch „Kontrollmeldungen" die Produktsicherheitsbehörde des Endherstellers informiert. Der Zulieferer hätte durch Klauselgestaltung indes verpflichtet werden müssen, auch Qualitätsmängel bei anderen Abnehmern, die (theoretisch) auch auf den Endhersteller als Qualitätssicherungsvereinbarungs-Partner niederschlagen können, zu übermitteln. Das Pflichtenprogramm der Produktsicherheit schlägt hier durch, so dass eine AGB-Kontrolle entsprechender Klauseln auch wirksam ist. Eine solche Klausel könnte wie folgt aussehen:

„Der Lieferant wird den Käufer unverzüglich informieren, wenn er an einem oder mehreren von ihm hergestellten Teilprodukten feststellt, dass das Produkt den vertraglich vereinbarten Beschaffenheiten nicht mehr entspricht und/oder der Lieferant weiß oder anhand der ihm vorliegenden Informationen oder seiner Erfahrung eindeutig Anhaltspunkte dafür hat, dass sein Produkt nicht den Sicherheitsanforderungen entspricht. Dies gilt insbesondere dann, wenn der Lieferant bereits durch die Marktüberwachungsbehörden kontaktiert worden ist."

---

1 Gesetz zur Neuordnung der Sicherheit von technischen Arbeitsmitteln und Verbraucherprodukten v. 6.1.2004, BGBl. I, 2 ff.
2 TÜV-Journal, 1. Quartal 2004.
3 Hierzu im Einzelnen: *Laschet*, StoffR 2004, 271 ff.
4 Hierzu *Lenz/Laschet*, Leitfaden zum GPSG, S. 26 ff.

Des Weiteren ist gerade im Bereich der **Verbraucherprodukte** bedeutsam, dass die Qualitätssicherungsvereinbarung auch auf das Schlagwort der „Traceability", also der **Produktnachverfolgbarkeit** Bezug nimmt. Diese wird im Rahmen von § 5 Abs. 1 Nr. 1 lit. c GPSG vom Hersteller indirekt gefordert. Auch insoweit kann eine Einwilligung des Teileherstellers/Zulieferers frühzeitig erfolgen. Zum einen gehört unter diese Pflicht nach GPSG die Nachverfolgungspflicht für einzelne Produkte[1]. Der Hersteller sollte daher in Qualitätssicherungsvereinbarungen dem Zulieferer zwingend auferlegen, seine Teile so zu kennzeichnen, dass zwar nicht der Name des Zulieferers erscheint – daran dürfte der Endhersteller kein Interesse haben – wohl aber, dass diese durch Nummerierungen oder ähnliche Kennzeichnungen identifizierbar und nachverfolgbar sind. Eine Klausel wäre wie folgt gestaltbar:

„Der Lieferant wird durch geeignete Kennzeichnung der Vertragsgegenstände oder – falls dies technisch nicht möglich ist – in anderer Weise dafür sorgen, dass bei Erkennen eines Fehlers am Vertragsgegenstand sofort identifiziert werden kann, welche Vertragsgegenstände insgesamt von einem solchen Fehler betroffen sind oder betroffen sein können. Über das vom Lieferer gewählte System zur Kennzeichnung wird dieser den Käufer stets aktuell informieren, so dass diesem jeweils eigene Feststellungen möglich sind."

Damit könnte dann auch die Implementierung eines Rückrufmanagements und die Benennung einer Kontaktperson verbunden werden, was beides nach GPSG erforderlich sein wird. Zur Benennung eines konkreten **Qualitätssicherungsbeauftragten** könnte daher folgende Klausel verwendet werden:

„Der nachbenannte Beauftragte des Lieferanten wird dem Käufer insbesondere dann, wenn dieser Maßnahmen der Marktüberwachungsbehörden aufgrund des Geräte- und Produktsicherheitsgesetzes ausgesetzt ist, alle erforderlichen Informationen übermitteln und jedwede Hilfestellung leisten, die dieser benötigt, um entsprechende Maßnahmen der Behörden abzuwenden; etwaige Kosten oder Aufwendungen des Lieferanten werden nicht erstattet."

---

1 *Lenz/Laschet*, Leitfaden zum GPSG, S. 26.

Vertragshändlerverträge

Übersicht

	Rn.		Rn.
I. Maßgebender Vertragstyp		2. Änderungsvorbehalt	39
1. Geschäftsbesorgungs- und Rahmenvertrag	1	3. Freiwillige Leistungen	40
2. Analogie zu den §§ 84 ff. HGB	2	**VIII. Vorgaben von Standards/Richtlinien**	41
II. Anwendbarkeit des Kartellrechts		**IX. Gewährleistungsarbeiten – Herstellergarantien – Rückvergütungspauschalen – §§ 478, 479 BGB**	
1. Europäisches Kartellrecht – Art. 81 EG	3		
2. Gruppenfreistellungs-VO Nr. 2790/1999		1. Gewährleistungspflicht des Vertragshändlers	42
a) Anwendungsbereich	5	2. Vergütungspauschale	45
b) „Schwarze" und „rote" Klauseln	6	3. Minderungen der Vergütungspauschale	46
3. Verstoß gegen die Gruppenfreistellungsverordnungen	8a	**X. Ersatzteilbindung**	47
4. Deutsches Kartellrecht – § 20 GWB	9	**XI. Einblick in Geschäftsbücher – Bilanzen**	49
III. Vertragshändlerverträge als AGB-Klauselwerke		**XII. Geschäftsveräußerung – Inhaberwechsel – Erbfolge**	
1. Regelmäßig kein Individualvertrag	11	1. Zustimmungsvorbehalt des Herstellers	50
2. AGB-Kontrollmaßstab gemäß § 307 BGB – Einfluss der EG-VO Nr. 2790/1999	12	2. Konkretisierung der Verweigerungsgründe	51
IV. Alleinvertriebsrecht – Marktverantwortungsgebiet – Änderungsvorbehalte		**XIII. Ordentliche Kündigung**	
		1. Befristung – Inhaltskontrolle	52
1. Alleinvertriebsrecht – Marktverantwortung	14	2. Kündigungsfristen	54
2. Änderungsvorbehalte	17	3. Rechtsfolgen	
a) Vereinbarkeit mit § 307 Abs. 1 BGB	18	a) § 306 Abs. 2 BGB	58
b) Übernahme einer Zweitvertretung durch den Vertragshändler	24	b) § 20 GWB	59
c) Umstrukturierungsmaßnahmen des Herstellers – Kündigung	27	**XIV. Fristlose Kündigung**	
		1. Analoge Anwendung von § 89a HGB	60
V. Belieferungspflicht – Modellpolitik	31	2. Keine Anwendung von § 626 Abs. 2 BGB	63
VI. Mindestabnahmen		3. Konsequenzen rechtswidriger Kündigungen	64
1. Individualvertragliche Abrede	33	4. Teilkündigung	65
2. Einseitige Festlegung	34	**XV. Rücknahmepflichten**	
a) Parallele zum Handelsvertreterrecht	36	1. Nachvertragliche Treuepflicht	66
b) Sanktionen	37	2. Preisgestaltung	68
VII. Rabatte – Änderungen		3. Umfang der Rücknahmepflicht	69
1. Preisempfehlung – Händlereinkaufspreis	38	4. Fristen zur Ausübung des Rücknahmeanspruchs	70
		5. Rücknahme von Spezialwerkzeugen	71

	Rn.		Rn.
6. Rücknahme von Vorführwagen	72	c) Keine besondere Schutzbedürftigkeit des Vertragshändlers	82
XVI. Erstattung nicht-amortisierter Investitionen	73	2. Berechnung	
1. Voraussetzungen	74	a) Generelle Gesichtspunkte	83
2. Umfang	76	b) Rabatte – Provision	85
3. Keine formularmäßige Abbedingung	77	c) „Münchener Formel"	88
		d) Darlegungs- und Beweislast	92
XVII. Ausgleichsanspruch		3. Sonstige Konsequenzen der Analogie	93
1. Voraussetzungen	78	4. Entfallen des Ausgleichsanspruchs	94
a) Eingliederung	79		
b) Verschaffung des Kundenstamms	80		

Schrifttum: *Creutzig,* Automobilvertrieb heute und morgen, DAR 1999, 16; *Creutzig,* Gruppenfreistellungs-Verordnung (GVO) für den Kraftfahrzeugverkehr, 2003; *Ebenroth,* Absatzmittlungsverträge im Spannungsverhältnis von Kartell- und Zivilrecht, 1980; *Ebenroth/Parche,* Die kartell- und zivilrechtlichen Schranken bei der Umstrukturierung von Absatzmittlungsverhältnissen, BB 1988, Beil. 10; *Emde,* Die Dispositionsbefugnis des Unternehmers (Herstellers) im Rahmen vertikaler Vertriebssysteme, NJW 1999, 326; *Enstháler,* Die Zukunft der selektiven Vertriebssysteme der Automobilhersteller, BB 1999, 1509; *Genzow,* Der Vertragshändlervertrag, 1996; *Giesler* (Hrsg.), Praxishandbuch Vertriebsrecht, 2005; *Intveen,* Praxisprobleme bei der Berechnung des Ausgleichsanspruchs eines Kfz-Vertragshändlers, BB 1999, 1881; *Kümmel,* Der Ausgleichsanspruch des Kfz-Vertragshändlers – Berechnung nach der „Münchener Formel", DB 1998, 2407; *Kümmel,* Der Ausgleichsanspruch des Vertragshändlers, DB 1997, 27; *Manderla,* in Martinek/Semler/Habermeier, Handbuch des Vertriebsrechts, 2. Aufl. 2003, § 16; *Niebling,* Das Recht des Automobilvertriebs, 1996; *Pukall,* Neue EU-Gruppenfreistellungsverordnung für Vertriebsbindungen, NJW 2000, 1370; *C. Stumpf,* Vertragshändlerausgleich analog § 89 HGB – praktische und dogmatische Fehlverortung?, NJW 1998, 12; *Stumpf/Jaletzke/Schultze,* Der Vertragshändlervertrag, 3. Aufl. 1997; *C. Thume,* Neue Rechtsprechung zum Ausgleichsanspruch des Handelsvertreters und des Vertragshändlers, BB 1998, 1425; *Ulmer,* Der Vertragshändler, 1969; *Ulmer/Brandner/Hensen,* AGB-Recht, 10. Aufl. 2006, Vertragshändlervertrag, Anh. zu § 310 Rn. 935 ff.

I. Maßgebender Vertragstyp

1. Geschäftsbesorgungs- und Rahmenvertrag

Es ist weitgehend anerkannt, dass Vertragshändlerverträge als **Dienstverträge** zu qualifizieren sind, denen eine **Geschäftsbesorgung** i.S.d. §§ 675, 611 ff. BGB zukommt[1]. Es handelt sich hierbei um ein **Dauerschuldverhältnis**[2], das dem Vertragshändler die Verpflichtung zur selbständigen Wahrnehmung fremder Vermögensinteressen auferlegt[3], der ihrerseits spiegelbildlich die **be-** 1

---

1 *Ulmer,* Der Vertragshändler, S. 241 ff.; *Ebenroth,* Absatzmittlungsverträge, S. 33.
2 *Ulmer,* Der Vertragshändler, S. 251 ff.; RGRK-HGB/*Brüggemann,* vor § 84 Rn. 7.
3 *Ulmer,* Der Vertragshändler, S. 276 ff.

sondere **Treuepflicht** und Rücksichtnahme des Herstellers korrespondiert[1]. Damit ist gleichzeitig gesagt, dass der Vertragshändlervertrag ein typischer **Rahmenvertrag** ist. Sein Regelungsgehalt bezieht sich darauf, die grundlegenden Rechte und Pflichten zu normieren, die zwischen den Parteien zu beachten sind; der Vertragshändlervertrag ist damit sozusagen die „Verfassung" zwischen dem Hersteller und seinem Vertragshändler[2]. Durch diese Kategorisierung ist aber auch festgestellt, dass der Hersteller verpflichtet ist, dem Vertragshändler die Vertragserzeugnisse zum Kauf anzubieten; der Vertragshändler ist verpflichtet, diese dem Hersteller abzukaufen – mit der Konsequenz, dass diese Kaufverträge integraler Bestandteil des Vertragshändlervertrages sind. Erst auf diese Weise – verbunden mit der Absatzpflicht, die der Vertragshändler zu erfüllen hat – erhält der Vertragshändlervertrag seine wirtschaftliche Dimension. Sieht man alle diese Elemente zusammen, so liegt es nahe, den Vertragshändlervertrag in seiner **Gesamtheit** als einen typenkombinierten Vertrag zu qualifizieren. Die Rechtsprechung geht daher von einem **Vertrag eigener Art** aus[3].

2. Analogie zu den §§ 84 ff. HGB

2   Mit dieser Klassifizierung ist freilich nicht viel gewonnen[4]. Im **Vordergrund** praktischer Erwägungen steht deshalb regelmäßig die Frage, inwieweit die Bestimmungen des Handelsvertreterrechts gemäß §§ 84 ff. HGB auch analog auf den Vertragshändler Anwendung finden[5]. Dies gilt in erster Linie für die **Interessenwahrungspflicht** des Vertragshändlers, wie sie für den Handelsvertreter in § 86 HGB normiert ist. Im engen Zusammenhang hierzu steht die **Loyalitätspflicht** des Herstellers i.S.v. § 86a HGB, das dem Vertragshändler eingeräumte Vertriebsrecht zu sichern[6]. Unproblematisch ist daher die analoge Anwendung von § 89a HGB für den Fall der **fristlosen Kündigung** aus wichtigem Grund (Rn. 60 ff.). Höchst bedeutsam ist auch, dass der BGH in ständiger Rechtsprechung dem Vertragshändler einen **Ausgleichsanspruch** in analoger Anwendung von § 89b HGB zuerkannt hat, soweit der Vertragshändler – wie ein Handelsvertreter – in die Absatzorganisation des Herstellers eingegliedert ist, so dass er – wirtschaftlich betrachtet – in erheblichem Umfang Aufgaben übernimmt, die denen des Handelsvertreters vergleichbar sind, vorausgesetzt, er ist zudem verpflichtet, seinem Hersteller den von ihm geworbenen Kundenstamm zu übertragen, so dass der Hersteller in der Lage ist, die Vorteile des Kundenstamms (sofort) und ohne weiteres zu nutzen[7].

---

1 BGH v. 10.2.1994 – VIII ZR 48/92, NJW-RR 1993, 682; *Ulmer*, Der Vertragshändler, S. 411 ff.; 422 ff.; *Bunte*, ZIP 1982, 1166, 1168 f.
2 *Martinek*, Aktuelle Fragen des Vertriebsrechts, 3. Aufl. 1992, Rn. 35.
3 BGH v. 11.12.1958 – II ZR 73/57, NJW 1959, 144, 145.
4 RGRK-HGB/*Brüggemann*, vor § 84 Rn. 12.
5 RGRK-HGB/*Brüggemann*, vor § 84 Rn. 11 ff.
6 BGH v. 10.2.1993 – VIII ZR 48/92, NJW-RR 1993, 682; Rn. 64.
7 BGH v. 25.3.1982 – I ZR 146/80, NJW 1982, 2819; BGH v. 14.4.1983 – I ZR 20/81, NJW 1983, 2877; BGH v. 26.11.1984 – VIII ZR 214/83, NJW 1985, 623; BGH v. 2.7.1987 – I ZR 188/85, NJW-RR 1988, 42; BGH v. 8.6.1988 – I ZR 244/86, NJW-RR

II. Anwendbarkeit des Kartellrechts

1. Europäisches Kartellrecht – Art. 81 EG

Festzuhalten ist inzwischen, dass gemäß Art. 3 Abs. 1 lit. g EG der Europäischen Gemeinschaft die Kompetenz zugewachsen ist, für ein System Sorge zu tragen, wonach der Binnenmarkt frei von Wettbewerbsverfälschungen und Wettbewerbsverzerrungen ist. Die Kompetenz des nationalen Gesetzgebers ist in den Hintergrund getreten: Seit dem 1.5.2005 sind die bislang an dieser Stelle behandelten Vorschriften der §§ 14 ff. GWB außer Kraft getreten. Es sind im Wesentlichen **drei Verhaltensweisen**, welche nach Art. 81 EG bei der Prüfung von etwaigen Wettbewerbsverstößen in Betracht zu ziehen sind, nämlich eine den Wettbewerb beschränkende Vereinbarung[1], ein entsprechendes abgestimmtes Verhalten sowie ein entsprechender Beschluss. In diesem Rahmen ist immer dann von einer Wettbewerbsbeschränkung i.S.d. Art. 81 EG zu handeln, wenn die betreffende Verhaltensweise eine künstliche Veränderung der Marktbedingungen bewirkt oder bezweckt, was dann zu einem Verlust an autonomer oder individueller Selbstbestimmung des anderen Marktteilnehmers führt. Dabei ist hervorzuheben, dass einseitige Maßnahmen, welche ohne Zustimmung des jeweiligen Adressaten ergriffen werden, nicht unter den Tatbestand von Art. 81 Abs. 1 EG fallen, es sei denn, der Adressat habe diesen Maßnahmen stillschweigend zugestimmt[2]. Doch liegt immer dann eine nach Art. 81 Abs. 1 EG relevante Vereinbarung vor, wenn die betreffenden Unternehmen ihren gemeinsamen Willen zum Ausdruck gebracht haben, sich auf dem Markt in einer bestimmten Weise zu verhalten, so dass eine entsprechende **Willensübereinstimmung** vorliegen muss[3].

Nach Art. 81 Abs. 1 EG ist es immer erforderlich, dass die jeweilige den Wettbewerb beschränkende Maßnahme sich auf den **Wettbewerb zwischen den Mitgliedstaaten** auswirkt und dass es sich insoweit um eine **spürbare Beeinträchtigung** handelt[4]. Dies ist nach der Bagatellbekanntmachung vom 22.12.2001[5] dann zu verneinen, wenn die Marktanteile der beteiligten Unternehmen nicht mehr als 10 % bei horizontalen Vereinbarungen und nicht mehr als 15 % bei vertikalen Vereinbarungen ausmachen. Zur Berechnung des Marktanteils müssen alle Marktanteile der jeweils beteiligten Unterneh-

---

1988, 1305; BGH v. 10.2.1993 – VIII ZR 47/92, NJW-RR 1993, 678; BGH v. 29.4.1993 – I ZR 150/91, BB 1993, 1312; BGH v. 6.10.1993 – VIII ZR 172/92, ZIP 1993, 1788; BGH v. 1.12.1993 – VIII ZR 41/93, ZIP 1994, 126; BGH v. 17.4.1996 – VIII ZR 5/95, ZIP 1996, 1131; im Einzelnen Rn. 82.

1 EuGH v. 6.1.2004 – Rs. C-2/01 P und C-3/01 P, EuZW 2004, 309 – Bundesverband der Arzneimittelimporteure e.V. und Kommission ./. Bayer AG – Adalat – kein entsprechender Nachweis einer Vereinbarung.
2 EuGH v. 12.7.1979 – Rs. 32/78 und 36/78 bis 32/78, GRUR Int. 1990, 141 – BMW Belgium ./. Kommission; EuG v. 26.10.2000 – Rs. T-41/96 – GRUR Int. 2001, 616 – Bayer AG ./. Kommission.
3 EuG v. 3.12.2003 – Rs. T 208/01, GRUR Int. 2004, 427, 429 – Volkswagen AG ./. Kommission.
4 ABl. EG Nr. C 368 v. 22.12.2001, 13.
5 ABl. EG Nr. C 368 v. 22.12.2001, 13.

men hinzugerechnet werden; es gilt die sog. Bündeltheorie, so dass bei einem Vertriebssystem alle Anteile der beteiligten Händler hinzuzurechnen sind[1]. Zum Problem der **Abschottung der Märkte** im Rahmen eines selektiven Vertriebssystems vgl. EuGH v. 18.9.2003 – Rs. C-338/00 P, GRUR Int. 2004, 45, 47 – Volkswagen AG ./. Kommission.

2. Gruppenfreistellungs-VO Nr. 2790/1999[2]

a) Anwendungsbereich

5   Für den Bereich des Vertragshändlerrechts ist diese Schirm-VO inzwischen die wichtigste Rechtsquelle. Sie hat die früher hier behandelte GVO Nr. 1983/83 ebenso abgelöst wie die GVO Nr. 1984/83[3]. Für die Praxis ist es sehr wichtig, den jeweils **sachlich** relevanten Markt zu bestimmen, um entscheiden zu können, ob die betreffende Vereinbarung in den Anwendungsbereich der Schirm-GVO fällt. Dies vollzieht sich danach, ob aus der Sicht des Käufers das jeweilige Produkt substituierbar ist. Zu fragen ist also stets, ob die dem Vertragshändler zum Zweck des Vertriebs überlassenen Produkte durch andere ersetzt werden können, weil der Käufer die Produkte als nicht auswechselbar erachtet. Für die Bestimmung des **räumlich relevanten Marktes** gilt, dass damit das Gebiet erfasst wird, in dem die beteiligten Unternehmen die relevanten Produkte (oder Dienstleistungen) anbieten, in dem die Wettbewerbsbedingungen hinreichend homogen sind und das sich von benachbarten Gebieten durch spürbar unterschiedliche Wettbewerbsbedingungen unterscheidet[4]. Das ist auf das sorgfältigste im Einzelfall zu prüfen. Feststeht jedenfalls, dass die Kommission auf dem Standpunkt steht, dass Unternehmen (Lieferanten), welche einen **geringeren Marktanteil als 30 %** auf dem sachlich und räumlich relevanten Markt aufweisen, von der Schirm-GVO erfasst und insoweit **freigestellt** werden, als nicht „schwarze" oder „rote" Klauseln in den Vertragshändlerverträgen enthalten sind.

b) „Schwarze" und „rote" Klauseln

6   Wird eine der nachstehend aufgeführten „**schwarzen**" **Klauseln** verwendet, dann entfällt die Bonifikation der Schirm-GVO insgesamt; es gilt das klassische Alles-oder-Nichts-Prinzip[5]. Nach Art. 4 lit. a Schirm-GVO ist es verboten, dass der Unternehmer direkt oder indirekt die **Verkaufspreise** gegenüber dem Vertragshändler festlegt; eine Preisempfehlung bleibt unberührt. Sie darf jedoch über eine einfache Mitteilung des Verkaufspreises nicht hinausreichen. Nach Art. 4 lit. b Schirm-GVO ist es untersagt, dass der Unternehmer **Beschränkungen des Gebietes oder des Kundenkreises** vorsieht.

---

1 *Vogels/Köhnen* in Giesler, Praxishandbuch Vertriebsrecht, § 3 Rn. 572, 614.
2 ABl. EG Nr. L 336 v. 29.12.1999, 21; abgedruckt im Anhang, S. 2697 ff.
3 Hierzu im Einzelnen *Vogels/Köhnen* in Giesler, Praxishandbuch Vertriebsrecht, § 3 Rn. 602 ff.
4 So Leitlinien der Kommission für vertikale Beschränkungen, ABl. EG Nr. C 291 v. 13.10.2000, Rn. 90; *Vogels/Köhnen* in Giesler, Praxishandbuch Vertriebsrecht, § 3 Rn. 611 f.
5 *Vogels/Köhnen* in Giesler, Praxishandbuch Vertriebsrecht, § 3 Rn. 620 ff.

Doch gilt in Bezug auf den aktiven Verkauf eine Ausnahme, weil sich dieses Recht – außerhalb des Vertragsgebiets – der Unternehmer selbst vorbehalten oder einem anderen Vertragshändler zuweisen kann[1]. Für den Bereich des **selektiven Vertriebssystems** bedeutet dies, dass keine Beschränkungen vorgesehen werden dürfen, welche den aktiven oder passiven Verkauf von Vertragsprodukten an Endverbraucher zum Gegenstand haben. Wichtig ist auch, dass Querlieferungen von einem Vertragshändler zu anderen Vertragshändlern nicht ausgeschlossen sein dürfen[2], was sich aus Art. 4 lit. d Schirm-GVO ergibt. Demzufolge ist eine Klausel, wonach der Vertragshändler die Vertragsprodukte ausschließlich von seinem Unternehmer/Lieferanten beziehen kann, als Verstoß gegen eine „schwarze" Klausel zu werten, weil sie dem Vertragshändler untersagt, die gleiche Ware auch von einem anderen Vertragshändler zu beziehen, um den Endverbraucher zu beliefern. Darüber hinaus bezweckt Art. 4 lit. e Schirm-GVO die Offenhaltung des Ersatzteilmarktes. Dies besagt, dass Ersatzteile auch von freien Reparaturwerkstätten bezogen werden dürfen, damit der Kunde bei diesen, nicht aber beim Vertragshändler die erforderliche Reparatur vornimmt[3].

Art. 5 Schirm-GVO regelt den Bereich der sog. „roten" Klauseln. Beachtet ein Vertrag eine der nachstehend aufgeführten Klauseln nicht, dann ist nur die betreffende Klausel, nicht aber der gesamte Vertrag nichtig. Danach sind **Wettbewerbsverbote**, welche auf unbestimmte Dauer oder für einen Zeitraum von mehr als fünf Jahren vorgesehen werden, nicht hinnehmbar. Erfasst werden also alle Abreden, die sich unmittelbar oder mittelbar dahin auswirken, dass der Vertragshändler keine Vertragsprodukte beziehen oder verkaufen darf. Ein nachvertragliches Wettbewerbsverbot ist nur für die Dauer von einem Jahr zulässig. Dabei ist Voraussetzung, dass dieses Verbot zum Schutz des Know-hows des Unternehmers unerlässlich ist. 7

Für die **Automobilbranche** gilt die Spezial-GVO Nr. 1400/2002[4], auf die hier wegen ihrer zu großen Spezialität nicht näher eingegangen werden kann[5]. Doch ist auf ihre besondere Bedeutung zu verweisen, sofern eine Klausel in Rede steht, welche Gegenstand eines Kfz-Händlervertrages ist. 8

3. Verstoß gegen die Gruppenfreistellungsverordnungen

Wenn eine Klausel gegen eine Bestimmung der zuvor erwähnten GVOs verstößt, stellt sich die Frage, welche Konsequenzen dies im Rahmen von § 307 8a

---

1 Zu weiteren Ausnahmen vgl. Leitlinien der Kommission für vertikale Beschränkungen, ABl. EG Nr. C 291 v. 13.10.2000, Rn. 49, 52.
2 Hierzu auch BGH v. 13.7.2004 – KZR 10/03, GRUR Int. 2005, 152, 156.
3 Einzelheiten vgl. Leitlinien der Kommission für vertikale Beschränkungen, ABl. EG Nr. C 291 v. 13.10.2000, Rn. 56.
4 Hierzu insbesondere BGH v. 13.7.2004 – KZR 10/03, GRUR 2005, 62 – Citroën; *Ulmer/Brandner/Hensen*, AGB-Recht, Anh. zu § 310 BGB Rn. 944.
5 Hierzu insbesondere *Creutzig*, EG-Gruppenfreistellungs-Verordnung (GVO) für den Kraftfahrzeugsektor, 2003; vgl. auch *Vogels/Köhnen* in Giesler, Praxishandbuch Vertriebsrecht, § 3 Rn. 638 ff.

Abs. 1 oder – vorzugsweise – § 307 Abs. 2 Nr. 1 BGB entfaltet[1]. Viel spricht dafür, dass ein solcher Verstoß gegen eine „schwarze" oder „rote" Klausel dazu führt, auch ihre AGB-rechtliche Unwirksamkeit zu bejahen[2]. Diese Tendenz wird auch in der Judikatur zu Recht als zutreffend angesehen[3]. Denn ein kartellrechtlicher Verstoß entfaltet zumindest eine i.S.d. § 307 Abs. 2 Nr. 1 BGB entscheidende Indizwirkung, dass die betreffende Klausel auch unangemessen ist.

4. Deutsches Kartellrecht – § 20 GWB

9 Nach der Rechtsprechung des BGH ist ein Vertragshändler – hier: ein Kfz-Vertragshändler mit Ausschließlichkeitsbindung – regelmäßig vom Hersteller **sortiments- und unternehmensbedingt** i.S.v. **§ 20 GWB**[4] **abhängig**[5], sofern sein Geschäftsbetrieb so stark auf die Produkte des Herstellers ausgerichtet ist, dass er nur unter Inkaufnahme erheblicher Wettbewerbsnachteile auf die Vertretung eines anderen Herstellers überwechseln könnte[6]. Eine marktbeherrschende Stellung des Herstellers ist nicht erforderlich[7]. Die damit angeschnittene Frage ist zum einen dann bedeutsam, wenn der Hersteller beabsichtigt, einen **neuen Vertragshändlervertrag** abzuschließen[8]. Zum anderen ist das in § 20 Abs. 1 GWB[9] enthaltene Diskriminierungsverbot dann zu berücksichtigen, wenn – unter Beachtung der beiderseitigen Interessen der Parteien – eine unterschiedliche Behandlung – gleichgültig, ob während des Vertragshändlervertrages oder im Zusammenhang mit der **Kündigung** – stattfindet, ohne dass hierfür ein sachlich gerechtfertigter Grund vorliegt. Praktische Bedeutung hat das Diskriminierungsverbot des § 20 GWB in letzter Zeit vor allem im Zusammenhang mit Fragen des **Kfz-Leasing** erhalten. Nach der Rechtsprechung des EuGH ist freilich davon auszugehen, dass unmittelbar Art. 81 EG Anwendung findet[10]. Die Rechtsprechung des BGH berücksichtigt in diesem Zusammenhang die – inzwischen außer Kraft getretene – Gruppenfreistellungsverordnung Nr. 123/85[11]. Im Rahmen von § 20 Abs. 1 GWB gilt im Übrigen, dass auch ein marktbeherrschender Fahrzeughersteller nicht verpflichtet ist, Fahrzeugverkäufe seiner Vertragshändler an ein sehr großes – fremdes – Leasingunternehmen ebenso durch Zahlung von Zuschüssen zu fördern wie Verkäufe an sein eigenes im Leasinggeschäft tätiges Tochterunternehmen oder an Leasinggesellschaften, an denen Vertrags-

---

1 Hierzu *Ulmer/Brandner/Hensen*, Anh. § 310 BFB Rn. 947 f.
2 BGH v. 8.5.2007 – KZR 14/04, NJW 2007, 3568 – BMW; BGH v. 13.7.2004 – KZR 10/03, GRUR 2005, 62 – Citroën.
3 In der Sache BGH v. 8.5.2007 – KZR 14/04, NJW 2007, 3568, 3569 – BMW; *Ulmer/Brandner/Hensen*, Anh. § 310 BGB Rn. 948.
4 Hierzu *Bechtold*, Kartellgesetz, GWB Kommentar, 4. Aufl. 2006, § 20 GWB Rn. 18.
5 *Schiele*, Kraftfahrzeugvertrieb, 1994, S. 42 ff.
6 BGH v. 23.2.1988 – KZR 20/86, DB 1988, 1690 – Opel-Blitz.
7 Vgl. auch *Ulmer/Brandner/Hensen*, Anh. zu § 310 BGB Rn. 943.
8 BGH v. 23.3.1988 – KZR 20/86, DB 1988, 1690 – Opel-Blitz.
9 *Bechtold*, Kartellgesetz, GWB-Kommentar, 4. Aufl. 2006, § 20 GWB Rn. 41 ff.
10 EuGH v. 24.10.1995 – Rs. C-70/93 (BGH), ZIP 1995, 1766 – BMW/ALD; EuGH v. 24.10.1995 – Rs. C-266/93 (BGH) – ZIP 1995, 1769 – V.A.G.
11 Hierzu *Grundmann/Eichert*, ZIP 1995, 1995 ff.

händler beteiligt sind, und die zumindest schwerpunktmäßig Kraftfahrzeuge der eigenen Produktion vermieten[1].

Vertragshändlerverträge unterliegen jetzt nicht mehr einer Missbrauchsaufsicht, wie dies noch für den inzwischen außer Kraft getretenen § 16 GWB galt[2], sondern unmittelbar dem Kartellverbot des § 1 GWB. Doch haben die Normen des GWB nur noch geringe praktische Bedeutung. Ohnehin ist seit langem zu beobachten, dass sich die Hersteller an die von ihnen herausgegebenen unverbindlichen Preisempfehlungen halten, also zu ihrer Durchsetzung weder ein unmittelbarer noch ein mittelbarer Druck ausgeübt wird, so dass doch eine nicht unbeträchtliche Distanz zu den – unzulässigen – Fest- oder Mindestpreisen besteht.

III. Vertragshändlerverträge als AGB-Klauselwerke

1. Regelmäßig kein Individualvertrag

Vertragshändlerverträge sind **typischerweise** AGB-Verträge i.S.v. § 305 Abs. 1 S. 1 BGB. Dies folgt schon daraus, dass der Hersteller ein berechtigtes Interesse daran hat, die Beziehungen zu seinen Vertragshändlern **einheitlich** zu gestalten; darüber hinaus ist der Hersteller verpflichtet, alle seine Vertragshändler i.S.v. § 20 Abs. 1 GWB **gleich zu behandeln**[3]. Auch wenn der Inhalt der Vertragshändlerverträge – dies entspricht der regeltypischen Erfahrung – zwischen dem Hersteller und etwaigen „Beiräten", „Kommissionen" oder „Ausschüssen" beraten und gemeinsam beschlossen wird, so ändert dies für sich genommen nichts daran, dass es sich um ein AGB-Klauselwerk i.S.v. § 305 Abs. 1 S. 1 BGB handelt[4]. Auch soweit „Beiräte", „Kommissionen" oder „Ausschüsse" **Änderungen** im vorformulierten Text durchgesetzt haben, bleibt es im Ergebnis dabei, dass diese Verträge nicht i.S.v. § 305 Abs. 1 S. 3 BGB „ausgehandelt" sind und **individualvertraglichen Charakter** besitzen[5]. Ob dann etwas anderes gilt, wenn die „Beiräte" pp. maßgebenden Einfluss auf die inhaltliche Gestaltung des Vertragshändlervertrages genommen haben, erscheint **zweifelhaft**[6]. Freilich sind die Grenzen hier fließend: Wie durch § 305 Abs. 1 S. 3 BGB vorgegeben, wird es zunächst entscheidend darauf ankommen, wie weit die jeweiligen „Beiräte" pp. **Vertretungsmacht** für den betroffenen Vertragshändler hatten, den Text des Vertragshändlervertrages im Einzelnen für die Beteiligten zu gestalten[7]. Ist dies der Fall und sind vom Hersteller vorformulierte AGB-Klauseln tatsächlich inhaltlich **abgeändert** worden, so wird man nicht umhin können, darin das Kriterium des

---

1 BGH v. 12.11.1991 – KZR 2/90, ZIP 1992, 428 – Aktionsbeträge.
2 BGBl. I 2005, 1954 – Siebtes Gesetz zur Änderung des Gesetzes gegen Wettbewerbsbeschränkungen v. 7.7.2005.
3 *Ebenroth*, Absatzmittlungsverträge, S. 86 ff.
4 BGH v. 26.10.1984 – VIII ZR 214/83, BB 1985, 218 – Opel; BGH v. 12.1.1994 – VIII ZR 165/92, ZIP 1994, 461 – Daihatsu.
5 *Ulmer/Brandner/Hensen*, § 305 Rn. 59.
6 A.M. wohl *Ulmer/Brandner/Hensen*, § 305 Rn. 59.
7 *Heinrichs*, NJW 1977, 1505, 1509; *Wolf/Horn/Lindacher*, § 1 AGBG Rn. 40.

"Aushandelns" i.S.v. § 305 Abs. 1 S. 3 BGB zu sehen[1]. Es kommt dann auf die jeweilige **Einzelklausel** an, ob sie noch vorformuliert oder entsprechend den Vorstellungen der betroffenen Vertragshändler abgeändert worden ist. Dabei entscheidet das **Gesamtbild**. Liegen die Voraussetzungen einer **Individualvereinbarung** vor, weil die beteiligten „Beiräte" pp. die reale Möglichkeit besaßen, den vorformulierten Vertragstext inhaltlich zu gestalten, wird man auch insoweit eine Individualvereinbarung bejahen können, als die einzelnen Klauseln inhaltlich nicht abgeändert worden sind[2]. Auch hier sind indessen die Grenzlinien fließend: Hat nämlich der Hersteller die – inhaltlich nicht abgeänderte – Formularklausel als **unverzichtbar** oder **unabdingbar** bezeichnet, so wird man jedenfalls dann von einer AGB-Klausel i.S.v. § 305 Abs. 1 S. 3 BGB ausgehen müssen, falls nicht feststeht, dass die an der Verhandlung beteiligten „Beiräte" pp. bereit waren, in der Übernahme dieser – unveränderten – Formularklausel eine angemessene Regelung zu sehen, die auch ihren eigenen wohlverstandenen Interessen entsprach[3].

2. AGB-Kontrollmaßstab gemäß § 307 BGB – Einfluss der EG-VO Nr. 2790/1999

12   Zunächst ist klar: Wann immer eine Klausel in einem Vertragshändlervertrag kartellrechtswidrig ist, dann verstößt sie schon aus diesem Grund gegen § 307 Abs. 2 Nr. 1 BGB und ist unwirksam[4]. Das hängt unmittelbar damit zusammen, dass zwischen den Normen des GWB sowie denen des europäischen Kartellrechts einerseits und der Inhaltskontrolle nach § 307 BGB andererseits Gesetzeskonkurrenz besteht[5]. Der BGH hat die angeschnittene Frage insoweit offen gelassen, als er die Frage unbeantwortet gelassen hat, ob aus den einzelnen Bestimmungen einer EG-VO (Gruppenfreistellungs-VO) abgeleitet werden kann, dass ihnen für die Inhaltskontrolle Leitbildfunktion zukommt[6]. Auch in seiner jüngsten Entscheidung hat der BGH im Ergebnis sich nicht abschließend entschieden[7]. Doch hat der BGH zum Zweck der weiteren Sachaufklärung an das Berufungsgericht zurückverwiesen. Dabei stellt der BGH entscheidend darauf ab, dass eine gegen die Kfz-GVO verstoßende Klausel jetzt nicht mehr zwingend die kartellrechtliche und auch AGB-rechtliche Unwirksamkeit zur Folge haben müsse, weil ja die betreffende Klausel seit dem Inkrafttreten der Schirm-GVO (Rn. 5) durchaus wirksam sein kann, wenn und soweit der Tatbestand des Art. 81 Abs. 3 EG erfüllt ist.

---

1 BGH v. 3.11.1998 – VIII ZR 268/98, ZIP 2000, 314, 316.
2 BGH v. 26.2.1992 – XII ZR 129/90, NJW 1992, 2283, 2285; *Ulmer/Brandner/Hensen*, § 305 Rn. 51.
3 So im Ergebnis auch *Ulmer/Brandner/Hensen*, § 305 Rn. 51.
4 *Ulmer/Brandner/Hensen*, AGB-Recht, Anh. zu § 310 BGB Rn. 946.
5 *Palandt/Heinrichs*, vor § 307 Rn. 22; *Ulmer/Brandner/Hensen*, Anh. zu § 310 BGB Rn. 946.
6 Hierzu BGH v. 12.1.1994 – VIII ZR 165/92, NJW 1994, 1060, 1061 – Daihatsu; BGH v. 21.2.1195 – KZR 33/93, NJW-RR 1995, 1260 – Citroën: Kündigungsfrist.
7 BGH v. 13.7.2004 – KZR 10/03, GRUR 2005, 62, 64 – Citroën.

Richtiger Ansicht nach ist nach wie vor davon auszugehen, dass die Wertungskriterien der anwendbaren kartellrechtlichen Gruppenfreistellungsverordnungen eine beträchtliche Indizwirkung für die richterliche Inhaltskontrolle nach § 307 Abs. 1 BGB entfalten. Denn im Hintergrund steht in der Regel, was freilich im Einzelfall zu prüfen ist, die Frage nach der durch die kartellrechtlichen Normen bewirkten und bezweckten Schutzbedürftigkeit des Vertragshändlers als des regelmäßigen schwächeren Vertragsteils[1]. Dies wird besonders auch für die Kfz-GVO Nr. 1400/2002 so gesehen, was deswegen von Bedeutung ist, weil hier der praktische Schwerpunkt des angesprochenen Problemkreises liegt[2]. Auswirkungen hat die Antwort auf diese Frage vor allem im Zusammenhang mit der angemessenen Länge von Kündigungsfristen bei etwaigen Umstrukturierungen, welche sich aus der Änderung der GVOs ergeben[3], aber sie hat auch unabhängig von einer notwendigen Umstrukturierung Relevanz, wenn man bedenkt, dass eine an die GVO angelehnte Zeitdauer der Kündigung jedenfalls nicht nach § 307 BGB zu beanstanden ist[4]. Zu den Fragen, ob die Ablehnung eines Folgevertrages im Rahmen einer notwendigen Umstrukturierung gleichzusetzen ist mit einer Eigenkündigung, welche dann nach § 89 Abs. 3 Nr. 1 HGB den Ausgleichsanspruch entfallen lässt[5], vgl. Rn. 94. 13

IV. Alleinvertriebsrecht – Marktverantwortungsgebiet – Änderungsvorbehalte

1. Alleinvertriebsrecht – Marktverantwortung

Der Vertragshändlervertrag ist regelmäßig dadurch charakterisiert, dass zum einen ein Alleinvertriebsrecht, zum anderen ein Marktverantwortungsgebiet dem Vertragshändler zugewiesen wird. Beides dient dem Zweck, die exklusive Bindung des Vertragshändlers an den Hersteller zu sichern; beides ist Teil des **selektiven Vertriebssystems.** Bei der Gestaltung des dem Vertragshändler zugewiesenen **Vertragsgebiets** ist darauf zu achten, ob der Vertrag so ausgestaltet ist, dass dem Vertragshändler – innerhalb des Vertragsgebiets – lediglich das **Organisationsrecht** zusteht, dort exklusiv seinen Betrieb zu errichten und zu unterhalten, oder ob die vertragliche Regelung darauf hinausläuft, das Vertragsgebiet praktisch als „Schutzbezirk" für potentielle Kunden des Vertragshändlers zu normieren. 14

Es ist weiter darauf zu achten, ob dem Hersteller ein **Direktbelieferungsrecht** zusteht oder ob das dem Vertragshändler zugewiesene Alleinvertriebsrecht als abschließende Regelung zu verstehen ist[6]. Denn das Alleinvertriebsrecht 15

---

1 Im Ergebnis auch *Ulmer/Brandner/Hensen*, Anh. zu § 310 BGB Rn. 948; im Einzelnen auch *Graf v. Westphalen*, FS Gündisch, 1999, S. 71, 76 f.
2 *Ensthaler/Gesmann-Nuissl*, BB 2005, 1749, 1750.
3 OLG Saarbrücken v. 15.9.2004 – 1 U 632/03, NJOZ 2005, 3105 – Peugeot.
4 BGH v. 21.2.1995 – KZR 33/93, NJW-RR 1995, 1260, 1261 – Citroën.
5 OLG Frankfurt v. 1.2.2006 – 21 U 21/05, NJOZ 2006, 2163.
6 BGH v. 12.1.1994 – VIII ZR 165/92, ZIP 1994, 461, 462 f. – Daihatsu.

folgt nicht zwingend aus der Natur des Vertragshändlervertrages[1]. Je umfassender die Einbindung des Vertragshändlers ist, desto eher ist – unter Berücksichtigung des allgemeinen Treuegedankens – davon auszugehen, dass der Hersteller dem Vertragshändler **keine Konkurrenz** machen darf[2]. Soweit dies aber gestattet ist, schuldet der Hersteller einen angemessenen Ausgleich[3]. Dies ist etwa auch dann zu bejahen, wenn der Hersteller sich das Recht einräumt, Großabnehmer selbst zu beliefern, sofern diese über einen Zeitraum von 12 Monaten mindestens 50 Fahrzeuge abgenommen haben[4]. Der dann vom Hersteller geschuldete Ausgleich kann auch an § 315 BGB gemessen werden, doch müssen die Voraussetzungen klar und eindeutig geregelt sein, etwa als „nachweisbare Beeinträchtigung" der Interessen des Vertragshändlers[5]. Um dem Alleinvertriebsrecht des Vertragshändlers zu genügen, ist die **Belieferungspflicht** des Herstellers im Übrigen unabdingbar; sie ist nach § 307 Abs. 2 Nr. 2 BGB eine wesentliche Pflicht[6].

16 Das dem Vertragshändler jeweils – individualvertraglich – zugewiesene **Marktverantwortungsgebiet** gehört zum wesentlichen Kern des Vertragshändlervertrages[7]. Denn die ihm zustehenden Gewinnchancen sind unmittelbar davon abhängig, wie ertragreich das ihm zugewiesene Marktverantwortungsgebiet und damit der dort vorhandene **Kundenkreis** sind. Dabei ist – jedenfalls im Rahmen von Kfz-Vertragshändlerverträgen – im Auge zu behalten, dass das dem Vertragshändler zugewiesene Marktverantwortungsgebiet regelmäßig nur das – ausschließliche oder nicht-ausschließliche – **Organisationsrecht** des Vertragshändlers begründet[8]. Dies besagt: Der Vertragshändler ist berechtigt, innerhalb des ihm zugewiesenen Marktverantwortungsgebiets seine gewerbliche Niederlassung zu unterhalten und – abhängig von der Zustimmung des Herstellers – Zweigniederlassungen zu errichten. Doch trägt allemal der Vertragshändler für das ihm zugewiesene Marktverantwortungsgebiet die unmittelbare **Verantwortung**; er muss im Interesse des Herstellers dafür Sorge tragen, dass das Kundenpotential des jeweiligen Marktverantwortungsgebiets optimal zugunsten der „Marke" ausgenutzt wird.

2. Änderungsvorbehalte

17 Vertragshändlerverträge sind dadurch charakterisiert, dass sie an verschiedenen Stellen Änderungsvorbehalte zugunsten des Herstellers aufweisen[9]. Dabei ist im Auge zu behalten, dass die – nachträgliche – Kontrolle derartiger

---

1 BGH v. 12.1.1994 – VIII ZR 165/92, ZIP 1994, 461, 463 – Daihatsu.
2 BGH v. 12.1.1994 – VIII ZR 165/92, ZIP 1994, 461, 463 – Daihatsu.
3 BGH v. 12.1.1994 – VIII ZR 165/92, ZIP 1994, 461, 463 – Daihatsu.
4 BGH v. 20.7.2005 – VIII ZR 121/04, ZIP 2005, 1785, 1787 – Honda.
5 BGH v. 20.7.2005 – VIII ZR 121/04, ZIP 2005, 1785, 1787 – Honda.
6 BGH v. 12.1.1994 – VIII ZR 165/92, ZIP 1994, 461, 464 ff. – Daihatsu.
7 BGH v. 21.12.1983 – VIII ZR 195/82, BB 1984, 233 – Ford; BGH v. 26.11.1984 – VIII ZR 214/83, BB 1985, 218, 223 f. – Opel.
8 *Pfeffer*, NJW 1985, 1241, 1244 f.; vgl. auch *Ebel/Genzow*, DB 1985, 741 ff.
9 BGH v. 7.10.1981 – VIII ZR 229/80, BB 1982, 146, 147 – Ford; BGH v. 21.12.1983 – VIII ZR 195/82, BB 1984, 233, 234; BGH v. 26.11.1984 – VIII ZR 214/83, BB 1985,

Klauseln gemäß § 315 Abs. 3 BGB regelmäßig nicht ausreichend ist, die nach § 307 Abs. 1 BGB erforderliche **Konkretisierung** der Voraussetzungen und des Umfangs des Änderungsvorbehalts formularmäßig in wirksamer Weise zu verankern[1]. Daher ist zwischen der **Einräumung** eines Leistungsbestimmungsrechts und den Maßstäben für seine Ausübung zu differenzieren[2]. Soweit es also um die Einräumung eines Leistungsbestimmungsrechts geht, ist – auch im kaufmännischen Verkehr – eine **Konkretisierung** der Voraussetzungen und des Umfangs des Änderungsvorbehalts erforderlich[3]. Seine Voraussetzungen dürfen weder „einschränkungslos"[4] sein, noch dürfen sie auf rein subjektiven Wertungskriterien des AGB-Verwenders aufbauen[5]. Sie müssen schwerwiegende Änderungsgründe nennen[6]. Des Weiteren müssen sie – bezogen auf die **Folgen – die Interessen des Vertragspartners angemessen berücksichtigen**[7].

a) Vereinbarkeit mit § 307 Abs. 1 BGB

Das **Änderungsrecht** des Herstellers, das dem Vertragshändler – individualvertraglich – zugewiesene Marktverantwortungsgebiet zu ändern und ggf. einen weiteren Vertragshändler einzusetzen, ist nur dann mit § 307 Abs. 1 BGB vereinbar, wenn die **Voraussetzungen**, bei deren Vorliegen der Hersteller zu einer Änderung berechtigt ist, ausreichend **transparent** umschrieben und **sachlich angemessen** sind[8]. Dabei ist wie stets entscheidend, dass es Sache des Herstellers ist, den erforderlichen Nachweis unter Berücksichtigung von Klauselinhalt und Tatsachen zu führen. So lässt z.B. die Anknüpfung an die „Sicherung des Marktanteils" in keiner Weise erkennen, welcher Maßstab hier an eine den Vertragshändler in erheblichem Maß treffende Veränderung seines Marktverantwortungsgebiets angelegt werden soll[9]. Dies gilt auch dann, wenn formularmäßig darauf hingewiesen wird, dass in diesen Fällen eine „angemessene Berücksichtigung" der Interessen des Vertragshändlers erfolgt[10]. 18

Mithin besteht eine Verpflichtung des Herstellers, das dem Vertragshändler ausschließlich zugewiesene Marktverantwortungsgebiet jedenfalls nicht oh- 19

218, 219 – Opel; BGH v. 25.5.1988 – VIII ZR 360/86, ZIP 1988, 1182, 1185 – Peugeot; BGH v. 12.1.1994 – VIII ZR 165/92, ZIP 1994, 461, 466 – Daihatsu.
1 BGH v. 7.10.1981 – VIII ZR 229/80, BB 1982, 146, 146 – Ford; BGH v. 21.12.1983 – VIII ZR 195/82, BB 1984, 233, 234; BGH v. 26.11.1984 – VIII ZR 214/83, BB 1985, 218, 219 – Opel; a.M. BGH v. 27.9.1984 – X ZR 12/84, DB 1985, 224 – Preisanpassungsklauseln.
2 *Wolf/Horn/Lindacher*, § 9 AGBG Rn. L 92.
3 BGH v. 26.11.1984 – VIII ZR 214/83, BB 1985, 218, 219 – Opel.
4 BGH v. 26.11.1984 – VIII ZR 214/83, BB 1985, 218, 219 – Opel.
5 BGH v. 21.12.1983 – VIII ZR 195/82, BB 1984, 233, 234 – Opel.
6 BGH v. 12.1.1994 – VIII ZR 165/92, ZIP 1994, 461, 466 – Daihatsu.
7 BGH v. 12.1.1994 – VIII ZR 165/92, ZIP 1994, 461, 466 – Daihatsu.
8 BGH v. 21.12.1983 – VIII ZR 195/82, BB 1984, 233 – Ford; BGH v. 25.5.1988 – VIII ZR 360/86, ZIP 1988, 1182, 1185 – Peugeot.
9 BGH v. 25.5.1988 – VIII ZR 360/86, ZIP 1988, 1182, 1186 – Peugeot.
10 BGH v. 22.5.1988 – VIII ZR 360/86, ZIP 1988, 1182, 1186 – Peugeot.

ne schwerwiegende, dem Risikobereich des Vertragshändlers zuzurechnende Gründe durch Einsetzung eines weiteren Vertragshändlers zu schmälern[1]. Anders gewendet: Der Hersteller ist – gerade bei Ausübung eines solchen Änderungsvorbehalts – verpflichtet, in besonderer Weise **Rücksicht auf die sachlich angemessenen Belange des Vertragshändlers** zu nehmen[2]. Er muss die für den Vertragshändler eintretenden **nachteiligen** Folgen schon in der Fassung der Klausel angemessen im Auge behalten[3]. Insbesondere ist es dem Hersteller verwehrt, unter Berufung auf derartige Änderungsvorbehalte sein Vertriebssystem unter Berücksichtigung allein seiner Interessen umzustrukturieren. Die unternehmerische Entscheidungs- und Dispositionsfreiheit des Herstellers findet darin ihre Grenze, dass er – auch in diesen Fällen – verpflichtet ist, das **besondere Treueverhältnis** zwischen ihm und dem Vertragshändler zu honorieren[4].

20 Diese Erwägungen gelten auch dann, wenn dem Vertragshändler ein **Alleinvertriebsrecht** oder eine dem nahe kommende Position zugewiesen ist[5]. Deshalb verhält sich auch der Hersteller **vertragswidrig**, wenn er einen parallelen Direktvertrieb aufnimmt, weil er damit die Treuepflicht gegenüber dem Vertragshändler verletzt[6].

21 Ist jedoch dem Vertragshändler **kein bestimmtes Marktverantwortungsgebiet** zugewiesen, mithin auch **kein Alleinvertriebsrecht**, so ist nach Auffassung des BGH ein einseitiges Änderungsrecht des Herstellers nach § 307 Abs. 1 BGB nicht zu beanstanden, weil dem Interesse des Herstellers hier gegenüber dem Interesse des Vertragshändlers der **Vorrang** gebührt[7]. Unter Berücksichtigung des inzwischen schon wieder außer Kraft getretenen Art. 5 Abs. 2 Nr. 1 lit. b EG-VO Nr. 123/85 ist diese Entscheidung jedoch **überholt**[8]. Denn danach ist das Eingreifen der Gruppenfreistellungs-VO davon abhängig, dass eine Änderung des Marktverantwortungsgebiets davon abhängt, dass der Hersteller **sachlich gerechtfertigte Gründe** hierfür nachweist[9]. Es bleibt deshalb auch in diesen Fällen eines nicht vereinbarten Marktverantwortungsgebiets bei den dargestellten Grundaussagen (Rn. 18 f.), wie sie in der Ford-Entscheidung des BGH formuliert[10] und in der Peugeot-Entscheidung übernommen worden sind[11].

22 Dabei ist stets im Auge zu behalten, dass es keinen sachlichen Unterschied macht, ob das einem Vertragshändler zugewiesene Marktverantwortungs-

---

1 BGH v. 25.5.1988 – VIII ZR 360/86, ZIP 1988, 1182, 1186 – Peugeot.
2 BGH v. 10.2.1993 – VIII ZR 47/92, NJW-RR 1993, 678, 681.
3 BGH v. 10.2.1993 – VIII ZR 48/92, NJW-RR 1993, 678, 681.
4 Vgl. BGH v. 10.2.1993 – VIII ZR 48/92, NJW-RR 1993, 682.
5 BGH v. 10.2.1993 – VIII ZR 47/92, NJW-RR 1993, 678, 681.
6 BGH v. 10.2.1993 – VIII ZR 48/92, NJW-RR 1993, 678, 681.
7 BGH v. 26.11.1984 – VIII ZR 214/83, BB 1985, 218, 223 – Opel.
8 *Pfeffer*, NJW 1985, 1141, 1146; *Ulmer/Brandner/Hensen*, AGB-Recht, Anh. zu § 310 BGB Rn. 954 f.
9 *Pfeffer*, NJW 1985, 1241, 1246.
10 BGH v. 21.12.1983 – VIII ZR 195/82, BB 1984, 233, 234 – Ford.
11 BGH v. 25.5.1988 – VIII ZR 360/86, ZIP 1988, 1182, 1185 f.

gebiet – geographisch betrachtet – verkleinert oder ob das Marktpotential – im Gegensatz zu seiner früheren Struktur – weiteren Vertragshändlern eröffnet wird. Denn im einen wie im anderen Fall ergibt sich daraus eine tendenzielle **Schmälerung der Gewinnchancen des Vertragshändlers**[1]. Diese muss durch ein überwiegendes Interesse des Herstellers oder in sonstiger Weise angemessen legitimiert werden.

Es ist mit Recht darauf hingewiesen worden, dass die EG-VO Nr. 1400/2002 (Kfz-Händler) in Art. 1 Abs. 1 lit. b S. 2 vorschreibt, dass die Verpflichtung des Vertragshändlers, beim Mehrfachmarkenvertrieb dafür zu sorgen, dass keine Verwechselung der Marken möglich ist, keine Wettbewerbsbeschränkung darstellt[2]. Das bedeutet aber auch, dass unabhängig von der kartellrechtlichen Fragestellung festzustellen ist, dass durch eine solche Klausel die Interessen des Vertragshändlers nicht unangemessen i.S.d. § 307 Abs. 2 Nr. 1 BGB benachteiligt werden, weil der dahinter stehende Schutz für die Wahrung der Interessen des Herstellers/Lieferanten essentiell ist[3]. Diese Wertung wird man auch auf andere vergleichbare Fallgestaltungen übertragen können, so dass insoweit die Interessen des Herstellers/Lieferanten regelmäßig im Vordergrund stehen. Mit anderen Worten: Die entsprechende Wertung der EG-VO Nr. 1400/2002 entfaltet **Ausstrahlungswirkung** nach § 307 Abs. 1 BGB für Vertragshändlerverträge auch außerhalb der Kfz-Branche. 23

b) Übernahme einer Zweitvertretung durch den Vertragshändler

Ein besonderes Problem ergibt sich, wenn es darum geht, die Voraussetzungen festzulegen, bei deren Vorliegen der Vertragshändler berechtigt ist, eine Zweitvertretung zu übernehmen[4]. Üblicher Vertragsgestaltung entspricht es, diesen Aspekt nicht vertraglich zu regeln, was dadurch erklärlich ist, dass die überwältigende Mehrzahl der Vertragshändlerverträge AGB-Verträge sind, welche den **Hersteller** als AGB-Verwender ausweisen. 24

Unter Berücksichtigung der besonderen Treue- und Loyalitätspflichten, welche Hersteller und Vertragshändler miteinander verbinden, wird man jedoch folgendes Schema im Auge behalten können, um eine angemessene Regelung zu finden: Unproblematisch ist eine Vertragsregelung, wonach die Übernahme einer Zweitvertretung der schriftlichen **Zustimmung des Herstellers** bedarf. Diese ist dann an die inhaltlichen Schranken des § 242 BGB gebunden. Dies bedeutet, dass die Zustimmung nicht unbillig verweigert werden darf. Hierbei sind alle Umstände des Einzelfalls – unter besonderer Beachtung der beiderseitigen Rechte und Pflichten – zu berücksichtigen. Eine generelle Antwort verbietet sich. Problematisch gemäß § 307 Abs. 1 BGB ist hingegen eine Formulierung, die darauf abstellt, dem Vertragshändler immer dann das Recht einzuräumen, eine Zweitvertretung – in Konkurrenz zu den Vertragserzeugnissen des Herstellers – zu übernehmen, sofern der ihm 25

---

[1] BGH v. 10.2.1993 – VIII ZR 48/92, NJW-RR 1993, 678, 681.
[2] BGH v. 13.7.2004 – KZR 10/03, GRUR Int. 2005, 152, 155 – Citroën.
[3] BGH v. 13.7.2004 – KZR 10/03, GRUR Int. 2005, 152 – Citroën.
[4] Hierzu *Ulmer/Schäfer*, ZIP 1994, 753 ff.

zugewiesene exklusive Vertrieb die Rentabilität seines Vertriebs nicht mehr sichert. Denn unter dieser Voraussetzung besteht sicherlich nur dann eine Zustimmungspflicht des Herstellers, wenn abgeklärt ist, dass die fehlende Rentabilität des Vertriebs des Vertragshändlers nicht auf Umstände zurückzuführen ist, welche der Vertragshändler – im weitesten Sinne verstanden – zu vertreten hat, etwa den mangelnden Einsatz, schlecht geschultes Personal, schlechte Führung der Werkstatt etc.

26 In der Sache ist der Hersteller verpflichtet, seine Zustimmung zur Übernahme einer Zweitvertretung zu erteilen[1], wenn der Vertragshändler in der Lage ist, hierfür **sachlich gerechtfertigte erhebliche Gründe** nachzuweisen. Dies ist insbesondere dann zu bejahen, wenn das wirtschaftliche Überleben des Betriebs des Vertragshändlers nur gewährleistet werden kann, wenn der Hersteller ihm gestattet, eine Zweitvertretung zu übernehmen. Gleiches gilt dann, wenn der Hersteller den Vertragshändler zu **Investitionen** veranlasst hat, welche sich im Rahmen der exklusiven Bindung nicht oder nicht ausreichend amortisieren, ohne dass hierfür Umstände maßgebend sind, welche der Vertragshändler zu vertreten hat. Folglich ist der Vertragshändler grundsätzlich darauf angewiesen, die **Zustimmung** des Herstellers – notfalls im Wege einer Klage – herbeizuführen, so dass dann die Rechtskraft des Urteils die Zustimmung gemäß § 894 ZPO ersetzt. Daher trägt auch der Vertragshändler die **Beweislast** dafür, dass sachlich gerechtfertigte Gründe gegeben sind. Schwerwiegende Nachteile, die in der Zwischenzeit eintreten, können dadurch überbrückt werden, dass der Vertragshändler im Wege eines vorläufigen Rechtsschutzes die Zustimmung des Herstellers gemäß §§ 935, 940 ZPO im Rahmen einer einstweiligen Verfügung erwirkt.

c) Umstrukturierungsmaßnahmen des Herstellers – Kündigung

27 Um sein Vertriebssystem den jeweils geänderten und sich ändernden Gegebenheiten des Marktes anzupassen, muss der Hersteller berechtigt bleiben, sein Vertriebssystem neu zu organisieren. Es kann nicht Sache des Vertragshändlers sein, dieses legitime Vorhaben des Herstellers zu unterbinden. Der nach § 307 Abs. 1 BGB anzustrebende **Interessenausgleich** kann nur in der Weise zwischen Hersteller und Vertragshändler erreicht werden, dass der Hersteller in diesen Fällen berechtigt ist, das Vertragsverhältnis zu **kündigen.** Selbstverständlich kann der Hersteller insoweit auch das Instrument einer **Änderungskündigung** einsetzen. Die zu beachtende **Kündigungsfrist** ist im Rahmen von § 307 Abs. 1 BGB von entscheidender Bedeutung: Bei einer Umstrukturierungsmaßnahme sollte sie kürzer sein als die gewöhnliche Kündigungsfrist, innerhalb derer der Vertragshändlervertrag im Wege der ordentlichen Kündigung beendet werden kann (Rn. 54). Dies liegt darin begründet, dass auch der Vertragshändler ein Interesse daran hat, dass das Vertriebssystem des Herstellers den jeweiligen Erfordernissen des Marktes angepasst wird, weil seine **Verdienstchance** auch hiervon entscheidend abhängig ist. Berücksichtigt man diese Gesichtspunkte, so wird man regel-

---

[1] Hierzu im Einzelnen auch *Ulmer/Schäfer*, ZIP 1994, 753 ff.

mäßig eine Frist von **zwölf Monaten** als nach § 307 Abs. 1 BGB angemessen ansehen müssen. Im Einzelfall können Korrekturen gemäß § 242 BGB vorgenommen werden. Hält man allerdings eine ordentliche Kündigungsfrist von einem Jahr für ausreichend, so wird man regelmäßig bei Umstrukturierungsmaßnahmen eine entsprechend lange Kündigungsfrist als unbedenklich einstufen können[1]. Damit ist freilich nichts darüber gesagt, ob der Vertragshändler auch verpflichtet ist, den Folgevertrag anzunehmen. Vielmehr können durchaus beachtliche Gründe bestehen, dass der Vertragshändler dies ablehnt, ohne dadurch i.S.v. § 89b Abs. 3 Nr. 1 HGB seinen Ausgleichsanspruch zu verlieren[2].

Doch wird man auch hier die jeweiligen Umstände des Einzelfalls im Rahmen einer Gesamtwertung gemäß § 307 Abs. 1 BGB im Auge behalten müssen: Die mit einer **Änderungskündigung** verknüpfte Umstrukturierung wird regelmäßig dem Vertragshändler nicht das Recht gewähren, persönlich und unmittelbar die Vertretung einer Zweitmarke anzustreben. Hier wird man den Vertragshändler vielmehr grundsätzlich auf die Möglichkeit verweisen müssen: Die Vertretung einer Zweitmarke ist zulässig und nach § 307 Abs. 1 BGB zu gestatten, sofern eine **räumlich-sachlich-personelle Trennung beider Marken** vorgenommen wird, so dass eine „Verwechslung" ausscheidet. Betrifft allerdings eine vom Hersteller veranlasste Umstrukturierungsmaßnahme den Vertragshändler **ohne Ausspruch einer Änderungskündigung**, so gelten die vorerwähnten Grundsätze (Rn. 27) im Rahmen von § 307 Abs. 1 BGB: Dem Vertragshändler steht dann das ungeschmälerte Recht – unter Berücksichtigung der ohnehin abgekürzten Kündigungsfrist – zu, die Vertretung einer Zweitmarke zu übernehmen, und zwar ohne dass es regelmäßig darauf ankommt, ob eine räumlich-sachlich-personelle Trennung zwischen den beiden zu vertretenden Marken zu erreichen ist.

28

Dies ist alles jedoch nicht unbestritten[3]. Doch bleibt erneut zu berücksichtigen, dass die außer Kraft getretene EG-VO Nr. 1475/95 in Art. 3 Nr. 3 den zutreffenden und auch jetzt noch zu berücksichtigenden Rechtsgedanken enthält, dem Vertragshändler das Recht zu gewähren, „in räumlich getrennten Verkaufslokalen unter getrennter Geschäftsführung mit eigener Rechtspersönlichkeit" eine Zweitmarke zu vertreiben, sofern ausgeschlossen wird, dass eine „Verwechslung" der Marken stattfindet. Deshalb ist der Vertragshändler in der Kfz-Branche berechtigt, am gleichen Verkaufsplatz – wenn auch räumlich getrennt – Vertragserzeugnisse verschiedener Hersteller dem Publikum anzubieten. Wenn aber eine solche Gestattung während eines – nicht gekündigten – Vertragshändlervertrages nach § 307 Abs. 1 BGB zulässig ist, so kommt darin ein tragender Gesichtspunkt zum Ausdruck, nämlich: der Schutz des Vertragshändlers als des schwächeren Teils innerhalb der Absatzkette zwischen Hersteller und Endkunde. Man wird daher auch **nach Außerkrafttreten der EG-VO Nr. 1475/95** diese Grundsätze für den Be-

29

---

1 OLG Saarbrücken v. 15.9.2004 – 1 U 632/03, NJOZ 2006, 3105.
2 OLG Frankfurt v. 1.2.2006 – 21 U 21/05, NJOZ 2006, 2163.
3 A.M. *Niebling*, Das Recht des Automobilvertriebs, S. 113; vgl. auch *Genzow*, Der Vertragshändlervertrag, Rn. 50, der diese Frage als „offen" bezeichnet.

reich des Kfz-Vertriebs weiter aufrechterhalten dürfen, zumal das Verbot, konkurrierende Vertragserzeugnisse zu vertreiben, kartellrechtlich nur in engen Grenzen noch zulässig ist. So ist vor allem daran zu erinnern, dass Art. 1 Abs. 1 lit. b S. 2 i.V.m. Art. 5 Abs. 1 lit. a EG-VO Nr. 1400/2002 es gestattet, dass der Vertragshändler Produkte eines Konkurrenten in räumlich abgetrennten Teilen verkauft, weil es entscheidend darum geht, eine Verwechselung der beiden Marken auszuschalten[1]. Dieser Gedanke ist im Rahmen von § 307 Abs. 1 BGB auch auf andere Branchen zu übertragen.

30 Das führt allemal dazu, dass der Vertragshändler – ohne Rücksicht auf die Branche – berechtigt ist, nach Kündigung des Vertragsverhältnisses den Vertrieb einer **Zweitmarke** zu übernehmen, sofern er nachweist, dass – auch unter Berücksichtigung der noch bestehenden Treuebindung zum Hersteller – überwiegende, sachlich gerechtfertigte wirtschaftliche Interessen hierfür sprechen. Unter dieser Voraussetzung ist eine am Einzelfall orientierte Abwägung der beiderseitigen Interessen gemäß § 307 Abs. 1 BGB geboten, welche **regelmäßig** zu dem Resultat führen wird, dass es dem Vertragshändler – innerhalb und außerhalb der Kfz-Branche – zu gestatten ist, nach ordentlicher Kündigung des Vertragshändlervertrages den Vertrieb einer Zweitmarke aufzunehmen, um auf diese Weise seine wirtschaftliche Existenz zu sichern. Denn es geht ja in keinem Fall nur um den Verkauf der Vertragserzeugnisse, sondern – und ganz entscheidend – auch darum, dass das Verkaufs- und Werkstattpersonal des Vertragshändlers rechtzeitig entsprechend geschult wird, weil ohne ausreichende sachlich-technische Absicherung der vom Vertragshändler zu bewerkstelligende Gewährleistungsservice und Kundendienst nicht zu erbringen ist[2].

V. Belieferungspflicht – Modellpolitik

31 Der Vertragshändler hat einen Anspruch darauf, dass der Hersteller ihn mit den Vertragserzeugnissen beliefert. Da der Vertragshändler in seiner wirtschaftlichen Existenz hiervon abhängig ist, ist die Belieferungspflicht eine „wesentliche" Vertragspflicht. Dies hat zur Konsequenz, dass der Hersteller nicht berechtigt ist, in AGB-Klauseln Vertragsbestimmungen niederzulegen, welche – im Fall der Pflichtverletzung – von den §§ 280 ff. BGB erheblich abweichen[3]. Die Belieferungspflicht, die der Hersteller gegenüber dem Vertragshändler zu erfüllen hat, wird indessen stets durch **Allgemeine Geschäftsbedingungen** geregelt; diese sind integraler Bestandteil eines jeden Vertragshändlervertrages. Für ihre Ausformulierung gelten keinerlei Besonderheiten im Rahmen der allgemeinen Regeln des § 307 BGB. Doch ist auch hier anzumerken, dass sich der Hersteller das Recht vorbehalten kann, Großabnehmer selbst zu beliefern. Doch muss er dann formularmäßig sicherstellen, dass dem Händler dafür ein angemessener Ausgleich zukommt,

---

1 *Ulmer/Brandner/Hensen*, Anh. zu § 310 BGB Rn. 957.
2 A.M. OLG Köln v. 21.3.1994 – 12 U 189/93, WiB 1995, 678 mit Anm. *Niebling*.
3 BGH v. 12.1.1994 – VIII ZR 165/92, ZIP 1994, 460, 465 – Daihatsu.

dessen Höhe aber auch nach § 315 BGB bestimmt werden kann und somit der Billigkeit entsprechen muss[1].

Man wird dem Hersteller in seinem Verhältnis zum Vertragshändler das Recht einräumen müssen, seine **Modellpolitik** frei festlegen zu können. Dies schließt ein, dass der Vertragshändler in ganz erheblichem Maße von der erfolgreichen Modellpolitik seines Herstellers abhängig ist[2]. Gleichwohl ist der Hersteller gehalten, auf die berechtigten Interessen des Vertragshändlers Rücksicht zu nehmen. Im Rahmen von § 307 Abs. 1 BGB ergeben sich deshalb folgende Erwägungen: Einen **weitreichenden Freiraum** besitzt der Hersteller, soweit es um **Änderungen seiner Modellpolitik** geht[3]. Der Hersteller hat nämlich ein genuines Interesse daran, die Modellpolitik für seine Produkte so zu gestalten, dass ein möglichst hoher **Markterfolg** gewährleistet wird. Doch ist es nach § 307 Abs. 1 BGB geboten, dass der Hersteller den Vertragshändler rechtzeitig im Voraus darüber unterrichtet, dass Änderungen von Modellen anstehen, weil nur so der Vertragshändler in der Lage ist, seine Dispositionen entsprechend einzurichten. Daraus ergibt sich auch eine weitere nach § 307 Abs. 1 BGB zu berücksichtigende **Einschränkung**, als der Hersteller verpflichtet ist, bei Änderung seiner Modellpolitik auf alle die Fälle angemessen Rücksicht zu nehmen, in denen der Vertragshändler bereits eine **feste Vertragsbindung** gegenüber seinen Kunden begründet hat[4]. In der Sache muss verhindert werden, dass eine „Deckungslücke" zwischen dem Hersteller einerseits und dem Endabnehmer andererseits entsteht, so dass der Vertragshändler in unangemessener Weise in die Zange genommen wird[5]. Das bedeutet auch, dass eine solche Änderung der Modelle nicht Verträge betreffen darf, die der Vertragshändler bereits wirksam mit seinen Kunden abgeschlossen hat.

32

VI. Mindestabnahmen

1. Individualvertragliche Abrede

Es entspricht üblicher Praxis, in Vertragshändlerverträgen zu bestimmen, dass – pro Geschäftsjahr – **Mindestabnahmen** für Vertragsprodukte, Ersatzteile etc. vorgesehen werden[6]. Diese Vereinbarungen werden grundsätzlich **individualvertraglich** kontrahiert, weil sie zwischen den Vertragsparteien im Einzelnen diskutiert und dann festgelegt werden. Doch kommt es auch hier entscheidend darauf an festzustellen, ob und inwieweit der Vertragshändler auf die inhaltliche Gestaltung der Abnahmemenge tatsächlich **Einfluss** nehmen konnte. Denn nur dann liegt eine Individualabrede gemäß § 305 Abs. 1 S. 3 BGB vor. Formularmäßige Festlegungen entziehen sich im Übrigen *nicht* der richterlichen Inhaltskontrolle, soweit sie im Rahmenvertrag ver-

33

---

1 BGH v. 20.7.2004 – VIII ZR 121/04, NJW 2006, 46 – Honda.
2 BGH v. 26.11.1984 – VIII ZR 214/83, BB 1985, 218, 220 f. – Opel.
3 BGH v. 26.11.1984 – VIII ZR 214/83, BB 1985, 218, 222 f. – Opel.
4 BGH v. 26.11.1984 – VIII ZR 214/83, BB 1985, 218, 222 f. – Opel.
5 BGH v. 26.11.1994 – VIII ZR 214/83, BB 1985, 218, 222 f. – Opel.
6 BGH v. 12.1.1994 – VIII ZR 165/92, ZIP 1994, 461, 467 – Daihatsu.

einbart, nicht aber Gegenstand des kaufvertraglichen Leistungsaustauschverhältnisses i.S.v. § 307 Abs. 3 BGB sind. Soweit daher **Sanktionen** wegen Unterschreitens der Mindestabnahme vorgesehen werden, müssen diese – im Blick auf Pflichtverletzung, Verschulden und Folgen – angemessen sein[1].

2. Einseitige Festlegung

34 Dies gilt vor allem dann, wenn der Hersteller einseitig etwaige Mindestabnahmen dem Vertragshändler bindend vorschreibt, ohne dass dieser in der Lage ist, auf deren Festlegung Einfluss zu nehmen[2]. Bei solchen **einseitigen Leistungsvorgaben** greift § 307 Abs. 1 BGB ein. Dies ist zum Schutz des Vertragshändlers erforderlich, weil regelmäßig **weitreichende Sanktionen** daran geknüpft werden, falls die vorgegebenen Mindestabnahmen nicht erreicht werden. In diesen Fällen steht dem Hersteller auch nicht das Recht zu, sich auf sein unternehmerisches **Dispositionsrecht** mit Erfolg zu berufen[3]. Da es sich in der Sache um ein **einseitiges Leistungsbestimmungsrecht** handelt, ist es – jedenfalls **nachträglich** – auch der Kontrolle des § 315 Abs. 3 BGB im Rahmen der Angemessenheit der bedungenen Mindestabnahme unterworfen. Entscheidend ist letztlich, ob neben einer einvernehmlichen Festlegung der Mindestabnahme vorgesehen ist, dass im Fall des Scheiterns einer solchen Einigung ein Sachverständiger entscheidet, weil damit eine größere Neutralität und Objektivität gewahrt wird als bei einer einseitigen Festlegung durch den Hersteller/Lieferanten[4]. Doch ist im Ausgangspunkt festzuhalten, dass die einseitige Festlegung eines Mindestabsatzes den Vertragshändler nicht von vornherein unangemessen i.S.v. § 307 Abs. 1 BGB benachteiligt[5]. Doch wird man gut daran tun, insoweit lediglich eine **Bemühenspflicht** des Vertragshändlers als nach § 307 Abs. 1 BGB angemessen anzusehen[6].

35 Doch ist **kartellrechtlich** zu bedenken, dass die Beschränkung von **Querlieferungen** zwischen Händlern und Werkstätten innerhalb eines selektiven Vertriebssystems eine Kernbeschränkung darstellt, wie sich aus Art. 4 Abs. 1 lit. c EG-VO Nr. 1400/2002 ergibt, für welche eine Freistellung nach Art. 2 nicht gilt[7]. Das führt dann dazu, die Frage zu beantworten, ob die Ausnahme nach Art. 81 Abs. 3 EG erfüllt ist.

a) Parallele zum Handelsvertreterrecht

36 Ausgehend von der dogmatischen Grundentscheidung, dass auf den Vertragshändlervertrag im weiten Rahmen die Bestimmungen des Handelsvertreterrechts zur Anwendung berufen sind, wird man auch hier in Erwägung ziehen müssen, dass der Handelsvertreter grundsätzlich nach § 86 Abs. 1

---

1 BGH v. 12.1.1994 – VIII ZR 165/92, ZIP 1994, 461, 467 – Daihatsu.
2 BGH v. 13.7.2004 – KZR 10/03, GRUR Int. 2005, 152, 156 – Citroën.
3 Hierzu BGH v. 1.12.1981 – KZR 37/80, NJW 1982, 644 – Pressegrossist.
4 BGH v. 13.7.2004 – KZR 10/03, GRUR Int. 2005, 152, 156 – Citroën.
5 BGH v. 13.7.2004 – KZR 10/03, GRUR 2005, 62, 65 – Citroën.
6 *Ulmer/Brandner/Hensen*, Anh. zu § 310 BGB Rn. 961.
7 BGH v. 13.7.2004 – KZR 10/03, GRUR 2005, 62, 66 – Citroën; vgl. auch *Ulmer/Brandner/Hensen*, Anh. zu § 310 BGB Rn. 960.

HGB nur verpflichtet ist, sich um den Vertrieb der Waren des Prinzipals zu bemühen[1]. Daraus ist abzuleiten, dass in Vertragshändlerverträgen – auch außerhalb der Kfz-Industrie – keine unangemessenen Mindestabnahmepflichten[2] vereinbart werden dürfen[3]. Sollte damit gemeint sein, dass keine individualvertraglichen Abreden zwischen Hersteller und Vertragshändler in diesem Punkt in Betracht kommen, so widerstreitet dies allerdings dem Grundsatz der Parteiautonomie nach § 311 BGB. Soweit aber eine Mindestabnahme **formularmäßig** festgelegt worden ist, bleibt es – mangels einer einvernehmlichen Regelung – bei der Korrekturmöglichkeit gemäß § 315 Abs. 3 i.V.m. § 317 BGB[4]. Doch beseitigt ein Rekurs auf §§ 315 ff. BGB nicht die Unangemessenheit einer AGB-Klausel, deren Inhaltskontrolle stets nach § 307 BGB auszurichten ist[5].

b) Sanktionen

Sofern zwischen Hersteller und Vertragshändler eine Mindestabnahme **individualvertraglich** vereinbart ist, wird man keine Einwendungen dagegen erheben können, dass der Vertragshändlervertrag die hierfür im BGB-Haftungssystem vorgesehenen Sanktionen verankert. Liegt hingegen eine formularmäßige Festlegung vor, so wird man darauf achten müssen, dass nur solche Sanktionen zu Lasten des Vertragshändlers in Betracht gezogen werden, welche als eindeutige, dem Vertragshändler zurechenbare Pflichtverstöße zu qualifizieren sind. Dabei ist auch, wie erwähnt, zu berücksichtigen, dass der Vertragshändlervertrag **Geschäftsbesorgungselemente** enthält und dass eine **Analogie** zu §§ 84 ff. HGB in Betracht kommt (Rn. 2). Daran wird man auch dann festhalten müssen, wenn man bedenkt, das es fraglich ist, ob die Bemühenspflicht des Vertragshändlers, wie sie früher in der EG-VO Nr. 1475/1995 vorgesehen war, weiterhin fortbesteht[6], weil die Parallele zu den §§ 84 ff. HGB allemal näher liegt. Zur Konsequenz hat dies, dass entsprechend dem Arsenal des Vertragshändlervertrages als eines Dauerschuldverhältnisses auf das Instrumentarium der **Abmahnung** gemäß § 314 BGB sowie der daran anschließenden – von weiteren Voraussetzungen freilich abhängenden – fristlosen Kündigung zu rekurrieren[7], falls die Abnahmen nicht erreicht werden, die vertraglich zugesagt worden sind. Doch ist darauf hinzuweisen, dass für gewöhnlich das adäquate Mittel des Herstellers/Lieferanten in diesen Fällen darin besteht, auf das Instrument einer ordentlichen Kündigung zurückzugreifen, weil es regelmäßig dem Hersteller/Lieferanten

---

1 *Baumbach/Hopt*, § 86 HGB Rn. 12.
2 Grundsätzlich keine Bedenken BGH v. 13.7.2004 – KZR 10/03, GRUR 2005, 62, 65 – Citroën.
3 *Genzow*, Der Vertragshändlervertrag, Rn. 66.
4 A.M. BGH v. 13.7.2004 – KZR 10/03, GRUR 2005, 62, 66 – Citroën, der freilich ein Bedürfnis nach Festlegung einer Mindestabsatzmenge verneint, weil in concreto eine Klausel vorgesehen war, im Streitfall diese Frage einem Sachverständigen anzuvertrauen.
5 BGH v. 13.7.2005 – KZR 10/03, GRUR 2005, 62.
6 *Ulmer/Brandner/Hensen*, Anh. zu § 310 BGB Rn. 960.
7 Hierzu *Genzow*, Der Vertragshändlervertrag, Rn. 65.

nicht unzumutbar ist, trotz Nichterreichen des Absatzzieles das Vertragsverhältnis bis zum Zeitpunkt der ordentlichen Kündigung fortzusetzen[1].

VII. Rabatte – Änderungen

1. Preisempfehlung – Händlereinkaufspreis

38 Der dem Vertragshändler zugewiesene Rabatt ist das Entgelt im Rahmen der §§ 675, 611 ff. BGB[2]. Oft werden auch **Boni** verschiedener Art in einem Vertragshändlervertrag vorgesehen (Mengen-, Zulassungsboni etc.). Die **Vertragsgestaltung** in diesem Punkt ist nicht einfach, sie muss Folgendes berücksichtigen: Der Vertragshändler ist berechtigt und verpflichtet, die Preise, welche er für den Verkauf der Vertragserzeugnisse verlangt, autonom festzusetzen. Soweit der Hersteller ihm eine **unverbindliche Preisempfehlung** an die Hand gibt, setzt dies voraus, dass es sich um eine **Markenware** handelt. Dies wird regelmäßig bei Alleinvertriebsverträgen der hier behandelten Art zutreffen. Das dem Vertragshändler zustehende Entgelt, sein „Unternehmerlohn", besteht also regelmäßig in der Differenz zwischen Einkaufspreis und unverbindlicher Preisempfehlung. Bei etwaigen Preisänderungen, welche der Vertragshändler von seinen Kunden fordert, wird es regelmäßig so sein, dass die „Handelsspanne" des Vertragshändlers **ungeschmälert** erhalten bleibt. Notwendig ist dies jedoch nicht.

2. Änderungsvorbehalt

39 Änderungen von Rabatten sind wie Änderungen des Preises in dem Vertrag als **einseitiges Leistungsbestimmungsrecht** des Herstellers nach § 307 Abs. 1 BGB wirksam, wenn die Klausel schwerwiegende Änderungsgründe benennt und in ihren Voraussetzungen und Folgen die Interessen des Vertragshändlers angemessen berücksichtigt[3]. Das Gleiche gilt bei einer Änderung der zugrundeliegenden Liefer- und Zahlungsbedingungen[4]. Problematisch ist es auch, wenn der Vertrag vorsieht, dass der Hersteller berechtigt ist, die Preise zu verlangen, welche am Tag der Auslieferung gelten, weil darin ein unwirksamer Preisvorbehalt liegt[5].

3. Freiwillige Leistungen

40 Freiwillige Leistungen des Herstellers, wie etwa **Zulassungsboni**, sind der Inhaltskontrolle nach § 307 Abs. 3 BGB entzogen[6]. Dies setzt jedoch voraus,

---

1 Hierzu BGH v. 13.7.2004 – KZR 10/03, GRUR Int. 2005, 152, 158 – Citroën: zweijährige Kündigungsfrist.
2 *Genzow*, Der Vertragshändlervertrag, Rn. 91.
3 BGH v. 12.1.1994 – VIII ZR 165/92, ZIP 1994, 461, 466 – Daihatsu; weiter *Genzow*, Der Vertragshändlervertrag, Rn. 91 f.; *Niebling*, Das Recht des Automobilvertriebs, S. 150 ff.
4 BGH v. 6.10.1999 – VIII ZR 125/98, NJW 2000, 515, 520 – Kawasaki.
5 BGH v. 20.7.2005 – VIII ZR 121/04, ZIP 2005, 1785, 1790 – Honda.
6 BGH v. 12.1.1994 – VIII ZR 165/92, ZIP 1994, 461, 468 – Daihatsu.

dass sie nicht als **vertragliches** Entgelt ausformuliert sind[1], sondern dass sie tatsächlich „freiwillig" gewährt werden und dass dies im Vertrag selbst eindeutig zum Ausdruck kommt[2], etwa bei Zulassungsboni, die an vertragliche Mindestabnahmen geknüpft sind. Denn der Hersteller kann insoweit eine ihm zustehende Änderungsbefugnis ausüben.

VIII. Vorgaben von Standards/Richtlinien

Jeder Hersteller hat ein berechtigtes Interesse daran, dass der Betrieb seines Vertragshändlers – sowohl in sachlicher als auch in personeller Ausstattung – einem gewissen **Mindeststandard** entspricht; denn dieser ist Teil der „Corporate indentity" sowie der „Marke". Der Mindeststandard trägt also unmittelbar zum Verkaufserfolg bei, der wiederum dem Vertragshändler zugute kommt. Daraus folgt, dass die Vorgabe derartiger Standards bzw. Richtlinien in Bezug auf Geschäftsausstattung, Personalschulung, Service, Werbung, Lagerhaltung und Kundendienst gemäß § 307 Abs. 1 BGB **unbedenklich** ist; sie gibt dem Vertragshändlervertrag sein typisches – unverwechselbares – „Image". Soweit es sich bei diesen Richtlinien/Standards um **Vertragsbestimmungen** handelt, liegen die Voraussetzungen von § 305 Abs. 1 BGB vor. Es gelten dann ungekürzt die Regeln des § 307 Abs. 1 BGB. Änderungen unterliegen engen Grenzen. Eine Teilkündigung ist auch hier regelmäßig unzulässig, so dass für Richtlinien/Standards keine Ausnahmen gegenüber den allgemeinen Gesichtspunkten gelten.

41

IX. Gewährleistungsarbeiten – Herstellergarantien – Rückvergütungspauschalen – §§ 478, 479 BGB

1. Gewährleistungspflicht des Vertragshändlers

In Vertragshändlerverträgen ist es üblich, dass der Hersteller den Vertragshändler dazu verpflichtet, Gewährleistungs- und Garantiearbeiten durchzuführen[3]. Wenn dann in den AGB bestimmt wird, dem Händler stehe ein Aufwendungsersatz „nach Maßgabe einheitlicher Berechnungsgrundlagen" zu, dann ist eine solche Klausel jedenfalls dann intransparent, wenn sie auf „den für die jeweilige Garantieleistung notwendigen technischen Arbeitsaufwand" abstellt und zum anderen auf die „betriebswirtschaftlichen Gegebenheiten bei dem Durchschnitt der hinsichtlich ihrer Betriebsgröße und Kostenstruktur vergleichbaren Händlerbetriebe" abstellt[4]. Unter Berücksichtigung der seit dem 1.1.2002 geltenden Regeln der §§ 478, 479 BGB ist in diesem Kontext in erster Linie zu bedenken, dass diese Regeln im Kern **zwingenden Charakter** aufweisen, sofern – davon ist in der Regel auszugehen – ein Verbrauchsgüterkauf gegenüber einem Verbraucher vorlag, so dass

42

---

1 Grundlegend auch BGH v. 6.10.1999 – VIII ZR 125/98, NJW 2000, 515, 520 – Kawasaki.
2 BGH v. 6.10.1999 – VIII ZR 125/98, NJW 2000, 515, 520 – Kawasaki.
3 BGH v. 26.11.1984 – VIII ZR 214/83, NJW 1985, 623, 627 – Opel.
4 BGH v. 20.7.2005 – VIII 121/04, ZIP 2005, 1785, 1792 – Honda.

der Vertragshändler nunmehr wegen eines Mangels Regress gegenüber dem Hersteller nimmt[1]. Dabei steht aus praktischen Gründen die Norm des § 478 Abs. 2 i.V.m. Abs. 4 BGB im Vordergrund. Denn es geht um die Bestimmung des zwingend geschuldeten Anspruchs auf Aufwendungsersatz, sofern der Vertragshändler eine Nacherfüllung wegen eines vom Hersteller herrührenden Mangels durchgeführt hat. Dann stellt sich immer die Frage, ob und unter welchen Voraussetzungen **pauschale Abrechnungssysteme** nach § 478 Abs. 4 BGB wirksam sind[2]. Immer geht es jedoch zunächst darum, festzulegen, ob eine von den zwingenden Normen des § 478 BGB abweichende Vereinbarung vorliegt. Denn solche nachteiligen Abweichungen sind zulässig, sofern dem Vertragshändler ein „**gleichwertiger Ausgleich**" zugestanden wird. In der Sache besteht im Wesentlichen Einvernehmen darüber, dass ein solcher Ausgleich dann i.S.v. § 478 Abs. 4 BGB vorliegt, wenn die Kosten, welche der Letztverkäufer – also: hier der Händler – nicht an den Verbraucher nach Maßgabe des § 475 BGB abwälzen kann, im Wesentlichen gedeckt werden[3]. Also reicht die Angemessenheit des Ausgleichs, wie etwa in § 307 Abs. 1 BGB verankert, nicht aus, weil eine Gleichwertigkeit verlangt wird[4].

43 In welcher Weise dieser – gleichwertige – Ersatz geleistet wird, ist gleichgültig. Es kann sich um Rabatte sowie um sonstige Vergünstigungen jeder Art handeln. Es ist also nicht geboten, dass eine Kostenerstattung stattfindet, die sich punktgenau auf die Aufwendungen bezieht, welche sich aus der Nacherfüllung – Mangelbeseitigung oder Ersatzlieferung – ergeben[5].

Des Weiteren ist die Umsetzung der Verbrauchsgüterkauf-Richtlinie mit einer **zweijährigen Gewährleistungszeit** in § 438 BGB zu beachten[6]. Sie hat auch unmittelbare Auswirkungen auf den Regress des Händlers gegenüber dem gewährleistungspflichtigen Hersteller[7]. Soweit eine **Herstellergarantie** in Rede steht, übernimmt der Hersteller unmittelbar gegenüber dem Endabnehmer eine rechtsgeschäftliche Garantie für die Mängelfreiheit und Funktionstüchtigkeit seines **Produkts** während der Garantiezeit[8]. Da der Vertragshändler verpflichtet ist, Garantiearbeiten gegenüber dem Endkunden durchzuführen, ist – jedenfalls bei Vorliegen einer Herstellergarantie – davon auszugehen, dass der Vertragshändler als **Erfüllungsgehilfe** des Herstellers gemäß § 278 BGB tätig wird. Diese Garantie steht in Konkurrenz zu

---

1 Statt aller *Erman/Grunewald*, § 478 BGB Rn. 10 ff.
2 Hierzu *Bellinghausen* in Abels/Lieb, AGB und Vertragsgestaltung nach der Schuldrechtsreform, 2005, S. 71, 80 ff.; *K. Schmidt* in Dauner-Lieb/Konzen/Schmidt, Das neue Schuldrecht in der Praxis, 2003, S. 427, 444 ff.; *Staudinger/Matusche-Beckmann*, § 478 BGB Rn. 114 ff.; *Bamberger/Roth/Faust*, § 478 BGB Rn. 19 ff.; *Grunewald*, Kaufrecht, 2006, S. 292 ff.
3 *Grunewald*, Kaufrecht, 2006, S. 295.
4 *Bellinghausen* in Abels/Lieb, AGB und Vertragsgestaltung nach der Schuldrechtsreform, 2005, S. 71, 81.
5 *Bellinghausen* in Abels/Lieb, AGB und Vertragsgestaltung nach der Schuldrechtsreform, 2005, S. 71, 82 ff.; *Grunewald*, Kaufrecht, 2006, S. 295.
6 Hierzu *Staudenmayer*, NJW 1999, 2393 ff.
7 *Graf v. Westphalen*, DB 1999, 2553 ff.
8 AGB-Klauselwerke/*Graf v. Westphalen*, Garantieklauseln Rn. 15 ff.

den **kaufvertraglichen Gewährleistungsansprüchen**, welche dem Endkunden gegenüber dem Vertragshändler unmittelbar zustehen[1]. Das Rangverhältnis zwischen Herstellergarantie einerseits und Gewährleistungspflichten des Vertragshändlers andererseits ist ein generelles Problem und nicht auf Vertragshändlerverträge beschränkt[2]. Gegenüber dem rechtlich nicht vorgebildeten Durchschnittskunden ist in diesem Zusammenhang das **Transparenzgebot** i.S.v. § 307 Abs. 1 Satz 2 BGB zu berücksichtigen[3]. Es muss also deutlich werden, dass die Garantie des Herstellers die Gewährleistungshaftung des Vertragshändlers **unberührt** lässt.

Jedenfalls im Bereich des Kfz-Handels ist auch zu bedenken, ob der jeweilige Verkäufer nicht nur als **Importeur** auftritt[4]. Tritt dieser freilich im eigenen Namen auf, bestehen insoweit keine Probleme; es gelten dann die Bestimmungen der §§ 434 ff. BGB, insbesondere hat dann der Importeur/Händler auch einen nach den §§ 478, 479 BGB ausgerichteten Regressanspruch. Dies ist jedoch dann anders, wenn der Importeur lediglich die Rolle eines Vermittlers ausübt und dies im Vertrag auch hinreichend klar und transparent ausgewiesen ist[5].

2. Vergütungspauschale

Soweit im Vertragshändlervertrag eine Rückvergütungspauschale für etwa durchgeführte Garantie- oder Gewährleistungsarbeiten zugunsten des Vertragshändlers vorgesehen ist, steht dem Vertragshändler ein Anspruch auf Aufwendungserstattung einschließlich eines angemessenen Gewinns betreffend Arbeitseinsatz und Ersatzteilkosten zu[6]. Auszugehen ist von der sich aus den §§ 675, 611 ff. BGB ergebenden Verpflichtung des Vertragshändlers, für den Hersteller und auch in seinem Geschäftsbereich Garantie- und Gewährleistungsarbeiten durchzuführen, sofern der Vertragshändler diese rechtzeitig gemäß §§ 377, 378 HGB gerügt hat. Für die zu beschaffenden **Ersatzteile** schuldet der Hersteller Aufwendungsersatz gemäß § 670 BGB; die Durchführung der Garantie- oder Gewährleistungsarbeiten ist Vollzug **werkvertraglicher** Pflichten gemäß § 675 BGB i.V.m. §§ 631 ff. BGB. Daher schuldet der Hersteller insoweit auch eine an § 632 Abs. 2 BGB ausgerichtete volle Vergütung, einschließlich Gewinnzuschlag[7]. Abweichungen zum Nachteil des Vertragshändlers sind mit § 307 Abs. 2 Nr. 1 BGB nicht vereinbar. Dabei steht das Risiko von Rückrufaktionen deutlich im Vordergrund. Es handelt sich stets um Leistungen des Vertragshändlers, die von ihm nicht verursacht oder zu vertreten sind.

---

1 *Graf v. Westphalen*, NJW 1980, 2227 ff.; BGH v. 23.3.1988 – VIII ZR 58/87, ZIP 1988, 577 – Sony; AGB-Klauselwerke/*Graf v. Westphalen*, Garantieklauseln Rn. 22.
2 AGB-Klauselwerke/*Graf v. Westphalen*, Garantieklauseln Rn. 16 f.; 20 ff.
3 AGB-Klauselwerke/*Graf v. Westphalen*, Garantieklauseln Rn. 5 ff.
4 OLG Frankfurt v. 28.1.2005 – 25 U 210/03, NJW-RR 2005, 1222.
5 OLG Frankfurt v. 28.1.2005 – 25 U 210/03, NJW-RR 2005, 1222.
6 Vgl. BGH v. 12.11.1994 – VIII ZR 165/92, ZIP 1994, 461, 468 – Daihatsu; AGB-Klauselwerke/*Graf v. Westphalen*, Mangelbeseitigung Rn. 20 ff. m.w.N.; *Genzow*, Der Vertragshändlervertrag, Rn. 76.
7 Im Einzelnen *Graf v. Westphalen*, DB 1999, 2513 ff.

3. Minderungen der Vergütungspauschale

46 Da die gemäß § 670 BGB geschuldete Vergütungspauschale Entgeltcharakter besitzt, handelt es sich bei etwaigen Änderungsklauseln um Probleme, die ganz allgemein für Preisanpassungsklauseln typisch sind. Diese sind nach § 307 Abs. 1 S. 1 BGB nur dann wirksam, wenn sie die Änderungsvoraussetzungen ausreichend konkretisieren und in angemessener Weise auf die Belange des Vertragshändlers Rücksicht nehmen[1]. Es gelten also insoweit keine Besonderheiten[2].

X. Ersatzteilbindung

47 Falls konkurrierende Teile den Qualitätsstandard der Originalteile des Herstellers erreichen, ist eine Ersatzteilbindung des Vertragshändlers mit § 307 Abs. 1 BGB **unvereinbar.** Dabei wird man möglicherweise insoweit eine **Ausnahme** zulassen können, als eine Ersatzteilbindung für die Verwendung von Originalteilen bei Gewährleistungs- oder Garantiearbeiten vorgesehen wird. Doch ist eine Klausel, wonach der Händler beweisen muss, dass Ersatzteile, welche mit Ersatzteilen der Vertragsware in Wettbewerb stehen und für die Betriebs- und/oder Verkehrssicherheit des Fahrzeugs von funktionaler Bedeutung sind, nicht den Qualitätsstandard der betreffenden Ersatzteile der Vertragsware erreichen, nach § 307 Abs. 1 BGB unwirksam[3]. Um die Interessen des Herstellers in diesen Fällen zu wahren, reicht es aus, wenn der betreffende Teilehersteller eine Bescheinigung vorlegt, aus der sich ergibt, dass die von ihm hergestellten und gelieferten Ersatzteile den Qualitätsstandard der Ersatzteile der Vertragsware erreichen[4]. Demzufolge ist es auch **unbedenklich**, wenn der Hersteller dem Vertragshändler vorschreibt, dass solche Ersatzteile nicht vertrieben oder bei der Instandsetzung oder Instandhaltung von Vertragserzeugnissen verwendet werden dürfen, deren Qualitätsstandard nicht demjenigen entspricht, der für Original-Ersatzteile des Herstellers gilt[5].

48 Aus dem Gesichtspunkt der **Produkthaftung** gemäß § 823 Abs. 1 BGB – gleiches gilt für § 1 ProdHaftG – kann nichts Abweichendes gefolgert werden. Keinesfalls ist das Risiko der Produkthaftung des Herstellers ein Weg dafür, eine Ersatzteilbindung zu Lasten des Vertragshändlers sowie des freien Ersatzteil-Handels herbeizuführen, weil und soweit diese nicht durch sachlich gerechtfertigte Gründe legitimiert wird. Denn die Tatsache, dass der Vertragshändler ein Ersatzteil verwendet, welches **kein Original-Ersatzteil** des Herstellers ist, begründet noch – für sich allein genommen – keine im Rahmen von § 823 Abs. 1 BGB vorwerfbare Pflichtverletzung, sofern der Tei-

---

[1] BGH v. 12.11.1994 – VIII ZR 165/92, ZIP 1994, 461, 466 – Daihatsu; hierzu auch *Paulusch*, Vorformulierte Leistungsbestimmungsrechte des Verwenders, in Heinrichs/Löwe/Ulmer, Zehn Jahre AGB-Gesetz, 1987, S. 55, 79 f.
[2] Vgl. auch *Niebling*, Das Recht des Automobilvertriebs, S. 155 f.
[3] BGH v. 20.7.2005 – VIII ZR 121/04, NJW 2006, 46 – Honda.
[4] BGH v. 20.7.2005 – VIII ZR 121/04, NJW 2006, 46 – Honda.
[5] Vgl. *Niebling*, Das Recht des Automobilvertriebs, S. 140.

lehersteller bestätigt, dass der Qualitätsstandard seiner Teile demjenigen entspricht, der bei der Verwendung der Originalersatzteile maßgebend war[1]. Im Übrigen ist es stets Sache des Geschädigten, den Nachweis dafür zu führen, dass ein **objektiver Mangel** des Vertragserzeugnisses vom Hersteller so zu einer Rechtsgutverletzung i.S.v. § 823 Abs. 1 BGB geführt hat[2]. Dies schließt ein und setzt voraus, dass der Geschädigte den Nachweis erbringt, dass der Schaden durch das Vertragserzeugnis des Herstellers verursacht worden ist und dass fremde Einflüsse – insbesondere: die Verwendung eines vom Vertragshändler verwendeten Ersatzteiles – ausscheiden[3]. Wenn aber der Hersteller den Händler warnt, dass beim nächsten Werkstattbesuch ein bestimmter Mangel beseitigt werden muss, dann spricht vieles dafür, dass der Händler auch verpflichtet ist, nicht nur solche Fahrzeuge entsprechend zu überprüfen, die er selbst ausgeliefert hat, sondern auch die, welche ihm zum Zweck der Reparatur überlassen werden[4]. Doch ist dabei der Inhalt des Wartungs- oder Reparaturauftrags jeweils exakt zu untersuchen, um die Pflichten des Händlers nicht zu überspannen[5].

XI. Einblick in Geschäftsbücher – Bilanzen

Unbedenklich i.S.v. § 307 Abs. 1 S. 1 BGB ist des Weiteren, wenn sich der Hersteller das Recht ausbedingt, in die **Geschäftsbücher** des Vertragshändlers Einblick zu nehmen. Gleiches gilt dann, wenn der Vertragshändler verpflichtet ist, dem Hersteller die jeweiligen **Bilanzen** sowie die **Jahresabschlüsse** in testierter Form zu überlassen. Denn es ist selbstverständlich, dass der Hersteller i.S.v. § 307 Abs. 1 S. 1 BGB ein legitimes Interesse daran hat, dass die **Bonität** des Vertragshändlers nicht notleidend wird, ohne dass er hierüber rechtzeitig Warnsignale erhalten hat. Etwaige **Geheimhaltungsinteressen** des Vertragshändlers rangieren deutlich niedriger. Dies gilt insbesondere auch dann, wenn der Hersteller – dies entspricht üblicher Vertragspraxis – einen **Beratungsservice** unterhält, der den Vertragshändler in allen finanziellen Fragen – insbesondere bei etwaigen Neuinvestitionen – unterstützt[6].

49

XII. Geschäftsveräußerung – Inhaberwechsel – Erbfolge

1. Zustimmungsvorbehalt des Herstellers

Im Rahmen von § 307 Abs. 1 S. 1 BGB ist es nicht zu beanstanden, wenn der Vertragshändlervertrag im Hinblick auf eine etwaige Geschäftsveräußerung, einen Inhaberwechsel oder eine eingetretene Erbfolge Regelungen enthält, die geeignet sind, die berechtigten Belange des Herstellers zu schützen[7].

50

---

1 BGH v. 20.7.2005 – VIII ZR 121/04, NJW 2006, 46 – Honda.
2 Hierzu BGH v. 11.6.1996 – VI ZR 202/95, ZIP 1996, 1436 – Chefbüro.
3 BGH v. 11.6.1996 – VI ZR 202/95, ZIP 1996, 1436, 1437 – Chefbüro.
4 BGH v. 18.5.2004 – X ZR 60/03, NJW-RR 2004, 1427.
5 BGH v. 18.5.2004 – X ZR 60/03, NJW-RR 2004, 1427 f.
6 Hierzu auch *Genzow*, Der Vertragshändlervertrag, Rn. 79 f.
7 BGH v. 26.11.1984 – VIII ZR 214/83, BB 1985, 218, 219 f. – Opel.

Dies gilt unabhängig davon, ob der Vertragshändler eine Einzelfirma oder eine Kapitalgesellschaft ist. Denn in jedem Fall hat der Hersteller ein legitimes Interesse daran, dass der Gewerbebetrieb des Vertragshändlers von zuverlässigen, ihm bekannten Persönlichkeiten geführt wird, dass insbesondere auch die wesentlichen Besitz- und Eigentumsverhältnisse während der Dauer des Vertragshändlervertrages unverändert bleiben. Allerdings müssen etwaige Änderungen in diesen Beziehungen wegen der **Selbständigkeit** des Vertragshändlers **einschränkungslos** zulässig sein, solange dadurch nicht die berechtigten Belange des Herstellers beeinträchtigt werden[1]. Daran fehlt es, wenn ein etwaiger **Zustimmungsvorbehalt** des Herstellers daran geknüpft wird, dass der Vertragshändler die Absicht verfolgt, Anteile an seinem Unternehmen zu veräußern, die nicht über 10 % des Eigenkapitals hinausgehen[2].

2. Konkretisierung der Verweigerungsgründe

51 Notwendigerweise sind auch hier die **Voraussetzungen** einschließlich der **schwerwiegenden Änderungsgründe**[3] zu konkretisieren und im Einzelfall nachzuweisen, bei deren Vorliegen der Hersteller verpflichtet ist, seine Zustimmung zu erteilen; es muss sich – wie stets – um objektivierbare, nachprüfbare Kriterien handeln, weil auch hier ein einschränkungsloses „Ermessen" des Herstellers an § 307 Abs. 1 S. 1 BGB scheitert. Gleiches gilt erst recht in den Fällen, in denen der Hersteller sich für diese Fälle das Recht vorbehält, das Vertragsverhältnis **fristlos** zu kündigen[4]. Denn ein solches Recht setzt unter Berücksichtigung der Kriterien von § 242 BGB voraus, dass die berechtigten Belange des Herstellers in ganz schwerwiegender Weise – und dies bedeutet auch: konkret nachweisbar – beeinträchtigt sind[5].

XIII. Ordentliche Kündigung

1. Befristung – Inhaltskontrolle

52 Wie alle Dauerschuldverhältnisse können Vertragshändlerverträge sowohl befristet als auch unbefristet abgeschlossen werden. Soweit letzteres der Fall ist, kommt es im Rahmen der richterlichen Inhaltskontrolle gemäß § 307 Abs. 1 BGB entscheidend darauf an, welche **Kündigungsfristen** als erforderlich angesehen werden (Rn. 54). Ist der Vertragshändlervertrag jedoch **befristet** abgeschlossen, so wird dies oft das Ergebnis einer **individualvertraglichen Vereinbarung** sein. Es ist schwer vorstellbar, dass die Befristung des Vertrags in Wirklichkeit ein Formularvertrag ist, auf den dann uneingeschränkt § 307 BGB Anwendung findet. Ist dies gleichwohl der Fall, etwa durch **Ankreuzen** von Leerräumen[6], so stellt sich regelmäßig die Frage, wel-

---

[1] BGH v. 26.11.1984 – VIII ZR 214/83, BB 1985, 218, 219 f. – Opel.
[2] BGH v. 26.11.1984 – VIII ZR 214/83, BB 1985, 218, 219 f., 224 – Opel.
[3] BGH v. 12.1.1994 – VIII ZR 165/92, ZIP 1994, 461, 466 – Daihatsu.
[4] BGH v. 12.1.1994 – VIII ZR 165/92, ZIP 1994, 461, 466 – Daihatsu.
[5] Vgl. BGH v. 10.2.1993 – VIII ZR 48/92, NJW-RR 1993, 682.
[6] *Ulmer/Brandner/Hensen*, AGB-Recht, § 305 BGB Rn. 56 f.

che Dauer des Vertragshändlervertrages erforderlich ist, um der Messlatte der richterlichen Inhaltskontrolle gemäß § 307 Abs. 1 BGB zu genügen.

Anhaltspunkte in dispositivem Recht, welche hier gemäß § 307 Abs. 2 Nr. 1 BGB herangezogen werden könnten, sind nicht ersichtlich. Dabei ist insbesondere zu berücksichtigen, dass der Vertragshändlervertrag gemäß §§ 675, 611 ff. BGB **Dienstvertragscharakter** besitzt. Dies bedeutet, dass § 620 Abs. 1 BGB Anwendung findet[1]. Eine vertragliche **Mindestdauer** ist indessen dem Dienstvertragsrecht nicht zu entnehmen[2]. Es erscheint deshalb unter Berücksichtigung der hier vertretenen grundsätzlichen Auffassung (Rn. 29) zweckmäßig, auf die Wertungen von Art. 5 Abs. 2 Nr. 2 EG-VO Nr. 1475/95 i.S.d. § 307 Abs. 1 BGB zurückzugreifen. Danach ist für Vertragshändlerverträge in der Kfz-Branche eine Mindestdauer von **fünf Jahren** vorgesehen. Nur unter dieser Voraussetzung wird ein Vertragshändlervertrag in der Kfz-Branche vom Kartellverbot des Art. 81 EG freigestellt. Geht man also davon aus, dass diese Rechtsgedanken der außer Kraft getretenen EG-VO Nr. 1475/95 auch auf Vertragshändlerverträge Anwendung finden, die außerhalb der Kfz-Industrie abgeschlossen werden, so folgt daraus gemäß § 307 Abs. 1 S. 1 BGB: Vertragshändlerverträge müssen mit einer Mindestlaufzeit von fünf Jahren abgeschlossen werden. Dies setzt freilich voraus, dass die **Interessenlage** mit derjenigen vergleichbar ist, welche für Kfz-Vertragshändlerverträge als typisch einzuordnen ist (Investitionsumfang, Verdienstchance, Abhängigkeit, Ausschließlichkeit etc.). Fehlt es hingegen an einer Vergleichbarkeit der Interessen, so wird man – abhängig von den Umständen des jeweiligen Einzelfalls – auch kürzere Vertragslaufzeiten als mit § 307 Abs. 1 S. 1 BGB vereinbar ansehen können.

2. Kündigungsfristen

Dies wirft – ganz generell – die Frage auf, welche Kündigungsfristen bei Vertragshändlerverträgen unter Berücksichtigung der **Dauer** des Vertrages als angemessen i.S.v. § 307 Abs. 1 BGB anzusehen sind: *Ulmer* tendiert offenbar dahin, eine Mindestkündigungsfrist von zwei Jahren zu verlangen[3]; *Pfeffer* fordert ebenfalls eine solche Kündigungsfrist[4]. Der BGH hat in einer jüngeren Entscheidung[5] eine Kündigungsfrist von **einem Jahr** akzeptiert. Dem ist entgegen der in der Vorauflage – gestützt auf die Regelungen der EG-VO Nr. 1475/95 – unterbreiteten Erwägungen[6] im Zweifel zu folgen, zumal der BGH in einer neueren Entscheidung eine an § 89 Abs. 1 HGB ausgerichtete Kündigungsfrist von sechs Monaten nicht beanstandet hat[7]. Insbesondere hat der BGH unter Beachtung einer Parallele zum Handelsvertreterrecht[8], da

---

1 *Ulmer*, Der Vertragshändler, S. 472 ff.
2 Hierzu auch *Niebling*, BB 1996, 1727.
3 *Ulmer/Brandner/Hensen*, Anh. zu § 310 BGB Rn. 967.
4 *Pfeffer*, NJW 1985, 1241, 1247; so auch *Wolf/Horn/Lindacher*, § 9 AGBG Rn. V 41.
5 BGH v. 21.2.1995 – KZR 33/93, BB 1995, 1657 – Citroën.
6 Vorauflage Rn. 57 ff.
7 BGH v. 9.10.2002 – VIII ZR 95/01, NJW-RR 2003, 98.
8 BGH v. 9.10.2002 – VIII ZR 95/01, NJW-RR 2003, 98.

der Vertragshändler wie ein Handelsvertreter in die Absatzorganisation des Herstellers eingegliedert war, es abgelehnt, die für einen Kfz-Händlervertrag vorgesehene Mindestkündigungsfrist von einem Jahr als allgemein gültig anzuerkennen. Daraus wird man ganz allgemein die Folgerung ziehen: Wenn ein Vertragshändler seinen Betrieb ganz und gar auf den Absatz der Vertragsprodukte des Herstellers ausgerichtet hat, dann wird eine Kündigungsfrist von wenigstens einem Jahr als angemessen anzusehen sein. Trifft dies nicht zu, dann kann die Analogie zu § 89 HGB in vollem Umfang auch im Blick auf die Länge der Kündigungsfristen zur Anwendung berufen werden, ohne dass darin ein Verstoß gegen § 307 BGB liegt.

55 Liegt ein **Kettenvertrag** vor, dann ist auch in diesen Fällen an die Kündigungsregel des § 89 HGB anzuknüpfen[1]. Von einer solchen Konstellation ist dann auszugehen, wenn einzelne Verträge aneinander gereiht werden, welche jeweils auf eine bestimmte Dauer geschlossen worden sind, die dann aber – ohne erneute Aushandlung – mit einem im Wesentlichen gleichen Inhalt erneut abgeschlossen werden. Die Vertragsdauer wird dann zusammengezählt, um die zutreffende Kündigungsfrist nach § 89 Abs. 1 HGB zu ermitteln[2].

56 Fraglich ist, welche Kündigungsfristen dann in Ansatz zu bringen sind, wenn sich der Hersteller aus unternehmerischen Gründen gezwungen sieht, seine Vertriebsorganisation **umzustrukturieren**. Hier könnte man daran denken, dass eine kürzere Frist als ein Jahr in Betracht kommt. Doch ist für den Bereich der Kfz-Branche eine Frist von einem Jahr als durchaus angemessen einzustufen[3].

57 **Unabhängig** davon bleibt selbstverständlich die Möglichkeit offen, auf die Grundsätze des **Vertrauensschutzes** gemäß § 242 BGB zurückzugreifen, wenn dieser zugunsten des Vertragshändlers streitet, etwa bei **Investitionen** (Rn. 73). Dieser Ansatzpunkt erscheint unter Berücksichtigung der generalisierend-abstrakten Betrachtungsweise von Kündigungsfristen als AGB-Klauseln **sachgerechter** als der Rückgriff auf § 20 GWB[4] – mit der Konsequenz, dass nur die Kündigungsfrist als angemessen bewertet wird, welche im Einzelfall sicherstellt, dass die fremdbestimmten Investitionen des Vertragshändlers amortisiert sind[5]. Denn die Anwendung von § 20 GWB würde – so verstanden – die „Abwesenheit von Wettbewerb" nach sich ziehen[6]. Gleichzeitig ist damit gesagt, dass der generelle Rückgriff auf den Grundsatz von Treu und Glauben gemäß § 242 BGB nicht geeignet ist, als **generelle Kündigungsschranke** zu fungieren, weil insbesondere der Vertrauensschutz und das Verbot widersprüchlichen Verhaltens von den Umständen des **Einzelfalls** abhängen[7].

---

1 BGH v. 9.10.2002 – VIII ZR 95/01, NJW-RR 2003, 98, 99.
2 BGH v. 9.10.2002 – VIII ZR 95/01, NJW-RR 2003, 98, 99.
3 OLG Saarbrücken v. 15.9.2004 – 1 U 632/03, NJOZ 2005, 3105; OLG München v. 26.2.2004 – U (K) 5664/03, NJW 2004, 2530 – nicht rkr.
4 *Niebling*, BB 1996, 1727, 1730.
5 Vgl. *Ebenroth/Strittmatter*, BB 1993, 1521, 1528 f.
6 So mit Recht *Ebenroth/Strittmatter*, BB 1993, 1521, 1529.
7 Vgl. auch *Ebenroth/Parche*, BB 1988, Beil. 10, 26 ff.

3. Rechtsfolgen
a) § 306 Abs. 2 BGB

Soweit in Vertragshändlerverträgen die Kündigungsfristen gemäß § 307 Abs. 1 BGB **unwirksam** sind, stellt sich regelmäßig i.S.v. § 306 Abs. 2 BGB die Frage, ob auf dispositives Recht nach § 89 HGB zurückgegriffen werden kann oder ob das Instrumentarium der **ergänzenden Vertragsauslegung** gemäß §§ 133, 157 BGB zu bemühen ist. Hier bietet sich folgende Differenzierung an: Jedenfalls dann, wenn der Vertragshändler auf Grund vertraglicher Absprachen wie ein Handelsvertreter in die Vertriebs- und Absatzorganisation des Herstellers eingeschaltet ist, wird man auf die gesetzliche Regelung des § 89 Abs. 1 HGB zur Bestimmung der angemessenen Kündigungsfrist zurückgreifen können. Treffen diese Voraussetzungen nicht zu, dann stellt sich die Frage, ob im Übrigen eine Analogie zu § 89 Abs. 1 HGB gerechtfertigt ist, was im Zweifel zu bejahen ist. Das bedeutet konkret, dass im Gegensatz zu der in der Vorauflage vertretenen Ansicht[1] regelmäßig kein Platz ist, um eine ergänzende Vertragsauslegung nach den §§ 133, 157 BGB in Stellung zu bringen.

58

b) § 20 GWB

Es kann durchaus sein, dass bei einer ordentlichen Kündigung § 20 GWB zum Zuge gelangt[2]. Die Rechtsfolge eines Verstoßes gegen § 20 GWB besteht darin, dass die ausgesprochene – unwirksame – Kündigung für die Dauer einer angemessenen Auslauf- oder Umstellungsfrist ausgesetzt wird[3]. Sofern sich der Hersteller in diesen Fällen weigert, den in unwirksamer Weise gekündigten Vertragshändler weiter zu beliefern, steht dem Vertragshändler ein **Schadensersatzanspruch** zu[4].

59

XIV. Fristlose Kündigung
1. Analoge Anwendung von § 89a HGB

Da Vertragshändlerverträge typische Dauerschuldverhältnisse sind, auf welche im Zweifel die Bestimmungen der §§ 84 ff. HGB **analog** anwendbar sind, ist das fristlose Kündigungsrecht des Herstellers – in Anlehnung an die Bestimmung des § 89a HGB – nur dann wirksam, wenn unter Berücksichtigung von Wesen und Zweck des Vertragshändlervertrags und der durch diesen begründeten Rechte und Pflichten einem der beiden Vertragsteile die weitere Fortsetzung des Vertragshändlervertrages unzumutbar ist[5]. Grundsätzlich muss es sich dabei um **wesentliche** Vertragsverletzungen des

60

---

1 Vorauflage Rn. 62.
2 BGH v. 23.2.1988 – KZR 20/86, NJW-RR 1988, 1502 – Opel-Blitz; OLG Stuttgart v. 29.3.1979 – 2 W (Kart) 8/79; hierzu auch *Niebling*, Das Recht des Automobilvertriebs, S. 116 ff.; *Emde*, NJW 1999, 326, 328 – stets betreffend § 26 Abs. 2 GWB a.F.
3 BGH v. 23.2.1988 – KZR 20/86, NJW-RR 1988, 1502 – Opel-Blitz.
4 BGH v. 20.11.1975 – KZR 1/75, WuW/E 1395 – Rossignol.
5 Im Einzelnen *Niebling*, Das Recht des Automobilvertriebs, S. 174 ff.

Vertragshändlers handeln, welche die legitimen Interessen des Herstellers gröblich missachten. Auch hierbei fällt ins Gewicht, dass der Vertragshändlervertrag in besonderem Maße durch gegenseitige Treue- und Rücksichtspflichten geprägt ist[1].

61 In erster Linie kommt hier ein Verstoß gegen das auch durch § 86 HGB analog geschützte **Wettbewerbsverbot** in Betracht[2]. Aber auch andere Kündigungsgründe sind denkbar, etwa die Vorlage gefälschter Bilanzen oder Jahresabschlüsse oder Manipulationen bei der Abrechnung von Garantie- oder Gewährleistungsarbeiten. Regelmäßig ist in allen diesen Fällen **formularmäßig** eine Abmahnung vorzusehen, damit die Klausel nicht unter Berücksichtigung des Rechtsgedankens von § 543 BGB wegen Verstoßes gegen § 307 Abs. 2 Nr. 1 BGB unwirksam ist. Freilich können im Einzelfall die Verstöße so gravierend sein, dass es der Abmahnung nicht bedarf. Es gelten die zu § 323 BGB entwickelten Rechtsgrundsätze entsprechend[3], die bei einer Erfüllungsverweigerung das Setzen einer Nachfrist entbehrlich machen. Wird jedoch die fristlose Kündigung auf den Kündigungsgrund „bevorstehende Zahlungsunfähigkeit" gestützt, so ist jedenfalls zu verlangen, dass tatsächlich in unmittelbarem zeitlichen Anschluss an die ausgesprochene Kündigung die Insolvenz (etwa: Zahlungsunfähigkeit) eintritt[4]. Dabei gilt gleichzeitig der allgemeine Rechtssatz: Eine fristlose Kündigung kann nur dann in eine ordentliche **umgedeutet** werden, wenn der eindeutige Wille der Kündigungserklärung zu entnehmen ist, das Vertragsverhältnis in jedem Fall zu beenden, sofern der Kündigende dies bei Kenntnis der Nichtigkeit der fristlosen Kündigung gewollt hätte und dies auch dem anderen Teil erkennbar war[5].

62 Soweit im Vertragshändlervertrag, was üblicherweise geschieht, die Gründe für die außerordentliche Kündigung **formularmäßig** verankert sind, ist Folgendes zu bedenken: Den Parteien steht es frei, die jeweils für die fristlose Kündigung in Betracht zu ziehenden Gründe **enumerativ** aufzuzählen. Dies ist mit § 307 Abs. 2 Nr. 1 BGB solange **vereinbar**, als jeder einzelne Kündigungsgrund der Art ist, dass die aufgeführte **Vertragsverletzung** – unter Berücksichtigung von Sinn und Zweck des Vertragshändlervertrages – derart wesentlich ist, dass der anderen Partei schlechterdings nicht mehr zugemutet werden kann, das Vertragsverhältnis bis zur nächsten ordentlichen Kündigungsmöglichkeit fortzusetzen. Daraus folgt: Formularmäßig sind fristlose Kündigungsgründe nur insoweit normierbar, als dieser allgemeine Rechtsgrundsatz im Einzelnen **konkretisiert** wird[6]. Dies entspricht auch der Judikatur des BGH[7]. So ist z.B. ein außerordentliches Kündigungsrecht bei per-

---

1 BGH v. 10.2.1993 – VIII ZR 48/92, NJW-RR 1993, 682.
2 BGH v. 10.2.1993 – VIII ZR 48/92, NJW-RR 1993, 682, 683.
3 Vgl. *Palandt/Grüneberg*, § 323 BGB Rn. 20.
4 OLG Saarbrücken v. 11.2.1998 – 1 U 364/97–83, NJW-RR 1998, 1191.
5 *Baumbach/Hopt*, § 89a HGB Rn. 5; OLG Saarbrücken v. 11.2.1998 – 1 U 364/97–83, NJW-RR 1998, 1191, 1192.
6 *Niebling*, Das Recht des Automobilvertriebs, S. 175; *Genzow*, Der Vertragshändlervertrag, Rn. 120.
7 BGH v. 26.11.1984 – VIII ZR 214/83, NJW 1985, 623, 625 f. – Opel.

sonellen Veränderungen im Unternehmen des Vertragshändlers nach § 307 Abs. 1 BGB zu beanstanden, wenn dieses Kündigungsrecht ohne Rücksicht darauf gelten soll, ob und inwieweit die Interessen des Herstellers überhaupt betroffen sein können[1]. Das Gleiche gilt dann, wenn ein fristloses Kündigungsrecht des Herstellers für den Fall vorgesehen wird, dass der Händler insolvent wird[2]. Ob dieses Recht freilich – auch unter Beachtung von § 314 BGB – dem Hersteller selbst dann zusteht, wenn die Insolvenz einen Monat vor Ablauf der vorgesehenen ordentlichen Kündigung eintritt, erscheint fraglich, weil es dem Hersteller durchaus zumutbar sein dürfte, das Vertragsverhältnis mit dem Insolvenzverwalter fortzusetzen[3].

2. Keine Anwendung von § 626 Abs. 2 BGB

Nach der zutreffenden Auffassung des BGH muss eine Kündigung aus wichtigem Grund weder sofort nach Kenntnisnahme vom Kündigungsgrund noch in der **Zweiwochenfrist** des § 626 Abs. 2 BGB erklärt werden[4]. Vielmehr ist unter Würdigung aller Umstände zu prüfen, ob die Kündigung im Hinblick auf den Zeitablauf nach Treu und Glauben zulässig ist, weil dem Hersteller jedenfalls eine angemessene Überlegungsfrist verbleibt[5]. Eine Frist von allenfalls zwei Monaten, gerechnet ab Kenntnisnahme des Kündigungsgrundes, erscheint gerade nicht vertretbar[6]; doch kommt es entscheidend auf die Umstände des Einzelfalls an, weil der Gedanke der **Verwirkung** hier Bedeutung erlangt[7].

63

3. Konsequenzen rechtswidriger Kündigungen

Soweit die Kündigung eines Vertragshändlervertrages **unzulässig** war, steht dem Vertragshändler oder dem Hersteller ein Schadensersatzanspruch zu, der wegen Pflichtverletzung aus §§ 241 Abs. 2, 280 Abs. 1 BGB abzuleiten ist[8]. Zum gleichen Ergebnis gelangt man, wenn man für diese Fälle § 89a Abs. 2 HGB **analog** anwendet[9].

64

4. Teilkündigung

Eine Teilkündigung ist zunächst von der **Änderungskündigung** zu unterscheiden: Diese ist i.d.R. eine ordentliche Kündigung, verbunden mit dem Angebot der Weiterbeschäftigung des Vertragshändlers zu geänderten Bedin-

65

---

1 Vgl. *Genzow*, Der Vertragshändlervertrag, Rn. 120.
2 OLG München v. 24.11.2004 – 7 U 1518/04, NJOZ 2005, 4899.
3 A.M. OLG München v. 24.11.2004 – 7 U 1518/04, NJOZ 2005, 4899, 4903.
4 BGH v. 27.1.1982 – VIII ZR 295/80, WM 1982, 429, 431; BGH v. 10.2.1993 – VIII ZR 48/92, NJW-RR 1993, 682, 683 f.
5 *Ebenroth*, Absatzmittlungsverträge, S. 155 ff.; BGH v. 27.1.1982 – VIII ZR 295/80, WM 1982, 429, 431.
6 BGH v. 27.1.1982 – VIII ZR 295/80, WM 1982, 429, 431.
7 BGH v. 10.2.1993 – VIII ZR 48/92, NJW-RR 1993, 682, 684.
8 OLG Stuttgart v. 15.9.1989 – 2 U 63/88, BB 1990, 1015, 1016.
9 BGH v. 14.11.1966 – VII ZR 112/64, NJW 1967, 248; BGH v. 27.1.1982 – VIII ZR 295/80, WM 1982, 429, 430; *Baumbach/Hopt*, § 89a HGB Rn. 40.

gungen[1]. Demgegenüber ist die Teilkündigung dadurch charakterisiert, dass auf diese Weise eine **einseitige Vertragsänderung** erreicht werden soll[2]. Vieles spricht dafür, dass eine Teilkündigung nach der Rechtsprechung regelmäßig an § 307 Abs. 1 S. 1 BGB scheitert[3]. Entscheidend ist im Rahmen der nach § 307 Abs. 1 BGB gebotenen Bilanzierung und Balancierung der beiderseitigen Interessen, dass der andere Vertragsteil sich einer Teilkündigung nicht entziehen kann, ohne dass der kündigende Teil – anders als bei einem Änderungsvorbehalt (Rn. 39) – gehalten ist, die Interessen des anderen Vertragspartners ausreichend angemessen zu berücksichtigen. Dies gilt insbesondere, wenn als Folge der Teilkündigung die Geltendmachung des **Ausgleichsanspruchs** in analoger Anwendung von § 89b HGB gefährdet[4] oder gar ausgeschlossen wird (vgl. Rn. 79 ff.). Hinzu kommt, dass sich eine Teilkündigung im praktischen Ergebnis wie ein einseitiger **Leistungsvorbehalt** auswirkt[5]. Daher erscheint es geboten, die gleichen Argumentationsketten insoweit heranzuziehen, die die engen Grenzen eines Leistungsvorbehalts im Rahmen von § 307 Abs. 1 S. 1 BGB umschreiben (Rn. 39).

XV. Rücknahmepflichten

1. Nachvertragliche Treuepflicht

66 Als unmittelbare Folge der **Kündigung** des Vertragshändlervertrages ist der Hersteller verpflichtet, die vom Vertragshändler bezogenen **Ersatzteile** sowie die erworbenen, aber noch nicht abgesetzten Vertragsprodukte – wie insbesondere Vorführwagen[6] – zurückzukaufen[7]. Dies gilt auch dann, wenn diese zum Zweck der Finanzierung an eine Bank zur Sicherheit übereignet sind[8]. Des Weiteren wird regelmäßig bestimmt, dass der Vertragshändler alle Werbemaßnahmen zu unterlassen hat und alle werblichen Hinweise auf den Hersteller entfernen muss[9]. Grundlage dieser Verpflichtung ist stets die **nachvertragliche Treuepflicht** des Herstellers; es kommt deshalb nicht entscheidend darauf an, ob eine entsprechende Vertragsbestimmung vereinbart ist[10]. Ist jedoch zur Absicherung der Vertragsverpflichtungen des Vertragshändlers eine **Vertragsstrafe** vereinbart, dann ist diese nur dann mit § 307 Abs. 1 S. 1 BGB vereinbar, wenn die allgemeinen Voraussetzungen einer

---

1 Vgl. *Genzow*, Der Vertragshändlervertrag, Rn. 111 ff.; *Baumbach/Hopt*, § 59 HGB Rn. 121.
2 Hierzu *Genzow*, Der Vertragshändlervertrag, Rn. 114.
3 Grundlegend BGH v. 6.10.1999 – VIII ZR 125/98, NJW 2000, 515, 517 – Kawasaki.
4 BGH v. 6.10.1999 – VIII ZR 125/98, NJW 2000, 515, 517 – Kawasaki.
5 BGH v. 6.10.1999 – VIII ZR 125/98, NJW 2000, 515, 517 – Kawasaki.
6 KG Berlin v. 20.5.1999 – 2 U 2559/98, BB 1999, 1518.
7 BGH v. 12.1.1994 – VIII ZR 165/92, ZIP 1994, 461, 470 – Daihatsu; BGH v. 23.11.1994 – VIII ZR 254/93, ZIP 1995, 222 – Suzuki; BGH v. 21.10.1970 – VIII ZR 254/68, NJW 1971, 29; OLG Frankfurt v. 3.4.1984 – 5 U 186/83, WM 1986, 139; OLG Frankfurt v. 15.1.1985 – 5 U 251/83, WM 1986, 141; a.M. OLG Köln v. 28.11.1985 – 12 U 231/84, BB 1987, 148, 149 f.
8 KG Berlin v. 20.5.1999 – 2 U 2559/98, BB 1999, 1518.
9 BGH v. 7.5.1997 – VIII ZR 349/96, NJW 1997, 3223 – Citroën.
10 BGH v. 23.11.1994 – VIII ZR 254/93, ZIP 1995, 222, 223 – Suzuki.

wirksamen Abrede eingehalten sind[1]. Das bedeutet konkret: Die Vertragsstrafe als Sanktion muss in einem angemessenen Verhältnis zum Gewicht des Vertragsverstoßes und zu dessen Folgen stehen[2]. Sie muss eine **Obergrenze** aufweisen, die ihrerseits angemessen ist[3]. Die Vertragsstrafe ist vor allem dann nach § 307 Abs. 1 S. 1 BGB unwirksam, wenn sie außer Verhältnis zum möglichen Schaden des Herstellers steht und diesem damit eine vom Sachinteresse losgelöste und nicht mehr gedeckte Geldquelle eröffnet[4]. Also ist nur eine höchst moderate mit einer Obergrenze – etwa maximal 10 000 Euro – versehene Vertragsstrafe für diese Fälle wirksam.

Der Hersteller ist auch dann verpflichtet, das **Ersatzteillager** zurückzunehmen, wenn ihn für die Vertragsbeendigung keinerlei Verantwortlichkeit trifft[5]. Eine darauf abstellende Klausel verstößt jedoch gegen § 307 Abs. 1 S. 1 BGB und ist unwirksam, weil sie – unter Verletzung des Äquivalenzprinzips – die Interessen des Vertragshändlers unberücksichtigt lässt[6]. Folglich ist der Hersteller auch dann verpflichtet, das Ersatzteillager zurückzunehmen, wenn die Kündigung von beiden Seiten zu vertreten ist[7]. Insoweit ist dann an § 254 BGB anzuknüpfen; dies bedeutet, dass entsprechend der beiderseitigen Verantwortlichkeit die vom Hersteller zu zahlende Vergütung für die Rücknahme des Ersatzteillagers berechnet wird[8]. Im Sinn des durch § 307 BGB gestützten **Transparenzgebots** muss folglich der Vertragshändlervertrag diese Risikoverteilung **ausdrücklich** reflektieren. Aus der dogmatischen Struktur der Rücknahmepflicht als dem Ergebnis einer **nachvertraglichen Treuepflicht** folgt gleichzeitig: Der Hersteller ist auch dann verpflichtet, das beim Vertragshändler befindliche Ersatzteillager und die Vertragsprodukte zurückzunehmen, wenn im Vertragshändlervertrag eine entsprechende vertragliche Verpflichtung fehlt[9]. Darüber hinaus ist im Auge zu behalten, dass der Ausspruch einer ordentlichen Kündigung nicht gleichbedeutend ist mit der Feststellung, den Vertragshändler treffe insoweit eine „Verantwortlichkeit". Entscheidend ist vielmehr, dass die Ausübung eines ordentlichen Kündigungsrechts im Ergebnis nichts anderes ist als die Geltendmachung eines vertraglich vorgesehenen Rechtsbehelfs[10]. Sie berührt die Rücknahmepflicht nicht. **Offen gelassen** hat der BGH[11] die Frage, ob auch dann der Rücknahmeanspruch des Vertragshändlers ausgeschlossen

67

---

[1] BGH v. 7.5.1997 – VIII ZR 349/96, NJW 1997, 3223 – Citroën.
[2] BGH v. 12.1.1994 – VIII ZR 165/92, NJW 1060, 1064 – Daihatsu; BGH v. 7.5.1997 – VIII ZR 349/96, NJW 1997, 3223, 3224 – Citroën.
[3] BGH v. 10.5.1995 – VIII ZR 144/94, NJW-RR 1995, 1243, 1244; BGH v. 7.5.1997 – VIII ZR 349/96, NJW 1997, 3223, 3224 – Citroën.
[4] BGH v. 7.5.1997 – VIII ZR 349/96, NJW 1997, 3223, 3224 – Citroën.
[5] BGH v. 25.5.1988 – VIII ZR 360/86, ZIP 1988, 1182, 1188 – Peugeot.
[6] BGH v. 25.5.1988 – VIII ZR 360/86, ZIP 1988, 1182, 1188 – Peugeot.
[7] BGH v. 25.5.1988 – VIII ZR 360/86, ZIP 1988, 1182 – Peugeot.
[8] BGH v. 25.5.1988 – VIII ZR 360/86, ZIP 1988, 1182, 1188 – Peugeot.
[9] So auch *Genzow*, Der Vertragshändlervertrag, Rn. 130.
[10] BGH v. 23.11.1994 – VIII ZR 254/93, ZIP 1995, 222, 223 – Suzuki; *Niebling*, Das Recht des Automobilvertriebs, S. 177; *Genzow*, Der Vertragshändlervertrag, Rn. 130.
[11] BGH v. 23.11.1994 – VIII ZR 254/93, ZIP 1995, 222, 223.

oder eingeschränkt ist, wenn dieser die Vertragsbeendigung allein oder überwiegend zu vertreten hat[1]. Daraus kann freilich nicht abgeleitet werden, dass nur der **vertragstreue** Vertragshändler berechtigt ist, einen Rücknahmeanspruch bei Beendigung des Vertragshändlervertrages geltend zu machen, weil er sich sonst mit seinem eigenen Verhalten in Widerspruch setzt[2]. Vielmehr wird man eine so weitreichende Rechtsfolge – den Verlust des Rücknahmeanspruchs – nur in den Fällen für angezeigt erachten können, in denen der Hersteller berechtigterweise das Vertragsverhältnis aus einem Grund fristlos gekündigt hat, den der Vertragshändler zu vertreten hat. In allen anderen Fällen erscheint es angemessen und sachgerecht, eine Risikoabwägung im Rahmen von § 254 BGB vorzunehmen, zumal der Anspruch auf Rücknahme des Ersatzteillagers in Wirklichkeit ein aus der nachvertraglichen Treuepflicht resultierender **Schadensersatzanspruch** ist. Auf der anderen Seite bleibt stets zu berücksichtigen, dass die Rückkaufklausel – bei Beendigung des Vertrages – nicht in bereits wirksam abgeschlossene Kaufverträge mit Kunden eingreift. Ein solches „Recht" des Herstellers verstößt gegen § 307 Abs. 2 Nr. 1 BGB[3].

2. Preisgestaltung

68 Hinsichtlich der Preisgestaltung für die Rücknahme von Ersatzteilen und Vertragsprodukten ist der Hersteller keineswegs frei. Vielmehr ergeben sich i.S.v. § 307 Abs. 1 S. 1 BGB wesentliche Bindungen: Da der Hersteller den Vertragshändler verpflichtet, ein **Ersatzteillager** während der Dauer des Vertragsverhältnisses zu unterhalten, ist er grundsätzlich verpflichtet, das gesamte Ersatzteillager – bei Beendigung des Vertrages – käuflich zurückzunehmen. Für die Ermittlung des Rückkaufpreises ist vom jeweils gültigen **Listenpreis** des Herstellers auszugehen; notwendigerweise sind Skonti und Rabatte sowie sonstige Sondervergütungen in Abzug zu bringen, weil diese Nachlässe auch den vom Vertragshändler entrichteten **Kaufpreis** bestimmt haben. Es ist nicht einzusehen, dass von diesem so ermittelten Listenpreis ein weiterer Preisabschlag zugunsten des Herstellers gemacht werden darf, ohne dass dies gegen § 307 Abs. 1 S. 1 BGB verstößt. Dies gilt insbesondere für den Abschlag betreffend einen etwaigen Verwertungsverlust[4]. Denn die weitere Verwendbarkeit ist Voraussetzung der Rücknahmepflicht des Herstellers. Allerdings wird man eine **Bearbeitungsgebühr** in angemessener Höhe berücksichtigen können; diese kann auch pauschaliert werden. Keinesfalls aber darf die Grenze von 10 % überschritten werden[5]. Da jedoch die Höhe der Bearbeitungsgebühr nicht in unmittelbarer Relation zum Rücknahmepreis des Ersatzteillagers sowie der Vertragsprodukte steht, wird man eine etwa in Ansatz gebrachte Bearbeitungsgebühr weitergehend als die Judi-

---

1 Vgl. BGH v. 25.5.1988 – VIII ZR 360/86, ZIP 1988, 1182, 1188 – Peugeot.
2 So aber *Niebling*, Das Recht des Automobilvertriebs, S. 177.
3 BGH v. 17.11.1999 – VIII ZR 326/97, NJW 2000, 1191 – Ferrari.
4 Enger wohl *Ulmer/Brandner/Hensen*, Anh. zu § 310 BGB Rn. 970.
5 Vgl. BGH v. 25.5.1988 – VIII ZR 360/86, ZIP 1988, 1182, 1187 – Peugeot; BGH v. 20.7.2005 – VIII ZR 121/04, NJW-RR 2005, 1496, 1504 – Honda; BGH v. 23.11.1994 – VIII ZR 254/93, ZIP 1995, 222, 224 Suzuki – 25 %: unwirksam.

katur[1] stets im Rahmen von § 307 Abs. 2 Nr. 1 BGB an § 308 Nr. 7 BGB oder an § 309 Nr. 5 BGB messen müssen[2]. Dies bedeutet, dass sie der Höhe nach **angemessen** sein, also dem gewöhnlichen Aufwand entsprechen muss, und dass dem Vertragshändler nicht der Nachweis abgeschnitten werden darf, dass im konkreten Einzelfall eine **geringere Bearbeitungsgebühr** angefallen ist[3]. **Unbedenklich** ist daher lediglich, wenn der Hersteller dem Vertragshändler die durch die Rücknahme verursachten **Transportkosten** anlastet[4]. Zwar ist die Rücknahmepflicht i.S.v. § 269 BGB eine Holschuld, doch belasten regelmäßig die dabei anfallenden Transportkosten den Vertragshändler nicht unangemessen i.S.v. § 307 Abs. 1 S. 1 BGB.

3. Umfang der Rücknahmepflicht

Rücknahmepflichtig sind die Vertragsprodukte als **Lagerware**, insbesondere auch Vorführwagen[5], und zwar auch solche, die einer finanzierenden Bank zur Sicherheit übereignet sind[6] sowie das gesamte Ersatzteillager, begrenzt aber auf solche Ersatzteile, die nachweislich vom jeweiligen Hersteller bezogen worden sind. Es muss sich also um **Original-Ersatzteile** handeln. Um die Einzelheiten der Rücknahmepflicht festzustellen, muss der Hersteller auf Anfordern des Vertragshändlers an einer gemeinsamen **Bestandsaufnahme** mitwirken[7]. Unbedenklich i.S.v. § 307 Abs. 1 S. 1 BGB ist es, wenn der Hersteller verlangt, dass diese Ersatzteile **originalverpackt**[8] und noch in den gängigen Preis- und Lieferlisten des Herstellers aufgeführt sein müssen[9]. Sie müssen sich jedenfalls in einem „wieder verkaufsfähigen Zustand" befinden[10]. Also besteht auch dann, wenn die Ersatzteile nicht mehr originalverpackt sind, eine Rücknahmepflicht, soweit die Teile ohne weiteres verwendbar sind. Da die Rücknahmepflicht **das gesamte Ersatzteillager** erfasst, verstößt es gegen § 307 Abs. 1 S. 1 BGB, die zurückzunehmende Menge auf 25 % des Jahreseinkaufs zu begrenzen[11], es sei denn, die gewöhnliche Umschlaghäufigkeit des Ersatzteillagers entspricht dieser Größenordnung. Maßstab ist hierbei: Zum einen kann die Rücknahmepflicht des Herstellers nicht formularmäßig eingeschränkt werden, zum anderen ist der Hersteller vor **Fehldispositionen** des Händlers zu schützen. Für beide Fallgestaltungen gilt der Maßstab von § 254 BGB[12]. Auch eine „Altersgrenze" von drei Jahren für das Alter der zurückzunehmenden Ersatzteile ist nicht nach § 307 Abs. 1

69

---

1 BGH v. 20.7.2005 – VIII ZR 121/04, NJW-RR 2005, 1496, 1504 – Honda.
2 BGH v. 12.1.1994 – VIII ZR 165/92, ZIP 1994, 461, 472 f. – Daihatsu.
3 Vgl. auch *Graf v. Westphalen*, Anm. zu KG v. 20.5.1999 – 2 U 2559/98, BB 1999, 1518, 1520; auch BGH v. 12.1.1994 – VIII ZR 165/92 – ZIP 1994, 461, 472 – Daihatsu.
4 Vgl. BGH v. 25.5.1988 – VIII ZR 360/86, ZIP 1988, 1182, 1183 – Peugeot.
5 KG v. 20.5.1999 – 2 U 2559/98, BB 1999, 1518.
6 KG v. 20.5.1999 – 2 U 2559/98, BB 1999, 1518.
7 OLG Köln v. 23.2.1996 – 19 U 114/95, NJW-RR 1997, 101.
8 BGH v. 12.1.1994 – VIII ZR 165/92, ZIP 1994, 461, 471 – Daihatsu.
9 OLG Köln v. 28.11.1985 – 12 U 231/84, BB 1987, 148, 149.
10 BGH v. 12.1.1994 – VIII ZR 165/92, ZIP 1994, 461, 470 – Daihatsu.
11 A.M. OLG Köln v. 28.11.1985 – 12 U 231/84, BB 1987, 148, 149.
12 BGH v. 12.1.1994 – VIII ZR 165/92, ZIP 1994, 461, 470 – Daihatsu.

S. 1 BGB hinzunehmen[1]. Nur die nicht mehr vorhandene und dem Vertragshändler, nicht dem Hersteller zurechenbare – fehlende – Wiederverkäuflichkeit der vorhandenen Ersatzteile ist die Obergrenze.

4. Fristen zur Ausübung des Rücknahmeanspruchs

70 Soweit für die Geltendmachung des Rückkaufanspruchs eine **Ausschlussfrist** gesetzt ist, muss diese gemäß § 307 Abs. 1 BGB angemessen sein. Fristen, die unter **drei Monaten** liegen, verstoßen gegen § 307 Abs. 1 BGB und sind daher unwirksam[2]. Wägt man die beiderseitigen Interessen, so wird man eine Ausschlussfrist von sechs Monaten als angemessen ansehen können; denn es sind keine vitalen Interessen des Herstellers berührt, die eine kürzere Frist rechtfertigen: Solange nämlich die von der Rückkaufspflicht erfassten Ersatzteile **marktgängig** sind, hat der Hersteller kein anerkennenswertes Interesse daran, den Vertragshändler – wegen einer zu kurz bemessenen Ausschlussfrist – auf diesen Teilen „sitzen" zu lassen. Dieser Gesichtspunkt wird auch durch die **nachvertragliche Treuepflicht** unterstrichen, welche die Depotabrede charakterisiert. Festzuhalten ist allerdings, dass ein Händler nicht seinen Anspruch auf Rücknahme des Ersatzteillagers allein deswegen nach § 242 BGB **verwirkt**, weil er zunächst mit dem Hersteller einen Rechtsstreit über die Wirksamkeit der Kündigung führt und dessen Rechtskraft abwartet[3]. Denn unter dieser Voraussetzung hat der Händler keinen Anlass, diesen Anspruch früher geltend zu machen. Die gleiche Rechtsfolge gilt im Ergebnis dann, wenn der Hersteller eine Strukturveränderung in seiner Absatzorganisation vornimmt, der Händler es dann aber ablehnt, einen Folgevertrag abzuschließen[4]. Soweit der Hersteller eine hiervon abweichende AGB-Klausel verwendet, verstößt sie gegen § 307 Abs. 1 BGB und ist unwirksam[5]. Denn die Rücknahmepflicht des Herstellers ergibt sich aus dem Wesen des Vertragshändlervertrages und dem ihm innewohnenden Treuverhältnis, so dass es auf ein etwaiges Vertretenmüssen des Herstellers im Blick auf die Beendigung des Vertrages nicht entscheidend ankommt.

5. Rücknahme von Spezialwerkzeugen

71 Soweit die Rücknahmepflicht für Spezialwerkzeuge in Rede steht, gelten die weiter unten darzustellenden Grundsätze, welche für **nicht-amortisierte** Investitionen des Vertragshändlers gelten (Rn. 73). **Unbedenklich** i.S.v. § 307 Abs. 1 BGB sind freilich solche Klauseln, in denen der Hersteller den Händler verpflichtet, Spezialwerkzeuge an ihn zu einem angemessenen Preis zurück zu übereignen[6].

---

1 BGH v. 23.11.1994 – VIII ZR 254/93, ZIP 1995, 222, 224 – Suzuki.
2 BGH v. 23.11.1994 – VIII ZR 254/93, ZIP 1995, 222, 224 – Suzuki.
3 OLG Köln v. 1.3.2002 – 19 U 182/01, NJOZ 2002, 2375.
4 OLG Saarbrücken v. 20.7.2005 – 1 U 332/04, NJOZ 2006, 138.
5 OLG Saarbrücken v. 20.7.2005 – 1 U 332/04, NJOZ 2006, 138.
6 *Ulmer/Brandner/Hensen*, Anh. zu § 310 BGB Rn. 972.

6. Rücknahme von Vorführwagen

Seit der Daihatsu-Entscheidung des BGH ist i.S.v. § 307 Abs. 1 BGB geklärt: Der Hersteller ist berechtigt, bei der Rücknahme von Vorführwagen einen Abzug in Höhe von 0,12 DM je gefahrenen Kilometer formularmäßig zu vereinbaren[1]. Dies gilt auch dann, wenn diese zur Sicherheit einer Bank übereignet sind[2]. Dies gilt unabhängig von dem Alter der betreffenden Fahrzeuge[3]. Doch muss der **Abschlag** nicht nur die gefahrenen Kilometer berücksichtigen, sondern die altersbedingte – eingeschränkte – Verwendbarkeit. Formularklauseln sind hier sehr problematisch; empfehlenswert ist es, nach einem DAT-Gutachten oder nach der Schwacke-Liste konkrete Berechnungen vorzunehmen. Damit wird auch die Sperre der §§ 308 Nr. 7 und 309 Nr. 5 BGB vermieden.

72

XVI. Erstattung nicht-amortisierter Investitionen

Strukturell steht die **Kündigungsfrist** sowie der **Ausgleichsanspruch** in analoger Anwendung von § 89b HGB in unmittelbarer Relation zu den aus § 242 BGB abzuleitenden Erwägungen, ob und inwieweit die Kündigung eines Vertragshändlervertrages zur Konsequenz hat, dass die vom Händler auf Veranlassung des Herstellers getätigten Investitionen zu kompensieren sind, soweit sie während der Dauer des Vertragshändlervertrages nicht amortisiert sind. Folgt man der hier vertretenen Auffassung, so werden die schutzwürdigen Belange des Händlers in erster Linie dadurch berücksichtigt, dass eine an Art. 3 Abs. 5 der EG-VO Nr. 1400/2002 orientierte – regelmäßige – **zweijährige Kündigungsfrist** vertraglich verankert werden muss. Der Amortisationsanspruch folgt dann aus § 242 BGB und ist auf den **Einzelfall** begrenzt[4], kann aber durchaus generell eingreifen, wenn der Hersteller etwa das Händlernetz **insgesamt** um- oder einstellt.

73

1. Voraussetzungen

Soweit im **Einzelfall** dem Vertragshändler ein Anspruch darauf zusteht, die noch nicht amortisierten, vom Hersteller veranlassten Investitionen kompensiert zu erhalten, sind folgende Erwägungen maßgebend: Kardinale Voraussetzung ist, dass der Hersteller durch sein Verhalten einen **Vertrauenstatbestand** geschaffen hat. Dieser liegt grundsätzlich nicht schon darin begründet, dass ein auf unbestimmte Dauer abgeschlossener Vertragshändlervertrag kontrahiert wurde. Maßgebend kommt es vielmehr darauf an, ob und in welchem Umfang der Hersteller **konkrete Investitionen** des Vertragshändlers veranlasst hat, wie z.B. die Errichtung von Lagerhallen, Werkstätten, Anstellung von Personal, Anschaffung von Spezialwerkzeugen etc. Mit-

74

---

1 BGH v. 12.1.1994 – VIII ZR 165/92, ZIP 1994, 461, 471 f. – Daihatsu; hierzu auch *Niebling*, Das Recht des Automobilvertriebs, S. 180; *Genzow*, Der Vertragshändlervertrag, Rn. 135a.
2 KG Berlin v. 20.5.1999 – 2 U 2559/98, BB 1999, 1518.
3 Vgl. KG Berlin v. 20.5.1999 – 2 U 2559/98, BB 1999, 1518, 1519.
4 A.M. *Ulmer/Brandner/Hensen*, Anh. zu § 310 BGB Rn. 967 – ablehnend.

hin ist das gestaltende Merkmal dieses Vertrauenstatbestandes darin zu sehen, dass diese Investitionen **fremdbestimmt** sind[1]. Dieser Vertrauenstatbestand kann nicht durch formularmäßige Erklärungen negiert werden, wonach etwa der Vertragshändler „bestätigt", dass die vom Hersteller veranlassten Investitionen „in seinem eigenen Interesse" liegen, denn eine solche Vertragsgestaltung verstößt gegen § 309 Nr. 12 lit. a BGB und ist daher gemäß § 307 Abs. 2 Nr. 1 BGB **unwirksam.** Sie widerstreitet auch dem **Vorrangprinzip** des Individualvertrages gemäß § 305b BGB, so dass insoweit eine Kongruenz zwischen dem vom Hersteller veranlassten Vertrauenstatbestand besteht. Damit ist gleichzeitig klar, dass solche Investitionen nicht geschützt sind, welche der Vertragshändler aus eigenen unternehmerischen Erwägungen heraus tätigt.

75 In der Praxis wird hier häufig eine **Gemengelage** vorliegen, weil sich Hersteller und Vertragshändler im Ergebnis darüber einig sind, dass Investitionen erforderlich sind, um das jeweilige Vertragserzeugnis angemessen zu vermarkten. Folglich kommt hier alles auf die Umstände des jeweiligen Einzelfalls an, weil der dem Vertragshändler zustehende Erstattungsanspruch im Ergebnis aus § 242 BGB resultiert und damit **voraussetzt**, dass das Verhalten des Herstellers – von ihm veranlasste Investitionen und gleichwohl von ihm ausgesprochene Kündigung des Vertragshändlervertrags – als **widersprüchliches Verhalten** zu klassifizieren ist. Dabei liegt es freilich zunächst nahe, unter diesen Voraussetzungen die aus § 242 BGB abzuleitende **Rechtsbegrenzung** darin zu sehen, dass die ordentliche Kündigung im Einzelfall als **Kündigung zur Unzeit** und damit als unzulässig bewertet wird[2]. Doch ist dem entgegenzuhalten, dass letzten Endes das dem Hersteller anzulastende widersprüchliche Verhalten darin besteht, dass er bei Ausspruch der Kündigung keine Rücksicht darauf nimmt, ob die von ihm veranlassten, vom Vertragshändler vorgenommenen Investitionen tatsächlich amortisiert sind[3]. Es ist also die Nichtberücksichtigung des Ersatzanspruchs, welche hier – bei Wirksamkeit der Kündigung im Übrigen – den **Amortisationsanspruch** des Vertragshändlers begründet. Es überzeugt nicht, dieser Argumentation entgegenzuhalten[4], die **ordentliche Kündigung** beende den Vertragshändlervertrag sanktionslos. Denn die Sanktion besteht gerade im Verbot des widersprüchlichen Verhaltens, zumal der Hersteller die ordentliche Kündigung auf eine Formularklausel stützt, während die Veranlassung konkrete Investitionen vorzunehmen auf einem individualvertraglichen Verhalten begründet ist. Zu bedenken bleibt stets, dass ein Amortisationsanspruch nicht in das Gewand eines Schadensersatzanspruchs nach § 20 Abs. 2 GWB gekleidet werden kann. Sofern nämlich eine Abhängigkeit des Vertragshändlers gegen-

---

[1] *Ebenroth*, Absatzmittlungsverträge, S. 175; *Ebenroth/Parche*, BB 1988, Beil. 10, 26; *Foth*, BB 1987, 1270, 1272; *Genzow*, Der Vertragshändlervertrag, Rn. 137.
[2] *Ebenroth/Parche*, BB 1988, Beil. 10, 27; a.M. OLG München v. 21.1.1993 – U (K) 2843/91, NJW-RR 1995, 1137, 1139; vgl. *Ulmer/Brandner/Hensen*, Anh. zu § 310 BGB Rn. 967.
[3] *Foth*, BB 1987, 1240, 1242.
[4] OLG München v. 21.1.1993 – U (K) 2843/91, NJW-RR 1995, 1137, 1139.

über dem Hersteller i.S.v. § 20 Abs. 1 GWB bestehen sollte[1], führt dies i.d.R. zu einer entsprechenden Verlängerung der Kündigungsfrist[2], was bei einer zweijährigen Kündigungsfrist kein besonderes Problem hinsichtlich der erforderlichen **Umstellung** des Vertragshändlers mit sich bringen dürfte.

2. Umfang

Der Umfang dieses Anspruchs erfasst sowohl den **Minderwert** der nicht-amortisierten, aber fremdveranlassten Investitionen des Vertragshändlers als auch den darauf aufbauenden **Geschäftsgewinn**[3]. Unter Berücksichtigung des vom Hersteller veranlassten **Vertrauenstatbestandes** ist es nicht überzeugend, die **Gewinnerwartung** des Vertragshändlers seiner eigenen unternehmerischen Risikosphäre zuzuweisen, so dass sich der Ersatzanspruch lediglich auf die nicht-amortisierten, fremdbestimmten Investitionen bezieht[4]. Denn die Motivation des Vertragshändlers, die vom Hersteller veranlassten Investitionen tatsächlich zu tätigen, umschließen notwendigerweise auch den Gewinn, den er bei Fortsetzung seiner Geschäftstätigkeit unter Ausnutzung der vorgenommenen Investitionen erzielt hätte[5].

76

3. Keine formularmäßige Abbedingung

Dem Hersteller steht nicht das Recht zu, diesen Investitionserstattungsanspruch formularmäßig **auszuschließen**. Damit verstieße er gegen § 307 Abs. 1 BGB – möglicherweise auch gegen § 307 Abs. 2 Nr. 2 BGB –, weil der vom Hersteller veranlasste **Vertrauenstatbestand** dem konkreten Vertragshändlervertrag das Gepräge gegeben hat[6]. Deshalb ist es auch mit § 307 Abs. 1 BGB nicht vereinbar, den Gewinnanspruch des Vertragshändlers auszuklammern oder zu beschränken. Mit dem Verbot, den Ausgleichsanspruch in analoger Anwendung von § 89b HGB abzubedingen, hat dies freilich nichts zu tun; beide Ansprüche stehen unabhängig voneinander: ihre Ziel- und Zweckrichtung ist unterschiedlich. Der **Ausgleichsanspruch** kompensiert den vom Vertragshändler geschaffenen Kundenstamm, den der Hersteller – trotz Beendigung des Vertragsverhältnisses – weiter nutzen kann; der Investitionserstattungsanspruch kompensiert die vom Hersteller veranlassten und wegen der Beendigung des Vertragsverhältnisses nicht mehr amortisierbaren **Investitionen**[7]. Daraus folgt: Unabhängig davon, ob im Einzelfall ein Investitionserstattungsanspruch gemäß § 242 BGB besteht, ist es gemäß § 307 Abs. 1 BGB unwirksam, in einem Vertragshändlervertrag formularmäßig diesen Anspruch des Vertragshändlers auszuschließen oder zu beschränken. Denn der Vertragshändler ist auch bei außergerichtlichen Aus-

77

---

1 *Bechtold*, Kartellgesetz, GWB Kommentar, 4. Aufl. 2006, § 20 GWB Rn. 19.
2 OLG München v. 21.1.1993 – U (K) 2843/91, NJW-RR 1995, 1137, 1139.
3 *Ebenroth/Parche*, BB 1988, Beil. 10, 27 f.; *Genzow*, Der Vertragshändlervertrag, Rn. 140; a.M. *Foth*, BB 1987, 1270, 1273.
4 *Ulmer*, FS Möhring, 1975, S. 295, 310.
5 *Ebenroth/Parche*, BB 1988, Beil. 10, 27 f.
6 *Genzow*, Der Vertragshändlervertrag, Rn. 140; *Foth*, BB 1987, 1270, 1273.
7 A.M. *Foth*, BB 1987, 1270, 1273.

einandersetzungen i.S.d. Transparenzangebots gemäß § 307 Abs. 1 BGB **schutzbedürftig**.

XVII. Ausgleichsanspruch

1. Voraussetzungen

78 In der BGH-Judikatur ist es anerkannt[1], dass einem Vertragshändler in entsprechender Anwendung von § 89b HGB ein Ausgleichsanspruch dann zuzubilligen ist, wenn zwischen ihm und dem Hersteller ein Rechtsverhältnis besteht, das sich nicht in einer bloßen Käufer-Verkäufer-Beziehung erschöpft, sondern den Vertragshändler aufgrund **vertraglicher Abmachungen** so in die Absatzorganisation des Herstellers eingliedert, dass er – wirtschaftlich betrachtet – in erheblichem Umfang dem Handelsvertreter **vergleichbare Aufgaben** zu erfüllen hat, und er des Weiteren verpflichtet ist, bei Beendigung des Vertragshändlervertrages dem Hersteller seinen Kundenstamm zu übertragen, so dass sich dieser die Vorteile des Kundenstamms sofort und ohne weiteres nutzbar machen kann[2].

a) Eingliederung

79 Eine der Stellung eines Handelsvertreters vergleichbare Eingliederung in die Absatzorganisation des Herstellers ist dann zu bejahen, wenn der Vertragshändler sich für den Vertrieb der Produkte des Herstellers wie ein Handelsvertreter einzusetzen hat und auch sonst Bindungen und Verpflichtungen unterworfen ist, wie sie für einen Handelsvertretervertrag typisch sind[3]. Dazu reicht es nicht schon aus, wenn dem Vertragshändler ein Alleinvertriebsrecht sowie eine ausschließliche Bezugsverpflichtung auferlegt ist, so dass er sich „intensiv" um den Verkauf der Produkte des Herstellers bemühen muss; denn damit ist der Umfang der für einen Handelsvertreter typischen Verpflichtungen noch nicht ausreichend konkretisiert[4]. Ob der Vertragshändler tatsächlich in die **Absatzorganisation** des Herstellers – wie ein Handelsvertreter – eingegliedert ist, entscheidet sich stets unter Berücksichtigung des **Gesamtbildes** der vertraglichen Beziehungen, wobei es entscheidend auf die dem Vertragshändler auferlegten **Pflichten** ankommt[5]. In Betracht kommt hier in erster Linie: Zuweisung eines Absatzgebietes, auch wenn kein Gebietsschutz besteht und der Vertragshändler berechtigt ist, auch außerhalb des Vertragsgebiets das „Produkt" abzusetzen, Bestehen ei-

---

[1] Kritisch *Stumpf*, NJW 1998, 12 ff.; *Kirsch*, NJW 1999, 2779 ff.
[2] BGH v. 25.3.1982 – I ZR 146/80, NJW 1982, 2819; BGH v. 14.4.1983 – I ZR 20/81, NJW 1983, 2877; BGH v. 7.7.1983 – I ZR 115/81, NJW 1984, 2101; BGH v. 2.7.1987 – I ZR 188/85, NJW-RR 1988, 42; BGH v. 10.2.1993 – VIII ZR 47/92, NJW-RR 1993, 678; BGH v. 5.6.1996 – VIII ZR 7/95, ZIP 1996, 1294 – Fiat/Lancia; BGH v. 5.6.1996 – VIII ZR 141/95, ZIP 1996, 1299 – Volvo; BGH v. 13.6.2007 – VIII ZR 352/04, NJW-RR 2007, 132.
[3] BGH v. 10.2.1993 – VIII ZR 47/92, NJW-RR 1993, 678, 679.
[4] BGH v. 8.6.1988 – I ZR 244/86, NJW-RR 1988, 1305.
[5] BGH v. 14.4.1983 – I ZR 20/81, NJW 1983, 2877, 2878.

nes Konkurrenzverbots, Pflicht zur Förderung des Absatzes zur Wahrung der Interessen des Herstellers, Pflege des Erscheinungsbildes der Marke, Auferlegung von Werbeaufwand, Lagerhaltung, Vorhalten von Vorführprodukten, Personalschulung, Pflicht zur Erhaltung eines Kundenstamms für Wartung und Reparatur, einschließlich eigener Werkstatt mit Ersatzteillager, Preisempfehlungen über Listenpreise[1]. Fehlen Kontroll- und Überwachungspflichten, ist der Vertragshändler insbesondere in der **Preisgestaltung** frei, so spricht dies gegen eine vertragliche Einbindung des Vertragshändlers[2]. Diese Voraussetzungen liegen aber z.B. dann **nicht** vor, wenn ein Anzeigenvermittler versucht, Ansprüche nach § 89b HGB durchzusetzen, weil ein Zeitungsverlag ihm Anzeigenraum gegen Entgelt zur Verfügung gestellt hat, wenn der Zeitungsverlag selbst nicht über eine Absatzorganisation verfügt[3].

b) Verschaffung des Kundenstamms

Für die **vertragliche Verpflichtung** des Vertragshändlers, den von ihm **geschaffenen Kundenstamm** dem Hersteller zu überlassen, kommt es nicht darauf an, welchem Zweck die Verpflichtung des Vertragshändlers dient, seine Kundendaten dem Hersteller zu offenbaren[4]. Entscheidend ist im Ergebnis, ob der Hersteller sich bei Beendigung des Vertragshändlervertrages die Vorteile des Kundenstammes sofort und ohne weiteres nutzbar machen kann[5], weil eine entsprechende Vertragspflicht, die Kundendaten mitzuteilen, bestand[6]. Dabei ist es unerheblich, ob die Verpflichtung zur Überlassung des Kundenstamms erst im Zeitpunkt der Beendigung des Vertrages oder schon während der Dauer des Vertrages durch laufende Unterrichtung des Herstellers über die Geschäftsentwicklung und Geschäftsabschlüsse zu erfüllen ist[7]. Dass diese Berichte/Mitteilungen lückenlos sind, ist nicht erforderlich[8]. So ist z.B. die Übersendung von Abrechnungsunterlagen[9], von Rechnungskopien[10], von Verkaufsberichten[11], von Tagesverkaufsberichten[12], von Meldekarten[13] sowie eines wöchentlichen Statusreports über getroffene Kundenvereinbarungen[14] oder Gewährleistungsmeldungen als ausreichend angesehen worden[15]. Die Pflicht zur Übertragung des Kundenstamms muss weder ausdrücklich noch unmittelbar Gegenstand des schriftlichen Händ-

80

---

1 BGH v. 10.2.1993 – VIII ZR 47/92, NJW-RR 1993, 678.
2 BGH v. 8.6.1988 – I ZR 244/86, NJW-RR 1988, 1305.
3 BGH v. 12.3.2003 – VIII ZR 221/02, NJW-RR 2003, 894, 895.
4 BGH v. 10.2.1993 – VIII ZR 47/92, NJW-RR 1993, 678.
5 BGH v. 7.11.1991 – I ZR 51/90, BB 1992, 596, 597; BGH v. 10.2.1993 – VIII ZR 47/92, NJW-RR 1993, 678.
6 OLG Saarbrücken v. 23.8.1998 – 1 U 843/97, NJW-RR 1999, 106.
7 BGH v. 10.2.1993 – VIII ZR 47/92, NJW-RR 1993, 678, 680.
8 BGH v. 6.10.1993 – VIII ZR 170/92, NJW-RR 1994, 99, 101.
9 BGH v. 3.3.1983 – I ZR 34/81, NJW 1983, 1789, 1790.
10 BGH v. 1.6.1964 – VII ZR 235/62, NJW 1964, 1952, 1953.
11 BGH v. 7.7.1983 – I ZR 115/81, NJW 1984, 2102.
12 BGH v. 20.2.1981 – I ZR 59/79, NJW 1981, 1961, 1962.
13 BGH v. 14.4.1983 – I ZR 20/81, NJW 1983, 2877, 2878.
14 BGH v. 10.2.1993 – VIII ZR 47/92, NJW-RR 1993, 678, 680.
15 BGH v. 26.2.1997 – VIII ZR 272/95, NJW 1997, 1503 – Renault.

lervertrages sein[1]. Es reicht die Meldepflicht im Rahmen von Bestellungen bzw. Zulassungen von Kfz aus[2]. Auch wenn ein **Drittunternehmen** eingeschaltet ist, um zentral die Kundenpflege zu betreiben, ist dies jedenfalls dann ausreichend, wenn der Hersteller die rechtliche Möglichkeit hat, die Mitteilung der Kundendaten an sich selbst zu verlangen[3]. Dies gilt auch dann, wenn das Drittunternehmen aufgrund seines Vertrages mit dem Vertragshändler diese Daten nicht weitergeben darf[4], erst recht, wenn das Drittunternehmen an den Hersteller angegliedert ist[5]. Welchen Zweck der Hersteller mit dieser Berichtspflicht verbindet, ist im Rahmen von § 89b HGB analog gleichgültig[6]. Auch wenn der Hersteller hiermit nur statistische Zwecke oder Maßnahmen der Verkaufsförderung verbinden sollte, ist dies irrelevant[7].

81 **Nicht ausreichend** ist es, wenn dem Hersteller lediglich die **Reklamationen** zugänglich gemacht werden[8]. Gleiches gilt dann, wenn die Kunden des Vertragshändlers branchenbekannt sind[9], weil dann keine Überlassung des Kundenstamms gegeben ist. Ebenso ist zu entscheiden, wenn ein Vertragshändler aufgrund seiner Verpflichtung aus dem Vertrag seine Kundendaten einem **Marketing-Unternehmen** mit der Weisung mitteilt, diese zum Zweck der Werbung und Kundenkontaktpflege zu nutzen, falls dann die Marketingfirma – nach Beendigung des Vertragshändlervertrages – verpflichtet ist, auch ohne besondere Vereinbarungen die Kundendaten wieder an den Vertragshändler zu übermitteln und diese bei sich zu **löschen**[10]. Daraus folgt gleichzeitig, dass die **faktische Kontinuität** des Kundenstamms – entgegen einer in der Literatur vertretenen Auffassung[11] – nicht ausreicht, um eine Analogie zu § 89b HGB zu begründen[12]. Daraus folgt gleichzeitig, dass es der Hersteller in der Hand hat, die entsprechende Mitteilungspflicht des Händlers abzubedingen und damit das Entstehen des Ausgleichsanspruchs zu verhindern. Dies ist zwar **bedenklich**, aber mit § 307 Abs. 1 BGB wohl vereinbar.

---

1 BGH v. 6.10.1993 – VIII ZR 170/92, NJW-RR 1994, 99, 100; BGH v. 26.2.1997 – VIII ZR 272/95, NJW 1997, 1503 – Renault.
2 BGH v. 26.2.1997 – VIII ZR 272/95, NJW 1997, 1503 – Renault.
3 BGH v. 17.6.1998 – VIII ZR 102/97, NJW-RR 1998, 1331.
4 BGH v. 17.6.1998 – VIII ZR 102/97, NJW-RR 1998, 1331.
5 OLG Saarbrücken v. 29.1.1997 – 1 U 195/96-34, NJW-RR 1997, 1186.
6 BGH v. 10.2.1993 – VIII ZR 47/92, NJW-RR 1993, 678; BGH v. 26.2.1997 – VIII ZR 272/95, NJW 1997, 1503 – Renault.
7 BGH v. 25.3.1982 – I ZR 146/80, NJW 1982, 2819, 2829; *Bamberger*, NJW 1985, 33, 34 f.
8 BGH v. 8.6.1988 – I ZR 244/86, NJW-RR 1988, 1305.
9 OLG Hamm v. 6.3.1986 – 18 U 73/85, NJW-RR 1988, 550.
10 BGH v. 17.4.1996 – VIII ZR 5/95, ZIP 1996, 1131 – Toyota.
11 *Ebenroth/Parche*, BB 1988, Beil. 10, 31; *Eckert*, WM 1991, 1237, 1243 f.; *Köhler*, NJW 1990, 1689, 1691; *Sandrock*, FS Robert Fischer, 1979, S. 657, 675 f.
12 BGH v. 17.4.1996 – VIII ZR 5/96, ZIP 1996, 1131, 1132 – Toyota; vgl. auch BGH v. 26.2.1997 – VIII ZR 272/95, NJW 1997, 1503 – Renault.

c) Keine besondere Schutzbedürftigkeit des Vertragshändlers

Auf die besondere Schutzbedürftigkeit des Vertragshändlers kommt es zur Begründung einer analogen Anwendung von § 89b HGB nicht an[1]. 82

2. Berechnung
a) Generelle Gesichtspunkte

Wie bei der Berechnung des Ausgleichsanspruchs des Handelsvertreters gemäß § 89b HGB gilt auch bei der analogen Anwendung dieser Bestimmung auf Vertragshändlerverträge, dass von den **Stammkundenumsätzen**[2] des letzten Vertragsjahres auszugehen ist[3]. Hiervon ausgehend ist sodann eine **Prognose** anzustellen; welchen Zeitraum diese abdeckt, ist abhängig von der Lebensdauer/Neuanschaffung des jeweiligen Vertragserzeugnisses[4]. Sie ist bei einem Kfz-Händler regelmäßig fünf Jahre, weil dies dem sog. Neuwagenintervall entspricht, innerhalb dessen ein Verbraucher einen neuen Pkw anschafft[5]. Doch hat der BGH ins Auge gefasst, dass auch ein längeres Intervall – etwa bis zu acht Jahren – in Betracht kommen kann[6]. Soweit dies zutrifft, ist dann auch eine entsprechende Frist für die Ermittlung der Provisionsverluste des Händlers anzuwenden. Die jeweilige Vergütung für die verwaltende Tätigkeit des Händlers ist – genauso wie beim Handelsvertreter – in Abzug zu bringen, weil der Ausgleichsanspruch nach § 89b HGB nur für die werbende Tätigkeit gewährt wird[7]. 83

Bei der Ermittlung der **Provisionsverluste** ist jeweils eine **Abwanderungsquote** zu berücksichtigen[8]. Je länger der Rechtsstreit über die Höhe des Ausgleichsanspruchs des Vertragshändlers andauert, umso mehr muss der Vertragshändler im Rahmen seiner Darlegungs- und Beweislast die jeweilige, tatsächlich eintretende Abwanderungsquote nachweisen. Bei der Erörterung der Billigkeitserwägungen gemäß § 89b Abs. 1 S. 1 Nr. 3 HGB ist die „**Sogwirkung der Marke**" – abhängig von dem jeweiligen Image des Vertragserzeugnisses – zu berücksichtigen. Ansatzpunkte für die Bewertung ergeben sich insoweit aus § 287 ZPO[9]. Sie ist also zu schätzen[10]. Soweit danach eine Ausgleichszahlung ermittelt ist, ist diese **abzuzinsen**; zugrunde zu legen ist 84

---

1 BGH v. 7.11.1991 – I ZR 51/90, BB 1992, 596, 597; a.M. *Eckert*, WM 1991, 1237, 1244; *Stumpf/Hesse*, BB 1987, 1474, 1477 f.; kritisch und ablehnend gegenüber den Ergebnissen der Rechtsprechung *C. Stumpf*, NJW 1988, 12 ff.
2 Hierzu BGH v. 6.8.1997 – VIII ZR 150/96, NJW 1998, 66 – Tankstelle; BGH v. 6.8.1997 – VIII ZR 92/96, NJW 1998, 71 – Tankstelle.
3 BGH v. 5.6.1996 – VIII ZR 7/95, ZIP 1996, 1294, 1295 – Fiat/Lancia.
4 BGH v. 5.6.1996 – VIII ZR 7/95, ZIP 1996, 1294, 1295 – Fiat/Lancia – fünf Jahre: Kfz; BGH v. 22.3.2006 – VIII ZR 173/04, NJW-RR 2006, 1328 – Berücksichtigung eines längeren Zeitraums zulässig.
5 BGH v. 22.3.2006 – VIII ZR 173/04, NJW-RR 2006, 1328, 1330.
6 BGH v. 22.3.2006 – VIII ZR 173/04, NJW-RR 2006, 1328, 1330.
7 BGH v. 22.3.2006 – VIII ZR 173/04, NJW-RR 2006, 1328, 1330.
8 BGH v. 5.6.1996 – VIII ZR 7/95, ZIP 1996, 1294, 1295 – Fiat/Lancia.
9 Hierzu auch *Genzow*, Der Vertragshändlervertrag, Rn. 170.
10 BGH v. 22.3.2006 – VIII ZR 173/04, NJW-RR 2006, 1328, 1331.

dabei der Zeitraum der Prognose[1]. Die Abzinsung beruht auf der Erwägung, dass dem Vertragshändler der Ausgleichsanspruch als **Einmalzahlung** zufließt, obwohl ihm die jeweiligen Provisionen/Rabatte lediglich im Rahmen des Prognosezeitraums ausgezahlt worden wären[2]. Da der Ausgleichsanspruch gemäß § 89b HGB ein umsatzsteuerpflichtiger Leistungsaustausch ist, ist auch die **Mehrwertsteuer** hinzuzurechnen[3]. Steht fest, dass dem Grunde nach ein Ausgleichsanspruch nach § 89b HGB entstanden ist, dann ist stets zu prüfen, ob nicht hinreichende Anhaltspunkte für eine **Schätzung** nach § 287 ZPO gegeben sind[4].

b) Rabatte – Provision

85 Zum Zweck der Berechnung des Ausgleichsanspruchs[5] muss der dem Vertragshändler zustehende **Rabatt** auf das Niveau einer dem Handelsvertreter zufließenden **Provision** abgesenkt werden[6]. In welcher Weise diese **Reduktion** des Vertragshändlerrabatts auf die Handelsvertreterprovision erfolgt, ist abhängig von den Umständen des Einzelfalls. Nach der Rechtsprechung des BGH bieten sich insoweit **drei Methoden** an, die gleichberechtigt nebeneinander stehen[7].

86 Der dem Vertragshändler zufließende Rabatt ist in der Weise auf das Niveau eines Handelsvertreters zurückzuführen, indem die **händlertypischen** Bestandteile des dem Vertragshändler zufließenden Rabatts ausgeklammert werden[8]. Darüber hinaus ist aus der **Provision** des Handelsvertreters der Bestandteil der Vergütung herauszurechnen, der für **verwaltende Tätigkeiten** gewährt wird, so dass die Vergütung übrig bleibt, welche für die werbende, vermittelnde Tätigkeit des Handelsvertreters gezahlt wird[9]. In diesem Zusammenhang kann es sich anbieten, die Berechnung des – so reduzierten – Rabatts in der Weise vorzunehmen, dass auf solche Vertriebsorganisationen abgestellt wird, die – im Wettbewerb mit dem Vertragshändler – auf Handelsvertreterbasis arbeiten[10]. **Äquivalent** zu dieser Berechnungsmethode ist

---

1 BGH v. 5.6.1996 – VIII ZR 7/95, ZIP 1996, 1294, 1295 – Fiat/Lancia.
2 Vgl. auch *Genzow*, Der Vertragshändlervertrag, Rn. 172.
3 BGH v. 5.6.1996 – VIII ZR 7/95, ZIP 1996, 1294, 1295 – Fiat/Lancia.
4 BGH v. 12.1.2000 – VIII ZR 19/99, NJW 2000, 1413, 1415.
5 Neuestens BGH v. 22.3.2006 – VIII ZR 173/04, NJW-RR 2006, 1328, 1330.
6 BGH v. 11.12.1958 – II ZR 73/57, NJW 1959, 144; BGH v. 5.6.1996 – VIII ZR 7/95, ZIP 1996, 1294, 1296 – Fiat/Lancia; im Einzelnen *Küstner/v. Manteuffel*, BB 1988, 1972 ff.; *Eckenga*, AG 1992, 345 ff.; *Graf v. Westphalen*, BB 1998, Beil. 8; *Horn*, ZIP 1988, 137 ff.
7 BGH v. 22.3.2006 – VIII ZR 173/04, NJW-RR 2006, 1328, 1330.
8 BGH v. 5.6.1996 – VIII ZR 7/95, ZIP 1996, 1294, 1296 – Fiat/Lancia: Es dürfen in den für den Ausgleichsanspruch zu berücksichtigenden Rabatten der Händler keine Anteile enthalten sein, die sich auf die Tilgung händlertypischer Risiken beziehen.
9 BGH v. 15.11.1984 – I ZR 79/82, NJW 1985, 860; BGH v. 5.6.1996 – VIII ZR 7/95, ZIP 1996, 1294, 1295 f. – Fiat/Lancia; *Küstner/v. Manteuffel*, BB 1988, 1972, 1976 ff.; vgl. auch *Westphal*, Anm. zu OLG Köln, MDR 1996, 130.
10 BGH v. 2.7.1987 – I ZR 188/85, ZIP 1987, 1383; hierzu *Horn*, ZIP 1988, 137 ff.; vgl. auch *Graf v. Westphalen*, BB 1988, Beil. 8, 6.

aber auch der – zweite – Ansatz, dass für die Berechnung des Ausgleichsanspruchs des Vertragshändlers der von ihm individuell erzielte **Rohertrag** – also: die Differenz zwischen Einkaufs- und Verkaufspreis – zugrunde gelegt wird[1]. Im Idealfall entspricht der Rohertrag der Summe der Rabatte und Boni, welche der Hersteller dem Händler auf den empfohlenen Verkaufspreis gewährt, soweit der Händler nicht im Einzelfall Preisnachlässe und Skonti gewährt, welche unter dem Listenpreis liegen[2]. Dabei steht der BGH auf dem Standpunkt, dass die Schmälerung der Handelsspanne durch Gewährung von **Preisnachlässen** oder von **Skonti** händlertypisch ist und daher bei der Berechnung des Ausgleichsanspruchs gemäß § 89b HGB analog außer Betracht zu bleiben hat[3]. Dieser Auffassung ist zu folgen, weil es in der Tat bei der Berechnung des Ausgleichsanspruchs gemäß § 89b HGB auf den **konkreten Provisionsverlust** ankommt, den der Handelsvertreter/Vertragshändler – nach Beendigung des Vertrages – erleidet, zumal auch bei der Berechnung des Ausgleichsanspruchs des Handelsvertreters die Vergütungsbestandteile für handelsvertreteruntypische Leistungen – Gewährung von Preisnachlässen und damit Übernahme des Absatzrisikos – herauszurechnen sind[4]. So gesehen kann also – dieses Verfahren empfiehlt sich aus praktischen Gründen, weil es einfacher ist – auf den **individuellen Rohertrag** des jeweiligen Vertragshändlers abgestellt werden, um auf diese Weise den **Ausgangspunkt** für die konkrete Berechnung des Ausgleichsanspruchs des Vertragshändlers zu gewinnen[5].

Händlertypisch, aber **handelsvertreteruntypisch** sind danach folgende Kostenelemente, die deshalb auch aus dem konkreten Rohertrag des Vertragshändlers herausgerechnet werden müssen: Die Kosten der Belieferung, das Säubern und Herrichten der Produkte, Gewährleistung, Kulanz und sonstige Zugaben, die der Vertragshändler seinem Kunden gewährt, müssen bei der Berechnung des Ausgleichsanspruchs unberücksichtigt bleiben[6]. Gleiches gilt für die Kosten der Produktwerbung, weil es sich insoweit um sonstige Kosten des Absatzes handelt[7]. Die Personalkosten für Disposition, Lagerverwaltung und Auslieferung fallen ebenfalls aus dem Berechnungsschema heraus[8]. Gleiches gilt für die Kosten der Lagerhaltung und sonstige absatzför-

87

---

1 BGH v. 5.6.1996 – VIII ZR 7/95, ZIP 1996, 1294, 1296 – Fiat/Lancia; BGH v. 5.6.1996 – VIII ZR 141/95, ZIP 1996, 1299, 1302 – Volvo.
2 BGH v. 22.3.2006 – VIII ZR 173/04, NJW-RR 2006, 1328, 1330.
3 BGH v. 26.2.1997 – VIII ZR 272/95, NJW 1997, 1503, 1505 – Renault; *Küstner/v. Manteuffel*, BB 1988, 1972, 1978; *Hollmann*, BB 1985, 1023, 1033; a.M. *Graf v. Westphalen*, BB 1988, Beil. 8, S. 6, 8.
4 BGH v. 26.2.1997 – VIII ZR 272/95, NJW 1997, 1503, 1505 – Renault; *Küstner/v. Manteuffel/Evers*, Hdb. des gesamten Außendienstrechts, Bd. 2, Rn. 666.
5 BGH v. 5.6.1996 – VIII ZR 7/95, ZIP 1996, 1294, 1297 – Fiat/Lancia.
6 BGH v. 5.6.1996 – VIII ZR 7/95, ZIP 1996, 1294, 1297 – Fiat/Lancia; *Hollmann*, BB 1985, 1023, 1033.
7 BGH v. 5.6.1996 – VIII ZR 7/95, ZIP 1996, 1294, 1297 – Fiat/Lancia; *Hollmann*, BB 1985, 1023, 1033; *Küstner/v. Manteuffel*, BB 1988, 1972, 1978.
8 BGH v. 5.6.1996 – VIII ZR 7/95, ZIP 1996, 1294, 1297 – Fiat/Lancia.

c) „Münchener Formel"

88 In seinem Urteil vom 26.2.1997[2] hat der BGH eine **einfachere** – sozusagen: eine zweite – Berechnungsmethode angewandt: Wenn feststeht, dass der Umsatz des Vertragshändlers mit Neukunden, die **Mehrfachkunden** waren, einen annähernd gleich hohen Anteil am Neuwagengeschäft ausmacht, dann spricht alles dafür, dass sich dieser Anteil für die Dauer des Neubestellungsintervalls von fünf Jahren fortgesetzt hätte, wäre der Vertrag nicht gekündigt worden[3]. Für den Prognosezeitraum von fünf Jahren[4] ist deshalb in der Kfz-Branche zu unterstellen, dass ein Teil der Mehrfachkunden aus der Vergangenheit genauso ein Neugeschäft getätigt hätten wie Erstkunden eine **Nachbestellung**[5]. Aufgrund dieser Entscheidungslinie hat sich für die Praxis eine sog. „Münchener Formel" ergeben[6], welche die Berechnung des Ausgleichsanspruchs mathematisch schematisiert, was über § 287 ZPO im Rahmen der richterlichen Schadensschätzung abgesichert wird. Doch setzt dies entsprechenden Sachvortrag des Vertragshändlers voraus[7]. Der praktische Vorteil dieser Berechnungsmethode besteht vor allem in ihrer vereinfachten Handhabbarkeit, aber auch darin, dass nicht nur Mehrfachkunden bei der Ermittlung des Ausgleichsanspruchs berücksichtigt werden[8], sondern eben auch **Erstkunden**[9].

89 Doch werden auch **Bedenken** gegen die Tauglichkeit dieser Formel in der Rechtsprechung erhoben, weil das Verhältnis von Mehrfachkunden zu Einmalkunden immer vom Einzelfall abhängt und daher einer Pauschalierung nicht zugänglich sei[10]. Daher wird man gut daran tun, diese Formel nur dann zur Anwendung zu berufen, wenn in der Tat – ausgehend, wie stets, vom letzten Vertragsjahr – die Umsätze des Händlers mit Mehrfachkunden in den letzten fünf Jahren annähernd gleich waren[11]. Das erfordert entsprechende Darlegungen des ausgleichsberechtigten Händlers.

---

1 BGH v. 5.6.1996 – VIII ZR 7/95, ZIP 1996, 1294, 1297 – Fiat/Lancia; *Graf v. Westphalen*, BB 1988, Beil. 8, 6.
2 BGH v. 26.2.1997 – VIII ZR 272/95, NJW 1997, 1503 – Renault.
3 BGH v. 26.2.1997 – VIII ZR 272/95, NJW 1997, 1503, 1505 – Renault.
4 BGH v. 5.6.1996 – VIII ZR 7/95, ZIP 1996, 1294, 1296 – Fiat/Lancia; BGH v. 26.2.1997 – VIII ZR 272/95, NJW 1997, 1503, 1505 – Renault.
5 OLG Saarbrücken v. 5.2.2003 – 1 U 924/01-211, NJW-RR 2003, 900, 902; BGH v. 26.2.1997 – VIII ZR 272/95, NJW 1997, 1503 – Renault.
6 *Kainz/Lieber/Puszkajler*, BB 1999, 434 ff.; vgl. auch *Kümmel*, DB 1998, 2407 ff.
7 Mit Recht insoweit *Intveen*, BB 1999, 1881, 1885.
8 Hartnäckig bisher OLG Köln v. 25.4.1997 – 19 U 159/96, NJW-RR 1998, 1116; OLG Köln v. 23.2.1996 – 19 U 114/95, NJW-RR 1997, 101.
9 BGH v. 26.2.1997 – VIII ZR 272/95 – NJW 1997, 1503 – Renault.
10 OLG Saarbrücken v. 5.2.2003 – 1 U 924/01-211, NJW-RR 2003, 900.
11 OLG München v. 16.1.2002 – 7 U 4312/00, NJOZ 2002, 1419.

90 Nach der Rechtsprechung des BGH gibt es aber auch eine **dritte Methode**, die für die Ermittlung des Ausgleichsanspruchs herangezogen werden kann. Es ist auf vergleichbare Handelsvertreterprovisionen abzustellen, so dass auf dieser Basis eine vergleichbare Vermittlungsprovision des Händlers ermittelt wird[1]. Diese setzt jedoch voraus, dass es eben – wie etwa in der Kfz-Branche – sowohl Handelsvertreter als auch Händler gibt, so dass eine entsprechende Vergleichbarkeit erreicht werden kann. Sie ist sozusagen eine generelle Methode, die aber ähnliche Ergebnisse im Rahmen der tatrichterlichen Würdigung hervorbringen kann wie die individuell auf den jeweiligen Rohertrag abstellende Methode.

91 Soweit **Unterhändler** organisatorisch in den Tätigkeitsbereich des Vertragshändlers eingegliedert sind, sind auch die dort anfallenden Rabatte im Rahmen des Ausgleichsanspruchs des Vertragshändlers zu berücksichtigen[2]. Dies setzt voraus, dass dem Vertragshändler Kontroll- und Aufsichtsbefugnisse gegenüber dem Unterhändler zugewiesen sind[3].

d) Darlegungs- und Beweislast

92 Wie der Handelsvertreter muss der Vertragshändler auch bei Geltendmachung eines Ausgleichsanspruchs gemäß § 89b Abs. 1 HGB darlegen und beweisen, dass die Voraussetzungen dieser Norm erfüllt sind[4]. Er kann sich freilich – jedenfalls in der Kfz-Branche – der „Münchener Formel" bedienen und diese im Einzelnen durch entsprechenden Sachvortrag ausfüllen (Rn. 88). Indessen ist zu unterstreichen, dass der Hersteller – genauso wie der Prinzipal im Rahmen des Handelsvertreterrechts – eine größere „Sachnähe" zum Rabatt/zur Provision hat: Der Hersteller ist daher darlegungs- und beweispflichtig, wenn er für verwaltende Maßnahmen des Vertragshändlers einen höheren Anteil der Provision zum Zweck der Berechnung des Ausgleichsanspruchs gemäß § 89b Abs. 1 HGB herausrechnen will, als der Vertragshändler selbst angegeben hat[5]. Also ist es insoweit Sache des Herstellers, händlertypische Rabattanteile zu ermitteln, welche bei der Berechnung des Ausgleichsanspruchs nicht zu berücksichtigen sind. Bei der Berücksichtigung der **Billigkeitsgesichtspunkte** gemäß § 89b Abs. 1 S. 1 Nr. 3 HGB ist zunächst an dem Grundsatz festzuhalten, dass auch insoweit der Vertragshändler darlegungs- und beweisbelastet ist. Doch kommt es in der Sache letzten Endes stets darauf an, eine Abwägung der Ursächlichkeit von werbender Tätigkeit des Vertragshändlers und „Sogwirkung" der Marke/des Vertragserzeugnisses vorzunehmen, so dass – unter Berücksichtigung der jeweiligen Umstände des Einzelfalls – nach § 287 ZPO ein richterliches Ermessen Grundlage einer entsprechenden **Schätzung** sein wird. In der Rechtspre-

---

1 BGH v. 22.3.2006 – VIII ZR 173/04, NJW-RR 2006, 1328, 1330.
2 BGH v. 2.7.1987 – I ZR 188/85, ZIP 1987, 1383; BGH v. 5.6.1996 – VIII ZR 141/95, ZIP 1996, 1299, 1302 – Volvo; *Horn*, ZIP 1988, 137, 145.
3 BGH v. 5.6.1996 – VIII ZR 141/95, ZIP 1996, 1299 – Volvo.
4 BGH v. 5.6.1996 – VIII ZR 141/95, ZIP 1996, 1299, 1302 – Volvo; vgl. auch OLG Saarbrücken v. 4.12.1996 – 1 U 343/96, BB 1997, 1603 f.
5 BGH v. 5.6.1996 – VIII ZR 141/95, ZIP 1996, 1299, 1302 – Volvo.

chung schwanken die Werte zwischen 10 %[1] und 25 %[2]. Übernimmt allerdings der Vertragshändler unmittelbar nach Beendigung des Vertragshändlervertrages ein **Konkurrenzprodukt**, so hat der BGH einen Abzug von weiteren 25 % – also: insgesamt eine „Sogwirkung" der Marke im Rahmen von § 89 Abs. 1 S. 1 Nr. 3 HGB in Höhe von 50 % – nicht beanstandet[3]. Das Gleiche gilt dann, wenn der Händler nach Beendigung seines Vertrages die Kundenkartei an einen Dritten veräußert und ihre Nutzung somit dem Hersteller entzieht[4].

3. Sonstige Konsequenzen der Analogie

93 Auch die Vorschrift des § 89b Abs. 3 Nr. 2 HGB ist **analog** auf den Vertragshändler anwendbar[5]. Es verstößt gegen § 307 Abs. 2 Nr. 1 BGB, wenn entgegen § 89b Abs. 4 S. 1 HGB der Ausgleichsanspruch des Vertragshändlers formularmäßig oder durch Individualvertrag ausgeschlossen wird[6].

4. Entfallen des Ausgleichsanspruchs

94 Es gelten die gleichen Grundsätze, wie sie zu § 89b Abs. 3 HGB entwickelt worden sind[7]. Doch reicht die Insolvenz des Händlers nicht aus, den Tatbestand des § 89b Abs. 3 Nr. 2 HGB zu erfüllen[8], weil insoweit ein schuldhaftes Verhalten des Händlers verlangt wird, das nicht zwingend mit dem Tatbestand der Insolvenz einhergeht[9]. Auch ist eine Analogie zu § 89b Abs. 3 Nr. 1 HGB – Verlust des Ausgleichsanspruchs bei einer Eigenkündigung des Händlers – dann nicht anzunehmen, wenn dieser einen Folgevertrag ablehnt, der ihm unter Beachtung der GVO vom 31.7.2002 (Nr. 1400/2002) angeboten worden war[10], weil ein solcher Fall mit einer Eigenkündigung des Händlers nicht gleich zu achten ist. Dies hat auch das OLG Köln bestätigt[11], wobei jeweils darauf abzustellen ist, ob auf Grund des Folgevertrages für den Händler nachteiligere Konditionen eintreten. Die Kündigung des Händlers lässt daher den Ausgleichsanspruch bestehen[12].

---

1 BGH v. 5.6.1996 – VIII ZR 141/95, ZIP 1996, 1299, 1303 – Volvo; BGH v. 5.6.1996 – VIII ZR 141/95, ZIP 1996, 1294, 1297 – Fiat/Lancia.
2 BGH v. 2.7.1987 – I ZR 188/85, ZIP 1987, 1383; BGH v. 26.2.1997 – VIII ZR 272/95 – NJW 1997, 1503, 1505 f. – Renault.
3 BGH v. 5.6.1996 – VIII ZR 7/95, ZIP 1996, 1294, 1297 – Fiat/Lancia: im Ergebnis 30 % – S. 1298 – unter Bezugnahme auf ein nicht veröffentlichtes Urteil des BGH v. 2.7.1987 – I ZR 189/85.
4 OLG München v. 24.11.2004 – 7 1518/04, NJOZ 2005, 4899, 4903 f.
5 BGH v. 29.4.1993 – I ZR 150/91, BB 1993, 1312.
6 BGH v. 26.11.1984 – VIII ZR 214/83, BB 1985, 218, 224, 225 – Opel; BGH v. 6.2.1985 – I ZR 175/82, BB 1985, 1084.
7 BGH v. 26.2.1997 – VIII ZR 272/95 – NJW 1997, 1503, 1505 f. – Renault.
8 OLG München v. 24.11.2004 – 7 U 1518/04, NJOZ 2005, 4899, 4902.
9 OLG München v. 24.11.2004 – 7 U 1518/04, NJOZ 2005, 4899, 4901 f.
10 BGH v. 28.2.2007 – VIII ZR 30/2006, Beck RS 2007 06595; OLG Frankfurt v. 1.2.2006 – 21 U 21/05, NJOZ 2006, 2163 – nicht rkr.
11 OLG Köln v. 5.5.2006 – 19 U 202/05, NJOZ 2006, 3494.
12 OLG Köln v. 5.5.2006 – 19 U 202/05, NJOZ 2006, 3494, 3500.

Anhang

Übersicht

	Seite
1. Einführungsgesetz zum Handelsgesetzbuche vom 10.5.1897	2671
2. Verordnung über die Einrichtung und Führung des Handelsregisters (Handelsregisterverordnung – HRV) vom 12.8.1937...............	2680
3. Verordnung (EG) Nr. 2790/1999 der Kommission vom 22. Dezember 1999 über die Anwendung von Artikel 81 Absatz 3 des Vertrages auf Gruppen von vertikalen Vereinbarungen und aufeinander abgestimmten Verhaltensweisen.................................	2697
4. Verordnung (EG) Nr. 2659/2000 der Kommission vom 29. November 2000 über die Anwendung von Artikel 81 Absatz 3 des Vertrages auf Gruppen von Vereinbarungen über Forschung und Entwicklung	2706
5. Verordnung (EG) Nr. 772/2004 der Kommission vom 7. April 2004 über die Anwendung von Artikel 81 Absatz 3 EG-Vertrag auf Gruppen von Technologietransfer-Vereinbarungen.......................	2715

1. Einführungsgesetz zum Handelsgesetzbuche

vom 10.5.1897 (RGBl. 437; BGBl. III 4101-1)
zuletzt geändert durch Art. 5 des Gesetzes vom 23.11.2007 (BGBl. I 2631)

**Erster Abschnitt
Einführung des Handelsgesetzbuchs**

Art. 1

(1) Das Handelsgesetzbuch tritt gleichzeitig mit dem Bürgerlichen Gesetzbuch in Kraft.

(2) Der sechste Abschnitt des ersten Buches des Handelsgesetzbuchs tritt mit Ausnahme des § 65 am 1. Januar 1898 in Kraft.

(3) (gegenstandslos)

Art. 2

(1) In Handelssachen kommen die Vorschriften des Bürgerlichen Gesetzbuchs nur insoweit zur Anwendung, als nicht im Handelsgesetzbuch oder in diesem Gesetz ein anderes bestimmt ist.

(2) Im übrigen werden die Vorschriften der Reichsgesetze durch das Handelsgesetzbuch nicht berührt.

Art. 3 (gegenstandslos)

Art. 4

(1) Die nach dem bürgerlichen Recht mit einer Eintragung in das Güterrechtsregister verbundenen Wirkungen treten, sofern ein Ehegatte Kaufmann ist und seine Handelsniederlassung sich nicht in dem Bezirk eines für den gewöhnlichen Aufenthalt auch nur eines der Ehegatten zuständigen Registergerichts befindet, in Ansehung der auf den Betrieb des Handelsgewerbes sich beziehenden Rechtsverhältnisse nur ein, wenn

die Eintragung auch in das Güterrechtsregister des für den Ort der Handelsniederlassung zuständigen Gerichts erfolgt ist. Bei mehreren Niederlassungen genügt die Eintragung in das Register des Ortes der Hauptniederlassung.

(2) Wird die Niederlassung verlegt, so finden die Vorschriften des § 1559 des Bürgerlichen Gesetzbuchs entsprechende Anwendung.

Art. 5

Auf Bergwerksgesellschaften, die nach den Vorschriften der Landesgesetze nicht die Rechte einer juristischen Person besitzen, findet § 1 des Handelsgesetzbuchs keine Anwendung.

Art. 6–8 (betreffen Seehandelsrecht, nicht abgedruckt)

Art. 9–14 (gegenstandslos)

Art. 15

(1) Die privatrechtlichen Vorschriften der Landesgesetze bleiben insoweit unberührt, als es in diesem Gesetz bestimmt oder als im Handelsgesetzbuch auf die Landesgesetze verwiesen ist.

(2) Soweit die Landesgesetze unberührt bleiben, können auch neue landesgesetzliche Vorschriften erlassen werden.

Art. 16 (aufgehoben)

Art. 17 (gegenstandslos)

Art. 18

Unberührt bleiben die landesgesetzlichen Vorschriften über den Vertrag zwischen dem Brauer und dem Wirt über die Lieferung von Bier, soweit sie das aus dem Vertrag sich ergebende Schuldverhältnis für den Fall regeln, dass nicht besondere Vereinbarungen getroffen werden.

Art. 19–21 (gegenstandslos)

Art. 22

(1) Die zur Zeit des Inkrafttretens des Handelsgesetzbuchs im Handelsregister eingetragenen Firmen können weitergeführt werden, soweit sie nach den bisherigen Vorschriften geführt werden durften.

(2) (gegenstandslos)

Zweiter Abschnitt
Übergangsvorschriften zum Bilanzrichtlinien-Gesetz

Art. 23–28 (nicht abgedruckt)

Dritter Abschnitt
Übergangsvorschrift zum Gesetz zur Durchführung der EG-Richtlinie zur Koordinierung des Rechts der Handelsvertreter vom 23. Oktober 1989 (BGBl. I S. 1910)

Art. 29

Auf Handelsvertretervertragsverhältnisse, die vor dem 1. Januar 1990 begründet sind und an diesem Tag noch bestehen, sind die §§ 86, 86a, 87, 87a, 89, 89b, 90a und 92c des Handelsgesetzbuchs in der am 31. Dezember 1989 geltenden Fassung bis zum Ablauf des Jahres 1993 weiterhin anzuwenden.

Art. 29a

§ 90a Abs. 2 und 3 des Handelsgesetzbuches in der ab dem 1. Juli 1998 geltenden Fassung ist auch auf Ansprüche aus vor dem 1. Juli 1998 begründeten Handelsvertretervertragsverhältnissen anzuwenden, über die noch nicht rechtskräftig entschieden worden ist.

Vierter Abschnitt
Übergangsvorschriften zum Bankbilanzrichtlinie-Gesetz

Art. 30, 31 (nicht abgedruckt)

Fünfter Abschnitt
Übergangsvorschriften zum Versicherungsbilanzrichtlinie-Gesetz

Art. 32, 33 (nicht abgedruckt)

Sechster Abschnitt
Übergangsvorschriften zum Gesetz zur Durchführung der Elften gesellschaftsrechtlichen Richtlinie vom 22. Juli 1993

Art. 34

(1) Bei inländischen Zweigniederlassungen von Aktiengesellschaften, Kommanditgesellschaften auf Aktien und Gesellschaften mit beschränkter Haftung mit Sitz im Ausland, die vor dem 1. November 1993 in das Handelsregister eingetragen worden sind, haben die gesetzlichen Vertreter der Gesellschaft die in § 13e Abs. 2 Satz 4 des Handelsgesetzbuchs vorgeschriebenen Angaben bis zum 1. Mai 1994 zur Eintragung in das Handelsregister anzumelden. Die gesetzlichen Vertreter haben innerhalb dieses Zeitraums auch die Anschrift und den Gegenstand der Zweigniederlassung anzumelden, sofern nicht bereits die Anmeldung der Errichtung der Zweigniederlassung diese Angaben enthalten hat.

(2) Hat eine Aktiengesellschaft, Kommanditgesellschaft auf Aktien oder Gesellschaft mit beschränkter Haftung mit Sitz im Ausland am 1. November 1993 mehrere inländische Zweigniederlassungen oder errichtet sie neben einer oder mehreren bereits bestehenden inländischen Zweigniederlassungen weitere inländische Zweigniederlassungen, so ist § 13e Abs. 5 des Handelsgesetzbuchs sinngemäß anzuwenden.

(3) Die §§ 289, 325a und 335 des Handelsgesetzbuchs in der ab 1. November 1993 geltenden Fassung sind erstmals auf das nach dem 31. Dezember 1992 beginnende Geschäftsjahr anzuwenden.

Siebenter Abschnitt
Übergangsvorschriften zum Nachhaftungsbegrenzungsgesetz

Art. 35

§ 160 des Handelsgesetzbuches in der ab dem 26. März 1994 geltenden Fassung ist auf vor diesem Datum entstandene Verbindlichkeiten anzuwenden, wenn

1. das Ausscheiden des Gesellschafters oder sein Wechsel in die Rechtsstellung eines Kommanditisten nach dem 26. März 1994 in das Handelsregister eingetragen wird und
2. die Verbindlichkeiten nicht später als vier Jahre nach der Eintragung fällig werden.

Auf später fällig werdende Verbindlichkeiten im Sinne des Satzes 1 ist das bisher geltende Recht mit der Maßgabe anwendbar, dass die Verjährungsfrist ein Jahr beträgt.

Art. 36

(1) Abweichend von Artikel 35 gilt § 160 Abs. 3 Satz 2 des Handelsgesetzbuches auch für Verbindlichkeiten im Sinne des Artikels 35 Satz 2, wenn diese aus fortbestehenden Arbeitsverhältnissen entstanden sind. Dies gilt auch dann, wenn der Wechsel in der Rechtsstellung des Gesellschafters bereits vor dem 26. März 1994 stattgefunden hat, mit der Maßgabe, dass dieser Wechsel mit dem 26. März 1994 als in das Handelsregister eingetragen gilt.

(2) Die Enthaftung nach Absatz 1 gilt nicht für Ansprüche auf Arbeitsentgelt, für die der Arbeitnehmer bei Zahlungsunfähigkeit der Gesellschaft keinen Anspruch auf Insolvenzgeld hat. Insoweit bleibt es bei dem bisher anwendbaren Recht.

Art. 37

(1) Die §§ 26 und 28 Abs. 3 des Handelsgesetzbuches in der ab dem 26. März 1994 geltenden Fassung sind auf vor diesem Datum entstandene Verbindlichkeiten anzuwenden, wenn

1. nach dem 26. März 1994 der neue Inhaber oder die Gesellschaft eingetragen wird oder die Kundmachung der Übernahme stattfindet und
2. die Verbindlichkeiten nicht später als vier Jahre nach der Eintragung oder der Kundmachung fällig werden.

Auf später fällig werdende Verbindlichkeiten im Sinne des Satzes 1 ist das bisher geltende Recht mit der Maßgabe anwendbar, dass die Verjährungsfrist ein Jahr beträgt.

(2) Abweichend von Absatz 1 gilt § 28 Abs. 3 des Handelsgesetzbuches auch für Verbindlichkeiten im Sinne des Absatzes 1 Satz 2, wenn diese aus fortbestehenden Arbeitsverhältnissen entstanden sind. Dies gilt auch dann, wenn die Gesellschaft bereits vor dem 26. März 1994 ins Handelsregister eingetragen wurde, mit der Maßgabe, dass der 26. März 1994 als Tag der Eintragung gilt.

(3) Die Enthaftung nach Absatz 2 gilt nicht für Ansprüche auf Arbeitsentgelt, für die der Arbeitnehmer bei Zahlungsunfähigkeit der Gesellschaft keinen Anspruch auf Insolvenzgeld hat. Insoweit bleibt es bei dem bisher anwendbaren Recht.

Achter Abschnitt
Übergangsvorschrift zum Handelsrechtsreformgesetz

Art. 38

Hat die Änderung der Firma eines Einzelkaufmanns oder einer Personenhandelsgesellschaft ausschließlich die Aufnahme der nach § 19 Abs. 1 des Handelsgesetzbuchs in der ab dem 1. Juli 1998 geltenden Fassung vorgeschriebenen Bezeichnung zum Gegenstand, bedarf diese Änderung nicht der Anmeldung zur Eintragung in das Handelsregister.

Art. 39–41 (weggefallen)

Neunter Abschnitt
Übergangsvorschriften zur Einführung des Euro

Art. 42–44 (nicht abgedruckt)

Art. 45

(1) Anmeldungen zur Eintragung in das Handelsregister, die nur die Ersetzung von auf Deutsche Mark lautenden Beträgen durch den zu dem vom Rat der Europäischen Union gemäß Artikel 109l Abs. 4 Satz 1 des EG-Vertrages unwiderruflich festgelegten Umrechnungskurs ermittelten Betrag in Euro zum Gegenstand haben, bedürfen nicht der in § 12 des Handelsgesetzbuchs vorgeschriebenen Form. Entsprechende Eintragungen werden abweichend von § 10 des Handelsgesetzbuchs nicht bekannt gemacht.

(2) Für die Anmeldung der Erhöhung des Grund- oder Stammkapitals aus Gesellschaftsmitteln oder der Herabsetzung des Kapitals auf den nächsthöheren oder nächstniedrigeren Betrag, mit dem die Nennbeträge der Aktien auf volle Euro oder die Nennbeträge der Geschäftsanteile auf einen durch zehn teilbaren Betrag in Euro gestellt werden können, zum Handelsregister ist die Hälfte des sich aus § 41a Abs. 1 Nr. 3 oder 4 der Kostenordnung ergebenden Wertes als Geschäftswert zugrunde zu legen.

Zehnter Abschnitt
Übergangsvorschriften zum Gesetz zur Kontrolle und Transparenz im Unternehmensbereich

Art. 46 (nicht abgedruckt)

Elfter Abschnitt
Übergangsvorschriften zum Gesetz zur Verlängerung der steuerlichen und handelsrechtlichen Aufbewahrungsfristen

Art. 47 (nicht abgedruckt)

Zwölfter Abschnitt
Übergangsvorschriften zum Kapitalgesellschaften- und Co-Richtlinie-Gesetz

Art. 48 (nicht abgedruckt)

Dreizehnter Abschnitt
Übergangsvorschrift zur Anpassung der Abgrenzungsmerkmale für größenabhängige Befreiungen bei der Aufteilung des Konzernabschlusses nach den §§ 290 bis 293 des Handelsgesetzbuchs

Art. 49 (nicht abgedruckt)

Vierzehnter Abschnitt
Übergangsvorschrift zum Gesetz zur Änderung von Vorschriften über die Tätigkeit der Wirtschaftsprüfer

Art. 50 (nicht abgedruckt)

Fünfzehnter Abschnitt
Übergangsvorschriften zum Euro-Bilanzgesetz

Art. 51 (nicht abgedruckt)

Sechzehnter Abschnitt
Übergangsvorschrift zum Gesetz über elektronische Register und Justizkosten für Telekommunikation

Art. 52

Bei nach § 33 des Handelsgesetzbuchs eingetragenen juristischen Personen, Offenen Handelsgesellschaften und Kommanditgesellschaften muss die Anmeldung und Eintragung einer dem gesetzlichen Regelfall entsprechenden Vertretungsmacht der persönlich haftenden Gesellschafter, des Vorstandes und der Liquidatoren erst erfolgen, wenn eine vom gesetzlichen Regelfall abweichende Bestimmung des Gesellschaftsvertrages oder der Satzung über die Vertretungsmacht angemeldet und eingetragen wird oder wenn erstmals die Liquidatoren zur Eintragung angemeldet und eingetragen werden. Das Registergericht kann die Eintragung einer dem gesetzlichen Regelfall entsprechenden Vertretungsmacht auch von Amts wegen vornehmen.

EGHGB Anhang Nr. 1

Siebzehnter Abschnitt
Übergangsvorschriften zum Altfahrzeug-Gesetz

Art. 53 (nicht abgedruckt)

Achtzehnter Abschnitt
Übergangsvorschriften zum Transparenz- und Publizitätsgesetz

Art. 54 (nicht abgedruckt)

Neunzehnter Abschnitt
Übergangsvorschriften zum Wirtschaftsprüfungsexamens-Reformgesetz

Art. 55 (nicht abgedruckt)

Zwanzigster Abschnitt
Übergangsvorschriften zum Bilanzkontrollgesetz

Art. 56 (nicht abgedruckt)

Einundzwanzigster Abschnitt
Übergangsvorschriften zur Verordnung (EG) Nr. 1606/2002 sowie zum Bilanzrechtsreformgesetz

Art. 57, 58 (nicht abgedruckt)

Zweiundzwanzigster Abschnitt
Übergangsvorschriften zum Vorstandsvergütungs-Offenlegungsgesetz

Art. 59 (nicht abgedruckt)

Dreiundzwanzigster Abschnitt
Übergangsvorschriften zum Übernahmerichtlinie-Umsetzungsgesetz

Art. 60 (nicht abgedruckt)

Vierundzwanzigster Abschnitt
Übergangsvorschriften zum Gesetz über elektronische Handelsregister und Genossenschaftsregister sowie das Unternehmensregister

Art. 61

(1) Die Landesregierungen können durch Rechtsverordnung bestimmen, dass Anmeldungen und alle oder einzelne Dokumente bis zum 31. Dezember 2009 auch in Papierform zum Handelsregister eingereicht werden können. Soweit eine Rechtsverordnung nach Satz 1 erlassen wird, gelten die Vorschriften über die Anmeldung zum Handelsregister und die Einreichung von Dokumenten in ihrer bis zum Inkrafttreten des Gesetzes über elektronische Handelsregister und Genossenschaftsregister sowie das Unternehmensregister vom 10. November 2006 (BGBl. I S. 2553) am 1. Januar 2007 geltenden Fassung. Die Landesregierungen können durch Rechtsverordnung die Ermächtigung nach Satz 1 auf die Landesjustizverwaltungen übertragen.

(2) Das Bundesministerium der Justiz kann durch Rechtsverordnung ohne Zustimmung des Bundesrates bestimmen, dass alle oder einzelne beim Betreiber des elektronischen Bundesanzeigers elektronisch einzureichenden Dokumente bis zum 31. Dezember 2009 auch in Papierform eingereicht werden können.

(3) Nach Eingang eines Antrags auf Offenlegung als elektronisches Dokument werden Schriftstücke, die innerhalb des dem Antrag vorausgehenden Zeitraums von zehn Jah-

ren bei dem Registergericht in Papierform eingereicht worden sind, in ein elektronisches Dokument übertragen; § 8b Abs. 4 Satz 2 des Handelsgesetzbuchs gilt entsprechend. Soweit eine Rechtsverordnung nach Absatz 1 Satz 1 erlassen wird, sind die nach dem 31. Dezember 2006 in Papierform eingereichten Dokumente unverzüglich in ein elektronisches Dokument zu übertragen.

(4) Das Gericht hat die Eintragungen in das Handelsregister bis zum 31. Dezember 2008 zusätzlich zu der elektronischen Bekanntmachung nach § 10 des Handelsgesetzbuchs in der Fassung des Gesetzes über elektronische Handelsregister und Genossenschaftsregister sowie das Unternehmensregister auch in einer Tageszeitung oder einem sonstigen Blatt bekannt zu machen. Das Gericht hat jährlich im Dezember das Blatt zu bezeichnen, in dem während des nächsten Jahres die in Satz 1 vorgesehenen Bekanntmachungen erfolgen sollen; § 11 der Handelsregisterverordnung in der bis zum Inkrafttreten des Gesetzes über elektronische Handelsregister und Genossenschaftsregister sowie das Unternehmensregister am 1. Januar 2007 geltenden Fassung findet auf die Auswahl und Bezeichnung des Blattes weiter Anwendung. Wird das Handelsregister bei einem Gericht von mehreren Richtern geführt und einigen sich diese nicht über die Bezeichnung des Blattes, so wird die Bestimmung von dem im Rechtszug vorgeordneten Landgericht getroffen; ist bei diesem Landgericht eine Kammer für Handelssachen gebildet, so tritt diese an die Stelle der Zivilkammer. Für den Eintritt der Wirkungen der Bekanntmachung ist ausschließlich die elektronische Bekanntmachung nach § 10 Satz 1 des Handelsgesetzbuchs maßgebend.

(5) § 264 Abs. 3, § 264b Nr. 3, § 287 Satz 3, § 290 Abs. 1, § 313 Abs. 4 Satz 3, die §§ 325, 325a, 327a und 328 Abs. 2, die §§ 329, 334, 335, 335b, 339, 340l, 340n, 340o, 341i Abs. 3 Satz 1, die §§ 341a, 341l, 341n, 341o und 341p des Handelsgesetzbuchs in der Fassung des Gesetzes über elektronische Handelsregister und Genossenschaftsregister sowie das Unternehmensregister sind erstmals auf Jahres- und Konzernabschlüsse sowie Lageberichte und Konzernlageberichte für das nach dem 31. Dezember 2005 beginnende Geschäftsjahr anzuwenden. § 264 Abs. 3, § 264b Nr. 3 und 4, § 287 Satz 3, § 290 Abs. 1, § 313 Abs. 4 Satz 3, die §§ 325, 325a, 327 und 328 Abs. 2, die §§ 329, 334, 335, 335a, 335b, 339, 340l, 340n, 340o, 341a, 341i Abs. 3 Satz 1, die §§ 341l, 341n, 341o und § 341p des Handelsgesetzbuchs in der bis zum Inkrafttreten des Gesetzes über elektronische Handelsregister und Genossenschaftsregister sowie das Unternehmensregister am 1. Januar 2007 geltenden Fassung sind letztmals auf Jahres- und Konzernabschlüsse für das vor dem 1. Januar 2006 beginnende Geschäftsjahr anzuwenden. Jahres- und Konzernabschlussunterlagen nach Satz 2, die ab dem 1. Januar 2007 beim Betreiber des elektronischen Bundesanzeigers eingereicht werden, leitet dieser an das bis dahin zuständige Amtsgericht weiter, das nach den bis zum 31. Dezember 2006 geltenden Bestimmungen verfährt. In den Fällen des Satzes 3 werden die Jahres- und Konzernabschlussunterlagen sowie Lageberichte und Konzernlageberichte nach § 325 Abs. 2 oder Abs. 3 sowie die Hinweisbekanntmachung nach § 325 Abs. 1 Satz 2 des Handelsgesetzbuchs, jeweils in der bis zum Inkrafttreten des Gesetzes über elektronische Handelsregister und Genossenschaftsregister sowie das Unternehmensregister am 1. Januar 2007 geltenden Fassung, im elektronischen Bundesanzeiger bekannt gemacht.

(6) Die auf Grundlage der §§ 13 bis 13c des Handelsgesetzbuchs in der bis zum Inkrafttreten des Gesetzes über elektronische Handelsregister und Genossenschaftsregister sowie das Unternehmensregister am 1. Januar 2007 geltenden Fassung beim Gericht der Zweigniederlassung für die Zweigniederlassung eines Unternehmens mit Sitz oder Hauptniederlassung im Inland geführten Registerblätter werden zum 1. Januar 2007 geschlossen; zugleich ist von Amts wegen folgender Vermerk auf dem Registerblatt einzutragen: „Die Eintragungen zu dieser Zweigniederlassung werden ab dem 1. Januar 2007 nur noch bei dem Gericht der Hauptniederlassung/des Sitzes geführt." Auf dem Registerblatt beim Gericht der Hauptniederlassung oder des Sitzes wird zum 1. Januar 2007 von Amts wegen der Verweis auf die Eintragung beim Gericht am Ort der Zweigniederlassung gelöscht.

(7) Soweit gesetzliche oder vertragliche Verwendungsbeschränkungen nicht entgegenstehen, übermittelt die Bundesanstalt für Finanzdienstleistungsaufsicht (Bundesanstalt) auf automatisiert verarbeitbaren Datenträgern oder durch Datenfernübertragung dem Betreiber des elektronischen Bundesanzeigers zum Stand 30. April 2007 die Namen und Anschriften der Kapitalgesellschaften, die einen organisierten Markt im Sinn des § 2 Abs. 5 des Wertpapierhandelsgesetzes durch von ihnen ausgegebene Wertpapiere im Sinn des § 2 Abs. 1 Satz 1 des Wertpapierhandelsgesetzes im Inland in Anspruch nehmen. Der Betreiber des elektronischen Bundesanzeigers darf die ihm übermittelten Daten im Wege des automatisierten Abgleichs zur Pflege der bei ihm zu den in Satz 1 genannten Kapitalgesellschaften gespeicherten Daten verwenden. Eine Verwendung der Daten für andere Zwecke ist unzulässig. Die von der Bundesanstalt übermittelten Daten sind nach Durchführung des Abgleichs unverzüglich zu löschen; überlassene Datenträger sind unverzüglich zurückzugeben oder zu vernichten. Für die Übermittlung unrichtiger Daten haftet die Bundesanstalt dem Betreiber des elektronischen Bundesanzeigers nicht.

(8) (weggefallen)

Fünfundzwanzigster Abschnitt
Übergangsvorschriften zum Transparenzrichtlinie-Umsetzungsgesetz

Art. 62 (nicht abgedruckt)

Sechsundzwanzigster Abschnitt
Übergangsvorschrift zum Gesetz zur Reform des Versicherungsvertragsrechts

Art. 63

Der Zehnte Abschnitt des Fünften Buchs und § 905 des Handelsgesetzbuchs sind auf Versicherungsverhältnisse, die bis zum Inkrafttreten des Versicherungsvertragsgesetzes vom 23. November 2007 (BGBl. I S. 2631) am 1. Januar 2008 entstanden sind, bis zum 31. Dezember 2008 anzuwenden.

Siebenundzwanzigster Abschnitt
Übergangsvorschrift zum Risikobegrenzungsgesetz

Art. 64

§ 354a des Handelsgesetzbuchs ist in seiner seit dem 19. August 2008 geltenden Fassung nur auf Vereinbarungen anzuwenden, die nach dem 18. August 2008 geschlossen werden.

Achtundzwanzigster Abschnitt
Übergangsvorschrift zum Gesetz zur Modernisierung des GmbH-Rechts und zur Bekämpfung von Missbräuchen

Art. 65

Die Pflicht, die inländische Geschäftsanschrift bei dem Gericht nach den §§ 13, 13d, 13e, 29 und 106 des Handelsgesetzbuchs in der ab dem Inkrafttreten des Gesetzes vom ... (BGBl. I S. ...) am ... geltenden Fassung zur Eintragung in das Handelsregister anzumelden, gilt auch für diejenigen, die zu diesem Zeitpunkt bereits in das Handelsregister eingetragen sind, es sei denn, die inländische Geschäftsanschrift ist dem Gericht bereits nach § 24 Abs. 2 oder Abs. 3 der Handelsregisterverordnung mitgeteilt worden und hat sich anschließend nicht geändert. In diesen Fällen ist die inländische Geschäftsanschrift mit der ersten das eingetragene Unternehmen betreffenden Anmeldung zum Handelsregister ab dem ..., spätestens aber bis zum 31. Oktober 2009 anzumelden. Wenn bis zum 31. Oktober 2009 keine inländische Geschäftsanschrift zur Eintragung in das Handelsregister angemeldet worden ist, trägt das Gericht von

Amts wegen und ohne Überprüfung kostenfrei die ihm nach § 24 Abs. 2, bei Zweigniederlassungen die nach § 24 Abs. 3 der Handelsregisterverordnung bekannte inländische Anschrift als Geschäftsanschrift in das Handelsregister ein; in diesem Fall gilt bei Zweigniederlassungen nach § 13e Abs. 1 des Handelsgesetzbuchs die mitgeteilte Anschrift zudem unabhängig von dem Zeitpunkt ihrer tatsächlichen Eintragung ab dem 31. Oktober 2009 als eingetragene inländische Geschäftsanschrift, wenn sie im elektronischen Informations- und Kommunikationssystem nach § 9 Abs. 1 des Handelsgesetzbuchs abrufbar ist. Ist dem Gericht keine Mitteilung im Sinne des § 24 Abs. 2 oder Abs. 3 der Handelsregisterverordnung gemacht worden, ist ihm aber in sonstiger Weise eine inländische Geschäftsanschrift bekannt geworden, so gilt Satz 3 mit der Maßgabe, dass diese Anschrift einzutragen ist, wenn sie im elektronischen Informations- und Kommunikationssystem nach § 9 Abs. 1 des Handelsgesetzbuchs abrufbar ist. Dasselbe gilt, wenn eine in sonstiger Weise bekanntgewordene inländische Anschrift von einer früher nach § 24 Abs. 2 oder Abs. 3 der Handelsregisterverordnung mitgeteilten Anschrift abweicht. Eintragungen nach den Sätzen 3 bis 5 werden abweichend von § 10 des Handelsgesetzbuchs nicht bekannt gemacht.

2. Verordnung über die Einrichtung und Führung des Handelsregisters (Handelsregisterverordnung – HRV)[1]

vom 12.8.1937 (RMBl 1937, 515; BGBl. III 315-20)
zuletzt geändert durch Art. 17a des Gesetzes vom 21.12.2007 (BGBl. I 3089)

I. Einrichtung des Handelsregisters, Örtliche und sachliche Zuständigkeit

§ 1 Zuständigkeit des Amtsgerichts

Soweit nicht nach § 125 Abs. 2 des Gesetzes über die Angelegenheiten der freiwilligen Gerichtsbarkeit etwas Abweichendes geregelt ist, führt jedes Amtsgericht, in dessen Bezirk ein Landgericht seinen Sitz hat, für den Bezirk dieses Landgerichts ein Handelsregister.

§ 2 (weggefallen)

§ 3

(1) Das Handelsregister besteht aus zwei Abteilungen.

(2) In die Abteilung A werden eingetragen die Einzelkaufleute, die in den § 33 des Handelsgesetzbuchs bezeichneten juristischen Personen sowie die offenen Handelsgesellschaften, die Kommanditgesellschaften und die Europäischen wirtschaftlichen Interessenvereinigungen.

(3) In die Abteilung B werden eingetragen die Aktiengesellschaften, die SE, die Kommanditgesellschaften auf Aktien, die Gesellschaften mit beschränkter Haftung und die Versicherungsvereine auf Gegenseitigkeit.

§ 4

(1) Für die Erledigung der Geschäfte des Registergerichts ist der Richter zuständig. Soweit die Erledigung der Geschäfte nach dieser Verordnung dem Urkundsbeamten der Geschäftsstelle übertragen ist, gelten die §§ 5 bis 8 des Rechtspflegergesetzes in Bezug auf den Urkundsbeamten der Geschäftsstelle entsprechend.

(2) Die §§ 6, 7 des Gesetzes über die Angelegenheiten der freiwilligen Gerichtsbarkeit sind auf den Urkundsbeamten der Geschäftsstelle sinngemäß anzuwenden.

§§ 5, 6 (aufgehoben)

§ 7 Elektronische Führung des Handelsregisters

Die Register einschließlich der Registerordner werden elektronisch geführt. § 8a Abs. 2 des Handelsgesetzbuchs bleibt unberührt.

§ 8 Registerakten

(1) Für jedes Registerblatt (§ 13) werden Akten gebildet. Zu den Registerakten gehören auch die Schriften oder Dokumente über solche gerichtlichen Handlungen, die, ohne auf eine Registereintragung abzuzielen, mit den in dem Register vermerkten rechtlichen Verhältnissen in Zusammenhang stehen.

(2) Wird ein Schriftstück, das in Papierform zur Registerakte einzureichen war, zurückgegeben, so wird eine beglaubigte Abschrift zurückbehalten. Ist das Schriftstück in anderen Akten des Amtsgerichts enthalten, so ist eine beglaubigte Abschrift zu den Registerakten zu nehmen. In den Abschriften und Übertragungen können die Teile des Schriftstückes, die für die Führung des Handelsregisters ohne Bedeutung sind, weggelassen werden, wenn hiervon Verwirrung nicht zu besorgen ist. In Zweifelsfäl-

---

[1] Die Anlagen sind nicht abgedruckt.

len bestimmt der Richter den Umfang der Abschrift, sonst der Urkundsbeamte der Geschäftsstelle.

(3) Die Landesjustizverwaltung kann bestimmen, dass die Registerakten ab einem bestimmten Zeitpunkt elektronisch geführt werden. Nach diesem Zeitpunkt eingereichte Schriftstücke sind zur Ersetzung der Urschrift in ein elektronisches Dokument zu übertragen und in dieser Form zur elektronisch geführten Registerakte zu nehmen, soweit die Anordnung der Landesjustizverwaltung nichts anderes bestimmt; § 9 Abs. 3 und 4 gilt entsprechend. Im Fall einer Beschwerde sind in Papierform eingereichte Schriftstücke mindestens bis zum rechtskräftigen Abschluss des Beschwerdeverfahrens aufzubewahren, wenn sie für die Durchführung des Beschwerdeverfahrens notwendig sind und das Beschwerdegericht keinen Zugriff auf die elektronisch geführte Registerakte hat. Das Registergericht hat in diesem Fall von ausschließlich elektronisch vorliegenden Dokumenten Ausdrucke für das Beschwerdegericht zu fertigen, soweit dies zur Durchführung des Beschwerdeverfahrens notwendig ist; § 298 Abs. 2 der Zivilprozessordnung gilt entsprechend. Die Ausdrucke sind mindestens bis zum rechtskräftigen Abschluss des Beschwerdeverfahrens aufzubewahren.

§ 9 Registerordner

(1) Die zum Handelsregister eingereichten und nach § 9 Abs. 1 des Handelsgesetzbuchs der unbeschränkten Einsicht unterliegenden Dokumente werden für jedes Registerblatt (§ 13) in einen dafür bestimmten Registerordner aufgenommen. Sie sind in der zeitlichen Folge ihres Eingangs und nach der Art des jeweiligen Dokuments abrufbar zu halten. Ein Widerspruch gegen eine Eintragung in der Gesellschafterliste (§ 16 Abs. 3 Satz 3 des Gesetzes betreffend die Gesellschaften mit beschränkter Haftung) ist der Gesellschafterliste zuzuordnen und zudem besonders hervorzuheben. Die in einer Amtssprache der Europäischen Union übermittelten Übersetzungen (§ 11 des Handelsgesetzbuchs) sind den jeweiligen Ursprungsdokumenten zuzuordnen. Wird ein aktualisiertes Dokument eingereicht, ist kenntlich zu machen, dass die für eine frühere Fassung eingereichte Übersetzung nicht dem aktualisierten Stand des Dokuments entspricht.

(2) Schriftstücke, die vor dem 1. Januar 2007 eingereicht worden sind, können zur Ersetzung der Urschrift in ein elektronisches Dokument übertragen und in dieser Form in den Registerordner übernommen werden. Sie sind in den Registerordner zu übernehmen, sobald ein Antrag auf Übertragung in ein elektronisches Dokument (Artikel 61 Abs. 3 des Einführungsgesetzes zum Handelsgesetzbuch) oder auf elektronische Übermittlung (§ 9 Abs. 2 des Handelsgesetzbuchs) vorliegt.

(3) Wird ein Schriftstück, das in Papierform zum Registerordner einzureichen war, zurückgegeben, so wird es zuvor in ein elektronisches Dokument übertragen und in dieser Form in den Registerordner übernommen. Die Rückgabe wird im Registerordner vermerkt. Ist das Schriftstück in anderen Akten des Amtsgerichts enthalten, so wird eine elektronische Aufzeichnung hiervon in dem Registerordner gespeichert. Bei der Speicherung können die Teile des Schriftstückes, die für die Führung des Handelsregisters ohne Bedeutung sind, weggelassen werden, sofern hiervon Verwirrung nicht zu besorgen ist. Den Umfang der Speicherung bestimmt der Urkundsbeamte der Geschäftsstelle, in Zweifelsfällen der Richter.

(4) Wird ein Schriftstück in ein elektronisches Dokument übertragen und in dieser Form in den Registerordner übernommen, ist zu vermerken, ob das Schriftstück eine Urschrift, eine einfache oder beglaubigte Abschrift, eine Ablichtung oder eine Ausfertigung ist; Durchstreichungen, Änderungen, Einschaltungen, Radierungen oder andere Mängel des Schriftstückes sollen in dem Vermerk angegeben werden. Ein Vermerk kann unterbleiben, soweit die in Satz 1 genannten Tatsachen aus dem elektronischen Dokument eindeutig ersichtlich sind.

(5) Wiedergaben von Schriftstücken, die nach § 8a Abs. 3 oder Abs. 4 des Handelsgesetzbuchs in der bis zum Inkrafttreten des Gesetzes über elektronische Handelsregister und Genossenschaftsregister sowie das Unternehmensregister vom 10. November 2006 (BGBl. I S. 2553) am 1. Januar 2007 geltenden Fassung auf einem Bildträger oder einem anderen Datenträger gespeichert wurden, können in den Registerordner übernommen werden. Dabei sind im Fall der Speicherung nach § 8a Abs. 3 des Handelsgesetzbuchs in der in Satz 1 genannten Fassung auch die Angaben aus dem nach § 8a Abs. 3 Satz 2 des Handelsgesetzbuchs in der in Satz 1 genannten Fassung gefertigten Nachweis in den Registerordner zu übernehmen. Im Fall der Einreichung nach § 8a Abs. 4 des Handelsgesetzbuchs in der in Satz 1 genannten Fassung ist zu vermerken, dass das Dokument aufgrund des § 8a Abs. 4 des Handelsgesetzbuchs in der in Satz 1 genannten Fassung als einfache Wiedergabe auf einem Datenträger eingereicht wurde.

(6) Im Fall einer Beschwerde hat das Registergericht von den im Registerordner gespeicherten Dokumenten Ausdrucke für das Beschwerdegericht zu fertigen, soweit dies zur Durchführung des Beschwerdeverfahrens notwendig ist; § 298 Abs. 2 der Zivilprozessordnung gilt entsprechend. Die Ausdrucke sind mindestens bis zum rechtskräftigen Abschluss des Beschwerdeverfahrens aufzubewahren.

§ 10 Einsichtnahme

(1) Die Einsicht in das Register und in die zum Register eingereichten Dokumente ist auf der Geschäftsstelle des Registergerichts während der Dienststunden zu ermöglichen.

(2) Die Einsicht in das elektronische Registerblatt erfolgt über ein Datensichtgerät oder durch Einsicht in einen aktuellen oder chronologischen Ausdruck. Dem Einsichtnehmenden kann gestattet werden, das Registerblatt selbst auf dem Bildschirm des Datensichtgerätes aufzurufen, wenn technisch sichergestellt ist, dass der Abruf von Daten die nach § 9 Abs. 1 des Handelsgesetzbuchs zulässige Einsicht nicht überschreitet und Veränderungen an dem Inhalt des Handelsregisters nicht vorgenommen werden können.

(3) Über das Datensichtgerät ist auch der Inhalt des Registerordners einschließlich der nach § 9 Abs. 4 oder Abs. 5 Satz 2 aufgenommenen Angaben und der eingereichten Übersetzungen zugänglich zu machen.

§ 11 (weggefallen)

II. Führung des Handelsregisters

§ 12 Form der Eintragungen

Die Eintragungen sind deutlich, klar verständlich sowie in der Regel ohne Verweis auf gesetzliche Vorschriften und ohne Abkürzung herzustellen. Aus dem Register darf nichts durch technische Eingriffe oder sonstige Maßnahmen entfernt werden.

§ 13

(1) Jeder Einzelkaufmann, jede juristische Person sowie jede Handelsgesellschaft ist unter einer in derselben Abteilung fortlaufenden Nummer (Registerblatt) in das Register einzutragen.

(2) Wenn ein Amtsgericht das Register für mehrere Amtsgerichtsbezirke führt, können auf Anordnung der Landesjustizverwaltung die fortlaufenden Nummern für einzelne Amtsgerichtsbezirke je gesondert geführt werden. In diesem Fall sind die fortlaufenden Nummern der jeweiligen Amtsgerichtsbezirke durch den Zusatz eines Ortskennzeichens unterscheidbar zu halten. Nähere Anordnungen hierüber trifft die Landesjustizverwaltung.

(3) Wird die Firma geändert, so ist dies auf demselben Registerblatt einzutragen. Bei einer Umwandlung ist der übernehmende, neu gegründete Rechtsträger oder Rechtsträger neuer Rechtsform stets auf ein neues Registerblatt einzutragen.

(4) Die zur Offenlegung in einer Amtssprache der Europäischen Union übermittelten Übersetzungen von Eintragungen (§ 11 des Handelsgesetzbuchs) sind dem Registerblatt und der jeweiligen Eintragung zuzuordnen.

§ 14

(1) Jede Eintragung ist mit einer laufenden Nummer zu versehen und mittels eines alle Spalten des Registers durchschneidenden Querstrichs von der folgenden Eintragung zu trennen.

(2) Werden mehrere Eintragungen gleichzeitig vorgenommen, so erhalten sie nur eine laufende Nummer.

§ 15 Übersetzungen

War eine frühere Eintragung in einer Amtssprache der Europäischen Union zugänglich gemacht worden (§ 11 des Handelsgesetzbuchs), so ist mit der Eintragung kenntlich zu machen, dass die Übersetzung nicht mehr dem aktuellen Stand der Registereintragung entspricht. Die Kenntlichmachung ist zu entfernen, sobald eine aktualisierte Übersetzung eingereicht wird.

§ 16

(1) Änderungen des Inhalts einer Eintragung sowie Löschungen sind unter einer neuen laufenden Nummer einzutragen. Eine Eintragung, die durch eine spätere Eintragung ihre Bedeutung verloren hat, ist nach Anordnung des Richters rot zu unterstreichen. Mit der Eintragung selbst ist auch der Vermerk über ihre Löschung rot zu unterstreichen.

(2) Eintragungen oder Vermerke, die rot zu unterstreichen oder rot zu durchkreuzen sind, können anstelle durch Rötung auch auf andere eindeutige Weise als gegenstandslos kenntlich gemacht werden.

(3) Ein Teil einer Eintragung darf nur gerötet oder auf andere eindeutige Weise als gegenstandslos kenntlich gemacht werden, wenn die Verständlichkeit der Eintragung und des aktuellen Ausdrucks nicht beeinträchtigt wird. Andernfalls ist die betroffene Eintragung insgesamt zu röten und ihr noch gültiger Teil in verständlicher Form zu wiederholen.

§ 16a Kennzeichnung bestimmter Eintragungen

Diejenigen Eintragungen, die lediglich andere Eintragungen wiederholen, erläutern oder begründen und daher nach § 30a Abs. 4 Satz 4 nicht in den aktuellen Ausdruck einfließen, sind grau zu hinterlegen oder es ist auf andere Weise sicherzustellen, dass diese Eintragungen nicht in den aktuellen Ausdruck übernommen werden.

§ 17

(1) Schreibversehen und ähnliche offenbare Unrichtigkeiten in einer Eintragung können durch den Richter oder nach Anordnung des Richters in Form einer neuen Eintragung oder auf andere eindeutige Weise berichtigt werden. Die Berichtigung ist als solche kenntlich zu machen.

(2) Die Berichtigung nach Absatz 1 ist den Beteiligten bekannt zu geben. Die öffentliche Bekanntmachung kann unterbleiben, wenn die Berichtigung einen offensichtlich unwesentlichen Punkt der Eintragung betrifft.

(3) Eine versehentlich vorgenommene Rötung oder Kenntlichmachung nach § 16 oder § 16a ist zu löschen oder auf andere eindeutige Weise zu beseitigen. Die Löschung oder sonstige Beseitigung ist zu vermerken.

§ 18

Erfolgt eine Eintragung auf Grund einer rechtskräftigen oder vollstreckbaren Entscheidung des Prozessgerichts, so ist dies bei der Eintragung im Register unter Angabe des Prozessgerichts, des Datums und des Aktenzeichens der Entscheidung zu vermerken. Eine Aufhebung der Entscheidung ist in dieselbe Spalte des Registers einzutragen.

§ 19

(1) Soll eine Eintragung von Amts wegen gelöscht werden, weil Sie mangels einer wesentlichen Voraussetzung unzulässig war, so erfolgt die Löschung durch Eintragung des Vermerks „Von Amts wegen gelöscht".

(2) Hat in sonstigen Fällen eine Eintragung von Amts wegen zu erfolgen, so hat sie den Hinweis auf die gesetzliche Grundlage und einen Vermerk „Von Amts wegen eingetragen" zu enthalten. Dies gilt nicht für die Eintragung der Vermerke über die Eröffnung, die Einstellung oder Aufhebung des Insolvenzverfahrens, die Aufhebung des Eröffnungsbeschlusses, die Anordnung der Eigenverwaltung durch den Schuldner und deren Aufhebung, die Anordnung der Zustimmungsbedürftigkeit bestimmter Rechtsgeschäfte des Schuldners nach § 277 der Insolvenzordnung sowie die sonstigen in § 32 des Handelsgesetzbuchs vorgesehenen Vermerke.

§ 19a (weggefallen)

§ 20

Wird die Hauptniederlassung eines Einzelkaufmanns, einer juristischen Person oder der Sitz einer Handelsgesellschaft oder die Zweigniederlassung eines Unternehmens mit Sitz oder Hauptniederlassung im Ausland aus dem Bezirk des Registergerichts verlegt, so ist erst bei Eingang der Nachricht von der Eintragung in das Register des neuen Registergerichts (§ 13h Abs. 2 Satz 5 des Handelsgesetzbuchs; § 45 Abs. 2 Satz 6 des Aktiengesetzes) die Verlegung auf dem bisherigen Registerblatt in der Spalte 2 und in der Spalte „Rechtsverhältnisse" zu vermerken; § 22 ist entsprechend anzuwenden. Auf dem bisherigen Registerblatt ist bei der jeweiligen Eintragung auf das Registerblatt des neuen Registergerichts zu verweisen und umgekehrt.

§ 21 Umschreibung eines Registerblatts

(1) Ist das Registerblatt unübersichtlich geworden, so sind die noch gültigen Eintragungen unter einer neuen oder unter derselben Nummer auf ein neues Registerblatt umzuschreiben. Dabei kann auch von dem ursprünglichen Text der Eintragung abgewichen werden, soweit der Inhalt der Eintragung dadurch nicht verändert wird. Auf jedem Registerblatt ist auf das andere zu verweisen, auch wenn es bei derselben Nummer verbleibt.

(2) Die Zusammenfassung und Übertragung ist den Beteiligten unter Mitteilung von dem Inhalt der neuen Eintragung und gegebenenfalls der neuen Nummer bekannt zu machen.

(3) Bestehen Zweifel über die Art oder den Umfang der Übertragung, so sind die Beteiligten vorher zu hören.

§ 22 Gegenstandslosigkeit aller Eintragungen

(1) Sämtliche Seiten des Registerblatts sind zu röten oder rot zu durchkreuzen, wenn alle Eintragungen gegenstandslos geworden sind. Das Registerblatt erhält einen Vermerk, der es als „geschlossen" kennzeichnet.

(2) Geschlossene Registerblätter sollen weiterhin, auch in der Form von Ausdrucken, wiedergabefähig oder lesbar bleiben. Die Datenträger für geschlossene Registerblätter können auch bei der für die Archivierung von Handelsregisterblättern zuständigen Stelle verfügbar gehalten werden, soweit landesrechtliche Vorschriften nicht entgegenstehen.

III. Verfahren bei Anmeldung, Eintragung und Bekanntmachung

§ 23

Der Richter hat dafür Sorge zu tragen, dass die gesetzlich vorgeschriebenen Eintragungen in das Register erfolgen. Zu diesem Zweck und zur Vermeidung unzulässiger Eintragungen kann er in zweifelhaften Fällen das Gutachten der Industrie- und Handelskammer einholen. Holt er das Gutachten ein, so hat er außerdem, wenn es sich um ein handwerkliches Unternehmen handelt oder handeln kann, das Gutachten der Handwerkskammer, wenn es sich um ein land- oder forstwirtschaftliches Unternehmen handelt oder handeln kann, das Gutachten der Landwirtschaftskammer oder, wenn eine Landwirtschaftskammer nicht besteht, der nach Landesrecht zuständigen Stelle einholen. Das Gutachten soll elektronisch eingeholt und übermittelt werden. Weicht der Richter vom dem Vorschlag eines Gutachtens ab, so hat er seine Entscheidung der Kammer oder der nach Landesrecht zuständigen Stelle, die das Gutachten erstattet haben, unter Angabe der Gründe mitzuteilen.

§ 24

(1) Werden natürliche Personen zur Eintragung in das Handelsregister angemeldet (insbesondere als Kaufleute, Gesellschafter, Prokuristen, Vorstandsmitglieder, Mitglieder des Leitungsorgans, geschäftsführende Direktoren, Geschäftsführer, Abwickler), so ist in der Anmeldung deren Geburtsdatum anzugeben.

(2) Bei der Anmeldung ist die Lage der Geschäftsräume anzugeben. Dies gilt nicht, wenn die Lage der Geschäftsräume als inländische Geschäftsanschrift zur Eintragung in das Handelsregister angemeldet wird oder bereits in das Handelsregister eingetragen worden ist. Eine Änderung der Lage der Geschäftsräume ist dem Registergericht unverzüglich mitzuteilen; Satz 2 gilt entsprechend.

(3) Absatz 2 gilt für die Anmeldung einer Zweigniederlassung und die Änderung der Lage ihrer Geschäftsräume entsprechend.

(4) Es ist darauf hinzuwirken, dass bei den Anmeldungen auch der Unternehmensgegenstand, soweit er sich nicht aus der Firma ergibt, angegeben werden.

§ 25

(1) Auf die Anmeldung zur Eintragung, auf Gesuche und Anträge entscheidet der Richter. Über die Eintragung ist unverzüglich nach Eingang der Anmeldung bei Gericht zu entscheiden. Ist eine Anmeldung zur Eintragung in das Handelsregister unvollständig oder steht der Eintragung ein durch den Antragsteller behebbares Hindernis entgegen, so hat der Richter unverzüglich zu verfügen; liegt ein nach § 23 einzuholendes Gutachten bis dahin nicht vor, so ist dies dem Antragsteller unverzüglich mitzuteilen. Der Richter entscheidet auch über die erforderlichen Bekanntmachungen.

(2) Der Richter ist für die Eintragung auch dann zuständig, wenn sie vom Beschwerdegericht oder nach § 143 des Gesetzes über die Angelegenheiten der freiwilligen Gerichtsbarkeit verfügt ist.

§ 26

Wird eine Eintragung abgelehnt, so sind die Gründe der Ablehnung mitzuteilen. Ist eine Anmeldung zur Eintragung in das Handelsregister unvollständig oder steht der Eintragung ein anderes Hindernis entgegen, so kann zur Behebung des Hindernisses eine Frist gesetzt werden.

§ 27 Vornahme der Eintragung, Wortlaut der Bekanntmachung

(1) Der Richter nimmt die Eintragung und Bekanntmachung entweder selbst vor oder er verfügt die Eintragung und die Bekanntmachung durch den Urkundsbeamten der Geschäftsstelle.

(2) Nimmt der Richter die Eintragung nicht selbst vor, so hat er in der Eintragungsverfügung den genauen Wortlaut der Eintragung sowie die Eintragungsstelle im Register samt aller zur Eintragung erforderlichen Merkmale festzustellen. Der Wortlaut der öffentlichen Bekanntmachung ist besonders zu verfügen, wenn er von dem der Eintragung abweicht. Der Urkundsbeamte der Geschäftsstelle hat die Ausführung der Eintragungsverfügung zu veranlassen, die Eintragung zu signieren und die verfügten Bekanntmachungen herbeizuführen.

(3) Die Wirksamkeit der Eintragung (§ 8a Abs. 1 des Handelsgesetzbuchs) ist in geeigneter Weise zu überprüfen. Die eintragende Person soll die Eintragung auf ihre Richtigkeit und Vollständigkeit sowie ihre Abrufbarkeit aus dem Datenspeicher (§ 48) prüfen.

(4) Bei jeder Eintragung ist der Tag der Eintragung anzugeben.

§ 28 Elektronische Signatur

Der Richter oder im Fall des § 27 Abs. 2 der Urkundsbeamte der Geschäftsstelle setzt der Eintragung seinen Nachnamen hinzu und signiert beides elektronisch. Im Übrigen gilt § 75 der Grundbuchverfügung entsprechend.

§ 29

(1) Der Urkundsbeamte der Geschäftsstelle ist zuständig:
1. für die Erteilung von Abschriften oder Ausdrucken oder die elektronische Übermittlung der Eintragungen und der zum Register eingereichten Schriftstücke und Dokumente; wird eine auszugsweise Abschrift, ein auszugsweiser Ausdruck oder eine auszugsweise elektronische Übermittlung beantragt, so entscheidet bei Zweifeln über den Umfang des Auszugs der Richter;
2. für die Beglaubigung und die Erteilung oder elektronische Übermittlung von Zeugnissen und Bescheinigungen nach § 9 Abs. 5 des Handelsgesetzbuchs und § 32 der Grundbuchordnung;
3. für die Eintragung der in § 32 des Handelsgesetzbuchs vorgesehenen Vermerke im Zusammenhang mit einem Insolvenzverfahren;
4. für die Eintragung der inländischen Geschäftsanschrift.

(2) Wird die Änderung einer Entscheidung des Urkundsbeamten der Geschäftsstelle verlangt, so entscheidet, wenn dieser dem Verlangen nicht entspricht, der Richter. Die Beschwerde ist erst gegen seine Entscheidung gegeben.

§ 30

(1) Einfache Abschriften der in Papierform vorhandenen Registerblätter und Schriftstücke sind mit dem Vermerk: „Gefertigt am ..." abzuschließen. Der Vermerk ist nicht zu unterzeichnen.

(2) Die Beglaubigung einer Abschrift geschieht durch einen unter die Abschrift zu setzenden Vermerk, der die Übereinstimmung mit der Hauptschrift bezeugt. Der Beglaubigungsvermerk muss Ort und Tag der Ausstellung enthalten, von dem Urkundsbeamten der Geschäftsstelle unterschrieben und mit Siegel oder Stempel versehen sein.

(3) Soll aus dem Handelsregister eine auszugsweise Abschrift erteilt werden, so sind in die Abschrift die Eintragungen aufzunehmen, die den Gegenstand betreffen, auf den sich der Auszug beziehen soll. In dem Beglaubigungsvermerk ist der Gegenstand anzugeben und zu bezeugen, dass weitere ihn betreffende Eintragungen in dem Register nicht enthalten sind.

(4) Werden beglaubigte Abschriften der zum Register eingereichten Schriftstücke oder der eingereichten Wiedergaben von Schriftstücken (§ 8a Abs. 4 des Handelsgesetzbuchs in der bis zum Inkrafttreten des Gesetzes über elektronische Handelsregister und Genossenschaftsregister sowie das Unternehmensregister am 1. Januar 2007 geltenden Fassung) beantragt, so ist in dem Beglaubigungsvermerk ersichtlich zu machen, ob die Hauptschrift eine Urschrift, eine Wiedergabe auf einem Bildträger oder auf anderen Datenträgern, eine einfache oder beglaubigte Abschrift, eine Ablichtung oder eine Ausfertigung ist; ist die Hauptschrift eine Wiedergabe auf einem Bildträger oder auf anderen Datenträgern, eine beglaubigte Abschrift, eine beglaubigte Ablichtung oder eine Ausfertigung, so ist der nach § 8a Abs. 3 Satz 2 des Handelsgesetzbuchs in der bis zum Inkrafttreten des Gesetzes über elektronische Handelsregister und Genossenschaftsregister sowie das Unternehmensregister am 1. Januar 2007 geltenden Fassung angefertigte schriftliche Nachweis über die inhaltliche Übereinstimmung der Wiedergabe mit der Urschrift, der Beglaubigungsvermerk oder der Ausfertigungsvermerk in die beglaubigte Abschrift aufzunehmen. Durchstreichungen, Änderungen, Einschaltungen, Radierungen oder andere Mängel einer von den Beteiligten eingereichten Schrift sollen in dem Vermerk angegeben werden.

(5) Die Bestätigung oder Ergänzung früher gefertigter Abschriften ist zulässig. Eine Ergänzung einer früher erteilten Abschrift soll unterbleiben, wenn die Ergänzung gegenüber der Erteilung einer Abschrift durch Ablichtung einen unverhältnismäßigen Arbeitsaufwand, insbesondere erhebliche oder Zeit raubende Schreibarbeiten erfordern würde; andere Versagungsgründe bleiben unberührt.

§ 30a Ausdrucke

(1) Ausdrucke aus dem Registerblatt (§ 9 Abs. 4 des Handelsgesetzbuchs) sind mit der Aufschrift „Ausdruck" oder „Amtlicher Ausdruck", dem Datum der letzten Eintragung und dem Datum des Abrufs der Daten aus dem Handelsregister zu versehen. Sie sind nicht zu unterschreiben.

(2) Ausdrucke aus dem Registerordner sind mit der Aufschrift „Ausdruck" oder „Amtlicher Ausdruck", dem Datum der Einstellung des Dokuments in den Registerordner, dem Datum des Abrufs aus dem Registerordner und den nach § 9 Abs. 4 oder Abs. 5 Satz 2 aufgenommenen Angaben zu versehen. Sie sind nicht zu unterschreiben.

(3) Der amtliche Ausdruck ist darüber hinaus mit Ort und Tag der Ausstellung, dem Vermerk, dass der Ausdruck den Inhalt des Handelsregisters oder einen Inhalt des Registerordners bezeugt, sowie dem Namen des erstellenden Urkundsbeamten der Geschäftsstelle und mit einem Dienstsiegel zu versehen. Anstelle der Siegelung kann maschinell ein Abdruck des Dienstsiegels eingedruckt sein oder aufgedruckt werden; in beiden Fällen muss unter der Aufschrift „Amtlicher Ausdruck" der Vermerk „Dieser Ausdruck wird nicht unterschrieben und gilt als beglaubigte Abschrift." aufgedruckt sein oder werden.

(4) Ausdrucke aus dem Registerblatt werden als chronologischer oder aktueller Ausdruck erteilt. Der chronologische Ausdruck gibt alle Eintragungen des Registerblatts wieder. Der aktuelle Ausdruck enthält den letzten Stand der Eintragungen. Nicht in den aktuellen Ausdruck aufgenommen werden diejenigen Eintragungen, die gerötet oder auf andere Weise nach § 16 als gegenstandslos kenntlich gemacht sind, die nach § 16a gekennzeichneten Eintragungen sowie die Angaben in den Spalten § 40 (HR A) Nr. 6 Buchstabe b und § 43 (HR B) Nr. 7 Buchstabe b. Die Art des Ausdrucks bestimmt der Antragsteller. Soweit nicht ausdrücklich etwas anderes beantragt ist, wird

ein aktueller Ausdruck erteilt. Aktuelle Ausdrucke können statt in spaltenweiser Wiedergabe auch als fortlaufender Text erstellt werden.

(5) Ausdrucke können dem Antragsteller auch elektronisch übermittelt werden. Die elektronische Übermittlung amtlicher Ausdrucke erfolgt unter Verwendung einer qualifizierten elektronischen Signatur nach dem Signaturgesetz.

(6) § 30 Abs. 3 gilt entsprechend.

§ 31

Ausfertigungen der Bescheinigungen und Zeugnisse sind von dem Urkundsbeamten der Geschäftsstelle unter Angabe des Ortes und Tages zu unterschreiben und mit dem Gerichtssiegel oder Stempel zu versehen. Bescheinigungen und Zeugnisse können auch in elektronischer Form (§ 126a des Bürgerlichen Gesetzbuchs) übermittelt werden.

§ 32

Die Veröffentlichung der Eintragung ist unverzüglich zu veranlassen.

§ 33

(1) Die öffentlichen Bekanntmachungen sollen knapp gefasst und leicht verständlich sein.

(2) In den Bekanntmachungen ist das Gericht und der Tag der Eintragung zu bezeichnen, einer Unterschrift bedarf es nicht.

(3) Die Bekanntmachungen sind tunlichst nach dem anliegenden Muster abzufassen. Der Tag der Bekanntmachung ist durch die bekannt machende Stelle beizufügen.

§ 34

In den Bekanntmachungen sind, falls entsprechende Mitteilungen vorliegen, auch der Unternehmensgegenstand, soweit er sich nicht aus der Firma ergibt, und die Lage der Geschäftsräume anzugeben. Ist eine inländische Geschäftsanschrift eingetragen, so ist diese anstelle der Lage der Geschäftsräume anzugeben. Es ist in den Bekanntmachungen darauf hinzuweisen, dass die in Satz 1 genannten Angaben ohne Gewähr für die Richtigkeit erfolgen.

§ 34a Veröffentlichungen im Amtsblatt der Europäischen Union

Die Pflichten zur Veröffentlichung im Amtsblatt der Europäischen Union und die Mitteilungspflichten gegenüber dem Amt für amtliche Veröffentlichungen der Europäischen Union nach der Verordnung (EWG) Nr. 2137/85 des Rates vom 25. Juli 1985 über die Schaffung einer Europäischen wirtschaftlichen Interessenvereinigung (EWIV) (ABl. EG Nr. L 199 S. 1) sowie der Verordnung (EG) Nr. 2157/2001 des Rates vom 8. Oktober 2001 über das Statut der Europäischen Gesellschaft (SE) (ABl. EG Nr. L 294 S. 1) bleiben unberührt.

§ 35

Wird eine Firma im Handelsregister gelöscht, weil das Unternehmen nach Art oder Umfang einen in kaufmännischer Weise eingerichteten Geschäftsbetrieb nicht erfordert, so kann auf Antrag des Inhabers in der Bekanntmachung der Grund der Löschung erwähnt werden. Handelt es sich um einen Handwerker, der bereits in die Handwerksrolle eingetragen ist, so kann neben der Angabe des Grundes der Löschung in der Bekanntmachung auch auf diese Eintragung hingewiesen werden.

§ 36

Der Urkundsbeamte der Geschäftsstelle unterschreibt die Benachrichtigungen. In geeigneten Fällen ist darauf hinzuweisen, dass auf die Benachrichtigung verzichtet werden kann (§ 130 Abs. 2 Satz 2 des Gesetzes über die Angelegenheiten der freiwilligen Gerichtsbarkeit).

§ 37 Mitteilungen an andere Stellen

(1) Das Gericht hat jede Neuanlegung und jede Änderung eines Registerblatts
1. der Industrie- und Handelskammer,
2. der Handwerkskammer, wenn es sich um ein handwerkliches Unternehmen handelt oder handeln kann, und
3. der Landwirtschaftskammer, wenn es sich um ein land- oder forstwirtschaftliches Unternehmen handelt oder handeln kann, oder, wenn eine Landwirtschaftskammer nicht besteht, der nach Landesrecht zuständigen Stelle mitzuteilen. Die über Geschäftsräume und Unternehmensgegenstand gemachten Angaben sind ebenfalls mitzuteilen.

(2) Soweit in anderen Rechtsvorschriften oder durch besondere Anordnung der Landesjustizverwaltung eine Benachrichtigung weiterer Stellen vorgesehen ist, bleiben diese Vorschriften unberührt.

§ 38

Gehört ein Ort oder eine Gemeinde zu den Bezirken verschiedener Registergerichte, so hat jedes Registergericht vor der Eintragung einer neuen Firma oder vor der Eintragung von Änderungen einer Firma bei den anderen beteiligten Registergerichten anzufragen, ob gegen die Eintragung im Hinblick auf § 30 des Handelsgesetzbuchs Bedenken bestehen.

§ 38a

(1) Gerichtliche Verfügungen und Benachrichtigungen an Beteiligte, die maschinell erstellt werden, brauchen nicht unterschrieben zu werden. In diesem Fall muss anstelle der Unterschrift auf dem Schreiben der Vermerk „Dieses Schreiben ist maschinell erstellt und auch ohne Unterschrift wirksam." angebracht sein. Die Verfügung muss den Verfasser mit Funktionsbezeichnung erkennen lassen.

(2) Die in Absatz 1 bezeichneten maschinell zu erstellenden Schreiben können, wenn die Kenntnisnahme durch den Empfänger allgemein sichergestellt ist, auch durch Bildschirmmitteilung oder in anderer Weise elektronisch übermittelt werden. § 16 des Gesetzes über die Angelegenheiten der freiwilligen Gerichtsbarkeit bleibt unberührt.

(3) Für die Texte für die öffentliche Bekanntmachung der Eintragungen sowie für Mitteilungen nach § 37 und Anfragen nach § 38 gelten die Absätze 1 und 2 entsprechend.

IV. Sondervorschriften für die Abteilungen A und B

§ 39

Die Abteilungen A und B werden in getrennten Registern nach den beigegebenen Mustern geführt.

Abteilung A

§ 40 Inhalt der Eintragungen in Abteilung A

In Abteilung A des Handelsregisters sind die nachfolgenden Angaben einzutragen:
1. In Spalte 1 ist die laufende Nummer der die Firma betreffenden Eintragungen einzutragen.

2. In Spalte 2 sind
   a) unter Buchstabe a die Firma;
   b) unter Buchstabe b der Ort der Niederlassung oder der Sitz, bei Einzelkaufleuten und Personenhandelsgesellschaften die inländische Geschäftsanschrift sowie die Errichtung oder Aufhebung von Zweigniederlassungen, und zwar unter Angabe des Ortes einschließlich der Postleitzahl, der inländischen Geschäftsanschrift und, falls der Firma für eine Zweigniederlassung ein Zusatz beigefügt ist, unter Angabe dieses Zusatzes;
   c) unter Buchstabe c bei Europäischen wirtschaftlichen Interessenvereinigungen und bei juristischen Personen der Gegenstand des Unternehmens und die sich jeweils darauf beziehenden Änderungen anzugeben.
3. In Spalte 3 sind
   a) unter Buchstabe a die allgemeine Regelung zur Vertretung des Rechtsträgers durch die persönlich haftenden Gesellschafter, die Geschäftsführer, die Mitglieder des Vorstandes, bei Kreditinstituten die gerichtlich bestellten vertretungsbefugten Personen sowie die Abwickler oder Liquidatoren, und
   b) unter Buchstabe b der Einzelkaufmann, bei Handelsgesellschaften die persönlich haftenden Gesellschafter, bei Europäischen wirtschaftlichen Interessenvereinigungen die Geschäftsführer, bei juristischen Personen die Mitglieder des Vorstandes und deren Stellvertreter, bei Kreditinstituten die gerichtlich bestellten vertretungsberechtigten Personen, die Abwickler oder Liquidatoren unter der Bezeichnung als solche, bei ausländischen Versicherungsunternehmen die nach § 106 Abs. 3 des Versicherungsaufsichtsgesetzes bestellten Hauptbevollmächtigten sowie bei einer Zweigstelle eines Unternehmens mit Sitz in einem anderen Staat, die Bankgeschäfte in dem in § 1 Abs. 1 des Gesetzes über das Kreditwesen bezeichneten Umfang betreibt, die nach § 53 Abs. 2 Nr. 1 des Gesetzes über das Kreditwesen bestellten Geschäftsleiter jeweils mit Familiennamen, Vornamen, Geburtsdatum und Wohnort oder gegebenenfalls mit Firma, Rechtsform, Sitz oder Niederlassung und die jeweils sich darauf beziehenden Änderungen anzugeben. Weicht die Vertretungsbefugnis der in Spalte 3 unter Buchstabe b einzutragenden Personen im Einzelfall von den Angaben in Spalte 3 unter Buchstabe a ab, so ist diese besondere Vertretungsbefugnis bei den jeweiligen Personen zu vermerken.
4. In Spalte 4 sind die die Prokura betreffenden Angaben einschließlich Familienname, Vorname, Geburtsdatum und Wohnort der Prokuristen und die sich jeweils darauf beziehenden Änderungen einzutragen.
5. In Spalte 5 sind anzugeben
   a) unter Buchstabe a die Rechtsform sowie bei juristischen Personen das Datum der Erstellung und jede Änderung der Satzung; bei der Eintragung genügt, soweit sie nicht die Änderung der einzutragenden Angaben betrifft, eine allgemeine Bezeichnung des Gegenstands der Änderung; dabei ist in der Spalte 6 unter Buchstabe b auf die beim Gericht eingereichten Urkunden sowie auf die Stelle der Akten, bei der die Urkunden sich befinden, zu verweisen;
   b) unter Buchstabe b
      aa) die besonderen Bestimmungen des Gründungsvertrages oder der Satzung über die Zeitdauer der Europäischen wirtschaftlichen Interessenvereinigung oder juristischen Person sowie alle sich hierauf beziehenden Änderungen;
      bb) die Eröffnung, Einstellung und Aufhebung des Insolvenzverfahrens sowie die Aufhebung des Eröffnungsbeschlusses; die Bestellung eines vorläufigen Insolvenzverwalters unter den Voraussetzungen des § 32 Abs. 1 Satz 2 Nr. 2 des Handelsgesetzbuchs sowie die Aufhebung einer derartigen Sicherungsmaßnahme; die Anordnung der Eigenverwaltung durch den Schuldner und deren Aufhebung sowie die Anordnung der Zustimmungsbedürftigkeit be-

stimmter Rechtsgeschäfte des Schuldners nach § 277 der Insolvenzordnung; die Überwachung der Erfüllung eines Insolvenzplans und die Aufhebung der Überwachung;

cc) die Klausel über die Haftungsbefreiung eines Mitglieds der Europäischen wirtschaftlichen Interessenvereinigung für die vor seinem Beitritt entstandenen Verbindlichkeiten;

dd) die Auflösung, Fortsetzung und die Nichtigkeit der Gesellschaft, Europäischen wirtschaftlichen Interessenvereinigung oder juristischen Person; der Schluss der Abwicklung der Europäischen wirtschaftlichen Interessenvereinigung; das Erlöschen der Firma, die Löschung einer Gesellschaft, Europäischen wirtschaftlichen Interessenvereinigung oder juristischen Person sowie Löschungen von Amts wegen;

ee) Eintragungen nach dem Umwandlungsgesetz;

ff) im Fall des Erwerbs eines Handelsgeschäfts bei Fortführung unter der bisherigen Firma eine von § 25 Abs. 1 des Handelsgesetzbuchs abweichende Vereinbarung;

gg) beim Eintritt eines persönlich haftenden Gesellschafters oder eines Kommanditisten in das Geschäft eines Einzelkaufmanns eine von § 28 Abs. 1 des Handelsgesetzbuchs abweichende Vereinbarung;

c) unter Buchstabe c Familienname, Vorname, Geburtsdatum und Wohnort oder gegebenenfalls Firma, Rechtsform, Sitz oder Niederlassung und der Betrag der Einlage jedes Kommanditisten einer Kommanditgesellschaft sowie bei der Europäischen wirtschaftlichen Interessenvereinigung die Mitglieder mit Familiennamen, Vornamen, Geburtsdatum und Wohnort oder gegebenenfalls mit Firma, Rechtsform, Sitz oder Niederlassung und die sich jeweils darauf beziehenden Änderungen.

6. In Spalte 6 sind unter Buchstabe a der Tag der Eintragung, unter Buchstabe b sonstige Bemerkungen einzutragen.

7. Enthält eine Eintragung die Nennung eines in ein öffentliches Register eingetragenen Rechtsträgers, so sind Art und Ort des Registers sowie die Registernummer dieses Rechtsträgers mit zu vermerken.

§ 41

(1) Wird bei dem Eintritt eines persönlich haftenden Gesellschafters oder eines Kommanditisten in das Geschäft eines Einzelkaufmanns oder bei dem Eintritt eines Gesellschafters in eine bestehende Gesellschaft die bisherige Firma nicht fortgeführt und die neue Firma unter einer neuen Nummer auf einem anderen Registerblatt eingetragen, so ist der Eintritt in Spalte 5 des Registers bei der bisherigen und bei der neuen Firma zu vermerken. Dasselbe gilt von einer von § 28 Abs. 1 des Handelsgesetzbuchs abweichenden Vereinbarung.

(2) Auf jedem Registerblatt ist auf das andere in Spalte „Bemerkungen" zu verweisen.

§ 42

Wird zum Handelsregister angemeldet, dass das Handelsgeschäft eines Einzelkaufmanns, einer juristischen Person, einer offenen Handelsgesellschaft oder einer Kommanditgesellschaft auf eine in Abteilung B eingetragene Handelsgesellschaft mit dem Recht zur Fortführung der Firma übergegangen ist, so sind die das Handelsgeschäft betreffenden Eintragungen in Abteilung A des Registers rot zu unterstreichen. Wird von dem Erwerber die Fortführung der Firma angemeldet, so ist bei der Eintragung in Abteilung B auf das bisherige Registerblatt in der Spalte „Bemerkungen" zu verweisen und umgekehrt.

Abteilung B

§ 43 Inhalt der Eintragungen in Abteilung B

In Abteilung B des Handelsregisters sind die nachfolgenden Angaben einzutragen:

1. In Spalte 1 ist die laufende Nummer der die Gesellschaft betreffenden Eintragung einzutragen.

2. In Spalte 2 sind
   a) unter Buchstabe a die Firma;
   b) unter Buchstabe b der Ort der Niederlassung oder der Sitz, bei Aktiengesellschaften, bei einer SE, bei Kommanditgesellschaften auf Aktien und Gesellschaften mit beschränkter Haftung die inländische Geschäftsanschrift sowie gegebenenfalls Familienname und Vorname oder Firma und Rechtsform sowie inländische Anschrift einer für Willenserklärungen und Zustellungen empfangsberechtigten Person, sowie die Errichtung oder Aufhebung von Zweigniederlassungen, und zwar unter Angabe des Ortes einschließlich der Postleitzahl, der inländischen Geschäftsanschrift und, falls der Firma für eine Zweigniederlassung ein Zusatz beigefügt ist, unter Angabe dieses Zusatzes;
   c) unter Buchstabe c der Gegenstand des Unternehmens und die sich jeweils darauf beziehenden Änderungen anzugeben.

3. In Spalte 3 sind bei Aktiengesellschaften, bei einer SE und bei Kommanditgesellschaften auf Aktien die jeweils aktuellen Beträge der Höhe des Grundkapitals, bei Gesellschaften mit beschränkter Haftung die Höhe des Stammkapitals und bei Versicherungsvereinen auf Gegenseitigkeit die Höhe des Gründungsfonds anzugeben.

4. In Spalte 4 sind
   a) unter Buchstabe a die allgemeine Regelung zur Vertretung des Rechtsträgers durch die Mitglieder des Vorstandes, des Leitungsorgans, die geschäftsführenden Direktoren, die persönlich haftenden Gesellschafter sowie bei Kreditinstituten die gerichtlich bestellten vertretungsbefugten Personen, die Geschäftsführer, die Abwickler oder Liquidatoren und
   b) unter Buchstabe b bei Aktiengesellschaften und Versicherungsvereinen auf Gegenseitigkeit die Mitglieder des Vorstandes und ihre Stellvertreter (bei Aktiengesellschaften unter besonderer Bezeichnung des Vorsitzenden), bei einer SE die Mitglieder des Leitungsorgans und ihre Stellvertreter (unter besonderer Bezeichnung ihres Vorsitzenden) oder die geschäftsführenden Direktoren, bei Kommanditgesellschaften auf Aktien die persönlich haftenden Gesellschafter, bei Kreditinstituten die gerichtlich bestellten vertretungsbefugten Personen, bei Gesellschaften mit beschränkter Haftung die Geschäftsführer und ihre Stellvertreter, ferner die Abwickler oder Liquidatoren unter der Bezeichnung als solcher, jeweils mit Familiennamen, Vornamen, Geburtsdatum und Wohnort oder gegebenenfalls mit Firma, Rechtsform, Sitz oder Niederlassung

und die jeweils sich darauf beziehenden Änderungen anzugeben. Weicht die Vertretungsbefugnis der in Spalte 4 unter Buchstabe b einzutragenden Personen im Einzelfall von den Angaben in Spalte 4 unter Buchstabe a ab, so ist diese besondere Vertretungsbefugnis bei den jeweiligen Personen zu vermerken. Ebenfalls in Spalte 4 unter Buchstabe b sind bei ausländischen Versicherungsunternehmen die nach § 106 Abs. 3 des Versicherungsaufsichtsgesetzes bestellten Hauptbevollmächtigten, bei einer Zweigstelle eines Unternehmens mit Sitz in einem anderen Staat, die Bankgeschäfte in dem in § 1 Abs. 1 des Gesetzes über das Kreditwesen bezeichneten Umfang betreibt, die nach § 53 Abs. 2 Nr. 1 des Gesetzes über das Kreditwesen bestellten Geschäftsleiter sowie bei einer Zweigniederlassung einer Aktiengesellschaft, SE oder Gesellschaft mit beschränkter Haftung mit Sitz im Ausland die ständigen Vertreter nach § 13e Abs. 2 Satz 5 Nr. 3 des Handelsgesetzbuchs jeweils mit Familiennamen, Vornamen, Geburtsdatum und Wohnort unter Angabe ihrer Befugnisse zu vermerken.

5. In Spalte 5 sind die die Prokura betreffenden Eintragungen einschließlich Familienname, Vorname, Geburtsdatum und Wohnort der Prokuristen sowie die jeweils sich darauf beziehenden Änderungen anzugeben.
6. In Spalte 6 sind anzugeben

   a) unter Buchstabe a die Rechtsform und der Tag der Feststellung der Satzung oder des Abschlusses des Gesellschaftsvertrages; jede Änderung der Satzung oder des Gesellschaftsvertrages; bei der Eintragung genügt, soweit nicht die Änderung die einzutragenden Angaben betrifft, eine allgemeine Bezeichnung des Gegenstands der Änderung;

   b) unter Buchstabe b neben den entsprechend für die Abteilung A in § 40 Nr. 5 Buchstabe b Doppelbuchstabe bb einzutragenden Angaben:

   aa) die besonderen Bestimmungen der Satzung oder des Gesellschaftsvertrages über die Zeitdauer der Gesellschaft oder des Versicherungsvereins auf Gegenseitigkeit;

   bb) eine Eingliederung einschließlich der Firma der Hauptgesellschaft sowie das Ende der Eingliederung, sein Grund und sein Zeitpunkt;

   cc) das Bestehen und die Art von Unternehmensverträgen einschließlich des Namens des anderen Vertragsteils, beim Bestehen einer Vielzahl von Teilgewinnabführungsverträgen alternativ anstelle des Namens des anderen Vertragsteils eine Bezeichnung, die den jeweiligen Teilgewinnabführungsvertrag konkret bestimmt, außerdem die Änderung des Unternehmensvertrages sowie seine Beendigung unter Angabe des Grundes und des Zeitpunktes;

   dd) die Auflösung, die Fortsetzung und die Nichtigkeit der Gesellschaft oder des Versicherungsvereins auf Gegenseitigkeit;

   ee) Eintragungen nach dem Umwandlungsgesetz;

   ff) das Erlöschen der Firma, die Löschung einer Aktiengesellschaft, SE, Kommanditgesellschaft auf Aktien, Gesellschaft mit beschränkter Haftung oder eines Versicherungsvereins auf Gegenseitigkeit sowie Löschungen von Amts wegen;

   gg) das Bestehen eines bedingten Kapitals unter Angabe des Beschlusses der Hauptversammlung und der Höhe des bedingten Kapitals;

   hh) das Bestehen eines genehmigten Kapitals unter Angabe des Beschlusses der Hauptversammlung, der Höhe des genehmigten Kapitals und des Zeitpunktes, bis zu dem die Ermächtigung besteht;

   ii) bei Investmentaktiengesellschaften das in der Satzung festgelegte Mindestkapital und Höchstkapital (§ 105 Abs. 1 des Investmentgesetzes);

   jj) der Beschluss einer Übertragung von Aktien gegen Barabfindung (§ 327a des Aktiengesetzes) unter Angabe des Tages des Beschlusses;

   kk) der Abschluss eines Nachgründungsvertrages unter Angabe des Zeitpunktes des Vertragsschlusses und des Zustimmungsbeschlusses der Hauptversammlung sowie der oder die Vertragspartner der Gesellschaft;

   ll) bei Versicherungsvereinen auf Gegenseitigkeit der Tag, an dem der Geschäftsbetrieb erlaubt worden ist

   und die sich jeweils darauf beziehenden Änderungen.

7. Die Verwendung der Spalte 7 richtet sich nach den Vorschriften über die Benutzung der Spalte 6 der Abteilung A.
8. § 40 Nr. 7 gilt entsprechend.

§ 44

Urteile, durch die ein in das Register eingetragener Beschluss der Hauptversammlung einer Aktiengesellschaft, SE, Kommanditgesellschaft auf Aktien oder der Gesellschafterversammlung einer Gesellschaft mit beschränkter Haftung rechtskräftig für nichtig erklärt ist sowie die nach § 144 Abs. 2 des Gesetzes über die Angelegenheiten der freiwilligen Gerichtsbarkeit verfügte Löschung eines Beschlusses sind in einem Vermerk, der den Beschluss als nichtig bezeichnet, in diejenigen Spalten des Registerblatts einzutragen, in die der Beschluss eingetragen war.

§ 45

(1) Soll eine Aktiengesellschaft, eine SE, eine Kommanditgesellschaft auf Aktien oder eine Gesellschaft mit beschränkter Haftung als nichtig gelöscht werden, so ist, wenn der Mangel geheilt werden kann, in der nach § 142 Abs. 2, § 144 Abs. 1 des Gesetzes über die Angelegenheiten der freiwilligen Gerichtsbarkeit in der Fassung des § 43 Nr. 2 des Einführungsgesetzes zum Aktiengesetz ergehenden Benachrichtigung auf diese Möglichkeit ausdrücklich hinzuweisen.

(2) Die Löschung erfolgt durch Eintragung eines Vermerks, der die Gesellschaft als nichtig bezeichnet. Gleiches gilt, wenn die Gesellschaft durch rechtskräftiges Urteil für nichtig erklärt ist.

§ 46

Wird bei einer in Abteilung B eingetragenen Handelsgesellschaft die Änderung der Firma zum Handelsregister angemeldet, weil das Geschäft mit dem Recht zur Fortführung der Firma auf einen Einzelkaufmann, eine juristische Person oder eine Handelsgesellschaft übertragen worden ist, und wird von dem Erwerber die Fortführung der Firma angemeldet, so ist bei der Eintragung in der Spalte „Bemerkungen" auf das bisherige Registerblatt zu verweisen und umgekehrt.

IVa. Vorschriften für das elektronisch geführte Handelsregister

1. Einrichtung des elektronisch geführten Handelsregisters

§ 47 Grundsatz

(1) Bei der elektronischen Führung des Handelsregisters muss gewährleistet sein, dass

1. die Grundsätze einer ordnungsgemäßen Datenverarbeitung eingehalten, insbesondere Vorkehrungen gegen einen Datenverlust getroffen sowie die erforderlichen Kopien der Datenbestände mindestens tagesaktuell gehalten und die originären Datenbestände sowie deren Kopien sicher aufbewahrt werden,
2. die vorzunehmenden Eintragungen alsbald in einen Datenspeicher aufgenommen und auf Dauer inhaltlich unverändert in lesbarer Form wiedergegeben werden können,
3. die nach der Anlage zu § 126 Abs. 1 Satz 2 Nr. 3 der Grundbuchordnung erforderlichen Maßnahmen getroffen werden. Die Dokumente sind in inhaltlich unveränderbarer Form zu speichern.

(2) Wird die Datenverarbeitung im Auftrag des zuständigen Amtsgerichts auf den Anlagen einer anderen staatlichen Stelle oder juristischen Person des öffentlichen oder privaten Rechts vorgenommen (§ 125 Abs. 5 des Gesetzes über die Angelegenheiten der freiwilligen Gerichtsbarkeit), so muss sichergestellt sein, dass Eintragungen in das Handelsregister und der Abruf von Daten hieraus nur erfolgen, wenn dies von dem zuständigen Gericht verfügt worden oder sonst zulässig ist.

(3) Die Verarbeitung der Registerdaten auf Anlagen, die nicht im Eigentum der anderen staatlichen Stelle oder juristischen Person des öffentlichen oder privaten Rechts stehen, ist nur zulässig, wenn gewährleistet ist, dass die Daten dem uneingeschränkten Zugriff des zuständigen Gerichts unterliegen und der Eigentümer der Anlage keinen Zugang zu den Daten hat.

§ 48 Begriff des elektronisch geführten Handelsregisters

Bei dem elektronisch geführten Handelsregister ist der in den dafür bestimmten Datenspeicher aufgenommene und auf Dauer unverändert in lesbarer Form wiedergabefähige Inhalt des Registerblattes (§ 13 Abs. 1) das Handelsregister. Die Bestimmung des Datenspeichers nach Satz 1 kann durch Verfügung der nach Landesrecht zuständigen Stelle geändert werden, wenn dies dazu dient, die Erhaltung und die Abrufbarkeit der Daten sicherzustellen oder zu verbessern, und die Daten dabei nicht verändert werden.

§ 49 Anforderungen an Anlagen und Programme, Sicherung der Anlagen, Programme und Daten

(1) Hinsichtlich der Anforderungen an die für das elektronisch geführte Handelsregister verwendeten Anlagen und Programme, deren Sicherung sowie der Sicherung der Daten gelten die §§ 64 bis 66 der Grundbuchverfügung entsprechend.

(2) Das eingesetzte Datenverarbeitungssystem soll innerhalb eines jeden Landes einheitlich sein und mit den in den anderen Ländern eingesetzten Systemen verbunden werden können.

§ 50 Gestaltung des elektronisch geführten Handelsregisters

(1) Der Inhalt des elektronisch geführten Handelsregisters muss auf dem Bildschirm und in Ausdrucken entsprechend den beigegebenen Mustern (Anlagen 4 und 5) sichtbar gemacht werden können. Der letzte Stand aller noch nicht gegenstandslos gewordenen Eintragungen (aktueller Registerinhalt) kann statt in spaltenweiser Wiedergabe auch als fortlaufender Text nach den Mustern in Anlage 6 und 7 sichtbar gemacht werden.

(2) Der Inhalt geschlossener Registerblätter, die nicht für die elektronische Registerführung umgeschrieben wurden, muss entsprechend den beigegebenen Mustern (Anlagen 1 und 2 in der bis zum Inkrafttreten des Gesetzes über elektronische Handelsregister und Genossenschaftsregister sowie das Unternehmensregister am 1. Januar 2007 geltenden Fassung dieser Verordnung) auf dem Bildschirm und in Ausdrucken sichtbar gemacht werden können, wenn nicht die letzte Eintragung in das Registerblatt vor dem 1. Januar 1997 erfolgte.

2. Anlegung des elektronisch geführten Registerblatts

§ 51 Anlegung des elektronisch geführten Registerblatts durch Umschreibung

Ein bisher in Papierform geführtes Registerblatt kann für die elektronische Führung nach den §§ 51, 52 und 54 in der bis zum Inkrafttreten des Gesetzes über elektronische Handelsregister und Genossenschaftsregister sowie das Unternehmensregister am 1. Januar 2007 geltenden Fassung dieser Verordnung umgeschrieben werden.

3. Automatisierter Abruf von Daten

§ 52 Umfang des automatisierten Datenabrufs

Umfang und Voraussetzungen des Abrufs im automatisierten Verfahren einschließlich des Rechts, von den abgerufenen Daten Abdrucke zu fertigen, bestimmen sich nach § 9 Abs. 1 des Handelsgesetzbuchs. Abdrucke stehen den Ausdrucken (§ 30a) nicht gleich.

§ 53 Protokollierung der Abrufe

(1) Für die Sicherung der ordnungsgemäßen Datenverarbeitung und für die Abrechnung der Kosten des Abrufs werden alle Abrufe durch die zuständige Stelle protokolliert. Im Protokoll dürfen nur das Gericht, die Nummer des Registerblatts, die abrufende Person oder Stelle, ein Geschäfts-, Aktenzeichen oder eine sonstige Kennung

des Abrufs, der Zeitpunkt des Abrufs sowie die für die Durchführung des Abrufs verwendeten Daten gespeichert werden.

(2) Die protokollierten Daten dürfen nur für die in Absatz 1 Satz 1 genannten Zwecke verwendet werden. Sie sind durch geeignete Vorkehrungen gegen zweckfremde Nutzung und gegen sonstigen Missbrauch zu schützen.

(3) Die nach Absatz 1 gefertigten Protokolle werden vier Jahre nach Ablauf des Kalenderjahres, in dem die Zahlung der Kosten erfolgt ist, vernichtet. Im Fall der Einlegung eines Rechtsbehelfs mit dem Ziel der Rückerstattung verlängert sich die Aufbewahrungsfrist jeweils um den Zeitraum von der Einlegung bis zur abschließenden Entscheidung über den Rechtsbehelf.

4. Ersatzregister und Ersatzmaßnahmen

§ 54 Ersatzregister und Ersatzmaßnahmen

(1) Ist die Vornahme von Eintragungen in das elektronisch geführte Handelsregister vorübergehend nicht möglich, so können auf Anordnung der nach Landesrecht zuständigen Stelle Eintragungen ohne Vergabe einer neuen Nummer in einem Ersatzregister in Papierform vorgenommen werden, wenn hiervon Verwirrung nicht zu besorgen ist. Sie sollen in das elektronisch geführte Handelsregister übernommen werden, sobald dies wieder möglich ist. Auf die erneute Übernahme sind die Vorschriften über die Anlegung des maschinell geführten Registerblatts in der bis zum Inkrafttreten des Gesetzes über elektronische Handelsregister und Genossenschaftsregister sowie das Unternehmensregister am 1. Januar 2007 geltenden Fassung dieser Verordnung entsprechend anzuwenden.

(2) Für die Einrichtung und Führung der Ersatzregister nach Absatz 1 gelten § 17 Abs. 2 und die Bestimmungen des Abschnitts IV dieser Verordnung sowie die Bestimmungen der Abschnitte I bis III in der bis zum Inkrafttreten des Gesetzes über elektronische Handelsregister und Genossenschaftsregister sowie das Unternehmensregister am 1. Januar 2007 geltenden Fassung dieser Verordnung.

(3) Können elektronische Anmeldungen und Dokumente vorübergehend nicht entgegengenommen werden, so kann die nach Landesrecht zuständige Stelle anordnen, dass Anmeldungen und Dokumente auch in Papierform zum Handelsregister eingereicht werden können. Die aufgrund einer Anordnung nach Satz 1 eingereichten Schriftstücke sind unverzüglich in elektronische Dokumente zu übertragen.

3. Verordnung (EG) Nr. 2790/1999 der Kommission vom 22. Dezember 1999 über die Anwendung von Artikel 81 Absatz 3 des Vertrages auf Gruppen von vertikalen Vereinbarungen und aufeinander abgestimmten Verhaltensweisen

ABl. EG Nr. L 336, 21 v. 29.12.1999

Die Kommission der Europäischen Gemeinschaften –

gestützt auf den Vertrag zur Gründung der Europäischen Gemeinschaft,

gestützt auf die Verordnung Nr. 19/65/EWG des Rates vom 2. März 1965 über die Anwendung von Artikel 85 Absatz 3 des Vertrages auf Gruppen von Vereinbarungen und aufeinander abgestimmten Verhaltensweisen[1], zuletzt geändert durch die Verordnung (EG) Nr. 1215/1999[2], insbesondere auf Artikel 1,

nach Veröffentlichung des Entwurfs dieser Verordnung[3],

nach Anhörung des Beratenden Ausschusses für Kartell- und Monopolfragen,

in Erwägung nachstehender Gründe:

(1) Nach der Verordnung Nr. 19/65/EWG ist die Kommission ermächtigt, Artikel 81 Absatz 3 des Vertrages (Ex-Artikel 85 Absatz 3) durch Verordnung auf bestimmte Gruppen von vertikalen Vereinbarungen und die entsprechenden aufeinander abgestimmten Verhaltensweisen anzuwenden, die unter Artikel 81 Absatz 1 fallen.

(2) Aufgrund der bisherigen Erfahrungen lässt sich eine Gruppe von vertikalen Vereinbarungen definieren, die regelmäßig die Voraussetzungen von Artikel 81 Absatz 3 erfüllen.

(3) Diese Gruppe umfasst vertikale Vereinbarungen über den Kauf oder Verkauf von Waren oder Dienstleistungen, die zwischen nicht miteinander im Wettbewerb stehenden Unternehmen, zwischen bestimmten Wettbewerbern sowie von bestimmten Vereinigungen des Wareneinzelhandels geschlossen werden. Diese Gruppe umfasst ebenfalls vertikale Vereinbarungen, die Nebenabreden über die Übertragung oder Nutzung geistiger Eigentumsrechte enthalten. Für die Anwendung dieser Verordnung umfasst der Begriff „vertikale Vereinbarungen" die entsprechenden aufeinander abgestimmten Verhaltensweisen.

(4) Für die Anwendung von Artikel 81 Absatz 3 durch Verordnung ist es nicht erforderlich, diejenigen vertikalen Vereinbarungen zu umschreiben, welche geeignet sind, unter Artikel 81 Absatz 1 zu fallen; bei der individuellen Beurteilung von Vereinbarungen nach Artikel 81 Absatz 1 sind mehrere Faktoren, insbesondere die Marktstruktur auf der Angebots- und Nachfrageseite zu berücksichtigen.

(5) Die Gruppenfreistellung sollte nur vertikalen Vereinbarungen zugute kommen, von denen mit hinreichender Sicherheit angenommen werden kann, dass sie die Voraussetzungen von Artikel 81 Absatz 3 erfüllen.

(6) Vertikale Vereinbarungen, die zu der in dieser Verordnung umschriebenen Gruppe gehören, können die wirtschaftliche Effizienz innerhalb einer Produktions- oder Vertriebskette erhöhen, weil sie eine bessere Koordinierung zwischen den beteiligten Unternehmen ermöglichen. Sie können insbesondere die Transaktions- und Distributionskosten der Beteiligten verringern und deren Umsätze und Investitionen optimieren.

---

1 ABl. 36 v. 6.3.1965, S. 533/65.
2 ABl. L 148 v. 15.6.1999, S. 1.
3 ABl. C 270 v. 24.9.1999, S. 7.

(7) Die Wahrscheinlichkeit, dass derartige effizienzsteigernde Wirkungen stärker ins Gewicht fallen als wettbewerbsschädliche Wirkungen, die von Beschränkungen in vertikalen Vereinbarungen verursacht werden, hängt von der Marktmacht der beteiligten Unternehmen und somit von dem Ausmaß ab, in dem diese Unternehmen dem Wettbewerb anderer Lieferanten von Waren oder Dienstleistungen ausgesetzt sind, die von den Käufern aufgrund ihrer Eigenschaften, ihrer Preislage und ihres Verwendungszwecks als austauschbar oder substituierbar angesehen werden.

(8) Es kann vermutet werden, dass vertikale Vereinbarungen, die nicht bestimmte Arten schwer wiegender wettbewerbsschädigender Beschränkungen enthalten, im allgemeinen zu einer Verbesserung der Produktion oder des Vertriebs und zu einer angemessenen Beteiligung der Verbraucher an dem daraus entstehenden Gewinn führen, sofern der auf den Lieferanten entfallende Anteil an dem relevanten Markt 30 % nicht überschreitet. Bei vertikalen Vereinbarungen, die Alleinbelieferungsverpflichtungen vorsehen, sind die gesamten Auswirkungen der Vereinbarung auf den Markt anhand des Marktanteils des Käufers zu bestimmen.

(9) Es gibt keine Vermutung, dass oberhalb der Marktanteilsschwelle von 30 % vertikale Vereinbarungen, die unter Artikel 81 Absatz 1 fallen, regelmäßig objektive Vorteile entstehen lassen, welche nach Art und Umfang geeignet sind, die Nachteile auszugleichen, die sie für den Wettbewerb mit sich bringen.

(10) Diese Verordnung darf keine vertikalen Vereinbarungen freistellen, welche Beschränkungen enthalten, die für die Herbeiführung der vorgenannten günstigen Wirkungen nicht unerlässlich sind. Insbesondere solche vertikalen Vereinbarungen, die bestimmte Arten schwer wiegender wettbewerbsschädigender Beschränkungen enthalten, wie die Festsetzung von Mindest- oder Festpreisen für den Weiterverkauf oder bestimmte Arten des Gebietsschutzes, sind daher ohne Rücksicht auf den Marktanteil der betroffenen Unternehmen von dem Vorteil der Gruppenfreistellung, die durch diese Verordnung gewährt wird, auszuschließen.

(11) Die Gruppenfreistellung ist mit bestimmten Einschränkungen zu versehen, um den Marktzugang zu gewährleisten und um Marktabsprachen vorzubeugen. Zu diesem Zwecke muss die Freistellung auf Wettbewerbsverbote von einer bestimmten Höchstdauer beschränkt werden. Aus demselben Grund sind alle unmittelbaren oder mittelbaren Verpflichtungen, welche die Mitglieder eines selektiven Vertriebssystems veranlassen, die Marken bestimmter konkurrierender Lieferanten nicht zu führen, von der Anwendung dieser Verordnung auszuschließen.

(12) Durch die Begrenzung des Marktanteils, den Ausschluss bestimmter vertikaler Vereinbarungen von der Gruppenfreistellung und die Voraussetzungen, die in dieser Verordnung vorgesehen sind, wird in der Regel sichergestellt, dass Vereinbarungen, auf welche die Gruppenfreistellung Anwendung findet, den beteiligten Unternehmen nicht die Möglichkeit eröffnen, für einen wesentlichen Teil der betreffenden Waren den Wettbewerb auszuschalten.

(13) Wenn im Einzelfall eine Vereinbarung zwar unter diese Verordnung fällt, dennoch aber Wirkungen zeitigt, die mit Artikel 81 Absatz 3 unvereinbar sind, kann die Kommission den Vorteil der Gruppenfreistellung entziehen. Dies kommt insbesondere dann in Betracht, wenn der Käufer auf dem relevanten Markt, auf dem er Waren verkauft oder Dienstleistungen erbringt, über erhebliche Marktmacht verfügt oder wenn der Zugang zu dem relevanten Markt oder der Wettbewerb auf diesem Markt durch gleichartige Wirkungen paralleler Netze vertikaler Vereinbarungen in erheblichem Maße beschränkt wird. Derartige kumulative Wirkungen können sich etwa aus selektiven Vertriebssystemen oder aus Wettbewerbsverboten ergeben.

(14) Nach der Verordnung Nr. 19/65/EWG sind die zuständigen Behörden der Mitgliedstaaten ermächtigt, den Vorteil der Gruppenfreistellung zu entziehen, wenn die Vereinbarung Wirkungen zeitigt, die mit Artikel 81 Absatz 3 des Vertrages unvereinbar sind und im Gebiet des betreffenden Staates oder in einem Teil desselben eintreten,

sofern dieses Gebiet die Merkmale eines gesonderten räumlichen Marktes aufweist. Die Mitgliedstaaten sollten sicherstellen, dass sie bei der Ausübung dieser Entzugsbefugnis nicht die einheitliche Anwendung der Wettbewerbsregeln der Gemeinschaft auf dem gesamten gemeinsamen Markt oder die volle Wirksamkeit der zu ihrem Vollzug ergangenen Maßnahmen beeinträchtigen.

(15) Um die Überwachung paralleler Netze vertikaler Vereinbarungen mit gleichartigen wettbewerbsbeschränkenden Wirkungen zu verstärken, die mehr als 50 % eines Marktes erfassen, kann die Kommission erklären, dass diese Verordnung auf vertikale Vereinbarungen, welche bestimmte auf den betroffenen Markt bezogene Beschränkungen enthalten, keine Anwendung findet, und dadurch die volle Anwendbarkeit von Artikel 81 auf diese Vereinbarungen wiederherstellen.

(16) Diese Verordnung gilt unbeschadet der Anwendung von Artikel 82.

(17) Entsprechend dem Grundsatz des Vorrangs des Gemeinschaftsrechts dürfen Maßnahmen, die auf der Grundlage der nationalen Wettbewerbsgesetze getroffen werden, nicht die einheitliche Anwendung der Wettbewerbsregeln der Gemeinschaft auf dem gesamten gemeinsamen Markt oder die volle Wirksamkeit der zu ihrer Durchführung ergangenen Maßnahmen einschließlich dieser Verordnung beeinträchtigen –

hat folgende Verordnung erlassen:

Artikel 1

Für die Anwendung dieser Verordnung gelten folgende Begriffsbestimmungen:
a) „Wettbewerber" sind tatsächliche oder potentielle Anbieter im selben Produktmarkt; der Produktmarkt umfasst Waren oder Dienstleistungen, die vom Käufer aufgrund ihrer Eigenschaften, ihrer Preislage und ihres Verwendungszwecks als mit den Vertragswaren oder -dienstleistungen austauschbar oder durch diese substituierbar angesehen werden.
b) „Wettbewerbsverbote" sind alle unmittelbaren oder mittelbaren Verpflichtungen, die den Käufer veranlassen, keine Waren oder Dienstleistungen herzustellen, zu beziehen, zu verkaufen oder weiterzuverkaufen, die mit den Vertragswaren oder -dienstleistungen im Wettbewerb stehen, sowie alle unmittelbaren oder mittelbaren Verpflichtungen des Käufers, mehr als 80 % seiner auf der Grundlage des Einkaufswertes des vorherigen Kalenderjahres berechneten gesamten Einkäufe von Vertragswaren oder -dienstleistungen sowie ihrer Substitute auf dem relevanten Markt vom Lieferanten oder einem anderen vom Lieferanten bezeichneten Unternehmen zu beziehen.
c) „Alleinbelieferungsverpflichtungen" sind alle unmittelbaren oder mittelbaren Verpflichtungen, die den Lieferanten veranlassen, die in der Vereinbarung bezeichneten Waren oder Dienstleistungen zum Zwecke einer spezifischen Verwendung oder des Weiterverkaufs nur an einen einzigen Käufer innerhalb der Gemeinschaft zu verkaufen.
d) „Selektive Vertriebssysteme" sind Vertriebssysteme, in denen sich der Lieferant verpflichtet, die Vertragswaren oder -dienstleistungen unmittelbar oder mittelbar nur an Händler zu verkaufen, die aufgrund festgelegter Merkmale ausgewählt werden, und in denen sich diese Händler verpflichten, die betreffenden Waren oder Dienstleistungen nicht an Händler zu verkaufen, die nicht zum Vertrieb zugelassen sind.
e) „Intellektuelle Eigentumsrechte" umfassen unter anderem gewerbliche Schutzrechte, Urheberrechte sowie verwandte Schutzrechte.
f) „Know-how" ist eine Gesamtheit nicht patentierter praktischer Kenntnisse, die der Lieferant durch Erfahrung und Erprobung gewonnen hat und die geheim, wesentlich und identifiziert sind; hierbei bedeutet „geheim", dass das Know-how als Gesamtheit oder in der genauen Gestaltung und Zusammensetzung seiner Be-

Vertikal-GVO   Anhang Nr. 3

standteile nicht allgemein bekannt und nicht leicht zugänglich ist; „wesentlich" bedeutet, dass das Know-how Kenntnisse umfasst, die für den Käufer zum Zwecke der Verwendung, des Verkaufs oder des Weiterverkaufs der Vertragswaren oder -dienstleistungen unerlässlich sind; „identifiziert" bedeutet, dass das Know-how umfassend genug beschrieben ist, so daß überprüft werden kann, ob es die Merkmale „geheim" und „wesentlich" erfüllt.

g) „Käufer" ist auch ein Unternehmen, das auf der Grundlage einer unter Artikel 81 Absatz 1 des Vertrages fallenden Vereinbarung Waren oder Dienstleistungen für Rechnung eines anderen Unternehmens verkauft.

Artikel 2

(1) Artikel 81 Absatz 1 des Vertrages wird gemäß Artikel 81 Absatz 3 unter den in dieser Verordnung genannten Voraussetzungen für unanwendbar erklärt auf Vereinbarungen oder aufeinander abgestimmte Verhaltensweisen zwischen zwei oder mehr Unternehmen, von denen jedes zwecks Durchführung der Vereinbarung auf einer unterschiedlichen Produktions- oder Vertriebsstufe tätig ist, und welche die Bedingungen betreffen, zu denen die Parteien bestimmte Waren oder Dienstleistungen beziehen, verkaufen oder weiterverkaufen können (im folgenden „vertikale Vereinbarungen" genannt). Die Freistellung gilt, soweit diese Vereinbarungen Wettbewerbsbeschränkungen enthalten, die unter Artikel 81 Absatz 1 fallen (im folgenden „vertikale Beschränkungen" genannt).

(2) Die Freistellung nach Absatz 1 gilt für vertikale Vereinbarungen zwischen einer Unternehmensvereinigung und ihren Mitgliedern oder zwischen einer solchen Vereinigung und ihren Lieferanten nur dann, wenn alle Mitglieder der Vereinigung Wareneinzelhändler sind und wenn keines ihrer einzelnen Mitglieder zusammen mit seinen verbundenen Unternehmen einen jährlichen Gesamtumsatz von mehr als 50 Mio. EUR erzielt; die Freistellung der von solchen Vereinigungen geschlossenen vertikalen Vereinbarungen lässt die Anwendbarkeit von Artikel 81 auf horizontale Vereinbarungen zwischen den Mitgliedern der Vereinigung sowie auf Beschlüsse der Vereinigung unberührt.

(3) Die Freistellung nach Absatz 1 gilt für vertikale Vereinbarungen, die Bestimmungen enthalten, welche die Übertragung von geistigen Eigentumsrechten auf den Käufer oder die Nutzung solcher Rechte durch den Käufer betreffen, sofern diese Bestimmungen nicht Hauptgegenstand der Vereinbarung sind und sofern sie sich unmittelbar auf die Nutzung, den Verkauf oder den Weiterverkauf von Waren oder Dienstleistungen durch den Käufer oder seine Kunden beziehen. Die Freistellung gilt unter der Voraussetzung, dass diese Bestimmungen in Bezug auf die Vertragswaren oder -dienstleistungen keine Wettbewerbsbeschränkungen mit demselben Zweck oder derselben Wirkung enthalten wie vertikale Beschränkungen, die durch diese Verordnung nicht freigestellt werden.

(4) Die Freistellung nach Absatz 1 gilt nicht für vertikale Vereinbarungen zwischen Wettbewerbern; sie findet jedoch Anwendung, wenn Wettbewerber eine nichtwechselseitige vertikale Vereinbarung treffen und

a) der jährliche Gesamtumsatz des Käufers 100 Mio. EUR nicht überschreitet oder

b) der Lieferant zugleich Hersteller und Händler von Waren, der Käufer dagegen ein Händler ist, der keine mit den Vertragswaren im Wettbewerb stehenden Waren herstellt, oder

c) der Lieferant ein auf mehreren Wirtschaftsstufen tätiger Dienstleistungserbringer ist und der Käufer auf der Wirtschaftsstufe, auf der er die Vertragsdienstleistungen bezieht, keine mit diesen im Wettbewerb stehenden Dienstleistungen erbringt.

(5) Diese Verordnung gilt nicht für vertikale Vereinbarungen, deren Gegenstand in den Geltungsbereich einer anderen Gruppenfreistellungsverordnungen fällt.

Artikel 3

(1) Unbeschadet des Absatzes 2 dieses Artikels gilt die Freistellung nach Artikel 2 nur, wenn der Anteil des Lieferanten an dem relevanten Markt, auf dem er die Vertragswaren oder -dienstleistungen verkauft, 30 % nicht überschreitet.

(2) Im Fall von vertikalen Vereinbarungen, die Alleinbelieferungsverpflichtungen enthalten, gilt die Freistellung nach Artikel 2 nur, wenn der Anteil des Käufers an dem relevanten Markt, auf dem er die Vertragswaren oder -dienstleistungen einkauft, 30 % nicht überschreitet.

Artikel 4

Die Freistellung nach Artikel 2 gilt nicht für vertikale Vereinbarungen, die unmittelbar oder mittelbar, für sich allein oder in Verbindung mit anderen Umständen unter der Kontrolle der Vertragsparteien folgendes bezwecken:

a) die Beschränkung der Möglichkeiten des Käufers, seinen Verkaufspreis selbst festzusetzen; dies gilt unbeschadet der Möglichkeit des Lieferanten, Höchstverkaufspreise festzusetzen oder Preisempfehlungen auszusprechen, sofern sich diese nicht infolge der Ausübung von Druck oder der Gewährung von Anreizen durch eine der Vertragsparteien tatsächlich wie Fest- oder Mindestverkaufspreise auswirken;

b) Beschränkungen des Gebiets oder des Kundenkreises, in das oder an den der Käufer Vertragswaren oder -dienstleistungen verkaufen darf, mit Ausnahme von:

– Beschränkungen des aktiven Verkaufs in Gebiete oder an Gruppen von Kunden, die der Lieferant sich selbst vorbehalten oder ausschließlich einem anderen Käufer zugewiesen hat, sofern dadurch Verkäufe seitens der Kunden des Käufers nicht begrenzt werden;

– Beschränkungen des Verkaufs an Endbenutzer durch Käufer, die auf der Großhandelsstufe tätig sind;

– Beschränkungen des Verkaufs an nicht zugelassene Händler, die Mitgliedern eines selektiven Vertriebssystems auferlegt werden;

– Beschränkungen der Möglichkeiten des Käufers, Bestandteile, die zwecks Einfügung in andere Erzeugnisse geliefert werden, an Kunden zu verkaufen, welche diese Bestandteile für die Herstellung derselben Art von Erzeugnissen verwenden würden, wie sie der Lieferant herstellt;

c) Beschränkungen des aktiven oder passiven Verkaufs an Endverbraucher, soweit diese Beschränkungen Mitgliedern eines selektiven Vertriebssystems auferlegt werden, welche auf der Einzelhandelsstufe tätig sind; dies gilt unbeschadet der Möglichkeit, Mitgliedern des Systems zu verbieten, Geschäfte von nicht zugelassenen Niederlassungen aus zu betreiben;

d) die Beschränkung von Querlieferungen zwischen Händlern innerhalb eines selektiven Vertriebssystems, auch wenn diese auf unterschiedlichen Handelsstufen tätig sind;

e) Beschränkungen, die zwischen dem Lieferanten und dem Käufer von Bestandteilen, welche dieser in andere Erzeugnisse einfügt, vereinbart werden und die den Lieferanten hindern, diese Bestandteile als Ersatzteile an Endverbraucher oder an Reparaturwerkstätten oder andere Dienstleistungserbringer zu verkaufen, die der Käufer nicht mit der Reparatur oder Wartung seiner eigenen Erzeugnisse betraut hat.

Artikel 5

Die Freistellung nach Artikel 2 gilt nicht für die folgenden, in vertikalen Vereinbarungen enthaltenen Verpflichtungen:

a) alle unmittelbaren oder mittelbaren Wettbewerbsverbote, welche für eine unbestimmte Dauer oder für eine Dauer von mehr als fünf Jahren vereinbart werden; Wettbewerbsverbote, deren Dauer sich über den Zeitraum von fünf Jahren hinaus stillschweigend verlängert, gelten als für eine unbestimmte Dauer vereinbart; die Begrenzung auf fünf Jahre gilt nicht, wenn die Vertragswaren oder -dienstleistungen vom Käufer in Räumlichkeiten und auf Grundstücken verkauft werden, die Eigentum des Lieferanten oder durch diesen von dritten, nicht mit dem Käufer verbundenen Unternehmen gemietet oder gepachtet worden sind und das Wettbewerbsverbot nicht über den Zeitraum hinausreicht, in welchem der Käufer diese Räumlichkeiten und Grundstücke nutzt,

b) alle unmittelbaren oder mittelbaren Verpflichtungen, die den Käufer veranlassen, Waren oder Dienstleistungen nach Beendigung der Vereinbarung nicht herzustellen bzw. zu erbringen, zu beziehen, zu verkaufen oder weiterzuverkaufen, es sei denn, dass diese Verpflichtungen

- sich auf Waren oder Dienstleistungen beziehen, die mit den Vertragswaren oder -dienstleistungen im Wettbewerb stehen,
- sich auf Räumlichkeiten und Grundstücke beschränken, von denen aus der Käufer während der Vertragsdauer seine Geschäfte betrieben hat, sowie
- unerlässlich sind, um ein dem Käufer vom Lieferanten übertragenes Know-how zu schützen,

und ein solches Wettbewerbsverbot auf einen Zeitraum von höchstens einem Jahr nach Beendigung der Vereinbarung begrenzt ist; dies gilt unbeschadet der Möglichkeit, Nutzung und Offenlegung von nicht allgemein bekannt gewordenem Know-how zeitlich unbegrenzten Beschränkungen zu unterwerfen;

c) alle unmittelbaren oder mittelbaren Verpflichtungen, welche die Mitglieder eines selektiven Vertriebsystems veranlassen, Marken bestimmter konkurnerender Lieferanten nicht zu verkaufen.

Artikel 6

Gemäß Artikel 7 Absatz 1 der Verordnung Nr. 19/65/EWG kann die Kommission im Einzelfall den Vorteil der Anwendung dieser Verordnung entziehen, wenn eine vertikale Vereinbarung, die unter diese Verordnung fällt, gleichwohl Wirkungen hat, die mit den Voraussetzungen des Artikels 81 Absatz 3 des Vertrages unvereinbar sind, insbesondere wenn der Zugang zu dem betroffenen Markt oder der Wettbewerb auf diesem Markt durch die kumulativen Wirkungen nebeneinander bestehender Netze gleichartiger vertikaler Beschränkungen, die von miteinander im Wettbewerb stehenden Lieferanten oder Käufern angewandt werden, in erheblichem Maße beschränkt wird.

Artikel 7

Wenn eine unter die Freistellung des Artikels 2 fallende Vereinbarung im Gebiet eines Mitgliedstaats oder in einem Teil desselben, der alle Merkmale eines gesonderten räumlichen Marktes aufweist, im Einzelfall Wirkungen hat, die mit den Voraussetzungen von Artikel 81 Absatz 3 des Vertrages unvereinbar sind, so kann die zuständige Behörde dieses Mitgliedstaates, unter den gleichen Umständen wie in Artikel 6, den Vorteil der Anwendung dieser Verordnung mit Wirkung für das betroffene Gebiet entziehen.

Artikel 8

(1) Gemäß Artikel 1a der Verordnung Nr. 19/65/EWG kann die Kommission durch Verordnung erklären, dass in Fällen, in denen mehr als 50 % des betroffenen Marktes von nebeneinander bestehenden Netzen gleichartiger vertikaler Beschränkungen erfasst werden, die vorliegende Verordnung auf vertikale Vereinbarungen, die bestimmte Beschränkungen des Wettbewerbs auf dem betroffenen Markt enthalten, keine Anwendung findet.

(2) Eine Verordnung im Sinne von Absatz 1 wird frühestens sechs Monate nach ihrem Erlass anwendbar.

Artikel 9

(1) Bei der Ermittlung des Marktanteils von 30 % im Sinne von Artikel 3 Absatz 1 wird der Absatzwert der verkauften Vertragswaren oder -dienstleistungen sowie der sonstigen von dem Lieferanten verkauften Waren oder Dienstleistungen zugrunde gelegt, die vom Käufer aufgrund ihrer Eigenschaften, ihrer Preislage und ihres Verwendungszwecks als austauschbar oder substituierbar angesehen werden. Liegen keine Angaben über den Absatzwert vor, so können zur Ermittlung des Marktanteils Schätzungen vorgenommen werden, die auf anderen verlässlichen Marktdaten unter Einschluss der Absatzmengen beruhen. Bei der Anwendung von Artikel 3 Absatz 2 ist der Marktanteil auf der Grundlage des Wertes der auf dem Markt getätigten Käufe oder anhand von Schätzungen desselben zu ermitteln.

(2) Für die Anwendung der Marktanteilsschwelle im Sinne des Artikels 3 gelten folgende Regeln:
a) Der Marktanteil wird anhand der Angaben für das vorhergehende Kalenderjahr ermittelt.
b) Der Marktanteil schließt Waren oder Dienstleistungen ein, die zum Zweck des Verkaufs an integrierte Händler geliefert werden.
c) Beträgt der Marktanteil zunächst nicht mehr als 30 % und überschreitet er anschließend diese Schwelle, übersteigt jedoch nicht 35 %, so gilt die Freistellung nach Artikel 2 im Anschluss an das Jahr, in welchem die 30-%-Schwelle erstmals überschritten wurde, noch für zwei weitere Kalenderjahre.
d) Beträgt der Marktanteil zunächst nicht mehr als 30 % und überschreitet er anschließend 35 %, so gilt die Freistellung nach Artikel 2 im Anschluss an das Jahr, in welchem die Schwelle von 35 % erstmals überschritten wurde, noch für ein weiteres Kalenderjahr.
e) Die unter den Buchstaben c) und d) genannten Vorteile dürfen nicht in der Weise miteinander verbunden werden, dass ein Zeitraum von zwei Kalenderjahren überschritten wird.

Artikel 10

(1) Für die Ermittlung des jährlichen Gesamtumsatzes im Sinne von Artikel 2 Absätze 2 und 4 sind die Umsätze zusammenzuzählen, welche die jeweilige an der vertikalen Vereinbarung beteiligte Vertragspartei und die mit ihr verbundenen Unternehmen im letzten Geschäftsjahr mit allen Waren und Dienstleistungen nach Abzug von Steuern und sonstigen Abgaben erzielt haben. Dabei werden Umsätze zwischen der an der Vereinbarung beteiligten Vertragspartei und den mit ihr verbundenen Unternehmen oder zwischen den mit ihr verbundenen Unternehmen nicht mitgezählt.

(2) Die Freistellung nach Artikel 2 gilt weiter, wenn der jährliche Gesamtumsatz in zwei jeweils aufeinander folgenden Geschäftsjahren den in dieser Verordnung genannten Schwellenwert um nicht mehr als ein Zehntel überschreitet.

Artikel 11

(1) Die Begriffe des „Unternehmens", des „Lieferanten" und des „Käufers" im Sinne dieser Verordnung schließen die mit diesen jeweils verbundenen Unternehmen ein.

(2) Verbundene Unternehmen sind:
a) Unternehmen, in denen ein an der Vereinbarung beteiligtes Unternehmen unmittelbar oder mittelbar
– über mehr als die Hälfte der Stimmrechte verfügt oder

- mehr als die Hälfte der Mitglieder des Leitungs- oder Verwaltungsorgans oder der zur gesetzlichen Vertretung berufenen Organe bestellen kann oder
- das Recht hat, die Geschäfte des Unternehmens zu führen;

b) Unternehmen, die in einem an der Vereinbarung beteiligten Unternehmen unmittelbar oder mittelbar die unter Buchstabe a) bezeichneten Rechte oder Einflussmöglichkeiten haben;

c) Unternehmen, in denen ein unter Buchstabe b) genanntes Unternehmen unmittelbar oder mittelbar die unter Buchstabe a) bezeichneten Rechte oder Einflussmöglichkeiten hat;

d) Unternehmen, in denen eine der Vertragsparteien gemeinsam mit einem oder mehreren der unter den Buchstaben a), b) oder c) genannten Unternehmen oder in denen zwei oder mehr als zwei der zuletzt genannten Unternehmen gemeinsam die in Buchstabe a) bezeichneten Rechte oder Einflussmöglichkeiten haben;

e) Unternehmen, in denen
   - Vertragsparteien oder mit ihnen jeweils verbundene Unternehmen im Sinne der Buchstaben a) bis d) oder
   - eine oder mehrere der Vertragsparteien oder eines oder mehrere der mit ihnen im Sinne der Buchstaben a) bis d) verbundenen Unternehmen und ein oder mehrere dritte Unternehmen

   gemeinsam die unter Buchstabe a) bezeichneten Rechte oder Einflussmöglichkeiten haben.

(3) Bei der Anwendung von Artikel 3 wird der Marktanteil der in Absatz 2 Buchstabe e) bezeichneten Unternehmen jedem der Unternehmen, das die in Absatz 2 Buchstabe a) bezeichneten Rechte oder Einflussmöglichkeiten hat, zu gleichen Teilen zugerechnet.

Artikel 12

(1) Die in den Verordnungen (EWG) Nr. 1983/83[1], (EWG) Nr. 1984/83[2] und (EWG) Nr. 4087/88[3] der Kommission vorgesehenen Freistellungen gelten bis zum 31. Mai 2000 weiter.

(2) Das in Artikel 81 Absatz 1 des Vertrags geregelte Verbot gilt vom 1. Juni 2000 bis zum 31. Dezember 2001 nicht für Vereinbarungen, die am 31. Mai 2000 bereits in Kraft waren und die die Voraussetzungen für eine Freistellung zwar nach den Verordnungen (EWG) Nr. 1983/83, (EWG) Nr. 1984/83 oder (EWG) Nr. 4087/88, nicht aber nach der vorliegenden Verordnung erfüllen.

Artikel 12a

Das Verbot des Artikels 81 Absatz 1 des Vertrags gilt nicht für Vereinbarungen, die am Tag des Beitritts der Tschechischen Republik, Estlands, Zyperns, Lettlands, Litauens, Ungarns, Maltas, Polens, Sloweniens und der Slowakei bestanden und infolge des Beitritts in den Anwendungsbereich des Artikels 81 Absatz 1 des Vertrags fallen, sofern sie innerhalb von sechs Monaten nach dem Tag des Beitritts so geändert werden, dass sie den Bestimmungen dieser Verordnung entsprechen.

Artikel 13

Diese Verordnung tritt am 1. Januar 2000 in Kraft.

Sie ist ab dem 1. Juni 2000 anwendbar mit Ausnahme ihres Artikels 12 Absatz 1, der ab dem 1. Januar 2000 anwendbar ist.

---

1 ABl. L 173 v. 30.6.1983, S. 1.
2 ABl. L 173 v. 30.6.1983, S. 5.
3 ABl. L 359 v. 28.12.1988, S. 46.

Sie gilt bis zum 31. Mai 2010.

Diese Verordnung ist in allen ihren Teilen verbindlich und gilt unmittelbar in jedem Mitgliedstaat.

4. Verordnung (EG) Nr. 2659/2000 der Kommission vom 29. November 2000 über die Anwendung von Artikel 81 Absatz 3 des Vertrages auf Gruppen von Vereinbarungen über Forschung und Entwicklung

Abl. EG Nr. L 304, 7 v. 5.12.2000

Die Kommission der Europäischen Gemeinschaften –

gestützt auf den Vertrag zur Gründung der Europäischen Gemeinschaft,

gestützt auf die Verordnung (EWG) Nr. 2821/71 des Rates vom 20. Dezember 1971 über die Anwendung von Artikel 85 Absatz 3 des Vertrages auf Gruppen von Vereinbarungen, Beschlüssen und aufeinander abgestimmten Verhaltensweisen[1], zuletzt geändert durch die Akte über den Beitritt Österreichs, Finnlands und Schwedens, insbesondere auf Artikel 1 Absatz 1 Buchstabe b),

nach Veröffentlichung des Entwurfs der Verordnung[2],

nach Anhörung des Beratenden Ausschusses für Kartell- und Monopolfragen,

in Erwägung nachstehender Gründe:

(1) Die Kommission wird durch die Verordnung (EWG) Nr. 2821/71 ermächtigt, das Verbot des Artikels 81 (ex-Artikel 85) Absatz 1 EG-Vertrag gemäß Artikel 81 Absatz 3 durch Verordnung für nicht anwendbar zu erklären auf Gruppen von Vereinbarungen, Beschlüssen und aufeinander abgestimmten Verhaltensweisen, welche die Forschung und Entwicklung von Produkten oder Verfahren bis zur Produktionsreife sowie die Verwertung der Ergebnisse einschließlich der Bestimmungen über Rechte an geistigem Eigentum zum Gegenstand haben.

(2) Nach Artikel 163 Absatz 2 EG-Vertrag unterstützt die Gemeinschaft Unternehmen, einschließlich der kleinen und mittleren Unternehmen, bei ihren Bemühungen auf dem Gebiet der Forschung und technologischen Entwicklung von hoher Qualität und fördert ihre Kooperationsbestrebungen. Nach dem Beschluss 1999/65/EG des Rates vom 22. Dezember 1998 über Regeln für die Teilnahme von Unternehmen, Forschungszentren und Hochschulen sowie für die Verbreitung der Forschungsergebnisse zur Umsetzung des Fünften Rahmenprogramms der Europäischen Gemeinschaft (1998–2002)[3] und nach der Verordnung (EG) Nr. 996/1999 der Kommission vom 11. Mai 1999 mit Durchführungsbestimmungen zu dem Beschluss 1999/65/EG[4] sind indirekte Aktionen in den Bereichen Forschung und technologische Entwicklung (FTE-Aktionen), die von der Gemeinschaft im Rahmen des Fünften Rahmenprogramms unterstützt werden, in Zusammenarbeit durchzuführen.

(3) Vereinbarungen über die gemeinsame Durchführung von Forschungsarbeiten oder die gemeinsame Entwicklung der Forschungsergebnisse bis zur Produktionsreife fallen normalerweise nicht unter das Verbot des Artikels 81 Absatz 1. Unter bestimmten Umständen, etwa wenn sich die Vertragsparteien dazu verpflichten, in demselben Bereich keinen weiteren Forschungs- und Entwicklungstätigkeiten nachzugehen, und damit auf die Möglichkeit verzichten, gegenüber den übrigen Vertragsparteien Wettbewerbsvorteile zu erlangen, können solche Vereinbarungen unter Artikel 81 Absatz 1 fallen und sollten deshalb in den Anwendungsbereich dieser Verordnung aufgenommen werden.

---

1 ABl. L 285 v. 29.12.1971, S. 46.
2 ABl. C 118 v. 27.4.2000, S. 3.
3 ABl. L 26 v. 1.2.1999, S. 46.
4 ABl. L 122 v. 12.5.1999, S. 9.

(4) Auf der Grundlage der Verordnung (EWG) Nr. 2821/71 hat die Kommission in diesem Zusammenhang die Verordnung (EWG) Nr. 418/85 vom 19. Dezember 1984 über die Anwendung von Artikel 85 Absatz 3 des Vertrages auf Gruppen von Vereinbarungen über Forschung und Entwicklung erlassen[1], zuletzt geändert durch die Verordnung (EG) Nr. 2236/97[2]. Die Verordnung (EWG) Nr. 418/85 tritt am 31. Dezember 2000 außer Kraft.

(5) Es ist eine neue Verordnung zu erlassen, die zugleich den Wettbewerb wirksam schützen und den Unternehmen angemessene Rechtssicherheit bieten sollte. Bei der Verfolgung dieser beiden Ziele ist darauf zu achten, dass die behördliche Beaufsichtigung und der rechtliche Rahmen soweit wie möglich vereinfacht werden. Wird ein gewisser Grad der Marktmacht nicht erreicht, so kann im Hinblick auf die Anwendung von Artikel 81 Absatz 3 grundsätzlich davon ausgegangen werden, dass die Vorteile von Vereinbarungen über Forschung und Entwicklung mögliche Nachteile für den Wettbewerb aufwiegen.

(6) Eine Freistellungsverordnung, die die Kommission gestützt auf die Verordnung (EWG) Nr. 2821/71 erlässt, muss folgende Elemente enthalten: eine Beschreibung der Gruppen von Vereinbarungen, Beschlüssen und aufeinander abgestimmten Verhaltensweisen, auf die die Verordnung Anwendung findet; eine Benennung der Beschränkungen oder Bestimmungen, die in den Vereinbarungen, Beschlüssen und aufeinander abgestimmten Verhaltensweisen enthalten oder nicht enthalten sein dürfen; und eine Benennung der Bestimmungen, die in den Vereinbarungen, Beschlüssen und aufeinander abgestimmten Verhaltensweisen enthalten sein müssen, oder der sonstigen Voraussetzungen, die erfüllt sein müssen.

(7) Es ist angemessen, künftig anstelle einer Aufzählung der vom Verbot des Artikels 81 Absatz 1 freigestellten Bestimmungen die Gruppen von Vereinbarungen zu beschreiben, die von dem Verbot freigestellt sind, solange die Marktmacht der Beteiligten ein bestimmtes Maß nicht überschreitet, und die Beschränkungen oder Bestimmungen zu benennen, die in solchen Vereinbarungen nicht enthalten sein dürfen. Dies entspricht einem wirtschaftsorientierten Ansatz, bei dem untersucht wird, wie sich Vereinbarungen zwischen Unternehmen auf den relevanten Markt auswirken.

(8) Für die Anwendung von Artikel 81 Absatz 3 durch Verordnung ist es nicht erforderlich, diejenigen Vereinbarungen zu umschreiben, welche geeignet sind, unter Artikel 81 Absatz 1 zu fallen; bei der individuellen Beurteilung von Vereinbarungen nach Artikel 81 Absatz 1 sind mehrere Faktoren, insbesondere die Struktur des relevanten Marktes, zu berücksichtigen.

(9) Die Gruppenfreistellung sollte nur Vereinbarungen zugute kommen, von denen mit hinreichender Sicherheit angenommen werden kann, dass sie die Voraussetzungen von Artikel 81 Absatz 3 erfüllen.

(10) Zusammenarbeit in Forschung und Entwicklung sowie bei der Verwertung der entsprechenden Ergebnisse trägt in der Regel zur Förderung des technischen und wirtschaftlichen Fortschritts bei, indem sie die Verbreitung von Know-how unter den Vertragsparteien verbessert und doppelte Forschungs- und Entwicklungsarbeiten vermeiden hilft, durch den Austausch von sich ergänzendem Know-how Anstoß zu weiteren Fortschritten gibt und die Herstellung bzw. Anwendung der aus den Forschungs- und Entwicklungsarbeiten hervorgegangenen Produkte und Verfahren rationalisiert.

(11) Die gemeinsame Verwertung der Ergebnisse kann als logische Folge gemeinsamer Forschung und Entwicklung angesehen werden. Sie kann in der Herstellung von Produkten, in der Verwertung von Rechten an geistigem Eigentum, die wesentlich zum technischen oder wirtschaftlichen Fortschritt beitragen, oder in der Vermarktung neuer Produkte bestehen.

---

[1] ABl. L 53 v. 22.2.1985, S. 5.
[2] ABl. L 306 v. 11.11.1997, S. 12.

(12) Den Verbrauchern dürften die Vorteile, die mit der verstärkten und wirksameren Forschungs- und Entwicklungstätigkeit einhergehen, grundsätzlich in Form neuer oder verbesserter Erzeugnisse oder Dienstleistungen oder in Form niedrigerer Preise infolge des Einsatzes neuer oder verbesserter Verfahren zugute kommen.

(13) Damit die Vorteile und Ziele gemeinsamer Forschung und Entwicklung erreicht werden können, sollte diese Verordnung auch für Bestimmungen in Forschungs- und Entwicklungsvereinbarungen gelten, die zwar nicht den eigentlichen Gegenstand solcher Vereinbarungen bilden, aber mit der Durchführung der Vereinbarung unmittelbar verbunden und für diese notwendig sind.

(14) Um die Freistellung zu rechtfertigen, sollte sich die gemeinsame Verwertung nur auf Produkte oder Verfahren beziehen, für welche die Nutzung der Forschungs- und Entwicklungsergebnisse von entscheidender Bedeutung ist und jede Vertragspartei die Möglichkeit erhält, die Ergebnisse zu nutzen, die für sie gegebenenfalls von Interesse sind. An Forschungs- und Entwicklungsarbeiten beteiligte Hochschulen, Forschungsinstitute oder Unternehmen, die Forschungs- und Entwicklungsleistungen in Form gewerblicher Dienste erbringen und sich üblicherweise nicht als Verwerter von Ergebnissen betätigen, können jedoch vereinbaren, die Forschungs- und Entwicklungsergebnisse ausschließlich für weitere Forschungsarbeiten zu verwenden. Entsprechend können nicht miteinander konkurrierende Unternehmen vereinbaren, ihr Verwertungsrecht auf einzelne technische Anwendungsbereiche zu beschränken, um die Zusammenarbeit zwischen den Vertragsparteien mit ergänzenden Kompetenzen zu erleichtern.

(15) Die durch diese Verordnung gewährte Freistellung vom Verbot des Artikels 81 Absatz 1 sollte auf Vereinbarungen über Forschung und Entwicklung beschränkt werden, die den Vertragsparteien nicht die Möglichkeit geben, den Wettbewerb für einen wesentlichen Teil der betreffenden Erzeugnisse oder Dienstleistungen auszuschalten. Vereinbarungen zwischen konkurrierenden Unternehmen, die bei Abschluss der Vereinbarung am Markt der Erzeugnisse oder Dienstleistungen, die aufgrund der Ergebnisse der Forschungs- und Entwicklungsarbeiten verbessert oder ersetzt werden könnten, einen gemeinsamen Anteil halten, der eine bestimmte Größenordnung überschreitet, sind von der Gruppenfreistellung auszuschließen.

(16) Um auch bei der gemeinsamen Verwertung der Ergebnisse wirksamen Wettbewerb zu gewährleisten, sollte geregelt werden, dass die Gruppenfreistellung ihre Geltung verliert, wenn der gemeinsame Anteil der Vertragsparteien am Markt der aus den gemeinsamen Forschungs- und Entwicklungsarbeiten hervorgegangenen Produkte zu groß wird. Die Freistellung sollte ungeachtet der Höhe der Marktanteile der Vertragsparteien während eines bestimmten Zeitraums nach Beginn der gemeinsamen Verwertung weiterhin gelten, damit sich – insbesondere nach Einführung eines völlig neuartigen Produktes – die Marktanteile der Vertragsparteien stabilisieren können und zugleich ein Mindestzeitraum für die Verzinsung des investierten Kapitals gewährleistet wird.

(17) Diese Verordnung darf keine Vereinbarungen freistellen, welche Beschränkungen enthalten, die für die Herbeiführung der vorgenannten günstigen Wirkungen nicht unerlässlich sind. Bestimmte schwer wiegende wettbewerbsschädigende Beschränkungen sollten unabhängig vom Marktanteil der betroffenen Unternehmen grundsätzlich von dem Vorteil der Gruppenfreistellung ausgeschlossen werden, die durch diese Verordnung gewährt wird; dies gilt für die Einschränkung der Freiheit der Vertragsparteien, Forschungs- und Entwicklungsarbeiten in einem Bereich durchzuführen, der mit dem der betreffenden Vereinbarung nicht zusammenhängt; die Festsetzung von Preisen für dritte Abnehmer; die Einschränkung der Erzeugung oder des Absatzes; die Aufteilung von Märkten oder Abnehmerkreisen sowie die Einschränkung des passiven Verkaufs von Vertragsprodukten in Gebieten, die anderen Vertragsparteien vorbehalten sind.

(18) Durch die Begrenzung des Marktanteils, den Ausschluss bestimmter Vereinbarungen von der Gruppenfreistellung und die Voraussetzungen, die in dieser Verordnung vorgesehen sind, wird in der Regel sichergestellt, dass Vereinbarungen, auf welche die Gruppenfreistellung Anwendung findet, den beteiligten Unternehmen nicht die Möglichkeit eröffnen, den Wettbewerb für einen wesentlichen Teil der betreffenden Erzeugnisse oder Dienstleistungen auszuschalten.

(19) Wenn im Einzelfall eine Vereinbarung zwar unter diese Verordnung fällt, dennoch aber Wirkungen zeitigt, die mit Artikel 81 Absatz 3 unvereinbar sind, kann die Kommission den Vorteil der Gruppenfreistellung entziehen.

(20) Die Gruppenfreistellung sollte ferner ungeachtet der Höhe des Marktanteils auf Vereinbarungen zwischen Unternehmen angewendet werden, die bei den Produkten, die durch die Forschungs- und Entwicklungsergebnisse verbessert oder ersetzt werden könnten, nicht als Hersteller miteinander in Wettbewerb stehen, weil solche Vereinbarungen wirksamen Wettbewerb in Forschung und Entwicklung nur unter ganz besonderen Umständen ausschalten, unter denen der Rechtsvorteil entzogen werden sollte.

(21) Da Vereinbarungen über Forschung und Entwicklung und insbesondere solche, bei denen sich die Zusammenarbeit auch auf die Verwertung der Ergebnisse erstreckt, häufig für einen langen Zeitraum geschlossen werden, sollte die Geltungsdauer dieser Verordnung auf zehn Jahre festgesetzt werden.

(22) Diese Verordnung lässt die Anwendung von Artikel 82 EG-Vertrag unberührt.

(23) Entsprechend dem Grundsatz des Vorrangs des Gemeinschaftsrechts dürfen Maßnahmen, die auf der Grundlage der nationalen Wettbewerbsgesetze getroffen werden, nicht die einheitliche Anwendung der Wettbewerbsregeln der Gemeinschaft auf dem gesamten gemeinsamen Markt oder die volle Wirksamkeit der zu ihrer Durchführung ergangenen Maßnahmen einschließlich dieser Verordnung beeinträchtigen –

hat folgende Verordnung erlassen

Artikel 1 Freistellung

(1) Artikel 81 Absatz 1 des Vertrages wird gemäß Artikel 81 Absatz 3 unter den in dieser Verordnung genannten Voraussetzungen für unanwendbar erklärt auf Vereinbarungen zwischen zwei oder mehr Unternehmen (im Folgenden: Vertragsparteien), welche die Bedingungen betreffen, unter denen die Vertragsparteien eines der nachstehenden Ziele verfolgen:

a) die gemeinsame Forschung und Entwicklung von Produkten oder Verfahren und die gemeinsame Verwertung der dabei erzielten Ergebnisse oder
b) die gemeinsame Verwertung der Ergebnisse von Forschung und Entwicklung in Bezug auf Produkte oder Verfahren, die von denselben Vertragsparteien aufgrund einer früheren Vereinbarung durchgeführt worden sind, oder
c) die gemeinsame Forschung und Entwicklung von Produkten oder Verfahren ohne die gemeinsame Verwertung der Ergebnisse.

Die Freistellung gilt, soweit diese Vereinbarungen Wettbewerbsbeschränkungen enthalten, die unter Artikel 81 Absatz 1 des Vertrages fallen (im Folgenden: Forschungs- und Entwicklungsvereinbarungen).

(2) Die Freistellung nach Absatz 1 gilt auch für Bestimmungen in Forschungs- und Entwicklungsvereinbarungen, die nicht den eigentlichen Gegenstand solcher Vereinbarungen bilden, die aber mit deren Durchführung unmittelbar verbunden und für diese notwendig sind, wie zum Beispiel die Verpflichtung, allein oder im Verbund mit Dritten im Laufe der Durchführung der Vereinbarung keine Forschung und Entwicklung in dem der Vereinbarung unterliegenden Bereich oder in einem eng verwandten Bereich zu betreiben.

Dies gilt jedoch nicht für Bestimmungen, die den gleichen Zweck haben wie die in Artikel 5 Absatz 1 aufgeführten wettbewerbsbeschränkenden Bestimmungen.

Artikel 2 Definitionen

Im Rahmen dieser Verordnung gelten folgende Begriffsbestimmungen:

1. „Vereinbarung": eine Vereinbarung, ein Beschluss einer Unternehmensvereinigung oder eine aufeinander abgestimmte Verhaltensweise;
2. „beteiligte Unternehmen": die Vertragsparteien der Forschungs- und Entwicklungsvereinbarung und die mit diesen jeweils verbundenen Unternehmen;
3. „verbundene Unternehmen":
   a) Unternehmen, bei denen ein an der Forschungs- und Entwicklungsvereinbarung beteiligtes Unternehmen unmittelbar oder mittelbar
      i) über mehr als die Hälfte der Stimmrechte verfügt oder
      ii) mehr als die Hälfte der Mitglieder des Leitungs- oder Verwaltungsorgans oder der zur gesetzlichen Vertretung berufenen Organe bestellen kann oder
      iii) das Recht hat, die Geschäfte des Unternehmens zu führen;
   b) Unternehmen, die in einem an der Forschungs- und Entwicklungsvereinbarung beteiligten Unternehmen unmittelbar oder mittelbar die unter Buchstabe a) bezeichneten Rechte oder Einflussmöglichkeiten haben;
   c) Unternehmen, in denen ein unter Buchstabe b) genanntes Unternehmen unmittelbar oder mittelbar die unter Buchstabe a) bezeichneten Rechte oder Einflussmöglichkeiten hat;
   d) Unternehmen, in denen eine der Vertragsparteien der Forschungs- und Entwicklungsvereinbarung gemeinsam mit einem oder mehreren der unter den Buchstaben a), b) oder c) genannten Unternehmen oder in denen zwei oder mehr als zwei der zuletzt genannten Unternehmen gemeinsam die in Buchstabe a) bezeichneten Rechte oder Einflussmöglichkeiten haben;
   e) Unternehmen, in denen
      i) Vertragsparteien der Forschungs- und Entwicklungsvereinbarung oder mit ihnen jeweils verbundene Unternehmen im Sinne der Buchstaben a) bis d) oder
      ii) eine oder mehrere Vertragsparteien der Forschungs- und Entwicklungsvereinbarung oder eines oder mehrere der mit ihnen im Sinne der Buchstaben a) bis d) verbundenen Unternehmen und ein oder mehrere dritte Unternehmen
      gemeinsam die unter Buchstabe a) bezeichneten Rechte oder Einflussmöglichkeiten haben;
4. „Forschungs- und Entwicklungsarbeiten": in Bezug auf Produkte oder Verfahren der Erwerb von Know-how und die Durchführung theoretischer Analysen, systematischer Studien oder Versuche, einschließlich der versuchsweisen Herstellung und der technischen Prüfung von Produkten oder Verfahren, die Errichtung der dazu erforderlichen Anlagen und die Erlangung von Rechten an geistigem Eigentum an den Ergebnissen;
5. „Produkt": eine Ware und/oder eine Dienstleistung in Form eines Zwischen- oder eines Endprodukts;
6. „Vertragsverfahren": eine Technologie oder ein Verfahren, die bzw. das aus den gemeinsamen Forschungs- und Entwicklungsarbeiten hervorgeht;
7. „Vertragsprodukt": ein Produkt, das aus den gemeinsamen Forschungs- und Entwicklungsarbeiten hervorgeht oder unter Anwendung des Vertragsverfahrens hergestellt bzw. bereitgestellt wird;

8. „Verwertung der Ergebnisse": die Herstellung oder der Vertrieb der Vertragsprodukte, die Anwendung der Vertragsverfahren, die Abtretung von Rechten an geistigem Eigentum oder die Vergabe diesbezüglicher Lizenzen oder die Weitergabe von Know-how, das für die Herstellung oder Anwendung erforderlich ist;
9. „Rechte an geistigem Eigentum": gewerbliche Schutzrechte, Urheberrechte und verwandte Schutzrechte;
10. „Know-how": eine Gesamtheit nicht patentierter praktischer Kenntnisse, die durch Erfahrungen und Versuche gewonnen werden und die geheim, wesentlich und identifiziert sind; hierbei bedeutet „geheim", dass das Know-how nicht allgemein bekannt und nicht leicht zugänglich ist; „wesentlich" bedeutet, dass das Know-how Kenntnisse umfasst, die für die Herstellung der Vertragsprodukte oder die Anwendung der Vertragsverfahren unerlässlich sind; „identifiziert" bedeutet, dass das Know-how umfassend genug beschrieben ist, so dass überprüft werden kann, ob es die Merkmale „geheim" und „wesentlich" erfüllt;
11. „gemeinsam": im Zusammenhang mit Forschung und Entwicklung oder mit der Verwertung der Ergebnisse die Ausübung der betreffenden Tätigkeiten:
    a) durch eine gemeinsame Arbeitsgruppe oder Organisation oder ein gemeinsames Unternehmen oder
    b) durch einen gemeinsam bestimmten Dritten oder
    c) durch die Vertragsparteien selbst, von denen jede eine bestimmte Aufgabe-Forschung, Entwicklung, Herstellung oder Vertrieb – übernimmt;
12. „konkurrierendes Unternehmen": ein Unternehmen, das ein Produkt anbietet, welches durch das Vertragsprodukt verbessert oder ersetzt werden kann (tatsächlicher Wettbewerber), oder ein Unternehmen, das unter realistischen Annahmen die zusätzlichen Investitionen oder sonstigen Umstellungskosten auf sich nehmen würde, die nötig sind, um auf eine geringfügige dauerhafte Erhöhung der relativen Preise hin ein solches Produkt im Markt anbieten zu können (potentieller Wettbewerber);
13. „relevanter Markt der Vertragsprodukte": der sachlich und räumlich relevante Markt bzw. die sachlich und räumlich relevanten Märkte, zu dem bzw. denen die Vertragsprodukte gehören.

Artikel 3 Freistellungsvoraussetzungen

(1) Die Freistellung nach Artikel 1 gilt unter den in Absatz 2 bis 5 genannten Voraussetzungen.

(2) Alle Vertragsparteien müssen Zugang zu den Ergebnissen der gemeinsamen Forschungs- und Entwicklungsarbeiten für weitere Forschungs- oder Verwertungszwecke haben. Forschungsinstitute, Hochschulen oder Unternehmen, die Forschungs- und Entwicklungsleistungen in Form gewerblicher Dienste erbringen und sich üblicherweise nicht als Verwerter von Ergebnissen betätigen, können jedoch vereinbaren, die Ergebnisse ausschließlich zum Zwecke der Durchführung weiterer Forschungsarbeiten zu verwenden.

(3) Unbeschadet der Bestimmungen des Absatzes 2 muss es in Fällen, in denen die Forschungs- und Entwicklungsvereinbarung lediglich die gemeinsame Forschung und Entwicklung vorsieht, jeder Vertragspartei freistehen, die dabei erzielten Ergebnisse und vorher bestehendes, für die Verwertung erforderliches Know-how selbständig zu verwerten. Ein solches Verwertungsrecht kann sich auf einzelne Anwendungsbereiche beschränken, sofern die Vertragsparteien bei Abschluss der Forschungs- und Entwicklungsvereinbarung keine konkurrierenden Unternehmen sind.

(4) Eine gemeinsame Verwertung muss Ergebnisse betreffen, die durch Rechte an geistigem Eigentum geschützt sind oder Know-how darstellen, das wesentlich zum technischen oder wirtschaftlichen Fortschritt beiträgt, und die Ergebnisse müssen für die

Herstellung der Vertragsprodukte oder für die Anwendung der Vertragsverfahren von entscheidender Bedeutung sein.

(5) Die bei einer Aufgabenteilung mit der Herstellung betrauten Unternehmen müssen Lieferaufträge aller Vertragsparteien erfüllen, es sei denn, dass die Forschungs- und Entwicklungsvereinbarung auch den gemeinsamen Vertrieb vorsieht.

Artikel 4 Marktanteilsschwelle und Freistellungsdauer

(1) Sind die beteiligten Unternehmen keine konkurrierenden Unternehmen, so gilt die Freistellung nach Artikel 1 für die Dauer der Durchführung der Forschungs- und Entwicklungsarbeiten. Werden die Ergebnisse gemeinsam verwertet, so gilt die Freistellung für einen weiteren Zeitraum von sieben Jahren, beginnend mit dem Tag des ersten Inverkehrbringens der Vertragsprodukte im Gemeinsamen Markt.

(2) Sind zwei oder mehrere beteiligte Unternehmen konkurrierende Unternehmen, so gilt die Freistellung nach Artikel 1 für den in Absatz 1 genannten Zeitraum nur, wenn zum Zeitpunkt des Abschlusses der Forschungs- und Entwicklungsvereinbarung die Summe der Anteile der beteiligten Unternehmen am relevanten Markt derjenigen Produkte, die durch die Vertragsprodukte verbessert oder ersetzt werden könnten, 25 % nicht überschreitet.

(3) Nach Ablauf des in Absatz 1 genannten Zeitraums gilt die Freistellung solange, wie die Summe der Anteile der beteiligten Unternehmen am relevanten Markt der Vertragsprodukte 25 % nicht überschreitet.

Artikel 5 Nicht unter die Freistellung fallende Vereinbarungen

(1) Die Freistellung nach Artikel 1 gilt nicht für Forschungs- und Entwicklungsvereinbarungen, die unmittelbar oder mittelbar, für sich allein oder in Verbindung mit anderen Umständen unter der Kontrolle der Vertragsparteien Folgendes bezwecken:

a) die Freiheit der beteiligten Unternehmen zu beschränken, eigenständig oder in Zusammenarbeit mit Dritten Forschung und Entwicklung in einem anderen Bereich oder – nach Abschluss der Arbeiten – in demselben Bereich oder einem damit zusammenhängenden Bereich zu betreiben;

b) die beteiligten Unternehmen daran zu hindern, nach Abschluss der Forschung und Entwicklung die Gültigkeit von Rechten an geistigem Eigentum, über die sie im Gemeinsamen Markt verfügen und die für die Arbeiten von Bedeutung sind, oder nach Beendigung der Forschungs- und Entwicklungsvereinbarung die Gültigkeit von Rechten an geistigem Eigentum, über die sie im Gemeinsamen Markt verfügen und die die Ergebnisse der Arbeiten schützen, anzufechten; dies gilt unbeschadet der Möglichkeit, die Beendigung der Forschungs- und Entwicklungsvereinbarung für den Fall vorzusehen, dass eine Vertragspartei die Gültigkeit solcher Eigentumsrechte anficht;

c) Beschränkung der Produktion oder des Absatzes;

d) Festsetzung der Preise für den Verkauf des Vertragsprodukts an dritte Abnehmer;

e) Einschränkung der Freiheit der beteiligten Unternehmen hinsichtlich der Wahl der zu beliefernden Kunden für den Zeitraum nach Ablauf des mit dem Tag des ersten Inverkehrbringens der Vertragsprodukte im Gemeinsamen Markt beginnenden Siebenjahreszeitraums;

f) Verbot des passiven Verkaufs der Vertragsprodukte in Gebieten, die anderen Vertragsparteien vorbehalten sind;

g) Verbot, die Vertragsprodukte in Gebieten innerhalb des Gemeinsamen Markts, die anderen Vertragsparteien vorbehalten sind, in Verkehr zu bringen oder im Rahmen einer aktiven Verkaufspolitik abzusetzen für den Zeitraum nach Ablauf des mit dem Tag des ersten Inverkehrbringens der Vertragsprodukte im Gemeinsamen Markt beginnenden Siebenjahreszeitraums;

h) Verpflichtung, Dritten keine Lizenzen für die Herstellung der Vertragsprodukte oder für die Anwendung der Vertragsverfahren zu erteilen, wenn die Verwertung der Ergebnisse der gemeinsamen Forschungs- und Entwicklungsarbeiten durch mindestens eine Vertragspartei selbst nicht vorgesehen ist oder nicht erfolgt;

i) Verpflichtung, die Annahme von Bestellungen von in ihrem jeweiligen Gebiet ansässigen Nutzern oder Wiederverkäufern, die die Vertragsprodukte in anderen Gebieten innerhalb des Gemeinsamen Marktes in Verkehr bringen wollen, zu verweigern oder

j) Verpflichtung, Nutzern oder Wiederverkäufern den Bezug der Vertragsprodukte bei anderen Wiederverkäufern innerhalb des Gemeinsamen Marktes zu erschweren und insbesondere Rechte an geistigem Eigentum geltend zu machen oder Maßnahmen zu treffen, um Nutzer oder Wiederverkäufer daran zu hindern, Produkte, die von einer anderen Vertragspartei entweder selbst oder mit ihrer Zustimmung rechtmäßig in der Gemeinschaft in Verkehr gebracht worden sind, zu beziehen oder im Gemeinsamen Markt in Verkehr zu bringen.

(2) Absatz 1 gilt nicht für

a) die Aufstellung von Produktionszielen, wenn die Verwertung der Ergebnisse die gemeinsame Produktion der Vertragsprodukte einschließt;

b) die Aufstellung von Verkaufszielen und die Festsetzung von Preisen gegenüber Direktabnehmern, wenn die Verwertung der Ergebnisse den gemeinsamen Vertrieb der Vertragsprodukte einschließt.

Artikel 6 Anwendung der Marktanteilsschwelle

(1) Für die Anwendung der Marktanteilsschwelle im Sinne des Artikels 4 gelten folgende Regeln:

a) Der Marktanteil wird anhand des Absatzwerts berechnet; liegen keine Angaben über den Absatzwert vor, so können zur Ermittlung des Marktanteils Schätzungen vorgenommen werden, die auf anderen verlässlichen Marktdaten unter Einschluss der Absatzmengen beruhen.

b) Der Marktanteil wird anhand der Angaben für das vorhergehende Kalenderjahr ermittelt.

c) Der Marktanteil der in Artikel 2 Nummer 3 Buchstabe e) genannten Unternehmen wird zu gleichen Teilen jedem Unternehmen zugerechnet, das die in Artikel 2 Nummer 3 Buchstabe a) bezeichneten Rechte oder Einflussmöglichkeiten hat.

(2) Beträgt der in Artikel 4 Absatz 3 bezeichnete Marktanteil zunächst nicht mehr als 25 % und überschreitet er anschließend diese Schwelle, übersteigt jedoch nicht 30 %, so gilt die Freistellung nach Artikel 1 im Anschluss an das Jahr, in welchem die 25 %-Schwelle erstmals überschritten wurde, noch für zwei weitere Kalenderjahre.

(3) Beträgt der in Artikel 4 Absatz 3 bezeichnete Marktanteil zunächst nicht mehr als 25 % und überschreitet er anschließend 30 %, so gilt die Freistellung nach Artikel 1 im Anschluss an das Jahr, in welchem die Schwelle von 30 % erstmals überschritten wurde, noch für ein weiteres Kalenderjahr.

(4) Die in den Absätzen 2 und 3 genannten Vorteile dürfen nicht in der Weise miteinander verbunden werden, dass ein Zeitraum von zwei Kalenderjahren überschritten wird.

Artikel 7 Entzug der Freistellung

Gemäß Artikel 7 der Verordnung (EWG) Nr. 2821/71 kann die Kommission im Einzelfall den Vorteil der Anwendung dieser Verordnung entziehen, wenn sie von sich aus oder auf Antrag eines Mitgliedstaats oder einer natürlichen oder juristischen Person, die ein berechtigtes Interesse geltend machen kann, feststellt, dass eine nach Artikel 1 freigestellte Forschungs- und Entwicklungsvereinbarung gleichwohl Wirkungen hat, die mit den Voraussetzungen des Artikels 81 Absatz 3 des Vertrages unvereinbar sind; dies gilt insbesondere dann, wenn

a) die Möglichkeiten für Dritte, Forschungs- und Entwicklungsarbeiten in dem relevanten Bereich durchzuführen, durch die Existenz der Forschungs- und Entwicklungsvereinbarung erheblich eingeschränkt werden, weil anderswo Forschungskapazitäten nur in begrenztem Umfang zur Verfügung stehen;
b) der Zugang Dritter zum Markt der Vertragsprodukte infolge der besonderen Angebotsstruktur durch die Existenz der Forschungs- und Entwicklungsvereinbarung erheblich eingeschränkt wird;
c) die Vertragsparteien ohne sachlich gerechtfertigten Grund die Ergebnisse der gemeinsamen Forschungs- und Entwicklungsarbeiten nicht verwerten;
d) die Vertragsprodukte im Gemeinsamen Markt oder in einem wesentlichen Teil desselben nicht mit gleichen Produkten oder mit Produkten, die von den Nutzern aufgrund ihrer Eigenschaften, ihres Preises und ihres Verwendungszwecks als gleichartig angesehen werden, in wirksamem Wettbewerb stehen;
e) wirksamer Wettbewerb bei Forschung und Entwicklung in einem bestimmten Markt durch die Existenz der Forschungs- und Entwicklungsarbeiten ausgeschaltet würde.

Artikel 8 Übergangsfrist

Das Verbot des Artikels 81 Absatz 1 des Vertrages gilt vom 1. Januar 2001 bis zum 30. Juni 2002 nicht für wirksame Vereinbarungen, die am 31. Dezember 2000 bereits in Kraft waren und die Voraussetzungen für eine Freistellung zwar nach der Verordnung (EWG) Nr. 418/85 nicht aber nach dieser Verordnung erfuellen.

Artikel 8a

Das Verbot des Artikels 81 Absatz 1 des Vertrags gilt nicht für Vereinbarungen, die am Tag des Beitritts der Tschechischen Republik, Estlands, Zyperns, Lettlands, Litauens, Ungarns, Maltas, Polens, Sloweniens und der Slowakei bestanden und infolge des Beitritts in den Anwendungsbereich des Artikels 81 Absatz 1 des Vertrags fallen, sofern sie innerhalb von sechs Monaten nach dem Tag des Beitritts so geändert werden, dass sie den Bestimmungen dieser Verordnung entsprechen.

Artikel 9 Geltungsdauer

Diese Verordnung tritt am 1. Januar 2001 in Kraft.

Sie gilt bis zum 31. Dezember 2010.

Diese Verordnung ist in allen ihren Teilen verbindlich und gilt unmittelbar in jedem Mitgliedstaat.

5. Verordnung (EG) Nr. 772/2004 der Kommission vom 7. April 2004 über die Anwendung von Artikel 81 Absatz 3 EG-Vertrag auf Gruppen von Technologietransfer-Vereinbarungen

ABl. EG Nr. L 123, 11 v. 27.4.2004

Die Kommission der Europäischen Gemeinschaften –

gestützt auf den Vertrag zur Gründung der Europäischen Gemeinschaft,

gestützt auf die Verordnung Nr. 19/65/EWG des Rates vom 2. März 1965 über die Anwendung von Artikel 85 Absatz 3 des Vertrags auf Gruppen von Vereinbarungen und aufeinander abgestimmte Verhaltensweisen[1], insbesondere auf Artikel 1,

nach Veröffentlichung des Entwurfs dieser Verordnung[2],

nach Anhörung des Beratenden Ausschusses für Kartell- und Monopolfragen,

in Erwägung nachstehender Gründe:

(1) Nach der Verordnung Nr. 19/65/EWG ist die Kommission ermächtigt, Artikel 81 Absatz 3 EG-Vertrag durch Verordnung auf bestimmte unter Artikel 81 Absatz 1 EG-Vertrag fallende Gruppen von Technologietransfer-Vereinbarungen und entsprechende aufeinander abgestimmte Verhaltensweisen für anwendbar zu erklären, an denen nur zwei Unternehmen beteiligt sind.

(2) Auf der Grundlage der Verordnung Nr. 19/65/EWG hat die Kommission insbesondere die Verordnung (EG) Nr. 240/96 vom 31. Januar 1996 zur Anwendung von Artikel 81 Absatz 3 des Vertrags auf Gruppen von Technologietransfer-Vereinbarungen erlassen[3].

(3) Am 20. Dezember 2001 veröffentlichte die Kommission einen Evaluierungsbericht über die Gruppenfreistellungsverordnung (EG) Nr. 240/96 für Technologietransfer-Vereinbarungen[4]. Dieser Bericht löste eine öffentliche Diskussion über die Anwendung der Verordnung (EG) Nr. 240/96 und die Anwendung von Artikel 81 Absätze 1 und 3 EG-Vertrag auf Technologietransfer-Vereinbarungen allgemein aus. Mitgliedstaaten und Dritte sprachen sich dabei allgemein für eine Reform der Wettbewerbspolitik der Kommission in Bezug auf Technologietransfer-Vereinbarungen aus. Es ist daher angebracht, die Verordnung (EG) Nr. 240/96 zu ersetzen.

(4) Die vorliegende Verordnung soll für wirksamen Wettbewerb sorgen und zugleich den Unternehmen angemessene Rechtssicherheit bieten. Bei der Verfolgung dieser Ziele sollten die rechtlichen Vorgaben vereinfacht und für eine einfachere Anwendung gesorgt werden. Anstelle einer Aufzählung der vom Verbot des Artikels 81 Absatz 1 EG-Vertrag freigestellten Bestimmungen empfiehlt es sich, künftig die Gruppen von Vereinbarungen zu beschreiben, die von dem Verbot freigestellt sind, solange die Marktmacht der Beteiligten ein bestimmtes Maß nicht überschreitet, und die Beschränkungen oder Bestimmungen zu benennen, die in solchen Vereinbarungen nicht enthalten sein dürfen. Dies entspricht einem wirtschaftsorientierten Ansatz, bei dem untersucht wird, wie sich eine Vereinbarung auf den relevanten Markt auswirkt. Diesem Ansatz entspricht es auch, zwischen Vereinbarungen zwischen Wettbewerbern und Vereinbarungen zwischen Nicht-Wettbewerbern zu unterscheiden.

---

[1] ABl. 36 v. 6.3.1965, S. 533/65; Verordnung zuletzt geändert durch die Verordnung (EG) Nr. 1/2003 (ABl. L 1 v. 4.1.2003, S. 1).
[2] ABl. C 235 v. 1.10.2003, S. 10.
[3] ABl. L 31 v. 9.2.1996, S. 2; geändert durch die Beitrittsakte v. 2003.
[4] KOM(2001) 786 endgültig.

(5) Gegenstand einer Technologietransfer-Vereinbarung ist die Vergabe einer Lizenz für eine bestimmte Technologie. Solche Vereinbarungen steigern in der Regel die wirtschaftliche Leistungsfähigkeit und wirken sich positiv auf den Wettbewerb aus, da sie die Verbreitung der Technologie erleichtern, parallelen Forschungs- und Entwicklungsaufwand reduzieren, den Anreiz zur Aufnahme von Forschungs- und Entwicklungsarbeiten stärken, Anschlussinnovationen fördern und Wettbewerb auf den Produktmärkten erzeugen können.

(6) Die Wahrscheinlichkeit, dass die effizienzsteigernden und wettbewerbsfördernden Wirkungen stärker ins Gewicht fallen als wettbewerbsschädliche Wirkungen, die von Beschränkungen in Technologietransfer-Vereinbarungen verursacht werden, hängt von der Marktmacht der beteiligten Unternehmen und somit von dem Ausmaß ab, in dem diese Unternehmen dem Wettbewerb anderer Unternehmen ausgesetzt sind, die über Ersatztechnologien verfügen oder Ersatzprodukte herstellen.

(7) Diese Verordnung sollte nur für Vereinbarungen gelten, in denen der Lizenzgeber dem Lizenznehmer erlaubt, die lizenzierte Technologie – gegebenenfalls nach weiteren Forschungs- und Entwicklungsarbeiten des Lizenznehmers – zur Produktion von Waren oder Dienstleistungen zu nutzen. Lizenzvereinbarungen, die die Vergabe von Unteraufträgen für Forschungs- und Entwicklungstätigkeiten zum Ziel haben, sollten hiervon nicht erfasst werden. Ferner sollten Lizenzvereinbarungen zur Errichtung von Technologiepools nicht erfasst werden, d.h. Vereinbarungen über die Zusammenlegung von Technologien mit dem Ziel, das so entstandene Paket an Schutzrechtslizenzen Dritten zur Nutzung anzubieten.

(8) Für die Anwendung von Artikel 81 Absatz 3 EG-Vertrag durch Verordnung ist es nicht erforderlich, diejenigen Technologietransfer-Vereinbarungen zu bestimmen, die unter Artikel 81 Absatz 1 EG-Vertrag fallen könnten. Bei der individuellen Beurteilung von Vereinbarungen nach Artikel 81 Absatz 1 sind mehrere Faktoren, insbesondere die Struktur und Dynamik der relevanten Technologie und Produktmärkte, zu berücksichtigen.

(9) Die in dieser Verordnung geregelte Gruppenfreistellung sollte nur Vereinbarungen zugute kommen, von denen mit hinreichender Sicherheit angenommen werden kann, dass sie die Voraussetzungen von Artikel 81 Absatz 3 EG-Vertrag erfüllen. Um die Vorteile des Technologietransfers nutzen und die damit verbundenen Ziele erreichen zu können, sollte diese Verordnung auch für Bestimmungen in Technologietransfer-Vereinbarungen gelten, die nicht den Hauptgegenstand dieser Vereinbarungen bilden, aber mit der Anwendung der lizenzierten Technologie unmittelbar verbunden sind.

(10) Bei Technologietransfer-Vereinbarungen zwischen Wettbewerbern kann angenommen werden, dass sie im Allgemeinen zu einer Verbesserung der Produktion oder des Vertriebs und zu einer angemessenen Beteiligung der Verbraucher an dem daraus entstehenden Gewinn führen, wenn der gemeinsame Marktanteil der Parteien auf den relevanten Märkten 20 % nicht überschreitet und die Vereinbarungen nicht schwer wiegende wettbewerbsschädigende Beschränkungen enthalten.

(11) Bei Technologietransfer-Vereinbarungen zwischen Nicht- Wettbewerbern kann angenommen werden, dass sie im Allgemeinen zu einer Verbesserung der Produktion oder des Vertriebs und zu einer angemessenen Beteiligung der Verbraucher an dem daraus entstehenden Gewinn führen, wenn der individuelle Marktanteil der Parteien auf den relevanten Märkten 30 % nicht überschreitet und die Vereinbarungen nicht schwer wiegende wettbewerbsschädigende Beschränkungen enthalten.

(12) Bei Technologietransfer-Vereinbarungen oberhalb dieser Marktanteilsschwellen kann nicht ohne weiteres davon ausgegangen werden, dass sie unter Artikel 81 Absatz 1 EG-Vertrag fallen. Eine Vereinbarung zwischen nicht konkurrierenden Unternehmen über die Vergabe einer Exklusivlizenz fällt beispielsweise häufig nicht unter Artikel 81 Absatz 1 EG-Vertrag. Ebenso wenig kann oberhalb dieser Marktanteilsschwellen davon ausgegangen werden, dass Technologietransfer-Vereinbarungen, die unter

Artikel 81 Absatz 1 EG-Vertrag fallen, die Freistellungsvoraussetzungen nicht erfüllen oder dass sie im Gegenteil regelmäßig objektive Vorteile mit sich bringen, die nach Art und Umfang geeignet sind, die Nachteile auszugleichen, die sie für den Wettbewerb nach sich ziehen.

(13) Diese Verordnung sollte keine Technologietransfer-Vereinbarungen freistellen, die Beschränkungen enthalten, die für die Verbesserung der Produktion oder des Vertriebs nicht unerlässlich sind. Insbesondere Technologietransfer-Vereinbarungen, die schwer wiegende wettbewerbsschädigende Beschränkungen enthalten, wie die Festsetzung von Preisen gegenüber Dritten, sollten ohne Rücksicht auf den Marktanteil der beteiligten Unternehmen von dem Vorteil der Gruppenfreistellung nach dieser Verordnung ausgenommen werden. Bei diesen so genannten Kernbeschränkungen sollte die gesamte Vereinbarung vom Vorteil der Gruppenfreistellung ausgeschlossen werden.

(14) Um Innovationsanreize zu erhalten und eine angemessene Anwendung der Rechte an geistigem Eigentum sicherzustellen, sollten bestimmte Beschränkungen, insbesondere in Form ausschließlicher Rücklizenz-Verpflichtungen für abtrennbare Verbesserungen, von der Gruppenfreistellung ausgenommen werden. Sind solche Beschränkungen in einer Lizenzvereinbarung enthalten, sollte nur die betreffende Beschränkung vom Vorteil der Gruppenfreistellung ausgeschlossen werden.

(15) Durch die Marktanteilsschwellen, den Ausschluss von Technologietransfer-Vereinbarungen, die schwer wiegende Wettbewerbsbeschränkungen enthalten, von der Gruppenfreistellung und durch die nicht freigestellten Beschränkungen, die in dieser Verordnung vorgesehen sind, dürfte sichergestellt sein, dass Vereinbarungen, auf die die Gruppenfreistellung Anwendung findet, den beteiligten Unternehmen nicht die Möglichkeit eröffnen, für einen wesentlichen Teil der betreffenden Produkte den Wettbewerb auszuschalten.

(16) Wenn im Einzelfall eine Vereinbarung zwar unter diese Verordnung fällt, aber dennoch Wirkungen entfaltet, die mit Artikel 81 Absatz 3 EG-Vertrag unvereinbar sind, sollte die Kommission den Vorteil der Gruppenfreistellung entziehen können. Dies kann unter anderem dann der Fall sein, wenn Innovationsanreize eingeschränkt werden oder der Marktzugang erschwert wird.

(17) Nach der Verordnung (EG) Nr. 1/2003 des Rates vom 16. Dezember 2003 zur Durchführung der in den Artikeln 81 und 82 des Vertrags niedergelegten Wettbewerbsregeln[1] können die zuständigen Behörden der Mitgliedstaaten den Rechtsvorteil der Gruppenfreistellung entziehen, wenn Technologietransfer-Vereinbarungen Wirkungen entfalten, die mit Artikel 81 Absatz 3 EG-Vertrag unvereinbar sind und im Gebiet eines Mitgliedstaats oder in einem Teilgebiet dieses Mitgliedstaats, das alle Merkmale eines gesonderten räumlichen Markts aufweist, auftreten. Die Mitgliedstaaten müssen sicherstellen, dass sie bei der Ausübung dieser Entzugsbefugnis nicht die einheitliche Anwendung der Wettbewerbsregeln der Gemeinschaft auf dem gesamten Gemeinsamen Markt oder die volle Wirksamkeit der zu ihrer Durchführung erlassenen Maßnahmen beeinträchtigen.

(18) Um die Überwachung paralleler Netze von Technologietransfer- Vereinbarungen mit gleichartigen wettbewerbsbeschränkenden Wirkungen zu verstärken, die mehr als 50 % eines Markts erfassen, sollte die Kommission erklären können, dass diese Verordnung auf Technologietransfer- Vereinbarungen, die bestimmte auf den relevanten Markt bezogene Beschränkungen enthalten, keine Anwendung findet, und dadurch die volle Anwendbarkeit von Artikel 81 EG-Vertrag auf diese Vereinbarungen wiederherstellen.

---

[1] ABl. L 1 v. 4.1.2003, S. 1; Verordnung geändert durch die Verordnung (EG) Nr. 411/2004 (ABl. L 68 v. 6.3.2004, S. 1).

(19) Diese Verordnung sollte nur für Technologietransfer-Vereinbarungen zwischen einem Lizenzgeber und einem Lizenznehmer gelten. Sie sollte für solche Vereinbarungen auch dann gelten, wenn sie Beschränkungen für mehr als eine Handelsstufe enthalten, beispielsweise wenn der Lizenznehmer verpflichtet wird, ein spezielles Vertriebssystem zu errichten, und wenn ihm vorgegeben wird, welche Verpflichtungen er den Weiterverkäufern der in Lizenz hergestellten Produkte auferlegen muss oder kann. Diese Beschränkungen und Verpflichtungen sollten jedoch mit den für Liefer- und Vertriebsvereinbarungen geltenden Wettbewerbsregeln vereinbar sein. Liefer- und Vertriebsvereinbarungen zwischen einem Lizenznehmer und seinen Kunden sollten von dieser Verordnung nicht freigestellt sein.

(20) Diese Verordnung gilt unbeschadet der Anwendung von Artikel 82 EG-Vertrag –

hat folgende Verordnung erlassen:

Artikel 1 Definitionen

(1) Für diese Verordnung gelten folgende Begriffsbestimmungen:

a) „Vereinbarung": eine Vereinbarung, ein Beschluss einer Unternehmensvereinigung oder eine aufeinander abgestimmte Verhaltensweise;

b) „Technologietransfer-Vereinbarung": eine Patentlizenzvereinbarung, eine Know-how-Vereinbarung, eine Softwarelizenz- Vereinbarung oder gemischte Patentlizenz-, Know-how- oder Softwarelizenz-Vereinbarungen einschließlich Vereinbarungen mit Bestimmungen, die sich auf den Erwerb oder Verkauf von Produkten beziehen oder die sich auf die Lizenzierung oder die Übertragung von Rechten an geistigem Eigentum beziehen, sofern diese Bestimmungen nicht den eigentlichen Gegenstand der Vereinbarung bilden und unmittelbar mit der Produktion der Vertragsprodukte verbunden sind; als Technologietransfer-Vereinbarung gilt auch die Übertragung von Patent-, Know-how- oder Software- Rechten sowie einer Kombination dieser Rechte, wenn das mit der Verwertung der Technologie verbundene Risiko zum Teil beim Veräußerer verbleibt, insbesondere, wenn der als Gegenleistung für die Übertragung zu zahlende Betrag vom Umsatz abhängt, den der Erwerber mit Produkten erzielt, die mithilfe der übertragenen Technologie produziert worden sind, oder von der Menge dieser Produkte oder der Anzahl der unter Einsatz der Technologie durchgeführten Arbeitsvorgänge;

c) „wechselseitige Vereinbarung": eine Technologietransfer- Vereinbarung, bei der zwei Unternehmen einander in demselben oder in getrennten Verträgen eine Patent-, Know-how-, Softwarelizenz oder eine gemischte Patent-, Know-how- oder Softwarelizenz für konkurrierende Technologien oder für die Produktion konkurrierender Produkte erteilen;

d) „nicht wechselseitige Vereinbarung": eine Technologietransfer- Vereinbarung, bei der ein Unternehmen einem anderen Unternehmen eine Patent-, eine Know-how-, eine Softwarelizenz oder eine gemischte Patent-, Know-how- oder Softwarelizenz erteilt oder mit der zwei Unternehmen einander eine solche Lizenz erteilen, wobei diese Lizenzen jedoch keine konkurrierenden Technologien zum Gegenstand haben und auch nicht zur Produktion konkurrierender Produkte genutzt werden können;

e) „Produkt": eine Ware und/oder eine Dienstleistung in Form eines Zwischen- oder Endprodukts;

f) „Vertragsprodukt": ein Produkt, das mit der lizenzierten Technologie produziert wird;

g) „Rechte an geistigem Eigentum": gewerbliche Schutzrechte, Know-how, Urheberrechte sowie verwandte Schutzrechte;

h) „Patent": Patente, Patentanmeldungen, Gebrauchsmuster, Gebrauchsmusteranmeldungen, Geschmacksmuster, Topografien von Halbleitererzeugnissen, ergänzende Schutzzertifikate für Arzneimittel oder andere Produkte, für die solche Zertifikate erlangt werden können, und Sortenschutzrechte;

i) „Know-how": eine Gesamtheit nicht patentierter praktischer Kenntnisse, die durch Erfahrungen und Versuche gewonnen worden sind und die
   i) geheim, d.h. nicht allgemein bekannt und nicht leicht zugänglich sind,
   ii) wesentlich, d.h. die für die Produktion der Vertragsprodukte von Bedeutung und nützlich sind, und
   iii) identifiziert sind, d.h. umfassend genug beschrieben sind, so dass überprüft werden kann, ob es die Merkmale „geheim" und „wesentlich" erfüllt;

j) „konkurrierende Unternehmen": Unternehmen, die auf dem relevanten Technologiemarkt und/oder dem relevanten Produktmarkt miteinander im Wettbewerb stehen, wobei
   i) konkurrierende Unternehmen auf dem „relevanten Technologiemarkt" solche Unternehmen sind, die Lizenzen für konkurrierende Technologien vergeben, ohne die Rechte des anderen Unternehmens an geistigem Eigentum zu verletzen (tatsächliche Wettbewerber auf dem Technologiemarkt); zum relevanten Technologiemarkt gehören auch Technologien, die von den Lizenznehmern aufgrund ihrer Eigenschaften, ihrer Lizenzgebühren und ihres Verwendungszwecks als austauschbar oder substituierbar angesehen werden; 27.4.2004 DE Amtsblatt der Europäischen Union L 123/13
   ii) konkurrierende Unternehmen auf dem „relevanten Produktmarkt" solche Unternehmen sind, die ohne die Technologietransfer-Vereinbarung auf den sachlich und räumlich relevanten Märkten, auf denen die Vertragsprodukte angeboten werden, tätig sind, ohne die Rechte des anderen Unternehmens an geistigem Eigentum zu verletzen (tatsächliche Wettbewerber auf dem Produktmarkt), oder die unter realistischen Annahmen die zusätzlichen Investitionen oder sonstigen Umstellungskosten auf sich nehmen würden, die nötig sind, um auf eine geringfügige dauerhafte Erhöhung der relativen Preise hin ohne Verletzung fremder Rechte an geistigem Eigentum in vertretbarer Zeit in die sachlich und räumlich relevanten Märkte eintreten zu können (potenzielle Wettbewerber auf dem Produktmarkt); der relevante Produktmarkt umfasst Produkte, die vom Käufer aufgrund ihrer Eigenschaften, ihrer Preise und ihres Verwendungszwecks als austauschbar oder substituierbar angesehen werden;

k) „selektive Vertriebssysteme": Vertriebssysteme, in denen sich der Lizenzgeber verpflichtet, Lizenzen für die Produktion der Vertragsprodukte nur Lizenznehmern zu erteilen, die aufgrund festgelegter Merkmale ausgewählt werden, und in denen sich diese Lizenznehmer verpflichten, die Vertragsprodukte nicht an Händler zu verkaufen, die nicht zum Vertrieb zugelassen sind;

l) „Exklusivgebiet": ein Gebiet, in dem nur ein Unternehmen die Vertragsprodukte mit der lizenzierten Technologie produzieren darf, ohne die Möglichkeit auszuschließen, einem anderen Lizenznehmer in diesem Gebiet die Produktion der Vertragsprodukte nur für einen bestimmten Kunden zu erlauben, wenn diese zweite Lizenz erteilt worden ist, um diesem Kunden eine alternative Bezugsquelle zu verschaffen;

m) „Exklusivkundengruppe": eine Gruppe von Kunden, denen nur ein Unternehmen die mit der lizenzierten Technologie produzierten Vertragsprodukte aktiv verkaufen darf;

n) „abtrennbare Verbesserung": eine Verbesserung, die ohne Verletzung der lizenzierten Technologie verwertet werden kann.

(2) Die Begriffe „Unternehmen", „Lizenzgeber" und „Lizenznehmer" schließen verbundene Unternehmen ein. „Verbundene Unternehmen" sind

a) Unternehmen, bei denen ein an der Vereinbarung beteiligtes Unternehmen unmittelbar oder mittelbar

i) über mehr als die Hälfte der Stimmrechte verfügt oder
ii) mehr als die Hälfte der Mitglieder des Leitungs- oder Verwaltungsorgans oder der zur gesetzlichen Vertretung berufenen Organe bestellen kann oder
iii) das Recht hat, die Geschäfte des Unternehmens zu führen;
b) Unternehmen, die in einem an der Vereinbarung beteiligten Unternehmen unmittelbar oder mittelbar die unter Buchstabe a) bezeichneten Rechte oder Einflussmöglichkeiten haben;
c) Unternehmen, in denen ein unter Buchstabe b) genanntes Unternehmen unmittelbar oder mittelbar die unter Buchstabe a) bezeichneten Rechte oder Einflussmöglichkeiten hat;
d) Unternehmen, in denen eine der Vertragsparteien gemeinsam mit einem oder mehreren der unter den Buchstaben a), b) oder c) genannten Unternehmen oder in denen zwei oder mehr als zwei der zuletzt genannten Unternehmen gemeinsam die in Buchstabe a) bezeichneten Rechte oder Einflussmöglichkeiten haben;
e) Unternehmen, in denen die unter Buchstabe a) bezeichneten Rechte und Einflussmöglichkeiten gemeinsam ausgeübt werden durch:
i) Vertragsparteien oder mit ihnen jeweils verbundene Unternehmen im Sinne der Buchstaben a) bis d) oder
ii) eine oder mehrere Vertragsparteien oder eines oder mehrere der mit ihnen im Sinne der Buchstaben a) bis d) verbundenen Unternehmen und ein oder mehrere dritte Unternehmen.

Artikel 2 Freistellung

Artikel 81 Absatz 1 EG-Vertrag wird gemäß Artikel 81 Absatz 3 EG-Vertrag unter den in dieser Verordnung genannten Voraussetzungen für nicht anwendbar erklärt auf Technologietransfer- Vereinbarungen zwischen zwei Unternehmen, die die Produktion der Vertragsprodukte ermöglichen.

Die Freistellung gilt, soweit diese Vereinbarungen Wettbewerbsbeschränkungen enthalten, die unter Artikel 81 Absatz 1 EGVertrag fallen. Die Freistellung gilt, solange die Rechte an der lizenzierten Technologie nicht abgelaufen, erloschen oder für ungültig erklärt worden sind oder — im Falle lizenzierten Know-hows — solange das Know-how geheim bleibt, es sei denn, das Know-how wird infolge des Verhaltens des Lizenznehmers offenkundig; in diesem Fall gilt die Freistellung für die Dauer der Vereinbarung.

Artikel 3 Marktanteilsschwellen

(1) Handelt es sich bei den Vertragsparteien um konkurrierende Unternehmen, so gilt die Freistellung nach Artikel 2 unter der Voraussetzung, dass der gemeinsame Marktanteil der Parteien auf dem betroffenen relevanten Technologie- und Produktmarkt 20 % nicht überschreitet.

(2) Handelt es sich bei den Vertragsparteien um nicht konkurrierende Unternehmen, so gilt die Freistellung nach Artikel 2 unter der Voraussetzung, dass der individuelle Marktanteil der Parteien auf dem betroffenen relevanten Technologieund Produktmarkt 30 % nicht überschreitet.

(3) Für die Anwendung der Absätze 1 und 2 bestimmt sich der Marktanteil einer Partei auf den relevanten Technologiemärkten nach der Präsenz der lizenzierten Technologie auf den relevanten Produktmärkten. Als Marktanteil des Lizenzgebers auf dem relevanten Technologiemarkt gilt der gemeinsame Marktanteil, den der Lizenzgeber und seine Lizenznehmer mit den Vertragsprodukten auf dem relevanten Produktmarkt erzielen.

Artikel 4 Kernbeschränkungen

(1) Handelt es sich bei den Vertragsparteien um konkurrierende Unternehmen, so gilt die Freistellung nach Artikel 2 nicht für Vereinbarungen, die unmittelbar oder mittelbar, für sich allein oder in Verbindung mit anderen Umständen unter der Kontrolle der Vertragsparteien Folgendes bezwecken:

a) die Beschränkung der Möglichkeit einer Partei, den Preis, zu dem sie ihre Produkte an Dritte verkauft, selbst festzusetzen;

b) die Beschränkung des Outputs mit Ausnahme von Output- Beschränkungen, die dem Lizenznehmer in einer nicht wechselseitigen Vereinbarung oder einem der Lizenznehmer in einer wechselseitigen Vereinbarung in Bezug auf die Vertragsprodukte auferlegt werden;

c) die Zuweisung von Märkten oder Kunden mit Ausnahme
   i) der dem bzw. den Lizenznehmern auferlegten Verpflichtung, die lizenzierte Technologie nur in einem oder mehreren Anwendungsbereichen oder in einem oder mehreren Produktmärkten zu nutzen;
   ii) der dem Lizenzgeber und/oder dem Lizenznehmer in einer nicht wechselseitigen Vereinbarung auferlegten Verpflichtung, mit der lizenzierten Technologie nicht in einem oder mehreren Anwendungsbereichen, in einem oder mehreren Produktmärkten oder in einem oder mehreren Exklusivgebieten, die der anderen Partei vorbehalten sind, zu produzieren;
   iii) der dem Lizenzgeber auferlegten Verpflichtung, in einem bestimmten Gebiet keinem anderen Lizenznehmer eine Technologie-Lizenz zu erteilen;
   iv) der in einer nicht wechselseitigen Vereinbarung dem Lizenznehmer und/oder dem Lizenzgeber auferlegten Beschränkung des aktiven und/oder passiven Verkaufs in das Exklusivgebiet oder an die Exklusivkundengruppe, das bzw. die der anderen Partei vorbehalten ist;
   v) der in einer nicht wechselseitigen Vereinbarung dem Lizenznehmer auferlegten Beschränkung des aktiven Verkaufs in das Exklusivgebiet oder an die Exklusivkundengruppe, das bzw. die vom Lizenzgeber einem anderen Lizenznehmer zugewiesen worden ist, sofern es sich bei Letzterem nicht um ein Unternehmen handelt, das zum Zeitpunkt der Lizenzerteilung in Konkurrenz zum Lizenzgeber stand;
   vi) der dem Lizenznehmer auferlegten Verpflichtung, die Vertragsprodukte nur für den Eigenbedarf zu produzieren, sofern er keiner Beschränkung in Bezug auf den aktiven und passiven Verkauf der Vertragsprodukte als Ersatzteile für seine eigenen Produkte unterliegt;
   vii) der dem Lizenznehmer in einer nicht wechselseitigen Vereinbarung auferlegten Verpflichtung, die Vertragsprodukte nur für einen bestimmten Kunden zu produzieren, wenn die Lizenz erteilt worden ist, um diesem Kunden eine alternative Bezugsquelle zu verschaffen;

d) die Beschränkung der Möglichkeit des Lizenznehmers, seine eigene Technologie zu verwerten, oder die Beschränkung der Möglichkeit der Vertragsparteien, Forschungs- und Entwicklungsarbeiten durchzuführen, es sei denn, letztere Beschränkungen sind unerlässlich, um die Preisgabe des lizenzierten Know-hows an Dritte zu verhindern.

(2) Handelt es sich bei den Vertragsparteien nicht um konkurrierende Unternehmen, gilt die Freistellung nach Artikel 2 nicht für Vereinbarungen, die unmittelbar oder mittelbar, für sich allein oder in Verbindung mit anderen Umständen unter der Kontrolle der Vertragsparteien Folgendes bezwecken:

a) die Beschränkung der Möglichkeit einer Partei, den Preis, zu dem sie ihre Produkte an Dritte verkauft, selbst festzusetzen; dies gilt unbeschadet der Möglichkeit, Höchstverkaufspreise festzusetzen oder Preisempfehlungen auszusprechen, sofern sich diese nicht infolge der Ausübung von Druck oder der Gewährung von Anreizen durch eine der Vertragsparteien tatsächlich wie Fest- oder Mindestverkaufspreise auswirken;

b) die Beschränkung des Gebiets oder des Kundenkreises, in das oder an den der Lizenznehmer Vertragsprodukte passiv verkaufen darf, mit Ausnahme

   i) der Beschränkung des passiven Verkaufs in ein Exklusivgebiet oder an eine Exklusivkundengruppe, das bzw. die dem Lizenzgeber vorbehalten ist;

   ii) der Beschränkung des passiven Verkaufs in ein Exklusivgebiet oder an eine Exklusivkundengruppe, das bzw. die vom Lizenzgeber einem anderen Lizenznehmer für die ersten beiden Jahren, in denen dieser Lizenznehmer die Vertragsprodukte in dieses Gebiet bzw. an diese Kundengruppe verkauft, zugewiesen worden ist;

   iii) der dem Lizenznehmer auferlegten Verpflichtung, die Vertragsprodukte nur für den Eigenbedarf zu produzieren, sofern er keiner Beschränkung in Bezug auf den aktiven und passiven Verkauf der Vertragsprodukte als Ersatzteile für seine eigenen Produkte unterliegt;

   iv) der Verpflichtung, die Vertragsprodukte nur für einen bestimmten Kunden zu produzieren, wenn die Lizenz erteilt worden ist, um diesem Kunden eine alternative Bezugsquelle zu verschaffen;

   v) der Beschränkung des Verkaufs an Endverbraucher durch Lizenznehmer, die auf der Großhandelsstufe tätig sind;

   vi) der Beschränkung des Verkaufs an nicht zugelassene Händler, die Mitgliedern eines selektiven Vertriebssystems auferlegt werden;

c) die Beschränkung des aktiven oder passiven Verkaufs an Endverbraucher, soweit diese Beschränkungen Lizenznehmern auferlegt werden, die einem selektiven Vertriebssystem angehören und auf der Einzelhandelsstufe tätig sind; dies gilt unbeschadet der Möglichkeit, Mitgliedern des Systems zu verbieten, Geschäfte von nicht zugelassenen Niederlassungen aus zu betreiben.

(3) Sind die Vertragsparteien zum Zeitpunkt des Abschlusses der Vereinbarung keine konkurrierenden Unternehmen, sondern treten sie erst später miteinander in Wettbewerb, so ist Absatz 2 anstelle von Absatz 1 während der Laufzeit der Vereinbarung anwendbar, sofern die Vereinbarung nicht später wesentlich geändert wird.

Artikel 5 Nicht freigestellte Beschränkungen

(1) Die Freistellung nach Artikel 2 gilt nicht für die folgenden in Technologietransfer-Vereinbarungen enthaltenen Verpflichtungen:

a) alle unmittelbaren oder mittelbaren Verpflichtungen des Lizenznehmers, dem Lizenzgeber oder einem vom Lizenzgeber benannten Dritten eine Exklusivlizenz für seine eigenen abtrennbaren Verbesserungen an der lizenzierten Technologie oder seine eigenen neuen Anwendungen dieser Technologie zu erteilen;

b) alle unmittelbaren oder mittelbaren Verpflichtungen des Lizenznehmers, Rechte an eigenen abtrennbaren Verbesserungen an der lizenzierten Technologie oder Rechte an eigenen neuen Anwendungen dieser Technologie vollständig oder teilweise auf den Lizenzgeber oder einen vom Lizenzgeber benannten Dritten zu übertragen;

c) alle unmittelbaren oder mittelbaren Verpflichtungen des Lizenznehmers, die Gültigkeit der Rechte an geistigem Eigentum, über die der Lizenzgeber im Gemeinsamen Markt verfügt, nicht anzugreifen, unbeschadet der Möglichkeit, die Beendigung der Technologietransfer-Vereinbarung für den Fall vorzusehen, dass der Lizenznehmer die Gültigkeit eines oder mehrerer der lizenzierten Schutzrechte angreift.

(2) Handelt es sich bei den Vertragsparteien nicht um konkurrierende Unternehmen, so gilt die Freistellung nach Artikel 2 nicht für unmittelbare oder mittelbare Verpflichtungen, die die Möglichkeit des Lizenznehmers, seine eigene Technologie zu verwerten, oder die Möglichkeit der Vertragsparteien, Forschungs- und Entwicklungsarbeiten durchzuführen, beschränken, es sei denn, letztere Beschränkung ist unerlässlich, um die Preisgabe des lizenzierten Know-hows an Dritte zu verhindern.

Artikel 6 Entzug des Rechtsvorteils der Verordnung im Einzelfall

(1) Die Kommission kann den mit dieser Verordnung verbundenen Rechtsvorteil nach Artikel 29 Absatz 1 der Verordnung (EG) Nr. 1/2003 im Einzelfall entziehen, wenn eine nach Absatz 2 freigestellte Technologietransfer-Vereinbarung gleichwohl Wirkungen hat, die mit Artikel 81 Absatz 3 EG-Vertrag unvereinbar sind; dies gilt insbesondere, wenn

a) der Zugang fremder Technologien zum Markt beschränkt wird, beispielsweise durch die kumulative Wirkung paralleler Netze gleichartiger beschränkender Vereinbarungen, die den Lizenznehmern die Nutzung fremder Technologien untersagen;

b) der Zugang potenzieller Lizenznehmer zum Markt beschränkt wird, beispielsweise durch die kumulative Wirkung paralleler Netze gleichartiger beschränkender Vereinbarungen, die den Lizenzgebern die Erteilung von Lizenzen an andere Lizenznehmer untersagen;

c) die Parteien die lizenzierte Technologie ohne sachlich gerechtfertigten Grund nicht verwerten.

(2) Wenn eine unter die Freistellung des Artikels 2 fallende Technologietransfer-Vereinbarung im Gebiet eines Mitgliedstaats oder in einem Teil desselben, der alle Merkmale eines gesonderten räumlichen Marktes aufweist, im Einzelfall Wirkungen hat, die mit Artikel 81 Absatz 3 EG-Vertrag unvereinbar sind, kann die Wettbewerbsbehörde dieses Mitgliedstaats unter den gleichen Umständen wie in Absatz 1 des vorliegenden Artikels den Rechtsvorteil dieser Verordnung gemäß Artikel 29 Absatz 2 der Verordnung (EG) Nr. 1/2003 mit Wirkung für das betroffene Gebiet entziehen.

Artikel 7 Nichtanwendbarkeit dieser Verordnung

(1) Gemäß Artikel 1a der Verordnung Nr. 19/65/EWG kann die Kommission durch Verordnung erklären, dass in Fällen, in denen mehr als 50 % eines relevanten Marktes von parallelen Netzen gleichartiger Technologietransfer-Vereinbarungen erfasst werden, die vorliegende Verordnung auf Technologietransfer- Vereinbarungen, die bestimmte Beschränkungen des Wettbewerbs auf diesem Markt vorsehen, keine Anwendung findet.

(2) Eine Verordnung im Sinne von Absatz 1 wird frühestens sechs Monate nach ihrem Erlass anwendbar.

Artikel 8 Anwendung der Marktanteilsschwellen

(1) Für die Anwendung der Marktanteilsschwellen im Sinne des Artikels 3 gelten die in diesem Absatz genannten Regeln:

Der Marktanteil wird anhand des Absatzwerts berechnet. Liegen keine Angaben über den Absatzwert vor, so können zur Ermittlung des Marktanteils Schätzungen vorgenommen werden, die auf anderen verlässlichen Marktdaten unter Einschluss der Absatzmengen beruhen.

Der Marktanteil wird anhand der Angaben für das vorhergehende Kalenderjahr ermittelt.

Der Marktanteil der in Artikel 1 Absatz 2 Buchstabe e) genannten Unternehmen wird zu gleichen Teilen jedem Unternehmen zugerechnet, das die in Artikel 1 Absatz 2 Buchstabe a) bezeichneten Rechte oder Einflussmöglichkeiten hat.

(2) Wird die in Artikel 3 Absatz 1 oder Absatz 2 genannte Marktanteilsschwelle von 20 % bzw. 30 % erst im Laufe der Zeit überschritten, so gilt die Freistellung nach Artikel 2 im Anschluss an das Jahr, in dem die Schwelle von 20 % bzw. 30 % zum ersten Mal überschritten wird, noch für zwei aufeinander folgende Kalenderjahre weiter.

Artikel 9 Aufhebung der Verordnung (EG) Nr. 240/96

Die Verordnung (EG) Nr. 240/96 wird aufgehoben.

Bezugnahmen auf die aufgehobene Verordnung gelten als Bezugnahmen auf die vorliegende Verordnung.

Artikel 10 Übergangsfrist

Das Verbot des Artikels 81 Absatz 1 EG-Vertrag gilt vom 1. Mai 2004 bis zum 31. März 2006 nicht für Vereinbarungen, die am 30. April 2004 bereits in Kraft waren und die Voraussetzungen für eine Freistellung zwar nach der Verordnung (EG) Nr. 240/96, nicht aber nach dieser Verordnung erfüllen.

Artikel 11 Geltungsdauer

Diese Verordnung tritt am 1. Mai 2004 in Kraft.

Sie gilt bis zum 30. April 2014.

Diese Verordnung ist in allen ihren Teilen verbindlich und gilt unmittelbar in jedem Mitgliedstaat.

Stichwortverzeichnis

Verfasserin: RAin Iris Theves-Telyakar

Es bezeichnen: **Fette** arabische Zahlen die Paragraphen, magere Zahlen die Randnummern. **Anh** = Anhang (zu einzelnen Vorschriften); **Vor** = Vorbemerkung; **Einl** = Einleitung (S. 1). Verweise auf die im Teil „Besondere Handelsverträge" behandelten Vertragstypen lauten: **Fact** = Factoring; **F&E** = Forschungs- und Entwicklungsverträge; **Franch** = Franchising; **Leas** = Leasing; **Liz** = Lizenzverträge; **Qual** = Qualitätssicherungsvereinbarungen; **VertrH** = Vertragshändlerverträge; magere Zahlen stehen auch hier für Randnummern.

AAA
– American Arbitration Association **Einl** 78
Ab Kai/Schiff **346** 55
Ab Lager **346** 56
Ab Werk/netto ab Werk **346** 57 f.
Abbaubetrieb **3** 7, 11
Abhängiges Unternehmen
– Abhängigkeit, einfache **105** 111 ff.
– Abhängigkeit, Konzern **105** 115 ff.
– AG, Pflichten d. Konzernobergesellschaft **105** 127
– Begriff **105** 109
– Konzernbegriff **105** 110
– Konzernierungsklausel **105** 116
– Leitungsmacht **105** 119 f.
– Minderheitenschutz **105** 113
– Verlustübernahme **105** 117 f.
Abhängigkeit
– Selbständigkeit, Begriff **1** 25
Absatzmittlungsverhältnis s.a. Vertrieb
– Abgrenzung verschiedener Arten **Franch** 16 ff.
– Franchising s. dort
– Handelsmakler s. dort
– Handelsvertreter s. dort
– Kommissionsagent s. dort
– Vertragshändler s. dort
Abschlussvertreter
– Begriff **84** 23
– Handelsvertreter **55** 1, 4 ff.; **91** 1 ff.; **91a** 1 ff.
– Handlungsgehilfe **55** 1, 4
– Vermittlungsgehilfe **55** 9
– Vermittlungsvertreter **55** 8
– Versicherungsvertreter **55** 10
– Vollmacht, Beschränkung **55** 12 ff.
– Vollmacht, Erweiterung **55** 17, 21 ff.
– Vollmacht, Überschreiten **55** 26
– Vollmacht, Umfang **55** 12 ff.
Abschreibungsgesellschaft
– Gewerbe, Begriff **1** 48

Abspaltung s.a. Umwandlung
– Firmenbildung **19** 66a
– Firmenfortführung **22** 57
Abtretung
– Ansprüche aus Wettbewerbsverbot, Geschäftsveräußerung **74** 59 f.
– Factoring s. dort
– an Kommittent **399** 3
– Leasing s. dort
– OHG-Gesellschafter, Ansprüche aus Wettbewerbstätigkeit **113** 4
– OHG-Gesellschafter, Ansprüche gg. Dritte **110** 10, 14
– OHG-Gesellschafter, Entnahmeanspruch **122** 4
– OHG-Gesellschafter, Gewinnanspruch **121** 1
– OHG-Gesellschafter, Vertragsklauseln bei Kündigung **132** 16
– Wirksamkeit, trotz Ausschluss **354a** 1 ff.; **392** 1 ff.
Abtretungsverbot
– Ansprüche aus Wettbewerbsverbot **74** 61
– Factoring **Fact** 50 ff.
– Firmenfortführung, Erwerberhaftung **25** 38
Actio pro socio
– Ausfall, Geschäftsführung **114** 22, 34
– Begriff **105** 77 ff.
– Beirat, Publikumsgesellschaft **161** 134 f.
– Einschränkung/Entzug **119** 28
– Insolvenzfall **105** 80a
– Liquidationsstadium **156** 3
– Liquidatoren **149** 3
– Wettbewerbsverstöße **113** 10
Adressänderung
– Handelsregisteranmeldung **Vor 8** 14
AG
– Auslandsgesellschaft, inländische Niederlassung **13d** 1 ff.; **13e** 1 ff.; **13f** 1 ff.

- Beschlussmängelstreitigkeiten **Einl** 75
- Firmenmissbrauchsverfahren 37 13
- Geschäftsbriefe, erforderliche Angaben 17 24
- handelsrechtliche Vorschriften außerhalb d. HGB **Einl** 54
- Handelsregistereintragung, Genehmigungen 7 5
- Hauptversammlungsbeschlüsse, Eintragung 8 37 f.
- Kaufmannseigenschaft 1 6
- Rechtsformzusatz **Vor 17** 12
- Rechtsformzusatz, Weglassen **Anh 5** 13, 20 ff.
- Satzungskontrolle **Vor 8** 15
- stille Gesellschaft 230 17

AG – Satzung
- Registerkontrolle **Vor 8** 15 ff.
- Unvollständigkeit **Vor 8** 16
- zwingender Inhalt **Vor 8** 16

AG & Co. KG
- Rechtsformzusatz 19 62 f.

Agenturvertrag s. Kommissionsagent

„Akademie"
- Firmenzusatz, Irreführungsverbot 18 50 f.

Akkreditiv
- Begriff 346 59

Aktiengesellschaft s. AG

Aliud
- Rügeobliegenheit 377 1

Allgemeine Geschäftsbedingungen
- Abgrenzung z. Handelsbrauch 346 26
- Einbeziehung, kfm. Bestätigungsschreiben 346 46, 48
- Franchisevertrag **Franch** 51 ff.; s.a. Franchisevertrag – AGB
- Gebrauch ggü. Unternehmern **Einl** 91 ff.
- Gebrauch ggü. Verbrauchern **Einl** 91, 101
- Handelsbräuche **Einl** 97
- handelsrechtliche Vorschriften außerhalb d. HGB **Einl** 54
- Handelsvertreter, Vertrag 85 3 f.
- Leasing s. Leasing – AGB
- praktische Bedeutung **Einl** 91
- Publikumsgesellschaft, Vertragsregelungen 161 95 ff.
- Qualitätssicherungsvereinbarung **Qual** 3, 9 ff.
- Rügepflicht, vertragliche Vereinbarung 377 54
- stille Gesellschaft, Vertrag 230 13
- Vertragshändlervertrag s. dort
- Vertragsstrafenklausel 348 9 ff.

Altenheim 1 63

Amtshaftung
- unterlassene Registereintragung 15 12a, 45

Anfechtung s.a. Arglistige Täuschung; Insolvenzanfechtung
- Handelsbrauch 346 15
- Schweigen auf kfm. Bestätigungsschreiben 346 44a
- Schweigen, auf Angebot 362 19

Angestellte
- Abgrenzung z. Handelsvertreter 84 25 ff.
- Arbeitnehmer s. dort
- kaufmännische s. dort
- Kaufmannseigenschaft 1 76
- sozialversicherungsrechtliche Statusfeststellung 84 25 ff.
- Vermittlungsbeauftragte 84 2

„Anlageberatung"
- Firmenzusatz, Irreführungsverbot 18 53 ff.

Anleger
- arglistige Täuschung 161 111 ff., 151 ff.
- atypische stille Beteiligung 161 143
- Einlagen 161 141, 144 ff.
- Einlagenfinanzierung 161 145 f.
- mehrgliedrige stille Gesellschaft 230 73a
- mittelbare Beteiligung 161 90, 137 ff.
- Nachschusspflicht 161 149
- Prospekthaftung s. dort
- Publikumsgesellschaft 161 143
- Sicherheitenstellung 161 147
- Treuhandelemente 161 90, 137 ff.
- zusätzliche Leistungspflichten 161 141 ff.

Annahmeverweigerung
- Rügeobliegenheit 377 21

Annahmeverzug
- BGB-Regelungen 374 3 f.
- CISG 374 2
- Handelskauf 374 5 ff.
- Kommittent 389 1 ff.
- Leistungsangebot, außerhalb d. Geschäftszeit 358 5

Anscheinsvollmacht
- Begriff **Vor 48** 31 ff.
- Handlungsbevollmächtigter 54 37
- Ladenangestellte 56 12

„Anstalt"
- Firmenzusatz, Irreführungsverbot 18 50 f.

Stichwortverzeichnis

Antiquitäten
- Kommissionshandel **383** 1

Anwalts-GmbH
- Fantasiefirma **18** 30
- Firma **Vor 17** 18 ff.

Anwartschaftsrecht
- Zurückbehaltungsrecht, Entstehung **369** 19

Anweisung
- Indossabilität **363** 14 f.

Apotheker
- gewerbliche Tätigkeit **1** 62

Arbeitgeber
- Begriff **59** 9
- Fürsorgepflicht **62** 4
- Sperrabsprache **75f** 1 ff.
- Wettbewerbstätigkeit, Einwilligung **60** 19 ff.
- Wettbewerbsverstoß, Ansprüche **61** 5 ff.

Arbeitnehmer
- Abgrenzung z. freien Mitarbeit **59** 5 ff., 18
- Abgrenzung z. Handelsvertreter **84** 25 ff.
- Begriff **1** 25; **59** 3 ff.
- kfm. Arbeitsrecht, Anwendbarkeit **83** 1 f.
- nachvertragliches Wettbewerbsverbot s. dort
- sozialversicherungsrechtliche Statusfeststellung **84** 25 ff.
- Sperrabsprache unter Arbeitgebern **75f** 1 ff.
- Wettbewerbsverbot **60** 2; **74** 14; s.a. Nachvertragliches Wettbewerbsverbot – Handlungsgehilfe; Wettbewerbsverbot – Handlungsgehilfe
- Zeugniserteilung, Anspruch s. Arbeitszeugnis

Arbeitnehmerähnliche Personen
- Ausgleichsanspruch **89b** 29
- Begriff **59** 8
- Einfirmenvertreter, Mindestarbeitsbedingungen **92a** 1 ff.
- Handelsvertreter, anwendbare Vorschriften **Vor 84** 8
- Wettbewerbsverbot s. Nachvertragliches Wettbewerbsverbot – Handlungsgehilfe; Wettbewerbsverbot – Handlungsgehilfe

Arbeitnehmererfindung F&E 99 ff.; **Liz** 141

Arbeitsgemeinschaft s. ARGE

Arbeitsrecht
- kaufmännisches **59** 1

Arbeitszeugnis
- Änderung **73** 19 ff.
- Anspruch auf Erteilung **73** 1a ff.
- Auskunft ggü. Dritten **73** 22 f.
- einfaches **73** 9
- Gewerbeordnung, Geltungsbereich **73** 1
- Pflichtverletzung **73** 26 ff.
- qualifiziertes **73** 10 ff.

Arbitrage **346** 61 f.

Architekt
- gewerbliche Tätigkeit **1** 61

ARGE
- Gewerbe, Begriff **1** 30

Arglistige Täuschung
- Anleger **161** 111 ff., 151 ff.
- Handelsvertreteransprüche **88** 10
- Leasingvertrag, Lieferant **Leas** 49
- Lizenzverträge **Liz** 294
- OHG-Gesellschaftsvertrag **105** 45
- Verschweigen v. Mängeln, Rügeobliegenheit **377** 22 ff.

Arthandlungsvollmacht
- Umfang **54** 22

Arzt
- gewerbliche Tätigkeit **1** 59

Atypische stille Gesellschaft
- Abfindung **235** 20 ff.
- Anleger, Publikumsgesellschaft **161** 143
- Auseinandersetzung **235** 20 ff.
- Formen **230** 66 ff.
- Gesellschaftsvertrag, Abschluss **230** 16
- Gewinn-/Verlustermittlung, Handelsbilanz **232** 9
- Gewinn-/Verlustverteilung, Angemessenheit **231** 3
- Informationsrechte **233** 6a

Auf Abruf **346** 54

Aufbewahrungspflicht
- gerügte Handelsware **379** 1 ff.
- gerügte Ware, Notverkauf **379** 10 ff.

Auffanggesellschaft
- Firmenfortführung, Erwerberhaftung **25** 13

Aufrechnung
- Factoringverhältnis **Fact** 54 f.
- Fortbestehen d. Anspruchs im Kontokorrentverhältnis **356** 4 ff.
- Handelsvertreter, Vergütung **88a** 8
- Handlungsgehilfe, Vergütung **64** 6
- Kommanditist, Haftung **171** 69 f.

2727

- Kommanditist, mit Einlage **171** 21, 38 f., 49 ff.
- Kommissionär **399** 3
- OHG-Gesellschafter, Entnahmeanspruch **122** 5
- OHG-Gesellschafter, Haftung **129** 12 f., 15
- OHG-Gesellschafter, mit Einlage **110** 18

Auftrag
- Forschungs-/Entwicklungsvertrag **F&E** 8 ff.
- Makler **Vor 93** 12 ff., 20 ff.
- Vermittlungsbeauftragte **84** 2

Auftragsbestätigung
- Abgrenzung z. Bestätigungsschreiben **346** 36

Auftragsforschung
- Kartellrecht **F&E** 78 ff.

Aufwendungsersatz
- Geschäftsinhaber bei stiller Gesellschaft **230** 81
- Handelsvertreter **87d** 1 ff.
- Kommissionär **396** 9 ff.; **403** 3
- Makler **Vor 93** 26
- OHG-Geschäftsführer **114** 25 ff.
- OHG-Gesellschafter **110** 1 ff., 15, 17 f.
- Vertragshändler **VertrH** 45 f.
- Wettbewerbsverstoß **61** 18 f.
- Zinspflicht **110** 15; **354** 16 ff.

Auktionator
- gewerbliche Tätigkeit **1** 62

Ausfallbürgschaft 349 20

Ausgliederung
- Firmenbildung **19** 66a
- Firmenfortführung **22** 57

Auskunft
- kfm. Sorgfaltspflichten **347** 18 ff.

Auskunftsvertrag
- kfm. Sorgfaltspflichten **347** 19a, 21

Ausland
- Handelsrecht, Regelungssystem **Einl** 15

Auslandsgesellschaft
- Anerkennung, EU/EFTA/USA **Vor 13** 6 f.
- Firmenführung **17** 51
- inländische Gesellschaftsbeteiligung, Rechtsformzusatz **19** 67 ff.
- inländische Zweigniederlassung **13d** 1 ff.

Auslegung
- Handelsbrauch **346** 4
- nachvertragliches Wettbewerbsverbot **74** 40 ff., 44
- OHG-Gesellschaftsvertrag **105** 28

- Prokuraerteilung durch Nichtberechtigte **48** 18
- Publikumsgesellschaft, Vertrag **161** 93

Außendienst s.a. Vertrieb
- Abgrenzung z. Handelsvertreter **84** 25 ff.
- Ausgleichsanspruch, fehlender **89b** 29
- Handlungsgehilfe, Vertretungsmacht **75g** 1 ff.; **75h** 1 f.
- Mindestarbeitsbedingungen **92a** 1 ff.
- Scheinselbständigkeit **84** 25 ff.

Ausstellung
- Gewerbe, Begriff **1** 31

AVAG
- Vollstreckung ausländischer Entscheidungen **Einl** 63

AVB Einl 100

Background
- Begriff **F&E** 1

BaFin
- Daten, Falschübermittlung **104a** 1 ff.

Baisse-Klausel 346 63

„Bank"
- Firmenzusatz, Irreführungsverbot **18** 53 ff.

„Bankhaus"
- Firmenzusatz, Irreführungsverbot **18** 53 ff.

„Bankier"
- Firmenzusatz, Irreführungsverbot **18** 53 ff.

Bar
- Handelsklauseln **346** 65, 115

„Bau"
- Firmenzusatz, Irreführungsverbot **18** 57

Baumschule
- Land-/Forstwirtschaft **3** 8

Bausparkassenmakler
- Aktenführung **104** 3

Bausparkassenvertreter
- Ausgleichsanspruch **89b** 19, 159 ff.; **92** 12
- Einfirmenvertreter, Mindestarbeitsbedingungen **92a** 3 ff.
- Einmalprovision **92** 6
- Handelsvertreterrecht **92** 1 f.
- nebenberufliche Tätigkeit **92b** 1 ff.
- Provision, anwendbare Vorschriften **92** 7 f.
- Provisionspflicht, Entstehung **92** 6 f.
- provisionspflichtige Geschäfte **92** 4 f.
- Sonderregelungen **92** 3
- Stornogefahrabwehr **92** 9 ff.

– Verwaltungsprovision **92** 13
Beherrschendes Unternehmen
– Geschäftsführungskompetenz **105** 122
– Handelsgewerbe, fehlendes **105** 121
– Informationsrechte **105** 124 ff.
– Konzernbegriff **105** 110
– Konzernobergesellschaft, Pflichten ggü. AG **105** 127
– Leitungsmacht **105** 119 f.
– Rechtsstellung **105** 114
– Verlustübernahme **105** 117 f.
– Verwaltungsaufgaben **105** 121
– Zustimmungserfordernisse **105** 123 f.
Beherrschungs-/Gewinnabführungsvertrag
– Handelsregister, Eintragungspflicht **8** 27
Bekanntmachung s.a. Handelsregistereintragung – Fiktionswirkung
– Firma **17** 24
– Firmenfortführung, Haftungsbeschränkung **25** 42 f.
– Gutglaubensschutz **Anh 5** 1
– Haftsumme, Herabsetzung **175** 6
– Insolvenz **10** 4; **32** 7
– KG, Geschäftsaufnahme **162** 11, 22
– Mängel **10** 10 f.
– Publizitätsorgan **10** 6
– Reduzierung, EHUG **Vor 8** 8
– Umfang **10** 1 ff.
– Unkenntnis **15** 26 ff.
– unrichtige **15** 32 ff.
– Verfahren **10** 7
– Wirkung **10** 8 f.
– Wirkung, 15-Tages-Frist **15** 23 ff.
– Zweck **10** 5
Beratung
– kfm. Sorgfaltspflichten **347** 18 ff.
Beratungsvertrag F&E 26
Beschlussmängelstreitigkeiten
– Schiedsfähigkeit **Einl** 75
Beschwerde
– Firmenmissbrauchsverfahren **37** 24
– registergerichtliche **8** 46 ff.
Besitzgesellschaft
– Handelsregistereintragung, Option **Vor 8** 6
– Kaufmannseigenschaft, Option **1** 11
– Personengesellschaft, Kaufmannseigenschaft **Einl** 44
– Überlassung v. Nutzungsrechten, gewerbliche Tätigkeit **1** 44 ff.
Besserungsschein
– Handelsklauseln **346** 67

Bestellschein
– Geschäftsbriefangaben **37a** 22; **125a** 5
Bestimmungskauf
– Abgrenzung z. Wahlschuld **375** 3 f.
Betreuer
– Kaufmannseigenschaft **1** 77
Betriebliche Altersversorgung
– geschäftsführender Kommanditist **164** 23 f.
Betriebsaufgabe
– Ende d. Kaufmannseigenschaft **1** 141; **2** 27
– Erbenhaftung, Firmenfortführung **27** 30 f., 37
– Firma, Erlöschen **17** 29 f.
– Land-/Forstwirtschaftsbetrieb **3** 30
Betriebsaufspaltung
– Gewerbe, Begriff **1** 44 ff.
Betriebsgeheimnis
– Verpflichtung d. Handelsvertreters **90** 1 ff.
Betriebsinhaber s.a. Stille Gesellschaft – Geschäftsinhaber
– Kaufmannseigenschaft **1** 73
Betriebspacht
– Firmenfortführung, Erwerberhaftung **25** 6
Betriebsübergang
– Einbringung, Arbeitsverhältnisse **28** 40
– Haftung **25** 47; **26** 22
– Land-/Forstwirtschaftsbetrieb **3** 36
– Wettbewerbsverstoß, nachvertraglicher **74** 60
Betriebsverpachtung
– Firma **17** 31
– Firmenfortführung **22** 62 ff., 70
– Gewerbe, Begriff **1** 44 ff.
– Land-/Forstwirtschaftsbetrieb **3** 36
– Pächter, Kaufmannseigenschaft **1** 84
Beweislast
– Geschäftsführerhaftung **114** 31
– Handelsbrauch, Vorliegen **346** 28 f.
– Handelsregisterverfahren **1** 123 ff.
– Handelsvertreter, Ausgleichsanspruch **89b** 172 f.
– Handelsvertreterprovision, Einwendungen **87c** 22
– Handelsvertreterprovision, Entstehung **87a** 31
– Handelsvertreterprovision, Höhe **87b** 5
– Kaufmannseigenschaft **1** 119 ff.
– kfm. Bestätigungsschreiben, Vorliegen **346** 47

2729

- kfm. Bestätigungsschreiben, Zugang 346 47
- kfm. Sorgfaltspflichten 347 17, 29
- Kommission, Preisabweichung 387 3
- Kommission, Provision 396 7
- Maklervertrag, Abschluss **Vor 93** 16
- Maklervertrag, Vorkenntnis **Vor 93** 29
- Maklervertrag/-provision **Vor 93** 79
- Rügeobliegenheit 377 59 f.
- Scheinkaufmann, Haftung **Anh 5** 34

Bezirksvertreter
- Alleinvertreter 87 21
- Ausgleichsanspruch 89b 16
- außerbezirkliche Vermittlung 87 24 f.
- außerbezirkliche Vermittlung, Provision 87 22
- Bezirksschutz 87 19
- Geschäftsabschluss 87 24 f.
- Lieferungsort 87 24 f.
- nachvertragliches Wettbewerbsverbot 90a 7
- Provision, Abdingbarkeit 87 23
- Provisionsanspruch 87 20
- Untätigkeit 87 26 ff.
- unwirksame Kündigung, Provisionsanspruch 89a 22

Bilanz s.a. Handelsbilanz; Rechnungslegung; Steuerbilanz
- Abschrift, Kommanditisten 166 2 f.
- kfm. Betriebseinrichtung 1 105
- OHG, Liquidationsstadium 154 3 f., 7 ff., 9
- OHG-Gesellschafter, Abfindung 131 43 f., 46 f.

Bildberichterstatter
- gewerbliche Tätigkeit 1 62

„Bio"
- Firmenzusatz, Irreführungsverbot 18 88

„Börse"
- Firmenzusatz, Irreführungsverbot 18 58 f.

Börsenhandel s.a. Effektenhandel; Wertpapiere
- gewerbliche Tätigkeit 1 32

Börsenmakler 93 6

Bote
- Abgrenzung z. Vertreter **Vor 48** 12

Briefkastengesellschaft
- Limited **Vor 13** 8

Briefmarken
- Kommissionshandel 383 1

Bruchteilsgemeinschaft
- Gesellschafterstellung, KG 105 65

Brutto für netto
- Handelsklauseln 346 68

Buchclub
- gewerbliche Tätigkeit 1 33

Buchführung
- kfm. Betriebseinrichtung 1 105
- Liquidationsstadium 154 14

Buchmacher
- gewerbliche Tätigkeit 1 62

Bundesanzeiger
- Publizitätsorgan 10 6
- Unternehmensregister **Vor 8** 28

Bundesbank
- Gewerbe, Begriff 1 53

Bürgerliches Gesetzbuch
- Normenabgrenzung z. HGB **Einl** 16 ff.
- Sonderprivatrecht d. HGB **Einl** 1 ff.
- Verhältnis z. HGB **Einl** 56

Bürgerliches Recht
- Handelsregistereintragung, Fiktionswirkung 5 29

Bürgschaft
- Abgrenzung z. Anerkenntnis 349 30
- Abgrenzung z. Delkredere-Vertrag 349 34
- Abgrenzung z. Garantie 349 24 ff.
- Abgrenzung z. Patronatserklärung 349 32 f.
- Abgrenzung z. Schuldbeitritt 349 29
- Abgrenzung z. Schuldübernahme 349 31
- Arten 349 7 ff.
- auf erstes Anfordern 349 17 ff.
- Einrede d. Vorausklage 349 1 ff.
- Formerfordernis 350 5
- Formfreiheit 350 1 f.
- Fortbestehen, im Kontokorrentverhältnis 356 3 ff.
- Kommanditistenhaftung 171 26
- selbstschuldnerische 349 1 f., 23

Bürgschaftsurkunde
- Handelsgeschäfte, Vermutung 344 11 ff.

C&F/CFR 346 69
CAD 346 68

„Center"
- Firmenzusatz, Irreführungsverbot 18 85 f.

Centros
- Zweigniederlassungsrichtlinie **Vor 13** 4 ff.

CIF 346 70
CIM Einl 81
CIP 346 71

Circa
- Handelsklauseln 346 72

CISG Einl 106; **Vor 373** 2

– Annahmeverzug **374** 2
– handelsrechtliche Vorschriften außerhalb d. HGB **Einl** 53 ff.
CIV Einl 81
CMR Einl 81
COD 346 72, 102
Codes of conduct Einl 103
COFACI Einl 78
Container
– FCL, Handelsklauseln **346** 72, 84
COTIF Einl 81
COV Einl 81
CPT 346 73
Crosslizenz F&E 82

DAF 346 75
Darlegungslast s.a. Beweislast
– Handelsvertreterprovision, Entstehung **87a** 31
– Handelsvertreterprovision, Höhe **87b** 5
Darlehen s.a. Kreditgeschäft
– Abgrenzung z. stillen Gesellschaft **230** 59 ff.
– Handlungsvollmacht **54** 33
Dauerschuldverhältnis
– Firmenfortführung, Altunternehmerenthaftung **26** 6 f., 9
– Firmenfortführung, Erwerberhaftung **25** 23
– Handelsvertreter, Vertrag **85** 1
DDP 346 76
DDU 346 77
Default-Klausel 346 113
Deliktische Haftung s.a. Produkthaftung
– GbR **5** 30 f.
– Handelsregistereintragung, Fiktionswirkung **5** 30 f.
– kfm. Sorgfaltspflichten **347** 25, 29
– Kommanditistenhaftung **5** 30 f.; **171** 27
– nachvertragliches Wettbewerbsverbot **74** 49
– OHG, Insolvenz **130a** 34
– OHG-Gesellschafter **5** 30 f.; **111** 12
– Wettbewerbsverbot, OHG-Gesellschafter **113** 6
Delkredere
– Abgrenzung z. Bürgschaft **349** 34
– Factoring, Haftung **Fact** 8, 13, 23 ff.
– Kommissionär, Haftung **394** 1 ff.
Delkredereprovision
– Abschlussvollmacht **86b** 7, 17
– Auslandsunternehmen **86b** 7
– Bonitätsprüfungspflicht **86b** 1 f.
– Generalvollmacht **86b** 17

– Haftungsumfang **86b** 11 f.
– Kommissionär **394** 9
– Rechtsnatur **86b** 3
– Schriftform **86b** 4, 8 ff.
– Vergütung **86b** 6, 13 ff.
DEQ 346 78
DES 346 79
„deutsch"
– Firmenzusatz, Irreführungsverbot **18** 71
Dienstleistungsgewerbe
– Anwendbarkeit d. HGB **Einl** 2
Dienstvertrag s.a. Forschungs-/Entwicklungsverträge
– Entgeltlichkeitsfiktion **354** 1 ff.
– Entwicklungsvertrag **F&E** 13 ff.; s.a. Forschungs-/Entwicklungsverträge
– Franchise **Franch** 34
– Geschäftsführungsvertrag **114** 19
– Kommissionsvertrag **383** 6, 18
– Maklerdienstvertrag **Vor 93** 19 f.
DIN-Norm
– Qualitätssicherungsvereinbarung **Qual** 4 f.
DIS Einl 78
Dokument gegen Akzept 346 74, 79a
Dokument gegen unwiderruflichen Zahlungsauftrag 346 80
Domainname
– Firmenname **17** 7a
– Kennzeichnungsfähigkeit **18** 10, 17a
Doppelsitz
– Zulässigkeit **13** 3
Drittschadensliquidation
– Kommissionshandel **383** 31
Drittwiderspruchsklage
– Leasinggeber **Leas** 194
Drohung
– OHG-Gesellschaftsvertrag **105** 45
Duldungsvollmacht Vor 48 28 ff.
– Handlungsbevollmächtigter **54** 37
– Ladenangestellte **56** 12
Durchgriffshaftung
– Kommanditist **171** 27

e.V. & Co. KG
– Rechtsformzusatz **19** 62 f.
ECE
– Schiedsgerichtsordnung **Einl** 79
EDV-Entwicklung F&E 16
Effektenhandel
– Kommissionsvertrag **383** 2
– Strafvorschriften **383** 45
EG-Richtlinie Einl 82 ff.
– Publizitätsrichtlinie **15** 34

2731

– Zweigniederlassungsrichtlinie **Vor 13** 4 ff.; **13d** 5 ff.
Ehegatte
– Kaufmannseigenschaft **1** 85
– Rechtsgeschäfte, Zustimmung **344** 4
EHUG
– Bekanntmachungen, Reduzierung **Vor 8** 8
– Datenschutz **8a** 6 ff., 10
– elektronischer Rechtsverkehr **Vor 8** 29
– Firmenzeichnung, Hinterlegung **Vor 8** 11
– Geschäftsbriefangaben **37a** 1
– Handelregister, Schutz d. Bezeichnung **8** 65
– Handelsregister, Amtssprachen **11** 1 ff.
– Handelsregistergebühren **Vor 8** 9
– Handelsregisterverfahren **8** 10; **8a** 5 ff.
– OHG, Handelsregisteranmeldung **108** 15
– Unternehmensregister **Vor 8** 28
– Unterschriftenzeichnung **12**
– Zuständigkeit, IHK **Vor 8** 2
– Zuständigkeit, Konzentration **Vor 8** 1
– Zweigniederlassung, Bekanntmachungsverfahren **Vor 8** 8
– Zweigniederlassung, Handelsregistereintragung **Vor 13** 1, 9
– Zweigniederlassung, Postleitzahl **Vor 8** 14
Eigentum
– F&E, Entwicklungsergebnis **F&E** 92 f., 96
– Kommission **383** 32 ff., 36 ff.
– Leasinggut **Leas** 1
– Scheinkaufmann, Haftung **Anh 5** 47
– Wettbewerbsverstoß, Ansprüche **74** 49
– Zurückbehaltungsrecht **372** 1 f.
Eigentumsvorbehalt
– Fortbestehen im Kontokorrentverhältnis **356** 4 ff.
– verlängerter **Fact** 31 ff.
Einbringung
– Einzelunternehmen in GmbH, Firmenfortführung **25** 13
– Einzelunternehmen in KG/OHG s. Einbringung – Haftung
– Erbenhaftung, Firmenfortführung s. dort
– Firma, Handelsregisteranmeldung **17** 37

– Handelsgeschäft, Firmenfortführung **22** 4; **24** 3 ff., 10a; s.a. Firmenfortführung
– Handelsgeschäft, Vermutung **344** 5
Einbringung – Haftung
– Altschulden **28** 1 ff.
– Ausschluss **28** 35 ff.
– Betriebsübergang, Arbeitsverhältnisse **28** 40
– Einzelkaufmann, Begriff **28** 11
– Enthaftung **28** 4
– Enthaftungsregelung **28** 42 ff.
– fehlerhafte Gründung **28** 16 ff.
– Forderungsübergang **28** 34, 39
– GbR als Durchgangsstadium **28** 10
– Geschäftsfortführung **28** 20 ff.
– Geschäftsverbindlichkeiten **28** 29
– Handelsgeschäft in Personenhandelsgesellschaft **28** 1 ff.
– in bestehende Personenhandelsgesellschaft **28** 12
– Kaufmannseigenschaft **28** 9 f.
– Nachhaftungsbegrenzungsgesetz **28** 4
– Neuschulden **28** 33
– Schuldbeitritt **28** 28
– Vermögensübernahme **28** 41
– Voraussetzungen **28** 13 ff.
– Zwangsvollstreckung **28** 32
Einfirmenvertreter
– Abhängigkeit **84** 35 f.
– Mindestarbeitsbedingungen **92a** 1 ff.
– Wettbewerbsverbot, Lockerung **86** 33
„Einkauf"
– Firmenzusatz, Irreführungsverbot **18** 87
Einkommensteuer
– Leasing, steuerliche Behandlung **Leas** 1, 12 f.
– Lizenzverträge, internationale **Liz** 383 ff., 387 ff., 392 f.
– Lizenzverträge, nationale **Liz** 379 ff., 391
Einspruch
– Firmenmissbrauchsverfahren **37** 23
Eintritt s. Firmenfortführung – Gesellschaftereintritt; OHG – Fortsetzung; OHG – Gesellschafterhaftung
Einzelkaufmann
– Auslandsgesellschaft, inländische Niederlassung **13d** 1 ff.
– Fantasiefirma **19** 18 f.
– Firma **17** 2
– Firma, Einbringung **17** 37
– Firma, Grundbuch **17** 3
– Firma, Unterscheidbarkeit **30** 1 ff.
– Firmenfortführung s.a. dort

– Firmenfortführung, Einwilligung **22** 24
– Firmenfortführung, Rechtsform-/Nachfolgezusatz **22** 47 ff.
– Firmenmissbrauchsverfahren **37** 13
– Firmenzusatz, Irreführungsverbot **18** 36
– gemischte Firma, Einbringung in OHG **19** 26
– Gesamthandsgemeinschaften **28** 11
– Geschäftsbriefangaben **37a** 1 ff.
– Handelsgeschäft, Einbringung s. Einbringung – Haftung
– Inhabervermerk **19** 15 f.
– Insolvenz, Firma **17** 46
– juristische Personen **28** 11
– Parteifähigkeit, Firma **17** 39
– Personenfirma, Familienname **19** 4 ff. s.a. Personenfirma – Einzelkaufmann
– Personenfirma, Vornamen **19** 12 ff.
– Rechtsformzusatz **Vor 17** 7, 10; **19** 35 ff.
– Sachfirma **19** 17

Einziehungsermächtigung
– Factoring, Abgrenzung **Fact** 20

Elektronischer Rechtsverkehr Vor 8 28 f.
– s.a. EHUG

Eltern
– Kaufmannseigenschaft **1** 77

Entfernungen
– unterschiedliche Maßeinheit, im Bezugsgebiet **361** 1 ff.

Entgeltfortzahlung
– Handlungsgehilfe, Provision **65** 15 f.

Entwicklung
– Begriff **F&E** 1

ERA Einl 103

Erben
– Begriff **27** 9 f.
– Firmenfortführung **22** 10, 24, 29; s.a. Erbenhaftung – Firmenfortführung
– Geschäftsführungsbefugnis **114** 16
– Geschäftsinhaber, bei stiller Gesellschaft **234** 13 f.
– Handelsgeschäft, Veräußerung **25** 6; s.a. Firmenfortführung
– Informationsrecht, Kommanditisten **166** 62 f.
– Nachfolge in Kommanditanteil **173** 23 ff., 29 ff.; **177** 21a; s.a. Firmenfortführung – Gesellschaftereintritt; OHG – Fortsetzung
– OHG, Handelsregisteranmeldepflicht **108** 8

Erbengemeinschaft
– Firmenfähigkeit **27** 40
– Firmenfortführung **27** 39 f.
– Gesellschafterstellung, KG **105** 65
– gewerbliche Tätigkeit **1** 30
– Kaufmannseigenschaft **1** 77, 86; **27** 40
– Liquidatoren, Bestellung **146** 5 f.
– Nachfolge in Gesellschaftsanteil **139** 1 ff.; s.a. OHG – Fortsetzung
– Prokura, Erteilung **48** 6
– stille Gesellschaft **230** 24
– Teilrechtsfähigkeit **27** 40
– Umwandlung in OHG **105** 37

Erbenhaftung
– aufgelöste Gesellschaft **130** 8
– Altverbindlichkeiten **139** 54
– bei Auflösung **139** 59
– bei Ausscheiden **139** 58
– erbrechtliche **27** 1 f.
– handelsrechtliche **27** 3 ff.; s.a. Erbenhaftung – Firmenfortführung
– Nachlassverbindlichkeiten **139** 53
– Nachfolge in Gesellschaftsanteil **139** 1 ff.; s.a. Firmenfortführung – Gesellschaftereintritt; OHG – Fortsetzung
– Neuverbindlichkeiten **139** 55
– Umwandlung in KG **139** 51 ff., 57
– Umwandlung in KG, Handelsregistereintragung **139** 60 ff.
– Zwischenschulden **139** 56

Erbenhaftung – Firmenfortführung
– analoge Anwendung d. § 25 Abs. 2 **27** 41 f.
– Änderung d. Firma **27** 18 ff.
– Ausschlagung d. Erbschaft **27** 5
– Ausschlagung d. Erbschaft, nach Fortführung **27** 29
– bestehendes Handelsgeschäft **27** 6 ff.
– durch Erbengemeinschaft **27** 39 f.
– Einbringung d. Handelsgeschäfts **27** 33 f.; s.a. Einbringung – Haftung
– Einstellung d. Geschäftsbetriebs **27** 5, 30, 37
– Erbanfall beim alleinigen Kommanditisten **27** 8
– Erbenstellung **27** 9 f.
– erbrechtliche Haftung **27** 1 f.
– Firmenfortführung, Erforderlichkeit **27** 18 ff.
– Fortführung d. Handelsgeschäfts **27** 11
– Fortführung d. Handelsgeschäfts durch Vertreter **27** 12 ff.
– Geschäftsverbindlichkeiten **27** 23 ff.
– Haftungsbeschränkung, einseitige **27** 5, 41 f.

2733

- handelsrechtliche Haftung 27 3 ff.
- minderjährige Erben 27 14
- Miterben 27 22, 36
- Nachlasserbenschulden 27 26
- Nachlassverbindlichkeiten 27 25
- Neuschulden 27 26, 38
- Rechtsfolgen 27 21 ff.
- Rechtsgrundverweisung/-folgenverweisung 27 18 ff.
- Scheinerbe 27 10
- Überlegungsfrist 27 35
- Umfang 27 21 ff.
- Veräußerung d. Handelsgeschäfts 27 32
- Vermächtnis 27 17
- Vermeidung 27 5
- Vor-/Nacherbschaft 27 16
- Wegfall der beschränkten Haftung 27 21

Erfindung F&E 99 ff.
- Lizenzierung Liz 121

Erfüllungsgehilfe
- Haftungsmaßstab, Geschäftsherr 347 2 f.
- Lieferant, Leasingvertrag Leas 44 ff., 57

Erfüllungsort
- abweichende Angaben zu Maß/Zeit/Währung 361 1 ff.
- Bestimmung 361 4 f.
- Handelsbräuche 346 19
- Kommissionsvertrag 383 10

ERI Einl 103

Erwerb von Todes wegen
- Erbenhaftung s. dort
- Firmenfortführung 22 10, 24; s.a. dort
- Gesellschaftsanteil s. Firmenfortführung – Gesellschaftereintritt; OHG – Fortsetzung

Erzieher gewerbliche Tätigkeit 1 61

eta/etb-Meldung 346 81

EuGVVO
- Handelsvertreter, Gerichtsstand Vor 84 27
- internationale Zuständigkeit Einl 61 ff.
- stille Gesellschaft 230 91d
- Vollstreckung ausländischer Entscheidungen Einl 63

„europäisch"
- Firmenzusatz, Irreführungsverbot 18 72

Europäische Union
- Principles of European Contract Einl 103

Europäische wirtschaftliche Interessenvereinigung s. EWIV

Europäisches Recht s.a. Gruppenfreistellungsverordnung
- Publizitätsrichtlinie 15 34
- Zweigniederlassungsrichtlinie Vor 13 4 ff.; 13d 5 ff.

EWIV
- Firma Vor 17 21; 17 18
- Funktion 105 104
- Geschäftsbriefe, erforderliche Angaben 125a 1
- Gesellschafterstellung, OHG 105 63
- Haftung d. Gesellschafter 128 1 ff.; 130 1 ff.
- Handelsgesellschaft 1 66
- Kaufmannseigenschaft 1 6; 6 4
- Rechtsbeziehungen 105 105
- Rechtsgrundlage 105 103
- stille Gesellschaft 230 91c
- Unternehmensverbindungen 105 106 ff.

ex ship 346 79
Existenzvernichtungsverbot KG 177a 7
EXW 346 57 f.

F&E s. Forschungs-/Entwicklungsverträge

„Fabrik"
- Firmenzusatz, Irreführungsverbot 18 60 f.

Fabrikationsfehler s. Produkthaftung; Qualitätssicherung

„Fach-/Spezialgeschäft"
- Firmenzusatz, Irreführungsverbot 18 62 f.

Factoring
- Abtretungsverbot, Unverbindlichkeit Fact 50 f.
- Abtretungsverbot, Vorbehaltsverkäufer Fact 52
- Anschlusskunde, Insolvenz Fact 63 ff.
- Aufrechnung, nach Forderungsabtretung Fact 55
- Aufrechnung, vor Forderungsabtretung Fact 54
- Delkrederehaftung Fact 8, 13, 23 ff.
- echtes Fact 10 ff.
- Einziehungsermächtigung, Abgrenzung Fact 20
- Factor, Insolvenz Fact 78 ff.
- Forderungsabtretung, echtes Factoring Fact 27 ff.
- Forderungsabtretung, unechtes Factoring Fact 30
- Funktion Fact 2

- Kollision v. Factoringzession/Kreditzession **Fact** 47 ff.
- Kollision v. Globalzession/unechtem Factoring **Fact** 46
- Kollision v. nachrangiger Globalzession/echtem Factoring **Fact** 42
- Kollision v. vorrangiger Globalzession/echtem Factoring **Fact** 31 ff.
- Kontenführung **Fact** 26
- Kontokorrentverhältnis **Fact** 56 ff.
- Kreditwesengesetz, Anwendbarkeit **Fact** 88 ff.
- offenes **Fact** 14
- Rückabwicklung, bereicherungsrechtliche **Fact** 59 ff.
- steuerliche Behandlung **Fact** 7
- stilles **Fact** 15
- unechtes **Fact** 13
- UNIDROIT-Konvention **Einl** 81
- Unterschied z. Zession **Fact** 6, 8
- Wechselforderungen **Fact** 25
- wirtschaftliche Entwicklung **Fact** 1

Factoringvertrag
- Andienungspflicht d. Anschlusskunden **Fact** 22
- Ankaufspflicht **Fact** 19 ff.
- Anschlusskunde, Skonti **Fact** 4
- Einziehungsermächtigung, Abgrenzung **Fact** 20
- Forderungen, Umfang **Fact** 3
- Gebühren **Fact** 5
- Limit **Fact** 16 f.
- Maturity-Factoring **Fact** 4
- Rahmenvertrag **Fact** 8
- Rechtsnatur **Fact** 12 f.
- Silo-Prinzip **Fact** 18
- Vertragsschluss **Fact** 22
- Zinsen **Fact** 5

Fahrlässigkeit
- kfm. Sorgfaltspflichten **347** 8

Fahrlehrer
- gewerbliche Tätigkeit **1** 62

Fälligkeit
- Handelsvertreter, Provision **87a** 32, 34, 36
- Handlungsgehilfe, Vergütung **64** 2 ff., 7 f.
- Karenzentschädigung **74b** 2 f.; **90a** 18
- Leasingraten **Leas** 77
- Makler, Provision **Vor 93** 83
- OHG-Gesellschafter, Abfindung **131** 42
- Verhältnis z. Zurückbehaltungsrecht **353** 6

Fälligkeitszins
- Einrede d. nichterfüllten Vertrags **353** 5
- Stundung **353** 4
- Voraussetzungen **353** 1 ff.
- Wahlschuld **353** 4
- Zinspflicht **353** 1 ff.
- Zurückbehaltungsrecht d. Schuldners **353** 6

Falschlieferung
- Rügeobliegenheit **377** 2

Familiengericht Genehmigung v. Handelsgeschäften **1** 87 f.

Fantasiefirma Begriff **17** 5a
- Bezeichnung, fremdsprachige **18** 26
- Domainnamen **17** 7a
- Einzelkaufmann **19** 18 f.
- gemischte **19** 20
- OHG **19** 27a
- Unterscheidbarkeit **30** 20
- Unterscheidungskraft **18** 23 f.

FAS 346 82
FCA 346 83
FCL 346 72, 84 ff.
Fehlerhafte Gesellschaft 105 38 ff.

Filialunternehmen
- kfm. Betriebseinrichtung **1** 116

„Finanzdienstleistungen"
- Firmenzusatz, Irreführungsverbot **18** 55

Finanzierungsleasing
- s.a. Leasinggeber; Leasingnehmer; Leasingvertrag; Teilamortisationsvertrag; Vollamortisationsvertrag
- AGB s. Leasing – AGB
- Amortisationspflicht **Leas** 20 ff.
- anwendbares Recht **Leas** 18
- Begriff **Leas** 17 ff.
- Charakterisierung, Literaturmeinungen **Leas** 24 ff.
- Charakterisierung, Rechtsprechungsansicht **Leas** 18 ff.
- Kilometer-Abrechnungsvertrag **Leas** 23
- Kraftfahrzeug-Leasing **Leas** 125 ff., 129
- Leasinggut s. dort
- Sach-/Preisgefahr **Leas** 18
- Sale-and-lease-back **Leas** 17, 36
- Teilamortisationsvertrag, kündbarer **Leas** 22, 27

Finanzmakler Vorkaufsrecht Dritter **Vor 93** 64; **93** 6

Firma
- abgeleitete **17** 6 f.

- Abgrenzung z. Geschäftsbezeichnung 17 9 f.; **19** 2
- Abgrenzung z. Warenzeichen **17** 11
- Absinken d. Geschäftsvolumens **17** 32
- Abspaltung **19** 66a
- Änderung **18** 3
- Änderung, Firmenfortführung **22** 38 ff.; **25** 16 ff.
- Änderung, Gesellschafterhaftung **130** 7
- Änderung, Handelsregisteranmeldung **31** 1 ff.
- Arten **17** 4 ff.
- Aufgabe **17** 28
- Ausgliederung **19** 66a
- Auskunftsfunktion **Vor 17** 9 ff.
- Bestandsschutz **37** 10 ff.
- Bestandteile **17** 34
- Bestandteile, unzulässige **18** 8
- Betriebsaufgabe **17** 29 f.
- Domainnamen **17** 7a; s.a. dort
- Doppelnamen **18** 34
- Drittnamen, Irreführung **18** 32 ff.
- Einbringung, Einzelkaufmann **17** 37; s.a. Einbringung – Haftung
- Einzelkaufmann, bürgerlicher Name **17** 2
- Entlehnungsgebot **19** 17
- Entstehen **17** 25 f.
- Erlöschen **17** 27 ff.; **22** 34, 69
- Erlöschen, Handelsregisteranmeldung **31** 11 ff.
- Erlöschen, Insolvenz **17** 45
- Erlöschen, Liquidation d. OHG **149** 18
- Erlöschen, Prokura **53** 13
- EWIV **Vor 17** 21; **17** 18
- Familienname, Insolvenz **17** 47 f.
- Fantasiefirma **17** 5a; s.a. dort
- Firmenausschließlichkeit **17** 22
- Firmenbeständigkeit **17** 23
- Firmenbestandteil, prägender **18** 5
- Firmeneinheit **17** 21
- Firmenfähigkeit **17** 25
- Firmenfähigkeit, Fortführung **22** 15 f.
- Firmenkern, Begriff **18** 5, 7
- Firmenlöschungsverfahren **18** 37, 39a
- Firmenmissbrauchsverfahren **18** 37, 39a; **37** 1 ff.; s.a. dort
- Firmenmissbrauchsverfahren, Veräußerungsverbot **23** 11
- Firmenöffentlichkeit **17** 24
- Firmenwahrheit **Vor 17** 13; **17** 20; s.a. Irreführungsverbot
- Firmenzeichnung, Hinterlegung **Vor 8** 11
- Firmenzusatz, Arten **18** 7
- Firmenzusatz, Begriff **18** 5, 7
- Formwechsel **19** 66
- freie Wahl **Vor 17** 7
- Führungsrecht, anwendbares Recht **17** 50
- GbR **17** 17
- gemischte **17** 5; **19** 20
- Geschäftsbriefe, notwendige Angaben **Vor 8** 27; **37a** 15
- Gestaltungsfreiheit **18** 1 ff.
- GmbH & Co. KG **19** 45 ff.; **161** 52 ff.
- Handelsgesellschaft, Zusatzerfordernis **1** 127, 129
- Handelsrechtsreform **Einl** 44; **18** 1 ff.
- Handelsregistereintragung **17** 26
- Inhabervermerk **19** 15 f.
- Insolvenz **17** 45
- Insolvenz, Verwertungsbefugnis **22** 31 ff.
- irreführende Angaben **Anh 5** 14; **Vor 17** 13
- Istkaufmann, Zusatzerfordernis **1** 126, 129
- Kennzeichen/Marken **17** 11 ff.
- Kennzeichnungsfähigkeit **Vor 17** 8 ff.
- Kleingewerbe **17** 32
- Legaldefinition **17** 2
- Liquidationsstadium **17** 32
- Lizenz **Liz** 96
- Minderfirma s. dort
- Mindestinhalt **17** 19
- OHG **124** 1
- Pariser Verbandsübereinkunft **17** 53 f.
- Partnerschaftsgesellschaft **Vor 17** 14 ff.; **17** 17
- Personenfirma **17** 4a; s.a. dort
- prägender Bestandteil **17** 19
- Publizität **Vor 17** 9 ff.
- Rechtsanwaltsgesellschaft **Vor 17** 18 ff.
- Rechtsformzusatz s. dort
- Rechtsschein d. Gesellschafterstellung **Anh 5** 17 ff.
- Registerkontrolle **Vor 8** 22; **18** 37
- Sachfirma **17** 5; s.a. dort
- Scheinkaufmann **Anh 5** 9 ff., 14, 17 ff., 25
- Scheinübertragungen **23** 7
- Schutz, anwendbares Recht **17** 52 ff.
- Sittenverstoß **18** 4, 9
- Spaltung **19** 66a
- Übertragbarkeit **17** 9, 31

- Übertragung, Altunternehmerhaftung **25** 31 ff.
- Unternehmensnachfolge **2** 26
- Unterscheidbarkeit, Abgrenzung z. Unterscheidungskraft **30** 1; s.a. Unterscheidbarkeit
- Unterscheidbarkeit, Firmenarten **30** 18 ff.
- Unterscheidbarkeit, mehrere Anmeldungen **30** 9
- Unterscheidbarkeit, örtliche Begrenzung **30** 2 ff.
- Unterscheidungskraft **Vor 17** 8 ff.
- unzulässige, Bindungswirkung gerichtlicher Entscheidungen **16** 19
- Veräußerungsverbot **23** 1 ff.
- Verschmelzung durch Aufnahme **19** 65
- Verstoß gg. Öffentliche Ordnung/gute Sitten **18** 25
- Verwechslungsgefahr **30** 13 ff.
- Verwechslungsgefahr, Rechtsprechung **30** 21 f.
- Verwechslungsgefahr, Zwischenverfügung **30** 24
- Zivilprozess **17** 39 ff.
- Zulässigkeit **17** 10
- zusammengesetzte **17** 4a
- Zwangsvollstreckung **17** 43 f.
- Zweigniederlassung **13** 12 f., 15; **17** 21
- Zweigniederlassung, Firmenfortführung **22** 46
- Zweigniederlassung, Vertretungsmacht **126** 5

Firmenfortführung
- abgeleitete Firma, Reform **17** 23
- Abspaltung **19** 66a; **22** 57
- Altunternehmerhaftung **25** 31 ff.
- Änderung d. Firma, notwendige **22** 47 ff.
- Änderung d. Firma, unzulässige **22** 44
- Änderung d. Firma, zulässige **22** 38 ff.; **24** 9
- Änderung, Handelsregisteranmeldung **31** 1 ff.
- Ausgliederung **19** 66a; **22** 57
- bestehendes Handelsgeschäft **25** 2 f.
- Einbringung in Kapitalgesellschaft **25** 13
- Einbringung ohne Fortführung **28** 27; s.a. Einbringung – Haftung
- Einbringung, Handelsregisteranmeldung **31** 3
- Einwilligung d. Inhabers **22** 19 ff.
- Einwilligung, Einzelkaufmann **22** 24
- Einwilligung, Erben **22** 24, 29
- Einwilligung, Kapitalgesellschaft **22** 27
- Einwilligung, Personengesellschaft **22** 25 f.
- Einwilligung, Registerkontrolle **22** 67
- Einwilligung, Testamentsvollstrecker **22** 29
- Erben **22** 10, 24, 29; s.a. Erbenhaftung – Firmenfortführung
- Firma, Zulässigkeit **22** 14 ff.
- Firmenmissbrauchsverfahren, Veräußerungsverbot **23** 11
- Firmenname **17** 6 f.
- Firmenvereinigung **22** 45 f.
- Formwechsel **19** 66; **22** 58
- Geschäftsaufgabe durch Erwerber **22** 34
- Gesellschafterwechsel **24** 3 ff., 11 ff.
- Handelsgeschäft, bestehendes **22** 6 ff.; **24** 5
- Handelsgeschäft, Einbringung **24** 3, 10a; s.a. Einbringung – Haftung
- Handelsgeschäft, Erwerb **22** 4 ff.; s.a. Firmenfortführung – Erwerberhaftung
- Handelsgeschäft, Erwerb v. Todes wegen **22** 10, 24; s.a. Erbenhaftung – Firmenfortführung
- Handelsgeschäfte, Vermutung **344** 5
- Handelsregisteranmeldung **22** 66 ff.
- Handelsregisteranmeldung d. Pächter **22** 70
- in der Insolvenz **17** 45 ff.
- Insolvenz, Verwertungsbefugnis **22** 31 ff.
- Leerübertragung **23** 1 ff.
- Mantelverkauf **22** 8; **23** 8
- Nachfolgezusatz **22** 37, 42 f., 48 ff.
- Namensänderung **21** 1 ff.
- neue Firma d. Veräußerers **22** 59 ff.
- Nießbrauch **22** 62 ff., 70
- Pacht **22** 62 ff., 70
- Rechtsformzusatz **17** 23; **22** 37, 48 ff.
- Scheinübertragungen **23** 7
- Spaltung **19** 66a; **22** 57
- Umfang d. Übertragung **22** 28
- Umwandlung **22** 53 ff.
- Verschmelzung **22** 53 ff.
- Verschmelzung durch Aufnahme **19** 65
- Vorgesellschaften **21** 8 f.
- Zweigniederlassung **22** 46

Firmenfortführung – Enthaftung
- Abdingbarkeit **26** 21
- Arbeitsverhältnisse **26** 7
- Betriebsübergang, Arbeitsverhältnisse **26** 22

- Dauerschuldverhältnis 26 6 f., 9
- Fristbeginn 26 14 ff.
- Gesetzeskonzeption 26 1 ff.
- Haftungsbeschränkung, rechtsgeschäftliche 25 39 ff.
- Nachhaftungsbegrenzungsgesetz 26 4
- Rechtsfolgen 26 22 f.
- Übergangsregelungen 26 3 ff.
- Verjährung 26 18 ff., 23
- Voraussetzungen 26 10 ff.

Firmenfortführung – Erwerberhaftung
- Abdingbarkeit 26 39
- Abgrenzung ggü. Einbringungsfällen 25 12 f.
- Altunternehmerhaftung 25 31 ff.
- analoge Anwendung 25 12 f.
- bestehendes Handelsgeschäft 25 2 f.
- Dauerschuldverhältnis 25 23
- Erwerb, Arten 25 6
- Erwerb, Begriff 25 5
- Erwerb, Unternehmenskern 25 7
- Erwerb, Unwirksamkeit 25 9 f.
- Erwerb, Zweigniederlassung 25 8
- Erwerber, Insolvenzverwalter 25 11
- Firma, unzulässige 25 4
- Forderungsübergang 25 33 ff.
- Forderungsübergang, Abtretungsverbot 25 38
- Fortführung d. Firma 25 16 ff.
- Fortführung d. Handelsgeschäfts 25 10, 15
- Geschäftsverbindlichkeiten 25 25 ff., 37
- Haftungsbeschränkung 25 39 ff.
- österreichisches HGB 25 1
- Rechtsnatur 25 22
- Rückerwerb v. Pächter 25 6
- Theorienstreit **Vor 25** 3 ff.
- übertragender Personenkreis 25 2
- Umfang 25 22, 25 ff.
- Umwandlung, Spezialvorschriften 25 14
- Zwangsvollstreckung 25 24

Firmenfortführung – Gesellschaftereintritt
- Änderung d. Firma, zulässige 22 38 ff.; 24 9
- Einwilligung, neuer Gesellschafter 24 7, 15 ff.
- GbR 24 4, 6
- Gesellschafter, Aufnahme 24 3, 10a
- Gesellschafterwechsel 24 11
- Gesellschafterwechsel, Handelsregisteranmeldung 31 8 f.
- GmbH & Co. KG 24 1 ff.
- Handelsgeschäft, bestehendes 24 5

- Handelsrechtsreform 24 1 f.
- Partnerschaftsgesellschaft
- Personenhandelsgesellschaft 24 1 ff.
- stille Gesellschaft 24 4

Firmengebrauch
- Abkürzung 17 34
- Firmenbestandteile 17 34
- Firmenöffentlichkeit 17 24
- Firmenmissbrauchsverfahren s. dort
- Firmenwahrheit **Vor 17** 13; **17** 20; s.a. Irreführungsverbot
- Geschäftsbriefe, notwendige Angaben **Vor 8** 27; **37a** 15
- Haftung, vollmachtsloser Vertreter 17 36
- irreführende Angaben **Anh 5** 14; **Vor 17** 13
- Pflicht zur Führung 17 34 f.
- Privatrechtsverkehr 17 38
- Rechtsgeschäfte 17 36
- Repräsentanten 17 30
- unzulässiger 37 1 ff.; s.a. Firmenmissbrauchsverfahren
- unzulässiger, Schadensersatzansprüche 37 36
- unzulässiger, Unterlassungsklage 37 28 ff.
- Wirkung 17 26

Firmenlizenz Liz 96

Firmenmissbrauchsverfahren
- Adressatenkreis 37 13
- Androhungsverfügung 37 17 ff.
- Beschwerdeverfahren 37 24
- Bestandsschutz 37 10 ff.
- Einschreitungszwang 37 15
- Einspruchsverfahren 37 23
- Ermessensspielraum 37 12, 15
- Firma, Veräußerungsverbot 23 11
- Firmengebrauch 37 4 ff.
- Gesetzesverstoß 37 8 ff.
- Handelsrechtsreform 37 1
- Ordnungsgeld, Festsetzung 37 20
- Ordnungsgeld, Vollstreckung 37 21
- Rechtsmittel 37 19, 22
- Verfahrensablauf 37 16 ff.
- Verhältnis z. Amtslöschung/Zwangsauflösung 37 25
- Verhältnis z. Eintragungskontrolle 37 26
- Verhältnis z. Unterlassungsklage 37 27
- Verschulden 37 14

Firmenrecht
- gesetzliche Regelungen 17 1, 8 ff.
- Rechtslage nach Reform **Vor 17** 5 ff.
- Rechtslage vor Reform **Vor 17** 1 ff.

- Rechtsnatur **17** 8 f.
- Zielsetzung **17** 1

Fixgeschäft
- absolutes **376** 7
- Fixklausel **376** 5
- Leistungszeit, Ablauf **376** 8 f.
- relatives **376** 1 ff.
- Rücktrittsrecht **376** 11
- Schadensersatzanspruch **376** 12
- Schadensersatzanspruch, Börsen-/Marktpreis **376** 13 ff.

Fixhandelskauf
- Fixgeschäft **376** 2 ff.; s.a. dort
- Fixklausel **376** 5

Fixklausel 376 5
- Qualitätssicherungsvereinbarung **Qual** 88

FOB 346 87 f.

FOR/FOT 346 89

Force majeure
- Handelsklauseln **346** 90

Forderungskauf
- echtes Factoring **Fact** 10 ff.

Foreground
- Begriff **F&E** 1

Formkaufmann
- AG **6** 6 ff.
- anwendbare Vorschriften **6** 11
- Genossenschaft, eingetragene **6** 7 ff.
- GmbH **6** 6 ff.
- Handelsrechtsreform **6** 1 f., 12
- Handelsregistereintragung, Fiktionswirkung **5** 28
- Kapitalgesellschaften **1** 6
- KGaA **6** 6 ff.
- SE **6** 6 ff.
- Vorgesellschaften **6** 9
- VVaG **6** 7

Formwechsel
- Firmenbildung **19** 66
- Firmenfortführung **22** 58
- Firmenfortführung, Erwerberhaftung **25** 14

Forschung
- Begriff **F&E** 1

Forschung-/Entwicklung
- Gruppenfreistellungsverordnung, Lizenzverträge **Liz** 40

Forschungs-/Entwicklungsverträge
- Auftragsforschung **F&E** 78 ff.
- Auftragsverhältnis **F&E** 8 ff.
- Background **F&E** 1
- Beratungsvertrag **F&E** 26
- Crosslizenz **F&E** 82
- Entwicklungsergebnis, Sacheigentum **F&E** 92 f., 96
- Entwicklungsergebnis, Verwertung **F&E** 93 ff.
- Entwicklungsrisiko **F&E** 32 ff., 49 ff.
- Entwicklungsunternehmen, Gründung **F&E** 65 f.
- Entwicklungsvertrag, Leistungsstörungen **F&E** 38 ff., 45 ff.
- Entwicklungsvertrag, Werkleistung **F&E** 13 ff.
- Erfindungen, Arbeitnehmer **F&E** 99 ff.
- Foreground **F&E** 1
- Forschungsförderung, europäische **F&E** 133 ff.
- Forschungsförderung, nationale **F&E** 127 ff.
- Forschungsvertrag, Dienstverhältnis **F&E** 9 ff.
- Geheimhaltungsabkommen **F&E** 3
- Gutachtenvertrag **F&E** 27
- Haftung, Dienstvertrag **F&E** 12
- Haftung, Werkvertrag **F&E** 21
- Handelsrecht, Anwendbarkeit **F&E** 95
- Hauptvereinbarung **F&E** 2, 8 ff.
- Interimsvertrag **F&E** 6
- KMU, Begriff **F&E** 1
- Know-how, Arbeitsergebnis **F&E** 98
- Know-how, Begriff **F&E** 1
- Kooperationsvertrag, Ergebnisverwertung **F&E** 120, 124 ff.
- Kooperationsvertrag, Grundregeln **F&E** 54 ff.
- Kooperationsvertrag, Kartellrecht **F&E** 77 ff.
- Kostenrisiko **F&E** 41 ff.
- Kündigung, Dienstvertrag **F&E** 11
- Laborvertrag **F&E** 31
- Leistungspflichten **F&E** 92 ff.
- Letter of Intent **F&E** 4 ff.
- Mangelrisiko **F&E** 45 ff.
- Messvertrag **F&E** 31
- Mitwirkungspflichten **F&E** 34 ff.
- Nutzungsrechte **F&E** 92 ff., 117 ff.
- Projektvertrag **F&E** 32
- Projektvertrag, Begriff **F&E** 1
- Rahmenvertrag **F&E** 8
- Risikovertrag **F&E** 35 f.
- Sideground **F&E** 1
- Softwareentwicklung **F&E** 17, 94 f.
- Urheberrechte **F&E** 115 f.
- Vergütung, Dienstvertrag **F&E** 10
- Vergütung, Werkvertrag **F&E** 18
- Vertragstyp, Auswahl **F&E** 22 ff.

- Vertragstypen F&E 8 ff.
- Verwertung d. Ergebnisse, kartellrechtliche Fragen F&E 67 ff.
- vorvertragliche Vereinbarungen F&E 1 ff.
- Warn-/Hinweispflicht F&E 37
- Werkvertrag, Leistungsstörungen F&E 19 ff.
- Wettbewerbsbeschränkung F&E 67 ff., 78 ff.

Forschungsförderung
- europäische F&E 133 ff.
- nationale F&E 127 ff.

Frachtfrei 346 71, 73

Frachtführer
- Gutglaubensschutz, Verfügungsbefugnis 366 3b
- Indossament 363 16
- Pfandverkauf 368 2

Frachtrecht
- Transportrechtsreform Einl 46

Franchisegeber
- Aufklärungspflicht Franch 56
- Aufklärungspflichtverletzung Franch 57, 60 ff.
- Außenhaftung, ggü. Kunden Franch 124 ff.
- Falschinformation Franch 57 ff.
- Produkthaftung Franch 127 f.
- Prognoserisiko Franch 69 ff.
- Rechtsscheinhaftung Franch 126
- Rücknahmepflichten Franch 112 f.
- Rücksichtnahmepflicht Franch 56
- Treuepflicht Franch 56
- Vertragspflichten, Typenzuordnung Franch 32 ff.

Franchisenehmer
- Abgrenzung z. Handelsvertreter 84 44 ff.
- Arbeitsrecht, Anwendbarkeit Franch 40 ff.
- Ausgleichsanspruch 89b 33; Franch 122 f.
- Erfahrenheit Franch 68
- Handelsvertreterrecht, Anwendbarkeit Franch 114 ff.
- Investitionsschutz Franch 110 ff.
- Kaufmannseigenschaft 1 84
- nachvertragliches Wettbewerbsverbot Franch 118 ff.
- Prognoserisiko Franch 69 ff.
- Selbständigkeit Franch 41 ff.
- Unternehmereigenschaft Franch 53 f.
- Vertragshändlerrecht, Anwendbarkeit Franch 122 f.

Franchisevertrag
- Allgemeine Geschäftsbedingungen s. Franchisevertrag – AGB
- anwendbare Gesetzesregelungen Franch 32 ff., 114 ff.
- Aufnahme v. Vertragsverhandlungen Franch 67
- Auslaufschutz Franch 111; s.a. Franchisevertrag – AGB, Laufzeitklauseln
- Geschäftsbesorgungsvertragstheorie Franch 29
- gesellschaftsrechtliche Theorie Franch 31
- Handelsvertreterrecht, Anwendbarkeit Franch 114 ff.
- Kooperationsverträge Franch 17
- Kündigungsschutz Franch 111; s.a. Franchisevertrag – AGB, Laufzeitklauseln
- Lizenzvertragstheorie Franch 30
- Mischformen Franch 4, 18, 26 ff.
- nachvertragliches Wettbewerbsverbot Franch 118 ff.
- Rechtsnatur Franch 25 ff.
- synallagmatische Pflichten Franch 37 ff.
- Vertragsgegenstände Franch 4 ff.
- Vertragshändlerrecht, Anwendbarkeit Franch 122 f.
- Vertragspartner, Marktstufen Franch 8
- vorvertragliche Pflichtverletzung Franch 55 ff.
- vorvertragliche Pflichtverletzung, Schadensberechnung Franch 72 ff.

Franchisevertrag – AGB
- AGB-Recht, Anwendbarkeit Franch 51 ff.
- Belieferungsregelungen Franch 91 f.
- Berichtspflicht Franch 82 f., 86 f.
- beschränkte Anzahl v. Verträgen Franch 52
- Bezugsbindung Franch 88 ff.
- Gebietsschutz Franch 100 ff.
- Informationspflichten Franch 81 ff.
- Internethandel, Verbot Franch 103
- Kontrollrechte Franch 76 ff.
- Laufzeitklauseln Franch 108 f.
- Mindestabnahme/-absatz Franch 93 ff.
- Mindestsortiment Franch 99
- Steuerberatungsklauseln Franch 80
- Umsatzpflichten Franch 98
- Unternehmereigenschaft Franch 53 f.
- Verhaltensrichtlinien Franch 75
- Vorlagepflichten Franch 84 f.
- Weisungsrechte Franch 79

Franchising
- Abgrenzung z. Handelsvertreter **Franch** 19 f., 114 ff.
- Abgrenzung z. Kommissionsagent **Franch** 21
- Abgrenzung z. Lizenzvertrag **Franch** 17
- Abgrenzung z. Vertragshändler **Franch** 22 ff.
- AGB s.a. Franchisevertrag – AGB
- anwendbare Gesetzesregelungen **Franch** 32 ff., 114 ff.
- Definitionen **Franch** 1 ff.
- Dienstleistungsfranchise **Franch** 6
- Gebietsschutz **Franch** 100 ff.
- Handelsvertreterrecht, Anwendbarkeit **Franch** 114 ff.
- Investitionsschutz **Franch** 110 ff.
- Kartellrecht, deutsches **Franch** 148 ff.
- Kartellrecht, europäisches **Franch** 129 ff.
- Kooperationsintensität **Franch** 10
- Kooperationsverträge **Franch** 17
- Master-Franchise **Franch** 9
- Mischformen **Franch** 4, 18, 26 ff.
- Partnerschaftsfranchising **Franch** 13 ff.
- Produktionsfranchise **Franch** 7
- Prognoserisiko **Franch** 69 ff.
- Subordinationsfranchising **Franch** 12, 14 f.
- Unterfranchise **Franch** 9
- Vertragsgegenstände **Franch** 4 ff.
- Vertragshändlerrecht, Anwendbarkeit **Franch** 122 f.
- Vertragspartner, Marktstufen **Franch** 8
- vorvertragliche Pflichtverletzung **Franch** 55 ff.
- vorvertragliche Pflichtverletzung, Schadensberechnung **Franch** 72 ff.
- Warenfranchise **Franch** 4 f.

Frei
- Handelsklauseln **346** 91

Frei an Bord 346 88

Freiberufler
- Anwendbarkeit d. HGB **Einl** 38 f.
- Begriff, PartGG **1** 68 ff.
- Begriff, steuerrechtlicher **1** 67
- EWIV **1** 66
- Firmenmissbrauchsverfahren **37** 13
- Geldforderung, Abtretungsausschluss **354a** 8
- Gewerbe, Begriff **1** 58 ff.
- Partnerschaftsgesellschaft **1** 66 ff.; s.a. dort
- Schweigen auf kfm. Bestätigungsschreiben **Einl** 38a
- Wettbewerbsverbot **60** 2

Freibleibend
- Handelsklauseln **346** 92 f., 98, 107

Freie Mitarbeiter
- Abgrenzung z. Arbeitnehmer **59** 5 ff.
- Wettbewerbsverbot s. Nachvertragliches Wettbewerbsverbot – Handlungsgehilfe; Wettbewerbsverbot – Handlungsgehilfe

Freimakler 93 6

Freiwillige Gerichtsbarkeit Einl 59
- Bindung an Entscheidungen des Registergerichts **16** 19
- Bindung an prozessgerichtliche Entscheidung **16** 1 ff.

FTE s. Forschungs-/Entwicklungsverträge

Fürsorgepflicht
- Schutzbereich **62** 4

Garantie
- Beschaffenheitsgarantie **Qual** 89
- Leasingvertrag **Leas** 119
- OHG-Gesellschafterhaftung **130a** 33

Garantievertrag
- Abgrenzung z. Bürgschaft **349** 24 ff.
- Inhalt **349** 24 f.
- Wirksamkeit **349** 26

Gärtnereien
- Land-/Forstwirtschaft **3** 8

Gaststättenrecht
- Kaufleute, Verhältnis z. Öffentlichen Recht **7** 1 ff.

Gattungsschuld
- Begriff **360** 4 ff.
- mittlerer Art und Güte **360** 2 f.
- Rügeobliegenheit **360** 10

GbR
- Anlegerbeteiligung, Publikumsgesellschaft **161** 90
- Auseinandersetzung, Firmenfortführung **25** 6
- Außen-GbR, Haftung **128** 1 ff.; **130** 1 ff.
- Außen-GbR, Kommanditistenstellung **162** 4a
- beherrschendes Unternehmen, Verwaltungsaufgaben **105** 121
- Betreiben e. Handelsgewerbes **161** 12
- Delikthaftung **5** 30 f.
- Entstehen aus OHG **131** 22
- Firmenfähigkeit **17** 25
- Firmenfortführung, Gesellschafteränderungen **24** 4, 6

- Formwechsel zu OHG, Zeitpunkt **123** 3 f.
- Gesellschafterstellung, KG **105** 64
- Gesellschafterstellung, OHG **105** 63
- Insolvenzantragspflicht **130a** 1 ff.; s.a. OHG – Insolvenz
- Kaufmanneigenschaft, Ausklammerung **1** 4
- Kooperationsvertrag **F&E** 56 ff.; s.a. Forschungs-/Entwicklungsverträge
- Nachhaftung **160** 6
- Namensführung, „und Partner" **Vor 17** 16
- Rechtsformzusatz **Vor 17** 16
- Rechtsformzusatz, „und Partner" **17** 17
- Schein-OHG/KG **Anh 5** 37 ff.
- Tätigkeit als Handelsvertreter **84** 7
- Umwandlung in KG, Haftung **173** 46
- Umwandlung in KG, Nachhaftung **160** 8
- Umwandlung in OHG **105** 34
- Umwandlung in Personenhandelsgesellschaft **28** 10

GbR & Co. KG
- Rechtsformzusatz **19** 62 f.

GbRmbH
- Unzulässigkeit **19** 43

Gebietskörperschaften
- Firmenfähigkeit **17** 25

Gebrauchsmustergesetz Liz 4

Gebrauchsmuster-Lizenz s. Patent-Lizenz

Gebrauchsüberlassung s. Nutzungsüberlassung

Gebrauchtwarenverkauf
- gewerbliche Tätigkeit **1** 30

Gefahrübergang
- Handelskauf **374** 11
- Leasing **Leas** 18, 121 ff.

Geheimhaltungspflicht
- Forschungs-/Entwicklungsvertrag **F&E** 3
- Handelsvertreter **90** 1 ff.
- Kundenliste **90** 5 ff.

Gelegenheitsvermittler
- Abgrenzung z. Handelsvertreter **84** 1, 9
- Ausgleichsanspruch, fehlender **89b** 26

Gemeinde
- Eigen-/Regiebetrieb, Handelsregisteranmeldung **33** 15; **34** 1 ff.

Gemeinnützige Organisationen
- Gewerbe, Begriff **1** 49

„**Gemeinnützigkeit**"
- Firmenzusatz, Irreführungsverbot **18** 64

Gemeinschaftsmarkenverordnung Liz 7
Generalhandlungsvollmacht 54 18 ff.

Generalvollmacht
- Abgrenzung z. Generalhandlungsvollmacht **54** 19 ff.
- Begriff **49** 23
- OHG, Handelsregisteranmeldepflicht **108** 11 ff.
- Testamentsvollstrecker **1** 81 f.

Genossenschaft
- Firma, Unterscheidbarkeit **30** 1 ff.
- Firmenfähigkeit **17** 25
- Firmenmissbrauchsverfahren **37** 13
- Kaufmannseigenschaft **1** 6
- Rechtsformzusatz **Vor 17** 12; **19** 38
- stille Gesellschaft **230** 22a

Genossenschaft, eingetragene
- Handelsregistereintragung, Genehmigungen **7** 5
- Kaufmannseigenschaft **6** 7 ff.

Genossenschaftsregister 8 8; **Vor 13** 1

Geräte-/Produktsicherheitsgesetz
- Qualitätssicherungsvereinbarung **Qual** 13 ff., 94 ff.

Gerichtsstand 230 91d; s.a. EuGVVO
- besonderer **Einl** 60
- Handelsvertreter, EuGVVO **Vor 84** 27
- internationaler **Einl** 61 ff.
- Prospekthaftung **161** 170
- stille Gesellschaft, grenzüberschreitende **230** 91d

Gerichtsstandsvereinbarung
- Anwendbarkeit auf OHG-Gesellschafter **128** 9
- Handelsvertreter, Kaufmannseigenschaft **84** 16, 52
- internationaler Rechtsverkehr **Einl** 61 ff.
- Kommissionsvertrag **383** 11
- Lizenzverträge **Liz** 369 ff.
- nicht kfm. Vertragspartner **Einl** 60

Gesamthandlungsvollmacht 54 25

Gesamthandsgemeinschaft
- Einzelkaufmann **28** 11
- Kaufmannseigenschaft **1** 86
- OHG **105** 6, 62 ff.; s.a. dort
- stille Gesellschaft **230** 15 ff.

Gesamtprokura
- Ausübung **48** 41 ff.
- Begriff **48** 38
- Erlöschen **48** 46
- Erteilung **48** 39 f.
- fehlerhafte Gesamtvertretung **48** 44 f.

- Formen **48** 47 ff.
- Handlungsvollmacht, zusätzliche **54** 13
- Zeichnung **51** 6
- Zustellungen **49** 12

Gesamtrechtsnachfolge
- fehlerhafte, OHG-Gesellschafter **105** 53

Gesamtschuldner
- Erbenhaftung, Firmenfortführung **27** 22, 36
- OHG, Gesellschafterhaftung **128** 5, 9

Geschäft für den, den es angeht Vor 48 11

Geschäftsanschrift
- Handelregistereintragung **Vor 8** 14
- Zweigniederlassung **Vor 8** 14

Geschäftsbesorgung
- echtes Factoring **Fact** 12
- Entgeltlichkeitsfiktion **354** 1 ff.
- Franchise **Franch** 35
- Kommissionsvertrag **383** 6
- Schweigen auf Angebot **362** 1 ff.

Geschäftsbezeichnung
- Abgrenzung zur Firma **17** 9

Geschäftsbriefangaben
- Begriff d. Geschäftsbriefes **37a** 10 f.
- bestehende Geschäftsverbindung **37a** 19 ff.
- Bestellschein **37a** 22
- EHUG **37a** 1
- Einzelkaufmann **37a** 1, 3 ff.
- Einzelkaufmann, ausländischer **37a** 8
- Empfänger **37a** 12 f.
- erforderliche **Vor 8** 27; **17** 24
- Firma **37a** 15
- Geschäftsinhaber **37a** 18
- Handelsrechtsreform **37a** 1
- innerbetrieblicher Schriftverkehr **37a** 14
- juristische Personen i.S.d. § 33 **33** 19; **37a** 9
- KG **177a** 1 ff.
- Niederlassungsort **37a** 16
- Personenhandelsgesellschaften **37a** 1; **125a** 1 ff.
- Rechtsformzusatz **37a** 15
- Registergericht/-nummer **37a** 17
- Übergangsvorschrift **37a** 24
- Vordrucke **37a** 19 ff.
- Zwangsgeldverfahren **37a** 23

Geschäftsfähigkeit
- Fiktionswirkung des Handelsregisters **15** 7, 43
- Prokurist **48** 21
- stille Gesellschaft, Vertrag **230** 19 ff.

Geschäftsfähigkeit, beschränkte
- Ermächtigung z. Führung eines Handelsgeschäfts **1** 89
- Rechtsscheinhaftung **Anh 5** 29, 46

Geschäftsgeheimnis
- Kundenliste **90** 5 ff.
- Verpflichtung d. Handelsvertreters **90** 1 ff.

Geschäftsverbindlichkeiten
- Einbringung, Haftung **28** 29
- Erbenhaftung **27** 23 ff.
- Firmenfortführung, Erwerberhaftung **25** 25 ff., 37

Gesellschaftsrecht
- handelsrechtliche Vorschriften außerhalb d. HGB **Einl** 54

Gesetzliche Vertreter
- Handelsregisterverfahren **12** 13 f.
- OHG, Handelsregisteranmeldepflicht **108** 10
- Prokura **48** 11 ff., 14 ff.

Gewährleistung s.a. Leasingvertrag – Leistungsstörungen; Leistungsstörungen; Rechtsmangel; Rügeobliegenheit; Sachmangel
- Lizenzverträge **Liz** 300 ff.
- „wie besehen" **360** 11

Gewerbe
- fehlendes **5** 34

Gewerbe – Begriff
- Abgrenzung z. Katalog im PartGG **1** 68 ff.
- Abgrenzungsfunktion **1** 22
- Abschreibungsgesellschaft **1** 48
- Altenheim **1** 63
- Angebot v. Leistungen am Markt **1** 33
- anstaltsmäßiger Betrieb, durch Freiberufler o.Ä. **1** 63 ff.
- Apotheker **1** 62
- Architekten **1** 61
- ARGE **1** 30
- Auktionator **1** 62
- außerhalb d. HGB **1** 19 ff.
- Bedeutung **1** 17 f.
- berufsmäßige Betätigung **1** 72
- Betriebsaufspaltung **1** 44 ff.
- Betriebsverpachtung **1** 44 ff.
- Bildberichterstatter **1** 62
- Buchclub **1** 33
- Buchmacher **1** 62
- Entgeltlichkeit d. Leistungen **1** 48 ff.
- Erbengemeinschaft **1** 30
- Erzieher **1** 61
- Europäische wirtschaftliche Interessenvereinigung **1** 66
- Fahrlehrer **1** 62

- freiberufliche Tätigkeit **1** 58 ff.
- Gebrauchtwarenverkauf **1** 30
- gemeinnützige Organisationen **1** 49
- Gewinnerzielungsabsicht **1** 34 ff., 48 ff.
- Grafiker **1** 62
- Gutachter **1** 62
- Heilpraktiker **1** 62
- herkömmliche Definition **1** 23
- Ingenieure **1** 62
- Journalist **1** 62
- Kapitalanlage **1** 34 ff.
- Krankengymnast **1** 62
- künstlerische Tätigkeit **1** 61
- Land-/Forstwirtschaft **3** 2, 4
- Lehrer, private **1** 61
- Masseur **1** 62
- moderne Definition **1** 24
- nach außen erkennbare Tätigkeit **1** 32
- Partnerschaftsgesellschaft **1** 66
- planmäßige, auf Dauer angelegte Tätigkeit **1** 27 ff.
- private Vermögensverwaltung **1** 34 ff.
- Privatklinik **1** 63
- Programmierer **1** 62
- Psychologen **1** 61
- Rundfunkanstalten **1** 53
- Saisonbetriebe **1** 31
- Sanatorium **1** 63 f.
- Scheinselbständigkeit **1** 26
- Selbständigkeit **1** 25 f.
- Selbsthilfeorganisationen **1** 33
- Seminarveranstalter **1** 62
- Sparkassen/Banken **1** 53
- Theater **1** 63
- Treuhänder **1** 62
- Überlassung v. Nutzungsrechten **1** 44 ff.
- Übersetzer **1** 62
- Unternehmen d. Öffentlichen Hand **1** 51 ff.
- Unternehmensberater **1** 62
- Vereine **1** 33
- Vermögensverwaltung für fremde Rechnung **1** 43
- widerrechtliche Betätigung **1** 57
- wissenschaftliche Tätigkeit **1** 61
- Zahntechniker **1** 62
- Zirkus **1** 63

Gewerbebetrieb
- Betreiber **1** 73 ff.
- fehlender, Registerverfahren **1** 130
- Formkaufleute **6** 1, 11
- Kannkaufmann **2** 4

Gewerberecht
- Genehmigungen, Handelsregistereintragung **7** 4 f.
- Kaufleute, Verhältnis z. Öffentlichen Recht **7** 1 ff.

Gewerbesteuer
- Leasing, steuerliche Behandlung **Leas** 14

Gewerbliche Tätigkeit
- Kleingewerbetreibende s. dort
- Terminologie d. HGB **Einl** 2

Gewerblicher Rechtsschutz
- handelsrechtliche Vorschriften außerhalb d. HGB **Einl** 53 ff.

Gewicht
- Taragewicht **380** 1 ff.

Gewichtangaben
- unterschiedliche, im Bezugsgebiet **361** 1 ff.

Gewinn-/Verlustermittlung
- atypische stille Gesellschaft **231** 9
- OHG **120** 1 ff.
- stille Gesellschaft **232** 1 ff., 9 ff.
- Unterbeteiligung **232** 22 f.

Gewinn-/Verlustverteilung
- Angemessenheit, KG **168** 6 ff., 13, 17 ff.
- atypische stille Gesellschaft **231** 3
- GmbH & Co. KG **168** 16
- Kommanditisten **167** 12, 16
- OHG **121** 2 ff., 6 ff., 9, 11 ff.
- stille Gesellschaft **231** 2 ff.
- Unterbeteiligung **231** 15

Gewinnabführungsvertrag
- Handelsregistereintragung **8** 27
- stille Gesellschaft **230** 17a, 77a

Gewinnbeteiligung
- Kommanditisten **167** 8 ff.

Gewinnerzielungsabsicht
- Entgeltlichkeit d. angebotenen Leistungen **1** 48 ff.
- private Vermögensverwaltung **1** 34 ff.

Gewinnverwendung
- KG **169** 24
- OHG **120** 9 f.; **122** 17

Gewohnheitsrecht
- Abgrenzung z. Handelsbrauch **Einl** 90; **346** 3, 27
- praktische Bedeutung **Einl** 88

Globalbürgschaft **349** 7 ff.

Globalzession
- Factoring **Fact** 31 ff.

GmbH
- Auslandsgesellschaft, inländische Niederlassung **13d** 1 ff.; **13e** 1 ff.; **13g** 1 ff.

- Beschlussmängelstreitigkeiten **Einl** 75
- Einbringung v. Einzelunternehmen, Firmenfortführung **25** 13
- Firmenmissbrauchsverfahren **37** 13
- Geschäftsbriefe, erforderliche Angaben **17** 24
- Geschäftsführer, Wettbewerbsverbot **74** 17 ff.
- handelsrechtliche Vorschriften außerhalb d. HGB **Einl** 54
- Handelsregistereintragung, Genehmigungen **7** 5
- Kaufmannseigenschaft **1** 6; **6** 6
- Mantelverwendung **Vor 8** 21
- Prokura, Widerruf **52** 11
- Rechtsanwaltsgesellschaft **Vor 17** 18 ff.
- Rechtsformzusatz **Vor 17** 12
- Sitzwahl, freie **Vor 8** 26
- stille Gesellschaft **230** 15 ff., 77b
- Tätigkeit als Handelsvertreter **84** 6
- Weglassen d. Rechtsformzusatzes **Anh 5** 13, 20 ff.

GmbH – Satzung
- Registerkontrolle **Vor 8** 15 ff.
- Unvollständigkeit **Vor 8** 16
- zwingender Inhalt **Vor 8** 16

GmbH & Co. KG
- AG als Kommanditistin, Firmenbildung **18** 37 ff.
- anwendbare Vorschriften **105** 2
- Auflösung, Tatbestände **177** 22 ff.
- Bedeutung **161** 4
- Beirat, Aufgaben **161** 74
- Beirat, Bestellung **161** 71 f.
- Beirat, Haftung **161** 78 ff.
- Beirat, Kompetenzen **161** 75 ff.
- doppelstöckige, Kaufmannseigenschaft **105** 7
- doppelstöckige, vermögensverwaltende KG **105** 9a
- Einheitsgesellschaft **161** 42
- Einheitsgesellschaft, Mitbestimmung **161** 81
- Einlageleistung, KG **171** 53 ff.
- Einmanngesellschaft **161** 34, 41
- Erscheinungsformen **161** 39 ff.
- faktische Drittorganschaft **161** 32
- Firma, abgeleitete **161** 55
- Firma, mehrstöckige **161** 53
- Firmenfortführung, Gesellschafteränderungen **24** 1 ff.
- Firmenfortführung, Namensänderung **21** 4
- Firmenmissbrauchsverfahren **37** 13
- Firmenzusatz **161** 52
- Geschäftsbriefe, erforderliche Angaben **125a** 2
- Geschäftsführer, Abberufung **164** 9
- Geschäftsführer, Anstellungsverhältnis **161** 59 f.
- Geschäftsführer, Verantwortlichkeit **164** 7 f.
- Geschäftsführer, Vertretung d. KG **161** 63
- Geschäftsführungsbefugnis **161** 61 f.
- Geschäftsführungsbefugnis, Entziehung **117** 1a
- Gesellschaftsvertrag, Abschluss **161** 45
- Gewinn-/Verlustverteilung, steuerrechtliche Korrektur **168** 16
- GmbH, Informationsrechte **166** 35 f., 56
- GmbH, Rechtsstellung **161** 57
- GmbH, Verantwortlichkeit **161** 58
- GmbH-Anteil, Vererblichkeit **177** 27
- Haftung, Verbindlichkeiten vor Eintragung **161** 51a
- Insolvenz, gleichzeitige **177a** 8
- Insolvenzantragspflicht **130a** 1 ff.; s.a. OHG – Insolvenz
- Kapitalaufbringung, wechselseitige Beteiligung **172** 58 ff.
- Kapitalerhaltung **172** 63 ff.
- kapitalistische **161** 44
- Kaufmannseigenschaft **6** 3, 10
- KG, Vertretung durch GmbH-Geschäftsführer **161** 63
- Kommanditisten-Ausschüsse **161** 73, 136
- Kommanditisten **165** 16, 19 ff.
- Kommanditistenhaftung vor Eintragung **176** 55 ff.
- Liquidation, anwendbare Regelungen **131** 20
- Liquidation, Firmenzusatz **153** 1 ff.
- Liquidatoren **177** 26
- Löschung, wg. Vermögenslosigkeit **131** 20
- mehrstöckige **161** 43, 82
- Mitbestimmung **161** 81 ff.
- Mitbestimmung, mehrstöckige **161** 82
- personengleiche **161** 40
- Prokura **161** 63 ff.
- Rechnungslegung **161** 69
- Rechtsformzusatz **19** 45 ff.
- Rechtsscheinhaftung **19** 63; **161** 56
- Selbtkontrahierungsverbot **161** 45, 67 ff.

2745

- Sitz **161** 54
- Treuepflichten **161** 57a
- Unternehmenszweck **161** 37 f.
- Vertretungsbefugnisse **161** 61
- Vor-/Nachteile **161** 27 ff.
- Vor-GmbH, Komplementärfähigkeit **161** 46 ff.
- Weglassen d. Rechtsformzusatzes **Anh 5** 13, 20 ff.
- Wettbewerbsverbot, AG-Vorstand **165** 18a, 19 ff.
- Wettbewerbsverbot, GmbH-Geschäftsführer **165** 18, 19 ff.
- Wettbewerbsverbot, GmbH-Gesellschafter **165** 17, 19 ff.
- Wettbewerbsverbot, Komplementär-GmbH **165** 15, 19 ff.
- Zulässigkeit **161** 35 f.

GmbH & Co. KGaA
- Rechtsformzusatz **Vor 17** 12

GmbH-Geschäftsführer
- Handelsregister, Eintragungspflicht **8** 25
- Wettbewerbsverbot **165** 18 ff.

GmbH-Gesellschafter
- Wechsel, Handelsregistereintragung **Vor 8** 24
- Wettbewerbsverbot **165** 17, 19 ff.

Grafiker
- gewerbliche Tätigkeit **1** 62

Grobe Fahrlässigkeit
- kfm. Sorgfaltspflichten **347** 12

„Großhandel"
- Firmenzusatz, Irreführungsverbot **18** 74

Grundstück
- Belastung, Handlungsvollmacht **54** 31
- Belastung, Prokura **49** 17 f.
- Erwerb, Prokura **49** 19
- Veräußerung, Handlungsvollmacht **54** 31
- Veräußerung, Prokura **49** 16

Gründungstheorie Vor 13 6

„Gruppe"
- Firmenzusatz, Irreführungsverbot **18** 77

Gruppenfreistellungsverordnung
- Alleinlizenz **Liz** 167 ff.
- Auftragsforschung **F&E** 78 ff.
- Crosslizenz **F&E** 78 ff.; **Liz** 249 ff.
- Erfahrungsaustausch **Liz** 249 ff.
- F&E-GVO **F&E** 75 ff.
- Know-how-Lizenz **Liz** 5, 151 ff.
- Lizenzverträge **Liz** 32, 40
- Lizenzverträge, Bezugsverpflichtungen **Liz** 240 ff.

- Marken-Lizenz **Liz** 7
- Nachbauverträge **Liz** 155
- Patent-Lizenz **Liz** 4, 123
- Sortenschutzlizenz **Liz** 139
- Spezialisierungs-GVO **F&E** 75 ff.
- Technologietransferverordnung **F&E** 75
- Urheber-Lizenz **Liz** 6
- Vertragshändler **VertrH** 5 ff.

Gutachter s.a. Sachverständige
- gewerbliche Tätigkeit **1** 62

Gutachtervertrag F&E 27

Gütergemeinschaft
- Ehegatte, Kaufmannseigenschaft **1** 85
- Gesellschafterstellung, KG **105** 65
- Rechtsgeschäfte, Zustimmung **344** 4

Gütertrennung
- Ehegatte, Kaufmannseigenschaft **1** 85

Gutglaubensschutz
- Bekanntmachungen **Anh 5** 1
- blanco indossierte Orderpapiere **367** 1 ff.
- Frachtführer, Verfügungsbefugnis **366** 3b
- Geschäftsgegner, Scheinkaufmann **Anh 5** 31 f., 49
- Kommissionär, Verfügungsbefugnis **366** 3a
- Lagerhalter, Verfügungsbefugnis **366** 3b
- Orderpapiere **365** 6
- Pfandrechtserwerb **366** 25 ff.
- Spediteur, Verfügungsbefugnis **366** 3b
- Verfügungsbefugnis **Anh 5** 47; **366** 1 ff., 19 f.
- Verfügungsbefugnis, Kleingewerbetreibende **Einl** 40; **2** 31
- Vertretungsmacht **366** 12 ff.
- Vollmacht **Vor 48** 26 ff.
- Zurückbehaltungsrecht, Eigentumsfiktion **372** 1 f.

Handel
- Terminologie d. HGB **Einl** 2

Handelndenhaftung s.a. Scheinkaufmann, Zurechnung
- Weglassen d. Rechtsformzusatzes **Anh 5** 13, 20 ff.

Handelsbilanz
- Maßgeblichkeit, atypische stille Gesellschaft **232** 9
- Maßgeblichkeit, stille Gesellschaft **232** 9 ff.
- Maßgeblichkeit, Unterbeteiligung **232** 22 f.

Handelsbrauch
- Abgrenzung z. AGB **Einl** 97; **346** 26
- Abgrenzung z. Gewohnheitsrecht **Einl** 90; **346** 3, 27
- Abgrenzung z. Handelsübung **346** 25
- Anfechtung **346** 15
- Anwendbarkeit, Ausschluss **346** 14
- Anwendbarkeit, Nichtkaufleute **346** 8 f.
- Anwendungsbereich **Einl** 38a; **346** 4 ff.
- ausländischer **346** 23
- Auslegung v. Willenserklärungen **346** 4
- Bedeutung im Geschäftsverkehr **346** 5 ff.
- Begriff **346** 1 ff.
- Beweislast **346** 28 f.
- Delkrederehaftung **394** 1 ff.
- Entstehung **346** 10 ff.
- Erfüllungsort **346** 19
- Handelsmakler, Provision **99** 4
- internationaler **346** 24
- kfm. Bestätigungsschreiben s. dort
- Kleingewerbetreibende **Einl** 40; **2** 32
- Leistungszeit, unbestimmte Zeitangabe **359** 2
- praktische Bedeutung **Einl** 89
- regionaler **346** 18 ff.
- Verhältnis z. Gesetzesrecht **346** 16 f.
- Verkehrssitte **346** 1

Handelsgeschäft
- Abgrenzung z. Privatgeschäften **343** 22 ff.; **344** 15 ff.
- Bedeutung für d. Anwendbarkeit d. HGB **Einl** 5 f.
- beiderseitiges **Einl** 57; **345** 2; **352** 1; s.a. Handelskauf
- Betriebsbezogenheit **343** 18 ff.
- Betriebsbezogenheit, Vermutung **344** 8 ff.
- Bürgschaft s. dort
- Einbringung **22** 4
- einseitiges **Einl** 57; **345** 3 ff.; **347** 5
- Entgeltlichkeitsfiktion **354** 1 ff.
- Erfüllungsort **361** 4 f.
- Ermächtigung, Minderjährige **1** 89
- Erwerb als Ganzes **22** 1 ff., 11; s.a. Firmenfortführung – Erwerberhaftung
- Erwerb v. Todes wegen, Firmenfortführung **22** 10, 24; s.a. Firmenfortführung
- Fälligkeitszins **353** 1 ff.
- Firma, Leerübertragung **23** 1 ff.
- Forderungsabtretung, trotz Ausschluss **354a** 1 ff.
- Fortführung durch Erben s. Erbenhaftung- Firmenfortführung
- Fortführung nach Einbringung **28** 20 ff.; s.a. Einbringung – Haftung
- Gattungsschuld **360** 1 ff.
- Genehmigung, Minderjährige **1** 87 f.
- Gutglaubensschutz, Verfügungsbefugnis **366** 1 ff.
- Handlungsgehilfenrecht s. Handlungsgehilfe
- Leistungszeit **358** 1 ff.
- Leistungszeit, unbestimmte Zeitangabe **359** 2
- Massezugehörigkeit **22** 31
- Nießbrauch, Firmenfortführung **22** 62 ff., 70
- OHG-Gesellschaftsvertrag **105** 33b
- Pfandverkauf **368** 1 ff.
- Prokura **49** 4
- Provisionsanspruch, Handelsvertreter **87** 7
- Schuldanerkenntnis s. dort
- Schweigen auf Angebot **362** 1 ff.
- Sorgfaltspflichten s. Kaufmann – Sorgfaltspflichten
- Verpachtung, Firmenfortführung **22** 62 ff., 70
- Voraussetzungen **343** 1 ff.
- Vorbereitungsgeschäfte **343** 15
- vorübergehende Stilllegung, Firmenfortführung **22** 7

Handelsgesellschaften s.a. Formkaufmann
- Einwendungen gegen Kaufmannseigenschaft **5** 37
- Europäische wirtschaftliche Interessenvereinigung **1** 66
- EWIV **6** 4
- Genossenschaft, eingetragene **6** 7 ff.
- GmbH & Co. KG **6** 3, 10
- Handelsregisterverfahren, Satzungskontrolle **Vor 8** 15 ff.
- Kaufmannseigenschaft **6** 1 ff.
- KG **6** 3
- Kleingewerbetreibende **6** 2
- OHG **6** 3
- Partnerschaftsgesellschaft **6** 5
- Rechtsformzusatz, Weglassen **Anh 5** 13, 20 ff.
- Selbständigkeit, Begriff **1** 25
- Stiftungen **6** 6
- stille Gesellschaft **6** 3
- Vereine **6** 6
- Vortäuschen einer Gesellschafterstellung **Anh 5** 16
- VVaG **6** 7

Handelsgesetzbuch
- Anknüpfungssystem Einl 3 ff., 14
- Anknüpfungssystem, Ausland Einl 15
- Anwendbarkeit, neue Bundesländer Einl 48 f.
- Anwendung auf Nicht-Kaufleute 1 9
- Entwicklung bis 1998 Einl 22 ff.
- Gesetzesänderungen, Überblick Einl 47
- handelsrechtliche Vorschriften außerhalb d. HGB Einl 53 ff.
- Handelsrechtsreform Einl 25 ff.; s.a. dort
- Normenabgrenzung z. BGB Einl 16 ff.
- objektives System Einl 7 f.
- öffentlich-rechtliche Regelungen Einl 50 ff.
- Privatsphäre d. Kaufleute Einl 6
- Regelungsdefizite Einl 16 ff.
- Schutzbedürfnis d. Verbrauchers Einl 12 f.
- Sonderbedürfnisse d. Geschäftsverkehrs Einl 9 ff.
- Sonderprivatrecht Einl 1 ff.
- subjektives System Einl 3 ff.
- Transportrechtsreform Einl 46
- Verhältnis z. Privatrecht Einl 56
- Vorgeschichte Einl 21

Handelsgewerbe
- Aufnahme 123 9
- Betreiben durch KG, Haftung 176 1 ff.
- branchenfremde Tätigkeit, Anwendbarkeit d. HGB Einl 6
- fehlendes, Registerverfahren 1 131 ff.
- Gewerbe, Begriff 1 s. Gewerbe
- GmbH & Co. KG 161 37 f.
- Handelsrechtsreform 1 1
- Kapitalgesellschaften 1 6
- kfm. Geschäftsbetrieb s. dort
- KG 161 3
- Kleingewerbetreibende 1 7; s.a. dort
- OHG 105 8 f.
- Personengesellschaften 1 4 f.
- stille Gesellschaft 230 22
- Terminologie d. HGB Einl 2
- Verein, Geschäftsbetrieb 1 95 f.
- Vorgesellschaften 1 97
- zweiteiliger Begriff 1 13 f.

Handelsgut
- Begriff 360 1
- mittlerer Art und Güte 360 2 f.

Handelskammer
- Zuständigkeit 343 1

Handelskauf
- Annahmeverzug 374 5 ff.
- Aufbewahrungspflicht 379 1 ff.
- Begriff Vor 373 1
- Bestimmungskauf 375 1 ff.
- einseitiges 374 5
- Fixgeschäft 376 2 ff., 7; s.a. dort
- Fixklausel 376 5
- Gefahrtragung 374 11
- Hinterlegung 374 9 ff.
- Notverkauf 379 10 ff.
- Rügeobliegenheit s. dort
- Selbsthilfeverkauf 374 14 ff.
- Taragewicht 380 1 ff.
- Wahlschuld 375 3 f.
- Werklieferungsvertrag 381 6 ff.
- Wertpapierkauf 381 1 ff.

Handelsklausel
- ab Kai/Schiff 346 55
- ab Lager 346 56
- ab Werk/netto ab Werk 346 57 f.
- Akkreditiv 346 59
- Arbitrage 346 61 f.
- auf Abruf 346 54
- Auskunftsklausel 346 60
- Baisse-Klausel 346 63
- baldmöglichste Lieferung 346 64
- bar 346 65
- Begriff 346 52
- Besserungsschein 346 67
- brutto für netto 346 68
- C&F/CFR 346 69
- CAD 346 68
- CIF 346 70
- CIP 346 71
- circa 346 72
- COD 346 72, 102
- Container 346 72, 84 ff.
- CPT 346 73
- DAF 346 75
- DDP 346 76
- DDU 346 77
- Default-Klausel 346 113
- DEQ 346 78
- DES 346 79
- Dokument gegen Akzept 346 74, 79a
- Dokument gegen unwiderruflichen Zahlungsauftrag 346 80
- eta/etb-Meldung 346 81
- ex ship 346 79
- EXW 346 57 f.
- FAS 346 82
- FCA 346 83
- FCL 346 72, 84 ff.
- FOB 346 87 f.
- FOR/FOT 346 89
- force majeure 346 90
- frachtfrei 346 71, 73
- frei 346 91

- frei an Bord **346** 88
- freibleibend **346** 92 f., 98, 107
- internationale **346** 53a ff.
- Kasse gegen Dokument **346** 94 ff.
- Kasse gegen Rechnung **346** 97
- LCL **346** 84 ff.
- Lieferung vorbehalten **346** 98
- Lieferzeit **346** 99 f.
- Meistbegünstigungsklausel **346** 101
- Nachnahme **346** 72, 102
- Negativklausel **346** 103
- netto Kasse **346** 104
- ohne obligo **346** 92 f.
- POD **346** 102
- Preis freibleibend **346** 107
- Qualitätszertifikat **346** 108
- Selbstbelieferung **346** 109 f.
- Skonto **346** 111
- steuerfrei **346** 116
- telle quelle **346** 112
- unfrei **346** 57
- Verfallklausel **346** 113
- Verhältnis z. Individualabrede **346** 52
- Vorrats-Klausel **346** 114
- wie besichtigt/besehen **346** 66
- Zahlung nach Belieben **346** 115
- zollfrei **346** 116
- zu treuen Händen **346** 117
- Zwischenverkauf vorbehalten **346** 118

Handelsmakler
- Abgrenzung z. Handelsvertreter **84** 1, 40; **Vor 93** 1; **93** 13
- Abgrenzung z. Kommissionär **383** 24
- Abgrenzung z. Zivilmakler **Vor 93** 2 ff., 6 f.; **93** 5, 12
- anwendbare Vorschriften **Vor 93** 8 ff.; **93** 3
- Aufbewahrung v. Proben **96** 1 ff.
- bedingte/befristete Geschäfte **94** 9
- Begriff **93** 1
- Börsenmakler **93** 6
- Freimakler **93** 6
- Gegenstand d. Handelsverkehrs **93** 5
- Gewerbsmäßigkeit **Vor 93** 3; **93** 4
- Haftungsgegner **98** 1 ff.
- Haftungsumfang **98** 2 f.; **100** 4
- Inkassovollmacht **97** 1 f.
- Kaufmannseigenschaft **Vor 93** 5; **104** 1
- Krämermakler **104** 1 ff.
- Nachweismakler **Vor 93** 4, 8; **93** 11 f.
- Pflichtverletzung **96** 4
- Provisionsanspruch, Handelsbrauch **99** 4
- Provisionsanspruch, Teilung **99** 1 f.
- Schiffsmakler **93** 6
- Selbständigkeit **Vor 93** 5
- Sondervorschriften **Vor 93** 10
- ständige Geschäftsbeziehungen **93** 13
- Tagebuch, Auszug **101** 1
- Tagebuch, Einsichtnahme **101** 2
- Tagebuch, Haftung **100** 4
- Tagebuch, Ordnungswidrigkeiten **103** 1
- Tagebuch, Umfang **100** 2 f.
- Tagebuch, Vorlage im Rechtsstreit **102** 1
- Tagebuch, Zweck **100** 1
- Treue-/Sorgfaltspflichten **98** 1 ff.
- Unkenntnis d. Vorschriften **93** 3
- Vermittlung d. Vertragsabschlusses **93** 11
- Versicherungsmakler **93** 7
- Vollmachten **94** 3; **97** 1 f.
- Zivilmakler s. Makler

Handelsmakler – Schlussnote
- Anzeigepflicht nach Weigerung **94** 13
- Aufgabevorbehalt bei Abschlussvollmacht **95** 5
- Aufgabevorbehalt, Annahme **95** 1 ff., 7
- Aufgabevorbehalt, Einwendungen gg. Benannten **95** 10 f.
- Aufgabevorbehalt, Haftung d. Maklers **95** 12 ff.
- Aufgabevorbehalt, Inhalt **95** 6
- Aufgabevorbehalt, Nichtannahme **95** 4
- Aufgabevorbehalt, Rechtsfolgen **95** 8 f.
- bedingte/befristete Geschäfte **94** 9
- Berichtigungsanspruch **94** 6
- Beweiskraft **94** 2
- Entbehrlichkeit **94** 12
- Inhalt **94** 8
- Schweigen d. Dritten **94** 2
- Übersendungspflicht **94** 11
- Unterzeichnung **94** 9
- Verhältnis z. Vertragsabschluss **94** 1
- Vertragspartner, unbekannt bleibender **95** 3
- Vollständigkeitsvermutung **94** 4
- Widerspruch, Adressat **94** 6
- Widerspruch, Entbehrlichkeit **94** 7
- Widerspruch, Erklärung **94** 5
- Widerspruch, Zeitpunkt **94** 5
- Zustellung **94** 10

Handelsmaklervertrag
- Begriff **93** 2
- Einigungsmangel **94** 1
- Haftungsregelungen **98** 3

- Inkassovollmacht 97 1 f.
- Provisionsanspruch, Handelsbrauch 99 4
- Provisionsanspruch, Schuldner 99 3
- Verhältnis z. Schlussnote 94 1
- Vollmachten 94 3; 97 1 f.

Handelsrecht
- AGB Einl 91
- Anwendbarkeit auf Kleingewerbetreibende 2 29 ff.
- außerhalb d. HGB Einl 53 ff.
- AVB Einl 100
- EU-Richtlinien Einl 82 ff.
- freiwillige Gerichtsbarkeit Einl 59
- Gewohnheitsrecht Einl 88
- Handelsbräuche Einl 89
- internationale Abkommen Einl 81
- prozessrechtliche Regelungen Einl 58 ff.
- Rechtsquellen Einl 80 ff.
- Rechtsverordnungen Einl 85 f.
- transnationale Regelungen Einl 102 ff.
- Verhältnis z. Öffentlichen Recht 7 1 ff.

Handelsrechtsreform
- Bekanntmachungen, Reduzierung Vor 8 8
- Firmenfortführung, Gesellschafteränderungen 24 1 f.
- Firmenmissbrauchsverfahren 37 1
- Firmenrecht Einl 44; Vor 17 1 ff.; 18 1 ff.
- Formkaufleute 6 1 f., 12
- Freiberufler, Ausklammerung Einl 38 f.
- Geschäftsbriefangaben 37a 1; 125a 1
- Gesetzentwurf Einl 34 f.
- Handelsgewerbe, Definition 1 1 ff.
- Handelsregistereintragung, Beruf Vor 8 12
- Handelsregistereintragung, Geburtsdatum Vor 8 12 f.
- Handelsregistereintragung, Kleingewerbetreibende Vor 8 4
- Handelsregistereintragung, Wirkung Vor 8 3; s.a. EHUG
- Handelsregisterrecht Einl 45; 8 10
- Handelsregisterverfahren, Betriebsgröße Vor 8 10
- Handelsvertreterrecht Vor 84 4; 84 52
- Kaufmannsbegriff, Neudefinition Einl 36 f.
- Kleingewerbetreibende, Ausgrenzung Einl 39 ff.

- Kleingewerbetreibende, Gleichstellung Einl 41
- Kleingewerbetreibende, Optionsrecht Einl 43
- Land-/Forstwirtschaftsbetrieb Vor 8 5
- Minderfirma 17 14 f.
- Minderkaufmann, Abschaffung Einl 39 ff.
- öffentlich-rechtliche Unternehmen Vor 8 7
- OHG, Auflösung 131 1
- OHG, Ausscheiden v. Gesellschaftern 131 1
- OHG, Übergangsvorschriften 105 90 ff.
- Rechtsformzusatz 17 23
- Rechtsformzusatz, Übergangsvorschrift 19 40
- Reformbedarf Einl 25 ff.
- Reformvorschläge Einl 31 ff.
- Satzungskontrolle 8 64
- Satzungskontrolle, GmbH Vor 8 15 ff.
- Transportrecht Einl 46
- Vermögensverwaltungsgesellschaften Vor 8 6
- Zuständigkeit, IHK Vor 8 2
- Zuständigkeit, Konzentration Vor 8 1

Handelsregister s.a. EHUG; Handelsrechtsreform
- Amtssprachen 11 1 ff.
- Bedeutung 8 1 ff.
- Bekanntmachung s. dort
- Einsichtnahmerecht 8 3; s.a. Handelsregister – Einsichtnahme
- Einteilung 8 9
- Nummer, Geschäftsbriefangaben 37a 17
- Publizität s.a. Handelsregistereintragung – Fiktionswirkung
- Publizitätsprinzip 9 1 f.; 10 5
- Publizitätswirkung s.a. Bekanntmachung
- Rechtsscheinhaftung 8 26; 15 29 ff.
- Schutz der Bezeichnung 8 65
- Zuständigkeit Einl 59
- Zuständigkeit, funktionelle 8 14 f.
- Zuständigkeit, örtliche 8 13
- Zuständigkeit, sachliche 8 11 f.

Handelsregister – Einsichtnahme
- Ausdrucke/Abschriften 9 12 ff.
- Auskünfte 9 16
- Beglaubigung der Richtigkeit 9 11
- Einsichtnahmerecht 8 3
- elektronische Übermittlung 9 10
- Gerichtsakten 9 4
- kommerzielle Zwecke 9 6 f., 9

2750

- Kosten **9** 17 f.
- Negativattest **9** 15
- Publizitätsprinzip **9** 1 f.
- Rechtsmittel **9** 19
- Umfang **9** 3 ff.
- zuständige Stelle **9** 8 f.

Handelsregisteranmeldung
- Anmeldepflicht **1** 128; **8** 4, 18; **14** 3 ff.
- Anmeldepflichtiger **Vor 13** 12
- Anmeldepflichtiger, gerichtliche Entscheidung **16** 1 ff.
- Dokumente, Einreichung in Papierform **12** 7, 20
- Doppelsitz **13** 3, 17
- durch Bevollmächtigte **12** 9 ff.
- durch gesetzliche Vertreter **12** 13 f.
- durch Rechtsnachfolger **12** 15 f.
- elektronische Dokumente, Einreichung **12** 17 ff.
- elektronische Dokumente, Unterzeichnung **12** 18
- elektronische Registerführung **Vor 8** 28 f.; **8a** 5 ff.
- elektronische Signatur **12** 17
- Firma **29** 3 ff.
- Firma, Änderung **18** 37; **31** 1 ff.
- Firma, Erlöschen **17** 33; **31** 11 ff.
- Firma, Gesellschafteraufnahme **31** 3
- Firma, Gesellschafterwechsel **31** 8 f.
- Firma, Irreführungsverbot **17** 20
- Firma, Löschung **18** 8, 37, 39a
- Firma, Registerkontrolle **Vor 17** 13; **18** 37 ff.
- Firma, Wechsel zum Kleingewerbe **17** 32
- Firmenfortführung **21** 7 ff.; **22** 66 ff.; **25** 42 f.
- Firmenpublizität **17** 24
- Firmenzeichnung, Hinterlegung **Vor 8** 11
- gerichtliche Ersetzung **16** 8 ff.
- Gesellschafterwechsel **Vor 8** 24
- Hauptversammlungsbeschlüsse **8** 37 f.
- Inhalt **12** 4
- Insolvenz **32** 1 ff.
- juristische Personen, Zuständigkeit **33** 1 ff.; **34** 1 ff.
- KG, Änderungen **162** 20
- KG, anwendbare Vorschriften **162** 8
- KG, Bevollmächtigte **162** 6
- KG, Geschäftsaufnahme **162** 1 ff.
- Kleingewerbetreibende **Vor 8** 4
- Kommanditist, Ausscheiden **162** 19
- Kommanditist, Eintritt **162** 12 ff.
- Mängel **8** 40

- nicht anmeldepflichtige Tatsachen **8** 19 ff.
- öffentlich beglaubigte Form **12** 6
- öffentlich-rechtliche Unternehmen **Vor 8** 7
- OHG s. OHG – Handelsregistereintragung
- Prokura **53** 11
- Prokura, Erlöschen **53** 12 ff.
- Prokura, Erteilung **53** 3 ff.
- Rechtsnatur **12** 2 f.
- Registergerichtsentscheidung **8** 43 ff.
- Rückgang kfm. Betriebsumfangs **1** 126, 143; **17** 32
- Sitzverlegung **31** 10
- Sitzverlegung im Inland **13h** 1 ff.
- Sitzverlegung ins Ausland **13h** 13 ff.
- Sitzverlegung ins Inland, Anmeldung **13h** 21 ff.
- Übersetzungen **11** 2 f.
- Unternehmensverträge **8** 27
- Vertretungsbefugnis, KG **170** 6
- Zeichnung, Einzelkaufmann **17** 37
- Zeichnung, Gesellschaften **17** 37
- Zuständigkeit s. Handelsregister
- Zwangsgeld **14** 1 ff.
- Zweigniederlassung, Verlegung **31** 10

Handelsregistereintragung
- Bindungswirkung gerichtlicher Entscheidungen **16** 1 ff.
- Doppelsitz **13** 3, 17
- eintragungsfähige Tatsachen **8** 17 ff., 23, 25
- fehlende, Handelsgesellschaft **1** 127
- fehlende, Istkaufmann **1** 126
- Firma **29** 8 ff.
- Firma, Irreführungsverbot **Vor 17** 13; **17** 20; **18** 29, 37 ff.
- Firma, Wirkung **17** 26
- Firmenfortführung **21** 7 ff.; **22** 66 f.
- Firmenfortführung, Haftungsbeschränkung **25** 42 f.
- Geburtsdatum **1** 94; **Vor 8** 12 f.
- Genehmigungen, Vorlagepflicht **7** 4 f.
- Geschäftsanschrift **Vor 8** 14
- GmbH, Gesellschafterwechsel **Vor 8** 24
- Haftsumme, Herabsetzung **174** 3 ff.; **175** 1 ff.
- Haftsumme, Kommanditisten **172** 2 ff.
- Inhaberschaft, abweichende **5** 38
- Insolvenz **32** 1 ff.
- Kannkaufmann **2** 1 ff.
- KG, Änderungen **162** 20
- KG, anwendbare Vorschriften **162** 8

2751

- KG, Bevollmächtigte **162** 6
- KG, Geschäftsaufnahme **162** 9 f., 21 f.
- Kleingewerbetreibende **Vor 8** 4
- Land-/Forstwirtschaft **2** 8; **3** 23 ff.; **Vor 8** 5
- Land-/Forstwirtschaft, Bindungswirkung **3** 29 f.
- Land-/Forstwirtschaft, Inhaberwechsel **3** 34 f.
- Land-/Forstwirtschaft, Nebenbetrieb **3** 27
- Löschung s. Handelsregisterverfahren
- Minderjährige, Geburtsdatum **1** 94
- Minderjährigenhaftungsbeschränkungsgesetz **29** 10 f.
- nicht eintragungsfähige Vorgänge **8** 24
- öffentlich-rechtliche Unternehmen **Vor 8** 7
- OHG s. OHG – Handelsregistereintragung
- Prokura **53** 11
- Prokura, Erlöschen **53** 12 ff.
- Prokura, Erteilung **53** 3 ff.
- Publizitätswirkung **1** 121
- Rechtsnatur, Istkaufmann **2** 126 ff.
- Rechtsnatur, Kannkaufmann **2** 10 f.
- Rechtsscheinhaftung **8** 26; **15** 29 ff.
- Satzungskontrolle, GmbH s. dort
- Sitzverlegung **31** 10
- Sitzverlegung im Inland **13h** 1 ff.
- Sitzverlegung ins Ausland **13h** 13 ff.
- Sitzverlegung ins Inland, Anmeldung **13h** 21 ff.
- Unwirksamkeit, Kannkaufmann **2** 21
- Unkenntnis **15** 26 ff.
- Unrichtigkeit s. Kaufmannseigenschaft – Fiktion
- Unternehmensverträge **8** 27
- Unwirksamkeit **5** 10
- unzulässige, gerichtliche Aufhebung **16** 13 f.
- unzulässige, gerichtliche Feststellung **16** 15 ff.
- Vermögensverwaltungsgesellschaften **Vor 8** 6; **105** 9
- Verweigerung, Minderjährige **1** 87
- von Amts wegen **32** 1 ff.
- Willensmängel **5** 10
- Wirksamwerden, Zeitpunkt **8a** 2 f.
- Wirkung, 15-Tages-Frist **15** 23 ff.
- Wirkung, beweisrechtliche **8** 57
- Wirkung, deklaratorische **8** 52, 55 f.
- Wirkung, Firma **17** 26
- Wirkung, Istkaufmann **1** 129
- Wirkung, Kannkaufmann **2** 18 ff.
- Wirkung, konstitutive **8** 53 f.
- Zweigniederlassung, Postleitzahl **Vor 8** 14

Handelsregistereintragung – Fiktionswirkung
- Amtshaftung **15** 12a, 45
- Anwendungsbereich **15** 3
- Bekanntmachung, Erfordernis **15** 12 f.
- eintragungspflichtige Tatsache **15** 5 ff.
- fehlende Eintragung/Bekanntmachung **15** 4 f.
- fehlende Voreintragung **15** 13 f.
- Geschäftsunfähige **15** 7, 43
- geschützter Personenkreis **15** 3
- Gutgläubigkeit des Dritten **15** 15 ff., 40
- inländische Zweigniederlassung **15** 46
- Kaufmannseigenschaft s. dort
- Kenntnis des Dritten **15** 15 ff.
- Minderjährigenschutz **15** 22, 43
- Publizitätsrichtlinie **15** 34
- Rechtsfolgen, negative Publizität **15** 18 ff.
- Rechtsfolgen, positive Publizität **15** 44
- Rechtsscheinhaftung **15** 29 ff., 47
- Rosinentheorie **15** 21
- unrichtige Eintragung **15** 24, 32 ff.
- Verantwortliche **15** 10 f., 18 ff., 42
- Voraussetzungen, negative Publizität **15** 4 ff.
- Voraussetzungen, positive Publizität **15** 32 ff.
- Wahlrecht des Dritten **15** 21
- Zurechenbarkeit der Falscheintragung **15** 42 f.
- Zweck **15** 1 f.

Handelsregistereintragung – Zweigniederlassung
- Anmeldung, Verpflichtung **13** 14 f.
- Anmeldung, Zuständigkeit **13** 14
- Aufhebung der Zweigniederlassung **13** 16
- ausländische, durch Inlandsgesellschaft **13** 18
- Briefkastengesellschaft **Vor 13** 8
- Doppelsitz **13** 3, 17
- EHUG **Vor 13** 1, 9
- Erzwingung **Vor 13** 8; **14** 4 ff.
- Fiktionswirkung des Handelsregisters **15** 46
- inländische, Auslandsgesellschaft **13d** 1 ff.; **13e** 1 ff.
- Limited **Vor 13** 8
- Limited, Checkliste **Vor 13** 8

– Regelungssystematik **Vor 13** 2
– Verfahren **13** 15
– Zuständigkeit **Vor 13** 1, 9; **13** 14
– Zweigniederlassungsrichtlinie **Vor 13** 4 ff.

Handelsregisterverfahren
– Abgrenzung Kannkaufman/Istkaufmann **1** 132 ff.; **2** 12
– Amtsermittlungsgrundsatz **1** 123 ff.
– Amtshaftung **15** 12a, 45
– Amtslöschung **Vor 13** 10 ff.; **31** 17
– Antragsprinzip **8** 28
– Auslandsgesellschaft, inländische Niederlassung **13d** 10 ff.
– Bekanntmachung ggü. Anmelder **10** 11; s.a. dort
– Berufsangaben **Vor 8** 12
– Betriebsgröße **Vor 8** 10
– Datenschutz **8a** 10
– Datensicherheit **8a** 6 ff.
– Dokumente, Einreichung in Papierform **12** 7, 20
– EHUG **8** 10; **8a** 5 ff.
– elektronische Dokumente, Einreichung **12** 17 ff.
– elektronische Dokumente, Unterzeichnung **12** 18
– elektronische Registerführung **Vor 8** 28 f.; **8a** 5 ff.
– Firma, Änderung **18** 37; **31** 1 ff.
– Firma, Einbringung **17** 37
– Firma, Erlöschen **17** 33; **31** 11 ff.
– Firma, Löschung **18** 8, 37, 39a
– Firma, Gesellschafteraufnahme **31** 3
– Firma, Gesellschafterwechsel **31** 8 f.
– Firma, Irreführungsverbot **Vor 17** 13; **17** 20; **18** 29, 37 ff.
– Firma, Unterlassungsklage **37** 28 ff.
– Firma, Unterscheidbarkeit **30** 1 ff.
– Firma, Verwechslungsgefahr **30** 24
– Firma, Zulässigkeit **Vor 8** 22
– Firmenmissbrauchsverfahren **18** 37, 39a; **37** 1 ff.; s.a. dort
– Firmenzeichnung, Hinterlegung **Vor 8** 11
– Gebühren, Änderungen durch EHUG **Vor 8** 9
– Gebühren, Aufwandsbezogenheit **Vor 8** 9
– Geburtsdatum **1** 94; **Vor 8** 12 f.
– gesetzliche Vorschriften **8** 5 ff.
– Handelsrechtsreform **8** 10
– Handelsregisterreform **Vor 8** 15 ff.
– Kammern/Verbände, Beteiligung **Vor 8** 23; **8** 16
– Löschung **8** 58 ff.
– Löschung, Firma **18** 8, 37, 39a
– Löschung, Istkaufmann **1** 142 f.
– Löschung, Kannkaufmann **2** 22 ff., 27
– Löschung, Land-/Forstwirtschaftsbetrieb **3** 29 f.
– Löschung v. Amts wegen **Vor 13** 10 ff.; **31** 17
– Löschung Widerspruch **2** 13 f.; **Vor 8** 10
– Mantelverwendung **Vor 8** 21
– Minderjährige, Geburtsdatum **1** 94
– Minderjährigenhaftungsbeschränkungsgesetz **29** 10 f.
– Mitteilungspflichten **10** 11 ff.
– Prüfung, formelle **Vor 8** 16; **8** 31 ff.
– Prüfung, materielle **8** 33 ff.
– Prüfung, Irreführungsverbot **Vor 17** 13; **17** 20; **18** 29, 37 ff.
– Prüfungsumfang **Vor 8** 10
– Prüfungsumfang, Istkaufmann **1** 130 ff.
– Prüfungsumfang, Kannkaufmann **2** 15 ff.
– Prüfungsumfang, Land-/Forstwirtschaft **3** 31 ff.
– Rechtsbehelfe **8** 46 ff.
– Registerführung, Verordnung **8** 42; **8a** 1 ff.
– Satzungskontrolle **Vor 8** 15 ff.
– Satzungskontrolle, GmbH s. dort
– Tätigwerden von Amts wegen **8** 41
– Unterschiftenzeichnung **12**
– Vorratsgründung **Vor 8** 21
– Zuständigkeit s. Handelsregister
– Zwangsgeld **14** 1 ff.
– Zwangsgeldverfahren **31** 16
– Zwangsmaßnahmen **1** 128
– Zweigniederlassung **Vor 8** 14; **13** 15

Handelsrichter
– Voraussetzungen **Einl** 58

Handelssachen
– Kammer f. Handelssachen **Einl** 58
– Schiedsgerichtsbarkeit s. Schiedsvereinbarung; Schiedsverfahren

Handelsvertreter
– Abgrenzung z. Außendienstangestellten **84** 24 ff.
– Abgrenzung z. Franchisenehmer **84** 44 ff.; **Franch** 19 f., 114 ff.
– Abgrenzung z. Gelegenheitsvermittler **84** 1, 9
– Abgrenzung z. Handelsmakler **84** 1, 40; **93** 13
– Abgrenzung z. Handlungsgehilfen **59** 19

2753

- Abgrenzung z. Kommissionsagent **84** 41
- Abgrenzung z. Kommissionär **383** 23
- Abgrenzung z. Vertragshändler **84** 42 f.
- Abschlussvollmacht **84** 23; **86** 12, 28; **86b** 7, 17; **91** 1 ff.; **91a** 1 ff.
- Alleinvertreter **87** 21
- Ansprüche, arglistiges Verschweigen **88** 10
- Ansprüche, Verwirkung **88** 11
- Aufgabevorbehalt **95** 4
- Aufrechnungsverbot **88a** 8
- Aufwendungsersatz **87d** 1 ff.
- Ausgleichsanspruch, Verhältnis z. Karenzentschädigung **90a** 16
- Auslandstätigkeit **92c** 1 ff.
- Bemühungspflicht **86** 8 ff.; **87** 2 f.
- Benachrichtigungspflicht d. Unternehmers **86a** 14 ff.
- Bereitstellungspflicht d. Unternehmers **86a** 3 ff.
- Berichtspflicht **86** 17 ff.
- Berichtspflicht, Umfang **86** 21 ff.
- Bezirksvertreter, Provision **87** 19 ff.
- Bonitätsprüfungspflicht **86** 15; **86b** 1 f.
- Bonitätsprüfungspflicht, Kosten **87d** 5
- Delkredereprovision s. dort
- EG-Auslandstätigkeit **86** 35
- Einfirmenvertreter, Abhängigkeit **84** 35 f.
- Einfirmenvertreter, Mindestarbeitsbedingungen **92a** 1 ff.
- Einfirmenvertreter, Wettbewerbsverbot **86** 33
- Einordnung als Angestellter, zwingende **84** 2 ff.
- Firmensoftware **86a** 11 f.
- Geheimhaltungspflicht **90** 1 ff.
- Gelegenheitsvermittler **89b** 26
- Generalvollmacht **86b** 17
- Geschäfts-/Betriebsgeheimnisse **90** 1 ff.
- Gesellschaften **84** 6 f.; **86** 6 f.
- Handeln ohne Vertretungsmacht **91a** 1 ff.
- Hilfspersonen **86** 5
- Informationsrechte **87c** 1 ff.
- Inkassobefugnis **88a** 8
- Interessenkollision **86** 37 f.
- Interessenwahrnehmungspflicht **86** 1 f., 14 ff.
- Karenzentschädigung s. Karenzentschädigung – Handelsvertreter

- Kaufmannseigenschaft **1** 25; **84** 8, 15 ff., 50, 52
- kfm. Betriebseinrichtung **1** 117
- Kundenkartei **86a** 10
- Kundenliste, Vertragsbeendigung **90** 5 ff.
- Kündigung s. Handelsvertreter – Vertrag
- Musterkollektion **86a** 5 ff.
- Musterkollektion, Kündigungszeit **89** 23
- nebenberufliche Tätigkeit **92b** 1 ff.
- nebenberufliche Tätigkeit, Ausgleichsanspruch **89b** 30
- Reisekosten **87d** 5, 10
- Rücksichtnahmepflicht d. Unternehmers **86a** 1, 19 ff.
- Scheinselbständigkeit **84** 25 ff.
- Schifffahrtsvertreter **92c** 12
- Selbständigkeit **84** 5 ff.
- Spesen **87d** 6
- ständige Vermittlung **84** 9 ff.
- Tätigkeit für Unternehmer **84** 13 ff.
- Unternehmerpflichten **86a** 1 ff.
- Untervertreter **84** 6, 19, 50 f.; **89b** 28
- Verjährungsregelung **88** 1 ff.
- Vermittlungsgeschäfte, Arten **84** 4, 18
- Vermittlungstätigkeit **84** 19 ff.; **86** 11
- Vermittlungsvollmacht **91** 4; **91a** 1 ff.
- Vollmachten **84** 23; **86** 12, 28; **86b** 7, 17; **88a** 8; **91** 1 ff.; **91a** 1 ff.
- Weisungsbefolgungspflicht **86** 25 ff.
- Werbemaßnahmen, Kosten **87d** 8
- Wettbewerbsverbot s. Karenzentschädigung – Handelsvertreter; Nachvertragliches Wettbewerbsverbot – Handelsvertreter; Wettbewerbsverbot – Handelsvertreter
- Wettbewerbsverstoß s. Wettbewerbsverstoß – Handelsvertreter
- Zurückbehaltungsrecht, nach Vertragsbeendigung **88a** 7
- Zurückbehaltungsrecht, Unabdingbarkeit **88a** 1 ff.
- Zusatzpflichten **86** 10
- zwingende Vorschriften **Vor 87** 9

Handelsvertreter – Ausgleichsanspruch
- Abwälzungsvereinbarungen **89b** 153 f.
- Altkundengeschäft **89b** 70
- Änderungskündigung **89b** 57
- Anspruchsberechtigung **89b** 26 ff.
- arbeitnehmerähnliche Person **89b** 29
- Ausgleichsschuldner, Nachfolger **89b** 37 ff., 43

- Ausgleichsschuldner, Unternehmer **89b** 34 ff.
- Ausschluss, Eigenkündigung **89b** 125 ff.
- Ausschluss, Eintritt Dritter **89b** 143 ff.
- Ausschluss, Unternehmerkündigung **89b** 139 ff.
- Außendienstmitarbeiter **89b** 29
- Bausparkassenvertreter **89b** 159 ff.
- Berechnungsgrundsätze **89b** 44 ff.
- Betriebsveräußerung **89b** 52
- Beweislast **89b** 172 f.
- Billigkeitsgrundsatz **89b** 94 ff.
- EG-Recht **89b** 7 f.
- Einmalgeschäfte **89b** 71, 80
- Einmalprovision **89b** 151
- Einstandszahlungen **89b** 42, 155 ff.
- Entstehungszeitpunkt **89b** 22 ff.
- Erben **89b** 27
- Folgegeschäfte **89b** 9
- Fortsetzungsfiktion **89b** 82 ff.
- Franchisenehmer **89b** 33
- Gelegenheitsvermittler **89b** 26
- Geltendmachung **89b** 58 ff.
- Höchstgrenze **89b** 111 ff.
- Inkassoprovisionen **87** 43
- Kettenverträge **89b** 54
- nebenberuflich Tätige **89b** 30
- Neukundengeschäft **89b** 61 ff.
- Provisionsverluste, Berechnung **89b** 86 ff.
- Provisionsverluste, richtlinienkonforme Auslegung **89b** 76 ff.
- Provisionsverluste, Rotationsprinzip **89b** 93
- Rechtsentwicklung **89b** 1 ff.
- Rechtsnatur **89b** 5 f.
- Tätigkeitsvergütung **87** 5 f.
- Teilkündigung **89b** 56
- Überhangprovision **89b** 79, 81, 121
- Umgehung **89b** 151 ff.
- Umwandlung d. Unternehmens **89b** 53
- Unabdingbarkeit **89b** 148 ff.
- Unternehmervorteil **89b** 71 ff.
- Untervertreter **89b** 28, 122
- unwirksamer Vertrag **89b** 25
- Verhältnis z. Karenzentschädigung **90a** 16
- Verhältnis z. Wettbewerbsverbot **89b** 174 f.
- Verjährungsregelung **88** 7
- Versicherungsvertreter **89b** 14 ff., 159 ff.
- Vertragsbeendigung **89b** 49 ff.
- Vertragshändler **89b** 31 f.
- Vorauserfüllung **89b** 152
- Voraussetzungen, formelle **89b** 49 ff.
- Voraussetzungen, materielle **89b** 61 ff.
- Warenvertreter **89b** 9 ff.

Handelsvertreter – Provision
- Abdingbarkeit **87** 1
- Abrechnung, Anspruch **87c** 1, 7 ff.
- Abrechnung, Beweislast **87c** 22
- Abrechnung, Form **87c** 19 f.
- Abrechnung, Inhalt **87c** 13 ff.
- Abrechnung, Rechtsnatur **87c** 21
- Abrechnung, Wirkung **87c** 16 ff.
- Abrechnung, Zeitraum **87c** 8
- Abschlussprovision **87** 4
- Annahmeverweigerung d. Unternehmers **87a** 7
- Anspruch gem. § 354 **87** 7
- Ansprüche, arglistiges Verschweigen **88** 10
- Anspruchsentstehung **87** 16 f.; **87a** 1 ff.
- Anspruchsentstehung, Beweislast **87a** 31
- Anwartschaft **87** 16
- Aufrechnungsverbot **88a** 8
- aufschiebende Bedingung d. vermittelten Vertrags **87a** 8, 12
- Aufwendungsersatz **87d** 1 ff.
- Auskunftsanspruch **87c** 36
- Bemühungspflicht **87** 2 f., 9
- Berechnungsgrundlage **87b** 7 f., 15 f.
- Bezirksvertreter **87** 19 ff.; s.a. dort
- Buchauszug, Akzessorietät **87c** 23 ff.
- Buchauszug, Inhalt **87c** 27 ff.
- Buchauszug, Verweigerung **87c** 32 ff.
- Bucheinsicht **87c** 32 ff., 37 ff.
- Dauerschuldverhältnis **87b** 17 ff.
- Delkredeprovision s. dort
- Einkaufsgeschäft **87a** 4
- Endabrechnung **87c** 12
- Erfolgsbezogenheit **87** 2 ff.
- Fälligkeit **87a** 32
- Folgegeschäft Dritter **87** 9, 12 ff.
- Höhe **87b** 1 ff.
- Höhe, Beweislast **87b** 5
- Höhe, billiges Ermessen **87b** 4
- Informationsansprüche, Verjährung **88** 5 f.
- Informationsrechte, Rangfolge **87c** 2 ff., 23, 32
- Informationsrechte, Rechtsnatur **87c** 6
- Inkassoprovision **87** 40 ff.
- Kausalerfordernis **87** 10

- Kundenschutz **87** 11 ff.
- Leistungsstörungen d. vermittelten Vertrags **87a** 13 ff.
- Mitverursachung **87** 13
- nachvertragliche Geschäfte **87** 29 ff.
- Nebenkosten, Anrechnung **87b** 11 f.
- nicht vertragsgemäße Unternehmerleistung **87a** 18 ff.
- Nichtleistung d. Kunden **87a** 14 ff.
- Nutzungs-/Gebrauchsüberlassungsverträge **87b** 17 ff.
- Preisgleitklauseln **87b** 16
- Preisnachlässe **87b** 10
- Rahmenvertrag, Vermittlung **87** 17
- Skonto **87b** 9
- Stornierung d. Kunden **87a** 30
- Sukzessivlieferungsverträge **87** 17; **87a** 3
- Superprovision **87** 4
- Tätigkeitsvergütung **87** 5 f.
- Teilung **87** 18, 39
- „Topf-Vereinbarung" **87** 8
- Überhangprovision **87** 17, 30; **89b** 79, 81, 121
- übliche **87b** 2 ff.
- Umsatzsteuer **87b** 13 f.
- Vergütungsformen **Vor 87** 1 ff.
- Verjährungsregelung **88** 3 ff.
- Verkaufsgeschäft **87a** 2
- Verlust, Ausgleichsanspruch **89b** 76 ff.
- Verlust, Rotationsprinzip **89b** 93
- Vermittlungsprovision **87** 4
- Verwirkung **88** 11
- Verzinsung **87a** 33
- Vorleistungspflicht d. Kunden **87a** 5
- Vorschuss, Abrechnung **87c** 15
- Vorschuss, Anspruch **87a** 9 f.
- Wegfall d. Anspruchs **87a** 25 ff.
- zwingende Vorschriften **Vor 87** 9

Handelsvertreter – Vertrag
- Abmahnung **89a** 13
- Altersgrenze **89** 8
- Änderungskündigung **89b** 57
- anwendbare Regelungen **85** 1 ff.; **86a** 1 ff.
- auf bestimmte Zeit **89** 25
- auf Lebenszeit **89** 9
- auf unbestimmte Zeit **89** 3 ff.
- Aufgabevorbehalt **95** 4
- Aufhebungsvereinbarung **89a** 18
- Aufrechnungsverbot **88a** 8
- Aufwendungsersatz **87d** 1 ff.
- Ausgleichsanspruch, Unabdingbarkeit **89b** 148 ff.
- Ausgleichsanspruch, Verhältnis z. Karenzentschädigung **90a** 16
- bedingte Kündigung **89** 17
- Beurkundungsanspruch **85** 7 ff.
- Bezirksvertreter **87** 23
- Dauerschuldverhältnis **85** 1
- Delkredeprovision **86b** 4, 8 ff.
- Formularvertrag **85** 3 f.
- fristlose Kündigung, Form **89a** 10 f.
- fristlose Kündigung, Nachschieben v. Gründen **89a** 14 f.
- fristlose Kündigung, Schadensersatz **89a** 18 ff.
- fristlose Kündigung, Umdeutung **89a** 21
- fristlose Kündigung, Unabdingbarkeit **89a** 2
- fristlose Kündigung, Unwirksamkeit **89a** 21 ff.
- fristlose Kündigung, Voraussetzungen **89a** 3 ff., 16 f.
- fristlose Kündigung, wichtiger Grund **89a** 16 f.
- fristlose Kündigung, Zeitpunkt **89a** 12
- Gerichtsstandsvereinbarung **84** 16, 52
- Inkassoprovision **87** 40 ff.
- Karenzentschädigung s. Karenzentschädigung – Handelsvertreter
- Kettenverträge **89** 7; **89b** 54
- Kundenschutz **87** 11 ff.
- Kündigung, Ausgleichsanspruch **89b** 125 ff.; s.a. Handelsvertreter – Ausgleichsanspruch
- Kündigung, befristete Verträge **89** 25 ff.
- Kündigung, Freistellung **89** 20 ff.
- Kündigung, Fristen **89** 10 ff.
- Kündigung, Kundenliste **90** 5 ff.
- Kündigung, unbefristete Verträge **89** 3 ff.
- Kündigung, vor Antritt **89** 19
- mehrstufige Vertragsverhältnisse **84** 50 f.
- nachvertragliche Geschäfte **87** 38 f.
- Probezeit **89** 18
- Provisionsanspruch, Entstehung **87a** 9 ff.
- Provisionsanspruch, Fälligkeit **87a** 34, 36
- Provisionsanspruch, Höhe **87b** 1 f., 6
- Reisekosten **87d** 5, 10
- Schriftformklausel **85** 4
- Spesen **87d** 6
- Strukturvertrieb **84** 50
- Teilkündigung **89** 16

- Teilkündigung, Ausgleichsanspruch **89b** 56
- Unwirksamkeit, Ausgleichanspruch **89b** 25
- Vergütungsformen **Vor 87** 1 ff.
- Verjährungsregelung **88** 8 f.
- Verlängerungsklausel **89** 5, 27
- Werbemaßnahmen, Kosten **87d** 8
- Wettbewerbsverbot, nachvertragliches s. Karenzentschädigung – Handelsvertreter; Nachvertragliches Wettbewerbsverbot – Handelsvertreter
- Widerrufsklausel **89** 6
- Zurückbehaltungsrecht, Unabdingbarkeit **88a** 1 ff.
- Zusatzpflichten **86** 10
- zwingende Vorschriften **85** 8; **86** 2; **86a** 2; **Vor 87** 9

Handelsvertreterrecht
- anwendbare Vorschriften **Vor 84** 5 ff.
- EG-Anpassungsgesetz **Vor 84** 2 f., 10; **Vor 87** 9; **87** 31; **89b** 77 f.
- Gerichtsstand **Vor 84** 27
- Handelsrechtsreform **Vor 84** 4; **84** 52
- Handelsvertretergesetz **Vor 84** 1
- Novellierung **Vor 84** 1
- Versicherungs-/Bausparkassenvertreter **92** 1 ff.; s.a. dort
- Vertragshändlervertrag **VertrH** 2, 36 f., 60 ff., 78 ff.

Handelsware s.a. Kommissionsgut; Rügeobliegenheit
- Aufbewahrungspflicht, Kommissionär **389** 1 ff.; **390** 1 ff.
- Aufbewahrungspflicht, mangelhafte Ware **379** 1 ff.
- Aufbewahrungspflicht, Proben **96** 1 ff.
- Gebrauchtwaren **1** 30
- Notverkauf **379** 10 ff.; **388** 11 ff.
- Produkthaftung s. dort
- Warenlager **56** 8

Händlerleasing **Leas** 17, 32 ff.

Handlungsgehilfe
- Abgrenzung z. freien Mitarbeit **59** 5 ff., 18
- Abgrenzung z. Handelsvertreter **59** 19
- Anstellung im Handelsgewerbe **59** 20 ff.
- Arbeitgeberbegriff **59** 9
- Arbeitnehmerbegriff **59** 3 ff.
- Arbeitsschutz **62** 1
- Arbeitszeit **62** 9
- Ausgleichsanspruch **65** 9 ff.
- außerordentliche Kündigung, Wettbewerbsverstoß **61** 26 f.
- Begriff **59** 10
- Entgeltlichkeit **59** 29
- erweiterte **62** 10 f.
- Fürsorgepflicht des Arbeitgebers s. dort
- Gebietsschutz **65** 8
- Gesundheitsgefährdung **62** 5 ff.
- Hauptleistungspflichten **59** 12
- Hauptleistungspflichten, Ortsgebrauch **59** 30 f.
- Karenzentschädigung s. Karenzentschädigung – Handlungsgehilfe
- kfm. Angestellte **59** 10, 13 f.
- kfm. Arbeitsrecht **59** 1 f.
- kfm. Tätigkeit **59** 24 ff.
- Kündigung durch Arbeitgeber, Wettbewerbsverbot **75** 13 ff.
- Kündigung, Wettbewerbsverbot **75** 3 ff., 12
- nicht erfasster Personenkreis **59** 15 ff.
- Provision, Abrede **65** 2 f.
- Provision, anwendbare Vorschriften **65** 6 f.
- Provision, Begriff **65** 4 f.
- Provision, Entgeltfortzahlung **65** 15 f.
- Provision, Verjährung **65** 18
- Provision, Verrechnung **65** 13 f.
- Sperrabsprache unter Arbeitgebern **75f** 1 ff.
- Teilzeitbeschäftigte **59** 13
- Unabdingbarkeit **62** 19 f.
- Vergütungsanspruch, Aufrechnung **64** 6
- Vergütungsanspruch, Fälligkeit **64** 2 ff., 7 f.
- Vergütungsanspruch, Verzug **64** 5
- Verletzung **62** 12 ff.
- Vertretungsmacht, Außendienst **75g** 1 ff.; **75h** 1 f.
- Wettbewerbsverbot/-verstoß s. Wettbewerbsverbot – Handlungsgehilfe; Wettbewerbsverstoß – Handlungsgehilfe
- Wettbewerbsverbot, nachvertragliches s. Nachvertraglicher Wettbewerbsverstoß – Handlungsgehilfe; Nachvertragliches Wettbewerbsverbot – Handlungsgehilfe
- Zeugniserteilung, Anspruch s. Arbeitszeugnis

Handlungsreisender
- Kaufmannseigenschaft **1** 25

Handlungsvollmacht
- Abschlussvertreter **55** 1 ff.; s.a. dort
- Anstellungsverhältnis, fehlendes **54** 5, 47
- Arten **54** 17 ff.
- Begriff **54** 4 f.

2757

- Beschränkung, gesetzliche **54** 30 ff.
- Beschränkung, Niederlassung **54** 24
- besondere Ermächtigung **54** 35
- Beweislast **54** 42 f.
- Darlehensaufnahme **54** 33
- Duldungs-/Anscheinsvollmacht **54** 37
- Erlöschen d. Vollmacht **54** 46 ff.
- Erteilung **54** 6 ff.
- Gesamthandlungsvollmacht **54** 25
- Grundstücksgeschäfte **54** 31
- Gutglaubensschutz **54** 36 ff.
- Kleingewerbetreibende **Einl** 40
- Kommanditisten **170** 16 f.
- Prokura, zusätzliche **54** 13
- Prozessführung **54** 34
- Überschreiten d. Vertretungsmacht **54** 44 f.
- Umfang **54** 26 ff.
- Untervollmacht **58** 4 ff.
- Unübertragbarkeit **58** 1 ff.
- Vertretungsmacht, Vermutung **54** 36
- Wechselverbindlichkeiten **54** 32
- Widerruflichkeit **54** 48
- Zeichnung **57** 1 ff.
- Zweck **54** 2

Handwerkskammer
- Handelsregisterverfahren, Beteiligung **8** 16

Handwerksrecht
- Kaufleute, Verhältnis z. Öffentlichen Recht **7** 1 ff.

Hauptniederlassung
- Begriff **13** 1 ff.

Hauptsitz
- Doppelsitz **13** 3
- Firma, abweichende **22** 46

„Haus"
- Firmenzusatz, Irreführungsverbot **18** 79

Heilpraktiker
- gewerbliche Tätigkeit **1** 62

Herstellerleasing Leas 17, 32 ff.

Hinterlegung
- Handelskauf **374** 9 ff.

Hypothek
- Fortbestehen im Kontokorrentverhältnis **356** 3 ff.

ICC Einl 78, 103
Incoterms 346 53a f.
Indossament s.a. Orderpapiere
- Einwendungsausschluss **364** 6 ff.
- Form **365** 3
- Inhalt **365** 4
- Legitimationsprüfung **365** 5
- Orderpapiere **363** 9, 12 f.

- Wechselankauf, Kommissionär **395** 1 f.
- Wirkung **364** 1 ff.

Industrie- und Handelskammer
- Bekanntmachung von Registereintragungen **10** 12
- Handelsregisterverfahren, Beteiligung **8** 16
- Registerverfahren, Beteiligung **Vor 8** 23

„Industrie"
- Firmenzusatz, Irreführungsverbot **18** 60 f.

Ingenieur
- gewerbliche Tätigkeit **1** 62

Inhaberpapiere
- Begriff **363** 3, 5 f.
- gutgläubiger Erwerb, Vermutung **367** 1 ff.

Inkassoprovision 87 40 ff.

Inkassovollmacht
- Handelsmakler **97** 1 f.

Insolvenz
- Bekanntmachung **10** 4
- Factoringverhältnis **Fact** 63 ff., 78 ff.
- Firma, Familienname **17** 47 f.
- Geschäftsinhaber, bei stiller Gesellschaft **234** 11; **236** 1 f.
- GmbH & Co. KG, gleichzeitige **177a** 8
- Handelsregistereintragung **32** 1 ff.
- Kannkaufmann **2** 27
- KG, Antragspflicht **177a** 6
- KG, Einsichtnahmerecht **166** 14
- KG, Haftung ausgeschiedener Gesellschafter **171** 75 ff.
- KG, Haftung d. Gesellschafter **171** 57 ff., 83
- Kommissionshandel **383** 20 f.
- Leasinggeber **Leas** 211 ff.
- Leasingnehmer **Leas** 201 ff.
- Lizenzgeber **Liz** 356 ff.
- Lizenznehmer **Liz** 362 ff.
- OHG **128** 17 ff.; s.a. OHG – Insolvenz
- Schuldner, Zurückbehaltungsrecht **369** 26
- stille Gesellschaft, Hauptgeschäft **234** 11
- stille Gesellschaft, Internationales Privatrecht **236** 40 f.
- stiller Gesellschafter **234** 15 f.; **236** 17
- Unternehmenskauf, Firma **17** 46, 49

Insolvenzanfechtung
- OHG, nahe stehende Person **125** 3
- stille Gesellschaft, Einlagenrückgewähr **236** 19 ff., 28 ff.

– stille Gesellschaft, Gläubigerbenachteiligung **236** 27 ff.
– stille Gesellschaft, Internationales Privatrecht **236** 40 f.
– stille Gesellschaft, Verlustanteilerlass **236** 26, 28 ff.
Insolvenzfähigkeit
– OHG **124** 10
Insolvenzmasse
– Firma, Massezugehörigkeit **17** 45
– Handelsgeschäft, Firma **22** 31
– KG, Masseerhaltungspflicht **177a** 7
Insolvenzverwalter
– Firma, Verwertungsbefugnis **17** 45 ff.; **22** 31 ff.
– Firmenfortführung, Erwerberhaftung **25** 11
– Geltendmachung v. Haftungsansprüche gg. Gesellschafter **128** 19 f.
– Kaufmannseigenschaft **1** 83
– KG, Haftungsansprüche gg. Gesellschafter **171** 57 ff., 71, 83
– OHG, Handelsregisteranmeldepflicht **108** 14
– Personengesellschaft, Aufgaben **144** 17 f.
– Personengesellschaft, Liquidatoren **146** 11 f.
– Prokuraerteilung **48** 10
Inspire Art
– Zweigniederlassungsrichtlinie **Vor 13** 4 ff.
„**Institut**"
– Firmenzusatz, Irreführungsverbot **18** 50 f.
„**International**"
– Firmenzusatz, Irreführungsverbot **18** 73
Internationale Abkommen
– Lugano Übereinkommen **Einl** 63
– Madrider Markenabkommen **Liz** 88
– Pariser Verbandsübereinkunft **17** 53 f.
– Umsetzung **Einl** 81
Internationale Zuständigkeit Einl 61 ff.
– Lizenzgebührenstreit **Liz** 370 ff.
Internationaler Luftverkehr
– Abkommen **Einl** 81
Internationales Privatrecht
– Anknüpfung, stille Gesellschaft **230** 91a
– Anknüpfung, Unterbeteiligung **230** 124
– Firma, ordre public **17** 51
– Firmenberechtigung **17** 50
– Firmenschutz **17** 52 ff.
– Kommissionsvertrag **383** 12

– Lizenzvertrag **Liz** 367 f.
– Pariser Verbandsübereinkunft **17** 53 f.
– Registerrecht, Auslandsgesellschaft **13d** 3
– stille Gesellschaft, Insolvenz **236** 40 f.
„**Investment**"
– Firmenzusatz, Irreführungsverbot **18** 53 ff.
Irreführungsverbot
– „Akademie" **18** 50 f.
– akademische Titel **18** 41 ff.
– Alter d. Unternehmens **18** 52
– amtlicher Eindruck, Hervorrufen **18** 48 f.
– Änderung maßgeblicher Umstände **18** 39
– angesprochene Verkehrskreise **18** 27 f.
– „Anlageberatung" **18** 53 ff.
– „Anstalt" **18** 50 f.
– Anwalts-GmbH **18** 30
– Ausnahme, Firmenfortführung **21** 1 ff.
– „Bank"/„Bankhaus"/„Bankier" **18** 53 ff.
– „Bau" **18** 57
– Berufsbezeichnungen **18** 47
– „Betriebsprüfung" **18** 81
– Bezeichnung, fremdsprachige **18** 89
– „Bio"/„Öko"/„Umwelt" **18** 88
– „Börse" **18** 58 f.
– „Center" **18** 85 f.
– „com" **18** 88a
– „deutsch"/„national" **18** 71
– Drittnamen **18** 32 ff.
– „Einkauf" **18** 87
– Einzelkaufmann, Rechtsform **18** 36
– Ersichtlichkeit d. Verstöße **18** 29, 38
– „euro"/„europäisch" **18** 72
– „Fabrik" **18** 60 f.
– „Fach-/Spezialgeschäft" **18** 62 f.
– „Finanzdienstleistungen" **18** 55
– Firma **Vor 17** 13
– Firma, Bestandteile **18** 26
– „gemeinnützig" **18** 64
– geografische Zusätze **18** 65 ff.
– „Großhandel" **18** 74
– „Gruppe"/„Team" **18** 77
– Handelsrechtsreform **18** 26
– „Haus" **18** 79
– historische Bezugnahme **18** 52
– „Industrie" **18** 60 f.
– „Institut" **18** 50 f.
– „Inter"/„international" **18** 73
– „Investment"/„Investor"/„Invest" **18** 53 ff.

Stichwortverzeichnis

- „Kapitalanlage"/„Anlageberatung" **18** 53 ff.
- „Kolleg" **18** 50 f.
- „Lager" **18** 75
- „Markt" **18** 76
- „ÖKO" **18** 88
- „Pool" **18** 77
- „Registerkontrolle" **Vor 17** 13; **17** 20; **18** 29, 37 ff.
- „Revision"/„Betriebsprüfung" **18** 81
- Sachfirma **18** 24
- „Seminar" **18** 50 f.
- „Sozietät" **18** 78
- „Sparkasse" **18** 53 ff.
- „Steuerberatung" **18** 81
- „Studio" **18** 87
- „Team" **18** 77
- „Technik" **18** 82
- „Treuhand" **18** 83 f.
- „Umwelt" **18** 88
- „Union" **18** 77
- „Verband"/„Verbund"/„Vereinigte" **18** 77
- „Weingut"/„Weinkellerei" **18** 87
- „Werk" **18** 60 f.
- wettbewerbsrechtliche Konsequenzen **18** 27, 31
- „Zentrale"/„Zentrum"/„Center" **18** 85 f.

Irrtum s.a. Rechtsscheinhaftung
- Handelsbrauch **346** 15
- irrige Annahme d. Kaufmannseigenschaft **366** 6

Istkaufmann
- Ausscheiden d. Unternehmensträgers **1** 141
- Beginn d. Kaufmannseigenschaft **1** 139 f.
- Betriebsaufgabe **1** 141
- Eintragung, fehlendes Handelsgewerbe **5** 3 ff.; s.a. Kaufmannseigenschaft – Fiktion
- Eintragung, Unwirksamkeit **5** 10
- Einzelgewerbe **1** 4
- Ende d. Kaufmannseigenschaft **1** 141
- Gesellschaft **1** 127
- Handelsregistereintragung **1** 128 ff.
- Handelsregistereintragung, Abgrenzung Kann-/Istkaufmann **1** 132 ff.; **2** 12
- Liquidation d. Unternehmens **1** 141
- Löschung **1** 142 f.
- Löschungswiderspruch **2** 13 f.
- Personenhandelsgesellschaft **1** 4
- Rechtsfolgen **1** 126 ff.
- Rechtsformzusatz **1** 126, 129

- Rechtsformzusatz, vor Eintragung **Vor 17** 10
- Reduzierung d. Geschäftsumfangs **1** 126, 143
- Stilllegung d. Unternehmens **1** 141
- Strohmann **5** 38
- Voraussetzungen **1** 12 ff.

Jahresabschluss
- Abschrift, Kommanditisten **166** 2
- Aufstellung, KG **167** 2
- Bewertungsermessen, KG **167** 6
- Einsichtnahmerecht d. Kommanditisten **166** 3 ff.
- Feststellung, KG **167** 3 ff., 14
- KG, Auf-/Feststellung **164** 6
- Mitteilung an Kommanditisten **166** 38
- OHG **120** 1 ff.
- Sachverständigenprüfung **166** 41 f.
- Unrichtigkeit, KG **166** 5; **167** 7

Journalist
- gewerbliche Tätigkeit **1** 62

Juristische Person d. Öffentlichen Rechts
- Forderungsabtretung, trotz Ausschluss **354a** 9

Juristische Personen
- Einzelkaufmann **28** 11
- Firma, Unterscheidbarkeit **30** 1 ff.
- Firmenfähigkeit **17** 25
- Geschäftsbriefangaben **37a** 9; **125a** 1 ff.
- Gesellschafterstellung, OHG **105** 57 ff.
- Handlungsgehilfenrecht **59** 17
- Kaufmannseigenschaft **1** 74
- Wettbewerbsrecht **59** 17
- Zuständigkeit, Handelsregisteranmeldungen **33** 1 ff.; **34** 1 ff.

Just-in-Time-Vertrag
- Abgrenzung z. Qualitätssicherungsvereinbarung **Qual** 8

Kammer für Handelssachen
- Besetzung **Einl** 58
- Bildung **Einl** 58
- Handelssachen **Einl** 58

Kannkaufmann
- Beginn d. Kaufmannseigenschaft **2** 18 ff.
- Betriebsaufgabe **2** 27
- Eintragung, fehlerhafte **5** 10, 20 f.; s.a. Kaufmannseigenschaft – Fiktion
- Eintragung, Willenserklärung **5** 8, 10, 21
- Ende d. Kaufmannseigenschaft **2** 27

2760

- Firmenfortführung, Erwerberhaftung **25** 2
- Gewerbebetrieb **2** 4
- Handelsrechtsreform **2** 1 ff.
- Handelsregistereintragung, Abgrenzung Kann-/Istkaufmann **1** 132 ff.; **2** 12
- Handelsregistereintragung, Antrag **2** 9 ff.
- Handelsregistereintragung, Prüfungsumfang **2** 15 ff.
- Handelsregistereintragung, Rechtsnatur **2** 10 f.
- Handelsregistereintragung, Unwirksamkeit **2** 21
- Handelsregistereintragung, Widerspruch gegen Löschung **2** 13 f.
- Handelsregistereintragung, Wirkung **2** 18 ff.
- Insolvenz **2** 27
- Kleingewerbe **1** 7; **2** 5
- Kleingewerbe, Personenmehrheit **2** 6 f.
- Land-/Forstwirtschaft **1** 10; **2** 8; **3** 1 ff.; s.a. Land-/Forstwirtschaft
- Liquidation **2** 27
- Löschung, freiwillige **2** 22
- Löschung, Wirkung **2** 24 f., 27
- Löschung, zwangsweise **2** 23
- Unternehmensnachfolge **2** 26
- Voraussetzungen **2** 4 ff.

Kapitalanlage s.a. Anleger; Publikumsgesellschaft
- Börsenspekulation **1** 32
- private Vermögensverwaltung **1** 34 ff.

Kapitalaufbringung
- Mantelverwendung **Vor 8** 21

Kapitalgesellschaft
- Auslandsgesellschaft, Handelsgesellschaft **6** 6
- Auslandsgesellschaft, inländische Niederlassung **13d** 1 ff.; **13e** 1 ff.; **13f** 1 ff.; **13g** 1 ff.
- Einbringung v. Einzelunternehmen, Firmenfortführung **25** 13; s.a. dort
- Firma, Unterscheidbarkeit **30** 1 ff.
- Firmenfähigkeit **17** 25
- Firmenfortführung, Einwilligung **22** 27
- Firmenmissbrauchsverfahren **37** 13
- Geschäftsbriefe, notwendige Angaben **Vor 8** 27; **17** 24; **125a** 1 ff.
- Handelsregisterverfahren, Satzungskontrolle **Vor 8** 15 ff.
- Insolvenz, Firma **17** 46
- Kapitalgesellschaft & Still **230** 74a

- Kaufmannseigenschaft **1** 6
- Liquidation, Prokura **48** 7
- Liquidation, Rechtsformzusatz **17** 32
- Rechtsformzusatz **Vor 17** 12
- Rechtsformzusatz, Weglassen **Anh 5** 13, 20 ff.
- Tätigkeit als Handelsvertreter **84** 6
- Umwandlung in OHG **105** 35
- Vertretungsbefugnis, OHG **125** 19

Kapitalkonto s.a. Gewinn-/Verlustverteilung
- Gewinngutschrift, Kommanditist **167** 8 ff.
- Kontostandermittlung, Liquidationsstadium **155** 1, 18 f.

Karenz s. Nachvertragliches Wettbewerbsverbot

Karenzentschädigung – Handelsvertreter
- Angemessenheit **90a** 14 ff.
- Fälligkeit **90a** 18
- Herauf-/Herabsetzungsanspruch **90a** 19
- Rechtsnatur **90a** 13
- Sachleistungen **90a** 17
- Schriftform, Entbehrlichkeit **90a** 10, 12
- Verhältnis z. Ausgleichsanspruch **90a** 16

Karenzentschädigung – Handlungsgehilfe
- 13. Monatsgehalt **74b** 13
- Anwendungsbereich d. gesetzlichen Regelung **74** 14 ff.
- Abdingbarkeit **75c** 21; **75d** 1 ff.
- Abrede, fehlende **74** 65
- anderweitiger Erwerb **74c** 1 ff.
- anderweitiger Erwerb, böswilliges Unterlassen **74c** 14 ff.
- Anrechnung, Abdingbarkeit **74c** 38
- Anrechnung, erfasste Leistungen **74c** 3 ff., 9 ff., 29
- Anrechnung, Grenze **74c** 22
- Anrechnung, nicht erfasste Leistungen **74c** 8
- Anrechnung, Zeitraum **74c** 27 f.
- Auskunftspflicht d. Arbeitnehmers **74c** 31 ff.
- Auslagenersatz **74b** 14 f.
- Erhöhungsangebot nach Kündigung **75** 16
- Fälligkeit **74b** 2 f.
- feste Bezüge **74b** 9
- Fortzahlung nach Verstoß **74** 55
- Freiheitsstrafe **74c** 30
- Krankenversicherungszuschuss **74b** 10

- Mindesthöhe **74** 64, 66; **74b** 8
- nachvertragliche Leistungen **74b** 11
- Pfändbarkeit **74b** 4
- Verfassungsmäßigkeit **74** 62
- Verjährung **74b** 3
- Wettbewerbsverbot, unverbindliches **74a** 34 f.
- Wettbewerbsverbot, Verzicht **75a** 13 ff.
- Verzug **74b** 6 f.
- wechselnde Bezüge **74b** 12
- Zahlungspflicht **74** 63

Kartellrecht s.a. Gruppenfreistellungsverordnung
- Alleinlizenz **Liz** 167 ff.
- Auftragsforschung **F&E** 78 ff.
- F&E, Wettbewerbsbeschränkung **F&E** 67 ff.
- Franchising **Franch** 129 ff.
- Kommissionsvertrag **383** 9
- Lizenzverträge **Liz** 10 ff.
- Missbrauch marktbeherrschender Stellung **Liz** 47 ff.
- „more economic approach" **Liz** 52
- Patent-Lizenz **Liz** 4
- Urheber-Lizenz **Liz** 6
- Verhältnis z. gesellschaftsrechtlichen Wettbewerbsverbot **112** 19 f.
- Verhältnis zw. europäischem/deutschem **Franch** 152 ff.
- Verstoß, Rechtsfolgen **Liz** 56 ff.
- Vertragshändler **VertrH** 3 ff., 9 f.
- Wettbewerbsverbote **165** 24

Kasse gegen Dokument **346** 94 ff.

Kasse gegen Rechnung
- Handelsklauseln **346** 97

Kauffrau **1** 85

Kaufmann
- Absinken des Geschäftsvolumens **17** 32
- Arten **1** 2 ff.
- Einrede d. Vorausklage **349** 1 ff.; s.a. Bürgschaft
- Fälligkeitszins **353** 1 ff.
- Firmenfähigkeit **17** 25
- Forderungsabtretung, trotz Ausschluss **354a** 1 ff.
- Gattungsschuld **360** 1 ff.
- Geschäftsbesorgung, Entgeltlichkeitsfiktion **354** 1 ff.
- Geschäftsbriefangaben **Vor 8** 27; **37a** 1 ff.; s.a. dort
- Gutglaubensschutz, Orderpapiere **365** 6
- Gutglaubensschutz, Verfügungsbefugnis **366** 1 ff.

- Handelsbrauch, Anwendbarkeit **346** 6 f.
- kfm. Bestätigungsschreiben s. dort
- kfm. Betriebseinrichtung s. dort
- kfm. Geschäftsbetrieb s. dort
- kfm. Geschäftsverkehr s. dort
- Kontokorrentabrede s. Kontokorrent
- kraft Handelsgewerbe **1** 4 f.
- kraft Rechtsform **1** 6, 54 ff.
- kraft Registereintragung **1** 7, 44 ff., 54 ff.
- kraft Registerwirkung **1** 8
- Leistungszeit **358** 1 ff.
- Leistungszeit, unbestimmte Zeitangabe **359** 2
- Pflicht z. Prüfung d. Handelsregisters **15** 27
- Privatsphäre **Einl** 6
- Scheinkaufmann s. dort
- Vertragsstrafe, Herabsetzung **348** 1 ff.
- Verwendungsersatz, Zinspflicht **354** 16 ff.
- Verzugszins **352** 1, 7 ff.
- Zinssatz **352** 1 ff.
- Zurückbehaltungsrecht **369** 3

Kaufmann – Sorgfaltspflichten
- Beweislast **347** 17, 29
- Erfüllungs-/Verrichtungsgehilfen **347** 2 f.
- Fahrlässigkeit **347** 8
- Geschäftstätigkeit **347** 5 f.
- grobe Fahrlässigkeit **347** 12
- Haftungserleichterungen **347** 11 ff.
- Haftungsfreizeichnung **347** 14 ff.
- Haftungsverschärfung **347** 9
- Kleingewerbetreibende **Einl** 40; **2** 31
- Maßstab **347** 7 ff.
- Mitverschulden **347** 28
- Prospekthaftung **347** 24
- Rat/Auskunft, deliktische Haftung **347** 25, 29
- Rat/Auskunft, vertragliche Haftung **347** 18 ff.
- Schadensersatzpflicht **347** 26
- Sorgfalt in eigenen Angelegenheiten **347** 13
- Standardkodex **347** 10

Kaufmännische Angestellte
- Abgrenzung z. freien Mitarbeit **59** 5 ff., 18
- Arbeitgeberbegriff **59** 9
- Arbeitnehmerbegriff **59** 3 ff.
- Arbeitsrecht **59** 1 f.
- außerordentliche Kündigung, Wettbewerbsverstoß **61** 26 f.
- Begriff **59** 24 ff.

- Handlungsgehilfen s. dort
- kfm. Arbeitsrecht, Anwendbarkeit **83** 1 f.
- Vertretungsmacht, Außendienst **75g** 1 ff.; **75h** 1 f.
- Wettbewerbsverbot s. Nachvertragliches Wettbewerbsverbot – Handlungsgehilfe; Wettbewerbsverbot – Handlungsgehilfe

Kaufmännische Betriebseinrichtung
- Abgrenzungsprobleme **1** 108 ff.
- Begriff **1** 105
- Beispiele **1** 111 ff.
- Beweislast **1** 119 ff.
- Erforderlichkeit **1** 106 ff.
- fehlende, Fiktionswirkung d. Eintragung **5** 1 ff.; s.a. Kaufmannseigenschaft – Fiktion
- Filialunternehmen **1** 116
- Formkaufleute **6** 1, 11
- Handelsvertreter **1** 117
- Mischbetriebe **1** 116
- Saisonbetriebe **1** 118
- Scheinkaufmann **Anh 5** 7 f.

Kaufmännischer Geschäftsbetrieb s.a. Handelsgeschäft
- Abgrenzung z. Kleingewerbe, Schwierigkeiten **1** 15 f.
- Art **1** 100 f., 103 f.
- Beweislast **1** 119 ff.
- Definition d. Handelsgewerbes **1** 13 f.; s.a. dort
- Erforderlichkeit **1** 98 f.
- fehlender, Fiktionswirkung d. Eintragung **5** 1 ff.; s.a. Kaufmannseigenschaft – Fiktion
- kfm. Betriebseinrichtung **1** 105 ff.; s.a. dort
- Kleingewerbetreibende **1** 99
- Merkmale **1** 100 ff.
- Umfang **1** 100 ff.

Kaufmännischer Geschäftsverkehr
- Bestätigungsschreiben s. Kaufmännisches Bestätigungsschreiben
- Bürgschaft s. dort
- Erfüllungsort **361** 4 f.
- Fälligkeitszins **353** 1 ff.
- Forderungsabtretung, trotz Ausschluss **354a** 1 ff.
- Gattungsschuld **360** 1 ff.
- Geschäftsbesorgung, Entgeltlichkeitsfiktion **354** 1 ff.
- Gutglaubensschutz, Orderpapiere **365** 6
- Gutglaubensschutz, Verfügungsbefugnis **366** 1 ff.
- Handelsbrauch, Anwendbarkeit s. dort
- Handelsgeschäfte s. dort
- Handelsklauseln s. dort
- Kontokorrentabrede s. Kontokorrent
- Leistungszeit **358** 1 ff.
- Leistungszeit, unbestimmte Zeitangabe **359** 2
- Schuldanerkenntnis s. dort
- Schutzbedürfnis d. Verbrauchers **Einl** 12 f.
- Schweigen, „Anfechtung" **346** 44a
- Schweigen, Anwendung auf Nichtkaufleute **Einl** 38a
- Schweigen, auf Angebot **362** 1 ff.
- Schweigen, Kleingewerbe **Einl** 40; **2** 31
- Schweigen, rechtliche Bedeutung **346** 49 ff.
- Schweigen, Wirkung **346** 44 f.
- Sonderbedürfnisse **Einl** 9 ff.
- Sorgfaltspflichten s. Kaufmann – Sorgfaltspflichten
- Verwendungsersatz, Zinspflicht **354** 16 ff.
- Verzugszins **352** 1, 7 ff.
- Zinssatz **352** 1 ff.

Kaufmännisches Bestätigungsschreiben
- Abgrenzung z. modifizierten Auftragsbestätigung **346** 36
- AGB, Einbeziehung **346** 46, 48
- Begriff **346** 30 f., 34 ff.
- kreuzende **346** 43
- Maklervertrag **Vor 93** 12
- Nichtkaufleute **346** 32 f.
- Schweigen, „Anfechtung" **346** 44a
- Schweigen, Anwendung auf Nicht-Kaufleute **Einl** 38a
- Schweigen, Kleingewerbetreibende **Einl** 40; **2** 31
- Schweigen, Wirkung **346** 44 f.
- Voraussetzungen, Beweislast **346** 47
- Widerspruch, Inhalt **346** 42
- Widerspruch, unverzüglicher **346** 40 f.
- Zugang **346** 38 f.
- Zugang, Beweislast **346** 47

Kaufmannseigenschaft s.a. Formkaufmann
- Adressat **1** 73 ff.
- AG **6** 6 ff.
- Angestellte **1** 76
- Bedeutung für d. Anwendbarkeit d. HGB **Einl** 3 ff., 14
- Beendigung, Istkaufmann **1** 141
- Beendigung, Kannkaufmann **2** 27
- Beginn, Istkaufmann **1** 139 f.

- Beginn, Kannkaufmann 2 1 ff.
- Betreuer 1 77
- Beweislast 1 119 ff.
- Eheleute, Verfügungsrecht 1 85
- Einbringung, Haftung f. Altschulden 28 9 f.
- Einwendungen gg. ~ 5 1 ff., 33 ff.; s.a. Kaufmannseigenschaft – Fiktion
- Eltern 1 77
- Erbengemeinschaft 1 77, 86; 27 40
- EWIV 1 66; 6 4
- Freiberufler, Ausklammerung **Einl** 38 f.
- GbR 1 4
- Genossenschaft, eingetragene 6 7 ff.
- Gesellschafter, persönlich haftende 343 12 f.
- gesetzliche Vermutung 1 119 ff.
- GmbH 6 6 ff.
- GmbH & Co. KG 6 3, 10
- GmbH & Co. KG, doppelstöckige 105 7
- Handelsmakler 104 1
- Handelsrechtsreform 1998 **Einl** 36 f.
- Handelsregistereintragung, Abgrenzung Kann-/Istkaufmann 1 132 ff.; 2 12
- Handelsregisterlöschung, Istkaufmann 1 142 f.
- Handelsregisterverfahren, Amtsermittlung 1 123 ff.
- Handelsvertreter/Unternehmer 84 8, 15 ff., 50, 52
- HGB, a.F. 1 1
- Insolvenzverwalter 1 83
- irrige Annahme 366 6
- Istkaufmann s. dort
- juristische Personen 1 74
- Kauffrau 1 85
- KG 6 3
- KGaA 6 6 ff.
- Kleingewerbetreibende **Einl** 7, 39 ff.; 1 7
- Komplementär/Kommanditist 161 19
- kraft Eintragung 2 1 ff.; s.a. Kannkaufmann
- Krämermakler 104 1
- Liquidationsstadium 156 2
- Liquidator 1 83
- Makler **Vor 93** 5
- Minderjährige 1 87
- Minderkaufmann, Abschaffung **Einl** 39 ff.
- Nachlassverwalter 1 83
- OHG 6 3; 105 7 f.
- OHG, Beginn 123 1 ff.
- OHG, Wegfall 123 6
- Partnerschaftsgesellschaft 1 5, 66; 6 5
- Personengesellschaften **Einl** 44
- Personenhandelsgesellschaften 1 75
- Rechtsfolgen 1 126 ff.
- Scheinkaufmann s. dort
- SE 6 6 ff.
- sittenwidrige/rechtsmissbräuchliche Tätigkeit 7 3
- Stellvertreter 1 77
- Stellvertreter, mittelbarer 1 78 ff.
- stille Gesellschaft 1 5; 6 3
- stille Gesellschaft, Geschäftsinhaber 230 22
- Strohmann 1 79; 5 38
- Testamentsvollstrecker 1 80 ff.
- Treuhänder 1 78
- Treuhandlösung 1 80 ff.
- Unternehmensträger 1 73 ff.
- Vereine 1 95 f.
- Verhältnis z. Öffentlichen Recht 7 1 ff.
- Vertragshändler 1 84
- Vollmachtslösung 1 81 f.
- Vorgesellschaften 1 97
- Wegfall 234 24 ff.; 343 16

Kaufmannseigenschaft – Fiktion
- Eintragung, Unwirksamkeit 5 10, 21
- Funktion 5 11 ff.
- Handelsgewerbe, fehlendes 5 3 ff.
- Kleingewerbe 5 10, 21
- Land-/Forstwirtschaftsbetrieb 5 22 ff.
- nicht erfasste Einwendungen 5 33 ff.
- Voraussetzungen 5 14 ff.
- Wirkung 5 19 ff.
- Wirkung, öffentliches Recht 5 39 f.
- Wirkung, Personenkreis 5 27
- Wirkung, Prozess 5 29
- Wirkung, Unrechtsverkehr 5 30 f.
- Wirkung, Zeitraum 5 32

Kennzeichen
- Lizenzverträge **Liz** 85 ff.; s.a. dort; Marken-Lizenz

Kennzeichnungsfähigkeit
- Aussprechbarkeit 18 11
- Bildzeichen 18 11, 16
- Buchstabenfolgen 18 12 f., 15
- Firmenbestandteil, prägender 18 5
- Lesbarkeit 18 11
- Namensfähigkeit 18 10
- Namensfunktion **Vor 17** 8
- Zahlen 18 14 f.

KG
- Abgrenzung z. OHG 161 2
- Änderung im Gesellschafterbestand, Handelsregisteranmeldung 162 20

- anwendbare Vorschriften 105 88 f.
- Auflösung 131 1 ff.; s.a. OHG – Auflösung
- Auflösung, Tatbestände 177 1 ff.
- Ausschließung, Komplementär 140 1 ff.
- Beirat, Mitwirkung Dritter 163 10
- Bekanntmachung 162 11
- Beschlussfassung 163 5 ff.
- Beteiligung Minderjähriger 161 8 f.
- Beteiligung, Bekanntmachungspflicht Vor 8 8
- Delikthaftung 5 30 f.
- Einbringung, Handelsgeschäft durch Einzelkaufmann 28 1 ff.
- Einheitlichkeit d. Beteiligung 161 20
- Einheitsgesellschaft, Vertretungsbefugnis 170 6a
- Einlageforderung, Abtretbarkeit/Pfändbarkeit 171 14, 17 ff., 39, 68
- Entstehung aus GbR 161 12
- Entstehung aus OHG 161 11
- Erbanfall beim alleinigen Kommanditisten 27 8
- Erbenwahlrecht 139 23 ff.
- Erbenwahlrecht, Erbengemeinschaft 139 29
- Erscheinungsformen 161 4
- Existenzvernichtungsverbot 177a 7
- fehlerhafte 161 10
- Firma 161 14
- Firmenbildung 18 34; 19 28 ff.
- Firmenbildung, Gesellschaftsbeteiligung 19 31 f.
- Firmenfortführung, Gesellschafteränderungen 24 1 ff.
- Firmenmissbrauchsverfahren 37 13
- Fortsetzung d. Gesellschaft s. OHG – Fortsetzung
- Freistellungsanspruch, Pfändung 171 28
- Geschäftsaufnahme, Handelsregisteranmeldung 162 1 ff.
- Geschäftsbriefe, notwendige Angaben Vor 8 27; 125a 2; 177a 1 ff.; s.a. dort
- Geschäftsführung, Befugnis 164 1 ff.
- Geschäftsführung, durch Dritte 164 19 f.
- Geschäftsführung, Mitarbeit d. Kommanditisten 164 20a ff.
- Geschäftsführung, Verantwortlichkeit 164 3
- Geschäftsführung, vertragliche Regelungen 164 10 ff.
- Geschäftsführung, Zustimmungserfordernis 164 4 ff.
- Gesellschafter, Innenverhältnis 163 1 ff.
- Gesellschafterstellung, OHG 105 63
- Gesellschaftsvertrag 161 5 ff.
- Gesellschaftsvertrag, Änderung 163 4; 169 24
- Gesellschaftsvertrag, arbeitsrechtliche Regelungen 164 20a ff.
- Gesellschaftsvertrag, Beschränkung d. Kommanditistenrechte 164 16 ff.
- Gesellschaftsvertrag, Geschäftsführungsregelung 164 10 ff.
- Gesellschaftsvertrag, Vertragsfreiheit 163 1 ff.
- Gesellschaftszweck 161 3
- Gewinn-/Verlustbeteiligung 167 1 ff.
- Gewinnverwendungsbeschluss 169 24
- Haftsumme, Handelsregistereintragung 162 3, 22
- Haftungsbeschränkung 19 44, 64
- Handelsrechtsreform, Übergangsvorschriften 105 90 ff.
- Handelsregisteranmeldung 162 1 ff.
- Handelsregisteranmeldung, anwendbare Vorschriften 162 8
- Handelsregistereintragung 162 9 f., 21 f.
- Handelsregistereintragung, Bekanntmachung 10 2
- Handelsregistereintragung, Fiktionswirkung 5 3, 27
- Handelsregistereintragung, Option Vor 8 6
- Informationsrecht, Kommanditist s. Kommanditist – Informationsrecht
- Insolvenz, Antragspflicht 130a 1 ff.; 177a 6; s.a. OHG – Insolvenz
- Insolvenz, Gemeinschuldnerstellung 131 18
- Insolvenz, Gerichtsstand 171 81
- Insolvenz, Haftung d. Gesellschafter 171 57 ff., 83
- Insolvenz, Wirkung 171 82
- Insolvenzgrund 171 80
- Insolvenzplan 171 87
- Jahresabschluss 164 6
- Jahresabschluss, Bewertungsermessen 167 6
- Jahresabschlussaufstellung 167 2
- Jahresabschlussfeststellung 167 3 ff.
- Kaufmannseigenschaft 1 4; 6 3
- Kaufmannseigenschaft, Kleingewerbebetreibende Einl 43
- Liquidationsgesellschaft 131 6, 21, 23
- Liquidationsstadium, Einsichtnahmerecht 166 14

2765

- Liquidatoren, Bestellung **146** 3
- Masseerhaltungspflicht **177a** 7
- Mitgliedschaftsrechte, Mitwirkung Dritter **163** 10
- Nachfolgeklausel, qualifizierte **177** 5a
- Notgeschäftsführung **164** 5
- Prokura **164** 3a
- Publikumsgesellschaft, Abwicklung **131** 20; s.a. dort
- Rechtsformzusatz **Vor 17** 11; **19** 37
- Rechtsformzusatz, vor Eintragung **1** 127
- Rechtsnatur **161** 1 ff.
- Rechtsverhältnis zw. Kommanditisten **161** 24
- Rücklagenbildung **168** 23; **169** 19
- Schein-KG **Anh 5** 37 ff.; **176** 7 ff., 34
- Stimmbindungsvereinbarung **163** 9
- Stimmrecht **163** 7 f.
- Stimmrechtsverbot **163** 9
- Testamentsvollstreckung, an Gesellschaftsanteil **139** 16 ff.
- Umwandlung in OHG **105** 34
- Umwandlungsfälle **161** 13
- Unternehmensverbindungen **105** 106 ff.
- Vertretung durch Kommanditisten **170** 7 ff.
- Vertretung durch Komplementäre **170** 1 ff.
- Vertretung, Handelsregisteranmeldung **170** 6
- Vertretungsmacht, Entziehung **127** 2
- Vollhafterwegfall **131** 6, 21, 23 f.
- Vollhafterwegfall, Handelsregisteranmeldung **162** 20
- Vollhafterwegfall, Nachhaftung **160** 8
- Vorabausschüttung **168** 1 ff.
- Vor-GmbH als Komplementärin **162** 4
- Zweigniederlassung, Handelsregisteranmeldung **162** 7

KGaA
- Auslandsgesellschaft, inländische Niederlassung **13d** 1 ff.; **13f** 16
- Haftung d. Gesellschafter **128** 1 ff.; **130** 1 ff.
- handelsrechtliche Vorschriften außerhalb d. HGB **Einl** 54
- Handelsregistereintragung, Genehmigungen **7** 5
- Kaufmannseigenschaft **1** 6; **6** 6

Kleine und mittlere Betriebe
- Begriff **F&E** 1; s.a. KMU

Kleingewerbetreibende s.a. Kannkaufmann

- branchenfremde Tätigkeit, Anwendbarkeit d. HGB **Einl** 7
- Eintragung, fehlerhafte **5** 10, 21; s.a. Kaufmannseigenschaft – Fiktion
- Eintragungsoption **2** 1 ff.
- Eintragungsoption, unwirksame **5** 10, 21
- Firma **17** 32
- Firmenmissbrauchsverfahren **37** 13
- Geldforderung, Abtretungsausschluss **354a** 8
- Gesellschaft, Kaufmannseigenschaft **2** 6 f.
- Gleichstellung mit Kaufleuten **Einl** 41
- Gutglaubensschutz, Verfügungsbefugnis **366** 3a f.
- Handelsbrauch **Einl** 40; **2** 32
- Handelsgesellschaften **6** 2
- Handelsgewerbe, Fiktion **1** 7
- Handelsrecht, analoge Anwendung **2** 31 ff.
- Handelsrecht, anwendbare Vorschriften **2** 29 f.
- Handelsrechtsreform **Einl** 39 ff.
- Handelsregistereintragung, Wirkung **Vor 8** 7
- Handelsregisterlöschung, Widerspruch **Vor 8** 10
- Handlungsvollmacht **Einl** 40
- Kaufmannseigenschaft **Einl** 7
- kfm. Geschäftsbetrieb **1** 99
- kfm. Geschäftsbetrieb, fehlender **1** 7
- KG, Gründung **Einl** 43
- Kommissionär **383** 4
- Land-/Forstwirtschaft **2** 8; **3** 3, 19 ff., 30
- OHG **105** 8b
- OHG, Gründung **Einl** 43
- Optionsrecht **Einl** 43
- Rechtsstellung **2** 28 ff.
- Rückgang kfm. Betriebsumfangs **1** 126, 143; **3** 30
- Rügepflicht **Einl** 40
- Scheinselbständigkeit **1** 26
- Schweigen im Handelsverkehr **Einl** 40
- Sorgfaltspflichten **Einl** 40
- stille Gesellschaft **230** 25
- Zinsen **Einl** 40

KMU
- Begriff **F&E** 1
- Forschungsförderung, europäische **F&E** 136
- Forschungsförderung, nationale **F&E** 129

Know-how
- anwendbare Vorschriften **Liz** 141
- Arbeitnehmer **Liz** 141 f.
- Begriff **F&E** 1; **Liz** 141
- Betriebsgeheimnis **Liz** 144
- Vorlagenfreibeuterei **Liz** 143

Know-how-Lizenz
- Besteuerung s. Lizenz-Besteuerung
- Formen **Liz** 146 ff.
- Gebühren s. Lizenzgebühren
- Gruppenfreistellungsverordnung **Liz** 5
- Haftung s. Lizenzgeber; Lizenzvertrag
- kartellrechtliche Anforderungen **Liz** 151 ff.
- Patentanmeldung **Liz** 145
- Rechtsmangel **Liz** 303, 305
- Vertragsklauseln s. Lizenzvertrag

„Kolleg"
- Firmenzusatz, Irreführungsverbot **18** 50 f.

Kollusion Vor 48 58
Kommanditgesellschaft s. KG
Kommanditist
- alleiniger, Wegfall **131** 21; **162** 20
- Anmeldepflicht **162** 5 ff.
- Anteil, Vererblichkeit **177** 2
- Anteilserwerb, alle Anteile **173** 38
- Anteilserwerb, Komplementäranteil **173** 35 ff.
- Anteilserwerb, weiterer Kommanditanteil **173** 23
- Anteilsübertragung **173** 9 ff.
- Anteilsumwandlung **173** 43
- Auflösung, vertragliche Regelungen **177** 3 ff.
- Ausscheiden, Haftung **171** 22 ff.
- Ausscheiden, Handelsregistereintragung **162** 19
- Ausscheiden, Insolvenz d. KG **171** 75 ff.
- Ausscheiden, vertragliche Regelungen **177** 3 ff.
- Ausschließung **140** 1 ff.
- Ausschüsse, GmbH Co. KG **161** 73, 136
- Ausschüsse, Publikumsgesellschaft **161** 136
- Außen-GbR, Handelsregisteranmeldung **162** 4a
- Bareinlage **171** 9, 29 ff.
- Beerbung durch Komplementär **139** 28
- beherrschender Einfluss, Wettbewerbsverbot **165** 8
- Beitritt, Publikumsgesellschaft **161** 107 ff.
- Darlehensgutschriften **169** 19
- Dienstverhältnis **164** 25
- Einheitlichkeit d. Beteiligung **161** 20
- Einlage, Aufrechnung **171** 21, 38 f., 49 ff.
- Einlage, Begriff **171** 6 f.
- Einlage, Erlass **172** 17
- Einlage, Stundung **172** 17
- Einlage, Umwandlungsfälle **171** 42 f.
- Einlage, vertragliche Modifikationen **171** 12 f.
- Einlage, Werthaltigkeit **171** 44 ff.
- Einlageleistung, an Gläubiger **171** 17 ff., 39
- Einlageleistung, durch Dritte **171** 9
- Einlagenrückgewähr **172** 18 ff.
- Eintritt, Handelsregisteranmeldung **162** 12 ff.
- Eintritt, in Einzelkaufmanngeschäft **173** 45
- Entnahmerecht, Ausschluss **169** 1 f.
- Erbenhaftung, Anfall d. KG-Vermögens **27** 8
- Erbenwahlrecht **139** 23 ff.
- Erbenwahlrecht, Nachfolge in weiteren Anteil **139** 26
- Erbnachfolge **173** 23 ff., 29 ff.; **177** 6 ff.
- Erbnachfolge durch Mitgesellschafter **177** 15
- Geschäftsführerstellung, Wettbewerbsverbot **165** 7a
- Geschäftsführung, durch Kommanditisten **164** 10 ff.
- Geschäftsführung, Entnahmerecht **169** 13
- Geschäftsführung, Mitarbeit **164** 20a ff.
- Gesellschafter, Innenverhältnis **163** 1 ff.
- Gesellschafterwechsel **173** 3
- Gewinn-/Verlustbeteiligung, vertragliche Modifikation **167** 15 ff.
- Gewinn-/Verlustverteilung, Angemessenheit **168** 6 ff., 13
- Gewinn-/Verlustverteilung, Klageverfahren **168** 14
- Gewinn-/Verlustverteilung, steuerrechtliche Aspekte **168** 15 f.
- Gewinn-/Verlustverteilung, vertragliche Regelungen **168** 17 ff.
- Gewinnauszahlungsanspruch **169** 3
- Gewinnauszahlungsanspruch, Beschränkung **169** 4 ff.
- Gewinnauszahlungsanspruch, Durchsetzung **169** 12 f.

- Gewinnauszahlungsanspruch, vertragliche Modifikation **169** 18 ff.
- GmbH & Co. KG, Kapitalerhaltung **172** 63 ff.
- GmbH & Co. KG, Nachfolge v. Todes wegen **177** 22 ff.
- GmbH & Co. KG, Wettbewerbsverbot **165** 16, 19 ff.
- Haftung s. Kommanditist – Haftung
- Handlungsvollmacht, Widerruf **170** 16 f.
- Informationsrecht s. Kommanditist – Informationsrecht
- Insolvenz **171** 86
- Jahresabschluss, Unrichtigkeit **166** 15; **167** 7
- Jahresabschlussfeststellung **167** 3 ff.
- Jahresabschlussfeststellung, vertragliche Modifikation **167** 14
- Kapitalanteil, Begriff **167** 8
- Kapitalanteil, negativer **168** 2
- Kapitalkonto, Gewinngutschrift **167** 9 f.
- Kaufmannseigenschaft **161** 19
- Kündigungsrecht, Volljährigkeitseintritt **131** 34
- Leistung an Gläubiger, Aufrechnung mit Einlageschuld **171** 21, 38 f., 49 ff.
- Minderjährige **170** 12
- Mindestanzahl **161** 18
- Mitgliedschaftsrechte, Mitwirkung Dritter **163** 10
- Nachfolgeklausel, qualifizierte **177** 5a
- Nachlassinsolvenz **177** 21
- Nachlassverwaltung **177** 20
- Nachschusspflicht, Liquidationsstadium **149** 10
- Neuaufnahme, Vertrag **173** 2
- Organstellung **164** 20a ff.
- Prokura, Widerruf **170** 15a, 17
- Rechte, Beschränkung **164** 16 ff.
- Rechtsnatur **161** 26
- Rechtsstellung **164** 1
- Rechtsverhältnis zueinander **161** 24
- Sacheinlage **171** 9 ff., 29 ff.
- Sonderkonten **167** 11, 17
- Steuerentnahmerecht **169** 2, 22
- stille Gesellschaft **230** 74 f.
- Stimmbindungsvereinbarung **163** 9
- Stimmrecht **163** 7 f.
- Stimmrecht, Ausschluss **164** 17
- Stimmrechtsverbot **163** 9
- Stimmrechtsvollmacht **161** 23
- Tätigkeitsvergütung **168** 8, 18 f.
- Tätigkeitsvergütung, Einlagenrückgewähr **172** 21 f.
- Testamentsvollstreckung **177** 13 f.
- Tod, Rechtsfolgen **177** 1 ff.
- Treuepflicht, Schranken **166** 27
- Treuhänder, Publikumsgesellschaft **161** 115, 137 ff.
- Verlustbeteiligung **167** 12, 16
- Verlusthaftung, Ausgleichspflicht **171** 28
- Vermächtnis **177** 8
- Verrechnung, spätere Verluste **169** 14 ff.
- Vertreter, Abberufung **161** 25
- Vertretungsbefugnis **161** 23
- Vertretungsbefugnis, Ausschluss **170** 1 ff.
- Vertretungsbefugnis, Bestellung **161** 21 f.
- Vertretungsbefugnis, Entziehung **170** 15 ff.
- Vertretungsbefugnis, gewillkürte **170** 7 ff.
- Vertretungsbefugnis, Haftung **170** 14
- Vollhafterbeteiligung, Umwandlung **173** 28; **176** 48
- Vorausausschüttung **168** 1 ff.
- Wettbewerbsverbot, Freistellung **165** 2
- Wettbewerbsverbot, Treuepflicht **165** 7 ff., 19 ff.
- Wettbewerbsverbot, vertragliche Regelung **165** 3 ff.
- Zustimmungsbefugnis **164** 4
- Zuwendungen aus Komplementärvermögen **172** 26 ff.

Kommanditist – Haftung
- Akzessorietät **171** 1
- Anteilserwerb, alle Anteile **173** 38
- Anteilserwerb, Komplementäranteil **173** 35 ff.
- Anteilserwerb, weiterer Kommanditanteil **173** 22
- Anteilsübertragung **173** 9 ff.
- Anteilsumwandlung **173** 43; **176** 48
- anwendbare Vorschriften **128** 1; **130** 1 ff.
- Aufrechnung gg. Haftungsanspruch **171** 69 f.
- Ausscheiden, Altverbindlichkeiten **171** 22
- Ausscheiden, Erstattungsanspruch **171** 23
- Ausscheiden, Insolvenz d. KG **171** 75 ff.
- ausstehende Einlage, Kündigungsrecht **128** 8

- Beendigung d. unbeschränkten Haftung 128 25
- Begrenzung, Eintritt 162 22
- deliktische 171 27
- Durchgriffshaftung 171 27
- Einlage, Aufrechnung 171 21, 38 f., 49 ff.
- Einlage, Begriff 171 6 f.
- Einlage, Erlass 172 16
- Einlage, Stundung 172 16
- Einlage, Umbuchung 172 29
- Einlage, Werthaltigkeit 171 44 ff.
- Einlageleistung 171 8 ff., 29 ff.
- Einlageleistung, an Gläubiger 171 17 ff., 39
- Einlagenrückgewähr, Abfindungszahlung 172 33 f.
- Einlagenrückgewähr, Drittleistungen 172 20
- Einlagenrückgewähr, Haftsummenunterschreitung 172 31 f., 38 f.
- Einlagenrückgewähr, Komplementärvermögen 172 26 ff.
- Einlagenrückgewähr, Leistung an Dritte 172 25
- Einlagenrückgewähr, Tätigkeitsvergütung 172 21 f.
- Einlagenrückgewähr, Zuwendungen 172 18 f.
- Eintritt, in Einzelkaufmanngeschäft 173 45
- Einwendungen 171 2, 66 f.
- Enthaftung, GmbH-Geschäftsführer 160 4
- Erbnachfolge 173 23 ff., 29 ff.; 177 6 ff.
- Freistellungspflicht, Pfändung 171 28
- Geschäftsführungstätigkeit 164 14 f.
- Gesellschafterwechsel 173 3
- Gewinnentnahmen 172 35 ff.
- Gläubiger, Auskunftsrecht 172 10
- GmbH & Co. KG, Kapitalerhaltung 172 63 ff.
- Haftsumme 161 18; 171 3
- Haftsumme, Begriff 171 6 f.
- Haftsumme, Erhöhung 172 11 ff.; 173 47
- Haftsumme, fehlende Eintragung 176 13
- Haftsumme, Handelsregistereintragung 172 2 ff.
- Haftsumme, Herabsetzung 174 1 ff.; 175 1 ff.
- Handelsgeschäfte, Vermutung 344 6
- Insolvenz d. KG 171 57 ff., 83
- Insolvenzplan 171 87
- Kündigungsrecht 128 8
- Leistung an Gläubiger 171 15 f., 20, 38 f.
- Leistung an Gläubiger, Aufrechnung mit Einlageschuld 171 21, 38 f., 49 ff.
- nach Eintragung – vor Bekanntmachung 176 31 f.
- Naturalleistungen 171 4
- Neuaufnahme, Altverbindlichkeiten 173 6
- Neuaufnahme, Haftungsverdoppelung 173 7
- Neuaufnahme, vertragliche Vereinbarungen 173 7a
- öffentlich-rechtliche Verbindlichkeiten 171 5
- rechtsgeschäftliche 171 26
- Rechtsscheinhaftung 171 27; 172 15
- Rücklagenauflösung 173 47
- Schein-KG 176 7 ff., 34
- unbeschränkte 176 1 ff., 22 ff.
- Vertretungsbefugnis 170 14
- Vollhafterbeteiligung, Umwandlung 173 28; 176 48
- vor Eintragung 161 51a
- vor Eintragung, Eintrittsfälle 176 33 ff.
- vor Eintragung, GmbH & Co. KG 176 55 f.
- vor Eintragung, Voraussetzungen 176 3 ff.
- vor Eintragung, Zweck 176 1 f.

Kommanditist – Informationsrecht
- Anspruchsgegner 166 6, 32
- ausgeschiedener 166 58 ff.
- Bilanzen, Abschrift 166 2 f.
- Einsichtsrecht, Ausübung 166 7 ff.
- Erben 166 62 f.
- gerichtliche Durchsetzung 166 16 ff., 39
- gerichtliche Durchsetzung, Zuständigkeitsfragen 166 49 ff.
- Geschäftsführungsangelegenheiten 166 28 f.
- Gesellschaftsvertrag, Änderung 166 30
- GmbH s. GmbH & Co. KG
- Jahresabschluss, Abschrift 166 2
- Jahresabschluss, fehlender 166 15a
- Jahresabschluss, Sachverständigenprüfung 166 41 f.
- Jahresabschluss, Unrichtigkeit 166 15
- kollektive 166 33
- Liquidationsstadium 166 14
- mitgliedschaftsrechtliches 166 26 ff., 43

- Publikumsgesellschaft 166 44 ff.
- Schiedsgerichtsverfahren 166 57
- Unterlagen verbundener Unternehmen 166 5, 22, 31
- Unterlagen, Einsichtnahme 166 3 f., 38
- Vermögenslage, ungewisse 166 31a
- vertragliche Modifikation 166 37 ff.
- Zwangsvollstreckung 166 57a

Kommission s.a. Kommissionär; Kommittent
- Anwendung auf ähnliche Geschäfte 406 1 ff.
- Ausführungsanzeige, Selbsteintritt 405 1 ff.
- Ausführungsgeschäft 399 1 ff.
- Ausführungsgeschäft, Anspruchsabtretung 392 1 ff.
- Ausführungsgeschäft, Begriff 383 27
- Ausführungsgeschäft, Leistungsstörungen 383 30
- Ausführungsgeschäft, Vertragsschluss 383 28
- Ausführungsgeschäft, Willensmängel 383 29
- Delkrederehaftung 394 1 ff.
- Delkredereprovision 394 9
- Drittschadensliquidation 383 31
- Effektenhandel 383 2
- Eigentumsverhältnisse 383 32 ff.
- Einkaufskommission 383 36 ff.; 387 3; 391 1 ff.
- Emissionsgeschäft 383 44
- Konsignationslagervertrag/-kommission 383 1
- Konsortialgeschäft 383 44
- Notverkauf 388 11 ff.
- Preisabweichung 386 3; 387 1 ff.
- Preissetzungen, bindende 386 2
- Selbsteintritt, Anzeige 405 1 ff.
- Selbsteintritt, Berechtigung 400 1 ff.
- Selbsteintritt, Pfandrecht 404 1
- Selbsteintritt, Preisberechnung 400 10; 401 1 ff.
- Selbsteintritt, Provision 403 1 ff.
- Selbsteintritt, Widerruf d. Kommittenten 405 6
- Vereinheitlichungstendenzen 383 3
- Verkaufskommission 383 33; 387 3
- wirtschaftliche Bedeutung 383 1 f.

Kommissionär
- Abgrenzung z. Handelsmakler 383 24
- Abgrenzung z. Handelsvertreter 383 23
- Abgrenzung z. Kommissionsagent 383 25
- Abgrenzung z. Vertragshändler 383 26
- Annahmeverzug d. Kommittenten 389 1 ff.
- Aufrechnung 399 3
- Aufwendungsersatz 396 9 ff.; 403 3
- Ausführungsanzeige, Selbsteintritt 405 1 ff.
- Ausführungsgeschäft, Anspruchsabtretung 392 1 ff.
- Ausführungsgeschäft, Benennung des Dritten 384 15 ff.
- Ausführungsgeschäft, Einzugsrecht 399 3
- Ausführungsgeschäft, Herausgabe d. Erlangten 384 11
- Auslieferungsprovision 396 8
- Befriedigung aus eigenem 398 1 f.
- Befriedigung aus Forderungen des Kommittenten 399 1 ff.
- Befriedigung statt Abtretung 399 3
- Begriff 383 4
- Delkrederehaftung 394 1 ff.
- Delkredereprovision 394 9
- Eigentumserwerb, Einkaufskommission 383 36 ff.
- Eigentumserwerb, Selbsteintritt 383 34
- Eigentumserwerb, Verkaufskommission 383 33 ff.
- Einkaufskommission 383 36 ff.; 387 3; 391 1 ff.
- Gutglaubensschutz, Verfügungsbefugnis 366 3a
- Haftung 384 3 ff., 23; 385 5 f.; 386 6; 388 10; 189 4; 390 1 ff.; 392 7; 393 5; 394 6; 395 2
- Haftung, Aufbewahrungspflicht 390 1 ff.
- Haftung, für Erfüllung 384 15 ff.; 393 5; 394 1 ff.
- Hinterlegung 389 1 ff.
- Interessenwahrungspflicht 400 7
- Kleingewerbe 383 4
- kommissionsähnliche Geschäfte 406 1 ff.
- Kreditgewährung an Dritte 393 1 ff.
- Leistungsverweigerungsrecht 399 3
- Notverkauf 388 11 ff.
- Pfandrecht, an Kommissionsgut 397 1 ff.; 404 1
- Preisabweichung, Deckungszusage 386 7
- Preisabweichung, Provisionsanspruch 386 6
- Preisabweichung, vorteilhafte 387 1 ff.

- Provision, Beweislast 396 7
- Provision, Höhe 396 6
- Provision, Kündigung d. Vertrags 396 2
- Provision, Selbsteintritt 403 1 ff.
- Provision, unterbliebenes Ausführungsgeschäft 396 5, 8
- Provision, Vereinbarung 396 1 ff.
- Provision, Verjährung 396 7
- Rechnungslegung, Anerkenntnis 384 9
- Rechnungslegung, Einwendungen 384 9
- Schadensersatzanspruch gg. Kommittenten 396 11
- Selbsteintritt, Anzeige 405 1 ff.
- Selbsteintritt, Berechtigung 400 1 ff.
- Selbsteintritt, Pfandrecht 404 1
- Selbsteintritt, Preisberechnung 400 10; 401 1 ff.
- Selbsteintritt, Provision 403 1 ff.
- Selbsteintritt, Widerruf d. Kommittenten 405 6
- Selbsthaftung 384 15 ff.
- Selbsthaftung, Ausschluss 384 24
- Selbsthilfeverkauf 389 1 ff.
- Tod, Vertragsbeendigung 383 16
- Verfügung als Nichtberechtigter 383 35
- Verfügungsbefugnis 383 33 ff.
- Verkaufskommission 383 33; 387 3
- Wechsel, Ankauf 395 1 f.

Kommissionär – Pflichten
- Aufbewahrungspflicht 389 1 ff.; 390 2
- Aufbewahrungspflicht, Haftung 390 1 ff.
- Ausführungsanzeige 384 7, 17; 385 4
- Herausgabepflicht 384 10 ff.; 387 3
- Interessenwahrungspflicht 384 4; 387 1
- Mängel, Rechtswahrung ggü. Dritten 388 6 ff.; 392 7
- Mängel, Untersuchungspflicht 388 3
- Mängelanzeige 388 6, 9
- Nachrichtspflicht 384 6
- Preisvorgaben, Einhaltung 386 1 ff.
- Rechenschaftslegung 384 8 f.
- Sorgfaltsmaßstab 384 1 ff.
- vorvertragliche 384 3
- Weisungen, Befolgungspflicht 384 5; 385 1 ff.
- Weisungen, Nichtbefolgung 385 2 ff.

Kommissionsagent
- Abgrenzung z. Franchising **Franch** 21
- Abgrenzung z. Handelsvertreter 84 41; 383 25

- Abgrenzung z. Kommissionär 383 25

Kommissionsgut
- Befriedigung aus eigenem 398 1 f.
- Begriff 388 2; 397 2
- Beschädigung 390 4
- Besitz 397 3
- Einkaufskommission 383 36 ff.; 387 3; 391 1 ff.
- Haftung d. Kommissionärs 390 1 ff.
- Mängel, erkennbare 388 5
- Mängel, Rüge 388 6
- Mängel, Sachverständige 388 6
- Mängelanzeige, Einkaufskommission 391 1 ff.
- Notverkauf 388 11 ff.
- Pfandrecht 397 1 ff.; 404 1
- Preisberechnung, Selbsteintritt 400 10; 401 1 ff.
- Qualitätsmangel 388 4
- Quantitätsmangel 388 4
- Untersuchungspflicht 388 3
- Verfügungsbefugnis 383 33 ff.
- Verkaufskommission 383 33; 387 3
- Verlust 390 3
- Versicherung 390 6
- Waren mit Börsen-/Marktpreis 400 2, 4
- Wertpapiere 400 2, 4

Kommissionsvertrag
- Abgrenzung z. Kaufvertrag 383 22
- anwendbares Recht 383 12
- Befristung 383 15
- Erfüllungsort 383 10
- Form 383 8
- Gerichtsstand 383 11
- Insolvenz d. Kommissionärs 383 21
- Insolvenz d. Kommittenten 383 20
- kartellrechtliche Schranken 383 9
- Kündigung 383 6, 18 f.
- Kündigung, Provisionsanspruch 396 2
- Leistungsstörungen 383 9, 17
- Muster 383 43
- nichtiger, Provisionsanspruch 396 2
- Preissetzungen 386 1 ff.
- Provisionsanspruch 396 2
- Rechtsnatur 383 6, 18 f.
- Rücktritt 383 17
- Selbsteintrittsrecht, Unabdingbarkeit 402 1
- Spiel-/Differenzeinwand 383 9
- Tod d. Kommissionärs 383 16
- Tod d. Kommittenten 383 16
- Unmöglichkeit 383 17
- Vertragsschluss 383 7

Kommittent
- Annahmeverzug 389 1 ff.

- Ausführungsgeschäft, Geltendmachung v. Ansprüchen 392 1 ff.
- indossierter Wechsel 395 1 f.
- Kreditgewährung an Dritte durch Kommissionär 393 4 f.
- Mängelanzeige, Einkaufskommission 391 1 ff.
- Notverkauf 388 11 ff.
- Preisabweichung, Beweislast 387 3
- Preisabweichung, vorteilhafte 387 3
- Preisabweichung, Zurückweisung 386 5 f.
- Provision, Preisverstoß 386 6
- Rechnungslegung, Anerkenntnis 384 9
- Rechnungslegung, Einwendungen 384 9
- Schadensersatzanspruch gg. Kommissionär 384 3 ff., 23; 385 5 f.; 386 6; 388 10; 389 4; 390 1 ff.; 392 7; 393 5; 394 6; 395 2
- Tod, Vertragsbeendigung 383 16
- Verhältnis zum Dritten 392 1, 8 f.
- Weisungsrecht 384 5; 385 1 ff.
- Widerruf nach Selbsteintritt 405 6
- Zurückbehaltungsrecht, Vergütung 384 9

Kommunale Betriebe
- Gewerbe, Begriff 1 53

Komplementär
- Anmeldepflicht 162 5 ff.
- Anteilserwerb, weiterer Kommanditanteil 173 23
- Anteilsumwandlung 173 39 ff.; 176 48
- Ausschließung 140 1 ff.
- Einheitlichkeit d. Beteiligung 161 20
- Entnahmerecht 169 1
- Erbanfall beim alleinigen Kommanditisten 27 8
- Erbenwahlrecht 139 23 ff.
- Erbenwahlrecht, Nachfolge in weiteren Anteil 139 26
- Geschäftsführung, Befugnis 164 1 ff., 10 ff.
- Geschäftsführung, Mitarbeit d. Kommanditisten 164 20a ff.
- Geschäftsführung, Verantwortlichkeit 164 3
- Geschäftsführung, Zustimmungserfordernis 164 4 ff.
- Gesellschafter, Innenverhältnis 163 1 ff.
- Gewinn-/Verlustverteilung, Angemessenheit 168 6 ff.
- Gewinn-/Verlustverteilung, Klageverfahren 168 14
- Gewinn-/Verlustverteilung, steuerrechtliche Aspekte 168 15 f.
- Gewinn-/Verlustverteilung, vertragliche Regelungen 168 17 ff.
- Gewinnbeteiligung, Ausschluss 168 24
- GmbH, Rechtsstellung 161 57
- GmbH, Verantwortlichkeit 161 58
- GmbH, Wettbewerbsverbot 165 15, 19 ff.
- GmbH-Geschäftsführer, Anstellungsverhältnis 161 59 f.
- Kaufmannseigenschaft 161 19
- Mindestanzahl 161 17
- Mitgliedschaftsrechte, Mitwirkung Dritter 163 10
- Personenmehrheiten 161 17
- Stimmbindungsvereinbarung 163 9
- Stimmrecht 163 7 f.
- Stimmrechtsverbot 163 9
- Tätigkeitsvergütung 168 8, 18 f.; 169 21
- Testamentsvollstreckung 177 12
- Vertretungsbefugnis 170 1 ff.
- Vorausausschüttung 168 1 ff.
- Vor-GmbH, Gesellschafterhaftung 161 48 f.
- Vor-GmbH, Handelsregisteranmeldung 162 4
- Vor-GmbH, Vertretungsmacht d. Geschäftsführer 161 47
- Vor-GmbH, Zulässigkeit 161 46
- Vorgründungsgesellschaft 161 51
- Wegfall, Erbanfall beim Kommanditisten 139 28
- Wegfall, Handelsregisteranmeldung 162 20
- Wettbewerbsverbot 165 1, 19 ff.
- Zuwendung an Kommanditisten 172 26 ff.

Komplementär – Haftung 161 17
- anwendbare Vorschriften 128 1; 130 1 ff.
- Umwandlung in Kommanditbeteiligung 128 25; 130 5
- Vor-GmbH, Handelndenhaftung 161 50
- Wegfall d. Nachhaftung 160 8

Konnossement
- Indossabilität 363 11, 16

Konsignationskommission 383 1
Konsignationslagervertrag 383 1

Konsortien
- Emissions-/Konsortialgeschäft 383 44

Konstruktionsfehler s. Produkthaftung; Qualitätssicherung
Kontokorrent
– Abrede **355** 25 f.
– Abtretungsausschluss **354a** 5
– Beendigung, Folgen **355** 54 f.
– Beendigung, Gründe **355** 51 ff.
– Begriff **355** 2 f.
– Beteiligte **355** 7 f.
– Debetsaldo, Pfändung **357** 5
– Funktion **355** 4 ff.
– Gesamtschuldner, Inanspruchnahme **356** 2
– Kreditlinie, Pfändung **357** 6
– Leistung auf gesicherte Forderung **356** 14 ff.
– Saldo, Pfändung **357** 1 ff., 7 ff.
– Saldo, unrichtiges **355** 41 ff.
– Saldoanerkenntnis **355** 34 ff.
– Saldoanerkenntnis, unwirksames **355** 46 ff.
– Sicherheiten, Inanspruchnahme **356** 1 ff.
– Tagesguthaben, Pfändung **357** 4
– Überschussverzinsung **355** 49 f.
– Überschussverzinsung, erfasste Ansprüche/Leistungen **355** 15 ff.
– Überschussverzinsung, Voraussetzungen **355** 7 ff.
– Verhältnis z. Factoring **Fact** 56 ff.
– Verrechnung **355** 32 ff.
– Wechsel-/Scheckanspruch **355** 27
– Wirkung **355** 28 ff.
Kontokorrentbürgschaft 349 13
Kontokorrentkredit
– Pfändbarkeit **357** 6
Konzern
– abhängige Unternehmen **105** 115 ff.
– Handelsregister, Eintragungspflicht **8** 27
– Konzernierungsklausel **105** 116
– Konzernobergesellschaft, Pflichten ggü. AG **105** 127
– Mitbestimmung **161** 85
– Personenhandelsgesellschaften **105** 106 ff.; s.a. Abhängiges Unternehmen; Beherrschendes Unternehmen; Verbundene Unternehmen
– stille Gesellschaft **230** 77a f.
Kooperationsvertrag F&E 53 ff.; s.a. Forschungs-/Entwicklungsverträge
Körperschaftsteuer
– Leasing, steuerliche Behandlung **Leas** 12 f.
– Lizenzverträge, internationale **Liz** 387 ff., 392 f.
– Lizenzverträge, nationale **Liz** 379 ff., 391
Kraftfahrzeugkauf
– Gutglaubensschutz, Verfügungsbefugnis **366** 19 f.
Kraftfahrzeug-Leasing Leas 125 ff., 129
Krämermakler 104 1 ff.
Krankengymnast
– gewerbliche Tätigkeit **1** 62
Kreditanstalt für Wiederaufbau
– Gewerbe, Begriff **1** 53
Kreditauftrag
– Einrede d. Vorausklage **349** 1 ff.
Kreditbürgschaft 349 7 ff.
Kreditgeschäft s.a. Darlehen
– unechtes Factoring **Fact** 13
Kunst
– Kommissionshandel **383** 1
Künstler
– Gewerbe, Begriff **1** 61
– Partnerschaftsgesellschaft **1** 66 ff.; s.a. dort

Laborvertrag F&E 31
Ladenangestellte
– Anstellungsverhältnis **56** 9 ff.
– Branchenüblichkeit **56** 19 f.
– Duldungs-/Anscheinsvollmacht **56** 12
– Geschäftsabschluss, außerhalb **56** 13
– Gutglaubensschutz **56** 21 f.
– Kleingewerbe **2** 31
– Laden, Begriff **56** 5 ff.
– Vollmacht, Beschränkung **56** 21 f.
– Vollmacht, Erlöschen **56** 28
– Vollmacht, Umfang **56** 14 ff.
– Vollmachtgeber **56** 4
– Vollmachtgeber, Geschäftsfähigkeit **56** 24 f.
– Warenlager, Begriff **56** 8
– Zurechnung v. Besitztatbeständen **56** 26 f.
Ladeschein
– Indossabilität **363** 11, 16
„Lager"
– Firmenzusatz, Irreführungsverbot **18** 75
Lagerhalter
– Gutglaubensschutz, Verfügungsbefugnis **366** 3b
– Indossament **363** 16
Lagerrecht
– Transportrechtsreform **Einl** 46
Lagerschein
– Handelsgeschäfte, Vermutung **344** 11 ff.
– Indossabilität **363** 11, 16

Lagervertrag
- Konsignationslagervertrag 383 1

Land-/Forstwirtschaft
- Baumschulen 3 8
- Begriff 3 4 ff.
- Betriebsaufgabe 3 30
- Betriebsübergang 3 36
- Bodennutzung 3 5 f.
- Eigenbedarfsdeckung 3 9
- Eintragung trotz fehlenden Handelsgewerbes 5 9 f., 22 ff.; s.a. Kaufmannseigenschaft – Fiktion
- Eintragung, Bindungswirkung 3 29 f.
- Eintragung, Nebenbetrieb 3 27, 29
- Eintragung, Prüfungsumfang 3 31 ff.
- Eintragung, Rechtsnatur 3 28
- Eintragung, Verzicht 3 25
- Eintragungsoption 3 23 ff.
- Gärtnereien 3 8
- Handelsregistereintragung, Option **Vor 8** 5
- Inhaberwechsel 3 34 f.
- Kaufmannseigenschaft, Erwerb 2 8; 3 26 f.
- Kaufmannseigenschaft, Überblick 3 1 ff.
- Kleinbetriebe 3 3, 19 ff., 30
- Nebenbetrieb, Übertragung ohne Hauptbetrieb 3 36
- Nebengewerbe, Begriff 3 10 ff.
- Nebengewerbe, Eintragung 3 27, 29
- Nebengewerbe, Inhaberschaft 3 15 ff.
- Nebengewerbe, Verhältnis zu Hauptgewerbe 3 14
- Rohstoffgewinnung 3 7, 11
- Rückgang auf Kleinbetrieb 3 30, 33
- Sonderstellung 1 10
- Weiterverarbeitung/-verkauf 3 9, 11

Land-/forstwirtschaftlicher Betrieb
- OHG **105** 8b

Laufende Rechnung s. Kontokorrent

LCIA Einl 78

LCL 346 84 ff.

Leasing
- Amortisationspflicht **Leas** 20 ff.
- Finanzierungsleasing s. dort
- Händlerleasing **Leas** 17, 32 ff.
- Herstellerleasing **Leas** 17, 32 ff.
- Kraftfahrzeug-Leasing **Leas** 125 ff., 129
- Mietkauf **Leas** 16
- Operating-Leasing **Leas** 15
- Rügeobliegenheit 377 6
- Sale-and-lease-back **Leas** 17, 36
- steuerliche Behandlung **Leas** 1 ff.
- wirtschaftliches Eigentum **Leas** 1

Leasinggeber s.a. Finanzierungsleasing
- Eintritt in Kaufvertrag **Leas** 38 f.
- Haftungsfreizeichnung **Leas** 54 ff.
- Hauptpflicht **Leas** 18 f.
- Insolvenz **Leas** 211 f.
- Kündigungsrecht, Zahlungsverzug **Leas** 174
- Leasingraten, Forfaitierung **Leas** 200
- Leasingraten, Pfändung **Leas** 198
- Lieferverzug **Leas** 68 ff.
- Nutzungsverschaffungspflicht **Leas** 57 f.
- Schadensersatzanspruch **Leas** 181 ff., 190
- Schadensersatzanspruch, untransparente Vertragsgestaltung **Leas** 30
- Schadensersatzanspruch, Verjährung **Leas** 193
- Sicherstellung d. Leasingguts **Leas** 192
- transparente Vertragsgestaltung **Leas** 27 ff.
- Vermögensgefährdung **Leas** 176 f.
- Versicherungsleistung, Höhe **Leas** 129
- Versicherungsleistung, Zweckbindung **Leas** 131
- Wertsteigerungschance **Leas** 27
- wirtschaftliches Eigentum **Leas** 1
- Zwangsvollstreckungsmaßnahmen Dritter **Leas** 198 ff.

Leasinggut
- Annahmepflicht **Leas** 76
- Auslieferung **Leas** 57 f.
- Beschädigung, Kündigungsrecht **Leas** 125
- Gebrauchstauglichkeit **Leas** 19
- Grundmietzeit, Unkündbarkeit **Leas** 20
- Instandhaltung/-setzung **Leas** 135
- Lieferverzug **Leas** 68 ff.
- Pfändung **Leas** 194, 198
- Pfändung d. Nutzungsrechts **Leas** 196
- Pfändung d. Optionsrechts **Leas** 197
- Restwert, Zwangsvollstreckung Dritter **Leas** 196
- Rückgabepflicht **Leas** 168
- Rügeobliegenheit **Leas** 76
- Schädigung durch Dritte **Leas** 130 ff.
- Sicherstellung durch Leasinggeber **Leas** 192
- Teilerfüllung **Leas** 62 ff.
- Totalschaden **Leas** 133
- übermäßige Abnutzung **Leas** 169 f.
- Unmöglichkeit d. Leistung **Leas** 75
- Verlust, Kündigungsrecht **Leas** 125

- Versicherungspflicht **Leas** 128
- Vertragswidriger Gebrauch **Leas** 178
- Weiternutzung nach Beendigung **Leas** 171 f.
- Wertminderungsrisiko **Leas** 27
- Wertsteigerungschance **Leas** 27
- Wiederbeschaffungswert **Leas** 129, 134
- wirtschaftliches Eigentum **Leas** 1

Leasingnehmer s.a. Finanzierungsleasing
- Abnahme-/Übernahmebestätigung **Leas** 59 ff.
- Annahmepflicht **Leas** 76
- Anspruch auf Verwertungserlös **Leas** 186 f.
- Einrede des nichterfüllten Vertrags **Leas** 62 f.; 100 ff.
- fristlose Kündigung **Leas** 173
- Haftung, unzutreffende Abnahmebestätigung **Leas** 61
- Hauptpflicht **Leas** 20 ff.
- Insolvenz **Leas** 201 ff.
- Instandhaltung/-setzung **Leas** 135
- Kündigungsrecht, Verlust/Beschädigung **Leas** 125
- Leasingraten, Fälligkeit **Leas** 77
- Leistungsverweigerungsrecht **Leas** 100 ff.
- Pfändung d. Nutzungsrechts **Leas** 195
- Pfändung d. Optionsrechts **Leas** 197
- Sach-/Preisgefahr, Übernahme **Leas** 121 ff.
- Übernahmebestätigung **Leas** 59 ff.
- Untervermietungsverbot **Leas** 179
- Vermögensverschlechterung **Leas** 176 f.
- Versicherungspflicht **Leas** 128
- Wertminderungsrisiko **Leas** 27
- wirtschaftliches Eigentum **Leas** 1
- Zahlungsverzug **Leas** 78 f.
- Zahlungsverzug, Kündigung **Leas** 174
- Zahlungsvollzug, Herausgabepflicht **Leas** 192
- Zwangsvollstreckungsmaßnahmen Dritter **Leas** 194 ff.

Leasingvertrag
- abgetretene Ansprüche **Leas** 64
- AGB, Abnahmebestätigung **Leas** 60
- Eintritt d. Leasinggebers in Kaufvertrag **Leas** 38 f.
- Haftungsfreizeichnung d. Leasinggebers **Leas** 54 ff.
- Kilometer-Abrechnungsvertrag **Leas** 23
- Kraftfahrzeug-Leasing **Leas** 125 ff., 129
- Leasingrate, Fälligkeit **Leas** 77
- Lieferant, arglistige Täuschung **Leas** 49
- Lieferant, Aufklärungspflichtverletzung **Leas** 46 ff.
- Lieferant, Erfüllungsgehilfe **Leas** 44 ff., 57
- Lieferant, Vertreterstellung **Leas** 42 f.
- Mithaftung Dritter **Leas** 50 ff., 60, 175
- Preisanpassungsklausel **Leas** 80 f.
- Sach-/Preisgefahr, Übernahme **Leas** 121 ff.
- Sittenwidrigkeit **Leas** 82 ff.
- Sittenwidrigkeit d. Kaufvertrags **Leas** 86 f.
- Teilamortisationsvertrag, kündbarer **Leas** 22, 27
- Unkündbarkeit **Leas** 20
- Verbraucherschutz **Leas** 89
- Verfallklausel **Leas** 191
- Versicherungspflicht **Leas** 128
- Vertragsschluss **Leas** 37 ff.
- Wegfall der Geschäftsgrundlage **Leas** 65 ff.
- Zahlungsverzug, Pauschalierung **Leas** 78 f.

Leasingvertrag – AGB
- Abnahmebestätigung **Leas** 60 f.
- Abtretungskonstruktion **Leas** 64, 90, 109 f.
- Andienungsrecht **Leas** 141
- Ermächtigungskonstruktion **Leas** 73 f., 90, 111 f.
- Ersatzlieferung **Leas** 94 ff.
- Haftungsfreizeichnung **Leas** 54 ff., 69, 72, 113
- Instandhaltung/-setzung **Leas** 135
- Kilometer-Abrechnungsvertrag **Leas** 166 f.
- Kraftfahrzeug-Leasing **Leas** 125 ff.
- Lieferant, Freizeichnung **Leas** 113
- Lieferant, Nachbesserung **Leas** 93
- Mehrerlösbeteiligung **Leas** 142
- Mithaftung Dritter **Leas** 50 ff., 60, 175
- Nichterfüllungsrisiko **Leas** 66
- Preisanpassungsklausel **Leas** 80 f.
- Restamortisationsanspruch **Leas** 136 ff., 146 ff
- Rückgabeklauseln **Leas** 168
- Sach-/Preisgefahr, Übernahme **Leas** 121 ff.
- Schadenersatz wg. Nichterfüllung **Leas** 181, 186
- Sicherstellung d. Leasingguts **Leas** 192
- Untervermietung **Leas** 179

- Verfallklausel **Leas** 191
- Vermögensgefährdung **Leas** 175 f.
- Versicherungspflicht **Leas** 128
- Vertragswidriger Gebrauch **Leas** 178
- Verwendungsrisiko **Leas** 29
- Vollamortisationsanspruch, Verjährung **Leas** 180
- Vorzugschaden, Pauschalierung **Leas** 78 f.
- Weiterbenutzung d. Leasingguts **Leas** 172
- Zahlungsverzug **Leas** 174

Leasingvertrag – Beendigung
- Amortisationsanspruch, Verjährung **Leas** 180
- Andienungsrecht **Leas** 140 f.
- Anspruch auf Verwertungserlös **Leas** 186 f.
- ersparte Aufwendungen **Leas** 189
- fristlose Kündigung **Leas** 173 ff.
- fristlose Kündigung durch Leasingnehmer **Leas** 173
- Grundmietzeit, Unkündbarkeit **Leas** 20
- Kilometer-Abrechnungsvertrag **Leas** 166 f.
- Kündigungsrecht, Verlust/Beschädigung **Leas** 125
- Mehrerlösbeteiligung **Leas** 142, 164 f.
- ordentliche **Leas** 136 ff.
- Restamortisationsanspruch, Berechnung **Leas** 146 ff.
- Rückgabepflicht **Leas** 168
- Schadensersatzanspruch d. Leasinggebers **Leas** 181 ff., 190
- Schadensersatzanspruch d. Leasinggebers, Verjährung **Leas** 193
- Teilamortisationsvertrag **Leas** 22, 27, 136 ff.
- übermäßiger Abnutzung d. Leasingguts **Leas** 169 f.
- Untervermietungsverbot **Leas** 179
- unwirksame Vertragsgestaltung **Leas** 136 ff.
- Vermögensgefährdung **Leas** 176 f.
- Vertragswidriger Gebrauch **Leas** 178
- Vollamortisationsvertrag **Leas** 164 f.
- Vorfälligkeitsentschädigung **Leas** 188
- Weiternutzung d. Leasingguts **Leas** 171 f.
- Zahlungsverzug **Leas** 174

Leasingvertrag – Leistungsstörung
- abgetretene Ansprüche **Leas** 64
- Einrede des nichterfüllten Vertrags **Leas** 62 f., 100 ff.
- Ersatzlieferung **Leas** 94 ff.
- Garantien **Leas** 119
- Leistungsverweigerungsrecht **Leas** 100 ff.
- Lieferant, Haftungsfreizeichnung **Leas** 113 ff.
- Lieferverzug **Leas** 68 ff.
- Mangelbeseitigungsanspruch **Leas** 92 f.
- Minderung **Leas** 108
- Rücktritt **Leas** 99 ff.
- Rügeobliegenheit **Leas** 76
- Schadensersatz statt d. Leistung, Rechtsfolgen **Leas** 120
- Schadensersatzansprüche, Abtretungskonstruktion **Leas** 109 f.
- Schadensersatzansprüche, Ermächtigungskonstruktion **Leas** 111 f.
- Schuldrechtsmodernisierung **Leas** 88 ff.
- Teilerfüllung **Leas** 62 ff.
- Unmöglichkeit **Leas** 75
- unzutreffende Abnahmebestätigung **Leas** 61
- Wegfall der Geschäftsgrundlage **Leas** 65 ff., 104 ff.
- Zahlungsverzug **Leas** 78 f.

Legitimationspapiere
- Abgrenzung z. Wertpapieren **363** 8

Lehrer, private
- gewerbliche Tätigkeit **1** 61

Leistungsstörungen s.a. Rügeobliegenheit
- Kommission, Ausführungsgeschäft **383** 30
- Kommissionsvertrag **383** 9, 17
- Leasing s. Leasing – Leistungsstörungen

Leistungszeit
- Acht-Tages-Zeitraum **359** 3 f.
- gewöhnliche Geschäftszeit **358** 1 ff.
- unbestimmte Zeitangabe **359** 2

Leitende Angestellte
- Wettbewerbsverbot s. Nachvertragliches Wettbewerbsverbot – Handlungsgehilfe; Wettbewerbsverbot – Handlungsgehilfe

Letter of Intent
- Forschungs-/Entwicklungsvertrag **F&E** 4 ff.

Lieferscheine
- erforderliche Angaben **125a** 5

Lieferung vorbehalten
- Handelsklauseln **346** 98

Lieferzeit
- Handelsklauseln **346** 99 f.

Limited
- Briefkastengesellschaft **Vor 13** 8
- Haftungsverfassung **Vor 13** 8
- Handelsregisteranmeldung, Checkliste **Vor 13** 8
- Rechtsformzusatz **19** 67

Limited & Co.
- Rechtsformzusatz **19** 62 f.

Liquidation s.a. OHG-Liquidation
- actio pro socio **156** 3
- Buchführung **154** 14
- Firma **17** 32
- GmbH & Co. KG **131** 20; **153** 1 ff.
- Hauptgesellschaft, bei stiller Gesellschaft **230** 26
- Istkaufmann **1** 141
- Kannkaufmann **2** 27
- Kapitalkonto **155** 1, 18 f.
- KG **131** 6, 21, 23; **149** 10; **166** 14
- Personenhandelsgesellschaft, Prokura **48** 8
- Prokura, Erteilung **48** 7 f.
- Publikumsgesellschaft **146** 3a; **177** 31
- Rechnungslegung **154** 1 ff.
- Rechtsformzusatz **17** 32; **153** 1 ff.

Liquidatoren
- actio pro socio **149** 3
- Befugnisse **149** 1, 20 f.; **150** 6 ff.; **151** 1 ff.
- Bestellung **146** 5 ff.
- GmbH & Co. KG **177** 26
- Insolvenzverwalter **146** 11 f.
- Kaufmannseigenschaft **1** 83; **156** 2
- KG **146** 3
- Missbrauch d. Vertretungsmacht **151** 6
- Publikumsgesellschaft **177** 32
- Selbstkontrahierungsverbot **149** 21

Lizenz
- abgelaufenes Schutzrecht **Liz** 302, 304 f.
- anwendbare Vorschriften **Liz** 3 ff.
- Arten **Liz** 4 ff.
- ausschließliche **Liz** 161 ff.
- Begriff **Liz** 1 f.
- Beschränkung, Kündigung **Liz** 321 f.
- Crosslizenz **Liz** 249 ff.
- Gebietslizenz **Liz** 162 ff.
- Gebrauchstauglichkeit **Liz** 328 ff.
- Insolvenz d. Lizenzgebers **Liz** 356 ff.
- Insolvenz d. Lizenznehmers **Liz** 362 ff.
- Know-how-Lizenz **Liz** 5, 141 ff.
- Kooperationsverträge, Kartellrecht **F&E** 77 ff.; s.a. Forschungs-/Entwicklungsverträge
- Marken-Lizenz **Liz** 7, 85 ff.
- Merchandising **Liz** 111 ff.
- Nachbauverträge **Liz** 8, 154 ff.
- Negativlizenz **Liz** 105 ff., 125, 300
- Nichtigkeit **Liz** 317 ff.
- Patent-/Gebrauchsmusterlizenz **Liz** 4, 121 ff.
- Pfändbarkeit **Liz** 355
- Sortenschutz-Lizenz **Liz** 133 ff.
- Übertragung **Liz** 351 ff.
- Unterlizenz **Liz** 72, 75
- Urheber-Lizenz **Liz** 6, 71 ff.
- Verlagsvertrag **Liz** 81 ff.
- Verweigerung **Liz** 47 ff.

Lizenz – Besteuerung
- Auslandsbeteiligung, Einkommensteuer **Liz** 383 ff., 387 ff., 392 f.
- Auslandsbeteiligung, Umsatzsteuer **Liz** 386, 390, 392 f.
- Inlandsfälle, Einkommensteuer **Liz** 379 ff., 391
- Inlandsfälle, Körperschaftsteuer **Liz** 379 ff., 391
- Inlandsfälle, Umsatzsteuer **Liz** 382, 391
- Übersichten **Liz** 391 ff.

Lizenzgeber
- Assistenzpflichten **Liz** 277 ff.
- Aufrechterhaltungspflicht **Liz** 273 ff.
- Drittlizenzen, Vergabe **Liz** 280 f.
- Haftung, Abhängigkeit **Liz** 308 ff.
- Haftung, anwendbare Vorschriften **Liz** 301
- Haftung, Gebrauchstauglichkeit **Liz** 328 ff.
- Haftung, mangelnde Berechtigung **Liz** 306 ff.
- Haftung, Negativlizenz **Liz** 300
- Haftung, Patentschutzumfang **Liz** 323 ff.
- Haftung, Rechtsmängel **Liz** 302 ff.
- Haftung, Vorbenutzung **Liz** 313 f.
- Meistbegünstigungsklauseln **Liz** 282 ff.
- nichtige Lizenz **Liz** 317 ff.
- Nichtigkeitsklage, Meistbegünstigung **Liz** 190

Lizenzgebühren
- Einstandsgebühr **Liz** 229
- Höhe **Liz** 226 f.
- laufende Zahlung **Liz** 223 ff.
- Mindestgebühr **Liz** 218, 230
- Patent, erschöpfte Vorrichtungen **Liz** 122 ff.
- Patent, kartellrechtliche Freistellung **Liz** 123

- Rechtsstreit, Internationale Zuständigkeit **Liz** 370 ff.
- Rechtsstreit, Zuständigkeit **Liz** 369
- Sortenschutz, kartellrechtliche Behandlung **Liz** 139
- Staffelung **Liz** 228
- Verjährung **Liz** 231
- Verwirkung **Liz** 232

Lizenzvertrag
- Alleinlizenz, kartellrechtliche Behandlung **Liz** 167 ff.
- Alleinlizenz, Klagerecht **Liz** 183
- Alleinlizenz, Nichtigkeitsklage **Liz** 190
- Alleinlizenz, Schadensersatzeinnahmen **Liz** 189
- Auskunftspflichten **Liz** 233
- Ausschließliche Lizenzen **Liz** 161 ff.
- Ausübungsart/-ort **Liz** 193 ff.
- Ausübungspflicht **Liz** 216 ff.
- befristete Benutzungserlaubnis **Liz** 290
- Bezugsverpflichtungen **Liz** 240 ff.
- Buchführungspflichten **Liz** 236
- Crosslizenz **Liz** 248 ff.
- Erfahrungsaustausch **Liz** 248 ff.
- Erprobungsphase **Liz** 289
- Exportverbot **Liz** 165
- Field of Use-Klausel **Liz** 196
- Form **Liz** 286 ff.
- Gebietslizenz **Liz** 162 ff.
- Gerichtszuständigkeit **Liz** 369
- Gewährleistung **Liz** 9
- Haftungsvereinbarung **Liz** 317 f.
- internationale Zuständigkeit **Liz** 370 ff.
- Internationales Privatrecht **Liz** 367 f.
- Kartellrecht, GVO **Liz** 32, 40
- Kartellrecht, GVTT **Liz** 33
- Kartellrecht, internationales **Liz** 13 ff.
- Kartellrecht, nationales **Liz** 10 ff.
- Kartellrechtsverstoß **Liz** 56 ff., 376
- Kennzeichnungspflichten **Liz** 269 ff.
- Know-how-Lizenz **Liz** 141 ff.
- Kundenbeschränkung **Liz** 193, 201
- Kündigung, nichtige Lizenz **Liz** 320
- Kündigung, ordentliche **Liz** 341 ff.
- Kündigung, Rechtsfolgen **Liz** 346 ff.
- Kündigung, wg. Beschränkung **Liz** 321 f.
- Kündigung, wichtiger Grund **Liz** 343 ff.
- Lizenzbeschränkungen **Liz** 193 ff.
- Lizenzdauer **Liz** 204 ff., 340a ff.
- Lizenzgeberbeschränkungen **Liz** 159
- Lizenzgebühren **Liz** s. dort
- Lizenznehmerbeschränkungen **Liz** 159
- Markenrecht, Benutzungszwang **Liz** 87, 103
- Markenrecht, Duldungsvereinbarung **Liz** 108
- Markenrecht, Gemeinschaftsmarke **Liz** 106
- Markenrecht, Inhaltskontrolle **Liz** 105 ff.
- Markenrecht, IR-Marke **Liz** 105
- Markenrecht, Täuschung d. Allgemeinheit **Liz** 104
- Markenrecht, Überschreiten d. Nutzungsrechts **Liz** 102
- Markenrecht, Vorkommen **Liz** 96 ff.
- Mediation **Liz** 374
- Meistbegünstigungsklauseln **Liz** 282 ff.
- Mengenbeschränkung **Liz** 193, 200
- Merchandising **Liz** 111; s.a. dort
- Missbrauch marktbeherrschender Stellung **Liz** 47 ff.
- Nachbauverträge **Liz** 154 f.
- Negativlizenz **Liz** 105 ff., 125, 300
- Nichtangriffsverpflichtung **Liz** 265 ff.
- nichtige Lizenz **Liz** 317 ff.
- Offenbarungspflichten, beim Vertragsschluss **Liz** 293 ff.
- Optionsvertrag **Liz** 292
- Parallelexport/-import **Liz** 166, 175 ff.
- Patent, Ausführungsformen **Liz** 130
- Patent, erschöpfte Vorrichtungen **Liz** 122 ff.
- Patent, Lizenzgebühren **Liz** 123
- Patent, Negativlizenz **Liz** 125
- Patent, Sachpatent **Liz** 122 ff.
- Patent, Verfahrenspatent **Liz** 122 ff.
- Patentgemeinschaften **Liz** 255 ff.
- Patentlizenz, ausschließliche **Liz** 129
- Patentlizenz, einfache **Liz** 126 ff.
- Patentschutz, Umfangsprobleme **Liz** 321 ff.
- Preisbindung **Liz** 246
- Qualitätsvorschriften **Liz** 243
- rechtliche Einordnung **Liz** 9
- Rechtswahl **Liz** 366
- Schiedsklausel **Liz** 373 ff.
- Schutzrechtablauf **Liz** 204 ff., 340a
- Sortenschutzrecht **Liz** 133 ff.
- Unterlizenzen **Liz** 191 f.
- Urheberrecht **Liz** 71
- Urheberrecht, Ausübungszwang **Liz** 78 ff.
- Urheberrecht, Erschöpfung **Liz** 77
- Urheberrecht, Nutzung **Liz** 72 ff.

- Urheberrecht, Überschreiten d. Nutzungsrechts **Liz** 72
- Urheberrecht, Werkveräußerung **Liz** 77
- Verlagsvertrag **Liz** 81 ff.
- Vorvertrag **Liz** 291
- Wettbewerbsverbot **Liz** 220

Lugano Übereinkommen
- Vollstreckung ausländischer Entscheidungen **Einl** 63

Madrider Markenabkommen Liz 88
Makler
- Abgrenzung Handels-/Zivilmakler **Vor 93** 2 ff., 6 f.
- Abgrenzung z. Handelsmakler **93** 5, 12
- anwendbare Vorschriften **Vor 93** 8 f.
- Auftraggeberpflichten **Vor 93** 37
- Ausgleichsanspruch, fehlender **89b** 26
- Beauftragung Mehrerer **Vor 93** 81
- Beweislast **Vor 93** 79
- Doppeltätigkeit **Vor 93** 33, 36
- Finanzierungsvermittlung **Vor 93** 64; s.a. Finanzmakler
- Folgegeschäfte **Vor 93** 80
- Handelsmakler s. dort
- Hauptvertrag, Kenntnis d. Maklertätigkeit **Vor 93** 70
- Immobilien, Doppeltätigkeit **Vor 93** 33, 36
- Kaufmannseigenschaft **Vor 93** 5
- Nachweis, durch Mehrere **Vor 93** 72
- Nachweis, Ursächlichkeit **Vor 93** 29, 72 ff.
- Nachweismakler **Vor 93** 4, 8, 27 ff., 72 ff.
- Pflichtverletzung **Vor 93** 34 ff.
- Provision, Fälligkeit **Vor 93** 83
- Provision, Hauptvertragsabschluss d. Dritten **Vor 93** 75 ff.
- Provision, Höhe **Vor 93** 84
- Provision, Rückzahlung **Vor 93** 35
- Provision, selbständiges Versprechen **Vor 93** 50 f.
- Provision, unwirksamer Vertrag **Vor 93** 60 f.
- Provision, Verjährung **Vor 93** 85
- Provision, Voraussetzungen **Vor 93** 25, 27, 38 ff.
- Provision, Wegfall **Vor 93** 34 f.
- Schadensersatzpflicht **Vor 93** 34
- Selbsteintritt **Vor 93** 42
- sonstige Leistungen **Vor 93** 52
- Treue-/Sorgfaltspflichten **Vor 93** 31 f.
- Ursächlichkeit d. Tätigkeit **Vor 93** 29, 71 f.
- Verflechtung **Vor 93** 43 ff.
- Vermittlungstätigkeit **Vor 93** 30
- Vermittlungstätigkeit, Ursächlichkeit **Vor 93** 74
- Vorkaufsrecht Dritter **Vor 93** 62 ff.
- Vorkenntnis **Vor 93** 29
- Zusammenwirken Mehrerer **Vor 93** 82

Maklervertrag
- Abschluss **Vor 93** 12 ff.
- Abschluss, Beweislast **Vor 93** 16
- Abschluss, konkludenter **Vor 93** 13 ff.
- Abschluss, Provisionsanspruch **Vor 93** 41
- Alleinauftrag **Vor 93** 20 ff.
- Anfechtung **Vor 93** 54
- Aufwendungsersatz **Vor 93** 26
- Beauftragung Mehrerer **Vor 93** 81
- Bedingung **Vor 93** 58
- Bemühungsgeld **Vor 93** 12
- Beweislast **Vor 93** 79
- Eigengeschäft d. Auftraggebers **Vor 93** 22, 26
- Entgeltlichkeitsfiktion **354** 1 ff.
- Formerfordernisse **Vor 93** 12
- Genehmigungsbedürftigkeit **Vor 93** 55 ff.
- Identität mit Hauptvertrag **Vor 93** 65 ff.
- Immobilien **Vor 93** 5, 12
- Maklerdienstvertrag **Vor 93** 19 f.
- Maklerwerkvertrag **Vor 93** 18
- Provision, Erfolgsabhängigkeit **Vor 93** 26
- Provision, Voraussetzungen **Vor 93** 38 ff.
- Provision, selbständiges Versprechen **Vor 93** 50 f.
- Reservierungsvereinbarung **Vor 93** 12
- Rücktrittsrechte **Vor 93** 58 f.
- Selbsteintritt **Vor 93** 42
- sonstige Leistungen **Vor 93** 52
- Unwirksamkeit **Vor 93** 40d f., 53 ff., 60 f.
- Verflechtung **Vor 93** 43 ff.
- Vorkenntnisklausel **Vor 93** 29
- Wesen **Vor 93** 11
- Widerruf **Vor 93** 17
- Widerruf, Verzicht **Vor 93** 20 f.

Mängel s.a. Rechtsmangel; Rügeobliegenheit; Sachmangel

Mantelkauf
- Firmenfortführung **22** 8; **23** 8

Mantelverwendung
– Begriff **Vor 8** 21
Marken
– Anmeldung, europäische **Liz** 91, 95
– Anmeldung, internationale **Liz** 88 ff.
– Anmeldung, nationale **Liz** 86
– Erwerb **Liz** 86
– Gemeinschaftsmarke **Liz** 95, 106
– internationale **Liz** 88 ff.
– Madrider Markenabkommen **Liz** 88
– Merchandising s. dort
– nationale **Liz** 86 f.
– Schutzhindernisse **Liz** 90
– Verfall **Liz** 87
Markengesetz Liz 7
Marken-Lizenz
– Alleinlizenz, Klagerecht **Liz** 184
– anwendbare Vorschriften **Liz** 7
– Benutzungszwang **Liz** 87, 103
– Besteuerung s. Lizenz-Besteuerung
– Duldungsvereinbarung **Liz** 108
– Firmenlizenz **Liz** 96
– Gebühren s. Lizenzgebühren
– Gemeinschaftsmarke **Liz** 106
– Gruppenfreistellungsverordnung **Liz** 7
– Haftung s. Lizenzgeber; Lizenzvertrag
– Inhaltskontrolle **Liz** 105 ff.
– IR-Marke **Liz** 105
– Nutzungsrecht, Überschreiten **Liz** 102
– Rechtsmangel **Liz** 311
– Täuschung d. Allgemeinheit **Liz** 104
– Vertragsklauseln s. Lizenzvertrag
– Vorkommen **Liz** 96 ff.
Markenschutz s.a. Namensschutz
– Abkürzungen/Zeichen **17** 11
– Nichtkaufleute **17** 15
– Umfang **17** 22
„**Markt**"
– Firmenzusatz, Irreführungsverbot **18** 76
Maßangaben
– unterschiedliche, im Bezugsgebiet **361** 1 ff.
Masseur
– gewerbliche Tätigkeit **1** 62
Meistbegünstigungsklausel
– Handelsklauseln **346** 101
Merchandising
– Begriff **Liz** 111
– Charakter-Merchandising **Liz** 112
– Events **Liz** 116
– Marken-Lizenz **Liz** 113 f.
– Unterlizenz **Liz** 117
– Zweck **Liz** 111 ff.

Messestand
– Gewerbe, Begriff **1** 31
Messvertrag F&E 31
Mietkauf Leas 16
Minderfirma
– Rechtslage nach Reform **17** 15
– Rechtslage, Übergangszeit **17** 16
– Rechtslage vor Reform **17** 14
Minderheitenschutz
– abhängige Unternehmen **105** 113
– Gesellschafterbeschlüsse, Mehrheitsklausel **119** 16, 20
– OHG **105** 80; **109** 3, 9
Minderjährige
– Erbenhaftung, Firmenfortführung **27** 14
– fehlende Zustimmung **5** 36
– Fiktionswirkung d. Handelsregisters **15** 22, 43
– Geschäftsführerbestellung **114** 17
– Gesellschafterstellung, OHG **105** 26, 44
– Haftungsbeschränkung, OHG **128** 8
– Haftungsbeschränkungsgesetz **1** 90 ff.; **29** 10 f.
– Handelsregistereintragung, Geburtsdatum **Vor 8** 12 f.
– Kaufmannseigenschaft **1** 87
– KG-Gesellschaftsvertrag **161** 8 f.
– Personengesellschafter, Haftungsbeschränkung **1** 90 ff.
– Rechtsscheinhaftung **Anh 5** 29, 46
– stille Gesellschaft, Vertrag **230** 19 ff.
– Vertretungsbefugnis, KG **170** 12
– Vollmachtgeber **56** 24 f.
– Wettbewerbsverbot, Nichtigkeit **74a** 18
Minderkaufmann
– Abschaffung **Einl** 39 ff.
– Geschäftsbezeichnung **17** 14
Mischbetriebe
– kfm. Betriebseinrichtung **1** 116
Mitbestimmung
– GmbH & Co. KG **161** 81 ff.
– Konzern **161** 85
Miterben
– Erbenhaftung, Gesamtschuldner **27** 22, 36
– Kaufmannseigenschaft **1** 86
Mitverschulden
– Anleger **161** 167
– Sachmangel **377** 51
– Sorgfaltspflichtverletzung **347** 28
MoMiG
– Einlage, Eigenkapitalcharakter **236** 15 f.

- Existenzvernichtungsverbot **130a** 19
- GmbH, Sitzwahl **Vor 8** 26
- Handelsregistereintragung, Geschäftsanschrift **Vor 8** 14
- KG, Insolvenzpflichten **177a** 6 ff.
- OHG, inländische Geschäftsanschrift **106** 12

Nachbauverträge
- Gruppenfreistellungsverordnung **Liz** 155
- Vertragsgegenstand **Liz** 154

Nachbürgschaft 349 22

Nacherbschaft
- Erbenhaftung, Firmenfortführung **27** 16

Nachhaftung s.a. Firmenfortführung – Enthaftung
- Abdingbarkeit **160** 16
- ausgeschiedene Gesellschafter **159** 1
- Begrenzung, Frist **160** 11 ff.
- GbR **160** 6
- Umwandlung d. OHG **160** 8
- Verjährungseinrede **160** 15

Nachhaftungsbegrenzungsgesetz 26 4; **28** 4; **159** 1 ff.; **160** 1 ff.

Nachlasserbenschulden
- Erbenhaftung **27** 26

Nachlassinsolvenz
- Ausscheiden d. Gesellschafter **131** 32
- Kommanditbeteiligung **177** 20
- OHG-Gesellschafter, Anteile **105** 5
- stille Gesellschaft **234** 23

Nachlasspfleger
- Prokura, Erteilung **48** 9

Nachlassverbindlichkeit
- Erbenhaftung **27** 25
- Gesellschafter-Erben, Haftung **139** 53

Nachlassverwalter
- Kaufmannseigenschaft **1** 83
- Kündigungsrecht **135** 3
- Prokura, Erteilung **48** 9

Nachlassverwaltung
- Firmenfortführung, Erbenhaftung **27** 13
- Kommanditbeteiligung **177** 21
- Kündigungsrecht d. Gesellschafter **131** 33
- OHG-/KG-Anteil **139** 22
- stille Gesellschaft **234** 23

Nachnahme
- COD, Handelsklauseln **346** 72, 102

Nachvertraglicher Wettbewerbsverstoß – Handlungsgehilfe
- Abrede, Auslegung **74** 40 ff., 44
- Anspruchsabtretung, Geschäftsveräußerung **74** 59 f.
- Anspruchsabtretung, Verbot **74** 61
- Auskunftsanspruch **74** 57
- Eigentumsansprüche **74** 49
- Erfüllungsanspruch **74** 46
- Gewinnherausgabe **74** 58
- Karenzentschädigung s. dort
- Konkurrenzgeschäft **74** 45
- Leistungsstörungsrecht **74** 50
- Rücktritt d. Arbeitgebers **74** 56
- Schadensersatz, deliktischer **74** 49
- Schadensersatz, pauschalierter **75c** 13
- Schadensersatz, vertraglicher **74** 51
- Unterlassungsanspruch **74** 47 f.
- Vertragsstrafe, als Mindestschaden **75c** 13
- Vertragsstrafe, Dauerverstöße **75c** 8 ff.
- Vertragsstrafe, Herabsetzung **75c** 16 ff.
- Vertragsstrafe, Höhe **75c** 15
- Vertragsstrafe, Sittenwidrigkeit **75c** 22
- Vertragsstrafe, Wahlrecht d. Arbeitgebers **75c** 6 f., 12
- Vertragsstrafe, Wirksamkeit **75c** 4 f.
- Vertragsstrafeversprechen **75c** 1 ff.

Nachvertragliches Wettbewerbsverbot
- Franchisenehmer **Franch** 118 ff.
- OHG-Gesellschafter **112** 16 ff., 21

Nachvertragliches Wettbewerbsverbot – Handlungsgehilfe
- Anwendungsbereich d. gesetzlichen Regelung **74** 14 ff.
- Abdingbarkeit **75d** 1 ff.
- Abrede, fehlende **74** 65
- Abrede, Wirksamkeit **74** 26 ff., 37 ff., 62
- Abrede, Zeitpunkt **74** 3 ff.
- Arbeitsverhältnis, Nichtantritt **74** 10 f.
- Arbeitsverhältnis, Nichtigkeit **74** 12 f.
- Arbeitsverhältnis, Vorvertrag **74** 9
- Aufhebung **74** 30
- Aufhebung d. Arbeitsvertrags **75** 21 f.
- Auskunftspflicht, während d. Arbeitsverhältnisses **75a** 16 ff.
- Auslegung **74** 40 ff., 44
- bedingtes **74a** 22 ff.
- Begriff **74** 20 ff.
- Form **74** 27 f., 37 f.
- Fortkommen, unbillige Erschwerung **74a** 10 f.

2781

- geheime Absprache zw. Arbeitgebern **75f** 1 ff.
- geschäftliches Interesse, fehlendes **74a** 2 ff.
- geschützter Personenkreis **74** 14 ff.
- Höchstdauer **74a** 12 ff.
- Inhalt **74** 21 ff., 29
- Karenzentschädigung s. dort
- Kündigung, arbeitgeberseitige **75** 13 ff.
- Kündigung, Handlungsgehilfe **75** 3 ff., 12
- Kündigung, Karenzentschädigung **75** 16
- Kündigung, Unwirksamkeit **75** 1 ff.
- Laufzeit **74** 43
- Lösungsrecht d. Arbeitgebers **74a** 28
- Minderjährige **74a** 18
- Nichtigkeit **74a** 18 ff., 27
- Sittenwidrigkeit **74a** 21
- Umgehungsverbot **74** 46
- Unterwerfung Dritter **74a** 20
- Unverbindlichkeit **74a** 2 ff., 24 ff., 28 ff.
- Unverbindlichkeit, Geltendmachung **74a** 30 ff.
- Urkunde, Annahmeprinzip **74** 35 f.
- Urkunde, Aushändigung **74** 31 ff.
- Urkunde, Form **74** 27 f.
- Versprechen auf Ehrenwort **74a** 19
- Verstoß **74** 44 f.
- Verstoß, Ansprüche d. Arbeitgebers **74** 47 f.
- Verzicht d. Arbeitgebers **75a** 1 ff.
- Verzicht d. Arbeitgebers, bedingter **75a** 8
- Verzicht d. Arbeitgebers bei Kündigung **75a** 10
- Verzicht d. Arbeitgebers, nachteilige Vereinbarungen **75a** 15 ff.; **75d** 1 ff.
- Verzicht d. Arbeitgebers, teilweise **75a** 5
- Verzicht d. Arbeitgebers, vorteilhafte Vereinbarungen **75a** 20

Nachvertragliches Wettbewerbsverbot – Handelsvertreter
- Aufhebungsvereinbarung **90a** 21
- Gesetzesneufassung **90a** 1 ff.
- Karenzentschädigung s. Karenzentschädigung – Handelsvertreter
- Lossagung aufgrund Kündigung **90a** 24
- räumliche Beschränkung **90a** 7
- Schriftformerfordernis **90a** 8 ff.
- unwirksame Abrede **90a** 29 f.
- Urkunde, Aushändigung **90a** 11
- Vereinbarungszeitpunkt **90a** 4 f.
- Vertragsverletzung durch d. Unternehmer **90a** 28
- Versicherungsvertreter **90a** 7
- Verzicht **90a** 13, 20 ff.
- Wegfall **90a** 22 f.
- Zeitraum **90a** 6

Namensänderung
- Firmenfortführung **21** 1 ff.

Namenspapiere
- Begriff **363** 4

Namensschutz
- Firma, Insolvenz **17** 45 ff.
- Nichtkaufleute **17** 15
- Partnerschaftsgesellschaft **17** 11

„National"
- Firmenzusatz, Irreführungsverbot **18** 72

Nebenpflichtverletzung s.a. Kaufmann – Sorgfaltspflichten; Verschulden bei Vertragsschluss
- Rat/Auskunft **347** 20

Negativklausel
- Handelsklauseln **346** 103

Netto Kasse 346 104

Neue Bundesländer
- Geltung d. HGB **Einl** 48 f.

Nichtkaufleute s.a. Verbraucher
- Anwendbarkeit d. Handelsrechts **1** 9
- Einbringung v. Einzelunternehmen in GmbH, Firmenfortführung **25** 13
- Firmenfortführung, Erwerberhaftung **25** 2
- Firmenmissbrauchsverfahren **37** 13
- Geschäftsbezeichnung **19** 2
- Handelsbräuche, Anwendbarkeit **346** 8 f.
- kfm. Bestätigungsschreiben **346** 32 f.
- Schein-Nichtkaufmann **19** 2
- Schweigen im Geschäftsverkehr **Einl** 38a

Niederlassung s. Handelsregistereintragung – Zweigniederlassung; Hauptniederlassung; Sitz; Zweigniederlassung

Nießbrauch
- Firmenfortführung, Erwerberhaftung **25** 6
- Gewerbe, Begriff **1** 44 ff.
- Handelsgeschäft, Firmenfortführung **22** 62 ff., 70
- Kaufmannseigenschaft **1** 84
- OHG-Gesellschafter, Anteile **105** 5
- stille Gesellschaft **230** 46b

Notar
- Anzeigepflicht, Gesellschafterwechsel **Vor 8** 25

- gewerbliche Tätigkeit **1** 59
- Handelsregisteranmeldung, elektronische Signatur **12**

Notgeschäftsführung **110** 6; **116** 6
- KG **164** 5

Notverkauf
- gerügte Ware **379** 10 ff.
- Kommissionsware **388** 11 ff.

Notvertretung
- OHG **125** 2

Nutzungsüberlassung
- Abgrenzung z. stillen Gesellschaft **230** 58
- Gewerbe, Begriff **1** 44 ff.
- Kaufmannseigenschaft **1** 84

Offenlegung
- Zweigniederlassung, Handelsregistereintragung **Vor 13** 1 ff.

Öffentliche Hand
- Gewerbe, Begriff **1** 51 ff.

Öffentliche Ordnung
- Firmenbildung **18** 25

Öffentliches Recht
- Genehmigungen, Handelsregistereintragung **7** 4 f.
- handelsgesetzliche Regelungen **Einl** 50 ff.
- Handelsregistereintragung, Fiktionswirkung **5** 39 f.
- Scheinkaufmann, Haftung **Anh 5** 48
- Verhältnis z. Handelsrecht **7** 1 ff.

Öffentlich-rechtliche Gewerbeerlaubnis **1** 57

Öffentlich-rechtliche Körperschaften
- Handelsregisteranmeldung, Zuständigkeit **33** 1 ff.; **34** 1 ff.
- Handelsregistereintragung, Neuregelung **Vor 8** 7

OHG
- Abgrenzung z. KG **161** 2
- Abspaltungsverbot **109** 7 f.; **114** 8
- actio pro socio **105** 77 ff.
- actio pro socio bei Wettbewerbsverstoß **113** 10
- actio pro socio, Liquidationsstadium **156** 3
- Ämterfähigkeit **124** 5
- Anteil, einheitlicher **105** 4a
- anwendbare Vorschriften **105** 88 f.
- Auflösung, fehlerhafte **105** 50
- Auflösungsstadium, Wettbewerbsverbot **112** 4
- Auflösungsverlangen **105** 45
- Aufwendungsersatzpflicht **110** 1 ff.
- Auseinandersetzungsverfahren **144** 5 ff.
- Ausschließung v. Gesellschaftern s. OHG-Gesellschafter
- Ausschüsse **114** 14
- Austritt, fehlerhafter **105** 49
- Beiräte **114** 14
- Beiräte, Insolvenzantrag **130a** 7
- Beitritt, fehlerhafter **105** 48
- Bestimmtheitsgrundsatz **119** 17 ff., 29a
- Betriebsaufgabe **131** 22
- Dauer **132** 2 f.
- Dauer, auf Lebenszeit **132** 3; **134** 1 ff.
- Dauer, stillschweigende Fortsetzung **134** 4 f.
- Deliktshaftung **5** 30 f.
- Einbringung, Handelsgeschäft durch Einzelkaufmann **28** 1 ff.
- Einzelvertretung **125** 5 f.
- Enteignung **131** 22
- Entnahmerecht d. Gesellschafter **122** 1 ff.
- Entstehung, als Handelsgesellschaft **123** 1 ff.
- Entstehung, durch Umwandlung **105** 34 ff.
- Erbenwahlrecht, Umwandlung in KG **139** 31 ff.
- Existenzvernichtungsverbot **130a** 17 ff., 24 ff.
- fehlerhafte **105** 38 ff.
- fehlerhafte, Auflösung **133** 15
- fehlerhafte, Insolvenzfähigkeit **131** 9
- Firma **124** 1
- Firmenbildung **105** 12 f.
- Firmenbildung, Gesellschaftsbeteiligung **19** 31 f.
- Firmenfortführung, Gesellschafteränderungen **24** 1 ff.
- Firmenführung **105** 13
- Firmenmissbrauchsverfahren **37** 13
- Gerichtsstand **124** 6
- Gesamthandsgemeinschaft **105** 6
- Gesamtvertretung **125** 7 ff.
- Gesamtvertretung, Einzelermächtigung **125** 10
- Gesamtvertretung, gemischte **125** 15 f.
- Gesamtvertretung, Genehmigung **125** 9
- Gesamtvertretung, Wegfall/Verhinderung **125** 12 ff.
- Geschäftsbriefe, notwendige Angaben **Vor 8** 27; **37a** 1 ff.; **125a** 1 ff.

2783

- Gesellschafter, Anzahl **105** 4 ff.
- Gesellschafterin einer OHG **105** 63
- Gesellschaftszweck, Unzumutbarkeit **133** 4, 15
- Gewinn, Begriff **121** 1a
- Gewinnermittlung **120** 1 ff.
- Gewinnverwendung, Bewertungsermessen **120** 9 f.
- Haftung, Aufwendungsersatz **110** 3 f.
- Haftungsbeschränkung **19** 44, 64
- Handelsgeschäft **105** 33b
- Handelsgewerbe, Aufnahme **123** 9
- Handelsgewerbe, Betreiben **105** 8 f.
- Handelsgewerbe, fehlendes **105** 10
- Handelsrechtsreform, Übergangsvorschriften **105** 90 ff.
- Handelsregistereintragung, Fiktionswirkung **5** 3, 27
- inländische Geschäftsanschrift **106** 12
- Insolvenz, actio pro socio **105** 80a
- Insolvenzanfechtung **125** 3
- Insolvenzfähigkeit **124** 8
- Jahresabschluss, Aufstellung **120** 3 ff.
- Jahresabschluss, Feststellung **120** 6 ff.
- Kapitalanteil, Begriff **120** 13; **121** 6
- Kapitalkonten **120** 13 ff.
- Kaufmannseigenschaft **1** 4; **6** 3; **105** 7 f.
- Kaufmannseigenschaft, Beginn **123** 1 ff.
- Kaufmannseigenschaft, Kleingewerbetreibende **Einl** 43
- Kaufmannseigenschaft, Wegfall **123** 6
- Kleingewerbetreibende **105** 8b
- land-/forstwirtschaftlicher Betrieb **105** 8b
- Liquidation s. OHG – Liquidation
- Liquidatoren, actio pro socio **149** 3
- Minderheitenschutz **105** 80; **109** 3, 9
- Mitgliedsrechte, Kernbereich **109** 6
- Notvertretung **125** 2
- Parteifähigkeit **124** 6 f.
- Passivvertretung **125** 11
- Personenfirma **19** 21 ff.
- Prokura **116** 7 ff.
- Prokura, Erteilung **125** 4
- Prozessunfähigkeit **124** 6
- Prozessurteil, Wirkungen **124** 6
- Rechnungslegung, Liquidation **154** 1 ff.
- Rechtsfähigkeit **105** 6; **124** 1
- Rechtsformzusatz **Vor 17** 11; **19** 27
- Rechtsformzusatz, vor Eintragung **1** 127
- Rechtsformzwang **105** 1, 16
- Rechtsträgerschaft **124** 2 ff.
- Rücklagen **120** 10; **121** 7
- Sach-/Fantasiefirma **19** 27a
- Schein-OHG **Anh 5** 37 ff.; **105** 11, 54 f.; **123** 7
- Schein-OHG, Haftung **128** 2
- Schein-OHG, Insolvenzfähigkeit **131** 9
- Selbstorganschaft **109** 5; **114** 7
- Sonderkonten **120** 16 f.
- steuerrechtliche Behandlung **124** 8
- stille Reserven **120** 10
- Umgestaltung in OHG **161** 11
- Umwandlung, fehlerhafte **105** 52
- Umwandlung, in GbR **131** 22
- Umwandlung, Nachhaftung **160** 8
- Unterbeteiligung **105** 87; **112** 3
- Unternehmensbewertung, Abfindung **131** 48 f., 51
- Unternehmensverbindungen **105** 106 ff.
- Verbandssouveränität **109** 4
- Verhältnismäßigkeitsgrundsatz **109** 17 f.
- vermögensverwaltende **105** 9
- Verschulden, Zurechnung **125** 3
- Vertretung, anwendbare Vorschriften **125** 3
- Vertretung, durch Personenmehrheit **125** 19
- Vertretung, Handelsregisteranmeldung **125** 20
- Vertretung, Liquidationsstadium **149** 1, 20 f.; **150** 6 ff.; **151** 1 ff.
- Vertretungsmacht, Änderung **107** 10
- Vertretungsmacht, Umfang **126** 1 ff.
- Vollbeendigung, ohne Liquidation **131** 22
- Wesen **105** 3
- Wettbewerbsverstoß s. Wettbewerbsverstoß – OHG-Gesellschafter
- wirtschaftliche Bedeutung **105** 2
- Wissen, Zurechnung **125** 3
- Zahlungsansprüche gg. Gesellschafter **111** 1 ff.

OHG – Auflösung
- anwendbare Vorschriften **158** 1 ff.
- Auflösungsbeschluss **131** 8
- Auflösungsklage **133** 17 ff.
- Ausschließung, gerichtliche **140** 1 ff.; s.a. OHG-Gesellschafter
- Auseinandersetzung, Handelsregisteranmeldung **157** 2
- Auseinandersetzung, Verfahren **144** 5 ff.
- Ausscheiden d. Gesellschafter **133** 18

- Ausschluss/Beschränkung **133** 22
- Beginn **131** 2
- Beschluss **131** 8
- Betriebsaufgabe **131** 22
- Buchführungspflicht **154** 13
- Enteignung **131** 22
- Erbenhaftung **130** 8
- fehlerhafte **131** 3; **133** 15
- Fortsetzung d. Gesellschaft **131** 4 ff.
- gerichtliches Verfahren **133** 17 ff., 24 ff.
- Gesellschafterpflichten, Unmöglichkeit **133** 14
- Gesellschafterpflichten, Verletzung **133** 6 ff.
- Gründe **131** 7 ff.
- Gründe, öffentlich-rechtliche **131** 21
- Gründe, vertragliche **131** 21
- Gründe, Wegfall **133** 16
- Gründe, wichtige **133** 1 ff.
- Haftung, Altverbindlichkeiten **159** 7 ff.
- Haftung, Neuverbindlichkeiten **159** 10
- Haftung, Sonderverjährung **159** 1 ff.
- Handelsrechtsreform **131** 1
- Handelsregisteranmeldung **143** 1 ff.
- Handelsregistereintragung, Wirkung **143** 7
- infolge Erbfall, Haftung **139** 59
- Insolvenz s. OHG – Insolvenz
- Insolvenz, Fortsetzung d. Gesellschaft s. OHG – Insolvenz
- Insolvenzabweisung mangels Masse **131** 20
- Insolvenzfähigkeit **131** 2, 9
- Klage, Voraussetzungen **133** 17 ff.
- Kündigung, durch Gläubiger **135** 1 ff.
- Kündigungsrecht, Nachlassverwalter **135** 3
- Liquidation s. OHG – Liquidation
- Liquidation, Handelsregisteranmeldung **157** 1
- Pfändung, Mitgliedschaftsrecht **135** 4 ff.
- Prokura **146** 13
- Rechnungslegung **154** 1 ff.
- Steuerbilanzierungspflicht **154** 14
- Testamentsvollstreckung **139** 21
- Umwandlung in GbR **131** 22
- Unterlagen, Aufbewahrungspflicht **157** 8 ff.
- Unterlagen, Einsichtnahme **157** 11 f.
- Unzumutbarkeit d. Fortsetzung **133** 11 f.
- Verhältnismäßigkeit **133** 5
- Vermeidung, durch Fortsetzung **131** 23
- vertragliche Regelungen **133** 22 ff.
- Vollbeendigung **131** 2
- Vollbeendigung, ohne Liquidation **131** 22
- Zeitablauf **131** 7

OHG – Fortsetzung
- Abfindungsanspruch **139** 8
- aufgelöste Gesellschaft **131** 23
- Auflösungsstadium **131** 4 ff.
- Auseinandersetzungsanordnung **139** 11
- Ausscheiden d. Erben **139** 41 ff., 58
- Eintrittsklausel **139** 2, 8 f.
- Erbengemeinschaft **139** 6
- Erbenhaftung s. dort
- Erbenstellung **139** 3 ff.
- Erbenwahlrecht **139** 23 ff.
- Erbenwahlrecht, d. Altgesellschafters **139** 26
- Erbenwahlrecht, Erbengemeinschaft **139** 29
- Erbenwahlrecht, Umwandlung in KG **139** 31
- Erbnachfolge, Regelung **131** 24
- Fortsetzungsklausel, qualifizierte **139** 2, 7
- Insolvenzstadium, Zustimmungserfordernis **131** 6
- nach Insolvenz s. OHG – Insolvenz
- Nacherbfolge **139** 13
- Nachfolgeklausel, einfache **139** 2 ff.
- Nachfolgeklausel, unter Lebenden auf d. Todesfall **139** 12
- Nachlassverwaltung **139** 22
- stillschweigende **134** 4 f.
- Testamentsvollstreckung **139** 16
- Testamentsvollstreckung, Alternativen **139** 17 ff.
- Testamentsvollstreckung, aufgelöste Gesellschaft **139** 21
- Umwandlung in KG, Einlagen **139** 32 f.
- Umwandlung in KG, Frist **139** 39 f.
- Umwandlung in KG, Gewinnanteil **139** 38
- Umwandlung in KG, Handelsregistereintragung **139** 60 ff.
- Unzumutbarkeit **133** 11 f.
- Vermächtnis **139** 10
- Vermeidung d. Auflösung **131** 23
- vertragliche Regelungen **139** 44 ff.
- Vorerbe, Verfügungsbeschränkung **139** 14

OHG – Geschäftsführung
- Abgrenzung z. außergesellschaftlichen Bereich 114 2
- Abgrenzung z. Grundangelegenheiten 114 4 ff.
- Abgrenzung z. Vertretung 114 3
- angemaßte 113 5
- Ausfall 114 22, 34; s.a. Actio pro socio
- Ausschüsse 114 14
- Begriff 114 1 ff.
- Beiräte 114 14
- Berichtspflicht 118 20
- Beschränkung d. Befugnis 117 8 f., 12 f.
- Beschränkung d. Befugnis, Klageverfahren 117 9
- Betrauung Dritter 114 7, 12 ff.
- Dienstvertrag 114 19
- Einzelgeschäftsführung 114 9; 115 1 ff.
- Einzelgeschäftsführung, Widerspruchsrecht 115 2 ff.
- Einzelgeschäftsführung, Widerspruchswirkung 115 7 f.
- Entziehung d. Befugnis 117 1 ff.
- Entziehung d. Befugnis, Ausschluss 117 21
- Entziehung d. Befugnis, einstweiliger Rechtsschutz 117 17
- Entziehung d. Befugnis, Folgemaßnahmen 117 19 f.
- Entziehung d. Befugnis, Klageverfahren 117 7, 11 ff.
- Entziehung d. Befugnis, Schiedsverfahren 117 18
- Entziehung d. Befugnis, vertragliche Modifikationen 117 21 ff.
- Entziehung d. Befugnis, Wettbewerbsverstoß 113 8
- Ermessensspielraum 114 27
- Gefahr im Verzug 115 13; 116 5, 8
- Gesamtgeschäftsführung 114 34; 115 9 ff.; 117 20
- Geschäftsführungsbefugnis, Ausschluss 114 10
- Gesellschaftsvertrag, Regelungen 114 7 ff.
- Haftung, Anspruchsgeltendmachung 114 30
- Haftung, Aufwendungsersatz 114 25 f.
- Haftung, Ausschluss 114 29
- Haftung, Beweislast 114 31
- Informationsrechte d. Gesellschafter 118 18

- Insolvenzantragspflicht 130a 4 ff.
- Jahresabschluss, Feststellung 120 6 ff.
- Jahresabschluss, Aufstellung 120 1 ff.
- Jahresabschluss, Bewertungsermessen 120 5, 9 f.
- juristische Personen 114 18
- Kompetenzen 116 1 f.; 117 11a
- Minderjährige 114 17
- Niederlegung 117 10
- Notgeschäftsführung 116 6
- Personenmehrheiten 114 18
- Pflichten, Maßstab 114 20 f.
- Pflichten, persönliche Wahrnehmung 114 15
- Pflichten, Verstoß 114 26; 118 18
- Pflichten, Wahrnehmung 114 22 ff.; 116 4
- Prokura, Erteilung 116 7 f.
- Prokura, Widerruf 116 9
- Regelungsfreiheit 114 11
- Treuepflicht 114 24
- un-/gewöhnliche Geschäftstätigkeit 116 2
- Vererblichkeit 114 16
- Vergütung, Anpassung 114 33
- Vergütung, Krankheit o.Ä. 114 34
- Vergütung, Vereinbarung 114 32
- Zustimmungserfordernisse 116 3 ff.

OHG – Gesellschaftsvertrag
- Abfindung, Ausschluss/Beschränkung 131 67 f.
- Abfindungsklausel, Inhalt 131 63 ff.
- Abfindungsklausel, Nichtigkeit 131 65 ff.
- Abfindungsklausel, Unanwendbarkeit 131 72 ff.
- Abfindungsklausel, Zulässigkeit 131 61 f.
- Abspaltungsverbot 109 7 f.; 114 8
- Änderung 105 30 ff.
- Änderung, fehlerhafte 105 51
- Änderung, Formerfordernisse 105 31 f.
- Änderung, Gewinnentnahme 122 18
- Änderung, Mehrheitsklausel 119 17 ff.
- Änderung, Zustimmungspflicht 105 33
- anwendbare Vorschriften 105 33a f.
- Auflösungsgründe 133 22 ff.
- Auflösungstatbestände 131 21
- Ausschließung, Modifikationen 140 22 ff.
- Auseinandersetzungsverfahren 144 5 ff.
- Auslegung 105 28

Stichwortverzeichnis

- Ausscheidenstatbestände **131** 23, 35
- Bestimmtheitsgrundsatz **109** 9
- Dauer **131** 7
- Einbringung, Grundstück **105** 22
- Eintrittsklausel **139** 2, 8 f.
- Entnahmerecht, Modifikation **122** 13 ff.
- Entziehung d. Befugnis **117** 21 ff.
- fehlerhafte Gesellschaft **105** 38 ff.
- Formerfordernisse **105** 21 ff.
- Fortsetzung im Erbfall **139** 44 ff.
- Fortsetzungsklausel, qualifizierte **139** 2, 7
- Geschäftsführung **114** 7 ff.
- Gestaltungsfreiheit **109** 1 ff.
- Gewinnverteilung, Änderung **121** 5 ff.
- Gewinnverwendungsbeschluss **122** 17
- Gleichbehandlungsgebot **109** 10 f.
- GmbH-Anteile, Übertragung **105** 23
- Inhalt **105** 18 ff.
- Kartellrechtsverstoß **112** 20
- Kündigungsklauseln **132** 9 ff.
- Kündigungsklauseln, unwirksame **132** 17
- Liquidatoren, Vertretungsbefugnisse **150** 8
- Mängel **105** 29, 39 f.
- Minderheitenschutz **109** 3, 9
- Mitgliedsrechte, Kernbereich **109** 6
- Nachfolgeklausel, einfache **139** 2 ff.
- Nachschusspflicht **105** 73c
- Nichtigkeit **105** 42 f.
- Prokura **116** 10
- Selbstorganschaft **109** 5; **114** 7
- Stimmrechtsübertragung **109** 7
- Treuepflicht **109** 12 ff.
- unentgeltliche Zuwendung **105** 24
- Verbandssouveränität **109** 4
- Verhältnismäßigkeitsgrundsatz **109** 17 f.
- Vertragsschluss **105** 15 ff.
- Vertragsschluss, arglistige Täuschung **105** 45
- Vertragsschluss, Drohung **105** 45
- Vertretung, Modifikationen **125** 1, 7 f.
- Vertretungsmacht, Entziehung **127** 11 f.
- Wirksamkeitszeitpunkt **123** 1 f.
- Zustimmung, Ehegatten **105** 27
- Zustimmung, gesetzlicher Vertreter **105** 26, 44

OHG – Handelsregistereintragung
- Anmeldepflicht **106** 2 ff.; **108** 1 ff.
- Anmeldepflicht, Bevollmächtigte **108** 11 ff.
- Anmeldepflicht, Personenkreis **108** 7 ff.
- Anmeldung, Inhalt **106** 5 ff.
- Anmeldung, Widerruf **108** 4
- Anteilsrechte Dritter **106** 8
- Anteilsübertragung, Behandlung **143** 3
- Auflösung **143** 1, 4 ff., 7
- Auflösungsstadium **107** 3
- Ausscheiden v. Gesellschaftern **143** 2, 4 ff., 7
- Beginn d. Gesellschaft **106** 13
- eintragungsfähige Tatsachen **106** 19 ff.
- Erbenhaftung **139** 60 ff.
- fehlender Handelsbetrieb **105** 10
- Firma **106** 9
- Firma, Änderung **107** 4
- Fortsetzung nach Insolvenz **144** 9
- Gesellschafterangaben **106** 5 ff., 14 f.
- Gesellschafterwechsel **107** 6 ff.
- Kleingewerbetreibende **105** 9
- Liquidatoren **148** 1 ff.
- MoMiG **106** 12
- Nachfolge, Behandlung **143** 3
- Namenszeichnung **108** 15
- nicht anmeldepflichtige Änderungen **107** 11 f.
- Registerkontrolle **106** 17
- Sitz **106** 10 ff.
- Sitz, Verlegung **107** 5
- Umwandlung **107** 9
- Umwandlung in KG, Haftung **139** 60 ff.
- Unternehmensgegenstand **106** 16
- vermögensverwaltende **105** 9
- Vertretungsberechtigte **106** 14 f.
- Vertretungsberechtigte, Änderung **107** 10
- Vertretungsmacht, Entzug/Beschränkung **127** 6
- Vertretungsregelungen **125** 19
- Vollbeendigung, Anmeldepflicht **157** 1 ff.
- Vollbeendigung, Wirkung **157** 6 f.
- Wirkung **106** 25
- Wirkung **123** 8

OHG – Insolvenz
- Abweisung mangels Masse **131** 20
- Altverbindlichkeiten **128** 18
- Altverbindlichkeiten, Antragspflichtverletzung **130a** 30
- angefochtene Leistungen **128** 18
- Antragspflicht **130a** 4 ff., 8, 14; **131** 11
- Antragspflicht, Frist **130a** 8

2787

- Antragspflicht, Personenkreis **130a** 4 ff.
- Antragspflicht, Verletzung **130a** 21 f., 25 ff.
- anwendbare Vorschriften **130a** 1
- Auflösungsstadium **131** 2, 9
- Aufsichtsrat, Insolvenzantrag **130a** 7
- Einstellung, Fortsetzung d. Gesellschaft **144** 2
- Existenzvernichtungsverbot **130a** 17 ff., 24 ff.
- Fortsetzung **131** 4 ff.
- Fortsetzung, Beschluss **144** 6 f.
- Fortsetzung, Handelsregisteranmeldung **144** 9
- Fortsetzung, Möglichkeit **144** 1 ff.
- Fortsetzung, Rechtsfolgen **144** 8
- Fortsetzung, Zustimmungserfordernis **131** 6
- Geltendmachung d. Haftungsansprüche **128** 19 f.
- Gemeinschuldnerstellung **131** 18
- Gesellschafterinsolvenz **128** 23; **131** 29 ff.
- Insolvenzeröffnungsbeschluss **131** 15 f.
- Insolvenzplan, Fortsetzung d. Gesellschaft **144** 3
- Insolvenzplan, Schuldbefreiung **128** 22
- Insolvenzverwalter, Aufgaben **144** 17 f.
- Kostentragung **128** 18
- Masseerhaltungspflicht **130a** 15 f.
- Masseerhaltungspflicht, Verletzung **130a** 23, 25 ff.
- Masseverbindlichkeiten **128** 18
- mehrstufiges Beteiligungsverhältnis **130a** 3, 5
- Nachlassinsolvenz **131** 33
- Neuverbindlichkeiten **128** 18
- Neuverbindlichkeiten, Antragspflichtverletzung **130a** 29 ff.
- Regress gg. Gesellschaft **128** 21
- Schein-OHG **131** 9
- Überschuldung **130a** 12 f.; **131** 10 ff.
- Verschulden bei Vertragsschluss **130a** 32
- Vollbeendigung **144** 14 ff.
- Zahlungsstockung **130a** 10
- Zahlungsunfähigkeit **130a** 9 ff.; **131** 10 ff.
- Zahlungsunfähigkeit, drohende **130a** 8; **131** 14

OHG – Liquidation
- abweichendes Verfahren **144** 5 ff.
- actio pro socio **156** 3
- andere Verfahren, anwendbare Vorschriften **158** 1 ff.
- andere Verfahren, Handelsregisteranmeldung **157** 2
- Anfangsbilanz **154** 3, 7, 9
- Ansprüche d. Gesellschafter **149** 17
- Auseinandersetzungsguthaben **155** 1a
- Beendigung laufender Geschäfte **149** 4
- Bevollmächtigte **146** 13
- Buchführung **154** 14
- Einziehung v. Forderungen **149** 5 ff.
- Erbengemeinschaft **146** 5 f.
- Erforderlichkeit **144** 1 ff.
- Firma **149** 18
- Firmenzusatz **153** 3 ff.
- Gläubigerbefriedigung **149** 16 f.
- Insolvenzverwalter **146** 11 f.
- Kapitalkonto, Saldenausgleich **155** 1, 18 f.
- Kapitalkontostand, Ermittlung **155** 9 f.
- Kaufmannseigenschaft **156** 2
- Liquidatoren, Abberufung **147** 1 ff.
- Liquidatoren, actio pro socio **149** 3
- Liquidatoren, Aufgaben **149** 4 ff.
- Liquidatoren, Bestellung **146** 1 ff.
- Liquidatoren, gerichtliche Bestellung **146** 8 ff.
- Liquidatoren, Haftung **149** 2
- Liquidatoren, Handelsregisteranmeldung **148** 1 ff.
- Liquidatoren, Mehrzahl **150** 1 ff.
- Liquidatoren, Missbrauch d. Vertretungsmacht **151** 6
- Liquidatoren, Rechtsstellung **149** 1 ff.; **156** 5
- Liquidatoren, vertragliche Regelungen **150** 8
- Liquidatoren, Vertretungsbefugnisse **149** 1, 20 f.; **151** 1 ff.
- Liquidatoren, Wegfall **150** 7
- Liquidatoren, Weisungsgebundenheit **152** 1 ff.
- Nachtragsliquidation **155** 14 f.
- Publikumsgesellschaft **146** 3a
- Rechnungslegung **149** 18; **154** 1 ff.
- Rechtsbeziehung z. Gesellschaft **156** 1 ff.
- Rechtsbeziehung zw. Gesellschaftern **156** 1 ff.
- Restvermögen, Aussetzung d. Verteilung **155** 16 f.
- Restvermögen, fehlendes **155** 11

- Restvermögen, Schlussrechnung 155 7 ff., 24 ff.
- Restvermögen, Verteilung 149 18
- Schlussbilanz 154 4, 8 ff.
- Selbstkontrahierungsverbot 149 21
- Steuerbilanz 154 13
- Testamentsvollstreckung 146 7
- Unterlagen, Aufbewahrungspflicht 157 8 ff.
- Unterlagen, Einsichtnahme 157 11 f.
- Vermögen, vorläufige Verteilung 155 2 ff.
- Vollbeendigung, Haftung 155 13
- Vollbeendigung, Handelsregisteranmeldung 157 1 ff.
- Vollbeendigung, Vermögenslosigkeit 155 12
- Wettbewerbsverbot 156 5
- Zweck 144 4

OHG-Gesellschafter
- Abfindung s. OHG-Gesellschafter – Ausscheiden
- actio pro socio 105 77 ff.
- actio pro socio, Einschränkung 119 28
- angemaßte Geschäftsführung 113 5
- Ansprüche gg. Dritte, Abtretung 110 10, 14
- Ansprüche g. OHG, Liquidationsstadium 149 17
- Anspruchsabtretung, Wettbewerbsverstoß 113 4
- Anteil, einheitlicher 105 4a
- Anteilsnießbrauch 109 8; 112 3
- Anteilsumwandlung, fehlerhafte 105 52
- Arbeitgebereigenschaft 128 9
- Aufrechnung, Entnahmerecht 122 5
- Aufwendungsersatz, Anspruch 110 1 ff., 17
- Aufwendungsersatz, Aufrechnung m. Einlagepflicht 110 18
- Aufwendungsersatz, Auskunfts-/Rechenschaftspflicht 110 18
- Aufwendungsersatz, Verzinsung 110 15
- Auskunftsrecht 118 7
- ausstehende Einlage, Verzinsungspflicht 111 1, 4 f., 10
- Beitragsleistung 105 71 f.
- Beitritt, fehlerhafter 105 48
- Beschlüsse, Klagerecht 119 25
- Beschlussfassung 119 1 ff., 5 ff., 13 ff.
- Beschlusskompetenz 114 4 ff.
- Beschlussmängel 119 8 ff.
- Bestandsänderung, Handelsregisteranmeldung 107 6 ff.
- Beteiligung an Konkurrenzunternehmen 112 8 f., 12 f.; 113 4a
- Beteiligung aufgrund Arglist/Drohung 105 45
- Bürgenhaftung 128 13 ff., 19
- Drittbeziehungen z. Gesellschaft 105 75
- Einlage 105 73 ff.
- Einlage, Gleichbehandlungsgebot 109 11
- Einlage, Leitungsstörungen 105 74
- Einlagen, Einforderung bei Liquidation 149 6 f.
- Einsichtsrecht 118 6, 11 ff., 21
- Eintritt 105 81; s.a. Firmenfortführung – Gesellschaftereintritt
- Eintritt, Außenwirkung 123 12
- Eintritt, fehlerhafter 130 6
- Eintritt, neu entstehende OHG 130 4
- Entnahmerecht 122 1 ff.
- Entnahmerecht, Abtretung/Pfändung 122 4
- Entnahmerecht, Aufrechnung 122 5
- Entnahmerecht, Liquidation 155 5 f.
- Entnahmerecht, Steuerpflichten 122 16
- Entnahmerecht, Verweigerung 122 6
- Existenzvernichtungsverbot 130a 17 ff., 24 ff.
- Fortsetzungsbeschluss 131 5
- Freistellungsanspruch 110 16; 128 12
- Geldeinnahmen, Ablieferungspflicht 111 2 f., 6
- Geldentnahme, unbefugte 111 7 f.
- Geldstrafe/Bußgeld 110 13
- Geschäftsführerhaftung, Anspruchsgeltendmachung 114 30
- Geschäftsführungsbefugnis 114 9 f.
- Gesellschafterstellung, KG 105 65
- gesellschaftsfähige Personen 105 5 ff.
- Gesellschaftsvertrag, Zustimmung z. Änderung 105 33
- Gewinn, Begriff 121 1a
- Gewinnanspruch, Abtretung 121 1
- Gewinnanspruch, Entstehung 121 1
- Gewinnanspruch, Pfändbarkeit 121 1
- Gewinnanspruch, Übertragbarkeit 121 1
- Gewinnanspruch, Verweigerung 122 9
- Gewinnanspruch, Vollausschüttung 122 7
- Gewinnermittlung 120 1 ff.
- Gewinnverteilung 121 2 ff.
- Gewinnverteilung, Änderung 121 9

- Gewinnverteilung, Regelungsalternativen **121** 5 ff.
- Gewinnverwendung, Beschluss **122** 17
- Gewinnverwendung, Bewertungsermessen **120** 9 f.
- Gleichbehandlungsgebot **109** 10 f.
- Handelsregister, Anmeldepflicht **106** 2 ff.; **108** 1 ff.
- Informationsrechte **118** 1 ff., 22
- Informationsrechte, Abfindungsberechnung **131** 45
- Informationsrechte, Ausübung **118** 8 ff.
- Informationsrechte, Durchsetzung **118** 15 f.
- Informationsrechte, Einschränkung **119** 27
- Informationsrechte, kollektive **118** 19 f.
- Informationsrechte nach Vollbeendigung **157** 11 f.
- Informationsrechte, Sachverständigenauftrag **118** 9
- Informationsrechte, Umfang **118** 5
- Informationsrechte, Versagung **118** 10, 18
- Informationsrechte, vertragliche Gestaltung **118** 17 f.
- Insolvenz **128** 23
- Insolvenz, actio pro socio **105** 80a
- Insolvenz, Auswirkung auf Insolvenzverfahren **131** 31
- Insolvenz, Auswirkung auf Mitgliedschaft **131** 29 ff.
- Jahresabschluss, Feststellung **120** 6 ff.
- Kapitalanteil **120** 13 ff.
- Kapitalanteil, Erhöhungsverbot **122** 12
- Kapitalanteil, fester **120** 15
- Kapitalanteil, variabler **120** 14
- Kapitalanteil, Verminderungsverbot **122** 10 f.
- Kapitalkonto **120** 13 ff.
- Kapitalkonto, Entnahmerecht **122** 3, 7
- Kapitalkonto, Liquidation **155** 1, 18 f.
- Kaufmannseigenschaft **105** 7 f.
- Kündigung s. OHG-Gesellschafter – Ausscheiden
- Mehrheitsbeschluss **119** 13 ff.
- Mehrheitsbeschluss, Eingriff in d. Kernbereich **119** 20 ff., 29a
- Mehrheitsklausel **119** 15
- Mehrheitsklausel, Bestimmtheit **109** 9

- Mehrheitsklausel, Bestimmtheitsgrundsatz **119** 17 ff., 29a
- Mehrheitsklausel, Grenzen **119** 16 ff., 29a
- Mehrheitsklausel, Vertragsänderungen **119** 17 ff.
- Minderheitenschutz **105** 80; **119** 16, 20
- Mindestanzahl **105** 4
- Mindestanzahl, Ausnahmen **105** 5
- Mitgliedschaftsrechte **105** 66 ff.
- Mitgliedschaftsrechte, Kernbereich **109** 6; **119** 20 ff., 29a
- Mitgliedschaftsrechte, Pfändung **135** 4 ff.
- Mitgliedschaftsrechte, unverzichtbare **119** 21 ff.
- Mitgliedschaftsrechte, verzichtbare **119** 29
- Nachlassinsolvenz **131** 32
- Nachschusspflicht **105** 73c; **110** 4
- Nachschusspflicht, Ausscheiden **131** 50
- Nachschusspflicht, Liquidationsstadium **149** 9 ff.
- Notgeschäftsführung **110** 6
- Nutzungsentnahmen **122** 1a
- Pflichten **105** 70 ff.
- Pflichtenerfüllung, Unmöglichkeit **133** 14; **140** 8
- Pflichtverletzung, Auflösungsgrund **133** 6 ff.
- Pflichtverletzung, Ausschließung **140** 7
- Prozessurteil, Wirkungen **124** 6
- Restvermögen, Verteilung **155** 1 ff.
- Rücklagen **122** 14
- Scheingesellschafter **105** 56
- Scheingesellschafter, Haftung **128** 4
- Selbstkontrahierungsverbot **126** 2
- Sicherheitenstellung **128** 13 ff., 19
- Sonderkonten **120** 16 f.
- Sonderrechte, Eingriff **119** 16
- Steuerentnahmerecht **122** 16
- Steuerschuldner **124** 10
- Stimmbindungsverträge **119** 39 f.
- Stimmrecht, Ausübung **119** 31, 37 ff.
- Stimmrecht, Einschränkung **119** 26, 32 ff.
- Stimmrecht, Enthaltung **119** 37
- Stimmrecht, Übertragung **109** 7
- Tätigkeitsvergütung **122** 15
- Treuepflicht **109** 12 f.; **112** 1
- Treuepflicht, Entnahmerecht **122** 6
- Treuepflicht, Verletzung **109** 16
- Unterbeteiligung **105** 87; **112** 3

- Unterlassungspflichten **109** 12, 15
- Unzumutbarkeit d. Gesellschafterzugehörigkeit **140** 3 ff.
- Verbrauchereigenschaft **105** 7a
- Verdienstausfall **110** 10
- Verlustausgleich, Anspruch **110** 9 ff., 17
- Verlustausgleich, Verzinsung **110** 15
- Verlustverteilung **121** 4, 8
- Versammlung **119** 4
- Versammlung, Teilnahmerecht **119** 24, 30
- Vertretung, Niederlegung **127** 7
- Vertretungsbefugnis **125** 1 ff.
- Vertretungsbefugnis, Ausschluss **125** 17
- Vertretungsbefugnis, Einzelermächtigung **125** 10
- Vertretungsbefugnis, Geschäftsfähigkeit **125** 18
- Vertretungsbefugnis, Kapitalgesellschaft **125** 19
- Vertretungsbefugnis, Verhinderung **125** 12 ff.
- Vertretungsmacht, Beschränkung **126** 5 ff.; **127** 4 ff.
- Vertretungsmacht, Entziehung **127** 1 ff.
- Vertretungsmacht, Entziehungsprozess **127** 8 ff., 12
- Vertretungsmacht, für Niederlassung **126** 5; **127** 2, 4
- Vertretungsmacht, Missbrauch **126** 8 f.
- Vertretungsmacht, Umfang **126** 1 ff.
- Verzugshaftung **111** 12
- Vordividende **121** 2
- Vorlegungsanspruch **118** 23
- Wettbewerbsverbot **112** 1 ff.; s.a. Wettbewerbsverbot – OHG-Gesellschafter
- Wettbewerbsverstoß s. Wettbewerbsverstoß – OHG-Gesellschafter
- Zustimmungserfordernisse **116** 3 ff.; **117** 11a

OHG-Gesellschafter – Ausscheiden
- Abfindung, Anpassung **131** 71 f.
- Abfindung, Ausschluss/Beschränkung **131** 67 f.
- Abfindung, Bilanz **131** 43 f., 46 f.
- Abfindung, Fälligkeit **131** 42
- Abfindung, Schuldner **131** 41
- Abfindung, schwebende Geschäfte **131** 51 ff.
- Abfindung, Umfang **131** 41
- Abfindung, Unternehmensbewertung **131** 48 f., 51
- Abfindungsklausel, Inhalt **131** 63 ff.
- Abfindungsklausel, Nichtigkeit **131** 65 ff.
- Abfindungsklausel, Unanwendbarkeit **131** 72 ff.
- Abfindungsklausel, Zulässigkeit **131** 61 f.
- Anteilsübertragung **105** 85 f.
- Anteilsübertragung, Auseinandersetzungsanordnung **139** 11
- Anteilsübertragung, Eintrittsklausel **139** 2, 8 f.
- Anteilsübertragung, Nachfolgeklausel **139** 2 ff.
- Anteilsübertragung, Vermächtnis **139** 10
- Anwachsung **131** 38
- Auflösungsstadium **133** 18
- Ausscheiden, fehlende Eintragung **15** 11
- Ausschließung, Abwägung **140** 9 ff.
- Ausschließung, gerichtliche **140** 16 ff., 29
- Ausschließung, Handelsregistereintragung **143** 1 ff., 7
- Ausschließung, Verhaltenszurechnung **140** 4, 10
- Ausschließung, Verhältnismäßigkeit **140** 6
- Ausschließung, vertragliche Regelungen **140** 22 ff.
- Ausschließung, Wettbewerbsverstoß **113** 8
- Ausschließung, wichtiger Grund **140** 7 ff., 24 ff.
- Ausschließungsklage **140** 16 ff.
- Ausschließungsrecht, Wegfall **140** 10, 15, 22
- Ausschließungsurteil, Wirkung **140** 20 f.
- Austritt, fehlerhafter **105** 49
- Auswechslung **105** 83
- Erbenwahlrecht **139** 41 ff.
- Erschwerung **119** 23
- Fortsetzung d. Gesellschaft s. OHG – Fortsetzung
- Gesellschafterbeschluss **131** 36
- Gesellschafterinsolvenz **131** 29 ff.
- Gründe, vertragliche **131** 23, 35
- Haftung, Altverbindlichkeiten **128** 24, 27 ff.; **160** 9 f.
- Haftung, Einwendungen **129** 9
- Haftung, Freistellungsanspruch **128** 31 ff.
- Haftung, Insolvenzfall **128** 24
- Haftung, Neuverbindlichkeiten **160** 9

- Haftung, Regress gg. Gesellschaft **128** 31
- Haftung, Regress gg. Gesellschafter **128** 33
- Handelsrechtsreform **131** 1
- Informationsrechte **118** 3, 21
- Kündigung, Abtretungsklauseln **132** 16
- Kündigung, Arten **132** 1
- Kündigung durch Gläubiger **135** 1 ff.
- Kündigung, Erklärung **132** 4
- Kündigung, Frist **132** 5
- Kündigung, Gesellschaft auf bestimmte Zeit **132** 2 f.
- Kündigung, vertragliche Regelungen **132** 9 ff.
- Kündigung, Wirkung **132** 6 ff.
- Kündigungsrecht **132** 3a
- Kündigungsrecht, Ausschluss **132** 14 ff.
- Kündigungsrecht, Volljährigkeitseintritt **131** 34
- Mitgliedschaftsrecht, Pfändung **135** 4 ff.
- Nachfolgeklausel, unter Lebenden auf d. Todesfall **139** 12
- Nachhaftung **159** 1; **160** 1 ff.
- Nachhaftung, Abdingbarkeit **160** 16
- Nachhaftung, Verjährungseinrede **160** 15
- Nachhaftungsbegrenzung, Frist **160** 11 ff.
- Nachlassinsolvenz **131** 33
- Nachschusspflicht **131** 50
- Rechtsfolgen **131** 37
- Rechtsnachfolge, fehlerhafte **105** 53
- Rückgewährpflicht **131** 39
- Schuldbefreiung **131** 40
- Tod d. Gesellschafters **131** 24 ff.
- Tod, Erbnachfolge **131** 24
- Umwandlungsfälle **131** 27 f.
- Verbandsbeteiligung **131** 25 f.
- Vereinbarungsmöglichkeit **105** 82

OHG-Gesellschafterhaftung
- Altverbindlichkeiten, Auflösung **159** 7 ff.
- Anfechtung d. Rechtsgeschäfts **129** 11
- Anteilsübertragung **128** 25
- Auflösung d. Gesellschaft **128** 4
- Auflösung, Neuverbindlichkeiten **159** 10
- Aufrechnung **129** 12 f.
- Ausscheiden **128** 4, 24
- Ausscheiden, Altverbindlichkeiten **128** 24, 27 ff.; **160** 9 f.
- Ausscheiden, Einwendungen **129** 9

- Ausscheiden, Freistellungsanspruch **128** 31 ff.
- Ausscheiden, Insolvenzfall **128** 24
- Ausscheiden, Neuverbindlichkeiten **128** 24, 27 ff.; **160** 9
- Ausscheiden, Regress gg. Gesellschaft **128** 31, 33
- Ausscheiden, Regress gg. Gesellschafter **128** 33
- Außenhaftung, unbeschränkte **105** 14
- Beschränkung **19** 44, 64
- Bürgenhaftung **128** 13 ff., 19
- Delikt **5** 30 f.; **111** 12
- Delikt, Insolvenzreife **130a** 34
- Einbringungsfälle s. dort
- Eintritt, Altverbindlichkeiten **130** 3
- Eintritt, Erben **130** 8
- Eintritt, fehlerhafter **130** 6
- Eintritt, Firmenänderung **130** 7
- Eintritt, neu entstehende OHG **130** 4
- Einwendungen, d. Gesellschaft **129** 3 ff.
- Einwendungen, eigene **129** 2
- Einwendungen, nach Ausscheiden **129** 9
- Erben, aufgelöste Gesellschaft **130** 8
- Erbenhaftung s. OHG – Fortsetzung
- Firmenfortführung s. dort
- Formwechsel **128** 25
- Freistellungsanspruch **128** 12, 31
- Freistellungsanspruch, Ausscheiden **131** 40
- Garantie, Insolvenzreife **130a** 33
- Gerichtsstandsvereinbarung **128** 9
- Gesamtschuldnerschaft **128** 5, 9
- Gesellschafterinsolvenz **128** 23
- Gesellschaftsschuld **128** 3
- Gestaltungsrechte **129** 10 ff.
- Handelsgeschäfte, Vermutung **344** 6
- Innenverhältnis **131** 40
- Insolvenzfall, OHG **128** 17 ff.; s.a. OHG – Insolvenz
- Insolvenzplan, Schuldbefreiung **128** 22
- Klage, Streitgenossenschaft **128** 9
- Kündigungsrecht bei Volljährigkeit **128** 8
- Leistungsverweigerungsrecht **129** 11 ff.
- Liquidationsstadium **156** 2
- Merkmale **128** 5
- Minderjährige **1** 90 ff.; **29** 10 f.
- Nachhaftung, Abdingbarkeit **160** 16
- Nachhaftungsbegrenzung, Frist **160** 11 ff.

- Nachhaftungsbegrenzungsgesetz **159** 1 ff.; **160** 1 ff.
- Rechtsscheinhaftung **128** 2, 4
- Regress gg. Gesellschaft, Ausscheiden **128** 31 ff.
- Regress gg. Gesellschaft, Insolvenzreife **128** 21
- Regress, gg. Mitgesellschafter **128** 11
- Regress, gg. OHG **128** 10
- Scheingesellschafter **128** 4; **130** 6
- Scheinkaufmann s. dort
- Schein-OHG **128** 2
- Schiedsgerichtsklausel, Anwendbarkeit **128** 9
- Sicherheitenstellung **128** 13 ff., 19
- Sicherheitenstellung, Ausscheiden **131** 40
- Sonderverjährung **159** 1 ff.
- Umfang **128** 6 ff.
- Verjährungseinrede **160** 15
- Verschulden bei Vertragsschluss, Insolvenzreife **130a** 32
- vertretbare Handlungen **128** 6
- Verzug, Zinspflicht **111** 12
- Vollbeendigung **155** 13
- Zwangsvollstreckung **129** 14

Ohne obligo **346** 92 f.

„Öko"
- Firmenzusatz, Irreführungsverbot **18** 88

Operating-Leasing Leas 15

Orderklausel
- Inhalt **363** 12
- Rechtsfolgen **363** 9

Orderpapiere
- Angebotsverfahren **365** 9 ff.
- Anweisung **363** 14
- Arten **363** 10 f.
- Begriff **363** 3, 7
- blanco indossierte **365** 3
- blanco indossierte, gutgläubiger Erwerb **367** 1 ff.
- Einwendungsausschluss **364** 6 ff.
- gutgläubiger Erwerb **365** 6
- Handelsgeschäfte, Vermutung **344** 11 ff.
- Indossabilität **363** 9, 12 f.
- Indossament, Form **365** 3
- Indossament, Inhalt **365** 4
- Indossament, Wirkung **364** 1 ff.
- Kraftloserklärung **365** 9 ff.
- Legitimationsprüfung **365** 5
- Leistung an Nichtberechtigten **365** 8
- Leistung gg. Quittung **364** 14
- numerus clausus **363** 10 f.
- Übertragung **364** 1 ff.
- Verpflichtungsschein **363** 14
- Zurückbehaltungsrecht **364** 14

Ordnungsgeld
- Firmenmissbrauchsverfahren **37** 20 ff.

Ortsnamen
- Firmenzusatz, Irreführungsverbot **18** 65 ff.

Pacht
- Firmenfortführung, Erwerberhaftung **25** 6
- Handelsgeschäft, Firmenfortführung **22** 62 ff., 70

Parallelimport/-export Liz 166, 175 ff.

Parteifähigkeit
- Einzelkaufmann, Firma **17** 39

Partenreederei
- Gesellschafterstellung, OHG **105** 63

Partnerschaftsgesellschaft
- anwendbare Vorschriften **105** 101
- Begriff d. freien Berufe **1** 68 ff.
- Berufsbezeichnung Vor **17** 14
- Doppelname Vor **17** 17
- entsprechende Anwendung handelsrechtlicher Normen **1** 66
- Firma, Unterscheidbarkeit **30** 1 ff.
- Firmenfähigkeit **17** 25
- Firmenfortführung, Gesellschafteränderungen **24** 4, 6
- Firmenmissbrauchsverfahren **37** 13
- Geschäftsbriefe, notwendige Angaben Vor **8** 27
- Gesellschafterstellung, OHG **105** 63
- Haftung d. Gesellschafter **128** 1 ff.; **130** 1 ff.
- Kaufmannseigenschaft **1** 5; **6** 5
- Namensbildung Vor **17** 14 ff.
- Namensrecht **17** 11; **105** 100
- Partnerschaftsregister **105** 100
- Rechtsbeziehungen, interne **105** 101
- Rechtsformzusatz Vor **17** 15; **17** 17; **19** 41 f.
- Wesen **105** 100

Partnerschaftsregister **8** 8

Patent
- Anmeldung Liz 121
- Erschöpfung Liz 122 ff.
- europäisches Liz 121
- Patentgemeinschaften Liz 255 ff.
- Patentrolle Liz 288
- Schutzumfang Liz 122

Patentanwalt
- gewerbliche Tätigkeit **1** 59

Patentgesetz Liz 4

Patent-Lizenz
- anwendbare Vorschriften Liz 4, 71 ff.

- Ausführungsformen **Liz** 130
- ausschließliche **Liz** 129
- Besteuerung s. Lizenz-Besteuerung
- einfache **Liz** 126 ff.
- erschöpfte Vorrichtungen **Liz** 122 ff.
- Gebühren s. Lizenzgebühren
- Gruppenfreistellungsverordnung **Liz** 4
- Haftung s. Lizenzgeber; Lizenzvertrag
- Lizenzgebühren, kartellrechtliche Freistellung **Liz** 123
- Negativlizenz **Liz** 124 f.
- Patentgemeinschaften **Liz** 255 ff.
- Rechtsmangel **Liz** 305
- Sachpatent **Liz** 122 ff.
- Verfahrenspatent **Liz** 122 ff.
- Vertragsklauseln s. Lizenzvertrag
- Vorbenutzung **Liz** 313 f.

Patronatserklärung
- Abgrenzung z. Bürgschaft 349 32 f.

Personenfirma
- Begriff 17 4a
- Doppelnamen 18 34
- Drittnamen, Irreführung 18 32 ff.
- Drittnamen, OHG 19 24
- Familienname, Änderung 21 3
- gemischte 19 20
- KG 19 28 ff.
- Kommanditist 18 34
- Künstlername 18 19
- OHG 19 21 ff.
- Rechtsanwaltsgesellschaft **Vor 17** 19 f.
- Unterscheidbarkeit 30 18 f.
- Unterscheidungskraft, alte Rechtslage 18 18
- Unterscheidungskraft, neue Rechtslage 18 19
- Vorname, Änderung 21 3

Personenfirma – Einzelkaufmann
- Adelsprädikate 19 7
- akademische Titel 19 8
- ausländische Namen 19 10
- Doppelnamen 19 6
- Familienname 19 4 ff.
- Geburts-/Ehename 19 11
- Inhabervermerk 19 15 f.
- Künstlername 19 9
- Vorname 19 12 ff.

Personenhandelsgesellschaft
- Abhängigkeitsverhältnis 105 109
- Aufnahme d. Geschäftsbetriebs 123 9 ff.
- Auseinandersetzung, Firmenfortführung 25 6
- Auslandsgesellschaft, inländische Niederlassung 13d 1 ff.
- Beteiligung Minderjähriger 1 90 ff.
- Einbringung, Handelsgeschäft durch Einzelkaufmann 28 1 ff.
- Entstehung 123 1 ff.
- Europäische wirtschaftliche Interessenvereinigung 1 66
- fehlerhafte Gesellschaft 105 38 ff.
- Firma, Unterscheidbarkeit 30 1 ff.
- Firmenfähigkeit 17 25
- Firmenfortführung, Einwilligung 22 25 f.
- Firmenfortführung, Gesellschafteränderungen 24 1 ff.; s.a. Firmenfortführung – Gesellschaftereintritt
- Firmenfortführung, Rechtsform-/Nachfolgezusatz 22 51 f.
- Firmenmissbrauchsverfahren 37 13
- Geschäftsbriefangaben **37a** 1 ff.
- Geschäftsbriefe, erforderliche Angaben **125a** 1 ff.
- Geschäftsbriefe, notwendige Angaben **Vor 8** 27
- Gesellschaftereintritt, Außenwirkung 123 12
- Grundform 105 1
- Haftung d. Gesellschafter 128 1 ff.; 130 1 ff.
- Handelsrechtsreform, Übergangsvorschriften 105 90 ff.
- Insolvenz, Firma 17 46
- Kaufmannseigenschaft 1 4, 75
- Konzernierungsklausel 105 116
- Konzernobergesellschaft, Pflichten ggü. AG 105 127
- Konzernrecht 105 110
- Liquidation, Prokura 48 8
- Personenfirma 19 21 ff., 28 ff.
- private Vermögensverwaltung 1 34
- Rechtsfomzusatz 1 127, 129; **Vor 17** 11
- Rechtsformzwang 105 1, 16
- Selbständigkeit, Begriff 1 25
- stille Gesellschaft 230 6
- Tätigkeit als Handelsvertreter 84 6
- Überlassung v. Nutzungsrechten, gewerbliche Tätigkeit 1 44 ff.
- Unternehmensbegriff 105 108
- Unternehmensverbindungen 105 106 ff.; s.a. Abhängiges Unternehmen; Beherrschendes Unternehmen; Verbundene Unternehmen

Pfandrecht
- Gutglaubensschutz 366 25 ff.
- im Kontokorrentverhältnis 356 3 ff.

- Kommissionär **404** 1
- Kommissionsgut **397** 1 ff.; **404** 1
- OHG-Gesellschafter, Anteile **105** 5

Pfandverkauf 368 1 ff.
POD 346 102
„Pool"
- Firmenzusatz, Irreführungsverbot **18** 77

Preis freibleibend 346 107
Private Vermögensverwaltung
- für fremde Rechnung **1** 43
- Gewerbe, Begriff **1** 34 ff.
- Gewinnerzielungsabsicht **1** 34 ff.
- Überlassung v. Nutzungsrechten, gewerbliche Tätigkeit **1** 44 ff.

Privatgeschäfte
- Abgrenzung z. Handelsgeschäften **343** 22 ff.; **344** 15 ff.

Privatklinik 1 63
Privatsphäre
- Bedeutung für d. Anwendbarkeit d. HGB **Einl** 6

Produkthaftung
- Auswahl-/Überwachungspflichten d. Herstellers **Qual** 53 ff.
- Entwicklungsrisiko **Qual** 18 ff.
- Ersatzteilbindung d. Vertragshändlers **VertrH** 48
- Fabrikationsfehler **Qual** 28 ff.
- Franchisegeber **Franch** 127 f.
- Haftungsklauseln **Qual** 91 f.
- Instruktionsverantwortung **Qual** 34 ff.
- Konstruktionsfehler **Qual** 23 ff.
- Maßstab d. Sicherungspflichten **Qual** 13 ff.
- Organisationspflicht d. Herstellers **Qual** 52
- Organisationspflicht d. Teilherstellers **Qual** 57 ff.
- Produktbeobachtungspflicht **Qual** 17, 46 ff.
- Produktrückruf **Qual** 65, 97
- Qualitätskontrolle **Qual** 32 f.
- Verbraucherprodukte **Qual** 15 f., 38 f.
- Verlagerung auf Dritte **Qual** 51 ff., 66 ff.
- vertikale Arbeitsteilung **Qual** 60 ff.
- Wareneingangskontrolle **Qual** 63 f., 80 ff.
- Warnpflicht, Inhalt **Qual** 40 ff.

Programmierer
- gewerbliche Tätigkeit **1** 62

Projektvertrag
- Begriff **F&E** 1

Prokura
- Beschränkung, gesetzliche **50** 6
- Beschränkung, Innenverhältnis **50** 13 ff.
- Beschränkung, Niederlassung **50** 16 ff.; **54** 13
- Beschränkungsverbot **50** 1 ff.
- Entziehung **127** 1
- Erlöschen **52** 13
- Erlöschen, Handelsregisteranmeldung **53** 12 ff.
- Firma, Erlöschen **53** 13
- Firmenzeichnung, Hinterlegung **Vor** 8 11
- Generalvollmacht **49** 23; **54** 18 ff.
- gerichtlicher Verkehr **49** 8 ff.
- GmbH & Co. KG **161** 63 ff.
- Grundstücksgeschäfte **49** 13 ff.
- Handelsgeschäfte **49** 4
- Handlungsvollmacht, zusätzliche **54** 13
- KG **164** 3a
- Kommanditisten, Widerruf **170** 15a, 17
- nachvertragliches Wettbewerbsverbot s. dort
- Offenkundigkeitsprinzip **51** 1 ff.
- OHG **116** 7 ff.; **125** 4
- OHG, Auflösung **146** 13
- OHG, Handelsregisteranmeldepflicht **108** 13
- Testamentsvollstrecker **1** 81 f.
- Umfang **49** 3 ff.
- Umwandlung **53** 14
- Unternehmensorganisation **49** 5
- Unübertragbarkeit **52** 2
- Vertretungsmacht, Außenverhältnis **49** 2; **50** 3 ff.
- Vertretungsmacht, Innenverhältnis **49** 2; **50** 3, 13 ff.
- weisungswidriges Verhalten **50** 15
- Wettbewerbsverbot **74** 14; s.a. Nachvertragliches Wettbewerbsverbot – Handlungsgehilfe; Wettbewerbsverbot – Handlungsgehilfe
- Widerruf, fehlende Eintragung **15** 11
- Widerruflichkeit **52** 3 ff.
- Widerrufserklärung **52** 7 ff.
- Zeichnung **51** 1 ff.
- Zustellungen **49** 12

Prokura – Erteilung
- Auslegung **48** 18
- beschränkt Geschäftsfähige **48** 21
- Erbengemeinschaft **48** 6
- Erklärungsempfänger **48** 35 f.
- Form **48** 37

2795

- Gesamtprokura **48** 38 ff.; s.a. dort
- gesetzliche Vertreter, Einzelkaufmann **48** 11 ff.
- gesetzliche Vertreter, organschaftlicher **48** 14 ff.
- Handelsregisteranmeldung **53** 3 ff.
- Inhalt **48** 31 ff.
- Insolvenzverwalter **48** 10
- Nachlassverwalter/-pfleger **48** 9
- Rechtsnatur **48** 1
- Testamentsvollstrecker **48** 9
- Vollmachtgeber **48** 3 ff.
- Vollmachtgeber, Nichtberechtigte **48** 18
- Vollmachtnehmer **48** 19 ff.
- Vollmachtnehmer, Nichtberechtigte **48** 20 ff., 27 ff.
- Vorgesellschaften **48** 5

Propagandisten
- Ausgleichsanspruch, fehlender **89b** 26

Prospekthaftung
- Erstreckung auf Garanten **161** 162
- Erstreckung auf KG/Kommanditisten **161** 161a
- Gerichtsstand **161** 170
- Grundsätze **161** 161
- Haftungsfreizeichnung **161** 163
- kfm. Sorgfaltspflichten **347** 24
- Spezialgesetze **161** 163a
- Verjährung **161** 169

Psychologen
- gewerbliche Tätigkeit **1** 61

Publikumsgesellschaft
- Abwicklung **131** 20
- Anleger, arglistige Täuschung **161** 111 ff., 151 ff.
- Anleger, atypische stille Beteiligung **161** 143
- Anleger, Beitritt **161** 107 ff.
- Anleger, Einlagen **161** 141, 144 ff.
- Anleger, Einlagenfinanzierung **161** 145 f.
- Anleger, Nachschusspflicht **161** 149
- Anleger, Sicherheitenstellung **161** 147
- Anleger, zusätzliche Leistungspflichten **161** 141 ff.
- Anlegerwerbung, Aufklärungspflichten **161** 151 ff.
- Anlegerwerbung, Haftungssystem **161** 155 ff.
- Anlegerwerbung, Mitverschulden **161** 167
- Anlegerwerbung, Schadenseintritt **161** 165
- Anlegerwerbung, Verjährung **161** 168 f.
- Anteilsübertragung **161** 115a
- Bedeutung **161** 4, 87
- Beirat, actio pro socio **161** 134 f.
- Beirat, Befugnisse **161** 121
- Beirat, Bestellung **161** 129
- Beirat, Haftung **161** 80, 129 ff.
- Beschlussfassung **161** 124 f.
- Beteiligung aufgrund Arglist/Drohung **105** 45
- Beteiligungsverhältnisse **161** 39
- Einstimmigkeitsprinzip **161** 116
- Factoringgeschäfte **161** 148
- Geschäftsführung **161** 127 f.
- Gesellschafterversammlung **161** 122 f.
- Gesellschaftsvertrag, Änderung **161** 115b
- Gesellschaftsvertrag, Auslegung **161** 93
- Gesellschaftsvertrag, Form **161** 92
- Gesellschaftsvertrag, Geschäftsführerabberufung **161** 99
- Gesellschaftsvertrag, GmbH-Befugnisse **161** 101
- Gesellschaftsvertrag, Haftung **161** 97
- Gesellschaftsvertrag, Inhaltskontrolle **161** 95 ff.
- Gesellschaftsvertrag, Kontrollrechte **161** 103
- Gesellschaftsvertrag, Nachschusspflicht **161** 104a
- Gesellschaftsvertrag, Schiedsgerichtsabrede **161** 106
- Gesellschaftsvertrag, Schlichtungsklausel **161** 105
- Gesellschaftsvertrag, Selbstkontrahierungsverbot **161** 102
- Gesellschaftsvertrag, Sperrminorität **161** 100
- Gesellschaftsvertrag, Verjährung v. Ersatzansprüchen **161** 98
- Gesellschaftsvertrag, Versammlung **161** 104
- GmbH, Abschlussvertreter **161** 107 ff.
- Grundstruktur **161** 87 ff.
- Informationsrecht, Kommanditisten **166** 44 ff.
- Kommanditisten-Ausschüsse **161** 136
- Kündigungsrecht **177** 28 f.
- Liquidation **146** 3a
- Liquidation, stille Einlage **177** 31
- Liquidatoren **177** 32
- Massenaustritt **177** 30
- mehrgliedrige stille Gesellschaft **230** 73a
- Mehrheitsbeschlüsse **161** 116 ff.

- mittelbare Anlegerbeteiligung **161** 90
- Prospekthaftung **161** 161 ff., 169
- Rechtsprechungsgrundsätze **161** 91
- Selbstkontrahierungsverbot **161** 102
- Treuhandelemente **161** 90, 115, 137 ff.
- Treuhandkonto **161** 144
- Unterbeteiligung **230** 103
- Vertretung **161** 126
- Zweck **161** 88

Publizität s.a. Handelsregistereintragung
- Fiktionswirkung
- Firma **Vor 17** 9 ff.; **17** 24
- Verhältnis z. Rechtsscheinhaftung **15** 47

Qualitätssicherung
- Auswahl-/Überwachungspflichten d. Herstellers **Qual** 53 ff.
- DIN-Norm **Qual** 4 f.
- Geräte-/Produktsicherheitsgesetz **Qual** 13 ff.
- geschlossenes Sicherungssystem **Qual** 2
- Lizenzverträge **Liz** 243
- Organisationspflicht d. Herstellers **Qual** 52
- Organisationspflicht d. Teilherstellers **Qual** 57 ff.
- Produktbeobachtungspflicht **Qual** 17, 46 ff.
- Produkthaftung, Entwicklungsrisiko **Qual** 18 ff.
- Produkthaftung, Fabrikationsfehler **Qual** 28 ff.
- Produkthaftung, Instruktionsverantwortung **Qual** 34 ff.
- Produkthaftung, Konstruktionsfehler **Qual** 23 ff.
- Produkthaftung, Maßstab d. Sicherungspflicht **Qual** 13 ff.
- Produkthaftung, Qualitätskontrolle **Qual** 32 f.
- Produkthaftung, Verbraucherprodukte **Qual** 15 f., 38 f.
- Produkthaftung, Verlagerung auf Dritte **Qual** 51 ff., 66 ff.
- Produkthaftung, Warnpflicht **Qual** 35 ff.
- Produktnachverfolgbarkeit **Qual** 96
- Produktrückruf **Qual** 65, 97
- Qualität, Begriff **Qual** 4
- Verhältnis z. Gewährleistungsregelungen **Qual** 3, 13
- vertikale Arbeitsteilung **Qual** 60 ff.
- Wareneingangskontrolle **Qual** 63 f.
- wirtschaftliche Bedeutung **Qual** 1

Qualitätssicherungsvereinbarung
- Abgrenzung z. Just-in-time-Vertrag **Qual** 8
- Dokumentationspflichten **Qual** 93
- Fixklausel **Qual** 88
- Geräte-/Produktsicherheit **Qual** 94 ff.
- Haftungsklauseln **Qual** 91 f.
- Inhaltskontrolle **Qual** 3, 9 ff.
- Produkthaftung, Verlagerung auf Dritte **Qual** 51 ff., 66 ff.
- Produktnachverfolgbarkeit **Qual** 96
- Sachmangel, Beschaffenheitsgarantie **Qual** 89
- Sachmangel, Haftungsfrist **Qual** 90
- Verhältnis z. Gewährleistungsregelungen **Qual** 3, 13
- Vertragstypus **Qual** 6 ff.
- Verzugsschaden **Qual** 88
- Warenkontrolle, Abdingbarkeit **Qual** 84 ff.
- Warenkontrollwesen **Qual** 80 ff.

Qualitätszertifikat
- Handelsklauseln **346** 108

R&D s. Forschungs-/Entwicklungsverträge

Rat
- kfm. Sorgfaltspflichten **347** 18 ff.

Realakte
- Handelsgeschäfte, Vermutung **344** 8 ff.

Rechnungslegung
- GmbH & Co. KG **161** 69
- Kommissionär **384** 8
- Liquidationsstadium **154** 1 ff.
- OHG, Liquidationsstadium **149** 18
- stille Gesellschaft **232** 6 ff.
- Unterbeteiligung, Informationsrecht **233** 13

Rechnungswesen
- kfm. Betriebseinrichtung **1** 105

Rechtsanwälte
- gewerbliche Tätigkeit **1** 59

Rechtsanwaltsgesellschaft
- AG **Vor 17** 18
- Fantasiefirma **18** 30
- GmbH **Vor 17** 18
- Personenfirma **Vor 17** 19 f.
- Rechtsformzusatz **Vor 17** 19

Rechtsscheinhaftung
- GmbH & Co. KG **161** 56

Rechtsfähigkeit
- OHG **105** 6

Rechtsformzusatz
- AG & Co. KG **19** 62 f.
- Auslandsgesellschaft, Inlandsbeteiligung **19** 67 ff.
- e.V. & Co. KG **19** 62 f.
- Einzelkaufmann **Vor 17** 10; **19** 35 ff.
- Erforderlichkeit **Vor 17** 7
- Firmenfortführung **22** 37, 48 ff.
- GbR **Vor 17** 16
- GbR & Co. KG **19** 62 f.
- GbRmbH **19** 43
- Genossenschaft **Vor 17** 12; **19** 38
- Geschäftsbriefangaben **37a** 15
- GmbH & Co. KG **19** 45 ff.
- Haftungsbeschränkung **19** 44, 64
- Handelsrechtsreform **17** 23
- Handelsrechtsreform, Übergangsvorschrift **19** 40
- Istkaufmann, vor Eintragung **Vor 17** 10
- Kapitalgesellschaften **Vor 17** 12
- KG **19** 37
- Limited **19** 67
- Limited & Co. **19** 62 f.
- Liquidationsstadium **153** 1 ff.
- OHG **19** 37
- Personenhandelsgesellschaften **Vor 17** 11
- Rechtsanwaltsgesellschaft **Vor 17** 19
- Rechtsscheinhaftung **17** 15
- Rechtsscheinhaftung, GmbH & Co. **19** 63
- Relevanz für Unterscheidungskraft **Vor 17** 8
- Scheinkaufmann **Anh 5** 11 ff.
- Schein-Nichtkaufmann **19** 2
- Stellung innerhalb der Firma **19** 39
- Stiftung & Co. KG **19** 62 f.
- „und Partner" **19** 41 f.
- Vor-GmbH & Co. KG **19** 62 f.
- Weglassen **Anh 5** 13, 20 ff.
- zwingender **19** 1 ff., 33 f.

Rechtskrafterstreckung
- Zurückbehaltungsrecht, Befriedigungsrecht **372** 3 f.

Rechtsmangel
- Wertpapiere **381** 4

Rechtsmissbrauch
- Kaufmannseigenschaft **7** 3

Rechtsscheinhaftung s.a. Scheinkaufmann
- Franchisegeber **Franch** 126
- GmbH & Co. **19** 63
- Kommanditist **171** 27; **172** 15
- Schein-KG **176** 7 ff., 34

- Verhältnis z. Handelsregisterpublizität **15** 29 ff., 47

Rechtsverordnungen **Einl** 85 f.
- AVB **Einl** 100

Rechtswahl
- Kommissionsvertrag **383** 12
- Lizenzvertrag **Liz** 366

Registergericht
- Amtslöschung **Vor 13** 10 ff.
- Anmeldung, erzwungene **Vor 13** 8
- Anmeldung, gerichtliche Ersetzung **16** 8 ff.
- Aussetzung des Verfahrens **8** 44
- Beschwerde, Zulässigkeit **8** 46 ff.
- Bindung an prozessgerichtliche Entscheidung **16** 1 ff.
- Bindungswirkung von Entscheidungen **16** 19
- Rechtsbehelfe **8** 46 ff.
- Sitzverlegung, Zuständigkeit **13h** 1 ff.
- unzulässige Eintragung, gerichtliche Aufhebung **16** 13 f.
- unzulässige Eintragung, gerichtliche Feststellung **16** 15 ff.
- Zuständigkeit, Doppelsitz **13** 3
- Zuständigkeit, Zweigniederlassung **Vor 13** 1, 9; **13** 14
- Zwangsgeld, Rechtscharakter **14** 2
- Zwangsgeld, Verfahren **Vor 13** 15 ff.
- Zwangsgeldandrohung, Adressat **Vor 13** 13 f.
- Zwischenverfügung **8** 45

Restvermögen s. OHG-Liquidation

„Revision"
- Firmenzusatz, Irreführungsverbot **18** 81

RTD s. Forschungs-/Entwicklungsverträge

Rückbürgschaft **349** 21

Rügeobliegenheit
- Ablieferung, Beweislast **377** 59
- abweichende Vereinbarung **377** 53 ff.
- Aliud-Lieferung **377** 1
- Annahmeverweigerung **377** 21
- Aufbewahrungspflicht **379** 1 ff.
- Beginn **377** 12 ff.
- erfasste Geschäfte **377** 5
- Falschlieferung **377** 2
- Gattungsschuld **360** 10
- Handelsgeschäft, beiderseitiges **377** 8 f.
- Kleingewerbetreibende **Einl** 40
- Kommissionär **388** 6, 9
- Leasing **377** 6; **Leas** 76
- Mängelanzeige, Einkaufskommission **391** 1 ff.

- Mitverschulden **377** 51
- nicht erkennbare Mängel **377** 40 f.
- Notverkauf **379** 10 ff.
- offene Mängel **377** 39
- ordnungsgemäße Rüge **377** 25 ff.
- Rechtsfolgen **377** 46 ff.
- Rechtzeitigkeit **377** 32 ff.
- Rechtzeitigkeit, Beweislast **377** 60
- Rügefrist **377** 38 ff., 43 ff.
- Sachmangel **377** 10 f.
- Sachmangel, arglistiges Schweigen **377** 22 ff.
- Streckengeschäft **377** 19
- Teillieferung **377** 17 f.
- verborgene Mängel **377** 42
- Versendungskauf **377** 20
- Warenkontrollwesen **Qual** 83
- Weiterfresserschäden **377** 52
- Wertpapiere **381** 4
- Zweck **377** 3 f.

Rundfunkanstalten
- Gewerbe, Begriff **1** 53

Sacheinlage
- Handelsgeschäft in Personenhandelsgesellschaft **28** 1 ff.

Sachfirma
- Begriff **17** 5
- Branchenbezeichnung **18** 22
- Einzelkaufmann **19** 17
- Entlehnungsgebot **18** 21
- Gattungsbezeichnung **18** 22
- gemischte **19** 20
- OHG **19** 27a
- Produktbezeichnung **18** 22
- Rechtsanwaltsgesellschaft **Vor 17** 19 f.
- Unterscheidbarkeit **30** 20
- Unterscheidungskraft, alte Rechtslage **18** 20
- Unterscheidungskraft, neue Rechtslage **18** 21

Sachmangel
- arglistiges Schweigen **377** 22 ff.
- Aufbewahrungspflicht **379** 1 ff.
- gerügte Ware, Notverkauf **379** 10 ff.
- nicht erkennbare Mängel **377** 40 f.
- offene Mängel **377** 39
- Rügeobliegenheit s. dort
- verborgene Mängel **377** 42
- Weiterfresserschäden **377** 52
- Wertpapiere **381** 4

Sachmängel
- Lizenzverträge **Liz** 300 ff.
- Qualitätssicherungsvereinbarung **Qual** 89 ff.

Sachverständige s.a. Gutachter
- Beauftragung durch OHG-Gesellschafter **118** 9
- Jahresabschlussprüfung **166** 41 f.
- Kommissionsgut, Mängel **388** 6

Sachwalterhaftung Vor 48 42 ff.

Saisonbetrieb
- Gewerbe, Begriff **1** 31
- kfm. Betriebseinrichtung **1** 118

Sale-and-lease-back Leas 17, 36

Sanatorium 1 63 f.

Satzungskontrolle
- Aktiengesellschaft **Vor 8** 15
- ausgenommene Regelungen **Vor 8** 18 ff.
- Gesamtnichtigkeit **Vor 8** 19
- Gesetzesverstoß **Vor 8** 16
- Handelsrechtsreform **Vor 8** 15 ff.
- Handelsregisterreform **8** 64
- Umfang **Vor 8** 16 ff.; **8** 36 ff.
- unvollständige Satzung **Vor 8** 16
- zwingender Satzungsinhalt **Vor 8** 16

Scheinkaufmann s.a. Kaufmannseigenschaft – Fiktion; Rechtsscheinhaftung
- Beweislast **Anh 5** 34
- Bezeichnung als Kaufmann **Anh 5** 15
- Briefpapiergestaltung **Anh 5** 6
- Firmenführung **Anh 5** 9 ff.
- Firmenführung, mündliche **Anh 5** 25
- Gutglaubensschutz, Verfügungsbefugnis **366** 3
- Gutgläubigkeit d. Geschäftsgegners **Anh 5** 31 f., 49
- Haftung, erfasste Ansprüche **Anh 5** 48
- Handlungsgehilfenrecht **59** 22
- irreführende Firmenbezeichnung **Anh 5** 14
- irrige Annahme d. Kaufmannseigenschaft **366** 6
- Namensführung in d. Firma **Anh 5** 17 ff.
- praktische Bedeutung **Anh 5** 1
- Rechte Dritter **Anh 5** 47
- Rechtsfolgen **Anh 5** 20 ff., 35 ff., 42 ff.
- Rechtsformzusatz **17** 15
- Rechtsschein **Anh 5** 2 ff.
- Rechtsschein, Beseitigung **Anh 5** 30, 49
- Registerpublizität **Anh 5** 1
- scheinbare Unternehmensidentität **Anh 5** 26
- Schein-OHG/KG **Anh 5** 37 ff.
- Ursächlichkeit für Verhalten **Anh 5** 33
- Vertrauensschaden **Anh 5** 36

- Verwendung kfm. Einrichtungen **Anh 5** 7 f.
- Vortäuschen einer Gesellschafterstellung **Anh 5** 16
- Weglassen d. Rechtsformzusatzes **Anh 5** 13, 20 ff.
- Zurechnung, beschränkt Geschäftsfähige **Anh 5** 29, 46
- Zurechnung, Handeln Bediensteter **Anh 5** 28
- Zurechnung, Veranlassungsprinzip **Anh 5** 27
- zwingende Rechtsvorschriften, Anwendbarkeit **Anh 5** 43 ff.

Scheinselbständigkeit 1 26; s.a. Arbeitnehmerähnliche Personen
- Außendienst **84** 25 ff.
- Wettbewerbsverbot s. Wettbewerbsverbot – Handlungsgehilfe

Schenkung
- Firmenfortführung, Erwerberhaftung **25** 6
- Gesellschaftsbeteiligung **230** 10 f.

Schiedsvereinbarung
- Anerkennung ausländischer Schiedssprüche **Einl** 71, 76
- Anwendbarkeit auf OHG-Gesellschafter **128** 9
- Arbitrage **346** 61 f.
- Beschlussmängelstreitigkeiten **Einl** 75
- Form **Einl** 69 ff.
- Gesellschaftsverträge **Einl** 72 ff.
- institutionelle Schiedsgerichte **Einl** 77 ff.
- Lizenzverträge **Liz** 373 ff.
- nicht kfm. Vertragspartner **Einl** 70
- praktische Bedeutung **Einl** 66
- Publikumsgesellschaft **161** 106
- Rechtsnatur **Einl** 67
- Schiedsgerichtsordnungen **Einl** 79
- Verfahrensrecht, Neuregelung **Einl** 68

Schiedsverfahren
- Anerkennung ausländischer Schiedssprüche **Einl** 71, 76
- Geschäftsführungsbefugnis, Entziehung **117** 18
- Informationsrecht, Kommanditisten **166** 57
- institutionelle Schiedsgerichte **Einl** 77 ff.
- Schiedsgerichtsordnungen **Einl** 79
- UNCITRAL **Einl** 68
- Verfahrensrecht, Neuregelung **Einl** 68

Schifffahrtsvertreter **92c** 12

Schiffsmakler **93** 6

Schlussschein
- Handelsgeschäfte, Vermutung **344** 11 ff.

Schlussnote s. Handelsmakler – Schlussnote

Schriftform
- Handelsvertreter, Vertrag **85** 1, 4

Schuldanerkenntnis
- Abgrenzung z. Bürgschaft **349** 30
- Formerfordernis **350** 5
- Formfreiheit **350** 1 f.
- Handelsgeschäfte, Vermutung **344** 11 ff.

Schuldbeitritt
- Abgrenzung z. Bürgschaft **349** 29
- Einbringung, Haftung **28** 28
- Firmenfortführung, Erwerberhaftung **25** 25 ff.
- Inhalt **349** 27 f.
- Kommanditistenhaftung **171** 26

Schuldrechtsmodernisierung
- Handelsvertreterrecht, Verjährung **88** 1 ff.

Schuldschein
- Handelsgeschäfte, Vermutung **344** 11 ff.

Schuldübernahme
- Abgrenzung z. Bürgschaft **349** 31

Schuldversprechen
- Abgrenzung z. Bürgschaft **349** 30
- Formerfordernis **350** 3 f.
- Formfreiheit **350** 1 f., 6

Schweigen
- „Anfechtung" **346** 44a
- Anwendung auf Nichtkaufleute **Einl** 38a
- auf Angebot **362** 1 ff.
- auf Bestätigungsschreiben s. Kaufmännisches Bestätigungsschreiben
- auf Leistungsangebot **362** 1 ff.
- Kleingewerbetreibende **Einl** 40; **2** 31
- rechtliche Bedeutung **346** 49 ff.
- Wirkung **346** 44 f.

SE
- Kaufmannseigenschaft **1** 6

Selbständigkeit
- Abgrenzung z. Arbeitnehmer **59** 5 ff.
- Begriff **84** 5 ff.
- Handelsvertreter **1** 25
- Scheinselbständigkeit **1** 26; s.a. dort
- Scheinselbständigkeit, Außendienst **84** 25 ff.
- wirtschaftliche Abhängigkeit **1** 25

Selbstbelieferung
- Handelsklauseln **346** 109 f.

Selbsthilfegruppen
- gewerbliche Tätigkeit **1** 33

Selbsthilfeverkauf
- Handelskauf **374** 14 ff.

Selbstkontrahierungsverbot
- GmbH & Co. KG, Gesellschaftsvertrag **161** 45, 67 ff.
- Liquidatoren **149** 21
- Publikumsgesellschaft, Vertragsregelungen **161** 102
- Vertretungsmacht, Umfang **126** 2

„Seminar"
- Firmenzusatz, Irreführungsverbot **18** 50 f.

Seminarveranstalter
- gewerbliche Tätigkeit **1** 62

Sicherungseigentum
- Fortbestehen, im Kontokorrentverhältnis **356** 4 ff.

Sicherungsgrundschuld
- Fortbestehen, im Kontokorrentverhältnis **356** 4 ff.

Sicherungszession
- Fortbestehen, im Kontokorrentverhältnis **356** 4 ff.

Sideground
- Begriff **F&E** 1

Sittenwidrigkeit
- Firmenbildung **18** 25
- Kaufmannseigenschaft **7** 3
- Kaufvertrag **Leas** 86 f.
- Leasingvertrag **Leas** 82 ff.
- Vertragsstrafeversprechen **75c** 22; **348** 7
- Wettbewerbsverbot **74a** 21
- Zinssatz **352** 11

Sitz
- Ausland, inländische Zweigniederlassung **13d** 1 ff.
- Begriff **13** 1 ff.
- Briefkastengesellschaft **Vor 13** 8
- Doppelsitz **13** 3
- fiktiver **Vor 13** 8
- Geschäftsbriefangaben **37a** 16
- GmbH, Sitzwahl **Vor 8** 26
- Hauptniederlassung **13** 1 ff.
- Hauptsitz, abweichende Firma **22** 46

Sitztheorie Vor 13 6

Sitzverlegung
- Firma, Unterscheidbarkeit **30** 10
- Handelsregisteranmeldung **31** 10
- im Inland, Anmeldung **13h** 1 ff.
- ins Ausland, Anmeldung **13h** 13 ff.
- ins Inland, Anmeldung **13h** 1 ff.
- Zweigniederlassung, Handelsregisteranmeldung **31** 10

- Zweigniederlassung, Handelsregistereintragung **Vor 13** 1

Skonto
- Handelsklauseln **346** 111

Societas Europaea
- Kaufmannseigenschaft **6** 6
- stille Gesellschaft **230** 91c

Software
- Entwicklung **F&E** 17
- Entwicklungsergebnis **F&E** 94 f., 115

Sonderprivatrecht Einl 1 ff.

Sorgfalt in eigenen Angelegenheiten **347** 13

Sorgfaltspflichten, Kaufleute s. Kaufmann – Sorgfaltspflichten

Sortenschutz
- genetisch veränderte Pflanzen **Liz** 136
- gezüchtete Pflanzen **Liz** 136

Sortenschutz-Lizenz
- Besteuerung s. Lizenz-Besteuerung
- Gebühren s. Lizenzgebühren
- Gegenstand **Liz** 133
- Gruppenfreistellungsverordnung **Liz** 139
- Haftung s. Lizenzgeber; Lizenzvertrag
- Landwirteprivileg **Liz** 133 f.
- Vermehrungsbetriebe **Liz** 137 f.
- Vertragsklauseln s. Lizenzvertrag
- Züchterprivileg **Liz** 133, 135, 139

Sozialversicherung
- Statusfeststellung **84** 25 ff.

„Sozietät"
- Firmenzusatz, Irreführungsverbot **18** 78

Spaltung s.a. Umwandlung
- Firmenbildung **19** 66a
- Firmenfortführung **22** 57
- Firmenfortführung, Erwerberhaftung **25** 14

„Sparkasse"
- Firmenzusatz, Irreführungsverbot **18** 53 ff.

Sparkassen
- Gewerbe, Begriff **1** 53
- Zuständigkeit, Handelsregisteranmeldungen **33** 15; **34** 1 ff.

Spediteur
- Gutglaubensschutz, Verfügungsbefugnis **366** 3b
- Indossament **363** 16
- Pfandverkauf **368** 2

Speditionsrecht
- Transportrechtsreform **Einl** 46

Spezialhandlungsvollmacht
- Spezialhandlungsvollmacht **54** 23

Sportveranstaltung
– Gewerbe, Begriff 1 31
Stellvertretung s. Vertreter; Vertretungsmacht
Steuerberater
– gewerbliche Tätigkeit 1 59
„Steuerberatung"
– Firmenzusatz, Irreführungsverbot 18 81
Steuerbilanz
– Abschrift, Kommanditisten 166 2 f.
Steuerfrei
– Handelsklauseln 346 116
Steuern
– Unternehmenskauf, Haftung 25 48
Steuerrecht s.a. Einkommensteuer; Körperschaftsteuer; Lizenz – Besteuerung; Umsatzsteuer
– Handelsregistereintragung, Fiktionswirkung 5 39 f.
– Leasing Leas 2 ff., 7 ff., 20
Stiftung
– Gesellschafterstellung, OHG 105 58
– Handelsgesellschaft 6 6
– Zuständigkeit, Handelsregisteranmeldungen 33 1 ff.; 34 1 ff.
Stiftung & Co. KG
– Rechtsformzusatz 19 62 f.
Stille Gesellschaft
– Abfindungsklausel 235 13
– Abgrenzung z. anderen Innengesellschaften 230 50 ff.
– Abgrenzung z. Darlehen 230 59 ff.
– Abgrenzung z. Dienstvertrag 230 57
– Abgrenzung z. Gebrauchsüberlassung 230 58
– Abgrenzung z. Treuhand 230 53 ff., 73
– anwendbare Vorschriften 230 75 ff.
– atypische stille Gesellschaft s. dort
– Auflösung, Gründe 234 3 ff.
– Auflösung, Informationsrecht 233 10
– Auflösung, Wirkung 234 1
– Auseinandersetzung 235 1 ff.
– Auseinandersetzung, Anspruchsdurchsetzung 235 24 f.
– Auseinandersetzung, fehlerhafte Gesellschaft 230 14 f.
– Auseinandersetzung, Guthabenermittlung 235 4 ff.
– Auseinandersetzung, Rechtfolgen 235 14 ff.
– Auseinandersetzung, schwebende Geschäfte 235 28 ff.
– Außenbeziehungen 230 87 ff.
– Beteiligung an AG 230 17
– Beteiligung an EWIV 230 91c
– Beteiligung an Gesamthand/GmbH 230 15 ff., 77b
– Beteiligung an SE 230 91c
– Beteiligung, Nießbrauch 230 46b
– Beteiligung, Schenkung 230 10 f.
– Einlageanspruch, Pfändung 230 91
– EuGVVO 230 91d
– fehlerhafte Gesellschaft 230 14 f.
– Firmenfortführung, Gesellschafteränderungen 24 4
– Fortsetzung, nach Auflösung 234 2
– Fortsetzung, nach Erbfall 234 14
– GbR-Vorschriften 230 4
– Geschäftsinhaber s. Stille Gesellschaft – Geschäftsinhaber
– Geschäftsveräußerung 234 27
– Gesellschaftsvertrag, Abschluss 230 8 f., 15 ff.
– Gesellschaftsvertrag, anwendbare Regelungen 230 12 ff.
– Gesellschaftsvertrag, Handelsgeschäft 230 7
– Gesellschaftsvertrag, nicht (voll) Geschäftsfähige 230 19 ff.
– Gesellschaftsvertrag, Vertretung v. Personenmehrheiten 230 15 ff.
– Gewinn-/Verlustermittlung 232 1 ff.
– Gewinn-/Verlustermittlung, Handelsbilanz 232 9 ff.
– Gewinn-/Verlustverteilung 231 1 ff.
– Gewinnabführungsvertrag 230 17a
– Gewinnauszahlung 232 11 ff., 21
– Gewinnverrechnung 232 21
– Inhaltskontrolle 230 13
– Innengesellschaft 230 5
– Insolvenz d. Geschäftsinhabers 236 1 ff.
– Internationales Privatrecht, Anknüpfung 230 91a
– Internationales Privatrecht, Insolvenzfall 236 40 f.
– Kapitalgesellschaft & Still 230 74a
– Kaufmannseigenschaft 1 5; 6 3
– Kaufmannseigenschaft, Wegfall 234 24 f.
– Kündigung, außerordentliche 234 6 f.
– Kündigung, durch Gläubiger 234 8 f.
– Kündigung, ordentliche 234 4 f.
– Liquidation d. Handelsgesellschaft 230 26
– mehrgliedrige 230 70 ff.
– Publikumsgesellschaft 230 73a
– Rechnungslegung 232 6 ff.
– Rechtsnatur 230 1
– stiller Gesellschafter s. dort

- Teilgewinnabführungsvertrag **230** 17a, 77a
- Umwandlung, Hauptunternehmen **234** 30 ff.
- Umwandlung, stille Gesellschaft **234** 34 ff.
- Verbindung mit Kommanditbeteiligung **230** 74
- Wesensmerkmale **230** 2 f.
- Zweck **230** 64 f.

Stille Gesellschaft – Geschäftsinhaber
- Aufwendungsersatz **230** 81
- Betreiben eines Handelsgewerbes **230** 22
- Erbengemeinschaft **230** 24
- Genossenschaft **230** 22a
- Gesamthandsgemeinschaft **230** 15 ff.
- Geschäftsführungsbefugnis **230** 78
- Gewinn-/Verlustverteilung, Ausschluss **231** 14
- GmbH **230** 15 ff.
- Haftung **230** 79
- Informationspflicht **230** 82
- Insolvenz **234** 11
- Insolvenz, Auseinandersetzungsrechnung **236** 1 ff.
- Insolvenz, Guthaben d. stillen Gesellschafters **236** 5 f., 11 f.
- Insolvenz, schwebende Geschäfte **236** 4
- Insolvenz, Verlust d. stillen Einlage **236** 8
- Insolvenz, Verlustabdeckung **236** 9 f.
- Insolvenzplan **236** 11 f.
- Kaufmannseigenschaft **230** 22
- Kleingewerbetreibende **230** 25
- Rechnungslegung, Mitteilungspflicht **232** 8 ff.
- schwebende Geschäfte, Abwicklung **235** 28 ff.
- Tod **234** 12 ff.
- Vorgesellschaft **230** 23
- Wettbewerbsverbot **230** 80

Stiller Gesellschafter
- anwendbare Vorschriften **230** 75 ff.
- Beitragspflichten, sonstige **230** 83
- Beteiligung, Übertragbarkeit **230** 46 ff.
- Einlage **230** 30 ff.
- Einlage, Bewertung **230** 35 f.
- Einlage, Eigenkapitalcharakter **236** 13 ff.
- Einlage, Rangrücktritt **236** 16
- Einlage, Verbuchung **230** 30, 37 ff.
- Einlage, vermögensrechtliche Behandlung **230** 40 ff.
- Einlageanspruch, Pfändung **230** 91
- Einlagekonto, negatives **232** 18
- Entnahmerecht, fehlendes **232** 14
- Geschäftsführungsbefugnis **230** 86
- Gewinn, Stehenlassen **232** 15
- Gewinn-/Verlustermittlung **232** 1 ff.
- Gewinn-/Verlustverteilung, Angemessenheit **231** 2 f.
- Gewinn-/Verlustverteilung, anwendbare Regelungen **231** 3 f.
- Gewinn-/Verlustverteilung, Ausschluss **231** 11 ff.
- Gewinn-/Verlustverteilung, vertragliche Regelungen **231** 6 ff.
- Gewinnauszahlung **232** 11 ff., 21
- Gewinnbeteiligung, Anspruch **230** 48 ff.
- Gewinnverrechnung **232** 21
- Haftung **230** 89 ff.
- Informationsrecht **233** 1 ff.
- Informationsrecht, aufgelöste Gesellschaft **233** 10
- Informationsrecht, Auseinandersetzung **235** 35 f.
- Informationsrecht, außerordentliches **233** 7
- Informationsrecht, Durchsetzung **233** 9
- Informationsrecht, vertragliche Regelungen **233** 8
- Insolvenz **234** 15 f.; **236** 17
- Konzernrecht **230** 77a
- mehrgliedrige, Informationsrecht **233** 6a
- Nachlassinsolvenz **234** 23
- Nachlassverwaltung **234** 23
- Personenkreis **230** 28 f.
- Schadensersatzanspruch, fehlerhafte Gesellschaft **230** 14b
- Teilgewinnabführungsvertrag **230** 17a, 77a
- Verlustabdeckung, Insolvenz d. Geschäftsinhabers **236** 9 f.
- Verlustbeteiligung, Begrenzung **232** 16 ff.
- Wettbewerbsverbot **230** 85

Stilllegung
- kfm. Geschäftsbetrieb **1** 141

Strafrecht
- Handelsregistereintragung, Fiktionswirkung **5** 39 f.

Streckengeschäft
- Rügeobliegenheit **377** 19

Strohmann
- Einwendungen gg. Kaufmannseigenschaft **5** 38

- Kaufmannseigenschaft 1 79
„Studio"
- Firmenzusatz, Irreführungsverbot 18 87
Stundung Besserungsschein 346 67
- Fälligkeitszins 353 4

Tagebuch
- Auszug 101 1
- Einsichtnahme 101 2
- Haftung 100 4
- Ordnungswidrigkeiten 103 1
- Umfang 100 2 f.
- Vorlage im Rechtsstreit 102 1
- Zweck 100 1

Taragewicht Abzug 380 1 ff.

Tausch
- Firmenfortführung, Erwerberhaftung 25 6
- Rügeobliegenheit 377 5

„Technik"
- Firmenzusatz, Irreführungsverbot 18 82

Technologietransfer
- Erfahrungsaustausch **Liz** 249 ff.
- Gruppenfreistellungsverordnung **Liz** 4 ff., 33 ff.

Teilamortisationserlass
- Leasing, steuerliche Behandlung **Leas** 7 ff., 20

Teilamortisationsvertrag
- AGB s. Leasingvertrag – AGB
- Amortisationspflicht **Leas** 20
- Andienungsrecht **Leas** 140 f.
- Beendigung **Leas** 136 ff.
- kündbarer **Leas** 22, 27
- kündbarer, ordentliche Vertragsbeendigung **Leas** 136 ff., 143 ff.
- Mehrerlösbeteiligung **Leas** 142
- transparente Vertragsgestaltung **Leas** 27 ff.
- Vollamortisationsanspruch **Leas** 27 ff.

Teillieferung
- Rügeobliegenheit 377 17 f.

Teilrechtsfähigkeit
- Erbengemeinschaft 27 40

Telle quelle 346 112

Testamentsvollstrecker
- Kaufmannseigenschaft 1 80 ff.
- Prokura, Erteilung 48 9
- Treuhandlösung 1 80 ff.
- Vollmachtslösung 1 81 f.

Testamentsvollstreckung
- Ermächtigungstreuhand, Firmenfortführung 27 15

- Firmenfortführung, Einwilligung 22 29
- Liquidatoren, Bestellung 146 7
- OHG, Handelsregisteranmeldepflicht 108 9
- OHG-/KG-Anteil 139 16 ff.
- OHG-Gesellschafter, Anteile 105 5
- Treuhandlösung, Firmenfortführung 27 15
- Vollrechtstreuhand, Firmenfortführung 27 15

Theater 1 63

Tierarzt
- gewerbliche Tätigkeit 1 59

Trade Terms 346 53a, 53d

Transportrecht
- Reform **Einl** 46

„Treuhand"
- Firmenzusatz, Irreführungsverbot 18 83 f.

Treuhänder
- Erbenhaftung, Firmenfortführung 27 15
- gewerbliche Tätigkeit 1 62
- Kaufmannseigenschaft 1 78

Treuhandlösung
- Testamentsvollstreckung 1 80 ff.; 27 15

Überseering
- Zweigniederlassungsrichtlinie **Vor** 13 4 ff.

Übersetzer
- gewerbliche Tätigkeit 1 62

Umsatzsteuer
- Lizenzverträge, internationale **Liz** 386, 390, 392 f.

Umwandlung s.a. Einbringung
- Erbengemeinschaft in OHG 105 37
- Firmenbildung 19 65 ff.
- Firmenfortführung 22 53 ff.; s.a. Firmenfortführung – Gesellschaftereintritt
- Firmenfortführung, Erwerberhaftung 25 14; s.a. dort
- GbR in OHG 105 34
- Hauptbeteiligung, bei Unterbeteiligungsverhältnis 234 46
- Hauptgesellschaft, bei Unterbeteiligungsverhältnis 234 47
- Hauptunternehmen, bei stiller Gesellschaft 234 30 ff.
- Kapitalgesellschaft in OHG 105 35
- KG 161 13
- KG in OHG 105 34
- Nachhaftung 160 8

- OHG, Handelsregisteranmeldung **107** 9
- OHG, Vollbeendigung **131** 27 f.
- stille Gesellschaft **234** 34 ff.

„Umwelt"
- Firmenzusatz, Irreführungsverbot **18** 88

UNCITRAL Einl 53 ff., 68, 79, 81, 106

Unfrei 346 57

UNIDROIT Einl 81, 103

„Union"
- Firmenzusatz, Irreführungsverbot **18** 77

UN-Kaufrecht Einl 53 ff., 106; **Vor 373** 2

Unterbeteiligung
- Abgrenzung z. partiarischen Verhältnissen **230** 100
- Abgrenzung z. stillen Gesellschaft **230** 52, 99
- Abgrenzung z. Treuhand **230** 101 ff.
- Anteilserwerb, Hauptgesellschaft **234** 45
- atypische **230** 105
- Auflösung, Gründe **234** 38 ff.
- Auflösung, Informationsrecht **233** 14
- Auflösung, Wirkung **234** 37
- Auseinandersetzung **235** 37 ff.
- Außenhaftung **230** 122
- Beteiligungsvertrag **230** 108 ff.
- fehlerhafte Gesellschaft **230** 110
- Gewinn-/Verlustermittlung **232** 22 f.
- Gewinn-/Verlustverteilung, anwendbare Regelungen **231** 15
- Gewinnbeteiligung **230** 98
- Haftung, Innenverhältnis **230** 121
- Hauptbeteiligung, Veräußerung **234** 44
- Hauptgesellschaft, Rechtsbeziehungen **230** 112 ff.
- Informationsrecht, anwendbare Regelungen **233** 11
- Informationsrecht, aufgelöste Beteiligung **233** 14
- Informationsrecht, Jahresabschluss **233** 12
- Insolvenz, Gesellschafter **236** 39
- Internationales Privatrecht, Anknüpfung **230** 124
- Personenmehrheiten **230** 106 f.
- Publikumsgesellschaft **230** 103
- Rechtsbeziehungen, interne **230** 116 ff.
- Rechtsnatur **230** 92 ff.
- Umwandlung, Hauptbeteiligung **234** 46
- Umwandlung, Hauptgesellschaft **234** 47
- Zweck **230** 96, 104

Unterlassungsanspruch
- Wettbewerbsverstoß, nachvertraglicher **74** 47 f.
- Wettbewerbsverstoß, Handlungsgehilfe **61** 24 f.

Unterlassungsklage
- Firmenmissbrauch **37** 28 ff.

Unternehmen s.a. Abhängiges Unternehmen; Beherrschendes Unternehmen; Konzern; Verbundene Unternehmen
- Begriff **105** 108

Unternehmensberater
- gewerbliche Tätigkeit **1** 62

Unternehmenskauf
- Betriebsübergang, Arbeitsverhältnisse **25** 47
- Erbenhaftung, Firmenfortführung **27** 32
- Firmenfortführung s. dort
- Haftung **25** 44 f.
- Handelsgeschäfte, Vermutung **344** 5
- Steuerhaftung **25** 48
- Vermögensübernahme **25** 46

Unternehmensnachfolge s.a. Firmenfortführung; OHG – Fortsetzung
- Firma, Neueintrag **2** 26
- Firma, Übernahme **2** 26
- Land-/Forstwirtschaftsbetrieb **3** 36

Unternehmensregister
- Daten, Falschübermittlung **104a** 1 ff.
- Datenübermittlung **8b** 5 f.
- Einführung **Vor 8** 2
- Einsichtnahmerecht **9** 20
- Eintragungen **Vor 8** 28
- Kosten **8b** 7
- Ordnungswidrigkeiten **104a** 1 ff.
- Registerführung, Verordnung **8b** 4
- Registerinhalte **8b** 1 ff.
- Verordnungsermächtigung **9a** 1 f.

Unternehmensträger
- Kaufmannseigenschaft **1** 73 ff.

Unternehmensverträge s.a. Beherrschungs-/Gewinnabführungsvertrag
- Eintragungspflicht **8** 27

Unternehmer
- Begriff, Handelsvertreterrecht **84** 13 ff.
- Pflichten, Handelsvertreterrecht **86a** 1 ff.

Unterscheidbarkeit
- Abgrenzung z. Unterscheidungskraft **30** 1
- Eintragungszeitpunkt **30** 8

2805

– Fantasiefirma **30** 20
– Geschäftszweige, verschiedene **30** 11
– Kriterien **30** 12 ff.
– mehrere Anmeldungen **30** 9
– örtliche Begrenzung **30** 2 ff.
– Personenfirma **30** 18 f.
– Registerkontrolle **30** 24
– Sachfirma **30** 20
– Schutz d. eingetragenen Firma **30** 5 ff.
– Sitzverlegung **30** 10
– Verwechslungsgefahr **30** 13 ff.
– Verwechslungsgefahr, Rechtsprechung **30** 21 f.
– Zweigniederlassung **30** 23
Unterscheidungskraft
– Abgrenzung z. Unterscheidbarkeit **30** 1
– Ausschluss der Verwechslungsfähigkeit **Vor 17** 8
– Begriff **18** 17
– Domainnamen **18** 17a
– Fantasiefirma **18** 25
– Firmenbestandteil, prägender **18** 5
– Freihaltebedürfnis **18** 17
– Gattungs-/Branchenbezeichnung **18** 22, 24
– Personenfirma, alte Rechtslage **18** 18
– Personenfirma, neue Rechtslage **18** 19
– räumlicher Bezug **17** 22
– Rechtsformzusatz, Relevanz **Vor 17** 8
– Sachfirma, alte Rechtslage **18** 20
– Sachfirma, neue Rechtslage **18** 21
Untersuchungspflichten s. Rügeobliegenheit
Untervollmacht 58 4 ff.
UNÜ
– ausländische Schiedssprüche **Einl** 71
Urhebergesetz Liz 6
Urheber-Lizenz
– anwendbare Vorschriften **Liz** 6
– Ausübungszwang **Liz** 78 ff.
– Besteuerung s. Lizenz-Besteuerung
– Charakter-Merchandising **Liz** 112
– Erschöpfung **Liz** 77
– Gebühren s. Lizenzgebühren
– Haftung s. Lizenzgeber; Lizenzvertrag
– Kartellrecht **Liz** 6
– künftige Werke **Liz** 76
– Miturheber **Liz** 73
– Nutzungsrecht, Überschreiten **Liz** 72
– Nutzungsrechte **Liz** 72 ff.
– Rückrufrecht **Liz** 78
– Unterlizenz **Liz** 72, 75
– Urheberrecht, künftige Werke **Liz** 76
– Urheberrecht, Miturheber **Liz** 73
– Urheberrecht, Rückrufrecht **Liz** 78

– Urheberrecht, Unterlizenz **Liz** 72, 75
– Urheberrecht, Vermietungsrecht **Liz** 77
– Urheberrecht, Vervielfältigungsrecht **Liz** 77
– Urheberrecht, Weiterübertragung **Liz** 75
– Urheberrecht, Zweckübertragungstheorie **Liz** 74
– Verlagsvertrag **Liz** 81 ff.
– Vermietungsrecht **Liz** 77
– Vertragsgegenstand **Liz** 71
– Vertragsklauseln s. Lizenzvertrag
– Vervielfältigungsrecht **Liz** 77
– Weiterübertragung **Liz** 75
– Werkveräußerung **Liz** 77
– Zweckübertragungstheorie **Liz** 74
Urheberrecht
– Arbeitsverhältnis **F&E** 115 f.
Urproduktion 3 7, 11

„**Verband**"
– Firmenzusatz, Irreführungsverbot **18** 77
Verbraucher
– AGB **Einl** 91
– Gerichtsstandsvereinbarung **Einl** 60
– OHG-Gesellschafter **105** 7a
Verbraucherprodukte Qual 15 f., 38 f.; s.a. Produkthaftung
Verbraucherschutz
– Leasingvertrag **Leas** 89
– Schutzbedürfnis **Einl** 12 f.
„**Verbund**"
– Firmenzusatz, Irreführungsverbot **18** 77
Verbundene Unternehmen
– Insolvenz, OHG **130a** 3, 5
– Kommanditist, Unterlageneinsicht **166** 5, 22, 31
Verein
– Firma, Unterscheidbarkeit **30** 1 ff.
– Gesellschafterstellung, KG **105** 64
– gewerbliche Tätigkeit **1** 33
– Handelsgesellschaft **6** 6
– Kaufmannseigenschaft **1** 95 f.
– Zuständigkeit, Handelsregisteranmeldungen **33** 1 ff.; **34** 1 ff.
„**Vereinigte**"
– Firmenzusatz, Irreführungsverbot **18** 77
Vereinsregister 8 8
Verfallklausel 346 113
Verfügungsbefugnis
– Gutglaubensschutz **Anh 5** 47; **366** 1 ff., 19 f.

Verhandlungsführer
- Eigenhaftung **Vor 48** 42 ff.

Verhinderungsvertreter
- Handelsregistereintragung **33** 17

Verjährung
- Karenzentschädigung **74b** 3
- Wettbewerbsverstoß, Handlungsgehilfe **61** 28 ff.

Verkehrssitte
- Abgrenzung z. Gewohnheitsrecht **Einl** 90
- Anwendungsbereich **Einl** 38a
- Handelsbrauch **346** 1; s.a. dort
- praktische Bedeutung **Einl** 89

Verlagsgesetz Liz 6

Verlagsvertrag Liz 81 ff.

Vermächtnis
- Erbenhaftung, Firmenfortführung **27** 17
- Firmenfortführung, Erwerberhaftung **25** 6
- Kommanditanteil **177** 8

Vermessungsingenieur
- gewerbliche Tätigkeit **1** 59

Vermittlungsgehilfe/-vertreter 55 8 f.

Vermögensübernahme
- Einbringung, Haftung **28** 41
- Haftung **25** 46

Vermögensverwaltungsgesellschaft
- Anwendbarkeit d. HGB **Einl** 2
- Gewerbe, Begriff **1** 34 ff.
- Handelsregistereintragung, Option **Vor 8** 6
- Kaufmannseigenschaft, Option **1** 11
- OHG **105** 9
- Personengesellschaft, Kaufmannseigenschaft **Einl** 44
- Überlassung v. Nutzungsrechten, gewerbliche Tätigkeit **1** 44 ff.

Verpackung
- Gewicht, Abzug **380** 1 ff.

Verpflichtungsschein
- Indossabilität **363** 14 f.

Verrichtungsgehilfe
- Haftungsmaßstab, Geschäftsherr **347** 2 f.

Verschmelzung s.a. Umwandlung
- Firmenbildung **19** 65
- Firmenfortführung **22** 53 ff.
- Firmenfortführung, Erwerberhaftung **25** 14; s.a. dort

Verschulden bei Vertragsschluss
- Franchising **Franch** 55 ff.
- Kommanditistenhaftung **171** 26
- Lizenzverträge **Liz** 295

Versendungskauf
- Rügeobliegenheit **377** 20

Versicherungsmakler
- Aktenführung **104** 3
- Bruttopolice **93** 7
- Nettopolice **93** 10
- Pflichten **93** 7
- Provision **93** 8 ff.

Versicherungsvermittler
- firmeneigene **84** 12

Versicherungsvertreter
- anwendbare Vorschriften **Vor 84** 9, 13 ff.
- Ausgleichsanspruch **89b** 14 ff., 159 ff.; **92** 12
- Bausparkassenvertreter **89b** 19
- Bezirksvertreter **89b** 16
- Einfirmenvertreter, Mindestarbeitsbedingungen **92a** 3 ff.
- Einmalprovision **89b** 20; **92** 6
- Folgegeschäfte **89b** 17
- Handelsvertreterrecht **92** 1 f.
- nachvertragliches Wettbewerbsverbot **90a** 7
- nebenberufliche Tätigkeit **92b** 1 ff.
- Provision, anwendbare Vorschriften **92** 7 f.
- Provisionspflicht, Entstehung **92** 6 f.
- provisionspflichtige Geschäfte **92** 4 f.
- Sonderregeln, VVG **55** 10
- Sonderregelungen **92** 3
- Stornogefahrabwehr **92** 9 ff.
- Versicherungsvermittler, firmeneigene **84** 12
- Verwaltungsprovision **92** 13
- Wettbewerbsverbot, Lockerung **86** 33

Vertragshändler
- Abgrenzung z. Franchising **Franch** 22 ff.
- Abgrenzung z. Handelsvertreter **84** 42 f.
- Abgrenzung z. Kommissionär **383** 26
- Ausgleichsanspruch **89b** 31 f.
- Kaufmannseigenschaft **1** 84

Vertragshändlervertrag
- AGB, Änderungsvorbehalte **VertrH** 18 ff.
- AGB, Einsichtsrechte **VertrH** 49
- AGB, Ersatzteilbindung **VertrH** 47
- AGB, Inhaberwechsel **VertrH** 50 f.
- AGB, Kündigungsrecht **VertrH** 52, 54, 58, 61 f., 65
- AGB, Mindestabnahme **VertrH** 33 f., 36
- AGB, Rücknahmepflichten **VertrH** 66 ff.

2807

- AGB, Vergütungspauschale **VertrH** 46
- AGB, Wettbewerbsverstoß **VertrH** 61 f.
- AGB-Recht, Anwendbarkeit **VertrH** 11 ff.
- Alleinvertriebsrecht **VertrH** 14 ff.
- Änderungskündigung **VertrH** 28, 65
- Änderungsvorbehalte **VertrH** 17
- Aufwendungsersatz d. Vertragshändlers **VertrH** 45 f.
- Ausgleichsanspruch **VertrH** 78 ff.
- Ausgleichsanspruch, Berechnung **VertrH** 83 ff.
- Ausgleichsanspruch, Entfallen **VertrH** 94
- Auslauf-/Umstellungsfrist **VertrH** 59
- Belieferungspflicht **VertrH** 31 f.
- Boni **VertrH** 40
- Direktbelieferungsrecht **VertrH** 15
- Einsichtsrecht, Geschäftsunterlagen **VertrH** 49
- Ersatzteilbindung **VertrH** 47 f.
- Ersatzteile, Rücknahmepflicht **VertrH** 68 ff.
- Gewährleistungspflicht d. Vertragshändlers **VertrH** 42 ff.
- Handelsvertreterrecht, Anwendbarkeit **VertrH** 2, 36 f., 60 ff., 78 ff.
- Inhaberwechsel, Zustimmungserfordernisse **VertrH** 50 f.
- Investitionsschutz **VertrH** 73 ff.
- Kartellrecht **VertrH** 3 ff., 9 f.
- Kundenstamm, Überlassung **VertrH** 80 f.
- Kündigung, fristlose **VertrH** 60 ff.
- Kündigung, ordentliche **VertrH** 52 f.
- Kündigung, Rücknahmepflichten **VertrH** 66 ff.
- Kündigungsfristen **VertrH** 54 ff.
- Marktverantwortung **VertrH** 15 f.
- Mindestabnahme/-absatz **VertrH** 33 ff.
- Mindestdauer **VertrH** 53
- Modellpolitik **VertrH** 32
- nachvertragliche Treuepflicht **VertrH** 66 f.
- Preisänderungsvorbehalt **VertrH** 39
- Preisempfehlungen **VertrH** 38
- Produkthaftung **VertrH** 48
- Rechtsnatur **VertrH** 1
- Richtlinien/Standards **VertrH** 41
- Teilkündigung **VertrH** 65
- Umstrukturierungsmaßnahmen **VertrH** 27 ff.
- Vergütungspauschale **VertrH** 45 f.
- Wettbewerbsverstoß **VertrH** 61

- Zweitvertretung **VertrH** 24 ff.

Vertragsstrafe
- Herabsetzung, Ausschluss 348 1 ff.
- Inhaltskontrolle 348 9 ff.
- Sittenwidrigkeit **75c** 22; 348 7
- Unwirksamkeit 348 7
- Wegfall d. Geschäftsgrundlage 348 8
- Wettbewerbsverstoß s. dort

Vertreter
- Abgrenzung z. Boten **Vor 48** 12
- Abgrenzung z. Verfügungsberechtigung **Vor 48** 13
- Abschlussvertreter s. dort
- arglistiges Zusammenwirken **Vor 48** 58
- Eigenhaftung **Vor 48** 40 ff.
- Haftung, kfm. Sorgfaltspflichten 347 23
- Handelsregisteranmeldung 125 20
- Handelsregistereintragung 33 1 ff.
- Handlungsvollmacht s. dort
- Kaufmannseigenschaft **1** 77
- Ladenangestellte s. dort
- mittelbarer, Kaufmannseigenschaft **1** 78 ff.
- Sachwalterhaftung **Vor 48** 42 ff.
- Selbstkontrahierungsverbot 126 2
- Verhandlungsführer **Vor 48** 42 ff.
- Vermittlungsgehilfe 55 9
- Vermittlungsvertreter 55 8
- Versicherungsvertreter 55 10

Vertretung
- bürgerlich-rechtliche Grundsätze **Vor 48** 1 ff.
- Geschäft für den, den es angeht **Vor 48** 11
- gesetzliche **Vor 48** 15
- Gutglaubensschutz **Vor 48** 26 ff.; 366 12 ff.
- KG **170** 1 ff.; s.a. Kommanditist; Komplementär
- Kommanditisten, Mehrzahl **161** 23
- Leasinggeber, Lieferant **Leas** 42 f.
- Offenlegung **Vor 48** 5 ff.
- OHG, durch Personenmehrheit 125 19
- OHG, Einzelvertretung 125 5 f.
- OHG, Gesamtvertretung 48 44 f.; 125 7 ff.
- OHG, Handelsregisteranmeldepflicht 108 11 ff.
- OHG, Niederlegung 127 7
- OHG, Vertretungsbefugnis 113 8; 125 1 ff.
- OHG-Gesellschafter, Umfang 126 1 ff.

- organschaftliche **Vor 48** 16
- Publikumsgesellschaft **161** 126
- stille Gesellschaft, Vertrag **230** 15 ff.
- Voraussetzungen **Vor 48** 4 ff.

Vertretungsmacht
- Abgrenzung z. Verfügungsberechtigung **Vor 48** 13
- Abschlussvollmacht, Handelsvertreter **86** 12, 28; **86b** 7, 17
- Begriff **Vor 48** 13 ff.
- Beschränkung, OHG-Gesellschafter **126** 5 ff.; **127** 4 ff.
- Betriebsbezogenheit **Vor 48** 8 ff.
- Duldungs-/Anscheinsvollmacht **Vor 48** 28 ff.
- Entziehung, OHG-Gesellschafter **127** 1 ff.
- Erlöschen **Vor 48** 22 ff.
- Erteilung **Vor 48** 17 ff.; s.a. dort
- fehlende **Vor 48** 37 f., 40 f.
- Generalvollmacht **49** 23; **86b** 17
- Gesamtprokura **48** 38 ff.
- Gesellschaftsvertrag, Regelungen **125** 1, 7 f.
- Handelsmakler **94** 3; **97** 1 f.
- Handelsvertreter **91** 1 ff.; **91a** 1 ff.
- Handlungsgehilfe im Außendienst **75g** 1 ff.; **75h** 1 f.
- Handlungsvollmacht s. dort
- Liquidatoren, Befugnisse **149** 1, 20 f.; **150** 6 ff.; **151** 1 ff.
- Missbrauch **Vor 48** 39, 47 ff.; **54** 44 f.
- Missbrauch, Firmengebrauch **17** 36
- Missbrauch, Liquidatoren **151** 6
- Missbrauch, OHG-Gesellschafter **126** 8 f.
- Prokura s. dort
- Testamentsvollstrecker **1** 81 f.
- Überschreiten **Vor 48** 39
- Umfang **Vor 48** 25
- Untervollmacht **58** 4 ff.

Vertrieb s.a. Außendienst; Handelsvertreter; Franchising
- Alleinvertriebsrecht **VertrH** 14 ff.
- Kaufmannseigenschaft **1** 84
- Konsignationslagervertrag/-kommission **383** 1
- Strukturvertrieb **84** 50

Verwahrungsvertrag
- Entgeltlichkeitsfiktion **354** 1 ff.

Verwendungsersatz
- Zinspflicht **354** 16 ff.

Verzug
- Zinssatz **352** 1, 7 ff.

Vollamortisationserlass
- Leasing, steuerliche Behandlung **Leas** 2 ff.

Vollamortisationsvertrag
- Beendigung **Leas** 164 f.
- Mehrerlösbeteiligung **Leas** 164 f.

Vollmacht s.a. Handlungsvollmacht; Vertreter; Vertretungsmacht
- Begriff **Vor 48** 17

Vollmachtslösung
- Testamentsvollstrecker **1** 81 f.; **27** 15

Vollstreckung
- ausländischer Entscheidungen **Einl** 63

Volontäre
- Wettbewerbsverbot **82a**

Vor-AG
- Firma, Gesellschafterwechsel **21** 9
- Firma, Übergang **21** 8
- Firmenfähigkeit **17** 25
- Kaufmannseigenschaft **1** 97; **6** 9
- Prokura, Erteilung **48** 5

Vorausklage
- Einrede, Ausschluss **349** 1 ff.

Vordrucke
- erforderliche Angaben **125a** 5

Vorerbe
- OHG-Gesellschafter, Anteile **105** 5

Vorerbschaft
- Erbenhaftung, Firmenfortführung **27** 16

Vorgesellschaft
- Kaufmannseigenschaft **1** 97
- Kaufmannseigenschaft **6** 9
- stille Gesellschaft **230** 23

Vor-GmbH
- Firma, Gesellschafterwechsel **21** 9
- Firma, Übergang **21** 8
- Firmenfähigkeit **17** 25
- Gesellschafterstellung, OHG **105** 60
- Haftung d. Gesellschafter **128** 1 ff.
- Kaufmannseigenschaft **1** 97; **6** 9
- Komplementär, Gesellschafterhaftung **161** 48 f.
- Komplementär, Handelndenhaftung **161** 50
- Komplementär, Vertretungsmacht d. Geschäftsführer **161** 47
- Komplementärfähigkeit **161** 46
- Komplementärin, Handelsregisteranmeldung **162** 4
- Prokura, Erteilung **48** 5

Vor-GmbH & Co. KG
- Rechtsformzusatz **19** 62 f.

Vorgründungsgesellschaft
- Komplementärgesellschaft **161** 51

Vormundschaftsgericht
– Genehmigung v. Handelsgeschäften 1 87 f.
Vorratsgesellschaft
– Begriff **Vor 8** 21
Vorratsgründung
– Zulässigkeit **Vor 8** 21
Vorrats-Klausel 346 114
VVaG
– Firma, Unterscheidbarkeit 30 1 ff.
– Firmenfähigkeit 17 25
– Firmenmissbrauchsverfahren 37 13
– Kaufmannseigenschaft 6 7

Wahlschuld
– Abgrenzung z. Bestimmungskauf 375 3 f.
– Fälligkeitszins 353 4
Währung
– fehlende Vereinbarung 361 6
– unterschiedliche, im Bezugsgebiet 361 6 f.
Warenkontrolle Qual 63 f., 80 ff.; s.a. Qualitätssicherung; Produkthaftung
Wechsel
– Ankauf, Kommissionär 395 1 f.
– Handelsgeschäfte, Vermutung 344 11 ff.
– Handlungsvollmacht 54 32
Wechsel-/Scheckrecht
– handelsrechtliche Vorschriften außerhalb d. HGB **Einl** 54
Wechselakzept
– Zurückbehaltungsrecht 369 13
Wegfall der Geschäftsgrundlage
– Leasingvertrag **Leas** 65 ff., 104 ff.
– Vertragsstrafe 348 8
„**Weingut/-kellerei**"
– Firmenzusatz, Irreführungsverbot 18 87
Weiterfresserschaden 377 52
„**Werk**"
– Firmenzusatz, Irreführungsverbot 18 60 f.
Werklieferungsvertrag
– anwendbare Vorschriften 381 6 ff.
– Kommissionsgeschäft 406 3
– Rügeobliegenheit 377 5
Werkvertrag s.a. Forschungs-/Entwicklungsverträge
– Entgeltlichkeitsfiktion 354 1 ff.
– Forschungsvertrag **F&E** 8 ff.; s.a. Forschungs-/Entwicklungsverträge
– Kommissionsvertrag 383 6, 18
– Leistungsstörungen **F&E** 19 ff.
– Maklerwerkvertrag **Vor 93** 18

Wertpapiere
– Abgrenzung z. Legitimationspapieren 363 8
– Begriff 363 2 ff.
– Effektenhandel 383 2
– Emissions-/Konsortialgeschäft 383 44
– gutgläubiger Erwerb, Vermutung 367 1 ff.
– Kauf, anwendbare Vorschriften 381 1 ff.
– Kommissionsgeschäft, Selbsteintritt 400 1 ff.
– Rügeobliegenheit 381 3 f.
– Zurückbehaltungsrecht 369 11 f.
Wettbewerbsbeschränkung
– handelsrechtliche Vorschriften außerhalb d. HGB **Einl** 53 ff.
Wettbewerbsrecht
– Haftungsmaßstab 347 3
Wettbewerbsverbot
– Kartellrecht 165 24
– Kommanditisten, Freistellung 165 2
– Kommanditisten, Treuepflicht 165 7 ff., 19 ff.
– Kommanditisten, vertragliche Vereinbarung 165 3 ff., 19 ff.
– Komplementäre 165 1, 19 ff.
Wettbewerbsverbot – Handelsvertreter
– Einfirmenvertreter 86 33
– Interessenkollision 86 37 f.
– nachvertragliches s. Nachvertragliches Wettbewerbsverbot – Handelsvertreter
– Umgehungsverbot 86 36
– Vereinbarung 86 29
– Verhältnis z. Ausgleichsanspruch 89b 174 f.
– Versicherungsvertreter 86 33
– während d. Kündigungsfrist 89 24
– wesenseigenes 86 29 ff.
– Wettbewerbsverstoß s. dort
Wettbewerbsverbot – Handlungsgehilfe
– Anwendungsbereich d. gesetzlichen Regelung 74 14 ff.
– Handelsgewerbe, kaufmännisches 60 7 ff.
– Handelsgewerbe, Vorbereitung 60 10 ff., 18
– juristische Personen 59 17
– Konkurrenzsituation 60 13 ff.
– Konkurrenztätigkeit, Einwilligung 60 19 ff.
– Konkurrenzunternehmen, Kapitalbeteiligung 60 17
– nachvertragliches s. dort
– persönlicher Anwendungsbereich 60 2

- sachlicher Anwendungsbereich 60 5 ff.
- Verhältnis z. Kaufmannseigenschaft 7 6
- Volontäre 74 16
- Wettbewerbsverstoß s. dort
- zeitlicher Anwendungsbereich 60 3

Wettbewerbsverbot – OHG-Gesellschafter
- Befreiung 112 10 ff.
- Einschränkung, vertragliche 112 15
- erfasste Geschäfte 112 5 ff., 12 f.
- erfasster Personenkreis 112 3 f.
- Erweiterung, vertragliche 112 16 ff.
- Liquidationsstadium 156 5
- nachträgliches 112 16 ff., 21
- Verhältnis z. Kartellrecht 112 19 f.
- Vorkenntnis über bestehende Beteiligung 112 12 f.

Wettbewerbsverstoß
- Vertragshändlervertrag VertrH 61

Wettbewerbsverstoß – Handelsvertreter
- einstweilige Verfügung 90a 26
- Interessenkollision 86 37 f.
- Rechtsfolgen 86 39
- Rechtsfolgen 90a 25 ff.
- Schadensersatz 90a 27
- Vertragsstrafe 90a 27

Wettbewerbsverstoß – Handlungsgehilfe
- Aufwendungsersatz 61 18 f.
- Auskunftspflicht 61 20 ff.
- außerordentliche Kündigung 61 26 f.
- Gewinnherausgabe 61 12 ff.
- Konkurrenzunternehmen, Kapitalbeteiligung 61 14 ff.
- Rechtsfolgen, Anwendungsbereich 61 3 f.
- Sachdensersatzansprüche 61 8 ff.
- Schadensumfang 61 11
- Stufenklage 61 22
- Unterlassungsanspruch 61 24 f.
- Verjährung 61 28 ff.
- Wahlrecht d. Arbeitgebers 61 5 ff.

Wettbewerbsverstoß – OHG-Gesellschafter
- actio pro socio 113 10
- angemaßte Geschäftsführung 113 5
- Auskunftsanspruch 113 8
- Ausschließung 113 8
- deliktische Ansprüche 113 6
- Eintrittsrecht 113 4
- Entziehung d. Vertretungsbefugnis 113 8
- Geltendmachung v. Ansprüchen 113 9 f.
- Gewinnherausgabe 113 4 ff.
- Schadensersatzpflicht 113 3
- unlauterer Wettbewerb 113 8
- Unterlassungsanspruch 113 2
- Verjährung 113 11 f.
- Vertragsstrafe 113 7

Wie besehen
- Haftungsausschluss 360 11
- Handelsklauseln 346 66

Wie besichtigt 346 66

Willenserklärung
- Auslegung, Handelsbräuche 346 4
- Handelsgeschäfte, Vermutung 344 8 ff.
- Kommission, Ausführungsgeschäft 383 29
- Schweigen auf Angebot 362 1 ff.

Wirtschaftsprüfer
- gewerbliche Tätigkeit 1 59

Wirtschaftsrecht
- handelsrechtliche Vorschriften außerhalb d. HGB Einl 55

Wissenschaftliche Tätigkeit
- Gewerbe, Begriff 1 61
- Partnerschaftsgesellschaft 1 66 ff.; s.a. dort

Zahlung nach Belieben 346 115

Zahnärzte
- gewerbliche Tätigkeit 1 59

Zahntechniker
- gewerbliche Tätigkeit 1 62

Zeitangaben
- unterschiedliche, im Bezugsgebiet 361 1 ff.

Zeitbürgschaft 349 14 ff.

„Zentrale"
- Firmenzusatz, Irreführungsverbot 18 85 f.

„Zentrum"
- Firmenzusatz, Irreführungsverbot 18 85 f.

Zession s. Abtretung
- Sicherungszession 356 s. dort

Zeugnis s. Arbeitszeugnis

Zinsen
- Begriff 352 2 f.
- Fälligkeitszins 353 1 ff.
- gesetzlicher Schuldgrund 352 6
- Kleingewerbe Einl 40; 2 31
- Kontokorrentabrede 355 49 f.
- vertraglicher Schuldgrund 352 10 ff.
- Verwendungsersatz 354 16 ff.
- Verzugszins 352 1, 7 ff.
- Zinsfuß 352 4

Zinseszins
- Kontokorrentabrede 355 50

2811

- Verbot **353** 9 f.
Zinssatz
- Handelsgeschäfte **352** 1 ff.
- vertragliche Regelung **352** 10 ff.
- Verwendungsersatz **354** 16 ff.
- Verzugszins **352** 1, 7 ff.
Zirkus 1 63
Zivilprozess
- Firma **17** 39 ff.
- Gerichtsstände, besondere **Einl** 60
- Handelsregistereintragung, Fiktionswirkung **5** 29
- internationale Zuständigkeit **Einl** 61 ff.; s.a. dort
- Kammer f. Handelssachen **Einl** 58
Zollfrei
- Handelsklauseln **346** 116
Zu treuen Händen
- Handelsklauseln **346** 117
Zugewinngemeinschaft
- Ehegatte, Kaufmannseigenschaft **1** 85
Zurückbehaltungsrecht
- Abwendungsbefugnis **369** 31
- Anwartschaftsrecht **369** 19
- Ausschluss **369** 28 ff.
- Befriedigungsrecht **371** 1 ff.; **372** 1 ff.
- bewegliche Sachen **369** 11
- Eigentumsfiktion **372** 1 f.
- Entstehung **369** 3 ff.
- Erlöschen **369** 33
- Fälligkeitszins **353** 6
- Fortbestehen, im Kontokorrentverhältnis **356** 4 ff.
- gesetzliches Pfandrecht Dritter **369** 25
- gesicherte Forderung **369** 6 ff.
- Insolvenz d. Schuldners **369** 26
- Quittung, Verweigerung **364** 14
- Rechtskrafterstreckung **372** 3 f.
- Übertragung **369** 32
- Verhältnis z. Pfändungspfandrecht **369** 27
- Verkaufsbefriedigung **371** 3 f.
- Vollstreckungsbefriedigung **371** 2
- Wechselakzept **369** 13
- Wertpapiere **369** 11 f.
- Wirkung **369** 21 ff.
Zuständigkeit
- Gerichtsstände **Einl** 60; s.a. dort
- Handelsregister **Einl** 59; s.a. dort
- internationale **Einl** 61 ff.; s.a. dort
Zustellung
- Prokura **49** 12
Zwangsgeld
- Geschäftsbriefangaben, Verstoß **37a** 23

- Registereintragung **Vor 13** 1 ff.
Zwangsvollstreckung
- Firma **17** 43 f.
- Gesellschafterhaftung **129** 14
- Informationsrecht, Kommanditisten **166** 57a
- Leasinggut **Leas** 194, 198
- Mitgliedschaftsrecht, Pfändung **135** 4 ff.
- Personenhandelsgesellschaft, Gewinnanspruch **121** 1
- Zurückbehaltungsrecht **369** 27; **370** 2
Zweigniederlassung
- Adressänderung, Handelsregisteranmeldung **Vor 8** 14
- Anmeldung, erzwungene **Vor 13** 8; **14** 4 ff.
- Aufhebung **13** 16
- Auslandsgesellschaft, anwendbares Recht **17** 50
- Begriff **13** 4 ff.
- Begriff, EG-Richtlinie **13d** 9
- Bekanntmachungen, Reduzierung **Vor 8** 8
- Errichtung **13** 11, 14 f.
- fiktiver Auslandssitz **Vor 13** 8
- Firma **13** 12 f., 15
- Firma, Verwechslungsgefahr **30** 23
- Firmenbildung **17** 21
- Firmenfortführung **22** 46
- Haftung **13** 10
- Handelsregistereintragung s. Handelsregistereintragung – Zweigniederlassung
- inländische, Auslandsgesellschaft **13d** 1 ff.
- Limited **Vor 13** 8
- Limited, Checkliste **Vor 13** 8
- mehrere inländische, Auslandsgesellschaft **13e** 15 f.
- Prokura, Beschränkung **50** 16 ff.
- rechtliche Behandlung **13** 7 ff.
- Veräußerung, Erwerberhaftung **25** 9
- Verhältnis zur Hauptniederlassung **13** 8 ff.
- Verlegung, Handelsregisteranmeldung **31** 10
- Vertretungsmacht **13** 9
- Vertretungsmacht, Beschränkung **126** 5; **127** 2, 4
Zwischenverkauf vorbehalten 346 118

Notizen

Notizen

Notizen

Notizen

Notizen

Notizen

Notizen

Notizen

Notizen

Notizen

Notizen

Notizen

Notizen

Notizen

Röhricht/Graf v. Westphalen (Hrsg.), **HGB**, 3. Auflage

- Hinweise und Anregungen: _____
  _____
  _____
  _____
  _____

- Auf Seite _____ Teil _____ Rn. _____ Zeile _____ von oben/unten

muss es statt _____
  _____
  _____

richtig heißen _____
  _____
  _____

Röhricht/Graf v. Westphalen (Hrsg.), **HGB**, 3. Auflage

- Hinweise und Anregungen: _____
  _____
  _____
  _____
  _____

- Auf Seite _____ Teil _____ Rn. _____ Zeile _____ von oben/unten

muss es statt _____
  _____
  _____

richtig heißen _____
  _____
  _____

Absender

_____
_____
_____

Antwortkarte

Informationen unter **www.otto-schmidt.de**

So können Sie uns auch erreichen:
lektorat@otto-schmidt.de

Wichtig: Bitte immer den Titel des Werkes angeben!

Verlag Dr. Otto Schmidt KG
Lektorat
Gustav-Heinemann-Ufer 58
50968 Köln

Absender

_____
_____
_____

Antwortkarte

Informationen unter **www.otto-schmidt.de**

So können Sie uns auch erreichen:
lektorat@otto-schmidt.de

Wichtig: Bitte immer den Titel des Werkes angeben!

Verlag Dr. Otto Schmidt KG
Lektorat
Gustav-Heinemann-Ufer 58
50968 Köln